# この辞典のおもな特設記事

本文

## ●学習・使い分け

まぎらわしい同音・同訓語の漢字の使い分けを解説しました。

**学習 使い分け** 「越える」「超える」

**越える** ある場所や地点を過ぎて、その先へ進む意。「峠《とうげ》を**越える**」「国境を**越える**」「期日を**越える**」

**超える** ある数量や基準を過ぎて、その先へ進む意。「二メートルを**超える**積雪」「定員を**超える**」「極限を**超える**」

◆「想像をこえる」「立場をこえて話し合う」「限度をこえる」のような場合には、どちらの漢字も用いられ、区別がはっきりしない。

**例**
解放／開放
制作／製作
混ぜる／交ぜる
絞《しぼ》る／搾《しぼ》る

↓索引一二九一ページ

## ●学習・比較

似た意味を持つ言葉の使われ方の違いを説明しました。

**学習 比較《ひかく》** 「慣習」「習慣」

**慣習** 社会で、ふつうに行われているならわしや伝統的なしきたり。個人的なことがらには使わない。「古い**慣習**」「**慣習**が根強く残る」「業界の**慣習**にとらわれない発想」

**習慣** くりかえし行われて、それを行う人や社会にとってきまりのようになっていることがら。「考える**習慣**を養う」「悪い**習慣**がつく」「一般《いっぱん》にかたかな書きする**習慣**がある」

**例**
案外／意外
規範／模範
乾かす／干す
触《さわ》る／触れる
なくて／ないで

↓索引一二九〇ページ

## ●表現

文章や会話を豊かにするさまざまな表現を集めました。

**おどろ・く【驚く】**（自五）〔カ(コ)・キ(イ)・ク・ク・ケ・ケ〕思いがけないことに出あって落ち着きをなくす。びっくりする。「地震《じしん》に―」

**表現** びっくりする・動転する・驚愕《きょうがく》する・仰天《ぎょうてん》する・唖然《あぜん》とする・愕然《がくぜん》とする◆あっと・はっと・びくっと・どきっと・ぎょっと・ぎくりと◆目を丸くする・息をのむ・たまげる・肝《きも》をつぶす・腰《こし》を抜《ぬ》かす・度を失う・泡《あわ》を食う・呆気《あっけ》にとられる

**例**
歩く・言う・怒る・悲しむ・考える・働く・話す・待つ・喜ぶ

↓索引一二九〇ページ

## ●仕組みの解明

ふだん無意識に使い分けている、動詞と助詞との結びつきを、Q&Aの形で解説しました。

**仕組みの解明** 「ぶつかる」

**Q** 壁《かべ》とぶつかる？　壁にぶつかる？

A　暗闇《くらやみ》で誰《だれ》かとぶつかる
B　暗闇で壁にぶつかる

**A**・「と」にはたがいに対等な、「に」に
方的なニュアンスがある。
・相手が人なら対等な関係とみなし
のように言えるが、Bの例や「困難に
かる」のように対等でない場合には「
を使う。

**例**
人と会う？／人に会う？
学生に教える？／学生を教える？
水に溶ける？／水で溶ける？

# この辞典の紙面の説明

**補足的解説**

［注意］［参考］［文法］［使い方］では、見出し語に関連することがらを多角的に解説しました。

**表記欄**

見出し語を漢字で書き表すときの表記を示しました。
【　】は標準的な書き表し方です。
〖　〗は常用漢字によらない書き表し方や、一般的とは考えにくい書き表し方です。

**品詞・活用**

見出し語の品詞を示し、活用のある語について
｛　｝に活用形を示しました。

**記号**

△ 常用漢字表にない漢字
◇ 常用漢字表にない読み方
○ 付表にある当て字・熟字訓
× 付表以外の主な当て字・熟字訓

**あま**【○海女・○海士】（名）海中にもぐって、あわびや海藻《かいそう》などをとるのを仕事にしている人。注意女性を「海女」、男性を「海士」と書く。

**アマ**（名）「アマチュア」の略。対プロ

**あまガッパ**【雨ガッパ】〖雨×合羽〗（名）雨降りに着るマント状の防水服。▽カッパは、ポルトガル capa

**あらわ・れる**【表れる・現れる】（自下一）｛レ・レ・レル・レル・レレ・ロ(レヨ)｝❶考えや感情などが表面に出てくる。示される。「しぐさに性格が―」❷なかったものや見えなかったものが出てくる。出現する。登場する。「救世主が―」「影響《えいきょう》が―」❸隠《かく》していたものが人に知られる。発覚する。「悪事が―」参考ふつう①は「表れる」、②③は「現れる」と書く。③は「顕れる」とも書く。

**ありがた・い**〖有り難い〗（形）｛カロ・カッ(ク)・イ・イ・ケレ・○｝❶教えなどが尊い。「―お話」❷感謝の気持ちを表すことば。うれしい。「君の親切を―・く思う」

**ありがた・し**〔有難し〕（形ク）古語❶めったにない。めずらしい。「―・きもの、舅《と》にほめらるる婿《むこ》」〈枕草子《まくらのそうし》〉訳めったにないもの、舅《しゅうと》にほめられる婿。❷とうとい。おそれ多い。もったいない。「―・き御情けでこそ候《さうら》はむずれ」〈平家物語〉訳もったいないご厚情でございましょう。❸生活しにくい。生きにくい。「世の中は―・くむつかしげなるものかな」〈源氏物語〉訳世の中は生きにくくわずらわしいものだなあ。

**ありき**〖有りき〗❶あった。存在した。「はじめにことば―」❷それを前提としていること。「結論―の議論」文法文語の動詞「あり」の連用形に文語の過去の助動詞「き」のついたもの。

**ありふ・れる**〖有り触れる〗（自下一）｛レ・レ・レル・レル・レレ・レロ(レヨ)｝どこにでもある。めずらしくない。「―・れた話」使い方多く「ありふれた」「ありふれている」の形で用いる。

**アルファ**〔英 alpha〕（名）❶ギリシャ文字の第一字。大文字A、小文字$\alpha$。❷物事の最初。「―からオメガまで（＝全部）」❸ある数に付け加えられるわずかな数。「給料プラス―」

**あわ**【泡】〖△沫〗（名）❶液体が気体をふくんでできた小さい玉。あぶく。❷口からふきでる細かいつば。

**泡を食《く》う**　不意をつかれて、驚《おどろ》きあわてる。「あわを食ってかけつける」

**泡を吹《ふ》かせる**　相手をだしぬいてめんくらわせる。「いつか彼《かれ》にあわをふかせてやる」

**あをによし**〔青丹よし　奈良《なら》の都《みやこ》は　咲《さ》く花《はな》の　薫《にほ》ふがごとく　今《いま》盛《さか》りなり〕〈万葉集《まんようしゅう》・小野老《おののおゆ》〉和歌　訳奈良の都は咲く花が美しく照りはえるように、今をさかりと繁栄《はんえい》していることだ。（「青丹よし」は「奈良」の枕詞《まくらことば》）

**あん**【案】　10画 木6　小4　音アン
丶 宀 宂 安 安 案
❶考える。調べる。考え。◆案出 ◆勘案《かんあん》・考案・思案・新案・代案・提案・答案・腹案・名案。❷したがき。計画。◆案文 ◆原案・草案・文案・法案

**あん**【案】（名）❶くふうし考えること。また、その考え。「いい―が浮《う》かぶ」❷何かを行う前にまとめた考えや計画。「―を立てる」「みんなの―に従う」

**案に相違《そうい》する**　前もって考えていたことや予想していたこととちがう。「案に相違していい結果が出た」

**あんがい**【案外】（副・形動ダ）考えていたこととはちがっていること。思いのほか。「―やさしい」類意外

学習 比較《ひかく》　「案外」「意外」

| | |
|---|---|
| 案外 | 実際に生じた結果が予想していたことと反対であるときの気持ち。「固そうで案外柔《やわ》らかい」「案外安くすんだ」「案外な結果」 |
| 意外 | 思ってもみなかったことにおどろくようす。「こんな簡単なことを意外にも知らなかった」「意外な所で出会う」「子どもなのに意外にしっかりしている」 |

**かこみ記事**

ことばについての理解を深めるためにさまざまな記事を掲載しました。

**漢字項目**

常用漢字2136字を見出しに立てて解説しました。

**和歌・俳句見出し**

有名和歌・俳句を本文見出しとして多数収録しました。

# 五十音図

| | | ア行 | カ行 | サ行 | タ行 | ナ行 | ハ行 | マ行 | ヤ行 | ラ行 | ワ行 | |
|---|---|---|---|---|---|---|---|---|---|---|---|---|
| ［清音］ | ア段 | あ | か | さ | た | な | は | ま | や | ら | わ | (ん) |
| | イ段 | い | き | し | ち | に | ひ | み | (い) | り | ゐ | |
| | ウ段 | う | く | す | つ | ぬ | ふ | む | ゆ | る | (う) | |
| | エ段 | え | け | せ | て | ね | へ | め | (え) | れ | ゑ | |
| | オ段 | お | こ | そ | と | の | ほ | も | よ | ろ | を | |
| ［濁音・半濁音］ | ア段 | | が | ざ | だ | | ば ぱ | | | | | |
| | イ段 | | ぎ | じ | ぢ | | び ぴ | | | | | |
| | ウ段 | | ぐ | ず | づ | | ぶ ぷ | | | | | |
| | エ段 | | げ | ぜ | で | | べ ぺ | | | | | |
| | オ段 | | ご | ぞ | ど | | ぼ ぽ | | | | | |
| ［拗音《ようおん》］ | ア段 | | きゃ ぎゃ | しゃ じゃ | ちゃ ぢゃ | にゃ | ひゃ びゃ ぴゃ | みゃ | | りゃ | | |
| | ウ段 | | きゅ ぎゅ | しゅ じゅ | ちゅ ぢゅ | にゅ | ひゅ びゅ ぴゅ | みゅ | | りゅ | | |
| | オ段 | | きょ ぎょ | しょ じょ | ちょ ぢょ | にょ | ひょ びょ ぴょ | みょ | | りょ | | |

# 旺文社 標準国語辞典

第八版

森山卓郎 監修

な語や表現を探してみたい時、また、様々な言葉の使い方や背景などについて考えてみたい時など、いろいろなことを気軽に相談できます。本書は、とても役に立つ相談相手だと確信しています。まず、十分な量の語を収録しています。新語なども改めて増やし、変化する現代社会にも対応すると同時に、大切にすべき伝統的な日本語の言語文化を支える語や表現も多数取り上げています。さらに、より的確に、より深く、語や表現の意味・用法について考えていただけるような工夫もあります。どんなニュアンスがあるのか、その語と類語とはどう違うのか、使い方の注意点は何か、その語の背景にどんなことがあるのか、など、言葉を活用する上で大切なことを簡潔明瞭に整理してあります。文法に関わる事項も新しい観点から大きく見直されています。いろいろと使えそうな言葉を紹介し、表現との出会いを手伝ってくれる付録なども充実しています。社会生活、国語教育、日本語教育など、あらゆる面で役立てていただける国語辞典です。

本書を、皆様の「言葉のよき相談相手」として、また、時には、どこからでも読める楽しい言葉の読みものとして、常に傍らに置いていただき、活用していただけますことを、心から祈っております。

最後になりましたが、本書が完成するまでには、様々な方々の並々ならぬ努力があります。この場をお借りしまして、関わってくださったすべての方々に、そして、本書を活用してくださる皆様に、心からの感謝をささげます。

〔執筆協力者〕伊佐治嘉章　石井久美子　今井　亨　大石將朝　太田瑞穂　岡島昭浩
小田　勝　坂倉貴子　桜井宏徳　多比羅拓　富岡宏太　中村　唯
新野直哉　橋本行洋　前嶋深雪　宮川　優　宮本淳子　吉村逸正
〔編集協力〕アリエッタ　玄冬書林
〔図版作成〕長田裕子　松原巖樹　さくら工芸社
〔デザイン〕大貫としみ　服部一成　キガミッツ

（敬称略　五十音順）

二〇二〇年　一一月

旺文社

# この辞典のきまりと使い方

## 1 見出し

**●見出し語の範囲《はんい》●**

現代の日本語を中心に、多くの外来語、動植物名などの百科語（専門語）、人名・地名・作品名などの固有名詞、慣用句・故事・ことわざ、重要な古語、有名な和歌・俳句、および二一三六の常用漢字、アルファベット略語など、およそ五〇〇〇〇項目《こうもく》を見出しとして掲《かか》げました。

**●見出し語の表示●**

(1) 原則として、現代かなづかいにより、ひらがなの太字で、外来語はかたかなの太字で表記しました。国語を学ぶうえで、重要となる基本的な語は、赤字で示しました。また、古語や和歌・俳句は歴史的かなづかいで示しました。

(例) **あいじょう**【愛情】
**いど**【井戸】
**イベント**〔英 event〕
**かるた**『×歌留多』〔ポルトガル carta〕
**さうら・ふ**《ソウロウ》〔候ふ〕
**なにしおはば**《ナニシオワバ》…和歌

(2) 活用語は言い切りの形（終止形）で出し、語幹と語尾の区別を「・」で示しました。形容動詞は語幹を掲げました。

(例) **あた・える**【与える】（他下一）
**うつくし・い**【美しい】（形）
**おおらか**（形動ダ）

(3) 接頭語にはその下に「-」を、接尾語にはその上に「-」をつけて示しました。また、外来語で二つ以上の単語から成り立っていることばも、単語の間に「-」をつけて示してあります。

(例) **おお-**【大】（接頭）
**-じ・みる**『染みる』（接尾）
**トート-バッグ**〔英 tote bag〕（名）

(4) ある見出し語に、ほかの語句がついてできた慣用句・ことわざなどは、行を改めて漢字かなまじりの太字で示し、漢字にはふりがなをつけました。

(例) **あし**【足・脚】（名）
**足がすくむ**
**足が地《ち》に付《つ》かない**
**足が付《つ》く**
**足が出《で》る**

**●見出し語の配列●**

(1) 五十音順
(2) 清音《せいおん》・濁音《だくおん》・半濁音《はんだくおん》の順
(3) 直音・促音《そくおん》（「っ」）・拗音《ようおん》（「ゃ・ゅ・ょ」）の順
(4) 同じつづりが続く場合
(ア) 一字の漢字（大見出し）・日本語・外来語の順
ただし、一字の漢字と同じ表記の単語は、漢字見出しのあとに配列しました。
(イ) 品詞別に、①接頭語 ②接尾語 ③名詞 ④代名詞 ⑤自動詞 ⑥他動詞 ⑦形容詞 ⑧形容動詞 ⑨連体詞 ⑩副詞 ⑪接続詞 ⑫感動詞 ⑬格助詞 ⑭接続助詞 ⑮副助詞 ⑯終助詞 ⑰助動詞 の順
(5) 外来語・外国語の長音「ー」は、その長音の前の音により、アイウエオのいずれかにあたるものとして、その位置に配列しまし

た。たとえば「スクール」は「スクウル」、「ケーキ」は「ケエキ」の位置に配列しました。

(例) **しよう**【子葉】(名)

**しょう**【小】

**しょう**【省】(名)

**しょ・う**『◇背◇負う』(他五)

**じよう**【滋養】(名)

**じょう**【上】

**ショー**〔英 show〕(名)

**じょおう**【女王】(名)

**ショー-ウインドー**〔英 show window〕(名)

## ●見出し語の書き表し方●

(1) 見出し語に相当する漢字を【 】『 』〔 〕の三種類のいずれかに入れて示しました。

(ア)【 】の中に入れて示したものは現代の標準的な書き表し方です。

(例) **あいじょう**【愛情】

**う・ける**【受ける】

○…「常用漢字表」の「付表」に示されているおもな当て字・熟字訓

(例) **あす**【○明日】

**おおべや**【大○部屋】

(イ)『 』の中に入れて示したものは「常用漢字表」にその漢字がないものや、漢字があっても読みがないものです。ただし、「常用漢字表」にある読みでも、その表記が一般《いっぱん》的と考えにくいものは『 』に入れて示しました。

△…「常用漢字表」にない漢字

◇…「常用漢字表」にない読み方

×…「常用漢字表」の「付表」に示されているもの以外のおもな当て字・熟字訓

(例) **せみ**『△蟬』

**せわし・い**『◇忙しい』

**せりふ**『×台詞・×科白』

**せっかく**『折角』

(ウ) 当て字・熟字訓にさらに別の語がついてできた語は、当て字・熟字訓の範囲を示すために「-」で区切りました。

(例) **うばぐるま**【○乳母-車】

**えびちゃ**【えび茶】『×葡萄-茶・×海老-茶』

(エ)〔 〕の中に入れて示したものは、古語・人名・地名・作品名・和歌・俳句などです。これらに使われている漢字が「常用漢字表」以外の漢字または読み方であっても「△」や「◇」のしるしははぶきました。

(例) **うつく・し**〔愛し・美し〕(形シク)古語

**いしかわたくぼく**〔石川啄木〕人名

**さつま**〔薩摩〕地名

**いざよいにっき**〔十六夜日記〕作品名

(2) 送りがなの付け方には、本則(基本的なきまり)のほかに、許容(本則以外の、それでもよいというもの)がありますが、この辞典では本則のみを示し、許容は示しませんでした。

## ●大見出し漢字●

(1)「常用漢字表」に示された漢字二一三六字を、音を見出しとして(ただし音がなく訓だけの漢字は訓で)掲げ、総画数・部首・部首を除いた画数・読み・筆順・意味・熟語を示しました。

(2) 小学校で学習する一〇二六字(教育漢字)には配当学年を小1～

(3) 「常用漢字表」に旧字体も示されている漢字については、大見出しの漢字の下にやや小さく旧字体を示しました。

(4) 総画数は四角いかこみの上半分に、部首と、部首を除いた画数は下半分に示しました。

(5) 見出しの下に「常用漢字表」に示された音訓を示しました。傍《ぼう》線《せん》の引いてある音訓は限られた語に使われる読み方です。また、それぞれの音訓を学習するよう割り振られた学校段階を、㊥(=中学校)、㊫(=高等学校)の記号で示しました。ただし、小学校で学習する音訓には記号をはぶき、教育漢字以外の常用漢字には、㊫のみ示しました。

(6) 文部省(現文部科学省)の「筆順指導の手びき」を参考に、標準的な筆順を示しました。必ずしも筆順が一通りでない場合は、付録「漢字の筆順」で他の筆順も示しました。

(7) それぞれの漢字には意味を示し、意味が二つ以上ある場合は❶❷❸…で分け、さらに意味が分かれるときには、㋐㋑㋒…で分けました。それぞれの意味に相当する熟語を多く掲《かか》げ、その漢字が最初にくる熟語は◆、その漢字がとちゅうまたは最後にくる熟語は⬖で示しました。

(例) か【仮】6画/亻4 小5 〔假〕 音 カ・ケ㊥ 訓 かり ノ イ 仃 仮 仮 仮

❶まにあわせ。かりの。◆仮寓《かぐう》・仮称《かしょう》・仮性・仮説・仮設・仮題・仮定・仮眠・仮名《かめい》。❷ほんものでない。◆仮死・仮装・仮面 ⬖虚仮《こけ》。参考「ケ」の音は「仮病《けびょう》」などのことばに使われる特殊《とくしゅ》な読み方。特別に、「仮名」は「かな」とも読む。

## ●外来語●

(1) 外来語の書き表し方は平成三年六月内閣告示の「外来語の表記について」によりました。

(2) 見出し語に続けて、〔 〕の中にもとの言語でのつづりや表記とその言語名を示しました。ただし、人名・地名・作品名などの固有名詞には言語名を示していません。

(3) 和製英語(英語をもとにして日本でつくられたことば)・和製語については、〔 〕の中に「和製英語」「和製語」と示しました。また、説明のあとに▽をつけて、もとになった語のつづりを示しました。

(4) 外来語がカラ見出しになっていて、本見出しとは言語名が異なる場合は、〔 〕の中にその言語名とつづりを示しました。

(例) **カーボン-コピー**〔英 carbon copy〕
**ビロード**〖×天鵞絨〗〔ポルトガル veludo〕
**ツァイツェン**〔中国 再見〕
**ファミリー-レストラン**〔和製英語〕……▽family と restaurant から。
**テーマ-パーク**〔和製語〕……▽ドイツ Thema と英 park から。
**ウイルス**〔ラテン virus〕(名)……
**ビールス**〔ドイツ Virus〕(名)→ウイルス

(言語名の示し方)
アラビア イタリア 英 オランダ ギリシヤ スペイン ドイツ フランス ポルトガル ラテン ロシア など。

## 2 品詞・活用

(1) 品詞と活用は( )の中に略号で示しました。また、活用のあることばは、古語を除いて品詞名のあとの{ }の中に実際の活用形を示しました。(一〇ページ「略語・記号一覧」参照)

(2) 品詞の分類、活用の種類については、現行の教科書の一般《いっぱん》的なものに従いました。ただし、一部のものについては、つぎの形式によりました。

(ア) 名詞のうち、代名詞は(代)として区別しました。

(イ) 普通《ふつう》名詞のなかで、「〜する」の形でサ変動詞として使うもの、および「〜な」などの形で形容動詞として使うものは、その品詞名と語尾活用の基本形も示しました。

(ウ) 動詞は、自動詞・他動詞の区別を示しました。

(エ) (トタル)の記号は、見出し語に「と」がついて副詞、「たる」がついて連体詞となることを表します。たとえば「堂堂と」は副詞、「堂堂たる」は連体詞です。これは、文語では「タリ活用」といわれるものです。

(オ) 助詞は格助詞・接続助詞・副助詞・終助詞の四つに分類し、それぞれ略語で示しました。

(カ) 単語と単語が合わさった、いわゆる連語には品詞名は示していません。また一つの見出しで二つ以上の品詞がある場合、動詞で自動詞・他動詞があり意味が異なる場合、助詞の種類が二つ以上ある場合は、■一■二■三…で分けました。

(例) **う・む**【生む・産む】(他五){マ(モ)・ミ(ン)・ム・ム・メ・メ}

**あいず**【合図】(名・自スル)

**ちゃくじつ**【着実】(名・形動ダ)

**どうどう**【堂堂】(トタル)

**あまり**【余り】■一(名)…■二(副)…■三(形動ダ)…

## 3 ことばの意味と説明

ことばの意味や説明は、特にやさしい表現を適切に用い、単なる言いかえはできるだけ避けて、わかりやすくしました。

(1) 一つのことばに意味が二つ以上あるときは、❶❷❸…に分け、意味がさらに細かく分かれるときは、㋐㋑㋒…に分けました。

(2) 特定の分野に関連することばには、〘音〙(=音楽)、〘動〙(=動物)などの略語を示しました。(一〇ページ「略語・記号一覧」参照)

(3) 見出し語と似た意味のことば(類義語)、反対の意味のことば・対応することば(対義語)があるときは、それぞれ類対をつけて示しました。

(4) 類対にあたることばが、■一■二■三…また❶❷❸…で分けられた説明の全部に通用するときは、《 》にかこんで示しました。

(5) 見出し語の意味や使い方について、特に注意することがらや参考となることがらなどについては、学習 注意 参考 文法 使い方 などでくわしく説明しました。(後項56参照)

(例) **あが・る**【上がる・揚がる・挙がる】{ラ(ロ)・リ(ッ)・ル・ル・レ・レ} ■一(自五)❶下から上へ移る。㋐高い場所へのぼる。「屋上へ―」…対下がる・おりる。㋑……

**アーモンド**〔英 almond〕(名)〘植〙バラ科の落葉高木。種子は食用や薬用にする。巴旦杏《はたんきょう》。

**ぜんい**【善意】(名)❶物事のよい面だけを見ようとする心。「―に解釈《かいしゃく》する」❷人のためを思う心。親切心。「―の寄付金」類好意。(対悪意)

## 4 用例

ことばの意味の理解を助けるため、また、実際の場面でどのように用いられるかを示すため、多くの典型的な用例を入れました。

(1) 用例は、意味のあとに「 」(太いかぎかっこ)で示しました。

(2) 用例中の見出し語にあたる部分は「―」で示しました。ただし、活用語が活用している場合は、語幹の部分に「―」を用い、語尾は「・」で区切りました。

(3) 語幹・語尾の区別のない動詞、および助動詞の、用例中の見出し語にあたる部分が見出しの形と異なる場合は太字で示しました。

(4) 活用のある慣用句の用例が、活用して見出しの形と異なる場合は、「—」を用いないで、そのままの形で示しました。

(5) 見出し語が「的」「化」「性」などの語との結びつきが強いときは…的 …化 …性 のあとにその用例を示しました。

(例)

**うご・く【動く】**(自五){カ(コ)・キ(イ)・ク・ク・ケ・ケ} ❶…「秒針が—」「手が—・かない」

**える【得る】**(他下一){エ・エ・エル・エル・エレ・エロ(エヨ)} ❶…… ❷……「病《やまい》を—」 ❸……「要領を**え**ない」

**せる**(助動){セ・セ・セル・セル・セレ・セロ(セヨ)} ❶…… ❷……「やりたいようにやら**せ**ておく」❸……「御手《おて》に取ら**せ**られた」❹……

**い【意】**(名)…
**意を決《けっ》する** …「意を決して事に当たる」

**きそく【規則】**(名)…… …的「規則的な生活」
…性「規則性がある」

## 5 かこみ記事

見出し語の理解をいっそう深めるため、また、使い方をよりくわしく理解できるように、学習 使い分け、学習 比較《ひかく》、表現、「仕組みの解明」「ことばの移り変わり」をかこみ記事として掲載《けいさい》しました。
(かこみ記事の項目索引《こうもくさくいん》は、巻末付録の一二九一～一二八九ページにあります。)

(1) 「使い分け」は、読みが同じで漢字が違うことば(同音異義語・同訓異字語)の使い分けを中心に、それぞれの用例とともに示しました。

(例)

学習 使い分け 「憂い」「愁い」

**憂い** 悪いことが起こりそうだと心配するときの不安な気持ち。「災害が起こる**憂い**」「再発の**憂い**」「備えあれば**憂い**なし」

**愁い** なやみや悲しみで、もの思いに沈《しず》んだときの、晴れ晴れしない気持ち。「うしろ姿に**愁**いがある」「**愁い**に沈む日々」

(2) 「比較」は、似た意味を持つことば(類義語)や、差異のわかりにくいことばを比較し、その違いを示しました。

(例)

学習 比較《ひかく》 「規範」「模範」

**規範** 物事のよりどころとなるもの。「道徳**規範**」「社会の**規範**」「**規範**に従う」「今後の**規範**となる」

**模範** よくできていて見習うべき手本となるもの。「**模範**解答」「**模範**演技」「全生徒の**模範**となる」「**模範**的な青年」

(3) 表現は、見出し語と言いかえられることば・慣用句や、見出し語を修飾《しゅうしょく》する擬声《ぎせい》語・擬態語などを集めて示しました。

(例)

**おどろ・く【驚く】**(自五){カ(コ)・キ(イ)・ク・ク・ケ・ケ}思いがけないことに出あって落ち着きをなくす。びっくりする。「地震《じしん》に—」

表現 びっくりする・動転する・驚愕《きょうがく》する・仰天《ぎょうてん》する・啞然《あぜん》とする・愕然《がくぜん》とする ◆あっと・はっと・びくっと・どきっと・ぎょっと・ぎくりと ◆目を丸くする・息をのむ・たまげる・肝《きも》をつぶす・腰《こし》を抜《ぬ》かす・度を失う・泡《あわ》を食う・呆気《あっけ》にとられる

(4) 「仕組みの解明」は、ある動詞や形容詞などが、場面ごとにどのような助詞をとることができるかを、とりあげた助詞の意味・用法とともにくわしく解説しました。

(例)　**ぶつか・る**（自五）…

**仕組みの解明**「ぶつかる」

**Q** 壁《かべ》とぶつかる？　壁にぶつかる？

A　暗闇《くらやみ》で誰《だれ》かとぶつかる
B　暗闇で壁にぶつかる

**A**・「と」にはたがいに対等な、「に」には一方的なニュアンスがある。
・相手が人なら対等な関係とみなしてAのように言えるが、Bの例や「困難にぶつかる」のように対等でない場合には「に」を使う。

(5)「ことばの移り変わり」は、語の意味の変化や新語が生まれる過程などについて解説しました。

## 6 「注意」「参考」「文法」「使い方」「故事」「敬語」

見出し語に関するさまざまな知識が得られるよう、つぎのような欄《らん》を設けて、多方面から解説しました。

(1) 注意…見出し語に関する注意事項《じこう》。

(例)　**くわせもの【食わせ物】**（名）外見だけよくて、実際はよくない物。また、そのような油断のならない人。「彼《かれ》はとんだーだ」注意人についていう場合は、ふつう「食わせ者」と書く。

**ふんべつ【分別】**（名・他スル）物事のよしあしを考える力のあること。わきまえ。「ーのある行動」「ーがつく」「無ー」注意「ぶんべつ」と読むと別の意味になる。

(2) 参考…見出し語に関するさまざまな解説。

(例)　**いぞん【依存】**（名・自スル）ほかのものにたよって成り立っていること。「食糧《しょくりょう》を外国にーする」「ー心」「ー症《しょう》」参考「いぞん」とも読む。

**さい【埼】** 11画 土8 小4 訓さい
さき。みさきや、山のはし。
参考「さい」の訓は「さき」が変化したもの。「埼玉」県は「さいたま」県と読む。

(3) 文法…見出し語に関する文法的な解説。

(例)　**ない**（助動）（ナカロ・ナカッ（ナク）・ナイ・ナイ・ナケレ・○）❶打ち消しを表す。「雨が降らー」「行かせー」「仕事をしー」❷（打ち消しの疑問として）呼びかけやさそいなどを表す。「遠足に行かーか」「コーヒーを飲まー」文法動詞および一部の助動詞の未然形につく。ただし、動詞の「ある」にはつかない。

(4) 使い方…使われる場面が限定されていることば・否定など特定の表現と結びつくことばに、その使い方を示しました。

(例)　**そうそう【草草】【△匆△匆】**㊀（名・形動ダ）簡単で時間をかけないようす。また、あわただしいようす。㊁（名）（いそいで記したの意で）手紙の終わりに書くあいさつのことば。使い方㊁は、「前略」「冠省《かんしょう》」などに対して用いる。

(5) 故事…中国の古典に出ている故事をわかりやすくのせ、終わりに出典名を〈 〉にかこんで示しました。

(例)　**ごじっぽひゃっぽ【五十歩百歩】**少しのちがいはあるが、ほとんど同じであること。似たりよったり。
故事孟子《もうし》が梁《りょう》の恵王《けいおう》に「戦場で五十歩逃《に》げた兵士が、百歩逃げた兵士を笑ったらどうであるか」と問うたとき、恵王が「逃げたことは同じで大差ない」と答えたという話による。〈孟子《もうし》〉

(6) 「敬語」…日常よく用いられ、対照的に使い分けられる見出し語の敬語表現を、動詞については尊敬語・謙譲《けんじょう》語・丁寧《ていねい》語、名詞については敬称・謙称に分けて、表組みで示しました。

(例) い・う【言う】…

| 尊敬語 | 謙譲《けんじょう》語 | 丁寧《ていねい》語 |
|---|---|---|
| おっしゃる<br>言われる<br>仰《おお》せになる | 申す<br>申し上げる | 言います |

## 7 和歌・短歌・俳句

(1) 教科書によく出るもの、有名なものを中心に、和歌・短歌を一二八首、俳句を九〇句、本文見出しとして収録しました。

(2) 見出しは歴史的かなづかいで示し、それぞれの解釈《かいしゃく》および参考事項《じこう》や季語などをのせました。

(例) **たはむれに**《タワムレニ》…短歌

**〔たはむれに　母《はは》を背負《せお》ひて　そのあまり軽《かろ》きに泣《な》きて　三歩《さんぽ》あゆまず〕**〈石川啄木《いしかわたくぼく》〉訳遊び半分に母を背負ってみて、そのあまりの軽さに母のおとろえや、かけた苦労をしみじみと感じて、涙《なみだ》があふれ、三歩と歩けなかったことだ。

## 8 古語

(1) 古典の学習に必要な基本的な古語約一四〇〇語を本文の見出しとして収録しました。

(2) 見出しは歴史的かなづかいで示し、現代かなづかいと異なる場合は、見出しの下にかたかなで現代かなづかいを示しました。

(3) 用例には出典を示し、現代語の訳を示しました。

(例) **いとほ・し**《イトオシ》（形シク）古語❶かわいそうだ。きのどくだ。「熊谷《くまがい》あまりにー・しくて」〈平家物語〉訳熊谷直実《なおざね》は(平敦盛《たいらのあつもり》が)あまりにもふびんで。❷かわいい。いじらしい。「見そめし心ざしー・しく思はば」〈源氏物語〉訳(男が自分を)恋《こい》した思いをいじらしく思うなら。

## 9 冒頭《ぼうとう》文

二五の、古文および近現代の有名な文学作品には、作品のイメージをつかむ手助けとなるよう、冒頭文を掲載《けいさい》しました。

## 10 付録

(1) 巻末には、学習に役立つ付録と索引《さくいん》を収録しました。

(2) 「国語表記の基準」と「国文法の解説」では日本語学習のもとになるいろいろなきまりを、「敬語の使い方」では敬語の実際の用法をわかりやすく示しました。

(3) 「漢字の筆順」では、本文に示したもの以外の筆順がある漢字について、その筆順を示しました。

(4) 「アルファベット略語集」では、日常生活においてよく目にするアルファベットの略語をＡＢＣ順に収めました。

(5) 「漢字画引き索引」は、常用漢字の読みなどがわからないときに、画数から本文の見出しを引けるようにしたものです。

(6) 「類語表現コンシェルジュ」を新設し、文章作成に役立つよう身近なテーマに関する類語を図表・例文とともに掲げました。

(7) 別冊「あの人のこの言葉」には、著名人による独自のことばの解釈を収めました。

# 略語・記号一覧

## 品詞・活用

(接頭) 接頭語
(接尾) 接尾語
(名) 名詞
(代) 代名詞
(自) 自動詞
(他) 他動詞
(自他) 自動詞・他動詞
(形) 形容詞
(形動) 形容動詞
(連体) 連体詞
(副) 副詞
(接) 接続詞
(感) 感動詞
(格助) 格助詞
(接助) 接続助詞
(副助) 副助詞
(終助) 終助詞
(助動) 助動詞
(五) 口語動詞の五段活用
(四) 文語動詞の四段活用
(上一) 上一段活用
(上二) 上二段活用
(下一) 下一段活用
(下二) 下二段活用
(カ変) カ行変格活用
(サ変) サ行変格活用
(ナ変) ナ行変格活用
(ラ変) ラ行変格活用
(スル) 「する」をつけてサ行変格活用となるもの
(ダ) 口語形容動詞の活用
(トタル) 「と」がついて副詞となり、「たる」がついて連体詞となるもの
(ク) 文語形容詞のク活用
(シク) 文語形容詞のシク活用
(ナリ) 文語形容動詞のナリ活用

## 百科語など

〔文〕 文学
〔文法〕 文法
〔歴〕 歴史・考古学
〔経〕 経済
〔法〕 法律
〔数〕 数学
〔物〕 物理
〔化〕 化学
〔天〕 天文・気象
〔動〕 動物
〔植〕 植物
〔地〕 地理
〔地質〕 地質・地球
〔音〕 音楽
〔美〕 美術
〔仏〕 仏教
〔演〕 演劇
〔医〕 医学・保健
〔生〕 生理

## 見出し

【 】 常用漢字表などによる標準的な書き表し方
〖 〗 常用漢字表によらない書き表し方・また、常用漢字表にしたがっていても一般《いっぱん》的とは考えにくい書き表し方
〔 〕 〔人名〕〔地名〕〔作品名〕 古語 歌謡 和歌 短歌 俳句
△ 常用漢字表にない漢字
◇ 常用漢字表にない読み方
○ 常用漢字表付表の当て字・熟字訓
× 常用漢字表付表以外のおもな当て字・熟字訓

### 見出し語に関する知識

学習 表現 故事 冒頭文
注意 参考 文法 使い方

## 記号

類 似た意味のことば
対 反対の意味のことば・意味が対応することば
↓ 他の見出しを参照
⇩ 語釈があって、なお他の見出しなどを参照
（ ） 似た意味のことば、反対・対応する意味のことばなどが❶❷❸…の全部の意味に共通するもの

### 大見出し漢字に関するもの

小1 小2 小3 小4 小5 小6 小学校で学習する一〇二六字の漢字の配当学年
中 中学校で学習する音訓
高 高等学校で学習する音訓
⬘ 見出し漢字が上につく熟語
⬙ 見出し漢字が下につく熟語

## その他

…的 …化 …性 見出し語が「的」「化」「性」などの語と結びつきが強いとき、その結びついた語の用例
(俗語) くだけた、または乱暴な感じのことば
訳 古語の用例の現代語訳

# あ ア

**あ【亜】** 7画 二5 〔亞〕 音ア
❶次ぐ。準じる。◆亜寒帯・亜熱帯・亜流。❷「アジア(亜細亜)」の略。◆亜欧《あおう》◆東亜

**あ** (感) 驚《おどろ》いたり、ふと気づいたり、軽く呼びかけたりするときに発することば。「ー、もうこんな時間だ」「ー、君」

**ああ** (副) あのように。「あの人はー見えても親切だ」「ーでもない、こうでもないと考え込む」

**ああ言《い》えばこう言《い》う** 相手に反論するかたちで、理屈《りくつ》を並べて言いのがれをする。

**ああ** (感) ❶驚《おどろ》き・悲しみ・喜び・なげきなどを感じたときに発することば。「ー、なんとすばらしい」❷承知・肯定《こうてい》の返事をするときに発することば。「ー、いいよ」❸思いあたったときに発することば。「ー、あれか」

**あああ** (感) いやなことがあったり、がっかりしたりしたときに発することば。「ー、まただめか」参考 二番目の音を低く、三番目の音を高く言う。

**アーカイブ**〔英 archive〕(名) ❶大規模な記録・資料や公文書などを集めて保管すること。また、その保管施設《しせつ》。アーカイブス。❷コンピューターで、いくつかのファイルをひとつにまとめたもの。

**アークとう【アーク灯】**(名) 向かい合った二本の炭素棒に電流を通して、白色の光を出させる電灯。▽アークは、英 arc

**アーケード**〔英 arcade〕(名) ❶半円形の屋根のある通路。❷商店街などで、屋根のようなおおいのある通路。また、その屋根のようなおおい。

(アーケード②)

**アース**〔英 earth〕(名) 感電を防いだり感度をよくしたりするために、電気装置と地面を導線でつなぎ、電流を大地に流すしかけ。また、それに使う導線。

**アーチ**〔英 arch〕(名) ❶石・れんがなどで上部を半円形に作った建築の構造。❷葉のついた木の枝を組み合わせてかざった門。「ーをくぐって入場する」❸弓形をしたもの。弧《こ》。「ー形のダム」❹野球で、ホームランのこと。「ーをえがく」

(アーチ①)

(アーチ②)

**アーチェリー**〔英 archery〕(名) 西洋式の弓を使って行うスポーツ競技。また、その弓。洋弓。

**アーチスト** (名) →アーティスト

**アーティスティック-スイミング**〔英 artistic swimming〕(名) 水泳競技の一つ。プールの中で音楽に合わせて泳ぎ、技術と芸術性を競う。「シンクロナイズドスイミング」にかわる呼称《こしょう》。

**アーティスト**〔英 artist〕(名) 芸術家。特に、美術家や演奏家、歌手など。アーチスト。

**アート**〔英 art〕(名) 芸術。美術。「モダンー」

**アートし【アート紙】**(名) なめらかでつやのある厚い印刷用紙。写真印刷によく使われる。▽アートは、英 art

**アート-ディレクター**〔英 art director〕(名) 映画・演劇や広告・本・雑誌などの制作で、視覚的な効果の設計やとりまとめをする人。

**アーメン**〔ヘブライ āmēn〕(感) キリスト教で、祈《いの》りや賛美歌などのあとに唱えることば。「そうでありますように」という意味を表す。

**アーモンド**〔英 almond〕(名) 《植》バラ科の落葉高木。種子は食用や薬用にする。巴旦杏《はたんきょう》。

**アーリアじん【アーリア人】**(名) インドヨーロッパ語を使う諸民族の総称《そうしょう》。特に、中央アジアからイランド、イランに移住定着した古代民族をいう場合もある。▽アーリアは、英 Aryan から。

**アール**〔フランス are〕(名) メートル法で、面積の単位。一アールは一〇〇平方メートル。記号 a

**アールエイチいんし【Rh因子】**(名) 《生》血液中にふくまれる抗原《こうげん》の一つ。この因子をもつ血液型のRh+と、もたない血液型のRh−とがある。

**あい【哀】** 9画 口6 訓あわれ・あわれむ 音アイ
❶かなしい。かなしむ。かなしみ。◆哀歓《あいかん》・哀愁《あいしゅう》・哀悼《あいとう》◆喜怒哀楽《きどあいらく》・悲哀。❷あわれむ。あわれなさま。◆哀願

**あい【挨】** 10画 扌7 音アイ
おす。おしのける。◆挨拶《あいさつ》

**あい【愛】** 13画 心9 小4 音アイ
❶いつくしむ。かわいがる。◆愛妻・愛情・愛憎《あいぞう》・愛撫《あいぶ》◆恩愛《おんあい・おんない》・慈愛《じあい》・情愛・親愛・溺愛《できあい》・博愛。対憎《ぞう》。❷こいしたう。◆求愛・相愛・恋愛《れんあい》。❸このむ。◆愛好・愛読・愛唱歌・愛用。❹おしむ。◆愛惜《あいせき》◆割愛《かつあい》。❺大事にする。◆愛護・愛国・愛蔵◆自愛。参考「愛媛」県は「えひめ」県と読む。

**あい【愛】**(名) ❶かわいがりいつくしむ気持ち。「親から子へのー」❷こいしたう気持ち。「ーの告白」❸たいせつに思う気持ち。「郷土ー」

**あい【曖】** 17画 日13 音アイ
❶くらい。日がかげってくらい。◆曖味《あいまい》・曖昧模糊《あいまいもこ》◆曖曖《あいあい》。❷はっきりしない。

**あい-【相】**(接頭) ❶たがいに。「ー対する」❷ともに。いっしょに。「ー乗り」❸動詞の上につき、あらたまったおもおもしい感じを表す。「ーすみません」

**あい【藍】**（名）❶〘植〙タデ科の一年草。葉から濃《こ》い青色の染料をとる。たであい。❷①の葉からとった染料。❸濃い青色。あい色。

（藍①）

**あいあいがさ【相合傘】**（名）男女が二人で一本の傘《かさ》をさすこと。

**あいいく【愛育】**（名・他スル）かわいがって育てること。

**あいいれない**〘相◇容れない〙両方の考え方や立場がちがっていて、たがいに認め合わない。「—仲」

**あいいん【合い印】**（名）書類や帳簿《ちょうぼ》を他の書類や帳簿と照合したしるしに押《お》す印。あいじるし。

**あいうち【相打ち・相討ち】**（名）剣道《けんどう》などで、双方《そうほう》が同時に相手をうつこと。転じて、勝負がつかないこと。「—になる」

**アイ-エム-エフ【IMF】**（名）〘経〙（英 International Monetary Fund の略）国際通貨基金。加盟国間の貿易の拡大、為替《かわせ》の安定、経済成長などをはかる目的で設けられた国際金融《きんゆう》機関。

**アイ-エル-オー【ILO】**（名）（英 International Labour Organization の略）国際労働機関。労働者の権利を守り、生活水準の向上をはかるための国際連合の機関。

**あいえんか【愛煙家】**（名）たばこの好きな人。

**あいえんきえん【合縁奇縁・合縁機縁】**（名）人と人との気が合うのも合わないのも、すべてふしぎな縁によるということ。

**アイ-オー-シー【IOC】**（名）（英 International Olympic Committee の略）国際オリンピック委員会。オリンピック大会を主催・統轄《とうかつ》する組織。

**あいか【哀歌】**（名）悲しい気持ちをうたった詩歌。エレジー。類悲歌

**あいかぎ【合い鍵】**（名）その錠《じょう》に合わせて作った、別のかぎ。

**あいかた【相方】**（名）いっしょに何かを行うときの仲間。相棒《あいぼう》。「漫才《まんざい》の—」

**あいかわらず【相変わらず】**（副）今までと変わりないようす。いつものとおり。「—元気です」参考皮肉やあきれる気持ちをこめて「あいもかわらず」ともいう。

**あいかん【哀感】**（名）なんとなく悲しい感じ。もの悲しい気分。「—がただよう」類哀愁《あいしゅう》

**あいかん【哀歓】**（名）悲しみと喜び。「—を共にする」「人生の—」

**あいがん【哀願】**（名・他スル）人の同情心にうったえて、必死に乞《こ》い願うこと。哀訴《あいそ》。

**あいがん【愛玩】**（名・他スル）小さな動物などを、たいせつにしてかわいがること。「—動物」

**あいぎ【合い着】**〘◇間着〙（名）❶春や秋に着る衣服。合い服。❷上着と下着との間に着る衣服。

**あいきどう【合気道】**（名）日本の武道の一種。当て身と関節わざを主とする護身術。合気術。

**アイ-キュー【IQ】**（名）（英 intelligence quotient の略）知能指数。

**あいきょう【愛郷】**（名）自分の生まれた土地を愛すること。「—心」

**あいきょう**〘愛◇敬・愛△嬌〙（名）❶にこにこしていてかわいらしいこと。「—のある子」❷人に好かれようとしたり、人をよろこばせようとしたりしてするふるまい。「—をふりまく」❸笑いを誘《さそ》ったり好ましい感じを人に与えたりするしぐさや言動。「猿《さる》は—がある」「歌がへたなのはご—」

**あいくち【合い口】**（名）❶つばのない短刀。❷相手との調子の合いぐあい。「—がいい」類相性。参考①は「匕首」とも書く。

**あいくるし・い【愛くるしい】**（形）{カロ・カッ(ク)・イ・イ・ケレ・○}たいそうかわいらしい。「—笑顔」

**あいけん【愛犬】**（名）❶かわいがっている犬。「—ポチ」❷犬をかわいがること。「—家」

**あいこ**〘相子〙（名）たがいに勝ち負けのないこと。ひきわけ。「これでおーだ」

**あいこ【愛顧】**（名）目をかけて引き立てること。ひいきにすること。「ご—をたまわる」使い方ふつう、「ご」をつけて目をかけられる方が使う。

**あいご【愛護】**（名・他スル）かわいがったり大切にあつかったりして保護すること。「動物—」「目の—デー」

**あいこう【愛好】**（名・他スル）その物事にしたしみ、このむこと。「スポーツの—者」

**あいこく【愛国】**（名）自分の国を愛すること。「—心」「—者」

**あいことば【合い言葉】**（名）❶仲間であることを確かめあうために、あらかじめ決めておく合図のことば。❷団体や仲間の主張を短く表したことば。標語。スローガン。モットー。

**アイコン**〔英 icon〕（名）コンピューターで、プログラムやファイルなどの機能を、単純化した絵や図で画面上に表したもの。

**あいさい【愛妻】**（名）❶愛して、たいせつにしている妻。❷妻を愛し、たいせつにすること。「—家」

**あいさつ【挨拶】**（名・自スル）❶人に会ったときや別れるときなどにかわす社交的なことばや動作。「朝の—をかわす」「時候の—」❷儀式《ぎしき》や会合などで、改まって感謝やお祝いの気持ちを述べること。また、そのことば。「開会の—」❸応対や返事。「なんの—もない」❹（「ごあいさつ」の形で）相手の失礼な言い方やふるまいを皮肉っていう語。「とんだご—だ」

**あいじ【愛児】**（名）親がかわいがっている子ども。いとし子。

**アイ-シー【IC】**（名）（英 integrated circuit の略）集積回路。

**アイシー-カード【ICカード】**（名）（IC は、英 integrated circuit の略）IC（=集積回路）のチップが内蔵されたカード。大量の情報が記録でき、キャッシュカード・運転免許証などに広く利用される。

**アイ-シー-ビー-エム【ICBM】**（名）（英 intercontinental ballistic missile の略）大陸間弾道弾《だんどうだん》。核弾頭《かくだんとう》を装備し、射程が六四〇〇キロメートル以上におよぶ長《ちょう》距離《きょり》ミサイル。

**アイ-シー-ユー【ICU】**（名）（英 intensive care unit の略）重症患者《じゅうしょうかんじゃ》を集中的に管理、

治療《ちりょう》するための病室。集中治療室。

**あいじゃく【愛着】**（名・自スル）↓あいちゃく

**アイ-シャドー**〔英 eye shadow〕（名）目もとに陰《いん》影《えい》をつけるために、まぶたに塗《ぬ》る化粧品《けしょうひん》。

**あいしゅう【哀愁】**（名）なんとなく悲しい感じ。もの悲しさ。「—がただよう」類哀感《あいかん》

**あいしょう【相性・合い性】**（名）たがいの性格の合いぐあい。また、関係や組み合わせのうまくゆく度合い。「—がいい」類合い口

**あいしょう【哀傷】**（名・他スル）人の死などを悲しみいたむこと。「—歌」

**あいしょう【愛称】**（名）正式の名前とは別に、親しい気持ちをこめて呼ぶ名前。ニックネーム。

**あいしょう【愛唱】**（名・他スル）❶好んでよく歌うこと。「—歌」❷詩や短歌などを好んでよく口ずさむこと。「—する詩」参考②は「愛誦」とも書く。

**あいじょう【愛情】**（名）❶人や物事を愛するあたたかな気持ち。「母親の—」「—をこめて育てる」❷異性をこいしたう気持ち。「ほのかな—がめばえる」

**あいじょう【愛嬢】**（名）親がかわいがっている娘《むすめ》。まなむすめ。対愛息。使い方〉他人の娘にいう。

**アイス**〔英 ice〕（名）❶氷。「—スケート」❷氷で冷やしたもの。「—コーヒー」❸「アイスクリーム」の略。

**あい・す【愛す】**（他五）｛サ(ソ)・シ・ス・ス・セ・セ｝↓あいする

**あいず【合図】**（名・自スル）前もって決めておいたやり方で、物事を知らせること。また、そのやり方。サイン。

**アイス-クリーム**〔英 ice cream〕（名）牛乳・卵黄・砂糖《さとう》・香料《こうりょう》などをまぜ、こおらせた菓子《かし》。

**アイスボックス**〔英 icebox〕（名）氷で冷やす冷蔵庫。多く、小型で携帯《けいたい》用のもの。

**アイス-ホッケー**〔英 ice hockey〕（名）氷の上でスケート靴《ぐつ》をはいて行うホッケー。一チームは六人。

**アイスランド**〔Iceland〕〔地名〕大西洋の北極圏《ほっきょくけん》近くにある共和国。首都はレイキャビク。

**あい・する【愛する】**（他サ変）｛シ(セ・サ)・シ・スル・スル・スレ・シロ(セヨ)｝❶かわいがりいつくしむ。「子を—」❷異性をこいしたう。❸たいせつに思う。「郷里を—」❹好む。「花を—」

**あいせき【相席】**（名・自スル）飲食店などで、見知らぬ人と同じ席につくこと。「ご—でお願いします」

**あいせき【哀惜】**（名・他スル）人の死などを悲しみおしむこと。「—の念にたえない」類哀悼《あいとう》

**あいせき【愛惜】**（名・他スル）失いたくないと思い、たいせつにすること。「祖父が—していた絵」

**あいせつ【哀切】**（名・形動ダ）ひじょうにあわれで、もの悲しいこと。「—な笛の音《ね》」

**アイゼン**（名）登山靴《ぐつ》の底につける、すべりどめのつめのついた金具。▽《ドイツ》Steigeisen から。

（アイゼン）

**あいそ【哀訴】**（名・他スル）なげきうったえること。哀願。

**あいそ【愛想】**（名）❶にこやかで人あたりのよい態度や表情。「—がいい」「無《ぶ》—」❷相手を喜ばせようとすることばや態度。「お—を言う」❸もてなし。「なんのお—もなくてすみません」❹飲食店で、勘定《かんじょう》。「お—を願います」参考「あいそう」とも読む。

**愛想が尽《つ》きる**　すっかりいやになる。あきれる。「今度という今度は愛想が尽きた」

**愛想も小想《こそ》も尽《つ》き果《は》てる**　↓あいそがつきる

**愛想を尽《つ》かす**　いやになって、相手にしなくなる。

**あいぞう【愛憎】**（名）愛することとにくむこと。

**あいぞう【愛蔵】**（名・他スル）たいせつにして、しまっておくこと。「—の本」「—版《ばん》」

**あいそく【愛息】**（名）親がかわいがっているむすこ。対愛嬢《あいじょう》。使い方〉他人のむすこにいう。

**あいそづかし【愛想尽《づ》かし】**（名）いやになって見限ること。また、それを示す態度やことば。「—をする」

**アイソトープ**〔英 isotope〕（名）《化》同位体。

**あいそわらい【愛想笑い】**（名・自スル）相手の機嫌《きげん》をとるための笑い。おせじ笑い。「—を浮《う》かべる」

**あいだ【間】**（名）❶物と物とにはさまれたところ。すきま。「家と塀《へい》の—」❷時間的・空間的なへだたり。「—をおかずに続編が出る」「—をあけてすわる」❸あるひと続きの時間・空間。「留守《るす》の—に客が来た」「ふもとから頂上までの—」❹物事と物事のまん中。中間。「二人の意見の—を取る」❺人と人との関係。「親子の—」❻ある集団の範囲《はんい》内。「家族の—で話題になる」

**あいたいずく【相対ずく】**（名）相手と相談して納得《なっとく》のうえで事を決めること。「—で決める」

**あいたい・する【相対する】**（自サ変）｛シ(セ・サ)・シ・スル・スル・スレ・シロ(セヨ)｝❶おたがいに向かい合う。「両チームが—・してならぶ」❷対立する。「—二つの意見」

**あいだがら【間柄】**（名）人と人との関係。家族・親類としてのつながりや、つきあいなどによって生じたものなど。「親子の—」「師弟の—」

**あいちゃく【愛着】**（名・自スル）愛情を感じているために、はなれにくく思うこと。「故郷に—を感じる」「—のある本」参考「あいじゃく」とも読む。

**あいちょう【哀調】**（名）もの悲しい調子。「—をおびた音楽」

**あいつ**（代）❶話し手からも聞き手からもはなれている人をさして、軽蔑《けいべつ》、または親しみの気持ちをこめていうことば。「—が犯人だ」「—はいい男だ」❷話し手からも聞き手からもはなれた事物をさして、乱暴にいうことば。「—をもらおう」

**あいつ・ぐ【相次ぐ】**（自五）｛ガ(ゴ)・ギ(イ)・グ・グ・ゲ・ゲ｝つぎからつぎへと続く。続いて起こる。「不祥事《ふしょうじ》が—」

**あいづち【相づち】**『相△槌』（名）❶刀などを鍛《きた》えるとき、二人で交互《こうご》に打ち合うつち。❷相手の話に合わせてする応答。

**相づちを打《う》つ**　相手の話に調子を合わせる。同感してうなずく。「母は父の話に相づちを打った」

**あいて【相手】**（名）❶物事をいっしょにする人。「話し—」「子どもの—をする」❷争いなどで、相対する人。競争者。敵。「—の出方しだい」「まるで—にならない」❸はたらきかける対象になる人。「女性—の商売」

**アイデア**〔英 idea〕（名）なにかをしたり、作ったりすると

きの新しい考えや工夫《くふう》。思いつき。着想。アイディア。「それはいい―だ」「―がうかぶ」

**アイ-ティー【IT】**（名）〔英 information technology の略〕情報技術。特に、インターネットなどを使った情報処理の技術。

**アイディー【ID】**（名）〔英 identification の略〕❶身分証明。「―カード」❷利用者を識別するための符号《ふごう》。「ユーザー―とパスワードを入力する」

**あいでし【相弟子】**（名）同じ先生について教えをうける者どうし。

**あいてど・る【相手取る】**（他五）｛ラ(ロ)・リ(ッ)・ル・ル・レ・レ｝争いの相手とする。「国を―・って訴訟《そしょう》を起こす」

**アイテム**〔英 item〕（名）❶項目《こうもく》。細目。❷品目。品物。「仕事に必須《ひっす》の―」

**アイデンティティ**〔英 identity〕（名）そのものが、ほかとちがう、独自のものであるということ。存在の自己証明。自己同一性。「自分の―を確立する」

**あいとう【哀悼】**（名・他スル）人の死を悲しんで心をいためること。「つつしんで―の意を表す」類哀惜《あいせき》

**あいどく【愛読】**（名・他スル）特定の書物を、好んで読むこと。「―書」

**アイドリング**〔英 idling〕（名）機械のエンジンを低速で回転させ空回りさせていること。特に、自動車の停車《ていしゃ》中のエンジンの空回し。「―ストップ」

**アイドル**〔英 idol〕（名）あこがれの人。人気者。特に、人気のある若い歌手や芸能人。「若者の―」

**あいなかば・する【相半ばする】**（自サ変）｛シ(セ・サ)・シ・スル・スル・スレ・シロ(セヨ)｝反対の性質を半分ずつもっている。五分五分である。「功罪―」

**あいな・し**（形ク）古語❶満足できない。おもしろくない。「世に語り伝ふること、まことは―・きにや、多くはみなそらごとなり」〈徒然草《つれづれぐさ》〉訳この世に語り伝えていることは、事実は平凡《へいぼん》でつまらないのであろうか、たいていはみなつくり話である。❷そうあってはならない。ふさわしくない。「み心おごりぞ―・かりける」〈源氏物語〉訳おごりたかぶるお心こそ困ったものであった。❸（「あいなく」「あいなう」の形で）むやみに。ただもう。「―・く目をそばめつつ」〈源氏物語〉訳むやみに目をそらして。

**あいにく【◇生憎】**（副・形動ダ）ぐあいやつごうが悪く、残念なようす。「―雨が降ってきた」「―ですが本人は不在にしております」

**アイヌ**（名）北海道・サハリン（樺太《からふと》）・千島に住む先住民族。参考アイヌ語で「人」の意。

**あいのて【合いの手】**『◇間の手』（名）❶唄《うた》と唄の間に三味線《しゃみせん》ではいる演奏。❷歌やおどりの調子に合わせて入れる手拍子《てびょうし》やかけ声。「―を入れる」❸会話や動きの合間にはさむ別のことばや動き。

**あいのり【相乗り】**（名・自スル）❶本来は別々に乗るべき人と、同じ乗り物に乗ること。「タクシーに―する」❷他人のしようとしていることに、自分も参加すること。

**あいば【愛馬】**（名）かわいがっている馬。

**アイ-バンク**〔英 eye bank〕（名）死後、自分の目の角膜《かくまく》を、目の不自由な人にゆずるために登録する機関。角膜銀行。眼球銀行。

**あいはん・する【相反する】**（自サ変）｛シ(セ・サ)・シ・スル・スル・スレ・シロ(セヨ)｝たがいに対立する。たがいに一致《いっち》しない。「二回の実験で―結果が出た」

**アイピーエスさいぼう【iPS細胞】**（名）〔医〕〔英 induced pluripotent stem cell から〕体細胞に遺伝子を導入して人工的に作り出される細胞。生体のさまざまな細胞への分化・増殖《ぞうしょく》が可能で、再生医療《いりょう》などへの応用が期待される。人工多能性幹細胞。

**あいびき【合いびき】**『合い△挽き』（名）牛肉と豚肉《ぶたにく》をまぜて、器械で細かくした肉。合いびき肉。

**あいびき**『△逢い引き』（名・自スル）愛し合っている男女がひそかに会うこと。

**あいぶ**『愛△撫』（名・他スル）かわいがってなでさすること。なでさするように、やさしくかわいがること。

**あいふく【合い服】**『◇間服』（名）→あいぎ①

**あいべつりく【愛別離苦】**（名）〔仏〕八苦の一つ。親・兄弟・妻子など、愛する人と別れる苦しみ。

**あいべや【相〇部屋】**（名）旅館・下宿などで、一つの部屋を他人といっしょに使うこと。「―になる」

**あいぼ【愛慕】**（名・他スル）愛し、したうこと。

**あいぼう【相棒】**（名）（駕籠《かご》の棒をいっしょにかつぐ相手の意から）いっしょに仕事などをする相手。パートナー。

**アイボリー**〔英 ivory〕（名）❶象牙《ぞうげ》。❷象牙色。うすく黄色がかった灰色。

**あいま【合間】**（名）続いている物事がとぎれたあいだ。「勉強の―に手伝う」

**あいまい【曖昧】**（形動ダ）｛ダロ・ダッ(デ・ニ)・ダ・ナ・ナラ・〇｝はっきりしないようす。あやふや。「―な態度」

**あいまいもこ**『曖昧模△糊』（トタル）ぼんやりとして、はっきりしないようす。「文意が―としている」

**アイ-マスク**〔和製英語〕（名）明るい場所で眠《ねむ》るために用いる目隠《めかく》し。▽eye と mask から。

**あいまって【相まって】**『相△俟って』（副）いくつかのことがいっしょになって。たがいに作用し合って。「事故と雪が―道が渋滞《じゅうたい》する」

**あいみたがい【相身互い】**（名）（「相身互い身」の略）同じ境遇《きょうぐう》にある者どうしが同情し助け合うこと。「苦しいときは―だ」

**あいやど【相宿】**（名）同じ旅館、または同じ部屋に泊《と》まり合わせること。

**あいよう【愛用】**（名・他スル）好んでいつも用いること。「―の辞典」

**あいよく【愛欲】**（名）異性に対する性的な欲望。

**あいらく【哀楽】**（名）悲しみと楽しみ。「喜怒《きど》―」

**あいらし・い【愛らしい】**（形）｛カロ・カッ(ク)・イ・イ・ケレ・〇｝かわいらしい。かれんである。「赤ちゃんの―寝顔《ねがお》」

**アイルランド**〔Ireland〕〔地名〕❶イギリス、グレートブリテン島の西方にある島。❷アイルランド島の大部分をしめる共和国。首都はダブリン。

**あいろ**『△隘路』（名）❶せまくて険しい道。❷物事を進めていくうえで、さまたげとなるもの。「―を開く」

**アイロニー**〔英 irony〕（名）反語。皮肉。風刺《ふうし》。あてこすり。「―に満ちた批評」

**アイロン**〔英 iron〕（名）❶衣服のしわを伸《の》ばしたり、折り目をつけたりする道具。❷髪《かみ》をととのえるこて。

**あいわ【哀話】**（名）あわれな話。類悲話

**あ・う【合う】**（自五）{ワ(オ)・イ(ツ)・ウ・ウ・エ・エ} ❶二つ以上のものが集まって一つになる。「二本の川がー所」❷ぴったりする。「服が大きすぎてからだにー・わない」❸適《てき》する。向く。調和する。「この薬はからだにー・わない」「自分にー仕事」「場にー・った服装」❹たがいに同じになる。一致《いっち》する。「収支がー」「気がー」「意見がー」❺基準となるものや、正しいものと一致する。「設計図とー・っている」「道理にー」❻（労力や時間をかけても）損にならない。ひきあう。「割《わり》にー・わない商売」❼（動詞の連用形について）たがいになにかをする。「助けー」「話しー」

**あ・う【会う・遭う】**『△逢う・◇遇う』（自五）{ワ(オ)・イ(ツ)・ウ・ウ・エ・エ} ❶人と顔をあわせる。「友だちにー」❷思いがけないできごと、よくないできごとなどを経験する。「ひどい目にー・った」

**会うは別《わか》れの始《はじ》め** 会えば必ず別れるときがくるということで、無常のたとえ。

| 尊敬語 | 謙譲《けんじょう》語 | 丁寧《ていねい》語 |
|---|---|---|
| お会いになる<br>会われる | お目にかかる<br>お会いする | 会います |

学習 使い分け 「会う」「遭う」

会う　主として、人と人とが顔をあわせる意。対面する。「駅前で友人と**会う**」「友だちに**会う**約束をする」

遭う　事件や自然現象など思わぬことに偶然《ぐうぜん》出くわす意。「交通事故に**遭う**」「外出先で夕立に**遭う**」

仕組みの解明 「会う・遭う」

Q 人と会う？ 人に会う？

| | A | B |
|---|---|---|
| | 人 | 事故 |
| と | ○ | × |
| に | ○ | ○ |
| | 会う | 遭う |

A・「と」にはたがいに対等な、「に」には一方向なニュアンスがある。自分から会いに行く場合は「に」が、待ち合わせなどで会う場合は「と」が多く使われる。
・相手が人間の場合、偶然の出会いなどの例を除けば「会う」と書き、人間以外の場合は「遭う」と書くことが多い。

**アウェー**（名）（「アウェーゲーム」の略）サッカーなどで、相手チームの本拠地《ほんきょち》で行う試合。▽英 away game から。対ホーム

**アウター**〔英 outer〕（名）（「アウターウエア」の略）重ね着するとき、上に着る衣服。ジャケット・コートなど。上着。対インナー

**アウト**〔英 out〕（名）❶テニスやバレーボールなどで、打球が規定の線の外に出ること。対イン・セーフ。❷野球で、打者・走者が攻撃《こうげき》資格を失うこと。対セーフ。❸ゴルフで、前半の九ホール。対イン。❹物事がだめになること。失敗すること。対セーフ

**アウト-コーナー**〔和製英語〕（名）野球で、本塁《ほんるい》の、打者から遠いほうの側。外角。▽out と corner から。対インコーナー

**アウトサイダー**〔英 outsider〕（名）❶ある集団や組織の外側にいる人。局外者。❷常識的な社会のわくからはずれている人。

**アウトサイド**〔英 outside〕（名）❶外側。外面。❷テニスなどで、規定の線の外側。（対インサイド）

**アウトソーシング**〔英 outsourcing〕（名）仕事の一部を外部の業者に請《う》け負わせること。外部委託《いたく》。

**アウトドア**〔英 outdoor〕（名）戸外。屋外《おくがい》。「ースポーツ」「ーライフ」対インドア

**アウトプット**〔英 output〕（名・他スル）コンピューターで、処理した結果・情報を外部に出すこと。出力。対インプット

**アウトライン**〔英 outline〕（名）❶物の形を表すまわりの線。❷あらまし。大要。「計画のーを示す」

**アウトレット**（名）（「アウトレットストア」の略）在庫品などを安く売る小売店。▽英 outlet store から。

**アウトロー**〔英 outlaw〕（名）社会秩序《ちつじょ》からはみでた無法者。

**あうんのこきゅう**『△阿△吽の呼吸・△阿△吘の呼吸』二人以上で何かをするときに、微妙《びみょう》な調子や気持ちがぴたりと合うこと。参考「あうん」は古代インド語で、「阿」は吐《は》く息、「吽」は吸う息を意味する。

**あえ・ぐ**『△喘ぐ』（自五）{ガ(ゴ)・ギ(イ)・グ・グ・ゲ・ゲ} ❶苦しそうにせわしく息をする。息をきらす。「ー・ぎー・ぎ坂を登る」❷苦しむ。苦労する。「不景気にー」

**あえて**『◇敢えて』（副）❶困難をおしきって。「人を救うためにー危険をおかす」類しいて。❷取りたてて。必ずしも。「ーそうするまでもない」使い方②は、あとに「ない」「ません」などの打ち消しのことばがくる。

**あえな・い**『◇敢えない』（形）{カロ・カツ(ク)・イ・イ・ケレ・○} はかない。あっけない。「ー最期《さいご》をとげる」

**あえもの【あえ物】**『◇和え物』（名）野菜や魚などに、みそ・酢《す》・ごまなどを入れてまぜ合わせた料理。

**あ・える**『◇和える』（他下一）{エ・エ・エル・エル・エレ・エロ(エヨ)} 野菜や魚などに、みそ・酢《す》・ごまなどをまぜ合わせる。

**あえん【亜鉛】**（名）《化》銀白色でもろい金属元素。電池の陰極《いんきょく》やめっきに用いる。元素記号 Zn

**あお【青】**一（名）❶三原色の一つ。晴れた空の色。また、緑色・水色などをもいう。「ー葉《あおば》」❷進行の安全を示す信号の色。二（接頭）まだじゅうぶんに成長していないことを表す。「ー二才」

**青は藍《あい》より出《い》でて藍《あい》より青《あお》し** 弟子《でし》が師よりもすぐれることのたとえ。出藍《しゅつらん》。

**あおあお【青青】**（副・自スル）とても青いようす。一面に青が広がっているようす。「木が—（と）しげる」

**あおあらし【青嵐】**（名）青葉のころに吹《ふ》くさわやかな風。せいらん。

**あおい【^△葵】**（名）〔植〕❶ふよう・たちあおい・ぜにあおいなどアオイ科植物の総称《そうしょう》。❷ふたばあおいのこと。ウマノスズクサ科の多年草。

（葵②）

**あお・い【青い】**（形）{カロ・カツ(ク)・イ・イ・ケレ・○}❶青色である。広くは、緑色・水色などにもいう。「—空」「—草」❷顔に血の気がない。顔色が悪い。「顔が—」❸果実がまだ熟していない。「梅の実はまだ—」❹人がらや行為《こうい》などが未熟である。「まだまだ言うことが—」「考えが—」

**あおいきといき【青息吐息】**（名）たいへん困って苦しむこと。苦しくてため息をつくこと。

**あおいとり【青い鳥】**〔作品名〕ベルギーの詩人・劇作家メーテルリンクの童話劇。一九〇九年刊。チルチルとミチルの兄妹が、幸福のしるしである青い鳥をたずねて歩くという話。幸福は身近にあることを暗示している。

**あおうなばら【青。海原】**（名）青々とした広い海。「果てしなく続く—」

**あおかび【青かび】【青^△黴】**（名）かびの一種。青みがかった緑色で、もち・パンなどの食べ物に生える。参考ペニシリンは青かびの一種からつくられる。

**あおぎり【青^△桐】**（名）〔植〕アオイ科の落葉高木。木の皮が緑色で、葉はてのひら状で大きい。梧桐《ごとう》。

**あお・ぐ【仰ぐ】**（他五）{ガ(ゴ)・ギ(イ)・グ・グ・ゲ・ゲ}❶顔を上に向けて上方を見る。「夜空を—」❷尊敬する。敬う。「師と—」❸教え・援助《えんじょ》などを求める。請《こ》う。「指示を—」❹ひといきに飲む。呷《あお》る。「毒を—」

**あお・ぐ【^◇扇ぐ】**（他五）{ガ(ゴ)・ギ(イ)・グ・グ・ゲ・ゲ}うちわ・扇子《せんす》などで風をおこす。あおる。「うちわで炭火を—」

**あおくさ・い【青臭い】**（形）{カロ・カツ(ク)・イ・イ・ケレ・○}❶青草のようなにおいがする。❷未熟である。「—ことを言う」

**あおくなる【青くなる】**恐怖《きょうふ》や驚《おどろ》きなどで血の気《け》を失い、顔色が青白くなる。

**あおざかな【青魚】**（名）いわし・さばなど、背が青みを帯びた魚。あおもの。

**あおざ・める【青ざめる】**（自下一）{メ・メ・メル・メル・メレ・メロ(メヨ)}恐怖《きょうふ》や病気などで血の気《け》を失い、顔色が青白くなる。

**あおじゃしん【青写真】**（名）❶薬品を使って、図・表や文字などを青地に白で写し出した複写。設計図などに用いる。❷（設計図などに多く使うことから）物事の予定・計画。「将来の—をえがく」

**あおじろ・い【青白い】【^△蒼白い】**（形）{カロ・カツ(ク)・イ・イ・ケレ・○}❶青みがかって白い。「—月の光」❷顔が青ざめて血色が悪い。「—顔」

**あおしんごう【青信号】**（名）❶交通で、進行・安全を知らせる青色や緑色の信号。❷物事を進めてよいという意味の合図。〔対赤信号〕

**あおすじ【青筋】**（名）ひふの表面に青く浮《う》きだした静脈《じょうみゃく》。

**青筋を立《た》てる**（おこるとひたいに青く血管が浮《う》きでることから）ひどくおこる。「青筋を立てておこる」

**あおぞら【青空】**（名）❶よく晴れた青い空。❷（名詞の上につけて）屋外《おくがい》ですること。「—教室」

**あおた【青田】**（名）稲《いね》が青々としている田。

**あおだいしょう【青大将】**（名）〔動〕ナミヘビ科のへび。緑褐色《りょくかっしょく》で、無毒。大きいものは二メートルにもなる。

**あおたがい【青田買い】**（名）❶収穫《しゅうかく》を見こして、青田のうちにその米を買うこと。❷会社などが卒業前の学生の採用を早々と決めること。青田刈《が》り。

**あおだたみ【青畳】**（名）新しくて表の青い畳。

**あおてんじょう【青天井】**（名）❶青空を天井にたとえていったもの。青空。❷株価や物の値段がどこまでも上がり続けること。

**あおな【青菜】**（名）濃《こ》い緑色の野菜。

**青菜に塩《しお》**（青菜に塩をかけるとしおれることから）元気をなくしてしおれているようす。

**あおにさい【青二才】**（名）年が若く未熟な男。

**あおによし**…和歌→あをによし…

**あおのけ【^◇仰のけ】**（名）→あおむけ

**あおのり【青のり】【青×海苔】**（名）浅い海の中の岩に生える緑藻《りょくそう》類の一種。食用にする。

**あおば【青葉】**（名）初夏の青々とした若葉。

**あおびょうたん【青びょうたん】【青^△瓢^△簞】**（名）❶まだ熟していない青いひょうたん。❷やせて顔色の青い人をあざけっていうことば。

**あおみ【青み】**（名）❶ある色に加わって、青く見える色合い。「—をおびる」❷吸い物や焼き魚などにそえる緑色の野菜。参考②は「青味」と書くことが多い。

**あおみどろ**（名）川・池・水田など淡水《たんすい》に生えるホシミドロ科の藻《も》。緑色で糸のように細い。

**あおむ・く【^◇仰向く】**（自五）{カ(コ)・キ(イ)・ク・ク・ケ・ケ}上を向く。あおのく。「—いて星を見る」対うつむく

**あおむけ【^◇仰向け】**（名）顔や胸を上に向けた状態。あおのけ。「—に寝《ね》る」対俯《うつぶ》せ

**あおむし【青虫】**（名）〔動〕もんしろちょうなどの幼虫。からだの色は緑色。多く野菜の葉を食べる。

**あおもの【青物】**（名）❶野菜類のこと。「—市場《いちば》」❷→あおざかな

**あおやぎ【青^◇柳】**（名）❶葉が青々としげった柳《やなぎ》。❷ばか貝（=海にすむ二枚貝の一種）のむきみ。すしなどに使う。

**あおり【^△煽り】**（名）❶強い風によるはげしい衝撃《しょうげき》。「強風の—で塀《へい》が倒《たお》れる」❷ある物事のはげしい動きが他におよぼす影響《えいきょう》。類余波

**煽りを食《く》う** そばにいたり近い関係にあったりしたために、よくない影響《えいきょう》を受ける。「不況《ふきょう》の—」

**あお・る【^△呷る】**（他五）{ラ(ロ)・リ(ッ)・ル・ル・レ・レ}ひといきに飲む。「酒を—」

**あお・る【^△煽る】**（他五）{ラ(ロ)・リ(ッ)・ル・ル・レ・レ}❶うちわなどで風をおこす。❷強い風が物をばたつかせる。「突風《とっぷう》に戸が—・られる」❸けしかける。そそのかす。また、勢い

をつける。「群衆を―」「不安を―」

**あか【赤】** 一 (名) ❶三原色の一つ。血のような色。また、橙《だいだい》・桃色《ももいろ》・朱《しゅ》などの色をもいう。❷危険を表す色。また、停止を表す信号の色。❸(革命の旗が赤色であることから)社会主義者や共産主義者の俗称《ぞくしょう》。 二 (接頭) まったくの。純然たる。「―はだか」「―恥《はじ》」

**あか**『△垢』(名) ❶ひふにたまるよごれ。「―を落とす」❷水の中のよごれがかたまってうつわの底などについたもの。「風呂《ふろ》の―」❸けがれ。「浮《う》き世の―」

**あかあかと【赤赤と】** (副) 真っ赤なようす。ひじょうに赤いようす。「夕日が―さす」

**あかあかと【明明と】** (副) たいへん明るいようす。「―灯《ひ》がともる」

**あかあかと**…短歌

〔あかあかと　一本《いっぽん》の道《みち》　とほりたり　たまきはる　我《わ》が命《いのち》なりけり〕〈斎藤茂吉《さいとうもきち》〉訳あかあかと日に照らされて一本の道が遠くへつづいている。この道は、私の進み行くべき道であり、私の命そのものでもあるのだ。(「たまきはる」は「命」の枕詞《まくらことば》)

**あかあかと**…俳句

〔あかあかと　日《ひ》はつれなくも　秋《あき》の風《かぜ》〕〈芭蕉《ばしょう》〉訳あかあかと日は無情に照りつけているが、吹《ふ》く風にはさすがに秋の気配《けはい》が感じられることだ。(季語「秋の風」秋)

**あか・い【赤い】** (形) 〔カロ・カッ(ク)・イ・イ・ケレ・○〕 ❶赤色である。赤みがかった色である。「―花」「―夕日」「顔が―」❷社会主義的、共産主義的な考えをもっている。

**あかいつばき**…俳句

〔赤い椿　白《しろ》い椿《つばき》と　落《お》ちにけり〕〈河東碧梧桐《かわひがしへきごとう》〉訳赤い花と白い花を咲《さ》かせている二本のつばきの木、見ていると、赤いつばきの花がぽとりと地に落ちた。すると白いつばきもぽとりと落ちた。こうして春が終わるのだ。(季語「椿」春)

**あかいはね【赤い羽根】** (名) 共同募金《ぼきん》に寄付したしるしとして、衣服につける赤く染めた鳥の羽根。

**アカウンタビリティー**〔英 accountability〕(名) 行政機関や企業《きぎょう》などが、活動内容などに関する情報を社会に対して公開する責任。説明責任。

**アカウント**〔英 account〕(名) コンピューターやコンピューターネットワークなどを利用するための固有の識別番号や文字列とパスワード。また、その利用資格。

**あかえ【赤絵】** (名) 陶磁器《とうじき》に、おもに赤色を使ってかいた絵。また、その陶磁器。

**あかがい【赤貝】** (名)〘動〙フネガイ科の二枚貝。浅い海の泥《どろ》の中にすむ。肉は赤く、食用にする。

**あかがね【赤金】**『◇銅』(名)〘化〙→どう(銅)

**あがき**『◇足△搔き』(名) もがくこと。じたばたすること。「最後の―」

**足搔きが取《と》れない** もがいてもどうにもならない。

**あかぎれ**『△皸』(名) 寒さと乾燥《かんそう》のため、手足のひふにできるわれめ。「―が切れる」

**あが・く**『◇足△搔く』(自五) 〔カ(コ)・キ(イ)・ク・ク・ケ・ケ〕 ❶手足を動かしてもがく。じたばたする。「組み敷《し》かれて―」❷悪い状況《じょうきょう》からぬけ出そうとして、いろいろむだな試みをする。「今さら―・いてもむだだ」

**あかくなる【赤くなる】** 恥《は》ずかしさや興奮のために顔が赤い色になる。赤面する。

**あかげ【赤毛】** (名) ❶赤みをおびた髪《かみ》の毛。❷犬・馬の毛色で、褐色《かっしょく》をおびた赤色のもの。

**あかご【赤子】** (名) 生まれてまもない子。赤んぼう。

**赤子の手《て》をひねる** 抵抗《ていこう》できない者を相手に、したいようにする。また、たやすくできることのたとえ。「彼《かれ》に勝つのは―ようなものだ」

**あかし**『◇灯』(名) あかり。ともしび。

**あかし**『◇証』(名) ❶証明すること。確かなしるし。証拠《しょうこ》。❷潔白の証明。「身の―をたてる」

**あかじ【赤字】** (名) ❶(支出が収入をこえると帳簿《ちょうぼ》に赤字で記入することから)収入よりも支出のほうが多いこと。「―財政」対黒字。❷印刷の校正で、赤インクなどを用いて訂正《ていせい》した文字。「―を入れる」

**アカシア**〔英 acacia〕(名)〘植〙❶マメ科の常緑高木。熱帯地方に多い。❷はりえんじゅ(にせアカシア)のこと。庭木や街路樹として植える落葉高木。

**あかしお【赤潮】** (名) プランクトンが大量発生して、海水が赤茶色に見える現象。魚介《ぎょかい》類に害をあたえる。

**あかしんごう【赤信号】** (名) ❶交通で、危険・停止を知らせる赤色の信号。❷このままでは危ないというしるし。「連勝に―がともる」(対青信号)

**あか・す**『◇証す』(他五) 〔サ(ソ)・シ・ス・ス・セ・セ〕 あかしをたてる。証拠《しょうこ》だてる。証明する。「身の潔白を―」

**あか・す【明かす】** (他五) 〔サ(ソ)・シ・ス・ス・セ・セ〕 ❶明らかにする。「道理を―」❷打ち明ける。「秘密を―」❸寝《ね》ずに夜を過ごして朝をむかえる。「夜を―」

**あか・す【飽かす】** (他五) 〔サ(ソ)・シ・ス・ス・セ・セ〕 ❶飽きさせる。❷(多く「…にあかして」の形で)…がたくさんあるのをよいことに。好きなだけふんだんに使って。「暇《ひま》に―・して遠出する」

**あかちゃん【赤ちゃん】** (名) 人間や動物の、生まれてまのない子どもを、親しみをこめていうことば。

**あかつき【暁】** (名) ❶夜が明けるころ。夜明け。明け方。❷将来、あることがらが成しとげられたそのとき。「成功の―にはみんなでお祝いしよう」

**あがったり【上がったり】** (名) 商売などがうまくいかないでどうにもならないこと。「台風で商売―だ」

**アカデミー**〔英 academy〕(名) ❶学問や芸術の研究を目的とする団体。❷大学・研究所などの総称《そうしょう》。

**アカデミーしょう【アカデミー賞】** (名) アメリカの映画賞。映画芸術科学アカデミーから各年度の最優秀作品・男女優・監督《かんとく》などに贈《おく》られる。▽アカデミーは、英 academy

**アカデミズム**〔英 academism〕(名) ❶学問・芸術において、真理や美をきわめようとする学究的態度。❷伝統的・保守的な立場に立つ学風。また、理論や権威《けんい》を重んじる非実際的な考え方。

**アカデミック**〔英 academic〕(形動ダ) 〔ダロ・ダッ(デ・ニ)・ダ・ナ・ナラ・○〕 ❶学問的。学究的。「―なふんいき」❷理論や権威《けんい》を重んじ実際的でないようす。

**あかてん【赤点】** (名) 試験で、合格点に満たない点数。「物理が一だった」

**あかとんぼ**【赤とんぼ】〘赤×蜻蛉〙（名）〘動〙小形でからだの赤いとんぼ。秋に多い。あかねとんぼ。

**あがな・う**〘◇購う〙（他五）{ワ(オ)・イ(ッ)・ウ・ウ・エ・エ}買い求める。「働いて日々の糧《かて》を一」

**あがな・う**〘△贖う〙（他五）{ワ(オ)・イ(ッ)・ウ・ウ・エ・エ}罪のつぐないをする。罪ほろぼしをする。「犯《おか》した罪を一」

**あかぬ・ける**【あか抜ける】〘△垢抜ける〙（自下一）{ケ・ケ・ケル・ケル・ケレ・ケロ(ケヨ)}洗練されて、やぼなところがなくなる。「一・けた服装」

**あかね**〘△茜〙（名）❶〘植〙アカネ科の多年草。野山に自生する。茎《くき》はつる性で、葉はハート形。秋に白い花を開き、球状の実をつける。根から赤色の染料をとる。❷「あかね色」の略。

（あかね①）

**あかねいろ**【あかね色】〘△茜色〙（名）あかねの根で染めたような色。暗赤色。「夕日に染まる一の空」

**あかねさす**…和歌

**あかねさす　紫野《むらさきの》行《ゆ》き　標野《しめの》行《ゆ》き　野守《のもり》は見《み》ずや　君《きみ》が袖《そで》振《ふ》る**〈万葉集《まんようしゅう》・額田王《ぬかたのおおきみ》〉訳紫草の植えてある皇室所有の野を行き来して、野の番人が見とがめるではありませんか。あなたが私に向かってしきりに袖をお振りになるのを。（「あかねさす」は「紫」の枕詞《まくらことば》。「君」は大海人皇子《おおあまのみこ》（＝のちの天武天皇）をさす）

**あかのたにん**【赤の他人】なんの関係もない、まったくの他人。「一のようなふりをする」

**あかはじ**【赤恥】（名）人の前でかくひどい恥。あかっぱじ。「一をかく」

**あかはた**【赤旗】（名）❶赤色の旗。❷危険を知らせる旗。❸革命派・共産党・労働者の旗。

**あかはだか**【赤裸】（名）何も身につけていない姿。すっぱだか。まるはだか。

**あかひと**〔赤人〕［人名］→やまべのあかひと

**あかふだ**【赤札】（名）特別に安く売る品物や買い手の決まった品物につける赤い札。

**アーカペラ**〔イタリア a cappella〕（名）楽器の伴奏《ばんそう》のない合唱曲。また、その様式。

**あかぼう**【赤帽】（名）❶赤い帽子《ぼうし》。❷駅で赤い帽子をかぶって、乗客の荷物を運んだ職業の人。

**あかまつ**【赤松】（名）〘植〙マツ科の常緑高木。樹皮は赤褐色《せっかっしょく》。建築・パルプなどに使う。めまつ。

**あかみ**【赤み】（名）ある色に加えられて、赤く見える色合い。「一がさす」「一をおびる」

**あかみ**【赤身】（名）❶魚肉や獣肉《じゅうにく》などの赤い部分。また、肉の赤い魚。❷木材の中心の赤褐色《せっかっしょく》の部分。〘対白身〙

**あが・める**〘◇崇める〙（他下一）{メ・メ・メル・メル・メレ・メロ(メヨ)}尊び敬う。「神を一」

**あからがお**【赤ら顔】〘△赭ら顔〙（名）（日に焼けたり酒を飲んだりして）赤みをおびた顔。「一の男」

**あからさま**（形動ダ）{ダロ・ダッ(デ・ニ)・ダ・ナ・ナラ・○}包み隠《かく》さずにはっきり示すようす。露骨《ろこつ》なさま。「一に態度で示す」

**あから・む**【赤らむ】（自五）{マ(モ)・ミ(ン)・ム・ム・メ・メ}赤みをおびる。「おもわず顔が一」

**あから・む**【明らむ】（自五）{マ(モ)・ミ(ン)・ム・ム・メ・メ}夜があけて空が明るくなる。「東の空が一」

**あから・める**【赤らめる】（他下一）{メ・メ・メル・メル・メレ・メロ(メヨ)}顔色などを、うっすらと赤くする。「ほおを一」

**あかり**【明かり】（名）❶暗いなかでのひかり。「月一」「一がさす」❷電灯や灯火など、あたりを明るくするもの。ともしび。「一をつける」

**あがり**【上がり】■一（名）❶位置・程度・値段などが上がること。対下がり。❷すごろくで最後のところへ進むこと。また、トランプなどで、手がそろって勝つこと。❸物事が終わること。「部活は五時で一だ」❹収益。「店の一」❺できあがり。「いっちょう一」❻すし屋などで、お茶。■二（接尾）❶前にその職業や身分だったこと。また、その人。「役人一」❷すぐ前までその状態であったこと。また、その人。「病《や》み一」

**あがりかまち**【上がりかまち】〘上がり△框〙（名）家の上がり口にわたしてある横木。あがりがまち。

**あかりしょうじ**【明かり障子】（名）明かりをとるために、紙をはった障子。今のふつうの障子をいう。

**あかりとり**【明かり取り】（名）室内を明るくするために、外の光をとり入れる窓。明かり窓。

**あがりゆ**【上がり湯】（名）ふろからあがるときに、からだにかける きれいな湯。

**あが・る**【上がる・揚がる・挙がる】{ラ(ロ)・リ(ッ)・ル・ル・レ・レ}■一（自五）❶下から上へ移る。㋐高い場所へのぼる。「屋上へ一」「座敷《ざしき》に一」「舞台に一」対下がる・おりる。㋑水上・水中から出る。「陸《おか》へ一」「ふろから一」㋒からだ、またはその一部が上に動く。「手が一・らない」㋓（血が頭にのぼる意から）のぼせて落ち着きを失う。「面接で一」㋔空中高く動いて行く。「凧《たこ》が一」「煙が一」㋕高くかかげられる。「旗が一」❷地位・資格・価値・程度などが高くなる。ある段階からより高い段階へ移る。㋐高い地位に進む。「階級が一」対下がる。㋑値段が高くなる。「物価が一」対下がる。㋒程度や数値が高くなる。「気温が一」「速度が一」対下がる。㋓よりよい状態になる。きわだつ。じょうずになる。「男っぷりが一」「腕前《うでまえ》が一」対下がる。㋔勢いがさかんになる。「意気が一」㋕入学する。「学校に一」❸物事が終わる。すむ。「雨が一」「費用が安く一」「きょうは午前中に一・ろう（＝仕事を終わろう）」❹機能を失う。「バッテリーが一」❺すごろくで、最後のところに進む。また、トランプなどのゲームで、手がそろって勝つ。❻音声などが大きく発せられる。「歓声《かんせい》が一」❼神や仏に供えられる。「灯明《とうみょう》が一」❽「行く」「たずねる」の謙譲《けんじょう》語。「お見舞いに一」❾収益が得られる。「利益が一」❿人びとに知られるようになる。有名になる。「名が一」⓫証拠《しょうこ》などが発見される。また、悪人などがつかまる。「犯人が一」⓬熱い油の中で加熱されて、てんぷらやフライなどの料理になる。「エビフライがカラッと―」
**二**（他五）「飲む」「食う」の尊敬語。「何を―・りますか」

**学習 使い分け** 「上がる」「揚がる」「挙がる」

**上がる** 位置・価値・程度などが下から上へ移るの意味で、使われる範囲《はんい》が広い。
**揚がる** 高くあがる、油で食べ物ができあがる、の意味で使われる。「旗が**揚がる**」「魚のフライが**揚がる**」
**挙がる** はっきり目立つようになる、の意味で使われる。「証拠《しょうこ》が**挙がる**」「真犯人が**挙がる**」「候補者として名が**挙がる**」

**あかる・い【明るい】**（形）{カロ・カツ(ク)・イ・イ・ケレ・○} ❶光がじゅうぶんさしていて、物がよく見える。「―部屋」 ❷色があざやかでくすんでいない。「―緑色」 ❸表情・性格・雰囲《ふんい》気《き》などが楽しくほがらかである。「性格が―」「―声」「―話題」 ❹物事がよい方向にあり希望が持てる。「―未来」「見通しが―」 ❺やましいところがない。公明正大である。「―選挙」 ❻そのことについてよく知っている。「外国の事情に―」 《対暗い》

**あかるみ【明るみ】**（名）❶明るいところ。❷表だったところ。おおやけの場所。

**明るみに出《で》る** 今まで隠《かく》されていたことが世間に知られる。「事件が―」

**あかんたい【亜寒帯】**（名）《地》気候帯の一つ。北半球の温帯と寒帯との間の地帯。シベリア東部や北アメリカ北部など。冷帯。

**あかんべえ**（名）指で下まぶたを引き下げて、赤い部分を見せつけるしぐさ。また、そのときに言うことば。からかいやこばむ気持ちを表す。「―をする」

**あかんぼう【赤ん坊】**（名）❶生まれてまもない子ども。❷世間のことがよくわからない人。

**あき【秋】**（名）四季の一つ。夏が過ぎてすずしくなり、穀物などの実る収穫《しゅうかく》の季節。ふつう九・一〇・一一月の三か月。暦《こよみ》の上では立秋から立冬の前日まで。陰暦《いんれき》では七・八・九月。「実りの―」

**秋の扇《おうぎ》**（秋になっていらなくなった扇の意から）男性の愛を失った女性のたとえ。
故事 前漢《ぜんかん》の成帝《せいてい》の宮女、班婕妤《はんしょうよ》が、帝《みかど》の愛を失ったわが身を秋の扇にたとえた詩を作ったことから出たことば。〈文選《もんぜん》〉

**秋の空《そら》** 天候の変わりやすいこと。転じて、男女の愛情の変わりやすいことのたとえ。

**秋の日《ひ》は釣瓶《つるべ》落《お》とし** 秋の日の暮れるのがはやいことのたとえ。

**あき【空き】**（名）❶あいていること。あいている場所。余地・あき地・すきま・余白・空席など。「座席の―がある」❷ひま。「一週間先まで―がない」❸中がからであること。使っていないもの。「―箱」「―家《や》」

**あき【飽き】**『△厭き』（名）いやけがさすこと。興味がなくなること。「―がくる」

**あき**〔安芸〕［地名］むかしの国名の一つ。今の広島県西部。芸州《げいしゅう》。

**あきあき【飽き飽き】**（名・自スル）すっかりあきること。うんざりすること。「いつも同じ食事に―する」

**あきかぜ【秋風】**（名）秋に吹《ふ》く風。

**秋風が立《た》つ** ❶秋風が吹《ふ》くようになる。❷（「秋」を「飽《あ》き」にかけて）男女の愛情がさめる。

**あきかぜに…** 和歌
〔**秋風に　たなびく雲《くも》の　たえまより　もれいづる月《つき》の　影《かげ》のさやけさ**〕〈新古今集《しんこきんしゅう》・藤原顕輔《ふじわらのあきすけ》〉 訳 秋風に吹《ふ》かれて横に長くなびいている雲の切れ間から、もれてさしてくる月の光のなんと明るく清らかなことよ。（小倉《おぐら》百人一首の一つ）

**あききぬと…** 和歌
〔**秋きぬと　目《め》にはさやかに　見《み》えねども　風《かぜ》の音《おと》にぞ　おどろかれぬる**〕〈古今集《こきんしゅう》・藤原敏行《ふじわらのとしゆき》〉 訳 秋がきたと、目にははっきりと見えないが、さえた風の音を聞きとめて、ああ秋だとはっと気づかされたことである。（立秋の日によんだ歌）

**あきぐち【秋口】**（名）秋の初め。初秋。

**あきご**『秋◇蚕』（名）七月下旬《げじゅん》から晩秋にかけて飼《か》うかいこ。しゅうさん。

**あきさめ【秋雨】**（名）秋に降る冷たい雨。

**あきさめぜんせん【秋雨前線】**（名）《天》九月中旬《ちゅうじゅん》から約一か月、日本の南岸ぞいにできる停滞《ていたい》前線。台風と重なると大雨が降る。

**あきす【空き巣】**（名）❶鳥のいない巣。❷（「あきすねらい」の略）るすの家をねらって、はいるどろぼう。

**あきたりな・い【飽き足りない】**（形）{カロ・カツ(ク)・イ・イ・ケレ・○} じゅうぶんに満足できない。ものたりない。あきたらない。「この程度の成績では―」

**あきち【空き地】**（名）何にも使われていない土地。

**あきない【商い】**（名・自スル）❶物の売り買い。商売。「―に行く」❷売上高。「―が大きい」

**あきな・う【商う】**（他五）{ワ(オ)・イ(ッ)・ウ・ウ・エ・エ} 品物を売買する。商売をする。「土産物《みやげもの》を―店」

**あきのななくさ【秋の七草】**（名）秋に咲《さ》く代表的な七つの草花。はぎ・おばな（すすき）・くず・なでしこ・おみなえし・ふじばかま・ききょう（または、あさがお）。 対 春の七草

**あきばれ【秋晴れ】**（名）秋空の晴れわたっていること。「―の空」

**あきびより【秋。日和】**（名）秋らしいよい天気。

**あきふかき…** 俳句
〔**秋深き　隣《となり》は何《なに》を　する人《ひと》ぞ**〕〈芭蕉《ばしょう》〉 訳 深まる秋の静かなさびしさのなかで、隣の家はひっそりと物音一つしない。いったいどんな暮らしをしている人だろうか。そぞろに人恋《こい》しいこのごろである。（季語「秋深し」秋）

**あきま【空き間】**（名）❶物と物とのすきま。❷あいている部屋。あき部屋。

**あきや【空き家】**（名）人の住んでいない家。

**あキューせいでん**〔阿Q正伝〕［作品名］中国の文学者魯迅《ろじん》の小説。一九二一年発表。清朝《しんちょう》

末期のよどんだ封建《ほうけん》的社会を、阿Qという農民を主人公として批判的にえがいた作品。

**あきらか【明らか】**（形動ダ）{ダロ・ダッ(デ・ニ)・ダ・ナ・ナラ・○}❶疑いなくはっきりしているようす。たしかなようす。「事実が―になる」❷明るいようす。「月の―な夜」

**あきら・める【諦める】**（他下一）{メ・メ・メル・メル・メレ・メロ(メヨ)}実現できないと認め、途中《とちゅう》でやめる。断念する。「進学を―」「―のはまだはやい」

**あ・きる【飽きる】**〖△厭きる〗（自上一）{キ・キ・キル・キル・キレ・キロ(キヨ)}じゅうぶんすぎていやになる。これ以上続けるのはいやだと思うようになる。「ごちそうに―」「読書に―」

**あきれかえ・る【あきれ返る】**〖△呆れ返る〗（自五）{ラ(ロ)・リ(ッ)・ル・ル・レ・レ}すっかりあきれる。「あまりのずうずうしさに―・ってことばも出ない」

**アキレスけん**〖アキレス△腱〗（名）❶〖生〗ふくらはぎの筋肉が、かかとの骨につくところにあるすじ。❷強いものがもつただ一つの弱点。「政府の―となりかねない問題」参考ギリシャ神話の不死身の英雄《えいゆう》アキレス（Achilles）が、ただ一つの弱点であった①を射られて死んだことから出たことば。

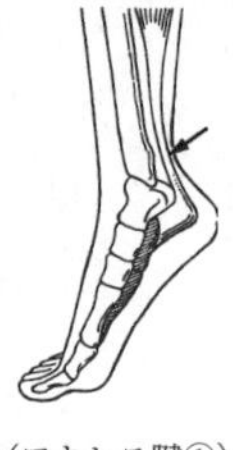
（アキレス腱①）

**あきれは・てる【あきれ果てる】**〖△呆れ果てる〗（自下一）{テ・テ・テル・テル・テレ・テロ(テヨ)}すっかりあきれる。「あまりのおろかさに―」

**あき・れる**〖△呆れる〗（自下一）{レ・レ・レル・レル・レレ・レロ(レヨ)}❶意外なことに出あって驚《おどろ》く。あっけにとられる。「―ほどの食欲」❷物事があまりひどいのであいそをつかす。「―・れてものも言えない」

**あきんど**〖◇商◇人〗（名）商人《しょうにん》。商売人。

**あく【悪】** 11画 心7 小3 〔惡〕 音 アク・オ 高 訓 わるい
一 亖 亜 亜 悪 悪
❶わるい。よくない。◆悪意・悪事・悪質・悪人 ◆害悪・凶悪《きょうあく》・罪悪・諸悪・善悪。対善。❷みにくい。きたない。そまつな。◆悪声・悪筆・悪貨 ◆粗悪《そあく》。❸苦しむ。◆悪戦苦闘《あくせんくとう》。❹にくむ。きらう。◆嫌悪《けんお》・好悪《こうお》・憎悪《ぞうお》

**あく【悪】**（名）わるいこと。道徳・法律などに違反《いはん》すること。「―の道」「―に染まる」対善

**悪を懲《こ》らす** 二度と悪いことをしないように、悪者をこらしめる。「悪を懲らし、正義を守る」

**あく【握】** 12画 扌9 音 アク 訓 にぎる
扌 扌 扌 扌 握 握
❶にぎる。にぎりもつ。◆握手・握力。❷自分のものとする。手のうちにおさめる。◆掌握《しょうあく》・把握《はあく》 ⇩付録「漢字の筆順⑳至」

**あく**〖×灰汁〗（名）❶灰を水にひたしてできるうわずみ。❷植物などにふくまれている渋《しぶ》み。「―をぬく」❸肉や魚の煮汁《にじる》の表面に浮《う》かぶ白くにごったもの。「―をとる」❹人の性質や文章にあるどぎつさ。「―の強い文章」

**あくが抜《ぬ》ける** 人の性質のくせやどぎつさがなくなる。

**あ・く【空く】**（自五）{カ(コ)・キ(イ)・ク・ク・ケ・ケ}❶そこにあったものがなくなり、空間や余った場所、時間ができる。「壁に穴が―」「席が―」「午後の予定が―」対塞《ふさ》がる ❷欠員ができる。「役員のポストが―」❸からになる。「瓶《びん》が―」❹使われていない状態になる。「今、コピー機は―・いている」「手が―」対塞がる
⇩下段「学習」

**あ・く【明く】**（自五）{カ(コ)・キ(イ)・ク・ク・ケ・ケ}ふさがっていたものがひらく。「埒《らち》が―・かない」⇩下段「学習」

**あ・く【開く】**（自五）{カ(コ)・キ(イ)・ク・ク・ケ・ケ}❶閉ざされていたものがひらく。「―・いた口がふさがらない（＝あまりにも意外であきれる）」対閉まる・閉じる ❷店の営業などが始まる。「店が―」対閉まる
⇩下段「学習」

**あ・く〔飽く〕**（自四）古語❶じゅうぶんに満足する。「かみなかしも、ゑひ―・きて」〈土佐《とさ》日記〉訳上、中、下の身分の別なく、じゅうぶんに酒に酔《よ》い満足して。❷いやになる。うんざりする。「世の中の憂《う》けくに―・きぬ」〈古今集〉訳世の中がつらいのにいやになった。

> **学習 使い分け「空く」「明く」「開く」**
>
> 空く　中にあるものがなくなるの意味。「ふさがる」と対をなす。「席が**空く**」「部屋が**空く**まで待つ」「時間が**空く**」など。
>
> 明く　ふさいでいたものがなくなるの意味。「小犬の目が**明く**」など。
>
> 開く　閉じていたものがひらくの意味。「閉まる」「閉じる」と対をなす。「かぎが**開く**」「ドアが**開く**」「窓が**開く**」「芝居《しばい》の幕が**開く**」など。

**アクアラング**〔aqualung〕（名）呼吸用の圧縮空気の入ったボンベをつけた潜水具《せんすいぐ》。（商標名）

**アクアリウム**〔英 aquarium〕（名）❶魚など、水の中にすむ生物を育てる水槽《すいそう》。❷水族館。

**あくい【悪意】**（名）❶他人に害をあたえようとする悪い心。「―をいだく」対好意。❷意地の悪い見方。悪い意味。「―に解釈《かいしゃく》する」〖対善意〗

**あくうん【悪運】**（名）❶めぐり合わせの悪いこと。「―続き」類不運。❷悪いことをしても悪い報《むく》いを受けない運。「―が強い」

**あくえき【悪疫】**（名）たちの悪い流行病。

**あくぎゃく【悪逆】**（名）人の道にそむいた悪い行い。「―無道」

**あくぎょう【悪行】**（名）人の道にはずれた悪い行い。「―を重ねる」対善行《ぜんこう》

**あくごう【悪業】**（名）〖仏〗前世《ぜんせ》でした悪い行い。悪い報《むく》いを受けるような行い。

**あくじ【悪事】**（名）悪い行い。「―をはたらく」

**悪事千里《せんり》を走《はし》る** 悪い行いの評判は隠《かく》してもすぐ世間に知れわたる。

**あくじき【悪食】**（名）ふつうの人の食べないようなものを食べること。類いか物食《ものぐ》い

**あくしつ【悪疾】**（名）なおりにくくたちの悪い病気。

**あくしつ【悪質】**（名・形動ダ）❶たちの悪いこと。「―なデマ」[類]悪性。❷品質の悪いこと。[対]良質

**アクシデント**〔英 accident〕（名）思いがけないできごと。事故。事件。「―に遭《あ》う」

**あくしゅ【握手】**（名・自スル）❶親しみの気持ちをこめて、手をにぎり合うこと。❷仲なおりすること。

**あくしゅう【悪臭】**（名）いやなにおい。気持ちが悪くなるようなにおい。「―を放つ」[類]異臭

**あくしゅう【悪習】**（名）悪い習慣。「―にそまる」

**あくしゅみ【悪趣味】**（名・形動ダ）❶品の悪い趣味。センスのない趣味。「―な服装」❷人のいやがることを好んでするくせ。「人を困らせて喜ぶのは―だ」

**あくじゅんかん【悪循環】**（名）悪い状態がたがいに関連し合って、とめどなく悪くなること。

**アクション**〔英 action〕（名）❶動作。活動。行動。「―を起こす」❷俳優の演技。特に、格闘《かくとう》などをともなう動きのはげしい演技。「―映画」

**あくしん【悪心】**（名）悪いことをしようとする心。

**あくせい【悪声】**（名）❶いやな感じのする声。[対]美声。❷悪いうわさ。悪口。「―を放つ（＝悪口を言う）」

**あくせい【悪性】**（名）性質の悪いこと。たちのよくないこと。「―のかぜがはやる」[類]悪質。[対]良性

**あくせい【悪政】**（名）人民のためにならない悪い政治。「―にあえぐ」[対]善政

**あくせく**『△齷△齪』（副・自スル）心にゆとりがなく、こせこせするようす。「―（と）働く」

**アクセサリー**〔英 accessory〕（名）❶ブローチ・指輪などの装身具。❷器具の付属品。「カメラの―」

**アクセス**〔英 access〕（名・自スル）❶目的地に行くこと。また、交通の便。「―がよい」❷コンピューターで、記憶《きおく》装置やネットワーク上の他のコンピューターなどに接続して、データを得たり、送ったりすること。

**アクセル**（名）自動車の、足で踏《ふ》んで速度を調節する装置。加速ペダル。▽英 accelerator から。

**あくせんくとう【悪戦苦闘】**（名・自スル）ひじょうに激しく苦しい戦い。また、死にものぐるいの努力。

**アクセント**〔英 accent〕（名）❶一語の中で特に高く、または、強く発音する部分。❷全体の調子をひきしめるために強調する部分。「スパイスで味に―をつける」

**あくせんみにつかず【悪銭身に付かず】**不正に、または苦労しないで得たおかねはむだづかいしがちで、すぐなくなってしまう。

**あくた**『△芥』（名）ごみ。ちり。くず。

**あくたい【悪態】**（名）悪口。にくまれ口。「―の限りをつくす」

**悪態をつく** はげしく悪口を言う。[類]悪たれ

**あくたがわしょう**『△芥川賞』（名）〘文〙芥川龍之介《あくたがわりゅうのすけ》を記念して、一九三五（昭和一〇）年に設けられた文学賞。

**あくたがわりゅうのすけ**〔芥川龍之介〕〔人名〕（一八九二～一九二七）小説家。東京大学在学中に発表した「羅生門《らしょうもん》」「鼻」で、夏目漱石《そうせき》に認められた。理知的な作風は新技巧派《しんぎこうは》と呼ばれた。作品「戯作三昧《げさくざんまい》」「地獄変《じごくへん》」「河童《かっぱ》」など。

**あくだま【悪玉】**（名）悪事をする人。悪人。また、人に害をもたらすもの。「―菌《きん》」[対]善玉

**あくたれ【悪たれ】**（名）❶ひどいいたずら。「―小僧《こぞう》」❷にくまれ口。「―をつく」[類]悪態

**アクティブ**〔英 active〕（形動ダ）{ダロ・ダッ(デ・ニ)・ダ・ナ・ナラ・○}活動的。能動的。積極的。「―な人」

**アクティブ-ラーニング**〔英 active learning〕（名）教員による一方向的な講義形式をとらない、学び手の能動的な参加を取り入れた教育・学習法。

**あくど・い**（形）{カロ・カッ(ク)・イ・イ・ケレ・○}❶色や味などがしつこい。❷たちが悪くてひどい。度をこしてひどい。「―商売」

**あくとう【悪党】**（名）悪人。悪人の仲間。

**あくどう【悪童】**（名）いたずらな子ども。わんぱく。

**あくとく【悪徳】**（名）人の道にはずれた悪い行い。「―を重ねる」「―業者」[対]美徳

**あくにん【悪人】**（名）悪い心の人。悪いことをする人。[対]善人

**あくぬき【あく抜き】**『×灰汁-抜き』（名・他スル）ゆでたり水につけたりして、野菜や山菜などの渋《しぶ》みをとること。

**あぐ・ねる**『△倦ねる』（自下一）{ネ・ネ・ネル・ネル・ネレ・ネロ(ネヨ)}→あぐむ

**あくば【悪罵】**（名・他スル）ひどい悪口を言うこと。

**あくび**『×欠伸』（名）つかれたときや眠《ねむ》いときなどに、しぜんに大きく口が開いて行われる呼吸運動。「―が出る」「―を噛《か》み殺す」

**あくひつ【悪筆】**（名）文字のへたなこと。また、へたな文字。[対]達筆《たっぴつ》

**あくひょう【悪評】**（名）よくない評判。よくないとする批評。「―を受ける」[対]好評

**あくびょうどう【悪平等】**（名・形動ダ）形式上は平等だが、かえって不公平になっていること。

**あくふう【悪風】**（名）よくないならわし。悪い風習。「―に染まる」[対]美風

**あくぶん【悪文】**（名）意味のわかりにくい文章。へたな文章。[対]名文

**あくへい【悪弊】**（名）悪いならわし。「―を断《た》つ」

**あくへき【悪癖】**（名）よくないくせ。

**あくま【悪魔】**（名）❶人の心をまどわす魔物《まもの》。❷ひじょうに悪い人間。極悪《ごくあく》人。

**あくまで【飽くまで】**『飽く△迄』（副）どこまでも。とことんまで。「―反対する」「―青い秋の空」

**あくみょう【悪名】**（名）→あくめい

**あくむ【悪夢】**（名）えんぎの悪い夢。いやな夢。「―にうなされる」

**あぐ・む**『△倦む』（自五）{マ(モ)・ミ(ン)・ム・ム・メ・メ}ゆきづまっていやになる。もてあます。あぐねる。「考え―」「待ち―」
文法 ふつう、動詞の連用形につけて用いる。

**あくめい【悪名】**（名）悪い評判。よくないうわさ。「―が高い」参考「あくみょう」とも読む。

**あくやく【悪役】**（名）❶映画・演劇などで、悪人の役。また、その役の人。❷人からよく思われない、いやな役回り。「―を買って出る」（[類]敵役《かたきやく》）

**あくゆう【悪友】**（名）よくない友だち。[対]良友

**あくよう【悪用】**（名・他スル）本来の目的からはずれた悪いことに使うこと。「地位を―する」対善用

**あぐら**〖×胡座〗（名）足を前に組んですわること。

あぐらをかく ❶足を前に組んですわる。❷努力をせず、現状に満足しきっている。「権力の上に―」

**あくらつ【悪辣】**（形動ダ）{ダロ・ダッ(デ・ニ)・ダ・ナ・ナラ・○}ひどくたちの悪いようす。あくどいようす。「―な手段」

**あぐりあみ**〖◇揚繰り網〗（名）巻き網の一種。網を打ち回して魚群をかこみ、下方からくりあげてとる。

**あくりょう【悪霊】**（名）たたりをする死者のたましい。

**あくりょく【握力】**（名）物をにぎりしめる力。「―が強い」「―計」

**アクリルじゅし【アクリル樹脂】**（名）プラスチックの一種。透明《とうめい》で軽くて強く、耐水《たいすい》・耐油性がある。▽アクリルは、ドイツ Acryl

**あくる【明くる】**（連体）（特定の日、月、年などの）次の。翌。「―朝」「―年」

**あくれい【悪例】**（名）適当でない例。のちに悪い結果をまねく、よくない先例。「―を残す」

**アグレッシブ**〔英 aggressive〕（形動ダ）{ダロ・ダッ(デ・ニ)・ダ・ナ・ナラ・○}ことばや行動が、ひじょうに積極的であったり、攻撃的《こうげきてき》であったりするようす。

**あくろ【悪路】**（名）障害が多くて通りにくい道。

**アクロバット**〔英 acrobat〕（名）曲芸。かるわざ。また、それを演じる人。

**あけ**〖◇朱・△緋〗（名）朱《しゅ》・緋色《ひいろ》などのあかい色。

**あけ【明け】**（名）❶夜が明けること。また、その直後。「―の明星《みょうじょう》」❷ある期間が終わること。「休み―」❸年などが新しくなること。「―四歳《さい》」

**あげ【上げ】**（名）❶あげること。対下げ。❷着物の肩《かた》や腰《こし》などにぬっておくひだ。「肩―」参考②は「揚げ」とも書く。

**あげ【揚げ】**（名）❶油であげること。また、そのもの。「―春巻き」「精進《しょうじん》―」❷「油揚げ」の略。

**あげあしをとる【揚げ足を取る】**人の言いまちがいや不注意に言ったことをとらえて、やりこめる。

**あけがた【明け方】**（名）夜の明けるころ。夜明け。対暮れ方

**あげく【挙げ句・揚げ句】**（名）❶連歌《れんが》・連句で、終わりの七・七の句。対発句《ほっく》。❷終わり。何かをした結果。「悩《なや》んだ―買うのをやめる」

あげくの果《は》て 結局。とどのつまり。

**あけくれ【明け暮れ】** ■一（名）❶朝晩。❷毎日。■二（名・自スル）あることに没頭《ぼっとう》して日を送ること。「戦いに―する」■三（副）明けても暮れても。いつも。「―仕事のことばかり考えている」

**あけく・れる【明け暮れる】**（自下一）{レ・レ・レル・レル・レレ・レロ(レヨ)}❶毎日が過ぎていく。「こうして―うち一年が過ぎた」❷没頭《ぼっとう》して過ごす。「仕事に―」

**あげしお【上げ潮】**（名）❶満ちてくる潮。差し潮。満ち潮。対下げ潮。❷盛りあがり、充実《じゅうじつ》してゆく勢い。また、その時期・状態。「―に乗る」

**あけすけ**〖明け透け〗（形動ダ）{ダロ・ダッ(デ・ニ)・ダ・ナ・ナラ・○}物事をかくさずにはっきり表すようす。「―な物言い」

**あげぜん【上げ膳】**（名）食事がすんだあと、膳を下げてかたづけること。

**あげぜんすえぜん【上げ膳据え膳】**（他人が食事の用意からかたづけまでしてくれる意から）自分は何もしないで、面倒《めんどう》なことはすべて人にやってもらうこと。

**あげぞこ【上げ底】**（名）（中身を多く見せるために）入れ物の底を高くしてあること。また、そのもの。

**あけたて【開けたて】**〖開け◇閉て〗（名・他スル）戸・ふすま・障子《しょうじ》などを開けたり閉めたりすること。あけしめ。「戸の―が乱暴すぎる」

**あけっぱなし【開けっ放し・明けっ放し】**（名・形動ダ）❶窓やふたなどをあけたままにしておくこと。また、その状態。「―のドア」❷包みかくしのないようす。「―な性格」

**あけっぴろげ【開けっ広げ・明けっ広げ】**（名・形動ダ）かくしだてをせず、ありのままの姿を見せたり、なんでも人にうちあけたりすること。「―な性格」

**あげつら・う**〖◇論う〗（他五）{ワ(オ)・イ(ッ)・ウ・ウ・エ・エ}物事のよいか悪いかをあれこれと議論する。また、短所・欠点などをことさらに言いたてる。「他人の過失を―」

**あげて【挙げて】**（副）残らず。すべて。こぞって。「責任は―自分にある」「町民が―応援《おうえん》する」

**あけてもくれても【明けても暮れても】**毎日毎日。いつも。しょっちゅう。

**あけのみょうじょう【明けの明星】**（名）日の出の前に、東の空に見える金星。対宵《よい》の明星

**あげはちょう**〖揚げ羽△蝶〗（名）〖動〗アゲハチョウ科の大形のちょう。羽は黄色で、黒いすじやまだらがある。

**あけはな・す【開け放す】**（他五）{サ(ソ)・シ・ス・ス・セ・セ}戸や窓を完全にあける。また、あけたままにしておく。あけはなつ。

**あけはな・つ【開け放つ】**（他五）{タ(ト)・チ(ッ)・ツ・ツ・テ・テ}↓あけはなす

**あけび**〖×木通〗（名）〖植〗山や野に生えるアケビ科のつる性落葉低木。つるは長く、かごなどの材料に利用する。秋に長花は薄紫《うすむらさき》色。秋に長楕円《だえん》形の実が熟し縦にさける。実は食用。

（あけび）

**あげひばり【揚げひばり】**〖揚げ×雲雀〗（名）空に高くまいあがるひばり。

**あけぼの**〖△曙〗（名）❶夜がほのぼのと明けるころ。類朝ぼらけ。❷物事の始まりのころ。「日本の―」

**あげまく【揚げ幕】**（名）芝居《しばい》の花道の出入り口や、能舞台《のうぶたい》の橋がかりにさげた幕。

**あげもの【揚げ物】**（名）油で揚げた食べ物。

**あ・ける【明ける】**（自下一）{ケ・ケ・ケル・ケル・ケレ・ケロ(ケヨ)}❶朝になる。「夜が―」対暮れる。❷年や月が新しくなる。「年が―」対暮れる。❸ある期間が終わる。「梅雨《つゆ》が―」

**あ・ける【空ける】**（他下一）{ケ・ケ・ケル・ケル・ケレ・ケロ(ケヨ)}❶すきまやあきをつくる。「穴を―」❷中の物を出して、からにする。「箱を―」❸ひまにする。「午後を―・けておく」❹るすにする。「家を―」

**あ・ける【開ける】**（他下一）{ケ・ケ・ケル・ケル・ケレ・ケロ(ケヨ)}閉じている

ものをひらく。「戸をー」「店をー」対閉める・閉じる

**あ・げる【上げる・揚げる・挙げる】**（他下一）{ゲ・ゲ・ゲル・ゲル・ゲレ・ゲロ(ゲヨ)} ❶下から上へ移す。㋐高い場所へ移す。「本を棚《たな》にー」「客を座敷《ざしき》にー」「舞台《ぶたい》にー」対下げる・おろす。㋑水上・水中から出す。「ボートを岸にー」対下げる・おろす。㋒からだ、または、その一部を上に動かす。「手をー」対下げる・おろす。㋓高くかかげる。「旗をー」対おろす。㋔空中高く移動させる。「凧《たこ》をー」「花火をー」㋕吐《は》く。「食べたものをー」❷地位・資格・価値・程度などを高くする。㋐高い地位に進める。昇進させる。「課長にー」対下げる・落とす。㋑値段を高くする。「家賃をー」対下げる。㋒程度や数値を高くする。「スピードをー」「点数をー」対下げる。㋓よりよい状態にする。上達させる。「腕をー」対下げる・落とす。㋔勢いをさかんにする。「気勢をー」㋕入学させる。「学校にー」❸物事を終える。すませる。「書きー」「費用を安くー」❹「与える」「やる」のていねいな言い方。「これを君にー」「読んでー」❺音声などを大きく発する。「歓声《かんせい》をー」❻神や仏に供える。「線香をー」❼（「申す」「存《ぞん》じる」「願う」などの連用形について）けんそんの意味をそえる。「申しー」❽利益や幸運などを手に入れる。「収益をー」「一男一女をー（=もうける）」❾人びとに知られるように行う。㋐有名にする。「名をー」㋑取り出して示す。ならべあげる。「欠点をー」㋒式や行事をとり行う。「結婚式をー」❿選んでその立場などにつかせる。「候補者にー」⓫あるだけのものを出し尽《つ》くす。「総力をー」⓬悪人などをつかまえる。「犯人をー」⓭熱した油の中に入れて調理する。「てんぷらをー」⇩下段「学習」

**あけわた・す【明け渡す】**（他五）{サ(ソ)・シ・ス・ス・セ・セ} 今までいた家・城などをたちのいて人手にわたす。

**あご【顎】**〖△腭・△顋〗（名）❶人や動物の口の上下にある器官。「上《うわ》ー」❷下あご。おとがい。

> **学習 使い分け「上げる」「揚げる」「挙げる」**
>
> **上げる** 位置・価値・程度などを下から上へ移すの意味で、使われる範囲《はんい》が広い。
>
> **揚げる** 高くかかげる、高い場所に移す、油で調理するの意味で、「帆を**揚げる**」「船荷を**揚げる**」「コロッケを**揚げる**」など。
>
> **挙げる** はっきりと示す、出しつくすの意味で、「手を**挙げる**」「犯人を**挙げる**」「式を**挙げる**」「全力を**挙げる**」など。

**顎が干《ひ》上《あ》がる** 暮らしが立たなくなる。

**顎で使《つか》う** いばった態度で人を使う。

**顎を出《だ》す** ひどくつかれる。

**顎を撫《な》でる** 得意なようす。「うまくいったとー」

**顎をはずす** おかしさで大笑いをするたとえ。

**アコースティック**〔英 acoustic〕（形動ダ）{ダロ・ダッ(デ・ニ)・ダ・ナ・ナラ・○} 電気機器による音色や音量の調整がない、楽器それ自体の響《ひび》きをもつようす。「ーギター」

**アコーディオン**〔英 accordion〕（名）〖音〗蛇腹《じゃばら》をのびちぢみさせながら鍵盤《けんばん》やボタンを押《お》して音を出す楽器。手風琴《てふうきん》。アコーデオン。

**アコーディオン-ドア**〔英 accordion door〕（名）アコーディオンの蛇腹《じゃばら》のような、開閉できる間じきり。

**あこがれ【憧れ】**〖◇憬れ〗（名）あこがれること。あこがれているもの。「ーの的《まと》」

**あこが・れる【憧れる】**〖◇憬れる〗（自下一）{レ・レ・レル・レル・レレ・レロ(レヨ)} 理想とするもの、目ざすものに心がひかれる。「都会にー」「歌手にー」

**あこぎ**〖△阿△漕〗（形動ダ）{ダロ・ダッ(デ・ニ)・ダ・ナ・ナラ・○} あくどいやりかたをするようす。「ーな商売をする」

**あこやがい【あこや貝】**〖△阿古屋貝〗（名）〖動〗ウグイスガイ科の二枚貝。貝殻《かいがら》の内側はつやがあり、養殖《ようしょく》真珠《しんじゅ》の母貝《ぼがい》に用いられる。真珠貝。

**あさ【麻】**（名）❶〖植〗アサ科の一年草。葉はてのひらの形で、夏にうす緑色の花を開く。茎《くき》の皮から繊維《せんい》をとり、糸・織物などを作る。❷麻糸や麻布。

**麻の如《ごと》し** （麻糸がもつれやすいことから）ひどく乱れていることのたとえ。

**麻の中《なか》の蓬《よもぎ》** （曲がって伸《の》びるよもぎも、まっすぐに伸びる麻の中で生長すればまっすぐに育つという意から）善人と交わればしぜんに善人になるということ。

**あさ【朝】**（名）❶夜が明けてからしばらくの間。対夕・晩。❷夜明けから正午までの間。午前。

**あざ【字】**（名）町や村の中の区画の名前。大字《おおあざ》と小字《こあざ》とがある。

**あざ**〖△痣〗（名）ひふにできる赤色や青色のまだら。

**あさ・い【浅い】**（形）{カロ・カッ(ク)・イ・イ・ケレ・○} ❶表面や外側から、底や奥《おく》までの距離《きょり》が短い。「ー池」❷程度が小さい。じゅうぶんでない。「ー傷」「経験がー」「眠《ねむ》りがー」❸色がうすい。「ー緑」❹そうなってからあまり時がたっていない。「春ー日」（対深い）

**あさいち【朝市】**（名）朝ひらく、野菜・魚などの市。

**あさおき【朝起き】**（名）朝早く起きること。

**朝起きは三文《さんもん》の徳《とく》** →はやおきはさんもんのとく

**あさがお【朝顔】**（名）〖植〗ヒルガオ科の一年草。夏の朝、らっぱ形の花が咲《さ》き、日中しぼむ。観賞用。

**あさがけ【朝駆け】**（名）❶朝早くに馬を走らせること。❷早朝に不意に敵を攻《せ》めること。対夜討《ようち》。❸新聞記者が早朝に相手のところへ行き取材すること。「夜討ちーで取材する」

**あさがた【朝方】**（名）朝の早いころ。対夕方

**あさがほに《アサガオニ》…** 俳句

〔**朝顔に 釣瓶《つるべ》とられて もらひ水《みづ》**〕〈千代女《ちよじょ》〉訳朝、井戸端《いどばた》へ出てみると、朝顔のつるが釣瓶にからんで花を咲かせている。つるを切るのがかわいそうで、よそへ水をもらいに行ったことだ。（季語「朝顔」秋）

**あさぎ【浅黄】**（名）うすい黄色。

**あさぎ**〖浅△葱〗（名）うすいあい色。水色。

**あさぎり【朝霧】**（名）朝たちこめる霧。対夕霧

**あさぐろ・い【浅黒い】**（形）｛カロ・カッ(ク)・イ・イ・ケレ・○｝（顔や肌《はだ》の色が）うす黒い。「日に焼けて―肌《はだ》」

**あさげ【朝げ】**〖朝△餉〗（名）朝の食事。朝食。朝めし。対夕げ

**あざけ・る【嘲る】**（他五）｛ラ(ロ)・リ(ッ)・ル・ル・レ・レ｝見くだして、ばかにしたり笑ったりする。「―・って笑う」

**あさせ【浅瀬】**（名）川や海の、水の浅い所。

**あさづけ【浅漬け】**（名）なす・きゅうりなどの野菜を塩やぬかみそに短期間つけたもの。類一夜《いちや》漬け

**あさって**〖×明後日〗（名）あすのつぎの日。みょうごにち。「―の方《ほう》（＝見当ちがいの方）を向く」

**あさっぱら【朝っぱら】**（名）（多く「から」をつけて）朝早く。早朝。「―から大きな音を出すな」〈使い方〉そのことがらが朝にふさわしくない場合に用いる。

**あさつゆ【朝露】**（名）朝、おりている露。対夜露

**あさで【浅手】**（名）戦いなどで受ける、命にかかわらない程度の軽い傷。薄手《うすで》。対深手《ふかで》

**あざと・い**（形）｛カロ・カッ(ク)・イ・イ・ケレ・○｝❶押《お》しが強くて、あくどい。「―商売で評判の悪い店」❷小利口で、抜《ぬ》け目がない。「―知恵《ちえ》をはたらかせる」

**あざな**〖◇字〗（名）❶文人や学者などが自分につけた本名以外の名。❷あだな。ニックネーム。

**あさなぎ【朝なぎ】**〖朝△凪〗（名）朝、海岸地方で、夜の陸風から日中の海風にかわるときの、一時的な無風状態。対夕なぎ

**あさなゆうな【朝な夕な】**（副）朝夕。つねに。

**あさね【朝寝】**（名・自スル）朝おそくまで寝ていること。朝寝坊《あさねぼう》。

**あさねぼう【朝寝坊】**（名・自スル）朝寝をすること。また、その人。「宵《よい》っぱりの―」

**あさはか【浅はか】**（形動ダ）｛ダロ・ダッ(デ・ニ)・ダ・ナ・ナラ・○｝考えが足りないようす。「―な考え」

**あさはん【朝飯】**（名）朝の食事。朝食。対夕飯

**あさばん【朝晩】**㊀（名）朝と晩。㊁（副）毎朝毎晩。いつも。つねに。〘類朝夕〙

**あさひ【朝日】**〖△旭〗（名）朝のぼる太陽。また、その光。対夕日

**あさぼらけ【朝ぼらけ】**（名）明け方、空がうす明るくなるころ。夜明け。類曙《あけぼの》

**あさぼらけ…**和歌
〔**あさぼらけ　有《あ》り明《あ》けの月《つき》と　見《み》るまでに　吉野《よしの》の里《さと》に　降《ふ》れる白雪《しらゆき》**〕〈古今集《こきんしゅう》・坂上是則《さかのうえのこれのり》〉訳ほのぼのと夜の明けるころ、まるで有り明けの月の光がさしているのかと見るほどに、吉野の里いちめんに降りつもった白雪であることよ。（小倉《おぐら》百人一首の一つ）

**あさま・し**（形シク）古語❶意外だ。驚《おどろ》くばかりだ。（よい場合にも悪い場合にも用いる）。「かかる人も世にいでおはするものなりと、―・しきまで目をおどろかしたまふ」〈源氏物語〉訳こんなりっぱな方もこの世に生まれてこられるものだと、あきれるほど目を見はっていらっしゃる。❷あきれたことだ。（特に悪い場合に用いる）。「ただ今―・しきことを見はべりつ」〈徒然草《つれづれぐさ》〉訳たった今、とんでもないことを見ました。❸なさけない。見苦しい。「もののあはれも知らずなりゆくなん―・しき」〈徒然草〉訳しみじみとした趣《おもむき》もわからなくなっていくのはなさけない。

**あさまし・い【浅ましい】**（形）｛カロ・カッ(ク)・イ・イ・ケレ・○｝❶ずるくていやしい。「―考え」「―根性《こんじょう》」❷みじめでみすぼらしい。「―姿」

**あざみ**〖△薊〗（名）〘植〙キク科の多年草。野に生え、葉は深くさけ、ふちにとげがある。春から秋に赤紫《あかむらさき》色の花が咲《さ》く。おにあざみ・のあざみなど種類が多い。

**あさみどり【浅緑】**（名）うすい緑色。

**あざむ・く【欺く】**（他五）｛カ(コ)・キ(イ)・ク・ク・ケ・ケ｝❶うそをついて人をだます。いつわる。「敵を―」❷まどわす。とりちがえさせる。「昼を―（＝昼かと思うほどの）明るさ」

**あさめし【朝飯】**（名）朝の食事。朝食。対夕飯

**あさめしまえ【朝飯前】**（名）（朝食の前にでもできるほど）かんたんなこと。「こんな仕事は―だ」

**あさもや【朝もや】**〖朝△靄〗（名）朝たちこめるもや。対夕もや

**あざやか【鮮やか】**（形動ダ）｛ダロ・ダッ(デ・ニ)・ダ・ナ・ナラ・○｝❶色や形などが美しくはっきりしているようす。「―な木々の緑」❷うでまえなどがすばらしいようす。「―な手口」

**あさやけ【朝焼け】**（名）日の出の前に、東の空が赤く見えること。対夕焼け

**あさゆう【朝夕】**㊀（名）朝と夕方。㊁（副）毎朝毎夕。いつも。つねに。〘類朝晩〙

**あざらし**〖×海豹〗（名）〘動〙アザラシ科の哺乳《ほにゅう》動物。寒い海にすみ、足はひれのようになっている。体長は約二《メートル》。

**あさり**〖浅△蜊〗（名）〘動〙マルスダレガイ科の二枚貝。浅い海の砂地にすむ。肉は食用。

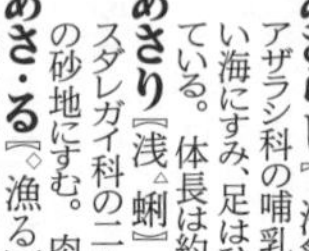
（あざらし）

**あさ・る**〖◇漁る〗（他五）｛ラ(ロ)・リ(ッ)・ル・ル・レ・レ｝❶えさやえものをさがし求める。「残飯を―」❷欲しいものを求めてさがしまわる。「古本を―」

**あざわら・う【あざ笑う】**〖◇嘲笑う〗（他五）｛ワ(オ)・イ(ッ)・ウ・ウ・エ・エ｝ばかにして笑う。せせら笑う。「失敗を―」

**あし【足・脚】**（名）❶人間や動物のからだの、ものをつけねから下の部分。「長い―」❷足首から下の部分。「大きな―のあと」❸物の下にあってささえになっているもの。「机の―」❹歩いたり走ったりすること。また、物事の動きをたとえていう。「―が遅《おそ》い」「船―《ふなあし》」「雨―《あまあし》」❺訪れること。行き来。「客の―が遠のく」❻交通手段。「ストで―がうばわれる」❼（「おあし」の形で）おかね。

**足がすくむ**　恐怖《きょうふ》・緊張《きんちょう》などで動けなくなる。

**足が地《ち》に付《つ》かない**　気持ちや行動が落ち着かず、しっかりしていない。「―生活をやめる」

**足が付《つ》く**　逃《に》げた者の足どり・ゆくえがわかる。

**足が出《で》る**　予定より出費が多く赤字になる。

**足が早《はや》い**　❶歩くのや走るのがはやい。❷食べ物などが傷んだりくさったりするのがはやい。「青魚《あおざかな》は―」❸商品などの売れ行きがよい。

**足が棒《ぼう》になる**　立ち続けたり歩き続けたりして足が

つかれてこわばる。「休みなく動き回って—」

**足の踏《ふ》み場《ば》もない** 部屋などが散らかっていてすきまもないさま。「かたづけてなくて—」

**足を洗《あら》う** 悪いことをきっぱりとやめる。悪い生活から抜《ぬ》け出す。「かけごとから—」

**足を取《と》られる** ❶悪路のために、うまく歩けなくなる。❷交通機関が止まって移動できなくなる。

**足を伸《の》ばす** ❶予定した場所からさらに遠くへ行く。「京都から大阪まで—」❷楽な姿勢でくつろぐ。

**足を運《はこ》ぶ** わざわざ出かける。「何度も—」

**足を引《ひ》っ張《ば》る** 物事の進行をさまたげる。じゃまになるようなふるまいをする。「仲間《なかま》の—」

**足を棒《ぼう》にする** あちこちと歩き回り、つかれきってしまうようす。「足を棒にしてやっと探し当てた」

**学習 使い分け** 「足」「脚」

**足** くるぶしから下、また、一般にあし全体。「手」と対にして用いるときは「足」。「足を前に出す」「足の裏」「手足」「客足」

**脚** ももから足首までの部分。物をささえるはたらきをするもの。「橋の脚」「テーブルの脚」

**あし**『△蘆・△葦・△葭』(名)『植』イネ科の多年草。水辺《みずべ》に生える。秋、穂《ほ》を出してうす紫《むらさき》の小花が咲《さ》く。茎《くき》はすだれなどの材料。よし。

**あ・し**〔悪し〕(形シク) 古語 ❶悪い。「かかる事の起こりにこそ、世も乱れ—・しかりけれ」〈源氏物語〉訳こんなことがもとになって、世の中が乱れ悪くなったのだ。❷いやしい。身分が低い。「ある男の中に—・しからずと見ゆるが」〈徒然草《つれづれぐさ》〉訳そこにいる男の中に、身分が低くないと思われる人が。❸へただ。まずい。「—・しく吹《ふ》けば、いづれの穴も心よからず」〈徒然草〉訳(笛は)へたに吹けば、どの穴でも快く響《ひび》かない。

**あじ【味】**一 (名) ❶飲み物や食べ物が舌にふれて受ける感じ。「スープの—をみる」❷体験によって知った感じ。「優勝の—」❸おもしろみ。味わい。「—のある文章」二 (形動ダ) 〔ダロ・ダッ(デ・ニ)・ダ・ナ・ナラ・○〕気がきいているようす。「—なことをする」

**味もそっけもない** くふうやおもむきがなくつまらない。

**味を占《し》める** 一度うまくいって、その気持ちが忘れられないで、またやりたくなる。「意外な成功に—」

**表現** 味わい・風味・味気《あじけ》・味覚・テースト◆あまい・からい・すっぱい・苦い・塩からい・しょっぱい・渋《しぶ》い・おいしい・うまい・美味・まずい・濃《こ》い・薄《うす》い・濃厚《のうこう》・芳醇《ほうじゅん》・淡泊《たんぱく》・こってり・まろやか・マイルド・あっさり・さっぱり・しつこい・くどい・えぐい

**あじ**『△鰺』(名)『動』アジ科の魚。日本近海にすむ。食用。しまあじ・まあじ・むろあじなど種類が多い。

**アジ** (名) (「アジテーション」の略) あおること。そそのかすこと。扇動《せんどう》。「—演説」▽英 agitation から。

**アジア**〔Asia〕[地名] 六大州の一つ。ユーラシア大陸の東部地域。北は北極海、東は太平洋、南はインド洋に接する。世界の人口の半分以上が住んでいる。

**あしあと【足跡】**(名) ❶歩いたあとに残る足の形。❷逃《に》げた経路。「—をくらます」❸その人の残した業績。「—をふりかえる」参考「そくせき」とも読む。

**あしおと【足音】**(名) 歩くときの足の音。

**あしか**『×海驢』(名)『動』アシカ科の哺乳《ほにゅう》動物。おもに北太平洋に群れをつくってすむ。体長は約二《メートル》。からだは暗褐色《あんかっしょく》で、足はひれのような形をしている。

(あしか)

**あしかがっこう**『足◇利学校』(名)『歴』鎌倉《かまくら》時代に、足利氏が建てたといわれる学校。室町《むろまち》時代に上杉憲実《うえすぎのりざね》が再興し、一八七二(明治五)年まで続いた。

**あしがかり【足掛かり】**(名) ❶高い所に登るとき、足をかける所。❷物事を始めるきっかけとなるもの。「解決への—」類糸口・手掛かり

**あしかけ【足掛け】**(名) 年月日を数えるとき、最初と最後のはんぱな数をそれぞれ一として数える数え方。「—三年」

**あしかせ【足かせ】**『足△枷』(名) ❶むかし、罪をおかした人の足にはめて、自由に歩けないようにした道具。❷自由を妨《さまた》げるもののたとえ。「生活の—となる」

**あしがため【足固め】**(名) ❶足をじょうぶにする訓練。類足慣らし。❷物事の基礎《きそ》をしっかりすること。❸柔道《じゅうどう》・レスリングの固めわざの一つ。

**あしからず**『◇悪しからず』相手の意向にそえないときに了解を求めてわびることば。悪く思わないで。「—ご了承《りょうしょう》ください」

**あしがる【足軽】**(名) ふだんは雑役《ざつえき》をし、戦いのときには兵卒となった最下級の武士。

**あじきな・い【味気ない】**(形) 〔カロ・カッ(ク)・イ・イ・ケレ・○〕→あじけない

**あしきり【足切り】**(名) 選抜試験などで、予備試験の成績などが一定の水準に達しない者をふるい落とすこと。「一次試験で—にあう」

**あしくび【足首】**(名) 足の、くるぶしの上の細くなった部分。

**あしげ【足蹴】**(名) ❶足でけること。❷ひどいしうちをすること。「恩人を—にする」

**あしげ【あし毛】**『△葦毛』(名) 馬の毛色で、白い毛に黒や茶などの毛がまじっているもの。

**あじけな・い【味気ない】**(形) 〔カロ・カッ(ク)・イ・イ・ケレ・○〕おもしろみが感じられない。つまらない。あじきない。「—生活」

**あしこし【足腰】**(名) 運動能力を支える足と腰。「—が強い」「—をきたえる」参考全体を支える基礎《きそ》的な力のたとえとして使われることもある。「日本の経済は—が弱い」

**あじさい**『×紫陽花』(名)『植』アジサイ科の落葉低木。初夏に、青紫《あおむらさき》やうすい紅色などの小花がたくさん集まって咲《さ》き、色が変化する。庭木にする。

(あじさい)

**あしざま**〖◇悪し様〗（形動ダ）〔ダロ・ダッ（デ・ニ）・ダ・ナ・ナラ・○〕悪意をもって、実際よりも悪く言うようす。「人を―に言う」

**あししげく**【足しげく】〖足◇繁く〗（副）ひんぱんに出向くようす。「コンサートに―通う」

**アシスタント**〔英 assistant〕（名）助手。

**アシスト**〔英 assist〕（名・他スル）❶人の仕事などを手助けすること。❷サッカーなどで、パスを味方の選手へ送り、シュートを助けること。また、そのプレー。

**あした**〖×明日〗（名）あす。みょうにち。あくる日。

**あした**〔朝〕（名）古語❶あさ。❷次の日の朝。翌朝。「野分《のわき》の―こそをかしけれ」〈徒然草《つれづれぐさ》〉訳台風の翌朝が実に趣《おもむき》がある。

**あしだ**【足駄】（名）歯の高いげた。たかげた。

**あしだい**【足代】（名）交通費。車代。「―を出す」「―がかかる」

**あしだまり**【足だまり】〖足△溜まり〗（名）何かをするために、しばらくの間とどまる所。根拠地《こんきょち》。

**あじつけ**【味付け】（名・他スル）味をつけること。

**あしでまとい**【足手まとい】〖足手△纏い〗（名・形動ダ）行動のじゃまになるもの。あしてまとい。

**アジト**（名）非合法活動などの秘密の本部。また、その活動家や犯罪者などの隠《かく》れ家。▽英 agitating point から。

**あしどめ**【足止め・足留め】（名・他スル）一時的に外出・通行をとめること。「電車が不通で―をくう」

**あしどり**【足取り】（名）❶歩き方。歩調。「―が重い」❷犯罪者などが歩いた道筋。経路。「犯人の―がつかめない」

**あしながばち**【足長蜂】（名）〖動〗スズメバチ科の昆虫《こんちゅう》。腹部に黄と黒のまだらがあり、後足が長い。

**あしなみ**【足並み】（名）❶多くの人がいっしょに歩くときの、足のそろいぐあい。歩調。「行進の―がそろう」❷多くの人がいっしょに物事をするときの、考えや行動のそろい方。「―をそろえてやっていこう」

**あしならし**【足慣らし】〖足△馴らし〗（名・自スル）❶歩く練習をすること。類足固め。❷下準備をすること。予備練習。

**あしば**【足場】（名）❶足でふんで立つところ。足もとのぐあい。「雪解けで―が悪い」❷高い場所の工事をするとき、丸太や鉄パイプなどを組んで足がかりとするもの。❸物事をするときのよりどころ。「着実に―を築く」❹交通の便。「駅から遠くて―が悪い」

**あしばや**【足早】（名・形動ダ）歩く速度がはやいこと。「―に立ち去る」

**あしび**〖×馬酔木〗（名）〖植〗→あせび

**あしひきの**…和歌
〔あしひきの　山川《やまがは》の瀬《せ》の　なるなへに　弓月《ゆつき》が岳《たけ》に　雲《くも》立《た》ち渡《わた》る〕〈万葉集《まんようしゅう》・柿本人麻呂《かきのもとのひとまろ》〉訳山の谷川の水かさをました瀬がはげしく鳴りひびくにつれて、弓月が岳一帯に雲がわき立ってくる。（「あしひきの」は「山」の枕詞《まくらことば》）

**あしひきの**…和歌
〔あしひきの　山鳥《やまどり》の尾《を》の　しだり尾《を》の　ながながし夜《よ》を　ひとりかも寝《ね》む〕〈拾遺集《しゅういしゅう》・柿本人麻呂《かきのもとのひとまろ》〉訳山鳥のたれさがった尾のように長い長い秋の夜を、たった一人で私は寝るのだろうか。さびしいことだ。（「あしひきの」は「山」の枕詞《まくらことば》。第三句までは「ながながし」にかかる序詞《じょし》。小倉《おぐら》百人一首の一つ）

**あしぶみ**【足踏み】（名・自スル）❶同じ所で、左右の足を交互《こうご》に上げ下げすること。❷同じ状態が続いて進歩・進行しないこと。「成績が―する」

**あしまかせ**【足任せ】（名）❶とくに行き先を決めず、気のむくままに歩くこと。❷歩けるかぎり歩くこと。

**あしまめ**【足まめ】（名・形動ダ）めんどうがらずに、あちこち歩きまわること。また、その人。「―な人」

**あじみ**【味見】（名・他スル）味かげんを知るために、少し食べたり飲んだりすること。「みそ汁《しる》を―する」

**あしもと**【足下・足元】〖足◇許〗（名）❶立っている足の下。また、そのあたり。「―に気をつける」❷身近な所。また、よりどころ。「―で問題がおこる」「―を固める」❸足の運びぐあい。歩き方。「―がふらつく」❹置かれている立場。「―につけこむ」

**足下から鳥《とり》が立《た》つ**　❶身近な所で、急に思いがけないことがおこる。❷急に思い立って、物事を始める。

**足下に火《ひ》がつく**　危険が身にせまる。

**足下にも及《およ》ばない**　相手がすぐれていて比べものにならない。「私の作品は彼《かれ》の―」

**足下の明《あか》るいうち**　❶日の暮れないうち。❷動きがとれなくならないうち。

**足下を見《み》る**　人の弱みにつけこむ。

**あじゃり**〖△阿△闍◇梨〗（名）〖仏〗❶徳がすぐれ、人の手本となるべき僧《そう》。❷天台《てんだい》宗・真言《しんごん》宗の僧の位。

**あしゅら**〖△阿修羅〗（名）〖仏〗戦いを好むあらあらしいインドの神。仏法の守護神。修羅《しゅら》。

**あしら・う**（他五）〔ワ（オ）・イ（ッ）・ウ・ウ・エ・エ〕❶応対する。また、相手を見くだして、いいかげんにあつかう。「客を―」「鼻で―」❷とりあわせる。配合する。「原色をうまく―」

**アジ・る**（他五）〔ラ（ロ）・リ（ッ）・ル・ル・レ・レ〕《俗語》（「アジテーション」の略「アジ」を動詞化したもの）扇動《せんどう》する。あおる。

**あじろ**〖◇網代〗（名）❶冬、川の瀬《せ》に木や竹を組んで魚をとるしかけ。❷竹・ひのきなどをうすくけずり、ななめや縦横にあんだもの。垣《かき》などに使う。

**あじわい**【味わい】（名）❶その食べ物の風味。うまみ。❷物事のおもむきやおもしろみ。「―深い文句」

**あじわ・う**【味わう】（他五）〔ワ（オ）・イ（ッ）・ウ・ウ・エ・エ〕❶味を感じとる。「よく―・って食べる」❷物事の意味やおもしろみを感じとる。鑑賞《かんしょう》する。「詩歌《しいか》を―」❸体験する。「悲哀《ひあい》を―」

（あじろ①）

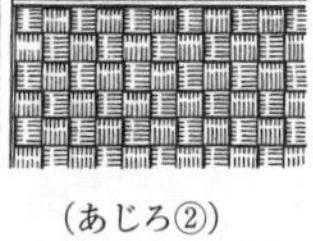
（あじろ②）

**あす【○明日】**（名）❶きょうの次の日。あした。❷近い将来。「日本の―を担《にな》う若者」

**あすかじだい**〘×飛鳥・時代〙（名）〘歴〙六世紀の末から七世紀の中ごろにかけての時代。奈良県飛鳥地方に都があり、仏教文化が栄えた。

**あずか・る**〘◇与る〙（自五）{ラ(ロ)・リ(ッ)・ル・ル・レ・レ}❶物事にかかわる。関係する。「私の―・り知らないことだ」❷好意などをこうむる。受ける。「おほめに―」

**あずか・る【預かる】**（他五）{ラ(ロ)・リ(ッ)・ル・ル・レ・レ}❶たのまれて、人のものを一時的に手もとで保管したり、世話したりする。「全員の会費を―」「となりの子を―」❷物事の処理を任される。「家計を―」「けんかを―」❸あることを決定せず、保留しておく。「結論は―・らせてほしい」

**あずき【○小豆】**（名）〘植〙マメ科の一年草。夏、蝶《ちょう》形の黄色い花が咲《さ》く。細長いさやの中にできる黒みがかった赤色の種子は、あん・菓子《かし》などの材料。

**あず・ける【預ける】**（他下一）{ケ・ケ・ケル・ケル・ケレ・ケロ(ケヨ)}❶人にたのんで、一時的に保管や世話を任せる。「荷物を―」「妻の実家に子どもを―」❷物事の処理を任せる。「仕事を―」「勝負を―」❸からだを人や物にもたせかける。「体《たい》を―・けて押《お》し倒す」

**あすこ**〘◇彼◇処・◇彼◇所〙（代）→あそこ

**あずさ**〘△梓〙（名）〘植〙カバノキ科の落葉高木。むかし、この木で弓を作った。

**アスター**〔英 aster〕（名）〘植〙キク科の、えぞぎく・しおんなどの総称《そうしょう》。ふつう、えぞぎくをさす。

**アステリスク**〔英 asterisk〕（名）文章で使われる符号《ふごう》「*」のこと。注記、参考になること、語や文字の省略などを示す。アスタリスク。

**アストリンゼン**〔英 astringent〕（名）肌《はだ》をひきしめるための化粧《けしょう》水。アストリンゼント。

**あすなろ**〘×翌檜〙（名）〘植〙ヒノキ科の常緑高木。深山に生える。葉はひのきに似る。材は建築用。ひば。参考「あすはひのきになろう」の意からという。

**アスパラガス**〔英 asparagus〕（名）〘植〙キジカクシ科の多年草。若い茎《くき》を食用とする西洋野菜。葉を観賞用とするものもある。アスパラ。まつばうど。

**アスピリン**〔ドイ ツ Aspirin〕（名）熱をさましたり、痛みをとめたりする薬。アセチルサリチル酸の商品名。

**アスファルト**〔英 asphalt〕（名）道路の舗装《ほそう》などに使う、黒く光沢《こうたく》のある物質。

**アスベスト**〔ドイ ツ Asbest〕（名）→いしわた

**あずま**〔東・吾妻〕〔地名〕❶関東地方。❷むかし、京都から江戸《えど》・鎌倉《かまくら》をさしていったことば。

**あずまうた**〘◇東歌〙（名）〘文〙「万葉集」巻一四や「古今集」巻二〇などにおさめられた東国地方の和歌。東国方言が使われ、素朴《そぼく》な味わいをもつ作品が多い。

**あずまや**〘◇東屋・×四阿〙（名）柱だけで壁《かべ》がなく、屋根を四方へふきおろした小屋。庭園などに設ける。

（あずまや）

**アスリート**〔英 athlete〕（名）運動選手。特に、陸上競技の選手。

**アスレチック**〔英 athletic〕（名）❶運動。「―クラブ」❷「フィールドアスレチック」の略。

**あせ【汗】**（名）❶暑いときや運動をしたときに、ひふの汗腺《かんせん》から出る水分。「―をふく」❷物の表面についたりにじんだりした水滴《すいてき》。「梅雨《つゆ》どきに壁《かべ》が―をかく」

**あぜ**〘◇畔・△畦〙（名）❶水田と水田との間に土を盛ってつくった境。畔《くろ》。❷しきい・かもいの溝《みぞ》と溝の間にあるしきり。

**あぜくらづくり**〘◇校倉造り〙（名）建物のたて方の一つ。断面が三角形の長い木材をたがいちがいに組んでつくる。奈良の正倉院《しょうそういん》が有名。

（あぜくらづくり）

**アセスメント**〔英 assessment〕（名）評価。査定。「環境―」

**あせ・する【汗する】**（自サ変）{シ(セ・サ)・シ・スル・スル・スレ・シロ(セヨ)}汗をかく。「額《ひたい》に―・して(=いっしょうけんめいに)働く」

**あせだく【汗だく】**（名・形動ダ）びっしょり汗をかくこと。「―になる」類汗まみれ・汗みずく・汗みどろ

**アセチレン**〔英 acetylene〕（名）〘化〙カーバイドに水をそそぐと発生するガス。無色で燃えやすく、強い光を出して燃える。灯火や溶接《ようせつ》などに用いる。

**アセテート**〔英 acetate〕（名）酢酸《さくさん》セルロースを原料とした半合成繊維《せんい》。軽くてしわになりにくい。

**あせば・む【汗ばむ】**（自五）{マ(モ)・ミ(ン)・ム・ム・メ・メ}汗がにじんで、からだがじっとりする。「―ような陽気」

**あせび**〘×馬酔木〙（名）〘植〙山地に生えるツツジ科の常緑低木。春、つぼ形の白い花がたくさん咲《さ》く。葉に毒があり、馬などが食べると酔《よ》ったようになるので「馬酔木」と書く。あしび。

（あせび）

**あせまみれ【汗まみれ】**（名・形動ダ）からだ全体が汗でひどくぬれているようす。「―になって働く」類汗だく・汗みずく・汗みどろ

**あせみず【汗水】**（名）水のように流れるたくさんの汗。「―を流して働く」

**あせみずく【汗みずく】**（名・形動ダ）びっしょり汗にぬれること。汗みどろ。類汗だく・汗まみれ

**あぜみち【あぜ道】**〘◇畔道・△畦道〙（名）田と田の間の細い道。

**あせみどろ【汗みどろ】**（名・形動ダ）→あせみずく

**あせも**〘汗△疹・汗△疣〙（名）汗のために、ひふにできる小さいふきでもの。

**あせ・る【焦る】**（自五）{ラ(ロ)・リ(ッ)・ル・ル・レ・レ}❶気持ちがいそいでいらいらする。気をもむ。「―気持ちをおさえる」❷〘俗語〙ひどくあわてる。どぎまぎする。「急に指名されて―」

**あ・せる**〘△褪せる〙（自下一）{セ・セ・セル・セル・セレ・セロ(セヨ)}古くなった

り、日光にさらされたりして、もとの色やつやがなくなる。色あせる。「桜の花びらがー」

**アゼルバイジャン**〔Azerbaijan〕【地名】アジア西部にある、カスピ海に面した共和国。首都はバクー。

**あぜん**『△唖然』(トタル) あきれてものが言えないようす。あきれ返ったようす。「ーとしてことばもない」

**あそこ**『◇彼◇処・◇彼◇所』(代) ❶あの所。話し手からも聞き手からもはなれていて、どちらも承知している場所。❷あの段階。「ーまでできればたいしたものだ」 参考「あすこ」ともいう。

**あそば・す**【遊ばす】(他五) {サ(ソ)・シ・ス・ス・セ・セ} ❶遊ばせる。「子どもを外でー」 ❷何もさせないでおく。使わないままでおく。「資金をー」 ❸「する」の尊敬語。「いかがー・しましたか」 ❹(「お」「ご」のついた動詞の連用形または名詞の下について)敬意を表す。「ご覧ー」

**あそび**【遊び】(名) ❶遊ぶこと。❷機械の連動するつなぎの部分に設けたゆとり。「ハンドルのー」

**あそ・ぶ**【遊ぶ】(自五) {バ(ボ)・ビ(ン)・ブ・ブ・ベ・ベ} ❶好きなことをして楽しむ。「公園でボール投げをしてー」 ❷酒色やかけごとにふける。❸仕事や学業をしないで時をすごす。ぶらぶらする。「就職もせず、毎日ー・んでいる」 ❹場所や道具などが活用されないでいる。「ー・んでいる土地」 ❺旅行して楽しむ。「京都にー」 ❻よその土地や国に行って勉強する。遊学する。「イギリスにーこと三年」

**あそん**『◇朝◇臣』(名)《歴》古代、八階級あった姓《かばね》の第二位。のちに五位以上の貴族につけた敬称《けいしょう》。 文法「あそみ」の音便。

**あだ**『△仇』(名) ❶うらみをはらしたい相手。かたき。「父のーを討《う》つ」 ❷うらみ。「ーをはらす」 ❸害を与《あた》えること。害悪。「恩をーで返す」

**あだ**『◇徒』(名) ❶むだなこと。「せっかくの好意もーとなる」 ❷いいかげんなこと。「ーやおろそかにはしない」

**アダージョ**〔イタリア adagio〕(名)《音》楽曲の速度を示すことば。「ゆっくり」「ゆるやかに」の意味。アダジオ。

**あたい**【価・値】(名) ❶ねだん。代金。❷ねうち。価値。「ー千金《せんきん》の勝利」 ❸《数》文字や式が表す数量。「$\chi$のーを求めよ」 注意 ③は「値」と書く。

**あたい・する**【値する】(自サ変) {シ(セ・サ)・シ・スル・スル・スレ・シロ(セヨ)} 相当する。ねうちがある。「千金にー」「博士の名にー」

**あだうち**【あだ討ち】『△仇討ち』(名) ❶かたきを討つこと。かたき討ち。❷仕返し。

**あた・える**【与える】(他下一) {エ・エ・エル・エル・エレ・エロ(エヨ)} ❶(目上の者が目下の者に)自分のものや自由にできるものをわたし、相手のものにする。さずける。「ほうびの品をー」「権限をー」「機会をー」 ❷割りあてて何かをさせる。あてがう。「役割をー」「感想文のテーマをー」 ❸ある感覚や気持ちを生じさせる。「部下の報告が上司に不安をー・えた」 ❹恩恵・被害など、物事の影響《えいきょう》を受けさせる。「台風が農家に大損害をー・えた」「後世にー影響」

**あだおろそか**『◇徒◇疎か』(形動ダ) {ダロ・ダッ(デ・ニ)・ダ・ナ・ナラ・○} 人から受けた親切などを軽んじていいかげんにあつかうようす。あだやおろそか。「ご温情はーにいたしません」 使い方〉多く、あとに「ない」「ません」などの打ち消しのことばがくる。

**あたかも**『△恰も・◇宛も』(副) ❶(多く下に「ようだ」「ごとし」などをともなって)似ている物事をたとえて表す。まるで。ちょうど。「ー雪の降るように桜が散る」 ❷ちょうどその時。「時ー春」

**あたし**(代) 自分をさしていうことば。 使い方〉おもに女性の「わたし」よりもくだけた言い方。

**アダジオ**(名)《音》→アダージョ

**あたたか**【暖か・温か】(形動ダ) {ダロ・ダッ(デ・ニ)・ダ・ナ・ナラ・○} あたたかいようす。「春のーな日ざし」「心のーな人」

**あたたか・い**【暖かい・温かい】(形) {カロ・カッ(ク)・イ・イ・ケレ・○} ❶あつくなく気持ちのいい程度に温度が高い。「ー気候」「ーごはん」 ❷愛情や思いやりがこもっている。「ーもてなし」「心のー人」 対 冷たい ❸金銭的に豊かだ。「ふところがー」 対 寒い

> **学習〈使い分け〉「暖かい」「温かい」**
>
> **暖かい** 日が当たって温度が高く気持ちのいいようす。気温が暑すぎず、ちょうどよい状態。「**暖かい**春の日」「南向きの**暖かい**部屋」「冬でも**暖かい**地方」
>
> **温かい** 水などがほどよい温度で気持ちのいいようす。転じて、気持ちがやわらいでいるようす。「**温かい**お湯」「食事はまだ**温かい**」「**温かい**人がら」「**温かい**もてなし」

**あたたま・る**【暖まる・温まる】(自五) {ラ(ロ)・リ(ッ)・ル・ル・レ・レ} ❶適当な高さの温度になる。また、からだがあたたかになる。「室内がー」「たき火にあたってー」 ❷心がなごやかになる。「心ー話」 ❸金銭的に豊かになる。「ふところがー」

**あたた・める**【暖める・温める】(他下一) {メ・メ・メル・メル・メレ・メロ(メヨ)} ❶熱を加えて適当な高さの温度にする。「部屋をー」「みそ汁《しる》をー」 対 冷《さ》ます・冷やす。❷絶えていた交際を元のようにする。「旧交をー」 ❸長い間公表しないで自分の手もとにおく。「五年間ー・めた構想」

**アタック**〔英 attack〕(名・他スル) ❶攻撃《こうげき》すること。❷困難なことにいどむこと。「山頂にーする」

**アタッシェケース**〔英 attaché case〕(名) 書類を入れる長方形の手さげかばん。アタッシュケース。▽アタッシェは、もとフランス attaché(=大使館員の意)から。

**アタッチメント**〔英 attachment〕(名) 器具や機械に取り付けて、機能を追加・変更《へんこう》する付属装置。カメラの補助レンズなど。

**あたってくだけろ**【当たって砕けろ】だめでもいいから思い切ってやってみろ。「ーと思い告白する」

**あだな**【あだ名】『△渾名・△綽名』(名) 本名のほかに、その人の特徴《とくちょう》をとらえてつけた名。ニックネーム。

**あだばな**【あだ花】『◇徒花』(名) 咲《さ》いても実を結ばない花。転じて、見た目ははなやかでも中身がないことのたとえ。「時代のー」

**あたふた**（副・自スル）あわてふためくようす。「―（と）出かける」

**アダプター**〔英 adapter, adaptor〕（名）機械や器具にサイズのちがう部品などをつなぐための器具。

**あたま【頭】**（名）❶人間や動物の首から上または先の部分。特に、顔をのぞいた部分。「―をさげる」 ❷頭脳のはたらき。「―がいい」「―を悩《なや》ませる」 ❸髪《かみ》の毛。「―をかる」 ❹物の上部。てっぺん。「山の―が雲に隠《かく》れる」 ❺物事のはじめ。最初。「―から反対する」「来月―から旅行にゆく」 ❻上に立つ人。かしら。「組織の―にすえる」 ❼人数。あたまかず。「―をそろえる」

**頭が上《あ》がらない** 相手にひけめを感じたりして対等にふるまえない。「妹に―」

**頭が痛《いた》い** ❶頭痛がする。❷悩《なや》みや心配事に困っている。「商品が売れなくて―」

**頭が固《かた》い** 頑固《がんこ》で柔軟《じゅうなん》な考え方ができない。

**頭隠《かく》して尻《しり》隠《かく》さず** 一部だけを隠して、全部隠したつもりでいるのをあざけっていうことば。

**頭が下《さ》がる** 相手のりっぱなようすに尊敬の気持ちをいだく。「彼《かれ》の態度には―」

**頭に来《く》る** 腹が立つ。頭に血がのぼる。

**頭の上《うえ》の蠅《はえ》も追《お》えぬ** 人の世話をやくどころか、自分一人の始末さえできない。

**頭を抱《かか》える** どうしてよいかわからず考えこむ。

**頭をはねる** うわまえをとる。人のもうけの一部をかすめとる。「紹介料《しょうかいりょう》と称《しょう》して―」

**頭を冷《ひ》やす** 興奮した気持ちをしずめて冷静になる。「頭を冷やしてよく考えろ」

**頭を丸《まる》める** 頭髪《とうはつ》をそって、出家する。参考 俗に、反省の意を示すために頭をそることにもいう。

**頭を過《よ》ぎる** ふと思い浮《う》かぶ。「不安が―」

**あたまうち【頭打ち】**（名）物事が限界に達して、それ以上伸《の》びなくなった状態。「成績が―になる」

**あたまかず【頭数】**（名）人数。「―をそろえる」

**あたまかぶ【頭株】**（名）おもだった人。中心人物。「村の―が集まる」

**あたまから【頭から】**（副）わけを聞いたり深く考えようともしないで、はじめから。「―決めつける」

**あたまきん【頭金】**（名）分割払《ばら》いで物を買うとき、最初に払うおかね。

**あたまごし【頭越し】**（名）❶人の頭の上を越して何かをすること。「人の―に荷物をわたす」 ❷間に立つ人などを無視して、直接相手にはたらきかけること。「仲介者《ちゅうかいしゃ》の―に交渉《こうしょう》する」

**あたまごなし【頭ごなし】**（名）相手の言うことも聞かずに、はじめから決めつけること。「―にしかる」

**あたまでっかち【頭でっかち】**（名・形動ダ）❶頭がからだに対して大きく不釣っり合いなこと。❷上の部分が不釣り合いに大きいこと。「―な組織」 ❸理屈《りくつ》で考えるばかりで行動を伴《ともな》わないこと。また、そのような人。「―な考え方」

**あたまわり【頭割り】**（名）人数に応じて、みな同じように物やおかねを割りふること。「費用を―にする」

**アダム**〔Adam〕（名）「旧約聖書」で、神が最初につくったとされる男性。禁じられていた知恵《ちえ》の木の実を食べたため、妻のイブとともにエデンの園《その》を追われた。

**あだやおろそか**〖◇徒や◇疎か〗→あだおろそか

**あたら**〖×可惜〗（副）おしくも。もったいなくも。「―若い命を失う」

**あたら**〔惜〕（連体）古語 もったいない。せっかくの。「君のみ心はあはれなりけるものを、―御身を」〈源氏物語〉訳 男君のお心は愛情深くていらっしゃったのに、せっかくの御身を（尼《あま》になられるとは）。

**あたらし・い【新しい】**（形）〔カロ・カッ(ク)・イ・イ・ケレ・○〕❶できたばかりである。また、使いはじめたばかりである。「―建物」「―靴《くつ》」 ❷新鮮《しんせん》である。「魚が―から刺身《さしみ》にしよう」 ❸これまでにない。「―発想」「―サービス」 ❹現代的・進歩的である。「―考え方」 ❺変更《へんこう》して今までとちがっている。「―規則」（対 古い）

**あたらずさわらず【当たらず障らず】**どこにもさしさわりがないように気をつけるようす。「―の返事」

**あたらずといえどもとおからず【当たらずといえども遠からず】**的中してはいないが、それほどまちがってはいない。「その推測は―だ」

**あたらない【当たらない】**その必要がない。それにはおよばない。「がっかりするには―」

**あたり【辺り】**（名）❶その付近。まわり。周囲。「―が暗くなる」「入り口の―」 ❷時間・範囲《はんい》・程度などのおおよそを示す。「あす―には届くだろう」

**辺りをはばかる** （人に知られたくないために）まわりを気にする。「辺りをはばかって小声で話す」

**辺りを払《はら》う** まわりの人々がそばへ寄りつけないくらい堂々としている。「威風《いふう》―」

**あたり【当たり】**㊀（名）❶当たること。ぶつかること。「するどい―」 ❷ねらい・予想が的中すること。うまくいくこと。「―のくじ」「今度の興行は―だった」 ❸見当。目当て。「犯人の―がつく」㊁（接尾）一つ一つに割り当てる意を表す。「一人―五つ」

**あたりさわり【当たり障り】**（名）ぐあいが悪いこと。さしさわり。「―のない話」

**あたりちら・す【当たり散らす】**（自五）〔サ(ソ)・シ・ス・ス・セ・セ〕自分のいらだちからまわりの者につらくあたる。やつあたりする。「周囲の者に―」

**あたりどし【当たり年】**（名）❶ある作物、特に果実がよく実る年。「すいかの―」 ❷よいことがかさなった年。運のよい年。

**あたりまえ【当たり前】**（名・形動ダ）❶そうあるべきこと。当然。「―のことをしたまでだ」 ❷ふつう。なみ。変わったこともないようす。「ごく―の男」

**あたりめ**（名）するめ。参考 するめの「する」が「する（=使いはたす）」に通じるのをきらっていうことば。

**あたりやく【当たり役】**（名）芝居《しばい》・映画の役で、その人が演じて評判のよかった役。

**あた・る【当たる】**〔ラ(ロ)・リ(ッ)・ル・ル・レ・レ〕㊀（自五）❶（動いていって他のものに）ぶつかる。命中する。「からだごと相手に―」「的《まと》に矢が―」 ❷（不都合・不具合を起こすように）接触《せっしょく》する。

触《ふ》れる。「靴《くつ》が足に—」
❸はりつく。くっつく。「継《つ》ぎの—・ったズボン」
❹(光・熱・風などを)身に受ける。「焚《た》き火に—」「夜風《よかぜ》に—」
❺引き受ける。その仕事をする。「弁護に—」
❻困難な物事や敵などに立ち向かう。また、対戦する。「強敵に—」「横綱《よこづな》と—」
❼くじなどで選ばれる。また、割り当てられて受け持つ。「一等が—」「掃除《そうじ》当番が—」
❽あてはまる。相当する。合致《がっち》する。「一寸《いっすん》は三・〇三《センチメートル》に—」「きょうは父の命日《めいにち》に—」「その非難は—・っていない」
❾ねらいどおりになる。うまくいく。成功する。「芝居《しばい》が—」「商売が—」
❿予想どおりになる。「天気予報が—」「よく—という占《うらな》い」
⓫わからないことを調べたり、人に聞いたりする。確認する。「辞書に—」「あの人に—・ってみよう」
⓬いじわるな態度で接する。「部下につらく—」
⓭飲食物や天候などによってからだが害を受ける。中毒する。「旅先で水に—」「ふぐに—」「暑さに—」
⓮くだものがいたむ。「この桃《もも》は—・っている」
⓯(「…にあたり」「…にあたって」の形で)…に際して。「卒業するに—・り」
■二■(他五)ひげなどを剃《そ》る。「ひげを—」
参考 ■一■⑬は「中る」とも書く。■二■は「剃る」が「する(=使いはたす)」に通じるのをきらっていうことば。

**当たるも八卦《はっけ》当《あ》たらぬも八卦《はっけ》** 占《うらな》いというものは、当たることもあれば当たらないこともあるものだ。

**アダルト**〔英 adult〕(名)大人。成人。

**あたん【亜炭】**(名)《地質》褐炭《かったん》の一種で、炭化の程度が低い石炭。褐色で、発熱量が少ない。

**アチーブメント-テスト**〔英 achievement test〕(名)学習したことの達成度を調べる試験。

**あぢきな・し**〔味気なし《アジキナシ》〕(形ク) 古語 ❶役にたたない。つまらない。「おろかなる人の目を喜ばしむる楽しみ、また—」〈徒然草《つれづれぐさ》〉訳愚《おろ》かな人が目を喜ばせる楽しみも、またつまらないものだ。❷不愉快《ふゆかい》だ。気に入らない。「天《あめ》の下にも—う人のもてなやみぐさになりて」〈源氏物語〉訳世間でも不愉快で人びとの心配の種になって。

**あちこち**〖◇彼◇方△此◇方〗■一■(代)あちらこちら。あべこべ。「左右が—になる」■二■(名・自スル)❶反対であること。「—に電話する」❷あっちやこっちへ行き来すること。「話が—する」

**あちら**〖◇彼◇方〗(代)❶自分と相手のどちらからもはなれている場所・方向をさすことば。「—に見える山」❷自分・相手からはなれた場所にある物をさすことば。「—をください」❸あの方。あの人。「—はどなたですか」❹外国。特に欧米《おうべい》。参考「あっち」よりていねいな言い方。

**あつ【圧】** 5画 土2 小5 〔壓〕 音アツ
一 厂 圧 圧 圧
❶おす。おさえつける。◆圧死・圧縮・圧倒《あっとう》・圧迫《あっぱく》。◆圧力 ◆指圧・制圧・弾圧《だんあつ》・鎮圧《ちんあつ》・抑圧《よくあつ》。❷おさえつける力。◆気圧・血圧・水圧・電圧

**あつ【圧】**(名)おさえつける力。圧力。「—を加える」

**あっ**(感)なにかを急に思いついたり見つけたりしたとき、またなにかに驚《おどろ》いたり感動したりしたときに発することば。「—、わかった」「—、まぶしい」

**あっと言《い》う間《ま》** ほんのわずかな間。「—の出来事」

**あっと言《い》わせる** 「あっ」と声を出すほど驚《おどろ》かせる。「世間を—」

**あつ・い【厚い】**(形)〔カロ・カッ(ク)・イ・イ・ケレ・○〕❶物の両面の間の距離《きょり》が大きい。「—本」対薄《うす》い。❷真心がこもっている。気持ちがこまやかで深い。「—友情」「信仰《しんこう》心が—」参考②は「篤い」とも書く。

**あつ・い【暑い】**(形)〔カロ・カッ(ク)・イ・イ・ケレ・○〕気温が高い。また、そう感じる。「今日は—」対寒い。⇩あつい(熱い)「学習」

**あつ・い【熱い】**(形)〔カロ・カッ(ク)・イ・イ・ケレ・○〕❶温度が高い。「—スープ」対冷たい。❷感情が高まっている。「—涙《なみだ》を流す」❸男女が強く愛し合うようす。「—仲」

> **学習 使い分け 「暑い」「熱い」**
> 暑い　からだ全体で感じる温度が高すぎて、快くないようす。「真夏の暑い日差し」「暑い室内では仕事がはかどらない」
> 熱い　ものの温度がひじょうに高いようす。接触《せっしょく》感を伴《ともな》うことが多い。転じて、感情が高まっているようす。「熱い湯にはいる」「鉄は熱いうちに打て」「熱い視線」

**あつ・い**〖◇篤い〗(形)〔カロ・カッ(ク)・イ・イ・ケレ・○〕❶思いやりが深い。真心がこもっている。「客を—・くもてなす」❷病気が重い。「病《やまい》が—」参考①は「厚い」とも書く。

**あつえん【圧延】**(名・他スル)圧力をかけて金属を板や棒の形に作ること。

**あっか【悪化】**(名・自スル)状態が悪くなること。

**あっか【悪貨】**(名)品質の悪い貨幣《かへい》。対良貨

**悪貨は良貨《りょうか》を駆逐《くちく》する** 質に差のある貨幣《かへい》が同時に流通すると、良貨はしまいこまれ、悪貨だけが出回るようになる。イギリスの財政家グレシャムが唱えた法則で、質の悪いものばかりが出回ることをたとえてもいう。

**あつかう【扱う】** 6画 扌3 訓あつかう
扌 扌 扨 扱
あつかう。あつかい。◆客扱い・取り扱う

**あつか・う【扱う】**(他五)〔ワ(オ)・イ(ッ)・ウ・ウ・エ・エ〕❶機械・道具などを手であやつる。操作する。使用する。「機械をうまく—」
❷仕事として受け持つ。「交通事故を—部署」
❸商品として売る。「文房具《ぶんぼうぐ》を—店」
❹世話をする。もてなす。「客をていねいに—」
❺見なす。処遇《しょぐう》する。「遅刻《ちこく》は欠席として—」「大人として—」
❻特にとりあげる。「ニュースで—・われたテーマ」

**あつかまし・い【厚かましい】**(形)〔カロ・カッ(ク)・イ・イ・ケレ・○〕恥《はじ》を知らない。ずうずうしい。「—やつだ」

**あつがみ【厚紙】**（名）厚手の紙。ボール紙など。

**あつがり【暑がり】**（名・形動ダ）暑さを他の人より感じやすいさま。また、その人。対寒がり

**あつかん【熱△燗】**（名）酒を熱めに温めること。また、熱めに温めた酒。「寒い日は―がいい」

**あっかん【圧巻】**（名）本や催《もよお》し物などの中でいちばんすぐれているところ。「このシーンが―だ」

故事 むかし、中国の役人登用試験で、最もすぐれた答案(＝巻)を、全答案のいちばん上に置いたため、下の答案を圧《お》すことになったことからいう。

**あっかん【悪漢】**（名）悪いことをする男。悪者。

**あつぎ【厚着】**（名・自スル）衣服を何枚も重ねて着ること。対薄着《うすぎ》

**あつくるし・い【暑苦しい】**（形）〔カロ・カッ(ク)・イ・イ・ケレ・○〕息苦しくなるほど暑い。また、見ていてそう感じるようす。「―部屋」「―身なり」

**あつげしょう【厚化粧】**（名・自スル）おしろいや口紅などを濃《こ》くぬった化粧。対薄化粧《うすげしょう》

**あっけな・い【△呆気ない】**（形）〔カロ・カッ(ク)・イ・イ・ケレ・○〕ものたりない。はりあいがない。「―結末」

**あっけにとられる【△呆気に取られる】**思いがけないことに驚《おどろ》きあきれる。「あまりの展開に―」

**あっけらかんと**（副）気にせず平然としているさま。「叱《しか》られても―している」

**あっこう【悪口】**（名）わるくち。「―をならべる」

**あっこうぞうごん【悪口雑言】**（名）ひどい悪口。悪口のかずかず。「―をあびせる」

**あつさ【厚さ】**（名）厚い程度。厚み。

**あつさ【暑さ】**（名）気温が高いこと。また、その程度。「―に弱い作物」

**暑さ寒《さむ》さも彼岸《ひがん》まで** 春と秋の彼岸ともなれば、寒さや暑さがおとろえ、しのぎやすくなるということ。

**あっさく【圧搾】**（名・他スル）圧力を加えて、しぼったり体積を小さくしたりすること。

**あっさくくうき【圧搾空気】**（名）→あっしゅくくうき

**あっさつ【圧殺】**（名・他スル）❶おしつぶして殺すこと。❷おさえつけて、活動を封《ふう》じること。「少数意見を―する」

**あっさり**（副・自スル）❶さっぱりしているようす。しつこくないようす。「―した味」「―した性格」❷簡単に行われるようす。「―(と)断られる」

**あっし【圧死】**（名・自スル）おしつぶされて死ぬこと。

**あつじ【厚地】**（名）厚い布地。対薄地《うすじ》

**あっしゅく【圧縮】**（名・他スル）❶圧力を加えてちぢめること。❷文章などをちぢめて短くすること。❸コンピューターで、データの内容を変えずにファイルの容量を小さくすること。対解凍《かいとう》

**あっしゅくくうき【圧縮空気】**（名）強くおしちぢめた空気。もとへもどろうとする力を利用して電車のブレーキや自動とびらなどに用いる。圧搾《あっさく》空気。

**あっしょう【圧勝】**（名・自スル）相手を問題にしないで、一方的に勝利をおさめること。「選挙に―する」

**あっ・する【圧する】**（他サ変）〔シ(セ・サ)・シ・スル・スル・スレ・シロ(セヨ)〕❶圧力をかけておさえつける。❷力や権威《けんい》などによって、相手をおさえ屈服させる。圧倒《あっとう》する。「周囲を―態度」

**あっせい【圧制】**（名）権力でむりやりおさえつけること。「―をはね返す」

**あっせい【圧政】**（名）権力で人びとをむりやりおさえつける政治。「武力による―」

**あっせん【△斡旋】**（名・他スル）双方《そうほう》の間にはいってうまくゆくようにとりもつこと。世話をすること。「仕事を―してもらう」類周旋《しゅうせん》

**あったか・い【◇暖かい・◇温かい】**（形）〔カロ・カッ(ク)・イ・イ・ケレ・○〕→あたたかい

**あっち【◇彼◇方】**（代）「あちら」のくだけた言い方。

**あづちももやまじだい【◇安土桃山時代】**（名）〘歴〙一六世紀末の約三〇年間で、織田信長《おだのぶなが》と豊臣秀吉《とよとみひでよし》が政権をにぎっていた時代。

**あつで【厚手】**（名）紙・布・陶器《とうき》などの地の厚いこと。また、厚くつくってあるもの。対薄手《うすで》

**あっとう【圧倒】**（名・他スル）段ちがいにまさっている力で相手に勝つこと。力を見せるだけで、相手を恐《おそ》れさせること。「気力で―する」「威厳《いげん》に―される」

**あっとうてき【圧倒的】**（形動ダ）〔ダロ・ダッ(デ・ニ)・ダ・ナ・ナラ・○〕比べものにならないほどきわだっているようす。「―な勝利」

**アット-ホーム**〔英 at home〕（形動ダ）〔ダロ・ダッ(デ・ニ)・ダ・ナ・ナラ・○〕家庭的でくつろいだようす。「―なふんいきの店」

**アット-マーク**〔英 at mark〕（名）記号の「@」。商品の単価を示したり、電子メールのアドレスでユーザー名とドメイン名を分けるのに使われたりする。

**アッパーカット**〔英 uppercut〕（名）ボクシングで、相手のあごを下からつきあげて打つこと。

**あっぱく【圧迫】**（名・他スル）❶強い力や重みでおさえつけること。「腹を―する」❷勢力や権力などでおさえること。また、威圧感《いあつかん》や制約をあたえること。「―面接」「交際費が家計を―する」

**あっぱれ【×天晴】**［一］（形動ダ）〔ダロ・ダッ(デ・ニ)・ダ・ナ・ナラ・○〕みごとなようす。りっぱなようす。「敵ながら―だ」［二］（感）「えらい」「でかした」というほめことば。

**アッピール**（名・自他スル）→アピール

**アップ**〔英 up〕（名・自他スル）❶上がること。上げること。「年俸《ねんぽう》が―する」対ダウン。❷「クローズアップ」の略。「―で撮《と》る」❸「アップロード」の略。「データを―する」❹女性の髪形《かみがた》の一つ。うしろの髪を上へあげたもの。

**あっぷあっぷ**（副・自スル）❶水におぼれかけてもがき苦しむようす。❷悪い状況《じょうきょう》から抜《ぬ》け出せずに苦しむようす。「きつい練習に―している」

**あっぷく【圧伏・圧服】**（名・他スル）力でおさえつけて無理に従わせること。「武力で―する」

**アップグレード**〔英 upgrade〕（名・他スル）品質や等級を上げること。特に、コンピューターでソフトウェアを新しいものにかえて機能や性能を向上させること。

**アップ-ダウン**〔和製英語〕（名）❶地面が高くなったり低くなったりしていること。❷状態や調子が上がったり下がったりすること。浮《う》き沈《しず》み。「気温の―が激しい」▽ups and downs から。

**アップツーデート**〔英 up-to-date〕（形動ダ）〔ダロ・ダッ(デ・ニ)・ダ・ナ・ナラ・○〕時代に合った新しいようす。現代的。

**アップデート**〔英 update〕（名・他スル）コンピュータ

ーで、プログラムやデータを最新のものにかえること。

**アップリケ**〔フランス appliqué〕（名）布の上に、模様を切りぬいたほかの布をぬいつけたかざり。また、その手芸。

**アップロード**〔英 upload〕（名・他スル）ネットワークで結ばれた他のコンピューターへ、自分のコンピューターからデータを送信すること。対ダウンロード

**あつぼった・い**【厚ぼったい】（形）{カロ・カッ(ク)・イ・イ・ケレ・○}ひじょうに厚みがあり重そうな感じである。「ー布地」

**あづま**〔東・吾妻〕《アズマ》【地名】古語→あずま

**あつまり**【集まり】（名）❶集まること。また、集まったもの。「人のーが悪い」❷会合。集会。

**あつま・る**【集まる】（自五）{ラ(ロ)・リ(ッ)・ル・ル・レ・レ}多くの人や物が一つの所に寄る。集中する。「全員が講堂にー」「視線がー」

**あつ・める**【集める】（他下一）{メ・メ・メル・メル・メレ・メロ(メヨ)}多くの人や物を一か所に寄せる。集中させる。「ごみをー」「切手をー」「人気をー」

**あつもの**〖△羹〗（名）野菜や肉を煮《に》た熱い汁《しる》。

**羹に懲《こ》りて膾《なます》を吹《ふ》く** 一度失敗したのにこりて必要以上に用心をするたとえ。

故事あつものの熱いのにこりて、冷たいなます（＝酢《す》の物）まで吹《ふ》いてさまそうとする、という意から出たことば。〈楚辞《そじ》〉

**アッラー**〔アラビア Allāh〕（名）イスラム教で、ただ一つの神。アラー。

**あつらえ**〖△誂え〗（名）注文すること。また、注文して作ったもの。「ーの服」対出来合い

**あつらえむき**【あつらえ向き】〖△誂え向き〗（名・形動ダ）注文したかのように希望にぴったり合っていること。「ーの服があった」「キャンプにはおーの場所だ」使い方〉多く上に「お」をつけて使う。

**あつら・える**〖△誂える〗（他下一）{エ・エ・エル・エル・エレ・エロ(エヨ)}注文して自分の思うとおりに作らせる。「洋服をー」

**あつりょく**【圧力】（名）❶〖物〗物体が他の物体をおす力。❷相手をおさえつける力。威圧《いあつ》する力。「政府がーをかける」

**あつりょくけい**【圧力計】（名）気圧計や水圧計など、気体や液体の圧力をはかる器械。

**あつりょくだんたい**【圧力団体】（名）政府や議会に強く働きかけて、政治の方向に影響《えいきょう》をあたえる団体。

**あつれき**〖△軋△轢〗（名）（車輪がきしる意から）おたがいの仲が悪くなること。反目。「ーを生じる」

**-あて**【宛】（接尾）❶割り当てを表す。…あたり。「一人ー一〇〇円ずつ」❷送り先・届け先を表す。「本人ー」

**あて**【当て】（名）❶目当て。みこみ。「ーもなく歩く」「ーが外れる」❷頼《たの》みにすること。「人をーにする」❸保護や補強のために当てるもの。「ひじー」

**あてうま**【当て馬】（名）（雌馬《めすうま》の発情を調べるために近づける雄馬《おすうま》の意から）相手の出方を探ったりじゃましたりするために、わざと代わりにたてる人。

**あてがいぶち**〖宛がい扶◇持〗（名）あたえるほうが一方的に決めてあたえるおかねや物。

**あてが・う**〖宛がう〗（他五）{ワ(オ)・イ(ッ)・ウ・ウ・エ・エ}❶割り当てる。適当にあたえる。「新入社員に仕事をー」❷そこに物をぴったりと当てる。「継《つ》ぎをー」

**あてこすり**〖当て◇擦り〗（名）あてこすること。「ーを言う」

**あてこす・る**〖当て◇擦る〗（自五）{ラ(ロ)・リ(ッ)・ル・ル・レ・レ}ほかのことにかこつけて悪口や皮肉を言う。類当てつける

**あてこ・む**【当て込む】（他五）{マ(モ)・ミ(ン)・ム・ム・メ・メ}よい結果を期待して行動する。あてにする。「ボーナスをー・んで買う」

**あてさき**【宛先】（名）手紙や荷物の送り先。また、そのあて名や住所。「ー不明」

**あてじ**【当て字】〖宛字〗（名）漢字のもとの意味にかまわず、音や訓だけをかりてあてたもの。また、音訓を考えないで、意味だけをあてた漢字。目出度《めでた》い・素敵《すてき》・野暮《やぼ》・一寸《ちょっと》・剣橋《ケンブリッジ》など。

**あてずいりょう**【当て推量】（名）確かな根拠《こんきょ》もなく、自分勝手におしはかること。あてずっぽう。

**あですがた**【あで姿】〖◇艶姿〗（名）色気《いろけ》があり美しい姿。「芸者のー」

**あてずっぽう**【当てずっぽう】（名・形動ダ）→あてずいりょう

**あてつけ**【当てつけ】〖当て付け〗（名）あてつけること。「恋人《こいびと》へのーにわざとほかの人と仲よくする」

**あてつ・ける**【当てつける】〖当て付ける〗（他下一）{ケ・ケ・ケル・ケル・ケレ・ケロ(ケヨ)}❶ほかのことにかこつけて、その人が気づくように非難や皮肉の気持ちを表す。「父にー・けるように母がぐちを言う」類当て擦《こす》る。❷（男女の仲のいいことなどを）見せつける。

**あてど**【当てど】〖当て◇所〗（名）目当て。目的とするところ。「ーもなくさまよう」

**あてな**【宛名】（名）手紙・書類などに書く先方の名。参考住所をふくめてもいう。

**アテネ**〔Athenae〕【地名】ギリシャの首都。古代ギリシャ文明の中心地で、多くの遺跡《いせき》が残っている。

**アデノイド**〔英 adenoid〕（名）〖医〗のどの入り口にある扁桃腺《へんとうせん》がはれる病気。子どもに多い。

**あてはま・る**【当てはまる】〖当て△嵌まる〗（自五）{ラ(ロ)・リ(ッ)・ル・ル・レ・レ}ある物事にちょうどうまく合う。適合する。「リーダーの条件にー人物」

**あては・める**【当てはめる】〖当て△嵌める〗（他下一）{メ・メ・メル・メル・メレ・メロ(メヨ)}ある物事にちょうどうまく合うようにする。適用する。「自分にー・めて考える」

**あてみ**【当て身】（名）相手の急所をこぶしやひじなどでついて一時的に気絶させるわざ。

**あでやか**〖◇艶やか〗（形動ダ）{ダロ・ダッ(デ・ニ)・ダ・ナ・ナラ・○}はなやかで美しいようす。「ーな衣装《いしょう》」

## あてる【宛てる】

8画 宀5　訓 あてる

、 宀 宀 宛 宛

あてる。◆宛先《あてさき》・宛名《あてな》。◆名宛《なあて》

**あ・てる**【宛てる】（他下一）{テ・テ・テル・テル・テレ・テロ(テヨ)}名をあげて向ける。向けて送る。「母にー・てた手紙」

**あ・てる**【当てる・充てる】（他下一）{テ・テ・テル・テル・テレ・テロ(テヨ)}❶ぶつける。命中させる。「ボールを的《まと》にー」❷触《ふ》れた状態にする。あてがう。「傷口にガーゼをー」「ものさしをー」「座ぶとんをー（＝敷《し》く）」

❸光・熱・風などの作用が及《およ》ぶようにする。「日光に―」「スポットライトを―」
❹(「当てられる」の形で)強い作用を受ける。「毒気に―・てられる」
❺正しく予想・判断する。「あすの天気を―」「試験問題を―」
❻成功させる。また、くじなどでよい結果を得る。「事業で一山《ひとやま》―」「一等を―・てたい」
❼あてはめる。「仮名《かな》に漢字を―」
❽配分する。わりふる。「一割を広告費に―」「会場整理に学生アルバイトを―」
❾指名して仕事などをさせる。「出席簿《しゅっせきぼ》の順に―・てて答えさせる」

> **学習 使い分け** 「当てる」「充てる」
>
> **当てる** 使用範囲《はんい》が広く、⑧の意味を除いてふつう「当てる」が使われる。
>
> **充てる** 「旅費に**充てる**」「休みを静養に**充てる**」など、ふりむける意味で使われる。

**あてレコ【当てレコ】**(名)(レコは「レコーディング」の略)テレビなどの、声の吹《ふ》き替《か》え。参考 ふつう、「アテレコ」と書く。

**アテンダント**〔英 attendant〕(名) 随行《ずいこう》員。接客係。特に、飛行機などの客室乗務員にいう。「キャビン―」「フライト―」

**あと【後】**(名) ❶うしろ。後方。「―からついてくる」「会場を―にする」対 前・先
❷その時点よりのち。「一時間―に来る」対 前・先
❸あることが終わったのちのこと。「食事の―をかたづける」「ブームの去った―がこわい」
❹残り。「―はこの次に払《はら》う」
❺人が去ったのち。死後。「―をたのむ」
❻子孫。「―が絶える」
❼(副詞的に用いて)ある基準からさらに。「―五分待とう」「―三人足りない」

**後がない** これ以上残された余地がない。

**後の祭《まつ》り** (祭りの終わったあとの山車《だし》は役にたたないことから)よい時機をのがしてしまい、後悔《こうかい》してもしかたがないこと。手おくれ。「くやんでも―だ」

**後は野《の》となれ山《やま》となれ** これから先はどうなろうとかまわない。投げやりな気持ちを表す。

**後を引《ひ》く** ❶すっきりせずにあとまで続く。「事故の影響《えいきょう》が―」❷(飲食物などが)気にいってやめられなくなる。「ピーナッツは―」

**あと【跡】**(名) ❶何かが通った所にのこったしるし。「タイヤの―」
❷何かが行われたり物があったりしたしるし。また、その場所。「手術の―」「努力の―が見えない」「戦いの―」「お城の―」
❸ゆくえ。あしあと。「犯人が―をくらます」
❹死んだり引退したりした人の地位・流派など。「先代の―をつぐ」
❺筆跡《ひっせき》。「うるわしい筆の―」
参考 ②で傷の場合は「痕」とも書く。

**跡を絶《た》つ** すっかりなくなる。まったく絶える。

**跡を濁《にご》す** 去ったあとを乱雑な状態にしておく。

**あど**(名) 狂言《きょうげん》で、わき役。シテ(＝主役)の相手役。参考 ふつう、「アド」と書く。

**あとあし【後足・後脚】**(名) 動物のうしろのほうの足。後ろ足。対 前足

**後足で砂《すな》をかける** 去るときに、人に迷惑《めいわく》をかけてゆく。「―ような行為《こうい》」

**あとあじ【後味】**(名) ❶飲んだり食べたりしたあと、口の中に残る味。後口《あとくち》。❷物事がすんだあとに残る感じ。「―の悪い試合」

**あとあと【後後】**(名)「あと」を強めて言うことば。ずっとあと。のちのち。「―まで問題が残る」

**あとおし【後押し】**(名・他スル) ❶荷車《にぐるま》などをうしろから押《お》すこと。また、その人。❷力をかすこと。また、その人。「国が―する事業」《類 尻押《しりお》し》

**あとがき【後書き】**(名) 本や手紙の終わりにそえて書く文。対 前書き

**あとかた【跡形】**(名) あとに残ったしるし。形跡《けいせき》。痕跡《こんせき》。「―もなく消える」

**あとかたづけ**『後片付け・跡片付け』(名) 何かをし終えたあとを整理すること。後始末。

**あとがま【後釜】**(名) 前にいた人の代わりにその地位をしめる人。また、その地位。「―にすわる」

**あとくされ【後腐れ】**(名) 物事のすんだあとにめんどうな問題が残ること。「―がないようにする」

**あとくち【後口】**(名) ❶申し込《こ》みなどで、あとの順番。対 先口《せんくち》。❷→あとあじ①

**あどけな・い**(形)〔カロ・カッ(ク)・イ・イ・ケレ・○〕むじゃきでかわいらしい。「―寝顔《ねがお》」

**あとさき【後先】**(名) ❶前と後ろ。前後。❷順序。また、順序が逆になること。「―になる」❸前の事情とあとの結果。「―を考えずに行動する」

**あとじさり【後じさり】**『後◇退り』(名・自スル) →あとずさり

**あとしまつ【後始末】**(名) ❶あとかたづけ。「会場の―をする」❷あとに残った仕事を処理・収拾すること。「事故の―をする」

**あとずさり【後ずさり】**『後◇退り』(名・自スル) 前を向いたままうしろへしりぞくこと。あとじさり。「じりじりと―する」

**あとぜめ【後攻め】**(名) →こうこう(後攻)

**あとち【跡地】**(名) 建物などをとりこわしたあとの土地。「ビルの―を利用する」

**あとつぎ【跡継ぎ】**(名) ❶家のあとをつぐこと。また、その人。跡取り。❷仕事や流派のあとをうけつぐこと。また、その人。

**あとづけ【後付け】**(名) ❶書籍《しょせき》の本文のうしろにある付録や索引《さくいん》など。対 前付け。❷手紙で、最後に書く日づけ・署名《しょめい》・宛名《あてな》。❸あとからつけ加えること。「―の理由」

**あととり【跡取り】**(名) →あとつぎ①

**アドバイザー**〔英 adviser〕(名) 助言者。

**アドバイス**〔英 advice〕(名・自スル) 助言。忠告。

**あとばらい【後払い】**(名・他スル) 代金・賃金など

をあとで支払うこと。「代金―」対前払い・先払い

**アドバルーン**〔和製英語〕（名）広告のためにあげる気球。▽ad と balloon から。

**アドバンテージ**〔英 advantage〕（名）❶テニス・卓球《たっきゅう》でジュースのあと、先にポイントを取ってリードすること。❷サッカーやラグビーなどで、反則があっても、罰《ばっ》しないで試合を続けたほうが相手チームに有利であると審判《しんぱん》が判断して、プレーを続けさせること。

**アトピー**〔英 atopy〕（名）《医》❶アレルギー反応を起こしやすい傾向《けいこう》や体質のこと。先天的過敏症《かびんしょう》。❷「アトピー性皮膚炎《ひふえん》」の略。①の体質の人がかかりやすい湿疹《しっしん》。

**アドベンチャー**〔英 adventure〕（名）冒険。

**あとまわし【後回し】**（名）順番をあとにすること。

**アトム**〔英 atom〕（名）原子。

**あとめ【跡目】**（名）つぐべき家業・流派・地位。また、それをつぐ人。「―相続」

**あともどり【後戻り】**（名・自スル）❶来た方向に引き返すこと。❷それまでの状態よりも悪くなること。「景気が―する」

**アトラクション**〔英 attraction〕（名）❶客を呼ぶために、おもな催《もよお》し物にそえる出しもの。余興。❷遊園地などの遊戯設備《ゆうぎせつび》。

**アトーランダム**〔英 at random〕（形動ダ）〔ダロ・ダッ(デ・ニ)・ダ・ナ・ナラ・○〕順序もなにもなく、てあたりしだい。「―に選ぶ」

**アトリエ**〔フランス atelier〕（名）画家や彫刻《ちょうこく》家・写真家などの仕事部屋。

**アドーリブ**〔英 ad lib〕（名）台本や楽譜《がくふ》にない、その場での思いつきのせりふや演技、演奏。

**アドレス**〔英 address〕（名）宛名《あてな》。住所。「―帳」「メール―」

**アドレナリン**〔ドイツ Adrenalin〕（名）《医》副腎髄質《ふくじんずいしつ》ホルモンの一つ。心臓の機能を高め、血管を収縮させる作用がある。

**あな【穴】**《◇孔》（名）❶くぼんだ所。また、向こうまでつきぬけている空間。「地面の―」「ボタンの―」❷欠けて不完全な部分。「休んだ主役の―をうめる」❸欠点。短所。弱点。「計画に―がある」❹おかねの不足。損失。「家計簿《ぼ》に―があく」❺人に知られていない、価値のある場所やことがら。❻競馬《けいば》などの番くるわせの勝負。「―をねらう」

**穴があったら入《はい》りたい** 恥《は》ずかしくて隠《かく》れる所があれば隠れたいほどの気持ちだ。

**穴の空《あ》くほど見《み》る** じっと見つめる。

**穴を空《あ》ける** ❶損失や不足を生じさせる。❷物事の進行に欠けた部分を生じさせる。「舞台《ぶたい》に―」「日程に―」

**あな**（感）古語ああ。あら。まあ。「―たふとのけしきや」〈徒然草《つれづれぐさ》〉訳ああ、とうとい姿だなあ。参考多くあとに形容詞の語幹（シク活用では終止形）がくる。

**アナ**（名）「アナウンサー」の略。

**アナーキズム**〔英 anarchism〕（名）→むせいふしゅぎ

**あなうめ【穴埋め】**（名・自他スル）❶穴をうめること。❷損失をおぎなうこと。「借金の―をする」

**アナウンサー**〔英 announcer〕（名）ラジオやテレビで、司会・報道などを担当する人。放送員。アナ。

**アナウンス**〔英 announce〕（名・他スル）❶マイクロホンを通じて放送によって知らせること。「場内―」❷公式に発表すること。

**あながち**《◇強ち》（副）かならずしも。「―悪いとも言えない」使い方あとに「ない」「ません」などの打ち消しのことばがくる。

**あなぐま【穴熊】**（名）《動》イタチ科の哺乳《ほにゅう》動物。山林の穴にすみ、たぬきに似る。夜行性。むじな。

**あなぐら【穴蔵】**（名）地中に穴を掘《ほ》って物をしまっておく所。

**アナクロニズム**〔英 anachronism〕（名）考え方や行いが古く、その時代に合わないこと。時代おくれ。時代錯誤《さくご》。

**あなご【穴子】**（名）《動》アナゴ科の魚。うなぎに似てからだは細長い。近海の砂底にすむ。食用。

**あなた**《◇彼◇方》（代）あちらのほう。「山の―」

**あなた**《×貴方》（代）相手をさすことば。使い方軽い敬意をもって、同等または目下に対して使う。

**あなたまかせ【あなた任せ】**《×貴方任せ》（名）他人の力に頼《たよ》って、なりゆきにまかせること。「自分でやらないで―にする」

**あなど・る【侮る】**（他五）〔ラ(ロ)・リ(ッ)・ル・ル・レ・レ〕相手をかるく見てばかにする。見下げる。「敵を―と失敗する」

**あなば【穴場】**（名）人に知られていないよい場所。

**アナフィラキシー**〔ドイツ Anaphylaxie〕（名）《医》食物・医薬品・虫刺《さ》されによって起こる、急性のはげしいアレルギー反応。「―ショック」

**アナログ**〔英 analog〕（名）数量を連続的に示す方式。針の角度で時間を示す時計などは、この方式を用いたもの。対デジタル

**アナロジー**〔英 analogy〕（名）❶ある事から、他の似たような事を推理すること。類推。❷類似《るいじ》。

**あに【兄】**（名）❶年上の、男のきょうだい。（対弟）❷→ぎけい（義兄）

**あに**〔豈〕（副）古語どうして。なんで。「価《あたい》無き宝といふとも一坏《ひとつき》の濁《にご》れる酒に―まさめやも」〈万葉集〉訳値のつけられない尊い宝といっても、一杯《いっぱい》の濁り酒にどうしてまさろうか。

**豈図《はか》らんや**（「どうして予測できただろうか」の意から）意外なことに。

**あにき【兄貴】**（名）❶兄を親しんで呼ぶ言い方。❷仲間うちで、先輩《せんぱい》などを尊敬して呼ぶことば。

**アニサキス**〔ラテン Anisakis〕（名）魚や、海に住む動物の寄生虫の一種。幼虫は、長さ二～三《センチメートル》、半透明の糸状で、人が摂取《せっしゅ》すると食中毒を引き起こす。

**あにでし【兄弟子】**（名）自分より先に同じ先生について習っている人。対弟弟子

**アニバーサリー**〔英 anniversary〕（名）ある出来事を祝う、毎年の記念日。

**アニマル**〔英 animal〕（名）❶動物。けもの。❷動物的に欲望のまま行動する人を軽蔑《けいべつ》していうことば。「エコノミック―」

**アニメ**（名）「アニメーション」の略。

**アニメーション**〔英 animation〕（名）一こまずつ絵

などを撮影《さつえい》し、映写するときに動いて見えるようにしたもの。動画。アニメ。

**あによめ【兄嫁】**『△嫂』（名）兄の妻。

**あね【姉】**（名）❶年上の、女のきょうだい。❷→ぎし（義姉）（対妹）

**あねご【姉御】**（名）❶姉をうやまっていうことば。❷親分や兄貴分の妻、女親分をうやまっていうことば。参考②は「姐御」とも書く。

**あねごはだ【あねご肌】**『△姐御肌』（名）面倒見《めんどうみ》がよくさばさばとした、女性の気性《きしょう》。

**あねさんかぶり【姉さんかぶり】**『姉さん◇被り』（名）女性がほこりよけなどに、手ぬぐいで頭を軽く包むかぶり方。ねえさんかぶり。

（あねさんかぶり）

**あねさんにょうぼう【姉さん女房】**（名）姉女房。夫よりも年上の妻。「―をもらう」

**あねったい【亜熱帯】**（名）《地》気候帯の一つ。温帯と熱帯との間の地域。

**アネモネ**〔英 anemone〕（名）《植》キンポウゲ科の多年草。四、五月ごろに白・赤・紫《むらさき》色などの花が咲《さ》く。観賞用。

（アネモネ）

**あの**（連体）❶話し手からも聞き手からも遠くはなれている位置にあることをさしていうことば。「―山」❷自分も相手もわかっていることをさしていうことば。「―話」❸遠く過ぎ去ったことをさしていうことば。「―ころ」

**あのよ【あの世】**（名）人が死んでから行くといわれる世界。類来世《らいせ》。対この世

**アノラック**〔英 anorak〕（名）風雨や寒さをふせぐために着る、フードのついた服。登山・スキーなどで使う。

（アノラック）

**アパート**（名）一棟《ひとむね》の内部がいくつかの住居にしきられた建物。共同住宅。▽英 apartment house から。

**アバウト**〔英 about〕（形動ダ）{ダロ・ダッ(デ・ニ)・ダ・ナ・ナラ・○}《俗語》いいかげんで、おおざっぱなようす。「―な性格」

**あば・く【暴く】**『◇発く』（他五）{カ(コ)・キ(イ)・ク・ク・ケ・ケ}❶土などを掘《ほ》り返して埋《う》められた物をとり出す。「墓を―」❷他人の秘密などをさぐり出して発表する。暴露《ばくろ》する。「不正を―」

**あばずれ**『△阿婆擦れ』（名）人ずれしていてずうずうしく、行いの悪いこと。また、そういう女。

**あばた**『×痘痕』（名）天然痘《てんねんとう》のあと。また、天然痘のなおったあとのように顔にでこぼこがあること。

あばたもえくぼ　好きになると相手の欠点やみにくいものまでもが長所や美点にみえること。

**あはぢしま**　和歌

〔淡路島《アワジシマ》　かよふ千鳥《ちどり》の　なく声《こゑ》に　幾夜《いくよ》ねざめぬ　須磨《すま》の関守《せきもり》〕〈金葉集《きんようしゅう》・源兼昌《みなもとのかねまさ》〉訳海をこえて淡路島へかよう千鳥の悲しげな鳴き声に、いく晩眠《ねむ》りからさめたことだろうか、この須磨の関の番人は。（小倉《おぐら》百人一首の一つ）

**あばら**『△肋』（名）「あばら骨」の略。

**あばらぼね【あばら骨】**『△肋骨』（名）胸のまわりを囲んで内臓を保護している骨。肋骨《ろっこつ》。あばら。

**あばらや【あばら家】**（名）❶そまつであれはてた家。❷自分の家をけんそんしていうことば。

**アパルトヘイト**〔アフリカーンス apartheid〕（名）南アフリカ共和国で、国民の大多数を占《し》める黒人を長年差別してきた白人優越《ゆうえつ》主義の政策。人種隔離《かくり》政策。一九九一年に廃止《はいし》された。

**あはれ**《アワレ》　古語　■一（名）❶身にしみる感動。しみじみとしたおもむき。「心なき身にも―は知られけり鴫《しぎ》立つ沢《さは》の秋の夕暮れ」〈新古今集〉訳出家している自分にもしみじみとしたおもむきは感じられることだ。鴫の飛び立つ沢の夕暮れのけしきを見ていると。❷人情。情愛。「涙《なみだ》のこぼるるさまを見給《たま》ふは、いかが―の浅からむ」〈源氏物語〉訳（女君の）涙のこぼれるようすをご覧になっては、どうして情愛の浅いままでいられるだろうか。■二（形動ナリ）❶しみじみとしたおもむきがある。おもしろい。「夕暮れの静かなるに、空のけしきいと―に」〈源氏物語〉訳夕暮れが静かな時で、空のようすがたいそうおもむき深く。❷かわいい。なつかしい。「若やかなるけはひも―なれば」〈源氏物語〉訳若々しいようすもかわいいので。❸気の毒だ。悲しい。「―なることなど、人のいひ出《い》で、うち泣きなどするに」〈枕草子《まくらのそうし》〉訳悲しいことなどを、人が話し出して、泣いたりするときに。■三（感）驚《おどろ》き・なげき・悲しみなどの感動を表すことば。ああ。ほんとうに。「―、弓矢取る身ほど口惜《くちを》しかりけるものはなし」〈平家物語〉訳ああ、弓矢で殺生《せっしょう》をする武士の身ほど情けないものはないことだ。参考「あはれ」「をかし」も「おもむきがある」という意味を表す。「あはれ」はしみじみとした感動が中心で、「をかし」は明るくほがらかな感じが強い。

**あば・れる【暴れる】**（自下一）{レ・レ・レル・レル・レレ・レロ(レヨ)}❶乱暴をしたり、荒々《あらあら》しくさわいだりする。「酒を飲んで―」「馬が―」❷思うようにふるまう。「政界で―」

**アパレル**〔英 apparel〕（名）衣服。また、ファッション衣料を扱《あつか》う産業や業界。

**あばれんぼう【暴れん坊】**（名）❶けんかなど乱暴な行動の多い子どもを、多少の親しみをこめていうことば。「クラス一の―」❷その世界で特に行動の目立つ人。「あの人は政界きっての―だ」

**アバンギャルド**〔フランス avant-garde〕（名）時代の革新的な立場に立つ芸術。前衛芸術。また、その立場に立つ人びと。前衛派。

**アバンチュール**〔フランス aventure〕（名）冒険。スリルを伴《ともな》う遊び半分の恋愛《れんあい》。

**アピール**〔英 appeal〕（名・自他スル）❶人びとにうったえること。「大衆に―する」❷スポーツで、審判《しんぱん》の判定に抗議《こうぎ》すること。❸心にうったえること。魅力《みりょく》があること。「若者に―する曲」《＝アッピール》

**あびきょうかん**『△阿鼻叫喚』（名）苦しい目にあ

って、救いを求め泣きさけぶこと。「—の巷《ちまた》と化す」

**あび・せる【浴びせる】**（他下一）{セ・セ・セル・セル・セレ・セロ(セヨ)} ❶水や湯などをかける。❷（ことばや物を）つづけて大量にぶつけたり投げつけたりする。「弾丸《だんがん》を—」「非難を—」❸刀などで切りつける。「一太刀《ひとたち》—」

**あひる【×家鴨】**（名）《動》カモ科の鳥。まがも（=カモ科の水鳥）を飼いならしたもの。肉や卵は食用。

**あ・びる【浴びる】**（他上一）{ビ・ビ・ビル・ビル・ビレ・ビロ(ビヨ)} ❶水や湯などをかぶる。「シャワーを—」❷照明や日光などをからだに受ける。「朝日を—」❸受ける。こうむる。「拍手《はくしゅ》を—」「注目を—」

**あぶ【△虻】**（名）《動》アブ科の昆虫《こんちゅう》。はえに似ているが、すこし大きい。雌《めす》は人や家畜《かちく》の血を吸う。

**アフィリエイト**〔英 affiliate〕（名）ウェブサイトなどに掲載《けいさい》された広告の商品を、閲覧《えつらん》した人が購入《こうにゅう》すると、そのサイトの運営者に広告主から報酬《ほうしゅう》が支払《しはら》われるしくみ。

**アフォリズム**〔英 aphorism〕（名）世の中の真理を鋭《するど》く簡潔《かんけつ》に表したことば。箴言《しんげん》。警句《けいく》。

**アフガニスタン**〔Afghanistan〕【地名】アフガニスタン・イスラム共和国。アジア南西部の内陸高原にある共和国。首都はカブール。

**あぶく【◇泡】**（名）→あわ（泡）①

**あぶくぜに【あぶく銭】**【◇泡銭】（名）苦労しないで、または正しくない方法で得たおかね。悪銭《あくせん》。

**アブストラクト**〔英 abstract〕■一（名・形動ダ）抽象《ちゅうしょう》。また、抽象的。■二（名）❶抽象芸術。❷要旨《ようし》。抄録《しょうろく》。「論文の—」

**アフターケア**〔英 aftercare〕（名）❶病後の患者《かんじゃ》の健康を管理し、社会復帰のために世話をすること。「手術後の—を受ける」❷→アフターサービス

**アフター-サービス**〔和製英語〕（名）商品を売ったあとに、責任をもって手入れや修理のめんどうをみること。アフターケア。▽after と service から。

**あぶつに【阿仏尼】**【人名】（?～一二八三）鎌倉《かまくら》時代の女性歌人。藤原為家《ふじわらのためいえ》の後妻。冷泉為相《れいぜいためすけ》を産む。為相のための訴訟《そしょう》で鎌倉《かまくら》に下ったときの紀行文が「十六夜日記《いざよいにっき》」である。

**あぶな・い【危ない】**（形）{カロ・カッ(ク)・イ・イ・ケレ・○} ❶身に害がおよびそうである。危険である。「そのつり橋は—」「命が—」「—運転」❷悪い状態になりそうである。「あしたの天気は—」「会社の経営が—」❸不確かで信用できない。「彼《かれ》の話は—」

**危ない橋《はし》を渡《わた》る** 危険を承知で物事をする。

**あぶなく【危なく】**（副）もう少しで。すんでのところで。あやうく。「—事故にあうところだった」

**あぶなげな・い【危なげない】**（形）{カロ・カッ(ク)・イ・イ・ケレ・○} 不安なところがない。「—勝ち方」

**あぶなっかし・い【危なっかしい】**（形）{カロ・カッ(ク)・イ・イ・ケレ・○} 見るからにあぶない感じだ。「—手つき」

**アブノーマル**〔英 abnormal〕（形動ダ）{ダロ・ダッ(デ・ニ)・ダ・ナ・ナラ・○} ふつうでないようす。異常。病的。対ノーマル

**あぶはちとらず【あぶはち取らず】**【△虻蜂取らず】（あぶとはちの両方をいっぺんに取ろうとしても取れないことから）二つのものを同時に手に入れようとして、かえってどちらも手に入れることができないたとえ。類二兎《にと》を追う者は一兎をも得ず

**あぶみ【△鐙】**（名）くらの両側にたらして、乗る人が足を踏《ふ》みかける馬具の一つ。

**あふみのうみ《オウミノウミ》…** 和歌
〔近江の海 夕波千鳥《ゆうなみちどり》 汝《な》が鳴《な》けば 情《こころ》もしのに いにしへ思《おも》ほゆ〕〈万葉集《まんようしゅう》・柿本人麻呂《かきのもとのひとまろ》〉訳近江の海（=琵琶湖《びわこ》）の、夕波に飛ぶ千鳥よ。おまえが鳴くと私は心もしんみりとして、都として栄えていたむかしが思われてならない。

**あぶら【油】**（名）植物のたねや鉱物などからとった、水にとけず、燃えやすい液体。ごま油、石油など。食用・燃料用・薬用とさまざまな用途《ようと》に用いられる。⇩あぶら（脂）「学習」

**油を売《う》る** 仕事中にむだ話などをして時をついやす。

**油を絞《しぼ》る** あやまちや失敗をきびしく責める。

**油を注《そそ》ぐ** （火に油をかけると火の勢いがさかんになるところから）物事の勢いをさらに強くする。「怒《いか》りに—ような言動」

**あぶら【脂】**（名）動物のからだにある脂肪《しぼう》。

**脂が乗《の》る** ❶魚などの肉の脂肪《しぼう》が増しておいしくなる。❷仕事が調子にのる。「—年ごろ」

> **学習** 〈使い分け〉「油」「脂」
> **油** 常温で、液体のものをいう。「菜種からとった油」「油を流したような海面」「水と油」「油が切れる」
> **脂** 常温で、固体のものをいう。「牛肉の脂だけ食べ残す」「脂ぎった顔」「脂が乗って食べごろの魚」

**あぶらあげ【油揚げ】**（名）とうふを薄《うす》く切って、油で揚《あ》げた食品。あぶらげ。あげ。

**あぶらあせ【脂汗】**（名）からだの悪いときや苦しいときなどに出るねばねばした汗。「額に—を浮《う》かべる」

**あぶらえ【油絵】**（名）油で練った絵の具でかいた絵。

**あぶらぎ・る【脂ぎる】**（自五）{ラ(ロ)・リ(ッ)・ル・ル・レ・レ} ❶表面に浮《う》いて見えるほど脂が出ている。「—・ったスープ」❷精力的でしつこい感じがする。「—・った男性」

**あぶらげ【油◇揚】**（名）→あぶらあげ

**あぶらぜみ【油△蟬】**（名）《動》セミ科の昆虫《こんちゅう》。からだは黒茶色で羽は茶色。夏、ジイジイと鳴く。

**あぶらでり【油照り】**（名）夏、うす曇《ぐも》りで風がなく、日がじりじりと照りつけてむし暑い天気。

**あぶらな【油菜】**（名）《植》アブラナ科の越年草《えつねんそう》。四月ごろ黄色い花が咲《さ》く。たねから菜種油《なたねあぶら》をとる。若菜は食用。菜の花。

**あぶらみ【脂身】**（名）肉の、脂肪《しぼう》が多くふくまれている部分。「牛肉の—」

**あぶらむし【油虫】**（名）《動》❶→ありまき ❷→ごきぶり

**アプリ**（名）「アプリケーション②」の略。特に、スマートフォンなどの携帯端末《けいたいたんまつ》で使うソフトウエア。

**アープリオリ**〔ラテン a priori〕（名）哲学で、経験によらないで認識される事柄や概念《がいねん》。先験的。人間の性質や能力などで、生まれつき備わっているものをいう。

**アフリカ**〔Africa〕【地名】六大州の一つ。アジアの次に大きい世界第二の大陸。北は地中海、東はインド洋、西は大西洋に面する。大部分は熱帯に属し、乾燥《かんそう》地帯が多い。

**アプリケーション**〔英 application〕（名）❶適用、応用すること。❷（「アプリケーションプログラム」「アプリケーションソフト」の略）特定の作業用に作られたコンピューターのプログラムやソフトウエア。アプリ。

**あぶりだし【あぶり出し】**〖△炙り出し〗（名）紙を火にあぶると、見えなかった字や絵が現れるようにしたもの。みかん汁《じる》やみょうばん水を使って書く。

**あぶりだ・す【あぶり出す】**〖△炙り出す〗（他五）｛サ(ソ)・シ・ス・ス・セ・セ｝❶紙を火にあぶって、書かれた文字や絵を浮《う》かび上がらせる。❷隠《かく》されている事実を明らかにする。「事件の真相を―」

**あぶ・る**〖△炙る・△焙る〗（他五）｛ラ(ロ)・リ(ッ)・ル・ル・レ・レ｝火にあてて軽く焼いたりかわかしたりする。「めざしを―」

**アプレゲール**〔フランス après-guerre〕（名）戦後派。特に、第二次世界大戦後、それまでの習慣や考え方にとらわれないで行動した人びと。アプレ。

**アフレコ**〔和製英語〕（名）（after recording の略）映画やテレビで、無声で撮影《さつえい》したあとで、会話や歌などを録音する方法。

**あふ・れる**〖△溢れる〗（自下一）｛レ・レ・レル・レル・レレ・レロ(レヨ)｝いっぱいになってこぼれる。あまってはみ出る。「―涙《なみだ》」「光が―」「自信に―・れた態度」

**あぶ・れる**（自下一）｛レ・レ・レル・レル・レレ・レロ(レヨ)｝仕事やえものにありつけないでいる。「仕事に―」

**アプローチ**〔英 approach〕㊀（名・自スル）❶めざすものに近づいたり働きかけたりすること。「気になる相手に―をかける」❷研究の対象に近づくこと。また、その方法。「社会学的な―」❸ゴルフで、グリーン上のホールに寄《よ》せて打つこと。「―ショット」㊁（名）❶門から建物までの通路。❷陸上競技やスキーのジャンプで、踏《ふ》み切るまでの助走路。

**あべこべ**（名・形動ダ）順序・位置・関係などが反対であること。さかさま。逆。「左右が―になる」

**アベック**〔フランス avec〕（名）❶男女の二人づれ。❷二者がそろってすること。「―優勝」

**あべのなかまろ**〔安倍仲麻呂〕【人名】（六九八～七七〇）奈良時代の文学者。姓は、阿倍とも。唐《とう》に留学し、玄宗《げんそう》皇帝に重くもちいられた。日本にはあらしで帰れず、唐で没した。

**アベ-マリア**〔ラテン Ave Maria〕（感）キリスト教で、聖母マリアを祝福して祈《いの》ることば。参考ラテン語で「マリアに幸《さち》あれ」の意味。

**アペリティフ**〔フランス apéritif〕（名）食前酒。

**アベレージ**〔英 average〕（名）❶平均。標準。❷野球で、打率。「バッティング―（＝打率）」

**あへん**〖△阿片〗（名）じゅうぶん熟していないけしの実からとれる汁《しる》をほして作った茶色の粉。主成分はモルヒネで、催眠《さいみん》性がある麻薬《まやく》。

**あへんせんそう**〖△阿片戦争〗（名）〖歴〗一八四〇年から四二年にかけて、清《しん》（＝中国）とイギリスとの間に行われた戦争。清朝がイギリスからのあへんの輸入を禁じたために戦争となり、イギリスが勝って南京《なんきん》条約を結んだ。

**アポイントメント**〔英 appointment〕（名）会合、面会、訪問などの約束。アポイント。アポ。「―をとる」

**あほう**〖×阿呆〗（名・形動ダ）ばか。おろかもの。

**あほうどり**〖×信天翁〗（名）〖動〗アホウドリ科の海鳥。羽をひろげると二メートルにもなる。現在は伊豆《いず》諸島の鳥島などにわずかに生息している。特別天然記念物・国際保護鳥。

（あほうどり）

**アボカド**〔英 avocado〕（名）〖植〗クスノキ科の常緑高木。熱帯アメリカ原産。緑褐色《りょくかっしょく》の皮におおわれた果実は食用。果肉は黄色で「森のバター」とも呼ばれる。

**アポストロフィ**〔英 apostrophe〕（名）英語などで使われる符号《ふごう》「'」のこと。語の短縮や、所有格《しょゆうかく》であることを示す。

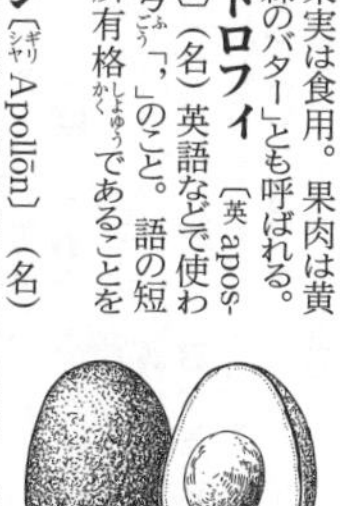

（アボカド）

**アポロン**〔ギリシャ Apollōn〕（名）ギリシャ神話で太陽・音楽・予言・医療《いりょう》などの神。アポロ。

**あま【尼】**（名）❶仏教寺院で、宗教活動をする女性。尼僧《にそう》。「―寺《でら》」❷キリスト教の修道院で、宗教活動をする女性。修道女。❸〖俗語〗女性をののしっていうことば。

**あま【亜麻】**（名）〖植〗アマ科の一年草。夏、白色や青紫《あおむらさき》の花が咲《さ》く。茎《くき》の繊維《せんい》からリンネルという布をつくる。種から亜麻仁油《あまにゆ》がとれる。

**あま【○海女・○海士】**（名）海中にもぐって、あわびや海藻《かいそう》などをとるのを仕事にしている人。注意女性を「海女」、男性を「海士」と書く。

**アマ**（名）「アマチュア」の略。対プロ

**あまあし【雨足・雨脚】**（名）❶すじのように見える雨。❷雨の降り過ぎて行くようす。「―がはやい」

**あま・い【甘い】**（形）｛カロ・カッ(ク)・イ・イ・ケレ・○｝❶砂糖や蜜《みつ》のような味がする。「―ケーキ」対辛《から》い ❷塩けがうすい。「―みそ汁《しる》」対辛い ❸心が引かれる快い感じである。「―音楽」「―マスク」「―ことばにまどわされる」❹しっかりしていない。「考えが―」「詰《つ》めが―」❺相手に対する態度がきびしくない。てぬるい。「子どもに―」「評価が―」対辛い ❻不十分な状態である。「ねじが―」「ピントが―」

**甘い汁《しる》を吸《す》う** 自分は苦労しないで、地位や他人の働きなどを利用して利益を自分のものにする。

**あま・える【甘える】**（自下一）｛エ・エ・エル・エル・エレ・エロ(エヨ)｝相手の愛情や好意に慣れてしまい、遠慮《えんりょ》なくふるまう。なれなれしくする。「おことばに―・えまして」

**あまえんぼう【甘えん坊】**（名）かわいがってもらいたい人のそばを離《はな》れず、ひどく甘える人。あまえんぼ。

**あまがえる**『雨△蛙』（名）《動》アマガエル科の小形のかえる。木の葉の上にすみ、緑色だが、まわりの色によってからだの色を変える。雨の降る前に鳴く。

**あまがさ【雨傘】**（名）雨の降るときにさす傘。対日傘

**あまガッパ【雨ガッパ】**『雨×合羽』（名）雨降りに着るマント状の防水服。▽カッパは、ポルトガル《ポルトガル》 capa

**あまかわ【甘皮】**（名）❶木や果実などの内側にあるうすい皮。❷つめの根もとをつつむうすい皮。

**あまぐ【雨具】**（名）雨を防ぐための道具。傘《かさ》・長靴《ながぐつ》・レインコートなど。

**あまくだり【天下り】**『天◇降り』（名・自スル）❶役所や上役などが一方的に出す命令やおしつけ。「―の計画案」❷退職した高級官僚《かんりょう》などが、関係のある会社や団体などにうつること。

**あまくち【甘口】**（名）❶酒・みそ・しょうゆ・カレーなどで、辛《から》みの少ないもの。「―の酒」対辛口。❷甘いものが好きなこと。また、その人。甘党。対辛口。❸口先だけのうまいことば。類甘言《かんげん》

**あまくみる【甘く見る】**物事を軽くみてあなどる。みくびる。「仕事を―な」類たかをくくる

**あまぐも【雨雲】**（名）雨の降りだしそうな雲。雨を降らす雲。「どんよりとした―」

**あまごい【雨乞い】**（名）日でりが続いてこまったとき、雨が降るように神や仏に祈《いの》ること。

**あまざけ【甘酒】**（名）米のかゆにこうじをまぜて作った甘い飲み物。また、酒かすから作ったものもいう。

**あまざらし【雨ざらし】**『雨△曝し』（名）雨にぬれるままにしておくこと。「―の自転車」

**あま・す【余す】**（他五）〔サ(ソ)・シ・ス・ス・セ・セ〕あまるようにする。残す。「ご飯を―」「―ところなく調べる」

**あまぞら【雨空】**（名）❶雨の降りだしそうな空。❷雨の降っている空。

**あまた**『×数多』（副）数量が多いようす。たくさん。「―ある中の一つ」

**あまだれ【雨垂れ】**（名）軒《のき》などからしたたり落ちる雨のしずく。

**雨垂れ石《いし》を穿《うが》つ**　雨だれが長い間には石に穴をあけるように、小さい力でも根気よく努力すれば、目的を達成できることのたとえ。類点滴《てんてき》石を穿つ

**あまちゃ【甘茶】**（名）甘茶（=アジサイ科の落葉植物）の葉をほして湯にひたした甘い飲み物。四月八日の釈迦《しゃか》の誕生日に釈迦の像にかける。

**アマチュア**〔英 amateur〕（名）職業としてではなく、好きでそのことをしている人。しろうと。愛好家。アマ。「―スポーツ」対プロフェッショナル

**あまちょろ・い【甘ちょろい】**（形）〔カロ・カッ(ク)・イ・イ・ケレ・○〕《俗語》→あまっちょろい

**あまつかぜ**…和歌

〔**天つ風　雲《くも》の通《かよ》ひ路《ち》　吹《ふ》き閉《と》ぢよ　をとめの姿《すがた》　しばしとどめむ**〕〈古今集《こきんしゅう》・僧正遍昭《そうじょうへんじょう》〉訳空をわたる風よ。雲を吹きあつめて、天への通りみちをとじておくれ。美しい天女の姿をもうしばらく地上にとどめておきたいから。（小倉《おぐら》百人一首の一つ）

**あまつさえ**『◇剰え』（副）（多く悪いことに用いて）そのうえに。おまけに。「道はなお遠い。―日も暮れてきた」

**あまったる・い【甘ったるい】**（形）〔カロ・カッ(ク)・イ・イ・ケレ・○〕❶いやになるほど甘い。甘すぎる。「―紅茶」❷態度や考え方が甘えているさま。「―声を出す」使い方おもに話しことばで使い、甘いことを否定的にいう。⇩あまい

**あまった・れる【甘ったれる】**（自下一）〔レ・レ・レル・レル・レレ・レロ(レヨ)〕ひどく甘えて、相手に頼《たよ》る。「―・れた声」

**あまっちょろ・い【甘っちょろい】**（形）〔カロ・カッ(ク)・イ・イ・ケレ・○〕《俗語》考えや見通しがしっかりしていなくて安易だ。

**あまでら【尼寺】**（名）❶尼の住んでいる寺。❷キリスト教で、修道女の住む所。女子の修道院。

**あまど【雨戸】**（名）風雨や寒さを防ぎ、また夜の用心のため、ガラス戸や障子《しょうじ》の外側に立てる戸。

**あまどい【雨どい】**『雨△樋』（名）屋根に降った雨水をうけて集め、地上に流すための細長いとい。

**あまとう【甘党】**（名）甘いものが好きな人。対辛党《からとう》

**あまなっとう【甘納豆】**（名）豆類を甘く煮《に》つめて、砂糖をまぶした菓子《かし》。

**あまねく**『◇普く・◇遍く』（副）広く全体にわたるようす。残すところなく。「山の木々が―色づく」「―知れわたる」

**あまのがわ【天の川・天の河】**（名）晴れた夜空に長く帯のように見える無数の星の集まり。銀河《ぎんが》。

**あまのじゃく**『天の邪◇鬼』（名）❶わざと人の言うことやすることに反対する人。類つむじまがり・へそまがり。❷仁王《におう》や四天王の像が踏《ふ》んでいる小鬼《こおに》。

**あまのはら**…和歌

〔**天の原　ふりさけ見《み》れば　春日《かすが》なる　三笠《みかさ》の山《やま》に　出《い》でし月《つき》かも**〕〈古今集《こきんしゅう》・安倍仲麻呂《あべのなかまろ》〉訳大空を遠くあおいで見ると、東の空に月がのぼってくる。あの月は、私がまだ奈良《なら》の都にいたころ、春日の三笠山に出ていたのと同じ月なのだなあ。（留学生として唐《とう》にいた作者が帰国しようとしたときによんだ歌。小倉《おぐら》百人一首の一つ）

**あまみ【甘み】**『甘味』（名）❶甘い味。甘さの程度。❷甘い味の食品。かんみ。

**あまもよい【雨もよい】**『雨◇催い』（名）雨の降りそうな空のようす。あめもよい。

**あまもよう【雨模様】**（名）→あめもよう

**あまもり【雨漏り】**（名・自スル）雨が屋根や天井《てんじょう》からもること。

**あまやか・す【甘やかす】**（他五）〔サ(ソ)・シ・ス・ス・セ・セ〕きびしい態度をとらず、わがままにさせる。「子どもを―」

**あまやどり【雨宿り】**（名・自スル）軒下《のきした》や木かげなどで雨をよけ、やむのを待つこと。

**あまり【余り】**■一（名）❶余ったもの。残り。「―は一つしかない」❷（「…のあまり」の形で）程度がすぎること。「うれしさの―大声をあげる」❸《数》割り算で、割りきれないで残った数。■二（副）❶度をこしているようす。はなはだしく。あんまり。「―口うるさく言うと逆効果だ」❷それほど。たいして。あんまり。「―じょうずではない」■三（形動ダ）〔ダロ・ダッ(デ・ニ)・ダ・ナ・ナラ・○〕度をこしてひどいよう

す。あんまり。「ーに忙《いそが》しくて体調をくずした」「ーなやり方だ」四（接尾）（数を表すことばの下について）それよりすこし多いことを表す。「三〇人ー集まった」対足らず。使い方〉二②は、あとに「ない」「ません」などの打ち消しのことばがくる。

**余りある** ❶…するのに十分だ。…しても余裕《よゆう》がある。「欠点を補ってー魅力《みりょく》」❷…しても十分にしつくせない。「心中察するにー」

**アマリリス**〔英 amaryllis〕（名）《植》ヒガンバナ科の多年草。初夏、赤や白などのゆりに似た花をつける。

**あま・る【余る】**（自五）〔ラ(ロ)・リ(ッ)・ル・ル・レ・レ〕❶全体のうちいくらかが、使ったあとに残る。「お金がー」❷《数》割り算で、割りきれないで残りが出る。❸能力や限度をこえる。「手にー仕事」「思案にー」「身にー光栄」「目にー仕打ち」

**アマルガム**〔英 amalgam〕（名）《化》水銀と他の金属との合金。

**あまん・じる【甘んじる】**（自上一）〔ジ・ジ・ジル・ジル・ジレ・ジロ(ジヨ)〕あたえられたものや置かれた環境《かんきょう》に不平を言わず、がまんする。「低い地位にー」「ー・じて罰《ばっ》を受ける」

**あまん・ずる【甘んずる】**（自サ変）〔ジ(ゼ)・ジ・ズル・ズル・ズレ・ジロ(ゼヨ)〕→あまんじる

**あみ【網】**（名）❶糸や針金などを、目をあらくして編んだもの。「ーで魚をとる」「ーでもちを焼く」❷人をとらえるためにはりめぐらしたもの。「法のーをくぐる」

**網を張《は》る** 犯人など、目ざす人をとらえる準備をして待ちかまえる。「犯人の知人宅にー」

**あみ**【×醤蝦】（名）《動》アミ科の、小えびに似た小さな動物。つくだにや、漁業用のえさに使う。

**アミーバ**（名）《動》→アメーバ

**あみがさ【編みがさ】**【編み△笠】（名）いぐさ・すげ・わらなどで編んだ、頭にかぶるかさ。

（あみがさ）

**あみだ**【△阿◇弥△陀】（名）❶《仏》極楽《ごくらく》にいて、すべての人を救うというほとけ。阿弥陀如来《にょらい》。阿弥陀仏。弥陀。❷（「あみだかぶり」の略）ぼうしをうしろのほうにかたむけてかぶること。❸（「あみだくじ」の略）人数分のたて線に横線をはしご状に加え、各自がそれをたどって当たりはずれを引き当てるくじ。

（あみだ①）

**あみだ・す【編み出す】**（他五）〔サ(ソ)・シ・ス・ス・セ・セ〕自分でくふうして、やりかたなどを考えだす。「独自の方法をー」

**あみだな【網棚】**（名）電車やバスなどで、荷物を乗せるために客席の上に設けた、網や金属パイプのたな。

**あみど【網戸】**（名）細かい目の網を張った戸。風を通しながら虫などのはいるのを防ぐ。

**アミノさん【アミノ酸】**（名）《化》たんぱく質が加水分解してできる化合物。▽アミノは、英 amino

**あみばり【編み針】**（名）→あみぼう

**あみぼう【編み棒】**（名）編み物に使う細長い棒。編み針。

**あみめ【網目】**（名）❶網に編んだもののすきま。あみのめ。❷網の目のようになった模様。あみのめ。

**あみめ【編み目】**（名）糸や毛糸などで編みあわせた目。「ーを数える」「ーがあらい」

**あみもと【網元】**（名）網や漁船をもっていて、漁師《りょうし》をやとって漁業をいとなむ人。

**あみもの【編み物】**（名）毛糸やそのほかの糸で、衣服・手芸品などを編むこと。また、編んだもの。

**アミューズメント**〔英 amusement〕（名）娯楽《ごらく》。楽しみ。「ーパーク（=遊園地）」

**あ・む【編む】**（他五）〔マ(モ)・ミ(ン)・ム・ム・メ・メ〕❶糸・竹・なわ・針金などをたがいちがいに組む。「セーターをー」❷文章を集めて本を作る。編集する。「文集をー」

**アムステルダム**〔Amsterdam〕【地名】オランダの首都。商工業・貿易・交通の中心地。

**アムネスティ-インターナショナル**〔英 Amnesty International〕（名）政治権力による人権侵害《しんがい》をふせぐため、一九六一年に設立された国際組織。本部はロンドン。

**あめ【雨】**（名）❶空気中の水蒸気が高い所で冷えて水滴《すいてき》となり、地上に落ちてくるもの。「ーがやむ」❷雨の降る日。雨天。「明日はーらしい」❸雨のように降りそそぐもの。「弾丸《だんがん》のー」

**雨降《ふ》って地《じ》固《かた》まる** もめごとがおこったあと、かえって前よりもおさまるというたとえ。

表現 ぽつぽつ・ぽつりぽつり・ぱらぱら・ばらばら・ざあざあ・しとしと・じとじと・しょぼしょぼ◆そぼ降る・土砂《どしゃ》降り・篠突《しのつ》く雨・滝《たき》のよう・バケツを引っくり返したよう・車軸《しゃじく》を流すような大雨

**あめ**【△飴】（名）もち米やいもなどの澱粉《でんぷん》を糖分に変えて作った甘《あま》い菓子《かし》。砂糖を煮《に》つめて作ったキャンデーなどもふくめていう。

**飴と鞭《むち》** やさしくほうびを与《あた》えることと厳しく罰することのたとえ。また、それらを使い分けるさま。

**飴をしゃぶらせる** ❶うまいことを言って人をだます。❷試合などで、わざと負けて相手を喜ばせる。参考「あめをなめさせる」ともいう。

**あめあがり【雨上がり】**（名）雨のやんだあと。

**あめあられ【雨あられ】**【雨△霰】（名）雨やあられのように、弾丸《だんがん》や矢などがはげしく飛んでくること。

**あめいろ【あめ色】**【△飴色】（名）水飴のような透明な黄褐色《おうかっしょく》。「ーになるまで炒《いた》める」

**アメーバ**〔英 amoeba, ameba〕（名）《動》原生動物の一種。からだは一つの細胞《さいぼう》からできており、形がいろいろと変わる。アミーバ。「ー運動」

**あめかんむり【雨冠】**（名）漢字の部首の一つ。「雲」「雪」などの上部の「⻗」の部分。

**アメダス【AMeDAS】**（名）〔英 Automated Meteorological Data Acquisition System から〕気象庁の地域気象観測システム。全国約一三〇〇か所の自動気象観測所で、周辺地域の天候に関するデータを集める。

**あめだま【あめ玉】**【△飴玉】（名）玉のような形にまるめて固めたあめ。

**あめつち**【天◇地】（名）天と地。てんち。

**あめつゆ【雨露】**（名）雨と露。「—をしのぐ」

**アメニティ**〔英 amenity〕（名）❶（都市計画などで求められる）快適さ。住みよさ。❷ホテルの客室に備えてある石けん・歯ブラシなどの小物。アメニティグッズ。

**あめもよい【雨もよい】**〖雨◇催い〗（名）→あまもよい

**あめもよう【雨模様】**（名）雨が降ってきそうな空のようす。参考「あまもよう」とも読む。

**ことばの移り変わり**
**「雨もよいと雨模様」**

「もよい」は「もよおす」と同源で、ある状態になりそうな様子をいい、「雨もよい」は雨が降りそうな様子を示していた。しかし、「雨(雪)もよい」などでしか使われない「もよい」は、語形の似た「模様」にいわば取りこまれるように「雨もよう」と理解されるようになる。

このように似た語形に引き寄せられる現象を「類音牽引《けんいん》」と呼ぶ。そうした現象は誤解として多くが訂正《ていせい》されるが、「雨模様」のように定着するものもある。「雨模様」が、雨が降っている様子、雨が降ったり止《や》んだりしている様子もいうようになったのは、意味も「模様」に引かれたからだと考えることができよう。

**アメリカ**〔America〕〔地名〕❶南北アメリカ大陸の総称《そうしょう》。❷「アメリカ合衆国」の略。

**アメリカがっしゅうこく**〔アメリカ合衆国〕〔地名〕北アメリカ大陸の中南部に位置し、アラスカ・ハワイをふくむ五〇州と一特別区からなる連邦《れんぽう》共和国。米国。首都はワシントンD.C.。参考英語では、the United States of America 略称《りゃくしょう》U.S.A.

**アメリカン-フットボール**〔英 American football〕（名）一チーム一一人が、楕円《だえん》形のボールを相手陣地《じんち》に入れて得点を争うスポーツ。アメフト。

**あめんぼ**〖×水黽〗（名）〘動〙アメンボ科の昆虫《こんちゅう》。池などの水面をすべるように進む。あめんぼう。

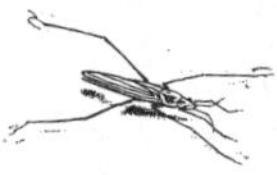
（あめんぼ）

**あや**〖◇文・△綾〗（名）❶物の表面に現れたいろいろの形や色あい、もよう。また、糸がななめにまじってできる線模様。❷言いまわし。「ことばの—」❸入りくんだ事情。「事件の—」❹いろいろな模様を織り出した絹織物。参考④は「綾」と書く。

**あやう・い【危うい】**（形）〔カロ・カツ(ク)・イ・イ・ケレ・○〕危険である。あぶない。「—ところを助かる」

**あやうく【危うく】**（副）もうすこしのところで。あぶなく。「—事故にあうところだった」

**あやおり【あや織り】**〖△綾織り〗（名）色や線でななめのしま模様を織りだした織り方。また、その織物。

**あやか・る**〖◇肖る〗（自五）〔ラ(ロ)・リ(ッ)・ル・ル・レ・レ〕自分が望んでいる状態にある人と同じようになる。「あこがれの作家に—って名をつける」「あの人に—・りたい」

**あや・し**〔奇し・異し・怪し〕（形シク）古語❶ふしぎだ。「みちのくの国に行きたりけるに、—・しくおもしろき所多かり」〈伊勢《いせ》物語〉訳みちのく(=東北地方)に行ったところ、変わっていておもしろい所が多い。❷けしからぬ。よくない。「ここかしこの道に—・しきわざをしつつ」〈源氏物語〉訳あちらこちらの通路にけしからぬことをくり返しして。

**あや・し**〔賤し〕（形シク）古語❶身分が低い。「—・しき山がつ」〈方丈記《ほうじょうき》〉訳身分の低い木こり。❷見苦しい。そまつだ。「—の竹の編み戸のうちより」〈徒然草《つれづれぐさ》〉訳そまつな竹の編み戸の中から。

**あやし・い【妖しい】**（形）〔カロ・カツ(ク)・イ・イ・ケレ・○〕神秘的な感じがする。不思議なさまである。「—魅力《みりょく》」

**あやし・い【怪しい】**（形）〔カロ・カツ(ク)・イ・イ・ケレ・○〕❶正体がわからず気味が悪い。「—人影《ひとかげ》」「—足音」❷うたがわしい。信用できない。「この答えは—」「あの男が—」❸よくない結果になりそうである。「雲行きが—」

**あやし・む【怪しむ】**（他五）〔マ(モ)・ミ(ン)・ム・ム・メ・メ〕怪しい、うたがわしいと思う。「人に—・まれる」

**あや・す**（他五）〔サ(ソ)・シ・ス・ス・セ・セ〕赤んぼうなどのきげんをとる。「泣きだした赤ちゃんを—」

**あやつりにんぎょう【操り人形】**（名）❶人形の手足や頭を糸または直接手で操って演技をさせる芝居《しばい》。また、その人形。❷自分の意志を持たず、他人の言いなりに行動する人。「彼《かれ》は社長の—だ」類傀儡《かいらい》

**あやつ・る【操る】**（他五）〔ラ(ロ)・リ(ッ)・ル・ル・レ・レ〕❶糸や手で人形などを動かす。❷かげにいて、思うとおりに人を動かす。「たくみなことばで人を—」❸じょうずに使いこなす。「舟《ふね》を—」「三か国語を—」

**あやとり【あや取り】**〖△綾取り〗（名・自スル）輪にした糸を指先にかけていろいろな形を作る遊び。

**あやな・す**〖△綾なす〗（他五）〔サ(ソ)・シ・ス・ス・セ・セ〕❶美しい模様をつくる。「錦《にしき》を—」❷うまくとりあつかう。

**あやにく**〔生憎〕（形動ナリ）古語❶いじが悪い。きびしい。「帝《みかど》の御おきてきはめて—におはしませば」〈大鏡〉訳天皇のご処置はとてもきびしくていらっしゃるので。❷おりが悪い。あいにくだ。「—にさしくる日影《ひかげ》もまばゆくて」〈源氏物語〉訳おり悪く差してくる日の光もまぶしくて。

**あやぶ・む【危ぶむ】**（他五）〔マ(モ)・ミ(ン)・ム・ム・メ・メ〕あぶないと思う。心配して気にかける。「存続が—・まれる」

**あやふや**（形動ダ）〔ダロ・ダッ(デ・ニ)・ダ・ナ・ナラ・○〕物事がはっきりしないようす。「—な知識」類あいまい

**あやまち【過ち】**（名）重大な失敗。まちがい。罪。「—を犯《おか》す」

**あやまちてはすなわちあらたむるにはばかることなかれ**〖過ちては◇則ち改むるに△憚ること△勿れ〗何かをまちがった場合にはそれを正すことをためらってはいけない。参考「論語《ろんご》」学而《がくじ》にある孔子《こうし》のことば。

**あやまり【誤り】**（名）まちがい。失敗。「—を認める」「—を正す」

**あやま・る【誤る】**一（自五）〔ラ(ロ)・リ(ッ)・ル・ル・レ・レ〕事実や道理から外れる。「—・った認識」二（他五）〔ラ(ロ)・リ(ッ)・ル・ル・レ・レ〕❶物事をやりそこなう。判断ややり方をまちがえる。「操作《そうさ》を—」「見通しを—」❷まちがった方向に進める。「身を—」

**あやま・る【謝る】**（他五）〔ラ(ロ)・リ(ッ)・ル・ル・レ・レ〕許してくれるようにたのむ。悪かったと思ってわびる。「すなおに—」

**あやめ**〘×菖蒲〙(名)〘植〙アヤメ科の多年草。葉は細長くとがり、五・六月ごろに青紫《あおむらさき》や白色の花が咲《さ》く。

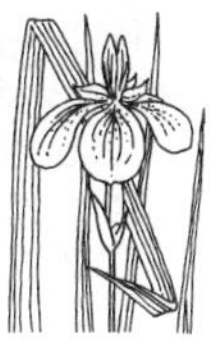
（あやめ）

**あや・める**〘◇殺める・◇危める〙(他下一){メ・メ・メル・メル・メレ・メロ(メヨ)}殺す。また、傷つける。「人を━」

**あゆ**〘△鮎〙(名)〘動〙アユ科の魚。春に海から川にのぼって大きくなり、秋に産卵する。食用。参考「香魚」「年魚」の字をあてることもある。

**あゆ**〘△阿△諛〙(名・自スル)おせじなどを言って、相手のきげんをとること。または、そのおせじ。「━追従《ついしょう》」

**あゆみ**【歩み】(名)❶歩くこと。❷あしなみ。歩調。❸物事の進み方。推移。「日本語研究の━」

**あゆみより**【歩み寄り】(名)おたがいにゆずりあって、意見や主張を近づけること。「両者が━を見せる」

**あゆみよ・る**【歩み寄る】(自五){ラ(ロ)・リ(ッ)・ル・ル・レ・レ}❶歩いて近よる。「つかつかと━」❷話がまとまるように、おたがいの主張をゆずりあう。「与野党が━」

**あゆ・む**【歩む】(自五){マ(モ)・ミ(ン)・ム・ム・メ・メ}❶歩く。❷進んでゆく。「わが国の━・んできた道」

**あら-**【粗】(接頭)(名詞の上について)❶大まかな。大ざっぱな。「━削《けず》り」「━塗《ぬ》り」❷未加工の。未完成の。「━金《がね》」「━塩」

**あら**【粗】(名)❶欠点。短所。「人の━をさがす」❷魚の身をとったあとの、まだ肉の残る骨や頭の部分。

**あら**(感)❶驚《おど》ろいたり感動したりしたときに発することば。「━、すてき」❷疑問を感じたときに発することば。「━、なにかしら」使い方〉おもに女性が使う。

**アラー**(名)→アッラー

**アラーム**〔英 alarm〕(名)❶警報。警笛。また、警報装置。❷目覚まし時計。また、その機能。

**あらあらし・い**【荒荒しい】(形){カロ・カッ(ク)・イ・イ・ケレ・○}たいへんあらっぽい。勢いが強くはげしい。「━態度」「━波濤《はとう》」

**あら・い**【荒い】(形){カロ・カッ(ク)・イ・イ・ケレ・○}❶勢いや動きが大きくはげしい。「呼吸が━」「━海」❷気持ち・態度・行動などが乱暴である。「ことばづかいが━」❸節度がない。「金づかいが━」⇨あらい(粗い)「学習」

**あら・い**【粗い】(形){カロ・カッ(ク)・イ・イ・ケレ・○}❶なめらかでない。ざらざらしている。「板の表面が━」❷すきまがある。まばらだ。一つ一つが大きい。「あみの目が━」対細かい ❸神経が行き届かず雑だ。おおざっぱだ。「作り方が━」

> **学習〈使い分け〉「荒い」「粗い」**
>
> **荒い** 勢いがあって、動きがはげしいようす。「おだやか」と対をなす。「波が荒い」「鼻息が荒い」「気性《きしょう》が荒い」「人使いが荒い」
>
> **粗い** まばらで、なめらかさがなくごつごつしているようす。「細かい」と対をなす。「粗い縫《ぬ》い方」「粒《つぶ》が粗い」「粗い仕事」

**あらいざらい**【洗いざらい】〘洗い△浚い〙(副)なにからなにまで。すっかり。全部。「━話す」

**あらいざらし**【洗いざらし】〘洗い△晒し〙(名)衣服などを何度も洗ったため、色がさめること。また、そうなったもの。「━のシャツ」

**あらいそ**【荒いそ】〘荒△磯〙(名)荒い波の打ち寄せる岩の多い海岸。ありそ。

**あらいはくせき**〔新井白石〕【人名】(一六五七～一七二五)江戸《えど》時代中期の学者・政治家。六代・七代の将軍、徳川家宣《いえのぶ》・家継《いえつぐ》につかえ、政治改革を行った。著に「西洋紀聞《きぶん》」「折《おり》たく柴《しば》の記」など。

**あらいはり**【洗い張り】(名)布を洗い、のりをつけ、板などに張ってかわかすこと。

**あら・う**【洗う】(他五){ワ(オ)・イ(ッ)・ウ・ウ・エ・エ}❶水などでよごれを落とし、きれいにする。「顔を━」「食器を━」❷波などが寄せたり返したりする。「波が岸を━」❸わからないことを細かく調べる。「身元を━」

**あらうみ**【荒海】(名)波の荒い海。

**あらうみや**…俳句

〔荒海や 佐渡《さど》に横《よこ》たふ 天《あま》の川《がは》〕〈芭蕉《ばしょう》〉訳暗い中にはげしい波音の聞こえる日本海、空には天の川が、佐渡の黒い島影《しまかげ》の上にしらじらと光りながら横たわっている。(季語「天の川」秋)

**あらが・う**〘◇抗う〙(他五){ワ(オ)・イ(ッ)・ウ・ウ・エ・エ}他からの強い力やはたらきかけに抵抗《ていこう》する。「自然の力に━」

**あらかじめ**〘◇予め〙(副)前もって。事前に。「━知らせる」

**あらかせぎ**【荒稼ぎ】(名・自スル)手段を選ばずに、または一度に、大きくもうけること。「不良品を売って━する」「相場で━する」

**あらかた**〘粗方〙(副)おおよそ。だいたい。ほとんど。「仕事は━かたづいた」

**あらかべ**【粗壁】(名)下ぬりをしただけの壁。

**アーラ-カルト**〔フランス à la carte〕(名)メニューから自由に選んで注文する料理。一品料理。

**あらぎも**【荒肝】(名)きもったま。どきょう。

**荒肝を拉《ひし》ぐ** 相手を驚《おど》ろかせ、ふるえあがらせる。

**あらぎょう**【荒行】(名)僧《そう》や修験者《しゅげんじゃ》などが行うはげしく苦しい修行。

**あらくれ**【荒くれ】(名)気の荒いこと。乱暴なこと。また、そういう人。「━者」

**あらけずり**【粗削り・荒削り】━(名・他スル)ざっとけずること。また、けずったもの。━(名・形動ダ)おおまかでまだ完成していない、また、洗練されていないこと。「━な作品」

**あらごと**【荒事】(名)〘演〙歌舞伎《かぶき》で、武士や鬼神《きじん》を勇ましく演じること。また、そのような人物が主役の芝居《しばい》。

**あらさがし**【粗捜し・粗探し】(名・自スル)他人や物事の欠点などをわざわざさがし出すこと。

**あらし**【嵐】 12画 山9 訓あらし

あらし。はげしい風。◆砂嵐・山嵐

山 屵 嵐 嵐 嵐

**あらし**【嵐】(名)❶はげしく吹《ふ》く風。また、暴風雨。❷はげしいもの、ひどく乱れるもののたとえ。「━の前の静けさ(=大きな騒動が起こる前の無気味な静けさ)」「―のような拍手」「改革の―が吹き荒れる」

**あらしごと【荒仕事】**(名)❶ほねのおれる力仕事。はげしい肉体労働。❷強盗《ごうとう》や殺人などの乱暴な悪事。

**あらしふく**…和歌〈嵐吹く　三室《みむろ》の山《やま》の　もみぢ葉《ば》は　竜田《たつた》の川《かは》の　錦《にしき》なりけり〉〈後拾遺《ごしゅうい》集《しゅう》・能因《のういん》〉訳川上の三室山に嵐が吹くと、もみじが散り流れて竜田川の川面《かわも》はまるで錦の織物のようにはなやかになることだ。(小倉《おぐら》百人一首の一つ)

**あら・す【荒らす】**(他五){サ(ソ)・シ・ス・ス・セ・セ}❶あれた状態にする。傷つけたりこわしたりする。「動物が畑を―」❷ぬすみをはたらく。「留守宅《るすたく》を―」

**あらず**『◇非ず』そうではない。「罪に―」

**あらすじ【粗筋】**(名)小説や劇などのだいたいのすじみち。「事件の―」「物語の―」類あらまし・梗概《こうがい》

**あらずもがな【有らずもがな】**いっそないほうがよい。「―の解説」類無くもがな。文法文語の動詞「あり」の未然形「あら」に、文語の打ち消しの助動詞「ず」と文語の願望の終助詞「もがな」のついたもの。

**あらせいとう**(名)《植》アブラナ科の多年草。観賞用で、晩春に紫《むらさき》・桃色《ももいろ》・赤・白など十字形の花をふさ状につける。ストック。

**あらそい【争い】**(名)あらそうこと。けんか。競争。「―に巻きこまれる」「レースは二人の選手の―となる」

**あらそ・う【争う】**(自他五){ワ(オ)・イ(ッ)・ウ・ウ・エ・エ}❶主張や考えなどの違うもの同士が、言葉や暴力・武力などを使って自分の意志を通そうとする。けんかをする。いさかう。「法廷《ほうてい》で―」「領有権を―」❷相手に勝《まさ》って地位や名声などを得るために、たがいに競い合う。競争する。「親友と成績トップの座を―」「先を―」

**あらそえない【争えない】**隠《かく》してもはっきりとわかる。否定できない。あらそわれない。「血筋は―」「―事実がある」

**あらそわれない【争われない】**→あらそえない

**あらた【新た】**(形動ダ){ダロ・ダッ(デ・ニ)・ダ・ナ・ナラ・○}新しいようす。新しくするようす。「―な問題がおこる」「―に加わる」

**あらたか**(形動ダ){ダロ・ダッ(デ・ニ)・ダ・ナ・ナラ・○}神や仏のごりやくや、薬のききめが目だって表れるようす。「霊験《れいげん》―」

**あらだ・てる【荒立てる】**(他下一){テ・テ・テル・テル・テレ・テロ(テヨ)}❶大きくはげしくする。荒々しくする。「声を―」❷事態を前よりいっそうはげしくする。「事を―」

**あらたふと**《アラトウト》…俳句〔あらたふと　青《あを》葉《ば》若《わか》葉《ば》の　日《ひ》の光《ひかり》〕〈芭蕉《ばしょう》〉訳なんとまあ、美しくこうごうしいことよ。日光という名のとおりに青葉や若葉に日の光がさんさんとふりそそいで、輝《かがや》いている。(季語「若葉」夏)

**あらたま・る【改まる】**(自五){ラ(ロ)・リ(ッ)・ル・ル・レ・レ}❶新しくなる。「年が―」❷よいほうへ変わる。「生活態度が―」❸ふだんとちがって、きちんとした態度になる。「―・ったことばづかい」

**あらたま・る**『◇革まる』(自五){ラ(ロ)・リ(ッ)・ル・ル・レ・レ}病気が急に重くなる。「病状が―」

**あらためて【改めて】**(副)❶別の機会に。「―うかがいます」❷今また新しく。「―言うまでもない」

**あらた・める【改める】**(他下一){メ・メ・メル・メル・メレ・メロ(メヨ)}❶新しくする。「古い規則を―」❷よいほうへ変える。「行いを―」❸いつもより、きちんとした態度にする。「服装を―」❹別の機会にする。「日を―」❺調べて確かめる。検査する。「荷物を―」

**あらっぽ・い【荒っぽい】**(形){カロ・カッ(ク)・イ・イ・ケレ・○}❶乱暴だ。「―手口」❷大まかだ。そざつだ。「仕事が―」参考②は「粗っぽい」とも書く。

**あらて【新手】**(名)❶まだ戦わない元気な兵士や選手。❷新しくはいった人。対古手《ふるて》。❸新しい手段や方法。「―の詐欺《さぎ》が増える」

**あらとうと**…俳句→あらたふと…

**あらなみ【荒波】**(名)荒々しい波。また、ものごとのきびしさ、つらさのたとえ。「世間《せけん》の―にもまれる」

**あらなわ【荒縄】**(名)わらで作った太いなわ。

**あらぬ**(連体)❶別の。ちがった。「―方《かた》を見る」❷意外な。とんでもない。「―うわさをたてられる」

**あらの【荒野】**『△曠野』(名)荒れはてた野。荒れ野。

**アラビア**〔Arabia〕[地名]西アジアにある世界最大の半島。大部分は砂漠《さばく》で、サウジアラビアが最も広い国土をしめている。世界的な石油の産地。

**アラビアすうじ【アラビア数字】**(名)一般《いっぱん》に使われる0・1・2…9などの数字。▽アラビアは、Arabia 参考計算に使うので、「算用数字」ともいう。

**アラビアン-ナイト**〔Arabian Nights〕[作品名]アラビアを中心にした説話集。九世紀ごろ、はじめてアラビア語で書かれ、その後多数の物語が取り入れられた。大臣の娘シェヘラザードが王におもしろい話を千一夜続けるという構成。千一夜物語。

**あらびき【粗びき】**『粗△挽き』(名)穀物・コーヒー豆・肉などを、粒《つぶ》が残る程度に粗くひきくだくこと。また、そのようにしたもの。「―肉」

**アラブ**〔英 Arab〕(名)❶アラビア語を話す人びとの総称《そうしょう》。アラブ人。❷アラビア原産の馬。

**アラブしゅちょうこくれんぽう**〔アラブ首長国連邦〕[地名]アラビア半島の東部にあって、アブダビやドバイなど七か国から構成される連邦国。首都はアブダビ。▽アラブは、Arab

**アラベスク**〔フランス arabesque〕(名)❶アラビア風のからくさ模様。❷《音》装飾的ではなやかな音楽。

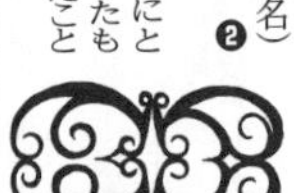

(アラベスク①)

**あらまき【新巻き】**(名)秋にとれた鮭《さけ》に、保存用に塩をふったもの。参考もと、荒《あら》なわで巻いたことから、「荒巻き」とも書く。

**あらまし**[一](名)おおよその内容。「事件の―を話す」類粗筋《あらすじ》・概略《がいりゃく》。[二](副)おおよそ。だいたい。「―済んだ」

**あらむしゃ【荒武者】**(名)荒々しく勇敢《ゆうかん》な武士。転じて、乱暴な者。

**あらめ**『荒◇布』(名)海岸の岩につくコンブ科の海藻

《かいそう》。肥料やヨードの原料にする。若葉は食用。

**アーラーモード**〔フランス à la mode〕(名) 最新流行。

**あらもの【荒物】**(名) ほうき・バケツ・ざるなどの家庭用品類。対小間物《こまもの》。

**あらゆる**(連体) すべての。あるかぎりの。「―手段を使う」

**あら・げる【荒らげる】**(他下一)〔ゲ・ゲ・ゲル・ゲル・ゲレ・ゲロ(ゲヨ)〕ことばづかいや態度を乱暴にする。「声を―」

**あらりょうじ【荒療治】**(名・他スル) ❶手あらな治療《ちりょう》。❷思いきって組織・機構などを改め変えること。

**あられ【△霰】**(名) ❶空中の水蒸気が急に冷えて小さな氷の玉となって降るもの。❷さいの目に切ったもち。あられもち。❸料理で、材料をさいの目に切ったもの。

> 学習 比較《ひかく》「あられ」「ひょう」「みぞれ」
>
> あられ　多く冬、水蒸気が氷の粒《つぶ》となって降るもの。直径五《ミリメートル》未満。
>
> ひょう　多く夏、積乱雲中から雷雨にともなって降る氷のかたまり。直径五《ミリメートル》以上。
>
> みぞれ　雪が空中で一部とけて雨まじりで降るもの。

**あられもな・い**(形)〔カロ・カッ(ク)・イ・イ・ケレ・○〕その場にふさわしくない。とんでもない。「―姿」

**あらわ【◇露】**(形動ダ)〔ダロ・ダッ(デ・ニ)・ダ・ナ・ナラ・○〕❶隠《かく》すところがなく、むきだしになっているようす。「はだが―に見える」❷露骨《ろこつ》なようす。公然と。「敵意を―に示す」

**あらわざ【荒技】**(名) 柔道《じゅうどう》・武道などでの、力任せの激しい技。

**あらわ・す【表す・現す】**(他五)〔サ(ソ)・シ・ス・ス・セ・セ〕❶心の中にあることを、ことばや表情などではっきり見せる。表現する。「うれしさを顔に―」「文字で―」❷物事の内容を具体的な形にして示す。「各地の気温を色で―」❸ある意味を示す。「単位を―記号」❹隠《かく》れていたものをはっきり見せる。「水平線から太陽が姿を―」「景気対策が効果を―」❺広く世間《せけん》に知らせる。「世に名を―(=有名になる)」

参考 ふつう①②③は「表す」、④⑤は「現す」と書く。⑤は「顕す」とも書く。

> 学習 使い分け「表す」「現す」
>
> 表す　思想や感情など抽象的な物事について、ことばや記号などを使って示す意。「怒《いか》りをことばに**表す**」「集計結果をグラフに**表す**」「$はドルを**表す**」
>
> 現す　その場になかったものや隠《かく》れていたものが姿を見せる意。「会場に姿を**現す**」「とうとう本性を**現す**」「頭角を**現す**」

**あらわ・す【著す】**(他五)〔サ(ソ)・シ・ス・ス・セ・セ〕書物を書いて世に出す。「古文の参考書を―」

**あらわれ【現れ・表れ】**(名) 目に見える形や結果としてあらわれ出ること。また、そのあらわれ出たもの。「優勝は日ごろの努力の―だ」

**あらわ・れる【表れる・現れる】**(自下一)〔レ・レ・レル・レル・レレ・レロ(レヨ)〕❶考えや感情などが表面に出てくる。示される。「しぐさに性格が―」❷なかったものや見えなかったものが出てくる。出現する。登場する。「救世主が―」「影響《えいきょう》が―」❸隠《かく》していたものが人に知られる。発覚する。「悪事が―」

参考 ふつう①は「表れる」、②③は「現れる」と書く。③は「顕れる」とも書く。

**あらんかぎり【有らん限り】**(名・副) あるだけ全部。「―の声をはりあげる」類ありったけ

**あり【△蟻】**(名)〘動〙アリ科の昆虫《こんちゅう》。女王あり・雄《おす》あり・働きありに分かれ、土の中に巣を作って集団生活をいとなむ。種類が多い。

**蟻の穴《あな》から堤《つつみ》も崩《くず》れる** 小さなことでも、ゆだんしていると、大きなわざわいを招《まね》くというたとえ。

**蟻の這《は》い出《で》る隙《すき》もない** 警戒《けいかい》がきびしく、それをやぶるすきがないようす。「―ほどの警護」

**あり【有り・在り】**(名) ❶あること。存在すること。「訳《わけ》―の品」❷〘俗語〙ありうること。あってもよいと許容されること。「なんでも―」

**あ・り【有り・在り】**(自ラ変) 古語 ある。存在する。

**アリア**〔イタリア aria〕(名)〘音〙オペラやカンタータの中で歌われる叙情《じょじょう》的な独唱の部分。詠唱《えいしょう》。

**ありあけ【有り明け】**(名) ❶空に月が残ったまま夜が明けること。「―の月」❷夜明け。明け方。

**ありあけのつき【有り明けの月】**(名) 夜明けにまだ空に残っている月。残月。

**ありあま・る【有り余る】**(自五)〔ラ(ロ)・リ(ッ)・ル・ル・レ・レ〕十分すぎるほど多くある。「―才能」「かねが―」

**ありあり**(副) 目に見えるように。「母のおもかげが―と目にうかぶ」類まざまざ

**ありあわせ【有り合わせ】**(名) その場にちょうどあること。また、あるもの。「―の品物でまにあわせる」

**アリーナ**〔英 arena〕(名) 観客席に囲まれた競技場・劇場。「アイス―」

**ありうる【有り得る】**あってもふしぎではない。「それは大いに―話だ」対有り得《え》ない

**ありえない【有り得ない】**あるはずがない。あるとは考えられない。「ふつうなら―ミスだ」対有り得《う》る

**ありか【在り◇処】**(名) 物のある場所。人のいる場所。「財宝の―を探す」

**ありかた【あり方】【在り方】**(名) ❶当然そうでなければならない状態。あるべきすがた。「教育の―を考える」❷現にある状態。ありさま。ありよう。「政治の―を変える」

**ありがた・い【有り難い】**(形)〔カロ・カッ(ク)・イ・イ・ケレ・○〕❶教えなどが尊い。「―お話」❷感謝の気持ちを表すことば。うれしい。「君の親切を―・く思う」

**ありがた・し【有難し】**(形ク) 古語 ❶めったにない。めずらしい。「―・きもの、舅《しゅうと》にほめらるる婿《むこ》」〈枕草子《まくらのそうし》〉訳めったにないもの、舅《しゅうと》にほめられる婿。❷

とうとい。おそれ多い。もったいない。「ー・き御情けでこそ候《さうら》はむずれ」〈平家物語〉訳もったいないご厚情でございましょう。❸生活しにくい。生きにくい。「世の中はー・くむつかしげなるものかな」〈源氏物語〉訳世の中は生きにくくわずらわしいものだなあ。

**ありがためいわく**【有り難迷惑】（名・形動ダ）相手の親切心や好意はありがたいが、受けるほうにとってはかえって迷惑に感じること。「ーな話だ」

**ありがち**『有り勝ち』（形動ダ）{ダロ・ダッ(デ・ニ)・ダ・ナ・ナラ・○}よくあるようす。「初心者にーなミス」

**ありがとう**『有り難う』（感）感謝やお礼の気持ちを表すことば。「毎度ーございます」

**ありがね**【有り金】（名）手もとにある現金。現在持っているすべてのおかね。「ーをはたく」

**ありき**『有りき』❶あった。存在した。「はじめにことばー」❷それを前提としていること。「結論ーの議論」文法文語の動詞「あり」の連用形に文語の過去の助動詞「き」のついたもの。

**ありきたり**『在り来り』（名・形動ダ）以前からどこにでもあってめずらしくないこと。「ーの表現」

**ありくい**『△蟻食い』（名）〖動〗アリクイ科の哺乳《ほにゅう》動物。口先が突《つ》き出て、長い舌でありを食べる。中米・南米にすむ。

**ありさま**【有り様】（名）物事のようすや状態。「結果は見るも無残なーだった」

**ありじごく**『△蟻地獄』（名）〖動〗うすばかげろうの幼虫。かわいた土にすりばち形の穴を掘《ほ》って、すべって落ちこむありなどをとらえて食う。また、その穴。

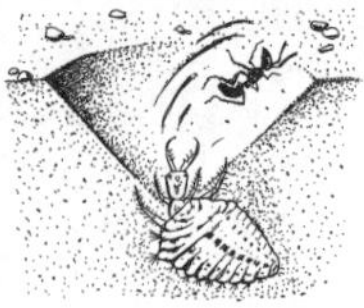

（ありじごく）

**ありしまたけお**〔有島武郎〕【人名】〔一八七八〜一九二三〕白樺派《しらかばは》の小説家。古い社会制度や道徳を批判する作品を多く発表した。小説「カインの末裔《まつえい》」「生《う》まれ出《い》づる悩《なや》み」「或《あ》る女」など。

**ありづか**『△蟻塚』（名）ありが土を小山のように地表に積み上げて作った巣。ありの塔《とう》。

**ありつ・く**（自五）{カ(コ)・キ(イ)・ク・ク・ケ・ケ}食事・おかね・仕事など、求めていたものをやっと得る。「夕食にー」

**ありったけ**『有りっ丈』（名・副）あるだけ全部。「ーの力を出す」「ーの金を使う」類あらんかぎり

**ありてい**『有り体』（名・形動ダ）隠《かく》さずありのまま。実際にあるとおり。「ーに言えば」

**ありとあらゆる**（連体）あるかぎりの。「ー生物」

**ありのまま**『有りの△儘』（名・形動ダ）実際にあるとおり。あったとおり。「ーに述べる」

**アリバイ**〔英 alibi〕（名）事件がおきたとき、その場所にいなかったという証明。現場不在証明。

**ありふ・れる**『有り触れる』（自下一）{レ・レ・レル・レル・レレ・レロ(レヨ)}どこにでもある。めずらしくない。「ー・れた話」使い方多く「ありふれた」「ありふれている」の形で用いる。

**ありまき**『△蟻巻』（名）〖動〗アブラムシ科の昆虫《こんちゅう》。からだは小さく、草木の新芽や葉・茎《くき》にむらがる。しりから甘《あま》い汁《しる》を出す。油虫《あぶらむし》。

**ありゅう**【亜流】（名）一流の人のまねをするだけで独創性がないこと。また、そういう人。

**ありゅうさんガス**【亜硫酸ガス】（名）〖化〗硫黄《いおう》をもやすとできる、においの強い無色で有害な気体。二酸化硫黄《にさんかいおう》。▽ガスは、オランダ・英 gas

**ありよう**『有り様』（名）❶ほんとうのようす。実情。「ーを申しますと」❷理想的なあり方。「教育のーを考える」❸あるべき道理。「ーのないこと」

**ありわらのなりひら**〔在原業平〕【人名】〔八二五〜八八〇〕平安時代初期の歌人。歌風は情熱的・技巧的。「伊勢《いせ》物語」の主人公といわれる。「在五中将《ざいごちゅうじょう》」ともいう。

**あ・る**【有る・在る】（自五）{ラ(ロ)・リ(ッ)・ル・ル・レ・レ}❶存在する。存在が認められる。「机の上に本がー」「動かぬ証拠がー」「責任は彼にー」対ない ❷持っている。所有している。そなわっている。「住む家がー」「教養のー人」対ない ❸行われる。おこる。「のちほど記者会見がー」「二度ーことは三度ー」❹その状態におかれている。「失意のどん底にー」❺（引用の「と」を受けて）書いてある。「手紙には、家族みな元気ですとー」❻時がたつ。「ややー・って」❼（「…てある」の形で）ある状態が続いている。「ごみがすててー」❽（「…である」の形で）断定の意味を表す。「わが輩《はい》は猫《ねこ》でー」❾（形容詞・形容動詞の連用形について）その状態であることを表す。「なんとも静かでー」

参考「有る」は広く使われ、「在る」は「日本はアジアの東に在る」のように存在する意味に用いられるが、使い分けの微妙《びみょう》な場合もあり、かな書きにされることが多い。

使い方①は無生物や物事について用い、人や動物には「いる」を用いる。しかし、「反対する人もある」のようにその存在を人に示す文脈の場合は、「ある」も用いる。

**仕組みの解明**「ある」

Q 図書室にある？ 図書室である？

| | | に | で | |
|---|---|---|---|---|
| A | 図書室 | × | ○ | 授業がある |
| B | 図書室 | ○ | × | 辞典がある |

A・「に」は存在の場所を表すので、辞典のような物が存在する場所には「に」を使う。
・「で」は動きが行われる場所を表すので、授業のような出来事が行われる場所には「で」を使う。

**ある**『△或』（連体）はっきりしない物事や、はっきりさせたくない特定の物事をさすことば。「ーとき」「ー男」「むかしむかし、ー所に」

**あるいは**〖△或いは〗■一■（接）それでなければ。または。「父－母が行く」■二■（副）ひょっとすると。もしかすると。「明日は－雨かもしれない」

**あるかなきか**【有るか無きか】あるのかないのかわからないほど、ごくわずか。「－の収入」

**あるがまま**〖有るが△儘〗（名）あるとおり。ふつうのまま。「－の姿」「－に書く」

**アルカリ**〔オランダ alkali〕（名）〖化〗水にとける塩基の総称《そうしょう》。酸を中和する性質（＝アルカリ性）を持つ。苛性《かせい》ソーダ（水酸化ナトリウム）・炭酸ソーダ（炭酸ナトリウム）など。対酸

**アルカリせい**【アルカリ性】（名）〖化〗酸を中和する性質。リトマス試験紙を赤から青に変える。▽アルカリは、オランダ alkali 対酸性

**アルキメデスのげんり**【アルキメデスの原理】（名）〖物〗液体や気体中にある物体は、その物体がおしのけた液体や気体の重さと同じ浮力《ふりょく》をうけるという原理。古代ギリシャの数学者・物理学者のアルキメデス（Archimedes）が発見した。

**ある・く**【歩く】（自五）｛カ(コ)・キ(イ)・ク・ク・ケ・ケ｝❶両足を交互に使って進む。あゆむ。「急いで－」「駅まで－」❷（動詞の連用形について）…してまわる。「遊び－」
表現 歩む・歩行する◆すたすた・てくてく・とことこ・どんどん・ひたすら・ずんずん・せかせか・つかつか・ずかずか・ゆっくり・のんびり・ぶらぶら・のろのろ・たらたら・とぼとぼ・ふらふら・よたよた・よろよろ・えっちらおっちら◆脇目《わきめ》も振《ふ》らず・足を棒にして・大手《おおで》を振って

**アルコール**〔オランダ alcohol〕（名）❶〖化〗炭化水素の水素を水酸基で置きかえた化合物の総称《そうしょう》。❷特に、エチルアルコールのこと。燃料や薬品に使われる無色の液体。また、酒類のおもな成分。酒精。❸〖俗語〗酒。

**アルコールいそんしょう**【アルコール依存症】（名）〖医〗長期にわたり習慣的に酒類を飲み続けることが原因で、飲酒がやめられなくなった状態。慢性《まんせい》アルコール中毒。▽アルコールは、オランダ alcohol

**アルコールちゅうどく**【アルコール中毒】（名）〖医〗酒の飲みすぎからおこる急性および慢性《まんせい》の中毒症状《しょうじょう》。アル中。▽アルコールは、オランダ alcohol

**アルゴリズム**〔英 algorithm〕（名）ある問題を解決するための効率のよい計算・処理手順を表したもの。おもに数学やコンピューターにおいて用いられる。

**アルゴン**〔ドイツ Argon〕（名）〖化〗空気中に約一《パーセント》ふくまれる無色・無臭《むしゅう》のガス体の元素。電球や蛍光《けいこう》灯の中に入れる。元素記号 Ar

**あるじ**〖◇主〗（名）❶一家の主人。❷持ち主。「店の－」

**アルジェリア**〔Algeria〕［地名］アフリカ大陸北部、地中海に面した民主人民共和国。首都はアルジェ。

**アルゼンチン**〔Argentine〕［地名］南アメリカの南部、大西洋側にある共和国。首都はブエノスアイレス。

**アルツハイマーびょう**【アルツハイマー病】（名）〖医〗老人性の認知症《にんちしょう》。記憶障害《きおくしょうがい》や判断力の低下などが症状としてあらわれる。参考ドイツの医学者アルツハイマー（Alzheimer）が報告したことから命名された。

**アルト**〔イタリア alto〕（名）〖音〗女性の声の中でいちばん低い音域。また、その声の歌手。

**アルバイト**〔ドイツ Arbeit〕（名・自スル）おもな仕事のほかにする仕事。また、学生が収入を得るためにする仕事。略して「バイト」ともいう。

**アルパカ**〔スペイン alpaca〕（名）❶〖動〗ラクダ科の哺乳《ほにゅう》動物。南米のペルーやチリなどの高原地帯にすみ、白・茶・黒などの長い毛をもつ。❷①の毛で織った織物。

（アルパカ①）

**アルバニア**〔Albania〕［地名］バルカン半島西岸の、アドリア海に面した共和国。首都はティラナ。

**アルバム**〔英 album〕（名）❶写真をはっておく帳面。写真帳。「思い出の－」❷いくつかの曲をまとめて収めたレコードやCD。

**アルピニスト**〔英 alpinist〕（名）登山家。

**アルファ**〔英 alpha〕（名）❶ギリシャ文字の第一字。大文字A、小文字α。❷物事の最初。「－からオメガまで（＝全部）」❸ある数に付け加えられるわずかな数。「給料プラス－」

**アルファせん**【アルファ線・α線】（名）〖物〗放射線の一つ。α粒子《りゅうし》の流れ。物をとおりぬける力は弱い。▽アルファは、英 alpha

**アルファベット**〔英 alphabet〕（名）一定の順序にならべられたローマ字の全体。英語のアルファベットはA・B・CからX・Y・Zまでの二六文字。

**アルプス**〔Alps〕［地名］❶フランス・スイス・イタリアなどにまたがり、ヨーロッパ南部を東西に走る大山脈。モンブラン・マッターホルンなどの高い山がある。❷日本の中部地方を南北に走る山脈。日本アルプス。

**あるべき** ❶当然そこにあるはずの。「－所に見あたらない」❷そうでなければならない。そうであるのが当然な。「教育者として－姿」対あるまじき

**アルペンきょうぎ**【アルペン競技】（名）スキー競技で、滑降《かっこう》・スーパー大回転・大回転・回転の四種目と、それらの複合競技。▽アルペンは、ドイツ Alpen ⇩ノルディックきょうぎ

**アルマイト**〔和製英語 Alumite〕（名）アルミニウムの表面を酸化させて、さびないようにまくをつけたもの。食器や台所用品に使われる。（もと商標名）

**あるまじき** そうであってはならない。「人間として－行い」対あるべき

**アルミニウム**〔英 aluminium〕（名）〖化〗銀白色で軽く、やわらかく、さびにくい金属元素。食器など家庭用品や合金用に使われる。元素記号 Al

**アルミ－ホイル**〔和製英語〕（名）食品の包装に用いる、銀色で薄《うす》い紙状のもの。アルミ箔《はく》。▽aluminium foil から。

**アルメニア**〔Armenia〕［地名］西アジア、黒海とカスピ海の間の内陸にある共和国。首都はエレバン。

**あれ**■一■（代）話し手と聞き手からはなれた人・物・事・時をさすことば。「－の言うことは信用するな」「－が学校です」「－から五年たつ」■二■（感）驚《おどろ》いたり、ふし

ぎに思ったりしたときなどに言うことば。「―、変だぞ」

**あれい【亜鈴】**（名）→ダンベル

**あれくる・う【荒れ狂う】**（自五）{ワ(オ)・イ(ッ)・ウ・ウ・エ・エ}狂ったようにあばれまわる。ひどく荒れる。「―波」

**アレグレット**〔イタリア allegretto〕（名）〘音〙楽曲の速度を示すことば。「少し速く」の意味。

**アレグロ**〔イタリア allegro〕（名）〘音〙楽曲の速度を示すことば。「速く」「快速に」の意味。

**あれこれ**㊀（代）多くの事や物。「むかしの―を思い出す」㊁（副）あれやこれや。「―（と）考える」

**あれしょう【荒れ性】**（名）脂肪《しぼう》分が少なくて、ひふがかさかさになりやすい体質。

**あれち【荒れ地】**（名）耕作をしていないため、荒れている土地。また、耕作に適さない土地。「―を開く」

**あれの【荒れ野】**（名）荒れはてて、雑草などが生えたままの野原。荒野《あらの》。荒野《こうや》。

**あれは・てる【荒れ果てる】**（自下一）{テ・テ・テル・テル・テレ・テロ(テヨ)}すっかり荒れてしまう。「―・てた家」

**あれもよう【荒れ模様】**（名）❶天気が悪くなりそうなようす。「海は―だ」❷きげんや物事の状況《じょうきょう》が悪くなりそうな、また、悪くなっているようす。「父は―だ」「会議は―だ」

**あれよあれよ**（感）驚《おどろ》いて呆然《ぼうぜん》と見ているしかないことを表すことば。「―という間に」

**あ・れる【荒れる】**（自下一）{レ・レ・レル・レル・レレ・レロ(レヨ)}❶おだやかでなくなる。乱暴になる。「会議が―」「生活が―」❷風や波がはげしくなる。「海が―」❸手入れをしないで乱れたままになる。「―・れた庭」❹ひふなどの表面がそこなわれてなめらかでなくなる。「手が―」「肌《はだ》が―」

**アレルギー**〔ドイツ Allergie〕（名）❶〘医〙ある物に触《ふ》れたり、薬を飲んだりしたときに、異常な反応をおこすこと。「―体質」…性「アレルギー性の鼻炎《びえん》」❷特定の物事に対して示す拒絶《きょぜつ》反応。「核《かく》―」

**アレルゲン**〔ドイツ Allergen〕（名）アレルギー反応を引き起こす原因となる物質。薬物や花粉など。

**アレンジ**〔英 arrange〕（名・他スル）❶編曲または脚色《きゃくしょく》すること。「現代風に―した曲」❷物事をうまく配置したり調整したりすること。「日程を―する」

**アロエ**〔ラテン aloe〕（名）〘植〙ツルボラン科の常緑多年草。葉は多肉質で、とげがある。観賞用・薬用。

**アロハシャツ**〔英 aloha shirt〕（名）ハワイから広まった、はでな模様の半袖《はんそで》かいきんシャツ。

**アロマテラピー**〔フランス aromathérapie〕（名）草花などの香りを用いて、神経をしずめ、心身の健康を保とうとする療法《りょうほう》。芳香《ほうこう》療法。アロマセラピー。

**あわ【泡】**〘△沫〙（名）❶液体が気体をふくんでできた小さい玉。あぶく。❷口からふきでる細かいつば。

**泡を食《く》う** 不意をつかれて、驚《おどろ》きあわてる。「あわを食ってかけつける」

**泡を吹《ふ》かせる** 相手をだしぬいてめんくらわせる。「いつか彼《かれ》にあわをふかせてやる」

**あわ**〘△粟〙（名）〘植〙イネ科の一年草。九月ごろ花が咲《さ》く。種は小つぶで黄色。食用にする。

（粟）

**あわ**〔安房〕【地名】むかしの国名の一つ。今の千葉県の南部。房州《ぼうしゅう》。

**あわ**〔阿波〕【地名】むかしの国名の一つ。今の徳島県。阿州《あしゅう》。

**あわ・い【淡い】**（形）{カロ・カツ(ク)・イ・イ・ケレ・○}❶色や味や香《かお》りなどがうすい。「―塩味」「―水色」❷かすかである。「―望みをかける」

**あわじ**〔淡路〕【地名】むかしの国名の一つ。淡路島全島をさす。今の兵庫県に属する。淡州《たんしゅう》。

**あわじしま**…和歌→あはぢしま…

**あわ・す【合わす】**（他五）{サ(ソ)・シ・ス・ス・セ・セ}→あわせる

**あわせ**〘△袷〙（名）裏地をつけた着物。対単《ひとえ》

**あわせかがみ【合わせ鏡】**（名）自分のうしろの鏡にうつったうしろ姿を、前の鏡にうつして見ること。

**あわせて【併せて】**（副）それといっしょに。同時に。「印鑑《いんかん》も―ご持参ください」

**あわせも・つ【併せ持つ・合わせ持つ】**（他五）{タ(ト)・チ(ッ)・ツ・ツ・テ・テ}いくつかの異なった性質・特徴《とくちょう》などを同時に持つ。兼《か》ね備える。「二つの機能を―」

**あわ・せる【合わせる】**（他下一）{セ・セ・セル・セル・セレ・セロ(セヨ)}❶二つ以上のものを一つにする。いっしょにする。「力を―」「隣国《りんごく》を―（=併合《へいごう》する）」❷向かいあうようにする。「目と目を―」「顔を―」❸調和のとれたものにする。そろえる。つり合うようにする。「話を―」「音を―」「相手の都合に―」❹基準となるものに一致《いっち》させる。「時計を―」❺てらし合わせて確認する。「答えを―」❻まぜる。調合する。「薬を―」

参考①は「併せる」とも書く。

**合わせる顔《かお》がない** 申し訳なくてその人に会うのがつらい。「先生に―」

**あわただし・い【慌ただしい】**（形）{カロ・カツ(ク)・イ・イ・ケレ・○}忙《いそが》しかったり時間に追われていたりして、心が落ち着かない。せわしない。「―年の暮れ」

**あわだ・つ【泡立つ】**（自五）{タ(ト)・チ(ッ)・ツ・ツ・テ・テ}あわがたくさんできる。「ビールが―」

**あわだ・つ【あわ立つ】**〘△粟立つ〙（自五）{タ(ト)・チ(ッ)・ツ・ツ・テ・テ}寒さやおそろしさのために、毛穴がちぢまりひふに粟《あわ》つぶができたようになる。「鳥はだが立つ。「はだが―」

**あわてふため・く【慌てふためく】**（自五）{カ(コ)・キ(イ)・ク・ク・ケ・ケ}ひどくあわてて取り乱す。「急な来客に―」

**あわ・てる【慌てる】**（自下一）{テ・テ・テル・テル・テレ・テロ(テヨ)}❶不意をつかれてまごつく。予想外のことに出会って動揺《どうよう》する。うろたえる。「うそがばれて―」❷驚《おどろ》いてたいそう急ぐ。「―・てて家を飛び出す」

**あわび**〘△鮑・△鰒〙（名）〘動〙ミミガイ科の巻き貝。耳のような形をしたからを持ち、岩の上にはりついている。肉は食用。からは螺鈿《らでん》やボタンに用いる。

**鮑の片思《かたおも》い** （あわびのからは二枚貝の片われのように見えるので）男女の間で、思ってくれない相手を一方的に恋《こ》いしたうこと。磯《いそ》のあわびの片思い。

**あわや**（副）もう少しのところまで危機がせまっているようす。あぶなく。「―脱線《だっせん》というところだった」

**あわゆき【淡雪】**（名）うすくつもったとけやすい雪。

**あわよくば** (副) うまくいけば。運がよければ。「―勝てるかもしれない」

**あわれ【哀れ】** 一 (名) ❶悲哀《ひあい》。「人の世の―を知る」❷かわいそうだと思う心。同情。「―をさそう話」❸しみじみとしたおもむき。「旅の―を知る」 二 (形動ダ)〔ダロ・ダッ(デ・ニ)・ダ・ナ・ナラ・○〕❶かわいそうだ。「―な身のうえ」❷みじめだ。「―な暮らし」 三 (感) 深い悲しみや同情を表すことば。「―海のもくずと消えてしまった」

**あわれ** 古語 →あはれ

**あわれっぽ・い【哀れっぽい】** (形)〔カロ・カッ(ク)・イ・イ・ケレ・○〕同情をさそうようなようすをしている。「―声でなく」

**あわれ・む【哀れむ】**『△憐れむ』(他五)〔マ(モ)・ミ(ン)・ム・ム・メ・メ〕かわいそうに思う。「両親を亡くした友を―」

**あをによし《アオニヨシ》…** 和歌

〔**青丹よし　奈良《なら》の都《みやこ》は　咲《さ》く花《はな》の　薫《にほ》ふがごとく　今《いま》盛《さか》りなり**〕〈小野老《おののおゆ》〉訳奈良の都は咲く花が美しく照りはえるように、今をさかりと繁栄《はんえい》していることだ。(「青丹よし」は「奈良」の枕詞《まくらことば》)

**あん【安】** 6画 宀3 小3 音アン 訓やすい 丶 ⺀ 宀 安 安 安

❶あぶなくない。◆安全 ◆保安。対危。❷やすらげる。落ち着く。しずまる。◆安心・安静・安息・安定・安楽 ◆慰安《いあん》・不安。❸やさしい。たやすい。◆安易・安産・安直。❹ねだんがやすい。◆安価

**あん【行】** →こう(行)

**あん【案】** 10画 木6 小4 音アン 丶 ⺀ 宀 安 安 案

❶考える。考え。◆案出 ◆勘案《かんあん》・考案・思案・新案・代案・提案・答案・腹案・名案。❷したがき。計画。◆案文 ◆原案・草案・文案・法案

**あん【案】** (名) ❶くふうし考えること。また、その考え。「いい―が浮《う》かぶ」❷何かを行う前にまとめた考えや計画。「―を立てる」「みんなの―に従う」

**案に相違《そうい》する** 前もって考えていたことや予想していたこととちがう。「案に相違していい結果が出た」

**あん【暗】** 13画 日9 小3 音アン 訓くらい 丨 冂 日 日 暗 暗

❶くらい。光がない。くらがり。◆暗雲・暗黒・暗室・暗然・暗中模索《あんちゅうもさく》・暗夜 ◆明暗。対明。❷おろか。◆暗愚《あんぐ》・暗君。❸かくれていてわからない。◆暗渠《あんきょ》・暗礁《あんしょう》。❹ひそかに。こっそりと。◆暗号・暗殺・暗示・暗躍《あんやく》。❺そらんじる。そらでおぼえる。◆暗記・暗算・暗唱・暗譜《あんぷ》

**あん**『△庵』(名) →いおり

**あん**『△餡』(名) ❶あずき・いんげんなどの豆類を煮《に》てつぶし、砂糖で甘《あま》くしたもの。あんこ。「大福の―」❷くず粉《こ》などでどろっとさせた汁《しる》。「―かけ」

**あんあんりに【暗暗裏に】**『暗暗△裡に』(副) 人に気づかれないうちに。ひそかに。「―調査する」

**あんい【安易】** (形動ダ)〔ダロ・ダッ(デ・ニ)・ダ・ナ・ナラ・○〕❶努力しなくてもたやすくできるようす。「―な方法を選ぶ」❷いいかげんで気楽なようす。「―な考え」

**あんいつ【安逸】** (名・形動ダ) 気楽に楽しむこと。何もしないで遊び暮らすこと。「―をむさぼる」

**あんうつ【暗鬱】** (名・形動ダ) 暗くて、気持ちがはればれしないこと。「―な気分」

**あんうん【暗雲】** (名) ❶雨の降りそうな黒い雲。❷今にも悪いことがおきそうなようす。「将来に―が漂《ただよ》う」

**あんえい【暗影】**『暗△翳』(名) ❶暗いかげ。❷悪いことがおこりそうな気配。「前途に―がさす」

**あんか【行火】** (名) (炭火などを入れて) 手足をあためる小型の暖房《だんぼう》器具。

**あんか【安価】** (名・形動ダ) ❶ねだんが安いこと。「―な商品」類廉価《れんか》。対高価。❷いいかげんで価値の低いこと。「―な同情」

**アンカー**〔英 anchor〕(名) ❶錨《いかり》。❷リレーで、最後の走者。または、最後の泳者。

**あんがい【案外】** (副・形動ダ) 考えていたこととはちがっていること。思いのほか。「―やさしい」類意外

> **学習 比較《ひかく》** 「案外」「意外」
>
> **案外** 実際に生じた結果が予想していたことと反対であるときの気持ち。「固そうで案外柔《やわ》らかい」「案外安くすんだ」「案外な結果」
>
> **意外** 思ってもみなかったことにおどろくようす。「こんな簡単なことを意外にも知らなかった」「意外な所で出会う」「子どもなのに意外にしっかりしている」

**あんかうの《アンコウノ》…** 俳句

〔**鮟鱇の　骨《ほね》まで凍《い》てて　ぶちきらる**〕〈加藤《かとう》楸邨《しゅうそん》〉訳寒さのきびしい冬の日、つるし切りにされる鮟鱇が骨までこちこちにこおったまま、一気に出刃包丁《でばぼうちょう》でたたき切られる。(季語「鮟鱇」冬)

**あんかん【安閑】** (トタル) なにもしないでのんびり過ごすようす。気楽なようす。「―としてはいられない」

**あんき【安危】** (名) 安全なこととあぶないこと。

**あんき【安気】** (名・形動ダ) 心配のない、気楽なようす。「―な商売」

**あんき【暗記】**『△諳記』(名・他スル) そらでおぼえること。そらんじること。「―力」「丸―」

**あんぎゃ【行脚】** (名・自スル) ❶僧《そう》が修行《しゅぎょう》のため、各地を歩きまわること。遊行《ゆぎょう》。❷ほうぼうを旅すること。「おわびのため関係各所を―する」

**あんきょ**『暗△渠』(名) 地下に造ったり、地面にふたをして水面が見えないようにしたりした水路。

**あんきょはいすい**『暗△渠排水』(名) 地下に水路を造って、水はけをよくすること。

**あんぐ【暗愚】** (名・形動ダ) 道理がよくわからずおろかなこと。また、その人。「―な君主」

**あんぐう【行宮】** (名) むかし、天皇が旅行のときに泊《と》まった仮のすまい。行在所《あんざいしょ》。

**アングラ** (名)《演》新しい方法で行われる前衛的・実験的な芸術運動。▽英 underground から。

**アングル**〔英 angle〕（名）❶かど。すみ。また、角度。❷写真などで物を写す角度。「カメラ―」

**アンクル=トムズ-ケビン**〔Uncle Tom's Cabin〕〔作品名〕アメリカの作家ストー夫人の小説。一八五二年刊。黒人奴隷《どれい》の悲惨《ひさん》な生活をえがいて、奴隷解放の気運を促《うなが》した。アンクル=トムの小屋。

**アングロ-アメリカ**〔Anglo America〕〔地名〕アメリカ大陸のうちで、おもにイギリス系の移民によって開拓《かいたく》された地域。アメリカ合衆国とカナダ。ラテンアメリカに対していう。

**アングロサクソン**〔英 Anglo-Saxon〕（名）ゲルマン民族の一派。今のイギリス人の主流をなしている。

**あんくん【暗君】**（名）暗愚《あんぐ》な君主。おろかな君主。対明君《めいくん》

**アンケート**〔フランス enquête〕（名・他スル）ある問題について、多くの人びとに一定の質問をし、意見を求める調査。「―結果」

**あんけん【案件】**（名）❶問題になっていることがら。事案。「交渉《こうしょう》中の―」❷訴訟《そしょう》中の事件。

**あんこ**〖△餡こ〗（名）→あん（餡）

**あんこう**〖△鮟△鱇〗（名）〘動〙アンコウ科の魚。からだはひらたく、口が大きい。深海にすむ。頭部の突起を動かし小魚をおびきよせて食べる。

（あんこう）

**あんごう【暗号】**（名）通信の内容がもれないように、おたがいにだけわかるようにした約束の記号。「―を解読する」

**あんごう【暗合】**（名・自スル）偶然《ぐうぜん》に一致《いっち》すること。

**あんこうの**…俳句→あんかうの…

**アンコール**（名・自スル）音楽会などで、客が出演者に拍手《はくしゅ》・かけ声などで再演を望むこと。また、その再演。▽フランス encore（もう一度の意）から。

**あんこく【暗黒】**（名・形動ダ）❶まっくら。くらやみ。「―の夜」❷文明がひらけていなかったり、道徳が乱れていたりする状態。「社会の―面」

**あんこくじだい【暗黒時代】**（名）❶圧政や戦争などによって世の中が乱れた時代。❷ヨーロッパ史で、中世。

**アンゴラ**〔Angola〕〔地名〕アフリカ大陸南西部にある、大西洋に面した共和国。首都はルアンダ。

**アンゴラうさぎ**〖アンゴラ△兎〗（名）〘動〙ウサギ科の哺乳《ほにゅう》動物。トルコのアンゴラ（現在のアンカラ）地方の原産で、白く、しなやかな長い毛をもつ。▽アンゴラは、英 Angora

**あんざいしょ【行在所】**（名）→あんぐう

**あんさつ【暗殺】**（名・他スル）（おもに政治上・思想上で対立している）人をひそかにねらって殺すこと。

**あんざん【安産】**（名・他スル）無事に赤んぼうが生まれること。軽いお産。「―のお守り」対難産

**あんざん【暗算】**（名・他スル）紙や計算機などを使わないで頭の中で計算すること。

**あんざんがん【安山岩】**（名）〘地質〙火山岩の一種。暗い灰色で黒や白の斑点《はんてん》がある。建築材や墓石用。

**アンサンブル**〔フランス ensemble〕（名）❶〘音〙㋐合奏。合唱。㋑小人数の合奏団。❷婦人服で、ジャケットとスカートなど組み合わせて着ることを考えて同じ布で作ったひとそろい。

**あんじ【暗示】**（名・他スル）❶はっきり言わないで、遠まわしにそれとなく知らせること。「明るい未来を―する結末」対明示。❷人の心にそれとなくある観念・考えをうえつけること。「―にかける」

**あんしつ【暗室】**（名）写真の現像室のように、外からの光線がはいらないようにした部屋。

**あんじゅう【安住】**（名・自スル）❶心配することもなく、そこに落ち着いて住むこと。「―の地」❷その境遇《きょうぐう》に満足してしまうこと。「現在の地位に―する」

**あんしゅつ【案出】**（名・他スル）くふうして考えだすこと。「新しい方法を―する」

**あんしょう【暗唱】**〖△諳△誦〗（名・他スル）おぼえた文章や詩歌《しいか》などをなにも見ないで言うこと。「好きな詩を―する」

**あんしょう【暗証】**（名）本人であることを証明するための暗号。「―番号」⇒パスワード「学習」

**あんしょう【暗礁】**（名）❶海中に隠《かく》れていて見えない岩。「船が―に乗り上げる」❷思いがけない障害。「交渉《こうしょう》が―に乗り上げる」

**あん・じる【案じる】**（他上一）{ジ・ジ・ジル・ジル・ジレ・ジロ（ジヨ）}❶心配する。「友だちの病気を―」❷くふうする。考えだす。「一計を―」

**あんしん【安心】**（名・形動ダ・自スル）心が落ち着いてやすらかなこと。不安や心配がないこと。「―して眠《ねむ》る」「専門家にまかせれば―だ」「―感」

**あんず**〖△杏・△杏子〗（名）〘植〙バラ科の落葉小高木。春の初めに薄紅色《うすべにいろ》の花が咲《さ》く。実は梅よりも大きくてあまずっぱく、食用にする。種は薬用。

**あん・ずる【案ずる】**（他サ変）{ジ（ゼ）・ジ・ズル・ズル・ズレ・ジロ（ゼヨ）}→あんじる

**案ずるより産《う》むが易《やす》し** 前もって心配するよりも、実際にやってみると思ったよりやさしくできるものだ。

**あんせい【安静】**（名・形動ダ）病人などが、からだを動かさないで静かにしていること。「絶対―」

**あんぜん【安全】**（名・形動ダ）あぶなくないこと。また、無事であること。「身の―を確保する」「―な方法」…性「食品の安全性に配慮《はいりょ》する」対危険

**あんぜん【暗然】**（トタル）悲しみで暗い気持ちになるようす。「悲報を聞いて―とする」「―たる表情」

**あんぜんき【安全器】**（名）電気回路に一定以上の電流が流れるとヒューズが切れ危険を防ぐ装置。

**あんぜんちたい【安全地帯】**（名）❶危険のない地域。あぶなくない所。❷道路などに、路面電車の乗降客や通行人の安全のために特別につくった場所。

**あんぜんパイ【安全パイ】**〖安全△牌〗（名）❶麻雀《マージャン》で、捨てても他の人に上がられる危険のない安全なパイ（=ゲームのこま）。安パイ。❷（転じて）なんの害もなく扱いやすい人や危険のない選択肢《せんたくし》をいう。

**あんぜんべん【安全弁】**（名）❶ボイラーなどで、中の気体の圧力がある限度以上になると、自動的に弁が開いて蒸気を外に出し、爆発《ばくはつ》を防ぐ装置。❷危険

を前もって防ぐ働きをするものや人。

**あんそく【安息】**（名・自スル）心しずかに休むこと。「―を得る」

**あんそくび【安息日】**（名）仕事を休み宗教的儀式《ぎしき》をする日。安息日《あんそくにち・あんそくじつ》。[参考]ユダヤ教では金曜日の日没《にちぼつ》から土曜日の日没まで。キリスト教では日曜日。

**アンソロジー**〔英 anthology〕（名）詩歌《しいか》・文芸作品などの選集。

**あんた**（代）相手をさすことば。「―に譲《ゆず》るよ」[使い方]〉「あなた」よりくだけた場合に用いる。

**あんだ【安打】**（名・自スル）野球で、打者が自分で塁《るい》に進めるように打った球。ヒット。「内野―」

**アンダー-**〔英 under〕（接頭）「下」「低い」という意味を表す。「―ウエア」

**アンダーシャツ**〔英 undershirt〕（名）下着のシャツ。

**アンダースロー**（名）野球で、うでを下からふり上げるようにする投球の仕方。下手投げ。アンダーハンド。▽英 underhand throw から。[対]オーバースロー

**アンダーライン**〔英 underline〕（名）横書きの文章で、重要なことばや文の下に目じるしとして引く線。下線。「重要語句に―を引く」

**あんたい【安泰】**（名・形動ダ）あぶないことがなく、無事なこと。「横綱《よこづな》の地位も―だ」

**あんたん**〘暗△澹〙（トタル）❶見通しが立たず、希望をもてないようす。「前途《ぜんと》は―としている」❷暗くておそろしいようす。「―たる光景」

**アンダンテ**〔イタリア andante〕（名）《音》楽曲の速度を示すことば。「ゆるやかに」「歩く速さで」の意味。

**あんち【安置】**（名・他スル）神仏の像・宝物・遺体などを、場所を決めてたいせつに置いておくこと。「観音像《かんのんぞう》を厨子《ずし》に―する」

**アンチ-**〔英 anti〕（接頭）「反《はん》」「反対する」の意を表す。「―ミリタリズム（=反軍国主義）」

**アンチエイジング**〔英 anti-aging, anti-ageing〕（名）年をとることで生じるさまざまな症状《しょうじょう》に対して、予防や治療《ちりょう》をすること。老化を防止すること。

**アンチック**〔フランス antique〕■一（名）❶かなやローマ字の活字体のひとつ。太くてやわらかみがある。（この辞典の見出しのかながアンチック体）。❷→アンティーク■一
■二（形動ダ）{ダロ・ダッ(デ・ニ)・ダ・ナ・ナラ・○}→アンティーク■二

**アンチテーゼ**〔ドイツ Antithese〕（名）哲学《てつがく》で、ある命題や主張に対立する命題や主張。[対]テーゼ

**あんちゃく【安着】**（名・自スル）無事に着くこと。

**あんちゅうもさく【暗中模索】**（名・自スル）（くらやみの中を手さぐりでさがす意から）手がかりがつかめないまま、いろいろやってみること。「―の状態」

**あんちょく【安直】**（形動ダ）{ダロ・ダッ(デ・ニ)・ダ・ナ・ナラ・○}❶金がからず手軽なようす。また、いい加減なようす。安易。「―に考える」❷手間をかけず気軽にするようす。

**あんちょこ**（名）（俗語）（「安直《あんちょく》」の転）教科書にそって解説が書かれた手軽な参考書。虎《とら》の巻。

**アンツーカー**〔フランス en-tout-cas〕（名）陸上競技場やテニスコートなどに使われる、水はけのよい赤茶色の人工土。

**あんてい【安定】**（名・自スル）物事が落ち着いて、ちょうどよい状態を保っていること。はげしい変化がないこと。「このいすは―がよくない」「物価が―する」「―感がある」「不―」[…性]「この置物は安定性が悪い」[…化]「雇用《こよう》の安定化をはかる」

**アンティーク**〔フランス antique〕■一（名）古美術品。骨董《こっとう》品。「―の収集」■二（形動ダ）{ダロ・ダッ(デ・ニ)・ダ・ナ・ナラ・○}古風なさま。[参考]「アンチック」ともいう。

**アンティグア・バーブーダ**〔Antigua and Barbuda〕[地名]カリブ海東方の、三つの島からなる立憲君主国。首都はセントジョンズ。

**アンテナ**〔英 antenna〕（名）❶電波を送ったり受けたりするための金属製の装置。❷情報を手に入れる手段となるもの。「政界に―を張りめぐらす」

**アンデルセン**〔Hans Christian Andersen〕[人名]（一八〇五〜一八七五）デンマークの童話作家・小説家。童話「人魚姫《ひめ》」「マッチ売りの少女」、小説「即興《そっきょう》詩人」「絵のない絵本」など。

**あんてん【暗転】**（名・自スル）❶劇で、幕をおろさないで舞台《ぶたい》を暗くして場面を変えること。❷事態が悪いほうに変わること。「―した景気動向」

**あんど**〘安△堵〙（名・自スル）物事がうまくいって安心すること。「―の胸をなでおろす（=安心する）」

**あんとう【暗闘】**（名・自スル）おもてにあらわれないところで争うこと。「組織内部の激しい―」

**アンドラ**〔Andorra〕[地名]フランスとスペインの国境、ピレネー山脈中にある公国。首都はアンドララベリャ。

**アンドロメダざ【アンドロメダ座】**（名）《天》星座の一つ。秋、天頂付近に見える。▽アンドロメダ（=ギリシャ神話の中の王女）は、Andromeda

**あんどん**〘行◇灯〙（名）むかしの照明器具で、木や竹などのわくに紙をはり、中に油ざらを置いて火をともしたもの。

（あんどん）

**あんな**（形動ダ）{ダロ・ダッ(デ・ニ)・ダ・△・ナラ・○}あのような。「―家に住みたい」⇩活用形については「おなじ」[文法]

**あんない【案内】**■一（名・他スル）❶目的の場所まで連れてゆくこと。「道―」「部屋に―される」❷場所の説明などをしながら見せてまわること。「観光名所を―する」❸内容・事情などを知らせること。また、その知らせ。通知。「乗り換《か》え方法を―する」「入学―」❹とりつぐこと。「―を乞《こ》う」
■二（名）物事の事情・内容をよく知っていること。「すでにご―のこととは思いますが」「不―」

**あんないじょう【案内状】**（名）会や催《もよお》しなどを知らせる通知状。

**アンナ=カレーニナ**〔Anna Karenina〕[作品名]ロシアの作家トルストイの長編小説。一八七七年完成。女主人公アンナの悲劇的な運命を通して、ロシアの貴族社会を批判的にえがく。

**あんに【暗に】**（副）はっきり言わないで、それとなく。遠まわしに。「―ほのめかす」

**アンニュイ**〔フランス ennui〕(名) ものうい感じ。けだるく退屈《たいくつ》な感じ。倦怠《けんたい》。

**あんねい【安寧】**(名) 世の中が平和なこと。

**あんのじょう【案の定】**(副) 前もって考えていたように。思ったとおり。「―うまくいった」

**あんのん【安穏】**(名・形動ダ) なにごとも変わったことがなくおだやかなこと。「―な暮らし」

**あんば【あん馬】**〖△鞍馬〗(名) 男子体操競技の種目の一つ。また、それに使う、取っ手がついた馬の背のような形の台。

(あんば)

**あんばい**〖△按排・△按配〗(名・他スル) ほどよく配置したりとり合わせたりして、物事がうまく行くようにすること。「仕事の人数を―する」

**あんばい**〖◇塩梅〗(名) ❶(もと、塩と梅酢《うめず》で料理の味つけをしたことから)料理の味かげん。❷物事のぐあい。「からだの―はどうですか」「いい―に晴れた」

**アンパイア**〔英 umpire〕(名) 野球などの審判《しんぱん》員。審判。

**アンバランス**〔英 unbalance〕(名・形動ダ) 釣《つ》り合いのとれていないこと。不安定。「―な服装」

**あんぴ【安否】**(名) 無事かどうかということ。「家族の―を気づかう」

**アンビバレント**〔英 ambivalent〕(形動ダ) ｛ダロ・ダッ(デ・ニ)・ダ・ナ・ナラ・○｝ 一つの物事に対して、相反する感情を同時にいだくようす。

**あんぶ**〖△鞍部〗(名) 山の尾根《おね》の低くなった所。

**あんぷ【暗譜】**(名・他スル) 楽譜《がくふ》を暗記すること。「―でピアノをひく」

**アンプ**(名)「アンプリファイア」の略。

**アンフェア**〔英 unfair〕(形動ダ) ｛ダロ・ダッ(デ・ニ)・ダ・ナ・ナラ・○｝ 公正でないようす。不公平なようす。「―なやり方」対フェア

**アンプリファイア**〔英 amplifier〕(名) ステレオなどの増幅《ぞうふく》器。トランジスター・ＩＣ(集積回路)などを用いて電圧や音声電流を大きくする装置。アンプ。

**アンプル**〔フランス ampoule〕(名) 定量の注射液や薬液を入れて密封《みっぷう》した、小さいガラスの入れ物。

**あんぶん【案分】**〖△按分〗(名・他スル) 割合に応じて分けること。「―比例(＝比例配分)」

**アンペア**〔英 ampere〕(名)〖物〗電流の強さを表す単位。記号 A

**あんぽ【安保】**(名) ❶「安全保障」の略。「集団―」❷「日米安全保障条約《にちべいあんぜんほしょうじょうやく》」の略。一九五一(昭和二六)年に調印された、日本とアメリカ両国の安全と防衛に関する条約。

**あんぽう**〖△罨法〗(名) 炎症《えんしょう》や充血《じゅうけつ》を除くため、患部《かんぶ》をあたためたり冷やしたりする療法《りょうほう》。

**あんま**〖△按摩〗(名・他スル) からだをもんだりたたいたりして筋肉をやわらかくし、血のめぐりをよくすること。また、それを仕事にしている人。

**あんまく【暗幕】**(名) 部屋を暗くするために引く黒い幕。

**あんまり** ㊀(副) ❶度をこして。はなはだしく。「―人がいいのも困りものだ」❷(あとに打ち消しのことばをともなって)それほど。そんなに。「―おもしろくない」㊁(形動ダ) ｛ダロ・ダッ(デ・ニ)・ダ・ナ・ナラ・○｝ 度をこしてひどいようす。「その仕打ちは―だ」文法「あまり」を強めた言い方。

**あんみつ**〖△餡蜜〗(名) あんをのせたみつまめ。

**あんみん【安眠】**(名・自スル) ぐっすりとよくねむること。「―妨害《ぼうがい》」

**あんもく【暗黙】**(名) 考えを外面に表さないこと。口に出さずにだまっていること。「―の了解《りょうかい》」

**アンモナイト**〔英 ammonite〕(名)〖動〗四億年から七〇〇〇万年前の海で栄えていた頭足類《とうそくるい》の化石動物。巻き貝のような殻《から》をもち、現在のおうむ貝に似ている。アンモン貝。菊石《きくいし》。

(アンモナイト)

**アンモニア**〔英 ammonia〕(名)〖化〗窒素《ちっそ》と水素との化合物で、においのある無色の気体。水によくとけ、アルカリ性をしめす。氷や肥料などを作るのに使う。

**あんや【暗夜】**〖◇闇夜〗(名) まっくらな夜。やみ夜。「―のつぶて(＝不意にかけられる攻撃《こうげき》)」

**あんやく【暗躍】**(名・自スル) 人に知られないようにかげでひそかに活動すること。「産業スパイが―する」

**あんやこうろ**〔暗夜行路〕作品名 志賀直哉《しがなおや》の長編小説。一九二一(大正一〇)年から一九三七(昭和一二)年にかけて発表。主人公の時任謙作《ときとうけんさく》が人生に苦悩《くのう》する姿を自伝的にえがいている。

**あんゆ【暗喩】**(名) →いんゆ(隠喩)

**あんらく【安楽】**(名・形動ダ) 苦しみも心配もなく、やすらかなこと。「―な生活」「―いす」

**あんらくし【安楽死】**(名) 助かるみこみのない病人を本人の希望により、できるだけ楽に死なせること。

**アンラッキー**〔英 unlucky〕(名・形動ダ) 運が悪いこと。不運なこと。対ラッキー

**あんるい【暗涙】**(名) 悲しさやくやしさで、人知れず流すなみだ。「―にむせぶ」

# い イ

**い【以】** 5画 人3 小4 音イ
❶場所や時間の範囲《はんい》の起点を示す。…から。◆以遠・以下・以外・以後・以上・以前・以内・以北・以来。❷…を用いて。…によって。◆以心伝心

**い【衣】** 6画 衣0 小4 音イ 訓ころも 中
着るもの。きもの。◆衣装・衣食・衣食住・衣鉢《いはつ》・衣服・衣料・衣類 ◆更衣《こうい》・脱衣《だつい》場・着衣・白衣・弊衣《へいい》。参考 特別に、「浴衣」は「ゆかた」とも読む。

**い【位】** 7画 イ5 小4 音イ 訓くらい
❶ところ。場所。◆位置 ◆水位。❷くらい。身分。

◆王位・学位・皇位・在位・即位《そく》・地位・名人位。❸順序。等級。❹方角。◆下位・首位・順位・上位・正一位・優位。◆方位。参考「三位一体《さんみいったい》」「従三位《じゅさんみ》」のように「ミ」と読むこともある。

-い【位】(接尾)❶順序や等級を表す語。「一ー入賞」❷数のくらいどりを表す語。「小数点以下第三ー」

い【囲】7画 口4 小5 〔圍〕 音イ 訓かこむ・かこう

❶かこむ。とりまく。◆囲碁《いご》 ❷かこんでいるあたり。まわり。◆胸囲・四囲・周囲・範囲《はんい》

い【医】7画 匸5 小3 〔醫〕 音イ

❶病気をなおす。◆医院・医学・医術・医薬・医療《いりょう》。❷病気をなおす人。◆医師・医者◆開業医・外科医・校医・獣医《じゅうい》・主治医《しゅじい》・名医

い【医】(名)病気をなおすこと。また、その技術。

**医は仁術《じんじゅつ》** 医術は人の命や苦しみをすくう仁愛の道である。

い【依】8画 亻6 音イ・エ(高)

❶たよる。よりかかる。たのむ。◆依願・依存・依託《いたく》・依頼《いらい》。❷そのまま。もとのまま。◆依然。

参考「エ」の音は「帰依《きえ》」ということばなどに使われる特殊《とくしゅ》な読み方。

い【委】8画 女5 小3 音イ 訓ゆだねる

❶ゆだねる。他の人にまかせる。◆委員・委嘱《いしょく》・委託《いたく》・委任。❷くわしい。こまかい。◆委曲・委細

い【易】→えき(易)

い【威】9画 女6 音イ

❶おどす。おそれさせる。◆威圧・威嚇《いかく》・脅威《きょうい》。❷いかめしい。おごそか。◆威儀《いぎ》・威厳・威容。❸人を従わせる勢い。◆威光・威力◆権威・国威・示威《じい》 ⇩付録「漢字の筆順(1)戈〔戊〕」

い【威】(名)おそれさせ従わせる力。「ーを振《ふ》るう」

い【為】9画 灬5 〔爲〕 音イ

❶する。おこなう。おこない。◆為政者◆行為・作為・所為・人為。❷はたらき。役にたつ。◆無為・有為《ゆうい》。

参考 特別に、「為替」は「かわせ」と読む。

い【畏】9画 田4 音イ 訓おそれる

❶おそれる。おそれはばかる。◆畏懼《いく》・畏縮《いしゅく》・畏怖《いふ》。❷おそれうやまう。◆畏敬・畏友

い【胃】9画 月5 小6 音イ

い。いぶくろ。◆胃液・胃癌《いがん》・胃弱・胃腸・胃壁《いへき》

い【胃】(名)消化器官のひとつ。食道と腸とのあいだにある。いぶくろ。

い【唯】→ゆい(唯)

い【尉】11画 寸8 音イ

むかしの軍隊の将校、および今の自衛官の位の一つ。◆尉官◆海尉・空尉・少尉・大尉・中尉・陸尉

い【異】11画 田6 小6 音イ 訓こと

❶ちがう。同じでない。◆異性・異存・異同・異論◆差異。対同。❷ふつうとちがう。◆異常・異状・異様◆天変地異・特異・変異。❸よその。◆異郷・異国・異人。❹すぐれた。◆異才・異色。❺あやしい。ふしぎな。◆怪異《かいい》・奇異《きい》。

い【異】(名・形動ダ)他とちがうこと。ふつうとことなり変わっていること。また、ふしぎなこと。「縁はーなもの」

**異を唱《とな》える** 反対の意見を出す。

い【移】11画 禾6 小5 音イ 訓うつる・うつす

場所・位置・状態などがかわる。かえる。◆移行・移住・移籍《いせき》・移転・移動・移民◆推移・転移・変移

い【萎】11画 艹8 音イ 訓なえる

草木がしおれる。おとろえる。生気を失う。◆萎縮

い【偉】12画 亻10 音イ 訓えらい

❶えらい。すぐれている。◆偉業・偉功・偉才・偉人・偉大。❷大きくりっぱである。◆偉観・偉容

い【椅】12画 木8 音イ

いす。腰《こし》かけ。◆椅子《いす》

い【彙】13画 彑10 音イ

同じ種類のものを集める。また、その集まり。◆彙集・彙報◆語彙

い【意】13画 心9 小3 音イ

❶心で思うこと。きもち。考え。◆意外・意見・意向・意志・意思・意識・意図《いと》・意欲◆敬意・決意・故意・好意・失意・真意・誠意・善意・注意・得意・用意。❷わけ。◆意義・意味◆大意・文意。

参考 特別に、「意気地」は「いくじ」とも読む。

い【意】(名)❶心に思うこと。考えや気持ち。「ーに反する」「哀悼《あいとう》のー」❷意味。「語句のー」

**意に介《かい》する** 気にかける。心にとめる。「人から何を言われても意に介さない」

**意に適《かな》う** 考えや気持ちに合う。気に入る。満足する。「自分のーやり方で進める」

**意に沿《そ》う** 期待などにうまく合う。「社長のー」

**意に染《そ》まない** 気に入らない。気乗りがしない。「ー提案」

**意を汲《く》む** 相手の気持ちを察して理解する。思いやりをもっておしはかる。「相手のー」

**意を決《けっ》する** 決心する。「意を決して事に当たる」

**意を尽《つ》くす** 相手によく伝わるように自分の考えや思いをじゅうぶんに述べる。「意を尽くして説明する」

**意を強《つよ》くする** (他人の支持を得て)自分の考えに自信をもつ。「賛成者が多くて意を強くしたよ」

**い【違】** 13画 辶10 音イ 訓ちがう・ちがえる
❶ことなる。ちがう。ちがい。◆違和感 ◆差違・相違。❷そむく。従わない。◆違憲・違反・違法・違約

**い【維】** 14画 糸8 音イ
❶すじ。◆繊維《せんい》。❷つなぐ。ささえる。◆維持。❸意味を強めることば。これ。◆維新 ⇩付録「漢字の筆順(32)隹」

**い【慰】** 15画 心11 音イ 訓なぐさめる・なぐさむ
なぐさめる。心をやすらかにさせる。いたわる。◆慰安・慰謝・慰問・慰留・慰霊祭《いれいさい》・慰労 ◆弔慰《ちょうい》

**い【遺】** 15画 辶12 小6 音イ・ユイ中
❶なくす。わすれる。そのままにする。◆遺棄《いき》・遺失物。❷のこす。のこる。とどめる。◆遺愛・遺骸《いがい》・遺訓・遺稿《いこう》・遺骨・遺産・遺志・遺児・遺書・遺族・遺伝・遺徳・遺風・遺物 ◆拾遺《しゅうい》・補遺。参考「ユイ」の音は「遺言《ゆいごん》」ということばに使われる特殊《とくしゅ》な読み方。⇩付録「漢字の筆順(9)虫」

**い【緯】** 16画 糸10 音イ
❶織物の横糸。◆経緯。❷よこ。横の線。東西を結ぶ線。◆緯度 ◆南緯・北緯。《対経《けい》》

**い**【△亥】(名)❶十二支の第十二。いのしし。❷むかしの時刻の名。今の午後一〇時ごろ、およびその前後約二時間。(一説にはその後約二時間)。❸方角の名。北北西。

**い**【△藺】(名)《植》イグサ科の多年草。湿地《しっち》に生え、茎《くき》は畳表《たたみおもて》などに用いる。いぐさ。

(藺)

**い** (終助) 文末につけて念を押《お》したり、口調をやわらげたりする。「気をつけろー」「だれだー」 文法 終助詞「よ」の転。「や」の転とも。

**いあい【居合い】**(名) すわった状態などから、すばやく刀をぬいて相手を切りたおす術。「ー抜《ぬ》き」

**いあつ【威圧】**(名・他スル) 威光や権力によって、相手を圧倒《あっとう》すること。「人をーするような態度」 …的 「威圧的な目つき」

**いあわ・せる【居合わせる】**(自下一) {セ・セ・セル・セル・セレ・セロ(セヨ)} ちょうどその場にいる。「現場にー・せた」

**いあん【慰安】**(名・他スル) 労をねぎらい楽しませること。「ー旅行」

**い・い**【◇善い・◇好い・◇良い】(形) {○・○・イ・イ・○・○} 「よい」のくだけた言い方。「ー天気」「調子がー」 対 悪い。使い方 終止形と連体形だけが用いられる。⇩よい

**いい面《つら》の皮《かわ》** (自分または他人の失敗や不運をあざけって)とんだ恥《はじ》さらし。いい迷惑《めいわく》。「引き立て役に使われただなんてーだ」

**いい年《とし》** ❶世の中のことがよくわかり、正しい判断ができる年ごろ。「ーをしてばかなことを言うな」 ❷かなりの年齢《ねんれい》。「私もーだから引退するよ」 使い方 ①は、その年齢にふさわしくない言動にあきれる気持ちでいう。

> **仕組みの解明** 「いい」
> **Q カレーがいい? カレーでいい?**
>
> A カレーが一番いい
> B 時間がないから、カレーでいい
>
> **A**・Aのように、「がいい」は「カレー」をいいものとしてとらえる。
> ・Bのように、「でいい」は他のものの方が望ましいが「カレー」でも最低条件としてかまわないというニュアンスでとらえる。

**いい【唯唯】**(ト・タル) 人の言うままに従うようす。「ーとして従う」「ー諾諾《だくだく》」

**いいあい【言い合い】**(名) 口争い。口論。

**いいあ・う【言い合う】**(他五) {ワ(オ)・イ(ッ)・ウ・ウ・エ・エ} ❶おたがいに言う。「冗談《じょうだん》をー」 ❷言い争う。「かっとなってー」

**いいあ・てる【言い当てる】**(他下一) {テ・テ・テル・テル・テレ・テロ(テヨ)} 推量して正確な答えを言う。「出身地をー」

**いいあらそ・う【言い争う】**(他五) {ワ(オ)・イ(ッ)・ウ・ウ・エ・エ} たがいに自分の意見を通そうとして言い合う。口げんかをする。口論する。「はげしくー」

**いいあらわ・す【言い表す】**(他五) {サ(ソ)・シ・ス・ス・セ・セ} 考えや感情をことばで表す。「ー・しようもない悲しみ」

**いいあわ・せる【言い合わせる】**(他下一) {セ・セ・セル・セル・セレ・セロ(セヨ)} 前もって話し合って考えを統一する。「ー・せたように同じ返事が返ってくる」

**いいえ** (感) 相手が言ったことへの打ち消しを表すことば。そうではない。いや。いな。「『スポーツはよくしますか』『ー、あまりしません』」 対 はい(感)

**いいえてみょう【言い得て妙】** たとえなどがそのものをうまく表せているようす。「狸《たぬき》おやじとはーだ」

**いいおく・る【言い送る】**(他五) {ラ(ロ)・リ(ッ)・ル・ル・レ・レ} ❶手紙や使いを出して言ってやる。「からだに気をつけるようー」 ❷つぎつぎに言い伝える。「後任にー」

**いいおそうぎ〔飯尾宗祇〕**【人名】(一四二一〜一五〇二) 室町《むろまち》時代中期の連歌師《れんがし》。諸国をめぐって連歌を普及《ふきゅう》させ、連歌の大成者といわれる。連歌論書「吾妻問答《あずまもんどう》」、連歌集「新撰菟玖波集《しんせんつくばしゅう》」など。

**いいおと・す【言い落とす】**(他五) {サ(ソ)・シ・ス・ス・セ・セ} 言わなければならないことを言わないでしまう。一部を言い忘れる。「ー・したことを伝える」

**いいかえ・す【言い返す】**(自他五) {サ(ソ)・シ・ス・ス・セ・セ} ❶相手の言うことにさからってことばを返す。反論する。「すかさずー」 ❷返答する。「『おはよう』とー」

**いいか・える【言い換える】**(他下一) {エ・エ・エル・エル・エレ・エロ(エヨ)} 同じことを別のことばで言う。「別の表現にー」

**いいがかり【言い掛かり】**(名) 理屈《りくつ》にならない

ことを言いたてて人を困らせること。「—をつける」

**いいか・ける**【言いかける】〖言い掛ける〗(他下一){ケ・ケ・ケル・ケル・ケレ・ケロ(ケヨ)} あることを言い出そうとする。また、途中《とちゅう》まで言う。「—・けてやめる」

**いいかげん**〖◇好い加減〗■一 ほどよい度合い。適度。ほどほど。「ふろの湯は—だ」「ふざけるのも—にしろ」■二 (副) かなり。だいぶ。相当。「—つかれた」■三 (形動ダ){ダロ・ダッ(デ・ニ)・ダ・ナ・ナラ・○} 大ざっぱで無責任なようす。「—な仕事ぶり」

**いいかた**【言い方】(名) ことばづかい。表現のしかた。「—が悪くて誤解される」

**いいか・ねる**【言いかねる】〖言い兼ねる〗(他下一){ネ・ネ・ネル・ネル・ネレ・○} 言いだしにくく感じる。言うのがためらわれる。「おかねを貸せとまでは—」「できがよいとは—」

**いいかわ・す**【言い交わす】(他五){サ(ソ)・シ・ス・ス・セ・セ} ❶ことばをやりとりする。「新年のあいさつを—」❷男女が結婚《けっこん》の約束をする。「—・した仲」

**いいき**【いい気】〖◇好い気〗(名・形動ダ) 自分のすることだけをいいと思う心。ひとりよがり。「—になる」

**いいきか・せる**【言い聞かせる】(他下一){セ・セ・セル・セル・セレ・セロ(セヨ)} よくわかるように話す。教えさとす。「図書館ではさわがないよう子どもに—」

**いいきみ**【いい気味】〖◇好い気味〗(名・形動ダ) 気分のよいこと。胸がすっとすること。他人の失敗や不幸をあざけっていう。「あいつがしかられて—だ」

**いいき・る**【言い切る】(他五){ラ(ロ)・リ(ッ)・ル・ル・レ・レ} ❶はっきりと言う。断言する。「きっぱりと—」❷言い終える。

**いいぐさ**【言いぐさ】〖言い草・言い◇種〗(名) ❶言い方。ことばづかい。言うことがら。「—が気に入らない」❷言いわけ。口実。「そんな—は通らない」❸話の種。かたりぐさ。

**いいくる・める**【言いくるめる】(他下一){メ・メ・メル・メル・メレ・メロ(メヨ)} 自分につごうのいいように、うまく言ってごまかす。まるめこむ。「言葉たくみに—」

**いいこ・める**【言い込める】(他下一){メ・メ・メル・メル・メレ・メロ(メヨ)} 議論して相手を言い負かす。やりこめる。「徹底的《てっていてき》に—」

**イーシー**【EC】(名)〖経〗(英 European Community の略) 欧州《おうしゅう》共同体。一九六七年に発足し加盟国間の経済統合をはかった組織。一九九三年にEU(欧州連合)に発展。⇨イーユー

**イージー**〔英 easy〕(形動ダ){ダロ・ダッ(デ・ニ)・ダ・ナ・ナラ・○} ❶てまがからないようす。簡単な。「—なコース」❷いいかげんなようす。安易な。「—な生き方」「—ミス」

**イージー・オーダー**〔和製英語〕(名) 洋服の仕立てで前もっていくつかの型を決めておき、客の寸法に合わせ、仮ぬいなしで作るやり方。▽easy と order から。

**いいしぶ・る**【言いしぶる】〖言い渋る〗(他五){ラ(ロ)・リ(ッ)・ル・ル・レ・レ} ためらって、なかなか言わない。「返事を—」

**いいしれぬ**【言い知れぬ】なんと言っていいかわからない。言いようのない。「—不安に襲《おそ》われる」

**いいす・ぎる**【言い過ぎる】(他上一){ギ・ギ・ギル・ギル・ギレ・ギロ(ギヨ)} 言わなくてよいことまで言う。「—・ぎて悪かった」

**イースター**〔英 Easter〕(名) →ふっかつさい

**イースト**〔英 yeast〕(名) パンをふくらませるために使う酵母《こうぼ》。

**イーゼル**〔英 easel〕(名) 絵をかくとき、カンバスや画板をのせる台。画架《がか》。

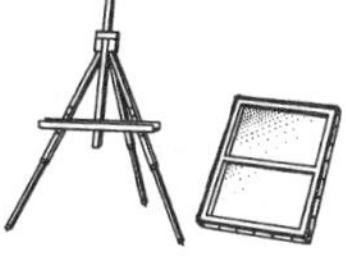

(イーゼル)

**いいそ・える**【言い添える】(他下一){エ・エ・エル・エル・エレ・エロ(エヨ)} つけくわえて言う。「『彼《かれ》によろしく』と—」

**いいそこな・う**【言い損なう】(他五){ワ(オ)・イ(ッ)・ウ・ウ・エ・エ} ❶言いまちがえる。「台詞《せりふ》を—」❷言うべきことを言わないでしまう。「大事なことを—」

**いいそび・れる**【言いそびれる】(他下一){レ・レ・レル・レル・レレ・レロ(レヨ)} 言いだす機会が見つからず、口に出さないで終わる。「気後《きおく》れして—・れてしまった」

**いいだくだく**【唯唯諾諾】(トタル) 自分の意見をもたず、ただ人のいいなりになるようす。「—としたがう」

**いいだしっぺ**〖言い出しっ△屁〗(名)《俗語》最初にそのことを言い出した人。また、最初に言い出した人がそのことを実行しなければならなくなること。「—の君が交渉《こうしょう》したまえ」参考 くさいと騒《さわ》ぎ出した人が、実はおならをした本人であるということから出たことば。

**いいだ・す**【言い出す】(他五){サ(ソ)・シ・ス・ス・セ・セ} ❶言い始める。話をもちだす。「君から—・した話だ」❷口に出して言う。「そんな話は—べきではない」

**いいた・てる**【言い立てる】(他下一){テ・テ・テル・テル・テレ・テロ(テヨ)} ❶とりたてて言う。「人の欠点を—」❷言い張る。強く主張する。「あくまで—」

**いいちら・す**【言い散らす】(他五){サ(ソ)・シ・ス・ス・セ・セ} ❶あちこちに言い広める。言いふらす。「あらぬうわさを—」❷かってなことを言う。「口にまかせて—」

**いいつか・る**【言いつかる】〖言い付かる〗(他五){ラ(ロ)・リ(ッ)・ル・ル・レ・レ} 人から指示や命令を受ける。「先生に用事を—・った」

**いいつく・す**【言い尽くす】(他五){サ(ソ)・シ・ス・ス・セ・セ} 言いたいことを全部言ってしまう。十分に言い表す。「言うべきことは—・した」

**いいつくろ・う**【言い繕う】(他五){ワ(オ)・イ(ッ)・ウ・ウ・エ・エ} 失敗などをうまく言ってごまかす。「その場を—」

**いいつ・ける**【言いつける】〖言い付ける〗(他下一){ケ・ケ・ケル・ケル・ケレ・ケロ(ケヨ)} ❶命令する。「用事を—」❷告げ口をする。「先生に—」❸言いなれる。「ふだん—・けないことば」

**いいつたえ**【言い伝え】(名) むかしから語り伝えられてきた話。「古い—を語る」類 伝説

**イーティーシー**【ETC】(名)(英 Electronic Toll Collection System の略) 有料道路を走行するとき、車に設置した機器と料金所のアンテナとの無線通信を利用して、自動的に通行料の支払《しはら》いができるシステム。

**イート・イン**〔和製英語〕(名) ファーストフード店などで、買った食べ物を店内で食べること。「テークアウト」に対していう。▽eat と in から。

**いいなお・す**【言い直す】(他五){サ(ソ)・シ・ス・ス・セ・セ} ❶前に言ったことを訂正《ていせい》して言う。「誤りに気づいて—」❷前とはちがう言い方でもう一度言う。「やさしく—」

**いいなずけ**『×許婚・×許嫁』（名）❶結婚《けっこん》の約束をした相手。婚約者。フィアンセ。❷幼いときから結婚の相手として両方の親が決めた間がらの人。

**いいならわ・す**【言い習わす】（他五）{サ(ソ)・シ・ス・ス・セ・セ}むかしから世間一般《いっぱん》でそのように言う。「古くから一・されてきたことば」

**いいなり**【言いなり】（名）相手の言うとおりに行動すること。言うがまま。「人の一になる」

**いいね**【言い値】（名）売り手の言うままのねだん。「一で買う」

**いいのがれ**【言い逃れ】（名）言いわけをして責任や罪をのがれようとすること。「そんな一は通用しない」

**いいのこ・す**【言い残す】（他五）{サ(ソ)・シ・ス・ス・セ・セ}❶言おうとしたことを全部言わないで残す。「必要な用件を一」❷別れ去る人が自分のいなくなったあとのことについて言っておく。「子どもに教訓を一」

**いいはな・つ**【言い放つ】（他五）{タ(ト)・チ(ッ)・ツ・ツ・テ・テ}自信をもってきっぱりと言う。「絶対できると一」

**いいは・る**【言い張る】（他五）{ラ(ロ)・リ(ッ)・ル・ル・レ・レ}自分の考えを、あくまでも主張する。「自分が正しいと一」

**いいひらき**【言い開き】（名・自スル）非難や疑いを解くための説明をすること。弁解。「一のしようがない」類申し開き

**いいふく・める**【言い含める】（他下一）{メ・メ・メル・メル・メレ・メロ(メヨ)}よくわかるように言いきかせる。「事情を一」

**いいふら・す**【言い触らす】（他五）{サ(ソ)・シ・ス・ス・セ・セ}多くの人びとに言い広める。「人の悪口を一」

**いいふる・す**【言い古す】『言い◇旧す』（他五）{サ(ソ)・シ・ス・ス・セ・セ}むかしから何度も言われていてめずらしくなくなる。「一・されたことば」

**いいぶん**【言い分】（名）主張や不満など言いたいことがら。「相手の一も聞こう」「何か一があるか」

**イーブン**〔英 even〕（名）五分五分《ごぶごぶ》の状態のこと。特にスポーツで、双方《そうほう》の点数が同じであること。

**いいまか・す**【言い負かす】（他五）{サ(ソ)・シ・ス・ス・セ・セ}理屈《りくつ》をならべるなどして、自分の言い分を相手に認めさせる。言い争いに勝つ。「一・されてだまる」

**いいまわし**【言い回し】（名）言い表し方。表現のしかた。「わかりやすい一」

**イーメール**【Eメール】（名）→でんしメール

**イーユー**【EU】（名）《経》〔英 European Union の略〕ヨーロッパ連合。欧州《おうしゅう》連合。加盟国の経済的・政治的統合を目的とする組織。EC（欧州共同体）から発展して、一九九三年に設立された。

**いいよう**【言い様】（名）言い方。ことばづかい。言い表す方法。「ものには一がある」

**いいよど・む**【言いよどむ】『言い△淀む』（他五）{マ(モ)・ミ(ン)・ム・ム・メ・メ}言おうとしてためらう。ことばにつまってすらすら言えない。「一ことなく話す」

**いいよ・る**【言い寄る】（自五）{ラ(ロ)・リ(ッ)・ル・ル・レ・レ}❶異性と親しくなろうとしてくどく。「しつこく一」❷話しかけながら近寄る。「勧誘《かんゆう》しようと一」

**いいわけ**【言い訳】（名・自スル）（自分を正当化するために）自分の失敗などについて、どうしてそうなったかというわけを話すこと。弁解。「くどくどと一をする」

**いいわた・す**【言い渡す】（他五）{サ(ソ)・シ・ス・ス・セ・セ}命令や決まったことを宣告する。申し渡す。「無罪を一」

**いいん**【医院】（名）医者が病人を診察《しんさつ》・治療《ちりょう》する所。ふつう個人が経営し、病院より規模が小さい。診療所。クリニック。

**いいん**【委員】（名）選ばれて、その団体の特定の仕事をする人。「学級一」「一会」

**い・う**【言う】{ワ(オ)・イ(ッ)・ウ・ウ・エ・エ}㊀（他五）❶（心に思うことを）ことばで表現する。しゃべる。述べる。「意見を一」「一言で一と」「一は易《やす》く行うは難《かた》し（＝口で言うのは簡単だが、それを実行するのはむずかしい）」❷（「…を…という」の形で）呼ぶ。名づける。「冬のはじめの暖かい日を小春日和《こはるびより》と一」㊁（自五）❶鳴る。音がする。「家がぎしぎし一」❷（主として「…という」の形で）意味を強めたり、調子を整えたりする。㋐…は全部。「家と一家はみなこわれた」㋑（形式的に用いて）ことがらの内容をさす。「友人と一ものは、いいものだ」㋒人から伝え聞いたことであることを示す。「かつてここは海の底だったと一」❸（「こう」「そう」「ああ」「どう」について）そのような状態であることを表す。「ああ一人」「こう一・った問題」

注意㊀①以外の意味のときはかな書きがふつう。

**言うに言《い》われぬ** ことばではうまく言い表せない。「一複雑な気持ち」

**言うまでもない** あたりまえだ。わかりきったことだ。「そんなことは一」

表現 話す・しゃべる・語る・物言う・述べる・言及《げんきゅう》する・つぶやく・ささやく・のたまう・うそぶく・ほざく・ぬかす◆はきはき・べらべら・ずけずけ・ぼそぼそ・ぶつぶつ・ぶつくさ・たらたら・くだくだ・くどくど・つべこべ・わあわあ◆口口に・口を極《きわ》めて・口がすっぱくなるほど・嚙《か》んで含《ふく》めるように・吐《は》き捨てるように

| 尊敬語 | 謙譲《けんじょう》語 | 丁寧《ていねい》語 |
|---|---|---|
| おっしゃる<br>言われる<br>仰《おお》せになる | 申す<br>申し上げる | 言います |

**いえ**【家】（名）❶人の住む建物。家屋。「一を建てる」「一を探す」❷自分の暮らす家。うち。自宅。「一に帰る」❸家庭。家族。うち。「一の者には内緒《ないしょ》にする」❹祖先代々の家の血すじ。家系。「一をつぐ」

| 敬称《けいしょう》（相手側） | 謙称《けんしょう》（自分側） |
|---|---|
| お宅　貴家《きか》　貴宅《きたく》<br>尊堂《そんどう》　尊家《そんか》<br>尊宅《そんたく》 | 拙宅《せったく》　小宅《しょうたく》<br>弊宅《へいたく》　陋宅《ろうたく》<br>陋屋《ろうおく》　寓居《ぐうきょ》 |

**いえ**（感）否定の応答を表すことば。いいえ。いや。

**いえい**【遺影】（名）死んだ人の写真や肖像《しょうぞう》画。

**いえがら**【家柄】（名）❶家の地位・格式。「一がよい」❷家の格式の高いこと。名家。「一の出」

**いえき**【胃液】（名）胃の内部から出る無色透明《とうめい》で強い酸性の消化液。

**いえじ**【家路】（名）自宅に帰る道。「一につく」

**イエス**〔英 yes〕■一■（名）肯定《こうてい》すること。賛成すること。「―かノーか」■二■（感）肯定・賛成の気持ちを表すことば。はい。《対ノー》

**イエス＝キリスト**〔人名〕→キリスト

**いえすじ【家筋】**（名）家代々の血すじ。家系。

**いえで【家出】**（名・自スル）帰らないつもりで、ひそかに家をぬけ出ること。「―少女」

**いえども**〖△雖も〗（接助）（「…といえども」の形で）…といっても。たとえ…でも。「強敵と―おそれない」

**いえなみ【家並み】**（名）❶家々のならんでいること。また、そのようす。やなみ。「整然とした―」❷ならんだ家の一軒《いっけん》一軒。家ごと。軒《のき》なみ。

**いえにあれば**…和歌→いへにあれば…

**いえぬし【家主】**（名）→やぬし

**いえのこ【家の子】**（名）武士の一族で、本家の支配下にある者。広く家来や子分をもいう。「―郎党《ろうどう》」⇩ろうどう(郎等)「参考」

**イエメン**〔Yemen〕〔地名〕アラビア半島の南西部に位置する共和国。首都はサヌア。

**いえもと【家元】**（名）茶の湯・いけ花・おどりなどで、流派の本家。また、その当主。類宗家《そうけ》

**いえやしき【家屋敷】**（名）財産としての、家屋とその敷地《しきち》。「破産して―を失う」

**い・える【癒える】**（自下一）｛エ・エ・エル・エル・エレ・エロ(エヨ)｝病気や傷がなおる。悲しみ・苦しみがなくなる。「心の傷が―」

**イエロー‐カード**〔英 yellow card〕（名）サッカーなどで、危険な反則やプレーを行った選手に対して主審《しゅしん》が警告のために出す黄色いカード。

**いえん【以遠】**（名）（その場所を含《ふく》めて）そこよりも遠いこと。「大阪―から通う人」

**いえん【胃炎】**（名）《医》胃の粘膜《ねんまく》が炎症《えんしょう》をおこす病気。胃カタル。「急性―」

**いお**〖△庵〗（名）→いおり

**いおう【○硫黄】**（名）《化》黄色でもろく、青いほのおを出して燃える非金属元素。硫酸《りゅうさん》・火薬・マッチ・医薬品などの原料になる。ゆおう。元素記号 S

**いおり**〖△庵〗（名）僧《そう》や世をすてた人などが住む、そまつな家。あん。いお。「草の―のわび住まい」

**イオン**〔ドイツ Ion〕（名）《化》電気をおびた原子、または原子の群れ。陽イオンと陰《いん》イオンがある。

**いおんびん【イ音便】**（名）《文法》音便の一種。語中や語尾の「き」「ぎ」「し」などが「い」に変化すること。「咲《さ》きて」が「咲いて」、「泳ぎて」が「泳いで」になるたぐい。⇩おんびん(音便)

**いか【以下】**（名）❶その数量や段階を含《ふく》めてそれより下。また、程度がそれを下回ること。「一五歳《さい》―」「水準―の作」対以上。❷それよりあと。それよりあとに述べること。「―略」対以上。❸その人を代表としてそれに続くこと。「機長―八名の乗組員」

> **学習**〈**比較**《ひかく》〉「以下」「未満」
>
> **以下**　その基準を含《ふく》み、それより下であること。「室温を五度**以下**に保つ」「三年生**以下**の生徒」
>
> **未満**　その基準を含まず、それより下であること。「一八歳**未満**（＝一七歳まで）」「一円未満切り捨て」

**いか【医科】**（名）医学に関する学科。「―大学」

**いか**〖×烏賊〗（名）《動》海にすむ軟体《なんたい》動物の一種。からだは円筒《えんとう》形で、足は一〇本。逃《に》げるときにすみをはく。ほたるいか、もんごういかなど種類が多い。

**いが**〖△毬〗（名）栗《くり》などの果実を包んでいる、とげのはえた外皮。

**いが**〔伊賀〕〔地名〕むかしの国名の一つ。今の三重県の西部。伊州。賀州。

**いかい【位階】**（名）てがらのあった人に、名誉《めいよ》のしるしとしてあたえられる位や等級。「―勲等《くんとう》」

**いかい【遺戒】**（名）死んだ人が残したいましめ。「父の―を守る」

**いがい【以外】**（名）それをのぞいたほか。「会員―はおことわり」

**いがい【意外】**（名・形動ダ）思いがけないこと。予想外。「―な一面を知る」類案外。⇩あんがい「学習」

**いがい【遺骸】**（名）死んだ人のからだ。なきがら。遺体。参考「死骸《しがい》」「死体」のていねいな言い方。

**いかいよう【胃潰瘍】**（名）《医》胃壁《いへき》の内側がただれたりくずれたりする病気。「―の手術」

**いかが**〖×如何〗（副）❶相手の気持ちや意見をたずねることば。どのように。どう。「―いたしましょう」「ごきげんは―ですか」❷相手に物をすすめるときのことば。どう。「もう一本―ですか」

**いかがわし・い**〖×如何わしい〗（形）｛カロ・カツ(ク)・イ・イ・ケレ・○｝❶どこか疑わしい。信用できない。「―人物」❷下品で風紀上よくない。「―場所に出入りする」

**いかく【威嚇】**（名・他スル）力を示して、おどすこと。「―射撃《しゃげき》」

**いがく【医学】**（名）人体についての研究や、病気の治療《ちりょう》・予防についての研究をする学問。…的「医学的な見方」

**いかくちょう【胃拡張】**（名）《医》胃が異常に広がり、はたらきがおとろえる病気。

**いがぐり**〖△毬△栗〗（名）❶いがに包まれたままの栗の実。❷（「いがぐり頭」の略）髪《かみ》を丸がりにした頭。

**いかけ【鋳掛け】**（名）なべ・かまなど金物のこわれた所に、はんだや銅をとかしこんで修理すること。

**いかさま**■一■（名）本当らしく見せかけて人をだますこと。いんちき。「―ばくち」■二■（副・感）いかにも。なるほど。「―もっともな話だ」

**いかさまし【いかさま師】**（名）ごまかしをする人。詐欺師《さぎし》。ぺてん師。「―にひっかかる」

**いか・す【生かす】**〖◇活かす〗（他五）｛サ(ソ)・シ・ス・ス・セ・セ｝❶生命を保たせる。「釣った魚を―・しておく」❷効果的に使う。活用する。「才能を―」「チャンスを―」《対殺す》

**いかすい【胃下垂】**（名）《医》胃が異常にたれ下がる病気。

**いかずち**〖◇雷〗（名）かみなり。

**いかぞく【遺家族】**（名）一家の主要な働き手の死

後に残された家族。遺族。「戦没者《せんぼっしゃ》の―」

**いかだ**『△筏』（名）木材や竹を何本も並べて縄《なわ》などでつなぎ、水に浮《う》かべたもの。「―流し」

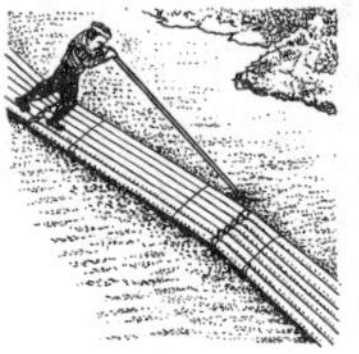
（いかだ）

**いがた【鋳型】**（名）とかした金属を流しこんで鋳物を作るのに用いる型。

**鋳型にはめる** 規則や教育によって、人の性格や行動をある一定の型どおりにつくる。

**いかつ・い**『◇厳つい』（形）〔カロ・カッ(ク)・イ・イ・ケレ・○〕やわらかみがなく、ごつごつしている。「―顔」

**いかで**〔如何で〕（副）古語 ❶どうして。なぜ。「―月を見ではあらむとて」〈竹取物語〉訳どうして月を見ないでいられようといって。❷どうにかして。なんとかして。「―このかぐや姫《ひめ》を得てしがな」〈竹取物語〉訳どうにかしてこのかぐや姫を妻にしたいものだ。

**いかなる**『×如何なる』（連体）どのような。どんな。「―苦しみにもたえぬく」

**いかに**『×如何に』（副）❶どんなふうに。どのように。「―答えるか」❷どれほど。どんなに。「―努力したか説明する」「―注意してもききいれない」

**いかに**〔如何に〕古語 ━（副）なんとまあ。「―、夢かやうつつか」〈平家物語〉訳なんとまあ、夢だろうか、現実だろうか。━（感）（呼びかけに用いて）おい。もしもし。「―殿《との》ばら、殊勝《しゅしょう》のことは御覧《ごらん》じとがめずや」〈徒然草《つれづれぐさ》〉訳なんと皆《みな》さん、このすばらしいことをご覧になって気にとめないのか。

**いかにも**『×如何にも』（副）❶どう考えても。ほんとうに。まったく。「―困ったようす」❷（同意する意味で）なるほど。「―そのとおりだ」

**いかばかり**『×如何◇許り』（副）（程度のはなはだしいことを表して）どれほど。どんなに。「子をなくした母の悲しみは―であろう」

**いがみあ・う【いがみ合う】**『△啀み合う』（自五）〔ワ(オ)・イ(ッ)・ウ・ウ・エ・エ〕たがいに敵意《てきい》をもってあらそう。「親子が―」

**いかめし・い**『◇厳めしい』（形）〔カロ・カッ(ク)・イ・イ・ケレ・○〕人に威圧《いあつ》感を与《あた》えるような威厳《いげん》がある。「―顔つき」

**いカメラ【胃カメラ】**（名）口から入れて、胃の内部を写すひじょうに小さいカメラ。▽カメラは、英 camera

**いかもの**『×如何‐物』（名）いかがわしいもの。にせもの。まがいもの。「―をつかまされる」

**いかものぐい【いかもの食い】**『×如何‐物食い』（名）ふつうの人が食べないものを好んで食べること。また、その人。類悪食《あくじき》

**いかよう**『×如何‐様』（形動ダ）〔ダロ・ダッ(デ・ニ)・ダ・ナ・ナラ・○〕どのよう。どんな。「―にもいたします」

**いから・す【怒らす】**（他五）〔サ(ソ)・シ・ス・ス・セ・セ〕❶おこらせる。「相手を―・してしまう」❷かどを立てる。いかめしいようすをする。「目を―」「肩《かた》を―」使い方「いからせる」と下一段活用としても使う。

**いがらっぽ・い**（形）〔カロ・カッ(ク)・イ・イ・ケレ・○〕のどにざらざらした不快感があるようす。えがらっぽい。「ほこりで―」

**いかり**『△錨・△碇』（名）船が流されないように、綱《つな》や鎖《くさり》につけて水中に沈《しず》める鉄のおもり。「―を上げる（＝出航する）」「―を下ろす（＝停泊《ていはく》する）」

**いかり【怒り】**（名）おこること。いきどおり。「―がこみ上げる」

**怒り心頭《しんとう》に発《はっ》する** はげしい怒りが心の底からわき上がる。注意「怒り心頭に達する」は誤り。

**怒りを買《か》う** 人をおこらせる。「有権者の―」

**いかりがた【怒り肩】**（名）かどばった肩。対なで肩

**いか・る【怒る】**（自五）〔ラ(ロ)・リ(ッ)・ル・ル・レ・レ〕❶おこる。腹をたてる。「烈火《れっか》のごとく―」❷かどだつ。かどばっている。「肩《かた》が―」

**いかん【衣冠】**（名）❶きものとかんむり。❷むかし、貴族の束帯《そくたい》につぐ略式の礼装。「―束帯」

（衣冠②）

**いかん【尉官】**（名）もと、軍人の階級で、大尉・中尉・少尉の総称《そうしょう》。また、自衛官の一尉・二尉・三尉の総称。

**いかん【移管】**（名・他スル）管理や管轄《かんかつ》をほかへ移すこと。「ほかの部署に―する」

**いかん【偉観】**（名）堂々としたすばらしいながめ。「大自然の―」類壮観《そうかん》

**いかん【遺憾】**（名・形動ダ）思いどおりにならず心のこりがすること。残念なこと。「―の意を表《ひょう》する」

**遺憾なく** 申し分なく。じゅうぶんに。「実力を―発揮する」

**いかん**『×如何』━（副）どのように。どう。「―ともしがたい」━（名）どのようであるか。事の内容やなりゆき。「事の―によっては」文法「いかに」の音便。

**いかんせん** どうしようもないことに。残念ながら。「―、力不足だ」

**いがん【依願】**（名）本人の願い出によること。「―退職」

**いがん【胃がん】**『胃△癌』（名）《医》胃壁《へきい》にできる悪性のはれもの。

**いかんそく【維管束】**（名）《植》植物の根・茎《くき》・葉などの内部にある、水分や養分を送る管状のものの集まった部分。

**いき【域】** 11画 土8 小6 音イキ

さかい。くぎり。また、限られた場所。範囲《はんい》。◆音域・区域・水域・声域・地域・流域・領域 ⇩付録「漢字の筆順(1)戈〔戈〕」

**いき【域】**（名）ある一定の段階や境地。「名人の―に達する」「推論の―を出ない」

**いき【息】**（名）❶鼻や口から空気を吸ったり、はいたりすること。呼吸。また、その空気。「―が苦しい」❷二人以上で物事をするときの、たがいの調子。「―が揃《そろ》う」

**息が合《あ》う** たがいの気持ちや調子がぴったりと合う。「息が合った名コンビ」

**息がかかる** 権力や実力のある者の影響《えいきょう》下にある。支配《しはい》下にある。「彼は会長の息がかかっている」

**息が切《き》れる** ❶激しく動いて呼吸が続かなくなる。「急な坂道に—」❷物事を続けられなくなる。「資金が尽《つ》き—」❸呼吸が止まる。死ぬ。息が絶える。

**息が詰《つ》まる** ❶呼吸ができなくなる。❷緊張《きんちょう》や重苦しい雰囲気《ふんいき》などのため、息苦しい感じになる。「—職場」

**息が長《なが》い** 物事の継続《けいぞく》している期間が長い。「—仕事」

**息を凝《こ》らす** 呼吸をおさえてじっとしている。

**息を殺《ころ》す** 呼吸をおさえてじっと静かにする。

**息をつく** ほっとする。「一仕事終えて—」

**息を詰《つ》める** 緊張《きんちょう》して息をとめる。「息を詰めて見守る」

**息を抜《ぬ》く** 仕事などの途中《とちゅう》でひとやすみしたり、緊張《きんちょう》をゆるめたりする。「—ひまもない」

**息をのむ** はっと驚《おどろ》く。「—美しさ」

**息を引《ひ》き取《と》る** 死ぬ。

**息を吹《ふ》き返《かえ》す** 死にかけていたものが生きかえる。また、勢いのおとろえていたものがふたたびさかんになる。「景気回復で地場産業が—」

**いき【粋】**(名・形動ダ) ❶洗練されていて気がきいていること。「—な身なり」❷人情のこまごまとしたことにまで通じていること。「—なはからい」(対野暮《やぼ》)

**いき【生き】**(名) ❶生きていること。「人の—死に」❷魚肉・野菜などの新鮮《しんせん》さ。「—のいいさかな」❸活気にあふれていること。「—のいい若者」

**いき【行き】**〖◇往き〗(名) →ゆき(行き)

**いき【意気】**(名) 積極的に物事にあたろうとする気持ち。意気込《いきご》み。気概《きがい》。「—に感じる」

**いき【遺棄】**(名・他スル) すてておくこと。「死体—」

**いき〔壱岐〕**［地名］むかしの国名の一つ。玄界灘《げんかいなだ》上にあり、今の長崎県に属する島。壱州《いっしゅう》。

**いぎ【威儀】**(名) 重々しくいかめしい姿や態度。作法にかなった身のこなし。

**威儀を正《ただ》す** 重々しく作法にかなった身なりや振《ふ》る舞《ま》いをする。「威儀を正して参列する」

**いぎ【異義】**(名) ちがった意味。「同音—」対同義

**いぎ【異議】**(名) ほかとちがった意見や議論。特に、反対や不服の意見。「—を申し立てる」類異論

**いぎ【意義】**(名) ❶ことばの表す内容。意味。「用語の—を定める」❷あることがら・行為《こうい》の持つ価値や重要性。「—ある学生生活」

**いきあ・う【行き合う】**(自五) ｛ワ(オ)・イ(ッ)・ウ・ウ・エ・エ｝→ゆきあう

**いきあたりばったり【行き当たりばったり】**(名・形動ダ) →ゆきあたりばったり

**いきいき【生き生き】**(副・自スル) 活気にあふれているようす。新鮮《しんせん》で元気なようす。「—した顔つき」

**いきうつし【生き写し】**(名) 顔や姿などがある人にひじょうによく似ていること。「母親に—の娘」

**いきうまのめをぬく【生き馬の目を抜く】** すばしこく、油断のならないたとえ。「—都会生活」

**いきうめ【生き埋め】**(名) 生きたまま地中にうめること。また、うまること。「土砂崩《どしゃくず》れで—になる」

**いきおい【勢い】**━(名) ❶物事の動きが強まるにしたがって出てくる、速さや強さなどの力。「風の—で木がたおれた」「—あまって転ぶ」「—よくドアが閉まる」❷他を圧倒《あっとう》するようなさかんな力。威勢《いせい》。「破竹の—」「日の出の—」❸はずみ。なりゆき。「その場の—で引き受ける」

━(副) 自然のなりゆきで。どうしても。「苦しくなると—ぐちも出てくる」

**いきがい【生きがい】**〖生き×甲斐〗(名) 生きている意義。生きているはりあい。「研究に—を感じる」

**いきか・う【行き交う】**(自五) ｛ワ(オ)・イ(ッ)・ウ・ウ・エ・エ｝→ゆきかう

**いきかえり【行き帰り】**(名) →ゆきかえり

**いきかえ・る【生き返る】**(自五) ｛ラ(ロ)・リ(ッ)・ル・ル・レ・レ｝死んだと思われたものが息を吹《ふ》き返す。ふたたび元気になる。「一か月ぶりの雨で樹木が—」類よみがえる

**いきがかり【行きがかり】**〖行き掛かり〗(名) →ゆきがかり

**いきがけ【行きがけ】**〖行き掛け〗(名) →ゆきがけ

**いきかた【生き方】**(名) 人間としての生きる姿勢。生活のしかた。「これからの—を考える」

**いきが・る【粋がる】**(自五) ｛ラ(ロ)・リ(ッ)・ル・ル・レ・レ｝自分がしゃれていると思って得意そうにふるまう。また、無理に強がる。「—って高級車を乗り回す」

**いきき【行き来】**〖◇往き来〗(名・自スル) →ゆきき

**いきぎれ【息切れ】**(名・自スル) ❶呼吸がせわしくなり、あえぐこと。❷物事の途中《とちゅう》で、気力が続かなくなること。「完成直前で—してしまった」

**いきぐるし・い【息苦しい】**(形) ｛カロ・カッ(ク)・イ・イ・ケレ・○｝❶呼吸をするのが苦しい。「熱が高く—」❷胸がおさえつけられたように重苦しい。「—雰囲気《ふんいき》」

**いきけんこう**〖意気軒△昂〗(トタル) 意気込《いきご》みがさかんなようす。威勢《いせい》がいいようす。「—として試合にのぞむ」

**いきごみ【意気込み】**(名) ある物事をしようとはりきっている気持ち。「勉強に対する—が違《ちが》う」

**いきご・む【意気込む】**(自五) ｛マ(モ)・ミ(ン)・ム・ム・メ・メ｝なにかをしようとはりきる。勢い込《こ》む。「必ず優勝をと—」

**いきさき【行き先】**(名) →ゆきさき

**いきさつ**〖×経緯〗(名) そうなるまでの経過や、細かな事情。事のなりゆき。「事件の—」類経緯《けいい》

**いきざま【生き様】**(名) 生きていくありさま。その人の性格や考え方を示すような生き方。「当時の若者の—を描《えが》く」参考「死に様」からの類推でできた語。「ざま」のもつ悪い語感はなく、いい意味で用いられることも多い。

**いきじ【意気地】**(名) 自分の意志をあくまでも通そうとする心。意地。いくじ。「彼《かれ》なりの—がある」

**いきじごく【生き地獄】**(名) 生きながら経験する、地獄のような苦しみや惨状《さんじょう》。

**いきしな【行きしな】**(名) →ゆきしな

**いきじびき【生き字引】**(名) 字引のように、なんで

もくわしく知っている人。「わが社の―」

**いきしょうちん**【意気消沈】(名・自スル) 意気込《いきご》みがくじけて、すっかり元気をなくすこと。意気阻喪《いきそそう》。「一度の失敗で―する」

**いきせきき・る**【息せき切る】『息◇急き切る』(自五) {ラ(ロ)・リ(ッ)・ル・ル・レ・レ} ひじょうに急いで、あらい息づかいをする。「―・って報告する」

**いきそそう**【意気阻喪】『意気◇沮喪』(名・自スル) 気力がくじけ、すっかり元気がなくなること。意気消沈《しょうちん》。

**いきだおれ**【行き倒れ】(名) →ゆきだおれ

**いきたここちがしない**【生きた○心地がしない】恐《おそ》ろしさのあまり生きているような気持ちがしない。「事故にあったときは生きた心地がしなかった」

**いぎたな・い**『◇寝◇穢い』(形) {カロ・カッ(ク)・イ・イ・ケレ・○} なかなか起きない。ねぼうである。「―・く眠《ねむ》る」

**いきち**【生き血】(名) 生きている動物や人間の血。「―を吸う(=自分の利益のために他人を情け容赦《ようしゃ》なく扱《あつか》う)」

**いきちがい**【行き違い】(名) →ゆきちがい

**いきづかい**【息遣い】(名) 呼吸の調子。「―があらい」

**いきつぎ**【息継ぎ】(名・自スル) ❶歌ったり泳いだりなどしている途中《とちゅう》で息を吸いこむこと。❷仕事の途中での短い休憩《きゅうけい》。「―の暇《ひま》もない」

**いきづ・く**【息づく】(自五) {カ(コ)・キ(イ)・ク・ク・ケ・ケ} 息をする。また、ある精神などが生きている。「伝統が―村」

**いきつけ**【行きつけ】(名) いつもきまって行く所。また、何度も行って顔なじみであること。ゆきつけ。「―の店」

**いきづま・る**【息詰まる】(自五) {ラ(ロ)・リ(ッ)・ル・ル・レ・レ} 強い緊張《きんちょう》で息ができなくなるように感じる。「―熱戦」

**いきづま・る**【行き詰まる】(自五) {ラ(ロ)・リ(ッ)・ル・ル・レ・レ} →ゆきづまる

**いきつもどりつ**【行きつ戻りつ】→ゆきつもどりつ

**いきとうごう**【意気投合】(名・自スル) たがいに気持ちや考えがぴったり合うこと。「―して語り合う」

**いきどおり**【憤り】(名) はげしく腹をたてること。怒《いか》り。憤慨《ふんがい》。「―をおぼえる」

**いきどお・る**【憤る】(自五) {ラ(ロ)・リ(ッ)・ル・ル・レ・レ} はげしく腹をたてる。憤慨《ふんがい》する。「社会の矛盾《むじゅん》に―」

**いきとしいけるもの**【生きとし生けるもの】この世に生きるすべてのもの。あらゆる生物。「―を慈《いつく》しむ」

**いきとど・く**【行き届く】(自五) {カ(コ)・キ(イ)・ク・ク・ケ・ケ} →ゆきとどく

**いきどまり**【行き止まり】(名) →ゆきどまり

**いきながら・える**【生き長らえる・生き永らえる】(自下一) {エ・エ・エル・エル・エレ・エロ(エヨ)} 長く生き続ける。また、生きのびる。「戦乱の世を―」

**いきなり**(副) なんの予告もなしに。だしぬけに。突然《とつぜん》。「―どなりつける」

**いきぬき**【息抜き】(名・自スル) 少しの間休むこと。一息入れること。「人生には―も必要だ」

**いきぬ・く**【生き抜く】(自五) {カ(コ)・キ(イ)・ク・ク・ケ・ケ} 苦しみをのりこえて生きとおす。「逆境に耐《た》えて―」

**いきのこ・る**【生き残る】(自五) {ラ(ロ)・リ(ッ)・ル・ル・レ・レ} 他が死んだあとも生きてこの世に残る。「一人だけ―」

**いきのねをとめる**【息の根を止める】❶殺す。❷相手が二度と活動できないようにやっつける。「敵対《てきたい》する勢力の―」

**いきの・びる**【生き延びる】(自上一) {ビ・ビ・ビル・ビル・ビレ・ビロ(ビヨ)} 危《あや》ういところをきりぬけて生き続ける。「生存競争を―」

**いきば**【行き場】(名) →ゆきば

**いきはじ**【生き恥】(名) 生きていて受けるはじ。「―をさらす」 対 死に恥

**いきぼとけ**【生き仏】(名) 仏のように徳の高い人。「―のように慈悲《じひ》深い人」

**いきま・く**【息巻く】(自五) {カ(コ)・キ(イ)・ク・ク・ケ・ケ} 息をあらくしてはげしく怒《おこ》る。また、いきおいこんで言い立てる。「あたりかまわず―」 類 いきりたつ

**いき・む**【息む】(自五) {マ(モ)・ミ(ン)・ム・ム・メ・メ} 息をつめて腹に力を入れる。「―・んで痛みをこらえる」

**いきもの**【生き物】(名) ❶生命のあるもの。おもに動物をさしていう。「あらゆる―をいつくしむ」❷生命のあるもののように動き、変化するもの。「ことばは―だ」

**いきょ**【依拠】(名・自スル) よりどころとすること。また、そのよりどころ。「古い文献《ぶんけん》に―する」

**いきょう**【異教】(名) 自分たちの信仰《しんこう》している宗教以外の宗教。

**いきょう**【異郷】(名) 生まれた土地でない、よその地。また、他国。「―を放浪《ほうろう》する」

**いきょう**【異境】(名) よその国。他国。外国。

**いぎょう**【異形】(名) ふつうとは異なる怪《あや》しい姿。「―の者」

**いぎょう**【偉業】(名) すぐれた事業。「先人の―」

**いぎょう**【遺業】(名) 死んだ人が残していった事業。「―を継《つ》ぐ」

**いきょうと**【異教徒】(名) 自分たちの信仰《しんこう》している宗教以外の宗教を信じる人。

**いきようよう**【意気揚揚】(ト・タル) 得意でほこらしげなようす。「勝ったチームは―とひきあげた」

**いきょく**【医局】(名) 病院で医務をとりあつかう所。

**いきょく**【委曲】(名) くわしいわけ。細かい事情。「―をつくして説明する」

**いきょくどうこう**【異曲同工】(名) →どうこういきょく

**イギリス**〔ポルトガル Inglez〕【地名】ヨーロッパ大陸の北西、大西洋上にあるグレートブリテン島とアイルランド島北部などからなる立憲君主国。英国。首都はロンドン。参考 正式な国名は、United Kingdom of Great Britain and Northern Ireland

**いきりた・つ**【いきり立つ】(自五) {タ(ト)・チ(ッ)・ツ・ツ・テ・テ} 怒《おこ》って興奮する。「不当な判定に―」 類 息巻《いきま》く

**いきりょう**【生き霊】(名) 人にたたりをする、生きている人の怨霊《おんりょう》。対 死霊《しりょう》

**い・きる**【生きる】(自上一) {キ・キ・キル・キル・キレ・キロ(キヨ)} ❶㋐この世に命をもちつづける。「―・きているかぎり働く」㋑生活する。生計をたてる。「―手段」㋒(「…に生きる」の形で) 一つのことに打ちこんで人生を送る。「芸に―」

㊁(「…を生きる」の形で)そのような人生を送る。「いつわりのない人生をー」
❷生き生きする。生気《きせい》がある。「文章がー・きている」「ー・きたことば」
❸そのものの価値が発揮される。効果的にはたらく。「塩を加えると味がー・きてくる」「かつての経験がー」「あのときの約束はまだー・きている」
❹野球で、セーフになる。「一塁《いちるい》にー」
❺囲碁《いご》で、石が相手に取られないだけの目をもつ。
《対死ぬ》
参考③⑤は「活きる」とも書く。

**いきれ**(名)(名詞の下について)むんむんする熱気。「人ーのする部屋」「草ー」

**いきわかれ**【生き別れ】(名)親子・兄弟などが、生きながら別れ、長い間会えずにいること。生別。「ーになる」対死に別れ

**いきわた・る**【行き渡る】(自五)〔ラ(ロ)・リ(ッ)・ル・ル・レ・レ〕→ゆきわたる

**いく**【育】8画 月4 小3 音イク 訓そだつ・そだてる・はぐくむ
❶そだてる。やしなう。◆育児・育成◆飼育・保育・養育。❷そだつ。大きくなる。◆成育・発育。❸しつける。教えみちびく。◆育英◆教育

**いく-**【幾】(接頭)❶不定の数量を表す。「ー人」❷数量や程度が大きいことを表す。「ー久しい」

**い・く**【行く】(自五)〔カ(コ)・キ(ッ)・ク・ク・ケ・ケ〕→ゆく(行く)

**い・く**【逝く】(自五)〔カ(コ)・キ(ッ)・ク・ク・ケ・ケ〕→ゆく(逝く)

**イグアナ**〔英 iguana〕(名)《動》イグアナ科の爬虫類《はちゅうるい》。メキシコから南アメリカ北部の熱帯地域に生息する大形のとかげ。おもに植物を食べる。

**いぐい**【居食い】(名・自スル)働かないで、持っている財産で暮らすこと。

**いくえ**【幾重】(名)たくさん重なっていること。また、その重なり。

**いくえい**【育英】(名)すぐれた才能をもっている学生や青年を援助《えんじょ》し教育すること。「ー資金」

**いくえにも**【幾重にも】(副)❶何度も何度も。ひたすら。「ーおわびいたします」❷たくさん重なって。何重にも。「ー重なる山々」

**いくさ**【戦】〖◇軍〗(名)たたかい。戦争。「ーに敗れる」「ーの庭(=戦場)」

**いぐさ**〖△藺草〗(名)《植》→い(藺)

**いくさき**【行く先】(名)→ゆくさき

**いくじ**【育児】(名)幼い子どもを育てること。「ー休《きゅう》暇《か》」

**いくじ**【◦意気地】(名)自分の思うことをおし通そうとする気持ち。いきじ。「ーがない」「ーなし」

**いくせい**【育成】(名・他スル)りっぱに育てあげること。「青少年を健全にーする」

**いくた**【幾多】(副)かぞえきれないほど多く。たくさん。多く「いくたの」の形で名詞を修飾《しゅうしょく》する。「ーの困難を乗り越《こ》える」

**いくたび**【幾度】(名・副)何度。何回。幾度《いくど》。「京都にはーとなく行きました」

**いくたびも**…俳句
〔いくたびも 雪《ゆき》の深《ふか》さを 尋《たづ》ねけり〕〈正岡子規《まさおかしき》〉訳朝からしんしんと雪の降る日、病床《びょうしょう》の私は家の者に、何度も何度も雪の深さをたずねたことである。(季語「雪」冬)

**いくつ**【幾つ】(名)❶物の数や、年齢《ねんれい》をたずねるときのことば。何個。何歳《なんさい》。「ーありますか」「坊《ぼう》やはー」❷(多く、「いくつか」「いくつも」の形で)はっきりわかっていない数を表す。「同じものをーも見た」

**いくど**【幾度】(名)何度。多くの回数。幾度《いくたび》。「この場所へはーか来たことがある」「ーも失敗する」

**いくどうおん**【異口同音】(名)多くの人が口をそろえて同じことを言うこと。「ーに答える」

**いくとせ**〖幾◇年〗(名)何年。いくねん。

**いくばく**〖幾◇何・幾◇許〗(名)❶(下に打ち消しの語をともなって)いくらもない。「余命ーもない」❷(「いくばくか」の形で)わずか。「ーかのおかね」

**いくび**〖△猪首〗(名)いのししのように太く短い首。

**いくひさしく**【幾久しく】(副)いつまでも変わらずに。行く末ながく。「ーおつき合いください」

**いくぶん**【幾分】㊀(名)いくつかに分けたうちの一部分。いくらか。「財産のーかを分ける」㊁(副)ある程度。いくらか。すこし。「寒さがーやわらぐ」

**いくやまかは**…短歌
〔幾山河《イクヤマカワ》 越《こ》えさり行《ゆ》かば 寂《さび》しさの はてなむ国《くに》ぞ 今日《けふ》も旅《たび》ゆく〕〈若山牧水《わかやまぼくすい》〉訳いったいどれほどの山や川を越えて行ったら、さびしさのない国にたどりつくのだろうか。その国をさがしてきょうも旅をつづけていく。

**いくら**【幾ら】㊀(名)❶数量や値段などをたずねるときのことば。どれほど。どれだけ。「この品はーですか」❷数量や値段などをはっきりさせずにいうときのことば。「金《かね》ならーでも出す」「残り時間はーもない」㊁(副)(多く「いくら…ても(でも)」の形で)どんなに…ても(でも)。どれほど…ても(でも)。「ー寒くてもこたえない」「ーたのんでも聞き入れない」

**イクラ**〔ロシア ikra〕(名)さけ・ますの卵をほぐして塩づけにした食べ物。

**いくらか**【幾らか】(名・副)少しの数・量。少しばかり。ある程度。「ーの金」「病気がーよくなる」

**いくん**【偉勲】(名)りっぱなてがら。「ーを残す」

**いくん**【遺訓】(名)死んだ人が残した教え。「父のーを守る」

**いけ-**(接頭)好ましくないことを表す語の上について、意味を強める。「ー好《す》かない」「ーずうずうしい」

**いけ**【池】(名)土地がくぼんで水のたまっている所。ふつう湖より小さいものにいい、人工のものもいう。

学習 比較《ひかく》 「池」「沼」「湖」

| | |
|---|---|
| 池 | くぼみに水がたまったところ。ふつう、湖沼《こしょう》より小さい。 |
| 沼 | 水深が五《メートル》以内の水域。水生植物が水面のいたるところに生え、泥《どろ》深い感じがする。 |
| 湖 | 水深が五《メートル》以上の水域。池や沼より広い。 |

**いけい【畏敬】**（名・他スル）おそれ敬うこと。「―の念を抱《いだ》く」

**いけいれん【胃けいれん】**〖胃△痙△攣〗（名）〘医〙胃が急にはげしく痛み出す病気。しゃく。

**いけがき【生け垣】**（名）木をならべ植えて作ったかきね。

**いけす**〖生け△簀〗（名）魚などを、水中で生かしたまま飼《か》っておく所。「魚を―で飼う」

**いけすかな・い【いけ好かない】**（形）〔カロ・カツ(ク)・イ・イ・ケレ・○〕気にくわない。いやらしくてきらいだ。「―態度」

**いげた【井桁】**（名）❶木で、井の字形に組んだ井戸のふち。❷井の字の形・模様。

**いけづくり【生け作り】**〖◇活け作り〗（名）生きている魚をさしみにし、元の姿のように盛りつけた料理。生きづくり。「鯛《たい》の―」

**いけどり【生け捕り】**（名）人や動物を生きたままとらえること。また、とらえたもの。「熊《くま》を―にする」

**いけな・い**（形）〔カロ・カツ(ク)・イ・イ・ケレ・○〕❶よくない。悪い。「―子」「よくばりすぎたのが―・かった」❷（「…て(で)はいけない」の形で）…してはならない。「道路で遊んでは―」❸（「…なければいけない」などの形で）…しなければならない。「すぐ返さなければ―」

**いけにえ【生けにえ】**〖生け△贄〗（名）❶生き物を生きたまま神にそなえること。また、そのもの。「小羊を―にする」❷ぎせいになること。「勢力争いの―にされる」

**いけばな【生け花】**〖◇活け花〗（名）草木の枝・花をととのえて器にさすこと。また、その技術。華《か》道《どう》。

**いけめん**（名）《俗語》容姿のすぐれた男性。参考「いけてる（＝かっこいい）」の略に、「面」あるいは men のついたものという。

**い・ける【行ける】**（自下一）〔ケ・ケ・ケル・ケル・ケレ・ケロ(ケヨ)〕❶行くことができる。「歩いて―距《きょ》離《り》」❷技術や味などの程度が、かなりのものである。「値段のわりに―味だ」❸酒がかなり飲める。「―口」注意②③の意味のときはかな書きがふつう。

**い・ける【生ける】**〖◇活ける〗（他下一）〔ケ・ケ・ケル・ケル・ケレ・ケロ(ケヨ)〕草木の枝・花をととのえて器にさす。「花を―」

**い・ける**〖◇埋ける〗（他下一）〔ケ・ケ・ケル・ケル・ケレ・ケロ(ケヨ)〕（長持ちさせるために）灰や土の中にうめる。「炭火を―」

**いける【生ける】**（連体）生きている。「―しかばね」

**いけん【意見】**■一（名）ある物事についての考え。「建設的な―」■二（名・自スル）自分の考えを言って教えさとすこと。「先輩《せんぱい》から―される」

| 敬称《けいしょう》（相手側） | 謙称《けんしょう》（自分側） |
|---|---|
| 貴意《きい》　（ご）高見《こうけん》<br>（ご）高説《こうせつ》 | 愚見《ぐけん》　卑見《ひけん》<br>管見《かんけん》　私見《しけん》<br>愚考《ぐこう》 |

**学習 比較《ひかく》**「意見」「見解」

**意見**　ある物事についての考え。「意見が合う」「自分の意見をはっきりと述べる」「少数意見を尊重する」

**見解**　ある物事についての考えや評価。公的なことがらに対する、ある価値基準に基づく判断の意味で使われることが多い。「見解の相違《そうい》」「政府の見解をただす」「組織としての見解をまとめる」

**いけん【違憲】**（名）憲法の趣旨《しゅし》に反すること。「―の判決」対合憲

**いけん【遺賢】**（名）すぐれた才能をもっていながら世に認められずにいる人。

**いげん【威厳】**（名）軽々しく近づけない、おごそかなようす。「―がある人」「―を保つ」

**いご【以後】**（名）❶基準の時をふくんで、それからあと。「三時―は帰ってよい」類以降。対以前。❷今よりのち。今後。「―気をつけます」

**いご【囲碁】**（名）碁を打つこと。また、碁。

**いこい【憩い】**（名）のんびりと休むこと。休息。「午後の―のひととき」

**いこう【以降】**（名）基準の時をふくんで、それよりあと。「三月五日―受け付ける」類以後

**いこう**〖衣◇桁〗（名）部屋のすみなどに立てて、着物などを掛《か》けておく道具。

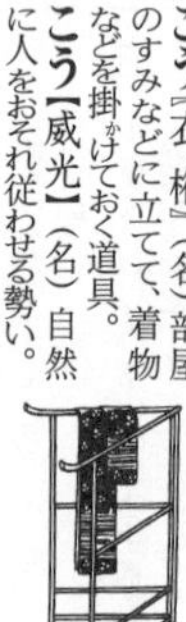
（衣桁）

**いこう【威光】**（名）自然に人をおそれ従わせる勢い。「親の―」「金の―にものをいわせる」

**いこう【移行】**（名・自スル）他の状態へ移って行くこと。「新制度に―する」「―措置《そち》」

**いこう【移項】**（名・他スル）〘数〙数式の一方の辺にある項《こう》を、プラス・マイナスの符号《ふごう》を変えて他方の辺へ移すこと。「左辺に―する」

**いこう【偉功】**（名）大きなてがら。すぐれた業績。

**いこう【意向】**（名）あることに対してどのような態度をとるかという考え。おもわく。「先方の―を聞く」「―を確かめる」

**いこう【遺稿】**（名）生前に発表されないで、死後に残された原稿。「―集を出版する」

**いこ・う【憩う】**（自五）〔ワ(オ)・イ(ッ)・ウ・ウ・エ・エ〕くつろいで休む。ゆったりと休息する。「公園で―」

**イコール**〔英 equal〕（名）❶〘数〙等しいことを表す記号。等号。「＝」❷等しいこと。同じであること。「収入と支出が―になる」

**いこく【異国】**（名）よその国。外国。「―の地」…的「異国的な雰囲気《ふんいき》」

**いこくじょうちょ【異国情緒】**（名）異国らしい風物が作り出す雰囲気《ふんいき》。また、それに接したときの感じ・味わい。「―にあふれた街《まち》」

**いごこち【居◦心地】**（名）ある場所・地位にいて感じる気分。「―のよい家」

**いこじ**〖意固地・依△怙地〗（名・形動ダ）がんこに意地をはること。えこじ。「―になって反対する」

**いこつ【遺骨】**（名）死んだ人の骨。「―を納める」

**いこん【遺恨】**（名）いつまでも残るような深いうらみ。忘れがたいうらみ。「―をはらす」

**いごん【遺言】**（名）→ゆいごん

**いさ** 古語 **一**（副）さあ、どうだろうか。「人は—心も知らずふるさとは花ぞ昔の香《か》ににほひける」〈古今集〉訳人は、さあどうか、心の中はわからない。昔なじんだこの土地では梅の花だけが昔のままの香《かお》りでかおっているなあ。**二**（感）（すぐに返事ができないときに使うことば）さあ。ええと。「—、さ侍《はべ》りけん」〈宇治拾遺《うじしゅうい》物語〉訳さあ、そうでございましたでしょうか。

**いざ**（感）人をさそうときや、何かをしようとするときに発することば。さあ。さて。「—出発」「—というとき」

**いざ鎌倉《かまくら》** 一大事が起きてすぐに行動しなければならないという場合に用いる語。さあ、たいへんな時だ。参考謡曲《ようきょく》『鉢《はち》の木』にある、「鎌倉幕府《かまくらばくふ》に一大事が起こったときは、まっ先にかけつける」という武士の覚悟《かくご》に由来《ゆらい》することば。

**いざ知《し》らず** …はどうだか知らないが。…はともかく。「よその国なら—この国では許されない」参考「さあ、どうだろうか」の意味の「いさ」を感動詞「いざ」と混同したもの。

**いさい【委細】**（名）くわしいこと。細かい事情。すべて。「—承知した」類詳細《しょうさい》

**委細構《かま》わず** 事情がどうであっても。他のことは気にしないで。「—実行する」

**いさい【異彩】**（名）ほかとくらべてきわだったようす。「—をはなつ（=目立ってすぐれた）作品」

**いさい【偉才】**（名）ひじょうにすぐれた才能。また、その才能をもつ人。

**いざい【偉材】**（名）たいそうすぐれた人物。「医学界の—」

**いさお**『◇勲・◇功』（名）てがら。功績。

**いさかい**『△諍い』（名）言い争い。口論。けんか。「—が絶えない」

**いざかや【居酒屋】**（名）気軽に安く酒を飲ませる店。

**いさぎよ・い【潔い】**（形）{カロ・カッ(ク)・イ・イ・ケレ・○}ひきょうなところがなく、思い切りがよい。「—・くあやまる」

**いさぎよしとしない【潔しとしない】** ある行いを、信念に反することとして、自らに許さない。「人に頼《たよ》るのを—」

**いさく【遺作】**（名）生きている間に発表されないで、死後に残された作品。「—を発表する」「—展」

**いざこざ**（名）小さな争い。ごたごた。「—をおこす」

**いささか**『△聊か・△些か』（副）すこしばかり。ちょっとばかり。「—食べすぎた」「—も恥《は》じるところがない」

**いざな・う**『◇誘う』（他五）{ワ(オ)・イ(ッ)・ウ・ウ・エ・エ}すすめてつれだす。さそいだす。「夢の世界へ—」

**いさまし・い【勇ましい】**（形）{カロ・カッ(ク)・イ・イ・ケレ・○}❶危険や困難におそれることなくすすんで向かっていくようすである。勇敢《ゆうかん》である。「—行為《こうい》」❷元気があって活発である。心をふるいたたせるようだ。「—声をあげる」

**いさみあし【勇み足】**（名）❶すもうで、相手を土俵ぎわに追いつめながら、勢いあまって自分の足が先に土俵の外に出て負けになること。「—で敗れる」❷調子にのりすぎてうっかり失敗すること。「—の発言」

**いさみはだ【勇み肌】**（名）強い者をくじき、弱い者を助ける気風《きふう》。また、その人。

**いさ・む【勇む】**（自五）{マ(モ)・ミ(ン)・ム・ム・メ・メ}心がふるいたつ。勇気がおこる。「—・んで出発する」

**いさ・める**『△諫める』（他下一）{メ・メ・メル・メル・メレ・メロ(メヨ)}（おもに目上の人に対して）過ちや欠点を指摘して改めるように言う。「主君を—」

**いざよい**『×十六夜』（名）陰暦《いんれき》一六日の夜。また、その夜の月。「—の月を眺《なが》める」

**いざよいにっき**〔十六夜日記〕［作品名］鎌倉《かまくら》時代中期の紀行文。阿仏尼《あぶつに》作。一二八〇（弘安《こうあん》三）年ごろ成立。作者が訴訟《そしょう》のため京都から鎌倉に下ったときの紀行文。

**いざよ・う**（自五）{ワ(オ)・イ(ッ)・ウ・ウ・エ・エ}進むのをためらう。滞《とどこお》る。「山際《やまぎわ》に—月」

**いさりび【いさり火】**『◇漁り火』（名）夜間、漁船がさかなを集めるためにたく火。漁火《ぎょか》。

**いざ・る**『△躄る』（自五）{ラ(ロ)・リ(ッ)・ル・ル・レ・レ}しりを地につけたまま進む。また、すわったままひざで進む。

**いさん【胃酸】**（名）胃液にふくまれる酸。おもに塩酸。「—過多症《かたしょう》」

**いさん【遺産】**（名）❶死後に残された財産。「—相続」❷前代から残された業績。「文化—」

**いし【石】**（名）❶岩石で、岩より小さく砂より大きいかたまり。「川原の—を拾う」❷岩石や鉱石。また、石材。「—の階段」❸鉱物の加工品。宝石や碁石《ごいし》など。「指輪の—」❹じゃんけんのにぎりこぶし。ぐう。❺かたいものや冷たく無情なもののたとえ。「—頭」

**石にかじりついても** どんなに苦しくてもがまんをして。どんなことがあっても。「—一勝はあげたい」

**石に漱《くちすす》ぎ流《なが》れに枕《まくら》す** 負けおしみの強いことのたとえ。

故事晋《しん》の孫楚《そんそ》が「石に枕し流れに漱ぐ」を「石に漱ぎ流れに枕す」と言いあやまり、それをとがめられて、「石に漱ぐは歯をみがくこと、流れに枕すは耳を洗うことだ」とこじつけたことから出たことば。〈晋書《しんじょ》〉

**石に立《た》つ矢《や》** 心をこめて事にあたれば、できないことはないというたとえ。

故事漢の将軍李広《りこう》が石を虎《とら》と思って必死で射たところ、矢じりはもちろん矢の羽まで石にささったということから出たことば。〈史記〉

**石の上《うえ》にも三年《さんねん》**（石のように冷たいものでも三年も座っていればあたたまるということから）しんぼう強く待てば成功するときがくるというたとえ。

**いし【医師】**（名）病人やけが人の診察《しんさつ》・治療《ちりょう》を職業とする人。医者。「—法」「—会」

**いし【意志】**（名）こうと思い、こう実行しようとする積極的な心のはたらき。はっきりした考え。意向。「—がかたい」「—が弱い」⇩いし（意思）「使い方」

**いし【意思】**（名）あることをしようとする思い。考え。「本人の—を確かめる」使い方「意志」は「意志の強い人」のように、「何かを行おうとする意欲」の意味あいが強く、「意思」は「個人の意思を尊重する」のように、単に「思い」「考え」の意味が強い。ただし、法律用語としては、「意思」を用いる。

**いし【遺子】**（名）→いじ（遺児）

**いし【遺志】**（名）死んだ人が、生前果たせなかったこころざし。「父の―をつぐ」

**いし**『△縊死』（名・自スル）首をくくって死ぬこと。

**いじ【意地】**（名）❶思っていることをどこまでもおし通そうとする心。「―を張る」❷気性。気だて。「―が悪い」❸物をほしがる心。食欲。「―がきたない」

**意地になる** どこまでも自分の考えをおし通そうとかたくなな態度になる。「反対されて―」

**いじ【維持】**（名・他スル）同じ状態を保っていくこと。持ちこたえていくこと。「世界平和を―する」

**いじ【遺児】**（名）親が死んで、あとに残された子ども。わすれがたみ。遺子《いし》。「交通―」

**いしあたま【石頭】**（名）❶石のようにかたい頭。❷ものわかりが悪く、ゆうずうのきかないこと。また、その人。「あの人は―で困る」

**いしうす【石臼】**（名）石で作ったうす。穀物や茶などをひいて粉にするときに使う道具。

**いしがき【石垣】**（名）石や岩を壁《かべ》のように積み重ねてつくったかき。「城の―」

**いしかわたくぼく〔石川啄木〕**［人名］（一八八六～一九一二）明治時代の詩人・歌人。岩手県の人。短歌はやさしいことばの三行書きで、生活にねざした新しい歌風を作った。歌集「一握《いちあく》の砂」「悲しき玩具《がんぐ》」など。

**いしき【意識】** ━ （名）❶目ざめていて、自分のことや周囲の状況《じょうきょう》がはっきりわかる心の働きや状態。「―を失う」「無―」❷はっきりとした認識。「罪の―」「政治―」 ━ （名・他スル）気にかけること。はっきり気づくこと。「優勝を―する」「彼女《かのじょ》を―する」

**いじきたな・い【意地汚い】**（形）{カロ・カツ(ク)・イ・イ・ケレ・○} 飲食物やおかねなどを、むやみにほしがる。「金に―人」

**いしきてき【意識的】**（形動ダ）{ダロ・ダッ(デ・ニ)・ダ・ナ・ナラ・○} 知っていながらするようす。わざとするようす。「―にぶつかる」

**いしく【石工】**（名）石材を切りだしたりきざんだりして細工をする職人。

**いじく・る**（他五）{ラ(ロ)・リ(ッ)・ル・ル・レ・レ} ➡いじる

**いしくれ【石くれ】**『石◇塊』（名）小さい石。石ころ。

**いじ・ける**（自下一）{ケ・ケ・ケル・ケル・ケレ・ケロ(ケヨ)} ❶（寒さや恐《おそ》ろしさから）ちぢこまって、のびのびできない状態になる。「寒くてからだが―」❷性質がねじけておくびょうになる。「失敗続きで―」

**いじげん【異次元】**（名）❶ＳＦなどで、現実世界とは別に存在するとされる世界。「―空間」❷物事を考えるうえでの異なった立場や世界。

**いしころ【石ころ】**（名）小石。石くれ。

**いしずえ【礎】**（名）❶建物の柱の下の土台石。❷物事が成り立つための基礎《きそ》となる大事な物事や人。「国際交流の―となる」

**いじずく【意地ずく】**（名）意地を張り通すこと。「―でたがいにやりあう」

**いしだたみ【石畳】**（名）平たい石を敷《し》きつめた所。

**いしつ【異質】**（名・形動ダ）性質がちがうこと。「―な文化にふれる」対同質

**いしづき【石突き】**（名）❶やり・なぎなたの柄《え》の端《はし》や、つえ・こうもり傘《がさ》などの先端《せんたん》。また、そこにとりつけた金具。❷きのこの根もとの硬《かた》い部分。

**いじっぱり【意地っ張り】**（名・形動ダ）自分の思ったことをどこまでも通そうとすること。また、その人。「―な人」

**いしつぶつ【遺失物】**（名）忘れたり落としたりして、なくしたもの。「―を引き取る」

**いじどうくん【異字同訓】**（名）漢字はちがうが同じ訓で読むこと。「悲しい」と「哀しい」、「暖かい」と「温かい」など。同訓異字。「―の漢字」

**いしどうろう【石灯籠】**（名）石で作ったとうろう。社寺や庭園などに置かれる。

**いしばい【石灰】**（名）《化》➡せっかい（石灰）

**いしはくじゃく【意志薄弱】**（名・形動ダ）物事をやりとげようとする強い心がないこと。「―な男」

**いしばし【石橋】**（名）石で作った橋。

**石橋をたたいて渡《わた》る** 用心深く、じゅうぶんたしかめてから物事をするたとえ。「―慎重《しんちょう》な性格」

**いしひょうじ【意思表示】**（名・自スル）自分の気持ちや考えを明らかにすること。「―の手段」

**いしぶみ【石文】**『◇碑』（名）あることがらを記念し後世に伝えるために、石に文字をきざんで建てたもの。石碑《せきひ》。

**いしぼとけ【石仏】**（名）❶石をきざんで作った仏像。せきぶつ。❷感情を表にあらわさない人。また、いつも黙《だま》っている人。

**いじまし・い**（形）{カロ・カツ(ク)・イ・イ・ケレ・○} けちけちしていてみじめったらしい。こせこせしてあわれである。「―倹約《けんやく》ぶり」

**いしむろ【石室】**（名）石を積み重ねてつくった部屋。

**いじめ**『◇苛め』（名）弱い者やおとなしい者を、暴力やいやがらせで精神的・肉体的に苦しめること。「学校でのーが表面化する」「―っ子」

**いじ・める**『◇苛める』（他下一）{メ・メ・メル・メル・メレ・メロ(メヨ)} 弱い者に対して意地の悪いことをし、苦しめる。「小さい子を―な」

**いしゃ【医者】**（名）病人やけが人の診察《しんさつ》・治療《ちりょう》をするのを職業とする人。医師。「―にかかる」

**医者の不養生《ふようじょう》** 医者が人にはからだをたいせつにすることを教えながら、とかく自分の健康には注意をはらわないこと。人には理屈《りくつ》を説きながら、自分では実行しないたとえ。類紺屋《こうや》の白袴《しろばかま》

**いしゃ【慰謝】**『慰△藉』（名・他スル）心の傷がやわらぐようになぐさめいたわること。

**いしゃりょう【慰謝料】**『慰△藉料』（名）相手にあたえた精神的な苦痛をつぐなうために払《はら》うおかね。

**いじゃく【胃弱】**（名）胃の消化力が弱い状態。

**いしゅ【異種】**（名）種類がちがっていること。また、ちがった種類のもの。「―交配」対同種

**いしゅ【意趣】**（名）うらみを持つこと。また、そのうらみ。「―を晴らす」

**いしゅう【異臭】**（名）いやなにおい。ふつうでない変なにおい。「―を発する」類悪臭

**いしゅう**『△蝟集』（名・自スル）たくさんのものがむらがり集まること。「蛾《が》が灯火の下に―する」

**イシュー**〔英 issue〕（名）問題点。論点。課題。

**いじゅう【移住】**（名・自スル）海外やよその土地に移り住むこと。「ブラジルに―する」

**いしゅがえし【意趣返し】**（名・自スル）うらみを晴らすこと。意趣晴らし。「―を企《くわだ》てる」

**いしゅく【畏縮】**（名・自スル）おそれいってちぢこまること。「先生の前で―する」

**いしゅく【萎縮】**（名・自スル）しなびて小さくなること。また、元気がなくなってちぢこまること。「葉が―する」「気持ちが―する」

**いしゅつ【移出】**（名・他スル）国内のある地域から他の地域へ貨物を送ること。「米を―する」㊒移入

**いじゅつ【医術】**（名）病気や傷をなおす技術。

**いしゅばらし【意趣晴らし】**（名・自スル）↓いしゅがえし

**いしゆみ【石弓】**〘△弩〙（名）❶石をはじいてとばすむかしの兵器。❷敵に向けて、城壁《じょうへき》などの上から石を落とすしかけ。

**いしょ【遺書】**（名）死後のために書き残した文書。書きおき。類遺言状《ゆいごんじょう》

**いしょう【衣装】**〘衣△裳〙（名）❶着物。衣服。特に、外出や儀式《ぎしき》に着るものをいう。「結婚《けっこん》式の―」❷芝居《しばい》・おどりなどで使う衣服。「―合わせ」

**いしょう【異称】**（名）別の呼び名。類別称

**いしょう【意匠】**（名）❶芸術上のくふう。趣向《しゅこう》。「―を凝《こ》らした作品」❷工業製品や美術品などの、見ためをよくするための形・模様・色などについてのくふう。デザイン。「―登録」

**いじょう【以上】**（名）❶その数量や段階をふくめてそれより上。また、程度がそれを上回ること。「八〇点―」「予想―に寒い」㊒以下。❷それより前。そこまでに述べたことすべて。「要点は―のとおりです」㊒以下。❸手紙・文章などの終わりに書いて「ここまで」「終わり」の意味を表す。❹（「…した以上」「…する以上」の形で接続助詞的に）からには。「約束した―守らねばならない」⇩きょう（強）「学習」

**いじょう【委譲】**（名・他スル）権利などを他にまかせゆずること。「権限を―する」

**いじょう【異状】**（名）ふつうとちがった、悪い状態。「心電図に―が出る」類別状。⇩いじょう（異常）「学習」

**いじょう【異常】**（名・形動ダ）ふつうとはちがっていること。いつもとちがうこと。アブノーマル。「―な行動」「―気象」…性「異常性を感じる」㊒正常

> **学習 使い分け「異状」「異常」**
>
> **異状** ふつうとちがっている、悪い状態。名詞として用いられる。「**異状**なし」「**異状**を呈《てい》する」「**異状**を発見する」
>
> **異常** ふつうとちがっているようす。「正常」と対をなす。名詞としても形容動詞としても用いられる。「**異常**な状態」「**異常**乾燥《かんそう》」「**異常**に腹がすく」「**異常**事態」

**いじょうふ【偉丈夫】**（名）体格がすぐれた、りっぱな男。いじょうぶ。「たくましい―」

**いしょく【衣食】**（名）生活に最も必要な、衣服と食物。「―のために働く」

**衣食足《た》りて礼節《れいせつ》を知《し》る** 生活が安定してはじめて礼儀《れいぎ》を行うことができる。

**いしょく【委嘱】**（名・他スル）ある仕事を外部の人にまかせ頼《たの》むこと。「業務を―される」「―作品」類委託《いたく》

**いしょく【異色】**（名）（「他とちがった色」の意から）ほかのものとはちがった特色のあること。「―の作家」

**いしょく【移植】**（名・他スル）❶植物を移し植えること。「日当たりのよい所に―する」❷〘医〙からだの健康な組織や器官を切り取って、からだの他の場所または他人のからだに移し植えること。「心臓―」

**いしょくじゅう【衣食住】**（名）生活してゆく基礎《きそ》となる、衣服と食物と住居。

**いしょくどうげん【医食同源】**（名）病気の治療《ちりょう》もふだんの食事も健康を保つためにすることで、その源は同じであるということ。

**いじらし・い**（形）〔カロ・カッ(ク)・イ・イ・ケレ・〇〕幼い者や弱い者などが、けんめいに努力をしたり、何かに耐《た》えたりしているようすがいたいたしくあわれだ。「子どもの―姿」

**いじ・る**〘◇弄る〙（他五）〔ラ(ロ)・リ(ッ)・ル・ル・レ・レ〕❶手でさわったり動かしたりする。もてあそぶ。「話しながら髪《かみ》を―」❷趣味《しゅみ》や道楽で、あるものをあつかう。「盆栽《ぼんさい》を―」❸あれこれと変えたり、手を加えたりする。「機構を―」「パソコンの設定を―」

**いしわた【石綿】**（名）蛇紋岩《じゃもんがん》などが繊維《せんい》のように変化した鉱物。防火・保温用に用いられたが有害性が指摘され、現在は使用規制されている。せきめん。アスベスト。

**いじわる【意地悪】**（名・形動ダ）わざと人を困らせたりいじめたりすること。また、その人。「―な質問」

**いしん【威信】**（名）人に示す威厳と、人から受ける信用。「国の―にかかわる」

**いしん【維新】**（名）すべての物事が改まり新しくなること。特に「明治維新」のこと。

**いじん【異人】**（名）❶異国の人。「―館」❷別な人。「同名―」

**いじん【偉人】**（名）世の中のためになるりっぱな仕事をして、人びとからたたえられる人。「―伝」

**いしんでんしん【以心伝心】**（名）❶〘仏〙禅宗《ぜんしゅう》で、ことばや文字を使わないで心から心へ悟《さと》った内容を伝えること。❷だまっていても相手と心が通じあうこと。「―の間がら」

**いす【椅子】**（名）❶腰《こし》をかける家具。❷社会や組織などでの地位。ポスト。「社長の―を争う」

**いず**〔伊豆〕〘地名〙むかしの国名の一つ。今の伊豆半島（静岡県）と伊豆諸島（東京都）。豆州《ずしゅう》。

**いすか**〘△鶍・×交喙〙（名）〘動〙アトリ科の小鳥。すずめより少し大きく、日本には冬に渡《わた》ってくる。くちばしが上下くいちがっている。

（いすか）

**鶍の嘴《はし》**（いすかのくちばしの形から）物事がくいちがって思うようにならないたとえ。

**いすくま・る**〘居△竦まる〙（自五）〔ラ(ロ)・リ(ッ)・ル・ル・レ・レ〕おそろしさなどで、じっとしたまま動けなくなる。「親方に一喝

《いっかつ》されてー」

**いすく・める**【射すくめる】『射△竦める』（他下一）{メ・メ・メル・メル・メレ・メロ(メヨ)}（矢を射て相手を動けないようにすることから）鋭《するど》い視線でにらみつけて相手をおそれさせ動けないようにする。「ーような鋭い眼光」

**いずこ**『◇何◇処』（代）はっきりとはわからない場所を表すことば。どこ。「むかしの光いまー」

**いずのおどりこ**〔伊豆の踊子〕［作品名］川端康成《かわばたやすなり》の小説。一九二六（大正一五）年発表。伊豆の旅に出た旧制高校生が、道づれになった旅芸人の踊り子によせるほのかな愛情を叙情《じょじょう》的にえがいている。

**イスパニア**〔España〕［地名］→スペイン

**いずまい**【居住まい】（名）すわっているようす・姿勢。「ーを正す」

**いずみ**【泉】（名）❶地中から水のわきでる場所。また、その水。❷物事が生じてくるもと。「知識のー」

**いずみ**〔和泉〕［地名］むかしの国名の一つ。今の大阪府の南部。泉州《せんしゅう》。

**いずみきょうか**〔泉鏡花〕［人名］（一八七三〜一九三九）小説家。尾崎紅葉《おざきこうよう》の弟子《でし》。独特の美しい文章で、幻想《げんそう》的な物語を書いた。作品「高野聖《こうやひじり》」「歌行灯《うたあんどん》」「婦系図《おんなけいず》」など。

**いずみしきぶ**〔和泉式部〕［人名］（生没年不明）平安時代中期の女性歌人。情熱的な生き方で、はげしい恋《こい》の歌を作った。作品は「和泉式部集」「和泉式部日記」など。

**イズム**〔英 ism〕（名）主義。説。「自分なりのーをもつ」

**いずも**〔出雲〕［地名］むかしの国名の一つ。今の島根県の東部。雲州《うんしゅう》。

**いずものおくに**〔出雲阿国〕［人名］（生没年不明）阿国歌舞伎《おくにかぶき》をはじめた女性。歌舞伎の祖とされる。出雲大社の巫女《みこ》と称《しょう》し、一七世紀初め、京都で歌舞伎おどりをさかんに行った。

**イスラエル**〔Israel〕［地名］西アジアの地中海東岸にある共和国。首都はエルサレム（国際的には未承認）。

**イスラムきょう**【イスラム教】（名）七世紀はじめムハンマド（マホメット）がアラビアでおこした宗教。「コーラン」を聖典とし、アッラーを信じる一神教。回教。フイフイ教。マホメット教。▽イスラムは、アラビア Islām

**いずれ**『◇何れ・△孰れ』━（代）どれ。どちら。「ーなりとお好きなほうを」━（副）❶どちらにしても。どっちみち。「悪いことはーわかってしまう」❷そのうちに。近いうちに。「ーおうかがいします」

**いずれ菖蒲《あやめ》か杜若《かきつばた》**　どれもすぐれていて優劣《ゆうれつ》をつけるのに迷《まよ》うさま。［参考］あやめとかきつばたがよく似た美しい花で、見分けがむずかしいことから。

**いすわ・る**【居座る】『居△坐る』（自五）{ラ(ロ)・リ(ッ)・ル・ル・レ・レ}❶すわりこんで動かずにいる。「押《お》し売りがー」❷退くはずの者が続けて同じ座にいる。「社長の座にー」

**いせ**〔伊勢〕［地名］むかしの国名の一つ。今の三重県の大部分。勢州《せいしゅう》。

**いせい**【威勢】（名）❶人をおそれ従わせる勢い。「全国にーを示す」❷元気があること。「ーがいい」

**いせい**【異性】（名）男女・雌雄《しゆう》の性のちがうもの。男性からみての女性、女性からみての男性。［対］同性

**いせいしゃ**【為政者】（名）政治を行う人。「ーの責任を問う」

**いせえび**『△伊◇勢×海老・△伊◇勢△蝦』（名）〔動〕節足動物イセエビ科の一種。磯《いそ》の岩の間にすむ大形のえび。長い触角《しょっかく》がある。肉は食用。［参考］えんぎのよいものとして、祝い事や正月の飾《かざ》りに使う。

**いせき**【移籍】（名・自他スル）戸籍や、所属する団体などにある籍をほかへ移すこと。また、移ること。「他球団にーする」［類］転籍

**いせき**【遺跡】『遺△蹟』（名）歴史上の建物や事件のあった跡《あと》。「登呂《とろ》ー」

**いせつ**【移設】（名・他スル）建物や設備をほかの場所に移すこと。「工場のー計画」

**いせつ**【異説】（名）一般《いっぱん》の考えとはちがう考えに立った説。「ーを唱《とな》える」［対］通説・定説

**いせものがたり**〔伊勢物語〕［作品名］平安時代前期の歌物語。作者不明。主として在原業平《ありわらのなりひら》らしい人物に関する小話を一代記風に配列したもの。［冒頭文］むかし、男《をとこ》、うひかうぶりして、平城《なら》の京《みやこ》、春日《かすが》の里にしるよしして、狩りに往《い》にけり。

**いせん**【緯線】（名）地球上の位置を表すため、地球の表面に赤道に平行してかりに引いた線。［対］経線

**いぜん**【以前】（名）❶基準の時をふくんで、それより前。「六時ー」［対］以後。❷むかし。もと。「ーの自分とちがう」

**いぜん**【依然】（副・タルト）もとのままで少しもかわらないようす。あいかわらず。「雨はー降り続く」「旧態ー」

**いぜんけい**『△已然形』（名）〔文法〕文語の用言・助動詞の活用形の一つ。「ば」「ど」「ども」などの助詞をともない、確定の条件を示す。また、係りの助詞「こそ」の結びになる。口語の仮定形にあたる。

**いそ**『△磯』（名）海や湖の波打ちぎわで、石・岩などの多い所。「ーに寄せる白波」

**いそいそ**（副・自スル）うれしい気持ちが動作に表れているようす。「ー（と）出かける」

**いそう**【位相】（名）❶周期的な変化のうちに表れる、ある状態や位置。❷年齢《ねんれい》や性別、地域など、表現する人や立場によることばのちがい。「ー語」

**いそう**【移送】（名・他スル）他へ移し送ること。「別の病院へ患者をーする」

**いそうがい**【意想外】（名・形動ダ）思いもよらないこと。考えもしないこと。「ーに得票がのびた」［類］意外

**いそうろう**【居候】（名）よその家に寝泊《ねと》まりして、食べさせてもらっている人。食客《しょっかく》。「ーの身」

**いそがし・い**【忙しい】（形）{カロ・カッ(ク)・イ・イ・ケレ・○}❶用事が多くてひまがない。せわしい。「決算期でー」❷せかせかと落ち着きがない。「ー性分《しょうぶん》の人だ」

**いそが・せる**【急がせる】（他下一）{セ・セ・セル・セル・セレ・セロ(セヨ)}早くするように催促《さいそく》する。せきたてる。「仕上げをー」

**いそがばまわれ**【急がば回れ】急ぐときには、あぶない近道よりも、安全な本道を通ったほうが、かえってはやく着くものだ。［類］急《せ》いては事を仕損じる

**いそぎ**【急ぎ】（名）急ぐこと。急を要すること。「ーの用事からかたづける」

**いそぎあし**【急ぎ足】（名）急いで歩くこと。また、

そのような歩き方。「ーで立ち去る」

**いそぎんちゃく**〖△磯巾着〗(名)〖動〗腔腸《こうちょう》動物の一種。口のまわりにたくさんの触手《しょくしゅ》があり、これでえさをつかまえて食べる。で、海中の岩について生活する。

(いそぎんちゃく)

**いそ・ぐ【急ぐ】**(自他五)〔ガ(ゴ)・ギ(イ)・グ・グ・ゲ・ゲ〕❶物事を早くしてしまおうとする。「仕事をー」「結論をー」❷早く行き着こうとする。「道をー」

**いぞく【遺族】**(名)人の死後に残された家族。

**いそし・む**〖◇勤しむ〗(自五)〔マ(モ)・ミ(ン)・ム・ム・メ・メ〕ひとつのことを熱心にする。つとめはげむ。「勉学にー」

**イソップものがたり**〔イソップ物語〕〔作品名〕紀元前六世紀ごろの古代ギリシャ人、イソップが作ったといわれ、のちの人が編集した寓話《ぐうわ》集。多く動物を主人公とする話によって、人間の生き方を教えている。

**いそづり**〖△磯釣り〗(名)海岸の岩の上などで魚を釣ること。

**いそん【依存】**(名・自スル)ほかのものにたよって成り立っていること。「食糧《しょくりょう》を外国にーする」「ー心」「ー症《しょう》」参考「いぞん」とも読む。

**いぞん【異存】**(名)反対の考え。「ーはない」

**いた【板】**(名)❶材木をうすくひらたく切ったもの。また、金属・ガラスなどをうすくひらたくしたもの。❷舞台《ぶたい》。「ーにのせる(=上演《じょうえん》する)」

**板につく** (役者の芸が舞台に調和する意から)仕事や地位になれて、ぴったり合っているようになる。「生徒会長がー」

**いたい【異体】**(名)❶ふつうとちがった姿・形。❷同一でない別々のからだ。「ー同心(=夫婦などがからだは別でも心は一つであること)」

**いたい【遺体】**(名)死んだ人のからだ。遺骸《いがい》。なきがら。「ーを安置する」使い方「遺体」「遺骸」は、死んだ人や遺族を思いやるていねいな言い方。「死体」「死骸」は動物の場合にも使われ、客観的な表現。

**いた・い【痛い】**(形)〔カロ・カツ(ク)・イ・イ・ケレ・○〕❶からだに痛みを感じる。肉体的に苦痛だ。「おなかがー」❷弱いところをつかれてまいったと思う。「耳のー話」❸好ましくないことが起こり、苦しい状態になる。「ーエラー」「ー出費」

**いだい【偉大】**(形動ダ)〔ダロ・ダッ(デ・ニ)・ダ・ナ・ナラ・○〕すぐれていてりっぱなようす。「ーな業績」

**いたいけ**(形動ダ)〔ダロ・ダッ(デ・ニ)・ダ・ナ・ナラ・○〕幼くてかわいらしいようす。また、小さくていじらしいようす。「ーな子ども」

**いたいじ【異体字】**(名)同じ音、同じ意味の漢字で、標準的な字体とは異なる漢字。「島」に対する「嶋」、「昼」の旧字「晝」など。

**いたいたし・い【痛痛しい】**(形)〔カロ・カツ(ク)・イ・イ・ケレ・○〕気の毒で見る者の心が痛むようなようす。「やつれてー姿」

**いたく【依託】**(名・他スル)ほかに頼《たの》み、まかせること。「ーを受ける」

**いたく【委託】**(名・他スル)物事を人に頼《たの》んでまかせること。「ー販売《はんばい》」類委嘱《いしょく》

**いたく**〖痛く・◇甚く〗(副)ふつうより程度がはなはだしいという意味を表す。ひじょうに。ひどく。「ー感心する」

**いだ・く【抱く】**〖◇懐く〗(他五)〔カ(コ)・キ(イ)・ク・ク・ケ・ケ〕❶腕《うで》でかかえ持つ。だく。「わが子を胸にー」❷ある考えや気持ちを心の中にもつ。「少年よ、大志をー・け」

**いたくもないはらをさぐられる【痛くもない腹を探られる】**自分にはやましいことがないのに疑われる。

**いたけだか【居丈高】**(形動ダ)〔ダロ・ダッ(デ・ニ)・ダ・ナ・ナラ・○〕相手を威圧《いあつ》するような態度であるようす。「ーになる」

**いたこ**(名)(おもに東北地方で)祈って霊《れい》を自分のからだに乗り移らせ、その霊のことばを告げる巫女《みこ》。

**いたご【板子】**(名)和船の底にしく上げ板(=下を物入れにした開閉できる床板《ゆかいた》)。「ー一枚下は地獄《じごく》(=船乗りの仕事の危険であることのたとえ)」

**いた・し**(形ク)古語❶程度がひどい。はなはだしい。「わが妻はー・く恋《こ》ひらし飲む水に影《かご》さへ見えて世に忘られず」〈万葉集〉訳私の妻はたいそう私を恋しく思っているらしい。(私が)飲む水に姿まで見えて、決して忘れることができない。❷(肉体的・精神的に)痛い。つらい。「胸ー・きこと、なし給《たま》ひそ」〈竹取物語〉訳胸がいたむようなことを、なさってはなりません。❸りっぱだ。すばらしい。「造れる様木深く、ー・き所まさりて、見所ある住まひなり」〈源氏物語〉訳造り様は木が深く繁《しげ》り、すばらしい所が(他より)まさって、見所のある家である。

**いたしかたがない【致し方がない】**どうしようもない。いたしかたない。「見過ごすよりー」

**いたしかゆし**〖痛し△痒し〗(かけば痛いし、かかなければかゆいの意から)どちらにしてもうまくいかないで、困ること。「きびしく取りしまるのもーだ」

**いたじき【板敷き】**(名)板をしいてあること。また、その所。板の間《ま》。「六畳《じょう》大のーの部屋」

**いた・す【致す】**(他五)〔サ(ソ)・シ・ス・ス・セ・セ〕❶「する」「行う」のけんそんした、また、ていねいな言い方。「私がー・します」❷ひきおこす。「不徳のーところです」❸(「お(ご)…いたす」の形で)「…する」意の謙譲《けんじょう》語。「ご報告ー・します」

**いたずら**〖×悪戯〗(名・形動ダ・自スル)ふざけて、むだなことやわるさをすること。悪ふざけ。「悪質なー」

**いたずら**〔徒〕古語→いたづら

**いたずらに**〖◇徒に〗(副)むだに。むなしく。「ー時間がすぎる」

**いただき【頂】**(名)山などの、いちばん高い所。てっぺん。頂上。「山のーをきわめる」

**いただ・く【頂く】**〖◇戴く〗(他五)〔カ(コ)・キ(イ)・ク・ク・ケ・ケ〕❶頭の上にのせる。「雪をー山」❷長としてむかえる。「会長にー」❸「もらう」のけんそんした言い方。ちょうだいする。「おみやげをー」❹「飲む」「食べる」のけんそんした言い方、また、ていねいな言い方。「朝ごはんをー」❺(動詞の連用形に「て」「で」のついた形に続いて)「してもらう」のけんそんした言い方。「話を聞いてー」「読んでー」

**いただ・ける【頂ける】**〖◇戴ける〗(自下一)〔ケ・ケ・ケル・ケル・ケレ・○〕❶いただくことができる。「これはー・けますか」

❷よいものだと評価できる。受け入れることができる。「その服装は—・けない」

**いたたまれない** その場にじっとしていることができない。いたたまらない。「恥《は》ずかしさでいたたまれなくなる」

**いたち**『△鼬』(名)〔動〕イタチ科の哺乳《ほにゅう》動物。からだは細長く赤茶色。追いつめられると、いやなにおいを出して逃《に》げる。

(いたち)

**いたちの最後《さいご》っ屁《へ》** (いたちが身を守るために悪臭《あくしゅう》を出すことから)せっぱつまったとき、苦しまぎれに最後の手段を用いることのたとえ。

**いたちごっこ**『△鼬ごっこ』(名)❶両方が同じようなことをくり返すばかりで決着がつかないこと。「違反《いはん》と取り締まりの—が続く」❷二人でたがいに手の甲《こう》をつまんで、つぎつぎに重ねてゆく子どもの遊び。

**いたつきの…** 短歌

〔**いたつきの 癒《い》ゆる日《ひ》知《し》らに さ庭《には》べに 秋《あき》草花《くさばな》の 種《たね》を蒔《ま》かしむ**〕〈正岡子規《まさおかしき》〉訳病気がいつなおるのかわからないままに、小さな庭に秋草の花の種をまかせたことである。その花の咲《さ》くのを見ることができるだろうか。(死の前年の作)

**いたって**『至って』(副)きわめて。たいそう。「—元気です」

**いたづら**〔徒《イタズラ》〕(形動ナリ)古語❶物事がはかないようす。むなしい。「花の色は移りにけりな—にわが身世にふるながめせし間に」〈古今集〉訳桜の花の色ははかなくもあせてしまったなあ。長雨が降り続いている間に。(私の美しさは衰《おとろ》えてしまったなあ。むなしい恋《こい》に物思いにふけっていた間に)。❷役に立たず、むだであるようす。「とかく直しけれども、つひに廻《まは》らで—に立てりけり」〈徒然草《つれづれぐさ》〉訳いろいろ修理をしたが、(水車は)結局回らずむだに立っていた。

**いたで**【痛手・傷手】(名)❶重いきず。ふかで。「—を負う」❷大きな被害《ひがい》や損害。また、精神的に受けた大きな打撃《だげき》。「失恋《しつれん》の—をいやす」

**いだてん**『△韋駄天』(名)❶仏法を守る神。ひじょうに足がはやいといわれる。❷足のはやいこと。また、その人。

**いだてんばしり**『△韋駄天走り』(名)ひじょうにはやく走ること。また、その走り。

**いたど**【板戸】(名)木の板で張った戸。

**いたどり**『×虎杖』(名)〔植〕タデ科の多年草。山野に生える。葉は卵形で、夏に白または紅色の小花をつける。若い茎《くき》は食用。根は薬用。

**いたのま**【板の間】(名)ゆかに木の板を張った部屋。板敷《いたじ》き。

**いたのまかせぎ**【板の間稼ぎ】(名)銭湯《せんとう》などの脱衣場《だついじょう》で、人のものをぬすむこと。また、その人。

**いたば**【板場】(名)料理店でまないたをおくところ。調理場。また、料理人。板前《いたまえ》。「—で働く」

**いたばさみ**【板挟み】(名)対立している両方の間に立って、どちらに味方することもできず、まよい悩《なや》むこと。「双方《そうほう》の—となって悩む」

**いたばり**【板張り】(名)板を張りつけること。また、板を張りつけたもの。「—の壁《かべ》」

**いたぶき**【板ぶき】『板△葺き』(名)木の板で屋根をふくこと。また、その屋根。「—屋根の民家」

**いたぶ・る**(他五)｛ラ(ロ)・リ(ッ)・ル・ル・レ・レ｝嫌《いや》がらせやいじめをする。痛めつける。「猫《ねこ》がねずみを—」

**いたまえ**【板前】(名)日本料理の料理人。板場。

**いたまし・い**【痛ましい・傷ましい】(形)｛カロ・カッ(ク)・イ・イ・ケレ・○｝気の毒で心がいたむようだ。いたいたしい。かわいそうである。「—事故《じこ》」

**いたみい・る**【痛み入る】(自五)｛ラ(ロ)・リ(ッ)・ル・ル・レ・レ｝相手の親切や好意などにおそれいる。「ご親切—・ります」

**いたみわけ**【痛み分け】(名)❶すもうで片方の力士が怪我《けが》をして、引き分けになること。❷けんかや議論で、たがいに損害を受けたまま終わらせること。「双方《そうほう》の—となる」

**いた・む**【痛む】(自五)｛マ(モ)・ミ(ン)・ム・ム・メ・メ｝❶からだに痛み、苦しみを感じる。「胃が—」❷心に苦しみや悲しみを感じる。「胸が—」⇨いたむ(傷む)「学習」

**いた・む**【傷む】(自五)｛マ(モ)・ミ(ン)・ム・ム・メ・メ｝❶食べ物がくさる。「桃《もも》は—・みやすい」❷物がきずついたりして悪くなる。こわれる。「屋根が—」

> **学習** 使い分け「痛む」「傷む」
>
> 痛む　からだに苦しみを感じたり、心に苦しみや悲しみを感じる。「ずきずきと歯が**痛む**」「梅雨のころは古傷が**痛む**」「心が**痛む**」
>
> 傷む　野菜・器物・家屋などが、くさったりきずついたりして、だめになる。「夏は食べ物が速く**傷む**」「雨にぬれて靴《くつ》が**傷む**」「湿気《しっけ》で床《ゆか》が**傷む**」

**いた・む**【悼む】(他五)｛マ(モ)・ミ(ン)・ム・ム・メ・メ｝人の死を悲しみなげく。「友人の死を—」

**いため**【板目】(名)❶板と板の合わせ目。「—をぴったり合わせる」❷板の木目《もくめ》が、波形や山形をしているもの。「—の模様」対正目《まさめ》

**いためつ・ける**【痛めつける】『痛め付ける』(他下一)｛ケ・ケ・ケル・ケル・ケレ・ケロ(ケヨ)｝ひどい苦痛をあたえる。ひどいめにあわせる。「相手を—」「からだを—」

**いた・める**『△炒める』(他下一)｛メ・メ・メル・メル・メレ・メロ(メヨ)｝なべやフライパンに油をひいて食べ物をまぜながら熱する。「野菜を—」

**いた・める**【痛める】(他下一)｛メ・メ・メル・メル・メレ・メロ(メヨ)｝❶肉体的な痛みや故障を起こす。「足を—」❷精神的に苦しみを感じる。「胸を—」❸損害や痛手をもたらす。「ふところを—」

**いた・める**【傷める】(他下一)｛メ・メ・メル・メル・メレ・メロ(メヨ)｝きずをつけたりして物を悪くする。「家具を—」

**いたらない**【至らない】ふじゅうぶんでゆきとどかない。未熟である。「—者ですがどうぞよろしく」

**いたり**【至り】(名)❶最高の状態にあること。「感激《かんげき》の—」❷いきつくところ。結果。「若気《わかげ》の—」

**イタリア**〔Italia〕〔地名〕ヨーロッパ南部、地中海につき出た半島と付近の島からなる共和国。首都はローマ。

**イタリック**〔英 italic〕(名)欧文《おうぶん》活字の字体で、

*abc* のようにやや右にかたむいたもの。斜字体《しゃじたい》。

**いた・る**【至る】『◇到る』(自五) {ラ(ロ)・リ(ッ)・ル・ル・レ・レ} ❶ある場所に行きつく。達する。「大阪を経て京都に—」❷ある時間・時点になる。「現在に—」❸ある状態・段階になる。「事ここに—ってはしかたがない」❹やって来る。「悲喜こもごも—」

**いたるところ**【至る所】行く所すべて。どこへ行っても。どんな所・部分にも。「野草は—に見られる」

**いたれりつくせり**【至れり尽くせり】よく行きとどいてぬかりがないこと。「—のもてなし」

**いたわし・い**『◇労しい』(形) {カロ・カッ(ク)・イ・イ・ケレ・○} 気の毒だ。かわいそうだ。「やつれて—姿になる」

**いたわ・る**『◇労る』(他五) {ラ(ロ)・リ(ッ)・ル・ル・レ・レ} ❶弱い立場の者などを、やさしく大事にあつかう。「老人を—」「からだを—」❷苦労をねぎらう。「部下を—」

**いたん**【異端】(名) 正しいと考えられている思想や信仰《しんこう》からはずれていること。また、その説。「—者」対正統

**いち**【一】 1画 一0 小1 音 イチ・イツ 訓 ひと・ひとつ

一

❶ひとつ。◆一回・一個・一本◆逐一《ちくいち》・万一・唯一《ゆいいつ》。❷はじめ。数やものの始まり。◆一番◆第一。❸最もすぐれていること。また、そのもの。◆一流◆世界一。❹ひとつにまとまっている。◆一座・一同・一門・一様・一家・一斉《いっせい》◆画一・均一・統一・同一。❺わずか。すこし。◆一助・一見・一考・一瞬・一笑《いっしょう》・一時《いっとき》・一旬《いっしゅん》。参考多く、カ・サ・タ・パ行のことばの前にくるときは「いっ」と発音する。特別に、「一日」は「ついたち」、「一人」は「ひとり」とも読む。

**いち**【一】■一(名) ❶自然数のはじめ。ひとつ。❷物事のはじめ。第一。「—から始める」❸最もすぐれているもの。「クラス—の成績」■二(接頭)「多くの中でひとつの」「不特定のある」の意を表す。「—個人」

**—か八《ばち》か** 結果はわからないが、運にまかせて、ともかくやってみること。のるかそるか。「—やってみよう」

**—から十《じゅう》まで** 何から何まで、すべて。全部。

**—も二《に》もなく** あれこれと言わないで。すぐに。「—賛成する」

**—を聞《き》いて十《じゅう》を知《し》る** 一部分を聞いて全体を理解する。きわめて頭のはたらきがよいたとえ。

**いち**【壱】 7画 士4 〔壹〕 音 イチ

一 十 士 吉 壱 壱

文字の書きかえをふせぐため、「一」のかわりに領収書や証書などに用いる字。参考「二・三・十」の場合は、「弐・参・拾」を用いる。

**いち**【市】(名) 一定の日に一定の場所に集まって物を売り買いすること。また、その場所。「—が立つ」

**市をなす** 多くの人が集まってくる。「門前—」

**いち**【位置】(名・自スル) ❶ものがある場所。また、その場所を占《し》めること。「元の—にもどす」「島の東端《とうたん》に—する村」❷人の置かれている立場。地位。「社内の重要な—にある」

**いちあくのすな**〔一握の砂〕[作品名] 石川啄木《いしかわたくぼく》の歌集。一九一〇(明治四三)年刊。五五一首。すべて三行書きの形式で書かれ、生活を歌い、故郷を思う作品が多い。

**いちい**『一位』(名) 〔植〕イチイ科の常緑高木。葉は線形でとがり、実は赤い。むかし、材で笏《しゃく》を作った。あららぎ。おんこ。

(いちい)

**いちいせんしん**【一意専心】(副) わきめもふらず一心に。「—努力する」

**いちいたいすい**【一衣帯水】(名) 一本の帯のように幅《はば》のせまい川や海。また、それをへだててとなりあうこと。「—の隣国《りんごく》」

**いちいち**『一一』(名・副) ひとつひとつ。ひとつ残らず。「—文句を言う」

**いちいん**【一因】(名) いくつかある原因のうちのひとつ。「スピードの出し過ぎが事故の—だ」

**いちいん**【一員】(名) 団体や組織の中の一人。「クラスの—としての自覚」

**いちいんせい**【一院制】(名) 一つだけの議院からなる議会制度。⇩にいんせい

**いちえん**【一円】(名) (地域名などの下に付いて)そのあたり一帯。「関東—から集まる」

**いちおう**【一応】『一往』(副) ❶完全とはいえないが、ひととおり。「—目を通す」❷ひとまず。とりあえず。「—傘《かさ》を持って出る」

**いちおし**【一推し・一押し】(名)《俗語》いちばんのおすすめ。「—の商品」

**いちがいに**【一概に】(副) ひっくるめて。ひとくちに。「—悪いとは言えない」使い方〉多く、あとに「ない」「ません」などの打ち消しのことばがくる。

**いちがつ**【一月】(名) 一年の最初の月。正月。むつき。

**いちがん**【一丸】(名) ひとかたまり。

**—丸となる** 心を一つに合わせる。「クラス一丸となって取り組む」

**いちがんレフ**【一眼レフ】(名) 一つのレンズで、焦点《しょうてん》調節のためのファインダー用と撮影《さつえい》用をかねるしくみのカメラ。▽レフは、英 reflex camera から。

**いちぎ**【一義】(名) ❶いくつかあるうちの一つの意味。「一語—」❷一応もっともなこと。一理。❸根本の意義。「道徳を—とする」

**いちぎ**【一議】(名) ただ一度の相談や評議。「—に及《およ》ばず(=相談するまでもない)」

**いちぎてき**【一義的】(形動ダ) {ダロ・ダッ(デ・ニ)・ダ・ナ・ナラ・○} ❶意味・解釈《かいしゃく》が一つだけであるようす。「—な解釈」❷最も重要な意味を持つようす。最初に問題とすべきであるようす。「—な問題」対二義的

**いちく**【移築】(名・他スル) 建物を解体して、その材料で他の場所に同じように建てなおすこと。「古い民家を—する」

**いちぐう**【一隅】(名) かたすみ。一方のすみ。

**いちぐん**【一軍】(名) ❶一つの軍勢《ぐんぜい》。また、全軍。「—を率いる」❷プロ野球などで、正選手によるチーム。「—から二軍に落ちる」対二軍

**いちぐん**【一群】(名) 一つの群れ。ひとむれ。「—の鳥」

**いちげい【一芸】**（名）一つの技術・芸。
**一芸に秀《ひい》でる** なにか一つのことにすぐれている。
**いちげき【一撃】**（名・他スル）一回打つこと。一回攻撃すること。「一で倒《たお》す」
**いちげん【一元】**（名）❶根元はただひとつであること。…的「一元的な管理」❷ひとつの年号。「一世一」❸〔数〕未知数がひとつであること。「一一次方程式」
**いちげんいっこう【一言一行】**（名）一つのことばと一つの行い。一つ一つの言動。「一をつつしむ」
**いちげんか【一元化】**（名・他スル）いくつかに分かれた組織や物事をひとつにまとめること。「窓口を一する」「情報の一」
**いちげんこじ【一言。居士】**（名）なにごとにも自分の意見をひとこと言わなければ気のすまない人。うるさがた。いちごんこじ。
**いちけんしき【一見識】**（名）しっかりしたひとかどの考え。相当の考え。いっけんしき。「一の持ち主」
**いちげんろん【一元論】**（名）すべてのことがらをただ一つの原理によって説明しようとする考え方。
**いちご**〔△苺・△莓〕（名）〔植〕バラ科の小低木、または多年草。きいちご、へびいちごなどの種類があるが、ふつうは食用のオランダいちごをさす。ストロベリー。
**いちご【一期】**（名）生まれてから死ぬまで。一生。生涯《しょうがい》。「一の思い出」注意「いっき」と読むと「一くぎりの期間」の意味になる。
**いちごいちえ【一期一会】**（名）（茶道《さどう》で、どんな茶会も一生に一度と考え、たいせつにすべきだとすることから）一生に一度限りであること。生涯《しょうがい》にただ一度会うこと。
**いちころ**（名・形動ダ）《俗語》（一撃《いちげき》でころりと倒《たお》れるの意から）たやすく負けること。すぐにまいってしまうこと。「彼女《かのじょ》の笑顔に一だ」
**いちごん【一言】**（名・自スル）短いことば。ひとこと。「一もない（=ひとことも言いわけができない）」
**いちごんこじ【一言。居士】**（名）→いちげんこじ
**いちごんはんく【一言半句】**（名）わずかのことば。片言隻句《へんげんせきく》。「一も聞きのがさない」
**いちざ【一座】**（名）❶芝居《しばい》などの興行をする一つの団体。「旅芸人の一」❷その場に居合わせる全体の人。「一の人びとを見回す」
**いちじ【一次】**（名）❶一回目。一番目。「一試験」❷〔数〕二乗、またはそれ以上の項《こう》のないこと。
**いちじ【一事】**（名）一つの事件、または、ことがら。
**一事が万事《ばんじ》** 一つのことを見れば、そのほかのこともすべて想像できるということ。「一この調子だ」
**いちじ【一時】**（名・副）❶過去のあるとき。ある時期。「一はだめかと思った」❷当分の間。しばらく。「一中止」❸その場かぎり。当座。「一の間《ま》に合わせ」❹一度。一回。「一払《ばら》い」
**いちじいっく【一字一句】**（名）文章の中の、こまかい一つ一つの表現。「一をかみしめて読む」
**いちじく**〔×無花果〕（名）〔植〕クワ科の落葉小高木。葉はてのひらのような形で、薬用になる。夏から秋にかけて卵形の実がなる。食用。いちじゅく。
**いちじしのぎ【一時しのぎ】**〔一時△凌ぎ〕（名）後先《あとさき》のことを考えず、その場だけをなんとかきりぬけること。「一の対策」
**いちじせんきん【一字千金】**（名）ひじょうにねうちのある文字や文章。書や文章のりっぱなこと。
故事 秦《しん》の呂不韋《りょふい》が「呂氏春秋《りょししゅんじゅう》」を著したとき、一字でも訂正《ていせい》できたら千金をあたえようと言ったことから出たことば。〈史記〉
**いちじつせんしゅう【一日千秋】**（名）一日が千年のように長く思われること。ひじょうに待ち遠しいこと。「一の思い」参考「いちにちせんしゅう」とも読む。
**いちじつのちょう【一日の長】** 知識や技能などが、人より少しすぐれていること。「守備では一がある」
**いちじてき【一時的】**（形動ダ）〔ダロ・ダッ(デ・ニ)・ダ・ナ・ナラ・○〕長続きしないようす。そのときだけ。「一な痛み」
**いちじに【一時に】**（副）物事が集中して同時に行われるようす。いちどきに。「観客が一殺到《さっとう》する」
**いちじのがれ【一時逃れ】**（名）その場だけをつくろって苦境をのがれること。「一の言いわけ」
**いちじゅういっさい【一汁一菜】**（名）汁《しる》もおかずも一品だけであること。質素な食事。
**いちじゅのかげ【一樹の陰】** 一本の木の木陰《こかげ》。「一一河《いちが》の流れ（=見知らぬ者どうしが同じ木陰に宿り、同じ川の水をくむのも、前世《ぜんせ》からの因縁《いんねん》によるという仏教の教え）」
**いちじゅん【一旬】**（名）一〇日間。旬日。
**いちじゅん【一巡】**（名・自スル）ひとまわりすること。「打者一の猛攻《もうこう》」「校内を一する」
**いちじょ【一助】**（名）少しの助け。何かのたし。「学資の一とする」「理解の一となれば幸いです」
**いちじょう【一条】**（名）❶ひとすじ。一本。「一のけむりがたつ」❷ひとつの条項《じょうこう》。
**いちじょう【一場】**（名）❶話などの一回。一席。「一のあいさつ」❷わずかの間。その場かぎり。「一の夢」
**いちじるし・い【著しい】**（形）〔カロ・カッ(ク)・イ・イ・ケレ・○〕はっきりとめだっている。程度がはなはだしい。「一進歩」
**いちじんのかぜ【一陣の風】** さっと吹《ふ》きぬける風。
**いちず**〔一◇途〕（形動ダ）〔ダロ・ダッ(デ・ニ)・ダ・ナ・ナラ・○〕一つのことばかりを思いつめるようす。ひたむき。「一に思いこむ」
**いちぜんめし【一膳飯】**（名）❶うつわに一ぱいだけの飯。盛り切り。❷死者にそなえる飯。
**いちぞく【一族】**（名）同じ血すじの者。同族。
**いちぞん【一存】**（名）自分一人だけの考え。「私の一では決められない」
**いちだい-【一大】**（接頭）「きわめて大きな」「特別に重大な」の意を表す。「一決心」
**いちだい【一代】**（名）❶一人の人の一生。「人は一、名は末代」「一の不覚」❷一人の人が君主・領主・主人などとしてその地位にいる間。「一で財産を築く」「一で滅《ほろ》びた国」❸ある一つの時代。「一の英雄《えいゆう》」
**いちだいき【一代記】**（名）ある人の一生の行いやことばをしるしたもの。伝記。「ある経営者の一」
**いちだいじ【一大事】**（名）きわめて重大な事件、できごと。「一が持ち上がる」

**いちだん【一団】**(名) ひとかたまり。一つの団体。「—となって走る」「観光客の—」

**いちだん【一段】**㊀(名) ❶階段などの、一つの段。❷文章などの、ひとくぎり。「—ずつ読む」㊁(副)(「いちだんと」の形で)ひときわ。いっそう。「—と目だつ」

**いちだんらく【一段落】**(名・自スル) 物事がひとくぎりつくこと。ひとくぎり。「仕事が—する」

**いちづ・ける【位置付ける】**(他下一){ケ・ケ・ケル・ケル・ケレ・ケロ(ケヨ)} 全体の中やほかのものとの関係で、そのものが占《し》める位置や、その価値・評価を決める。「環境《かんきょう》保護を政策の一環《いっかん》として—」

**いちてんき【一転機】**(名) 一つの大きな変わりめ。一つの変わるきっかけ。いってんき。「受賞が—となる」

**いちど【一度】**(名) 一回。ひとたび。いっぺん。「—行ったことがある」「—見たら忘れられない」

**いちどう【一同】**(名) そこにいるすべての人。また、仲間全体。みんな。「—に呼びかける」「職員—」

**いちどう【一堂】**(名) ❶一つの堂。❷同じ建物・場所。

**—堂に会《かい》する** 多くの人が同じ場所に集まる。

**いちどきに【一時に】**(副) 同時に。いっぺんに。いっせいに。「—全部はできない」「注文が—にくる」

**いちどく【一読】**(名・他スル) ひととおり読むこと。「—の価値がある作品」

**いちどに【一度に】**(副) 同時に。いっぺんに。「—立ち上がる」

**いちなんさってまたいちなん【一難去ってまた一難】**困難や危険がつぎつぎとおそってくること。

**いちに【一二】**(名) ❶わずかな数。一つ二つ。「—の例外」❷順位の一番と二番。「—を争う」

**いちにち【一日】**(名) ❶午前零《れい》時から午後一二時までの二四時間。また、ある時から数えて二四時間。一昼夜。「—に八時間寝《ね》る」❷朝から晩まで。「—雨が降り続く」❸ある日。いちじつ。「冬休みの—」❹月の第一日。ついたち。

**いちにちせんしゅう【一日千秋】**(名) →いちじつせんしゅう

**いちにてん【一二点】**(名) 漢文訓読で、二字以上へだてて上に返って読むことを示す返り点。

**いちにょ【一如】**(名) 《仏》真理は無差別・平等で一つであるということ。

**いちにん【一任】**(名・他スル) あることについてすべてをまかせること。「きみに仕事を—する」

**いちにんしょう【一人称】**(名) 《文法》→じしょう(自称)㊁

**いちにんまえ【一人前】**(名) ❶おとな一人に割り当てられる分量。「すし—」❷おとなとしての能力や資格をもつこと。うでまえなどが、人なみに達していること。「—になる」「—の料理人」

**いちねん【一年】**(名) ❶一月一日から一二月三一日までの間。「この—の予定」❷ある時から数えて一二か月間。「あれから—がすぎた」❸一年生。「中学—」

**いちねん【一念】**(名) それだけを深く思いこむこと。また、その心。思いつめた心。「思う—岩をも通す」

**いちねんせいそうほん【一年生草本】**(名) 《植》芽が出てから、花が咲《さ》き、実を結んで枯《か》れるまでが一年以内の草本植物。いね・あさがおなど。一年生植物。一年草。

**いちねんそう【一年草】**(名) 《植》「一年生草本」の略。

**いちねんほっき【一念発起】**(名・自スル) あることをなしとげようと決心すること。「—して励《はげ》む」

**いちば【市場】**(名) ❶多くの商人が、毎日または定期的に集まって、商品を売り買いする所。市《いち》。「青果—」「魚—」❷日用品・食料品などを一か所に集めて売る所。マーケット。「—に買い物に行く」[参考]①は「しじょう」とも読む。

**いちはつ**(名) 《植》アヤメ科の多年草。高さは約三〇《センチメートル》。五月ごろ紫《むらさき》または白色の花が咲《さ》く。

(いちはつ)

**いちはつの…**[短歌]
〈いちはつの 花《はな》咲《さ》きいでて 我《わが》目《め》には 今年《ことし》ばかりの 春《はる》ゆかんとす〉〈正岡子規《まさおかしき》〉[訳]いちはつの花が咲きだしたのが目に映り、病の重い私にとって、今年かぎりの春が過ぎてゆこうとしている。

**いちばつひゃっかい【一罰百戒】**(名) 一人を罰《ばっ》することで、他の多くの人の戒《いまし》めにすること。

**いちばまち【市場町】**(名) 市のたつ所を中心に発達した町。四日市《よっかいち》・今市《いまいち》など地名として残る。

**いちはやく【いち早く】**『◇逸早く』(副) まっさきに。ある事が起こったあと、すぐさま。「—頂上についた」「—火を消し止める」

**いちばん【一番】**㊀(名) ❶順序が最初であること。第一。「—に出発する」❷最もすぐれていること。最もよいこと。「—の成績」❸すもう・しょうぎなどの一勝負。「—負け越《こ》す」㊁(副) ❶この上なく。最も。「—いい」❷ためしに。ひとつ。「ここは—がんばろう」

**いちばんどり【一番鶏】**『一番◇鶏』(名) 夜明けがた最初に鳴くにわとり。また、その鳴き声。

**いちばんのり【一番乗り】**(名・自スル) (戦いのとき、まっ先に馬で敵の陣地《じんち》に乗りこんだ者のことから)だれよりも早く目的の場所に着くこと。また、その人。

**いちばんぼし【一番星】**(名) 夕方の空に、いちばん早く光りだす星。

**いちばんやり【一番槍】**『一番△槍』(名) (むかし、まっ先にやりで敵の陣地《じんち》につき入った者のことから)最初にてがらをたてること。また、その人。「—をねらう」

**いちひめにたろう【一姫二太郎】**子どもをもつには、はじめに女の子、つぎに男の子がよいということ。[参考]「女の子一人、男の子二人」と解するのは本来は誤り。

**いちびょうそくさい【一病息災】**(名) 一つぐらい持病があるほうが、からだをいたわりあまり無理をしないので、かえって長生きするということ。

**いちぶ【一分】**(名) ❶長さの単位。一寸《すん》の一〇分の一。約三・〇三《ミリメートル》。❷一割の一〇分の一。一《パーセント》。「月—の利息」❸わずか。「—のすきもない」[注意]「いちぶん」と読むと「体面」の意味になる。

**いちぶ【一部】**（名）❶全体の中のある部分。「―に反対がある」㊫全部。❷新聞や書物の一冊。「―三〇〇円」

**いちぶしじゅう【一部始終】**（名）始めから終わりまで。残らず全部。「事件の―を聞いた」

**いちふじにたかさんなすび**〘一富士二△鷹三×茄子〙夢に見ると縁起《えんぎ》がよいとされているものを順にならべた文句。初夢にいうことが多い。

**いちぶぶん【一部分】**（名）全体の中のわずかの部分。一部。「家の―だけが焼け残る」㊫大部分

**いちべつ**〘一△瞥〙（名・他スル）ちょっと見ること。ちらっと見ること。「―を与《あた》える」

**いちべついらい【一別以来】**一度別れてからこのかた。一別来。「―もう二年になる」

**いちぼう【一望】**（名・他スル）広い範囲《はんい》をひと目で見わたすこと。「海を―のもとに見おろす」

**一望千里《せんり》**　ひと目で千里も見わたされるほど、景色が遠くまで見えること。「―の平原」

**いちまい【一枚】**（名）❶紙や板などうすく平《ひら》たいものの、一つ。「画用紙―」❷仕事をする者の一人。「君が―加わると心強い」「―かむ（＝一員として加わる）」❸能力などの一段階。「相手は―上手《うわて》だ」❹田の一区画。「田―」

**いちまいいわ【一枚岩】**（名）❶一枚の板のような大きな岩。❷組織などがしっかりとまとまっていること。「あのグループも―ではない」

**いちまいかんばん【一枚看板】**（名）❶芝居《しばい》など一座の代表的な役者。また、ある団体の中の中心人物。「―の役者」❷宣伝効果をもつ、たった一つのもの。「安売りを―にする」

**いちまつ【一抹】**（名）（絵筆などのひとなすりの意から）ほんのすこし。わずか。「―の不安を残す」

**いちまつもよう【市松模様】**（名）黒と白の四角形をたがいちがいにならべた、ごばんじま模様。「―の帯」

（いちまつもよう）

**いちみ【一味】**（名）❶同じ目的をもったなかま。一党。多く悪事にかかわる仲間に用いる。「強盗《ごうとう》の―」❷一つの味。「―とうがらし」

**いちみゃく【一脈】**（名）ひとつづき。ひとすじ。一つのつながりがあること。「―のつながり」

**一脈相通《あいつう》じる**　どこかしら共通する。いくらかの関係がある。「両者の立場には―ものがある」

**いちめい【一名】**（名）❶ひとり。「―欠席」❷正式な名前以外の呼び名。別名。「らっかせい、―なんきん豆」

**いちめい【一命】**（名）一つしかない命。生命。「―をとりとめる」

**いちめがさ**〘市女△笠〙（名）中央が高くてふちの張ったうるし塗《ぬ》りのかさ。平安時代以後、身分の高い女性が外出するときにかぶった。

（いちめがさ）

**いちめん【一面】**（名）❶物体の一つの側面。❷ある一方の立場から見た側面。「―の真理を伝える」❸そのあたり全体。「空―」❹新聞の第一ページ。「―のトップ記事」

**いちめんしき【一面識】**（名）一度会ってちょっと知っていること。「―もない」

**いちめんてき【一面的】**（形動ダ）〔ダロ・ダッ(デ・ニ)・ダ・ナ・ナラ・○〕物の見方や考え方がかたよっているようす。「―な見方」

**いちもうさく【一毛作】**（名）一つの田または畑に、年に一回だけ作物を作ること。「―の水田」

**いちもうだじん【一網打尽】**（名）悪人などの一味を一度に全部とらえること。「悪者を―にする」

**いちもく【一目】**㊀（名）碁盤《ごばん》のひと目。一つの碁石。「―勝《が》ち」㊁（名・他スル）ちょっと見ること。ひと目。「―して分かる」

**一目置《お》く**　（碁《ご》で、弱い者が先に一目（＝一石）置くことから）すぐれた者に対して敬意をはらい、一歩をゆずる。「彼《かれ》には仲間のだれもが―」

**いちもくさん【一目散】**（名）（多く「いちもくさんに」の形で）わきめもふらずに走るようす。「―に逃《に》げ去る」

**いちもくりょうぜん【一目瞭然】**（名・形動ダ）ちょっと見ただけではっきりわかること。「勝敗は―だ」

**いちもつ【一物】**（名）❶一つの品物。❷悪い考えやたくらみ。「腹に―ある」

**いちもん【一文】**（名）❶むかしのおかねの、いちばん低い単位。一文銭。❷ごくわずかのおかね。「―なし」

**いちもん【一門】**（名）❶同じ血すじの人びと。同じ姓《せい》の人びと。「平家―」❷同じ宗教を信じている者。また、同じ師の流れをくむ人。

**いちもんいっとう【一問一答】**（名・自スル）一つの質問に対して、一つの答えをすること。

**いちもんじ【一文字】**（名）❶一つの字。❷一の字のように、横にまっすぐなこと。「口を―にむすぶ」

**いちや【一夜】**（名）❶日没《にちぼつ》から夜明けまで。ひと晩。「―明ければ」❷ある晩。「春の―」

**いちやく【一躍】**（副）名声・地位などが急に上がるようす。いっそくとびに。「―有名になる」

**いちやづけ【一夜漬け】**（名）❶ひと晩つけただけで食べるつけ物。「白菜《はくさい》の―」㊮浅漬け。❷勉強や仕事など、少しの時間で準備して間にあわせること。「―の試験勉強」

**いちゃもん**（名）〘俗語〙文句。言いがかり。「客に―をつけられる」

**いちゅう【意中】**（名）心のうち。心の中で思っていることや考え。「―を打ち明ける」

**意中の人《ひと》**　心の中でこの人だと思っている人。特に、ひそかに恋《こ》い慕《した》う異性。

**いちょ【遺著】**（名）著者の死後出版された書物。

**いちよう【一葉】**（名）❶一枚の木の葉。❷紙や写真などの一枚。「写真―」❸小舟《こぶね》の一そう。

**一葉落《お》ちて天下《てんか》の秋《あき》を知《し》る**　（桐《きり》の葉が一枚落ちたのを見ていちはやく秋の訪れを知る意から）ちょっとしたことからさきゆきを予知することのたとえ。

**いちよう【一様】**（形動ダ）{ダロ・ダッ(デ・ニ)・ダ・ナ・ナラ・○}すべてが同じありさまであるようす。「みなーにうなずく」

**いちょう【胃腸】**（名）胃と腸。「ーの薬」

**いちょう【移調】**（名・他スル）〔音〕ある楽曲を、そのままの形でほかの調の音域に移すこと。

**いちょう**『×銀杏・×公孫樹』（名）〔植〕イチョウ科の落葉高木。葉はおうぎ形で、秋に黄色になる。実の中の種はぎんなんと呼び、食用。雌雄《しゆう》の別がある。

**いちょうがえし【いちょう返し】**『×銀杏‐返し』（名）日本髪《にほんがみ》の一種。たばねた髪を二つに分けて輪をつくり、まげとしたもの。「ーに結《ゆ》う」

**いちようらいふく【一陽来復】**（名）❶冬が去って春が来ること。❷悪いことが続いたあとで、ようやくいい運が向いてくること。「ーのきざしが見える」

**いちよく【一翼】**（名）ある仕事の中の一部の役割。「新事業のーを担《にな》う」

**いちらん【一覧】**㊀（名・他スル）ひととおり目をとおすこと。「資料をーする」㊁（名）あることがらをひと目ではっきりわかるように作ったもの。「ー表」

**いちらんせいそうせいじ【一卵性双生児】**（名）一つの受精卵から生まれた双子《ふたご》。同じ遺伝情報をもつため外見や性質がよく似る。

**いちり【一理】**（名）一応の理由や道理。「君の言うことにもーある」

**いちりいちがい【一利一害】**（名）よいこともあるが悪いこともあること。「酒にはーがある」

**いちりつ【一律】**（名・形動ダ）❶同じ調子で変わったところがないこと。「千編《せんぺん》ー」❷すべてを同じようにあつかうこと。「ーに課税する」

**いちりつ【市立】**（名）→しりつ(市立)

**いちりづか【一里塚】**（名）むかし、街道《かいどう》の一里(=約三・九三《キロメートル》)ごとに土を高くもり、榎《えのき》や松を植えて道しるべとしたもの。

**いちりゅう【一流】**（名）❶ある分野で、第一等の地位をしめているもの・人。「ーのピアニスト」「ー品」❷その人だけの特別のやり方。「彼《かれ》ーの方法」❸一つの流派。「ー一派をなす」

**いちりょうじつ【一両日】**（名）一日か二日の間。「ー中にご返事いたします」

**いちりん【一輪】**（名）車輪や花の一つ。「ー車」

**いちりんざし【一輪挿し】**（名）一、二輪の花をいける小さい花瓶《かびん》。

**いちる**『一△縷』（名）ほんのわずか。かすか。「ーの望みを抱《いだ》く」

**いちるい【一類】**（名）同じ種類や仲間。

**いちれい【一礼】**（名・自スル）一度礼をすること。また、軽く礼をすること。「ーしてすれちがう」

**いちれい【一例】**（名）わかりやすくするためにあげる具体的な一つのことがら。「ーをあげる」

**いちれん【一連】**（名）❶関係のあるひとつながり。「ーの事件」❷連なったものや編《あ》んだもののひとつ。「ーのネックレス」

**いちれんたくしょう**『一△蓮△托生』（名）（仏教で、死後、極楽《ごくらく》の同じ蓮華《れんげ》(=はすの花)の上に生まれるということから）運命や行いをともにすること。

**いちろ【一路】**㊀（名）ひとすじの道。「真実ー」㊁（副）ひたすら。まっすぐに。「船はー北へ向かう」

**いつ【一】**→いち(一)

**いつ【逸】** 11画 辶8 〔逸〕 音イツ

❶それる。はずれる。◆逸脱《いつだつ》。❷うせる。失う。のがす。◆逸機◆後逸《こういつ》。❸世に知られていない。失われた。◆逸書・逸文・逸話◆散逸。❹気ままにする。◆逸楽◆放逸。❺すぐれている。◆逸材・逸品◆秀逸《しゅういつ》。

**いつ**『×何時』（代）はっきりしていない時を表すことば。「完成はーですか」

**いつにない** いつもと違っている。「いつになく眠《ねむ》い」

**いつか**『×何時か』（副）❶いつのことだったか。「ー来た道」❷知らないうちに。いつのまにか。いつしか。「ー春も過ぎた」❸そのうちに。「ー会えるだろう」

**いっか【一家】**（名）❶一つの家族。一つの家。「ーの大黒柱」「ー団欒《だんらん》」「ーに一台」❷学問や芸ごとなどで、独立した一流派。「日本画でーをなす」❸親分・子分の関係で結ばれた、一つの集団。

**いっか【一過】**（名・自スル）さっと通り過ぎること。「台風ーの秋晴れ」〔…性〕「一過性の出来事」

**いっかい【一介】**（名）(「一介の」の形で用いる)とるにたらないひとり。「ーの勤め人」

**いっかいき【一回忌】**（名）→いっしゅうき

**いっかく【一角】**（名）❶ある地域や分野などの、かたすみ。また、あるものの一部分。「町のー」「氷山のー」❷一本のつの。❸〔動〕イッカク科の哺乳《ほにゅう》動物。クジラの仲間で北極海にすみ、雄《おす》には角《つの》状の牙《きば》がある。一角獣《いっかくじゅう》。

**いっかく【一画】**（名）❶漢字を形づくっている一つの線。「一点ーに気を配る」❷土地などのひとくぎり。一区画。「分譲地《ぶんじょうち》のー」

**いっかく【一郭】**『一△廓』（名）ひとかこいの地域。

**いっかくじゅう【一角獣】**（名）❶→ユニコーン❷〔動〕→いっかく(一角)③

**いっかくせんきん**『一△攫千金』（名）(「一攫」はひとつかみの意)一度にたやすく大きな利益を得ること。「ーを夢みる」

**いっかげん【一家言】**（名）その人独自の主張や意見。また、ひとかどの見識のある意見。「ーを持つ」

**いっかつ【一括】**（名・他スル）ひとつにまとめること。ひとくくり。「問題をーして協議する」「ー返済」

**いっかつ【一喝】**（名・他スル）大声でしかりつけること。「うるさい子どもたちをーする」

**いっかん【一貫】**㊀（名）尺貫《しゃっかん》法の重さの単位。約三・七五《キログラム》。「ー目」㊁（名・自他スル）初めから終わりまで、一つのやり方や考え方がつらぬかれていること。また、それらをつらぬきとおすこと。「終始ーした論理」「中高ー教育」〔…性〕「一貫性がない」

**いっかん【一環】**（名）たがいにつながりをもつものの一部分。「教育のーとしてとりあげる」

**いっかんのおわり【一巻の終わり】**（一巻の物語などが終わる意から）すべてが終わること。また、死ぬこと。「ここで失敗したらーだ」

**いっき**【一気】(名)ひと息。

**いっき**〖一△揆〗(名)〘歴〙中世・近世に、農民や信徒などが重税や悪政に対して集団でおこした抵抗《ていこう》運動。「百姓《ひゃくしょう》—」

**いっき**【逸機】(名)せっかくの機会をのがすこと。「前半の—がひびく」

**いっきいちゆう**【一喜一憂】(名・自スル)状況《じょうきょう》が変化するたびに喜んだり心配したりすること。「試合の途中経過《とちゅうけいか》に—する」

**いっきうち**【一騎打ち・一騎討ち】(名・自スル)敵味方が一対一で戦うこと。「大将どうしの—」

**いっきかせい**〖一気△呵成〗(名)ひと息に物事を仕上げてしまうこと。「—に論文を書き上げる」

**いっきとうせん**【一騎当千】(名)一人で千人の敵を相手にして戦えるほど強いこと。「—のつわもの」

**いっきに**【一気に】(副)❶休まないでいっぺんに。ひといきに。「—宿題をしあげる」❷状況《じょうきょう》などが急激に変化するようす。一挙に。「眠気《ねむけ》が—覚めた」

**いっきゅう**【一級】(名)等級の第一位。「—品」

**いっきょ**【一挙】(名)一つの動作・行動。

**いっきょいちどう**【一挙一動】(名)一つ一つの動作やふるまい。「—を見守る」

**いっきょう**【一興】(名)ちょっとしたおもしろみのあること。「歌を歌うのも—だ」

**いっきょくしゅうちゅう**【一極集中】(名・自スル)政治・経済・文化の中心的な施設《しせつ》や機能が一つの地域に集まること。「東京への—」

**いっきょしゅいっとうそく**【一挙手一投足】(名)❶一つ一つの動作。一挙一動。「—を注視する」❷手足をちょっと動かすこと。転じて、わずかの骨折りや労力。「—の労を惜《お》しむ」

**いっきょに**【一挙に】(副)物事をいっぺんに行うようす。状況《じょうきょう》などがいっぺんに大きく変化するようす。「全作品を—公開する」「—注目を浴びる」

**いっきょりょうとく**【一挙両得】(名)一つのことをして同時に二つの利を得ること。[類]一石二鳥

**いつ・く**【居着く】(自五){カ(コ)・キ(イ)・ク・ク・ケ・ケ}長くその場所に居る。住みつく。「野良猫《のらねこ》が—・いてしまった」

**いっく**【一句】(名)❶一つの俳句。「—詠《よ》む」❷和歌・俳句などのひとくぎり。「上《かみ》の—」❸ことばのひとくぎり。ひとこと。「一言《いちごん》—聞きもらさない」

**いつくし・む**【慈しむ】(他五){マ(モ)・ミ(ン)・ム・ム・メ・メ}たいせつにしてかわいがる。「わが子を—」

**いっけい**【一計】(名)一つのはかりごと・計画。「—を案じる」

**いっけつ**【一決】(名・自スル)意見・議論などが一つにまとまって決まること。「衆議—」

**いっけん**【一件】(名)❶一つのことがら・事件。「—落着」❷あのこと。例のこと。「先日の—」

**いっけん**【一見】[一](名・他スル)一回見ること。ちょっと見ること。「百聞は—にしかず」「—してわかる」[二](副)ちょっと見たところ。「—ちがって見える」

**いっけんや**【一軒家】〖一軒屋〗(名)❶まわりに家がなく一軒だけはなれて建っている家。「山の中の—」❷一戸建ての家。「—に引っ越《こ》す」

**いっこ**【一戸】(名)一軒《いっけん》の家。一世帯。「—をかまえる」

**いっこ**【一顧】(名・他スル)ちょっとふり返って見ること。ちょっと気にとめること。「—だにしない」

**いづこ**〔何処《イズコ》〕(代)[古語]どこ。どちら。「夏の夜はまだ宵《よひ》ながら明けぬるを雲の—に月宿るらむ」〈古今集〉[訳]夏の夜は短く、まだ宵だと思っているまに明けてしまったが、月は西の山に行きつくひまもなく、雲のどこらあたりに泊《と》まっているのだろう。

**いっこう**【一考】(名・他スル)一度よく考えてみること。「—を要する」

**いっこう**【一行】(名)❶旅行などで、いっしょに行く人びと。道づれ。「使節団の—」❷一つの行い。「一言《いちげん》—」[注意]「いちぎょう」と読むと「一列の文・文字」などの意味になる。

**いっこう**【一向】(副)❶少しも。「—(に)知らない」❷まったく。「何を言われようと—(に)平気だ」[使い方]①は、あとに「ない」「ません」などの打ち消しのことばがくる。

**いっこういっき**〖一向一△揆〗(名)〘歴〙室町《むろまち》時代末期、一向宗徒が大名に対しておこした一揆。

**いっこうしゅう**【一向宗】(名)〘仏〙→じょうどしんしゅう

**いっこく**【一刻】[一](名)わずかの時間。「刻」はむかしの時間で、一時《いっとき》の四分の一。今の約三〇分をいう。「事態は—を争う」「—も猶予《ゆうよ》ならない」[二](形動ダ){ダロ・ダッ(デ・ニ)・ダ・ナ・ナラ・〇}がんこで、他人のことばを聞き入れないようす。「—者《もの》」[参考][二]は「一国」とも書く。

**いっこく**【一国】(名)一つの国。また、国全体。「—一城の主《あるじ》」

**いっこくせんきん**【一刻千金】(名)わずかな時間が大きな価値をもっていること。時が過ぎやすいのをおしんでいう。[参考]中国の詩人、蘇軾《そしょく》の詩の中の「春宵《しゅんしょう》一刻直《あたい》千金」から出たことば。

**いっこだて**【一戸建て】(名)独立した一つの建物が一戸となっている住宅。戸建て。「集合住宅」に対していう。

**いっこん**【一献】(名)一杯《いっぱい》の酒。また、酒をふるまうこと。「—酌《く》みかわす」「—差し上げたい」

**いっさ**〔一茶〕[人名]→こばやしいっさ

**いっさい**【一切】[一](名)残らず。すべて。「—を申しあげます」[二](副)まったく。全然。「—知りません」[使い方][二]はあとに「ない」「ません」などの打ち消しのことばがくる。

**いつざい**【逸材】(名)すぐれた才能。また、それをもつ人。「一〇年に一人の—」

**いっさいがっさい**【一切合切・一切合財】(名・副)何もかも。すっかり。すべて。「—売り払《はら》う」

**いっさいしゅじょう**【一切衆生】(名)〘仏〙この世に生きているすべてのもの。また、特に人間をいう。

**いっさいならず**【一再ならず】一度や二度でなく、なんども。「—申し入れる」

**いっさく**【一策】(名)一つのはかりごと。一つの計画・考え。「窮余《きゅうよ》の—(=苦しまぎれの一つの策)」

**いっさくじつ**【一昨日】(名)おととい。

**いっさくねん**【一昨年】(名)おととし。

**いっさつ【一札】**（名）後日の証拠《しょうこ》として書いた一枚の書きつけ。一通の証文《しょうもん》。「―入れる」

**いっさつたしょう【一殺多生】**（名）〘仏〙↓いっせつたしょう

**いっさんかたんそ【一酸化炭素】**（名）〘化〙炭素や炭素化合物が完全に燃えないときに出る無色・無味・無臭《むしゅう》の有毒ガス。「―中毒」

**いっさんに【一散に】**〖逸散に〗（副）わき目もふらずに走るようす。いちもくさんに。「―逃《に》げ出す」

**いっし【一矢】**（名）一本の矢。

**一矢を報《むく》いる** 相手の攻撃《こうげき》や非難に対して、わずかであっても反撃・反論をする。

**いっし【一糸】**（名）（一本の糸の意から）きわめてわずかな物事をいう。

**一糸乱《みだ》れず** 整然としているようす。「一糸乱れぬ息の合った踊り」

**一糸もまとわず** 何も身に着けていないようす。

**いつしか**〖×何時しか〗（副）いつのまにか。知らないうちに。「―夜もふけた」

**いっしき【一式】**（名）ひとそろい。「工具―」

**いっしそうでん【一子相伝】**（名）学問・技術・芸能などの最も重要な秘訣《ひけつ》を自分の子一人だけに伝えて、他にはもらさないこと。「―の業《わざ》」

**いっしどうじん【一視同仁】**（名）すべての人を区別なく、平等に愛すること。

**いっしゃせんり**〖一△瀉千里〗（名）（川の水がひとたび流れ始めるとたちまち千里も走るという意から）❶物事がすみやかに進むこと。「仕事を―にかたづける」❷文章の書き方やしゃべり方がよどみのないこと。「―に書き上げる」

**いっしゅ【一首】**（名）一つの和歌、または、漢詩。

**いっしゅ【一種】**[一]（名）❶一つの種類。「野菜の―」❷少しちがってはいるが、同類とみてよいこと。「―の迷信《めいしん》だ」[二]（副）どことなく。「―独特な雰囲気《ふんいき》」

**いっしゅう【一周】**（名・自スル）ひとまわり。ひとめぐり。「公園を―する」「世界―」

**いっしゅう【一蹴】**（名・他スル）❶簡単に相手を負かすこと。「敵を―する」❷問題にしないではねつけること。「要求を―する」

**いっしゅうき【一周忌】**（名）人が死んでからちょうど一年たった命日。また、その日に行う法事。一回忌《いっかいき》。「祖父の―」

**いっしゅくいっぱん【一宿一飯】**（名）一晩とめてもらい、一度食事をふるまわれること。「―の恩義」

**いっしゅん【一瞬】**（名）（一度まばたきをする意から）ほんの短い時間。「―のできごと」[類]瞬間

**いっしょ【一緒】**（名）❶まとめて一つにすること。「肉と豆を―に煮《に》る」「恋人《こいびと》と―になる（＝結婚する）」❷同じであること。「その本はぼくのと―だ」❸ともに同じことをすること。「―に遊ぶ」❹（「ご一緒する」の形で）相手とつれだって行くことをけんそんした言い方。「先生とご―する」

**いっしょう【一生】**（名）生まれてから死ぬまでの間。生涯《しょうがい》。「―忘れない」

**いっしょう【一笑】**（名・自他スル）ちょっと笑うこと。「破顔―」

**一笑に付《ふ》する** 笑って問題にしない。「要求を―」

**いっしょうがい【一生涯】**（名）生まれてから死ぬまでの間。生きている間。一生。「―かけた研究」

**いっしょうけんめい【一生懸命】**（名・形動ダ）本気で物事に打ち込《こ》むこと。「―仕事をする」[参考]「一所《いっしょ》懸命」からでたことば。

**いっしょうこうなってばんこつかる【一将功なって万骨枯る】**一人の大将の功名は、名もない多くの兵士が命を捨てた結果である。成功者のかげには多くの犠牲者《ぎせいしゃ》がいることのたとえ。

**いっしょくそくはつ【一触即発】**（名）ちょっとさわればすぐ爆発《ばくはつ》しそうなこと。今にも争いのおきそうな危険な状態。「―の危機」

**いっしょくた【一緒くた】**（名・形動ダ）〘俗語〙なんでもかんでもひとまとめにしてしまうこと。「雑誌も新聞も―にして捨てる」

**いっしょけんめい【一所懸命】**（名・形動ダ）❶むかし、あたえられた一つの領地を武士が命がけで守り、生活のたのみとしたこと。❷↓いっしょうけんめい

**いっしん【一心】**（名）❶二人以上の人の心が一つになること。❷心が一つのことに集中すること。「―に経《きょう》を読む」

**いっしん【一身】**（名）自分一人のからだ。また、全身。「注目を―に集める」「日光を―にあびる」

**いっしん【一新】**（名・自他スル）すっかり新しくなること。すっかり新しくすること。「面目《めんぼく》を―する」

**いっしんいったい【一進一退】**（名・自スル）進んだり退いたりして事態がはかどらないこと。また、よくなったり悪くなったりすること。「―をくりかえす」

**いっしんきょう【一神教】**（名）ただ一つの神を信仰《しんこう》する宗教。ユダヤ教・キリスト教・イスラム教など。[対]多神教

**いっしんじょう【一身上】**（名）自分の身の上や境遇《きょうぐう》などに関すること。「―の都合で退職する」

**いっしんとう【一親等】**（名）〘法〙本人または配偶者《はいぐうしゃ》からみて、いちばん近い親族関係。本人の父母、子ども、配偶者の父母など。一等親。⇩しんとう（親等）「参考」・しんぞく〈図〉

**いっしんどうたい【一心同体】**（名）二人以上の人が気持ちを一つにして力を合わせること。

**いっしんふらん【一心不乱】**（名・形動ダ）心を一つのことに向けて気をちらさないこと。「―に祈《いの》る」

**いっすい【一睡】**（名・自スル）ちょっとねむること。ひとねむり。「昨夜から―もしていない」

**いっすいのゆめ【一炊の夢】**↓かんたんのゆめ

**いっ・する【逸する】**{シ(セ・サ)・シ・スル・スレ・シロ(セヨ)}[一]（自サ変）基準からはなれる。それる。「常軌《じょうき》を―（＝世間一般《いっぱん》のやり方からはずれる）」[二]（他サ変）失う。のがす。「好機を―」

**いっすん【一寸】**（名）❶尺貫《しゃっかん》法の長さの単位。一尺《しゃく》の一〇分の一。約三・〇三《センチメートル》。❷小さいこと。わずか。「―きざみに切る」

**一寸先《さき》は闇《やみ》** ごく近い将来のことさえ予測できないというたとえ。

**一寸の光陰《こういん》軽《かろ》んずべからず**　少しの時間もそまつにしてはならない。

**一寸の虫《むし》にも五分《ごぶ》の魂《たましい》**　どんなに小さく弱いものにもそれなりの意地があるのだから、ばかにはできないということのたとえ。

**いっすんのがれ【一寸逃れ】**(名) 自分の責任をその場だけつくろってのがれようとすること。その場のがれ。「―は通用しない」

**いっすんぼうし**〔一寸法師〕[作品名]室町《むろまち》時代につくられたおとぎ草子《ぞうし》の一つ。身長が一寸(=約三・〇三センチメートル)の男の子が、打ち出のこづちによって出世するという物語。また、その主人公。⇩おとぎぞうし

**いっせ【一世】**(名) ❶一生。終生。❷《仏》三世《さんぜ》(=前世・現世・来世の三つ)の中の一つ。特に、現世。「親子は―(=親子の関係は現世だけのものであるということ)」

**いっせい【一世】**(名) ❶一生。一代。❷一人の君主が国を治めている間。❸その時代。当時。❹(人名の下について)同じ名の王や教皇などの中で、最初の人。「ナポレオン―」❺移民などの初代の人。「ブラジル移民の―」

**一世を風靡《ふうび》する**　ある時代に広く流行する。

**いっせい【一斉】**(名) 同時にそろって物事を行うこと。「―射撃《しゃげき》」

**いっせいちだい【一世一代】**(名) ❶役者が引退のとき、演技のしおさめとして得意の芸を演じること。❷一生に一度しかないこと。「―の大事業」

**いっせいに【一斉に】**(副) みんながそろって同時に。全部がそろって。「―立ち上がる」

**いっせき【一夕】**(名) ひと晩。また、ある晩。「一朝―にはできない」

**いっせき【一石】**(名) 一つの石。

**一石を投《とう》じる**　あらたに問題をなげかける。

**いっせき【一席】**(名) ❶演説や宴会《えんかい》などの一回。「―ぶつ(=演説する)」「―設ける(=宴席を用意する)」❷コンクールなどの第一位。「第―に入選する」

**いっせきがん【一隻眼】**(名) 物事の本質をみぬくことのできるひとかどの見識。「―をそなえている」

**いっせきにちょう【一石二鳥】**(名) (一つの石を投げて二羽の鳥を落とすことから)一つのことをして二つの利益を得ること。「―をねらう」[類]一挙《いっきょ》両得

**いっせつ【一説】**(名) 一つの説。また、ある説。「―によると」

**いっせつたしょう【一殺多生】**(名)《仏》一人を殺して、多くの人の命を助けること。いっさつたしょう。

**いっせつな【一刹那】**(名) ひじょうに短い間。一瞬《いっしゅん》間《かん》。「―のできごと」

**いっせん【一△閃】**(名・自スル) いなずまや刀などがぴかっと光ること。さっとひらめくこと。「白刃《はくじん》―」

**いっせん【一戦】**(名・自スル) 一回の戦い・勝負。ひと勝負。「―をまじえる」

**いっせん【一線】**(名) ❶一本の線。「―に並ぶ」❷はっきりとした区切り。「―をこえる」❸戦いの最前線。また、重要な活躍《かつやく》をする場。第一線。「―を退く」

**一線を画《かく》する**　他とはっきりした区別をつける。「他の団体と―」

**いっそ** (副) むしろ。ひとおもいに。かえって。「そんなにおかねがかかるなら―新品を買うほうがいい」

**いっそう【一掃】**(名・他スル) きれいに全部はらいのけること。すっかりとりのぞくこと。「悪《あく》を―する」

**いっそう【一層】**(副) 前より程度がはなはだしくなるようす。一段と。さらに。「雨が―はげしく降る」

**いっそくとび【一足飛び】**(名) ❶両足をそろえてとぶこと。❷一定の順序を踏《ふ》まずにとびこえること。「―に部長になる」

**いつぞや**〖×何時ぞや〗(副) いつだったか。このあいだ。「―は失礼しました」

**いったい【一体】**[一](名) ❶二つ以上のものが一つになること。「―となって働く」❷仏像などの数え方で、一つ。❸一つの様式やていさい。「書の―」[二](副) ❶(「一体に」の形で)一般《いっぱん》に。おしなべて。「ことしは―に雨が少ない」❷(疑問の意を強く表して)そもそも。だいたい。「―それはほんとうか」

**いったい【一帯】**(名) そのあたり全体。「駅前―」

**いったいぜんたい【一体全体】**(副)(「いったい」を強めたことば)強い疑問の意を表す。そもそも。だいたい。「これは―どうしたことだ」

**いつだつ【逸脱】**(名・自他スル) 中心、または、本筋からそれること。「常識を―した行為《こうい》」

**いったん【一端】**(名) ❶一方のはし。❷一部分。「研究の―を紹介する」「責任の―を担《にな》う」

**いったん【一旦】**(副) ❶いちど。ひとたび。「―決めたらやりぬく」❷ひとまず。一時。「―帰国する」

**一旦緩急《かんきゅう》あれば**　ひとたび大事が発生すれば。

**いっち【一致】**(名・自スル) 全体が一つになること。ぴったり合うこと。「―協力」「二人の意見が―する」

**いっちはんかい【一知半解】**(名) なまはんかな知識で、よくわかっていないこと。なまかじり。

**いっちゅうや【一昼夜】**(名) まる一日。二四時間。「―にわたる停電」

**いっちょう【一丁】**[一](名) とうふ・こんにゃくなどの一つ。また、注文した一品料理の一つ。「とうふ―」「ラーメン―」[二](副) 何かを始めようとするときに言うことば。さあ。それじゃあ。「―やるか」

**いっちょう【一朝】**(名・副) ❶ある朝。❷ひとたび。いったん。「―事あれば」

**いっちょういっせき【一朝一夕】**(名) わずかな日時。短い期間。「何事も―には身につかない」

**いっちょういったん【一長一短】**(名) 長所もあるが、短所もあること。「背の高いのも―だ」

**いっちょうまえ【一丁前】**(名) 一人まえ。いっちょまえ。「―の口をきく」

**いっちょうら【一張羅】**(名) 一枚しかない晴れ着。また、着がえのない一枚きりのきもの。「―の背広」

**いっちょくせん【一直線】**(名) ❶まっすぐな一本の線。❷ひとすじ。まっすぐ。「家へ―に帰る」

**いつつ【五つ】**(名) ❶一つの五倍。五。❷五個。❸五歳《さい》。

**いっつい【一対】**(名) 二つで一つの組になっているもの。ペア。「―の茶わん」

**いって【一手】**（名）❶自分一人ですること。独占《どくせん》してすること。「—に引き受ける」❷碁《ご》・将棋《しょうぎ》などで、石やこまを一回打ったり動かしたりすること。「つぎの—」❸たった一つのわざ・方法。「押《お》しの—」

**いってい【一定】**㊀（名・自他スル）一つに決まっていて変わらないこと。一つに決めること。「—の様式」「速度を—にする」㊁（名）ある程度。「—の評価」

**いっていじ【一丁字】**（名）一つの文字。「目に—もない（＝少しも字が読めない）」

**いってき【一滴】**（名）ひとしずく。「—も飲めない」

**いってき【一擲】**『一△擲』（名・他スル）一度に全部を投げ捨てること。「乾坤《けんこん》—」

**いってつ【一徹】**（名・形動ダ）ひとすじに思いこんでかたくなに押《お》しとおすこと。がんこ。「老いの—」

**いってん【一天】**（名）（「天」を強めていうことば）空全体。空一面。「—にわかにかき曇《くも》る」

**いってん【一点】**（名）❶一つの点。「—一画もゆるがせにしない」❷一か所。また、ごくわずかなこと。「—の非の打ち所もない」❸品物や作品のかぞえ方で、一つ。「応募《おうぼ》は一人—に限る」

**いってん【一転】**（名・自他スル）❶一回転。ひとまわり。❷すっかり変わること。また、変えること。「態度を—させる」「心機—やり直す」

**いってんき【一転機】**（名）→いちてんき

**いってんばり【一点張り】**（名）一つのことだけでおし通すこと。「知らないの—で通す」類一本やり

**いっと【一途】**（名）（ひとすじの道の意から）ただひたすらある方向に向かうこと。「没落《ぼつらく》の—をたどる」

**いっとう【一刀】**（名）❶一本の刀。❷刀をひとふりすること。ひとたち。「—のもとにたおす」

**いっとう【一等】**㊀（名）第一。最上の等級。「—賞」㊁（副）いちばん。最も。「—美しい花」

**いっとう【一統】**㊀（名・他スル）全体を一つにまとめること。統一。㊁（名）一同。全体。「ご—様」

**いっとうこく【一等国】**（名）国際上、軍事的、経済的に最も優勢な国を俗《ぞく》にいった語。

**いっとうしん【一等親】**（名）〖法〗→いっしんとう

**いっとうせい【一等星】**（名）〖天〗恒星《こうせい》の中で、最も明るく見える星。シリウス・カノープスなど。参考肉眼で見える最も暗い星は六等星。

**いっとうちをぬく【一頭地を抜く】**多くの中できわだってすぐれている。「—作品」

**いっとうりょうだん【一刀両断】**（名・他スル）❶一太刀《ひとたち》で物を二つに切ること。❷物事をすみやかに決断し、思いきって処理すること。

**いっとき【一時】**（名）❶わずかの時間。「—もむだにできない」❷ある期間。「—はやった歌」❸むかしの時間の分け方で、今の二時間。

**いっとくいっしつ【一得一失】**（名）利益もあるが、損失もあること。いいことも悪いこともあること。

**いつに【一に】**（副）ひとえに。まったく。「成否は—自身の努力にかかっている」

**いっぱ【一派】**（名）学問・宗教などで、もとから分かれた一つの流派。「仏教の—」

**いっぱい【一杯】**㊀（名）❶さかずき・茶わんなどの容器一つ分の量。「コップ—の水」❷少し酒を飲むこと。「—やる」㊁（副・形動ダ）❶あふれるほど。たくさん。「おなかが—になる」「会場—の人」「仕事が—ある」❷限度に達するようす。ぎりぎり。「精—がんばる」「今月—かかる」

**—杯食《く》わす**　人をうまくだます。

**いっぱい【一敗】**（名・自スル）一度負けること。

**—敗地《ち》にまみれる**　ふたたび立ち直ることができないほどの負け方をする。「初戦で—」

**いっぱく【一泊】**（名・自スル）ひと晩よそでとまること。「民宿に—する」

**いっぱし【一端】**『一端』㊀（名）一人まえ。ひとなみ。「—の顔をする」㊁（副）一人まえのように。ひとなみに。「—理屈《りくつ》を言う」

**いっぱん【一半】**（名）なかば。半分。「責任の—は自分にある」

**いっぱん【一般】**（名）❶全体に広くゆきわたっていること。「—に知られている」「—の傾向《けいこう》」「—常識」類普遍《ふへん》。「—市民」対特殊。❷ありふれていること。ふつう。対特殊《とくしゅ》。❸ふつうの人びと。「—公開」

**いっぱんか【一般化】**（名・自他スル）❶広く全体にゆきわたること。ゆきわたらせること。「電子決済の—」❷個々のことがらからすべてに当てはまる考えや法則を引き出すこと。「自分の経験を過度に—する」…性「その主張は一般性に欠ける」

**いっぱんてき【一般的】**（形動ダ）｛ダロ・ダッ(デ・ニ)・ダ・ナ・ナラ・○｝広く全体的にゆきわたっているようす。ふつうのことであるようす。「ごく—な扱《あつか》い」

**いっぱんろん【一般論】**（名）個々の例や特殊《とくしゅ》な場合を考えずに、全体的に広く論じる議論。「それは—に過ぎない」

**いっぴ【一臂】**『一△臂』（名）（かたうでの意から）わずかの力。少しの助力。「—の力を貸す」

**いっぴきおおかみ【一匹おおかみ】**『一匹△狼』（名）集団に属さず、自分の主義・主張に従って、一人で行動する人。

**いっぴつ【一筆】**（名）❶すみつぎをしないでひとふでで書くこと。また、その文章。❷同じ人の筆跡《ひっせき》。❸簡単な文章を書くこと。「—啓上《けいじょう》」「—箋《せん》」

**いっぴん【一品】**（名）❶一つの品。「—料理」❷ひじょうにすぐれた品。逸品《いっぴん》。絶品。「天下—」

**いっぴん【逸品】**（名）すぐれた品物または作品。「世界に類のない—」類絶品

**いっぷう【一風】**（副）ほかのものと、どこかちがったところがあるようす。「—変わった作品」

**いっぷく【一服】**㊀（名）一回分の粉薬。「食後に—ずつ飲む」㊁（名・自他スル）❶薬・茶・たばこなどを一回飲むこと。❷（茶やたばこなどを飲んで）ひと休みすること。「三時に—する」

**—服盛《も》る**　毒薬を飲ませる。「ひそかに—」

**いっぷく【一幅】**（名）書や絵の掛《か》け物の、一つ。「—の山水画」

**いつぶ・す【鋳潰す】**（他五）｛サ(ソ)・シ・ス・ス・セ・セ｝金属の製品をとかして、もとの地金《じがね》にする。

**いつぶん【逸聞】**（名）世間にあまり知られていないめ

ずらしい話。類逸話《いつわ》

**いっぺん【一片】**（名）❶ひと切れ。ひとひら。「—の花びら」❷わずか。少し。「—の良心もない」

**いっぺん【一変】**（名・自他スル）すっかり変わること。また、すっかり変えること。「街のようすが—する」

**いっぺん【一遍】**（名）❶一回。一度。「—試そう」❷もっぱらそれだけであること。「とおり—」

**いっぺんとう【一辺倒】**（名）一方にだけかたよること。一つの物事にだけ熱心になること。「アメリカ—の外交政策」

**いっぺんに【一遍に】**（副）いちどきに。同時に。「盆《ぼん》と正月が—やってきたよう」

**いっぽ【一歩】**（名）❶ひと足歩くこと。❷ほんの少しの段階。わずかな程度。「話が—も進まない」

**いっぽう【一方】** **一**（名）❶一つの方面・方向。「—に開けた地形」❷片方。「—の意見だけを聞く」❸（動詞などの下について）もっぱらその方向にかたよること。…するばかり。「負担が増える—だ」「防戦—」 **二**（接）もう一つの方面のことについていえば。「兄はスポーツが得意だが、—弟は苦手だった」

**いっぽう【一報】**（名・他スル）❶ちょっと知らせること。「ご—ください」❷最初の知らせ。第一報。「五時に—が入る」

**いっぽうつうこう【一方通行】**（名）❶道路で、車などを一つの方向にだけ通すこと。❷はたらきかけや情報が片方からだけあること。「話が—になる」

**いっぽうてき【一方的】**（形動ダ）{ダロ・ダッ(デ・ニ)・ダ・ナ・ナラ・〇}❶一つの方面だけにかたよっているようす。「—な勝負に終わる」❷相手の言い分を聞かないで、自分の都合だけで事を行うようす。「—にがなりたてる」

**いっぽん【一本】**（名）❶細長いものなど「本」で数えるものの一つ。「鉛筆《えんぴつ》—」「—の電話」「—の映画」❷柔道《じゅうどう》・剣道《けんどう》で、技が一つ決まること。また、相手をやりこめること。「—取られる」❸それだけに専念すること。ひとすじ。「音楽—でやっていく」

**いっぽんか【一本化】**（名・他スル）（ばらばらのことがらを）一つにまとめること。「要求の—をはかる」

**いっぽんぎ【一本気】**（名・形動ダ）純粋《じゅんすい》でいちずに思いこむ性質。「—な男」

**いっぽんしょうぶ【一本勝負】**（名）柔道《じゅうどう》・剣道《けんどう》で、先に技をきめたほうを勝ちとする方法。また、一度だけで勝負を決めること。「六〇分—」

**いっぽんだち【一本立ち】**（名・自スル）他人の助けを借りずに、一人でやっていくこと。ひとり立ち。

**いっぽんちょうし【一本調子】**（名・形動ダ）やり方や話し方が同じ調子で変化がないこと。いっぽんぢょうし。「—の朗読《ろうどく》」

**いっぽんやり【一本やり】**『一本△槍』（名）いつもただ一つのやり方で押《お》しとおすこと。「足わざ—の攻《せ》め」類一点ばり

**いつも**『×何時も』 **一**（副）いつでも。つねに。「—笑っている」 **二**（名）ふだん。ふつう。「—の調子」

**いつらく【逸楽】**（名）気ままに遊び楽しむこと。「—にふける」

**いつわ【逸話】**（名）ある人についての、世の中の人びとにあまり知られていないおもしろい話。エピソード。「先生の少年時代の—」類逸聞《いつぶん》

**いつわり【偽り】**（名）事実でないつくりごと。うそ。「—の証言をする」「うそ—のない正直な気持ち」

**いつわ・る【偽る】**（他五）{ラ(ロ)・リ(ッ)・ル・ル・レ・レ}事実とちがうことを言ったりしたりする。「収入を—」類あざむく

**いで**（感）古語❶さあ。どれ。いざ。「—、君も書いたまへ」〈源氏物語〉訳さあ、あなたも書きなさい。❷（感動したときに用いて）いやもう。ほんとうに。「—、いと興ある事言ふ老《らう》者《ざ》たちかな」〈大鏡〉訳いやもう、たいそうおもしろいことを言う老人たちだなあ。

**イデア**〔ギリシヤ idea〕（名）哲学《てつがく》で、観念。理念。イデー。

**イディオム**〔英 idiom〕（名）慣用句。成句。

**イデー**〔ドイツ Idee〕（名）→イデア

**イデオロギー**〔ドイツ Ideologie〕（名）人間の行動の基本になる考え。また、政治・社会に対する基本的な考え。「—の対立」

**いてき**『△夷△狄』（名）❶野蛮《やばん》な異民族。❷外国人。

**いでたち**『◇出で立ち』（名）身じたく。よそおい。「—を整える」「奇妙《きみょう》な—」

**いて・つ・く**『◇凍て付く』（自五）{カ(コ)・キ(イ)・ク・ク・ケ・ケ}こおりつく。「—・いた大地」

**いてもたってもいられない**【居ても立ってもいられない】（不安や待ち遠しさなどのために）じっとしていられない。気が気でない。「心配で—」

**いでゆ**『◇出で湯』（名）温泉。「—の里」

**い・てる**『◇凍てる』（自下一）{テ・テ・テル・テル・テレ・テロ(テヨ)}こおる。「—・てた冬の田」

**いてん【移転】**（名・自他スル）住所や事務所などをほかの場所に移すこと。また、移ること。「工場を国外に—する」

**いでん【遺伝】**（名・自スル）『生』親の形態や性質などが子どもや孫に伝わること。「隔世《かくせい》—」

**いでんし【遺伝子】**（名）『生』形態・性質などの遺伝をおこさせる物質。⇩せんしょくたい

**いと【糸】**（名）❶まゆ・綿・麻《あさ》・毛などの天然繊維《せんい》や人造繊維を細長くひきのばして、よりをかけたもの。「—をつむぐ」❷細長い線のようなもの。「くもの—」❸琴《こと》・三味線《しゃみせん》などの弦《げん》。転じて、琴・三味線。「—をかき鳴らす」❹つり糸。「—を垂《た》れる（=つりをする）」

**糸を引《ひ》く** ❶（糸を引いてあやつり人形を動かすことから）陰《かげ》で人をあやつる。「裏で—黒幕がいる」❷ねばねばしたものが糸のように長くのびる。「納豆《なっとう》が—」

**いと【意図】**（名・他スル）あることをしようと考えること。また、こうしようと考えていること。「批判する—はなかった」「相手の—をさぐる」…的「意図的にじゃまをする」

**いと**（副）古語❶ひじょうに。たいそう。「風—涼《すず》しく吹《ふ》きて」〈源氏物語〉訳風がたいそう涼しく吹いて。❷たいして。あまり。「—やむごとなき際《きは》にはあらぬが」〈源氏物語〉訳たいして高貴な家がらの出ではない方で。❸まったく。ほんとうに。「—思ひのほかなりしことなり」〈方丈記《ほうじょうき》〉訳ほんとうに思ってもいなかったことである。

**いど【井戸】**（名）土地をほって地下水をくみ出す設備。「―がかれる」「―水」

**いど【緯度】**（名）地球上のある場所が赤道からどれくらいはなれているかを表す度合い。赤道を０度として南と北に九〇度まである。対経度。⇩なんい（南緯）・ほくい

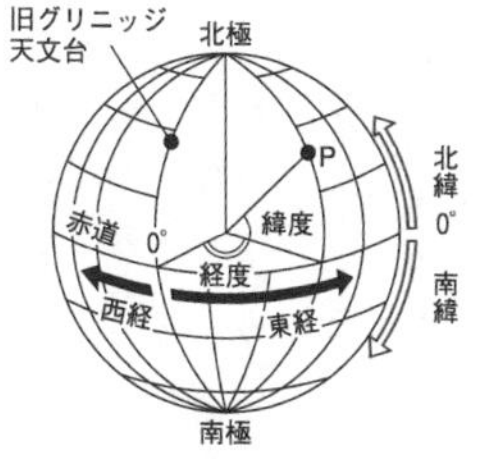


（緯度）

**いと・う**『△厭う』（他五）{ワ(オ)・イ(ッ)・ウ・ウ・エ・エ} ❶いやだと思う。きらってさける。「世を―」❷大事にする。いたわる。「身を―」

**いどう【異同】**（名）異なっている点。ちがう点。「―を調べる」類相違《そうい》

**いどう【異動】**（名・自他スル）地位や仕事などが変わること。また、変えること。「人事―」

**いどう【移動】**（名・自他スル）動いて場所が移り変わること。また、動かして場所を移し変えること。「車両を―する」「―手段」

**いとうさちお**〔伊藤左千夫〕【人名】（一八六四〜一九一三）明治時代の歌人・小説家。正岡子規《まさおかしき》の弟子《でし》。短歌雑誌「アララギ」によって活躍《かつやく》。歌風は情熱的で力強い万葉調。作品は「左千夫歌集」のほかに小説「野菊《のぎく》の墓」など。

**いどうせいこうきあつ【移動性高気圧】**（名）〔天〕東へ移動してゆく高気圧。日本では気候の入れかわる春と秋に多い。

**いとおし・い**（形）{カロ・カッ(ク)・イ・イ・ケレ・○}→いとしい

**いとおし・む**（他五）{マ(モ)・ミ(ン)・ム・ム・メ・メ} ❶愛情をもってかわいがる。「初孫を―」❷かわいそうに思う。「親のない子を―」❸惜《お》しんでたいせつにする。「わが身を―」

**いときりば【糸切り歯】**（名）（糸を切るのに使うことから）人間の犬歯《けんし》。

**いとく【遺徳】**（名）死んだあとまで残る人徳。「恩師の―をしのぶ」

**いとぐち【糸口】**『◇緒』（名）物事の手がかり。きっかけ。「話の―をさがす」

**いとけな・い**『◇幼けない』（形）{カロ・カッ(ク)・イ・イ・ケレ・○} おさない。あどけない。子どもっぽい。「―子ども」

**いとこ**『×従兄弟・×従姉妹』（名）父母の兄弟姉妹の子ども。参考性別や年齢《ねんれい》が上か下かによって「従兄」「従弟」「従姉」「従妹」とも書く。

**いどころ【居所】**（名）住んでいる場所。いるところ。「―を知らせる」「虫の―が悪い（＝きげんがよくない）」

**いとし・い**『◇愛しい』（形）{カロ・カッ(ク)・イ・イ・ケレ・○} ❶かわいくてしかたがない。恋《こい》しい。「―人」❷かわいそうである。気の毒だ。ふびんだ。「病弱な子が―」

**いとしご【いとし子】**『◇愛し子』（名）かわいがっている子ども。たいせつなわが子。「―に先立たれる」

**いとすぎ【糸杉】**（名）〔植〕ヒノキ科の常緑高木。葉は針形。材は家具や楽器などに用いられる。

**いとたけ【糸竹】**（名）❶和楽器の総称《そうしょう》。❷音楽。管弦《かんげん》。「―の道」参考「糸」は琴《こと》・びわなどの弦楽器、「竹」は笛・笙《しょう》などの管楽器のこと。

**いとど**（副）古語❶いっそう。ますます。「草も高くなり、野分《のわき》にー荒《あ》れたるここちして」〈源氏物語〉訳草も高く伸び茂《しげ》り、秋の台風のためにいっそう荒れたような感じがして。❷そうでなくてさえ。もとより。「御心―うるはしくおはします人の」〈大鏡〉訳お心がもとよりきちんとしていて、りっぱでいらっしゃる方が。

**いとな・む【営む】**（他五）{マ(モ)・ミ(ン)・ム・ム・メ・メ} ❶おこたらずに物事をつづける。「生活を―」❷商売をする。営業する。「青果業を―」❸神事・仏事などを行う。「法要《ほうよう》を―」

**いとのこ【糸のこ】**『糸△鋸』（名）板を切り抜《ぬ》いたり曲線に切ったりするための薄《うす》く細い刃《は》ののこぎり。

**いどばた【井戸端】**（名）井戸のそば。井戸のまわり。

**いどばたかいぎ【井戸端会議】**（名）（もと、井戸のまわりで洗濯《せんたく》などをしながら世間話をしたことから）おもに女性が集まってするおしゃべり。

**いとへん【糸偏】**（名）漢字の部首の一つ。「結」「綿」などの左側にある「糸」の部分。

**いとほ・し**《イトオシ》（形シク）古語❶かわいそうだ。きのどくだ。「熊谷《くまがい》あまりに―・しくて」〈平家物語〉訳熊谷直実《なおざね》は（平敦盛《たいらのあつもり》が）あまりにもふびんで。❷かわいい。いじらしい。「見そめし心ざし―・しく思はば」〈源氏物語〉訳（男が自分を）恋《こい》した思いをいじらしく思うなら。

**いとま**『◇暇』（名）❶用事のないとき。ひま。「応接に―がない」❷休暇《きゅうか》。休み。❸職をやめること。職をやめさせること。また、離縁《りえん》すること。「―を出す」❹人と別れること。「お―いたします」

**いとまき【糸巻き】**（名）糸をまきつけておく道具。

**いとまごい**『◇暇乞い』（名・自スル）別れのあいさつをすること。「―をする」

**いど・む【挑む】**{マ(モ)・ミ(ン)・ム・ム・メ・メ} ━（他五）戦いや争いをしかける。「戦いを―」━（自五）難関に立ち向かう。挑戦《ちょうせん》する。「冬山に―」「自分の限界に―」

**いとめ【糸目】**（名）❶細い糸。糸すじ。線。❷つり合いをとるために凧《たこ》の表面につける数本の糸。「かねに―をつけない（＝おしみなくいくらでもおかねを出す）」❸陶器《とうき》などに細くきざみつけたすじ。「―模様」

**いと・める【射止める】**（他下一）{メ・メ・メル・メル・メレ・メロ(メヨ)} ❶弓や鉄砲《てっぽう》などで射殺す。「熊《くま》を―」❷ねらったものをうまく自分のものにする。「特賞を―」

**いとも**（副）ひじょうに。まことに。「―簡単なことだ」

**いとわし・い**『△厭わしい』（形）{カロ・カッ(ク)・イ・イ・ケレ・○} さけたくなるような、いやな気持ちである。「―・く思う」

**いな【否】**━（名）❶賛成できないこと。不承知。「承知か―か」❷そうでないこと。「事実か―か、はっきりさせる」━（感）打ち消したり拒絶《きょぜつ》したりするときに言うことば。いや。そうではない。「数万、―数十万もの大軍」

**いない【以内】**（名）数量や時間などが、基準になるも

のを含《ふく》んで、その範囲《はんい》のなか。「三日—」

**いなお・る【居直る】**（自五）{ラ(ロ)・リ(ッ)・ル・ル・レ・レ}❶すわり直して、姿勢を正す。「客のほうに—」❷追いつめられた者が逆に強い態度に出る。「反省するどころか—」

**いなか【○田舎】**（名）❶都会から遠くはなれた所。地方。「—暮らし」対都会。❷地方にある生まれ故郷。ふるさと。「私の—は信州です」

**いながら【居ながら】**そこにいるままで。すわったままで。「テレビで、—にして世界のニュースがわかる」使い方多く「いながらにして」の形で使う。

**いなご〘△蝗〙**（名）〘動〙イナゴ科の昆虫《こんちゅう》。からだは緑色で、羽は褐色《かっしょく》。稲を食いあらす害虫。

**いなさく【稲作】**（名）❶稲《いね》を栽培《さいばい》すること。「—農家」❷稲の実りぐあい。「—予想」《類米作》

**いな・す〘◇往なす〙**（他五）{サ(ソ)・シ・ス・ス・セ・セ}❶相手の攻撃《こうげき》や追及《ついきゅう》をたくみにかわす。「クレームを軽く—」❷すもうで、相手がつっこんできたとき、急に身をかわして相手をよろめかせる。「—・して送り出す」

**いなずま【稲妻】**（名）雷《かみなり》が鳴るとき、空中でおきる電気の強い火花。いなびかり。「—が走る」

**いなせ〘△鯔背〙**（名・形動ダ）いきで威勢《いせい》がよいこと。いさみはだ。「—な若い衆」

**いなな・く〘△嘶く〙**（自五）{カ(コ)・キ(イ)・ク・ク・ケ・ケ}馬が声高く鳴く。

**いなば**〔因幡〕［地名］むかしの国名の一つ。今の鳥取県の東部。因州《いんしゅう》。

**いなびかり【稲光】**（名）→いなずま

**いなほ【稲穂】**（名）稲《いね》の穂。「—が実る」

**いな・む【否む】〘◇辞む〙**（他五）{マ(モ)・ミ(ン)・ム・ム・メ・メ}❶ことわる。拒否《きょひ》する。「申し入れを—」❷否定する。「—ことのできない事実」

**いなむら【稲むら】〘稲△叢〙**（名）かりとった稲《いね》を積み重ねたもの。

**いなめない【否めない】**否定することができない。「彼《かれ》に責任があることは—」「—事実」

**いなや【否や】**❶不承知。不同意。「まさか—はあるまい」❷（「…やいなや」の形で）㋐…すると同時に。すぐに。「家に帰るや—雨が降りだした」㋑そうであるか、どうか。「はたして試合に勝てるや—」

**いなら・ぶ【居並ぶ】**（自五）{バ(ボ)・ビ(ン)・ブ・ブ・ベ・ベ}ずらりとならんですわる。「—人びと」

**いなり〘稲◇荷〙**（名）❶五穀《ごこく》（=米・麦・あわ・きび・豆）をつかさどる神。また、その神をまつった神社。❷（①の使いであると信じられていたことから）きつねのこと。❸「いなりずし」の略。

**いなりずし〘稲◇荷△鮨〙**（名）甘《あま》からく味つけした油揚《あぶらあ》げの中にすし飯をつめた食べ物。おいなりさん。

**イニシアチブ**〔英 initiative〕（名）人に先だって行動したり、呼びかけたりすること。主導権。「会議の—をとる」

**イニシアル**〔英 initial〕（名）姓《せい》や名などをローマ字で書いたときの最初の文字。かしら文字。イニシャル。

**いにしえ〘◇古〙**（名）遠く過ぎ去った時。むかし。「—をしのぶ」

**イニシエーション**〔英 initiation〕（名）ある社会や集団で、正式な一員になるために行われる儀式。成人式や入社式、古くは元服《げんぷく》など。

**いにしへの《イニシ…エノ》** 和歌〔いにしへの　奈良《なら》の都《みやこ》の　八重桜《やへざくら》　けふ九重《ここのへ》に　にほひぬるかな〕〈詞花集《しかしゅう》・伊勢大輔《いせのたいふ》〉訳そのむかし栄えた奈良の都で咲《さ》いていた八重桜が献上《けんじょう》されて、きょうは九重（=宮中）で美しく咲きかがやいていることだ。（小倉《おぐら》百人一首の一つ）

**いにゅう【移入】**（名・他スル）❶移し入れること。「感情—」❷国内の他の地域からある地域へ貨物を入れること。対移出

**いにん【委任】**（名・他スル）物事の処理を人にまかせ、かわりにやってもらうこと。「全権を—する」

**イニング**〔英 inning〕（名）野球で、両方のチームがそれぞれ一度ずつ攻撃《こうげき》と守備とを行う、表と裏とからなる試合区分。回。

**いにんじょう【委任状】**（名）特定の人に一定の事項を委任したことを証明する書状。「—を出す」

**いぬ【犬】**㊀（名）❶〘動〙イヌ科の哺乳《ほにゅう》動物。古くから人間に飼われ、家の番や猟《りょう》などに使われる。❷スパイ。まわしもの。「敵方の—」㊁（接頭）❶（植物の名などにつけて）一見似ているがちがうものの意を表す。「—たで」❷人をいやしめていうことば。「—侍《さむらい》」❸むだである意を表す。「—死に」

**犬と猿《さる》**　仲の悪い者どうしのたとえ。犬猿《けんえん》。

**犬の遠《とお》ぼえ**　おくびょうな者が、かげでからいばりをすること。

**犬も歩《ある》けば棒《ぼう》に当《あ》たる**　❶でしゃばると災難にあうというたとえ。❷出歩くと思いがけない幸福にぶつかることがあるというたとえ。

**犬も食《く》わない**　だれからもまったく相手にされない。「夫婦げんかは—」

**いぬ〘△戌〙**（名）❶十二支の第十一。❷むかしの時刻の名。今の午後八時ごろ、およびその前後約二時間。（一説にはその後約二時間）。❸方角の名。西北西。

**い・ぬ**〔去ぬ・往ぬ〕（自ナ変）古語❶行ってしまう。「この人を具して—・にけり」〈徒然草《つれづれぐさ》〉訳この人をつれて行ってしまった。❷死ぬ。「言《こと》だに告げず—・にし君かも」〈万葉集〉訳ことづてもしないで死んでしまったあなたよ。

**いぬい〘△戌△亥・◇乾〙**（名）方角の名。北西。

**イヌイット**〔英 Inuit〕（名）カナダ・アラスカの北部やグリーンランドに住むモンゴル系の種族の自称《じしょう》。

**いぬかき【犬かき】〘犬△搔き〙**（名）犬が泳ぐときのように、頭を水上に出したまま両手で水をかき、足をばたばたさせて進む泳ぎ方。犬泳ぎ。

**いぬき【居抜き】**（名）設備・備品などをそのまま残した状態で、店舗《てんぽ》などを売ったり貸したりすること。

**いぬくぎ〘犬△釘〙**（名）鉄道のレールをまくら木に固定するために打ちつけるくぎ。

**いぬじに【犬死に】**（名・自スル）なんの役にもたたない死。むだ死に。「むざむざ—する」

**いね【稲】**（名）〘植〙イネ科の一年草。秋の初めに花が咲《さ》く。米はその種で、主食とするほか、酒・こうじ・もち

の原料となる。田に作る水稲《すいとう》と畑に作る陸稲《りくとう》(＝おかぼ)がある。

**いねかり【稲刈り】**(名) みのった稲を刈り取ること。「―を刈《か》り取る」

**いねこき【稲こき】**『稲◇扱き』(名・自スル) 稲の穂《ほ》からもみをしごいて取ること。また、その機械。

**いねむり【居眠り】**(名・自スル) すわったまま眠ること。うとうとと眠ること。「授業中に―する」

**いのいちばん【いの一番】**(名)(「い」がいろは順の最初であることから)ほかのだれよりも早く行動すること。真っ先。最初。「―に駆《か》けつける」

**いのこずち**『×牛膝』(名) 〘植〙ヒユ科の多年草。道ばたや山野に生える。実にはとげがあって衣服などにつきやすい。根は薬用。

(いのこずち)

**いのこり【居残り】**(名・自スル) 居残ること。「―で練習する」

**いのこ・る【居残る】**(自五)〔ラ(ロ)・リ(ッ)・ル・ル・レ・レ〕❶ほかの人が帰ったあとまでも残っている。「教室に―」❷勤務時間後も残る。残業する。「―・って仕事をする」

**いのしし**『△猪』(名)〘動〙イノシシ科の哺乳《ほにゅう》動物。きばを持ち、性質はあらく、田や畑をあらす。

(いのしし)

**いのち【命】**(名) ❶生物が生きるもとになる力。生命。「―がみなぎる」「―を落とす」❷生きている期間。一生。「短い―」「―が縮む思い」❸いちばんたいせつなもの。「ピアニストは指が―だ」

**命あっての物種《ものだね》** 命があってこそはじめて何事もできる。何よりも命がたいせつである。

**命の洗濯《せんたく》** 日ごろの苦労をわすれて、息ぬき・気晴らしをすること。「たまには―も必要だ」

**命の綱《つな》** 生きていくために最もたよりとするもの。

**いのちがけ【命懸け】**(名・形動ダ) 命をすてる覚悟《かくご》で、事を行うこと。必死ですること。「―の仕事」

**いのちからがら【命からがら】**(副) やっと命だけは助かって。やっとのことで。「―逃《に》げ出す」

**いのちごい【命乞い】**(名・自スル) 命を助けてほしいと頼《たの》むこと。「手を合わせて―をする」

**いのちしらず【命知らず】**(名・形動ダ) 命を失うことをおそれないで物事をすること。また、そういう人。

**いのちづな【命綱】**(名) 高い所や海の中などの危険な所で仕事をするとき、用心のためにからだにつける綱。「―をつけて潜《もぐ》る」

**いのちとり【命取り】**(名) ❶命をなくすもとになるもの。「その病が―になった」❷取り返しのつかない失敗や破滅《はめつ》の原因になることがら。「政府の―となる」

**いのちなき**…[短歌]

〔いのちなき　砂《すな》のかなしさよ　さらさらと　握《にぎ》れば指《ゆび》の　あひだより落《お》つ〕〈石川啄木《いしかわたくぼく》〉[訳]命のない砂のなんと悲しいことよ。握ってみても、手ごたえもなく、さらさらと指のあいだからこぼれ落ちてしまう。

**いのちびろい【命拾い】**(名・自スル) あぶなく死にそうになった命が運よく助かること。「あやうく―した」

**いのなかのかわず【井の中のかわず】**『井の中の△蛙』考えや知識がせまくて、広い世界のあることを知らないこと。また、その人。「―大海を知らず」

**イノベーション**〔英 innovation〕(名) 技術革新。新機軸《しんきじく》。

**いのり【祈り】**(名) 神仏に祈ること。祈願《きがん》。「―を捧《ささ》げる」

**いの・る【祈る】**(他五)〔ラ(ロ)・リ(ッ)・ル・ル・レ・レ〕❶望むことが実現するように、神や仏に願う。「無事の出産を―」❷人のために、心からそうなるように望む。「成功を―」

**いはい**『位△牌』(名) 死んだ人の戒名《かいみょう》などを書いて仏壇《ぶつだん》にまつる木のふだ。「―を仏壇に納める」

**位牌を汚《けが》す** 祖先の名誉《めいよ》をきずつける。

**いはい【違背】**(名・自スル) 守るべき規則・命令・約束などにそむくこと。「命令に―する」[類]違反

**いばしょ【居場所】**(名) いる所。いどころ。「―をつきとめる」「―がない」

**いばしんえん【意馬心猿】**(名)〘仏〙心におこるさまざまな欲望や心の乱れがおさえられないことを、あばれる馬やさわぐ猿《さる》にたとえたことば。

**いはつ【衣鉢】**(名)(師の僧《そう》から弟子《でし》へ伝える袈裟《けさ》と食器の意から)師から弟子に伝える大事な教え。「―を継《つ》ぐ」

**衣鉢を伝《つた》える** 師が弟子にその奥義《おうぎ》を伝える。

**いはつ【遺髪】**(名) 死んだ人の形見の髪《かみ》の毛。

**いはばしる**…[和歌]

〔石走《いわばし》る　垂水《たるみ》の上《うへ》の　さわらびの　萌《も》え出《い》づる春《はる》に　なりにけるかも〕〈志貴皇子《しきのみこ》・万葉集《まんようしゅう》〉[訳]岩の上をはげしく走り流れる水が落ちている滝《たき》のほとりのわらびが、芽を出してくる春になったことよ。(「石走る」は「垂水」の枕詞《まくらことば》であるが、ここでは実景を写したものとする説が有力)

**いばら【茨】** 9画 艹6 [小4] [訓]いばら

一 艹 艹 芀 茨 茨

いばら。[参考]「茨城」県は「いばらき」県と読む。

**いばら【茨】**『△棘・△荊』(名) ❶とげのある小さな木の総称《そうしょう》。❷植物のとげ。

**茨の道《みち》** 苦しみや困難の多い人生などのたとえ。

**いはらさいかく【井原西鶴】**[人名](一六四二～一六九三)江戸《えど》時代前期の俳人・浮世草子《うきよぞうし》作者。大坂の人。浮世草子では人間生活のさまざまな姿をありのままにえがき、「好色一代男」「日本永代蔵《にっぽんえいたいぐら》」「世間胸算用《せけんむねさんよう》」「武家義理物語」などを残した。

**いば・る【威張る】**(自五)〔ラ(ロ)・リ(ッ)・ル・ル・レ・レ〕わざとえらそうにふるまう。「先輩《せんぱい》づらして―」

**いはん【違反】**(名・自スル) 規則やきまりなどにそむくこと。「法に―する」「交通―」

**いびき**『△鼾』(名) 寝《ね》ているとき、呼吸とともに鼻・口から出る音。「―をかく」

**いびつ**『△歪』(名・形動ダ) 物の形や人間の心などのゆがんでいること。「―な器《うつわ》」「―な社会構造」

**いひょう【意表】**(名) 思いがけないこと。意外なこと。意想外。

**意表に出《で》る** 相手の予想外の行動をする。

**意表を突《つ》く** 相手が思いもつかぬことをするなどして、驚《おどろ》かす。「意表を突いたデザイン」

**いび・る**（他五）〔ラ(ロ)・リ(ッ)・ル・ル・レ・レ〕弱い立場にある相手をいじめてつらいめにあわせる。「新入りを—」

**いひん【遺品】**（名）死んだ人が残した品物。「母の—」類形見

**いふ【畏怖】**（名・他スル）おそれおののくこと。ひじょうにおそろしがること。「神への—」「—の念をいだく」

**いぶ**〖慰△撫〗（名・他スル）人の心をなぐさめいたわること。「傷ついた心を—する」

**イブ**〔英 eve〕（名）祭りなどの前夜。特に、クリスマスの前夜。「クリスマス—」

**イブ**〔Eve〕（名）「旧約聖書」に出てくる伝説上の人物。アダムの妻で、人類最初の女性。⇒アダム

**いふう【威風】**（名）威厳・威勢をそなえているようす。「—あたりを払《はら》う」

**いふう【遺風】**（名）❶後世《こうせい》にまで残された風習。「代々の—」❷先人が残した教え。「—を慕《した》う」

**いふうどうどう【威風堂堂】**（ト・タル）威厳・威勢がみなぎり、りっぱに見えるようす。「—と行進する」

**いぶかし・い**〖△訝しい〗（形）〔カロ・カッ(ク)・イ・イ・ケレ・○〕不審《ふしん》な点があってあやしく感じられる。疑わしい。「その話には—点がある」

**いふかひな・し**〔言ふ甲斐なし〕イウカイナシ（形ク）古語❶言ってもしかたがない。なんとも言いようがない。「聞きしよりもまして、—・くぞこぼれ破れたる」〈土佐《とさ》日記〉訳かねて聞いていた以上に、なんとも言いようがなくこわれいたんでいる。❷ふがいない。いくじがない。「女、親なくたよりなくなるままに、もろともに、—・くてあらむやはとて」〈伊勢《いせ》物語〉訳女は親をなくし頼《たよ》るものがなくなるにつれて、（男は）一緒《いっしょ》にみじめでふがいない生活をしていられようか、といって。❸いやしい。みすぼらしい。「—・き声引き出《い》でて歌ひて行く」〈蜻蛉《かげろう》日記〉訳みすぼらしい声を張り上げて歌って行く。

**いぶか・る**〖△訝る〗（他五）〔ラ(ロ)・リ(ッ)・ル・ル・レ・レ〕不審《ふしん》に思う。疑わしく思う。「急に静かになったのを—」

**いぶき【○息吹】**（名）生き生きとしたけはいやようす。「春の—を感じる」

**いふく【衣服】**（名）着るもの。きもの。衣類。

**いぶくろ【胃袋】**（名）胃。「—がいっぱいになる」

**いぶしぎん【いぶし銀】**〖△燻し銀〗（名）❶硫黄《いおう》でいぶした灰色がかった渋《しぶ》みのある銀。また、その色。❷地味であるが、落ち着いた魅力《みりょく》や深い味わいがあることのたとえ。「—の演技」

**いぶ・す**〖△燻す〗（他五）〔サ(ソ)・シ・ス・ス・セ・セ〕❶物を燃やして煙《けむり》を出す。けぶらせる。「松葉を—」❷硫黄《いおう》を燃やした煙で銀や銅などを黒くする。「銀を—」

**イプセン**〔Henrik Ibsen〕【人名】（一八二八〜一九〇六）ノルウェーの劇作家。近代劇の創始者。物事をありのままにえがこうとする立場から、社会問題をあつかった戯曲《ぎきょく》を書いた。作品に「人形の家」「民衆の敵」など。

**いぶつ【異物】**（名）❶ふつうとは違《ちが》うもの。異質なもの。「食品に—が混入する」❷〔医〕体内にはいったりできたりしたもので、からだの組織と調和しないもの。「目に入った—を取りのぞく」

**いぶつ【遺物】**（名）むかしの人が使い、今でも残っているもの。また、時代おくれのもの。「前世紀の—」

**イブニング**〔英 evening〕（名）❶夕方。晩。❷（「イブニングドレス」の略）夜会や晩餐会《ばんさんかい》などに着る、女性用のすその長い礼服。

**いぶ・る**〖△燻る〗（自五）〔ラ(ロ)・リ(ッ)・ル・ル・レ・レ〕よく燃えないで、煙《けむり》だけが出る。くすぶる。「まきが—」

**いぶん【異聞】**（名）世間に知られていないめずらしい話。変わったうわさ。

**いぶんか【異文化】**（名）伝統の異なる文化。

**いぶんし【異分子】**（名）一つの集団の中で、ほかの多くと性質・思想などのちがうもの。「—がまじる」

**いへき【胃壁】**（名）胃の内側の壁《かべ》。粘膜《ねんまく》・筋肉などでできている。「—がただれる」

**いへにあれば** イエニアレバ…和歌〔家にあれば　笥《け》に盛《も》る飯《いひ》を　草《くさ》まくら　旅《たび》にしあれば　椎《しひ》の葉《は》に盛《も》る〕〈万葉集《まんようしゅう》・有間皇子《ありまのみこ》〉訳家にいれば食器にもる飯を、捕《と》らえられて連行されていく旅の途上《とじょう》なので、椎の葉にもることだ。（「草まくら」は「旅」の枕詞《まくらことば》。飯を椎の葉にもるのは、道の神にささげるためとする説もある）

**いへん【異変】**（名）ふだんとちがう状態になること。また、ふだんと変わった出来事。「からだに—を感じる」

**いへんさんぜつ**〖△韋編三絶〗（名）同じ書物をくり返して熱心に読むこと。韋編三《み》たび絶《た》つ。

故事 孔子《こうし》が易経《えききょう》を何度も読んだので、とじひもの韋（＝なめし革《がわ》）が三度も切れたということから出たことば。〈史記〉

**イベント**〔英 event〕（名）❶催《もよお》し物。行事。「ビッグ—」❷競技・試合の種目。「メーン—」

**いぼ**〖△疣〗（名）❶ひふの一部が変化してできる、まるく小さなふくらみ。❷物の表面につきでたもの。「きゅうりの—」

**いぼ【異母】**（名）父が同じで、母がちがうこと。腹ちがい。「—兄弟」

**いほう【異邦】**（名）よその国。外国。「—人」

**いほう【違法】**（名）法律にそむくこと。「—行為《こうい》」…性「違法性を追及《ついきゅう》する」類不法。対適法

**いま【今】**一（名）❶この時。現在の時点。「—が大事な時だ」「—すぐ実行する」❷①に近い時。近い未来や過去。「—に見てろよ」「—の議論をふまえて」❸この時代。こんにち。現代。「—の世の中」「—は使われなくなったことば」対むかし

二（副）❶もうすぐ。じきに。やがて。「—行くから待っていなさい」❷直前。ついさっき。「—着いたばかりだ」❸さらに。もう。「—一度考えてごらん」

**今は昔《むかし》** 今からみるともうむかしのこと。物語の書き出しなどに用いる。

**いま【居間】**（名）家の中で家族がふだんいる部屋。「—でくつろぐ」対客間

**いまいち**〖今一〗（副）〔俗語〕少しもの足りないようす。あとひと息。いまひとつ。「味は—だ」

**いまいま・し**〔忌ま忌まし〕（形シク）古語❶つつしむ

べきだ。はばかられる。「ゆゆしき身に侍《はべ》れば、かくておはしますも、ー・しう、かたじけなく」〈源氏物語〉訳(娘が亡くなった)不吉《ふきつ》な身でございますから、(若宮が)ここにこうしておいでになるのも、はばかられ、もったいなく。❷えんぎが悪い。不吉だ。「ー・しき身のそひたてまつらむも、いと人聞き憂《う》かるべし」〈源氏物語〉訳えんぎでもない私が(若宮に)付きそい申しあげるのも、たいへん外聞が悪いでしょう。❸不快である。いとわしい。「聞くもー・しう怖《おそろ》しかりし事どもなり」〈平家物語〉訳聞くのもいとわしく、おそろしかったことである。

**いまいまし・い**〖忌ま忌ましい〗（形）｛カロ・カツ(ク)・イ・イ・ケレ・○｝しゃくにさわる。腹が立つ。「ーやつだ」

**いまごろ**【今頃】（名）❶今とだいたい同じ時刻・時期。今時分。「ー家に着いているだろう」「去年のー」❷時期・時刻に遅《おく》れた今。「ー来ても役に立たない」

**いまさら**【今更】（副）❶今あらためて。「ー言うまでもない」❷今となっては。「ー引き返せない」

**いましがた**【今し方】（副）ほんの少し前。たった今。「ー始まったところです」

**いまじぶん**【今時分】（名）今ごろ。「昨年のー」

**イマジネーション**〔英 imagination〕（名）想像。想像力。「ーをはたらかせる」

**いましめ**【戒め】（名）❶教えてさとすこと。また、そのことば。「ーを守る」❷こらしめ。「ーのために廊下《ろうか》に立たせる」❸自由に動けないようにからだをしばること。また、その縄《なわ》。「ーを解く」参考③は「縛め」と書く。

**いまし・める**【戒める】（他下一）｛メ・メ・メル・メル・メレ・メロ(メヨ)｝❶教えさとして注意する。「みずからをー」❷こらしめる。しかる。「いたずらをした子どもをー」

**いまだ**〖◇未だ〗（副）→いまだに

**いまだかつて**〖◇未だ◇曽て・◇未だ△嘗て〗（副）今までに一度も。「ー見たことがない」使い方あとに「ない」「ません」などの打ち消しのことばがくる。

**いまだに**〖◇未だに〗（副）今になってもなお。今もって。いまだ。「ー犯人がつかまらない」

**いまどき**【今時】（名）❶ちかごろ。このごろ。今の時代。「ーの子ども」❷今のような時間。今ごろ。「ー行っても間に合わない」

**いまに**【今に】（副）❶すぐ。まもなく。「ー雨もあがるでしょう」❷いつか。そのうちに。「ーわかるだろう」

**いまにも**【今にも】（副）今すぐにも。まさに。「ー降り出しそうな天気」

**いまひとつ**【今一つ】❶さらに一つ。もう一つ。「ーお願いがあります」❷少しもの足りないところがあるようす。もう少し。あと少し。「ー満足できない」

**いまふう**【今風】（名・形動ダ）現代ふう。当世ふう。「ーの建物」

**いまもって**【今もって】〖今◇以て〗（副）今になってもまだ。「ーゆくえがわからない」

**いまや**【今や】（副）❶過去と比べて現在を強調していう。今では。「ー見る影もない」❷何かをしようとすることを強調していう。今こそ。「ー立つべき時がきた」❸何かがすぐにおころうとすることを強調していう。今にも。「ー倒《たお》れようとしている」

**今や遅《おそ》しと** 今か今かと待ちうけるようす。

**いまよう**【今様】（名）❶当世ふう。今のはやり。❷(「今様歌」の略)平安時代中期から鎌倉《かまくら》時代にかけて流行した、七五調四句の歌謡《かよう》。

**いまわ**〖今◇際〗（名）死ぬとき。死にぎわ。臨終。

**今際のきわ** 臨終のとき。「ーに言い残す」

**いまわし・い**【忌まわしい】（形）｛カロ・カツ(ク)・イ・イ・ケレ・○｝❶不快でいやだ。「ー出来事」❷えんぎが悪い。不吉《ふきつ》だ。「ー夢」

**いみ**【意味】（名・自他スル）❶ことばや行為《こうい》などで表される内容。また、ある内容を表すこと。「語句のー」「途中《とちゅう》でやめるのは負けをーする」❷その表現や行為の意図。また、その理由や動機。「ーもなく怒《おこ》る」❸ねうち。意義。「ーのある研究」「無ー」

**いみあい**【意味合い】（名）ほかとの関連の中でそのことの持つ意味。「ーが異なる」

**いみあけ**【忌み明け】（名）喪《も》の期間が終わること。いみあき。

**いみきら・う**【忌み嫌う】（他五）｛ワ(オ)・イ(ッ)・ウ・ウ・エ・エ｝ひどく嫌って、さける。「ー・われる存在」

**いみことば**【忌み言葉】〖忌み◇詞〗（名）不吉《ふきつ》な意味に通じるので、えんぎが悪いとして使うのをさけることば。また、それに代わって使うことば。「梨《なし》」のことを「ありの実」、「すり鉢《ばち》」を「あたり鉢」というなど。

**いみ・じ**（形シク）古語❶はなはだしい。いちじるしい。「月を見てはー・じく泣きたまふ」〈竹取物語〉訳月を見てはひどくお泣きになる。❷すばらしい。えらい。「ー・じき絵師といへども、筆限りありければ」〈源氏物語〉訳えらい絵かきといっても、えがける限界があったので。❸ひどい。悲しい。「あなー。犬を蔵人《くらうど》二人して打ちたまふ」〈枕草子《まくらのそうし》〉訳ああ、ひどい。犬を蔵人《くろうど》が二人してぶっていらっしゃる。参考なみはずれているという意で、よい場合にも悪い場合にも用いた。

**いみじくも**（副）ひじょうにうまく。適切に。たくみに。「ー本質を言い表している」

**いみしん**【意味深】（形動ダ）｛ダロ・ダッ(デ・ニ)・ダ・ナ・ナラ・○｝《俗語》「意味深長《いみしんちょう》」の略。「ーな発言」

**いみしんちょう**【意味深長】（形動ダ）｛ダロ・ダッ(デ・ニ)・ダ・ナ・ナラ・○｝深い意味があるようす。また、裏に別の意味があるようす。「ーなそぶり」

**イミテーション**〔英 imitation〕（名）まねること。また、まねしてつくったもの。模造品《もぞうひん》。「ダイヤのー」

**いみな**【忌み名】〖△諱〗（名）死後その人を敬ってつける称号《しょうごう》。おくり名。

**いみょう**【異名】（名）またの名。「早撃《はやう》ちのビリーとーをとる」類別名。参考「いめい」とも読む。

**いみん**【移民】（名・自スル）働くために他国に移って住むこと。また、その人。移住者。

**い・む**【忌む】（他五）｛マ(モ)・ミ(ン)・ム・ム・メ・メ｝❶不吉《ふきつ》である、縁起《えんぎ》が悪いなどとして、さける。「仏滅《ぶつめつ》の日をー」❷きらってさける。「ーべき悪習」

**い・む**〔斎む〕（自四）古語けがれをさけるために身を清め、つつしむ。「『所を去りてー・め』とも言ひてかく浜辺《はまべ》にも出《い》でゐたるにこそありけれ」〈今昔《こんじゃく》物語集〉訳「この家を去って、身を清め、つつしめ」と(陰陽師《おんようじ》が）言うので、このように浜辺に出てきたのであった。

**いめい【異名】**（名）↓いみょう

**イメージ**〔英 image〕（名・他スル）❶心のなかに思いうかべる、ものの姿やありさま。また、心のなかに思いえがくこと。「―がわかない」「全体像を―する」❷人や物事が与《あた》える全体的な印象。「悪い―を持たれる」「企業《きぎょう》―」

**イメージ-アップ**〔和製英語〕（名・自他スル）他に与《あた》える印象や評価を上げること。また、それが上がること。「商品の―をはかる」▽image と up から。

**イメージ-ダウン**〔和製英語〕（名・自スル）他に与《あた》える印象や評価が悪くなること。▽image と down から。

**イメージ-チェンジ**〔和製英語〕（名・自他スル）外見や態度を変えて、周りの人に与《あた》える印象を変えること。また、そのようにして印象が変わること。イメチェン。▽image と change から。

**イメージ-トレーニング**〔英 image training〕（名）スポーツで、実際にはからだを動かさず、頭の中で正しい動作を思いえがくことで上達をはかる、訓練の方法。イメトレ。

**いも【芋】** 6画 艹3 訓いも 一 ｜ 艹 艹 芏 芋
いも。◆芋頭《いもがしら》・芋虫◆親芋・子芋・種芋・山芋

**いも【芋】**（名）植物の地下の茎《くき》や根が養分をためて大きくなったもの。さといも・さつまいもなど。

**芋を洗《あら》うよう** たくさんの人がせまい所にひしめくたとえ。「海水浴場はこんでいて、―だ」

**いもうと【妹】**（名）❶年下の、女のきょうだい。「三つちがいの―」❷↓ぎまい（対姉）

**いもがしら【芋頭】**（名）里芋《さといも》の親いも。

**いもがゆ【芋がゆ】**『芋△粥』（名）さつまいもを入れてたいたかゆ。また、山芋にあまずら（＝甘味料《かんみりょう》の一種）などの甘《あま》いしるをまぜてたいたかゆ。

**いもちびょう【いもち病】**『×稲熱-病』（名）稲《いね》の茎《くき》・葉に斑点《はんてん》ができ、育たなくなる病気。

**いもづるしき【芋づる式】**『芋△蔓式』（名）（芋づるを引くと芋がつぎつぎに現れるように）それからそれへとつながって現れること。「―に犯人がつかまる」

**いもの【鋳物】**（名）金属をとかして型に流しこんで作ったもの。寺の鐘《かね》や鉄びんなど。

**いものつゆ**…俳句
〔芋の露　連山《れんざん》影《かげ》を　正《ただ》しうす〕〈飯田蛇笏《いいだだこつ》〉訳さわやかな秋の朝、里芋《さといも》の畑にはいちめんに露が光っている。遠くには、連なった山々が姿を正したようにくっきりと見える。（季語「芋の露」秋）

**いもむし【芋虫】**（名）〔動〕蝶《ちょう》・蛾《が》の幼虫で、毛のないものをいう。木の葉などを食べる害虫が多い。

**いもめいげつ【芋名月】**（名）陰暦《いんれき》八月十五夜の月。中秋《ちゅうしゅう》の名月。芋をそなえたことからいう。⇩くりめいげつ・まめめいげつ

**いもり**『井守・×蠑螈』（名）〔動〕イモリ科の両生類。池や沼《ぬま》などにすむ。背は黒く、腹は赤くて黒い斑点《はんてん》がある。あかはら。

（いもり）

**いもん【慰問】**（名・他スル）病人や苦労している人などを見舞《みま》ってなぐさめること。「―団」

**いや【嫌】**『△厭』（形動ダ）〔ダロ・ダッ(デ・ニ)・ダ・ナ・ナラ・○〕不快で気に入らない。きらいだ。「―なうわさ」「仕事が―になる」

**いや**（感）驚《おどろ》いたり感動したりしたときなどに発することば。「―すごいのなんの」「―、実によくできている」

**いや**『◇否』㊀（感）打ち消すときに言うことば。いいえ。「―、ぼくは行かない」㊁（接）前に言った内容を打ち消し、言いなおすときに言うことば。「五時、―三時まで待ってくれ」

**いやが応《おう》でも** ↓いやでもおうでも

**いやでも応《おう》でも** 承知するしないにかかわらず。

**いやいや【嫌嫌】**㊀（名）幼い子がいやがって頭を横にふること。「―をする」㊁（副）いやだと思いながらしかたなく。「―応じる」

**いやいや**『◇否◇否』（感）（「いや」を強めて）いえいえ。「―、そうではない」

**いやおうなしに**『◇否応なしに』（副）承知するしないを言わせないで。むりやりに。「―参加させる」

**いやがうえにも**『◇弥が上にも』さらにますます。「試合が―盛りあがる」

**いやがらせ【嫌がらせ】**（名）人のいやがることを、わざとすること。また、その言動。「―を言う」

**いやが・る【嫌がる】**（他五）〔ラ(ロ)・リ(ッ)・ル・ル・レ・レ〕いやだという態度をする。きらう。「医者へ行くのを―」

**いやき【嫌気】**（名）↓いやけ

**いやく【医薬】**（名）❶病気をなおす薬品。「―品」❷医術（＝病気をなおす技術）と薬品。「―分業」

**いやく【違約】**（名・自スル）約束・契約を破ること。「―金」

**いやく【意訳】**（名・他スル）原文の一語一語にとらわれず、全体の意味をとって訳すこと。対直訳

**いやけ【嫌気】**（名）いやだと思う気持ち。いやき。「―がさす（＝いやになる）」

**いやさか**『◇弥栄』（名）ますます栄えること。「―を祈《いの》る」

**いやし【癒やし】**（名）心身の疲《つか》れ、ストレスなどをやわらげること。「―の音楽」

**いやし・い【卑しい】**『△賤しい』（形）〔カロ・カッ(ク)・イ・イ・ケレ・○〕❶むやみにほしがる。意地きたない。「おかねに―」❷みすぼらしい。まずしい。「―身なり」❸品性が劣《おと》っている。下品だ。「―根性」❹身分や地位が低い。

**いやしくも**『△苟も』（副）たとえどんなことがあっても。かりにも。「―学生のするべきことではない」

**いやし・める【卑しめる】**『△賤しめる』（他下一）〔メ・メ・メル・メル・メレ・メロ(メヨ)〕見さげてばかにする。さげすむ。「そんなことをしたら、自分を―ことになる」

**いや・す【癒やす】**（他五）〔サ(ソ)・シ・ス・ス・セ・セ〕病気やけがをなおす。不安や苦しみをやわらげる。「心の傷を―」

**いやに**（副）いつもとちがって。みょうに。ひどく。「―まじめな態度をとる」

**いやはや**（感）驚《おどろ》いたりあきれたり困ったりしたときに発することば。いやもう。「―、たいへんな暑さだ」

**イヤホン**〔英 earphone〕（名）ラジオなどの音声を聞

くために、耳にさしこんで使う器具。イヤホーン。

**いやみ【嫌味】**『△厭味』（名・形動ダ）相手にことさらいやな感じをあたえること。また、そのことばや態度。「―を言う」「―な笑い方」

**いやらし・い**（形）〔カロ・カッ(ク)・イ・イ・ケレ・○〕❶不愉快《ふゆかい》な感じがする。いやな気持ちを感じさせる。「おせじばかり言う―やつ」❷みだらで下品だ。「―目つき」

**イヤリング**〔英 earring〕（名）耳かざり。耳輪。

**いゆう【畏友】**（名）❶尊敬する友人。「―の一人」❷友人の敬称《けいしょう》。「―田中君」

**いよ**〔伊予〕［地名］むかしの国名の一つ。今の愛媛県。予州。

**いよいよ**『△愈』（副）❶よりいっそう。ますます。「―雨がはげしくなった」❷確定的になるようす。確かに。ほんとうに。「増税は―避《さ》けられない」❸ついにその時がやってくるようす。とうとう。「―夏休みが来た」❹せっぱつまった状態になるようす。「―のときにこれを使え」

**いよう【威容】**（名）威厳のあるりっぱな姿。「―を誇《ほこ》る超高層《ちょうこうそう》ビル」

**いよう【偉容】**（名）ひじょうにりっぱな姿。堂々とした姿。「名峰《めいほう》富士の―」

**いよう【異様】**（形動ダ）〔ダロ・ダッ(デ・ニ)・ダ・ナ・ナラ・○〕ふつうとは変わって、変だと感じられるようす。「―な光景」

**いよく【意欲】**（名）物事を進んでやろうとする気持ち。「勉強への―を持つ」…的「意欲的に取り組む」

**いらい【以来】**（名）そのときから今まで。「先月―雨が降らない」

**いらい【依頼】**（名・他スル）❶物事をしてくれるように人にたのむこと。「調査を―する」❷人にたよること。「―心が強い」

**いらいら**『◇苛◇苛』（名・副・自スル）気があせったり、思うようにいかなかったりして、気持ちが落ち着かないこと。「―がつのる」「長く待たされて―する」

**いらか**『△甍』（名）屋根をふくかわら。また、かわらぶきの屋根。「―の波」「―を並《なら》べる」

**イラク**〔Iraq〕［地名］西アジア、アラビア半島の北にある共和国。首都はバグダッド。

**イラスト**（名）「イラストレーション」の略。

**イラストレーション**〔英 illustration〕（名）書物や広告に使われる、さし絵、説明図など。イラスト。

**イラストレーター**〔英 illustrator〕（名）書物や広告のさし絵など、イラストをかく職業についている人。

**いらだたし・い**『◇苛立たしい』（形）〔カロ・カッ(ク)・イ・イ・ケレ・○〕事が思うように運ばず、いらいらする感じだ。「―思い」

**いらだ・つ**『◇苛立つ』（自五）〔タ(ト)・チ(ッ)・ツ・ツ・テ・テ〕思いどおりにならず心が落ち着かなくなる。「渋滞《じゅうたい》に―」

**いらっしゃい** ㊀（動詞「いらっしゃる」の命令形）おいでなさい。「こちらに―」㊁（感）人を迎《むか》えるときに歓迎《かんげい》の気持ちを表すあいさつのことば。使い方〉丁寧《ていねい》に言うときは「いらっしゃいませ」となる。多く、店で客に対して言う。

**いらっしゃ・る**（自五）〔ラ(ロ)・リ(イ・ッ)・ル・ル・レ・イ〕❶「行く」「来る」の尊敬語。おいでになる。「どちらまで―・いますか」❷「いる」の尊敬語。「そこに―お方が先生です」❸（「…て(で)いらっしゃる」の形で）「(て)いる」「(で)ある」の尊敬語。「お美しくて―」「海外に住んで―」

**いら・ふ**〔答ふ・応ふ〕《イラ(ロ)ウ》（自下二）古語 答える。返事をする。「今ひと声呼ばれて―・へんと、念じて寝《ね》たるほどに」〈宇治拾遺《うじしゅうい》物語〉訳もう一声呼ばれて返事をしようと、がまんして寝ているうちに。

**イラン**〔Iran〕［地名］イラン・イスラム共和国。西アジアのペルシャ湾《わん》にのぞむ国。旧称《きゅうしょう》ペルシャ。首都はテヘラン。

**いり【入り】**（名）❶ある場所や集団の中にはいること。「土俵―」「仲間―」❷はいっていること。混じっていること。「ミルク―のコーヒー」❸はいっている数や量。「客の―が悪い」❹日や月がしずむこと。「日の―」対出《で》。❺はいってくるおかね。収入。「今月は―が少ない」❻あることにかかるおかね。費用。「物―」「―がかさむ」❼彼岸《ひがん》・土用《どよう》・寒《かん》などの最初の日。「彼岸の―」「土用の―」「寒の―」

**いりあい【入相】**（名）日暮れどき。夕暮れ。
**入相の鐘《かね》** 夕暮れに寺でつく鐘。晩鐘《ばんしょう》。

**いりあいち【入会地】**（名）農村や山村などで、人びとが共同で使って利益を得る山林や原野など。

**いりうみ【入り海】**（名）陸地にはいりこんだ海。湾《わん》・入り江《え》・潟《かた》・内海など。「―の景観が美しい」

**いりえ【入り江】**（名）海や湖が陸地にはいりこんだ所。

**いりぐち【入り口】**（名）❶はいって行く所。はいり口。「会場の―」対出口。❷物事のはじまり。はじめ。「芸道への―」

**いりく・む【入り組む】**（自五）〔マ(モ)・ミ(ン)・ム・ム・メ・メ〕物事がからみあって複雑になる。こみいる。「―・んだ事件」

**いりこ・む【入り込む】**（自五）〔マ(モ)・ミ(ン)・ム・ム・メ・メ〕❶中にはいり込む。もぐり込む。「人ごみに―」❷物事が複雑になる。いりくむ。「話が―・んでいる」

**イリジウム**〔英 iridium〕（名）《化》白金族元素の一つ。銀白色でかたく、さびにくくとけにくい。元素記号 Ir

**いりひ【入り日】**（名）夕方、西のほうにしずもうとしている太陽。「―を眺《なが》める」類夕日

**いりびた・る【入り浸る】**（自五）〔ラ(ロ)・リ(ッ)・ル・ル・レ・レ〕よその家や決まった場所にしょっちゅう通《かよ》ったりいつづけたりする。「映画館に―」

**いりふね【入り船】**（名）港へはいってくる船。対出船

**いりまじ・る【入り交じる・入り混じる】**（自五）〔ラ(ロ)・リ(ッ)・ル・ル・レ・レ〕さまざまなものがまじり合う。「期待と不安の―・った気持ち」

**いりみだ・れる【入り乱れる】**（自下一）〔レ・レ・レル・レル・レレ・レロ(レヨ)〕多くのものがまじり合ってごちゃごちゃになる。「敵味方―・れてのたたかい」

**いりむこ【入り婿】**（名）結婚して、相手の女性の家の戸籍《こせき》に入ること。また、その男性。婿養子。

**いりもやづくり**『入◇母屋造り』（名）屋根の形式の一つ。上のほうを切り妻《づま》、下のほうを四方へ

（いりもやづくり）

傾斜《けいしゃ》させた屋根。

**いりゅう【慰留】**（名・他スル）今までいた地位・組織から身を引こうとする人を、なだめて思いとどまらせること。「辞任を―する」

**いりゅう【遺留】**（名・他スル）❶置き忘れること。「―品」❷死んだあとに残すこと。

**イリュージョン**〔英 illusion〕（名）幻影《げんえい》。幻想《げんそう》。錯覚《さっかく》。

**いりよう【入り用】**（名・形動ダ）事をするのに必要であること。「―な品」「いつか―になる」

**いりょう【衣料】**（名）人が着るもの。また、その材料。「―品」

**いりょう【医療】**（名）医術で病気やけがをなおすこと。「―器具」「―機関」

**いりょく【威力】**（名）人を圧倒《あっとう》する強い力。ひじょうに強大な力。「台風の―」「―を発揮する」

**い・る【入る】**（自五）{ラ(ロ)・リ(ッ)・ル・ル・レ・レ} ❶「はいる」の文語的な言い方。「夕日が山に―」「手に―」❷ある状態になる。「佳境《かきょう》に―」「悦《えつ》に―」❸（動詞の連用形について）動作や状態がまったくそうなってしまう。「恐《おそ》れ―」「消え―」

**いる【居る】**（自上一）{イ・イ・イル・イル・イレ・イロ(イヨ)} ❶人や動物がその場所に存在する。「公園に大勢の人が―」「この池にはなまずが―」❷その地位・立場などにある。「彼はナンバーツーの地位に―」❸滞在《たいざい》する。居住する。「今週は出張で京都に**い**ます」「三〇年奈良に**い**ます」❹その状態が続いている。「ずっと独身で―」「旅行ができずに―」❺（動詞の連用形に「て」のついた形に続いて）㋐そのとき、その動作や状態が続いていることを表す。「今、手紙を書いて―」「きのうは一日中雨が降って**い**た」㋑動作や作用の結果が残っていることを表す。「道路にごみが落ちて―」「ズボンが破れて―」㋒以前にその経験があることを表す。「その本はもう読んで―」「子どもの時、はしかにかかって**い**ます」

注意 かな書きがふつう。

| 尊敬語 | 謙譲《けんじょう》語 | 丁寧《ていねい》語 |
|---|---|---|
| いらっしゃる<br>おいでになる | ○ | います<br>おります |

**い・る【要る】**（自五）{ラ(ロ)・リ(ッ)・ル・ル・レ・レ} 必要である。なくてはならないものとなる。「力の―仕事」「おかねが―」

**いる【射る】**（他上一）{イ・イ・イル・イル・イレ・イロ(イヨ)} ❶矢を放つ。「弓で矢を―」❷矢を当てる。「的を―」❸強く照らす。「朝日が目を―」

**い・る【煎る】**〖△炒る〗（他五）{ラ(ロ)・リ(ッ)・ル・ル・レ・レ} 食品をなべなどに入れて火にかけ、水分がなくなるまで焼いたり、こがしたりする。「卵を―」「豆を―」

**いる【鋳る】**（他上一）{イ・イ・イル・イル・イレ・イロ(イヨ)} 金属をとかして型に入れ、器物を作る。「つり鐘《がね》を―」

**いる【率る】** 古語 →ゐる

**いるい【衣類】**（名）からだに着るもの。着物類。

**いるか**〖×海豚〗（名）〘動〙哺乳《ほにゅう》類クジラ目に属する歯クジラのうち小形のものの総称《そうしょう》。体表はなめらかで、尾ひれは水平にのびている。

（いるか）

**いるす【居留守】**（名）家に居ながら居ないふりをすること。「―を使う」

**イルミネーション**〔英 illumination〕（名）電灯やネオンを使った、建物などの装飾《そうしょく》。電飾。

**いれあ・げる【入れ揚げる】**（他下一）{ゲ・ゲ・ゲル・ゲル・ゲレ・ゲロ(ゲヨ)} 好きな人や遊びごとなどのために多くのおかねを使う。つぎこむ。「競馬《けいば》に―」

**いれい【威令】**（名）強い力をもった命令。

**いれい【異例】**（名）今までにないこと。例のないこと。「―の措置《そち》」

**いれい【慰霊】**（名）死んだ人のたましいをまつって、なぐさめること。「―祭」「―碑《ひ》」

**いれかえ【入れ替え・入れ換え】**（名）それまでのものにかえて別のものを入れること。「商品の―」「空気の―をする」

**いれか・える【入れ替える・入れ換える】**（他下一）{エ・エ・エル・エル・エレ・エロ(エヨ)} ❶前にあったものにかえて、別のものを入れる。「プールの水を―」「心を―」❷入れる場所をかえる。「別の容器に―」

**いれかわりたちかわり【入れ替わり立ち替わり】**（副）つぎからつぎへと人がやってきてはいなくなるようす。出はいりのはげしいようす。「―客が来る」

**いれかわ・る【入れ代わる・入れ替わる】**（自五）{ラ(ロ)・リ(ッ)・ル・ル・レ・レ} 前にあったものにかわり、別のものがはいる。交代する。「順番が―」「メンバーが―」

**イレギュラー**〔英 irregular〕（名・形動ダ）不規則なこと。変則的。「―バウンド」

**いれずみ【入れ墨】**〖×刺青・×文身〗（名）針などでひふに傷をつけ、墨《すみ》や朱《しゅ》をいれて文字や絵をかくこと。また、そのかいたもの。彫《ほ》り物。刺青《しせい》。

**いれぢえ【入れ知恵】**（名・自スル）うまいやり方などを人に教えること。また、そうしてついた知恵。多く、悪いことを教える場合にいう。「子どもに―する」

**いれちが・う【入れ違う】**{ワ(オ)・イ(ッ)・ウ・ウ・エ・エ} ㊀（自五）❶行きちがいになる。❷まちがって別のところにはいる。「順序が―」㊁（他五）まちがって別のところへ入れる。入れちがえる。「中身を―」

**いれば【入れ歯】**（名）ぬけた歯のあとに人造の歯を入れること。また、その歯。義歯《ぎし》。「総―」

**イレブン**〔英 eleven〕（名）❶数字の一一。❷（一一人で行うことから）サッカーの出場選手やチームのこと。

**いれもの【入れ物】**（名）物を入れるための容器。

**い・れる【入れる】**（他下一）{レ・レ・レル・レル・レレ・レロ(レヨ)} ❶外から中に移す。「商品を倉庫に―」「財布《さいふ》をポケットに―」「客を店内に―」対出す ❷組織・集団などに加える。「仲間に―」❸ある範囲《はんい》にふくめる。「計算に―」「考慮《こうりょ》に―」

❹間や途中《とちゅう》にさしはさむ。「タイルのすきまに目地《めじ》を—」「休憩《きゅうけい》を—」「横から口を—」❺ある物に別の物を加える。「コーヒーに砂糖《さとう》を—」「小説に挿絵《さしえ》を—」❻金品などを相手に届ける。「家に生活費を—」「得意先に品物を—」❼相手に対してあるはたらきかけをする。「連絡《れんらく》を—」「わびを—」❽ある作用を加える。「文章に手を—」「活を—」❾機械や道具などを機能させる。「電源を—」「冷房《れいぼう》を—」❿他人の主張や意見などを受け入れる。認めたり許したりする。「要求を—」「人の失敗を—だけの度量がない」⓫茶葉やコーヒーに湯や水をそそいで飲めるようにする。「お茶を—」
参考 ⑩は「容れる」、⑪は「淹れる」とも書く。

**いろ【色】**（名）❶光を受けて目で感じる赤・青・黄などの色彩《しきさい》。「赤い—」「明るい海の—」❷はなやかさ。「—をそえる」❸顔色。表情。「驚《おどろ》きの—を表す」❹種類。「十人十《と》—」「—分けをする」❺けはい。ようす。おもむき。「疲労《ひろう》の—が濃《こ》い」「秋の—が深まる」❻色情。恋愛《れんあい》。「英雄—を好む」

**色を失《うしな》う**　驚《おどろ》きや恐《おそ》れから顔色が青ざめる。「思いがけない逆転に—」

**色を付《つ》ける**　取り引きの際、いくらか相手に有利なようにはからう。「多少の—」

**色をなす**　顔色を変えて、不快感を表したり、憤慨《ふんがい》したりする。「色をなしておこる」

**いろあい【色合い】**（名）❶色の調子やぐあい。色かげん。「落ち着いた—のスーツ」❷そのような調子や性格。「政治的—が強い」

**いろあ・せる【色あせる】**『色△褪せる』（自下一）{セ・セ・セル・セル・セレ・セロ(セヨ)}時がたって色つやがなくなり、美しさや新鮮さが失われる。「—・せた写真」「美貌《びぼう》が—」

**いろいろ【色色】**■一（名・形動ダ）種類が多いこと。さまざま。「—な草花」■二（副）さまざまに。「—(と)考える」

**いろう【慰労】**（名・他スル）なぐさめいたわること。ほねおって働いたことをねぎらうこと。「従業員を—する」

**いろう【遺漏】**（名）もれ落ちること。手ぬかり。「万事—のないよう」

**いろおとこ【色男】**（名）女性に好かれそうな美男子。「彼《かれ》はなかなかの—だ」

**いろか【色香】**（名）女性の色っぽい顔かたち。「—に迷う」

**いろがみ【色紙】**（名）折り紙などに使ういろいろな色にそめた紙。「—でつるを折る」注意「しきし」と読むと別の意味になる。

**いろけ【色気】**（名）❶色のようす。色合い。「布の—がうすれる」❷異性の気持ちをひきつける魅力《みりょく》。「—のあるしぐさ」❸異性に対する興味。「—がつく」❹欲望。野心。「社長のいすに—をみせる」❺風情《ふぜい》やおもしろみ。あいそう。「—のない返事」

**いろこい【色恋】**（名）男女の恋愛《れんあい》や情事。「—沙汰《ざた》」

**いろごと【色事】**（名）❶男女の恋愛《れんあい》に関することがら。情事。「—に興味を持つ」❷芝居《しばい》で、なまめかしいしぐさ。「—の得意な役者」

**いろずり【色刷り】**（名）二色以上の色を使って印刷すること。また、印刷したもの。「—のポスター」

**いろづ・く【色づく】**『色付く』（自五）{カ(コ)・キ(イ)・ク・ク・ケ・ケ}植物の葉や実に色が出てくる。「山の木々が—」

**いろっぽ・い【色っぽい】**（形）{カロ・カッ(ク)・イ・イ・ケレ・○}異性を引きつける魅力《みりょく》を強く感じさせる。多く女性についていう。「—目つき」

**いろつや【色艶】**（名）❶顔・肌《はだ》などの色と輝《かがや》き。「毛の—がいい犬」❷物事にそえられたおもしろみ。「話にもっと—がほしい」

**いろどり【彩り】**（名）❶色をつけること。彩色《さいしき》。❷色のとりあわせ。色の配合。「季節とともに—を変える里山」「—ゆたか」❸はなやかさやおもしろさ。「花火が祭りに—をそえる」

**いろど・る【彩る】**（他五）{ラ(ロ)・リ(ッ)・ル・ル・レ・レ}❶色をつける。色をぬる。「春の野を—花々」❷さまざまな色や物を取り合わせて、はなやかさやおもむきをそえる。「街を—イルミネーション」

**いろなおし【色直し】**（名・自スル）結婚披露宴《けっこんひろうえん》で、新婦や新郎《しんろう》が式服から、ほかの着物に着かえること。お色直し。「新婦の—」

**いろは**『×伊呂波』（名）❶いろは歌の四七字。❷「いろは歌」のこと。❸習い事などの初歩。「ゴルフを—から教えてもらう」

**いろはうた【いろは歌】**『×伊呂波-歌』（名）同じかなをくり返さず、ひらがな四七文字でつくった七五調の歌。「いろはにほへと　ちりぬるを　わかよたれそ　つねならむ　うゐのおくやま　けふこえて　あさきゆめみし　ゑひもせす」（色は匂《にほ》へど　散りぬるを　我が世誰《たれ》ぞ　常ならむ　有為《うゐ》の奥山《おくやま》　今日越《こ》えて　浅き夢見じ　酔《ゑ》ひもせず）

**いろはがるた**『×伊呂波×歌留多』（名）いろは四七字と「京」の字をかしら文字としたことわざを一枚ごとに書いた札と、それぞれに対応する絵札、計九六枚のかるた。「犬も歩けば棒にあたる」など。

**いろめ【色目】**（名）❶衣服などの色合い。「—のあざやかな布地」❷異性の気持ちをひくような目つき。ながしめ。「—を使う」

**いろめがね【色眼鏡】**『色○眼鏡』（名）❶サングラスなど、色ガラスのめがね。❷偏見《へんけん》や先入観をもってものを見ること。かたよった見方。「—で人を見る」

**いろめきた・つ【色めき立つ】**（自五）{タ(ト)・チ(ッ)・ツ・ツ・テ・テ}興奮して落ち着かなくなる。活気づく。また、動揺《どうよう》する。「事件の報に新聞記者が—」

**いろめ・く【色めく】**（自五）{カ(コ)・キ(イ)・ク・ク・ケ・ケ}❶時期が来て、美しい色がつく。「春になり並木が—」❷なまめかしくなる。「—・いたしぐさ」❸活気づく。また、動揺《どうよう》する。

**いろよい【色よい】**『色◇好い』（連体）望ましい。こちらにつごうのよい。「—返事を待っている」

**いろり**〖×囲炉裏〗(名) ゆかを四角に切って火を燃やすようにした所。暖房《だんぼう》や炊事《すいじ》に使う。炉。

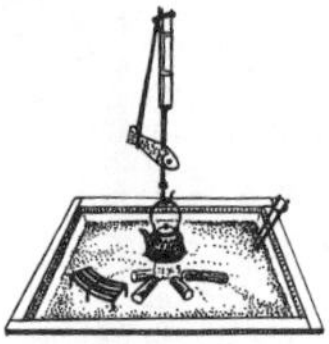
（いろり）

**いろわけ**【色分け】(名・他スル) ❶ちがった色をつけて、区別すること。「カードを―する」❷種類によって区別すること。分類。「賛成派と反対派に―する」

**いろん**【異論】(名) ほかの人とちがう意見。反対の意見。「特に―はない」「―をとなえる」類異議

**いろんな** (連体) いろいろな。さまざまな。「―人の意見を聞く」「今日は―ことがあった」

**いわ**【岩】(名) 大きな石。岩石。

**いわい**【祝い】(名) ❶祝うこと。祝賀。また、その行事。「―の会」「入学―」❷祝っておくる品物やことば。「お―を送る」「―を述べる」

**いわ・う**【祝う】(他五) {ワ(オ)・イ(ッ)・ウ・ウ・エ・エ} ❶めでたいことやよいことを喜び、その気持ちをことばや儀式などで表す。「新年を―」「病気の全快を―」❷将来の幸運を祈る。「前途《ぜんと》を―」

**いわお**〖△巌〗(名) 大きくてがっしりした岩。

**いわかん**【違和感】(名) からだの調子や雰囲気《ふんいき》などがどことなくしっくりしない感じ。「―がある」

**いわき**〔磐城〕［地名］むかしの国名の一つ。今の福島県東部と宮城県の南部。磐州《ばんしゅう》。

**いわく**〖△曰く〗(名) ❶(副詞的に用いて)言うこと。言うことには。「孔子《こうし》―」❷特別なわけ。事情。「―がありそうな話」

**曰く言《い》い難《がた》い** 事情が複雑で、簡単には説明できない。ことばでは表現しにくい。「―魅力《みりょく》」

**いわくつき**〖△曰く付き〗(名) ❶特別のわけのあること。また、そういうもの。「これは―の品物だ」❷よくない前歴や評判などがあること。「―の男」

**いわし**〖△鰯・△鰮〗(名)〘動〙ニシン科やカタクチイワシ科のイワシ型の魚類の総称《そうしょう》。背は青緑色。小形で、海にすみ群れをなす。食用・油用・肥料用。

**鰯の頭《あたま》も信心《しんじん》から** 信じる心があれば、つまらないものもありがたく見えることのたとえ。

**いわしぐも**【いわし雲】〖△鰯雲〗(名) 魚のうろこのような形で広がる雲。うろこ雲。巻積雲《けんせきうん》。

**いわしろ**〔岩代〕［地名］むかしの国名の一つ。今の福島県西部。

**いわずかたらず**【言わず語らず】何も言わずに。暗黙《あんもく》のうちに。「―のうちに気持ちを伝える」

**いわずもがな**【言わずもがな】❶言わないでほしい。言わないほうがましだ。「―のことを言う」❷言うまでもない。「子どもは―、おとなまでおびえた」

**いわな**〖岩◇魚〗(名)〘動〙サケ科の魚。谷川の上流にすむ。背は青黒く、体側に赤や白の斑点《はんてん》がある。

**いわぬがはな**【言わぬが花】はっきり言わないほうが、ねうちや味わいがあるということ。

**いわば**【岩場】(名) 山や海岸で岩の多い所。

**いわば**【言わば】(副) たとえて言えば。言ってみれば。「彼は―チームの顔だ」

**いわばしる**…和歌→いはばしる…

**いわはだ**【岩肌】(名) 岩の表面。「―の苔《こけ》」

**いわみ**〔石見〕［地名］むかしの国名の一つ。今の島根県西部。石州《せきしゅう》。

**いわむろ**【岩室】(名) →いわや

**いわや**【岩屋】(名) 岩にできているほら穴。または、岩に穴をほった住居。いわむろ。「不動尊をまつる―」

**いわゆる**〖×所謂〗(連体) 世間でよく言われる。「これが―一石二鳥だ」

**いわれ**〖△謂われ〗(名) ❶物事のおこりについての言いつたえ。由緒《ゆいしょ》。「古い寺の―」❷そうされるわけ。理由。「―のない非難を受ける」

**いわんや**〖◇況んや〗(副) なおさら。まして。「大人でも不可能だ。―子どもにおいてをや(=子どもはいうまでもない)」使い方多くあとに「…をや」のことばがくる。

**いん【引】** 4画 弓1 小2 音イン 訓ひく・ひける

❶ひっぱる。◆引力◆牽引《けんいん》・強引《ごういん》。❷のばす。◆延引。❸みちびく。ひきつれる。◆引率・引導◆索引《さくいん》・誘引《ゆういん》。❹よそからもってくる。◆引用・引例◆我田引水《がでんいんすい》。❺ひっこむ。しりぞく。◆引退

**いん【印】** 6画 卩4 小4 音イン 訓しるし

❶はん。はんこ。◆印鑑《いんかん》・印判◆押印《おういん》・金印・刻印・実印・調印。❷確認のしるし。◆印紙◆消印《けしいん》・封印《ふういん》・拇印《ぼいん》・烙印《らくいん》。❸しるしをつける。◆印刷・印象。❹「インド(印度)」の略。◆日印

**いん**【印】(名) ❶はん。印鑑《いんかん》。「保護者の―を必要とする」❷〔仏〕さとりや誓《ちか》いを表すため、手・指で作る形。印相《いんそう》。「―を結ぶ」

**いん【因】** 6画 口3 小5 音イン 訓よる高

❶もと。おこり。ゆらい。◆因果《いんが》・因子・因縁《いんねん》◆悪因・一因・起因・原因・死因・病因・要因。❷よる。したがう。もとづく。◆因習・因循《いんじゅん》 対果。

**いん【咽】** 9画 口6 音イン

のど。◆咽喉《いんこう》・咽頭

**いん【姻】** 9画 女6 音イン

よめいり。えんぐみ。◆姻戚《いんせき》◆婚姻《こんいん》

**いん**【音】→おん(音)

**いん【員】** 10画 口7 小3 音イン

❶人や物の数。◆員数《いんずう》◆欠員・人員・全員・総員・増員・定員・満員。❷仕事や役目をもつ人。所属する人。◆委員・駅員・会員・議員・教員・事務員・社員・乗員・職員・隊員・団員・役員

**いん【院】** 10画 阝7 小3 音イン

❶お寺。◆寺院・別院。❷人の集まる大きな建物や公的な機関。◆院長◆参議院・衆議院・退院・入院・病院。❸むかしの上皇《じょうこう》・法皇《ほうおう》・女院《にょういん》の御所《ごしょ》。また、その人。◆院政・院宣《いんぜん》◆新院

**いん【淫】** 11画 氵8 音 イン 訓 みだら 高
❶みだら。みだらにする。◆淫行・淫蕩《いんとう》・淫靡《いんび》・淫乱◆姦淫《かんいん》。❷ふける。度を越《こ》す。◆書淫

**いん【陰】** 11画 阝8 音 イン 訓 かげ・かげる
❶かげ。日光の当たらない所。◆陰影《いんえい》・陰湿《いんしつ》◆山陰・樹陰・緑陰。対陽。❷ひそかに。かげでこっそりと。◆陰謀《いんぼう》。❸物事の暗い面。消極的なもの。◆陰画・陰気・陰性。対陽。❹電気・磁気の陰極。マイナス。◆陰電気。対陽。❺月。◆陰暦《いんれき》。❻時間。◆光陰・寸陰

**いん【陰】**（名）人目につかない隠《かく》れたところ。対陽
**陰にこもる** （不平や不満を）外に表さず、暗い感じである。陰気である。「陰にこもった声」
**陰に陽《よう》に** かげになりひなたになり。時にはひそかに、時には公然と。「―私をかばってくれた」

**いん【飲】** 12画 食4 小3 音 イン 訓 のむ
のむ。水や酒などをのむ。のみもの。◆飲酒・飲食・飲用・飲料水◆牛飲・痛飲・暴飲

**いん【隠】** 14画 阝11 〔隱〕 音 イン 訓 かくす・かくれる
❶かくして表からわからないようにする。おおう。◆隠語・隠匿《いんとく》・隠忍《いんにん》・隠微《いんび》・隠蔽《いんぺい》。対顕《けん》。❷世間から退く。◆隠居・隠者・隠棲《いんせい》・隠退・隠遁《いんとん》

**いん【韻】** 19画 音10 音 イン
❶音声。音のひびき。◆音韻・余韻。❷詩文で、一定のところに類音をくり返しおくこと。◆韻律◆押韻《おういん》・脚韻《きゃくいん》・頭韻。❸詩や歌。◆韻文

**いん【韻】**（名）詩文で、行・句のはじめや末に同じ音または似た音をくり返し置くこと。「―をふむ」

**イン**〔英 in〕（名）❶テニス・卓球《たっきゅう》などで、打球が規定の線の中にはいっていること。❷ゴルフで、後半の九ホール。（対アウト）

**いんうつ【陰鬱】**（形動ダ）〔ダロ・ダッ(デ・ニ)・ダ・ナ・ナラ・○〕気分や空もようが暗くうっとうしいようす。「―な天気」

**いんえい【陰影】**〖陰△翳〗（名）❶光の当たらない暗い部分。かげ。「―にとぼしい絵」❷深く細かいおもむきが感じられること。ニュアンス。「―に富む」

**いんか【引火】**（名・自スル）燃えやすいものが、他の火や熱によって燃え出すこと。「ガソリンに―する」

**インカ**〔Inca〕（名）南米、ペルーの山地に文明をつくった部族。一五～一六世紀にインカ帝国を建設し、巨大な石造建築を残したが、一五三三年、スペイン人ピサロの侵略《しんりゃく》によって滅亡《めつぼう》した。

**いんが【印画】**（名）写真で、現像したフィルムを感光紙に焼きつけたもの。「―紙」

**いんが【因果】** ■一（名）❶原因と結果。「―関係がある」❷〖仏〗前世の報《むく》い。■二（形動ダ）〔ダロ・ダッ(デ・ニ)・ダ・ナ・ナラ・○〕不幸なめぐりあわせである。不運である。「―な性分」
**因果を含《ふく》める** 事情を説《と》き聞かせて納得《なっとく》させる。また、あきらめさせる。

**いんが【陰画】**（名）写真のフィルムを現像したもの。明暗が実物と反対になっている。ネガティブ。ネガ。対陽画

**いんがおうほう【因果応報】**（名）人間の行いの善悪に応じて必ずその報《むく》いが現れるということ。

**いんがし【印画紙】**（名）写真をやきつける感光紙。

**いんかしょくぶつ【隠花植物】**（名）〖植〗古く、花の有無《うむ》で植物を分類したときの、花がなく胞子《ほうし》でふえる植物の呼び名。対顕花《けんか》植物

**いんかてん【引火点】**（名）〖化〗可燃性の液体や気体が、火を近づけると燃え出す最低の温度。

**いんかん【印鑑】**（名）❶判。はんこ。印。❷本人の印であることを証明するために、前もって役所に届け出た特定の印。実印。「―証明」

**いんかん【殷鑑】**〖△殷鑑〗（名）いましめとなる前例。
**殷鑑遠《とお》からず** いましめとなる失敗の例は身近にあるということ。
故事 殷の紂王《ちゅうおう》がいましめとすべき鑑(＝手本)は、遠くに求めなくともすぐ前代の夏《か》の桀王《けつおう》が悪政でほろびたことにあるということによる。〈詩経〉

**いんき【陰気】**（形動ダ）〔ダロ・ダッ(デ・ニ)・ダ・ナ・ナラ・○〕気分や雰囲気《ふんいき》などが暗くはればれしないようす。「―な冬空」「―な性格」対陽気

**インキ**〔オランダ inkt〕（名）→インク

**いんきょ【隠居】**（名・自スル）仕事をやめたり家業を子にまかせたりして、のんびり暮らすこと。また、その人。

**いんぎょう【印形】**（名）判。はんこ。印鑑《いんかん》。

**いんきょく【陰極】**（名）〖物〗相対する電極のうち、電位が低く、電流が流れこむほうの極。負極。マイナス極。対陽極

**いんぎん**〖△慇△懃〗（名・形動ダ）たいへん丁寧《ていねい》なこと。また、礼儀《れいぎ》正しいこと。「―なあいさつ」

**いんぎんぶれい**〖△慇△懃無礼〗（名・形動ダ）丁寧《ていねい》すぎてかえって無礼になること。また、うわべは丁寧だが、内心では相手を見下すこと。「―な態度」

**インク**〔英 ink〕（名）書いたり印刷したりするのに使う、色のついた液体。インキ。

**インクジェット**〔英 ink jet〕（名）微量《びりょう》のインクを吹きつけて印刷する、プリンターの一方式。

**イングランド**〔England〕〔地名〕❶イギリスのグレートブリテン島の南半分をしめる地方。北はスコットランド、西はウェールズに接する。❷イギリス。

**いんけん【引見】**（名・他スル）身分や地位の高い人が下の者を呼び寄せて会うこと。「王が宮殿《きゅうでん》で使者を―する」類接見《せっけん》

**いんけん【陰険】**（形動ダ）〔ダロ・ダッ(デ・ニ)・ダ・ナ・ナラ・○〕うわべはなにげなく見せかけて、心の中では悪意をもっているようす。「―なやり方」「―な目つき」

**いんげんまめ【隠元豆】**（名）〘植〙マメ科のつる性一年草。夏、白または淡紅色《たんこうしょく》のちょう形の花が咲《さ》く。細長いさやにはいった種子は食用。いんげん。

**いんこ〖△鸚△哥〗**（名）〘動〙オウム目の鳥のうち、小形のものや色が美しいものの総称《そうしょう》。飼い鳥として親しまれている。せきせいいんこなど。

**いんご【隠語】**（名）仲間の間だけで使われる特別の意味をもったことば。たばこを「もく」、刑事《けいじ》を「でか」というなど。

**いんこう【咽喉】**（名）❶咽頭《いんとう》と喉頭《こうとう》。のど。「耳鼻《じび》—科」❷必ず通らなければならない大事な通路。「—を扼《やく》する（=たいせつな地点をおさえる）」

**いんこう【淫行】**（名）社会の一般的《いっぱんてき》な性道徳から外れたみだらな行為《こうい》。

**いんごう【因業】**（名・形動ダ）がんこで思いやりのないこと。「—おやじ」

**イン-コーナー**〔和製英語〕（名）野球で、本塁《ほんるい》の、打者に近いほうの側。内角。「—を攻《せ》める」▽in と corner から。対アウトコーナー

**インサイド**〔英 inside〕（名）❶内側。内部。❷テニスなどで、規定の線の内側。《対アウトサイド》

**いんさつ【印刷】**（名・他スル）機械を使って文字や絵を大量の紙や布などにすりだすこと。プリント。「年賀状を—する」

**いんさん【陰惨】**（名・形動ダ）暗くむごたらしいこと。「—を極《きわ》める」「—な事件」

**いんし【因子】**（名）ある結果を引き起こすもとになる一つ一つの要素。ファクター。「重要な—」

**いんし【印紙】**（名）手数料・税金などを納めた証明として証書などにはる政府発行の証票。「収入—」

**いんじ【印字】**（名・他スル）文字や記号をプリンターなどの機械で打ち出すこと。「宛名《あてな》の—サービス」

**いんじ【韻字】**（名）漢詩や韻文の句の終わりにおき、語調をととのえるために使われる字。

**いんしつ【陰湿】**（名・形動ダ）暗くてじめじめしているようす。また、人の性格や行動が陰気なようす。「—な土地」「—な気性《きしょう》」…化「いじめが陰湿化する」

**いんじゃ【隠者】**（名）世間から離《はな》れ、山奥《やまおく》などで静かに暮らしている人。世捨て人。「—生活」

**いんしゅ【飲酒】**（名・自スル）酒を飲むこと。

**いんしゅう【因習・因襲】**（名）古くからの習慣やしきたり。「—にとらわれる」…的「因習的な価値観」

使い方〉ふつう悪い意味に使う。

**インシュリン**〔英 insulin〕（名）〘生〙膵臓《すいぞう》から分泌《ぶんぴつ》されるホルモン。血液中のぶどう糖をグリコーゲンにかえることなどによって、血糖値を下げる。不足すると、糖尿病《とうにょうびょう》になる。インスリン。

**いんじゅん【因循】**（名・形動ダ）❶古い習慣にとらわれて改めようとしないこと。「—な人」「—姑息《こそく》（=古いやり方でその場のがれに事を運ぼうとすること）」❷決断をくださず、ぐずぐずしていること。

**いんしょう【印章】**（名）印。判。はんこ。

**いんしょう【印象】**（名）見たり聞いたり、また接したりしたときに、心にきざまれ、あとまで残る感じ。「第一—」「よい—をあたえる」

**いんしょうしゅぎ【印象主義】**（名）〘美〙ものの形にとらわれず、自然のあたえる印象をとらえて表現しようとする芸術上の考え方。一九世紀後半、マネ・モネ・ルノアールなどフランスの画家を中心にして広まった。

**いんしょうてき【印象的】**（形動ダ）{ダロ・ダッ(デ・ニ)・ダ・ナ・ナラ・○}心に強く感じて忘れられないようす。「—な瞳《ひとみ》」

**いんしょく【飲食】**（名・自スル）飲んだり食べたりすること。「食堂で—する」「—店」

**いんしん【音信】**（名）→おんしん

**いんしん〖△殷△賑〗**（名・形動ダ）ひじょうににぎやかで、活気にあふれていること。「—を極《きわ》める」

**いんすう【因数】**（名）〘数〙ある数や式がいくつかの数や式をかけた積（=かけ算の答え）であるとき、そのかけあわせたいくつかの数や式のそれぞれ。たとえば、10=2×5で2や5を10の因数という。「—に分解する」

**いんずう【員数】**（名）物や人の数。特にきめられた一定の個数。「—をそろえる」「—外」

**いんすうぶんかい【因数分解】**（名）〘数〙あたえられた式または整数を、いくつかの式または数をかけあわせた形に直すこと。$a^2-b^2=(a-b)(a+b)$など。

**インスタレーション**〔英 installation〕（名）〘美〙展示物とそれを配置した空間を合わせて、一つの作品として体感的に見せること。また、その空間や装置。

**インスタント**〔英 instant〕（名）手間がかからずに、すぐにできること。即席《そくせき》。「—食品」

**インストール**〔英 install〕（名・他スル）コンピューターで、ソフトウエアをハードディスクに組み込《こ》み、使用できるようにすること。

**インストラクター**〔英 instructor〕（名）実用的な技能を教える人。指導員。「スキーの—」

**インスピレーション**〔英 inspiration〕（名）突然《とつぜん》ひらめく考え。ひらめき。霊感《れいかん》。「—がわく」

**インスリン**（名）〘生〙→インシュリン

**いん・する【印する】**（他サ変）{シ(セ・サ)・シ・スル・スル・スレ・シロ(セヨ)}あとを残す。しるしをつける。「足跡《そくせき》を—（=旅行する）」

**いんせい【院政】**（名）〘歴〙むかし、上皇《じょうこう》や法皇《ほうおう》が、天皇にかわって政治を行ったこと。一〇八六（応徳三）年、白河《しらかわ》上皇が始めた。また、その政治。

**いんせい【陰性】**（名）❶消極的で暗く、はっきりしない性質。❷〘医〙病気などの検査をした結果、反応が現れないこと。陰性反応。「—から陽転する」《対陽性》

**いんせい〖隠△栖・隠△棲〗**（名・自スル）俗世間《ぞくせけん》をはなれて静かに住むこと。「奥深《おくぶか》い山里に—する」

**いんぜい【印税】**（名）著作権を持つ者が著作権の使用料として、著作物の定価・発行部数などに応じて発行者から受け取るおかね。

**いんせき【引責】**（名・自スル）責任を引き受けること。責任を負うこと。「—して辞職する」

**いんせき【姻戚】**（名）結婚《けっこん》によってできた、血のつながりのない親類。姻族。「—関係を結ぶ」

**いんせき〖△隕石〗**（名）〘天〙流星が大気中で燃え尽《つ》きないで地上に落ちたもの。

**いんぜん【隠然】**（ト・タル）表面には出ないが実質的な強い力のあるようす。「—たる勢力を持つ」

**インセンティブ**〔英 incentive〕（名）ある目標に

向けて意欲を引き出すための外からの刺激《しげき》。特に、奨励《しょうれい》金《きん》。

**いんぞく【姻族】**（名）→いんせき(姻戚)

**いんそつ【引率】**（名・他スル）多くの人を引き連れてゆくこと。「遠足で生徒を―する」

**インターセプト**〔英 intercept〕（名）サッカーなどの球技で、相手チームがパスしたボールを途中《とちゅう》で奪《うば》い取ること。

**インターチェンジ**〔英 interchange〕（名）高速道路の出入り口。インター。

**インターナショナル**〔英 international〕**一**（形動ダ）〔ダロ・ダッ(デ・ニ)・ダ・ナ・ナラ・〇〕国際的。国際間の。「―な組織」**二**（名）❶労働者や社会主義団体の国際的組織。インター。❷社会主義運動に結びついた全世界の労働者の歌。

**インターネット**〔英 internet〕（名）個々のコンピューターを結んでさまざまな情報のやりとりを行う、世界規模のネットワークシステム。

**インターハイ**〔和製英語〕（名）全国高等学校総合体育大会。夏季と冬季と年二回開催《かいさい》される。▽inter と high school から。

**インターバル**〔英 interval〕（名）時間的な間隔《かんかく》。劇場などの休憩《きゅうけい》時間、スポーツ練習の中休み、投手の投球間隔などにいう。「―を長くとる」

**インターフェース**〔英 interface〕（名）❶コンピューターで、さまざまな機器を接続するための規格や装置。❷人がコンピューターを操作するための入出力装置やソフトウエア。ユーザーインターフェース。

**インターホン**〔英 interphone〕（名）玄関《げんかん》と室内などとの通話に使う装置。

**インターン**〔英 intern〕（名）❶医師・理容師・美容師の志望者が国家試験を受験する前に行った実習。また、その実習生。現在は行われていない。❷企業《きぎょう》などで就業体験をする実習生。

**インターンシップ**〔英 internship〕（名）学生が在学中に、企業《きぎょう》などで仕事の体験をする制度。

**いんたい【引退】**（名・自スル）官職や地位からしりぞくこと。⇩いんたい(隠退)「学習」

**いんたい【隠退】**（名・自スル）社会的活動から身を引いてひまな身になること。「財界から―する」

> **学習 使い分け**「引退」「隠退」
>
> **引退**　いまついている役職や地位などからしりぞくこと。「現役《げんえき》を引退する」「引退して後進に道を譲《ゆず》る」「引退興行」
>
> **隠退**　いま行っている社会的活動をやめて、静かに暮らすこと。「郷里に隠退する」「隠退の生活を送る」

**インタビュー**〔英 interview〕（名・自スル）新聞・雑誌・放送などの記者が、取材のために人に会って意見などを聞くこと。インタヴュー。「大臣に―する」

**いんち【引致】**（名・他スル）《法》被告人《ひこくにん》・被疑者・証人などを強制的に警察署・裁判所などにつれていくこと。

**インチ**〔英 inch〕（名）ヤードポンド法で、長さの単位。一《インチ》は約二・五四《センチメートル》。

**いんちき**（名・自スル・形動ダ）《俗語》不正やごまかし。

**いんちょう【院長】**（名）病院や学院など、院と名のつく施設《しせつ》の長。

**インディーズ**〔英 indies〕（名）大手《おおて》の制作会社に属さないで、映画や音楽作品を独自に制作する会社。また、そこでつくられた作品。▽independent（＝独立）から生じた語。

**インデックス**〔英 index〕（名）見出し。索引《さくいん》。

**インテリ**（名）「インテリゲンチア」の略。

**インテリア**〔英 interior〕（名）室内装飾《そうしょく》。「―デザイン」対エクステリア

**インテリゲンチア**〔ロシア intelligentsiya〕（名）知識階級。教養のある人。インテリゲンチャ。インテリ。

**インテリジェンス**〔英 intelligence〕（名）知性。

**いんでんき【陰電気】**（名）《物》エボナイト棒を毛皮でこすったとき、エボナイト棒におこる電気。また、それと同じ性質の電気。負《ふ》の電気。対陽電気

**インド**〔英 India〕〔地名〕❶アジア南部にある半島。インド半島。❷インド半島の大部分をしめる共和国。首都はニューデリー。

**インドア**〔英 indoor〕（名）屋内。室内。「卓球は―のスポーツ」対アウトドア

**いんとう【咽頭】**（名）のどの入り口のあたり。

**いんとう【淫△蕩】**（名・形動ダ）酒やみだらな遊びにおぼれること。「―にふける」

**いんどう【引導】**（名）死んだ人が迷わず冥土《めいど》に行けるようにお経《きょう》を読み導くこと。

**引導を渡《わた》す** ❶お経を読んで、死んだ人を成仏《じょうぶつ》させる。❷相手に最終的な言いわたしをする。

**いんとく【隠匿】**（名・他スル）人や物をかくしたりかくまったりすること。「―物資」

**インドシナ**〔英 Indochina〕〔地名〕アジア南東部にある半島。旧フランス領のベトナム・ラオス・カンボジアをいい、広くはタイ・ミャンマーを含《ふく》めていう。

**イントネーション**〔英 intonation〕（名）ことばを話すときの声のあがりさがり。抑揚《よくよう》。

**インドネシア**〔英 Indonesia〕〔地名〕東南アジアのジャワ・スマトラ・カリマンタンなど多くの島々からなる共和国。首都はジャカルタ。

**インドよう【インド洋】**（名）三大洋の一つ。アジア・アフリカ・オーストラリア・南極の四大陸に囲まれている海洋。全海洋面積の二〇・三《パーセント》を占《し》める。

**イントロ**（名）「イントロダクション」の略。

**イントロダクション**〔英 introduction〕（名）❶全体への導入。手びき。❷序論。序説。❸《音》前奏。序奏。

**いんとん【隠△遁】**（名・自スル）俗世間《ぞくせけん》からのがれて、ひっそりとかくれ住むこと。「―生活を送る」

**インナー**〔英 inner〕**一**（名）（「インナーウエア」の略）重ね着をするとき、内側に着る衣服。下着。対アウター。**二**（接頭）内部の。内側の。「―マッスル（＝深層筋）」

**いんないかんせん【院内感染】**（名）病院の内

部で、細菌《さいきん》やウイルスによって病気がうつること。

**いんにく【印肉】**（名）印を押《お》すときに使う、顔料をしみこませたもの。朱肉《しゅにく》など。

**いんにん【隠忍】**（名・自スル）心の苦しみをがまんして、外に表さないこと。「—自重《じちょう》する(＝じっとがまんして行動をつつしむ)」

**いんねん【因縁】**（名）❶《仏》物事を発生させたり成立させたりする直接・間接の原因。❷定められた運命。また、宿命的な関係。「前世からの—」「彼《かれ》とは浅からぬ—がある」❸物事の由来。わけ。「—をたずねる」❹いいがかり。「—をつける」

**インバーター**〔英 inverter〕（名）直流の電流を交流に変換《へんかん》したり、周波数を変えたりする装置。逆変換装置。

**インバウンド**〔英 inbound〕（名）外国から自国への旅行。また、その観光客。

**インパクト**〔英 impact〕（名）衝撃《しょうげき》。強い影響《えいきょう》力や印象。「強烈《きょうれつ》な—を与《あた》える」

**いんび**〖淫△靡〗（名・形動ダ）ようすや振《ふ》る舞《ま》いがみだらであること。「—な雰囲気《ふんいき》」

**いんび【隠微】**（名・形動ダ）あまりにもかすかなために、または表面にあらわれないためにわかりにくいこと。

**インフェリオリティー-コンプレックス**〔英 inferiority complex〕（名）→コンプレックス①

**インフォームド-コンセント**〔英 informed consent〕（名）《医》治療《ちりょう》前に、医師が十分な説明を行い、患者《かんじゃ》がそれについて納得《なっとく》・同意すること。

**インフォメーション**〔英 information〕（名）❶情報。報道。❷受付。案内所。

**インプット**〔英 input〕（名・他スル）コンピューターなどで、入力装置を使って情報を入れること。入力。「データを—する」対アウトプット

**インフラ**（名）（「インフラストラクチャー」の略）道路・水道・送電・通信のような、生活や産業を支える基盤《きばん》となる公共設備のこと。▽英 infrastructure から。参考学校や病院、公園などを含《ふく》むこともある。

**インプラント**〔英 implant〕（名）《医》機能が欠損した器官のかわりに体内に埋《う》め込《こ》まれる器具。特に、歯茎《はぐき》に埋め込む人工歯根《しこん》をいう。

**インフルエンザ**〔英 influenza〕（名）《医》流行性感冒《かんぼう》。流感。はやりかぜ。「—の予防接種」

**インフレ**（名）《経》（「インフレーション」の略）物価が上がりつづけ、おかねの価値が下がる現象。商品・サービスに対する需要《じゅよう》が供給より多かったり、貨幣《かへい》が多く流通しすぎたりしておこる。▽英 inflation から。対デフレ

**いんぶん【韻文】**（名）詩・短歌・俳句など、きまったリズムによる表現効果をもたせた文章。対散文

**いんぺい【隠蔽】**（名・他スル）事の真相などをおおいかくすこと。「事実を—する」

**インベーダー**〔英 invader〕（名）（宇宙からの）侵入者《しんにゅうしゃ》。侵略者。

**いんぼう【陰謀】**（名）かげでこっそりとくわだてた悪い計画。悪だくみ。「—をくわだてる」

**いんめつ【隠滅】**〖△堙滅・△湮滅〗（名・自他スル）あとかたもなく消えてなくなること。あとかたもないようになくしてしまうこと。「証拠《しょうこ》を—する」

**いんゆ【引喩】**（名）故事・ことわざや古人のことばなどを引用して表現する方法。「—法」

**いんゆ【隠喩】**（名）修辞法の一つ。「…のようだ」「…の如《ごと》し」などの形を用いないで、「夢の島」「花の都」のように、たとえるものとたとえられるものをじかに結びつける比喩。暗喩。対直喩

**いんよう【引用】**（名・他スル）話や文章の中に、人の言ったことばや文章を引いて使うこと。「—文」

**いんよう【陰陽】**（名）❶古い中国の易学《えきがく》で、万物のもととなる、相反する性質をもつ陰と陽二つのもの。たとえば、陰は月・夜・女など、陽は日・昼・男など。❷《物》陰極と陽極。電気のプラスとマイナス。

**いんよう【飲用】**（名・他スル）人が飲むために使うこと。「—に適した水」

**いんようふ【引用符】**（名）文章の中で会話や引用などであることを示す符号《ふごう》。「　」や〝　〟など。

**いんりつ【韻律】**（名）詩や短歌のことばの音楽的な調子。五・七・五・七と長さを決めたものや、それぞれの句の最後に同じ音をそろえたものなど。

**いんりょう【飲料】**（名）人間の飲み物。「清涼《せいりょう》—水」

**いんりょく【引力】**（名）《物》はなれている物体がたがいに引き合う力。「万有—」対斥力《せきりょく》

**いんれい【引例】**（名）証拠《しょうこ》や説明のために引いた例。

**いんれき【陰暦】**（名）むかし、月のみちかけをもとにして作った暦《こよみ》。太陰暦《たいいんれき》。対陽暦

**いんろう【印籠】**（名）むかし、印や印肉、のちには薬などを入れて腰《こし》に下げた、携帯《けいたい》用の小さな入れ物。

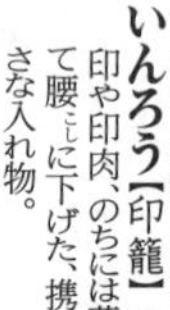
（いんろう）

## う
## ウ

**う【右】** 5画 口2 小1 音 **ウ・ユウ** 訓 **みぎ**
ノ ナ 才 右 右
❶みぎ。◆右岸・右折・右辺・右腕《うわん》◆左右《さゆう》。対左。◆極右。対左。❷保守的な立場や考え方。◆右派・右翼《うよく》❸そば。かたわら。◆座右《ざゆう》

**う【宇】** 6画 宀3 小6 音 **ウ**
丶 丷 宀 宀 宇 宇
❶屋根。のき。◆堂宇。❷そら。天。◆宇宙。❸こころの広さや大きさ。◆気宇

**う【有】**→ゆう(有)

**う【羽】** 6画 羽0 小2 音 **ウ**㊥ 訓 **は・はね**
𠃌 刁 习 羽 羽 羽
鳥や虫のはね。つばさ。◆羽化・羽毛・羽翼《うよく》。◆羽
参考「一羽《いちわ》・三羽《さんば》・六羽《ろっぱ》」のように、「羽《は》」は前にくる音によって「わ・ば・ぱ」になる。⇩-わ(羽)

**う【雨】** 8画 雨0 小1 音 **ウ** 訓 **あめ・あま**

一 丆 冂 币 币 雨 雨

あめ。あめふり。◆雨季・雨滴《うてき》・雨天・雨量◆降雨・豪雨《ごうう》・慈雨《じう》・梅雨・暴風雨・雷雨《らいう》。対晴《せい》。

参考「あま」の訓は「雨雲《あまぐも》」「雨戸《あまど》」「雨具《あまぐ》」など、ほかのことばの上について使われる特殊《とくしゅ》な読み方。また、「春雨《はるさめ》」「小雨《こさめ》」「霧雨《きりさめ》」などのように、ほかのことばの下について「さめ」と読むこともある。なお、特別に、「五月雨」は「さみだれ」、「時雨」は「しぐれ」と読む。「梅雨」は「つゆ」とも読む。

**う**〖△卯〗(名) ❶十二支の第四。うさぎ。❷むかしの時刻の名。今の午前六時ごろ、およびその前後約二時間。(一説にはその後約二時間)。❸方角の名。東。

**う**〖△鵜〗(名)《動》ウ科の水鳥。色は黒。とらえた魚をまるのみする。海鵜《うみう》は飼《か》いならして鵜飼いに用いる。

(鵜)

**鵜の真似《まね》をする烏《からす》**
(「鵜の真似をする烏水に溺《おぼ》れる」の略)自分の能力も考えないで、人まねをして失敗する人のたとえ。

**鵜の目《め》鷹《たか》の目《め》**　獲物《えもの》をねらう鵜や鷹のように、目つきをするどくして物をさがすようす。また、その目つき。「ーでさがす」

**う**(助動){〇・〇・ウ・(ウ)・〇・〇} ❶話し手の推量を表す。「やがて春になろー」「きっと勝つだろー」❷話し手の意志・勧誘《かんゆう》を表す。「時を待とー」「いっしょに行こー」文法文語の推量の助動詞「む」から変化したもの。五段活用の動詞・形容詞・形容動詞、および助動詞「ます」「です」「た」「だ」などの未然形につく。⇩よう(助動)

**ヴ**　外来語の「v」の音に対応する片仮名表記。この辞書では「ブ」で表記している。

**ヴァ**　↓バ

**うい-【初】**(接頭)「はじめての」「最初の」の意を表す。「ー産《ざん》」「ー陣《じん》」「ー孫《まご》」

**うい【有為】**(名)《仏》めぐりあわせによって生じ、定まらないこの世のすべてのもの。「ー転変《てんぺん》」対無為

**有為の奥山《おくやま》**　常に変化して定まらないこの世を、越《こ》えにくい深い山にたとえたことば。

**ヴィ**　↓ビ

**ウイークエンド**〔英 weekend〕(名) 週末。

**ウイークデー**〔英 weekday〕(名) 週のうち、土曜・日曜、または日曜だけをのぞいた日。平日。週日。

**ウイーク-ポイント**〔英 weak point〕(名) 弱点。泣きどころ。「ーを攻《せ》める」

**ウイークリー**〔英 weekly〕(名) ❶毎週一回発行される新聞・雑誌。週刊誌。「ーの英字新聞」❷週単位のこと。毎週のもの。「ーマンション」

**ウィーン**〔Wien〕〔地名〕オーストリアの首都。ドナウ川にのぞみ、音楽の都として有名。

**ういうい-し・い【初初しい】**(形){カロ・カッ(ク)・イ・イ・ケレ・〇} 若々しく、清純な感じである。「ー花嫁《はなよめ》姿」

**ういざん【初産】**(名) はじめて子どもを産むこと。

**ういじん【初陣】**(名) はじめて戦いに出ること。また、その戦い。競技などにもいう。「ーを飾《かざ》る」

**ウイスキー**〔英 whisky〕(名) 大麦などを原料としてつくった蒸留酒。ウィスキー。「ーの水割り」

**ウイット**〔英 wit〕(名) とっさに気のきいたことを言ったりしたりする才知。機知。「彼《かれ》はーに富んでいる」

**ういてんぺん【有為転変】**(名)《仏》この世のすべてのものは常に変化し、無常であるということ。

**ういまご【初孫】**(名) はじめての孫。はつまご。

**ウイルス**〔ラテン virus〕(名) ❶《医》ふつうの顕微鏡《けんびきょう》では見えない、インフルエンザ・はしか・日本脳炎《のうえん》などを引き起こす病原体。濾過《ろか》性病原体。ビールス。❷→コンピューターウイルス

**ういろう**〖◇外郎〗(名) ❶(「ういろうぐすり」の略) 小田原名産の痰《たん》切りの薬。❷(「ういろうもち」の略)米の粉に砂糖・水などを加えてむした菓子《かし》。

**ウインク**〔英 wink〕(名・自スル) 片目をちょっとつぶって合図すること。目くばせ。

**ウインター-スポーツ**〔英 winter sports〕(名) スキーやスケートなど、冬に行われるスポーツ。

**ウインチ**〔英 winch〕(名) ワイヤーロープや鎖《くさり》で重い物を上げ下ろしする機械。巻き上げ機械。

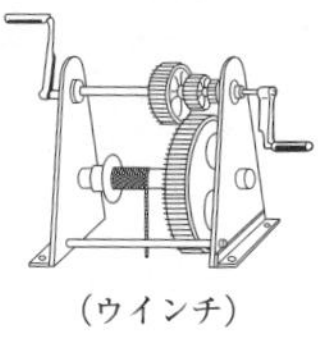

(ウインチ)

**ウインドー**〔英 window〕(名) ❶窓。❷「ショーウインドー」の略。「ーショッピング」❸コンピューターの画面上で、情報を表示するための分割された領域。(=ウインドウ)

**ウインナー**〔和製語〕(名) (「ウインナーソーセージ」の略)羊や山羊《やぎ》の腸にひき肉を詰《つ》めた、小形のソーセージ。ウインナ。▽ドイツ Wiener と英 sausage から。

参考オーストリアのウィーンで作り始められたという。

**ウインナー-コーヒー**〔和製語〕(名) コーヒーの一種。濃《こ》いコーヒーに泡《あわ》だてた生クリームを浮《う》かべたもの。▽ドイツ Wiener と英 coffee から。参考オーストリアの地名ウィーンに由来する。

**ウーマン**〔英 woman〕(名) 女性。婦人。対マン

**ウール**〔英 wool〕(名) ひつじの毛。羊毛。また、毛糸・毛織物。「ーのコート」

**ウーロンちゃ**〔中国 烏竜-茶〕(名) 中国産の茶の一種。紅茶と緑茶の中間で、茶葉を半発酵《はんはっこう》させたもの。

**うえ【上】** ━ (名) ❶位置の高い所。「ーを見る」「山のー」対下
❷おもて。表面。外側。「紙のーに書く」
❸順序が先のもの。まえ。「ーで述べたように」対下
❹地位・価値・程度などが高いこと。まさっていること。「相手が一枚ーだ」「人のーに立つ」対下
❺年齢《ねんれい》が多いこと。年上。「年がーの人」対下
❻そのことがらに関係のあること。「仕事のーの話」「調査するーで欠かせない」
❼…したあと。…してから。「よく考えたーで決める」
❽それに加えて。おまけに。「暗いーにせまい家」
二 (接尾) 目上の人につける敬称《けいしょう》。「父ー」

**上を下《した》へ**　入り乱れて、大混乱するようす。「ーの大騒《おおさわ》ぎ」参考上のものを下にし、下のものを上にする

意から。

**うえ【飢え】**『◇餓え』（名）食べる物がなくて、ひどく腹がすいて苦しむこと。「―と闘《たたか》う」「―に苦しむ」

**ヴェ** ↓べ

**ウエア**〔英 wear〕（名）衣服。「スポーツ―」

**ウエーター**〔英 waiter〕（名）レストランなどで、注文《ちゅうもん》をきいたり料理を運んだりする係の男の人。ウエイター。対ウエートレス

**ウエート**〔英 weight〕（名）❶重量。特に、体重。「左足に―をかける」❷重点。重要度。「基礎《きそ》に―をおいた学習」「入試では数学の―が大きい」

**ウエート-リフティング**〔英 weight lifting〕（名）↓じゅうりょうあげ

**ウエートレス**〔英 waitress〕（名）レストランなどで、注文《ちゅうもん》をきいたり料理を運んだりする係の女の人。ウエイトレス。対ウエーター

**ウエーブ**〔英 wave〕 一（名）❶電波や音波などの波。「マイクロ―」❷競技場で、多くの観客が少しずつずらして立ったり座ったりすることで波のような動きを見せること。また、その髪。 二（名・自スル）髪《かみ》の毛がうねっていること。また、その髪。「―をかける」

**うえき【植木】**（名）庭や鉢《はち》などに植えてある木。また、植えるための木。「―市」

**うえこみ【植え込み】**（名）庭園などで、草木を多く植えた所。「―の陰《かげ》にかくれる」

**うえさま【上様】**（名）（天皇や将軍など、身分の高い人の尊称《そんしょう》から）領収書などに、客の名前の代わりに書くことば。「宛名《あてな》は―にする」

**うえじに【飢え死に】**（名・自スル）食べる物がなくなって、空腹で死ぬこと。「食糧《しょくりょう》難で―する」

**うえじまおにつら**〔上島鬼貫〕【人名】（一六六一～一七三八）江戸《えど》時代中期の俳人。上島は「かみじま」とも。「誠《まこと》のほかに俳諧《はいかい》なし」とさとり、すなおで平明な句をよんだ。作品には随筆《ずいひつ》集「独言《ひとりごと》」など。

**ウエスタン**〔英 Western〕（名）❶アメリカ映画の西部劇。❷音楽で、アメリカ西部の民謡《みんよう》風の音楽。また、それを現代風にしたもの。

**ウエスト**〔英 waist〕（名）腰《こし》の上の胴《どう》まわりの寸法。衣服の胴部。「―をはかる」

**うえだあきなり**〔上田秋成〕【人名】（一七三四～一八〇九）江戸《えど》時代中期の国学者・歌人・小説家。怪奇《かいき》で幻想《げんそう》的な読本《よみほん》「雨月《うげつ》物語」、また「春雨《はるさめ》物語」などを著《あらわ》した。

**うえだびん**〔上田敏〕【人名】（一八七四～一九一六）明治時代の英仏文学者・詩人。ヨーロッパ文学を日本に広めたが、特に訳詩集「海潮音《かいちょうおん》」が有名。

**うえつけ【植え付け】**（名・他スル）植物を移し植えて根づかせること。多く、稲《いね》の苗《なえ》を田に植えることをいう。田植え。「―の終わった田んぼ」

**うえつ・ける【植え付ける】**（他下一）〔ケ・ケ・ケル・ケル・ケレ・ケロ(ケヨ)〕❶植物などを移し植えて根づかせる。「庭木を―」❷深く人の心にきざみつける。「よい印象を―」

**ウエット**〔英 wet〕（形動ダ）〔ダロ・ダッ(デ・ニ)・ダ・ナ・ダラ・〇〕❶しめったりぬれたりしているようす。❷情にもろく、心を動かされやすいようす。「―な性格」（対ドライ）

**ウエディング**〔英 wedding〕（名）結婚《けっこん》。結婚式。ウェディング。「―ドレス」

**ウエハース**〔英 wafers〕（名）小麦粉・卵・砂糖などをねってうすく焼いた軽い洋菓子《ようがし》。

**ウエブ**〔英 web〕（名）（「ワールドワイドウェブ」の略）インターネット上の情報を検索《けんさく》・表示するためのシステム。▽英 World Wide Web から。

**ウエブ-サイト**〔英 web site〕（名）↓サイト②

**ウエリントン**〔Wellington〕【地名】ニュージーランドの首都。クック海峡《かいきょう》に面する港湾《こうわん》都市。

**う・える【飢える】**『◇餓える』（自下一）〔エ・エ・エル・エル・エレ・エロ(エヨ)〕❶食べる物がなく、ひどく腹がすいて苦しむ。「遭難《そうなん》して―・え凍《こご》える」❷望むものが得られず、強くほしがる。「愛に―」

**う・える【植える】**（他下一）〔エ・エ・エル・エル・エレ・エロ(エヨ)〕❶植物を生長させるために根や種などを土にうめる。「庭に草花を―」❷はめこむ。「活字を―」❸ほかから移して入れる。「菌《きん》を―」

**うえん【有縁】**（名）〔仏〕仏法に縁があること。また、たがいに何らかの関係があること。対無縁

**うえん**『△迂遠』（形動ダ）〔ダロ・ダッ(デ・ニ)・ダ・ナ・ダラ・〇〕（道が曲がりくねって遠い意から）方法などがまわりくどいようす。すぐに役に立たないようす。「―な計画」

**うお【魚】**（名）さかな。魚類。

**ヴォ** ↓ボ

**うおいちば【魚市場】**（名）魚や貝などの取り引き、特に、卸《おろ》し売りをする市場。

**うおうさおう【右往左往】**（名・自スル）うろたえてあちこち動きまわること。「事故で乗客が―する」

**ウォーキング**〔英 walking〕（名）歩くこと。特に健康のために運動として歩くこと。

**ウォーターフロント**〔英 waterfront〕（名）都市部の、海・川・湖などに面した地区。

**ウォーター-ポロ**〔英 water polo〕（名）↓すいきゅう

**ウォーミングアップ**〔英 warming-up〕（名・自スル）競技などの前に行う軽い準備運動。ウォームアップ。「―をしてから試合にのぞむ」

**ウォームアップ**〔英 warmup〕（名・自スル）↓ウォーミングアップ

**うおがし【魚◦河岸】**（名）魚市場のある河岸。また、魚市場。

**うおごころあればみずごころ**【魚心あれば水心】（「魚心あれば水心あり」の略）相手がよくしてくれれば、こちらもそれにこたえようとする心が動くものだ。相手の出方《でかた》しだいでこちらのこたえ方も変わる。

**ウオツカ**〔ロシア vodka〕（名）大麦・ライ麦などを原料としてつくったロシア特産の蒸留酒。ウオッカ。

**ウオッチング**〔英 watching〕（名）見ること。観察すること。「バード―」

**うおのめ【魚の目】**（名）足の裏や手の指などのひふが、角質化してかたくなった、いぼのようなもの。

**うおんびん【ウ音便】**（名）〔文法〕音便の一種。語中や語尾の「く」「ぐ」「ひ(い)」「び」「み」などが「う」に変化すること。「お暑く」が「お暑う」、「問ひて」が「問うて」になるなどの変化。⇩おんびん(音便)

**うか【羽化】**(名・自スル)〘動〙昆虫《こんちゅう》がさなぎから羽のはえた成虫になること。「—して蝶《ちょう》になる」

**うかい【〖△迂回〗】**(名・自スル) まわり道をすること。「—路」

**うかい【〖△鵜飼い〗】**(名) 海鵜《うみう》を飼いならして魚をとらせること。また、それを職業とする人。〔参考〕岐阜県の長良川《ながらがわ》のものが有名。

**うがい【〖△嗽〗】**(名・自スル) 水や薬液を口にふくんですすぎ、口の中やのどをきれいにすること。「—ぐすり」

**うかうか**(副・自スル) ❶何をするということもなく、ぼんやり過ごしているようす。「—と日を送る」❷注意が足りないようす。うっかり。「—(と)だまされる」

**うかがい【伺い】**(名)「聞くこと」「たずねること」のけんそんした言い方。また、神仏や目上の人に聞いてさしずを求めること。「進退—」「神様にお—をたてる」

**うかがいし・る【うかがい知る】**〖△窺い知る〗(他五){ラ(ロ)・リ(ッ)・ル・ル・レ・レ} 表面の一部を見て、全体のおよその内容を知る。「—ことのできない神秘《しんぴ》な世界」

**うかが・う【伺う】**(他五){ワ(オ)・イ(ッ)・ウ・ウ・エ・エ} ❶「聞く」「たずねる」の謙譲《けんじょう》語。お聞きする。おたずねする。「ご意見を—」❷「行く」「訪ねる」の謙譲《けんじょう》語。お訪ねする。おじゃまする。「先生のお宅に—」

**うかが・う【〖△窺う〗】**(他五){ワ(オ)・イ(ッ)・ウ・ウ・エ・エ} ❶そっとのぞき見る。そっとようすを見る。「顔色を—」❷機会などをねらう。「機を—」❸だいたいのようすがわかる。おしはかる。「自信のほどが—・われる」

**うかさ・れる【浮かされる】**(自下一){レ・レ・レル・レル・レレ・レロ(レヨ)} ❶高熱などのために、意識が正常でなくなる。「熱に—」❷心を奪《うば》われて夢中になる。「もうけ話に—」

**うかつ【〖△迂△闊〗】**(形動ダ){ダロ・ダッ(デ・ニ)・ダ・ナ・ナラ・○} うっかりしていて、注意が足りないようす。「—には手が出せない」

**うが・つ【〖△穿つ〗】**(他五){タ(ト)・チ(ッ)・ツ・ツ・テ・テ} ❶穴をあける。「雨だれ石を—(=小さな力でも、根気よく続ければ必ず成功する)」❷物事のかくれたところや、微妙《びみょう》なところまでとらえる。「—・った見方」

**うかとうせん【羽化登仙】**(名)(古代中国の神仙《しんせん》思想で、羽が生えて仙人になり天にのぼる意から)酒に酔《よ》っていい気分になること。

**うかぬかお【浮かぬ顔】**沈《しず》んだ顔つき。心配ごとなどで晴れ晴れしないようす。浮かない顔。「—をする」

**うかびあが・る【浮かび上がる】**(自五){ラ(ロ)・リ(ッ)・ル・ル・レ・レ} ❶水中の物が水面に現れる。「水面に—」❷それまではっきりとしなかったものが表に現れ出る。「容疑者が—」「夕日に山のシルエットが—」❸悪い状況《じょうきょう》から抜《ぬ》け出してよくなる。「最下位から—」

**うか・ぶ【浮かぶ】**(自五){バ(ボ)・ビ(ン)・ブ・ブ・ベ・ベ} ❶沈《しず》まないで、液体の上のほうにある。また、液体の下のほうから上のほうに上がる。「水面に—泡《あわ》」〔対〕沈む
❷空中高くにある。「空に—雲」
❸意識にのぼる。思いつく。「母のおもかげが目に—」「いい考えが—」
❹顔などの表面にあらわれる。「ほほえみが—」
❺(「うかばれる」の形で)死んだ人の霊《れい》がなぐさめられる。「これであの人も—・ばれるだろう」
❻(「うかばれる」の形で)苦労などが報《むく》われる。境遇《きょうぐう》などがよい状態になる。「こんなことをしていてはいつまでも—・ばれない」

**浮かぶ瀬《せ》がない** 身分や境遇《きょうぐう》がめぐまれた状態になることがない。

**うか・べる【浮かべる】**(他下一){ベ・ベ・ベル・ベル・ベレ・ベロ(ベヨ)} ❶水面や空中に浮かんだ状態にする。「船を—」〔対〕沈《しず》める。❷意識にのぼらせる。心にえがく。「少年のころを心に—」❸顔などの表面にあらわす。「えみを—」

**うか・る【受かる】**(自五){ラ(ロ)・リ(ッ)・ル・ル・レ・レ} 試験などに合格する。「一次試験に—」〔類〕通る。〔対〕落ちる

**うか・れる【浮かれる】**(自下一){レ・レ・レル・レル・レレ・レロ(レヨ)} 落ち着いていられないくらいに、浮き浮きと楽しい気持ちになる。心が浮き立つ。「花見でみんな—・れている」

**うがん【右岸】**(名) 川下に向かって右側の岸。〔対〕左岸

**ウガンダ**〔Uganda〕〔地名〕アフリカ大陸の中央部にある共和国。首都はカンパラ。

**うかんむり【ウ冠】**(名) 漢字の部首の一つ。「家」「定」などの上部の「宀」の部分。

**うき【浮き】**(名) ❶釣《つ》り糸につけて水に浮かべ、魚がかかったことを知るための小さな目じるし。「水面の—の動きを見つめる」❷「うきぶくろ①」の略。

**うき【雨季・雨期】**(名) 一年のうちで、特に雨の多い時期。「—にはいる」〔対〕乾季《かんき》

**うきあが・る【浮き上がる】**(自五){ラ(ロ)・リ(ッ)・ル・ル・レ・レ} ❶水中から水面に出る。また、地面からはなれて空中に上がる。「魚が—」「気球が—」❷全体の傾向《けいこう》から遠くはなれる。遊離《ゆうり》する。「大衆から—・った指導者」❸輪郭《りんかく》などがはっきりとおもてに現れて見える。「夕日を背に富士山が—」

**うきあし【浮き足】**(名) ❶すもうなどで、つま先だけが地面につき、かかとが上がっていること。❷今にも逃《に》げ出しそうな、落ちつかないようす。

**うきあしだ・つ【浮き足立つ】**(自五){タ(ト)・チ(ッ)・ツ・ツ・テ・テ} 逃《に》げ出しそうになって、落ち着きがなくなる。「味方の形勢が不利とみて、みな—」

**うきうき【〖浮き浮き〗】**(副・自スル) 楽しさや喜びで、心がはずむようす。「—と旅行に出かける」

**うきがし【浮き貸し】**(名・他スル) 銀行などで、預かったおかねを不正にこっそり貸し出すこと。

**うきくさ【浮き草】**(名)〘植〙サトイモ科の多年草。小さくたいらな卵形をし、水田や沼《ぬま》などの水面にただよって生育する。

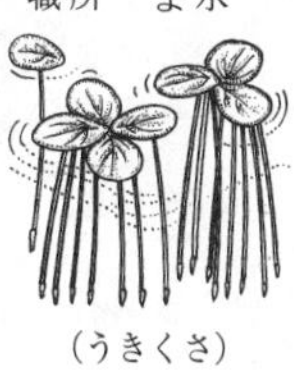
(うきくさ)

**浮き草稼業《かぎょう》** 一定の所に落ち着けない不安定な職業や暮らしむきのこと。

**うきぐも【浮き雲】**(名) ❶空に浮かんでいる雲。❷たよりなく定まらないことのたとえ。「—の生活」

**うきぐも**〔浮雲〕〔作品名〕二葉亭《ふたばてい》四迷《しめい》の小説。一八八七(明治二〇)年から八九(明治二二)年にかけて発表。口語体の写実小説で、若い男女の性格・心理をえがきながら、日本の近代文明のゆがみを批判している。日本の近代小説のさきがけとなった。

**うきごし**【浮き腰】（名）❶腰がすわらず、不安定なこと。「バランスを失い、―になる」❷今にも逃《に》げ出そうとして態度が落ち着かないこと。類逃げ腰

**うきしずみ**【浮き沈み】（名・自スル）❶浮いたり沈んだりすること。「波間に―する船」❷栄えたりおとろえたりすること。「―の多い人生」

**うきた・つ**【浮き立つ】（自五）{タ(ト)・チ(ツ)・ツ・ツ・テ・テ}❶心がはずみ、陽気になる。うれしくてうきうきする。「春の訪れに心が―」❷まわりから区別されてよく目立つ。「背景をぼかすことで人物が―」

**うきな**【浮き名】（名）男女関係のうわさ。「―を流す」

**うきぶくろ**【浮き袋】（名）❶水に浮くために身につける、袋状のゴム・ビニールなどに空気をつめた道具。❷魚の体内にあって、浮き沈《しず》みを調節する器官。

**うきぼり**【浮き彫り】（名）❶〔美〕彫刻《ちょうこく》で、像や模様が平面から浮き出るように、まわりの部分を彫ること。また、そのように彫った作品。レリーフ。リリーフ。❷物事の状態やようすをくっきりときわだたせて表すこと。「世相を―にしたような事件」

**うきみ**【浮き身】（名）水中で全身の力を抜《ぬ》いてあおむけになり、静かに水面に浮くこと。

**うきみをやつす**【憂き身をやつす】からだがやせ細るほど、なにかに夢中になる。なりふりかまわず熱中する。「恋《こい》に―」

**うきめ**【憂き目】（名）つらい思い。苦しい体験。「失恋《しつれん》の―をみる」

**うきよ**【浮き世】（名）（はかなく、つらいことの多い）この世。「―の風」参考「憂《う》き世」とも書く。

**うきよえ**【浮世絵】（名）〔美〕江戸《えど》時代の風俗画。肉筆と版画があり、美人画・役者絵・風景画など題材は多岐《たき》にわたる。

**うきよぞうし**【浮世草子】（名）〔文〕江戸《えど》時代の生活や風俗をえがいた小説の一種。元禄《げんろく》時代が全盛期。おもな作者は井原西鶴《いはらさいかく》など。

**うきよぶろ**〔浮世風呂〕〔作品名〕江戸《えど》時代後期の滑稽《こっけい》本。式亭三馬《しきていさんば》作。一八〇九(文化六)年～一八一三(文化一〇)年刊。銭湯《せんとう》に集まる人びとの会話を通して、庶民《しょみん》の生活をえがく。

**う・く**【浮く】（自五）{カ(コ)・キ(イ)・ク・ク・ケ・ケ}❶液体の下のほうから上のほうに上がる。また、沈《しず》まないで、液体の上のほうにある。「からだが水に―」対沈む ❷落ちないで空中にある。「アドバルーンが空に―」❸表面に出る。「あぶらの―・いた顔」❹基礎《きそ》や土台とのつながりがゆるくなり、不安定な状態になる。「歯が―」「バッグの金具が―」❺まわりの人たちとなじまず、つながりをなくした状態にある。「クラスの中で―・いた存在」❻心がうきうきする。「―・かない表情」対沈む ❼時間や金銭などに余分が出る。「やりくりして小遣《こづか》いを―・かせる」

**うぐい**（名）〔動〕コイ科の淡水《たんすい》魚。日本各地に分布し、食用とする。はや・いだ・あかはらともいう。

**うぐいす**〔△鶯〕（名）〔動〕ヒタキ科の小鳥。背部は緑褐色《りょくかっしょく》で腹部は白色。早春からホーホケキョと鳴く。春告《はるつ》げ鳥。

**うぐいすばり**【うぐいす張り】〔△鶯張り〕（名）廊下《ろうか》などの床板《ゆかいた》の張り方の一種。ふむと、うぐいすの鳴き声に似た音色を出す。京都の知恩院のものが有名。

**ウクライナ**〔Ukraine〕〔地名〕ヨーロッパ東部、黒海の北岸にある共和国。首都はキーウ。

**ウクレレ**〔英 ukulele〕（名）〔音〕ギターに似た小形の四弦《げん》の楽器。ハワイの音楽の演奏に用いる。

**うけ**【受け】（名）❶受けること。また、受けるためのもの。「郵便―」「軸《じく》―」❷相手の攻《せ》めに対して守ること。「―にまわる」❸まわりの人の受け取り方。評判。「子どもに―がいい」「―をねらう」

**うけあ・う**【請け合う】（他五）{ワ(オ)・イ(ッ)・ウ・ウ・エ・エ}だいじょうぶだと保証する。また、責任をもって引き受ける。「彼《かれ》の人がらは私が―」「二つ返事で―」

**うけい**【右傾】（名・自スル）❶右にかたむくこと。❷思想が保守的・国粋《こくすい》主義的になること。…化「思想が右傾化する」（対左傾）

**うけいれ**【受け入れ】（名）❶受け入れること。「―態勢を整える」❷会計帳簿《ちょうぼ》で、収入のこと。

**うけい・れる**【受け入れる】（他下一）{レ・レ・レル・レル・レレ・レロ(レヨ)}❶相手の意見や要求を認め、聞き入れる。承知する。「要求を―」❷引き取ってめんどうをみる。迎《むか》え入れる。「留学生を―」

**うけうり**【受け売り】（名・他スル）他人の意見や考えをそのまま自分の意見や考えのようにして述べること。「他人の説の―にすぎない」

**うけおい**【請負】（名）責任をもって、ひとまとまりの仕事を引き受けること。「―仕事」

**うけおいし**【請負師】（名）土木・建築工事などの請負を職業とする人。

**うけお・う**【請け負う】（他五）{ワ(オ)・イ(ッ)・ウ・ウ・エ・エ}完成の期限や報酬《ほうしゅう》などを決めて、ひとまとまりの仕事を引き受ける。「新築工事を―」

**うけぐち**【受け口】（名）❶物品の受け入れ口。「郵便物の―」❷下くちびるが上くちびるよりも出ている口。うけくち。

**うけこたえ**【受け答え】（名・自スル）相手の話しかけに応じて答えること。「電話での―」類応答

**うけざら**【受け皿】（名）❶しずくなどがたれるのを受けとめる、カップなどの下にしく皿。❷物事を引き受ける態勢。「人材を養成しても―がない」

**うけたまわ・る**【承る】（他五）{ラ(ロ)・リ(ッ)・ル・ル・レ・レ}❶「聞く」「伝え聞く」の謙譲《けんじょう》語。「お話を―」「―・っております」❷「受ける」「承知する」の謙譲語。「ご用命を―・ります」「委細《いさい》―・りました」

**うけつ・ぐ**【受け継ぐ】（他五）{ガ(ゴ)・ギ(イ)・グ・グ・ゲ・ゲ}前の人が残した物や仕事などのあとを引き受けて続ける。継承《けいしょう》する。「伝統を―」類引き継ぐ

**うけつけ**【受付】（名）❶外から来た客などを受け入れて、応対・取りつぎをする所。また、その係・人。「―で来意を告げる」❷願書や申し込《こ》みなどを受け入れること。「応募《おうぼ》の―をしめきる」

**うけつ・ける**【受け付ける】（他下一）{ケ・ケ・ケル・ケル・ケレ・ケロ(ケヨ)}❶申し込《こ》みや苦情などを受け入れる。「願書を―」

❷自分のからだに受け入れる。「水以外ー・けない」

**うげつものがたり**〔雨月物語〕[作品名]江戸《えど》時代中期の読本《よみほん》。上田秋成《あきなり》作。一七六八(明和五)年成立。日本や中国の物語から材料をとった、怪奇《かいき》で幻想《げんそう》的な物語九編からなる。

**うけと・める**【受け止める】(他下一){メ・メ・メル・メル・メレ・メロ(メヨ)} ❶自分のほうに向かってくる物をしっかりと受ける。「ボールをー」「敵の攻撃《こうげき》をー」❷自分に向けられた物事に、しっかりと対応する。「事態を深刻にー」

**うけとり**【受取】(名)受け取ったことを証明する書きつけ。「ーをもらう」[類]領収書

**うけと・る**【受け取る】(他五){ラ(ロ)・リ(ッ)・ル・ル・レ・レ} ❶人から自分に来たものを手もとにおさめる。「手紙をー」❷物事をそのように解釈《かいしゃく》する。「冗談《じょうだん》をまともにー」

**うけなが・す**【受け流す】(他五){サ(ソ)・シ・ス・ス・セ・セ}(切りこんできた刀を軽くかわすことから)まともに相手にしないでほどよくあしらう。「質問を柳《やなぎ》に風とー」

**うけにいる**『有△卦に入る』幸運にめぐまれる。「売れ行きが好調でー」

**うけみ**【受け身】(名)❶自分からすすんで行うのではなく、ほかからのはたらきかけを受ける立場に立つこと。「ーになる」❷〔文法〕ほかから動作・作用・影響《えいきょう》を受ける意を表す言い方。口語では動詞に助動詞「れる」「られる」をつけて表す。「起こされる」「ほめられる」など。受動態。❸柔道《じゅうどう》などで、投げられたときなどにけがをしないようにたおれるわざ。「ーの練習」

**うけもち**【受け持ち】(名)自分の担当として引き受けること。また、その人。担任。「ーの先生」

**うけも・つ**【受け持つ】(他五){タ(ト)・チ(ッ)・ツ・ツ・テ・テ}仕事などを自分の分担として責任をもって引き受ける。担当する。「校庭の掃除《そうじ》をー」

**う・ける**【受ける】{ケ・ケ・ケル・ケル・ケレ・ケロ(ケヨ)} [一](他下一)❶自分のほうに向かってくる物事を受けとめる。「ボールを手でー」「バケツで雨水をー」❷与《あた》えられたものを自分のものにする。「賞をー」「自然の恵《めぐ》みをー」「この世に生をー」❸自分に対する行為《こうい》などに応じる。「相談をー」「手術をー」「教育をー」「冗談《じょうだん》を真《ま》にー」❹他から作用を加えられ、影響《えいきょう》される。「損害をー」「感銘《かんめい》をー」❺受けつぐ。あとをつぐ。「父の血をー・けた頑固者《がんこもの》」「仕事の後をー」
[二](自下一)人気を集める。好評をえる。「この映画は大いにー・けた」

**う・ける**【請ける】(他下一){ケ・ケ・ケル・ケル・ケレ・ケロ(ケヨ)} ❶代金をはらって引き取る。「質草《しちぐさ》をー・け出す」❷引き受ける。「仕事をー」

**うけわたし**【受け渡し】(名・他スル)品物やお金を、一方が渡し、もう一方が受け取ること。「品物のー場所」[類]授受《じゅじゅ》

**うげん**【右舷】(名)船のうしろから船首のほうに向かって、右側の船べり。[対]左舷

**うご**〔羽後〕[地名]むかしの国名の一つ。今の秋田県の大部分と山形県の北部。

**うごうのしゅう**『△烏合の衆』烏《からす》の群れのように、まとまりや規律《きりつ》のない大勢《おおぜい》の人びとの集まり。

**うごか・す**【動かす】(他五){サ(ソ)・シ・ス・ス・セ・セ} ❶場所や位置、状態などを変える。「机をー」「世の中をー」❷止まっていたものを揺《ゆ》らす。「風が枝をー」❸気持ちを変えさせる。また、感動させる。「心をー」❹働くようにする。活動させる。「部下をー」❺運用する。「大金をー」

**うごき**【動き】(名)❶動くこと。動くようす。「むだなーが多い」「ーがとれない」❷物事が変化していくこと。移りかわり。「世の中のー」

**うご・く**【動く】(自五){カ(コ)・キ(イ)・ク・ク・ケ・ケ} ❶場所や位置、状態などが変わる。「秒針がー」「手がー・かない」❷止まっていたものが揺《ゆ》れる。「風で枝がー」❸考えや気持ちが変わる。また、変わりそうになる。「心がー」❹機械や組織などが働く。活動する。「機械がー」❺運用される。「裏金がー」

**うこさべん**『右顧左△眄』(名・自スル)右を見たり左を見たりしてためらうこと。周囲の情勢ばかりをうかがい、自ら決断できないでいること。左顧右眄。

**うごのたけのこ**『雨後の△筍』(雨が降ったあとに、たけのこが続々と生えるように)類似の物事があいついで現れたり起こったりすることのたとえ。「観光客をあてこんだ店がーのようにできる」

**うごめ・く**『△蠢く』(自五){カ(コ)・キ(イ)・ク・ク・ケ・ケ}もぞもぞと動く。小さく動き続ける。「いも虫がー」

**うこん**『右◇近』(名)〔歴〕(「右近衛府《うこんえふ》」の略)近衛府《このえふ》の一つで、平安時代、左近衛府とともに宮中の警護にあたった役所。[対]左近

**うこん**『◇鬱金』(名)❶〔植〕ショウガ科の多年草。熱帯アジア原産で、日本では九州・沖縄に自生。葉は先のとがった楕円《だえん》形。根茎《こんけい》は血どめの薬・染料・カレー粉の原料になる。ターメリック。❷(「うこん色」の略)①の根で染めたようなあざやかな黄色。

**うさ**【憂さ】(名)気持ちが晴れないこと。気持ちがふさぎ、くさくさすること。「ーをはらす」

**うざ・い**(形){カロ・カッ(ク)・イ・イ・ケレ・○}〔俗語〕→うざったい

**うさぎ**『△兎』(名)〔動〕ウサギ科の哺乳《ほにゅう》動物。耳が長く、長い後ろ足でよくはね、動作はすばやい。

**うさぎとび**【うさぎ跳び】『△兎跳び』(名)両足をそろえ、両手を後ろに組んでしゃがんだ体勢で、うさぎのように跳んで前進する運動。

**うざった・い**(形){カロ・カッ(ク)・イ・イ・ケレ・○}〔俗語〕うっとうしくて不快だ。じゃまである。「あいつはー」[参考]略して「うざい」ともいう。

**うさばらし**【憂さ晴らし】(名・自スル)つらくいやな気持ちを、何かをしてまぎらすこと。「ーに酒を飲む」[類]気ばらし

**うさんくさ・い**【うさん臭い】『△胡散臭い』(形){カロ・カッ(ク)・イ・イ・ケレ・○}なんとなくあやしい。ようすや態度が不審《ふしん》である。「ー態度」

**うし**『△丑』(名)❶十二支の第二。❷むかしの時刻の名。今の午前二時ごろ、およびその前後約二時間。(一説にはその後約二時間)。❸方角の名。北北東。

**うし【牛】**（名）〘動〙ウシ科の哺乳《ほにゅう》動物。有用な家畜《かちく》で、品種が多い。乳牛・肉牛・役牛《えきぎゅう》などがあり、皮はいろいろな製品に加工する。

**牛に引《ひ》かれて善光寺《ぜんこうじ》参《まい》り** 自分の意志からでなく、他人のさそいや偶然《ぐうぜん》の原因でよいほうへ導かれることのたとえ。参考 善光寺の近くに住む不信心の老婆《ろうば》が牛の角に引っかけられた布を取り返すため、牛を追いかけて善光寺まで来てしまい、信仰心《しんこうしん》をおこしたという伝説から出たことば。

**牛の歩《あゆ》み** 牛がゆっくり歩くように、進みの遅《おそ》いことのたとえ。「―も千里(=歩みが遅くともたゆまず行けば千里の遠くまで行ける)」類 牛歩《ぎゅうほ》

**牛の涎《よだれ》** だらだらと細く長く続くことのたとえ。

**牛は牛《うし》連《づ》れ馬《うま》は馬《うま》連《づ》れ** 同類のものがいっしょに行動すること。類 類は友を呼ぶ

**牛を馬《うま》に乗《の》り換《か》える** つごうのよいほうへきりかえる。

**う・し**〔憂し〕（形ク）古語 ❶つらい。苦しい。「今までとまり侍《はべ》るがいと―・きを」〈源氏物語〉訳 現在まで生き残っておりますことがたいそうつらいのに。❷気に入らない。いやだ。「宮仕《みやづか》へ人はいと―・きことなりと思ひて」〈更級《さらしな》日記〉訳（娘《むすめ》が）宮仕えの人（になること）はたいそう気に入らないことだと（親は）思って。❸無情だ。つれない。「月見れば―・き人しもぞ恋《こひ》しかりける」〈新古今集〉訳 月を見ると（私に）つれない（態度を見せる）人がどうにも恋《こい》しく思われたことだ。

**うじ【氏】** 一（名）❶家系を表す名。姓《せい》。みょうじ。❷家がら。二（接尾）むかし、敬意をこめて人のみょうじの下につけたことば。

**氏より育《そだ》ち** 家がらよりも教育や環境《かんきょう》のほうが人間形成にはたいせつだということ。

**うじ**〘△蛆〙（名）〘動〙はえ・あぶなどの幼虫。うじむし。「―がわく」

**うじうじ**（副・自スル）自分の態度をはっきり決めることができずにぐずぐず迷っているようす。「優柔不断《ゆうじゅうふだん》で―した性格」

**うしお**〘◇潮〙（名）海水のみちひき。上げしおや引きしお。また、その海水。「さかまく―」

**うしかい【牛飼い】**（名）牛を飼う人や使う人。

**うしかひが《ウシカイガ》…** 短歌

〔牛飼が 歌《うた》よむ時《とき》に 世《よ》の中《なか》の 新《あら》しき歌《うた》 大《おほ》いにおこる〕〈伊藤左千夫《いとうさちお》〉訳 牛を飼って生計をたてている自分のような者までが歌をよむときに、初めて、この世の現実をふまえた新しい短歌が盛《さか》んにおこるのだ。

**うじがみ【氏神】**（名）❶一族の祖先として祭る神。「藤原《ふじわら》氏の―」❷その土地の守り神。鎮守《ちんじゅ》の神。「―様にお宮参りをする」類 産土《うぶすな》神

**うじこ【氏子】**（名）❶同じ氏神を祖先として祭る人びと。❷その土地の守り神をともに祭る人びと。

**うじしゅういものがたり**〔宇治拾遺物語〕〔作品名〕鎌倉《かまくら》時代前期の説話集。一五巻。作者不明。「今昔《こんじゃく》物語集」の系統をひくもので、仏教説話・民間説話など一九七話からなる。

**うじすじょう【氏素性・氏素姓】**（名）家系。家がら。また、生まれや育ち。「―もわからない男」

**うしとら**〘△丑△寅・△艮〙（名）方角の名。北東。鬼門《きもん》(=避《さ》けるべき方角)とされる。

**うしな・う【失う】**（他五）{ワ(オ)・イ(ッ)・ウ・ウ・エ・エ} ❶それまで持っていたものやあったものを、意図せずにない状態にしてしまう。「財産を―」「バランスを―」「ことばを―」❷自分のものにできないで、取り逃《に》がす。「機会を―」❸とるべき手段・方向などがわからなくなる。「方向を―・って迷走《めいそう》する」「なす術《すべ》を―」❹たいせつな人に死なれる。「子を―」

**うしみつ**〘△丑三つ・△丑満つ〙（名）むかしの時刻の名。今の午前二時ごろ。また、真夜中の意。「草木《くさき》もねむる―どき」

**うじむし【うじ虫】**〘△蛆虫〙（名）❶はえ・あぶなどの幼虫。うじ。❷人をののしっていうことば。

**うじゃうじゃ**（副・自スル）小さい虫などがたくさん集まってうごめいているようす。「砂糖《さとう》のまわりにありが―いる」

**うじょう【有情】**（名）❶〘仏〙すべての生きもの。人・鳥・けもの・虫など。対 非情。❷人間らしい心があること。ゆうじょう。対 無情

**うしろ【後ろ】**（名）❶人や物の正面と反対のほう。背後。あと。「―をふり返る」「列の―のほう」対 前 ❷背中。「―に手がまわる(=警察につかまる)」❸物のかげにかくれて見えないところ。「―で糸を引く」

**後ろを見《み》せる** 相手から逃《に》げ出す。「敵に―」

**うしろあし【後ろ足・後ろ脚】**（名）四本足の動物の、尾《お》や尻《しり》に近いほうの足。後足《あとあし》。対 前足

**うしろがみ【後ろ髪】**（名）頭のうしろのほうの髪。

**後ろ髪を引《ひ》かれる** 未練が残ってあきらめきれない。「―思いで別れる」

**うしろぐら・い【後ろ暗い】**（形）{カロ・カッ(ク)・イ・イ・ケレ・○} 人に知られては困るようなことがあって、気がとがめる。うしろめたい。「私は決して―ことはしていない」

**うしろすがた【後ろ姿】**（名）人をうしろから見たときの姿。「―を見ただけで顔までは見なかった」

**うしろだて【後ろ盾】**〘後ろ△楯〙（名）かげにいて、助けたり力になってくれたりすること。また、その人。「頼《たの》もしい―がついている」

**うしろで【後ろ手】**（名）❶両手を背中に回すこと。「―にしばる」❷うしろのほう。「敵の―に回る」

**うしろまえ【後ろ前】**（名）衣服などのうしろと前が逆になること。「セーターを―に着てしまう」

**うしろむき【後ろ向き】**（名）❶相手に背中を向けていること。「―に座る」❷消極的な態度。発展や進歩に逆行すること。「―の意見」（対 前向き）

**うしろめた・い【後ろめたい】**（形）{カロ・カッ(ク)・イ・イ・ケレ・○} 心に恥《は》じるようなことをしていて、気がとがめる。うしろぐらい。「うそをついたので―」

**うしろゆびをさす【後ろ指をさす】** かげで非難したり悪口を言ったりする。「人に後ろ指をさされる」

**うす【薄】** 一（接頭）❶厚みが少ない意を表す。「―氷」❷程度が少しである意を表す。「―暗い」「―味」❸なんとなくの意を表す。「―気味悪い」二（接尾）少なめで、あまりない意を表す。「品―」「手―」

**うす**【臼】(名) ❶穀物《こくもつ》をすりつぶして粉にする道具。ひきうす。❷杵《きね》でついてもちを作ったりするのに使う道具。つきうす。

(臼②)

**うず**【渦】(名) ❶中心部に向かってぐるぐる巻いている水や空気の流れ。また、そのような形や模様。「水が一を巻く」❷入り乱れためまぐるしい動きや状態。「人の一に巻きこまれる」「熱狂《ねっきょう》の一」

**うすい**【雨水】(名) 二十四節気の一つ。太陽暦《たいようれき》では二月一九日ごろ。

**うす・い**【薄い】(形) {カロ・カツ(ク)・イ・イ・ケレ・○} ❶厚みが少ない。「一板」対厚い ❷色や味の程度が弱い。濃度《のうど》・密度などが小さい。「一色」「霧《きり》が一・くなる」対濃《こ》い ❸気持ちやかかわり、可能性など、ものごとの程度が少ない。「関心が一」「なじみが一」「利益が一」「望みが一」対濃い

**うすうす**〖薄薄〗(副) ぼんやりとだが、なんとなく感じとっているようす。「一気づいていた」

**うずうず**(副・自スル) あることをしたくて、じっとしていられないようす。「遊びに行きたくて一している」

**うすぎ**【薄着】(名・自スル) (寒いときでも)着る物を何枚も重ねて着ないこと。対厚着

**うすぎたな・い**【薄汚い】(形) {カロ・カツ(ク)・イ・イ・ケレ・○} どことなく汚《よご》れている。なんとなくきたなく感じられる。小汚《こぎたな》い。「古本屋で買った一本」

**うすきみわる・い**【薄気味悪い】(形) {カロ・カツ(ク)・イ・イ・ケレ・○} なんとなく気味が悪い。「真夜中の墓地は一」

**うず・く**〖△疼く〗(自五) {カ(コ)・キ(イ)・ク・ク・ケ・ケ} 傷などがずきずきと痛む。また、心にそうした痛みを感じる。「傷が一」「心が一」

**うすくち**【薄口】(名) 味・色などがうすいこと。また、そのようなもの。「一のしょうゆ」対濃《こ》い口

**うずくま・る**〖△蹲る〗(自五) {ラ(ロ)・リ(ッ)・ル・ル・レ・レ} からだをまるく小さくしてしゃがみこむ。「めまいがしてその場に一」

**うすぐもり**【薄曇り】(名) 空一面にうすい雲がかかっていること。また、その天気。「春先の一の空」

**うすぐら・い**【薄暗い】(形) {カロ・カツ(ク)・イ・イ・ケレ・○} 少し暗い。「あたりが一・くなる」類ほの暗い

**うすげしょう**【薄化粧】(名・自スル) ❶あっさりと目だたない程度にした化粧。対厚化粧《あつげしょう》。❷雪などがうっすらと積もること。「初雪で一した山」

**うすじ**【薄地】(名) 薄い布地。「一のカーテン」類薄手《うすで》。対厚地《あつじ》

**うずしお**【渦潮】(名) うずを巻いて流れる海水。「鳴門《なると》の一」

**うすずみ**【薄墨】(名) 墨の、色の薄いもの。参考葬儀《そうぎ》などの弔事《ちょうじ》の筆書きに用いることが多い。

**うずたか・い**〖◇堆い〗(形) {カロ・カツ(ク)・イ・イ・ケレ・○} 盛り上がって山のようになっている。「一・く積みあげられた本」

**うすっぺら**【薄っぺら】(形動ダ) {ダロ・ダッ(デ・ニ)・ダ・ナ・ナラ・○} ❶見るからに薄くて、安っぽいようす。「一な布地」❷考え方や人がらが軽薄《けいはく》であるようす。「一な人間」

**うすで**【薄手】(名) ❶紙・布・陶器《とうき》などの薄い物。「一の皿」類薄地《うすじ》。対厚手《あつで》。❷軽い傷。

**うすばかげろう**〖薄羽×蜉蝣〗(名)〘動〙ウスバカゲロウ科の昆虫《こんちゅう》。とんぼに似ているが、小形で羽が薄い。幼虫はありじごく。⇨ありじごく

**うすび**【薄日】(名) 弱い日の光。あわい日ざし。「一がさす」「一がもれてくる」

**ウズベキスタン**〔Uzbekistan〕【地名】中央アジア南部にある共和国。首都はタシケント。

**うすべり**【薄べり】〖薄◇縁〗(名) 畳表《たたみおもて》にへりをつけた敷物《しきもの》。

**うずまき**【渦巻き】(名) ❶水や空気がうずを巻いていること。うず。❷うずを巻いている形や模様。

**うずま・く**【渦巻く】(自五) {カ(コ)・キ(イ)・ク・ク・ケ・ケ} ❶水や空気がうずのような形で回る。❷多くの人びとや考え、感情などが激しく入り乱れる。「いろんな思いが頭の中で一」「陰謀《いんぼう》が一」

**うすま・る**【薄まる】(自五) {ラ(ロ)・リ(ッ)・ル・ル・レ・レ} 色・味などが薄くなる。程度が小さくなる。「効果が一」

**うずま・る**〖◇埋まる〗(自五) {ラ(ロ)・リ(ッ)・ル・ル・レ・レ} ❶多量の土や砂、雪などで上からおおわれる。「大雪で家が一」❷すきまがないほど、いっぱいになる。「競技場が人で一」(類埋《う》まる)

**うずみび**【うずみ火】〖◇埋み火〗(名) 灰にうずめられた炭火。「一のぬくもり」

**うすめ**【薄め】(名・形動ダ) やや薄いと感じられる程度。「一の味付け」「肉を一に切る」

**うすめ**【薄目】(名) 少しあけた目。「一をあける」

**うす・める**【薄める】(他下一) {メ・メ・メル・メル・メレ・メロ(メヨ)} 色・味などを薄くする。程度を小さくする。「水で二倍に一」「政党色を一」

**うず・める**〖◇埋める〗(他下一) {メ・メ・メル・メル・メレ・メロ(メヨ)} ❶土などをかけておおい、外から見えないようにする。「穴を掘《ほ》って一」「異国に骨を一(=外国で死ぬ)」❷場所を物でいっぱいにする。「部屋を花で一」(類埋《う》める)

**うずも・れる**〖◇埋もれる〗(自下一) {レ・レ・レル・レル・レレ・レロ(レヨ)} ❶他の物に上からおおわれて見えなくなっている。「砂に一・れた遺跡《いせき》」❷世の中に知られないでいる。「一・れた人材」(類埋《う》もれる)

**うすよご・れる**【薄汚れる】(自下一) {レ・レ・レル・レル・レレ・レロ(レヨ)} なんとなくきたなくなる。「一・れた格好《かっこう》」

**うすら-**〖薄ら〗(接頭) ❶「うすい」「あわい」の意を表す。「一明かり」❷「なんとなく」「少し」の意を表す。「一寒い」

**うずら**〖△鶉〗(名)〘動〙キジ科の小形の鳥。からだはずんぐりとし、褐色《かっしょく》と黒のまだらがある。尾は短い。肉と卵は食用。

(うずら)

**うすら・ぐ**【薄らぐ】(自五) {ガ(ゴ)・ギ(イ)・グ・グ・ゲ・ゲ} 薄くなる。程度が弱まる。「霧《きり》が一」「悲しみが一」類薄れる

**うすらさむ・い**【薄ら寒い】(形) {カロ・カツ(ク)・イ・イ・ケレ・○} なんとなく寒い。少し寒い。「一秋の夕暮《ゆうぐ》れ時」

**うすらわらい**【薄ら笑い】(名・自スル) →うすわらい

**うす・れる【薄れる】**（自下一）{レ・レ・レル・レル・レレ・レロ(レヨ)} しだいに薄くなる。程度が弱まっていく。「色が―」「記憶《きおく》が―」類薄らぐ

**うすわらい【薄笑い】**（名・自スル）声を出さないで、口もとだけでかすかに笑うこと。うすら笑い。参考おもに相手をばかにしたときや困惑《こんわく》したときの笑い方。

**うせつ【右折】**（名・自スル）道路などを右へ曲がること。「―禁止」対左折

**う・せる【◇失せる】**（自下一）{セ・セ・セル・セル・セレ・セロ(セヨ)} ❶なくなる。見えなくなる。「血の気が―」❷「行く」「去る」などの乱暴な言い方。「とっとと―・せろ」

**うぜん【羽前】**［地名］むかしの国名の一つ。今の山形県の大部分。

**うそ【△嘘】**（名）❶ほんとうでないこと。また、そのことば。いつわり。「―をつく」「―で固めた話」「―泣き」❷正しくないこと。あやまり。「―字」❸信じられないようなふしぎなこと。「勝てたなんて―だ」「―のよう」

**嘘から出《で》た実《まこと》** はじめはうそのつもりであったことがいつのまにか事実になること。類瓢簞《ひょうたん》から駒《こま》

**嘘も方便《ほうべん》** 時と場合によっては手段としてうそをつかなければならないこともあるということ。

**うそ【△鷽】**（名）《動》アトリ科の小鳥。背中は青色がかった灰色で、雄《おす》はほおがうす赤い。口笛《くちぶえ》のような声で鳴く。うそどり。

（鷽）

**うぞうむぞう【有象無象】**（名）❶《仏》有形・無形のすべての物。❷種々雑多でどこにでもある、とるに足りない人や物。「―の集まりでしかない」

**うそつき【△嘘◇吐き】**（名）うそを言うこと。また、その人。「―は泥棒《どろぼう》の始まり」類ほら吹《ふ》き

**うそっぱち【△嘘っぱち】**（名）《俗語》「うそ」を強めた言い方。まったくのうそ。「そんなの―だ」

**うそはっぴゃく【うそ八百】【△嘘八百】**（名）内容がまったくうそばかりであること。「―をならべる」参考「八百」は数がひじょうに多いことを表す。

**うそぶ・く【△嘯く】**（自五）{カ(コ)・キ(イ)・ク・ク・ケ・ケ} ❶とぼけて知らないふりをする。「なにくわぬ顔で―・いている」❷えらそうに大きなことを言う。「たやすいことだと―」

**うた【唄】** 10画 口7 訓うた

口 口' 叩 叩 唄 唄

うた。俗謡《ぞくよう》。◆小唄・子守唄・長唄・端唄《はうた》・鼻唄・舟唄《ふなうた》

**うた【唄】**（名）民謡・俗謡《ぞくよう》などの、うた。

**うた【歌】**（名）❶ことばにメロディーやリズムをつけて歌うもの。❷和歌。特に、短歌。「―をよむ」

**うたあわせ【歌合わせ】**（名）左右二組に分かれて、たがいに和歌をよみ、その優劣《ゆうれつ》を判定して勝ち負けを決める遊び。平安時代の貴族の間で流行した。

**うたい【謡】**（名）能《のう》の歌詞。また、それをうたうこと。謡曲《ようきょく》。

**うだいじん【右大臣】**（名）むかしの役人の職名。太政《だいじょう》官の長官で、左大臣に次ぐ位。

**うたいもの【謡物】**（名）日本の伝統的な音楽・芸能で、ことばに節《ふし》をつけてうたうものをまとめた呼び名。謡曲《ようきょく》・長唄《ながうた》など。対語り物

**うたいもんく【うたい文句】【△謳い文句】**（名）よい特徴《とくちょう》や効能《こうのう》などを強調していうことば。「―にひかれて買う」類キャッチフレーズ

**うた・う【歌う・謡う】【◇唄う】**（他五）{ワ(オ)・イ(ッ)・ウ・ウ・エ・エ} ❶メロディーやリズムをつけて声を出す。「歌を―」❷和歌や詩を作る。「悲しい恋《こい》を―」参考①で謡曲《ようきょく》の場合は「謡う」と書く。

**うた・う【△謳う】**（他五）{ワ(オ)・イ(ッ)・ウ・ウ・エ・エ} 人にはっきりわかるようにことばや文章に表す。「国民主権を―」

**うだうだ**（副）どうでもいいことをいつまでもしたり言ったりしているようす。「―と話を続ける」

**うたがい【疑い】**（名）疑うこと。あやしいと思うこと。「―をいだく」「癌《がん》の―がある」

**うたかいはじめ【歌会始め】**（名）宮中で行う新年初めての和歌の会。歌御会《うたごかい》始め。

**うたが・う【疑う】**（他五）{ワ(オ)・イ(ッ)・ウ・ウ・エ・エ} ❶事実と違《ちが》うのではないか、また、不確かで信じられないと思う。「人のことばを―」「目を―」「実験の成功を―」❷そうではないだろうかと思う。「彼《かれ》を犯人と―」（類うたぐる）

**うたかた【×泡沫】**（名）（水のあわの意から）あわのように消えやすい、はかないことのたとえ。「―の恋《こい》」

**うたがわし・い【疑わしい】**（形）{カロ・カッ(ク)・イ・イ・ケレ・○} ❶本当かどうかわからずあやしい。どことなく変に感じられる。「どうも態度が―」❷確かであるかどうかはっきりしない。確かだとは考えられない。「成功は―」

**うたぐち【歌口】**（名）❶和歌のよみぶり。❷笛《ふえ》・尺八《しゃくはち》などの口に当てる部分。

**うたぐ・る【◇疑る】**（他五）{ラ(ロ)・リ(ッ)・ル・ル・レ・レ} うたがう。「人を―・ってかかる」参考やや俗な言い方。

**うたげ【◇宴】**（名）酒盛《さかも》り。宴会《えんかい》。

**うたごころ【歌心】**（名）❶歌の意味。「―を理解する」❷和歌をよもうとする心・素養。「―がある」

**うたた**（副）いよいよ。ますます。「―懐旧《かいきゅう》の情に堪《た》えない」

**うたたね【うたた寝】**（名・自スル）寝床《ねどこ》でないところで、うつらうつら眠《ねむ》ること。「こたつで―する」

**うたたねに…** 和歌

〔うたた寝に　恋《こひ》しき人《ひと》を　見《み》てしより　夢《ゆめ》てふものは　頼《たの》みそめてき〕〈古今集《こきんしゅう》・小野小町《おののこまち》〉訳うとうとした眠《ねむ》りの中で、恋しい人を夢に見てからは、あてにならないと言われる夢というものをあてにするようになってしまいました。

**うだつ【△梲】**（名）木造建築で、梁《はり》の上に立てて、棟木《むなぎ》を支《ささ》える短い柱。

（うだつ）

**うだつが上《あ》がらない** 出世したり暮らしむきがよくなったりしない。

**うたて**（副）古語❶ますますひどく。いよいよ。「―このころ恋《こひ》しししげしも」〈万葉集〉訳ますますひどくこのごろは恋心がつのるのだ。❷不快に。見苦しく。なさけなく。「ひろごりたるは―ぞ見ゆる」〈枕草子《まくらのそうし》〉訳（柳《やなぎ》の芽の）広がってしま

ったものは見苦しく見えるものだ。❸ふつうでなく。あやしく。気味悪く。「―思《おぼ》さるれば太刀《たち》を引き抜《ぬ》きて」〈源氏物語〉訳気味悪くお思いになられたので（魔よけのために）太刀を抜いて。

**うたまくら【歌枕】**（名）古くから和歌によまれた名所。

**うたひめ【歌姫】**（名）女性の歌手。「日本の―」

**うたよみ【歌詠み】**（名）和歌をつくる人。歌人。

**うだ・る**〖△茹だる〗（自五）{ラ(ロ)・リ(ッ)・ル・ル・レ・レ} ❶→ゆだる ❷ひどい暑さでぐったりする。「―ような暑さ」

**うち-【打ち】**（接頭）❶動詞について、意味を強めたり語調を整えたりする。「―勝つ」「―続く」❷動詞について、「ちょっと」「軽く」の意を表す。「―見る」

**うち【内】**（名）❶物の仕切りや囲いのなかがわ。内部。なか。「門の―」対外 ❷一定の数量・時間の範囲《はんい》のなか。「二つの―二つ」「明るい―に帰る」❸あるまとまりの範囲のなか。「仲間―の一人」「遊びも勉強の―」対外 ❹心のなか。「思いを―に秘める」❺自分の家。家庭。また、一般《いっぱん》に人の住む建物。「―に帰る」「―の人」「二階建ての―」対外・よそ ❻自分の属するところ。「―の会社」対外・よそ 参考⑤は「家」とも書く。

**うちあ・ける【打ち明ける】**（他下一）{ケ・ケ・ケル・ケル・ケレ・ケロ(ケヨ)} 秘密や悩《なや》みなど、人に話さないでおいたことをかくさずに話す。「親友に悩みを―」

**うちあ・げる【打ち上げる】**（他下一）{ゲ・ゲ・ゲル・ゲル・ゲレ・ゲロ(ゲヨ)} ❶打って、空中に高く上げる。「花火を―」❷興行・催《もよお》し物などを終える。「芝居《しばい》を―」❸波が海岸などに物を運び上げる。「魚が浜《はま》に―・げられる」

**うちあわせ【打ち合わせ】**（名）❶前もってやりかたなどを相談すること。「披露宴《ひろうえん》の―をする」❷衣服の、前開きの部分が重なったところ。

**うちあわ・せる【打ち合わせる】**（他下一）{セ・セ・セル・セル・セレ・セロ(セヨ)} ❶前もってやりかたなどを相談する。「関係者が会議の前に―」❷物と物とをぶつけあう。「拍子木《ひょうしぎ》を―」

**うちいり【討ち入り】**（名）攻《せ》め入ること。

**うちいわい【内祝い】**（名）❶身内だけでする祝い。❷結婚《けっこん》・出産・床上《とこあ》げなど、身内の祝いごとの記念として物を贈《おく》ること。また、その品物。

**うちうち【内内】**（名）表だてないで、身近《みぢか》な人だけですること。ないない。「―の集まり」類内輪《うちわ》

**うちうみ【内海】**（名）島やみさきなどの陸地に囲まれた海。ないかい。「波がおだやかな―」類入り海。対外海《そとうみ》

**うちかけ【打ち掛け】**〖×裲襠〗（名）❶平安時代、武官が朝廷《ちょうてい》の儀式《ぎしき》に用いた礼服。装束《しょうぞく》の上に着た。❷江戸《えど》時代、武家の女性の礼服の一つ。今は結婚式《けっこんしき》に花嫁《はなよめ》が着る。

**うちか・つ【打ち勝つ】**（自五）{タ(ト)・チ(ッ)・ツ・ツ・テ・テ} ❶「勝つ」を強めた語。不幸や困難などに負けないで、のりこえる。「強敵に―」「誘惑《ゆうわく》に―」類克服《こくふく》する。❷野球などで、打ちあって相手に勝つ。「猛打《もうだ》で―」

**うちがわ【内側】**（名）物の内部のほう。内面。「―からかぎをかける」対外側

**うちき【内気】**（名・形動ダ）気が弱く、人前で思うようにものを言ったり行動したりできない性質。「―な子」

**うちき・る【打ち切る】**（他五）{ラ(ロ)・リ(ッ)・ル・ル・レ・レ} 物事をとちゅうでやめて終わりにする。「交渉《こうしょう》を―」

**うちきん【内金】**（名）代金の一部として、前もって支払《しはら》うおかね。「―を入れる」

**うちくだ・く【打ち砕く】**（他五）{カ(コ)・キ(イ)・ク・ク・ケ・ケ} ❶ものを叩《たた》いて壊《こわ》す。「外壁《がいへき》を―」❷物事を徹底《てってい》的《てき》に壊す。「野望を―」

**うちくび【打ち首】**（名）刀で罪人の首を切り落とした、むかしの刑罰《けいばつ》。類斬首《ざんしゅ》

**うちけし【打ち消し】**（名）❶打ち消すこと。否定すること。❷〖文法〗動作・存在・状態を否定する言い方。たとえば、「読む」の否定として、打ち消しの助動詞「ない」をつけ、「読まない」の形にするなど。

**うちけ・す【打ち消す】**（他五）{サ(ソ)・シ・ス・ス・セ・セ} そうではないと言う。否定する。「うわさを―」

**うちゲバ【内ゲバ】**（名）（ゲバは「ゲバルト」の略）学生運動などの党派間、また、ある組織内でおこる暴力闘争《とうそう》。

**うちこ・む【打ち込む】**（他五）{マ(モ)・ミ(ン)・ム・ム・メ・メ} ❶打って中へ入れる。たたきこむ。「くさびを―」「サーブを―」❷球技で、打つ練習をまとめてたくさんする。「十分に―・んでおく」❸一つの事を夢中になってする。熱中する。「研究に―」類没頭《ぼっとう》する

**うちじに【討ち死に】**（名・自スル）武士などが、戦って死ぬこと。「いさぎよく―する」

**うちぜい【内税】**（名）商品などの表示価格に消費税がふくまれていること。また、そうした税額《ぜいがく》の表示方式。対外税《そとぜい》

**うちだし【打ち出し】**（名）すもう・芝居《しばい》などで、その日の興行《こうぎょう》の終わり。はね。「―の太鼓《たいこ》」

**うちだ・す【打ち出す】**（他五）{サ(ソ)・シ・ス・ス・セ・セ} ❶考えなどをはっきりと出す。提唱《ていしょう》する。「方針を―」❷ものを打って出す。「銅版に模様を―」❸打ち始める。「たいこを―」

**うちつづ・く【打ち続く】**（自五）{カ(コ)・キ(イ)・ク・ク・ケ・ケ} つぎからつぎへと、とぎれることなく続く。「―戦い」

**うちづら【内面】**（名）家族や内輪《うちわ》の人に対する顔つきや態度。「―がいい」対外面《そとづら》。注意「ないめん」と読むと別の意味になる。

**うちでし【内弟子】**（名）先生の家に住みこんで、家事の手伝いなどをしながら芸を習う人。「―を置く」

**うちでのこづち【打ち出の小づち】**〖打ち出の小△槌〗（名）望みをとなえながら振《ふ》れば、何でも望みがかなうという伝説上の小さなつち。

**うちと・ける【打ち解ける】**（自下一）{ケ・ケ・ケル・ケル・ケレ・ケロ(ケヨ)} 心のへだてがなくなって親しくなる。「―・けて話す」

**うちどめ【打ち止め・打ち留め】**（名）物事の終わり。特に、興行《こうぎょう》などの終わり。「本日の―」

**うちと・る【打ち取る・討ち取る】**（他五）{ラ(ロ)・リ(ッ)・ル・ル・レ・レ} ❶武器で殺す。しとめる。「敵将を―」❷試合などで、相手を負かす。「三振《さんしん》に―」

**うちのめ・す【打ちのめす】**（他五）{サ(ソ)・シ・ス・ス・セ・セ} ❶

立ち上がれないほどひどくなぐる。「相手を―」❷（多く受け身の形で）立ち直れなくなるほどに打撃《だげき》を与《あた》える。「大きな不幸に―・される」

**うちのり**【内のり】〖内◇法〗（名）箱・ますなどを内側ではかった、たてよこの長さ。対外のり

**うちひしが・れる**【打ちひしがれる】〖打ち◇拉がれる〗（自下一）{レ・レ・レル・レル・レレ・レロ(レヨ)}精神的な打撃《だげき》などによって、意欲や気力がくじかれる。「悲しみに―」

**うちぶろ**【内風呂】（名）旅館などで、屋内につくった風呂。また、自分の家にある風呂。対外風呂

**うちべんけい**【内弁慶】（名・形動ダ）家の中ではいばっているが、外ではいくじがなく弱いこと。また、そういう人。「この子は―で困る」類陰《かげ》弁慶

**うちまく**【内幕】（名）（戦陣《せんじん》の外幕の内側に張った幕のことから）外からはわからない内部のようす。内情。「―をさらけだす」「―をあばく」

**うちまご**【内孫】（名）自分の跡取《あとと》りの子ども夫婦に生まれた子ども。対外孫《そとまご》

**うちまた**【内股】（名）❶ふとももの内側。内もも。❷つま先を内側に向けて歩く歩き方。「―で歩く」対外股《そとまた》。❸柔道《じゅうどう》の技《わざ》のひとつ。相手の両足の間に足を入れ、ももの内側を払《はら》って倒《たお》す。「―をかける」

**うちまたごうやく**〖内股△膏薬〗（名）（内股にはった膏薬が両ももにはりつくことから）自分の考えもなく、都合しだいであちらにもこちらにもつき従うこと。また、そういう人。

**うちまわり**【内回り】（名）内側を回ること。「環状《かんじょう》線の―の電車」対外回り

**うちみ**【打ち身】（名）からだを強く打ったときに皮膚《ひふ》の下にできる傷。打撲傷《だぼくしょう》。

**うちみず**【打ち水】（名）ほこりをしずめたり、暑さをやわらげたりするために水をまくこと。また、その水。

**うちもも**〖内◇股〗（名）→うちまた①

**うちやぶ・る**【打ち破る・撃ち破る】（他五）{ラ(ロ)・リ(ッ)・ル・ル・レ・レ}❶すっかりこわす。打破する。「慣習を―」❷敵を激しく攻《せ》めて負かす。撃破する。「強敵を―」

**うちゆ**【内湯】（名）温泉場の旅館などで、屋内にあるふろ場。対外湯

**うちゅう**【宇宙】（名）地球・太陽・月・星などすべての天体をふくむ果てしない空間。「―旅行」

**うちゅうステーション**【宇宙ステーション】（名）宇宙において地球の衛星軌道《きどう》上に建設され、宇宙飛行士の滞在《たいざい》や、各種の観測・実験などに使用される大型の人工衛星。▽ステーションは、英station

**うちゅうせん**【宇宙船】（名）人を乗せて宇宙空間を飛行できるように作った乗り物。

**うちゅうせん**【宇宙線】（名）たえず宇宙から地球にふりそそぐ放射線。

**うちゅうひこうし**【宇宙飛行士】（名）宇宙船に乗って宇宙空間を飛ぶ飛行士。

**うちょうてん**【有頂天】（名・形動ダ）われを忘れて喜ぶこと。うれしくて夢中になること。「優勝して―になる」

**うちよ・せる**【打ち寄せる】{セ・セ・セル・セル・セレ・セロ(セヨ)}一（自下一）寄せてくる。押《お》し寄せる。「波が―」二（他下一）波が岸にものを運んでくる。「―・せられたごみ」

**うちわ**【内輪】（名・形動ダ）❶身内や仲間だけで外部の者を入れないこと。「―で祝う」「―のもめごと」類内内《うちうち》。❷実際より少なめであること。「―に見つもる」

**うちわ**〖×団扇〗（名）手であおいで風をおこす道具。竹などの骨に紙や布を張ったもの。「―であおぐ」

**うちわけ**【内訳】（名）全体の金額や数量を項目《こうもく》ごとに分けたもの。明細。「支出の―を示す」

**うちわもめ**【内輪もめ】〖内輪△揉め〗（名）家族や仲間どうしの争いごと。内輪げんか。「―をする」

**うつ**【鬱】 29画 鬯19 音ウツ

❶草木がおいしげる。◆鬱蒼《うっそう》。❷ふさがる。気持ちが晴れ晴れしない。◆鬱鬱《うつうつ》・鬱積・鬱憤《うっぷん》。◆陰鬱《いんうつ》・沈鬱《ちんうつ》・憂鬱《ゆううつ》・抑鬱《よくうつ》

**うつ**【鬱】（名）気がふさぐこと。しずんだ暗い気持ちになること。「―になる」

**う・つ**【打つ】（他五）{タ(ト)・チ(ッ)・ツ・ツ・テ・テ}❶ほかのものに強く当てる。たたく。ぶつける。「すべって腰《こし》を―」「バットでボールを―」「雨が窓ガラスを―」❷先のとがったものをたたいて、または突《つ》き刺《さ》して中に入れる。「くいを―」「注射を―」❸材料をたたいたり、強い力を加えたりしてものを作る。「刀を―」「そばを―」❹たたいて、また、たたきつけるような動作で物事を行う。「キーボードを―」「メールを―」「網《あみ》を―」「庭に水を―（＝まく）」「罪人に縄《なわ》を―（＝縄でしばる）」❺芝居《しばい》などを興行《こうぎょう》する。「芝居を―」❻囲碁《いご》・ばくちをする。また、碁の石などを置く。「布石を―」❼ある手段や処置をとる。「逃《に》げを―」「ストライキを―」「―手がない」❽規則的な動きをする。「脈を―」❾総額の一部を支払《しはら》う。「手付《てつけ》金を―」❿しるしや番号をつける。「番号を―」⓫（「心をうつ」「胸をうつ」の形で）強く感じさせる。感動させる。「人の心を―話」
⇒うつ（撃つ）「学習」

**う・つ**【討つ】（他五）{タ(ト)・チ(ッ)・ツ・ツ・テ・テ}敵を攻《せ》める。攻めほろぼす。「あだを―」⇒うつ（撃つ）「学習」

**う・つ**【撃つ】（他五）{タ(ト)・チ(ッ)・ツ・ツ・テ・テ}鉄砲《てっぽう》・大砲などを発射する。「大砲を―」

> **学習** 使い分け 「打つ」「討つ」「撃つ」
>
> **打つ** もともと「手や物でたたく」意味。広く一般的《いっぱんてき》に使われる。
>
> **討つ** 武器を使って攻《せ》める、攻めほろぼす意。「賊《ぞく》を**討つ**」「かたきを**討つ**」
>
> **撃つ** 鉄砲《てっぽう》のたまなどを放つ意。「けものを**撃つ**」「敵機を**撃ち**落とす」

**うつうつ【鬱鬱】**(トタル) 心配ごとや悲しみ、落胆《らくたん》などで気持ちが暗くなり、心がはればれとしないようす。「—とした気分で一日をすごす」

**うっかり** (副・自スル) 不注意で気づかないようす。「—荷物を置き忘れる」「—(と)して乗りすごす」

**うづき【△卯月】** (名) 陰暦《いんれき》四月の異名《いみょう》。

**うつく・し** 〔愛し・美し〕(形シク) 古語 かわいらしい。かわいい。いとしい。「三寸ばかりなる人、いと—・しうて居《ゐ》たり」〈竹取物語〉訳 三寸(=約九《センチメートル》)ぐらい(の背丈《せたけ》)の人が、たいそうかわいらしい姿で(竹の中に)すわっている。参考 主として、中古の「うつくし」はかわいらしいの意で、中世以後、美しいの意に用いた。

**うつくし・い【美しい】** (形) {カロ・カツ(ク)・イ・イ・ケレ・○} ❶調和がとれるなどしていて、目や耳に快く感じられる。きれいだ。「—花」「—音色」 ❷心や行いがりっぱで、人の心を打つ。「—友情」

**うっくつ【鬱屈】** (名・自スル) 不満・怒《いか》りなどで、気持ちが晴れないこと。「—した気分」

**うっけつ【鬱血】** (名・自スル) 〘医〙静脈《じょうみゃく》の中の血液がうまく流れないで一か所にたまること。

**うつし【写し】** (名) 文書などの控《ひか》えとして、そのとおりに写し取ったもの。コピー。「書類の—をとる」

**うつしだ・す【映し出す】** (他五) {サ(ソ)・シ・ス・ス・セ・セ} 物の姿や形をスクリーンなどに映して見えるようにする。「モニターに画像を—」

**うつ・す【写す】** (他五) {サ(ソ)・シ・ス・ス・セ・セ} ❶絵・文字・文章などを見ながら、そのとおりにかき取る。模写《もしゃ》する。「黒板の文字をノートに—」 ❷見聞きしたことや考えたことなどを、絵や文章に表す。「風景をカンバスに—」 ❸写真やビデオにとる。「記念写真を—」 ⇒うつす(映す)「学習」

**うつ・す【映す】** (他五) {サ(ソ)・シ・ス・ス・セ・セ} ❶反射するものに姿や形があらわれるようにする。「顔を鏡に—」 ❷映画やスライドなどで、映像をスクリーンにあらわす。 ❸物事の影響《えいきょう》を、他の形をとってあらわれるようにする。反映する。「世相を—・した事件」

> **学習 使い分け** 「写す」「映す」
>
> **写す** ある形や物事を別のところに、記号・言葉・絵などによって表す意。「教科書の内容をノートに**写す**」「物音を言葉に**写**した擬声語《ぎせいご》」「写真を**写す**」
>
> **映す** ある形や姿を別のところに、光によって現す意。「山を**映**した湖面」「スライドを**映す**」

**うつ・す【移す】** (他五) {サ(ソ)・シ・ス・ス・セ・セ} ❶物や人を別の位置や場所などに動かす。「住まいを大阪へ—」 ❷物事を次の段階に進ませる。「計画を実行に—」 ❸病気を感染《かんせん》させる。「かぜを—」 ❹時を経る。時間をおく。「時を—・さず実行する」 ❺関心や視線を他に向ける。「心を—」「話題を—」 参考 ①で「都《みやこ》をうつす」などの場合は「遷す」とも書く。

**うっすら【◇薄ら】** (副) ごく薄《うす》くかすかなようす。「—(と)雪が積もる」

**うっせき【鬱積】** (名・自スル) 心の中に不満や怒《いか》りなどが積もりたまること。「不満が—する」

**うっそう【鬱△蒼】** (トタル) たくさんの草木がこんもりとしげって、あたりが暗いほどであるようす。「—たる森林」

**うった・える【訴える】** (他下一) {エ・エ・エル・エル・エレ・エロ(エヨ)} ❶裁判《さいばん》をしてくれるように裁判所に申し出る。告訴《こくそ》する。「相手を名誉毀損《めいよきそん》で—」 ❷理解してもらおうと苦しみなどを人に告げる。「苦痛を—」 ❸解決のための手段としてある方法を用いる。「腕力《わんりょく》に—」 ❹はたらきかける。「心情に—」

**うっちゃり【打っ◇遣り】** (名) ❶すもうで、土俵ぎわまで寄ってきた相手を、からだの上に乗せるようにして外に投げ出す技《わざ》。「—で勝つ」 ❷最後に形勢を逆転して相手を負かすこと。「—を食わせる」

**うっちゃ・る【打っ◇遣る】** (他五) {ラ(ロ)・リ(ッ)・ル・ル・レ・レ} ❶投げすてる。「ごみを窓から—」 ❷そのままにしておく。ほうっておく。「仕事を—」 ❸すもうで、うっちゃりをする。「土俵ぎわで—」 ❹最後に形勢を逆転して相手を負かす。「どたん場で—・って勝つ」

**うつつ【◇現】** (名) ❶この世に存在すること。現実。「夢か—か」 ❷正気《しょうき》。「—に返る」

**現を抜《ぬ》かす** ある物事に心をうばわれて夢中になり、ほかのものをかえりみない。「遊びに—」

**うつて【打つ手】** 有効な手段や方法。「助けたいが—がない」

**うって【討手】** (名) 敵・賊《ぞく》などを追いかけて討つ役の人。「—をさしむける」

**うってかわ・る【打って変わる】** (自五) {ラ(ロ)・リ(ッ)・ル・ル・レ・レ} 状況《じょうきょう》や態度が急に変わる。「—・った冷たい態度」

**うってつけ【打って付け】** (名・形動ダ) 条件などにぴったりと合うこと。最適。「—の役」

**うって・でる【打って出る】** (自下一) {デ・デ・デル・デル・デレ・デロ(デヨ)} 戦いなどに自分から進んで出る。「選挙に—」

**うっとうし・い【鬱陶しい】** (形) {カロ・カツ(ク)・イ・イ・ケレ・○} ❶天気や気分が晴れ晴れしない。「—空もよう」 ❷わずらわしい。うるさい。「髪《かみ》の毛がのびて—」

**うっとり** (副・自スル) 物事のすばらしさに心をうばわれて、快い気持ちでいるようす。「名曲に—(と)する」

**うつばり【△梁】** (名) →はり(梁)

**うつびょう【鬱病】** (名) 〘医〙ゆううつで何事にも消極的になる症状《しょうじょう》を示す病気の一種。躁鬱《そううつ》病の「鬱」の状態のこともさす。⇒そううつびょう

**うつぶせ【△俯せ】** (名) 腹を下にして横になった状態。「—になって寝《ね》る」 対 仰向《あおむ》け

**うっぷん【鬱憤】** (名) 心の中に積もり積もった怒《いか》りや不満。「日ごろの—を晴らす」

**うつぼ【△靫】** (名) 矢を入れて、腰《こし》や背に負う筒形《つつがた》の道具。

(靫)

**うつぼ【△鱓】** (名) 〘動〙ウツボ科の魚。海にすみ、うなぎに似たからだで大きな口と鋭《するど》い歯をもつ。

**うつぼつ【鬱勃】** (トタル) 気持ちが高まり外に現れ出ようとしているようす。「—たる闘志《とうし》」

**うつほものがたり** 〔うつほ物語〕 【作品名】 平安時

代中期の物語。二〇巻。作者不明。伝奇《でんき》的な面と写実的な面をあわせもつ。琴《こと》の話と恋愛《れんあい》物語が中心となっている。

**うつむ・く**『△俯く』（自五）〔カ(コ)・キ(イ)・ク・ク・ケ・ケ〕顔を下に向ける。顔を伏《ふ》せる。「恥《は》ずかしげに—」対仰向《あおむ》く

**うつらうつら**（副・自スル）ねむけや病気などのために、意識がぼんやりしてほとんどねむっているようなようす。「高熱のため—(と)する」類うとうと

**うつり**【映り】（名）❶姿や形、光や影《かげ》がうつること。「写真の—が悪い」❷色と色の取り合わせ。「—のいいネクタイ」参考①は「写り」とも書く。

**うつりが**【移り香】（名）ほかのものから移ってついたかおり。「—がかすかに匂《にお》う」

**うつりかわり**【移り変わり】（名）時とともに物事が変わっていくこと。「世の—」類変遷《へんせん》・推移《すいい》

**うつりかわ・る**【移り変わる】（自五）〔ラ(ロ)・リ(ッ)・ル・ル・レ・レ〕時がたつなかで物事のようすなどが変化する。「街《まち》のようすが—」類変遷《へんせん》する・推移《すいい》する

**うつりぎ**【移り気】（名・形動ダ）興味の対象が変わりやすいこと。「—な性格」

**うつりばし**【移り箸】（名）おかずからおかずへと箸《はし》をつけること。不作法とされる。渡《わた》り箸。

**うつ・る**【写る】（自五）〔ラ(ロ)・リ(ッ)・ル・ル・レ・レ〕❶写真やビデオにとられて、像としてあらわれる。「写真に—」「防犯カメラに—・った犯人の姿」

❷すけて見える。「紙の裏の字が—」

⇩うつす(映す)「学習」

**うつ・る**【映る】（自五）〔ラ(ロ)・リ(ッ)・ル・ル・レ・レ〕❶光・影《かげ》・姿が物の表面にあらわれる。「湖水に—月」「スクリーンに—」

❷色の配合や物の配置がよく、調和して見える。「白い雪が青い空によく—」

❸目に見える。心に印象としてあらわれる。「他人にはふざけているとしか—・らない態度」

⇩うつす(映す)「学習」

**うつ・る**【移る】（自五）〔ラ(ロ)・リ(ッ)・ル・ル・レ・レ〕❶物や人の位置や場所などが変わる。「家族が東京に—」

❷物事がつぎの段階に進む。「つぎの行動に—」

❸色やにおいがほかの物にしみつく。「煙のにおいが—」

❹病気が感染《かんせん》する。「風邪《かぜ》が—」

❺時がたつ。「時代が—」「日が—」

❻関心や視線が他に向く。「興味が—」「気が—」

参考①で「都《みやこ》がうつる」などの場合は「遷る」とも書く。

**うつろ**『◇空ろ・◇虚ろ』（名・形動ダ）❶なかになにもないこと。から。「中が—になった古木」❷ぼんやりとして、気力のないようす。「—な目」「—にひびく」

**うつろ・う**【移ろう】（自五）〔ワ(オ)・イ(ッ)・ウ・ウ・エ・エ〕移り変わっていく。変化する。「季節が—」

**うつわ**【器】（名）❶いれもの。容器。「料理を—に盛りつける」❷能力の面から見ての人物の大きさ。器量。「社長の—ではない」

**うで**【腕】（名）❶肩《かた》から手首までの部分。また、ひじから手首までの部分。「—を伸《の》ばす」「—を組む」

❷何かをやりとげる能力。うでまえ。手腕《しゅわん》。「—がにぶる」「—を上げる」

**腕が立《た》つ**　技能がすぐれている。「—職人」

**腕が鳴《な》る**　うでまえを見せたくてむずむずする。「腕が鳴ってたまらない」

**腕に覚《おぼ》えがある**　うでまえに自信がある。「将棋《しょうぎ》なら—」

**腕に磨《みが》きをかける**　うでまえをさらに上げるために訓練する。「料理の—」

**腕によりをかける**　じゅうぶんに能力を発揮しようとしてはりきる。「腕によりをかけてごちそうを作る」

**腕をこまぬく**　何かしなくてはいけないときに、ただようすを見ている。腕をこまねく。手をこまぬく。

**腕を振《ふ》るう**　力や才能をじゅうぶんに発揮する。「料理に—」

**腕を磨《みが》く**　うでまえが上がるように訓練する。「外国でピアノの—」

**うでき**【雨滴】（名）雨のしずく。あまだれ。

**うでぎ**【腕木】（名）柱などにとり付けた、物を支える横木。「棚《たな》の—」

**うできき**【腕利き】（名）すぐれた技能をもつこと。また、その人。うでっこき。「—の職人」

**うでぐみ**【腕組み】（名・自スル）両腕を胸の前で交差するように組むこと。「—をして考えこむ」

**うでくらべ**【腕比べ】（名）どちらが勝つか、技能や腕力《わんりょく》を競い合うこと。「力自慢《じまん》が—をする」

**うでずく**【腕ずく】（名）腕力《わんりょく》によって物事を決すること。「—で取り上げる」類力ずく

**うでずもう**【腕◦相撲】（名）たがいにひじを立て、てのひらをにぎり合って相手の腕を押《お》したおす遊び。

**うでたてふせ**【腕立て伏せ】（名）うつぶせになり、両手とまっすぐに伸《の》ばした足のつま先とでからだを支えた状態で、ひじを曲げたり伸ばしたりする運動。

**うでたまご**【うで卵】『△茹で卵・△茹で玉子』（名）→ゆでたまご

**うでだめし**【腕試し】（名・自スル）自分の腕力《わんりょく》や実力をためしてみること。「ほんの—のつもり」類力試し

**うでっこき**【腕っこき】『腕っ◇扱き』（名）うでまえがすぐれていること。また、その人。うできき。

**うでっぷし**【腕っ節】（名）力仕事やけんかなどをするときの腕力《わんりょく》。「—が強い」

**うてな**『◇台』（名）❶見晴らしのよい高い建物。❷物をのせる台。「蓮《はす》の—」❸植物の萼《がく》。

**うてばひびく**【打てば響く】はたらきかけに対し、すぐさま反応がある。「—ような返事」

**うでまえ**【腕前】（名）身につけた技術や能力。「みごとな—を見せる」類手なみ・手腕《しゅわん》

**うでまくり**【腕まくり】『腕△捲り』（名・自スル）袖口《そでぐち》をまくりあげて腕を出すこと。転じて、意気ごんで物事に取り組むようすのたとえ。「—して働く」

**う・でる**『△茹でる』（他下一）〔デ・デ・デル・デル・デレ・デロ(デヨ)〕→ゆでる

**うてん**【雨天】（名）雨のふる天気。「—決行」「—順延」対晴天

**うど**『×独活』（名）『植』ウコギ科の多年草。山地に自生するが栽培《さいばい》もされる。若い茎《くき》は食用にする。

**うどの大木《たいぼく》**　（うどの茎《くき》は大きくなるがやわらかくてあまり使いみちがないので）大きいだけで役に立たない人の

たとえ。

**うと・い【疎い】**（形）{カロ・カツ(ク)・イ・イ・ケレ・○} ❶あまり親しくない。つきあいが少ない。「交際が—・くなる」❷事情などをよく知らない。知識があまりない。「世事《せじ》に—人」

**うとうと**（副・自スル）浅い眠《ねむ》りにはいりかけたようす。「—(と)眠りかける」類うつらうつら

**うとく【有徳】**（名・形動ダ）→ゆうとく

**うとまし・い【疎ましい】**（形）{カロ・カツ(ク)・イ・イ・ケレ・○} いやで遠ざけたい。「親の存在を—・く思う」

**うと・む【疎む】**（他五）{マ(モ)・ミ(ン)・ム・ム・メ・メ} いやだと思う。きらって遠ざける。「人に—・まれる」類うとんじる

**うどん【饂飩】**（名）めん類の一種。小麦粉をこねてうすくのばし、細く切った食品。

**うどんげ【優曇華】**（名）❶《仏》三〇〇〇年に一度花を開くと仏教で伝えられるインドの植物。❷《動》昆虫《こんちゅう》の「くさかげろう」の卵。草木の枝や葉、天井《てんじょう》などにまとめて産みつけられ、白い糸のような柄《え》がついているので、花のように見える。

（うどんげ②）

**うどんこ【うどん粉】【饂飩粉】**（名）小麦粉。

**うとん・じる【疎んじる】**（他上一）{ジ・ジ・ジル・ジル・ジレ・ジロ(ジヨ)} きらって遠ざける。うとんずる。「友人を—」類うとむ

**うとん・ずる【疎んずる】**（他サ変）{ジ(ゼ)・ジ・ズル・ズル・ズレ・ジロ(ゼヨ)} →うとんじる

**うなが・す【促す】**（他五）{サ(ソ)・シ・ス・ス・セ・セ} ❶早くするように急がせる。せきたてる。「返事を—」❷そうするようにしむける。「注意を—」❸物事がはやく進行するようにする。「成長を—」

**うなぎ【鰻】**（名）《動》ウナギ科の魚。からだは細長く、ぬるぬるとしている。深海でうまれ、川などで成長し、産卵のため海へもどる。かば焼きなど、食用にする。

**鰻の寝床《ねどこ》** 間口《まぐち》がせまく奥行《おくゆ》きが深い家などのたとえ。「—のような店」

（うなぎ）

**うなぎのぼり【うなぎ登り】【鰻登り】**（名）物事の程度がわずかの間にぐんぐん上がること。「人気は—だ」「物価が—に上がる」

**うなさ・れる【魘される】**（自下一）{レ・レ・レル・レル・レレ・レロ(レヨ)} おそろしい夢を見たり高熱を出したりして、眠《ねむ》ったままで苦しそうな声を出す。「悪夢に—」

**うなじ【項】**（名）首のうしろの部分。えりくび。

**うなじを垂《た》れる** 首を前にたれる。うなだれる。

**うなず・く【頷く】**（自五）{カ(コ)・キ(イ)・ク・ク・ケ・ケ} 理解・同意・承諾《しょうだく》などの意を示すため、首をたてに振《ふ》る。「人の話にうんうんと—」

**うなず・ける【頷ける】**（自下一）{ケ・ケ・ケル・ケル・ケレ・○} 納得できる。もっともだと思われる。「その話は—・けない」

**うなだ・れる【項垂れる】**（自下一）{レ・レ・レル・レル・レレ・レロ(レヨ)} 心配や悲しみ、恥《は》ずかしさなどで、頭を前にたれる。力なくうつむく。「元気なく—」

**うなばら【海原】**（名）ひろびろとした海。「大—」

**うな・る【唸る】**（自五）{ラ(ロ)・リ(ッ)・ル・ル・レ・レ} ❶痛みや苦しみなどを感じたときに、苦しそうな低くひびく声を出す。「腹痛で—」❷動物が相手をおどかすように低くひびく声を出す。「犬が—」❸低くひびくような音がする。「モーターが—」「風が—」❹のどをしぼって歌う。「浪曲《ろうきょく》を—」❺思わず感心して声を出す。「観客を—・らせる演技」❻物が余るほどあることのたとえ。「おかねが—ほどある」

**うに【海胆】**（名）❶《動》棘皮《きょくひ》動物の一種。からだは丸く、栗《くり》のいがに似たとげがある。浅い海にすみ、種類が多い。卵巣《らんそう》は食用。❷①の卵巣《らんそう》を塩づけにした食品。参考②はふつう「雲丹」と書く。

**うぬぼれ【自惚れ】**（名）自分はすぐれていると思って得意になること。また、その気持ち。「—が強い」

**うぬぼ・れる【自惚れる】**（自下一）{レ・レ・レル・レル・レレ・レロ(レヨ)} 自分のことを、実際以上にすぐれていると思いこんで得意になる。「天才だと—」

**うね【畝】** 10画 田5 訓うね
亠 亩 亩 亩 畝 畝
うね。あぜ。◆畝間《うねま》

**うね【畝】**（名）田畑に作物をつくるために土をもりあげた部分。また、その形に似たもの。「—を立てる」「—織り」

**うねり**（名）❶うねること。❷波が大きくゆったりと上下すること。また、その波。「しけで—が高くなる」

**うね・る**（自五）{ラ(ロ)・リ(ッ)・ル・ル・レ・レ} ❶右に左に大きく曲がりくねる。「—・った山道」❷波などが大きくゆったりと高くなったり低くなったりする。「大きく—波」

**うのう【右脳】**（名）《生》大脳の右半分。直感や、イメージの働きをつかさどるとされる。みぎのう。対左脳

**うのはな【卯の花】**（名）❶《植》うつぎ(=アジサイ科の落葉低木)の花。また、うつぎをいう。❷豆腐《とうふ》のしぼりかす。おから。

**うのはなに…** 俳句

〔卯の花に　兼房《かねふさ》見《み》ゆる　白毛《しらが》かな〕〈曽良《そら》〉訳白く咲《さ》いた卯の花を見ていると、むかしここで主君源義経《よしつね》のために、力のかぎり戦った老臣増尾兼房の白髪《しらが》をふり乱したすがたが、目に浮《う》かんで見えることだ。（兼房は奥州平泉《おうしゅうひらいずみ》の高館《たかだち》で討《う》ち死にした。季語「卯の花」夏）

**うのみ【鵜呑み】**（名）❶(鵜が魚をかまないで飲みこむことから)食物をまるのみにすること。❷物事の意味をよく考えないで、そのまま信じこむこと。「話を—にする」

**うのめたかのめ【鵜の目鷹の目】**→「う(鵜)」子見出し

**うは【右派】**（名）政党や団体などの中で、保守的な考えをもつ人びとのグループ。類右翼《うよく》。対左派

**うば【姥】**（名）❶年をとった女性。老婆《ろうば》。❷能楽で用いる老女の面。

**うば【乳母】**（名）母がわりになって、乳を飲ませたりして子どもの世話をする女性。「—に育てられる」

**うばいあい【奪い合い】**（名）数量に限りのあるものを争って取りあうこと。「えさの—」

**うば・う【奪う】**（他五）{ワ(オ)・イ(ッ)・ウ・ウ・エ・エ} ❶人のものをむりに取り上げる。「財産を—」「自由を—」❷取り去って、ないようにする。「寒風《かんぷう》が体温を—」❸関心・注

意などを引きつける。「目を—」「心を—・われる」

**うばぐるま**【◦乳母・車】(名) 赤んぼうを乗せて連れ歩くための四輪の手押《てお》し車。ベビーカー。

**うばざくら**【うば桜】『△姥桜』(名) ❶葉が出るより前に花が咲《さ》く桜の通称《つうしょう》。ひがんざくらなど。❷若い盛《さか》りを過ぎても、まだなまめかしさのある女性。

**うひょう**【雨氷】(名) ひじょうに冷えた雨が降って木の枝や岩などにつき、そのまま氷となったもの。

**うぶ**『◦初・×初心』(名・形動ダ) 経験がとぼしくて世なれないこと。世間知らずでういういしいようす。「—な娘《むすめ》」

**うぶぎ**【産着】『産◦衣』(名) 生まれたばかりの赤んぼうに着せるきもの。「出産祝いに—を贈《おく》る」

**うぶげ**【産毛】(名) ❶生まれたときに生えている赤んぼうの髪《かみ》の毛。❷頰《ほお》やうなじなどに生えているうすいやわらかな毛。

**うぶごえ**【産声】(名) 赤んぼうが生まれたときにはじめて出す声。「おぎゃあと—を上げる」

**うぶすながみ**『産◦土神』(名) その人が生まれた土地の守り神。類氏神《うじがみ》

**うぶゆ**【産湯】(名) 生まれたばかりの赤んぼうを入浴させること。また、その湯。「—をつかう」

**うま**『◦午』(名) ❶十二支の第七。❷むかしの時刻の名。今の正午、およびその前後約二時間。(一説にはその後約二時間)。❸方角の名。南。参考時刻を表す正午・午前・午後や経度を表す子午線などはこの語にもとづく。

**うま**【馬】(名) ❶〔動〕ウマ科の哺乳《ほにゅう》動物。首・顔が長くてたてがみがある。力が強く、よく走る。重要な家畜《かちく》として耕作や運送に使われたが、現在は競馬《けいば》や乗馬用に飼育される。❷四本足のふみ台。脚立《きゃたつ》。❸将棋《しょうぎ》で、角《かく》の成ったもの。竜馬《りゅうめ》。

**馬が合《あ》う** 気が合う。「あいつとは—」

**馬の耳《みみ》に念仏《ねんぶつ》** いくら意見しても少しもききめのないこと。「いくら話しても—だ」類馬耳東風《ばじとうふう》

**うま・い**『◦旨い・◦甘い』(形) {カロ・カツ(ク)・イ・イ・ケレ・○} ❶味がよい。おいしい。「—料理」❷やり方などがすぐれている。じょうずだ。「字が—」「口が—」❸とてもつごうがよい。「—話」「—・くいった」(対まずい)

参考①は「美味い」、②は「上手い」「巧い」とも書く。

**うまい汁《しる》を吸《す》う** 苦労しないで利益だけを得る。甘《あま》い汁を吸う。「有力者に取り入って—」

**うまいち**【馬市】(名) 馬を売り買いする市場。

**うまおい**【馬追い】(名) ❶馬の背に荷物や人を乗せて運ぶこと。また、その人。馬子《まご》。❷放牧馬を柵《さく》の中へ追いこむこと。また、その人。❸〔動〕(「うまおいむし」の略) キリギリス科の昆虫《こんちゅう》。からだは緑色。秋、雄《おす》はスイッチョスイッチョと鳴く。すいっちょ。

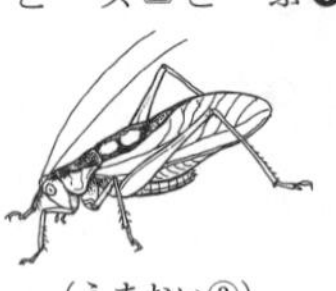

(うまおい③)

**うまかた**【馬方】(名) 馬に人や荷物を乗せて運ぶことを職業にした人。馬子《まご》。

**うまごやし**【馬肥やし】『×苜蓿』(名) 〔植〕マメ科の越年草《えつねんそう》。ヨーロッパ原産。春に黄色い蝶《ちょう》形の小さな花が咲《さ》く。牧草や肥料として用いる。

**うまずたゆまず**『△倦まず△弛まず』飽《あ》きたりなまけたりすることなく、少しずつ励《はげ》みつづけるようす。「—努力する」

**うまとび**【馬跳び・馬飛び】(名) 前かがみになった者の背の上を、他の者が手をついてとびこえる子どもの遊び。

**うまに**【うま煮】『◦旨煮』(名) 肉や野菜などを砂糖やしょうゆなどで濃《こ》い味に煮たもの。

**うまのあし**【馬の足・馬の脚】(名) 芝居《しばい》で、馬の足の役をする役者。転じて、下級の役者。へたな役者。

**うまのほね**【馬の骨】(名) 素姓《すじょう》のわからない者を、ののしって言うことば。「どこの—だかわからない者」

**うまのり**【馬乗り】(名) ❶馬に乗ること。乗馬。❷馬に乗るように、人や物にまたがること。「—になる」

**うまみ**『◦旨み・◦旨味』(名) ❶食べ物のおいしい味。また、その程度。「素材の—をひき出す」❷芸ごとなどのおもしろさやたくみさ。味わい。「芸に—が出る」❸利益やもうけが多いこと。「—のある商売」

**うまみちょうみりょう**【うま味調味料】『◦旨味調味料』(名) かつおぶしやこんぶ、しいたけなどに含《ふく》まれるうま味成分を、人工的に製造したもの。化学調味料。

**うまや**【馬屋】『△厩』(名) 馬を飼《か》っておく小屋。馬小屋。

**うま・る**【埋まる】(自五) {ラ(ロ)・リ(ッ)・ル・ル・レ・レ} ❶ほかのものに上からおおわれて見えなくなる。「雪の中に—」類埋《うず》まる。❷あいていたところがなくなる。いっぱいになる。「予約が—」「会場が大勢《おおぜい》の人で—」類埋《うず》まる。❸足りなかったり欠けていたりするところが補われる。「欠員が—」

**うまれ**【生まれ】(名) ❶生まれること。「四月—」「早—」❷生まれた土地。「—は京都です」❸生まれた家がら。素姓《すじょう》。「旧家の—」

**生まれもつかぬ** 生まれつきではない。多く、思いがけない事故によって生じた状態などについていう。

**うまれかわ・る**【生まれ変わる】(自五) {ラ(ロ)・リ(ッ)・ル・ル・レ・レ} ❶死んでから、また別のものになって生まれてくる。❷行いや性格が別人になったようにすっかりよくなる。「—・ったようにまじめになる」

**うまれつき**【生まれつき】㊀(名) 生まれたときからもつ性質や能力。「無口なのは—だ」㊁(副) 生まれたときから。生来《せいらい》。生まれながら。「—器用だ」

**うまれながら**【生まれながら】(副) 生まれたときから。生まれつき。生来《せいらい》。「—の悪人はいない」

**うまれも・つ**【生まれ持つ】(他五) {タ(ト)・チ(ッ)・ツ・ツ・テ・テ} 生まれつき身に備わっている。「—・った才能」

**うま・れる**【生まれる・産まれる】(自下一) {レ・レ・レル・レル・レレ・レロ(レヨ)} ❶子どもが母親のからだから出る。また、卵がかえる。「女の子が—」対死ぬ ❷新しくできる。生じる。「新しい街が—」⇒うむ(生む・産む)「学習」

**仕組みの解明** 「生まれる」

**Q** 病院に生まれる？
病院で生まれる？

| | | に | で | |
|---|---|---|---|---|
| A | 病院 | × | ○ | 生まれる |
| B | 夫婦の間 | ○ | × | 生まれる |

**A**・「で」は「生まれる動き」が起こる場所を表すのに対し、「に」はそこに存在するようになることに重点を置くとらえ方。
・「東京に生まれた」とも言えるが、「東京で生まれて、九州で育った」のように場所が変わる場合は「で」が使われることが多い。

**うみ【海】**（名）❶地球の表面上の塩水でおおわれた部分。「船で―にこぎだす」対陸《りく・おか》 ❷（古い言い方で）みずうみ。「鳰《にお》の―（＝琵琶《びわ》湖のこと）」 ❸一面に広がったもの。「血の―」 ❹すずりの水をためるところ。対陸《おか》

**海に千年《せんねん》山《やま》に千年《せんねん》** →うみせんやません

**海の物《もの》とも山《やま》の物《もの》ともつかない** どういうものか、また、この先どうなっていくのかもわからない。

**うみ**『△膿』（名）❶はれ物・傷などにできたどろどろした黄色い液体。のう。「傷口が―をもつ」「―が出る」 ❷くさったように悪い部分。「政界の―を出しきる」

**うみがめ【海亀】**（名）〔動〕海にすむかめ。ひれのような足をもつ。あおうみがめ・たいまいなど、種類が多い。

**うみこひし**《ウミコイシ》…短歌
〔海恋し　潮《しほ》の遠《とほ》なり　かぞへては　少女《をとめ》となりし　父母《ちちはは》の家《いへ》〕〈与謝野晶子《よさのあきこ》〉訳ふるさとの海が恋しい。遠くに聞こえる潮鳴りの音をくりかえし数えながら少女となった、なつかしい父母の家よ。

**うみせんやません【海千山千】**（名）（海に千年、山に千年すんだへびは竜になるということから）いろいろな経験を積んで、わるがしこくしたたかなこと。また、その人。「―の相手」

**うみだ・す【生み出す・産み出す】**（他五）｛サ(ソ)・シ・ス・セ・セ｝それまでになかったものを新しくつくりだす。生じさせる。「アイデアを―」「もうけを―」

**うみなり【海鳴り】**（名）波が海岸にあたって発する遠雷《えんらい》のような低いひびき。「遠く―が聞こえる」

**うみにでて**…俳句
〔海に出て　木枯《こがらし》帰《かへ》る　ところなし〕〈山口誓子《やまぐちせいし》〉訳木の葉を落としながらはげしく吹《ふ》き過ぎていった木枯らしは、ついに、果てのない海に出て、そのまま帰ってこない。（季語「木枯」冬）

**うみねこ【海猫】**（名）〔動〕カモメ科の海鳥《うみどり》。海岸の岩の上に群がって巣を作る。鳴き声が猫に似ている。背や翼《つばさ》のほかは白色。

（うみねこ）

**うみのおや【生みの親・産みの親】**（名）❶自分を産んだ親。実の親。「―と再会する」❷物事をはじめたり、組織や制度をはじめてつくったりした人。創始者。「赤十字の―」

**生みの親より育《そだ》ての親《おや》** 産んだだけでめんどうをみてくれない実の親よりも、育ててくれた養《やしな》い親のほうがありがたいということ。

**うみのさち【海の幸】**（名）海でとれるおいしいもの。食用の魚・貝、海藻《かいそう》など。海幸《うみさち》。対山の幸《さち》

**うみのひ【海の日】**（名）国民の祝日の一つ。海の恵《めぐ》みに感謝し、海洋国である日本の繁栄《はんえい》を願う日。七月の第三月曜日。

**うみびらき【海開き】**（名）海水浴場で、その年はじめて水泳などを許すこと。また、その日。

**うみべ【海辺】**（名）海のほとり。海の近く。「―を歩く」「―の町」対山辺《やまべ》

**うみへび【海蛇】**（名）〔動〕❶暖かい海にすむ爬虫《はちゅう》類のへびの総称《そうしょう》。体長一メートル以上で、毒をもつ。❷ウミヘビ科の魚類の総称。南の海にすむ、へびに似た細長いさかな。

**うみぼうず【海坊主】**（名）海に現れ、航海に不吉《ふきつ》なことを起こすとされる、坊主頭のばけもの。

**うむ【有無】**（名）あることとないこと。あるかないか。「在庫の―を調べる」「出席の―を尋《たず》ねる」

**有無を言《い》わせず** いやおうなしに。無理やりに。「―連れてくる」

**う・む**『△倦む』（自五）｛マ(モ)・ミ(ン)・ム・ム・メ・メ｝同じ状態が長く続いていやになる。あきる。「―・まずたゆまず努力する」

**う・む**『◇熟む』（自五）｛マ(モ)・ミ(ン)・ム・ム・メ・メ｝くだものなどが熟《じゅく》す。「―・んだ梅の実」

**う・む**『△膿む』（自五）｛マ(モ)・ミ(ン)・ム・ム・メ・メ｝傷やはれ物が膿《うみ》をもつ。化膿《かのう》する。「傷口が―」

**う・む【生む・産む】**（他五）｛マ(モ)・ミ(ン)・ム・ム・メ・メ｝❶子どもや卵を母親がからだから外へ出す。「子どもを―」❷新しくつくり出す。「努力が繁栄《はんえい》を―」

**学習 使い分け** 「生む」「産む」

**生む** これまでなかったものを新しくつくり出す。「詩のことばは感動を**生む**」「努力が傑作《けっさく》を**生む**」「新記録を**生む**」「誤解を**生む**」「利益を**生む**」

**産む** 子どもや卵を母親がからだから外に出す。「鮭《さけ》が卵を**産む**」「となりの奥《おく》さんが双子《ふたご》を**産んだ**」「**産み**の苦しみ」

◆「生む」のほうが使われる範囲《はんい》が広く、出産を意味する場合にも使われることがある。

**うめ【梅】**（名）〔植〕バラ科の落葉高木。中国原産。花は白や赤で早春に咲《さ》き、かおりがよい。

**うめあわ・せる【埋め合わせる】**（他下一）｛セ・セ・セル・セル・セレ・セロ(セヨ)｝たりない部分や損失をほかのもので補う。つぐなう。「損失を借金で―」

**うめがかに…** 俳句
〔**梅が香に　のっと日《ひ》の出《で》る　山路《やまぢ》かな**〕〈芭蕉《ばしょう》〉訳春浅い明けがたの山道を歩いてゆくと、ほのかに梅の香がただよってきた。見ると思いがけなく、山の向こうから、のっと朝日が昇《のぼ》ってきたことだ。（季語「梅が香」春）

**うめき【埋め木】**（名・自スル）木材のすきま・割れめに木片《もくへん》をうめこむこと。また、その木片。

**うめ・く**『△呻く』（自五）{カ(コ)・キ(イ)・ク・ク・ケ・ケ}痛さ・苦しさなどで、低い声を出す。「痛みをこらえきれず―」

**うめくさ【埋め草】**（名）新聞・雑誌などで、紙面のあいている所をふさぐ短い記事。

**うめしゅ【梅酒】**（名）青梅を、砂糖を入れたしょうちゅうにつけて作った酒。

**うめた・てる【埋め立てる】**（他下一）{テ・テ・テル・テル・テレ・テロ(テヨ)}沼《ぬま》・川・海などを埋めて陸地にする。「湾《わん》を―」

**うめぼし【梅干し】**（名）梅の実を塩づけにして干し、しその葉を加えて漬《つ》けた、すっぱい食品。

**うめもどき**『梅◇擬き』（名）〔植〕モチノキ科の落葉低木。果実は球形で赤い。庭木として植える。

（うめもどき）

**う・める【埋める】**（他下一）{メ・メ・メル・メル・メレ・メロ(メヨ)}❶掘《ほ》った穴などに物を入れ、土などをかけて見えなくする。「ごみを地中に―」「電線を地中に―」類埋《うず》める
❷くぼみや穴、すきまなどにものを入れてふさぐ。「池を―」「余白を―」
❸人や物でその場所をいっぱいにする。「広場を―・めた見物人」類埋《うず》める
❹足りなかったり欠けていたりするところを補う。「赤字を―」「理想と現実のギャップを―」
❺湯に水を入れてぬるくする。「風呂《ふろ》を―」

**うもう【羽毛】**（名）鳥のからだに生えたやわらかい毛。

**うもれぎ【埋もれ木】**（名）❶長い間、土の中にうまって炭化した木。また、そのような人。「―の一生」❷世間からかえりみられない身の上。「―細工《ざいく》」

**うも・れる【埋もれる】**（自下一）{レ・レ・レル・レル・レレ・レロ(レヨ)}❶他の物でおおわれて、見えなくなる。「がれきに―・れた家財道具」❷世の中に知られないでいる。「世に―・れた才能」（類埋《うず》もれる）

**うやうやし・い【恭しい】**（形）{カロ・カツ(ク)・イ・イ・ケレ・○}うやまいつつしむようす。ていねいで礼儀《れいぎ》正しい。「―態度」

**うやま・う【敬う】**（他五）{ワ(オ)・イ(ッ)・ウ・ウ・エ・エ}相手を尊《とうと》んで礼をつくす。つつしんだ態度で接する。「年長者を―」「神を―」

**うやむや**『有△耶無△耶』（名・形動ダ）はっきりしないままであるようす。あいまい。「事が―に終わる」

**うようよ**（副・自スル）あまり大きくない生き物がたくさん集まってうごめいているようす。「魚が―いる」

**うよきょくせつ**『△紆余曲折』（名・自スル）（道が曲がりくねっている意から）事情がこみいって、複雑に変化しながら進行すること。「―を経《へ》てまとまる」

**うよく【右翼】**（名）❶飛行機などの、右のつばさ。❷隊列の右のほう。❸保守的・国粋《こくすい》主義的な思想をもつこと。また、そういう人や団体。「―団体」類右派《うは》。❹野球で、本塁《ほんるい》から見て外野の右のほう。また、そこを守る人。ライト。（対左翼）

**うら【浦】** 10画 氵7 訓うら
氵 汀 洉 涓 浦 浦
うら。入り江。◆浦風・浦里◆津津浦浦《つつうらうら》

**うら【浦】**（名）❶海や湖が陸地にはいりこんだ所。❷「海辺《うみべ》」の古い言い方。使い方①は、「田子《たご》の浦」のように、地名に用いられることが多い。

**うら-**（接頭）「なんとなく」の意を表す。「―悲《がな》しい」「―さびしい」参考もとは心のうち・心の意。

**うら【裏】**（名）❶二つの面があるものの、下側・内側の面。表の反対側。「紙の―」「月の―がわ」対表
❷衣服などの裏側につける布。裏地。「すべりのよい―をつける」
❸家などの後ろ側。「―の門」対表
❹表からはわからない事情。「この話には―がある」
❺人目につかない隠《かく》れたところ。「―で糸を引く」「―から手を回す」対表
❻正式・一般的でないこと。「―芸」「―わざ」
❼相手の思わくや一般の常識などと反対のことがら。逆。「相手の考えの―をゆく」
❽証明する根拠《こんきょ》。裏付け。「証言の―をとる」
❾野球で、試合の各回の後半。「三回の―」対表

**裏には裏《うら》がある**　簡単にはほんとうのことがつかめないほど複雑な事情がある。

**裏の裏《うら》を行《ゆ》く**　相手の計略《けいりゃく》を見抜《みぬ》き、さらにそれをこえる計略でだしぬく。「敵《てき》の―」

**裏をかく**　相手の予想や常識に反する行動にでてだしぬく。「みごとに裏をかかれる」

**裏を取《と》る**　その人の言っていることが事実かどうか、裏付け・証拠《しょうこ》を集めて確認する。

**うらうち【裏打ち】**（名・他スル）❶紙や布などの裏に別の紙や布などを張りつけ、じょうぶにすること。「表紙が―された本」❷別の面から物事の確実さを保証すること。「推理を―する証拠《しょうこ》」類裏付け

**うらうら**（副）よく晴れて明るくのどかなようす。「―と春の日が照っている」

**うらうらに…** 和歌
〔**うらうらに　照《て》れる春日《はるひ》に　ひばり上《あ》がり　心《こころ》悲《かな》しも　ひとりし思《おも》へば**〕〈万葉集《まんようしゅう》・大伴家持《おおとものやかもち》〉訳うららかに照っている春の日に、ひばりが空高く鳴きのぼる。そんなのどかな日でも私の心はなんとなく悲しい。ひとりもの思いにしずんでいると。

**うらおもて【裏表】**（名）❶裏と表。表裏《ひょうり》。「紙の―を確認する」❷物事の表面と内情。「芸能界の―に通じている」❸表向きの言動と内心がくいちがうこと。かげひなた。「―のない人物」❹裏と表を逆にしていること。裏返し。「シャツを―に着る」

**うらかいどう【裏街道】**（名）❶正式の街道ではない道。❷不遇《ふぐう》な、また、うしろ暗い人生をたとえていう。「人生の―を歩く」

**うらがえ・す【裏返す】**（他五）{サ(ソ)・シ・ス・ス・セ・セ}❶ひっくり

返して裏と表を逆にする。「畳《たたみ》を―」❷ものの見方や立場を逆にする。「―・して言えば」

**うらがき**【裏書き】(名・自他スル)❶裏に文字を書くこと。特に小切手や手形の裏に、保証などのために必要事項《じこう》を書いて署名すること。❷たしかであると証明すること。「真相を―する事実」

**うらかた**【裏方】(名)❶劇場などの舞台《ぶたい》裏で働く人。❷目立たないところで働いて仕事を支える人。「―として運営を支える」

**うらがなし・い**【うら悲しい】(形)｛カロ・カツ(ク)・イ・イ・ケレ・○｝なんとなく悲しい。「―秋の夕暮れ」類物悲しい

**うらがね**【裏金】(名)有利に取り引きを進めるなどの目的で、ひそかに相手にわたす金銭。

**うらが・れる**【うら枯れる】〖◇末枯れる〗(自下一)｛レ・レ・レル・レル・レレ・レロ(レヨ)｝(冬が近づいて)草木の葉や枝の先が枯れる。「―・れた晩秋の景色」

**うらぎり**【裏切り】(名)うらぎること。「部下の―にあう」「―者《もの》」

**うらぎ・る**【裏切る】(他五)｛ラ(ロ)・リ(ッ)・ル・ル・レ・レ｝❶信頼《しんらい》や約束に反して味方にそむき、敵側につく。「仲間を―」「信頼を―」❷予想や見こみに反した結果をもたらす。「期待を―結果になる」

**うらぐち**【裏口】(名)❶建物の裏側にある出入り口。勝手口。対表口。❷正規の方法によらず、こっそりよくないことをすること。「―入学」

**うらこうさく**【裏工作】(名)人目につかないところで、物事を進めるためにはたらきかけをすること。

**うらごえ**【裏声】(名)自然には出せない高音を特別な発声法で出す声。「―で歌う」

**うらごし**【裏ごし】〖裏△漉し〗(名・他スル)円形のわくに目の細かい網《あみ》や布を張って、食品をこすこと。また、その道具。「さつまいもを―する」

**うらさく**【裏作】(名)おもな作物を収穫《しゅうかく》したあと、翌年植えつけるまでの間、その土地にほかの作物を栽培《さいばい》すること。また、その作物。対表作《おもてさく》

**うらさびし・い**【うら寂しい】(形)｛カロ・カツ(ク)・イ・イ・ケレ・○｝なんとなくさびしい。「―秋風の音」類もの寂しい

**うらじ**【裏地】(名)衣服の裏につける布。

**うらじろ**【裏白】(名)❶裏が白いこと。「―の足袋《たび》(=底が白い紺《こん》足袋)」❷〖植〗ウラジロ科のしだ植物。葉は羽の形で裏側が白く、正月のかざりに使う。

(うらじろ②)

**うらづけ**【裏付け】(名)物事が成り立つことを別の面から証明すること。また、その証拠《しょうこ》。「―がある」「―捜査《そうさ》」類裏打ち

**うらづ・ける**【裏付ける】(他下一)｛ケ・ケ・ケル・ケル・ケレ・ケロ(ケヨ)｝物事を別の面からたしかなものとして証明する。「彼《かれ》の無実を―証言」「経験に―・けられた自信」

**うらて**【裏手】(名)建物や場所などの裏のほう。うしろのほう。「神社の―の森」

**うらどおり**【裏通り】(名)大通り・表通りから奥《おく》にひっこんだところにある狭《せま》い通り。対表通り

**うらない**【占い】(名)うらなうこと。また、それを職業とする人。「―があたる」「―を信じる」「星―」

**うらな・う**【占う】(他五)｛ワ(オ)・イ(ッ)・ウ・ウ・エ・エ｝物事のなりゆきや人の運命・吉凶《きっきょう》などを、自然や物に表れたきざしなどによって判断したり予測したりする。「運勢を―」「日本の将来を―」

**うらなり**〖◇末◇生り・◇末成り〗(名)❶うり類で、つるの先のほうに実がなること。また、その実。「―のかぼちゃ」対本生《もとな》り。❷顔色が悪く、不健康に見える人をからかっていうことば。

**ウラニウム**〔英 uranium〕(名)〖化〗↓ウラン

**うらばなし**【裏話】(名)世間にあまり知られていない、内部の事情についての話。秘話《ひわ》。「政界の―」

**うらはら**【裏腹】(名・形動ダ)くいちがっていること。反対になっていること。「言うこととすることが―だ」

**うらばんぐみ**【裏番組】(名)ある番組に対し、同じ時間に放送される他の放送局の番組。

**うらぶ・れる**(自下一)｛レ・レ・レル・レル・レレ・レロ(レヨ)｝落ちぶれてみじめなようすになる。「―・れて見るかげもない」

**うらべのかねよし**〔卜部兼好〕〔人名〕↓けんこうほうし

**うらぼん**〖△盂△蘭盆〗(名)〖仏〗七月一五日、または八月一五日に祖先の霊《れい》を迎《むか》えてまつる行事。お盆。精霊会《しょうりょうえ》。盂蘭盆会《うらぼんえ》。参考もとは陰暦《いんれき》の七月一五日に行われた。

**うらぼんえ**〖△盂△蘭盆会〗(名)〖仏〗↓うらぼん

**うらまち**【裏町】(名)表通りの裏のほうにある町。

**うらみ**【恨み】〖◇怨み〗(名)うらむこと。また、うらむ気持ち。「―がある」「―を晴らす」類怨恨《えんこん》

**恨み骨髄《こつずい》に徹《てっ》する** 心の底から強くうらむ。

**恨みを買《か》う** ある言動によって人にうらまれる。「人の―ようなおぼえはない」

**恨みを飲《の》む** うらむ気持ちを表に出さずこらえる。

**うらみ**〖◇憾み〗(名)残念に思うところ。惜《お》しいと思われる点。「ものはいいが、少し高い―がある」

**うらみごと**【恨み言】〖◇怨み言〗(名)うらみをこめて言うことば。「―を並べる」

**うらみち**【裏道】(名)❶裏のほうを通っている道。また、本道以外の道。「混雑をさけて―を行く」類裏通り・抜《ぬ》け道。❷正しくないやり方。また、まともでない生活。裏街道《うらかいどう》。「人生の―」

**うらみつらみ**【恨みつらみ】〖◇怨み◇辛み〗(名)積もり積もったいろいろのうらみ。「―を言う」

**うら・む**【恨む】〖◇怨む〗(他五)｛マ(モ)・ミ(ン)・ム・ム・メ・メ｝相手からされたことに対して、不平・不満や仕返しをしたいという気持ちをもつ。「人を―」「冷たい仕打ちを―」

**うらめ**【裏目】(名)期待したのと反対の結果。「作戦が―に出る」参考もと、さいころの裏側の目のこと。

**うらめし・い**【恨めしい】〖◇怨めしい〗(形)｛カロ・カツ(ク)・イ・イ・ケレ・○｝❶うらまないではいられない気持ちである。「あの人の冷淡《れいたん》な態度が―」❷思いどおりにならなくて残念だ。「連日の雨が―」

**うらやまし・い**【羨ましい】(形)｛カロ・カツ(ク)・イ・イ・ケレ・○｝自分よりもすぐれた人やめぐまれた人を見て、自分もそうなりたいと思うようす。「―ほど幸せな家庭」

**うらや・む**【羨む】(他五)｛マ(モ)・ミ(ン)・ム・ム・メ・メ｝自分よりもよい状態にある人を見て、自分もそうありたいと思う。「人も

ー仲」「人をーんでばかりいても仕方がない」

**うらら**【◇麗ら】(形動ダ){ダロ・ダッ(デ・ニ)・ダ・ナ・ナラ・○}→うららか

**うららか**【◇麗らか】(形動ダ){ダロ・ダッ(デ・ニ)・ダ・ナ・ナラ・○}❶空が晴れてのどかなようす。うらら。「ーな日和《ひより》」❷明るくてほがらかなようす。「ーな歌声」

**うらわか・い**【うら若い】(形){カロ・カッ(ク)・イ・イ・ケレ・○}いかにも若々しい。若くみずみずしい。「ー乙女《おとめ》」[使い方]おもに女性についていう。

**うらわざ**【裏技】(名)正式の方法ではないが、効果のあるやり方。「テレビゲームのー」

**ウラン**〔ドイ Uran〕(名)〔化〕金属元素の一つ。銀白色で放射能が強く、原子爆弾《ばくだん》や原子炉《ろ》のエネルギー源として使われる。ウラニウム。元素記号 U

**うり**【△瓜】(名)〔植〕ウリ科の果実の総称《そうしょう》。まくわうり・しろうり・きゅうりなど。

**瓜の蔓《つる》に茄子《なすび》はならぬ**　ふつうの親から特にすぐれた子が生まれることはないというたとえ。[類]蛙《かえる》の子は蛙。[対]鳶《とび》が鷹《たか》を生む

**うり**【売り】(名)❶売ること。「安ー」[対]買い。❷〔経〕相場の値下がりを見こして売ること。[対]買い。❸性質、人柄《ひとがら》などの長所。うりもの。セールスポイント。「使いやすいのがーの商品」

**うりあげ**【売り上げ】(名)一定の期間内に、商品を売って得た金額。「ーがのびる」[注意]「売上高」などは送りがなをつけない。

**うりおしみ**【売り惜しみ】(名・他スル)値上がりを見こして売るのをひかえること。「土地のー」

**うりかい**【売り買い】(名・他スル)売ったり買ったりすること。売買《ばいばい》。「株のー」

**うりかけ**【売り掛け】(名)あとで代金を受け取る約束で物を売ること。かけ売り。また、その代金。

**うりき・れる**【売り切れる】(自下一){レ・レ・レル・レル・レレ・レロ(レヨ)}商品がみんな売れてしまってなくなる。売りつくされる。

**うりぐい**【売り食い】(名・自スル)もっている家財を売って得たお金で生活をすること。「ー生活」

**うりこ**【売り子】(名)店などで、品物を売ることを仕事とする人。「デパートのー」

**うりことば**【売り言葉】(名)けんかをしかけるような乱暴なことば。[対]買い言葉

**売り言葉に買《か》い言葉《ことば》**　相手の乱暴なことばに対して乱暴なことばで言い返すこと。

**うりこ・む**【売り込む】(他五){マ(モ)・ミ(ン)・ム・ム・メ・メ}❶うまく勧《すす》めたり宣伝したりして品物を売ろうとする。「新製品をー」❷名前や信用がうまく広まるようにはたらきかける。「顔をー」❸利益を得る目的で情報などを提供する。「特種《とくだね》をー」

**うりざねがお**【うりざね顔】【△瓜◇実顔】(名)色白で面長《おもなが》な顔。「ーの美人」

**うりさば・く**【売りさばく】【売り△捌く】(他五){カ(コ)・キ(イ)・ク・ク・ケ・ケ}たくさんの商品をうまく売る。「在庫をー」「チケットをー」

**うりだ・す**【売り出す】{サ(ソ)・シ・ス・ス・セ・セ}■一(他五)❶新しいものを売り始める。「限定品をー」❷品物の値段を安くしたりして、たくさん売ろうとする。「バーゲンでー」■二(自五)名前や存在を、広く知られるようにする。「歌手としてー」

**うりつ・ける**【売りつける】【売り付ける】(他下一){ケ・ケ・ケル・ケル・ケレ・ケロ(ケヨ)}むりにおしつけたりして買わせる。「不良品をー」

**うりて**【売り手】(名)品物を売る人。売り主。「ー市場《しじょう》(=売り手に有利な市場)」[対]買い手

**うりとば・す**【売り飛ばす】(他五){サ(ソ)・シ・ス・ス・セ・セ}売るべきでないものを売ってしまう。また、惜《お》しげもなく売りはらう。「先祖伝来の土地をー」

**うりぬし**【売り主】(名)品物を売る人。売り手。「マンションのー」[対]買い主

**うりね**【売値】(名)品物を売り渡《わた》す値段。売価《ばいか》。「品物にーをつける」[対]買値《かいね》

**うりはめば**…[和歌]

〔**瓜食めば　子ども思《おも》ほゆ　栗《くり》食《は》めば　まして偲《しぬ》はゆ　いづくより　来《きた》りしものそ　眼交《まなかひ》に　もとなかかりて　安眠《やす》し寝《な》さぬ**〕

〈万葉集《まんようしゅう》・山上憶良《やまのうえのおくら》〉[訳]うりを食べると、(食べさせてやりたいと)子どものことが思われる。栗を食べると、なおいっそう子どもがしのばれる。いったいどこから来たものか。目の前に(子どものおもかげが)しきりにちらついて、私に安眠《あんみん》をさせてくれないよ。

**うりはら・う**【売り払う】(他五){ワ(オ)・イ(ッ)・ウ・ウ・エ・エ}自分の所有するあるものを、残さず全部売ってしまう。「蔵書《ぞうしょ》をー」

**うりふたつ**【△瓜二つ】(名)うりを二つに割ったように、顔かたちがよく似ていること。「母親とーの娘《むすめ》」

**うりもの**【売り物】(名)❶売るための品物。商品。「ーに傷がつく」❷人の興味・関心などを引きつけるようなよい点やすぐれたところ。「親切がーの店」

**うりょう**【雨量】(名)〔天〕雨や雪など、地上に降った水分の量。降水量。「ーを測定する」

**うりょうけい**【雨量計】(名)降水量をはかる器械。

**う・る**【売る】(他五){ラ(ロ)・リ(ッ)・ル・ル・レ・レ}❶おかねと引きかえに品物や権利を渡《わた》す。「魚をー」[対]買う ❷自分の利益と引きかえにうらぎる。「味方をー」❸世間に広く知られるようにする。「名をー」「顔をー」❹おしつける。また、しかける。「恩をー」「けんかをー」

**うる**【得る】動詞「得《え》る」の文語的な言い方。本来は下二段動詞「得《う》」の連体形。⇒える(得る)

**うるう**【△閏】(名)暦《こよみ》で、ふつうの年より日数・月数の多いこと。暦と実際の季節とのずれを調整するためのもの。

**うるうどし**【うるう年】【△閏年】(名)暦《こよみ》と実際の季節のくいちがいを調整するため、一年の日数がふつうの年より一日ふえる年。太陽暦《たいようれき》では四年に一度、二月が二九日になる。[対]平年

**うるおい**【潤い】(名)❶適度のしめりけ。「肌《はだ》のー」❷経済的・物質的なゆとり。「家計にーをもたらす」❸精神的なゆとりや味わい。「ーのある生活」

**うるお・う**【潤う】(自五){ワ(オ)・イ(ッ)・ウ・ウ・エ・エ}❶水分が適度にいきわたる。「雨で田畑がー」❷金銭的に満たされ、ゆとりができる。「懐《ふところ》がー」

**うるお・す**【潤す】(他五){サ(ソ)・シ・ス・ス・セ・セ}❶適度にしめり

け を与《あた》える。「のどを―」❷利益を与える。豊かにする。「林業が町を―」

**ウルグアイ**〔Uruguay〕〔地名〕南アメリカ大陸南東部、大西洋岸にある共和国。ウルグアイ東方共和国。首都はモンテビデオ。

**うるさ・い**〖◇煩い・×五月蠅い〗(形)｛カロ・カッ(ク)・イ・イ・ケレ・○｝❶音や声が大きくて不快である。「話し声が―」❷しつこかったり手間がかかったりしてわずらわしい。「―はえ」「―手続き」類鬱陶《うっとう》しい・めんどうくさい ❸あることについてあれこれと細かいことまで言うようす。「服装の好みが―」「時間に―」

**うるさがた**【うるさ型】(名) 何事にも口を出したり文句を言いたがったりする人。また、そのような性格。「―の人はとかく煙《けむ》たがられる」

**うるし**【漆】(名) ❶〖植〗ウルシ科の落葉高木。秋に紅葉する。触れるとかぶれることがある。樹液《じゅえき》は塗料《とりょう》、実《み》は蠟《ろう》の原料にする。❷①の樹液を原料にして作った塗料。食器や道具にぬり漆器《しっき》を作る。「―塗《ぬ》りの器《うつわ》」

(うるし①)

**うるち**〖△粳〗(名) ねばりけが少なく、炊《た》くとふつうのご飯になる米。うるち米《まい》。対もち米《ごめ》

**ウルトラ-**〔英 ultra〕(接頭)「極端《きょくたん》な」「超《ちょう》」の意を表す。「―C(=体操競技で、かつての最高難度Cをこえる技。転じて、離《はな》れ業《わざ》)」

**うる・む**【潤む】(自五)｛マ(モ)・ミ(ン)・ム・ム・メ・メ｝水気をおびる。水分をふくんでくもったようになる。「目が―(=目に涙《なみだ》がにじむ)」「声が―(=泣き出しそうな声になる)」

**うるわし・い**【麗しい】(形)｛カロ・カッ(ク)・イ・イ・ケレ・○｝❶整っていて美しい。「みめ―少女」❷晴れ晴れしている。「ごきげん―」❸心があたたまるようすである。「―友情」

**うれい**【憂い・愁い】(名) ❶悪い結果になるのではないかという心配や不安。「後顧《こうこ》の―なく」❷なやみや悲しみなどで心が晴れない状態。「―をおびた顔」

**学習 使い分け**「憂い」「愁い」

憂い　悪いことが起こりそうだと心配するときの不安な気持ち。「災害が起こる**憂い**」「再発の**憂い**」「備えあれば**憂い**なし」

愁い　なやみや悲しみで、もの思いに沈《しず》んだときの、晴れ晴れしない気持ち。「うしろ姿に**愁い**がある」「**愁い**に沈む日々」

**うれいつつ**…俳句→うれひつつ…

**うれ・える**【憂える・愁える】(他下一)｛エ・エ・エル・エル・エレ・エロ(エヨ)｝悪い結果になるのではないかと心配する。心を痛める。「前途《ぜんと》を―」

**うれくち**【売れ口】(名) 品物が売れてゆく先。販路《はんろ》。就職先などにもいう。「―がない」

**うれし・い**〖△嬉しい〗(形)｛カロ・カッ(ク)・イ・イ・ケレ・○｝よいことがあって喜ばしい気持ちである。「―知らせ」対悲しい

**学習 比較《ひかく》**「うれしい」「楽しい」

うれしい　期待していたことや自分にとって望ましいことが起こったのを知って、気分がよい状態。「試験に受かって**うれしい**」「**うれしい**結果」「**うれしい**悲鳴」

楽しい　自分の行動を通して感じる気分がうきうきとする状態。「**楽しい**音楽」「パーティーは楽しかった」「話がはずんで**楽しい**」「**楽しく**過ごす」

**うれしが・る**〖△嬉しがる〗(他五)｛ラ(ロ)・リ(ッ)・ル・ル・レ・レ｝うれしいと思う。うれしそうな態度や表情をする。「ちょっとした親切でも―」

**うれしなみだ**【うれし涙】〖△嬉し涙〗(名) うれしさのあまりに流す涙。「合格の知らせに―が出た」

**うれすじ**【売れ筋】(名) 同類の商品のなかで、よく売れているもの。「今―のコート」

**ウレタン**〔ドイ Urethan〕(名)〖化〗(「ウレタンゴム」の略)合成樹脂《じゅし》の一種。かたくて弾力《だんりょく》性があり、タイヤ・パッキング・吸音材などに用いる。

**うれっこ**【売れっ子】(名) 人気があって、仕事の依頼《いらい》がとぎれない人。「今一番の―歌手」

**うれのこり**【売れ残り】(名) 売れないで残った品。

**うれひつつ**《ウレイツツ》…俳句

〔愁ひつつ　岡《をか》にのぼれば　花《はな》いばら〕〈蕪村《ぶそん》〉訳やるせない愁いを胸にもちながらひとり丘《おか》にのぼってみると、野ばらのかれんな花がそこここに白く咲《さ》いている。(季語「花いばら」夏)

**うれゆき**【売れ行き】(名) 品物が売れていく量や速さのぐあい。「―がよい本」

**う・れる**【売れる】(自下一)｛レ・レ・レル・レル・レレ・レロ(レヨ)｝❶品物の買い手がついて買われる。「よく―品」「飛ぶように―」❷広く知られる。「名前が―」「顔が―」

**う・れる**【熟れる】(自下一)｛レ・レ・レル・レル・レレ・レロ(レヨ)｝くだものなどがよく実り食べごろになる。熟《じゅく》す。「―・れた柿《かき》」

**うろ**〖◇虚・◇空・◇洞〗(名) 中がからになっているところ。空洞《くうどう》。うつろ。「木の―」

**うろ**【雨露】(名) ❶雨と露《つゆ》。「―をしのぐ」❷(雨露が万物をうるおすことから)大きなめぐみ。「―の恩」

**うろうろ**(副・自スル) ❶あてもなく動きまわるようす。「のら犬が家の前を―している」❷困ってあわてまごつくようす。「出口を求めて―する」

**うろおぼえ**【うろ覚え】(名) 確かでないぼんやりとした記憶《きおく》。「―ではっきりしない」

**うろこ**〖△鱗〗(名) 魚やへびなどのからだの表面をおおって保護している、うすくかたい小片。「魚の―を取る」

**うろこぐも**【うろこ雲】〖△鱗雲〗(名) 魚のうろこのようにつらなった雲。巻積雲《けんせきうん》。いわし雲。

**うろた・える**(自下一)｛エ・エ・エル・エル・エレ・エロ(エヨ)｝どうすればよいかわからなくて、まごつく。「不意をつかれて―」

**うろちょろ**(副・自スル) 目的がないのに、あちらこちら動き回るようす。「用もないのに―するな」

**うろつ・く**(自五)｛カ(コ)・キ(イ)・ク・ク・ケ・ケ｝どこということもなく、うろうろと歩き回る。「あやしい男が―・いている」

**うろん**『△胡◇乱』(名・形動ダ) あやしく疑わしいこと。うさんくさいようす。「—な目つき」

**うわがき**【上書き】(名・自スル) ❶封筒《ふうとう》や小包《こづつみ》などの表面にあて名などを書くこと。また、その文字。❷コンピューターで、すでにあるデータの上に、新しいデータを重ね加えるように入力・保存すること。

**うわがけ**【上掛け】(名) ❶衣服の上にはおるもの。❷布団《ふとん》などで、いちばん上にかけるもの。

**うわき**【○浮気】(名・自スル・形動ダ) 心がうわついて変わりやすいこと。特に、配偶《はいぐう》者など決まった相手がありながら、他の人と関係を結ぶこと。

**うわぎ**【上着】(名) 上半身の、外側に着る衣服。「背広の—をぬぐ」対下着

**うわぐすり**【上薬】『△釉薬』(名) 陶磁器《とうじき》を最後に焼き上げる前に、つやを出すため、素焼《すや》きの表面に塗《ぬ》るガラス質の薬品。釉薬《ゆうやく》。「—をかける」

**うわくちびる**【上唇】(名) 上のほうのくちびる。対下唇

**うわごと**『△譫言』(名) 高熱などのために無意識に口走ることば。「熱にうなされて—を言う」

**うわさ**『△噂』(名・他スル) ❶世間で言いふらされている話。評判。「—が立つ」❷その場にいない人のことについて話すこと。また、その話。「人の—をする」

**噂をすれば影《かげ》がさす** 人のうわさをしているとその当人が思いがけなくその場にやって来るものだ。

**うわすべり**【上滑り】(名・自スル・形動ダ) ものの見方や考え方などが、軽々しくてあまり深くないこと。「—な解釈《かいしゃく》」「議論が—する」

**うわずみ**【上澄み】(名) 液体に溶《と》けて混じっているものが沈《しず》んでできる、上のほうの澄んだ部分。

**うわず・る**【上擦る】(自五) {ラ(ロ)・リ(ッ)・ル・ル・レ・レ} 興奮や緊張《きんちょう》で声が不自然に高い調子になる。「声が—」

**うわぜい**【上背】(名) 背の高さ。身長。「—がある(=背が高い)」

**うわちょうし**【上調子】(名・形動ダ) →うわっちょうし

**うわつ・く**【○浮つく】(自五) {カ(コ)・キ(イ)・ク・ク・ケ・ケ} 気持ちがふわふわして落ち着きがなくなる。「—・いた態度」

**うわっちょうし**【上っ調子】(名・形動ダ) ことばや動作などに落ち着きがなく、軽々しいこと。うわちょうし。「—な言い方」

**うわっつら**【上《うわ》っ面《つら》】(名) 外にあらわれている部分。物の表面。「—をなでる(=物事の本質を見ないで、外面だけを見る)」類上辺《うわべ》

**うわっぱり**【上っ張り】(名) 着ている衣服がよごれないようにその上に着る服。「—を着て仕事にかかる」

**うわづみ**【上積み】(名・他スル) ❶積んである荷物の上に、さらに荷物を積むこと。また、その荷物。「—禁止」対下積み。❷元の金額や数量にさらに加えること。「予算の—を要求する」

**うわて**【上手】(名) ❶上のほう。上部。また、風上《かざかみ》や川上《かわかみ》。類上手《かみて》。❷すもうで、相手のうでの外側からまわしをつかむこと。また、その手。「—をとる」対下手《したて》。❸才能や技量などが人とくらべてすぐれていること。また、その人。「彼《かれ》のほうが一枚—だ」対下手《したて》。❹人を押《お》さえつけるような態度をとること。「—に出る」対下手《したて》

**うわてなげ**【上手投げ】(名) ❶すもうで、相手のうでの外側からまわしをつかんで投げる技《わざ》。対下手《したて》投げ ❷→オーバースロー。対下手《したて》投げ

**うわぬり**【上塗り】(名・他スル) ❶物を塗るとき、最後の仕上げに塗ること。仕上げ塗り。「壁《かべ》の—」対下塗り。❷よくないことの上に、さらに同じようなことを重ねること。「恥《はじ》の—」

**うわのせ**【上乗せ】(名・他スル) すでに示された金額や数量などにさらに付け加えること。「料金に経費を—する」

**うわのそら**【上の空】(名) ほかのことに心をうばわれ、注意が向かないようす。「—で聞く」

**うわばき**【上履き】(名) 屋内《おくない》ではくはきもの。スリッパ・上靴《うわぐつ》など。「—にはきかえる」対下履き

**うわばみ**『×蟒蛇』(名) ❶大きなへび。大蛇《だいじゃ》。おろち。❷(大蛇は大量に物を飲みこむことから)大酒飲み。

**うわべ**【上辺】(名) 物の表面。外面。「—をかざる」類上《うわ》っ面《つら》・見かけ

**うわまえ**【上前】(名) ❶和服の前を合わせたとき上になる部分。❷人に渡《わた》すことになっている代金などの一部。「—をはねる」

**うわまわ・る**【上回る】(自五) {ラ(ロ)・リ(ッ)・ル・ル・レ・レ} 数量や程度などが、ある基準をこえる。「予想を大幅《おおはば》に—人出」対下回る

**うわむき**【上向き】(名) ❶上のほうを向いていること。「からだを—にして横たわる」❷勢いがよくなる傾向《けいこう》にあること。「調子が—になる」❸物価や相場が上がる傾向にあること。(対下向き)

**うわむ・く**【上向く】(自五) {カ(コ)・キ(イ)・ク・ク・ケ・ケ} ❶上を向く。❷物事の調子や勢いがよくなる。「景気《けいき》が—」❸物価や相場が上がりはじめる。「株価が—」

**うわめ**【上目】(名) 顔は動かさないで、目だけを上に向けて見ること。また、その目つき。「—をつかう」

**うわめづかい**【上目遣い】(名) 目だけを上方に向けて相手のようすをうかがうこと。「—に人を見る」

**うわや**【上屋・上家】(名) 駅・港などで、旅客・貨物の雨よけのために設けた、屋根をつけただけの建物。

**うわやく**【上役】(名) 職場などで、自分より地位などが上である人。類上司《じょうし》。対下役《したやく》

**うん**【運】 12画 辶9 小3 音ウン 訓はこぶ

冖 冐 冒 軍 運 運

❶はこぶ。移す。◆運河・運送・運搬《うんぱん》・運輸 ◆海運・陸運。❷うごく。うごかす。はたらかせる。◆運営・運行・運転・運動・運用。❸めぐりあわせ。◆運勢・運命 ◆悪運・開運・幸運・悲運・不運・武運

**うん**【運】(名) 人の意志や力ではどうにもならない、めぐりあわせ。「—がよい」「—を天にまかせる」

**運が向《む》く** めぐりあわせが、よいほうに変わってくる。「やっと運が向いてきた」

**運の尽《つ》き** よい運がなくなってしまうこと。

**うん**【雲】 12画 雨4 小2 音ウン 訓くも

空のくも。◆雲霞《うんか》・雲海・雲散・雲水・雲泥《うんでい》◆暗雲・行雲流水《こううんりゅうすい》・星雲・白雲・風雲・雷雲

一 冖 帀 雨 雲 雲

**うん**（感）相手の言ったことに対して、肯定《こうてい》し、受け入れる気持ちを表す返事のことば。「—、そうだ」「—、わかった」〈使い方〉「はい」よりくだけた言い方で、目上の人に対しては使わない。

**うんえい【運営】**（名・他スル）組織《そしき》などを動かし、はたらかせてゆくこと。「会議を—する」「—委員」

**うんおう**『△蘊奥』（名）↓うんのう

**うんか**『雲△霞』（名）雲とかすみ。転じて、人がひじょうに多く集まっているようす。「—のごとき大軍」

**うんか**『×浮塵子』（名）〔動〕ウンカ科の昆虫《こんちゅう》の総称《そうしょう》。形はせみに似るが五、六ミリメートルと小さい。稲《いね》の害虫。

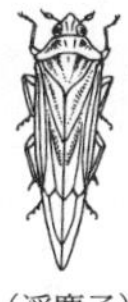
（浮塵子）

**うんが【運河】**（名）水上交通・灌漑《かんがい》などのために、人工的に作った水路。「パナマ—」

**うんかい【雲海】**（名）飛行機や高い山の上から見て、海のように広がっている雲。雲の海。「一面の—」

**うんき**『◇温気』（名）むっとするような熱い空気。蒸し暑さ。「満員の会場の—」

**うんきゅう【運休】**（名・自スル）交通機関が運転・運航を休むこと。「事故のため—する」

**うんこう【運行】**（名・自スル）天体や交通機関が一定の道すじを進行すること。「星の—」「バスの—」

**うんこう【運航】**（名・自スル）船や航空機が決まった航路を進むこと。「定期船が—する」

**うんざり**（副・自スル）つくづくいやになるようす。「長い梅雨《つゆ》で—(と)する」

**うんざん【運算】**（名・他スル）〔数〕↓えんざん（演算）

**うんさんむしょう【雲散霧消】**（名・自スル）雲が散り霧《きり》が消えるように、あとかたもなく消えてしまうこと。「不安が—する」

**うんしゅう【雲集】**（名・自スル）雲が群がるように、たくさん集まること。

**うんしゅうむさん【雲集霧散】**（名）多くのものが雲のように群れ集まり、霧《きり》のように散っていくこと。

**うんしん【運針】**（名）裁縫《さいほう》で、針《はり》の運び方。

**うんすい【雲水】**（名）（行く雲と流れる水の意から）各地を修行《しゅぎょう》して歩く僧《そう》。行脚僧《あんぎゃそう》。

**うんせい【運勢】**（名）それぞれの人がもって生まれた、運・不運のめぐりあわせ。「—を占《うらな》う」

**うんそう【運送】**（名・他スル）荷物などを、指定された場所へ運び送ること。「—業」

**うんだめし【運試し】**（名・自スル）運がよいか悪いかをためしてみること。「—におみくじを引く」

**うんちく**『△蘊蓄』（名）学問・技芸の深い知識。「—が深い」

**蘊蓄を傾《かたむ》ける**　自分のもっている学問・技芸の深い知識をすべて出しつくす。

**うんちん【運賃】**（名）旅客や貨物を運ぶ料金。「—を値上げする」「—を払《はら》う」

**うんでい【雲泥】**（名）（雲と泥《どろ》の意から）へだたりのはなはだしいたとえ。「—の相違《そうい》」

**雲泥の差《さ》**　天と地ほどのへだたり。たいへんな違《ちが》い。「能力には—がある」〔類〕月とすっぽん

**うんてん【運転】**（名・自他スル）❶乗り物や機械などを動かすこと。また、動くこと。「車を—する」❷おかねをうまく動かして使うこと。「店の—資金」

**うんてんし【運転士】**（名）電車・自動車などを運転する人。また、それを職業とする人。運転手。

**うんてんしゅ【運転手】**（名）↓うんてんし

**うんどう【運動】**（名・自スル）❶〔物〕物体が、時間がたつにつれて位置を変えること。「天体の—」❷健康や楽しみのために、からだを動かすこと。特に、スポーツ。「—会」「—選手」❸ある目的のために人びとにはたらきかけて活動すること。「選挙—」

**うんどうしんけい【運動神経】**（名）❶〔生〕筋肉《きんにく》を動かすために脳から出される命令を伝える神経。❷運動をたくみにこなす能力。物事に応じて機敏《きびん》にからだを動かす能力。「—がにぶい」

**うんともすんとも**　全然返事のないようす。「—言わない」〈使い方〉あとに打ち消しのことばがくる。

**うんどんこん【運鈍根】**（名）成功するために必要な、運と鈍重さと根気の三つのこと。運根鈍。

**うんぬん**『△云△云』■一（名）引用した語句のあと、また、主題となる話のあとを省略《しょうりゃく》するときに使うことば。しかじか。等々。「政策—についてはあとで説明する」■二（名・他スル）あれこれ言うこと。「決定したことについては—するな」

**うんのう**『△蘊奥』（名）学問や技芸の奥深《おくふか》いところ。うんおう。「—をきわめる」〔類〕奥義《おうぎ》

**うんぱん【運搬】**（名・他スル）物を運び移すこと。「建築資材を—する」

**うんぴつ【運筆】**（名）筆の動かし方。筆づかい。

**うんぴょう【雲表】**（名）雲の上。「—にそびえる山」

**うんめい【運命】**（名）人間の意志や力ではどうにもならない、物事のめぐりあわせや人の身の上。また、それを決定する力。宿命。「—に従う」「—のいたずら」〔…的〕「運命的な出あい」

> **学習 比較《ひかく》**　「運命」「宿命」
>
> **運命**　人間の意志や力で変えることができない、物事のめぐりあわせや人の身の上。「宿命」より意味が広い。「**運命**を左右する事件」「友と**運命**をともにする」
>
> **宿命**　生まれる前からきまっていて、さけられない人の身の上。困難をともなうめぐりあわせに多く使われる。「重い**宿命**を背負う」「**宿命**のライバル」「**宿命**の対決」

**うんめいろん【運命論】**（名）この世のことは運命によって定められており、人間の意志や力ではどうすることもできないという考え方。宿命論。「—者《じゃ》」

**うんも**『雲◇母』（名）〔地質〕薄《うす》くてはがれやすい鉱

物の一種。熱・電気を通さないので、絶縁体《ぜつえんたい》として多く用いられる。きらら。うんぼ。

**うんゆ【運輸】**(名) 旅客や貨物を運び送ること。

**うんゆしょう【運輸省】**(名) 運輸関係の仕事をあつかった国の役所。現在は国土交通省に移行。

**うんよう【運用】**(名・他スル) おかねやきまりを役に立つようにうまく使うこと。活用。「資金を━する」「規則を実情に合わせて━する」

**うんりょう【雲量】**(名)〔天〕空が雲でおおわれている割合。まったく雲の見えない状態を0、全天に雲がある場合を10とする。

## え　エ

**え【回】**→かい(回)

**え【会】**→かい(会)

**え【依】**→い(依)

**え【恵】**→けい(恵)

**え【絵】**→かい(絵)

**え【江】**(名) 海や湖などの一部が陸地にはいりこんだ所。入り江。「深い━になっている地形」

**え【柄】**(名) 道具や器《うつわ》などの、手で持つためにつけた棒状の部分。とって。「ひしゃくの━」

**え【絵】**(名) 物の形・姿・印象などを、文字や記号を使わないでそのまま描き表したもの。絵画《かいが》。

**絵に描《か》いた餅《もち》** (うまそうに見えるが食べられないことから)実際の役に立たない物事。実現不可能な計画。「そのプランは━にすぎない」

**え【餌】**(名) →えさ①

**え**(感) 驚《おどろ》いたときや相手に聞き返すときに発することば。えっ。「━、何ですって」

**エア**〔英 air〕(名) ❶空気。「━ブレーキ」❷(接頭語的に用いて)航空。「━メール」(=エアー)

**エア-カーテン**〔英 air curtain〕(名) 建物の入り口に人工の空気の流れを作って、外と仕切る装置。外気や塵《ちり》をさえぎる。

**エア-コンディショニング**〔英 air conditioning〕(名) 建物内の空気の温度や湿度《しつど》を調節すること。また、その装置。空気調節。空調。エアコン。

**エア-ターミナル**〔英 air terminal〕(名) 空港内の、旅客が出入国の手続きや待ち合わせをする建物。

**エアバス**〔英 airbus〕(名) 中・短距離《きょり》用の大型ジェット旅客機。

**エア-バッグ**〔英 air bag〕(名) 自動車が衝突《しょうとつ》した時にガスで瞬間《しゅんかん》的にふくらみ、車内の人のからだを受け止める空気袋《くうきぶくろ》。

**エアポート**〔英 airport〕(名) 空港。飛行場。

**エア-ポケット**〔英 air pocket〕(名) 空中で、気流が乱れて下降気流が生じているために、飛行機がそこにはいると急に下降したり震動《しんどう》したりする所。

**エアメール**〔英 airmail〕(名) 航空郵便。

**エアロビクス**〔英 aerobics〕(名) ジョギング・水泳・サイクリングなど、酸素を体内にとり入れながら行う全身運動。特に、ダンスをいうことが多い。有酸素運動。

**えあわせ【絵合わせ】**(名) 左右の組に分かれ、判者《はんじゃ》(=審判《しんぱん》)を立てて、絵や絵にそえた和歌を出しあい、優劣《ゆうれつ》をきそう遊び。参考 おもに平安時代に行われた。

**えい【永】** 5画 水1 小5 音 エイ 訓 ながい
❶時間がながい。◆永住・永続・永年。❷いつまでも。時がはてしない。◆永遠・永久・永眠《えいみん》

**えい【泳】** 8画 氵5 小3 音 エイ 訓 およぐ
およぐ。およぎ。◆泳法◆遠泳・競泳・水泳・背泳

**えい【英】** 8画 艹5 小4 音 エイ
❶すぐれる。ひいでる。りっぱである。◆英気・英傑《えいけつ》・英才・英姿《えいし》・英断・英知・英明・英雄《えいゆう》・英霊《えいれい》◆育英。❷はな。はなぶさ。◆石英。❸「イギリス(英吉利)」の略。◆英語・英国・英字・英文・英訳

**えい【映】** 9画 日5 小6 音 エイ 訓 うつる・うつす・はえる(中)
❶うつる。うつす。◆映画・映写・映像◆上映・放映。❷はえる。光にてらされてかがやく。◆映発◆反映

**えい【栄】** 9画 木5 小4 〔榮〕 音 エイ 訓 さかえる・はえ(高)・はえる(高)
❶さかえる。さかんになる。◆栄華《えいが》・栄枯《えいこ》・栄達・栄養◆共栄・清栄・繁栄《はんえい》。❷ほまれ。名誉《めいよ》。◆栄冠《えいかん》・栄光・栄転・栄誉◆虚栄《きょえい》・光栄

**えい【栄】**(名) 名誉《めいよ》なこと。ほまれ。「拝顔の━に浴する」

**えい【営】** 12画 ⺍9 小5 〔營〕 音 エイ 訓 いとなむ
❶つくる。こしらえる。◆営繕《えいぜん》◆造営。❷行う。仕事をする。◆営業◆運営・経営・国営・自営・直営・民営。❸兵隊がいる所。◆陣営《じんえい》・兵営

**えい【詠】** 12画 言5 音 エイ 訓 よむ(高)
❶調子をつけて詩や歌をよむ。◆吟詠《ぎんえい》・朗詠《ろうえい》。❷詩歌《しいか》を作る。また、作った詩歌。◆詠歌◆雑詠・即詠《そくえい》・題詠。❸感動して声を出す。◆詠嘆《えいたん》

**えい【影】** 15画 彡12 音 エイ 訓 かげ
❶かげ。◆影響《えいきょう》◆陰影《いんえい》。❷ひかり。◆月影《げつえい・つきかげ》。❸すがた。かたち。◆影像◆遺影・近影・孤影《こえい》・撮影《さつえい》・樹影・船影・投影

**えい【鋭】** 15画 金7 音 エイ 訓 するどい
❶先が細くとがっている。◆鋭角・鋭鋒《えいほう》◆先鋭。対 鈍《どん》。❷よく切れる。◆鋭利。❸勢いがよい。すぐれている。◆鋭気・鋭敏《えいびん》◆気鋭・新鋭・精鋭

**えい【衛】** 16画 行10 小5 〔衞〕 音エイ まもる。ふせぐ。まもり。◆衛生・衛星・衛兵◆護衛・自衛・守衛・親衛・前衛・防衛・門衛

**えい**『△鱏』(名)〘動〙海にすむ軟骨《なんこつ》魚類の一種。からだはひし形または円形で平たく、尾が長い。

**えい**(感)力を入れるときや、思いきって決意するときなどに出すかけ声。「―と荷物を持ち上げる」

**えいい【栄位】**(名)名誉《めいよ》ある地位。

**えいい【営為】**(名)いとなみ。行い。「人間の―」

**えいい【鋭意】**(副)気持ちを集中して。いっしょうけんめいに。「―努力する」

**えいえい【営営】**(トタル)長い間一つのことにせっせとはげむようす。「―と働いてきた」

**えいえん【永遠】**(名・形動ダ)時間的にそのことがいつまでも続くこと。「―の愛」「―の眠《ねむ》りにつく(=死ぬ)」類永久・とわ・とこしえ

**えいか【詠歌】**(名)❶和歌をよむこと。また、よんだ和歌。❷〘仏〙→ごえいか

**えいが【映画】**(名)連続的に撮影《さつえい》したフィルムをスクリーンに映し出し、動く映像として見せるもの。シネマ。キネマ。…化「小説を映画化する」

**えいが【栄華】**(名)権力をほしいままにして、はなやかに富み栄えること。「―をきわめる」

**えいがかん【映画館】**(名)映画を映して、多くの人に見せる設備のある施設《しせつ》。

**えいかく【鋭角】**(名)〘数〙直角(=九〇度)より小さい角。「―三角形」対鈍角《どんかく》

**えいがものがたり**〔栄花物語・栄華物語〕〘作品名〙平安時代後期の歴史物語。四〇巻。作者不明。藤原道長《ふじわらのみちなが》のはなやかな一生を中心に、宇多《うだ》天皇から堀河《ほりかわ》天皇までの一五代約二〇〇年間の歴史を述べたもの。「世継《よつぎ》物語」ともいう。

**えいかん【栄冠】**(名)(勝利者に与《あた》えられる名誉《めいよ》の冠《かんむり》の意から)勝利。名誉。「―をかちとる」

**えいき【英気】**(名)❶すぐれた心のはたらき。❷何かをしようとする気力。「―を養う(=能力がじゅうぶん発揮できるよう休養をとる)」

**えいき【鋭気】**(名)するどい気性《きしょう》。するどくはげしい意気込《ご》み。「―を内に秘《ひ》める」

**えいきごう**『△嬰記号』(名)〘音〙音を半音高くすることを表す記号。シャープ。記号♯ 対変記号

**えいきゅう【永久】**(名・形動ダ)終わりがないこと。いつまでも続くこと。「―不変」類永遠・とわ・とこしえ

**えいきゅうし【永久歯】**(名)乳歯がぬけたあとにはえる歯。上下合わせて三二本ある。

**えいきゅうじしゃく【永久磁石】**(名)いつまでも磁力を失わない磁石。

**えいきょう【影響】**(名・自スル)あるものの働きが、ほかのものに変化や反応を起こさせること。また、その変化や反応。「台風の―で欠航する」「―をおよぼす」

**えいぎょう【営業】**(名・自他スル)❶利益を得ることを目的に事業を行うこと。また、その営み。「―中」❷会社で、商品の販売《はんばい》を専門に行う業務。また、その部門。「―部」

**えいぎん【詠吟】**(名・他スル)詩歌《しいか》を声に出してうたうこと。また、その詩歌。吟詠。「詩を―する」

**えいけつ**『永△訣』(名・自スル)永遠に別れること。特に、死別。「―の日」類永別

**えいけつ【英傑】**(名)人なみ以上にすぐれた大人物。「一代の―」

**えいこ【栄枯】**(名)(草木のしげることと枯《か》れることの意から)栄えたりおとろえたりすること。「―盛衰《せいすい》」

**えいご【英語】**(名)イギリス・アメリカ合衆国・オーストラリアなどの公用語。現在、世界で最も広く用いられる。参考アメリカのものを特に「米語《べいご》」ともいう。

**えいこう**『△曳航』(名・他スル)船がほかの船をひっぱって航行すること。「故障船を―する」

**えいこう【栄光】**(名)かがやかしいほまれ。名誉《めいよ》。「―に輝《かがや》く」

**えいごう**『永△劫』(名)限りなく長い年月。永久。「未来―」

**えいこく〔英国〕**〘地名〙→イギリス

**えいこせいすい【栄枯盛衰】**(名)人・家・国家などが、栄えたりおとろえたりすること。

**えいこん【英魂】**(名)→えいれい

**えいさい【英才】**(名)ひじょうにすぐれた才能や知能。また、その持ち主。「―教育」

**えいさくぶん【英作文】**(名)英語で作文すること。または、和文を英文になおすこと。また、その文章。

**えいし【英姿】**(名)りっぱで堂々としたすがた。雄姿《ゆうし》。「―を仰《あお》ぎ見る」

**えいし【英詩】**(名)英語で書かれた詩。英国の詩。

**えいじ【英字】**(名)英語を書き表す文字。「―新聞」

**えいじ**『△嬰児』(名)生まれてまもない子ども。あかんぼう。「生後一週間の―」

**えいじはっぽう【永字八法】**(名)「永」の一字にある八とおりの筆づかい。毛筆で漢字を書くときの基本となる筆づかいのすべてがふくまれている。

(えいじはっぽう)

**えいしゃ【映写】**(名・他スル)映画やスライドなどをスクリーンに映し出すこと。「―機」

**えいしゅ【英主】**(名)すぐれてかしこい君主。

**えいじゅう【永住】**(名・自スル)その土地にずっと住むこと。「―の地」

**えいしょう【詠唱】**一(名・他スル)ふしをつけて詩や歌を歌うこと。二(名)〘音〙→アリア

**えいじょく【栄辱】**(名)栄誉《えいよ》と恥辱《ちじょく》。ほまれとはずかしめ。

**えい・じる【映じる】**(自上一)〔ジ・ジ・ジル・ジル・ジレ・ジロ(ジヨ)〕❶光や物の姿がうつる。「月の光が湖面に―」❷ある印象をもって目にうつる。「少年の目に―大人《おとな》の姿」

**えい・じる【詠じる】**(他上一)〔ジ・ジ・ジル・ジル・ジレ・ジロ(ジヨ)〕❶詩や歌を声高く歌う。「古歌を―」❷詩や歌を作る。

**えいしん【栄進】**(名・自スル)上の地位に進むこと。出世すること。昇進《しょうしん》。「部長に―する」

**えいしん【詠進】**（名・他スル）和歌を作って宮中や神社などにさし出すこと。

**エイズ【ＡＩＤＳ】**（名）〘医〙（英 acquired immune deficiency syndrome の略）ＨＩＶ（＝ヒト免疫《めんえき》不全ウイルス）の感染《かんせん》により、免疫機能が低下する病気。性行為《せいこうい》や輸血などから感染する。後天性免疫不全症候群《しょうこうぐん》。

**えい・ずる【映ずる】**（自サ変）｛ジ(ゼ)・ジ・ズル・ズル・ズレ・ジロ(ゼヨ)｝→えいじる(映じる)

**えい・ずる【詠ずる】**（他サ変）｛ジ(ゼ)・ジ・ズル・ズル・ズレ・ジロ(ゼヨ)｝→えいじる(詠じる)

**えいせい【永世】**（名）かぎりなく長い年月。永久。「―名人」

**えいせい【永逝】**（名・自スル）死ぬこと。永眠《えいみん》。

**えいせい【衛生】**（名）健康を守り病気にかからないように気をつけること。「―上よくない環境《かんきょう》」「不―」[…的]「衛生的な調理室」

**えいせい【衛星】**（名）〘天〙惑星《わくせい》のまわりを回っている天体。地球に対する月など。「人工―」

**えいせいこく【衛星国】**（名）ある強い国のまわりにあって、その支配や影響《えいきょう》を受けている小さい国。

**えいせいちゅうけい【衛星中継】**（名）放送・通信衛星を使って、テレビの電波を中継すること。

**えいせいちゅうりつこく【永世中立国】**（名）条約で、永久に戦争に関係せず中立の地位に立つ義務を負い、それによって他国から独立と領土の安全を保障されている国。スイス・オーストリアなど。

**えいせいとし【衛星都市】**（名）大都市のまわりにあり、その影響《えいきょう》を受けながら発達した中小都市。

**えいせいほうそう【衛星放送】**（名）地上の放送局から送られた電波を、放送・通信衛星が受信・増幅《ぞうふく》して地上の受信者に送り返す放送システム。

**えいぜん【営繕】**（名・他スル）建物を新しく建てたり、修理したりすること。「―課」

**えいそう【営巣】**（名・自スル）動物が巣を作ること。「―本能」

**えいぞう【映像】**（名）❶光線によって映し出される物の形や姿。❷映画やテレビなどで、映し出される画像。「ライブ―が流れる」「―作品」❸頭の中にうかんだものの姿やありさま。イメージ。「―が目にうかぶような描写《びょうしゃ》」

**えいぞう【営造】**（名・他スル）大きな建物・施設《しせつ》などをつくること。「―物」

**えいぞう【影像】**（名）絵画・彫刻《ちょうこく》などに表した人や神仏の姿。

**えいぞく【永続】**（名・自スル）長く続くこと。長つづき。「事業が―するよう努力する」[…性]「制度の永続性」[…的]「永続的な価値」

**えいたい【永代】**（名）長い年月。永久。とこしえ。「―供養《くよう》」参考「えいだい」とも読む。

**えいたつ【栄達】**（名・自スル）高い地位に進むこと。出世すること。「大臣に―する」

**えいたん【詠嘆】**〘詠△歎〙（名・自スル）物事に深く感動すること。また、感動をため息やことばでもらすこと。「人の世のはかなさに―する」

**えいだん【英断】**（名）思い切って物事を決めること。すぐれた決断。「―をくだす」「総理の―を仰《あお》ぐ」

**えいち【英知】**〘△叡知・△叡△智〙（名）物事の本質を見通す深い知恵《ちえ》。高い知性。「―を集める」

**エイチ【Ｈ】**（名）→エッチ㊀

**えいてん【栄典】**（名）❶めでたい儀式《ぎしき》。❷名誉《めいよ》のしるしとしてさずけられる位や勲章《くんしょう》など。

**えいてん【栄転】**（名・自スル）今までよりもよい地位になって、別の職務や職場などに移ること。「本社の部長として―する」対 左遷《させん》

**えいねん【永年】**（名）長い年月。「―勤続」

**えいびん【鋭敏】**（名・形動ダ）❶ものの感じ方がするどいこと。「―な感覚」❷頭のはたらきがするどく、速いこと。「―な頭脳」

**えいぶん【英文】**（名）❶英語で書いた文章。❷（「英文学」の略）イギリスの文学。英語で書かれた文学。また、それを研究する学問。❸（「英文学科」の略）大学で、英文学を研究する学科。英文科。

**えいへい【衛兵】**（名）警備のための兵士。番兵。

**えいべつ【永別】**（名・自スル）二度と会うことのない別れ。特に、死別。類 永訣《えいけつ》

**えいほう【鋭鋒】**〘鋭△鋒〙（名）（文章や弁舌で）するどくせめたてる勢い。また、その攻撃《こうげき》。「―をかわす」

**えいまい【英明】**〘英△邁〙（名・形動ダ）才知がひじょうにすぐれていること。「―な君主」

**えいみん【永眠】**（名・自スル）（永久に眠《ねむ》るという意から）死ぬこと。「―の地」

**えいめい【英明】**（名・形動ダ）才知にすぐれていてかしこいこと。「―な王」

**えいやく【英訳】**（名・他スル）英語以外の言語を英語に訳すこと。また、訳したもの。「和文―」

**えいゆう【英雄】**（名）才能や武勇にすぐれていて、りっぱな事業をなしとげた人。ヒーロー。「―豪傑《ごうけつ》」[…的]「英雄的な行為」

**えいよ【栄誉】**（名）すぐれたものとしてほめたたえられること。ほまれ。名誉。「優勝の―に輝《かがや》く」

**えいよう【栄養】**（名）生物が命を保ち、成長していくために必要な養分を体内に取り入れること。また、その養分。「―をとる」「―がかたよる」

**えいよう【栄耀】**〘栄△耀〙（名）高い地位についておごりたかぶり、思いのままのぜいたくをすること。「―栄華《えいが》」

**えいようか【栄養価】**（名）食べ物の中にふくまれる養分の質と量。「―が高い食品」

**えいようし【栄養士】**（名）法律で定められた資格をもち、学校・病院・福祉施設《ふくししせつ》などで、食生活や栄養管理についての指導や助言を行う人。

**えいようしっちょう【栄養失調】**（名）栄養の不足から、からだに障害がおこること。

**えいようそ【栄養素】**（名）栄養のもとになる成分。炭水化物・蛋白《たんぱく》質・脂肪《しぼう》・ビタミン・ミネラル（無機塩類）など。

**えいり【営利】**（名）利益を得るために活動すること。かねもうけ。「―事業」

**えいり【鋭利】**（名・形動ダ）❶刃物《はもの》などがするどくてよく切れること。「―なナイフ」❷頭のはたらきがするどいこと。「―な頭脳」

**えいり【絵入り】**（名）書物・雑誌・新聞などにさし絵のはいっていること。

**エイリアン**〔英 alien〕（名）（外国人の意）ＳＦ作品で、宇宙人。異星人。

**えいりん【映倫】**（名）（「映画倫理機構」の略）日本で上映される映画の自主的審査機関。

**えいれい【英霊】**（名）死者の霊の敬称《けいしょう》。特に、戦死者の霊をいう。英魂《えいこん》。「－をまつる」

**えいわ【英和】**（名）❶英国と日本。英語と日本語。「－対訳」❷「英和辞典」の略。

**えいわじてん【英和辞典】**（名）英語の単語や句に、日本語で訳・説明をつけた辞書。対和英辞典

**ええ**（感）❶相手の言ったことに対して、肯定《こうてい》し、受け入れる気持ちを表す返事のことば。「－そうです」「－わかりました」❷ことばにつまったり、ためらっている気持ちを表すことば。ええと。「－何からお話ししましょうか」

**エーアイ【ＡＩ】**（名）〔英 artificial intelligence の略〕→じんこうちのう

**エーイーディー【ＡＥＤ】**（名）〔英 automated external defibrillator の略〕自動体外式除細動器。心停止《しんていし》につながる心室細動がおきたとき、電気ショックにより心臓の動きをもとにもどす器械。

**エーエム【ＡＭ】**（名）〔英 amplitude modulation の略〕音波の形によって電波の振幅《しんぷく》を変える方式。ラジオ放送などに用いる。「－放送」対ＦＭ

**エーエム【a.m.・A.M.】**（名）〔ラテン ante meridiem の略〕午前。「8：30－」対p.m.

**エーオーにゅうし【ＡＯ入試】**（名）書類・面接・論文などにより、人物本位で合格者を決める大学の入学試験。総合型選抜《せんばつ》。▽エーオーは、英 admissions office（入学事務局）の略。

**エーカー**〔英 acre〕（名）ヤードポンド法で、面積の単位。一エーカーは約四〇四七平方メートル。

**エークラス【Ａクラス】**〔英 A class〕（名）集団の中で最もすぐれているもの。第一級。

**エージ**〔英 age〕（名）時代。年代。「ティーン－」

**エージェンシー**〔英 agency〕（名）代理店。代理業。

**エージェント**〔英 agent〕（名）代理人。代理店。仲介《ちゅうかい》業者。

**エース**〔英 ace〕（名）❶最もすぐれた人。第一人者。「営業部の若き－」❷野球で、チームの主戦投手。「－が登板する」❸トランプの「1」の札。Ａ。「ハートの－」❹テニスやバレーボールなどで、サーブで得点すること。「サービス－」

**エーディー【A.D.】**（名）〔ラテン Anno Domini の略〕西暦《せいれき》紀元。「－25（＝西暦二五年）」対B.C.

**エーティーエス【ＡＴＳ】**（名）〔英 automatic train stop の略〕自動列車停止装置。停止信号の手前で、自動的に列車をとめる装置。

**エーティーエム【ＡＴＭ】**（名）〔英 automated teller machine の略〕金融《きんゆう》機関などが設置する現金自動預《あず》け入れ支払《しはら》い機。預け入れ・振り込み・引き出しなどを行うことができる。

**エーテル**〔オランダ ether〕（名）《化》アルコールに濃硫酸《のうりゅうさん》を加え、蒸留して作る液体。麻酔剤《ますいざい》などに使う。エチルエーテル。

**エービーシー【ＡＢＣ】**（名）❶英語のアルファベットの最初の三文字。また、アルファベットの全体。❷物事の初歩。入門。いろは。「物理学の－」

**エーブイ【ＡＶ】**（名）❶視聴覚。「－機器」❷成人向けのビデオ。アダルトビデオ。参考①は、英 audio-visual の、②は、英 adult video の略。

**エープリルフール**〔英 April fool〕（名）四月一日にはうそをついて人をだましてもいいという欧米《おうべい》の風習。また、その日。四月ばか。

**エール**〔英 yell〕（名）スポーツの試合で、選手を応援するためにあげる大きな声。「－を送る」

**えがお【°笑顔】**（名）笑いをふくんだ顔。笑い顔。

**えかき【絵描き】**（名）絵をかくことを職業にしている人。画家。

**えが・く【描く】**『◇画く』（他五）〔カ(コ)・キ(イ)・ク・ク・ケ・ケ〕❶物の形やありさまを絵や図にかき表す。「山を－」❷物の動きがある形を表す。「弧《こ》を－・いて飛ぶ」❸事物のありさまを文章や音楽で表現する。描写《びょうしゃ》する。「人間の心理を－・いた小説」❹心の中に思い浮《う》かべる。「まぶたに母の面影《おもかげ》を－」

**えがた・い【得難い】**（形）〔カロ・カッ(ク)・イ・イ・ケレ・○〕簡単には手に入れにくい。貴重である。「－人物」

**えがら【絵柄】**（名）絵の模様や図案。

**えがらっぽ・い**（形）〔カロ・カッ(ク)・イ・イ・ケレ・○〕→いがらっぽい

**えき【役】**→やく（役）

**えき【役】**（名）むかしのいくさ。戦役。「西南の－」

**えき【易】** 8画 日4 小5 音 エキ・イ 訓 やさしい

丨 冂 日 月 昜 易

❶（エキと読んで）㋐かえる。とりかえる。◆交易・貿易。㋑あらためる。◆改易・不易。㋒うらない。◆易者・易断。❷（イと読んで）たやすい。やさしい。◆安易・軽易・難易・平易・容易。対難

**えき【易】**（名）うらないの一つ。算木《さんぎ》と筮竹《ぜいちく》をつかって吉凶《きっきょう》をうらなう。「－をたてる」

**えき【疫】** 9画 疒4 音 エキ・ヤク 高

亠 广 疒 疒 疫 疫

流行病。◆疫病・疫痢《えきり》◆悪疫・検疫・防疫・免疫《めんえき》。参考「ヤク」の音は「疫病神《やくびょうがみ》」などのことばに使われる特殊《とくしゅ》な読み方。

**えき【益】** 10画 皿5 小5 音 エキ・ヤク 高

丷 䒑 关 谷 益 益

❶ためになる。役に立つ。◆益虫・益鳥・益友◆公益・無益・有益。❷もうけ。とく。◆益金◆差益・収益・純益・損益・利益。参考「ヤク」の音は「御利益《ごりやく》」などのことばに使われる特殊《とくしゅ》な読み方。

**えき【益】**（名）❶ためになること。役に立つこと。「何の－にもならない」対害。❷利益。もうけ。

**えき【液】** 11画 氵8 小5 音 エキ

氵 氵 汁 液 液 液

しる。水のように、決まった形がなく流れるもの。◆液化・

液状・液体 ◆胃液・血液・樹液・体液・粘液《ねんえき》

**えき【液】**（名）（何かが溶《と》け込《こ》んでいる）水のような流動性の物質。「アルカリ性の―」

**えき【駅】** 14画 馬4 小3 〔驛〕 音エキ

❶むかし、街道のところどころにあって、旅人を泊《と》めたり、休ませたりした所。馬つぎ場。宿場。◆駅舎《えきしゃ》・駅伝◆宿駅。❷停車場。◆駅員・駅長・駅弁・駅前◆始発駅 ⇩付録「漢字の筆順㊳馬」

丨 ｢ 冂 馬 馬ｺ 駅

**えき【駅】**（名）電車や列車の発着する所。停車場。「急行の止まる―」

**えきいん【駅員】**（名）駅で仕事をする鉄道職員。

**えきか【液化】**（名・自他スル）《物》固体や気体が、液体に変わること。また、液体に変えること。「―ガス」⇩きか（気化）

**えきがく【疫学】**（名）地域や集団における感染症《かんせんしょう》をはじめとする病気の原因や広がり、またその影響《えいきょう》などを研究する学問。

**えきぎゅう【役牛】**（名）力仕事などの労役に使う牛。対乳牛・肉牛

**えききん【益金】**（名）もうけたおかね。利益金。

**えきざい【液剤】**（名）液状になっている薬剤《やくざい》。

**エキサイト**〔英 excite〕（名・自スル）興奮すること。「接戦で観客が―する」

**エキシビション**〔英 exhibition〕（名）❶展示・公開すること。また、展覧会。展示会。「アート―（=美術展覧会）」❷「エキシビションゲーム」の略。《=エキジビション》

**エキシビション-ゲーム**〔英 exhibition game〕（名）技術や選手の紹介《しょうかい》などを目的とした試合や演技。公開試合。模範《もはん》競技。エキシビション。「オリンピックの―」

**えきしゃ【易者】**（名）吉凶《きっきょう》などをうらなうことを職業とする人。うらない師。「―に手相をみてもらう」

**えきしょう【液晶】**（名）（「液状結晶」の略）液体と結晶固体の両方の性質をあわせもつ物質。表示画面などに使われる。「―テレビ」「―パネル」

**えきじょうかげんしょう【液状化現象】**（名）《地質》強い地震《じしん》が起きた時、その震動で地盤《じばん》が液体のように軟弱《なんじゃく》になり、建物などを支えられなくなる現象。

**エキス**（名）❶薬や食物の有効成分だけをとり出し、濃縮《のうしゅく》したもの。「天然の植物―」❷物事の最も本質的な部分。精髄《せいずい》。▽オランダ extract から。

**エキストラ**〔英 extra〕（名）演劇や映画などで臨時にやとわれる端役《はやく》の出演者。

**エキスパート**〔英 expert〕（名）その道によくなれて、じょうずな人。専門家。「機械修理の―」

**エキスパンダー**〔英 expander〕（名）運動器具の一種。両手でばねを引っぱって広げ、筋肉をきたえる。

**エキスポ【EXPO】**（名）万国博覧会。見本市。エクスポ。▽英 exposition から。

**えき・する【益する】**（他サ変）{シ(セ・サ)・シ・スル・スル・スレ・シロ(セヨ)} 利益を与《あた》える。ためになる。役に立つ。「社会に―事業」

**エキセントリック**〔英 eccentric〕（形動ダ）{ダロ・ダッ(デ・ニ)・ダ・ナ・ナラ・○} ふつうとはひどく変わっているようす。「―な人」

**エキゾチック**〔英 exotic〕（形動ダ）{ダロ・ダッ(デ・ニ)・ダ・ナ・ナラ・○} 異国的なおもむきのあるようす。「―なふんいきの店」

**えきたい【液体】**（名）水や油など、体積はあるが決まった形がないもの。⇩きたい（気体）・こたい（固体）

**えきたいくうき【液体空気】**（名）《化》空気を冷却《れいきゃく》圧縮して液体にしたもの。

**えきたいさんそ【液体酸素】**（名）《化》圧力を加えて液体にした酸素。ロケット燃料や酸素吸入などに使う。

**えきちゅう【益虫】**（名）植物につく害虫を食べたり、受粉をなかだちしたりするなど、人間の生活に役立つ虫。かいこ・みつばちなど。対害虫

**えきちょう【益鳥】**（名）人間の生活に役立つ鳥。農作物の害虫を食べるつばめなど。対害鳥

**えきちょう【駅長】**（名）鉄道の駅の長。

**えきでん【駅伝】**（名）❶（「駅伝競走」の略）道路で長い距離《きょり》をいくつかの区間に分けて行うリレー競走。❷むかし、宿駅から宿駅へ馬などを使って人や物を送りとどけた制度。

**えきとう【駅頭】**（名）駅の付近。駅のあたり。「―で選挙演説をする」

**えきびょう【疫病】**（名）悪性の流行病。はやりやまい。

**えきべん【駅弁】**（名）鉄道の駅や車中で売る弁当。

**えきほう【液胞】**（名）細胞液《さいぼうえき》で満たされている、細胞内の袋状《ふくろじょう》の部分。

**えきむ【役務】**（名）他人のために行う労働。サービス。「公務員としての―」

**えきり【疫痢】**（名）《医》赤痢菌《せきりきん》による幼児に多い急性の病気。高い熱が出て、げりをおこす。

**エクアドル**〔Ecuador〕［地名］南アメリカ大陸の北西部、太平洋に面する共和国。首都はキト。

**えぐ・い**（形）{カロ・カツ(ク)・イ・イ・ケレ・○} ❶のどをいらいらと刺激《しげき》する感じがする。また、そのような味がする。えがらっぽい。❷《俗語》どぎつい。

**エクササイズ**〔英 exercise〕（名）❶健康増進のための運動。体操。❷学習活動における練習。また、練習問題。

**エクスクラメーション-マーク**〔英 exclamation mark〕（名）感嘆《かんたん》を表す符号《ふごう》。感嘆符。「！」

**エクスタシー**〔英 ecstasy〕（名）感情や官能が最高潮に高まり、うっとりとした状態になること。恍惚《こうこつ》。忘我《ぼうが》。

**エクステリア**〔英 exterior〕（名）建物の外側の設備や装飾《そうしょく》。また、建物の外観。対インテリア

**エクスプレス**〔英 express〕（名）❶列車やバスなどの急行。❷荷物・手紙などの速達便。急行便。

**エクスポ【EXPO】**（名）→エキスポ。▽英 exposition から。

**エグゼクティブ**〔英 executive〕（名）❶企業《きぎょう》の上級管理職。重役。❷高級なこと。ぜいたく。「―クラス」

**えくぼ**『◇笑△窪・△靨』（名）笑ったとき、ほおにできる小さいくぼみ。「あばたも—（＝好きになると相手の欠点やみにくいところまでもよいものに見えること）」

**えグラフ【絵グラフ】**（名）数量を示すのに絵の数や大きさで表した図表。▽グラフは、英 graph

**えぐ・る**『△抉る』（他五）{ラ(ロ)・リ(ッ)・ル・ル・レ・レ} ❶刃物《はもの》などをつきさしてくりぬく。「りんごの芯《しん》を—」❷心に強い衝撃《しょうげき》や苦しみを与《あた》える。「心を—悲しみ」❸物事の重要な部分をするどく指摘《してき》する。「核心を—」

**えげつな・い**（形）{カロ・カッ(ク)・イ・イ・ケレ・○} ろこつでいやらしい。下品であくどい。「—言い方」

**エコ**〔英 eco〕（名）（「エコロジー」の略）自然環境《かんきょう》へ与《あた》える影響《えいきょう》に配慮《はいりょ》していること。「—カー」「—バッグ」

**エゴ**〔ラテン ego〕（名）❶自我《じが》。自己。❷「エゴイズム」の略。「—をむき出しにする」

**エゴイスト**〔英 egoist〕（名）自分の利益になることだけを考えて行動する人。利己主義者。

**エゴイズム**〔英 egoism〕（名）自分だけの利益をはかろうとする考え方。利己主義。

**えこう【回向】**（名・自スル）《仏》死者のために経《きょう》を読んだり念仏を唱えたりして、供養《くよう》すること。

**エコー**〔英 echo〕（名）❶反響《はんきょう》。山びこ。こだま。❷効果音として響《ひび》かせる残響。「—をかける」

**えごころ【絵心】**（名）絵をかこうとする気持ち。また、絵をかいたり理解したりする能力。「—がある」

**えこじ**『依△怙地』（名・形動ダ）➡いこじ

**えことば【絵言葉】**『絵◇詞』（名）絵を説明したことば。絵巻物の詞書《ことばがき》。

**エコノミー**〔英 economy〕（名）経済。また、節約。「—クラス（＝旅客機などの普通席《ふつうせき》）」

**エコノミークラスしょうこうぐん【エコノミークラス症候群】**（名）《医》航空機などの狭《せま》い座席に長時間座り続けることで起こる症状。静脈《じょうみゃく》が圧迫《あっぱく》されて血栓《けっせん》が生じ、呼吸に支障をきたす。▽エコノミークラスは、英 economy class

**えこひいき**『依△怙△贔△屓』（名・他スル）気に入った人や関係の深い人だけに特によくしてやること。「兄だけを—する」

**えごよみ【絵暦】**（名）文字がわからない人のために絵で表した暦。

**エコロジー**〔英 ecology〕（名）❶生態学。生物と環境《かんきょう》の関係を研究する学問。❷人間の生活と自然環境との調和をめざす考え方。「—運動」

**えコンテ【絵コンテ】**（名）映画やテレビなどで、画面構成や流れを絵を用いて示した台本。▽コンテは、英 continuity（撮影《さつえい》台本）から。

**えさ【餌】**（名）❶動物を飼育《しいく》するための食べ物。え。「犬に—をやる」❷人をさそうために使うおかねや品物。「商品券を—に勧誘《かんゆう》する」

**えし【絵師】**（名）えかき。画家の古い言い方。

**えし**『◇壊死』（名・自スル）《医》からだの細胞《さいぼう》や組織の一部が、血液や栄養分が行き渡《わた》らなかったり、細菌《さいきん》や高温などの外的作用を受けたりして死ぬこと。

**えじき【餌食】**（名）❶ほかの動物のえさとして食べられる生き物。「ライオンの—になる」❷ほかのものの犠牲《ぎせい》になるもの。「悪徳商人の—になる」

**エジプト**〔Egypt〕［地名］❶アフリカ大陸北東部の地域名。ナイル川を中心に、世界でいちばん早く文明の開けた所で、ピラミッド・スフィンクスなどが残っている。❷エジプト・アラブ共和国の通称《つうしょう》。

**エジプト・アラブきょうわこく**〔エジプト・アラブ共和国〕〔Arab Republic of Egypt〕［地名］アフリカ大陸の北東部にある共和国。首都はカイロ。

**えしゃく【会釈】**■一（名・自スル）軽く頭を下げて礼をすること。軽いおじぎ。「知人に—する」■二（名）思いやり。「遠慮《えんりょ》—もない」

**えしゃじょうり【会者定離】**（名）《仏》会った者は必ず別れる運命にあるということ。世の中のことはすべて変わりやすいということ。「生者必滅《しょうじゃひつめつ》—」

**エス【S】**（名）❶（英 small のかしら文字）衣類などの大きさで、小さいサイズ。「—サイズ」⇩エム・エル。❷「サディスト」の略。対エム

**えず【絵図】**（名）❶絵。絵画。「地獄《じごく》—」❷家や土地などの平面図。絵図面。

**エス-アイ【SI】**（名）（フランス système international d'unités の略）➡こくさいたんいけい

**エス-イー【SE】**（名）➡システムエンジニア

**エス-エス-ティー【SST】**（名）（英 supersonic transport の略）超音速旅客機。

**エス-エヌ-エス【SNS】**（名）（英 social networking service から）インターネット上で文章・写真などの情報を公開・共有し、人と人が交流できる場を提供するサービス。ソーシャルネットワーキングサービス。

**エス-エフ【SF】**（名）（英 science fiction の略）空想科学小説。「—作家」

**エス-エル【SL】**（名）（英 steam locomotive の略）蒸気機関車。

**エス-オー-エス【SOS】**（名）船などが遭難《そうなん》したとき助けを求める無線信号。転じて、危険を知らせ、助けを求めること。「—を発する」

**えすがた【絵姿】**（名）絵にかいた人の姿。肖像《しょうぞう》。「歌舞伎《かぶき》役者の—」

**エスカルゴ**〔フランス escargot〕（名）《動》食用かたつむり。フランス料理に使う。

**エスカレーター**〔英 escalator〕（名）人や物を上や下の階に運ぶ、動く階段状の昇降《しょうこう》装置。

**エスカレート**〔英 escalate〕（名・自スル）しだいに物事の規模が大きくなること。ますます激しくなること。「騒《さわ》ぎが—する」

**エスキモー**〔Eskimo〕（名）カナダ・アラスカ・グリーンランドなど、北極圏《ほっきょくけん》に住む種族。一部の種族はイヌイットと自称《じしょう》する。

**エスケープ**〔英 escape〕（名・自スル）にげ出すこと。特に、授業を受けずに教室からぬけ出すこと。

**エスコート**〔英 escort〕（名・自他スル）儀礼《ぎれい》や護衛のために、ある人につきそうこと。特に、男性が女性につきそうことをいう。「彼女《かのじょ》を—する」

**エスタブリッシュメント**〔英 establishment〕（名）社会的に確立した制度・体制。権威《けんい》や支配力をもつ階級・組織。

**エステティック**〔フランス esthétique〕（名）全身美容。そのための美顔・美肌《びはだ》術。エステ。「―サロン」

**エス-トール**【ＳＴＯＬ】（名）〔英 short takeoff and landing aircraft の略〕短距離《たんきより》離着陸機。

**エストニア**〔Estonia〕［地名］東ヨーロッパの、バルト海に面した共和国。首都はタリン。

**エスニック**〔英 ethnic〕（名・形動ダ）民族的であること。民族調の。異国的。「―料理」

**エスは**【Ｓ波】（名）地震《じしん》のときに、波の進行方向に対して直角の方向に振動《しんどう》する横波。Ｐ波（第一の波）のあとに到達《とうたつ》する。▽ラテン undae secundae（第二の波）から。⇩ピーは

**エス-ピー**【ＳＰ】（名）❶〔英 security police から〕重要人物を守る私服警察官。❷〔英 standard playing record の略〕一分間に七八回転するレコード盤《ばん》。ＳＰ盤。類 ＬＰ

**エスプリ**〔フランス esprit〕（名）❶精神。精髄《せいずい》。「英文学の―」❷才気。機知。「―のきいた批評」

**エスプレッソ**〔イタリア espresso〕（名）ひいたコーヒー豆に高圧力の蒸気をあてていれた濃《こ》いコーヒー。

**エスペラント**〔英 Esperanto〕（名）ポーランド人ザメンホフが国際共通語をめざして考え出した言語。

**エスワティニ**〔Eswatini〕［地名］アフリカ大陸南東部にある王国。旧称《きゅうしょう》スワジランド。首都はムババーネ。

**えせ-**『×似非・×似而非』（接頭）本物に似てはいるが実はまったく違《ちが》う意を表す。にせの。「―科学」

**えそ**『◇壊△疽』（名）〔医〕壊死《えし》した部分が空気にふれて、乾いたりくさったりしたもの。脱疽《だっそ》。

**えぞ**『×蝦夷』❶（名）むかし、東北や北海道にかけて住んでいた種族。えみし。えびす。❷［地名］北海道の古名。蝦夷地《えぞち》。

**えぞうし**【絵双紙・絵草子】（名）❶江戸《えど》時代、事件などを絵入りで説明した一、二枚の印刷物。瓦版《かわらばん》。❷江戸時代にはやった黄表紙《きびょうし》などの絵入り読み物。草双紙。

**えぞぎく**『×蝦夷-菊』（名）〔植〕キク科の一年草。夏から秋にかけて、赤・白・紫《むらさき》などの菊に似た大形の花が咲《さ》く。さつまぎく。アスター。

**えぞまつ**『×蝦夷-松』（名）〔植〕マツ科の常緑高木。北海道などの寒地に自生する。樹皮は黒褐色《こっかっしょく》。建築材料や製紙原料にする。

**えそらごと**【絵空事】（名）〔誇張《こちょう》してかいた絵のように〕実際とは違《ちが》って大げさなこと。現実にはありえないこと。「すべては―に過ぎない」

**えだ**【枝】（名）❶草木の、茎《くき》や幹から分かれた部分。❷本《もと》から分かれ出たもの。「―道」

**えたい**【得体】（名）ほんとうの性質や姿。「―の知れない人」類 正体

**えだうち**【枝打ち】（名・他スル）木をよく育てるために、下枝や枯《か》れ枝を切り落とすこと。枝おろし。

**えだげ**【枝毛】（名）頭髪《とうはつ》の先端が傷《いた》んで、木の枝のように裂《さ》けているもの。

**エタノール**〔ドイツ Äthanol〕（名）➡エチルアルコール

**えだは**【枝葉】（名）❶草木の枝と葉。「―を落とす」❷物事の本質でない細かいところ。「話が―にわたる」類 枝葉末節《しようまっせつ》。対 根幹《こんかん》

**えだぶり**【枝振り】（名）枝の張り出たかっこう。「りっぱな―の松」

**えだまめ**【枝豆】（名）だいずを青いさやのうちに枝ごともぎとったもの。また、それを塩ゆでにしたもの。

**えだみち**【枝道】（名）❶本道から分かれた細い道。❷物事の本筋からはずれたところ。「話が―にそれる」

**えたり**【得たり】（感）物事が思い通りになったときに発することば。しめた。「―とばかり勇みたつ」

**得たりや応《おう》** 「心得た」とか、「しめた」「うまくいった」という意で勇んで発することば。

**えたりがお**【得たり顔】（名）得意げな顔つき。したり顔。「―で説明する」

**えだわかれ**【枝分かれ】（名・自スル）❶木の枝が分かれ出ること。❷もともとひとつだったものからいくつにも分かれること。「本家から―した流派」

**エチオピア**〔Ethiopia〕［地名］アフリカ大陸の北東部の高原にある連邦《れんぽう》共和国。首都はアディスアベバ。

**エチケット**〔フランス étiquette〕（名）日常生活や社交上の礼儀《れいぎ》・作法。「―を守る」

**えちご**〔越後〕［地名］むかしの国名の一つ。今の佐渡《さど》を除いた新潟県。越州《えっしゅう》。

**えちごじし**『◇越後△獅子』（名）越後（＝新潟県）から出て諸国《しょこく》をめぐったしし舞《まい》。子どもがししがしらをかぶって芸をするもの。かくべえじし。

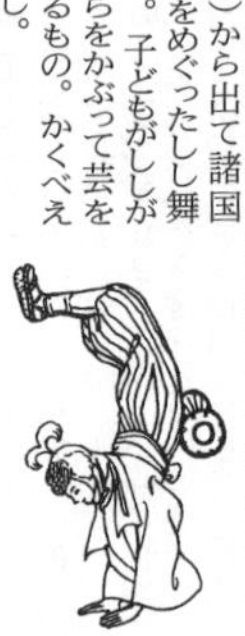

（えちごじし）

**えちぜん**〔越前〕［地名］むかしの国名の一つ。今の福井県の中・北部。越州《えっしゅう》。

**エチュード**〔フランス étude〕（名）❶〔美〕習作。試作。「人物画の―」❷〔音〕器楽の練習のための曲。

**エチルアルコール**〔ドイツ Äthylalkohol〕（名）医薬品や酒類として用いられる無色で香《かお》りのよいアルコール。エタノール。

**えつ**【悦】 10画 忄7 音 エツ 丶 忄 忄 怡 悦 悦
よろこぶ。よろこび。◆悦楽 ◆喜悦・法悦・愉悦《ゆえつ》

**えつ**【悦】（名）満足してよろこぶこと。

**悦に入《い》る** 気に入ってよろこぶ。満足してよろこぶ。

**えつ**【越】 12画 走5 音 エツ 訓 こす・こえる 土 キ 走 赴 越 越
❶のりこえる。こす。◆越境・越権・越冬・越年 ◆僭越《せんえつ》。❷すぐれる。ぬきんでる。◆卓越《たくえつ》・超越《ちょうえつ》・優越 ⇩付録「漢字の筆順(1)戈〔戊〕」

**えつ**【謁】 15画 言8 〔謁〕 音 エツ 亠 言 訁 謁 謁 謁
身分の高い人にお目にかかる。◆謁見 ◆拝謁

**えつ**【閲】 15画 門7 音 エツ 丨 門 門 門 閲 閲
❶しらべる。あらためる。目を通す。◆閲兵《えっぺい》・閲覧 ◆検閲・校閲。❷経過する。経《へ》る。◆閲歴

**えっきょう【越境】**（名・自スル）境界線や国境をこえること。「—入学」

**えづ・く【餌付く】**（自五）〔カ(コ)・キ(イ)・ク・ク・ケ・ケ〕野生動物が人の与《あた》えるえさを食べるようになる。「野鳥が—」

**エックスきゃく【X脚】**（名）直立してひざを合わせたときに、ひざから下が外側に曲がりX字形になっている足のこと。類O脚《オーきゃく》

**エックスせん【X線】**（名）《物》電磁波《でんじは》の一種。物質を通りぬける力が強く、からだの中のようすを知ることができる。一八九五年、ドイツのレントゲンが発見したのでレントゲン線ともいう。「肺の—写真をとる」

**えづけ【餌付け】**（名・他スル）野生動物にえさを与《あた》えて、人になれさせること。「—に成功する」

**えっけん【越権】**（名）与《あた》えられた権限をこえてかってに行うこと。「—行為《こうい》」

**えっけん【謁見】**（名・自スル）君主など身分の高い人に会うこと。「女王陛下に—する」

**エッジ**〔英 edge〕（名）❶縁《ふち》。へり。端《はし》。❷スキー板の端の金属部分。「—をきかせる」❸スケート靴《ぐつ》の氷面にふれる金属部分。❹卓球《たっきゅう》台のへり。「—ボール」

**エッセイ**〔英 essay〕（名）心にうかんだ考えや感想を自由な形式で書いた文。随筆《ずいひつ》。随想。エッセー。

**エッセイスト**〔英 essayist〕（名）随筆《ずいひつ》を書く人。随筆家《ずいひつか》。

**エッセンス**〔英 essence〕（名）❶物事の本質。真髄《しんずい》。❷植物などから取り出した香《かお》りの成分。食品や香料《こうりょう》に使う。「バニラ—」

**エッチ【H】** 一（形動ダ）〔ダロ・ダッ(デ・ニ)・ダ・ナ・ナラ・○〕《俗語》（変態をローマ字で表したHentaiのかしら文字から）性的にいやらしいようす。「—な話」 二（名）〔英 hardから〕鉛筆《えんぴつ》のしんのかたさを示す記号。エイチ。

**エッチ-アイ-ブイ【HIV】**（名）〔英 human immunodeficiency virus の略〕ヒト免疫《めんえき》不全ウイルス。エイズの病原。エイズウイルス。

**えっちゅう【越中】**〔地名〕むかしの国名の一つ。今の富山県。越州《えっしゅう》。

**エッチング**〔英 etching〕（名）銅版を酸で腐食《ふしょく》させて版画をつくる方法。また、その作品。

**えっとう【越冬】**（名・自スル）冬を越《こ》すこと。「南国で—するつばめ」

**えつどく【閲読】**（名・他スル）調べながら注意深く読むこと。「資料を—する」

**えつねん【越年】**（名・自スル）年を越《こ》して新年をむかえること。年こし。参考「おつねん」とも読む。

**えつねんせいそうほん【越年生草本】**（名）《植》秋に芽が出、つぎの年の春、花が咲《さ》き実を結んで枯《か》れる一年生の草本植物。越年生植物。越年草。

**えっぺい【閲兵】**（名・他スル）軍隊を整列させて、元首などが見まわること。「—式」

**えつぼ【笑△壺】**（名）満足そうに笑うこと。

**笑壺に入《い》る** 思いどおりになって笑みをうかべる。

**えつらく【悦楽】**（名）喜び楽しむこと。「—にひたる」

**えつらん【閲覧】**（名・他スル）本や新聞などを調べたり、読んだりすること。「—室」

**えつれき【閲歴】**（名）ある人の経歴。履歴《りれき》。

**えて【得手】**（名）得意なこと。また、得意なわざ。「—というほどのものはない」「不—」対苦手《にがて》

**得手に帆《ほ》を揚《あ》げる** 力を発揮する機会にめぐまれ、得意なことを調子にのって行う。

**エディター**〔英 editor〕（名）❶編集者。❷コンピューターで、文字などの対象を編集するソフト。

**えてかって【得手勝手】**（名・形動ダ）自分につごうのよいことだけをすること。わがまま。「—なふるまい」

**えてして【得てして】**（副）ある傾向《けいこう》になりがちであることを示す。ややもすると。とかく。「自信家は—忠告を聞かない」

**えと【◇干◇支】**（名）❶十干《じっかん》と十二支《じゅうにし》を順に組み合わせたもの。六〇組あり、年月日などを表すのに用いる。❷十干をはぶいて十二支だけで表した年。「今年の—にちなんだ縁起物《えんぎもの》」

**えど【△穢土】**（名）《仏》けがれている国土。この世のこと。「厭離《おんり》—(＝けがれているこの世をきらって離《はな》れようとすること)」対浄土《じょうど》

**えど【江戸】**〔地名〕東京の古い呼び名。一六〇三(慶長《けいちょう》八)年に幕府が開かれ、政治の中心地となった。

**江戸の敵《かたき》を長崎《ながさき》で討《う》つ** 思いがけない所や、すじのちがうことで仕返しをする。

**えとき【絵解き】**（名・他スル）❶絵の意味を説明すること。また、その説明。❷絵や図で説明すること。

**えとく【会得】**（名・他スル）じゅうぶん理解して自分のものとすること。「こつを—する」類体得

**えどじだい【江戸時代】**（名）《歴》徳川《とくがわ》氏が江戸に幕府を開いて政治を行った時代。一六〇三(慶長《けいちょう》八)年から一八六七(慶応三)年までの間。徳川時代。

**エト-セトラ**〔ラテン et cetera〕（名）その他いろいろ。…など。…等々。参考多く略してetc.と書く。

**えどっこ【江戸っ子】**（名）江戸で生まれ育った人。今は、東京で生まれ育った人をいう。「生粋《きっすい》の—」

**えどばくふ【江戸幕府】**（名）《歴》一六〇三(慶長《けいちょう》八)年、徳川家康《とくがわいえやす》が江戸に開いた武家政権。徳川幕府。

**えどまえ【江戸前】**（名）いかにも江戸のものだと感じさせるさま。江戸風。「—のすし」参考もとは、江戸の前の海(＝東京湾《とうきょうわん》)でとれるさかなのことをいった。

**エトランゼ**〔フランス étranger〕（名）見知らぬ人。外国人。異国の人。エトランジェ。

**エナメル**〔英 enamel〕（名）❶ワニスに顔料《がんりょう》を加えた、つやの出る塗料《とりょう》。「—の靴《くつ》」❷金属や陶器《とうき》などに塗《ぬ》るガラス質の塗料。琺瑯《ほうろう》。

**えならず** 古語なみたいていではない。何ともいえないほどすばらしい。「えならぬ匂《にほ》ひには、必ず心ときめきするものなり」〈徒然草《つれづれぐさ》〉訳何ともいえないほどすばらしい香《かお》りに対しては、きっと胸がどきどきするものである。参考おもに、よい意味に使われる。文法副詞「え」に動詞「成る」の未然形と助動詞「ず」のついたもの。

**えにし【◇縁】**（名）えん。つながり。関係。「深い—で結ばれた人」

**エニシダ**『×金雀枝・×金雀児』(名)《植》マメ科の落葉低木。ヨーロッパ原産。初夏、黄色い蝶《ちょう》の形の花が咲《さ》く。観賞用。▽スペイン hiniesta から。

**エヌ-エイチ-ケー【NHK】**(名)(Nippon Hoso Kyokai の略)日本放送協会。日本の公共放送を行っている事業体。

**エヌ-オー-シー【NOC】**(名)(英 National Olympic Committee の略)国内オリンピック委員会。オリンピック各参加国が構成する団体。日本ではJOC(日本オリンピック委員会)がこれにあたる。

**エヌ-ジー【NG】**(名)(英 no good の略)❶映画などで、撮影《さつえい》や演技がうまくいかず、失敗すること。❷《俗語》よくないこと。だめなこと。「―ワード」

**エヌ-ジー-オー【NGO】**(名)(英 non-governmental organization の略)非政府組織。平和や人権・環境問題などに関して国際的な活動を行う民間団体。

**エヌ-ピー-オー【NPO】**(名)(英 non-profit organization の略)非営利組織。営利を目的とせず、政府や企業《きぎょう》から独立した形で福祉《ふくし》・教育などの社会的な活動をする団体。

**エネルギー**〔ドイツ Energie〕(名)❶《物》物体がもっている、仕事をすることができる能力。また、その量。「熱―」❷仕事や活動をするための力。元気。精力。「―を消耗《しょうもう》する」❸動力を生み出す、石油・電気などの資源。「再生可能―」

**エネルギッシュ**〔ドイツ energisch〕(形動ダ)〔ダロ・ダッ(デ・ニ)・ダ・ナ・ナラ・○〕活力があふれているさま。精力的。「―に働く」

**えのき**『△榎』(名)《植》アサ科の落葉高木。初夏、うすい黄色の花が咲く。家具や木炭などの材料にする。

**えのぐ【絵の具】**(名)絵に色彩《しきさい》をつけるために使うもの。油絵の具と水彩絵の具がある。

**えのもときかく**〔榎本其角〕【人名】(一六六一—一七〇七)江戸《えど》時代前期の俳人。のち、宝井《たからい》氏。蕉門《しょうもん》の逸材《いつざい》で、才気のある軽妙《けいみょう》な俳句を作った。撰集《せんしゅう》「虚栗《みなしぐり》」、家集「五元集」など。

**えはがき【絵葉書】**(名)裏に写真や絵を印刷したはがき。「旅先から―を送る」

**えび**『△蝦・×海老』(名)《動》節足動物・甲殻《こうかく》類の一種。海や川にすみ、かたい殻《から》でつつまれ、一〇本の足と二組の触角《しょっかく》をもつ。種類が多い。

**えびで鯛《たい》を釣《つ》る** 少ないもとでや労力で、大きな利益を得るたとえ。

**えひがさを**…短歌 →ゑひがさを…

**エピゴーネン**〔ドイツ Epigonen〕(名)学問、思想、芸術などの分野で、先人をまねてばかりで独創性に欠ける人。模倣者《もほうしゃ》。追随者《ついずいしゃ》。亜流《ありゅう》。

**えびす**『△夷・△戎』(名)❶→えぞ① ❷むかし、都《みやこ》から遠くはなれたところに住んでいた人びと。❸(おもに東国の)あらあらしい武士。「東《あずま》―」

**えびす**『×恵比須・×恵比寿』(名)七福神の一。烏帽子《えぼし》をつけ、右手につりざお、左手に鯛《たい》を持っている。福徳の神、商売の神として信仰《しんこう》される。

(恵比須)

**えびすがお【えびす顔】**『×恵比須-顔・×恵比寿-顔』(名)にこにこした顔つき。上きげんの顔。

**エピソード**〔英 episode〕(名)❶物語の本筋の途中《ちゅうと》にはさみこむ短い話。挿話《そうわ》。「印象的な―」❷話題になっている人物や事件の具体的な一面を示す興味深い話。逸話《いつわ》。「学生時代の―」

**えびちゃ【えび茶】**『×葡萄-茶・×海老-茶』(名)黒みがかった赤茶色。「―のセーター」

**エビデンス**〔英 evidence〕(名)❶証拠《しょうこ》。証言。❷《医》治療《ちりょう》法などを選択《せんたく》する際、判断材料となる科学的根拠《こんきょ》。

**エピローグ**〔英 epilogue〕(名)❶小説・長詩・演劇などの終わりの部分。終章。「感動的な―」❷物事の終わり・結末。「学生生活の―」(対プロローグ)

**エフ-エー【FA】**(名)→フリーエージェント

**エフ-エム【FM】**(名)(英 frequency modulation の略)音波の形によって電波の周波数を変える方式。雑音が少なく、ラジオ放送などに用いる。対AM

**えふで【絵筆】**(名)絵をかくのに使う筆。「―をとる(=絵をかく)」

**エフ-ビー-アイ【FBI】**(名)(英 Federal Bureau of Investigation の略)連邦捜査局《れんぽうそうさきょく》。アメリカ合衆国司法省の一局。

**エプロン**〔英 apron〕(名)❶西洋風のまえかけ。❷空港で、旅客の乗り降りや貨物の積み降ろしのために飛行機をとめる広場。❸「エプロンステージ」の略。

**エプロン-ステージ**〔英 apron stage〕(名)舞台《ぶたい》の、観客席の中まで突《つ》き出ている部分。前舞台。エプロン。

**エフ-ワン【F1】**(名)国際自動車連盟が規定する一人乗りレーシングカーのうち、最上位クラスのもの。また、その車種によるレース。▽英 Formula One から。

**えぼし**『△烏◇帽子』(名)むかし、成人した公家《くげ》や武士がかぶった帽子《ぼうし》の一種。今は神主《かんぬし》などが用いる。

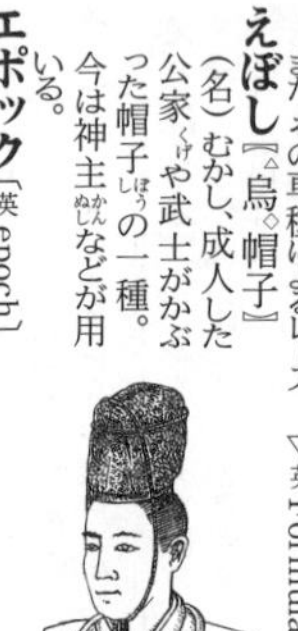
(えぼし)

**エポック**〔英 epoch〕(名)時代。新旧の境目となる時期。

**エポックメーキング**〔英 epoch-making〕(形動ダ)〔ダロ・ダッ(デ・ニ)・ダ・ナ・ナラ・○〕新時代・新分野を開くようす。画期《かっき》的。「―な発明」

**エボナイト**〔英 ebonite〕(名)なまゴムに硫黄《いおう》を混ぜ、熱を加えてかたくした黒い物質。電気を通さないので電気絶縁《ぜつえん》材などに使われる。「―棒」

**エホバ**〔英 Jehovah〕(名)→ヤハウェ

**えほん【絵本】**(名)絵を主とした子ども用の本。「おとぎ話を―で読む」

**えま【絵馬】**(名)願いごとやそれがかなったお礼のために、神

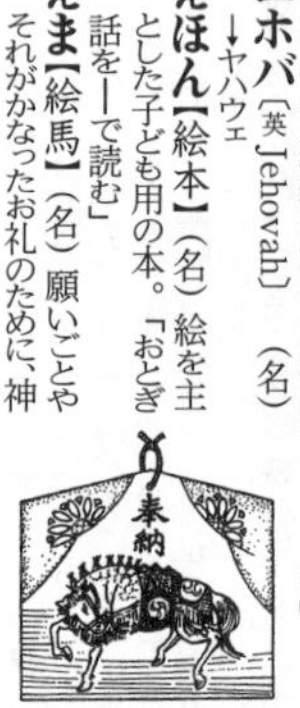

(えま)

社や寺におさめる絵の額。「祈願《きがん》の—を奉納《ほうのう》する」参考 馬をおさめるかわりに絵で代用したことに始まる。

**えまき【絵巻】**（名）→えまきもの

**えまきもの【絵巻物】**（名）物語や伝説などを絵であらわし、ことばを添《そ》えて巻物としたもの。えまき。

**えみ【笑み】**（名）笑顔。ほほえみ。「満面に—をうかべる」

**えみし**『×蝦夷』（名）「えぞ①」の古い呼び名。

**え・む【笑む】**（自五）〔マ(モ)・ミ(ン)・ム・ム・メ・メ〕❶声をたてないでにこにこする。「にっこりと—」❷花が咲《さ》いたり、果実が熟してさけたりする。「栗《くり》が—」

**えむ**〔笑む〕古語→ゑむ

**エム【M】**（名）❶（英 mediumのかしら文字）衣類などの大きさで、標準のサイズ。「—サイズ」⇩エス・エル ❷「マゾヒスト」の略。対エス

**エム-オー【MO】**（名）（英 magneto-optical discの略）光磁気《ひかりじき》ディスク。レーザー光をあててデータの書き込《こ》みや読み取りをする、磁性《じせい》をもつディスク。

**エム-シー【MC】**（名）（英 master of ceremoniesの略）司会者。司会。転じて、コンサートの合間に、歌手や演奏者が話すこと。

**エム-ディー【MD】**（名）CDよりも小さく、録音・再生が可能な音楽用光磁気《ひかりじき》ディスク。▽Mini Discの略。

**エム-ブイ-ピー【MVP】**（名）（英 most valuable playerから）スポーツで、ある期間や試合で最も活躍《かつやく》をした選手。

**エメラルド**〔英 emerald〕（名）透明《とうめい》で緑色の宝石。緑玉石。翠玉《すいぎょく》。「—色の海」

**えもいわれぬ【えも言われぬ】**ことばでは言い表すことができない。「—美しさ」使い方 主として、よい意味に使われる。

**エモーション**〔英 emotion〕（名）外からの刺激《しげき》によって起こる感情や感動。

**えもじ【絵文字】**（名）❶大むかし、絵によって意味を表したもの。象形文字などのもとの形。❷単純な絵や図形で表して、文字や記号のかわりにしたもの。

**えもの【得物】**（名）自分のとくいとする武器。また、手にした武器。「—を手にして戦う」

**えもの【獲物】**（名）❶釣《つ》りや狩《か》りなどでとった、また、とろうとする魚・獣《けもの》・鳥など。「—をねらう」❷戦いや勝負でとったもの。戦利品。「—を分配する」

**えものがたり【絵物語】**（名）絵入りの物語。

**えもん**『◇衣紋』（名）着物の、胸の上で合わさるところ。えりもと。「—をつくろう」

**えもんかけ**『◇衣紋掛け』（名）衣服、特に和服をかけてつるす道具。「羽織《はおり》を—にかける」

**えら**『△鰓』（名）❶魚など水中にすむ動物の呼吸器官。❷人のあごの両はし。「—が張った顔」

**エラー**〔英 error〕（名・自スル）❶しくじること。あやまり。失敗。❷野球で、守備の失策《しっさく》。「相手の—で点が入る」❸コンピューターなどの操作上のあやまり。「画面に—メッセージが表示される」

**えら・い【偉い】**『◇豪い』（形）〔カロ・カッ(ク)・イ・イ・ケレ・○〕❶人がらや行いがすぐれている。りっぱだ。「世につくす—人」❷身分・地位などが高い。「—人の前でぺこぺこする」❸程度がはなはだしい。「今日は—人出だ」「—・く感動した」❹思いがけないことになり困ったようす。「—ことになった」「—目にあった」使い方 ③④は、かながきで用いる。

**えら・ぶ【選ぶ】**『◇択ぶ・△撰ぶ』（他五）〔バ(ボ)・ビ(ン)・ブ・ブ・ベ・ベ〕❶多くの中から目的に合うものを取り出す。選択《せんたく》する。「進路を—」❷ある目的に合うものを集めて書物を作る。編集する。「詩集を—」参考 ②は、ふつう「撰ぶ」と書く。

**えらぶつ【偉物】**『◇豪物』（名）すぐれた人物。実力者。「彼《かれ》はなかなかの—だ」

**えらぶ・る【偉ぶる】**（自五）〔ラ(ロ)・リ(ッ)・ル・ル・レ・レ〕えらそうにする。「人前に出ると—いやなやつ」

**えり【襟】**『△衿』（名）❶衣服の首のまわりの部分。また、そこにつける布。❷首のうしろの部分。

**襟を正《ただ》す**（乱れた衣服を整える意から）姿勢をきちんとして気持ちをひきしめる。「襟を正して聞く」

**エリア**〔英 area〕（名）ある一定の区域。地域。「サービス—」

**えりあし【襟足】**（名）えりくびのあたりの髪《かみ》のはえぎわ。「—の美しい女性」

**エリート**〔フランス élite〕（名）選ばれた少数の優秀な人。「—意識」「—コースに乗る」

**えりがみ【襟髪】**（名）首のうしろの部分にある髪。また、その部分。「—をつかむ」

**えりくび【襟首】**（名）首のうしろの部分。首すじ。

**えりぐり【襟ぐり】**『襟△刳り』（名）洋服で、首にそってくりあけた襟まわりの線。「—が大きい服」

**えりごのみ【えり好み】**『◇選り好み』（名・自スル）多くの中から、好きなものばかりを選び取ること。より好み。「—がはげしい」

**えりしょう【襟章】**（名）洋服のえりにつける記章。職業や職階などを表す。

**えりすぐ・る**『◇選りすぐる』（他五）〔ラ(ロ)・リ(ッ)・ル・ル・レ・レ〕多くの中から特によいものを選び出す。よりすぐる。「精鋭《せいえい》を—」

**エリトリア**〔Eritrea〕地名 アフリカ北東部の紅海に面した共和国。首都はアスマラ。一九九三年、エチオピアから独立。

**えりぬき【えり抜き】**『◇選り抜き』（名）多くの中からよいものを選ぶこと。また、そのもの。よりぬき。

**えりぬ・く【えり抜く】**『◇選り抜く』（他五）〔カ(コ)・キ(イ)・ク・ク・ケ・ケ〕多くの中から選び出す。よりぬく。「よい品を—」

**えりまき【襟巻き】**（名）寒さをふせいだり、飾《かざ》りにしたりするために首のまわりに巻くもの。マフラー。

**えりもと【襟元】**（名）衣服のえりのあたり。着物のえりの合わさるあたり。「—をかきあわせる」

**えりわ・ける【えり分ける】**『◇選り分ける』（他下一）〔ケ・ケ・ケル・ケル・ケレ・ケロ(ケヨ)〕多くの中から、目的や基準に応じて分ける。より分ける。選別する。「よい品を—」

**える【得る】**（他下一）〔エ・エ・エル・エル・エレ・エロ(エヨ)〕❶自分のものにす

る。手に入れる。「信頼《しんらい》を―」対失う ❷好ましくないことを身に負う。「病《やま》を―」 ❸(「意を得る」「要領を得る」などの形で)わかる。理解する。「要領をえない」 ❹(動詞の連用形について)…することができる。「そんなことはありえない」

文法 ④の終止形・連体形は下二段型の「うる」になることが多い。「なしうる」「できうるかぎり」など。

**え・る**〘◇選る〙(他五){ラ(ロ)・リ(ッ)・ル・ル・レ・レ} 多くの中からえらぶ。

**える【獲る】**(他下一){エ・エ・エル・エル・エレ・エロ(エヨ)} ❶鳥獣《ちょうじゅう》・魚などをつかまえる。❷たたかって勝ちとる。

**エル【L】**(名)(英 large のかしら文字)衣類などの大きさで、大きいサイズ。「―サイズ」⇩エス①・エム①

**エル-イー-ディー【LED】**(名)(英 light-emitting diode から)→はっこうダイオード

**エル-エス-アイ【LSI】**(名)(英 large-scale integration の略)大規模集積回路。たくさんの集積回路を一枚の小さな板の上に組みこんだもの。コンピューターなどに広く使われる。

**エル-エル【LL】**(名)(英 language laboratory の略)録音再生装置など、話したり聞いたりするための機器を個別に備えた外国語学習設備。また、その設備のある部屋。ラボ。

**エルサルバドル**〔El Salvador〕〔地名〕中央アメリカの太平洋岸にある共和国。首都はサンサルバドル。

**エルサレム**〔Jerusalem〕〔地名〕イスラエル国の首都(国際的には未承認)。ユダヤ教・キリスト教・イスラム教の聖地。

**エル-ニーニョ**〔スペイン El Niño〕(名)〘天〙(神の子の意)数年に一度、南米のペルー沖《おき》で、海面水温が平年より高くなる現象。世界各地で異常気象が起こる一因とされる。⇩ラニーニャ

**エル-ピー【LP】**(名)(英 long playing record の略)一分間に三三回と三分の一回転するレコード盤《ばん》。LP盤。類SP

**エル-ピー-ジー【LPG】**(名)(英 liquefied petroleum gas の略)石油精製工程でとれるガスや油田ガスを圧縮《あっしゅく》して液体にした液化石油ガス。工業・家庭燃料に使用。

**エレガント**〔英 elegant〕(形動ダ){ダロ・ダッ(デ・ニ)・ダ・ナ・ナラ・○} 上品なようす。優雅《ゆうが》だ。「―な身のこなし」

**エレクトーン**(名)〘音〙日本で開発された電子オルガン。いろいろな楽器の音が出せる。(商標名)

**エレクトロニクス**〔英 electronics〕(名)〘物〙電子によって起こる現象や、その応用に関する技術などを研究する学問。電子工学。「―技術」

**エレクトロン**〔英 electron〕(名)❶〘物〙→でんし① ❷〘化〙マグネシウムを主とした軽合金。

**エレジー**〔英 elegy〕(名)悲しみの気持ちを表した曲。哀歌《あいか》。悲歌。「青春の―」

**エレベーター**〔英 elevator〕(名)動力を用いて人や貨物を上下垂直に運ぶ機械。昇降《しょうこう》機。

**エロ**(名・形動ダ)「エロチシズム」「エロチック」の略。

**エロス**(名)❶〔ギリシャ Erōs〕ギリシャ神話の愛の神。ローマ神話ではキューピッド。❷〔英 eros〕理想的なものへの愛。また、性的な愛。

**エロチシズム**〔英 eroticism〕(名)官能的な性愛。また、それを文学・絵画などで強調する傾向《けいこう》。エロ。

**エロチック**〔英 erotic〕(形動ダ){ダロ・ダッ(デ・ニ)・ダ・ナ・ナラ・○} 情欲をそそるようなようす。官能的。エロ。

**えん【円】** 4画 冂2 小1 〔圓〕 音エン 訓まるい

❶まるい。まる。◆円形・円周・円陣《えんじん》・円柱・円筒《えんとう》・円盤《えんばん》◆半円。対方《ほう》。❷みちたりてゆたか。かけたところがない。◆円熟・円満。❸あたり。一帯。◆関東一円。❹かどがない。なめらか。◆円滑《えんかつ》。❺日本の通貨の単位。◆円高《えんだか》◆日本円

**えん【円】**(名)❶まるい形。まるい輪。「―を描く」❷〘数〙中心から等しい距離《きょり》にある点の軌跡《きせき》。また それにかこまれた平面。❸日本の通貨の単位。また、日本の通貨。「―が買われて円高となる」

**えん【延】** 8画 廴5 小6 音エン 訓のびる・のべる・のばす

❶広がる。およぶ。◆延焼・蔓延《まんえん》。❷長びく。ひきのばす。◆延期・延滞《えんたい》・延長◆順延・遅延《ちえん》

**えん【沿】** 8画 氵5 小6 音エン 訓そう

❶そう。よりそう。◆沿海・沿岸・沿線・沿道。❷習慣・前例などにしたがう。◆沿革

**えん【炎】** 8画 火4 音エン 訓ほのお

❶ほのお。もえあがる火。◆火炎。❷もえる。もえあがる。◆炎焼・炎上。❸暑さがきびしい。◆炎暑・炎天・炎熱。❹からだの一部に痛み・発熱・はれなどをおこすこと。◆炎症《えんしょう》◆胃炎・中耳炎・脳炎・肺炎

**えん【怨】** 9画 心5 音エン 高・オン

うらむ。不満の思いをいだく。うらみ。◆怨恨《えんこん》・怨嗟《えんさ》・怨敵《おんてき》・怨念《おんねん》・怨霊《おんりょう》◆私怨

**えん【宴】** 10画 宀7 音エン

さかもり。うたげ。◆宴会・宴席・宴遊◆饗宴《きょうえん》・酒宴・祝宴《しゅくえん》・招宴・遊宴

**えん【宴】**(名)酒を飲んだり、料理を食べたりして楽しむ集まり。「花見の―」「―もたけなわ」

**えん【媛】** 12画 女9 小4 音エン 中

❶うつくしい女性。◆才媛。❷ひめ。参考「愛媛」県は「えひめ」県と読む。

**えん【援】** 12画 扌9 音エン

ひっぱりよせる。たすける。たすけ。◆援軍・援護・援助・援用◆応援・救援・後援・支援・声援

**えん【園】** 13画 囗10 小2 音エン 訓その 中

❶その。にわ。◆開園・公園・造園・庭園・閉園・楽園。❷草花・野菜・くだものの木などを植えた、はたけ。◆園芸◆果樹園・菜園・田園。❸ある目的のためにつくられた施設《しせつ》や機関。◆学園・動物園・遊園地。❹幼稚《ようち》園や保育園。◆園児◆卒園・入園

**えん【煙】** 13画 火9 音 **エン** 訓 **けむる・けむり・けむい**
❶けむり。けむる。◆煙害・煙突《えんとつ》・煙幕◆黒煙・炊煙《すいえん》・発煙・噴煙《ふんえん》・無煙。❷かすみ。もや。◆煙雨・煙霧《えんむ》◆水煙。❸すす。◆油煙。❹たばこ。◆喫煙《きつえん》・禁煙

**えん【猿】** 13画 犭10 音 **エン** 訓 **さる**
哺乳《ほにゅう》類のさる。◆犬猿・類人猿

**えん【遠】** 13画 辶10 小2 音 **エン・オン**(高) 訓 **とおい**
❶とおく。とおい。距離《きょり》や時間が長い。◆遠近・遠征《えんせい》・遠足・遠大・遠方・遠洋・遠来・遠路◆以遠・永遠・望遠。対近。❷おくふかい。◆遠謀《えんぼう》・遠慮《えんりょ》◆深遠。❸とおざかる。とおざける。◆遠心力◆敬遠・疎遠《そえん》。参考「オン」の音は「久遠《くおん》」などのことばに使われる特殊《とくしゅ》な読み方。

**えん【鉛】** 13画 金5 音 **エン** 訓 **なまり**
金属のなまり。◆鉛管・鉛毒・鉛筆◆亜鉛《あえん》・黒鉛

**えん【塩】** 13画 土10 小4 〔鹽〕 音 **エン** 訓 **しお**
しお。◆塩田・塩分◆岩塩・食塩

**えん【塩】**（名）《化》酸の水素原子を金属（塩基）で置き換《か》えた化合物。「ー類」

**えん【演】** 14画 氵11 小5 音 **エン**
❶述べる。説く。◆演説・演題・演壇《えんだん》◆講演。❷わざを行う。◆演技・演劇・演出・演奏◆公演・実演・主演・出演・上演・熱演。❸実地にけいこする。◆演習 ⇩付録「漢字の筆順⑭由〔亩〕」

**えん【縁】** 15画 糸9 〔緣〕 音 **エン** 訓 **ふち**
❶ふち。へり。◆外縁。❷つながり。関係。◆縁組・縁故・縁者・縁談◆血縁・絶縁・内縁・復縁・無縁・離縁《りえん》・良縁。❸ある運命になるめぐりあわせ。◆縁起《えんぎ》◆因縁《いんねん》・機縁・宿縁。参考「因縁《いんねん》」のように「ネン」と読むこともある。

**えん【縁】**（名）❶運命などによるめぐりあわせ。「前世からのー」「これも何かのーでしょう」❷人や物事とのつながりや関係。「親子のーを切る」「芸術とはまるでーのない生活」❸縁側。「ーに出る」

**縁なき衆生《しゅじょう》は度《ど》し難《がた》し** 仏も縁がない者は救えないように、他人の忠告を聞かない者は助けようがないということ。

**縁は異《い》なもの味《あじ》なもの** 男女の縁はどこでどう結ばれるかわからない不思議《ふしぎ》なものである。

**縁もゆかりもない** なんの関係もない。

**縁を切《き》る** 社会生活上のつき合いをやめる。「親子のー」

**えん【艶】** 19画 色13 〔艷〕 音 **エン**(高) 訓 **つや**
❶はなやかでうつくしい。あでやかでなまめかしい。◆艶姿・艶然《えんぜん》・艶美◆濃艶《のうえん》・豊艶・妖艶《ようえん》。❷男女間の情事。◆艶書・艶福・艶聞 ⇩付録「漢字の筆順㉔曲」

**えん【艶】**（名・形動ダ）あでやかで美しいこと。「ーをきそう」「ーな姿」

**えんいん【延引】**（名・自スル）予定より遅《おく》れること。長びくこと。えんにん。「着工がーする」

**えんいん【遠因】**（名）遠い原因。間接的な原因。「事件のーになる」対近因

**えんう【煙雨】**（名）けむったように降る、霧《きり》のような細かい雨。きりさめ。「ーにけむる山なみ」

**えんえい【遠泳】**（名・自スル）海などで、長い距離《きょり》を泳ぐこと。「ー大会」

**えんえき【演繹】**（名・他スル）❶一つのことから他のことへおし広めて述べること。「自らの体験からーした主張」❷一般《いっぱん》的な原理から特殊《とくしゅ》なことがらを導き出すこと。「ー法」対帰納

**えんえん【奄奄】**（トタル）息が絶えそうなようす。「気息ー（＝息も絶え絶えなようす）」

**えんえん【延延】**（トタル）物事が長く続くようす。「ー三時間にわたる演説」

**えんえん【炎炎】**（トタル）火がさかんに燃えあがるようす。

**えんえん【蜿蜒】**（トタル）曲がりくねって長く続くようす。「ー長蛇《ちょうだ》の列」

**えんおう【鴛鴦】**（名）❶おしどり。❷おしどりのように、夫婦の仲がよいこと。「ーの契《ちぎ》り（＝夫婦の仲むつまじいこと）」

**えんか【円価】**（名）《経》外国の貨幣《かへい》の価値とくらべたときの日本の円の価値。「ーが上昇《じょうしょう》する」

**えんか【円貨】**（名）《経》日本の円単位の通貨。

**えんか【演歌】『艶歌』**（名）悲恋《ひれん》や人情を日本的な曲調で歌う歌謡曲《かようきょく》。「ー調」

**えんか【嚥下】**（名・他スル）口の中のものを飲みくだすこと。「ーが困難な状態」参考「えんげ」とも読む。

**えんかい【沿海】**（名）❶海にそった陸地。「ーの工業地帯」❷陸地にそった海。「ーを航行する」

**えんかい【宴会】**（名）大勢の人が酒を飲んだり、食事をしたりして楽しむ集まり。さかもり。

**えんかい【遠海】**（名）陸から遠くはなれた海。遠洋。「ー魚《ぎょ》」対近海

**えんがい【煙害】**（名）鉱山や工場から出るけむりや、火山の噴煙《ふんえん》などのために受ける被害《ひがい》。

**えんがい【塩害】**（名）潮風《しおかぜ》や流れこむ海水の塩分のために、農作物や電線などが受ける被害《ひがい》。

**えんかいぎょぎょう【沿海漁業】**（名）→えん

がんぎょぎょう

**えんかく**【沿革】(名) 物事のうつりかわり。変遷《へんせん》。「学校の—」

**えんかく**【遠隔】(名) 遠くはなれていること。「—操作」「—の地」

**えんかつ**【円滑】(名・形動ダ) 物事がなめらかにすらすら運ぶこと。「—な事務処理」「—な人間関係」

**えんかナトリウム**【塩化ナトリウム】(名)〘化〙塩素とナトリウムとの化合物。塩《しお》。食塩。化学式 NaCl ▽ナトリウムは、ドイツ Natrium

**えんかビニール**【塩化ビニール】(名)〘化〙塩化水素とアセチレンが化合してできる無色の気体。合成樹脂《じゅし》や合成繊維《せんい》の原料にする。塩化ビニル。塩ビ。▽ビニールは、英 vinyl

**えんがわ**【縁側】(名) 日本建築で座敷《ざしき》の外側にある細長い板じき。「—で日なたぼっこをする」

**えんかん**【鉛管】(名) 鉛《なまり》で作ったくだ。水道管・ガス管などに使う。

**えんがん**【沿岸】(名) ❶海・湖・川にそった陸地。「太平洋—」❷海・湖・川の、陸地に近い部分。「—警備」

**えんがんぎょぎょう**【沿岸漁業】(名) 陸に近い海で行う漁業。沿海漁業。対遠洋漁業

**えんき**【延期】(名・他スル) 予定の日どりをおくらせること。日延《ひの》べ。「発表を—する」

**えんき**【塩基】(名)〘化〙酸と作用して塩《えん》を作る化合物。苛性《かせい》ソーダなど。⇩アルカリ

**えんぎ**【演技】(名・自スル) ❶観客の前で、劇・曲芸・体操などのわざを演じること。また、そのわざ。「名—」「迫真《はくしん》の—」❷本心をかくして、うわべだけの態度をとること。また、そのしぐさ。「彼女の涙《なみだ》は—にすぎない」類芝居《しばい》

**えんぎ**【縁起】(名) ❶物事のおこる前ぶれ。前兆《ぜんちょう》。きざし。「—がいい」❷神社・寺などのおこりや言い伝え。また、それを書いたもの。「石山寺—」

**縁起でもない** よくないことがおきそうで不吉《ふきつ》だ。「—ことを言うな」

**縁起を担《かつ》ぐ** ちょっとしたことでも、よいことや悪いことの前ぶれとして気にする。「選手はよく—」

**えんぎもの**【縁起物】(名) 縁起を祝うための飾《かざ》り物。正月用のしめ飾り、社寺の縁日などで参拝者に売るだるま、招き猫《ねこ》、酉《とり》の市の熊手《くまで》など。

**えんきょく**【△婉曲】(形動ダ) {ダロ・ダッ(デ・ニ)・ダ・ナ・ナラ・○} 遠まわしにおだやかに表現するようす。「—な表現」

**えんきょり**【遠距離】(名) 遠い道のり。「—通勤」対近距離

**えんきり**【縁切り】(名) 夫婦・親子・きょうだい・師弟などの関係を切ること。「おまえとはもう—だ」

**えんきん**【遠近】(名) 遠いことと近いこと。「—がつかめない」

**えんきんほう**【遠近法】(名)〘美〙絵画で、遠近の距離《きょり》の感じを表現する方法。「—で描《えが》く」

**えんぐみ**【縁組】(名・自スル) 夫婦や養子などの関係を結ぶこと。「養子—」

**えんグラフ**【円グラフ】(名) 一つの円の中を扇形《おうぎがた》にくぎって、数や量の割合を表した図表。「統計の結果を—で示す」▽グラフは、英 graph

**えんぐん**【援軍】(名) ❶味方を助けるための軍勢。「—が到着《とうちゃく》する」❷加勢の仲間。「忙《いそが》しいので—を頼《たの》む」

**えんげ**【△嚥下】(名・他スル) →えんか(嚥下)

**えんけい**【円形】(名) まるい形。「—劇場」

**えんけい**【遠景】(名) ❶遠くの景色。「—の山々」❷絵や写真などで、遠方の景色。(対近景)

**えんげい**【園芸】(名) 草花・野菜・果樹などの栽培《さいばい》や造園の技術の総称《そうしょう》。「趣味《しゅみ》は—です」

**えんげい**【演芸】(名) 落語・漫才《まんざい》・講談などの大衆的な芸。「—大会」

**エンゲージ-リング** (名) 婚約《こんやく》のしるしに男性から女性におくる指輪。婚約指輪。▽英 engagement ring から。

**えんげき**【演劇】(名) 脚本《きゃくほん》に従い、演出者の指導のもとに俳優が舞台《ぶたい》で演技し、観客に見せる芸術。劇。芝居《しばい》。「—鑑賞《かんしょう》」

**エンゲルけいすう**【エンゲル係数】(名)〘経〙家計の総支出にしめる食費の割合を百分率であらわしたもの。この係数が大きいほど生活が苦しく、小さいほど生活が豊かであるとされる。ドイツの統計学者エンゲル(Engel)が提唱した。「—が高い」

**えんげん**【△淵源】(名) 物事が起こってきたみなもと。おおもと。「古代文明の—を探る」

**えんこ**【円弧】(名)〘数〙円周の一部分。弧。

**えんこ**【縁故】(名) ❶人と人とのつながり。よしみ。「むかしの—をたよる」❷血縁や親戚《しんせき》関係などによるつながり。ゆかり。「—採用」

**えんご**【援護】(名・他スル) ❶困っている人などを助けてまもること。「—の手をさしのべる」❷味方の行動などを敵の攻撃《こうげき》などからかばいまもること。「—射撃」

参考②は、「掩護」とも書く。

**えんご**【縁語】(名)〘文〙あることばと意味のうえで関係することばを用いて表現効果を高めること。また、そのことば。「鈴虫《すずむし》の声のかぎりをつくしても長き夜あかずふる涙《なみだ》かな」で、「ふる」は「振る」と「降る」の掛詞《かけことば》であり、その「振る」が「鈴」の縁語である類。

**えんこうきんこう**【遠交近攻】(名) 遠い国と親交を結び、近い国を攻《せ》めるという外交政策。

故事中国の戦国時代に、范雎《はんしょ》が唱えた政策で、秦《しん》がこれを採用して強国となった。〈史記〉

**えんごく**【遠国】(名) 遠くはなれた国。また、都から遠い地方。参考「おんごく」とも読む。

**えんこん**【怨恨】(名) 深くうらむこと。うらみ。「—を抱《いだ》く」

**えんさ**【怨△嗟】(名・自スル) うらんでなげくこと。「—の声が満ちる」

**えんざ**【円座】〘円△坐〙(名) ❶わら、すげなどで丸く編んだ敷物《しきもの》。❷多くの人が丸く輪の形になってすわること。「—をつくる」類車座《くるまざ》

**えんざい**【△冤罪】(名) 罪がないのに罪があるとされること。無実の罪。ぬれぎぬ。「—を晴らす」

**エンサイクロペディア**〔英 encyclopedia〕(名) 百科事典。百科全書。

**えんさき【縁先】**（名）縁側の外に近いはし。

**えんさん【塩酸】**（名）〘化〙塩化水素の水溶液《すいようえき》。無色で刺激臭《しげきしゅう》があり酸性が強い。工業・製薬などに使われる。

**えんざん【遠山】**（名）遠くに見える山。

**えんざん【演算】**（名・他スル）〘数〙式に従って計算を行うこと。運算。「四則ー」

**えんし【遠視】**（名）遠くの物はよく見えるが近くの物がよく見えないこと。遠視眼。㊟近視

**えんじ【園児】**（名）幼稚《ようち》園や保育園に通っている子ども。

**えんじ**〘△臙脂〙（名）黒みがかった濃《こ》い赤色。

**エンジェル**〔英 angel〕（名）天使。天使のような人。エンゼル。

**えんじつてん【遠日点】**（名）〘天〙太陽を中心に回る天体が太陽から最も遠くなる位置。㊟近日点

**エンジニア**〔英 engineer〕（名）電気や機械・土木・コンピューター関係などの技術者。技師。

**えんじゃ【縁者】**（名）血筋や婚姻《こんいん》などによって縁がつながっている人。親戚《しんせき》。身内《みうち》。「親類ー」

**えんじゃく**〘△燕△雀〙（名）❶つばめやすずめのような小さな鳥。❷小人物のたとえ。

**燕雀いずくんぞ鴻鵠《こうこく》の志《こころざし》を知《し》らんや** 小人物には大人物の志はわからないというたとえ。

故事 秦《しん》を討《う》つため、最初に兵を挙げた陳渉《ちんしょう》が、まだ若く、貧しい日雇《ひやとい》いのころ、「もし身分が高く金持ちになってもたがいに忘れないようにしよう」と仲間に言ったが笑われたため、なげいて言ったことば。〈史記〉

**えんしゅう【円周】**（名）〘数〙円のまわり。また、その長さ。円をつくる曲線。

**えんしゅう【演習】**（名・自スル）❶実際と同じように行う訓練。「予行ー」❷指導教員のもとで、学生の研究発表を中心に討議をしながら進める授業。ゼミナール。ゼミ。「経済学ー」

**えんしゅうりつ【円周率】**（名）〘数〙円周の長さの、直径《ちょっけい》に対する比率。円周を直径で割った値《あたい》。約三・一四一六。記号 π《パイ》

**えんじゅく【円熟】**（名・自スル）技芸の習練を積み、じゅうぶんに上達していること。また、知識などが身にそなわって、人がらに深みやゆとりがあるようになること。「ーの境地に達する」「ー味《み》をます」

**えんしゅつ【演出】**（名・他スル）❶俳優の演技・舞台《ぶたい》装置などを監督《かんとく》・指導し、劇や映画をつくること。「ー家」❷会や式などをもりあげるため、工夫《くふう》をこらすこと。「結婚式《けっこんしき》のーを考える」

**えんしょ【炎暑】**（名）真夏の焼けつくようなきびしい暑さ。「ーが続く」㊩猛暑《もうしょ》

**えんじょ【援助】**（名・他スル）困った状態にある人や国などを助けること。「ー物資を送る」㊩支援

**エンジョイ**〔英 enjoy〕（名・他スル）じゅうぶんに楽しむこと。「学生生活をーする」

**えんしょう【炎症】**（名）からだの一部に熱・はれ・痛みなどが生じること。「ーをおこす」

**えんしょう【延焼】**（名・自スル）火事が火元からほかへ燃え広がること。「ーをまぬかれる」

**えんしょう【遠称】**（名）〘文法〙指示代名詞の一種。話し手と聞き手の両方から遠い事物・場所・方角などをさすのに用いる。「あれ」「あそこ」「あちら」など。⇩きんしょう(近称)・ちゅうしょう(中称)

**えんしょう【煙硝】**（名）❶煙《けむり》の出る火薬。❷硝石《しょうせき》。

**えんじょう【炎上】**（名・自スル）炎《ほのお》を出してさかんに燃えあがること。特に、大きい建物が焼けること。「お寺の本堂がーする」

**えんしょくはんのう【炎色反応】**（名）〘化〙ある物質を炎《ほのお》の中に入れると、その物質を構成する元素特有の色が現れる化学反応。

**えん・じる【演じる】**（他上一）〔ジ・ジ・ジル・ジル・ジレ・ジロ(ジヨ)〕❶劇や映画などで、ある役をつとめる。演技を行う。「主役をー」「人前ではいい人をー」❷目立つことをしてしまう。しでかす。「醜態《しゅうたい》をー」

**えんじん【円陣】**（名）大勢の人がまるく輪になってならぶこと。「ーを組む」

**えんじん【猿人】**（名）人類の祖先と考えられる最も古い原始的な化石人類。アウストラロピテクスなど。

**エンジン**〔英 engine〕（名）内燃機関や蒸気機関など、動力をおこすしかけ。原動機。発動機。機関。「ーがかかる(＝物事の調子が出はじめる)」

**えんしんぶんりき【遠心分離機】**（名）遠心力を使って固体と液体、または比重のちがう二つの液体を分ける装置。「ーにかける」

**えんしんりょく【遠心力】**（名）〘物〙物体が回っているとき、その中心から遠ざかって外へ飛びだそうとする力。「ーがかかる」㊟求心力・向心力

**えんすい**〘円△錐〙（名）〘数〙底はたいらでまるく、上のほうがとがっている形の立体。「ー形」

（円錐）

**えんすい【塩水】**（名）塩《しお》をふくんだ水。しおみず。

**えんずい【延髄】**（名）〘生〙脳髄《のうずい》の一部で、脊髄《せきずい》に続く部分。呼吸や心臓のはたらきを支配する。

**エン-スト**〔和製英語〕（名・自スル）特に自動車で、エンジンが故障などにより突然動かなくなること。▽engine と stop から。

**えん・ずる【演ずる】**（他サ変）〔ジ(ゼ)・ジ・ズル・ズル・ズレ・ジロ(ゼヨ)〕→えんじる

**えんせい【延性】**（名）〘物〙引っぱったとき、切れずに細長くのびる金属の性質。銅・金・白金などはこの値《あたい》が大きい。⇩てんせい(展性)

**えんせい【遠征】**（名・自スル）❶軍隊が遠い所へ攻《せ》めてゆくこと。「ー部隊」❷試合・登山・探検などのために、遠くまで行くこと。「試合で海外にーする」

**えんせい**〘△厭世〙（名）生きる希望を失って、この世がいやになること。…的「厭世的な考え方」

**えんせいかん**〘△厭世観〙（名）この世がいやになって生きる価値がないとする考え方。「ーにとらわれる」

**えんせき【宴席】**（名）宴会をする席。また、その場所。「ーにつらなる」

**えんせき【遠戚】**（名）血のつながりの遠い親戚。「ーにあたる」

**えんせき【縁石】**（名）道路の縁《ふち》や車道と歩道と

の境目に並べて置くコンクリート製のブロック。

**えんせき【縁戚】**（名）血縁や婚姻《こんいん》などによる親戚。親類。「―関係」

**えんせきがいせん【遠赤外線】**（名）赤外線のうち、波長の長いもの。物質によく吸収《きゅうしゅう》され、暖房《だんぼう》や調理器など、さまざまな分野で利用される。

**えんぜつ【演説】**（名・自スル）大勢の人の前で自分の意見を述べること。「選挙―」

**エンゼル**（名）→エンジェル

**えんせん【沿線】**（名）鉄道の線路や幹線道路にそった地域。「―の新興住宅地」「私鉄―」

**えんぜん【艶然】**『△嫣然』（ト/タル）（女性が）にっこりとあでやかに笑うようす。「―とほほえむ」

**えんそ【遠祖】**（名）遠い祖先。

**えんそ【塩素】**（名）〘化〙黄緑色で、刺激《しげき》の強いにおいがある有毒の気体元素。酸化作用が強いので漂白《ひょうはく》・殺菌《さっきん》に使う。元素記号 Cl

**えんそう【演奏】**（名・他スル）人びとの前で楽器をひき音楽をかなでること。「ピアノの―会」

**えんそく【遠足】**（名）運動や見学などのために遠くまで出かけること。特に、学校の日帰り旅行。

**えんそくの…** 短歌 →ゑんそくの…

**エンターテイナー**〔英 entertainer〕（名）人びとを楽しませる能力のある芸能人。「生来《せいらい》の―」

**エンターテインメント**〔英 entertainment〕（名）人を楽しませるもの。娯楽《ごらく》。演芸。エンターテイメント。「―作品」

**えんたい【延滞】**（名・自スル）おかねの支払《しはら》いなどが期日におくれてとどこおること。「―料」

**えんだい【遠大】**（名・形動ダ）志《こころざし》や考えが、遠い将来を見通し、規模の大きいこと。「―な計画」

**えんだい【演台】**（名）演説をする人の前に置く台。

**えんだい【演題】**（名）演説や講演などの題目。

**えんだい【縁台】**（名）屋外での夕すずみなどに使う細長い腰《こし》かけ台。木や竹で作る。「―将棋《しょうぎ》」

**えんだか【円高】**（名）〘経〙外国の通貨に対して円の価値が上がること。「―で輸入品が安い」対円安

**えんたく【円卓】**（名）まるいテーブル。「―を囲む」

**えんたくかいぎ【円卓会議】**（名）上下の席順を決めないで、まるいテーブルをかこんで行う会議。

**エンタシス**〔英 entasis〕（名）古代ギリシャ・ローマ建築で、円柱の中ほどにつけられたふくらみ。日本でも、法隆《ほうりゅう》寺金堂の柱などに見られる。

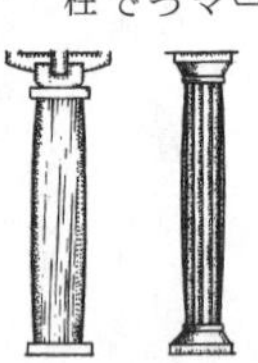

（エンタシス）

**えんだん【演壇】**（名）演説や講演などをする人が立つ壇。

**えんだん【縁談】**（名）縁組、特に結婚《けっこん》をすすめるための相談。「―がもちあがる」

**えんちゃく【延着】**（名・自スル）列車・飛行機や郵便などが予定の時刻や期日よりおくれて着くこと。

**えんちゅう【円柱】**（名）❶まるい柱。❷〘数〙両はしの面が平行で同じ大きさの円になっている茶づつのような形の立体。円筒《えんとう》。

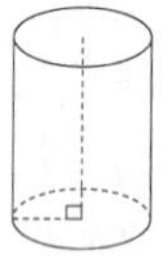

（円柱②）

**えんちょう【延長】** ■一（名・自他スル）物事の長さや時間などを長くのばすこと。また、のびること。「―戦」「道路を―する」対短縮。■二（名）❶物をひと続きのものとしてとらえたときの全体の長さ。「―一万キロ」❷一見異なっていても、内容的につながっていること。本質的にひと続きであること。「趣味《しゅみ》の―のような仕事」

**えんちょう【園長】**（名）幼稚《ようち》園・動物園など、園と名のつく所の長。

**えんちょうせん【延長戦】**（名）スポーツの試合で、決められた時間や回数内で勝負がつかず、さらにのばして試合をすること。「―にはいる」「野球の―」

**えんちょく【鉛直】**（名・形動ダ）〘物〙重力のはたらく方向。おもりを糸でつるしたときに、糸が示す方向。水平面に直角なこと。「―線」

**えんづ・く【縁付く】**（自五）〔カ(コ)・キ(イ)・ク・ク・ケ・ケ〕嫁《よめ》に行く。または、むこに行く。「末娘《すえむすめ》が―」

**えんづき【縁続き】**（名）血縁や婚姻《こんいん》によって関係がつながっていること。親類。「彼《かれ》と私は―だ」

**えんてい**『△堰堤』（名）川や谷の水や土砂《どしゃ》の流出をせきとめる堤防《ていぼう》。ダム。

**えんてい【園丁】**（名）公園や庭園の手入れなどをする人。庭師。

**エンディング**〔英 ending〕（名）物事の終わり。特に、物語や映画などの結末の部分。「―テーマ」

**えんてん【炎天】**（名）やけつくように暑い夏の空。燃えるような暑い天気。「―下での試合」

**えんでん【塩田】**（名）海水から塩をとるためにつくった砂の田。

**えんてんかつだつ【円転滑脱】**（名・形動ダ）❶物事がとどこおらずに、すらすらと進むこと。「―に事が運ぶ」❷人との応対にかどが立たず巧《たく》みであるようす。「―な人がら」

**えんとう【円筒】**（名）❶まるい筒《つつ》。「―形」❷〘数〙→えんちゅう②

**えんとう【遠島】**（名）❶陸地から遠くはなれた島。❷江戸《えど》時代、罪人を遠いはなれ島へ送った刑罰《けいばつ》。島流し。「―に処せられる」

**えんどう【沿道】**（名）道路にそった所。道ばた。沿路。「―からマラソン選手に声援《せいえん》を送る」

**えんどう**『△豌豆』（名）〘植〙マメ科の一年草。多くはつる性。春、白または紫《むらさき》の花が咲《さ》く。

**えんどお・い【縁遠い】**（形）〔カロ・カッ(ク)・イ・イ・ケレ・○〕❶関係がうすい。あまり縁がない。「われわれには―話だ」❷結婚《けっこん》の相手になかなかめぐりあわない。

**えんどく【鉛毒】**（名）鉛《なまり》にふくまれている毒分。また、それが体内にはいっておこる中毒。

**えんとつ【煙突】**（名）燃焼をよくしたり、煙《けむり》を外に出したりするための長い筒《つつ》。煙出し。

**エントリー**〔英 entry〕（名）競技会などへの参加を申し込《こ》むこと。参加登録。「新人戦に―する」「―シート（＝企業《きぎょう》が就職希望者に提出させる応募《おうぼ》用紙）」

**エンドレス**〔英 endless〕（形動ダ）〔ダロ・ダッ(デ・ニ)・ダ・ナ・ナラ・○〕終わ

りのないようす。果てしなく続くようす。

**えんない【園内】**（名）公園・動物園など、園と名のつく所の中。

**えんにち【縁日】**（名）神社や寺で、神仏の祭りや供養《くよう》が行われる日。

**えんにょう**『延△繞』（名）漢字の部首の一つ。「延」「建」などの「廴」の部分。いんにょう。

**えんにん【延引】**（名・自スル）→えんいん（延引）

**えんねつ【炎熱】**（名）真夏のきびしい暑さ。

**えんのう【延納】**（名・他スル）おかねや品物を、期日におくれて納めること。「税金を―する」

**えんのした【縁の下】**（名）縁側の下。床下《ゆかした》。

**縁の下の力持《ちからも》ち**　表面に出ないで人に知られない苦労や努力をして支えること。また、その人。

**えんばく**『△燕麦』（名）〔植〕イネ科の一年草。牧草とするほか、実《み》は飼料やオートミールの原料にする。

**えんぱつ【延発】**（名・自スル）予定の時刻・期日よりおくれて出発すること。「雪のためバスが―する」

**えんばん【円盤】**（名）❶ひらたくまるい形のもの。「空飛ぶ―」❷円盤投げに使う、中心と周囲に金属を用いた木製のひらたくまるい盤。❸レコード盤。

**えんばん【鉛版】**（名）活版からとった紙型《しけい》に鉛《なまり》の合金を流しこんで作る印刷版。

**えんばんなげ【円盤投げ】**（名）陸上競技の一つ。円盤を投げて、その飛んだ距離《きょり》を競う。

**えんビ【塩ビ】**（名）〔化〕「塩化《えんか》ビニール」の略。

**えんぴつ【鉛筆】**（名）黒鉛と粘土《ねんど》を材料にしたしんを木のじくに入れてつくった、筆記用具。「赤―」

**えんびふく**『△燕尾服』（名）男子の夜の正式礼装。黒ラシャで、上着のうしろが長くつばめの尾《お》のように割れている。

（えんびふく）

**えんぶ【円舞】**（名）❶大勢が輪になっておどるダンス。❷ワルツ・ポルカなど男女が一組になって回りながらおどるダンス。

**えんぶ【演武】**（名）武芸を演じて見せること。

**えんぶ【演舞】**（名）舞《まい》を舞《ま》って人びとに見せること。「―場」

**えんぶきょく【円舞曲】**（名）〔音〕→ワルツ

**エンブレム**〔英 emblem〕（名）ものや人を象徴《しょうちょう》するしるし。また、記章。紋章《もんしょう》。

**えんぶん【塩分】**（名）物の中にふくまれている塩《しお》の量。「―が濃《こ》い」

**えんぶん【艶聞】**（名）男女の恋愛《れんあい》についてのうわさ。「彼《かれ》には―が絶えない」

**えんぺい**『△掩蔽』（名・他スル）❶おおいかくすこと。「犯行を―する」「―工作」❷〔天〕月または惑星《わくせい》が他の星をおおいかくす現象。星食。

**えんぺい【援兵】**（名）応援の兵や軍隊。援軍。

**えんぼう【遠望】**（名・他スル）遠くを見わたすこと。「―がきく」

**えんぼう【遠謀】**（名）遠い先のことまでを考えた計画。「深慮《しんりょ》―」「―深慮」

**えんぽう【遠方】**（名）遠くのほう。遠い所。「―からの来客」

**エンボス**〔英 emboss〕（名）型をおしたり、特殊《とくしゅ》な塗料《とりょう》を用いたりして、布・紙・皮革などに凹凸《おうとつ》の模様をつけること。「―加工」

**えんま**『△閻魔』（名）〔仏〕地獄《じごく》で、死者の生前の罪を調べて罰《ばつ》したりするという王。

（えんま）

**えんまく【煙幕】**（名）❶味方の動きを敵の目からおおいかくすためにまきちらす濃《こ》い煙《けむり》。「―をはる」❷都合の悪いことをかくすために、話をそらしてごまかすこと。「―をはって言いのがれる」

**えんまちょう【えんま帳】**『△閻魔帳』（名）❶閻魔が死者の生前の行いを書き記すという帳面。❷〔俗語〕教師が生徒の成績・品行などを書き記す帳面。

**えんまん【円満】**（形動ダ）｛ダロ・ダッ(デ・ニ)・ダ・ナ・ナラ・○｝満ちたりていて争いごとの起こらないようす。かどだったところがなく、おだやかなようす。「―な家庭」「―に解決する」

**えんむ【煙霧】**（名）こまかいちりなどが空中にただよい、見通しが悪くなった状態。スモッグ。

**えんむすび【縁結び】**（名）男女の縁を結ぶこと。「―の神」

**えんめい【延命】**（名）寿命《じゅみょう》をのばすこと。「―長寿《ちょうじゅ》を祈《いの》る」

**えんもく【演目】**（名）舞台《ぶたい》などで上演、演奏される作品。また、その名前。「今日の―は歌舞伎《かぶき》十八番の一つだ」

**えんやす【円安】**（名）〔経〕外国の通貨に対して円の価値が下がること。「―で輸出が増える」対円高

**えんゆうかい【園遊会】**（名）庭園に多くの客を招いて食事をしたり、余興をしたりしてもてなす会。

**えんよう【援用】**（名・他スル）自説の正当性を示すために、ほかの文献《ぶんけん》や事例などをひきあいに出すこと。

**えんよう【遠洋】**（名）陸地から遠くはなれた海。「―航海」対近海

**えんようぎょぎょう【遠洋漁業】**（名）陸から遠くはなれた海に出かけて行う漁業。対沿岸漁業

**えんらい【遠来】**（名）遠方から来ること。「―の客」

**えんらい【遠雷】**（名）遠くのほうで鳴る雷《かみなり》。「かすかに―が聞こえる」

**えんりょ【遠慮】**■一（名・他スル）❶ことばや行動をひかえめにすること。「―会釈《えしゃく》もない（＝相手の気持ちや立場を少しも考えず、自分勝手にふるまう）」「無《ぶ》―」❷遠回しにことわること。「出席を―する」■二（名）遠い先のことまで考えること。「深謀《しんぼう》―」

**えんりょぶか・い【遠慮深い】**（形）｛カロ・カッ(ク)・イ・イ・ケレ・○｝他人に対する言動がひかえめである。「―人がら」

**えんるい【塩類】**（名）〔化〕酸の水素原子を金属原子で置きかえた化合物。塩《えん》。

**えんろ【沿路】**（名）→えんどう（沿道）

**えんろ【遠路】**（名）遠い道のり。「―はるばるようこそ」

# お オ

**お【汚】** 6画 氵3 音 **オ** 訓 **けがす**㊔・**けがれる**㊔・**けがらわしい**㊔・**よごす**・**よごれる**・**きたない**

、 ⺀ 氵 汀 汚 汚

❶よごす。よごれる。きたない。◆汚水・汚染・汚濁《おだく》・汚物。❷けがす。けがれる。けがらわしい。◆汚職・汚辱《おじょく》・汚点・汚名

**お【和】**→わ(和)

**お【悪】**→あく(悪)

**お-【小】**(接頭)❶「小さい」の意を表す。「―川」❷「少し」の意を表す。「―暗《ぐら》い」❸ことばの調子をととのえて、やわらかにする。「―田《だ》のかわず」

**お-**『◇御』(接頭)❶(名詞・形容詞などについて)そのものや状態にかかわりのある人への尊敬の意を表す。「―名前をうかがう」「―優《やさ》しい人がら」❷(動詞の連用形に「になる」のついた形などについて)尊敬の意を表す。「―使いになる」「―出かけなさる」❸(動詞の連用形に「する」のついた形などについて)謙譲《けんじょう》の意を表す。「先生に―渡《わた》しする」「―集まりいただく」❹(名詞の上について)物事を丁寧《ていねい》に表す。「―料理」「―金」

**お【尾】**(名)❶しっぽ。「犬が―を振《ふ》る」❷しっぽのようにうしろへ長くのびたもの。「彗星《すいせい》の―」❸長く続くものの終わりの部分。「長く―をひく狼《おおかみ》の遠ぼえ」❹山すそののびた所。「山の―」

**尾を引《ひ》く** あとまで影響《えいきょう》が残る。「問題が―」

**尾を振《ふ》る** 相手のきげんをとる。相手にへつらう。

**お【緒】**(名)❶ものを結んだりするための糸や細いひも。「かぶとの―」❷げた・ぞうりなどのはなお。「―をすげる」❸楽器に張って鳴らす糸。弦《げん》。「琴《こと》の―」

**おあいそ【お愛想】**(名)❶おせじ。もてなし。「―を言う」❷飲食店などの勘定《かんじょう》・勘定書き。

**おあし**『◇御足』(名)おかね。ぜに。

**オアシス**〔英 oasis〕(名)❶砂漠《さばく》の中で、水がわき草木が生えている所。❷心がなぐさめられる所。また、なぐさめられるもの。「公園は都会の―だ」

**おあずけ【お預け】**(名)❶飼い犬などの前にえさを置き、よいというまで食べさせないこと。❷約束や話だけで、実行がのびていること。「―を食う」

**おあつらえむき【おあつらえ向き】**『お△誂え向き』(名・形動ダ)→あつらえむき

**おい**『△甥』(名)兄弟・姉妹のむすこ。対姪《めい》

**おい【老い】**(名)❶年をとること。年をとったこと。「―の身」❷年とった人。「―も若きも」

**老いの一徹《いってつ》** がんこに信念を押《お》し通そうとする、老人の態度。

**老いのすさび** 年をとってからの、その心をなぐさめるためのあそびごとや趣味《しゅみ》。「―に書をはじめました」

**おい**(感)親しい人や目下の人に呼びかけることば。「―、なんてことを言うんだ」

**おいうち【追い打ち・追い討ち・追い撃ち】**(名)❶逃《に》げる敵を追いかけてうつこと。「敵に―をかける」❷打撃《だげき》を受けて弱っている者に、さらに打撃をあたえること。「不作の農家に台風が―をかける」

**おいえ【お家】**(名)❶身分の高い人の家。また、他人の家を敬っていう語。「―騒動《そうどう》」❷主君・主人の家。「―の一大事」

**おいえげい【お家芸】**(名)❶その家に古くから伝わる芸。❷その人が得意とする芸。おはこ。十八番。

**おいおい**『追い追い』(副)だんだんに。しだいに。「事件の真相も―明らかになるだろう」

**おいおと・す【追い落とす】**(他五){サ(ソ)・シ・ス・ス・セ・セ}下の地位にある者が、上の者に追いつき、その座をうばい取る。「専務を―」

**おいかえ・す【追い返す】**(他五){サ(ソ)・シ・ス・ス・セ・セ}来た者を追い立ててかえらせる。「すげなく―・される」

**おいか・ける【追いかける】**『追い掛ける』(他下一){ケ・ケ・ケル・ケル・ケレ・ケロ(ケヨ)}❶あとから追う。おっかける。「逃《に》げる犯人を―」❷あることにつづいてつぎのことがおこる。「勝利の報を―・けてチームが帰る」

**おいかぜ【追い風】**(名)進む方向にうしろから吹《ふ》く風。順風。おいて。「―を受ける」対向かい風

**おいごえ【追い肥】**(名)→ついひ

**おいこ・す【追い越す】**(他五){サ(ソ)・シ・ス・ス・セ・セ}あとから追いつき、前にいたものより先になる。追いぬく。「前の車を―」「父の背丈《せたけ》を―」

**おいこみ【追い込み】**(名)競走や仕事などで、終わりに近づいたところでいっそう力を入れて取り組むこと。「―をかける」

**おいこ・む【老い込む】**(自五){マ(モ)・ミ(ン)・ム・ム・メ・メ}年をとってからだが弱り、元気がなくなる。年寄りくさくなる。「父も最近めっきり―・んだ」

**おいこ・む【追い込む】**(他五){マ(モ)・ミ(ン)・ム・ム・メ・メ}❶追いたてて中へ入れる。追いつめる。「牛を囲いに―」❷相手を追いつめて苦しい立場に立たせる。「窮地《きゅうち》に―」❸最終段階になっていっそう努力する。

**おいさき【生い先】**(名)おさない子がこれから生きていく先。将来。「―が楽しみな子」

**おいさき【老い先】**(名)年をとった人の、これから先の生涯《しょうがい》。「―短い人生」

**おいさらば・える【老いさらばえる】**(自下一){エ・エ・エル・エル・エレ・エロ(エヨ)}年をとってみすぼらしくなる。「―・えた姿」

**おいし・い**『×美味しい』(形){カロ・カッ(ク)・イ・イ・ケレ・○}❶味がよい。うまい。「―料理」対まずい。❷《俗語》自分に都合がよい。「―ところをもっていかれる」

**おいしげ・る【生い茂る】**(自五){ラ(ロ)・リ(ッ)・ル・ル・レ・レ}草木の枝葉がのびて重なり合うほどになる。「雑草が―」

**おいすが・る【追いすがる】**『追い△縋る』(自五){ラ(ロ)・リ(ッ)・ル・ル・レ・レ}あとから追いついてしがみつく。「―・って頼《たの》む」

**おいそれと**(副)すぐに引き受けて物事をするようす。簡単に。「―返事はできない」使い方◇多く、あとに「ない」「ません」などの打ち消しのことばがくる。

**おいだ・す【追い出す】**(他五){サ(ソ)・シ・ス・ス・セ・セ}❶追いたてて外へ出す。追いはらう。「のらねこを―」❷属していた仲間・集団からしめ出す。「会から―」

**おいたち**【生い立ち】(名) ❶成長すること。「子どものーを見守る」❷人が生まれてから、大人になるまでのようす。成人するまでの経歴。「不幸なー」

**おいた・てる**【追い立てる】(他下一)〔テ・テ・テル・テル・テレ・テロ(テヨ)〕❶むりやり急がせる。せきたてる。せかす。「仕事にー・てられる」❷追ってほかへ移らせる。「家畜《かちく》の群れをー」使い方①は、多く受身の形で使う。

**おいつおわれつ**【追いつ追われつ】追いかけたり追いかけられたり。抜《ぬ》きつ抜かれつ。「レースはーの展開となった」

**おいつ・く**【追いつく】『追い付く』(自五)〔カ(コ)・キ(イ)・ク・ク・ケ・ケ〕❶あとから行った者が、先に行った者の所に行きつく。「先発隊にー」❷劣《おと》っていたものが、先行するものと同じ水準になる。「最先端《さいせんたん》の技術にー」

**おいつ・める**【追い詰める】(他下一)〔メ・メ・メル・メル・メレ・メロ(メヨ)〕逃《に》げ場がなくなるところまで追いこむ。「犯人をー」

**おいて**【追い◇風】(名) →おいかぜ

**おいて**『△於いて』❶物事が行われる場所や時を表す。…で。…に。「東京にー行う」❷あることに関係のある範囲《はんい》を表す。…について。「文学にーすぐれた業績がある」使い方「…において」の形で用いる。

**おいて**『◇措いて』のぞいて。…以外に。「彼《かれ》をー適任者はない」使い方「…をおいて」の形で用いる。多く、あとに「ない」などの打ち消しのことばがくる。文法「おきて」の音便。

**おいで**『お◇出で』(名) ❶「来ること・行くこと・いること」の尊敬語。「うちへーください」「どちらへーですか」「朝はお宅にーですか」❷子どもなどに「来る・行く・いる」の意を親しみをこめて言いつけることば。「こっちにー」「行ってー」「待ってー」

**おいてきぼり**【置いてきぼり】(名) おきざりにすること。おいてけぼり。「ーを食う」

**おいてはこにしたがえ**【老いては子に従え】年をとったら、なにごとも子どもの意見に従うのがよい。

**おいぬ・く**【追い抜く】(他五)〔カ(コ)・キ(イ)・ク・ク・ケ・ケ〕あとから追いついてさらに先に出る。追い越《こ》す。「前のランナーをー・いて先頭になる」

**おいはぎ**【追い剝ぎ】(名) 通行人をおどして衣類やおかねなどをうばうこと。また、それをする人。

**おいばね**【追い羽根】(名) 一つの羽根をたがいに羽子板でつき合う正月の遊び。羽根つき。

**おいはら・う**【追い払う】(他五)〔ワ(オ)・イ(ッ)・ウ・ウ・エ・エ〕いやなものやじゃまなものを追いたててその場から去らせる。追っぱらう。「はえをー」

**おいぼれ**【老いぼれ】『老い△耄れ』(名) 年をとって心身がおとろえること。また、その人。多く、老人をさげすんだり、老人が自分を卑下《ひげ》したりしていう。

**おいぼ・れる**【老いぼれる】『老い△耄れる』(自下一)〔レ・レ・レル・レル・レレ・レロ(レヨ)〕年をとって、からだや頭のはたらきがにぶくなる。「まだまだー・れてはいられない」

**おいまわ・す**【追い回す】(他五)〔サ(ソ)・シ・ス・ス・セ・セ〕❶逃《に》げるものをどこまでも追いかける。「小犬をー」❷人を休みなく働かせる。「仕事にー・される」

**おいめ**【負い目】(名) 恩を受けた人などに対して感じる、心の負担《ふたん》。「彼《かれ》にはーがある」

**おいや・る**【追いやる】『追い◇遣る』(他五)〔ラ(ロ)・リ(ッ)・ル・ル・レ・レ〕❶せきたててよそへ行かせる。追いはらう。「会場の外にー」❷人を、好ましくない状態や場所へむりに行かせる。追いつめる。「退職にー」

**おいら**(代) おれ。「これがーの家だよ」使い方ふつう男の子が用いる。

**おいらく**【老いらく】(名) 年をとること。老年。「ーの恋《こい》」

**おいらん**『×花魁』(名) 江戸《えど》時代の遊郭《ゆうかく》で客の相手をした遊女のうち、地位の高い者。

**お・いる**【老いる】(自上一)〔イ・イ・イル・イル・イレ・イロ(イヨ)〕年をとる。また、年をとっておとろえる。「ー・いては子に従え」

**オイル**〔英 oil〕(名) ❶油。「サラダー」❷石油。❸潤滑油《じゅんかつゆ》。「エンジンー」

**おいろなおし**【お色直し】(名・自スル) →いろなおし

**おいわけ**【追分】(名) ❶街道《かいどう》が二つに分かれる所。「信濃《しなの》ー」❷民謡《みんよう》の「追分節」の略。

**おいわけぶし**【追分節】(名) 民謡《みんよう》の一つ。長野県追分地方で歌われた、ものがなしい調子を帯びた馬子唄《まごうた》。これにならって各地に広まった。

**おう**【王】 4画／王0 小1 音 オウ

❶国をおさめる人。きみ。君主。◆王位・王冠《おうかん》・王家《おうけ》・王国・王座・王子・王女・王政・王朝・王道 ◆勤王《きんのう》・国王・女王・法王。❷皇族の男子。みこ。◆親王《しんのう》。❸いちばんすぐれたもの。◆三冠王・発明王。参考「勤王」「親王」は、それぞれ「きんのう」「しんのう」と読む。⇩付録「漢字の筆順(2)王〔王〕」

**おう**【王】(名) ❶王制の国で、国をおさめる最高位の人。君主。❷親王《しんのう》の称号《しょうごう》を持たない皇族の男子。❸最もすぐれたもの。「百獣《ひゃくじゅう》のー」❹将棋《しょうぎ》の駒《こま》の一つ。王将。

**おう**【凹】 5画／凵3 音 オウ

くぼんでいるようす。へこみ。◆凹凸《おうとつ》・凹面鏡。対凸《とつ》。参考特別に、「凸凹」は「でこぼこ」と読む。

**おう**【央】 5画／大2 小3 音 オウ

なかほど。まんなか。◆震央《しんおう》・中央

**おう**【応】 7画／心3 小5〔應〕 音 オウ 訓 こたえる

❶相手にこたえる。◆応援《おうえん》・応酬《おうしゅう》・応戦・応対・応答・応募《おうぼ》 ◆呼応・対応・適応・反応《はんのう》。❷そのときどきの状況《じょうきょう》に従って行動する。◆応急・応用 ◆順応《じゅんのう》・臨機応変。❸相当する。ふさわしい。◆応分 ◆照応・相応。参考「反応」「順応」は、それぞれ「はんのう」「じゅんのう」と読む。

**おう**【応】(名) 承知すること。「いやもーもない」

**おう**【往】 8画／彳5 小5 音 オウ

❶ゆく。いく。◆往還《おうかん》・往生《おうじょう》・往信・往診《おうしん》・往

復・往来・往路◆右往左往・勇往・来往。対復。❷むかし。◆往古・往時・往日・往年◆既往《きおう》⇩付録「漢字の筆順(2)王〔主〕」

**おう【押】** 8画 扌5 音オウ 高 訓おす・おさえる
❶おす。おしつける。◆押印 ❷さしおさえる。◆花押《かおう》。❸詩の韻《いん》をふむ。◆押韻 ◆押収。
一 十 扌 扣 押 押

**おう【旺】** 8画 日4 音オウ
さかん。さかんなさま。◆旺盛《おうせい》・旺然 ⇩付録「漢字の筆順(2)王〔王〕」
冂 日 旷 旺 旺 旺

**おう【欧】** 8画 欠4 〔歐〕 音オウ
「ヨーロッパ(欧羅巴)」の略。◆欧州・欧文・欧米◆在欧・西欧・東欧・渡欧《とおう》・訪欧
一 ヌ 区 区 欧 欧

**おう【殴】** 8画 殳4 〔毆〕 音オウ 高 訓なぐる
うつ。たたく。なぐる。◆殴殺・殴打
一 ヌ 区 区 殴 殴

**おう【皇】**→こう(皇)

**おう【桜】** 10画 木6 小5 〔櫻〕 音オウ 高 訓さくら
さくら。さくらの花。◆桜花・桜樹《おうじゅ》・桜桃《おうとう》◆観桜
木 术 栌 桜 桜 桜

**おう【翁】** 10画 羽4 音オウ
男の老人。おきな。◆村翁・老翁
八 公 㕣 翁 翁

**-おう【翁】**(接尾)高齢《こうれい》の男性を敬っていうことば。「芭蕉《ばしょう》—」

**おう【黄】**→こう(黄)

**おう【奥】** 12画 大9 〔奧〕 音オウ 高 訓おく
❶おくふかい所。◆奥地《おくち》◆深奥《しんおう》・内奥。❷意味がふかい。深遠。◆奥義《おうぎ・おくぎ》
冂 冂 冂 冂 奥 奥

**おう【横】** 15画 木11 小3 〔橫〕 音オウ 訓よこ
❶よこ。◆横断・横転◆縦横。対縦。❷道理にはずれる。正しくない。ほしいまま。◆横行《おうこう》・横着・横暴・横領◆専横 ⇩付録「漢字の筆順(14)由〔亩〕」
木 杧 栱 栱 横 横

**お・う【追う】**(他五)〔ワ(オ)・イ(ッ)・ウ・ウ・エ・エ〕❶先を行くものがいるところまで行き着こうと急ぐ。追いかける。「犯人を—」「獲物《えもの》のあとを—」❷目標とするものを手に入れようと努力する。追い求める。「理想を—」「目先のはやりを—」❸順序に従う。「日を—って回復する」❹ある場所や地位から無理に去らせる。追いはらう。「はえを—」「職を—われる」❺せきたてて先に進ませる。追いたてる。「牛を—」「家事に—われる」

**お・う【負う】**(他五)〔ワ(オ)・イ(ッ)・ウ・ウ・エ・エ〕❶人や物を背中にのせる。背負う。「子を—」「荷を—」❷引き受ける。「責任を—」❸傷などを受ける。「深手《ふかで》を—」❹恩恵《おんけい》や利益を受ける。「成功は彼《かれ》の貢献《こうけん》に—ところが大きい」

**負うた子《こ》に教《おし》えられる** 自分より若い者や未熟な者から教えられることもあるものだということ。

**おうい【王位】**(名)国を治める王の位。「—につく」

**おうい【王維】**〔人名〕(七〇一?〜七六一?)中国、唐代《とうだい》の詩人・画家。自然を対象とする詩や絵が多い。南画の開祖といわれる。詩に「竹里館《ちくりかん》」「鹿柴《ろくさい》」など。

**おういつ【横△溢】**(名・自スル)あふれるほどさかんなこと。「生気が—する」

**おういん【押印】**(名・自スル)はんを押《お》すこと。捺印《なついん》。「書類に—する」

**おういん【押韻】**(名)〔文〕詩歌《しいか》で、句のはじめや終わりに、同じ音または似た音を用いること。句頭や語頭のものを頭韻、句末のものを脚韻《きゃくいん》という。

**おうう【奥羽】**〔地名〕陸奥《むつ》と出羽《でわ》の総称《そうしょう》。今の東北地方のこと。

**おうえん【応援】**(名・他スル)❶力をかして助けること。「選挙の—演説」「—にかけつける」❷運動競技で、声を出したり拍手《はくしゅ》をおくったりして味方の選手をはげますこと。「母校を—する」

**おうえんか【応援歌】**(名)運動競技で、味方の選手に元気をつけるために合唱する歌。

**おうえんだん【応援団】**(名)運動競技で、あるチームや選手をはげます人びとの集まり。

**おうおう【往往】**(副)(多く「往往にして」の形で)そうなりがちであるようす。「失敗は—にしてある」

**おうおうと…** 俳句
〔おうおうと いへど敲《たた》くや 雪《ゆき》の門《かど》〕〈去来《きょらい》〉訳雪の中をたずねてきただれかが、門をたたいている。それを聞きつけて「はいはい」と答えるのだが、外ではなおもしきりにたたき続けている。(季語「雪」冬)

**おうか【欧化】**(名・自他スル)ヨーロッパ風になること。また、そうすること。「—政策」

**おうか【桜花】**(名)さくらの花。「—爛漫《らんまん》」

**おうか【△謳歌】**(名・他スル)❶声をそろえてほめたたえること。❷幸せをじゅうぶんに楽しむこと。「青春を—する」

**おうが【横△臥】**(名・自スル)横向きに寝《ね》ること。からだを横たえること。「ベッドに—する」

**おうかくまく【横隔膜】**(名)〔生〕哺乳《ほにゅう》類の胸と腹のさかいにある、筋肉でできた膜。伸縮《しんしゅく》・上下し呼吸のはたらきを助ける。

**おうかん【王冠】**(名)❶王のかぶるかんむり。また、栄誉《えいよ》のしるしであるかんむり。❷びんの口がね。

**おうかん【往還】**(名)❶人や乗り物が行き来すること。往来。❷行き来する道。街道《かいどう》。「脇《わき》—」

**おうぎ【扇】**(名)あおいで風を起こす折りたたみ式の道具。竹などの骨に紙や布をはりつけたもの。儀式《ぎしき》や舞踊《ぶよう》などにも用いる。扇子《せんす》。末広《すえひろ》。

**扇の要《かなめ》**(おうぎの骨をまとめてとじているところの意から)物事の最も肝心《かんじん》なところ。

**おうぎ【奥義】**(名)学問・武芸・芸能などで、最もたいせつなところ。「—を究《きわ》める」類極意《ごくい》。参考「お

くぎ」とも読む。
**おうきゅう【王宮】**（名）王が住んでいる宮殿《きゅうでん》。
**おうきゅう【応急】**（名）ひじょうに急ぐ場合のまにあわせ。急場しのぎ。「―手当て」
**おうけん【王権】**（名）国王の権力。「―神授説《しんじゅせつ》」
**おうこ【往古】**（名）遠いむかし。大むかし。いにしえ。「―をしのぶ」
**おうこう【王侯】**（名）王と諸侯。また、身分の高い人びと。「―貴族」
**おうこう【往航】**（名）船や飛行機の、目的地に向かって行く運航。行きの航路。対帰航
**おうこう【横行】**（名・自スル）勝手気ままに歩き回ること。また、よくないことがさかんに行われること。「悪徳商法が―する」
**おうこく【王国】**（名）❶王の治める国。君主国。❷ある分野において大きな勢力をもって栄えている集団や社会などのたとえ。「自動車―」
**おうごん【黄金】**（名）❶金。こがね。「―の冠《かんむり》」❷金銭。貨幣《かへい》。❸ひじょうに価値のあるもの。「―の左腕《ひだりうで》」「―期」
**おうごんじだい【黄金時代】**（名）物事の最も栄えた時代。最もさかんだった時期。「映画の―」
**おうごんぶんかつ【黄金分割】**（名）〘数〙一つの線分を一対一・六一八の比に分けること。参考長方形の縦と横の割合がこの比であるとき、最も調和がとれ美感をあたえるといわれる。
**おうざ【王座】**（名）❶王のすわる座席。また、王の地位。「王子が―につく」❷その分野での第一の地位。「バンタム級の―を守る」
**おうさつ【応札】**（名・自スル）入札に応募《おうぼ》・参加すること。「一者―」
**おうさま【王様】**（名）❶「王」の尊敬語。❷ある分野で最も高い地位にあるもの。「くだものの―」
**おうし【横死】**（名・自スル）殺されたり災難にあったりして死ぬこと。不慮《ふりょ》の死。「―をとげる」
**おうじ【王子】**（名）王の、男の子ども。対王女
**おうじ【往事】**（名）過ぎ去ったこと。むかしのこと。
**おうじ【往時】**（名）過ぎ去ったむかし。過去。「―をしのぶ」類往年《おうねん》
**おうじ【皇子】**（名）天皇《てんのう》の、男の子ども。みこ。対皇女《おうじょ》
**おうしつ【王室】**（名）国王の一家・一族。王族。「イギリスの―」
**おうじつ【往日】**（名）過ぎ去った日。むかし。
**おうじゃ【王者】**（名）❶王。王様。❷ある分野や集団の中で、最もすぐれ力のあるもの。「海の―」
**おうじゅ【応需】**（名）求めに応じること。「入院―」
**おうしゅう【応酬】**（名・自スル）負けずにやり返すこと。意見を言い合うこと。「やじの―」「議論の―」
**おうしゅう【押収】**（名・他スル）〘法〙裁判所やその許可をえた検察官・警察官などが、捜査《そうさ》のために必要な物を差し押《お》さえてとりあげること。「証拠《しょうこ》書類を―する」
**おうしゅう〔欧州〕**〔地名〕→ヨーロッパ
**おうしゅう〔奥州〕**〔地名〕陸奥《みちのく・むつ》の別称《べっしょう》。
**おうしゅうれんごう【欧州連合】**（名）→イーユー
**おうじょ【王女】**（名）王の、女の子ども。対王子
**おうじょ【皇女】**（名）天皇《てんのう》の、女の子ども。対皇子。参考「こうじょ」とも読む。
**おうしょう【王将】**（名）将棋《しょうぎ》でいちばんたいせつな駒《こま》。これをとられると負けになる。王。
**おうしょう【応召】**（名・自スル）呼び出しに応じること。特に、在郷《ざいごう》軍人（＝通常は、軍隊にいなくてふつうの職業についている軍人）が召集を受けて、任地に集まること。
**おうじょう【王城】**（名）王のいる城。王宮。また、都。
**おうじょう【往生】**（名・自スル）❶〘仏〙死んだのちに、極楽《ごくらく》に生まれ変わること。「極楽―」❷死ぬこと。「―をとげる」「大―」❸どうしてよいかわからなくて、たいへん困ること。「つれにはぐれて―する」
**おうじょうぎわ【往生際】**（名）❶死にぎわ。臨終。❷追いつめられて、あきらめるまぎわ。「―が悪い（＝あきらめが悪い）」
**おうしょくじんしゅ【黄色人種】**（名）ひふの色によって分けた人種の一つ。日本人・中国人などのように、ひふの色が黄色がかっており、おもにアジア大陸に住む人びと。モンゴロイド。黄色《こうしょく》人種。
**おう・じる【応じる】**（自上一）{ジ・ジ・ジル・ジル・ジレ・ジロ(ジヨ)}❶ほかからの働きかけに対してこたえる行動をとる。「質問に―」❷物事の状態や変化に見あうようにする。「体力に―・じた運動をする」「状況に―・じて判断する」
**おうしん【往信】**（名）返事を求めて出す手紙・通信。対返信
**おうしん【往診】**（名・自スル）医者が病人の家へ行って診察や治療《ちりょう》をすること。対宅診
**おうすい【王水】**（名）〘化〙濃塩酸と濃硝酸《のうしょうさん》を三対一の割合でまぜ合わせた液。金・白金などふつうの酸ではとけにくい貴金属をとかすことができる。
**おう・ずる【応ずる】**（自サ変）{ジ(ゼ)・ジ・ズル・ズル・ズレ・ジロ(ゼヨ)}→おうじる
**おうせ〖△逢瀬〗**（名）恋人《こいびと》どうしがひそかに会う時。また、その機会。「―を重ねる」
**おうせい【王政】**（名）天皇《てんのう》・帝王《ていおう》が行う政治。また、その政体。「絶対―」
**おうせい【旺盛】**（名・形動ダ）気力や体力などが盛《さか》んであること。「―な食欲」
**おうせいふっこ【王政復古】**（名）〘歴〙武家政治や共和政治などをやめて、むかしの君主政治の形態にもどすこと。日本では明治維新《いしん》をさす。
**おうせつ【応接】**（名・自スル）客をむかえてその相手をすること。「―室」類応対
**応接に暇《いとま》がない** 人がつぎつぎにやってきたり、物事がつぎつぎにおこったりしてひどくいそがしい。
**おうせん【応戦】**（名・自スル）敵の攻撃《こうげき》に対して、相手になって戦うこと。「敵の突撃《とつげき》に―する」
**おうぞく【王族】**（名）王の一族。
**おうだ【殴打】**（名・他スル）人をひどくなぐること。

「顔面を―する」

**おうたい【応対】**(名・自スル) 相手の話を聞き、受け答えをすること。「電話で―する」類応接

**おうたい【横隊】**(名) 横にならぶ隊形。「二列―」対縦隊

**おうだく【応諾】**(名・他スル) 人のたのみなどを聞き入れること。「快く―する」類承諾

**おうだん【黄△疸】**(名)〘医〙胆汁《たんじゅう》の色素が血液中に増え、ひふやからだの組織が黄色くなる症状《しょうじょう》。

**おうだん【横断】**(名・他スル) ❶横の方向に切ること。「―面」対縦断。❷道路や川などを横切ること。「道路を―する」❸東西の方向に横切ること。「太平洋―」対縦断

**おうだんほどう【横断歩道】**(名) 歩行者が道路を安全に横切るために設けられた区域。

**おうだんまく【横断幕】**(名) 標語や主張などを書いた横長の幕。建物の壁《かべ》などに掲《かか》げたり、デモ行進で横にひろげて持ち歩いたりする。

**おうちゃく【横着】**(名・形動ダ・自スル) ずうずうしく、やるべきことをやらないですまそうとすること。なまけること。「―をきめこむ」「―して掃除《そうじ》をさぼる」

**おうちょう【王朝】**(名) ❶同じ家系の帝王《ていおう》が国を治めている時期。「ブルボン―」❷「王朝時代」の略。「―文学」

**おうちょうじだい【王朝時代】**(名)〘歴〙天皇《てんのう》がみずから政治を行った時代。特に、平安時代。

**おうて【王手】**(名) ❶将棋《しょうぎ》で、相手の王将を直接に攻《せ》める手。「金《きん》で―をかける」❷あと一歩で勝利を得られるという段階。「優勝に―をかける」

**おうてっこう【黄鉄鉱】**(名)〘地質〙硫黄《いおう》と鉄からなる淡黄色の鉱物。硫酸《りゅうさん》製造などに用いる。

**おうてん【横転】**(名・自スル) 横にたおれてころがること。「トラックが―する」

**おうと【△嘔吐】**(名・他スル) 胃の中にある食べ物などを口からはき出すこと。「―をもよおす」

**おうどいろ【黄土色】**(名) 赤みをおびた黄色。

**おうとう【応答】**(名・自スル) 質問や呼びかけに答えること。また、その受け答え。「質疑―」

**おうとう【桜桃】**(名)〘植〙バラ科の落葉高木。さくらの一種で、花は白い。また、その実である「さくらんぼ」の別名。

**おうどう【王道】**(名) ❶国王が徳をもって国を治める方法。「―楽土(＝理想的な政治によって治められる平和な国土)」対覇道《はどう》。❷やさしい方法。近道《ちかみち》。「学問に―なし」❸最も正当なやり方。「娯楽《ごらく》映画の―を行く作品」参考②は、英 royal road の訳で、「王のために特別につくった歩きやすい道」の意。

**おうどう【黄道】**(名)〘天〙→こうどう(黄道)

**おうどう【横道】**(名・形動ダ) 人の道にはずれて、正しくないこと。また、正しくないと知っていて行うこと。

**おうとつ【凹凸】**(名) 物の表面の、へこんだ所やとび出した所。でこぼこ。

**おうな【△媼・△嫗】**(名) 年をとった女。老女。対翁《おきな》

**おうなつ【押△捺】**(名・他スル) 印鑑《いんかん》などを押《お》すこと。「指紋《しもん》―」

**おうにんのらん【応◇仁の乱】**(名)〘歴〙一四六七(応仁元)年から一一年間にわたって京都を中心に続いた戦乱。足利《あしかが》将軍家の跡継《あとつ》ぎ争いがおもな原因で、全国の守護大名が東西に分かれて戦い、戦国時代のきっかけとなった。

**おうねつびょう【黄熱病】**(名)〘医〙熱帯地方にみられる急性の感染症《かんせんしょう》。蚊《か》に媒介《ばいかい》されるウイルスが原因で、高熱が出て黄疸《おうだん》になる。黄熱。

**おうねん【往年】**(名) 過ぎ去ったむかし。「―の大投手」類往時

**おうのう【△懊悩】**(名・自スル) なやみ、もだえること。「―の日々を送る」

**おうはん【凹版】**(名) インクのつく部分が版面よりくぼんでいる印刷版。対凸版《とっぱん》

**おうばんぶるまい【△椀飯振る舞い】**(名) 盛大なもてなし。人に気前よくごちそうすること。「友人に―をする」参考「椀飯」は椀《わん》に盛った飯の意。「大盤《おおばん》振る舞い」とも書く。

**おうひ【王妃】**(名) 王の妻。王のきさき。

**おうふう【欧風】**(名) ヨーロッパ風。洋風。

**おうふく【往復】**[一](名・自スル) ❶行って帰ること。行きと帰り。「―で三時間かかる」対片道。❷手紙などのやりとり。「―書簡」[二](名)(「往復切符《きっぷ》」の略)行きと帰りの両方に乗車できる切符。

**おうふくはがき【往復はがき】**『往復葉書』(名) 往信用と返信用の両方がひとつづきになったはがき。

**おうぶん【応分】**(名) その人の身分や能力にふさわしいこと。分《ぶん》相応なこと。「―の寄付をする」

**おうぶん【欧文】**(名) ヨーロッパの国々で使われる文字。また、その文字でつづられた文章。「―タイプライター」対邦文《ほうぶん》

**おうへい【横柄】**(形動ダ)〔ダロ・ダッ(デ・ニ)・ダ・ナ・ナラ・○〕人を見下してえらそうにしているようす。「―な態度」

**おうべい【欧米】**(名) ヨーロッパとアメリカ。

**おうへん【応変】**(名) 不意のできごとに対して、うまく処置すること。「臨機―」

**おうぼ【応募】**(名・自スル) 募集に応じて申しこむこと。「―作品」

**おうほう【応報】**(名)〘仏〙行いのよい悪いに応じて、それにふさわしいむくいがあること。「因果《いんが》―」

**おうぼう【横暴】**(名・形動ダ) 権力や力のある者がわがままを押《お》し通すこと。「―なふるまい」

**おうま【黄麻】**(名)〘植〙アオイ科の一年草。インド原産。茎《くき》からとる繊維《せんい》をジュートといい、ズック・敷物《しきもの》などの材料にする。つなそ。こうま。

**おうみ【近江】**〔地名〕むかしの国名の一つ。今の滋賀県。江州《ごうしゅう》。

**おうみのうみ**…和歌 →あふみのうみ…

**おうむ【△鸚△鵡】**(名)〘動〙オウム目の鳥のうち、インコ以外のものの総称《そうしょう》。くちばしは太くて曲がり、人のことばをまね

(おうむ)

る習性がある。

**おうむがえし**【おうむ返し】『△鸚△鵡返し』（名）相手が言ったことばをそのまま言い返すこと。また、言われてすぐに返事をすること。「—に答える」

**おうめんきょう**【凹面鏡】（名）《物》中央に向かってなだらかにへこんでいる鏡。反射望遠鏡・集光器などに用いる。対凸面鏡《とつめんきょう》

**おうよう**【応用】（名・他スル）原理・考え方や技術を実際の場合にあてはめて使うこと。「てこの原理を—する」「—がきく」「—力」

**おうよう**『△鷹揚』（形動ダ）{ダロ・ダッ(デ・ニ)・ダ・ナ・ナラ・〇}小さなことにこだわらず気持ちがゆったりしているようす。大様《おおよう》。「—に構える」

**おうようかがく**【応用化学】（名）化学の研究の結果を産業や生活に役立てるための方法・技術などについて研究する学問。

**おうようめい**〔王陽明〕【人名】（一四七二〜一五二八）中国、明《みん》の政治家・思想家。知行合一《ちこうごういつ》（=知識と実践《じっせん》の一致《いっち》）を重んじる陽明学をひろめた。

**おうようもんだい**【応用問題】（名）すでに習った知識を応用して解かせる問題。

**おうらい**【往来】■一（名・自スル）行き来すること。「車の—がはげしい」■二（名）人や車が行き来するところ。道路。通り。「—で遊んではいけない」

**おうりょう**【横領】（名・他スル）他人の物や公共の物を法をおかして自分のものにすること。「公金—」

**おうりん**『黄△燐』（名）《化》りんの一種で、うす黄色のろうのような固体。有毒。空気中で発火する。

**おうレンズ**【凹レンズ】（名）《物》中央がうすく、へりにいくにしたがって厚くなるレンズ。近視用のめがねなどに使う。▽レンズは、英 lens 対凸《とつ》レンズ

**おうろ**【往路】（名）行くときに通る道。「帰りは—を戻《もど》って下山する」対復路・帰路

**おえつ**『△嗚◇咽』（名・自スル）胸がいっぱいになり、息をつまらせながら泣くこと。むせび泣き。「—をもらす」

**おえらがた**【お偉方】（名）地位や階級の高い人びと。「会社の—」使い方からかいや皮肉の気持ちを込《こ》めていう。

**お・える**【終える】（他下一）{エ・エ・エル・エル・エレ・エロ(エヨ)}すませる。しあげる。終わりにする。「仕事を—」

**おお-**【大】（接頭）❶「大きい」「広い」「多い」の意を表す。「—男」「—空」「—人数」❷程度がはなはだしい意を表す。「—いそぎ」❸同じ名称《めいしょう》で呼ばれるもののうち、序列・年齢《ねんれい》などが上の意を表す。「—だんな」❹「だいたい」の意を表す。「—詰《づ》め」「—みそか」❺「極限の」の意を表す。「—づかみ」

**おお**（感）❶驚《おどろ》きや感動など心が動かされたときに発することば。「—、よく来たな」❷何かを思いだしたときに発することば。「—、そうだった」❸相手に応じたり、言うことを受け入れたりするときに言うことば。「『用意はいいか』『—』」

**おおあじ**【大味】（名・形動ダ）食べ物の味などが、おおまかで微妙《びみょう》な風味やおもむきのないこと。「—な料理」

**おおあせ**【大汗】（名）たくさん出る汗。苦心・苦労のたとえにもいう。「説得するのに—をかく」

**おおあたり**【大当たり】（名・自スル）❶くじ・予想などが、みごとに当たること。「予想が—する」❷商売や興行が大成功すること。「—の映画」

**おおあな**【大穴】（名）❶大きな損害。「—をあける」❷競馬や競輪などで、多くの人が予想もしなかった結果が出ること。大番くるわせ。「—を当てる」

**おおあめ**【大雨】（名）はげしくたくさん降る雨。「—注意報が出る」対小雨《こさめ》

**おおい**【覆い】『◇被い』（名）物にかぶせてその上をおおうもの。「自動車に—をかける」

**おお・い**【多い】（形）{カロ・カッ(ク)・イ・イ・ケレ・〇}数量がたくさんである。「糖分の—くだもの」「忘れものが—」対少ない

**おおいちばん**【大一番】（名）すもうなどの競技で、優勝の行方《ゆくえ》に関わるような大事な勝負。今後に関わる大事な局面にもいう。「綱《つな》とりをかけた—」

**おおいちょう**『大×銀杏』（名）❶大きないちょうの木。❷男子の髷《まげ》の結《ゆ》い方で、髷の先をいちょうの葉の形に大きく広げて結うもの。現在は大相撲《おおずもう》で十両以上の力士が結う。

**おおいなる**【大いなる】（連体）大きな。偉大《いだい》な。「—喜び」「—栄光」文法「おおきなる」の音便。

**おおいに**【大いに】（副）ひじょうに。たいそう。はなはだ。「—楽しむ」「—賛成だ」

**おおいり**【大入り】（名）映画・すもう・芝居《しばい》などで、客がたくさんはいること。「—満員」対不入り

**おおいりぶくろ**【大入り袋】（名）興行場などで客がたくさん入場したときに、祝いのおかねを入れて従業員などに配る袋。「満員で—が出る」

**おお・う**【覆う】『◇被う』（他五）{ワ(オ)・イ(ッ)・ウ・ウ・エ・エ}❶上やまわりに何かをかぶせる。「顔を—」「目を—」❷一面に広がって全体をつつむようにする。「あたりが霧《きり》に—・われる」❸つつみかくす。「欠点を—」

**おおうつし**【大写し】（名）映画・テレビなどで、ある部分だけを大きくうつしだすこと。クローズアップ。

**おおうみの**…和歌→おほうみの…

**オー-エー**【OA】（名）（英 office automation の略）コンピューターなどの機器を導入して、会社などの事務処理を自動化すること。…化「OA化が進む」

**オー-エス**【OS】（名）（英 operating system の略）コンピューターを動かすのに必要な、基本的なソフトウエア。ハードウエアや個々のプログラムの管理・制御《せいぎょ》を行う。

**おおえやま**…和歌→おほえやま…

**オー-エル**【OL】（名）→オフィスレディー

**おおおかさばき**【大岡裁き】（名）単に正しいだけでなく人情味もある結論や判定を下すこと。参考江戸《えど》時代の名奉行《めいぶぎょう》であった大岡越前守《えちぜんのかみ》の裁きに由来する。

**おおおく**【大奥】（名）むかし、江戸《えど》城の中で、将軍の夫人や側室《そくしつ》が住んでいた所。

**おおがい**『△頁』（名）漢字の部首の一つ。「項」「頭」などの「頁」の部分。

**おおかがみ**〔大鏡〕【作品名】平安時代後期の歴史物語。作者不明。文徳天皇《もんとくてんのう》から後一条天皇

までの一四代一七六年間の歴史を藤原道長《ふじわらのみちなが》の栄華《えいが》を中心にえがいたもの。「世継《よつぎ》物語」とも。

**おおがかり**【大掛かり】(名・形動ダ) 多くの費用や人手をかけること。「―な実験」類大仕掛《じかけ》

**おおかぜ**【大風】(名) 激しく吹《ふ》く強い風。

**おおかた**【大方】■一(名) ❶大部分。あらまし。「参加者の―は女性だ」❷多くの人びと。世間一般《いっぱん》。「―の予想を裏切る」■二(副) ❶おそらく。たぶん。「―そんなものだろう」❷だいたい。ほとんど。ほぼ。「―完成した」

**おおがた**【大形】(名) 形が大きいこと。「―の花をつける株」対小形

**おおがた**【大型】(名) 同じ種類のものの中で型が大きいこと。「―トラック」対小型

**オーガニック**〔英 organic〕(形動ダ)｛ダロ・ダッ(デ・ニ)・ダ・ナ・ナラ・○｝ 有機栽培《さいばい》によるものであるようす。農薬や添加物《てんかぶつ》などを使用していないものをさしていう。

**おおかみ**『△狼』(名)〘動〙イヌ科の哺乳《ほにゅう》動物。犬に似ているが、耳が立ち、口が大きい。山野にすみ、人や家畜《かちく》をおそうことがある。日本では絶滅《ぜつめつ》。

**おおかみしょうねん**【おおかみ少年】『△狼少年』(名) ❶狼に育てられた少年。❷同じうそをくり返す人。参考②は、「イソップ物語」の、何度も「狼が来た」とうそをつき、本当に狼が出たときだれからも信じてもらえなかった少年の話から。

**おおがら**【大柄】(名・形動ダ) ❶からだがふつうより大きいこと。「―な女性」❷模様や柄が大きいこと。「―のゆかた地」《対小柄》

**おおかれすくなかれ**【多かれ少なかれ】多い少ないの違《ちが》いはあっても。どっちにしても。大《だい》なり小《しょう》なり。「―不足するのは目に見えている」

**おおかんばん**【大看板】(名) ❶大きな看板。❷寄席《よせ》や芝居《しばい》などで中心となる芸人や役者。また一流の芸人や役者。参考②は、看板などにその名を特に大きく書いたことから。

**おおき・い**【大きい】(形)｛カロ・カッ(ク)・イ・イ・ケレ・○｝ ❶面積・容積・高さなどがかなりの空間を占《し》める。「―建物」❷数量が上である。また、程度・規模などがはなはだしい。「0より―数」「―声」「被害《ひがい》が―」❸重要・重大である。「―問題になりそうなできごと」❹年が上である。大人である。「ぼくより三つ―」❺度量がある。「人物が―」❻おおげさである。「―ことを言う」「話が―」❼えらぶっている。「態度が―」《対小さい》

**おおきな**【大きな】(連体) 大きい。「―家」対小さな

**大きなお世話**《せわ》 よけいなおせっかい。いらぬお世話。「忠告など―だ」

**大きな顔**《かお》 いばった顔つきや態度。「いい気になって、―をするな」

**おおきに**『大きに』(副) ひじょうに。おおいに。参考関西では、ありがとうの意を表す。

**オーきゃく**【O脚】(名) 足をそろえて直立したときに、左右のひざとひざとがつかず、O字形になっている足のこと。がにまた。内反膝《ないはんしつ》。類X《エックス》脚《きゃく》

**おおぎょう**『大仰・大形』(名・形動ダ) おおげさでわざとらしいようす。「―な話しぶり」

**おおぎり**【大喜利・大切り】(名)〘演〙芝居《しばい》などで、一日の最後に演じるもの。また、寄席《よせ》で、一日の最後に数人で行う軽い演芸。

**おおく**【多く】■一(名) 数や量が多いこと。たくさん。「―のことを学ぶ」■二(副) おおかた。たいてい。「生徒は―この問題でつまずく」

**オークション**〔英 auction〕(名) 競売。せり売り。「―にかける」

**おおぐち**【大口】(名) ❶大きく口をあけること。大きな口。「―をあけて笑う」❷えらそうなことば。「―をたたく」❸売り買いの取り引きなどで、金額・数量の大きいこと。「―の注文」対小口《こぐち》

**おおくらしょう**【大蔵省】(名)「財務省」の旧称《きゅうしょう》。

**オーケー**【OK】■一(感)「承知した」「よろしい」という意で発することば。「―、すぐ行きます」■二(名・自スル) 同意すること。承認。「上司に―をもらう」

**おおげさ**『大△袈△裟』(形動ダ)｛ダロ・ダッ(デ・ニ)・ダ・ナ・ナラ・○｝ それほどでもないことを、いかにもたいそうに言ったりしたりするようす。おおぎょう。「―な身ぶり」「―に言う」

**オーケストラ**〔英 orchestra〕(名)〘音〙管弦楽《かんげんがく》。また、その楽団。管弦楽団。

**おおごしょ**【大御所】(名) その分野で最も勢力のある人。第一人者。「政界の―」類大立て者

**おおごと**【大事】(名) 重大なできごと。大事件。「それは―だ」

**おおざっぱ**【大雑把】(形動ダ)｛ダロ・ダッ(デ・ニ)・ダ・ナ・ナラ・○｝ ❶細かいことに気がつかないで、雑であるようす。「―な性格」❷小さいことは無視して全体をおおまかにとらえるようす。大づかみ。「―に見積もる」

**おおざと**『△邑・△阝』(名) 漢字の部首の一つ。「部」「都」などの右側にある「阝」の部分。⇨こざとへん

**おおじ**【大路】(名) 幅《はば》の広い道。大通り。「都《みやこ》―」対小路《こうじ》

**おおし・い**【雄雄しい】(形)｛カロ・カッ(ク)・イ・イ・ケレ・○｝ 勇ましく、りっぱだ。「―いで立ち」対女女《めめ》しい

**オージー**【OG】(名) 卒業・退職をした女の先輩《せんぱい》。類OB。▽英 old girl から。

**おおしお**【大潮】(名) ひき潮と満ち潮の差が最も大きくなること。また、そのときの潮。毎月二回、新月と満月のあとにおこる。対小潮《こしお》

**おおじかけ**【大仕掛け】(名・形動ダ) 仕掛けや仕組みが大きいこと。「―な花火」類大掛《が》かり

**おおしこうちのみつね**〔凡河内躬恒〕〔人名〕(生没年不明)平安時代前期の歌人。歌風は、客観的、叙情《じょじょう》的。家集に「躬恒集」がある。

**おおすじ**【大筋】(名) 物事のだいたいのすじみち。だいたいのところ。「―で合意が成立する」

**オーストラリア**〔Australia〕〔地名〕❶太平洋の南西部にある世界最小の大陸。❷「オーストラリア連邦《れんぽう》」の略。

**オーストラリアれんぽう**〔オーストラリア連邦〕〔Commonwealth of Australia〕〔地名〕オーストラリア大陸およびタスマニア島などからなる、英連邦加盟の

立憲君主国。首都はキャンベラ。

**オーストリア**〔Austria〕［地名］ヨーロッパ中部にある共和国で、永世《えいせい》中立国。首都はウィーン。

**おおすみ**〔大隅〕［地名］むかしの国名の一つ。今の鹿児島県東部で、大部分は大隅半島。隅州《ぐうしゅう》。

**おおずもう【大。相撲】**（名）❶日本相撲協会が主催《しゅさい》する、職業力士による相撲の興行。❷見ごたえのある、力のはいった相撲の勝負。「水入りの—」

**おおせ【仰せ】**（名）❶目上の人からの言いつけ。ご命令。「—のとおりにいたします」❷おことば。

**おおぜい【大勢】**（名）多くの人。多人数。「人が—集まる」

**おおぜき【大関】**（名）すもうの階級の一つで、横綱《よこづな》のつぎの位。

**おおせつか・る【仰せつかる】**『仰せ付かる』（他五）〔ラ(ロ)・リ(ッ)・ル・ル・レ・レ〕「言いつかる」のけんそんした言い方。ご命令をお受けする。「大役を—」

**おお・せる**（他下一）〔セ・セ・セル・セル・セレ・セロ(セヨ)〕（動詞の連用形について）なしとげる。すっかり…する。「にげ—」

**おおそうじ【大掃除】**（名）❶ふだんより大がかりなそうじ。「暮れの—」❷反対者などを組織から完全に追い出すこと。「部内の—が必要だ」

**オーソドックス**〔英 orthodox〕（名・形動ダ）伝統的な考え方や方法に従っていること。正統的であること。「—な考え方」

**おおぞら【大空】**（名）広く大きな空。

**オーソリティー**〔英 authority〕（名）その専門分野について深い知識をもっている権威《けんい》者。大家《たいか》。「法学の—」

**オーダー**〔英 order〕㊀（名・他スル）注文すること。「背広を—する」㊁（名）順序。順番。

**オーダー-メード**〔和製英語〕（名）注文によって作ること。また、その品物。「—の洋服」▽order と made から。㊉レディーメード

**おおだい【大台】**（名）❶〖経〗株式や商品相場で、おもに一〇〇円を単位にする値段の範囲《はんい》。❷金額や数量で大きなさかいめとなる数値。「売り上げが一〇億円の—にのる」

**おおたちまわり【大立ち回り】**（名）❶芝居《しばい》で、大勢で演じる乱闘《らんとう》や切り合い。「歌舞伎《かぶき》の—」❷はでなけんかや取っ組みあい。「夫婦で—を演じる」

**おおだてもの【大立て者】**（名）❶一座のうちでいちばんすぐれた俳優。❷その社会の中で重んじられている実力者。「財界の—」㊫大御所《おおごしょ》

**おおだな**『大◇店』（名）手広く商売をし、大きな店舗《てんぽ》を構えている商店。

**おおたなんぽ**〔大田南畝〕［人名］（一七四九〜一八二三）江戸《えど》時代後期の狂歌《きょうか》師・戯作《げさく》者。別号は蜀山人《しょくさんじん》・四方赤良《よものあから》など。天明調狂歌流行の中心者となった。

**おおづかみ【大づかみ】**『大△摑み』（名・形動ダ）（てのひらいっぱいにつかみとる意から）物事の全体をおおまかにとらえること。大ざっぱ。「—に分類すると」

**おおつごもり**『大△晦』（名）一年の最終の日。おおみそか。

**おおづつ【大筒】**（名）「大砲《たいほう》」の古い言い方。

**おおっぴら【大っぴら】**（形動ダ）〔ダロ・ダッ(デ・ニ)・ダ・ナ・ナラ・〇〕❶人目をはばからないようす。「—にふるまう」❷表だったようす。公然。「事が—になる」

**おおつぶ【大粒】**（名）粒が大きいこと。「—の涙《なみだ》」㊉小粒

**おおづめ【大詰め】**（名）❶演劇で、最後の幕。また、その場面。❷物事の終わりの段階。「この事件も—をむかえた」

**おおて【大手】**（名）❶城の正門。「—門」㊉搦《から》め手。❷敵を正面からせめる部隊。「—の大将」㊉搦め手。❸市場で、多額の売買や取り引きをする人や会社。❹規模の大きい会社。「業界最—」

**おおで【大手】**（名）肩《かた》から手の先まで。

**大手を振《ふ》る**（いばって歩くしぐさから）人に遠慮《えんりょ》しないようす。「大手を振って歩く」

**オーディオ**〔英 audio〕（名）ステレオなどの音響《おんきょう》再生装置。「—マニア」

**オーディション**〔英 audition〕（名）放送番組・舞台《ぶたい》公演などの出演者を決定するために行う実技テスト。「—を受ける」

**オー-デ-コロン**〔フランス eau de Cologne〕（名）香水の一種。においがうすく、手軽に用いられる。コロン。

**おおど【大戸】**（名）正面入り口の大きな戸。

**おおどうぐ【大道具】**（名）〖演〗舞台《ぶたい》で、場の情景を形作る大きな装置。背景・樹木・建物など。㊉小道具

**おおどおり【大通り】**（名）市街地の中心部をはしる広い大きな通り。㊫表通り

**おおどか**（形動ダ）〔ダロ・ダッ(デ・ニ)・ダ・ナ・ナラ・〇〕心がゆったりして、物事にこせこせしないようす。「—な性質」

**オート-クチュール**〔フランス haute couture〕（名）❶注文によって作る高級な洋服。❷①を製作、販売《はんばい》する店。特に、パリの高級衣装店協会加盟店。

**オート-バイ**〔和製英語〕（名）小型エンジンによって走る二輪車。自動二輪車。単車。▽auto と bicycle から。

**オードブル**〔フランス hors-d'œuvre〕（名）西洋料理の献立《こんだて》で、最初に出る軽い料理。前菜《ぜんさい》。

**オートマ**（名）「オートマチック㊁②」の略。

**オートマチック**〔英 automatic〕㊀（形動ダ）〔ダロ・ダッ(デ・ニ)・ダ・ナ・ナラ・〇〕自動的であるようす。㊁（名）❶自動拳銃《けんじゅう》。❷自動車の自動変速装置。オートマ。AT。

**オートミール**〔英 oatmeal〕（名）燕麦《えんばく》をひき割ったもの。かゆ状に煮《に》て、砂糖・牛乳を入れて食べる。

**オートメーション**〔英 automation〕（名）人手をほとんど使わないで、機械が自動的に仕事をするしくみ。自動制御《せいぎょ》。オートメ。…化「製品管理のオートメーション化をはかる」

**おおとものたびと**〔大伴旅人〕［人名］（六六五〜七三一）奈良時代の歌人。家持《やかもち》の父。漢学に通じ、和歌にもすぐれ、「万葉集」中に約八〇首が収められている。

**おおとものやかもち**〔大伴家持〕［人名］（七一八?〜七八五）奈良時代の歌人。旅人《たびと》の子。「万葉集」

の編者といわれ、最も多い五〇〇首近くが収められている。歌風は優美で、技巧《ぎこう》的。

**オート-レース**〔和製英語〕(名) オートバイや自動車の競走。▽auto と race から。

**オート-ロック**〔和製英語〕(名) ドアなどで、閉じると自動的に鍵《かぎ》がかかる錠《じょう》。▽auto と lock から。

**オーナー**〔英 owner〕(名) 持ち主。所有者。「球団の—」「別荘の—」

**おおなたをふるう**『大△鉈を振るう』思いきって全体を縮小したり整理したりする。「予算案に—」

**おおにゅうどう**【大入道】(名) 坊主《ぼうず》頭の大男。また、そういう形のばけもの。

**おおにんずう**【大人数】(名) 人数が多いこと。多《た》人数。おおにんず。[対]小人数《こにんずう》

**おおのやすまろ**〔太安万侶〕【人名】(?〜七二三) 奈良時代の学者。稗田阿礼《ひえだのあれ》の口述により、日本の神話・伝説・歴史を整理して、七一二(和銅五)年に「古事記」を完成した。また、舎人《とねり》親王のもとで「日本書紀」の編集にもあたった。

**オーバー**〔英 over〕[一](名・自他スル) ある数量・限度をこえること。また、こすこと。「予定額を—する」「定員—」[二](形動ダ)〔ダロ・ダッ(デ・ニ)・ダ・ナ・ナラ・○〕おおげさなようす。「—な話し方」[三](名)「オーバーコート」の略。

**オーバーオール**〔英 overall〕(名) ❶着ている服がよごれないようにその上に着る服。うわっぱり。❷胸当てとつりひもがついている作業用のズボン。

**オーバーコート**〔英 overcoat〕(名) 外套《がいとう》。オーバー。

**オーバー-スロー**(名) 野球で、うでを肩《かた》の上からふり下ろす投球の仕方。上手投げ。オーバーハンド。▽英 overhand throw から。[対]アンダースロー

**オーバータイム**〔英 overtime〕(名) ❶決められた時間をこえて働くこと。超過勤務《ちょうかきんむ》。❷バレーボールやバスケットボールなどでの反則の一つ。決められた回数や時間をこえて、ボールに触《ふ》れること。

**オーバーヒート**〔英 overheat〕(名・自スル) ❶エンジンなどが必要以上に高温になること。過熱。❷度をこした興奮状態にあること。

**オーバーホール**〔英 overhaul〕(名・他スル) 機械などを分解して点検整備すること。「時計を—する」

**オーバーラップ**〔英 overlap〕(名・自他スル) ❶映画などで、一つの画面が消える直前につぎの画面を重ねて写す技法。二重写し。❷意識の中で、二つのものが重なり合って感じられること。「眼前の景色に子どものころのなつかしい風景が—する」

**オーバーワーク**〔英 overwork〕(名) 働きすぎること。過重な労働。「連日の—で疲《つか》れきる」

**おおばけ**【大化け】(名・自スル) 平凡《へいぼん》だったものが、見ちがえるほどよい状態になること。

**おおばこ**『×車前草』(名)〘植〙オオバコ科の多年草。道ばたや野原に自生する。

(おおばこ)

**おおはば**【大幅】[一](名) 織物の幅で、小幅の二倍。広幅。約七二《センチメートル》。[二](名・形動ダ) 数量などの変化の差が大きいようす。「—な見直し」([対]小幅)

**おおはらえ**【大はらえ】『大△祓』(名) 罪やけがれをはらい清める神社の行事。六月と一二月の最終日に行う。おおはらい。

**おおばん**【大判】(名) ❶紙や本などの寸法がふつうより大きいもの。「—のコピー用紙」❷安土桃山《あづちももやま》時代から江戸《えど》時代末期まで用いられた、長円形の大型の金貨。[対]小判

**おおばんぶるまい**【大盤振る舞い】(名) →おうばんぶるまい

**オー-ビー**【OB】(名) ❶(英 old boy から)卒業・退職をした男の先輩《せんぱい》。「—会」「—訪問」[類]OG。❷(英 out-of-bounds から)ゴルフで、プレーできない区域。また、そこにボールを打ち込《こ》むこと。

**おおひろま**【大広間】(名) 大きな広間。ひじょうに広い座敷《ざしき》。

**オープニング**〔英 opening〕(名) 物事の始まり。特に、テレビ番組・舞台《ぶたい》公演・催《もよお》しなどでいう。

**おおぶね**【大船】(名) 大きな船。

**大船に乗《の》る** たよりになる人にまかせきって安心している状態のたとえ。「大船に乗ったような気持ちでいる」

**おおぶり**【大振り】[一](名・他スル) バットなどを大きく振ること。[二](名・形動ダ) 形が大きめなこと。大形。「—の茶碗《ちゃわん》」([対]小振り)

**おおぶり**【大降り】(名) 雨や雪がはげしく降ること。[類]本降り。[対]小《こ》降り

**おおぶろしき**【大風呂敷】(名) ❶大きいふろしき。❷おおげさな話。「—を広げる」

**オーブン**〔英 oven〕(名) 高温で食品を蒸《む》し焼きにして調理する器具。パンやケーキなどを焼くときに使う。天火《てんぴ》。「ガス—」

**オープン**〔英 open〕[一](形動ダ)〔ダロ・ダッ(デ・ニ)・ダ・ナ・ナラ・○〕なにごともかくさず、開放的なようす。「—に話し合う」[二](名・自他スル) 営業を始めること。開業。開店。「本日—の花屋」[三](名)「オープンゲーム」の略。

**オープン-カー**〔英 open car〕(名) 屋根がついていない、また、屋根を折りたたむことができる自動車。

**オープンかかく**【オープン価格】(名) ある製品に対して、製造会社が希望小売《こうり》価格をつけず、小売店が価格を設定すること。また、その価格。オープンプライス。▽オープンは、英 open

**オープン-ゲーム**〔英 open game〕(名) ❶参加資格に制限のない競技会。公開競技。❷公式試合以外の試合。オープン戦。

**オープン-ショップ**〔英 open shop〕(名) 従業員の労働組合加入は自由で、組合員でなくなっても従業員としての資格は失わないという制度。⇩クローズドショップ・ユニオンショップ

**オープン-セット**〔英 open set〕(名) 映画などの撮影《さつえい》用に屋外に作った、市街や建物などの装置。

**おおべや**【大○部屋】(名) ❶旅館や病院で、大勢をいれる広い部屋。❷専用の控《ひか》え室をもてない俳優が大勢で使う楽屋。また、その俳優。「—女優」

**オーボエ**〔イタリア oboe〕(名)『音』高音の出る木管楽器。オーボー。

(オーボエ)

**おおまか【大まか】**(形動ダ)〔ダロ・ダッ(デ・ニ)・ダ・ナ・ナラ・○〕❶細かいことを気にしないようす。おおらか。「ーな人」❷だいたいの見当でするようす。大ざっぱ。「ーに見積もる」

**おおまた【大股】**(名) 両足を大きく開くこと。また、歩幅《ほはば》が広いこと。「ーで歩く」対小股

**おおみえをきる【大見えを切る・大見得を切る】**❶『演』芝居《しばい》で、役者が感情の高まりなどを表現するのに、特にめだつような顔つきや動作をする。「『勧進帳《かんじんちょう》』で弁慶《べんけい》がー」❷自信のほどをことさら強調してことばや態度に表す。「必ずできるとー」

**おおみず【大水】**(名) 台風や大雨などのために川の水があふれること。洪水《こうずい》。「ーが出る」

**おおみそか**『大◁晦日』(名) 一二月三一日。一年の最終の日。おおつごもり。

**おおみやびと【大宮人】**(名) 宮中に仕える人。

**オーム**〔ドイツ Ohm〕(名)『物』電気抵抗《ていこう》の単位。一ボルトの電圧で一アンペアの電流が流れるときの抵抗を一オームとする。記号 Ω

**おおむかし【大昔】**(名) ずっと遠いむかし。

**おおむぎ【大麦】**(名)『植』イネ科の一年草または越年草《えつねんそう》。実は食用のほか、ビール・みそ・しょうゆなどの原料にする。茎《くき》で麦わら帽子《ぼうし》などを作る。

**おおむこう【大向こう】**(名) 芝居《しばい》で、料金の安い立ち見席。また、そこで見る人。転じて、一般《いっぱん》の見物人。「ーをうならせる(=大衆の人気を得る)」

**おおむね**『◇概ね』(副) おおよそ。だいたい。「ー良好だ」

**おおめ【多め】**(名・形動ダ) やや多いぐらいの分量や程度。「ーに見積もる」「塩をーに入れる」対少なめ

**おおめ【大目】**(名) 大ざっぱに見積もること。

**大目に見《み》る** 人の欠点やあやまちをあまりとがめずに寛大《かんだい》にあつかう。

**おおめだま【大目玉】**(名) ❶大きな目玉。❷ひどくしかること。「ーを食う(=ひどくしかられる)」

**おおめつけ【大目付】**(名)『歴』江戸《えど》幕府の職名。老中《ろうじゅう》の下にいて、大名《だいみょう》たちの行動を監督《かんとく》した。

**おおもじ【大文字】**(名) ローマ字で字体の大きいもの。小文字a・bに対するA・Bなど。対小文字

**おおもと【大本】**(名) いちばんのもと。物事の根本。「ーにさかのぼって考える」

**おおもの【大物】**(名) ❶同類のもののなかで、大きなもの。「ーが釣《つ》れた」❷その分野で実力や勢力があり、重要な地位にある人。また、器量《きりょう》の大きな人物。「政界のー」(対小物)

**おおや【大家】**(名) 貸家の持ち主。家主。対店子《たなこ》

**おおやけ【公】**(名) ❶国家・政府・地方公共団体などのこと。「ーの機関」❷個人ではなく、社会全体にかかわること。公共。「ーの場所」「ーの立場」対私《わたくし》 ❸表だつこと。公然。「事件がーになる」

**公にする** 一般《いっぱん》に発表する。公表する。

**おおゆき【大雪】**(名) たくさん降る雪。対小雪

**おおよう【大様】**(形動ダ)〔ダロ・ダッ(デ・ニ)・ダ・ナ・ナラ・○〕→おうよう(鷹揚)

**おおよそ**『大◇凡』[一](名) 物事のだいたいのこと。あらまし。「ーのことは聞いて知っている」[二](副) だいたい。おおかた。「ー見当はついている」

**オーラ**〔英 aura〕(名) 人や物が発する独特の雰囲気《ふんいき》。「ーのある人」

**オーライ**(感) よろしい。オーケー。「発車ー」▽英 all right から。

**おおらか**(形動ダ)〔ダロ・ダッ(デ・ニ)・ダ・ナ・ナラ・○〕気持ちがゆったりとしていてこせこせしないようす。「ーな性格」

**オーラル-**〔英 oral〕(接頭) 口の。口頭の。「ーケア」「ーコミュニケーション」

**オール-**〔英 all〕(接頭)「すべて」「全」という意を表す。「ージャパン」「ーシーズン」

**オール**〔英 oar〕(名) ボートをこぐのに使う、かい。

**オール-ウエーブ**(名) 長波・中波・短波のすべての波長の電波を受信できる受信機。全波受信機。▽英 all wave receiver から。

**オールド-ボーイ**〔英 old boy〕(名) →オービー①

**オールマイティー**〔英 almighty〕[一](名・形動ダ) なんでも上手にできること。[二](名) トランプで最も強い札。ふつう、スペードのエース。

**オールラウンド**〔英 all-round〕(名・形動ダ) あらゆる分野や領域で、高い能力を発揮すること。万能《ばんのう》。「ープレーヤー」

**オーロラ**〔英 aurora〕(名)『天』北極や南極付近の空に見られる美しい発光現象。形は幕状や帯状のものなどがある。極光。

**おおわく【大枠】**(名) おおよその枠組み。だいたいの構想。「予算のーが決まる」

**おおわざ【大技】**(名) 柔道・すもうなどで、動きの大きい豪快《ごうかい》な技。また、スポーツの競技・演技などで、難度の高いはでな技。「ーをきめる」対小技

**おおわらわ**『大◇童』(名・形動ダ) せいいっぱいむちゅうになって物事をするようす。「開店準備にーだ」[参考]もとは束ねていないざんばら髪《がみ》のことで、むかし、戦場で武士が髪をふり乱して戦うようすから出たことば。

**おか【岡】** 8画 山5 (小4) [訓]おか

おか。土地の小高い所。[参考]「岡山」県、「静岡」県、「福岡」県は、それぞれ「おかやま」県、「しずおか」県、「ふくおか」県と読む。

**おか【丘・岡】**(名) 土地の小高い所。山よりも低くなだらかなもの。

**おか**『◇陸』(名) ❶陸地。「ーに上がった河童《かっぱ》(=とくいな分野からはなれて、自分の能力を発揮できないことのたとえ)」❷すずりの墨《すみ》をする所。対海《うみ》

**おかあさん【お◦母さん】**(名) 親しみをこめて母親

を呼ぶことば。かあさん。対お父《とう》さん

**おかえし【お返し】**（名・自スル）❶贈り物に対して礼をすること。また、その品物。「結婚祝いの—」❷仕返し。報復。「意地悪への—」❸おつり。つり銭。

**おかかえ【お抱え】**（名）ある専門の技能をもつ人を専属に雇《やと》うこと。また、その雇われた人。「幕府《ばくふ》—の絵師」

**おかき【お欠き】**（名）「かきもち」の丁寧《ていねい》語。

**おがくず【おが屑】**（名）材木をのこぎりで切るときに出る細かい木の粉。

**おかげ【◇御陰・◇御蔭】**（名）❶神仏や他の人から受けた力ぞえ。「—さまで何とか無事にやっております」❷ある行為や物事が、ある結果をうむこと。「勉強した—で、試験は楽だった」

> **学習 比較《ひかく》**　「おかげ」「せい」
>
> **おかげ**　あることが原因・理由で、多くは、好ましい結果になること。「彼《かれ》のおかげで助かった」「豊かな水のおかげで、作物がよく育つ」「志望校に受かったのは先生の指導のおかげです」
>
> **せい**　あることが原因・理由で、好ましくない結果になること。「雨のせいで、遠足は中止になった」「人のせいにする」「学校に遅《おく》れたのは朝寝坊《ねぼう》したせいです」

**おかざり【お飾り】**（名）❶正月のしめかざりや松かざり。❷名前だけでなかみのないもの。「—の会長」

**おかし** 古語 →をかし

**おかし・い【×可笑しい】**（形）〔カロ・カッ(ク)・イ・イ・ケレ・○〕❶しぜんに笑ってしまうようなおもしろいようす。こっけいだ。「—・くて、笑いころげる」❷正常ではない。変だ。「エンジンの調子が—」❸異常で疑わしい。また、納得しがたい。「その話はどうも—」

**おかしがた・い【犯し難い】**（形）〔カロ・カッ(ク)・イ・イ・ケレ・○〕おごそかで、近づきにくい。「—気品がある」

**おかしな【×可笑しな】**（連体）おかしい。どこか変な。「—格好」

**おかじょうき【◇陸蒸気】**（名）汽車のこと。参考 明治初期に蒸気船と区別して呼ばれた。

**おかしらつき【尾頭付き】**（名）尾も頭もついたままの焼き魚。神をまつる行事や、お祝いのときなどに使う。「鯛《たい》の—」

**おか・す【犯す】**（他五）〔サ(ソ)・シ・ス・ス・セ・セ〕❶法律・規則・道徳などにそむいたことをする。「罪を—」❷けがす。特に、女性をはずかしめる。❸他人の面目《めんぼく》や神聖さなどを傷つける。「面《おもて》を—（＝その人の面目を傷つけてもあえて忠告する）」参考③は文語的な言い方で、「冒す」とも書く。⇩おかす(冒す)「学習」

**おか・す【侵す】**（他五）〔サ(ソ)・シ・ス・ス・セ・セ〕❶他国や他人の土地に、勝手に立ち入る。「国境を—」❷他人の権利をそこなう。「人権を—」⇩おかす(冒す)「学習」

**おか・す【冒す】**（他五）〔サ(ソ)・シ・ス・ス・セ・セ〕❶困難や障害などをおし切って実行する。「危険を—」❷身体や作物などに害を与《あた》える。「病に—・される」❸神聖なものをけがし傷つける。「尊厳を—」❹他人の姓《せい》を名乗る。「源氏の姓を—」参考②は「侵す」、③は「犯す」とも書く。④は文語的な言い方。

> **学習 使い分け**　「犯す」「侵す」「冒す」
>
> **犯す**　法律・規則・道徳などの定めを破る意。「法を犯す」「過ちを犯す」「校則を犯す」
>
> **侵す**　他人の領分や権利に、不法にふみ入る意。「隣国《りんごく》を侵す」「表現の自由を侵す」「人の財産を侵す」
>
> **冒す**　障害を乗りこえ、あえてなにかをする意。また、身体や作物に害を与《あた》える意。「危険を冒す」「雨を冒して出発する」「結核《けっかく》に冒される」

**おかず**（名）ごはんを食べるときに、添《そ》えて食べるもの。副食物。「お弁当の—」類お菜《さい》・総菜《そうざい》

**おかっぱ【お◇河◇童】**（名）女の子の髪形《かみがた》の一つ。前髪は眉《まゆ》のあたりで、横とうしろは耳もとからえりあしあたりで切りそろえる。「—頭」

**おかっぴき【岡っ引き】**（名）江戸《えど》時代、警察の仕事をしていた同心《どうしん》の下について、罪人を追ったりとらえたりした人。目明かし。

**おかどちがい【お門違い】**（名）（訪問先をまちがえる意から）見当ちがい。「私を責めるのは—だ」

**おかぶをうばう【お株を奪う】**ある人の得意なわざや芸を、ほかの人がうまくやる。「名人の—芸」

**おかぼ【◇陸◇稲】**（名）畑に作る稲《いね》。水が少なくても育つ。りくとう。対水稲《すいとう》

**おかま【お釜】**（名）❶「釜」の丁寧《ていねい》な言い方。❷火山の噴火口《ふんかこう》。❸《俗語》尻《しり》。❹《俗語》（③から転じて）男色をする人。

**おかまい【お構い】**（名）❶気にかけてもてなすこと。「何の—もできませんで」❷気にすること。「人の迷惑《めいわく》も—なしに」参考あとに打ち消しのことばがくる。

**おかみ【お上】**（名）❶天皇《てんのう》。朝廷《ちょうてい》。❷政府。役所。「—のお達し」❸主君。「—の一大事」❹他人の妻。「隣家《りんか》の—」❺旅館や料理屋などの女主人。「宿の—」参考⑤はふつう「女将」と書く。④⑤は「おかみさん」と「さん」をつけて言うことがある。

**おが・む【拝む】**（他五）〔マ(モ)・ミ(ン)・ム・ム・メ・メ〕❶からだを折りかがめておじぎをする。ぬかずく。「神前で—」❷てのひらを合わせていのる。「仏を—」❸深く人にたのむ。ひたすらお願いする。「—・み倒《たお》してひきうけてもらう」❹「見る」のけんそんした言い方。拝見する。「宝物を一目《ひとめ》—・みたいものだ」

**おかめ**（名）丸顔でほおが高く、鼻の低い女の面。おたふく。また、その面に似た顔の女性。「—とひょっとこ」

**おかめはちもく【◇傍目八目・岡目八目】**（名）はたから見ていると、物事のよしあしがよくわかること。参考囲碁《いご》をそばで見ていると、打っている人より八目も先の手までわかる、という意から出たことば。

**おかもち【岡持ち】**（名）出前の料理を入れて運ぶための、持ち手とふたのついた桶《おけ》や箱。

**おから**〘×雪花菜〙（名）とうふをつくったあとの、だいずのしぼりかす。うのはな。

**オカリナ**〔イタリア ocarina〕（名）〘音〙土製または陶器《とうき》製のはと形の笛。八～一〇個の穴を押《お》さえながら吹《ふ》く。

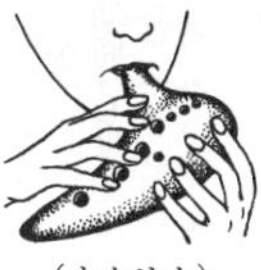
（オカリナ）

**オカルト**〔英 occult〕（名）心霊《しんれい》術・テレパシーなどの神秘的な力や方法による超自然《ちょうしぜん》的な現象。「—映画」

**おがわ【小川】**（名）流れの細い小さな川。

**おがわみめい**〔小川未明〕【人名】（一八八二〜一九六一）小説家・童話作家。小説家として出発したのち童話に進み、「赤い蠟燭《ろうそく》と人魚」などの名作を発表した。

**おかわり【お代わり】**（名・他スル）食事で同じものを続けて飲食すること。「ご飯を—する」

**おかん【悪寒】**（名）高い熱が出たときなどに感じる、からだがぞくぞくふるえるような寒け。「—がする」

**おかんむり**〘お冠〙（名・形動ダ）おこっていること。機嫌《きげん》が悪いこと。「上司は昨日《きのう》のことで—だ」参考「冠《かんむり》を曲げる」から出た語とされる。使い方〉おもに目上の人のようすに用いる。

**-おき【置き】**（接尾）（数を表す語につけて）それだけの間をあけることを表す。「一時間—に船が出る」「五《メートル》—に立つ」

**おき【沖】**（名）海や湖の、岸から遠くはなれた水の上。「—に出る」「三陸—」

**おき**〘△燠・△熾〙（名）❶赤くおこった炭火。燠火《おきび》。❷まきなどが燃えつきて炭火のようになったもの。

**おき**〔隠岐〕【地名】むかしの国名の一つ。今の島根県の一部で、北方海上にある島。隠州《いんしゅう》。

**おぎ**〘△荻〙（名）〘植〙イネ科の多年草。水辺《みずべ》に多く生え、秋、大きな銀白色の穂《ほ》を出す。

**おきあい【沖合い】**（名）海や湖の沖のほう。

**おきあがりこぼし**〘起き上がり小◇法師〙（名）底におもりを入れて、たおしてもすぐ起き上がるようにしたおもちゃのだるま。

**おきあが・る【起き上がる】**（自五）{ラ(ロ)・リ(ッ)・ル・ル・レ・レ}横たわっていたからだを起こす。「床《とこ》の上に—」

**おきか・える【置き換える・置き替える】**（他下一）{エ・エ・エル・エル・エレ・エロ(エヨ)}❶置く位置をかえる。❷あるものと取りかえて、他のものを置く。「文字を記号に—」

**おきごたつ【置きごたつ】**〘置き△炬△燵〙（名）置き場所を移動できるこたつ。

**おきざり【置き去り】**（名）あとに残して行ってしまうこと。「みんなから—にされる」

**おきじ【置き字】**（名）漢文を訓読《くんどく》するときに読まない文字。「焉《えん》」「矣《い》」など。

**オキシダント**〔英 oxidant〕（名）〘化〙強酸化性物質の総称《そうしょう》。光化学スモッグの一因となる大気中の酸化物をさすことが多い。

**オキシドール**〔ドイツ Oxydol〕（名）〘化〙約三《パーセント》の過酸化水素水溶液。無色透明《とうめい》で、消毒や漂白《ひょうはく》などに使う。

**オキシフル**（名）「オキシドール」の商標名。

**おきて**〘△掟〙（名）守らなければならないしきたり。さだめ。また、法律。「村の—に従う」「自然の—」

**おきてがみ【置き手紙】**（名・自スル）用件を手紙に書いて、その場所に残しておくこと。また、その手紙。「—を残して家を出る」

**おきな**〘◇翁〙（名）年をとった男。おじいさん。「竹取の—」対嫗《おうな》

**おぎな・う【補う】**（他五）{ワ(オ)・イ(ッ)・ウ・ウ・エ・エ}たりないところや、欠けたところを、うめ合わせる。「説明を—」「欠員を—」

**おきなかし【沖仲仕】**（名）本船とはしけとの間での荷物のつみおろしをする作業員。参考現在は「港湾《こうわん》労働者」という。

**おきにいり【お気に入り】**（名）好みにあうこと。また、その人や物。「先生の—」「—のカフェ」

**おきぬけ【起き抜け】**（名）寝床《ねどこ》から起きたばかりのとき。起きてすぐ。起きがけ。「—に散歩する」

**おきび**〘△燠火・△熾火〙→おき（燠）

**おきびき【置き引き】**（名・他スル）置いてある他人の荷物をぬすんで持ち去ること。また、その者。

**おきふし【起き伏し】**一（名・自スル）起きることと寝《ね》ること。転じて、毎日の生活。二（副）つねづね。いつも。「—ふるさとのことを思い出す」

**おきまり【お決まり】**（名）いつも決まっていること。決まりきっていて変化のないこと。「—の散歩コース」「—のパターン」

**おきみやげ【置き。○土産】**（名）立ち去るときに残しておく品物やことがら。「台風の—」

**おきもの【置物】**（名）❶床《とこ》の間《ま》などに置くかざり物。「陶器《とうき》の—」❷地位や肩書きがりっぱなだけで、実際の力を持たない人。かざり物。

**おきゃん**〘お△俠〙（名・形動ダ）若い女性が、活発でやや慎《つつし》みに欠けること。また、そのような女性。おてんば。「—な娘」

**お・きる【起きる】**（自上一）{キ・キ・キル・キル・キレ・キロ(キヨ)}❶横になっていたものが立ち上がる。「転んでもただは—・きない」❷目をさます。また、目をさまして床《とこ》を出る。「朝早く—」❸眠らないでいる。「夜遅《おそ》くまで—・きている」❹発生する。起こる。「事件が—」

**お・きる**〘△熾きる〙（自上一）{キ・キ・キル・キル・キレ・キロ(キヨ)}火の勢いが強くなる。おこる。「炭火が—」

**おく【屋】** 9画 尸6 小3 音オク 訓や

❶いえ。すまい。建物。◆屋外・屋舎・屋内 ◆家屋・社屋・廃屋《はいおく》・母屋《おもや》。❷建物の上をおおうもの。やね。◆屋上。参考特別に、「母屋」は「おもや」、「部屋」は「へや」と読む。⇩付録「漢字の筆順⒇至」

ㄱ 尸 尸 层 层 屋

**おく【億】** 15画 亻13 小4 音オク

❶一万の一万倍。◆一億円・千億。❷数がひじょうに多いこと。◆億兆・億万 ◆巨億《きょおく》

亻 亻 亻 位 倍 億

**おく**【億】（名）一万の一万倍。また、数がひじょうに多いこと。「―万長者」

**おく【憶】** 16画 忄13 音 オク 丶 忄 忙 忙 憶 憶
❶おもう。おもいやる。◆追憶。❷おぼえる。◆記憶。❸おしはかる。◆憶説・憶測

**おく【臆】** 17画 月13 音 オク 月 月 月 月 臆 臆
❶胸。心のうち。◆胸臆。❷心の中でおしはかる。◆臆説・臆測。❸気おくれする。◆臆病・臆面

**おく**【奥】（名）❶内部に深くはいった所。「戸棚《とだな》の―」「山の―」❷家の中で入り口から内に深く入った所。家族がいつもいる所。「―座敷《ざしき》」「―に通す」❸表面にあらわれない深い所。「心の―におさめる」❹秘密。とっておきのもの。「―の手」

**お・く**【置く】〔カ(コ)・キ(イ)・ク・ク・ケ・ケ〕 ━ （他五）❶物をある場所に位置させる。「手をひざに―」「机の上に本を―」❷機関・施設《しせつ》などを設《もう》ける。「事務所を―」❸ある役割を与《あた》えて配置する。「管理人を―」❹住まわせる。「下宿人を―」❺ある状況のもとに位置させる。「支配下に―」「厳しい環境に身を―」❻目標や基準などをそこに定める。「使いやすさに重点を―」❼間をあける。間をへだてる。「三日―・いて帰る」❽物や人を残したままそこを離れる。放置する。「荷物を―・いて出かける」「ただでは―・かない」❾考える対象からはずす。「この問題はしばらく―・いておこう」「彼《かれ》を―・いてほかにない」❿持っているものを手からはなしてその動作をやめる。「筆を―」「はしを―」⓫（動詞の連用形や、連用形に助詞「て」のついた形に続いて）㋐そのままにする。「ひろげて―」㋑前もってする。「調べて―」
━ （自五）霜《しも》や露《つゆ》などがおりる。
参考 ━⑨は「措く」、━⑩の「筆をおく」は「擱く」とも書く。

**おくがい**【屋外】（名）建物の外。戸外。「―のスケートリンク」対屋内

**おくがた**【奥方】（名）身分や地位の高い人の妻。

**おくぎ**【奥義】（名）→おうぎ（奥義）

**おくさま**【奥様】（名）❶他人の妻を敬っていうことば。❷雇《やと》われている人が主人の妻を敬っていうことば。

**おくさん**【奥さん】（名）他人の妻を敬っていうことば。参考「おくさま」の、少しくだけた言い方。

**おくしゃ**【屋舎】（名）建物。家。「駅の―」

**おくじょう**【屋上】（名）建物のいちばん上を平らにして、人が出られるようにした所。また、屋根の上。

**屋上屋《おく》を架《か》す**（屋根の上に屋根をかけるように）同じことを重ねてむだなことをする。

**おく・する**【臆する】（自サ変）〔シ(セ・サ)・シ・スル・スル・スレ・シロ(セヨ)〕 気おくれする。おどおどする。おじける。「―ようすもない」

**おくせつ**【臆説・憶説】（名）事実にもとづかずに想像だけで言う意見。「―が飛びかう」

**おくそく**【臆測・憶測】（名・他スル）物事をいいかげんにおしはかること。あて推量。「―にすぎない」

**おくそこ**【奥底】（名）奥深い所。「心の―」

**オクターブ**〔フランス octave〕（名）〘音〙音階で、ある音から八度へだたった音。また、そのへだたり。八度音程。

**おくだん**【臆断・憶断】（名・他スル）はっきりした根拠《こんきょ》もなく、勝手な推測で判断すること。また、その判断。「―をいましめる」

**オクタンか**【オクタン価】（名）エンジンを動かすガソリンの、異常爆発《ばくはつ》をおこしにくい性質を表す指数。数値が高いほどよい。▽オクタンは、英 octane

**おくち**【奥地】（名）都市や海岸から遠くはなれた所。「アマゾンの―」

**おくづけ**【奥付】（名）本の巻末の、著者・発行者名・発行年月日・定価などを印刷した部分。

**おくて**〘奥手・×晩稲・×晩生〙（名）❶おそく実る稲《いね》。対早稲《わせ》。❷果実・野菜で、おそく成熟するもの。対早生《わせ》。❸成熟のおそい人。対早生《わせ》。

参考 多く①は「晩稲」、②は「晩生」、③は「奥手」と書く。

**おくない**【屋内】（名）建物の中。「―プール」対屋外

**おくに**【お国】（名）❶自分の国を敬っていうことば。「―のため」❷相手の国や出身地を敬っていうことば。「―はどちらですか」❸「地方」「田舎《いなか》」を丁寧《ていねい》にいうことば。「―なまり」「―自慢《じまん》」

**おくのいん**【奥の院】（名）寺・神社の本堂・拝殿《はいでん》の後方にあって、本尊《ほんぞん》・神霊《しんれい》などをまつる建物。

**おくのて**【奥の手】（名）ふだんは使わないとっておきの有効な手段。「最後に―を出す」

**おくのほそみち**〔おくのほそ道〕〔作品名〕江戸《えど》時代前期の俳諧《はいかい》紀行文。松尾芭蕉《まつおばしょう》作。一六八九（元禄《げんろく》二）年三月末に江戸をたち、六か月がかりで東北・北陸を回った旅のようすを、俳句をまじえてしるしたもの。一七〇二（元禄一五）年刊。冒頭文 月日は百代《はくたい》の過客《くわかく》にして、行きかふ年もまた旅人なり。舟の上に生涯を浮かべ、馬の口とらへて老いをむかふる者は、日々旅にして旅をすみかとす。

**おくば**【奥歯】（名）口の奥のほうにある歯。臼歯《きゅうし》。対前歯

**奥歯に物《もの》が挟《はさ》まる** 考えていることをはっきり言わないで、何かかくしているようなようすのたとえ。「奥歯に物が挟まったような言い方」

**おくび**〘×噯気〙（名）胃にたまったガスが口から外に出たもの。げっぷ。

**おくびにも出《だ》さない** 考えていることを決してしゃべらず、そぶりにも見せない。「失敗したことは―」

**おくびょう**【臆病】（名・形動ダ）ちょっとしたことにもびくびくするようす。「―風に吹《ふ》かれる（＝おくびょうな心が起こる）」

**おくぶか・い**【奥深い】（形）〔カロ・カッ(ク)・イ・イ・ケレ・○〕 ❶表・入り口から奥のほうへ深くはいりこんでいる。「―山里」❷意味が深い。単純でない。「―内容の作品」「―味わい」参考「おくぶかい」ともいう。

**おくま・る**【奥まる】（自五）〔ラ(ロ)・リ(ッ)・ル・ル・レ・レ〕 奥のほうに

ある。奥深くなる。「ー・った部屋」

**おくみ**『△衽』（名）和服の、前身ごろの襟《えり》から裾《すそ》まで縫《ぬ》いつける細長い布。

**おくめん【臆面】**（名）気おくれしたようす。また、その顔つき。「ーもなく立候補する」〔使い方〕ふつう「臆面もなく（=ずうずうしく）」の形で使われる。

**おくやまに**…〔和歌〕

〔**奥山に　紅葉《もみぢ》ふみわけ　鳴《な》く鹿《しか》の　声《こゑ》聞《き》く時《とき》ぞ　秋《あき》はかなしき**〕〈古今集《こきんしゅう》・よみ人しらず〉〔訳〕山奥で散ったもみじの葉をふみわけながら行くと、どこからか鹿の鳴く声が聞こえてくる。その時こそ、ことさらに秋のもの悲しさが感じられることだ。（小倉《おぐら》百人一首では作者を猿丸太夫《さるまるだゆう》とする）

**おくゆかし・い【奥ゆかしい】**『奥床しい』（形）｛カロ・カッ(ク)・イ・イ・ケレ・○｝深い考えや細かい心づかいがゆきとどき、心ひかれる。上品でつつしみぶかい。「ー人物」「ー態度」

**おくゆき【奥行き】**（名）❶家や地所などの、表から奥までの長さ。「ーの深い店がまえ」〔対〕間口《まぐち》。❷知識や考えなどの奥深さ。「ーのある人物」

**おくら**〔憶良〕〔人名〕→やまのうえのおくら

**おくらいり【お蔵入り】**（名・自スル）映画作品などが公開されなくなること。「事件の影響《えいきょう》で映画がーになる」

**おくら・す【遅らす】**（他五）｛サ(ソ)・シ・ス・ス・セ・セ｝→おくらせる

**おくら・せる【遅らせる】**（他下一）｛セ・セ・セル・セル・セレ・セロ(セヨ)｝❶予定の時刻・時間をおそくする。「集合時間をー」❷ものごとの進み具合をおそくする。「作業をー」

**おぐらひゃくにんいっしゅ**〔小倉百人一首〕（名）『文』天智天皇《てんじてんのう》から順徳《じゅんとく》天皇の時代までの歌人一〇〇人の和歌を一首ずつ選んだもの。藤原定家《ふじわらのていか》が京都の小倉山《おぐらやま》の別荘《べっそう》で選んだという。近世以後、歌がるたとして流行した。

**おぐらやま**…〔和歌〕→をぐらやま…

**おくらは**…〔和歌〕

〔**憶良らは　今《いま》は罷《まか》らむ　子《こ》泣《な》くらむ　それその母《はは》も　吾《あ》を待《ま》つらむぞ**〕〈万葉集《まんようしゅう》・山上憶良《やまのうえのおくら》〉〔訳〕わたし憶良めは（宴会《えんかい》の途中《とちゅう》ですが）、そろそろおいとましましょう。今ごろ家では子どもが待ちこがれて泣いていることでしょう。その子の母（妻）も、わたしを待っているでしょう。〔参考〕「それその母も」は「そのかの母も」などのよみもある。

**おくり【送り】**（名）❶送り届けること。「大阪ーの品」「ー先」❷人をある場所まで送ること。また、見送ること。「ーの車」❸死者をほうむるのを送ること。葬送《そうそう》。「野辺《のべ》のー」

**おくりおおかみ【送りおおかみ】**『送り△狼』（名）親切らしく女性を家まで送っていくふりをして、途中《とちゅう》で危害を加えようとする男。

**おくりがな【送り○仮名】**（名）漢字の読み方を明らかにするために、漢字のあとにそえる仮名。「送る」の「る」、「明るい」の「るい」、「幸い」の「い」など。

**おくりじょう【送り状】**（名）荷物を送る人が、品物の内容などを書いて、受取人に送る書きつけ。

**おくりな【贈り名】**『△諡』（名）死後、生前の功績をたたえておくる呼び名。忌《い》み名。空海におくられた弘法大師《こうぼうだいし》など。

**おくりび【送り火】**（名）盂蘭盆《うらぼん》の最終日に、祖先の霊《れい》を冥土《めいど》へ送るため、門前でたく火。〔対〕迎《むか》え火

**おくりもの【贈り物】**（名）人におくる品物。進物《しんもつ》。プレゼント。「誕生日のー」

| 敬称《けいしょう》（相手側） | 謙称《けんしょう》（自分側） |
| --- | --- |
| 佳品《かひん》 | 寸志《すんし》　粗品《そしな・そひん》 |

**おく・る【送る】**（他五）｛ラ(ロ)・リ(ッ)・ル・ル・レ・レ｝❶物や人を自分の方から目的の所に移し届くようにする。「荷物を東京にー」「合図をー」「援軍《えんぐん》をー」❷順番に次へ移してゆく。「プリントをうしろへー」❸去っていく人につきそって、ある所まで行く。「友達を駅までー」〔対〕迎《むか》える ❹去っていく人となごり惜《お》しい気持ちで別れる。「卒業生をー」❺時を過ごす。「悠々自適《ゆうゆうじてき》の毎日をー」❻送りがなをつける。「『生きる』は『き』からー」⇩おくる（贈る）「学習」

**おく・る【贈る】**（他五）｛ラ(ロ)・リ(ッ)・ル・ル・レ・レ｝❶感謝や祝福などの気持ちをこめて、金品などを与《あた》える。「プレゼントをー」「祝いのことばをー」❷官位や称号《しょうごう》を与える。「ナイトの称号をー」

**学習〈使い分け〉「送る」「贈る」**

送る　物や人を、ある所から別の所へ届ける意。「いなかに手紙を**送る**」「荷物を宅配便で**送る**」「使節を中国へ**送る**」

贈る　人に金品や位などを与《あた》える意。「誕生日に花を**贈る**」「努力賞を**贈る**」「業績をたたえ、名誉博士の称号《しょうごう》を**贈る**」

**おくれ【遅れ・後れ】**（名）❶予定よりもあとになること。時期がおそくなること。「五分ーで到着《とうちゃく》する」❷他よりもあとになること。劣《おと》ること。

**後れを取《と》る**　他よりあとになる。先を越《こ》される。「新技術の開発でー」

**おくれげ【後れ毛】**（名）（女性が髪《かみ》をゆい上げたとき）短くてはえぎわにたれ下がる毛。おくれがみ。

**おくればせ【後ればせ】**『後れ△馳せ』（名）おくれてかけつけること。時機におくれること。「ーながら御礼申し上げます」〔使い方〕ふつう「おくればせながら」の形で用いる。

**おく・れる【後れる】**（自下一）｛レ・レ・レル・レル・レレ・レロ(レヨ)｝他のものが先に進み、あとに残される。「流行にー」「死にー」⇩おくれる（遅れる）「学習」

**おく・れる【遅れる】**（自下一）｛レ・レ・レル・レル・レレ・レロ(レヨ)｝❶予定された時間よりおそくなる。また、決められた時間にまにあわない。「電車がー」「会にー」❷基準となる時間よりおそくなる。ふつうよりあとになる。「梅雨《つゆ》明けがー」「対応がー」❸時計が正しい時刻よりもおそい時刻を示す。「この時計は五分ー・れている」〔対〕進む

学習 使い分け 「後れる」「遅れる」

**後れる** 他のものよりあとになる意。「前の人から二、三歩**後れ**て歩く」「世の進歩に**後れる**」「**後れ**をとる」

**遅れる** 一定の時刻・日時よりおそくなる意。「事故で到着が**遅れる**」「完成が**遅れる**」「予定より**遅れ**て始まる」

**おけ**〖△桶〗（名）板を連ねてまるい筒《つつ》の形にして底をつけた、水などを入れる容器。「ふろ―」

**おけら**〖×螻蛄〗（名）❶《動》→けら ❷《俗語》おかねをまったく持っていないこと。一文《いちもん》なし。

**おける**〖△於ける〗物事が行われる所・場合・時などを示す。…での。…の場合の。「選手の会場に―態度はりっぱだった」使い方 上に「に」がついて「…における」という形で用いる。

**おこがまし・い**〖×烏滸がましい〗（形）〔カロ・カッ(ク)・イ・イ・ケレ・○〕出しゃばりで生意気なようす。身のほど知らずなようす。「―ようですが、私が引き受けます」

**おこし**（名）菓子《かし》の一種。蒸《む》してかわかしたもち米・粟《あわ》などを炒《い》り、水あめや砂糖で固めたもの。

**おこ・す**【起こす】（他五）〔サ(ソ)・シ・ス・ス・セ・セ〕❶横になっていたものを立たせる。「ころんだ人を―」❷目をさまさせる。「朝四時に―」❸ある事態を生じさせる。「事故を―」「腹痛を―」❹ある気持ちを生じさせる。「やる気を―」❺新しく物事を始める。「事業を―」「行動を―」「筆を―（＝書きはじめる）」❻土をほり返す。「畑を―」❼文字にする。「音声データを原稿《げんこう》に―」

**おこ・す**【興す】（他五）〔サ(ソ)・シ・ス・ス・セ・セ〕勢いをつける。さかんにする。「家業を―」「国を―」

**おこ・す**〖△熾す〗（他五）〔サ(ソ)・シ・ス・ス・セ・セ〕火の勢いを強くする。「火を―」

**おごそか**【厳か】（形動ダ）〔ダロ・ダッ(デ・ニ)・ダ・ナ・ナラ・○〕威厳《いげん》があり、心のひきしまるようなおもおもしいようす。「―な式」

**おこそずきん**〖◇御◇高祖頭巾〗（名）目のほかは全部かくれるずきん。むかし女性が防寒用に使った。

（おこそずきん）

**おこた・る**【怠る】（自五）〔ラ(ロ)・リ(ッ)・ル・ル・レ・レ〕すべきことをしないでいる。いいかげんにする。なまける。「仕事を―」「注意を―」

**おこない**【行い】（名）物事をすること。ふるまい。行為《こうい》。また、ふだんの行動。「日ごろの―が悪い」

**おこな・う**【行う】（他五）〔ワ(オ)・イ(ッ)・ウ・ウ・エ・エ〕決まった手順ややり方に従って、物事をする。実施《じっし》する。「運動会を―」「試験を―」

**おこなわ・れる**【行われる】（自下一）〔レ・レ・レル・レル・レレ・レロ(レヨ)〕（「行う」の受け身の形）❶実施《じっし》される。挙行される。「卒業式が―」❷世の中にゆきわたる。「ひろく世に―・れている風習」

**おこのみやき**【お好み焼き】（名）小麦粉を水でとき、野菜・肉・いか・えびなどをまぜて鉄板の上で焼き、調味料をつけて食べる料理。

**おこぼれ**〖お◇零れ〗（名）他人の得た利益の中から分け与えられた、わずかな恩恵や利益。「―にあずかる」

**おこり**【起こり】（名）物事のはじまり。もと。原因。「文明の―」「事の―」

**おごり**〖△奢り〗（名）❶ぜいたくをすること。「―をきわめる」❷人にごちそうをすること。「先輩《せんぱい》の―」

**おごり**〖△驕り・△傲り〗（名）得意になってわがままなふるまいをすること。「彼《かれ》の態度には―が見られる」

**おこりうる**【起こり得る】そのできごとが起こる可能性がある。「どこでも―事件だ」

**おこ・る**【怒る】〔ラ(ロ)・リ(ッ)・ル・ル・レ・レ〕■一（自五）不満や不快の気持ちを表す。腹をたてる。いかる。「ばかにされて―」■二（他五）目下の者のよくない言動を強く注意する。しかる。「先生に―・られる」

表現 いかる・憤《いきどお》る・立腹する・憤慨《ふんがい》する・激怒《げきど》する・激高する・いきり立つ・むくれる・切れる ◆かっかかんかん・ぷんぷん・ぷりぷり・むかむか・むっと・かりかり・いらいら・がみがみ ◆気分を害する・腹を立てる・頭に来る・色をなす・青筋《あおすじ》を立てる・目の色を変える・血相を変える・目くじらを立てる・腹の虫がおさまらない・怒り心頭《しんとう》に発する・堪忍袋《かんにんぶくろ》の緒《お》が切れる・腸《はらわた》が煮えくり返る・怒髪《どはつ》天をつく・烈火《れっか》のごとく怒る

仕組みの解明 「怒る」

Q 生徒に怒る？ 生徒を怒る？

A 不当な扱《あつか》いに怒る
B 遅刻《ちこく》した生徒を怒る

A・「に」はAのように原因を表し、「いかる」のように読む用法もある。
・「を」はBのように働きかけの対象を表し、「しかる」に近い意味になる。

**おこ・る**【起こる】（自五）〔ラ(ロ)・リ(ッ)・ル・ル・レ・レ〕ある事態や物事が新しく生じる。発生する。「爆発《ばくはつ》が―」「事件が―」「どよめきが―」⇨おこる（興る）「学習」

**おこ・る**【興る】（自五）〔ラ(ロ)・リ(ッ)・ル・ル・レ・レ〕物事の勢いがさかんになる。栄える。「新しい国が―」「文化が―」

学習 使い分け 「起こる」「興る」

**起こる** 物事や状態が新しく生じる意。「社会に変化が**起こる**」「問題が**起こる**」「池にさざ波が**起こる**」「地震《じしん》が**起こる**」

**興る** 物事がさかんになる意。「新しい産業が**興る**基盤がある」「国が**興る**」「江戸《えど》時代に朱子学《しゅしがく》が**興っ**た」

**おこ・る**『△熾る』（自五）{ラ(ロ)・リ(ッ)・ル・ル・レ・レ}火の勢いが強くなる。「火鉢《ひばち》の火がー」

**おご・る**『△奢る』{ラ(ロ)・リ(ッ)・ル・ル・レ・レ}**一**（自五）身分以上のぜいたくをする。「口がー（＝食べ物にぜいたくである）」**二**（他五）人にごちそうをする。「きょうはぼくがーよ」

**おご・る**『△驕る・△傲る』（自五）{ラ(ロ)・リ(ッ)・ル・ル・レ・レ}おかねや権力をたよりとして、わがままなふるまいをする。

**おごる平家《へいけ》は久《ひさ》しからず** おかねや権力にまかせて勝手なふるまいをする者は、長くその地位にいることはできない。おごれる者は久しからず。

**おこわ**（名）こわめし。特に、赤飯《せきはん》。

**おさ**『◇長』（名）集団の上に立って、まとめひきいる人。かしら。長《ちょう》。「村のー」

**おさ**『△筬』（名）はた織り機の部品。竹・金属などのうすい板をくしの歯のようにならべてつくり、たて糸の位置をととのえよこ糸を織りこむのに用いる。

**おさい**【お菜】（名）副食物。おかず。

**おさえ**【抑え】（名）❶勢いや攻撃《こうげき》を防ぎ止めること。「ーの投手」❷人を従わせる力。「ーがきく人」

**おさえ**【押さえ】（名）おさえること。おさえるもの。おもし。「石をーにおく」

**おさえがた・い**【抑え難い】（形）{カロ・カッ(ク)・イ・イ・ケレ・〇}わき起こる感情をこらえることができない。「ー怒《いか》り」

**おさえこ・む**【押さえ込む】（他五）{マ(モ)・ミ(ン)・ム・ム・メ・メ}相手をおさえて動かないようにする。「反対派をー」

**おさえつ・ける**【抑えつける】『抑え付ける』（他下一）{ケ・ケ・ケル・ケル・ケレ・ケロ(ケヨ)}権力などによって相手に自由な活動をさせない。抑圧《よくあつ》する。「反対勢力をー」

**おさえつ・ける**【押さえつける】『押さえ付ける』（他下一）{ケ・ケ・ケル・ケル・ケレ・ケロ(ケヨ)}動けないようにしっかりとおさえる。「からだの上にまたがってー」

**おさ・える**【抑える】（他下一）{エ・エ・エル・エル・エレ・エロ(エヨ)}❶勢いが強くなろうとするものをおしとどめる。「痛みをー薬」❷力で相手の自由な行動を封《ふう》じる。「反乱をー」❸感情が表に出ないようこらえる。がまんする。「なみだをー」「怒《いか》りをー」

⇨おさえる（押さえる）「学習」

**おさ・える**【押さえる】（他下一）{エ・エ・エル・エル・エレ・エロ(エヨ)}❶上から力を加えて、下の物が動かないようにする。「帽子《ぼうし》を手でー」❷手などを押しあてておおう。「傷口をガーゼでー」❸他の者が手を加えられないよう確保する。「証拠《しょうこ》をー」「会場をー」❹重要なところをとらえる。「要点をー」

> **学習** 使い分け 「抑える」「押さえる」
>
> **抑える** 勢いの拡大をふせぎ止める意。多く、抽象《ちゅうしょう》的なことがらに用いる。「はやる心を**抑える**」「出費を**抑える**」「病気の進行を**抑える**」
>
> **押さえる** 力を加えて物が動かないようにする意。また、自分の意のままになるように確保する意。「書類を手で**押さえる**」「相手の手首を**押さえる**」「現場を**押さえる**」「基本を**押さえる**」

**おさおさ**（副）ほとんど。まったく。「準備ーおこたりない」使い方あとに打ち消しのことばがくる。

**おさがり**【お下がり】（名）❶神や仏にそなえたものを下げたもの。「ーをいただく」❷兄・姉や目上の人からもらった使いふるしの物。おふる。「兄のー」

**おざきこうよう**〔尾崎紅葉〕【人名】（一八六七〜一九〇三）明治時代の小説家。硯友社《けんゆうしゃ》という文学者のグループをつくり、「我楽多文庫《がらくたぶんこ》」という雑誌を出した。作品「多情多恨《たじょうたこん》」「金色夜叉《こんじきやしゃ》」など。

**おさきぼうをかつぐ**【お先棒を担ぐ】かるがるしく人の手先になって事を進める。

**おさきまっくら**【お先真っ暗】（名・形動ダ）将来の見通しがまったくつかないこと。「ーな生活」

**おさげ**【お下げ】（名）少女の髪形《かみがた》で、髪を編んで肩《かた》にたらしたもの。「髪をーに結《ゆ》う」

**おさとがしれる**【お里が知れる】ことばづかいや動作によって、その人の生まれや育ちがわかる。

**おさな・い**【幼い】（形）{カロ・カッ(ク)・イ・イ・ケレ・〇}❶年が小さい。年少である。いとけない。「ー子ども」❷子どもっぽい。幼稚《ようち》である。「いくつになっても言うことがー」

**おさないかおる**〔小山内薫〕【人名】（一八八一〜一九二八）明治・大正時代の劇作家・演出家・小説家。外国の演劇の紹介《しょうかい》に努め、新劇の基礎《きそ》をきずいた。

**おさなご**【幼子】（名）おさない子ども。幼児《ようじ》。

**おさなごころ**【幼心】（名）まだ判断力のない子どもの心。子どもごころ。「ーにも深く傷ついた」

**おさなともだち**【幼友達】（名）小さいときの友達。

**おさななじみ**【幼なじみ】『幼△馴染み』（名）小さいときに親しかったあいだがら。また、その人。

**おざなり**【お座なり】（名・形動ダ）その場かぎりのまにあわせ。いいかげん。「ーの計画」「ーな対策」

**おさま・る**【収まる・納まる】（自五）{ラ(ロ)・リ(ッ)・ル・ル・レ・レ}❶物の中や決まった範囲《はんい》の中にきちんとはいる。「荷物が箱にー」「誤差の範囲にー」❷ある地位・境遇《きょうぐう》に満足して落ち着く。「社長の地位にー」❸安定して落ち着いた状態になる。「争いがー」「腹の虫がー・らない」❹おかねや物が受け取られる。引きわたされる。「注文の品がー」参考③は「治まる」とも書く。④はふつう「納まる」と書く。⇨おさめる（修める）「学習」

**おさま・る**【治まる】（自五）{ラ(ロ)・リ(ッ)・ル・ル・レ・レ}❶世の中の秩序《ちつじょ》が保たれ平和な状態になる。「国内がよくー」❷さわがしい状態が正常にもどる。「混乱がー」「風がー」❸苦しみや痛みなどがしずまる。「歯の痛みがー」❹心がしずまり、おだやかになる。「気持ちがー」参考②④は「収まる」とも書く。⇨おさめる（修める）「学習」

**おさま・る**【修まる】（自五）{ラ(ロ)・リ(ッ)・ル・ル・レ・レ}ことばや行いが正しくなる。「身持ちがー」「素行《そこう》がー」

⇨おさめる（修める）「学習」

**おさ・める【収める・納める】**（他下一）｛メ・メ・メル・メル・メレ・メロ(メヨ)｝❶物やある範囲《はんい》の中にきちんと入れる。「本を本箱に―」「予算内に―」❷受け取って自分のものとする。「賞品をお―・めください」「権力を手中に―」❸成果をあげる。「宣伝が効果を―」❹落ち着いた状態にする。「事を丸く―」❺それをもって終わりとする。「歌い―」❻おかねや品物を受け取るべき人にわたす。納入する。「会費を―」参考 ふつう③は「収める」、⑤⑥は「納める」と書く。④は「治める」とも書く。⇩おさめる(修める)「学習」

**おさ・める【治める】**（他下一）｛メ・メ・メル・メル・メレ・メロ(メヨ)｝❶国などを支配し、秩序《ちつじょ》が保たれるように政治を行う。統治する。「国を―」❷乱れた物事をしずめる。平和にする。「争いを―」参考 ②は「収める」とも書く。⇩おさめる(修める)「学習」

**おさ・める【修める】**（他下一）｛メ・メ・メル・メル・メレ・メロ(メヨ)｝❶心や行いを正しくする。❷学問・技芸などを身につける。「学業を―」

**学習 使い分け** 「収める」「納める」「治める」「修める」

**収める** ある範囲《はんい》の中に入れる、手に入れるの意。「百首を収める歌集」「写真に収める」「勝利を収める」「優秀な成績を収める」「成功を収める」

**納める** そうすべき所にものを入れるの意。「税金を納める」「胸に納める」

**治める** 乱れたものをしずめるの意。「乱れた国家を治める」「戦火を治める」

**修める** 行いを正しくする、身につけるの意。「身を修める」「経済学を修める」

**おさらい**『お△浚い』（名・他スル）❶教えられたことをくり返して練習すること。復習。❷芸事などで習ったことを発表すること。「―会」

**おさんどん**（名）台所仕事。また、それをする女性。

**おし**『△啞』（名）話すことができないこと。参考 差別的な意があり、用いないようにする。

**おし【押し】**『◇圧し』（名）❶押すこと。押さえつけるもの。おもし。❷自分の考えなどをむりに通そうとすること。また、その力。「―が強い」「―の一手」

**おし**〔愛し・惜し〕古語 ➡をし

**おじ【○伯父】**（名）父母の兄または義兄。対 伯母《おば》

**おじ【○叔父】**（名）父母の弟または義弟。対 叔母《おば》

**おしあいへしあい【押し合いへし合い】**（名・自スル）多くの人がたがいに押し合って混雑すること。

**おし・い【惜しい】**（形）｛カロ・カッ(ク)・イ・イ・ケレ・○｝❶大切なものなので失いたくない。むだにしたくない。「―人をなくす」「命が―」「時間が―」❷思うようにならず残念だ。「―ことに二着だった」❸心残りだ。「別れが―」

**おじいさん**『お△爺さん』（名）年をとった男の人を、親しみをこめて呼ぶことば。対 お婆《ばあ》さん

**おじいさん**『お×祖父さん』（名）祖父《そふ》を、親しみをこめて呼ぶことば。対 お祖母《ばあ》さん

**おしいただ・く【押し頂く】**『押し◇戴く』（他五）｛カ(コ)・キ(イ)・ク・ク・ケ・ケ｝つつしんでささげて持つ。また、感謝の気持ちでうやうやしく受ける。「賞状を―」

**おしい・る【押し入る】**（自五）｛ラ(ロ)・リ(ッ)・ル・ル・レ・レ｝他人の家などに、強引にはいる。「強盗《ごうとう》が―」

**おしいれ【押し入れ】**（名）和室にあって、ふとん・道具などを入れる、ふすまのついたつくりつけの戸棚《とだな》。

**おしうり【押し売り】**（名・他スル）買う人がほしがらないのにむりに売りつけること。また、その人。

**おしえ【教え】**（名）❶教えること。教育。❷教訓。教義。「キリストの―」

**教えの庭《にわ》** 学問を教える所。学校。

**おしえご【教え子】**（名）自分が教えた生徒。また、教えている生徒。弟子。門人。

**おしえこ・む【教え込む】**（他五）｛マ(モ)・ミ(ン)・ム・ム・メ・メ｝相手が完全に理解するまでしっかり教える。

**おし・える【教える】**（他下一）｛エ・エ・エル・エル・エレ・エロ(エヨ)｝❶知識や技術を相手に伝えて身につけさせる。「数学を―」❷知っていることを、人に示し知らせる。「道順を―」❸教訓をあたえる。「歴史から―・えられる」

**仕組みの解明 「教える」**

**Q** 中学生に教える？ 中学生を教える？

| | に | を | |
|---|---|---|---|
| A | ○ | ○ | 中学生 教える |
| B | ○ | × | 犬 （お手を）教える |

**A**
・「に」は教える相手を表し、ふつう「を」で教える内容をともなって使われる。
・「を」は教える内容や相手を表すが、「国語を教える」（相手の特定なし）、「中学生を教える」（内容の特定なし）のように、それだけで使うこともできる。
・Bのように人間以外の場合は教える内容をともなうので、「を」は使わない。

**おしおき【お仕置き】**（名・他スル）➡しおき①

**おしか・ける【押しかける】**『押し掛ける』（自下一）｛ケ・ケ・ケル・ケル・ケレ・ケロ(ケヨ)｝❶大勢の人が一度に出向いてせまる。押しよせる。「客が大勢―」❷呼ばれてもいないのに勝手にそこに行く。「先生の家に―」

**おじぎ【お辞儀】**（名・自スル）頭を下げてあいさつすること。「ていねいに―をする」

**おしきせ【お仕着せ】**（名）❶経営者が従業員にあたえる制服。❷上から一方的におしつけられた物事。「―の規則」

**おじぎそう**『×含羞-草』(名)『植』マメ科の一年草。本来は多年草。夏、小さなうす赤色の花をつける。さわると葉を閉じ、おじぎをするようにたれ下がる。ねむりぐさ。

(おじぎそう)

**おしき・る【押し切る】**(他五){ラ(ロ)・リ(ッ)・ル・ル・レ・レ} ❶おしつけてたち切る。❷反対や困難をおしのけて自分の考えをとおす。「両親の反対を―」

**おしくも【惜しくも】**(副)もう少しのところで。惜しいことに。「―一点差で負ける」

**おしくらまんじゅう**『押し◇競▵饅◇頭』(名)子どもがひとかたまりになって押し合う遊び。おしくら。

**おしげ【惜しげ】**(名・形動ダ)心残りなようす。みれんがある気持ち。「―もなく捨てる」

**おじけ**『◇怖じ気』(名)こわがって、びくびくする気持ち。恐怖心《きょうふしん》。おぞけ。「―をふるう」

**おじけづ・く**『◇怖じ気づく』(自五){カ(コ)・キ(イ)・ク・ク・ケ・ケ} こわいという気持ちが起こる。こわくなってひるむ。「敵を前にして―」

**おじ・ける**『◇怖じける』(自下一){ケ・ケ・ケル・ケル・ケレ・ケロ(ケヨ)} こわがって、びくびくする。「暗闇《くらやみ》に―」

**おしこみ【押し込み】**(名)❶強盗《ごうとう》。押し入り。❷押し入れ。戸棚《とだな》。

**おしこ・む【押し込む】**{マ(モ)・ミ(ン)・ム・ム・メ・メ} ■一■(自五)むりにはいりこむ。「強盗《ごうとう》が―」■二■(他五)むりにつめこむ。「たんすに衣類を―」

**おしこ・める【押し込める】**(他下一){メ・メ・メル・メル・メレ・メロ(メヨ)} ❶押して入れる。むりに入れる。「本箱に雑誌を―」❷出られないように閉じこめる。「納屋《なや》に―」

**おしころ・す【押し殺す】**(他五){サ(ソ)・シ・ス・ス・セ・セ} 声や感情などをおさえてこらえる。「笑いを―」

**おじさん**『小◇父さん』(名)中年の男性を、親しみをもって呼ぶことば。㊟小母《おば》さん

**おしすす・める【推し進める】**(他下一){メ・メ・メル・メル・メレ・メロ(メヨ)} 物事を積極的にすすめる。「計画を―」

**おしたじ【お下地】**(名)しょうゆ。

**おしだし【押し出し】**(名)❶押して外に出すこと。❷すもうで、相手のまわしに手をかけず、押して土俵の外に出すわざ。❸野球で、満塁《まんるい》のとき、四球または死球により三塁走者がホームインすること。❹人前に出たときの姿・態度。「―がりっぱだ」「―がきく」

**おしだま・る【押し黙る】**(自五){ラ(ロ)・リ(ッ)・ル・ル・レ・レ} まったくものを言わない。じっとだまっている。「うつむいて―」

**おしちや【お七夜】**(名)子どもが生まれて七日目の夜。また、その夜の祝い。

**おしつけがまし・い【押しつけがましい】**(形){カロ・カッ(ク)・イ・イ・ケレ・○} 相手の気持ちを無視して、自分の考えに従わせようとするようす。「―態度」

**おしつ・ける【押しつける】**『押し付ける』(他下一){ケ・ケ・ケル・ケル・ケレ・ケロ(ケヨ)} ❶強く押さえつける。「壁《かべ》に―」❷むりにさせる。むりに受け入れさせる。「仕事を―」

**おしっこ**(名・自スル)小便の意の幼児語。

**おしつま・る【押し詰まる】**(自五){ラ(ロ)・リ(ッ)・ル・ル・レ・レ} ❶期限が近づいてさしせまる。❷年の暮れに近づく。

**おして【押して】**(副)むりに。しいて。「むずかしいとは思いますが、―お願いします」

**おしてしるべし【推して知るべし】**考えてみれば容易にわかることだ。「結果は―だ」

**おしとお・す【押し通す】**(他五){サ(ソ)・シ・ス・ス・セ・セ} 自分の考えややりかたを最後までつらぬく。「主張を―」

**おしどり**『鴛▵鴦』(名)❶『動』カモ科の水鳥。おもに湖や沼《ぬま》にすむ。おすは形や羽の色が美しい。❷仲のよい夫婦のたとえ。「―夫婦」

(おしどり①)

**おしなべて**『押し◇並べて』(副)全体的に。一般《いっぱん》に。一様に。「―よくできた」

**おしの・ける【押し◇退ける】**(他下一){ケ・ケ・ケル・ケル・ケレ・ケロ(ケヨ)} 人や物などを押して、むりに場所をあけさせる。「人を―・けて座る」

**おしのび【お忍び】**(名)身分や地位の高い人が、それを隠《かく》してこっそり外出すること。「―で出かける」

**おしば【押し葉】**(名)植物の葉を本や紙の間にはさんでおさえつけ、かわかしたもの。㊟押し花

**おしはか・る【推し量る】**(他五){ラ(ロ)・リ(ッ)・ル・ル・レ・レ} 他のことがらをもとにして、そのことについて判断する。推量する。「相手の気持ちを―」

**おしばな【押し花】**(名)草木の花を本や紙の間にはさんでおさえつけ、かわかしたもの。㊟押し葉

**おしひろ・める【押し広める】**(他下一){メ・メ・メル・メル・メレ・メロ(メヨ)} 広く行きわたらせる。「自分の考えを―」

**おしべ【雄しべ】**『雄▵蕊』(名)『植』種子植物の花びらの中にあってめしべを囲み、先端に花粉を出すふくろのついた器官。ゆうずい。㊟雌《め》しべ。⇩花〈図〉

**おしぼり【お絞り】**(名)手や顔をふくため、湯や水にぬらしてしぼったタオルや手ぬぐい。

**おしまい**『お◇終い・お仕舞い』(名)❶「しまい」の丁寧《ていねい》語。終わり。「今日はこれで―」❷ある物事がだめになること。「君のせいでなにもかも―だ」

**おしみな・い【惜しみない】**(形){カロ・カッ(ク)・イ・イ・ケレ・○} ひかえめにすることなく、めいっぱい行うようす。「―拍手《はくしゅ》」

**おし・む【惜しむ】**(他五){マ(モ)・ミ(ン)・ム・ム・メ・メ} ❶金品や労力を出すのをいやがる。「おかねを―」「努力を―・まない」❷価値あるものが失われていくのを残念に思う。「人の死を―」「別れを―」❸価値を認めてたいせつにする。「名を―」「寸暇《すんか》を―」

**おしむぎ【押し麦】**(名)精白した大麦を蒸し、おしつぶして乾燥《かんそう》させたもの。

**おしむらくは【惜しむらくは】**惜しいことには。残念なことには。「才能はあるが、―病弱だ」

**おしめ**『×襁褓』(名)赤んぼうなどのまたにあてて大小便を受ける布・紙。おむつ。「―を取りかえる」

**おしめり【お湿り】**(名)かわいた地面をほどよくぬらす程度の雨。

**おしもおされもしない【押しも押されもしない】**だれからも認められる実力をもち、確固たる地位にある。押しも押されもせぬ。「―第一人者」

**おしもんどう【押し問答】**（名・自スル）たがいに自分の言いたいことを言い張って、ゆずらないこと。

**おじや**（名）→ぞうすい（雑炊）

**おしゃか**『お◇釈△迦』（名）《俗語》できそこないの製品。不良品。また、こわれて使い物にならないもの。「機械が—になる」

**おしゃぶり**（名）赤んぼうに持たせて口にしゃぶらせるおもちゃ。

**おしゃべり**㊀（名・自スル）とりとめのない話をかわすこと。雑談。「友だちと—する」㊁（名・形動ダ）よくしゃべること。また、よくしゃべる人。「あの人は—だ」

**おしゃま**（名・形動ダ）幼いのにませていること。また、そのような少女。「—な子」

**おしや・る【押しやる】**『押し◇遣る』（他五）｛ラ(ロ)・リ(ッ)・ル・ル・レ・レ｝押して向こうへ移動させる。押しのける。「隅《すみ》に—・られる」

**おしゃれ**『お×洒落』（名・自スル・形動ダ）❶見かけに気をくばって身なりをかざること。「—して出かける」❷気がきいて洗練されていること。「—な店」

**おじゃん**（名）《俗語》ものごとがだめになること。失敗に終わること。「計画が—になる」

**おしょう【和尚】**（名）寺の住職。また、僧《そう》。

**おしょく【汚職】**（名）政治家や役人などが、その地位を利用して不正を行うこと。

**おじょく【汚辱】**（名）はずかしめ。恥《はじ》。「—にまみれる」類恥辱《ちじょく》

**おしよ・せる【押し寄せる】**（自下一）｛セ・セ・セル・セル・セレ・セロ(セヨ)｝多くのものがはげしい勢いでせまってくる。「波が—」

**お・じる**『◇怖じる』（自上一）｛ジ・ジ・ジル・ジル・ジレ・ジロ(ジョ)｝こわがる。「へびに—」

**おしろい**『×白粉』（名）顔などの化粧《けしょう》に使う白い粉。粉おしろい・ねりおしろい・水おしろいなどがある。

**おしろいばな**『×白粉-花』（名）《植》オシロイバナ科の多年草。夏から秋に、赤・白・黄色などのらっぱ形の花が咲《さ》く。実に白い粉がつまっているところからいう。

**おしんこ**『お新◇香』（名）つけもの。香《こう》の物。

**おす【雄】**『△牡』（名）動物で、精巣《せいそう》をもち精子をつくる能力をもつもの。対雌《めす》

**お・す【押す】**『◇圧す』（他五）｛サ(ソ)・シ・ス・ス・セ・セ｝❶物にふれたまま、向こう側へ力を加える。また、上から力を加える。「ドアを—」「機械のボタンを—」対引く ❷印《いん》や型を強く当てて、その形を紙などにつける。❸多少のむりは承知のうえで、それをする。「病気を—・して出席する」❹圧倒《あっとう》する。「相手の勢いに—・される」❺間違いがないように確かめる。「念を—」「だめを—」参考②は「捺す」とも書く。⇩おす（推す）「学習」

**お・す【推す】**（他五）｛サ(ソ)・シ・ス・ス・セ・セ｝❶人や物を、ふさわしいとして人にすすめる。推薦《すいせん》する。「良書として—」❷あることを根拠《こんきょ》として、他のことをこうだろうと考える。おしはかる。「事情を—・して考える」

> **学習〈使い分け〉「押す」「推す」**
>
> **押す**　上から、あるいは向こうへ力を加える、むりに行うなどの意。「引く」と対をなす。「扉《とびら》を**押す**」「判を**押す**」「横車を**押す**」
>
> **推す**　推薦《すいせん》する、おしはかるの意。「クラス委員に**推す**」「この点から**推す**と彼《かれ》は現実派だ」「**推**して知るべし」

**おすい【汚水】**（名）使ったあとのよごれた水。きたない水。「—処理場」対浄水《じょうすい》

**おずおず**『◇怖ず◇怖ず』（副・自スル）こわがって、ためらいながらするようす。おそるおそる。「—（と）話しかける」

**オスカー=ワイルド**【人名】→ワイルド

**おすそわけ【お裾分け】**（名・他スル）ほかからもらった物の一部を人に分けること。「—にあずかる」

**おすなおすな【押すな押すな】**人がおおぜい集まってきて混雑しているようす。「会場は—の大盛況《だいせいきょう》」文法「な」は禁止の意味の助詞。

**おすべらかし**『◇御×垂髪』（名）女性の下げ髪。前髪を左右に張り出させ、後ろで結んで長く垂らすもの。宮中の女官などが結《ゆ》った。すべらかし。

**おすみつき【お墨付き】**（名）権威《けんい》のある人や機関からもらった保証《ほしょう》。「専門家の—をもらう」

**オスロ**〔Oslo〕［地名］ノルウェーの首都。学術・文化の中心地。

**オセアニア**〔Oceania〕［地名］六大州の一つ。オーストラリア・ニュージーランド、およびその近くにある太平洋上の島々をふくむ地域の呼び名。大洋州。

**おせいぼ【お歳暮】**（名）→せいぼ（歳暮）②

**おせおせ【押せ押せ】**（名）❶あることの遅《おく》れが、つぎつぎと他のことに影響《えいきょう》をおよぼし、全体が予定どおりにいかなくなること。「仕事が—になる」❷意気さかんにおしまくること。「—ムード」

**おせじ【お世辞】**（名）「せじ」の丁寧《ていねい》語。相手の気に入るようなあいそのよいほめことば。「—をつかう」

**おせち【お節】**（名）正月用に作る料理。「—料理」

**おせっかい**『お節介』（名・形動ダ）よけいな世話をやくこと。また、その人。「—をやく」「—な人」

**おせん【汚染】**（名・自他スル）空気・水・土地や食べ物などが、有害なものでよごれること。また、よごすこと。「大気—」

**おぜんだて【お膳立て】**（名・自他スル）❶食膳《しょくぜん》をとりそろえること。❷物事がうまく行われるように準備をしておくこと。「大会の—がととのう」

**おそ・い【遅い】**（形）｛カロ・カッ(ク)・イ・イ・ケレ・○｝❶動きや進みぐあいが小さく、ふつうより時間がかかる。「歩くのが—」「仕事が—」対はやい ❷時刻や時期がふつうよりもあとである。「休日は—・く起きる」「梅雨《つゆ》明けの—年」対はやい ❸まにあわない。「今ごろ気づいても—」

**おそ・う【襲う】**（他五）｛ワ(オ)・イ(ッ)・ウ・ウ・エ・エ｝❶ふいに攻《せ》めかかったり害を加えたりする。「敵を—」「熊《くま》に—・われる」❷いやな感情や感覚がふいにわきおこる。「死の恐怖《きょうふ》に—・われる」「眠気《ねむけ》が—・ってくる」❸地位・家系などを受けつぐ。あとをつぐ。「父親のあとを—」

**おそうまれ【遅生まれ】**（名）四月二日から一二

月三一日までの間に生まれること。また、その人。対早生まれ

**おそかれはやかれ**【遅かれ早かれ】おそいはやいのちがいはあっても、いずれそのうちには。いつかは。早晩《そうばん》。「努力を続ければ—成功するだろう」

**おそざき**【遅咲き】(名) 同じ種類の花よりおくれて咲くこと。また、その花。「—の桜」対早咲き

**おそじも**【遅霜】(名) 霜の季節をすぎた四月、五月になって降りる霜。対早霜《はやじも》

**おそなえ**【お供え】(名) ❶神仏にそなえること。また、その物。❷正月や祭りに神仏にそなえるもち。かがみもち。

**おそまき**【遅まき】『遅△蒔き』(名) ❶ふつうの時よりおくれて種をまくこと。また、その品種。❷時機におくれて事を始めること。「—ながら取り組む」

**おぞまし・い** (形) {カロ・カツ(ク)・イ・イ・ケレ・○} 見るからに不快でいやな感じがする。「—光景」

**おそまつ**【お粗末】(名・形動ダ) 品質や作りが悪いことや手際《てぎわ》が悪いことを、皮肉や謙遜《けんそん》・自嘲《じちょう》の気持ちをこめていうことば。「—な対応」「—様」

**おそらく**『恐らく』(副) たぶん。おおかた。「—雨が降るだろう」

**学習 比較《ひかく》** 「おそらく」「多分」

おそらく　はっきりとは言えないが、そうなる可能性が強いことを推量していう。「多分」より少し改まった言い方。「この提案は**おそらく**否決されるだろう」「以上の考察から**おそらく**これらの二つには因果関係があると思われる」

多分　「おそらく」とだいたい同じ意味。話し手の「そうなるだろう」という気持ちを表す。「おそらく」よりも日常語的。「父は**多分**それを知らない」「彼女《かのじょ》には**多分**来週会えると思う」

**おそるおそる**【恐る恐る】(副) こわごわ。おずおず。「—馬に近づく」

**おそるべき**【恐るべき】(連体) 恐れなければならないほどすごい。おそろしい。ひじょうな。「—威力《いりょく》」

**おそれ**【虞】 13画 虍7 訓 おそれ
おそれ。懸念《けねん》。⇩付録「漢字の筆順(3)虍」
丶 ⺊ ⺊ 广 虍 虚 虞

**おそれ**【恐れ】(名) ❶こわがること。おそれる気持ち。恐怖《きょうふ》。「—をなしてにげる」❷よくないことが起こるのではないかという心配。「感染《かんせん》の—がある」参考②は「虞」とも書く。

**おそれい・る**【恐れ入る】(自五) {ラ(ロ)・リ(ッ)・ル・ル・レ・レ} ❶申しわけなく思う。恐縮《きょうしゅく》する。「たいへんお待たせして—・ります」❷相手の力の強いことや、うでまえのすぐれていることに感心する。「とてもかないません。—・りました」❸あきれる。「彼《かれ》のずうずうしさには—」

**おそれおお・い**【畏れ多い・恐れ多い】(形) {カロ・カツ(ク)・イ・イ・ケレ・○} ❶身分の高い人などに対して失礼になるので申しわけない。「—ことをいたしました」❷たいへんありがたくて、もったいない。「—おことばをいただく」

**おそれおのの・く**【恐れおののく】『恐れ◇戦く』(自五) {カ(コ)・キ(イ)・ク・ク・ケ・ケ} ふるえるくらいにこわがる。

**おそれながら**【恐れながら】(副) おそれ多いことですが。恐縮《きょうしゅく》ですが。「—申し上げます」使い方 目上の人に発言するときに使う。

**おそ・れる**【恐れる】(他下一) {レ・レ・レル・レル・レレ・レロ(レヨ)} ❶危険などを感じてこわがる。「蛇《へび》を—」❷悪い結果になるのではないかと心配する。「冷害にならないかと—」「失敗を—な」❸尊いものを敬い、かしこまる。「神を—」参考③は、多く「畏れる」と書く。

**おそろし・い**【恐ろしい】(形) {カロ・カツ(ク)・イ・イ・ケレ・○} ❶危険・不安に感じられる。こわい。「—事件」「—顔つき」❷程度がはなはだしい。驚《おどろ》くほどものすごい。「—勢い」「—・く暑い」

**おそわ・る**【教わる】(他五) {ラ(ロ)・リ(ッ)・ル・ル・レ・レ} 教えてもらう。習う。「機械の組み立てを—」

**おそん**【汚損】(名・自他スル) 物をよごしたり傷つけたりすること。また、よごれ傷つくこと。そのよごれや傷。「器物を—する」

**オゾン**〔英 ozone〕(名)『化』酸素と同じ元素でできている気体。酸素の中での放電によってできる。特有のにおいをもち、防腐《ぼうふ》・殺菌《さっきん》・漂白《ひょうはく》などに用いる。

**オゾンそう**【オゾン層】(名) オゾンを多くふくむ大気の層。地上一〇～五〇《キロメートル》上空にあり、生物に有害な紫外線《しがいせん》を吸収する。▽オゾンは、英 ozone

**おたいこ**【お太鼓】(名) 女の人の帯の結び方の一種。背中で太鼓のようにふくらませて結んだもの。

(おたいこ)

**おだいもく**【お題目】(名) ❶『仏』日蓮宗《にちれんしゅう》で、「南無妙法蓮華経《なむみょうほうれんげきょう》」の七つの文字。「—を唱える」❷口で言うだけで実行できそうにない主張。「—に終わる」

**おたおた** (副・自スル) すっかりあわてて、うろたえているようす。「—するな。みっともない」

**おたか・い**【お高い】(形) {カロ・カツ(ク)・イ・イ・ケレ・○} 気位《きぐらい》が高い。人を見下すような態度をとるようす。「—・くとまっている」

**おたがいさま**【お互い様】(名) たがいに同じような立場・関係にあること。「いやな思いをしたのは—だ」

**おたく**【お宅】㊀(名) ❶相手の家や家庭を敬っていうことば。「先生の—」❷《俗語》特定の趣味《しゅみ》にひどくのめりこんでいる人。「アニメ—」㊁(代) あまり親しくない相手を軽く敬っていうことば。あなた。「—はどちらまで」参考㊀②は、多く「オタク」と書く。

**おだく**【汚濁】(名・自スル) よごれ、にごること。「河川の—がすすむ」

**おたけび**『雄◇叫び』(名) 勇ましいさけび声。「—をあげる」

**おたずねもの**【お尋ね者】(名) 犯罪に関係があると疑い、警察が捜《さが》し求めている人。

**おたっし**【お達し】(名) 官庁や目上の人からの知ら

せや命令。たっし。
**おだてにのる**【おだてに乗る】『△煽てに乗る』人にほめられて、得意になって物事をする。
**おだ・てる**『△煽てる』（他下一）{テ・テ・テル・テル・テレ・テロ(テヨ)}さかんにほめて、得意にさせる。「君ならできるとー」
**おたふく**【お多福】（名）→おかめ
**おたふくかぜ**『お多福○風邪』（名）《医》ウイルスによって耳の前下部にある唾液腺《だえきせん》がはれる病気。顔が下ぶくれになる。流行性耳下腺炎《じかせんえん》。
**おだぶつ**『お△陀仏』（名）《俗語》死ぬこと。また、物事がだめになってしまうこと。「ーになる」
**おだまき**『△苧◇環』（名）麻糸を、中を空洞《くうどう》にして丸く巻いたもの。
**おたまじゃくし**『お玉△杓子』（名）❶汁《しる》をすくうための柄《え》のついた丸いしゃくし。おたま。❷《動》かえるの卵からかえった子。足がなく、尾《お》だけで泳ぐ。❸楽譜《がくふ》の音符《おんぷ》記号の俗称《ぞくしょう》。
**おためごかし**（名）いかにも相手のためであるかのように見せて、実は自分の利益を計ること。「ーの親切」
**おだやか**【穏やか】（形動ダ）{ダロ・ダッ(デ・ニ)・ダ・ナ・ナラ・○}しずかで落ち着いているようす。「海がーだ」「ーなものごし」
**オタワ**〔Ottawa〕［地名］カナダの首都。国の南東部にあり、政治・文化の中心地。
**おだわらぢょうちん**【小田原ぢょうちん】『小田原◇提◇灯』（名）つつのように細長い、折りたたみのできる小型のちょうちん。参考むかし、小田原で作ったからという。多く、旅人が携行《けいこう》した。

（おだわらぢょうちん）

**おだわらひょうじょう**【小田原評定】（名）相談が長びいて、いつまでたっても結論の出ないこと。また、その相談。参考豊臣秀吉《とよとみひでよし》に攻《せ》められた小田原城で、北条《ほうじょう》氏の降伏《こうふく》するか戦いを続けるかの相談がなかなか決まらなかったことからいう。
**おち**【落ち】（名）❶あるべきことがもれていること。ふじゅうぶんなこと。手ぬかり。「ーがないように記入する」❷物事の行きつくところ。結末。「しかられるのがーだ」❸落語などで、人を笑わせる結びのしゃれ。さげ。「話にーをつける」
**おちあいなおぶみ**〔落合直文〕［人名］（一八六一〜一九〇三）明治時代の歌人・国文学者。短歌革新をとなえて浅香社《あさかしゃ》をおこし、国文学研究にも力をつくした。
**おちあ・う**【落ち合う】（自五）{ワ(オ)・イ(ッ)・ウ・ウ・エ・エ}川や人などが一つの所で出あっていっしょになる。「駅でー」
**おちあゆ**【落ちあゆ】『落ち△鮎』（名）秋、卵を生むために川を下るあゆ。くだりあゆ。
**おちい・る**【陥る】（自五）{ラ(ロ)・リ(ッ)・ル・ル・レ・レ}❶落ちて中へはいる。「穴にー」❷計略にかかる。「敵のわなにー」❸よくない状態になる。「重体にー」「財政難にー」❹敵に攻《せ》め落とされる。「城が敵の手にー」
**おちうど**『落◇人』（名）戦いなどに負け、人目をさけて逃《に》げていく人。おちむしゃ。おちゅうど。「平家のー」文法「おちびと」の音便。
**おちおち**『落ち落ち』（副）落ち着いて。心やすらかに。「心配で夜もー眠《ねむ》れない」使い方あとに「ない」「ません」などの打ち消しのことばがくる。
**おちくぼものがたり**〔落窪物語〕［作品名］平安時代中期の物語。一〇世紀終わりごろの作ともいわれる。四巻。作者不明。継母《ままはは》からいじめられ、落窪の君と呼ばれていた姫君《ひめぎみ》が、左近少将《さこんのしょうしょう》に助けられて幸福になるという話。
**おちこぼれ**【落ちこぼれ】『落ち◇零れ』（名）❶収穫《しゅうかく》のときなどにこぼれ落ちた穀物《こくもつ》。❷《俗語》学校の授業や競争などについていけない人。「ーを出さない教育」
**おちこ・む**【落ち込む】（自五）{マ(モ)・ミ(ン)・ム・ム・メ・メ}❶低い所へ落ちてはいってしまう。「穴にー」❷深くくぼむ。「目がー」❸悪い状態になる。「景気がー」❹元気がなくなる。めいる。「気分がー」
**おちつき**【落ち着き】（名）❶気持ちや態度などがゆったりしていること。「ーを失う」❷道具などのすわりぐあい。安定。「机のーが悪い」
**おちつきはら・う**【落ち着き払う】（自五）{ワ(オ)・イ(ッ)・ウ・ウ・エ・エ}あわてず悠然《ゆうぜん》としている。「ー・った態度」
**おちつ・く**【落ち着く】（自五）{カ(コ)・キ(イ)・ク・ク・ケ・ケ}❶物事の乱れや変化がおさまって安定する。「世の中がー」「物価がー」「病状がー」❷心が安定した状態になる。「この部屋にいるとー」❸調和がとれている。地味ながら、おだやかである。「ー・いた色」❹住む所や生活のしかたが決まって安定する。「故郷にー」「結婚《けっこん》して生活がー」❺結果にゆきついて安定する。「いつもこの結論にー」
**おちど**【落ち度】（名）あやまち。過失。失敗。「君にーはない」
**おちの・びる**【落ち延びる】（自上一）{ビ・ビ・ビル・ビル・ビレ・ビロ(ビヨ)}無事に遠くへ逃《に》げ終える。逃げおおせる。「山中深くー」
**おちば**【落ち葉】（名）枯《か》れて枝から落ちた木の葉。
**おちぶ・れる**【落ちぶれる】（自下一）{レ・レ・レル・レル・レレ・レロ(レヨ)}身分が下がったり貧乏《びんぼう》になったりして、みじめな状態になる。「見る影もなくー」
**おちぼ**【落ち穂】（名）刈《か》りとったあとの地上に落ちている稲《いね》や麦の穂《ほ》。「ーひろい」
**おちむしゃ**【落ち武者】（名）戦いに負けて戦場から逃《に》げていく武士。おちうど。「平家のー」
**おちめ**【落ち目】（名）おちぶれかかった状態。境遇《きょうぐう》や運が下り坂になること。「ーになる」
**おちゃ**【お茶】（名）❶「茶」の丁寧《ていねい》語。❷茶の湯。茶道。❸短い休憩《きゅうけい》。「ーにする」
**お茶を濁《にご》す**　いいかげんに応対してその場をごまかす。「しつこく聞かれたが適当にお茶を濁しておいた」
**お茶を挽《ひ》く**　芸者などが、客がいなくてひまでいる。
**おちゃのこさいさい**【お茶の子さいさい】《俗語》物事がたやすくできること。朝めしまえ。お茶の子。
**おちゃめ**『お×茶目』（名・形動ダ）→ちゃめ
**おちゅうど**『◇落◇人』（名）→おちうど
**おちょうしもの**【お調子者】（名）❶相手やまわりの人に調子を合わせるだけの人。❷調子にのって軽はずみなことをする人。類おっちょこちょい

**おちょく・る** （他五）｛ラ(ロ)・リ(ツ)・ル・ル・レ・レ｝《俗語》からかう。ふざけてばかにする。「人を—・ってはいけない」

**おちょぼぐち【おちょぼ口】** （名）子どもや若い女性の、小さくつぼめたかわいい口つき。

**お・ちる【落ちる】** （自上一）｛チ・チ・チル・チル・チレ・チロ(チヨ)｝❶支えがなくなって上から下に一気に移動する。「木から—」❷太陽・月が沈《しず》む。「日が—」❸光・影などがものの上に映る。「街灯の光が道に—」❹地位・程度・価値などが低くなる。「人気が—」「品質が—」❺あるはずのものがなくなる。もれる。「名簿《めいぼ》から名前が—」❻ついていたものがとれる。「汚《よご》れが—」「色が—」❼試験などで不合格になる。また、選挙で負ける。「入学試験に—」対受かる ❽無意識のうちにその状態にはまりこむ。「眠《ねむ》りに—」「恋《こい》に—」「わなに—」❾最終的にその人の所有になる。また、落札する。「人手に—」❿敵に攻《せ》められうばわれる。また、相手の思いどおりになる。「城が—」「いくら口説《くど》いても—・ちない」⓫本音をはく。白状する。「語るに—（=話しているうちに、つい本音をもらしてしまう）」⓬他の土地に逃《に》げ去る。「いくさに負けて都を—・ちていく」

**おつ【乙】** 1画 乙0 音オツ

乙

❶十干《じっかん》の第二。きのと。❷物事の二番目。◆乙種・乙類。参考特別に、「乙女」は「おとめ」と読む。

**おつ【乙】** 一（名）物事の等級などで、甲《こう》に次ぐ二番目。「甲—をつけがたい」二（形動ダ）｛ダロ・ダッ(デ・ニ)・ダ・ナ・ナラ・○｝❶ちょっと変わっていてしゃれているようす。「—な味」❷いつもとちがって変なようす。気がきいているようにふるまうようす。「—にすます」

**おっかな・い** （形）｛カロ・カッ(ク)・イ・イ・ケレ・○｝《俗語》こわい。恐《おそ》ろしい。「—顔」

**おっかなびっくり** （副）《俗語》おそるおそる。びくびく。こわごわ。「—つり橋を渡《わた》る」

**おつかれさま【お疲れ様】** （感）相手の仕事が終わったとき、労をねぎらって言うあいさつのことば。

**おつき【お付き】** （名）身分の高い人につきそって、その人の用をする人。お供《とも》。「—の人」

**おっくう【億△劫】** （形動ダ）｛ダロ・ダッ(デ・ニ)・ダ・ナ・ナラ・○｝気が進まずめんどうに感じるようす。「口をきくのも—だ」

**おつくり【お作り・お造り】** （名）❶「つくり（=刺身《さしみ》）」の丁寧《ていねい》語。お刺身。❷化粧《けしょう》。

**おつげ【お告げ】** （名）神仏が人間に意志や予言を知らせること。また、そのことば。託宣《たくせん》。「神の—」

**オッケー【OK】** （感・名・自スル）→オーケー

**おっさん** （名）《俗語》中年の男性を呼ぶことば。

**おっしゃ・る【◇仰る】** （他五）｛ラ(ロ)・リ(ツ)・ル・ル・レ・レ｝「言う」の尊敬語。「先生の—ことをよく聞く」文法命令形と「ます」がつく連用形は、「おっしゃい」「おっしゃいます」のように活用語尾が「い」になる例が多い。

**オッズ** 〔英 odds〕（名）競馬などで、レース前に示されるおおよその払《はら》い戻《もど》し率。予想配当。

**おっちょこちょい** （名・形動ダ）《俗語》そそっかしく、考えの浅いこと。また、その人。「—な性格」

**おっつけ【追っ付け】** （副）まもなく。やがて。「—来るに違《ちが》いない」

**おって【追っ手】** （名）逃《に》げていく者を追いかける人。「—がかかる」

**おって【追って】** （副）あとで。そのうち。「くわしいことは—お知らせします」

**おってがき【追って書き】** （名）手紙の終わりに書きそえること。また、その文章。追伸《ついしん》。二伸《にしん》。

**おっと【夫】** （名）結婚《けっこん》した男女のうち、男性のほう。対妻

**おっとせい** （名）《動》アシカ科の哺乳《ほにゅう》動物。北太平洋の寒い海に群れをつくってすむ。

（おっとせい）

**おっとり** （副・自スル）性質が、おだやかでのんびりしているようす。おうようなようす。「—(と)かまえる」「—した性格」

**おっとりがたな【押っ取り刀】** （名）急いでかけつけること。「事故と聞き、—でかけつける」参考武士が緊急時《きんきゅうじ》に刀を腰《こし》にさす間もおしみ、手に取ったままでいるさまから。

**おつねん【◇越年】** （名・自スル）→えつねん

**おっぱい** （名）乳《ちち》・乳房《ちぶさ》の意の幼児語。

**おつむ** （名）頭の意の幼児語。参考「おつむり」の略。

**おてあげ【お手上げ】** （名）どうにも解決のしようがなくなること。「もはや—の状態だ」

**おでこ** （名）《俗語》❶ひたい。❷ひたいが張り出していること。また、そのような人。「—が広い」

**おてだま【お手玉】** （名）小さな布のふくろにあずきなどを入れたおもちゃ。また、それを投げ上げては受ける遊び。

**おてつき【お手付き】** （名）❶かるた取りで、まちがった札に手をつけること。❷主人が、家で使っている女性と関係を結ぶこと。

**おてのもの【お手の物】** （名）たやすくできること。得意のわざ。「料理なら—だ」

**おてまえ【お手前】【お◇点前】** （名）茶の湯の作法・方式。

**おでまし【お出まし】** （名）出て行くこと、または、出て来ることの意の尊敬語。「殿下《でんか》が—になる」

**おてもり【お手盛り】** （名）自分につごうがよいように事を行うこと。「—の予算案」

**おてやわらかに【お手柔らかに】** かげんして、ほどほどに。試合・勝負などに際して言う、あいさつのことばとして使われる。「—願います」

**おてん【汚点】** （名）❶よごれ。しみ。❷不名誉《ふめいよ》なことがら。「歴史に—を残した事件」

**おでん** （名）だいこん・はんぺん・こんにゃく・ちくわ・がんもどきなどを、しょうゆ味のつゆで煮《に》こんだ料理。

**おてんきや【お天気屋】** （名）気分やきげんの変わりやすい人。

**おてんば【お×転婆】** （名・形動ダ）女の子が活発に

元気よく動きまわること。また、そういう女の子。

**おと【音】**（名）❶耳に伝わる物のひびき。「大きなーがする」「ーをたてる」 ❷うわさ。評判。

**音に聞《き》く** 評判に聞いている。名高い。音に聞こえる。「ー弓の名人」

**おとうさん【お◦父さん】**（名）親しみをこめて父親を呼ぶことば。とうさん。㊇お母《かあ》さん

**おとうと【弟】**（名）❶年下の、男のきょうだい。❷→ぎてい（義弟）（㊇兄）

**おとうとでし【弟弟子】**（名）自分よりあとから同じ先生について習っている人。㊇兄弟子

**おとおし【お通し】**（名）料理屋などで、料理のまえに出す簡単な酒のさかな。つきだし。

**おどおど**（副・自スル）自信がなかったり、こわがったりして落ち着かないようす。びくびく。「ーした目つき」

**おとがい**『▵頤』（名）下あご。「ーが落ちる（=食べ物のおいしいことのたとえ）」「ーを解《と》く（=大笑いをする）」

**おどか・す【脅かす】**『◇威かす・◇嚇かす』（他五）〔サ(ソ)・シ・ス・ス・セ・セ〕❶人をこわがらせる。おそれさせる。「ナイフでー」❷びっくりさせる。「大声を出してー」

**おとぎぞうし**『◇御▵伽草子』（名）《文》室町《むろまち》時代から江戸《えど》時代初期にかけての短編物語の総称。さし絵入りの単純で空想的な話が多い。「物ぐさ太郎《たろう》」「一寸法師《いっすんぼうし》」など。

**おとぎばなし【おとぎ話】**『お▵伽▵噺』（名）子どもに聞かせるむかし話。比喩《ひゆ》的に、現実離《ばな》れした話。

**おど・ける**（自下一）〔ケ・ケ・ケル・ケル・ケレ・ケロ(ケヨ)〕人を笑わせようとして、おかしなことを言ったりしたりする。「ー・けたしぐさ」

**おとこ【男】**（名）❶人間の性別で、子を産ませる器官を持つほう。男性。男子。㊇女 ❷一人前の男子。「ーになる」㊇女 ❸男子としてのねうちや面目。「ーがすたる（=男としての面目がなくなる）」 ❹男としての顔だち。男ぶり。「いいー」㊇女 ❺愛人である男性。「ーができる」㊇女

**男は度胸《どきょう》女《おんな》は愛敬《あいきょう》** 男には物事に動じない強い心が、女にはかわいらしさがたいせつだ。

**おとこぎ【男気】**（名）犠牲《ぎせい》をはらってでも人を助けようとするような、男らしい気性《きしょう》。「ーを出す」

**おとこざか【男坂】**（名）高い所に通じる二つの坂道のうち、急なほうの坂。㊇女坂

**おとこざかり【男盛り】**（名）男として最も元気さかんである年ごろ。男の働きざかり。㊇女盛り

**おとこで【男手】**（名）❶男性の働き手。「ーが足りない」❷男性の書いた文字。（㊇女手）

**おとこまえ【男前】**（名）男としての顔つき。また、男として魅力《みりょく》的な顔つき。「なかなかのー」

**おとこまさり【男勝り】**（名）女性が、男性以上に、しっかりした気性《きしょう》をもっていること。また、そのような女性。

**おとこもの【男物】**（名）男性が使うようにつくられた品物。男持ち。「ーのかさ」㊇女物

**おとこやもめ【男やもめ】**『男▵鰥』（名）妻と離別《りべつ》または死別して、あるいはずっと独身のまま、ひとり暮らしをしている男性。「ーにうじがわく（=男のひとり暮らしはなにかと不潔になりがちだ）」

**おとさた【音沙汰】**（名）れんらく。たより。消息。「何のーもない」

**おどし【脅し】**『◇威し』（名）相手をこわがらせること。こわがらせて何かを要求すること。「ーをかける」

**おとしあな【落とし穴】**（名）❶上に乗ると落ちるしかけで、動物などをつかまえる穴。❷人をおとしいれる計略。「敵のしかけたーにはまる」

**おとしい・れる【陥れる・落とし入れる】**（他下一）〔レ・レ・レル・レル・レレ・レロ(レヨ)〕❶だまして、人を悪い立場に追いこむ。「窮地《きゅうち》にー」❷城などを攻《せ》め落とす。

**おとしがみ【落とし紙】**（名）便所で使う紙。ちり紙。

**おとしご【落とし子】**（名）❶→おとしだね ❷（比喩《ひゆ》的に）ある物事から生じた予想外の結果。「戦争のー」

**おとしだね**『落とし▵胤』（名）身分の高い人が、妻以外の女性に産ませた子。落とし子。落胤《らくいん》。

**おとしだま【お年玉】**（名）新年の祝いに子どもなどにあたえるおかね。

**おどしつ・ける【脅しつける】**『◇威し付ける』（他下一）〔ケ・ケ・ケル・ケル・ケレ・ケロ(ケヨ)〕ひどくおどす。「相手をー」

**おとしどころ【落とし所】**（名）話し合いや交渉《こうしょう》などで、たがいに妥協《だきょう》して決着をつける点。「ーをさぐる」

**おとしばなし【落とし話】**（名）→らくご（落語）

**おとしぶた【落とし蓋】**（名）味がよくしみこむように煮物《にもの》にじかに乗せる、なべよりひと回り小さいふた。

**おとしまえ【落とし前】**（名）《俗語》もめごとや失敗のあと始末をつけること。また、そのための金銭。「ーをつける」

**おとし・める**『▵貶める』（他下一）〔メ・メ・メル・メル・メレ・メロ(メヨ)〕相手をひくくみてばかにする。見さげる。「人をー」

**おとしもの【落とし物】**（名）気づかないうちに落としたもの。遺失物《いしつぶつ》。「ーをひろう」

**おと・す【落とす】**（他五）〔サ(ソ)・シ・ス・ス・セ・セ〕❶支えをなくして、上から下に一気に移動させる。「蜂《はち》の巣を棒でたたいてー」❷視線・光・影などをものの上にそそぐ。「手もとに視線をー」❸地位・程度・価値などを低くする。「品質をー」「速度をー」❹手でつかみそこなって下にこぼす。また、とりそこなう。「ボールをー」「第一セットをー」❺持っているものを失う。「さいふをー」「命をー」❻そこにあるべきものや入れるべきものを、不注意で欠けたままにする。「大事な点をー・さない」❼ついているものを取り除く。「汚《よご》れをー」❽不合格にする。「面接でー・された」❾たくらんで人を悪い状態におく。「人を罪にー」❿攻《せ》め取る。また、相手を自分の意志に従わせる。「城をー」「意中の人を口説《くど》きー」⓫競売などで手に入れる。「めあての品をせりでー」⓬逃《に》がす。「落城前に妻子を城外にー」

⓭その機能・役割を停止する。「電源を—」「火を—(=消す)」

**おど・す**【脅す】『◇威す』(他五){サ(ソ)・シ・ス・ス・セ・セ}言うことをきかせようとして、こわがらせる。「—・して金をとる」

**おとずれ**【訪れ】(名)たずねてくること。やってくること。「春の—」

**おとず・れる**【訪れる】(自下一){レ・レ・レル・レル・レレ・レロ(レヨ)}❶人のもとや、ある所をたずねる。訪問する。「先輩《せんぱい》の家を—」❷やってくる。「冬が—」「幸運が—」

**おとつい**『×一昨日』(名)→おととい

**おとど**〔大殿〕(名)古語❶高貴な人の屋敷《やしき》。御殿《ごてん》。❷大臣・公卿《くぎょう》を敬っていったことば。❸女主人や乳母《めのと》を敬っていったことば。「—おびえて色もなくなりぬ」〈源氏物語〉訳乳母殿《との》はおびえて顔色もなくなった。

**おととい**『×一昨日』(名)きのうの前の日。いっさくじつ。おとつい。

**おととし**『×一昨年』(名)昨年の前の年。いっさくねん。

**おとな**【◦大人】(名)❶一人前に成長した人。成人。「中学生以上は—の料金です」❷分別があること。また、分別のある人。「考え方がすっかり—になった」《対子供》

**おとな・う**『◇訪う』(自五){ワ(オ)・イ(ッ)・ウ・ウ・エ・エ}「おとずれる」「訪問する」の文語的な言い方。「母校を—」

**おとなげな・い**【◦大人気ない】(形){カロ・カッ(ク)・イ・イ・ケレ・〇}おとならしい分別のある態度でない。「—ことをする」

**おとなし・い**【◦大人しい】(形){カロ・カッ(ク)・イ・イ・ケレ・〇}❶性質や態度などが、落ち着いていておだやかである。静かでじっとしている。「—人」❷はでない。「—服装」

**おとな・びる**【◦大人びる】(自上一){ビ・ビ・ビル・ビル・ビレ・ビロ(ビヨ)}成長しておとならしくなる。「—・びた態度」

**おとひめ**『◇乙姫』(名)海底の竜宮《りゅうぐう》に住むという伝説上の美しいお姫さま。

**おとめ**【◦乙女】(名)年若い女性。少女。「—心」

**おとも**【お供】(名・自スル)主人や目上の人につきしたがって行くこと。また、その人。「社長の—をする」

**おとり**『△囮』(名)❶ほかの鳥やけものをさそいよせて捕《と》らえるために使う鳥・けもの。❷人をさそいよせるために利用する人や品物。「景品を—に客を集める」

**おどり**【踊り】(名)音楽やリズムに合わせて、いろいろの身ぶり・手ぶりをすること。舞踊《ぶよう》。ダンス。

**おどりあが・る**【躍り上がる】(自五){ラ(ロ)・リ(ッ)・ル・ル・レ・レ}❶喜びや驚《おどろ》きなどのために勢いよくとびはねる。「—・って喜ぶ」❷物の上にとびあがる。「壇上《だんじょう》に—」

**おどりこ**【踊り子】(名)❶踊りをする少女。❷踊りを職業としている女性。ダンサー。

**おどりじ**【踊り字】(名)同じ字を重ねて用いるとき、下の字のかわりに書く符号《ふごう》。くり返し符号。「々」「ゝ」「〳〵」など。

**おどりば**【踊り場】(名)❶踊る場所。❷階段のとちゅうに少し広く作られた平らな床《ゆか》。

**おと・る**【劣る】(自五){ラ(ロ)・リ(ッ)・ル・ル・レ・レ}ねうち・力・数などが、ほかと比べておよばない。ひけをとる。「性能が—」対勝《まさ》る

**おど・る**【踊る】(自五){ラ(ロ)・リ(ッ)・ル・ル・レ・レ}❶音楽やリズムに合わせてからだを動かす。「タンゴを—」❷そそのかされて人の意のままに行動する。「仲間に—・らされて悪いことをする」

**おど・る**【躍る】(自五){ラ(ロ)・リ(ッ)・ル・ル・レ・レ}❶とびはねる。「馬が—・り上がる」❷心がわくわくする。「うれしさに心が—」❸文字などがいきいきと書かれる。また、字が乱れる。「見出しが—」「字が—・っている」

**おとろ・える**【衰える】(自下一){エ・エ・エル・エル・エレ・エロ(エヨ)}力や勢いが弱まる。「体力が—」対栄える

**おどろおどろ・し**(形シク)古語❶気味悪い。「いと—・しくかきたれ雨の降る夜」〈大鏡〉訳たいそう気味悪くはげしい雨の降る夜。❷おおげさである。ものすごい。「夜の声は—。あなかま」〈源氏物語〉訳夜中の(泣き)声はおおげさである。静かに。

**おどろおどろし・い**(形){カロ・カッ(ク)・イ・イ・ケレ・〇}気味悪く恐《おそ》ろしい。「お化け屋敷《やしき》の—音」

**おどろか・す**【驚かす】(他五){サ(ソ)・シ・ス・ス・セ・セ}びっくりさせる。「大声をあげて—」

**おどろ・く**【驚く】(自五){カ(コ)・キ(イ)・ク・ク・ケ・ケ}思いがけないことに出あって落ち着きをなくす。びっくりする。「地震《じしん》に—」

表現 びっくりする・動転する・驚愕《きょうがく》する・仰天《ぎょうてん》する・唖然《あぜん》とする・愕然《がくぜん》とする◆あっと・はっと・びくっと・どきっと・ぎょっと・ぎくりと◆目を丸くする・息をのむ・たまげる・肝《きも》をつぶす・腰《こし》を抜《ぬ》かす・度を失う・泡《あわ》を食う・呆気《あっけ》にとられる

**おどろ・く**〔驚く〕(自四)古語❶はっとする。突然《とつぜん》気づく。「秋来ぬと目にはさやかに見えねども風の音にぞ—・かれぬる」〈古今集〉訳秋が来たと目にははっきりとは見えないけれども、風の音に秋が来たと気づかされたことである。❷目が覚める。(眠《ねむ》りから)起きる。「もの申しさぶらはん。—・かせ給《たま》へ」〈宇治拾遺《うじしゅうい》物語〉訳もしもし。目をお覚ましください。

**おないどし**【同い年】(名)年齢《ねんれい》が同じであること。「—のいとこ」

**おなか**『お◇腹』(名)腹《はら》。「—がいたい」

**おながどり**【尾長どり】『尾長◇鶏』(名)《動》鶏《にわとり》の一品種。雄《おす》の尾は長く、七、八メートルにもなる。特別天然記念物。ながおどり。長尾鶏《ちょうびけい》。

**おながれ**【お流れ】(名)予定していた行事などが中止になること。とりやめ。「雨で運動会が—になる」

**おなぐさみ**【お慰み】(名)(たわむれやからかい、皮肉の気持ちで)お楽しみ。座興《ざきょう》。「—に一曲歌います」

**おなご**『◇女子』(名)❶女の子ども。女児。❷女性。参考現在では古風な言い方。

**おなじ**【同じ】㊀(形動ダ){ダロ・ダッ(デ・ニ)・ダ・△・ナラ・〇}少しもちがいがない。等しい。同一である。「君と—考えだ」㊁(副)(「同じ…なら」の形で)どっちみち。どうせ。「—やるなら大きいことをやろう」

参考「おんなじ」ともいう。文法㊀の連体形の「△」は、多くの場合、語幹がそのまま使われることを表す。

**同じ穴《あな》のむじな** 一見ちがうように見えても、同じような悪事をはたらく者・仲間であること。

**同じ釜《かま》の飯《めし》を食《く》う** 他人であるが、いっしょに生

活する親しい仲である。

**仕組みの解明 「同じ」**

**Q 右と同じ？ 右に同じ？**

A 右と同じ形
B 右に同じ

**A**・ふつうは「と」を使うが、終止形を用いる「右に同じ」「風の前の塵《ちり》に同じ」のような少し古い文体では「に」も使うことがある。

**おなじみ**『お△馴染み』(名)「なじみ」の丁寧《ていねい》語。よく知っていて親しいこと。「―の店」

**オナニー**〔ドイツ Onanie〕(名) 自分の性器を刺激《しげき》して、快感を求める行為《こうい》。自慰《じい》。手淫《しゅいん》。

**おなみだちょうだい**【お涙頂戴】映画や演劇などで、見る人に涙を流させるように作ったもの。

**おなら**(名) 屁《へ》。「―がでる」

**おなり**『◇御成り』(名) 皇族や将軍など、身分の高い人の外出や来訪をうやまっていうことば。

**おに**【鬼】一 (名) ❶人間に似た姿で頭に角《つの》があり、口はさけてきばを持つという想像上の生き物。❷情け心のない、残酷《ざんこく》でむじひな人。「心を―にする(=わざと冷たい態度をとる)」❸一つのことにたいそう熱心な人。「仕事の―」❹「鬼ごっこ」の遊びで、人をつかまえる役。二 (接頭) ❶勇ましい。強くてこわい。「―将軍」❷大形の。「―ゆり」「―やんま」

**鬼が出《で》るか蛇《じゃ》が出《で》るか** これからどんな恐《おそ》ろしいことが起こるのか予想がつかない。

**鬼が笑《わら》う** あてにならないことを言うのをからかっていうことば。「来年のことを言うと―」

**鬼に金棒《かなぼう》** 強い者がいっそう強くなるたとえ。

**鬼のいぬ間《ま》に洗濯《せんたく》** 気がねする人のいない間に好きなことをしたりゆっくり休んだりすること。

**鬼の霍乱《かくらん》** 病気しそうには思われないじょうぶな人が、めずらしく病気になることのたとえ。

**鬼の首《くび》を取《と》ったよう** たいへん得意になっているようす。この上ないてがらをたてたように喜ぶようす。「相手のミスをみつけて―に喜ぶ」

**鬼の目《め》にも涙《なみだ》** 思いやりや人情のない人でも、時には心を動かすことがあるというたとえ。

**鬼も十八《じゅうはち》番茶《ばんちゃ》も出花《でばな》** (みにくい鬼でも一八ぐらいの年ごろはそれなりに見どころがあり、安い番茶でも入れたては味がよいように)どんなむすめでも年ごろになるときれいに見えるたとえ。

**おにがわら**【鬼瓦】(名) 屋根の棟《むね》の両はしに置く大きなかわら。もと、鬼の面をかたどって魔《ま》よけにした。

(おにがわら)

**おにぎり**『お握り』(名) 握り飯。おむすび。

**おにご**【鬼子】(名) 親に似ない子。鬼っこ。

**おにごっこ**【鬼ごっこ】(名) 鬼になった者が他の者を追いかけ、つかまった者がつぎの鬼になる、子どもの遊び。

**おにつら**〔鬼貫〕【人名】→うえじまおにつら

**おにばば**【鬼ばば】『鬼◇婆』(名) あわれみの心をもたない老婆《ろうば》。また、老女の姿をした鬼。

**おにび**【鬼火】(名) 暗い夜や雨の夜に、しめった土地・墓地などで燃える青色の火。きつね火。燐火《りんか》。

**おにやらい**『鬼◇遣らい』(名) →ついな

**おね**【尾根】(名) 山のいただきといただきとをつなぐ峰《みね》づたいの所。「―づたいに歩く」

**おの**『△斧』(名) 鉄製のぶあついくさび形の刃《は》に柄《え》をつけた道具。木を切りたおしたり割ったりするのに用いる。

**おのいれて**…俳句→をのいれて…

**おのおの**【各】(名・副) めいめい。それぞれ。各自。「―好きなことをする」参考「各々」とも書く。

**おのずから**『◇自ずから』(副) ひとりでに。しぜんと。おのずと。「あとの問題は―解ける」

**おのずと**『◇自ずと』(副) →おのずから

**おののく**『◇戦く・◇慄く』(自五)〔カ(コ)・キ(イ)・ク・ク・ケ・ケ〕こわさや寒さでぶるぶるふるえる。わななく。「寒気に―」

**おののこまち**〔小野小町〕【人名】(生没年不明) 平安時代前期の女性歌人。六歌仙《ろっかせん》の一人。美人として知られ、情熱的で優美な歌を作った。

**おのぼりさん**【お上りさん】(名)〈俗語〉いなかから都会にやって来た人をからかっていうことば。

**オノマトペ**〔フランス onomatopée〕(名) 擬声語《ぎせいご》。また、擬声語と擬態語《ぎたいご》。

**おのれ**【己】一 (名) その人自身。自分自身。「―の主義主張を通す」二 (感) くやしいときやおこったときに発することば。なにくそ。「―、いまにみていろ」

**おは**【尾羽】(名) 鳥の尾と羽。

**尾羽打《う》ち枯《か》らす** (鷹《たか》も尾と羽が傷つくと外見がみすぼらしく見えることから)地位や勢力のあった人が落ちぶれてみすぼらしい姿になる。

**おば**【◦伯母】(名) 父母の姉または義姉。対伯父《おじ》

**おば**【◦叔母】(名) 父母の妹または義妹。対叔父《おじ》

**おばあさん**『お◇婆さん』(名) 年をとった女の人を、親しみをこめて呼ぶことば。対お爺《じい》さん

**おばあさん**『お×祖母さん』(名) 祖母《そぼ》を、親しみをこめて呼ぶことば。対お祖父《じい》さん

**オパール**〔英 opal〕(名) 宝石の一種。半透明《はんとうめい》、または不透明な鉱石で、色は乳白色・黄・青など。蛋白石《たんぱくせき》。

**おはぎ**『お△萩』(名) もち米にうるち米をまぜてたき、軽くつぶしてまるめ、あん・きなこ・ごまなどをまぶしたもの。

**学習 比較《ひかく》 「おはぎ」「ぼたもち」**

おはぎ 「萩の餅《もち》」を略した言い方。秋の彼岸《ひがん》の供え物にした。

ぼたもち 「おはぎ」と同様に作られたもの。春の彼岸の供え物にした。

**おはぐろ**【お歯黒】（名）歯を黒く染めること。また、それに使う液。古くからの風習であるが、江戸《えど》時代には、結婚《けっこん》した女性が行った。

**おばけ**【お化け】（名）❶化け物。「―屋敷《やしき》」❷形がふつうより大きかったり異様であったりするもの。「―大根」

**おはこ**〖×十八番〗（名）得意の芸。十八番《じゅうはちばん》。「―が出る」

**おばさん**〖小◇母さん〗（名）中年の女性を、親しみをもって呼ぶことば。対小父《おじ》さん

**おはじき**〖お◇弾き〗（名）貝殻《かいがら》・平たいガラス玉などをまいて、指先ではじき当てて取り合う遊び。また、それに使うひらたい玉。

**おはしま・す**〔御座します〕《オワシマス》（自四）古語❶「ある」「いる」の意の尊敬語。いらっしゃる。おられる。おありになる。「東の五条に大后《おほきさい》の宮―・しける」〈伊勢《いせ》物語〉訳東の五条に皇太后（＝天皇の母）がいらっしゃった。❷「行く」「来る」の意の尊敬語。お出かけになる。いらっしゃる。「御馬にて二条の院へ―・さむ」〈源氏物語〉訳お馬で二条の院へおいでになってはどうでしょう。⇩おはす 文法

**おは・す**〔御座す〕《オワス》（自サ変）古語❶「ある」「いる」の意の尊敬語。いらっしゃる。おられる。おありになる。「小野篁《をののたかむら》といふ人―・しけり」〈宇治拾遺《うじしゅうい》物語〉訳小野篁（＝人の名）という方がいらっしゃった。❷「行く」「来る」の意の尊敬語。いらっしゃる。お出かけになる。「今出川のおほい殿《との》嵯峨《さが》へ―・しけるに」〈徒然草《つれづれぐさ》〉訳今出川の大臣殿が京都の嵯峨へおいでになったときに。文法「おはす」の連用形に補助動詞「ます」のついた四段動詞「おはします」は、「おはす」より尊敬の程度が高い。

**おはち**【お鉢】（名）たき上がりの飯を移して入れておく、木で作った鉢。飯びつ。おひつ。

**お鉢が回《まわ》ってくる**　順番が回ってくる。

**おはつ**【お初】（名）❶はじめてのこと。「―にお目にかかります」❷おろしたてであること。「―を着ていく」

**おばな**【尾花】（名）〖植〗（穂《ほ》のようすが尾に似ていることから）すすきの花。また、すすき。秋の七草の一つ。

**おばな**【雄花】（名）〖植〗おしべだけで、めしべのない花。いちょう・きゅうりなどにみられる。対雌花《めばな》

**おはなばたけ**【お花畑】（名）高山などにある、さまざまな高山植物の花が集まって咲《さ》いている所。

**おはよう**〖お◇早う〗（感）朝、人に会ったりしたときのあいさつのことば。使い方ていねいに言うときは「おはようございます」を使う。

**おはらい**〖お△祓い〗（名）→はらい（祓い）

**おはらいばこ**【お払い箱】（名）❶古くなったり使わなくなったりして、いらなくなったものを捨てること。❷やとい人をやめさせること。「勤め先を―になる」

**おはらめ**〖◇大原女〗（名）京都郊外《こうがい》の大原《おおはら》の里から京都の町へ物売りに来た女性。おおはらめ。

**おばんざい**〖お番菜〗（名）おもに京都で、おかず。

**おび**【帯】（名）❶着物を着たとき、胴《どう》に巻く細長い結び布。❷①のように横に巻いたもの。「本の―」

**帯に短《みじか》し襷《たすき》に長《なが》し**　物事が中途《ちゅうと》はんぱで役に立たないたとえ。

**おび・える**〖◇脅える・△怯える〗（自下一）{エ・エ・エル・エル・エレ・エロ（エヨ）}こわがってびくびくする。「不安に―」

**おびきだ・す**【おびき出す】〖◇誘き出す〗（他五）{サ（ソ）・シ・ス・ス・セ・セ}だまして外へさそい出す。「おとりを使って―」

**おびきよ・せる**【おびき寄せる】〖◇誘き寄せる〗（他下一）{セ・セ・セル・セル・セレ・セロ（セヨ）}だまして近くへさそい寄せる。「えさで―」

**おびグラフ**【帯グラフ】（名）帯状の細長い長方形を区切って、その数量の全体に占《し》める割合を表すグラフ。▽グラフは、英 graph

**おひざもと**【お膝元・お膝下】（名）天皇や将軍などの住む都。「将軍の―」

**おひたし**【お浸し】（名）ほうれんそうなどの青菜をゆでて、しょうゆ・かつおぶしなどをかけた食べ物。浸し物。

**おびただし・い**〖△夥しい〗（形）{カロ・カッ（ク）・イ・イ・ケレ・〇}❶ひじょうに数や量が多い。「―人数」❷はなはだしい。「心もとないこと―」

**おびどめ**【帯止め・帯留め】（名）婦人が帯の上にしめるひも。また、そのひもにつけるかざり道具。

**おひとよし**【お人よし】〖お人◇好し〗（名・形動ダ）気がよくて、人の言うとおりになること。また、そのような人。「―にもほどがある」

**オピニオン**〔英 opinion〕（名）社会的なことに対する意見や考え。また、世論。「―リーダー」

**おひねり**〖お◇捻り〗（名）おかねを紙に包んで上部をひねったもの。神仏に供えたり、祝儀《しゅうぎ》として人に与《あた》えたりする。

**おびふう**【帯封】（名）雑誌・新聞などを郵便で送るとき、帯のような紙で巻くこと。また、その紙。

**おひや**【お冷や】（名）冷たい飲み水。

**おびやか・す**【脅かす】（他五）{サ（ソ）・シ・ス・ス・セ・セ}❶おどしてこわがらせる。恐《おそ》れさせる。「敵を後方から―」❷あぶない状態にする。「平和を―政策」

**おひゃくど**【お百度】（名）（「お百度参り」「お百度詣《もう》で」の略）願いがかなうよう、神社や寺などで決まった距離《きょり》を一〇〇回往復して拝むこと。

**お百度を踏《ふ》む**　❶お百度まいりをする。❷目的を果たすために、同じ人を何度もたずねてたのむ。「お百度を踏んで同意を得る」

**おひらき**【お開き】（名）祝いの宴会《えんかい》などが終わること。閉会。「そろそろ―にしよう」参考「終わる」ということばをさけて使うことば。

**お・びる**【帯びる】（他上一）{ビ・ビ・ビル・ビル・ビレ・ビロ（ビヨ）}❶身に着ける。腰《こし》に下げる。「刀を―」❷任務などを引き受ける。負う。「重要な役目を―」❸あるようす、けはいなどを少しふくむ。「赤みを―」「酒気《しゅき》を―」

**おひれ**【尾ひれ】〖尾△鰭〗（名）魚の尾とひれ。

**尾ひれをつける**　話を大げさにする。誇張《こちょう》する。

**おひろめ**〖お×披露目〗（名）結婚《けっこん》や襲名《しゅうめい》などを、儀式《ぎしき》や宴会《えんかい》などによってひろく知らせること。

**オフ**〔英 off〕（名）❶電気や機械などのスイッチがはいっていない状態。対オン。❷ねだんを引いたり、何かを取りのぞいたりすること。「五〇パーセント―」「カロリー―」❸「オフシーズン」「シーズンオフ」の略。❹「オフタ

イム」の略。「—の日」

**オファー**〔英 offer〕(名・他スル) 申し出。申し入れ。特に売買契約《けいやく》で、取引条件を示した売り手もしくは買い手の申し出。「テレビ出演の—がある」

**オフィシャル**〔英 official〕(形動ダ) {ダロ・ダツ(デ・ニ)・ダ・ナ・ナラ・○} 公式、公的なものであるようす。「—な場」

**オフィス**〔英 office〕(名) 事務所。会社。役所。

**オフィス-レディー**〔和製英語〕(名) 会社などで働く女性。女性事務員。ＯＬ。▽office と lady から。

**おぶ・う【負ぶう】**(他五) {ワ(オ)・イ(ツ)・ウ・ウ・エ・エ} 背負う。「赤ん坊《ぼう》を—」

**オフェンス**〔英 offense〕(名) スポーツにおける攻撃《こうげき》。また、攻撃する人や、チーム。対ディフェンス

**おふくろ**〘お袋〙(名) (男性が) 親しみをこめて自分の母親をいうことば。「—の味」対おやじ

**オブザーバー**〔英 observer〕(名) 会議に出席して、意見を言うことはできるが、議決権のない人。また、傍聴《ぼうちょう》だけを許されている人。

**オフサイド**〔英 offside〕(名) サッカーやラグビーなどの反則の一つで、してはいけない位置でプレーすること。

**おぶさ・る【負ぶさる】**(自五) {ラ(ロ)・リ(ツ)・ル・ル・レ・レ} ❶背負われる。おぶってもらう。❷自分でやらないで、ほかの人の力にたよる。「両親に—って生活する」

**オフシーズン**〔英 off-season〕(名) ❶物事がさかんに行われない時期。シーズンオフ。❷旅行者が少ない季節。「—の海水浴場」

**オブジェ**〔フランス objet〕(名)〘美〙幻想的《げんそうてき》・象徴的《しょうちょうてき》な効果を出すために使う石・木などの物体。

**オプション**〔英 option〕(名) ❶選択権《せんたくけん》。自由選択。❷標準となる商品に、任意で付け加えることのできる部品や装置。

**おふせ【お布施】**(名) →ふせ

**オフセット**〔英 offset〕(名) 原版につけたインクをいったんゴム版面に写してから紙に印刷する方法。

**おふだ【お札】**(名) 神社や寺の出す守り札。

**オフ-タイム**〔英 off time〕(名) 仕事の時間外。また、休み。オフ。「—の過ごし方」

**オプチミスト**〔英 optimist〕(名) 人生は楽しいもの、おもしろいものと楽天的に考える人。楽観論者。楽天家。オプティミスト。対ペシミスト

**オプチミズム**〔英 optimism〕(名) 物事を明るくよいほうにとらえる考え方。楽観論。楽天主義。オプティミズム。対ペシミズム

**おぶつ【汚物】**(名) きたないもの。特に、排泄物《はいせつぶつ》。

**オブラート**〔オランダ oblaat〕(名) でんぷんで作ったうすい膜《まく》。飲みにくい粉薬などを包むのに用いる。

**オブラートに包《つつ》む** 直接的な言い方をさけて、やわらかくぼかして表現する。

**オフライン**〔英 off-line〕(名) コンピューターや通信機器などがインターネットなどのネットワークに接続していない状態。対オンライン

**オフリミット**〔英 off-limits〕(名) 中にはいるのを禁じている区域。立ち入り禁止。オフリミッツ。

**おふる【お古】**(名) 他人がすでに使い古したもの。特に、ゆずりわたされる衣服などをいう。おさがり。

**おふれ【お触れ】**(名) (古い言い方で) 役所から一般《いっぱん》の人びとに出す通達・命令。

**オフ-レコ**(名) 公表しないこと。記録にとどめないこと。▽英 off the record から。

**オペ**(名)「オペレーション」の略。

**おべっか**(名)〘俗語〙人のきげんをとるためのことば。お世辞。「上役に—を使う」類おべんちゃら

**オペラ**〔イタリア・英 opera〕(名) 歌や音楽を中心として物語の筋が運ばれる劇。歌劇。

**オペラ-グラス**〔英 opera glasses〕(名) 劇などを見るための小さい双眼鏡《そうがんきょう》。

**オベリスク**〔英 obelisk〕(名) 古代エジプトの神殿《しんでん》の門前の左右に建てた四角い石の柱。

(オベリスク)

**オペレーション**〔英 operation〕(名) ❶機械などの運転・操作。❷〘経〙中央銀行の行う市場操作。❸〘医〙手術。オペ。❹業務の管理や実行。❺軍事作戦。

**オペレーター**〔英 operator〕(名) ❶機械の操作をする人。❷コールセンターで、電話などでの顧客《こきゃく》対応をする人。

**オペレッタ**〔イタリア operetta〕(名) こっけいな筋の小歌劇。喜歌劇。

**おべんちゃら**(名)〘俗語〙相手にとり入るための、口先ばかりのお世辞。「—を言う」類おべっか

**おほうみの**《オオウミノ》…和歌

〔大海の　磯《いそ》もとどろに　よする波《なみ》　われてくだけて　さけて散《ち》るかも〕〈金槐集《きんかいしゅう》・源実朝《みなもとのさねとも》〉訳大海の岩石の多い岸辺《きしべ》もとどろくほどにはげしく打ち寄せてくる波は、岩に当たって大きくわれ、くだけ、さけて、とび散ることだ。

**おぼえ【覚え】**(名) ❶覚えること。記憶《きおく》。「—が早い」「身に—がない」❷身につけた技術に対する自信。「腕《うで》に—がある」❸信頼《しんらい》。信用。「上司の—がめでたい」❹→おぼえがき①

**おぼえがき【覚え書き】**(名) ❶心おぼえとして書いておく文章。メモ。❷簡単な形で意見や希望を伝える外交文書。❸たがいに合意したことがらを記して取り交わす文書。参考②③は「覚書」と書く。

**おぼえず【覚えず】**(副) 意識しないで。思わず。知らず知らず。「—なみだを流す」

**おほえやま**《オオエヤマ》…和歌

〔大江山　生野《いくの》の道《みち》の　遠《とほ》ければ　まだふみも見《み》ず　天《あま》の橋立《はしだて》〕〈金葉集《きんようしゅう》・小式部内侍《こしきぶのないし》〉訳母のいる丹後《たんご》の国(=京都府北部)は、大江山を越《こ》え、生野を通って行く遠い地ですから、私はまだ天の橋立に足を踏《ふ》み入れたこともなく、母からの文《ふみ》(手紙)も見たことがありません。(「生野」の「いく」は「行く」との、「ふみ」は「踏み」と「文」との掛詞《かけことば》。作者の歌を母の和泉式部《いずみしきぶ》が代作しているとからかわれてこたえた歌。小倉《おぐら》百人一首の一つ)

**おぼ・える【覚える】**(他下一) {エ・エ・エル・エル・エレ・エロ(エヨ)} ❶見聞きしたことを忘れないで心にとめる。記憶《きおく》する。「むかしのことを―・えている」 ❷学んだことを身につける。「仕事を―」「こつを―」 ❸自然にそう感じる。「悲しみを―」

**おほかた**〔大方〕《オオカタ》 [古語] [一](名) 世間一般《いっぱん》。ふつう。「―のよしなしごと」〈徒然草《つれづれぐさ》〉[訳]ひととおりのつまらないむだ話。 [二](副) ❶一般に。おおよそ。「―、もののねには、笛・篳篥《ひちりき》」〈徒然草〉[訳]一般に、楽器の音《ね》では、笛・篳篥(=笛の一種)(がよいものだ)。 ❷(あとに打ち消しのことばがきて)全然。さっぱり。「しばしかなでてのち、抜《ぬ》かんとするに、―抜かれず」〈徒然草〉[訳]しばらく舞《ま》ったあとで、(頭にかぶった鼎《かなえ》を)抜こうとするが、いっこうに抜けない。

**おぼし・い**『◇思しい』(形) {カロ・カツ(ク)・イ・イ・ケレ・○} …と思われる。想像される。「犯人と―者」

**おぼしめし**『◇思し召し』(名) ❶「考え」「気持ち」の尊敬語。お考え。ご意向。「ご親切な―」 ❷もらう金額などを相手にまかせること。「―でけっこうです」 ❸(俗語)異性に対する特別な関心。「あの人に―がある」

**おぼしめ・す**『◇思し召す』(他五) {サ(ソ)・シ・ス・ス・セ・セ} 「思う」の尊敬語。お思いになる。⇩おぼす [文法]

**おほ・す**〔仰す〕《オオス》(他下二) [古語] ❶「命じる」の意の尊敬語。ご命令になる。お言いつけになる。「大井の土民に―・せて、水車を造らせられけり」〈徒然草《つれづれぐさ》〉[訳]大井川の土地の住民にご命令になって、水車をお作らせになったそうだ。 ❷「言う」の意の尊敬語。おっしゃる。「『何も書きたらんものは読みてんや』と―・せられければ」〈宇治拾遺《うじしゅうい》物語〉[訳](帝《みかど》が)「なんでも書いたものは読むか」とおっしゃられたので。

**おぼ・す**〔思す〕(他四) [古語] 「思う」の意の尊敬語。お思いになる。「またこれを悲しび―こと限りなし」〈源氏物語〉[訳]また(帝《みかど》が)これ(=桐壺更衣《きりつぼのこうい》の母の死)を悲しくお思いになることこの上もない。 [文法]「おぼす」の連用形に「召《め》す」のついた「おぼしめす」は、「おぼす」よりも尊敬の程度が高い。

**オポチュニスト**〔英 opportunist〕(名) 一定の考え方や方針をもたないで、そのときのつごうで態度が変わる人。ご都合主義者。日和見《ひよりみ》主義者。

**おぼつかな・い**『覚◇束ない』(形) {カロ・カツ(ク)・イ・イ・ケレ・○} ❶しっかりしていない。あぶなっかしい。「―足取り」 ❷うまくいく見こみがうすい。「合格は―」

**おぼつかな・し**〔覚束無し〕(形ク) [古語] ❶はっきりしない。ぼんやりしている。「夕づく夜の―・きほどに」〈徒然草《つれづれぐさ》〉[訳]月の出ている夕方のほの暗いうちに。 ❷待ち遠しい。「都のおとづれいつしかと―・きほどに」〈十六夜《いざよい》日記〉[訳]都からのたよりが早く来てほしいと待ち遠しく思っているうちに。 ❸不安である。たよりない。「―・きもの 一二年の山ごもりの法師の女親《めおや》」〈枕草子《まくらのそうし》〉[訳]不安で心配なもの、一二年比叡山《ひえいざん》にこもって修行する僧《そう》の母親(の気持ち)。

**おぼ・ゆ**〔覚ゆ〕(自下二) [古語] ❶(しぜんに)思われる。感じられる。「京の人は珍《めづ》らかにや―・えけむ」〈伊勢《いせ》物語〉[訳]京の人は珍《めず》らしいとでも思われたのであろう。 ❷思い出される。「むかしのこと思ひ出《い》づれど、さらに―・ゆることなく」〈源氏物語〉[訳]むかしのことを思い出そうとしても、いっこうに思い出されることはなくて。 ❸似ている。「尼君《あまぎみ》の見上げたるに、少し―・えたるところあれば」〈源氏物語〉[訳]尼君が(その子を)見上げている顔に、少し似ているところがあるので。 [参考]現代語の「記憶《きおく》する」の意で使うことは少ない。

**おぼ・れる【溺れる】**(自下一) {レ・レ・レル・レル・レレ・レロ(レヨ)} ❶水中に落ちて死にそうになる。また、水中で死ぬ。「海で―」 ❷(理性を失うほど)夢中になる。「酒に―」

**溺れる者《もの》は藁《わら》をもつかむ** 危急の場合には、なんとか助かろうとしてどんな手段にもたよろうとする。

**おぼろ**『◁朧』[一](形動ダ) {ダロ・ダツ(デ・ニ)・ダ・ナ・ナラ・○} ぼんやりかすむようす。はっきりしないようす。「―にかすむ月」「―な記憶《きおく》」 [二](名) 魚の身を細かくほぐして味をつけた食品。そぼろ。

**おぼろげ**『◁朧気』(形動ダ) {ダロ・ダツ(デ・ニ)・ダ・ナ・ナラ・○} はっきりしないようす。ぼんやり。「―ながらわかってきた」

**おぼろづきよ【おぼろ月夜】**『◁朧月夜』(名) 月がぼんやりとかすんでいる夜。ふつう、春の夜にいう。

**オマージュ**〔フランス hommage〕(名) 尊敬の気持ちを表すこと。敬意《けいい》。また、賛辞《さんじ》。「名作への―」

**オマーン**〔Oman〕[地名]アラビア半島南東部、ペルシャ湾《わん》の入り口にある君主国。首都はマスカット。

**おまえ【お前】**(代) 同等または目下の人をさして呼ぶことば。「―はどう思うかね」 [参考]もとは、目上の人に使うていねいなことばであった。

**おまけ**『お負け』(名・他スル) ❶ねだんを安くすること。「一〇〇円の―」 ❷景品や付録としてつけること。また、そのもの。「―のおかし」 ❸あるものに付け加えること。また、そのもの。「―の話」

**おまけに** (接) その上さらに。「寒いし、―暗い」

**おまちどおさま**『お待ち遠様』(感) 人を待たせたときにわびる、あいさつのことば。「―でした」 [使い方]多く「です」「でした」をつけて用いる。

**おまつりさわぎ【お祭り騒ぎ】**(名) ❶お祭りで、にぎやかにさわぐこと。 ❷大勢でにぎやかにさわぐこと。

**おまもり【お守り】**(名) 神社や寺などが出す、災難から人を守ってくれるという札。

**おまる** (名) 幼児が使う、室内で用いる持ち運びのできる便器。

**おまわりさん【◦お巡りさん】**(名) 警察官、特に制服の巡査《じゅんさ》を親しんでいうことば。

**おみおつけ** (名) 「みそ汁」の丁寧《ていねい》な言い方。

**おみき【◦お神酒】**(名) 神にそなえる酒。単に酒をさすこともある。

**おみくじ**『お×神籤』(名) 神社や寺にお参りした人がひく、運勢をうらなうくじ。

**おみこし**『お×神輿』(名) →みこし

**おみずとり【お水取り】**(名) 三月一三日の未明、奈良の東大寺二月堂前の井戸《いど》から水をくんで本堂に納める行事。

**おみそれ**『お見◇逸れ』(名・他スル) だれだか気づかなかったときや、相手の能力がすぐれているのに改めて気づいたときに使うことば。「つい―いたしました」

**オミット**〔英 omit〕(名・他スル) 除外すること。省略すること。
**おみなえし**『×女郎花』(名)《植》スイカズラ科の多年草。山野に自生し、秋に黄色い小花を多数つける。秋の七草の一つ。
**おむすび**『お結び』(名)「むすび(=にぎりめし)」の丁寧《ていねい》語。おにぎり。
**おむつ**(名)→おしめ
**オムニバス**〔英 omnibus〕(名) ❶乗り合い自動車。❷映画などで、いくつかの独立した短い話を一つにまとめた作品。「ー映画」
**オムレツ**〔フランス omelette〕(名) ときほぐした卵を木の葉形に焼いた料理。ひき肉・玉ねぎなどをいためたものを包むこともある。
**おめい**【汚名】(名) 悪い評判。「ーをそそぐ」
**おめおめ**(副) 恥《はじ》を恥とも思わず平気でいるようす。「このままー(と)引きさがるわけにはいかない」
**オメガ**〔英 omega〕(名) ❶ギリシャ字母の最後の字。大文字 Ω、小文字 ω。❷終わり。最後。「アルファからーまで(=全部)」
**おめかし**(名・自スル) 化粧《けしょう》したり、きれいに着飾《きかざ》ったりすること。おしゃれ。「ーして出かける」
**おめ・く**『◇喚く』(自五){カ(コ)・キ(イ)・ク・ク・ケ・ケ} わめく。さけぶ。
**おめし**【お召し】(名) ❶「呼ぶこと」「乗ること」「着ること」などの尊敬語。「ーを受ける」「ー列車」❷「着物」の尊敬語。お召し物。❸(「お召しちりめん」の略)ねり糸を使って表面にしぼ(=織物の表面にあらわれる細かいでこぼこ)を寄せた織物。
**おめしもの**【お召し物】(名) 着る人を敬って、その着物をいう語。
**おめずおくせず**『◇怖めず臆せず』少しも気おくれしないで堂々と。「ー意見を述べる」
**おめでた**『お×目出度・お×芽出度』(名) おめでたいできごと。結婚《けっこん》・妊娠《にんしん》・出産などをいう。「我《わ》が家はー続きだ」
**おめでた・い**『お×目出度い・お×芽出度い』(形){カロ・カッ(ク)・イ・イ・ケレ・○} ❶「めでたい」の丁寧《ていねい》語。❷お人よしである。正直すぎて考え方があまい。「ー性格」
**おめでとう**『お×目出度う・お×芽出度う』(感) お祝いの気持ちを表すことば。「入学ー」
使い方 丁寧《ていねい》に言うときは「おめでとうございます」「おめでとうぞんじます」を使う。
**おめにかかる**【お目に掛かる】「人に会う」の謙譲《けんじょう》語。お会いする。「明日お目にかかりましょう」
**おめにかける**【お目に掛ける】「見せる」の謙譲《けんじょう》語。お見せする。「先生に作品をー」
**おめみえ**【お目見得】(名・自スル) ❶目上の人にお目にかかること。お目どおり。❷俳優などがその土地ではじめて演技を見せること。また、新しいものがはじめて人びとの前に姿を現すこと。「新型車両のー」
**おめもじ**【お目文字】(名・自スル)「お目にかかること」をいう女性語。お会いすること。「ーがかなう」
**おも**【面】(名) ❶顔。「ー長《なが》」❷表面。「水のー」
**おも**【主】(形動ダ){ダロ・ダッ(デ・ニ)・ダ・ナ・ナラ・○} いくつかのもののうちで中心をしめているようす。「ーな産業」「ーなニュース」「ーに若者を対象とする」
**おもい**【思い】(名) ❶あることがらについて、いろいろと心をはたらかせること。また、その内容。「よこしまなー」「ーにふける」「ーを巡《めぐ》らす」❷願い。望み。「ーのままになる」「ーがかなう」❸予想すること。「ーのほか楽しかった」❹感じ。気持ち。また、経験。「つらいーをした」❺うれい。心配。「ーに沈《しず》む」❻恨《うら》み。執念《しゅうねん》。「ーが残る」「ーを晴らす」❼人を恋《こい》しいと思う気持ち。「ーを懸《か》ける」❽特に愛情をそそぐこと。「あの子は弟ーだ」
**思いも寄《よ》らぬ** 思いがけない。予想外の。「ーこと」
**思いを馳《は》せる** 遠い未来や過去、または遠く離《はな》れた人や物事をしみじみ思う。「故郷の父母にー」
**おも・い**【重い】(形){カロ・カッ(ク)・イ・イ・ケレ・○} ❶重量が大きい。支えたり動かしたりするのに大きな力がいるようす。また、そのように感じられる。「ー荷物」「肩がー」「胃がー」❷負担を感じて心がはればれしない。「気がー」❸動きや働きがにぶい。「腰《こし》がー」「口がー」❹重要だ。たいせつだ。「ー役目」「責任がー」❺程度がはなはだしい。ひどい。「病気がー」(対軽い)
**おもいあが・る**【思い上がる】(自五){ラ(ロ)・リ(ッ)・ル・ル・レ・レ} 自分の実際の力以上に自分をえらいと思う。うぬぼれる。つけ上がる。「ー・ったふるまい」
**おもいあた・る**【思い当たる】(自五){ラ(ロ)・リ(ッ)・ル・ル・レ・レ} 記憶に照らしてなるほどと気がつく。「ーふしがある」
**おもいあま・る**【思い余る】(自五){ラ(ロ)・リ(ッ)・ル・ル・レ・レ} いくら考えてもよい答えがみつからず、どうしてよいかわからなくなる。「ー・って相談する」
**おもいいれ**【思い入れ】(名) ❶深く心にかけること。「音楽へのー」❷芝居《しばい》で、俳優が何も言わずに心の中を表すしぐさをすること。❸芝居がかったしぐさ。「ーたっぷりに語る」
**おもいうか・べる**【思い浮かべる】(他下一){ベ・ベ・ベル・ベル・ベレ・ベロ(ベヨ)} 姿や形・情景を心の中にえがく。「友人の顔をー」
**おもいおこ・す**【思い起こす】(他五){サ(ソ)・シ・ス・ス・セ・セ} 過去の記憶《きおく》を心の中に呼び起こす。思い出す。想起《そうき》する。「三年前のできごとをー」
**おもいおもい**【思い思い】(副) めいめい自分の思うまま。てんでに。「各人ーに過ごす」
**おもいかえ・す**【思い返す】(他五){サ(ソ)・シ・ス・ス・セ・セ} ❶決めたことをもう一度考えて変える。考え直す。「ー・して今の仕事をつづけることにした」❷むかしのことをあらためて思い出す。「ーとぞっとする」
**おもいがけな・い**【思いがけない】(形){カロ・カッ(ク)・イ・イ・ケレ・○} 前もって考えてもいない。意外だ。「ーできごと」
**おもいきや**【思いきや】(「…と思いきや」の形で)…と思ったが意外にも。「おこっているのかとー」
**おもいきり**【思い切り】■一■(名) あきらめ。「ーが悪い」■二■(副) じゅうぶんに。思うぞんぶん。「ー遊ぶ」
**おもいき・る**【思い切る】{ラ(ロ)・リ(ッ)・ル・ル・レ・レ} ■一■(他五) きっぱりとあきらめる。断念する。「大学進学をーことができない」■二■(自五) 決心する。「ー・って行く」

**おもいこ・む**【思い込む】(自五){マ(モ)・ミ(ン)・ム・ム・メ・メ} ❶疑いもなくそうだと信じる。「ほんとうだと—」❷そうしようとかたく決意する。「—・んだら命がけ」

**おもいしら・せる**【思い知らせる】(他下一){セ・セ・セル・セル・セレ・セロ(セヨ)} 身にしみてよくわかるようにさせる。「今に—・せてやる」

**おもいし・る**【思い知る】(他五){ラ(ロ)・リ(ッ)・ル・ル・レ・レ} 身にしみてはっきりとわかる。「自分の無知を—」

**おもいすごし**【思い過ごし】(名) よけいなことまであれこれ考えすぎること。「それは君の—だ」

**おもいだ・す**【思い出す】(他五){サ(ソ)・シ・ス・ス・セ・セ} 過ぎたことや忘れていたことを心によみがえらせる。思いおこす。「むかしを—」「用事を—」

**おもいた・つ**【思い立つ】(他五){タ(ト)・チ(ッ)・ツ・ツ・テ・テ} あることをしようという考えをおこす。「—・ったが吉日《きちじつ》(=思いたったらその日からすぐはじめるのがよい)」

**おもいちがい**【思い違い】(名) 実際とちがうことを事実だと思いこむこと。かんちがい。

**おもいつき**【思いつき】〖思い付き〗(名) ふと心に浮《う》かんだ考え。「—で決められてはかなわない」「それはいい—だ」

**おもいつ・く**【思いつく】〖思い付く〗(他五){カ(コ)・キ(イ)・ク・ク・ケ・ケ} 考えがふと心に浮《う》かぶ。「—ままに話す」

**おもいつつ**…和歌→おもひつつ…

**おもいつ・める**【思い詰める】(他下一){メ・メ・メル・メル・メレ・メロ(メヨ)} なやんでそのことだけを考え続ける。「一つのことを—」

**おもいで**【思い出】(名) 過ぎ去ったことを思い出すこと。また、そのことがら。「修学旅行の—」

**おもいとどま・る**【思いとどまる】〖思い◇止まる〗(他五){ラ(ロ)・リ(ッ)・ル・ル・レ・レ} いろいろ考えて、しようと思っていたことをやめる。「辞職を—」

**おもいなし**【思いなし】(名) 深い理由もなく、そうだろうと思うこと。「—か顔色が青い」

**おもいのこ・す**【思い残す】(他五){サ(ソ)・シ・ス・ス・セ・セ} 思ったことがじゅうぶんにできず、心残りに思う。未練を残す。「もう—ことはない」

**おもいのたけ**【思いの丈】思うことのすべて。特に、恋《こ》い慕《した》っている気持ちのすべて。「—を打ち明ける」

**おもいのほか**【思いの外】(副) 予想に反して。意外に。「—簡単だった」

**おもいやり**【思いやり】〖思い◇遣り〗(名) 他人のことをやさしく考える気持ち。「—がある」

**おもいや・る**【思いやる】〖思い◇遣る〗(他五){ラ(ロ)・リ(ッ)・ル・ル・レ・レ} ❶他人の立場にたって同情する。「相手を—」❷時間・空間的に遠く離《はな》れた人や物事について思い考える。「故郷の親を—」❸(「おもいやられる」の形で)心配される。案じられる。「先が—・られる」

**おもいわずら・う**【思い煩う】(自五){ワ(オ)・イ(ッ)・ウ・ウ・エ・エ} あれこれ考えてなやみ苦しむ。「どうしたものかと—」

**おも・う**【思う】(他五){ワ(オ)・イ(ッ)・ウ・ウ・エ・エ} ❶ある物事について考えをもつ。判断する。「自分の考えが正しいと—」「明日は晴れると—」「必ずやろうと—」❷心に描《えが》く。想像する。「友の悲しみを—」「春を—・わせる陽気」❸願う。望む。「—ようにできた」「—に任《まか》せない(=自分の望むとおりに事が進まない)」❹そういう気持ちがする。感じる。「うれしく—」❺心にかけて気づかう。「子を—親の心」❻強くひかれる気持ちをいだいて意識する。したう。「故郷を—」

**思う念力《ねんりき》岩《いわ》をも通《とお》す** 一心に思いをこめて物事を行えば、どんなことでもできる。類精神一到《いっとう》何事か成らざらん

**おもうさま**【思うさま】〖思う様〗(副) 満足するまでじゅうぶんに。思う存分。「—飲み食いする」

**おもうぞんぶん**【思う存分】(副) 思っていたとおりじゅうぶんに。思いきり。「—楽しむ」

**おもうつぼ**【思うつぼ】〖思う△壺〗(名) 前もって考えていたとおり。意図したとおり。「—にはまる」

**おも・える**【思える】(自下一){エ・エ・エル・エル・エレ・○} ❶自然とそのような気持ちになる。「見ると簡単そうに—」❷思うことができる。「悪い冗談《じょうだん》としか—・えない」

**おもおもし・い**【重重しい】(形){カロ・カッ(ク)・イ・イ・ケレ・○} どっしりしていておごそかである。「—態度」対軽軽《かるがる》しい

**おもかげ**【面影】〖△俤〗(名) ❶記憶《きおく》に残る、ある人の顔つき。「母の—がある」❷心の中に浮《う》かぶ姿やようす。「この町はむかしの—がない」

**おもかじ**【面かじ】〖面△舵〗(名) 船を右へ進めるときの、かじの取り方。「—いっぱい」対取り舵《かじ》

**おもき**【重き】(名) 重要であること。重み。

**重きを置《お》く** 重視する。「損得ばかりに—」

**重きをなす** 重要な地位にある。重んじられる。「政界で—」

**おもくるし・い**【重苦しい】(形){カロ・カッ(ク)・イ・イ・ケレ・○} おさえつけられるようで息苦しい。「—雰囲気《ふんいき》」

**おもさ**【重さ】(名) ❶重いこと。重い程度。「—を量る」❷重大さ。「責任の—」

**おもざし**【面差し】(名) 顔つき。顔だち。「母に似た—」

**おもし**【重し】〖重◇石〗(名) ❶物をおさえるために用いる重い物。「漬物《つけもの》の—」❷人をおさえる力。また、その力をもつ人。「仲間うちの—となる」

**おもしろ・い**〖×面白い〗(形){カロ・カッ(ク)・イ・イ・ケレ・○} ❶おかしい。こっけいだ。「—ことを言って笑わせる」❷心ひかれる。興味深い。「—考え」「この本は—」❸楽しくこころよい。「旅行はとても—・かった」「—ようによく釣《つ》れる」「—・くない事態になる」

**おもしろ・し**〔面白し〕(形ク) 古語 ❶興味深い。ゆかいだ。「生ける世に吾《あ》はいまだ見ず言《こと》絶えてかく—・く縫《ぬ》へる袋《ふくろ》は」〈万葉集〉訳この世で私はまだ見たことがない。ことばでは言えないくらい、このようにすてきに縫ってある袋は。❷おもむきが深い。風流である。「東《ひむがし》西《にし》は海近くて、いと—」〈更級《さらしな》日記〉訳東と西は海が近くて、ひじょうにすばらしい。

**おもしろはんぶん**【面白半分】〖×面白・半分〗(名・形動ダ) なかば遊び心や興味本位で取り組み、真剣さに欠けるようす。「—の気持ちでやるな」

**おもた・い**【重たい】(形){カロ・カッ(ク)・イ・イ・ケレ・○} ❶重い感じだ。❷気分がはればれしない。「—空気がたちこめる」

**おもたせ**【お持たせ】(名) 「おもたせ物」の略で、客の持ってきた手みやげの敬称《けいしょう》。使い方 持ってきた客

本人にすすめるときに使う。

**おもだ・つ【主だつ】**〖主立つ〗（自五）{タ(ト)・チ(ツ)・ツ・ツ・テ・テ} 仲間の中で中心となる。「ー・ったメンバー」使い方 多く「主だった」の形で使う。

**おもちゃ**〖×玩具〗（名）❶子どもが遊ぶ道具。玩具《がんぐ》。❷気ばらしにもてあそぶもの。「人をーにする」

**おもて【表】**（名）❶二つの面のあるものの、上側または外側の面。「紙のー」「たたみのー」対裏 ❷建物の正面。家の前。「ー玄関《げんかん》」対裏 ❸家の中から見て、外。戸外。「ーで遊ぶ」 ❹人に見える側。人目につくほう。「感情をーに出す」「ーに立って働く」「ーと裏のある人」対裏 ❺公式・正式なこと。「ーざた」「ーの理由」 ❻野球で、試合の各回の前半。「一回のー」対裏

**おもて【面】**（名）❶顔。おも。「ーを上げる」❷物の表面。「水のー」❸おめん。仮面。

**おもてぐち【表口】**（名）建物の正面にある出入り口。対裏口

**おもてさく【表作】**（名）同じ土地で一年間に二回以上農作物を栽培《さいばい》する場合、おもなほうの作物。対裏作

**おもてざた【表沙汰】**（名）❶秘密のことが世間に知れわたること。表向き。「不祥事《ふしょうじ》がーになる」 ❷裁判所で取り扱《あつか》われること。「ーにして争う」

**おもてだ・つ【表立つ】**（自五）{タ(ト)・チ(ツ)・ツ・ツ・テ・テ} 人の目につくようになる。事件などが世間に知られるようになる。「ー・った行動はひかえる」「ー・っては言えない」

**おもてどおり【表通り】**（名）人や車の行き来が多く、市街地の中心になっている広い通り。対裏通り

**おもてむき【表向き】**（名）❶世間に対する名目としてそうなっていること。表面上。うわべ。「ーは楽しそうだ」「ーの理由」❷公然となること。表ざた。「事件をーにはしたくない」

**おもと**〖×万年青〗（名）〖植〗キジカクシ科の常緑多年草。葉は厚くてつやがあり、細長い。夏、緑黄色の花が咲《さ》く。果実は赤い。観賞用。

**おもなが【面長】**（名・形動ダ）顔がやや長めなこと。また、そのような顔。

**おもに【重荷】**（名）❶重い荷物。❷自分の力ではもてあます重い負担。「この仕事はぼくにはーだ」

**重荷を下《お》ろす** 責任のある仕事をやりとげたり、心配ごとがなくなったりして、ほっとする。

**おもに【主に】**（副）大部分は。たいてい。主として。「朝食はーパンです」

**おもね・る**〖△阿る〗（自五）{ラ(ロ)・リ(ッ)・ル・ル・レ・レ} 人のきげんをとって、気にいられようとする。「上役《うわやく》にー」類へつらう・こびる

**おもはゆ・い【面映ゆい】**（形）{カロ・カッ(ク)・イ・イ・ケレ・○} （顔を合わせるのがまぶしい感じがする意から）てれくさくてきまりが悪い。はずかしい。「ほめられてー」

**おもひつつ** 和歌

〔思ひつつ《オモイツツ》 寝《ね》ればや人《ひと》の 見《み》えつらむ 夢《ゆめ》と知《し》りせば 覚《さ》めざらましを〕〈古今集《こきんしゅう》・小野小町《おののこまち》〉訳（あの人のことを）思い続けて寝るので、あの人が夢に見えたのだろうか。もし夢だとわかっていたら、目を覚まさなかっただろうに。

**おもみ【重み】**（名）❶ずっしりと重いこと。またその程度。「バッグのー」❷重要さ。「一票のー」❸どっしりと落ち着いて貫禄《かんろく》があること。「ーのある人」

**おもむき【趣】**（名）❶おもしろみ。味わい。「ーのある庭園」❷感じ。ようす。ありさま。「秋のーが深まる」❸内容。趣旨《しゅし》。「お話のーはわかりました」

**おもむ・く【赴く】**（自五）{カ(コ)・キ(イ)・ク・ク・ケ・ケ} ❶目的地に向かって行く。「任地にー」❷ある状態に移ってゆく。「病気が快方にー」

**おもむろに**〖◇徐に〗（副）ゆっくりと動作を始めるようす。「ー立ち上がる」

**おももち【面持ち】**（名）思っていることが表れている顔つき。「不安そうなー」「けげんなー」

**おもや**【◦母屋・◦母家】（名）屋敷《やしき》の中で生活の中心となるおもな建物。

**おもゆ【重湯】**（名）米を多量の水で煮《に》て作ったのりのような汁《しる》。病人・乳児などの食べ物。

**おもり【重り】**〖△錘〗（名）重さをふやすために加えるもの。釣《つ》り糸をしずめるための小さい鉛《なまり》など。

**おもり【お守り】**（名）幼児や手のかかる人のめんどうをみること。「子どものーをする」

**おもわく【思わく・思惑】**（名）❶ある意図を持った考え。思うところ。見こみ。「ーどおりになる」❷他人の評価。「世間のーを気にする」

**おもわし・い【思わしい】**（形）{カロ・カッ(ク)・イ・イ・ケレ・○} 物事が思いどおりに進んで、好ましい状態だ。「ー結果がでない」「手術後の経過がー・くない」使い方 あとに打ち消しのことばをともなって使われることが多い。

**おもわず【思わず】**（副）無意識に。つい。「うれしさにー大声をあげた」

**おもわせぶり【思わせ振り】**（名・形動ダ）何か意味がありそうな言動をすること。「ーな態度」

**おもん・じる【重んじる】**（他上一）{ジ・ジ・ジル・ジル・ジレ・ジロ(ジヨ)} ねうちをみとめてたいせつにする。尊重する。「基本をー・じて練習する」「人にー・じられる」対軽《かろ》んじる

**おもん・ずる【重んずる】**（他サ変）{ジ(ゼ)・ジ・ズル・ズル・ズレ・ジロ(ゼヨ)} →おもんじる

**おもんぱか・る**〖◇慮る〗（他五）{ラ(ロ)・リ(ッ)・ル・ル・レ・レ} よく考える。深く考えて物事を取り計らう。おもんばかる。「子の将来をー」文法「おもいはかる」の音便。

**おや【親】**（名）❶生物で、子・卵を生んだもの。また、子を養育するもの。父母。対子・子ども ❷祖先。「ー代々」 ❸物を生じふやすもと。「ー芋《いも》」 ❹中心となる、おもなもの。「ー会社」対子 ❺トランプ・マージャンなどで、中心となってゲームを進める役の人。対子

**親の心《こころ》子《こ》知《し》らず** 子を思う親の深い心を知らずに、子は、かって気ままなふるまいをする。

**親の脛《すね》をかじる** 自分ひとりの力で生活できず、親の援助をうけて生活する。

**親の光《ひかり》は七光《ななひかり》** 親の威光《いこう》が大きいと、子はいろいろとその恩恵《おんけい》を受けることができる。親の七光。

**おや**（感）思いがけないことに驚《おどろ》き、ふしぎに感じたときなどに言うことば。「ー、こんなところにあった」

**おやがいしゃ【親会社】**（名）ある会社に対して、株式を多く保有しているなどの関係から、実質的な支配権をもつ会社。[対]子会社

**おやがかり【親掛かり】**（名）子どもが独立しないで、親に養われていること。また、その子。「ーの身」

**おやかた【親方】**（名）❶職人などのいちばん上の人。頭《かしら》。❷すもうで、現役を引退して年寄株《としよりかぶ》を買い、弟子《でし》の指導などにあたる人。

**おやかたひのまる【親方日の丸】**（名）国家がうしろについている組織・団体・企業《きぎょう》。倒産《とうさん》の心配がないからと、安易な考え方や態度をとりがちなことを皮肉っていうことば。

**おやくしょしごと【お役所仕事】**（名）形式的で融通《ゆうずう》がきかず、能率の悪い役所の仕事ぶりを皮肉っていうことば。

**おやこ【親子】**（名）親と子。また、その関係にたとえられるもの。「ーの情」「ー電話」

**おやご【親御】**（名）（多く、「親御さん」の形で）他人の親をうやまっていうことば。「ーさんによろしく」

**おやこうこう【親孝行】**（名・形動ダ・自スル）親をたいせつにして、よく仕えること。[対]親不孝

**おやごころ【親心】**（名）❶親が子を思ういつくしみの心。❷目下の者に対するあたたかい親切心。「ーから言うのだが」

**おやこでんわ【親子電話】**（名）電話回線につながる機器（＝親機）と、それに付属するいくつかの機器（＝子機）が無線でむすばれた電話機。

**おやじ**『親◇父・親△爺』（名）❶（おもに男性が）自分の父親を、親しみをこめて言うことば。[対]おふくろ。❷中年の男性や職場の長・店の主人などを親しんで言うことば。「店のがんこー」「ーギャグ」

**おやしお【親潮】**（名）〘地〙ベーリング海に発し、千島《ちしま》列島・北海道東方を経て本州北東岸へと、太平洋を南下する寒流。千島海流。⇩くろしお

**おやしらず【親知らず】**（名）❶生みの親の顔を知らないこと。また、その子。❷（「親知らずの歯」の略）いちばんおそく生える奥《おく》の四本の歯。知歯《ちし》。

**おやすみ【お休み】**[一]（名）❶「休み」の丁寧《ていねい》な言い方。❷「寝《ね》ること」の尊敬語。「社長は夜一一時すぎにはーです」[二]（感）寝るとき、また、夜遅《おそ》く別れるときのあいさつのことば。〈使い方〉丁寧《ていねい》に言うときは「おやすみなさい」となる。

**おやだま【親玉】**（名）❶仲間の中心となる人。頭《かしら》。「盗賊《とうぞく》のー」❷数珠《じゅず》の中心になる大玉。

**おやつ**『お八つ』（名）食事のあいだに食べる菓子《かし》やくだもの。間食。「ーの時間」[参考]むかし、八つどき（＝今の午後二時ごろ）に食べたことから出たことば。

**おやばか【親ばか】**『親×馬鹿』（名）親が子どもを愛するあまり、おろかと思われるような言動をすること。また、そういう親。

**おやばなれ【親離れ】**（名・自スル）子どもが成長して親の手助けを不要とし、自立すること。「ーができていない」[対]子離れ

**おやふこう【親不孝】**（名・形動ダ・自スル）親をたいせつにせず、心配や苦労ばかりかけること。[対]親孝行

**おやぶね【親船】**（名）小船を従えた大きな船。母船。「ーに乗ったよう（＝安心であるというたとえ）」

**おやぶん【親分】**（名）仲間のかしら。ボス。「ー肌《はだ》の人」[対]子分

**おやま**『×女形』（名）〘演〙歌舞伎《かぶき》などの演劇で、おもに女の役をする男の役者。おんながた。

**おやまのたいしょう【お山の大将】**せまい社会で、自分こそがいちばんえらいと思っていばっている人。

**おやみ**『小◇止み』（名）雨や雪などが、少しの間やむこと。「ーなく雨が降り続く」

**おやもと【親元】**『親◇許』（名）親の住む所。おやざと。「ーを離《はな》れる」

**おやゆずり【親譲り】**（名）親からゆずり受けたこと。また、そのもの。「ーの財産」「ーの性格」

**おやゆび【親指】**（名）手や足の、いちばん太い指。

**およが・す【泳がす】**（他五）〔サ(ソ)・シ・ス・ス・セ・セ〕❶泳がせる。「池に鯉《こい》をー」❷犯罪の容疑者などをわざと自由に行動させて、その行動を監視《かんし》する。「犯人をー」

**およ・ぐ【泳ぐ】**（自五）〔ガ(ゴ)・ギ(イ)・グ・グ・ゲ・ゲ〕❶手足やひれを動かして水面・水中を進む。「プールでー」❷世の中をじょうずにわたる。「世間をー・ぎわたる」❸よろけて前のめりになる。「つまずいてからだがー」

**仕組みの解明**　Q プールを泳ぐ？ プールで泳ぐ？ 「泳ぐ」

| | を | で | |
|---|---|---|---|
| A 海峡《かいきょう》 | ○ | × | 泳ぐ |
| B 海 | ○ | ○ | 泳ぐ |
| C プール | × | ○ | 泳ぐ |

A・Aのように「を」は通過する場所を表し、移動距離《きょり》が長いニュアンスがある。
・「で」は動きの場所を表すので、必ずしも移動する距離が長いとは限らない。
・Cのように距離が短い場合は「を」は使わない。

**およそ**『◇凡そ』[一]（名・副）だいたいのところ。おおよそ。「ーのことはわかっている」「ー五〇《メートル》離《はな》れている」[二]（副）❶一般《いっぱん》に。だいたい。「ー人間というものは」❷まったく。全然。「ー常識では考えられない話だ」〈使い方〉[二]②はあとに打ち消しのことばがくる。

**およばずながら【及ばずながら】**じゅうぶんではないが。ゆきとどかないが。「ー力になりましょう」[参考]手助けするときにけんそんして言うことば。

**および【及び】**（接）先にあげたものと同じ種類の名詞などを並べるときに使うことば。また。ならびに。「調査ー研究」

**およびごし【及び腰】**（名）❶中腰になって手を前にのばした不安定な姿勢。「ーでボールを打つ」❷自信のない、あいまいな態度で物事にとりくむこと。「ーで交渉《こうしょう》する」

**およびもつかない【及びもつかない】**とてもかなわない。とても追いつけない。「テニスでは君に―」

**およ・ぶ【及ぶ】**(自五)〔バ(ボ)・ビ(ン)・ブ・ブ・ベ・ベ〕❶物事がある所にまで達する。ある範囲《はんい》にゆきわたる。「体長は三《メートル》に―」「被害《ひがい》が全県下に―」❷ある状況・行為《こうい》にいたる。「この期《ご》に―・んで」「実力行使に―」❸(多く、あとに打ち消しのことばをともなう)能力などがある段階まで達する。匹敵《ひってき》する。「力では彼《かれ》に―者はいない」❹なしとげることができる。思いがかなう。「力の―かぎりがんばる」「―・ばぬ願い」❺(「…には及ばない」の形で)必要がある。「行くには―・ばない」

**およぼ・す【及ぼす】**(他五)〔サ(ソ)・シ・ス・ス・セ・セ〕及ぶようにする。届かせる。ゆきわたらせる。「影響《えいきょう》を―」

**おらがはる**〔おらが春〕[作品名]小林《こばやし》一茶《いっさ》の句文集。没後《ぼつご》の一八五二(嘉永《かえい》五)年刊。晩年五七歳(一八一九年)の一年間におきた身のまわりのできごとや感想をしるしたもの。

**オラトリオ**〔イタリア oratorio〕(名)〘音〙宗教的な題材を合唱をともない劇的に表現した音楽。聖譚《せいたん》曲。

**オランウータン**〔英 orang-utan〕(名)〘動〙ヒト科の哺乳《ほにゅう》動物。類人猿《るいじんえん》の一種。ボルネオやスマトラにすむ。腕《うで》が長く、からだには赤茶色の長い毛が生えている。猩猩《しょうじょう》。参考 オランウータンは、もとはマレー語で「森の人」という意味。

**オランダ**〔ポルトガル Olanda〕[地名]ヨーロッパの西部、北海にのぞむ立憲君主国。首都はアムステルダム。

**おり**〘△澱〙(名)液体の中にしずんだかす。

**おり**〘△檻〙(名)動物や罪人が逃《に》げないように入れておく、格子《こうし》などをつけたかこいや部屋。

**おり【折り】**(名)❶折ること。また、折ったもの。「二つ―」❷うすい板や厚紙を折り曲げてつくった箱。料理などを入れる。折り箱。「―詰《づ》め」❸機会。その場合。その時。「―をみて話そう」「上京の―にはよろしく」注意 ③は「折」と書く。

**折に触《ふ》れて** 機会があるたびに。「―立ち寄る」

**折も折《おり》** ちょうどそのとき。「帰ろうとしていた―、大つぶの雨がふって来た」

**おりあい【折り合い】**(名)❶人と人との間がら。仲。「―が悪い」❷ゆずり合って考えを一致《いっち》させること。「―をつける」

**おりあ・う【折り合う】**(自五)〔ワ(オ)・イ(ッ)・ウ・ウ・エ・エ〕たがいにゆずり合って意見が一致《いっち》するようにまとめる。折れ合う。「条件が―・わない」

**おりあしく【折あしく】**〘折◇悪しく〙(副)ちょうどつごうが悪く。あいにく。「―雨が降りだした」対 折よく

**おりいって【折り入って】**(副)ぜひとも。特別に。「―お願いがあります」

**オリーブ**〔英 olive〕(名)〘植〙モクセイ科の常緑小高木。六月ごろ、うす黄色の小さな花が咲《さ》く。果実は暗緑色で、オリーブ油をとる。

(オリーブ)

**オリーブいろ【オリーブ色】**(名)黄色をふくんだ暗緑色。▽オリーブは、英 olive

**オリエンタル**〔英 oriental〕(形動ダ)〔ダロ・ダッ(デ・ニ)・ダ・ナ・ナラ・○〕東洋的。東洋風。「―な柄《がら》」

**オリエンテーション**〔英 orientation〕(名)新入生や新入社員に対する指導や教育。また、そのための説明会。

**オリエンテーリング**〔英 orienteering〕(名)地図と磁石をたよりに指定コースを回り、早く目的地に到着《とうちゃく》したものが勝ちとなる競技。

**オリエント**〔Orient〕[地名]❶地中海の東方、南東方、アフリカ北東部を合わせた地方。メソポタミアとエジプトを中心として世界最古の文明が発生した。❷東方諸国。東洋。

**おりおり【折折】**㊀(名)そのときそのとき。「四季―の花」㊁(副)ときどき。「―見かける」

**オリオンざ【オリオン座】**(名)〘天〙冬、南の空に見える星座。中央に三つ星がならぶ。▽オリオン(=ギリシャ神話の中の狩人《かりゅうど》)は、Orion

**おりかえし【折り返し】**㊀(名)❶折って二重にすること。折ってあるところ。「ズボンの―」❷引き返すこと。また、その地点。「マラソンの―点」㊁(副)すぐに応じるようす。ただちに。「―ご返事をください」

**おりかさな・る【折り重なる】**(自五)〔ラ(ロ)・リ(ッ)・ル・ル・レ・レ〕いくえにも重なり合う。「人が―・ってたおれる」

**おりがみ【折り紙】**(名)❶色のついた紙をいろいろな形に折って遊ぶこと。また、それに使う紙。❷書画・刀剣《とうけん》などの鑑定《かんてい》書。❸確かであるという保証。「彼《かれ》の実力は本物だと―をつける」

**おりがみつき【折り紙付き】**(名)保証がついていること。定評があること。「―の店」

**おりから【折から】**㊀(名・副)ちょうどその時。おりもおり。「―の雨で試合が中断した」「―突風《とっぷう》が吹《ふ》きつけた」㊁(名詞「折」に格助詞「から」がついて)…のときであるから。「猛暑《もうしょ》の―おからだたいせつに」

**おりくちしのぶ**〔折口信夫〕[人名]→しゃくちょうくう

**おりこみ【折り込み】**(名)新聞の中へちらしなどを折って入れること。また、入れたもの。「―広告」

**おりこ・む【織り込む】**(他五)〔マ(モ)・ミ(ン)・ム・ム・メ・メ〕❶織物で、模様を出すために違《ちが》う糸を織りまぜる。❷ある物事の中に他の物事をくみ入れる。また、あることがらを前もって考えに入れる。「リスクを―・んで計画する」

**オリジナリティー**〔英 originality〕(名)考え方・やり方が、独自の新しいものであること。また、新たに物事をつくり出す能力。独創性《どくそうせい》。

**オリジナル**〔英 original〕㊀(形動ダ)〔ダロ・ダッ(デ・ニ)・ダ・ナ・ナラ・○〕人まねでなく新しいようす。独創的。「―な作品」㊁(名)(複製・模造・脚色《きゃくしょく》などされたものに対して)原型。原作。

**おりしも【折しも】**(副)ちょうどそのとき。「―雨が降りだした」

**おりたた・む【折り畳む】**(他五)〔マ(モ)・ミ(ン)・ム・ム・メ・メ〕(紙・布など)大きな物を折って小さくする。「新聞を―」

**おりたちて**…短歌 〔おりたちて 今朝《けさ》の寒《さむ》さを おどろきぬ

露《つゆ》しとしとと　柿《かき》の落葉《おちば》深《ふか》く〉〈伊藤左千夫《いとうさちお》〉訳庭におり立って、ひえびえとしたけさの寒さに驚《おどろ》いた。露がしっとりおりて、足もとには柿の落ち葉が厚く散りしいている。

**おりづめ【折り詰め】**（名）食べ物を、折り箱につめること。また、その食べ物。「―のすし」

**おりづる【折り鶴】**（名）折り紙を折って、つるの形にしたもの。「千代紙で折った―」

**おりど【折り戸】**（名）ちょうつがいで中央から折りたたんで開閉できるようにした戸。

**おりとりて**…俳句→をりとりて…

**おりな・す【織り成す】**（他五）{サ(ソ)・シ・ス・ス・セ・セ}❶模様などを織って作り出す。❷（比喩《ひゆ》的に）いろいろな要素を組み合わせて、変化に富むものを作り出す。「大自然が―雄大《ゆうだい》な景色」

**おりばこ【折り箱】**（名）→おり（折り）②

**おりひめ【織り姫】**（名）❶織女《しょくじょ》星。たなばた姫。「―と彦星《ひこぼし》」❷機織《はたお》りをする女性。

**おりふし【折節】**■一（名）そのときどき。季節。「四季―のながめ」■二（副）❶ちょうどそのとき。「―雨が降りだした」❷たまに。「―たよりがある」

**おりめ【折り目】**（名）❶折ったあとの筋目。「ズボンの―」❷物事のけじめやきまり。「―正しい人」

**おりもの【織物】**（名）糸を織って作った布。

**おりよく【折よく】**『折◇好く』（副）つごうよく。「―雨がやんだ」対折あしく

**お・りる【下りる・降りる】**（自上一）{リ・リ・リル・リル・リレ・リロ(リヨ)}❶高い所から低い所へ移る。くだる。「山を―」「縁側《えんがわ》から庭に―」対登る・上がる ❷操作によって下のほうに動く。また、たれさがった状態になる。「遮断機《しゃだんき》が―」「幕が―」対上がる ❸乗り物から外へ出る。「次の駅で―」対乗る ❹露《つゆ》・霜《しも》などが地上に生じる。「初霜が―」❺地位・立場から退く。「会長を―」❻仕事や勝負事などから途中でぬける。「ゲームを―」❼役所などから許可や決定があたえられる。「工事の許可が―」

> **学習　使い分け　「下りる」「降りる」**
>
> **下りる**　一般的《いっぱんてき》に、上から下へ移動する意。「エレベーターが下りる」「錠《じょう》が下りる」「石段を下りる」「認可が下りる」
>
> **降りる**　乗り物から外へ出る意。また、低い所に移ってある場所に着く意。「バスを降りる」「壇《だん》を降りる」「飛行機が空港に降りる」「霜《しも》が降りる」「役員を降りる」

**オリンピア**〔Olympia〕［地名］ギリシャのペロポネソス半島の西部にあった古代ギリシャの聖地。ゼウスやそのほかの神々の神殿《しんでん》があり、ここで四年目ごとに祭典を行い、オリンピック競技がもよおされた。

**オリンピック**〔英 Olympic〕（名）❶古代ギリシャ人がオリンピアのゼウス神殿《しんでん》前庭で行った大競技会。❷フランス人クーベルタンの提唱によって、一八九六年、第一回大会をアテネで開き、以後四年目ごとに行っている国際スポーツ競技会。

**お・る**『◇居る』（自五）{ラ(ロ)・リ(ッ)・ル・ル・レ・レ}❶「いる」の少し古い言い方。「東京に―・ります」❷（動詞の連用形に「て」のついた形に続いて）…ている。「知って―・ります」参考「おります」は「います」より丁寧《ていねい》な言い方。「ます」がつかないと、いばっていてえらそうな感じになる。「わたしはここに―」

**お・る【折る】**（他五）{ラ(ロ)・リ(ッ)・ル・ル・レ・レ}❶曲げて重なるようにする。「紙を二つに―」❷紙などを曲げ重ねて物の形を作る。「折り鶴《づる》を―」❸曲げて二つに切りはなす。「枝を―」❹曲げる。かがめる。「腰《こし》を―」❺勢いなどがくじけて中断する。「我《が》を―（＝自分の意見を曲げて、他人の意見や指示に従う）」

**お・る【織る】**（他五）{ラ(ロ)・リ(ッ)・ル・ル・レ・レ}糸を機《はた》にかけて布を作る。「はたを―」

**オルガン**〔ポルトガル orgão・英 organ〕（名）『音』鍵盤《けんばん》楽器の一つ。風を送って音を出す。風琴《ふうきん》。

**オルゴール**〔オランダ orgel〕（名）ぜんまいじかけで、自動的に音楽をかなでる装置。

**オルタナティブ**〔英 alternative〕（名）今までのものにとってかわるもの。また、代案。オルターナティブ。

**おれ【俺】**　10画 亻8　訓おれ　亻 亻 仺 佮 俺 俺

男性の自称《じしょう》の代名詞。◆俺様

**おれ【俺】**（代）おれ。男子が同等または目下の者に対して自分をさしていう語。「―とお前の仲《なか》」

**おれあ・う【折れ合う】**（自五）{ワ(オ)・イ(ッ)・ウ・ウ・エ・エ}→おりあう

**おれい【お礼】**（名・自スル）感謝の気持ちを表すこと。また、そのことばや品物。「―のしるし」

**おれいまいり【お礼参り】**（名）❶願《がん》をかけた神社や寺に、願いがかなったお礼におまいりすること。❷《俗語》釈放《しゃくほう》された者などが、悪事の告発など自分の不利益になることをした者に仕返しをすること。

**おれせんグラフ【折れ線グラフ】**（名）座標上の数や量を示した点を線で結び、その変化を表した図。▽グラフは、英 graph

**お・れる【折れる】**（自下一）{レ・レ・レル・レル・レレ・レロ(レヨ)}❶曲がり重なる。「すみが―・れた紙」❷曲がって二つに離《はな》れる。「木が―」❸曲がって進む。「次の角を右に―・れた所」「流れが右に―」❹くじける。「心が―」❺相手にゆずって従う。譲歩《じょうほ》する。「相手の申し出に―」

**オレンジ**〔英 orange〕（名）❶『植』洋種のみかん類の一種。香《かお》りがよく、甘《あま》みがあり、水気が多い。❷だいだい・ゆず・なつみかん・ネーブルなど、みかん類の総称《そうしょう》。❸オレンジ色。黄色みをおびただいだい色。

**おろおろ**（副・自スル）驚《おどろ》きや恐《おそ》れ、心配などのためにどうしてよいかわからず、あわてたりうろたえたりするようす。「不幸な知らせに―する」

**おろか【愚か】**（名・形動ダ）考えや知恵《ちえ》がたりないこと。「―者」「―な考え」

**おろか**〘◇疎か〙（副）（「…はおろか」の形で）言うまでもなく。「木はー草もはえない」

**おろか**〔疎か〕（形動ナリ）古語 ❶いいかげんだ。おろそかだ。「わづかに二つの矢、師の前にて一つをーにせんと思はんや」〈徒然草《つれづれぐさ》〉訳たった二本の矢で、師匠《ししょう》の前で（先に射る）一本をおろそかにしようと思うだろうか（いや、思いはしない）。❷（「…（と）は」「…いふも」などを受けて）それでは言いつくせない。じゅうぶんに表しきれない。「博士の才《ざえ》あるは、いとめでたしといふもーなり」〈枕草子《まくらのそうし》〉訳博士で学才のある者は、大変すばらしいと言うのでは言いつくせないほどだ。

**おろし**【卸】↓おろす（卸す）

**おろし**【卸】（名）問屋が商品を小売店に売ること。

**おろし**〘△颪〙（名）山から吹《ふ》きおろす風。「筑波《つくば》ー」

**おろしうり**【卸売り】（名）問屋が生産者や輸入業者から一時にたくさん商品を買い入れ、おもに小売商に売りわたすこと。対小売り

**おろしがね**【下ろし金】（名）大根・わさびなどをすりおろすための、小さなとげがたくさんある器具。

**おろす【卸す】** 9画 卩7 訓おろす・おろし

おろす。おろし。問屋が小売商に品を売りわたす。◆卸売り・卸値

**おろ・す**【卸す】（他五）〔サ(ソ)・シ・ス・ス・セ・セ〕問屋から小売商に品物を売りわたす。「衣料品をー」

**おろ・す**【下ろす・降ろす】（他五）〔サ(ソ)・シ・ス・ス・セ・セ〕❶下のほうへ移す。「押《お》し入れからふとんをー」「腰《こし》をー」対上げる ❷高い所にかかげてあったものをとりはずす。「表札をー」「看板をー」❸下のほうに動かしてたれさがった、また、とじた状態にする。「幕をー」「シャッターをー」❹下のほうへのばす。「根をー」❺人や物を乗り物の中から外へ出す。「乗客をー」「積み荷をー」❻役目・地位・仕事からはずす。「会長からー」❼切り落とす。また、剃《そ》り落とす。「枝をー」「髪《かみ》をー（＝出家する）」❽魚肉を切りわける。「あじを三枚にー」❾すって、細かくする。「大根をー」❿新しく使い始める。「靴《くつ》をー」⓫預けていたおかねを引き出す。「貯金をー」⓬堕胎《だたい》する。⇩おりる「学習」

**おろそか**〘◇疎か〙（形動ダ）〔ダロ・ダッ(デ・ニ)・ダ・ナ・ナラ・○〕いいかげんなようす。「約束をーにしてはいけない」類なおざり

**おろち**〘×大蛇〙（名）大きなへび。うわばみ。

**おわい**〘汚△穢〙（名）（便所にたまった）大小便。

**おわします**〔御座します〕古語↓おはします

**おわす**〔御座す〕古語↓おはす

**おわらい**【お笑い】（名）❶人から笑われるようなこと。「それを本気で信じているとはーだ」❷落語や漫才《まんざい》など、人を笑わせる演芸。「ー芸人」

**おわり**【終わり】（名）物事のしまい。むすび。「一巻のー」「ーよければすべてよし」対初め

**おわり**〔尾張〕〔地名〕むかしの国名の一つ。今の愛知県の北西部。尾州《びしゅう》。

**おわ・る**【終わる】（自五）〔ラ(ロ)・リ(ッ)・ル・ル・レ・レ〕❶続いていた物事がそれ以上続かない状態になる。「一学期がー」対始まる ❷（「…におわる」の形で）期待に反して…という結果になる。「失敗にー」

**おん**【怨】↓えん（怨）

**おん【音】** 9画 音0 小1 音オン・イン㊥ 訓おと・ね

❶おと。ねいろ。◆音階・音楽・音響《おんきょう》・音質・音速・音波・音符《おんぷ》・音量◆高音・雑音・騒音《そうおん》・低音・防音・録音。❷こえ。言語として口から出す音。◆音声・音読◆子音《しいん》・濁音《だくおん》・発音・母音《ぼいん》。❸中国の漢字の発音が日本語化したもの。字音。◆音訓。対訓。❹たより。知らせ。◆音信《おんしん・いんしん》◆福音《ふくいん》。参考「観音」は「かんのん」と読む。

**おん**【音】（名）❶耳に聞こえるひびき。おと。特に、音楽の一つ一つのおと。「ドのー」❷ことばとして口から出すおと。❸昔の中国の発音をもとにした、日本での漢字の読み方。字音。「ーで読む」対訓

**おん【恩】** 10画 心6 小6 音オン

人になさけをかける。めぐみ。◆恩愛《おんあい・おんない》・恩義・恩恵《おんけい》・恩顧《おんこ》・恩師・恩謝・恩賞・恩情・恩人・恩寵《おんちょう》◆厚恩・謝恩・報恩・忘恩《ぼうおん》

**おん**【恩】（名）人から受ける、感謝すべきありがたい情け・めぐみ。「ーを受ける」「親のーに報《むく》いる」

**恩に着《き》せる** 相手に親切にしてやったことをさらに意識させ、ありがたいと思わせる。

**恩に着《き》る** 人から受けた恩をありがたく思う。

**恩を仇《あだ》で返《かえ》す** 人から恩を受けたのにそれに報いず、かえって相手に害をあたえる。

**恩を売《う》る** 相手が望むことをしてやることで感謝の気持ちをもたせる。「急場の金を用立ててー」

**おん【温】** 12画 氵9 小3 〔溫〕 音オン 訓あたたか・あたたかい・あたたまる・あたためる

❶あたたかい。あたためる。あたたかさの度合い。◆温室・温水・温泉・温暖・温度◆気温・検温・高温・常温・水温・体温・低温・適温・保温。❷おだやか。◆温顔・温厚・温順・温和。❸復習する。◆温故知新・温習。❹たいせつにする。◆温存

**おん**【遠】↓えん（遠）

**おん【穏】** 16画 禾11 〔穩〕 音オン 訓おだやか

おだやか。やすらか。静かで落ち着いている。◆穏健・穏当・穏便・穏和◆安穏《あんのん》・不穏《ふおん》・平穏。参考「安穏」は「あんのん」と読む。

**おん-**【御】（接頭）ことばの上につけて、尊敬や丁寧《ていねい》

の意を表す。「—礼」参考「お」より敬意が強い。

**オン**〔英 on〕(名) 電気や機械などのスイッチが入れてある状態。対オフ

**おんあい【恩愛】**(名) ❶他の人に対するなさけ。いつくしみ。❷親子・夫婦間の愛情。「—のきずな」参考「おんない」とも読む。

**おんいき【音域】**(名) 音声・楽器などで、出せる最高音から最低音までの範囲《はんい》。「ソプラノの—」

**おんいん【音韻】**(名) ある言語で、ことばの意味の区別に役立つ音の最小単位。

**オン-エア**(名) 番組が放送中であること。また、番組を放送すること。▽英 on the air から。

**おんが【温雅】**(名・形動ダ) おだやかで上品なこと。「—なふるまい」類典雅《てんが》

**おんかい【音階】**(名)〘音〙音楽で使われる音をその高さの順にならべたもの。「長—」

**おんがえし【恩返し】**(名・自スル) 人から受けたなさけや恩に報《むく》いること。「世話になった人に—する」

**おんがく【音楽】**(名) 音の強弱・高低・音色などを組み合わせて感情などを表現する芸術。「—家」「—会」…性「音楽性の違《ちが》い」

**おんかん【音感】**(名) 音の高低や音色《ねいろ》などを聞き分ける能力。「—教育」「絶対—」

**おんがん【温顔】**(名) やさしくおだやかな顔。

**おんぎ【恩義】**〘恩△誼〙(名) 恩返ししなければいけない義理のある恩。「深い—がある」

**おんきせがまし・い【恩着せがましい】**(形)〔カロ・カッ(ク)・イ・イ・ケレ・○〕自分のしたことを、いかにもその人のためにしたのだとありがたがらせようとするようす。「—・くいう」

**おんきゅう【恩給】**(名) 一定の年数を勤めて退職した公務員またはその遺族に、国が支給するおかね。参考現在は厚生年金に一元化された。

**おんきょう【音響】**(名) 音のひびき。「大—」

**おんきょうこうか【音響効果】**(名) ❶映画・テレビなどで擬音《ぎおん》などを使い、本物の音の感じを出すこと。❷劇場・演奏会場などでの音の聞こえぐあい。

**おんぎょく【音曲】**(名) 琴《こと》・三味線《しゃみせん》・尺八などによる楽曲や、それに合わせて歌う歌曲。

**おんくん【音訓】**(名) 漢字の音(=中国の発音をもとにしたもの)と訓(=漢字の意味に日本語をあてはめてよんだもの)。たとえば「山」の音は「サン」、訓は「やま」。

**おんけい【恩恵】**(名) 自然や人から受ける、利益や幸福となるもの。めぐみ。「自然の—」

**おんけつどうぶつ【温血動物】**(名)〘動〙→こうおんどうぶつ。

**おんけん【穏健】**(名・形動ダ) 考え方や言動がかたよらず、常識的であること。「—な思想」対過激《かげき》

**おんげん【音源】**(名) ❶音の出てくるもと。❷商品として楽曲を売り出す際、そのもととなる録音。

**おんこ【恩顧】**(名) 思いやりやなさけをかけて、ひきたてること。ひいき。「特別の—にあずかる」

**おんこう【温厚】**(名・形動ダ) 人がらがおだやかでやさしく、なさけ深いこと。「—な人物」

**おんごく【遠国】**(名) →えんごく

**おんこちしん【温故知新】**(名) むかしのことを研究して、新しい知識や道理を見つけること。参考「論語」のことばで「故《ふる》きを温《たず》ねて新しきを知る」の意。

**おんさ**〘音△叉〙(名)〘物〙U字形の鋼鉄棒に柄《え》をつけたもの。たたくと一定の振動《しんどう》数をもった音を出す。楽器の調律などに使う。

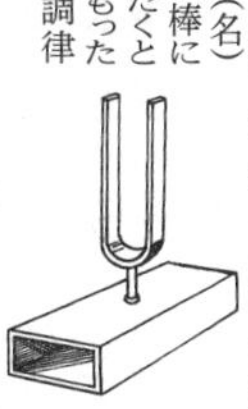

(おんさ)

**おんし【恩師】**(名) 教えを受け、世話になった先生。

**おんし【恩賜】**(名) 天皇《てんのう》・君主からもらうこと。また、その物。「—の品」

**おんしつ【音質】**(名) 音・声の性質や、そのよしあし。

**おんしつ【温室】**(名) 寒さに弱い植物などを育てるため、温度を高く保つ設備をした建物。「—栽培《さいばい》」

**おんしつこうか【温室効果】**(名) 大気中の二酸化炭素などが地表から出る熱エネルギーを吸収し、温室のガラスのようなはたらきをして、地球の気温を上げること。

**おんしつそだち【温室育ち】**(名) だいじに育てられ、苦労を知らずにいること。また、そういう人。

**おんしゃ【恩赦】**(名)〘法〙政府のはからいによって、裁判で決まった刑《けい》をゆるしたり、軽くしたりすること。

**おんしゅう**〘恩△讐〙(名) 情けとうらみ。恩とあだ。「—をこえた交わり」

**おんしゅう【温習】**(名・他スル) 芸事などをくり返し習うこと。おさらい。「—会」

**おんじゅん【温順】**(名・形動ダ) ❶性質がおだやかですなおなようす。「—な人がら」❷気候がおだやかで暑さ寒さがきびしくないようす。「—な気候」

**おんしょう【恩賞】**(名) てがらをたてた人を主君がほめてほうびをあたえること。また、その物。

**おんしょう【温床】**(名) ❶人工的に温度を高めて、苗《なえ》を早く育てる設備をした床《とこ》。❷よくないことがめばえ育ちやすい場所や環境《かんきょう》。「悪の—」

**おんじょう【温情】**(名) 相手を思いやるなさけ深い心。あたたかくやさしい心。「—あふれることば」

**おんしょく【音色】**(名) →ねいろ

**おんしょく【温色】**(名)〘美〙あたたかい感じのする色。赤・黄・緑とそれらの間色。類暖色。対寒色

**おんしらず【恩知らず】**(名・形動ダ) 恩を受けていながら、それに報いようとしないこと。また、そういう人。

**おんしん【音信】**(名) 電話や手紙などによる知らせ。たより。「—が絶える」参考「いんしん」とも読む。

**おんじん【恩人】**(名) なさけをかけてくれた人。世話になった人。「命の—」

**おんしんふつう【音信不通】**(名) たよりや連絡《れんらく》がないこと。「家を出てから—だ」

**オンス**〔英 ounce〕(名) ヤードポンド法で、重さの単位。ポンドの一六分の一。一オンスは約二八・三五グラム。記号 oz.

**おんすい【温水】**(名) あたたかい水。「—プール」

**おんすうりつ【音数律】**(名) 音節の数で組みたてる韻律《いんりつ》。五七調・七五調など。

**おんせい【音声】**(名) ❶人の発音器官から出る音。人の声。❷テレビやラジオなどの音。

**おんせいきごう【音声記号】**(名) →はつおんきごう

ごう

**おんせいたじゅうほうそう**【音声多重放送】(名) 二つの音声を同時に送るテレビ放送。二か国語放送やステレオ放送など。

**おんせつ**【音節】(名) 音声の単位で、切れ目のない一つのまとまった音。シラブル。「ア・カ・キャ・サッ」など。

**おんせつもじ**【音節文字】(名) 一字が一音節を表す文字。日本のかながその例。⇩おんせつ

**おんせん**【温泉】(名) ❶地下水が地熱のため熱せられてわき出るもの。日本ではセ氏二五度以上の温度があるもの、または一定の物質をふくむものをいう。いでゆ。「―がわく」❷①を利用した入浴施設《しせつ》のある土地。温泉場《ば》。

**おんぞうし**【御曹司・御曹子】(名) 名門や資産家の子息《しそく》。「社長の―」

**おんそく**【音速】(名) 音の速さ。参考空気中では温度によって変わり、セ氏一五度で毎秒約三四〇メートル。

**おんぞん**【温存】(名・他スル) たいせつにとっておくこと。「決勝戦にそなえてエースを―する」

**おんたい**【御大】(名)(「御大将」の略)ある集団の中心的な人を親しみをこめていうことば。

**おんたい**【温帯】(名)〔地〕気候帯の一つ。寒帯と熱帯の間の地域。四季の区別がある。日本はほぼ温帯にある。

**おんたいていきあつ**【温帯低気圧】(名)〔天〕温帯地方に発生する低気圧。参考単に低気圧というと温帯低気圧をさす。

**おんたく**【恩沢】(名) めぐみ。なさけ。「―を施《ほどこ》す」

**おんだん**【温暖】(名・形動ダ) 気候がおだやかで暖かいこと。「―な土地」…化「地球の温暖化」対寒冷

**おんだんぜんせん**【温暖前線】(名)〔天〕冷たい空気の上に暖かい空気がのし上がって生じる前線。雨が降り、通過後に気温が上がる。対寒冷前線

**おんち**【音痴】(名) ❶音の感覚がにぶく、正しい音程で歌えないこと。また、その人。❷ある方面のことに、感覚がにぶいこと。また、その人。「方向―」

**おんちゅう**【御中】(名) 郵便物のあて先が団体・会社などの場合、あて名の下につけて敬意を表すことば。

**おんちょう**【音調】(名) ❶音の高い低いの調子。❷音楽のふし。❸詩や歌のリズム。

**おんちょう**『恩◦寵』(名) 神や君主などのめぐみや愛。「―を受ける」「―に浴する」

**おんてい**【音程】(名) 二つの音の高い低いの差。「―がくるう」

**おんてき**【怨敵】(名) うらみのある敵。かたき。

**オン-デマンド**〔英 on demand〕(名) 客の直接の注文に応じて、物や情報、サービスを提供する方式。

**おんてん**【恩典】(名) 思いやりのある取りはからい。「―に浴する」

**おんど**【音頭】(名) ❶大勢で歌を歌うとき、先に歌って調子をとること。❷人の先に立って行動し、他をひっぱること。「乾杯《かんぱい》の―」❸大勢で歌に合わせておどること。また、そのおどりや歌。「東京―」

**音頭を取《と》る** 大勢で物事を行うとき、先に立ってとりまとめをする。「クラス会の―」

**おんど**【温度】(名) あたたかさや冷たさの度合い。「―計」「―が高い」

**おんとう**【穏当】(名・形動ダ) かたよりがなくおだやかでむりのないこと。「―な意見」「不―」

**おんどく**【音読】(名・他スル) ❶声を出して読むこと。対黙読《もくどく》。❷漢字を音《おん》で読むこと。「草木」を「そうもく」と読むなど。音読み。対訓読

**おんどさ**【温度差】(名) ❶温度の違《ちが》い。❷ある物事に対する熱意や関心の度合いの違い。「反対派の中にも―がある」

**おんどり**『◦雄鳥』(名) おすの鳥。特に、おすのにわとり。対雌鳥《めんどり》

**オンドル**〔朝鮮 温突〕(名) 朝鮮《ちょうせん》半島や中国東北部で用いられる暖房《だんぼう》装置。床下《ゆかした》に溝《みぞ》を作り暖かい空気を通すしかけのもの。

**おんとろうろう**【音吐朗朗】〔トタル〕 声量が豊かではっきりとしているようす。「―と読みあげる」

**おんな**【女】(名) ❶人間の性別で、子を産む器官を持つほう。女性。女子。❷一人前の女子。❸女性としての顔だちや姿。女ぶり。「いい―」❹愛人である女性。《対男》

**女三人《さんにん》寄《よ》れば姦《かしま》しい** 女はおしゃべりだから、三人も集まるとそれだけでひじょうにやかましい。

**女の腐《くさ》ったよう** はっきりせず、にえきらない男をあざけっていうことば。

**おんない**【恩愛】(名) ↓おんあい

**おんながた**【女形】(名)〔演〕↓おやま

**おんなざか**【女坂】(名) 高い所に通じる二つの坂道のうち、ゆるやかなほうの坂。対男坂

**おんなざかり**【女盛り】(名) 女性が、心身ともに充実し、顔だちや姿の最も美しい年ごろ。対男盛り

**おんなじ**『◦同じ』(形動ダ・副) ↓おなじ

**おんなたらし**【女たらし】『女◦誑し』(名) 何人もの女性を誘惑《ゆうわく》し、もてあそぶこと。また、そういう男性。おんなったらし。

**おんなで**【女手】(名) ❶女性の働き手。女性の力。「―一つで店を切り回す」❷女性の書いた文字。「―の手紙」《対男手》

**おんなもの**【女物】(名) 女性が使うようにつくられた品物。女持ち。「―の靴《くつ》」対男物

**おんねん**【怨念】(名) 人を深くうらむ思い。

**おんのじ**【御の字】《俗語》ひじょうにありがたい。十分である。「これだけあれば―だ」参考「御」の字を付けて丁寧《ていねい》に呼びたくなるほどのものである、の意。

**おんぱ**【音波】(名) 空気中を伝わる音の波。これが耳の鼓膜《こまく》に届くと音として感じられる。

**オン-パレード**〔英 on parade〕(名) ❶勢ぞろい。総出演。❷(比喩《ひゆ》的に)同じような物事がたくさんならぶこと。「非難の―」

**おんばん**【音盤】(名) レコード盤。

**おんびき**【音引き】(名) ❶漢和辞典などで、ことばを発音で引くこと。また、そのように作られたもの。対画引《かくび》き。❷のばす音を表す「ー」の符号《ふごう》。

**おんぴょうもじ**【音標文字】(名) アルファベット

やかなのように、発音を表すだけの文字。表音文字。

**おんびん【音便】**（名）〔文法〕ことばの一部分で、発音しやすいようにもとの発音が規則的に変わること。イ音便・ウ音便・撥《はっ》音便・促《そく》音便がある。

●音便の種類

| | |
|---|---|
| イ音便 | 書きて→書いて　脱《ぬ》ぎて→脱いで |
| ウ音便 | 問ひて→問うて　ありがたく→ありがとう |
| 撥音便 | 読みて→読んで　飲みて→飲んで |
| 促音便 | 走りて→走って　食ひて→食って |

**おんびん【穏便】**（形動ダ）〔ダロ・ダッ(デ・ニ)・ダ・ナ・ナラ・○〕やり方などがおだやかで、角がたたないようす。「ーに取りはからう」

**おんぶ**（名・自他スル）❶背負うこと、背負われることの幼児語。❷自分のすべきことまで、人にたよること。「ーにだっこ（＝どこまでも人にたよるたとえ）」

**おんぷ【音符】**（名）〔音〕楽譜《がくふ》で、音の高低や長短を表す記号。「四分ー」

**おんぷ【音譜】**（名）〔音〕→がくふ（楽譜）

**オンブズマン**〔スウェーデン ombudsman〕（名）国民・市民の行政に対する苦情を受け、中立的立場から原因の調査・是正《ぜせい》を行う機関。また、その役目の人。

**おんぼろ**（名・形動ダ）使い古されてひどくいたんでいること。また、そのもの。「ー自動車」

**おんみ【御身】**㊀（名）相手のからだをうやまっていうことば。おからだ。「ーおたいせつに」〈使い方〉手紙などで使われる。㊁（代）（敬意をふくんで）あなた。

**おんみつ**『◇隠密』㊀（名・形動ダ）人に知られないようにこっそりと物事をするようす。「ーに計画を進める」㊁（名）江戸《えど》時代、情報収集にあたった武士。

**おんみょうじ**『◇陰◇陽師』（名）→おんようじ

**おんみょうどう**『◇陰◇陽道』（名）→おんようどう

**おんめい【音名】**（名）〔音〕音の高さを示す名。日本では「ハニホヘトイロ」の七つをいう。

**おんめい【恩命】**（名）主君の、ありがたいおおせ。

**おんやく【音訳】**（名・他スル）漢字で外国語の発音を書き表すこと。インドを「印度」と書くなど。

**おんよう**『◇陰陽』（名）「おんようどう」の略。〈参考〉「おんみょう」とも読む。

**おんよう【温容】**（名）おだやかな顔つき・ようす。

**おんようじ**『◇陰陽師』（名）奈良・平安時代に宮中で天体・暦《こよみ》・占《うらな》いなどを研究した役人。のちの時代は占い師をさす。〈参考〉「おんみょうじ」とも読む。

**おんようどう**『◇陰陽道』（名）古く中国から伝わった学問。陰陽《いんよう》にもとづいて吉凶《きっきょう》や自然現象を説明し、天文・暦《こよみ》・占《うらな》いなどを研究する。のちに俗信《ぞくしん》として広まった。〈参考〉「おんみょうどう」とも読む。

**おんよみ【音読み】**（名・他スル）漢字を音《おん》で読むこと。音読《おんどく》。対 訓読み

**オンライン**〔英 online〕（名）コンピューターや通信機器がインターネットなどのネットワークに接続している状態。「ーシステム」対 オフライン

**おんりつ【音律】**（名）音の調子。音楽の調子。

**おんりょう【音量】**（名）音や声の大きさや豊かさの度合い。ボリューム。「ーを上げる」

**おんりょう【怨霊】**（名）うらみをいだいて死んだ人のたましい。「ーにたたられる」

**おんりょう【温良】**（名・形動ダ）おだやかですなおなこと。「ーな青年」

**おんわ【温和】**（形動ダ）〔ダロ・ダッ(デ・ニ)・ダ・ナ・ナラ・○〕❶気候があたたかくおだやかで、寒暖の差の少ないようす。「ーな気候」❷性質がおだやかでやさしいようす。「ーな人がら」

**おんわ【穏和】**（形動ダ）〔ダロ・ダッ(デ・ニ)・ダ・ナ・ナラ・○〕おとなしくおだやかなようす。「ーな意見」

# か　カ

**か【下】** 3画 一2　小1　音 カ・ゲ　訓 した・しも・もと㊥・さげる・さがる・くだる・くだす・くださる・おろす・おりる

一 丁 下

❶位置の低いほう。した。◆下流・下界《げかい》・下段《げだん》◇階下・上下《じょうげ》・地下・天下。対 上。❷程度・等級・身分などの低いほう。◆下位・下等・下策《げさく》・下品《げひん》◇上意下達。対 上。❸順番があとのほう。あと。◆下巻《げかん》・下旬《げじゅん》◇以下。対 上。❹低いほうへ移る。さげる。さがる。◆下降・下山《げざん》・下車・下落《げらく》◇降下・低下・落下。対 上。❺下位の者にあたえる。くだす。◆下賜《かし》・下付。❻都から地方へ行く。◆下向《げこう》・下阪《げはん》◇西下《さいか》。対 上。❼支配・影響《えいきょう》を受ける側。◇配下・部下・門下。〈参考〉特別に、「下手」は「へた」とも読む。

**-か【下】**（接尾）「…のした」「…のもと」「…の状態の中」の意を表す。「水面ー」「炎天ー」「占領ー」

**か【化】** 4画 亻2　小3　音 カ・ケ㊥　訓 ばける・ばかす

ノ イ イ' 化

❶形や性質が変わる。別のものになる。◆化学・化合・化石・化粧《けしょう》◇悪化・気化・強化・激化・消化・進化・退化・風化・変化。❷人を教えて、よいほうに変える。◇感化・教化

**-か【化】**（接尾）ある状態になる、また、ある状態に変える意を表す。「民主ー」「商品ー」「デジタルー」

**か【火】** 4画 火0　小1　音 カ　訓 ひ・ほ㊤

、 ﾉ' ﾉﾉ 火

❶ひ。ほのお。◆火気・火災・火山・火事・火力◇引火・出火・消火・大火・鎮火《ちんか》・点火・発火・噴火《ふんか》・放火。❷ともしび。あかり。◇灯火。❸火力を用いる武器。◆火器◇銃火《じゅうか》・砲火《ほうか》。❹七曜の一つ。「火曜日」の略。〈参考〉「ほ」の訓は「火影《ほかげ》」などのことばに使われる特殊《とくしゅ》な読み方。

**か【加】** 5画 力3　小4　音 カ　訓 くわえる・くわわる

フ カ か 加 加

❶くわえる。くわわる。たす。ます。ふやす。◆加算・加速・加熱・加筆◇増加・追加・添加《てんか》。❷なかまにはいる。◆加勢・加担・加入・加盟◇参加。❸他に影響《えいきょう》をおよぼす。◆加害者・加工。❹たし算。

◆加法。対減

**か【可】** 5画 口2 小5 音 カ　一 丁 丅 可 可

❶よい。よいとする。◆可決・可否 ◆許可・認可・不可。❷できる。◆可視・可燃性《かねんせい》・可能

**か【可】**（名）❶よいこと。また、よいと認められること。「分割払《ばら》いも―」❷成績で、最下位の合格を示すことば。「優・良・―」

**可もなく不可《ふか》もなし**　よくも悪くもなく、平凡《へいぼん》である。

**か【仮】** 6画 亻4 小5 〔假〕 音 カ・ケ|中 訓 かり　ノ 亻 仁 仮 仮 仮

❶まにあわせ。かりの。◆仮寓《かぐう》・仮称《かしょう》・仮性・仮説・仮設・仮題・仮定・仮眠《かみん》・仮名《かめい》。❷ほんものでない。◆仮死・仮装・仮面 ◆虚仮《こけ》。参考「ケ」の音は「仮病《けびょう》」などのことばに使われる特殊《とくしゅ》な読み方。特別に、「仮名」は「かな」とも読む。

**か【何】** 7画 亻5 小2 音 カ|中 訓 なに・なん　ノ 亻 仁 仃 佰 何 何

わからないものをさすことば。なに。だれ。どれだけ。◆幾何《きか》・誰何《すいか》。参考「なん」の訓は「何本《なんぼん》」「何点《なんてん》」などのことばに使われる特殊《とくしゅ》な読み方。

**か【花】** 7画 艹4 小1 音 カ 訓 はな　一 艹 艹 艹 花 花

はな。草や木に咲《さ》くもの。◆花器・花壇《かだん》・花瓶《かびん》・花粉・花弁 ◆開花・献花《けんか》・造花・百花

**か【佳】** 8画 亻6 音 カ　亻 仁 仕 仕 佳 佳

❶よい。すぐれている。◆佳境・佳作・佳品《かひん》 ◆絶佳。❷美しい。◆佳人。❸めでたい。◆佳日《かじつ》

**か【価】** 8画 亻6 小5 〔價〕 音 カ 訓 あたい|高　仁 仁 仃 価 価 価

❶ねだん。◆価格 ◆高価・市価・時価・定価・売価・物価。❷ねうち。◆価値 ◆真価・評価

**か【果】** 8画 木4 小4 音 カ 訓 はたす・はてる・はて　冂 日 旦 甲 果 果

❶くだもの。木の実。◆果実・果樹・果汁《かじゅう》 ◆青果。◆果成果・戦果。❷おわり。むくい。◆果報 ◆因果《いんが》・結果・効果・成果・戦果。対因。❸思いきってする。◆果敢《かかん》・果断。参考特別に、「果物」は「くだもの」と読む。

**か【河】** 8画 氵5 小5 音 カ 訓 かわ　氵 氵 汀 河 河 河

❶かわ。大きなかわ。◆河岸《かがん》・河口・河水・河川 ◆山河《さんが》・大河《たいが》。❷中国の黄河《こうが》。◆河南・河北 ◆江河。❸川のようになっているもの。◆運河《うんが》・銀河《ぎんが》・氷河《ひょうが》。参考特別に、「河岸」は「かし」と、「河原」は「かわら」と読む。

**か【苛】** 8画 艹5 音 カ　一 艹 艹 苎 苛 苛

❶むごい。ひどい。きびしい。◆苛酷《かこく》・苛政・苛税・苛烈《かれつ》。❷こまかい。わずらわしい。◆苛礼。❸皮膚《ひふ》を刺激《しげき》する。◆苛性

**か【科】** 9画 禾4 小2 音 カ　ニ 千 禾 禾 科 科

❶物事の区分。区別。◆科学・科目 ◆医科・学科・教科・歯科・内科・文科・法科。❷きまり。おきて。◆金科玉条。❸おかしたつみ。とが。◆科料 ◆罪科・前科

**か【科】**（名）《動・植》生物を分類する区分の一つ。目《もく》と属の間。「霊長《れいちょう》目ヒト―」

**か【架】** 9画 木5 音 カ 訓 かける・かかる　フ カ 加 加 架 架

❶たな。物をのせる台。◆画架・書架・担架。❷かけわたす。◆架橋・架空・架設・架線 ◆高架

**か【夏】** 10画 夂7 小2 音 カ・ゲ|中 訓 なつ　一 丆 丙 百 夏 夏

なつ。四季の一つ。◆夏季・夏期・夏至《げし》 ◆春夏秋冬・初夏・盛夏・晩夏・立夏。参考「ゲ」の音は「夏至《げし》」などのことばに使われる特殊《とくしゅ》な読み方。

**か【家】** 10画 宀7 小2 音 カ・ケ 訓 いえ・や　丶 宀 宀 宁 家 家

❶人の住む所。いえ。◆家屋・家具・家財・家宅・家畜《かちく》 ◆母家《おもや》・人家・生家・農家・民家・隣家《りんか》。❷血のつながりのある人びとの集まり。一族。◆家系・家計・家族・家庭 ◆一家・旧家・実家・分家《ぶんけ》・本家《ほんけ》・宮家《みやけ》・名家。❸学問や芸能などの流派。◆儒家《じゅか》・宗家《そうけ》。❹その道に通じた人。◆画家・書家・大家。参考特別に、「母家」は「おもや」と読む。

**-か【家】**（接尾）❶それを職業にする人。「小説―」「法律―」❷そのような性質をもつ人。また、そのようなことをよくする人。「野心―」「努力―」「勉強―」

**か【荷】** 10画 艹7 小3 音 カ|中 訓 に　艹 艹 芢 芢 荷 荷

❶にもつ。◆集荷・出荷・入荷。❷肩にかつぐ。になう。◆荷重・荷担 ◆負荷

**-か【荷】**（接尾）肩にかつぐ荷物を数えることば。「炭《すみ》一―」

**か【華】** 10画 艹7 音 カ・ケ|高 訓 はな　一 艹 艹 芈 華 華

❶はな。◆華道 ◆蓮華《れんげ》。❷はなやか。うつくしい。◆華美・華麗《かれい》 ◆豪華《ごうか》。❸さかえる。◆栄華《えいが》・繁華《はんか》。❹中国の自称《じしょう》。◆華僑《かきょう》 ◆中華。参考「ケ」の音は「香華《こうげ》」「散華《さんげ》」などのことばに使われる特殊《とくしゅ》な読み方。

**か【菓】** 11画 艹8 音 カ　艹 艹 苩 莒 菓 菓

❶かし。◆菓子 ◆茶菓《さか》・製菓・名菓。❷くだもの。木の実。

**か【貨】** 11画 貝4 小4 音 カ　亻 化 化 作 貨 貨

❶ねうちのあるたから。◆財貨。❷おかね。◆貨幣《かへい》 ◆悪貨・外貨・金貨・銀貨・硬貨《こうか》・通貨・銅貨。❸しなもの。にもつ。◆貨車・貨物 ◆雑貨・百貨

**か【渦】** 12画 氵9 音 カ 高 訓 うず
うず。うずまき。うずまく。転じて、もめごと。◆渦中
⇩付録「漢字の筆順(7)冎」
氵 汀 沪 渦 渦 渦

**か【過】** 12画 辶9 (小5) 音 カ 訓 すぎる・すごす・あやまつ 高・あやまち 高
❶通りすぎる。進行する。◆経過・通過。◆過程・過渡期《かとき》 ❷時間がたつ。◆過去・過日・過般《かはん》。❸度をこす。◆過激・過剰《かじょう》・過大・過度・過熱・過敏《かびん》・過密 ◆超過《ちょうか》。❹そのままにしておく。◆看過《かかん》・黙過《もっか》。❺あやまち。つみ。◆過誤・過失◆罪過・大過 ⇩付録「漢字の筆順(7)冎」
冂 冋 冎 咼 過 過

**か【嫁】** 13画 女10 音 カ 高 訓 よめ・とつぐ
❶よめ。よめに行く。とつぐ。◆降嫁。❷責任やつみなどを人になすりつける。◆転嫁
女 女 女' 女' 嫁 嫁

**か【暇】** 13画 日9 音 カ 訓 ひま
❶ひま。いそがしくない。◆閑暇《かんか》・寸暇・余暇。❷やすみ。仕事がない。◆休暇
日 日' 日' 日' 日' 暇

**か【禍】** 13画 ネ9 〔禍〕 音 カ
わざわい。災難。◆禍根・禍福 ◆災禍・舌禍《ぜっか》・戦禍・大禍・筆禍。類 災。対 福 ⇩付録「漢字の筆順(7)冎」
ネ ネ ネ' ネ' 禍 禍

**か【靴】** 13画 革4 音 カ 高 訓 くつ
革《かわ》で作ったはきもの。くつ。◆製靴・長靴
艹 艹 芦 革 靪 靴

**か【寡】** 14画 宀11 音 カ
❶数が少ない。◆寡言・寡聞・寡黙《かもく》 ◆衆寡・多寡。対 多。❷夫や妻をなくした人。◆寡夫・寡婦
宀 宀 宀 宜 寅 寡

**か【寡】**(名) 少ないこと。「ーは衆に敵せず(=少人数では大勢にかなわない)」類 多

**か【歌】** 14画 欠10 (小2) 音 カ 訓 うた・うたう
❶うた。◆歌曲・歌劇・歌詞・歌舞《かぶ》・歌謡《かよう》 ◆凱歌《がいか》・国歌・賛歌・詩歌《しいか》。❷うたう。◆歌手・歌唱。❸和歌。◆歌集・歌人・歌壇《かだん》 ◆短歌
一 可 可 哥 哥 歌

**か【箇】** 14画 竹8 音 カ
場所やことがらをさし示したり、数えたりするときに使うことば。◆箇所・箇条 ◆十箇月
⺮ ⺮⺮ 笛 筒 箇 箇

**か【稼】** 15画 禾10 音 カ 高 訓 かせぐ
はたらく。生活を支えるためにはたらく。◆稼業・稼動・稼働
二 禾 和 秤 稼 稼

**か【課】** 15画 言8 (小4) 音 カ
❶わりあてる。◆課税・課題。❷わりあてを決められた仕事。◆課程 ◆学課・日課・放課後。❸会社や役所の事務の一区分。◆課長 ◆会計課
言 言 訂 訂 評 課

**か【課】**(名) ❶会社や役所などの組織で、仕事の内容で分けた部署。局・部の下で、係の上。「うちのーが関わる案件」❷教科書などの一区切り。

**か【蚊】** 10画 虫4 訓 か
か。人や動物の血をすう昆虫《こんちゅう》。◆藪蚊《やぶか》。参考 特別に、「蚊帳」は「かや」とも読む。
口 虫 虫 虫' 蚊 蚊

**か【蚊】**(名)〔動〕カ科の昆虫《こんちゅう》。多く夏に出て、めすは人や家畜《かちく》の血を吸う。日本脳炎《のうえん》やマラリアの病原体の媒介《ばいかい》をするものもある。「ーに食われる」
**蚊の鳴《な》くような声《こえ》** 弱々しい小さな声のたとえ。「ーで答える」

**か-**(接頭)(多く形容詞について)ことばの調子を強めたりととのえたりする。「ー弱い」「ー細《ほそ》い」

**-か【日】**(接尾)(数詞について)日かずを表す。「二ー《ふつか》」

**か【香】**(名) よいにおい。かおり。「菊《きく》のー」

**か** ■一(終助) ❶疑問・質問を表す。「試験に受かるだろうー」「これは何ですー」❷反語を表す。「こんなことをしていいだろうー」❸(「…ないか」などの形で)勧誘《かんゆう》を表す。「海へ行かないー」❹感動や軽い驚《おどろ》きを表す。「なんとすばらしいことー」■二(副助) ❶文中に用い、ふたしかな気持ちを表す。「だれー来ているだろう」「いつーの事件」❷どちらか一つを選ぶ意を表す。「賛成《さんせい》ー反対ー決める」

**が【牙】** 4画 牙0 音 ガ 高・ゲ 訓 きば
❶とがった歯。きば。◆歯牙・爪牙《そうが》・毒牙《どくが》。❷象牙《ぞうげ》で飾《かざ》った大将の旗じるし。本陣《ほんじん》。◆牙城《がじょう》。参考「ゲ」の音は「象牙《ぞうげ》」ということばに使われる特殊《とくしゅ》な読み方。
一 二 于 牙

**が【瓦】** 5画 瓦0 音 ガ 高 訓 かわら
土を焼きかためたもの。かわら。◆瓦解《がかい》・瓦礫《がれき》 ◆煉瓦《れんが》 ⇩付録「漢字の筆順(19)瓦」
一 丁 工 瓦 瓦

**が【我】** 7画 戈3 (小6) 音 ガ 中 訓 われ・わ 中
❶われ。わたくし。じぶん。◆自我・忘我《ぼうが》・没我《ぼつが》・無我。❷自分勝手。◆我欲・我流 ⇩付録「漢字の筆順(1)戈〔戈〕」
ノ 千 手 我 我 我

**が【我】**(名) 意地をはってまげようとしない、自分本位の考えや意志。我意。「ーが強い」「ーを通す」
**我を張《は》る** 自分の主張をおし通す。

**が【画】** 8画 凵6 (小2) 〔畫〕 音 ガ・カク
❶(ガと読んで)え。えをかく。◆画家・画面 ◆映画・絵画・書画・図画・版画・漫画《まんが》・名画。❷(カクと読んで)㋐くぎる。くぎり。◆画一・画期《かっき》的 ◆区画。㋑はかる。あれこれと考える。◆画策 ◆企画・計画・参画。㋒漢字を組み立てる点や線。◆画数 ◆字画・点画 ⇩付録「漢字の筆順(14)由〔亩〕」
一 冖 冂 亩 画 画

**が【芽】** 8画 艹5 (小4) 音 ガ 訓 め
艹 艹 艹 苎 芽 芽

❶草や木のめ。◆胚芽《はいが》・麦芽《ばくが》・発芽。❷物事のはじめ。おこり。◆萌芽《ほうが》

**が【賀】** 12画 貝5 小4 音ガ
カ カ 加 賀 賀 賀
祝う。喜ぶ。祝い。◆賀正・賀状◆恭賀《きょうが》・謹賀《きんが》新年・参賀・祝賀・年賀・奉賀《ほうが》

**が【賀】**（名）祝い。特に、長寿を祝うこと。「七〇の―」

●賀の祝い―年齢《ねんれい》と呼び方

| | |
|---|---|
| 六一歳 | 華甲《かこう》・還暦《かんれき》 |
| 七〇歳 | 古希《こき》 |
| 七七歳 | 喜寿《きじゅ》 |
| 八〇歳 | 傘寿《さんじゅ》 |
| 八一歳 | 半寿《はんじゅ》 |
| 八八歳 | 米寿《べいじゅ》 |
| 九〇歳 | 卒寿《そつじゅ》 |
| 九九歳 | 白寿《はくじゅ》 |
| 百歳 | 上寿《じょうじゅ》・百寿《ひゃくじゅ》 |
| （すべて数え年） | |

**が【雅】** 13画 隹5 音ガ
エ 于 牙 牙 雅 雅
❶みやびやか。上品である。風流である。◆雅言・雅語・雅俗《がぞく》・雅文◆典雅・風雅・優雅。対俗《ぞく》。❷正しい。正統な。◆雅歌・雅楽。❸広く大きい。◆雅量 ⇩付録「漢字の筆順(32)隹」

**が【餓】** 15画 食7 音ガ
ノ 今 食 飠 餓 餓
うえる。腹がへってひもじい。うえ。◆餓死◆飢餓《きが》
⇩付録「漢字の筆順(1)戈〔戈〕」

**が【△蛾】**（名）《動》鱗翅《りんし》目で、ちょう以外の昆虫《こんちゅう》。鱗粉《りんぷん》におおわれた羽を持ち、休むとき羽を水平に開くものが多い。幼虫は毛虫・いも虫など。おもに夜活動する。

**が** ㊀（格助）❶主語を示す。「風―吹《ふ》く」「私―話す」❷「すき、きらい」「…したい、したくない」「…できる、できない」などの対象を示す。「水―飲みたい」「本―きらい」「英語―話せる」㊁（接助）❶内容のくいちがうことがらをつなぐ。「気温は高い―暑くはない」❷単に二つのことがらをつなぐ。「読んでみた―おもしろかった」❸ためらいながら述べる気持ちを表す。「行きたかったんです―」「うまくいくとよいのだ―」

**カー**〔英 car〕（名）自動車。車両。「オープン―」「リニアモーター―」

**カーキいろ【カーキ色】**（名）茶褐色《ちゃかっしょく》。▽カーキは、ヒンディー khākī

**かあさん【○母さん】**（名）母親を呼ぶ、「お母さん」より少しくだけた言い方。対父さん

**カースト**〔英 caste〕（名）インドの社会階級制度。バラモン（僧《そう》）、クシャトリア（王族・武士）、バイシャ（平民）、シュードラ（隷属民《れいぞくみん》）の四階級があり、その中はさらに細かく分かれている。

**ガーゼ**〔ドイツ Gaze〕（名）目のあらいやわらかなもめんの布。医療《いりょう》などに使う。

**カーソル**〔英 cursor〕（名）コンピューターの画面上で、文字や記号を入力・表示する位置を示す印。

**ガーター**〔英 garter〕（名）靴下《くつした》どめ。

**カーディガン**〔英 cardigan〕（名）毛糸などであんだ前あきのセーター。カーデガン。

**ガーデニング**〔英 gardening〕（名）庭やベランダなどで花や草木を植え育てること。園芸。

**カーテン**〔英 curtain〕（名）❶日よけやかざりなどのために窓にかける布。❷内側と外側をさえぎるもののたとえ。「秘密の―に閉ざされる」

**ガーデン**〔英 garden〕（名）庭。庭園。花園。「―パーティー」「ビア―」

**カート**〔英 cart〕（名）❶買い物などで使う手押《お》し車。「―に入れて運ぶ」「ショッピング―」❷簡単なつくりの小さい車。ゴルフ場の電動カートなど。

**カード**〔英 card〕（名）❶メモや集計などに用いる小型に切った厚紙。「単語―」❷トランプ・かるたのふだ。「―を配る」❸試合の組み合わせ。「好―」❹「キャッシュカード」「クレジットカード」などの略。

**ガード**（名）道路や鉄道線路をまたいでかけられた鉄橋。陸橋。▽英 girder bridge から。

**ガード**〔英 guard〕（名・他スル）❶警備・警護をすること。また、その人。「ボディー―」❷ボクシングやフェンシングなどで、相手の攻撃《こうげき》をふせぐこと。また、その構え。「―をかためる」

**ガードマン**〔和製英語〕（名）警備員。特定の人物・物品などを警護する人。▽guard と man から。

**カートリッジ**〔英 cartridge〕（名）❶レコードプレーヤーの、針をつける部分。❷万年筆やプリンターの、交換《こうかん》用のインクがはいった容器。❸そっくり入れかえられるように録音テープやフィルムなどをセットした容器。

**ガードレール**〔英 guardrail〕（名）道路にそって設けられた事故防止用のさく。

**ガーナ**〔Ghana〕【地名】アフリカ大陸の西部、ギニア湾岸《わんがん》にある共和国。首都はアクラ。

**カーナビ**（名）（英 car navigation system の略）自動車の現在位置や目的地への道順を、人工衛星などを使って、画面や音声で運転者に知らせる装置。

**カーニバル**〔英 carnival〕（名）❶キリスト教のカトリックで行う祭り。謝肉祭。❷にぎやかなもよおし。

**カーネーション**〔英 carnation〕（名）《植》ナデシコ科の多年草。葉は線形で、夏、赤・ピンク・黄・白などの花が咲《さ》く。種類が多い。

**カーバイド**〔英 carbide〕（名）《化》生石灰《せいせっかい》と炭素を高温で熱してつくったもの。アセチレンや肥料の原料になる。炭化カルシウム。

**カーブ**〔英 curve〕（名・自スル）❶曲がること。曲線。「―をきる（＝曲がる）」「―をえがく」❷野球で、投手の投球が打者の近くで曲がること。また、その球。

**カーペット**〔英 carpet〕（名）じゅうたん。敷物《しきもの》。

**ガーベラ**〔英 gerbera〕（名）《植》キク科の多年草。たんぽぽを大形にしたような形をしている。赤・だいだい・ピンク・白・黄などの花が咲《さ》く。

（ガーベラ）

**カーボベルデ**〔ポルトガル Cabo Verde〕【地名】アフリカ大陸の西、大西洋上にある共和国。首都はプライア。

**カーボン**〔英 carbon〕（名）❶《化》炭素。❷（「カーボン紙」の略）複写するときに、紙と紙との間にはさんで

使う紙。複写紙。炭酸紙。

**カーボン-コピー**〔英 carbon copy〕(名)❶カーボン紙を用いた複写。❷電子メールで、本来の宛先《あてさき》以外の人にも同じ内容を送る機能。cc と略す。

**ガーリック**〔英 garlic〕(名)にんにく。

**カーリング**〔英 curling〕(名)氷上で行うスポーツの一種。ハンドルのついた石の円盤《えんばん》(＝ストーン)をすべらせて、リンク上に描《えが》いた円の中に入れて得点を競う。すべりをよくし方向を変えるために、ストーンの前方をブルームというほうきで掃《は》く。

(カーリング)

**カール**〔英 curl〕(名・自他スル)髪《かみ》の毛を巻き毛にすること。また、その巻き毛。「―した髪」

**ガール**〔英 girl〕(名)女の子。少女。対ボーイ

**ガール-スカウト**〔英 Girl Scouts〕(名)少女の社会教育と社会奉仕《ほうし》を目的とする国際的な団体。対ボーイスカウト

**ガールフレンド**〔英 girlfriend〕(名)女の友だち。特に、男性にとっての女性の交際相手。対ボーイフレンド

**かい【介】** 4画 人2 音カイ

❶はさまる。人や物の間にはいる。❷たすける。◆介在・介入◆紹介《しょうかい》・仲介・媒介《ばいかい》。◆介助・介抱《かいほう》。❸ひとり。◆一介

**かい【回】** 6画 口3 小2 音カイ・エ高 訓まわる・まわす

❶まわる。まわす。◆回転・回覧◆迂回《うかい》・周回・巡回《じゅんかい》・旋回《せんかい》・転回。❷かえる。もどる。もどす。◆回帰・回顧《かいこ》・回収・回送・回想・回答・回復◆奪回《だっかい》・撤回《てっかい》・挽回《ばんかい》。❸さける。◆回避《かいひ》。❹度数。順序。◆回数◆今回・初回。参考「エ」の音は「回向《えこう》」などのことばに使われる特殊《とくしゅ》な読み方。

**かい【回】** 一(名)❶あることがくり返し行われるとき、そのひとまとまり。「―を重ねる」❷野球で、イニング。「九―の裏」二(接尾)物事の度数や順序を表すことば。「月に二―の集まり」「第二―の放送」

**かい【灰】** 6画 火2 小6 音カイ中 訓はい

はい。もえがら。また、はい状のもの。◆灰燼《かいじん》◆降灰《こうかい》・石灰

**かい【会】** 6画 人4 小2 〔會〕 音カイ・エ高 訓あう

❶人にあう。出あう。◆会見・会話◆一期一会《いちごいちえ》・再会・密会・面会。❷集まる。集まり。よりあい。◆会員・会議・会合・会社・会場・会談◆委員会・宴会《えんかい》・開会・議会・国会・司会・社会・集会・総会・大会・閉会・流会。❸とき。よいおり。◆機会・際会。❹さとる。◆会得《えとく》。❺かぞえる。◆会計

**かい【会】** (名)❶なにかを行うために人びとが集まること。また、その集まり。「月見の―」「運動―」❷ある目的をもつ人々が構成した団体。「野鳥の―」

**かい【快】** 7画 忄4 小5 音カイ 訓こころよい

❶すっきりして気持ちがよい。よろこばしい。◆快活・快感・快晴・快諾《かいだく》・快調・快適・快楽◆軽快・豪快《ごうかい》・痛快・明快・愉快《ゆかい》。❷病気がなおる。◆快方・快癒《かいゆ》◆全快。❸はやい。◆快走・快足・快速

**かい【快】** (名)気持ちよいこと。愉快《ゆかい》なこと。「―をむさぼる」

**かい【戒】** 7画 戈3 音カイ 訓いましめる

❶用心する。◆戒厳令《かいげんれい》◆警戒・厳戒。❷いましめる。あやまちをしないように注意する。◆戒告◆教戒・訓戒・自戒。❸おきて。いましめ。◆戒律◆十戒《じっかい》・破戒　⇩付録「漢字の筆順(1)戈〔戈〕」

**かい【戒】** (名)いましめ。特に、仏教上のいましめ。「殺生《せっしょう》の―を破る」

**かい【改】** 7画 攵3 小4 音カイ 訓あらためる・あらたまる

❶新しく変える。あらためる。◆改革・改修・改心・改正・改善・改装・改造・改定・改訂《かいてい》・改良◆更改《こうかい》・朝令暮改。❷しらべる。検査する。◆改札《かいさつ》

**かい【怪】** 8画 忄5 音カイ 訓あやしい・あやしむ

❶あやしい。ふつうと変わっていて、ふしぎな。◆怪異・怪火・怪奇《かいき》・怪魚・怪死・怪獣《かいじゅう》・怪談・怪鳥・怪物◆奇怪《きかい》・妖怪《ようかい》。❷なみはずれている。◆怪傑《かいけつ》・怪童・怪力

**かい【怪】** (名)あやしいこと。ふしぎなこと。「密室事件の―」

**かい【拐】** 8画 扌5 音カイ

だます。かどわかす。◆拐帯《かいたい》◆誘拐《ゆうかい》

**かい【悔】** 9画 忄6 〔悔〕 音カイ 訓くいる・くやむ・くやしい

くいる。悪かったこと、またしくじったことを残念に思う。◆悔悟《かいご》・悔恨《かいこん》◆後悔

**かい【海】** 9画 氵6 小2 〔海〕 音カイ 訓うみ

❶うみ。◆海外・海岸・海上・海水・海中・海面・海洋・海陸・海流◆沿海・外海・公海・航海・深海・大海・日本海。対陸。❷広いこと、また大きいことのたとえ。◆海容《かいよう》◆雲海・樹海。参考特別に、「海女」「海士」は「あま」、「海原」は「うなばら」と読む。

**かい【界】** 9画 田4 小3 音カイ

❶さかい。くぎり。類境。◆境界・限界・臨界。❷あ

る範囲《はんい》の中。社会。◆学界・業界・下界・財界・視界・政界・世界。❸あたり。近所。◆界隈《かいわい》

**-かい**【界】(接尾) ❶広い範囲《はんい》のまとまりを表すことば。「自然―」「人間―」 ❷あることに関係する人の集まりを表すことば。「芸能―」「サッカー―」 ❸《動・植》生物を分類する区分の一つ。門の上。「動物―と植物―」

**かい**【皆】 9画 白4 音 カイ 訓 みな
みな。ぜんぶ。すべて。◆皆勤・皆無・皆目。類全

**かい**【械】 11画 木7 小4 音 カイ
しかけ。からくり。しかけを組み入れた道具・装置。◆器械・機械 ⇩付録「漢字の筆順(1)戈〔戈〕」

**かい**【絵】 12画 糸6 小2 〔繪〕 音 カイ・エ
え。物の形をえがき表したもの。◆絵図《えず》・絵本《えほん》・絵画 ◆口絵《くちえ》・挿絵《さしえ》。類画

**かい**【街】→がい(街)

**かい**【開】 12画 門4 小3 音 カイ 訓 ひらく・ひらける・あく・あける
❶閉じていたものをひらく。あける。◆開花・開封《かいふう》・開閉・開放・開幕 ◆公開・切開・打開・満開。対閉。❷はじめる。はじまる。◆開会・開校・開催《かいさい》・開山・開始・開戦・開店。◆再開。対閉。❸土地をきりひらく。◆開墾《かいこん》・開拓《かいたく》。❹ひらける。ひろがる。文化がすすむ。◆開化・開発 ◆展開・未開

**かい**【階】 12画 阝9 小3 音 カイ
❶かいだん。はしご。◆階段・階梯《かいてい》。❷建物の重なり。◆上階・地階。類層。❸上下の順序。等級。◆階級・階層 ◆位階・音階・段階。類層

**かい**【階】(名) 建物の層ごとの区切り。また、それを数えることば。「上の―」「七―建てのマンション」

**かい**【塊】 13画 土10 音 カイ 訓 かたまり
かたまり。◆塊根・塊状 ◆金塊・団塊・土塊《どかい》

**かい**【楷】 13画 木9 音 カイ
❶かいのき。孔子《こうし》の墓地に植えられたという木の名。❷書体の一つ。漢字の一点一画をくずさずに正しく書いた書体。◆楷書・楷法。❸てほん。模範《もはん》。◆楷式・楷則。

**かい**【解】 13画 角6 小5 音 カイ・ゲ㊙ 訓 とく・とかす・とける
❶ばらばらになる。ばらばらにする。◆解散・解体・解剖 ◆瓦解《がかい》・分解・溶解《ようかい》。❷ときほどく。ときはなす。とりのぞく。◆解禁・解雇《かいこ》・解除・解消・解職・解任・解放・解約・解毒《げどく》・解熱《げねつ》。❸ときあかす。物事をはっきりさせる。◆解決・解釈《かいしゃく》・解説・解題・解答・解読・解明 ◆誤解・図解・読解・難解・不可解・弁解・理解 ⇩付録「漢字の筆順(27)角」

**かい**【解】(名) ❶問題などの答え。❷《数》方程式を満たす未知数の値《あたい》。「―を求める」類根

**かい**【潰】 15画 氵12 音 カイ 訓 つぶす・つぶれる
❶やぶれる。くずれる。◆潰滅《かいめつ》 ◆決潰。❷負けてちりぢりになる。◆潰走。❸ただれる。◆潰瘍《かいよう》 ⇩付録「漢字の筆順(9)𠂉」

**かい**【壊】 16画 土13 〔壞〕 音 カイ 訓 こわす・こわれる
こわす。こわれる。くずれる。◆壊滅《かいめつ》 ◆決壊・全壊・損壊・倒壊《とうかい》・破壊・崩壊《ほうかい》

**かい**【懐】 16画 忄13 〔懷〕 音 カイ 訓 ふところ㊙・なつかしい㊙・なつかしむ㊙・なつく㊙・なつける㊙
❶おもう。おもい。◆懐疑 ◆感懐・述懐・本懐。❷なつかしむ。◆懐旧・懐古 ◆追懐。❸ふところ。ふところにもつ。◆懐剣《かいけん》・懐紙・懐中・懐妊《かいにん》・懐炉《かいろ》

**かい**【諧】 16画 言9 音 カイ
❶しっくり調和する。◆諧調 ◆和諧。❷おどける。たわむれる。おかしみ。◆諧謔《かいぎゃく》 ◆俳諧

**かい**【貝】 7画 貝0 小1 訓 かい
かい。かいがら。◆貝塚《かいづか》・貝柱 ◆二枚貝・巻き貝

**かい**【貝】(名)《動》かいがらをもつ軟体《なんたい》動物の総称。ふつう水中にすみ、多くが食用。また、かいがら。

**かい-**【△搔い】(接頭)(動詞につけて)ことばの意味や調子を強める。「―つまんで話す」「―くぐる」文法「かき」の音便。

**かい**【△櫂】(名) 水をかいて舟《ふね》を動かす道具。オール。「―をあやつる」

**かい**【買い】(名) ❶買うこと。「安物―」対売り。❷《経》相場の値上がりを予想して、買い入れること。「―注文」対売り。❸買う価値があること。「この新製品は―だ」

**かい**【下位】(名) 低い地位・順位。対上位

**かい**【下意】(名) 下の者の考え。また、民意。「―上達(=民意が上位の人に伝わること)」対上意

**かい**【×甲斐】(名) あることをしたそのききめ。効果。「努力した―がある」

**かい**【甲斐】［地名］むかしの国名の一つ。今の山梨県。甲州《こうしゅう》。

**かい**(終助) ❶親しみの気持ちでたずねるときにそえることば。「もういい―」❷強く否定するときにそえることば。「そんなこと知る―」

**がい**【外】 5画 夕2 小2 音 ガイ・ゲ㊥ 訓 そと・ほか・はずす・はずれる
❶そと。そとがわ。物の表面。◆外観・外見・外出・

外部・外面。◆屋外・海外・郊外《こうがい》・国外・内外・野外。対内。❷よそ。よその国。◆外貨・外交・外国・外人・外地。❸はずす。とおざける。◆除外・疎外《そがい》。❹一定のわくからはずれていること。◆案外・意外・言外・予想外・例外・論外。❺正式・正統でないこと。◆外史・外伝・外道《げどう》。❻母方の親類。◆外戚《がいせき》・外祖父

**がい【劾】** 8画 力6 音ガイ
しらべる。つみをとりしらべる。◆弾劾《だんがい》

**がい【害】** 10画 宀7 小4 音ガイ
❶そこなう。きずつける。◆害悪・害虫・害毒 ◆危害・殺害・自害・傷害・損害・迫害《はくがい》・被害《ひがい》・薬害・利害。❷わざわい。◆干害《かんがい》・公害・災害・惨害《さんがい》・水害・冷害。❸じゃまをする。◆障害・阻害《そがい》・妨害《ぼうがい》。❹せめにくい所。◆要害 ⇩付録「漢字の筆順(4)主」

**がい【害】**（名）人や物を損《そこ》なうような悪い影響《えいきょう》。「健康に—を及《およ》ぼす」対益

**がい【崖】** 11画 山8 音ガイ 訓がけ
きり立ったところ。がけ。◆懸崖《けんがい》・断崖絶壁《だんがいぜっぺき》

**がい【涯】** 11画 氵8 音ガイ
はて。かぎり。◆境涯・生涯・天涯

**がい【街】** 12画 行6 小4 音ガイ・カイ（中） 訓まち
まちの大通り。まち。◆街灯・街頭・街路 ◆市街。
参考「カイ」の音は「街道《かいどう》」ということばに使われる特殊《とくしゅ》な読み方。

**-がい【街】**（接尾）店などが建ち並ぶ通り。まち。「商店—」「繁華《はんか》—」「オフィス—」「スラム—」

**がい【慨】** 13画 忄10 〔慨〕 音ガイ
❶身にしみて感じる。なげく。ためいきをつく。◆慨嘆《がいたん》 ◆憤慨《ふんがい》・感慨。類嘆。❷いきどおる。

**がい【蓋】** 13画 艹10 音ガイ 訓ふた
❶おおう。おおい。ふた。◆蓋世《がいせい》 ◆頭蓋《ずがい》骨・天蓋・無蓋。❷けだし。思うに。◆蓋然性《がいぜんせい》

**がい【該】** 13画 言6 音ガイ
❶それにあてはまる。◆該当 ◆当該。❷ひろくかねそなわる。◆該博

**がい【概】** 14画 木10 〔概〕 音ガイ
❶おおよそ。あらまし。◆概括《がいかつ》・概観・概況《がいきょう》・概算・概数・概念・概要・概略・概論 ◆一概・梗概《こうがい》・大概。❷おもむき。心もち。◆気概

**がい【骸】** 16画 骨6 音ガイ
ほね。ほねぐみ。死人のなきがら。◆骸骨 ◆遺骸・形骸・残骸・死骸 ⇩付録「漢字の筆順(7)⺕」

**がい【我意】**（名）自分の考えや意志。自分本位の心。「—を通す」

**かいあく【改悪】**（名・他スル）直して前よりもかえって悪くなること。「法律の—」対改善

**がいあく【害悪】**（名）世の中のわざわいとなるような悪いこと。「社会に—を流す」類害毒

**かいあ・げる【買い上げる】**（他下一）{ゲ・ゲ・ゲル・ゲル・ゲレ・ゲロ(ゲヨ)} おおやけの機関が民間から物を買い入れる。「政府が米を—」

**がいあつ【外圧】**（名）外部、特に外国から何かをするようにかけられる圧力。「—に屈《くっ》する」

**ガイアナ**［Guyana］［地名］南アメリカ大陸の北部、大西洋に面した共和国。首都はジョージタウン。

**かいい【会意】**（名）漢字の六書《りくしょ》の一つ。二つ以上の漢字を、意味のうえから組み合わせて別の漢字を作るもの。木と木とを合わせて「林」とするなど。

**かいい【怪異】** ━（名・形動ダ）ふしぎであやしいこと。「—な現象」━（名）ばけもの。

**かいい【魁偉】**（名・形動ダ）顔やからだが並はずれて大きくたくましいこと。「容貌《ようぼう》—」

**がいい【害意】**（名）人に害を与《あた》えようとする心。

**かいいき【海域】**（名）一定の範囲《はんい》内の海。

**かいいぬ【飼い犬】**（名）人が飼っている犬。

**飼い犬に手《て》を噛《か》まれる** 世話をしたり、かわいがったりしていた者にうらぎられ、害を受ける。

**かいいん【会員】**（名）会にはいっている人。会を構成している人。メンバー。「—制」「—証」

**かいいん【改印】**（名・自スル）すでに届け出てある印鑑《いんかん》を別の印鑑に変えること。「—届《とどけ》」

**かいいん【海員】**（名）船長を除く船の乗組員。類船員

**かいいん【開院】**（名・自他スル）病院など、院という名のつくところが新しく業務を始めること。また、その日の業務を始めること。対閉院

**かいうん【海運】**（名）船に人や荷物をのせて海上を運ぶこと。「—業」対陸運

**かいうん【開運】**（名）運がよいほうに向いてゆくこと。幸せに向かうこと。「—を祈願《きがん》する」

**かいえき【改易】**（名・他スル）江戸《えど》時代、武士の身分を取り上げ、領地・家屋敷を没収《ぼっしゅう》すること。

**かいえん【海淵】**（名）《地質》海溝《かいこう》の中で、特に深い所。

**かいえん【開園】**（名・自他スル）園という名のつくところが新しく業務を始めること。また、その日の業務を始めること。

**かいえん【開演】**（名・自他スル）音楽・演劇などの上演を始めること。また、始まること。「午後六時—」類開幕。対終演

**がいえん【外延】**（名）一つの概念《がいねん》にふくまれる事物の全範囲《はんい》。たとえば、「文学」という概念の外延は、詩・小説・評論・戯曲《ぎきょく》など。対内包

**がいえん【外苑】**（名）皇居・神社などの外まわりにある広い庭。「明治神宮《じんぐう》—」対内苑

**かいおうせい**【海王星】（名）〘天〙太陽系の惑星《わくせい》の一つ。太陽に八番目に近い星。

**かいおき**【買い置き】（名・他スル）必要なときに備えて前もって買っておくこと。また、買ったもの。

**かいか**【怪火】（名）❶あやしく、ふしぎな火。鬼火《おにび》・火の玉など。❷原因不明の火事。不審火《ふしんび》。

**かいか**【開化】（名・自スル）人びとの知識が開け、世の中の文化が進むこと。「文明―」

**かいか**【開花】（名・自スル）❶花が咲《さ》くこと。「―期」❷成果が現れること。「才能が―する」

**かいか**【開架】（名）図書館で、閲覧者《えつらんしゃ》が自由に書棚《しょだな》から図書を出して利用できること。「―式図書館」対閉架

**かいか**【階下】（名）二階建て以上の建物で、その階よりも下の階。対階上

**かいが**【絵画】（名）物の形やありさまなどを線や色によって平面上にかき表したもの。絵。画。「西洋―」…的「絵画的な美しさ」

**がいか**【外貨】（名）❶外国のおかね。「―を獲得《かくとく》する」対邦貨《ほうか》。❷外国から来る品物。

**がいか**『△凱歌』（名）戦いに勝って喜んで歌う祝いの歌。「―をあげる」

**ガイガーけいすうかん**【ガイガー計数管】（名）〘物〙ドイツの学者ガイガー(Geiger)とミュラーによってつくられた、放射線を測定する装置。ガイガーミュラー計数管。ガイガーカウンター。

**かいかい**【開会】（名・自他スル）会議・集会などが始まること。また、始めること。「―式」対閉会

**かいがい**【海外】（名）海の向こうの地。外国。

**かいがい**【外海】（名）❶陸地に囲まれていない海。❷陸地から遠くはなれた海。そとうみ。対内海。

**がいかい**【外界】（名）そのもののまわりをとりまいている外の世界。「―との接触《せっしょく》をたつ」対内界

**がいがい**『△皚△皚』（トタル）雪などの一面に白いようす。「白《はく》―たる山」

**かいがいし・い**『×甲斐甲斐しい』（形）〔カロ・カッ（ク）・イ・イ・ケレ・○〕労を惜《お》しまず、まめに働くようす。きびきびしているようす。「―・く働く」「―・く世話をする」

**かいかく**【改革】（名・他スル）しくみややり方をよりよいものに変えること。「社会の―」「機構―」

**がいかく**【外角】（名）❶〘数〙多角形の一つの辺を延長したとき、その線ととなりの辺とがつくる角。❷野球で、本塁《ほんるい》の、打者から遠いほうの側。アウトコーナー。（対内角）

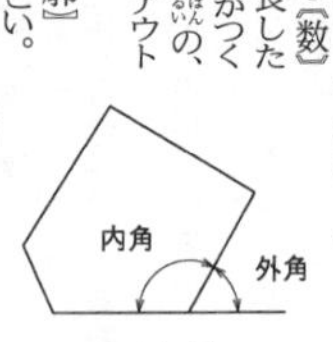

（外角①）

**がいかく**【外郭】『外△廓』（名）物の外側や、外のかこい。

**がいかくだんたい**【外郭団体】（名）政党や官庁の組織の外にあって、その活動や事業を助ける団体。

**かいかつ**【快活】（形動ダ）〔ダロ・ダツ（デ・ニ）・ダ・ナ・ナラ・○〕明るく元気で生き生きしているようす。「―な若者」

**がいかつ**【概括】（名・他スル）多くのものをひとまとめにすること。要約すること。「全体を―する」…的「概括的に述べる」

**かいかぶ・る**【買いかぶる】『買い◇被る』（他五）〔ラ（ロ）・リ（ッ）・ル・ル・レ・レ〕実際の実力や値打ちよりも、高く評価する。「今まで彼《かれ》を―・っていた」

**かいがら**【貝殻】（名）貝の身を包んでいるかたい殻。

**かいかん**【会館】（名）集会や会議などのために作られた建物。「市民―」

**かいかん**【快感】（名）こころよい感じ。いい気持ち。「―をおぼえる」「―にひたる」

**かいかん**【怪漢】（名）あやしい男。

**かいかん**【開館】（名・自他スル）図書館・博物館・映画館など、館と名のつくところがはじめて業務を始めること。また、その日の業務を始めること。対閉館

**かいがん**【海岸】（名）陸地が海と接しているところ。海辺《うみべ》。

**かいがん**【開眼】（名・自他スル）❶目が見えるようになること。また、目が見えるようにすること。「―手術」❷→かいげん（開眼）②。注意「かいげん」と読むと別の意味になる。

**がいかん**【外患】（名）外国や外部から攻撃《こうげき》や圧迫《あっぱく》を受ける心配。「内憂《ないゆう》―（＝国の内外の心配事）」対内憂・内患

**がいかん**【外観】（名）外側から見たようす。「―はりっぱだ」類外見

**がいかん**【概観】（名・他スル）全体のようすを大ざっぱに見ること。だいたいのようす。「西洋史―」

**かいがんせん**【海岸線】（名）❶陸と海とのさかいめ。❷海岸に沿ってしかれている鉄道線路。

**かいがんだんきゅう**【海岸段丘】（名）〘地質〙海岸線に沿って平坦《へいたん》かつ階段状になっている地形。海水の侵食《しんしょく》、堆積《たいせき》作用で形成される。

**かいき**【回忌】（名）人が死んだのち、毎年回ってくる同月同日の忌日《きにち》。また、その回数を表す。類周忌・年忌。使い方満一年目を「一周忌・一回忌」、満二年目を「三回忌」といい、以降は死んだ年をふくめて「七回忌・十三回忌…」などと使う。

**かいき**【回帰】（名・自スル）ひとめぐりしてもとの所へもどること。「鮭《さけ》は生まれた川に―する」「原点―」

**かいき**【会期】（名）会の行われている期間。また、その時期。「国会の―を延長する」

**かいき**【快気】（名・自スル）病気がなおること。「―祝い（＝全快の祝い、また、その内祝い）」

**かいき**【怪奇】（名・形動ダ）世にもあやしくてふしぎなこと。「複雑―な事件」「―小説」

**かいき**【開基】（名・自他スル）寺院や宗派などを創立すること。また、創立した人。類開山《かいさん》

**かいぎ**【会議】（名・自スル）人びとが集まって物事を相談すること。また、その集まり。「―を開く」

**かいぎ**【懐疑】（名・他スル）疑いをもつこと。あやしむこと。「―の念を抱《いだ》く」…的「懐疑的な態度」

**がいき**【外気】（名）建物の外の空気。「―に触《ふ》れる」

**かいきえん**【怪気炎】（名）あまりに調子がよくて疑わしく感じられるような意気ごみ。「―をあげる」

**かいきしょく**【皆既食】『皆既△蝕』（名）〘天〙日食・月食のときに、太陽や月がすっかりおおい隠《かく》されること。太陽が月のかげになる皆既日食と、月が地球の

かげになる皆既月食の総称《そうしょう》。対部分食

**かいきせん【回帰線】**（名）〘地〙赤道から南と北の二三度二六分のところをそれぞれ通る緯線《いせん》。南回帰線と北回帰線。参考太陽が北回帰線を通る日を夏至《げし》、南回帰線を通る日を冬至《とうじ》という。

（かいきせん）

**かいぎゃく【諧▵謔】**（名）おもしろいじょうだん。しゃれ。ユーモア。「—を交えて語る」

**かいきゅう【階級】**（名）❶組織などでの地位や身分の順位。❷社会の中で地位や身分・財産などが同じような人びとの集団。「知識—」「支配—」

**かいきゅう【懐旧】**（名）むかしのことを思い出してなつかしく思うこと。「—の情」類懐古

**かいきゅうとうそう【階級闘争】**（名）支配階級（=資本家）と支配される階級（=労働者）との間の政治・経済上の争い。

**かいきょ【快挙】**（名）胸のすくようなすばらしい行い。「前人未到《みとう》の—をなしとげる」

**かいきょう【回教】**（名）↓イスラムきょう

**かいきょう【海峡】**（名）陸と陸とにはさまれ、せばまった海。

**かいきょう【懐郷】**（名）自分の生まれた土地や育った土地を、なつかしく思うこと。望郷。「—の念」

**かいぎょう【改行】**（名・自スル）段落の切れ目など文章の途中《とちゅう》で行を変えて、新たに次の行から書き始めること。ふつう一字下げて始める。

**かいぎょう【開業】**㊀（名・他スル）新しく事業や商売を始めること。店開き。類創業。㊁（名・自スル）店を開けて営業していること。「—中」

**がいきょう【概況】**（名）移り変わるもののだいたいのようす。「天気—」「—報告」

**かいぎょうい【開業医】**（名）個人で医院・病院を経営し、診察《しんさつ》・治療《ちりょう》を行っている医師。

**かいきょうびょう【懐郷病】**（名）↓ホームシック

**がいきょく【外局】**（名）内閣府や各省に属しているが、部局の外にあって特殊《とくしゅ》なことがらを担当する機関。国税庁・文化庁など。対内局

**かいき・る【買い切る】**（他五）〔ラ(ロ)・リ(ッ)・ル・ル・レ・レ〕残さず買う。特に、劇場や乗り物などの座席をすべて買う。

**かいきん【皆勤】**（名・自スル）ある決められた期間、一日も休まないで出席・出勤すること。「—賞」

**かいきん【開襟】**（名）前が開いた折りえり。「—シャツ」

**かいきん【解禁】**（名・他スル）今まで禁止されていたことがらが許されること。「鮎《あゆ》つりの—日」

**がいきん【外勤】**（名・自スル）集金・配達・セールスなど、外に出る仕事をすること。また、その人。対内勤

**かいく【化育】**（名・他スル）自然が地上のすべてのものを生み育てること。

**かいぐい【買い食い】**（名・他スル）子どもが菓子《かし》などを自分で買って食べること。

**かいくぐ・る【▵搔い◇潜る】**（自五）〔ラ(ロ)・リ(ッ)・ル・ル・レ・レ〕うまくくぐりぬける。「警戒網《けいかいもう》を—」

**かいく・る【▵搔い繰る】**（他五）〔ラ(ロ)・リ(ッ)・ル・ル・レ・レ〕両手で、交互《こうご》に手もとに引き寄せる。たぐる。「綱《つな》を—」

**かいぐん【海軍】**（名）海上の国防を受けもつ軍隊。

**かいけい【会計】**（名）❶おかねや品物の出し入れの計算をすること。また、その仕事をする人。「—係」❷代金の支払《しはら》い。「—をすませる」類勘定《かんじょう》

**かいけい【塊茎】**（名）〘植〙養分をたくわえて、かたまりになっている地下茎《ちかけい》。じゃがいもなど。類塊根

**がいけい【外形】**（名）外から見た形。外見。

**がいけい【外径】**（名）厚みのある円筒《えんとう》や管などの外側の直径。対内径

**かいけいねんど【会計年度】**（名）会計のつごう上、区切られた一年の期間。日本ではふつう四月一日からつぎの年の三月三一日まで。

**かいけいのはじ【会稽の恥】**敗戦で受けたはずかしめ。相手から受けた忘れられない恥。「—をすすぐ（=忘れられない恥をはらす）」⇩がしんしょうたん「故事」

故事中国の春秋《しゅんじゅう》時代、越王《えつおう》勾践《こうせん》が呉王《ごおう》夫差《ふさ》に会稽山で戦って敗れ、屈辱《くつじょく》的な講和を結んだが、長年苦労をしたのち復讐《ふくしゅう》してその恥をすすいだという話から出たことば。〈史記〉

**かいけつ【怪傑】**（名）すぐれた能力をもつふしぎな人物。

**かいけつ【解決】**（名・自他スル）もつれた問題や事件などを処理し、決着をつけること。また、決着がつくこと。「難問を—する」「未—の事件」

**かいけつびょう【壊血病】**（名）〘医〙ビタミンCの不足でおこる病気。出血しやすくなり、貧血をおこす。

**かいけん【会見】**（名・自スル）場所と時間を決めて、公式に人に会うこと。「記者—」「首相に—する」

**かいけん【改憲】**（名・自スル）憲法を改めること。憲法改正。「—派」「—を論ずる」

**かいけん【懐剣】**（名）ふところに入れて持つ、身を守るための短刀。

**かいげん【改元】**（名・他スル）年号を改めること。「『令和』に—する」

**かいげん【開眼】**（名・自スル）❶〘仏〙新しくできた仏像や仏画に目を入れて供養《くよう》する儀式《ぎしき》。「大仏—」❷（仏道の真理をさとる意から）なにかの機会に、学問・技芸などのやり方を会得《えとく》すること。「芸道に—する」注意「かいがん」と読むと別の意味になる。

**がいけん【外見】**（名）人や物を外側から見たようす。「—より中身がだいじだ」類見かけ・外観・外形

**かいげんれい【戒厳令】**（名）戦争などの非常時に、国またはある地方の治安を守るために行政権・司法権を軍隊にもたせる政府の命令。「—をしく」

**かいこ【蚕】**（名）〘動〙かいこ蛾《が》の幼虫。くわの葉を食べて成長し、まゆを作る。まゆから絹糸をとる。

**かいこ【解雇】**（名・他スル）雇《やと》い主が、雇っていた人を一方的にやめさせること。首切り。「一時—」

**かいこ【回顧】**（名・他スル）過ぎ去ったことをふり返ってみること。⇩かいこ（懐古）「学習」

**かいこ【懐古】**（名・自スル）むかしを思い出してなつか

しむこと。[…的]「懐古的な趣味《しゅみ》」

**学習 使い分け**「回顧」「懐古」

回顧　自分に関係のあった過去に思いをめぐらすこと。「青春時代を回顧する」「回顧録」「回顧談」

懐古　むかしを思い出して、なつかしむこと。「懐古の情に引かれる」「懐古趣味《しゅみ》」

**かいご**【介護】(名・他スル) 病人やからだの不自由な人、あるいは高齢《こうれい》の人の看護や世話をすること。

**かいご**【悔悟】(名・他スル) 今までのまちがった行い・悪い行いをさとり、くいること。「―の念をいだく」

**かいこう**【回航】[一](名・自スル) ほうぼうを船で回ること。「沿岸を―する」[二](名・他スル) ある所へ船を向かわせること。「母港に―する」

**かいこう**【海溝】(名)《地質》海底の、細長くてひじょうに深くくぼんだ部分。ふつう、六〇〇〇《メートル》以上のものをいう。日本海溝・マリアナ海溝などがある。

**かいこう**【開口】(名) ❶口を開けてものを言うこと。❷光や空気などを通すために、外部に開いていること。「―部」

**開口一番**《いちばん》　口を開いて話しはじめるとすぐに。

**かいこう**【開校】(名・自他スル) 学校を新設して授業を始めること。また、始まること。[対]閉校

**かいこう**【開港】(名・自スル) ❶外国と貿易をするために港・空港を開くこと。❷港や空港が新たに業務を始めること。

**かいこう**【開講】(名・自他スル) 講義や講習会などを始めること。また、始まること。[対]閉講

**かいこう**【『△邂△逅』】(名・自スル) 思いがけなく人に出会うこと。めぐりあい。「旧友と―する」

**かいごう**【会合】(名・自スル) 話し合いや相談をするために人びとが寄り集まること。また、その集まり。「―を開く」「五人で―する」[類]集会

**がいこう**【外交】(名) ❶外国との交際や交渉《こうしょう》。「平和―」❷銀行・会社・商店などで、勧誘《かんゆう》・宣伝をしたり注文をとったりする仕事。また、それをする人。「保険の―」[…的]「外交的な手腕《しゅわん》を発揮する」

**がいこう**【外向】(名) 興味や関心が主として自分の外部に向かう、社交的で積極的な傾向《けいこう》。[…的]「外向的な性格」[対]内向

**がいこう**【外港】(名) 近くにある大都市のために、海の玄関《げんかん》の役目を果たす港。

**がいこうか**【外交家】(名) つき合いのうまい人。交際家。「あの人は―だ」

**がいこうかん**【外交官】(名) 外国に駐在《ちゅうざい》し、外交事務にあたる公務員。

**がいこうじれい**【外交辞令】(名) 表面だけのあいさつ。口先だけのことば。[類]社交辞令

**かいこく**【戒告】【『△誡告』】(名・他スル) ❶悪いところをいましめて注意すること。❷公務員に対する懲戒《ちょうかい》処分の一つ。「―処分」

**かいこく**【海国】(名) まわりが海にかこまれた国。「―日本」[類]島国《しまぐに》

**かいこく**【開国】(名・自スル) 外国とのつき合いや貿易を始めること。[対]鎖国《さこく》

**がいこく**【外国】(名) 自分の国でないよその国。「―製の時計」「―人」[類]異国

**がいこくかわせ**【外国。為替】(名) 外国との商取引を、現金によらないで手形などで決済するやり方。外為《がいため》。

**がいこくご**【外国語】(名) よその国のことば。

**かいごし**【介護士】(名) 病人や老齢《ろうれい》の人などの介護や世話を、職業としてする人の総称《そうしょう》。

**かいごしえんせんもんいん**【介護支援専門員】(名) →ケアマネージャー

**がいこつ**【骸骨】(名) 骨だけになった死骸。

**骸骨を乞**《こ》**う**　(身をささげていた主君にお願いして、自分の残骸を返してもらう意から)辞職を願い出る。

**かいことば**【買い言葉】(名) 悪口などを言われて、言い返すことば。「売りことばに―」[対]売り言葉

**かいごふくしし**【介護福祉士】(名) 日常生活が困難な老齢《ろうれい》者や障害者などの介護をしたり、また介護者への助言や指導を行ったりする国家資格をもつ専門家。

**かいごほけん**【介護保険】(名) 介護を必要とする四〇歳《さい》以上の人に、在宅および施設《しせつ》介護サービスにかかわる給付をする社会保険制度。

**かいごろし**【飼い殺し】(名) ❶役に立たなくなった家畜《かちく》を、死ぬまで飼っておくこと。❷その人が能力をじゅうぶんに発揮《はっき》できない場所でずっと雇《やと》っておくこと。「―同然の身」

**かいこん**【悔恨】(名) 自分のあやまちや悪い行いをくやみ、残念に思うこと。「―の情」[類]後悔

**かいこん**【開墾】(名・他スル) 山や野原を切り開き耕して田畑にすること。「―地」[類]開拓《かいたく》

**かいこん**【塊根】(名)《植》でんぷんなどの養分をたくわえてかたまりの状態になっている根。ダリア・さつまいもの根など。[類]塊茎《かいけい》

**かいさい**【『快△哉』】(名) たいそう気持ちのよいこと。ひじょうにゆかいなこと。痛快。「―をさけぶ」

**かいさい**【開催】(名・他スル) 会合やもよおし物を開くこと。「バザーを―する」

**かいざい**【介在】(名・自スル) 二つのものの間にはさまってあること。「むずかしい問題が―する」

**がいさい**【外債】(名)《経》外国で募集《ぼしゅう》する公債や社債。外国債。[対]内債

**がいざい**【外在】(名・自スル) そのものと関係をもちながら、そのものの外側にあること。外部にあること。[…的]「外在的な要因」[対]内在

**かいさく**【改作】(名・他スル) 一度作られた作品を作り変えること。また、その作品。

**かいさく**【開削】【『開△鑿』】(名・他スル) 山や野を切り開いて道路や運河を造ること。

**かいさつ**【改札】(名・自スル) 駅の出入り口で、切符《きっぷ》や定期券を調べたり回収したりすること。また、その場所。「―口」

**かいさん**【海産】(名) 海でとれること。また、とれたもの。「―資源」

**かいさん【開山】**（名）寺や宗派などをはじめて開くこと。また、開いた人。開祖。類開基《かいき》

**かいさん【解散】**（名・自他スル）❶会合や団体行動などが終わって、集まっていた人たちが別れること。「現地―」対集合。❷集まり・組織などを解いてなくすこと。「プロジェクトチームを―する」❸衆議院議員の任期が終わらないうちに、総理大臣が全議員の資格を解くこと。「国会を―する」

**かいざん【改▵竄】**（名・他スル）書類などの内容を自分のつごうのよいように書きかえてしまうこと。「帳簿《ちょうぼ》の―が発覚する」

**がいさん【概算】**（名・他スル）おおよその計算をすること。また、その計算。「―で請求《せいきゅう》する」対精算

**かいさんぶつ【海産物】**（名）海でとれるもの。魚・貝・海藻《かいそう》など。また、それを加工したもの。

**かいし【開始】**（名・自他スル）始まること。また、始めること。「試合―」「試験を―する」対終了《しゅうりょう》

**かいし【懐紙】**（名）❶たたんでふところに入れておく和紙。ふところがみ。❷和歌や連歌《れんが》を書く紙。

**かいじ【開示】**（名・他スル）外部に対して明らかにして示すこと。「情報―の請求《せいきゅう》をする」

**がいし【外史】**（名）民間で書かれた歴史書。対正史《せいし》

**がいし【外紙】**（名）外国の新聞。外字新聞。

**がいし【外資】**（名）国内の事業に外国から出資される資本。外国資本。「―導入」「―系企業《きぎょう》」

**がいし【▵碍子】**（名）電線を電柱などに固定する、陶《とう》磁器《じき》や合成樹脂《じゅし》製の絶縁器具。

**がいじ【外耳】**（名）耳の鼓膜《こまく》から外の部分。「―炎《えん》」⇩ちゅうじ・ないじ(内耳)

**がいして【概して】**（副）全体からみると。おおむね。だいたい。一般《いっぱん》に。「日本人は―手先が器用だ」

**かいし・める【買い占める】**（他下一）{メ・メ・メル・メル・メレ・メロ(メヨ)}ある物を全部買ってしまう。「株を―」

**かいしゃ【会社】**（名）利益を得ることを目的とした事業をするために作る組織。株式会社・合名会社・合資会社・合同会社をいう。「―員」

**かいしゃ【▵膾▵炙】**（名・自スル）（「膾」はなます、「炙」はあぶり肉の意で、だれにでも好かれることから）広く知れわたっているもののたとえ。「人口《じんこう》に―する（=世間の評判になる。広く知れわたる）」

| 敬称《けいしょう》（相手側） | 謙称《けんしょう》（自分側） |
|---|---|
| 貴社《きしゃ》　御社《おんしゃ》 | 小社《しょうしゃ》　弊社《へいしゃ》 |

**がいしゃ【外車】**（名）外国製の自動車。

**かいしゃく【介◇錯】**（名・他スル）❶そばにつきそって世話をすること。❷切腹する人につきそって首を切ること。また、首を切る役目の人。

**かいしゃく【解釈】**（名・他スル）ことばの意味や物事のわけを考え理解すること。また、それをわかりやすく説明すること。「―が分かれる」「古文を―する」

**がいじゅ【外需】**（名）国外での需要。対内需

**かいしゅう【回収】**（名・他スル）配ったものや使ったものを集めてもとへもどすこと。「答案を―する」「資金が―できない」「廃品《はいひん》―」「未―品」

**かいしゅう【会衆】**（名）会合に集まった人びと。

**かいしゅう【改宗】**（名・自スル）信仰《しんこう》していた宗教・宗派をやめ、別の宗教・宗派を信仰すること。

**かいしゅう【改修】**（名・他スル）古くなったり、こわれたりしたところを作り直すこと。「―工事」

**かいじゅう【怪獣】**（名）❶正体不明の怪《あや》しいけもの。❷恐竜《きょうりゅう》に似せて考え出された大きな動物。

**かいじゅう【▵晦渋】**（名・形動ダ）ことばや文章などがむずかしくてわかりにくいこと。「―な文章」類難解

**かいじゅう【懐柔】**（名・他スル）相手をうまく手なずけて自分の思うとおりに従わせること。「―策」「敵を―する」

**がいしゅう【外周】**（名）場所や物の外側の周り。また、その長さ。「―を計測する」対内周

**がいじゅう【害獣】**（名）田畑をあらしたり、人や家畜《かちく》をおそったりするけもの。「―駆除《くじょ》」

**がいしゅういっしょく【▵鎧袖一触】**（名）いとも簡単に相手を負かすこと。参考鎧《よろい》の袖《そで》が触《ふ》れたほどの力で相手を倒《たお》すことから。

**がいじゅうないごう【外柔内剛】**（名）見かけはやさしくてものやわらかだが、心の中は強くしっかりしていること。内剛外柔。「―の人」

**がいしゅつ【外出】**（名・自スル）よそへ出かけること。外へ出ること。「―禁止」

**かいしゅん【改▵悛・悔▵悛】**（名・自スル）あやまちを悔《く》い改めて、よくなろうと心に決めること。改心。「―の情」

**かいしゅん【買春】**（名）→ばいしゅん(買春)

**かいしょ【会所】**（名）❶人びとの寄り集まる場所。「碁《ご》―」❷江戸《えど》時代、商業の取り引きや行政事務を行った場所。

**かいしょ【楷書】**（名）漢字の書体の一つ。字画をくずさない、きちんとした書き方。⇩書体〈図〉

**かいじょ【介助】**（名・他スル）病人・障害者・高齢《こうれい》者などの日常生活の手助けをすること。「―犬」

**かいじょ【解除】**（名・他スル）出されていた規制・禁止や契約《けいやく》などをとりやめて、もとの状態にもどすこと。「警報が―される」「武装―」

**かいしょう【改称】**（名・自他スル）呼び名を改めること。また、改めた新しい呼び名。「社名を―する」

**かいしょう【快勝】**（名・自スル）胸がすくほどみごとな勝ち方をすること。「相手を寄せつけずに―する」

**かいしょう【解消】**（名・自他スル）これまであった関係や状態がなくなること。また、なくすこと。「不安が―する」「ストレス―」「婚約《こんやく》を―する」

**かいしょう【×甲斐性】**（名）働きがあってたよりになる気性。「―のない人」「―なし」

**かいじょう【回状】**（名）順番に回覧する文書。回章。回文。

**かいじょう【会場】**（名）会議や集会を行う場所。

**かいじょう【海上】**（名）海の上。海面。海路。「―輸送」対陸上

**かいじょう【開城】**（名・自スル）敵に降参して城を明け渡《わた》すこと。

**かいじょう【開場】**（名・自スル）会場や劇場を開い

て人びとを入場させること。「五時ー、六時開演」
**かいじょう**【開錠・解錠】(名・自他スル) かぎをあけること。［対］施錠《せじょう》
**かいじょう**【階上】(名) 二階建て以上の建物で、その階よりも上の階。［対］階下
**がいしょう**【外相】(名) 外務大臣。
**がいしょう**【外商】(名) 店の売り場ではなく客の所に出向いて商品を販売《はんばい》すること。「ー部」
**がいしょう**【外傷】(名) 外から受けたからだの傷。「ーを負う」
**がいじょう**【街上】(名) 町なか。みちばた。路上。
**かいしょく**【会食】(名・自スル) 何人かの人が集まって食事をともにすること。「気の合う仲間とーする」
**かいしょく**【海食】『海△蝕』(名)〘地質〙波や海流によって陸地がしだいにけずり取られてゆく作用。
**かいしょく**【解職】(名・他スル) 職務をやめさせること。免職《めんしょく》。「ー処分」
**がいしょく**【外食】(名・自スル) 家ではなく、外の飲食店で食事をすること。また、その食事。「ー産業」
**かいしん**【会心】(名) 思ったとおりに物事がよくできて満足すること。「ーの作」
会心の笑《え》み　心から満足して思わずにっこりすること。「ーをもらす」「ーを浮《う》かべる」
**かいしん**【回診】(名・自他スル) 病院で医者が病人を診察して回ること。「院長のー時間」
**かいしん**【戒心】(名・自スル) ゆだんしないこと。
**かいしん**【改心】(名・自スル) 悪い行いをやめて、心を入れかえること。改悛《かいしゅん》。「ーしてまじめに働く」
**かいしん**【改新】(名・自他スル) 古いものを改めて、新しくすること。また、改まること。「大化のー」
**かいじん**【灰△燼】(名) 物が燃えたあとの灰と燃え残り。「ーに帰《き》する(=すっかり焼けてしまう)」
**かいじん**【怪人】(名) 正体不明のあやしい人間。
**がいしん**【外心】(名)〘数〙三角形の三辺の垂直二等分線の交点。三角形の外接円の中心。［対］内心
**がいしん**【外信】(名) 外国から送られてくるニュースや情報・通信。「ー部」
**がいしん**【害心】(名) 人に害を加えようとする心。
**がいじん**【外人】(名) 外国人。「ー墓地」［参考］現在は差別的とされ、ふつうは「外国人」を用いる。
**かいず**【海図】(名) 海の深さ・潮《しお》の流れ・島の形など、海のようすをしるした航海用の地図。
**かいすい**【海水】(名) 海の水。「ーの温度」
**かいすいぎ**【海水着】(名) 泳ぐとき着る衣服。水着。
**かいすいよく**【海水浴】(名) 運動や避暑《ひしょ》などのために、海で泳いだり遊んだりすること。「ー場」
**かいすう**【回数】(名) 物事が行われる度数。「ーをかさねる」「ーを数える」
**がいすう**【概数】(名) おおよその数。だいたいの数。
**かいすうけん**【回数券】(名) 乗車券・飲食券などの何回分もの券をひとつづりにまとめたもの。
**かい・する**【会する】(自サ変) {シ(セ・サ)・シ・スル・スル・スレ・シロ(セヨ)} ❶人びとが集まる。「一堂にー」❷出あう。「一点にー」
**かい・する**【介する】(他サ変) {シ(セ・サ)・シ・スル・スル・スレ・シロ(セヨ)} 間に置く。間に立てる。さしはさむ。「人をー・して先方にたのむ」「意にー・さない(=心にかけない)」
**かい・する**【解する】(他サ変) {シ(セ・サ)・シ・スル・スル・スレ・シロ(セヨ)} わからないものをはっきりさせる。理解する。「古文の意味をー」「風流をー」
**がい・する**【害する】(他サ変) {シ(セ・サ)・シ・スル・スル・スレ・シロ(セヨ)} ❶傷つける。悪くする。そこなう。「健康をー」「感情をー」❷殺す。「人をー」
**かいせい**【回生】(名・自スル) 生き返ること。「起死ー(=死にかけたものを生き返らせること)」
**かいせい**【改正】(名・他スル) 規則や規約などをよりよいほうへ直すこと。改めかえること。「時刻表のー」「規則をーする」［類］改定
**かいせい**【改姓】(名・自スル) みょうじをかえること。
**かいせい**【快晴】(名) よく晴れた天気。
**かいせき**【会席】(名) ❶集会の席。❷連歌《れんが》・俳諧《はいかい》をする席。❸(「会席料理」の略)もとは本膳《ほんぜん》料理(=正式の日本料理)を略式にした料理。現在は酒宴《しゅえん》の席の上等な料理をいう。
**かいせき**【解析】━ (名・他スル) 物事を細かく分けて、理論的に調べること。「データのー」━ (名)〘数〙関数の性質を研究する数学の一部門。解析学。
**かいせき**【懐石】(名) 茶の湯の席で、茶を出す前に食べる簡単な料理。茶懐石。懐石料理。
**がいせき**【外戚】(名) 母方の親類。
**かいせつ**【開設】(名・他スル) 施設《しせつ》などを新しくつくって、その使用を始めること。「事務所をーする」「銀行口座のー」
**かいせつ**【解説】(名・他スル) 物事の内容をわかりやすく説明すること。また、その説明。「ニュースー」
**がいせつ**【外接】(名・自スル)〘数〙ある図形が、他の図形とその外側で接すること。［対］内接
**がいせつ**【概説】(名・他スル) 全体にわたっておおよその説明をすること。また、その説明。「日本史ー」
**かいせん**【回船】(名) 江戸《えど》時代に盛《さか》んに行われた、旅客や貨物を運送した和船。「ー問屋」
**かいせん**【回線】(名) 電話や電信など、通信のための回路。「電話ーをひく」
**かいせん**【改選】(名・他スル) 議員や役員などの任期が終わり、改めて次期の者を選挙すること。「参議院議員のー」「非ーの議員」
**かいせん**【海戦】(名) 海上での戦い。「日本海ー」
**かいせん**【海鮮】(名) 新鮮な魚介《ぎょかい》類。
**かいせん**『△疥△癬』(名)〘医〙かいせん虫の寄生によっておこる、かゆみをともなうひふの病気。
**かいせん**【開戦】(名・自スル) 戦争を始めること。「ーを決意する」［対］終戦
**かいぜん**【改善】(名・他スル) 物事のむだなこと、悪いことをなくして、よりよいものにかえること。「待遇《たいぐう》のー」「生活のー」「ーをはかる」［類］改良。［対］改悪
**がいせん**【外線】(名) ❶会社などで、外部に通じる電話。［対］内線。❷建物の外の電線。
**がいせん**『△凱旋』(名・自スル) 戦いに勝って帰ること。「ー将軍」「故国《ここく》にーする」
**がいぜんせい**【蓋然性】(名) ある物事がおこる確

実性の度合い。「—に乏《とぼ》しい」「—が高い」

**がいせんもん**【凱旋門】〖△凱旋門〗(名) 凱旋を記念したり、凱旋した兵士をむかえるために建てた門。

**かいそ**【改組】(名・他スル) 組織をあらためること。「委員会を—する」

**かいそ**【開祖】(名) ❶寺や宗派をはじめて開いた人。開山《かいさん》。❷芸事などで、一つの流儀《りゅうぎ》をはじめた人。「二刀流の—」

**かいそう**【回送】(名・他スル) ❶送ってきたものをそのままほかへ送ること。「郵便物を—する」❷電車やバスなどを、乗客を乗せないまま目的の場所に送ること。「—電車」

**かいそう**【会葬】(名・自スル) 葬式に参列すること。「—者《しゃ》」

**かいそう**【回想】(名・他スル) むかしのことをいろいろと思い返すこと。「—録」「—にふける」

**かいそう**【回漕】〖回△漕〗(名・他スル) 船を使って旅客や貨物を輸送すること。「荷物を大阪へ—する」

**かいそう**【快走】(名・自スル) 気持ちよく速く走ること。「風をきって—する」

**かいそう**【改装】(名・他スル) 建物のつくりや外観を変えること。もようがえをすること。「店内を—する」

**かいそう**【海草】(名)〖植〗海中にはえる種子植物。あまも・すがもなど。

**かいそう**【海藻】(名) 海中にはえる緑藻・褐藻《かっそう》・紅藻類の総称《そうしょう》。食用になるものが多い。

**かいそう**【階層】(名) ❶建物の上下の階の重なり。❷社会を構成する人びとを年齢《ねんれい》・職業・収入などで分類したときの、それぞれの集まり。「中流の—」

**かいぞう**【改造】(名・他スル) 建物や物事のしくみをつくり直すこと。「ビルの—計画」「内閣—」

**がいそう**【外装】(名) ❶建物などの外側の設備やかざり。「—工事」対内装。❷品物の外側の包み。包装。

**かいぞうど**【解像度】(名) どれだけはっきりと映像を細部まで再現できるかという度合い。

**かいぞえ**【介添え】(名・自スル) 人につきそっていろいろ世話をすること。また、その人。「—役」

**かいそく**【会則】(名) 会の規則。会のきまり。

**かいそく**【快足】(名) 速い足。足の速いこと。

**かいそく**【快速】(名) ❶すばらしく速いこと。「—で車をとばす」❷(「快速電車」の略)おもな駅だけに止まる、普通《ふつう》電車より速い電車。「通勤—」

**かいぞく**【海賊】(名) 海上で船をおそって、金銭や品物をうばいとる盗賊《とうぞく》。「—船」

**かいぞくばん**【海賊版】(名) 外国の出版物などを、著作権者に無断で複製したもの。「—の摘発《てきはつ》」

参考 CDなどの場合は「海賊盤《ばん》」とも書く。

**がいそふ**【外祖父】(名) 母方の祖父。母の父。

**がいそぼ**【外祖母】(名) 母方の祖母。母の母。

**がいそん**【外孫】(名) →そとまご

**かいだ**【快打】(名・自他スル) 野球で、胸のすくようなヒットを打つこと。クリーンヒット。

**かいたい**【拐帯】(名・他スル) 預かったおかねや品物を持ち逃《に》げすること。「公金—」

**かいたい**【解体】(名・自他スル) ❶機械・建物・組織など、組み立ててあるものをばらばらにすること。また、ばらばらになること。「—工事」❷解剖《かいぼう》。

**かいたい**【懐胎】(名・自他スル) 妊娠《にんしん》すること。

**かいだい**【改題】(名・他スル) 本・映画などの題名を改めること。

**かいだい**【解題】(名・他スル) 書物の成立・作者・年代・内容などについて解説すること。また、その解説。

**かいたいしんしょ**〔解体新書〕〔作品名〕日本最初の西洋医学翻訳《ほんやく》書。一七七四(安永三)年刊。訳者は前野良沢《まえのりょうたく》・杉田玄白《すぎたげんぱく》ら。原書はドイツの解剖《かいぼう》書のオランダ語訳「ターヘル・アナトミア」。

**かいたく**【開拓】(名・他スル) ❶あれ地を切り開いて田畑にすること。「原野を—する」類開墾《かいこん》。❷新しい分野などを切り開くこと。「市場を—する」

**かいだく**【快諾】(名・他スル) 依頼《いらい》などをこころよく承諾すること。「—を得る」

**かいだし**【買い出し】(名) 問屋・市場・産地・商店などに出かけていって直接品物を買ってくること。

**かいだ・す**【かい出す】〖△搔い出す〗(他五) {サ(ソ)・シ・ス・ス・セ・セ} 中の水などを外へくみ出す。「船底の水を—」

**かいたた・く**【買いたたく】〖買い△叩く〗(他五) {カ(コ)・キ(イ)・ク・ク・ケ・ケ} 売り手の弱みにつけこんで、きわめて安い値段にさせて買う。「足もとを見て—」

**かいだめ**【買いだめ】〖買い△溜め〗(名・他スル) 品不足や値上がりにそなえて、当面必要な量以上の物を買ってためておくこと。

**がいため**〖外◇為〗(名) →がいこくかわせ

**かいだん**【会談】(名・自スル) おもに責任ある立場の人たちが会って話し合うこと。「首脳—」

**かいだん**【怪談】(名) ゆうれいや化け物などの話。

**かいだん**【階段】(名) ❶高低差のある場所に行くための段になった通路。「—をのぼる」❷順序に従って進む地位・等級。「出世の—」

**がいたん**【慨嘆】〖慨△歎〗(名・自他スル) 社会の状態などを、なげきいきどおること。「—にたえない」

**かいだんし**【快男子】(名) 気性《きしょう》がさっぱりして元気がよい、男らしい男。快男児《かいだんじ》。

**ガイダンス**〔英 guidance〕(名) ❶学校で学生・生徒・児童に対する、生活や学習についての指導・助言。❷入学時に行われる説明会。「新入生への—」

**がいち**【外地】(名) ❶国外の土地。❷もと、本土以外の日本の領土。《対内地》

**かいちく**【改築】(名・他スル) 建物の一部または全部を建て直すこと。「—工事」「家を—する」

**かいちゅう**【回虫】〖△蛔虫〗(名)〖動〗人や家畜《かちく》の小腸にすむ寄生虫の一種。形はみみずに似る。

**かいちゅう**【改鋳】(名・他スル) 金属でできたものをとかし、つくりなおすこと。「貨幣《かへい》の—」

**かいちゅう**【海中】(名) 海の中。海面下。「—に投棄《とうき》する」

**かいちゅう**【懐中】(名・他スル) ふところやポケットの中。また、ふところやポケットに入れていること。また、入れているさいふ・おかねなど。「—をねらう」「—がとぼしい(=あまりおかねの持ち合わせがない)」

**がいちゅう**【外注】（名・他スル）会社や工場などで、仕事の一部または全部を外部に注文してさせること。「部品の製造を—する」

**がいちゅう**【害虫】（名）人間・家畜《かちく》・農作物などに害をあたえる虫。のみ、あぶら虫など。「—の駆除《くじょ》」対益虫

**かいちゅうこうえん**【海中公園】（名）海中・海岸の景観や自然の保護を目的として設けられた公園。現在は、海域公園という。

**かいちゅうでんとう**【懐中電灯】（名）携帯《けいたい》用の電灯。

**かいちゅうもの**【懐中物】（名）ふところやポケットに入れてあるもの。特に、さいふ。「—にご用心」

**かいちょう**【会長】（名）❶会の代表者。「町内—」❷会社で、社長の上におかれる役。また、その人。

**かいちょう**【快調】（名・形動ダ）物事の調子やぐあいがひじょうによいこと。「仕事が—に進む」類好調

**かいちょう**【開帳】（名・他スル）❶寺で、厨子《ずし》のとびらを開いて、ふだんは見せない仏像を人びとに見せること。❷ばくちの座を開くこと。

**かいちょう**【諧調】（名）音楽などで、音や調子の調和がよくとれていること。ハーモニー。

**がいちょう**【害鳥】（名）森林や農作物をあらしたり、養魚場の魚をとったりして人間の生活に害をあたえる鳥。稲《いね》の収穫《しゅうかく》時のすずめなど。対益鳥

**かいちょうおん**〔海潮音〕〔作品名〕上田敏《びん》の訳詩集。一九〇五（明治三八）年刊。フランスの象徴《しょうちょう》派・高踏《こうとう》派の詩を中心に五七編を収める。

**かいちん**【開陳】（名・他スル）人の前で自分の考えを発表すること。「年来の意見を—する」

**かいつう**【開通】（名・自スル）道路・トンネル・鉄道・電話などが完成して通じること。「新線の—」

**かいづか**【貝塚】（名）石器時代の人が食べた貝のからなどが積もってできた遺跡《いせき》。「—の発掘《はっくつ》」

**かいつ・ける**【買いつける】〖買い付ける〗（他下一）〔ケ・ケ・ケル・ケル・ケレ・ケロ(ケヨ)〕❶産地・生産者などから品物を大量に買い入れる。「野菜を産地で直接—」❷ふだんからよく買う。買いなれる。「魚は—・けている店で買う」

**かいつぶり**〖鸊〗（名）〖動〗カイツブリ科の水鳥。湖や沼《ぬま》にすみ、水面に浮《う》いた巣を作る。かいつむり。にお。

（かいつぶり）

**かいつま・む**〖搔い摘む〗（他五）〔マ(モ)・ミ(ン)・ム・ム・メ・メ〕長い文章や話などの中から大事な点だけをとり出してまとめる。「要点を—・んで話す」

**かいて**【買い手】（名）品物を買う人。買い主。「—がつかない」対売り手

**かいてい**【改定】（名・他スル）前のものを改めて、新しくさだめること。「規約を—する」「運賃の—」類改正。⇩かいてい(改訂)「学習」

**かいてい**【改訂】（名・他スル）書物や文章の内容を改め、直すこと。「辞典の—」

**学習** 使い分け 「改定」「改訂」

**改定** これまであったものを改めること。きまり・制度などに用いられる。「料金の改定」「定価改定」「選挙制度を改定する」

**改訂** 書物や文章の内容を正し、改めること。「辞書を全面的に改訂する」「改訂版」

**かいてい**【海底】（名）海の底。「—トンネル」

**かいてい**【開廷】（名・自スル）法廷をひらき、裁判をはじめること。「—を宣する」対閉廷

**かいてい**〖階梯〗（名）❶階段。❷物事を学ぶ段階。特に、初歩の段階。❸学問・芸術の入門書。

**かいてき**【快適】（形動ダ）〔ダロ・ダッ(デ・ニ)・ダ・ナ・ナラ・○〕不快・不満なところがなく、ひじょうに気持ちのよいようす。「—な住まい」「—に旅をする」…性「快適性を求める」

**がいてき**【外敵】（名）外部や外国からせめてくる敵。「—に備える」

**がいてき**【外的】（形動ダ）〔ダロ・ダッ(デ・ニ)・ダ・ナ・ナラ・○〕❶ある物事の外部にあるようす。「—条件に左右される」❷精神面に対して、肉体や物質に関するようす。《対内的》

**かいてん**【回天】（名）世の中の状態をいっぺんに変えてしまうこと。また、おとろえた勢いをもり返すこと。「—の事業」

**かいてん**【回転】〖廻転〗（名・自スル）❶ぐるぐる回ること。「—木馬」❷頭脳のはたらき。「頭の—が速い」❸商品が売れておかねがはいり、そのおかねで次の商品を仕入れることのくり返し。「—のいい商品」「—資金」❹お客が入れかわること。「—の速い店」

**かいてん**【開店】（名・自他スル）❶新しく店を開いて商売を始めること。店開き。「新装—」❷店を開いてその日の商売を始めること。「九時に—する」《対閉店》

**かいでん**【皆伝】（名）芸道や武道などで、師匠《ししょう》から最も大事なことを残らず伝えられること。「免許《めんきょ》—」

**がいでん**【外伝】（名）正史に入らない伝記や逸話《いつわ》。「義士—」

**がいでん**【外電】（名）外国からの電報。特に外国の通信社から送られたニュース用の電報。

**かいてんきゅうぎょう**【開店休業】（名）店を開いても客が来なくて、休業しているのと同じ状態であること。

**かいてんもくば**【回転木馬】（名）→メリーゴーラウンド

**ガイド**〔英 guide〕（名）❶案内。案内をする人。「バス—」❷案内書。手引き。「—ブック」

**かいとう**【会頭】（名）会の代表者。多く、複数の団体をたばねる組織の長にいう。「商工会議所の—」

**かいとう**【快刀】（名）よく切れる刀。

**快刀乱麻《らんま》を断《た》つ**（もつれた麻《あさ》をよく切れる刀で切るように）めんどうな事件やこみいった問題をみごとに解決していくたとえ。

**かいとう**【怪盗】（名）正体や盗《ぬす》みの手口のつかめないふしぎな盗賊《とうぞく》。

**かいとう**【解凍】（名・他スル）❶凍《こお》ったものをとかしてもとの状態にもどすこと。「常温で—する」対冷

凍。❷コンピューターで、容量を小さく圧縮したファイルをもとにもどすこと。対圧縮

**かいとう【回答】**（名・自スル）問い合わせや要求に答えること。また、その答え。「アンケートの—」「質問に—する」「未—」「無—」⇒かいとう(解答)「学習」

**かいとう【解答】**（名・自スル）問題を解き明かして、答えを出すこと。また、その答え。「クイズの—」

**学習 使い分け**「回答」「解答」

回答　質問や要求に対して、公式の答えを出すこと。「会長に**回答**を要求する」「国の**回答**に抗議《こうぎ》する」

解答　問題に対して、自分の答えを出すこと。「試験問題の**解答**」「**解答**用紙」「模範《もはん》**解答**」

**かいどう【怪童】**（名）なみはずれた強い力と技量をもった子ども。

**かいどう【海道】**（名）❶海に沿った道路。また、その道路に沿った地域。❷東海道。「—下り」

**かいどう【街道】**（名）大きな町や主要な土地をむすぶ重要な道路。「甲州《こうしゅう》—」

**がいとう【外灯】**（名）家の外に取りつけた電灯。

**がいとう〖外△套〗**（名）寒さや雨をふせぐため、服の上に着る衣服。オーバー。

**がいとう【街灯】**（名）道路を照らすために道ばたに取りつけた電灯。

**がいとう【街頭】**（名）まちの路上。まちなか。「—演説」

**がいとう【該当】**（名・自スル）示された条件・資格などにあてはまること。「—者」「入賞の—作なし」

**かいどく【回読】**（名・他スル）本などを何人かで持ち回って読むこと。まわし読み。

**かいどく【解読】**（名・他スル）わかりにくい文章・文字や暗号などを読みとくこと。「暗号を—する」

**がいどく【害毒】**（名）人びとの心やからだに悪い影響《えいきょう》をあたえるもの。「社会に—を流す」類害悪

**ガイドブック**〔英 guidebook〕（名）手引き書。旅行案内書。

**ガイドライン**〔英 guideline〕（名）なにかを行う時の指針。方針。「防衛政策の—」

**かいと・る【買い取る】**（他五）{ラ(ロ)・リ(ッ)・ル・ル・レ・レ}買って自分のものにする。「相手の言い値で—」

**かいな〖◇腕〗**（名）うで。「相手力士の—をかえす」

**かいなで〖△掻い△撫で〗**（名）表面にふれただけで深くは知らないこと。とおりいっぺんなこと。「—の知識」

**かいなら・す【飼いならす】〖飼い△馴らす〗**（他五）{サ(ソ)・シ・ス・ス・セ・セ}動物を飼ってしつけ、言うことをきくようにする。「犬を—」

**かいなん【海難】**（名）航海中におこる災難。火災や衝突《しょうとつ》など。「—事故」

**かいなんぷう【海軟風】**（名）《天》→かいふう(海風)②

**かいにゅう【介入】**（名・自スル）直接には関係のないものが、事件などに強引《ごういん》にわりこんでかかわること。「武力—」「紛争《ふんそう》に—する」「不—の方針」

**かいにん【解任】**（名・他スル）その任務や職務をやめさせること。「重役を—する」対任命

**かいにん【懐妊】**（名・自他スル）妊娠《にんしん》すること。

**かいぬし【買い主】**（名）その品物を買う人。買い手。対売り主

**かいぬし【飼い主】**（名）その動物を飼っている人。

**かいね【買値】**（名）❶品物を買い取った値段。❷商人などが品物を買い入れたときの値段。「—の倍で売る」類元値《もとね》「—で譲《ゆず》る」対売値。

**がいねん【概念】**（名）❶同類のものの中から共通した特徴《とくちょう》をぬきだし、まとめてできた感じや考え。たとえば、秋田犬・コリーなど、いろいろの犬の共通点を通して、「犬」というものの概念が得られる。「—規定」❷ある物事について思いうかべる感じや考え。「既成《きせい》—」❸物事についての大まかな理解。「北アルプスの—図」…的「—な物の見かた」

**かいば【海馬】**（名）❶《動》（英 seahorse の訳語）「たつのおとしご」の別名。❷《動》「セイウチ」の別名。❸《生》大脳の側面にあって、記憶《きおく》や感情などをつかさどる部位。

**かいば【飼い葉】**（名）牛や馬などに食べさせるほし草や、わら。まぐさ。「—おけ」

**かいはい【改廃】**（名・他スル）法律や制度などを改めたりやめたりすること。「法律の—」

**がいはく【外泊】**（名・自スル）❶自分の家に帰らないで、よそで泊《と》まること。「無断で—する」❷入院患者《かんじゃ》が一時自宅に帰って泊まること。「—許可」

**がいはく【該博】**（名・形動ダ）広くいろいろなことを知っていること。「—な知識」

**かいばしら【貝柱】**（名）二枚貝の、貝がらを開けたり閉じたりする筋肉。

**かいはつ【開発】**（名・他スル）❶山野を切り開いて新たに産業をおこしたりして、人間の生活に役だつようにすること。「電源—」「未—」❷研究などを進めて、新しく実用化すること。「新製品を—する」❸人の才能などを引き出すこと。「能力—」

**かいばつ【海抜】**（名）平均海水面からはかった陸地や山の高さ。標高。「—ゼロメートル地帯」

**がいはんぼし〖外反△拇△趾〗**（名）足の親指が人差し指のほうへ曲がっている状態。参考「拇趾」は、足の親指の意。

**かいひ【会費】**（名）会を開いたり、会を続けていくために会員がはらうおかね。「同窓会の—」

**かいひ【回避】**（名・他スル）望ましくない事態にならないようさけること。よけてのがれること。「衝突《しょうとつ》を—する」「紛争《ふんそう》を—する」

**がいひ【外皮】**（名）外側を包んでいる皮。

**かいびゃく〖開△闢〗**（名）天と地の開けはじめ。転じて、物事のはじまり。「—以来の珍事《ちんじ》」

**かいひょう【開票】**（名・自他スル）選挙などの投票箱を開けて投票の結果を調べること。「即日《そくじつ》—」

**がいひょう【概評】**（名・他スル）全体について大ざっぱな批評をすること。また、その批評。「成績の—」

**かいひん【海浜】**（名）海のそばの陸地。海辺《うみべ》。

「—公園」

**かいふ【回付】**（名・他スル）文書などをよそへ送り届けること。順々に回すこと。「書類を—する」

**がいぶ【外部】**（名）❶物の外側の部分。「建物の—」❷その団体や組織の外。「—の声」（対内部）

**かいふう【海風】**（名）❶海の上を吹《ふ》く風。❷〘天〙昼間、海岸地方で、海から陸に向かって吹く風。海軟風《かいなんぷう》。うみかぜ。対陸風

**かいふう【開封】**㊀（名・他スル）手紙などの封を開くこと。「手紙を—する」「未—」㊁（名）封の一部を開けた郵便物。開き封。「雑誌を—で送る」

**かいふく【回復】**〖△恢復〗（名・自他スル）物事の状態がもとのよい状態にもどること。また、もとのよい状態をとりもどすこと。「景気の—」「失地—」「天気が—する」「信頼《しんらい》を—する」使い方病気がすっかりなおる意の場合は「快復」とも書く。

**かいぶつ【怪物】**（名）❶正体不明のあやしいいきもの。❷才能や実力などが並はずれた人。また、おそろしいほどの支配力をもつ正体不明の人。「政界の—」

**かいぶん【回文】**（名）❶→かいじょう（回状）❷上から読んでも下から読んでも同じになる文句。「タケヤブヤケタ（竹やぶ焼けた）」など。

**かいぶん【怪聞】**（名）どこから出たのかわからないあやしいうわさ。「—が乱れ飛ぶ」

**がいぶん【外分】**（名・他スル）〘数〙線分の延長上の一点が、線分を一定の比に分けること。対内分

**がいぶん【外聞】**（名）❶世間の評判。人のうわさ。聞こえ。「—を気にする」❷世間に対するていさい。「—が悪い」「恥《はじ》も—もない」

**かいぶんしょ【怪文書】**（名）人を中傷《ちゅうしょう》したり秘密を暴露《ばくろ》したりする目的で書かれた出所不明の文書。「—が出まわる」

**かいへい【開平】**（名・他スル）〘数〙平方根を求めること。また、その計算方法。

**かいへい【開閉】**（名・自他スル）開けたり閉めたりすること。また、開いたり閉まったりすること。「—禁止」

**がいへき【外壁】**（名）外側の壁《かべ》。また、壁の外側の面。対内壁

**かいへん【改変】**（名・他スル）物事の内容を変えて、もととはちがったものにすること。「規則を—する」

**かいへん【貝偏】**（名）漢字の部首の一つ。「財」「貯」などの左側にある「貝」の部分。

**かいへん【改編】**（名・他スル）編成・編集したものを新しく作りかえること。「部局を—する」

**かいほう【介抱】**（名・他スル）病人やけが人などの世話をすること。「気分の悪くなった人を—する」

**かいほう【会報】**（名）会についての情報を会員などに知らせるための雑誌や印刷物。「ファンクラブの—」

**かいほう【快方】**（名）病気やけがなどがだんだんよくなっていくこと。「—に向かう」

**かいほう【快報】**（名）よい知らせ。うれしい知らせ。類吉報《きっぽう》

**かいほう【開放】**（名・他スル）❶門・入り口などを開けはなすこと。「—厳禁」❷だれでも自由に出入りし、利用できるようにすること。「日曜日は校庭を—する」（対閉鎖）⇩かいほう（解放）「学習」

**かいほう【解放】**（名・他スル）解きはなして自由にすること。制限や束縛《そくばく》を取り除いて、自由にすること。「人質《ひとじち》を—する」

> **学習** 使い分け 「開放」「解放」
>
> **開放** 開けはなつこと。出入りできなかったところを自由にすること。「学校の施設《しせつ》を地域の人に**開放する**」「国有林を**開放する**」「門戸《もんこ》**開放**主義」
>
> **解放** 制限や束縛《そくばく》を取り除いて、自由にすること。「奴隷《どれい》を**解放する**」「仕事から**解放**される」「**解放**感」

**かいぼう【海防】**（名）海上・海岸の防備。

**かいぼう【解剖】**（名・他スル）❶生物のからだの内部を調べるため、からだを切り開くこと。「遺体《いたい》を—する」❷物事を細かく調べて研究すること。「登場人物の心理を—する」

**がいぼう【外貌】**（名）❶顔やからだの形。❷外側から見たようす。

**かいほうてき【開放的】**（形動ダ）〔ダロ・ダッ(デ・ニ)・ダ・ナ・ナラ・○〕人の性質などが、あけっぴろげであるようす。「—な性格」

**がいまい【外米】**（名）外国産の米。外国から輸入した米。輸入米。

**かいまき【かい巻き】**〖△搔い巻き〗（名）うすく綿を入れて着物の形に作ってある夜着《よぎ》。

**かいまく【開幕】**（名・自他スル）❶舞台《ぶたい》の幕が開いて演劇などが始まること。また、始めること。類開演。❷催《もよお》し物などが始まること。また、始めること。「プロ野球の—」（対閉幕）

**かいま・みる【かいま見る】**〖◇垣間見る〗（他上一）〔ミ・ミ・ミル・ミル・ミレ・ミロ(ミヨ)〕❶すきまからこっそりのぞいて見る。ちらりと見る。「内部を—」❷物事の一端《いったん》を知る。「自然の厳しさを—」

**かいみょう【戒名】**（名）〘仏〙仏門にはいった人に授けられる名。ふつうは僧《そう》が死んだ人に、仏の弟子《でし》になったとしてつける名。類法名・法号。対俗名《ぞくみょう》

**かいむ【皆無】**（名・形動ダ）まったくないこと。少しもないこと。「理解できる人はほぼ—だ」類絶無

**がいむ【外務】**（名）外国との交渉《こうしょう》や交際を受け持つ仕事。「—大臣」

**がいむしょう【外務省】**（名）中央行政官庁の一つ。外国との交渉《こうしょう》や交際など、外交に関係のある仕事を取りあつかう。

**かいめい【改名】**（名・自スル）名前を変えること。また、変えた名。「縁起《えんぎ》をかついで—する」

**かいめい【階名】**（名）〘音〙音階の各段についた名。「ド・レ・ミ・ファ・ソ・ラ・シ」など。

**かいめい【解明】**（名・他スル）わからない点をよく調べて、はっきりわかるようにすること。「真相を—する」

**かいめつ【壊滅・潰滅】**（名・自スル）くずれほろびること。めちゃめちゃにこわれてなくなること。「組織が—状態になる」…的「壊滅的な打撃《だげき》を受ける」

**かいめん【海面】**（名）海の表面。海上。「—に浮

遊《ゆう》する物体」

**かいめん【海綿】**（名）❶《動》→かいめんどうぶつ ❷海綿動物の骨をかわかしたもの。水を吸《す》いとる性質があるので、化粧《けしょう》用具などに使う。

**がいめん【外面】**（名）❶物の外側。表面。❷外見。みかけ。「―だけで人を判断できない」…的「外面的なものの見方」（対内面）

**かいめんかっせいざい【界面活性剤】**（名）界面（=性質の異なる二つの物質の境界面）に作用して、その性質を変化させる物質。水と油を混じりやすくさせるなどのはたらきがあり、洗剤・化粧品《けしょうひん》・食品などに広く利用される。

**かいめんどうぶつ【海綿動物】**（名）《動》海底の岩にくっついている下等動物。からだの表面には無数の小さなあながあり、水が出入りする。かいめん。

**かいもく【皆目】**（副）全然。まったく。すっかり。「―わからない」「―見当がつかない」使い方 あとに「ない」「ません」などの打ち消しのことばがくる。

**かいもの【買い物】** 一（名・自スル）物を買うこと。また、買ったもの。「―客」 二（名）買って得をする物。「この品物はいい―だった」

**かいもん【開門】**（名・自スル）門を開くこと。「公園の―時間」対閉門

**がいや【外野】**（名）❶野球で、内野よりうしろの場所。また、そこを守る選手。対内野。❷物事の直接の関係者でない人。「―が口をはさむな」

**かいやく【解約】**（名・他スル）契約《けいやく》を取り消すこと。キャンセル。「保険を―する」

**かいゆ【快癒】**（名・自スル）病気やけががすっかりなおること。類全快

**かいゆう【会友】**（名）❶同じ会の会員である友人。❷会員以外で、会に関係の深い人に与《あた》える資格。

**かいゆう【回遊】**（名・自スル）❶ほうぼうを旅行して回ること。「―券」類周遊。❷魚が群れをなして季節によって場所を移ること。「―魚」

**がいゆう【外遊】**（名・自スル）外国に旅行・留学すること。

**かいよう【海洋】**（名）広々として大きい海。「―資源」類大洋

**かいよう【海容】**（名）海のように広い心で許すこと。「どうかご―ください」

**かいよう【潰瘍】**（名）《医》炎症《えんしょう》がおこってひふや粘膜《ねんまく》の組織がただれてくずれること。「胃―」

**がいよう【外洋】**（名）陸から遠くはなれた広々とした海。そとうみ。「船が―に出る」

**がいよう【概要】**（名）物事の全体がわかるように、要点をまとめたもの。概略。「計画の―を説明する」

**かいようせいきこう【海洋性気候】**（名）《天》海の影響《えいきょう》を強く受けた気候。内陸に比べて昼と夜、夏と冬の気温差が少なく、温和で湿度《しつど》が高い。対大陸性気候

**がいようやく【外用薬】**（名）《医》ひふや粘膜《ねんまく》にぬったりはったりする薬。「傷口に―をぬる」

**かいよりはじめよ**『△隗より始めよ』大きな仕事を始めるにはまず手近なことから始めなさい。また、何事をするにしても、言い出した人から始めなさい。

故事 中国の戦国時代、燕《えん》の昭王が賢人《けんじん》を集める方策を郭隗《かくかい》に問うたところ、郭隗が「まず私のようなつまらない者から優遇《ゆうぐう》すればしぜんに有能な人物も集まってくる」と言ったことから出たことば。〈戦国策〉

**かいらい**『△傀△儡』（名）（あやつり人形の意から）他人の意のままにあやつられ使われている人。「―政権」

**がいらい【外来】**（名）❶外部または外国から来ること。「―文化」❷通院して診察《しんさつ》や治療《ちりょう》を受けること。「―患者《かんじゃ》」

**がいらいご【外来語】**（名）外国語としてとり入れられ、国語と同じように用いられていることば。「たばこ」「コップ」など。

**かいらく【快楽】**（名）気持ちよく楽しいこと。特に、欲望が満たされたときのこころよい感覚。「―を求める」「―にふける」

**かいらん【回覧】**（名・他スル）本や知らせなどを順に回して見ること。「資料を―する」「―板《ばん》」

**かいり**『△乖離』（名・自スル）そむきはなれること。「人心《じんしん》が―する（=人びとの支持を失う）」「理想と現実の―」

**かいり【海里】**『△浬』（名）海上の距離《きょり》を表す単位。一海里は一八五二メー《メー》トル《トル》。

**かいりき【怪力】**（名）並はずれた強い力。「―の持ち主」

**かいりくふう【海陸風】**（名）《天》海岸地方特有の風で、昼間、海から陸に向かって吹《ふ》く海風と、夜は反対に、陸から海に向かって吹く陸風。

**かいりつ【戒律】**（名）宗教上の守らなければならない規則・おきて。「厳しい―」

**がいりゃく【概略】**（名）物事の、おおまかなようす。あらまし。概要。「事件の―を説明する」

**かいりゅう【海流】**（名）いつも決まった方向に流れている海水の大きな流れ。寒流と暖流がある。

**かいりょう【改良】**（名・他スル）悪いところを直してよりよくすること。「品種の―」類改善

**がいりんざん【外輪山】**（名）《地質》複式火山で、外側を輪状に囲む古い噴火口《ふんかこう》の壁《かべ》。阿蘇《あそ》山や箱根山のものが有名。

**かいれい【回礼】**（名・自スル）お礼やあいさつをするためにほうぼうを回ること。特に、年賀に回ること。

**かいれい**『海△嶺』（名）《地質》海底にある山脈。

**かいろ【回路】**（名）❶《物》電流や磁気《じき》の通る道。❷考えなどのめぐっていく道筋。「思考―」「集積―」

**かいろ【海路】**（名）海上を行く船の道筋。航路。船路《ふなじ》。「待てば―の日和《ひより》あり（=じっくり待っていればやがてよいこともある）」対陸路・空路

**かいろ【懐炉】**（名）ふところなどに入れて、からだをあたためるための道具。

**カイロ**〔Cairo〕〔地名〕エジプト・アラブ共和国の首都。ナイル川三角州《さんかくす》にあるアフリカ有数の都市。

**がいろ【街路】**（名）町の中の道路。

**かいろう【回廊】**『△廻廊』（名）建物や中庭のまわりにめぐらされた、長く折れ曲がった廊下。「寺院の―」

**かいろうどうけつ**『△偕老同穴』（名）❶（夫婦がともに年をとり同じ墓にほうむられる意から）夫婦の仲がよく、その交わりの固いこと。「―の契《ちぎ》りを結ぶ」❷〘動〙海綿動物の一種。からだは円筒《えんとう》形で、多く中に雌雄《しゆう》一対の小形のえびがすむ。

**がいろじゅ【街路樹】**（名）町の道路に沿って植えられている木。「―のいちょう」

**カイロプラクティック**〔英 chiropractic〕（名）脊椎《せきつい》を指圧することで病気を治す技術。カイロプラクチック。

**がいろん【概論】**（名・他スル）学問の内容などについて、全体のあらましを述べること。また、その論説や文。「法学―」

**かいわ【会話】**（名・自スル）たがいに話を交わすこと。また、その話のやりとり。「英―」「―文」

> **学習** 比較《ひかく》 「会話」「対話」
>
> **会話** 二人以上の人が、たがいに話を交わすこと。「日常の**会話**」「だれとでも**会話**を交わす」「同級生との**会話**がはずむ」
>
> **対話** 二人以上の人が向かい合って話し合うこと。比喩《ひゆ》的に人以外の相手にも使う。「親子の**対話**」「市長が市民との**対話**の場をもつ」「自然との**対話**」

**かいわい**『界△隈』（名）ある場所を中心として、そのあたり一帯。「銀座―」「この―」

**かいわれだいこん【貝割れ大根】**（名）〘植〙大根の貝割り菜（＝芽が出て間もないころの、開いた二枚貝のような双葉《ふたば》）。辛味《からみ》がある。貝割り大根。

**かいわん【怪腕】**（名）ふつうの人よりもはるかにすぐれている力やうでまえ。「―をふるう」「―投手」

**かいん【下院】**（名）外国の二院制の議会で、上院に対する議院。日本の衆議院にあたる。対 上院

**か・う**『◇支う』（他五）{ワ(オ)・イ(ッ)・ウ・ウ・エ・エ}ささえて固定するために物をあてがう。「庭木につっかい棒を―」

**か・う【買う】**（他五）{ワ(オ)・イ(ッ)・ウ・ウ・エ・エ}❶おかねをはらって自分のものにする。「万年筆を―」対 売る
❷自分から進んで引き受ける。「手助けを―・って出る」「売られたけんかを―」
❸りっぱなものとして、価値を認める。「努力を―」「彼《かれ》の技量を―」
❹自分の行為《こうい》がもととなって、よくない結果を身に受ける。「人のうらみを―」

**か・う【飼う】**（他五）{ワ(オ)・イ(ッ)・ウ・ウ・エ・エ}動物にえさと場所をあたえて養い育てる。「ペットとしてねこを―」

**かうたふに**《コウトウニ》… 俳句
〔校塔に　鳩《はと》多《おほ》き日《ひ》や　卒業《そつげふ》す〕〈中村草田男《なかむらくさたお》〉訳 学校の塔の鳩も、きょうはいつもより数多く集まって祝福してくれているようだ。見なれたこの風景とも別れて、いよいよ卒業してゆくのだ。（季語「卒業」春）

**カウチ**〔英 couch〕（名）長いす。寝いす。

**カウボーイ**〔英 cowboy〕（名）（アメリカ西部の）牧場で、馬に乗って牛を追ったり番をしたりする男。

**かうん【家運】**（名）栄えたりおとろえたりする一家のめぐりあわせ。「―がかたむく」

**ガウン**〔英 gown〕（名）❶牧師・裁判官などが正装として着る、長くてゆったりした上着。❷部屋の中で着る長くてゆったりした上着。「ナイト―」

**カウンセラー**〔英 counselor〕（名）職場や学校などで、悩《なや》みのある人の相談にのり、適切な助言などをする相談員。「スクール―」

**カウンセリング**〔英 counseling〕（名）生活や身の上のことなどについて、悩《なや》みのある人の相談にのり、その解決のために助言などをすること。「―を行う」

**カウンター**〔英 counter〕（名）❶計算器。また、計数器。❷銀行・商店・酒場などで、客との応対に使う仕切りをかねた横長の台やテーブル。❸ボクシングで、相手が打とうとした瞬間《しゅんかん》に逆に打つこと。「―パンチ」❹サッカーなどで、ボールを奪《うば》うなどして守りから攻撃《こうげき》に転じること。

**カウント**〔英 count〕（名・他スル）❶数えること。特に、ゲームの得点・失点などを数えること。「ノー―」❷ボクシングで、一方がダウンしたあと審判《しんぱん》が秒数を数えること。❸放射線をガイガー計数管ではかった数。

**カウントダウン**〔英 countdown〕（名）数を大きいほうから小さいほうに数えていくこと。秒読み。「新年への―」

**かえ【代え・換え・替え】**（名）❶とりかえること。「一点物だから―がきかない」❷かわり。予備。「衣装《いしょう》の―がない」

**かえうた【替え歌】**（名）節はそのままで歌詞を替えた歌。

**かえし【返し】**（名）❶返すこと。❷返事。返答。❸（「返し歌」の略）人からおくられた歌に対する返事の歌。❹返礼。「お祝いのお―」❺つり銭《せん》。「三〇〇円のお―」❻表と裏、上と下を逆にすること。「手首の―」❼台風・地震《じしん》・津波《つなみ》などがいったんやんでまた起こること。「ゆり―」❽しょうゆに砂糖《さとう》・みりんを加えて火にかけ、冷ました調味料。参考 ❻は「反し」とも書く。

**かえ・す【返す】**（他五）{サ(ソ)・シ・ス・ス・セ・セ}一（他五）❶もとの状態にもどす。「計画を白紙に―」
❷物などをもとの持ち主・場所にもどす。「借金を―」「本を棚《たな》に―」
❸相手からのはたらきかけに対して、こちらからもはたらきかける。「あいさつを―」「恩をあだで―」
❹物の表と裏、上と下など、向きを逆にする。「てのひらを―」「きびすを―（＝引き返す）」
❺たがやす。「畑の土を―」
❻（動詞の連用形について）㋐その行為《こうい》をもう一度する。「手紙を読み―」㋑相手からのはたらきかけに反応して、その行為をする。「言い―」「聞き―」
二（自五）もと来たほうへもどる。「寄せては―波」
参考 一④⑤は「反す」とも書く。

**かえ・す【帰す】**（他五）{サ(ソ)・シ・ス・ス・セ・セ}人などをもといた場所にもどす。帰らせる。「生徒たちを家に―」

**かえ・す**『△孵す』（他五）{サ(ソ)・シ・ス・ス・セ・セ}卵をひなや稚魚《ちぎょ》にする。孵化《ふか》させる。「親鳥が卵を―」

**かえすがえす【返す返す】**（副）❶何度もくり返して。「あとのことを—頼《たの》んで出かける」❷何度考えてみても、ほんとうに。「この失敗は—(も)残念だ」

**かえだま【替え玉】**（名）本人や本物のように見せかけてかわりに使う、にせもの。「—を使う」

**かえって【◇却って】**（副）そうなるだろうと思っていたこととは反対に。逆に。「歩くほうが—早い」

**かえで【△楓】**（名）〘植〙ムクロジ科カエデ属の高木の総称《そうしょう》。葉は、ふつうてのひらのような形で、秋になると紅葉する。一般《いっぱん》に、もみじという。

（かえで）

**かえらぬたび【帰らぬ旅】**死ぬこと。「—に出る」

**かえり【返り】**（名）返事、あるいは返歌。

**かえり【帰り】**（名）❶帰ること。「—がおそい」❷帰り道。帰るとき。「—は暗くなっていた」《対行《ゆ》き》

**かえりうち【返り討ち】**（名）あだ討ちをしようとして、逆に討たれること。「—にあう」

**かえりざ・く【返り咲く】**（自五）{カ(コ)・キ(イ)・ク・ク・ケ・ケ}❶咲く季節が過ぎた花がふたたび咲く。❷ふたたびもとの地位にもどって活動する。「大関に—」

**かえりち【返り血】**（名）刃物《はもの》で切りつけたときに、はねかかってくる相手の血。「—を浴びる」

**かえりてん【返り点】**（名）漢文を訓読するため、漢字の左下につけて、上にかえって読むことを示す符号《ふごう》。「レ、一・二・三、上・中・下、甲・乙」など。

**かえりみてたをいう【顧みて他を言う】**返事に困ったとき、まわりを見まわして話題をそらす。話をはぐらかす。

**かえり・みる【省みる】**（他上一）{ミ・ミ・ミル・ミル・ミレ・ミロ(ミヨ)}自分の行いなどをふり返りよく考える。反省する。「わが身を—」⇩かえりみる(顧みる)「学習」

**かえり・みる【顧みる】**（他上一）{ミ・ミ・ミル・ミル・ミレ・ミロ(ミヨ)}❶ふり返ってうしろを見る。「あとを—・みないで行く」❷過ぎ去ったことを考える。「小学生のころを—」❸心を配る。気にかける。「他人を—ひまもない」

> **学習 使い分け「省みる」「顧みる」**
>
> **省みる**　今までの自分の行いを、もう一度考える意。「自身を**省み**て恥《は》じるところがない」「自らを**省みる**」「日に三度**省みる**」
>
> **顧みる**　ふりむいてうしろを見る意。転じて、過去をふり返ったり、他人や周囲の状況《じょうきょう》などを気にかける意。「うしろの席を**顧みる**」「過ぎし日を**顧みる**」「家庭を**顧みない**」「危険を**顧みず**」

**かえる【△蛙】**（名）〘動〙両生類の一種。たんぼ・小川・池などにすみ、あとあしが長くてよくはねる。口が大きく、舌で虫をとって食べる。種類が多い。かわず。

**蛙の子は蛙《かえる》**❶子どもは親に似るということのたとえ。❷平凡《へいぼん》な人の子どもは、やはり平凡であるということのたとえ。類瓜《うり》の蔓《つる》に茄子《なすび》はならぬ。対鳶《とび》が鷹《たか》を生む

**蛙の面《つら》に水《みず》**（顔に水をかけられてもかえるはびくともしないという意から）どんなことを言われても、どんな目にあわされても平気なようす。ずうずうしいこと。かえるの面にしょんべん。「いくら注意しても—だ」

**かえ・る【返る】**（自五）{ラ(ロ)・リ(ッ)・ル・ル・レ・レ}❶もとの状態にもどる。「われに—」「初心に—」❷物がもとの持ち主・場所にもどる。「貸した金が—」❸こちらからのはたらきかけに対して、相手からもはたらきかけてくる。「思いがけない返事が—・ってくる」❹物の表と裏、上と下とが逆になる。「軍配《ぐんばい》が—」❺（動詞の連用形について）すっかり…する。「観衆がわき—」「静まり—」

参考④は「反る」とも書く。

**かえ・る【帰る】【◇還る】**（自五）{ラ(ロ)・リ(ッ)・ル・ル・レ・レ}❶人や動物などがもといた場所・本来の状態へもどる。「家へ—」「野生に—」❷来ていた人が去る。「客が—」

**かえ・る【△孵る】**（自五）{ラ(ロ)・リ(ッ)・ル・ル・レ・レ}魚や鳥の卵が稚魚《ちぎょ》やひなになる。「卵が—」「文鳥のひなが—・った」

**か・える【代える・換える・替える】**（他下一）{エ・エ・エル・エル・エレ・エロ(エヨ)}❶あるものに、ほかのものの役目をさせる。代理をさせる。「書面をもってあいさつに—」❷ある物を相手に渡《わた》して、それと同等の物を受け取る。交換《こうかん》する。「たからくじをおかねに—」❸これまであったものをやめて、別のものにする。新しくする。「カーテンを—」

> **学習 使い分け「代える」「換える」「替える」**
>
> **代える**　ほかのものにその役目をさせる意。「バッターを**代える**」「命には**代え**られない」「姉に**代え**て妹を出席させる」
>
> **換える**　物と物をとりかえる、別のものにとりかえる意。「ドルを円に**換える**」「名義を書き**換える**」「電車を乗り**換える**」
>
> **替える**　別のもの・新しいものにとりかえる意。「商売を**替える**」「カミソリの刃《は》を**替える**」「畳《たたみ》を**替える**」
>
> ◆「換える」「替える」の使い分けは明確ではない。

**か・える【変える】**（他下一）{エ・エ・エル・エル・エレ・エロ(エヨ)}それまでとは、内容・方法・状態・場所・日時などをちがったものにする。「考えを—」「顔色を—」「位置を—」

**かえん【火炎】【火△焔】**（名）燃えあがる火。ほのお。「—に包まれる」「—放射器」

**がえん・じる【◇肯んじる】**（他上一）{ジ・ジ・ジル・ジル・ジレ・ジロ(ジヨ)}（相手の意見を）聞き入れる。承知する。がえんずる。

**がえん・ずる【◇肯んずる】**（他サ変）{ジ(ゼ)・ジ・ズル・ズル・ズレ・ジロ(ゼヨ)}→がえんじる

**かお【顔】**（名）❶頭部の目・鼻・口のある前面で、ひたいからあごまでの部分。「—を洗う」

❷顔のつくり。顔立ち。「整った―」❸表情。顔色。「いやな―をする」「何くわぬ―」❹①によって示される人。「集まりに―を見せる」❺面目《めんぼく》。体面。「合わせる―がない」❻その社会でよく知られていること。また、勢力・信用があること。「彼《かれ》は野球界では―だ」❼ある事物を代表するもの。「駅前はその町の―だ」「彼女《かのじょ》が劇団の―だ」

**顔が利《き》く** 人に知られて勢力があり、周囲にむりが通せる。「業界に―」

**顔が立《た》つ** 面目が立つ。名誉《めいよ》が保たれる。「彼の―ようにする」

**顔が広《ひろ》い** 交際が広く、多くの人を知っている。

**顔から火《ひ》が出《で》る** はずかしくて顔が真っ赤になる。

**顔に泥《どろ》を塗《ぬ》る** 恥《はじ》をかかせる。面目をつぶす。「きみの―ようなことはしない」

**顔を売《う》る** 多くの人に自分の名前を知ってもらう。「あちこちに―」

**顔を貸《か》す** 頼《たの》まれて人に会ったり、いっしょについていったりする。「ちょっと顔を貸してくれ」

**顔を出《だ》す** 短い時間だけ会合などに出たり、人の家へ行ったりする。「ちょっとだけ―」

**顔をつなぐ** 自分の有利になるように知り合いの関係を保っておく。「たびたび訪問して顔をつないでおく」

**顔をつぶす** その人の面目を失わせる。名誉を傷つける。「すっかり顔をつぶされた」

**かおあわせ【顔合わせ】**（名・自スル）❶人と人とがはじめて集まって会うこと。「新役員の―」❷映画・演劇などで共演すること。「二大スターの初―」❸試合や競技の組み合わせ。対戦。「強敵との―」

**かおいろ【顔色】**（名）❶健康状態の表れとしての、顔の色つや。「―がいい」❷感情や気持ちの表れとしての、顔つきや表情。「―を変える」「―をうかがう」

**かおう【花押】**（名）名をしるした下に書く判。書き判。

（かおう）

**かおく【家屋】**（名）人の住む建物。家。「―が損《そん》壊《かい》する」

**カオス**〔ギリシャ khaos〕（名）混沌《こんとん》。ギリシャ神話で天地創造以前の秩序《ちつじょ》のない状態。対コスモス

**かおだち【顔立ち】**（名）もって生まれた顔のつくり・形。目鼻だち。容貌《ようぼう》。「―が上品な人」

**かおつき【顔つき】**『顔付き』（名）感情や性格の表れとしての、顔のようす。「けわしい―になる」「引きしまった―」

**かおなじみ【顔なじみ】**『顔△馴染み』（名）たがいに顔をよく知っていること。また、そのような間がらの人。「―の客」「―になる」

**かおパス【顔パス】**（名）《俗語》入場券や証明書などなしに、地位や権威《けんい》を利用して自由に出入りすること。「―で入る」▽パスは、英 pass

**かおぶれ【顔ぶれ】**『顔触れ』（名）会合・仕事・競技などに参加する人びと。メンバー。「いつもの―」

**かおまけ【顔負け】**（名・自スル）相手がずうずうしかったり、力量がすぐれていたりして、こちらがはずかしく思ったり圧倒《あっとう》されたりすること。「大人―の演技」

**かおみしり【顔見知り】**（名）たがいに顔を知っている間がら。また、そういう人。「参加者には―もいた」

**かおみせ【顔見せ】**（名）❶人びとにはじめて顔を見せること。「初会合は―だけですます」❷一座の役者が、そろって見物人に顔を見せること。また、その芝居《しばい》。「―興行」参考②はふつう、「顔見世」と書く。

**かおむけ【顔向け】**（名）他人に顔を合わせること。「―ができない（＝面目なくて人に会えない）」

**かおやく【顔役】**（名）その土地や仲間の間でよく知られていて、支配力や影響《えいきょう》力のある人。ボス。特に、暴力団ややくざなどの親分。「土地の―」

**かおり【香り・薫り】**（名）よいにおい。「花の―」⇩におい「学習」

**かお・る【香る・薫る】**（自五）｛ラ(ロ)・リ(ッ)・ル・ル・レ・レ｝よいにおいがする。におう。「ばらが―」

**かが**〔加賀〕【地名】むかしの国名の一つ。今の石川県の南部。加州。

**がか【画架】**（名）洋画をかくときにカンバス（＝画布）をのせる三脚《さんきゃく》台。イーゼル。

**がか【画家】**（名）絵をかくことを職業としている人。絵かき。「日本―」

**がが**『△峨△峨』（トタル）山や岩などが険《けわ》しくそびえ立つようす。「―たる山なみ」

**かかあ**『△嚊』（名）《俗語》妻を乱暴に、また、親しみをこめて呼ぶことば。

**かかあでんか【かかあ天下】**『△嚊天下』（名）妻が家庭で夫よりも権力を握《にぎ》っていばること。対亭主関白《ていしゅかんぱく》

**かがい【加害】**（名）他人に危害や損害をあたえること。「―行為《こうい》」対被害《ひがい》

**かがい【課外】**（名）学校で、決められた学課以外のもの。「―のクラブ活動」

**がかい【瓦解】**（名・自スル）（屋根瓦《がわら》の一部が落ちるとほかの瓦もくずれ落ちるように）組織立ったものがつぎつぎとくずれること。「汚職《おしょく》で内閣が―する」

**かがいしゃ【加害者】**（名）他人に危害や損害をあたえた人。「事件の―」対被害者《ひがいしゃ》

**かかえこ・む【抱え込む】**（他五）｛マ(モ)・ミ(ン)・ム・ム・メ・メ｝❶両手でだきかかえるようにして持つ。「大荷物を―」❷処理しきれないほどの仕事や困難を引き受ける。「難題を―」

**かか・える【抱える】**（他下一）｛エ・エ・エル・エル・エレ・エロ(エヨ)｝❶腕《うで》をまわして、胸にだいたり、わきの下にはさんだりして持つ。「荷物を―」❷負担になるものや、責任を持たなければならないものなどを持つ。「持病を―」「難問を―・えて頭が痛い」❸やとって使う。「社員を大勢―」

**カカオ**〔スペイン cacao〕（名）《植》アオイ科の常緑高木。熱帯産。種子はチョコレートやココアの原料にする。

**かかく【価格】**（名）商品としての価値を金額で表したもの。ねだん。「消費者―」「―競争」

**かかく【家格】**（名）家の格式。家がら。

**かかく【過客】**（名）旅人。旅客。「月日は百代《はくたい》の―にして（＝月日は永遠に旅を続ける旅人であって）」

**かがく**【化学】（名）物質の性質や構造、物質間の変化などを研究する自然科学の一部門。「—反応」[…的]「化学的な変化」
**かがく**【価額】（名）そのものの値うちに相当する金額。「株券の発行—」
**かがく**【科学】（名）物事の性質、他のものとの関係などを一定の目的・方法で研究することによって法則をみつけだし、その応用を考える学問。特に、自然科学を指すことが多い。「—の進歩」
**ががく**【雅楽】（名）〖音〗宮中や神社などで演奏される、奈良・平安時代から伝わっている音楽。
**かがくきごう**【化学記号】（名）〖化〗元素を表す記号。O（=酸素）・C（=炭素）など。元素記号。
**かがくしき**【化学式】（名）〖化〗元素記号を用いて物質の構造・組成などを示した式。塩化ナトリウムをNaClで表すなど。
**かがくじょうたつ**【下学上達】（名）（「論語」から）身近なところから学んでしだいに深い学問に達すること。
**かがくせんい**【化学繊維】（名）化学的に合成・加工してつくった繊維の総称《そうしょう》。レーヨン・ナイロン・ビニロンなど。略して「化繊」ともいう。
**かがくてき**【科学的】（形動ダ）〔ダロ・ダッ(デ・ニ)・ダ・ナ・ナラ・○〕物事を実証的・合理的・体系的にあつかうようす。「—態度」「非—」
**かがくはんのう**【化学反応】（名）〖化〗物質を構成する原子の結合に組みかえがおこり、別の新しい物質ができること。「—を起こす」
**かがくひりょう**【化学肥料】（名）化学処理によって工業的につくられる肥料。硫酸《りゅうさん》アンモニウム・過燐酸石灰《かりんさんせっかい》など。人造肥料。
**かがくへいき**【化学兵器】（名）毒ガスなど、有害な化学物質を使用してつくられる兵器。
**かがくへんか**【化学変化】（名）〖化〗化学反応をおこして、物質の性質が変わること。[対]物理変化
**かか・げる**【掲げる】（他下一）〔ゲ・ゲ・ゲル・ゲル・ゲレ・ゲロ(ゲヨ)〕❶高い所にあげて示す。「旗を—」「看板を—」❷考え・主義・方針などを広く人に知られるように示す。「目標を—」「公約を—」❸新聞や雑誌などにのせる。掲載《けいさい》する。「巻頭に—」
**かかし**〖×案山子〗（名）作物をあらす鳥やけものをよせつけないために田畑に立てる人形。
**かか・す**【欠かす】（他五）〔サ(ソ)・シ・ス・ス・セ・セ〕❶一部分をぬかす。続けるべきことをとちゅうでおこたる。「毎日—・さず通う」❷なしですませる。「研究に—ことのできない資料」[使い方]多く、あとに打ち消しのことばがくる。
**かかずら・う**（自五）〔ワ(オ)・イ(ッ)・ウ・ウ・エ・エ〕❶めんどうなことやわずらわしいことに関係する。「事件のあとしまつに—」❷こだわる。とらわれる。「小さなことに—」
**かかたいしょう**〖△呵△呵大笑〗（名・自スル）大声をあげてからからと笑うこと。「敵陣《てきじん》をのっとり—する」[参考]「呵呵」は笑い声を表す。
**かかと**〖△踵〗（名）❶足の裏の、うしろの部分。❷はきもののうしろの部分。「—の高いくつ」
**かがみ**【鏡】（名）姿や物を映して見る道具。
**かがみ**〖◇鑑〗（名）行いの模範《もはん》や手本となるもの。「人の—となる」
**かがみびらき**【鏡開き】（名）（「開き」は「割り」をさけて使うことば）正月にそなえた鏡もちを割って食べる行事。ふつう一月一一日に行う。鏡割り。
**かがみもち**【鏡餅】（名）正月などに神や仏にそなえる、大小二つの丸くて平たい重ねもち。
**かがみわり**【鏡割り】（名）→かがみびらき
**かが・む**〖◇屈む〗（自五）〔マ(モ)・ミ(ン)・ム・ム・メ・メ〕❶ひざや腰《こし》を曲げて姿勢を低くする。しゃがむ。「—・んでのぞきこむ」❷背や腰などが曲がった状態になる。「腰が—」
**かが・める**〖◇屈める〗（他下一）〔メ・メ・メル・メル・メレ・メロ(メヨ)〕腰《こし》やひざを折り曲げ、姿勢を低くする。「上体を—」
**かがやかし・い**【輝かしい】（形）〔カロ・カツ(ク)・イ・イ・ケレ・○〕ひじょうにすばらしい。「—成果をあげる」
**かがや・く**【輝く】（自五）〔カ(コ)・キ(イ)・ク・ク・ケ・ケ〕❶まぶしいほど明るく光る。「朝日が—」❷明るく活気にあふれて見える。「喜びに目を—・かせる」「—未来」❸名誉《めいよ》を得て、はなばなしく晴れやかに見える。「ノーベル賞に—」
**かかり**【掛】→かける(掛ける)
**かかり**【掛かり】（名）❶かかること。ひっかかること。「エンジンの—が悪い」❷あることに必要な費用。経費。「旅行の—がかさむ」
**かかり**【係】（名）❶ある仕事を受け持つこと。また、受け持つ人。「—を決める」❷〖文法〗文語で、対応する文末の活用語に一定の活用形をとらせることば。[対]結び。⇒かかりむすび
[注意]②は「係り」と書く。
**-がかり**（接尾）❶それと似かよっている、その性質をおびている意を表す。「芝居《しばい》—」❷（人数や時間を表すことばについて）それだけ必要とする意を表す。「三人—の仕事」❸（動詞の連用形について）…するついでの意を表す。「通り—に寄る」❹その世話になる意を表す。「親—の身」
**かかりあい**【掛かり合い】（名）❶ある物事に関係を持つこと。「あの一家とは—がある」❷まきぞえをくうこと。「つまらないことに—になる」
**かかりいん**【係員】（名）ある仕事を受け持つ人。
**かかりじょし**【係り助詞】（名）〖文法〗→けいじょし
**かかりつけ**〖掛かり付け〗（名）いつもきまった医者の診察《しんさつ》・治療《ちりょう》を受けていること。「—の医者」
**かがりび**【かがり火】〖△篝火〗（名）夜、照明や警護のために鉄のかごに入れてたく火。かがり。
**かかりむすび**【係り結び】（名）〖文法〗文語文で、係助詞を受けて文を結ぶ場合、その活用語がある一定の活用形をとること。「ぞ・なむ・や・か」のときは連体形、「こそ」のときは已然形《いぜんけい》で結ぶ。
**かかる**【掛かる】→かける(掛ける)
**かか・る**【掛かる・懸かる・架かる】（自五）〔ラ(ロ)・リ(ッ)・ル・ル・レ・レ〕❶何かにささえられてとまっている。㋐つるされる。ぶら下がる。「壁《かべ》に額《がく》が—・っている」㋑高い所にとどまる。「月が天空に—」㋒鍋《なべ》などが火の上に置かれる。「コンロにやかんが—・っている」㋓ささえとなるものにもたれる。「手すりに—」

❷はなれた二点間に物がわたされる。「橋が―」❸網《あみ》などでとらえられて動けなくなる。ひっかかる。「くもの巣に―・った虫」「わなに―」❹意識や感覚にとどまる。「お目に―」「気に―」❺取りあつかわれる。処理される。「医者に―」「裁判に―」❻上演される。興行される。「舞台《ぶたい》に新作が―」❼大事なことがそれによって決まる。「会社の将来が―・ったプロジェクト」❽賞として出る。「大金が―・ったレース」❾ものの上にかぶさる。おおうように広がる。「カバーが―」「かすみが―」❿細長いものが、他のもののまわりに巻きつけられる。「ひもの―・った荷物」⓫(水などを)あびせられる。「どろ水が―」⓬働きかけやある作用を受ける。「声が―」「電話が―・ってくる」「麻酔《ますい》が―」「迷惑《めいわく》が―」⓭その要素が加わる。また、その程度が増す。「赤みの―・った紫色《むらさきいろ》」「みがきが―」⓮機械などが機能した状態になる。「ブレーキが―」「鍵《かぎ》の―・った部屋」⓯おかねや時間が必要である。「費用が―」⓰負担させられる。「税金が―」⓱ある場所や時期にはいろうとする。さしかかる。「一行が村に―」「季節が秋に―」⓲はじめる。着手《ちゃくしゅ》する。「勉強に―」⓳立ち向かう。「みなの者、―・れ」「食って―」⓴(動詞の連用形の下について)㋐…しはじめる。…しそうである。「暮れ―」「おぼれ―」㋑たまたま…している。「近くを通り―」㋒動作や作用があるものに向けられる。「攻《せ》め―」「つかみ―」

学習 使い分け 「掛かる」「懸かる」「架かる」

掛かる　物がつり下がっている意。「壁《かべ》に絵が掛かっている」

懸かる　高くかかげられている、また、大事なことにかかわる意。「月が中天に懸かる」「優勝が懸かる」

架かる　二つの間にまたがる意。「橋が架かる」「電線が架かる」

◆「かかる」には、「電話がかかる」「気にかかる」「お金がかかる」「お目にかかる」「仕事にかかる」「声がかかる」など広い範囲《はんい》の用法があり、かな書きされることが多い。

**かか・る【係る】**(自五)〔ラ(ロ)・リ(ッ)・ル・ル・レ・レ〕❶かかわる。関係する。「生死に―問題」❷《文法》ある語句が、あとの語句に形や意味のうえでつながりをもつ。「名詞に―形容詞」

**かか・る【△罹る】**(自五)〔ラ(ロ)・リ(ッ)・ル・ル・レ・レ〕病気になる。「結核《けっかく》に―」

**かかる【△斯かる】**(連体)このような。こんな。「―行動はつつしんでほしい」

**かが・る【△縢る】**(他五)〔ラ(ロ)・リ(ッ)・ル・ル・レ・レ〕布の切れ目がほつれないように糸などでからげ縫《ぬ》う。「ボタン穴を―」

**-がかる**(接尾)(名詞について)…に似かよう、…ふうである、…の性質をおびるの意を表す。「時代―」「青み―」

**かがわかげき〔香川景樹〕**【人名】(一七六八―一八四三)江戸《えど》時代後期の歌人。号は桂園《けいえん》。平明でなだらかな調子を尊び、当時の歌壇《かだん》に大きな影響《えいきょう》をあたえた。その派を桂園派という。歌集「桂園一枝《いっし》」。

**かかわらず【◇拘らず】**❶(「に」の下について)…に関係なく。「晴雨に―行う」❷(「にも」の下について)…であるのに、それでもなお。「雨にも―よくおいでくださいました」

**かかわり【関わり】**【◇係わり】(名)関係。つながり。「その事件とはなんの―もない」

**かかわりあい【関わり合い】**(名)ある人や物事と関係をもつこと。かかりあい。「あの人とは―になりたくない」

**かかわ・る【関わる】**【◇係わる・◇拘る】(自五)〔ラ(ロ)・リ(ッ)・ル・ル・レ・レ〕❶何らかの関係・つながりをもつ。関係する。「事件に―」❷大きい影響《えいきょう》がおよぶ。「進退に―」❸こだわる。「小事に―な」参考 ③は、ふつう「拘る」と書く。

**かかん【花冠】**(名)《植》一つの花の花びらをまとめていう呼び名。

**かかん【果敢】**(形動ダ)〔ダロ・ダッ(デ・ニ)・ダ・ナ・ナラ・○〕思いきって勇ましく物事をするようす。決断力が強いようす。「勇猛《ゆうもう》―」

**かがん【河岸】**(名)川の岸。かわぎし。

**かがんだんきゅう【河岸段丘】**(名)《地質》川の岸に沿って階段状になっている地形。河成段丘。

**かき【垣】** 9画 土6 訓 かき 一 十 土 圻 垣 垣

かき。かきね。◇垣根 ◆石垣《いしがき》・人垣《ひとがき》

**かき【垣】**(名)ある区域とその外とを仕切るためのかこい。かきね。「―をめぐらす」

**かき【柿】** 9画 木5 訓 かき 木 木 杧 杧 柿 柿

かき。◆甘柿《あまがき》・串柿《くしがき》・渋柿《しぶがき》・干し柿

**かき【柿】**(名)《植》カキノキ科の落葉高木。秋に熟す黄赤色の実は食用にする。材は家具用。

**かき-【△掻き】**(接頭)❶動詞について、手や手に持ったもので何かをすることを表す。「―まぜる」「―わける」❷動詞について、意味や語勢を強める。「姿を―消す」「―くどく(=くり返し説得やお願いをする)」

**かき【下記】**(名)そこから下、またはあとに書いてあること。また、その文句。「―のとおり」対 上記

**かき【火気】**(名)❶火があること。火の気《け》。「―厳禁」❷火の勢い。「―が強い」

**かき【火器】**(名)❶火薬を用いて弾丸《だんがん》を発射する小銃《しょうじゅう》・機関銃・大砲《たいほう》などの兵器をひっくるめた呼び名。❷火を入れる器具。火鉢《ひばち》・こんろなど。

**かき【花△卉】**(名)花の咲《さ》く草。観賞用に作る草花。「―園芸」

**かき【×牡蠣】**(名)《動》イタボガキ科の二枚貝の総称

《そうしょう》。浅い海中の岩などについている。栄養価が高く、各地で食用として養殖《ようしょく》されている。

**かき【夏季】**（名）夏の季節。「―の保健衛生」⇩かき（夏期）「学習」

**かき【夏期】**（名）夏の期間。「―休暇《きゅうか》」

> **学習 使い分け**「夏季」「夏期」
>
> **夏季** 一年を春夏秋冬の四季に区切ったうちの、夏の季節。天候や自然に関連した場合に用いる。「**夏季**の渇水《かっすい》対策」「**夏季**休業」「**夏季**水泳大会」
>
> **夏期** 一定の尺度のもとにとり決めたひと区切りの月日のうちの、夏の期間。人為《じんい》的にさだめたことがらに関して用いる。「**夏期**実習」「**夏期**スクーリング」

**かぎ**〖△鉤〗（名）❶先の曲がっている金属製の道具。物を引っかけるのに使う。「―にかけてつりあげる」❷①の形をしているもの。「―針《かぎばり》」❸↓かぎかっこ

**かぎ【鍵】**（名）❶錠《じょう》の穴にさし入れてこれをあけたりしめたりする金具。キー。「自転車の―」❷錠。「―をあける」❸わからない問題をときあかすもとになるたいせつな手がかり。「事件の―をにぎる」

**がき【餓鬼】**（名）❶〘仏〙生前に犯《おか》した罪のために、死後、いつも飢《う》えやのどのかわきに苦しんでいる亡者《もうじゃ》。❷子どもをののしっていうことば。「―大将」

**かきあげ【かき揚げ】**〖△搔き揚げ〗（名）てんぷらの一種。えび・貝柱《かいばしら》・こまかく切った野菜などをころもでつなぎ、油であげたもの。

**かきあつ・める【かき集める】**〖△搔き集める〗（他下一）{メ・メ・メル・メル・メレ・メロ(メヨ)}❶散らばっているものをかき寄せて集める。「落ち葉を―」❷あちこちから少しずつ集めて必要な数量をととのえる。「資金を―」

**かぎあ・てる【嗅ぎ当てる】**（他下一）{テ・テ・テル・テル・テレ・テロ(テヨ)}❶においをかいで、そのありかや正体をつきとめる。❷かくされている物事を探りあてる。「犯罪の事実を―」

**かきあらわ・す【書き表す】**（他五）{サ(ソ)・シ・ス・ス・セ・セ}物事のようすや感情などを、文章や図にかいて表現する。「感動を詩に―」「平面図にして―」

**かきいれ【書き入れ】**（名）❶書き加えること。書き加えた文字。「行間の―」❷「書き入れ時」の略。

**かきいれどき【書き入れ時】**（名）（帳簿《ちょうぼ》への記入が多い時期の意から）売れ行きがよくてもうけの多い、いそがしい時期。「一二月は―だ」

**かきおき【書き置き】**（名・自他スル）❶用件などを書き残しておくこと。また、その手紙。置き手紙。「―を残して外出する」❷死後のために書き残す手紙。遺言状《ゆいごんじょう》。遺書。「死後、―が見つかる」

**かきおこ・す【書き起こす】**（他五）{サ(ソ)・シ・ス・ス・セ・セ}❶書き始める。「自分の経験を小説に―」❷話された内容などを文字にして表す。「インタビューを―・した原稿《げんこう》」

**かきおろし【書き下ろし】**（名）新しく書くこと。また、その作品。特に、新聞・雑誌などに発表せずに、はじめから単行本として出版するために書かれた作品。「―長編小説」

**かきおろ・す【書き下ろす】**（他五）{サ(ソ)・シ・ス・ス・セ・セ}小説などを新しく書いて発表する。「体験をもとに―」

**かきかえ【書き換え・書き替え】**（名）❶書き改めること。「台本の―」❷証書などをつくり直すこと。「免許証《めんきょしょう》の―」

**かきか・える【書き換える・書き替える】**（他下一）{エ・エ・エル・エル・エレ・エロ(エヨ)}❶書き改める。書き直す。「本の内容を大幅《おおはば》に―」❷証書などに書かれた内容を変更《へんこう》する。「名義を―」

**かぎかっこ【かぎ括弧】**〖△鉤括弧〗（名）文章の中で会話や引用などの区切りを示す記号で、「 」、『 』のようにかぎ形をしているもの。かぎ。

**かきくだしぶん【書き下し文】**（名）漢文を訓読し、漢字とかなを用いて日本語の語順で書いた文。

**かきくだ・す【書き下す】**（他五）{サ(ソ)・シ・ス・ス・セ・セ}❶上から下へ順を追って書く。❷勢いにまかせて書く。「一気に―・した原稿《げんこう》」❸漢文を訓読し、日本語の語順にしたがって漢字かなまじり文に直して書く。

**かきくへば**【柿くへば《カキクエバ》 鐘《かね》が鳴《な》るなり 法隆寺《ほうりゅうじ》】〈正岡子規《まさおかしき》〉俳句 訳寺をめぐり、法隆寺門前の茶店で名物の御所柿《ごしょがき》を食っていると、思いがけなく、鐘が鳴りひびいてきたことだ。（季語「柿」秋）

**かきけ・す【かき消す】**〖△搔き消す〗（他五）{サ(ソ)・シ・ス・ス・セ・セ}あとかたもなく消す。「姿を―」

**かきごおり【かき氷】**〖欠き氷〗（名）氷を細かくけずって、シロップなどをかけた食べ物。

**かきことば【書き言葉】**（名）会話ではあまり用いられず、文章を書くときに多く用いられることば。文章語。対話し言葉

**かきこ・む【書き込む】**（他五）{マ(モ)・ミ(ン)・ム・ム・メ・メ}（文字などを）書き入れる。「手帳《てちょう》に予定を―」

**かきこ・む**〖△搔き込む〗（他五）{マ(モ)・ミ(ン)・ム・ム・メ・メ}飯などを大急ぎで食べる。かっこむ。「お茶づけを―」

**かぎざき【かぎ裂き】**〖△鉤裂き〗（名）くぎなどに衣服が引っかかり、かぎの形に破れること。また、そのさけ目。「ズボンの―をつくろう」

**かきしる・す【書き記す】**（他五）{サ(ソ)・シ・ス・ス・セ・セ}書いて記録する。「事の次第を―」

**かきぞめ【書き初め】**（名）新年にはじめて筆で字を書く行事。ふつう、一月二日に行う。

**がきだいしょう【がき大将】**〖餓鬼大将〗（名）わんぱくな子どもたちの中で、一番いばっている子ども。

**かきだし【書き出し】**（名）文章の冒頭《ぼうとう》。

**かきた・てる【かき立てる】**〖△搔き立てる〗（他下一）{テ・テ・テル・テル・テレ・テロ(テヨ)}❶刺激《しげき》をあたえて、その気持ちを強く起こさせる。「不安を―」❷ランプなどの灯心を引き出して明るくしたり、炭火などをかき出して火勢を強めたりする。

**かきた・てる【書き立てる】**（他下一）{テ・テ・テル・テル・テレ・テロ(テヨ)}❶一つずつ書きならべる。「必要なものを―」❷新聞や雑誌などで、目だつように書く。さかんに書く。「選手の活躍《かつやく》を―」

**かきつけ【書き付け】**（名）❶必要なことなどを書き

記したもの。メモ。「計画を記した—を見る」❷証書。また、代金の請求書《せいきゅうしょ》など。

**かぎ・つける**【嗅ぎつける】〘嗅ぎ付ける〙(他下一)｛ケ・ケ・ケル・ケル・ケレ・ケロ(ケヨ)｝❶においをかいで物を見つけ出す。「ねこがさかなを—」❷かくされているものに気づいて探りあてる。「秘密を—」

**かきつばた**〘×杜若〙(名)〘植〙アヤメ科の多年草。池や沼《ぬま》などに生え、また、栽培《さいばい》される。夏のはじめごろに紫《むらさき》や白のあやめに似た大きな花が咲《さ》く。

(かきつばた)

**かきて**【書き手】(名)❶書いた人。❷文章や書を巧《たく》みに書く人。「彼《かれ》は一流の—だ」

**かきとめ**【書留】(名)(「書留郵便」の略)郵便物を確実に送り届けるため、発送人や受取人などを帳簿《ちょうぼ》に書きとめ、取りあつかいをはっきりさせるもの。

**かきと・める**【書き留める】(他下一)｛メ・メ・メル・メル・メレ・メロ(メヨ)｝忘れないように書いて残す。「アイデアを—」

**かきとり**【書き取り】(名)❶書き写すこと。また、その文。❷読みあげたり、かなで書いたりした語句や文章などを正しく書くこと。「漢字の—試験」

**かきなが・す**【書き流す】(他五)｛サ(ソ)・シ・ス・ス・セ・セ｝文字や文章などを、気楽にすらすらと書く。むぞうさに書く。「思いつくままに—」

**かきなぐ・る**【書きなぐる】〘書き殴る〙(他五)｛ラ(ロ)・リ(ッ)・ル・ル・レ・レ｝文字や絵などを、乱暴に書く。「—・った文章」

**かきなら・す**【かき鳴らす】〘△搔き鳴らす〙(他五)｛サ(ソ)・シ・ス・ス・セ・セ｝弦楽器《げんがっき》を指先でひっかくようにして鳴らす。「琴《こと》を—」

**かきぬき**【書き抜き】(名)要点や必要箇所《かしょ》など一部分をぬき出して書き写すこと。また、そうしたもの。ぬき書き。「要点の—」

**かきね**【垣根】(名)❶家や土地などのまわりのかこい。かき。「—ごしに話す」❷間をへだてるもの。「心の—をとりはずす」

**かぎのて**【かぎの手】〘△鉤の手〙(名)ほぼ直角に曲がっていること。また、曲がっているもの。

**かきのもとのひとまろ**〔柿本人麻呂〕〔人名〕(生没年不明)奈良時代の歌人。持統《じとう》・文武《もんむ》両天皇につかえた。「万葉集」の代表的歌人として、長歌・短歌あわせて約八〇首が収められている。歌風は雄大《ゆうだい》で力強く、特に長歌にすぐれ、山部赤人《やまべのあかひと》とならんで歌聖といわれる。

**かぎばな**【かぎ鼻】〘△鉤鼻〙(名)先がかぎのように曲がっている鼻。鷲鼻《わしばな》。

**かぎばり**【かぎ針】〘△鉤針〙(名)❶先がかぎの形に曲がった針。❷編み物に使う、先に糸をひっかけるところのある針。「—で編んだ帽子《ぼうし》」

**かきはん**【書き判】(名)→かおう

**かきま・ぜる**【かき混ぜる】〘△搔き混ぜる〙(他下一)｛ゼ・ゼ・ゼル・ゼル・ゼレ・ゼロ(ゼヨ)｝手や棒などで、中の物をかき回して混ぜる。「砂とセメントを—」

**かきまわ・す**【かき回す】〘△搔き回す〙(他五)｛サ(ソ)・シ・ス・ス・セ・セ｝❶物の中へ手や棒などをつっこんで中の物を回し動かす。まぜる。「スープを—」❷秩序《ちつじょ》や調和を乱して混乱させる。かき乱す。「会議を—」

**かきみだ・す**【かき乱す】〘△搔き乱す〙(他五)｛サ(ソ)・シ・ス・ス・セ・セ｝❶かき回して乱雑にする。「髪《かみ》を—」❷秩序《ちつじょ》や調和をみだす。混乱させる。「気持ちを—」

**かきむし・る**〘△搔き△毟る〙(他五)｛ラ(ロ)・リ(ッ)・ル・ル・レ・レ｝むやみに何度もひっかく。「頭を—」

**かきもち**【欠き餅】(名)❶かがみもちをくだいたもの。❷もちをうすく切ってほしたもの。また、それを焼いたり揚《あ》げたりして作った菓子《かし》。おかき。

**かきゃくせん**【貨客船】(名)貨物船で、旅客も同時に乗せる設備のあるもの。

**かぎゃくはんのう**【可逆反応】(名)〘化〙二つの物質AとBが化学反応を起こしてCとDの物質に変わる場合、同時にCとDが反応してAとBにもどるという逆方向への変化が起こるような反応。

**かきゅう**【下級】(名)段階や等級が低いこと。下の段階。「—裁判所」対上級

**かきゅう**【火急】(名・形動ダ)ひじょうに急なこと。さしせまっていること。大至急。「—の用事」

**かぎゅう**〘△蝸牛〙(名)かたつむり。

**蝸牛角上《かぎゅうかくじょう》の争《あらそ》い** 狭《せま》い世界で、ささいなことでつまらない争いをすること。蝸牛の争い。

故事 かたつむりの左角と右角の上に小さな国を持つ触氏《しょくし》と蛮氏《ばんし》が、たがいに土地を取りあって争ったという寓話《ぐうわ》から出たことば。〈荘子《そうし》〉

**かきゅうさいばんしょ**【下級裁判所】(名)〘法〙最高裁判所の下に位置する、高等・地方・家庭・簡易の四種の裁判所。

**かきゅうせい**【下級生】(名)学年が下の児童・生徒。「—のめんどうを見る」対上級生

**かきゅうてき**【可及的】(副)できるだけ。なるべく。「—すみやかに移動せよ」

**かきょ**【科挙】(名)むかし、中国で行われた官吏《かんり》の採用試験。

**かきょう**【佳境】(名)❶最も興味深く、味わい深いところ。「話が—にはいる」❷景色のよい所。

**かきょう**【架橋】(名・自スル)橋をかけること。また、かけた橋。「—工事」

**かきょう**〘華△僑〙(名)外国に住んでいる中国人。特に、その商人。

**かぎょう**【家業】(名)❶その家の生計をたてるための職業。❷その家代々の職業。「—をつぐ」

**かぎょう**【稼業】(名)生活費をかせぐための職業。「人気—」

**かぎょう**【課業】(名)わりあてられた仕事。おもに学校での学科の勉強をいう。「—をなまける」

**がぎょうびおん**【ガ行鼻音】(名)→びだくおん

**かぎょうへんかくかつよう**【カ行変格活用】(名)〘文法〙動詞の活用の一種。カ行のイ・ウ・オの三段にわたって活用するもの。文語では「来《く》」だけで「こ・き・く・くる・くれ・こ(よ)」、口語では「来る」だけで「こ・き・くる・くる・くれ・こい」と活用する。カ変。⇒付録「動詞活用表」

**かきょく【歌曲】**（名）〘音〙❶クラシック音楽で、歌うために作られた曲。リート。❷歌。歌のふし。

**かぎり【限り】**（名）❶ある範囲《はんい》の終わるところ。はて。最後。「予算には－がある」「－なく続く大海」「今日を－と戦う」❷ある範囲にあるすべて。限度いっぱい。「力の－をつくす」「声を－に叫《さけ》ぶ」❸ある範囲のぎりぎりまでいきついた状態。極《きわ》み。「うれしい－だ」「ぜいたくの－をつくす」❹ある範囲・条件のうち。「私の知る－そうした事実はない」「その場－の対応」「生きている－働く」

**かぎ・る【限る】**{ラ(ロ)・リ(ッ)・ル・ル・レ・レ} ━（他五）範囲《はんい》を定めてそれ以外を除く。「期間を－」「入場は学生に－」 ━（自五）❶（「…にかぎる」の形で）…以上のものはない。「夏は水泳に－」「この役は彼《かれ》に－」❷（「…にかぎって」「…にかぎり」の形で）特にそれだけを取り立てる意を表す。…だけは。「本日に－・っての大サービス」「彼女《かのじょ》に－・ってうそはつかない」❸（下に打ち消しの語をともなって、全体で）そうとはきまっていない。「正しいとは－・らない」

**かきわり【書き割り】**（名）〘演〙芝居《しばい》の大道具の一つ。紙や布を張った木枠《きわく》に、風景・建物などをかいて舞台《ぶたい》背景にするもの。参考 何枚かに分かれることからできたことば。

**かきん【家△禽】**（名）家畜《かちく》として飼《か》われている鳥類。鶏《にわとり》・あひるなど。対 野禽《やきん》

**かきん【△瑕△瑾】**（名）（すばらしいものについた）小さなきず。欠点。参考「瑕」は傷、「瑾」は宝玉の意。

**かきん【課金】**（名・自スル）料金を負担させること。また、その金銭。「接続時間に応じて－する」

**かく【各】** 6画 口3 小4 音 カク 訓 おのおの 高

ノ ク 夂 夂 各 各

❶それぞれ。一つ一つの。◆各個・各地・各国。❷めいめい。ひとりひとり。◆各位・各自・各人。❸いろいろな。◆各種。参考「おのおの」は「各々」とも書く。

**かく－【各】**（接頭）おのおの。めいめい。「－地域」「－選手」

**かく【角】** 7画 角0 小2 音 カク 訓 かど・つの

ノ ク 冂 角 角 角 角

❶つの。◆互角《ごかく》・触角《しょっかく》・頭角。❷かど。すみ。◆四角。❸四角い。◆角材・角柱・角帽《かくぼう》。❹二本の直線の間にできるかたち。◆角度◆鋭角《えいかく》・直角・鈍角《どんかく》。❺きそう。◆角逐《かくちく》。❻すもう。◆角界《かくかい》 ⇩付録「漢字の筆順(27)角」

**かく【角】**（名）❶将棋《しょうぎ》の駒《こま》の一つ。ななめに自由に動くことができる。角行《かくぎょう・かっこう》。❷四角いもの。「豆腐《とうふ》を－に切る」「五寸－の柱」❸〘数〙二本の直線や二つの平面が交わってできるかたち。

**かく【画】**→が(画)

**かく【拡】** 8画 扌5 小6 〔擴〕 音 カク

一 扌 扩 扩 拡 拡

ひろげる。ひろがる。ひろめる。◆拡散・拡充《かくじゅう》・拡声器・拡大・拡張◆軍拡

**かく【客】**→きゃく(客)

**かく【革】** 9画 革0 小6 音 カク 訓 かわ 中

一 廿 廿 芇 苩 革

❶かわ。なめしがわ。◆革靴《かわぐつ》◆牛革・皮革。❷あらためる。あらたまる。◆革新・革命◆改革・変革

**かく【格】** 10画 木6 小5 音 カク・コウ 高

木 木 杪 枚 格 格

❶きまり。基準。◆格式・格別◆価格・規格・合格・資格・破格・別格。❷おもむき。地位や身分の程度。◆格差・格調◆人格・性格・品格・風格。❸組み立てられているもの。◆格子《こうし》◆骨格。❹うつ。◆格技・格闘《かくとう》。参考「コウ」の音は「格子《こうし》」ということばに使われる特殊《とくしゅ》な読み方。

**かく【格】**（名）❶身分・地位・等級などの程度。「－が下がる」「－のちがいをみせつける」❷〘文法〙名詞・代名詞などが、文中で他の語に対してもつ関係。「主－」

**かく【核】** 10画 木6 音 カク

木 木 杧 杧 核 核

❶中心にあるもの。中心となる大事な所。◆核質・核心◆地核・中核。❷「原子核」「核兵器」の略。◆核実験・核爆発・核反応・核融合《ゆうごう》

**かく【核】**（名）❶物事の中心となるもの。「チームの－となる選手」❷「原子核」の略。「－反応」❸「核兵器」の略。「－の傘《かさ》」

**かく【殻】** 11画 殳7 〔殼〕 音 カク 訓 から

士 声 壳 壳 殻 殻

外側をおおっているかたい所。◆外殻・甲殻《こうかく》・地殻・卵殻

**かく【郭】** 11画 阝8 音 カク

亠 古 亨 享 享 郭

❶城やとりでなどの外がこい。◆城郭。❷物の外まわり。◆外郭・輪郭

**かく【覚】** 12画 見5 小4 〔覺〕 音 カク 訓 おぼえる・さます・さめる

丶 ⺍ 𣥠 覚 覚 覚

❶感じる。感じとる。◆感覚・幻覚《げんかく》・錯覚《さっかく》・視覚・触覚《しょっかく》・知覚・聴覚《ちょうかく》・味覚。❷さとる。道理を知る。◆覚悟《かくご》◆自覚。❸目がさめる。◆覚醒《かくせい》。❹あらわれる。◆発覚

**かく【較】** 13画 車6 音 カク

亘 車 車 軒 較 較

くらべる。◆較差◆比較

**かく【隔】** 13画 阝10 音 カク 訓 へだてる・へだたる

⺈ 阝 阝 隔 隔 隔

❶あいだがはなれている。あいだをへだてる。◆隔世・隔絶・隔離《かくり》◆遠隔・間隔・懸隔《けんかく》。❷ひとつおいてつぎの。◆隔月・隔日・隔週・隔年

**かく【閣】** 14画 門6 小6 音 カク

𠂆 門 門 閂 閣 閣

❶高い建物。◆閣下◆天守閣・仏閣・楼閣《ろうかく》。❷「内閣」の略。◆閣議・閣僚《かくりょう》◆組閣・入閣

かく【確】 15画 石10 小5 音 カク 訓 たしか・たしかめる
❶まちがいない。たしか。たしかに。◆確実・確証・確認・確率◆正確・的確・明確。❷しっかりしている。かたい。◆確信・確定・確立・確固《かっこ》 ⇩付録「漢字の筆順(32)隹」

かく【獲】 16画 犭13 音 カク 訓 える
えものをとらえる。◆獲得◆漁獲物・捕獲《ほかく》・乱獲 ⇩付録「漢字の筆順(32)隹」

かく【嚇】 17画 口14 音 カク
❶はげしくおこる。◆嚇怒《かくど》。❷おどす。◆威嚇《いかく》

かく【穫】 18画 禾13 音 カク
いね・麦などの穀物をかり入れる。取り入れ。◆収穫 ⇩付録「漢字の筆順(32)隹」

かく【佳句】（名）詩や歌などの美しい表現の文句。また、すぐれた俳句。

か・く【欠く】（他五）{カ(コ)・キ(イ)・ク・ク・ケ・ケ}❶必要なものを備えていない。「礼儀《れいぎ》を—」「理性を—・いた行動」❷かたいものの一部をこわす。「どんぶりのふちを—」

か・く【書く】（他五）{カ(コ)・キ(イ)・ク・ク・ケ・ケ}❶文字を紙などの表面に形として示す。「漢字で—」❷絵や図であらわす。えがく。「駅周辺の地図を—」❸文章にして表現する。本にしてあらわす。「用件を手紙に—」「小説を—」
参考②は多く「描く」と書く。
表現 書き記す・記する・認《したた》める・筆記する・執筆《しっぴつ》する・記述する・記入する・記録する・控《ひか》える・メモする・追記する・付記する・併記《へいき》する・列記する◆さらさら・すらすら・だらだら・きっちり・ぎっしり・びっしり◆筆に任せて・みみずがのたくったような字で

か・く『△掻く』（他五）{カ(コ)・キ(イ)・ク・ク・ケ・ケ}❶物の表面につめや指をたてて強くこする。ひっかく。「背中を—」❷手や道具などで物を押《お》しのけたり寄せ集めたりする。「オールで水を—」❸かきまぜる。「からしを—」❹刃《は》でけずったり、切り取ったりする。❺ある状態をはっきり外にあらわす。「氷を—」「寝首《ねくび》を—」「恥《はじ》を—」「汗《あせ》を—」「べそを—(=泣く)」「いびきを—」

かく『△斯く』（副）このように。こう。「—のごとし」

かぐ【家具】（名）家の中に備えつけてある、生活に使う大きな道具。たんす・いすなど。調度品。

か・ぐ【嗅ぐ】（他五）{ガ(ゴ)・ギ(イ)・グ・グ・ゲ・ゲ}❶においを鼻で感じ取る。「花の香《か》を—」❷（かくされたことを）さぐって知ろうとする。「他人の身辺を—・ぎまわる」

がく【学】 8画 子5 小1 〔學〕 音 ガク 訓 まなぶ
❶まなぶ。ものをならう。勉強する。◆学業・学芸・学者・学習・学生・学問・学究◆苦学・見学・好学・独学・晩学・勉学・留学。❷まなぶ所。学校。◆学園・学年・学級◆在学・大学・通学・入学。❸いろいろな分野における組織だてられた知識と、その体系。学問。◆学説◆医学・科学・語学・実学・数学・浅学・博学。❹学問をする人。◆碩学《せきがく》・先学

がく【学】（名）学問。また、学識。「—に志す」「—のある人」

がく【岳】 8画 山5 〔嶽〕 音 ガク 訓 たけ
高く大きな山。◆山岳・富岳(=富士山)

がく【楽】 13画 木9 小2 〔樂〕 音 ガク・ラク 訓 たのしい・たのしむ
❶（ガクと読んで）音楽。音楽をかなでる。◆楽団・楽譜《がくふ》・楽器・楽曲◆雅楽《ががく》・管弦《かんげん》楽・器楽・交響《こうきょう》楽・声楽・舞楽《ぶがく》。❷（ラクと読んで）㋐たのしむ。たのしい。たのしみ。◆楽園◆快楽・歓楽《かんらく》・享楽《きょうらく》・苦楽・行楽・娯楽《ごらく》・道楽。対苦。㋑ゆったりすること。◆楽天的・楽観◆安楽・気楽。㋒たやすい。◆楽勝。参考特別に、「神楽」は「かぐら」と読む。

がく【楽】（名）音楽。「たえなる—の音《ね》」

がく【額】 18画 頁9 小5 音 ガク 訓 ひたい
❶ひたい。◆前額部。❷数量。おもにおかねについて使う。◆額面◆価額・巨額《きょがく》・金額・月額・差額・残額・少額・全額・総額・多額・定額・半額。❸書画を入れて壁《かべ》などにかけるもの。◆額縁《がくぶち》

がく【額】（名）❶金銭の数値。金高。「見積もり—」❷書画・賞状などを入れて壁《かべ》などにかけておくもの。「—に入れて飾《かざ》る」

がく【顎】 18画 頁9 音 ガク 訓 あご
あご。人や動物の口の上下にある、歯のはえているところ。◆顎関節◆下顎《かがく・したあご》・上顎《じょうがく・うわあご》

がく『△萼』（名）『植』花の部分の名。花の外側にあって、花びらを保護しているもの。うてな。⇩花〈図〉

かくあげ【格上げ】（名・他スル）資格・地位・等級などをそれまでより高くすること。「一部リーグに—になる」対格下げ

かくい【各位】（名）多くの人びとに対し、そのひとりひとりをうやまっていう語。みなさまがた。「会員—」

かくい【隔意】（名）うちとけない気持ち。隔心。「—なく話し合う」

がくい【学位】（名）学問上のまとまった研究をして、その論文が審査《しんさ》を通った人にあたえられる称号《しょうごう》。学士号・修士号・博士号などがある。「—論文」

かくいつ【画一】（名）すべてを同じように統一すること。また、すべてが同じようにあつかわれること。「長さを—にする」…化「教育を画一化する」

かくいつてき【画一的】（形動ダ）{ダロ・ダッ(デ・ニ)・ダ・ナ・ナラ・○}すべてが一様にそろえられて個性や特色のないようす。「—な考え方」

かくいん【客員】（名）→きゃくいん(客員)

かくう【架空】（名）❶事実や根拠《こんきょ》がなく想像で作り出すこと。また、作り出したもの。「—の人物」❷空中にかけわたすこと。「—ケーブル」

**かぐう**〘仮△寓〙(名・自スル) 一時的なかりのすまい。また、かりにすむこと。

**がくえん**【学園】(名) 学校。「ー都市」参考 小学校から大学までのいくつかの学校が一つの組織になっているときに使うことが多い。

**かくかい**【各界】(名) 政界・学界・芸能界など、職業や専門分野で分けたそれぞれの社会。かっかい。「ーの名士」

**かくかい**【角界】(名) すもうの社会。すもう界。かっかい。「ーの人気者」

**かくがい**【格外】(名) 一定の規準や規格にはずれていること。また、はずれているもの。規格外。

**かくがい**【閣外】(名) 内閣の外部。「ー協力」対 閣内

**かくかく**〘△斯く△斯く〙(副) このように。そのように。こうこう。「ーしかじかと説明する」使い方 具体的な内容を省略していうのに用いる。

**がくがく** (副・自スル) ❶物が固定されていたのがゆるんで動くようす。「あごがーする」❷緊張《きんちょう》・恐怖《きょうふ》・疲労《ひろう》などで、からだの一部が小《こ》刻《きざ》みにふるえるようす。「膝《ひざ》がーする」

**かくかぞく**【核家族】(名) 夫婦とその子どもだけから成る家族。

**かくぎ**【格技】(名) →かくとうぎ

**かくぎ**【閣議】(名) 内閣がその仕事を行うために、総理大臣が各大臣を集めて開く会議。

**がくぎょう**【学業】(名) 学校の勉強。また、学問すること。「ーに励《はげ》む」

**がくげい**【学芸】(名) 学問と芸術。また、広く学問をいう。「ーに秀《ひい》でる」

**がくげいいん**【学芸員】(名) 博物館や美術館の専門職員。資料の整理・調査・研究などを行う。

**がくげいかい**【学芸会】(名) 学校で児童・生徒たちが劇や音楽などを発表する会。

**がくげき**【楽劇】(名)〘音〙オペラの一形式。従来の歌唱中心の歌劇に対して、劇と音楽とのまとまりを重視したもの。ドイツの作曲家ワグナーが始めた。

**かくげつ**【隔月】(名) ひと月おき。「ー刊の雑誌」

**かくげん**【格言】(名) 簡潔な表現で人生の真理などを述べた、教訓やいましめとなることば。類 金言《きんげん》・箴言《しんげん》

**かくげん**【確言】(名・自他スル) 自信をもってはっきり言うこと。また、そのことば。「ーを避《さ》ける」類 明言

**かくご**【客語】(名)〘文法〙→きゃくご

**かくご**【覚悟】(名・自他スル) 悪い結果を予想して心構えをすること。あきらめて心を決めること。「ーを決める」「リスクーで実行する」

**かくさ**【格差】(名) 等級・資格・価格などの差。「賃金ー」「地域ーが広がる」

**かくさ**【較差】(名) 二つ以上の物事を比べたときの差。「気温のー」

**かくざい**【角材】(名) 切り口の四角な材木。

**がくさい**【学才】(名) 学問上の才能。「ーが豊かな人」

**がくさい**【学際】(名) 二つ以上の学問分野にまたがっていること。…的「学際的な研究組織」

**かくさく**【画策】(名・自他スル)(多く、悪い意味で)計画をたててあれこれやること。「かげでーする」

**かくさげ**【格下げ】(名・他スル) 資格・地位・等級などをそれまでより低くすること。「国債《こくさい》のー」対 格上げ

**かくざとう**【角砂糖】(名) 小さな立方体に固めた砂糖。

**かくさん**【拡散】(名・自スル) ❶ひろがりちらばること。「デマがーする」❷〘物〙二種以上の液体または気体がまざりあって、しだいに等質になっていく現象。

**かくさん**【核酸】(名) 細胞《さいぼう》の核や細胞質中にふくまれる有機化合物。遺伝《いでん》やたんぱく質の合成に重要な役割をはたす。

**かくし**【隠し】(名) ❶かくすこと。「ーマイク」❷衣服の内側に作った、物を入れるところ。ポケット。「ーからさいふを出す」

**かくし**【客死】(名・自スル) 旅行先で死ぬこと。外国で死ぬこと。きゃくし。「パリでーする」

**かくじ**【各自】(名) ひとりひとり。めいめい。おのおの。「ーが自分のことに責任を持つ」

**がくし**【学士】(名) 四年制大学の学部卒業者にあたえられる学位。「経済ー」

**がくし**【学資】(名) 学業を修めるのに必要な費用。「アルバイトでーをかせぐ」

**がくし**【楽士・楽師】(名) 劇場などで、音楽を演奏する人。「劇場専属のー」

**かくしあじ**【隠し味】(名) 料理で、主となる味を引き立てるために、調味料をほんの少し加えること。また、その調味料。「ーが効いている」

**かくしがまえ**【かくし構え】〘△匸構え〙(名) 漢字の部首の一つ。「區《く》」「匽《えん》」などの「匸」の部分。参考 常用漢字の字体は「区」などのように匚構《はこがま》えと同じになる。

**かくしき**【格式】(名) 身分・家がらなどにもとづいた礼儀《れいぎ》作法。また、礼儀作法が表す身分や家がら。「ーがある」「ーが高い」

**がくしき**【学識】(名) 学問から得た、深い知識や見識。「ーが豊かだ」「ーがある」類 学殖《がくしょく》

**かくしきば・る**【格式張る】(自五)〔ラ(ロ)・リ(ッ)・ル・ル・レ・レ〕やたらに身分や作法などを重んじてかた苦しくふるまう。「ー・ったあいさつ」

**かくしげい**【隠し芸】(名) ひそかに身につけて、宴会《えんかい》などで余興としてする芸。「ー大会」

**かくしだて**【隠し立て】(名・自他スル) あくまでかくして、知られまいとすること。「ーはするな」

**かくしつ**【角質】(名) つの・ひづめ・つめ・髪《かみ》の毛などのおもな成分。ケラチン。

**かくしつ**【確執】(名・自スル) たがいに自分の意見を強く主張してゆずらないこと。また、そのために起こる争いや不和。かくしゅう。「ーを生じる」

**かくじつ**【隔日】(名) 一日おき。「ーの勤務」

**かくじつ**【確実】(名・形動ダ) 確かでまちがいのないこと。「ーな情報」「不ー」…性「確実性が高い」

**かくじっけん**【核実験】(名) 核分裂《かくぶんれつ》・核融合《かくゆうごう》に関する実験。また、核兵器を爆発させてその

性能を調べること。

**かくして**『△斯くして』（接）こうして。このようにして。「—その日も暮れた」

**がくしゃ**【学者】（名）❶学問研究を仕事にしている人。「国語—」❷学識のある人。よくものを知っている人。「彼《かれ》はなかなかの—だ」

**かくしゃく**『△矍△鑠』（トタル）年をとっても元気でじょうぶなようす。「—とした老人」

**かくしゅ**【各種】（名）いろいろな種類。「—の品」

**かくしゅ**『△馘首』（名・他スル）（首を切る意から）雇《やと》い主が使用人をやめさせること。類解雇《かいこ》

**かくしゅ**『◇鶴首』（名・自スル）（鶴《つる》のように首を長くして）いまかいまかと待つこと。

**かくしゅう**【隔週】（名）一週間おき。「—発売の雑誌」

**かくじゅう**【拡充】（名・他スル）組織や設備などを大きくしたり充実させたりして、いっそうしっかりしたものにすること。「施設《しせつ》を—する」

**がくしゅう**【学習】（名・他スル）学校などで、知識や技能を学び習うこと。勉強すること。「—塾」…性「学習性の高い辞典」

**がくしゅうかんじ**【学習漢字】（名）→きょういくかんじ

**がくしゅうしどうようりょう**【学習指導要領】（名）小学校から高等学校までの各教科について、文部科学省が学習の目標・内容・指導法などの基準を示したもの。

**かくしゅがっこう**【各種学校】（名）学校教育法第一条で定められた学校および専修学校以外の学校。自動車学校や、洋裁学校・予備校など。

**がくじゅつ**【学術】（名）❶専門的な学問。「—会議」…的「学術的な論文」❷学問と芸術。

**かくしょう**【確証】（名）確かな証拠《しょうこ》。「—がない」「—を得る」

**がくしょう**【学匠】（名）学識のある人。大学者。

**がくしょう**【楽匠】（名）すぐれた音楽家。大音楽家。

**がくしょう**【楽章】（名）〘音〙交響《こうきょう》曲やソナタなどを構成する、あるまとまりを持ったひと区切り。

**がくしょく**【学食】（名）（「学生食堂」の略）学校の中にある、おもに学生のための食堂。

**がくしょく**【学殖】（名）身につけた学問上の深い素養。「—が豊かだ」類学識

**かくじょし**【格助詞】（名）〘文法〙助詞の一種。文の中で、体言または体言に準じることばについて、そのことばが下にくることばとどのような関係をもつかを示す助詞。「が・に・の・へ・を・から・より」など。

**かくしん**【革新】（名・他スル）古い制度・習慣・組織などを改めて新しくすること。「技術—」…的「革新的な政策」対保守

**かくしん**【核心】（名）物事の中心となる、たいせつな部分。「話が—にふれる」

**かくしん**【確信】（名・他スル）確かにそうであるとかたく信じること。また、その心。「—をもって答える」

**かくじん**【各人】（名）それぞれの人。めいめい。ひとりひとり。「—各様の個性」

**がくじん**【楽人】（名）音楽を演奏する人。

**かくしんせいとう**【革新政党】（名）政治や社会の体制を変革しようとする政党。対保守政党

**かくしんはん**【確信犯】（名）宗教・思想・政治などの信念に基づいて、自分の行いが正しいと信じて行う犯罪。思想犯・政治犯など。参考悪いことだとわかっていながら行う行為《こうい》についても用いられる。

**かく・す**【画す】『△劃す』（他五）｛サ(ソ)・シ・ス・ス・セ・セ｝→かくする

**かく・す**【隠す】（他五）｛サ(ソ)・シ・ス・ス・セ・セ｝❶人に見つからないようにする。見られないようにする。「金を—」「口元を手で—」❷物事を人に知られないようにする。秘密にする。「身分を—」「本心を—」

**かくすい**『角△錐』（名）〘数〙一つの多角形を底面にしてそのおのおのの辺を底辺にした三角形が、すべて共通な一つの頂点をもつ立体。

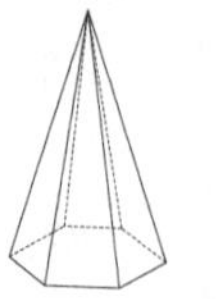

（かくすい）

**かくすう**【画数】（名）漢字を組み立てる線や点の数。参考ひと筆で書かれる部分が一画として数えられる。「人」は二画、「天」は四画というように数える。

**かく・する**【画する】『△劃する』（他サ変）｛スル・スレ・シロ(セヨ)｝｛シ(セ・サ)・シ・スル・｝❶線をひく。❷はっきりと区切りをつける。また、範囲《はんい》や期間などをはっきり他と区別する。「一線を—」「時代を—」❸計画する。「反乱を—」

**かくせい**【覚醒】（名・自スル）❶目をさますこと。❷迷いからさめて自分のまちがいに気がつくこと。「—をうながす」

**かくせい**【隔世】（名）時代や世代をへだてること。「—の感（＝ひどく時代が移り変わった感じ）がある」

**がくせい**【学生】（名）学校で勉強している者。特に、大学に籍《せき》をおいて勉強している者。大学生。

**がくせい**【学制】（名）学校のことや教育に関する制度。「—の改革」

**がくせい**【楽聖】（名）ひじょうにすぐれた音楽家。「—ベートーベン」

**かくせいいでん**【隔世遺伝】（名）〘生〙祖先のある形質が、世代をへだてて子孫に遺伝すること。

**かくせいき**【拡声器】（名）音声を大きくして遠くまで聞こえるようにする装置。ラウドスピーカー。

**かくせいざい**【覚醒剤】（名）神経を興奮《こうふん》させる作用のある薬の総称《そうしょう》。常用すると中毒を起こす。ヒロポンなど。「—の中毒」

**がくせき**【学籍】（名）その学校に在学していることを表す籍。「—簿《ぼ》」

**かくせつ**【確説】（名）まちがいのない確かな説。正しい根拠《こんきょ》のある考え。

**かくぜつ**【隔絶】（名・自スル）かけはなれていること。へだたっていること。「文明から—した世界」

**がくせつ**【学説】（名）学問上のまとまった考え。「新しい—を唱える」

**がくせつ**【楽節】（名）〘音〙八小節または四小節の、楽章を構成する単位。まとまった構想を表現する。

**かくぜん**【画然】『△劃然』（トタル）はっきりと区別がつ

いているようす。「考え方のちがいは―としている」
**かくぜん【確然】**（トタル）確かではっきりしているようす。
**がくぜん**『△愕然』（トタル）ひじょうにおどろくようす。びっくりするようす。「知らせを聞いて―とする」
**がくそう【学窓】**（名）学校。まなびや。「―を巣《す》立つ」
**がくそく【学則】**（名）学校の規則。「―に従う」
**かくだい【拡大】**（名・自他スル）物の形や規模などを大きく広げること。また、大きく広がること。「勢力の―をはかる」「被害《ひがい》が―する」対縮小
**がくたい【楽隊】**（名）器楽や吹奏楽《すいそうがく》を演奏する集団。音楽隊。
**かくたる【確たる】**（連体）確かな。まちがいのない。「―証拠《しょうこ》がない」
**かくだん【格段】**（名・形動ダ）程度の差がひじょうに大きいこと。「―の差」「―の進歩を示す」類格別
**がくだん【楽団】**（名）音楽の演奏をする団体。バンド。「管弦《かんげん》―」
**がくだん【楽壇】**（名）音楽家の社会。音楽界。
**かくだんとう【核弾頭】**（名）ミサイルなどの先端《せんたん》にとりつける、原子爆弾《ばくだん》や水素爆弾などの核爆発装置。
**かくち【各地】**（名）それぞれの土地。また、いろいろな地方。「―の天気予報」
**かくちく【角逐】**（名・自スル）たがいに競争すること。せり合うこと。「主導権をめぐる―」
**かくちゅう【角柱】**（名）
❶〔数〕両はしの面が同一の多角形で、その面が平行になっている柱のような立体。三角柱・四角柱・六角柱などがある。❷四角な柱。

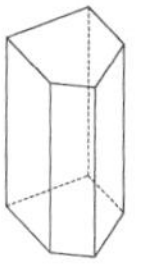
（かくちゅう①）

**かくちょう【拡張】**（名・他スル）範囲《はんい》・規模・勢力などを大きくおし広げること。「道路を―する」
**かくちょう【格調】**（名）詩歌《しいか》・文章、芸術作品の持つ全体の風格や調子。「―の高い歌」
**がくちょう【学長】**（名）大学の最高の責任者。大学の長。
**がくちょう【楽長】**（名）楽隊・楽団の指揮者。
**かくちょうし【拡張子】**（名）コンピューターで、ファイル名の最後につけてファイルの種類を示す文字列。多くピリオドに続くアルファベット三～四文字で表す。
**かくづけ【格付け】**（名・他スル）価値や能力などを比較《ひかく》し、それぞれの段階を決めること。「債券《さいけん》の―会社」
**かくて**『△斯くて』（接）このようにして。こうして。「―波乱にみちた生涯《しょうがい》を閉じた」
**かくてい【確定】**（名・自他スル）しっかり定まること。また、定めること。「方針が―する」…的「敗戦が確定的になる」
**かくていしんこく【確定申告】**（名）税金を納める義務のある人が、その年度の所得について自分で税額を算出し、税務署に申し出ること。
**カクテル**〔英 cocktail〕（名）❶いく種類かの洋酒に、果汁《かじゅう》・香料《こうりょう》などを加えて、まぜ合わせた飲み物。「―グラス」❷いろいろのものがまざり合って一つのようになったもの。「―光線」
**がくてん【楽典】**（名）音楽の規則。また、それを書いた本。
**かくど【角度】**（名）❶〔数〕平面や線が交わって作る角の大きさ。「―をはかる」❷物を見る見方。観点。視点。「―を変えて考える」
**かくど【確度】**（名）確かさの度合い。「―の高い情報」
**かくど【嚇怒】**『△赫怒』（名・自スル）はげしくおこること。激怒。
**がくと【学徒】**（名）❶学校に通って勉強している人。学生・生徒。「―出陣《しゅつじん》」❷学問の研究に従事している人。学者。「一―としての意見」
**かくとう【格闘】**（名・自スル）❶とっくみあって戦うこと。「敵と―する」❷困難な物事に一生懸命《けんめい》とりくむこと。「難問と―する」
**かくとう【確答】**（名・自スル）はっきりと答えること。また、その答え。確かな返答。「―を避《さ》ける」
**がくどう【学童】**（名）❶小学校に通っている子ども。児童。❷「学童保育」の略。
**かくとうぎ【格闘技】**（名）投げる・殴《なぐ》る・けるなどの動きで勝負を決する競技。ボクシング・レスリング・相撲《すもう》・柔道《じゅうどう》などの類。格技。
**がくどうほいく【学童保育】**（名）共働きなどで保護者が日中家にいない小学生を、放課後や休暇《きゅうか》中に保護者にかわって保育すること。学童。
**かくとく【獲得】**（名・他スル）手に入れること。苦心して自分のものにすること。「政権を―する」
**かくない【閣内】**（名）内閣の内部。対閣外
**かくにん【確認】**（名・他スル）はっきりそうであると認めること。確かめること。「持ち物を―する」「未―」
**かくねん【隔年】**（名）一年おき。「―に開催《かいさい》する大会」
**がくねん【学年】**（名）❶学校での一年間の修学期間。「―末」❷一年ごとの修学期間によって区分した児童・生徒の集団。「―別陸上大会」
**かくねんりょう【核燃料】**（名）原子核反応をおこして高いエネルギーを放出する物質。発電などのエネルギー源（燃料）として用いる。ふつう、ウランやプルトニウムなどをいう。
**かくのう【格納】**（名・他スル）倉庫などにしまうこと。「飛行機を―する」「―庫」
**がくは【学派】**（名）学問上の意見のちがいなどによってできる集まり。「―間の論争」
**かくばくはつ【核爆発】**（名）原子爆弾《ばくだん》や水素爆弾などの爆発。
**がくばつ【学閥】**（名）同じ学校を出た人たちによって作られる派閥《はばつ》。「―を形成する」
**かくば・る【角張る】**（自五）{ラ(ロ)・リ(ッ)・ル・ル・レ・レ}❶四角い形になる。かどができる。「―った顔」❷くだけたところがなく、かた苦しくなる。「―った態度」
**かくはん【各般】**（名）いろいろ。さまざま。「―の事情を考慮《こうりょ》する」
**かくはん**『△攪△拌』（名・他スル）かきまぜること。「水溶液を―する」参考もとの読みは「こうはん」。「かくは

ん」は慣用読み。

**がくひ**【学費】(名) 勉強するために必要な費用。「―を納める」

**かくびき**【画引き】(名) 漢和辞典などで、漢字の画数によって字を引くこと。また、そのように作られたもの。「―索引《さくいん》」対音引き

**かくひつ**『△擱筆』(名・自他スル) 筆をおくこと。書き終えること。また、書くのをやめること。対起筆

**がくふ**【岳父】(名) 妻の父を敬っていうことば。

**がくふ**【学府】(名) 学問をする所。学校。「最高―(＝大学)」

**がくふ**【楽譜】(名)〔音〕音楽の曲を音符などの記号で書き表したもの。音譜。「―を見て演奏する」

**がくぶ**【学部】(名) 大学で、専攻《せんこう》の学問の分野によって大きく分けたそれぞれの部。「文―」「理―」

**がくふう**【学風】(名) ❶学問研究上の傾向《けいこう》。❷学校、特に大学の気風。校風。

**かくぶそう**【核武装】(名・自スル) 核兵器を備えて、配置すること。「―した潜水艦《せんすいかん》」

**がくぶち**【額縁】(名) ❶書画や写真などを入れてかざるためのわく。額。❷窓や出入り口などのまわりにはめるかざりの木。

**かくぶんれつ**【核分裂】(名) ❶〔生〕細胞《さいぼう》分裂で、細胞の核が二個にわかれること。❷〔物〕ウラン、プルトニウムなどの原子核が分裂する現象。そのとき、ひじょうに大きなエネルギーを出す。対核融合《ゆうごう》

**かくへいき**【核兵器】(名) 核分裂《ぶんれつ》または核融合《ゆうごう》のときのエネルギーを利用した兵器。原子爆弾《ばくだん》・水素爆弾など。

**かくべえじし**『角◇兵◇衛△獅子』(名) →えちごじし

**かくべからざる**【欠くべからざる】欠くことができない。ぜひ必要な。「―存在」

**かくへき**【隔壁】(名) 物をへだてる壁。しきりの壁。

**かくべつ**【格別】(名・形動ダ・副) ふつうとはちがっていること。また、きわだっているようす。特別。とりわけ。「―の暑さ」「―すぐれた作品」類格段

**かくほ**【確保】(名・他スル) しっかり自分のものとしておくこと。「座席を―する」「身の安全を―する」

**かくほう**【確報】(名) 確かな知らせ。確実な情報。「―を待つ」

**かくぼう**【角帽】(名) 上部がひし形になっている帽子。おもに大学生の制帽。

**がくぼう**【学帽】(名) 学校で、生徒がかぶるように決められた帽子。

**かくま・う**『◇匿う』(他五) ｛ワ(オ)・イ(ツ)・ウ・ウ・エ・エ｝ 追われている人などをひそかにかくしてやる。「犯罪者を―」

**かくまく**【角膜】(名)〔生〕眼球のいちばん外側の前面にある、すきとおった膜。

**かくめい**【革命】(名) ❶国家の政治や社会の組み立てを根本的に変えること。「―が起こる」「フランス―」❷社会生活などの急激で大きな変革。「産業―」…的「革命的な出来事」

**がくめい**【学名】(名) ❶学問上の評判。「―が上がる」❷動物や植物につけた、世界共通の学問上の呼び名。ラテン語で表す。

**がくめん**【額面】(名) ❶債券《さいけん》や証券などの表にしるしてある金額。「―より値が上がる」❷物事のうわべの意味。「彼《かれ》のことばは―どおりには受けとれない」

**がくもん**【学問】㊀(名・自スル) 知識を学びとること。また、学びとった知識。「―のある人」「―にはげむ」㊁(名) 一定のきまりによって整理されたすべての専門的な知識。「―の世界」…的「学問的な価値」

**がくもんのすすめ**〔学問のすゝめ〕〔作品名〕福沢諭吉《ふくざわゆきち》の論文集。一八七二(明治五)年から七六(明治九)年にかけて発表。実際に役立つ学問の必要を強調した啓蒙《けいもう》書。冒頭文天は人の上に人を造らず人の下に人を造らずと云《い》へり。されば天より人を生ずるには、万人皆同じ位にして、生まれながら貴賤《きせん》上下の差別なく…

**がくや**【楽屋】(名) ❶劇場などで、出演者が準備をしたり休んだりする部屋。「―入り」❷物事の内幕。裏面。「―話」

**がくやうら**【楽屋裏】(名) 関係者以外にはわからない中のようす。内幕。内情。「―を暴露《ばくろ》する」

**かくやく**【確約】(名・他スル) 必ず守ることを約束すること。また、その約束。「―をとる」

**かくやす**【格安】(名・形動ダ) 品物の量や質のわりに値段がたいへん安いこと。「―の品」「―で手に入れる」類割安《わりやす》

**がくゆう**【学友】(名) 同じ学校でいっしょに学んでいる友人。校友。

**かくゆうごう**【核融合】(名)〔物〕水素・ヘリウムなどの軽い原子核が融合し、より重い原子核に変わること。そのとき、膨大《ぼうだい》なエネルギーが放出される。対核分裂《ぶんれつ》

**がくようひん**【学用品】(名) 学校の勉強に必要な文房具《ぶんぼうぐ》。ノート・鉛筆《えんぴつ》・消しゴムなど。

**かぐら**【◦神楽】(名) 神を祭るときに奏する日本古来の音楽やおどり。「―を奉納《ほうのう》する」

**かくらん**『△霍乱』(名) 激しく吐《は》いたりくだしたりする、夏によくおこる病気の古い呼び名。「鬼《おに》の―(＝ふだん健康な人が病気になること)」

**かくらん**『△攪乱』(名・他スル) かき回して混乱をおこすこと。「敵を―する」参考もとの読みは「こうらん」。「かくらん」は慣用読み。

**かくり**【隔離】(名・自他スル) へだてること。へだたること。特に、感染症《かんせんしょう》の患者《かんじゃ》などを一般《いっぱん》の人たちからはなして一定の場所におくこと。「―病棟《びょうとう》」

**がくり**【学理】(名) 学問上の理論。

**かくりつ**【確立】(名・自他スル) 基礎《きそ》となる物事をしっかりと打ち立てること。また、しっかり定まること。「自我《じが》の―」「基本方針を―する」

**かくりつ**【確率】(名) あることがらの、おこるかおこらないかの割合。確かさの程度。「当選する―が高い」…的「確率的にはほとんど望みがない」

**かくりょう**【閣僚】(名) 内閣を構成する各大臣。参考ふつう、総理大臣はふくまない。

**がくりょく**【学力】(名) 勉強して自分の身につけた能力。「―が向上する」「―テスト」

**がくれい**【学齢】(名) ❶義務教育を受ける年齢。

満六歳から満一五歳までの九年間。❷小学校に入学する年齢。満六歳。「―に達する」

**かくれが**【隠れ家】(名) 人に見つからないように隠れ住む家や場所。隠れ場所。「―をつきとめる」

**がくれき**【学歴】(名) いつ、どんな学校で勉強し、卒業したかという経歴。「―は問わない」「―社会」

**かくれみの**【隠れみの】〖隠れ△蓑〗(名) ❶着るとからだが隠れて見えなくなるという、想像上のみの。❷正体や本心などを隠すために用いられる表向きの口実や手段。「貿易会社を―にして密輸を行う」

**かく・れる**【隠れる】(自下一) {レ・レ・レル・レル・レレ・レロ(レヨ)} ❶物のかげになって見えなくなる。「月が雲に―」 ❷人に見つからない場所に身を置く。ひそむ。「物かげに―」「山奥《やまおく》に―」 ❸世間に名前や力が知られないでいる。「―・れた人材を発掘《はっくつ》する」 ❹(「おかくれになる」の形で)身分の高い人が死ぬ。

**かくろん**【各論】(名) 全体を構成する一つ一つの細かい項目《こうもく》についての議論・論説。「総論賛成―反対」 対総論

**かぐわし・い**〖◇芳しい・△馨しい〗(形) {カロ・カツ(ク)・イ・イ・ケレ・○} よいにおいがする。かおりが高い。「―菊《きく》の花」

**がくわり**【学割】(名) (「学生割引」の略)学生や生徒に対して運賃や劇場の入場料などを一般《いっぱん》より安くする制度。「―がきく」

**かくん**【家訓】(名) 家に伝わる教え。類庭訓《ていきん》

**かけ**【掛け】 一 (名) ❶物をかけること。また、かけるもの。「洋服―」 ❷「掛け売り」「掛け買《が》い」の略。「―で買う」 ❸(「掛けそば」「掛けうどん」の略)具がはいらない、熱い汁《しる》をかけただけのそばやうどん。 二 (接尾) (動詞の連用形について)その動作がまだ終わっていないことを表す。「読み―の本」「書き―」 参考 二 はふつうかな書きとする。

**かけ**【賭け】(名) ❶勝負事におかねや品物を出し、勝ったほうがそれを取ること。「―をする」「―に負ける」 ❷結果を運にまかせて思いきってする行動。「―に出る」「監督《かんとく》の―が当たる」

**かげ**【陰】〖△蔭・△翳〗(名) ❶光の当たらないところ。「木の―」「建物の―」 ❷物にかくれて見えないところ。「島の―」「柱の―」 ❸人目につかないところ。「―で悪口を言う」 ❹心の暗さ。「―のある人」 ❺(「おかげ」の形で)助けてくれる力。「みなさまのお―です」 ⇩おかげ
⇩かげ(影)「学習」

**陰で糸《いと》を引《ひ》く** 人形つかいが陰で糸を引いて人形を動かすように、自分は目立たないところにいて、人をさしずして行動させる。「―人物」

**陰になり日向《ひなた》になり** 表面に出たり、裏に回ったりしてその人をいろいろとかばい守るようす。「―彼《かれ》を助ける」 類陰《いん》に陽に

**かげ**【影】(名) ❶光が物にさえぎられてできた暗いところ。「障子《しょうじ》に人の―がさす」 ❷鏡や水などに映って見えるもの。「湖に映る山の―」 ❸物の姿や形。「人の―もない」「見る―もない」 ❹日や月などの光。「青い月―」 ❺不安や不吉《ふきつ》な印象。「将来に―を投げかける」「人生に暗い―を落とす」

**影が薄《うす》い** ❶なんとなく元気がない。死期が近づいているような感じがする。❷その人の存在が目立たない。「会社では―存在」

**影も形《かたち》もない** あとかたもない。どこにも見えない。

**影を潜《ひそ》める** 今まであった姿や現象・気配がなくなる。「ブームも影を潜めた」

> **学習** 使い分け 「陰」「影」
>
> **陰** 物の裏側にあたる部分。光の当たらないところ。「木の**陰**」「**陰**ながら祈《いの》る」「山**陰**」「寄らば大樹の**陰**」「**陰**に回る」
>
> **影** 光をさえぎった結果できる物の形。物の形そのものもいう。「鏡に映った**影**」「**影**をひそめる」「うわさをすれば**影**がさす」

**かげ**【鹿毛】(名) 馬の毛色の一つ。鹿《しか》の毛のような茶褐色《ちゃかっしょく》で、足の下部・たてがみ・尾《お》の黒いもの。

**-がけ**〖掛け〗(接尾) ❶身につけていることを表す。「ゆかた―」「たすき―」 ❷(人数を表す語について)その人数ですわることを表す。「三人―のいす」 ❸(動詞の連用形について)その動作の途中《とちゅう》であることを表す。「帰り―に友人の家に寄る」 ❹(数字について)割合を表す。「定価の八―(=八割)で買う」

**がけ**【崖】(名) 山・谷・岸などで、けずったようにけわしくきりたっているところ。

**かけあい**【掛け合い】(名) ❶たがいにかけること。「水の―」 ❷話し合うこと。交渉《こうしょう》。「―に行く」 ❸演芸などで、二人以上でかわるがわる歌ったり話したりすること。「―漫才《まんざい》」

**かけあ・う**【掛け合う】(ワ(オ)・イ・ウ・ウ・エ・エ) 一 (他五) たがいに何かをかける。「水を―」「ことばを―」 二 (自五) 要求に応じてくれるよう相手と話し合う。交渉《こうしょう》する。「先方と―」

**かけあし**【駆け足】(名) ❶やや速く走ること。「駅まで―で行く」 ❷急いで物事をしたり、あわただしく時が移ったりすること。「冬が―でやってくる」 ❸馬を最も速く走らせること。ギャロップ。

**かけあわ・せる**【掛け合わせる】(他下一) {セ・セ・セル・セル・セレ・セロ(セヨ)} ❶掛け算をする。❷動植物などを交配する。「ろばと馬を―」

**かけい**【佳景】(名) すばらしい景色。「―に見入る」

**かけい**【家系】(名) 先祖から続いているその家の系統。家がら。「学者の多い―」 類血統

**かけい**【家計】(名) 一家の収入と支出。一家のくらし向き。「―が苦しい」「―簿《ぼ》」 類生計

**かけい**〖懸△樋・△筧〗(名) →かけひ

**かけうり**【掛け売り】(名・他スル) 現金と引きかえでなく、あとで代金をもらう約束で品物を売ること。貸し売り。掛け。対掛け買《が》い

**かげえ**【影絵】(名) 手や紙などでつくったいろいろな物の形に光をあてて、その影を障子《じ》《しょう》などにうつし出す遊び。また、その絵。シルエット。

**かけおち【駆け落ち】**（名・自スル）結婚《けっこん》を許されない恋人《こいびと》どうしが、こっそりよその土地へにげること。「手に手をとって―する」

**かけがい【掛け買い】**（名・他スル）現金と引きかえでなく、あとから代金をはらう約束で品物を買うこと。掛け。対掛け売り

**かけがえのない【かけがえのない】**『掛け替えのない』かわりになるものがない。この上もなくたいせつで、なにものにもかえられない。かけがえがない。「―命」「―人」

**かげき【過激】**（名・形動ダ）考え方や言動がひじょうにはげしいこと。はげしすぎること。「―な思想」「―な運動をさける」対穏健《おんけん》

**かげき【歌劇】**（名）音楽と歌で演じる劇。オペラ。

**かげきは【過激派】**（名）党派のうち、過激な方法で主義・主張を実現させようとする集団。

**かけきん【掛け金】**（名）❶毎月または毎日など、一定の期間ごとに一定の金額を積み立てておくおかね。「生命保険の―」❷掛け売りで売った、または掛け買いで買った、品物の代金。

**かげぐち【陰口】**（名）本人のいないところで言う悪口。「―をきく」「―をたたく」

**かけごえ【掛け声】**（名）❶人に呼びかけたり、はげましたりする声。「ひいきの役者に―をかける」❷ひょうしをとったり、勢いをつけたりする声。「いさましい―」

**かけごと【賭け事】**（名）お金や品物をかけて勝負を争うこと。

**かけことば【掛けことば】**『掛◇詞・懸◇詞』（名）〔文〕一つのことばに、同時に二つのちがった意味をもたせたもの。和歌などに用いられた表現技巧《ぎこう》の一つ。

**かけこ・む【駆け込む】**（自五）{マ(モ)・ミ(ン)・ム・ム・メ・メ}走って中にはいる。「発車まぎわに列車に―」

**かけざん【掛け算】**（名）〔数〕二つ以上の数をかけ合わせる計算。乗法。対割り算

**かけじく【掛け軸】**（名）床《とこ》の間《ま》などに掛けるように、絵や字を表装《ひょうそう》したもの。掛け物。

**かけす**『懸け巣』（名）〔動〕カラス科の鳥。山林にすみ、からだはとより少し小さくぶどう色。ほかの鳥の鳴き声をまねる。かしどり。

**かけず【掛け図】**（名）地図や絵を壁《かべ》などに掛けて見せるようにしたもの。

**かけすて【掛け捨て】**（名）❶保険で、契約《けいやく》期間中の補償《ほしょう》はあるが、満期になっても掛け金の払《はら》い戻《もど》しのないこと。❷保険などを解約し、掛け金の支払いを途中《とちゅう》でやめてむだにすること。

**かけずりまわ・る【駆けずり回る】**（自五）{ラ(ロ)・リ(ツ)・ル・ル・レ・レ}あちこち走り回る。また、ある目的のためにあちこちを訪ねたり動き回ったりする。「資金集めに―」

**かげぜん【陰膳】**（名）ながく家をはなれている人の無事をいのって、家にいる者が毎日その人の分として供える食事。「―をすえる」

**かけだし【駆け出し】**（名）その仕事についたばかりであること。また、その人。新参《しんざん》。新米。「―の記者」

**かけだ・す【駆け出す】**（自五）{サ(ソ)・シ・ス・ス・セ・セ}❶走って外へ出る。「はだしで校庭へ―」❷走り始める。「急に―」

**かけつ【可決】**（名・他スル）会議で議題になっていることをよいと認めて決めること。「参議院で予算案を―する」対否決

**かけつ・ける【駆けつける】**『駆け付ける』（自下一）{ケ・ケ・ケル・ケル・ケレ・ケロ(ケヨ)}走ってやってくる。急いでその場に行く。「事故現場に―」

**かげながら【陰ながら】**（副）表に出さず。人知れず。ひそかに。「―ご回復をお祈《いの》りしています」

**かけぬ・ける【駆け抜ける】**（自下一）{ケ・ケ・ケル・ケル・ケレ・ケロ(ケヨ)}走って通り過ぎる。急いで通り抜ける。「ゴールを―」「時代を―」

**かけね【掛け値】**（名）❶実際より高くつけたねだん。「―なしの取り引き」「―を言う」❷物事を大げさに言うこと。誇張《こちょう》。「―なしに話をする」

**かけはし【掛け橋】**『掛け橋・懸け橋・架け橋』（名）❶がけや川に板などをかけわたしてつくった橋。❷はしわたし。なかだち。「両国友好の―になる」

**かけはな・れる【かけ離れる】**『掛け離れる・懸け離れる』（自下一）{レ・レ・レル・レル・レレ・レロ(レヨ)}遠く離れる。遠くへだたる。「現実と―・れた話」

**かけひ**『懸◁樋・◁筧』（名）竹をわったものなどを地上にかけわたして水を通すとい。かけい。

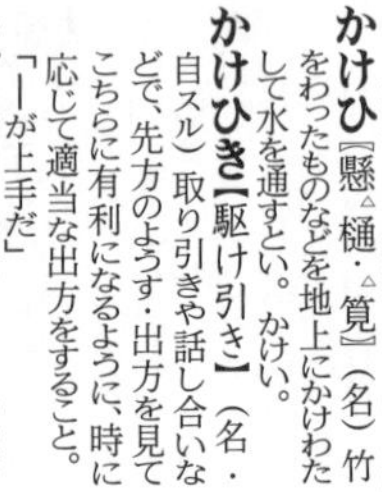
（かけひ）

**かけひき【駆け引き】**（名・自スル）取り引きや話し合いなどで、先方のようす・出方を見てこちらに有利になるように、時に応じて適当な出方をすること。「―が上手だ」

**かげひなた【陰ひなた】**『陰日◇向』（名）人が見ているときと見ていないときとで、ことばや態度にちがいがあること。「―なく働く」

**かげべんけい【陰弁慶】**（名）うちではいばっていても、よそではいくじのないこと。また、その人。類内弁慶

**かげぼうし【影法師】**（名）地面や障子《しょうじ》・壁《かべ》などにうつった人の影。「―をふむ」

**かげぼし【陰干し】**『陰◇乾し』（名・他スル）日陰で干してかわかすこと。「セーターを―する」対日干し

**かげむしゃ【影武者】**（名）❶敵をだますため、大将など重要人物と同じ服装をした身代わりの武者。❷かげでいろいろと人をさしずする者。黒幕。

**かけめぐ・る【駆け巡る】**（自五）{ラ(ロ)・リ(ツ)・ル・ル・レ・レ}かけまわる。走りまわる。「野山を―」

**かけもち【掛け持ち】**（名・他スル）同時に二つ以上の仕事を一人で受け持つこと。兼務《けんむ》。「役員を―する」

**かけもの【掛け物】**（名）→かけじく

**かけら【欠けら】**『×欠片』（名）❶物の欠けた一部分。断片《だんぺん》。破片。「ガラスの―」❷ほんのわずかなもの。「良心の―もない」

**かげり【陰り】**『◁翳り』（名）❶日の光がうすらぐこと。「日の―」❷よくない前ぶれ。「景気に―がさす」

# かける【掛ける】

11画 扌8

訓 かける・かかる・かかり

かける。かかる。◆掛詞《かけことば》・掛け算◆仕掛け

**か・ける【掛ける・懸ける・架ける】**（他下一）{ケ・ケ・ケル・ケル・ケレ・ケロ(ケヨ)} ❶あるものをささえとしてはずれないようにとめる。㋐つるす。ぶら下げる。「壁《かべ》に絵を―」㋑高くかかげる。「看板を―」「マストに帆《ほ》を―」㋒鍋《なべ》などを火の上に置く。「鍋をコンロに―」㋓上部を、ささえとなるものに付けた状態で全体を立てて置く。「屋根にはしごを―」㋔器具などを使ってとめる。「留《と》め金《がね》を―」「ボタンを―」
❷一方から他方に物をさし渡す。「橋を―」
❸とらえて動けなくする。「策略に―」「わなに―」
❹意識や感覚にとどめる。「気に―」
❺あつかい・手続きを他のものにまかせる。ゆだねる。「医者に―」「裁判に―」
❻上演する。興行する。「舞台《ぶたい》に―」
❼上からかぶせる。おおう。「ふとんを―」
❽上からかぶせるような動作で道具を使う。「アイロンを―」「雑巾《ぞうきん》を―」
❾細長いものを他のもののまわりに巻きつける。「荷物にひもを―」
❿液体や粉などを注《そそ》いだり上から撒《ま》いたりする。「トンカツにソースを―」
⓫はたらきかけやある作用が他のものにおよぶようにする。「電話を―」「催眠《さいみん》術を―」
⓬機械などを作動させる。機能している状態にする。「エンジンを―」「音楽を―」
⓭おかねや時間・労力を使う。費《つい》やす。「服におかねを―」「手間暇《てまひま》を―」
⓮負担させる。「税金を―」
⓯勝った者にあたえるという約束で賞などを出す。「賞金を―」
⓰かけ算をする。「三に五を―と一五」
⓱交配する。「二つの品種を―・けた新しい品種」
⓲同音であることを利用して、一つの語句に二つの意味をもたせる。「秋に飽《あ》きを―」
⓳（「…から…にかけて」の形で）ある時間・場所から他の時間・場所までずっと。「夜更《よふ》けから朝に―・けて大雨が降った」
⓴（「…にかけては」の形で）…に関しては。…については。「泳ぎに―・けては自信がある」
㉑（動詞の連用形の下について）㋐…しはじめる。「勉強し―・けた時、友達が来た」㋑途中《とちゅう》まで…する。「仕事をやり―・けたまま外出する」㋒…しそうになる。「倒《たお》れ―・けている電柱」
⇩かかる（掛かる）「学習」

**かけ・る**〖△翔る〗（自五）{ラ(ロ)・リ(ッ)・ル・ル・レ・レ} 空高く飛ぶ。「大空を―鳥」

**か・ける【欠ける】**（自下一）{ケ・ケ・ケル・ケル・ケレ・ケロ(ケヨ)} ❶かたい物の一部がこわれて取れる。「コップが―」❷あるべきものが不足する。「常識に―」「定員に―」❸月などの一部が見えなくなる。「月が―」対満ちる

**か・ける【駆ける】**〖△駈ける〗（自下一）{ケ・ケ・ケル・ケル・ケレ・ケロ(ケヨ)} 人や馬などが速く走る。また、馬に乗って走る。「運動場を力いっぱい―」

**か・ける【賭ける】**（他下一）{ケ・ケ・ケル・ケル・ケレ・ケロ(ケヨ)} ❶勝ったほうがおかねや物をもらう約束で勝負を争う。「あり金のすべてを―」❷失敗したときはそれを失う覚悟《かくご》で事を行う。「命を―」「社運を―」参考②は「懸ける」とも書く。

**かげ・る【陰る】**〖△翳る〗（自五）{ラ(ロ)・リ(ッ)・ル・ル・レ・レ} ❶日の光がうすらぐ。「日が―」❷日かげになってうす暗くなる。「山の斜面《しゃめん》が―」❸表情が暗くなる。また、状態などがよくない傾向《けいこう》になる。「人気が―」

**かげろう**〖×陽炎〗（名）春の日ざしの強い日に、熱せられた空気が地面からほのおのようにゆらめいて立ち上る現象。

**かげろう**〖×蜉蝣〗（名）〘動〙カゲロウ目《もく》の昆虫《こんちゅう》。とんぼに似て羽はうすくすきとおり、弱々しい。夏、水辺を飛び、卵をうむと数時間で死ぬ。はかないもののたとえにされる。

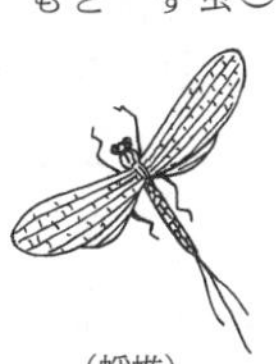
（蜉蝣）

**かげろうにっき**〔蜻蛉日記〕〔作品名〕平安時代中期の日記文学。三巻。藤原道綱《ふじわらのみちつな》の母の作。藤原兼家《ふじわらのかねいえ》との二一年間にわたるむなしい結婚《けっこん》生活を自伝風につづる。かげろうのにき。

**かけん【家憲】**（名）その家のおきて。家法。家訓。

**かげん【下弦】**（名）満月から新月になるまでの中ごろに出る月。月の入りのとき弓のつるを下に向けたような半円形にみえる。陰暦《いんれき》二二、三日ごろの月。「―の月」対上弦

**かげん【下限】**（名）ものの数や値段などの下のほうの限界。「価格の―」対上限

**かげん【加減】** ━（名）❶加えることと減らすこと。たし算とひき算。「―乗除」❷物事の調子やぐあい。特に、からだのぐあい。「湯の―を見る」「お―はいかがですか」❸影響《えいきょう》。「天気の―でひざが痛い」
━（名・他スル）ちょうどよい程度に調節すること。「力の―を知らない」「スピードを―する」
━（接尾）❶程度。ぐあい。「塩―」「腹のへり―」❷少し…気味である。「うつむき―」

**かげん【寡言】**（名）口数の少ないこと。寡黙《かもく》。

**がげん【雅言】**（名）上品で正しいことば。特に、平安時代の和歌や文章に使われた上品なことば。現在では短歌などに使われる。雅語。

**かげんじょうじょ【加減乗除】**（名）加法（＝たし算）・減法（＝ひき算）・乗法（＝かけ算）・除法（＝わり算）のこと。四則。

**かこ【過去】**（名）❶過ぎ去った時。むかし。「―をふりかえる」対未来。❷これまでの経歴。「―を清算する」❸〘仏〙前世《ぜんせ》。❹〘文法〙時制の一つ。過ぎ去った動作・現象を表す。助動詞「た」を用いて表す。

**かご【籠】**（名）竹・つる・針金などであんだ入れもの。
**籠の鳥《とり》** かごの中に飼われている鳥のように、自由をうばわれている身のたとえ。

**かご【加護】**（名・他スル）神や仏などが助け守ること。「神仏の―がある」

**かご【過誤】**（名）あやまち。まちがい。「―をおかす」

**かご**『△駕◇籠』（名）人を乗せ、上に通した棒の両はしを二人でかついで運ぶむかしの乗り物。

**がご**【雅語】（名）→がげん

**かこい**【囲い】（名）まわりを囲むこと。また、囲むもの。垣根《かきね》や塀《へい》など。「板で—をする」

**かこいこ・む**【囲い込む】（他五）{マ(モ)・ミ(ン)・ム・ム・メ・メ} ❶まわりを囲って中に取り込む。「網《あみ》で—・んで魚をとる」❷人材・資源などが、ほかに行かないように確保する。「顧客《こきゃく》を—」

**かこう**【下降】（名・自スル）下にさがること。降りること。「エレベーターが—する」「—線をたどる」対上昇

**かこう**【火口】（名）火山が、溶岩《ようがん》などをふき出したときにできた穴。火山の噴火口《ふんかこう》。

**かこう**【加工】（名・他スル）自然の物や他の製品などに手を加えて新しいものにかえること。「—食品」

**かこう**【河口】（名）川の流れが海や湖にそそぐところ。かわぐち。

**かこ・う**【囲う】（他五）{ワ(オ)・イ(ッ)・ウ・ウ・エ・エ} ❶まわりを何かでとりまく。囲む。「塀《へい》で—」❷他人の目にふれないように人をかくしおく。「犯人を—」「愛人を—」❸たくわえる。貯蔵する。「芋《いも》を—」

**かごう**【化合】（名・自スル）《化》二種類以上の物質が結びついて、前のどちらともちがった別の一物質になること。「水素と酸素が—して水ができる」

**がごう**【雅号】（名）書家・画家・作家などが本名のほかにつける風流な名。「—を用いる」類号・ペンネーム

**かこうがん**『花△崗岩』（名）《地質》石英・長石・雲母《うんも》などをおもな成分とする岩石。深成岩の一種で、灰白色《かいはくしょく》で黒い斑点《はんてん》がある。みかげ石。

**かこうきゅう**【火口丘】（名）《地質》火口の中に新しくできた火山。

**かこうげん**【火口原】（名）《地質》複式火山で、火口丘《かこうきゅう》と外輪山との間にある平らな土地。

**かこうこ**【火口湖】（名）《地質》火口に水がたまってできた湖。

**かごうぶつ**【化合物】（名）《化》化合してできたもの。「酸の—」

**かこうぼうえき**【加工貿易】（名）輸入した原材料をもとに国内で加工した製品を輸出する貿易。

**かごかき**『△駕◇籠△舁き』（名）むかし、駕籠をかつぐことを仕事とした人。かご屋。

**かこく**【苛酷】（形動ダ）{ダロ・ダッ(デ・ニ)・ダ・ナ・ナラ・○} むごく、きびしいようす。「—な刑罰《けいばつ》」

**かこく**【過酷】（形動ダ）{ダロ・ダッ(デ・ニ)・ダ・ナ・ナラ・○} 度をこしてきびしいようす。きびしすぎるようす。「—な労働」

**かこけい**【過去形】（名）《文法》動作や状態が過ぎ去ったことを表す表現法。たとえば「起きる」の過去形は「起きた」。

**かこちょう**【過去帳】（名）《仏》死者の法名《ほうみょう》・俗名《ぞくみょう》・死亡年月日などを書いた寺の帳簿《ちょうぼ》。

**かこ・つ**『◇託つ』（他五）{タ(ト)・チ(ッ)・ツ・ツ・テ・テ} なげいて不平を言う。ぐちを言う。「身の不遇《ふぐう》を—」

**かこつ・ける**『◇託ける』（自他下一）{ケ・ケ・ケル・ケル・ケレ・ケロ(ケヨ)} 直接関係のないほかのことを口実にする。「病気に—・けて欠席する」

**かごぬけ**【籠抜け】（名）❶かごの中をくぐりぬける曲芸。❷建物の入り口などで、関係者のような顔をして金品を受け取り、裏口から姿を隠《かく》す詐欺《さぎ》。

**かこ・む**【囲む】（他五）{マ(モ)・ミ(ン)・ム・ム・メ・メ} まわりをとりまく。「山に—・まれた村」「テーブルを—」

**かごめ**【籠目】（名）❶かごのあみ目。また、その模様。❷子どもの遊びの一つ。かごめかごめ。

**かごや**【かご屋】『△駕◇籠屋』（名）→かごかき

**かこん**【禍根】（名）わざわいのもと。「—を残す」「—を断《た》つ」

**かごん**【過言】（名）おおげさに言いたてることば。言いすぎ。「英雄《えいゆう》と言っても—ではない」使い方ふつう、「…と言っても過言ではない」の形で用いる。

**かさ**『△笠』（名）❶頭にかぶって雨・雪・日光などをふせぐもの。菅《すげ》などで低い円錐《えんすい》形に編んでつくる。❷①の形をしたもの。「電灯の—」

**笠に着《き》る** 権力・勢力のあることをたよりにしていばる。「権力を—」

**かさ**【傘】（名）雨・雪・日光などをふせぐために手に持って頭の上にさすもの。雨傘《あまがさ》・日傘など。

**かさ**『△嵩』（名）物の体積。大きさ。容積。分量。「荷物の—が大きい」「水の—が増す」

**嵩にかかる** 上からおさえつけるような態度をとる。勢いに乗って攻《せ》めたてる。「かさにかかって攻める」

**かさ**『△暈』（名）《天》太陽や月のまわりに見える光の輪。「月が—をかぶる」

**かさ**『△瘡』（名）❶ひふにできるはれものの総称《そうしょう》。❷「梅毒《ばいどく》」の俗称《ぞくしょう》。

**かさあげ**【かさ上げ】『△嵩上げ』（名・他スル）❶堤防《ていぼう》などを、今までよりも高くすること。「—工事」❷（比喩《ひゆ》的に）金額などをさらに増やすこと。「予算の—」

**かざあし**【風足】（名）風の吹《ふ》く速さ。

**かざあな**【風穴】（名）❶風の吹《ふ》きぬける穴・すきま。❷山腹などの奥深《おくぶか》い穴。中から冷たい風が吹きでる。風穴《ふうけつ》。

**風穴を開《あ》ける** 古い組織や行きづまった状況《じょうきょう》などに新しいやり方や考え方をもたらす。

**かさい**【火災】（名）火事。火による災害。「—保険」

**かざい**【家財】（名）家にあるすべての物や財産。「—道具」「—を失う」

**かさい**【家裁】（名）「家庭裁判所」の略。

**がざい**【画材】（名）❶絵にかく対象。「—を決める」❷絵をかくための道具。筆、絵の具など。

**かさいりゅう**【火砕流】（名）火口から噴出《ふんしゅつ》したガスや火山灰・岩石などが一気に流れ下る現象。

**かさかさ** ■一（副・自スル）うすく軽い、かわいた物どうしが軽くふれあった音の形容。「枯《か》れ葉が—（と）音を立てる」■二（形動ダ・副・自スル）かわいて、うるおいのないようす。「手が—する」

**がさがさ** ■一（副・自スル）❶うすく軽い、かわいた物どうしがふれあった荒《あら》い音の形容。「包み紙を—（と）広げる」❷落ち着きがなくて、粗野《そや》なようす。「—した性格」■二（形動ダ・副・自スル）かわいて、荒《あ》れてうるおいのないようす。「皮膚《ひふ》が—になる」

**かざかみ【風上】**(名)風の吹《ふ》いてくる方向。「―からけむりが漂《ただよ》ってくる」対風下《かざしも》

**風上にも置《お》けない**(くさいものが風上にあるとがまんができないことから)性質や行動のよくないものを非難し、ののしっていうことば。「武士の―ひきょう者」

**かさく【佳作】**(名)❶できばえのよい作品。❷応募《おうぼ》作品などで、入賞した作品に次ぐよい作品。「選外―」

**かさく【家作】**(名)人に貸して収益を得るために建てた家。貸家《かしや》。

**かさく【寡作】**(名・形動ダ)少ししか作品を作らないこと。「―な小説家」対多作

**かざぐるま【風車】**(名)❶→ふうしゃ ❷紙などで作った羽根車が風で回るようにしたおもちゃ。

**かささぎ【◁鵲】**(名)〔動〕カラス科の鳥。からすよりやや小さく、肩《かた》と腹は白、その他はつやのある黒で、尾《お》は長い。日本では北九州だけにすむ。

(かささぎ)

**かささぎの…**和歌
〔かささぎの 渡《わた》せる橋《はし》に 置《お》く霜《しも》の 白《しろ》きを見《み》れば 夜《よ》ぞふけにける〕〈新古今集《しんこきんしゅう》・大伴家持《おおとものやかもち》〉訳かささぎが羽を並べてかけたという天の川の橋に降《お》りた霜が白々としているのを見ると、夜はすっかりふけてしまったことだ。(小倉《おぐら》百人一首の一つ)

**かざしも【風下】**(名)風の吹《ふ》いて行く方向。「―に立つ」対風上《かざかみ》

**かざ・す【◁翳す】**(他五)｛サ(ソ)・シ・ス・ス・セ・セ｝❶頭や目の上に何かをさしかけたり、かかげたりする。「小手《こて》を―」「旗を―」❷物の上にさしかける。「火に手を―」

**がさつ**(形動ダ)｛ダロ・ダッ(デ・ニ)・ダ・ナ・ナラ・○｝ことばや動作があらっぽくて、上品でないようす。「―な動作」

**かさな・る【重なる】**(自五)｛ラ(ロ)・リ(ッ)・ル・ル・レ・レ｝❶物の上にさらに同じような物がのる。「花びらが―」❷同種の物事がさらに加わる。同時に起こる。「ミスが―」「日曜と祝日が―」

**かさね【◇襲】**(名)むかし、男子が束帯《そくたい》のとき、袍《ほう》の下に重ねて着た衣服。下襲《したがさね》。

**かさね【重ね】**一(名)重ねること。また、重ねたもの。二(接尾)着物や重箱など、重ねたものを数えることば。「三段―の重箱《じゅうばこ》」

**かさねがさね【重ね重ね】**(副)何度もくり返して。たびたび。くれぐれも。「―のご厚意、お礼申しあげます」「―おわびいたします」

**かさねぎ【重ね着】**(名・他スル)寒さを防ぐなどのために、衣服を何枚も重ねて着ること。

**かさねて【重ねて】**(副)念をいれてふたたび。くり返して。「―お願いします」

**かさ・ねる【重ねる】**(他下一)｛ネ・ネ・ネル・ネル・ネレ・ネロ(ネヨ)｝❶物の上にさらに同種の物をのせる。「皿を―」❷同種の物事をさらに加える。同じことをくり返す。「実験を―」「失敗を―」

**かざはな【風花】**(名)❶積もった雪が風に舞《ま》うこと。また、その雪。❷晴天の時に風に舞う雪。参考「かざばな」ともいう。

**かさば・る【◁嵩張る】**(自五)｛ラ(ロ)・リ(ッ)・ル・ル・レ・レ｝じゃまになるほど大きく、場所をとる。かさむ。「荷物が―」

**カザフスタン**〔Kazakhstan〕〔地名〕中央アジア、カスピ海に面した共和国。首都はアスタナ。

**かさぶた【◁瘡蓋・◁痂】**(名)できものや傷などが治るときに、その上にできる固い皮。

**かざみ【風見】**(名)屋上などにとりつけて風の方向を知る道具。風向計。「―の矢」

**かざみどり【風見◇鶏】**(名)屋根などに付ける、にわとりの形をした風向計。また、そのときどきの情勢を見て態度をくるくる変える人のたとえ。

**かさ・む【◁嵩む】**(自五)｛マ(モ)・ミ(ン)・ム・ム・メ・メ｝❶体積や量が大きくなる。かさばる。「荷物が―」❷出費などが予想より多くなる。「費用が―」

**かざむき【風向き】**(名)❶風の吹《ふ》く方向。「―が西に変わる」❷物事の形勢・なりゆき。また、相手の機嫌《きげん》。「―が悪い」参考「かぜむき」とも読む。

**かざり【飾り】**(名)❶きれいに見えるようにとりつけたもの。装飾《そうしょく》。「胸に―をつける」「首―」❷表面だけの美しさ。虚飾《きょしょく》。「―のない人がら」

**かざりけ【飾り気】**(名)実際よりよく見せようとして表面をとりつくろおうとする気持ち。「―のない人」

**かざりた・てる【飾り立てる】**(他下一)｛テ・テ・テル・テル・テレ・テロ(テヨ)｝よく見せるためにはでに飾る。「部屋を花で―」「美辞麗句《びじれいく》で―・てた文章」

**かざりつ・ける【飾り付ける】**(他下一)｛ケ・ケ・ケル・ケル・ケレ・ケロ(ケヨ)｝飾りなどを人目をひくようにうまく配置する。

**かざりまど【飾り窓】**(名)商店で商品を陳列《ちんれつ》する窓。ショーウインドー。

**かざりもの【飾り物】**(名)❶美しく飾りつけたもの。❷うわべをかざるためだけで実質のない物や人。

**かざ・る【飾る】**(他五)｛ラ(ロ)・リ(ッ)・ル・ル・レ・レ｝❶きれいに見えるようにとりつけたり配置したりする。はなやかさやりっぱさを加える。「部屋に花を―」「紙面を―」「有終の美を―」❷とりつくろって実際よりよく見せようとする。「うわべを―」「―・らない人柄《ひとがら》」

> **仕組みの解明**「飾る」
> **Q** 花を飾る? 花で飾る?
>
> A 部屋に花を飾る
> B 部屋を花で飾る
>
> **A**・Aでは「花」が部屋のどこかに飾られることを表すので、花は少しでもよい。
> ・Bでは「部屋が飾られた状態」にすることを表し、花はたくさんあるのが一般的《いっぱんてき》。

**かさん【加算】**一(名・他スル)元の数・量に加えること。「利子を―する」二(名)〔数〕足し算。寄せ

算。対減算

**かさん【家産】**（名）一家の財産。「—を傾《かたむ》ける（＝財産を使い果たす）」類身代《しんだい》

**かざん【火山】**（名）〘地質〙地下の深い所にある高熱のガスやどろどろにとけた岩などが地上にふきだしている山。また、それらが冷えてかたまってできた山。

**がさん【画賛】**〘画△讃〙（名）山水画などの絵に書きそえる文句、または文章。

**かさんかすいそ【過酸化水素】**（名）〘化〙酸素と水素の化合物で、無色透明《とうめい》の液体。消毒・漂白《ひょうはく》などに使う。⇨オキシドール

**かざんがん【火山岩】**（名）〘地質〙火成岩の一種。マグマがふきでて、地表や地表近くでかたまった岩。安山《あんざん》岩・玄武《げんぶ》岩など。

**かざんたい【火山帯】**（名）〘地質〙火山が帯のように続いている地域。西日本火山帯など。火山脈。

**かざんばい【火山灰】**（名）〘地質〙火山からふき出す灰のような物質で、溶岩《ようがん》が細かくくだけたもの。

**かざんみゃく【火山脈】**（名）〘地質〙火山帯。

**かし**〘△樫〙（名）〘植〙ブナ科の常緑高木。あかがし・しらかしなど種類が多い。つやのあるかたい葉を持ち、どんぐりがなる。材はかたく、建築・船・器具などに用いる。

**かし【貸し】**（名）❶貸すこと。また、貸したものやおかね。「一〇万円の—」❷他人に与《あた》えた恩恵《おんけい》。「あの人には助けてあげた—がある」〘対借り〙

**かし【下肢】**（名）足。脚部《きゃくぶ》。「—をきたえる」対上肢

**かし【下賜】**（名・他スル）身分の高い人が下の身分の者に物を与《あた》えること。「御《ご》—品」

**かし【可視】**（名）肉眼で見ることができること。「—光線」「不—」

**かし【仮死】**（名）呼吸が止まり、意識がなくなって死んでいるように見える状態。「—状態」

**かし【○河岸】**（名）❶船の荷をあげおろしするための川岸。「—で荷をおろす」❷川岸に立つ市場。特に、魚市場。「魚《うお》—《がし》」❸飲食したり遊んだりする場所。「—をかえる」

**かし【菓子】**（名）間食として食べる、ふつう甘い食べ物の総称《そうしょう》。

**かし**〘△瑕△疵〙（名）❶きず。欠点。「一点の—もない」❷〘法〙なんらかの欠陥《けっかん》や欠点があること。

**かし【歌詞】**（名）音楽にのせて歌われることば。歌の文句。「—を暗記する」

**カし【カ氏】**〘華氏〙（名）水の氷点を三二度、沸点《ふってん》を二一二度とする温度のはかり方。記号 °F 参考「華氏」は、考案したドイツの物理学者ファーレンハイトの中国語表記「華倫海」による。⇨セし

**かじ**〘△舵・△楫・△梶〙（名）❶船のうしろにつけて方向を定める装置。「—を取る」❷水をかいて船を進める道具。「かい」「ろ」など。❸（「かじ棒」の略）荷車や人力車をひくための長い柄《え》。参考ふつう、①は「舵」、②は「楫」、③は「梶」を用いる。

**舵を取《と》る** ❶めざす方向に船を進めるためにかじを動かす。❷物事がうまく運ぶように導き進める。「会議の—」

**かじ【火事】**（名）家や山林などが焼けること。「—を出す」「—見舞《みま》い」「山—」類火災

**かじ【加持】**（名）病気や災難を除くために、僧《そう》が仏にいのること。「—祈禱《きとう》」

**かじ【家事】**（名）❶食事のしたくや洗濯《せんたく》など、家の中のいろいろな用事。「—に追われる」❷家庭内部のことがら。「—のつごうで休みをとる」

**かじ【○鍛冶】**（名）金属をきたえて、刃物《はもの》やその他の道具を作ること。また、その人。「刀—」

**-がし**（接尾）（動詞の命令形について）あてつけ・皮肉などをこめて、そうあってほしい意を表す。…と言わんばかりに。「聞こえよ—に」「これ見よ—に」文法意味を強めるはたらきをする文語の終助詞「かし」の変化。

**がし【餓死】**（名・自スル）飢《う》えて死ぬこと。飢え死に。「—寸前の状態」

**かしおり【菓子折り】**（名）菓子をつめる折り箱。また、菓子をつめた折り箱。

**かじか**〘△鰍〙（名）〘動〙カジカ科の魚。水のきれいな川の上流にすむ。はぜに似て、細長く、うろこがない。

**かじか**〘河鹿〙（名）〘動〙アオガエル科のかえる。山の奥《おく》のきれいな川の瀬《せ》にすみ、雄《おす》は美しい声で鳴く。かじかがえる。

（河鹿）

**かしかた【貸し方】**（名）❶貸す物やおかねなどを貸した人。貸し手。❷貸す方法。❸〘経〙複式簿記《ぼき》の仕訳《しわけ》で、勘定《かんじょう》口座の右側をいう。〘対借り方〙

**かしがまし・い**〘△囂しい〙（形）（カロ・カツ(ク)・イ・イ・ケレ・〇）やかましい。さわがしい。かしましい。

**かじか・む**（自五）（マ(モ)・ミ(ン)・ム・ム・メ・メ）寒さなどのために手足がこごえて思うように動かなくなる。「指が—」

**かしかん【下士官】**（名）軍隊で、士官・准《じゅん》士官の下、兵の上にあたる階級。

**かじき**（名）〘動〙マカジキ科とメカジキ科の魚。体長は二《メートル》以上になる。口ばしが長くとがっている。食用。かじきまぐろ。

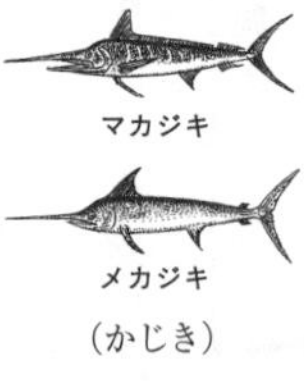


（かじき）

**かしきり【貸し切り】**（名）場所や乗り物を、一定の間、特定の人・団体にだけ貸すこと。「—バス」

**かし・ぐ**〘◇炊ぐ〙（他五）（ガ(ゴ)・ギ(イ)・グ・グ・ゲ・ゲ）ご飯をたく。「米を—」

**かし・ぐ**〘◇傾ぐ〙（自五）（ガ(ゴ)・ギ(イ)・グ・グ・ゲ・ゲ）かたむく。「地震《じしん》で家が—」

**かし・げる**〘◇傾げる〙（他下一）（ゲ・ゲ・ゲル・ゲル・ゲレ・ゲロ(ゲヨ)）かたむける。ななめにする。「首を—」

**かしこ**（名）（「かしこし」の語幹）女性が手紙の終わりに書くことば。「おそれつつしむ」の意。かしく。

**かしこ**〘◇彼◇処〙（代）あそこ。「どこも—も」

**かしこ・い【賢い】**（形）（カロ・カツ(ク)・イ・イ・ケレ・〇）❶頭のはたらきがすぐれている。りこうだ。頭がよい。「すなおで—子」❷要領がいい。「—・くたちまわる」

**かしこうせん【可視光線】**（名）目で見ることがで

きる光線。光。

**かしこし【貸し越し】**（名）預金額以上または一定の限度以上に貸すこと。対借り越し

**かしこ・し**〔畏し・賢し〕（形ク）古語 ❶恐《おそ》ろしい。こわい。「大海の波は━」〈万葉集〉訳大海の波は恐ろしい。❷おそれ多い。もったいない。ありがたい。「あやに━」〈万葉集〉訳なんとも言いようのないほどおそれ多い。❸りこうである。頭がよい。「世にしらず敏《さと》う━・くおはすれば」〈源氏物語〉訳はなはだしく聡明《そうめい》で頭がよくおいでなので。❹つごうがよい。運がよい。「風吹《ふ》かず━・き日なり」〈源氏物語〉訳風も吹かず（蹴鞠《けまり》には）よい日だ。❺（連用形「かしこく」の形で用いて）ひじょうに。はなはだしく。「男はうけきらはず呼びつどへていと━・く遊ぶ」〈竹取物語〉訳男はだれでも呼び集めてたいへん盛大に管弦《かんげん》（＝音楽を奏すること）の遊びをする。

**かしこま・る**『◇畏まる』（自五）〔ラ(ロ)・リ(ツ)・ル・ル・レ・レ〕❶おそれつつしんできちんとした態度や姿勢をとる。「━・って話を聞く」❷きちんとすわる。「━・らないで楽にしなさい」❸（「かしこまりました」の形で）「承知する」の謙譲《けんじょう》語。「はい、━・りました」

**かしず・く**『△傅く』（自五）〔カ(コ)・キ(イ)・ク・ク・ケ・ケ〕人につきそって世話をする。「老母に━」

**かしだおれ【貸し倒れ】**（名）貸したおかねが返してもらえないままになること。「━になる」

**かしだし【貸し出し】**（名・他スル）貸し出すこと。「本の━」

**かしだ・す【貸し出す】**（他五）〔サ(ソ)・シ・ス・ス・セ・セ〕❶図書館など、公共の機関が外部の人に物を貸す。「本を━」❷銀行などが金を貸す。「資金を━」

**かしちん【貸し賃】**（名）物を貸して、その使用料として取る料金。対借り賃

**かしつ【過失】**（名）不注意によるあやまち。しくじり。「━をおかす」

**かじつ【佳日】**『△嘉日』（名）めでたい日。よい日。

**かじつ【果実】**（名）植物の実。くだもの。

**かじつ【過日】**（名）（ごく最近の）過ぎ去ったある日。

「━は失礼しました」使い方 多く手紙などで使う。

**がしつ【画質】**（名）写真やテレビなどの画像の、鮮《あざ》やかさ・色合いなどの質。「高━」

**かしつけ【貸し付け】**（名）返してもらう日や利息・損料などをきめて金銭・物品を他人に貸すこと。注意「貸付金」などは送りがなをつけない。

**かしつちし【過失致死】**（名）不注意な行為《こうい》によって人を死なせてしまうこと。「━罪」

**かじとり【かじ取り】**『△舵取り』（名）❶船のかじをとる人。また、その人。❷物事がうまく運ぶように誘導《ゆうどう》・さしずすること。また、その人。「━役」

**カジノ**〔イタリア casino〕（名）カード（トランプ）やルーレット・スロットマシンなどのとばくを主とした娯楽《ごらく》場。

**かじば【火事場】**（名）火事が起きている現場。「━の馬鹿力《ばかぢから》（＝さしせまった状況《じょうきょう》では、思いもよらない強い力が出ることのたとえ）」

**かじばどろぼう【火事場泥棒】**（名）❶火事の現場の混乱にまぎれて盗《ぬす》みをはたらく人。❷混乱につけこんで、不正な利益を得ること。また、その人。

**かしま【貸間】**（名）おかねをとって貸す部屋。貸室。「━あり」対借間《しゃくま》

**かしまし・い**『△姦しい』（形）〔カロ・カッ(ク)・イ・イ・ケレ・○〕うるさい。やかましい。「女三人寄れば━」

**カシミア**〔英 cashmere〕（名）インド北西部カシミール地方の山羊《やぎ》の毛を用いて作った高級毛織物。

**かしや【貸家】**（名）家賃をとって貸す家。「━札《ふだ》」対借家《しゃくや》

**かしゃ**『仮◇借』（名）漢字の六書《りくしょ》の一つ。その字の意味に関係なく、音だけを借りて他の意味に用いるもの。たとえば、「来」は古くは「むぎ」を意味したが、今では「らい」の音を借りて、「来場」のように「くる」の意味に用いるたぐい。

**かしゃ【貨車】**（名）貨物を運ぶ鉄道車両。対客車

**かじゃ**『◇冠者』（名）↓かんじゃ（冠者）

**かしゃく【仮借】**（名・他スル）あやまちを許すこと。「━なく罰《ばっ》する」

**かしゃく**『△呵◇責』（名）とがめ責めること。責めさいなむこと。「良心の━にたえられない」

**かしゅ【火酒】**（名）アルコール分の多い酒。ウオツカ・ウイスキー・しょうちゅうなど。

**かしゅ【歌手】**（名）歌をうたうことを職業とする人。

**かじゅ【果樹】**（名）くだものがなる木。「━園」

**がしゅ【雅趣】**（名）風流で上品なおもむき。「━に富んだ作品」

**カジュアル**〔英 casual〕（形動ダ）〔ダロ・ダッ(デ・ニ)・ダ・ナ・ナラ・○〕格式ばらずくつろいだようす。特に、衣服などが気軽な感じで着られるようす。「━な格好」「━なレストラン」

**かしゅう【家集】**（名）個人の和歌集。私家集。

**かしゅう【歌集】**（名）❶和歌を集めた本。家集・撰集《せんしゅう》などの総称《そうしょう》。「━を編む」❷よくうたわれる歌を集めた本。「愛唱━」

**かじゅう【加重】**（名・自他スル）物の重さ・負担などがさらに重くなること。重さを加えること。対軽減

**かじゅう【果汁】**（名）くだものをしぼってとった汁《しる》。

**かじゅう【荷重】**（名）物にかかる重さや力。また、構造物がたえられる重さ。「橋の━を計算する」

**かじゅう【過重】**（名・形動ダ）重さや負担が大きすぎるようす。「━な労働」

**がしゅう【我執】**（名）❶《仏》自分の存在が実体をもつと考えてそれにとらわれること。❷自分中心のせまい考え。また、それにとらわれること。「━にとらわれる」

**がしゅう【画集】**（名）絵を集めて本にしたもの。

**がしゅん【賀春】**（名）年賀状などに書く、新年を祝うことば。類賀正《がしょう・がせい》

**かしょ【箇所】**『◇個所』㊀（名）そのところ。かぎられた部分・場所。「危険な━」㊁（接尾）場所や部分の数を表すことば。「五━」

**かじょ【花序】**（名）《植》茎《くき》や枝につく花のならび方。

**かしょう【火傷】**（名）↓やけど

**かしょう【仮称】**（名・他スル）かりの名。かりに名づけること。「━をつける」

**かしょう【河床】**（名）川底の地盤《じばん》。かわどこ。

**かしょう【華商】**（名）海外に住みついて活動する中国人の商人。華僑《かきょう》。

**かしょう【過小】**（名・形動ダ）小さすぎること。「損害を—に評価する」㊟過大

**かしょう【過少】**（名・形動ダ）少なすぎること。「—な予算」㊟過多

**かしょう【歌唱】**（名・他スル）歌を歌うこと。また、歌。「—指導を受ける」

**かじょう【下情】**（名）庶民《しょみん》の生活状態。しもじものようす。「—に通じる」

**かじょう【過剰】**（名・形動ダ）適当な数量や程度を超《こ》えていること。ありあまること。「人口—」「自信—」

**かじょう【箇条】**『◇個条』㊀（名）いくつかに分けて示した物事の一つ一つ。「—書き」㊁（接尾）㊀を数えることば。「要求を五—にまとめる」

**がしょう【画商】**（名）絵の売り買いを職業にする人。また、その商売。「—を営む」

**がしょう**『△臥床』（名・自スル）床《とこ》について寝《ね》ること。また、その床。「病をえて—する」

**がしょう【賀正】**（名）年賀状などに書く、正月を祝うことば。類賀春《がしゅん》。参考「がせい」とも読む。

**がじょう【牙城】**（名）❶城の中心部で大将のいる所。城の本丸。「敵の—に迫《せま》る」❷強い敵や勢力の根拠地《こんきょち》。「保守勢力の—」

**がじょう【賀状】**（名）祝いの手紙。特に、新年の祝いの手紙。年賀状。「—を出す」

**かじょうがき【箇条書き】**（名）一つ一つの項目《こうもく》に分けて書きならべること。また、その文書。「要点を—にする」

**かしょうひょうか【過小評価】**（名・他スル）そのものを実際より低く評価すること。「相手の力を—する」㊟過大評価

**かしょくしょう【過食症】**（名）《医》心理的な原因などによって、異常に食欲が出て多量に食物を摂取《せっしゅ》する症状。多食症。

**かしょくのてん**『華△燭の典』（名）（「華燭」は、はなやかなともしびの意）結婚式《けっこんしき》の美称《びしょう》。婚礼。「晴れて—を挙げる」

**かしら【頭】**（名）❶あたま。「—をふる」❷いちばん上やいちばんはじめにあること。「三人兄弟の—」「—文字」❸一群の上にたつ人。「山賊《さんぞく》の—」❹大工や左官など、職人の親方。「とび職の—」

**頭に霜《しも》を置《お》く** 白髪《はくはつ》になる。

**かしら**（終助）❶疑問・不確かな気持ちを表す。…だろうか。「雨—」「どれにしよう—」❷（「…ないかしら」の形で）願望を表す。…かなあ。「早く春が来ない—」「おまけしてくれない—」使い方おもに女性が使う。

**かしらもじ【頭文字】**（名）欧文《おうぶん》で文章のはじめや固有名詞のはじめなどに用いる大文字。

**かじりつ・く**『△齧り付く』（自五）｛カ(コ)・キ(イ)・ク・ク・ケ・ケ｝❶食いつく。かみつく。「肉に—」❷しがみついて離《はな》れまいとする。「机に—（=一生懸命《けんめい》勉強する）」

**かじ・る**『△齧る』（他五）｛ラ(ロ)・リ(ッ)・ル・ル・レ・レ｝❶堅《かた》いものなどを少しずつ歯でかみとる。「りんごを—」❷物事を少しだけ学び知る。「ドイツ語を—」「聞き—」

**かしわ**『△柏・△槲』（名）《植》ブナ科の落葉高木。山野に自生する。木の皮は染料《せんりょう》などに、葉はかしわもちに使われる。

（柏）

**かしわ**『×黄鶏』（名）にわとりの肉。鶏肉《けいにく》。

**かしわで【かしわ手】**『△柏手』（名）神を拝むとき、両手を打ち合わせて鳴らすこと。「—を打つ」

**かしわもち【かしわ餅】**『△柏餅』（名）❶かしわの葉で包んで蒸《む》したあん入りのもち。五月五日の節句に食べる。❷《俗語》一枚のふとんを二つに折って、その中に入って寝《ね》ること。

**かしん【花信】**（名）花が咲《さ》いたという知らせ。

**かしん【家臣】**（名）武士の家につかえている人。家人《けにん》。「徳川家の—」

**かしん【過信】**（名・他スル）能力や価値を実際以上に高いものと思いこんで、それに頼《たよ》ること。「自分の力を—する」

**かじん【佳人】**（名）美しい女性。美人。「—薄命《はくめい》（=美人は、病気などで早く死ぬことが多い）」

**かじん【家人】**（名）その家の者。家族。

**かじん【歌人】**（名）和歌をつくる人。歌よみ。

**がしんしょうたん**『△臥薪△嘗胆』（名）かたきを討《う》つためにひじょうに苦心・苦労すること。また、将来成功しようとして苦労を重ねること。⇨かいけいのはじ「故事」

故事 中国の春秋《しゅんじゅう》時代、呉王《ごおう》夫差《ふさ》は父の仇《あだ》の越王《えつおう》勾践《こうせん》を討つため、薪《たきぎ》の上に寝《ね》てその痛みで復讐《ふくしゅう》心を強め、ついに彼《かれ》を破った。一方、敗れた勾践は常に苦い胆《きも》を嘗《な》めては恥《はじ》を忘れず、ついに夫差をほろぼしたということから出たことば。〈史記〉

**かす**『△滓』（名）❶液体などの下にたまった不用なもの。おり。❷よいところを取ったあとの残り。「食べ物の—」❸取るにたらないつまらないもの。「人間の—」

**かす**『△糟・△粕』（名）酒のもろみをこしてあとに残ったもの。酒かす。「—漬《づ》け」

**か・す【化す】**（自他五）｛サ(ソ)・シ・ス・ス・セ・セ｝↓かする（化する）

**か・す【嫁す】**（自他五）｛サ(ソ)・シ・ス・ス・セ・セ｝↓かする（嫁する）

**か・す【科す】**（他五）｛サ(ソ)・シ・ス・ス・セ・セ｝↓かする（科する）

**か・す【架す】**（他五）｛サ(ソ)・シ・ス・ス・セ・セ｝↓かする（架する）

**か・す【貸す】**（他五）｛サ(ソ)・シ・ス・ス・セ・セ｝❶返してもらう約束で他人に使わせる。「本を—」「部屋を—」❷自分の能力や知識などを、他人のために役立てる。助力する。「手を—」「知恵《ちえ》を—」《㊟借りる》

**か・す【課す】**（他五）｛サ(ソ)・シ・ス・ス・セ・セ｝↓かする（課する）

**かず【数】**（名）❶いくつあるかをしめすことば。すう。「—を数える」❷多いこと。いろいろ。「—ある小説」「—をこなす（=多くの数量を処理する）」❸ねうちのあるものとして数えられること。また、そのもの。「—のうちに入れる」「ものの—にもはいらない」

**ガス**〔オランダ・英 gas〕（名）❶気体。「水素—」❷燃料

用の気体。「—もれ」❸海上や山にかかるこい霧《きり》。「—がかかる」❹ガソリン。参考「瓦斯」とあてて書くこともある。

**かすい【仮睡】**（名・自スル）ちょっと眠《ねむ》ること。うたたね。類仮眠《かみん》

**かすいたい【下垂体】**（名）〘生〙→のうかすいたい

**かすいぶんかい【加水分解】**（名・自他スル）〘化〙無機塩類や有機化合物が、水を加えることによって反応を起こし、他の化合物に分解すること。

**かすか**〘◇幽か・◇微か〙（形動ダ）{ダロ・ダッ(デ・ニ)・ダ・ナ・ナラ・○}あるかないか、はっきりしないが、わずかに認められるようす。ほのか。「山が—に見える」「人の声が—に聞こえる」「—な希望が残る」「—に息をしている」

**かすがい**〘△鎹〙（名）❶戸じまりに使うかけがね。❷材木などの合わせめをつなぎとめるためのコの字形のくぎ。❸二つの間をつなぎとめるもの。「子は—」

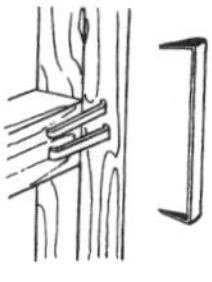
（かすがい②）

**ガスけつ【ガス欠】**（名）自動車などの燃料（ガソリン）がなくなること。▽ガスは、オランダ・英 gas

**かずさ〔上総〕【地名】**むかしの国名の一つ。今の千葉県中部。総州。

**カスタード**〔英 custard〕（名）牛乳・卵に砂糖などをまぜて煮《に》てクリーム状にしたもの。「—プリン」

**カスタネット**〔英 castanets〕（名）〘音〙二枚貝のような形の打楽器。木などで作り、拍子《ひょうし》をとるのに使う。

（カスタネット）

**カスタマー**〔英 customer〕（名）顧客《こきゃく》。「—センター」

**カスタマイズ**〔英 customize〕（名・他スル）❶特別注文に従って作ること。好みに合わせて作りかえること。「—した自転車」❷コンピューターで、利用者が用途《ようと》や好みに合わせて設定や機能を変えること。

**カステラ**〔ポルトガル Castella〕（名）洋菓子《ようがし》の一つ。小麦粉に卵・砂糖などをまぜて蒸《む》し焼きにしたもの。

**ガスとう【ガス灯】**（名）石炭ガスを管で導いて火をつけ、発光させるランプや街灯。▽ガスは、オランダ・英 gas

**かずならぬ【数ならぬ】**数えるほどの価値がない。問題ではない。とるにたらない。「—身」

**ガスぬき【ガス抜き】**（名・自スル）❶いらないガスを抜き取ること。❷〘俗語〙不満やストレスを爆発しないように発散させることのたとえ。▽ガスは、オランダ・英 gas

**かずのこ【数の子】**（名）にしんの卵をほした、または塩づけにした食品。正月や祝い事の料理に用いる。

**ガス-マスク**〔英 gas mask〕（名）毒ガスや煙《けむり》が体内に入らないように防ぐためのマスク。防毒マスク。

**かすみ**〘△霞〙（名）❶空中に浮《う》かぶ細かい水滴《すいてき》や塵《ちり》のため、空や遠くの景色がぼんやりと見える現象。「—がかかる」「—がたなびく」❷目にうすい膜《まく》がかかった感じで、はっきり物が見えないこと。「—目」❸「かすみ網《あみ》」の略。

学習 比較《ひかく》 「かすみ」「霧《きり》」「もや」

かすみ　大気中に浮遊《ふゆう》している微細《びさい》な水滴《すいてき》や塵《ちり》のために、遠くがはっきり見えなくなる現象。春のものとされ、俳句では春の季語とする。なお気象庁の気象用語に「かすみ」はない。

霧　微細な水滴が大気中に浮遊している自然現象。「かすみ」と区別して、秋に発生するものをいうことがある。秋の季語。気象用語では、視程《してい》（見通しのきく距離《きょり》）一キロメートル未満のものをいう。

もや　小さな水滴が大気中に浮遊している自然現象。「霧」よりも見通しがよく、気象用語では、視程一キロメートル以上のものをいう。

**かすみあみ【かすみ網】**〘△霞網〙（名）ごく細い糸で作った、小鳥をとらえるための細かい目の網。

**かすみたつ**…和歌

〔霞立つ　ながき春日《はるひ》を　子供《こども》らと　手毬《てまり》つきつつ　この日《ひ》暮《く》らしつ〕〈良寛和尚《りょうかんおしょう》〉訳かすみがかかる長い春の日を、村の子どもたちと手まりをつきながら、きょうも楽しく一日遊びすごしてしまったことだ。

**かす・む**〘△霞む〙（自五）{マ(モ)・ミ(ン)・ム・ム・メ・メ}❶かすみがかかったようになって、遠くにあるものが見えにくくなる。「山が—」❷目の異常などで、ぼやけてはっきり見えなくなる。「目が—」❸他に圧倒《あっとう》されて、その存在が目立たなくなる。「若手の活躍《かつやく》でベテランが—・んでしまった」

**かす・める**〘△掠める〙（他下一）{メ・メ・メル・メル・メレ・メロ(メヨ)}❶すきをねらって、さっと盗《ぬす》む。「財布を—」❷人の目をごまかして、こっそり悪いことをする。「人の目を—・めて逃《に》げ出す」❸今にもふれそうなほどすれすれなところを通る。「つばめが水面を—・めて飛ぶ」❹ある思いがふっと意識されすぐ消える。「悪い予感が脳裏《のうり》を—」

**かずら**〘◇葛〙（名）〘植〙茎《くき》がつるになって他の植物や岩などにからみついている植物の総称《そうしょう》。つる草。

**かすり**〘△絣・×飛白〙（名）ところどころにかすったように置いた模様のある織物。また、その模様。「—の着物」

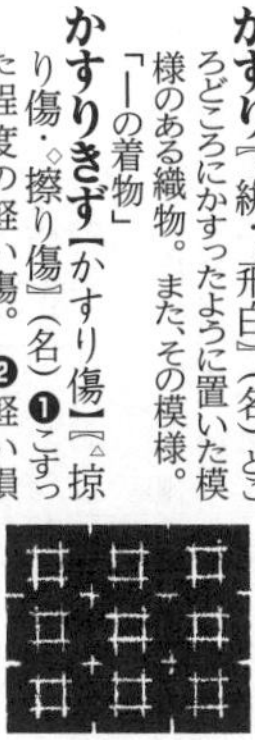
（かすり）

**かすりきず【かすり傷】**〘△掠り傷・◇擦り傷〙（名）❶こすった程度の軽い傷。❷軽い損害。「被害《ひがい》は—にすぎない」

**か・する【化する】**{シ(セ・サ)・シ・スル・スル・スレ・シロ(セヨ)}一（自サ変）❶もとの形をとどめないほど変化する。「焼け野原と—」❷影響《えいきょう》を受けてよいほうに変わる。二（他サ変）❶変化させる。❷感化する。「徳をもって人を—」

**か・する【嫁する】**{シ(セ・サ)・シ・スル・スル・スレ・シロ(セヨ)}一（自サ変）嫁《よめ》に行く。とつぐ。「商家に—」二（他サ変）❶嫁に行かせる。とつがせる。❷他人のせいにする。転嫁《てんか》する。「責任を—」

**かす・る**〘△掠る・◇擦る〙（他五）{ラ(ロ)・リ(ッ)・ル・ル・レ・レ}かすかにふれて通り過ぎる。「ボールが頭を—」

**か・する【科する】**（他サ変）{シ(セ・サ)・シ・スル・スル・スレ・シロ(セヨ)}法律によっ

て処分する。刑罰《けいばつ》を負わせる。「罰金を—」

**か・する【架する】**（他サ変）{シ(セ・サ)・シ・スル・スル・スレ・シロ(セヨ)} 空中にかける。かけわたす。「橋を—」

**か・する【課する】**（他サ変）{シ(セ・サ)・シ・スル・スル・スレ・シロ(セヨ)} 負担するものを割り当てる。負わせる。「税金を—」

**かす・れる**『△掠れる』（自下一）{レ・レ・レル・レル・レレ・レロ(レヨ)} ❶インク・絵の具・墨《すみ》などが紙面などに十分につかないで、書いたあとが切れたり、消えそうになったりする。「字が—」❷声がしわがれる。「声が—」

**かせ**『△枷』（名）❶むかし、刑罰《けいばつ》に使った器具の一つ。罪人の首や手・足につけて自由をうばうもの。❷行動のじゃまになるもの。はなれにくいもの。「家族が—になる」

**かぜ【風】**（名）❶気圧の高いところから低いほうへ流れる空気の動き。「国旗が—にはためく」❷どことなく感じとれるしきたりや風潮《ふうちょう》。「世間の—は冷たい」❸（名詞の下について）そのような態度やようす。「役人—を吹《ふ》かす」

**風薫《かお》る** 初夏のさわやかな風が吹《ふ》く。「—五月」

**風の便《たよ》り** どこからともなく伝わってくるうわさ。「—に聞く」

**風の吹《ふ》き回《まわ》し** そのときのなりゆきや、もののはずみ。「どういう—か」

**風を切《き》る** 勢いよく進むようす。「肩《かた》で—（＝いばって歩く）」

**風を食《く》らう** あわてて逃《に》げるようす。「風を食らって逃げる」

表現 微風《びふう》・清風・疾風《しっぷう》・疾風《はやて》・強風・突風《とっぷう》・暴風◆そよそよ・さわさわ・ざわざわ・ひゅうひゅう・ぴゅうぴゅう・びゅうびゅう・ごうごう◆頬《ほお》をなでる・木の葉をそよがす・枝を震《ふる》わせる・肌《はだ》を刺《さ》す・身を切るような

**かぜ【○風邪】**（名）ウイルスによって呼吸器がおかされる病気。熱やせきが出たり、頭が痛くなったりする。感冒《かんぼう》。「—をひく」

**がせ**（名）《俗語》にせもの。まやかしもの。でたらめ。うそ。「—ねた」参考「騒《さわ》がせ」からという。

**かぜあたり【風当たり】**（名）❶風が吹《ふ》き当たること。また、その強さ。❷外部からの圧迫《あっぱく》や攻撃《こうげき》。「世間の—が強い」

**かせい【火星】**（名）《天》太陽系の惑星《わくせい》の一つ。太陽に近いほうから数えて四番目の星で、直径は地球の約半分。やや赤みをおびて光って見える。

**かせい【火勢】**（名）火の燃える勢い。「—が強い」

**かせい【加勢】**（名・自スル）他の人に力を貸して助けること。また、力を貸す人。助勢《じょせい》。「弟に—する」

**かせい【仮性】**（名）《医》原因はちがうが、症状《しょうじょう》が真性の病気に似ているもの。「—近視」対真性

**かせい【家政】**（名）家事をきりもりすることやその方法。「—学」

**かせい【歌聖】**（名）最もすぐれているとされる歌人。歌の聖《ひじり》。「—柿本人麻呂《かきのもとのひとまろ》」類歌仙《かせん》

**かぜい【課税】**（名・自スル）税金を割り当てること。また、割り当てた税金。「輸入品に—する」

**がせい【賀正】**（名）→がしょう(賀正)

**かせいがん【火成岩】**（名）《地質》地中でどろどろにとけているマグマが、地表または地下で固まってできた岩石。火山岩・深成岩など。

**かせいソーダ【苛性ソーダ】**（名）《化》→すいさんかナトリウム。▽ソーダは、オランダ《オランダ》 soda

**かせいふ【家政婦】**（名）やとわれて家事をすることを職業とする女の人。

**かせき【化石】**（名）地質時代の動植物などが地中にうずまり、石のように固くなって残っているもの。

**かせぎ【稼ぎ】**（名）❶働いておかねを得ること。「—に出る」❷働いて得たおかね。収入。「—が少ない」

**かせぎて【稼ぎ手】**（名）❶働いて収入を得る人。働いて家族を養っている人。「一家の—を失う」❷よく働く人。働き者。

**かせきねんりょう【化石燃料】**（名）大昔の生物の死骸《しがい》が地中に堆積《たいせき》し、変成してできた燃料。石炭・石油・天然ガスなど。

**かせ・ぐ【稼ぐ】**{ガ(ゴ)・ギ(イ)・グ・グ・ゲ・ゲ} 一（自五）いっしょうけんめい働く。「—に追いつく貧乏《びんぼう》なし（＝いっしょうけんめい働けば貧乏することはない）」二（他五）❶働いておかねを得る。「生活費を—」❷得点や点数など、自分のとくになるものを得る。「点を—」「ポイントを—」❸（「時（時間）を稼ぐ」の形で）自分に有利な状況《じょうきょう》になるまで時間を引きのばす。

**かせつ【仮設】**（名・他スル）❶一時的に設けること。「—テント」❷数学や論理学で、ある結論にみちびくためにかりの条件を設定すること。また、その条件。

**かせつ【仮説】**（名）あることがらを合理的に説明するため、かりに立てた考え。「—を立てて証明する」

**かせつ【佳節】**（名）めでたい日。祝日。

**かせつ【架設】**（名・他スル）電線や橋などをかけわたして設置すること。「歩道橋を—する」

**カセット**〔英 cassette〕（名）録音テープ・ビデオテープ・フィルムなどをケースに収め、扱《あつか》いやすくしたもの。「—テープ」

**かぜとおし【風通し】**（名）風が吹《ふ》き通ること。かざとおし。「—がよくてすずしい」

**かぜとともにさりぬ**〔風と共に去りぬ〕〔作品名〕アメリカの女性作家マーガレット＝ミッチェルの長編小説。一九三六年刊。アメリカの南北戦争を背景に、南部の人びとの生活と恋愛《れんあい》がえがかれている。

**かぜむき【風向き】**（名）→かざむき

**ガゼル**〔英 gazelle〕（名）《動》アフリカやアジアの乾燥《かんそう》地帯にすむウシ科の哺乳《ほにゅう》動物。草食で、体形はしかに似て走るのが速い。

**かせん【下線】**（名）文または文中の重要語句などの下に目じるしとして引く線。アンダーライン。

**かせん【化繊】**（名）「化学繊維《せんい》」の略。

**かせん【河川】**（名）大きい川と小さい川の総称《そうしょう》。川。「—の氾濫《はんらん》を防ぐ」「—を改修する」

**かせん【架線】**（名）送電線・電話線などをかけわたすこと。また、その線。「—工事」

**かせん【寡占】**（名）ある商品の供給を少数の会社で占《し》めること。…化「寡占化が進む」

**かせん【歌仙】**（名）和歌を作るのがひじょうにすぐれている人。「三十六—」類歌聖《かせい》

**がぜん**『△俄然』(副) にわかに。急に。たちまち。「—元気が出る」

**かせんしき**【河川敷】(名) 河川法で河川の一部と定められた土地。堤防《ていぼう》・河原《かわら》などをふくむ。

**かそ**【過疎】(名) ひじょうにまばらなこと。特に、ある地域で人口が極度に少ないこと。「—地帯」…化「農村の過疎化が進む」対過密

**がそ**【画素】(名) 画像を構成する最も小さい単位。ピクセル。▽英 picture element の訳語。

**かそう**【下層】(名) ❶重なったものの下のほう。❷社会的・経済的に下のほうの階級。下層階級。「—社会」《対上層》

**かそう**【火葬】(名・他スル) 死体を焼いてその骨をほうむること。茶毘《だび》。「—場」

**かそう**【仮装】(名・自スル) 服装を替《か》えるなどして、ほかのものの姿に身なりを変えること。「—行列」

**かそう**【仮想】(名・他スル) かりにそう思うこと。かりに想定すること。「—敵国」

**かそう**【家相】(名) うらないでみたときの、家の位置・方角・造りなどのようす。「—がいい」

**かぞう**【家蔵】(名・他スル) 自分の家にしまいおさめておくこと。また、しまいおいてあるもの。「—の名刀」

**がぞう**【画像】(名) ❶人の顔や姿を絵にかいたもの。肖像《しょうぞう》画《が》。❷テレビやコンピューターなどの画面にあらわされる映像・写真など。「—がずれる」

**かそうげんじつ**【仮想現実】(名) ↓バーチャルリアリティー

**かそうつうか**【仮想通貨】(名) 国ではない特定の集団によって発行され、電子データの形で主にインターネット上でやりとりされる通貨。

**かぞえ**【数え】(名) ↓かぞえどし

**かぞえうた**【数え歌】(名) 一つ二つと数を追ってうたっていく歌。「一つとや」「手まり歌」など。

**かぞえどし**【数え年】(名) 生まれた年を一歳《さい》とし、正月が来るたびに一歳を加えて数える年齢《ねんれい》。かぞえ。対満年齢

**かぞ・える**【数える】(他下一)〔エ・エ・エル・エル・エレ・エロ(エヨ)〕❶数や順番をしらべる。勘定《かんじょう》する。「人数を—」「席順を—」❷それに相当するものとしてその範囲《はんい》に入れる。「候補者の一人に—」

**かそく**【加速】(名・自他スル) 速度が速くなること。また、速度を速くすること。「しだいに—する」対減速

**かぞく**【家族】(名) 親子・兄弟・夫婦など、近い関係でふつういっしょに生活している人びと。「五人—」

**かぞく**【華族】(名) 明治時代につくられた身分の一つ。公爵《こうしゃく》・侯爵《こうしゃく》・伯爵《はくしゃく》・子爵《ししゃく》・男爵《だんしゃく》の五つがあったが、第二次世界大戦後に廃止《はいし》。

**かぞくせいど**【家族制度】(名) ❶社会制度によって規定される家族の形態。❷家長を中心に代々受けつがれてゆく家族という一つのまとまりを社会の基礎《きそ》とした制度。

**かそくど**【加速度】(名) ❶《物》一定時間に速度が変化する割合。❷物事の変化や進行がだんだん速くなること。…的「加速度的にインフレが進行する」

**かそせい**【可塑性】(名) 固体に圧力を加えたとき、こわれないで変形し、その形のまま残る性質。粘土《ねんど》などにみられる。塑性。

**カソリック**〔英 Catholic〕(名) ↓カトリック

**ガソリン**〔英 gasoline〕(名) 原油を蒸留するとき、セ氏二〇〇度以下で得られる無色の液体。自動車や飛行機の燃料に使われる。揮発《きはつ》性が高い。

**ガソリン-スタンド**〔和製英語〕(名) 道路沿いで、自動車に補給するガソリンを売る所。給油所。▽gasoline と stand から。

**かた**【潟】 15画 氵12 小4 訓かた

かた。ひがた。◆八郎潟《はちろうがた》・干潟《ひがた》 ⇩付録「漢字の筆順(21)臼」

**かた**【潟】(名) ❶遠浅《とおあさ》の海岸で、潮の干満《かんまん》によって現れたりかくれたりする所。❷砂などで外海とへだてられた湖沼《こしょう》。

**かた**【方】 ━ (名) ❶方向。方角。「西の—をながめる」❷「人」の尊敬語。「あの—から聞いてください」 ━ (接尾) ❶二つあるもののうちの一方の意を表す。…のほう。「父—の祖父」❷(人の名前について)その家にいるという意を表す。…のところ。「山下様—」❸物事のやり方や物事の程度・状態を表す。「勉強のし—」「水の流れ—がはげしい」❹その仕事にあたる人。係。「まかない—」

**かた**【片】 ━ (名) 物事の処理。始末。「—をつける」 ━ (接頭) ❶二つそろったものの一方の意を表す。「—方」❷中心からはずれて一方に寄っている意を表す。「—田舎《いなか》」❸不完全である、また、わずかである意を表す。「—言《こと》」「—とき」

**かた**【肩】(名) ❶腕《うで》とからだをつなぐ部分の上部。けものでは前足のつけね、鳥では翼《つばさ》のつけねの上部。「—がこる」「—に力が入る」❷①の形に似た部分。物の上部の端《はし》。上のかど。「字の—」「山の—」「書類の右—」❸球などの物を投げる能力。「—がいい」

**肩で息《いき》をする** 苦しそうに肩を上下に動かして息をする。「走り終えて—」

**肩で風《かぜ》を切《き》る** いばって歩く。威勢《いせい》がいい。

**肩の荷《に》が下《お》りる** 責任がなくなり、ほっとして気が楽になる。気がかりから解放される。

**肩を怒《いか》らす** 肩を高くはって、いばったかっこうをする。「肩を怒らして歩く」

**肩を入《い》れる** ひいきして援助《えんじょ》する。肩入れする。

**肩を落《お》とす** ひどくがっかりする。「初戦で負けて—」

**肩を並《なら》べる** ❶並んで立つ。並んで歩く。❷同じくらいの実力を持つ。「彼《かれ》と—成績」

**肩を持《も》つ** 争いをしている一方の味方をする。「あの人はいつも君の—」

**かた**【形】(名) ❶物のかたち。「靴《くつ》の—がくずれる」❷借金するとき、代わりに預けるもの。抵当《ていとう》。担保。「家を—に金を借りる」❸物事の形式。習慣となっているやり方。「—のごとく式をいとなむ」参考③は「型」とも書く。⇩かた(型)「学習」

**かた【型】**（名）❶一定のかたちを作るもとになるもの。鋳型《いがた》・型紙など。「歯の━を取る」「━にはめる」「木《き》━《がた》」❷ある共通の特徴《とくちょう》を持った形式。類型。タイプ。「古い━の自動車」❸武道・スポーツ・芸道などで、手本になる一定の形式。「踊《おど》りの━」❹習慣的な決まりきった形式ややり方。しきたり。「━にはまったあいさつ」「━をやぶる柔軟《じゅうなん》な発想」

**学習 使い分け 「形」「型」**

**形** 目に見える具体的な物の姿。英語のフォーム(form)、シェイプ(shape)などにあたる。「形がくずれる」「波形」「卵形をしたチョコレート」「跡形《あとかた》もない」

**型** 一つ一つの物のかたちを作るもとになっているもの。また、形式。英語のタイプ(type)、パターン(pattern)などにあたる。「小型自動車」「血液型」「土俵入りの型」「型にはめる」「型に流しこむ」

◆「形」「型」の区別がはっきりしない場合もある。

**かた【過多】**（名）多すぎること。「胃酸━」対過少

**-がた【方】**（接尾）❶敬意をこめて複数の人であることを表す。「あなた━」❷その仲間・組であることを表す。「敵━」❸だいたいの数量や程度を表す。ほど。「五割━完成する」❹だいたいの時間を表す。ころ。時分。「夜明け━」

**-がた【形】**（接尾）そういうかたちである意を表す。「たまご━」「ハート━」

**-がた【型】**（接尾）そういう特徴《とくちょう》をもっていることを表す。「うるさ━」「努力━」

**カタール**〔Qatar〕【地名】アラビア半島中央部東岸の、ペルシャ湾《わん》にのぞむ国。首都はドーハ。

**かた・い【固い・堅い・硬い】**（形）{カロ・カツ(ク)・イ・イ・ケレ・○}❶力を加えても、もとの形・状態が簡単には変わらない。「━石」「━肉」対やわらかい ❷しっかりくっついていて、簡単に動いたり離《はな》れたりしない。「ひもを━・く結ぶ」「━絆《きずな》」❸こわばっていて柔軟《じゅうなん》でない。ゆうずうがきかない。また、緊張《きんちょう》で態度や行動にゆとりがない。「からだが━」「頭の━人」「━表情」「面接試験で━・くなる」対やわらかい ❹表現が親しみにくい。また、形式ばっていておもしろみがない。「文章が━」「━話」対やわらかい ❺心・人柄《ひとがら》がしっかりしている。確かで信用できる。「━人」「意志が━」「━仕事」❻予測が確かだ。「八〇点は━」❼ゆるみがなく、厳しい。「━・くいましめる」

**学習 使い分け 「固い」「堅い」「硬い」**

**固い** 強く結びついてゆるみがない、外からおかされない意。容易には変わらないようす。「結び目が固い」「固い友情」「固い握手《あくしゅ》」「決心が固い」「財布のひもが固い」「戸口を固く閉ざす」「固く信じる」

**堅い** 中まで詰っまってかたい、中身がしっかりしていて確かであるようす。「堅い材木」「志が堅い」「堅い性格」「口が堅い」「堅い商売」

**硬い** 力を加えても形が変わらないようす。こわばって冷たい感じ。「硬い土」「硬い鉛筆《えんぴつ》」「表情が硬い」「硬い文章」

**かだい【仮題】**（名）かりにつけた題。

**かだい【過大】**（名・形動ダ）大きすぎること。「━な期待」対過小

**かだい【課題】**（名）❶与《あた》えられた問題。「夏休みの━」❷解決をせまられていることがら・問題。「━が山積する(=たくさんたまる)」

**-がた・い『難い』**（接尾）（動詞の連用形について）…することがむずかしい、という意を表す。…にくい。「得━品物」「理解し━」

**かたいじ【片意地】**（名・形動ダ）自分の意志をがんこに通すこと。また、そういう性質。「━をはる」

**かたいなか【片○田舎】**（名）都会や町から遠くはなれた村里。

**かだいひょうか【過大評価】**（名・他スル）そのものを実際より高く評価すること。「相手の実力を━する」対過小評価

**かたいれ【肩入れ】**（名・自スル）ひいきにして、力ぞえや応援《おうえん》をすること。「同郷の力士に━する」

**かたうで【片腕】**（名）❶片方の腕。❷手助けとして最も信頼《しんらい》できる人。腹心。「━とたのむ人」

**かたおち【型落ち】**（名）最新型が発売されたために、従来の製品が古い型式になること。また、そうなった製品。「━のテレビを安く売る」

**がたおち【がた落ち】**（名・自スル）数量・人気・成績などが急激に下がること。「売り上げが━する」

**かたおもい【片思い】**（名）相手を一方的に恋《こ》いしたうこと。片恋《かたこい》。「━に終わる」

**かたおや【片親】**（名）❶両親のうち、父または母のどちらか一方。対二親《ふたおや》。❷両親のうち、一方しかいないこと。

**かたがき【肩書き】**（名）その人の社会的身分・地位など。「━がものをいう」参考名刺《めいし》などの氏名の右肩に書き記すことからいう。

**かたがた【方方】**（名）「人びと」を敬意をこめていう語。「ご来場の━に申しあげます」

**かたがた『△旁』**[一]（接）ついでに。あわせて。「読書を好み、━音楽も愛好する」[二]（接尾）…のついでに。…がてら。「お礼━お寄りします」

**がたがた**[一]（副・自スル）❶かたいものがふれあって連続して音をたてるようす。「風で窓が━(と)する」❷寒さやおそろしさなどで、からだが激しくふるえるようす。「寒くて━(と)ふるえる」❸いろいろと不平や文句を言うようす。「今さら━言うな」[二]（形動ダ）{ダロ・ダッ(デ・ニ)・ダ・ナ・ナラ・○}物がこわれかかっているようす。また、組織や健康のぐあいなどが悪い状態にあるようす。「━の車」

**かたかな【片◦仮名】**（名）かなの一種。漢字の「へん」や「つくり」などをもとにして日本でつくられた文字。音だけを表す。「ア・イ・ウ」など。参考 外来語や外国の地名・人名などを書き表すのに用いる。また、動植物名や擬声《ぎせい》語・擬態《ぎたい》語などに用いられることもある。⇩ひらがな

**かたがみ【型紙】**（名）❶洋裁で、服の型を切りぬいた紙。それをもとにして布地を切る。❷染め物で、型とする模様を切りぬいた厚紙。

**かたがわ【片側】**（名）一方のがわ。かたほう。「ー通行の道」対両側

**かたがわり【肩代わり】**（名・自スル）ある人の責任や負担を代わって引き受けること。「借金のー」

**かたき【敵】**（名）❶うらみのある相手。うらみのある人。あだ。「ーを討《う》つ」「親のー」❷せり合う相手。競争相手。ライバル。「商売ー《がたき》」

**かたぎ【『×気質』】**（名）身分・職業・年齢《ねんれい》などによってしぜんに身についた特別の気風や性質。「むかしー」

**かたぎ【堅気】**（名）やくざや水商売などに対して、地道でまともな職業。また、そういう職業についている人。「ーの生活」「ーになる」

**かたきうち【敵討ち】**（名）❶自分と関係の深い人を殺した者を仕返しとして殺すこと。あだ討ち。「主君のー」❷相手に仕返しをすること。

**かたきやく【敵役】**（名）❶芝居《しばい》などで悪人に扮《ふん》する役。また、その役の人。❷にくまれる立場に立つ役目。にくまれ役。「ーにまわる」（類悪役）

**かたく【火宅】**（名）《仏》現世《げんせ》。苦しみや悩《なや》みに満ちたこの世を、火事になった家にたとえたことば。

**かたく【仮託】**（名・自他スル）直接関係のないほかのことを利用して言い表すこと。かこつけること。「歴史上の人物にーして自分の考えを述べる」

**かたく【家宅】**（名）人の住む家屋敷《いえやしき》。すまい。「ー侵入《しんにゅう》罪」

**かたくずれ【型崩れ・形崩れ】**（名・自スル）衣服などのもとの形が変形して見苦しくなること。「靴《くつ》のーを防ぐ」

**かたくそうさく【家宅捜索】**（名・他スル）《法》検察官・警察官などが、被疑者《ひぎしゃ》などの住居の中をさがし調べること。

**かたくな【『◇頑な』】**（形動ダ）{ダロ・ダッ(デ・ニ)・ダ・ナ・ナラ・○}意地をはって自分の考えをまったく変えないようす。「ーな態度」

**かたくりこ【かたくり粉】『片△栗粉』**（名）かたくり（=ユリ科の多年草）の根からとったでんぷん。料理や菓子《かし》に使う。現在は、ほとんどじゃがいもからとる。

**かたくるし・い【堅苦しい】**（形）{カロ・カッ(ク)・イ・イ・ケレ・○}きゅうくつである。うちとけず形式ばっている。「ーあいさつ」

**かたぐるま【肩車】**（名）子どもなどを首にまたがらせて、肩の上に乗せること。

**かたこと【片言】**（名）❶子どもや外国人などの話す、不完全でたどたどしいことば。「ーの日本語」「ーまじり」❷多くのことばの中での、わずかな部分。片言《へんげん》。「ーも聞きもらさない」

**かたこり【肩こり】『肩凝り』**（名）肩の筋肉が張って固くなる症状《しょうじょう》。

**かたじけな・い【『◇辱い・△忝い』】**（形）{カロ・カッ(ク)・イ・イ・ケレ・○}好意がありがたい。もったいない。おそれおおい。「ありがたいおことば、ー・く存じます」

**かたすかし【肩透かし】**（名）❶すもうのわざの一つ。四つに組んだ相手がおしてくるとき、急に手をぬいて、そのはずみで相手を引き倒《たお》すわざ。❷意気ごんだ相手の勢いをうまくそらすこと。「ーをくわせる」

**カタストロフィー**〔英 catastrophe〕（名）劇や小説などの悲劇的な結末。破局。大詰《おおづ》め。

**かたすみ【片隅】**（名）中央からはなれたすみっこ。「街のー」「頭のーに置く」

**かたずをのむ【◦固唾をのむ】**なりゆきを心配して息をころしている。「かたずをのんで試合を見つめる」

**かたたたき【肩たたき】『肩△叩き』**（名）❶肩こりをほぐすために、肩をたたくこと。また、その道具。❷（肩を軽くたたいて）退職をすすめること。

**かたち【形】**（名）❶見たりさわったりすることのできる、物のかっこう。「山のー」「影《かげ》もーもない」❷あるまとまりをもって外にあらわれた状態。また、まとまり整った状態。「レポートのーにまとめる」「夢がーになる」❸内容などに対して、外にあらわれているもの。形式。「ーにこだわる」「ーばかりのあいさつ」❹顔つき、服装などのようす。「急にーをあらためる」

**かたちづく・る【形作る】**（他五）{ラ(ロ)・リ(ッ)・ル・ル・レ・レ}まとまった形に作り上げる。形成する。「人格は青年期にー・られる」

**かたちばかり【形ばかり】『形◇許り』**（副）形式だけ。気持ちだけ。かたばかり。「ーのお礼の品」

**かたづ・く【片付く】**（自五）{カ(コ)・キ(イ)・ク・ク・ケ・ケ}❶散らかっていたものが整理される。「部屋がー」❷解決がつく。終わる。「もめごとがー」❸嫁《よめ》に行く。「娘がー」

**かたづ・ける【片付ける】**（他下一）{ケ・ケ・ケル・ケル・ケレ・ケロ(ケヨ)}❶散らかっていたものを整理する。整頓《せいとん》する。「机の上をー」❷物事の解決をつける。結論を出す。「難問をー」❸嫁《よめ》にやる。「次女をー」

**かたっぱし【片っ端】**（名）❶一方のはし。かたはし。❷（「片っ端から」の形で）次から次へ。手あたりしだい。「問題をーからかたづける」

**かたつむり【『×蝸牛』】**（名）《動》陸にすむ巻き貝の一種。貝殻《かいがら》を背負い、しめった所をこのむ。でんでんむし。まいまいつぶり。

**かたて【片手】**（名）❶片方の手。「ーで持つ」対両手。❷《俗語》（片手の指の数から）五、五〇、五〇〇など、五のつく金額を表す語。

**かたておち【片手落ち】**（名・形動ダ）一方にだけよく、片方への心配りが欠けること。不公平なこと。

**かたてま【片手間】**（名）本来の仕事のあいま。本職のかたわらにする仕事。「ーではできない」

**かたどおり【型通り】**（名・形動ダ）決まりきったやり方のとおりであること。「ーのあいさつ」

**かたとき【片時】**（名）（ふつう「片時も…しない」の形で）ほんの少しの間。わずかな間。「あの時のことがーも頭から離《はな》れない」

**かたど・る【『◇象る』】**（自他五）{ラ(ロ)・リ(ッ)・ル・ル・レ・レ}ものの形に似せて作る。「星をー・ったマーク」

**かたな【刀】**(名) 武器として用いる長い刃物《はもの》。太刀《たち》。「―折れ矢尽《つ》きる」

**かたなし【形無し】**(名・形動ダ)(本来の形がそこなわれる意から)さんざんなこと。めんぼくがないこと。「こう負けが続いては横綱《よこづな》も―だ」

**かたは【片刃】**(名) 刃物《はもの》の、片側にだけ刃のついていること。また、その刃物。かたば。対両刃

**かたはし【片端】**(名) ❶一方のはし。かたっぱし。「糸の―を結ぶ」❷ほんの一部分。わずかの部分。

**かたはだ【片肌】**(名) 上半身の片方の肌。対もろ肌

**片肌を脱《ぬ》ぐ** ❶片方の袖《そで》を脱いで肌を出す。❷(力仕事をするとき、①のようにすることから)力を貸す。片肌脱ぐ。「きみのために―よ」

**かたばみ**〖×酢漿草〗(名)〖植〗カタバミ科の多年草。道や庭のすみに生える雑草。葉は三枚でハート形。春から秋にかけて黄色の花をつける。

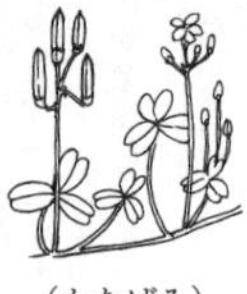

(かたばみ)

**かたはらいた・い【片腹痛い】**(形){カロ・カッ(ク)・イ・イ・ケレ・○} おかしくてたまらない。こっけいだ。「君がぼくに勝とうなんて―よ」参考もとは、古語の「傍痛《かたはらいた》し」の歴史的かなづかいの「かたはら」を「片腹」とあやまって解したもの。

**かたひじはる【肩肘張る】**負けまいとして虚勢《きょせい》をはったりかた苦しい態度をとったりする。「肩肘張った態度」

**かたびら**〖×帷子〗(名) ❶麻《あさ》や絹で作った夏のひとえの和服。また、ひとえの和服の総称《そうしょう》。❷むかし、几帳《きちょう》・とばりに使ったうすい布。

**かたぶつ【堅物】**(名) きまじめで、融通《ゆうずう》のきかない人。「―として知られる人物」

**かたへ【片方】**《カタエ》(名) 古語 ❶片方。半分。「紐《ひも》の―ぞ床《ゆか》に落ちにける」〈万葉集〉訳紐の片方が床に落ちてしまった。❷一部分。「ほとりに松もありき。…―はなくなりにけり」〈土佐《とさ》日記〉訳(池の)ほとりに松の木もあった。…その一部分はなくなってしまっていた。❸そば。かたわら。また、そばにいる人。仲間。「さて―の人にあひて」〈徒然草《つれづれぐさ》〉訳そこで、仲間に向かって。

**かたほ【片帆】**(名) 横風を受けて進むために、一方にかたむけて張った帆。対真帆《まほ》

**かたほう【片方】**(名) 二つのうちの一方。対両方

**かたぼう【片棒】**(名) 駕籠《かご》の棒をかつぐ二人のうちの一方。

**片棒を担《かつ》ぐ** ある仕事に協力する。「悪事の―」使い方 多く、悪いことをする場合にいう。

**かたまり【塊・固まり】**(名) ❶かたまったもの。「塩の―」❷全体から切り取られるなどした、ある大きさとまとまりを持った部分。「肉の―」❸集まってひとまとまりになったもの。集まり。一団。「観光客の―」❹ある性質や傾向《けいこう》などがひどく強いこと。「欲の―」「コンプレックスの―」

**かたま・る【固まる】**(自五){ラ(ロ)・リ(ッ)・ル・ル・レ・レ} ❶液状のもの、やわらかいものが、かたくなる。かたまりになる。「糊《のり》が―」❷寄り集まる。一団となる。「―・って行動する」❸動くことのないしっかりしたものになる。確かなものになる。「基礎《きそ》が―」「考えが―」❹心をそれだけに向け、ほかのことをかえりみなくなる。「極端《きょくたん》な思想に―」❺俗語 人が対応にこまって動けなくなる。また、コンピューターなどが動かなくなる。

**かたみ【片身】**(名) 全体の半分。魚などの背骨を境とする片方。半身《はんみ》。「ぶりの―」

**かたみ【形見】**(名) 死んだ人、または別れた人の残した品。「母の―の着物」「―分け」

**かたみ【肩身】**(名) 他人に対するめんぼく。ていさい。

**肩身が狭《せま》い** めんぼくなく、周囲や世間の人に対して恥《は》ずかしい。ひけめを感じる。「―思いをする」

**かたみち【片道】**(名) 行きか帰りかのどちらか一方。「―の乗車券」対往復

**かたむき【傾き】**(名) ❶かたむくこと。また、かたむいている程度。傾斜《けいしゃ》。「―の度合い」❷そうなりがちなようす。傾向。「集団で行動する―がある」

**かたむ・く【傾く】**(自五){カ(コ)・キ(イ)・ク・ク・ケ・ケ} ❶ななめになる。たおれそうになる。かしぐ。「塀《へい》が―」❷太陽や月がしずもうとする。「日が西に―」❸勢いがおとろえる。「国が―」❹意見や情勢が、ある方向に向く。その傾向《けいこう》をもつ。「賛成に―」「気持ちが―」

**かたむ・ける【傾ける】**(他下一){ケ・ケ・ケル・ケル・ケレ・ケロ(ケヨ)} ❶ななめにする。「からだを―」❷勢いをおとろえさせる。「会社を―」❸注意や考えなどをその方へ集中させる。「話に耳を―」

**かため【固め】**(名) ❶物事を確実にすること。また、そうしたもの。「土台の―がたいせつだ」❷かたい約束。誓《ちか》い。「―のさかずき」❸そなえ。守り。「城の―をしっかりする」

**かた・める【固める】**(他下一){メ・メ・メル・メル・メレ・メロ(メヨ)} ❶やわらかいものなどを、かたくする。「ゼラチンで―」❷寄せ集めてひとまとめにする。「休みを―・めてとる」❸動かされないしっかりしたものにする。確実なものにする。「決意を―」「方針を―」❹守りをしっかりとする。「城を―」

**かためん【片面】**(名) 二つの面があるものの一方の面。対両面

**かたやぶり【型破り】**(名・形動ダ) ありきたりのやり方にとらわれず大胆《だいたん》なやり方をすること。風変わりなこと。「―な作品」「―な発想」

**かたよ・る【偏る・片寄る】**(自五){ラ(ロ)・リ(ッ)・ル・ル・レ・レ} ❶ある基準からずれて、一方に寄る。「進路が西へ―」「―・った考え」❷扱《あつか》いが一方に寄って不公平になる。「―・った待遇《たいぐう》」

**かたら・う【語らう】**(他五){ワ(オ)・イ(ッ)・ウ・ウ・エ・エ} ❶親しく話す。話し合う。「友と―」❷事情を話して仲間に入れる。さそう。「同好の士を―・って会をつくる」

**かたり**〖△騙り〗(名) 人をだまして物やおかねをまきあげること。また、その人。「―をはたらく」

**かたりあか・す【語り明かす】**(他五){サ(ソ)・シ・ス・ス・セ・セ} 一晩じゅう話をしながら夜を明かす。「友人と―」

**かたりぐさ【語り草】**〖語り◇種〗（名）いつまでも語り伝えられるような話のたね。話題。「のちのちまで—になる」

**かたりくち【語り口】**（名）話をするときの調子。「ものしずかな—」

**かたりつ・ぐ【語り継ぐ】**（他五）{ガ(ゴ)・ギ(イ)・グ・グ・ゲ・ゲ}あることがらを順々につぎの世代に語り伝える。「むかしから—・がれてきた民話」

**かたりて【語り手】**（名）話をする人。話し手。ナレーター。

**かたりべ**〖語り◇部〗（名）❶上代、朝廷《ちょうてい》に仕えて神話や伝説を語り伝えることを職業とした氏族。❷自分の体験や昔話などを語り伝える人。

**かたりもの【語り物】**（名）物語・読み物などに節《ふし》をつけ、楽器に合わせて語るもの。琵琶《びわ》に合わせて語った平家物語（＝平曲《へいきょく》）や、三味線《しゃみせん》に合わせて語る浪花節《なにわぶし》など。対謡物《うたいもの》

**かた・る【語る】**（他五）{ラ(ロ)・リ(ッ)・ル・ル・レ・レ}❶考えや思っていることなどを口で言う。話す。「身の上話を—」「—に落ちる（＝話しているうちに、かくそうとしていたことをうっかりもらしてしまう）」❷（浄瑠璃《じょうるり》・浪曲《ろうきょく》などを）節《ふし》をつけてうたう。「浪花節《なにわぶし》を—」

**かた・る**〖△騙る〗（他五）{ラ(ロ)・リ(ッ)・ル・ル・レ・レ}名前や身分などをいつわって、人をあざむく。「身分を—・って信用させる」「大金を—・り取られる」

**カタル**〔ドイツ Katarrh〕（名）〘医〙粘膜《ねんまく》が熱をもったりただれたりする病気。鼻カタル・腸カタルなど。

**カタルシス**〔ギリシャ katharsis〕（名）❶劇、特に悲劇を見て日常の苦しみや悲しみから解放され、のびのびとした気持ちになること。「—を覚える」❷日ごろたまっていた苦しみや悩《なや》みを人に話すなどして、すっきりすること。参考アリストテレスがその著作「詩学」に用いたことば。

**カタログ**〔英 catalogue〕（名）商品の型やねだんなどを書いた説明書。商品目録。

**かたわ【片輪】**〖片◇端〗（名・形動ダ）❶不完全なこと。❷からだの一部に障害があること。また、その人。参考差別的な語で、現在は用いない。

**かたわら【傍ら】**一（名）物や人のすぐそば。わき。「テーブルの—に立つ」二（副）…をしながら同時に。一方では。「働く—勉強する」

**かたわれ【片割れ】**（名）❶器などのこわれた一部。❷（悪いことをたくらむ）仲間のひとり。「悪者の—」

**かたん【荷担・加担】**（名・自スル）力を貸して助けること。味方すること。「悪事に—する」

**かだん【花壇】**（名）庭や公園などで、さくなどで区切って草花を植えてある所。

**かだん【果断】**（名・形動ダ）ためらわず思い切ってすること。決心して行うこと。「—な処置」

**かだん【歌壇】**（名）和歌を作る人たちの社会。

**がだん【画壇】**（名）絵をかく人たちの社会。

**カタンいと【カタン糸】**（名）もめん糸の一種。おもにミシン用に使われる。▽カタンは、英 cotton

**かち【勝ち】**（名）勝つこと。勝利。「—をおさめる」「—に乗じる」「—をゆずる」対負け

**かち【価値】**（名）物のねうち。役立つ度合い。「読む—のある本」「—が高い」「—が下がる」「利用—」

**-がち**〖勝ち〗（接尾）（体言・動詞の連用形について）…が多い、…の傾向《けいこう》があるの意を表す。「病気—」「くもり—」

**がち【雅致】**（名）風流なおもむき。味わいのあること。

**かちあ・う【かち合う】**〖△搗ち合う〗（自五）{ワ(オ)・イ(ッ)・ウ・ウ・エ・エ}❶ぶつかり合う。「視線が—」❷二つの物事が偶然《ぐうぜん》重なる。「運動会と法事が—」「日曜日と祝日が—」

**かちかん【価値観】**（名）ある物事にどのようなねうちや意義を認めるかについての、それぞれの人の考え方。「人によって—が異なる」

**かちき【勝ち気】**（名・形動ダ）人に負けるのがきらいな強気な性格。「—な性分」類負けん気

**かちく【家畜】**（名）生活に役立てるため、家や農園で飼う動物。牛・馬・ぶた・にわとりなど。

**かちぐり【勝ちぐり】**〖△搗△栗・勝△栗〗（名）くりの実を干してうすでつき、殻《から》と渋皮《しぶかわ》をとったもの。勝利や出陣《しゅつじん》、正月などの祝いのときに使う。

**かちこ・す【勝ち越す】**（他五）{サ(ソ)・シ・ス・ス・セ・セ}❶勝った回数が負けた数より多くなる。❷試合の途中《とちゅう》で、相手の得点を上まわる。対負け越す。

**かちどき【勝ちどき】**〖勝△鬨〗（名）戦いに勝っていっせいにあげる喜びの声。ときの声。「—をあげる」

**かちぬ・く【勝ち抜く】**（自五）{カ(コ)・キ(イ)・ク・ク・ケ・ケ}つぎつぎに相手を負かして勝ち続ける。「決勝まで—」

**かちはんだん【価値判断】**（名）ある物事について、そのねうちを考え定めること。「—の基準」

**かちほこ・る【勝ち誇る】**（自五）{ラ(ロ)・リ(ッ)・ル・ル・レ・レ}勝って得意になる。「—・った態度」

**かちぼし【勝ち星】**（名）すもうなどで、勝ったしるしにつける白い丸。白星。「—をあげる」対負け星

**かちまけ【勝ち負け】**（名）勝つことと負けること。勝負。「—を決める」

**かちみ【勝ち味】**（名）→かちめ

**かちめ【勝ち目】**（名）勝ちそうな見込《みこ》み。勝つ望み。勝ちみ。「—がない戦い」

**かちゅう【火中】**（名）火の中。「—に投ずる」

**火中の栗《くり》を拾《ひろ》う** 他人の利益のために危険をおかして物事をすることのたとえ。参考猿《さる》が猫《ねこ》をおだてて火の中で焼けている栗を拾わせたところ、猫が大やけどをしたという寓話《ぐうわ》から出たことば。

**かちゅう【家中】**（名）❶家の中。❷むかし、同じ大名に仕えていた人びと。藩士《はんし》。

**かちゅう【渦中】**（名）（「うずの中」の意で）もめごとや事件のまっただ中。「—の人」

**かちょう【家長】**（名）一家のあるじ。戸主。

**かちょう【課長】**（名）会社や官庁などで、課のいちばん上にたってさしずやまとめをする役。また、その人。

**がちょう【画帳】**（名）絵をかくために使う帳面。

**がちょう**〖△鵞鳥〗（名）〘動〙カモ科の水鳥。がんを飼いならしてつくりだしたもの。肉・卵は食用。

**かちょうふうげつ【花鳥風月】**（名）自然の美しい風物。また、そのおもむきを楽しむこと。

**かちんとくる【かちんと来る】**相手の言動が気にさわり、ひじょうに不愉快《ふゆかい》になる。「生意気な態度

に—」

**かつ【括】** 9画 扌6 音カツ 一 十 扌 扌 扦 括
くくる。しめくくる。まとめる。◆括《かっ》弧《こ》・括約筋 ◆一括・概《がい》括《かつ》・総括・統括・包括

**かつ【活】** 9画 氵6 小2 音カツ 氵 氵 氵 汘 活
❶いきる。いかす。◆活用・活力・活路 ◆死活・復活。❷暮らす。◆自活・生活。❸いきいきしている。勢いのさかんなようす。◆活気・活《かっ》況《きょう》・活動・活発・活《かつ》躍《やく》 ◆快活

**かつ【活】**(名)❶いきること。いかすこと。「死中に—を求める」❷気を失った人の息を吹《ふ》きかえさせる術。

**活を入《い》れる** ❶気を失った人の息を吹《ふ》きかえさせる。❷元気やる気をなくした人をはげます。「部員に—」

**かつ【喝】** 11画 口8 〔喝〕 音カツ 丨 口 叩 叩 喝 喝
大声を出す。大声でおどす。◆喝《かっ》采《さい》・喝《かっ》破《ぱ》 ◆威喝・一《いっ》喝《かつ》・恐《きょう》喝《かつ》・大《たい・だい》喝《かつ》

**かつ【喝】**(感)禅宗《ぜんしゅう》で、修行者の迷いをさまし、はげますときなどにかける大きな声。

**かつ【渇】** 11画 氵8 〔渴〕 音カツ 高 訓かわく 氵 沪 沪 沪 渇 渇
❶のどがかわく。◆飢《き》渇《かつ》。❷水がかれてなくなる。かれる。◆渇水 ◆枯《こ》渇《かつ》。❸ひじょうにほしがる。◆渇《かつ》仰《ごう》・渇望

**かつ【渇】**(名)のどのかわき。また、欲求を満たしたいというつよい望み。「多年の—をいやす」

**かつ【割】** 12画 刂10 小6 音カツ 中 訓わる・わり・われる・さく 中 宀 宀 中 宝 害 割
わる。さく。わける。◆割愛・割《かっ》拠《きょ》・割《かつ》譲《じょう》・割《かっ》賦《ぷ》・割腹 ◆分割 ⇩付録「漢字の筆順(4)主」

**かつ【葛】** 12画 艹9 音カツ 訓くず 高 艹 芇 苜 葛 葛 葛
くず。マメ科のつる性多年草。また、つる草。かずら。◆葛《かっ》根《こん》湯《とう》・葛《かっ》藤《とう》

**かつ【滑】** 13画 氵10 音カツ・コツ 訓すべる・なめらか 氵 氵 氵 泗 滑 滑
❶すべる。◆滑空・滑降・滑車・滑走。❷なめらか。物事がとどこおらない。◆滑《かつ》脱《だつ》・滑《こっ》稽《けい》 ◆円滑・潤《じゅん》滑《かつ》 ⇩付録「漢字の筆順(7)冎」

**かつ【褐】** 13画 衤8 〔褐〕 音カツ 衤 衤 衵 裼 褐 褐
黒ずんだ茶色。◆褐色・褐炭・褐鉄鉱

**かつ【轄】** 17画 車10 音カツ 車 軒 軒 軴 轄 轄
とりまとめる。とりしまる。◆管轄・所轄・直轄・統轄・分轄 ⇩付録「漢字の筆順(4)主」

**かつ【且つ】** 5画 一4 訓かつ 丨 冂 月 月 且
かつ。さらに。その上。◆尚《なお》且《か》つ

**かつ『且つ』**㊀(接)その上。さらに。「よく遊び、—よく学ぶ」㊁(副)…したり…したり。一方では。「笑い—歌う」

**か・つ【勝つ】**(自五){タ(ト)・チ(ッ)・ツ・ツ・テ・テ}❶戦いやスポーツなどで相手を負かす。相手よりまさる。「敵に—」「競争に—」「試合に—」対負ける ❷その傾向《けいこう》が強い。まさる。「青みの—・った色」❸努力して心の欲望などをおさえつける。「誘惑《ゆうわく》に—」「おのれに—」対負ける 参考③は「克つ」とも書く。

**カツ**(名)「カツレツ」の略。「—丼《どん》」

**かっ【合】**→ごう(合)

**がつ【月】**→げつ(月)

**がっ【合】**→ごう(合)

**かつあい【割愛】**(名・他スル)おしみながら省いたり、やむをえず手放したりすること。「時間のつごうであいさつを—させていただきます」

**かつ・える『◇餓える・◇飢える』**(自下一){エ・エ・エル・エル・エレ・エロ(エヨ)}❶食べものがなくひどく腹がへる。飢《う》える。❷ほしいものが欠乏《けつぼう》していて、しきりに得たいと思う。「愛情に—」

**かつお『△鰹』**(名)〘動〙サバ科の魚。海にすみ、群れをなして泳ぐ。体長約四〇～九〇《センチメートル》。背中に青黒いしまがある。かつお節《ぶし》やなまり節などにもする。

**かつおぎ【かつお木】**『△鰹木』(名)(形がかつお節《ぶし》に似ているところから)神社や宮殿などの屋根の棟《むね》に横にならべてかざりとする木。

(かつおぎ)

**かつおぶし【かつお節】**『△鰹節』(名)かつおの身を煮《に》た後に干して固くしたもの。けずってだしを取ったり、料理にかけたりする。かつぶし。

**かっか【閣下】**(名)身分や位の高い人を敬っていうことば。「大統領—」

**かっか**(副・自スル)❶火が勢いよくまっ赤に燃えるようす。❷からだが熱であつくなるようす。また、怒《いか》りなどで興奮するようす。「あまり—するな」

**がっか【学科】**(名)❶学校で教わる科目。国語・数学など。❷大学で、学部の下、専攻《せんこう》の上に位置する科目。「英文—」

**かっかい【各界】**(名)→かくかい(各界)

**かっかい【角界】**(名)→かくかい(角界)

**がっかい【学会】**(名)同じ専門分野の研究者などで組織された団体。また、その会合。「国文—」

**がっかい【学界】**(名)学者や学問の社会。「—の権威《けんい》」

**かっかく『△赫△赫』**(ト・タル)成果や功名・てがらなどの特別にすぐれているようす。「—たる戦果をあげる」参考「かくかく」ともいう。

**かっかざん【活火山】**(名)〘地質〙現在、火や煙《けむり》

をふき出しているか、過去一万年のあいだに噴火したことがある火山。

**かっかそうよう**〖隔靴△搔△痒〗（名）靴《くつ》の上からかゆいところをかいても届かないように、もどかしくじれったいこと。「ーの感がある」

**かつかつ**（副）限度ぎりぎりであるようす。やっとのことで。どうにかこうにか。「ーの生活」

**がっかつ**【学活】（名）（「学級活動」の略）学級全体でするいろいろな活動。おもに中学校で使われる。

**がつがつ**（副・自スル）❶食べ物をむさぼり食うようす。「ー（と）食べる」❷むやみに欲ばるようす。「お金にーした人」

**がっかり**（副・自スル）自分の思いどおりにならず失望・落胆《らくたん》するようす。「試合に負けてーする」

**かっかん**【客観】（名）→きゃっかん

**かつがん**【活眼】（名）物事の真相をはっきり見ぬく眼力。「ーを開く」

**かっき**【活気】（名）いきいきとした勢い。「ーがある」「ーにみちる」「ーづく」

**がっき**【学期】（名）学校で一年間をいくつかに分けた一期間。「ー末試験」「新ー」

**がっき**【楽器】（名）音楽を演奏する器具。弦《げん》楽器・管楽器・打楽器・鍵盤《けんばん》楽器がある。

**かっきてき**【画期的】〖△劃期的〗（形動ダ）{ダロ・ダッ(デ・ニ)・ダ・ナ・ナラ・○}今までにない新分野・新時代を開くほどすぐれているようす。エポックメーキング。「ーな発明」

**がっきゅう**【学究】（名）ひたすら学問を研究すること。また、その人。「ーはだの人」「ーの徒」

**がっきゅう**【学級】（名）学校で、授業を行うために児童・生徒を一定の人数にわけたまとまり。組。クラス。「ー委員」

**かっきょ**【割拠】（名・自スル）各自がそれぞれの場所を本拠として勢力を張ること。「群雄《ぐんゆう》ー」

**かつぎょ**【活魚】（名）生きている魚。「ー料理」

**かっきょう**【活況】（名）いきいきとした状況。景気のよいようす。「ーを呈《てい》する」

**がっきょく**【楽曲】（名）〘音〙声楽曲・器楽曲・管弦楽《かんげんがく》曲などの総称。また、単に音楽作品のこと。

**かっきん**〖△恪勤〗（名・自スル）まじめに仕事にはげむこと。「精励《せいれい》ー」

**かつ・ぐ**【担ぐ】（他五）{ガ(ゴ)・ギ(イ)・グ・グ・ゲ・ゲ}❶重いものを肩《かた》で支え持つ。「荷物をー」❷ある人をみんなで上におしたてる。まつりあげる。「会長にー・ぎだされる」❸ふざけてだます。「彼《かれ》にまたー・がれた」❹迷信などを気にかける。「えんぎをー」

**がっく**【学区】（名）公立学校で、児童・生徒の入学または通学する学校を定めた区域。

**かっくう**【滑空】（名・自スル）発動機を使わないで風の力や気流などで空を飛ぶこと。空中滑走。

**かっくうき**【滑空機】（名）→グライダー

**がっくり**（副・自スル）❶力がぬけて急に折れ曲がるようす。「ー（と）ひざを折る」❷がっかりして元気がなくなるようす。「話を聞いてー（と）する」❸急に状態が悪くなるようす。「客足がー（と）へった」

**かっけ**〖◇脚気〗（名）〘医〙ビタミン$B_1$が欠乏《けつぼう》して起こる病気の一つ。手足がしびれたりむくんだりする。

**かつげき**【活劇】（名）格闘《かくとう》の場面を中心とした映画や芝居《しばい》。また、それに似たはでなけんかや動き。

**かっけつ**〖△喀血〗（名・自スル）肺や気管支から出た血をはき出すこと。⇨とけつ

**かっこ**【括弧】（名・他スル）補足説明や会話・引用の文、また、数式や数字などをかこって他と区別する記号。また、その記号をつけること。（　）・〔　〕・｛　｝・「　」など。「ーに入れる」「ーでくくる」

**かっこ**【確固】〖確△乎〗（ト・タル）意見や立場などが確かで、しっかりしたようす。「ーたる態度」

**かっこい・い**（形）{○・○・イ・イ・○・○}（「かっこ」は「格好」の転）姿や形などの見た目やようすが好ましい。「ー人」「ー生き方」

**かっこう**【格好】〖△恰好〗 ㊀（名）姿やかたち。また、ていさい。「ーがつかない」「ーが悪い」「不《ぶ》ー」㊁（名・形動ダ）ちょうどよいこと。「ーなねだん」「ーの餌食《えじき》」㊂（接尾）（年齢《ねんれい》を表す数字について）「…ぐらい」の意を表す。「四〇ーの女性」

**かっこう**〖郭公〗（名）〘動〙カッコウ科の鳥。はとよりやや小さく、からだは灰色。カッコウカッコウと鳴く。かんこどり。よぶこどり。

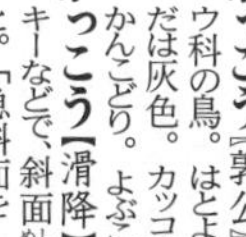

（郭公）

**かっこう**【滑降】（名・自スル）スキーなどで、斜面《しゃめん》をすべりおりること。「急斜面をーする」

**かつごう**【渇仰】（名・他スル）❶〘仏〙深く仏道を信仰《しんこう》すること。❷深くしたうこと。「先師の徳をーする」

**がっこう**【学校】（名）先生の指導により一定の知識や技能などを体系的に学ぶ所。「ーに通う」

**かっこく**【各国】（名）それぞれの国。おのおのの国。「世界ー」「ー代表」

**かっこ・む**〖△搔っ込む〗（他五）{マ(モ)・ミ(ッ)・ム・ム・メ・メ}→かきこむ(搔き込む)

**かっさい**【喝采】（名・自スル）手をたたいたり、声をあげたりしてほめること。「ーをあびる」「拍手《はくしゅ》ー」

**がっさく**【合作】（名・他スル）一つのものを共同で作ること。また、そうして作ったもの。「日米ー映画」

**かっさつ**【活殺】（名）生かすことと殺すこと。

**活殺自在《じざい》**　生かすも殺すも思いのままであること。

**がっさん**【合算】（名・他スル）一つに合わせて計算すること。合計すること。「支出の全部をーする」

**かつじ**【活字】（名）活版印刷に使う金属製の文字の型。また、それで印刷した文字。「ーを組む」

**かっしてもとうせんのみずをのまず**【渇しても盗泉の水を飲まず】どんなに苦しくても不正な手段によって得たもので欲望を満足させることはしない。渇すれども盗泉の水を飲まず。

故事　孔子《こうし》が旅行中に盗泉という名の泉を通りかかった。のどがかわいていたが、盗泉（＝盗《ぬす》んだ泉）の名をきらってその水を飲まなかったという。〈文選《もんぜん》〉

**かっしゃ**【活写】（名・他スル）いきいきと写し出すこと。「真実をーした文章」

**かっしゃ**【滑車】（名）まわりにみぞのある車に綱《つな》・鎖《くさり》・ベルトなどをかけて回転させて力を伝える装置。

小さい力で物を巻き上げたりするしかけに使う。

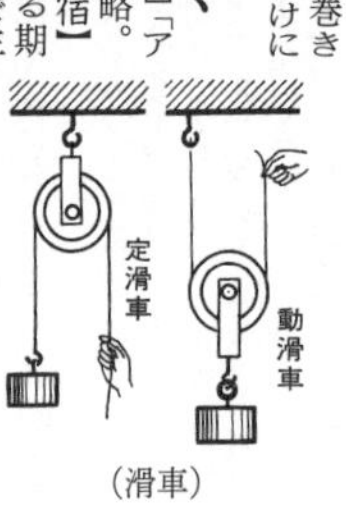

（滑車）

**がっしゅうこく**〔合衆国〕〔地名〕「アメリカ合衆国」の略。

**がっしゅく【合宿】**（名・自スル）ある期間大勢が同じ宿で生活し、練習や研究などをすること。「夏ー」

**かつじょう【割譲】**（名・他スル）物や土地などの一部分をゆずり与《あた》えること。「領土のー」

**がっしょう【合唱】**（名・他スル）❶二人以上の人が声を合わせて歌うこと。「校歌をーする」❷〔音〕大勢の人が低音部・高音部などに分かれて一つの曲を同時に歌うこと。コーラス。「混声四部ー」（対独唱）

**がっしょう【合掌】** 一（名・自スル）両方のてのひらを顔や胸の前で合わせて拝むこと。「仏前にーする」 二（名）建築で、木材を山の形に交差させて組み合わせた構造。「ー造り」

**がっしょうれんこう【合従連衡】**（名）連合したり同盟したりして勢力を伸《の》ばすこと。そのときの状況《じょうきょう》に応じて連合したり離《はな》れたりすること。
故事 中国の戦国時代、大国の秦《しん》に対した六つの国の外交政策。まず六国が同盟して秦に対する「合従」策をとったが、のちに六国それぞれが秦と同盟を結ぶ「連衡」策をとった。

**かっしょく【褐色】**（名）黒みをおびた茶色。

**がっしり**（副・自スル）構造や組み立てががんじょうで安定しているようす。「ー（と）した体格」

**かっすい【渇水】**（名・自スル）ひでりなどで水がかれること。「ー期」

**かっ・する【渇する】**（自サ変）〔シ(セ・サ)・シ・スル・スル・スレ・シロ(セヨ)〕❶のどがかわいて水をほしがる。また、欠乏《けつぼう》しているものをほしがる。「愛情にー」❷水がかれる。「水田がー」

**がっ・する【合する】**（自他サ変）〔シ(セ・サ)・シ・スル・スル・スレ・シロ(セヨ)〕合う。合わせる。いっしょになる。いっしょにする。「流れがーところ」

**かっせい【活性】**（名）❶〔化〕化学反応を活発に起こしやすい性質。❷活気のある状態。⋯化「地域産業の活性化をはかる」

**かっせいたん【活性炭】**（名）強力な吸着性を持った炭素。脱臭《だっしゅう》や色素吸収などに使われる。活性炭素。

**かつぜつ【滑舌】**（名）演劇や放送などで、発声が聞きとりやすく滑《なめ》らかなこと。「ーが悪い」

**ことばの移り変わり**
「気づかぬうちに日常語」
ごく普通《ふつう》の言葉だと思っている語が国語辞典の中にないことがある。「滑舌《かつぜつ》」「食材」「食感」等は、一九九〇年代中ごろまで辞書にはほぼのっていなかった。これらはその少し前から普及《ふきゅう》しはじめ、新語だと意識されずに広く用いられて定着したものである。人びとの関心を集める新語は一時的に頻繁《ひんぱん》に用いられても、多くはすぐ廃《すた》れてしまう。それに対して新語意識の稀薄《きはく》な語は抵抗《ていこう》なく多様な場面で用いられ、使用者も使用範囲《はんい》も拡大してゆくのである。

**かっせん【合戦】**（名・自スル）敵と味方が出会って戦うこと。また、その戦い。「源平のー場」

**かつぜん【△豁然】**（トタル）❶目の前が急に広々とするようす。❷迷いや疑いが急に解けるようす。急にさとるようす。「ーとしてさとる」

**かっそう【滑走】**（名・自スル）❶地上や氷上などをすべって進むこと。「スケートでーする」❷飛行機が離着陸《りちゃくりく》するときに地上を走ること。「ー路」

**がっそう【合奏】**（名・自他スル）〔音〕二つ以上の楽器で、一つの曲をいっしょに演奏すること。「全員でーする」対独奏

**カッター**〔英 cutter〕（名）❶物を切る道具。「ーナイフ（=紙・ひもなどを切るのに用いる、刃《は》のうすいナイフ）」❷軍艦《ぐんかん》などに積んでいる大型のボート。❸一本マストの小型の船。

**がったい【合体】**（名・自他スル）二つ以上のものが合わさって一つになること。また、一つにすること。

**かったつ【△闊達】**（形動ダ）〔ダロ・ダッ(デ・ニ)・ダ・ナ・ナラ・○〕心が広くて物事にこせこせしないようす。「ーな人物」「自由ー」

**かったる・い**（形）〔カロ・カッ(ク)・イ・イ・ケレ・○〕〔俗語〕❶疲《つか》れなどのためにからだや気分が重い。❷めんどうで気がすすまない。「ー仕事」❸話などが、まわりくどくてもどかしい。「ー説教はごめんだ」

**かったん【褐炭】**（名）黒褐色の、質の悪い石炭。

**かつだんそう【活断層】**（名）〔地質〕以前に移動・変化があり、将来も活動が予想される断層。

**がっち【合致】**（名・自スル）ぴったりと合うこと。一致すること。「予想と結果がーする」

**かっちゅう【◇甲△冑】**（名）よろいとかぶと。「ーに身をかためた武士」

**がっちり**（副・自スル）❶ゆるみがなく、しっかりと組み合わさるようす。「ー（と）握手《あくしゅ》する」❷つくりがきちんとしてがんじょうなようす。がっしり。「ー（と）した体格」❸お金についてぬけめがないようす。「ー（と）ためこむ」❹確実に事を行うようす。「ー（と）守る」

**ガッツ**〔英 guts〕（名）物事を行う際の気力。根性《こんじょう》。多く、スポーツでいう。「ーがある」「ーポーズ」

**がっつ・く**（自五）〔カ(コ)・キ(イ)・ク・ク・ケ・ケ〕〔俗語〕むさぼるように食う。また、むやみに欲求を満たそうとする。がつがつする。「好物だからといってそんなにーな」

**かつて【◇曽て・△嘗て】**（副）❶以前に。「ー見た映画」❷（あとに打ち消しのことばをともなって）一度も。「いまだー聞いたことがない」「ーない大地震《じしん》」

**かって【勝手】** 一（名・形動ダ）人のことを考えないで、自分の気持ちやつごうだけで行動すること。「ーを言う」「ー気まま」「ーにしろ」 二（名）❶何かをする時の、つごうのよしあし。便利さ。「ーの悪い家」「使いー《がって》」❷何かをする時の、ようすや事情。「ーがわからない」「ーがちがう」❸台所。「ー口」

**かってかぶとのおをしめよ**〔勝って△兜の緒を締めよ〕物事に成功しても、得意になったり油断したりしないで、心をひきしめてかかれということのたとえ。

**かってでる**【買って出る】仕事や役目などを自分からすすんで引き受ける。「司会を―」

**かってむき**【勝手向き】(名) ❶台所に関すること。❷暮らし向き。家計。「―が苦しい」

**がってん**【合点】(名・自スル) 承知すること。うなずくこと。がてん。「―だ。まかせとけ」

**かっと** (副・自スル) ❶怒《いか》りで急に興奮するようす。「つい―なってしまった」❷目・口などを急に大きく開くようす。「―目を見開く」❸光が急に明るくなるようす。日ざしがはげしく照りつけるようす。「太陽が―照りつける」 また、火の勢いが急にさかんになるようす。

**カット**〔英 cut〕[一] (名・他スル) ❶切ること。切り取ること。❷全体の一部分をけずること。「余分な部分を―する」「賃金―」❸髪《かみ》を切りそろえること。「前髪を―する」❹テニス・卓球《たっきゅう》などで、ボールの下を切るように打って逆回転をあたえること。「―で返す」❺球技で、送球を途中《とちゅう》でとらえること。「外野からの返球を投手が―する」[二] (名) ❶映画で、カメラが回転を始めてから終わるまでの一場面。ショット。❷印刷物の中に入れる小さく簡単なさし絵。

**かっとう**【葛藤】(名) (葛《くず》や藤《ふじ》のつるがもつれることから) ❶もめごと。争い。❷心の中での迷いやなやみ。「内心のはげしい―に苦しむ」

**かつどう**【活動】[一] (名・自スル) さかんに動くこと。本来の動きや働きをすること。「クラブ―」「奉仕《ほうし》―」「火山―」 …的「活動的な人」 [二] (名) (「活動写真」の略) 映画の古い呼び名。

**カット-グラス**〔英 cut glass〕(名) 切りこみ細工をしたガラス。また、そのガラスの器。きりこガラス。

**カット-ソー** (名) ニット地を、裁断《さいだん》して縫製《ほうせい》した衣服。▽英 cut and sewn から。

**かっぱ**『◇河◇童』(名) ❶川などにすみ、子どものような姿で頭上の皿《さら》に水があるという想像上の動物。❷泳ぎのうまい人。

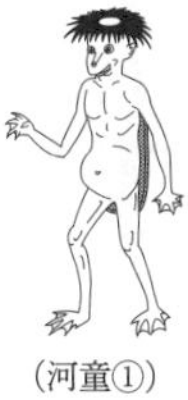

(河童①)

**河童の川流《かわなが》れ** (泳ぎのうまいかっぱでさえ、水に流されることがあるということから) 名人といわれる人でもときには失敗するというたとえ。類 弘法《こうぼう》も筆の誤り・猿《さる》も木から落ちる

**河童の屁《へ》** 実に簡単でたやすくできること。何でもないこと。へのかっぱ。

**かっぱ**【喝破】(名・自他スル) 正しくない説を説き破り、真理を明らかにすること。「真理を―する」

**カッパ**『×合羽』〔ポルトガル capa〕(名) 雨天のときに着る外套《がいとう》。あまがっぱ。

**かっぱつ**【活発】『活△潑』(形動ダ) {ダロ・ダッ(デ・ニ)・ダ・ナ・ナラ・○} 生き生きとして元気のよいようす。「―に発言する」

**かっぱら・う**『△搔っ払う』(他五) {ワ(オ)・イ(ッ)・ウ・ウ・エ・エ} すきをねらってすばやく金品を盗《ぬす》む。

**かっぱん**【活版】(名) 活字を組み合わせて作った印刷の版。活字版。また、それによる印刷。「―印刷」

**がっぴょう**【合評】(名・他スル) 何人かの人が、いっしょになって同じ作品・ことがらについて批評すること。また、その批評。「同人誌の―会」

**かっぷ**【割賦】(名) 月賦・年賦のように代金を何回かに分けてはらうこと。分割ばらい。「―販売《はんばい》」

**カップ**〔英 cup〕(名) ❶スポーツなどで優勝したときにもらう、金属製の大きなさかずき。賞杯《しょうはい》。「優勝―」❷とってのついた洋風の茶碗《ちゃわん》。「コーヒー―」❸料理に使う液体や粉などの分量をはかる容器。「計量―」

**かっぷく**『△恰幅』(名) からだのかっこう。からだつき。「―がいい」 使い方 多く壮年《そうねん》の男性についていう。

**かっぷく**【割腹】(名・自スル) 自殺するために腹を切ること。切腹。「―自殺」

**かつぶし**【かつ節】『△鰹節』(名) →かつおぶし

**カップル**〔英 couple〕(名) 二つで一組になっているもの。一対《いっつい》。特に、男女の一組。夫婦・恋人《こいびと》どうしなど。「似合いの―」

**がっぺい**【合併】(名・自他スル) 二つ以上の組織などを一つに合わせること。また、合わさること。「会社が―する」「町村―」

**がっぺいしょう**【合併症】(名) 《医》ある病気にかかっているとき、いっしょに起こる別の病気、症状。余病。「―に悩《なや》まされる」

**かつべん**【活弁】(名) (「活動写真の弁士」の意) 無声映画で、画面にあわせてせりふをしゃべったり状況《じょうきょう》説明をしたりした人。

**かっぽ**『△闊歩』(名・自スル) ❶大またで堂々と歩くこと。「大道を―する」❷いばって思いどおりに行動すること。「政界を―する」

**かつぼう**【渇望】(名・他スル) (のどがかわいたとき水を求めるように) 切実に望むこと。「自由を―する」

**かっぽう**【割△烹】(名) ❶食べ物を調理すること。料理。「―着」❷日本料理の店。参考「割」はさく、「烹」は煮《に》るの意。

**がっぽん**【合本】(名・他スル) 何冊かの本をまとめて一冊の本として作ること。また、その本。

**かつもく**『△刮目』(名・自スル) 注目すること。目を見開いてよく見ること。「―に値《あたい》する仕事」

**かつやく**【活躍】(名・自スル) さかんに活動をしてすばらしい成果をあげること。「国外で―する」「御《ご》―を期待します」

**かつやくきん**【括約筋】(名) 《生》縮めたり緩《ゆる》めたりすることで、器官を開閉する輪状の筋肉。肛門《こうもん》・瞳孔《どうこう》などにある。

**かつよう**【活用】[一] (名・他スル) そのものの力や性質をうまくいかして役だてること。利用すること。「人材―」「資源を―する」[二] (名・自スル) 《文法》動詞・形容詞・形容動詞・助動詞のことばの形が、下につく語によって規則的に変わること。「下一段―」

**かつようけい**【活用形】(名) 《文法》動詞・形容詞・形容動詞・助動詞の語尾《ごび》が下につく語によって規則的に変化する場合の語形。未然・連用・終止・連体・仮定(文語では已然《いぜん》)・命令の六つに分ける。

**かつようご**【活用語】(名) 《文法》単語のなかで、用法によって規則的に形が変わるもの。動詞・形容詞・形容動詞・助動詞の総称《そうしょう》。

**かつようごび**【活用語尾】(名) 《文法》活用する

ことばの、活用により変化する部分。「行く」の「く」、「美しい」の「い」、「静かな」の「な」の部分など。参考 語によっては、語幹と語尾の区別のつかないものもある。「見る」「得《え》る」など。

**かつようじゅ**〖△闊葉樹〗(名)〘植〙「広葉樹」の古い呼び名。

**かつら**〖△桂〗(名)〘植〙カツラ科の落葉高木。材は建築・器具・船材などに使われる。

**かつら**〖△鬘〗(名)髪《かみ》の毛などで種々の髪形を作り、頭にかぶったり髪にそえたりするもの。「ーをつける」

**かつらく**【滑落】(名・自スル)登山で、足を踏《ふ》みはずすなどして高い所からすべり落ちること。「ー事故」

**かつりょく**【活力】(名)生き生きした力。活動するもとになる力。「ーにみちる」「ーをたくわえる」

**カツレツ**〔英 cutlet〕(名)肉に小麦粉・卵をつけ、パン粉をまぶして油であげたもの。カツ。「ポークー」

**かつろ**【活路】(名)動きがとれないような苦しい状態からのがれる方法。命の助かる道。「ーを見いだす」

**かて**【糧】(名)❶生きていくために必要な食べ物。食糧《しょくりょう》。「日々のーにも困る」❷物事・精神を養い育てるために必要なもの。「読書は心のーだ」

**かてい**【仮定】(名・自他スル)かりにそうであると決めること。「五人が参加できるとーする」

**かてい**【家庭】(名)一つの家に生活する家族の集まり。また、その場所。「ー生活」「円満なー」「ー争議」…的「家庭的な雰囲気《ふんいき》」

**かてい**【過程】(名)物事が移り進んでゆく道すじ。また、その途中《とちゅう》の段階。プロセス。「製造ー」

**かてい**【課程】(名)ある期間に割り当ててさせる一定の仕事や学業の順序・範囲《はんい》。「教育ー」

**かていか**【家庭科】(名)小学校・中学校・高等学校の教科の一つ。家庭生活に必要な知識や技術(料理・裁縫《さいほう》など)を習う教科。

**かていきょうし**【家庭教師】(名)よその家庭に行ってその家の子どもに勉強を教える人。

**かていけい**【仮定形】(名)〘文法〙口語の用言・助動詞の活用形の一種。助詞「ば」を下につけて仮定の意味を表す。参考 文語では已然形《いぜんけい》という。

**かていさいばんしょ**【家庭裁判所】(名)家庭のもめごと・事件や未成年者の保護事件を取りあつかう裁判所。家裁。

**カテキン**〔英 catechin〕(名)〘化〙タンニンの一種。緑茶に多く含《ふく》まれる。殺菌《さっきん》作用がある。

**カテゴリー**〔ドイツ Kategorie〕(名)→はんちゅう

**かててくわえて**【かてて加えて】〖△糅てて加えて〗その上に。さらに。「ひどい寒さにー雨が降る」使い方 ふつう、よくないことが重なる場合に用いる。

**カテドラル**〔フランス cathédrale〕(名)カトリックで、司教の座が設けられている教会堂。大聖堂。

**かてばかんぐん**【勝てば官軍】たとえ道理に反していても、争いに勝てばそれが正しくなるということ。「ー、負ければ賊軍《ぞくぐん》」参考 明治維新《めいじいしん》のときにできたことば。

**-がてら**(接尾)一つのことをしながら同時に他のこともする意を表す。…しながら。…のついでに。「散歩ー書店に寄る」

**かでん**【家伝】(名)古くからその家に代々伝わってきたこと。また、そのもの。「ーのつぼ」

**かでん**【家電】(名)テレビや冷蔵庫などの家庭用電化製品・器具。「ーメーカー」

**かでん**【荷電】(名・自スル)〘物〙物体が電気をおびていること。また、その電気の量。

**がてん**【合点】(名・自スル)(「合点《がってん》」の変化したもの)承知すること。「ひとりー」

**合点がいかない** 納得《なっとく》できない。承知できない。「いくら聞いてもー」

**がでんいんすい**【我田引水】(名)(自分の田にだけ水を引き入れるということから)自分につごうのいいように言ったりしたりすること。「ーの主張」

**かでんしょ**【花伝書】〔作品名〕室町《むろまち》時代前期の能楽論《のうがくろん》書。正式の書名は「風姿花伝《ふうしかでん》」という。世阿弥《ぜあみ》作。一四〇二(応永九)年ころ完成か。能のけいこのしかたなどを述べたもの。

**かでんにくつをいれず**〖△瓜田に◇履を◇納れず〗(瓜《うり》畑では、瓜を盗《ぬす》むのかと疑われるので、かがんでくつをはき直すなの意から)人から疑われるような行為《こうい》はするなというたとえ。類 李下《りか》に冠《かんむり》を正さず

**かど**【角】(名)❶物のはしの、とがっている部分。「机のー」「ページのーを折る」❷道の折れ曲がっている所。「ーを左に行く」❸人の感情を害する点。「ーのあることば」

**角が立《た》つ** 言い方や態度がおだやかでないために、関係がうまくいかなくなる。「それを言うとー」

**角が取《と》れる** 年をとったり、人生の経験を積んだりして人がらがおだやかになる。まるくなる。「苦労をしてー」

**かど**【門】(名)❶家の入り口。もん。「ー松」「ーに立つ」❷家。「笑うーには福来《きた》る」

**かど**〖◇廉〗(名)あることがらの理由。指摘《してき》される点。「傷害のーで取り調べる」

**かど**【過度】(名・形動ダ)適切な程度や限度をこえていること。「ーの練習」

**かとう**【下等】(名・形動ダ)❶等級や程度の低いこと。「ー動物」対 高等。❷品質や品性などがおとっていること。「ーな趣味《しゅみ》」対 上等・高等

**かとう**【果糖】(名)果汁や蜂蜜《はちみつ》などに含《ふく》まれる糖分。白色の粉末で水にとけやすく甘《あま》みが強い。

**かとう**【過当】(名・形動ダ)適当な程度をこえていること。「ー競争」

**かどう**【可動】(名)動かせること。「ー橋(=大きな船でも通れるように橋桁《はしげた》を動かせるようにした橋)」

**かどう**【華道・花道】(名)生け花。花を美しく生ける技術・作法。

**かどう**【歌道】(名)和歌を作る技術・作法。

**かどう**【稼働・稼動】(名・自他スル)❶人がかせぎ働くこと。「ー時間」❷機械を動かすこと。機械が働くこと。「ー台数がふえる」「ー率」

**かとうせいじ**【寡頭政治】(名)少数の権力者によって行われる独裁的な政治。

**かとうちかげ**〔加藤千蔭〕【人名】(一七三五〜一八〇八)江戸《えど》時代後期の歌人・国学者。本姓《ほんせい》橘《たちばな》。賀茂真

淵《かものまぶち》の門人。著書に「万葉集略解《りゃくげ》」「うけらが花」など。

**かとうどうぶつ【下等動物】**（名）〘動〙進化の進んでいない、からだのつくりが簡単な動物。アメーバ・ぞうりむしなど。対高等動物

**かとき【過渡期】**（名）ある状態から次の状態へ移り変わろうとする途中《とちゅう》の時期。「時代の—」

**かとく【家督】**（名）その家を継《つ》ぐ子。跡継《あとつ》ぎ。また、家の跡目。「—を継ぐ」

**かどぐち【門口】**（名）家または門の出入り口。

**かどだ・つ【角立つ】**（自五）{タ(ト)・チ(ッ)・ツ・ツ・テ・テ}かどがあってなめらかでない。おだやかでない。「—話はやめよう」

**かどちがい【門違い】**（名）→おかどちがい

**かどで【門出】**（名・自スル）❶旅などに出るために自分の家を出発すること。旅立ち。「赴任《ふにん》地への—」❷新しい生活・事業などをはじめること。「人生の—」

**かどばん【角番】**（名）❶囲碁《いご》や将棋《しょうぎ》など何回戦かの勝負で、あと一敗すると負けが決まるという立場。❷すもうで、負け越せばその地位から転落するというせとぎわ。「—の大関《おおぜき》」

**かどまつ【門松】**（名）正月、門前にかざる松。松かざり。「—を立てる」

**カドミウム**〔英 cadmium〕（名）〘化〙亜鉛《あえん》に似た銀白色のやわらかい金属元素。めっき・合金などに使う。有毒。元素記号 Cd

**カトリック**〔オランダ Katholiek〕（名）ローマ教皇のもとにあるキリスト教の一派。旧教。カソリック。対プロテスタント

**かどわか・す**（他五）{サ(ソ)・シ・ス・ス・セ・セ}女性や子どもなどをだまして連れて行く。誘拐《ゆうかい》する。「子どもを—」

**かな【◦仮名】**（名）漢字をもとにして作った、日本独特の文字。一字一音を表す。かたかなとひらがな。対真名《まな》

**かな**（終助）❶疑問の意を表す。…だろうか。「できる—」「ほんとう—」❷（打ち消しのことばに続けて）願望の気持ちを表す。「早く夏休みにならない—」

**かな**〔哉〕（終助）古語感動・詠嘆《えいたん》の意を表す。…なあ。…ことよ。…ものだなあ。「春の海ひねもすのたりのたり—」〈蕪村《ぶそん》〉訳おだやかな春の海。波は一日じゅうのどかにのたりのたりと、うねり続けていることよ。

**かなあみ【金網】**（名）はりがねをあんで作った網。

**かない【家内】**（名）❶家の中。「—労働」❷家族。家の人びと。「—安全」❸人に対して自分の妻をいうことば。「—はるすにしております」

**かないこうぎょう【家内工業】**（名）自宅で家族やわずかな使用人だけで営む工業。

**かな・う【◦適う・△叶う・◦敵う】**（自五）{ワ(オ)・イ(ッ)・ウ・ウ・エ・エ}❶うまく合う。あてはまる。「条件に—」❷思いどおりになる。「望みが—」❸対抗《たいこう》できる。匹敵《ひってき》する。「彼《かれ》には—・わない」参考ふつう①は「適う」、②は「叶う」、③は「敵う」と書く。

**かなえ【△鼎】**（名）古代中国で使われた、金属製の三本足のかま。物を煮《に》るのに用いた。参考古代中国の王室で、王の位や権力の強さを表すものとされた。

（かなえ）

**鼎の軽重《けいちょう》を問《と》う**　統治する人の実力や権威《けんい》を疑い、その地位をうばおうとする。また、相手の能力・権威を疑い軽視する。

故事周《しゅう》の定王のとき、楚《そ》の荘王《そうおう》が周の宝であり権力の象徴《しょうちょう》であった鼎の大きさと重さをたずねた。それは周をあなどり王室の権力を疑った無礼な行為《こうい》であったということから出たことば。〈春秋左氏伝《しゅんじゅうさしでん》〉

**かな・える【◦適える・△叶える】**（他下一）{エ・エ・エル・エル・エレ・エロ(エヨ)}❶うまくあてはまる状態である。満たす。「あらゆる条件を—」❷望みどおりに実現させる。「願いを—」参考ふつう①は「適える」、②は「叶える」と書く。

**かなかな【△蜩】**（名）〘動〙→ひぐらし(蜩)

**かなきりごえ【金切り声】**（名）金属を切るような高く細い声。女性の叫《さけ》び声などにいう。「—をあげる」

**かなぐ【金具】**（名）器具につける金属製の付属品。

**かなくぎ【金くぎ】**〘金△釘〙（名）金属製のくぎ。

**かなくぎりゅう【金くぎ流】**〘金△釘流〙（名）たどたどしくへたな字をあざけっていうことば。

**かなぐりす・てる【かなぐり捨てる】**（他下一）{テ・テ・テル・テル・テレ・テロ(テヨ)}身につけているものを乱暴にとって捨てる。また、思い切って捨て去る。「服を—・てて川へとびこむ」「恥《はじ》も外聞も—」

**かなけ【金気】**（名）❶水の中にふくまれている鉄分。❷新しいなべやかまで湯をわかすときに出る赤黒いしぶ。

**かな・し**〔愛し・悲し・哀し〕（形シク）古語❶かわいい。いとしい。「多摩川《たまがは》にさらす手作りさらさらに何そこの児《こ》のここだ—・しき」〈万葉集〉訳多摩川にさらす手織りの布のように、さらにさらにどうしてこの子がこんなにもかわいいのだろうか。❷身にしみておもしろい。興味ぶかい。「あまの小舟《をぶね》の綱手《つなで》—・しも」〈新勅撰《しんちょくせん》集〉訳漁師の小舟の、引き綱を引いている光景が、しみじみおもしろいことよ。❸すばらしい。みごとだ。「いと—・しうあはれにこそ侍《はべ》りしか」〈大鏡〉訳たいそうすばらしく心にしみる感じでございました。❹心が痛む。悲しい。「人の亡《な》きあとばかり—・しきはなし」〈徒然草《つれづれぐさ》〉訳人がなくなった後のありさまくらい心が痛むものはない。

**かなし・い【悲しい】**〘◦哀しい〙（形）{カロ・カツ(ク)・イ・イ・ケレ・○}心が痛んで、泣きたいような気持ちだ。「友人との別れが—」「—思い出」対嬉《うれ》しい

**かなしき【金敷】**〘◦鉄敷〙（名）金属を打ちきたえるのに使う鉄製の台。かなとこ。

**かなしきがんぐ**〔悲しき玩具〕〔作品名〕「一握《いちあく》の砂」に続く石川啄木《たくぼく》の第二歌集。一九一二（明治四五）年刊。晩年の作一九四首と歌論二編を収める。切迫《せっぱく》した生活感情を歌う。

**かなしばり【金縛り】**（名）❶動けないように強くしばりつけること。また、しばりつけられたように身動きできない状態。「—にあう」❷〘俗語〙おかねの力でこちらの思うようにさせること。「金を貸して人を—にする」

**かなしみ【悲しみ】**（名）悲しく思うこと。悲しい気持ち。心が痛む思い。なげき。「—にたえる」対喜び

**かなし・む【悲しむ】**（他五）{マ(モ)・ミ(ン)・ム・ム・メ・メ}心が痛んで、

泣きたい気持ちになる。「母の病気を―」対 喜ぶ
**表現** 悲しがる・嘆《なげ》く・嘆《たん》じる・愁《うれ》える・悲嘆する・嘆息する・慨嘆《がいたん》する ◆心を痛める・胸が痛む・胸がしめつけられる・胸がつぶれる・胸がはりさける・腸《はらわた》がちぎれる ◆悲哀《ひあい》・嘆き・愁い・傷心・断腸《だんちょう》の思い

**かなぞうし【◦仮名‐草子】**（名）〔文〕江戸《えど》時代初期の通俗《つうぞく》物語の総称《そうしょう》。おもにかなで書かれていて、教訓的・娯楽《ごらく》的なものが多い。

**かなた**『◦彼◦方』（代）遠方をさし示すことば。あちら。向こうのほう。「海の―」

**カナダ**〔Canada〕〔地名〕北アメリカ大陸北部を占《し》めるイギリス連邦《れんぽう》加盟の立憲君主国。面積は世界第二位で、各種資源にめぐまれている。首都はオタワ。

**かなだらい【金だらい】**『金△盥』（名）金属製のたらい。

**かなづかい【◦仮名‐遣い】**（名）日本語をかなで書き表すときの、かなの使い方。また、そのきまり。参考 現代仮名遣いと歴史的仮名遣いがある。

**かなづち【金づち】**『金△槌』（名）❶くぎなどを打ちこむための頭部が金属製のつち。❷まったく泳げないこと。また、まったく泳げない人。

**かなつぼまなこ【金つぼ眼】**『金△壺眼』（名）くぼんだ丸い目。

**かなてこ【金てこ】**『金△梃』（名）鉄製のてこ。

**かな・でる【奏でる】**（他下一）{デ・デ・デル・デル・デレ・デロ(デヨ)}楽器を演奏する。「琴《こと》を―」

**かなとこ**『◦鉄床』（名）→かなしき

**かなぶん**『金△蚉』（名）〔動〕コガネムシ科の昆虫《こんちゅう》。青銅色のつやのある甲虫《こうちゅう》で、うなりを立てて飛ぶ。かなぶんぶん。

（かなぶん）

**かなへび**『金△蛇』（名）〔動〕カナヘビ科のとかげ。形はふつうのとかげに似て、尾《お》が長くうす茶色で草むらにすむ。

**かなぼう【金棒】**『◦鉄棒』（名）❶鉄製の棒。「鬼《おに》に―」❷むかし、夜警やお祭りの行列でつきならした、頭部に鉄の輪をつけた鉄棒。「―引き（＝うわさなどを大げさにふれまわる人）」

**かなめ【要】**（名）❶扇《おうぎ》の骨のはしにあけた穴に通して、骨をとめているくぎ。❷最もたいせつなところ。急所。要点。「交通の―」「肝心《かんじん》―の部分」

**かなもの【金物】**（名）金属で作られた器具や道具。

**かならず【必ず】**（副）例外なく起こるようす。確実にそうするようす。きっと。まちがいなく。「外出前に―戸閉まりを確認する」「三時に―行く」

**かならずしも【必ずしも】**（副）きっと…とは限らない。「金持ちが―幸福とはいえない」使い方 あとに「ない」「ません」などの打ち消しのことばがくる。

**かならずや【必ずや】**（副）きっと。まちがいなく。「それだけ勉強すれば―合格するだろう」使い方 あとに推量のことばがくる。

**かなり**『可成り・可△也』（副・形動ダ）ふつうに予想・期待される程度を超《こ》えるようす。相当。けっこう。「―大きい音」「―の距離《きょり》がある」

**カナリア**〔スペイン canaria〕（名）〔動〕アトリ科の小鳥。大西洋上にあるカナリア諸島の原産。羽色はふつう黄色で、姿や鳴き声が美しい。

**が・なる**（自五）{ラ(ロ)・リ(ッ)・ル・ル・レ・レ}〔俗語〕大きな声でものを言う。どなる。「そんなに―・っては耳が痛い」

**かに**『△蟹』（名）〔動〕節足動物・甲殻《こうかく》類の一種。水辺《みずべ》や水中にすむ。からだはひらたく、甲羅《こうら》に包まれて、一対のはさみと四対の足を持ち横に歩く。種類が多く、食用になるものも多い。

**蟹は甲羅《こうら》に似《に》せて穴《あな》を掘《ほ》る** 人はそれぞれ身分や能力に応じた考えや望みを持ち、それにふさわしい行いをするものだというたとえ。

**かにく【果肉】**（名）くだものの、種と皮との間のやわらかい部分。ふつう、食用となるところ。

**かにこうせん**『△蟹工船』（名）とったかにをすぐにかんづめに加工する設備を持った船。

**がにまた【がに股】**『△蟹股』（名）両足がひざの所で外向きに曲がっていること。また、その人。O脚《オーきゃく》。

**かにゅう【加入】**（名・自スル）団体や組織などにはいること。対 脱退《だったい》

**学習〈比較《ひかく》〉「加入」「参加」**

加入　組織・機関・団体などに加わって、そのメンバーになること。「クラブに加入する」「組合に加入する」「政治団体に加入する」

参加　集団や活動に加わって、他の人と行動をともにすること。「キャンプに参加する」「デモに参加する」「競技会に参加する」

**カヌー**〔英 canoe〕（名）❶丸木をくりぬいたり、木やけものの皮で作った小舟《こぶね》。❷①に似た、競技用ボート。

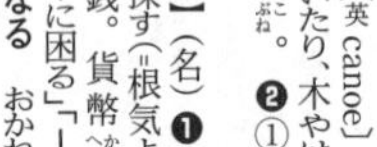
（カヌー①）

**かね【金】**（名）❶金属。「―のわらじで探す（＝根気よく探し回る）」❷金銭。貨幣《かへい》。「―を稼《かせ》ぐ」「―に困る」「―を払《はら》う」

**金がうなる** おかねがありあまる。

**金に飽《あ》かす** おかねのあるのにまかせて事を行う。「金にあかして建てた宮殿」

**金に糸目《いとめ》をつけない** 惜《お》しみなくおかねを使う。

**金になる** もうかる。「金にならない仕事」

**金に目《め》がくらむ** おかねへの欲のために心が迷わされて正しい判断ができない。

**金の切《き》れ目《め》が縁《えん》の切《き》れ目《め》** おかねだけが目あてでつながっている関係は、おかねがなくなれば切れてしまうということ。

**金のなる木《き》** いくら使っても大金が出てくるもと。「―をもっているのか、贅沢《ぜいたく》ばかりしている」

**金は天下《てんか》の回《まわ》りもの** おかねは世間をつぎつぎにめぐっていくもので、今はおかねがない者にもやがて回ってくるということ。

**金を食《く》う** 費用が多くかかる。

**かね**『△矩』（名）→かねじゃく

**かね**『△鉦』（名）伏《ふ》せて台座に置いたり手で持ったりして、撞木《しゅもく》でたたきならす金属製の器具。

鉦や太鼓《たいこ》で捜《さが》す　大さわぎをしながらさがしまわる。

**かね【鐘】**（名）寺や教会などで、太い棒でついたり、ひもを引いたりしてならす金属製の器具。また、その音。「ーをつく」

**かねあい【兼ね合い】**（名）両方のつり合いをうまく保つこと。「両者のーを考える」

**かねがね**『◇予◇予』（副）ずっと以前から。かねて。まえまえから。「お名前はーうけたまわっております」

**かねぐり【金繰り】**（名）必要な金銭のやりくり。資金のやりくり。「品物が売れずーがつかない」

**かねじゃく【かね尺】**『◇曲尺・△矩尺』（名）❶直角に曲がった金属製のものさし。かね。❷約三〇・三センチメートルを一尺としたものさし。また、それによる長さの測り方。一尺は鯨尺《くじらじゃく》の八寸にあたる。かね。

（かねじゃく①）

**かねずく【金ずく】**（名）何事もおかねの力ですませようとすること。「ーで押《お》しとおす」

**かねそな・える【兼ね備える】**（他下一）{エ・エ・エル・エル・エレ・エロ(エヨ)}二つ以上の働きや性質をいっしょにもっている。「才能と人徳とをー・えた人物」

**かねつ【加熱】**（名・他スル）熱を加えること。「レンジでーする」「ー処理」

**かねつ【過熱】**（名・自スル）❶熱くなりすぎること。「ー防止機能」❷状態や傾向《けいこう》がはげしくなりすぎること。「ーぎみの応援《おうえん》合戦」「ー報道」

**かねづかい【金遣い】**（名）おかねの使いかた。また、その度合い。「ーが荒《あら》い」

**かねづまり【金詰まり】**（名）おかねのやりくりがつかないで、資金が不足すること。「ーで倒産《とうさん》する」

**かねづる【金づる】**『金△蔓』（名）おかねを手に入れる手がかり。おかねを出してくれる人。「ーをつかむ」

**かねて**『◇予て』（副）以前から。まえまえから。かねがね。「ーほしいと思っていた品物」

**かねならし**…[短歌]

〈鉦鳴らし　信濃《しなの》の国《くに》を　行《ゆ》き行《ゆ》かば　ありしながらの　母《はは》見《み》るらむか〉〈窪田空穂《くぼたうつぼ》〉[訳]巡礼《じゅんれい》となって、（仏具の）かねを鳴らしながら、故郷の信濃の国をあちらこちらたずね行けば、生きていたときそのままの母に会うことができるだろうか。

**かねばなれ【金離れ】**（名）おかねの使いぶり。「ーがいい」

**かねへん【金偏】**（名）漢字の部首の一つ。「鏡」「鉄」などの左側にある「釒」の部分。

**かねまわり【金回り】**（名）❶世間の、おかねの動き。❷ふところぐあい。財政状態。「ーがいい」

**かねめ【金目】**（名）おかねに換算《かんさん》したときのねうち。また、金銭的なねうちが高いこと。「ーのものは何もない」

**かねもち【金持ち】**（名）おかねや財産をたくさん持っている人。

**金持ち喧嘩《けんか》せず**　金持ちは喧嘩をすれば損になることを知っているので、決して人と争わない。

**か・ねる【兼ねる】**（他下一）{ネ・ネ・ネル・ネル・ネレ・ネロ(ネヨ)}❶一つのもの、ひとりの人が二つ以上の働きや役目をする。「居間と食堂をー」「大は小をー」❷（動詞の連用形について）㋐…しにくい。…できない。「ことわりー」「賛成いたしー・ねます」㋑（「かねない」の形で）…しそうだ。…しないとは言えない。「彼《かれ》ならやりー・ねない」

**かねんせい【可燃性】**（名）火をつけると燃える性質。燃えやすい性質。「ーの物質」

**かの**『◇彼の』（連体）あの。例の。「ー有名な作家」
[文法]文語では代名詞「か」と助詞「の」に分かれる。

**かのう**『化△膿』（名・自スル）傷などがうみを持つこと。「傷口がーする」

**かのう【可能】**（名・形動ダ）できること。ありうること。「解決がーだ」「不ー」

**かのうせい【可能性】**（名）ある状態になりうる見こみ。「逆転のーがある」

**かのうどうし【可能動詞】**（名）『文法』「…することができる」という意味をもつ動詞。多くは五段活用の動詞を下一段活用の動詞にしたもので、命令形はない。「（早く）行ける」「（うまく）飛べる」など。

**かのえ**『△庚』（名）（金《かね》の兄《え》の意）十干《じっかん》の第七。

**かのこ【鹿の子】**（名）❶しかの子。❷（「かのこまだら」の略）しかの毛のように、茶色の中に白い斑点《はんてん》のあるもの。❸（「かのこしぼり」の略）しぼり染めで、白い斑点の模様を染め出したもの。

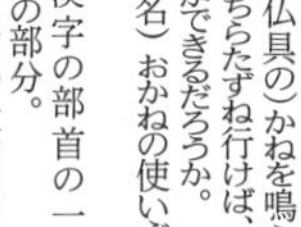
（かのこ③）

**かのじょ【彼女】**■一（代）話し手と話し相手以外の女性をさしていうことば。あの女性。「ーは高校生だ」[対]彼《かれ》。
■二（名）ある男性の恋人《こいびと》である女性。「兄貴のー」[対]彼・彼氏《かれし》

**かのと**『◇辛』（名）（金《かね》の弟《と》の意）十干《じっかん》の第八。

**カノン**〔英 canon〕（名）『音』輪唱《りんしょう》形式の楽曲。

**かば**『河馬』（名）『動』カバ科の哺乳《ほにゅう》動物。アフリカの川や湖に群れを作ってすむ。からだは太って、足は短く、口が大きい。草食性。

**カバー**〔英 cover〕（名・他スル）❶物をおおうこと。また、おおうもの。「ブックー」❷損害や不足を補うこと。「赤字をーする」❸スポーツなどで、味方の選手の守備を助けること。「三塁手《さんるいしゅ》をーする」❹はたらきが及《およ》ぶこと。「関東一円をーする通信網《もう》」❺ヒット曲などを別の歌手やバンドが演奏・発表すること。

**かばいだて【かばい立て】**『△庇い立て』（名・他スル）何かにつけて、ことさらかばうこと。「身内をーする」

**かばいろ【かば色】**『△樺色』（名）赤みがかった黄色。

**かば・う**『△庇う』（他五）{ワ(オ)・イ(ッ)・ウ・ウ・エ・エ}いたわって、他から害を受けないように守る。「部下をー」「傷をー」

**がはく【画伯】**（名）❶画家を尊敬していう言い方。❷絵画の道にすぐれた人。

**かばしら【蚊柱】**（名）夏の夕方などに、蚊がかたまって飛んでいて柱のように見えるもの。「ーが立つ」

**ガバナンス**〔英 governance〕（名）❶統制。統治。❷（「コーポレート・ガバナンス」の略）企業活動の公平性・透明性《とうめいせい》を確保するため、経営が適切に

行われるよう統制・監視《かんし》すること。企業統治。

**かばね**『◇姓』（名）《歴》古代、氏族の家がらや職業を示すために使われた呼び名。臣《おみ》・連《むらじ》・造《みやつこ》など。

**かばね**『△屍』（名）死体。しかばね。なきがら。

**かばやき**【かば焼き】『△蒲焼き』（名）うなぎなどをさいて骨をとり、たれをつけてくし焼きにした料理。

**かはん**【河畔】（名）かわのほとり。かわばた。

**かはん**【過半】（名）半分をこえること。おおかた。「参加者の—は女性だ」

**かはん**【過般】（名）このあいだ。さきごろ。「—来《らい》（=このあいだから）」

**かばん**『△鞄』（名）革《かわ》や布などで作り、書類やその他の物を入れて、持ち歩く用具。「手さげ—」

**がばん**【画板】（名）❶絵をかくときに、台にする板。❷油絵で、絵の具を塗《ぬ》る板。

**かはんしん**【下半身】（名）からだの腰《こし》から下の部分。対上半身

**かはんすう**【過半数】（名）全体の半分をこえる数。「—を割る」「—の賛成をえる」

**かばんもち**【かばん持ち】『△鞄持ち』（名）❶上役《うわやく》につき従って、荷物を持ったり身のまわりの世話をしたりすること。また、その人。❷いつも上役のそばにいて気に入られようとする人をあざけって言うことば。

**かひ**【可否】（名）❶よいか悪いか。よしあし。「—を論じる」❷賛成か反対か。賛否《さんぴ》。「選挙で—を問う」

**かひ**【果皮】（名）❶くだものの種子をとりまく部分。❷くだものの外皮。

**かひ**【歌碑】（名）和歌をほりこんだ記念碑。

**かび**『△黴』（名）動植物・食物・衣類などに生える糸状の菌類《きんるい》の総称《そうしょう》。有益なものもある。「青—」

かびが生《は》える ❶物の表面にかびが生じる。❷古くさく、時代遅《おく》れになる。「かびの生えたような思想」

**かび**【華美】（名・形動ダ）はなやかで美しいこと。ぜいたくでけばけばしいこと。はで。「—な服装」

**かびくさ・い**【かび臭い】『△黴臭い』（形）〔カロ・カッ(ク)・イ・イ・ケレ・○〕❶かびのにおいがする。「—部屋」❷古くさく、時代遅《おく》れである。「—発想」

**かひつ**【加筆】（名・自他スル）文や絵などに、書き加えたり手を入れて直したりすること。「旧作に—する」

**がびょう**『画△鋲』（名）紙などを板や壁《かべ》にとめるのに使う、びょう。

**か・びる**『△黴びる』（自上一）〔ビ・ビ・ビル・ビル・ビレ・ビロ(ビヨ)〕かびが生える。「—・びたもち」

**かびん**【花瓶】（名）つぼ形の、花をいける器。

**かびん**【過敏】（名・形動ダ）❶物事に対する感じ方が敏感すぎること。「神経—」❷刺激《しげき》に対してきわめて敏感に反応すること。

**かふ**【下付】（名・他スル）政府・役所などが、おかねや書類などをわたし与《あた》えること。「免状《めんじょう》を—する」

**かふ**【寡夫】（名）妻と死別または離別《りべつ》して、再婚《さいこん》していない男性。やもめ。対寡婦

**かふ**【寡婦】（名）夫と死別または離別《りべつ》して、再婚《さいこん》していない女性。やもめ。対寡夫

**かぶ【株】** 10画 木6 小6 訓かぶ

木 木 杧 杵 株 株

かぶ。きりかぶ。◆株分け◆切り株

**かぶ**【株】（名）❶切った植物の残ったねもとの部分。切り株。また、根のついたひとまとまり。❷江戸《えど》時代、金銭で売買できた職業上の地位や資格。「—仲間（=商工業者の独占《どくせん》的な同業組合）」❸ある社会での特権・身分。「すもうの年寄り—」❹（「おかぶ」の形で）ある人が得意とすること。「お—をうばわれる」❺「株式」「株券」の略。

**かぶ**『△蕪』（名）《植》野菜の一種。アブラナ科の越年草《えつねんそう》。根は球形で白と赤があり、つけ物などにする。春の七草の一つ。すずな。かぶら。かぶらな。

**かぶ**【下部】（名）下の部分。下のほう。「建物の—」「—組織」対上部

**かぶ**【歌舞】（名・自スル）歌とおどり。また、歌ったりおどったりすること。「—音曲《おんぎょく》」

**がふ**【画布】（名）油絵をかくための布。カンバス。

**かふう**【下風】（名）❶かざしも。❷人より下の地位。「人の—に立つ（=人におくれをとる）」

**かふう**【家風】（名）それぞれの家にある、特有な生活のしかたやならわし。「—に合わない」

**かふう**【歌風】（名）和歌の作風。

**がふう**【画風】（名）絵の作風。

**カフェ**〔フランス café〕（名）❶コーヒー。❷コーヒーなどを飲ませる店。喫茶店《きっさてん》。「ネット—」

**カフェイン**〔ドイツ Kaffein〕（名）《化》茶・コーヒー・ココアなどにふくまれているアルカロイド（=植物の塩基）の一種。強心剤《きょうしんざい》・興奮剤などとして使われる。

**カフェ-オ-レ**〔フランス café au lait〕（名）コーヒーと牛乳をほぼ半々に入れた飲み物。ミルクコーヒー。

**カフェ-ラテ**〔イタリア caffè latte〕（名）エスプレッソに、あわ立てた牛乳を加えた飲み物。ラテ。

**かぶか**【株価】（名）《経》証券取引所で売買される株式の価格。「—が上がる」

**かぶき**【歌舞伎】（名）《演》日本の伝統的な演劇の一つ。出雲《いずも》の阿国《おくに》の踊《おど》りに始まるといわれ、江戸《えど》時代に発達・完成した日本独特の演劇。

**かふきゅう**【過不及】（名）多すぎたり、足りなかったりすること。「—なく述べる」類過不足

**かふく**【禍福】（名）わざわいとしあわせ。

**禍福はあざなえる縄《なわ》の如《ごと》し** わざわいと幸福は、よりあわされた縄のように、たがいにからみあって変転するものだというたとえ。

**かぶけん**【株券】（名）《経》株式会社が発行する株主《かぶぬし》の権利を示す有価証券。株。

**かぶさ・る**『◇被さる』（自五）〔ラ(ロ)・リ(ッ)・ル・ル・レ・レ〕❶上からおおうようにのったり重なったりする。「土が—」「映像に声が—」❷負担がかかる。「責任が—」

**かぶしき**【株式】（名）《経》❶株式会社の資本の単位。❷株主《かぶぬし》の権利。

**かぶしきがいしゃ**【株式会社】（名）《経》株式を引き受ける株主《かぶぬし》から資金を集め、営利事業を営む会社。会社の意思決定機関として株主総会がある。

**カフス**〔英 cuffs〕（名）洋服・ワイシャツなどの袖口《そでぐち》。また、袖口としてぬいつけた部分。「—ボタン」

**かぶ・せる**〘◇被せる〙(他下一){セ・セ・セル・セル・セレ・セロ(セヨ)}❶上から全体をおおう。「袋《ふくろ》を━」❷液体などを、上から浴びせかける。「頭から水を━」❸人に罪などを負わせる。「すべての責任を━」

**カプセル**〔ドイ Kapsel〕(名)❶中に薬を入れて飲む、ゼラチンで作った小さな筒形《つつがた》の容器。❷密閉した容器。入れ物。「タイム━」

**かふそく【過不足】**(名)多すぎたり、足りなかったりすること。「━がないように分配する」類過不及《かふきゅう》

**かふちょうせい【家父長制】**(名)父親が家長として、家族全員を支配・統率する家族形態。また、それに基づく社会的制度。

**かぶと**〘△兜・△冑〙(名)むかし、武士が戦いのときに、頭を守るためにかぶった鉄や革《かわ》で作った武具。

**かぶとを脱《ぬ》ぐ** 降参する。「彼《かれ》の才能には━」

(かぶと)

**かぶとがに**〘△兜△蟹〙(名)〘動〙カブトガニ科の節足動物。瀬戸《せと》内海や九州西北部の浅い海の砂の中にすむ。生きた化石といわれる。

(かぶとがに)

**かぶとむし【かぶと虫】**〘△兜虫〙(名)〘動〙コガネムシ科の昆虫《こんちゅう》。黒褐《こっかつ》色の甲虫《こうちゅう》で、雄《おす》には長い角《つの》がある。

**かぶぬし【株主】**(名)株式を持っている人。株式会社で、もとでを出している人。「━総会」

**かぶら**〘△蕪〙(名)→かぶ(蕪)

**かぶら**〘△鏑〙(名)❶木や鹿《しか》の角《つの》などで蕪《かぶ》の形に作り、穴をあけて矢の先につけるもの。矢が飛ぶとき高い音をたてる。❷「かぶら矢」の略。

**かぶらや【かぶら矢】**〘△鏑矢〙(名)矢の先にかぶらをつけたもの。

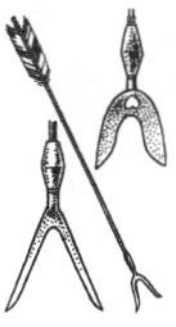
(かぶらや)

**かぶり**〘◇頭〙(名)あたま。かしら。

**頭を振《ふ》る** 頭を左右に振り、不承知の意志を表す。

**かぶりつき**(名)劇場で、舞台《ぶたい》ぎわの土間・客席。

**かぶりつ・く**(自五){カ(コ)・キ(イ)・ク・ク・ケ・ケ}大きく口をあけて、勢いよく食いつく。「もぎたてのトマトに━」

**かぶ・る**〘◇被る〙(他五){ラ(ロ)・リ(ッ)・ル・ル・レ・レ}❶上から頭や顔をおおうように乗せる。「帽子《ぼうし》を━」「ふとんを━」❷水や粉のようなものを浴びる。「ほこりを━」❸ほかの人の罪や責任などを引き受ける。「他人の罪を━」

**かぶ・れる**(自下一){レ・レ・レル・レル・レレ・レロ(レヨ)}❶うるしや薬品などの成分のために、ひふが赤くはれてかゆくなる。❷他人の考えや行動を受けて自分もそのようになる。悪い影響《えいきょう》を受けて感化される。「軽薄《けいはく》な風潮《ふうちょう》に━」

**かぶろ**〘△禿〙(名)むかしの髪形《かみがた》の一つ。肩《かた》のあたりで短く切りそろえた髪。かむろ。

(かぶろ)

**かぶわけ【株分け】**(名・他スル)植物の根を親株から分けて、植えかえること。

**かふん【花粉】**(名)〘植〙花の雄《お》しべの先にできる粉状のもの。雌《め》しべについて実をみのらせる働きをする。

**かぶん【過分】**(名・形動ダ)身分以上で、自分にふさわしくないこと。身分不相応。「━のおほめにあずかる」使い方多く、けんそんして言うときに使う。

**かぶん【寡聞】**(名)わずかな知識しか持たないこと。見聞のせまいこと。「━にして知りません」使い方けんそんして言うときに使う。

**かふんしょう【花粉症】**(名)〘医〙花粉を吸いこむことでおきるアレルギー症状。目の充血《じゅうけつ》やかゆみ、くしゃみや鼻水などの症状が出ることが多い。杉《すぎ》・ひのきなどの花粉が原因として知られる。

**かぶんすう【仮分数】**(名)〘数〙分子が分母より大きい分数。また、分子と分母が等しい分数。

**かべ【壁】**(名)❶家のまわりや内部の仕切り。❷事を進めるうえでの障害《しょうがい》。「研究が━にぶつかる」

**壁に耳《みみ》あり** どこでだれが聞いているかわからない。秘密のもれやすいことのたとえ。

**かへい【貨幣】**(名)商品と交換《こうかん》するときのなかだちとなる、政府が発行するおかね。金属で作られる「硬貨《こうか》」と、紙で作られる「紙幣」がある。「━価値」

**がべい【画餅】**(名)絵にかいた餅《もち》のように、物事が実際の役に立たないこと。「━に帰す(=計画などが実現せず、むだに終わる)」参考「がへい」とも読む。

**かへいかち【貨幣価値】**(名)そのおかねで品物をどれだけ買えるかという、おかねのねうち。「━が下がる」

**かべかけ【壁掛け】**(名)壁にかけてかざりにする物。

**かべがみ【壁紙】**(名)❶補強や装飾《そうしょく》のために壁にはりつける紙や布地。❷コンピューターなどで、画面の背景として表示させる画像。

**かべしんぶん【壁新聞】**(名)ニュースなどを新聞のようなかたちでまとめて、学校や職場などの壁や掲示板《けいじばん》にはりつけたもの。

**かへん【カ変】**(名)〘文法〙「カ行変格活用」の略。

**かべん【花弁】**(名)〘植〙はなびら。

**かほう【加法】**(名)〘数〙足し算。対減法

**かほう【果報】**(名・形動ダ)(もとは仏教語で「むくい」の意)その人にめぐってくるしあわせ。「━者」

**果報は寝《ね》て待て** 幸運は、人の力ではどうにもならないから、あせらずゆっくり待っているのがよい。

**かほう【家宝】**(名)家に代々伝わる宝。「━の刀」

**がほう【画法】**(名)絵のかき方。「透視《とうし》━」

**がほう【画報】**(名)写真や絵を主とした雑誌。

**かほうわ【過飽和】**(名)〘化〙❶溶液中にその温度での溶解度以上に物質がとけていること。❷空気中に飽和量以上の蒸気がふくまれること。

**かぼく【家僕】**(名)雑用のためにやとう男。下男。

**かほご【過保護】**(名・形動ダ)子どもなどをかわいがって、大事にあつかいすぎること。「━に育てられた子」

**かぼそ・い【か細い】**(形){カロ・カッ(ク)・イ・イ・ケレ・○}細くて弱々しい。「━声」

**カボチャ**〘×南瓜〙(名)〘植〙野菜の一種。ウリ科の一年草。葉と茎《くき》に細いとげがある。夏、黄色い花が

咲《さ》く。果実を食用とする。とうなす。参考カンボジアから伝来したのでこの名がある。

**ガボット**〔フランス gavotte〕(名)《音》二拍子《にびょうし》または四拍子のフランスの古い舞曲《ぶきょく》。

**かほど**(副)これほど。これくらい。参考古い言い方。

**ガボン**〔Gabon〕【地名】アフリカ大陸中西部、ギニア湾《わん》に面する共和国。首都はリーブルビル。

**かま【釜】** 10画 金2 訓かま ノ 父 爷 斧 斧 釜

かま。◆釜飯《かまめし》◆茶釜・風呂釜《ふろがま》

**かま【釜】**(名)飯をたいたり、湯をわかしたりするのに用いる金属製の器。ふつう、まわりにつばがある。

**かま【鎌】** 18画 金10 訓かま 𠆢 金 釒 鉾 鎌 鎌

かま。◆鎌鼬《かまいたち》・鎌首◆鎖鎌《くさりがま》

**かま【鎌】**(名)草・しばなどをかるのに用いる農具。

**鎌をかける** 相手がほんとうのことを言うようにうまく問いかける。「鎌をかけて聞き出す」

(鎌)

**かま**〖◇缶〗(名)水を加熱して、高温・高圧の蒸気を発生させる装置。ボイラー。汽缶《きかん》。

**かま【窯】**(名)高温で物を熱したり、とかしたりする装置。陶器《とうき》・ガラスなどを製造するのに使う。

**がま**〖△蒲〗(名)《植》ガマ科の多年草。水辺《みずべ》に生える。夏、茶色の穂《ほ》をつける。

(蒲)

**がま**〖×蝦蟇〗(名)《動》→ひきがえる

**かまいたち**〖鎌△鼬〗(名)かまで切られたようなするどい切り傷が突然《とつぜん》できる現象《げんしょう》。つむじ風が吹《ふ》くときにできた真空の部分にふれると起こるともいわれる。参考むかしは、いたちのしわざと信じられていたことから。

**かま・う【構う】**〔ワ(オ)・イ(ッ)・ウ・ウ・エ・エ〕一(自五)❶心をそのことに向ける。「なりふり—・わず働く」「悪いうわさに—な」「反対されても—・わない」❷相手になる。世話をやく。「私に—・わないでください」二(他五)❶気にかけて、相手をする。「だれも私を—・ってくれない」❷からかう。「犬を—」

**かまえ【構え】**(名)❶造り方。構造。「家の—」❷いつでも応じられるような姿勢や準備。「上段の—」「敵をむかえる—」❸漢字の部首の一つ。囗《くにがまえ》・門《もんがまえ》・冂《どうがまえ》のように、まわりをとりまくもの。

**かま・える【構える】**(他下一)〔エ・エ・エル・エル・エレ・エロ(エヨ)〕❶家・店などをととのえつくる。「新居を—」❷相手に対して、ある姿勢や態度をとる。「刀を上段に—」「のんきに—」❸つくりごとをする。「言《げん》を—(=いつわる)」

**かまきり**〖×蟷螂〗(名)《動》カマキリ科の昆虫《こんちゅう》。草むらにすみ、かまのような形の前足で虫をとって食べる。とうろう。

(かまきり)

**がまぐち【がま口】**〖×蝦蟇-口〗(名)(開いた形ががまの口に似ているところから)口金のついた財布。

**かまくび【鎌首】**(名)かまのように曲がった首。おもに蛇《へび》などがもたげた首をいう。「—をもたげる」

**かまくら**(名)秋田県などの雪国で、小正月《こしょうがつ》に行う子どもの行事。また、そのとき作る雪の室《むろ》。

(かまくら)

**かまくらじだい【鎌倉時代】**(名)《歴》源頼朝《みなもとのよりとも》が鎌倉に幕府を開いてから北条《ほうじょう》氏が滅《ほろ》びるまでの時代。地方に守護《しゅご》・地頭《じとう》を置いた一一八五(文治元)年、または源頼朝が征夷《せいい》大将軍に任命された一一九二(建久三)年から一三三三(元弘《げんこう》三)年のおよそ一四〇年間。武士がはじめて政治の権力をにぎった。

**かまくらばくふ【鎌倉幕府】**(名)《歴》源頼朝《みなもとのよりとも》が鎌倉に開いた武士の政府。中央に侍所《さむらいどころ》・政所《まんどころ》・問注所《もんちゅうじょ》を設け、地方に守護《しゅご》・地頭《じとう》を置いた。

**かまくらや…** 短歌

〔鎌倉や 御仏《みほとけ》なれど 釈迦牟尼《しゃかむに》は 美男《びなん》におはす 夏木立《なつこだち》かな〕〈与謝野晶子《よさのあきこ》〉訳鎌倉よ、仏さまのことをとやかく申しあげるのもおそれ多いが、お釈迦さまはまことに美男でいらっしゃる。青々とした夏木立にかこまれてすわっておいでだよ。

**かま・ける**(自下一)〔ケ・ケ・ケル・ケル・ケレ・ケロ(ケヨ)〕ただそのことだけに心がとらわれて、ほかのことをする余裕《よゆう》がなくなる。「そんなことに—・けてもいられない」

**-がまし・い**(接尾)(名詞や副詞、動詞の連用形について形容詞をつくる)いかにも…のようすである。…の感じがする。「言いわけ—」「さし出《で》—」「わざと—」

**かます**〖△叺〗(名)穀物《こくもつ》・石炭などを入れる、わらのむしろで作った袋《ふくろ》。

**かます**〖△魳〗(名)《動》カマス科の魚。海にすむ。からだは細長く、口先が長く突《つ》き出ている。

**かま・す**〖△噛ます〗(他五)〔サ(ソ)・シ・ス・ス・セ・セ〕❶すきまに物をさし込《こ》んで動かないようにする。「タイヤの下に車止めを—」「猿《さる》ぐつわを—」❷相手がひるむように、力やことばなどで衝撃《しょうげき》を与《あた》える。「はったりを—」

**かま・せる**〖△噛ませる〗(他下一)〔セ・セ・セル・セル・セレ・セロ(セヨ)〕→かます(噛ます)

**かまたき**〖◇缶△焚き〗(名)蒸気を発生させるかまの火をたくこと。また、その人。

**かまち**〖△框〗(名)❶床板《ゆかいた》の端《はし》をかくすためにわたす横木。「上がり—」❷戸や障子《しょうじ》などのまわりの枠《わく》。

**かまど**〖△竈〗(名)なべ・かまをかけて煮《に》たきする設備。へっつい。

**かまとと**(名)うぶらしくみせかけるために、わざと知らないふりをすること。また、その人。参考「かまぼこはとと(=魚)か」と聞いたことから出たことばという。

**かまびすし・い**（形）〔カロ・カツ(ク)・イ・イ・ケレ・○〕さわがしい。やかましい。「―話し声」「世間のうわさが―」

**かまぼこ**〖△蒲△鉾〗（名）白身の魚の肉をすりつぶして調味料をまぜ、蒸《む》したり焼いたりした食べ物。

**かまめし**【釜飯】（名）小さなかまの中に、一人前ずつ、魚・肉・野菜などをまぜてたいた、味つけごはん。

**かまもと**【窯元】（名）陶磁器《とうじき》をつくる所。また、そこの主人。

**がまん**【我慢】（名・他スル）つらいことや苦しいことなどをじっとこらえること。「―がならない」「―強《づよ》い」

**かみ**【上】（名）❶流れのみなもとに近い方。「川―」「風―」対下《しも》 ❷前の方。はじめ。「―半期」対下《しも》 ❸むかし。「その―のこと」 ❹（「おかみ」の形で）政府。官庁。位や役の高い人。「お―のお達し」対下《しも》 ❺京都。または、それに近い所。「―方《がた》の生まれ」 ❻位の高い席。「―座」対下《しも》 ❼短歌の、「上の句」の略。対下《しも》

**かみ**〖◇守〗（名）《歴》むかし、国を治めていた長官。

**かみ**【神】（名）❶宗教的な信仰《しんこう》の対象となる絶対的なもの。人知をこえたふしぎな力をもつもの。「―に祈《いの》る」「―も仏《ほとけ》もない（＝救ってくれる者のいない無情の世をなげいていうことば）」 ❷神社に祭られた霊《れい》。

**かみ**【紙】（名）❶おもに植物性繊維《せんい》を原料として作ったうすくひらたいもの。字や絵をかいたり印刷したり、物を包んだりする。❷じゃんけんで、指を全部ひらいて出すもの。ぱあ。

**かみ**【髪】（名）❶頭の毛。毛髪《もうはつ》。頭髪《とうはつ》。❷髪形《かみがた》。「日本―《がみ》」
**髪を下《お》ろす** 髪をそって僧《そう》や尼《あま》になる。

**かみ**【加味】（名・他スル）あるものに他の要素を加えること。「平素の成績を―する」

**かみあ・う**【かみ合う】〖△嚙み合う〗（自五）〔ワ(オ)・イ(ッ)・ウ・ウ・エ・エ〕❶たがいに相手とかみつき合う。けんかする。「犬と犬が―」❷二つのものがくい違《ちが》いなくたがいにぴったり合う。「歯車が―」「議論が―・わない」

**かみあわせ**【かみ合わせ】〖△嚙み合わせ〗（名）❶上下の歯を合わせたとき、たがいに触《ふ》れる部分。また、その触れ具合。「入れ歯の―を調整する」❷歯車などがたがいにかみ合う具合。

**かみいちだんかつよう**【上一段活用】（名）《文法》動詞の活用の一種。語尾が五十音図のイ段だけに活用するもの。「見る」「射る」「起きる」などの活用。⇩付録「動詞活用表」

**かみいれ**【紙入れ】（名）❶紙幣《しへい》を入れる財布。札入《さつい》れ。❷ちり紙や薬などを入れるもの。

**かみがかり**【神懸かり】〖神△憑り〗（名）神のたましいが人のからだに乗り移ること。また、その人。「―になる」

**かみかくし**【神隠し】（名）子どもなどが急にゆくえがわからなくなること。「―にあう」

**かみかけて**【神かけて】〖神掛けて〗（副）神にちかって。決して。きっと。「―うそは申しません」

**かみかざり**【髪飾り】（名）髪の毛に飾りとしてつけるもの。リボンやかんざしなど。

**かみがしら**【髪頭】（名）→かみかんむり

**かみかぜ**【神風】（名）❶神の力で吹《ふ》きおこるという風。特に、元寇《げんこう》のときに蒙古軍《もうこぐん》に打撃《だげき》を与《あた》えた暴風。❷（第二次世界大戦の特攻隊《とっこうたい》の名から転じて）無謀《むぼう》で命知らずなこと。

**かみがた**【上方】（名）京都・大阪およびその付近のこと。「―漫才《まんざい》」

**かみがた**【髪形・髪型】（名）整えた髪の形。ヘアスタイル。

**がみがみ**（副）口やかましくしかったり、文句を言ったりするようす。「―(と)しかる」

**かみかんむり**【髪冠】（名）漢字の部首の一つ。「髪」「髭《ひげ》」などの上部の「髟」の部分。かみがしら。

**かみきりむし**【髪切り虫】（名）《動》カミキリムシ科の昆虫《こんちゅう》。甲虫《こうちゅう》の一種で、長い触角《しょっかく》とかたい羽を持ち、強いあごで木の幹に穴をあける害虫。

**かみくだ・く**【かみ砕く】〖△嚙み砕く〗（他五）〔カ(コ)・キ(イ)・ク・ク・ケ・ケ〕❶固いものを歯でかんで細かくする。❷むずかしいことをわかりやすく説明する。「―・いて話す」

**かみこ**【紙子】（名）紙製の粗末《そまつ》な衣服。柿渋《かきしぶ》を塗《ぬ》ってもみやわらげた厚手の和紙でつくる。

**かみころ・す**【かみ殺す】〖△嚙み殺す〗（他五）〔サ(ソ)・シ・ス・ス・セ・セ〕❶かみついて殺す。❷歯をかみしめるようにして、口が開くのをこらえる。「あくびを―」「笑いを―」

**かみざ**【上座】（名）上位の人がすわる場所。「―につく」対下座《しもざ》

**かみしばい**【紙芝居】（名）絵にかいた物語の各場面を一枚ずつめくって見せながら語りきかせるもの。

**かみじまおにつら**〔上島鬼貫〕［人名］→うえじまおにつら

**かみし・める**〖△嚙み締める〗（他下一）〔メ・メ・メル・メル・メレ・メロ(メヨ)〕❶力を入れてかむ。「くちびるを―」❷深く考えてよく味わう。「父の遺言《ゆいごん》を―」

**かみしも**〖△裃〗（名）江戸《えど》時代の武士の礼服。同色の肩衣《かたぎぬ》（＝そでのない上着）と袴《はかま》からなる。「―を脱《ぬ》ぐ（＝かたくるしくせずに打ちとける）」

（裃）

**かみしも**【上下】（名）上と下。上位と下位。

**かみそり**〖×剃刀〗（名）❶髪《かみ》やひげをそるのに使ううすくて鋭《するど》い刃物《はもの》。❷頭の働きがするどいこと、また、そういう人のたとえ。「―のような頭脳」
**かみそりの刃《は》を渡《わた》る** ひじょうにあぶない行いをすることのたとえ。

**かみだな**【神棚】（名）家の中で神を祭っておく棚。

**かみだのみ**【神頼み】（名）神に祈《いの》って助けを求めること。「苦しいときの―」

**かみつ**【過密】（名・形動ダ）❶こみすぎていること。「―なダイヤ」❷人口や産業がある地域に集中しすぎていること。「―都市」対過疎《かそ》

**かみつ・く**〖△嚙み付く〗（自五）〔カ(コ)・キ(イ)・ク・ク・ケ・ケ〕❶歯で

くいつく。「犬が—」❷はげしく非難したり反論したりする。くってかかる。「審判《しんぱん》に—」

**カミツレ**〔オランダ kamille〕(名)〘植〙→カモミール

**かみて【上手】**(名)❶川の上流のほう。「—に向かって泳ぐ」(対下手《しもて》)❷〘演〙客席から見て舞台《ぶたい》の右のほう。注意「うわて」と読むと別の意味になる。

**かみなづき【神無月】**(名)→かんなづき

**かみなり【雷】**(名)❶空中の放電にともなってはげしい響《ひび》きの起こる現象。「—が鳴る」❷①を起こすという神。雷神《らいじん》。「—さま」❸がみがみとどなりつけること。「—が落ちる(=目上の人などから大声でどなりつけられる)」「—おやじ」

**かみにだんかつよう【上二段活用】**(名)〘文法〙文語動詞の活用の一種。語尾が五十音図のイ・ウの二段にわたって活用するもの。「起く」「過ぐ」「閉《と》づ」などの活用。⇩付録「動詞活用表」

**かみねんど【紙粘土】**(名)パルプや新聞紙などを細かくちぎって煮《に》たものに粘着剤《ねんちゃくざい》を加え、粘土状にしたもの。工作の材料にする。

**かみのく【上の句】**(名)短歌で、はじめの五・七・五の三句。対下の句

**かみはんき【上半期】**(名)一年を二つに分けた、前のほうの半年。上期《かみき》。対下半期《しもはんき》

**かみひとえ【紙一重】**(名)ちがいやへだたりのきわめてわずかなこと。「—の差で勝つ」

**かみふぶき【紙◦吹雪】**(名)祝福や歓迎《かんげい》のために、紙を小さく切って吹雪のようにまきちらすもの。

**カミュ**〔Albert Camus〕【人名】(一九一三〜一九六〇)フランスの小説家。アルジェリアで生まれ、第二次世界大戦中はレジスタンス運動に参加した。一九五七年ノーベル文学賞受賞。作品「異邦人《いほうじん》」「ペスト」など。

**かみよ【神代】**(名)むかし、わが国を神が治《おさ》めていたと伝えられる時代。神話時代。「—のむかし」

**かみより**〖紙△縒り〗(名)→こより

**かみわ・ける【かみ分ける】**〖△嚙み分ける〗(他下一)｛ケ・ケ・ケル・ケル・ケレ・ケロ(ケヨ)｝❶よくかんで味のちがいを区別する。❷いろいろな経験をして、物事の道理をよくわきまえている。「酸《す》いも甘《あま》いも—(=いろいろのことを経験して世の中の複雑さや微妙《びみょう》な人情をよく知っている)」

**かみわざ【神業】**(名)神のしわざ。人間の力ではできないようなことがら。「彼《かれ》の芸はまさに—だ」

**かみん【仮眠】**(名・自スル)じゅうぶんにではなく、少しの間眠《ねむ》ること。「—をとる」類仮睡《かすい》

**かみん【夏眠】**(名・自スル)〘動〙熱帯・亜熱帯《あねったい》地方で、生物が、夏の暑く乾燥《かんそう》する時期を、活動をやめ食物もとらずに眠《ねむ》った状態で過ごすこと。肺魚、熱帯産のかたつむりなどにみられる。対冬眠

**カミング-アウト**〔英 coming out〕(名・自他スル)世間に言いにくい自分の立場を公《おおやけ》にすること。特に、同性愛者であることを公表すること。

**か・む**〖△擤む〗(他五)｛マ(モ)・ミ(ン)・ム・ム・メ・メ｝鼻汁《はなじる》を吹《ふ》き出してふきとる。「鼻を—」

**か・む**〖△嚙む・△咬む〗｛マ(モ)・ミ(ン)・ム・ム・メ・メ｝■一(他五)❶上下の歯で物をはさんで押《お》しくだく。「よく—・んで食べる」「—・んでふくめる(=よくわかるように言いきかせる)」❷歯をたてる。「犬に手を—・まれる」「くちびるを—」❸水がはげしくぶつかる。「波が岩を—」■二(自五)❶歯車などの歯がぴったり合う。「ギアが—・んでいる」❷物事に関係する。加わる。「彼《かれ》もこの件に一枚—・んでいる」

**ガム**〔英 gum〕(名)「チューインガム」の略。

**カムイ**〔アイヌ kamuy〕(名)アイヌ民族の神。

**がむしゃら**〖×我武者羅〗(名・形動ダ)向こう見ずに、夢中で事を行うこと。「—に働く」

**カムチャツカ**〔Kamchatka〕【地名】ロシア連邦《れんぽう》のシベリア北東部から南へ突出している半島。オホーツク海とベーリング海を分ける。カムチャツカ半島。

**ガム-テープ**〔和製英語〕(名)梱包《こんぽう》するときなどに使う、幅《はば》が広く粘着力《ねんちゃくりょく》の強いテープ。▽gum と tape から。

**カムバック**〔英 comeback〕(名・自スル)いちど退いたあと、再びもとの地位・身分にもどること。復帰。

**カムフラージュ**〔フランス camouflage〕(名・他スル)ほんとうの姿やようすを変えて、相手の目をごまかすこと。偽装《ぎそう》。カモフラージュ。「本心を—する」

**かむろ**〖△禿〗(名)→かぶろ

**かめ**〖◇瓶〗(名)❶水や酒などを入れる、口が広く底の深い陶磁器《とうじき》。❷つぼ形の花いけ。

**かめ【亀】**(名)〘動〙爬虫《はちゅう》類の一種。多くは、海や池にすむ。からだは甲羅《こうら》でおおわれ、頭・手足・尾《お》を中に引き入れることができる。うみがめ・いしがめなど。

**亀の甲《こう》より年《とし》の功《こう》** 長い間の経験は、とうといものであるということ。

**かめい【加盟】**(名・自スル)団体や同盟に加わること。仲間入りすること。「国連に—する」

**かめい【仮名】**(名)本名の代わりに一時的につけた仮《かり》の名。「—で投書する」

**かめい【家名】**(名)❶一家の名称《めいしょう》。「—を継《つ》ぐ」❷一家の名誉《めいよ》。「—をけがす」

**カメオ**〔英 cameo〕(名)❶めのう・貝がらなどに、浮《う》き彫《ぼ》りをほどこした装身具。❷映画などで、著名人が端役《はやく》で出演すること。カメオ出演。

**がめつ・い**(形)｛カロ・カッ(ク)・イ・イ・ケレ・○｝〘俗語〙(関西方言から)けちで押《お》しが強い。「—やつ」

**かめにさす…** 短歌

〔瓶にさす　藤《ふぢ》の花《はな》ぶさ　みじかければ　たたみの上《うへ》に　とどかざりけり〕〈正岡子規《まさおかしき》〉

訳病床《びょうしょう》で横になって見ていると、机の上の花瓶《かびん》にさした藤は、垂れている花ぶさが少し短いので、畳《たたみ》の上までは届かないでいることだ。

**カメラ**〔英 camera〕(名)❶写真機。「—におさめる」❷映画・ビデオなどの撮影《さつえい》機。「—をまわす」

**カメラマン**〔英 cameraman〕(名)❶写真家。❷映画・テレビなどの撮影《さつえい》を職業とする人。

**カメルーン**〔Cameroon〕【地名】アフリカ大陸中西部、ギニア湾《わん》に面する共和国。首都はヤウンデ。

**カメレオン**〔英 chameleon〕(名)〘動〙カメレオン科の爬虫

(カメレオン)

《はちゅう》類。アフリカなどにすむ。体の色を周囲に合わせて変え、目を左右別々に使い分け、長い舌で虫をとらえる。種類が多い。

**かめん【仮面】**（名）顔の形に作った面。マスク。

**仮面をかぶる**　本心や正体をかくして別のものに見せかける。「実業家の仮面をかぶった犯罪者」

**がめん【画面】**（名）❶絵や写真の表面。❷映画・テレビ・コンピューターなどで像がうつし出される面。また、その画像。「―が暗い」

**かも**〘△鴨〙（名）❶〘動〙カモ科の水鳥。冬、北国から日本に来て春に帰るわたり鳥。❷うまくだまして利用できる相手。また、勝負事などで簡単に負かせる相手。「―にする」

**鴨が葱《ねぎ》をしょって来《く》る**　（かもだけでなくねぎまで持ってくると、かも鍋《なべ》にますます好都合だという意から）お人よしがさらに利益になるものを持ってくる。かもねぎ。

**かも**（副助）（「かもしれない」などの形で）断言はできないが、疑問をもちつつ推測する気持ちを表す。「来る―しれないし来ない―しれない」

**かもい**〘△鴨居〙（名）戸や障子《しょうじ》をはめ込《こ》む溝《みぞ》のある、上の横木。㊟敷居《しきい》。

**かもく【科目】**（名）❶物事をいくつかに分けた一つ一つのまとまり。「予算―」❷学科を分けた一つ一つ。「選択《せんたく》―」参考②は「課目」とも書く。

**かもく【寡黙】**（名・形動ダ）口数が少ないこと。無口。「―な人」㊟饒舌《じょうぜつ》

**かもじ**〘△髢〙（名）女の人が髪《かみ》を結《ゆ》うときに補っていれる毛。添《そ》え髪。入れ髪。

**かもしか**〘×羚羊〙（名）〘動〙ウシ科の哺乳《ほにゅう》動物。からだはやぎに似て灰褐色《かいかっしょく》の毛におおわれ、頭に短い二本の角《つの》がある。日本の高山にすむ。特別天然記念物。にほんかもしか。

（かもしか）

**かもしだ・す【醸し出す】**（他五）〔サ(ソ)・シ・ス・ス・セ・セ〕ある感じや気分を自然につくり出す。「なごやかな雰囲気《ふんいき》を―」

**かもしれない**〘かも知れない〙→かも（副助）

**かも・す【醸す】**（他五）〔サ(ソ)・シ・ス・ス・セ・セ〕❶発酵《はっこう》させて酒・しょうゆなどを造る。「酒を―」❷ある気分や雰囲気《ふんいき》をつくり出す。「物議を―」

**かもつ【貨物】**（名）トラック・貨車・船などで運送する荷物。「―列車」

**かものちょうめい**〔鴨長明〕【人名】（一一五五?〜一二一六）鎌倉《かまくら》時代初期の歌人・随筆《ずいひつ》家。京都の賀茂御祖《かもみおや》神社の神官の家に生まれたが、のち、出家して京都の日野山に住み、随筆「方丈記《ほうじょうき》」を書いた。ほかに「鴨長明集」「無名抄《むみょうしょう》」など。

**かものはし**〘△鴨△嘴〙（名）〘動〙カモノハシ科の原始的な哺乳《ほにゅう》動物。オーストラリアにすむ。かわうそに似ているが、歯がなく、かもに似たくちばしを持つ。

**かものまぶち**〔賀茂真淵〕【人名】（一六九七〜一七六九）江戸《えど》時代中期の国学者・歌人。「万葉集」を中心に古典を研究して、本居宣長《もとおりのりなが》・塙保己一《はなわほきいち》・加藤千蔭《かとうちかげ》など、多くの門人を育てた。著書に「万葉考」「冠辞考《かんじこう》」など。

**カモフラージュ**（名・他スル）→カムフラージュ

**カモミール**〔英 chamomile〕（名）〘植〙キク科の一年草、または多年草。乾燥《かんそう》させた花を薬用、またはハーブティーにする。カミツレ。

**かもめ**〘△鷗〙（名）〘動〙カモメ科の海鳥。からだは白色で、翼《つばさ》は青みがかった灰色。冬、日本に来て、河口《かこう》や港にむらがり、春になると北の国へわたる。

**かもん【家門】**（名）❶一家一族の全体。「―のほまれ」❷家がら。「りっぱな―の出」

**かもん【家紋】**（名）家々によって決められたその家の紋章。紋どころ。

**かや**〘△茅・△萱〙（名）〘植〙すすき・ちがや・すげなどの総称《そうしょう》。屋根をふくのに使う。「―を刈《か》る」

**かや**〘△榧〙（名）〘植〙イチイ科の常緑高木。山地に自生。種子から油をとる。材は碁盤《ごばん》などにする。

**かや【○蚊帳・蚊屋】**（名）蚊を防ぐために四すみをつって寝床《ねどこ》をおおうもの。麻《あさ》などで作る。

**蚊帳の外《そと》**　あることがらや集団からはずされた立場で、事情も知らされず仲間にも入れてもらえない状態。「一人だけ―に置かれる」

**がやがや**（副・自スル）大勢の人の話し声でうるさいようす。「―(と)さわぐ」「授業中―する」

**かやく【火薬】**（名）衝撃《しょうげき》・摩擦《まさつ》・熱などによって急激な化学変化を起こし、爆発《ばくはつ》する物質。

**かやく【加薬】**（名）❶薬味。❷五目ご飯などに入れる具。「―ご飯」

**カヤック**〔英 kayak〕（名）❶イヌイットなどが猟《りょう》に用いる、木の枠《わく》にあざらしの皮を張った小舟。櫂《かい》でこぐ。❷①に似た競技用のカヌー。

**かやぶき**〘△茅△葺き〙（名）かやで屋根をふくこと。また、その屋根。「―の農家」

**かやり【蚊やり】**〘蚊◇遣り〙（名）蚊を追いはらうために木片・草木の葉などを用いて煙《けむり》をたてること。また、そのために使うもの。「―をたく」

**かゆ**〘△粥〙（名）水を多くして米をやわらかくたいたもの。「七草《ななくさ》―《がゆ》」

**かゆ・い**〘△痒い〙（形）〔カロ・カッ(ク)・イ・イ・ケレ・○〕ひふがむずむずしてかきたい感じである。「頭が―」

**かゆい所《ところ》に手《て》が届《とど》く**　細かなところまで配慮《はいりょ》がゆきとどいていて、手ぬかりがない。「―もてなし」

**かよい【通い】**（名）❶行き来すること。通うこと。「医者―」❷勤め先に毎日行くこと。通勤。「―の仕事」㊟住み込《こ》み。❸「かよい帳」の略。参考①は、名詞の下に直接つけて用いるときは、「がよい」と濁音《だくおん》になる。

**かよいじ【通い路】**（名）行き来する道。「夢の―」

**かよいちょう【通い帳】**（名）❶掛《か》け買いのひかえとなる帳面。❷貯金などの通帳。

**かよう【火曜】**（名）一週の三番目の日。火曜日。

**かよう【歌謡】**（名）❶韻文《いんぶん》形式の文学の総称《そうしょう》。「古代―」❷節《ふし》をつけてうたう歌の総称。

**かよ・う【通う】**（自五）〔ワ(オ)・イ(ッ)・ウ・ウ・エ・エ〕❶定期的に同じところへ行き来する。「毎日学校へ―」「映画館へ―」

❷ある道筋をたどって流れ通る。「血がー」「電流がー」❸思いが相手に伝わる。「心がー」❹似たところがある。「顔だちにーものがある」

**かよう**〖△斯様〗(形動ダ)〔ダロ・ダッ(デ・ニ)・ダ・ナ・ナラ・○〕「このよう」の古めかしい言いかた。「ーな結果になった」

**かようきょく**【歌謡曲】(名) 大衆にうたわれることを目的とした、通俗《つうぞく》的な歌。「ーをうたう」

**がようし**【画用紙】(名) 絵をかくための厚めの紙。

**かよく**【寡欲】〖寡△慾〗(名・形動ダ) 欲が少ないこと。「ーな人」

**がよく**【我欲】〖我△慾〗(名) 自分だけの利益を考える心。「ーをはる」

**かよわ・い**【か弱い】(形)〔カロ・カツ(ク)・イ・イ・ケレ・○〕力がなく弱々しい。ひ弱い。「ー生き物」

**から**【空】■一(名) 中に何もないこと。「ーにする」「ーの箱」■二(接頭) みせかけだけでほんとうではない、の意を表す。「ーまわり」「ー元気」

**から**【殻】(名) ❶中身がなくなったあとに残る外側。ぬけがら。「弁当のー」「もぬけのー」❷貝や卵、草木の実などの、中身を包んで保護しているかたい皮。「貝のー」❸自分だけの世界を包み保護するもの。「ーにとじこもる」「ーをやぶる(=古いしきたりや慣習をやぶる)」

**から**〔唐・漢〕(名) 古語 ❶中国。「ーの物は薬のほかはなくとも事欠くまじ」〈徒然草《つれづれぐさ》〉訳中国の物は薬以外はなくても困らないだろう。❷中国および外国から日本へわたってきたもの。「ー車《くるま》」

**から** ■一(格助) ❶動作の始まりや移動などの出発点・起点を表す。「東京ー大阪へ引っこす」「午後ー始まる」「終わった人ー帰っていい」「兄ー頼《たの》まれる」❷原料や材料を表す。「米ー酒を造る」❸原因・理由・きっかけを表す。「つまらないことーけんかになる」❹「以上」の意を表す。「一〇〇人ーの人が出る」❺「以後」「あと」などの意を表す。「終わってー休む」■二(接助) 原因・理由を表す。「あわてるー失敗する」■三(終助) 決意を表す。「今に必ず勝ってやるー」

**がら**(名) ❶質の悪いコークス。❷にわとりなどの肉をとってしまったあとの骨。「ーからとったスープ」

**がら**【柄】■一(名) ❶人のからだの大きさ。体格。「ーが大きい」❷態度・身なりなどから感じられる品位や性質。「ーが悪い」❸(布地などの)模様。「はでなー」■二(接尾) それに特有の性質・状態を表す。「場所ー」「時節ー」

**カラー**〔英collar〕(名) 洋服・ワイシャツの襟《えり》。

**カラー**〔英color〕(名) ❶色。色彩《しきさい》。「ーフィルム」❷写真・映画・印刷物などで色つきのもの。対モノクローム。❸絵の具。「ポスターー」❹特色。「ローカルー」

**がらあき**【がら空き】(名・形動ダ) 中がほとんど空っぽであること。がらすき。「会場はーだ」

**からあげ**【空揚げ・唐揚げ】(名) とり肉などを、ころもをつけずに、あるいは粉をうすくまぶして油で揚げること。また、その揚げたもの。

**から・い**【辛い】(形)〔カロ・カツ(ク)・イ・イ・ケレ・○〕❶舌をさすようなぴりっとした味がする。「ーカレー」❷塩味が強い。塩からい。「ー味噌汁《みそしる》」(対甘《あま》い)❸評価がきびしい。「点がー」

**からいせんりゅう**〔柄井川柳〕【人名】(一七一八〜一七九〇)江戸《えど》時代中期の人で川柳の祖。前句《まえく》付け(=下の句七・七を題とし、五・七・五の上の句をつけるもの)の選者として名高く、その選句が川柳と呼ばれるようになった。編著「誹風柳多留《はいふうやなぎだる》」。

**からいばり**【空威張り】(名・自スル) 実際は強くないのに表面だけ強そうにすること。

**からオケ**【空オケ】(名)(オケはオーケストラの意)歌の伴奏《ばんそう》だけを録音したもの。また、その再生装置。参考「カラオケ」と書くことが多い。

**からか・う**(他五)〔ワ(オ)・イ(ッ)・ウ・ウ・エ・エ〕ひやかしたりいたずらをしたりして、相手を困らせておもしろがる。「大人をー」

**からかさ**〖◇傘・唐傘〗(名) 竹の骨に油紙をはった、柄《え》のあるかさ。さしがさ。

**からかぜ**【空風】〖◇乾風〗(名) →からっかぜ

**からかね**【唐金】(名) 青銅《せいどう》。

**からかみ**【唐紙】(名) ❶ふすまなどに使う、模様のついた美しい紙。❷(「唐紙障子《しょうじ》」の略)ふすま。

**からから** ■一(副) ❶かたいものや乾《かわ》いたものが触《ふ》れ合う音を表す語。❷大きく口を開けて高らかに笑うようす。「ー(と)笑う」■二(形動ダ)〔ダロ・ダッ(デ・ニ)・ダ・ナ・ナラ・○〕水分がなくなり、乾ききっているようす。「のどがーになる」

**がらがら** ■一(副・自スル) ❶戸の開く音などを表す語。「ガラス戸をーと開ける」❷物が激しくくずれるようす。また、そのときの音を表す語。「築き上げたイメージがーとくずれ落ちる」■二(形動ダ)〔ダロ・ダッ(デ・ニ)・ダ・ナ・ナラ・○〕❶ひじょうにすいているようす。「ーの電車」❷声のかすれたようす。「声がーになる」■三(名) 振《ふ》ると音の鳴る赤んぼうのおもちゃ。

**がらがらへび**【がらがら蛇】(名)〖動〗クサリヘビ科の毒蛇。南北アメリカ大陸にすむ。敵が近づくと尾《お》を振《ふ》って不快な音をたてる。

**からきし**(副)(あとに打ち消しの語を伴って)さっぱり。少しも。まるで。からっきし。「ー役に立たない」

**からくさもよう**【唐草模様】(名) つる草がからみあったようすを図案化した模様。「ーのふろしき」

(からくさもよう)

**からくじ**【空くじ】〖空△籤〗(名) はずれたくじ。何も当たらないくじ。

**がらくた**(名) ねうちがない品物や使いものにならない道具。

**からくち**【辛口】(名) ❶みそ・酒などで味のからいもの。対甘口《あまくち》。❷からい味を好むこと。また、その人。類辛党。対甘口。❸手きびしいこと。「ーの批評」

**からくも**【辛くも】(副) ようやく。やっとのことで。かろうじて。「ーピンチをのがれる」文法文語の形容詞「からし」の連用形に係助詞「も」のついたもの。

**からくり**〖◇絡繰り〗(名) ❶糸などで、動かしあやつること。「ー人形」❷工夫をこらした作り方やしかけ。❸計略。「ーを見破る」

**からくれない**【唐紅】(名) こい紅色。深紅色。

**から・げる**〖◇絡げる・△紮げる〗(他下一){ゲ・ゲ・ゲル・ゲル・ゲレ・ゲロ(ゲヨ)} ❶ひもなどを、物のまわりに巻きつけてしばる。「荷物を縄《なわ》でー」❷衣服の裾《すそ》などをまくりあげて落ちないように帯などにはさむ。「裾をー」

**からころむ**…和歌

〔**韓衣　すそに取《と》りつき　泣《な》く子《こ》らを　置《お》きてそ来《き》ぬや　母《おも》なしにして**〕〈万葉集《まんようしゅう》・防人《さきもり》の歌・他田舎人大島《おさだのとねりおおしま》〉訳防人に出てゆく私の韓衣(中国風の衣服)のすそに取りすがって泣く子どもたちを、あとに残して来てしまったことよ、母親もないままで。(「からころむ」は「からころも」の方言。「すそ」の枕詞《まくらことば》とする説もある)

**からころも**【唐衣】(名) ❶中国風の衣服。袖《そで》が大きく、裾《すそ》が長い。❷めずらしくて美しい着物。

**からころも**…和歌

〔**唐衣　きつつなれにし　妻《つま》しあれば　はるばるきぬる　旅《たび》をしぞ思《おも》ふ**〕〈古今集《こきんしゅう》・在原業平《ありわらのなりひら》〉訳唐衣を着なれるように、なれ親しんだ妻が都にいるので、別れてはるばる来てしまった旅のつらさをしみじみと思うことだ。(「かきつばた」の五文字を五・七・五・七・七の頭《かしら》におりこんでよんだ歌。これを「折句《おりく》」という。「唐衣きつつ」は「なれ」を導き出す序詞《じょし》。「馴《な》れ」と「萎《な》れ」、「妻」と「褄《つま》」、「はるばる」と「張る」、「来」と「着」が掛詞《かけことば》)

**からさわぎ**【空騒ぎ】(名・自スル) なんでもないことに、ひどくさわぎたてること。「ーして景気をつける」

**からし**〖辛子・△芥子〗(名) からし菜の種を粉にしたもの。黄色でからい調味料。「ーがきいた料理」

**からじし**〖唐△獅子〗(名) ❶日本でいのしし・しかをししというのに対し、外国のししをいう。ライオン。❷①を美術的に図案化したもの。

(からじし②)

**からす**〖△烏・△鴉〗(名)〖動〗カラス科の鳥。まっ黒い羽をもつ大形の鳥で、人里近くにすむ。

**からすの足跡《あしあと》** 目尻《めじり》にできる小じわ。

**からすの行水《ぎょうずい》** 入浴が短いことのたとえ。

**からすの雌雄《しゆう》** よく似ていて区別のしにくいたとえ。

**からすの濡《ぬ》れ羽《ば》色《いろ》** (ぬれているからすの羽のように)黒くてつやのある髪《かみ》の毛の形容。

**から・す**【枯らす】(他五){サ(ソ)・シ・ス・ス・セ・セ} 草や木を枯れさせる。「植木《うえき》をー」

**から・す**〖△涸らす〗(他五){サ(ソ)・シ・ス・ス・セ・セ} 水のなくなった状態にする。水をくみつくす。「井戸《いど》をー」

**から・す**〖△嗄らす〗(他五){サ(ソ)・シ・ス・ス・セ・セ} 声をしわがれさせる。かすれさせる。「声をー・してさけぶ」

**ガラス**〖×硝子〗〔オランダ glas〕(名) 石英・石灰岩・炭酸ソーダなどを原料として高い熱でとかし、冷却《れいきゃく》して作ったもの。透明《とうめい》でかたいが、もろい。「ー戸」

**からすうり**〖△烏△瓜〗(名)〖植〗ウリ科のつる性多年草。山野に生え、夏の夜白い花が咲《さ》き、秋、赤く丸い卵形の実をつける。

(からすうり)

**からすき**〖唐△鋤〗(名) 柄《え》の曲がった、刃《は》の広いすき。牛や馬に引かせて、田畑をたがやすのに使う。

**がらすき**〖がら◇空き〗(名・形動ダ) →がらあき

**からすぐち**【からす口】〖△烏口〗(名) 先がからすのくちばしの形をした製図用具。線を引くのに使う。

**ガラスせんい**【ガラス繊維】(名) →グラスファイバー

**ガラスばり**【ガラス張り】(名) ❶ガラスをはってあること。「ーのビル」❷内部がよく見えること。秘密のないこと。「ーの政治」▽ガラスは、オランダ glas

**からすみ** (名) ぼらなどの卵巣《らんそう》を塩づけにして干し固めた食べ物。酒のさかなにする。

**からすむぎ**【からす麦】〖△烏麦〗(名)〖植〗❶イネ科の二年草。燕麦《えんばく》の原生種といわれる。❷「燕麦」の別称《べっしょう》。

**からせき**【空せき】〖空△咳〗(名) ❶たんの出ないせき。❷わざとするせき。せきばらい。「ーをして注意をひく」

**からだ**【体】〖×身体〗(名) ❶人や動物の、手・足・頭・胴《どう》などの全体。「小さなー」❷胴の部分。「ロープでーをしばる」❸からだのぐあい。健康状態。「ーを壊《こわ》す」

**体を張《は》る** 自分の一身をなげうって行動する。「体を張ってくい止める」

**からたち**〖×枳殻〗(名)〖植〗ミカン科の落葉低木。とげが多く、春、白い花が咲《さ》き、秋、黄色の実がなる。生け垣《がき》にする。きこく。

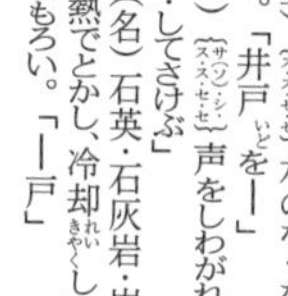
(からたち)

**からだつき**【体つき】〖体付き〗(名) からだのかっこう・ようす。「ひょろっとしたー」

**からっかぜ**【空っ風】〖◇乾っ風〗(名) 雨や雪をともなわないで、強く吹《ふ》くかわいた風。特に北関東地方のかわいた寒風をいう。からかぜ。「ーが吹きすさぶ」

**からっきし** (副) →からきし

**カラット**〔英 carat〕(名) ❶合金の中にふくまれている金の割合を示す単位。純金は二四カラット。記号K ❷宝石の重さの単位。一カラットは〇・二グラム。記号K

**からっぽ**【空っぽ】(名・形動ダ) 中に何も入っていないこと。空《から》。「箱の中はーだ」

**からつゆ**【空◦梅雨】(名) 梅雨の季節に、雨がほとんど降らないこと。「今年はーだ」

**からて**【空手】(名) ❶手に何も持たないこと。手ぶら。「ーで帰る」❷沖縄で発達した、素手でたたかう武術。「ーの修業」参考②は「唐手」とも書く。

**からてがた**【空手形】(名) ❶〖経〗商取引の裏付けがないのに、資金融通《ゆうずう》のために作成した手形。❷実行されない約束。「ーに終わる」

**からとう**【辛党】(名) 酒の好きな人。左党《さとう》。「父はーだ」類辛口。対甘党《あまとう》

**からねんぶつ**【空念仏】(名) (心がこもらず、口先だけでとなえる念仏の意から)口先ばかりで実行のともな

わない主張。「彼《かれ》のいうことは―にすぎない」

**からぶき**【から拭き】『◇乾拭き』（名・他スル）床《ゆか》や家具などを、つやを出すためにかわいた布でふくこと。

**からぶり**【空振り】（名・他スル）❶振ったバットやラケットなどがボールに当たらないこと。「―の三振《さんしん》」❷ある目的のためにとった行動が、期待した結果を得られないでむだに終わること。「作戦が―に終わる」

**カラフル**〔英 colorful〕（形動ダ）{ダロ・ダッ(デ・ニ)・ダ・ナ・ナラ・〇}色彩《しきさい》がゆたかで、はなやかなようす。「―な水着」

**カラマーゾフのきょうだい**〔カラマーゾフの兄弟〕〔作品名〕ロシアの作家ドストエフスキーの長編小説。一八七九年から翌年にかけて発表。カラマーゾフ家の父親殺しの事件をもとに、神の存在や人間の愛と苦悩《くのう》をえがいた。

**からまつ**『唐松・×落葉松』（名）〔植〕マツ科の落葉高木。本州中部の山地に自生する。ふじまつ。

**からま・る**【絡まる】（自五）{ラ(ロ)・リ(ッ)・ル・ル・レ・レ}❶巻きつく。からみつく。からむ。「あさがおのつるが―」「糸が―」❷密接に関係しあっている。「複雑な事情が―」

**からまわり**【空回り】（名・自スル）❶車のタイヤや機械などがむだに回ること。「ぬかるみでタイヤが―する」❷考えや行動が同じところをめぐるばかりで進まないこと。「議論が―する」

**-がらみ**『△搦み』（接尾）❶そのものをふくめて。そのものといっしょに。…ぐるみ。「土地―の価格」❷（多く年齢《ねんれい》を示す数字について）だいたいそのくらい。「四〇―の女」❸そのものに関連していることを表す。「選挙―の事件」

**から・む**【絡む】（自五）{マ(モ)・ミ(ン)・ム・ム・メ・メ}❶巻きついてはなれなくなる。まつわりつく。からまる。「つるが―」「たんが―」❷あるものが他のものと密接に関係する。「金が―」❸人にしつこくまとわりついたり言いがかりをつけたりする。「酔《よ》ってとなりの人に―」

**からめて**『△搦め手』（名）❶城の裏門。対大手《おおて》。❷敵のうしろから攻《せ》める軍勢。対大手。❸相手が注意をはらっていないところや、弱点。「―から説得する」❹人をとらえる人。捕《と》り手。

**から・める**【絡める】（他下一）{メ・メ・メル・メル・メレ・メロ(メヨ)}❶ある物事に別の物事を関連づける。「賃上げに―・めて職場改善を要求する」❷ねばりけのあるものなどをまわりにつける。「水あめを―」❸巻きつける。「腕《うで》を―」

**から・める**『△搦める』（他下一）{メ・メ・メル・メル・メレ・メロ(メヨ)}つかまえてしばる。「賊《ぞく》を―」

**カラメル**〔フランス caramel〕（名）砂糖を高温で熱したときにできる褐色《かっしょく》であめ状の物質。食品の着色や風味づけに用いる。キャラメル。

**からよう**【唐様】（名）❶中国風。対和様。❷中国風の書体。

**がらん**『△伽藍』（名）寺の建物。「七堂《しちどう》―（＝七堂の完備したりっぱな寺院）」

**がらんと**（副・自スル）一定の空間に人や物がほとんどなく、広々としたようす。「客が減って―した店」

**がらんどう**（名・形動ダ）仕切られた大きな空間の中に何もないこと。からっぽ。「中は―だ」

**かり**【仮】（名）❶しばらくの間それと決めること。一時のまにあわせ。「これは―の話だが」「―営業所」❷本来のものでないこと。いつわり。にせ。「世をしのぶ―の名」

**仮の宿《やど》**❶かりずまい。❷旅の宿。❸→かりのよ

**仮の世《よ》**はかないこの世。無常なこの世。仮の宿《やど》。

**かり**『△雁』（名）〔動〕→がん（雁）

**かり**【狩り】（名）❶鳥やけものを追いたてて捕《と》ること。狩猟《しゅりょう》。「―に出かける」❷魚や貝をとること。「潮干《しおひ》―」❸きのこ・ほたるなどをさがして取ること。「ほたる―」「まつたけ―」❹桜やもみじを観賞すること。「もみじ―」参考名詞の下に直接ついて用いられるときは、「がり」と濁音《だくおん》で読む。

**かり**【借り】（名）❶おかねや物などを人から借りること。また、その借りたもの。❷人から受けた恩に報《むく》いていないために感じる負い目。また、受けたはずかしめに対する恨《うら》み。「助けてもらった―を返す」（対貸し）

**カリ**〔オランダ kali〕（名）〔化〕❶「カリウム」の略。「青酸―」❷炭酸カリウム、また、カリウム塩のこと。

**かりあつ・める**【駆り集める】（他下一）{メ・メ・メル・メル・メレ・メロ(メヨ)}あちこちからいそいで集める。「人手を―」

**かりい・れる**【刈り入れる】（他下一）{レ・レ・レル・レル・レレ・レロ(レヨ)}稲《いね》や麦などを刈って取り入れる。「稲を―季節」

**かりうど**『狩◇人』（名）→かりゅうど

**カリウム**〔ドイツ Kalium〕（名）〔化〕銀白色でもろく、酸化しやすい金属元素。水に入れると燃え、水素を発生させる。ガラス・薬品などの原料。元素記号 K

**カリエス**〔ドイツ Karies〕（名）〔医〕結核菌《けっかくきん》によって骨がおかされる病気。「脊椎《せきつい》―」

**かりかた**【借り方】（名）❶物やおかねなどを借りた人。借り手。❷借りる方法。「金の―も知らない」❸〔経〕複式簿記《ぼき》の仕訳《しわけ》で、勘定《かんじょう》口座の左側をいう。（対貸し方）

**カリカチュア**〔英 caricature〕（名）人や物の特徴《とくちょう》を大げさにかいた絵。風刺画《ふうしが》。戯画《ぎが》。

**かりがね**『△雁が音』（名）❶かりの鳴き声。❷かり。がん。

**がりがり**■一（副）❶かたいものをかじったり、引っかいたりするときの音を表す語。「猫《ねこ》が柱を―（と）引っかく」❷他のことを考えず、ひたすら一つのことを行うようす。「―（と）勉強する」■二（形動ダ）{ダロ・ダッ(デ・ニ)・ダ・ナ・ナラ・〇}ひどくやせているようす。「―にやせる」

**がりがりもうじゃ**【がりがり亡者】『我利我利亡者』（名）自分の利益だけを追い求める欲深い人。利己主義者。

**かりぎぬ**『狩◇衣』（名）むかし、貴族が狩りや旅行のときに着た服。のち、貴族のふだん着になった。

（かりぎぬ）

**カリキュラム**〔英 curriculum〕（名）学習段階に応じて、その内容を系統だてて並べた教育計画。教科課程。「―を組む」

**かりこし**【借り越し】（名）預金額以上または一定の限度以上に借りること。対貸し越し

**かりごや**【仮小屋】（名）まにあわせに作った小屋。

**かりしゃくほう**【仮釈放】（名・他スル）〔法〕刑

務所《けいむしょ》や少年院などに収容されている者を、刑期や収容期間を終える前に条件つきでかりに釈放すること。

**かりしょぶん【仮処分】**（名）❶かりに処分すること。❷《法》裁判で、判決確定までの間、裁判に関係している土地や建物・争っていることがらについて、かりにその権利を認める裁判所の処置。「―の申請《しんせい》」

**カリスマ**〔ドイツ Charisma〕（名）人を強くひきつける資質や能力。また、それを持った人。…性「カリスマ性のある人」…的「カリスマ的な魅力《みりょく》」

**かりずまい【仮住まい】**（名・自スル）一時的に住むこと。また、その家。「伯母《おば》の家に―する」

**かりそめ**『仮初め』（名）❶その場かぎりのこと。一時。「―の恋《こい》」❷ふとしたこと。ちょっとしたこと。「―の病《やまい》」❸いいかげんなこと。おろそかなこと。「先生の教えを―に考えてはならない」

**かりそめにも**『仮初めにも』（副）たとえどうあろうと。決して。「―人を傷つけてはいけない」

**かりたお・す【借り倒す】**（他五）{サ(ソ)・シ・ス・ス・セ・セ}金品を借りて返さないままにする。ふみたおす。「金を―」

**かりだ・す【駆り出す】**（他五）{サ(ソ)・シ・ス・ス・セ・セ}うながしてひっぱり出す。「運動会の準備に―・される」

**かりた・てる【駆り立てる】**（他下一）{テ・テ・テル・テル・テレ・テロ(テヨ)}❶むりに行かせる。むりにしむける。「戦場に―」❷ある気持ちが人を強くゆり動かす。「不安に―・てられる」

**かりちん【借り賃】**（名）物を借りて、その使用料として支払《しはら》う料金。「自転車の―」対貸し賃

**かりてきたねこのよう【借りてきた猫のよう】**ふだんとちがって、ひじょうにおとなしくしている人をたとえていうことば。「―におとなしい」

**かりに【仮に】**（副）❶一時的に。まにあわせとして。「―ここに置く」❷もしも。「―雨でも決行する」

**かりにも【仮にも】**（副）❶どんなことがあっても。決して。「―口にすべきではない」❷少なくとも。いやしくも。「―学生であるからには」使い方〉①はあとに「ない」「ません」などの打ち消しのことばがくる。

**かりぬい【仮縫い】**（名・他スル）服などを仕立てる前に、一時的に縫い合わせて、からだに合わせてみること。「背広の―をする」

**かりね【仮寝】**（名・自スル）❶少しの間、眠《ねむ》ること。❷旅先で寝ること。野宿。「―の宿」

**かりば【狩り場】**（名）狩りをする所。

**ガリバーりょこうき**〔ガリバー旅行記〕〔作品名〕イギリスの作家スウィフトの風刺《ふうし》小説。一七二六年刊。船医ガリバーの漂流《ひょうりゅう》記にかこつけて、当時のイギリスの政治・社会や人間を風刺している。

**がりばん【がり版】**（名）（鉄筆で原紙を切るときのがりがりという音から）謄写版《とうしゃばん》。

**カリひりょう【カリ肥料】**（名）カリウムを多くふくんだ肥料。灰・硫酸《りゅうさん》カリなど。▽カリは、オランダ kali

**カリフラワー**〔英 cauliflower〕（名）《植》西洋野菜の一種。キャベツの変種。はなやさい。

**がりべん【がり勉】**（名）《俗語》（がりがり勉強するの意で）他のことには目もくれず勉強ばかりする人。

**かりめん【仮免】**（名）（「仮免許」の略）正式の免許を取得するまでの間、かりに与《あた》えられる免許。特に、自動車の運転免許についていう。

**かりもの【借り物】**（名）人から借りた物。

**かりゅう【下流】**（名）❶水の流れていくほう。また、川口に近いほう。川下《かわしも》。「―にある橋」❷社会的な地位が低く貧しい階級。下層《かそう》。《対上流》

**かりゅう**『△顆粒』（名）小さなさらさらした粒《つぶ》。「―状の薬」

**がりゅう【我流】**（名）自分かってなやり方。自己流。「―の泳ぎ」

**かりゅうかい【花柳界】**（名）芸者や遊女たちの社会。

**かりゅうど**『◇狩◇人』（名）鳥やけものをとる職業の人。かりうど。猟師《りょうし》。「獲物《えもの》を追う―」

**かりょう【加療】**（名・自スル）病気やけがの手当てをすること。「入院―する」

**かりょう【科料】**（名）《法》刑罰《けいばつ》の種類の一つ。軽い犯罪に対して、少額のおかねを払《はら》わせる刑。参考「過料」と区別して、「とがりょう」ともいう。

**かりょう【過料】**（名）《法》行政上の法令違反《いはん》者に払《はら》わせるおかね。科料とちがい、刑罰《けいばつ》ではない。参考「科料」と区別して、「あやまちりょう」ともいう。

**がりょう【雅量】**（名）大きくひろい心。おくゆかしく、人をよく受け入れる性質。「―のある人物」

**がりょうてんせい**『画◇竜点△睛』（名）物事を完全になしとげる最後の仕上げ。「―を欠く」

故事 絵の名人、梁《りょう》の張僧繇《ちょうそうよう》が壁《かべ》に竜《りゅう》をかき、最後に睛《ひとみ》をかき入れると、竜がたちまち天に上っていったという話から出たことば。〈歴代名画記〉

**かりょく【火力】**（名）燃えるときの火の強さや勢い。火の発する力やエネルギー。「―が強い」

**かりょくはつでん【火力発電】**（名）重油や石炭などによる火力で水蒸気をつくり、その力で発電機を動かして電気をおこすこと。⇒すいりょくはつでん

**か・りる【借りる】**（他上一）{リ・リ・リル・リル・リレ・リロ(リヨ)}❶返す約束で他人のおかねや品物を使う。「本を―」対貸す❷仮にほかのものを使う。「人の口を―・りて言う」❸他人の持っている能力・知識などを利用させてもらう。「知恵《ちえ》を―」対貸す

仕組みの解明「借りる」

Q 本棚《ほんだな》から借りる？
本棚に借りる？

| | | から | に | |
|---|---|---|---|---|
| A | 友だち | ○ | ○ | 借りた本 |
| B | 本棚 | ○ | × | 借りた本 |

A・「から」は借りた物の出発点を表すのに対し、「に」は貸すように言う相手を表す。
・Bのように相手とのやりとりがないときなど一方的な場合は「から」を使う。

**かりん**『花◇梨』(名)〘植〙バラ科の落葉高木。中国原産。春、薄紅《うすくれない》色の花が咲《さ》く。薄黄色の実は芳香《ほうこう》と苦味があり、砂糖づけや果実酒を作る。

**かりんさんせっかい**『過△燐酸石灰』(名)〘化〙燐鉱石に硫酸《りゅうさん》を作用させた粉状の肥料。

**かりんとう**『花林糖』(名)卵などを加えた小麦粉をねり、切って油であげて、糖蜜《とうみつ》をかけた菓子《かし》。

**かる【刈る】** 4画 刂2 訓 かる
かる。きる。◆稲《いね》刈り・柴《しば》刈り・丸刈《まるが》り
ノ メ 刈 刈

**か・る【刈る】**(他五){ラ(ロ)・リ(ッ)・ル・ル・レ・レ}草木や髪《かみ》などを切り取る。「稲《いね》を—」「芝《しば》を—」「頭を—(=散髪《さんぱつ》する)」

**か・る【狩る】**(他五){ラ(ロ)・リ(ッ)・ル・ル・レ・レ}❶鳥やけものを追いたてて捕《と》る。狩りをする。「鹿《しか》を—」❷採取したり観賞したりするために花や草木をさがし求める。「桜を—」

**か・る【駆る】**(他五){ラ(ロ)・リ(ッ)・ル・ル・レ・レ}❶追いたてる。せきたてて走らせる。「馬を—」❷むりにある行動をとらせる。「老軀《ろうく》を—って旅に出る」❸(「かられる」と受け身の形で)ある気持ちにさせられる。「不安に—られる」

**-が・る**(接尾)(形容詞・形容動詞の語幹などについて動詞をつくる)❶…と感じる、…と思うなどの意を表す。「ふしぎ—」❷…のようなふりをする。「強《つよ》—」

**かる・い【軽い】**(形){カロ・カッ(ク)・イ・イ・ケレ・○}❶重量が少ない。支えたり動かしたりするのに、あまり力がいらないようす。「—荷物」「木は石より—」対重い
❷心がはればれしている。気楽だ。「—気持ちで引き受ける」対重い
❸動きが軽快だ。「身が—」「—足取り」対重い
❹考えや行動が慎重でない。「人間が—」「口が—」
❺重要でない。「人を—く見る」対重い
❻ちょっとした程度である。「—けが」「—く肩《かた》がぶつかる」対重い
❼あまり負担にならず、たやすい。手軽である。「—運動」「—食事」「仕事を—くこなす」

**かるいし【軽石】**(名)火山からふき出した溶岩《ようがん》が急に冷えてかたまったもの。穴が多く軽いので水に浮《う》く。あか落としなどに使う。「—でかかとをこする」

**かるがも**『軽△鴨』(名)〘動〙カモ科の鳥。かもの一種。くちばしが黒く、先のほうは黄色くなっている。日本各地の池・湖沼《こしょう》などで繁殖《はんしょく》する。

(かるがも)

**かるかや**『刈△萱』(名)〘植〙イネ科の多年草。葉は線形で長い。秋に褐色《かっしょく》の穂《ほ》の形の花が咲《さ》く。

**かるがる【軽軽】**(副)❶ひじょうに軽そうなようす。「荷物を—(と)持ちあげる」❷楽々と物事を行うようす。「難問を—(と)解く」

**かるがるし・い【軽軽しい】**(形){カロ・カッ(ク)・イ・イ・ケレ・○}考えが浅い。かるはずみだ。「—態度」対重々しい

**カルキ**〔オランダ kalk〕(名)❶石灰。❷(「クロールカルキ」の略)消石灰と塩素から作る白い粉末。漂白《ひょうはく》や水道水の殺菌《さっきん》などに使う。さらし粉。

**かるくち【軽口】**(名)❶内容の軽いこっけいな話。「—をたたく」❷かるはずみで口の軽いこと。

**カルシウム**〔オランダ calcium〕(名)〘化〙銀色がかった白色のやわらかい金属元素。石灰岩や生物の骨や歯にふくまれる。元素記号 Ca

**カルスト**〔ドイツ Karst〕(名)〘地質〙石灰岩の台地が雨などで溶《と》け、浸食《しんしょく》されてできる地形。鍾乳洞《しょうにゅうどう》も発達する。

**かるた**『×歌留多』〔ポルトガル carta〕(名)遊びやばくちに使う長方形のふだ。いろはがるた・歌がるたなど。

**カルチャー**〔英 culture〕(名)文化。教養。

**カルチャー-ショック**〔英 culture shock〕(名)自分のものとは異なる文化にふれたときに受ける精神的な衝撃《しょうげき》。「外国を旅して—を受けた」

**カルチャー-センター**〔和製英語〕(名)おもに社会人向けの教養講座。▽culture と center から。

**カルテ**〔ドイツ Karte〕(名)〘医〙医者が患者《かんじゃ》の病状などを書きこむカード。「—を調べる」

**カルテット**〔イタリア quartetto〕(名)〘音〙四重奏。四重唱。クアルテット。

**カルデラ**〔英 caldera〕(名)〘地質〙火山の頂上に爆発《ばくはつ》や陥没《かんぼつ》でできた円形の大きなくぼ地。「—湖」

**カルテル**〔ドイツ Kartell〕(名)〘経〙同一種類のものを作る企業《きぎょう》が、利益を大きくするため、たがいの競争をさけて協定を結んだ形態。企業連合。⇨トラスト

**カルト**〔英 cult〕(名)❶熱狂的《ねっきょうてき》な崇拝《すうはい》。また、狂信的な信者をもつ宗教集団。❷少数の人びとによって熱狂的に支持されること。「—ムービー」

**かるはずみ【軽はずみ】**(名・形動ダ)よく考えないで物事を行うこと。軽率《けいそつ》。「—な行動」

**カルビ**(名)(朝鮮《ちょうせん》語から)牛や豚《ぶた》のばら肉。

**かるみ【軽み】**(名)❶軽く感じる度合い。❷〘文〙芭蕉《ばしょう》がとなえた俳諧《はいかい》の作風で、技巧《ぎこう》をこらさずあっさりした趣《おもむき》を主とするもの。

**カルメラ**〔ポルトガル caramelo〕(名)赤砂糖を煮《に》て、重曹《じゅうそう》を加えふくらませ、かためた菓子《かし》。カルメ焼き。

**カルメン**〔Carmen〕[作品名]フランスの作家メリメの小説。一八四五年発表。スペインを舞台《ぶたい》に、ジプシー女カルメンに翻弄《ほんろう》される男の宿命的な恋愛《れんあい》をえがいたもの。

**かるわざ【軽業】**(名)身軽に行う危険な芸当。曲芸。空中ぶらんこや綱渡《つなわた》りなど。「—師」

**かれ【彼】**㊀(代)話し手と聞き手以外の男性をさしていうことば。あの男。「—はいい人だ」㊁(名)ある女性の恋人《こいびと》である男の人。彼氏《かれし》。「—と映画を見る」(対彼女《かのじょ》)

**かれい**『△鰈』(名)〘動〙カレイ科の魚。からだはひらたくて、多く、目は二つともからだの右側にあり、目のある面を上に向けて海底の砂にもぐっている。

(鰈)

**かれい【加齢】**(名)年齢が増すこと。また、年をとること。

**かれい【華麗】**(名・形動ダ)はなや

かで美しいこと。「―に舞《ま》う」

**カレー**〔英 curry〕（名）❶うこん・こしょう・とうがらしなどをまぜて作った、黄色くてからい調味料。カレー粉。❷（「カレーライス」の略）肉・野菜などをいため、カレー粉と煮《に》こんでごはんにかけた料理。ライスカレー。

**ガレージ**〔英 garage〕（名）自動車の車庫。

**かれえだに**…[俳句]

〔**枯枝に　烏《から》すのとまりけり　秋《あき》の暮《くれ》**〕〈芭蕉《ばしょう》〉[訳]葉の落ちつくした枝に、からすが静かにとまっているさびしい秋の夕暮れであるよ。（季語「秋の暮」秋）

**かれおばな**【枯れ尾花】（名）枯れたすすき。

**かれき**【枯れ木】（名）枯れた木。葉を落とした木。

**枯れ木に花《はな》**　衰《おとろ》えたものがふたたび栄えることのたとえ。

**枯れ木も山《やま》の賑《にぎ》わい**　つまらないものでも、ないよりましであることのたとえ。

**がれき**『瓦△礫』（名）瓦《かわら》のかけらと小石。また、つまらないもの、役に立たないもののたとえ。「―の山」

**かれこれ**『彼△此』（副）❶とやかく。いろいろ。「―言うな」❷（数量を表すことばの上につけて）おおよそ。ほどなく。「もう―一二時だ」

**かれさんすい**【枯れ山水】（名）水を使わないで山水を表した庭園。主として石をおき、砂や小石で山や川などを表す。京都の竜安寺《りょうあんじ》の石庭など。

**かれし**【彼氏】━（代）話し手と聞き手以外の男性をさしていうことば。あの男。彼。━（名）ある女性の恋人《こいびと》である男性。彼。「―と食事する」[対]彼女《かのじょ》

**かれつ**【苛烈】（名・形動ダ）きびしくはげしいこと。「―な戦い」

**カレッジ**〔英 college〕（名）❶工業大学などのように、一学部だけの大学。単科大学。[対]ユニバーシティ。❷専門学校。

**かれの**【枯れ野】（名）草木の枯れてしまった野原。

**かれは**【枯れ葉】（名）枯れてしまった、草木の葉。「―を焼く」

**かれら**【彼ら】『彼◇等』（代）あの人たち。

**か・れる**【枯れる】（自下一）{レ・レ・レル・レル・レレ・レロ(レヨ)}❶草や木が水気をうしない、生気がなくなる。「―・れた花」❷人がらや芸に深みやしぶみが出る。「芸が―」

**か・れる**『△涸れる』（自下一）{レ・レ・レル・レル・レレ・レロ(レヨ)}❶川・池・泉などの水がなくなる。ひあがる。「池が―」❷必要な物や力などがとぼしくなる。底をつく。「資源が―」「気力が―」

**か・れる**『△嗄れる』（自下一）{レ・レ・レル・レル・レレ・レロ(レヨ)}声がかすれて出なくなる。しわがれる。しゃがれる。「声が―」

**かれん**『可△憐』（形動ダ）{ダロ・ダッ(デ・ニ)・ダ・ナ・ナラ・○}いじらしいようす。かわいらしいようす。「―な少女」

**カレンダー**〔英 calendar〕（名）こよみ。

**かろう**【家老】（名）〔歴〕江戸《えど》時代、大名《だいみょう》の家来のうちで、いちばん上の役の人。

**かろう**【過労】（名）仕事をしすぎて、ひじょうにつかれること。「―で倒《たお》れる」

**がろう**【画廊】（名）美術品を陳列《ちんれつ》する所。ギャラリー。「―で個展を開く」

**かろうし**【過労死】（名）働きすぎて、心身ともにつかれがたまり、急に死亡すること。

**かろうじて**『辛うじて』（副）ぎりぎりのところでどうにか。やっとのことで。「―勝つ」

**カロテン**〔英 carotene〕（名）にんじんなどにふくまれる黄赤色の色素。動物の体内でビタミンAに変わる。カロチン。

**かろとうせん**【夏炉冬扇】（名）（夏のいろりと冬の扇《おうぎ》の意）時期に合わず役に立たないもののたとえ。

**かろやか**【軽やか】（形動ダ）{ダロ・ダッ(デ・ニ)・ダ・ナ・ナラ・○}動きやテンポなどが軽く感じられるようす。軽快。「―に舞《ま》う」「―な足どり」

**カロリー**〔英 calorie〕（名）《物》❶熱量の単位。蒸留水一グラムをセ氏一度高くするのに必要な熱量。記号 cal　❷食物または栄養素を消化・吸収したときに生じる熱量の単位。①の一〇〇〇倍を単位として、キロカロリーともいう。記号 Cal「低―の食事」

**かろん**【歌論】（名）和歌についての評論や理論。

**がろん**【画論】（名）絵画についての評論や理論。

**ガロン**〔英 gallon〕（名）ヤードポンド法で、液体の容積の単位。一ガロンは、イギリスでは約四・五四六リットル《リッ トル》。アメリカ・日本では約三・七八五リットル《リッ トル》。記号 gal

**かろん・じる**【軽んじる】（他上一）{ジ・ジ・ジル・ジル・ジレ・ジロ(ジヨ)}軽々しく考えて大事に思わない。いいかげんに扱《あつか》う。「命を―」[対]重んじる

**かろん・ずる**【軽んずる】（他サ変）{ジ(ゼ)・ジ・ズル・ズル・ズレ・ジロ(ゼヨ)}→かろんじる

**かわ**【川・河】（名）雨などの自然の水が地上のくぼんだ所へ集まって流れていくもの。「―の流れ」

**かわ**【皮】（名）❶動植物の外面をおおうもの。「たけのこの―」「獲物《えもの》の―をはぐ」❷物の中身を包むもの。「まんじゅうの―」❸（比喩《ひゆ》的に）内面を隠《かく》して表面をおおうもの。「化《ば》けの―がはがれる」「欲の―がつっぱる（=ひどく欲が深い）」

**かわ**【革】（名）けものの皮を、毛と脂肪《しぼう》をとってやわらかくしたもの。なめしがわ。「―のかばん」

**がわ**【側】（名）❶対《つい》になっているものや対立するものの一方。一方の立場。「あちら―の立場」❷その物のまわり。また、それを包む部分。「金―の時計」❸当事者ではないまわりの人びと。はた。「―が大さわぎする」

**かわい・い**『×可愛い』（形）{カロ・カッ(ク)・イ・イ・ケレ・○}（「かわゆい」の変化したもの）❶好きでたいせつに思われる。いとしい。「―わが子」❷小さくて愛らしい。「―リボン」❸むじゃきでにくめない。「その程度のいたずらは―ものだ」

**かわいい子《こ》には旅《たび》をさせよ**　愛する子どもであればこそ、あまやかして育てるよりも、世の中に出して苦労させたほうがよい。

**かわいが・る**『×可愛がる』（他五）{ラ(ロ)・リ(ッ)・ル・ル・レ・レ}❶愛らしく思い、やさしくする。「犬を―」❷（反語的に用いて）痛いめにあわせる。「よくも仲間を―・ってくれたな」

**かわいそう**『×可哀相・×可哀想』（形動ダ）{ダロ・ダッ(デ・ニ)・ダ・ナ・ナラ・○}気の毒に思われるようす。あわれに思われるようす。ふびん。「―な捨て犬」

**かわいらし・い**〖×可愛らしい〗(形)〔カロ・カッ(ク)・イ・イ・ケレ・○〕小さくてほほえましさを感じさせるようす。愛らしい。「—子ねこ」❸心のうるおいを強く求める。「愛に—」

**かわうそ**〖川△獺・△獺〗(名)〘動〙イタチ科の哺乳《ほにゅう》動物。水のそばにすみ、水中にもぐるのが得意で、魚などをとって食べる。特別天然記念物。

(かわうそ)

**かわか・す**【乾かす】(他五)〔サ(ソ)・シ・ス・ス・セ・セ〕日光・火・風にあてるなどして、しめりけや水分をとる。「洗濯物《せんたくもの》を—」

**学習 比較《ひかく》**「乾かす」「干す」

乾かす　水分をとりのぞく意。手段に制限がない。「ぬれた髪《かみ》をドライヤーで**乾かす**」「ハンカチをアイロンで**乾かす**」「服をストーブで**乾かす**」

干す　水分を、日光や風などにあててとりのぞく意。「ベランダでふとんを**干す**」「洗濯物をさおに**干す**」「靴《くつ》を日かげに**干す**」

**かわかみ**【川上】(名)川のみなもとに近いほう。上流。「—から流れてくる木材」対川下《かわしも》

**かわき**【渇き・乾き】(名)❶のどがかわくこと。「—をいやす」❷ほしいものが得られず、満たされない気持ち。「心の—」❸しめりけや水気がなくなること。「—が早い」参考ふつう、①②は「渇き」、③は「乾き」と書く。

**かわぎし**【川岸】(名)川の両側の、川に接している土地。川のほとり。「—に舟《ふね》をつける」

**かわきり**【皮切り】(名)物事のしはじめ。手はじめ。「東京を—に全国で講演する」

**かわ・く**【乾く・渇く】(自五)〔カ(コ)・キ(イ)・ク・ク・ケ・ケ〕❶しめりけや水気がなくなる。「空気が—」対湿《しめ》る ❷のどにうるおいがなくなり、水分がほしくなる。「のどが—」

**学習 使い分け**「乾く」「渇く」

乾く　湿気《しっけ》や水分がなくなる意。「洗濯物《せんたくもの》が**乾く**」「空気が**乾く**」「ペンキが**乾く**」「**乾いた**土」「**乾いた**音」

渇く　水分がなくなって、うるおいを望む状態。転じて、なにかに飢《う》えている状態をさす。「のどが**渇く**」「音楽に**渇いた**心」

**かわぐち**【川口・河口】(名)→かこう(河口)

**かわざんよう**【皮算用】(名)まだ手にはいらないうちからあてにして計算に入れること。参考「捕《と》らぬたぬきの皮算用」ということわざから出たことば。

**かわしも**【川下】(名)川が流れていくほう。川口に近いほう。下流。対川上《かわかみ》

**かわ・す**〖△躱す〗(他五)〔サ(ソ)・シ・ス・ス・セ・セ〕❶とっさにからだを動かして避《さ》ける。「身を—」❷うまくそらして、難を避ける。「批判を—」「相手の追及《ついきゅう》を—」

**かわ・す**【交わす】(他五)〔サ(ソ)・シ・ス・ス・セ・セ〕❶やりとりをする。交換《こうかん》する。「ことばを—」❷たがいにまじえる。「まなざしを—」

**かわず**〖△蛙〗(名)❶「かえる」の古い呼び方。❷「かじか(河鹿)」の別名。

**かわすじ**【川筋】(名)❶川の流れる道筋。❷川の流れに沿った土地。「—の町」

**かわせ**【川瀬】(名)川の、浅くて流れの速いところ。

**かわせ**【○為替】(名)❶現金ではなく、手形や証書で離《はな》れたところにいる者とのおかねの受け渡《わた》しをすませる方法。また、その手形や証書。「—を組む」❷「為替相場」の略。

**かわせそうば**【○為替‐相場】(名)〘経〙(「外国為替相場」の略)外国為替の売買により成立する自国の通貨と外国通貨との交換《こう》比率。為替レート。

**かわせみ**〖川△蟬・×翡翠〗(名)〘動〙カワセミ科の小鳥。背や尾《お》は青色で美しい。川の近くにすみ、小魚を取って食べる。ひすい。

(かわせみ)

**かわせレート**【○為替レート】(名)→かわせそうば

**かわたけもくあみ**〔河竹黙阿弥〕【人名】(一八一六〜一八九三)江戸《えど》時代末期・明治時代初期の歌舞伎《かぶき》脚本《きゃくほん》作者。歌舞伎の完成者で、当時の庶民《しょみん》生活をあつかった作品が多い。作品「三人吉三廓初買《さんにんきちさくるわのはつがい》」「青砥稿花紅彩画《あおとぞうしはなのにしきえ》(弁天小僧《べんてんこぞう》)」など。

**かわち**〔河内〕【地名】むかしの国名の一つ。今の大阪府東部。河州《かしゅう》。

**かわづら**【川面】(名)川の水面。かわも。

**かわどこ**【川床】(名)川底の地面。川の底の面。河床《かしょう》。

**かわどめ**【川止め】(名・自他スル)江戸《えど》時代、川が増水して危険なとき、川を渡《わた》るのを禁止したこと。

**かわながれ**【川流れ】(名・自スル)川の水に流されておぼれること。また、おぼれ死ぬこと。「かっぱの—」

**かわばた**【川端】(名)川のほとり。川辺。

**かわばたやすなり**〔川端康成〕【人名】(一八九九〜一九七二)小説家。横光利一《よこみつりいち》らと新感覚派をおこした。一九六八(昭和四三)年にノーベル文学賞を受けた。作品「伊豆《いず》の踊子《おどりこ》」「雪国」「千羽鶴《せんばづる》」など。

**かわひがしへきごとう**〔河東碧梧桐〕【人名】(一八七三〜一九三七)俳人。正岡子規《まさおかしき》の門人。新傾向《しんけいこう》俳句を唱え、形式を破ることによって俳句の世界をひろげ、近代俳句史上、一つの時代をつくった。

**かわびらき**【川開き】(名)川でその年の夕すずみのはじめを祝い、花火などをあげる年中行事。

**かわべ**【川辺】(名)川のほとり。川のそば。川端《かわばた》。「—に憩《いこ》う人びと」

**かわほね**【河骨】(名)〘植〙→こうほね

**かわも**〖川◇面〗(名)川の水面。川づら。

**かわや**〖△厠〗(名)便所。

**かわよど**【川よど】〖川△淀〗(名)川の流れがよどん

でいるところ。「—に浮《う》かぶあわ」

**かわら【瓦】**（名）粘土《ねんど》を一定の形にかためて焼いたもの。屋根をふくのに用いる。「—ぶきの家」

**かわら【○河原・○川原】**（名）川べりの、砂や石が多く、水が流れていないところ。

**かわらけ『×土器』**（名）❶うわぐすりをかけないで焼いた素焼きの陶器《とうき》。❷素焼きのさかずき。

**かわらばん【瓦版】**（名）粘土《ねんど》に絵や文字をほり、かわらのように焼いたものを原版にして印刷したもの。江戸《えど》時代に、新聞の号外の役割をした。

**かわり【代わり・替わり】**（名）❶あるものと同じようなはたらきをするほかのもの。代用。「—を探す」❷ある人の役割を別の人がすること。代理。「父の—で行く」❸ひきかえ。代償《だいしょう》。「ノートを借りた—に本を貸す」❹（「おかわり」の形で）一度飲食したものを、続けてもう一度飲食すること。「ごはんをお—する」

**かわり【変わり】**（名）❶それまでとちがった状態になること。変化。「こちらは—ありません」❷ふつうとちがうこと。「—者」❸二つ以上の物の間のちがい。差異。「本物とたいして—はない」

**かわりだね【変わり種】**（名）❶ふつうとはちがった種類のもの。変種。❷特定の集団・社会の中で、ふつうとちがう経歴・タイプの人。「学者としては—だ」

**かわりばえ【代わり映え】**（名・自スル）他のものに代わったために今までよりいちだんとよくなること。「—がしないプラン」使い方 ふつう、あとに打ち消しのことばがくる。

**かわりは・てる【変わり果てる】**（自下一）{テ・テ・テル・テル・テレ・テロ（テヨ）}以前の状態がすっかり変わってしまう。「—・てた姿」使い方 悪く変わる場合についていうことが多い。

**かわりみ【変わり身】**（名）❶とっさにからだの位置や姿勢を変えること。❷状況《じょうきょう》の変化に応じて、自分の考えや行動を変えること。「—が早い」

**かわりめ【変わり目】**（名）物事が、ある状態から他の状態に移り変わるとき。「季節の—」

**かわ・る【代わる・替わる・換わる】**（自五）{ラ（ロ）・リ（ッ）・ル・ル・レ・レ}❶あるものの役目をほかのものがする。代理をする。「父に—・って出席する」❷あるものが退くなどして、別のものがその位置や立場をしめる。「世代が—」

> **学習 使い分け　「代わる」「替わる」「換わる」**
>
> **代わる**　そのものの役目を他のものがする意。「部長に**代わっ**て課長が出席する」「石油に**代わる**エネルギー」「運転を**代わる**」
>
> **替わる**　別のもの・新しいものになる意。「商売が**替わる**」「投手が**替わる**」
>
> **換わる**　別のものになる、いれかわる意。「配置が**換わる**」
>
> ◆「替わる」「換わる」の使い分けは明確ではない。

**かわ・る【変わる】**（自五）{ラ（ロ）・リ（ッ）・ル・ル・レ・レ}❶前とちがったようす・状態になる。「顔色が—」「今後の日程が—」❷ふつうとちがう。「ちょっと—・った人」❸年や月があらたまる。「年が—」「季節が—」

**かわるがわる【代わる代わる】**（副）順番に入れかわってするようす。「—意見を言う」

**かん【干】** 3画 干0 小6 音 カン 訓 ほす・ひる 中　一 二 干

❶ほす。かわかす。かわく。◆干害・干拓《かんたく》・干潮・干天・干満。類 乾《かん》。❷かかわり合う。◆干渉《かんしょう》・干与《かんよ》。❸わずかばかり。◆若干《じゃっかん》。❹えと。◆干支◆十干

**かん【刊】** 5画 刂3 小5 音 カン　一 二 千 刋 刊

本や雑誌などを作って出す。◆刊行◆休刊・月刊・週刊・新刊・創刊・朝刊・日刊・廃刊《はいかん》・復刊・夕刊

**かん【甘】** 5画 甘0 音 カン 訓 あまい・あまえる・あまやかす　一 十 廾 廿 甘

❶あまい。◆甘苦《かんく》・甘酸・甘味・甘露《かんろ》。❷満足する。心地よい。◆甘言・甘受・甘心・甘美

**かん【甲】**→こう（甲）

**かん【汗】** 6画 氵3 音 カン 訓 あせ　丶 冫 氵 氵 汁 汗

あせ。◆汗顔・汗腺《かんせん》◆発汗・冷汗

**かん【缶】** 6画 缶0 〔罐〕 音 カン　ノ 𠂉 ᄂ 午 缶 缶

ブリキなどの金属でできた入れ物。◆缶詰《かんづめ》

**かん【缶】**（名）❶金属製の筒《つつ》形・箱形の入れ物。❷「缶詰《かんづめ》」の略。「トマト—」「アルミ—」

**かん【完】** 7画 宀4 小4 音 カン　丶 丷 宀 宀 宇 完

❶そろっていて、かけたところがない。全部。すっかり。◆完済《かんさい》・完全・完走・完納・完備・完璧《かんぺき》。❷しあげる。おわる。◆完結・完成・完了《かんりょう》◆未完

**かん【肝】** 7画 月3 音 カン 訓 きも　丿 刀 月 月 肝 肝

❶きも。五臓（心・肺・肝・腎《じん》・脾《ひ》）の一つ。◆肝炎・肝硬変《かんこうへん》・肝臓・肝油◆強肝剤《きょうかんざい》。❷こころ。まごころ。◆肝胆《かんたん》・肝銘《かんめい》◆心肝。❸たいせつなところ。◆肝腎《かんじん》・肝要

**かん【官】** 8画 宀5 小4 音 カン　丶 丷 宀 宁 宁 官

❶国家の機関。役所。役人。また、その仕事や役職。◆官位・官舎・官職・官庁・官邸《かんてい》・官吏《かんり》・官僚《かんりょう》◆教官・警官・高官・退官・長官・半官半民。❷人や動物のからだのいろいろな働き。◆官能◆器官・五官

**かん【官】** 一（名）国の機関。また、その仕事や役職。「—を辞する」二（接尾）国の役人や官職を表すことば。俗《ぞく》に、それに似た仕事について使われることもある。「行政—」「司令—」「面接—」

かん【冠】 9画 冖7 音カン 訓かんむり
❶頭にかぶるもの。かんむり。◆衣冠・王冠・金冠・月桂《げっけい》冠《かん》・三冠王・戴冠《たいかん》・無冠。❷むかし、男子が一人前になったときに行ったかんむりをつける儀式《ぎしき》。元服。◆冠婚《かんこん》◆弱冠。❸かぶる。◆冠水。❹第一等。最もすぐれる。◆栄冠

かん【冠】(名) かんむり。「―をいただく」

かん【巻】 9画 己6 小6 〔卷〕 音カン 訓まく・まき
❶書物。まきもの。◆巻数・巻頭・巻末◆圧巻・開巻・全巻。❷まく。くるくるとまく。◆巻雲《けんうん》

かん【巻】一(名) 巻物。書物。「―を追うごとにおもしろくなる」二(接尾) 書物や、巻物・フィルムなど巻いたものを数えることば。「全一〇―の大作」

巻を措《お》く能《あた》わず　おもしろくて読むのを途中《とちゅう》でやめることができない。

かん【看】 9画 目4 小6 音カン
見る。よく見る。見まもる。◆看過・看護・看守・看取・看破《かんぱ》・看板・看病

かん【陥】 10画 阝7 〔陷〕 音カン 訓おちいる・おとしいれる 高
❶おちこむ。◆陥没《かんぼつ》・陥落。❷人をだましおとしいれる。◆陥穽《かんせい》。❸不足する。欠点。◆欠陥

かん【乾】 11画 乙10 音カン 訓かわく・かわかす
かわく。かわかす。ほす。◆乾季・乾湿計《かんしつけい》・乾燥《かんそう》・乾田・乾杯《かんぱい》・乾物・乾麺《かんめん》。類干。対湿

かん【勘】 11画 力9 音カン
❶考え合わせる。つき合わせて調べる。◆勘案・勘考・勘定《かんじょう》。❷罪《つみ》を問いただす。◆勘気・勘当《かんどう》◆勅勘《ちょっかん》

かん【勘】(名) 直感によって、即座に感じとったり判断したりする心のはたらき。第六感。「―がにぶる」「―に頼《たよ》る」
⇩付録「漢字の筆順(37)甚」

かん【患】 11画 心7 音カン 訓わずらう 高
❶なやみ。心配。災難。◆外患・内患。❷病気になること。病気。◆患者・患部◆急患・疾患《しっかん》

かん【貫】 11画 貝4 音カン 訓つらぬく
つらぬく。やりとおす。◆貫通・貫徹《かんてつ》・貫流◆一貫・縦貫・突貫《とっかん》

かん【貫】(名) ❶尺貫法の重さの単位。一貫は一〇〇〇匁《もんめ》。約三・七五瓩《キログラム》。❷むかしのおかねの単位。一貫は銭《ぜに》一〇〇〇文《もん》。

かん【寒】 12画 宀9 小3 音カン 訓さむい
❶さむい。◆寒気・寒暖・寒地・寒波・寒風・寒流・寒冷◆悪寒《おかん》・厳寒・極寒《ごっかん》・耐寒《たいかん》・防寒。対暖・暑。❷ぞっとする。おそれる。◆寒心。❸まずしい。さむざむとした。◆寒村。❹一年で最もさむい時季。一月六日ごろから立春まで。◆寒中・寒念仏◆小寒・大寒。対暑 ⇩付録「漢字の筆順(10)井」

かん【寒】(名) 二十四節気のうち、小寒と大寒。一月六日ごろから立春まで。「―の入り」

かん【喚】 12画 口9 音カン
❶よびさけぶ。◆喚声◆叫喚《きょうかん》。❷注意をひきおこす。◆喚起。❸よびよせる。◆喚問◆召喚《しょうかん》

かん【堪】 12画 土9 音カン 高 訓たえる
❶たえる。こらえる。がまんする。◆堪忍《かんにん》。❷すぐれる。◆堪能《かんのう・たんのう》。参考「堪能《たんのう》」のように「タン」と読むこともある。⇩付録「漢字の筆順(37)甚」

かん【換】 12画 扌9 音カン 訓かえる・かわる
とりかえる。いれかわる。◆換気・換金・換言・換骨奪胎《かんこつだったい》・換算◆交換・置換・転換・変換

かん【敢】 12画 攵8 音カン
あえて行う。思いきってする。◆敢行・敢然・敢闘《かんとう》◆果敢・勇敢 ⇩付録「漢字の筆順(22)耳」

かん【棺】 12画 木8 音カン
かんおけ。ひつぎ。◆棺桶《かんおけ》◆座棺・出棺・石棺・寝《ね》棺《かん》・納棺《のうかん》

かん【棺】(名) 死んだ人を葬《ほうむ》るときにおさめる箱。ひつぎ。棺おけ。

かん【款】 12画 欠8 音カン
❶証書などの箇条《かじょう》書き。◆定款・約款。❷きざみつける。◆落款。❸まごころ。親しいまじわり。◆款待◆交款

かん【款】(名) 親しくつきあうこと。「―を通じる(=親しくまじわる。また、敵に内通する)」

かん【間】 12画 門4 小2 音カン・ケン 訓あいだ・ま
❶あいだ。あいま。なか。へだたり。◆間隔《かんかく》・間隙《かんげき》・間食・間接・間奏・間断◆期間・空間・山間・時間・瞬間《しゅんかん》・世間《せけん》・中間・年間・民間・夜間。❷ねらう。ひそかにうかがう。◆間者《かんじゃ》・間諜《かんちょう》。❸(ケンと読んで)長さの単位。一間は約一・八二米《メートル》。

かん【間】(名) 物事と物事とのあいだ。また、空間的・時間的なへだたり。「世代―の格差」「東京・大阪―の距離《きょり》」「その―のできごと」

かん【閑】 12画 門4 音カン

❶しずか。◆閑居・閑散・閑寂《かんじゃく》・閑静。❷ひま。何もしないでいる。◆閑暇《かんか》・閑職◆安閑・農閑期・有閑。対忙。❸なおざり。◆閑却《かんきゃく》◆等閑

**かん【閑】**（名）ひまなこと。「忙中《ぼうちゅう》—あり」

**かん【勧】** 13画 力11 〔勸〕 音カン 訓すすめる

すすめる。教えみちびく。◆勧業・勧告・勧奨《かんしょう》・勧善懲悪《かんぜんちょうあく》・勧誘《かんゆう》 ⇩付録「漢字の筆順(32)隹」

**かん【寛】** 13画 宀10 〔寬〕 音カン

心がひろく大きい。◆寛大・寛容

**かん【幹】** 13画 干10 小5 音カン 訓みき

❶木のみき。◆枝幹《しかん》。対枝。❷物事の中心になるいちばん大事な部分。もと。◆幹事・幹線・幹部◆基幹・根幹・主幹。❸わざ。うでまえ。◆才幹

**かん【感】** 13画 心9 小3 音カン

いろいろな物事にふれて心が動く。かんじる。知覚する。かんじ。◆感覚・感激・感謝・感傷・感情・感触《かんしょく》・感心・感性・感想・感嘆《かんたん》・感動・感銘《かんめい》・感涙《かんるい》◆快感・共感・好感・雑感・所感・直感・同感・反感・敏感《びんかん》 ⇩付録「漢字の筆順(1)戈〔戊〕」

**かん【感】**（名）感じること。また、感動。「隔世《かくせい》の—がある」

**感極《きわ》まる** 深く心を動かされる。感動する。「八年ぶりの再会に感極まって泣いた」

**感に堪《た》えない** 思いが外に表れるほど、ひじょうに心を動かされる。

**かん【漢】** 13画 氵10 小3 〔漢〕 音カン

❶むかしの中国をさしていうことば。◆漢語・漢詩・漢字・漢数字・漢籍《かんせき》・漢文・漢方薬・漢民族・漢和◆和漢。❷中国の昔の王朝の名。◆漢代◆後漢・前漢。❸おとこ。◆悪漢・巨漢《きょかん》・好漢・酔漢《すいかん》・痴漢《ちかん》・暴漢・門外漢・冷血漢

**かん【漢】**（名）《歴》中国の王朝の名。紀元前二〇二年に前漢が成立し、新をはさんで二二〇年に後漢が滅《ほろ》びるまで続いた。

**かん【慣】** 14画 忄11 小5 音カン 訓なれる・ならす

なれる。なれしたしむ。今までのことがそのまま行われる。ならわし。◆慣習・慣性・慣用・慣例◆習慣

**かん【管】** 14画 竹8 小4 音カン 訓くだ

❶くだ。細長いつつのようになったもの。◆管状◆鉛管《えんかん》・気管・血管・試験管・導管・土管。❷ふいてならす楽器。◆管楽器・管弦楽《かんげんがく》。❸支配する。つかさどる。◆管下・管轄《かんかつ》・管区・管制・管内・管理・管領《かんりょう・かんれい》◆移管・主管・所管・保管

**かん【関】** 14画 門6 小4 〔關〕 音カン 訓せき・かかわる

❶せきしょ。人や物の出入りを取りしまる所。出入り口。◆関西・関税・関東・関門◆玄関《げんかん》・税関・通関・難関。❷全体を動かすのに大事なはたらきをするもの。しかけ。◆関節◆機関。❸かかわる。つながる。◆関係・関心・関知・関与《かんよ》・関連◆相関・連関

**かん【歓】** 15画 欠11 〔歡〕 音カン

よろこぶ。よろこびたのしむ。◆歓喜・歓迎《かんげい》・歓呼・歓心・歓声・歓送・歓待・歓談・歓楽◆哀歓《あいかん》・交歓 ⇩付録「漢字の筆順(32)隹」

**かん【監】** 15画 皿10 音カン

❶上から見おろす。見はってとりしまる。◆監禁・監獄《かんごく》・監査・監察・監視・監修・監督《かんとく》。❷見はりの人。◆舎監・総監 ⇩付録「漢字の筆順(11)巨〔臣〕」

**かん【緩】** 15画 糸9 音カン 訓ゆるい・ゆるやか・ゆるむ・ゆるめる

❶ゆるい。ゆるやか。おそい。にぶい。◆緩急・緩行・緩斜面《かんしゃめん》・緩慢《かんまん》。対急。❷ゆるむ。ゆるめる。◆緩衝《かんしょう》・緩和◆弛緩《しかん・ちかん》

**かん【憾】** 16画 忄13 音カン

うらむ。残念に思う。◆遺憾 ⇩付録「漢字の筆順(1)戈〔戊〕」

**かん【還】** 16画 辶13 音カン

❶もとへかえる。もどる。◆還暦《かんれき》◆往還・帰還・生還。❷もとへかえす。◆還元・還付《かんぷ》◆償還《しょうかん》・送還・奪還《だっかん》・返還・奉還《ほうかん》

**かん【館】** 16画 食8 小3 音カン 訓やかた

❶大きな建物。やかた。やしき。◆映画館・会館・商館・洋館。❷やどや。◆旅館。❸役所。公共の建物や施設《しせつ》。◆館員・館長◆公館・公民館・大使館・図書館・博物館・美術館

**かん【環】** 17画 王13 音カン

❶輪の形をしたもの。◆環形動物《かんけいどうぶつ》・環状◆一環・金環食。❷ぐるぐる回る。◆循環《じゅんかん》。❸とりまく。かこむ。◆環境◆衆人環視《しゅうじんかんし》 ⇩付録「漢字の筆順(2)王〔王〕」

**かん【簡】** 18画 竹12 小6 音カン

❶てがみ。◆書簡・竹簡・木簡。❷てがるい。たやすい。◆簡易・簡潔・簡素・簡単・簡便・簡明・簡略

**かん【簡】**（名）短くてわかりやすいこと。

**簡にして要《よう》を得《え》る** 短く簡単で、うまく要点をと

らえている。「簡にして要を得た説明」

**かん【観】** 18画 見11 小4 〔觀〕 音 カン

❶念を入れてよくみる。◆観月・観察・観測 ◆参観・静観・拝観。❷見物する。ながめる。◆観光・観衆 ◆傍観《ぼうかん》。❸ありさま。ようす。◆観客・観劇・観光・観衆 ◆偉観《いかん》・外観・奇観《きかん》・景観・壮観《そうかん》。❹もののみかた。見る立場。◆観照・観点・観念 ◆客観・主観・人生観・先入観・直観・悲観・楽観 ⇩付録「漢字の筆順㉜隹」

**かん【観】**（名）ありさま。外見。「別人の―がある」「修羅場《しゅらば》の―を呈《てい》する」

**かん【韓】** 18画 韋8 音 カン

❶朝鮮《ちょうせん》南部の古称《こしょう》。また、一九一〇年まで朝鮮にあった国の名。❷「大韓民国」の略。韓国。◆日韓

**かん【艦】** 21画 舟15 音 カン

戦争のためのふね。◆艦首・艦船・艦隊・艦長・艦艇《かんてい》 ◆駆逐艦《くちくかん》・軍艦・戦艦・潜水艦《せんすいかん》・母艦・満艦飾《まんかんしょく》 ⇩付録「漢字の筆順⑪巨〔臣〕」

**かん【鑑】** 23画 金15 音 カン 訓 かんがみる 高

❶見て手本とするもの。かがみ。◆殷鑑《いんかん》・亀鑑《きかん》。❷見定める。みきわめる。◆鑑査・鑑札・鑑識・鑑賞・鑑定・鑑別 ◆印鑑。❸事物を系統的に示した本。◆図鑑・年鑑 ⇩付録「漢字の筆順⑪巨〔臣〕」

**かん【燗】**（名）酒をとっくりなどの器に入れて適当な温度にあたためること。「―をつける」

**かん【癇】**（名）❶ひきつけ。子どものかかる病気の一種。「―の虫」❷感情がはげしく、おこりやすい性質。「―にさわる（=腹がたつ）」参考 ①は「疳」とも書く。

**がん【丸】** 3画 丶2 小2 音 ガン 訓 まる・まるい・まるめる

まるい。まるめたもの。◆丸薬 ◆一丸・弾丸《だんがん》・砲丸《ほうがん》

**がん【元】**→げん（元）

**がん【含】** 7画 口4 音 ガン 訓 ふくむ・ふくめる

❶口に入れる。◆含味。❷内につつみ持つ。中にはいっている。◆含意・含蓄《がんちく》・含有 ◆包含

**がん【岸】** 8画 山5 小3 音 ガン 訓 きし

きし。みずぎわ。◆岸頭・岸壁《がんぺき》 ◆右岸・沿岸・海岸・左岸・接岸・対岸・彼岸《ひがん》。参考 特別に、「河岸」は「かし」とも読む。

**がん【岩】** 8画 山5 小2 音 ガン 訓 いわ

いわ。大きな石。◆岩塩・岩礁《がんしょう》・岩石・岩頭・岩壁《がんぺき》 ◆奇岩《きがん》・巨岩《きょがん》・溶岩《ようがん》

**がん【玩】** 8画 王4 音 ガン

めずらしがって好む。もてあそぶ。◆玩具・玩弄《がんろう》 ◆愛玩・賞玩 ⇩付録「漢字の筆順⑵王〔王〕」

**がん【眼】** 11画 目6 小5 音 ガン・ゲン 高 訓 まなこ 中

❶まなこ。めだま。目。◆眼下・眼科・眼球・眼光・眼前・眼帯・眼病 ◆義眼・近眼・検眼・肉眼・老眼。❷目のようについているあな。◆銃眼《じゅうがん》。❸目にみえる所。◆眼界・眼中 ◆着眼。❹大事な所。かなめ。◆眼目 ◆主眼。❺物事を見ぬく力。◆眼力 ◆観察眼・審美眼《しんびがん》・千里眼。参考「ゲン」の音は「開眼《かいげん》」ということばに使われる特殊《とくしゅ》な読み方。特別に、「眼鏡」は「めがね」とも読む。

**がん【頑】** 13画 頁4 音 ガン

❶かたくな。ゆうずうがきかない。◆頑固・頑迷。❷がっしりして強い。◆頑健・頑丈《がんじょう》

**がん【顔】** 18画 頁9 小2 音 ガン 訓 かお

❶かお。かおつき。◆顔色・顔面 ◆温顔・汗顔《かんがん》・厚顔・紅顔・洗顔・童顔・拝顔・破顔。❷いろどり。◆顔料。参考 特別に、「笑顔」は「えがお」と読む。

**がん【願】** 19画 頁10 小4 音 ガン 訓 ねがう

❶ねがう。ねがい。◆願書・願望 ◆哀願《あいがん》・懇願《こんがん》・志願・宿願・請願《せいがん》・大願・嘆願《たんがん》・念願・悲願・本願。❷神や仏にいのる。◆願力《がんりき》 ◆祈願《きがん》・誓願《せいがん》・発願《ほつがん》・満願

**がん【願】**（名）ねがい。神や仏に祈《いの》り願うこと。

**願をかける** 神や仏に願いごとをする。

**がん【雁】**（名）〔動〕カモ科の鳥。からだはかもよりも大きく、晩秋に北方から日本に来て湖や沼《ぬま》にすみ、春に帰る。かり。かりがね。

**がん【癌】**（名）❶〔医〕ひふや粘膜《ねんまく》などにできる悪性のはれもの。「胃―」❷組織や機構の中で、運営上の障害となるもの。「彼《かれ》は組織の―だ」

**ガン**〔英 gun〕（名）銃《じゅう》。鉄砲《てっぽう》。ピストル。

**かんあけ【寒明け】**（名）寒の時季が終わって立春になること。「―を迎《むか》える」

**かんあん【勘案】**（名・他スル）いろいろなことを考えあわせること。「事情を―する」

**かんい【官位】**（名）❶官職とその地位。「―を失う」❷官職の等級。「―が上がる」

**かんい【簡易】**（名・形動ダ）手軽で、簡単なこと。たやすいこと。「―書留《かきとめ》」

**がんい【含意】**（名・他スル）表面にはあらわれない意味をふくみもつこと。また、その意味。

**かんいさいばんしょ【簡易裁判所】**（名）比較《ひかく》的軽い犯罪や小さい争いごとを処理する最下級の裁判所。

**かんいっぱつ【間一髪】**（名）ひじょうにさしせまって

いること。ぎりぎりのところ。「ーで助かった」

**かんいほけん【簡易保険】**（名）民営化以前、郵便局であつかった、簡単な手続きの生命保険。

**かんいん『△姦淫』**（名・自他スル）男女が不道徳な肉体関係を結ぶこと。

**かんえい【官営】**（名）政府が経営すること。国営。㊀民営

**かんえん【肝炎】**（名）〘医〙肝臓の炎症《えんしょう》性疾患《しっかん》。発熱、黄疸《おうだん》、消化障害などを起こす。急性肝炎・アルコール性肝炎などの種類がある。

**がんえん【岩塩】**（名）〘地質〙岩石の間からとれる、かたまりになった塩。食塩の原料や工業用とする。

**かんおう【観桜】**（名）桜の花を見て楽しむこと。花見。「ー会」

**かんおけ【棺おけ】『棺△桶』**（名）遺体を入れるおけや木箱。ひつぎ。「ーに片足をつっこむ（＝年をとって、死期が近いことのたとえ）」

**かんおん【漢音】**（名）漢字の音《おん》の一つ。中国の長安（＝今の西安）地方で用いられていた音が、奈良時代から平安時代の初めごろに日本に伝わったもの。「京」の音「ケイ」、「行」の音「コウ」など。

**かんか【干戈】**（名）（干《たて》と戈《ほこ》の意から）武器。また、戦争。「ーを交える（＝戦争をする）」

**かんか【看過】**（名・他スル）見のがすこと。見すごすこと。「ーできない過《あやま》ち」

**かんか【閑暇】**（名）ひま。ひまであること。

**かんか【感化】**（名・他スル）人に影響《えいきょう》をあたえて、考えや行いなどを変えさせること。「友達にーされる」

**かんか【管下】**（名）役所や機関などの権限がおよぶ範囲《はんい》。管轄下《かんかつか》。管内。

**かんが『官△衙』**（名）役所。官庁。

**がんか【眼下】**（名）（高い所から見おろしたときの）目の下の方。「海をーに見おろす」

**がんか【眼科】**（名）目の病気を治療《ちりょう》する、医学の一分科。

**がんか『眼△窩』**（名）眼球がはいっているくぼみ。

**かんかい【官界】**（名）官吏《かんり》の社会。役人の世界。「ーに入る」

**かんかい【感懐】**（名）心に感じ思うこと。感想。「ーを述べる」

**かんがい【干害】『△旱害』**（名）ひでりによる水不足のために、農作物がかれるなどの被害《ひがい》。

**かんがい【寒害】**（名）農作物などが異常な寒さのために受ける害。「ーのため麦の減収が予想される」

**かんがい【感慨】**（名）身にしみて心に深く感じること。「ー深い」「ーにひたる」

**かんがい『△灌△漑』**（名・他スル）田畑に必要な水を、人工的に引いて土地をうるおすこと。「ー用水」

**がんかい【眼界】**（名）目に見える範囲《はんい》。「急にーが開ける」㊈視界・視野

**かんがいむりょう【感慨無量】**（名・形動ダ）はかり知れないほど深く身にしみて感じること。感無量。

**かんがえ【考え】**（名）❶頭の中で考えること。「ーをまとめる」❷考えた内容。考えて判断したこと。「ーが浅い」「それはいいーだ」❸決心。かくご。「こちらにもーがある」

**かんがえこ・む【考え込む】**（自五）{マ(モ)・ミ(ン)・ム・ム・メ・メ}深く考える。考え悩《なや》む。「頭をかかえてー」

**かんがえもの【考え物】**（名）よく考えてみなければならないことがら。「それはーだ」

**かんが・える【考える】**（他下一）{エ・エ・エル・エル・エレ・エロ(エヨ)}❶知っていることがらを生かしながら、筋道をたてて頭を働かせる。思いをめぐらして、判断する。「環境問題をー」「相手の気持ちをー」「備えが必要だとー」❷くふうする。思いつく。「いい事をーえた」

表現 思う・案じる・慮《おもんぱか》る・思考する・思案する・考慮《こうりょ》する・思慮する・熟考《じゅっこう》する・熟慮する・考察する・思惟《しい》する・思索《しさく》にふける・沈思黙考《ちんしもっこう》する ◆じっくり・つらつら・とことん・よくよく ◆頭をひねる・頭をしぼる・脳味噌《のうみそ》をしぼる・知恵《ちえ》をしぼる・首をかしげる・頭を抱《かか》える・胸に手を当てる・腕《うで》を組む

**かんかく【間隔】**（名）物と物との距離《きょり》。また、時間と時間とのへだたり。あいだ。「ーをあける」

**かんかく【感覚】**（名）❶目・耳・鼻・舌・ひふなどが外部の刺激《しげき》を感じとる働き。また、その刺激から感じとった内容。「指のーがない」「無ー」❷物事を感じとる心の働き。センス。「ーが鈍《にぶ》る」「現代ー」…的「感覚的に合わない」

**かんがく【官学】**（名）国立の学校。㊀私学

**かんがく【勧学】**（名）学問を奨励《しょうれい》すること。

**かんがく【漢学】**（名）中国の詩文・思想などについての学問。㊀洋学・和学

**がんかけ【願掛け】**（名・自スル）神仏に願いがかなうように誓《ちか》いを立てて祈《いの》ること。願立て。「甘い物を断《た》ってーする」参考「がんがけ」ともいう。

**かんかつ【管轄】**（名・他スル）国や役所などがその権限によって支配すること。また、その支配のおよぶ範囲《はんい》。「ー区域」

**かんがっき【管楽器】**（名）〘音〙笛・フルート・トランペットなど、管《くだ》に息を吹《ふ》き込《こ》んで音を出す楽器。木管と金管がある。

**かんが・みる【鑑みる】**（自他上一）{ミ・ミ・ミル・ミル・ミレ・ミロ(ミヨ)}先例・実例などに照らして考える。また、現在の状況《じょうきょう》などを他とくらべて考える。「諸外国の例にー・みて」「時局の重大性をー・みて対処する」

**カンガルー**〔英 kangaroo〕（名）〘動〙カンガルー科の哺乳《ほにゅう》動物。オーストラリアにすむ。あと足と尾《お》が強く大きい。めすは腹部の袋《ふくろ》に子を入れて育てる。

**かんかん**（副）❶金属などがぶつかり合って出る音を表す語。「ー鐘《かね》がなる」❷日光が強く照りつけるようす。「ーと日が照る」❸炭などが勢いよくおこるようす。「ーにおこる」❹激しく腹を立てるようす。

**かんがん【汗顔】**（名）はずかしくて顔から汗《あせ》が出ること。ひじょうにはずかしいこと。「ーの至りです」

**かんがん『△宦官』**（名）むかしの中国で、去勢されてから、後宮（＝皇后《こうごう》・きさきなどの住んでいる奥御殿《おくごてん》）につかえた男の役人。

**がんがん**㊀（副）❶金属をたたいた音などが響《ひび》きわたるようす。❷勢いが激しいようす。「ストーブをー（と）燃やす」❸大声でやかましく言うようす。「ー（と）どなる」㊁（副・自スル）頭が何かで打たれたようにひど

く痛むようす。「頭が—する」

**かんかんがくがく**『△侃△侃△諤△諤』（名・トタル）正しいと思う意見を遠慮《えんりょ》なく言うこと。「—の議論」

**かんき**【勘気】（名）君主や父などからとがめを受けること。また、そのとがめ。「—が解ける」「—をこうむる」

**かんき**【乾季・乾期】（名）一年じゅうで、特に雨の少ない季節・時期。㊀雨季

**かんき**【寒気】（名）寒さ。寒いこと。また、冷たい空気。㊀暑気

**かんき**【換気】（名・自他スル）室内・車内などのよごれた空気をきれいな空気と入れかえること。「—扇《せん》」

**かんき**【喚起】（名・他スル）意識されていないことやある行動などを、よびおこすこと。「注意を—する」「世論を—する」

**かんき**【歓喜】（名・自スル）大いによろこぶこと。大きなよろこび。「—の声がわきあがる」

**がんぎ**『△雁木』（名）❶（雁が並んで飛ぶ形から）ぎざぎざの形や模様。❷桟橋《さんばし》の船着き場にある階段。❸雪国で、雪よけのため家の軒《のき》のひさしを長く張り出して、その下を通路とするもの。がんぎ造り。❹木を切るための大形のこぎり。

（がんぎ③）

**かんきだん**【寒気団】（名）〘天〙冷たい大気のかたまり。発生地よりも暖かい地方に移動した気団。

**かんきつるい**『△柑△橘類』（名）〘植〙みかん・だいだい・レモンなどのくだものをまとめた呼び名。

**かんきゃく**【閑却】（名・他スル）重大なことでないとしてうちすてておくこと。なおざりにすること。「—できない問題」

**かんきゃく**【観客】（名）芝居《しばい》・映画・スポーツなどの見物人。「—席」

**かんきゅう**【感泣】（名・自スル）感激して涙《なみだ》を流すこと。「喜びに—する」

**かんきゅう**【緩急】（名）❶おそいこととはやいこと。ゆるいこときびしいこと。「—自在」❷さしせまった事態。急なこと。「一旦《いったん》—あれば」

**がんきゅう**【眼球】（名）視覚器官のおもな部分で、球形をし、視神経につらなる。目のたま。目玉。

**かんぎゅうじゅうとう**【汗牛充棟】（名）持っている本の数がひじょうに多いこと。また、多くの本。
故事 車に積んで運ぶと引く牛が汗《あせ》をかき、家の中に積むと棟木《むなぎ》まで届くということから出たことば。〈柳宗元《りゅうそうげん》〉

**かんきょ**【官許】（名・他スル）政府が許可を与《あた》えること。また、その許可。「—を得る」

**かんきょ**【閑居】㊀（名）静かなすまい。㊁（名・自スル）❶することがなく、ひまでいること。「小人《しょうじん》—して不善をなす」❷俗事《ぞくじ》から離《はな》れて落ち着いた心で暮らすこと。

**かんきょう**【感興】（名）興味を感じること。おもしろみ。「—が湧《わ》く」

**かんきょう**【環境】（名）人間やその他の生物をとりまき、影響《えいきょう》を与える外界のようす。「—破壊《はかい》」

**かんきょう**【艦橋】（名）軍艦の甲板《かんぱん》の上に、高くつくられた指揮をとる所。ブリッジ。「—に立つ」

**かんぎょう**【勧業】（名）産業を奨励《しょうれい》すること。「—博覧会」

**がんきょう**【頑強】（形動ダ）〔ダロ・ダッ(デ・ニ)・ダ・ナ・ナラ・○〕意地が強く、他人になかなか屈服《くっぷく》しないようす。がんこで強いようす。「—に抵抗《ていこう》する」

**かんきょうアセスメント**【環境アセスメント】（名）開発や工事が環境におよぼす影響《えいきょう》を事前に調査し評価すること。環境影響評価。▽アセスメントは、英 assessment

**かんきょうしょう**【環境省】（名）中央行政官庁の一つ。公害防止や自然保護などを取りあつかう。

**かんきょうホルモン**【環境ホルモン】（名）人間や動物の体内に吸収・蓄積《ちくせき》されると、ホルモンに似た作用を示し、さまざまな生殖《せいしょく》異常を引き起こすとされる化学物質の総称《そうしょう》。内分泌攪乱《ないぶんぴつかくらん》化学物質。ＰＣＢやダイオキシンなど。▽ホルモンは、ドイツ Hormon

**かんきり**【缶切り】（名）かんづめを切ってあけるための、刃《は》のついた道具。

**かんきん**『△桿菌』（名）〘医〙細長い棒状の細菌。結核菌・チフス菌・乳酸菌など。

**かんきん**【換金】（名・他スル）品物などを売って金銭にかえること。「—作物」「小切手を—する」

**かんきん**【監禁】（名・他スル）ある場所に閉じこめて、自由に行動できないようにすること。「小部屋に—する」㊫拘禁《こうきん》・軟禁《なんきん》

**がんきん**【元金】（名）❶資本金。もとで。「—を失う」❷おかねを貸し借りしたときのもとになるおかね。もときん。「—が利子を生む」㊀利子

**かんく**『△艱苦』（名）つらく苦しいこと。困難に出会って苦労すること。艱難辛苦《かんなんしんく》。「—に耐《た》える」

**がんぐ**【玩具】（名）おもちゃ。「—店」

**がんくつ**【岩窟】（名）岩にできたほらあな。岩穴。

**がんくび**『△雁首』（名）❶キセルの頭のところ。❷〘俗語〙人の首や頭。「—をそろえて待つ」

**かんぐ・る**【勘繰る】（他五）〔ラ(ロ)・リ(ッ)・ル・ル・レ・レ〕勝手に気を回して疑う。ひがんで悪いように推量する。「変に—」

**かんぐん**【官軍】（名）政府方の軍。「勝てば—（＝争いに勝てば、たとえまちがっていてもそれが正しいことになるということ）」㊀賊軍《ぞくぐん》

**かんけい**『△奸計・△姦計』（名）わるだくみ。よくないはかりごと。「—をめぐらす」

**かんけい**【関係】㊀（名・自スル）かかわり合うこと。「事件に—する」「—者」「無—」…性「関係性がある」
㊁（名）❶つながりがあること。あいだがら。「父と子の—」「縁故《えんこ》—」「人間—」❷（名詞について）その方面のこと。「出版—の仕事」

**かんげい**【歓迎】（名・他スル）喜んでむかえること。「—を受ける」「大—」㊀歓送

**かんげいこ**【寒稽古】（名）心やからだをきたえるため、寒中に寒さをついて行う武道・芸事などの稽古。

**かんけいどうぶつ【環形動物】**(名)〖動〗からだが細長く、多くの節からなる動物の一群。みみず・ひるなど。

**かんげき【間隙】**(名)❶すきま。すき。「―を埋《う》める」❷心のへだたり。仲たがい。「―を生じる」

**間隙を縫《ぬ》う** すきまをすりぬけていく。すきをとらえて事をする。「激務の間隙をぬって手紙を書く」

**かんげき【感激】**(名・自スル)すばらしい物事を見聞きするなどして、強く心が動かされること。「―のあまり泣き出す」類感動

**かんげき【観劇】**(名・自スル)演劇を見ること。

**かんけつ【完結】**(名・自スル)ひと続きのものが全部終わること。「―編」

**かんけつ【間欠】**『間△歇』(名)一定の時間をおいて起こったり、やんだりすること。「―泉」…的「間欠的に起こる振動《しんどう》」

**かんけつ【簡潔】**(名・形動ダ)簡単でよくまとまっていること。「―な説明」類簡明

**かんげつ【寒月】**(名)冬のさえた月。

**かんけつせん【間欠泉】**『間△歇泉』(名)一定の時間をおいて、ふきだす温泉。「―の噴出《ふんしゅつ》」

**かんけん【官憲】**(名)❶役所。官庁。❷役人。官吏《かんり》。特に、警察官。「―の弾圧《だんあつ》」

**かんけん【管見】**(名)せまい見識。自分の意見をけんそんしていうことば。「―を申しあげれば」

**かんげん【甘言】**(名)相手の気に入るようなうまいことば。「―に乗る」類甘口《あまくち》

**かんげん【換言】**(名・他スル)別のことばで言いかえること。「―すれば」

**かんげん【管弦】**『管△絃』(名)❶管楽器と弦楽器。❷音楽、特に雅楽《ががく》を奏すること。また、その音楽。「詩歌《しいか》―」

**かんげん【還元】**(名・自他スル)❶もとの形や状態にもどること。また、もどすこと。「利益を―する」❷〖化〗酸化物から酸素を取り去ること。また、ある物質に水素を加えること。対酸化

**かんげん**『△諫言』(名・他スル)目上の人に向かって欠点や過失などをいさめること。また、いさめのことば。「―を聞き入れる」

**がんけん【頑健】**(名・形動ダ)からだが、がっしりしていてじょうぶなこと。「―な身体」類強健

**かんげんがく【管弦楽】**『管△絃楽』(名)〖音〗管楽器・弦楽器・打楽器で合奏する音楽。オーケストラ。

**かんこ【歓呼】**(名・自スル)喜びの声を上げること。また、その声。「―の声」

**かんご【看護】**(名・他スル)病人やけが人の手当てや世話をすること。かいほうすること。「―師」類看病

**かんご【漢語】**(名)❶漢字の音読による語。また、その熟語。❷むかし、中国から伝わったことば。

**がんこ【頑固】**(名・形動ダ)❶人の言うことを聞き入れず、自分の考えや行動を変えようとしないこと。「―な人」❷しつこくて、なかなかよくならないこと。「―なできもの」

**かんごいは…**俳句→かんごひは…

**かんこう【刊行】**(名・他スル)本などの印刷物を世に出すこと。「―物」類出版・発行

**かんこう【完工】**(名・自スル)工事がすっかり終わること。「来年秋の―をめざす」対着工

**かんこう【勘考】**(名・他スル)じっくり考えること。「よくよく―してから行え」

**かんこう【敢行】**(名・他スル)困難をおしきり、思いきって行うこと。「胴体《どうたい》着陸を―する」

**かんこう【感光】**(名・自スル)写真のフィルムなどが光の作用を受けて化学変化を起こすこと。「―紙」

**かんこう【慣行】**(名)以前からのならわしとして行われること。いつもすること。「―に従う」

**かんこう**『△緘口・△箝口』(名・自他スル)口を閉じてなにも言わないこと。また、発言を封《ふう》じること。「―令」

**かんこう【還幸】**(名・自スル)天皇《てんのう》が外出先から帰ること。対行幸《ぎょうこう》

**かんこう【観光】**(名・他スル)よその土地に行って、風光・風俗《ふうぞく》などを見物してまわること。「―客」「―案内」

**がんこう【眼孔】**(名)❶眼球のはいっているくぼみ。❷見る力。見識の範囲《はんい》。

**がんこう【眼光】**(名)❶目の光。「―が鋭《するど》い」❷見ぬく力。洞察《どうさつ》力。

**眼光紙背《しはい》に徹《てっ》する** (紙の裏まで見とおすほど)読書の理解力が深いことのたとえ。

**がんこう**『△雁行』■一(名)がんが空を飛ぶときの行列。■二(名・自スル)ななめに並んで行くこと。「―飛行」

**かんこうし【感光紙】**(名)写真などの焼き付けに使う紙。印画紙。「―に焼きつける」

**かんこうちょう【官公庁】**(名)国や地方公共団体の役所。

**かんこうとし【観光都市】**(名)名所旧跡《きゅうせき》が多く、風景が美しいので、観光客がよく集まり、それによって発達している都市。

**かんこうへん【肝硬変】**(名)〖医〗(「肝硬変症《しょう》」の略)肝臓が硬化・縮小する病気。食欲不振《ふしん》・嘔吐《おうと》・下痢《げり》などの症状を起こす。

**かんこうり【官公吏】**(名)官公庁の役人。国家公務員と地方公務員。

**かんこうれい**『△緘口令・△箝口令』(名)あることを他人に言うのを禁じる命令。「―をしく」

**かんごえ【寒肥】**(名)冬の間に農作物や庭木などにあたえる肥料。「―を施《ほどこ》す」

**かんこく【勧告】**(名・他スル)ある行動をとるようにすすめること。「退職を―する」

**かんこく**〔韓国〕〔地名〕→だいかんみんこく

**かんごく【監獄】**(名)刑務《けいむ》所や拘置《こうち》所の古い呼び名。

**かんごし【看護士】**(名)男性の「看護師」の旧称《きゅうしょう》。

**かんごし【看護師】**(名)法律で定められている資格を持ち、病院などで、医者の仕事をてつだったり患者《かんじゃ》の世話をしたりするのを職業とする人。女性の「看護婦」と男性の「看護士」を統一していう呼び名。

**かんこつだったい【換骨奪胎】**（名・他スル）他人の詩や文の着想や組み立てを受けつぎながら独自のものに作りかえること。「名作を―する」

**かんこどり**〘×閑古-鳥〙（名）〘動〙↓かっこう（郭公）

**閑古鳥が鳴く** 人気《ひとけ》がなくさびしいようす。また、商売などで客がはいらずひじょうにひまなようす。

**かんごひは《カンゴイハ》…**〔俳句〕〔**寒鯉は しづかなるかな 鰭《ひれ》を垂《た》れ**〕〈水原秋桜子《みずはらしゅうおうし》〉〔訳〕寒中の鯉は澄《す》んだ冷たい水の中にじっと沈《しず》んで、いかにも静かなことだ。大きなひれをたれたままで。（季語「寒鯉」冬）

**かんごふ【看護婦】**（名）女性の「看護師」の旧称《きゅうしょう》。

**かんこんそうさい【冠婚葬祭】**（名）元服・婚礼・葬式・祖先の祭りの四つの大事な儀式《ぎしき》。慶弔《けいちょう》の儀式。

**かんさ【監査】**（名・他スル）監督《かんとく》し、検査すること。特に、会社や団体などで会計を監督し、調べること。「会計―」⇩かんさ（鑑査）「学習」

**かんさ【鑑査】**（名・他スル）作品などをよく調べて、その適否や優劣《ゆうれつ》を決めること。「美術品を―する」

〔学習〕〔使い分け〕「監査」「鑑査」

監査　行われていることが適当かどうか調べて監督《かんとく》すること。「収支を監査する」「会社の監査役」

鑑査　物事をよく調べて、本物かどうか、すぐれているかどうか、適当かどうかなどを明らかにすること。「真偽《しんぎ》を鑑査する」「宝石の鑑査をする」「無鑑査出品」

**かんさい【完済】**（名・他スル）借りたおかねなどをすっかり返すこと。「住宅ローンを―する」

**かんさい【関西】**〔地名〕京都・大阪を中心とした地方の呼び名。古くは近江《おうみ》（＝滋賀県）の逢坂《おうさか》の関《せき》から西の地方の呼び名。「―弁」「―風」

**かんざい【寒剤】**（名）〘化〙低温にするために使う混合物。氷と食塩を三対一の割合でまぜたものなど。

**かんざいにん【管財人】**（名）他人の財産を管理する人。特に破産者などの財産処理を行う人。

**かんさいぼう【幹細胞】**（名）〘生〙特定の働きをするさまざまな細胞に分化する能力を持ったまま、分裂《ぶんれつ》して増殖《ぞうしょく》することのできる細胞。⇩アイピーエスさいぼう

**かんさく【間作】**（名・他スル）❶ある作物を作っているうねの間に他の作物を作ること。また、その作物。❷ある作物を収穫《しゅうかく》し、次の作物を植えつけるまでの短い間に他の作物を作ること。また、その作物。

**がんさく**〘△贋作〙（名・他スル）にせの作品。また、にせものを作ること。「―をつかまされる」〔対〕真作

**かんざし**〘△簪〙（名）日本髪《にほんがみ》にさす飾《かざ》り。

**かんさつ【監察】**（名・他スル）業務などを調べて、とりしまること。「行政を―する」「―官」

**かんさつ【観察】**（名・他スル）物事のありのままの状態をよく注意して見ること。「―記録」「経過―」

**かんさつ【鑑札】**（名）ある種の営業や行為《こうい》を許可したしるしに、役所から出す証明のふだ。

**かんさやく【監査役】**（名）株式会社で、会社の業務や会計を監査する役。また、その人。

**かんさん【閑散】**（名・形動ダ）静かでひっそりしていること。ひまなこと。「映画館は―としていた」〔使い方〕「と」をつけて副詞的にも用いる。

**かんさん【換算】**（名・他スル）ある単位の数量を別の単位の数量に計算しておきかえること。かんざん。「円をドルに―する」

**かんし【干支】**（名）十干《じっかん》と十二支。また、それを組み合わせたもの。年・月・日にあてて用いる。えと。

**かんし【冠詞】**（名）〘文法〙英語など西洋語の品詞の一つ。名詞の前に置いて、単数か複数か、特定のものか不特定のものか、などの区別を表す。

**かんし【漢詩】**（名）中国の詩。また日本で、それをまねて漢字でつくった詩。⇩ごごんぜっく「参考」

**かんし【監視】**（名・他スル）人の行動などを注意して見張ること。また、その見張る人。「行動を―する」

**かんし【環視】**（名・他スル）多数の人がまわりをとりまいて見ること。「衆人《しゅうじん》―の中」

**かんじ【感じ】**（名）❶感覚器官に受ける刺激《しげき》によって生じる感覚。「肩《かた》のはる―がする」❷ある物事から心に受ける印象や感情。「―のよい青年」❸ある思いを起こさせる物事のようす。「レトロな―が漂《ただよ》う街並み」

**かんじ【漢字】**（名）中国で作られた表意文字。〔参考〕「畑」など、日本で作られた漢字を国字という。

**かんじ【幹事】**（名）❶会や団体の中心となって事務を受け持つ役。また、その人。「政党の―」❷会などの世話役。「クラス会の―」

**かんじ**〘△莞△爾〙（トタル）にっこりと笑うようす。「―と笑う」〔使い方〕多く、男性に使う。

**かんじい・る【感じ入る】**（自五）〔ラ(ロ)・リ(ッ)・ル・ル・レ・レ〕深く感心する。心から感激する。「熱意に―」

**がんじがらめ**〘△雁字△搦め〙（名）❶縄《なわ》・ひもなどでぐるぐるまきにすること。❷多くのことに束縛《そくばく》されて自由に動けないこと。「規則で―にする」

**かんしき【鑑識】**（名・他スル）❶ほんものかどうか、あるいはよいものかどうかを見分けること。また、その力。「―眼」❷警察が、犯人を見つけるために指紋《しもん》・筆跡《ひっせき》・血痕《けっこん》などを鑑定すること。また、その部署。

**かんじき**〘△橇〙（名）深い雪の上を歩くとき、足がうまらないようにはきものの底につけるもの。

（かんじき）

**がんしき【眼識】**（名）よいか悪いかを見分ける力。鑑識《かんしき》眼。「―のある人」

**かんしつ【乾湿】**（名）かわきとしめり。「―計」

**がんしつ【眼疾】**（名）目の病気。〔類〕眼病

**がんじつ【元日】**（名）一年の最初の日。一月一

日。国民の祝日の一つ。類元旦《がんたん》

**かんしつけい【乾湿計】**（名）空気の湿度を計る器具。ふつうの温度計と、球部をしめった布で包んだ温度計の二本からできており、両者の温度差から湿度を求める。湿度計。

**かんじつげつ【閑日月】**（名）❶ひまな月日。「―を送る」❷心がゆったりとしていること。

**かんしゃ『甘△蔗』**（名）《植》→さとうきび

**かんしゃ【官舎】**（名）国などが公務員用に建てた住居。

**かんしゃ【感謝】**（名・自他スル）自分が受けた親切などに対して、ありがたいと思うこと。また、ありがたく思って礼を言うこと。「ご厚意に―します」「―状」

**かんじゃ【冠者】**（名）（むかし、元服して冠《かんむり》をつけた少年の意から）若者。召《め》し使い。参考狂言《きょうげん》などでは人名の下につけて「かじゃ」ともいう。

**かんじゃ【患者】**（名）病気やけがをして、医師の手当てを受けている人。「入院―」

**かんじゃ【間者】**（名）ひそかに敵のようすをさぐる者。まわしもの。間諜《かんちょう》。スパイ。「―を放つ」

**かんしゃく『△癇△癪』**（名）気みじかで怒《おこ》りやすいこと。また、怒りやすい性質。「―をおこす」「―もち」

**かんじゃく【閑寂】**（名・形動ダ）ひっそりとしていてしずかなこと。「―なおもむき」

**かんしゃくだま【かんしゃく玉】『△癇△癪玉』**（名）❶火薬を紙で包んだ小さな玉。たたきつけると大きな音がする。❷かんしゃく。「―を破裂《はれつ》させる（＝激しく怒《おこ》る）」

**かんしゅ【看守】**（名）刑務《けいむ》所で、囚人《しゅうじん》の見張りや警備などをする役人。刑務官。「―が見回る」

**かんしゅ【看取】**（名・他スル）見て察知すること。「悪計《あっけい》を―する」

**かんじゅ【甘受】**（名・他スル）やむをえないものとしてあまんじて受けいれること。「苦言を―する」

**かんじゅ【感受】**（名・他スル）心に感じとること。

**かんしゅう【慣習】**（名）その社会一般《いっぱん》に古くから行われているならわしやしきたり。「社会の―に従う」

> **学習　比較《ひかく》**　「慣習」「習慣」
>
> **慣習**　社会で、ふつうに行われているならわしや伝統的なしきたり。個人的なことがらには使わない。「古い**慣習**が根強く残る」「業界の**慣習**にとらわれない発想」
>
> **習慣**　くりかえし行われて、それを行う人や社会にとってきまりのようになっていることがら。「考える**習慣**を養う」「悪い**習慣**がつく」「一般《いっぱん》にかたかな書きする**習慣**がある」

**かんしゅう【監修】**（名・他スル）書物の編集などを監督《かんとく》し、責任をもつこと。「辞典の―」

**かんしゅう【観衆】**（名）催《もよお》しものなどに集まった大勢の見物人。「―の声援《せいえん》」「大―」

**がんしゅう【含羞】**（名）はじらうこと。はにかみ。「―の乙女《おとめ》」

**かんしゅうほう【慣習法】**（名）社会で行われている慣習で、法と同様の効力が認められているもの。

**かんじゅく【完熟】**（名・自スル）果実や木の実などが完全に熟すこと。「―トマト」

**かんじゅせい【感受性】**（名）物事を心に深く感じとることのできる性質や能力。「―が強い」類感性

**かんしょ『甘△蔗』**（名）《植》さとうきび。参考もとの読みは「かんしゃ」。「かんしょ」は慣用読み。

**かんしょ『甘△薯・甘△藷』**（名）《植》→さつまいも

**かんしょ【官署】**（名）国の役所。官庁。

**かんじょ【官女】**（名）宮中に仕える女性。女官。かんにょ。

**がんしょ【願書】**（名）学校や官庁などに、許可を受けるために出す書類。「入学―」

**かんしょう【干渉】**（名・自スル）❶直接は関係がないのに立ち入って、あれこれと口出しや手出しをすること。「他国の内政に―する」❷《物》音や電波などの波が重なり合ったときに、たがいに強め合ったり打ち消し合ったりする現象。

**かんしょう【完勝】**（名・自スル）試合などで、あぶなげなく勝つこと。「―をおさめる」対完敗

**かんしょう【冠省】**（名）手紙で、季節のあいさつなどの前文を省くときに、はじめに書くことば。

**かんしょう【勧奨】**（名・他スル）積極的にすすめること。「退職を―する」

**かんしょう【感傷】**（名）物事に感じて、さびしくなったり悲しくなったりすること。「―にふける」

**かんしょう【緩衝】**（名・他スル）二つの対立しているものの間にあって、その仲の悪さやぶつかりあいをやわらげること。また、そのもの。「―地帯」

**かんしょう『△癇性』**（名・形動ダ）神経質でちょっとしたことにも怒《おこ》ったり、ひどく潔癖《けっぺき》だったりする性質。

**かんしょう【環礁】**（名）輪の形をしたさんご礁。

**かんしょう【観照】**（名・他スル）主観を入れないで、物事を冷静に見つめること。「人生を―する」

**かんしょう【観賞】**（名・他スル）見て楽しむこと。見てほめること。⇒かんしょう（鑑賞）「学習」

**かんしょう【鑑賞】**（名・他スル）芸術作品などを理解し、深く味わうこと。「美術の―」

> **学習　使い分け**　「観賞」「鑑賞」
>
> **観賞**　動植物や自然などを見て楽しむこと。「中秋の名月を**観賞**する」「**観賞**植物」
>
> **鑑賞**　芸術作品などを見て、深く味わうこと。「絵や彫刻《ちょうこく》を**鑑賞**する」「音楽**鑑賞**」「映画**鑑賞**」

**かんじょう【勘定】**（名・他スル）❶おかねや数を計算すること。「どんぶり―」「―が合わない」❷代金を支払《しはら》うこと。また、その代金。「―を済《す》ます」「―を払う」❸前もって考えに入れること。「損得を―に入れる」

**かんじょう【感状】**（名）てがらなどをほめてあたえる賞状。「―を授与《じゅよ》する」

**かんじょう【感情】**(名) 喜んだり、怒《おこ》ったり、悲しんだりする心の働きや状態。気持ち。「—を抑《おさ》える」「—を害する」「—に訴《うった》える」
**かんじょう【環状】**(名) まるい輪のような形。
**がんしょう『岩△漿』**(名)〔地質〕→マグマ
**がんしょう【岩礁】**(名) 海中にかくれている大きな岩。「船が—にのりあげる」類暗礁
**がんじょう【頑丈】**(名・形動ダ) からだや物がしっかりしていて丈夫《じょうぶ》であること。「—な橋」
**かんじょういにゅう【感情移入】**(名) 芸術作品や自然の中に自分の感情を深くはいりこませ、その対象と一体となること。
**かんじょうか【感情家】**(名) 感情に動かされやすい人。「彼《かれ》は涙《なみだ》もろい—だ」
**かんしょうしゅぎ【感傷主義】**(名) 心の動きのうち特に感情を重視する考え。センチメンタリズム。
**かんじょうずく【勘定ずく】**(名・形動ダ) 損得だけを考えて行動すること。打算的であること。「—で行動する」類計算ずく・そろばんずく
**かんじょうせん【環状線】**(名) まるい輪のような形になっている道路や鉄道。「地下鉄の—」
**かんじょうだか・い【勘定高い】**(形) ｛カロ・カッ(ク)・イ・イ・ケレ・○｝ 打算的だ。「あの人は—」類計算高い
**かんしょうちたい【緩衝地帯】**(名) 対立する国と国との境におく中立地帯。「—をもうける」
**かんしょうてき【感傷的】**(形動ダ) ｛ダロ・ダッ(デ・ニ)・ダ・ナ・ナラ・○｝ 感傷にとらわれたようす。感じやすく涙《なみだ》もろいようす。センチメンタル。「—になる」「—な詩」
**かんじょうてき【感情的】**(形動ダ) ｛ダロ・ダッ(デ・ニ)・ダ・ナ・ナラ・○｝ 感情に動かされて冷静さをなくしているようす。「—な対立」「すぐ—になる」対理性的
**かんじょうろん【感情論】**(名) 合理的なものではなく感情にかられた議論。「—にはしる」
**かんしょく【官職】**(名) 公務員としての地位とその仕事。「—を辞す」
**かんしょく【寒色】**(名) 見て寒い感じのする色。青系統の色。「—を基調とした服」対温色・暖色
**かんしょく【間色】**(名) 原色をまぜ合わせてできるやわらかい色。中間色。
**かんしょく【間食】**(名・自スル) 食事と食事との間になにか食べること。また、その食べ物。あいだぐい。おやつ。
**かんしょく【閑職】**(名) ひまなつとめ。あまり重要でないつとめ。「—に回される」
**かんしょく【感触】**(名) ❶手ざわり。はだざわり。「なめらかな—」❷相手の態度・雰囲気《ふんいき》などから感じとれること。「有望という—を得る」
**がんしょく【顔色】**(名) かおいろ。「—を失う」
**顔色無《な》し** すっかり圧倒《あっとう》される。また、驚《おどろ》いたり恐《おそ》れたりして顔が青くなる。「さすがの彼《かれ》も—だ」
**かん・じる【感じる】**(自他上一) ｛ジ・ジ・ジル・ジル・ジレ・ジロ(ジヨ)｝ ❶刺《し》激《げき》を受けて、ある感覚が生じる。「寒さを—」❷ある気持ちが生じる。心の中で思う。「ふしぎに—」「生きがいを—」❸強く感心する。感動する。「まごころに—」
**かん・じる【観じる】**(他上一) ｛ジ・ジ・ジル・ジル・ジレ・ジロ(ジヨ)｝ 思いをめぐらして真理をさとる。「人の世の無常を—」
**かんしん『△奸臣・△姦臣』**(名) 悪いことをたくらむ家来。悪臣。
**かんしん【寒心】**(名・自スル) おそろしく思ってぞっとすること。ひじょうに心配すること。「—にたえない(=心配でたまらない)」
**かんしん【感心】** ■一 (名・自スル) すぐれたものやみごとなものに、心を深く動かされること。「まじめな態度に—する」「あまり—しない(=賛成できない。よいとは思えない)」 ■二 (形動ダ) ｛ダロ・ダッ(デ・ニ)・ダ・ナ・ナラ・○｝ ほめるべきであるようす。「—な行い」
**かんしん【関心】**(名) 心にかけて注意を向けること。「政治に—を持つ」「国民の—の的」「無—」
**かんしん【歓心】**(名) うれしいと思う気持ち。喜ぶ心。「上司の—を得る(=気に入られる)」
**歓心を買《か》う** 気に入られようと、きげんをとる。「女性の—」
**かんじん【肝腎・肝心】**(名・形動ダ) 最もたいせつなこと。「はじめが—だ」類肝要
**かんじん【勧進】**(名・他スル) ❶〔仏〕仏道をすすめること。❷社寺などの建立《こんりゅう》・修理のために寄付を集めること。
**かんじんかなめ【肝腎要・肝心要】**(名・形動ダ) 最も重要なこと。「—の本人がいない」
**かんしんじ【関心事】**(名) 気になっていたり興味を持っていたりすることがら。「最大の—」
**かんしんせい【完新世】**(名)〔地質〕地質時代の一つで、新生代の最も新しい時代。氷河《ひょうが》時代の終わりから現在まで約一万年間。沖積世《ちゅうせきせい》。
**かんじんちょう【勧進帳】**❶(名) 神社や寺の建造や修理に必要な寄付を集めるため、その理由を書いた帳面。❷〔作品名〕歌舞伎《かぶき》の代表的な芝居《しばい》の一つ。義経《よしつね》主従が奥州《おうしゅう》に落ちる途中、安宅《あたか》の関《せき》を弁慶《べんけい》の機転でこえるというすじ。
**かんじんもと【勧進元】**(名) 事を考え出し、その世話をする人。特に、すもう・芝居《しばい》などの興行主。
**かんすい【完遂】**(名・他スル) 完全にやりとげること。「目的を—する」
**かんすい【冠水】**(名・自スル) 洪水《こうずい》・大雨のために田畑などが水をかぶること。「—による被害《ひがい》」
**かんすい『△鹹水』**(名) 塩分をふくんだ水。しお水。また、海水。「—湖」「—魚」対淡水《たんすい》
**かんすい『△灌水』**(名・自スル) 草花・農作物などに水をそそぐこと。
**がんすいたんそ【含水炭素】**(名)〔化〕→たんすいかぶつ
**かんすう【巻数】**(名) ❶書物の冊数。❷巻き物の数。❸映画フィルムや録音・録画テープの本数。
**かんすう【関数】『△函数』**(名)〔数〕ある数aの変化に対応して他の数bが変化する関係にあるとき、aに対するbの呼び名。「bはaの関数である」という。「三角—」
**かんすうじ【漢数字】**(名) 数を表すのに用いる漢

字。一・十・百・千・万・億など。

**かん・する【関する】**（自サ変）{シ(セ・サ)・シ・スル・スル・スレ・セヨ}関係する。かかわる。「教育に—ことがら」「環境《かんきょう》問題に—・して話し合う」

**かん・する【冠する】**（他サ変）{シ(セ・サ)・シ・スル・スル・スレ・シロ(セヨ)}頭にかぶせる。上につける。「企業《きぎょう》名を—・したコンサート」

**かん・ずる【感ずる】**（自他サ変）{ジ(ゼ)・ジ・ズル・ズル・ズレ・ジロ(ゼヨ)}→かんじる(感じる)

**かん・ずる【観ずる】**（他サ変）{ジ(ゼ)・ジ・ズル・ズル・ズレ・ジロ(ゼヨ)}→かんじる(観じる)

**かんぜ【観世】**（名）「観世流《かんぜりゅう》」の略。

**かんせい【完成】**（名・自他スル）すっかりできあがること。また、全部しあげること。「図書館が—する」「大作を—する」「未—」

**かんせい【官制】**（名）国家の行政機関に関するきまり。

**かんせい【官製】**（名）政府が作ること。また、そのもの。「—はがき」対私製

**かんせい【陥△穽】**（名）（落とし穴の意から）人をおとしいれる計略。わな。「—にはまる」

**かんせい【乾性】**（名）乾燥《かんそう》しやすい性質。また、水分をあまり含《ふく》まない性質。「—油《ゆ》」

**かんせい【喚声】**（名）喜んだり驚《おどろ》いたり、興奮したりして出すさけび声。「—をあげる」

**かんせい【閑静】**（名・形動ダ）落ち着いていて静かなこと。「—な住宅地」

**かんせい【感性】**（名）外界の刺激《しげき》を心に深く感じとる能力。「—の豊かな人」類感受性

**かんせい【慣性】**（名）〘物〙物体が外からの力を受けないかぎりは現在の状態を続けるという性質。

**かんせい【管制】**（名・他スル）❶国が強制的にあることがらをとりしまり、制限をすること。「報道—」❷空港で、飛行機が安全に運航できるよう、指示を与《あた》えること。「航空—」

**かんせい【歓声】**（名）喜びのさけび声。「—があがる」

**かんぜい【関税】**（名）〘経〙輸入する品物に対して、国がかける税金。「—を下げる」

**かんせいとう【管制塔】**（名）空港で、飛行機の発着に関する指示を与《あた》える所。コントロールタワー。「—の指示に従う」

**かんぜおんぼさつ【観世音△菩△薩】**（名）〘仏〙慈悲《じひ》の心が深く、苦悩《くのう》するすべての人の求めに応じて、さまざまな姿になり救いに現れるという仏。観音《かんのん》。

（かんぜおんぼさつ）

**かんせき【漢籍】**（名）中国のむかしの書物。漢文でしるされた中国の書物。「—をひもとく」

**がんせき【岩石】**（名）〘地質〙地殻《ちかく》の一部を形作る鉱物のかたまり。火成岩・堆積《たいせき》岩・変成岩の三種にわけられる。「—の成分を調べる」

**かんせつ【冠雪】**（名）雪が降り積もって野山などがすっかりおおわれること。また、その雪。「—の峰《みね》」

**かんせつ【間接】**（名）じかにではなく、間にへだてるものをおいて物事を行うこと。「—照明」対直接

**かんせつ【関節】**（名）〘生〙骨と骨とのつなぎ目のところ。「—がはずれる」「—炎《えん》」

**かんせつぜい【間接税】**（名）実際に税を負担する人と、それを納める人とが異なる税金。消費税・酒税など。対直接税

**かんせつせんきょ【間接選挙】**（名）国民がまず選挙人を選挙し、さらにその選挙人が代表者を選挙する制度。アメリカの大統領選挙がこれにあたる。対直接選挙

**かんせつてき【間接的】**（形動ダ）{ダロ・ダッ(デ・ニ)・ダ・ナ・ナラ・○}間にものをへだてているようす。「—に伝える」対直接的

**がんぜな・い【頑是ない】**（形）{カロ・カッ(ク)・イ・イ・ケレ・○}幼くて、物事のいいわるいがわからない。「—子ども」

**かんぜより【観世△縒り】**（名）和紙を細長く切って、よってひものようにしたもの。こより。かんじんより。

**かんぜりゅう【観世流】**（名）能楽の五つの流派の一つ。観阿弥《かんあみ》・世阿弥《ぜあみ》を祖とする一派。

**かんせん【汗腺】**（名）〘生〙ひふにあって、汗《あせ》を出す腺。

**かんせん【官△撰】**（名・他スル）政府で編集すること。また、そのもの。「—の史書」

**かんせん【官選】**（名・他スル）政府で選ぶこと。国選。対民選

**かんせん【感染】**（名・自スル）❶病原体が体内にはいること。病気がうつること。「インフルエンザに—する」❷他のものの影響《えいきょう》を受けて、それに染まること。「悪い気風に—する」

**かんせん【幹線】**（名）鉄道・道路などのおもな線。「—道路」対支線

**かんせん【観戦】**（名・他スル）戦いや試合のようすを見ること。「野球をテレビで—する」「—記」

**かんぜん【完全】**（名・形動ダ）欠点や不足のないこと。全部そなわっていること。「—に暗記する」「不—」…性「完全性を求める」

**かんぜん【間然】**（名・自スル）とやかく言うすきのあること。「—するところがない(=非難する点がない)」

**かんぜん【敢然】**（トタル）思いきって実行するようす。「悪に—と立ち向かう」

**がんぜん【眼前】**（名）目の前。まのあたり。目前《もくぜん》。「—の光景」

**かんぜんこよう【完全雇用】**（名）働く意志をもつすべての人が就職し、失業者のいないこと。

**かんぜんじあい【完全試合】**（名）野球で、一人の投手が完投し、相手チームに得点も一人の走者も許《ゆる》さずに勝った試合。パーフェクトゲーム。

**かんせんしょう【感染症】**（名）〘医〙ウイルスや細菌《さいきん》などの感染によって起こる病気。ペスト・コレラ・インフルエンザなど。

**かんぜんちょうあく【勧善懲悪】**（名）（儒教《じゅきょう》からきた考えで）よいことをすすめ、悪いことをこらしめること。

**かんぜんむけつ【完全無欠】**（名・形動ダ）完全で、欠点や不足がないこと。「—の人間はいない」

**かんそ【簡素】**（名・形動ダ）簡単でかざりけのないこと。「—な結婚式《けっこんしき》」…化「工程を簡素化する」

**がんそ【元祖】**（名）ある物事を最初に始めた人。創始者。「歌舞伎芝居《かぶきしばい》の—」

**かんそう【完走】**（名・自スル）決められた距離《きょり》を最後まで走りぬくこと。「全員が—する」

**かんそう【乾燥】**（名・自他スル）しめりけや水分がなくなること。また、なくすこと。「空気が—する」

**かんそう【間奏】**（名）〔音〕曲の途中《とちゅう》にはいる、器楽で演奏する部分。また、その演奏。「—曲」

**かんそう【感想】**（名）あることについて心に感じた思い。所感。「—を述べる」「—文」

**かんそう【歓送】**（名・他スル）喜んで人の出発を見送ること。「—会」対歓迎《かんげい》

**かんぞう【肝臓】**（名）〔生〕腹部の右上、横隔膜《おうかくまく》の下にある内臓器官。消化液を出したり、養分をたくわえたりする働きをする。

**がんぞう【▵贋造】**（名・他スル）似せて造ること。また、似せて造ったもの。「—紙幣《しへい》」類偽造《ぎぞう》

**かんそうきょく【間奏曲】**（名）〔音〕歌劇の幕あいや、楽章と楽章の間に演奏する短い曲。

**かんそうざい【乾燥剤】**（名）物を保存・保管するときなど、しめりけをとるために使う物質。

**かんそく【観測】**（名・他スル）❶天気や天体など、自然現象の変化・推移を観察・測定すること。「気象—」❷ようすをみて、物事のなりゆきをおしはかること。「希望的—」

**かんそん【寒村】**（名）さびれた村。まずしい村。

**かんそんみんぴ【官尊民卑】**（名）政府や役人を尊び、民間や人民をいやしむこと。「—の風潮」

**カンタータ**〔イタリア cantata〕（名）〔音〕独唱部・二重唱部・合唱部および器楽伴奏《ばんそう》からできている叙情的《じょじょうてき》な声楽曲。交声曲。

**カンタービレ**〔イタリア cantabile〕（名）〔音〕発想記号の一つ。「歌うように美しく」の意味。

**ガンダーラびじゅつ【ガンダーラ美術】**（名）〔美〕紀元前後から数世紀の間、古代インドのガンダーラ(Gandhāra)地方(=今のパキスタン北西部)を中心に栄えた仏教美術。

**かんたい【寒帯】**（名）〔地〕気候帯の一つ。最も暖かい月の平均気温がセ氏一〇度未満の地域。「—気候」対熱帯

**かんたい【歓待】〖款待〗**（名・他スル）喜んでもてなすこと。手厚いもてなし。「客を—する」「—を受ける」

**かんたい【艦隊】**（名）二隻《せき》以上の軍艦で編成された海軍部隊。「連合—」

**かんだい【寛大】**（名・形動ダ）心が広く思いやりのあること。「—な処置」類寛容

**がんたい【眼帯】**（名）目のけがや病気などのとき、目を保護するためにあてるガーゼなどのきれ。

**かんたいじ【簡体字】**（名）中国の文字改革で簡略化された漢字。簡化字。電→电　飛→飞　產→产など。参考一九五六年以降、数度公布。

**かんだか・い【甲高い】〖▵疳高い〗**（形）{カロ・カッ(ク)・イ・イ・ケレ・○}声の調子がするどく高い。「—声でしゃべる」

**かんたく【干拓】**（名・他スル）遠浅の海や湖の水をほして、陸地や田畑などにすること。「—地」

**かんだちめ〖◇上◇達◇部〗**（名）むかし、朝廷に仕えた位の高い人。各大臣・大中納言《だいちゅうなごん》・参議など。かんだちべ。

**かんたる【冠たる】**（連体）いちばんすぐれている。「世界に—工業国」

**がんだれ〖▵雁垂れ〗**（名）漢字の部首の一つ。「原」「厚」などの「厂」の部分。

**かんたん【肝胆】**（名）肝臓と胆嚢《たんのう》。転じて、心。

**肝胆相《あい》照《て》らす**　たがいに心の底までわかり合って親しく交わる。「—仲」

**肝胆を砕《くだ》く**　心をつくす。ひじょうに苦心する。

**かんたん〖▵邯▵鄲〗**（名）❶〔動〕コオロギ科の昆虫《こんちゅう》。からだは細長く淡《あわ》い黄緑色。草むらでルルルルと美しい声で鳴く。❷中国の古い地名。

**邯鄲の歩《あゆ》み**　自分の本分や個性を忘れてむやみに人まねをすると、どちらもものにならなくなるというたとえ。

故事趙《ちょう》の都、邯鄲の人は歩き方がうまかったので、燕《えん》の一青年が習いに行ったところ、覚えられないばかりか、自国の歩き方まで忘れて腹ばいになって帰ってきたという話から出たことば。〈荘子《そうし》〉

**邯鄲の夢《ゆめ》**　人の一生の栄えたりおとろえたりすることは、夢のようにはかないものだということ。邯鄲の枕《まくら》。一炊《いっすい》の夢。盧生《ろせい》の夢。

故事唐《とう》の盧生《ろせい》が邯鄲の宿で、呂翁《りょおう》から枕を借りて眠《ねむ》ったところ、金持ちで身分の高い人になった夢をみた。さめてみると、枕元の粟《あわ》の飯もまだたきあがっていなかったほど短い時間だったという話から出たことば。〈枕中記《ちんちゅうき》〉

**かんたん【感嘆】〖感▵歎〗**（名・自スル）感心してほめたたえること。「美しい景色に—する」

**かんたん【簡単】**（名・形動ダ）❶わかりやすいこと。こみいっていないこと。「—な問題」「—な構造」対複雑。❷時間や手数のかからないこと。「—な食事ですます」

**かんだん【間断】**（名）ものの絶え間。途中《とちゅう》の切れ目。「—なく聞こえる物音」

**かんだん【寒暖】**（名）寒さと暖かさ。「—の差」

**かんだん【閑談】**（名・自スル）❶もの静かに語ること。「—数刻」❷むだ話。「—はさておき」

**かんだん【歓談】**（名・自スル）うちとけて楽しく話をすること。また、その話。「友と—する」

**がんたん【元旦】**（名）一月一日。また、その朝。「一年の計は—にあり」類元日

**かんだんけい【寒暖計】**（名）気温を測定する器具。温度計。

**かんたんし【感嘆詞】**（名）〔文法〕→かんどうし

**かんたんふ【感嘆符】**（名）感動・驚《おどろ》き・強調の意を表すしるし。エクスクラメーションマーク。「！」

**かんち〖▵奸知・▵奸▵智〗**（名）わるがしこい知恵《ちえ》。わる知恵。「—にたける」

**かんち【完治】**（名・自スル）病気やけがが完全になおること。「骨折が—する」

**かんち【感知】**（名・他スル）感じとって知ること。気づくこと。「危険を—する」

**かんち**【関知】(名・自スル) 関係していて、事情を知っていること。あずかり知ること。「いっさい―しない」

**かんちがい**【勘違い】(名・自スル) うっかりまちがって思い込《こ》むこと。思いちがい。「テストで―する」

**かんちく**【寒竹】(名)《植》イネ科の竹の一種。庭木・生け垣《がき》にする。高さ二~三メートル。紫竹《しちく》。

**がんちく**【含蓄】(名) ふくんでいる意味が深く、内容が豊かであること。意味深いこと。「―のある話」

**かんちゅう**【寒中】(名) ❶寒の間。小寒のはじめから大寒の終わりまでの約三〇日間。かんのうち。❷冬の寒さのきびしい期間。「―水泳」対暑中

**がんちゅう**【眼中】(名) ❶目の中。❷関心や意識の範囲《はんい》内。「―に置かない」

**眼中にない** まったく問題にしない。考えてもみない。「金など―」

**かんちょう**【干潮】(名) 潮《しお》がひき海面が最も低くなった状態。ひきしお。一日二回ある。対満潮

**かんちょう**【官庁】(名) 国の行政事務を行う役所。都道府県庁を含む。「―街」

**かんちょう**〖△浣腸・△灌腸〗(名・他スル) 便通をよくしたり栄養を補給したりするために、肛門《こうもん》から薬を注入すること。

**かんちょう**〖間△諜〗(名) 敵のようすをひそかにさぐる者。スパイ。間者《かんじゃ》。「―を放つ」

**かんちょう**【管長】(名) 仏道・神道で、一つの宗派をとりしまるかしらの人。

**かんちょう**【館長】(名) 博物館や図書館など、館と呼ばれる所の長。「市立図書館の―」

**がんちょう**【元朝】(名) 元日の朝。元旦《がんたん》。

**かんつう**〖△姦通〗(名・自スル) 男女が道徳や法に反して性的な関係をもつこと。不義。密通《みっつう》。

**かんつう**【貫通】(名・自他スル) 貫き通ること。貫き通すこと。「トンネルが―する」「弾《たま》が腹を―する」

**カンツォーネ**〔イタリア canzone〕(名) イタリアの大衆的な歌曲の総称《そうしょう》。

**かんづ・く**【感づく】〖勘付く〗(自五) {カ(コ)・キ(イ)・ク・ク・ケ・ケ} なにかに直感的に気がつく。「二人の関係に―」

**かんづめ**【缶詰】(名) ❶長く保存できるように、食品を加熱・殺菌《さっきん》し、かんに密封《みっぷう》したもの。❷人がある場所に閉じこめられた状態になること。「ホテルに―になる」「車内に―にされる」

**かんてい**【官邸】(名) 大臣などが公務をするために国で建てた家。「首相《しゅしょう》―」対私邸

**かんてい**【艦艇】(名) 大小いろいろな軍艦をまとめていう呼び名。「―が集結する」

**かんてい**【鑑定】(名・他スル) ほんものかどうか、品質がよいか悪いかなどを見きわめること。めきき。「筆跡《ひっせき》―」「真贋《しんがん》を―する」

**がんてい**【眼底】(名) 眼球内部のおくで網膜《もうまく》のある部分。目のそこ。「―検査」

**かんていりゅう**【勘亭流】(名) 歌舞伎《かぶき》の看板・番付などを書くときの、筆太で丸みのある書体。

(かんていりゅう)

**かんてつ**【貫徹】(名・他スル) 考えや行動をつらぬき通すこと。やり通すこと。「初志を―する」

**かんでふくめる**【かんで含める】〖△嚙んで含める〗物事を教えるときなどに、やさしくていねいに言い聞かせる。「―ようにさとす」

**カンテラ**〔オランダ kandelaar〕(名) 持ち運びができるようにした金属製の石油ランプ。

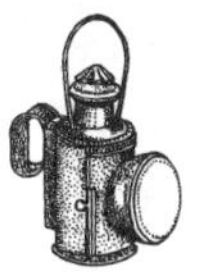

(カンテラ)

**カンデラ**〔英 candela〕(名)《物》光度(=光源の光の強さ)の単位。記号 cd

**かんてん**【干天】〖△旱天〗(名) ひでりの空。「―の慈雨《じう》(=待ち望んでいたものや、苦しいときの救いの手のたとえ)」

**かんてん**【寒天】(名) ❶さむぞら。冬の空。「―に冴《さ》える月」❷てんぐさを煮《に》た汁《しる》をこおらせ、乾燥《かんそう》させたもの。煮とかしてゼリー状になったものを菓子《かし》などの材料にする。

**かんてん**【観点】(名) 物事を見たり考えたりする場合のよりどころとなる立場。見地。「―を変える」

**かんでん**【感電】(名・自スル) 電流がからだに伝わって衝撃《しょうげき》を受けること。「―死」

**かんでんち**【乾電池】(名) 電解液(=電解質の溶液《ようえき》)と電極を容器に密封《みっぷう》した小型の電池。

**かんと**【官途】(名) 官吏《かんり》の職務・地位。「―に就《つ》く(=官吏になる)」

**かんど**【感度】(名) 刺激《しげき》などを感じとり反応する度合い。「―のいいラジオ」

**かんとう**【完投】(名・自スル) 野球で、一人の投手が一試合を最後まで投げとおすこと。「―勝利」

**かんとう**【巻頭】(名) 書物や巻き物のはじめの部分。「雑誌の―を飾《かざ》る論文」対巻末・巻尾《かんび》

**かんとう**〖△竿頭〗(名) さおの先。「―に旗をかかげる」「百尺―一歩を進める」

**かんとう**【敢闘】(名・自スル) いさましく戦うこと。よく戦うこと。「―精神」「―賞」

**かんとう**【関頭】(名) 重大な分かれ目。「生死の―に立つ(=生きるか死ぬかのさかいめにある)」

**かんとう**〔関東〕[地名] ❶「関東地方」の略。❷古くは、逢坂山《おうさかやま》(滋賀県)の関所から東の国。後世は箱根山(神奈川県)から東の国をさした。

**かんどう**【勘当】(名・他スル) 親や師が親子や師弟の縁《えん》を切ること。「息子《むすこ》を―する」

**かんどう**【間道】(名) ぬけ道。わき道。「―をぬける」対本道

**かんどう**【感動】(名・自スル) 深く感じて強く心を動かされること。「すばらしい映画に―する」「無―」…的「感動的な場面」類感激

**がんとう**【岩頭】(名) 岩の上。

**かんとうげん**【巻頭言】(名) 書物のはじめに書かれたことば。

**かんとうし**【間投詞】(名)《文法》→かんどうし

**かんどうし**【感動詞】(名)《文法》品詞の一種。感動・呼びかけ・応答などを表すことば。「ああ」「おい」「はい」など。感嘆《かんたん》詞。間投詞。

**かんとうじょし【間投助詞】**（名）〔文法〕助詞の一種。語調をととのえ感動を表すのに使われるもので、文の終わりや文節の切れ目に使う。口語の「ね」「さ」「な」「よ」、文語の「や」「よ」「を」など。

**かんとうだいしんさい【関東大震災】**（名）一九二三（大正一二）年九月一日、東京・横浜を中心に関東地方をおそった大地震。マグニチュード七・九。死者は一〇万人を超《こ》えた。

**かんとうちほう**〔関東地方〕〔地名〕東京・茨城・栃木・群馬・埼玉・千葉・神奈川の一都六県をまとめた呼び名。

**がんどうぢょうちん**〘△龕◇灯◇提◇灯〙（名）取っ手のある釣《つ》り鐘《がね》形のおおいの中に、回転するろうそく立てと反射鏡を取りつけ前方だけを照らすようにしたちょうちん。参考「強盗提灯」とも書く。

**かんとく【感得】**（名・他スル）深い道理や真理などを感じとり悟《さと》ること。「自然の摂理《せつり》を―する」

**かんとく【監督】**（名・他スル）上に立ってさしずしたり取りしまったりすること。また、その役の人や機関。「チームを―する」「映画―」「―官庁」

**かんどころ【勘所】**（名）❶三味線《しゃみせん》などの弦楽器《げんがっき》で、一定の音をだすことのできる糸の押《お》さえどころ。❷物事の急所。つぼ。「―をおさえる」

**がんとして【頑として】**（副）自分の考えや説をかたくなに主張して、他人の考えを受け入れようとしないようす。「―きかない」

**カントリー**〔英 country〕（名）❶国。祖国。故郷。ふるさと。❷いなか。郊外《こうがい》。「―クラブ」

**かんな**〘△鉋〙（名）木の表面をけずりたいらにする工具。「―をかける」

**カンナ**〔英 canna〕（名）〔植〕カンナ科の多年草。大きな葉をもち、夏ごろ赤・黄などの花が咲《さ》く。観賞用。

**かんない【管内】**（名）役所などの受け持ちの範囲《はんい》内。「警視庁―で起きた事件」

**かんなづき【神無月】**（名）陰暦《いんれき》一〇月の異名。かみなづき。

**かんなん**〘△艱難〙（名）つらいこと。苦しいこと。

**艱難汝《なんじ》を玉《たま》にす** 人は多くのつらいことをあじわうことによってこそりっぱな人物になる。

**かんなんしんく**〘△艱難辛苦〙（名・自スル）ひじょうに苦しくつらいこと。「―の果てにたどりつく」

**かんにょ【官女】**（名）→かんじょ

**かんにん【堪忍】**（名・自スル）❶（苦しみなどを）こらえがまんすること。❷怒《いか》りをがまんして他人を許すこと。「ならぬ―するが―（＝許すことができないのをこらえて許すのが本当の堪忍である）」

**カンニング**〔英 cunning〕（名・自スル）試験のときに受験者がする不正な行い。「―ペーパー」

**かんにんぶくろ【堪忍袋】**（名）がまんして心の中に包んでおくことを袋にたとえたことば。

**堪忍袋の緒《お》が切《き》れる** 怒《いか》りの気持ちをこれ以上がまんできなくなる。

**かんぬき**〘△閂〙（名）門や戸の戸じまりのために横にわたす棒。「―をかける」

**かんぬし【神主】**（名）神社に仕えて神をまつる人。また、その長。神官。

**かんねい**〘△奸△佞・△姦△佞〙（名・形動ダ）ずるがしこく、人にへつらうこと。また、その人。「―邪知《じゃち》（＝心がねじけていてずるがしこいこと）」

**かんねん【観念】**㊀（名・自スル）あきらめること。覚悟《かくご》すること。「逃《に》げ道はない。―しろ」㊁（名）ある物事についての、考えや意識。「経済―がない」「固定―にとらわれる」

**がんねん【元年】**（名）ある年号の最初の年。

**かんねんてき【観念的】**（形動ダ）〔ダロ・ダッ(デ・ニ)・ダ・ナ・ナラ・○〕頭の中で考えただけで、現実のものやことがらからはなれているようす。「あまりにも―な意見だ」

**かんねんろん【観念論】**（名）❶哲学《てつがく》で、物質的なものよりも、意識や思考といった精神的なものを根本に置いて世界をとらえようとする考え方。❷現実ばなれした、頭の中だけでつくり出した考え。「君の言うことは―にすぎない」

**かんのいり【寒の入り】**（名）寒の季節にはいること。また、その日。一月六日ごろ。

**かんのう【完納】**（名・他スル）残らず納めること。「税金を―する」類全納

**かんのう【官能】**（名）❶動物のからだの中のいろいろな器官のはたらき。❷感覚。特に、性的な感覚。

**かんのう【堪能】**（名・形動ダ）その道に通じて、たくみなこと。じょうず。「書に―な人」参考ふつう「たんのう」と読みならわされている。

**かんのう【間脳】**（名）〔生〕脳の一部。大脳と中脳の間にある自律神経の中枢《ちゅうすう》で、血液の循環《じゅんかん》や呼吸などをつかさどる。

**かんのう【感応】**（名・自スル）❶心が物事にふれて感じ動くこと。「真心に―する」❷〔物〕電気・磁気《じき》がその力の働く範囲《はんい》内にある物におよぼす作用。

**かんのうてき【官能的】**（形動ダ）〔ダロ・ダッ(デ・ニ)・ダ・ナ・ナラ・○〕性的感覚を刺激《しげき》するようす。「―な描写《びょうしゃ》」

**かんのん【観音】**（名）〔仏〕→かんぜおんぼさつ

**かんのんびらき【観音開き】**（名）まん中から左右に開く開き方。また、そのような戸。「―の窓」

**かんば**〘△悍馬〙（名）気性《きしょう》の荒い馬。あばれ馬。

**かんぱ【看破】**（名・他スル）隠《かく》された事実を見やぶること。「真のねらいを―する」

**かんぱ【寒波】**（名）冬、寒気がおそってきて、急に気温が低下する現象。「―襲来《しゅうらい》」

**カンパ**（名・自他スル）多くの人たちに呼びかけて資金を集めること。また、それに応じておかねを出すこと。また、そのおかね。「―を募《つの》る」▽ロシア kampaniya から。

**かんばい【完売】**（名・自他スル）品物を完全に売りつくすこと。「話題のゲームが―した」

**かんばい【寒梅】**（名）寒《かん》の間に咲《さ》く梅。

**かんばい【観梅】**（名）梅の花を見て楽しむこと。梅見《うめみ》。

**かんぱい【完敗】**（名・自スル）試合・競技などで手も足もでず完全に負けること。「―に終わる」対完勝

**かんぱい【乾杯】**（名・自スル）あることを祝って、たがいにさかずきを上げて酒などを飲みほすこと。「勝利を祝って―する」

**かんぱく【関白】**（名）❶〔歴〕むかし、天皇を助けて

政治をとり行った最高の官位。❷権力の強い者をたとえていうことば。「亭主《ていしゅ》―」

**かんばし・い**【芳しい】(形)〔カロ・カッ(ク)・イ・イ・ケレ・○〕❶においがよい。かぐわしい。こうばしい。「―ばらの香《かお》り」❷すばらしい。けっこうである。りっぱである。「―・くない成績」〔使い方〕②は打ち消しの形で用いることが多い。

**かんばし・る**【甲走る】(自五)〔ラ(ロ)・リ(ッ)・ル・ル・レ・レ〕声が高く細く、するどくひびく。「―・った声で叫《さけ》ぶ」

**カンバス**〔英 canvas〕(名)❶粗《あら》く織った麻《あさ》の布。❷油絵をかくためのきれ。画布。(＝キャンバス)

**かんばせ**(名)顔つき。顔かたち。「花の―(＝花のように美しい顔つき)」

**かんばつ**【干△魃・旱△魃】(名)長く雨が降らず、田畑の水がかれること。ひでり。「―にみまわれる」

**かんばつ**【間伐】(名・他スル)森林などで、ほかの木がよく育つように、一部の木を切ってまばらにすること。

**かんぱつ**【△煥発】(名)すぐれた才能などが光り輝《かがや》くように現れること。「才気―」

**かんはつをいれず**【間髪を入れず】【間髪を◇容れず】(ひとすじの毛を入れるすきまもない意から)ほとんど間をおかずに。すかさず。「―反論する」

**カンパニー**〔英 company〕(名)会社。

**かんばらありあけ**〔蒲原有明〕【人名】(一八七六―一九五二)詩人。明治の新体詩の完成者のひとりで、また、象徴《しょうちょう》詩の第一人者。神秘的・瞑想《めいそう》的な詩風を示した。詩集「草わかば」「春鳥集」「有明集」など。

**がんば・る**【×頑張る】(自五)〔ラ(ロ)・リ(ッ)・ル・ル・レ・レ〕❶困難に負けずに努力する。最後までやりとおす。「初めての試合で―」「―・って練習する」❷自分の説をゆずらず強く主張する。「嫌《いや》だといって―」

**かんばん**【看板】(名)❶宣伝・案内などのために、店名・商品名・演目などを書いて、人目につく所に掲《かか》げる板。「―を出す」❷店の名前。また、店の信用。「―に傷がつく」❸人の関心を引くためのもの。「―商品」❹表向きの名目・主張。「―にいつわりあり(＝評判や宣伝どおりの内容でないこと)」❺(看板をおろすことから)飲食店・酒場などがその日の営業を終えること。「一〇時で―にする」

**かんぱん**【甲板】(名)船の上部の広くてたいらな所。デッキ。〔参考〕「こうはん」とも読む。

**かんぱん**【乾板】(名)光を受けると化学変化をおこす薬を塗《ぬ》ってかわかした写真撮影《さつえい》用のガラス板。

**かんパン**【乾パン】(名)かたく小さく焼いたパン。保存がきき、非常時などに用いる。▽パンは、ポルトガル《ポルトガル》 pão

**がんばん**【岩盤】(名)〔地質〕地中にある岩石の層。

**かんばんだおれ**【看板倒れ】(名)見かけだけりっぱで、内容がともなわないこと。「―に終わる」

**かんばんむすめ**【看板娘】(名)店にいて看板がわりになるような、客をひきつける娘。「食堂の―」

**かんび**【甘美】(名・形動ダ)❶味がよいこと。あまくてうまいこと。「―な味」❷うっとりするほどこころよいこと。「―な音楽」

**かんび**【完備】(名・自他スル)完全にそなわっていること。また、完全にそなえること。「冷暖房《れいだんぼう》―」〔対〕不備

**かんび**【巻尾】(名)書物や巻き物の終わりの部分。〔類〕巻末。〔対〕巻頭

**かんぴ**【官費】(名)政府が出す費用。「―で留学する」〔対〕私費

**かんぴ**〔韓非〕【人名】(前?―前二三三)中国、戦国時代末期の法家《ほうか》を代表する思想家。敬称《けいしょう》は韓非子《かんぴし》。人間の本性《ほんしょう》は悪だから、法律や刑罰《けいばつ》をきびしくして国を治めるべきだと説いた。その説くところは書物「韓非子」にまとめられている。

**がんぴ**【△雁皮】(名)❶〔植〕ジンチョウゲ科の落葉低木。樹皮の繊維《せんい》は質のよい和紙の原料となる。❷(「がんぴ紙」の略)①の繊維で作った紙。

**ガンビア**〔Gambia〕【地名】アフリカ大陸西岸、大西洋に面する共和国。首都はバンジュール。

**かんぴし**〔韓非子〕【人名】→かんぴ(韓非)

**かんびょう**【看病】(名・他スル)病人の世話をすること。「―疲《づか》れ」〔類〕看護

**かんぴょう**【乾△瓢・干△瓢】(名)「ゆうがお①」の実をうすく長くむいてほした食品。のりまきなどに使う。

**がんびょう**【眼病】(名)目の病気。〔類〕眼疾《がんしつ》

**かんぶ**【患部】(名)病気や傷のある部分。「―を冷やす」

**かんぶ**【幹部】(名)団体や会社などの中心になる人。「将来の―候補」

**かんぷ**【完膚】(名)傷のないひふ。

完膚無《な》きまでに　徹底《てってい》的に。「―うちのめす」

**かんぷ**【乾布】(名)かわいた布。「―摩擦《まさつ》」

**かんぷ**【還付】(名・他スル)国や政府が借りていた土地やおかねをもとの持ち主に返すこと。「―金」

**カンフー**〔中国 功夫〕(名)空手に似た中国の拳法《けんぽう》。

**かんぷう**【完封】(名・他スル)❶完全に相手の活動をとめること。「反撃《はんげき》を―する」❷野球で、投手が相手に最後まで得点を許さないこと。「―勝利」

**かんぷう**【寒風】(名)冬の寒い風。「―が吹《ふ》きすさぶ」

**かんぷく**【感服】(名・自スル)とてもかなわないと、心から感心すること。「みごとな出来ばえに―する」

**かんぶくろ**【かん袋】【◇紙袋】(名)紙で作ったふくろ。〔文法〕「かみぶくろ」の音便。

**かんぶつ**【乾物】(名)乾燥《かんそう》させた食品。こんぶ・かつおぶし・干ししいたけ・煮干《にぼ》しなど。

**がんぶつ**【△贋物】(名)にせもの。まがいもの。「―をつかまされる」

**かんぶつえ**【△灌仏会】(名)〔仏〕釈迦《しゃか》の誕生日である四月八日に、その像に甘茶《あまちゃ》をそそぐ行事。花まつり。仏生会《ぶっしょうえ》。

**カンフル**〔オランダ kamfer〕(名)❶医薬品に使う樟脳《しょうのう》。かつて強心剤《きょうしんざい》として使われた。「―注射」❷勢いのなくなった物事を回復させる手段。「地域活性化の―剤《ざい》」

**かんぶん**【漢文】(名)❶中国の古典の文章・文学。❷①をまねて日本人が書いた漢字の文章。

**かんぷん**【感奮】(名・自スル)心に感じてふるい立つこと。「―興起《こうき》する」

**かんぶんくんどくたい【漢文訓読体】**（名）漢文を日本語の語順に直した文章の形。
**かんぺき【完璧】**（名・形動ダ）（傷のない玉の意から）完全なこと。欠点がないこと。「―な備え」
**かんぺき『△癇癖』**（名）すぐにかっとする性質。
**がんぺき【岸壁】**（名）❶けわしくきりたった岸。❷船を横づけするため、港や川岸に作られたコンクリートなどの壁《かべ》。「船が―に着く」
**がんぺき【岩壁】**（名）岩が壁《かべ》のようにきりたったところ。「―をよじ登る」
**かんべつ【鑑別】**（名・他スル）よく調べて見分けること。「ひよこの雌雄《しゆう》を―する」
**かんべん【勘弁】**（名・他スル）罪やあやまちなどを許すこと。「―ならない」「これ以上は―しない」
**かんべん【簡便】**（名・形動ダ）手軽で便利なこと。「―な方法」
**かんぼう【官房】**（名）内閣や各省などで、その長となる人について事務をとる機関。「―長官」
**かんぼう【感冒】**（名）風邪《かぜ》。「流行性―」
**かんぼう【監房】**（名）刑務《けいむ》所や拘置《こうち》所で囚人《しゅうじん》を入れておく部屋。
**かんぽう【官報】**（名）政府が国民に知らせることがらをのせて出す日刊の機関紙。
**かんぽう【漢方】**（名）中国から伝わった医術。
**がんぼう【願望】**（名・他スル）願い望むこと。ねがい。「長年の―がかなう」参考「がんもう」とも読む。
**かんぽうのまじわり『管△鮑の交わり』**利害をこえた、きわめて親しい友だちの交際。類水魚《すいぎょ》の交わり・刎頸《ふんけい》の交わり
故事 斉《せい》の管仲と鮑叔《ほうしゅく》は幼少から仲がよく、ことに鮑叔は管仲を信じていかなる場合でもその友情を変えなかったということから出たことば。〈列子《れっし》〉
**かんぽうやく【漢方薬】**（名）漢方で使う薬。おもに草の根や木の皮などを原料にする。
**かんぼく『△灌木』**（名）「低木」の古い言い方。「―の茂《しげ》み」対喬木《きょうぼく》
**カンボジア**〔Cambodia〕［地名］インドシナ半島南部にある立憲君主国。首都はプノンペン。
**かんぼつ【陥没】**（名・自スル）地面などの一部が落ちてくぼむこと。「道路が―する」
**かんぽん【完本】**（名）全集や組になった本で、一冊も欠けないで全部そろっているもの。対欠本・端本《はほん》
**がんぽん【元本】**（名）❶元金。もとで。「―まで失う」❷利益や収入をうむ財産や権利。貸家や株券など。
**カンマ**（名）→コンマ
**ガンマせん【ガンマ線・γ線】**（名）〘物〙アルファ線・ベータ線とともに放射線の一つ。波長がいちばん短い電磁波《でんじは》。物を通りぬける力が強い。
**かんまつ【巻末】**（名）書物や巻き物の終わりの部分。「―付録」類巻尾《かんび》。対巻頭
**かんまん【干満】**（名）潮《しお》の満《み》ち干《ひ》。干潮《かんちょう》と満潮。「―の差が大きい」
**かんまん【緩慢】**（形動ダ）{ダロ・ダッ(デ・ニ)・ダ・ナ・ナラ・○}動きなどがゆるやかなようす。のろいようす。「―な動作」
**かんみ【甘味】**（名）甘《あま》い味。また、菓子《かし》などの甘い食べ物。
**がんみ【含味・玩味】**（名・他スル）❶食物をよく味わうこと。❷意味をよく味わうこと。「熟読―」
**かんみりょう【甘味料】**（名）食品に甘《あま》みをつけるために用いる調味料。「人工―」
**かんみん【官民】**（名）政府と民間。公務員と民間人。「―一体となって取り組む」
**かんむり【冠】**（名）❶かぶりものの総称《そうしょう》。特に、王や教皇、勝利者などが、その象徴《しょうちょう》としてかぶるもの。❷むかし、公家《くげ》が正装するときにつけたかぶりもの。❸漢字の上部にある部首の名。「宀（=うかんむり）」「艹（=くさかんむり）」など。
**冠を曲《ま》げる** ふきげんになる。また、がんこに意地をはる。「彼《かれ》は口を出されるとすぐに―」
**かんむりょう【感無量】**（名・形動ダ）→かんがいむりょう
**かんめい【官名】**（名）官職の名称《めいしょう》。
**かんめい【感銘・肝銘】**（名・自スル）忘れることができないほど心に深く感じること。「いたく―を受ける」
**かんめい【簡明】**（名・形動ダ）簡単ではっきりしていること。「―に説明する」類簡潔《かんけつ》
**がんめい【頑迷・頑冥】**（名・形動ダ）がんこで道理のわからないこと。「―固陋《ころう》（=がんこでかたくななようす）」
**がんめん【顔面】**（名）かおの表面。「―蒼白《そうはく》」
**がんもう【願望】**（名・他スル）→がんぼう
**がんもく【眼目】**（名）大事なところ。主眼。「話の―」
**がんもどき『△雁◇擬き』**（名）くずしたとうふに、細かく切ったにんじん・こんぶなどを入れまるめて油で揚《あ》げた食品。参考がんの肉の味に似せたものの意から。
**かんもん【喚問】**（名・他スル）公的な場所に呼び出して聞きただすこと。「証人を―する」
**かんもん【関門】**（名）❶関所。また、その門。「―を設ける」❷通りぬけるのがむずかしい所。かならず通らなければならない所。「―を突破《とっぱ》する」
**かんやく【完訳】**（名・他スル）全文を訳すこと。また、その訳文。「全巻を―する」対抄訳《しょうやく》
**かんやく【簡約】**（名・他スル・形動ダ）要点をつかんで簡単にすること。手みじかなこと。「―にまとめる」
**がんやく【丸薬】**（名）ねって小さくまるめた薬。
**かんゆ【肝油】**（名）たらなどの魚類の肝臓からとったあぶら。ビタミンAやDを多くふくむ。薬用。
**かんゆう【官有】**（名）政府がもっていること。国有。「―地」対民有
**かんゆう【勧誘】**（名・他スル）あることをするよう、すすめさそうこと。「保険の―」「サッカー部に―する」
**がんゆう【含有】**（名・他スル）成分・内容として中にふくんでいること。「塩分の―量」
**かんよ【関与】**『干与』（名・自スル）関係すること。たずさわること。「事件に―する」
**かんよう【肝要】**（名・形動ダ）ひじょうにたいせつなこと。「何事も努力が―だ」類肝腎《かんじん》
**かんよう『△涵養』**（名・他スル）しぜんにしみこむように養い育てること。「公共心を―する」

**かんよう【寛容】**(名・形動ダ) 心が広くて、よく人を受け入れること。人のあやまちをとがめないで許すこと。「—の精神」類寛大

**かんよう【慣用】**(名・他スル) 使いなれること。一般《いっぱん》によく使われること。…的「慣用的な表現」

**かんようおん【慣用音】**(名) 呉音《ごおん》・漢音《かんおん》・唐音《とうおん》とは別に、日本で一般《いっぱん》に通用している字音。「消耗《しょうこう》」を「しょうもう」と読むなど。

**かんようく【慣用句】**(名)《文法》二つ以上の単語が結びついて、ある定まった意味をもつことば。「肝《きも》をつぶす」「腹を立てる」など。イディオム。

**かんようしょくぶつ【観葉植物】**(名)《植》葉の色や形を観賞する植物。はげいとう・フェニックスなど。

**がんらい【元来】**(副) もともと。はじめから。「彼《かれ》は—病弱だ」

**がんらいこう【△雁来紅】**(名)《植》→はげいとう

**かんらく【陥落】**(名・自スル) ❶地面などの一部が落ちること。「地盤《じばん》の—」❷攻《せ》めおとされること。「城が—する」❸何度も言われて承知すること。くどきおとされること。「説得されて—する」❹順位や地位が下がること。「最下位に—する」

**かんらく【歓楽】**(名) 喜び楽しむこと。「—にふける」

**かんらくがい【歓楽街】**(名) 飲食店や娯楽施設《ごらくしせつ》の集まったさかり場。

**かんらん【甘藍】**(名)《植》→キャベツ

**かんらん【△橄△欖】**(名)《植》カンラン科の常緑高木。熱帯地方の産。黄白色の花が咲《さ》き、実は楕円《だえん》形。

**かんらん【観覧】**(名・他スル) 催《もよお》し物や展示品などを見ること。見物。「—席」「—料」

**かんらんしゃ【観覧車】**(名) 客が乗る箱を取りつけた大きな車輪をゆっくり回転させ、高い所からのながめが楽しめるようにした装置。

**かんり【官吏】**(名) 役人。また、「国家公務員」の古い呼び名。

**かんり【管理】**(名・他スル) 物事がよい状態にあるように目を配り、必要な手段を使ってとりしきること。「ビルを—する」「財産—」「マンションの—人」

**がんり【元利】**(名) 元金と利息。「—合計」

**がんりき【眼力】**(名) 物事をよく見て、よいか悪いかなどを見分ける力。物事を見ぬく力。「—のある人」

**かんりしょく【管理職】**(名) 職場で事務を統轄《とうかつ》し、部下を監督《かんとく》する役職。また、その人。部長・課長など。「—になる」

**かんりつ【官立】**(名) 国家のたてたもの。今は「国立」という。「—の研究所」

**かんりゃく【簡略】**(名・形動ダ) 簡単で手軽なこと。「—な方法をとる」…化「仕事を簡略化する」

**かんりゅう【乾留】【乾△溜】**(名・他スル)《化》木材や石炭のような固体を、空気を入れないで強く熱し、熱分解によってさまざまな物質をとり出すこと。

**かんりゅう【貫流】**(名・自スル) ある地域をつきぬけて流れること。「関東平野を—する川」

**かんりゅう【寒流】**(名) 南極と北極から赤道地方に流れる、ほかの海水より水温の低い海流。千島《ちしま》海流(親潮)など。対暖流

**かんりゅう【還流】**(名・自スル) 流れが回ってもとの方へもどること。「資金の—」

**かんりゅう【環流】**(名・自スル) (気体や液体が)循環《じゅんかん》して流れること。また、その流れ。「大気の—」

**かんりょう【完了】**[一](名・自他スル) すっかり終わること。また、終わらせること。「準備—」[二](名)《文法》動作やことがらが完結したことを表す語法。「た」などの助動詞を用いて表す。

**かんりょう【官僚】**(名) 役人。官吏《かんり》。特に、高級官吏。

**かんりょう【管領】**(名)《歴》→かんれい(管領)

**がんりょう【顔料】**(名) ❶水や油などにとけず、物に不透明《ふとうめい》な色をつける物質。インキ・塗料《とりょう》・化粧品《けしょうひん》などの原料となる。❷絵の具。染料。

**かんりょうてき【官僚的】**(形動ダ)(ダロ・ダッ(デ・ニ)・ダ・ナ・ナラ・○) 何事も形式的でゆうずうがきかないようす。権威《けんい》を振《ふ》り回して事を行うようす。「—な答弁」

**かんるい【感涙】**(名) 深く感動して流す涙《なみだ》。「—にむせぶ」

**かんれい【寒冷】**(名・形動ダ) 寒くて冷えること。「—地」「—前線」対温暖

**かんれい【慣例】**(名) いつも決まって行われるやり方。ならわし。しきたり。「—に従う」

**かんれい【管◇領】**(名)《歴》室町《むろまち》幕府の職名。将軍を助け、政治をとりまとめた役。また、その役の人。参考「かんりょう」とも読む。

**かんれいぜんせん【寒冷前線】**(名)《天》暖かい空気の下に冷たい空気がもぐりこんで生じる不連続線。にわか雨や雷雨《らいう》が降り、気温が下がる。対温暖前線

**かんれき【還暦】**(名) (満六〇歳《さい》でふたたび生まれた年の干支《えと》にかえることから)数え年六一歳のこと。「—の祝い」

**かんれん【関連】【関△聯】**(名・自スル) 内容につながりのあること。かかわりがあること。連関。「その件に—した質問をする」…性「そのことと関連性がある」

**かんろ【甘露】**(名) 甘《あま》くて味のいいこと。「—水(=砂糖を煮《に》つめてさました水)」

**かんろ【寒露】**(名) 二十四節気の一つ。太陽暦《たいようれき》では一〇月八日ごろ。

**がんろう【玩弄】**(名・他スル) もてあそぶこと。なぶりものにすること。「—物《ぶつ》」

**かんろく【貫△禄】**(名) 身にそなわっている威厳《いげん》や風格。「—がある」「—がつく」「—を示す」

**かんろに【甘露煮】**(名) 小魚などを、水あめ・砂糖などを多く使って煮た食べ物。「わかさぎの—」

**かんわ【閑話】**(名) むだばなし。

**かんわ【緩和】**(名・自他スル) きびしさの程度がやわらぐこと。制限などをゆるめること。「規制を—する」

**かんわきゅうだい【閑話休題】**(名) 文章で、わき道にそれた話を本論にもどす場合に使う最初のことば。さて。それはさておき。

**かんわじてん【漢和辞典】**(名) 漢字や漢語の読みや意味を日本語で説明した辞書。

# き キ

**き【己】**→こ(己)

**き【企】** 6画 人4 音 **キ** 訓 **くわだてる**
計画する。くわだて。◆企画・企業・企図《きと》 ⇩付録「漢字の筆順(5)止」 ノ 𠆢 个 个 企 企

**き【伎】** 6画 亻4 音 **キ**
❶うでまえ。わざ。「技」に通ずる。❷俳優。芸人。◆歌舞伎《かぶき》 ノ イ 仁 什 伎 伎

**き【危】** 6画 卩4 小6 音 **キ** 訓 **あぶない・あやうい** 中・**あやぶむ** 中
❶あぶない。あやうい。◆危機・危急・危険・危篤《きとく》 ◆安危。対安。❷不安に思う。◆危惧《きぐ》。❸そこなう。傷つける。◆危害 ノ ク 厃 厃 危 危

**き【机】** 6画 木2 小6 音 **キ** 中 訓 **つくえ**
読み書きをする台。つくえ。◆机下《きか》・机上・机辺 一 十 才 木 朳 机

**き【気】** 6画 气2 小1 〔氣〕 音 **キ・ケ**
❶ガス。ゆげ。◆気化・気体 ◆蒸気・排気《はいき》。❷空気。◆気圧・気温 ◆大気。❸晴れ・雨・風などの自然界のありさま。◆気候・気象 ◆天気。❹におい。◆香気・臭気《しゅうき》。❺いき。◆気管・気息 ◆一気・呼気。❻心のはたらき。心持ち。いきおい。◆気鋭《きえい》・気炎《きえん》・気概《きがい》・気骨《きこつ》・気骨《きぼね》・気勢・気絶・気力 ◆意気・英気・活気・元気・根気・病気・平気・勇気。❼なんとなく感じられるおもむき。ようす。◆気品・気配《けはい》 ◆雰囲気《ふんいき》。❽生まれつきの性質。◆気質・気性《きしょう》 ◆才気。 参考 特別に、「意気地」は「いくじ」とも読む。「浮気」は「うわき」と読む。 ノ 𠂉 ⺈ 气 気 気

**き【気】**（名）❶心の性質。気性《きしょう》。気質。「―がいい」「―が強い」❷物事を認識する意識。また、正常な心持ち。「―を失う」「―を確かにもつ」「―が―でない」❸なにかをしようとする心の動き。「―がはやる」「やる―がある」「どうする―なのかわからない」❹人や物事にひきつけられる気持ち。関心。「人の―をひく」「―をとられる」❺他に向けられる心づかい。心配。「―にかける」❻気分。感情。「―が楽だ」「―がのらない」❼いき。呼吸。「―がつまる」❽その場にただよう雰囲気。「静寂《せいじゃく》の―がみちる」❾そのもの特有の香りや風味。「―の抜《ぬ》けたビール」

**気が合《あ》う** 気持ちや考えなどが、おたがいに通じ合う。

**気がある** ❶関心がある。❷恋愛《れんあい》感情をもっている。「あの人は君に―」

**気が多《おお》い** うわきである。何にでも興味をもつ。

**気が置《お》けない** 遠慮《えんりょ》や気づまりがなく、うちとけられる。「彼《かれ》とは―仲だ」

**気が重《おも》い** 気持ちがはればれしない。「テストがあると思うと―」

**気が利《き》く** ❶心がはたらいて注意がゆきとどく。❷しゃれている。「このデザインは気が利いている」

**気が気《き》でない** 心配で気持ちが落ち着かない。

**気が進《すす》まない** そのことを進んでやろうという気持ちになれない。「今度の旅行は―」

**気が済《す》む** 不満がおさまって心が落ち着く。

**気が立《た》つ** 感情が高ぶって、いらいらする。

**気が散《ち》る** 心があちこちに移って集中できない。

**気がつく** ❶考えつく。感じとる。気づく。「まちがいに―」❷注意がゆきとどく。「よく―子」❸意識をとりもどす。

**気が遠《とお》くなる** 頭がぼうっとして意識がなくなる。

**気が咎《とが》める** 心の中でやましさを感じる。

**気が長《なが》い** あわてず、のんびりしている。対気が短い

**気が抜《ぬ》ける** ❶今までの張りつめていた気持ちがなくなる。「試験が終わって―」❷食べ物の風味がなくなる。「気が抜けたビール」

**気が張《は》る** 気持ちが緊張《きんちょう》する。「接客中は―」

**気が引《ひ》ける** なんとなく気おくれがする。

**気が触《ふ》れる** 精神状態がおかしくなる。気がくるう。

**気が短《みじか》い** ❶かっとなっておこりやすい。おこりっぽい。❷せっかちである。対気が長い

**気が向《む》く** そのことをしようという気になる。「気が向いたら連絡《れんらく》してください」

**気が滅入《めい》る** ゆううつな気分になる。

**気が揉《も》める** 心配で気持ちが落ち着かない。

**気に入《い》る** 好きになる。好みにあう。

**気にかかる** 気になる。「テストの結果が―」

**気にかける** ❶心にとめる。思いやる。❷あることについて心をなやませる。気にする。

**気に食《く》わない** 自分の気持ちにあわない。きらいだ。「やり方が―」

**気に障《さわ》る** 不快に感じる。感情を害する。

**気にする** あれこれ考える。心配する。「一度の失敗を―な」

**気に留《と》める** 心にとどめ、忘れないでいる。心配する。「気に留めてくださってありがとう」

**気になる** ❶心配したり不安に思ったりする。「妹の帰りがおそいので―」❷心がひかれる。「彼《かれ》のことがなんとなく―」

**気に病《や》む** 気にしてなやむ。

**気の置《お》けない** →きがおけない

**気のせい** なんとなくそのように感じられること。

**気のない** 積極的な気持ちや、やる気が感じられない。「―返事」

**気の抜《ぬ》けた** →きがぬける

**気は心《こころ》** わずかでそまつではあるが、真心がこもっているということ。贈《おく》り物などをするときに使うことば。

**気を失《うしな》う** 意識がなくなる。気絶する。失神する。

**気を落《お》とす** がっかりする。

**気を利《き》かせる** 相手の望みどおりになるようにうまく判断して行動する。「気を利かせて座をはずす」

**気を配《くば》る** あれこれと注意をゆきとどかせる。
**気を遣《つか》う** まわりの人の気持ちにそうよう注意して行動する。「あまり気をつかわないでください」
**気をつける** 十分に注意する。「戸じまりに―」
**気を取《と》り直《なお》す** がっかりしていたところから、もう一度考えなおして元気を出す。
**気を抜《ぬ》く** 今までの張りつめていた気持ちをゆるめて、ほっとしたりいいかげんな気持ちになったりする。
**気を吐《は》く** 威勢《いせい》のいいところを示す。
**気を引《ひ》く** ❶それとなく相手の気持ちをさぐる。❷さそいをかけて相手の関心をひきつける。「―態度」
**気を回《まわ》す** よけいなことまであれこれおしはかる。
**気を持《も》たせる** ❶おもわせぶりな言動をする。❷相手に希望をもたせる。
**気を揉《も》む** そのことが心配で、やきもきする。「準備が手間どり―」
**気を許《ゆる》す** 信用して警戒心《けいかいしん》をとく。「うっかり―とひどい目にあう」

**き【岐】** 7画 山4 小4 音キ 中
わかれる。ふたまたにわかれる。◆岐路 ◆多岐・分岐。
参考「岐阜」県は「ぎふ」県と読む。

**き【希】** 7画 巾4 小4 音キ
❶めったにない。まれ。すくない。◆希少・希代。❷ねがいもとめる。のぞむ。◆希求・希望。❸うすい。◆希薄《きはく》・希硫酸《きりゅうさん》

**き【忌】** 7画 心3 音キ 訓いむ 高・いまわしい 高
❶きらってさける。◆忌憚《きたん》・忌避《きひ》 ◆禁忌。❷もの いみ。死んだ人が出て一定期間喪《も》に服すること。◆忌中・忌引き。❸死者の命日《めいにち》。◆忌日《きにち・きじつ》。◆回忌・周忌・年忌

**き【汽】** 7画 氵4 小2 音キ
ゆげ。蒸気。◆汽車・汽船・汽笛

**き【奇】** 8画 大5 音キ
❶めずらしい。変わっている。◆奇異・奇行・奇人・奇抜《きばつ》・奇妙《きみょう》 ◆好奇心・新奇・珍奇《ちんき》。❷とくにすぐれた。◆奇才・奇特。❸あやしい。ふしぎな。◆奇怪《きかい》・奇術 ◆怪奇。❹思いがけない。意表をつく。◆奇禍《きか》・奇遇《きぐう》・奇計・奇襲《きしゅう》・奇跡《きせき》。❺二で割りきれない数。◆奇数。対偶《ぐう》。参考特別に、「数奇屋」は「すきや」と読む。
**き【奇】**（名）ふつうと変わっていること。めずらしいこと。
**奇を衒《てら》う** わざと変わったことをして、他人の注意を引こうとする。「奇を衒った趣向《しゅこう》」

**き【祈】** 8画 ネ4 〔祈〕 音キ 訓いのる
❶神仏にいのる。◆祈雨《きう》・祈願・祈禱《きとう》・祈念。❷いのるような気持ちで願いもとめる。◆祈求

**き【季】** 8画 子5 小4 音キ
❶すえ。いちばん終わり。❷一年を四つに分けた春・夏・秋・冬のそれぞれ三か月。◆季刊・季語・季節・季題 ◆夏季・四季・秋季・春季・冬季。❸ある気象が現れる時期。◆季候 ◆雨季・乾季。❹一年を単位とする期間。◆年季・半季
**き【季】**（名）俳句で、季節感を表すためによみこむ景物。また、その語。季題。季語。

**き【紀】** 9画 糸3 小5 音キ
❶順序よく書きしるす。◆紀行・紀要。❷きめられたすじみち。規則。法則。◆紀律 ◆校紀・綱紀《こうき》・風紀。❸長い年代の区切り。◆紀元 ◆世紀・西紀。参考「日本書紀」を略したことばとして「紀」を使うことがある。「記紀（＝古事記と日本書紀）」

**き【軌】** 9画 車2 音キ
❶車の通ったあと。わだち。◆軌跡《きせき》。❷車の通る道。◆軌道 ◆狭軌《きょうき》・広軌。❸人が守らなければならない道。規則。手本。◆常軌・不軌《ふき》
**き【軌】**（名）車の通ったあとに残る車輪のくぼみ。わだち。
**軌を一《いっ》にする** 同じ方法で行う。

**き【既】** 10画 旡5 〔既〕 音キ 訓すでに
❶すでに。もはや。◆既往・既刊・既決・既婚《きこん》・既述・既成・既製・既設・既存・既知・既定・既得・既報。対未《み》。❷おわる。つきる。なくなる。◆皆既《かいき》食

**き【記】** 10画 言3 小2 音キ 訓しるす
❶書きしるす。◆記載《きさい》・記事・記述・記入・記名・記録 ◆速記・注記・登記・筆記・付記・明記。❷書いたもの。◆航海記・手記・戦記・伝記・日記。❸しるし。◆記号。❹おぼえる。◆記憶《きおく》 ◆暗記・銘記《めいき》。参考「古事記」を略したことばとして「記」を使うことがある。「記紀（＝古事記と日本書紀）」
**き【記】**（名）あることについて書きしるしたもの。また、その文章。「思い出の―」

**き【起】** 10画 走3 小3 音キ 訓おきる・おこる・おこす
❶おきる。おきあがる。◆起居・起床《きしょう》・起伏《きふく》・起立。❷活動を始める。おこす。◆起工・起訴《きそ》・起草・起爆《きばく》・起用 ◆決起・再起・奮起。❸はじまり。もと。◆起因・起源・起承転結・起点 ◆縁起《えんぎ》

**き【飢】** 10画 食2 音キ 訓うえる
❶たべものがなく、はらがへる。◆飢餓《きが》・飢渇《きかつ》。❷穀物《こくもつ》がみのらない。◆飢饉《ききん》

**き【鬼】** 10画 鬼0 音キ 訓おに
❶死者のたましい。◆鬼神《きしん・きじん》・鬼籍《きせき》 ◆餓鬼《がき》・幽鬼《ゆうき》。❷人に害をあたえるあらあらしい神。ま

た、ばけもの。◆鬼気・鬼門◆悪鬼・疑心暗鬼・百鬼夜行《ひゃっきやこう・ひゃっきやぎょう》。❸特にすぐれていること。◆鬼才

き【帰】10画 巾7 小2 〔歸〕 音キ 訓かえる・かえす
❶かえる。かえす。◆帰還《きかん》・帰京・帰郷・帰国・帰省《きせい》・帰宅・帰途《きと》・帰路◆回帰・不帰・復帰。❷まとまる。物事のゆきつくところ。◆帰結・帰着・帰納。❸したがう。◆帰依《きえ》・帰化・帰順・帰属

き【基】11画 土8 小5 音キ 訓もと㊥・もとい㊫
❶建物の土台。◆基礎《きそ》・基盤《きばん》。❷よりどころ。もとづくところ。◆基金・基準・基地・基調・基底・基本◆開基

き【基】㊀(名)《化》化学反応の際に、一つの原子のようなはたらきをするもの。「メチル―」「水酸―」㊁(接尾)(墓・石灯籠《いしどうろう》など)すえつけてある物を数えることば。「石塔《せきとう》一―」「二―のエンジン」

き【寄】11画 宀8 小5 音キ 訓よる・よせる
❶よる。立ちよる。◆寄航・寄港。❷たよる。あずける。まかせる。◆寄寓《きぐう》・寄宿・寄食・寄生・寄託《きたく》。❸おくる。あたえる。◆寄金・寄稿《きこう》・寄進・寄贈《きそう・きぞう》・寄付。参考 特別に、「数寄屋」は「すきや」、「最寄り」は「もより」、「寄席」は「よせ」と読む。

き【規】11画 見4 小5 音キ
❶コンパス。◆定規《じょうぎ》。❷きまり。手本。◆規格・規準・規制・規則・規定・規程・規範《きはん》・規約・規律◆正規・内規・法規。❸正す。◆規正

き【亀】11画 亀0 〔龜〕 音キ 訓かめ
かめ。爬虫《はちゅう》類の一種。また、かめの甲。◆亀鑑《きかん》・亀甲《きっこう》・亀裂《きれつ》

き【喜】12画 口9 小5 音キ 訓よろこぶ
よろこぶ。よろこび。◆喜悦《きえつ》・喜劇・喜捨・喜色・喜怒哀楽《きどあいらく》◆一喜一憂《いっきいちゆう》・歓喜・狂喜《きょうき》。対悲

き【幾】12画 幺9 音キ 訓いく
いくつ。どれだけ。◆幾重《いくえ》・幾多《いくた》・幾度《いくたび・いくど》・幾分・幾何《きか・いくばく》 ⇩付録「漢字の筆順(1)戈〔戈〕」

き【揮】12画 扌9 小6 音キ
❶ふるう。ふりまわす。ふって外にあらわし出す。◆揮毫《きごう》◆指揮・発揮。❷まきちらす。◆揮発

き【期】12画 月8 小3 音キ・ゴ㊫
❶ひとくぎりの時間。◆期間・期末◆一期《いっき・いちご》・学期・時期・思春期・周期・定期・任期・末期《まっき》・満期。❷あるきまった時点。◆期限・期日◆延期・最期《さいご》・死期・納期・末期《まつご》。❸まちのぞむ。◆期待◆所期・予期。参考「ゴ」の音は「最期《さいご》」「末期《まつご》」などのことばに使われる特殊《とくしゅ》な読み方。

き【棋】12画 木8 音キ
将棋《しょうぎ》のこま。将棋や囲碁《いご》。◆棋界・棋士・棋道・棋譜《きふ》・棋風◆将棋

き【貴】12画 貝5 小6 音キ 訓たっとい㊥・とうとい㊥・たっとぶ㊥・とうとぶ㊥
❶物のねだんが高い。◆騰貴《とうき》。❷身分や地位が高い。◆貴公子・貴人・貴賤《きせん》・貴族・貴賓《きひん》・貴婦人◆高貴・尊貴・富貴《ふうき・ふっき》。❸大切な。とうとい。◆貴重。❹相手に対する尊敬の意を表す。◆貴君・貴兄・貴国・貴紙・貴社・貴殿《きでん》・貴名 ⇩付録「漢字の筆順(9)中」

き【棄】13画 木9 音キ
すてる。なげすててほうっておく。◆棄却《ききゃく》・棄権◆遺棄・自棄・唾棄《だき》・投棄・破棄・廃棄《はいき》・放棄

き【毀】13画 殳9 音キ
❶こわす。そこなう。◆毀損《きそん》。❷人を悪くいう。そしる。◆毀誉褒貶《きよほうへん》 ⇩付録「漢字の筆順(21)臼」

き【旗】14画 方10 小4 音キ 訓はた
はた。はたじるし。◆旗幟《きし》・旗手◆軍旗・校旗・国連旗・国旗・日章旗・反旗・半旗

き【器】15画 口12 小4 〔器〕 音キ 訓うつわ㊥
❶いれもの。うつわ。◆花器・食器・洗面器・茶器・陶磁器《とうじき》・容器。❷道具。◆器械・器具・器物◆火器・楽器・凶器《きょうき》・石器・鉄器・土器・武器・兵器。❸才能。度量。◆器用・器量◆大器。❹あるはたらきをもつもの。◆器官◆臓器

学習 使い分け 「器」「機」

器 簡単なしくみをもつ道具に使われる。「計量器」「受話器」「電熱器」「消火器」「歩行器」

機 規模が大きく、複雑なしくみをもつ道具に使われる。「飛行機」「起重機」「電子計算機」

き【畿】15画 田10 音キ
みやこに近い天子直属の地域。日本では、もと、京都に近い五か国を五畿《ごき》といった。◆畿内《きない》◆近畿《きんき》 ⇩付録「漢字の筆順(1)戈〔戈〕」

き【輝】15画 車8 音キ 訓かがやく
かがやく。光をだす。◆輝石◆光輝

**き【機】** 16画 木12 小4 音キ 訓はた 中

❶からくり。しかけ。◆機械・機関・機構・機材 ◆工作機・電算機。❷物事の大事な所。◆機密 ◆軍機・枢機《すうき》。❸ちょうどよい時。物事のおこるきっかけ。おり。きざし。◆機運・機縁《きえん》・機会・機先・機微《きび》 ◆逸機《いっき》・危機・契機《けいき》・好機・時機・戦機・待機・転機・動機・臨機応変。❹物事の働き。心の働き。◆機嫌《きげん》・機知・機転・機能・機敏《きびん》・機略 ◆心機一転。❺「飛行機」の略。◆機影《きえい》・機首・機上・機体・機長 ◆戦闘機《せんとうき》・爆撃機《ばくげきき》・民間機・旅客機 ⇩き(器)「学習」・付録「漢字の筆順(1)戈〔戈〕」

**き【機】** 一 (名) ある物事をするのにちょうどよい時。「—をみて話す」 二 (接尾) 飛行機などを数えることば。「二—編隊」

**機が熟《じゅく》する** ある事を行うのに最もよい時機になる。

**機に乗《じょう》じる** ちょうどよい機会をとらえて行動する。

**機をつかむ** ちょうどよい機会を得る。

**き【騎】** 18画 馬8 音キ

馬にのる。またがる。馬にのった兵士。◆騎士・騎手・騎乗・騎馬・騎兵 ◆一騎当千 ⇩付録「漢字の筆順㊳馬」

**-き【騎】** (接尾) 馬にのった人を数えることば。「五〇—の部隊」

**き【木】**〖◇樹〗(名) ❶かたい幹や枝をもち、地面に生え、冬でも枯《か》れない植物。樹木《じゅもく》。「—を植える」❷木材。材木。「—の湯ぶね」❸拍子木《ひょうしぎ》。「—がはいる」

**木から落《お》ちた猿《さる》** よりどころを失い、どうしてよいかわからなくなったもののたとえ。

**木静《しず》かならんと欲《ほっ》すれども風《かぜ》止《や》まず** 思うようにならないことのたとえ。⇩ふうじゅのたん

**木で鼻《はな》をくくる** ぶあいそうに応対する。「木で鼻をくくったような返事」

**木に竹《たけ》を接《つ》ぐ** とってつけたようで、物事の前後の釣《つ》り合いがとれないことのたとえ。

**木に縁《よ》りて魚《うお》を求《もと》める** 見当ちがいの努力では成功の見こみのないことのたとえ。

**木を見《み》て森《もり》を見《み》ず** 細かいことに気をとられて、全体を見失うことのたとえ。

**き【生】** 一 (名) まじりけのないこと。「—で飲む」 二 (接頭) なまの。純粋《じゅんすい》な。「—一本」「—まじめ」

**き【黄】** (名) 色の三原色の一つ。きいろ。

**ぎ【技】** 7画 扌4 小5 音ギ 訓わざ 中

わざ。うでまえ。◆技官・技芸・技巧《ぎこう》・技師・技術・技能・技量 ◆演技・競技・実技・特技・妙技《みょうぎ》・余技

**ぎ【宜】** 8画 宀5 音ギ

よい。つごうがよい。◆機宜・時宜・適宜・便宜《べんぎ》

**ぎ【偽】** 11画 亻9 〔僞〕 音ギ 訓いつわる・にせ 高

いつわる。いつわり。うそ。にせ。◆偽書・偽証・偽善・偽装・偽造・偽名 ◆虚偽《きょぎ》・真偽。 対真《しん》

**ぎ【欺】** 12画 欠8 音ギ 訓あざむく

あざむく。だます。◆欺瞞《ぎまん》 ◆詐欺《さぎ》

**ぎ【義】** 13画 羊7 小5 音ギ

❶人の行うべき正しいすじみち。道。のり。◆義挙・義士・義憤《ぎふん》・義務・義理 ◆主義・信義・仁義・正義・大義・忠義・道義。❷わけ。いみ。◆異義・意義・奥義《おうぎ・おくぎ》・教義・講義・語義・定義。❸血のつながりのないみうち。◆義兄・義父・義母・義妹。❹かりの。かわりになる。◆義眼・義手・義足 ⇩付録「漢字の筆順(1)戈〔戈〕・㉓羊」

**ぎ【義】** (名) 人として行うべき正しい道。

**義を見《み》てせざるは勇《ゆう》無《な》きなり** 人としてしなければいけないことと知りながら実行しないのは、その人に勇気がないからだ。 参考「論語」に出てくることば。

**ぎ【疑】** 14画 疋9 小6 音ギ 訓うたがう

うたがう。あやしむ。うたがい。◆疑義・疑念・疑問・疑惑《ぎわく》 ◆懐疑《かいぎ》・嫌疑《けんぎ》・質疑・容疑。 対信

**ぎ【儀】** 15画 亻13 音ギ

❶きまりとして守るべきこと。のり。手本。◆儀典 ◆律儀《りちぎ》。❷ぎしき。作法《さほう》。◆儀式・儀礼 ◆威儀《いぎ》・行儀《ぎょうぎ》・婚儀《こんぎ》・祝儀《しゅうぎ》・葬儀《そうぎ》・礼儀。❸かたどってこしらえたもの。◆地球儀・天球儀。❹ことがら。◆公儀・仕儀・大儀・内儀・難儀 ⇩付録「漢字の筆順(1)戈〔戈〕・㉓羊」

**ぎ【儀】** (名) ❶形式に従って行う式。儀式。「婚礼《こんれい》の—」❷ことがら。「その—につきましては」❸人名や人称《にんしょう》代名詞の下について、「…は」「…に関すること」の意を表す。「私《わたくし》—、このたび校長を拝命し…」

**ぎ【戯】** 15画 戈11 〔戲〕 音ギ 訓たわむれる 高

❶ふざける。たわむれ。あそび。◆戯画 ◆悪戯・球戯・児戯・遊戯。❷芝居《しばい》。◆戯曲 ⇩付録「漢字の筆順(1)戈〔戈〕・(3)广」

**ぎ【擬】** 17画 扌14 音ギ

似せる。まねる。なぞらえる。◆擬音・擬古・擬似《ぎじ》・擬人・擬勢・擬製・擬声語・擬装・擬態 ◆模擬

**ぎ【犠】** 17画 牛13 〔犧〕 音ギ

いけにえ。神にそなえる動物。◆犠牲《ぎせい》 ⇩付録「漢字の筆順(1)戈〔戈〕・㉓羊」

**ぎ【議】** 20画 言13 小4 音ギ

❶話し合う。相談する。◆議案・議員・議院・議

会・議決・議事・議題・議長・議論 ◆会議・閣議・協議・決議・合議・審議《しんぎ》・討議・評議・謀議《ぼうぎ》・論議・和議。❷意見。考え。◆異議・建議・抗議《こうぎ》・提議・動議 ⇩付録「漢字の筆順⑴戈〔戈〕・㉓羊」

**ぎ【議】**（名）相談。評定。「委員会の―を経る」

**ギア**〔英 gear〕（名）歯車。特に、歯車を用いた車の変速装置。ギヤ。「―をバックに入れる」

**きあい【気合い】**（名）一生けんめいやろうとするときのはりきった気持ち。また、それを引き出すためにするかけ声。「―がはいる」

**ぎあく【偽悪】**（名）わざと悪人のように見せかけること。…的「偽悪的な態度をとる」対偽善《ぎぜん》

**きあつ【気圧】**（名）大気が地球の表面をおしつける力。また、その単位。一気圧は、セ氏0度のとき、七六〇《ミリメートル》の高さの水銀柱が底面にあたえる圧力に相当し、一〇一三《ヘクトパスカル》。「高―」

**きあつけい【気圧計】**（名）大気の圧力をはかる器械。晴雨計。バロメーター。

**きあつのたに【気圧の谷】**《天》天気図で、周辺よりも気圧の低い部分が細くのびているところ。

**きあわ・せる【来合わせる】**（自下一）〔セ・セ・セル・セル・セレ・セロ(セヨ)〕ちょうど同じ場所にやってきて出会う。「いい所に―」

**きあん【起案】**（名・自他スル）あることがらのもとになる下書き（＝草案）を作ること。

**ぎあん【議案】**（名）会議で話し合うために出される問題。「―を提出する」

**きい**〖忌△諱〗（名・他スル）忌《い》みきらうこと。おそれさけること。「―に触《ふ》れる（＝目上の人の忌みきらっていることを言うなどしてその機嫌《きげん》をそこなう）」参考もとの読みは「きき」。「きい」は慣用読み。

**きい【奇異】**（名・形動ダ）ふつうとはようすがかわっていること。「―な感じがする」

**きい**〔紀伊〕〔地名〕むかしの国名の一つ。大部分は今の和歌山県で、一部は三重県にあたる。紀州。

**キー**〔英 key〕（名）❶ピアノやコンピューターなどの、指で押《お》すところ。鍵《けん》。❷かぎ。「―ホルダー」❸事件や問題などを解決する手がかり。「―ポイント」❹音楽で、調。基本となる音の高さ。「―が高い」

**キー-ステーション**〔英 key station〕（名）いくつかの放送局が同じ番組を中継《ちゅうけい》して放送するとき、その中心となる放送局。親局。キー局。

**きいたふう【利いた風】**（名・形動ダ）知ったかぶりで、なまいきな態度をとること。「―な口をきく」

**きいつ【帰一】**（名・自スル）いくつにも分かれているように見えるものが最終的には一つにまとまること。「一つの原因に―する」

**きいっぽん【生一本】**（名・形動ダ）❶酒などで、まじりけのないこと。純粋《じゅんすい》。「灘《なだ》の―」❷性格がまっすぐで思いこんだらそれを曲げないこと。「―な人」

**きいてごくらくみてじごく【聞いて極楽見て地獄】**話に聞くのと実際に見るのとでは大きなちがいがあること。実際のほうが悪い場合にいう。

**きいと【生糸】**（名）かいこのまゆからとったままの、まだ練《ね》っていない糸。

**キーパー**〔英 keeper〕（名）「ゴールキーパー」の略。

**キー-パーソン**〔英 key person〕（名）物事の決定・進行に影響《えいきょう》を及《およ》ぼす、中心となる人。

**キーパンチャー**〔英 keypuncher〕（名）コンピューターのキーを打ってデータを打ち込《こ》む仕事をする人。

**キープ**〔英 keep〕（名・他スル）❶自分のものとしてとっておくこと。確保すること。また、維持《いじ》すること。「体型を―する」❷サッカー・バスケットボール・ホッケーなどで、ボールを相手側に渡《わた》さずにプレーすること。「常にボールを―して戦った」

**キー-ポイント**〔和製英語〕（名）問題を解くための手がかりとなるたいせつな点。物事の要点。「事態解決の―」▽key と point から。

**キーボード**〔英 keyboard〕（名）❶コンピューターの、キーをならべた入力装置。❷ピアノやオルガンなどの鍵盤《けんばん》。また、鍵盤楽器。

**キーマン**〔英 keyman〕（名）→キーパーソン

**きいろ【黄色】**（名）黄。菜の花のような色。

**きいろ・い【黄色い】**（形）〔カロ・カッ(ク)・イ・イ・ケレ・○〕黄色である。「くちばしが―（＝年が若くて未熟だ）」

**黄色い声**《こえ》 女性や子どものかん高い声。「―で声援《せいえん》を送る」

**キー-ワード**〔英 key word〕（名）文の意味や問題の解明の手がかりとなる重要なことば。

**きいん【起因】**（名・自スル）それが原因となって物事がおこること。「不注意に―する交通事故」

**ぎいん【議員】**（名）国会や地方議会などで、物事を決める権限をもつ人。

**ぎいん【議院】**（名）国会。日本では「衆議院」と「参議院」があり、その略として使われる。「市会《しかい》―」

**ぎいんないかくせい【議院内閣制】**（名）政治制度の一つ。内閣は議会の承認を得て成立し、議会に対して責任を負うというもの。

**きう【気宇】**（名）心がまえ。心の広さ。「―広大」

**キウイ**〔英 kiwi〕（名）❶《動》キウイ科の鳥の総称《そうしょう》。体長約五〇《センチメートル》で翼《つばさ》は退化。羽毛は灰褐色《はいかっしょく》。ニュージーランドの森にすみ夜行性。❷《植》（「キウイフルーツ」の略）マタタビ科のつる性落葉樹。中国原産。花は白色。果実は卵形で褐色の短毛があり、鳥のキウイに似る。参考「キーウィ」ともいう。

**きうけ【気受け】**（名）世間の評判。他人がその人に対してもつ感じ。「―がいい」

**きうん【気運】**（名）ある方向へ向かっていきそうな傾向《けいこう》。時世のなりゆき。「民主化の―が高まる」⇩きうん（機運）「学習」

**きうん【機運】**（名）時のめぐりあわせ。よい時機。チャンス。「―が熟する」

> **学習 使い分け 「気運」「機運」**
>
> **気運** 時の勢いのなりゆき。特に、ある方向に向かって高まりつつある動き。「変革の**気運**が高まる」「**気運**を盛り上げる」
>
> **機運** あることを行うのにちょうどよい状態。都合のよい時期。「**機運**に恵《めぐ》まれる」「**機運**に乗じる」「絶好の**機運**」

**きえ【帰依】**（名・自スル）神仏などを信じ、その教えに従うこと。「仏道に一する」

**きえい【気鋭】**（名）意気ごみがするどく、なにものにも負けない勢いであること。「新進一」

**きえい・る【消え入る】**（自五）{ラ(ロ)・リ(ッ)・ル・ル・レ・レ}しだいに消えてなくなる。「一ような声」

**きえう・せる【消えうせる】**〖消え◇失せる〗（自下一）{セ・セ・セル・セル・セレ・セロ(セヨ)}消えてなくなる。いなくなる。「この場から一・せろ」

**きえつ【喜悦】**（名・自スル）喜び。喜ぶこと。「一の色を浮《う》かべる」

**き・える【消える】**（自下一）{エ・エ・エル・エル・エレ・エロ(エヨ)}❶見えていたものが見えなくなる。存在していたものがなくなる。❷聞こえていたものが聞こえなくなる。「歓声《かんせい》が一」❸心に感じていたものがなくなる。「怒《いか》りが一」「人影《ひとかげ》が一」「雪が一」❹火が燃えなくなる。光を発しなくなる。「ろうそくが一」「電灯が一」

**きえん【気炎】**〖気△焔〗（名）さかんな意気。「怪一」

**気炎を上《あ》げる**　威勢《いせい》のよいことを言う。気炎を吐く。

**気炎を吐《は》く**　↓きえんをあげる

**きえん【奇縁】**（名）ふしぎな縁。「合縁《あいえん》一」

**きえん【機縁】**（名）物事のおこるきっかけ。機会。「これを一によろしくお願いします」

**ぎえんきん【義援金】**〖義△捐金〗（名）不幸や災害にあった人びとなどを助けるために寄付するおかね。

**きえんさん【希塩酸】**〖△稀塩酸〗（名）〘化〙水でうすめた塩酸。消化剤《しょうかざい》や殺菌剤《さっきんざい》に用いる。

**きえんばんじょう【気炎万丈】**（名）まわりの人びとを圧倒《あっとう》するほど、意気ごみのさかんなこと。

**きおう【既往】**（名）過ぎ去ってしまったこと。すんでしまったこと。過去。

**きお・う【気負う】**（自五）{ワ(オ)・イ(ッ)・ウ・ウ・エ・エ}うまくやりとげようとして意気ごむ。「試合を前に一」

**きおうしょう【既往症】**（名）前にかかったことのある病気。「一を調べる」

**きおく【記憶】**（名・他スル）❶一度経験したことを忘れないでおぼえていること。また、その内容。「いつまでも一しておく」「一があやふやだ」「一に新しい」「一力」❷コンピューターがデータをたくわえておくこと。「一容量」「一媒体《ばいたい》」

**きおくれ【気後れ】**（名・自スル）自信がなかったりその場の雰囲気《ふんいき》におされたりして、気持ちがくじけてひるむこと。「満員の聴衆《ちょうしゅう》に一する」

**きおち【気落ち】**（名・自スル）がっかりすること。失望すること。「しくじって一する」

**きおん【気温】**（名）大気の温度。ふつう、地上一・五《メー》《トル》付近の直射日光の当たらないところではかる。「一が下がる」「一の変化」

**きおん【基音】**（名）❶〘物〙複合された音のうち振動数《しんどうすう》の最も少ない音。原音。❷〘音〙音階の基本となる第一音。主音。主調音。キーノート。

**ぎおん【擬音】**（名）演劇や放送などで、道具を使ってある音に似せて作った音。風や波の音など。

**ぎおんご【擬音語】**（名）↓ぎせいご

**きか【机下】**（名）手紙で、あて名の左下にそえて敬意を表すことば。

**きか【気化】**（名・自スル）〘物〙液体や固体が気体に変わること。「一熱」⇩えきか

**きか【奇貨】**（名）❶めずらしいお金や品物。❷思いがけない利益が得られる見こみのあることがらや機会。

**奇貨居《お》くべし**　（「居」は、たくわえるの意。めずらしい品物は将来高値がつくだろうから、今買っておこうという意から）よい機会はのがさず利用すべきである。

故事 秦《しん》の王子の子楚《しそ》が趙《ちょう》の国の人質となって不自由な生活をしていたとき、商人の呂不韋《りょふい》が「奇貨居くべし」と言って援助《えんじょ》したことからいう。〈史記〉

**きか【奇禍】**（名）思いがけない災難。「一にあう」

**きか【帰化】**（名・自スル）❶もとの国籍《こくせき》をはなれて、新しく別の国籍を得ること。「一人」❷よその国からきた動植物が、その土地になじみ、自然に繁殖《はんしょく》すること。「一植物」

**きか【幾何】**（名）〘数〙「幾何学」の略。

**きか【麾下】**〖△麾下〗（名）指揮する人の下にあって、そのさしずに従うこと。また、その者。「大隊長の一にはいる」

**きか【貴下】**（代）自分と年や身分が同じくらいの人を、敬っていうことば。「一のご健闘《けんとう》を祈《いの》ります」

使い方 おもに、男性が男性に対して手紙の中で使う。

**きが【起臥】**〖起△臥〗（名・自スル）ねたり、おきたりすること。転じて、毎日の暮らし。「一をともにする」

**きが【飢餓】**〖△饑餓〗（名）食べる物がずっとなく、ひどく腹がへっていること。飢《う》え。「一に苦しむ」

**ぎが【戯画】**（名）こっけいな絵。ふざけてかいた絵。ざれ絵。「鳥獣《ちょうじゅう》一」…化「文明社会を戯画化する」

**ギガ**〔ギリシャ giga〕（名）基本単位の一〇億倍の意を表すことば。記号 G「一バイト」「一ヘルツ」

**きかい【奇怪】**（名・形動ダ）ふつうでは理解できないような、あやしくふしぎなこと。「一な物語」

**きかい【棋界】**（名）碁《ご》や将棋《しょうぎ》の社会。

**きかい【機会】**（名）あることをするのにちょうどよいおり。チャンス。「絶好の一をのがす」「これを一に…」

**きかい【器械】**（名）道具。器物。また、簡単なしくみの装置。⇩きかい(機械)「学習」

**きかい【機械】**（名）動力によって一定の動きをくり返して、ある仕事をする装置。

> **学習 使い分け**　「器械」「機械」
>
> **器械**　規模が小さく、しくみが簡単な道具についていう。「光学器械」「医療《いりょう》器械」「実験器械」「測定器械」「器械体操」
>
> **機械**　規模が大きく、しくみが複雑なものについていう。「精密機械」「工作機械」「機械を操作する」「機械的」「機械のように正確」「機械に強い人」

**きがい【危害】**（名）生命やからだにおよぶ危険や害。「一を加える」

**きがい【気概】**（名）苦しいことにあっても、くじけない強

い心。はげしい意気ごみ。気骨《きこつ》。「—のある人」

**ぎかい**【議会】（名）❶選挙で選ばれた議員が、国や地方の政治について相談し、物事を決める機関。❷特に、国会。

**きかいか**【機械化】（名・自他スル）効率や生産力を高めるために、人や家畜《かちく》のかわりに機械を使うこと。「農業の—」

**きかいきんとう**【機会均等】（名）だれにでも平等に機会をあたえること。「教育の—をはかる」

**きかいたいそう**【器械体操】（名）鉄棒・鞍馬《あんば》・平行棒・平均台・つり輪などの、器械を使ってする体操。対徒手《としゅ》体操

**きかいてき**【機械的】（形動ダ）〔ダロ・ダッ(デ・ニ)・ダ・ナ・ナラ・○〕❶機械のように一定の動きをくり返すようす。「—に手を動かす」❷どんなときでも決まったやり方をするようす。「—に処理する」

**きかいぶんめい**【機械文明】（名）生産の機械化によって生みだされた近代文明。

**きがえ**【着替え】（名・自スル）衣服を着かえること。また、着かえるための衣服。「—に手間どる」

**きか・える**【着替える】（他下一）〔エ・エ・エル・エル・エレ・エロ(エヨ)〕いままで着ていた衣服をぬいで、ほかの衣服ととりかえる。きがえる。「制服に—」

**きかがく**【幾何学】（名）〘数〙数学の一部門で、図形や物の大きさ・位置などを研究する学問。幾何。

**きかがくてき**【幾何学的】（形動ダ）〔ダロ・ダッ(デ・ニ)・ダ・ナ・ナラ・○〕幾何学にかかわるようす。特に、形などが規則的なようす。「—な模様」

**きがかり**【気がかり】〘気掛かり・気懸かり〙（名・形動ダ）いつも心にかかり心配なこと。「母の病気が—だ」

**きかく**【企画】（名・他スル）あることをしようとして計画をたてること。また、その計画。「文化祭の—」

**きかく**【規格】（名）品物の形・寸法・質などについてきめた標準。「—に合う」…化「製品を規格化する」

**きがく**【器楽】（名）〘音〙楽器を使って演奏する音楽。「—合奏《がっそう》」対声楽

**きかげき**【喜歌劇】（名）〘音〙こっけいみのある内容で、せりふのまじる歌劇。オペレッタ。コミックオペラ。

**きかざ・る**【着飾る】（自他五）〔ラ(ロ)・リ(ッ)・ル・ル・レ・レ〕美しい衣服で身をかざる。盛装する。「—って出かける」

**きかしょくぶつ**【帰化植物】（名）〘植〙外来の植物であるが、その国の気候・風土になじんで、在来の植物のように繁殖《はんしょく》しているもの。

**きか・す**【利かす】（他五）〔サ(ソ)・シ・ス・ス・セ・セ〕→き（利）かせる

**きか・す**【聞かす】（他五）〔サ(ソ)・シ・ス・ス・セ・セ〕→き（聞）かせる

**きか・せる**【利かせる】（他下一）〔セ・セ・セル・セル・セレ・セロ(セヨ)〕❶ききめがあるようにする。「塩を—」「にらみを—」❷うまくいくように、よく気をはたらかせる。「気を—」

**きか・せる**【聞かせる】（他下一）〔セ・セ・セル・セル・セレ・セロ(セヨ)〕❶聞くようにさせる。「生徒にクラシック音楽を—」❷なっとくさせる。「よく言って—」❸歌や話などがうまくて思わず聞き入らせる。「なかなか—演奏だ」

**きかつ**【飢渇】（名）飢《う》えと、のどのかわき。飲食物の欠乏《けつぼう》。「—に苦しむ」

**きがね**【気兼ね】（名・自スル）人に対して気をつかうこと。遠慮《えんりょ》すること。「—はいらない」

**きかねつ**【気化熱】（名）〘物〙液体が気体になるのに必要な熱。蒸発熱。

**きがまえ**【気構え】（名）何かをしようとしたり何かを待ち受けたりするときの、心の準備。心構え。「いざという場合の—」

**きがる**【気軽】（形動ダ）〔ダロ・ダッ(デ・ニ)・ダ・ナ・ナラ・○〕かた苦しさやこだわりのないようす。「—に話しかける」「—な服装」

**きかん**【気管】（名）〘生〙脊椎《せきつい》動物の呼吸器の一部。のどから肺につながる空気の通る管《くだ》。

**きかん**【汽缶】（名）↓ボイラー①

**きかん**【季刊】（名）雑誌などを、季節ごとに、一年に四回刊行すること。また、その出版物。クォータリー。

**きかん**【季感】（名）〘文〙俳句で、季節に対する感覚。季節感。

**きかん**【奇観】（名）ふつうには見られないめずらしいながめ。変わったけしき。「天下の—」

**きかん**【既刊】（名）すでに刊行してあること。また、その書物など。「—の書物」対未刊

**きかん**【帰還】（名・自スル）宇宙や戦場など、遠くはなれたところから帰ること。「無事—する」

**きかん**【基幹】（名）中心となるもの。いちばんのおもと。「—産業」

**きかん**【亀鑑】（名）手本となるもの。模範《もはん》。鑑《かがみ》。「教育者の—」

**きかん**【期間】（名）あるときから、あるときまでの決まった時期の間。「受付の—を短縮する」「有効—」

**きかん**【旗艦】（名）艦隊の指揮をとる人が乗る軍艦。

**きかん**【器官】（名）〘生〙生物のからだで、生きていくためにある決まったはたらきをしている部分。目・口・胃・心臓、植物の根・葉など。「消化—」

**きかん**【機関】（名）❶熱・電気・蒸気などの力を、機械を動かす力にかえるしかけ。「蒸気—」❷ある目的のためにつくられた組織や団体。「教育—」

**きがん**【奇岩】〘奇△巌〙（名）変わった形の岩。「—のそそり立つ崖《がけ》」

**きがん**【祈願】（名・他スル）あることを願って、神や仏にいのること。「合格を—する」

**ぎかん**【技官】（名）特別の学問・技術関係の仕事を受け持つ国家公務員。「農林—」

**ぎがん**【義眼】（名）病気や事故で目をなくした人が、そのかわりに入れる人工の眼球。入れ目。

**きかんき**【利かん気】（名・形動ダ）人に負けることや、人の言いなりになることのきらいな性質。勝ち気。まけずぎらい。「—の強い人」

**きかんし**【気管支】（名）〘生〙気管の、二つに分かれて左右の肺に通じる部分。「—炎《えん》」

**きかんし**【機関紙】（名）ある団体が、その活動を外部に知らせたり、団体を構成する人びとに連絡《れんらく》したりするためなどの目的で発行する新聞。参考雑誌の場合は「機関誌」と書く。

**きかんしゃ**【機関車】（名）客車や貨車をひいて線路上を走る、動力をもつ車両。「蒸気—」

**きかんじゅう**【機関銃】（名）引きがねを引くと、

自動的に弾丸《だんがん》が連続して発射されるしくみの銃。機銃。マシンガン。「ーのようにしゃべる」

**きかんぼう**【利かん坊】（名）人にゆずったり負けたりするのをいやがる、性質のはげしい子ども。きかんぼ。

**きき**【危機】（名）あぶない状態。あやういところ。ピンチ。「ーを脱《だっ》する」…的「危機的な状況《じょうきょう》にある」

**きき**【忌△諱】（名・他スル）→きい（忌諱）

**きき**【鬼気】（名）うす気味わるくぞっとするようなけはい。「ーせまる形相《ぎょうそう》」

**きき**【記紀】（名）「古事記」と「日本書紀」とを略して、いっしょに呼ぶ言い方。「ー歌謡《かよう》」

**きき**【機器】（名）機械や器械のこと。「通信ー」

**きき**【△嬉△嬉】（トタル）楽しそうに遊ぶようす。うれしそうなようす。「ーとして話す」

**きぎ**【機宜】（名）あることをするのに適している時。最適な時機。「ーを得た処置」

**ぎぎ**【疑義】（名）内容や意味がはっきりしないでうたがわしいこと。「ーをはさむ」「ーをただす」

**ききいっぱつ**【危機一髪】（名）ひとつまちがえばたいへんなことになるという、危険な状態。あぶないせとぎわ。「ーのところで助かる」

**ききい・る**【聞き入る】（自五）{ラ(ロ)・リ(ツ)・ル・ル・レ・レ}心を集中させて聞く。「先生の話にー」

**ききい・れる**【聞き入れる】（他下一）{レ・レ・レル・レル・レレ・レロ(レヨ)}願いや要求を承知する。聞き届ける。「頼《たの》みをー」

**ききうで**【利き腕】（名）力が強く動作の能力も発達した、使いやすいほうの腕。利き手。「ーをつかむ」

**ききおさめ**【聞き納め】（名）それが最後に聞く機会で、もう二度と聞けないこと。「あの話がーとなった」

**ききおぼえ**【聞き覚え】（名）❶前に聞いた覚えがあること。「ーのない声」❷耳で聞いて覚えること。「ーで歌う」

**ききおよ・ぶ**【聞き及ぶ】（他五）{バ(ボ)・ビ(ン)・ブ・ブ・ベ・ベ}人づてに聞いて知っている。以前から聞いている。「すでにー・んでいる話」

**ききかいかい**【奇奇怪怪】（名・形動ダ）ひじょうにふしぎなこと。きわめて奇怪なこと。「ーな事件」

**ききがき**【聞き書き】（名・他スル）人から聞いた話を書きとめること。また、その書きためたもの。

**ききかじ・る**【聞きかじる】『聞き△齧る』（他五）{ラ(ロ)・リ(ツ)・ル・ル・レ・レ}話の一部分または表面だけを聞いて知っている。「ー・った知識をひけらかす」

**ききぐるし・い**【聞き苦しい】（形）{カロ・カッ(ク)・イ・イ・ケレ・○}❶聞きとりにくい。「早口でー」❷内容がふゆかいで聞くにたえない。「人の悪口ばかり言ってー」

**ききこみ**【聞き込み】（名）（刑事《けいじ》などが）情報を得るため、あちこち聞いてまわること。「ー捜査《そうさ》」

**ききざけ**【聞き酒・利き酒】（名）酒を少し口にふくんで味わい、品質のよしあしを見分けること。また、それに使う酒。

**ききしにまさる**【聞きしに勝る】聞いていた以上に程度がはなはだしい。「相手はー強さだ」

**ききじょうず**【聞き。上手】（名）相手が話しやすいようにうまく応対し、じゅうぶんに話を引き出すこと。また、そうすることのうまい人。

**きぎす**『×雉子』（名）「きじ（雉）」の古い言い方。

**ききずて**【聞き捨て】（名）聞いても問題とせずにそのままにしておくこと。「ーのならない話」

**ききただ・す**【聞きただす】『聞き△糺す・聞き◇質す』（他五）{サ(ソ)・シ・ス・ス・セ・セ}よく聞いて確かめる。「真意をー」

**ききつ・ける**【聞きつける】『聞き付ける』（他下一）{ケ・ケ・ケル・ケル・ケレ・ケロ(ケヨ)}❶人の話・音などをたまたま耳にする。「騒《さわ》ぎをー・けて警察官が来る」❷いつも聞いている。聞きなれる。「ー・けない声がする」

**ききて**【利き手】（名）→ききうで

**ききて**【聞き手・聴き手】（名）話などを聞く側の人。「ーの心をつかむ」対話し手

**ききとが・める**【聞きとがめる】『聞き△咎める』（他下一）{メ・メ・メル・メル・メレ・メロ(メヨ)}人の話を聞いて、わからないところやまちがったところに気づく。また、それを問いただしたり、非難したりする。「失言をー」

**ききとど・ける**【聞き届ける】（他下一）{ケ・ケ・ケル・ケル・ケレ・ケロ(ケヨ)}目下の人の願いや言い分を聞いて承知する。聞き入れる。「願いをー」

**ききと・る**【聞き取る】（他五）{ラ(ロ)・リ(ツ)・ル・ル・レ・レ}❶声や音を注意深く聞いてしっかりとらえる。「声が小さくてー・りにくい」❷状況《じょうきょう》・事情などが明らかになるようにくわしく聞く。「被害《ひがい》状況をー」

**ききなが・す**【聞き流す】（他五）{サ(ソ)・シ・ス・ス・セ・セ}聞くだけで心にとめない。聞きすてる。「小言《こごと》を軽くー」

**ききほ・れる**【聞きほれる】『聞き△惚れる』（自下一）{レ・レ・レル・レル・レレ・レロ(レヨ)}夢中になって聞き入る。うっとりとして聞く。「名演奏にー」

**ききみみをたてる**【聞き耳を立てる】注意してよく聞こうとする。耳をすます。「他人の話にー」

**ききめ**【効き目】（名）あるはたらきによって表れる効果。きいたしるし。「ーの早い薬」

**ききもら・す**【聞き漏らす】（他五）{サ(ソ)・シ・ス・ス・セ・セ}聞くべきことをうっかり聞かないでしまう。「要点をー」

**ききゃく**【棄却】（名・他スル）❶捨てて取りあげないこと。「提案をーする」❷〔法〕裁判所が、申し立ての内容を、理由がない、法に合っていないなどとして、無効の言いわたしをすること。「再審請求《さいしんせいきゅう》をーする」

**ききゅう**【危急】（名）危険が目の前にせまっていること。「ーの事態」

**ききゅう**【気球】（名）水素・ヘリウムなど、空気より軽い気体や熱した空気をつめて空中にあげる、球形のふくろ。宣伝・観測などに用いる。軽気球。「熱ー」

**ききゅう**【希求】『△冀求』（名・他スル）物事を強く望んで、その実現を願うこと。心から希望すること。「平和をーする」

**ききゅうそんぼう**【危急存亡】（名）生き残るかほろびるかのせとぎわ。「ーの秋《とき》」

**ききょ**【起居】（名・自スル）❶立ったりすわったりすること。また、動作。立ち居《い》ふるまい。❷毎日の暮らし。日常の生活。

**起居を共《とも》にする**　毎日いっしょに生活する。

**ぎきょ**【義挙】（名）正義のためにおこす行動。「近来まれに見るー」

**ききょう**【奇矯】（名・形動ダ）ことばや行いが、ふつう

と変わっていて、とっぴなこと。「―なふるまい」

**ききょう【帰京】**(名・自スル) みやこに帰ること。特に、東京に帰ること。

**ききょう【帰郷】**(名・自スル) ふるさとに帰ること。「正月に―する」類帰省

**ききょう『△桔◇梗』**(名)〘植〙キキョウ科の多年草。山野に生え、秋に紫《むらさき》・白色のつりがね形の花をつける。秋の七草の一つ。

(桔梗)

**きぎょう【企業】**(名) 利益をあげることを目的に、経済活動を継続的《けいぞくてき》に行う組織体。「中小―」

**きぎょう【起業】**(名・自スル) 事業を起こすこと。「満を持して―する」「―家」

**きぎょうごうどう【企業合同】**(名)〘経〙→トラスト

**ぎきょうしん『義△侠心』**(名) 弱い人がいじめられたり困ったりしているとき、助けようとする心。おとこぎ。

**ぎきょうだい【義兄弟】**(名) ❶義理の兄弟。配偶者《はいぐうしゃ》の兄弟、姉妹の夫など。❷たがいに兄弟になろうと約束をした人どうし。「―のちぎりを結ぶ」

**きぎょうれんごう【企業連合】**(名)〘経〙→カルテル

**ぎきょく【戯曲】**(名) 演劇の脚本《きゃくほん》・台本。また、その形式で書いた文学作品。ドラマ。

**ききわけ【聞き分け】**(名) 聞いてわかったり、納得《なっとく》したりすること。「―のよい子」

**ききわ・ける【聞き分ける】**(他下一)(ケ・ケ・ケル・ケル・ケレ・ケロ(ケヨ)) ❶聞いて音や内容のちがいを区別する。「鳥の声を―」❷聞いてよく理解し納得《なっとく》する。「道理を―」

**ききん『飢△饉・△饑△饉』**(名) ❶農作物のできが悪く食物が足りなくなること。「―に見舞《みま》われる」❷生活に必要な物が足りなくなること。「水―」

**ききん【基金】**(名) ❶ある事業をするためのもとでになるおかね。「会社設立のための―」❷将来の目的のために、積み立てなどして準備する資金。

**ききんぞく【貴金属】**(名)〘化〙性質が変わりにくく、産出量の少ないねうちの高い金属。金・銀・白金など。「―商」対卑《ひ》金属

**きく【菊】** 11画 艹8 音キク 一 艹 艹 芍 芍 菊
きく。きくの花。◆菊花・菊人形 ◆寒菊・残菊《ざんぎく》・野菊・乱菊

**きく【菊】**(名)〘植〙キク科の多年草。種類が多く、秋に黄・白・赤などの花を開く。観賞用。

**きく【起句】**(名) ❶詩や文章の最初の部分。❷漢詩で、絶句の第一句。⇨きしょうてんけつ

**きく『規△矩』**(名)(「規」はコンパス、「矩」はものさしの意)きまり。手本。「―準縄《じゅんじょう》(=物事の手本)」

**き・く【効く・利く】**(自五)(カ(コ)・キ(イ)・ク・ク・ケ・ケ) ❶効果があらわれる。ききめがある。「かぜによく―薬」❷機能が発揮される。「ブレーキが―・かない」❸そうすることができる。可能である。「若いうちはからだに無理が―」「学割が―」「見通しが―」
参考「口を利く」は、話をするの意。⇨くちをきく

> **学習 使い分け「効く」「利く」**
>
> **効く** もののはたらきの結果、好ましい状態になる。効果がある。「薬が効く」「宣伝が効いてよく売れる」
>
> **利く** 機能や特性がじゅうぶんに発揮《はっき》される。効果が現れる場合にも用いられる。「わさびが利く」「鼻が利く」「がんばりが利く」「顔が利く」「気が利かない」
>
> ◆「無理がきく」「自由がきく」「見通しがきく」など、「～できる」の意味ではかな書きのことも多い。

**き・く【聞く・聴く】**(他五)(カ(コ)・キ(イ)・ク・ク・ケ・ケ) ❶音や声を耳を通して感じる。注意して耳を傾《かたむ》ける。耳にする。「音楽を―」「友だちから―・いた話」❷人の願い・たのみ・忠告などを受け入れる。「みんなの言い分を―」❸たずねる。質問する。「時間を―」❹味やかおりのよしあしをしらべる。「香を―」
参考③は「訊く」、④は「利く」とも書く。

**聞くは一時《いっとき》の恥《はじ》聞《き》かぬは一生《いっしょう》の恥《はじ》** 知らないことを人に聞くのは、その時ははずかしいが、聞かなければそのことを知らないまま一生はずかしい思いをする。だから知らないことははずかしがらないで聞くものだ。

**聞く耳《みみ》を持《も》たない** 相手の言うことを聞こうとしない。「いくらお説教しても―ので、何の効果もない」

表現 聞こえる・耳を傾《かたむ》ける・耳を澄《す》ます・耳をそばだてる・聞き入る・傾聴《けいちょう》する・静聴する・拝聴《はいちょう》する・うけたまわる・うかがう ◆聞き及《およ》ぶ・耳にする・耳に入れる・小耳に挟《はさ》む・また聞きする・仄聞《そくぶん》する・聞き耳を立てる・立ち聞きする・盗《ぬす》み聞きする

| 尊敬語 | 謙譲《けんじょう》語 | 丁寧《ていねい》語 |
|---|---|---|
| お聞きになる | うかがう | 聞きます |
| 聞かれる | うけたまわる | 耳に(いた)します |
| 耳になさる | おうかがいする | |
| 耳にされる | 拝聴《はいちょう》する | |
| | お聞きする | |

> **学習 使い分け「聞く」「聴く」**
>
> **聞く** 音を耳で感じる。一般《いっぱん》に広く用いる。「物音を聞く」「見るもの聞くもの」「先方の都合を聞く」「根ほり葉ほり聞く」
>
> **聴く** 特に注意して耳を傾《かたむ》けるときに用いる。「国民の声を聴く」「音楽を聴く」「先生の話を聴く」

**きぐ【危惧】**(名・他スル) なりゆきを心配しおそれること。あやぶむこと。「絶滅《ぜつめつ》―種」

**きぐ【器具】**(名) 道具。うつわ。また、家庭などで用いる構造の簡単な機械類。「電気―」

**きぐ【機具】**(名) 機械・器具類。「農―」

**ぎく**『疑△懼』（名・他スル）疑っておそれること。「―の念をいだく」

**きぐう【奇遇】**（名）思いがけなく出会うこと。「こんな所で会うとは―だ」

**きぐう**『寄△寓』（名・自スル）他人の家に一時世話になること。「叔父《おじ》の家に―する」

**ぎくしゃく**（副・自スル）❶動作やことばがなめらかでないようす。「緊張《きんちょう》で動きが―する」❷物事の関係がなめらかでないようす。「―（と）した仲《なか》」

**きくず・す【着崩す】**（他五）{サ(ソ)・シ・ス・ス・セ・セ}しゃれた感じを出すために、わざときちんとしていない着こなしをする。

**きぐすり【生薬】**（名）→しょうやく(生薬)

**きくずれ【着崩れ】**（名・自スル）着ているうちに衣服の着た形がくずれること。「着物の―をなおす」

**きぐち【木口】**（名）❶材木の質。木柄《きがら》。❷木材の切り口。木を横にたちきった面。こぐち。❸手さげなどの口につけた木製のとって。

**きくちかん**〔菊池寛〕〔人名〕（一八八八～一九四八）大正・昭和前期の小説家・劇作家。本名は寛《ひろし》。はじめ戯曲《ぎきょく》を書いたが、のち、小説に転じ、通俗《つうぞく》小説の第一人者となった。また、雑誌「文藝《ぶんげい》春秋」を創刊し、芥川賞《あくたがわしょう》・直木賞を設けた。小説「恩讐《おんしゅう》の彼方《かなた》に」、戯曲「屋上の狂人《きょうじん》」「父帰る」など。

**きくのかや**…俳句

〔**菊の香や　奈良《なら》には古《ふる》き　仏《ほとけ》たち**〕〈芭蕉《ばしょう》〉訳菊の香がただよう秋のさかり、古都奈良の寺々にはものさびた由緒《ゆいしょ》ふかい仏たちが安置されて、いかにもけだかくみやびな雰囲気《ふんいき》である。（九月九日、重陽《ちょうよう》の節句によんだ句。季語「菊」秋）

**きくのせっく【菊の節句】**陰暦《いんれき》で、九月九日の祝いの日。重陽《ちょうよう》の節句。

**きくばり【気配り】**（名・自スル）物事や人との関係がうまくいくようにあれこれと気をつかうこと。配慮《はいりょ》。「―が足りない」

**きぐらい【気位】**（名）他人に対して、自分の品位を高く保とうと思う気持ち。「―が高い」

**きくらげ**『×木耳』（名）キクラゲ科のきのこ。にわとこなどの枯《か》れ木に生え、耳のような形をしている。干して食用にする。

**ぎくりと**（副・自スル）不意をつかれておどろき恐《おそ》れるようす。ぎくっと。「突然《とつぜん》の電話に―する」

**きぐるみ【着ぐるみ】**（名）人が着用できる大きさのぬいぐるみ。「うさぎの―」

**きぐろう【気苦労】**（名）心配や気づかいによる苦労。心労。「―が絶えない」

**きくん【貴君】**（代）男性が同輩《どうはい》、また目下の人を敬っていうことば。「―の成功を祝す」使い方〉「きみ」よりいくらか丁寧《ていねい》なことばで、おもに手紙で使う。

**きけい【奇形】**『△畸形・△畸型』（名）動物や植物でふつうのものとちがった形をしているもの。「―の魚」

**きけい【奇計】**（名）人の思いつかないようなはかりごと。「―を用いる」類奇策

**きけい【奇警】**（名・形動ダ）言動・考えなどがふつうとちがってひどく変わっていること。「―な言を吐《は》く」

**きけい【貴兄】**（代）男性が同輩《どうはい》、または少し年上の人を敬っていうことば。「―のご健勝を祈《いの》ります」類大兄《たいけい》。使い方〉おもに手紙で使う。

**ぎけい【義兄】**（名）義理の兄。姉の夫や配偶者《はいぐうしゃ》の兄など。対実兄

**ぎげい【技芸】**（名）美術・工芸などのわざ・うでまえ。

**ぎけいき**〔義経記〕〔作品名〕室町《むろまち》時代前期の軍記物語。作者不明。源義経《みなもとのよしつね》の生涯《しょうがい》を主題に、その不運な運命をえがく。後世の謡曲《ようきょく》・浄瑠璃《じょうるり》などに取材され、大きな影響《えいきょう》をあたえた。

**きげき【喜劇】**（名）❶こっけいで明るい劇。コメディー。「―俳優」…的「喜劇的な幕切れ」❷こっけいなできごと。（対悲劇）

**きけつ【既決】**（名）❶すでに決まっていること。「―の事項《じこう》」❷〔法〕裁判の判決がすでに確定していること。「―囚《しゅう》」（対未決）

**きけつ【帰結】**（名・自スル）話し合いや物事がある結論や結果に落ち着くこと。また、その落ち着いたところ。「当然の―だ」

**ぎけつ【議決】**（名・他スル）会議や議会で決めること。また、決めたことがら。「法案を―する」「―権」

**きけん【危険】**（名・形動ダ）あぶないこと。命を失ったりけがをしたり、また、悪いことが起きたりする可能性があること。「衝突《しょうとつ》の―がある」「―な場所」「―にさらす」「―信号」…性「失敗に終わる危険性が高い」対安全

**きけん【気圏】**（名）〔天〕地球をとりまく大気の存在範囲《はんい》。大気圏。

**きけん【棄権】**（名・他スル）自分がもつ権利をすてて使わないこと。特に、選挙で投票しないこと。「競技を途中《とちゅう》で―する」「選挙で―する」

**きげん【紀元】**（名）歴史の上で、年数を数えるもとになる年。西暦《せいれき》ではキリストが生まれたとされる年を紀元とする。「―前」

**きげん【起源・起原】**（名）物事の始まりやおこり。「生命の―」

**きげん【期限】**（名）前もって決められた時期。約束した期間。「―が切れる」「無―」

**きげん【機嫌】**（名）❶そのときどきの心の状態。気分。「―が悪い」「―をそこなう」「不―」「―を取る（＝相手の気に入るようにする）」❷（多く「ご」をつけて）気分がよい状態。「きょうはご―だ」

**きげんせつ【紀元節】**（名）神武《じんむ》天皇が即位《そくい》したとされる日（二月一一日）を祝って定められた祝日。一九四八（昭和二三）年廃止。⇩建国記念の日

**きげんぜん【紀元前】**（名）紀元元年より前。西暦《せいれき》では、B.C.で表す。「―二、三世紀ごろ」

**きご【季語】**（名）〔文〕俳句で、季節を表すものとして句によみこむよう定められたことば。季題。「しづかさや岩にしみ入る蟬《せみ》の声」では「蟬」が季語で、季節は夏。

**きこう【気孔】**（名）〔植〕植物の葉・茎《くき》にあって、呼吸したり、水分を出し入れしたりするための小さな穴。

**きこう【気功】**（名）中国古来の健康法。呼吸法と体操によって生命のエネルギーである「気」を体内に取り込《こ》み、病気の予防と治療《ちりょう》をはかる。

**きこう【気候】**（名）ある土地の、長い期間にわたる気

温・湿度《しつど》・晴雨などの状態。「温暖な—」

**きこう**【奇行】（名）なみはずれて変わった行い。「—で知られる人物」

**きこう**【紀行】（名）旅行中の見聞・経験あるいは感想などを書いたもの。旅行記。「—文」

**きこう**【起工】（名・自スル）工事を始めること。「—式」㊖着工。㊟竣工《しゅんこう》

**きこう**【帰航】（名・自スル）船や飛行機が帰ってくること。また、帰りの航路。「—の途《と》につく」㊟往航

**きこう**【帰港】（名・自スル）船が出発した港に帰ること。「横浜に—する」

**きこう**【起稿】（名・自スル）原稿を書き始めること。「—から五年で脱稿《だっこう》する」㊟脱稿

**きこう**【寄航】（名・自スル）船や飛行機がとちゅうで港や空港にたち寄ること。「—地」

**きこう**【寄港】（名・自スル）航海中の船がとちゅうの港に寄ること。「神戸《こうべ》に—する」

**きこう**【寄稿】（名・自他スル）依頼《いらい》されて、新聞・雑誌などにのせるために原稿を送ること。また、その原稿。「新聞に—する」

**きこう**【機構】（名）❶国・会社・団体などの組織を組み立てているしくみ。「流通—」「行政—」❷機械内部の構造。「エンジンの—」

**きこう**【貴公】（代）男性が、同輩《どうはい》または目下の者を呼ぶときに使うことば。

**きごう**【記号】（名）ある決まった意味や内容を表すしるし。符号《ふごう》。「元素—」

**きごう**『揮△毫』（名・他スル）筆で書や絵画をかくこと。「色紙《しきし》に—する」

**ぎこう**【技巧】（名）芸術・技術などで、ものをうまく表現したり作ったりするわざ・くふう。テクニック。「—をこらす」…的「技巧的な演奏」

**きこうし**【貴公子】（名）身分の高い家の若い男子。気品のある青年。「—然とした態度」

**きこうたい**【気候帯】（名）《天》地球上の気候のちがいを緯度《いど》や気温などによって区分したもの。熱帯・亜《あ》熱帯・温帯・亜寒帯・寒帯など。

**きこうぼん**『希△覯本・△稀△覯本』（名）数が少なくて、手にはいりにくい本。希書。

**きこえ**【聞こえ】（名）❶聞こえること。❷世間の評判。人ぎき。うわさ。「世に—の高い人物」

**きこえよがし**【聞こえよがし】（名・形動ダ）当人がいるのに気づかないふりをして、悪口や皮肉をわざと聞こえるように話すこと。「—に悪口を言う」

**きこ・える**【聞こえる】（自下一）〔エ・エ・エル・エル・エレ・エロ(エヨ)〕❶音や声などが耳に感じられる。「笛《ふえ》の音《ね》が—」❷話を聞いて、そのように受けとられる。「妙《みょう》に—かもしれないが…」「いやみに—」❸広く知られる。有名である。「世に—・えた人」

**きこく**【帰国】（名・自スル）❶外国から自分の国に帰ること。「—の途《と》につく」❷故郷に帰ること。

**ぎごく**【疑獄】（名）有罪か無罪かの判決を下しにくい、こみいった裁判事件。特に、政府の高官などがかかわる大がかりな贈収賄《ぞうしゅうわい》事件。「—に連座する」

**きこくしじょ**【帰国子女】（名）親の仕事の都合などによって長年海外で生活し、のちに帰国した児童・生徒。

**きごこち**【着〇心地】（名）着物や洋服を着たときの感じ。「このシャツは—がいい」

**きごころ**【気心】（名）その人のほんとうの心のもち方。気性《きしょう》。気だて。「—の知れた人」

**きこしめ・す**〔聞こし召す〕（他四）古語❶「聞く」の意の尊敬語。お聞きになる。「この事を御門《みかど》—・して」〈竹取物語〉訳このことを帝《みかど》はお聞きになって。❷「飲む」「食う」の意の尊敬語。めしあがる。お飲みになる。「はかなきものも、—・さず」〈源氏物語〉訳ちょっとした食べものも、おめしあがりにならない。❸「治める」の意の尊敬語。お治めになる。「やすみししわご大君《おおきみ》の—天《あめ》の下に」〈万葉集〉訳わが大君のお治めになる天下に。❹「承知する」の意の尊敬語。お聞き入れになる。ご承知なさる。「ここにせちに申さむことは、—・さぬやうあらざらまし」〈源氏物語〉訳（私が）ぜひにと申し上げるようなことは、（帝も）お聞き入れなさらないわけはないだろうに。文法上代にのみ用いられた「聞く」の尊敬語「聞こす」の連用形「聞こし」に、「召す」のついたもの。

**ぎこちな・い**（形）〔カロ・カツ(ク)・イ・イ・ケレ・〇〕動作やことばがなめらかでなく、不自然だ。「—歩き方」

**きこつ**【気骨】（名）正しいと思ったことはどこまでもやりとげようとする強い心。気概《きがい》。「—のある人物」注意「きぼね」と読むと別の意味になる。

**きこな・す**【着こなす】（他五）〔サ(ソ)・シ・ス・ス・セ・セ〕自分のからだに似合うようにじょうずに着る。「和服を—」

**きこのいきおい**【騎虎の勢い】（「騎虎」はとらに乗るの意）事を始めた勢いで、あとに引けないこと。

**ぎこぶん**【擬古文】（名）むかしの文体をまねて作った文。主として、江戸《えど》時代の国学者が平安時代の文体をまねて作った文章。「—で書かれた文章」

**きこ・む**【着込む】（他五）〔マ(モ)・ミ(ン)・ム・ム・メ・メ〕❶衣服をたくさん着る。「シャツを何枚も—」❷あらたまって着る。「一張羅《いっちょうら》（＝一枚しかない晴れ着）を—・んで行く」

**きこ・ゆ**〔聞こゆ〕古語 一（自下二）❶聞こえる。うわさされる。世に知られる。「これ、むかし名だかく—・えたるところなり」〈土佐《とさ》日記〉訳ここは、むかし評判高く世に知られたところである。二（他下二）❶「言う」の意の謙譲《けんじょう》語。申す。申しあげる。「『ことに侍《はべ》りつ』とばかり—・え給《たま》ふ」〈源氏物語〉訳「格別でした」とだけ申し上げなさる。❷「贈《おく》る」「やる」の意の謙譲語。（手紙などを）さしあげる。「御文《ふみ》も—・えたまはず」〈源氏物語〉訳お手紙もさしあげなさらない。❸（動詞や助動詞の連用形について）謙譲の意を表す。お…申しあげる。お…する。「竹の中より見つけ—・えたりしかど」〈竹取物語〉訳竹の中からお見つけ申しあげたけれど。

**きこり**『△樵』（名）山で木を切る職業の人。

**きこん**【気根】（名）❶物事にたえる気力。根気。「—が尽《つ》きる」❷《植》地上の茎《くき》や葉から、また、地中から出て、空気中にむき出しになっている根。

**きこん**【既婚】（名）すでに結婚していること。「—者」㊟未婚

**きざ**『気◇障』（形動ダ）〔ダロ・ダツ(デ・ニ)・ダ・ナ・ナラ・〇〕ふるまいや服装など

がわざとらしく、気取っていていやな感じをおこさせるようす。「—なしゃべりかた」

**きさい【奇才】**(名) 世にもまれなすぐれた才能。また、その持ち主。「天下の—」

**きさい【鬼才】**(名) 人間とは思われないほどすぐれた才能。また、その持ち主。「文壇《ぶんだん》の—」

**きさい【既済】**(名) ❶処理・必要な手続きなどがすでにすんでいること。❷借りたおかねや物をすでに返したこと。「ローンの—部分」(対未済)

**きさい【記載】**(名・他スル) 書物・書類などに書いてのせること。「—事項《じこう》」

**きさい【起債】**(名・自スル) 《経》国・地方公共団体・会社などが資金を集めるため債券を発行すること。

**きざい【器材】**(名) 器具や材料。また、器具の材料。「医療《いりょう》—」

**きざい【機材】**(名) ❶機械と材料。また、機械の材料。「建築—」❷あることに使われる機具一式。「撮影《さつえい》—」「録音—」

**きさき**『◇后・◇妃』(名) 天皇の妻。皇后《こうごう》。また、王の妻。

**ぎざぎざ**(名・形動ダ) のこぎりの歯のようなきざみ目があるようす。また、そのきざみ目。「紙を—に切る」

**きさく【奇策】**(名) ふつうでは思いつかないような、奇抜《きばつ》なはかりごと。「—を弄《ろう》する」類奇計

**きさく【気さく】**(形動ダ) (ダロ・ダッ(デ・ニ)・ダ・ナ・ナラ・○) 性格がさっぱりとしていて気取らず親しみやすいようす。「—な人」

**ぎさく【偽作】**(名・他スル) 他人の作品に似せて作ること。また、その作品。まがいもの。贋作《がんさく》。対真作

**きささげ**『木×豇豆』(名) 《植》ノウゼンカズラ科の落葉高木。夏、大形の、うす黄色に濃《こ》い紫色《むらさきいろ》のまだらのある花が咲《さ》く。実はささげのさやに似る。

**きざし【兆し】**『△萌し』(名) そのことがおこりそうなけはい。前兆。「春の—が感じられる」「異変の—」

**きざ・す【兆す】**『△萌す』(自五) (サ(ソ)・シ・ス・ス・セ・セ) ❶草木の芽が出はじめる。「新芽が—」❷そのことのおこりそうなけはいがする。前兆がある。「悪心が—」

**きざはし**『◇階』(名) 階段。

**きさま【貴様】**(代) 男性が相手をののしったり、または、ひじょうに親しい仲間や目下の者を呼んだりする場合に使うことば。おまえ。「—とおれの仲」

**きざみ【刻み】**一(名) ❶きざむこと。また、そのきざみ目。「柱に—をつける」❷(「きざみたばこ」の略) たばこの葉を細かくきざんだもの。キセルにつめて吸う。二(接尾) 時間・長さなどが一定の間隔《かんかく》をおいて区切られている意を表す。「分—のスケジュール」

**きざみあし【刻み足】**(名) 小またに速く歩くこと。また、その歩き方。「—で追いかける」

**きざ・む【刻む】**(他五) (マ(モ)・ミ(ン)・ム・ム・メ・メ) ❶刃物《はもの》で細かく切る。「ねぎを—」❷刃物《はもの》で彫《ほ》って切れ目を入れる。ほりつける。「木の幹に名前を—」❸細かく区切る。「時を—」「めもりを—」❹強く心に残す。しっかりと覚えておく。「心に—」

**きさらぎ**『×如月』(名) 陰暦《いんれき》二月の異名。

**きさん【帰参】**(名・自スル) ❶長くよその地へ行っていた人が帰ってくること。❷一度ひまを取った主君にふたたび仕えること。「—がかなう」

**きさん【起算】**(名・自スル) ある地点・時点をもとにして数え始めること。「入学の日から—する」

**きし【岸】**(名) 陸地の、川・湖・海などと接するところ。水ぎわ。「波が—を洗う」

**きし【棋士】**(名) 碁《ご》・将棋《しょうぎ》をすることを職業とする人。碁うち。将棋さし。「天才—」

**きし**『旗△幟』(名) 表に示す態度や主義主張。「—を鮮明《せんめい》にする」

**きし【騎士】**(名) (馬に乗った武士の意)中世ヨーロッパにおける武士の身分の一つ。ナイト。「—道」

**きじ**『△雉・×雉子』(名) 《動》キジ科の鳥。日本の特産種で、形はにわとりに似る。雄《おす》は尾《お》が長く羽毛の色も美しい。「けんけん」とよくひびく声で鳴く。日本の国鳥。

(雉)

**雉も鳴《な》かずば打《う》たれまい** よけいなことを言ったりしたりしなければ、災難を招くこともない。余分なおしゃべりはつつしめというたとえ。

**きじ【木地】**(名) ❶木材の地質。木目《もくめ》。「—の特徴《とくちょう》をいかした細工」❷塗料《とりょう》を塗《ぬ》っていない白木《しらき》のままの器具や作品。または木材。「—のこけし」❸(「木地塗《きじぬ》り」の略) 木目がきれいに出るように、うるしをうすく塗る方法。また、そうした器具。

**きじ【生地】**(名) ❶布地の質。また、衣服に作る前の布。「強い—」❷パンやめんなどの材料とする、小麦粉などを水を加えてねりあげたもの。「パイ—」❸生まれつきの性質。本性《ほんしょう》。「—が出る」❹陶磁器《とうじき》の、うわぐすりを塗《ぬ》っていないもの。

**きじ【記事】**(名) 事実を伝えるために書いた文章。特に、新聞や雑誌などに書かれた文章。

**ぎし【技師】**(名) 会社や工場などで、電気や機械などの特別の技術を持ち、それを専門とする仕事についている人。エンジニア。「臨床《りんしょう》検査—」

**ぎし【義士】**(名) ❶身を犠牲《ぎせい》にして正義を守りぬくりっぱな人。❷赤穂《あこう》義士のこと。「—祭」

**ぎし【義姉】**(名) 義理の姉。兄の妻や配偶者《はいぐうしゃ》の姉など。対実姉

**ぎし【義肢】**(名) 義手と義足。「—をつける」

**ぎし【義歯】**(名) 歯がぬけたり、かけたりしたとき、代わりに入れる人造の歯。入れ歯。

**ぎじ【疑似・擬似】**(名) 本物と見分けがつかないほどよく似ていること。また、本物に似せたもの。「—体験」「—科学」

**ぎじ【議事】**(名) 会議を開いて審議《しんぎ》・相談すること。また、その内容。「—を進行する」「—録」

**きしかいせい【起死回生】**(名) 死にかかった人を生き返らせること。また、だめになりかかっているものを、よい状態にもどすこと。「—のホームラン」

**きしかた【来し方】**(名) ❶過ぎ去った時。過去。「—行《ゆ》く末《すえ》」❷通り過ぎてきた所・方向。参考

「こしかた」とも読む。

**ぎしき【儀式】**（名）神や仏をまつったり、お祝いやとむらいなどをするときに、きまりに従ってやる作法・行事。

**ぎしきば・る【儀式張る】**（自五）{ラ(ロ)・リ(ッ)・ル・ル・レ・レ}形式を重んじて物事をかた苦しく行う。「—ったあいさつ」

**きじく【機軸】**（名）❶機関や車輪などの回転の中心になる棒。❷活動の中心となるもの。「党の—となる」❸物事のやり方。方法。「新—を打ち出す」

**きしつ【気質】**（名）❶生まれつきの性質。「さっぱりした—」類気性。❷ある身分や職業に共通する性質。「学生—」注意「かたぎ」と読めば別の意になる。

**きじつ【忌日】**（名）→きにち

**きじつ【期日】**（名）ある物事を行うよう、前もって定めた日。約束の日。「—を守る」類日限《にちげん》

**きじつまえとうひょう【期日前投票】**（名）仕事や旅行などで投票日に投票できないとき、あらかじめ特定の市区町村の投票所で投票を行うこと。きじつぜんとうひょう。

**きしどう【騎士道】**（名）中世ヨーロッパの騎士階級特有の気風。勇気・忠誠・礼儀《れいぎ》・モラル・名誉《めいよ》などを重んじた。「—精神」

**ぎじどう【議事堂】**（名）国会や地方議会などの議員が会議をするためにつくられた建物。「国会—」

**ぎじばり【擬餌針】**『擬餌△鉤』（名）えさに使う虫や小魚に似せて作った釣《つ》り針。「—をつける」

**きしべ【岸辺】**（名）岸のあたり。岸の近く。

**きし・む**『△軋む』（自五）{マ(モ)・ミ(ン)・ム・ム・メ・メ}物がすれ合ってぎしぎし音がする。「床《ゆか》が—」類軋《きし》る

**きしめん**『△棊子麺』（名）ひら打ちにしたうどん。ひもかわうどん。

**きしもじん**『鬼子◇母神』（名）安産と育児の神。きしぼじん。参考 一〇〇〇人の子をもちながら他人の子を殺しては食べていたが、仏がその末子を隠《かく》し戒《いまし》めたところ、仏に帰依《きえ》したという。

**きしゃ【汽車】**（名）蒸気機関車に引かれて、線路の上を走る車両。また、列車。「夜《よ》—《ぎしゃ》」

**きしゃ【記者】**（名）新聞・雑誌・放送などで、取材して記事を書く人。「—会見」

**きしゃ【喜捨】**（名・他スル）寺社または貧しい人などに喜んで金品を寄付すること。「浄財《じょうざい》を—する」

**きしゃく【希釈】**『△稀釈』（名・他スル）〔化〕溶液《ようえき》に水などを加えて濃度《のうど》をうすめること。「—液」

**きしゅ【期首】**（名）ある決まった期間のはじめ。「—残高」対期末

**きしゅ【旗手】**（名）❶旗を持つ役目の人。「選手団の—」❷ある運動や物事の先頭に立って活躍《かつやく》する人。「新しい文学運動の—」

**きしゅ【機首】**（名）飛行機の頭部。「—を上げる」

**きしゅ【機種】**（名）飛行機や機械などの種類。

**きしゅ【騎手】**（名）馬の乗り手。特に競馬《けいば》でいう。ジョッキー。

**きじゅ【喜寿】**（名）（喜の草書体が七十七に似ていることから）七七歳《さい》。また、七七歳の祝い。喜の字の祝い。「—を迎《むか》える」

**ぎしゅ【義手】**（名）手を失った人がそれを補うためにつける、人工の手。

**きしゅう【奇習】**（名）風変わりなならわし・習慣。

**きしゅう【奇襲】**（名・他スル）相手の思いもつかないような方法でおそうこと。不意打ち。「—をかける」

**きじゅう【機銃】**（名）「機関銃」の略。

**きじゅうき【起重機】**（名）→クレーン

**きしゅく【寄宿】**（名・自スル）❶他人の家へ身を寄せて世話になること。「知人の家に—する」❷生徒や社員などが学校や会社などの宿舎に住むこと。また、その宿舎。「—生」

**きしゅくしゃ【寄宿舎】**（名）学生を共同で生活させるため、学校が設けた建物。寮《りょう》。

**きしゅつ【既出】**（名）すでに出ていること。以前に示されていること。「—の試験問題」

**きじゅつ【奇術】**（名）巧《たく》みな方法で、目をあざむき、ふしぎなことをしたように見せる術。手品。「—師」

**きじゅつ【既述】**（名・他スル）すでに述べたこと。前述。上述。「—のように」

**きじゅつ【記述】**（名・他スル）物事を文章にして書きしるすこと。また、書きしるしたもの。「—式のテスト」

**ぎじゅつ【技術】**（名）❶物事をうまく行うわざ。技巧《ぎこう》。「運転—」❷科学を生かしていろいろの物を作り、人間生活に役立てるわざ。「科学—」「—革新」
…的「技術的にはまだ不十分だ」

**きじゅん【帰順】**（名・自スル）そむく心をすてて服従すること。「—の意を表す」

**きじゅん【基準】**（名）物事を比較《ひかく》するさいのもととなるよりどころ。「—を設ける」「判定—」

**きじゅん【規準】**（名）社会において従うべき規則。行動の規範《きはん》とするよりどころ。「道徳の—」

**きしょう【気性】**（名）生まれつきの性質。「はげしい—」類気質

**きしょう【気象】**（名）〔天〕天候・気温・風雨など大気の変化やその状態。「—情報」「—観測」

**きしょう【希少】**『△稀少』（名・形動ダ）ひじょうに少ないこと。きわめてまれなこと。「—価値」

**きしょう【奇勝】**（名）すぐれた美しいけしき。めずらしく、すぐれたけしき。「天下の—」

**きしょう【起床】**（名・自スル）ねどこから起き出ること。「六時に—する」「—時間」対就床・就寝《しゅうしん》

**きしょう【記章】**『△徽章』（名）名誉《めいよ》・身分・職業・所属などを表すために帽子《ぼうし》や衣服などにつけるしるし。バッジ。「会社の—」

**きしょう**『起◇請』（名・他スル）神仏にちかっていつわりのないことを記すこと。また、その文書。起請文《きしょうもん》。

**きしょう【毀傷】**（名・他スル）傷つけそこなうこと。物をいためたりこわしたりすること。「器物を—する」

**きじょう【机上】**（名）机の上。
**机上の空論《くうろん》** 理論だけで実際には役に立たない考えや意見。

**きじょう【気丈】**（名・形動ダ）気持ちがしっかりしていること。「—な人」「—にふるまう」

**きじょう【軌条】**（名）線路。レール。

**きじょう【騎乗】**（名・自スル）馬に乗ること。

**ぎしょう【偽証】**（名・他スル）❶いつわりの証言・証明をすること。また、その証言・証明。❷〔法〕裁判所

で証人がわざといつわりの証言をすること。「―罪」

**ぎじょう**『儀△仗』(名) 儀式に用いる武器。「―兵」

**ぎじょう**【議場】(名) 会議をする場所。会議場。

**きしょうえいせい**【気象衛星】(名) 地球の気象を観測するための人工衛星。「―を打ち上げる」

**きしょうかち**【希少価値】『△稀少価値』(名) そのものが世の中にごくわずかしかないために出てくるねうち。「―がある」

**きしょうだい**【気象台】(名) その地方の気象に関する現象を観測・調査・研究する施設《しせつ》。

**きしょうちょう**【気象庁】(名) 気象を調べたり研究したりする中央の役所。天気予報を出す。

**きしょうてんけつ**【起承転結】(名) 漢詩の句のならべ方。第一句では、あることを書きおこし(=起)、第二句はそれを受け(=承)、第三句で他のことに転じ(=転)、第四句で全体をまとめて結ぶ(=結)。また、一般的《いっぱんてき》に、文章やものの組み立て方、順序・作法にも使う。「―の整った文章」

**きじょうぶ**【気丈夫】(名・形動ダ) ❶気が強くしっかりしていること。気丈。「―な女性」❷たよりにできるものがあって、心強く安心なこと。心じょうぶ。「あなたがいれば―だ」

**ぎじょうへい**『儀△仗兵』(名) 外国の元首などの訪問や国際的な行事の際に、閲兵《えっぺい》を受けたり護衛にあたったりする兵。

**きしょうもん**『起◇請文』(名) 神仏へのちかいを記した文書。起請。

**きしょく**【気色】(名) ❶心に思っている気持ちが顔いろに表れたようす。「―をうかがう」❷心持ち。気分。「―が悪い」

**きしょく**【寄食】(名・自スル) よその家に寝泊《ねとま》りして、食事の世話をうけること。いそうろうをすること。「おじの家に―する」

**きしょく**【喜色】(名) うれしそうな顔つき・顔いろ。「―満面」対憂色《ゆうしょく》

**キシリトール**〔英 xylitol〕(名) しらかばやかしの木の成分からつくった天然の甘味料《かんみりょう》。虫歯予防の効果があるとされ、ガムなどに用いられる。

**きし・る**『△軋る』(自五) {ラ(ロ)・リ(ッ)・ル・ル・レ・レ} かたい物がすれ合ってぎしぎし音がする。「車輪の―音」類軋《きし》む

**きしん**【帰心】(名) 家・郷里・国などに帰りたいと思う心。「―矢のごとし(=故郷や家に矢のように速く帰りたいと思うようす)」

**きしん**【鬼神】(名) ↓きじん(鬼神)

**きしん**【寄進】(名・他スル) 神社や寺などにおかねや物を寄付すること。「米一俵を―する」

**きしん**【貴紳】(名) (「貴顕紳士《きけんしんし》」の略) 身分や品格のある男性。

**きじん**【奇人】『△畸人』(名) 変人。変わり者。

**きじん**【鬼神】(名) ❶姿は見えないが、超人的《ちょうじんてき》な力をもつ神。あらあらしくおそろしい神。おにがみ。「断じて行えば―もこれを避《さ》く(=断固として行えばそれをさまたげるものは何もない)」❷死んだ人のたましい。参考「きしん」とも読む。

**きじん**【貴人】(名) 身分の高い人。高貴な人。

**ぎしん**【疑心】(名) 疑う心。疑いの気持ち。「―をいだく」

**ぎじん**【義人】(名) 正義を守り行う人。

**ぎしんあんき**【疑心暗鬼】(名) 疑いの心をもつと、なんでもないものでもおそろしく見え、信じられなくなること。「―にかられる」

**ぎじんか**【擬人化】(名・他スル) 人間でないものを人間であるように見立てること。

**ぎじんほう**【擬人法】(名) 人間でないものを人間にたとえて言い表す方法。「山は招き、海は呼ぶ」など。

**きす**『△鱚』(名)〔動〕キス科の魚。海岸近くの砂底にすむ。からだは細長くうすい黄色。食用。

**キス**〔英 kiss〕(名・自スル) 愛情や敬う心を表すために、相手の口・手・顔などにくちびるをつけること。口づけ。せっぷん。キッス。「ほおに―をされる」

**き・す**【帰す】(自他五) {サ(ソ)・シ・ス・ス・セ・セ} ↓きする(帰する)

**き・す**【記す】(他五) {サ(ソ)・シ・ス・ス・セ・セ} ↓きする(記する)

**き・す**【期す】(他五) {サ(ソ)・シ・ス・ス・セ・セ} ↓きする(期する)

**きず**【傷】『△疵・△瑕』(名) ❶切ったり、打ったりして皮膚《ひふ》や筋肉をいためたところ。けが。「―の手当て」❷物のいたんだところ。「新車に―がつく」❸不完全なところ。欠点。また、不名誉《ふめいよ》。「気が弱いのが玉に―だ」「家名に―がつく」❹精神的な痛手。「心に―を受ける」

**ぎ・す**【擬す】(他五) {サ(ソ)・シ・ス・ス・セ・セ} ↓ぎする(擬する)

**きずあと**【傷痕・傷跡】(名) ❶傷のついたあと。傷のなおったあと。「―が残る」❷災害などの被害《ひがい》を受けたあと。「戦火の―」❸心に受けた痛手のあと。

**きすい**【既遂】(名) すでにしてしまったこと。対未遂

**きずい**【気随】(名・形動ダ) 思うままにふるまうこと。わがまま。「―気ままにふるまう」

**きすう**【奇数】(名)〔数〕二で割り切れない整数。1・3・5…など。対偶数《ぐうすう》

**きすう**『帰△趨』(名・自スル) 結果として落ち着くこと。また、ゆきつくところ。「勝敗の―は明らかだ」

**きすう**【基数】(名)〔数〕数量を表すときの基本になる数。十進法では、0から9までの整数。

**ぎすぎす**(副・自スル) ❶やせていて、やわらかみに欠けるようす。「―(と)したからだ」❷ことばや雰囲気《ふんいき》がとげとげしいようす。「―した態度」「関係が―する」

**きず・く**【築く】(他五) {カ(コ)・キ(イ)・ク・ク・ケ・ケ} ❶土や石をつきかためて作る。「土手を―」❷基礎《きそ》をかためて、しっかりしたものを作りあげる。努力を積み重ねて作りあげる。「地位を―」「幸せな家庭を―」

**きずぐち**【傷口】(名) ❶傷のついたところ。「―をぬう」❷触《ふ》れられたくない過去のあやまちや不名誉《ふめいよ》なことがら。

**きずつ・く**【傷つく】『傷付く』(自五) {カ(コ)・キ(イ)・ク・ク・ケ・ケ} ❶からだに傷をうける。❷物に傷がつく。「家具が―」❸心や感情、信用などに痛手をうける。「自尊心が―」「人間関係が―」

**きずな**『△絆』(名) 断《た》ちきれない人と人とのつながり。「夫婦のかたい―」

**きずもの**【傷物】(名) 傷のついた物。傷のある不完全な物。「―の商品」

**き・する【帰する】**{シ(セ・サ)・シ・スル・スル・スレ・シロ(セヨ)} ■一 (自サ変) 最後にはあるところに落ち着く。結局そうなる。「せっかくの努力も水泡《すいほう》(=水のあわ)に―」 ■二 (他サ変) …のせいにする。なすりつける。「罪を人に―」

**帰する所《ところ》** つまり。結局。「―同じことだ」

**き・する【記する】**(他サ変){シ(セ・サ)・シ・スル・スル・スレ・シロ(セヨ)} ❶書きつける。❷覚えておく。「心に―」(類記《しる》す)

**き・する【期する】**(他サ変){シ(セ・サ)・シ・スル・スル・スレ・シロ(セヨ)} ❶あることを行う時間や日を前もって定める。「明年を―・して開始する」❷必ず実現しようと心に決める。また、そうなるようにはかる「必勝を―」「慎重《しんちょう》を―」❸望みをかける。期待する。「再会を―」

**ぎ・する【擬する】**(他サ変){シ(セ・サ)・シ・スル・スル・スレ・シロ(セヨ)} ❶あてがう。つきつける。「ナイフを―」❷あることを何かに見立てる。なぞらえる。「荒磯《あらいそ》に―・した庭」❸決まっていないことを仮に当てはめて考える。「つぎの大臣に―・される人物」

**ぎ・する【議する】**(他サ変){シ(セ・サ)・シ・スル・スル・スレ・シロ(セヨ)} 集まって討議する。意見をかわす。相談する。「国政を―」

**きせい【気勢】**(名) 意気ごみ。「―をあげる」

**気勢をそぐ** 物事をしようとする意気ごみをくじく。

**きせい【奇声】**(名) 人がおどろくような変な声。「―を発する」

**きせい【既成】**(名) すでにできあがっていて世に認められていること。⇩きせい(既製)「学習」

**きせい【既製】**(名) 商品としてすでに作られていること。出来合い。

> **学習** 使い分け 「既成」「既製」
>
> **既成** ことがらとしてできあがっていて、広く認められていること。「既成の概念《がいねん》」「既成政党」「既成事実」
>
> **既製** 商品としてできあがっていること。あつらえでないこと。「既製の洋服」「既製品」

**きせい【帰省】**(名・自スル) ふるさとに帰ること。「冬休みに―する」「―客」類帰郷

**きせい【寄生】**(名・自スル) ❶〘動・植〙生物がほかの生物にくっついたり体内にはいりこんだりして、その生物から栄養を取って生きること。「―植物」❷他人にたよって暮らすこと。

**きせい【規正】**(名・他スル) 規則をもとに、不都合な点を正すこと。「政治資金―法」

**きせい【規制】**(名・他スル) 規則を定めて制限すること。また、その規則。「交通―」「―緩和《かんわ》」

**きせい【期成】**(名) ある物事を必ずなしとげようと、ちかい合うこと。「建設反対の―同盟」

**ぎせい【擬制】**(名) ❶実質は違《ちが》うのにそうであるとみなすこと。❷〘法〙実際はそうでなかったとしても、法律上はそうであるとみなして扱《あつか》うこと。失踪《しっそう》宣告を受けた者を死亡したものとみなすことなど。

**ぎせい【犠牲】**(名) ❶ある目的のために労力・財産・生命などをなげだすこと。「一身を―にする」…的「彼《かれ》の犠牲的精神に救われた」❷事故や災害にあって、命を失うこと。「交通事故の―になる」「―者」

**きせいがいねん【既成概念】**(名) すでに世間に通用している考え方。「―にとらわれない」

**ぎせいご【擬声語】**(名) 物音や鳴き声などをまねて作ったことば。「ばたばた」「わんわん」など。擬音語。⇩ぎたいご

**きせいじじつ【既成事実】**(名) すでにそのようになっていて、事実として受け入れるほかないことがら。「―として認めざるをえない」

**きせいちゅう【寄生虫】**(名) ❶〘動〙ほかの生物に寄生する虫。回虫・条虫など。❷他人に不当にたよって暮らす人をさげすんでいうことば。「社会の―」

**きせかえにんぎょう【着せ替え人形】**(名) おもちゃの一種で、衣服の着せ替えをして遊ぶ人形。

**きせき【奇跡】**〘奇△蹟〙(名) この世に起こるとは思われないようなふしぎなできごと。「―が起こる」…的「奇跡的に助かる」

**きせき【軌跡】**(名) ❶〘数〙幾何学《きかがく》で、点がある条件に従って動いたと考えるときに、その点のえがく図形。❷ある物の通ったあと。また、ある人の人生や行いのあと。「わが半生の―」

**きせき【鬼籍】**(名) 寺で、死んだ人の名などを記しておく名簿《めいぼ》。

**鬼籍に入《い》る** 死亡する。

**ぎせき【議席】**(名) ❶議場にある議員の席。「―に着く」❷議員の資格。「―を失う」

**きせずして【期せずして】**思いがけなく。前もって予想や打ち合わせをしていないのに。「―意見が一致《いっち》する」

**きせつ【季節】**(名) ❶気候の変化にもとづいて一年をいくつかに分けたそれぞれの期間。春・夏・秋・冬の四季。シーズン。「寒い―を迎《むか》える」❷ある物事がさかんになる時期。シーズン。「冬山の―」…的「季節的な需要《じゅよう》」…性「季節性のインフルエンザ」

**きせつ【既設】**(名) すでに造られ備えてあること。「―の設備を使う」対未設

**きぜつ【気絶】**(名・自スル) 一時的に意識を失うこと。失神。「―せんばかりに驚《おどろ》く」

**ぎぜつ【義絶】**(名・自他スル) 君臣・肉親などの関係をたつこと。「子を―する」

**きせつはずれ【季節外れ】**(名) ちょうどふさわしい季節からはずれていること。「―のくだもの」

**きせつふう【季節風】**(名)〘天〙季節によって吹《ふ》く方向を変える風。ふつう冬は大陸から海洋へ、夏は海洋から大陸へと吹く。モンスーン。

**き・せる【着せる】**(他下一){セ・セ・セル・セル・セレ・セロ(セヨ)} ❶衣服をからだにまとわせる。「晴れ着を―」❷かぶせる。つつむようにおおう。「ふとんを―」「歯に衣《きぬ》―・せぬ(=遠慮《えんりょ》のない)物言い」❸(責任や罪など)迷惑《めいわく》なことをおしつける。負わせる。「汚名《おめい》を―」「恩に―」

**キセル**〘×煙管〙(名) きざみたばこをつめて吸う道具。参考もとはカンボジア語。

(キセル)

**きぜわし・い【気ぜわしい】**{カロ・カッ(ク)・イ・イ・ケレ・○}〘気◇忙しい〙(形) ❶気持ちがせわしく落ち着かない。「年末は―」❷せっかちである。

**きせん【汽船】**（名）蒸気の力で進む船。蒸気船。ふつう、大きい船にいう。

**きせん**〖貴△賤〗（名）身分の高い人と低い人。尊いことと、いやしいこと。「職業に―はない」

**きせん【機先】**（名）物事の始まろうとするやさき。

**機先を制《せい》する** 相手よりも先に行動してその計画・勢いをくじく。先手を打つ。「機先を制して勝つ」

**きぜん**〖△毅然〗（トタル）しっかりしているようす。意志の強いようす。「―とした態度で臨む」

**ぎぜん【偽善】**（名）表面だけよいことをしているように見せかけること。また、その行《こう》為《い》。「―者」…的「偽善的な態度」対偽悪

**ぎぜん**〖△巍然〗（トタル）山などの高くそびえ立つようす。「―としてそびえる」

**きそ【起訴】**（名・他スル）〘法〙裁判所に訴《うった》えること。特に、検察官が犯罪の事実を裁判所に訴えること。「―状」「傷害罪で―する」「不―」

**きそ【基礎】**（名）❶建物の土台。いしずえ。「―工事」「古い建物の―部分」❷物事をなりたたせるもとになる、だいじな部分。「英語を―から学ぶ」「生活の―」「―体力」…的「基礎的な知識」

**きそう【起草】**（名・他スル）文章の下書きを作ること。原稿《げんこう》を書き始めること。「式辞を―する」

**きそ・う【競う】**（自他五）{ワ(オ)・イ(ッ)・ウ・ウ・エ・エ}負けまいとしてたがいに競争する。争う。「技《わざ》を―」

**きぞう【寄贈】**（名・他スル）品物をおくること。贈呈《ぞうてい》。寄贈《きぞう》。「本を―する」

**ぎそう【擬装・偽装】**（名・他スル）敵や人の目をあざむくために、ほかの物と見分けがつかないようにすること。また、そのみせかけ。カムフラージュ。「―工作」

**ぎぞう【偽造】**（名・他スル）にせ物を造ること。本物に似せて造ること。「―貨幣《かへい》」類贋造《がんぞう》

**きそうせい【帰巣性】**（名）〘動〙→きそうほんのう

**きそうてんがい【奇想天外】**（名・形動ダ）ふつうでは考えられないような変わったこと。「―な話」

**きそうほんのう【帰巣本能】**（名）〘動〙動物がもとの巣に帰ってくる性質。みつばちや鳩《はと》の例がよく知られる。帰巣性。

**きそく【気息】**（名）いき。呼吸。「―をととのえる」

**きそく【規則】**（名）❶それに従って物事を行うように決められているきまり。おきて。「―にしばられる」❷物事の秩序《ちつじょ》。「―正しい」「不―」…的「規則的な生活」…性「規則性がある」

**きぞく【帰属】**（名・自スル）❶ある組織や団体につきしたがうこと。「会社への―意識」❷財産・権利・領土などが特定の人や団体・国のものになること。「土地の―をめぐる争い」

**きぞく【貴族】**（名）家がら・身分などが社会の上流にあり、特権をもつ階級。また、それに属する人びと。「王朝―」…的「貴族的な遊び」

**ぎそく【義足】**（名）足を失った人がそれを補うためにつける人工の足。

**ぎぞく【義賊】**（名）金持ちから金品をぬすんで、それを貧しい人にあたえるぬすびと。

**きそくえんえん**〖気息△奄△奄〗（トタル）息もたえだえに弱っているようす。物事が今にもだめになりそうな状態。「―たる病人」「不況《ふきょう》で―となる」

**きそたいしゃ【基礎代謝】**（名）人間が生命を保つために必要な最小限のエネルギー。

**きそば【生そば】**〖生×蕎麦〗（名）そば粉だけで作ったそば。また、まぜもののほとんどないそば。

**きそん【既存】**（名・自スル）すでに存在すること。前からあること。「―の施設《しせつ》を利用する」参考俗に「きぞん」とも読む。

**きそん【毀損】**（名・自他スル）こわれること。また、こわすこと。傷つけること。「名誉《めいよ》―」

**きた【北】**（名）方角の一つ。日の出るほうに向かって左の方角。「磁石《じしゃく》の針が―を指す」対南

**ぎだ【犠打】**（名）（「犠牲打《ぎせいだ》」の略）野球で、打者はアウトになるが、走者が進塁《しんるい》できるように打つこと。また、その打球。「―で得点する」

**ギター**〔英 guitar〕（名）〘音〙弦《げん》楽器の一つ。糸はふつう六本あり、指先または爪《つめ》（ピック）でひく。〈図〉

**きたアメリカ**〔北アメリカ〕【地名】六大州の一つ。アメリカ大陸の北半分。カナダ・アメリカ合衆国・メキシコなどがある。北米。▽アメリカは、America

**きたい【気体】**（名）決まった形や体積を持たず、自由に流動するもの。空気など。⇨えきたい・こたい(固体)

**きたい**〖危△殆〗（名）ひじょうにあぶないこと。危険。「―に瀕《ひん》する(＝ひじょうに危険な状態になる)」

**きたい【希代】**〖△稀代〗（名・形動ダ）❶世の中にめったにないこと。めずらしいこと。「―の悪党」❷ふしぎなこと。「―な話」参考「きだい」とも読む。

**きたい【奇態・奇体】**（名・形動ダ）ふつうと変わっていてめずらしいようす。ふしぎなようす。「―なふるまい」

**きたい【期待】**（名・他スル）心待ちにすること。あてにして待ち望むこと。「―はずれ」「―にこたえる」「支援《しえん》を―する」「将来が―される選手」

**きたい【機体】**（名）飛行機の胴体《どうたい》。また、飛行機全体。「―が破損する」

**きだい【季題】**（名）〘文〙→きご

**ぎたい【擬態】**（名）❶〘動〙動物が自分のからだを守るために色や形をまわりの物に似せること。❷外見をほかの物に似せること。「―を見破る」

**ぎだい【議題】**（名）会議に出して話し合うことがら。「―に上る」

**ぎたいご【擬態語】**（名）みぶりや状態をそれらしく表したことば。「にっこり」「ゆらゆら」など。⇨ぎせいご

**きたえあ・げる【鍛え上げる】**（他下一）{ゲ・ゲ・ゲル・ゲル・ゲレ・ゲロ(ゲヨ)}じゅうぶんにきたえる。「―・げた肉体」

**きた・える【鍛える】**（他下一）{エ・エ・エル・エル・エレ・エロ(エヨ)}❶金属をくり返し熱しては打ち、強くする。「刀を―」❷きびしい修練や練習によってからだや精神を強くしっかりしたものにする。鍛錬《たんれん》する。「からだを―」

**きだおれ【着倒れ】**（名）着るものにお金をかけすぎて財産を失うこと。「京の―、大阪の食い倒れ」

**きたかいきせん【北回帰線】**（名）〘地〙北緯《ほくい》二三度二六分の緯線。対南回帰線。⇨かいきせん

**きたかぜ【北風】**（名）北のほうから吹《ふ》く風。対南風

**きたきつね【北きつね】**『北△狐』（名）《動》イヌ科の哺乳《ほにゅう》動物。きつねの一種で、毛は明るい茶色。日本では北海道にすむ。

**きたく【帰宅】**（名・自スル）自分の家に帰ること。

**きたく【寄託】**（名・他スル）人に物をあずけ、その保管・処理をたのむこと。「寄付金を一する」類委託

**きたけ【着丈】**（名）衣服の襟《えり》からすそまでの長さ。

**きた・す【来す】**（他五）〔サ(ソ)・シ・ス・ス・セ・セ〕結果としてある事態をひきおこす。招く。「支障を一」

**きだて【気だて】**『気立て』（名）心だて。気持ち。性質。「一のやさしい人」

**きたな・い【汚い】**『△穢い』（形）〔カロ・カツ(ク)・イ・イ・ケレ・○〕❶よごれている。ふけつだ。「一足」「床《ゆか》が一」
❷あるべきようすと比べて乱れている。きちんとしていない。「一ことば」「一字」
❸ひきょうだ。よこしまである。「やり方が一」「一手を使う」「心の一人」
❹欲が深い。あくどい。「意地が一」「金《かね》に一」

**きたならし・い【汚らしい】**『△穢らしい』（形）〔カロ・カツ(ク)・イ・イ・ケレ・○〕いかにもきたなく感じる。きたなく見える。「一身なり」

**きたばたけちかふさ**〔北畠親房〕〔人名〕（一二九三〜一三五四）南北朝時代の武将・学者。後《ご》醍醐《だいご》天皇につかえて建武《けんむ》の新政につくし、のち、南朝方の中心となって活躍《かつやく》した。著書「神皇正統記《じんのうしょうとうき》」。

**きたはらはくしゅう**〔北原白秋〕〔人名〕（一八八五〜一九四二）明治・大正・昭和前期の詩人・歌人。雑誌「明星《みょうじょう》」から出発し、その象徴《しょうちょう》的詩風で大きな影響《えいきょう》を与《あた》えた。童謡《どうよう》・民謡にも多くの作品がある。詩集「邪宗門《じゃしゅうもん》」、歌集「桐《きり》の花」など。

**きたはんきゅう【北半球】**（名）《地》地球を赤道で半分に分けたときの北の半分。南半球に比べて陸地面積が多い。対南半球

**きたまくら【北枕】**（名）頭を北向きにして寝《ね》ること。参考死者を北向きに安置するので、ふつうは不吉《ふきつ》としてさける。

**きたマケドニア**〔北マケドニア〕〔地名〕ヨーロッパ東南部、ギリシャの北にある共和国。旧称《きゅうしょう》マケドニア。首都はスコピエ。▽マケドニアは、Macedonia

**きたむらとうこく**〔北村透谷〕〔人名〕（一八六八〜一八九四）明治時代の詩人・評論家。島崎藤村《とうそん》らと雑誌「文学界」を創刊し、浪漫《ろうまん》主義の先駆者《せんくしゃ》となったが、若くして自殺した。長詩「楚囚之詩《そしゅうのし》」、劇詩「蓬莱《ほうらい》曲」、評論「内部生命論」など。

**ぎだゆう**『義太◇夫』（名）「義太夫節」の略。

**ぎだゆうぶし**『義太◇夫節』（名）元禄《げんろく》のころ竹本義太夫によって始められた浄瑠璃《じょうるり》の一派。義太夫。

**きた・る【来る】**（自五）〔ラ(ロ)・リ(ッ)・ル・ル・レ・レ〕くる。やってくる。「台風一」「待ち人一・らず」

**きたる【来る】**（連体）（多く、月日などの上につけて）近くやってくる。「一九月五日に行う」対去る（連体）

**きたん**『忌△憚』（名）いみはばかること。遠慮《えんりょ》すること。「一のない意見」

**きだん【気団】**（名）《天》広い地域にわたって同じ気象状態を示す空気のかたまり。「シベリア一」

**きだん【奇談】**（名）ありそうもないめずらしい話。「珍談《ちんだん》一」

**きち【吉】** 6画 口3 音キチ・キツ
一 十 士 吉 吉 吉
よい。めでたい。◆吉事・吉日《きちじつ・きちにち》・吉凶《きっきょう》・吉相《きっそう》・吉報《きっぽう》◆大吉《だいきち・だいきつ》・不吉《ふきつ》。

**きち【吉】**（名）運やえんぎがよいこと。めでたいこと。「一と出る」対凶《きょう》

**きち【危地】**（名）あぶない場所。危険な立場。「一におちいる」

**きち【既知】**（名）すでに知っていること。また、知られていること。「一のことがら」対未知

**きち【基地】**（名）探検隊・軍隊などの行動をおこすよりどころとなる中心の場所。「観測一」「空軍一」

**きち【機知】**『機△智』（名）その場に応じてとっさに働く知恵《ちえ》。とんち。ウイット。「一に富んだ答え」

**きちがい【気違い】**『気◇狂い』（名）❶精神状態が正常でないこと。また、その人。「一ざた」❷あることに度をこして熱中すること。また、その人。参考差別的な意があり、用いないようにする。

**きちく【鬼畜】**（名）（鬼《おに》と畜生の意から）むごいことを平気でするような残酷《ざんこく》な人。「一のような男」

**きちじ【吉事】**（名）結婚《けっこん》・誕生《たんじょう》などのめでたいこと。えんぎのよいこと。「一が続く」対凶事《きょうじ》

**きちじつ【吉日】**（名）物事をするのによいとされている日。めでたい日。「大安一」参考「きちにち」「きつじつ」とも読む。

**きちじょうてんにょ【吉祥天女】**（名）仏教で、人に幸福をさずけるという女神。もとインド神話の天女の名。きっしょうてんにょ。

**きちすう【既知数】**（名）《数》方程式の中で、すでに値のあたえられている数。「一を代入する」対未知数

**きちにち【吉日】**（名）→きちじつ

**きちゃく【帰着】**（名・自スル）❶帰り着くこと。「無事大阪に一する」❷（議論などが）最終的に落ち着くこと。「話の一点」

**きちゅう【忌中】**（名）家族に死者があり、喪《も》に服してつつしむ期間。ふつう死後四九日間。類喪中

**きちょう**『△几帳』（名）台に二本の柱を立て、それに横木をわたしてとばり（＝たれぎぬ）をかけたもの。むかし、部屋の中の仕切りに使った。

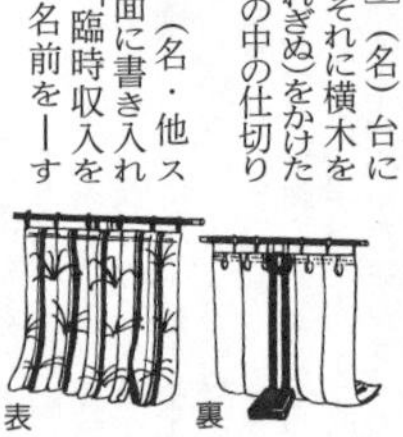

（几帳）

**きちょう【記帳】**（名・他スル）帳簿《ちょうぼ》・帳面に書き入れること。帳づけ。「臨時収入を一する」「受付で名前を一する」

**きちょう【帰朝】**（名・自スル）外国から日本に帰ること。「ドイツから一する」

**きちょう【基調】**（名）❶考えや行動などのもとになる基本的な考え。「平和を一とする外交」❷絵画な

どの芸術の分野で、その作品の基本となる調子。「青をーにした絵」❸ある音楽の基本となっている調べ。主調。

**きちょう【貴重】**（名・形動ダ）きわめてたいせつなこと。価値が高いこと。「ー品」

**きちょう【機長】**（名）航空機の飛行責任者。

**ぎちょう【議長】**（名）会議を進めたりまとめたりする役目の人。「ーを選出する」

**きちょうめん【△几帳面】**（形動ダ）{ダロ・ダッ(デ・ニ)・ダ・ナ・ラ・○} 行動や性格がきちんとしているようす。「ーな性格」「ーにノートをとる」

**きちれい【吉例】**（名）めでたいしきたり。「ーにより祝賀会を行う」参考「きつれい」とも読む。

**きちんと**（副・自他スル）❶乱れがなく整っているようす。規則正しいようす。「ーかたづける」「ーした生活」❷まちがいがなく正確なようす。「約束をー守る」

**きちんやど【木賃宿】**（名）宿泊料《しゅくはくりょう》の安い下級の宿。もと、客が自分で食事の用意をし、その燃料費(=木賃)だけをはらってとまった宿。木銭宿《きせんやど》。

**きつ【吉】**→きち(吉)

**きつ【喫】** 12画 口9 音キツ 口 口 叶 咕 喫 喫

❶たべる。のむ。すう。◆喫煙《きつえん》・喫茶《きっさ》◆満喫。
❷身に受ける。◆喫驚《きっきょう》・喫緊《きっきん》 ⇒付録「漢字の筆順⑷圭」

**きつ【詰】** 13画 言6 音キツ 高 訓つめる・つまる・つむ ＝ 言 言 計 詰 詰

問いただす。問いつめる。◆詰問◆難詰《なんきつ》・面詰

**きつ・い**（形）{カロ・カッ(ク)・イ・イ・ケレ・○} ❶程度がはなはだしい。あたえる感じや刺激《しげき》が強い。「ー日ざし」「ーにおい」「ー性格」
❷つらく感じるほどはげしかったりきびしかったりする。「仕事がー」「ー・くしかる」
❸すきまがなくてきゅうくつである。ゆとりがない。「この靴《くつ》は少しー」「日程がー」対ゆるい

**きつえん【喫煙】**（名・自スル）たばこをすうこと。

**きつおん【△吃音】**（名）ことばを発音するときに、つかえたり同じ音をくり返したりすること。どもること。

**きっかい【奇っ怪】**（名・形動ダ）「奇怪《きかい》」を強めて言うことば。「ーな事件」

**きづかい【気遣い】**（名）あれこれと気にかけること。心配。「ーは無用だ」

**きづか・う【気遣う】**（他五）{ワ(オ)・イ(ッ)・ウ・ウ・エ・エ} 気にかける。心配する。「安否《あんぴ》をー」

**きっかけ**（名）❶物事を始めるいとぐち。てがかり。「話のー」❷はずみ。機会。「あるーで知り合う」

**きっかり**（副）数量や時間がちょうどであるようす。「七時ーに出発する」

**きづかれ【気疲れ】**（名・自スル）緊張《きんちょう》や心配をしたためにつかれること。「なれない仕事でーする」

**きづかわし・い【気遣わしい】**（形）{カロ・カッ(ク)・イ・イ・ケレ・○} 物事のなりゆきなどが心配である。「病人のようすがー」

**きっきょう【吉凶】**（名）えんぎのよいことと、悪いこと。「ーをうらなう」

**吉凶はあざなえる縄《なわ》の如《ごと》し** よいことと悪いことは、より合わせた縄のようにかわるがわるやってくる。

**きっきん【喫緊】**（名・形動ダ）差し迫《せま》って必要なこと。「ーの課題」

**キック**（英kick）（名・他スル）（ボールなどを）けること。

**きづ・く【気づく】〖気付く〗**（自五）{カ(コ)・キ(イ)・ク・ク・ケ・ケ} ❶自分で感じる。気がつく。「暗くなったことにー」❷意識をとりもどす。「ー・いたら病院に運ばれていた」

**キックオフ**（英kickoff）（名）サッカー・ラグビーなどで、ボールをけって試合を開始、または再開すること。

**キックバック**（英kickback）（名・他スル）支払《しはら》われた金額の一部を、支払った人に返すこと。また、そのおかね。リベート。

**キック-ボクシング**（和製英語）（名）けり、ひじ打ちなども使えるボクシング。▽kickとboxingから。

**ぎっくりごし【ぎっくり腰】**（名）急に腰をひねったり、中腰で重いものを持ちあげたりしたときに、腰にはげしい痛みをおこすこと。

**きつけ【気つけ】〖気付け〗**（名）気を失った人の息を吹《ふ》き返らせること。「ー薬《ぐすり》を飲ます」

**きつけ【着付け】**（名・自スル）和服をきちんと着ること。また、人に着せること。「ーを手伝う」

**きづけ【気付】**（名）手紙を受取人と関係ある所に送って渡《わた》してもらうとき、あて先の下に書くことば。「新聞社ーで手紙を出す」参考「きつけ」とも読む。

**きっこう【△拮抗】**（名・自スル）たがいに同じくらいの力で張り合っていること。「攻撃《こうげき》力はーしている」参考もとの読みは「けっこう」。「きっこう」は慣用読み。

**きっこう【◇亀甲】**（名）❶かめの甲羅《こうら》。❷かめの甲羅のような六角形のもよう。

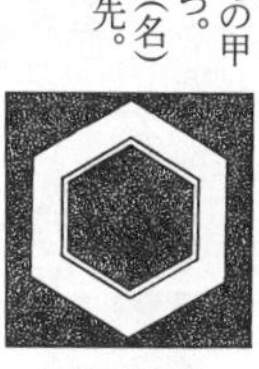
（亀甲②）

**きっさき【切っ先】**（名）刃物《はもの》や、とがったものの先。「刀のーを向ける」

**きっさてん【喫茶店】**（名）コーヒー・紅茶などの飲み物や、菓子《かし》、軽い食事などを出す飲食店。

**きつじつ【吉日】**（名）→きちじつ

**ぎっしゃ【◇牛車】**（名）おもに平安時代、貴族が乗った屋根のある車。牛にひかせる。

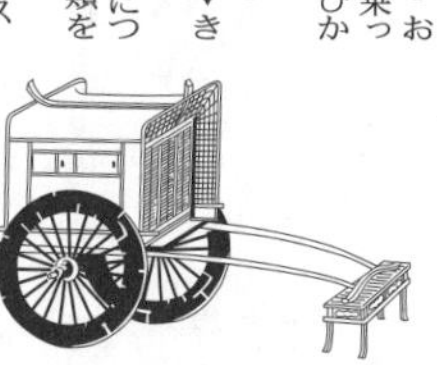
（ぎっしゃ）

**きっしょうてんにょ【吉祥天女】**（名）→きちじょうてんにょ

**ぎっしり**（副）いっぱいにつまっているようす。「書類をかばんにー(と)つめる」

**キッス**（名・自スル）→キス

**キッズ**（英kids）（名）子どもたち。「ーガーデン」

**きっすい【生粋】**（名）混じりけがなく、純粋なこと。「ーの江戸《えど》っ子」

**きっすい【喫水】〖△吃水〗**（名）船が水に浮《う》かんでいるとき、船の底から水面までの高さ。船足《ふなあし》。

**きっすいせん【喫水線】〖△吃水線〗**（名）水に浮

うかんでいる船体と水面とが接してできる線。

**きっ・する【喫する】**(他サ変)〔シ(セ・サ)・シ・スル・スル・スレ・シロ(セヨ)〕❶飲む。食べる。すう。「茶を―」❷悪い結果を身に受ける。「大敗を―」「一驚《いっきょう》を―(=驚《おどろ》かされる)」

**きっそう【吉相】**(名)❶めでたいことのある前ぶれ。吉兆。「―が現れる」❷よい人相。

**キッチュ**〔ドイツ Kitsch〕(名・形動ダ)悪趣味《あくしゅみ》で安っぽいこと。また、まがいもの。

**ぎっちょ**(名)《俗語》左手が右手よりよく使えること。また、その人。左きき。

**きっちょう【吉兆】**(名)よいことがある前ぶれ。めでたいきざし。類瑞兆《ずいちょう》。対凶兆《きょうちょう》

**きっちり**(副・自スル)❶数量や時間がちょうどであるようす。きっかり。「―三時」❷いっぱいにつまったり、ぴったり合っていたりして、すきまがないようす。「―(と)ふたをする」❸性格や物事のやり方が確かなようす。「約束を―(と)守る」「―(と)した性格」

**キッチン**〔英 kitchen〕(名)台所。調理場。「ダイニング―(=食堂を兼《か》ねた台所)」

**きつつき**『×啄木鳥』(名)《動》キツツキ科の鳥の総称《そうしょう》。森林にすみ、するどいくちばしで木の皮をつきやぶってその下にいる虫を食べる。啄木《たくぼく》。

**きつつきや…** 俳句

〔きつつきや　**落《お》ち葉《ば》を急《いそ》ぐ　牧《まき》の木々《きぎ》**〕〈水原秋桜子《みずはらしゅうおうし》〉訳晩秋の牧場をたずねると、きつつきが木の幹をつつくかん高い音がする。山の秋は短く木々は冬じたくをせきたてられるように急いで散ってゆく。(季語「きつつき」秋)

**きって【切手】**(名)❶「郵便切手」の略。❷金銭を受け取った証拠《しょうこ》となる書きつけ。手形。

**きっての【切っての】**(名詞のあとについて)その範囲《はんい》の中で一番の。比べるもののない。「学内―秀才」

**きっと**『×屹度』(副)❶推量が正しいと確信しているようす。「明日は―雨だ」❷決意や要望が強いようす。「―やりとげてみせる」❸きびしく、強い気持ちを表情に示しているようす。「―にらみつける」

**キット**〔英 kit〕(名)❶模型などを組み立てるための部品一式。❷あることに使う道具一式。「検査―」

**きつね**『△狐』(名)❶《動》イヌ科の哺乳《ほにゅう》動物。山野にすみ、尾《お》が長くて太い。むかしから人をばかすといわれている。❷(「きつねうどん」「きつねそば」の略)甘《あま》からく煮《に》た油あげを入れた、かけうどん・かけそば。

**狐と狸《たぬき》の騙《だま》し合《あ》い**　ずるい者同士があの手この手でだましあうこと。狐と狸の化かし合い。

**狐につままれる**　(きつねにばかされたように)わけがわからなくなることのたとえ。「狐につままれたような顔」

**狐の嫁入《よめい》り**　❶きつね火がたくさんならんで見えるもの。❷日が照っているのに小雨が降る天気。

**きつねいろ【きつね色】**『△狐色』(名)うすい茶色。「―に揚《あ》げる」

**きつねび【きつね火】**『△狐火』(名)暗い夜に光って見える怪《あや》しい火。燐火《りんか》。鬼火《おにび》。

**きっぱり**(副)態度がはっきりしているようす。「―(と)ことわる」「―(と)あきらめる」

**きっぷ【切符】**(名)❶おかねをはらった証明になるふだ。乗車券・入場券など。「電車の―」❷競技会などに出場する権利や資格。「本戦出場の―を手にする」❸交通違反者《いはんしゃ》がわたされるふだ。「駐車《ちゅうしゃ》違反で―を切られる」

**きっぷ**『気っ◇風』(名)(「気風《きふう》」の変化したもの)損得を気にしないさっぱりした性質。「―のいい人」

**きっぽう【吉報】**(名)よい知らせ。「―を待つ」対凶報《きょうほう》

**きづまり【気詰まり】**(名・形動ダ)周囲に気がねをして気分的にきゅうくつなこと。「―な生活」

**きつもん【詰問】**(名・他スル)相手の悪いところをせめてきつく問いつめること。「―口調《くちょう》」

**きづよ・い【気強い】**(形)〔カロ・カッ(ク)・イ・イ・ケレ・○〕たよりになるものがあり安心だ。心強い。「彼《かれ》がいれば―」

**きつりつ**『△屹立』(名・自スル)(山などが)高くそびえ立つこと。「―する山々」

**きつれい【吉例】**(名)→きちれい

**きてい【既定】**(名)すでに決まっていること。「―の方針」「―路線」対未定

**きてい【基底】**(名)物事の基礎《きそ》。根本になっているもの。「―をなす思想」

**きてい【規定】**(名・他スル)物事の手順・内容などを定めること。また、定められていること。「期間を―する」「―の料金」

**きてい【規程】**(名)役所などで仕事を行ううえでの、ひとまとまりのきまり。「職務―」

**ぎてい【義弟】**(名)義理の弟。妹の夫や配偶者《はいぐうしゃ》の弟など。対実弟

**きてき【汽笛】**(名)蒸気を噴《ふ》き出しその力で鳴らす、汽車・汽船などの笛。

**きてれつ**『×奇天烈』(形動ダ)〔ダロ・ダッ(デ・ニ)・ダ・ナ・ナラ・○〕ひじょうに変わっていて、ふしぎなようす。「奇妙《きみょう》―な発想」

**きてん【起点】**(名)物事の始まりの所。出発点。「東海道本線は東京駅を―とする」対終点。⇒きてん(基点)「学習」

**きてん【基点】**(名)距離《きょり》の計測や作図などのときの、もとになる点。「東京を―として円をえがく」

学習 使い分け　「起点」「基点」

**起点**　物事の始まる所。「終点」と対をなす。「東海道の**起点**」「新しい制度の**起点**となる」「論争の**起点**」

**基点**　距離《きょり》などを示すときの基準になる所。「北極を**基点**とした地図」「名古屋《なごや》を**基点**とする三〇キロ圏《けん》」

**きてん【機転】**(名)その場の状況《じょうきょう》に応じてすばやく心がはたらき、よい考えがわくこと。とっさの判断。「―がきく」参考「気転」とも書く。

**きでん【貴殿】**(代)男性が同輩《どうはい》、または目上の人を敬っていうことば。

**ぎてん【疑点】**(名)疑わしいところ。疑問点。

**きでんたい【紀伝体】**(名)歴史の記述形式の一つ。王や人物の伝記を中心としたもの。⇒へんねんたい

**きと【企図】**(名・他スル)あることをするために計画をた

てること。くわだて。もくろみ。「―をうちあける」

**きと【帰途】**（名）帰り道。帰り。「―につく」

**きど【木戸】**（名）❶（庭や通路に作る）かんたんな開き戸。「裏―」❷（芝居《しばい》などをする小屋で）見物人の出入り口。「―銭《せん》（＝入場料）」❸城の小門。❹むかし、町の境などに設けた門。

**きど【輝度】**（名）〔物〕発光体の表面の明るさの程度。単位は、カンデラ毎平方《メートル》、スチルブなど。

**きどあいらく【喜怒哀楽】**（名）喜びと怒《いか》りと悲しみと楽しみ。さまざまな感情。「―のはげしい人」

**きとう【祈△禱】**（名・他スル）神や仏に祈《いの》ること。祈り。「―師」「加持《かじ》―」

**きどう【気道】**（名）〔生〕鼻から肺までの空気の通路。鼻腔《びこう》・のど・気管・気管支からなる。

**きどう【軌道】**（名）❶汽車や電車が通る道。線路。「電車の―」❷物体、特に太陽や月などの天体が一定のきまりで動く道。「人工衛星の―」❸あることがらの経過していく道筋。「計画を―修正する」

**軌道に乗**《の》**る** 物事が順調に進む。「事業が―」

**きどう【起動】**（名・自他スル）❶動き始めること。❷機関や機械が運転を始めること。また、運転を開始させること。「エンジンが―する」「パソコンを―する」

**きどう【機動】**（名）状況《じょうきょう》に応じて、すばやく行動できること。「―力」⋯性「機動性を発揮する」

**きどうしゃ【気動車】**（名）ディーゼルエンジンやガソリンエンジンで線路の上を走る鉄道車両。

**きどうたい【機動隊】**（名）緊急《きんきゅう》時、警護・鎮圧《ちんあつ》・救難などにあたる警察官の部隊。警察機動隊。

**きとく【危篤】**（名）病気やけがの症状《しょうじょう》が重くて死にそうなこと。「―状態」「―におちいる」

**きとく【奇特】**（名・形動ダ）心がけがよく感心なこと。「―な人」参考「きどく」とも読む。

**きとくけん【既得権】**（名）前からもっている権利。法律上、正当に手に入れた権利。「―を行使する」

**きどり【気取り】**[一]（名）体裁《ていさい》をかざったりもったいぶったりすること。「―のない人」「―屋」[二]（接尾）あたかもそれらしくふるまう意を表す。「英雄《えいゆう》―」

**きど・る【気取る】**〔ラ(ロ)・リ(ッ)・ル・ル・レ・レ〕[一]（自五）自分をよく見せようとしてかざる。もったいぶる。「―・った態度」[二]（他五）あたかもそれらしくふるまう。「学者を―」

**キナ**〔オランダ kina〕（名）〔植〕アカネ科の常緑高木。南アメリカ原産。樹皮からマラリアの特効薬キニーネをとる。インドネシアなど熱帯地方で栽培《さいばい》される。

**きない【機内】**（名）飛行機の中。「―サービス」

**きない【畿内】**〔地名〕京都に近い山城《やましろ》・大和《やまと》・河内《かわち》・和泉《いずみ》・摂津《せっつ》の五か国のこと。今の近畿《きんき》地方の中心部。

**きなが【気長】**（形動ダ）〔ダロ・ダッ(デ・ニ)・ダ・ナ・ナラ・○〕のんびりとかまえてせかせかしないようす。「―に待つ」対気短

**きながし【着流し】**（名）男性の、着物だけを着てはかまをつけない服装。「いきな―姿」

**きなくさ・い【きな臭い】**（形）〔カロ・カッ(ク)・イ・イ・ケレ・○〕❶紙・布などのこげるにおいがする。❷（硝煙《しょうえん》のにおいのする意から）戦争や事件が起こりそうな気配がある。「―話」

**きなこ【黄な粉】**（名）だいずをいって、粉にしたもの。

**きなり【生成り】**（名）麻や木綿《もめん》の、染めたりさらしたりしていないもの。また、そのあわいクリーム色。

**きなん【危難】**（名）命にかかわるようなひじょうに危ない災難。「幾多《いくた》の―を乗り越《こ》える」

**ギニア**〔Guinea〕〔地名〕アフリカ大陸西岸の共和国。一九五八年、フランスから独立。首都はコナクリ。

**ギニアビサウ**〔Guinea-Bissau〕〔地名〕アフリカ大陸西岸の大西洋に面した共和国。首都はビサウ。

**キニーネ**〔オランダ kinine〕（名）キナの樹皮からとった薬。マラリアの特効薬。

**きにち【忌日】**（名）毎年・毎月の、その人が死んだ日と同じ日付の日。類命日。参考「きじつ」とも読む。

**きにゅう【記入】**（名・他スル）書き入れること。「欄外《らんがい》に―する」

**ギニョール**〔フランス guignol〕（名）人形劇に使う人形。衣装《いしょう》の下に手を入れて指で動かす。また、その芝居《しばい》。

（ギニョール）

**きにん【帰任】**（名・自スル）一時はなれていたもとの任務・任地に帰ること。「外地から―する」

**きぬ【絹】**（名）かいこのまゆからとった糸や、その糸で織った織物。シルク。「―をさくような（＝高くするどい）悲鳴」

**きぬいと【絹糸】**（名）かいこのまゆからとった糸。

**きぬおりもの【絹織物】**（名）絹糸で織った織物。

**きぬけ【気抜け】**（名・自スル）気持ちの張りがなくなり、ぼんやりすること。「大仕事が終わって―する」

**きぬごし【絹ごし】**〘絹△漉し〙（名）❶絹の布で物を細かくこすこと。また、こしたもの。❷（「絹ごしどうふ」の略）きめ細かく固まらせたなめらかなとうふ。

**きぬずれ【きぬ擦れ】**〘◇衣擦れ〙（名）着ている人の動きで、着物のすそなどがすれ合うこと。また、その音。

**きぬた**〘△砧〙（名）（「衣板《きぬいた》」の変化したもの）木のつちで布をたたいてつやを出したり、やわらかくしたりするときに使う木や石の台。「―を打つ」

（きぬた）

**きぬのみち【絹の道】**（名）〔歴〕→シルクロード

**きね**〘△杵〙（名）むしたもち米・穀物などをうすに入れてつく、木の道具。

（きね）

**ギネスブック**〔英 Guinness Book〕（名）イギリスのギネス社が毎年発行する、さまざまな世界一の記録を集めた本。

**きねづか**〘△杵◇柄〙（名）きねの柄《え》。「昔取った―（＝以前に身につけた腕前《うでまえ》）」

**きねん【祈念】**（名・他スル）神や仏に心から祈《いの》ること。「平和を―する」「ご健康を―します」

**きねん【記念】**（名・他スル）❶思い出として残しておくこと。また、そのもの。「―写真」「卒業を―する品」❷過去のことがらを思いおこし祝うなどして、思い出をあ

らたにすること。「—日」「創立一〇〇周年を—する行事」

**ぎねん【疑念】**（名）ほんとうかどうかと疑う心。疑わしく思う心。「—をいだく」

**きねんひ【記念碑】**（名）あるできごとや人物を記念するために建てた碑。「—の除幕式」

**きのう【気△嚢】**（名）〘動〙鳥の肺にある、空気のはいるうすいまくのふくろ。昆虫《こんちゅう》の腹部にもある。

**きのう【○昨日】**（名）きょうの前の日。さくじつ。

**昨日の淵《ふち》は今日《きょう》の瀬《せ》** 世の中が変わりやすくはかないことのたとえ。参考「世の中は何か常なる飛鳥《あすか》川昨日の淵ぞ今日は瀬になる」〈古今集〉による。

**きのう【帰納】**（名・他スル）個々の具体的なことがらから、それら全体にあてはまる一般《いっぱん》的な法則を見いだすこと。「—法」…的「帰納的推理」対演繹《えんえき》

**きのう【帰農】**（名・自スル）都会での仕事をやめ、故郷にもどって農業をすること。

**きのう【機能】**（名・自スル）そのものがもっているはたらき。また、そのはたらきをすること。「運動—」「カメラの新しい—」「センサーが—する」…性「機能性にすぐれた新製品」…的「機能的な服装」

**ぎのう【技能】**（名）物事をするうでまえ。技術的な能力。「すぐれた—」類技量

**きのえ【◇甲】**（名）（木の兄《え》の意）十干《じっかん》の第一。

**きのこ【△茸・◇菌】**（名）大形の菌類《きんるい》の通称《つうしょう》で、多くはかさ状をしている。しいたけ・まつたけなど食用のものと、有毒のものとがある。「—狩《が》り」

**きのこぐも【きのこ雲】【△茸雲】**（名）火山や原子爆弾《ばくだん》などが爆発した直後におこる、巨大《きょだい》なきのこの形をした雲。

**きのしたりげん【木下利玄】**【人名】（一八八六—一九二五）明治・大正時代の歌人。写実的で上品な歌風。また、口語をまじえた「利玄《りげん》調」といわれる独自の調子を完成させた。歌集「紅玉《こうぎょく》」「一路《いちろ》」など。

**きのつらゆき【紀貫之】**【人名】（八七二？—九四五？）平安時代前期の歌人。「古今《こきん》集」撰者《せんじゃ》の一人で、当時の歌壇《かだん》の第一人者。知的で優美な歌風をもつ。晩年の作「土佐《とさ》日記」は日記文学のさきがけとなった。

**きのと【◇乙】**（名）（木の弟《と》の意）十干《じっかん》の第二。

**きのどく【気の毒】** **一**（名・形動ダ）他人の不幸・苦痛などをかわいそうに思うこと。「—な話」**二**（名・形動ダ・自スル）迷惑《めいわく》をかけてすまないと思うこと。「気をつかわせて—なことをした」

**きのみきのまま【着の身着のまま】** いま着ているもののほかは何も持っていないこと。「—で逃《に》げ出す」

**きのめ【木の芽】**（名）❶樹木の枝先に出た新芽。このめ。「—時《どき》」❷さんしょうの若葉。「—でんがく」

**きのやまい【気の病】**（名）精神のつかれなどから起こる病気。気病《きや》み。

**きのり【気乗り】**（名・自スル）あることをすすんでする気になること。気が向くこと。「どうも—がしない」「—薄《うす》」類乗り気

**きば【牙】**（名）哺乳《ほにゅう》動物の犬歯や門歯が、大きくするどく伸《の》びたもの。

**牙を研《と》ぐ** 攻撃《こうげき》をしようと用意して待ち受ける。

**牙をむく** 敵意をむき出しにする。

**きば【木場】**（名）材木を集め、たくわえておく所。

**きば【騎馬】**（名）馬に乗ること。また、乗っている人。「—戦」「—民族」

**きはく【気迫】【気△魄】**（名）何事にもおそれないで立ち向かっていく気力。「—のこもった試合」

**きはく【希薄】【△稀薄】**（名・形動ダ）❶気体の密度や液体の濃度《のうど》が小さいこと。「酸素が—だ」❷熱意や情感などがとぼしいこと。「職業意識が—だ」

**きばく【起爆】**（名）火薬の爆発をおこさせること。「—剤《ざい》」

**きはずかし・い【気恥ずかしい】**（形）（カロ・カッ(ク)・イ・イ・ケレ・○）なんとなく恥ずかしい。きまりがわるい。てれくさい。「人前でしゃべるのは—」

**きはだ【木肌】**（名）木の外側の皮。「—をはぐ」

**きはつ【揮発】**（名・自スル）ふつうの温度・気圧で液体が気体になること。…性「揮発性の油」

**きばつ【奇抜】**（名・形動ダ）思いもかけないほど変わっていること。風変わり。「—なアイデア」

**きはつゆ【揮発油】**（名）原油を蒸留して、低い温度でとる無色透明《とうめい》の液体。ガソリン・ベンジンなど。

**きば・む【黄ばむ】**（自五）（マ(モ)・ミ(ン)・ム・ム・メ・メ）黄色みをおびる。「古びて肌着《はだぎ》が—」

**きばや【気早】**（名・形動ダ）気の早いこと。また、そのような人。せっかち。

**きばらし【気晴らし】**（名・自スル）ふさいでいる気分を何かほかのことをして、はればれとさせること。「—に散歩する」類うさばらし

**きば・る【気張る】**（自五）（ラ(ロ)・リ(ッ)・ル・ル・レ・レ）❶息をつめて力む。いきむ。❷意気ごんでふるいたつ。「—・って勉強する」❸思いきってたくさんおかねを出す。はずむ。「チップを—」

**きはん【規範・軌範】**（名）物事を行ったり、決めたりするときのよりどころとなるもの。「—に従う」

> **学習 比較《ひかく》**「規範」「模範」
>
> **規範** 物事のよりどころとなるもの。「道徳規範」「社会の規範」「規範に従う」「今後の規範となる」
>
> **模範** よくできていて見習うべき手本となるもの。「模範解答」「模範演技」「全生徒の模範となる」「模範的な青年」

**きはん【△羈△絆】**（名）行動のさまたげになるもの。束縛《そくばく》。また、きずな。「肉親という—」

**きばん【基板】**（名）電子部品や集積回路が組みこまれた絶縁《ぜつえん》体の板。

**きばん【基盤】**（名）物事の基礎《きそ》となるもの。土台。「—の確立」「生活の—が脅《おびや》かされる」

**きはんせん【機帆船】**（名）発動機と帆《ほ》の両方を備えている小型の船。

**きひ【忌避】**（名・他スル）❶きらってさけること。「徴兵《ちょうへい》—」❷〘法〙裁判の当事者が、不公平な裁判を行うおそれのある裁判官などの排除《はいじょ》を求めること。

**きび**『△黍・△稷』（名）〔植〕イネ科の一年草。実はうす黄色で、食用とする。

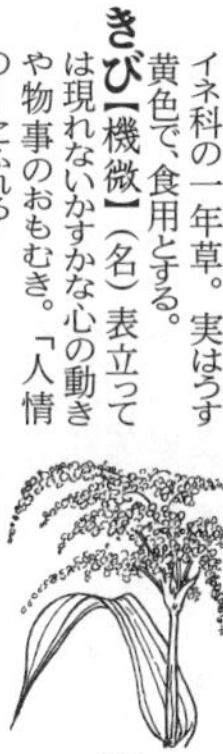
（黍）

**きび【機微】**（名）表立っては現れないかすかな心の動きや物事のおもむき。「人情の―にふれる」

**きびき【忌引き】**（名・自スル）身内の人が死んだとき、喪《も》に服するため学校や勤めを休むこと。また、そのための欠席・休暇《きゅうか》。

**きびきび**（副・自スル）動作がすばやく、しっかりとしているようす。「―(と)した動き」

**きびし・い【厳しい】**（形）〔カロ・カツ(ク)・イ・イ・ケレ・○〕❶いいかげんなことを許さない。厳格である。「―しつけ」❷程度がはなはだしい。ひどい。「残暑が―」❸困難が多く、むずかしい。「生活が―」

**きびす**『△踵』（名）かかと。くびす。
**踵を返《かえ》す** 引き返す。もどる。
**踵を接《せっ》する** 次々と人が来たり、物事が続いて起こったりする。

**きひつ【起筆】**（名・自他スル）書き始めること。書きおこし。対擱筆《かくひつ》

**ぎひつ【偽筆】**（名）他人の文字や絵に似せて書くこと。また、そうして書いたもの。にせがき。対真筆《しんぴつ》

**きびにふす**『△驥尾に付す』すぐれた人のあとに従って事を行う。参考はえでさえも名馬の尾（＝驥尾）にとまれば、一日に千里を行くことができるという意から。けんそんの意を込《こ》めて用いる。

**きびょう【奇病】**（名）ふしぎな病気。めずらしい病気。「原因不明の―」

**きびょうし【黄表紙】**（名）〔文〕江戸《えど》時代の中期に流行した黄色い表紙の草双紙《くさぞうし》。しゃれや風刺《ふうし》をおりまぜた内容の、大人向けの絵入りの小説。

**きひん【気品】**（名）人の容姿・態度や芸術作品などから受ける、上品なおもむき。「―のある物腰《ものごし》」類品位・品格

**きひん【貴賓】**（名）身分の高い客。「―室」

**きびん【機敏】**（名・形動ダ）時に応じてすばやく反応し行動すること。すばしこいこと。「―な行動」

**きふ【寄付・寄附】**（名・他スル）おおやけの事業や寺・神社などにおかねや物を差しだすこと。「―金」

**きふ【棋譜】**（名）囲碁《いご》や将棋《しょうぎ》で、対局の一手一手を記録したもの。

**きぶ【基部】**（名）もとになる部分。ねもと。土台。

**ぎふ【義父】**（名）血のつながっていない父。夫または妻の父・養父・継父《けいふ》など。対実父

**ギブ-アップ**〔英 give up〕（名・自スル）あきらめること。降参すること。

**ギブ-アンド-テイク**〔英 give and take〕（名）自分が相手に利益をあたえるかわりに、相手からも利益を得ること。「彼《かれ》とは―の関係だ」

**きふう【気風】**（名）気性。特に、ある集団や土地の人が共通にもっている気質。「質実剛健《ごうけん》の―」

**きふく【起伏】**（名・自スル）❶（土地が）高くなったり低くなったりしていること。「―に富む土地」❷（感情や勢力などが）盛《さか》んになったり、おとろえたりすること。「―の多い人生」「感情の―がはげしい」

**きふく【帰服・帰伏】**（名・自スル）服従してその支配下にはいること。「神に―する」

**きぶくれ【着膨れ】**（名・自スル）たくさん重ね着して、ふくれあがること。

**きふじん【貴婦人】**（名）身分の高い女性。

**ギプス**〔ドイツ Gips〕（名）石膏《せっこう》で固めたほうたい。骨折や関節炎《かんせつえん》のときなどに、その部分の固定や保護に使う。ギブス。

**ぎふぢょうちん【岐阜ぢょうちん】**『岐阜◇提◇灯』（名）下に絹ぶさのあるかざりちょうちん。岐阜県の名産。盆《ぼん》ぢょうちん。

（ぎふぢょうちん）

**きぶつ【器物】**（名）うつわ、入れもの、道具など。「―を損壊《そんかい》する」

**ギフト**〔英 gift〕（名）贈《おく》り物。「―セット」

**きふるし【着古し】**（名）長い期間着て古くなった衣服。「―のジーンズ」

**キプロス**〔Cyprus〕〔地名〕地中海の北東部にあるキプロス島を国土とする共和国。一九六〇年にイギリスから独立。首都はニコシア。

**きぶん【気分】**（名）❶快・不快など、そのときどきの心身の感じ。「―がのる」「―が悪い」❷ある状況《じょうきょう》にある人が共通してもつ、特別な心の状態。雰囲気《ふんいき》。「お祭り―」「学生―」

**きぶん【奇聞】**（名）めずらしい話。「珍聞《ちんぶん》―」

**ぎふん【義憤】**（名）不正に対していきどおること。また、そのいきどおり。「―を感じる」使い方〉自分自身の利害には直接関係のないことについて用いる。

**きぶんや【気分屋】**（名）そのときどきの気分で、発言や態度が変わる人。

**きへい【騎兵】**（名）馬に乗って戦う兵隊。「―隊」

**きへん【木偏】**（名）漢字の部首の一つ。「村」「林」などの左側にある「木」の部分。

**きべん**『△詭弁』（名）筋道の通らないことをたくみなことばで言いくるめごまかす議論。「―を弄《ろう》する」

**きぼ【規模】**（名）建物・組織・計画などのしくみの大きさ。スケール。「―の大きい事業」「全国的―」

**ぎぼ【義母】**（名）血のつながっていない母。夫または妻の母、また、養母・継母《けいぼ》など。対実母

**きほう【気泡】**（名）液体・ガラス・氷などの中に気体がふくまれてできるあわ。

**きほう【既報】**（名・他スル）すでに報告または報道してあること。「―のとおりである」

**きぼう【希望】**㊀（名・他スル）こうあってほしいと願い望むこと。また、その願い。「こちらの―を伝える」「進学を―する」㊁（名）未来に対する明るい見通し。「―に満ちあふれる」

**ぎほう【技法】**（名）物を作ったり物事を行ったりするときの技術や方法。「すぐれた―」

**ぎぼうし**『擬宝◇珠』（名）❶〔植〕キジカクシ科の多

年草。野山に自生するが栽培《さいばい》もする。葉は卵形。夏、紫《むらさき》・白の花をつける。ぎぼうしゅ。ぎぼし。❷→ぎぼうしゅ②

**ぎぼうしゅ【擬宝珠】**(名)❶らんかんや手すりの柱の頭につける、ねぎの花のような形のかざり。ぎぼうし。ぎぼし。❷ねぎの花。❸→ぎぼうし①

(ぎぼうしゅ①)

**きぼうてきかんそく【希望的観測】**(名)自分につごうよく考えるあまい見通し。「—にすぎない」

**ぎぼし**『擬◇宝◇珠』(名)→ぎぼうしゅ

**きぼね【気骨】**(名)あれこれと心を使うこと。「—が折れる(=気づかれする)」注意「きこつ」と読むと別の意味になる。

**きほん【基本】**(名)物事のよりどころとなる大もと。「水泳の—を身につける」「—料金」…的「基本的な問題」

**きほんてきじんけん【基本的人権】**(名)人が生まれながらにしてもつ権利。思想・言論・信教・集会の自由などで、日本国憲法によって規定されている。

**ぎまい【義妹】**(名)義理の妹。弟の妻や配偶者《はいぐうしゃ》の妹など。対実妹

**きまえ【気前】**(名)おかねや物をおしまずに差し出す気性《きしょう》。「—がいい」

**きまぐれ【気まぐれ】**『気◇紛れ』(名・形動ダ)❶気が変わりやすいこと。また、その時の思いつきで行動すること。「—な人」❷天気などが、変化しやすく予測のたてにくいこと。「秋の空は—だ」

**きまじめ【生。真面目】**(名・形動ダ)ひじょうにまじめなこと。また、その人。「—な性格」

**きまず・い【気まずい】**『気×不味い』(形)〔カロ・カッ(ク)・イ・イ・ケレ・○〕周囲や相手と気持ちが合わず、なんとなくぐあいが悪い。「—思いをする」「—雰囲気《ふんいき》」

**きまつ【期末】**(名)ある決まった期間の終わり。「—試験」対期首

**きまって【決まって】**(副)(ある条件のもとでは)いつも。必ず。「—春先にかぜを引く」

**きまま【気まま】**『気△儘』(名・形動ダ)他人に気がねせず、自分の思いどおりにふるまうこと。「勝手—を言う」「—な一人旅」

**きまり【決まり】**『◇極まり』(名)❶定められていること。約束ごと。規則。「—を守る」❷物事の結果。おさまり。決着。「仕事に—をつける」❸必ずする行い。いつものこと。「—文句」「お—のコース」

**きまりがわるい【きまりが悪い】**『決まりが悪い』体裁《ていさい》が悪く、はずかしい。「—思いをする」

**きまりもんく【決まり文句】**(名)いつも決まっていうことばや言い方。「それは彼《かれ》の—だ」

**きま・る【決まる】**『◇極まる』(自五)〔ラ(ロ)・リ(ッ)・ル・ル・レ・レ〕❶ある結果に落ち着く。はっきり定まる。決定する。「進路が—」「遠足が延期に—」「大勢《たいせい》が—」❷スポーツで、技・演技がねらいどおりにうまくゆく。「上手《うわて》投げが—・った」「ゴールが—」❸動作・服装などがかっこうよく整う。「ネクタイが—・っている」❹(「…に(と)決まっている」の形で)必ず…である。「うまくいくに—・っている」

**ぎまん**『欺△瞞』(名・他スル)うそをついてだますこと。「—に満ちた回答」…的「欺瞞的な態度」

**きみ【君】**㊀(名)❶君主。国王。❷自分のつかえる主人。主君。㊁(代)(男子が用いて)自分と対等、または目下の人に、親しみをもって呼びかけることば。「—にあげる」対僕《ぼく》。参考「あなた」より敬意が低く、「おまえ」よりも丁寧《ていねい》な言い方。

**きみ【黄み】**(名)黄色をおびていること。黄色み。

**きみ【気味】**(名)❶そのようなようすが少しあること。おもむき。傾向《けいこう》。「かぜの—がある」❷ある物事から受ける感じ。気持ち。「—が悪い」

**きみ【黄身】**(名)卵の中の黄色い球形の部分。卵黄《らんおう》。対白身

**-ぎみ【気味】**(接尾)そのような傾向《けいこう》が少しあるようすを表す。「疲《つか》れ—」「やせ—」「かぜ—」

**きみがゆく**…和歌
〔君が行く　道《みち》のながてを　繰《く》りたたね　焼《や》きほろぼさむ　天《あめ》の火《ひ》もがも〕〈万葉集《まんようしゅう》・狭野弟上娘子《さののおとがみのおとめ》〉訳あなたが流されて行く長い道のりをたぐりかさねて、焼きほろぼしてしまうようなはげしい天の火があればいいのに。(夫の中臣宅守《なかとみのやかもり》が越前《えちぜん》に流罪《るざい》になったときの歌)

**きみがよ【君が代】**(名)❶現天皇の時代。❷日本の国歌。参考「わが君は千代《ちよ》に八千代にさざれ石のいはほ(巌《いわお》)となりてこけのむすまで」という和歌の初句を「君が代は」として、一八八〇(明治一三)年に作曲された。

**きみじか【気短】**(形動ダ)〔ダロ・ダッ(デ・ニ)・ダ・ナ・ナラ・○〕せっかちですぐにいらいらするようす。短気。「—な性格」対気長

**きみつ【気密】**(名)しめきって外部から気体を通さないこと。「—室」…性「気密性の高い部屋」

**きみつ【機密】**(名)政治や仕事などの上で、もらしてはならない大事なことがら。「—事項《じこう》」「—を守る」

**きみどり【黄緑】**(名)黄色みをおびた明るい緑色。

**きみまつと**…和歌
〔君待つと　わが恋《こ》ひをれば　わが屋戸《やど》の　すだれ動《うご》かし　秋《あき》の風《かぜ》吹《ふ》く〕〈万葉集《まんようしゅう》・額田王《ぬかたのおおきみ》〉訳あなたがたずねてくださるのを待って、私が恋いこがれておりますと、私の家の戸口のすだれを動かして秋風が吹いてゆきます。おいでになる前ぶれでしょうか。(「君」は天智《てんじ》天皇をさす)

**きみゃく【気脈】**(名)❶血液が通う道筋。❷考え・気持ちのつながり。心のつながり。

**気脈を通《つう》じる**　ひそかに連絡《れんらく》をとり、たがいの気持ちや考えが通じるようにする。

**きみょう【奇妙】**(形動ダ)〔ダロ・ダッ(デ・ニ)・ダ・ナ・ナラ・○〕ふつうと変わっていて、ふしぎなようす。「—な事件」

**きみわる・い【気味悪い】**(形)〔カロ・カッ(ク)・イ・イ・ケレ・○〕(なにかぞっとする感じがして)気持ちが悪い。おそろしい。

**ぎみん【義民】**(名)正しいことのために自分の命をすててつくす人。

**ぎむ【義務】**(名)法律上、または道徳上当然しなけれ

ばならないこと。「—をはたす」「—を負う」[…的]「義務的な仕事」[対]権利

**ぎむきょういく【義務教育】**（名）国民が、子どもに必ず受けさせなければならない普通教育。日本では小学校六年間と中学校三年間。

**きむずかし・い【気難しい】**（形）{カロ・カッ(ク)・イ・イ・ケレ・○}なかなか人と同調せず、あつかいにくい。ふきげんになりやすく、神経質だ。「—人物」

**きむすめ【生娘】**（名）世間なれしていない純真な女の子。うぶな娘《むすめ》。処女。

**キムチ**（名）朝鮮《ちょうせん》料理の一種。にんにく・とうがらしなどを入れてつけた白菜・大根などの漬物《つけもの》。

**きめ【木目】**（名）❶もくめ。❷ひふや物の表面の細かい模様《もよう》。「—の細かい肌《はだ》」❸心づかいや注意力のゆきとどく程度。「—細かな配慮《はいりょ》」[参考]①は「木理」とも、②③は「肌理」とも書く。

**きめい【記名】**（名・自スル）名前を書くこと。「答案用紙に—する」「無—」

**ぎめい【偽名】**（名）うその名前。「—を使う」

**きめいとうひょう【記名投票】**（名）選挙や採決で投票用紙に、自分の名を書いて投票するやり方。

**きめこ・む【決め込む】**（他五）{マ(モ)・ミ(ン)・ム・ム・メ・メ}❶勝手にそうと決めてしまう。「頭から—」❷あえてそのようにふるまう。「不精《ぶしょう》を—」「ねこばばを—」

**きめつ・ける【決めつける】**〖決め付ける〗（他下一）{ケ・ケ・ケル・ケル・ケレ・ケロ(ケヨ)}（相手の言い分などに耳をかさずに）一方的に断定してものを言う。「すぐに—くせがある」

**きめて【決め手】**（名）❶試合などで、勝負を決める手だて・わざ。❷物事を解決するよりどころ。「犯人を特定する—に欠ける」

**き・める【決める】**〖◇極める〗（他下一）{メ・メ・メル・メル・メレ・メロ(メヨ)}❶ある結果に落ち着かせる。決定する。定める。「委員を—」「目標を—」❷決心する。「一生けんめい勉強することに—」❸（「…に(と)決めている」の形で）…することにしている。「コーヒーはブラックに—・めている」❹思い込《こ》む。「彼《かれ》が悪いと—・めてかかる」

❺スポーツで、技・演技をねらいどおりにうまく成功させる。「すくい投げをきれいに—」「難しいジャンプを—」❻服装などをかっこうよく整える。「白のスーツで—」

**きも【肝】**〖◇胆〗（名）❶肝臓《かんぞう》。また、はらわた。「あんこうの—」❷精神の宿る所。心。胆力《たんりょく》。「—が太い(=気がしっかりしていて大胆《だいたん》である)」

**肝が据《す》わる** どんなときでも落ち着いていて驚《おどろ》かない。「肝が据わった人」

**肝に銘《めい》じる** 心に深くおぼえていて忘れない。

**肝をつぶす** ひじょうにびっくりする。

**肝を冷《ひ》やす** 驚《おどろ》いてひやっとする。ぞっとする。

**きもいり【肝煎り】**（名）間にたって世話をやくこと。また、その人。「おじの—で結婚《けっこん》する」

**きもだめし【肝試し】**（名）度胸《どきょう》があるかどうかをためすこと。また、そのもよおし。「—に墓地を通る」

**きもち【気持ち】**（名）❶物事にたいして感じる好き・嫌《きら》い、快・不快などの心の状態。感情。「朝の散歩は—がいい」❷物事にたいする心のもちかた。考えかた。「—を切りかえる」「君の—がわからない」❸からだのぐあいについての感じ。気分。「食べ過ぎて—が悪くなる」❹自分の心づかいをけんそんしていうことば。「ほんの—ですが」❺（副詞的に用いて）わずか。「—長めにする」

| 敬称《けいしょう》（相手側） | 謙称《けんしょう》（自分側） |
|---|---|
| お気持ち　御厚志《ごこうし》 | 寸意　寸志　寸心 |
| 御厚情　（御）芳志《ほうし》 | 微意《びい》　微志 |
| （御）芳情 | 微衷《びちゅう》 |

**きもったま【肝っ玉】**〖肝っ◇魂〗（名）ものおじしない強い気力。きもだま。「—が大きい」

**きもの【着物】**（名）❶からだに着るもの。衣服。❷洋服に対して、和服。

**きもん【鬼門】**（名）❶（陰陽道《おんようどう》で、鬼が出入りする方角と考えられたことから）何をするにも避《さ》けたほうがよいという方角。北東の方角。❷その人にとって、最も苦手とする相手や場所・ことがら。

**ぎもん【疑問】**（名）それでよいのかどうか、よくわからないこと。また、うたがわしいと思うこと。「—を抱《いだ》く」「—文」

**ぎもんし【疑問詞】**（名）〖文法〗疑問の意を表す語で、たずねたいことがらを示すもの。「何」「だれ」「いつ」「なぜ」「どこ」など。

**ぎもんふ【疑問符】**（名）疑問を表すしるし。クエスチョンマーク。「?」

**きゃ【脚】**→きゃく(脚)

**ギヤ**（名）→ギア

**きゃあ**（感）（女性などが）大変なことが起こって平静でいられないときに思わず発する悲鳴のような声。

**ぎゃあ**（感）危険なことが自分の身に起こったり、痛みを感じたりしたときに思わず発する悲鳴。

**きやく【規約】**（名）その団体や組織を維持《いじ》・運営するために、みなが相談して決めた規則。「—の改正」

## きゃく【却】 7画 卩5 [音]キャク

一 十 土 去 去 却

❶しりぞく。しりぞける。もどす。かえす。◆却下《きゃっか》。◆棄却《ききゃく》・退却・返却。❷すっかりなくなる。すっかりなくす。◆消却・焼却・償却《しょうきゃく》・売却・忘却《ぼうきゃく》

## きゃく【客】 9画 宀6 (小3) [音]キャク・カク (中)

丷 宀 宂 宊 安 客

❶きゃく。たずねてくる人。まねかれて来る人。◆客室・客人・客間◆主客《しゅかく・しゅきゃく》・先客・来客。[対]主。❷旅先にいること。旅人。◆客死《かくし・きゃくし》◆旅客《りょかく・りょきゃく》。❸いそうろう。◆食客《しょっかく・しょっきゃく》。❹おかねをはらう利用者。◆客足《きゃくあし》・客車・客席◆観客・顧客《こかく・こきゃく》・乗客。❺ある方面ですぐれている人。◆剣客《けんかく・けんきゃく》・墨客《ぼっかく・ぼっきゃく》・論客《ろんかく・ろんきゃく》。❻すぎさった。過去の。◆客年《かくねん・きゃくねん》。❼主になるものに対して、ほかのもの。◆客体《きゃくたい・かくたい》・客観《きゃっかん・かっかん》◆主客転倒《しゅかくてんとう・しゅきゃくてんとう》。[対]主

**きゃく【客】**（名）❶よそからたずねてくる人。客人。「遠来の—をもてなす」❷おかねをはらって、物を買ったり、船・車に乗ったり、物を見にきたりする人。「—の呼び込《こ》み」

**きゃく【脚】** 11画 月7 音 キャク・キャ 高 訓 あし

❶人や動物のあし。◆脚力・脚下・脚光 ◆行脚《あんぎゃ》・健脚・馬脚・飛脚。❷物の下のほう。◆脚注。❸下のほうにあって上を支えているもの。土台となるもの。◆脚本 ◆三脚・失脚。参考「キャ」の音は「脚立《きゃたつ》」「行脚《あんぎゃ》」などのことばに使われる特殊《とくしゅ》な読み方。

**-きゃく【脚】**（接尾）足のある道具を数えることば。「いす二—」

**ぎやく【偽薬】**（名）薬の成分は含《ふく》まないが、本物そっくりにせた薬。新しい薬の効果を調べたり、患者《かんじゃ》を安心させたりするのに使う。プラシーボ。

**ぎゃく【逆】** 9画 辶6 小5 音 ギャク 訓 さか・さからう

❶さかさま。反対。◆逆縁《ぎゃくえん》・逆光線・逆算・逆襲《ぎゃくしゅう》・逆転・逆風・逆輸入・逆用・逆流・逆行《ぎゃっこう》 ◆順逆。❷そむく。さからう。◆逆心・逆臣・逆賊《ぎゃくぞく》・逆徒《ぎゃくと》・逆境《ぎゃっきょう》 ◆悪逆・大逆・反逆。対 順

**ぎゃく【逆】** ━（名・形動ダ）順序・方向・位置などが反対であること。「左右を—にする」━（名）「逆手《ぎゃくて》」の略。「—を取る」

**ぎゃく【虐】** 9画 虍3 音 ギャク 訓 しいたげる 高

むごい。むごいめにあわせる。◆虐殺《ぎゃくさつ》・虐政・虐待 ◆残虐・自虐・暴虐 ⇩付録「漢字の筆順(3)虍」

**ギャグ**〔英 gag〕（名）演劇・映画などで、観客を笑わせる即興《そっきょう》のせりふやしぐさ。また、単に冗談《じょうだん》やしゃれ。「—を連発する」

**きゃくあし【客足】**（名）商店や興行場などの客の集まりぐあい。「—が遠のく」「—がへる」

**きゃくあつかい【客扱い】**（名）客をもてなす態度。客あしらい。「—がうまい」「—が悪い」

**きゃくいん【客員】**（名）正規の構成員ではなく、特別にむかえられて加わった人。かくいん。「—教授」

**きゃくいん【脚韻】**（名）詩などで、句の終わりを同じ音《おん》にそろえること。また、その音。「坂は照る照る鈴鹿《すずか》はくもる」の「る」など。「—をふむ」対 頭韻《とういん》

**きゃくえん【客演】**（名・自スル）俳優がほかの劇団などに招かれて臨時に出演すること。

**ぎゃくえん【逆縁】**（名）〔仏〕❶年上の者が年下の者の供養《くよう》をすること。❷悪いことをしたことが、かえって仏道にはいる原因となること。

**ぎゃくぎれ【逆切れ】**（名・自スル）〔俗語〕（「逆に切れる」の意）怒《おこ》られる立場にある人が、逆に激しく怒り出すこと。「ルール違反《いはん》を注意して—される」

**きゃくご【客語】**（名）〔文法〕文中の動作の目的を表すことば。目的語。「新聞を読む」の「新聞を」は「読む」の客語。参考「かくご」とも読む。

**ぎゃくこうか【逆効果】**（名）ねらっていたこととは反対のききめ。「その方法は—を招く」

**ぎゃくこうせん【逆光線】**（名）→ぎゃっこう(逆光)

**ぎゃくコース【逆コース】**（名）❶ふつうとは反対の道順。「展覧会《てんらんかい》を順路と—で見て回る」❷社会の進むべき方向や時代の流れに反対するような動き。▽コースは、英 course

**ぎゃくさつ【虐殺】**（名・他スル）むごい方法で殺すこと。「大量—」

**ぎゃくさん【逆算】**（名・他スル）ふつうの順序とは逆に、うしろのほうからさかのぼって計算すること。

**きゃくし【客死】**（名・自スル）→かくし(客死)

**きゃくしつ【客室】**（名）❶客を通す部屋。客間《きゃくま》。❷旅館・ホテルなどで、客を泊《と》める部屋。❸列車・飛行機などで、乗客を乗せる所。

**きゃくしつじょうむいん【客室乗務員】**（名）旅客機の客室で乗客の世話をする乗務員。キャビンアテンダント。フライトアテンダント。

**きゃくしゃ【客車】**（名）客を運ぶ鉄道車両。対 貨車

**ぎゃくしゅう【逆襲】**（名・自他スル）攻《せ》められていたものが、反対に勢いをもり返して攻めること。「思いがけない—を受ける」

**ぎゃくじょう【逆上】**（名・自スル）怒《いか》りや悲しみで、かっとなってわれを忘れること。「ばかにされて—する」

**きゃくしょうばい【客商売】**（名）飲食店など、客のもてなしが中心となる商売。接客業。

**きゃくしょく【脚色】**（名・他スル）❶小説・事件などを、演劇や映画などの脚本《きゃくほん》に書くこと。❷興味をひくように、実際にはないことを加えて話をおもしろくすること。「事実を—して話す」

**ぎゃくすう【逆数】**（名）〔数〕かけて1になる数。たとえば、4の逆数は1/4、2/3の逆数は3/2。

**ぎゃくせい【虐政】**（名）人びとを苦しめる政治。「—に苦しむ」

**きゃくせき【客席】**（名）劇場などの客の座席。観覧席。「満員の—」

**ぎゃくせつ【逆接】**（名）〔文法〕文や句が接続するとき、前のことがらに対してあとのことがらが、ふつう考えられるように接続しないこと。たとえば、「勉強したのに成績が上がらない」などのように、「のに」「ても」「しかし」「けれど(も)」などで表される接続関係。対 順接

**ぎゃくせつ【逆説】**（名）一見真理とは反対のことを述べていながら、実際は一種の真理を言っている表現法。たとえば、「負けるが勝ち」「急がば回れ」など。パラドックス。…的「逆説的な言い方」

**きゃくせん【客船】**（名）旅客を乗せる船。「豪華《ごうか》—」

**きゃくそう【客層】**（名）年齢《ねんれい》や性別などによって区別される、店などに来る客の階層。客すじ。

**きゃくたい【客体】**（名）人間の意志または行為《こうい》の対象になるもの。また、人間の意志や行為に関係なく、独立して外界に存在するもの。かくたい。…化「事物を客体化する」対 主体

**ぎゃくたい【虐待】**（名・他スル）ひどいあつかいをする

こと。ひどくいじめること。「動物を—する」

**ぎゃくたんち【逆探知】**（名・他スル）電話の通話中に受話器から回線を逆にたどり、発信元をさぐり当てること。「—に成功する」

**きゃくちゅう【脚注】**『脚△註』（名）本などで、本文の下につけた注釈《ちゅうしゃく》。「—をつける」対頭注

**ぎゃくて【逆手】**（名）❶柔道《じゅうどう》などで、相手の関節を逆に曲げるわざ。「—をとる」❷相手の攻撃《こうげき》や不利な状況《じょうきょう》を利用して逆に攻《せ》め返すこと。さかて。「不景気を—にとった商売」❸鉄棒などで、てのひらを自分のほうにむけるにぎりかた。さかて。対順手

**ぎゃくてん【逆転】**（名・自他スル）❶ある物がそれまでと反対の方向に回転すること。また、反対の方向に回転させること。❷物事の状態がいままでと反対のなりゆきになること。「形勢が—する」「—勝利」

**ぎゃくと【逆徒】**（名）主君にそむく行動をする者。また、その一味。

**きゃくどめ【客止め】**（名・自スル）興行場などで、満員のため、あとの客の入場をことわること。札《ふだ》止め。「満員—の盛況《せいきょう》」

**きゃくひき【客引き】**（名・自スル）店・旅館・見せ物などで、客に声をかけて誘《さそ》い入れること。また、それをする人。

**ぎゃくひれい【逆比例】**（名・自スル）《数》→はんぴれい

**ぎゃくふう【逆風】**（名）人や船などの進む方向から吹《ふ》いてくる風。向かい風。「—に耐《た》える」対順風

**きゃくぶん【客分】**（名）客としてもてなされること。また、そのもてなしを受ける人。「—としてもてなす」

**きゃくほん【脚本】**（名）演劇・映画などの、せりふ・動作・舞台《ぶたい》装置などを書いたもの。台本。シナリオ。「—家」

**きゃくま【客間】**（名）客を通してもてなす部屋。「—に通される」対居間《いま》・茶の間

**ぎゃくゆにゅう【逆輸入】**（名・他スル）一度輸出した物を加工品などの形でふたたび輸入すること。

**ぎゃくよう【逆用】**（名・他スル）それのもつ本来の目的とは反対の目的に利用すること。「敵の力を—する」

**きゃくよせ【客寄せ】**（名）商店などで、さまざまな手段で客を集めること。また、その手段。「—の目玉商品」「—パンダ」

**ぎゃくりゅう【逆流】**（名・自スル）一定の方向に流れていたものが逆に流れること。また、その流れ。「川の水が—する」「血が—するような思い」

**きゃくりょく【脚力】**（名）歩いたり走ったりできる足の力。「年を取って—がめっきりおとろえる」

**きゃしゃ【×華奢・×華車・×花車】**（形動ダ）{ダロ・ダッ(デ・ニ)・ダ・ナ・ナラ・○}❶人や器物の姿や形が、ほっそりして上品で美しいようす。「—なからだ」❷物のつくりが弱々しくこわれやすいようす。「—なつくり」

**きやす・い【気安い】**（形）{カロ・カツ(ク)・イ・イ・ケレ・○}心安い。遠慮《えんりょ》がいらない。「—間柄《あいだがら》」

**キャスター**〔英 caster〕（名）❶移動しやすくするために、器具・家具・旅行かばんなどの下につける小さな車輪。❷「ニュースキャスター」の略。

**キャスティング-ボート**〔英 casting vote〕（名）❶多数決で賛成と反対が同数のとき、最終的な決定を下す議長または委員長の権利。❷二大政党の力がほぼ等しいとき、少数第三政党のもつ決定権。「—を握《にぎ》る」❸どちらになるかわからない物事を決定づける力。（=キャスチングボート）

**キャスト**〔英 cast〕（名）映画・演劇などの配役。「オールスター—」「ミス—」

**きやすめ【気休め】**（名）その場だけの安心。また、あてにならないなぐさめのことば。「—を言う」

**きやせ【着痩せ】**（名・自スル）衣服を着るとかえってやせて見えること。「—するタイプ」

**きゃたつ【脚立】**（名）短いはしごを両方から合わせて上に台をつけた形のふみ台。

（きゃたつ）

**キャタピラ**〔Caterpillar〕（名）悪路でも走行できるように、鋼鉄の板を帯状につなぎ合わせて車輪の外側につけた装置。トラクター、ブルドーザー、戦車などにつける。無限軌道《むげんきどう》。カタピラー。（商標名）

**きゃっか【却下】**（名・他スル）❶裁判所や役所などが、訴訟《そしょう》や申請《しんせい》などをとりあげずにしりぞけること。「訴《うった》えを—する」❷願いや意見などをしりぞけること。

**きゃっか【脚下】**（名）足もと。下方。

**きゃっかん【客観】**（名）❶自分の認識の対象となるすべてのもの。かっかん。❷自分の認識とは関係なく独立して存在するもの。かっかん。「—主義」❸自分の見方・考え方とはなれた、第三者の立場での見方。…性「客観性（=客観的であること）が要求される」《対主観》

**きゃっかんてき【客観的】**（形動ダ）{ダロ・ダッ(デ・ニ)・ダ・ナ・ナラ・○}❶個人の認識に関係なく、独立して存在しているようす。「—真実」❷自分の考えをまじえないで、だれがみてもそのとおりだと思われるような立場にたって物事を見るようす。「—な意見をのべる」対主観的

**ぎゃっきょう【逆境】**（名）思いどおりにいかず苦しみの多い身の上。不運な立場。「—に強い」対順境

**きゃっこう【脚光】**（名）舞台《ぶたい》の前にあって、俳優を足もとから照らす光。フットライト。

**脚光を浴《あ》びる**　人びとに注目され有名になる。「いちやく—」

**ぎゃっこう【逆光】**（名）写真撮影《さつえい》のとき、被写体《ひしゃたい》の後ろからさす光。逆光線。

**ぎゃっこう【逆行】**（名・自スル）進むべき方向と反対の方向に行くこと。あともどり。「時代に—する」

**キャッシュ**〔英 cash〕（名）現金。「—で払《はら》う」

**キャッシュ-カード**〔英 cash card〕（名）銀行などにある現金自動預《あず》け入れ支払《しはら》い機にさしこんで預金の出し入れをするためのカード。

**キャッシュレス**〔英 cashless〕（名）クレジットカードや電子マネーなどを用いて、現金を使わずに支払《しはら》いや受け取りをすること。

**キャッシング**〔英 cashing〕（名）金融《きんゆう》機関による小口《こぐち》の現金の貸しつけ。

**キャッチ**〔英 catch〕（名・他スル）捕《と》らえること。受

け取ること。つかむこと。「電波を一する」

**キャッチー**〔英 catchy〕(形動ダ)〔ダロ・ダッ(デ・ニ)・ダ・ナ・ナラ・○〕多くの人の興味をひきつけるようす。印象的で、記憶《きおく》に残りやすそうなようす。「一なメロディー」

**キャッチ-コピー**〔和製英語〕(名)人をひきつけるような売り文句、宣伝文句。▽catch と copy から。

**キャッチ-フレーズ**〔英 catch phrase〕(名)人目をひく宣伝文句。うたい文句。

**キャッチ-ボール**〔和製英語〕(名)野球のボールを投げたり受けたりすること。▽catch と ball から。

**キャッチャー**〔英 catcher〕(名)野球で、本塁《ほんるい》を守り、投手の球を受ける人。捕手《ほしゅ》。

**キャッチャー-ボート**〔和製英語〕(名)捕鯨《ほげい》船団の中で、母船につきそって捕鯨砲《ほう》でくじらをとる船。捕鯨船。▽catcher と boat から。

**キャップ**〔英 cap〕(名)❶つばのない、また、前部だけにつばのあるぼうし。❷物にはめてかぶせるふた。「万年筆の一」❸(「キャプテン」の略)(特に、新聞記者などの)責任者。主任。

**ギャップ**〔英 gap〕(名)❶すきま。みぞ。❷意見などの食いちがい。へだたり。「世代間の一がある」

**キャディー**〔英 caddie〕(名)ゴルフ場で、競技者の使うクラブを運んだり、助言したりする人。

**キャパシティー**〔英 capacity〕(名)❶容量。許容量。収容力。「会場の一」❷能力。物事を受けいれる能力。「仕事量が一を超《こ》える」

**ギャバジン**〔英 gabardine〕(名)服地の一種で織り目の細かいあや織り。ギャバ。

**キャバレー**〔フランス cabaret〕(名)ダンスホールや舞台《ぶたい》などのある酒場。

**きゃはん**【脚半】〖脚△絆〗(名)むかし、旅や作業をするとき、動きやすいよう、すねにまきつけた細長い布。

(きゃはん)

**キャビア**〔英 caviar〕(名)ちょうざめの卵を塩づけにした食品。カビア。

**キャピタル**〔英 capital〕(名)❶(アルファベットの)大文字。頭文字《かしらもじ》。❷首都。❸資本。

**キャピタル-ゲイン**〔英 capital gain〕(名)〖経〗土地や株式など、所有している資産の値上がりによる利益。

**キャビネ**〔フランス cabinet〕(名)縦約一六・五センチ《メートル》、横約一二センチ《メートル》の大きさの写真判。キャビネ判。カビネ。

**キャビネット**〔英 cabinet〕(名)❶整理用の戸だな。飾《かざ》りだな。❷ラジオ・テレビの受信機の外箱。

**キャビン**〔英 cabin〕(名)船室。船・航空機の客室。ケビン。「豪華《ごうか》な一」

**キャビン-アテンダント**〔英 cabin attendant〕(名)客室乗務員。CA。

**キャプション**〔英 caption〕(名)❶新聞・雑誌の記事や論説などの表題・見出し。❷印刷物の写真などにつける簡単な説明文。

**キャプテン**〔英 captain〕(名)❶船長。艦長《かんちょう》。❷機長。❸運動チームの主将。「野球チームの一」

**ぎゃふん**(副)言いこめられたりして、一言も言い返せないようす。「一と言わせる」使い方》多く「と」をつけて用いる。

**キャベツ**〔英 cabbage〕(名)〖植〗野菜の一種。アブラナ科の越年草《えつねんそう》。葉は広く大きくて球形になる。玉菜《たまな》。かんらん。「ロールー」

**ギヤマン**(名)ガラス。また、ガラス製の容器の古い言い方。▽オランダ diamant から。

**キャミソール**〔英 camisole〕(名)肩《かた》ひもが付いた胸から腰《こし》までの女性用下着。

**きゃら**〖△伽羅〗(名)〖植〗熱帯産の香木《こうぼく》の名。ジンチョウゲ科の常緑高木。伽羅木《きゃらぼく》。沈香《じんこう》。また、それからとった香料。

**キャラ**(名)「キャラクター」の略。「ゲームの一」

**ギャラ**(名)契約《けいやく》して決めた出演料。契約金。「一をもらう」▽英 guarantee から。

**キャラクター**〔英 character〕(名)❶性格。人格。「特異な一をもつ人」❷まんが・小説・映画などに登場する人や動物など。「人気まんがの一」「一商品」〖=キャラ〗

**キャラコ**〔英 calico〕(名)もめんの織物の一つで、平織りの目の細かい白い布。

**キャラバン**〔英 caravan〕(名)砂漠《さばく》を、隊を組んでらくだなどを連れて行き来する商人の集団。隊商。また、登山や徒歩旅行の集団にもいう。

**キャラメル**〔英 caramel〕(名)❶砂糖や水あめにミルク・バターなどをまぜ、煮《に》かためて小さく切った菓子《かし》。❷→カラメル

**ギャラリー**〔英 gallery〕(名)❶美術品の陳列《ちんれつ》などをする会場。画廊《がろう》。❷ゴルフなどの見物人。「多数の一が見守る」

**きやり**【木やり】〖木◇遣り〗(名)❶大きな木や岩を大勢で調子をとりながら引くこと。❷(「木やり歌」の略)①のとき歌う歌。祭礼などにも歌われる。

**キャリア**〔英 career〕(名)❶経歴。経験。「豊富な一」「一がある」❷国家公務員の上級職の試験に合格して採用された人。「一組」

**キャリア**〔英 carrier〕(名)❶物を運ぶのに使う器具。台車など。❷〖医〗発症《はっしょう》はしていないが、病原菌《きん》やウイルスをもつ人や動物。保菌者。❸電話や通信サービスを提供する事業者。

**ギャル**〔英 gal〕(名)《俗語》女の子。若い娘《むすめ》。

**ギャルソン**〔フランス garçon〕(名)(男の子の意)レストランなどの給仕《きゅうじ》。ボーイ。

**ギャロップ**〔英 gallop〕(名)馬術で、駆《か》け足。最も速い駆け方。

**きゃん**〖△俠〗(名・形動ダ)→おきゃん

**ギャング**〔英 gang〕(名)組織的な犯罪集団。強盗《ごうとう》団。また、その一員。「一のボス」「銀行一」

**キャンセル**〔英 cancel〕(名・他スル)契約《けいやく》や予約を取り消すこと。破約。「宿泊《しゅくはく》を一する」

**キャンデー**〔英 candy〕(名)❶砂糖を煮《に》つめて作った洋風のあめ菓子《がし》。❷(「アイスキャンデー」の略)棒状《ぼうじょう》の氷菓子。〖=キャンディー〗

**キャンドル**〔英 candle〕(名)ろうそく。「一サービス」

**キャンバス** (名) ↓カンバス

**キャンパス** 〔英 campus〕 (名) (大学の)構内。校庭。「―が広い」

**キャンプ** 〔英 camp〕 **一** (名・自スル) 野山や海岸でテントをはって野営すること。「―場」「湖畔《こはん》で―する」 **二** (名) ❶テントをはって作った仮小屋。「ベース―」 ❷プロ野球などの練習のための合宿。「春季―」 ❸収容所。「難民―」 ❹軍隊の宿営地。兵営。「米軍の―」

**キャンプファイヤー** 〔英 campfire〕 (名) キャンプ生活で、夜みんなで集まってたくたき火。

**ギャンブル** 〔英 gamble〕 (名) とばく。かけごと。

**キャンペーン** 〔英 campaign〕 (名) 広くうったえるため、組織的に行う宣伝活動。「―をはる」「―セール」

**キャンベラ** 〔Canberra〕 [地名] オーストラリアの首都。連邦《れんぽう》の直轄地《ちょっかつち》で、計画的につくられた都市。

**きゆう** 『△杞憂』 (名) とりこし苦労。よけいな心配。「そんな心配は―にすぎない」

故事 むかし、中国の杞という国に、天が落ちてこないかと心配で、夜も眠《ねむ》れず食事もとれない人があったという話から出たことば。〈列子〉

**きゅう【九】** 2画 乙1 小1 音 キュウ・ク 訓 ここの・ここのつ
❶ここのつ。◆九州 ◆十中八九《じっちゅうはっく》。 ❷数の多いことをいう。◆九死 ◆三拝九拝
ノ 九

**きゅう【九】** (名) 八に一を足した数。ここのつ。

**きゅう【久】** 3画 ノ2 小5 音 キュウ・ク高 訓 ひさしい
ひさしい。長いあいだ。いつまでも変わらない。◆久遠《くおん》 ◆永久・恒久《こうきゅう》・持久・悠久《ゆうきゅう》。 参考 「ク」の音は「久遠《くおん》」ということばに使われる特殊《とくしゅ》な読み方。
ノ ク 久

**きゅう【及】** 3画 ノ2 音 キュウ 訓 およぶ・および・およぼす
追いつく。とどく。およぶ。およぼす。◆及第・及落 ◆言及・追及・波及・普及《ふきゅう》・論及
ノ 乃 及

**きゅう【弓】** 3画 弓0 小2 音 キュウ中 訓 ゆみ
矢を射るための、ゆみ。◆弓状・弓道・弓馬 ◆強弓《ごうきゅう》・半弓・洋弓
フ コ 弓

**きゅう【丘】** 5画 一4 音 キュウ 訓 おか
おか。小さい山。◆丘陵《きゅうりょう》 ◆砂丘・段丘
ノ イ 斤 斤 丘

**きゅう【旧】** 5画 日1 小5 〔舊〕 音 キュウ
❶ふるい。過去の。◆旧字・旧式・旧称《きゅうしょう》・旧制・旧姓《きゅうせい》・旧態・旧道 ◆新旧。対新。 ❷むかし。◆旧悪・旧師・旧跡《きゅうせき》 ◆懐旧《かいきゅう》。 ❸むかしからの知りあい。◆旧交・旧知・旧友 ◆故旧。 ❹もとどおり。◆復旧
| ‖ 川 旧 旧

**きゅう【旧】** **一** (名) ❶もとの状態。「―に復する」 ❷「旧暦《きゅうれき》」の略。「―の正月」「―の盆《ぼん》」対新。 **二** (接頭) 「古い」「もとの」の意を表す。「―市街《しがい》」「―制度」対新

**きゅう【休】** 6画 イ4 小1 音 キュウ 訓 やすむ・やすまる・やすめる
❶やすむ。やすみ。◆休暇《きゅうか》・休憩《きゅうけい》・休日・休息・休養 ◆週休・定休・不眠不休《ふみんふきゅう》・連休。 ❷しばらくやめる。◆休校・休止・休職・休戦 ◆運休
ノ イ 仁 什 休 休

**きゅう【吸】** 6画 口3 小6 音 キュウ 訓 すう
すう。◆吸引・吸収・吸入・吸盤《きゅうばん》 ◆呼吸
丶 口 口 叨 吸 吸

**きゅう【朽】** 6画 木2 音 キュウ 訓 くちる
❶くされくずれる。◆腐朽《ふきゅう》。 ❷古くなりだめになる。おとろえて役にたたない。◆不朽・老朽
一 十 オ 木 木 朽

**きゅう【臼】** 6画 臼0 音 キュウ 訓 うす
うす。穀物《こくもつ》をついたり、ひいたりする道具。また、うすの形をしたもの。◆臼歯・臼状 ◆脱臼《だっきゅう》 ⇩付録「漢字の筆順(21)臼」
ノ イ 斤 臼 臼 臼

**きゅう【求】** 7画 氺2 小4 音 キュウ 訓 もとめる
手にいれようとする。もとめる。◆求愛・求婚《きゅうこん》・求職・求人 ◆請求《せいきゅう》・探求・追求・要求・欲求
一 寸 寸 才 求 求

**きゅう【究】** 7画 穴2 小3 音 キュウ 訓 きわめる中
きわめる。どこまでもしらべたずねる。◆究極・究明 ◆学究・研究・考究・探究・追究・論究。 類 窮《きゅう》
丶 宀 宀 穴 穴 究

**きゅう【泣】** 8画 氵5 小4 音 キュウ中 訓 なく
なく。すすりなく。◆感泣・号泣
丶 氵 氵 氵 汁 泣 泣

**きゅう【急】** 9画 心5 小3 音 キュウ 訓 いそぐ
❶いそぐ。◆急務・急用 ◆早急《さっきゅう・そうきゅう》・至急。対緩《かん》。 ❷とつぜんな。◆急死・急性・急停車・急転・急病・急変 ◆短兵急《たんぺいきゅう》。 ❸はやい。◆急行列車・急速・急流 ◆特急。 ❹さしせまった。◆急場・急迫《きゅうはく》 ◆応急・火急・危急・緊急《きんきゅう》。 ❺傾斜《けいしゃ》や角度の大きいこと。◆急角度・急降下・急斜面《きゅうしゃめん》。 ❻大事なところ。◆急所
ノ ク 仵 刍 急 急

**きゅう【急】** **一** (名) ❶急ぐこと。急いですること。「―を要する」 ❷さしせまった事態。また、突然《とつぜん》起こった思いがけないできごと。「―を聞いてかけつける」「風雲―を告げる」 **二** (形動ダ) {ダロ・ダッ(デ・ニ)・ダ・ナ・ナラ・○} ❶物事がいきなり行われるようす。「―に黙《だま》り込《こ》む」「―な話」 ❷傾斜《けいしゃ》や曲がり方のおおきいようす。「―な坂」

❸水の流れや物事の進み方のはやいようす。「—な流れ」「—なテンポ」❹急ぐ必要のあるようす。「—な用事」

**きゅう【級】** 9画 糸3 (小3) [音]キュウ
❶位置や地位などの順序。◆級数 ◆階級・高級・初級・進級・低級・等級・特級。❷組。クラス。◆級長・級友 ◆学級・上級生・同級

**きゅう【級】** [一](名)❶技能などの程度を示す区切り。「剣道《けんどう》の—が上がる」❷学年。また、組。「上の—に進む」[二](接尾)段階や程度を表すことば。「一—建築士」「名人—の腕前《うでまえ》」

**きゅう【糾】** 9画 糸3 [音]キュウ
❶あつめて一つに合わせる。◆糾合。❷からみつく。◆紛糾《ふんきゅう》。❸とりしらべる。◆糾弾《きゅうだん》・糾明・糾問

**きゅう【宮】** 10画 宀7 (小3) [音]キュウ・グウ (中)・ク (高) [訓]みや
❶りっぱな建物。天子のすまい。ごてん。◆宮城・宮中・宮廷《きゅうてい》・宮殿《きゅうでん》◆行宮《あんぐう》・王宮・後宮《こうきゅう》・離宮《りきゅう》。❷やしろ。神社。◆参宮《さんぐう》・神宮。[参考]「ク」の音は「宮内庁《くないちょう》」などのことばに使われる特殊《とくしゅ》な読み方。

**きゅう【救】** 11画 攵7 (小5) [音]キュウ [訓]すくう
すくう。たすける。すくい。たすけ。◆救援《きゅうえん》・救急・救護・救国・救済・救出・救助・救難・救民・救命

**きゅう【球】** 11画 王7 (小3) [音]キュウ [訓]たま
❶まるいたまの形をしたもの。◆球形・球根・球体・球面 ◆眼球・気球・地球・電球。❷ボール。◆球技 ◆好球・蹴球《しゅうきゅう》・水球・速球・卓球《たっきゅう》・庭球・投球・排球《はいきゅう》・籠球《ろうきゅう》。❸「野球」の略。◆球界・球場・球団・球歴 ⇩付録「漢字の筆順(2)王〔王〕」

**きゅう【球】**(名)まるい形をしたもの。たま。

**きゅう【給】** 12画 糸6 (小4) [音]キュウ
❶あたえる。あてがう。◆給水・給付・給油 ◆供給・支給・配給・補給。❷てあて。◆給金・給与《きゅうよ》・給料 ◆恩給・月給・時給・昇給《しょうきゅう》・日給・俸給《ほうきゅう》。❸たりる。◆自給。❹世話をする。◆給仕《きゅうじ》

**きゅう【嗅】** 13画 口10 [音]キュウ [訓]かぐ
かぐ。鼻でにおいをかぐ。◆嗅覚《きゅうかく》

**きゅう【窮】** 15画 穴10 [音]キュウ [訓]きわめる(高)・きわまる(高)
❶きわめる。きわまる。行きつくす。◆窮極 ◆無窮。❷くるしむ。こまる。行きづまる。貧乏《びんぼう》する。◆窮境《きゅうきょう》・窮屈《きゅうくつ》・窮策・窮状・窮地・窮鳥・窮迫《きゅうはく》・窮乏《きゅうぼう》・窮余 ◆困窮・貧窮 [類]究。

**きゅう【灸】**(名)もぐさをひふのある部分(=つぼ)に乗せ、火をつけてその熱で病気を治療《ちりょう》する方法。「—をすえる(=きびしくいましめる)」

**キュー**〔英 cue〕(名)❶ビリヤードで、玉をつくのに用いる棒。❷テレビやラジオの放送で、演出家が演技や音楽などの開始を指示する合図。「—を出す」

**ぎゅう【義勇】**(名)国や社会のために、正しいことをすんでやりとげようとする勇気。「—兵」

**ぎゅう【牛】** 4画 牛0 (小2) [音]ギュウ [訓]うし
❶うし。◆牛車《ぎゅうしゃ・ぎっしゃ》・牛乳・牛馬・牛歩 ◆水牛・闘牛《とうぎゅう》・肉牛・乳牛・野牛。❷うしの肉。◆牛缶《ぎゅうかん》

**ぎゅう【牛】**(名)革《かわ》製品や食肉に加工されるうし。また、牛肉。「—の革」

**きゅうあい【求愛】**(名・自スル)異性に愛を求めること。「鳥の—行動」

**きゅうあく【旧悪】**(名)以前に行った悪事。「—をあばく」

**きゅういん【吸引】**(名・他スル)吸いこむこと。「—力」

**ぎゅういんばしょく【牛飲馬食】**(名・自スル)(牛や馬のように)むやみにたくさんの物を飲み食いすること。[類]鯨飲馬食《げいいんばしょく》

**きゅうえん【休演】**(名・自スル)興行や出演を休むこと。

**きゅうえん【救援】**(名・他スル)他人の危難を救い助けること。加勢すること。「—活動」「—物資」

**きゅうか【旧家】**(名)その土地に古くから続いている家がら。「—の出《で》」

**きゅうか【休暇】**(名)会社や学校などの、休日以外に正式に認められる休み。「—をとる」「有給—」

**きゅうかい【休会】**(名・自他スル)会議・議会・国会などで、議事を休むこと。「—中の国会」

**きゅうかく【嗅覚】**(名)五感の一つ。においを感じる感覚。臭覚《しゅうかく》。「—をはたらかす」

**きゅうがく【休学】**(名・自スル)生徒・学生が病気などで長期間学校を休むこと。「—届《とど》けを出す」

**きゅうかざん【休火山】**(名)〘地質〙噴火《ふんか》した記録はあるが、今は噴火活動を休止している火山。現在この語は用いられず、活火山にふくめる。

**きゅうかつ【久闊】**(名)長い間会わなかったり、たよりをしないこと。無沙汰《ぶさた》。
**久闊を叙《じょ》する** 久しぶりのあいさつをする。

**きゅうかなづかい【旧。仮名・遣い】**(名)↓れきしてきかなづかい

**きゅうかん【旧館】**(名)新しく建てた建物に対して、古くからあるほうの建物。[対]新館

**きゅうかん【休刊】**(名・自他スル)新聞や雑誌などが、その発行を一時休むこと。「新聞の—日」

**きゅうかん【休館】**(名・自他スル)図書館・映画館など館と名のつく施設《しせつ》が、業務を休むこと。

**きゅうかん【急患】**(名)急病の患者《かんじゃ》。急病

人。「ーが運びこまれる」

**きゅうかんちょう**【九官鳥】(名)〘動〙ムクドリ科の鳥。からだは黒色で、くちばし・足は黄色。人間のことばをまねるのがうまい。

**きゅうき**【吸気】(名) ❶すいこむ息。「ー作用」㊥呼気《こき》。❷ガソリンエンジンなどで、シリンダーの中に気体をすいこむこと。また、その気体。㊥排気《はいき》

**きゅうぎ**【球技】(名) ボールを使ってする運動競技の総称《そうしょう》。野球・テニス・バレーボールなど。「ー場」

**きゅうきゅう**【救急】(名) 急病人やけが人を、すぐ手当てすること。「ー処置を施《ほどこ》す」

**きゅうきゅう**〘△汲△汲〙(トタル) あくせくとその物事だけにとりまぎれているようす。「金もうけにーとする」

**ぎゅうぎゅう** ㊀(副・形動ダ) すきまがないほどつまっているようす。「ーに詰《つ》めこむ」㊁(副) ❶ひどく責めたてるようす。❷物がきしんで鳴るようす。

**きゅうきゅうしゃ**【救急車】(名) 急病人やけが人を病院に運ぶ自動車。消防署に配置される。

**きゅうぎゅうのいちもう**【九牛の一毛】(多くの牛の毛の一本ということから)ひじょうにたくさんの中のほんのわずかなもの。とるにたりないことのたとえ。

**きゅうきゅうばこ**【救急箱】(名) 急病やけがの応急手当てに使う薬や包帯などを入れた箱。

**きゅうきゅうびょういん**【救急病院】(名) 救急車で運ばれた急病人やけが人の手当てをするため、特に指定された病院。

**きゅうきょ**【旧居】(名) 以前に住んでいた家。もとのすまい。「ーをたずねる」㊥新居

**きゅうきょ**〘急△遽〙(副) にわかに。大いそぎで。「ー予定を変える」

**きゅうきょう**【旧教】(名) キリスト教のカトリック。㊥新教

**きゅうきょう**【窮境】(名) 動きのとれない苦しい立場や境遇《きょうぐう》。「ーに立たされる」

**きゅうぎょう**【休業】(名・自スル) 商売や仕事を休むこと。「臨時ー」「開店ー」

**きゅうきょく**【究極・窮極】(名) 物事をどこまでもつきつめて最後にゆきつくところ。「ーの目的」

**きゅうきん**【給金】(名) 給料として支払《しはら》われるおかね。「ーをはずむ」「ー直し(=すもうで、力士がその場所に勝ち越《こ》すこと)」

**きゅうくつ**【窮屈】(名・形動ダ) ❶場所や空間がせまくて、自由に身動きできないようす。ゆとりがないようす。「ーな座席」❷自由にのびのびとできないで、かたくるしいようす。「ーな思いをする」❸物やおかねなどが乏《とぼ》しくて思うように使えないようす。「予算がーだ」

**ぎゆうぐん**【義勇軍】(名) 国や大義のために自ら進み出た人びとで組織した軍隊。

**きゅうけい**【休憩】(名・自スル) 仕事や運動の途中《ちゅうと》で、一時心身をやすめること。一休み。「ー時間」「ー室」「ーをとる」㊫休息

**きゅうけい**【求刑】(名・他スル)〘法〙検察官が一定の刑を被告人《ひこくにん》に科すよう、裁判官に求めること。

**きゅうけい**【球形】(名) たまのようにまるい形。

**きゅうけい**【球茎】(名)〘植〙地下茎の一種。地下にある茎《くき》が養分などをためてたまの形になったもの。くわい・さといもなど。

**きゅうげき**【旧劇】(名)(「新劇」「新派劇」に対して)むかしからある劇。歌舞伎《かぶき》。

**きゅうげき**【急激】(形動ダ)(ダロ・ダッ(デ・ニ)・ダ・ナ・ナラ・○) とつぜんではげしいようす。「ーな変化」

**きゅうけつき**【吸血鬼】(名) ❶人の血を吸うという魔物《まもの》。❷容赦《ようしゃ》なく人から金銭などをしぼりとる人のたとえ。

**きゅうご**【救護】(名・他スル) けが人・病人や困っている人などを助け、手当てをすること。「ー班」

**きゅうこう**【旧交】(名) むかしからの友だちどうしの仲。古いつきあい。

**旧交を温《あたた》める** むかしの友だちに久しぶりに会って楽しいひとときをすごす。

**きゅうこう**【休校】(名・自スル) 学校が休みになること。「臨時ー」「インフルエンザでーになる」

**きゅうこう**【休耕】(名・自スル) 田畑の耕作を一時休むこと。「ー田」「ー地」

**きゅうこう**【休航】(名・自スル) 飛行機や船などが運行を休むこと。「しけでフェリーがーする」

**きゅうこう**【休講】(名・自スル) 教師が講義や授業を休むこと。

**きゅうこう**【急行】㊀(名・自スル) 急いで行くこと。「現地へーする」㊁(名)(「急行列車」「急行電車」などの略)おもな駅だけにとまり、目的地に早く着く列車や電車など。

**きゅうごう**【糾合】(名・他スル) ある目的のために、何人もの人を呼び集めること。「同志をーする」

**きゅうこうか**【急降下】(名・自スル) 飛行機などが地面に向かって急角度でおりること。また、一般《いっぱん》に急に下がること。「ー爆撃《ばくげき》」

**きゅうこく**【急告】(名・他スル) 急いで知らせること。また、急ぎの知らせ。

**きゅうこく**【救国】(名) 国の危難を救うこと。「ーの士」

**きゅうごしらえ**【急ごしらえ】〘急△拵え〙(名) 急いでつくること。にわかづくり。「ーの舞台《ぶたい》」

**きゅうこん**【求婚】(名・自スル) 結婚を申しこむこと。プロポーズ。「ーを受ける」

**きゅうこん**【球根】(名)〘植〙たまのような形に肥大生長した、草花の地下茎《ちかけい》や根。ゆり・チューリップなどに見られる。

**きゅうさい**【救済】(名・他スル) 災害や不幸で苦しんでいる人を救い助けること。「難民ー」

**きゅうさく**【旧作】(名) 以前に作った作品。「ーに手を加える」㊥新作

**きゅうし**【旧師】(名) むかしおそわった先生。

**きゅうし**【休止】(名・自他スル) 活動や進行などが止まること。また、止めること。「運転ー」

**きゅうし**【臼歯】(名) 口の奥《おく》にある大きなひらたい歯。奥歯。

**きゅうし**【急死】(名・自スル) 元気だった人や動物がとつぜん死ぬこと。「友人のー」㊫急逝《きゅうせい》

**きゅうし**【急使】(名) 急ぎの使者。「ーをたてる」

**きゅうじ**【旧字】(名) →きゅうじたい

**きゅうじ【給仕】**（名・自スル）食事の世話をすること。また、その人。「―を呼ぶ」「客に―する」

**きゅうしき【旧式】**（名・形動ダ）やり方や形などが古くさいこと。「―の機械」「―な考え」対新式

**きゅうしき【旧識】**（名）古くからの知り合い。旧知。

**きゅうじたい【旧字体】**（名）古い文字の形。特に、常用漢字やそれ以前の当用漢字の字体表で新字体として定められる前の字体をいう。「栄」「円」に対する「榮」「圓」など。旧字。対新字体

**きゅうじつ【休日】**（名）仕事や学校などが休みの日。休みと定められている日。「―出勤」

**きゅうしにいっしょうをえる【九死に一生を得る】**あわや死ぬかと思われていたのが、やっとのことで助かる。命びろいする。類万死《ばんし》に一生を得る

**きゅうしふ【休止符】**（名）〔音〕→きゅうふ（休符）

**きゅうしゃ【△鳩舎】**（名）はとを飼う小屋。

**きゅうしゃ【△厩舎】**（名）馬・牛などを飼う小屋。

**ぎゅうしゃ【牛車】**（名）❶牛にひかせる車。うしぐるま。❷→ぎっしゃ

**きゅうしゅ【△鳩首】**（名・自スル）何人かが集まって相談すること。「―協議する」

**きゅうしゅう【旧習】**（名）むかしからのならわし。「―を打破する」「―にとらわれる」

**きゅうしゅう【吸収】**（名・他スル）外部のものを中に吸い取ること。また、取り込んで自分のものとすること。「養分を―する」「―合併《がっぺい》」

**きゅうしゅう【急襲】**（名・他スル）不意をついて相手をおそうこと。「敵陣《てきじん》を―する」

**きゅうしゅうちほう【九州地方】**〔地名〕日本の西南部にある地方。福岡・佐賀・長崎・熊本・大分・宮崎・鹿児島・沖縄の八県。

**きゅうしゅつ【救出】**（名・他スル）危険な状況《じょうきょう》にある人を救い出すこと。「けが人を―する」

**きゅうじゅつ【弓術】**（名）弓で矢を射るわざ。弓道。

**きゅうしゅん【急△峻】**（名・形動ダ）山や坂などが急でけわしいこと。また、そのような所。「―な峰《みね》」

**きゅうしょ【急所】**（名）❶からだの中で、危害を受けると命にかかわるたいせつなところ。「弾《たま》が―をそれる」❷物事のたいせつなところ。「―をついた発言」

**きゅうじょ【救助】**（名・他スル）生命が危険にさらされている人を救い助けること。「―隊」「海難―」

**きゅうしょう【旧称】**（名）もとの名。古い呼び名。

**きゅうじょう【休場】**（名・自スル）❶興行場などが一時休むこと。「改築のため―する」❷力士や選手が休んで出ないこと。「横綱《よこづな》の―」

**きゅうじょう【宮城】**（名）天皇のすまい。皇居。

**きゅうじょう【球状】**（名）たまのようにまるい形をしていること。「―の物体」

**きゅうじょう【球場】**（名）野球をするために作られた競技場。野球場。「甲子園《こうしえん》―」

**きゅうじょう【窮状】**（名）ひどくこまって苦しんでいる状態。「―をうったえる」

**きゅうしょうがつ【旧正月】**（名）旧暦《きゅうれき》の正月。新暦より三週間から一か月半程度おくれる。

**きゅうじょうしょう【急上昇】**（名・自スル）飛行機などが急激に高度を上げること。また、一般《いっぱん》に急に上がること。「人気が―する」

**きゅうしょく【休職】**（名・自スル）公務員や会社員がその資格を失わないで、一定期間勤めを休むこと。

**きゅうしょく【求職】**（名・自スル）勤め口をさがし求めること。「―活動」「―に走り回る」対求人

**きゅうしょく【給食】**（名・自スル）学校や工場などで、その児童・生徒や従業員などに食事を出すこと。また、その食事。「学校―」

**ぎゅうじ・る【牛耳る】**（他五）｛ラ(ロ)・リ(ッ)・ル・ル・レ・レ｝集団や組織などを自分の思うように動かす。牛耳を執《と》る。「財界を―」

**ぎゅうじをとる【牛耳を執る】**集団や組織などの主導権をにぎる。ぎゅうじる。

故事むかし、中国で諸侯《しょこう》が同盟を結ぶとき、そのかしらとなる人が牛の耳をさいて、たがいに血をすすり合ったということから出たことば。〈左伝〉

**きゅうしん【休心】**（名・自スル）安心すること。「どうぞご―ください」使い方多く、手紙文に使う。

**きゅうしん【休診】**（名・自スル）医者や病院が診察・治療《ちりょう》を休むこと。「本日―」

**きゅうしん【求心】**（名）中心に近づこうとすること。

**きゅうしん【急進】**（名・自スル）❶急いで進んでいくこと。❷目的や理想などを急いで実現させようとすること。「―派」…的「急進的な考え」（対漸進《ぜんしん》）

**きゅうしん【球審】**（名）野球で、捕手《ほしゅ》のうしろにいて、投手の投げたボールの判定や試合の進行をさしずする審判員。主審。⇩るいしん（塁審）

**きゅうじん【九△仞】**（名）（仞は中国古代の長さの単位）ひじょうに高いことをいう語。

**九仞の功《こう》を一簣《いっき》に欠《か》く** 築山《つきやま》も最後の一ぱいのかごの土がなくては完成しない。わずかなことのために長いあいだの努力が失敗に終わるたとえ。

**きゅうじん【求人】**（名・自スル）働く人を求めること。働いてくれる人をさがすこと。「―広告」対求職

**きゅうしんりょく【求心力】**（名）❶〔物〕→こうしんりょく。対遠心力。❷中心となって、人びとの心を引きつける力。「キャプテンの―が低下する」

**きゅうす【急須】**（名）茶の葉を入れて湯をそそぎ、ちゃわんにつぐのに使う、取っ手のついた陶製《とうせい》の道具。

**きゅう・す【休す】**（自サ変）｛セ・シ・ス・スル・スレ・セヨ｝動詞「休する」の文語的な言い方。終わる。「万事《ばんじ》―（＝もうどうにもしようがない）」

**きゅうすい【給水】**（名・自スル）水を供給すること。「―設備」「―車《しゃ》」類配水

**きゅうすう【級数】**（名）〔数〕一定のきまりに従って増減する数を、一定の順序に和の記号（＋）で結んだもの。「等差―」「等比《とうひ》―」

**きゅう・する【休する】**（自サ変）｛シ(セ・サ)・シ・スル・スル・スレ・シロ(セヨ)｝終わる。おしまいになる。

**きゅう・する【窮する】**（自サ変）｛シ(セ・サ)・シ・スル・スル・スレ・シロ(セヨ)｝❶おかねや物がなくて苦しむ。「生活に―」❷どうしてよいかわからなくてこまる。ゆきづまる。「返答に―」

**きゅう・する【給する】**（他サ変）｛シ(セ・サ)・シ・スル・スル・スレ・シロ(セヨ)｝おか

ねや品物をあたえる。支給する。「制服を―」

**きゅうすればつうず**【窮すれば通ず】ほんとうにゆきづまると、かえっていろいろなちえがはたらいて、なんとか切りぬけてゆくことができる。

**きゅうせい**【旧制】(名) むかしの制度。もとの制度。「―高等学校」対新制

**きゅうせい**【旧姓】(名) 結婚《けっこん》をしたり、養子となったりして姓の変わった人の、前の姓。「―で呼ばれる」

**きゅうせい**【急性】(名) とつぜん病状があらわれて、その進み方が速い性質。「―肝炎《かんえん》」対慢性《まんせい》

**きゅうせい**【急逝】(名・自スル) 思いがけず急に死ぬこと。「若くして―する」類急死

**きゅうせいぐん**【救世軍】(名) 軍隊のような組織によって伝道や社会事業を行うキリスト教の一派。

**きゅうせいしゅ**【救世主】(名) ❶世の中のこまっている人びとを救う者。救い主。❷キリスト教で、イエス=キリストのこと。メシア。

**きゅうせき**【旧跡】『旧△蹟』(名) むかし、大きな事件や著名な建造物などのあった所。「名所―」

**きゅうせっきじだい**【旧石器時代】(名)〘歴〙大むかし、人びとが簡単な石器や、動物の骨・角《つの》などで作った道具を使い、狩猟《しゅりょう》や採集によって生活していた時代。対新石器時代

**きゅうせん**【休戦】(名・自スル) たがいに合意のうえで、戦争を一時中断すること。「―協定」類停戦

**きゅうせんぽう**【急先鋒】『急先△鋒』(名) ある活動を行うとき、まっ先に立って勢いよくやること。また、そういう人。「反対派の―」

**きゅうぞう**【急造】(名・他スル) 急いでつくること。急ごしらえ。にわかづくり。「―の仮校舎」

**きゅうぞう**【急増】(名・自他スル) 急に増えること。また、急いで増やすこと。「人口が―する」

**きゅうそく**【休息】(名・自スル) していたことを中止して、心身を休めること。「―をとる」類休憩《きゅうけい》

**きゅうそく**【急速】(形動ダ)〔ダロ・ダッ(デ・ニ)・ダ・ナ・ナラ・○〕進行や変化がたいへん速いようす。「町が―に発展する」

**きゅうそねこをかむ**【窮鼠猫を嚙む】『窮△鼠猫を△嚙む』(追いつめられたねずみが猫にかみつくように)弱い者も追いつめられ必死になれば、強い者に勝つことがあるというたとえ。

**きゅうたい**【旧態】(名) むかしのままの状態。もとの姿。「―を脱《だっ》する」

**きゅうだい**【及第】(名・自スル) 試験に合格すること。「―点に達する」対落第

**きゅうたいいぜん**【旧態依然】(ト)(タル) むかしのまま少しの進歩も変化もないこと。「―とした制度」

**きゅうたいりく**【旧大陸】(名) アメリカ大陸発見以前から、すでにヨーロッパ人に知られていたユーラシア・アフリカ大陸。対新大陸

**きゅうだん**【糾弾】『△糺弾』(名・他スル) 罪をおかした人や不正をした人に対して、その行いを問いただし、強くせめること。「責任者を―する」

**きゅうだん**【球団】(名)(「職業野球団」の略)プロ野球のチームをもち、運営している団体。

**きゅうち**【旧知】(名) もとからの知り合い。むかしからの友だち。「彼《かれ》とは―の間がらだ」

**きゅうち**【窮地】(名) 追いつめられた苦しい立場。つらい境遇《きょうぐう》。「―におちいる」

**きゅうちゃく**【吸着】(名・自スル) 吸い着くこと。

**きゅうちゅう**【宮中】(名) 天皇の住まいのある所。皇居の中。禁中。「―の行事」「―参賀」

**きゅうちょ**【旧著】(名) むかし書いた本。対新著

**きゅうてい**【休廷】(名・自スル) 法廷での審理《しんり》を一時中断して休むこと。「これより―します」

**きゅうてい**【宮廷】(名) 天皇や王の住んでいる所。

**きゅうてき**【仇敵】『△仇敵』(名) うらみがあって、にくんでいる相手。かたき。あだ。「―を討《う》つ」

**きゅうてん**【急転】(名・自スル) 物事のようすが急に変わること。「事態が―する」

**きゅうでん**【宮殿】(名) 天皇や王の住む建物。

**きゅうてんちょっか**【急転直下】(名) ようすが急に変わり、それまで問題になっていた物事が解決の方向に向かうこと。「事件は―解決した」

**きゅうと**【旧都】(名) むかしのみやこ。古いみやこ。

**キュート**〔英 cute〕(形動ダ)〔ダロ・ダッ(デ・ニ)・ダ・ナ・ナラ・○〕かわいらしいようす。「―な女の子」

**きゅうとう**【旧冬】(名) 去年の冬。昨冬。

**きゅうとう**【急騰】(名・自スル) 物価や株のねだんなどが急に上がること。類暴騰《ぼうとう》。対急落

**きゅうとう**【給湯】(名・自スル) 湯を供給すること。「―室」

**きゅうどう**【弓道】(名) 弓で矢を射て的にあてる武道。弓術。

**きゅうどう**【旧道】(名) もとからある古い道路。対新道

**ぎゅうとう**【牛刀】(名) 牛を切りさくのに使う大きな包丁《ほうちょう》。

牛刀をもって鶏《にわとり》を割《さ》く 小さなことをするのに大がかりなやり方をとることのたとえ。

**ぎゅうとう**【牛痘】(名) 牛にできる痘瘡《とうそう》。

**ぎゅうどん**【牛丼】(名) うす切りの牛肉をたまねぎなどとあまからく煮《に》て、汁《しる》とともにどんぶり飯の上にのせた料理。

**きゅうなん**【救難】(名) 災難にあっている人を救うこと。「―隊」「―信号」

**ぎゅうにく**【牛肉】(名) 食用の牛の肉。ビーフ。

**きゅうにゅう**【吸入】(名・他スル) 吸いこむこと。特に、病気の治療《ちりょう》のために霧《きり》状にした薬品や気体を口から吸いこむこと。「酸素―」

**ぎゅうにゅう**【牛乳】(名) 牛のちち。ミルク。

**きゅうねん**【旧年】(名) 前の年。昨年。去年。「―中はお世話になりました」使い方〉新年になってから前の年をさしていう。

**きゅうば**【弓馬】(名) 弓術と馬術。また、武術。武芸。「―の道」

**きゅうば**【急場】(名) 急いで、なんとか手をうたなければならない場合。さしせまった場合。「―をしのぐ」

**キューバ**〔Cuba〕〘地名〙中央アメリカ、カリブ海西部のキューバ島と周辺の島からなる共和国。首都はハバナ。

**ぎゅうば**【牛馬】(名) 牛と馬。「―のように働く」

**きゅうはく**【急迫】(名・自スル)(事態が)急にさしせまること。せっぱつまること。「事態は―している」

**きゅうはく【窮迫】**（名・自スル）行きづまって苦しみ困ること。どうにもならないこと。「生活が—する」

**きゅうはん【旧版】**（名）書物で、改訂《かいてい》・増補などをする前の古いままの本。対新版《しんぱん》

**きゅうはん【急坂】**（名）傾斜《けいしゃ》のきつい坂。

**きゅうばん【吸盤】**（名）❶〔動〕たこの足などにあって、物に吸いつくはたらきをする器官。中がくぼんだ形をしている。❷ゴムなどでつくった、かべなどに吸いつかせて物を固定する道具。

**きゅうひ【給費】**（名・自スル）学費など、必要な費用をあたえること。また、そのおかね。「—生」

**ぎゅうひ【◇求肥】**（名）（「求肥飴《あめ》」の略）白玉粉を水でこね蒸したものに、砂糖と水飴を加え練《ね》ってつくった、やわらかい菓子《かし》。参考もと「牛皮」とも書いた。

**キューピー**〔Kewpie〕（名）キューピッドの姿の人形。頭の上がとがり、はだかで目が大きい。（商標名）

**キュービズム**〔英 cubism〕（名）〔美〕二〇世紀はじめ、フランスにおこった絵画の一派。幾何《きか》学的に対象を描《えが》く。ピカソやブラックが有名。立体派。キュビスム。

**キューピッド**〔英 Cupid〕（名）→エロス①

**きゅうびょう【急病】**（名）突然《とつぜん》おこる病気。

**きゅうびん【急便】**（名）急ぎの手紙や使い。

**きゅうふ【休符】**（名）〔音〕楽譜《がくふ》で、音の休止を示す記号。休止符。「二分—」

**きゅうふ【給付】**（名・他スル）（公《おおやけ》の機関が）おかねや品物などをはらいわたすこと。「—金」類支給

**きゅうぶん【旧聞】**（名）ずっと前に聞いた話。古い話。「—に属する」

**きゅうへい【旧弊】**一（名）むかしから続いているよくない習慣。「—にとらわれる」二（形動ダ）{ダロ・ダッ(デ・ニ)・ダ・ナ・ナラ・○}古い考えやしきたりに強くとらわれているようす。「—な人間」

**きゅうへん【急変】**一（名・自スル）急にようすが変わること。「病状が—する」二（名）不意におこった、非常のできごと。「—を知らせる」

**きゅうぼ【急募】**（名・他スル）急いで募集すること。

**ぎゅうほ【牛歩】**（名・自スル）牛のあゆみ。また、牛のあゆみのようにのろのろと進むこと。「—戦術」

**きゅうほう【急報】**（名・他スル）急ぎの知らせ。また、急いで知らせること。「火事を—する」

**きゅうぼう【窮乏】**（名・自スル）ひどく貧乏すること。「—生活」

**ぎゅうほせんじゅつ【牛歩戦術】**（名）議会で、反対派の議員がわざとゆっくり歩いて投票し、決議を長引かせるやり方。

**キューポラ**〔英 cupola〕（名）鋳物《いもの》に使う鉄をとかすための円筒《えんとう》形の炉《ろ》。

**きゅうぼん【旧盆】**（名）旧暦《きゅうれき》で行う盂蘭盆《うらぼん》。八月に行う。

**きゅうみん【休眠】**（名・自スル）❶生物が、その生活に不適当な環境《かんきょう》にあるとき、一時的に活動をやめてじっとしていること。❷物事が、一時的に活動を停止すること。「—状態の会社」

**きゅうむ【急務】**（名）急いでしなければならない仕事や任務。「失業対策が政府の—だ」

**きゅうめい【究明】**（名・他スル）道理・真理などを徹底的《てっていてき》に追究して明らかにすること。「事実を—する」⇩きゅうめい（糾明）「学習」

**きゅうめい【糾明】**〖△糺明〗（名・他スル）罪や不正などを問いただし、くわしく調べて、その内容を明らかにすること。「汚職《おしょく》事件を—する」

> **学習** 使い分け 「究明」「糾明」
>
> 究明　物事を十分に調べて、はっきりさせること。真理や道理などに対して用いられる。「原因を究明する」「実情を究明する」
>
> 糾明　罪や不正などを問いただし、はっきりさせること。「責任を糾明する」「悪事を糾明する」

**きゅうめい【救命】**（名）危険におちいった人の命を救うこと。「—ボート」「—胴衣《どうい》」

**きゅうめん【球面】**（名）❶たまの表面。❷〔数〕一定点から等しい距離《きょり》にある点が集まってつくる面。

**きゅうもん【糾問】**〖△糺問〗（名・他スル）罪や不正をきびしく問いただすこと。「責任者を—する」

**きゅうやく【旧訳】**（名）以前にした翻訳《ほんやく》。また、その本。「—本を改訂《かいてい》する」対新訳

**きゅうやくせいしょ【旧約聖書】**（名）キリスト教の聖典の一つ。キリスト出現以前のユダヤ教の教えや記事を集めたもの。⇩しんやくせいしょ

**きゅうゆ【給油】**（名・自スル）油やガソリンを乗り物や機械に補給すること。「車に—する」「—所」

**きゅうゆう【旧友】**（名）むかしの友人。古くからの友人。「久しぶりに—と会う」

**きゅうゆう【級友】**（名）同じ組の友人。同級生。クラスメート。

**きゅうよ【給与】**一（名・他スル）おかねや品物をあたえること。また、そのもの。「現物—」二（名）勤務している人にはらわれるおかね。類給料・俸給《ほうきゅう》

**きゅうよ【窮余】**（名）苦しまぎれ。困ったあげく。
窮余の一策《いっさく》　苦しまぎれにやっと考え出した一つの方法。窮余の策。「—を講《こう》ずる」

**きゅうよう【休養】**（名・自スル）からだや心を一時休めること。休んで元気をつけること。「—をとる」

**きゅうよう【急用】**（名）急いでしなければならない用事。「—ができる」

**きゅうらい【旧来】**（名）もとから行われてきたこと。以前から続いていること。「—の風習」

**きゅうらく【及落】**（名）試験に受かることと、落ちること。及第と落第。「—を判定する」

**きゅうらく【急落】**（名・自スル）物価や株のねだんなどが急に下がること。類暴落。対急騰《きゅうとう》

**ぎゅうらく【牛酪】**（名）バター。

**きゅうり【〖×胡瓜〗】**（名）〔植〕野菜の一種。ウリ科の一年草。初夏に黄色の花が咲《さ》く。細長い実を緑色のうちに食用にする。

**きゅうりゅう【急流】**（名）勢いのはげしい水の流れ。流れの速い川。「—を下る」類激流・奔流《ほんりゅう》

**きゅうりょう【丘陵】**（名）比較的《ひかくてき》高さの低いなだらかな山地。おか。「―地帯」

**きゅうりょう【給料】**（名）働いている人に報酬《ほうしゅう》としてはらわれるおかね。類給与《きゅうよ》・俸給《ほうきゅう》

**きゅうれき【旧暦】**（名）一八七二（明治五）年に太陽暦が採用されるまで用いられていたこよみ。月のみちかけをもとにした太陰《たいいん》暦に基づきながら、太陽の運行も考えあわせて季節のずれを調整する太陰太陽暦。対新暦

**きゅうろう〘旧△臘〙**（名）去年の一二月。使い方〉新年になってから前年の一二月をさしていう。

**きよ【寄与】**（名・自スル）国や社会などのために役立つことをすること。「文化の発展に―する」

**きょ【去】** 5画 ム3 小3 音キョ・コ 訓さる
❶行ってしまう。はなれていく。◆去就・去来 ◆辞去・退去。❷すぎさる。すぎさった。◆去年 ◆過去《かこ》。❸とりのぞく。◆去勢 ◆消去・除去・撤去《てっきょ》。❹死ぬ。◆死去・逝去《せいきょ》

**きょ【巨】** 5画 匚2 音キョ
❶大きい。◆巨人・巨星・巨体・巨大。❷多い。◆巨額・巨費・巨万・巨利。❸特にすぐれている。◆巨匠《きょしょう》・巨頭 ⇩付録「漢字の筆順⑾巨〔巨〕」

**きょ【居】** 8画 尸5 小5 音キョ 訓いる
❶いる。すむ。◆居住・居留 ◆同居・独居・別居。❷すんでいる所。すまい。◆閑居《かんきょ》・旧居・皇居・住居・新居・転居・入居。❸すわる。◆起居。参考

**きょ【居】**（名）すまい。住居。「―を構える」
特別に、「居士」は「こじ」と読む。

**きょ【拒】** 8画 扌5 音キョ 訓こばむ
こばむ。よせつけない。ことわる。◆拒絶・拒否 ⇩付録「漢字の筆順⑾巨〔巨〕」

**きょ【拠】** 8画 扌5 〔據〕 音キョ・コ
❶たよる。よりかかる。もとづく。よりどころ。◆拠点 ◆依拠《いきょ》・根拠・準拠・証拠《しょうこ》・典拠・本拠・論拠。❷たてこもる。◆占拠《せんきょ》

**きょ【挙】** 10画 手6 小4 〔擧〕 音キョ 訓あげる・あがる
❶高くあげる。◆挙手。❷とりたてる。とりあげる。◆検挙・推挙・選挙・列挙。❸おこなう。おこない。ふるまい。◆挙行・挙式・挙動 ◆快挙・軽挙妄動《けいきょもうどう》・暴挙。❹みんなで。あげて。◆挙国・挙党

**きょ【挙】**（名）くわだて。行動。「反撃の―に出る」

**きょ【虚】** 11画 虍5 〔虛〕 音キョ・コ高
❶うわべだけで中身のない。◆虚栄・虚無・虚礼・虚空《こくう》 ◆空虚。対実。❷いつわりの。うそ。◆虚偽《きょぎ》・虚言・虚構・虚実。対実。❸邪心《じゃしん》がない。◆虚心 ◆謙虚《けんきょ》。❹よわい。◆虚弱・虚脱《きょだつ》
参考「コ」の音は「虚空《こくう》」などのことばに使われる特殊《とくしゅ》な読み方。⇩付録「漢字の筆順⑶虍」

**きょ【虚】**（名）❶中身のないこと。事実でないこと。「―と実」対実。❷備えのない状態。すき。油断。

**虚を衝く** 相手が思ってもいないところを攻撃《こうげき》する。不意を衝く。すきを衝く。「敵の―」

**きょ【許】** 11画 言4 小5 音キョ 訓ゆるす
ゆるす。頼《たの》みや要求などを聞き入れる。◆許可・許諾《きょだく》・許否・許容 ◆官許・特許・免許《めんきょ》

**きょ【距】** 12画 足5 音キョ
へだてる。間がはなれる。へだたり。◆距離《きょり》 ⇩付録「漢字の筆順⑾巨〔巨〕」

**ぎょ【魚】** 11画 魚0 小2 音ギョ 訓うお・さかな
うお。さかな。◆魚介《ぎょかい》・魚群・魚拓《ぎょたく》・魚肉・魚類 ◆金魚・成魚・鮮魚《せんぎょ》・淡水魚《たんすいぎょ》・稚魚《ちぎょ》・熱帯魚。参考特別に、「雑魚」は「ざこ」と読む。

**ぎょ【御】** 12画 彳9 音ギョ・ゴ 訓おん
❶あやつる。おさめる。◆御者 ◆制御・統御。❷事物を表す語につけて尊敬やていねいの意を表す。◆御意・御案内《ごあんない》・御殿《ごてん》・御用《ごよう》・御両親《ごりょうしん》。❸天皇に関する動作・事物につけて尊敬の意を表す。◆御製・御物・御名・御所《ごしょ》・御陵《ごりょう》 ◆崩御《ほうぎょ》

**ぎょ【漁】** 14画 氵11 小4 音ギョ・リョウ
❶さかなをとる。◆漁獲《ぎょかく》・漁期《ぎょき・りょうき》・漁業・漁場《ぎょじょう・りょうば》・漁船・漁村・漁師《りょうし》 ◆禁漁《きんりょう》・大漁《たいりょう》・不漁《ふりょう》・密漁《みつりょう》。❷むさぼりあさる。◆漁色

**きょあく【巨悪】**（名）大きな悪。大悪人。

**きよ・い【清い】**（形）（カロ・カッ(ク)・イ・イ・ケレ・○）❶よごれやにごりがなく、きれいにすんでいる。「谷川の―流れ」❷正しくけがれがない。純粋《じゅんすい》である。「―心の持ち主」

**ぎょい【御意】**（名）相手の考えや命令を敬っていうことば。お考え。おぼしめし。仰《おお》せ。「―にかなう」

**きよう【紀要】**（名）大学や研究所などで定期的に刊行する研究論文集。「研究―」

**きよう【起用】**（名・他スル）たくさんの人の中から特に取りたてて用いること。「新人を―する」

**きよう【器用】**（名・形動ダ）❶細かい手先の仕事などがじょうずなこと。「―な手つき」「―に繕《つくろ》う」「―貧乏《びんぼう》（＝万事そつなくこなすため、かえって一つのことに専念せず、大成しない）」「不《ぶ》―」❷物事をうまくまとめること。要領がよいこと。「―に立ち回る」

**きょう【凶】** 4画 凵2 音キョウ

❶えんぎがわるい。わざわい。◆凶事・凶変・凶報◆吉凶《きっきょう》・大凶。対吉《きち》。❷心がわるい。わるもの。◆凶悪・凶器・凶行・凶弾《きょうだん》・凶暴◆元凶《げんきょう》。❸不作。ききん。◆凶作・凶年◆豊凶。対豊

**きょう【凶】**（名）えんぎが悪いこと。対吉《きち》

**きょう【兄】**→けい（兄）

**きょう【共】** 6画 八4 小4 音キョウ 訓とも

❶いっしょに。いっしょにする。◆共演・共学・共感・共生・共存《きょうそん・きょうぞん》・共通・共同・共犯・共鳴・共有◆公共。❷「共産主義」「共産党」の略。◆反共・容共

**きょう【叫】** 6画 口3 音キョウ 訓さけぶ

大声でさけぶ。◆叫喚《きょうかん》◆絶叫

**きょう【狂】** 7画 犭4 音キョウ 訓くるう・くるおしい

❶くるう。気がちがう。◆狂気・狂人・狂態・狂乱◆発狂。❷くるったようにはげしい。◆狂喜・狂信・狂暴・狂奔《きょうほん》◆熱狂。❸あることにむちゅうになる。また、その人。◆映画狂・野球狂。❹こっけいである。◆狂歌・狂言 ⇩付録「漢字の筆順(2)王〔王〕」

**きょう【京】** 8画 亠6 小2 音キョウ・ケイ中

❶みやこ。◆京師《けいし》◆帰京・在京・上京・入京・平安京・離京《りきょう》。❷京都のこと。◆京人形・京美人・京阪神《けいはんしん》。❸東京のこと。◆京浜《けいひん》工業地帯

**きょう【京】**（名）みやこ。首都。特に、京都のこと。「―のみやこ」

**きょう【享】** 8画 亠6 音キョウ

身にうける。◆享受・享年・享有・享楽

**きょう【供】** 8画 亻6 小6 音キョウ・ク高 訓そなえる・とも

❶（キョウと読んで）㋐さしだす。あたえる。◆供応・供給・供出・供託《きょうたく》・提供。㋑事情を話す。◆供述◆自供。❷（クと読んで）そなえる。◆供米《くまい》・供物《くもつ》・供養《くよう》。参考「ク」の音は「供物《くもつ》」「供養《くよう》」などのことばに使われる特殊《とくしゅ》な読み方。

**きょう【協】** 8画 十6 小4 音キョウ

❶力や心をあわせる。◆協会・協賛・協調・協同・協力◆妥協《だきょう》。❷集まって相談する。相談して一致《いっち》する。◆協議・協定・協約

**きょう【況】** 8画 氵5 音キョウ

ようす。ありさま。◆概況《がいきょう》・活況・近況・好況・実況・状況・盛況・戦況・不況

**きょう【峡】** 9画 山6 〔峽〕 音キョウ

たにあい。細長くせまい所。◆峡間《きょうかん》・峡谷《きょうこく》◆海峡・山峡・地峡

**きょう【挟】** 9画 扌6 〔挾〕 音キョウ高 訓はさむ・はさまる

はさむ。さしはさむ。はさみとる。◆挟撃《きょうげき》

**きょう【狭】** 9画 犭6 〔狹〕 音キョウ高 訓せまい・せばめる・せばまる

せまい。せばまる。◆狭義・狭量◆偏狭《へんきょう》。対広

**きょう【香】**→こう（香）

**きょう【恐】** 10画 心6 音キョウ 訓おそれる・おそろしい

❶おそれる。こわがる。◆恐慌《きょうこう》・恐妻家・恐怖《きょうふ》◆戦戦恐恐。❷おそれいる。かしこまる。◆恐悦《きょうえつ》・恐縮。❸おどす。◆恐喝《きょうかつ》

**きょう【恭】** 10画 小6 音キョウ 訓うやうやしい高

つつしむ。うやうやしくする。◆恭賀新年・恭順

**きょう【胸】** 10画 月6 小6 音キョウ 訓むね・むな中

❶むね。首と腹の間の部分。◆胸囲・胸郭《きょうかく》・胸像・胸部。❷こころの中。◆胸襟《きょうきん》・胸中◆度胸。参考「むな」の訓は「胸板《むないた》」「胸毛《むなげ》」「胸騒《むなさわ》ぎ」などのことばに使われる特殊《とくしゅ》な読み方。

**きょう【脅】** 10画 月6 音キョウ 訓おびやかす高・おどす・おどかす

おびやかす。おどかす。◆脅威《きょうい》・脅迫《きょうはく》

**きょう【強】** 11画 弓8 小2 音キョウ・ゴウ中 訓つよい・つよまる・つよめる・しいる中

❶つよい。◆強健・強固・強硬《きょうこう》・強豪《きょうごう》・強国・強弱・強壮《きょうそう》・強打・強大・強敵・強風・強暴・強力《きょうりょく・ごうりき》・強烈《きょうれつ》◆頑強《がんきょう》・屈強《くっきょう》・博覧強記・列強。対弱。❷つよめる。つよくする。◆強化・強調◆増強・補強。❸むりやりにする。むりやりにさせる。◆強行・強制・強要・強引《ごういん》・強奪《ごうだつ》・強盗《ごうとう》

**-きょう【強】**（接尾）示した数より少し多いこと、また、端数《はすう》をきりすてたものであることを表す。「六割―」対弱

学習 比較《ひかく》 「強」「超《ちょう》」「以上」

強　示した数量より少し多いこと、また、端数《はすう》をきりすてた数であることを表す。

超　「一万人超の人出」「時速一六〇㌔《キロメートル》超の速球」のように、予想される数量をこえ

ることを表す。
以上　示した数量を含《ふく》めてそれより大きいことを表す。

**きょう【教】** 11画 攵7 小2 音 **キョウ** 訓 **おし**える・**おそ**わる
一 土 耂 考 孝 教
❶おしえる。いましめる。おしえ。◆教育・教化《きょうか・きょうげ》・教訓・教師・教室・教授・教職・教諭《きょうゆ》・教養 ◆調教・文教。❷信仰《しんこう》や道徳についてのおしえ。◆教会・教義・教主・教祖・教団・教派・教理 ◆異教・邪教《じゃきょう》・宗教・儒教《じゅきょう》・殉教《じゅんきょう》・説教・布教・仏教

**きょう【経】**→けい(経)

**きょう【経】**（名）釈迦《しゃか》の教えを書いたもの。経文《きょうもん》。「—をあげる」

**きょう【郷】** 11画 阝8 小6 〔鄕〕 音 **キョウ・ゴウ** 中
乡 纟 組 郷 郷
❶むらざと。いなか。◆郷士《ごうし》 ◆異郷・在郷《ざいごう》・水郷《すいごう》。❷ふるさと。◆郷愁《きょうしゅう》・郷土・郷里 ◆帰郷・故郷・同郷・望郷。❸場所。ところ。◆温泉郷

**きょう【境】** 14画 土11 小5 音 **キョウ・ケイ** 中 訓 **さかい**
扌 扩 垃 培 境 境
❶さかい。くぎりめ。わかれめ。◆境界・境内《けいだい》 ◆越境《えっきょう》・国境。❷ところ。ある区切られた場所。◆異境・辺境。❸身のおきどころ。立場。◆境遇《きょうぐう》 ◆環境《かんきょう》・逆境・苦境・順境。❹心のようす。◆境地 ◆心境・老境。参考「ケイ」の音は「境内《けいだい》」ということばに使われる特殊《とくしゅ》な読み方。

**きょう【境】**（名）❶まわりと区切られた場所。「無人の—」❷心の状態。境地。「無我《むが》の—に入る」

**きょう【橋】** 16画 木12 小3 音 **キョウ** 訓 **はし**
木 杧 杯 桥 橋 橋
はし。◆橋梁《きょうりょう》 ◆鉄橋・歩道橋・陸橋

**きょう【興】**→こう(興)

**きょう【興】**（名）おもしろみ。楽しみ。「—を添《そ》える」「—がさめる」

**きょう【矯】** 17画 矢12 音 **キョウ** 訓 **た**める 高
ᐩ 午 矢 矫 矯 矯
まがったものをまっすぐに直す。正しく直す。◆矯正・矯風

**きょう【鏡】** 19画 金11 小4 音 **キョウ** 訓 **かがみ**
𠆢 金 釒 鉝 鏡 鏡
❶かがみ。光の反射で物の姿をうつしてみる道具。◆鏡台 ◆三面鏡・反射鏡・明鏡。❷レンズを用いた光学器械。◆眼鏡・顕微鏡《けんびきょう》・双眼鏡《そうがんきょう》・望遠鏡。参考特別に、「眼鏡」は「めがね」とも読む。

**きょう【競】** 20画 立15 小4 音 **キョウ・ケイ** 訓 **きそ**う 中・**せ**る 高
亠 立 竞 竟 竞 競
きそう。せりあう。あらそう。◆競泳・競演・競技・競合・競作・競争・競走・競艇《きょうてい》・競馬《けいば》・競輪《けいりん》

**きょう【響】** 20画 音11 〔響〕 音 **キョウ** 訓 **ひびく**
乡 㕛 郷 郷 響 響
❶なりひびく。◆音響・反響。❷ほかのものにまで関係する。◆影響《えいきょう》

**きょう【驚】** 22画 馬12 音 **キョウ** 訓 **おどろ**く・**おどろ**かす
苟 敬 敬 敬 驚 驚
おどろく。おどろかす。◆驚異・驚愕《きょうがく》・驚喜・驚嘆《きょうたん》・驚天動地 ⇩付録「漢字の筆順㊳馬」

**きょう【△卿】** 二（接尾）イギリスで、爵位《しゃくい》をもつ人の名前につける敬称《けいしょう》。「チャーチル—」 一（名）奈良・平安時代の役所の長官。

**きょう【○今日】**（名）この日。本日。こんにち。

**ぎょう【仰】** 6画 亻4 音 **ギョウ・コウ** 訓 **あお**ぐ・**おお**せ 高
ノ イ 亻 化 仰 仰
❶（ギョウと読んで）あおぎ見る。上のほうを見あげる。◆仰角・仰視・仰天 ◆俯仰《ふぎょう》。❷（コウと読んで）敬う。あがめる。◆信仰《しんこう》。参考「コウ」の音は「信仰《しんこう》」などのことばに使われる特殊《とくしゅ》な読み方。

**ぎょう【行】**→こう(行)

**ぎょう【行】**（名）❶文字などのたてや横のひとならび。「—をかえる」❷五十音図のたてのならび。「あ—（＝あいうえお）」❸仏教で、僧《そう》の修行《しゅぎょう》。「—を積む」❹「行書《ぎょうしょ》」の略。

**ぎょう【形】**→けい(形)

**ぎょう【暁】** 12画 日8 〔曉〕 音 **ギョウ** 高 訓 **あかつき**
日 日 日⁻ 旿 暁 暁
❶あかつき。よあけ。あけがた。◆暁星・暁天 ◆今暁・払暁《ふつぎょう》。❷あきらかとなる。さとる。◆通暁

**ぎょう【業】** 13画 木9 小3 音 **ギョウ・ゴウ** 高 訓 **わざ** 中
丶 业 业 丵 業
❶（ギョウと読んで）㋐しごと。わざ。つとめ。◆業者・業績・業務 ◆営業・休業・作業・産業・事業・商業・職業。㋑学問。技芸。◆学業・修業・授業・卒業。❷（ゴウと読んで）善や悪のむくいをもたらす行い。また、前世での行いにより、現世でうけるむくい。◆業苦 ◆悪業・因業・罪業・自業自得・宿業・非業

**ぎょう【業】**（名）❶生活のための仕事。なりわい。「文筆を—とする」❷学問。「—を修める」

**ぎょう【凝】** 16画 冫14 音 **ギョウ** 訓 **こ**る・**こ**らす
冫 冫 凒 凝 凝 凝
❶液体などがかたまる。◆凝血・凝結《ぎょうけつ》・凝固・凝集。❷一心になる。熱中する。◆凝視

**きょうあい【狭△隘】**（名・形動ダ）❶面積がせまいこと。「—な土地」❷心のせまいこと。

**きょうあく【凶悪】【△兇悪】**（名・形動ダ）性格が残忍《ざんにん》で、悪いことを平気ですること。「—犯」

**きょうあつてき【強圧的】**（形動ダ）〔ダロ・ダッ(デ・ニ)・ダ・ナ・ナラ・○〕相手を力ずくでおさえつけるようす。「—な態度をとる」

**きょうい【胸囲】**（名）胸のまわりの長さ。

**きょうい【脅威】**（名）大きな力や強さなどでおどしおびやかすこと。また、それによって感じるおそれ。「—をあたえる」

**きょうい【強意】**（名）〘文法〙表現で意味を強めること。「歩けるとも」「今度こそがんばろう」「まさに神技だ」など。使い方〉おもに助詞や副詞で表し、助詞は「強意の助詞」という。

**きょうい【驚異】**（名）ふつうとはかけはなれた驚《おどろ》くべきこと。また、その驚き。「自然界の—」…的「驚異的なねばりを発揮《はっき》する」

**きょういく【教育】**（名・他スル）社会生活に必要だったり、人間性を豊かにしたりする知識・学問・技能などを教え身につけさせること。「—を受ける」「義務—」「—者」「社会—」…的「教育的な見地から見直す」

**きょういくかんじ【教育漢字】**（名）常用漢字のうち、小学校の期間に学習する一〇二六字の漢字。学習漢字。

**きょういん【教員】**（名）学校で、児童・生徒・学生を教育・指導する人。先生。教師。

**きょうえい【共栄】**（名・自スル）ともに栄えること。「共存—」

**きょうえい【競泳】**（名・自スル）定められた泳法で一定の距離《きょり》を泳ぎ、速さをきそう水泳競技。

**きょうえき【共益】**（名）共同の利益。「—費（＝アパートなどで共用部分の維持《いじ》・管理のために出し合う費用）」

**きょうえつ【恐悦・恭悦】**（名・自スル）つつしんでよろこぶこと。「—至極《しごく》に存じます」使い方〉手紙文などで、他人によろこびを述べるときに使う。

**きょうえん【共演】**（名・自スル）映画や舞台《ぶたい》などにいっしょに出演すること。「二大スターの—」

**きょうえん【競演】**（名・自他スル）劇・映画などで演技をきそうこと。「ライバルどうしが—する」

**きょうえん**『△饗宴』（名）酒や料理で客をもてなすもよおし。

**きょうおう【供応】**『△饗応』（名・他スル）ごちそうしてもてなすこと。「—を受ける」

**きょうか【狂歌】**（名）〘文〙江戸《えど》時代にはやった、しゃれや風刺《ふうし》などをよみこんだ、こっけいな和歌。

**きょうか【強化】**（名・他スル）これまで以上に強くすること。「セキュリティーを—する」「—合宿」対弱化

**きょうか【教化】**（名・他スル）人をよいほうへ教え導くこと。「民衆を—する」

**きょうか【教科】**（名）学校で勉強する科目。

**きょうが【恭賀】**（名）（年賀状に用いて）つつしんでお祝いを申しあげること。「—新年」

**ぎょうが**『仰△臥』（名・自スル）あおむけにねること。「草をまくらに—する」対伏臥《ふくが》

**きょうかい【協会】**（名）ある目的のために、会員が力を合わせて運営していく会。

**きょうかい【教会】**（名）❶同じ宗教の信者が集まって、礼拝や儀式《ぎしき》を行う建物。多くキリスト教のものをいう。❷信徒の組織。

**きょうかい【教戒】**『教△誡・教△誨』（名・他スル）教えさとすこと。教えいましめること。「—師（＝受刑者《じゅけいしゃ》に対し、教えさとす人）」

**きょうかい【境界】**（名）土地などのさかいめ。また、物事のさかいめ。「—線」

**きょうがい【境涯】**（名）人が生きていく上でおかれる立場や身分など。身の上。「不運な—」

**ぎょうかい【業界】**（名）同じ種類の事業にたずさわる人びとの社会。同業者仲間。「—紙」

**ぎょうかいがん【凝灰岩】**（名）〘地質〙火山灰・火山砂などが堆積《たいせき》し、かたまってできた岩石。

**きょうかく**『△侠客』（名）江戸《えど》時代、強い者をくじき弱い者を助けることを主義とした人。男だて。

**きょうかく【胸郭】**『胸△廓』（名）胸のまわりの骨組み。

**きょうがく【共学】**（名）男女が同じ学校・教室でいっしょに勉強すること。「男女—」

**きょうがく**『驚△愕』（名・自スル）ひじょうに驚《おどろ》くこと。「突然《とつぜん》のできごとに—する」

**ぎょうかく【仰角】**（名）〘数〙目の高さより上にある物を見あげる視線と、目の高さを通る水平面とがつくる角度。対俯角《ふかく》

**きょうかしょ【教科書】**（名）学校の授業で使う、教科ごとの教材として編集された本。

**きょうかしょたい【教科書体】**（名）おもに教科書で用いられる活字の書体の一つ。参考この辞典の、【】内の漢字見出しが教科書体。

**きょうかたびら【経かたびら】**『経×帷子』（名）〘仏〙葬式《そうしき》のときに死者に着せる白い着物。

**きょうかつ【恐喝】**（名・他スル）相手の弱みにつけこんでおどすこと。また、おどしておかねなどをうばうこと。

**きょうかん【凶漢】**『△兇漢』（名）ひじょうに悪いことをする者。悪漢。

**きょうかん【叫喚】**（名・自スル）大声でわめき叫《さけ》ぶこと。「阿鼻《あび》—（＝苦しみのために泣き叫ぶこと）」

**きょうかん【共感】**（名・自スル）他人の考えや感情に対して、そのとおりだと感じること。また、その気持ち。「—を覚える」「—を呼ぶ」類同感

**きょうかん【教官】**（名）国立の学校や研究所などで、研究や教育にあたる公務員。一般《いっぱん》に、私立や専門学校の教員をいうこともある。

**きょうかん【郷関】**（名）郷里のさかい。また、ふるさと。

**ぎょうかん【行間】**（名）文章の行と行との間。

**行間を読《よ》む** 文章の表面に表されていない筆者の真意を読みとる。

**きょうき【凶器】**『△兇器』（名）人を殺したり傷つけたりするのに使う道具。ピストルやナイフなど。「—を発見する」

**きょうき【狂気】**（名）精神状態がふつうでないこと。「—のさた」対正気

**きょうき【狂喜】**（名・自スル）異常なほど、むちゅうになって喜ぶこと。「—乱舞《らんぶ》する」

**きょうき**『△侠気』（名）弱い者を見ると、助けずにはいられない気持ち。義侠《ぎきょう》心。「—に富む」

**きょうき【狭軌】**（名）鉄道で、二本のレールの間隔《かんかく》が標準の一・四三五《メートル》よりせまいもの。対広軌

**きょうき【驚喜】**（名・自スル）おどろき喜ぶこと。

「再会に―する」

**きょうぎ【協議】**（名・他スル）関係者が集まって話し合うこと。「―会」

**きょうぎ【狭義】**（名）ある物事・ことばにいろいろな意味が考えられるとき、せまい範囲《はんい》に解釈《かいしゃく》した場合の意味。「―に解釈する」㊀広義

**きょうぎ【経木】**（名）すぎ・ひのきなどの木を紙のようにうすく広くけずったもの。食品を包むのに使う。参考むかしは経文《きょうもん》を書くのに用いた。

**きょうぎ【教義】**（名）宗教上の中心となる教え。

**きょうぎ【競技】**（名・自スル）技術、特に運動能力を比べて、優劣《ゆうれつ》を争うこと。「陸上―」

**ぎょうぎ【行儀】**（名）礼儀《れいぎ》にかなった立ち居ふるまい。また、その作法。「―がいい」「―見習い」

**きょうきゃく【橋脚】**（名）橋を支える柱。

**きょうきゅう【供給】**（名・他スル）❶人びとがほしがっている品物を提供すること。「食糧《しょくりょう》を―する」❷〘経〙商品を市場に出すこと。《㊀需要《じゅよう》》

**きょうぎゅうびょう【狂牛病】**（名）〘医〙↓ビーエスイー

**ぎょうぎょうし・い【仰仰しい】**（形）{カロ・カッ(ク)・イ・イ・ケレ・○}大げさなようす。「―あいさつ」

**きょうきん【胸襟】**（名）心の中。胸のうち。

胸襟を開《ひら》く　心の中を打ちあけて話す。

**きょうく【狂句】**（名）こっけいな内容の、俳句形式の句。

**きょうぐ【教具】**（名）効果的に授業を行うために使う道具。黒板・掛《か》け図・標本など。

**きょうぐう【境遇】**（名）社会の中でその人をとりまくまわりの事情。身の上。「不幸な―」

**きょうくん【教訓】**（名・他スル）人を教えさとすこと。また、その教え。「―に富む話」

**きょうけい【恭敬】**（名）つつしみ敬うこと。

**ぎょうけい【行啓】**（名・自スル）皇后《こうごう》・皇太子などが外出すること。

**きょうげき【京劇】**（名）ペキン（北京）を中心に行われている、中国に古くから伝わる劇。

**きょうげき【挟撃】**〘△夾撃〙（名・他スル）はさみ打ちにすること。「敵を―する」

**きょうけつ【供血】**（名・自スル）輸血のための血を、求めに応じて提供すること。「―運動」

**ぎょうけつ【凝血】**（名・自スル）体外に出た血液が固まること。また、固まった血液。「―作用」

**ぎょうけつ【凝結】**（名・自スル）❶考えや感情などが、こり固まること。❷〘化〙液体や気体の中にまざる粒子《りゅうし》が、集まって沈殿《ちんでん》すること。❸〘物〙気体が液体になること。凝縮。

**きょうけん【狂犬】**（名）狂犬病にかかっている犬。

**きょうけん【強肩】**（名）野球で、ボールを遠くまで速く投げる力があること。「―の捕手《ほしゅ》」

**きょうけん【強健】**（名・形動ダ）からだが強くて、じょうぶなこと。「身体―」㊀虚弱《きょじゃく》

**きょうけん【強権】**（名）警察力などによって示される国家の強制的な権力。「―発動」

**きょうげん【狂言】**（名）❶能楽の間に演じられる軽い、こっけいな劇。能狂言。❷歌舞伎《かぶき》劇のだしもの。「顔見世《かおみせ》―」❸ほんとうらしく見せかけようとしくんだ計画。うそ。「―自殺」

**きょうげんきご**〘狂言△綺語〙（名）人目を引くような大げさに飾《かざ》り立てたことば。参考特に、仏教・儒教《じゅきょう》の立場から、道理に外れた小説や物語をいやしめていうことば。「きょうげんきぎょ」とも読む。

**きょうけんびょう【狂犬病】**（名）〘医〙ウイルスにより感染《かんせん》する犬の病気。狂犬にかまれると人も感染し、呼吸困難やまひをおこして死ぬ。恐水《きょうすい》病。

**きょうげんまわし【狂言回し】**（名）❶芝居《しばい》で、話の筋や主題を解説するために必要な役柄《やくがら》。❷裏で物事を進行する役目の人。

**きょうこ【強固】**〘△鞏固〙（形動ダ）{ダロ・ダッ(デ・ニ)・ダ・ナ・ナラ・○}強くてしっかりしているようす。「―な意志」

**ぎょうこ【凝固】**（名・自スル）❶固まること。「血液が―する」❷〘物〙液体または気体が固体になること。「水の―点」㊀融解《ゆうかい》

**きょうこう【凶行】**〘△兇行〙（名）人を傷つけたり殺したりする、残忍《ざんにん》で悪質な犯行。「―におよぶ」

**きょうこう【恐慌】**（名）❶恐《おそ》れあわてること。「―をきたす」❷〘経〙景気が急激に悪化するときに起こる、経済の混乱状態。商品の過剰《かじょう》から物価が暴落し、失業者が増大したり店・会社・銀行がつぶれたりする。パニック。

**きょうこう【強行】**（名・他スル）反対や無理をおしきって行うこと。「委員選挙を―する」「―採決」

**きょうこう【強攻】**（名・他スル）失敗や危険をかえりみないで強引《ごういん》に攻《せ》めかかること。「―策に出る」

**きょうこう【教皇】**（名）ローマカトリック教会の最高位の聖職。ローマ法王。きょうおう。

**きょうこう【強硬】**（名・形動ダ）自分の考えを強くおし通そうとすること。「―な主張」㊀軟弱《なんじゃく》

**きょうごう【強豪】**（名）強くて手ごわいこと。また、その人やチーム。「―との対戦」

**きょうごう【競合】**（名・自スル）せり合うこと。また、利害などいくつかのことがらが重なりあうこと。「―他社」

**ぎょうこう【行幸】**（名・自スル）天皇が外出すること。みゆき。㊀還幸《かんこう》

**ぎょうこう【暁光】**（名）夜明けの光。

**ぎょうこう**〘△僥△倖〙（名）まったく思いがけない幸せ。「―にめぐまれる」

**きょうこうぐん【強行軍】**（名）❶進む距離《きょり》を増やしたり速度をはやめたりして行うきびしい行軍。❷むりな計画で事を行うこと。「―で完成させた」

**きょうこく【峡谷】**（名）両側をけわしい山にはさまれた、深くせまい谷。

**きょうこく【強国】**（名）軍事や経済などで、強い力をもつ国。㊀弱国

**ぎょうこてん【凝固点】**（名）〘物〙液体または気体がかたまって固体に変わるときの温度。

**きょうさ【教唆】**（名・他スル）教えそそのかすこと。

**ギョウザ**（名）↓ギョーザ

「殺人を―する」

**きょうさい【共済】**（名）たがいに助け合うこと。

**きょうさい【共催】**（名・他スル）二つ以上の団体が共同でもよおしものを行うこと。「新聞社と県の―」

**きょうさい【恐妻】**（名）夫が妻に頭が上がらないこと。「―家」

**きょうざい【教材】**（名）授業や学習で使う材料。教科書・工作材料など。

**きょうさいくみあい【共済組合】**（名）同じ職業や事業に従事する者が、たがいの福利増進をはかるために組織する団体。

**きょうさく【凶作】**（名）作物のできがひじょうに悪いこと。「―に泣く」類不作。対豊作

**きょうさつ【挟殺】**（名・他スル）野球で、走者を両側からはさんでアウトにすること。「―プレー」

**きょうざつぶつ**『△夾雑物』（名）まじりこんでいる余計な物。不純物。「―の混入を防ぐ」

**きょうざめ【興ざめ】**『興◇醒め』（名・形動ダ・自スル）何かのきっかけで、それまでおもしろかったもののおもしろみがなくなること。「じまん話ばかりで―だ」「手品のたねあかしを聞いて―する」

**きょうざ・める【興ざめる】**『興◇醒める』（自下一）｛メ・メ・メル・メル・メレ・メロ(メヨ)｝何かのきっかけで、おもしろみがなくなる。興味がそがれる。「下品な話で―」

**きょうさん【協賛】**（名・自スル）計画の趣旨《しゅし》などに賛成して、協力・援助《えんじょ》すること。「―事業」

**ぎょうさん**『仰山』（副・形動ダ）（関西地方の方言で）❶ひじょうに多いこと。「花が―咲《さ》いた」❷大げさなこと。「―なもの言い」

**きょうさんしゅぎ【共産主義】**（名）物を作る手段を社会の所有とし、すべての人が自分の能力に応じて働き、必要に応じて分配を受ける社会をつくろうとする考え。マルクス主義。「―国家」

**きょうし【狂死】**（名・自スル）精神に異常をきたして死ぬこと。

**きょうし【教師】**（名）❶学問・技術などを教える人。「家庭―」❷学校の教員。

**きょうじ【凶事】**（名）よくないできごと。不幸。「―が続く」対吉事《きちじ》

**きょうじ**『△矜持・△矜△恃』（名）自分がすぐれていると信じて持つほこり。プライド。「ベテランとしての―」

**きょうじ【教示】**（名・他スル）教え示すこと。「ご―ください」

**ぎょうし【凝視】**（名・他スル）じっと見つめること。

**ぎょうじ【行司】**（名）すもうで、土俵上で勝負を判定する人。「―のさばき」「名―」

**ぎょうじ【行事】**（名）前もって日時を決めて行うもよおし。「学校―」「年中―」

**きょうしきょく【狂詩曲】**（名）『音』自由な形式のはなやかな楽曲。ラプソディー。

**きょうしつ【教室】**（名）❶学校で勉強のために使う部屋。❷学問や技術などを教える所。また、その集まり。「スキー―」❸大学で、専門科目ごとの研究室。「国文学―」

**きょうしゃ【強者】**（名）力や勢力の強い者。「―の論理」対弱者

**きょうじや【経師屋】**（名）ふすまやびょうぶをはったり、書画を掛《か》け物に仕立てたりすることを仕事にしている人。類表具師

**ぎょうしゃ【業者】**（名）❶事業や商売をしている人。「出入りの―」❷同じ業種の人。同業者。

**ぎょうじゃ【行者】**（名）仏道や修験道《しゅげんどう》の、修行《しゅぎょう》をしている人。

**きょうじゃく【強弱】**（名）強さと弱さ。また、強さの程度。「音の―」

**きょうしゅ**『△拱手』（名・自スル）❶中国の敬礼の一つ。両手の指を胸の前で組み合わせて礼をすること。❷手をこまぬいていること。何もしないでいること。「―傍観《ぼうかん》(=何もしないで、なりゆきを見ていること)」

**きょうしゅ【興趣】**（名）味わいのあるおもしろみ。興味。「―に富む」「―をそえる」

**きょうじゅ【享受】**（名・他スル）❶受け入れて自分のものにすること。「自然の恵《めぐ》みを―する」❷芸術を味わい楽しむこと。「文学を―する」

**きょうじゅ【教授】**㊀（名・他スル）学問・技術などを教えること。「専門知識を―する」㊁（名）大学で学問を教え、研究する人。また、その地位の一つ。「大学―」「―会」「准《じゅん》―」

**ぎょうしゅ【業種】**（名）仕事・職業の種類。

**きょうしゅう【教習】**（名・他スル）教えて身につけさせること。「自動車―所」

**きょうしゅう【郷愁】**（名）ふるさとを思い出し、なつかしく思う気持ち。ノスタルジア。「―にかられる」

**きょうしゅう【強襲】**（名・他スル）はげしい勢いでおそうこと。「―安打」

**ぎょうしゅう【凝集】**（名・自スル）散らばっていたものが固まり集まること。「一点に―する」

**ぎょうじゅうざが**『行住座△臥』（名）日常の生活の行い。ふだんの行動。

**ぎょうしゅうりょく【凝集力】**（名）『物』固体や液体で、その分子や原子などが引き合って固まろうとする力。

**きょうしゅく【恐縮】**（名・自スル）相手から受けた恩恵《おんけい》や相手にかけた迷惑《めいわく》に対して身がちぢむほどおそれいること。申し訳なく思うこと。「わざわざおいでいただき―に存じます」

**ぎょうしゅく【凝縮】**（名・自他スル）❶固まってちぢまること。ある一点に集中させること。「短いことばに―した内容」❷『物』気体が液体になること。

**きょうしゅつ【供出】**（名・他スル）国の要請《ようせい》で、物品などをさし出すこと。特に、決められた値段で、食糧《しょくりょう》などを政府に売ること。「米を―する」

**きょうじゅつ【供述】**（名・他スル）『法』被告人《ひこくにん》・被疑者・証人などがする陳述《ちんじゅつ》。口供。

**きょうじゅん【恭順】**（名）おとなしく従うこと。「―の意を表する」

**きょうしょ【教書】**（名）❶アメリカで、大統領や州知事が議会に出す政治上の意見書。「年頭―」❷カトリック教会で、信仰《しんこう》・道徳について信徒をみちびくために出す公式の書状。

**ぎょうしょ【行書】**（名）漢字の書体の一つ。楷書《かいしょ》を少しくずした書き方。「―体」⇩書体〈図〉

**きょうしょう【狭小】**（名・形動ダ）せまくて小さい

こと。「—な国士」対広大

**きょうじょう【教条】**（名）教会が公認した教義。ドグマ。「—主義」

**きょうじょう【教場】**（名）授業や学習をする部屋。教室。「分—」

**ぎょうしょう【行商】**（名・他スル）品物を持って売り歩くこと。また、その人。「—人」

**ぎょうしょう【暁鐘】**（名）夜明けを告げるかねの音。明けのかね。

**ぎょうじょう【行状】**（名）人の毎日の行い。品行。「—を改める」「不—」

**きょうじょうしゅぎ【教条主義】**（名）権威《けんい》者《しゃ》が述べたことをうのみにして、それをおし通そうとする態度。

**きょうしょく【教職】**（名）学校で、児童・生徒・学生などの教育にあたる職業。「—に就く」

**きょうしょくいん【教職員】**（名）学校に勤めている人たち。学校の教員や事務職員。

**きょう・じる【興じる】**（自上一）{ジ・ジ・ジル・ジル・ジレ・ジロ（ジョ）}おもしろがる。楽しむ。「ゲームに—」

**きょうしん【共振】**（名）〘物〙物体が、ある振動《しんどう》を行っているときに、近くにある他の物体にもその振動が伝わる現象。共鳴《きょうめい》。

**きょうしん【狂信】**（名・他スル）理性を失ったと見えるほどまでひたすら信じこむこと。⋯的「狂信的にうやまう」

**きょうじん【凶刃】**『△兇刃』（名）人を殺すために使う刃物《はもの》。「—に倒《たお》れる」

**きょうじん【狂人】**（名）正気でなくなった人。

**きょうじん【強靭】**『強△靭』（名・形動ダ）しなやかで強いこと。ねばり強いこと。「—な足腰《あしこし》」「—な精神」

**きょうしんざい【強心剤】**（名）〘医〙弱った心臓のはたらきを強める薬。「—をうつ」

**きょうしんしょう【狭心症】**（名）〘医〙突然《とつぜん》心臓部に激しい痛みを起こす病気。心臓をとりまく冠状《かんじょう》動脈の硬化《こうか》や痙攣《けいれん》が原因。

**ぎょうずい【行水】**（名）たらいに湯・水を入れて、からだの汗《あせ》を流すこと。「—を使う」「からすの—」

**きょうすいびょう【恐水病】**（名）〘医〙→きょうけんびょう

**きょう・する【供する】**（他サ変）{シ（セ・サ）・シ・スル・スル・スレ・シロ（セヨ）}❶そなえる。差し出す。「茶菓《さか》を—」❷役立てる。「公共の用に—」

**きょう・ずる【興ずる】**（自サ変）{ジ（ゼ）・ジ・ズル・ズル・ズレ・ジロ（ゼヨ）}→きょうじる

**きょうせい【共生】**『共△棲』（名・自スル）❶対立することなく、ともに生きること。「多文化—」❷〘動・植〙別の種類の生物が、たがいに利益を受けたり片方だけが利益を受けたりしながら、ともに生活すること。やどかりといそぎんちゃくなど。「—植物」

**きょうせい【教生】**（名）教員の資格をとるために教育実習をする学生。教育実習生。

**きょうせい【強制】**（名・他スル）むりやりに物事をさせること。「—労働」⋯的「強制的に連行される」

**きょうせい【強請】**（名・他スル）おどして、むりに頼《たの》むこと。ゆすること。「寄付金を—される」

**きょうせい【嬌声】**『△嬌声』（名）女性のなまめかしい声。「—を発する」

**きょうせい【矯正】**（名・他スル）欠点をなおして正しくすること。「歯ならびを—する」

**ぎょうせい【行政】**（名）法律に従って、国や地方公共団体の政務を行うこと。「—機関」類司法・立法

**ぎょうせいかいかく【行政改革】**（名）行政機関のしくみや運営を効率のよいものに改革すること。行革。

**きょうせいしっこう【強制執行】**（名）〘法〙国や裁判所が、その命令に従わない者を、法律に基づいて強制的に従わせること。「—で立ち退《の》かせる」

**ぎょうせき【行跡】**（名）人の日ごろの行い。「—がよくない」「不—」

**ぎょうせき【業績】**（名）学術研究や事業での成果。「—をたたえる」「—が上がる」類事績

**きょうそ【教祖】**（名）ある宗教を始めた人。開祖。

**きょうそう【狂騒】**『狂△躁』（名）くるったようなさわぎ。「都会の—をさける」

**きょうそう【強壮】**（名・形動ダ）からだがたくましくて元気なこと。「—剤《ざい》」

**きょうそう【競争】**（名・自スル）他に勝とうとして、たがいに競うこと。「生存—」「—率」

**きょうそう【競走】**（名・自スル）走る速さを競うこと。かけっこ。また、その競技。「障害物《しょうがいぶつ》—」

**きょうそう【競漕】**『競△漕』（名・自スル）ボートなどをこぎ合って速さを競うこと。また、その競技。ボートレース。

**きょうぞう【胸像】**（名）人の胸から上をかたどった像。「—を飾《かざ》る」「創立者の—」

**ぎょうそう【形相】**（名）はげしい感情をもったときの、顔つき。「ものすごい—」「—が変わる」

**きょうそうきょく【狂想曲】**（名）〘音〙形式にとらわれない、空想的で変化に富んだ曲。カプリチオ。

**きょうそうきょく【協奏曲】**（名）〘音〙ピアノやバイオリンなどの独奏楽器と、管弦楽《かんげんがく》が合奏する楽曲。コンチェルト。

**きょうそく【脇息】**『◇脇息』（名）すわったときひじをかけ、からだをもたせかけるもの。ひじかけ。

（脇息）

**きょうそく【教則】**（名）物事を教える際の規則。「—本」

**きょうぞく【凶賊】**『△兇賊』（名）凶暴《きょうぼう》で、むやみに人の命・財産をおびやかす賊。

**きょうそん【共存】**（名・自スル）立場などのちがうものがともに生きていくこと。「平和—」参考「きょうぞん」とも読む。

**きょうそんきょうえい【共存共栄】**（名）ともに助け合って生き、ともに栄えること。「自然と人間の—をはかる」

**きょうだ【怯懦】**『△怯△懦』（名・形動ダ）おくびょうで、いくじがないこと。「—な人間」

**きょうだ【強打】**（名・他スル）❶強く打つこと。「頭を—する」❷球技で、球を強く打つこと。

**きょうたい【狂態】**（名）正気とは思えないような態

度やふるまい。「ーを演ずる」

**きょうたい**〘△嬌態〙(名) 女性の、こびを含《ふく》んだなまめかしい態度や姿。

**きょうだい【兄弟】**(名) ❶同じ親から生まれた男の子どもどうし。兄と弟。けいてい。対姉妹《しまい》 ❷同じ親から生まれた者どうし。兄と弟のほかに姉と妹、兄と妹、姉と弟の間がらについてもいう。「仲のいいー」「三人ー」 ❸結婚《けっこん》・縁組《えんぐみ》などで新たに生じた、義理の兄弟の間がら。また、その間がらの人。義兄弟。 ❹本当の兄弟ではないが、そのように親しくつきあう間がらの人。兄弟分。

**きょうだい【強大】**(名・形動ダ) ひじょうに強くて大きいこと。「ーな権力」「破壊《はかい》力がーだ」対弱小

**きょうだい【鏡台】**(名) 鏡のついた化粧《けしょう》用の台。

**きょうたく【供託】**(名・他スル)〘法〙保証や証拠《しょうこ》として、おかねや物を定められた所へ預けておくこと。「立候補のー金」

**きょうたく【教卓】**(名) 教師が授業に使う机。

**きょうたん【驚嘆】**〘驚△歎〙(名・自スル) ひじょうにおどろき感心すること。「ーにあたいする」

**きょうだん【凶弾】**〘△兇弾〙(名) 暗殺者など、凶悪な者がうった弾丸。「ーに倒《たお》れる」

**きょうだん【教団】**(名) 同じ宗教や宗派に属する人によって組織された団体。

**きょうだん【教壇】**(名) 教師が教室で教えるときに立つ壇。「ーに立つ」「ーを去る(=教師をやめる)」

**きょうち【境地】**(名) ❶立場。「苦しいーに立たされる」 ❷ある段階に達した心の状態。「悟《さと》りのー」

**きょうちくとう**〘△夾竹桃〙(名)〘植〙キョウチクトウ科の常緑低木。葉は竹の葉に似ている。夏、紅・白・うす黄色などの花が咲《さ》く。観賞用。

(きょうちくとう)

**きょうちゅう【胸中】**(名) 胸のうち。心の思い。内心。「ーをあかす」

**ぎょうちゅう**〘△蟯虫〙(名)〘動〙線形動物の一種。人体の小腸や盲腸《もうちょう》にすむ、長さ約一《センチメートル》の白い糸のような寄生虫。「ー検査」

**きょうちょ【共著】**(名) 二人以上の人が共同で一つの本を書くこと。また、その本。

**きょうちょう【凶兆】**(名) 何かよくないことのある前ぶれ。不吉《ふきつ》のきざし。対吉兆《きっちょう》

**きょうちょう【協調】**(名・自スル) 立場や考え方のちがうものどうしが力を合わせて、たがいに助け合うこと。「ーの精神」…性「協調性のある生徒」

**きょうちょう【強調】**(名・他スル) ある部分を特に目立たせたり、あることがらを強く主張したりすること。「生命の尊さをーする」

**きょうつう【共通】**(名・自スル・形動ダ) 二つ以上の物事のどれにもあてはまること。「ーの友人」「ー点」…性「二つの文化に共通性が見られる」

**仕組みの解明**

**Q** バスと共通だ? バスに共通だ?「共通だ」

A 電車の切符《きっぷ》はバスと共通だ

B この切符は電車とバスに共通だ

**A**・「と」はAのように、あるものを別のものと比べるときに使う。
・「に」はBの例や、「中学生に共通の悩《なや》み」など構成要素どうしの共通性をいう場合にも使う。

**きょうつうご【共通語】**(名) ❶国内のどこでも通じることば。対方言。 ❷言語のちがう国ぐにのあいだで共通して通じることば。現代の英語など。

**きょうてい【協定】**(名・他スル) ❶相談してとり決めること。また、そのとり決め。「ー価格」 ❷〘法〙国と国とで結ぶ条約の一種。「通商ー」

**きょうてい【教程】**(名) 教えるときの順序や方式。また、それにのっとった教科書。「ピアノー」

**きょうてい【競艇】**(名) モーターボートの競走。また、それに客が金をかける公認の賭博《とばく》。

**きょうてき【強敵】**(名) 強い相手。強い敵。「ーを倒《たお》す」対弱敵

**きょうてん【教典】**(名) 教育や宗教のもとになる教えをまとめた書物。

**きょうてん【経典】**(名) ❶〘仏〙仏の説いた教えのことば。また、それをしるした書物。仏典。経文。 ❷宗教で、その教徒の守るべき、きまりやしるべを書いた書物。キリスト教での聖書、イスラム教でのコーランなど。注意「けいてん」と読むと別の意味になる。

**きょうでん【強電】**(名)〘物〙発電機や工場のモーターなどに使う強い電流。また、それをあつかう電気工学の部門。対弱電

**ぎょうてん【仰天】**(名・自スル) ひじょうに驚《おどろ》くこと。「びっくりー」

**ぎょうてん【暁天】**(名) 夜明けの空。「ーの星」

**きょうてんどうち【驚天動地】**(名) 世間をひどく驚《おどろ》かせること。「ーのできごと」

**きょうと【凶徒】**〘△兇徒〙(名) 強盗《ごうとう》・殺人など、凶悪なことをする悪者。また、その仲間。

**きょうと【教徒】**(名) ある宗教を信じている人たち。「キリストー」「仏ー」

**きょうど**〘△匈奴〙(名)〘歴〙紀元前四世紀ごろから数世紀、モンゴル地方でさかえた遊牧民族。当時の漢民族をおびやかした。

**きょうど【郷土】**(名) ❶生まれて育った土地。ふるさと。「ーを愛する」「ーの偉人《いじん》」 ❷都会からはなれたいなか。地方。「ー芸能」

**きょうど【強度】**(名) ❶強さの度合い。「ーを調べる」 ❷度合いが強いこと。「ーの近眼」対軽度

**きょうとう【共闘】**(名・自スル)(「共同闘争」の

略）二つ以上の組織が力を合わせてたたかうこと。

**きょうとう**【教頭】（名）学校で、校長あるいは副校長を補佐《ほさ》する先生。

**きょうどう**【共同】（名・自スル）❶二人以上の人がいっしょに物事を行うこと。「―経営」❷同じ資格で結びついたり、同じ条件でかかわり合ったりすること。「水道を―で使用する」⇩きょうどう（協同）「学習」

**きょうどう**【協同】（名・自スル）二人以上の人や複数の団体が、心や力を合わせて仕事をすること。

> **学習 使い分け**「共同」「協同」
> **共同** 二人以上の人がいっしょに何かをすること。また、同じ資格や条件でかかわること。使用範囲《はんい》は「協同」よりも広い。「共同作業」「共同住宅」「共同戦線」
> **協同** 同一の目的に向かって、力を合わせて事にあたること。「協同組織」「協同組合」「産学協同」

**きょうどう**【協働】（名・自スル）同じ目的のために、力を合わせて働くこと。「市民と行政の―事業」

**きょうどうくみあい**【協同組合】（名）生産者や消費者たちが、おたがいの暮らしや事業をよくするために作る組合。「農業―」「生活―」

**きょうどうしゃかい**【共同社会】（名）血のつながりや地域の関係で結びついている人間の集まり。家族・村落など。ゲマインシャフト。対利益社会

**きょうどうせいはん**【共同正犯】（名）〔法〕二人以上の者がいっしょに犯罪を実行すること。全員が正犯（＝自ら犯罪を実行した者）として罰《ばっ》せられる。

**きょうどうたい**【共同体】（名）家族や村落などのように強く結びつき、まとまっている集団。「運命―」

**きょうとうほ**『橋頭△堡』（名）❶橋を守るために築く陣地《じんち》。また、川や海をへだてた敵地につくる攻撃《こうげき》のための拠点《きょてん》。「―を築く」❷つぎに進んだり、困難なことをするための足がかり。よりどころ。

**きょうどうぼきん**【共同募金】（名）社会福祉《ふくし》事業のために個人や団体から基金をつのること。

**きょうどしょく**【郷土色】（名）ある地方に特有の気風・風俗《ふうぞく》。地方色。ローカルカラー。

**ぎょうにんべん**【行人偏】（名）漢字の部首の一つ。「待」「徳」などの左側にある「彳」の部分。

**きょうねん**【凶年】（名）❶作物のできがひじょうに悪い年。対豊年。❷悪いことのあった年。

**きょうねん**【享年】（名）人が死んだときの年齢《ねんれい》。没年《ぼつねん》。「―九〇の大往生」

**ぎょうねん**【行年】（名）この世に生きた年数。死んだときの年齢《ねんれい》。享年《きょうねん》。こうねん。「―七〇」

**きょうばい**【競売】（名・他スル）多くの買い手に競争で値段をつけさせ、いちばん高い値段をつけた買い手に売ること。せり売り。オークション。けいばい。「―にかける」

**きょうはく**【脅迫】（名・他スル）相手をおどし恐《おそ》れさせ、無理に何かをさせようとすること。「―状」「―に負ける」…的「脅迫的な文句」⇩きょうはく（強迫）「学習」

**きょうはく**【強迫】（名・他スル）むりに自分の考えに従わせようと、せまること。むりじい。

> **学習 使い分け**「脅迫」「強迫」
> **脅迫** あることを人にさせるために、おどしつけること。「脅迫して身《み》の代《しろ》金を要求する」「脅迫罪」「ピストルで脅迫する」
> **強迫** むりにあることを要求したり、せまったりすること。「強迫観念」「強迫に屈《くっ》する」「強迫による意思表示」
> ◆「脅迫」は刑法の用語で、「他人を恐《おそ》れさせる目的で、害悪を加える意思を示すこと」の意に使い、「強迫」は民法の用語で、「相手方に害悪が生じることを告げ、恐れさせること」の意に使う。

**きょうはくかんねん**【強迫観念】（名）いくら忘れようとしても、心につきまとってはなれない、いやな不安な気持ち。「―にとらわれる」

**きょうはん**【共犯】（名）二人以上の人が共同して罪をおかすこと。また、おかした人。「―者」

**きようびんぼう**【器用貧乏】（名）器用でなんでも要領よくじょうずにできる人は、かえって一つのことに集中できず、大成しないということのたとえ。

**きょうふ**【恐怖】（名・自スル）恐《おそ》れこわがること。「―心」

**きょうぶ**【胸部】（名）胸の部分。「―疾患《しっかん》」

**きょうふう**【強風】（名）強い風。「―注意報」

**きょうふしょう**【恐怖症】（名）〔医〕恐《おそ》れる理由がないとわかっていながら、特定の物事に不安や恐怖を感じる症状。対人恐怖症や高所恐怖症など。

**ぎょうぶしょう**『◇刑部省』（名）むかし、刑罰《けいばつ》・裁判に関することをあつかった役所。

**きょうべん**【強弁】（名・他スル）むりに理屈《りくつ》をつけて道理に合わないことを言い張ること。

**きょうべん**『教△鞭』（名）教師が授業で教えるときに、さし示すのに使うむち。

**教鞭を執《と》る** 先生になって教える。

**きょうほ**【競歩】（名）歩く速さをきそう陸上競技。歩いているとき、必ず一方の足のかかとが地面に接していなければならない。

**きょうほう**【凶報】（名）❶悪い知らせ。対吉報《きっぽう》。❷死亡の知らせ。類訃報《ふほう》

**きょうぼう**【凶暴】『△兇暴』（名・形動ダ）凶悪で乱暴なこと。「―な性質」…性「凶暴性をあらわす」

**きょうぼう**【共謀】（名・他スル）二人以上で共同して、よくないことをたくらむこと。「―者」類謀議《ぼうぎ》

**きょうぼう**【狂暴】（名・形動ダ）度をこしてあばれること。また、ひじょうに乱暴なこと。「―なふるまい」

**きょうぼく**『△喬木』（名）「高木《こうぼく》」の古い言い方。「―の林」対灌木《かんぼく》

**きょうほん**【狂奔】（名・自スル）なんとか目的をとげようとして、無我夢中《むがむちゅう》で動きまわること。「資材の買い占《し》めに―する」

**きょうまい【供米】**（名）政府に米を供出すること。また、その米。供出米。

**きょうまく【胸膜】**（名）〔生〕→ろくまく①

**きょうまん【『△驕慢』】**（名・形動ダ）自分をえらいと思って、人を見くだすこと。「―な態度」

**きょうみ【興味】**（名）おもしろくて心がひきつけられること。「―がわく」「―をそそられる」「―深い」

**きょうみしんしん【興味津津】**（名・形動ダ・トタル）興味がつきないようす。ひじょうに興味がわくようす。「―で話に聞き入る」

**きょうみほんい【興味本位】**（名）❶おもしろければいいとするようすやその考え方。「―の記事」❷単に興味にのみ基づいているようす。「―で質問する」

**きょうむ【教務】**（名）❶学校などで、教育に関する事務。「―手帳」「―主任」❷宗教上の事務。

**ぎょうむ【業務】**（名）会社や役所などで行う仕事。「日常―」

**きょうめい【共鳴】**（名・自スル）❶〔物〕近くに振動《しんどう》数の等しい発音体があるとき、一方を鳴らすと、他の一方も音を発する現象。❷他人の意見や行動に同感すること。「彼《かれ》の考えに―する」

**きょうもん【経文】**（名）仏教の教えを書いた文章。お経の文句。お経。「―を唱える」

**きょうやく【協約】**（名・他スル）協議したうえで約束すること。また、その約束。「相手国と―を結ぶ」

**きょうゆ【教諭】**（名）幼稚園《ようちえん》・小学校・中学校・高等学校などの先生。

**きょうゆう【共有】**（名・他スル）二人以上の人が共同で所有すること。「―財産」対専有

**きょうゆう【享有】**（名・他スル）権利・能力などを生まれながらに持っていること。「生きる権利を―する」

**きょうよ【供与】**（名・他スル）利益・物品などをあたえること。「資金―」

**きょうよう【共用】**（名・他スル）二人以上の人が共同で使うこと。「友人との―」

**きょうよう【強要】**（名・他スル）むりに要求すること。むりじい。「出席を―する」「―罪」

**きょうよう【教養】**（名）広い知識から得た心の豊かさ。また、文化に関する深い知識。「―を高める」

**きょうらく【享楽】**（名・他スル）思うままに楽しむこと。「―主義」…的「享楽的な性格」

**きょうらん【狂乱】**（名・自スル）❶異常に取り乱すこと。「―状態」❷物事のはなはだしく異常なようす。「―物価」

**きょうり【胸裏】『胸△裡』**（名）胸のうち。心の中。「不安が―をよぎる」

**きょうり【郷里】**（名）生まれ育った土地。生まれ故郷。ふるさと。「―に帰る」

**きょうり【教理】**（名）その宗教のもとになっている教えや考え。宗教上の理論。「―の実践《じっせん》」

**きょうりきこ【強力粉】**（名）たんぱく質の多い、よくねばる小麦粉。パンなどに使う。対薄力粉《はくりきこ》

**きょうりゅう【恐竜】**（名）〔動〕中生代に栄え、のちに絶滅《ぜつめつ》した爬虫類《はちゅうるい》の一種。巨大なものなどさまざまな種類があり、現在、化石として残っている。

**きょうりょう【狭量】**（名・形動ダ）自分の考えにばかりとらわれて、ほかの人の考えを認める心のゆとりのないこと。心のせまいこと。「―な人物」

**きょうりょう『橋△梁』**（名）はし。かけはし。土木関係などでの専門的な言い方。「―工事」

**きょうりょく【協力】**（名・自スル）力を合わせること。「―を求める」「慈善《じぜん》事業に―する」「一致《いっち》―」…的「協力的な態度」

**きょうりょく【強力】**（名・形動ダ）力の強いこと。強い力。「―なエンジン」注意「ごうりき」と読むと別の意味になる。

**きょうれつ【強烈】**（形動ダ）（ダロ・ダッ(デ・ニ)・ダ・ナ・ナラ・○）力・作用が強くはげしいようす。「―な印象」「―な夏の太陽」

**ぎょうれつ【行列】**（名・自スル）たくさんのものが列を作って並ぶこと。列を作って行くこと。また、その列。「店の前に―ができる」「大名―」

**きょうれん【教練】**（名・他スル）教えならすこと。特に軍隊などでの戦い方についての訓練。「軍事―」

**きょうわ【協和】**（名・自スル）たがいに心を合わせて仲よくすること。「諸国民との―」

**きょうわおん【協和音】**（名）〔音〕高さのちがう二つ以上の音を同時に出したとき、とけ合って耳に美しく感じられる和音。対不協和音

**きょうわこく【共和国】**（名）国民によって選ばれた代表者の合議によって、共同で政治を行う国。対君主国

**きょうわせい【共和制】**（名）国家の政治が、君主によって行われるのではなく国民によって選ばれた代表者の合議で行われる政治形態。

**きょえい【虚栄】**（名）うわべをかざって自身をよく見せようとすること。みえ。「―のかたまり」「―心」

**ぎょえい【魚影】**（名）群れをなして泳ぐ魚のすがた。

**ぎょえん『御△苑』**（名）皇居の庭。皇室の所有する庭園。

**ギョーザ**〔中国 餃子〕（名）中国料理の一つ。小麦粉を練ってうすくのばした皮でぶたのひき肉や刻んだ野菜などを包み、焼いたりゆでたりしたもの。

**きょか【許可】**（名・他スル）願い出たものに対して、許しをあたえること。「―が下りる」「外出を―する」

**ぎょか【漁火】**（名）夜、さかなをとるときに船の上でたく火。いさり火。

**ぎょかい【魚介】**（名）魚類と貝類。水産動物をまとめていう語。「―類」参考「魚貝」とも書く。

**きょがく【巨額】**（名）ひじょうに多い金額。多額。「―の資金」

**ぎょかく【漁獲】**（名・他スル）さかなや貝などの水産物をとること。また、そのとった物。「―量」「―高」

**きょかん【巨漢】**（名）からだがひじょうに大きな男。

**ぎょがんレンズ【魚眼レンズ】**（名）一八〇度の範囲《はんい》をうつせる広角レンズ。▽レンズは、英lens

**きょき『△歔△欷』**（名・自スル）むせび泣くこと。「―の声」

**きょぎ【虚偽】**（名）うそ。でたらめ。「―の報告」対真実

**ぎょき【漁期】**（名）そのさかなの漁《りょう》に適した時期。りょうき。

**ぎょぎょう【漁業】**（名）さかなや貝などの水産物をとったり、育てたりする仕事。「沿岸—」

**きょきょじつじつ【虚虚実実】**（名）たがいに相手のすきをねらったり、いろいろな計略を立てたりして、けんめいに戦うようす。「—のかけひき」「—のやりとり」

**きょきん【『△醵金』】**（名・自スル）何かをするためにおかねを出し合うこと。また、そのおかね。「—をつのる」 参考「拠金」とも書く。

**きょく【曲】** 6画 曰2 小3 音 キョク 訓 まがる・まげる

丨 冂 巾 曲 曲 曲

❶まがる。まげる。まがっている。◆曲折・曲線・曲直 ◆屈曲《くっきょく》・湾曲《わんきょく》。対直。❷ねじまがった。正しくない。◆曲学・曲解 ◆歪曲《わいきょく》。❸入りくんで細かい。◆委曲。❹音楽。◆曲目 ◆音曲《おんぎょく》・歌曲・作曲・名曲。❺芝居《しばい》。◆戯曲《ぎきょく》。❻変化・おもしろみのある技巧《ぎこう》。◆曲技・曲芸・曲馬 ⇩付録「漢字の筆順㉔曲」

**きょく【曲】**（名）❶音楽のふし。また、音楽作品。「なつかしい—」❷変化のあるおもしろみ。「なんの—もない話」

**きょく【局】** 7画 尸4 小3 音 キョク

乛 コ 尸 局 局 局

❶会社や官庁で、あるかぎられた仕事を受けもつ所。◆局員・局長 ◆支局・事務局・部局・本局・薬局・郵便局。❷部分。◆局限・局所・局地・局部。❸当面の情勢。◆時局・戦局・大局・難局。❹囲碁《いご》・将棋《しょうぎ》などの勝負。◆局面 ◆対局

**きょく【局】** 一（名）❶会社や役所などの組織で、特定の仕事を受け持っている部署。部・課の上。❷「郵便局」「放送局」などの略。「—留《と》め」 二（接尾）囲碁《いご》・将棋《しょうぎ》などの勝負を数えることば。「一—指す」

**きょく【極】** 12画 木8 小4 音 キョク・ゴク中 訓 きわめる中・きわまる中・きわみ中

木 朾 朽 柯 極 極

❶物事のいちばんおわり。この上ないところ。◆極言・極限・極端《きょくたん》・極致《きょくち》・極度・極力・極刑《きょっけい》・極悪《ごくあく》・極意《ごくい》・極上《ごくじょう》・極秘《ごくひ》・極楽《ごくらく》・極寒《ごっかん》 ◆究極・至極《しごく》・終極・消極・積極。❷地球の北極と南極。◆極地・極点。❸磁極《じきょく》・電極の両はし。◆陰極《いんきょく》・陽極

**きょく【極】**（名）❶物事のこれ以上ないところ。「疲労《ひろう》の—に達する」❷地球の自転軸《じく》の両はし。北極と南極。❸磁石《じしゃく》の両はし。磁極。S極とN極。❹電極。「プラスの—」

**ぎょく【玉】** 5画 玉0 小1 音 ギョク 訓 たま

一 丅 干 王 玉

❶たま。美しい石。◆玉 ◆紅玉・珠玉《しゅぎょく》・宝玉。❷ほかのことばの上につけて尊敬の意を表す。◆玉音・玉顔・玉座・玉稿《ぎょっこう》。❸たいせつなもの。◆玉条 ⇩付録「漢字の筆順⑵王〔玉〕」

**ぎょく【玉】**（名）❶多く装身具に使われる、美しい石。「翡翠《ひすい》の—」❷将棋《しょうぎ》のこまの王将。

**ぎょく【漁区】**（名）漁業の許されている区域。

**きょくう【極右】**（名）極端《きょくたん》な右翼《うよく》思想。また、その思想の人。対極左

**きょくがい【局外】**（名）その事件やことがらなどに直接関係のない立場。「—者《しゃ》」「—に立つ」

**きょくがくあせい【『曲学△阿世』】**（名）真理にそむいた説をとなえて、世の中や権力のあるものに調子を合わせること。「—の徒」

**きょくげい【曲芸】**（名）つなわたりや空中ブランコ・皿《さら》まわしなど、ふつうにはできない危険で変わった芸当。かるわざ。「—師」

**きょくげん【局限】**（名・他スル）一定の範囲《はんい》にかぎること。「対象を—する」

**きょくげん【極言】**（名・自他スル）思う存分言いたいことを言うこと。また、極端《きょくたん》に言うこと。「—すれば」類極論

**きょくげん【極限】**（名）物事のいきつくぎりぎりのところ。限界。「—に達する」「—状態」

**きょくさ【極左】**（名）極端《きょくたん》な左翼《さよく》思想。また、その思想の人。対極右

**ぎょくざ【玉座】**（名）天皇や王がすわる所。

**ぎょくさい【玉砕】**（名・自スル）全力を尽《つ》くして戦い、名誉《めいよ》を重んじていさぎよく死ぬこと。玉が美しく砕《くだ》けることにたとえていう。「全員—する」

**きょくじつ【『△旭日』】**（名）あさひ。

**旭日昇天《しょうてん》の勢《いきお》い** 朝日がぐんぐん天にのぼるような、さかんな勢い。

**きょくしょ【局所】**（名）全体のなかの一部分。特に、からだの一部分。「—麻酔《ますい》」類局部

**きょくしょう【極小】**（名）❶ひじょうに小さいこと。ミニマム。❷《数》関数の値が減少から増加に変わるときの変数の値。「—値を求める」《対極大》

**ぎょくしょう【玉章】**（名）美しくすぐれた文章。特に、相手の手紙を敬っていう語。「—拝読しました」

**ぎょくせきこんこう【玉石混交】**『玉石混△淆』（名）（玉と石とが入りまじっていることから）すぐれたものと劣《おと》ったものが入りまじっていること。

**きょくせつ【曲折】**（名・自スル）❶曲がりくねること。「—した山道」❷物事にいろいろ複雑な事情のあること。「事件の—」「—をへる」

**きょくせん【曲線】**（名）曲がった線。カーブ。「—を描《えが》く」「—美（=彫刻《ちょうこく》や女性の肉体などの、曲線のもつ美しさ）」対直線

**きょくだい【極大】**（名）❶ひじょうに大きいこと。マキシマム。❷《数》関数の値が増加から減少に変わるときの変数の値。「—値」《対極小》

**きょくたん【極端】**（名・形動ダ）いちばんはし。転じて、思想や言動などが標準よりひどく一方にかたよること。「—に走る」「—な考え方」

**きょくち【局地】**（名）かぎられた一部の土地・地域。「—戦」…的「局地的な大雨」

**きょくち【極地】**（名）はての土地。特に、南極・北極の地方。「—探検」

**きょくち【極致】**（名）物事のようすがこの上ないとい

うところまで達した状態。「美の―」

**きょくちょく**【曲直】(名) 曲がったこととまっすぐなこと。正しいこととまちがっていること。「理非―」

**きょくていばきん**〔曲亭馬琴〕【人名】→たきざわばきん

**きょくてん**【極点】(名) ❶これ以上にはならないという最後のところ。ゆきづまり。「興奮《こうふん》が―に達する」❷南極点・北極点。「―に立つ」

**きょくど**【極度】(名) 程度がはなはだしく、これ以上にはならないというところ。「―の緊張《きんちょう》」

**きょくとう**【極東】(名) ヨーロッパから見て、アジアの東のはしの地域。日本・中国・朝鮮《ちょうせん》半島・シベリア東部などをまとめた呼び名。

**きょくどめ**【局留め】(名) 郵便物を差出人の指定した郵便局にとめておくこと。また、その郵便物。

**きょくのり**【曲乗り】(名・自スル) 馬・自転車・玉などに乗りながら曲芸をすること。また、曲芸のような変わった乗り方。「一輪車の―」

**きょくば**【曲馬】(名) 馬に乗って曲芸をすること。また、馬に曲芸をやらせること。「―団」

**きょくび**【極微】(名・形動ダ) ひじょうに細かいこと。「―の世界」参考「ごくび」とも読む。

**きょくひどうぶつ**『△棘皮動物』(名)〘動〙ひとで・なまこ・うになど、からだの表面に石灰《せっかい》質のからやとげを持つ動物の一群。

**きょくふ**【曲譜】(名) 音楽の譜。楽譜。

**きょくぶ**【局部】(名) 全体の中のかぎられた部分。特に、人のからだの一部分。「―麻酔《ますい》」…的「局部的な問題」類局所

**きょくほ**『曲◇浦』(名) 曲がりくねった海岸。「長汀《ちょうてい》―」

**きょくほく**【極北】(名) ❶北の果て。北極に近い所。❷極限に達した所。「文学作品の―」

**きょくめん**【局面】(名) ❶囲碁《いご》・将棋《しょうぎ》の勝負のなりゆき。「先手有利な―」❷物事のなりゆき。「―を打開する」「重大な―」

**きょくもく**【曲目】(名) 音楽の曲名。また、演奏する曲の名をならべて記したもの。

**きょくりょう**【極量】(名) 毒薬・劇薬《げきやく》などで、用いても安全な最大限の分量。「―を飲む」

**きょくりょく**【極力】(副) できるかぎり。「―努力したい」

**ぎょくろ**【玉露】(名) かおりや味のすぐれたいちばん上等なお茶。

**きょくろん**【極論】(名・自他スル) 極端《きょくたん》な言い方をすること。極端な議論。「―すれば」類極言《きょくげん》

**ぎょぐん**【魚群】(名) 泳いでいるさかなの群れ。

**ぎょぐんたんちき**【魚群探知機】(名) 超音波《ちょうおんぱ》を発射して水中のさかなの群れを探る装置。

**ぎょけい**【御慶】(名) およろこび。新年を祝うことば。「―申し納めます」

**きょげん**【虚言】(名) 他人をだますことば。うそ。「―を吐《は》く」「―をつらねる」「―癖《へき》のある人」

**きょこう**【挙行】(名・他スル) 式や行事などをとり行うこと。「卒業式を―する」

**きょこう**【虚構】(名) 実際にはないことを、いかにもあるように作ったもの。つくりごと。フィクション。「登場人物はまったくの―だ」「―の世界」

**ぎょこう**【漁港】(名) 漁船が出入りしたり、水産物を陸あげしたりする港。

**きょこくいっち**【挙国一致】(名) あることのために全国民が心を一つにすること。「―で復興にはげむ」

**ぎょじ**【御璽】(名) 天皇の印。玉璽《ぎょくじ》。

**きょしき**【挙式】(名・自スル) 式をあげること。特に、結婚式《けっこんしき》をあげること。「神前で―する」

**きょしつ**【居室】(名) ふだんいる部屋。居間《いま》。

**きょじつ**【虚実】(名) うそとほんとう。ないこととあること。「―半《なか》ばする話」

**きょしてき**【巨視的】(形動ダ)〔ダロ・ダッ(デ・ニ)・ダ・ナ・ナラ・○〕細かい点からでなく、全体の特徴《とくちょう》を大きくとらえようとするようす。「―に論じる」対微視的《びしてき》

**ぎょしゃ**【御者】『△馭者』(名) 馬車に乗って、馬をあやつり走らせる人。「―台(=御者がすわる座席)」

**きょじゃく**【虚弱】(名・形動ダ) からだが弱く病気になりやすいこと。「―体質」対強健

**きょしゅ**【挙手】(名・自スル) ❶合図や意思表示のために、片手をあげること。「―による採決」❷右手を顔の横にあげ、相手に注目する敬礼。「―の礼」

**きょしゅう**【去就】(名) 去ることと、とどまること。役目などを、やめることとやめないこと。「―にまよう」

**きょじゅう**【居住】(名・自スル) 一定の場所に住むこと。また、その家。「―地」…性「快適な居住性(=住み心地)」

**きょしゅつ**『△醵出』(名・他スル) ある目的のために、おかねや品物を出し合うこと。「―金」参考「拠出」とも書く。

**きょしょ**【居所】(名) いどころ。住んでいる所。「転々と―をかえる」

**きょしょう**【巨匠】(名) 文学や芸術の世界で、その道に特にすぐれた人。「音楽界の―」類大家《たいか》

**ぎょしょう**『魚△醤』(名) 魚を塩づけにし、発酵《はっこう》させてつくる調味料。しょっつる・ナンプラーなど。

**ぎょじょう**【漁場】(名) 漁《りょう》をする場所。ぎょば。

**きょしょく**【虚飾】(名) うわべだけのかざり。表面だけ体裁《ていさい》をかざること。「―に満ちた生活」

**きょしょくしょう**【拒食症】(名)〘医〙精神的な原因によって、著《いちじる》しく食欲が低下する病気。神経性食欲不振《ふしん》症。

**きょしん**【虚心】(名・形動ダ) 人の意見などをそのまま受け入れることのできるすなおな気持ち。心にわだかまりのないこと。「忠告を―に聞く」

**きょじん**【巨人】(名) ❶ずばぬけてからだの大きい人。❷その道に特にすぐれた人。「財界の―」

**ぎょしん**【魚信】(名) 釣りで、さかながえさに触《さわ》ったとき、糸や竿《さお》などに伝わる感じ。あたり。

**きょしんたんかい**『虚心△坦懐』(名・形動ダ) 心にわだかまりがなく、すなおでおだやかなこと。「―に話す」

**きょすう**【虚数】(名)〘数〙二乗した結果が負になる数。対実数

**ぎょ・する**【御する】(他サ変)〔シ(セ・サ)・シ・スル・スル・スレ・シロ(セヨ)〕❶馬や

馬車をじょうずにあつかう。「馬を—」❷自分の思うように、人をさしずして使いこなす。「—・しがたい人」

**きよせ【季寄せ】**（名）《文》俳句の季語を集め、その季語を使った句を示した本。歳時記《さいじき》。

**きょせい【巨星】**（名）❶《天》恒星《こうせい》の中で形と光の大きい星。❷すぐれた人物。大人物。巨人。「—墜《お》つ（=大人物が死ぬ）」

**きょせい【去勢】**（名・他スル）❶雄《おす》の睾丸《こうがん》や雌《めす》の卵巣《らんそう》を取り去ること。「犬の—手術」❷（比喩《ひゆ》的に）反抗《はんこう》する力や気力を失わせること。

**きょせい【虚勢】**（名）うわべだけ強そうに見せかけること。からいばり。

**虚勢を張《は》る** 実力のないものが、あるふりをしていばる。

**ぎょせい【御製】**（名）天皇の作った詩歌《しいか》や文章。「—の和歌」

**きょせつ【虚説】**（名）まったく根拠《こんきょ》のないうわさ。そらごと。「—をふりまく」

**きょぜつ【拒絶】**（名・他スル）相手のたのみや働きかけをことわること。要求などを受けつけないこと。「要求を—する」類拒否

**きょぜつはんのう【拒絶反応】**（名）《医》他人の臓器などを移植したとき、からだがそれを受けつけまいとしておこす反応。拒否反応。「—があらわれる」

**ぎょせん【漁船】**（名）漁《りょう》をするために用いる船。

**きょそ【挙措】**（名）立ち居ふるまい。動作や態度。「—を失う（=とりみだしたふるまいをする）」

**きょぞう【虚像】**（名）❶《物》鏡やレンズによって光が発散したとき、光と逆方向の延長線上に結ぶ像。❷みせかけだけの姿。「マスコミの作った—」《対実像》

**ぎょそん【漁村】**（名）住民のほとんどが漁業で生活している村。「海辺《うみべ》の—」

**きょたい【巨体】**（名）ずばぬけて大きなからだ。

**きょだい【巨大】**（名・形動ダ）ひじょうに大きいこと。「—な旅客機」「—なタンカー」対微小《びしょう》

**きょだく【許諾】**（名・他スル）願いごとなどを聞き入れて承知すること。「著作物の使用を—する」

**ぎょたく【魚拓】**（名）さかなの表面に墨《すみ》などをぬり、形を和紙・布にすりうつしたもの。さかなの拓本《たくほん》。

**きょだつ【虚脱】**（名・自スル）気がぬけて、ぼんやりすること。「—状態」「—感におそわれる」

**きょっかい【曲解】**（名・他スル）相手のことばや行動などをすなおに受けとらず、わざと曲げて解釈《かいしゃく》すること。「真意を—される」

**きょっけい【極刑】**（名）いちばん重い刑。死刑。「—に処する」

**きょっこう【極光】**（名）《天》→オーロラ

**ぎょっこう【玉稿】**（名）他人の原稿をうやまって言うことば。「—を賜《たまわ》る」

**ぎょっと**（副・自スル）思いもしなかったことにぶつかり、びっくりするようす。「—して立ちすくむ」

**きょてん【拠点】**（名）活動の足場となる所。「活動の—」「—を確保する」

**きょとう【巨頭】**（名）政財界などで高い地位にあり、勢力や影響力《えいきょうりょく》の強い人物。「—会談（=大国の最高指導者によって行われる会談）」「財界の—」

**きょどう【挙動】**（名）人の動作や行動。ふるまい。「—不審《ふしん》（=動作や行動にあやしい点があること）」

**ぎょとう【漁灯】**（名）夜の漁《りょう》でさかなを集めるのに使うあかり。いさりび。

**きょとんと**（副・自スル）驚《おどろ》いたり気がぬけたりして、目を見開いてぼんやりしているようす。「—した顔」

**きょねん【去年】**（名）ことしの前の年。昨年。

**きょひ【巨費】**（名）ひじょうにたくさんの費用。「—を投じる」

**きょひ【拒否】**（名・他スル）いやだと言って、ことわること。「要求を—する」類拒絶

**きょひ【許否】**（名）許すことと、許さないこと。

**ぎょひ【魚肥】**（名）さかなを原料とする肥料。

**きょひけん【拒否権】**（名）❶大統領や君主が、議会で可決した法律などの成立を拒否できる権利。❷国連安全保障理事会で、常任理事国の五大国がその決議の成立を拒否できる権利。「—を発動する」

**ぎょふ【漁夫】**（名）漁業をしている者。漁師《りょうし》。

**ぎょぶつ【御物】**（名）皇室の持ち物。ごもつ。

**ぎょふのり【漁夫の利】**たがいに争っている間に無関係の者が利益を横取りすること。漁父の利。

故事 しぎとはまぐりが争っているうちに両方とも漁師《りょうし》がつかまえてしまったという話から出たことば。〈戦国策〉

**ぎょふん【魚粉】**（名）さかなをほして粉にしたもの。食品や肥料・飼料にする。

**きょへい【挙兵】**（名・自スル）兵を集めて戦いを始めること。旗あげ。「各地で—する」

**きょへん【巨編】**（名）規模がひじょうに大きい映画などの作品。「一大—」

**きょほう【虚報】**（名）うその知らせ。

**ぎょほう【漁法】**（名）魚をとる方法。「—を流す」

**きょほうへん【毀誉褒貶】**『毀誉褒△貶』（名）けなすことと、ほめること。悪評と好評。「—半《なか》ばする人物」

**きょまん【巨万】**（名）ひじょうに多くの数量・金額。「—の富《とみ》」

**きよみずのぶたいからとびおりる【清水の舞台から飛び降りる】**（切り立ったがけの上に木を組んでつくられた京都の清水寺の舞台からとびおりることから）物事を思いきってすることのたとえ。

**きよみずへ**《キヨミズヘ》…短歌

〔清水へ　祇園《ぎをん》をよぎる　桜月夜《さくらづくよ》　こよひ逢《あ》ふ人《ひと》　みなうつくしき〕〈与謝野晶子《よさのあきこ》〉

訳 清水寺へ向かって祇園の街を通りすぎようとすると、月は桜の花にかすんで、ほの明るさの中を行きかう人びとは、だれもかれもみな美しく見えることである。

**ぎょみん【漁民】**（名）漁業を職業とする人びと。

**きょむ【虚無】**（名）何もなく、むなしいこと。あらゆるものに価値や真理がみとめられないこと。「—感にとらわれる」…的「虚無的な思想」

**きょむしゅぎ【虚無主義】**（名）世の中のあらゆる価値や規範《きはん》・権威《けんい》などを、すべてみとめないとする思想。ニヒリズム。「—におちいる」

**きょめい【虚名】**（名）実力をともなわない名声。「—におぼれる」

**ぎょめい【御名】**（名）天皇の名前。「—御璽《ぎょじ》」

**きよ・める【清める】**（他下一）｛メ・メ・メル・メル・メレ・メロ(メヨ)｝よごれやけがれを取り去って、さっぱりときれいにする。「身を—」

**きょもう【虚妄】**（名）うそ。いつわり。「—の言」

**ぎょもう【魚網・漁網】**（名）さかなをとるあみ。

**きよもと【清元】**（名）（「清元節」の略）江戸浄瑠璃《えどじょうるり》の一派。江戸時代後期、清元延寿太夫《えんじゅだゆう》の始めたもの。

**ぎょゆ【魚油】**（名）いわし・にしんなどからとった油。せっけん・ろうそく・食品などの原料に使われる。

**きょよう【許容】**（名・他スル）その程度までならと、認めてゆるすこと。「—量」「—される範囲《はんい》」

**きょらい【去来】**（名・自スル）行ったり来たりすること。また、心に浮《う》かんだり消えたりすること。「思い出が—する」

**ぎょらい【魚雷】**（名）（「魚形水雷」の略）水中を進み、目標にぶつかると爆発《ばくはつ》するしかけの兵器。「—を発射する」「—艇《てい》」

**きよらか【清らか】**（形動ダ）｛ダロ・ダッ(デ・ニ)・ダ・ナ・ナラ・○｝よごれやにごりがなく、きれいなようす。「—な泉」「—な心」

**きょり【巨利】**（名）ひじょうに大きな利益。ばくだいなもうけ。「—を得る」

**きょり【距離】**（名）二つの地点またはものの間のへだたり。「—をはかる」「—を置いてつきあう」「短—」

**きょりゅう【居留】**（名・自スル）❶しばらくの間、ある土地に住むこと。❷居留地に住むこと。

**きょりゅうち【居留地】**（名）条約にもとづいて外国人が住むことを特別に認めた地域。

**きょりゅうみん【居留民】**（名）居留地に住む外国人。

**ぎょるい【魚類】**（名）〘動〙さかなの総称《そうしょう》。脊椎《せきつい》動物の一種で、水中にすみ、えらで呼吸するもの。

**きょれい【虚礼】**（名）単にしきたりで行うような、形式的でまごころのこもっていない礼儀《れいぎ》。「—廃止《はいし》」

**ぎょろう【漁労】**『漁^△^撈』（名）さかな・貝・海藻《かいそう》など水産物をとる仕事。

**きょろきょろ**（副・自スル）落ちつきなくあたりを見まわすようす。「—(と)まわりを見まわす」

**ぎょろぎょろ**（副・自スル）大きな目玉がするどく光るようす。大きくあけた目でにらみまわすようす。「—(と)した目」「まわりを—(と)見る」

**きよわ【気弱】**（名・形動ダ）ものおじしたり、決めたことにもすぐ心がゆらいだりすること。また、そのような性質。「—な性格」「失敗を恐《おそ》れてつい—になる」

**きら**『△綺羅』（名）美しい衣服。また、それで着飾《きかざ》った人。「—、星のごとし（＝地位の高い人、りっぱな人がずらりと並ぶたとえ）」

**きらい【嫌い】** ━（名・形動ダ）好みにあわないこと。いやに思うこと。「食べ物の好き—が多い」「運動が—な人」対好き ━（名）❶（「きらいがある」の形で）そうなりやすい、好ましくない傾向《けいこう》。「少しわがままの—がある」❷区別をつけること。差別。「男女の—なく」

**きらい【機雷】**（名）（「機械水雷」の略）水中に設置し、艦船《かんせん》がふれると爆発《ばくはつ》する兵器。

**-ぎらい【嫌い】**（接尾）その物事がいやであること、また、そのような人を表す。「人間—」「食わず—」「負けず—」

**きら・う【嫌う】**（他五）｛ワ(オ)・イ(ッ)・ウ・ウ・エ・エ｝❶いやに思う。いやに思ってさける。「へびを—」「よそ者を—」「変化を—性格」対好く ❷（「きらわず」の形で）物事を区別せず。かまわず。「所—・わずすわりこむ」

**きらきら**（副・自スル）またたくように光り輝《かがや》くようす。「星が—(と)輝く」「—(と)したひとみ」

**ぎらぎら**（副・自スル）強く激しく光り輝《かがや》くようす。「—(と)照りつける太陽」「目を—させる」

**きらく【気楽】**（名・形動ダ）❶心配や苦労がなく、のんびりしていること。「—な商売」❷のんきで、物事を気にかけないこと。「—な性分《しょうぶん》」

**きらく**『帰△洛』（名・自スル）みやこ、特に京都に帰ること。

**きら・す【切らす】**（他五）｛サ(ソ)・シ・ス・ス・セ・セ｝❶たくわえをなくす。「小銭《こぜに》を—」❷切れた状態にする。きらせる。「息を—」「しびれを—」

**きらびやか**（形動ダ）｛ダロ・ダッ(デ・ニ)・ダ・ナ・ナラ・○｝きらきら光り輝《かがや》くように美しいようす。絢爛《けんらん》。「—なドレス」

**きらぼし【きら星】**『△綺羅星』（名）美しくきらめく星。「きら星のごとく」の形で地位の高い人がずらりと並ぶたとえ。参考「きら、星のごとし」を続けて読んだためにできた語。

**きらめ・く**『△煌く』（自五）｛カ(コ)・キ(イ)・ク・ク・ケ・ケ｝きらきらと光る。「—星座」

**きらら**『×雲母』（名）〘地質〙→うんも

**きり**『△桐』（名）〘植〙キリ科の落葉高木。葉はハート形で大きく、五月ごろ、紫《むらさき》色の花が咲《さ》く。材はたんすやげたなどに使われる。

**きり**『△錐』（名）板などに穴をあける先のとがった道具。

**きり【霧】**（名）❶水蒸気が地上近くで冷えて細かい水滴《すいてき》になり、煙《けむり》のように地表をおおうもの。「—がかかる」❷水や液体を細かい水滴にして空気中に飛ばしたもの。「—を吹《ふ》く」⇒かすみ「学習」

**きり【切り】**（名）❶終わり。際限。また、くぎり。「—がない」「—をつける」❷〘演〙能や歌舞伎《かぶき》、また寄席《よせ》などで、最後に上演される部分。

**きり**（副助）❶限定を表す。だけ。だけしか。「二人—で遊ぶ」❷それを最後とする意を表す。「それ—来ない」「外に出ていったっ—まだ帰らない」❸（接尾語的に用いて）その状態が変わらず続いている意を表す。「つきっ—」「寝《ね》た—」「着た—」

**ぎり【義理】**（名）❶物事の正しいすじ道。道理。「—をとおす」❷他人とのつき合いのうえで、しなくてはならないことや守らなくてはならない礼儀《れいぎ》。「—を欠く」「—で出席する」「不—」❸血のつながりはないが、親子・きょうだいと同様の間がらになること。「—の妹」

**きりあ・げる【切り上げる】**（他下一）｛ゲ・ゲ・ゲル・ゲル・ゲレ・ゲロ(ゲヨ)｝❶していたことをやめて、ひとくぎりをつける。「今日の作業はこのへんで—」❷〘数〙ある位より小さいはんぱの数を1とみなして、その位に加える。「小数点以下を—」対切り捨てる

**きりあめ【霧雨】**（名）→きりさめ

**きりいし【切り石】**（名）❶使い道に応じて切った

石材。❷割れて角ばった石。❸しき石。石だたみ。

**きりうり【切り売り】**（名・他スル）❶求めに応じ、少しずつ切って売ること。「布を―する」❷知っていることを少しずつ引き出して、講義や著述をすること。「知識の―」

**きりえ【切り絵】**（名）紙を人や動物などの形に切り抜《ぬ》いたもの。

**きりおと・す【切り落とす】**（他五）{サ(ソ)・シ・ス・ス・セ・セ}❶切って、下方へはなす。「小枝を―」❷堤防《ていぼう》などを切って、たまっている水を流す。

**きりかえ・す【切り返す】**（他五）{サ(ソ)・シ・ス・ス・セ・セ}❶相手が切りつけてきたのに対して、こちらから逆に切りつける。❷相手が言ったことばに対して、すぐに言い返す。「批判《ひはん》にするどく―」❸すもうや柔道《じゅうどう》などで相手が技をしかけてくるところに技をかけ返す。❹自動車の運転で、一方に回したハンドルをすぐ反対にもどす。「―・してバックする」参考①は「斬り返す」とも書く。

**きりか・える【切り替える】**（他下一）{エ・エ・エル・エル・エレ・エロ(エヨ)}これまでの方法や状態を新しいものにする。「頭を―」

**きりかけ【切りかけ】**『切り掛け・切り懸け』（名）❶とちゅうまで切ること。また、とちゅうまで切ったもの。「―のパン」❷目かくしの板塀《いたべい》。

**ぎりがた・い【義理堅い】**（形）{カロ・カツ(ク)・イ・イ・ケレ・○}義理をたいせつにし、おろそかにしない。「―人物」

**きりかぶ【切り株】**（名）草木を切ったあとに残っている根もとのところ。

**きりがみ【切り紙】**（名）折り紙や和紙などをいろいろな形や模様《もよう》に切りぬいたもの。「―細工《ざいく》」

**きりかわ・る【切り替わる】**（自五）{ラ(ロ)・リ(ッ)・ル・ル・レ・レ}これまでの方法や状態が、新しいものと入れ替わる。「システムが―」

**きりぎし【切り岸】**（名）切りたったけわしいがけ。

**きりきず【切り傷】**（名）刃物《はもの》などで切ってできた傷。「手に―をつくる」

**ぎりぎり**（名・形動ダ）限度がいっぱいで、それ以上余地のないこと。「約束の時間に―のところでまにあう」

**きりぎりす**『×螽蟖』（名）《動》キリギリス科の昆虫《こんちゅう》。ばったに似ている。夏から秋、日あたりのよい草むらにすむ。雄《おす》は羽をこすりあわせて鳴く。

**きりきりまい【きりきり舞い】**（名・自スル）仕事などに、いそがしく追いまくられること。てんてこまい。

**きりくず・す【切り崩す】**（他五）{サ(ソ)・シ・ス・ス・セ・セ}❶山やがけなどを切ったり、けずったりして低くする。「山を―・して作った住宅地」❷相手の備えや団結を乱して、力を弱くさせる。「敵陣《てきじん》を側面から―」

**きりくち【切り口】**（名）❶物を切ったときの面。❷切り傷の口。「―をぬう」❸袋《ふくろ》などを切りひらくときの目じるし。❹ものの切り方。❺物事を分析《ぶんせき》するときの視点。「するどい―の批評」

**きりこ【切り子】**『切り◇籠』（名）四角な立体の角を切り落とした形。「―ガラス（＝カットグラス）」

**きりこうじょう【切り口上】**（名）改まったかたくるしい調子の話し方。「―のあいさつ」

**きりこ・む【切り込む】**（自五）{マ(モ)・ミ(ン)・ム・ム・メ・メ}❶刀を抜《ぬ》くなどして、敵の中に攻《せ》めこむ。「敵陣深く―」❷（比喩《ひゆ》的に）問題点をするどくつく。❸刃物《はもの》を深く入れて切る。参考①は「斬り込む」とも書く。

**きりさめ【霧雨】**（名）霧のように細かい雨。こぬか雨。きりあめ。「―にけむる町並み」

**キリシタン**『×切支丹・×吉利支丹』〔ポルトガル Cristão〕（名）室町《むろまち》時代末、フランシスコ＝ザビエル（＝スペインの宣教師）によって日本に伝えられたときのキリスト教の呼び名。また、その信者。バテレン。「―大名」

**ギリシャ**〔ポルトガル Grécia〕［地名］ヨーロッパの南東部、バルカン半島最南端《さいなんたん》にある共和国。首都はアテネ。

**ギリシャしんわ【ギリシャ神話】**（名）古代ギリシャ人が伝えた神々の物語。ヨーロッパの文学や美術に影響《えいきょう》をあたえた。▽ギリシャは、ポルトガル Grécia

**ギリシャもじ【ギリシャ文字】**（名）ギリシャ語を書き表す文字。ローマ字のもとになった。Αα（アルファ）・Ββ（ベータ）・Γγ（ガンマ）など。▽ギリシャは、ポルトガル Grécia

**きりすて【切り捨て】**（名）❶計算で、ある位以下のはんぱの数をないものとしてはぶくこと。「一〇〇円未満は―」❷江戸《えど》時代、武士が無礼な町人や農民を切ってそのままほうっておいたこと。「―御免《ごめん》」参考②は、「斬り捨て」とも書く。

**きりす・てる【切り捨てる】**（他下一）{テ・テ・テル・テル・テレ・テロ(テヨ)}❶切ってそのはしを捨てる。❷無用のものとして見捨てる。「弱者を―政治」❸《数》ある位より下のはんぱの数を、ないものとして考える。「小数点以下を―」対切り上げる。❹人を切ってそのままほうっておく。参考④は、「斬り捨てる」とも書く。

**キリスト**〔ポルトガル Cristo〕［人名］（前四？～三〇？）イエス＝キリスト。キリスト教の開祖。ユダヤのベツレヘムで生まれ、キリスト教を開いたが、ユダヤ教徒やローマの役人から憎《にく》まれ、十字架《じゅうじか》にかけられて殺された。

**キリストきょう【キリスト教】**（名）イエス＝キリストの開いた宗教。唯一《ゆいいつ》絶対の神を信じ、イエスを救世主（＝キリスト）として救いを得ようとするもの。正教、カトリック（旧教）、プロテスタント（新教）に大別される。▽キリストは、ポルトガル Cristo

**きりだし【切り出し】**（名）❶切り出すこと。「石材の―」❷刃《は》がななめについた小刀。

**きりだ・す【切り出す】**（他五）{サ(ソ)・シ・ス・ス・セ・セ}❶木材・石材などを切り取って運び出す。「大理石を―」❷用件や相談を話し始める。「話を―」

**きりた・つ【切り立つ】**（自五）{タ(ト)・チ(ッ)・ツ・ツ・テ・テ}がけや山肌《やまはだ》が、切ったように鋭くそびえ立つ。「―・った岩山」

**ぎりだて【義理立て】**（名・自スル）無理をしても義理をつくすこと。「世話になった人に―する」

**きりつ【起立】**（名・自スル）立ちあがること。立つこと。「―して発言する」

**きりつ【規律】**（名）社会や集団の中で、人の行動のよりどころとして決められたもの。おきて。また、一定の秩序《ちつじょ》。「―を守る」「―ある生活」

**きりづま【切り妻】**（名）屋根の形式の一つ。棟《むね》を境として、本を半分

（きりづま）

開いて下に向けたような形に作ったもの。

**きりつ・める**【切り詰める】（他下一）{メ・メ・メル・メル・メレ・メロ(メヨ)} ❶切って短くする。「洋服のすそを―」 ❷支出をおさえて節約する。「家計を―」

**きりど**【切り戸】（名）大きいとびらや戸などに作った、小さな戸。くぐり戸。

**きりどおし**【切り通し】（名）山やおかなどを切り開いて作った道路。きりとおし。

**きりぬき**【切り抜き】（名）部分を切って抜き取ること。または、切り抜いたもの。「新聞の―」

**きりぬ・ける**【切り抜ける】（他下一）{ケ・ケ・ケル・ケル・ケレ・ケロ(ケヨ)} あぶない状況《じょうきょう》や苦しい立場から、苦労してやっと抜け出る。「ピンチを―」

**キリバス**〔Kiribati〕［地名］太平洋、ミクロネシア東部の諸島群からなる共和国。首都はタラワ。

**きりはな・す**【切り離す・切り放す】（他五）{サ(ソ)・シ・ス・ス・セ・セ} つながっているものを切ってはなす。べつべつにする。「車両を―」「二つの問題を―・して考える」

**きりばり**【切り張り・切り貼り】（名・他スル） ❶破れたところを切り取って、新しいものをはること。「障子《しょうじ》の―」 ❷切り抜《ぬ》いて、それをほかにはりつけること。「―した原稿《げんこう》」

**きりひとは**…［俳句］

〔桐一葉 日《ひ》当《あた》りながら 落《お》ちにけり〕〈高浜虚子《たかはまきょし》〉［訳］大きな桐の葉が一枚明るい日ざしを受けながら、ゆったりと落ちた。しみじみと秋の深まるのを感じることだ。（季語「桐一葉」秋）

**きりひら・く**【切り開く】（他五）{カ(コ)・キ(イ)・ク・ク・ケ・ケ} ❶山をくずしたり荒《あ》れ地などをたがやしたりして、人間が使える土地にする。「山林を―」 ❷敵のかこみなどを破って、逃《に》げ道をつくる。「退路を―」 ❸苦労して自分の進む道をつくる。「運命を―」「新しい分野を―」

**きりふき**【霧吹き】（名）液体を細かい霧のように吹き出すこと。また、その道具。スプレー。

**きりふだ**【切り札】（名）❶トランプで、いちばん強い札。❷とっておきの最も有効な手段。「最後の―」

**きりぼし**【切り干し】（名）大根・さつまいもなどをうす切りや細切りにして日に干した食べ物。「―大根」

**きりまわ・す**【切り回す】（他五）{サ(ソ)・シ・ス・ス・セ・セ} 中心となって物事をてぎわよく処理する。「店を一人で―」

**きりみ**【切り身】（名）さかなの肉を、てごろな大きさに切ったもの。「ぶりの―」

**きりもみ**〖△錐△揉み〗（名・自スル）❶きりを両手でこするように回すこと。❷飛行機が機首を下にして回転しながら降下すること。「―状態で墜落《ついらく》する」

**きりもり**【切り盛り】（名・他スル）うまく物事をさばいて処理すること。やりくり。「家計を―する」

**きりゃく**【機略】（名）その場その場に応じた考えや計画。「自在に―をめぐらす」

**きりゅう**【気流】（名）大気の流れ。「上昇《じょうしょう》―」

**きりゅう**【寄留】（名・自スル）よその家に身を寄せて住むこと。かりずまい。「―先」

**きりゅうさん**【希硫酸】〖△稀硫酸〗（名）〔化〕水を加えてうすめた硫酸。

**きりょ**〖△羈旅〗（名）❶たび。旅行。❷〔文〕和歌・俳句の分け方の一つ。旅をよんだもの。

**きりょう**【器量】（名）❶物事をなしとげる能力。地位にふさわしい力量。「―のある人」❷顔の美しさ。顔だち。「―よし」「不―《ぶきりょう》」

**ぎりょう**【技量】〖技△倆〗（名）物事を行う、うまさや能力。うでまえ。「確かな―」［類］技能

**きりょく**【気力】（名）物事にたちむかっていこうとする精神力。「―にとぼしい」「―を失う」「無―」

**きりりと**（副・自スル）引きしまってゆるみやすきのないようす。「―した顔」

**きりん**〖△騏△驎〗（名）一日に千里を走るという名馬。

**騏驎も老《お》いては駑馬《どば》に劣《おと》る** すぐれた人も、年をとると、その働きや能力がふつうの人より劣ってくることのたとえ。

**きりん**〖△麒△麟〗（名）❶〔動〕キリン科の哺乳《ほにゅう》動物。アフリカの草原や林にすみ、首と足が長く、からだは黄色の地に茶のまだらがある。頭に角《つの》がある。ジラフ。❷中国で、聖人が世に出る前兆として現れるという想像上の動物。

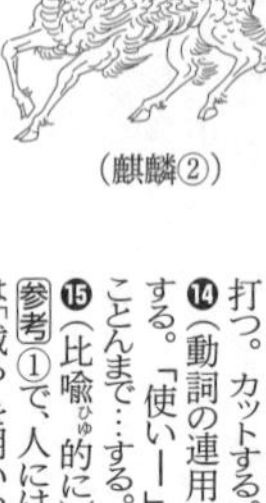

（麒麟②）

**きりんじ**〖△麒△麟児〗（名）才能がひじょうにすぐれた若者。「―のほまれが高い」

**き・る**【切る】（他五）{ラ(ロ)・リ(ッ)・ル・ル・レ・レ} ❶刃物《はもの》などで、物を分けはなす。また、傷つける。「木を―」「髪《かみ》の毛を―」「ナイフで指先を―」「盲腸《もうちょう》を―」 ❷力を加えてひと続きのものを分ける。また、閉じているものなどを開ける。「堰《せき》を―」「封《ふう》を―」 ❸つながりをたつ。関係をなくする。「縁《えん》を―」「悪い仲間と手を―」「スイッチを―」 ❹続いていた物事や動作をやめる。「ことばを―」「電話を―」 ❺日や時・数量について、ここまでと限度を決める。「期限を―」 ❻数量・金額などが一定の限度に達しない。ある基準以下である。「原価を―」「参加者が一〇人を―」「終了まで一時間を―」 ❼ふりはらうなどして、水分を取り去る。「ざるにあげて水を―」 ❽カードなどをよくまぜあわせる。「トランプを―」 ❾水や空気を分けて勢いよく進む。「水を―・っておよぐ」「風を―・って走る」 ❿ことばや態度にはっきり表す。「たんかを―」「しらを―（=知らないふりをする）」「札びらを―」 ⓫まっさきにはじめる。「先頭を―」「口火を―」 ⓬ハンドルやかじを使って方向を変える。「カーブを―」 ⓭テニスや卓球《たっきゅう》などで、ボールをななめにこするように打つ。カットする。 ⓮（動詞の連用形について）㋐…しおわる。すっかり…する。「使い―」㋑きっぱりと…する。「言い―」㋒とことんまで…する。ひじょうに…する。「困り―」 ⓯（比喩《ひゆ》的に）するどく批判《ひはん》する。「常識を―」
［参考］①で、人には「斬る」、木などには「伐る」、布や紙には「截る」を用いることがある。⑮は「斬る」とも書く。

**表現** 断《た》つ・切断する・カットする・断ち切る・かき切る・ちょん切《ぎ》る・ぶった切《ぎ》る ◆すぱりと・すっぱり・ばさりと・ばっさり・ざくりと・ざっくり・ざくざく・ちょきちょき・じょきじょき・ずたずたに

**きる【着る】**（他上一）〔キ・キ・キル・キル・キレ・キロ(キヨ)〕❶衣類などをからだにまとう。身につける。「制服を—」対脱《ぬ》ぐ ❷身に受ける。負う。「罪を—」「恩に—」

**キルギス**〔Kyrgyz〕【地名】中央アジアの南東部にあり、東は中国に接する共和国。首都はビシュケク。

**キルク**（名）→コルク

**キルティング**〔英 quilting〕（名）二枚の布の間にしんや綿を入れ、上からぬったもの。防寒服などに使う。

**ギルド**〔英 guild〕（名）中世ヨーロッパの都市で、同じ仕事の人たちが集まって、自分たちの利益を守るためにつくった組合。

**きれ【切れ】** 一（名）❶切れること。切れ味。「包丁の—がいい」❷ある物を小さく切った一部分。きれはし。「板—」❸反物《たんもの》。布地。きれ地。❹書画などの、古人のかいたもののきれはし。「高野《こうや》—《ぎれ》」❺頭のはたらきやからだの動き、技などの切れぐあい。「—のある動き」二（接尾）うすく切ったものをかぞえることば。「一—のようかん」参考一③は「布」「裂」とも書く。

**きれあじ【切れ味】**（名）刃物《はもの》や技などの切れぐあい。「するどい—」「変化球の—」

**きれい**〖奇麗・△綺麗〗（形動ダ）〔ダロ・ダッ(デ・ニ)・ダ・ナ・ナラ・○〕❶きらびやかで美しいようす。「—な着物」❷ととのっていてここちよい。「—な字」「—な歌声」❸よごれやけがれがない。清潔である。「—な水」❹見事なようす。「技が—にきまる」「—に負ける」❺（「きれいに」の形で）あとかたもないようす。すっかり。「—に忘れる」

**ぎれい【儀礼】**（名）身分や場所がらなどによって行わなければならないきまった礼儀。…的「儀礼的（＝心がこもらず形式的であるようす）なあいさつ」

**きれいごと**〖奇麗事・△綺麗事〗（名）見せかけを整えただけで実質が伴《ともな》わないこと。「—ですませる」

**きれぎれ【切れ切れ】**（名・形動ダ）本来つながっているものが、いくつにも切れていること。「息も—に答える」「—の記憶《きおく》」

**きれじ【切れ字】**（名）〖文〗俳句などで、句の切れ目に使い、調子を整えたり、感動を表現したりすることば。「や」「かな」「けり」など。

**きれつ【亀裂】**（名）❶（かめの甲のもようのような）ひび割れ。また、さけめや割れめ。「壁《かべ》に—が生じる」❷人間関係で生じた、さけめ。「両者の—が深まる」

**きれなが【切れ長】**（名・形動ダ）目じりが細く切れこんでいるようす。「—の目」

**きれはし【切れ端】**（名）物の、切りはなされて残った部分。きれっぱし。「布の—」

**きれめ【切れ目】**（名）❶切れたところ。「雲の—」❷きりのついた所。一区切り。段落。「仕事の—」❸つきるとき。終わり。「かねの—が縁《えん》の—」

**きれもの【切れ者】**（名）頭の働きがするどく、物事を的確に処理できる人。やりて。「彼《かれ》は—だ」

**き・れる【切れる】**（自下一）〔レ・レ・レル・レル・レレ・レロ(レヨ)〕❶刃物《はもの》で断《た》たれるなどして、物が二つ以上の部分に分かれる。また、傷がつく。「ひもが—」「口の中が—」❷くずれる。「堤防《ていぼう》が—」❸関係がなくなる。とだえる。「縁《えん》が—」「電話が—」❹すっかり終わる。なくなる。「期限が—」「油が—」❺続いていたものが終わりになる。続いているものにすきまができる。「車の流れが—」「雲が—」❻刃物の切れ味がすぐれている。「よく—ナイフ」❼頭の働きがすぐれている。「頭が—人」❽方向がそれる。「ボールが右に—」❾ある数値以下になる。❿《俗語》怒《いか》りなどの感情がおさえられなくなる。⓫（動詞の連用形について）完全に…できる。…しとおすことができる。「持ち—・れないほどの荷物」「あきらめ—・れない」

**きろ【岐路】**（名）わかれ道。ふたまた道。「—に立つ（＝どちらかを選ばなければならない立場に置かれる）」

**きろ【帰路】**（名）帰りみち。「—につく」

**キロ**〔フランス kilo〕（名）❶メートル法で、基本単位の一〇〇〇倍の意味を表すことば。❷「キロメートル」「キログラム」などの略。

**きろく【記録】**（名・他スル）❶のちのために書きとめること。また、書きとめたもの。「—に残す」「—映画」❷競技などの成績・結果。特に、最高のものをいう。レコード。「新—」…的「記録的な豪雨《ごうう》」

**キログラム**〔フランス kilogramme〕（名）メートル法で、重さの単位。一《グラム》の一〇〇〇倍。記号 kg

**ギロチン**〔フランス guillotine〕（名）死刑《しけい》を行うときの首を切る台。断頭台。「—にかける」

**キロメートル**〔フランス kilomètre〕（名）メートル法で、長さの単位。一《メートル》の一〇〇〇倍。記号 km

**キロリットル**〔フランス kilolitre〕（名）メートル法で、容積の単位。一《リットル》の一〇〇〇倍。記号 kl

**キロワット**〔英 kilowatt〕（名）電力の単位。一《ワット》の一〇〇〇倍。記号 kW

**キロワットじ【キロワット時】**（名）〖物〗電力量の単位。一キロワットの電力で、一時間にする仕事の量。記号 kWh ▽キロワットは、英 kilowatt

**ぎろん【議論】**（名・自他スル）ある問題について、それぞれ考えを出して話し合うこと。また、その内容。「—をたたかわす」「—をつくす」「友人と—する」

**きわ【際】**（名）❶ごく近い所。すぐそば。また、物のふち。「橋の—」❷ぎりぎりの時・場合。「いまわの—（＝臨終のとき）」

**-ぎわ【際】**（接尾）❶…のそば。…のところ。「窓—」「壁《かべ》—」❷…しようとするとき。「帰り—」

**ぎわく【疑惑】**（名）ほんとうかどうか、不正があるのではないか、などとうたがわしく思うこと。うたがい。また、その気持ち。「—をいだく」「—が晴れる」

**きわだ・つ【際立つ】**（自五）〔タ(ト)・チ(ッ)・ツ・ツ・テ・テ〕ひじょうによく目だつ。「—・った特徴《とくちょう》」

**きわど・い**〖際どい〗（形）〔カロ・カッ(ク)・イ・イ・ケレ・○〕❶もう少しで悪い状態になってしまうという、ぎりぎりのようす。あぶない。「—ところで助かる」「—芸当」❷もう少しで下品・みだらになりかねない。「—話」

**きわまりな・い【窮まりない・極まりない】**（形）〔カロ・カッ(ク)・イ・イ・ケレ・○〕この上ない。はなはだしい。また、限りがない。「無礼—」

**きわま・る【窮まる・極まる】**（自五）〔ラ(ロ)・リ(ッ)・ル・ル・レ・レ〕❶どうしようもないほどに行きづまる。「進退―」❷これ以上にはならないという極限の状態までゆく。限度まで行き着く。「失礼―話だ」

> **学習 使い分け**「窮まる」「極まる」
> **窮まる** それ以上先に進めない、行きづまって動きがとれない意。「進退窮まる」「窮まるところがない」
> **極まる** 最終・最上の限度まで行きつく意。「丁重《ていちょう》**極まる**挨拶《あいさつ》」「不愉快《ふゆかい》**極まる**態度」「感**極まる**」

**きわみ【極み】**（名）もうこれ以上ないこと。かぎり。はて。「ぜいたくの―をつくす」

**きわめつき【極め付き】**（名・形動ダ）❶書画・骨董《こっとう》品などに確かなものであるという「きわめ書き（＝鑑定《かんてい》書）」のついていること。「―の書画」❷世間にすぐれたものとして評価されているもの。出所・品質などの確かなもの。「―の品」「彼《かれ》の芸は―だ」

**きわめて【極めて】**（副）ひじょうに。この上なく。「―重要な問題」

**きわ・める【究める】**（他下一）〔メ・メ・メル・メル・メレ・メロ(メヨ)〕深く研究する。本質をつかむ。「学問の道を―」⇩きわめる（極める）「学習」

**きわ・める【極める・窮める】**（他下一）〔メ・メ・メル・メル・メレ・メロ(メヨ)〕これ以上はないという所まで行きつく。この上なくはなはだしい状態である。「山頂を―」「困難を―」

> **学習 使い分け**「究める」「極める」
> **究める** 調べたり考えたりして、物事の本質に達する。「真相を**究める**」「その道を**究めた**人」「奥義《おうぎ》を**究める**」
> **極める** それ以上はないという所・状態まで行きつく。「多忙《たぼう》を**極める**」「記述は詳細《しょうさい》を**極めている**」「口を**極めて**ほめる」
> ◆「窮める」はあまり用いないが、「真理を窮める」「学を窮める」のような使い方もある。

**きわもの【際物】**（名）❶ある時季のまぎわにだけ売り出されるもの。門松《かどまつ》や三月のひな人形など。❷一時的な流行や話題の事件などをとり入れて売り出す品物や小説など。「―のドラマ」

**きわやか【際やか】**（形動ダ）〔ダロ・ダッ(デ・ニ)・ダ・ナ・ナラ・○〕はっきりと目だつようす。人目をひくようす。「―に見える山々」

**きをつけ【気を付け】**直立不動の姿勢をとらせるための号令。また、その姿勢。

**きん【巾】** 3画 巾0 音キン
❶ぬのきれ。◆巾着 ◆雑巾《ぞうきん》・茶巾《ちゃきん》・布巾。❷おおうもの。かぶるもの。◆頭巾《ずきん》

**きん【今】**→こん（今）

**きん【斤】** 4画 斤0 音キン
❶おの。❷重さの単位。◆斤量

**きん【斤】**（名）尺貫法《しゃっかんほう》の重さの単位。一斤は一六〇匁《もんめ》（＝約六〇〇《グラム》）。

**きん【均】** 7画 土4 小5 音キン
ひとしい。たいらにする。◆均一・均衡《きんこう》・均質・均整・均等・均分 ◆平均

**きん【近】** 7画 辶4 小2 音キン 訓ちかい
❶ちかい。みぢか。時間や距離《きょり》が短い。◆近海・近況《きんきょう》・近代・近来・近隣《きんりん》・近県・近郊《きんこう》・近在・近視・近似・近日・近所・近辺・卑近《ひきん》・付近。対遠。◆遠近・最近・至近・親近・側近 ❷ちかづく。◆接近

**きん【金】** 8画 金0 小1 音キン・コン 訓かね・かな
❶こがね。きん。◆金貨・金塊《きんかい》・金銀 ◆黄金《おうごん》・純金。❷金・銀・銅などの鉱物、金属の総称《そうしょう》。◆金属 ◆合金・板金《ばんきん》・冶金《やきん》。❸こがね色。◆金魚・金色《きんいろ・こんじき》。❹貨幣《かへい》。おかね。◆金額・金庫・金銭・金品・金融《きんゆう》・金利 ◆献金《けんきん》・現金・資金・借金・賞金・税金・代金・貯金・賃金・年金・募金《ぼきん》・料金。❺とうとい。ねうちがある。◆金科玉条・金言。❻七曜の一つ。「金曜日」の略。参考「かな」の訓は「金物《かなもの》」「金具《かなぐ》」「金縛《かなしば》り」などのことばに使われる特殊《とくしゅ》な読み方。

**きん【金】**（名）❶《化》金属元素の一つ。黄色の光沢《こうたく》がある。こがね。元素記号 Au「―の指輪」❷（比喩《ひゆ》的に）貴重なもの。「沈黙《ちんもく》は―」「―の卵」❸こがね色。金色。❹おかね。「―一封《いっぷう》」❺金額を示すときに数の上につけることば。「―五万円也《なり》」❻将棋《しょうぎ》のこまの「金将」の略。

**きん【菌】** 11画 艹8 音キン
❶きのこ。かび。◆菌類。❷さいきん。バクテリア。◆細菌・殺菌・赤痢《せきり》菌・乳酸菌・保菌

**きん【菌】**（名）発酵《はっこう》・腐敗《ふはい》・病気などの原因となる単細胞《たんさいぼう》の微生物《びせいぶつ》。細菌。

**きん【勤】** 12画 力10 小6 〔勤〕 音キン・ゴン 高 訓つとめる・つとまる
❶力をつくして働く。せいをだす。◆勤王《きんのう》・勤勉・勤労 ◆精勤・忠勤。❷仕事に従事する。つとめ。◆勤続・勤務 ◆皆勤《かいきん》・欠勤・出勤・通勤・転勤・夜勤。参考「ゴン」の音は「勤行《ごんぎょう》」などのことばに使われる特殊《とくしゅ》な読み方。⇩付録「漢字の筆順(39)堇」

**きん【琴】** 12画 王8 音キン 訓こと
こと。弦楽器《げんがっき》の一つ。◆琴線 ◆提琴《ていきん》 ⇩付録「漢字の筆順(2)王〔王〕」

**きん【筋】** 12画 竹6 小6 音キン 訓すじ

❶からだの肉の中を通っていて、骨について運動をつかさどるすじ。◆筋骨・筋肉 ◆括約《かつやく》筋・腹筋。❷物の内部で中心となるすじ状のもの。◆鉄筋

**きん【僅】** 13画 亻11 音キン 訓わずか
わずか。少し。◆僅僅《きんきん》・僅差・僅少

**きん【禁】** 13画 示8 小5 音キン
❶さしとめる。やめさせる。◆禁煙・禁止・禁酒・禁制・禁断・禁欲・禁猟《きんりょう》・禁漁 ◆解禁・厳禁・発禁。❷とじこめる。◆禁固・禁錮《きんこ》 ◆監禁《かんきん》・拘禁《こうきん》・軟禁《なんきん》。❸天子のごてん。◆禁中・禁裏《きんり》

**きん【禁】**（名）禁じられていること。「—を犯《おか》す」

**きん【緊】** 15画 糸9 音キン
❶しめる。ひきしめる。しまる。◆緊縮・緊張・緊密。❷さしせまる。◆緊急・緊迫《きんぱく》・緊要 ◆喫緊《きっきん》 ⇩付録「漢字の筆順⑪巨〔臣〕」

**きん【錦】** 16画 金8 音キン 訓にしき
❶にしき。金銀など、いろいろな糸できれいな模様を織り出した高級な織物。◆錦繡《きんしゅう》。❷色や模様の美しいもの。◆錦秋《きんしゅう》

**きん【謹】** 17画 言10 〔謹〕 音キン 訓つつしむ
うやうやしくする。かしこまる。物事に心をくばる。◆謹賀・謹啓《きんけい》・謹厳・謹慎《きんしん》・謹製・謹聴《きんちょう》・謹呈《きんてい》 ⇩付録「漢字の筆順㊴堇」

**きん【襟】** 18画 衤13 音キン 高 訓えり
❶衣服のえり。◆開襟。❷むね。心の中。◆胸襟

**ぎん【吟】** 7画 口4 音ギン
❶（詩や歌を）うたう。また、つくる。◆吟詠《ぎんえい》・吟唱・吟声 ◆苦吟・高吟・詩吟・独吟・名吟。❷うめく。◆呻吟《しんぎん》

**ぎん【銀】** 14画 金6 小3 音ギン
❶しろがね。ぎん。◆銀貨・銀山・銀箔《ぎんぱく》 ◆金銀・水銀。❷銀のような白い色。◆銀河《ぎんが》・銀世界・銀髪《ぎんぱつ》・銀盤《ぎんばん》・銀幕・銀輪。❸ぜに。おかね。◆銀行 ◆賃銀・路銀

**ぎん【銀】**（名）❶〘化〙金属元素の一つ。白色でつやがある。熱・電気をよく伝える。しろがね。元素記号Ag ❷銀のように輝《かがや》く白い色。「—一面の世界」❸将棋《しょうぎ》のこまの「銀将」の略。

**きんあつ【禁圧】**（名・他スル）権力でおさえつけて禁止すること。「言論を—する」

**きんいつ【均一】**（名・形動ダ）数量・状態・金額などがみな同じであること。「—料金」「一〇〇円—」

**きんいっぷう【金一封】**（名）一包みのおかね。使い方 金額をはっきり言わないで、人に贈《おく》ったり寄付したりするときにいう。

**きんいん【近因】**（名）直接の原因。近い原因。「紛争《ふんそう》の—」対 遠因

**きんえい【近影】**（名）最近とった人物写真。「著者—」

**ぎんえい【吟詠】**（名・他スル）❶節をつけて詩や歌をうたうこと。類 朗詠。❷詩や歌を作ること。また、その詩歌《しいか》。

**きんえん【近縁】**（名）❶血縁の近いこと。また、その人。❷生物学的に近い関係にあること。「—種」

**きんえん【禁煙】** 一（名）たばこを吸うことを禁じること。「—車」 二（名・自スル）たばこを吸う習慣をやめること。「健康のために—する」

**きんか【近火】**（名）近所であった火事。「—見舞《みまい》」

**きんか【金貨】**（名）金をおもな成分とした貨幣《かへい》。

**きんが【謹賀】**（名）つつしんでよろこびを申しあげること。「—新年」使い方 年賀状のあいさつなどに使う。

**ぎんか【銀貨】**（名）銀をおもな成分とした貨幣《かへい》。

**ぎんが【銀河】**（名）澄《す》んだ夜空に白い帯のように見える星の集まり。あまのがわ。

**きんかい【近海】**（名）陸地に近い海。「—漁業」対 遠海・遠洋

**きんかい【金塊】**（名）金のかたまり。

**きんかいわかしゅう【金槐和歌集】**〔作品名〕源実朝《みなもとのさねとも》の歌集。一二一三（建暦《けんりゃく》三）年ごろ成立。七〇〇余首。万葉《まんよう》調の佳作《かさく》が多い。鎌倉《かまくら》右大臣家集。

**きんかぎょくじょう【金科玉条】**（名）守らなければならないたいせつなきまり。「父の教えを—とする」

**きんがく【金額】**（名）金銭の量で表された値《あたい》。かねだか。「—の合計」

**ぎんがけい【銀河系】**（名）〘天〙太陽系をふくむ多くの恒星《こうせい》・星雲などの集まり。

**ギンガム**〔英 gingham〕（名）格子縞《こうしじま》模様の平織りの木綿《もめん》の布。

**きんかん【近刊】**（名）近いうちに出版されること。最近出版されたこと。また、その本。「—の図書」

**きんかん【金冠】**（名）❶金で作ったかんむり。❷歯にかぶせる金製のおおい。

**きんかん【金△柑】**（名）〘植〙ミカン科の常緑低木。夏、白く小さい、よいかおりの花が咲《さ》く。実は黄色く小さな卵形で、食用になる。

**きんがん【近眼】**（名）❶遠いものがはっきり見えない目。近視。「—鏡」❷目先のことしかわからないこと。また、その人。

**きんかんがっき【金管楽器】**（名）〘音〙金属製の管楽器。トロンボーン・トランペットなど。金管。⇩もっかんがっき

**きんかんしょく【金環食】**〘金環△蝕〙（名）〘天〙日食の一つ。月が太陽の中央だけをおおい、まわりが金の輪のようにかがやいて見える現象。

**きんき【禁忌】**（名）宗教上、または社会のならわしとして、あることがら・行為《こうい》・言語などを忌《い》みはばかって禁じること。また、そのもの。タブー。「―をおかす」

**きんきじゃくやく**〖△欣喜△雀躍〗（名・自スル）こおどりして喜ぶこと。「合格の報に―する」

**きんきちほう**〔近畿地方〕［地名］本州の中西部にあり、京都・大阪の二府と、兵庫・和歌山・奈良・三重・滋賀の五県からなる地方。

**きんきゅう【緊急】**（名・形動ダ）重大で、急いで対応しなければならないこと。「―事態」「―を要する」

**きんぎょ【金魚】**（名）〘動〙コイ科の淡水魚《たんすいぎょ》。観賞用につくられたふなの変種。品種が多い。

**きんきょう【近況】**（名）近ごろのようす。「―を報告する」類近状

**きんぎょも【金魚藻】**（名）〘植〙アリノトウグサ科の多年生の水草。池や沼《ぬま》に生え、茎《くき》は一《メートル》にもなる。葉は細かく羽状にさける。金魚鉢《ばち》に入れる。

**きんきょり【近距離】**（名）近いみちのり。「―列車」「―の移動」対遠距離

**きんきん【近近】**（副）近いうちに。ちかぢか。「―クラス会を開く」

**きんきん【僅僅】**（副）わずかに。たった。ほんの少し。「参加者は―三名にすぎない」

**きんぎん【金銀】**（名）金と銀。また、財宝。

**きんく【禁句】**（名）❶和歌・俳句などで使うことをさけることば。❷時・場所・相手などによって、言ってはならないことば。「彼《かれ》の前でそのことばは―だ」

**キング**〔英 king〕（名）❶王。対クイーン。❷トランプで、王の絵のついたふだ。「ハートの―」

**キングサイズ**〔英 king-size〕（名）とびぬけて大きい型。特大型。「―のベッド」

**きんけい【近景】**（名）❶近くの景色。❷絵や写真などの手前にある景色。（対遠景）

**きんけい【謹啓】**（名）手紙のはじめに書くことば。「つつしんで申しあげます」の意。「―陽春の候」注意結びには「敬白」などを使う。

**きんけつ【金欠】**（名）〘俗語〙お金がなく困っていること。「―病」

**きんけん【金券】**（名）❶金貨と交換《こうかん》できる紙幣《しへい》。❷特定の範囲《はんい》内で、金銭の代わりに通用する券。郵便切手、商品券など。「―ショップ」

**きんけん【金権】**（名）金銭をたくさん持っていることによってふるうことのできる力。「―政治」

**きんけん【勤倹】**（名）よく働き、倹約すること。「―貯蓄《ちょちく》」

**きんげん【金言】**（名）人生の真理などを言い表した、手本とすべきことば。類格言・箴言《しんげん》。⇒めいげん（名言）「学習」

**きんげん【謹言】**（名）手紙の最後に付ける結びのことば。参考「つつしんで申し上げます」の意味で、宛先《あてさき》の人に敬意を表すことば。

**きんげん【謹厳】**（名・形動ダ）つつしみ深くまじめで、軽々しい行いをしないこと。「―実直」

**きんこ【近古】**（名）❶それほど古くないむかし。❷〘歴〙時代区分の一つ。中古と近世の間。日本史では鎌倉《かまくら》・室町《むろまち》時代。

**きんこ【金庫】**（名）❶おかねや大事な物などを入れておく、鉄などで作った入れ物。❷特定の限られた範囲《はんい》の金融《きんゆう》をとりあつかう機関。「信用―」

**きんこ【禁錮・禁固】**（名・他スル）❶一室にとじこめて外へ出さないこと。❷〘法〙受刑者《じゅけいしゃ》を刑務所に入れるだけで労働させない刑。「―刑」類懲役《ちょうえき》

**きんこう【近郊】**（名）都市の近くの地。郊外一帯の地域。「東京―に住む」「―農業」

**きんこう【均衡】**（名・自スル）つり合いがとれていること。バランス。「―をたもつ」「不―」

**きんこう【金鉱】**（名）❶金をふくんでいる鉱石。金鉱石。❷金の鉱脈。金をほりだす鉱山。類金山

**きんごう【近郷】**（名）都市の近くの村里。類近在

**ぎんこう【吟行】**（名・自スル）和歌や俳句を作るために郊外《こうがい》や名所旧跡《きゅうせき》に出かけること。

**ぎんこう【銀行】**（名）❶多くの人からおかねを預かり、それを人や会社に利子をとって貸すことを仕事とする金融機関《きんゆうきかん》。「―員」❷必要なものをたくわえて供給する組織。「血液―」

**きんこく【謹告】**（名・他スル）つつしんで知らせること。使い方商店・会社などで、客に知らせる文章などのはじめに用いる語。

**きんこつ【筋骨】**（名）筋肉とほね。からだつき。「―たくましい男性」「―隆々《りゅうりゅう》（＝体格のよいさま）」

**きんこんしき【金婚式】**（名）夫婦が結婚して五〇年目に行う祝いの式。

**ぎんこんしき【銀婚式】**（名）夫婦が結婚して二五年目に行う祝いの式。

**きんさ【僅差】**（名）ほんのわずかの差。「―で勝つ」

**きんざ【金座】**（名）江戸《えど》時代、幕府が金貨を造った所。

**ぎんざ【銀座】**（名）❶江戸《えど》時代、幕府が銀貨を造った所。❷［地名］（もと①が置かれたことから）東京都中央区内の繁華街《はんかがい》。❸地名の下につけて、その土地のにぎやかな所の意を表すことば。

**きんざい【近在】**（名）都市の近くの村里。「―の農家」類近郷《きんごう》

**きんさく【金策】**（名・自スル）借金するなど、苦心して必要なおかねをそろえること。「―にかけ回る」

**きんざん【金山】**（名）金をほりとる鉱山。類金鉱

**きんし【近視】**（名）物体の像が網膜《もうまく》の前方に結ばれるため、遠くのほうがよく見えないこと。ちかめ。近眼。「軽度の―」対遠視

**きんし【金糸】**（名）金の糸。金箔《きんぱく》をぬった薄紙《うすがみ》を細く切り、糸によったもの。

**きんし【菌糸】**（名）菌類のからだを構成している細い糸状の細胞《さいぼう》。または細胞列。「きのこの―」

**きんし【禁止】**（名・他スル）規則などによって、あることをしてはいけないとさしとめること。「立ち入り―」

**きんじ【近似】**（名・自スル）基準となるものとほとんど違《ちが》わないこと。「―値」

**ぎんし【銀糸】**（名）銀の糸。銀箔《ぎんぱく》をぬった薄紙《うすがみ》を細く切り、糸によったもの。

**きんじえない【禁じ得ない】**おさえることができな

い。「なみだを—」「彼《かれ》に対して同情を—」

**きんしがんてき【近視眼的】**（形動ダ）{ダロ・ダッ(デ)・ニ・ダ・ナ・ナラ・〇}目先のことにとらわれ、将来や全体の見通し・判断がつかないようす。「—な考え方」

**きんジストロフィー【筋ジストロフィー】**（名）〘医〙筋肉の病気の一つ。骨格筋の進行性萎縮《いしゅく》と筋力低下が特徴《とくちょう》。厚生労働省により難病に指定されている。進行性筋ジストロフィー。▽ジストロフィーは、英 dystrophy

**きんじち【近似値】**（名）〘数〙真の値《あたい》が得られないとき、計算して出した真の値に近い値。

**きんしつ【均質】**（名・形動ダ）一つの物のどの部分も、また、同類のどの物体も性質・状態が同じであること。「—な製品」⋯化「均質化をはかる」類等質

**きんしつ【琴△瑟】**（名）ふつうの琴《こと》と大型の琴。

**琴瑟相《あい》和《わ》す**　二つの琴がよくひびき合うように、夫婦の仲がよいことのたとえ。

**きんじつ【近日】**（名）近いうち。ちかぢか。「—中にうかがいます」

**きんじつてん【近日点】**（名）〘天〙太陽を中心に回る天体が太陽に最も近くなる位置。対遠日点

**きんじて【禁じ手】**（名）すもうや碁《ご》・将棋《しょうぎ》などで、使ってはいけないとされている技や手。これを用いると反則となり、勝負は負けになる。

**きんじとう【金字塔】**（名）❶（「金」の字の形をした塔の意から）ピラミッド。❷のちの世に残るような偉大《いだい》な業績。「—をうちたてる」

**きんしゅ【筋腫】**（名）〘医〙筋肉にできる腫瘍《しゅよう》。子宮《しきゅう》筋腫など。

**きんしゅ【禁酒】**■一（名）酒を飲むことを禁じること。「—法」■二（名・自スル）酒を飲む習慣をやめること。「—を誓《ちか》う」

**きんしゅう【錦秋】**（名）紅葉が美しい錦《にしき》のように色づいた秋。「—の候」

**きんしゅう【錦△繡】**（名）❶きれいな色糸や金銀の糸ではなやかな美しい模様を織り出した織物。❷美しい衣服や織物。❸美しい字句の詩文のたとえ。❹美しい花やもみじのたとえ。

**きんじゅう【△禽獣】**（名）鳥とけもの。比喩《ひゆ》的に、道理や恩義を知らない人。「—にも劣《おと》る」

**きんしゅく【緊縮】**（名・自他スル）❶ひきしまること。また、ひきしめること。❷おかねの使い方をひきしめて節約すること。「—財政」「予算を—する」

**きんじょ【近所】**（名）近い所。特に、自分の家の近く。「隣《とな》り—」「—づきあい」

**きんしょう【近称】**（名）〘文法〙指示代名詞の一種。話し手が近くの事物・場所・方角などをさすのに用いる。「これ」「ここ」「こちら」など。⇩えんしょう（遠称）・ちゅうしょう（中称）

**きんしょう【僅少】**（名・形動ダ）わずかであること。ほんのすこし。「—の差」「残部—」

**きんじょう【今上】**（名）（「今上天皇」の略）今の天皇。「—陛下《へいか》」

**きんじょう【近状・近情】**（名）最近の状態。近ごろのようす。類近況《きんきょう》

**ぎんじょう【吟醸】**（名）吟味した原料を使って、酒・しょうゆ・味噌《みそ》などをていねいに醸造《じょうぞう》すること。「—酒」

**きんじょうてっぺき【金城鉄壁】**（名）❶ひじょうに守りのかたい城。❷ひじょうにしっかりしていて、つけいるすきがないこと。「—の守り」

**きんじょうとうち【金城湯池】**（名）（堅固《けんご》な城と熱湯をたたえた堀《ほり》の意から）守りがかたく、他から攻《せ》められにくい城や場所。

**きん・じる【禁じる】**（他上一）{ジ・ジ・ジル・ジル・ジレ・ジロ(ジヨ)}あることをしてはいけないとさしとめる。「飲酒を—」

**ぎん・じる【吟じる】**（他上一）{ジ・ジ・ジル・ジル・ジレ・ジロ(ジヨ)}❶詩や歌などを、声を出し節をつけて歌う。「漢詩を—」❷詩歌《しいか》をつくる。

**きんしん【近親】**（名）血筋の近い親類。「—者」

**きんしん【謹慎】**（名・自スル）❶失敗や悪い行いを反省するため、行動をつつしむこと。「—の意を表する」「不—」❷罰《ばつ》として、一定期間、登校・出勤を禁じること。「—処分」「自宅—」

**きんす【金子】**（名）金銭。貨幣《かへい》。

**きん・ずる【禁ずる】**（他サ変）{ジ(ゼ)・ジ・ズル・ズル・ズレ・ジロ(ゼヨ)}⇩きんじる

**ぎん・ずる【吟ずる】**（他サ変）{ジ(ゼ)・ジ・ズル・ズル・ズレ・ジロ(ゼヨ)}⇩ぎんじる

**きんせい【近世】**（名）〘歴〙時代区分の一つで、中世と近代の間。日本史では一般《いっぱん》に安土桃山《あづちももやま》時代・江戸《えど》時代。西洋史ではルネサンス以降。

**きんせい【均整・均斉】**（名）全体から見て、つり合いがとれて整っていること。「—のとれたからだ」

**きんせい【金星】**（名）〘天〙太陽系の惑星《わくせい》の一つ。太陽に二番目に近い惑星。宵《よい》の明星《みょうじょう》・明けの明星というのはこの星のこと。注意「きんぼし」と読むと別の意味になる。

**きんせい【禁制】**（名・他スル）ある行いをさしとめること。また、そのきまり。「女人《にょにん》—（=女性がはいることを禁じること）」参考「きんぜい」とも読む。

**きんせい【謹製】**（名・他スル）まごころをこめて作ること。また、その品物。「当店—の品」

**きんせいひん【禁制品】**（名）法律で売買や輸出入を禁じられた品。

**ぎんせかい【銀世界】**（名）見わたすかぎりのまっ白な雪げしきを表すことば。「一面の—」

**きんせき【金石】**（名）❶金属と岩石。また、金属器と石器。❷ひじょうにかたいこと。「—の交わり」

**きんせきぶん【金石文】**（名）金属器・石碑《せきひ》・かわらなどに刻みしるされた古代の文字や記録。

**きんせつ【近接】**（名・自スル）❶近くにあること。「—した家」❷近よること。接近。「敵に—する」

**きんせん【金銭】**（名）おかね。ぜに。「多額の—を支払《しはら》う」「—感覚に欠ける」「—がらみのもめ事」⋯的「金銭的な問題」

**きんせん【琴線】**（名）（琴《こと》の糸の意から）心の奥《おく》にある感じやすい心情。感動し共鳴する心の動き。「—に触《ふ》れる（=感銘《かんめい》を受ける）」

**きんぜん【△欣然】**（トタル）喜んで物事を行うようす。「—と参加する」

**きんせんか**『金▵盞花』(名)〘植〙キク科の一年草、または越年草。四季咲《ざ》きで、黄・だいだい・濃《こ》いだいだい色の花が咲く。

(きんせんか)

**きんせんずく**【金銭ずく】(名) 物事をすべておかねでかたづけようとするやり方。「―の考え方」

**きんそく**【禁足】(名・他スル) 一定の場所にとどめておき、外出を禁じること。「―令」「―を解く」

**きんぞく**【金属】(名) 金・銀・銅・鉄などの金属元素、また、それらの合金の総称《そうしょう》。電気・熱をよく伝え、加工しやすくじょうぶなので、生活用品の原料として活用される。「―製品」「軽―」「貴―」「非―」

**きんぞく**【勤続】(名・自スル) 同じ職場につとめ続けること。「永年―」

**きんだ**【勤惰】(名) はげむことと、なまけること。また、出勤と欠勤の状態。

**きんだい**【近代】(名) ❶現代に近い年代。❷〘歴〙時代区分の一つ。日本史では明治維新《いしん》から第二次大戦の終結まで。…化「農業を近代化する」

**きんだいごしゅきょうぎ**【近代五種競技】(名) 馬術・フェンシング・射撃《しゃげき》・水泳・陸上の五種目を一人の選手が行い、総合得点を競う競技。

**きんたいしゅつ**【禁帯出】(名) 図書館などで、備えつけてある物の持ち出しを禁じること。また、その文言。帯出禁止。

**きんだいてき**【近代的】(形動ダ)〔ダロ・ダッ(デ・ニ)・ダ・ナ・ナラ・○〕最近の新しい時代を感じさせるようす。「―な建物」

**きんだか**【金高】(名) おかねの数量。金額。「合計の―をしるす」

**きんだち**『◇公◇達』(名) むかしの、上流貴族の子弟。「平家の―」文法「きみたち」の音便。

**きんたろう**【金太郎】(名) ❶平安時代の伝説の武士、坂田金時《さかたのきんとき》の幼名。⇩きんとき①。❷子どもの腹がけの一種。

**きんたろうあめ**【金太郎あめ】『金太郎▵飴』(名) どこを切っても断面に金太郎の顔の模様が現れるように作った棒状のあめ。転じて、画一的で代わりばえのしないこと。

**きんだん**【禁断】(名・他スル) してはいけないと強くとめること。「殺生《せっしょう》―の地」

禁断の木《こ》の実《み》 かたく禁じられてはいるが強く誘惑《ゆうわく》を感じる快楽や行為《こうい》。

**きんだんしょうじょう**【禁断症状】(名) アルコールや麻薬《まやく》などの中毒患者《ちゅうどくかんじゃ》が、それを断《た》ったときに起こす苦痛の症状。

**きんちさん**【禁治産】(名)〘法〙精神上の障害などで、財産管理のできない人に、世話人をつけて財産の世話をさせた制度。現在は成年後見制度に改正。

**きんちゃく**【巾着】(名) 口をくくるひものついた、布・革《かわ》などのふくろ。むかし、おかねなどを入れて腰《こし》にさげた。「―切り(=すり)」

(きんちゃく)

**きんちゅう**【禁中】(名) 宮中。皇居。

**きんちょう**【緊張】(名・自スル) ❶神経が張りつめ態度がひきしまること。張り切ってゆるみのないこと。「―した顔つき」対弛緩《しかん》。❷仲が悪くなっていまにも争いがおこりそうな状態。「二国間の―関係」

**きんちょう**【謹聴】(名・他スル) つつしんで聞くこと。まじめに注意深く聞くこと。「講話を―する」

**きんちょく**【謹直】(名・形動ダ) つつしみ深く正直なこと。謹厳実直。「―な人」

**きんつば**『金▵鍔』(名) ❶金や金色の金属でできた刀のつば。❷水でこねた小麦粉であんをうすく包み、刀のつばの形に焼いた和菓子《わがし》。

**きんてい**【謹呈】(名・他スル) 作品や物を、人につつしんでさしあげること。「著書を―する」

**きんていけんぽう**『▵欽定憲法』(名)〘法〙君主が制定した憲法。大日本帝国《ていこく》憲法はその例。

**きんてき**【金的】(名) ❶三《センチメートル》四方くらいの金紙の中央に、直径一《センチメートル》くらいの丸を書いた弓のまと。❷あこがれながら、なかなか手に入れられない大きな目標。「―を射止《いと》める」

**きんでんぎょくろう**【金殿玉楼】(名) 黄金や宝石をちりばめたような、美しくりっぱなご殿《てん》。

**きんとう**【均等】(名・形動ダ) ひとしいこと。差がないこと。平等。「―に配分する」…化「機会の均等化」

**きんとう**〔近東〕〔地名〕ヨーロッパから見て近くの東方地域。ふつう、トルコ、アラビア半島の地中海側などをさす。「中―(=中東と近東)」

**きんとき**【金時】(名) ❶〔人名〕平安時代の伝説的な武士、坂田金時《さかたのきんとき》。源頼光《みなもとのよりみつ》の四天王《してんのう》(すぐれた四人の弟子《でし》)の一人。幼名は金太郎。❷「金時豆(=いんげん豆の一種)」「金時芋《いも》(=さつまいもの一品種)」の略。

**きんとん**『金団』(名) さつまいも・白いんげん豆などをゆでて、つぶして裏ごしにし、砂糖で煮《に》つめ、くりなどをまぜた食品。「くり―」

**ぎんなん**『銀▵杏』(名)〘植〙いちょうの実。食用。

**きんにく**【筋肉】(名) 動物のからだを形成し、収縮することによって、からだの運動をつかさどる組織または器官。「―をきたえる」「―質のからだ」

**きんねん**【近年】(名) この二、三年。最近の数年間。「―まれな大雪」

**きんのう**【勤王・勤皇】(名) 天皇に忠義をつくすこと。特に、江戸《えど》時代末期、幕府を倒《たお》し朝廷《ちょうてい》中心の政権をつくろうとした思想。「―の志士」対佐幕《さばく》

**きんば**【金歯】(名) 金のおおいをかぶせた歯。

**きんぱぎんぱ**【金波銀波】(名) 日光や月光などが映って、金色や銀色にかがやいて見える波。

**きんぱく**『金▵箔』(名) 金をたたいて、紙のようにうすくのばしたもの。「―をはる」

**きんぱく**【緊迫】(名・自スル) 情勢がさしせまって、油断できないこと。「―感」「―した国際情勢」

**ぎんぱく**『銀▵箔』(名) 銀をたたいて、紙のようにうすくのばしたもの。

**きんぱつ【金髪】**（名）金色の髪《かみ》の毛。ブロンド。

**ぎんぱつ【銀髪】**（名）銀色の髪《かみ》の毛。白髪《はくはつ》。「―の紳士《しんし》」

**ぎんばん【銀盤】**（名）スケートリンクの氷の面。「―の女王」

**きんぴ【金肥】**（名）おかねをはらって買い入れる肥料。化学肥料など。

**きんぴか【金ぴか】**（名・形動ダ）金色に輝《かがや》いていること。参考はでで安っぽい物の形容にも使われる。

**きんぴらごぼう**（名）ごぼうを細く切っていため、しょうゆ・砂糖・唐辛子《とうがらし》などで味付けした料理。きんぴら。参考ごぼうがかたく辛《から》いことを、浄瑠璃《じょうるり》に登場する架空《かくう》の人物、坂田金平《さかたのきんぴら》（金時《きんとき》の子）の強さになぞらえたもの。

**きんぴん【金品】**（名）おかねと品物。「―の授受」

**きんぶち【金縁】**（名）ふちが金、または金色のもの。「―めがね」

**きんぷら【金ぷら】**〖金△麩羅〗（名）そば粉に卵の黄身を加えたころもであげたてんぷら。

**きんぶん【均分】**（名・他スル）等しい量に分けること。等分。「利益を―する」

**きんぷん【金粉】**（名）金または金色の金属の粉。まき絵などに使う。

**きんぶんそうぞく【均分相続】**（名）〔法〕複数の相続人が、遺産を同じ割合に分けて相続すること。

**きんべん【勤勉】**（名・形動ダ）いっしょうけんめいに仕事や勉強をすること。「―な学生」対怠惰《たいだ》

**きんぺん【近辺】**（名）その場所に近いあたり。近所。付近。「家の―」

**きんぼう【近傍】**（名）近くのあたり。近辺。近所。「―の村」

**きんぽうげ**〖金△鳳◇花〗（名）〔植〕キンポウゲ科の多年草。山野に自生する。葉はてのひらに似た形で、四月から六月にかけて黄色い花が咲《さ》く。有毒。うまのあしがた。

（きんぽうげ）

**きんぼし【金星】**（名）❶すもうで、平幕《ひらまく》の力士が横綱《よこづな》に勝つこと。「―をあげる」❷ずばぬけて大きなてがら。殊勲《しゅくん》。「犯人逮捕《たいほ》の大―をあげる」注意「きんせい」と読むと、星の名称《めいしょう》になる。

**きんほんいせい【金本位制】**（名）〔経〕貨幣《かへい》のねうちを一定量の金により決める制度。金本位制度。

**ぎんまく【銀幕】**（名）映画をうつす幕。スクリーン。転じて、映画。映画界。「―の女王」

**きんまんか【金満家】**（名）大金持ち。財産家。富豪《ふごう》。「この地方で一番の―」

**ぎんみ【吟味】**（名・他スル）❶物事のよしあしなどを、ていねいに細かく調べること。「品質を―する」❷罪のあるなしを調べること。「罪科を―する」

**きんみつ【緊密】**（形動ダ）〔ダロ・ダッ（デ・ニ）・ダ・ナ・ナラ・○〕物事がしっかりと結びついているようす。「―に連絡《れんらく》をとる」

**きんみゃく【金脈】**（名）❶金の鉱脈《こうみゃく》。❷資金を出してくれる所や人。かねづる。「政治家の人脈と―」

**きんみらい【近未来】**（名）ごく近い未来。「―都市」「―の世界情勢」

**きんむ【勤務】**（名・自スル）会社などに勤めて仕事をすること。また、その仕事。「―時間」

**きんむく【金無垢】**〖金無△垢〗（名）まじりけのない金。純金。

**きんむひょうてい【勤務評定】**（名・他スル）管理する上役が部下の働きぶりを評価・査定すること。

**きんモール【金モール】**（名）❶金糸で編んだ組みひもを使ったかざり。「―の肩章《けんしょう》」❷金糸と絹糸で織った織物。▽モールは、ポルトガル《ポルトガル》 mogol

**きんもくせい**〖金木△犀〗（名）〔植〕モクセイ科の常緑小高木。秋、かおりのよい黄赤色の小さな花が咲《さ》く。参考葉がぎざぎざで、白色の花が咲く「ぎんもくせい」もある。

**きんもつ【禁物】**（名）してはいけないこと。注意して避《さ》けるべきもの。「油断は―だ」

**きんゆ【禁輸】**（名）輸出入を禁じること。「―品」

**きんゆう【金融】**（名・自スル）❶おかねを融通《ゆうずう》すること。「―業」❷資金の需要《じゅよう》と供給に関すること。「―が行きづまる」「―緩和《かんわ》」

**きんゆうきかん【金融機関】**（名）おかねを預かったり貸したりする所。銀行・信用金庫など。

**きんゆうぎょう【金融業】**（名）おかねを貸したり、預かったりする仕事。

**ぎんゆうしじん【吟遊詩人】**（名）中世ヨーロッパで、楽器を演奏しながら自作の詩を歌い聞かせ各地を歩いた詩人音楽家。

**きんよう【金曜】**（名）一週の六番目の日。金曜日。

**きんよう【緊要】**（名・形動ダ）情勢がさしせまっていて、きわめてたいせつなこと。「―な問題」

**きんよく【禁欲】**（名・自スル）したいと思うことやほしいと思う気持ちをおさえて、がまんすること。特に、性的な欲求をおさえること。「―生活」…的「禁欲的な態度」

**ぎんよく【銀翼】**（名）飛行機のつばさ。

**きんらい【近来】**（名・副）このごろ。ちかごろ。「―まれにみる珍事《ちんじ》」

**きんらん【金らん】**〖金△襴〗（名）絹の布の上に、金糸で模様を織ったはなやかな高級織物。「―緞子《どんす》」

**きんり【金利】**（名）❶預金や借りているおかねにつく利子。利息。「―がつく」❷利子の元金に対する割合。「―の引き下げ」

**きんり【禁裏】**（名）（むやみに内部（裏）に入ることを禁ずるという意から）天皇の住居。皇居。御所《ごしょ》。

**きんりょう【禁猟】**（名）法律で鳥やけものをとることを禁じること。「―区」

**きんりょう【禁漁】**（名）法律でさかな・貝・海藻《かいそう》などの水産物をとることを禁じること。「―期」

**きんりょく【筋力】**（名）筋肉の力。

**きんりん【近隣】**（名）となり近所。「―の国々」

**ぎんりん【銀輪】**（名）❶銀色の輪。❷自転車。

**ぎんりん**〖銀△鱗〗（名）銀色のうろこ。転じて、銀色にかがやいてみえる魚のこと。「―のおどる谷川」

**きんるい【菌類】**（名）かび・きのこなどの総称《そうしょう》。

**きんれい【禁令】**（名）ある行為《こうい》を禁じる法律や

命令。「―を犯す」

**ぎんれい**『銀△嶺』(名) 雪が積もって銀色にかがやく山。

**きんろう**【勤労】(名・自スル) 心身を動かして仕事にはげむこと。「―者」「―意欲」

**きんろうかんしゃのひ**【勤労感謝の日】(名) 国民の祝日の一つで、働くことを尊び、国民がたがいに感謝し合う日。一一月二三日。

**きんろうしょとく**【勤労所得】(名) 働いて得るおかね。給料・賃金など。給与《きゅうよ》所得。[対]不労所得

## く ク

**く**【九】↓きゅう(九)

**く**【久】↓きゅう(久)

**く**【口】↓こう(口)

**く**【工】↓こう(工)

**く**【区】 4画 匸2 (小3) 〔區〕 [音]ク　一 フ ヌ 区

❶しきる。わける。しきられた場所。◆区域・区画・区分・区別 ◆学区・管区・禁猟区《きんりょうく》・地区。❷大都市の行政単位。◆区議会・区政 ◆行政区

**く**【区】(名) 都や市などの行政上のくぎりの一つ。東京都の二三の特別区、政令指定都市の行政区などがある。

**く**【功】↓こう(功)

**く**【句】 5画 口2 (小5) [音]ク　ノ 勹 勺 句 句

❶文や詩歌《しいか》などの一くぎり。◆句点・句読点《くとうてん》◆慣用句・起句・結句・語句・字句・初句・成句・対句《ついく》・文句。❷俳句。◆句会・句作・句集・句碑《くひ》◆秀句《しゅうく》・選句・名句・類句

**く**【句】(名) ❶ひとまとまりの言葉。❷和歌・俳句などのひとくぎり。「上《かみ》の―」❸俳句。「―をひねる」

**く**【供】↓きょう(供)

**く**【苦】 8画 艹5 (小3) [音]ク [訓]くるしい・くるしむ・くるしめる・にがい・にがる　一 十 艹 芏 苦 苦

❶にがい。にがにがしい。◆苦言・苦汁《くじゅう》・苦渋《くじゅう》・苦笑・苦情・苦杯《くはい》。❷くるしい。くるしむ。ほねをおる。◆苦境・苦痛・苦悩《くのう》・苦悶《くもん》・苦楽・苦慮《くりょ》・苦労 ◆困苦・辛苦《しんく》・病苦・労苦。[対]楽《らく》

**く**【苦】(名) 苦しみ。苦しさ。身体的・精神的な苦労や苦痛。「―もなくやりとげる」「生活―」[対]楽《らく》

**苦あれば楽《らく》あり** 苦しいことがあれば、そのあとには楽しいことがある。

**苦にする** 気にやむ。気にかけて思い悩《なや》む。

**苦は楽《らく》の種《たね》** 今、苦労するのは、あとになって楽をするための種をまいているようなものだということ。

**く**【紅】↓こう(紅)

**く**【宮】↓きゅう(宮)

**く**【庫】↓こ(庫)

**く**【貢】↓こう(貢)

**く**【駆】 14画 馬4 〔驅〕 [音]ク [訓]かける・かる　丨 厂 币 馬 馭 駆

❶かける。馬などをはしらせる。◆駆使・駆動 ◆疾駆《しっく》・先駆・長駆。❷おう。おいはらう。◆駆除・駆逐《くちく》

⇩付録「漢字の筆順(38)馬」

**ぐ**【具】 8画 八6 (小3) [音]グ　丨 冂 月 目 且 具

❶そなわる。そなえる。◆具眼・具象・具体・具備・具有。❷ことこまかにのべる。申しあげる。◆具申《ぐしん》◆敬具。❸道具。手段。◆家具・玩具《がんぐ》・器具・寝具《しんぐ》・馬具・文具・用具

**ぐ**【具】(名) ❶なにかをするための道具。手段。「政争の―として利用される」❷汁《しる》やまぜごはんなどに入れるたね。実《み》。「みそ汁の―」

**ぐ**【惧】 11画 忄8 [音]グ　丷 忄 忉 怚 怚 惧

おそれる。おそれおののく。◆危惧《きぐ》

**ぐ**【愚】 13画 心9 [音]グ [訓]おろか　冂 日 月 禺 禺 愚

❶ばかであること。おろか。◆愚策・愚痴《ぐち》・愚鈍《ぐどん》・愚問・愚劣《ぐれつ》◆暗愚・賢愚《けんぐ》。[対]賢。❷ばかにすること。◆愚弄《ぐろう》。❸自分に関することをへりくだって言うことば。◆愚見・愚考・愚妻・愚息

**ぐ**【愚】(名) おろかなこと。ばかばかしいこと。

**愚にもつかない** ばかばかしくて話にならない。

**愚の骨頂《こっちょう》** この上なくばかげたこと。

**ぐあい**【具合】『◇工合』(名) ❶物事の調子や状態。「からだの―が悪い」❷つごう。「明日は―が悪い」❸やり方。「どんな―にやるのか」

**グアテマラ**〔Guatemala〕[地名] 中央アメリカ北部にある共和国。首都はグアテマラシティー。

**グアム**〔Guam〕[地名] 西太平洋、マリアナ諸島中最大の島。グアム島。アメリカ合衆国領。

**クアルテット**(名)〔音〕↓カルテット

**くあわせ**【句合わせ】(名) 俳句を作り合い、よしあしを決める遊び。発句《ほっく》合わせ。

**くい**『△杭・△杙』(名) 目じるしや支柱にするため、地中に打ちこむ長い棒。「―を打つ」「出る―は打たれる」

**くい**【悔い】(名) あとから考えて、こうすればよかったとなげき残念に思う気持ち。後悔《こうかい》。「―を残す」

**くいあ・う**【食い合う】(自他五) {ワ(オ)・イ(ッ)・ウ・ウ・エ・エ} ❶おたがいに相手を食う。また、同じものをたがいに奪《うば》い合う。「選挙で票を―」❷組み合わせた部分がぴったり合う。かみ合う。「歯車が―」

**くいあげ**【食い上げ】(名) 仕事を失ったりして生活できなくなり、困ること。「めしの―だ」

**くいあら・す**【食い荒らす】(他五) {サ(ソ)・シ・ス・ス・セ・セ} ❶乱暴に食いちらかす。「いのししが畑の作物を―」❷他の勢力範囲《はんい》を荒らす。「得意先を―・される」

**くいあらた・める**【悔い改める】(他下一) {メ・メ・メル・メル・メレ・メロ(メヨ)} 今までの悪い行いや考えを反省し、なおす。「これまでの悪行《あくぎょう》を―」

**くいあわせ**【食い合わせ】(名) いっしょに食べると中毒をおこすとされている食べ物のとりあわせ。うなぎと

梅ぼしなど。食べ合わせ。「—が悪い」

**くいいじ【食い意地】**（名）食べ物をむやみに食べたがる気持ち。「—が張る」

**くいい・る【食い入る】**（自五）{ラ(ロ)・リ(ッ)・ル・ル・レ・レ}物の内側に深くはいりこむ。くいこむ。「—ように見つめる」

**クイーン**〔英 queen〕（名）❶女王。王妃《おうひ》。対キング。❷トランプで、女王の絵のついたふだ。「スペードの—」❸大勢の中でいちばん実力または人気のある女性。「社交界の—」

**くいかか・る【食いかかる】**〖食い掛かる〗（自五）{ラ(ロ)・リ(ッ)・ル・ル・レ・レ}❶食いつこうとする。❷はげしい口調で反抗《はんこう》する。くってかかる。「相手の意見に—」

**くいき【区域】**（名）くぎりをつけた一定の範囲《はんい》。「危険—」

**くいけ【食い気】**（名）食べたいと思う気持ち。食欲。「色気より—」

**くいこ・む【食い込む】**（自五）{マ(モ)・ミ(ン)・ム・ム・メ・メ}❶ほかの領域や順位などにはいりこむ。「二位に—」❷かたいものがやわらかいものにめりこむ。「縄《なわ》がからだに—」

**くいさが・る【食い下がる】**（自五）{ラ(ロ)・リ(ッ)・ル・ル・レ・レ}（食いついてぶら下がる意から）ねばり強く相手にたち向かう。「納得《なっとく》するまで—って質問する」

**くいしば・る【食いしばる】**〖食い縛る〗（他五）{ラ(ロ)・リ(ッ)・ル・ル・レ・レ}歯を強くかみ合わせる。「歯を—（=力を入れてこらえる）」

**くいしんぼう【食いしん坊】**（名・形動ダ）なんでもむやみに食いたがること。食い意地の張っていること。また、その人。くいしんぼ。

**クイズ**〔英 quiz〕（名）質問を出して、それに答えさせる遊び。また、その問題。「—番組」

**くいたお・す【食い倒す】**（他五）{サ(ソ)・シ・ス・ス・セ・セ}❶飲み食いの代金をはらわないままにする。ふみたおす。❷遊び暮らして、財産を使いはたす。くいつぶす。

**くいだおれ【食い倒れ】**（名）❶食べ物におかねをかけて、財産を使いはたすこと。「京の着倒《きだお》れ、大阪の—」❷働かないで遊び暮らすこと。

**くいちが・う【食い違う】**（自五）{ワ(オ)・イ(ッ)・ウ・ウ・エ・エ}物事がうまくかみ合わない。「意見が—」

**くいちら・す【食い散らす】**（他五）{サ(ソ)・シ・ス・ス・セ・セ}❶食べ物をこぼしたりして散らかす。あれこれと少しずつ食べてきたなく残す。食いちらかす。「鳥がえさを—」❷いろいろな物事に少しずつ手を出しては投げだす。

**くいつ・く【食いつく】**〖食い付く〗（自五）{カ(コ)・キ(イ)・ク・ク・ケ・ケ}❶かみつく。「犬が—」「魚がえさに—」❷物事にしっかり取りついて離《はな》れない。しがみつく。❸喜んでとびつく。「うまい話に—」

**クイック**〔英 quick〕（名）動作などのはやいこと。「—モーション」「—ターン」対スロー

**くいつな・ぐ【食いつなぐ】**〖食い△繋ぐ〗（自五）{ガ(ゴ)・ギ(イ)・グ・グ・ゲ・ゲ}❶食べる量を調節して食料をもたせる。「家にあるもので一週間—」❷なんとかやりくりして生活していく。「アルバイトのかけもちで—」

**くいつぶ・す【食い潰す】**（他五）{サ(ソ)・シ・ス・ス・セ・セ}働かずに暮らして、財産を使いはたす。くいたおす。「親の遺産を—」

**くいつ・める【食い詰める】**（自下一）{メ・メ・メル・メル・メレ・メロ(メヨ)}収入の道や財産がなくなり生活ができなくなる。「—・めて夜逃《よに》げする」

**くいどうらく【食い道楽】**（名）うまいものやめずらしいものを食べる楽しみにふけること。また、その人。

**くいと・める【食い止める】**（他下一）{メ・メ・メル・メル・メレ・メロ(メヨ)}被害《ひがい》や侵入《しんにゅう》などをふせぎとめる。せきとめる。「被害を最小限に—」「物価の上昇《じょうしょう》を—」

**くいな**〖×水鶏〗（名）〘動〙クイナ科の水鳥の総称《そうしょう》。水辺《みずべ》のしげみにすむ。ものをたたくような声で鳴くのは夏鳥のひくいな。

**くいにげ【食い逃げ】**（名・自スル）飲食店で物を食べ、代金をはらわずに逃げること。また、その人。

**ぐいのみ【ぐい飲み】**㊀（名・他スル）一息《ひといき》に勢いよく飲むこと。㊁（名）深くおおぶりのさかずき。

**くいはぐ・れる【食いはぐれる】**（自他下一）{レ・レ・レル・レル・レレ・レロ(レヨ)}❶食べる時期をのがして食べそこなう。「昼食を—」❷生計の手だてを失う。「知らない土地で—」参考「くいっぱぐれる」ともいう。

**くいぶち【食いぶち】**〖食い扶◇持〗（名）食物にあてるおかね。食費。「家に—を入れる」

**くいもの【食い物】**（名）❶食べる物。食物。❷他人にいいように利用されるもの。「—にされる」

**く・いる【悔いる】**（他上一）{イ・イ・イル・イル・イレ・イロ(イヨ)}今までのあやまった行いを反省する。後悔《こうかい》する。「あやまちを—」

**クインテット**〔イタリア quintetto〕（名）〘音〙❶五重奏。五重奏団。❷五重唱。五重唱団。

## くう【空】 8画 穴3 小1 音クウ 訓そら・あく・あける・から

丶 宀 穴 空 空 空

❶そら。おおぞら。◆空気・空中 ◆架空《かくう》・虚空《こくう》・上空・滞空《たいくう》・中空・低空。❷から。なかみがない。◆空間・空虚《くうきょ》・空室・空車・空席・空疎《くうそ》・空想・空洞《くうどう》・空白・空腹 ◆真空。❸むだ。役にたたない。むなしい。◆空転・空費・空理・空論。❹航空。航空機。◆空軍・空港・空襲《くうしゅう》・空輪・空路 ◆対空・防空

**くう【空】**（名）❶大地の上にある空間。そら。「—を切って飛ぶ」❷中身、実質がなにもないこと。「努力が—に帰する」❸〘仏〙物事はすべて仮のすがたで、実体はないということ。「色即是《しきそくぜ》—」

**く・う【食う】**（他五）{ワ(オ)・イ(ッ)・ウ・ウ・エ・エ}❶食べ物をかんで腹に入れる。食べる。「飯を—」❷生活する。暮らしをたてる。「—に困る」❸虫などがかじる。刺《さ》す。「蚊《か》に—・われる」❹相手の勢力範囲《はんい》をおかす。うち負かす。「票を—」「主役を—」「人を—・った（=ばかにした）態度」❺よくないことを身に受ける。被害《ひがい》をこうむる。「小言《こごと》を—」「一杯《いっぱい》—・わされる（=だまされる）」❻多量に消費する。「時間を—作業」「金を—施設《しせつ》」「ガソリンを—」

**食うか食《く》われるか** 相手を倒《たお》すか自分が倒されるか。争いごとのはげしいことをいう。

**食うや食《く》わず** 食事もじゅうぶんに取れないようす。貧しくてやっと生活しているようす。

表現 食らう・食《は》む・食べる・食《しょく》する・口にする・箸《はし》

をつける・食事する・飲み食いする・がっつく・貪《むさぼ》る・かきこむ・頬張《ほおば》る・いただく・召《め》し上がる◆ぱくぱく・もぐもぐ・むしゃむしゃ・もりもり・がつがつ・ぺろりと◆暴飲暴食・牛飲馬食・鯨飲馬食《げいいんばしょく》・無為徒食《むいとしょく》・無芸大食

**ぐう【宮】**→きゅう(宮)

**ぐう【偶】** 11画 亻9 音 グウ 亻 仴 但 偶 偶 偶
❶ならぶ。そろう。二つそろっているもの。◆対偶・配偶。❷二で割り切れる数。◆偶数。対 奇。❸ひとがた。にんぎょう。◆偶像◆土偶・木偶。❹たまたま。思いがけなく。◆偶感・偶然・偶発

**ぐう【遇】** 12画 辶9 音 グウ 冂 日 旦 禺 禺 遇
❶あう。であう。◆奇遇・千載一遇《せんざいいちぐう》・遭遇《そうぐう》。❷めぐりあわせ。◆境遇・不遇。❸もてなす。もてなし。◆厚遇・待遇・知遇・優遇・礼遇・冷遇

**ぐう【隅】** 12画 阝9 音 グウ 訓 すみ 阝 阝 阳 隅 隅 隅
かたすみ。かど。◆一隅《いちぐう》

**ぐう**(名) じゃんけんで、五本の指を閉じて出す、石を表すかたち。

**ぐうい**【『△寓意』】(名・他スル) ほかの物事にたくして、ある意味をほのめかすこと。また、その意味。「—小説」

**クウェート**〔Kuwait〕【地名】アラビア半島北東部、ペルシャ湾《わん》に面する立憲君主国。首都はクウェート。

**くうかん【空間】**(名) ❶何もない、あいている場所。すきま。スペース。「広い—」「—利用」❷まわりにかぎりなく広がった場所。「宇宙—」対 時間

**くうき【空気】**(名) ❶地球をとりまく、色・味・においなどのないすきとおった気体。大気。「新鮮《しんせん》な—」「都会の—を吸う(=都会で生活する)」
❷あたりの気分やようす。ふんいき。「はりつめた—がただよう」「反対の—が濃《こ》い」

**くうきじゅう【空気銃】**(名) 圧縮した空気の圧力でたまをうちだす小銃。

**くうきちょうせつ【空気調節】**(名) →エアコンディショニング

**くうきょ【空虚】**(名・形動ダ) ❶中に何もないこと。から。「住む人もない—な部屋」❷なかみのないこと。価値がなく、むなしいこと。「—な生活」

**ぐうきょ**【『△寓居』】(名・自スル) ❶一時的に住むこと。また、その住まい。仮の住まい。❷自分の住まいをけんそんしていうことば。

**ぐうぐう**(副) ❶よく寝《ね》ているようす。また、いびきの音。❷腹がへってなる音。「腹が—(と)いう」

**くうくうばくばく【空空漠漠】**(トタル) ❶果てしなく広いようす。❷とりとめのないようす。

**くうぐん【空軍】**(名) 空中での戦いや地上への爆撃《ばくげき》を受けもつ軍隊。

**くうげき【空隙】**(名) 物と物とのすきま。

**くうこう【空港】**(名) 旅客・荷物をのせて運ぶ飛行機が飛び立ったり、着陸したりする設備のある所。飛行場。エアポート。

**くうさつ【空撮】**(名) (「空中撮影《さつえい》」の略) 上空から地上を撮影すること。

**ぐうじ【宮司】**(名) 神社の最高位の神主《かんぬし》。

**くうしゃ【空車】**(名) ❶営業用の自動車で、客や荷物を乗せていないもの。特に客を乗せていないタクシー。「—をひろう」❷駐車《ちゅうしゃ》場で、まだ駐車する場所があること。対 満車

**くうしゅう【空襲】**(名・他スル) 航空機による爆撃《ばくげき》や銃撃《じゅうげき》で空から攻《せ》めること。

**くうしょ【空所】**(名) あいている所。何もない所。

**ぐうすう【偶数】**(名) 〔数〕二で割り切れる整数。2・4・6…など。対 奇数

**ぐう・する**【『△寓する』】〔シ(セ・サ)・シ・スル・スル・スレ・シロ(セヨ)〕 一 (自サ変) 仮住まいをする。二 (他サ変) 伝えたいことをそのまま言わずに、ほかのことにたくして言う。それとなくたとえる。「作者の意中を—・した表現」

**ぐう・する【遇する】**(他サ変) 〔シ(セ・サ)・シ・スル・スル・スレ・シロ(セヨ)〕 人をもてなす。あつかう。「だいじな客として—」

**くうせき【空席】**(名) ❶あいている座席。❷欠員になっている地位。「委員長のポストが—になっている」

**くうせつ【空説】**(名) なんの根拠《こんきょ》もない説。

**くうぜん【空前】**(名) 今までにまったく例がないこと。「—の人出を記録する」

**ぐうぜん【偶然】** 一 (名・形動ダ) そうなる理由もなく、また、そうするつもりもないのに思いがけずそうなること。「—の一致《いっち》」対 必然
二 (副) たまたま。思いがけず。「—そこで会った」

**ぐうぜんせい【偶然性】**(名) 予想していないのにたまたまそうなる性質。「—を否定する」対 必然性

**くうぜんぜつご【空前絶後】**(名) 今までにもこれからも、同じようなことはまったくないだろうと思われるひじょうにめずらしいこと。「—の大事件」

**くうそ【空疎】**(名・形動ダ) 形だけで、しっかりした内容がないこと。「—な議論」

**くうそう【空想】**(名・他スル) 現実にありそうもないことを思いえがくこと。また、その考え。「—にふける」
…的「空想的な物語」⇒そうぞう(想像)「学習」

**ぐうぞう【偶像】**(名) ❶神や仏にかたどって、信仰《しんこう》の対象とするために木・石・土・金属などで作った像。「—崇拝《すうはい》」❷崇拝や盲信《もうしん》、あこがれの対象となる人や物。…化「権力者の偶像化」

**ぐうたら**(名・形動ダ) ぐずぐずしていて働く気力のないこと。また、そのような人。なまけもの。「—息子」

**くうちゅう【空中】**(名) ❶地上からはなれた空の中。「—戦」❷大気の中。空気中。

**くうちゅうろうかく【空中楼閣】**(名) ❶空中に建てる建物のように、よりどころも現実性もない物事。類 砂上の楼閣。❷しんきろう。

**くうちょう【空調】**(名) (「空気調節」の略) →エアコンディショニング。「—設備」

**クーデター**〔フランス coup d'État〕(名) 同じ支配階級内の者が、武力などの非常手段によって政府から政権をうばいとり、新しい政府を作ること。参考 政治体制を根本から変えようとする「革命」とは異なる。

**くうてん【空転】**(名・自スル) ❶車輪などが、からまわりすること。「タイヤが—する」❷話し合いなどが成果なく進むこと。「議論が—する」「—する国会」

**くうどう【空洞】**(名) 物の内部が何もなくからっぽになっていること。また、そのあな。ほらあな。

**ぐうのねもでない【ぐうの音も出ない】** 完全にやりこめられて一言もことばがでてこない。「証拠《しょうこ》をつきつけられて―」

**くうはく【空白】**(名・形動ダ) ❶紙面などの何も書かれていない所。「―のページ」❷何も行われていない状態。「記憶《きおく》に―がある」「―の時間」

**くうばく【空爆】**(名・他スル)(「空中爆撃《ばくげき》」の略)空から航空機で爆撃すること。

**くうばく【空漠】**(トタル) ❶何もなく、広々としているようす。「―たる広野」❷つかみどころがなくはっきりしないようす。「―とした考え」

**ぐうはつ【偶発】**(名・自スル) 事件などが思いがけなくおこること。「―事件」…的「偶発的なできごと」

**くうひ【空費】**(名・他スル) おかね・時間・労力などをむだにつかうこと。むだづかい。「時間の―」

**くうふく【空腹】**(名・形動ダ) 腹《はら》のすいていること。すきばら。「―を訴《うった》える」対満腹

**くうぶん【空文】**(名) 役に立たない文章。実際に効力をもたないきまり。…化「条例が空文化する」

**くうぼ【空母】**(名)「航空母艦《ぼかん》」の略。

**くうほう【空包】**(名) 実弾《じつだん》のかわりに用いる発射音だけの弾丸《だんがん》。対実包《じっぽう》

**くうほう【空砲】**(名) 実弾《じつだん》をこめてない鉄砲《てっぽう》や大砲《たいほう》。

**クーポン**〔フランス coupon〕(名) 一枚ずつ切り取って使う形式の切符《きっぷ》。特に、乗り物や宿泊《しゅくはく》の券などが一つづりになっている切符。クーポン券。「旅行―」

**くうゆ【空輸】**(名・他スル)(「空中輸送」の略)航空機で人や物を運ぶこと。「食糧《しょくりょう》を―する」

**クーラー**〔英 cooler〕(名) ❶室内の温度を下げるための機械。冷房装置《れいぼうそうち》。「ルーム―」❷物を冷やしておくための携帯《けいたい》用の箱。「―ボックス」

**くうらん【空欄】**(名) 書類や問題用紙などで、あとで書き入れるようにあけてある部分。「―に記入する」

**くうり【空理】**(名) 実際とかけはなれていて、役に立たない理論。「―空論」

**クーリング-オフ**〔英 cooling off〕(名) 訪問販売《ほうもんはんばい》などで商品を買ったとき、一定の期間内であれば、違約金《いやくきん》なしに契約《けいやく》の解除ができる制度。

**クール**〔フランス cours〕(名) テレビ・ラジオで、連続番組のひと区切り。ふつう週一回で一三週がワンクール。

**クール**〔英 cool〕(形動ダ)〔ダロ・ダッ(デ・ニ)・ダ・ナ・ナラ・○〕 ❶冷たくさわやかなようす。涼《すず》しげ。「―な色調」❷冷静沈着《ちんちゃく》なようす。「―な表情」「―な二枚目」

**くうれい【空冷】**(名) 発動機などの機械や設備を空気でひやすこと。「―式エンジン」対水冷

**くうろ【空路】**(名) ❶航空機が飛ぶ決まったコース。航空路。❷航空機を利用すること。「―パリに向かう」対陸路・海路

**くうろん【空論】**(名) 実際とかけはなれていて、役に立たない理論。「机上《きじょう》の―」

**クーロン**〔フランス coulomb〕(名)〘物〙電気の量を表す単位。一アンペアの電流が、一秒間に運ぶ電気の量を一クーロンとする。記号 C

**ぐうわ**『△寓話』(名) ためになる考えや、教えさとす意味をもったたとえばなし。「イソップの―」

**クエーカー**〔英 Quaker〕(名) 一七世紀、イギリスにおこったキリスト教プロテスタントの一派。平和主義で知られる。フレンド派。

**くえき【苦役】**(名) ❶苦しい労働。「―を課せられる」❷懲役《ちょうえき》。「―に服する」

**クエスチョン-マーク**〔英 question mark〕(名) 疑問を表す符号《ふごう》。疑問符。「?」

**くえない【食えない】** ずるがしこくて油断できない。わるがしこく扱《あつか》いづらい。「―男だ」参考「煮《に》ても焼いても食えない」という意味からできたことば。

**くえんさん**『△枸△櫞酸』(名)〘化〙レモンなどのかんきつ類の果汁《かじゅう》に含《ふく》まれる酸。すっぱい味のする無色・無臭《むしゅう》の結晶《けっしょう》。清涼《せいりょう》飲料水・医薬品などに用いられる。参考ふつう「クエン酸」と書く。

**クォーター**〔英 quarter〕(名) ❶四分の一。❷バスケットボールなどの試合時間の四分の一。

**クォータリー**〔英 quarterly〕(名) 一年に四回定期的に出す刊行物。季刊。

**クォーツ**〔英 quartz〕(名) ❶石英。水晶《すいしょう》。❷電圧をかけると規則正しく振動《しんどう》する水晶の性質を利用して作られた時計。クォーツ時計。

**クォーテーション-マーク**〔英 quotation mark〕(名) 引用した語・句・文に付ける符号《ふごう》。引用符。「“ ”」「‘ ’」など。コーテーションマーク。

**クオリティー**〔英 quality〕(名) 品質。性質。また、質のよいこと。上質。「ハイ―」

**くおん【久遠】**(名) 流れゆく時間のかぎりないこと。永遠。永久。「―の理想」

**くかく【区画】**『区△劃』(名・他スル) 広い所をいくつかに区切ること。また、その区切られた一つ一つ。「―整理」

**くがく【苦学】**(名・自スル) 働いて学費を得ながら苦労して勉学すること。「―生」

**くがつ【九月】**(名) 一年の九番目の月。ながつき。

**くかつよう【ク活用】**(名)〘文法〙文語形容詞の活用の一種。「く(から)・く(かり)・し・き(かる)・けれ・かれ」と活用する。

**くかん【区間】**(名) 長い距離《きょり》をいくつかに区切った一つ一つ。「駅伝の最終―」「乗車―」

**くかん【苦寒】**(名) ❶寒さに苦しむこと。❷貧しさに苦しむこと。

**くかん**『△軀幹』(名) からだ。特に、胴体《どうたい》のこと。

**ぐがん【具眼】**(名) 物事のよしあしを見分ける力や見識をもっていること。「―の士」

**くき【茎】**(名)〘植〙植物の中心の器官で、地上にのびて葉や花をつけ、水分や養分を通す部分。地下にあるものは「地下茎《ちかけい》」という。

**くぎ**『△釘』(名) 先のとがった鉄・竹・木などの細くて小さい棒。板などを打ちつけて留めるもの。「―を打つ」

**くぎをさす【釘を刺《さ》す】** あとで問題が起こらないように相手にきつく念をおす。注意する。「忘れるなよと―」

**くぎづけ【くぎ付け】**『△釘付け』(名・他スル) ❶くぎを打って動かないようにすること。❷そこから動けな

いようにすること。「テレビの画面にーになる」

**ぐきょ【愚挙】**（名）おろかな行動。ばかげた計画。「あえてーに出る」類愚行

**くきょう【苦境】**（名）苦しい状態・立場。「ーに立たされる」「ーを乗りこえる」

**くぎょう**〖◇公△卿〗（名）むかし、朝廷《ちょうてい》に仕えた位の高い役人。公《こう》は摂政《せっしょう》・関白《かんぱく》・大臣、卿《けい》は大納言《だいなごん》・中納言・参議と三位《さんみ》以上の者。

**くぎょう【苦行】**（名・自スル）❶〘仏〙肉体を苦しめ、欲望をおさえ、悟《さと》りの境地を得ようとする苦しい修行。断食《だんじき》・不眠《ふみん》など。「ー僧《そう》」❷たえがたいほど苦しいこと。「毎日が難行ーの連続だ」

**くぎり【区切り・句切り】**（名）❶物事の切れ目。段落。「仕事にーがつく」「ーをつける」❷文章や詩歌《しいか》などの切れ目。

**くぎりふごう【区切り符号・句切り符号】**（名）文章の中のことばの切れ目をしめす符号。「。」や「、」や「・」など。

**くぎ・る【区切る・句切る】**（他五）{ラ(ロ)・リ(ッ)・ル・ル・レ・レ}❶さかい目をつけて分ける。「一年を三期にー」❷文章や詩歌《しいか》などに切れ目をつける。「三段落にー」

**くぎれ【句切れ】**（名）和歌で、一首の中の意味上の切れ目。

**くぎん【苦吟】**（名・自スル）苦心して詩歌《しいか》などを作ること。また、その詩歌。

**くく【九九】**（名）一から九までの数の、かけ算の表。また、その数え方。「ーを覚える」

**くく【区区】**（トタル）❶まとまりがなくばらばらなようす。❷小さくてつまらないようす。「ーたる事にこだわる」

**くぐつ**〖×傀儡〗（名）あやつり人形。また、それをあやつる芸。

**くぐも・る**（自五）{ラ(ロ)・リ(ッ)・ル・ル・レ・レ}声や音が内にこもってはっきりしない。「ーった声で聞きとりにくい」

**くぐりど【くぐり戸】**〖◇潜り戸〗（名）からだをかがめて出入りするように作った小さな戸。くぐり。

**くぐりぬ・ける【くぐり抜ける】**〖◇潜り抜ける〗（自下一）{ケ・ケ・ケル・ケル・ケレ・ケロ(ケヨ)}❶体勢を低くして通りぬける。❷危険や困難な状況《じょうきょう》をうまく切りぬける。「戦火をー」「包囲網《ほういもう》をー」

**くく・る**〖◇括る〗（他五）{ラ(ロ)・リ(ッ)・ル・ル・レ・レ}❶ひもや縄《なわ》などをまいてしめる。しばる。「犯人をー」「首をー」「腹をー（＝覚悟《かくご》を決める）」❷物事を一つにまとめる。「かっこでー」「高《たか》をー（＝見くびる）」

**くぐ・る**〖◇潜る〗（自五）{ラ(ロ)・リ(ッ)・ル・ル・レ・レ}❶物の下や中を通りぬける。「山門をー」❷水中にもぐる。❸すきをねらってうまく物事を行う。「法の網《あみ》をー」

**くげ**〖◇公家・◇公△卿〗（名）❶むかし、天皇が政治をとった所。朝廷《ちょうてい》。❷→くぎょう（公卿）❸朝廷に仕えた人びと。対武家

**くけい**〖△矩形〗（名）〘数〙→ちょうほうけい

**く・ける**〖△絎ける〗（他下一）{ケ・ケ・ケル・ケル・ケレ・ケロ(ケヨ)}ぬい目が表に見えないようにぬう。「スカートのすそをー」

**くげん【苦言】**（名）聞く人にとって弱みやあやまりをつかれていい気はしないが、ためになることば。「ーを呈《てい》する（＝忠告をする）」

**ぐけん【愚見】**（名）自分の意見をけんそんしていうことば。「ーによれば」

**ぐげん【具現】**（名・他スル）形にはっきりあらわすこと。具体的にあらわすこと。「構想をーする」類体現

**ぐこう【愚考】**（名・自他スル）（つまらない考えの意で）自分の考えをけんそんしていうことば。

**ぐこう【愚行】**（名）愚《おろ》かな行い。ばかげた行い。「ーを改める」「ーに気づく」類愚挙

**くさ【草】**一（名）❶茎《くき》がやわらかく、木のようにかたくならない植物。草本。❷雑草。「庭のーを抜《ぬ》く」「ーを刈《か》る」❸屋根を葺《ふ》く、かや・わらなど。「ーぶきの屋根」
二（接頭）本格的でないものの意を表す。「ー野球」「ー競馬」

**草の根《ね》を分《わ》けて捜《さが》す**　あらゆる方法ですみからすみまでさがし求める。「犯人をー」

**-ぐさ**〖◇種・草〗（接尾）物事の原因や材料となるもの。…のたね。…の材料。「語りー」「お笑いー」「質《しち》ー」

**くさ・い【臭い】**（形）{カロ・カッ(ク)・イ・イ・ケレ・○}❶いやなにおいがする。「生ごみがー」❷あやしい。疑わしい。「あいつがー」❸おおげさでわざとらしい。「ー演技」「ーせりふ」❹（接尾語的に用いて）㋐…のにおいがする。「酒ー」㋑それらしい感じがする。「けちー」「古ー考え」㋒好ましくない意味を強めることば。「うそー」

**臭いものに蓋《ふた》をする**　悪いことやみにくいことを、人に知られないように一時しのぎの手段でかくす。

**ぐさい【愚妻】**（名）自分の妻をけんそんしていうことば。

**ぐざい【具材】**（名）料理などに入れる材料。

**くさいきれ【草いきれ】**（名）夏の太陽に照らされ温度が高くなった草むらから発する、むっとした熱気。

**くさいち【草市】**（名）盂蘭盆《うらぼん》（＝祖先の霊《れい》を祭る行事）に仏にそなえる草花などを売る市。ふつう、陰暦《いんれき》七月一二日の夜から翌朝にかけて立つ。

**くさいろ【草色】**（名）青みがかった緑色。

**くさがれ【草枯れ】**（名）草が霜《しも》や雪のために枯れること。また、その季節。

**くさかんむり【草冠】**（名）漢字の部首の一つ。「草」「花」などの上部の「艹」の部分。

**くさき【草木】**（名）草と木。植物。

**草木もなびく**　勢いが強くてすべての人がなびき従うことのたとえ。

**草木も眠《ねむ》る**　夜がふけてあたりがすっかり寝《ね》静まる。「ー丑《うし》三《み》つどき（＝今の午前二時ごろ）」

**くさく【句作】**（名・自スル）俳句を作ること。

**ぐさく【愚作】**（名）❶つまらない作品。❷自分の作品をけんそんしていうことば。

**くさくさ**（副・自スル）おもしろくないことがあったり、物事がうまくいかなかったりして、気分が晴れないようす。「しかられて気持ちがーする」

**くさぐさ**〖◇種◇種〗（名）いろいろ。さまざま。「ーの花」

**くさけいば【草競馬】**（名）農村などで行われる規模の小さい競馬。

**くさ・す**『◇腐す』（他五）〔サ(ソ)・シ・ス・ス・セ・セ〕欠点をあげて悪く言う。けちをつける。「作品を―」

**くさずもう**【草。相撲】（名）祭りのときなどに、しろうとがするすもう。「―の横綱《よこづな》」

**くさぞうし**【草双紙】（名）〔文〕江戸《えど》時代に庶民《しょみん》の間で流行した、絵入りの読み物。絵双紙。

**くさってもたい**『腐っても△鯛』（腐っても鯛《たい》は鯛であることに変わりないという意から）すぐれたものは、少し悪くなってもやはりそれなりのねうちがあるものだ。

**くさのとも**…俳句

〔**草の戸も　住《す》み替《か》はる代《よ》ぞ　雛《ひな》の家《いへ》**〕〈芭蕉《ばしょう》〉訳私のような世捨て人のそまつな草庵《そうあん》にも、住む人のかわる時節がきた。つぎの住人は妻も娘《むすめ》もあるというから、三月の節句にはひな人形が飾《かざ》られ、家じゅうはなやかになるだろう。（季語「雛」春）

**くさばな**【草花】（名）❶草に咲《さ》く花。❷きれいな花の咲く草。

**くさばのかげ**【草葉の陰】墓《はか》の下。あの世。「―から見守る」

**くさはら**【草原】（名）草のおいしげった野原。

**くさび**『△楔』（名）V字形の木片や金属片の道具。すきまに打ちこみ、木や石を割ったり、きつくしめたりするのに使うもの。「―を刺《さ》す（=念を押《お》す）」

（くさび）

**楔を打《う》ち込《こ》む**　敵の中に攻《せ》め入って、その勢力を二分する。また、自分の勢力を拡大する足がかりを他の勢力の中に作る。「敵陣《てきじん》に―」

**くさびがたもじ**【くさび形文字】『△楔形文字』（名）メソポタミアにおこり、西アジアで使われた、くさびの形をした古代の文字。せっけいもじ。

（くさびがたもじ）

**くさぶえ**【草笛】（名）草の葉や茎《くき》を口にあてて笛のように鳴らすもの。

**くさぶか・い**【草深い】（形）〔カロ・カッ(ク)・イ・イ・ケレ・○〕❶草がおいしげっているようす。「―山道」❷都会から遠くはなれていて、ひらけていない。へんぴだ。「―田舎《いなか》」

**くさぶき**【草ぶき】『草△葺き』（名）かや・わらなどで屋根をふくこと。また、その屋根。

**くさまくら**〔草枕〕〔作品名〕夏目漱石《なつめそうせき》の小説。一九〇六（明治三九）年発表。主人公の画家を通して、作者の人生観や芸術観が述べられている。冒頭文山路を登りながら、こう考えた。智《ち》に働けば角《かど》が立つ。情に棹《さお》させば流される。意地を通せば窮屈《きゅうくつ》だ。とかくに人の世は住みにくい。

**くさみ**【臭み】（名）❶いやなにおい。「肉の―をとる」❷わざとらしく、いやな感じをあたえるもの。「―のある演技」

**くさむら**【草むら】『△叢』（名）草がむらがって生えしげっている所。

**くさめ**『△嚔』（名）→くしゃみ

**くさもち**【草餅】（名）よもぎなどの若葉を入れてついたもち。

**くさや**（名）むろあじなどを開いて、発酵《はっこう》させた塩汁《しおじる》につけてほした干物《ひもの》。特有の強いにおいがある。

**くさやきゅう**【草野球】（名）しろうとが集まって楽しむためにする野球。

**くさり**【鎖】（名）金属の輪をつなぎ合わせてひものようにしたもの。「―につながれる」

**くさ・る**【腐る】（自五）〔ラ(ロ)・リ(ッ)・ル・ル・レ・レ〕❶食べ物や動植物の組織が、形がくずれたり、いやなにおいを出すようになったりしてだめになる。腐敗《ふはい》する。「豆腐《とうふ》が―」❷金属や材木がぼろぼろになる。「釘《くぎ》が―」❸人の心が堕落《だらく》してだめになる。「根性が―・っている」❹物事がうまくゆかず、やる気をなくす。めいる。「試合に負けて―」❺《俗語》（動詞の連用形について）他人の動作をけいべつする意を表す。「ばかげたことをし―」

**くされえん**【腐れ縁】（名）たち切ろうとしてもたち切ることのできない、好ましくない関係。

**くさわかば**…短歌

〔**草わかば　色鉛筆《いろえんぴつ》の　赤《あか》き粉《こ》の　ちるがいとしく　寝《ね》て削《けず》るなり**〕〈北原白秋《きたはらはくしゅう》〉訳早春のみずみずしい草のうすみどりの葉の上に、色鉛筆の赤い削りくずが散りかかるのをなぜかかわいらしく感じて、草原に横になったまま削りつづけることだ。

**くさわけ**【草分け】（名）❶開拓《かいたく》されていない土地を切り開くこと。また、その人。❷新しい物事をはじめること。また、その人。創始者。「日本の野球の―」…的「業界の草分け的な存在」

**くし**【串】 7画 丨6　訓くし　丶 ⼝ 口 吕 吕 串

くし。◆串柿《くしがき》・串刺《くしざ》し・串焼き

**くし**【串】（名）食べ物などを刺《さ》すために先をとがらせた、竹や金属で作った細い棒。

**くし**『△櫛』（名）髪《かみ》をとかしたり、髪かざりに用いたりするもの。「髪に―を入れる」

**櫛の歯《は》が欠《か》けたよう**　続いているはずのものが、ところどころ抜けているようす。

**くし**【駆使】（名・他スル）自分の思いどおりに使いこなすこと。「コンピューターを―する」

**くじ**『△籤』（名）短い文・記号・番号などをつけた多くの紙や木ぎれなどの中から一つを引きぬき、よしあし、あたりはずれ、勝ち負けなどを決める方法。また、その紙や木ぎれなど。「―をひく」「―で決める」「―に当たる」

**くじ**『◇公事』（名）むかし、朝廷《ちょうてい》で行われた政治の仕事や儀式《ぎしき》など。

**くじ・く**『◇挫く』（他五）〔カ(コ)・キ(イ)・ク・ク・ケ・ケ〕❶不自然な曲げ方をして骨や筋を痛める。ねんざする。「足首を―」❷勢いをなくし弱らせる。「気を―」「出はなを―」

**くしくも**『◇奇しくも』（副）ふしぎにも。めずらしいことに。「―利害が一致《いっち》する」

**くしけず・る**『△梳る』（他五）〔ラ(ロ)・リ(ッ)・ル・ル・レ・レ〕くしで髪《かみ》をとかして整える。すく。「黒髪を―」

**くじ・ける**『◇挫ける』（自下一）〔ケ・ケ・ケル・ケル・ケレ・ケロ(ケヨ)〕気勢をそがれ、勢いが弱くなる。気力を失う。「心が―」

**くしざし【串刺し】**（名）❶竹や金属のくしに刺《さ》し通すこと。また、刺し通したもの。「―の団子」❷やりなどでからだを刺し通して殺すこと。「―にする」

**くじびき【くじ引き】**〘△籤引き〙（名・自スル）くじを引くこと。抽籤《ちゅうせん》。「―で順番を決める」

**ぐしゃ【愚者】**（名）おろかな人。ばかもの。愚人《ぐじん》。［対］賢者《けんじゃ》

**くじゃく**〘◇孔△雀〙（名）〘動〙キジ科の大形の鳥。雄《おす》の羽は広げたとき特に美しい。

**くしゃくしゃ**［一］（副・自スル）不満などがあって気分が晴れないようす。「気分が―する」［二］（形動ダ）｛ダロ・ダッ(デ・ニ)・ダ・ナ・ナラ・○｝❶紙や布などがしわだらけで乱れているようす。くちゃくちゃ。「―なお札」❷整っていないようす。「髪《かみ》の毛が―だ」❸泣くなどして表情がくずれたようす。「顔を―にして笑う」

**くしゃみ**〘△嚔〙（名）（「くさめ」の転）鼻の内側がむずがゆくなり、息をいきおいよくふきだすからだの働き。

**くじゅ【口授】**（名・他スル）じかに話して教え授《さず》けること。こうじゅ。「秘伝を―する」

**くじゅう【苦汁】**（名）❶にがいしる。❷ひどい苦しみ。にがい経験。

**苦汁をなめる** 苦しくいやな経験をする。

**くじゅう【苦渋】**（名）物事が思うようにいかず、苦しみなやむこと。「―にみちた顔」「―の決断」

**くじょ【駆除】**（名・他スル）薬品を使って害虫などを追いはらったり、殺したりすること。「白ありを―する」

**くしょう【苦笑】**（名・自スル）心の中でにがにがしく思いながら、むりに笑うこと。また、その笑い。「―をもらす」［類］苦笑《にがわら》い

**くじょう【苦情】**（名）他から受けた被害《ひがい》や迷惑《めいわく》についての不平や不満。「―を言う」「―処理」［類］クレーム

**ぐしょう【具象】**（名）明確にわかる形や姿をもっていること。「―画」［…的］「具象的に表現する」［類］具体。［対］抽象《ちゅうしょう》

**ぐしょぐしょ**（形動ダ）｛ダロ・ダッ(デ・ニ)・ダ・ナ・ナラ・○｝しずくがたれるほど、ひどくぬれているようす。「大雨で服が―になる」［類］びしょびしょ

**ぐしょぬれ**〘ぐしょ△濡れ〙（名）しずくがたれるほどひどくぬれること。「雨にぬれて―になる」［類］びしょ濡れ

**くじら【鯨】**（名）〘動〙海にすむ、魚の形をした哺乳《ほにゅう》動物。まっこうくじら・しろながすくじらなど。

**くじらじゃく【鯨尺】**（名）ものさしの一つ。曲尺《かねじゃく》の一尺を八寸としたもので、一尺は約三八《センチメートル》。

**くじらまく【鯨幕】**（名）葬儀《そうぎ》などで使う、黒と白の布を交互《こうご》に縦にぬいあわせた幕。［参考］鯨の皮の黒と脂《あぶら》の白の部分になぞらえてこの名がある。

**くしん【苦心】**（名・自スル）物事を成功させるためにあれこれと苦しみ考えること。「―の作」「―惨憺《さんたん》」

**ぐしん【具申】**（名・他スル）事情・意見などを目上の人にくわしく申し述べること。「意見を―する」

**くしんさんたん**〘苦心惨△憺・苦心惨△澹〙（名・自スル）心をくだき痛めるような苦労を重ねること。「―して手に入れる」

**くす**〘△樟〙（名）〘植〙→くすのき

**くず**〘△屑〙（名）❶利用した残りやこわれたもので役に立たずあまったもの。残ったかす。「紙―」❷ねうちがなく役に立たないもの。かす。「人間の―」

**くず【葛】**（名）❶〘植〙マメ科のつる性多年草。山野に自生し、つるは一〇《メートル》以上にもなる。根からくず粉《こ》をとる。秋の七草の一つ。❷「くず粉」の略。

**ぐ・す**〔具す〕［古語］［一］（自サ変）❶そなわる。そろう。「親うち―・し」〈源氏物語〉［訳］両親がそろっていて。❷従う。つれだつ。「御はらからの君達《きんだち》に―・したてまつりて」〈大鏡《おおかがみ》〉［訳］ご兄弟の若様たちにごいっしょ申しあげて。［二］（他サ変）❶そろえる。そえる。「三重がさねのはかま―・してたまふ」〈源氏物語〉［訳］三重がさねのはかまをそえてお授けになる。❷ともなう。「童《わらは》ひとりを―・して」〈徒然草《つれづれぐさ》〉［訳］子ども一人を供にして。

**ぐず**〘×愚図〙（名・形動ダ）動作や決断がおそく、はきはきしないこと。また、その人。のろま。「―な人」

**くずお・れる**〘△頽れる〙（自下一）｛レ・レ・レル・レル・レレ・レロ(レヨ)｝❶くずれるようにその場にすわる。また、たおれる。「悲報に―」❷気力を失い、がっくりする。「心が―」

**くずかご【くず籠】**〘△屑籠〙（名）紙くずなどを入れるかご。

**くすくす**（副）声をひそめて笑うさま。

**ぐずぐず**〘×愚図愚図〙［一］（副・自スル）❶すぐ行動せずのろのろするようす。「―してないで早く行きなさい」❷天気などがはっきりしないようす。「―した天気」［二］（副）不平や不満をぶつぶつ言うようす。「―言うな」［三］（形動ダ）｛ダロ・ダッ(デ・ニ)・ダ・ナ・ナラ・○｝形やつくりが、ゆるんだりくずれたりしているようす。「帯が―になる」

**くすぐった・い**〘△擽ったい〙（形）｛カロ・カッ(ク)・イ・イ・ケレ・○｝❶くすぐられて、むずむずする。「足の裏が―」❷ほめられたりして、てれくさい。「ちやほやされて―」

**くすぐ・る**〘△擽る〙（他五）｛ラ(ロ)・リ(ッ)・ル・ル・レ・レ｝❶ひふに軽くふれ、むずむずする笑い出したくなるような感じにする。「わきの下を―」❷人を笑わせたりいい気分にさせたりするようなことを言う。「自尊心を―」

**くずこ【葛粉】**（名）くずの根からとったでんぷん。食用。くず。

**くず・す【崩す】**（他五）｛サ(ソ)・シ・ス・ス・セ・セ｝❶形やまとまりのあるものをこわしてばらばらにする。「土手を―」❷整っているものを乱す。「列を―」「体調を―」「ひざを―」❸小さい額のおかねに両替《りょうがえ》する。おかねを細かくする。「一万円札を―」❹文字の字画を略したり続けたりして書く。「漢字を―・して書く」

**くすだま【くす玉】**〘◇薬玉〙（名）❶よいにおいを出すふくろを中に入れ、まるく作って五色（赤・青・黄・白・黒）の糸を飾《かざ》ってたらしたもの。むかしは五月の節句に魔《ま》よけとした。❷造花などで①に似せてつくった飾り。式典などで用い、割ると中から紙ふぶきが出るものもある。

（くすだま①）

**ぐずつ・く**〘×愚図つく〙（自五）｛カ(コ)・キ(イ)・ク・ク・ケ・ケ｝❶赤ん

ぼうや子どものきげんが悪くなる。❷天気がからりとせずはっきりしない。「—・いた空模様」❸物事がのろのろしてはかどらない。ぐずぐずする。「決断できずに—」

**くずてつ【くず鉄】**『△屑鉄』（名）❶鉄で物を作るときにあまったくず。❷役立たなくなった鉄製品。スクラップ。

**くす・ねる**（他下一）{ネ・ネ・ネル・ネル・ネレ・ネロ(ネヨ)}人の物を、ごまかして自分の物にする。そっとぬすむ。「小銭《こぜに》を—」

**くすのき**『△楠・△樟』（名）〘植〙クスノキ科の常緑高木。暖地に生える。かおりがよく建築や家具に使い、また、しょうのう(=虫よけの薬)をとる。くす。

**くずのはな**…短歌

〔くずの花　ふみしだかれて　色《いろ》あたらし　この山道《やまみち》を　行《ゆ》きし人《ひと》あり〕〈釈迢空《しゃくちょうくう》〉

訳道に長いつるを伸《の》ばして咲《さ》いているくずの花がふみにじられていて、その赤紫の色がなまなましい。この山道を自分より少し前に通って行った人があるのだ。

**くすぶ・る**『△燻る』（自五）{ラ(ロ)・リ(ッ)・ル・ル・レ・レ}❶ものがよく燃えないで、煙《けむり》ばかり出る。「燃えさしが—」❷目立った活動もせずに過ごす。ひきこもって暮らす。「家で—・っている」❸問題が完全に解決しないまま、表面化せずに尾《お》を引いている。「不満が—」

**くす・べる**『△燻べる』（他下一）{ベ・ベ・ベル・ベル・ベレ・ベロ(ベヨ)}ほのおが出ないで煙《けむり》が出るように燃やす。いぶす。

**くす・む**（自五）{マ(モ)・ミ(ン)・ム・ム・メ・メ}❶じみでさえない色合いである。しぶく見える。「—・んだ色」❷じみで目立たずにいる。「—・んだ存在」

**くずゆ【葛湯】**（名）くず粉に砂糖をまぜ、熱湯を入れてかきまぜた食べ物。

**くすり【薬】**（名）❶病気や傷をなおしたり予防したりするために、飲んだり塗《ぬ》ったり注射したりするもの。❷心やからだのためになる有益なもの。「しかられるのも、ときには—になる」❸特定のききめのある、化学的につくられたもの。薬品。うわぐすりや殺虫剤など。「—をまく」

**くすりゆび【薬指】**（名）親指から四番目の指。べにさし指。無名指《むめいし》。

**ぐ・する【具する】**『△倶する』{シ(セ・サ)・シ・スル・スル・スレ・シロ(セヨ)}㊀（自サ変）❶そろう。そなわる。❷つれだつ。つれそう。㊁（他サ変）❶そろえる。そなえる。「必要な条件を—」❷つれていく。ともなう。「供《とも》を—」

**ぐず・る**『×愚図る』（自五）{ラ(ロ)・リ(ッ)・ル・ル・レ・レ}（子どもや赤んぼうが）きげんが悪かったり、気に入らなかったりして、ぶつぶつ言う。だだをこねる。「おもちゃを買ってと—」

**-くずれ**『崩れ』（接尾）（職業・身分などについて）おちぶれたもの、…のなれのはての意を表す。「役者—」

**くず・れる【崩れる】**（自下一）{レ・レ・レル・レル・レレ・レロ(レヨ)}❶形やまとまりのあるものがこわれて、もとの形がなくなる。「がけが—」「積み荷が—」❷きちんと整っていたものが乱れる。「バランスが—」「天気が—」❸おかねが細かくなる。「一万円札が—」❹相場などが急激に下がる。「値が—」

**くせ【癖】**（名）❶くり返しているうちに習慣になった動作や身ぶり。「頭をかく—」「—になる」❷ふつうではない独特な性質。「—のある字」❸ゆがんだり折れたりして元にもどりにくくなった状態。「髪《かみ》の毛に—がつく」

**くせげ【癖毛】**（名）まっすぐでなかったり縮れたりして生えている、くせのある毛。くせっけ。「—を直す」

**くせつ【苦節】**（名）苦しみにたえて自分の信念や立場を守り続けること。「—一〇年の研究が実る」

**くぜつ【口舌・口説】**（名）言い争うこと。口げんか。特に、男女間の口げんか。

**ぐせつ【愚説】**（名）❶役に立たないつまらない意見。ばかげた説。❷自分の意見をけんそんしていうことば。

**くせに**（接助）…なのに。…にもかかわらず。「持っている—ほしがる」参考非難する気持ちをこめて使う。

**くせもの【くせ者】**『◇曲者』（名）❶あやしい者。悪者。「—を捕《と》らえる」❷ひとくせある、ゆだんのできない人。「彼《かれ》はなかなかの—だ」

**くせん【苦戦】**（名・自スル）苦しい戦いをすること。また、その戦い。「—をまぬかれない」

**くそ**『△糞』㊀（名）❶からだが栄養をとったあとの食べ物のかす。大便。❷からだから出るかすや、からだについたごみ。「鼻—」❸（接頭語・接尾語的に用いて）ののしる気持ちをこめて、程度のひどいことを表すことば。ひどく。度はずれた。「—まじめ」「—度胸」「へた—」「やけ—」㊁（感）自分をはげますときや、しくじったときなどに言うことば。「なに—」

**ぐそう【愚僧】**（代）僧が自分をけんそんしていうことば。拙僧《せっそう》。

**ぐそく【具足】**㊀（名・自スル）じゅうぶんに物が備わっていること。「円満—」㊁（名）むかしの戦いの道具。よろいかぶと。「—をつけて戦う」

**ぐそく【愚息】**（名）自分のむすこをけんそんしていうことば。

**くそみそ**『△糞味△噌』（形動ダ）{ダロ・ダッ(デ・ニ)・ダ・ナ・ナラ・○}❶いいものとつまらないものとの区別がつかないようす。「傑作《けっさく》も駄作《ださく》も—にあつかう」❷人をひどく非難するようす。みそくそ。ぼろくそ。「—にけなす」

**くだ【管】**（名）❶中がからになっている、細長い筒《つつ》。パイプ。管《かん》。❷紡績機《ぼうせきき》からつむぎ出された糸を巻く、小さい軸《じく》。

**管を巻《ま》く**　（②が音をたてるように）酒に酔《よ》って、つまらないことをくどくど話す。「酒場で—」

**ぐたい【具体】**（名）目に見える、はっきりした形をもっていること。「—例」…性「具体性に欠ける計画」類具象《ぐしょう》。対抽象《ちゅうしょう》。

**ぐたいか【具体化】**（名・自他スル）はっきりとした形をとること。考え・計画を実際に行うことができるようにする（なる）こと。また、実行できるようにする（なる）こと。「旅行の計画が—する」

**ぐたいてき【具体的】**（形動ダ）{ダロ・ダッ(デ・ニ)・ダ・ナ・ナラ・○}一つ一つが明確な形をとっていて、はっきりわかるようす。「例をあげて—に説明する」対抽象的《ちゅうしょうてき》

**くだ・く【砕く】**（他五）{カ(コ)・キ(イ)・ク・ク・ケ・ケ}❶こわして、こなごなにする。「氷を—」❷勢いを弱くする。くじく。「野望を—」❸わかりやすく言う。「—・いて説明する」❹心身をすりへらして努力する。「心を—(=苦心する)」「身を—(=力のかぎりをつくして努力する)」

**くたくた**（形動ダ）{ダロ・ダッ(デ・ニ)・ダ・ナ・ナラ・○}❶ひどくつかれたようす。「走り回って—だ」❷服や紙などの、使い古して形

がくずれたようす。「―の学生服」「―になった辞書」

**くだくだ** (副) 話などが、長たらしくくどいようす。「―と説明する」

**くだくだし・い** (形) {カロ・カッ(ク)・イ・イ・ケレ・○} 長くてくどい。まわりくどい。「―説明」

**くだ・ける【砕ける】** (自下一) {ケ・ケ・ケル・ケル・ケレ・ケロ(ケヨ)} ❶こわれてこなごなになる。「コップが―」 ❷勢いが弱まる。くじける。「意志が―」 ❸かたくるしいところがなくなる。うちとける。「―・けた話し方」

**ください【下さい】** ❶相手に事物を与《あた》えてくれるように願う気持ちを表す。「本を―」 ❷(動詞などに続いて)相手に「…していただきたい」という気持ちを表す。「お読み―」 文法 五段活用の動詞「くださる」の命令形「くだされ」の転じたもの。

**くださ・る【下さる】** (他五) {ラ(ロ)・リ(ツ・イ)・ル・ル・レ・レ} ❶「与《あた》える」「くれる」の尊敬語。お与えになる。たまわる。「天が―・ったおめぐみ」 ❷(動詞などに続いて)動作をする人に対する尊敬と、それを受ける人のけんそんの意を表す。…てくれる。「おいで―」「お教え―」

**くだ・す【下す】**『◇降す』(他五) {サ(ソ)・シ・ス・ス・セ・セ} ❶高い所から低い所へ移す。さげる。「地位を―」 ❷命令や判決などを出す。「断を―」「判決を―」 ❸実際にそのことを行う。「手を―」「結論を―」 ❹相手をせめ負かす。降参させる。「強豪《きょうごう》を―」 ❺体外に出す。「虫を―」 ❻下痢《げり》をする。「腹を―」 ❼(動詞の連用形について)よどみなくすらすらとする。「読み―」「書き―」

**くたば・る** (自五) {ラ(ロ)・リ(ツ)・ル・ル・レ・レ} ❶つかれはてて動けないようになる。「猛練習《もうれんしゅう》で―」 類 へたばる。 ❷死ぬ。「簡単には―・らない」 使い方 ②は乱暴な言い方で、人をののしって言うときなどに用いる。

**くたびれて**… 俳句

〔草臥れて 宿《やど》借《か》るころや 藤《ふち》の花《はな》〕〈芭蕉《ばしょう》〉 訳 一日歩きくたびれて宿場にたどりつき宿をさがすころ、たそがれの光の中で、ふじの花ぶさが、おぼつかなく咲《さ》き垂《た》れていることだ。(季語「藤の花」春)

**くたびれもうけ**『×草臥れ△儲け』(名) つかれるばかりで、なんの得もないこと。「骨折り損《ぞん》の―」

**くたび・れる**『×草臥れる』(自下一) {レ・レ・レル・レル・レレ・レロ(レヨ)} ❶つかれて元気がなくなる。「―・れた顔」 ❷物が、長く使用したために古くなっていたむ。「―・れた洋服」

**くだもの【◦果物】** (名) 食用となる草木の実。多く水気があり甘《あま》みがあるものをいう。みかん・りんご・いちご・バナナなど。水菓子《みずがし》。フルーツ。

**くだらな・い** (形) {カロ・カッ(ク)・イ・イ・ケレ・○} 意味がなくつまらない。取り上げる価値がない。ばかばかしい。「―話」

**くだり**『◇件』(名) 文章や話の筋の一部分。「この―はよく書けている」

**くだり【下り】**『◇降り』(名) ❶高い所から低い所へ行くこと。「川―」 ❷くだりの坂。 ❸中央から地方に行くこと。また、その列車・路線など。(対 上《のぼ》り)

**くだりざか【下り坂】** (名) ❶下りになっている坂道。 対 上《のぼ》り坂。 ❷だんだんおとろえていくこと。「景気は―だ」 対 上り坂。 ❸天気が悪くなること。

**くだ・る【下る】**『◇降る』(自五) {ラ(ロ)・リ(ツ)・ル・ル・レ・レ} ❶高い所から低い所へ移る。「山を―」 対 上《のぼ》る ❷上の者からの命令・判決などが伝えられる。「許可が―」「診断《しんだん》が―」 ❸相手に負けて降参する。「敵の軍門に―」 ❹都をはなれて地方へ行く。「田舎《いなか》へ―」 対 上る ❺川の下流に行く。「川を―」 対 上る ❻時が過去から現代に近づく。時が移る。「やや時代が―・って」 ❼下痢《げり》をする。「腹が―」 ❽(「…を下らない」の形で)ある数量より下回らないことを表す。「二万人を―・らない入りだ」

**くだんの**『◇件の』(連体) 前に述べた。例の。

**件の如《ごと》し** 前に述べたとおりである。むかし、証文や書状などの終わりに用いたことば。「よって―」

**くち【口】** 一 (名) ❶人や動物がものを飲んだり、食べたり、声を出したりする器官。「―に入れる」 ❷口を使ってものを言うこと。また、そのことば。「世間の―がうるさい」「―をつぐむ」「―をにごす(=はっきり言わないでぼかして言う)」 ❸呼ばれること。指名。「―がかかる」 ❹食べ物の味に対する感じ方。味覚。「―がおごっている」「―が肥《こ》える」 ❺食べ物を必要とする人数。「―を減らす」 ❻割れ目。さけ目。穴のあいている部分。「傷―」 ❼出入りや出し入れをする所。「裏―」「袋の―」 ❽入ったばかりの所。物事のはじめ。とっつき。「宵《よい》の―」「序の―」 ❾就職や縁組《えんぐみ》などで、入っておさまる所。「勤め―」 ❿いくつかに分けたうちの一つ。「別の―をさがす」 二 (接尾) ❶ものを食べるときの口に入れる回数。「一―食べる」 ❷寄付や出資などの、金額や数量の単位を表す。「一―五千円の保険」

**口がうまい** 話すのが上手《じょうず》である。また、口先で人の気に入ることを言ったりごまかしたりするのが上手だ。

**口が奢《おご》る** 高級なものばかり食べなれていて、食べ物にぜいたくである。

**口が重《おも》い** なかなかものを言わない。「―人」

**口が堅《かた》い** 言ってはならないことは決して言わない。

**口が軽《かる》い** 言ってはならないことでも不用意にしゃべる。べらべらしゃべる。

**口が酸《す》っぱくなる** (注意など)同じことを何度もくり返して言う。「―ほど言ってもわからない」

**口が滑《すべ》る** 言ってはならないことをうっかり言う。「つい口が滑って本当のことを言ってしまう」

**口が減《へ》らない** 口がうまくて、へりくつや負けおしみをならべたてる。減らず口をたたく。「まったく―子だ」

**口から先《さき》に生《う》まれる** おしゃべりな人や口が達者な人をあざけって言うことば。

**口が悪《わる》い** 人が気を悪くするようなにくまれ口をきく傾向《けいこう》がある。

**口に合《あ》う** 食べ物の味が好みに合う。「お口に合えば幸いです」

**口にする** ❶食べる。「一度も口にしたことがない」 ❷口に出して言う。「そんなことばは二度と―な」

**口に出《だ》す** 思っていることを声にして言う。

**口に乗《の》る** ❶うわさされる。「世間の—」 ❷だまされる。「うっかり人の—」

**口は禍《わざわい》の門《かど》** うっかり言ったことが原因で災難を招くことがあるから、口はつつしまなければいけないということわざ。口は禍のもと。

**口ほどにもない** 実際の行動や能力が口で言っていたほどではなく、たいしたことがない。口ほどもない。

**口も八丁《はっちょう》手《て》も八丁《はっちょう》** 言うこともすることも両方達者なこと。口八丁手八丁。

**口を利《き》く** ❶ものを言う。話をする。❷間にたってとりもつ。「おじが口を利いてくれたおかげで会えた」

**口を切《き》る** ❶最初に発言する。「生徒会長がまず—」 ❷瓶《びん》の栓《せん》や袋の封《ふう》をあける。

**口を極《きわ》めて** それ以上の言いようがないほど、ことばを尽《つ》くすようす。「—ほめたたえる」

**口を揃《そろ》える** 多くの人びとが同じようなことを言う。「口をそろえて反対する」

**口を出《だ》す** わりこむようにして自分の考えを言う。口出しをする。口をはさむ。「よけいな—な」

**口をついて出《で》る** (深く考えることなく)ことばがすらすらと出る。「感謝のことばが—」

**口を慎《つつし》む** よけいなことを言わないようにする。ものの言い方に気をつける。「少しは口を慎みなさい」

**口をとがらせる** 不平そうな顔つきをする。「口をとがらせて抗議《こうぎ》する」

**口をぬぐう** (盗《ぬす》み食いのあと、口をぬぐってそしらぬ顔をすることから)悪いことをしていながら知らないふりをする。また、知っていながら知らないふりをする。

**口を糊《のり》する** やっと暮らしをたてる。口に糊する。

**口を挟《はさ》む** 他人の話にわりこんで話す。口を出す。

**口を封《ふう》じる** 悪事や秘密など、言われては困ることを言わせないようにする。口をふさぐ。「金をやって—」

**口を割《わ》る** 白状する。「犯人が—」

**ぐち【愚痴】**(名) 言ってもしかたのないことを言ってなげくこと。「—をこぼす」

**くちあけ【口開け】**(名) ❶入れ物などの口をあけること。また、口をあけたばかりであること。❷物事のいちばんはじめ。「—の客」

**くちあたり【口当たり】**(名) 飲み物や食べ物を口に入れたときの感じ。「—のいい酒」

**くちいれ【口入れ】**(名) 人と人との間にたち、奉公《ほうこう》先などの世話をすること。また、その人。「—屋」

**くちうつし【口写し】**(名) 話し方やその内容が、ほかの人にそっくりであること。

**くちうつし【口移し】**(名) ❶飲食物を口に含《ふく》んで、直接相手の口へ移すこと。「—で水を飲ませる」 ❷ことばで直接言い伝えること。口伝《くでん》。「—でせりふを教える」

**くちうら【口裏】**(名) ❶(もと「口占」で、ことばで吉凶《きっきょう》を占《うらな》う意から)話す人の心の中が推察できるような話しぶり。「—から考えがわかる」 ❷話の内容。「—を合わせる(=話の内容をしめし合わせる)」

**くちうるさ・い【口うるさい】**『口◇煩い』(形) {カロ・カッ(ク)・イ・イ・ケレ・○} ちょっとしたことにも細かく文句を言ってばかりいるようす。「親は—ものだ」 類 口やかましい

**くちえ【口絵】**(名) 本のはじめにのせる絵や写真。

**くちおし・い【口惜しい】**(形) {カロ・カッ(ク)・イ・イ・ケレ・○} 自分の思いどおりにならないで、残念である。くやしい。

**くちかず【口数】**(名) ❶話すことばの多さ。ことばかず。「—の多い人」 ❷人数。頭かず。「—を減らす」

**くちがため【口固め】**(名・自スル) ❶かくしごとをほかの人に言わないように約束させること。口止め。❷かたく口約束すること。

**くちがね【口金】**(名) ハンドバッグ・さいふ・瓶《びん》など、入れ物の口をとめるためにつける金具。

**くちき【朽ち木】**(名) ❶くさった木。❷世の中に認められないまま、不運な一生を終える人のたとえ。

**くちきき【口利き】**(名) 争いや話し合いをする人びとの間にたってうまくまとめること。人と人との間をとりもつこと。また、その人。「先輩《せんぱい》の—で就職する」

**くちぎたな・い【口汚い】**(形) {カロ・カッ(ク)・イ・イ・ケレ・○} ❶物の言い方があらっぽくて品がない。「—・くののしる」 ❷食い意地がはっている。

**くちきり【口切り】**(名) ❶物の口や封《ふう》などを切ってあけること。❷物事のしはじめ。口あけ。「討議《とうぎ》の—はあなたにお願いしよう」

**くちく【駆逐】**(名・他スル) 敵などを追いはらうこと。「—艦《かん》」

**くちぐせ【口癖】**(名) 話すとき、無意識のうちにいつも言うこと。また、その文句。

**くちぐち【口口】**(名) ❶大勢の人のひとりひとりの口。「—に言う」 ❷あちこちの出入り口。

**くちぐるま【口車】**(名) 口先だけのたくみな言い回し。ごまかし。

**口車に乗《の》せる** うまいことを言ってだます。「まんまと彼《かれ》の口車に乗せられた」

**くちげんか【口げんか】**『口△喧△嘩』(名・自スル) 言い争うこと。言い合い。口論。「—がたえない」

**くちごたえ【口答え】**(名・自スル) 目上の人にさからって言い返すこと。口返答。「—するな」

**くちコミ【口コミ】**(名) (マスコミをもじったことば)人の口から口へと伝わるうわさや評判。「—で伝わる」

**くちごも・る【口籠もる】**(自五) {ラ(ロ)・リ(ッ)・ル・ル・レ・レ} ❶ことばが口の中にこもってはっきりしない。❷言いにくい理由があるなどして、はっきり言わなかったりことばにつまったりする。「痛いところをつかれて—」

**くちさがな・い【口さがない】**(形) {カロ・カッ(ク)・イ・イ・ケレ・○} 他人のことについて無責任に悪口を言ったりうわさをしたりするようす。「—人びと」

**くちさき【口先】**(名) ❶口の先の方。❷心のこもらない、うわべだけのことば。「—だけの人」

**くちさびし・い【口寂しい】**(形) {カロ・カッ(ク)・イ・イ・ケレ・○} 食べ物など口に入れるものがないため、もの足りない感じである。くちざみしい。

**くちじゃみせん【口◦三味線】**(名) 口で三味線の音をまねること。「—に乗せる(=口先でだます)」

**くちずさ・む【口ずさむ】**『口◇遊む』(他五) {マ(モ)・ミ(ン)・ム・ム・メ・メ} 詩や歌などを、ふと思いつくまま口にする。「歌を—・みながら歩く」

**くちすす・ぐ**〖△嗽ぐ・△漱ぐ〗(自五){ガ(ゴ)・ギ(イ)・グ・グ・ゲ・ゲ} 口の中を洗いきよめる。うがいをする。

**くちぞえ**【口添え】(名・自スル) ある人の交渉《こうしょう》やたのみごとなどを、他の人がことばをそえてとりなすこと。

**くちだし**【口出し】(名・自スル) 人の話などにわりこんで意見などを言うこと。「よけいなーをするな」「友人のーで話がまとまる」

**くちだっしゃ**【口達者】(名・形動ダ) よくしゃべること。物の言い方が巧《たく》みなこと。また、その人。口巧者《ごうしゃ》。口上手《じょうず》。「ーに言い負かす」

**くちづけ**【口づけ】〖口付け〗(名・自スル) ↓せっぷん

**くちづたえ**【口伝え】(名・他スル) ❶人から人へ言い伝えること。くちづて。「ーの民話」 ❷直接ことばで伝え教えること。口伝《くでん》。「ーの秘伝」

**くちづて**【口づて】〖口◇伝て〗(名) ↓くちづたえ①

**くちどめ**【口止め】(名・自スル) 秘密などを人に話すのを禁じること。口固め。「ー料」

**くちとり**【口取り】(名) ❶牛や馬のくつわをとること。また、とって引く人。「ー縄《なわ》」 ❷(「口取り肴《ざかな》」の略)魚・きんとん・卵焼きなどを少しずつ取り合わせた日本料理。料理の最初に出す。「ー皿《ざら》」

**くちなおし**【口直し】(名・自スル) 前に食べたものの味を消すために、前と別の物を食べたり飲んだりすること。また、その飲食物。「おーに一杯《ぱい》どうぞ」

**くちなし**〖×梔子・×山梔子〗(名)〘植〙アカネ科の常緑低木。初夏、かおりのよい白い花をつける。果実は染料や薬になる。

(くちなし)

**くちなわ**〖◇蛇〗(名)〘動〙「へび」の別名。参考 朽《く》ちた縄《なわ》に似ていることから。

**くちば**【朽ち葉】(名) 落ちて腐《くさ》った木の葉。

**くちばし**〖△嘴・△喙〗(名) 鳥などの、口の上下のはしがつき出して骨のようにかたくなっているもの。

**嘴が黄色《きいろ》い** まだ年が若くて経験が浅い。

**嘴を入《い》れる** 出しゃばって、あれこれ口を出す。口をはさむ。くちばしをはさむ。「人の話にーな」

**嘴を挟《はさ》む** ↓くちばしをいれる

**くちばし・る**【口走る】(他五){ラ(ロ)・リ(ッ)・ル・ル・レ・レ} ❶考えてもいないことを気づかずに言う。無意識に言ってしまう。「あらぬことをー」 ❷言ってはならないことやよけいなことをうっかり言う。「思わず本当のことをー」

**くちはっちょうてはっちょう**【口八丁手八丁】↓くちもはっちょうてもはっちょう

**くちは・てる**【朽ち果てる】(自下一){テ・テ・テル・テル・テレ・テロ(テヨ)} ❶すっかりくさってしまう。「ー・てた小屋」 ❷世の中に知られずに一生を終わる。「都会の片隅《かたすみ》でー」

**くちはばった・い**【口幅ったい】(形){カロ・カッ(ク)・イ・イ・ケレ・○} 自分の能力や身分以上に大げさでなまいきなことを言うようす。「ー言い方ですが」使い方◇自分の言うことをけんそんして言う時に使う。

**くちび**【口火】(名) ❶火薬・火縄銃《ひなわじゅう》、また、ガス器具などに火をつけるための火。類 種火。 ❷物事が起こるきっかけとなるもの。「反撃《はんげき》のーとなる安打」

**口火を切《き》る** 物事を最初に始める。「話のー」

**くちひげ**【口ひげ】〖口△髭〗(名) 鼻の下に生やしたひげ。

**くちびる**【唇】(名) 口の上下のふちの、うすい皮でおおわれたやわらかい部分。飲食や発音などを助ける器官。「ーがかさつく」

**唇亡《ほろ》びて歯《は》寒《さむ》し** おたがいに助け合っていたものの片方がほろびると、他方もあやうくなることのたとえ。

**唇を噛《か》む** くやしさや悲しさをじっとこらえる。「唇を嚙んで悲しさにたえる」

**唇をとがらす** 不平不満を顔に表す。不満をこめてものを言う。「一言《ひとこと》注意すると、すぐー」

**くちふうじ**【口封じ】(名) 秘密などを他人に話さないようにさせること。「ーに金《かね》を与《あた》える」

**くちぶえ**【口笛】(名) 唇《くちびる》をすぼめ、息をふいて笛のように鳴らすこと。また、その音。「ーで合図する」

**くちぶり**【口振り】(名) 話し方のようす。ことばつき。話しぶり。「事情を知っているようなー」

**くちべた**【口◦下手】(名・形動ダ) 話し方がへたなこと。また、へたな人。「ーで損をする」

**くちべに**【口紅】(名) 唇《くちびる》にぬる化粧《けしょう》品。ルージュ。べに。

**くちべらし**【口減らし】(名・自スル) 生活費をけずるために、子どもを養子や奉公《ほうこう》に出すなどして、家族の人数を減らすこと。

**くちへん**【口偏】(名) 漢字の部首の一つ。「呼」「咲」などの左側にある「ㅁ」の部分。

**くちまかせ**【口任せ】(名) 思いつきをそのまま口に出すこと。出まかせ。「ーにいい加減なことを言う」

**くちまね**【口まね】〖口真◇似〗(名・自他スル) 他人の声や話し方などをまねること。「兄のーをしてなまいきなことを言う」

**くちもと**【口元】〖口◦◇許〗(名) ❶口のあたりやそのようす。「ーがかわいい」「ーに笑《え》みを浮《う》かべる」 ❷出入り口のあたり。出し入れするところ。「びんのー」

**くちやかまし・い**【口やかましい】〖口△喧しい〗(形){カロ・カッ(ク)・イ・イ・ケレ・○} 少しのことでも気にしてうるさく言うさま。「ー母」「ー・く注意する」類 口うるさい

**くちやくそく**【口約束】(名・他スル) 文書などにしないで、口だけでする約束。「ーだけで信用するな」

**くちゃくちゃ** ━ (形動ダ){ダロ・ダッ(デ・ニ)・ダ・ナ・ナラ・○} 紙や布などがもまれたりして、しわだらけになっているようす。くしゃくしゃ。「ーなハンカチ」 ━ (副) 口の中で音をたててものをかむようす。また、その音。「ガムをー(と)かむ」

**ぐちゃぐちゃ** ━ (副・自スル・形動ダ) ❶水分が多くてひどくやわらかいようす。「ー(と)したごはん」「みぞれで校庭はーだ」 ❷ひどく乱れているようす。めちゃくちゃ。「順番がーになる」 ━ (副) 不満などをあれこれぐちっぽく言うようす。ぐずぐず。「ー(と)言うな」

**くちゅう**【苦衷】(名) 苦しい心の中。「友のーを察する」

**くちゅう**【駆虫】(名・自スル) 寄生虫・害虫などを取り除くこと。「ー剤《ざい》」

**くちょう**【口調】(名) ことばの言いまわし。ものを言うときの調子。「落ち着いたーで話す」

**ぐちょく**【愚直】(名・形動ダ) 正直すぎて融通《ゆうずう》のきかないこと。「ーな人間」

**くちよごし**【口汚し】(名) 客に食べ物をすすめるときにけんそんしていうことば。「ほんのおーですが」

**く・ちる**【朽ちる】(自上一) ｛チ・チ・チル・チル・チレ・チロ(チヨ)｝ ❶草や木などがくさって形がくずれる。「落ちてー・ちた葉」 ❷ほろんでなくなる。すたれる。「歴史にーことのない名」 ❸世に知られずに死ぬ。「郷里にー」

**くちを・し**〔口惜し〕《クチオシ》(形シク) 古語 くやしい。ものたりない。情けない。残念だ。「呼びにやりたる人の来ぬ、いとー」〈枕草子《まくらのそうし》〉 訳 呼びにやった人が来ないのは、まことに残念である。

**くつ【屈】** 8画 尸5 音 クツ

❶かがむ。折り曲げる。◆屈曲・屈指・屈伸《くっしん》・屈折 ◆後屈・前屈。対 伸。 ❷くじける。くじく。◆屈従・屈辱《くつじょく》・屈服 ◆卑屈《ひくつ》・不屈。 ❸ゆきづまる。◆窮屈《きゅうくつ》。 ❹つよい。◆屈強

**くつ【掘】** 11画 扌8 音 クツ 訓 ほる

ほる。ほり出す。◆掘削《くっさく》 ◆採掘・発掘

**くつ【窟】** 13画 穴8 音 クツ

あな。ほらあな。あなぐら。◆岩窟・巣窟《そうくつ》・洞窟《どうくつ》

**くつ**【靴】〖△沓〗(名) はき物の一種。足を中に入れてはくもの。革《かわ》・ゴム・布などで作る。「運動ー《ぐつ》」

**くつう**【苦痛】(名) 心やからだに感じる苦しみや痛み。また、なやみ。「ーをやわらげる」「ーを訴《うった》える」

**くつがえ・す**【覆す】(他五) ｛サ(ソ)・シ・ス・ス・セ・セ｝ ❶ひっくり返す。「大波が船をー」 ❷ほろぼす。たおす。「政権をー」 ❸今までのことを否定して異なった立場に立つ。これまでのことを根本から変える。「決定をー」

**くつがえ・る**【覆る】(自五) ｛ラ(ロ)・リ(ッ)・ル・ル・レ・レ｝ ❶ひっくり返る。「船体がー」 ❷ほろびる。たおれる。「政権がー」 ❸今までのことが否定されて異なった結果になる。「判定がー」

**クッキー**〔英 cookie〕(名) 小麦粉にバター・卵・砂糖などをまぜて焼いた、ビスケットに似た洋菓子《ようがし》。

**くっきょう**【屈強】(名・形動ダ) たくましくて力の強いこと。「ーな若者」

**くっきょく**【屈曲】(名・自スル) 折れ曲がること。「ーした道」

**くっきり**(副・自スル) はっきりと目だつようす。きわだってあざやかなようす。「富士山《ふじさん》がー(と)見える」

**クッキング**〔英 cooking〕(名) 料理。また、料理法。「ースクール」

**クックしょとう**〔クック諸島〕〔Cook Islands〕 [地名] 南太平洋上の島々からなる立憲君主国。首都はアバルア。

**ぐつぐつ**(副) 物が音をたてて煮《に》えるようす。

**くっさく**【掘削】〖掘△鑿〗(名・他スル) 土や岩石を掘《ほ》り取って穴をあけること。「ー機」

**くっし**【屈指】(名) 多くの中で指を折って数えあげられるほどすぐれていること。ゆびおり。「ーの理論家」「世界ーの実力」

**くつした**【靴下】(名) 靴をはくときなどに足に直接はく衣料品。ソックスやストッキングなど。

**くつじゅう**【屈従】(名・自スル) 自分の意に反して、権力や力の強いものに従うこと。「権力にーする」 類 屈服《くっぷく》

**くつじょく**【屈辱】(名) はずかしめられて面目を失うこと。「ーを受ける」「ー感を味わう」 …的 「屈辱的なあつかいを受ける」 類 恥辱《ちじょく》

**ぐっしょり**(副) からだなどが、ひどくぬれるようす。びっしょり。「ー(と)寝汗《ねあせ》をかく」

**クッション**〔英 cushion〕(名) ❶羽毛やスポンジなどを入れたいす用の洋風のざぶとん。 ❷いす・ベッドなどの弾力《だんりょく》性。「ーのいいソファー」 ❸物の間にあって衝撃《しょうげき》をやわらげるもの。「ワンーおいてから言う」

**くっしん**【屈伸】(名・自他スル) かがむことと のびること。また、かがめることとのばすこと。「ー運動」

**グッズ**〔英 goods〕(名) 商品。品物。「スキーー」

**ぐっすり**(副) 眠《ねむ》りが深いようす。「ー(と)眠る」

**くっ・する**【屈する】 ｛シ(セ・サ)・シ・スル・スル・スレ・シロ(セヨ)｝ 一 (自サ変) ❶折れ曲がる。かがむ。 ❷くじける。服従する。「権力にー」 二 (他サ変) 折り曲げる。かがめる。「膝《ひざ》をー」「身をー」

**くつずれ**【靴擦れ】(名・自スル) 靴が合わないため、足がすれて傷つくこと。また、その傷。

**くっせつ**【屈折】(名・自スル) ❶折れ曲がること。「ーした道」 ❷気持ちや考えなどが複雑にゆがんでいること。「ーした心理」 ❸〖物〗光や音の波がある物質から別の物質にはいるとき、その境の面で曲がること。

**くったく**【屈託】(名・自スル) ❶気にかけてくよくよ心配すること。「ーのない人」 ❷くたびれていやになること。「ーした表情」

**ぐったり**(副・自スル) 疲《つか》れきったり弱ったりして、からだの力がぬけるようす。「暑さ続きでー(と)する」

**くっ・つ・く**(自五) ｛カ(コ)・キ(イ)・ク・ク・ケ・ケ｝ ❶ものとものとがぴったりとつく。付着する。「磁石にくぎがー」 ❷すきまがないほど接近している。「隣家《りんか》とー・いて建つ家」 ❸人に離《はな》れずにいる。「いつも子どもがー・いている」

**くってかか・る**【食ってかかる】〖食って掛かる〗(自五) ｛ラ(ロ)・リ(ッ)・ル・ル・レ・レ｝ はげしい態度やことばで相手に立ちむかう。くいかかる。「親にー」

**グッド**〔英 good〕 一 (名・形動ダ) よいこと。すぐれた。「ータイミング」 二 (感) よし。よろしい。

**グッドバイ**〔英 good-bye〕(感) さようなら。

**くつぬぎ**【くつ脱ぎ】〖△沓脱ぎ〗(名) 玄関《げんかん》・縁側《えんがわ》などで、はきものをぬぐ所。また、そこに置いた石。

**くっぷく**【屈服・屈伏】(名・自スル) 相手の勢いや力に負けて従うこと。「敵にーする」 類 屈従

**くつべら**【靴べら】〖靴△篦〗(名) くつをはくとき、足がはいりやすいように、かかとに当てて使うへら。

**くつろ・ぐ**〖◇寛ぐ〗(自五) ｛ガ(ゴ)・ギ(イ)・グ・グ・ゲ・ゲ｝ 心やからだをゆったり落ち着けて休む。「家に帰ってー」

**くつわ**〖△轡〗(名) 馬の口にくわえさせ、たづなをつけるための金具《かなぐ》。「ーを並べる(=馬首をそろえて進む。転じて、いっしょに行動する)」

**くつわむし**『△轡虫』（名）『動』キリギリス科の昆虫《こんちゅう》。夏の夜、ガチャガチャと馬がくつわを鳴らすように草むらで鳴く。がちゃがちゃ。

**くてん【句点】**（名）文の終わりにつけるしるし。まる。「。」⇒くとうてん

**くでん【口伝】**（名・他スル）秘法などを口で教え授《さず》けること。口伝え。また、それを書きしるしたもの。

**ぐでんぐでん**（形動ダ）〔ダロ・ダツ(デ・ニ)・ダ・ナ・ナラ・○〕ひどく酒に酔《よ》って意識がはっきりしないようす。泥酔《でいすい》するようす。「―に酔っぱらう」

**くど・い**（形）〔カロ・カツ(ク)・イ・イ・ケレ・○〕❶わかりきったことや同じことをしつこくくり返し言って、うるさい。「―説明」❷色や味などがきつくて、あっさりしていない。「味が―」

**くとう【苦闘】**（名・自スル）苦しい戦いをすること。つらく苦しい骨折りをすること。「悪戦―」

**くどう【駆動】**（名・他スル）動力を歯車・ベルトなどで伝えて、車輪などを動かすこと。「四輪―の車」

**くとうてん【句読点】**（名）文章の切れ目につけるしるし。文の切れ目には句点「。」をつけ、文中の語句の切れ目には読点《とうてん》「、」をつける。

**くどく【功徳】**（名）❶神や仏からよい果報を与《あた》えられるようなよい行い。「―をほどこす」「―を積む」❷神や仏を信じて受けるご利益《りやく》。「―が現れる」

**くど・く【口説く】**（他五）〔カ(コ)・キ(イ)・ク・ク・ケ・ケ〕自分の意に従わせようといろいろ言う。「ことばたくみに―」

**くどくど**（副）同じことをながながとくり返してしつこく言うようす。「―(と)説明する」

**ぐどん【愚鈍】**（名・形動ダ）頭が悪く、動作もにぶいこと。「―な男」

**くないちょう【宮内庁】**（名）皇室・天皇《てんのう》に関係する仕事をする役所。

**くなん【苦難】**（名）身にふりかかる苦しみやつらさ。「―に立ち向かう」

**くに【国】**（名）❶一つの政府に治められている土地とそこに住む人びとの集まり。国家。国土。「―を治める」「日本という―」❷生まれ育った所。ふるさと。「―に帰る」❸一定の地域。地方。「北の―」「おとぎの―」❹むかしの日本の行政区画の単位。「武蔵《むさし》の―」

**国破《やぶ》れて山河《さんが》あり**　国は戦乱のためにほろびても、自然の山や川だけはもとの姿のままに残っている。参考 中国の杜甫《とほ》の詩「春望」の中にあることば。

**くにおもて【国表】**（名）（江戸《えど》時代の言い方で）自分の領国のほう。国もと。

**くにがまえ【国構え】**（名）漢字の部首の一つ。「国」「固」などの「囗」の部分。

**くにがら【国柄】**（名）その国またはその地方の性質・特色・持ち味。「お―」「陽気な―」

**くにきだどっぽ**〔国木田独歩〕【人名】（一八七一―一九〇八）明治時代の詩人・小説家。美しい筆致《ひっち》で田園の自然と生活をえがいた。作品は「武蔵野《むさしの》」「牛肉と馬鈴薯《じゃがいも》」「運命論者」など。

**くにく【苦肉】**（名）敵などをだますため、自分の身を苦しめること。

**苦肉の策《さく》**　自分を犠牲《ぎせい》にしてでも行うはかりごと。苦しまぎれの策。

**くにことば【国言葉】**（名）その地方独特の発音やことば。方言。くになまり。「―が懐《なつ》かしい」

**くにもと【国元】**『国◇許』（名）❶生まれ故郷。父や母のいるふるさと。「―に帰る」❷むかしの、大名の領地。本国。

**ぐにゃぐにゃ**（副・自スル・形動ダ）やわらかくて、形がいくらでも変わるようす。「飴《あめ》がとろけて―になる」

**くぬぎ**『△櫟』（名）『植』ブナ科の落葉高木。実はどんぐり。材は薪《まき》や炭、しいたけ栽培《さいばい》の台木にする。

**くねくね**（副・自スル）右に左に連続してゆるやかに曲がるようす。「―(と)カーブした山道」

**くね・る**（自五）〔ラ(ロ)・リ(ツ)・ル・ル・レ・レ〕ゆるやかに連続して折れ曲がる。「曲がり―・った道」

**くねんぼ**『九年母』（名）『植』ミカン科の常緑低木。秋、かおりのよい甘い実がなり、食用になる。

**くのいち【くノ一】**（名）女のこと。また、女の忍者《にんじゃ》。参考「女」の字は、「く」「ノ」「一」に分解できることから。

**くのう【苦悩】**（名・自スル）精神的に苦しみなやむこと。また、そのなやみ。「―の色が濃《こ》い」

**くはい【苦杯】**（名）（苦《にが》い飲み物を入れた杯《さかずき》の意から）苦しくつらい経験。にがい経験。

**苦杯をなめる**　苦しい経験をする。「決勝で―（＝負ける）」

**くば・る【配る】**（他五）〔ラ(ロ)・リ(ツ)・ル・ル・レ・レ〕❶割り当ててわたす。分けあたえる。また、配達する。「プリントを―」「新聞を―」❷注意を行きわたらせる。「気を―」❸適切に配置する。「要所に人を―」

**くひ【句碑】**（名）俳句をほりこんだ石碑。

**くび【首】**（名）❶頭と胴《どう》とをつなぐ細い部分。❷頭。「―を垂れる」「―を振《ふ》る」❸物の、①に似た部分。「花びんの―」❹勤めをやめさせること。免職《めんしょく》。「―になる」参考 ①は「頸」とも書く。

**首がつながる**　なんとか勤めをやめさせられずにすむ。

**首が飛《と》ぶ**　勤めをやめさせられる。解雇《かいこ》される。

**首が回《まわ》らない**　金のやりくりがつかない。借金が多くてどうにもならない。「借金で―」

**首に縄《なわ》をつける**　いやがる人を無理やりに連れて行くことのたとえ。

**首をかしげる**　（首を一方にかたむける動作から）ふしぎに思う。疑問に思う。「―ような意見が多い」

**首を切《き》る**　勤めている人をやめさせる。解雇《かいこ》する。

**首を突《つ》っ込《こ》む**　あることに興味を持ってかかわったり、深入りしたりする。「そんなことに―な」

**首を長《なが》くして待《ま》つ**　まだか、まだかと待ちわびる。首を長くする。「プレゼントが届くのを―」

**首をひねる**　納得《なっとく》できなかったり、疑問に思ったりしていろいろ考える。「首をひねって考えこむ」

**ぐび【具備】**（名・自他スル）必要なものがそろっていること。また、そろえること。「必要な条件を―する」

**くびかざり【首飾り】**（名）宝石・貴金属などをつないだ、首にかけるアクセサリー。ネックレス。

**くびかせ【首かせ】**『首△枷・△頸△枷』（名）❶むかし、罪人の首にはめて自由に動かせないようにした刑具

《けいぐ》。❷自由をさまたげるもの。「子は三界《さんがい》の—」

**くびき**〘△頸木・△軛〙(名) ❶車を引かせるために、車の前につき出た二本の棒の先につけて牛や馬のくびにあてる横木。❷自由をさまたげるもの。「封建制《ほうけんせい》の—を脱《だっ》する」

**くびきり**【首切り・首斬り】(名) ❶罪人の首を切ること。また、その役目の人。「—台」❷やとっている人をやめさせること。解雇《かいこ》。「—にあう」

**くびじっけん**【首実検】(名・他スル) (むかし、戦いでうちとった敵の首がほんとうにその人の首かどうか、確かめたことから)実際にその人を見て本人かどうか確かめること。「容疑者の—に立ち会う」

**ぐびじんそう**〘◇虞美人草〙(名)〘植〙→ひなげし

**くびす**〘△踵〙(名) →きびす

**くびすじ**【首筋】(名) 首のうしろの部分。えりくび。「相手の—をつかむ」

**くびったけ**【首ったけ】〘首っ丈〙(名・形動ダ) 異性にほれこんで夢中になること。「彼女《かのじょ》に—」

**くびっぴき**【首っ引き】(名) そばに置いた物を絶えず参照しながら何かをすること。「辞書と—で勉強する」「料理の本と—で作った」

**くびつり**【首つり】〘首△吊り〙(名) 高い所からつるしたひもなどを首にまきつけ、からだの重みでしめて死ぬこと。「—自殺」

**くびねっこ**【首根っこ】(名) 首のうしろの部分。くびすじ。「—を押《お》さえる(=相手の弱点をおさえてさからえないようにする)」

**くび・る**〘△縊る〙(他五) {ラ(ロ)・リ(ッ)・ル・ル・レ・レ} 首をしめて殺す。

**くび・れる**〘◇括れる〙(自下一) {レ・レ・レル・レル・レレ・レロ(レヨ)} 両端がふくれて中ほどが細くなっている。「細く—・れた腰《こし》」

**くび・れる**〘△縊れる〙(自下一) {レ・レ・レル・レル・レレ・レロ(レヨ)} 首をくくって死ぬ。「山中で—」

**くびわ**【首輪】(名) ❶首かざり。❷犬・猫《ねこ》などの首にはめておく輪。

**くふう**【工夫】(名・他スル) よい方法はないかとあれこれ考えること。また、その考えついた方法。「—をこらす」注意「こうふ」と読むと別の意味になる。

**くぶくりん**【九分九厘】(名・副) ほぼ完全であること。ほとんど。九九パーセント。「—まちがいない」

**くぶどおり**【九分通り】(副) 十のうち九くらい。だいたい。ほとんど。「—でき上がる」

**くぶん**【区分】(名・他スル) 全体を区切って分けること。くわけ。「土地を二つに—する」

**くぶんでん**【口分田】(名)〘歴〙律令《りつりょう》制で、満六歳以上の人に分けあたえられたたんぼ。

**くべつ**【区別】(名・他スル) あるものと他のものとのあいだに認められる違《ちが》い。また、その違いからものを分けること。「—がつかない」「黒と白とを—する」

**く・べる**(他下一) {ベ・ベ・ベル・ベル・ベレ・ベロ(ベヨ)} 物を火の中に入れてもやす。「薪《まき》を—」

**くほう**【句法】(名) 詩文・俳句などの組み立て方や、作り方。

**くぼたうつぼ**〔窪田空穂〕【人名】(一八七七〜一九六七) 明治・大正・昭和時代の歌人・国文学者。はじめ浪漫《ろうまん》的な明星《みょうじょう》派に加わるが、のち、自然主義的な傾向《けいこう》を示した。歌集「まひる野」「土を眺《なが》めて」など。

**くぼち**【くぼ地】〘◇凹地・△窪地〙(名) まわりより低くなっている土地。くぼんでいる土地。

**くぼみ**〘◇凹み・△窪み〙(名) くぼんでいる所。へこみ。

**くぼ・む**〘◇凹む・△窪む〙(自五) {マ(モ)・ミ(ン)・ム・ム・メ・メ} まわりよりも低く落ちこむ。へこむ。「道の—・んだ所」

**くま【熊】** 14画 灬10 小4 訓くま

ム 育 育 能 能 熊

けものの名。◆熊手《くまで》

◆穴熊《あなぐま》・白熊

**くま**【熊】㊀(名)〘動〙クマ科の哺乳《ほにゅう》動物の総称《そうしょう》。からだは大きく、手足が短く太い。多くは、穴にはいり冬眠《とうみん》する。日本には、つきのわぐまとひぐまがすむ。㊁(接頭) 強くておそろしい、また、形が大きい意を表す。「—樫《がし》」「—蟬《ぜみ》」「—蜂《ばち》」

**くま**〘△隈〙(名) ❶物の奥《おく》のほうの見えにくい所。入りこんだ所。すみ。「—なくさがす」❷つかれたときなどに目のまわりにできる黒ずんだ部分。「目のふちに—ができる」❸「くまどり②」の略。

**ぐまい**【愚昧】(名・形動ダ) おろかで、ものの道理がわからないこと。「—な人」

**くまぐま**〘△隈△隈〙(名) あちこちのすみ。すみずみ。

**くまざさ**〘熊△笹・△隈△笹〙(名)〘植〙イネ科の竹の一種。山野に自生し、また庭園に栽培《さいばい》もする。葉は大きく、冬になるとへりが枯《か》れて白くふちどられる。

**くまそ**〘熊◇襲〙(名)「古事記」や「日本書紀」にみえる、九州南部に住んでいた種族。

**くまで**【熊手】(名) ❶長い柄《え》の先を細かく分けて曲げた、落ち葉などをかきよせる竹製の道具。❷酉《とり》の市で売る①の形をした竹製の縁起物《えんぎもの》。おかめの面や小判《こばん》のつくりものがついている。

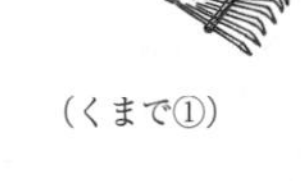
(くまで①)

**くまどり**【くま取り】〘△隈取り〙(名・他スル) ❶日本画のかき方で、色のこさやうすさで遠近感などを出すこと。ぼかし。❷歌舞伎《かぶき》の役者が役の特色を強く出すために、赤・青・黒などの絵の具で顔をいろどること。くま。

(くまどり②)

**くまなく**〘△隈無く〙(副) ❶すみずみまで。残す所なく。「—さがす」❷かげやくもりがなく、はっきりと。「—照る月」

**くまのい**〘熊の◇胆〙(名) くまの胆汁《たんじゅう》を含《ふく》んだままの胆嚢《たんのう》を干したもの。胃腸薬などに用いる。

**くまばち**〘熊蜂〙(名)〘動〙ミツバチ科の昆虫《こんちゅう》。からだは大形で黒色、枯《か》れ木などに穴をあけてすむ。くまんばち。

**くまんばち**〘熊ん蜂〙(名)〘動〙くまばち。また、すずめばちの俗称《ぞくしょう》。

**くみ**【組】(名) ❶ひとまとまりになった人や物。いっしょに行動するなかま。「二人一—」「茶碗《ちゃわん》一—」❷学校などで、同学年の児童・生徒をいくつかに分けた集団の、その一つ一つ。学級。クラス。

**ぐみ**〘×茱萸〙(名)〘植〙グミ科の落葉または常緑低木。山野に自生する。実は赤くなり食べられる。

**グミ**〔ドイツ Gummi〕(名) かむとガムのような弾力《だんりょく》があるキャンデー。グミキャンデー。

**くみあい【組合】**(名) ❶同じ目的を持つ人びとが、共通の利益のために、責任を分かちあって運営する組織体。「協同―」❷「労働組合」の略。「―員」

**くみあ・げる【くみ上げる】**『△汲み上げる』(他下一)｛ゲ・ゲ・ゲル・ゲル・ゲレ・ゲロ(ゲヨ)｝❶水などを低い所から高い所へくむ。「井戸水を―」❷下位の立場にある人の意見を取り入れる。「若手の声を―」

**くみあわせ【組み合わせ】**(名) ❶いくつかのものをとりあつめて一組にすること。また、そのもの。「色の―」❷競技などで、対戦相手となるものを決めること。また、決めたもの。「試合の―」❸〘数〙いくつかのものの中から、ある数だけを順序に関係なく取りだしてつくった組。また、つくれる組の総数。「順列―」

**くみあわ・せる【組み合わせる】**(他下一)｛セ・セ・セル・セル・セレ・セロ(セヨ)｝❶交差させたりからみ合わせたりして一つにする。「腕《うで》を―」❷いくつかのものを合わせて一組とする。「茶碗《ちゃわん》と箸《はし》を―」❸競技などで、対戦相手を決める。「強豪《きょうごう》どうしを―」

**くみい・れる【組み入れる】**(他下一)｛レ・レ・レル・レル・レレ・レロ(レヨ)｝あるものの中に加え入れる。組みこむ。「予定に―」

**くみかえ【組み替え・組み換え】**(名) 組み合わせをかえること。「遺伝子《いでんし》の―」

**くみか・える【組み替える・組み換える】**(他下一)｛エ・エ・エル・エル・エレ・エロ(エヨ)｝一度組まれたものを新しく組みなおす。組み合わせをかえる。「日程表を―」

**くみかわ・す【酌み交わす】**(他五)｛サ(ソ)・シ・ス・ス・セ・セ｝たがいにさかずきをやりとりして酒を飲む。「別れの酒を―」

**くみきょく【組曲】**(名)〘音〙いくつかの曲を組み合わせて一つにまとめた器楽曲。

**くみこ・む【組み込む】**(他五)｛マ(モ)・ミ(ン)・ム・ム・メ・メ｝全体の中に位置づけて入れる。組み入れる。「予算に―」

**くみし・く【組み敷く】**(他五)｛カ(コ)・キ(イ)・ク・ク・ケ・ケ｝組みついて相手をたおし、上からおさえつける。「敵を―」

**くみしやす・い**『◇与し◇易い』(形)｛カロ・カツ(ク)・イ・イ・ケレ・○｝相手としてあつかいやすい。おそれるに足りない。「―相手とみてあなどる」

**くみ・する**『◇与する』(自サ変)｛シ(セ・サ)・シ・スル・スル・スレ・シロ(セヨ)｝仲間となって力を貸す。かかわる。「反対派に―」

**くみたて【組み立て】**(名) ❶部分を組み合わせて一つのものにつくること。また、その方法。「―式本棚《ほんだな》」❷組み立てられたものの構造。構成。「話の―」

**くみた・てる【組み立てる】**(他下一)｛テ・テ・テル・テル・テレ・テロ(テヨ)｝部分を組み合わせて、一つのものを作りあげる。「機械を―」「文章を―」

**くみと・る【くみ取る】**『△汲み取る』(他五)｛ラ(ロ)・リ(ッ)・ル・ル・レ・レ｝❶水などをくんで取り出す。また、くんでほかにうつす。「桶《おけ》で―」❷人の気持ちなどをおしはかる。「心中を―」参考②は「酌み取る」とも書く。

**くみはん【組み版】**(名)(印刷《いんさつ》で)活字を原稿《げんこう》どおりに組んで、版を作ること。また、組んだ版。

**くみひも【組みひも】**『組み△紐』(名) 多くの糸を交差させて組んで作ったひも。帯締《おびじ》めや羽織《はおり》のひもなどに使う。

**くみふ・せる【組み伏せる】**(他下一)｛セ・セ・セル・セル・セレ・セロ(セヨ)｝相手に組みついて倒《たお》し、押《お》さえつける。

**く・む**『△汲む』(他五)｛マ(モ)・ミ(ン)・ム・ム・メ・メ｝❶入れ物で水などをすくい取る。「桶《おけ》で水を―」❷酒・茶などを入れ物についで飲む。「お茶を―」❸人の気持ちや立場を思いやる。おしはかる。「事情を―」参考②で酒の場合は「酌む」と書く。③は「酌む」とも書く。

**く・む【組む】**｛マ(モ)・ミ(ン)・ム・ム・メ・メ｝［一］(他五) ❶細長いものを、たがいちがいに交差させて重ねる。「腕《うで》を―」「ひもを―」「肩《かた》を―」❷部品や材料を交互《こうご》に合わせるなどして作り上げる。「足場を―」「石を―・んで塀《へい》を造る」❸いくつかの部分を集めてまとまりのあるものをつくる。「隊列を―」「チームを―」「予算を―」「特集を―」❹(印刷《いんさつ》で)原稿《げんこう》どおりに活字をならべて、組み版にする。「活字を―」［二］(自五) ❶仲間どうしになる。「二人で―」❷たがいに相手のからだに手をかけ合って格闘《かくとう》する。「四つに―」

**-ぐ・む** (接尾)(名詞の下について五段活用の動詞をつくる)…の状態になってくる。…が出そうになる。「なみだ―」「芽《め》―」

**くめん【工面】**(名・他スル) 必要なおかねや品物をそろえようとくふうすること。算段。「五日までに不足分を―する」類都合《つごう》

**くも【雲】**(名) ❶空気中の水分が細かい水滴《すいてき》や氷となって、空に浮《う》かんでいるもの。「―がたなびく」❷(比喩《ひゆ》的に)㋐一面にひろがったりかすんだりしたもの。「花の―」㋑心が晴れ晴れしないこと。「心に―がかかる」

**雲を霞《かすみ》と** わき目もふらずに逃《に》げ去って、姿《すがた》を消すようす。「―走り去る」

**雲をつかむ** 物事がぼんやりしていて、とらえどころがないことのたとえ。「―ような話」

**雲をつく** 人の背や建物の高さが、ひじょうに高いようす。「―ような大男」

**くも**『×蜘蛛』(名)〘動〙節足動物の一種。四組八本の足があり、多くは腹から糸を出して巣《す》を作る。

**蜘蛛の子《こ》を散《ち》らす** (くもの子の入った袋《ふくろ》を破ると、四方に散ることから)ちりぢりに逃《に》げるようす。

**くもあし【雲脚】**(名) 雲の動くようす。くもゆき。

**くもがくれ【雲隠れ】**(名・自スル) 人に見つからないように、姿をかくすこと。「―した犯人」

**くもすけ【雲助】**(名) むかし、宿場・街道《かいどう》などにいてかごをかついだ人足。たちの悪い者が多かった。

**くもつ【供物】**(名) 神や仏にそなえるもの。おそなえ。

**くもま【雲間】**(名) 雲の切れた所。晴れま。「―から日がさす」

**くもまくかしゅっけつ【くも膜下出血】**『×蜘蛛・膜下出血』(名)〘医〙蜘蛛膜(=脳と脊髄《せきずい》とを包む三層の膜のうち中間のもの)の下の血管が破れて出血する病気。

**くもゆき【雲行き】**(名) ❶天候の変化を予想させる雲の動き。❷物事の変わってゆくようす。なりゆき。「その場の―を見て決める」

**雲行きが怪《あや》しい** ❶天気がくずれ今にも雨が降りそうである。❷物事のなりゆきがおだやかでない。

**くもら・す【曇らす】**（他五）{サ(ソ)・シ・ス・ス・セ・セ}❶くもるようにする。「湯気《ゆげ》が鏡を―」❷心配そうな、また悲しそうなようすを顔や声に表す。「顔を―」

**くもり【曇り】**（名）❶雲で空がおおわれている状態。「―空《ぞら》」❷すきとおっていないこと。「―ガラス」❸心などが晴れ晴れしないでわだかまりがある状態。「心になんの―もない」

**くも・る【曇る】**（自五）{ラ(ロ)・リ(ッ)・ル・ル・レ・レ}❶空が雲などにおおわれる。❷かがやいたりすきとおったりしていたものがぼんやりする。「レンズが―」❸顔や心などが悲しみや不安などで暗い感じになる。「顔が―」㊊晴れる

**くもん【苦△悶】**（名・自スル）苦しみもだえること。もがき苦しむこと。「―の表情」

**ぐもん【愚問】**（名）まとはずれでつまらない質問。「―愚答」「―を発する」

**くやし・い【悔しい】**『×口惜しい』（形）{カロ・カッ(ク)・イ・イ・ケレ・○}思いどおりにならず、腹が立って残念である。「試合に負けて―」

**くやしなみだ【悔し涙】**（名）くやしくて出る涙。「―を流す」

**くやしまぎれ【悔し紛れ】**（名・形動ダ）くやしさのあまり、冷静さを失った言動をすること。「―に悪口を言う」

**くやみ【悔やみ】**（名）❶くやむこと。後悔《こうかい》。❷人の死を悲しみ、とむらいを述べること。また、そのことば。「お―を申し上げます」

**くや・む【悔やむ】**（他五）{マ(モ)・ミ(ン)・ム・ム・メ・メ}❶失敗などをあとであれこれ考えて残念に思う。後悔《こうかい》する。「今さら―・んでもしかたがない」❷人の死を悲しみおしむ。「心からお―・みいたします」

**ぐゆう【具有】**（名・他スル）資格・性質などをそなえもっていること。「両性を―する生物」

**くゆら・す**『△燻らす』（他五）{サ(ソ)・シ・ス・ス・セ・セ}ゆらゆらとけむりを立てる。「パイプを―」「香《こう》を―」

**くよう【供養】**（名・他スル）仏前や死んだ人の霊前《れいぜん》に物をそなえて冥福《めいふく》をいのること。「先祖の―」

**くよくよ**（副・自スル）小さなことにこだわって、あれこれと心を悩《なや》ますようす。「いつまでも―するな」

**くら【倉・蔵】**『◇庫』（名）物をしまったり、たくわえたりしておくための建物。倉庫。

> **学習 使い分け「倉」「蔵」**
>
> **倉** 穀物をたくわえておく建物。転じて、広く物をしまっておく倉庫の意味で使う。「米**倉**《こめぐら》」「商品を**倉**に保管する」
>
> **蔵** 大事なものを人目につかないようにしまっておく建物。とくに、日本式の土蔵。「酒**蔵**《さかぐら》」「**蔵**が建つ」「質屋の**蔵**」
>
> ◆「庫」は、兵器や器物などを入れておく所。

**くら**『△鞍』（名）人や荷物を乗せるため、牛・馬などの背におく、革《かわ》や木でできた道具。「―にまたがる」

**くらい【位】**（名）ある決まりによってならべられた順序の中での位置。㋐おおやけに定められた身分や階級や地位。「―の高い僧《そう》」「国王の―」㋑物の等級。人や芸術の品格。けた。「千の―」㋒《数》十進法で、数の一〇倍ごとにつける呼び方。

**くら・い【暗い】**（形）{カロ・カッ(ク)・イ・イ・ケレ・○}❶光が弱いか、まったくない状態で、物をよく見分けることができない。「月のない―晩」「昼でも―うっそうとした森」❷色がくすんでいる。「―赤」❸（性格・態度・話の内容・雰囲気《ふんいき》などが）陰気《いんき》である。しずんだ感じがする。「―ニュース」❹その方面についての知識がない。「商売の道に―」❺先行きに希望がもてない。「見通しは―」❻秘密めいたものを感じる。公明さを欠いている。「―過去」《㊊明るい》

**くらい**（副助）❶おおよその数・程度などを示す。…ほど。…ばかり。「一〇〇〇人―の人」「半分―終わった」❷比較《ひかく》の基準を示す。…ほど。…のように。…みたいに。「あれ―つらいことはない」❸最低の基準を示す。わずか…ほど。「それ―のことなら私にもできる」参考「ぐらい」ともいう。

**ぐらい**（副助）→くらい（副助）

**クライアント**〔英 client〕（名）❶得意客。顧客《こきゃく》。弁護士・会計士などの依頼《いらい》人や、広告代理店が担当する広告主など。❷コンピューターのネットワークで、データやファイルを受け取る側のコンピューター。㊊サーバー

**くらい・する【位する】**（自サ変）{シ(セ・サ)・シ・スル・スル・スレ・シロ(セヨ)}ある地位・場所を占《し》める。位置する。「国の中央に―」

**グライダー**〔英 glider〕（名）エンジンやプロペラがなく、気流に乗って飛ぶ航空機。滑空《かっくう》機。

**くらいどり【位取り】**（名）《数》一・十・百・千など数の位を決めること。位づけ。

**くらいまけ【位負け】**（名・自スル）❶実力以上の地位について実質のともなわないこと。また、そのために不利になること。「異例の出世に―する」❷相手の地位・品位が高くて圧倒《あっとう》されること。

**クライマックス**〔英 climax〕（名）喜び・悲しみ・興奮などが、最ももりあがった状態。また、それを感じさせる場面。やまば。最高潮。「―に達する」

**グラインダー**〔英 grinder〕（名）円盤《えんばん》形の砥石《といし》を回転させて物の表面をみがく工具。研磨《けんま》盤。

**くら・う【食らう】**『△喰らう』（他五）{ワ(オ)・イ(ッ)・ウ・ウ・エ・エ}❶飲み食いする。「大飯を―」❷ありがたくないものを身に受ける。「げんこつを―」

**くらうど【蔵人】**《クロウド》（名）古語 蔵人所《くろうどどころ》の職員。天皇のそばにつかえ、機密文書や訴訟《そしょう》を受けもったが、のち宮中の事務一般《いっぱん》をあつかった。くらんど。

**クラウド-コンピューティング**〔英 cloud computing〕（名）利用者が、自分のデータをインターネット上に置いて、サービス業者のハードウエアやソフトウエアで管理・処理するしくみ。

**クラウドファンディング**〔英 crowdfunding〕（名）インターネットを通して、不特定多数の人から資金を集めるしくみ。

**クラウン**〔英 crown〕（名）かんむり。王冠《おうかん》。

**グラウンド**〔英 ground〕(名) 運動場。競技場。グランド。「—マナー(=競技場での態度や作法)」

**くらがえ**【くら替え】〖△鞍替え〗(名・自スル) つとめさきや職業・立場をかえること。「多数派に—する」

**くらがり**【暗がり】(名) 暗い所。また、人目につかない所。「—にひそむ」

**くらく**【苦楽】(名) 苦しみと楽しみ。「—をともにする」

**くらくら** (副・自スル) 目まいがするようなようす。「頭が—(と)してきた」

**クラクション**〔英 klaxon〕(名) 自動車の警笛《けいてき》。(もと商標名)

**ぐらぐら** ■一 (副・自スル) 大きくゆれ動くようす。ゆれ動いて安定しないようす。「家が—(と)ゆれる」「歯が—する」 ■二 (副) 湯がにえたつようす。

**くらげ**〖×水母・×海月〗(名)《動》腔腸《こうちょう》動物の一群の呼び名。かさやつりがねの形をした寒天状のからだをもち、海にただよう。食用になるものもある。

**くらし**【暮らし】(名) 毎日の生活。生計。「平穏《へいおん》な—」「—をたてる」

**グラジオラス**〔英 gladiolus〕(名)《植》アヤメ科の多年草。葉は剣の形をし、夏、赤・白・黄などの美しい花が下から上へと順に咲《さ》く。オランダあやめ。

**くらしきりょう**【倉敷料】(名) 倉庫に貨物や商品を預けたときに支払《しはら》うおかね。保管料。

**クラシック**〔英 classic〕■一 (名) ❶芸術などで、古い時代に生まれ、現在も高く評価されているすぐれた作品。古典。❷《音》(軽音楽に対して)伝統的・芸術的な西洋音楽。クラシック音楽。■二 (形動ダ){ダロ・ダッ(デ・ニ)・ダ・ナ・ナラ・○} 古典的であるようす。「—な作風」

**くらしむき**【暮らし向き】(名) 経済面からみた生活の状態。生活のようす。「—が楽になる」

**くら・す**【暮らす】(自他五){サ(ソ)・シ・ス・ス・セ・セ} ❶月日をすごす。「毎日を幸せに—」❷生活する。生計をたてる。「質素に—」

**クラス**〔英 class〕(名) ❶階級。等級。「世界のトップ—」❷学級。組。「—会」

**グラス** (名) ❶〔英 glass〕洋酒などを飲むガラス製のコップ。「ワイン—」❷〔英 glasses〕めがね。双眼鏡《そうがんきょう》。「サン—」「オペラ—」

**クラスター**〔英 cluster〕(名) 密集した、似たような人やものの集まり。特に、感染病の感染者の集団などをいう。

**クラスターばくだん**【クラスター爆弾】(名) 小型の爆弾を多数内蔵し、空中で開いて広範囲《こうはんい》にまき散らす爆弾。▽クラスターは、英 cluster

**グラス-ファイバー**〔英 glass fiber〕(名) ガラスをとかして作った繊維《せんい》。弾力《だんりょく》性があり、絶縁《ぜつえん》・断熱・防音材など用途《ようと》が広い。ガラス繊維。

**クラスメート**〔英 classmate〕(名) 同級生。級友。クラスメイト。

**グラタン**〔フランス gratin〕(名) 肉・魚介・野菜などをホワイトソースであえて、オーブンで焼いた料理。

**クラッカー**〔英 cracker〕(名) ❶ひもを引くと爆発音とともに紙テープなどが飛び出す円錐《えんすい》形の紙づつのおもちゃ。❷塩味のついた、うすいかたやきのビスケット。

**ぐらつ・く** (自五){カ(コ)・キ(イ)・ク・ク・ケ・ケ} 安定しているはずのものがゆれ動く。動揺《どうよう》する。「足場が—」「決心が—」

**クラッシュ**〔英 crash〕(名・自スル) ❶自動車レースなどでの衝突《しょうとつ》。「—事故」❷コンピューターで、ハードディスクなどの故障によって機能が停止《ていし》すること。

**クラッチ**〔英 clutch〕(名) ❶軸《じく》に働く回転の力を伝えたり切ったりする装置。❷(「クラッチペダル」の略) 自動車の①を動かすふみ板。

**グラデーション**〔英 gradation〕(名) 色調の段階。濃淡《のうたん》の段階的な変化。

**グラニューとう**【グラニュー糖】(名) コーヒーや紅茶などに入れる、細かくさらさらした白い砂糖。▽グラニューは、英 granulated から。

**グラビア**〔英 gravure〕(名) ❶写真を凹版《おうはん》で刷る印刷。❷雑誌などのグラビア印刷のページ。

**クラブ**〔英 club〕(名) ❶同じ目的をもつ人びとが集まって組織《そしき》する団体。また、その集まり場所。特に学校の課外活動。「テニス—」「—活動」❷トランプで、クローバーの葉のもようをかいてあるふだ。黒の♣の形。❸ゴルフで、ボールを打つ道具。❹酒・音楽・ダンスなどを楽しむための店。「ナイト—」

**グラフ**〔英 graph〕(名) ❶数量をわかりやすく図に表したもの。棒グラフ・円グラフ・折れ線グラフなどがある。❷写真や絵を中心にのせた雑誌。グラフ誌。

**グラブ** (名) →グローブ

**グラフィック-デザイン**〔英 graphic design〕(名) ポスターや広告・カレンダーなどの、印刷によって大量に複製されるデザイン。

**クラブサン**〔フランス clavecin〕(名)《音》→ハープシコード

**クラフト**〔英 craft〕(名) 手づくりの工芸品。ししゅう・編み物などの手工芸的技法。「ペーパー—」

**クラフトし**【クラフト紙】(名) 漂白《ひょうはく》していないパルプで作ったうす茶色の丈夫《じょうぶ》な紙。セメント袋《ぶくろ》・封筒《ふうとう》などに用いる。▽英 kraft paper から。

**くらべものにならない**【比べ物にならない】比較《ひかく》しても意味がないほど、差が大きい。「プロとアマとでは—」

**くら・べる**【比べる】〖◇較べる〗(他下一){ベ・ベ・ベル・ベル・ベレ・ベロ(ベヨ)} ❶二つ以上のものを照らし合わせて優劣《ゆうれつ》や違《ちが》いをみる。比較《ひかく》する。「背を—」❷おたがいに負けまいと競争する。「わざを—」

**グラマー**〔英 glamour〕(名・形動ダ) 女性が、豊満で性的魅力《みりょく》のあること。また、そのような女性。「—な女優」

**グラマー**〔英 grammar〕(名) 文法。文法の本。

**くらま・す**〖△晦ます〗(他五){サ(ソ)・シ・ス・ス・セ・セ} ❶所在がわからないようにする。かくす。「ゆくえを—」❷人の目をこっそりとごまかす。「敵の目を—」

**くら・む**〖△眩む〗(自五){マ(モ)・ミ(ン)・ム・ム・メ・メ} ❶強い光でくらくらして何も見えなくなる。「まぶしい光に目が—」❷おかねや欲に心をまよわされる。「金に目が—」

**グラム**〔フランス gramme〕(名) メートル法の重さの単位。一キログラムの一〇〇〇分の一。一グラムは、セ氏四度の蒸留水一立方《センチメートル》の重さに等しい。記号 g

**くらやしき【蔵屋敷】**（名）〘歴〙江戸《えど》時代、大名などが領地から送られた米や特産物を売りさばくために、大坂・江戸などに設けた倉庫（のある屋敷）。

**くらやみ【暗闇】**（名）❶まっくらなこと。また、そういう所。❷人が気づかない所。「―にほうむる」❸将来の見通しがはっきりせず、希望がもてないこと。

**クラリネット**〔英 clarinet〕（名）〘音〙木管楽器で、たて笛《ぶえ》の一種。金属製のものもある。

（クラリネット）

**くらわ・す【食らわす】**（他五）{サ(ソ)・シ・ス・ス・セ・セ}打撃《だげき》を与《あた》える。身に受けさせる。「一発―」

**クランク**〔英 crank〕（名）❶〘物〙往復運動を回転運動に、回転運動を往復運動に変える装置。❷手動式の映画撮影機《さつえいき》のハンドル。転じて、映画をとること。「―イン(=撮影を開始すること)」「―アップ(=撮影を完了すること)」

**クランケ**〔ドイツ Kranke〕（名）〘医〙患者《かんじゃ》。

**くらんど**〔蔵人〕古語→くろうど

**グランド**（名）→グラウンド

**グランド-スラム**〔英 grand slam〕（名）❶ゴルフやテニスで年間の主要競技大会（通常は四大大会）のすべてに優勝すること。❷野球の満塁《まんるい》ホームラン。

**グラン-プリ**〔フランス grand prix〕（名）大賞。映画祭やレースなどさまざまな分野での最高の賞をいう。

**くり**〘△栗〙（名）〘植〙ブナ科の落葉高木。野生もあるが栽培《さいばい》もする。秋になる、いがに包まれた実は食用。

**くり【庫裏】**〘庫△裡〙（名）❶寺の台所。❷住職やその家族の住む部屋。

**クリアー**〔英 clear〕一（形動ダ）{ダロ・ダッ(デ・ニ)・ダ・ナ・ナラ・○}澄《す》んだ感じではっきりとしているようす。「―な画面」二（名・他スル）❶障害や困難などをのりこえること。「難問を―する」❷不要なものとして取り除くこと。「データを―する」《=クリア・クリヤー》

**くりあ・げる【繰り上げる】**（他下一）{ゲ・ゲ・ゲル・ゲル・ゲレ・ゲロ(ゲヨ)}❶順番に上または前におくる。「―・げて当選とする」❷日や時間を予定より早くする。「一日―・げて発表する」《対繰り下げる》

**くりあわ・せる【繰り合わせる】**（他下一）{セ・セ・セル・セル・セレ・セロ(セヨ)}なんとかやりくりし、つごうをつける。「万障お―・せのうえご出席ください」

**クリーク**〔英 creek〕（名）水はけや交通のためにつくった水路。多く、中国の上海《シャンハイ》付近のものをいう。

**グリース**〔英 grease〕（名）歯車などに使うのり状の潤滑《じゅんかつ》油。さび止めなどにも用いる。グリス。

**グリーティング-カード**〔英 greeting card〕（名）誕生日・クリスマスなどを祝って贈《おく》るカード。

**クリーナー**〔英 cleaner〕（名）❶電気掃除機《そうじき》。❷よごれを落とす薬品や器具。

**クリーニング**〔英 cleaning〕（名）衣類などを水や洗剤《せんざい》で洗ってきれいにすること。特に、業者の行うドライクリーニング。「―に出す」

**クリーム**〔英 cream〕（名）❶牛乳から作る乳白色の脂肪《しぼう》質。料理や洋菓子《ようがし》などに用いる。「生《なま》―」「―シチュー」❷肌《はだ》にぬる化粧品《けしょうひん》。「ハンド―」❸靴《くつ》ずみ。❹「アイスクリーム」の略。「―ソーダ」❺（「クリーム色」の略）うすい黄色。

**くりい・れる【繰り入れる】**（他下一）{レ・レ・レル・レル・レレ・レロ(レヨ)}❶順々に引きよせて入れる。「綱《つな》を―」対繰り出す。❷あるものを、他のものの中に組み入れる。ふくめる。「残金を来月分に―」

**クリーン**〔英 clean〕（形動ダ）{ダロ・ダッ(デ・ニ)・ダ・ナ・ナラ・○}❶きれいなようす。清潔なようす。「―な政治」❷みごとなようす。あざやかなようす。「―ヒット」

**グリーン**〔英 green〕（名）❶緑色。❷草地。芝生《しばふ》。特に、ゴルフ場でボールを入れる穴のある芝生を刈《か》った部分をいう。

**クリーンアップ-トリオ**〔和製語〕（名）野球で、打順三・四・五番の強打者三人。クリーンナップ。▽英 cleanup とイタリア trio から。

**グリーンしゃ【グリーン車】**（名）特別料金が必要な設備のよいJRの客車。緑色のマークが付いている。▽グリーンは、英 green

**グリーン-ピース**（名）→グリンピース

**グリーンランド**〔Greenland〕【地名】北アメリカの北東、北極海上にある世界最大の島。デンマーク領。

**クリエーター**〔英 creator〕（名）❶創造者。造物主。❷創造的な仕事をしている人。また、広告関係のデザイナー・コピーライター。

**クリエーティブ**〔英 creative〕（形動ダ）{ダロ・ダッ(デ・ニ)・ダ・ナ・ナラ・○}創造的。独創的。「―な職業」

**クリエート**〔英 create〕（名・他スル）創造すること。

**クリオネ**〔ラテン clione〕（名）〘動〙ハダカカメガイ科の巻き貝。殻《から》はない。流氷のある寒い海などにすむ。

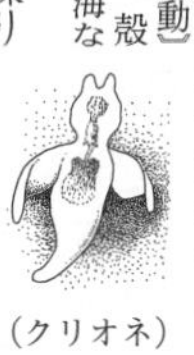

（クリオネ）

**くりかえしふごう【繰り返し符号】**（名）同じ文字を重ねることを表す符号。「々」「〻」「ゝ」「〱」「〃」など。おどり字。重ね字。畳字《じょうじ》。

●繰り返し符号

| 符号 | 名称 | 例 |
| --- | --- | --- |
| 々 | 同の字点 | 日々　我々（漢字一字） |
| 〻 | 二の字点 | 各〻《おのおの》　草〻（漢字一字） |
| ゝ | 一つ点 | ちゝ　たゞ（かな一字） |
| 〱 | くの字点 | いよ〱　それ〲　ひらり〱（二字以上のかな）　一つ〱　散り〲　代わる〲（漢字かな交じりの語句） |
| 〃 | ノノ点 | 〔九月二一日　市議会選挙　告示<br>九月二六日　〃　投票〕（簿記《ぼき》・表・文章など） |

※現在、一般《いっぱん》的な文章や出版物で使用されるのは「々」のみ。表などでは「〃」も使われる。

**くりかえ・す**【繰り返す】（他五）{サ(ソ)・シ・ス・ス・セ・セ} 二度またはそれ以上同じことをする。「練習を—」

**くりげ**【くり毛】〖△栗毛〗（名）馬の毛の色が黒茶色のもの。また、そういう馬。

**クリケット**〔英 cricket〕（名）一一人ずつ二組に分かれ、攻撃《こうげき》と守備《しゅび》を交互《こうご》に行い、投手の投げた球をバットで打ち、得点を争う競技。イギリスなどでさかんに行われる。

**グリコーゲン**〔ドイツ Glykogen〕（名）動物の肝臓《かんぞう》や筋肉の中にたくわえられる炭水化物。

**くりこ・す**【繰り越す】（他五）{サ(ソ)・シ・ス・ス・セ・セ} ある期日までに行われるはずの物事を、順につぎへ送る。「残金を来年度の予算に—」

**くりごと**【繰り言】（名）同じことをなんどもくり返して言うこと。また、そのことば。ぐち。「老人の—」

**くりこ・む**【繰り込む】{マ(モ)・ミ(ン)・ム・ム・メ・メ} ■一（自五）次々と大勢の人がつれだってはいり込む。「そろって会場へ—」■二（他五）❶その中に繰り入れる。「予算に—」❷多数の人をはいりこませる。「大選手団を—」

**くりさ・げる**【繰り下げる】（他下一）{ゲ・ゲ・ゲル・ゲル・ゲレ・ゲロ(ゲヨ)} ❶順番に下またはあとにおくる。「順位を—」❷日や時間を予定よりおそくする。「試合開始時間を—」類繰り延べる。《対繰り上げる》

**クリスタル**〔英 crystal〕（名）❶水晶。❷透明《とうめい》で高級なガラス。また、その製品。クリスタルガラス。

**クリスチャニア**〔ドイツ Kristiania〕（名）スキー板をそろえたまま急速回転して向きを変える技術。

**クリスチャン**〔英 Christian〕（名）キリスト教の信者。キリスト教徒。

**クリスマス**〔英 Christmas〕（名）キリストの誕生を祝う祭り。一二月二五日に行う。降誕祭。聖誕祭。

**クリスマス-イブ**〔英 Christmas Eve〕（名）クリスマスの前の夜。一二月二四日の夜。聖夜。

**クリスマス-キャロル**〔英 Christmas carol〕（名）クリスマスを祝う賛美歌。

**クリスマス-ツリー**〔英 Christmas tree〕（名）クリスマスに、かざりをつける木。ふつう、もみの木を使う。

**グリセリン**〔英 glycerine〕（名）〖化〗油や脂肪《しぼう》からとれるねばりのある無色の液体。薬や火薬の原料。

**くりだ・す**【繰り出す】{サ(ソ)・シ・ス・ス・セ・セ} ■一（他五）❶糸やひもなど、続いているものを順々に送り出す。「毛糸を—」対繰り入れる。❷つぎつぎに出す。送り出す。「軍隊を—」■二（自五）大勢の人がそろって出かける。「街へ—」

**クリック**〔英 click〕（名・他スル）コンピューターで、目的のものにカーソルを合わせてマウスのボタンを押《お》すこと。

**クリップ**〔英 clip〕（名）物をはさむための器具。書類をはさむもの、髪《かみ》をカールさせるためのものなど。

**グリップ**〔英 grip〕（名）バット、ラケット、ゴルフのクラブなどのにぎりの部分。また、そのにぎり方。

**クリニック**〔英 clinic〕（名）診療所《しんりょうじょ》。

**グリニッジじ**【グリニッジ時】（名）〖天〗イギリスのロンドン東南にある旧グリニッジ（Greenwich）天文台を通る子午線をもとに決めた標準時刻。世界じゅうの時刻を決める基準となる。

**くりぬ・く**〖△刳り◇貫く・△刳り抜く〗（他五）{カ(コ)・キ(イ)・ク・ク・ケ・ケ} えぐって穴をあける。中の物をえぐり出す。「岩を—」「カボチャを—」

**くりの・べる**【繰り延べる】（他下一）{ベ・ベ・ベル・ベル・ベレ・ベロ(ベヨ)} 決まっていた日時を順々にあとに延ばす。「大会日程を—」類繰り下げる

**くりひろ・げる**【繰り広げる】（他下一）{ゲ・ゲ・ゲル・ゲル・ゲレ・ゲロ(ゲヨ)} つぎつぎに行う。展開する。「熱戦を—」

**グリムきょうだい**〔グリム兄弟〕【人名】兄のヤーコプ（Jacob）（一七八五〜一八六三）と、弟のウィルヘルム（Wilhelm）（一七八六〜一八五九）。ともにドイツの言語学者・著作家。兄弟で「ドイツ語辞典」を編集し、また、ドイツ民族の間に言い伝えられていた童話・伝説を集めて、「グリム童話集」「ドイツの伝説」を作った。▽グリムは、Grimm

**グリムどうわしゅう**〔グリム童話集〕【作品名】ドイツの言語学者・著作家であるグリム（Grimm）兄弟が、ドイツ民族伝承の童話を集めたもの。一八一二年発表。「白雪姫《しらゆきひめ》」「赤ずきん」など。

**くりめいげつ**〖△栗名月〗（名）陰暦《いんれき》九月一三夜の月。十三夜。のちの月。栗をそなえるところからいう。豆名月。⇩いもめいげつ

**くりや**〖△厨〗（名）料理をする所。台所。

**くりょ**【苦慮】（名・自他スル）物事の解決法を求めてあれこれと考え苦しむこと。「対策に—する」

**グリル**〔英 grill〕（名）❶肉や魚を焼く網《あみ》。また、それで焼いた料理。❷簡単な食事ができる西洋料理の食堂。▽②は英 grillroom から。

**くりん**【九輪】（名）〖仏〗仏塔《ぶっとう》の上のかざり。高い柱に九つの輪がついている。

**クリンチ**〔英 clinch〕（名・自スル）ボクシングで、攻撃《こうげき》を防ぐために、相手にだきつくこと。「—で逃《に》げる」

**グリン-ピース**〔英 green peas〕（名）えんどう豆の一種。青えんどう。グリーンピース。

# くる【繰る】

19画 糸13 訓 くる

くる。たぐる。◆繰越《くりこし》◆金繰《かねぐ》り・順繰《じゅんぐ》り

**く・る**【繰る】（他五）{ラ(ロ)・リ(ッ)・ル・ル・レ・レ} ❶長いものをたぐる。まきとる。「糸を—」❷順に移動させる。「雨戸を—」「数珠《じゅず》を—」❸順に数える。「日数を—」❹順にめくる。「ページを—」

**くる**【来る】（自カ変）{コ・キ・クル・クル・クレ・コイ} ❶自分のほうに近づく。また、達する。「人が—」「メールが—」対行《ゆ》く
❷ある季節・時間・順番になる。「春が—」「別れの日が—」「自分の番が—」
❸あることが原因になってその状態になる。ある状態・事態に至る。「過労から—病気」「がたが—」
❹（「…とくると」「…ときたら」「…ときては」などの形で）「…に関しては」「特に…となると」の意を表す。「父ときたら碁《ご》に夢中だ」
❺（動詞の連用形に「て」のついた形について）㋐動作が続いている。「なんとか暮らしてきた」㋑ある動作をすませてもどる。「ちょっと出かけて—」㋒だんだんある状態になる。「飽《あ》きて—」
注意③④⑤はかな書きがふつう。

| 尊敬語 | 謙譲《けんじょう》語 | 丁寧《ていねい》語 |
|---|---|---|
| いらっしゃる | 参る | 来ます |
| おいでになる | 参上する | 参ります |
| お越《こ》しになる | うかがう | 参る |
| お出ましになる | あがる | |
| 来られる | おうかがいする | |
| 見える | | |
| お見えになる | | |

**く・る**『△刳る』(他五)｛ラ(ロ)・リ(ッ)・ル・ル・レ・レ｝刃物《はもの》などでえぐって穴をあける。えぐる。「木を—」「えりを大きく—」

**ぐる**(名)《俗語》悪いことをする仲間。「—になる」

**くるいざき**【狂い咲き】(名・自スル) 咲《さ》く季節でないときに花が咲くこと。また、季節はずれに咲く花。

**くる・う**【狂う】(自五)｛ワ(オ)・イ(ッ)・ウ・ウ・エ・エ｝❶精神が正常な状態でなくなる。❷物事が正しい状態でなくなる。「時計が—」❸度を越《こ》して夢中になる。「ギャンブルに—」❹はじめに考えたとおりにならない。ねらいがはずれる。「予定が—」「手はずが—」❺(動詞の連用形について)はげしく…する。「怒《いか》り—」

**クルー**〔英 crew〕(名)❶船・飛行機の乗組員。❷ボートレースのチームを組む乗組員。

**クルーザー**〔英 cruiser〕(名) 外洋の航海をするための設備が整っている大型のヨットやモーターボート。

**クルージング**〔英 cruising〕(名) 大型のヨットや客船で外洋を航海すること。

**クルーズ**〔英 cruise〕(名) 巡航《じゅんこう》。船による長期遊覧旅行。「世界一周—」

**グルーピー**〔英 groupie〕(名) アイドルやタレントなどを追いかけ回す熱狂《ねっきょう》的なファン。

**グループ**〔英 group〕(名)❶人や物の集まり。仲間。組。❷同類のものの集まり。集団。「—に分類する」

**くるおし・い**【狂おしい】(形)｛カロ・カッ(ク)・イ・イ・ケレ・○｝いまにも気がおかしくなりそうである。くるわしい。「—思い」

**くるくる**(副)❶物が軽《かろ》やかに回るようす。「こまが—(と)回る」❷物にくり返し巻きつけるようす。また、まるめるようにして物を巻くようす。「糸を—(と)巻きつける」❸考えや発言などがすぐに変わるようす。「意見が—(と)変わる」❹身軽によく働くようす。「朝から晩まで—(と)働く」

**ぐるぐる**(副)❶物が回り続けるようす。「おりの中を—(と)歩く」❷物にくり返し巻きつけるようす。「包帯を—(と)巻く」

**グルジア**【地名】→ジョージア

**くるし・い**【苦しい】(形)｛カロ・カッ(ク)・イ・イ・ケレ・○｝❶肉体的、または精神的に痛みなどがあって、たえがたい。「息が—」「—胸の中」❷経済的に困っている。ゆきづまっている。「生活が—」「—資金ぐり」❸そうするのに無理がある。「—弁解」❹(動詞の連用形について)そうするのがつらい。「聞き—」「見—」❺(形容詞の語幹について「…ぐるしい」の形で)不快なほどそのような状態である。「暑—」「せま—」

**苦しい時《とき》の神頼《かみだの》み** ふだん神を拝まない人でも、苦しいときや困ったときは神の助けを願うこと。

**くるしまぎれ**【苦し紛れ】(名) 苦しさのあまりにふつうならしないことをすること。「—にうそをつく」

**くるし・む**【苦しむ】(自五)｛マ(モ)・ミ(ン)・ム・ム・メ・メ｝❶心やからだに、つらさを感じる。「病気で—」「失恋《しつれん》に—」❷困る。苦労する。「判断に—」

**くるし・める**【苦しめる】(他下一)｛メ・メ・メル・メル・メレ・メロ(メヨ)｝苦しくさせる。困らせる。いじめる。「人を—」

**グルタミンさん**【グルタミン酸】(名)《化》アミノ酸の一種。水にとける白い結晶《けっしょう》。うま味調味料の原料となる。▽グルタミンは、英 glutamine

**グルテン**〔ドイツ Gluten〕(名) 小麦に含《ふく》まれるたんぱく質の混合物。灰褐色《かいかっしょく》で粘《ねば》り気がある。麸《ふ》などの原料。「—フリー」

**クルトン**〔フランス croûton〕(名) パンを細かくさいの目に切り、油であげたり焼いたりしたもの。スープの浮《う》き実にする。

**くるびょう**【くる病】『△佝△僂病』(名)《医》ビタミンDの不足によっておこる、手足の骨が発育しなかったり、背骨が曲がったりする病気。幼児に多い。

**くるぶし**『△踝』(名) 足首の内・外両側の骨がつき出たところ。

**くるま**【車】(名)❶軸《じく》を中心に回る輪。車輪。❷車輪を回して進むもの。特に、自動車をいうことが多い。「—で行く」「—の運転」「—を拾う(=道でタクシーをとめて乗りこむ)」

**車の両輪《りょうりん》** 二つのうちどちらも欠かせないもの、密接な関係にあるもののたとえ。

**くるまいす**【車椅子】(名) 足の不自由な人が、すわったままで移動できる、車輪のついたいす。

**くるまえび**『車×海老・車△蝦』(名)《動》節足動物クルマエビ科の一種。浅い海底にすむ。腹に横じまがある。食用。

**くるまざ**【車座】(名) 大勢が輪になってすわること。「—になって酒を飲む」類円座

**くるまへん**【車偏】(名) 漢字の部首の一つ。「輪」「転」などの左側にある「車」の部分。

**くるまよせ**【車寄せ】(名) 車を寄せて乗りおりできるように、玄関《げんかん》前に屋根を張り出した所。ポーチ。

**くるま・る**『◇包まる』(自五)｛ラ(ロ)・リ(ッ)・ル・ル・レ・レ｝布などにからだがすっぽりつつまれるようにする。「毛布に—」

**くるみ**『×胡桃』(名)《植》クルミ科の落葉高木の総称《そうしょう》。山野に自生。かたい殻《から》に包まれた実は食用。材は器具用。

**-ぐるみ**(接尾)(名詞について)そのものをひっくるめて。全部。「町—」「家族—」「身—はぐ」

**くる・む**『◇包む』(他五)｛マ(モ)・ミ(ン)・ム・ム・メ・メ｝布・紙などで巻くようにつつむ。「紙に—・んで持ち帰る」

**グルメ**〔フランス gourmet〕(名) おいしい料理や店などにくわしい人。食通《しょくつう》。美食家。

**くるめ・く**『△眩く』(自五)｛カ(コ)・キ(イ)・ク・ク・ケ・ケ｝くるくる回る。「目—(=目が回る)思い」

**ぐるり**一(名) まわり。周囲。「家の—を掃《は》く」二(副)❶まわりをとりかこむようす。「—とフェンスをめぐ

らす」❷一回転するようす。「—と見回す」

**くるわ**〖△廓・◇郭〗（名）❶遊女のいる場所。遊郭《ゆうかく》。❷城やとりでのかこい。また、かこいをめぐらした所。参考②は「曲輪」とも書く。

**くるわし・い**【狂わしい】（形）{カロ・カッ(ク)・イ・イ・ケレ・○}→くるおしい

**くれ**【暮れ】（名）❶日がしずんで暗くなるころ。日暮れ。夕方。「日の—」❷季節の終わり。「秋の—」❸一年の終わり。年末。「年の—」

**グレー**〔英 gray〕（名）ねずみ色。灰色。

**クレージー**〔英 crazy〕（形動ダ）{ダロ・ダッ(デ・ニ)・ダ・ナ・ナラ・○}熱狂《ねっきょう》的。ばかげたようす。「—なふるまい」

**クレーしゃげき**【クレー射撃】（名）射撃競技の一種。空中に飛ばした素焼きの皿（クレー）をうち、点を競う。▽クレーは、英 clay

**グレー-ゾーン**〔英 gray zone〕（名）どっちつかずの領域。黒とも白とも判別できない灰色のような領域。

**クレーター**〔英 crater〕（名）月や火星などの表面にある、噴火口《ふんかこう》状の地形。

**グレード**〔英 grade〕（名）等級。段階。階級。「—を上げる」「—ダウン」

**クレープ**〔フランス crêpe〕（名）❶ちりめんのように、表面をちぢらせた織物。「—シャツ」❷小麦粉・牛乳・卵などをまぜてごく薄《うす》く焼いた食べ物。中にジャムや、ハム・チーズなどを包んで食べる。

**グレープ**〔英 grape〕（名）ぶどう。「—ジュース」

**グレープフルーツ**〔英 grapefruit〕（名）〘植〙ミカン科の常緑低木。実はぶどうのようにふさ状につき、夏みかんに似た形で水分が多く、あっさりしたあまみがある。

**クレーマー**〔英 claimer〕（名）企業《きぎょう》などに対して、しつこく苦情や文句を言う人。

**クレーム**〔英 claim〕（名）❶要求。請求。商業上の損害賠償《ばいしょう》の請求。❷苦情。文句。「—がつく」

**クレーン**〔英 crane〕（名）重い物をつりあげたりおろしたり、移動させたりする機械。起重機。「—車」

**クレオソート**〔英 creosote〕（名）ぶなどの木のタールからとるにおいの強い液体。消毒薬や防腐剤《ぼうふざい》に使う。

**クレオン**（名）→クレヨン

**くれがた**【暮れ方】（名）日のしずむころ。夕暮れ。夕方。対明け方

**くれぐれ**〖◇呉◇呉〗（副）（多く「くれぐれも」の形で）じゅうぶんに念を入れるようす。「—もよろしく」

**グレゴリオれき**【グレゴリオ暦】（名）ローマ教皇グレゴリウス一三世が一五八二年にユリウス暦を改良してつくった暦《こよみ》。今の太陽暦。▽グレゴリオは、イタリア Gregorio

**クレジット**〔英 credit〕（名）❶外国の政府や銀行などから資金を借りること。借款《しゃっかん》。❷月賦《げっぷ》などの信用販売《はんばい》。❸新聞記事・映画・テレビ番組などで示す、通信社や制作者などの名。

**クレジット-カード**〔英 credit card〕（名）店で提示をすれば、現金を支払《しはら》わずに後払いで物やサービスを購入《こうにゅう》できるカード。

**クレゾール**〔ドイツ Kresol〕（名）〘化〙コールタールや木タールからつくる強力な殺菌《さっきん》消毒剤《しょうどくざい》。

**ぐれつ**【愚劣】（名・形動ダ）ばかげていてねうちのないこと。くだらないこと。「—な考え」

**クレッシェンド**〔イタリア crescendo〕（名）〘音〙「だんだん強く」演奏または発声するように指示するもの。記号は＜で示す。対デクレッシェンド

**くれない**【紅】（名）あざやかな赤色。「—にそまる」

**くれなず・む**【暮れなずむ】（自五）{マ(モ)・ミ(ン)・ム・ム・メ・メ}日が暮れそうでいて、なかなか暮れないでいる。「—空」

**グレナダ**〔Grenada〕〘地名〙南アメリカ、ベネズエラの北のカリブ海にある島々からなる立憲君主国。首都はセントジョージズ。

**くれなゐの**《クレナイノ》…短歌
〔くれなゐの 二尺《しゃく》伸《の》びたる 薔薇《ばら》の芽《め》の 針《はり》やはらかに 春雨《はるさめ》のふる〕〈正岡子規《まさおかしき》〉訳赤い色の二尺（=約六〇センチメートル）くらいにのびたばらの新芽の、そのやわらかなとげに、春雨が音もなくやさしく降っている。

**くれのこ・る**【暮れ残る】（自五）{ラ(ロ)・リ(ッ)・ル・ル・レ・レ}日が沈《しず》んだあとも、うっすらとあかるさが残る。また、日が暮れても、ぼんやりと見える。「—雪山のいただき」

**クレバス**〔英 crevasse〕（名）氷河や雪渓《せっけい》の深い割れ目。「—に落ちる」

**クレパス**（名）クレヨンとパステルの特色をとり入れて作った棒状の絵の具。（商標名）

**クレムリン**〔英 Kremlin〕（名）モスクワにある宮殿《きゅうでん》の名。ロシア連邦《れんぽう》政府がある。

**クレヨン**〔フランス crayon〕（名）色素をろうや硬化《こうか》油で棒のように固めた絵の具。クレオン。

**く・れる**【暮れる】（自下一）{レ・レ・レル・レル・レレ・レロ(レヨ)}❶太陽が沈《しず》んであたりが暗くなる。「日が—」対明ける❷年月・季節などが終わる。「年が—」対明ける❸そのことだけで時を過ごす。「一日仕事に—」「悲しみに—毎日」「涙《なみだ》に—」❹どうしたらよいかわからなくなる。「途方《とほう》に—」

**く・れる**〖◇呉れる〗（他下一）{レ・レ・レル・レル・レレ・レロ(レヨ)}❶何かをあたえる。㋐相手がこちらにわたす。よこす。「兄が—・れた本」㋑自分が相手にあたえる。やる。「すべて—・れてやる」❷（動詞の連用形に「て」「で」のついた形の下について）㋐相手がこちらに好意をもって何かをするときに使う。「父がほめて—・れた」㋑相手に不利益をおよぼす意志を表す。…てやる。「こらしめて—」
使い方①はふつう、㋐の受けとるほうの立場でいう。㋑のような使い方は相手をさげすんだ感じになる。

**ぐ・れる**（自下一）{レ・レ・レル・レル・レレ・レロ(レヨ)}〘俗語〙悪い道にそれる。不良になる。「—・れていたが、心を入れかえる」

**ぐれん**〖◇紅△蓮〗（名）燃えたつような、まっかな色。「—のほのお」

**クレンザー**〔英 cleanser〕（名）洗剤《せんざい》のはいったみがき粉《こ》。

**ぐれんたい**〖×愚連・隊〗（名）（「ぐれる」と「連隊」を合わせたことば）盛《さか》り場などをうろつく不良の仲間。

**くろ**〖◇畔〗（名）田畑の境に土を盛りあげて高くしてある所。あぜ。「田の—」

**くろ【黒】**（名）❶墨《すみ》のような色。黒色。❷碁石《ごいし》の黒いほう。また、それを持つ人。「ーが優勢」❸罪をおかした事実がある、またはその疑いが濃《こ》いこと。また、その人。「彼《かれ》はーだと思う」《対白》

**クロアチア**〔Croatia〕〔地名〕バルカン半島北西部にあり、南はアドリア海に接する共和国。首都はザグレブ。

**くろ・い【黒い】**（形）{カロ・カッ(ク)・イ・イ・ケレ・〇}❶色が黒である。また、黒に近い色である。「ー髪《かみ》」「日に焼けたー肌《はだ》」「ー真珠《しんじゅ》」対白い ❷よごれている。「手あかでー・くなった本」❸悪い考えをもっている。また、不正の感じがする。「腹がー」「政界のー霧《きり》」

**くろう【苦労】**（名・自スル）物事がうまくいくように、肉体的・精神的に骨を折ること。また、そのようにして苦しい思いをすること。「親にーをかける」「ーのかいがない」⇨ごくろう

**ぐろう【愚弄】**（名・他スル）人をばかにしてからかうこと。ひやかすこと。「人をーする」

**くろうしょう【苦労性】**（名）ささいなことも気になって心配する性質。また、そういう人。

**くろうと【○玄人】**（名）ある技芸などにすぐれ、熟練《じゅくれん》している人。専門家。プロ。「ーはだし(=しろうとでありながら、専門家がおどろくほど、その道にすぐれていること)」対素人《しろうと》

**くろうにん【苦労人】**（名）世の中のつらさ・苦しさを多く味わい、世間のことや人情をよく知っている人。

**クローク**（名）（「クロークルーム」の略）ホテル・劇場などで手荷物やコートなどを預かる所。▽英 cloakroom から。

**クローザー**〔英 closer〕（名）野球で、試合の最後をしめくくる救援《きゅうえん》投手。抑《おさ》え投手。

**クロース**（名）↓クロス

**クローズアップ**〔英 close-up〕（名・他スル）❶映画や写真で、物や人の一部を大きく写し出すこと。また、その写したもの。大写し。アップ。「顔をーする」❷一つの問題や事件を大きく取りあげること。「公害問題としてーされる」

**クローズドショップ**〔英 closed shop〕（名）企業《きぎょう》が、特定の労働組合の組合員以外をやとうことができず、組合を除名されれば会社もやめさせるという制度。⇨オープンショップ・ユニオンショップ

**クローゼット**〔英 closet〕（名）衣類などを収納する戸だな・押《お》し入れ。クロゼット。

**クローバー**〔英 clover〕（名）《植》マメ科の多年草。牧草・肥料用。春から夏に白い花をつける。しろつめくさ。クローバ。参考 四つ葉のものは幸運を招くとされる。

（クローバー）

**グローバリゼーション**〔英 globalization〕（名）国際化。経済や文化などが国の枠《わく》を越《こ》えて地球的規模で拡大すること。

**グローバル**〔英 global〕（形動ダ）{ダロ・ダッ(デ・ニ)・ダ・ナ・ナラ・〇}世界的な規模をもつようす。「ーな観点」「ースタンダード」

**くろおび【黒帯】**（名）❶黒い帯。❷柔道《じゅうどう》などで、有段者が締《し》める黒地の帯。また、それを締める者。

**グローブ**〔英 glove〕（名）野球・ボクシングなどに用いる革《かわ》の大きな手ぶくろ。グラブ。

**クローム**（名）《化》↓クロム

**グローランプ**〔英 glow lamp〕（名）蛍光《けいこう》灯などを点灯させるための小さな放電管。点灯管。グロースターター。

**クロール**〔英 crawl〕（名）水面にうつぶせになり、ばた足で両手を交互《こうご》に大きく回して水をかきながら進む泳ぎ方。

**クローン**〔英 clone〕（名）《生》生物の一個体ないし細胞《さいぼう》から無性生殖《むせいせいしょく》によって生じた、遺伝的に親と同一の個体群や細胞群。

**くろがね**〖◇鉄〗（名）「鉄《てつ》」の古い言い方。

**くろがねの…** 俳句

〔くろがねの　秋《あき》の風鈴《ふうりん》　鳴《な》りにけり〕〈飯田蛇笏《いいだだこつ》〉訳 夏から軒《のき》につるしたままになっていた鉄製の風鈴が、秋風に吹《ふ》かれて澄《す》んだ音をたてて鳴ったことだ。（季語「秋の風鈴」秋）

**くろこ【黒子】**〖黒◇衣〗（名）❶《演》人形芝居《しばい》や歌舞伎《かぶき》で、黒いずきんや衣装《いしょう》を着て役者などの世話をする人。また、その衣装。くろご。❷（①より）表に出ないで、かげで仕事をする人。「ーに徹《てっ》する」

**くろじ【黒字】**（名）収入が支出よりも多いこと。「業績がーに転じる」対赤字

**くろしお【黒潮】**（名）《地》日本列島の太平洋側を南西から北東へ流れる暖流。日本海流。⇩おやしお

**クロス**〔英 cloth〕（名）❶布。織物。「テーブルー」❷本の表紙に使う布。「ー装の本」(=クロース)

**クロス**〔英 cross〕㊀（名）❶十字架《じゅうじか》。クルス。❷テニス・卓球《たっきゅう》・バレーボールなどで、コートの対角線上にボールを打ち込むこと。また、そのボール。㊁（名・自スル）交差すること。「国道と県道がーする」

**グロス**〔英 gross〕（名）❶数量の単位。一二ダースを一つとする単位。一四四個。❷総体《そうたい》。総計。

**クロスカントリー**〔英 cross-country〕（名）❶山野や森林・丘陵《きゅうりょう》地などを走る長距離《ちょうきょり》競走。断郊《だんこう》競走。クロスカントリーレース。❷スキーで、平地や丘陵を滑《すべ》って走ること。また、その競走。クロスカントリースキー。

**クロスボウ**〔英 crossbow〕（名）引き金をもつ銃《じゅう》のような弓。洋弓銃《ようきゅうじゅう》。ボウガン。

**くろず・む【黒ずむ】**（自五）{マ(モ)・ミ(ン)・ム・ム・メ・メ}黒みをおびている。黒っぽくなる。「目のふちがー」

**クロスワードパズル**〔英 crossword puzzle〕（名）空白のます目の中に、ヒントから推理して文字を入れ、たて・よこどちらにもあてはまることばにする遊び。

**クロゼット**（名）↓クローゼット

**くろダイヤ【黒ダイヤ】**（名）❶まざりものがあるため黒みがかったダイヤモンド。❷石炭のこと。

**クロッカス**〔英 crocus〕（名）《植》アヤメ科の多年草。早春、黄・白・紫《むらさき》などの花を咲《さ》かせる。花サフラン。

**クロッキー**〔フランス croquis〕（名）《美》短い時間に、だい

たいの形を簡単にかきとった絵。略画。

**グロッキー**〔英 groggy〕(形動ダ){ダロ・ダッ(デ・ニ)・ダ・ナ・ナラ・○}ボクシングで、パンチを受けてふらふらになるようす。転じて、ひどくつかれてふらふらするようす。「徹夜《てつや》してーだ」

**グロテスク**〔英 grotesque〕(形動ダ){ダロ・ダッ(デ・ニ)・ダ・ナ・ナラ・○}ひじょうに気味が悪く、異様なようす。「ーな絵」

**クロニクル**〔英 chronicle〕(名)編年史。年代記。記録。

**くろびかり【黒光り】**(名・自スル)黒色でつやがあること。「ーする車」

**くろふね【黒船】**(名)(船体を黒くぬっていたことから)江戸《えど》時代に欧米《おうべい》からきた艦船《かんせん》の呼び名。

**くろぼし【黒星】**(名)❶黒くてまるいしるし。❷すもうで、負けること。また、負けたしるし。「ーが先行する」類負け星。❸物事の失敗やしくじりのこと。「検察側のー」(対白星)

**くろまく【黒幕】**(名)❶芝居《しばい》の舞台《ぶたい》で、場の変わりめなどに使う黒い幕。❷表面には出ないでかげでさしずをする人。「政界のー」

**くろまつ【黒松】**(名)〔植〕マツ科の常緑高木。海岸地帯にはえ、葉はかたく樹皮が黒っぽい。雄松《おまつ》。

**クロマニョンじん【クロマニョン人】**(名)約四万年～一万年前、後期旧石器時代に属する化石現生人類。フランスのクロマニョン(Cro-Magnon)洞窟《どうくつ》で化石が発見された。

**クロム**〔ドイツ Chrom〕(名)〔化〕クロム鉄鉱からとれる銀色のかたい金属元素。合金やクロムめっきに使われる。クローム。元素記号 Cr

**くろめ【黒目】**『黒◇眼』(名)眼球の中央の黒いところ。「ーがちの大きな目」対白目

**くろもじ**『黒文字』(名)❶〔植〕クスノキ科の落葉低木。樹皮に黒いまだらがある。かおりがよくつまようじの原料となる。❷(①でつくることから)つまようじ。

**くろやま【黒山】**(名)人が大勢集まっているようす。「ーの人だかり」

**クロレラ**〔英 chlorella〕(名)クロレラ科の、単細胞《さいぼう》の藻《も》。池などに発生し、たんぱく質・ビタミンなどの栄養が多い。

**クロロフィル**〔英 chlorophyll〕(名)葉緑素。

**クロロホルム**〔ドイツ Chloroform〕(名)〔化〕メタンと塩素からつくる、においの強い液体。無色透明《とうめい》で揮発《きはつ》しやすく溶剤《ようざい》などに用いる。クロロフォルム。

**クロロマイセチン**〔Chloromycetin〕(名)〔医〕抗生《こうせい》物質の一種。チフスなどに有効だが副作用がある。クロラムフェニコールの商標名。

**くろわく【黒枠】**(名)❶物をかこった黒い枠。❷人がなくなったことを知らせるはがき・広告のまわりを囲む黒い線。また、そのはがきや広告。死亡通知状。

**クロワッサン**〔フランス croissant〕(名)バターを多く使った三日月形《みかづきがた》のロールパン。

**ぐろん【愚論】**(名)❶ばかばかしい議論。くだらない意見。❷自分の意見をけんそんしていうことば。

**くわ【桑】**(名)〔植〕クワ科の落葉高木の総称《そうしょう》。葉を蚕《かいこ》のえさとするために栽培《さいばい》する。

**くわ**『△鍬』(名)うすい鉄の板に柄《え》のついた農具。土をならしたり耕したりするために用いられる。「ーを入れる」

(鍬)

**くわい**『×慈姑』(名)〔植〕オモダカ科の多年草。水田に栽培《さいばい》する。長いやじり形の葉を根元からのばす。地下の茎《くき》はまるくて食用。

**くわ・える【加える】**(他下一){エ・エ・エル・エル・エレ・エロ(エヨ)}❶もとのものにつけたして増やす。「砂糖をー」「スピードをー」❷仲間に入れる。「メンバーにー」❸ある作用を他に及《およ》ぼす。また、ある行為《こうい》を他に向けてする。「危害をー」「手をー」「説明をー」

**くわ・える**『△銜える』(他下一){エ・エ・エル・エル・エレ・エロ(エヨ)}口に軽く物を入れ、唇《くちびる》や歯ではさみおさえる。「指をー(=希望しながらそれが手に入らず、ただながめている)」

**くわがたむし**『△鍬形虫』(名)〔動〕クワガタムシ科の昆虫《こんちゅう》。雄《おす》は特に大きなあごをもつ。くぬぎなどの樹液に集まる。くわがた。

**くわけ【区分け】**(名・他スル)区切って、いくつかに分けること。区分《くぶん》。「郵便物をーする」

**くわし・い【詳しい】**(形){カロ・カッ(ク)・イ・イ・ケレ・○}❶細かなところまでゆきとどいている。「説明がー」「ー地図」❷細かなところまでよく知っている。「野球にー」

**くわ・す【食わす】**(他五){サ(ソ)・シ・ス・ス・セ・セ}→くわせる

**くわずぎらい【食わず嫌い】**(名)❶食べたこともないのにきらいだときめつけること。❷なかみやよさを知ろうともせずに、はじめからきらうこと。

**くわせもの【食わせ物】**(名)外見だけよくて、実際はよくない物。また、そのような油断のならない人。「彼《かれ》はとんだーだ」注意人についていう場合は、ふつう「食わせ者」と書く。

**くわ・せる【食わせる】**(他下一){セ・セ・セル・セル・セレ・セロ(セヨ)}❶食べさせる。「馬にーほどたくさんある」❷やしなう。扶養《ふよう》する。「家族をー」❸あたえる。こうむらせる。「ひじでっぽうをー」❹だます。あざむく。「いっぱいー」

**くわだ・てる【企てる】**(他下一){テ・テ・テル・テル・テレ・テロ(テヨ)}思いついたことなどの計画をたてる。もくろむ。「反乱をー」

**くわばら**『桑原』(名)落雷《らくらい》やいやなことをさけるために唱えるまじないのことば。ふつう「くわばらくわばら」と二度唱える。

**くわり【区割り】**(名・他スル)ある一定の範囲《はんい》や土地などをいくつかに分けること。区分。「仕事の分担をーする」

**くわわ・る【加わる】**(自五){ラ(ロ)・リ(ッ)・ル・ル・レ・レ}❶もとからあるものに、同じようなものが合わさる。増える。「重さがー」「悲しみがー」❷仲間にはいっていっしょにする。参加する。「ゲームにー」

**くん【君】** 7画 口4 小3 音クン 訓きみ
フ ヲ ヨ 尹 君 君

❶国を治める者。天子。領主。◆君恩・君主・君臨 ◆暗君・主君・忠君・名君・幼君。対臣。❷人を呼ぶときの敬称《けいしょう》。◆貴君・細君・諸君・父君

**-くん【君】**(接尾)同輩《どうはい》や目下の人を呼ぶときの敬称《けいしょう》。「佐藤《さとう》ー」

**くん【訓】** 10画 言3 小4 音 クン
丶 亠 言 訁 訓 訓
❶教える。教え導く。教え。◆訓育・訓戒《くんかい》・訓告・訓示・訓辞・訓練・訓話 ◆遺訓・家訓・教訓・処世訓・人生訓。❷漢字を日本語にあてはめて読む読み方。◆訓読 ◆音訓・字訓。対音

**くん【訓】**（名）漢字を、それの持っている意味にあたる日本語にあてはめて読む読み方。「山《さん》」を「やま」と読む類。対音

**くん【勲】** 15画 力13 〔勳〕 音 クン
一 台 重 重 動 勲
国家のためにつくした功績。てがら。いさお。◆勲位・勲一等・勲功・勲章 ◆元勲・殊勲《しゅくん》・叙勲《じょくん》・武勲
⇩付録「漢字の筆順㉘里」

**くん【薫】** 16画 艹13 〔薰〕 音 クン 高 訓 かおる
艹 艹 芇 蕾 董 薫
❶かおり。よいにおい。◆薫煙《くんえん》・薫香《くんこう》・薫風。❷いぶす。◆薫製。❸よい手本を示して人を感化する。◆薫育・薫化・薫陶《くんとう》 ⇩付録「漢字の筆順㉘里」

**ぐん【軍】** 9画 車2 小4 音 グン
丶 冖 冖 冒 宣 軍
❶いくさ。戦争。◆軍艦《ぐんかん》・軍旗・軍港・軍事・軍人・軍備・軍門・軍用・軍略 ◆従軍。❷兵士の集団。◆軍勢・軍隊 ◆援軍《えんぐん》・海軍・官軍・空軍・孤軍《こぐん》奮闘《ふんとう》・進軍・大軍・敵軍・陸軍

**ぐん【軍】**（名）戦争のための兵士の集団。また、陸・空・海軍の総称《そうしょう》。「―を率いる」「―の機密」

**ぐん【郡】** 10画 阝7 小4 音 グン
フ ヨ 尹 君 君阝 郡
村・町をいくつかふくむ地理上の区画。◆郡部

**ぐん【郡】**（名）都道府県内で、市・区以外の地理上の区画。町村からなる。

**ぐん【群】** 13画 羊7 小4 音 グン 訓 むれる・むれ・むら
ヨ 尹 君 君' 群 群
❶多く集まる。集まり。◆群居・群衆・群集・群生・群島 ◆一群・魚群・大群・抜群《ばつぐん》。❷多くの。もろもろの。◆群小・群臣・群像・群雄《ぐんゆう》。参考「むら」の訓は「群《むら》すずめ」「群《むら》がる」などのことばに使われる特殊《とくしゅ》な読み方。

**ぐん【群】**（名）同類の多くのものがあつまっている集団。むれ。「―をなす」

**群を抜《ぬ》く** たくさんの中でとびぬけてすぐれている。「―活躍《かつやく》ぶり」

**ぐんい【軍医】**（名）軍隊で働く医者。

**くんいく【訓育】**（名・他スル）児童・生徒の品性・気質などを、よいほうにのばすように教え育てること。

**ぐんか【軍歌】**（名）軍隊の士気を高めるための歌。

**くんかい【訓戒】**『訓△誡』（名・他スル）さとして、いましめること。「―を垂れる（=よくいましめさとす）」

**ぐんかく【軍拡】**（名）（「軍備拡張」の略）軍備を増やし強化すること。「―競争に反対する」対軍縮

**ぐんかん【軍艦】**（名）戦うための武器・設備をととのえた船。

**ぐんき【軍紀・軍規】**（名）軍隊の風紀や規則。「―が乱れる」

**ぐんき【軍機】**（名）軍事上のひみつ。「―をもらす」

**ぐんきものがたり【軍記物語】**（名）『文』鎌倉《かまくら》・室町《むろまち》時代につくられた、合戦《かっせん》を中心にえがいている歴史物語。「保元《ほうげん》物語」「平治《へいじ》物語」「平家《へいけ》物語」など。戦記物語。

**ぐんきょ【群居】**（名・自スル）むらがっていること。たくさん集まって生活をすること。「猿《さる》が―する山」

**ぐんぐん**（副）物事の進み方が急速であるようす。「背が―（と）のびる」「―（と）スピードをあげる」

**くんこう【勲功】**（名）国家・君主などにつくしたてがら。「―をたてる」

**ぐんこう【軍港】**（名）軍事設備があり、海軍が根拠地《こんきょち》とする港。

**ぐんこくしゅぎ【軍国主義】**（名）軍隊を強くし、軍事力によって物事を解決し、国力をのばそうとする考え方。ミリタリズム。

**くんし【君子】**（名）人がらや行いのりっぱな人。

**君子危《あや》うきに近寄《ちかよ》らず** 君子は自分をたいせつにしてむやみに危険をおかしたりしないものだ。

**君子は豹変《ひょうへん》す** 君子はあやまちに気づけば、すぐに改めて心や行いを正しくする。一般《いっぱん》に、態度や意見を急に変えてしまうことにもいう。

**くんじ【訓示】**（名・自他スル）上位の人が下位の人に心得や注意などを教え示すこと。また、その教え。「校長が―する」⇩くんじ（訓辞）「学習」

**くんじ【訓辞】**（名）導きいましめることば。教えさとすことば。「部下に―を垂れる」

> **学習 使い分け**「訓示」「訓辞」
>
> **訓示** 上位者が教えを示すこと。心得などの注意をあたえること。名詞としても、「訓示する」の形で動詞としても使われる。「**訓示**を受ける」「社長**訓示**」
>
> **訓辞** 教えいましめることば。名詞としてのみ用いられる。「祝辞と**訓辞**を述べる」「上司の**訓辞**を聴《き》く」

**ぐんし【軍師】**（名）大将の下で作戦を立てる人。参謀《さんぼう》。

**ぐんじ【軍事】**（名）軍備・戦争に関係のあることがら。「―基地」

**ぐんしきん【軍資金】**（名）❶軍事に必要な資金。❷（比喩《ひゆ》的に）何かを行うために必要な資金。

**くんしゅ【君主】**（名）世襲《せしゅう》によって位につき、一国を統治する人。王。皇帝《こうてい》。天子。「―国」

**ぐんじゅ【軍需】**（名）軍隊や戦争のために必要なこと。また、その物資。「―品」「―産業（=兵器の製造など、軍隊に必要な品を造る産業）」

**ぐんしゅう【群衆】**（名）一か所にむらがり集まった、

多くの人びと。人の集まり。「―を前にして演説する」
⇩ぐんしゅう(群集)「学習」

**ぐんしゅう【群集】**(名・自スル) 人や物が一か所にむらがり集まること。また、その集まった群れ。

> **学習** **使い分け** 「群衆」「群集」
>
> **群衆** むらがり集まった多数の人びと。名詞としてのみ用いられる。「群衆が殺到《さっとう》する」「群衆に向かって訴える」「群衆に交じる」
>
> **群集** あるところに人や物が集まること。群れ。「群集する」の形で動詞としても使われる。「いなごの群集」「群集心理」「参拝者が群集する」

**ぐんしゅうしんり【群集心理】**(名) 集団の中にいると平常の状態が失われ、むやみに人の言動に影響《えいきょう》され、ひきずられやすくなる心の傾向《けいこう》。

**ぐんしゅく【軍縮】**(名)(「軍備縮小」の略)軍備の規模を小さくすること。「―交渉《こうしょう》」対軍拡

**くんしゅこく【君主国】**(名) 君主が治める国家。「立憲―」対共和国

**くんしょう【勲章】**(名) 国家や世の中のためにつくした人をほめたたえて国があたえる記章。「文化―」

**ぐんしょう【群小】**(名) たくさんの小さなもの。「―国家」

**ぐんじょう【群青】**(名) あざやかな青い色。また、その色の絵の具・顔料。「―の海」

**ぐんしょるいじゅう**〔群書類従〕〔作品名〕江戸《えど》時代後期に、国学者塙保己一《はなわほきいち》が日本の古書を集めて出版した一大叢書《そうしょ》。一七七九(安永八)年から四〇年以上かかって完成。

**くんしん【君臣】**(名) 君主と臣下。「―の道」

**ぐんしん【群臣】**(名) 多くの家来《けらい》。

**ぐんじん【軍人】**(名) 軍隊に籍《せき》のある人。

**くんずほぐれつ【組んずほぐれつ】**取っ組み合ったり離《はな》れたりして動き回るようす。「―闘《たたか》う」
参考「組みつほぐれつ」が転じたことば。「…つ…つ」の形で、「…たり…たり」の意味を表す。

**くんせい【薫製】**〖燻製〗(名) 塩づけにした魚や肉などをいぶして、乾燥《かんそう》させた食品。「鮭《さけ》の―」

**ぐんせい【軍政】**(名) ❶軍事に関する政務。❷戦争や革命などがあったときに、軍隊が占領地《せんりょうち》またはその地域に対して行う統治。「―をしく」

**ぐんせい【群生】**(名・自スル) 同じ種類の植物がむらがって生えること。「みずばしょうの―地」類叢生《そうせい》

**ぐんせい**〖群棲〗(名・自スル) 同じ種類の動物が群れをなしてすむこと。「あざらしの―地」

**ぐんぜい【軍勢】**(名) 軍隊の兵の数。また、軍隊。「敵の―に囲まれる」

**ぐんぞう【群像】**(名) ❶彫刻《ちょうこく》・絵などで、多くの人の姿を作品の主題にしたもの。❷多くの人びとの姿。「青春―」

**ぐんぞく【軍属】**(名) 軍で働く、軍人以外の人。

**ぐんたい【軍隊】**(名) 軍事的能力をもち、一定のきまりによって統制された軍人の集団。「―生活」

**-くんだり**(接尾)(「下《くだ》り」の転。地名の下につけて)中心地から遠くはなれた所の意を表す。「こんな田舎《いなか》―までよくいらっしゃいました」

**ぐんだん【軍団】**(名) ❶軍隊の編制単位で、師団と軍との中間のもの。❷(比喩《ひゆ》的に)力のある人物を中心とした集団。

**ぐんて【軍手】**(名) 太い白もめんの糸であんだ作業用手ぶくろ。もと軍隊用。

**くんてん【訓点】**(名) 漢文を訓読するためにつける文字や符号《ふごう》。返り点や送りがななど。

**ぐんと**(副) ❶前と比べて一段と大きくなったりよくなったりするようす。「―伸《の》びる」❷力を強くこめるようす。「―ふみとどまる」

**くんとう【勲等】**(名) 国があたえる勲章の等級。

**くんとう【薫陶】**(名・他スル) すぐれた人がらでよい影響《えいきょう》をあたえ、りっぱな人になるよう教育すること。「よき―を受ける」

**ぐんとう【軍刀】**(名) 軍人が使う戦闘《せんとう》用の刀。

**ぐんとう【群島】**(名) むらがり集まった多くの島。

**くんどく【訓読】**(名・他スル) ❶漢字を、訓で読むこと。「川」を「かわ」、「空」を「そら」と読むなど。❷漢文を日本語に訳して読むこと。訓読み。対音読。

**ぐんばい【軍配】**(名) ❶戦いで、軍勢をさしずすること。❷「軍配うちわ」の略。

**軍配を上《あ》げる** すもうで、行司《ぎょうじ》が勝った力士のほうに軍配うちわをあげる。転じて、一方を勝ちと判定する。

**ぐんばいうちわ【軍配うちわ】**〖軍配×団扇〗(名) ❶むかし、大将が軍勢をさしずするのに使った、うちわ形の道具。鉄や革《かわ》で作る。❷すもうで行司《ぎょうじ》が持つうちわ形の道具。

(ぐんばいうちわ①)

**ぐんばつ【軍閥】**(名) 軍人が中心となって、武力をもとに政治を行おうとする集まり・勢力。

**ぐんぱつ【群発】**(名・自スル) 一定の地域で、何度も続けて起こること。「―地震《じしん》」

**ぐんび【軍備】**(名) 戦争を行ったり国を守ったりするための、兵士や武器などの備え。「―縮小」

**ぐんぶ【軍部】**(名) 陸・海・空軍の総称《そうしょう》。

**ぐんぶ【郡部】**(名) 郡に属する地域。

**ぐんぶ【群舞】**(名・自スル) 大勢が集まっておどること。また、そのおどり。

**くんぷう【薫風】**(名) さわやかで気持ちのよい、青葉のころふく風。初夏《しょか》にふく南風。「―かおる五月」

**ぐんぷく【軍服】**(名) 軍人が着る制服。

**ぐんむ【軍務】**(名) 軍隊の中での事務や仕事。「―に服する」

**ぐんもん【軍門】**(名) 陣営《じんえい》の出入り口。

**軍門に降《くだ》る** 戦争に負けて降参する。「敵の―」

**ぐんゆう【群雄】**(名) 多くの英雄。

**ぐんゆうかっきょ【群雄割拠】**(名・自スル) たくさんの英雄が各地に勢力を張り、たがいに争うこと。「―の戦国時代」

**ぐんよう【軍用】**（名）軍隊・軍事で用いること。「—列車」

**くんよみ【訓読み】**（名・他スル）漢字を訓で読むこと。訓読《くんどく》。対音読み

**ぐんらく【群落】**（名）❶一つの所にしぜんにむらがって生えている植物の集まり。「しゃくなげの—」❷たくさんの村落。「山間の—」

**くんりん【君臨】**（名・自スル）❶君主として国を支配すること。❷ある方面で大きな力をもち、絶対的な勢力をふるうこと。「財界に—する」

**くんれい【訓令】**（名・自スル）上級の役所が下級の役所に、職務上の指示や命令を発すること。また、その指示や命令。「—を出す」

**くんれいしき【訓令式】**（名）ローマ字のつづり方の一種。内閣《ないかく》訓令で発表したもの。「シ」を「si」、「ジ」を「zi」、「シャ」を「sya」などとつづる。⇒ヘボンしき

**くんれん【訓練】**（名・他スル）じょうずにできるように、実際に練習させて教えること。「避難《ひなん》—」

**くんわ【訓話】**（名・自スル）よい行いをするように、教えさとすこと。また、そのための話。「校長の—」

# け ケ

**け【化】**→か（化）

**け【仮】**→か（仮）

**け【気】**→き（気）

**け【気】** ㊀（名）あるものが存在するらしいようす。気配。「火の—」「頭痛の—がある」㊁（接頭）（動詞・形容詞の上について）意味を強める。また、なんとなくの意をそえる。「—おされる」「—だるい」㊂（接尾）（名詞、動詞の連用形、形容詞・形容動詞の語幹などの下について）そのような要素や気分がある、また、そう感じられる意を表す。「水—がある」「寒—がする」「色—より食い—」

**け【家】**→か（家）

**-け【家】**（接尾）（姓《せい》・職名・官名などの下について）家族や一族を表す。また、敬意をそえる。「中村—」

**け【華】**→か（華）

**け【懸】**→けん（懸）

**け【毛】**（名）❶動物の皮膚《ひふ》や植物の表面に生える細い糸のようなもの。「髪《かみ》の—」「たんぽぽの—」❷羊毛。ウール。「—のセーター」❸毛のように見えるもの。「ブラシの—」

**毛の生《は》えた** ほんの少しすぐれていたり、ましだったりする程度《ていど》であるようす。「素人《しろうと》に—ような腕前《うでまえ》」

**毛を吹《ふ》いて疵《きず》を求《もと》める** （毛を吹き分けてかくれているきずを探し出す意から）むりに人の欠点を探し出す。また、人のあら探しをしてかえって自分の欠点をさらけ出す。

**け**〖卦〗（名）易《えき》で算木《さんぎ》に現れた形。これで吉凶《きっきょう》をうらなう。「悪い—がでる」

**け**（終助）（「たっけ」「だっけ」の形で）❶過去のことを思い出していう。…たものだ。「よくここに来たっ—」❷思い出して確かめる。…ではなかったろうか。「八時出発だったっ—」

**げ【下】**→か（下）

**げ【下】**（名）❶順位・価値などがおとっていること。下等。「そんな方策は—の—だ」❷二つ、または三つにわかれた作品の、最後の部分。《対上》

**げ【牙】**→が（牙）

**げ【外】**→がい（外）

**げ【夏】**→か（夏）

**げ【解】**→かい（解）

**-げ【気】**（接尾）（形容詞の語幹、動詞の連用形などについて）そうであるらしいという意を表す。「うれし—」

**ケア**〔英 care〕（名・他スル）❶（老人や病人などの）世話をすること。介護《かいご》。保護。「在宅—」❷手入れ。管理。また、配慮《はいりょ》。「アフター—」

**けあし【毛足・毛脚】**（名）❶毛織物や絨毯《じゅうたん》の表面に出ている毛。「—の長いじゅうたん」❷毛が多く生えている足。❸毛の伸《の》びぐあい。「—の長い犬」「—が早い」

**けあな【毛穴】**（名）皮膚《ひふ》にある、毛の生える穴。

**ケアーマネージャー**〔英 care manager〕（名）介護《かいご》や支援が必要と認定された人のための介護サービス計画を作成したり管理をしたりする人。介護支援《しえん》専門員。

**ケアレスミス**（名）不注意による間違《まちが》いや失敗。「—が多い」▽英 careless mistake の略。

## けい【兄】 5画 儿3 小2 音 ケイ 中・キョウ 訓 あに

丨 ㄇ 口 尸 兄

❶年上の男のきょうだい。あに。◈兄弟《きょうだい》・兄事《けいじ》。◈義兄・実兄・長兄・父兄・令兄。対弟《てい》。❷友人・先輩《せんぱい》の敬称《けいしょう》。◈大兄《たいけい》・貴兄。参考「キョウ」の音は「兄弟《きょうだい》」ということばに使われる特殊《とくしゅ》な読み方。特別に、「兄さん」は「にいさん」とも読む。

**けい【兄】** ㊀（名）あに。対弟《てい》。㊁（代）男性が、おもに手紙で親しい友人や先輩《せんぱい》を敬っていうことば。㊂（接尾）男性どうしが友人や先輩《せんぱい》を敬って、名前の下にそえることば。「田中—によろしく」

**兄たり難《がた》く弟《てい》たり難《がた》し** どちらがすぐれているか優劣《ゆうれつ》が決められない。

## けい【刑】 6画 刂4 音 ケイ

一 二 チ 开 刑 刑

しおき。罰《ばつ》を加える。◈刑期・刑死・刑事・刑罰《けいばつ》・刑法・刑務所 ◈求刑・極刑《きょっけい》・死刑・処刑

**けい【刑】**（名）法律にそむいた者に加える罰《ばつ》。しおき。「—に処する」「—に服する」

## けい【形】 7画 彡4 小2 音 ケイ・ギョウ 訓 かた・かたち

一 二 チ 开 开 形 形

❶かたち。◈形骸《けいがい》・形式・形状・形態 ◈円形・原形・固形・象形《しょうけい》・図形・人形・変形・無形・有形。❷すがた。ありさま。ようす。◈形相《ぎょうそう》・形勢 ◈地形。❸かたちづくる。◈形成・形容

## けい【系】 7画 糸1 小6 音 ケイ

一 ㄗ 幺 幺 系 系

❶つながり。血すじ。◈系図・系統・系譜《けいふ》・系列 ◈

家系・直系・日系・母系・傍系《ぼうけい》。❷ある関係やつながりをもったまとまり。◆銀河系・神経系・大系・体系・太陽系

**-けい【系】**(接尾) 一連のつながり・関係にある意を表す。「外資―企業《きぎょう》」

**けい【京】**→きょう(京)

**けい【径】** 8画 彳5 小4 〔徑〕 音ケイ
❶こみち。◆径路・小径。❷円のさしわたし。◆口径・直径・半径。❸まっすぐ。◆直情径行

**けい【茎】** 8画 艹5 〔莖〕 音ケイ 訓くき
植物のくき。◆球茎・根茎・地下茎

**けい【係】** 9画 亻7 小3 音ケイ 訓かかる・かかり
❶つながる。つなぐ。◆係留《けいりゅう》・連係。❷かんけいする。かかわる。◆係争・係累《けいるい》◆関係

**けい【型】** 9画 土6 小5 音ケイ 訓かた
かた。もととなるかたち。◆原型・造型・典型・模型

**けい【契】** 9画 大6 音ケイ 訓ちぎる 高
❶割り符《ふ》。割り符を合わせる。◆契印・契合。❷約束する。交わりを結ぶ。◆契機・契約 ◆黙契《もっけい》 ⇩付録「漢字の筆順(4)丰」

**けい【計】** 9画 言2 小2 音ケイ 訓はかる・はからう
❶数える。かんじょう。◆計算・計上・計量 ◆会計・家計・合計・集計・統計・累計《るいけい》。❷みつもる。みつもり。◆計画 ◆設計。❸はかりごと。◆計略 ◆奇計《きけい》。❹数量をはかる器具。◆温度計・湿度計・体温計。
参考特別に、「時計」は「とけい」と読む。

**けい【計】**(名) ❶はかりごと。計画。「一年の―は元旦《がんたん》にあり」❷総計。合計。「―一万円」

**けい【恵】** 10画 心6 〔惠〕 音ケイ・エ 訓めぐむ
❶(ケイと読んで)めぐむ。めぐみ。なさけ。◆恵愛・恵贈《けいぞう》・恵存《けいそん・けいぞん》◆恩恵。❷(エと読んで)かしこい。さとい。◆知恵 ⇩付録「漢字の筆順(25)由〔由〕」

**けい【啓】** 11画 口8 音ケイ
❶ひらく。みちびく。よくわからせる。◆啓示・啓発・啓蒙《けいもう》。❷「言う」の謙譲《けんじょう》語。申しあげる。◆啓上・啓白《けいはく・けいびゃく》◆謹啓《きんけい》・拝啓

**けい【掲】** 11画 扌8 〔揭〕 音ケイ 訓かかげる
かかげる。あげる。◆掲載《けいさい》・掲示・掲揚《けいよう》◆前掲

**けい【渓】** 11画 氵8 〔溪〕 音ケイ
たに。たにがわ。◆渓谷《けいこく》・渓流 ◆雪渓

**けい【経】** 11画 糸5 小5 〔經〕 音ケイ・キョウ 中 訓へる
❶(ケイと読んで)㋐織物のたて糸。◆経緯《けいい》。対緯。㋑たて。たての線。南北を結ぶ線。◆経線・経度 ◆西経・東経。対緯。㋒すぎる。そこを通る。◆経過・経験・経由・経歴・経路。㋓おさめととのえる。◆経営・経済・経理。㋔中国で儒教《じゅきょう》などの聖人の教えを書いたもの。◆経書。❷(キョウと読んで)仏の教えを書いたもの。おきょう。◆経文《きょうもん》◆写経。参考特別に、「読経」は「どきょう」と読む。

**けい【蛍】** 11画 虫5 〔螢〕 音ケイ 訓ほたる
ほたる。水辺にすみ、光を放つ昆虫《こんちゅう》。◆蛍光

**けい【敬】** 12画 攵8 小6 音ケイ 訓うやまう
うやまう。つつしむ。尊んで礼をつくす。◆敬意・敬遠・敬具・敬語・敬称《けいしょう》・敬聴《けいちょう》・敬服・敬礼・敬老 ◆畏敬《いけい》・謹敬《きんけい》・失敬・尊敬・表敬

**けい【景】** 12画 日8 小4 音ケイ
❶けしき。ようす。◆景気・景勝・景色《けいしょく・けしき》・光景・情景・絶景・背景・風景・夜景。❷うやまう。したう。◆景仰《けいこう》。❸興をそえるもの。◆景品・景物。
参考特別に、「景色」はふつう「けしき」と読む。

**けい【軽】** 12画 車5 小3 〔輕〕 音ケイ 訓かるい・かろやか 中
❶物の目方が少ない。◆軽金属・軽量。❷身がかるい。すばやい。◆軽快・軽妙《けいみょう》。❸程度がかるい。手がる。◆軽音楽・軽傷・軽食・軽装・軽度・軽犯罪・軽便《けいべん》。❹落ち着きがない。かるがるしい。◆軽挙妄動《けいきょもうどう》・軽率《けいそつ》・軽薄《けいはく》。❺かろんじる。見くびる。◆軽視・軽蔑《けいべつ》。(対重)

**けい【傾】** 13画 亻11 音ケイ 訓かたむく・かたむける
❶ななめになる。ななめにする。かたむき。◆傾向・傾国・傾斜《けいしゃ》・傾城《けいせい》・傾度。❷かたよる。そのほうにむける。◆傾注・傾聴《けいちょう》・傾倒《けいとう》

**けい【携】** 13画 扌10 音ケイ 訓たずさえる・たずさわる
❶手に持つ。手にさげる。◆携行・携帯 ◆必携。❷手をつなぐ。◆提携・連携 ⇩付録「漢字の筆順(32)隹」

**けい【継】** 13画 糸7 〔繼〕 音ケイ 訓つぐ
❶続ける。うけつぐ。◆継承《けいしょう》・継走・継続 ◆後継・

中継。❷血のつながりがない間柄《あいだがら》を示す。◆継子・継父・継母

**けい【詣】** 13画 言6 音ケイ高 訓もうでる
❶進んでいく。深い境地に達する。◆造詣。❷神社や寺におまいりする。◆参詣

**けい【境】**→きょう(境)

**けい【慶】** 15画 心11 音ケイ
よろこぶ。よろこび。めでたい。いわう。◆慶賀・慶事・慶祝・慶弔《けいちょう》◆大慶・同慶 ⇩付録「漢字の筆順(6)丗」

**けい【憬】** 15画 忄12 音ケイ
あこがれる。◆憧憬《しょうけい・どうけい》

**けい【稽】** 15画 禾10 音ケイ
くらべて考える。◆稽古 ◆荒唐無稽《こうとうむけい》・滑稽《こっけい》

**けい【憩】** 16画 心12 音ケイ 訓いこい・いこう高
やすむ。いこう。いこい。◆休憩・小憩

**けい【警】** 19画 言12 小6 音ケイ
❶いましめる。注意をよびおこす。◆警告・警鐘《けいしょう》・警笛《けいてき》・警報。❷まもる。そなえる。◆警戒・警備・警邏《けいら》。◆自警・夜警。❸すばやい。かしこい。◆警句。❹「警察」「警察官」の略。◆県警・婦警

**けい【鶏】** 19画 鳥8 〔鷄〕 音ケイ 訓にわとり
にわとり。◆鶏頭・鶏肉・鶏鳴《けいめい》・鶏卵 ◆闘鶏《とうけい》・養鶏

**けい【競】**→きょう(競)

**けい**【△罫】(名) ❶字をそろえて書くために紙にひいた線。❷碁《ご》・将棋《しょうぎ》の盤《ばん》の上の、たて横の線。

**げい【芸】** 7画 艹4 小4 〔藝〕 音ゲイ
❶習いおぼえた特別のわざ。学問。◆芸術 ◆学芸・技芸・工芸・手芸・多芸・武芸・文芸。❷人を楽しませるためのわざ。げいごと。◆芸妓《げいぎ》・芸当・芸人・芸能 ◆演芸・曲芸。❸草木を植える。◆園芸・農芸

**げい【芸】**(名) 習いおぼえたわざ。特に、芸能などの人を楽しませるわざ。「—をみがく」「動物に—をしこむ」

**芸が細《こま》かい** することが細かいところまでくふうされ、心づかいがゆきとどいている。「あの人のやることは—」

**芸がない** あたりまえで、すこしもすぐれたところや変わったところがない。おもしろみがない。「いつも同じでは—」

**芸は身《み》を助《たす》ける** 趣味《しゅみ》で覚えた芸が、困ったときに生計をたてる手段となって役に立つ。

**げい【迎】** 7画 辶4 音ゲイ 訓むかえる
❶むかえる。でむかえる。◆迎撃《げいげき》・迎春・迎賓《げいひん》◆歓迎《かんげい》・送迎。対送。❷相手に取り入る。◆迎合

**げい【鯨】** 19画 魚8 音ゲイ 訓くじら
❶くじら。◆鯨肉・鯨油 ◆捕鯨《ほげい》。❷大きいものなどを形容するときに使うことば。◆鯨飲・鯨波《げいは》

**ゲイ**〔英 gay〕(名)(男性の)同性愛者。

**けいあい【敬愛】**(名・他スル) 尊敬し、したしみの気持ちをもつこと。「—の念をいだく」

**けいい【経緯】**(名) (たて糸とよこ糸の意から)物事がそうなったわけ。いきさつ。「事件の—を説明する」

**けいい【敬意】**(名) 尊敬の気持ち。「—を表する」

**けいいん【契印】**(名) 発行する文書と原簿《げんぼ》など、二枚以上の書類が関連したものであることを証明するために、それぞれにまたがらせて押《お》す印。割り印。

**げいいんばしょく【鯨飲馬食】**(名・自スル) 鯨《くじら》が水を飲むように酒をがぶがぶ飲み、馬がかいばを食べるように食べ物を大量に食べること。類牛飲馬食

**けいえい【経営】**(名・他スル) ❶計画をたてて事業を行うこと。「会社の—」「—者」❷方針や規模を定め、くふうをこらして物事を行うこと。「学級—」

**けいえい【警衛】**(名・他スル) 人の身のまわりを用心して守ること。また、その人。類警護

**けいえん【敬遠】**(名・他スル) ❶敬うようにみせながら実際は遠ざけ、あまり親しくしないこと。「頑固《がんこ》な人として—される」❷野球で、作戦上わざと打者にフォアボールをあたえること。「強打者を—する」

**けいおんがく【軽音楽】**(名)《音》気軽にきける音楽。クラシックに対してジャズやポピュラー音楽など。

**けいか【経過】** ━(名・自スル) 時間が過ぎていくこと。「一〇分—する」 ━(名) 物事の移り変わり。「—報告」「その後の—をみる」

**けいが【慶賀】**(名・他スル) めでたいことをよろこび祝うこと。「—のパレード」類祝賀

**けいかい【警戒】**(名・他スル) よくないことが起こらないように用心すること。「—にあたる」「台風を—する」

**けいかい【軽快】**(形動ダ)〔ダロ・ダッ(デ・ニ)・ダ・ナ・ナラ・○〕❶軽々としてすばやいようす。「—な動き」❷軽やかで気持ちのはずむようす。「—なリズム」

**けいがい【形骸】**(名) ❶精神や生命を失ったからだ。❷建物などの骨組み。「—もとどめず焼失する」❸実質的な内容を失って形だけ残った制度や組織。…化「形骸化した規則」

**けいがい**【△謦△咳】(名) せきばらい。

**謦咳に接《せっ》する** 尊敬する人に直接話を聞く。直接お目にかかる。

**げいかい【芸界】**(名) 芸能人の社会。芸能界。

**けいかいしょく【警戒色】**(名)《動》動物の、特に目立つからだの色や模様。ほかの動物に警戒心を起こさせるためとされる。はちの黄色と黒のしま模様など。⇩ほごしょく

**けいかく【計画】**(名・他スル) あることをするとき、どのような手順・方法ですればよいかあらかじめ考えること。また、その内容。くわだて。プラン。「—をたてる」「無—」…性「計画性をもって行動する」

**けいかくてき【計画的】**（形動ダ）〔ダロ・ダッ(デ・ニ)・ダ・ナ・ナラ・○〕ある目的のために、あらかじめ予定がきちんとたててあるようす。「―な犯行」
**けいかん**『△桂冠』（名）↓げっけいかん
**けいかん【景観】**（名）よいけしき。すばらしいながめ。「雄大《ゆうだい》な―」「町の―を損《そこ》ねる建物」
**けいかん【警官】**（名）「警察官」の略。特に、巡《じゅん》査《さ》。「女性―」
**けいがん**『△炯眼』（名）するどく光る目。また、するどい目で物事を見通す力。「―人を射る」
**けいがん**『△慧眼』（名）物事を見ぬく力がするどいこと。「―の士」
**けいかんしじん**『△桂冠詩人』（名）（古代ギリシャで、すぐれた詩人に月桂冠をあたえたことから）イギリスで、王室から任命された最高の名誉《めいよ》ある詩人。
**けいき【刑期】**（名）刑を受ける期間。「―満了」
**けいき【計器】**（名）物の重さ・量・長さ・速さなどをはかる器械の総称《そうしょう》。メーター。「電気―」
**けいき【契機】**（名）ある物事に変化や発展をおこさせるきっかけ。原因。動機。「卒業を―に独立する」
**けいき【景気】**（名）❶社会の経済状態。商売のぐあい。「―の変動」「―が上向く」「不―」❷勢いのいいこと。元気。威勢《いせい》。「―づけに歌を歌う」
**けいき【継起】**（名・自スル）物事が続いておこること。「事件が―する」
**げいぎ**『芸△妓』（名）↓げいしゃ
**けいききゅう【軽気球】**（名）↓ききゅう(気球)
**けいきょ【軽挙】**（名・自スル）軽はずみな行動をすること。また、その行い。「―をつつしむ」
**けいきょう【景況】**（名）❶物事のありさま。ようす。❷景気の状態。「―を見守る」
**けいきょもうどう【軽挙妄動】**（名・自スル）よく考えないで軽はずみな行いをすること。
**けいきんぞく【軽金属】**（名）比重四～五以下の軽い金属。アルミニウム、チタンなど。対重金属
**けいく【警句】**（名）深い意味やすぐれた考えを短くたくみに言い表したことば。アフォリズム。「急がばまわれ」などの類。「―を吐《は》く」
**けいぐ【敬具】**（名）「つつしんで申しあげます」の意で、手紙の終わりに書くあいさつのことば。使い方◇「拝啓《はいけい》」や「拝復」ではじめたとき、結びに用いる。
**けいぐんのいっかく**『鶏群の一◇鶴』（鶏《にわとり》の群れの中に、鶴《つる》が一羽だけまじっている意から）多くの凡人《ぼんじん》の中に一人まじっているすぐれた人物のたとえ。
**けいけい**『△炯△炯』（トタル）目がするどく光るようす。「―たる眼光」
**けいけいに【軽軽に】**（副）かるがるしく。よく注意をしないで。「―判断してはいけない」
**げいげき【迎撃】**（名・他スル）攻《せ》めてくる敵を迎《むか》え撃《う》つこと。「―ミサイル」
**けいけん【経験】**（名・他スル）実際に見たり聞いたり行ったりしたこと。また、そうして得た知識や技能。「数々の成功と失敗を―する」「―を積む」「未―」
…的「経験的に知っている」

> **学習 比較《ひかく》** 「経験」「体験」
>
> **経験** 見たり聞いたり行ったりしたこと。日常的に、また、ある期間それを行うことで得た知識や技能。「過去に苦い経験がある」「運転の経験が浅い」「経験を積んだ技師」
>
> **体験** 「経験」とほぼ同じ意味であるが、日常的なできごとではなく、特別なこと、実際に身をもって行ったことを強調する意味あいがある。「恐《おそ》ろしい体験をした」「体験談を話す」「外国生活は貴重な体験だった」

**けいけん**『敬△虔』（形動ダ）〔ダロ・ダッ(デ・ニ)・ダ・ナ・ナラ・○〕神や仏を深く敬いつつしむようす。「―な祈《いの》り」
**けいげん【軽減】**（名・自他スル）負担などをへらして軽くすること。また、へって軽くなること。「税金を―する」…化「作業の軽減化をはかる」対加重《かじゅう》
**けいけんそく【経験則】**（名）経験したことをもとに得られた法則。「―を生かす」
**けいこ【稽古】**（名・他スル）技術・芸能・武術などを練習したり教わったりして身につけること。「―にはげむ」「―事」
**けいご【敬語】**（名）人を敬って使う丁寧《ていねい》なことば。
参考相手に対して直接敬う気持ちを表す尊敬語、自分がへりくだることによって相手を敬う気持ちを表す謙譲《けんじょう》語、ことばづかいを丁寧にして相手を敬う気持ちを表す丁寧語の三分類のほか、丁重語と美化語とを加えた五種に分類することもある。
**けいご【警固】**（名・他スル）よくないことが起こらないように用心して周囲を守りかためること。また、その設備や役目の人。「―の武士」
**けいご【警護】**（名・他スル）よくないことが起こらないように用心して守ること。また、その役目の人。「要人の身辺を―する」類警衛
**けいこう【径行】**（名）思うことをまげずに行うこと。「直情―」
**けいこう【経口】**（名）薬や細菌《さいきん》などが口を通って体内にはいること。「―ワクチン」「―感染《かんせん》」
**けいこう【蛍光】**（名）❶ほたるの光。❷〔物〕ある物質が光や放射線などを受けたときに光を発する現象。また、その光。「―ペン」
**けいこう【傾向】**（名）物事の性質・状態や人の行動・考えがある方向に向かっていること。「人口はふえる―にある」
**けいこう【携行】**（名・他スル）身につけて持っていくこと。「―品」「身分証明書を―する」
**けいごう【契合】**（名・自スル）二つのものがぴったりと合うこと。
**げいごう【迎合】**（名・自スル）相手の気に入るように、なんでもすぐ賛成したり、調子をあわせたりすること。「権力に―する」
**けいこうぎょう【軽工業】**（名）織物や食料品など、ふだんの暮らしに使う品物を生産する工業。対重工業
**けいごうきん【軽合金】**（名）アルミニウム、チタンなどの軽金属を主成分とする、比較的《ひかくてき》軽量の合金。

**けいこうとう【蛍光灯】**（名）ガラス管の内側にぬった蛍光物質によって発光する電灯。

**けいこうとなるもぎゅうごとなるなかれ【鶏口となるも牛後となるなかれ】**（「鶏口」はにわとりの口、「牛後」は牛の尻《しり》の意）大きな団体の中で人の下にいるよりも、小さな団体のかしらであるほうがよい。
故事 中国の戦国時代に、蘇秦《そしん》が六つの国の王たちに、小国でも王は王だから、大国の秦に降伏《こうふく》して臣下となるなと説いたことから出たことば。〈史記〉

**けいこうとりょう【蛍光塗料】**（名）蛍光物質を用いた塗料。光などを受けたとき、発光する。

**けいこうばん【蛍光板】**（名）紫外線《しがいせん》・放射線などが当たると蛍光を出す板。

**けいこく【渓谷】**『△谿谷』（名）川のある深い谷間。

**けいこく【傾国】**（名）その色香《いろか》のために、王が政治をおこたり、国をあやうくするほどの絶世の美人。転じて、遊女。「―の美女」類傾城《けいせい》

**けいこく【警告】**（名・他スル）よくないことが起こらないように、前もって注意をあたえること。また、その注意。「―を発する」

**げいごと【芸事】**（名）歌・三味線《しゃみせん》・おどりなど、芸能に関することがら。「―を習う」

**けいさい【掲載】**（名・他スル）文章・写真などを新聞・雑誌などにのせること。「新聞に広告を―する」

**けいざい【経済】** 一（名）❶人間が生活するために必要なものを、生産したり交換《こうかん》したり消費したりするすべての活動。「国の―をたてなおす」「―力」❷おかねのやりくり。「家の―がたいへんだ」
二（形動ダ）〔ダロ・ダッ(デ・ニ)・ダ・ナ・ナラ・○〕費用や手間が少なくてすむようす。「不―」…性「経済性を求める」

**けいざいかい【経済界】**（名）❶経済活動がさかんに行われている社会。❷実業界。財界。

**けいざいかんねん【経済観念】**（名）経済に関する考え方。特に、おかねのやりくりや倹約《けんやく》をいかにじょうずに行うかという考えや知恵《ちえ》。「―がない人」

**けいざいさんぎょうしょう【経済産業省】**（名）中央行政官庁の一つ。国の経済活動や商工業・貿易などに関する仕事を取りあつかう。経産省。

**けいざいせいちょうりつ【経済成長率】**（名）〘経〙国内総生産（ＧＤＰ）などでみた一国の経済成長の割合。

**けいざいてき【経済的】**（形動ダ）〔ダロ・ダッ(デ・ニ)・ダ・ナ・ナラ・○〕❶経済に関するようす。「―に苦しい」❷おかねがかからないようす。節約するようす。「―な生活」

**けいさつ【警察】**（名）❶国民の生命や財産を守り、社会の秩序《ちつじょ》をたもつための公共のしくみ。また、その機関。❷「警察署」「警察官」の略。

**けいさつかん【警察官】**（名）警察の仕事をする公務員。警官。

**けいさつしょ【警察署】**（名）一定区域内の警察事務を取りあつかう役所。

**けいさつちょう【警察庁】**（名）国家公安委員会の管理下にある警察の中央機関。警察庁長官を長とする。

**けいさん【計算】**（名・他スル）❶物の数や量を数えたり、はかったりすること。「―が合わない」❷式を解いて、その値を出すこと。「―力」❸結果やなりゆきを予測し、それに基づいて考えておくこと。「相手の反応を―に入れる」

**けいさんじゃく【計算尺】**（名）計算が簡単にできるように、目もりをつけた物さしを組み合わせた器具。

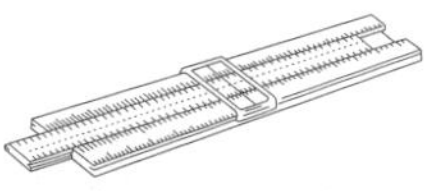
（けいさんじゃく）

**けいさんずく【計算ずく】**（名・形動ダ）損得を考えてから、自分に有利になるように行動すること。「―で交渉《こうしょう》する」類勘定《かんじょう》ずく

**けいさんだか・い【計算高い】**（形）〔カロ・カツ(ク)・イ・イ・ケレ・○〕自分の損得ばかり考えて、打算的であるようす。類勘定《かんじょう》高い

**けいさんぷ【経産婦】**（名）子どもを産んだ経験のある女性。

**けいし【兄姉】**（名）兄や姉。「諸―の健康を祈《いの》る」対弟妹《ていまい》

**けいし【刑死】**（名・自スル）刑に処せられて死ぬこと。

**けいし【京師】**（名）みやこ。

**けいし【軽視】**（名・他スル）物事をいいかげんに軽く考えること。あなどり軽く見ること。「少数意見を―する」対重視

**けいし【罫紙】**『△罫紙』（名）字を書きやすくするために縦や横に線の引いてある紙。

**けいし【警視】**（名）警察官の階級の一つ。警視正の下で、警部の上に位置する。

**けいじ【兄事】**（名・自スル）兄に対するように、敬い親しんで接すること。「―する先輩《せんぱい》」

**けいじ【刑事】**（名）❶〘法〙刑法にあてはめられる事件。「―責任」対民事。❷（「刑事巡査《じゅんさ》」の略）犯罪捜査《そうさ》や犯人逮捕《たいほ》に従事する警察官。

**けいじ【啓示】**（名・他スル）人間には知ることのできない真理を神が教え示すこと。「神の―を受ける」

**けいじ【掲示】**（名・他スル）大勢の人への知らせを紙などに書いてはりだして見せること。また、その文書。「―板《ばん》」「廊下《ろうか》に―する」類掲出

**けいじ【慶事】**（名）めでたいこと。祝いごと。対弔事《ちょうじ》

**けいじか【形而下】**『形△而下』（名）形のあるもの。人間の感覚で知ることができるもの。対形而上

**けいしき【形式】**（名）❶外に現れた形やようす。外形。「古い―のカメラ」❷物事を行う一定の手続きやり方。「書類の―を整える」「―にとらわれる」❸見かけだけで内容が欠けていること。「―だけのあいさつ」…化「形式化された口上」

**けいしき【型式】**（名）機械や自動車などの型。外形や構造・機能のちがいによって同類のほかのものと区別される。「―番号」類モデル。参考「かたしき」ともいう。

**けいしきてき【形式的】**（形動ダ）〔ダロ・ダッ(デ・ニ)・ダ・ナ・ナラ・○〕形式に関するようす。また、形ばかり整えて内容のともなわないようす。「―な試験」対実質的

**けいしきめいし【形式名詞】**（名）《文法》それ自体では実質的意味が薄《うす》く、連体修飾《しゅうしょく》語の下について名詞としてのはたらきをするもの。「小さいことにこだわるな」の「こと」など。このほか「もの・あいだ・ところ・とき・ほう・はず・ほど」など。

**けいじじょう『形△而上』**（名）人間の感覚で知ることができない、形のないもの。「真・善・美」などの精神的、抽象《ちゅうしょう》的なもの。「―学」対形而下

**けいじそしょう【刑事訴訟】**（名）《法》犯罪の被疑《ひぎ》者に対して、検察官が有罪の判決を請求《せいきゅう》するためにおこす訴訟手続き。対民事訴訟

**けいしちょう【警視庁】**（名）東京都公安委員会の管理下にある、東京都の警察本部。警視総監《けいしそうかん》を長とする。

**けいしつ【形質】**（名）❶形となかみ。❷《生》ある生物の特徴《とくちょう》となる形態や性質。

**けいじどうしゃ【軽自動車】**（名）エンジンの総排気量《はいきりょう》が六六〇cc以下の小型の自動車。

**けいしゃ【傾斜】**（名・自スル）ななめにかたむくこと。また、その度合い。「―角度」「右に―した屋根」

**けいしゃ【鶏舎】**（名）にわとり小屋。

**げいしゃ【芸者】**（名）宴席《えんせき》などで、歌やおどりで客を楽しませる仕事をする女性。芸妓《げいぎ》。

**けいしゅう『△閨秀』**（名）学問・芸術などにすぐれた女性。「―作家」

**けいじゅう【軽重】**（名）→けいちょう（軽重）

**けいしゅく【慶祝】**（名・他スル）喜び祝うこと。

**けいしゅつ【掲出】**（名・他スル）見てわかるように、紙などに書いて示すこと。「結果を―する」類掲示《けいじ》

**げいじゅつ【芸術】**（名）美を文学・美術・音楽・演劇などの形で創作表現する活動。または、その作品。アート。…的「芸術的な絵画」…性「芸術性が高い」

**げいじゅついん【芸術院】**（名）（「日本芸術院」の略）芸術について功績のある人たちを優遇《ゆうぐう》し顕彰《けんしょう》するための栄誉《えいよ》機関。

**げいじゅつか【芸術家】**（名）芸術作品をつくりだす人。画家・音楽家・作家など。アーティスト。

**げいじゅつさい【芸術祭】**（名）芸術活動をさかんにするためのもよおし。日本では毎年文化の日を中心に文化庁が主催《しゅさい》する。

**げいじゅつしじょうしゅぎ【芸術至上主義】**（名）芸術は他のものに使われるのでなく、芸術そのものが目的であり価値であるという、芸術を最上のものとする考え方。

**げいしゅん【迎春】**（名）新年をむかえること。

**けいしょ【経書】**（名）儒教《じゅきょう》の教えのもととなる中国のむかしの書物。四書《ししょ》・五経《ごきょう》など。

**けいしょう【形勝】**（名）敵を防ぐうえで、地形が特にすぐれていること。また、その土地。

**けいしょう【形象】**（名）物のかたち。特に芸術で、心や感覚でとらえた物のすがた。

**けいしょう【軽少】**（名・形動ダ）量・程度などがわずかであること。「被害《ひがい》が―ですむ」

**けいしょう【敬称】**（名）❶人名のあとにつけて、敬意を表すことば。「さま」「どの」など。「―略」❷相手や相手側のものに対して敬意を表す言い方。「貴殿《きでん》」「貴社」など。「―で呼ぶ」類尊称

**けいしょう【軽症】**（名）病気の程度が軽いこと。対重症

**けいしょう【景勝】**（名）景色がよいこと。また、その土地。「―の地」

**けいしょう【軽傷】**（名）軽い傷や、けが。対重傷

**けいしょう【継承】**（名・他スル）地位・財産などを受けつぐこと。「王位を―する」「文化遺産を―する」

**けいしょう【警鐘】**（名）火災や大水などの危険を知らせるために鳴らす鐘《かね》。比喩《ひゆ》的に、いましめ。警告。「―を鳴らす」「現代文明への―」

**けいじょう【刑場】**（名）死刑を行う場所。しおきば。「―の露《つゆ》と消える（=死刑になって死ぬ）」

**けいじょう【形状】**（名）物のかたち。ありさま。

**けいじょう【計上】**（名・他スル）あるものを全体の計算の中にふくめて数え上げること。計算して書き上げること。「交際費を予算に―する」

**けいじょう【啓上】**（名・他スル）申しあげること。「一筆―」使い方手紙文で用いる。

**けいじょう【敬譲】**（名）（「尊敬・謙譲《けんじょう》」の略）相手を敬い、自分がへりくだること。「―語（=尊敬語と謙譲語）」

**けいじょう【警乗】**（名・自スル）犯罪防止などのために警察官などが乗り物に乗りこんで見まわること。

**けいじょうきおくごうきん【形状記憶合金】**（名）変形しても、ある一定の温度以上になると元の形にもどる性質をもった合金。ニッケル・チタン合金などがある。

**けいじょうひ【経常費】**（名）毎年決まってかかる費用。「―を算出する」

**けいしょく【軽食】**（名）軽い食事。簡単な食事。

**けいじょし【係助詞】**（名）《文法》助詞の一種。文語で、係り結びの係りになる助詞など。「ぞ」「なむ」「や」「か」「こそ」など。係り助詞。参考口語では、副助詞にふくめてあつかうことが多い。

**けいしん【敬神】**（名）神を敬うこと。

**けいしん【軽信】**（名・他スル）物事を深く考えないで、軽々しく信じること。「他人のことばを―する」

**けいず【系図】**（名）❶祖先から代々の血すじを書きしるした表。系譜《けいふ》。❷物事の来歴。由来。

**けいすい【軽水】**（名）分子量の大きい重水に対して、ふつうの水のこと。

**けいすいろ【軽水炉】**（名）炉心の冷却《れいきゃく》などに重水ではなくふつうの水を用いる原子炉。

**けいすう【係数】**（名）❶《数》代数で、記号文字と数字をかけたときのその数字。たとえば、「7x」の7。❷《物》比例関係にあるもののその比率を表す数字。「摩擦《まさつ》―」

**けいすう【計数】**（名）数をかぞえること。また、計算して得た数値。「―に明るい」

**けいせい【形成】**（名・他スル）完成した形に作りあげること。「人格の―」

**けいせい【形声】**（名）漢字の六書《りくしょ》の一つ。音を表す漢字と、意味を表す漢字とを組み合わせて別の漢

字を作るもの。たとえば、「銅」は「金(=かなものの意)」と「同(=ドウという音を示す)」からなる形声文字である。

**けいせい【形勢】**(名) 移り変わっていく物事のその時その時のようす。情勢。特に、対立する物事のたがいの勢力の状態。「—逆転」「—は不利だ」

**けいせい**『傾◇城』(名) ❶王がその色香《いろか》に迷い、城をあやうくするほどの美人。❷遊女。(類)傾国

**けいせい【警世】**(名) 世間の人びとに警告をあたえること。「—の書」

**けいせいげか【形成外科】**(名)『医』手術によってからだの形の異常を治したり、機能の改善を図《はか》ったりする医学の一分野。

**けいせき【形跡】**(名) 物事のあったことを示すあと。あとかた。「人の住んだ—がある」

**けいせつ【蛍雪】**(名) 苦労しながら勉強すること。

(故事)中国の晋《しん》の車胤《しゃいん》は、貧しくて灯火の油が買えないため蛍《ほたる》の光で本を読み、孫康《そんこう》は雪の明かりで勉強したという話から出たことば。〈晋書《しんじょ》〉

**蛍雪の功《こう》** 苦労して勉強した成果。「—なってみごと合格する」「—を積む」

**けいせん【係船】**『△繫船』(名・自スル) ❶船をつなぎとめること。「岸壁《がんぺき》に—する」❷(不況《ふきょう》などのときに)船の使用を一時中止すること。また、その船。

**けいせん【経線】**(名) 地球上の位置を表すため、かりに南極と北極とを結んで地球の表面に引いた縦の線。子午《しご》線。(対)緯線《いせん》

**けいせん**『△罫線』(名) 紙面に一定の間隔《かんかく》で縦または横に引かれた細い線。「ノートの—」

**けいそ**『△珪素・△硅素』(名)『化』土砂・岩石などに多くふくまれる非金属元素。元素記号 Si

**けいそう【係争】**『△繫争』(名・自スル) 訴訟《そしょう》で、当事者がたがいに争うこと。「—中の事件」

**けいそう**『△珪藻・△硅藻』(名) 海水や淡水《たんすい》にみられる、殻《から》に珪酸をふくむ単細胞《たんさいぼう》の藻類。

**けいそう【軽装】**(名・自スル) 身軽でかんたんな服装をすること。また、その服装。「—で出かける」

**けいそう【継走】**(名) 数人で一組になり、順番どおりに引きついで決まった距離《きょり》を走る競走。リレー。

**けいぞう【恵贈】**(名・他スル) 人から物をおくられることを敬っていう語。「御《ご》—にあずかる」

**けいそうど**『△珪藻土』(名)『地質』珪藻の遺骸《いがい》が水の底に積み重なってできた土。熱に強いので耐火《たいか》れんがなどに使われる。

**けいそく【計測】**(名・他スル) ものさしや器械・道具を使って数量や長さなどをはかること。「土地の—」

**けいぞく【継続】**(名・自他スル) 前からのことが続くこと。また、前からのことを続けること。「—審議《しんぎ》」

**けいそつ【軽率】**(形動ダ)〔ダロ・ダッ(デ・ニ)・ダ・ナ・ナラ・○〕よく考えずに実行するようす。軽はずみ。「—な言動」(対)慎重《しんちょう》

**けいそん【恵存】**(名) 自分の著作を人に贈《おく》るとき、相手の名のあとに書き添《そ》えることば。お手元に置いていただければ幸《さいわ》いですという気持ちを表す。(類)謹呈《きんてい》。(参考)「けいぞん」ともいう。

**けいたい【形態】**(名) ありさま。外に現れているかたち・ようす。「虫の—」「政治—」

**けいたい【敬体】**(名)『文法』文末に「です」「ます」「ございます」などの丁寧《ていねい》語を使った口語の文体。⇩じょうたい(常体)

**けいたい【携帯】**(名・他スル) ❶身につけて持ち歩くこと。「雨具を—する」❷「携帯電話」の略。

**けいだい【境内】**(名) 神社や寺の敷地《しきち》の中。

**けいたいでんわ【携帯電話】**(名) 持ち歩くことができる無線の小型電話機。携帯。

**けいたく【恵沢】**(名) めぐみ。恩恵《おんけい》を受けること。「文明の—」

**げいたっしゃ【芸達者】**(名・形動ダ) いろいろな芸をうまくこなすこと。また、その人。

**げいだん【芸談】**(名) 芸道の秘訣《ひけつ》や、修業《しゅぎょう》の苦労などについてする話。「役者の—を聞く」

**けいちつ**『啓△蟄』(名) (冬ごもりの虫がはい出るころという意)二十四節気の一つ。太陽暦《たいようれき》では三月六日ごろ。

**けいちゅう【傾注】**(名・他スル) あることに心や力を集中すること。「全力を—する」

**けいちゅう**〔契沖〕【人名】(一六四〇〜一七〇一)江戸《えど》時代前期の国学者・歌人。仏典や「万葉集」を実証的に研究して「万葉集」の注釈《ちゅうしゃく》書「万葉代匠記《だいしょうき》」などを著し、国学の基礎《きそ》をつくった。

**けいちょう【軽重】**(名) 軽いことと重いこと。つまらないことと大事なこと。「かなえの—を問う(=人の能力や権威《けんい》を疑う)」(参考)「けいじゅう」とも読む。

**けいちょう【傾聴】**(名・他スル) 耳をかたむけて熱心に聞くこと。「先生の話を—する」「—に値《あたい》する」

**けいちょう【慶弔】**(名) 結婚《けっこん》・出産などの喜んで祝うことと、死などの悲しんでとむらうこと。慶事と弔事。「—費」

**けいちょうふはく**『軽△佻浮薄』(名・形動ダ) 態度やことばが軽々しくてあさはかなこと。軽薄《けいはく》。「—な人物」

**けいつい**『△頸椎』(名) 脊椎《せきつい》動物の首の部分にある骨。哺乳《ほにゅう》類では七つの骨からなる。

**けいてい【兄弟】**(名) きょうだい。あにとおとうと。「—の契《ちぎ》り」「—相《あい》和す」

**けいてき【警笛】**(名) 危険を知らせたり、注意をうながしたりするために鳴らす笛。「—を鳴らす」

**けいてん【経典】**(名) 聖人・賢人《けんじん》のことばを書いた本。経書。「論語」「孟子《もうし》」など。(注意)「きょうてん」と読むと別の意味になる。

**けいと【毛糸】**(名) ひつじなどの毛をつむいだ糸。

**けいど【経度】**(名) イギリスの旧グリニッジ天文台を通り北極と南極を結ぶ子午線を基準として、ある地点を通る子午線が、これとなす角度。東西一八〇度に分ける。(対)緯度《いど》。⇩せいけい(西経)・とうけい(東経)・緯度〈図〉

**けいど【軽度】**(名) 程度が軽いこと。「—の近視」(対)強度・重度

**けいとう【系統】**(名) ❶一定の順序にしたがってつながっていること。また、そのつながり。「—だてて話す」「指揮—」❷血のつながり。「父方の—の親類」❸同じ方面や種類に属していること。「事務—の仕事」「赤—の色」

**けいとう【傾倒】**（名・自スル）あることにむちゅうになること。また、ある人やその思想などを心からしたうこと。「ロシア文学に—する」

**けいとう【鶏頭】**（名）〔植〕ヒユ科の一年草。夏から秋に、にわとりのとさかに似た形の赤・黄などの花が咲《さ》く。

（鶏頭）

**げいとう【芸当】**（名）❶特別な技術を必要とする芸。曲芸。❷ふつうではできないような行い。「はむかうなんて—はとてもできない」

**げいどう【芸道】**（名）芸能または技芸の道。「—一筋《ひとすじ》」

**けいとうてき【系統的】**（形動ダ）{ダロ・ダッ(デ・ニ)・ダ・ナ・ナラ・○}順序正しくつながっているようす。「—に研究する」

**けいとうの…** 俳句

〔鶏頭の　十四五本《じふしごほん》も　ありぬべし〕〈正岡子規《まさおかしき》〉訳病床《びょうしょう》から庭をながめると、鶏頭がもえたつように赤く群がっている。その数は、およそ一四、五本はあるにちがいない。（季語「鶏頭」秋）

**けいどうみゃく『△頸動脈』**（名）〔生〕首の左右にあって、頭部に血液を送る太い動脈。

**げいなし【芸無し】**（名）芸を何も身につけていないこと。また、その人。

**げいにん【芸人】**（名）❶演芸を職業とする人。落語家・漫才《まんざい》師など。「—根性《こんじょう》」❷いろいろな芸にすぐれている人。芸達者。「あの人はかなりの—だ」

**けいねん【経年】**（名）年月を経《へ》ること。「—変化」

**げいのう【芸能】**（名）演劇・映画・音楽・舞踊《ぶよう》など、大衆的な演芸の総称《そうしょう》。「—人」「伝統—」

**けいば【競馬】**（名）騎手《きしゅ》が馬に乗って速さを競うこと。また、それに客が金をかける公認の賭博《とばく》。

**けいはい【軽輩】**（名）地位や身分の低い人。「—の身のわたくしですが」

**けいばい【競売】**（名・他スル）➡きょうばい

**けいはく【敬白】**（名）「つつしんで申しあげます」の意で、手紙などの最後に使うことば。「店主—」

**けいはく【軽薄】**（名・形動ダ）態度やことばが軽々しくてうわついていること。考えが浅く、誠実さを感じられないようす。「—な態度」対重厚

**けいはつ【啓発】**（名・他スル）知らないでいる人に知識をあたえて、より高い理解に導くこと。「—を受ける」「彼《かれ》の話に—される」

**けいばつ【刑罰】**（名）国家が犯罪者に加える制裁。「—を受ける」「—を科す」

**けいはん〔京阪〕**〔地名〕京都と大阪をいっしょにした呼び方。上方《かみがた》。「—地方」

**けいはんざい【軽犯罪】**（名）〔法〕公衆道徳に反したりするような軽い犯罪。「—法」

**けいひ【経費】**（名）物事を行ううえで必要なおかね。「—がかさむ」「必要—」

**けいび【軽微】**（名・形動ダ）（被害《ひがい》や損害などの程度が）わずかであること。「—な被害」

**けいび【警備】**（名・他スル）よくないことが起こらないように警戒《けいかい》し守ること。「—員」「—を万全にする」

**けいひん【景品】**（名）❶売った品物にそえて客に無料で贈《おく》る品物。❷行事や催《もよお》しの参加者に配ったり、遊技の得点者にあたえたりする品物。

**けいひん〔京浜〕**〔地名〕東京と横浜《よこはま》とをいっしょにした呼び方。「—工業地帯」

**げいひんかん【迎賓館】**（名）国賓《こくひん》（＝国の正式の客）などを接待するための公的な建物。

**けいふ【系譜】**（名）❶➡けいず① ❷関係のあるもののつながり。「自然主義文学の—」

**けいふ【継父】**（名）母の夫であるが血のつながりのない父。まま父。対実父《じっぷ》

**けいぶ【軽侮】**（名・他スル）人をばかにして見下げること。あなどること。「—の目で見る」類軽蔑《けいべつ》

**けいぶ『△頸部』**（名）首の部分。また、首のように細い部分。

**けいぶ【警部】**（名）警察官の階級の一つ。警視の下で、警部補の上に位置する。

**げいふう【芸風】**（名）芸を演じるときの、その人の特色のあるやり方や持ち味。「はなやかな—」

**けいふく【敬服】**（名・自スル）感心して尊敬すること。「彼《かれ》の行為《こうい》には—する」

**けいぶつ【景物】**（名）❶四季おりおり、それぞれの季節におもむきをそえるもの。風物。「夏の—風鈴《ふうりん》」❷その場におもしろみをそえるもの。「酒宴《しゅえん》の—」

**けいふぼ【継父母】**（名）生みの親でない父と母。まま父とまま母。

**けいべつ【軽蔑】**（名・他スル）ばかにすること。かろんじあなどること。「—のまなざし」「卑劣《ひれつ》な行為《こうい》を—する」…的「軽蔑的な態度をとる」類軽侮《けいぶ》

**けいべん【軽便】**（名・形動ダ）扱《あつか》いなどが手軽で便利なこと。「—かみそり」

**けいべんてつどう【軽便鉄道】**（名）線路の幅《はば》がせまく、小さい機関車や車両が使われる鉄道。

**けいぼ【敬慕】**（名・他スル）尊敬の気持ちをもってしたうこと。「—の念をいだく」

**けいぼ【継母】**（名）父の妻であるが血のつながりのない母。まま母。対実母

**けいほう【刑法】**（名）〔法〕犯罪と、その刑罰《けいばつ》に関する法律。⇩みんぽう(民法)

**けいほう【警報】**（名）大きな危険や災害がおこりそうなとき、前もって用心させるための知らせ。「火災—」

**けいぼう【警防】**（名）災害などを警戒《けいかい》してふせぐこと。「—団」

**けいぼう【警棒】**（名）警察官が護身《ごしん》・攻撃《こうげき》用に腰《こし》にさげて携帯《けいたい》する硬《かた》い棒。

**けいみょう【軽妙】**（形動ダ）{ダロ・ダッ(デ・ニ)・ダ・ナ・ナラ・○}軽やかで巧《たく》みなようす。気がきいていてうまいようす。「—なしゃれ」

**けいむしょ【刑務所】**（名）刑に処せられた犯罪人を収容しておくところ。

**げいめい【芸名】**（名）芸人が本名のほかに名のる職業上の名前。

**けいもう『啓△蒙』**（名・他スル）知識をあたえて、教え導くこと。「人民を—する」…的「啓蒙的な書物」

**けいもうしそう『啓△蒙思想』**（名）一八世紀の

ヨーロッパで、フランスを中心に展開された思想。合理主義的な考え方に基づき、理性を尊重し、因習・無知・迷信《めいしん》を打ち破ろうとした。

**けいやく**【契約】（名・他スル）たがいに合意してとりかわした約束。物の売り買い・貸し借りなどに関してある条件のもとでとりかわす約束。「―書」「―を結ぶ」

**けいやくしゃいん**【契約社員】（名）正社員と異なる労働条件で、一定期間のみ企業《きぎょう》と契約して働く人。

**けいゆ**【経由】（名・自スル）目的地へ行くのに、ある地点を通っていくこと。「山形―青森行き」

**けいゆ**【軽油】（名）原油を、セ氏二五〇度から三五〇度前後で分留してとる油。発動機の燃料用。

**げいゆ**【鯨油】（名）くじらからとった油。せっけんなどの原料にした。

**けいよう**【形容】（名・他スル）物事のかたち・ようす・性質などを、ことばやたとえなどを使って言い表すこと。「なんとも―しがたい感情」

**けいよう**【掲揚】（名・他スル）旗などを高くあげること。「国旗を―する」対降納《こうのう》

**けいようし**【形容詞】（名）〘文法〙品詞の一種。事物の性質や状態を表し、自立語で活用があり、口語で「い」、文語で「し」で終わることば。「赤い」「高し」など。

**けいようどうし**【形容動詞】（名）〘文法〙品詞の一種。事物の性質や状態を表し、自立語で活用があり、口語で「だ」、文語で「なり」「たり」で終わることば。「静かだ」「ゆかいなり」「堂々《どうどう》たり」など。

**けいら**〘警△邏〙（名・他スル）警戒《けいかい》のために見まわること。また、その人。パトロール。「―中の巡査《じゅんさ》」

**けいらん**【鶏卵】（名）にわとりのたまご。

**けいり**【刑吏】（名）刑、特に死刑を執行《しっこう》する役人。

**けいり**【経理】（名）会社や団体などのおかねの出し入れに関係する仕事。「―事務」

**けいりゃく**【計略】（名）うまく運ぶためのはかりごと。相手をだますためのたくらみ。策略《さくりゃく》。「―をめぐらす」「―にひっかかる」

**けいりゅう**【係留】〘△繋留〙（名・他スル）船などをつなぎとめること。「―中の船」

**けいりゅう**【渓流】〘△谿流〙（名）谷川。谷間の流れ。「―に釣り糸をたれる」

**けいりょう**【計量】（名・他スル）物の大きさや重さをはかること。「―スプーン」

**けいりょう**【軽量】（名）物の重さが軽いこと。「―の力士」…化「自動車の軽量化」対重量

**けいりん**【競輪】（名）職業選手による自転車競走。また、それに客が金をかける公認の賭博《とばく》。

**けいるい**【係累】〘△繋累〙（名）両親・妻・子・兄弟など、めんどうをみなければならない家族。「―が多い」

**けいれい**【敬礼】（名・自スル）尊敬の気持ちを表して礼をすること。また、その礼。特に、軍人などが行う挙手の礼。「上官に―する」

**けいれき**【経歴】（名）これまでに経てきた学業・職業・地位などのことがら。履歴《りれき》。「多彩《たさい》な―」

**けいれつ**【系列】（名）❶組織だって並んでいる一連の物事。❷大企業《だいきぎょう》どうしや大企業と中小企業間の結合関係。「―会社」…化「企業の系列化」

**けいれん**〘△痙△攣〙（名・自スル）筋肉がひきつること。また、それにともない震《ふる》えること。「手足の―」「―をおこす」

**けいろ**【毛色】（名）❶動物の毛の色。❷性質。ようす。種類。「―の変わった人」

**けいろ**【経路・径路】（名）通る道すじ。また、どうたどってここまできたかというすじみち。「避難《ひなん》―」「入手―」

**けいろう**【敬老】（名）老人を敬うこと。「―会」

**けいろうどう**【軽労働】（名）体力をあまり使わない仕事。対重労働

**けいろうのひ**【敬老の日】（名）国民の祝日の一つ。老人を敬いその長寿《ちょうじゅ》を祝う日。九月の第三月曜日。

**けう**〘◇希有・△稀有〙（形動ダ）{ダロ・ダッ(デ・ニ)・ダ・ナ・ナラ・〇}めったにないめずらしいようす。ふしぎなようす。「―な才能」

**けうと・い**【気疎い】（形）{カロ・カッ(ク)・イ・イ・ケレ・〇}なんとなくいやだ。不愉快《ふゆかい》だ。「―・く感じられる」

**ケーオー**【KO】（名・他スル）（英 knockout の略）→ノックアウト

**ケーキ**〔英 cake〕（名）小麦粉・牛乳・卵などをまぜてやわらかく焼いた洋菓子《ようがし》。「ショート―」

**ゲージ**〔英 gauge〕（名）❶物の長さ・太さ・はばなどをはかるための器械。❷線路のはば。❸編み物で、一定の大きさに編む基準となる編み目の数・段数。

**ケース**〔英 case〕（名）❶容器。入れ物。「ペン―」❷場合。事情。事例。「テスト―」

**ケース-スタディ**〔英 case study〕（名）実際に起こった事例を分析《ぶんせき》・研究して、一般《いっぱん》的な法則を引き出す方法。事例研究。

**ケース-バイ-ケース**〔英 case by case〕（名）原則や方針を固定しないで、その場の状況《じょうきょう》に応じて、個々に処理をするやり方。「―で考える」

**ケースワーカー**〔英 caseworker〕（名）病気や貧困《ひんこん》・不登校など、日常生活を送るうえで問題をかかえる人や家庭の個別の相談に乗り、指導する人。

**ケータリング**（名）パーティーなどに出向いて、料理や配膳《はいぜん》・給仕《きゅうじ》などをすること。また、家庭に料理を配達すること。▽英 catering service から。

**ゲーテ**〔Johann Wolfgang von Goethe〕【人名】（一七四九～一八三二）ドイツの詩人・小説家・劇作家・自然研究家。感情と個性を尊ぶ新文学運動の代表者として、多くの作品を残した。小説「若きウェルテルの悩《なや》み」「ウィルヘルム＝マイスター」、戯曲《ぎきょく》「ファウスト」など。

**ゲート**〔英 gate〕（名）門。出入り口。「正面―」

**ゲート-ボール**〔和製英語〕（名）五人ずつ二チームに分かれ、木製のスティックで木のボールを打ち、低いゲートをくぐらせてゴールまで運ぶ競技。日本で考案された。▽gate と ball から。

**ゲートル**〔フランス guêtre〕（名）動きやすいように、ズボンの裾《すそ》を押《お》さえてすねに巻く西洋風の脚半《きゃはん》。多くは軍服用。

**ケープ**〔英 cape〕（名）肩《かた》をおおうように着る袖《そで》の

ない短いマント。防寒用、幼児用など。

**ケーブル**〔英 cable〕(名) ❶絶縁《ぜつえん》をほどこした電線をたばねて、外側におおいをしたもの。「海底ー」❷はりがねなどをより合わせて作った太くて強い綱《つな》。❸「ケーブルカー」の略。

**ケーブル-カー**〔英 cable car〕(名) 急斜面《きゅうしゃめん》を上り下りするために、鋼鉄の綱《つな》で引っぱって運転する車。「ロープウエー」をふくめていうこともある。

**ケーブル-テレビ** (名) テレビ番組を同軸《どうじく》ケーブルや光ファイバーなどを通じて配信する方式。有線テレビ。CATV。▽英 cable television の略。

**ゲーム**〔英 game〕(名) ❶勝負を争う遊び。「カードー」❷競技。試合。「シーソーー」

**ゲーム-セット**〔和製英語〕(名) 試合が終わること。「ーを告《つ》げる」▽game と set から。

**けおさ・れる**〖気◇圧される〗(自下一) {レ・レ・レル・レル・レレ・レロ(レヨ)} なんとなく相手の勢いに圧倒《あっとう》される。勢いにおされる。「相手のけんまくにー・れて黙《だま》りこむ」

**けおと・す**【蹴落とす】(他五) {サ(ソ)・シ・ス・ス・セ・セ} ❶けって下へ落とす。「石を川へー」❷人をおしのけて、その地位からおろす。「ライバルをー・して出世する」

**けおり**【毛織り】(名) 毛糸で織ること。また、その織物。毛織物。「ーの服地」

**けが**〖×怪我〗(名・自スル) ❶傷を負うこと。また、その傷。負傷。「足にーをする」❷あやまち。過失《かしつ》。

けがの功名《こうみょう》 まちがってしたことやなにげなくしたことが思いがけなくよい結果を生むこと。

**げか**【外科】(名)〘医〙病気や傷を手術などによって治す医学の一分野。「ー医」対内科

**げかい**【下界】(名) ❶人間の住んでいるこの世界。人間界。しゃば。❷高い所から見た地上。

**けが・す**【汚す】〖△穢す〗(他五) {サ(ソ)・シ・ス・ス・セ・セ} ❶美しいものや清いものなどをよごす。きたなくする。「聖域をー」❷名誉《めいよ》をきずつける。「家名をー」❸(実力のないものが高い地位について、その地位をきずつけるという意から)自分がある地位や席につくことをへりくだって言うことば。「末席をー」

**けがらわし・い**【汚らわしい】〖△穢らわしい〗(形) {カロ・カッ(ク)・イ・イ・ケレ・○} ひじょうにきたならしい感じで自分までよごれるようである。「ー金」「見るのもー」

**けがれ**【汚れ】〖△穢れ〗(名) 美しさ・神聖さ・純粋《じゅんすい》さなどが失われていること。「ーを知らない子ども」

**けが・れる**【汚れる】〖△穢れる〗(自下一) {レ・レ・レル・レル・レレ・レロ(レヨ)} 美しいもの、神聖なもの、清らかなものなどがよごれる。きたなくなる。「ー・れた心」「ー・れた金」使い方「けがれる」は多く精神的な面について用い、「よごれる」は物質的な面について用いる。

**けがわ**【毛皮】(名) 毛がついたままのけものの皮。「ーのコート」

**げき**【隙】 13画 阝10 音ゲキ 高 訓すき

阝 阝' 阝小 阝小 隙 隙

すきま。あいま。◆間隙・空隙・寸隙

**げき**【劇】 15画 刂13 小6 音ゲキ

ト 广 卢 虏 豦 劇

❶はげしい。はなはだしい。◆劇臭《げきしゅう》・劇痛・劇変・劇薬・劇烈《げきれつ》・劇論。類激。❷いそがしい。◆劇職・劇務。❸しばい。◆劇場・劇団◆演劇・歌劇・喜劇 ⇩付録「漢字の筆順(3)广」

**げき**【劇】(名) 演劇。芝居《しばい》。「ーを上演する」

**げき**【撃】〔擊〕 15画 手11 音ゲキ 訓うつ

亠 亘 車 軎 毄 撃

❶うつ。たたく。◆撃沈《げきちん》・撃墜《げきつい》◆射撃・銃撃《じゅうげき》・衝撃《しょうげき》・狙撃《そげき》・打撃・爆撃《ばくげき》。❷せめる。◆撃退・撃破◆攻撃《こうげき》・襲撃《しゅうげき》・追撃・突撃《とつげき》・反撃。❸あたる。ふれる。◆目撃

**げき**【激】 16画 氵13 小6 音ゲキ 訓はげしい

氵 泊 泹 湟 滂 激

❶はげしい。いきおいが強い。◆激化・激戦・激痛・激怒・激動《げきどう》・激突《げきとつ》・激流◆過激・急激。❷心を強く動かす。◆激高《げきこう・げっこう》・激情・激励《げきれい》◆感激・憤激《ふんげき》

**げき**〖△檄〗(名) 自分の信条を述べて、多くの人に決起をうながす文書。檄文。「ーを飛ばす」

**げきえいが**【劇映画】(名) (記録映画などに対して)物語のすじをもつ映画。

**げきえつ**【激越】(名・形動ダ) 感情などがはげしくあらあらしいこと。「ーな口調」

**げきか**【劇化】(名・他スル) 物語や事件などを劇に脚色《きゃくしょく》すること。「小説をーする」

**げきか**【激化】(名・自スル) 以前よりはげしくなること。「競争がーする」

**げきが**【劇画】(名) 物語性を持ち、写実的な描写《びょうしゃ》を特徴《とくちょう》とする漫画《まんが》。

**げきげん**【激減】(名・自スル) 数や量が急激に減ること。「客がーする」対激増

**げきこう**【激高】〖激△昂〗(名・自スル) 興奮してはげしくおこること。いきり立つこと。げっこう。「顔をまっ赤にしてーする」

**げきさい**【撃砕】(名・他スル) 敵を攻《せ》めて、うちくだくこと。

**げきさく**【劇作】(名) 劇の脚本《きゃくほん》を書くこと。また、その脚本。「ー家」

**げきさん**【激賛】〖激△讃〗(名・他スル) ひじょうにほめること。激賞。

**げきし**【劇詩】(名) 戯曲《ぎきょく》の形式で書かれた詩。

**げきしゅう**【激臭・劇臭】(名) ひじょうに刺激《しげき》の強いにおい。「ーに悩《なや》まされる」

**げきしょう**【激賞】(名・他スル) ひじょうにほめたたえること。激賛。「コンクールでーされる」

**げきじょう**【劇場】(名) 演劇・映画・舞踊《ぶよう》などを興行するための建物。「ー中継《ちゅうけい》」

**げきじょう**【激情】(名) おさえきれない、はげしくわきおこる感情。「ーにかられる」

**げきしょく**【激職・劇職】(名) ひじょうにいそがしい職務。「ーにつく」類激務

**げきしん**【激震】(名) はげしい衝撃《しょうげき》。「業界にーが走る」

**げきじん【激甚・劇甚】**（形動ダ）{ダロ・ダッ(デ・ニ)・ダ・ナ・ナラ・○}ひじょうにはげしいようす。はなはだしいようす。「―な損害」

**げき・する【激する】**{シ(セ・サ)・シ・スル・スル・スレ・シロ(セヨ)} ■一■（自サ変）❶はげしくなる。「内戦が―」❷ひどくおこる。興奮する。「無礼な態度に―」「感情が―」■二■（他サ変）はげます。「友を―」

**げきせん【激戦・劇戦】**（名・自スル）はげしく戦うこと。また、その戦いや競争。「―をくりひろげる」

**げきぞう【激増】**（名・自スル）数や量が急激にふえること。「人口が―する」対激減

**げきたい【撃退】**（名・他スル）攻《せ》めよせてきたものを打ち負かしてしりぞけること。やってきたいやなものを追い返すこと。「敵を―する」「押《お》し売りを―する」

**げきだん【劇団】**（名）劇を上演したり研究したりする人たちの団体。「―に所属する」

**げきちん【撃沈】**（名・他スル）敵の船を攻撃《こうげき》して沈《しず》めること。「敵艦《てきかん》を―する」

**げきつい【撃墜】**（名・他スル）敵の飛行機などをうちおとすこと。「敵機を―する」

**げきつう【激痛・劇痛】**（名）はげしい痛み。「―が走る」「―をおぼえる(=感じる)」

**げきてき【劇的】**（形動ダ）{ダロ・ダッ(デ・ニ)・ダ・ナ・ナラ・○}まるで劇を見るように、心を動かされるようす。劇のように変化がはげしいようす。ドラマチック。「―な出会い」「―な幕切れ」

**げきど【激怒】**（名・自スル）はげしくいかること。はげしいいかり。「相手の無礼に―する」

**げきとう【激闘】**（名・自スル）はげしく戦うこと。また、その戦い。「―の末、勝利をかちとる」

**げきどう【激動】**（名・自スル）社会の情勢などが、はげしくゆれ動くこと。「―する社会情勢」

**げきどく【劇毒】**（名）ひじょうに強い毒。猛毒《もうどく》。

**げきとつ【激突】**（名・自スル）はげしくぶつかること。はげしく戦うこと。「塀《へい》に―する」「両雄《りょうゆう》の―」

**げきは【撃破】**（名・他スル）相手をうちやぶること。敵に大きな損害をあたえること。「敵を―する」

**げきひょう【劇評】**（名）演劇についての批評。

**げきぶつ【劇物】**（名）法律で指定された、毒性をもつ物質。硫酸《りゅうさん》・塩素などがある。

「歌舞伎《かぶき》の―」「―家」

**げきぶん【▵檄文】**（名）→げき(檄)

**げきへん【激変・劇変】**（名・自スル）情勢などがはげしく変わること。「村のようすが―する」

**げきむ【激務・劇務】**（名）ひじょうにいそがしい仕事や職務。「―にたえる」類激職

**げきめつ【撃滅】**（名・他スル）敵を攻撃《こうげき》してほろぼすこと。「敵の大軍を―する」

**げきやく【劇薬】**（名）使用法や使用量をまちがえると命にかかわるような、強い危険な薬。

**げぎらい【毛嫌い】**（名・他スル）わけもなく、ただ感情的にきらうこと。「相手を―する」

**げきりゅう【激流】**（名）勢いのはげしい流れ。「―にのまれる」類急流・奔流《ほんりゅう》

**げきりょ【◇逆旅】**（名）宿屋。旅館。「天地は万物《ばんぶつ》の―なり」参考古い書きことば。

**げきりん【◇逆▵鱗】**（名）天子の怒《いか》り。転じて、目上の人の怒り。

故事竜《りゅう》のあごの下には逆鱗(=さかさにはえたうろこ)があり、これにふれると必ず殺されるという伝説による。

**逆鱗に触《ふ》れる**〈韓非子《かんぴし》〉天子の怒りにあう。目上の人のはげしい怒りを買う。

**げきれい【激励】**（名・他スル）はげまして元気づけること。「参加選手を―する」

**げきれつ【激烈・劇烈】**（名・形動ダ）ひじょうにはげしいこと。「―な競争」

**げきろう【激浪】**（名）荒くはげしい波。

**げきろん【激論・劇論】**（名・自スル）はげしく言い合うこと。はげしい議論。「―を戦わせる」

**げくう【外◇宮】**（名）三重県伊勢《いせ》市にある伊勢神宮《じんぐう》の豊受《とようけ》大神宮。対内宮《ないくう》

**げけつ【下血】**（名・自スル）病気などで、消化器官の中から出た血が肛門《こうもん》から出ること。

**けげん【◇怪▵訝】**（形動ダ）{ダロ・ダッ(デ・ニ)・ダ・ナ・ナラ・○}なっとくがいかず、不審《ふしん》に思うようす。「―な顔つき」

**けご【毛◇蚕】**（名）卵からかえったばかりのかいこ。

**げこ【下戸】**（名）酒の飲めない人。対上戸《じょうご》

**げこう【下向】**（名・自スル）(高いところから低いところへくだる意から)都から地方へくだって行くこと。

**げこう【下校】**（名・自スル）授業が終わって、児童・生徒が学校を出て帰ること。「―時間」対登校

**げごく【下獄】**（名・自スル）刑務所《けいむしょ》にはいって、決められた刑に服すること。

**げこくじょう【下▵剋上・下克上】**（名）身分や地位の下の者が、上の者をおしのけて勢力をふるうこと。「―の世」参考南北朝から戦国時代にかけての風潮《ふうちょう》をいったことば。

**けさ【◦今朝】**（名）きょうの朝。

**けさ【▵袈▵裟】**（名）僧《そう》が左肩《ひだりかた》から右脇下《みぎわきした》にかけて衣《ころも》の上にまとう長方形の布。

（袈裟）

**げざ【下座】**■一■（名）❶しもざ。末席。「―につらなる」対上座《じょうざ》。❷芝居《しばい》で、舞台《ぶたい》に向かって左の、舞台のかげにあたるところ。■二■（名・自スル）むかし、貴人に対して低い場所にさがり、ひれふしたこと。また、その礼。

**げざい【下剤】**（名）一時的に下痢《げり》をおこさせるように飲む薬。つうじぐすり。くだしぐすり。

**けさがけ【▵袈▵裟掛け・▵袈▵裟懸け】**（名）❶布やバッグなどを、けさのように、一方の肩《かた》から他方の脇《わき》の下にななめにかけること。❷刀で人を、肩からななめに斬《き》り下ろすこと。

**げさく【下作】**（名）できのわるいこと。ふでき。対上作

**げさく【下策】**（名）へたなはかりごと。対上策

**げさく【◇戯作】**（名）(たわむれに書いた作品の意)おもに江戸《えど》時代後期に書かれ、気軽に読まれた通俗《つうぞく》小説の総称《そうしょう》。洒落本《しゃれぼん》、滑稽本《こっけいぼん》、黄表紙《きびょうし》、読本《よみほん》、人情本《にんじょうぼん》など。「―者《しゃ》」

**げざん【下山】**（名・自スル）❶山をおりること。「無事―する」図登山。❷修行《しゅぎょう》をおえて寺から家に帰ること。参考「げさん」とも読む。

**けし**〖△芥子・×罌粟〗（名）〔植〕ケシ科の一年草または越年草《えつねんそう》。初夏に、白・赤などの四弁の花が咲《さ》く。若い実からあへんという麻薬《まやく》がとれる。

（けし）

**げし【夏至】**（名）〔天〕二十四節気の一つ。太陽が最も北により、北半球では一年中で昼がいちばん長い日。太陽暦《たいようれき》の六月二一日ごろ。図冬至《とうじ》

**けしいん【消印】**（名）❶消したしるしに押《お》す印。❷郵便局で、はがきや切手の上に使用済みのしるしに押す日づけの印。スタンプ。「当日の―まで有効」

**けしか・ける**〖△嗾ける〗（他下一）〔ケ・ケ・ケル・ケル・ケレ・ケロ(ケヨ)〕❶犬などを勢いづけて、相手に向かわせる。「犬を―」❷相手をおだてたり元気づけたりして、自分の思いどおりに行動させる。「いたずらをするよう仲間を―」

**けしからぬ**〖◇怪しからぬ〗だまって許しておけないほど悪い。けしからん。「―ことばづかい」

**けしき【気色】**（名）❶顔つきや態度などにあらわれる心の動き。「臆《おく》する―もない」❷きげん。気分。「―をそこねる」❸何かが起ころうとする気配。きざし。「雨のやむ―もない」注意「きしょく」と読むと別の意味になる。

**けしき**〔気色〕（名）古語物事のありさま。自然のようす。「今日《けふ》、風雲の―はなはだ悪《あ》し」〈土佐《とさ》日記〉訳今日は、風や雲のようすがひじょうに悪い。

**けしき【◦景色】**（名）山・川・海などの自然のながめ。風景。光景。「―がいい」「雪―」

**けしきば・む【気色ばむ】**（自五）〔マ(モ)・ミ(ン)・ム・ム・メ・メ〕おこった気持ちが顔色に出る。「―・んで詰《つ》め寄る」

**げじげじ**（名）〔動〕節足動物の一種。むかでに似た小さな動物で、一五対《つい》の足をもつ。げじ。

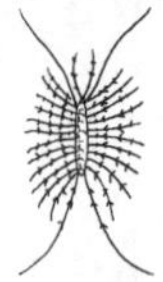
（げじげじ）

**けしゴム【消しゴム】**（名）えんぴつなどで書いたものを、こすって消す文房具《ぶんぼうぐ》。ゴム消し。▽ゴムは、オランダ gom

**けしずみ【消し炭】**（名）燃えているまきや炭を途中《とちゅう》で消して作った軽くやわらかい炭。早く火をおこしたりするのに用いる。

**けしつぶ【けし粒】**〖△芥子粒・×罌粟粒〗（名）❶けしの種。❷ひじょうに小さく細かいもののたとえ。「地上の人間が―のように見える」

**けしつぼ【消しつぼ】**〖消し△壺〗（名）火のついたまきや炭を消すためのつぼ。火消しつぼ。

**けしと・ぶ【消し飛ぶ】**（自五）〔バ(ボ)・ビ(ン)・ブ・ブ・ベ・ベ〕勢いよく飛んでなくなる。いっぺんになくなる。「不安が―」

**けしと・める【消し止める】**（他下一）〔メ・メ・メル・メル・メレ・メロ(メヨ)〕火を消して、燃え広がるのをふせぎ止める。転じて、うわさなどがほかへ伝わり広まるのをふせぎ止める。「火事を―」「内部だけのうわさで―」

**けじめ**（名）はっきりさせるべき区別。「遊びと勉強の―をつける」「公私の―」

**げしゃ【下車】**（名・自スル）電車や自動車などからおりること。「途中《とちゅう》―」類降車。図乗車

**げしゅく【下宿】**（名・自スル）おかねを払《はら》って、よその家の部屋をかりて暮らすこと。また、その家。

**げしゅにん【下手人】**（名）直接手をくだして人を殺した者。殺人犯の古い言い方。「―をあげる」

**げじゅん【下旬】**（名）一か月を三つにわけた終わりの期間で、二一日から月末までの呼び名。「三月―」⇩じょうじゅん・ちゅうじゅん

**げじょ【下女】**（名）家庭内の雑用をさせるためにやとった女性。古い言い方。図下男

**けしょう【化粧】**（名・自他スル）❶べに・おしろいなどをぬって顔を美しく見せること。「―を直す」❷外観をかざりつけたりしてきれいにすること。「―板《いた》」

**げじょう【下乗】**（名・自スル）乗り物や馬からおりること。

**げじょう【下城】**（名・自スル）城から退出すること。図登城《とじょう》

**けしょうまわし【化粧回し】**（名）力士が土俵入りなどのときにつけるまわし。きれいなかざりや模様がしゅうされた前だれがついている。

**けしん【化身】**（名）神や仏などが人間や動物の姿になってこの世にあらわれたもの。「神の―」類権化《ごんげ》

**け・す【消す】**（他五）〔サ(ソ)・シ・ス・ス・セ・セ〕❶火や光をなくする。「火事を―」「明かりを―」❷機械や器具のスイッチを切る。「テレビを―」❸見えていたものを見えないようにする。「姿を―」「黒板の文字を―」❹それまであったものをなくする。音やにおいをなくする。「魚のくさみを―」「データを―」❺〔俗語〕人を殺す。「邪魔者《じゃまもの》を―」

**げす**〖下◇種・下◇衆〗■一（名）身分の低い者。■二（名・形動ダ）心や性質のいやしいこと。また、そのような者。「―のかんぐり（=心がいやしい者は、つまらない邪推《じゃすい》をする）」

**げすい【下水】**（名）❶台所やふろなどで一度使った水。よごれた水。「―処理」❷「下水道」の略。「―工事」（図上水）

**げすいどう【下水道】**（名）下水を流す管・溝《みぞ》。「―の整備」図上水道

**ゲスト**〔英 guest〕（名）客。また、もよおしものに呼ばれて特別に出場する人。「―出演」

**ゲストハウス**〔英 guesthouse〕（名）❶大学などの、訪問者のための宿泊施設《しせつ》。❷部屋や設備などを共用する低料金の宿泊施設。

**けず・る【削る】**（他五）〔ラ(ロ)・リ(ッ)・ル・ル・レ・レ〕❶刃物《はもの》などで、物の表面をうすく切り取る。「板を―」❷一部分を取り除いて全体の量をへらす。削減《さくげん》する。「予算を―」❸全体からその部分を取り除く。削除《さくじょ》する。「よけいなことばを―」

**げせない【解せない】**わからない。理解できない。「あの態度は―」

**げせわ【下世話】**■一（名）世間でよく口にすることば

やことわざ。「—にも『まかぬ種《たね》は生《は》えぬ』と言う」㊁(形動ダ){ダロ・ダツ(デ・ニ)・ダ・ナ・ナラ・○}俗《ぞく》っぽいようす。品のないようす。「—な話」

**げせん【下船】**(名・自スル)船からおりること。「次の寄港地で—する」対乗船

**げせん【下◁賤】**(名・形動ダ)身分が低いこと。いやしい身分。「—の者」対高貴

**げそく【下足】**(名)ぬいだはきもの。「—箱《ばこ》」「—番(=ぬいだはきものの番をする人)」

**けた【桁】** 10画 木6 訓けた
十 木 村 析 桁 桁
かけわたした横木。◆井桁《いげた》・橋桁《はしげた》

**けた【桁】**(名)❶家の柱の上にわたした横木。また、橋脚《きょうきゃく》の上にわたした横材。❷そろばんの玉を通す縦の棒。❸数の位取り。

**桁が違《ちが》う** 数量や程度にひじょうな違いがある。

**げた【下◇駄】**(名)木の板に歯を作りつけ、鼻緒《はなお》をすげたはきもの。

(げた)

**下駄を預《あず》ける** そのことの処置をすっかりまかせる。「相手方に—」

**下駄を履《は》かせる** 実際より数量を多くしたり、多く見せかけたりする。「点数に—」

**げだい【外題】**(名)❶表紙に書いてある題名。❷芝居《しばい》や浄瑠璃《じょうるり》などの題名。

**けだか・い【気高い】**(形){カロ・カツ(ク)・イ・イ・ケレ・○}上品でおかしがたいおもむきがある。気品がある。「—美しさ」

**けだし【◇蓋し】**(副)思うに。たいてい。おそらく。「—名言といえる」参考確信・推定の気持ちを表す。

**けたたまし・い**(形){カロ・カツ(ク)・イ・イ・ケレ・○}急にびっくりするような大きな音がするようす。「—ベルの音」

**けたちがい【桁違い】**(名・形動ダ)❶数の位取りが違うこと。❷程度や価値がひじょうに違うようす。「—の強さ」類段違い

**げだつ【解脱】**(名・自スル)《仏》俗《ぞく》世界の迷いからぬけ出してさとりの境地にはいること。

**けた・てる【蹴立てる】**(他下一){テ・テ・テル・テル・テレ・テロ(テヨ)}❶けるようにして砂塵《さじん》や波などを立てる。「船が波を—」❷あらあらしくけるようにする。「席を—・てて帰る」

**けたはずれ【桁外れ】**(名・形動ダ)規模などがふつうには考えられないほどであること。「—な大きさ」

**けだま【毛玉】**(名)毛糸の編み物などの表面の毛がもつれ合ってできた小さな玉。

**けだもの【◇獣】**(名)❶毛でおおわれ、四本足で歩く哺乳《ほにゅう》動物。けもの。❷人間らしい心をもたない人をののしっていうことば。

**けだる・い【気◇怠い】**(形){カロ・カツ(ク)・イ・イ・ケレ・○}なんとなくだるい。「—夏の昼下がり」

**げだん【下段】**(名)❶(いくつかある段の)下の段。「本棚《ほんだな》の—」❷刀・やりなどの先をさげて低くかまえること。「—にかまえる」

**けち** ㊀(名・形動ダ)❶必要以上におかねや物を出しおしみするようす。また、その人。❷心がせまく、小さなことばかり考えているようす。「—な根性《こんじょう》」❸そまつなこと。とるにたりないこと。「—な商売」㊁(名)えんぎの悪いこと。「スタートで—がつく」

**けちをつける** ❶相手にえんぎが悪いことをする。「めでたい日に—」❷相手の欠点をあげてけなす。難くせをつける。「人のすることに—」

**げち【下知】**(名・他スル)命令すること。指図《さしず》。参考古い言い方。「げぢ」ともいう。

**けちくさ・い【けち臭い】**(形){カロ・カツ(ク)・イ・イ・ケレ・○}❶おかねや物を出しおしみするようす。けちである。❷気が小さくこせこせしている。「—考え」

**ケチャップ**〔英 ketchup〕(名)トマトなどを煮《に》つめて味つけして作ったソース。洋食の味つけなどに使う。

**けちら・す【蹴散らす】**(他五){サ(ソ)・シ・ス・ス・セ・セ}❶足でけって散らせる。「砂を—」❷追い散らす。「敵を—」

**けちんぼ【◇けちん◇坊】**(名)けちな人。類けち・しみったれ。参考「けちんぼう」ともいう。

**けつ【欠】** 4画 欠0 小4 〔缺〕 音ケツ 訓かける・かく
ノ ㇒ ケ 欠
❶かける。かく。たりない。◆欠員・欠陥《けっかん》・欠如《けつじょ》・欠損・欠乏《けつぼう》・欠礼◆完全無欠・不可欠・補欠。❷きず。短所。◆欠点。❸やすむ。◆欠勤・欠場・欠席◆出欠・病欠

**けつ【穴】** 5画 穴0 小6 音ケツ㊥ 訓あな
、 ハ ウ 穴 穴
あな。むろ。ほらあな。あなぐら。◆穴居《けっきょ》◆虎穴《こけつ》・洞穴《どうけつ》・墓穴《ぼけつ》

**けつ【血】** 6画 血0 小3 音ケツ 訓ち
ノ イ 亇 ሐ 血 血
❶ち。ちしお。◆血圧・血液・血管・血涙《けつるい》◆献血《けんけつ》・止血・出血・鮮血《せんけつ》・吐血《とけつ》・輸血・流血。❷ちのつながり。ちを分けた間がら。◆血縁《けつえん》・血族・血統◆純血。❸いきいきとさかんなようす。◆血気◆心血・熱血漢

**けつ【決】** 7画 氵4 小3 音ケツ 訓きめる・きまる
、 ⺀ 氵 汀 沪 決
❶きれる。こわれる。◆決壊《けっかい》・決裂《けつれつ》。❷きめる。最終的にさだめる。◆決意・決議・決心・決戦・決断・決定◆解決・可決・議決・裁決・自決・対決・判決・未決。❸思いきってする。◆決起・決行・決然

**けつ【決】**(名)会議などで、議案についての可否を決めること。「—をとる」

**けつ【結】** 12画 糸6 小4 音ケツ 訓むすぶ・ゆう㊥・ゆわえる㊥
く 幺 糸 紅 紝 結
❶むすびつける。ゆわえる。◆結合・結束◆連結。❷集まる。組を作る。◆結婚《けっこん》・結社・結集・結成・結党◆集結・団結。❸かたまる。◆結晶《けっしょう》◆凝結《ぎょうけつ》・凍結《とうけつ》・氷結。❹実をつける。◆結果・結実。❺しめくくりをつける。終わり。◆結局・結末・結論◆完結・帰結・起承転結・終結

**けつ【傑】** 13画 亻11 音ケツ
亻 亻 𠆢 侳 傑 傑
すぐれる。ひいでる。ひいでた人物。◆傑作・傑士・傑

出・傑物◆英傑・怪傑《かいけつ》・豪傑《ごうけつ》・女傑

**けつ【潔】** 15画 氵12 小5 音ケツ 訓いさぎよい 高

きよい。けがれがない。いさぎよい。◆潔斎《けっさい》・潔白・潔癖《けっぺき》◆純潔・清潔・不潔 ⇩付録「漢字の筆順⑷圭」

**けつ**〖◇尻・穴〗（名）《俗語》❶しり。❷順番の最後。びり。びりっけつ。

**けつをまくる** 追いつめられていなおる。参考ならず者が着物の裾《すそ》をまくって座ることからできたことば。

**げつ【月】** 4画 月0 小1 音ゲツ・ガツ 訓つき

❶つき。◆月下・月光・月食・月齢《げつれい》◆寒月・観月・残月・新月・満月・名月。❷一年を十二分した一つ。としつき。◆月刊・月間・月給・月謝・月報◆今月・歳月《さいげつ》・正月《しょうがつ》・先月・年月・来月。❸七曜の一つ。「月曜日」の略。参考特別に、「五月」は「さつき」とも読む。「五月雨」は「さみだれ」と読む。

**けつあつ【血圧】**（名）〖生〗心臓から流れる血液が血管のかべにおよぼす圧力。「—が低い」

**けつい【決意】**（名・自他スル）しっかりと意志を決めること。また、その意志。決心。「—をかためる」

**けついん【欠員】**（名）決められた人数にたりないこと。また、その不足人数。「—をうめる」

**けつえき【血液】**（名）〖生〗動物のからだの中をめぐっている赤い液体。組織に酸素・栄養を供給して、二酸化炭素や老廃物《ろうはいぶつ》などを運び去る。また、体内にはいった病原体を殺すはたらきもする。「—検査」

**けつえきがた【血液型】**（名）〖生〗血球のかたまりかたによって分けた血液の型。ABO式（A・B・AB・O型の四種）・Rh式（＋《プラス》と－《マイナス》）などがある。

**けつえきセンター【血液センター】**（名）輸血用に、各型の血液を低温で貯蔵しておく施設《しせつ》。

**けつえん【血縁】**（名）親子・兄弟などの、血のつながり。また、そのつながりのある人。「—関係」類血族

**けっか【結果】** ㊀（名）あることがもとになって生じた終わりの状態。「試験の—」「—を出す（＝成果をあげる）」…的「結果的にはかえってよかった」対原因 ㊁（名・自スル）植物が実をつけること。また、その実。結実。「一年おきに—する」

**けっかい【血塊】**（名）血のかたまり。

**けっかい【決壊・決潰】**（名・自他スル）切れてくずれること。また、切りくずすこと。「堤防《ていぼう》が—する」

**けっかく【結核】**（名）〖医〗結核菌《きん》によっておこる慢性《まんせい》の感染症《かんせんしょう》。特に、肺結核が多い。

**げつがく【月額】**（名）ひと月あたりの金額。毎月決まっている金額。「—八万円の家賃」

**げっかひょうじん【月下氷人】**（名）男女の縁《えん》をとりもつ人。仲人《なこうど》。媒酌人《ばいしゃくにん》。

**けっかろん【結果論】**（名）結果だけで、是非《ぜひ》や善悪を議論すること。「—だが、決行すればよかった」

**けっかん【欠陥】**（名）かけて足りないところ。不備。「—車」「—商品」「—をおぎなう」

**けっかん【血管】**（名）〖生〗血液が通る管《くだ》。動脈・静脈《じょうみゃく》・毛細血管がある。

**げっかん【月刊】**（名）毎月一回発行すること。また、その出版物。「—雑誌」

**けっき【血気】**（名）物事を行おうとするはげしい勢い。活力にあふれたようす。「—さかん」

**血気に逸《はや》る** 向こうみずに、勢いこんで事をする。

**けっき【決起】**〖◁蹶起〗（名・自スル）強く心に決めて行動を起こすこと。「—集会」

**けつぎ【決議】**（名・他スル）会議で、あることがらを決めること。また、決めたことがら。「—事項《じこう》」

**けっきゅう【血球】**（名）〖生〗血液中の球の形をした成分。赤血球・白血球・血小板がある。

**けっきゅう【結球】**（名・自スル）キャベツなど、野菜の葉が重なり合って球状になること。また、その球。

**げっきゅう【月給】**（名）働いている所から毎月支払《しはら》われる給料。「—日」「—取り」類月俸《げっぽう》

**けっきょ【穴居】**（名・自スル）ほらあなの中に住むこと。「—生活」

**けっきょく【結局】**（副）最後には。つまるところ。「—私の意見が通った」

**けっきん【欠勤】**（名・自スル）つとめを休むこと。「病気で—する」対出勤

**けっく【結句】** ㊀（名）詩や歌のおしまいの句。特に漢詩で、絶句の第四句。⇩きしょうてんけつ。㊁（副）結局。

**けづくろい【毛繕い】**（名・自スル）動物が、舌や手足などを使って、毛並みをきれいに整えること。

**げっけい【月経】**（名）〖生〗成熟した女性の子宮からほぼ一か月に一回出血する生理的現象。メンス。

**げっけいかん**〖月◁桂冠〗（名）❶月桂樹の葉で作ったかんむり。古代ギリシャで、競技に勝った人にかぶせた。桂冠。❷名誉《めいよ》のしるし。

**げっけいじゅ**〖月◁桂樹〗（名）〖植〗クスノキ科の常緑高木。葉や実はかおりがよく香料《こうりょう》になる。〈図〉

（げっけいじゅ）

**けつご【結語】**（名）文章や話のむすびのことば。⇩とうご

**けっこう【欠航】**（名・自スル）船や飛行機が、悪天候や事故などのために、定期の運航を中止すること。「嵐《あらし》で船が—する」

**けっこう【血行】**（名）血液がからだの中を流れること。血のめぐり。「—障害」

**けっこう【決行】**（名・他スル）決心して物事をすること。思いきって実行すること。「雨天—」

**けっこう【結構】** ㊀（名）建物や文章などの構造。組み立て。「小説の—を考える」㊁（形動ダ）｛ダロ・ダッ（デ・ニ）・ダ・ナ・ナラ・○｝❶難点がなくすばらしいようす。「—なお住まいですね」❷満足できるようす。さしつかえないようす。「説明は簡単で—です」❸じゅうぶんであり、それ以上必要ないようす。「もう—です」「お代は—です」㊂（副）予想以上であるようす。かなり。「—難しい」

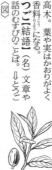

**けつごう【結合】**（名・自他スル）結び合うこと。結び合わせること。「分子が―する」

**げっこう【月光】**（名）月の光。類月影《つきかげ》

**げっこう【激高】**〖激△昂〗（名・自スル）→げきこう

**けっこん【血痕】**（名）血のついたあと。「―が付着する」

**けっこん【結婚】**（名・自スル）男女が夫婦になること。婚《こん》姻《いん》。「―式」

**けっさい【決済】**（名・他スル）代金や証券などの受け渡《わた》しをすませて、取り引きを終えること。「ドルで―する」「手形の―」

**けっさい【決裁】**（名・他スル）仕事の責任者が、部下の出した案件の可否を決めること。「―をあおぐ」

**けっさい【潔斎】**（名・自スル）神事や仏事などの前に、からだや心をきれいにすること。「精進《しょうじん》―」

**けっさく【傑作】**一（名）すぐれたできばえの作品。「―を生む」「最高―」二（形動ダ）{ダロ・ダッ(デ・ニ)・ダ・ナ・ナラ・○}とっぴでおかしいようす。「彼《かれ》の話は―だ」

**けっさん【決算】**（名・自スル）一定期間のおかねの出し入れをまとめて計算すること。「―報告」

**げっさん【月産】**（名）一か月の間に作る物の量。「―一〇〇〇台の自動車工場」

**けっし【決死】**（名）事を行うにあたり、死ぬことをも覚悟《かくご》すること。いのちがけ。必死。「―隊」

**けっし【傑士】**（名）とびぬけてすぐれている人。

**けつじつ【結実】**（名・自スル）❶植物が実を結ぶこと。❷努力のすえによい結果が出ること。「長年の努力が―する」

**けっして【決して】**（副）どんなことがあっても。断じて。「―うそは言いません」使い方〉あとに「ない」「ません」などの打ち消しのことばがくる。

**けっしゃ【結社】**（名）多くの人が、同じ目的をなしとげるために集まって作った団体。「秘密―」

**げっしゃ【月謝】**（名）毎月の謝礼。特に、月ごとに納める授業料。「ピアノ教室の―」

**けっしゅう【結集】**（名・自他スル）ばらばらなものが一つにまとまり集まること。また、まとめ集めること。「全員の力を―する」

**げっしゅう【月収】**（名）毎月の収入。または、その月の収入。「―が増える」

**けっしゅつ【傑出】**（名・自スル）ほかに比べて特にめだってすぐれていること。「―した才能」

**けつじょ【欠如】**（名・自スル）必要な物事がかけていること。たりないこと。「責任感の―」

**けっしょう【血△漿】**（名）〖生〗血液から、赤血球・白血球・血小板を除いた液体の部分。

**けっしょう【決勝】**（名）勝ち負けを最終的に決めること。また、その試合。「―のホームラン」「―戦」

**けっしょう【結晶】**（名・自スル）❶物質を作る原子が立体的に規則正しく配列されて固まること。また、固まったもの。「雪の―」❷努力や愛情などが積み重なって、ある形をとって現れること。また、そのもの。「努力の―」

**けつじょう【欠場】**（名・自スル）出るはずの競技・試合などに出ないこと。「けがで―する」対出場

**けっしょうばん【血小板】**（名）〖生〗血液の中にふくまれていて、血液を固まらせる役目をする成分。

**けっしょく【欠食】**（名・自スル）（貧困《ひんこん》などで）食事をとれないこと。また、食事をぬくこと。「―児童」

**けっしょく【血色】**（名）顔のいろつや。「―がいい」

**げっしょく【月食】**〖月△蝕〗（名）〖天〗太陽と月との間に地球がはいったとき、地球が太陽の光をさえぎるために、月の一部または全部が欠けて見える現象。

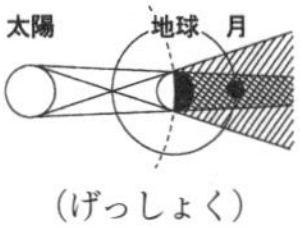

（げっしょく）

**げっしるい【△齧歯類】**（名）〖動〗哺乳《ほにゅう》類の一目。門歯が発達し、一生伸《の》び続ける。堅《かた》いものをかじる性質がある。りす・ねずみなど。参考「齧（ゲツ）」は「かじる」の意味。

**けっしん【決心】**（名・自他スル）こうしようとはっきり心を決めること。決意。「勉強を続ける―をする」

**けっしん【結審】**（名・自スル）〖法〗裁判で審理《しんり》が終わること。

**けっ・する【決する】**（自他サ変）{シ(セ・サ)・シ・スル・スル・スレ・シロ(セヨ)}❶はっきりと決まる。物事を決める。「意を―・して行動する」❷堤防《ていぼう》が切れる。堤防を切り水を流す。

**けっせい【血清】**（名）〖生〗血液が固まるときに分離《ぶんり》してできる、黄色で透明《とうめい》な液。「―を注射する」

**けっせい【結成】**（名・他スル）会や団体などを作ること。「新党を―する」

**けつぜい【血税】**（名）血の出るような苦労をして納める税金。

**けっせき【欠席】**（名・自スル）学校の授業や出るべき会合などに出ないこと。対出席

**けっせき【結石】**（名）〖医〗内臓の中にできる、石のようにかたいもの。胆石《たんせき》・腎臓《じんぞう》結石など。

**けっせきさいばん【欠席裁判】**（名）❶一方の当事者が欠席したまま、出席者の主張のみによって行われる裁判。欠席判決。原則として現行法では認められていない。❷当人がいないところで、その人の利害にかかわることを決めてしまうこと。「―で任を解く」

**けっせん【血栓】**（名）〖医〗血管の中で血液が固まったもの。「脳―」

**けっせん【血戦】**（名・自スル）血を流し合うほど両方がはげしく戦うこと。また、その戦い。死闘《しとう》。

**けっせん【決戦】**（名・自スル）最終的に勝ち負けを決めるために戦うこと。また、その戦い。「―をいどむ」

**けつぜん【決然】**（ト・タル）覚悟《かくご》を決めたようす。「―と立ち向かう」「―たる態度」

**けっせんとうひょう【決選投票】**（名）選挙の方法の一つ。最初の投票で当選者が決まらないとき、上位の二人以上についてもう一度行う投票。

**けっそう【血相】**（名）感情の急な動きがあらわれた顔色。顔つき。「―を変えてどなりこむ」

**けっそく【結束】**（名・自他スル）❶一つにまとめてたばねること。「刈《か》った稲《いね》を―する」「―機」❷同じ目的をもつ者が団結すること。「―を固める」

**けつぞく【血族】**（名）同じ血筋《ちすじ》につながる人びと。「―関係」類血縁

**げっそり**（副・自スル）❶急にやせ衰《おとろ》えるようす。

「—(と)ほおがこける」❷急に元気がなくなるようす。「うるさく注意をされて—する」

**けっそん**【欠損】(名・自スル) ❶かけてこわれること。「—箇所《かしょ》」❷おかねを損すること。おかねがたりなくなること。赤字。「多額の—を出す」

**けったく**【結託】(名・自スル)(不正を行うために)心を合わせること。ぐるになること。「業者と—する」

**けったん**〖血△痰〗(名) 血のまじったたん。

**けつだん**【決断】(名・自他スル) 物事の処置や行動の方針・実行などをはっきり決めること。「—を迫《せま》られる」「—をくだす」

**げったん**【月旦】(名) ❶月の初めの日。一日《ついたち》。❷(「月旦評」の略) 人を批評すること。人物評。
故事 後漢の時代、汝南《じょなん》の許劭《きょしょう》が毎月一日に、いとこと郷里の人物の批評をしたという話による。〈後漢書〉

**けっちゃく**【決着】(名・自スル) 物事のきまりがつくこと。「—をつける」「—がつく」類落着

**けっちん**【血沈】(名)〖医〗「赤血球沈降《ちんこう》速度」の略。

**ゲッツー**〔英 get two〕(名) 野球で、連続したプレーで二つのアウトをとること。併殺《へいさつ》。ダブルプレー。

**けってい**【決定】(名・自他スル) 物事をどうするかをはっきりと決めること。また、決まること。決まった内容。「予算を—する」「—に従う」「未—」

**けっていてき**【決定的】(形動ダ){ダロ・ダッ(デ・ニ)・ダ・ナ・ナラ・○} そうなることがほとんど確実であるようす。すでに決まってしまって、もう変えられないようす。「—瞬間《しゅんかん》」

**けっていばん**【決定版】(名) ❶それ以上なおす必要がない正確な書物。「—鷗外《おうがい》全集」❷同じ種類のものの中で最もよいもの。「娯楽《ごらく》映画の—」

**けってん**【欠点】(名) よくないところ。たりないところ。短所。「—をおぎなう」対美点

**ゲット**〔英 get〕(名・他スル)〖俗語〗自分のものにすること。「限定品を—する」

**けっとう**【血統】(名) 祖先から親・子・孫へと続く血のつながり。「純粋《じゅんすい》種の—」「—書」類血筋《ちすじ》

**けっとう**【血糖】(名) 血液にふくまれている糖。特に、ぶどう糖。「—値」

**けっとう**【決闘】(名・自スル) 争いなどの決着をつけるために、約束した方法で命をかけて戦うこと。果たし合い。「—を申し込《こ》む」

**けっとう**【結党】(名・自スル) ❶仲間を作ること。党派を組むこと。❷政党を結成すること。

**けっとば・す**【蹴っ飛ばす】(他五){サ(ソ)・シ・ス・ス・セ・セ}→けとばす

**けつにく**【血肉】(名) ❶血と肉。❷親子・兄弟など、血のつながったもの。肉親。骨肉。「—の争い」

**けっぱく**【潔白】(名・形動ダ) 心や行いがきれいで正しく、やましいところがないこと。「身の—を証明する」

**けっぱつ**【結髪】(名・自スル) 髪《かみ》をゆうこと。また、ゆった髪。

**けつばん**【欠番】(名) その番号にあたるところがぬけていること。また、その番号。「永久—」

**けっぱん**【血判】(名・自スル) 決意や誠意のあかしとして、自分の指を切って出した血で印を押《お》すこと。また、その印。「—状」

**けつび**【結尾】(名) 終わり。むすび。結末。

**けっぴょう**【結氷】(名・自スル) 氷がはること。また、その氷。「湖が—する」

**げっぴょう**【月評】(名) 毎月、その月のできごとや作品などについてする批評。「文芸—」

**げっぷ**(名) 胃の中の空気などのガスが口から出たもの。おくび。「—が出る」

**げっぷ**【月賦】(名) 代金を一度に払《はら》わず、いく月かに分けて払うこと。月払い。「—で買う」

**けつぶつ**【傑物】(名) とびぬけてすぐれた人物。

**げっぺい**【月餅】(名) 中国の菓子《かし》の一種。くるみなどを入れた餡《あん》を小麦粉の生地《きじ》で円形に包み、模様をつけて焼いたもの。

**けっぺき**【潔癖】(名・形動ダ) 不潔を極度にきらうこと。また、少しの不正でもひどくきらうこと。「—性《しょう》」「金銭に—な人」

**けつべつ**【決別】〖△訣別〗(名・自スル) きっぱりと別れること。「—を告げる」「過去と—する」

**けつべん**【血便】(名)〖医〗血のまじった大便。

**けつぼう**【欠乏】(名・自スル) 必要な物が足りないこと。不足すること。「酸素が—する」

**げっぽう**【月俸】(名) 仕事に対して毎月支払《しはら》われるおかね。類月給

**げっぽう**【月報】(名) 毎月の知らせ。毎月の報告書。「全集の—」

**けっぽん**【欠本】(名) 何冊かでひとそろいの本のうち、欠けた巻があるもの。また、その欠けた巻。対完本

**けつまく**【結膜】(名)〖生〗まぶたの裏と眼球の表面をおおう無色ですきとおったうすい粘膜《ねんまく》。「—炎《えん》」

**けつまず・く**〖蹴△躓く〗(自五){カ(コ)・キ(イ)・ク・ク・ケ・ケ} ❶つま先が物につっかかって前にたおれそうになる。つまずく。「石に—」❷とちゅうで失敗する。しくじる。

**けつまつ**【結末】(名) 物事の終わり。しめくくり。「事件の—」「悲しい—を迎える」

**げつまつ**【月末】(名) 月の終わりのころ。月ずえ。

**けつみゃく**【血脈】(名)(もと「血管」の意) 血筋《ちすじ》。血統。「—をたどる」

**けづめ**【蹴爪】(名) ❶にわとり・きじなどの雄《おす》の足のうしろにつき出た、するどいつめ。❷牛・馬などの足のうしろにある地面にふれない小さなゆび。

**げつめい**【月明】(名) 月のあかるいこと。月あかり。

**げつめん**【月面】(名) 月の表面。「—着陸」

**けつゆうびょう**【血友病】(名)〖医〗出血しやすく、また出血がとまりにくい遺伝性の病気。

**げつよう**【月曜】(名) 一週の二番目の日。月曜日。

**けつらく**【欠落】(名・自スル) 当然あるべきものが欠けていないこと。「記憶《きおく》が—している」

**けつるい**【血涙】(名) はげしい悲しみやいかりのために出るなみだ。血のなみだ。「—をしぼる」

**けつれい**【欠礼】(名・自スル) 礼儀《れいぎ》としてすべきあいさつなどをしないですますこと。「年賀—いたします」

**げつれい**【月例】(名) 会議・集会などを毎月定期的に行うこと。「—競技会」

**げつれい【月齢】**（名）❶《天》月の満ち欠けを表す日数。新月のときをゼロとして次の新月の前日までを数える。❷乳児の、生まれてからの月数。

**けつれつ【決裂】**（名・自スル）話し合いで意見がまとまらず、ものわかれになること。「交渉《こうしょう》が―する」

**けつろ【血路】**（名）敵の囲みを切り開いて逃《に》げる道。転じて、困難なことを切りぬける道。「―を開く」

**けつろ【結露】**（名・自スル）空気中の水分が冷たい物に触《ふ》れ、その表面に水滴《すいてき》となってつくこと。「サッシの―がひどい」

**けつろん【結論】**（名・自スル）❶議論したり考えたりした結果、まとめとして出てきた考え。また、その判断を下すこと。「―に達する」「―を出す」❷三段論法で、最後の判断。

**げてもの【下手物】**（名）❶そまつで安価な品物。❷風変わりなもの。「―料理」「―趣味《しゅみ》」

**けとう【毛唐】**（名）欧米《おうべい》人をあなどっていった古いことば。

**げどう【外道】**（名）❶《仏》（仏教徒からみて）仏教以外の教え。仏の教えにそむく考え方。❷真理に反した行いや説。❸ねじけた悪い心をもつ者。

**げどく【解毒】**（名・自スル）からだの中にはいった毒物の作用を消すこと。毒消し。「―剤《ざい》」

**けとば・す【蹴飛ばす】**（他五）{サ(ソ)・シ・ス・ス・セ・セ}❶けって飛ばす。「石を―」❷要求などをはねつける。拒否《きょひ》する。「申し出を―」

**けど・る【気取る】**（他五）{ラ(ロ)・リ(ッ)・ル・ル・レ・レ}雰囲気《ふんいき》や態度などから事情や本心などを察知する。感づく。「―・られないようになにげなくふるまう」使い方〉多く、「けどられる」の形で使う。

**けなげ【◇健気】**（形動ダ）{ダロ・ダッ(デ・ニ)・ダ・ナ・ナラ・○}力の弱い者が、困難に負けずいっしょうけんめいにがんばっているようす。かいがいしく感心なようす。「―に働く子ども」

**けな・す【△貶す】**（他五）{サ(ソ)・シ・ス・ス・セ・セ}悪く言う。そしる。「人を―」

**けなみ【毛並み】**（名）❶毛のはえそろっているようす。❷血筋《ちすじ》。育ち。「―がいい（＝生まれや育ちがいい）」

**げなん【下男】**（名）雑用などの下働きにやとった男性。古い言い方。対下女

**げに【◇実に】**（副）なるほどほんとうに。まったく。

**ケニア**〔Kenya〕［地名］アフリカ大陸東部の赤道直下にある共和国。首都はナイロビ。

**けにん【家人】**（名）❶むかしからの家来。家の子。郎等《ろうどう》。❷→ごけにん②

**げにん【下人】**（名）❶身分の低い者。❷召使《めしつかい》。

**けぬき【毛抜き】**（名）毛やとげなどをはさんで抜《ぬ》き取る道具。

**げねつ【解熱】**（名・自他スル）病気などで高くなった体温をさげること。「―剤《ざい》」

**けねん【懸念】**（名・他スル）気がかりで不安に思うこと。心配。「―をいだく」「景気悪化が―される」

**ゲノム**〔ドイツ Genom〕（名）《生》ある生物のもつすべての遺伝情報。「ヒト―」

**けば【毛羽】**【△毳】（名）❶紙や布などがこすれて表面にできるやわらかい毛のようなもの。「―が立つ」❷地図で、傾斜《けいしゃ》や高低を示すために使う細く短い線。

**げば【下馬】** 一（名・自スル）馬からおりること。二（名）❶下等な馬。❷（「下馬先」の略）城や社寺の前などの、馬からおりる場所。

**けはい【気配】**（名）なんとなくそれらしいと感じられるようす。そぶり。「秋の―」「人の―がする」

**けば・い**（形）{カロ・カッ(ク)・イ・イ・ケレ・○}《俗語》（「けばけばしい」の略）化粧《けしょう》などが、はでですぎつい。

**けばけばし・い**（形）{カロ・カッ(ク)・イ・イ・ケレ・○}品がなく、はでできついようす。「―身なり」

**けばだ・つ【毛羽立つ】**【△毳立つ】（自五）{タ(ト)・チ(ッ)・ツ・ツ・テ・テ}布や紙などがこすれて表面に毛のようなものが立つ。「コートが―」

**げばひょう【下馬評】**（名）そのことに直接関係のない人たちがするうわさ。世間の評判。「優勝の―が高い」参考むかし、主人の供をしてきた者たちが、下馬先（＝城や社寺の前などの、馬からおりる場所）で主人を待つ間、いろいろな評判をしあったことからいう。

**けばり【毛ばり】**【毛△鉤】（名）鳥の羽などを巻きつけて、えさに見せかけたつりばり。

**ゲバルト**〔ドイツ Gewalt〕（名）❶暴力。権力。❷（学生運動での用語で）実力闘争《とうそう》。

**けびいし【◇検非違使】**（名）《歴》平安時代、京都の警察・裁判をあつかった職。

**けびょう【仮病】**（名）病気のふりをすること。にせの病気。「―を使って欠席する」

**げ・びる【下卑る】**（自上一）{ビ・ビ・ビル・ビル・ビレ・ビロ(ビヨ)}品がなく、いやしくなる。品がなく見える。「―・びた笑い」

**げひん【下品】**（名・形動ダ）品が悪いようす。性質・態度・好みなどがいやしいこと。「―な話」対上品

**けぶり【気振り】**（名）なんとなく感じられるそれらしいようす。そぶり。「―も見せない」

**けぶ・る【◇煙る・△烟る】**（自五）{ラ(ロ)・リ(ッ)・ル・ル・レ・レ}→けむる

**げぼく【下僕】**（名）召使《めしつかい》の男。

**けぼり【毛彫り】**（名）かみの毛のように細い線で模様や文字を彫ること。また、彫ったもの。

**けまり【蹴△鞠】**（名）むかし、貴族の間で行われた、まりをける遊び。また、それに使う革製《かわせい》のまり。

**けみ・する【◇閲する】**（他サ変）{シ(セ・サ)・シ・スル・スル・スレ・シロ(セヨ)}❶よく調べてみる。「内容を―」❷長い年月を過ごす。「研究に多年を―」

**けむ【◇煙・△烟】**（名）けむり。

**煙に巻く** 調子よく威勢《いせい》のいいことや大げさなことを言い立てて、相手をまどわせる。「相手を―」

**けむ・い【煙い】**【△烟い】（形）{カロ・カッ(ク)・イ・イ・ケレ・○}→けむたい①

**けむし【毛虫】**（名）❶《動》ちょう・がの幼虫で全身に毛がはえているもの。❷《俗語》人からいやがられる者のたとえ。「―のようにきらう」

**けむた・い【煙たい】**【△烟たい】（形）{カロ・カッ(ク)・イ・イ・ケレ・○}❶けむりで息苦しい。けむい。❷気づまりで親しみがもてない。近づきにくい感じがする。「―存在」

**けむたが・る【煙たがる】**【△烟たがる】（自五）{ラ(ロ)・リ(ッ)・ル・ル・レ・レ}❶煙《けむ》りで苦しいというそぶりをする。❷親しみがもてず、近づきにくく思う。「気むずかしくて―・られる」

**けむり【煙】**〖△烟〗(名) ❶物が燃えるときに発生して立ちのぼる微粒子《びりゅうし》。けぶり。「—が目にしみる」 ❷①のように立ちのぼるもの。「水—」「土—」
**煙になる** ❶あとかたもなく消えてなくなる。「火事で家が—」 ❷火葬《かそう》にされる。「野辺《のべ》の—(=死ぬ)」
**けむりだし【煙出し】**(名) ❶煙を外へ出すために屋根などにつける穴や窓。けむだし。 ❷えんとつ。
**けむ・る【煙る】**〖△烟る〗(自五) {ラ(ロ)・リ(ッ)・ル・ル・レ・レ} ❶煙が立つ。 ❷霧《きり》ややもやが立ちこめてかすんで見える。「雨に—街並み」
**けもの【獣】**(名) →けだもの① 参考「けぶる」ともいう。
**けものへん【獣偏】**(名) 漢字の部首の一つ。「狩」「猟」などの左側にある「犭」の部分。
**げや【下野】**(名・自スル) 役人をやめ、民間の人になること。また、政権を離《はな》れて野党になること。
**けやき**〖△欅〗(名)〔植〕ニレ科の落葉高木。高さ二〇メートル《メートル》以上にもなる。葉は卵形。木はかたく、質がいいので建築や器具を作るのに使われる。
**けら**〖×螻蛄〗(名)〔動〕ケラ科の昆虫《こんちゅう》。地中にすみ、土をほるために前足が大きくできている。作物の根をあらす害虫。おけら。

(けら)

**ゲラ**(名) ❶活字組み版を収める長方形の箱。 ❷(「ゲラ刷《ず》り」の略)校正用に活字版を刷ったもの。また、広く校正用に印刷したもの。校正刷り。▽英 galley から。
**けらい【家来】**(名) ❶むかし、身分のあるさむらいにつかえた者。家臣。 ❷部下。子分。
**げらく【下落】**(名・自スル) ❶ねだん・相場などがさがること。「株価が—する」対 騰貴《とうき》。 ❷等級・品格がさがること。
**けらけら**(副) かん高い声で屈託《くったく》なく笑うようす。「—(と)笑う」
**げらげら**(副) 大声で無遠慮《ぶえんりょ》に笑うようす。
**けり**(名)(和歌や俳句が文語の助動詞「けり」で終わるものが多いことから)物事の結末。終わり。決着。「—をつける」
**けりがつく** 終わる。決着がつく。「紛争《ふんそう》に—」
**げり【下痢】**(名・自スル)〔医〕大便が液状、またはひじょうにやわらかい状態で出ること。腹くだし。
**げりゃく【下略】**(名・自他スル) あとの文章やことばをはぶくこと。かりゃく。
**ゲリラ**〔スペイン guerrilla〕(名) 少人数の正規でない部隊で敵の不意をついておそい、混乱させる戦法。また、その部隊。「—戦術」「—豪雨《ごうう》(=突然《とつぜん》局地的に降る大雨)」
**け・る【蹴る】**(他五) {ラ(ロ)・リ(ッ)・ル・ル・レ・レ} ❶はずみをつけて足を強く物にあてる。足で物をはねとばす。「石を—」 ❷足で地面などを強く押《お》す。「床《ゆか》を—・って立ち上がる」 ❸要求などを、ことわる。はねつける。「提案を—」
**ゲルマニウム**〔ドイツ Germanium〕(名)〔化〕元素の一つ。灰白色《かいはくしょく》のもろい結晶で、半導体としてトランジスターなどの材料に用いられる。元素記号 Ge
**ゲルマンみんぞく【ゲルマン民族】**(名) インドヨーロッパ語族に属する白色人種。もと、北ヨーロッパに住んでいたが、四世紀末からの民族大移動で、今はヨーロッパ各地に住む。長身・青い目・高い鼻などが特徴《とくちょう》。▽ゲルマンは、ドイツ Germane
**げれつ【下劣】**(名・形動ダ) 考え方や行いが下品でいやしいこと。心がけがおとっていること。「品性—」
**けれど**(接・接助・終助) →けれども
**けれども** ■一(接) しかしながら。「見かけはよい。—品質が悪い」 ■二(接助) ❶前に述べたことがらと反対の内容に続く。「いやだ—、引きうける」 ❷前の句を単にあとの句に続ける。「父もえらい—、子もえらい」 ■三(終助) ❶事実と反対のことがらや、実現しそうもないことがらを望む気持ちを表す。「明日、晴れるといい—」 ❷はっきり言い切らずにぼかして言う。「出席はしたい—」 文法 ■二■三は活用語の終止形につく。
**けれん**〖◇外連〗(名) ❶演劇などで、見た目の奇抜《きばつ》さをねらって演出すること。 ❷ごまかし。はったり。
**ゲレンデ**〔ドイツ Gelände〕(名) 広くて緩急《かんきゅう》さまざまな斜面《しゃめん》のあるスキー場。また、その斜面《しゃめん》。
**けれんみ**〖◇外連味〗(名) 人目をひくためのおおげさな言動。ごまかしやはったり。「—のない演奏」
**げろ** ■一(名)《俗語》食べたものを口から吐《は》いたもの。へど。 ■二(名・自スル)《俗語》自白すること。「犯行を—させる」 使い方 わざと汚《きたな》らしく言うことば。
**ケロイド**〔ドイツ Keloid〕(名)〔医〕皮膚《ひふ》のやけどや傷がなおってからできる、紅色のかたいひきつれやもりあがり。
**げろう【下郎】**(名) ❶人に使われる、身分の低い男。しもべ。 ❷男をののしって言うことば。
**けろっと**(副) →けろりと
**けろりと**(副) ❶何事もなかったかのように、平気でいるようす。「負けても—している」 ❷すっかり。「—忘れていた」「病気が—なおる」《=けろっと》
**けわし・い【険しい】**〖△嶮しい〗(形) {カロ・カッ(ク)・イ・イ・ケレ・○} ❶山や坂などの傾斜《けいしゃ》が急である。「—山道」 ❷先行きが困難である。「—局面を迎《むか》える」 ❸きつい。あらくとげとげしい。「—顔をする」

**けん【犬】** 4画 犬0 小1 音 ケン 訓 いぬ
一 ナ 大 犬
いぬ。◆犬猿《けんえん》 ◆愛犬・狂犬《きょうけん》・警察犬・駄犬《だけん》・日本犬・番犬・名犬・猛犬《もうけん》・野犬・猟犬《りょうけん》

**けん【件】** 6画 イ4 小5 音 ケン
ノ イ 仁 仁 件
ことがら。◆件数 ◆案件・雑件・事件・条件・人件費・物件・用件・要件
**けん【件】** ■一(名) 問題としてとりあげられたことがら。「例の—について尋《たず》ねる」 ■二(接尾) ことがらを数えることば。「三—の問い合わせ」

**けん【見】** 7画 見0 小1 音 ケン 訓 みる・みえる・みせる
丨 冂 月 目 貝 見
❶目でみる。みえる。◆見学・見物・見聞 ◆一見・外見・拝見・発見。 ❷考え。◆見解・見識・見地 ◆意見・管見・愚見《ぐけん》・所見・政見・先見・卓見《たっけん》・偏見《へんけん》。 ❸あう。まみえる。◆見参《けんざん・げんざん》 ◆引見・会見。 ❹あらわれる。あらわす。◆隠見《いんけん》・露見《ろけん》

**けん【券】** 8画 刀6 小6 音ケン

❶権利などを証明した書きつけ。◆株券・債券《さいけん》・証券・商品券・旅券。❷きっぷ。◆乗車券・招待券

**けん【券】**（名）あることができる条件や資格などを書きしるした紙片《しへん》。入場券・乗車券など。

**けん【肩】** 8画 月4 音ケン高 訓かた

かた。うでのつけね。◆肩章

◆強肩・双肩《そうけん》・比肩

**けん【建】** 9画 廴6 小4 音ケン・コン高 訓たてる・たつ

❶家などをつくる。◆建材・建設・建築《けんちく》◆再建《さいけん》。❷社寺をつくる。◆建立《こんりゅう》◆再建《さいこん》。❸新しいしくみをつくる。おこす。◆建学・建国◆創建。❹意見を述べる。◆建議・建白書。参考「コン」の音は「建立《こんりゅう》」などのことばに使われる特殊《とくしゅ》な読み方。

**けん【研】** 9画 石4 小3〔研〕 音ケン 訓とぐ中

❶みがく。とぐ。◆研磨《けんま》。❷おさめる。物事の道理をしらべきわめる。◆研学・研究・研鑽《けんさん》・研修

**けん【県】** 9画 目4 小3〔縣〕 音ケン

けん。地方公共団体の一つ。◆県会・県庁・県民・県名◆都道府県

**けん【県】**（名）地方公共団体の一つ。都・道・府と同等のもの。

**けん【倹】** 10画 亻8〔儉〕 音ケン

むだをはぶく。つつましい。◆倹約◆勤倹・節倹

**けん【兼】** 10画 ⺍7 音ケン 訓かねる

❶かねる。あわせる。あわせもつ。◆兼業・兼職・兼任・兼備・兼務・兼用。❷前もって。かねて。◆兼題

**けん【剣】** 10画 刂8〔劍〕 音ケン 訓つるぎ

❶つるぎ。たち。かたな。◆剣舞《けんぶ》◆懐剣《かいけん》・銃剣《じゅうけん》・手裏剣《しゅりけん》・真剣・短剣・刀剣・木剣《ぼっけん》。❷つるぎを使う術《じゅつ》。◆剣客《けんかく・けんきゃく》・剣士・剣道・剣法

**けん【剣】**（名）もろ刃《は》の武器。つるぎ。広く刀のこともいう。また、それを使う術《じゅつ》。「―の達人」

**けん【拳】** 10画 手6 音ケン 訓こぶし

❶にぎりこぶし。◆拳銃《けんじゅう》・拳闘《けんとう》・拳法◆空拳・鉄拳。❷うやうやしくつつしむさま。◆拳拳服膺《けんけんふくよう》

**けん【軒】** 10画 車3 音ケン 訓のき

❶あがる。あげる。◆軒昂《けんこう》。❷のき。ひさし。◆軒灯

**-けん【軒】**（接尾）❶家を数えることば。「民家三―」❷家名・雅号《がごう》にそえることば。「来来―」

**けん【健】** 11画 亻9 小4 音ケン 訓すこやか中

❶すこやか。じょうぶ。◆健脚《けんきゃく》・健康・健在・健勝・健全◆穏健《おんけん》・頑健《がんけん》・強健・壮健《そうけん》。❷ひじょうに。よく。◆健啖《けんたん》・健闘《けんとう》・健忘症《けんぼうしょう》

**けん【険】** 11画 阝8 小5〔險〕 音ケン 訓けわしい

❶けわしい。山などが高く急なこと。◆険阻《けんそ》・険路。❷あぶない。◆危険・冒険《ぼうけん》・保険。❸よこしまな。◆陰険《いんけん》。❹とげとげしい。◆険相

**けん【険】**（名）❶山などのけわしいこと。また、その場所。「天下の―」❷顔つき、言葉づかいなどにあらわれるとげとげしさ。「物言いに―がある」

**けん【圏】** 12画 囗9〔圈〕 音ケン

❶かぎられた区域。◆圏外・圏内◆首都圏・成層圏・北極圏。❷まる。わ。◆圏点

**-けん【圏】**（接尾）ある一定の範囲《はんい》を表す。「文化―」「安全―」「ユーロ―」

**けん【堅】** 12画 土9 音ケン 訓かたい

かたい。つよい。たしかでしっかりしている。◆堅固《けんご》・堅持・堅実・堅忍《けんにん》・堅塁《けんるい》・堅牢《けんろう》◆中堅⇩付録「漢字の筆順⑾巨〔臣〕」

**けん【検】** 12画 木8 小5〔檢〕 音ケン

❶しらべる。◆検閲《けんえつ》・検眼・検査・検索《けんさく》・検札・検察・検死・検事・検出・検診《けんしん》・検定・検討・検分・検問◆巡検《じゅんけん》・探検・点検。❷とりしまる。◆検挙。❸「検察庁」の略。◆送検・地検

**けん【間】**→かん（間）

**けん【間】**（名）長さの単位。一尺の六倍。一間は約一・八二メートル《メートル》。

**けん【嫌】** 13画 女10 音ケン・ゲン 訓きらう・いや

❶いやがる。きらう。◆嫌悪《けんお》◆機嫌《きげん》。❷うたがう。◆嫌疑。参考「ゲン」の音は「機嫌《きげん》」ということばに使われる特殊《とくしゅ》な読み方。

**けん【献】** 13画 犬9〔獻〕 音ケン・コン

❶ささげる。さしあげる。◆献金・献上・献身・献呈《けんてい》・献納・献本《けんぽん》◆貢献《こうけん》・奉献《ほうけん》。❷酒などをすすめる。◆献杯《けんぱい》◆一献《いっこん》。❸もの知りでかしこい人の。◆文献。参考「コン」の音は「一献《いっこん》」「献立《こんだて》」などのことばに使われる特殊《とくしゅ》な読み方。

**けん【絹】** 13画 糸7 小6 音ケン 高 訓きぬ
きぬ。かいこのまゆからとった糸。また、その糸でおった織物。◆絹糸・絹布◆人絹

**けん【遣】** 13画 辶10 音ケン 訓つかう・つかわす
行かせる。使いとしてやる。つかわす。◆遣唐使◆派遣
⇩付録「漢字の筆順⑼串」

**けん【権】** 15画 木11 小6 〔權〕 音ケン・ゴン 高
❶はかりごと。たくらみ。◆権謀《けんぼう》。❷人を支配する力。いきおい。◆権威《けんい》・権勢・権力◆実権・政権。❸物事を主張し要求できる力。けんり。◆権限・権利◆主権・親権・人権・選挙権・特権・利権。❹かり。かりそめ。◆権化《ごんげ》・権現《ごんげん》。参考「ゴン」の音は「権化《ごんげ》」「権現《ごんげん》」などのことばに使われる特殊《とくしゅ》な読み方。⇩付録「漢字の筆順㉜隹」

**けん【権】** (名) 権力。また、権利。「生殺与《よ》奪《だつ》の—」「放映—」

**けん【憲】** 16画 心12 小6 音ケン
❶いちばんもとになる法律。おきて。のり。◆憲章・憲政・憲法◆違憲《いけん》・家憲・合憲・護憲・立憲。❷とりしまる役人。◆官憲 ⇩付録「漢字の筆順⑷主」

**けん【賢】** 16画 貝9 音ケン 訓かしこい
❶かしこい。りこう。すぐれた人。◆賢才・賢者・賢人・賢母・賢明◆先賢。対愚《ぐ》。❷相手に関する事物につけてうやまいの気持ちを表す。◆賢兄・賢察◆諸賢 ⇩付録「漢字の筆順⑾巨〔臣〕」

**けん【謙】** 17画 言10 音ケン
へりくだる。自分をひくくして、人にゆずる。◆謙虚《けんきょ》・謙称《けんしょう》・謙譲《けんじょう》・謙遜《けんそん》

**けん【鍵】** 17画 金9 音ケン 訓かぎ
❶かぎ。錠《じょう》の穴に差し入れて錠をあけたりしめたりする金具。❷ピアノなどの、指でたたいて使う部分。◆鍵盤《けんばん》◆白鍵・電鍵

**けん【鍵】** (名) ピアノ・タイプライターなどの、指でたたいて押《お》す部分。キー。「—をたたく」

**けん【繭】** 18画 糸12 音ケン 高 訓まゆ
まゆ。かいこが口から糸を出して作る、さなぎのおおい。◆繭糸・繭玉《まゆだま》

**けん【顕】** 18画 頁9 〔顯〕 音ケン
❶あらわれる。知れわたる。あらわす。◆顕花植物・顕彰《けんしょう》・顕微鏡《けんびきょう》◆露顕《ろけん》。対隠《いん》。❷めだつ。はっきりしている。あきらか。◆顕在・顕著

**けん【験】** 18画 馬8 小4 〔驗〕 音ケン・ゲン 高
❶しるし。あかし。ききめ。◆効験・霊験《れいげん》。❷しらべる。ためす。◆験算《けんざん》◆経験・試験・実験・体験。参考「ゲン」の音は「霊験《れいげん》」などのことばに使われる特殊《とくしゅ》な読み方。⇩付録「漢字の筆順㊳馬」

**けん【懸】** 20画 心16 音ケン・ケ 高 訓かける・かかる
❶(ケンと読んで) ㋐たれ下がる。◆懸垂《けんすい》。㋑かける。かかる。◆懸案・懸賞・懸命。㋒へだたる。◆懸隔《けんかく》・懸絶。❷(ケと読んで) 気にかける。◆懸想《けそう》・懸念《けねん》。参考「ケ」の音は「懸想《けそう》」「懸念《けねん》」などのことばに使われる特殊《とくしゅ》な読み方。

**けん『腱』** (名)〔生〕筋肉を骨に結びつける役目をしているじょうぶな組織。「アキレス—」

**げん【元】** 4画 儿2 小2 音ゲン・ガン 訓もと
❶もと。根本。はじめ。◆元金《がんきん》・元日・元旦《がんたん》・元年・元来《がんらい》・元利《がんり》・元気・元素《げんそ》◆還元《かんげん》・根元・次元・復元。❷おさ。かしら。◆元凶《げんきょう》・元首・元老《げんろう》。❸年号。◆元号◆改元・紀元《きげん》

**げん【元】** (名) ❶〔数〕方程式の未知数。「一—二次方程式」❷中国の通貨の単位。人民元。

**げん〔元〕** (名)〔歴〕中国の王朝の名。一二七一年にモンゴル帝国のフビライが建国。一三六八年、明《みん》に滅《ほろ》ぼされた。

**げん【幻】** 4画 幺1 音ゲン 訓まぼろし
❶まぼろし。◆幻影《げんえい》・幻覚・幻想・幻滅《げんめつ》◆夢幻。❷まどわす。くらます。◆幻術・幻惑《げんわく》◆変幻

**げん【玄】** 5画 玄0 音ゲン
❶くろい。◆玄米《げんまい》。❷おく深い。◆玄妙《げんみょう》◆幽玄《ゆうげん》。参考特別に、「玄人」は「くろうと」と読む。

**げん【言】** 7画 言0 小2 音ゲン・ゴン 訓いう・こと
ものをいう。ことば。◆言外・言語・言動・言文・言論◆格言・過言《かごん》・甘言《かんげん》・苦言・失言・祝言《しゅうげん》・証言・助言・宣言・他言《たごん》・断言・伝言《でんごん》・発言・方言・無言《むごん》・名言・遺言《ゆいごん》・予言・流言

**げん【言】** (名) 言ったことば。口に出して言うこと。

**言を左右《さゆう》にする** なにかと理由をつけて、はっきりしたことを言わない。

**言を俟《ま》たない** あらためて言うまでもない。

**げん【弦】** 8画 弓5 音ゲン 高 訓つる
❶弓のつる。❷弓をはった形の月。◆弦月《げんげつ》◆下弦・上弦。❸楽器の糸。また、糸をはった楽器。◆弦楽器◆管弦

**げん【弦】**（名）❶弓にはった糸。つる。❷バイオリン・琴《こと》・三味線《しゃみせん》などの弦楽器にはった糸。また、弦楽器。「ギターの―を押《お》さえる」❸《数》円周または曲線上の二点を結んだ線分。

**げん【限】** 9画 阝6 小5 音ゲン 訓かぎる
かぎる。くぎり。◆限界・限定・限度 ◆期限・局限・極限・権限・際限・制限・年限・無限・門限・有限

**げん【原】** 10画 厂8 小2 音ゲン 訓はら
❶はら。ひろびろとしたたいらな土地。◆原野 ◆高原・草原・平原。❷おこり。はじめ。もとになったもの。◆原案・原因・原価・原作・原子・原始・原書・原色・原泉・原則・原点・原動力・原文・原油・原理・原料 ◆起原・語原。参考 特別に、「海原」は「うなばら」と読む。「河原」「川原」は「かわら」とも読む。

**げん【現】** 11画 王7 小5 音ゲン 訓あらわれる・あらわす
❶あらわれる。あらわす。◆現出・現象・現像 ◆具現・権現《ごんげん》・再現・実現・出現・表現。❷いま、実際に存在する。いまの。◆現金・現今・現在・現実・現住所・現首相・現状・現職・現世・現存《げんそん・げんぞん》・現代・現場・現物 ⇩付録「漢字の筆順(2)王〔王〕」

**げん【眼】**→がん（眼）

**げん【舷】** 11画 舟5 音ゲン
船の両側面。ふなべり。ふなばた。◆舷側・舷灯 ◆右舷・左舷

**げん【減】** 12画 氵9 小5 音ゲン 訓へる・へらす
❶へる。へらす。すくなくなる。かるくする。◆減刑《げんけい》・減産・減収・減少・減税・減退・減俸《げんぽう》 ◆軽減・削減《さくげん》・節減・増減・半減。対増。❷引き算。◆加減乗除。対加 ⇩付録「漢字の筆順(1)戈〔戊〕」

**げん【減】**（名）へること。へらすこと。「前年比一割の―」対増

**げん【嫌】**→けん（嫌）

**げん【源】** 13画 氵10 小6 音ゲン 訓みなもと
❶川の水の流れるもと。みなもと。◆源泉・源流 ◆水源。❷物事のはじまり。おこり。◆起源・光源・語源・根源・財源・資源・情報源・本源

**げん【厳】** 17画 ⺍14 小6 〔嚴〕 音ゲン・ゴン高 訓おごそか中・きびしい
❶きびしい。はげしい。◆厳格・厳寒・厳禁・厳守・厳重・厳正・厳選・厳冬・厳罰《げんばつ》・厳封《げんぷう》・厳密・厳命 ◆戒厳《かいげん》・厳然《げんぜん》・冷厳。❷おごそか。いかめしい。◆厳粛《げんしゅく》・厳然《げんぜん》 ◆威厳《いげん》・謹厳《きんげん》・荘厳《そうごん》・尊厳。参考「ゴン」の音は「荘厳《そうごん》」などのことばに使われる特殊《とくしゅ》な読み方。⇩付録「漢字の筆順(22)耳」

**げん【験】**→けん（験）

**けんあく【険悪】**（名・形動ダ）❶情勢や相手との仲などが危険でゆだんできないこと。「―な雰囲気《ふんいき》」❷顔つきや態度がけわしいこと。「―な顔色」

**けんあん【懸案】**（名）以前から問題となっているが、まだ解決のつかない問題。「―事項《じこう》」

**げんあん【原案】**（名）話し合いのもとになる考え。最初の案。草案。「―どおり可決する」類叩《たた》き台

**けんい【権威】**（名）❶おさえつけて従わせる威力《いりょく》。また、多くの人びとが認めているすぐれた力。「―がある」「―が失墜《しっつい》する」「―主義」❷学問・技術など、その道のすぐれた専門家。大家《たいか》。オーソリティー。「あの人は数学の―だ」

**けんいん【牽引】**（名・他スル）ひっぱること。ひきよせること。「故障車を―する」「チームを―する」

**けんいん【検印】**（名）❶検査したというしるしの印。❷著者がその著書の奥付《おくづけ》におす印。

**げんいん【原因】**（名・自スル）ある物事や状態を引きおこすもとになること。また、そのことがら。「事故の―を調査する」対結果

**げんいん【減員】**（名・自他スル）人員をへらすこと。また、人員がへること。対増員

**けんうん【巻雲・絹雲】**（名）《天》雲の種類の一つ。五～一三キロメートルほどの高い空にできる白い筋のような雲。すじぐも。まきぐも。

**けんえい【県営】**（名）県が経営し管理すること。「―住宅」

**げんえい【幻影】**（名）実際にはないが、目に見えるように感じるもの。まぼろし。「―におびえる」

**けんえき【検疫】**（名・自他スル）感染症《かんせんしょう》の予防のため、港や空港などで人や動植物を検査し、必要に応じて隔離《かくり》や消毒などの処置を行うこと。

**けんえき【権益】**（名）権利とそれにともなって生じる利益。「―の確保」「既得《きとく》―」

**げんえき【原液】**（名）うすめたり、まぜたりしていない、もとの液。

**げんえき【現役】**（名）❶現在、ある社会で活動していること。また、その人。「―をしりぞく」❷高校在学中の大学受験生。「―で合格する」対浪人《ろうにん》

**けんえつ【検閲】**（名・他スル）思想の統制や社会の秩序《ちつじょ》をたもつために、国が出版物・映画・郵便物・荷物などの内容を強制的に取り調べること。

**けんえん【犬猿】**（名）いぬとさる。仲の悪いもののたとえ。「―の間がら」「あの二人は―の仲だ」

**けんえん【倦厭】**（名）あきていやになること。

**げんえん【減塩】**（名）食べ物のなかの塩分を少なくすること。「―しょうゆ」「―食」

**けんお【嫌悪】**（名・他スル）にくんでいやがったりきらったりすること。「―感」「―の情をいだく」

**けんおん【検温】**（名・自スル）体温をはかること。

**げんおん【原音】**（名）❶録音などの再生音に対して、もとの音。❷《物》基音。❸原語での発音。

**けんおんき【検温器】**（名）体温をはかる温度計。体温計。

**けんか【県下】**（名）県の中。県内。「—一帯」

**けんか**〖△喧△嘩〗（名・自スル）言いあらそいやなぐり合いをすること。「—のたね」

**喧嘩両成敗**《りょうせいばい》　けんかした者を、どちらが正しいかにかかわらず両方とも罰《ばっ》すること。

**喧嘩を売る**　けんかになるように相手をおこらせる。「いいがかりをつけて—」

**けんか【献花】**（名・自スル）神前や霊前《れいぜん》に花を供えること。また、その花。

**げんか【言下】**（名）相手が言い終わるか終わらないかのとき。言下《ごんか》。「—に断る」

**げんか【原価】**（名）❶品物を作るために、実際にかかる費用。コスト。「—を抑《おさ》える」「—計算」❷品物の仕入れねだん。元値《もとね》。「—を割って売る」

**げんか【現下】**（名）現在。ただいま。「—の情勢」

**げんか【減価】**（名）❶定価から値引きすること。また、そのねだん。❷物の価値が下がること。

**げんが【原画】**（名）複製・印刷した絵に対して、もとの絵。「アニメの—」

**けんかい【見解】**（名）ある物事についての考え。「—の相違《そうい》」⇩いけん(意見)「学習」

**けんかい**〖△狷介〗（名・形動ダ）自分の意志を曲げず人と調和しないこと。がんこなこと。「—な性格」

**けんがい【圏外】**（名）ある範囲《はんい》のそと。一定の資格や条件のわくのそと。「優勝—に去る」対圏内

**げんかい【限界】**（名）それより先はないという、ぎりぎりのさかい。「能力の—を知る」類限度

**げんかい【厳戒】**（名・他スル）きびしく警戒すること。また、きびしい警戒。「—体制をしく」

**げんがい【言外】**（名）直接ことばであらわされていない部分。「—の意味をつかむ」「—ににおわせる(=それとなくわかるように言う)」

**けんかく【剣客】**（名）剣術にすぐれた人。剣術つかい。剣士。参考「けんきゃく」とも読む。

**けんかく【懸隔】**（名・自スル）かけはなれていること。大きくへだたること。「たがいの認識に—がある」

**けんがく【見学】**（名・他スル）実際の場所やようすを見て知識を広めること。「工場—」

**けんがく【建学】**（名）学校を創設すること。「—の精神」

**げんかく【幻覚】**（名）実際にはないものが見えたり聞こえたりするように感じること。「—に悩《なや》まされる」

**げんかく【厳格】**（名・形動ダ）物事をいいかげんにしないできびしくすること。ある基準や方針をきびしく守って、そこからはずれないこと。「—なしつけ」

**げんがく【弦楽】**〖△絃楽〗（名）〖音〗バイオリンやチェロなど、弦楽器による音楽。「—四重奏」

**げんがく**〖△衒学〗（名）学問や知識のあることを自慢《じまん》してひけらかすこと。〔…的〕「衒学的な文章」

**げんがく【減額】**（名・他スル）おかねの額などをへらすこと。また、へらした額。「税金を—する」対増額

**けんかごし【けんか腰】**〖△喧△嘩腰〗（名）けんかをしかけるような、くってかかる態度。「—でものを言う」「思わず—になる」

**げんかしょうきゃく【減価償却】**（名・他スル）時間がたって機械や建物などの価値が減った分を、使用期間に割り当てて費用として計上すること。

**けんかしょくぶつ【顕花植物】**（名）〖植〗↓しゅししょくぶつ。対隠花《いんか》植物

**げんがっき【弦楽器】**〖△絃楽器〗（名）〖音〗バイオリンやチェロ・ギター・琴《こと》などのように、張ってある弦を鳴らして演奏する楽器。

**けんがみね【剣が峰】**（名）❶火山の噴火口《ふんかこう》のまわり。❷すもうで、土俵の内と外とをわける俵《たわら》の高い部分。「—でこらえる」❸これ以上あとにひけないぎりぎりの状態。物事がうまくいくかどうかのせとぎわ。「外交問題で—に立たされる」

**けんかわかれ【けんか別れ】**〖△喧△嘩別れ〗（名・自スル）けんかしたままで別れること。「—をする」

**けんがん【検眼】**（名・自スル）視力を検査すること。

**げんかん【玄関】**（名）家屋・建築物の正面の入り口。「—先」

**げんかん【厳寒】**（名）きびしい寒さ。「—の候」類酷寒《こっかん》・極寒《ごっかん》

**げんかんばらい【玄関払い】**（名）客として大事にあつかわないで玄関で追いかえすこと。また、面会しないで帰すこと。「—を食わされる」「—にする」

**けんぎ【建議】**（名・他スル）役所や上の者に意見を申し述べること。また、その意見。「改善案を—する」

**けんぎ【嫌疑】**（名）悪いことをしたのではないかという疑い。疑わしいこと。「—をかける」類容疑

**げんき【元気】**一（名）何かをしようとする気力。活動力。「—がある」「—を出せ」二（形動ダ）(ダロ・ダッ(デ・ニ)・ダ・ナ・ナラ・○)❶からだの調子がよいようす。健康なようす。「みんな—に暮らしています」❷いきいきして、活力のあふれているようす。勢いのよいようす。「—な声」「—に遊ぶ」

**げんき【原器】**（名）長さ・重さ・量をはかる器具の標準となる一定の器物。「メートル—」「キログラム—」

**げんぎ【原義】**（名）ことばの、もともとの意味。「—を調べる」

**けんきゃく【剣客】**（名）↓けんかく(剣客)

**けんきゃく【健脚】**（名・形動ダ）足がじょうぶで、歩くのが達者なこと。また、その足。「—を誇《ほこ》る」

**けんきゅう【研究】**（名・他スル）物事をふかく調べ考えて真理や事実を明らかにすること。「—所」「歴史を—する」

**げんきゅう【言及】**（名・自スル）話がそのことにふれること。言い及《およ》ぶこと。「公害問題に—する」

**げんきゅう【減給】**（名・自他スル）給料の額をへらすこと。また、額がへること。「—処分」類減俸《げんぽう》

**けんぎゅうせい**〖△牽牛星〗（名）〖天〗鷲《わし》座の一等星、アルタイル。年に一度、七月七日のたなばたの晩に天《あま》の川をわたって織女星《しょくじょせい》に会いにいくという伝説がある。ひこぼし。⇩しょくじょせい

**けんきょ【検挙】**（名・他スル）警察官が、犯人または被疑者《ひぎしゃ》をとらえたり、警察へ連れていったりすること。「スピード違反《いはん》で—される」

**けんきょ【謙虚】**（形動ダ）(ダロ・ダッ(デ・ニ)・ダ・ナ・ナラ・○)自分を誇《ほこ》らずひかえめなようす。すなおでつつましいようす。「—な人柄」

［学習］比較《ひかく》　「謙虚」「謙遜《けんそん》」

**謙虚**　自分を偉《えら》いと考えたり、そのように見せたりせず、ひかえめであること。「謙虚な姿勢」「謙虚な人」「謙虚になる」

**謙遜**　相手をうやまい、ひかえめで、へりくだった態度をとること。「謙遜は美徳である」「あの人はほめられても謙遜する男だ」

**げんきょ【原拠】**（名）ことがらのなりたつもとになるよりどころ。

**けんぎょう【兼業】**（名・他スル）本業のほかに、別の仕事をもっていること。また、その仕事。「―農家」

**けんぎょう【顕教】**（名）《仏》言語や文字で分かりやすく説き示された仏教。密教から見て密教以外の仏教をさす。

**げんきょう【元凶】**〘元△兇〙（名）悪事をはたらく際の中心人物。また、悪いことの根源。「悪の―」「公害の―」

**げんきょう【現況】**（名）現在のありさま。「―を報告する」［類］現状

**げんぎょう【現業】**（名）工場・作業場など現場での業務や労働。「事務職から―に移る」

**けんきょうふかい**〘△牽強付会〙（名）理屈《りくつ》にあわないことを自分につごうのよいようにこじつけること。

**けんきん【献金】**（名・自スル）ある目的のために使うおかねを提供すること。また、そのおかね。「政治―」

**げんきん【現金】**［一］（名）❶現在手もとにあるおかね。❷小切手や手形でなく、実際のおかね。キャッシュ。「―で払《はら》う」「―書留《かきとめ》」［…化］「小切手を現金化する」［二］（形動ダ）〔ダロ・ダッ(デ・ニ)・ダ・ナ・ナラ・〇〕自分にとって損か得かによって急に態度を変えるようす。「―な人」

**げんきん【厳禁】**（名・他スル）かたく禁じること。きびしくやめさせること。「火気《かき》―」

**げんくん【元勲】**（名）国につくした大きな功績。また、そのような働きをした人。「明治の―」

**げんげ**〘×紫雲英〙（名）《植》→れんげそう

**けんけい【賢兄】**（名）（「かしこい兄」の意）友人に対して尊敬の気持ちを表した呼び名。「―にはご健康のことと存じます」［使い方］おもに手紙で使う。

**げんけい【原形】**（名）変化するまえの、もとのかたち。「―をたもつ」「―をとどめる」

**げんけい【原型】**（名）でき上がったものの、もとになった型。「鋳物《いもの》の―」

**げんけい【減刑】**（名・自スル）刑罰《けいばつ》を軽くすること。「恩赦《おんしゃ》で―される」

**げんけい【厳刑】**（名）きびしい刑罰《けいばつ》。

**げんけいしつ【原形質】**（名）《生》生物体をつくっている基礎《きそ》物質で、生命活動を営んでいる部分。

**けんげき【剣劇】**（名）刀で切り合う場面が中心になっている映画や演劇。ちゃんばら。

**けんけつ【献血】**（名・自スル）健康な人が輸血のための血液を無償《むしょう》で提供すること。

**げんげつ【弦月】**（名）弦《つる》を張った弓の形をした月。弓張《ゆみは》り月。上弦・下弦の月。

**けんげん【建言】**（名・他スル）政策などに関する意見を政府などに申し述べること。建白《けんぱく》。

**けんげん【権限】**（名）人や組織が、その立場に応じて実行できる権利の範囲《はんい》。特に法令や規則、約束によって実行することのできる範囲。「部下《ぶか》に命令する―をもつ」「裁判所の―」「職務《しょくむ》―」

**けんけんごうごう**〘△喧△喧△囂△囂〙（ト タル）人びとが口々にやかましくしゃべるようす。「―たる非難」

**けんけんふくよう**〘拳拳服△膺〙（名・他スル）教えなどを常に心にとめて、忘れないようにすること。

**けんご【堅固】**（名・形動ダ）しっかりしていてびくともしないこと。「―な造りの城」「―な意志」

**げんこ**〘◇拳固〙（名）→げんこつ

**げんご【言語】**（名）音声や文字を使って、考えや感じを表現したり、相手に伝えたりするもの。また、その考えや感じを伝えるための音声や文字。ことば。

**言語に絶《ぜっ》する**　あまりにひどい状態で、とてもことばで言いあらわせない。「戦争の悲惨《ひさん》さは―」

**げんご【原語】**（名）訳したりあらためたりしたことばのもとのことば。訳していない外国語。「―で読む」

**けんこう【兼行】**（名・自スル）❶夜も昼も休まずに働いて急いで行うこと。「昼夜《ちゅうや》―の作業」❷同時に二つ以上のことを行うこと。

**けんこう【健康】**［一］（名）からだのぐあい。「―がすぐれない」「―に気をつける」［二］（名・形動ダ）心身ともにすこやかなこと。悪いところがなく元気なこと。「―を祈《いの》る」「―な考え」「不―」［…的］「健康的な生活」

**けんこう**〘軒△昂〙（ト タル）意気のあがるようす。気持ちがふるいたつようす。「意気―」

**けんごう【剣豪】**（名）剣術の達人。「―小説」

**げんこう【元寇】**〘元△寇〙（名）《歴》鎌倉《かまくら》時代に、中国の元《げん》の皇帝《こうてい》フビライの蒙古《もうこ》（＝モンゴル）軍《ぐん》が、二回にわたって北九州にせめよせてきたこと。文永の役《えき》（＝一二七四年）と弘安《こうあん》の役（＝一二八一年）。

**げんこう【言行】**（名）言うことと行うこと。「―が一致《いっち》する」［類］言動

**げんこう【原稿】**（名）印刷するもとになる文章。また、話をする場合に前もって書く下書き。

**げんこう【現行】**（名）現在行われていること。「―の法律制度」

**げんごう【元号】**（名）→ねんごう

**けんこうこつ【肩甲骨】**〘肩△胛骨〙（名）《生》両かたのうしろにある三角形の平らな骨。貝殻骨《かいがらぼね》。

**けんこうしんだん【健康診断】**（名）医師がからだに悪いところがないかどうかを調べること。健診。

**げんこうはん【現行犯】**（名）《法》実際に行っているとき、また、し終わったときに、見つかった犯罪《はんざい》。また、その犯人。「―で逮捕《たいほ》する」

**けんこうほうし**〔兼好法師〕［人名］（生没年不明）鎌倉《かまくら》時代末期・南北朝時代の歌人・随筆《ずいひつ》家。本名は卜部兼好《うらべのかねよし》。京都吉田《よしだ》神社の神官の家に生まれ、三〇歳《さい》ごろに出家して兼好《けんこう》と称《しょう》した。随筆集「徒然草《つれづれぐさ》」の作者として名高い。家集に「兼好法師家集」がある。

**けんこうほけん【健康保険】**（名）毎月一定額の保険料をおさめ、本人やその家族が病気・けがなどをしたとき、その費用を運営者が補う保険。健保《けんぽ》。

**げんごがく【言語学】**（名）ことばのはたらきや構造・移りかわり・分布などを研究する学問。

**けんこく【建国】**（名・自他スル）新しく国を建てること。「—の父」

**げんこく【原告】**（名）〘法〙民事事件で、うったえをおこして裁判を請求《せいきゅう》した者。㊟被告《ひこく》

**けんこくきねんのひ【建国記念の日】**（名）国民の祝日の一つ。建国を記念する日。二月一一日。もとの「紀元節」に当たる。

**げんこつ〖◇拳骨〗**（名）にぎりこぶし。げんこ。「—を見舞《みま》う」「—でなぐる」

**げんごろう〖源五郎〗**（名）〘動〙ゲンゴロウ科の昆虫《こんちゅう》。たまご形で、背中は青黒い。池や沼《ぬま》を泳ぎ小動物をとらえて食べる。

（げんごろう）

**けんこん〖◇乾△坤〗**（名）❶天地。❷陰《いん》と陽。

**げんこん【現今】**（名）いま。現在。「—の世界情勢」

**けんこんいってき〖◇乾△坤一△擲〗**（名）運を天にまかせて、大勝負に出ること。「—の大事業」

**けんさ【検査】**（名・他スル）ある基準のもとで、異常や悪いところがないかどうかを調べること。「品質の—」

**けんざい【建材】**（名）建築用の材料。資材。

**けんざい【健在】**（名・形動ダ）❶元気で暮らしていること。「父も母も—です」❷以前と変わりなく活躍《かつやく》したり、存在したりしているようす。「ベテラン—」

**けんざい【顕在】**（名・自スル）はっきり形にあらわれて存在すること。…化「問題が顕在化する」㊟潜在《せんざい》

**げんさい【減殺】**（名・他スル）量や程度を減らすこと。少なくすること。「興味が—される」

**げんざい【原罪】**（名）キリスト教で、最初の人間であるアダムとイブが神にそむいたため、その子孫である人間がみな生まれながらにもつといわれる罪。

**げんざい【現在】**㊀（名）❶過去と未来の間。ただいま。今。現今《げんこん》。❷（月日・時を表す語について）基準となる、ある時を表す。「八時—の気温」❸〘仏〙現世。この世。❹〘文法〙動詞で、今行われている動作・状態を表すもの。「—形」㊁（名・自スル）現に存在すること。「創立時の校舎が—する」

**げんざいだか【現在高】**（名）現在あるだけの数量・金額。「預金《よきん》の—」

**げんざいりょう【原材料】**（名）生産の資材になるもの。原料。「—を加工する」

**けんさく【検索】**（名・他スル）索引《さくいん》やコンピュータで、必要なことがらを調べて探し出すこと。「インターネットの—」「図書館で所蔵資料を—する」

**げんさく【原作】**（名）直したり訳したり脚色《きゃくしょく》したりする前のもとの作品。「ドラマの—」

**けんさくエンジン【検索エンジン】**（名）インターネットで、必要な情報を検索するためのシステム。サーチエンジン。▽エンジンは、英 engine

**げんさくどうぶつ【原索動物】**（名）〘動〙ほや・なめくじうおなど、背骨よりも原始的な脊索《せきさく》と呼ばれる器官をもつ動物の一群。海にすむ。

**けんさつ【検札】**（名・自スル）列車内などで、車掌《しゃしょう》が乗客のきっぷを調べること。「車内—」

**けんさつ【検察】**（名・他スル）❶犯罪の証拠《しょうこ》を集めたり調べたりして、事実を明らかにすること。❷「検察官」「検察庁」の略。

**けんさつ【賢察】**（名・他スル）相手が推察することをうやまう気持ちでいうことば。お察し。「ご—のとおり」使い方ほとんどの場合、上に「ご」をつけて使う。

**けんさつかん【検察官】**（名）犯罪を取り調べ、裁判所に証拠《しょうこ》をそろえて提出し、裁判の請求《せいきゅう》をする役目の国家公務員。参考検事総長・次長検事・検事長・検事・副検事の種類がある。

**けんさつちょう【検察庁】**（名）検察官が仕事をする役所。法務省に属する。参考最高検察庁・高等検察庁・地方検察庁・区検察庁の種類がある。

**けんさん〖研△鑽〗**（名・他スル）（学問・芸能・技術などを）みがき深めること。「—を積む」

**けんざん【剣山】**（名）生け花の道具の一つ。金属の台に太い針を上向きに何本もうえたもの。花や枝の根もとをさして固定するために使う。

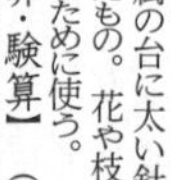
（剣山）

**けんざん【検算・験算】**（名・他スル）計算したあとで、出した答えが正しいかどうかを確かめること。試《ため》し算。「—して確かめる」

**けんざん**〔見参〕（名・自サ変）古語→げんざん（見参）

**げんさん【原産】**（名）動物・植物や物が最初に生まれたりとれたりすること。「—地」「南米—のトマト」

**げんさん【減産】**（名・自他スル）生産高が減ること。生産高を減らすこと。「三割の—」㊟増産

**げんざん【減算】**（名・自スル）〘数〙引き算。減法。㊟加算

**げんざん**〔見参〕（名・自サ変）古語❶目上の人におめにかかること。「御覧《ごらん》ぜよ、昨日の狐《きつね》の—するを」〈今昔《こんじゃく》物語〉訳ご覧ください、昨日の狐がおめにかかりに参っているのを。❷目下のものに会ってやること。「—して帰さむ」〈平家物語〉訳会ってやって帰そう。参考「けんざん」とも読む。

**げんさんち【原産地】**（名）❶動物や植物が最初に発生した土地。❷原料や製品の生産地。

**けんし【犬歯】**（名）前歯の両側にある上下各二本のとがった歯。糸切り歯。肉食動物では、きば。

**けんし【剣士】**（名）剣術つかい。剣客。

**けんし【検死】〖検△屍〗**（名・他スル）医師・検察官などが、変死者などの死体を犯罪によるものでないかどうか調べること。検視《けんし》。

**けんし【検視】**（名・他スル）❶事実をくわしく調べること。「事故現場を—する」❷→けんし（検死）「遺体《いたい》を—する」

**けんし【絹糸】**（名）→きぬいと

**けんし【繭糸】**（名）❶まゆとその糸。❷絹糸《きぬいと》。

**けんじ【健児】**（名）元気のいい若者。

**けんじ【検字】**（名）漢字の字引で、漢字を総画数の順にならべた索引《さくいん》。総画索引。

**けんじ【検事】**（名）❶検察官の階級の一つ。❷検察官の古い言い方。

**けんじ【堅持】**（名・他スル）考えや態度をかたく守って変えないこと。「最初の方針を―する」

**けんじ【献辞】**（名）著者や発行者が、書物を他人にささげたり、贈《おく》ったりするために書くことば。献詞。「本の扉《とびら》に―を書く」

**けんじ【顕示】**（名・他スル）はっきり外部に示すこと。「自己―欲」

**げんし【原子】**（名）《物・化》物質を小さく分けていったとき、その特性を失わない範囲《はんい》でもうこれ以上分けられないと考えられる小さなつぶ。原子核《かく》とそのまわりの電子とからなる。アトム。

**げんし【原始】**（名）❶物事のはじめ。おおもと。「―時代」❷自然のままで人の手が加わっていないこと。「―林」

**げんし【原紙】**（名）謄写版《とうしゃばん》を使った印刷の原版とするためのろう引きの薄《うす》い紙。

**げんし【原資】**（名）もとでになる資金。

**げんし【減資】**（名・自スル）資本金をへらすこと。対増資

**げんじ【言辞】**（名）ことば。ことばづかい。「―を弄《ろう》する(=ことばをもてあそぶ)」

**げんじ【源氏】**（名）❶源《みなもと》の姓《せい》をもった一族。❷「源氏物語」、また、その主人公「光源氏」の略。

**げんしか【原子価】**（名）《物・化》ある元素の原子が水素原子何個と結びつくかを示す数。

**げんしかく【原子核】**（名）《物》原子の中心にあるもの。陽電気をおび、陽子と中性子からなる。

**けんしき【見識】**（名）物事の本質を見とおす力。また、それに基づくすぐれた意見や考え。識見。「文学に高い―を持つ」「不―」

**げんしきごう【原子記号】**（名）《化》元素の種類を表す記号。元素記号。

**げんしじだい【原史時代】**（名）《歴》考古学によって分けられた時代の一つ。書かれた記録が断片《だんぺん》的に残る時代。日本ではおもに古墳《こふん》時代にあたる。

**げんしじだい【原始時代】**（名）《歴》大むかし、人間が狩猟《しゅりょう》と採集の生活をしていた時代。

**げんしじん【原始人】**（名）大むかし、ほらあななどに住み自然のままにくらしていた人。原始時代の人。

**けんじつ【堅実】**（名・形動ダ）てがたく、あぶなげのないこと。「―な方法」「―な考え方」

**げんしつ【言質】**（名）→げんち(言質)

**げんじつ【現実】**（名）(頭の中で考えたことではなく)実際にこうであるというようす。また、その事実。ありのままのようす。「―をみつめる」「夢が―になる」…性「現実性のない話」対理想

**げんじつしゅぎ【現実主義】**（名）あるがままの現実に即《そく》して合理的に物事に対応していく考え方や態度。対理想主義

**げんじつてき【現実的】**（形動ダ）{ダロ・ダッ(デ・ニ)・ダ・ナ・ナラ・○}考えや行動などが現実に即《そく》しているようす。実際的。「―に対応する」「非―な計画」

**げんしてき【原始的】**（形動ダ）{ダロ・ダッ(デ・ニ)・ダ・ナ・ナラ・○}自然のままで文明化されていないようす。「―な生活」

**げんしばくだん【原子爆弾】**（名）原子核《かく》が分裂《ぶんれつ》するときに出るエネルギーの強力な爆発《ばくはつ》力を使った爆弾。原料はウランやプルトニウムなど。原爆。

**げんじものがたり**〔源氏物語〕〔作品名〕平安時代中期の長編小説。五四帖《じょう》。紫式部《むらさきしきぶ》の作。一一世紀初めに完成。光源氏《ひかるげんじ》という主人公を中心に、宮廷《きゅうてい》貴族のありさまをえがいている。日本最古の長編小説で、世界的な古典でもある。冒頭文いづれの御時《おほんとき》にか、女御《にょうご》、更衣《かうい》、あまたさぶらひ給《たま》ひけるなかに、いと、やむごとなき際《きは》にはあらぬが、すぐれて時めき給ふありけり。

**けんじゃ【賢者】**（名）物事の道理をよく知っている、かしこい人。「―の知恵《ちえ》」類賢人。対愚者《ぐしゃ》

**げんしゅ【元首】**（名）外国に対して国家を代表する人。君主・大統領など。「国家―」

**げんしゅ【原酒】**（名）❶もろみをしぼった後、水などを加えていない日本酒。❷ウイスキーの原液。

**げんしゅ【原種】**（名）❶品種改良される以前の、動植物の野生種。❷たねをとるためにまくたね。

**げんしゅ【厳守】**（名・他スル）命令・規則・約束などをかたく守ること。「時間―」

**けんしゅう【研修】**（名・他スル）その分野に必要な知識や技術を身につけるために、特別に学習すること。「語学―」「新入社員の―」

**けんじゅう【拳銃】**（名）片手でうつ小型の銃。短銃。ピストル。

**げんしゅう【減収】**（名・自スル）収入や作物の収穫《しゅうかく》量がへること。「天候不順で―になる」対増収

**げんじゅう【厳重】**（形動ダ）{ダロ・ダッ(デ・ニ)・ダ・ナ・ナラ・○}ささいな点も見のがさず、ひじょうにきびしい態度で事にあたるようす。「守りを―にかためる」

**げんじゅうしょ【現住所】**（名）現在すんでいる所。「―を記入する」

**げんじゅうみん【原住民】**（名）移住者・征服者《せいふくしゃ》に対して、もとからその土地にすんでいる人。また、その種族。先住民。

**げんしゅく【厳粛】**（形動ダ）{ダロ・ダッ(デ・ニ)・ダ・ナ・ナラ・○}❶おごそかで気がひきしまるようす。「―な式典」❷きびしく動かしがたいようす。「―な事実」

**けんしゅつ【検出】**（名・他スル）ある物の中にまじった物質などを調べてみつけ出すこと。「毒物を―する」

**けんじゅつ【剣術】**（名）刀を持ってたたかう技術・方法。剣法。「―の名人」

**げんしゅつ【現出】**（名・自他スル）現れ出ること。現し出すこと。出現。「信じられない光景が―する」

**げんじゅつ【幻術】**（名）❶人の目をくらます、あやしげな術。魔法《まほう》。妖術《ようじゅつ》。❷手品。奇術《きじゅつ》。

**けんじょ【賢女】**（名）かしこい女性。

**げんしょ【原初】**（名）物事の起こり。いちばん初め。「―の地球」…的「原初的な形態」

**げんしょ【原書】**（名）翻訳《ほんやく》した本などに対して、もとの本。原本。特に、欧文《おうぶん》で書かれた外国の書物。洋書。「―で読む」対訳書

**けんしょう【健勝】**（名・形動ダ）健康で元気なこと。「ご―のことと存じます」類清勝。使い方多く手

紙で、「ご健勝」の形で、相手に対して用いる。

**けんしょう【検証】**（名・他スル）物事を実際に調べて、ある事実を証明すること。「実地―」

**けんしょう【憲章】**（名）理想として定めたおおもとのきまり。「児童―」

**けんしょう【顕彰】**（名・自他スル）隠《かく》れた功績などを広く知らせて表彰すること。「功労者の―」

**けんしょう【懸賞】**（名）正解やすぐれた作品を寄せてくれたり、人や物を探し出してくれたりした人に与《あた》える条件で、賞品や賞金をかけること。また、その賞。「―金」「―小説」

**けんじょう【献上】**（名・他スル）目上の人にさしあげること。たてまつること。「―の品」

**けんじょう【謙譲】**（名・形動ダ）自分をひかえめにすること。へりくだること。「―の美徳」類謙遜《けんそん》

**げんしょう【現象】**（名）目や耳などの感覚によってとらえられるすべての物事。形をとってあらわれたもの。「自然―」「―にとらわれて本質を見失う」

**げんしょう【減少】**（名・自他スル）減って少なくなること。減らして少なくすること。「出生率が―する」対増加・増大

**げんじょう【現状】**（名）現在の状態。今のようす。「―を維持《いじ》する」類現況《げんきょう》

**げんじょう【現場】**（名）→げんば①

**けんしょうえん【〖△腱△鞘〗炎】**（名）〘医〙腱をおおう腱鞘を継続《けいぞく》的に酷使《こくし》したことによる炎症《えんしょう》。患部《かんぶ》のいたみ・はれなどをともなう。

**けんじょうご【謙譲語】**（名）〘文法〙敬語の一種。自分や自分がわに関することをへりくだって言うことば。それにより、相手をうやまう気持ちを表す。参考謙譲語Ⅰと謙譲語Ⅱ（丁重語）とに分類することがある。たとえば「行く」の場合、動きの向かう先をうやまって、「私は先生のお宅にうかがいます」などとするのが謙譲語Ⅰ、向かう先にとらわれず、「弟のところに参ります」などとするのが謙譲語Ⅱ。

**けんじょうしゃ【健常者】**（名）心身に障害のない人。参考「障害者」に対して作られたことば。

**げんしょく【原色】**（名）❶すべての色のもとになる色。絵の具などでは赤・黄・青の三色。光では赤・緑・青。❷まじりけのない、けばけばしい色。❸もとのままの色。「―に近い複製画」

**げんしょく【現職】**（名）現在の職業。また、現在その職業についていること。「―の大臣」

**げんしょく【減食】**（名・自スル）食事の量を減らすこと。

**げんしりょう【原子量】**（名）〘物〙炭素原子の質量を一二・〇として、これと比較《ひかく》して他の元素の原子の質量を表す数。

**げんしりょく【原子力】**（名）〘物〙原子核《かく》が分裂《ぶんれつ》したり融合《ゆうごう》したりするときに出るエネルギー。原子エネルギー。「―発電」

**げんしりん【原始林】**（名）大むかしから人の手がはいっていない、自然のままの森林。類原生林

**けん・じる【献じる】**（他上一）{ジ・ジ・ジル・ジル・ジレ・ジロ(ジヨ)}神仏や目上の人にさしあげる。たてまつる。「進物《しんもつ》を―」

**げん・じる【減じる】**{ジ・ジ・ジル・ジル・ジレ・ジロ(ジヨ)}一（自上一）減る。少なくなる。「痛みが―」二（他上一）❶減らす。少なくする。「支出を―」❷引き算をする。

**げんしろ【原子炉】**（名）ウランやプルトニウムなどの核分裂《かくぶんれつ》を進行させ、そこから出るエネルギーを利用できるようにした装置。

**けんしん【健診】**（名）「健康診断」の略。「定期―」

**けんしん【検針】**（名・自他スル）電気・水道・ガスなどの使用量を知るためにメーターのめもりを調べること。

**けんしん【検診】**（名・他スル）病気にかかっていないかどうかを調べるために診察すること。「胃部―」

**けんしん【献身】**（名・自スル）社会や人のために、自分のからだや財産をなげうって力をつくすこと。「平和運動に―する」…的「献身的な看病」

**けんじん【賢人】**（名）かしこい人。類賢者

**げんじん【原人】**（名）猿人《えんじん》についで現れた初期人類。ペキン原人・ジャワ原人など。

**げんず【原図】**（名）複写《ふくしゃ》や模写をした図に対して、そのもとになる図。

**けんすい【懸垂】**（名・自スル）❶まっすぐにたれさがること。❷器械体操《きかいたいそう》の一つ。鉄棒などにぶらさがり、ひじを曲げのばしてからだを上下させる運動。

**げんすい【元帥】**（名）軍人の最高位。

**げんすい【減水】**（名・自スル）川などの水の量が減ること。対増水

**けんずいし【遣〖△隋〗使】**（名）〘歴〙飛鳥《あすか》時代、六〇七年の小野妹子《おののいもこ》から計三回、文化・学問をとり入れるために中国の隋《ずい》におくられた使い。

**けんすう【件数】**（名）ことがらや事件のかず。「交通事故の―」

**けんすう【軒数】**（名）家のかず。戸数《こすう》。

**げんすうぶんれつ【減数分裂】**（名）〘生〙精子《せいし》・卵子《らんし》などの生殖細胞《せいしょくさいぼう》ができるとき、細胞の中の染色体《せんしょくたい》の数が半分になる分裂のしかた。

**けん・する【検する】**（他サ変）{シ(セ・サ)・シ・スル・スル・スレ・シロ(セヨ)}❶とりしらべる。検査する。❷とりしまる。

**けん・ずる【献ずる】**（他サ変）{ジ(ゼ)・ジ・ズル・ズル・ズレ・ジロ(ゼヨ)}→けんじる

**げん・ずる【減ずる】**（自他サ変）{ジ(ゼ)・ジ・ズル・ズル・ズレ・ジロ(ゼヨ)}→げんじる

**げんすん【原寸】**（名）実物と同じ寸法。「―大」

**げんせ【現世】**（名）三世《さんぜ》の一つ。この世。「―利益《りやく》（＝信仰《しんこう》によってこの世で受けられるめぐみ）」参考仏教では「げんぜ」と読む。⇩ぜんせ・らいせ

**けんせい【〖△牽〗制】**（名・他スル）❶相手を威圧《いあつ》したり、注意をひきつけたりして、自由な動きをしにくくさせること。「発言を―する」❷野球で、盗塁《とうるい》をさまたげるために、投手や捕手《ほしゅ》が走者のいる塁に球を投げたりそう見せかけたりすること。「―球」

**けんせい【権勢】**（名）権力をにぎっていて、勢いのさかんなこと。権力と威勢《いせい》。「―をふるう」

**けんせい【憲政】**（名）憲法によって行う政治。立憲政治。「―の常道」

**けんせい【顕性】**（名）「優性」に同じ。対潜性《せんせい》

**げんせい【現勢】**（名）現在の勢力、または情勢。

「世界の—を認識する」

**げんせい【厳正】**（名・形動ダ）きびしく公正を守ること。「—な審査《しんさ》」

**げんぜい【減税】**（名・自他スル）税金の額を減らすこと。「所得税を—する」対増税

**げんせいどうぶつ【原生動物】**（名）《動》一つの細胞《さいぼう》だけからなる微小《びしょう》な動物の総称《そうしょう》。分裂《ぶんれつ》などによってふえる。アメーバ・ぞうりむしなど。

**げんせいりん【原生林】**（名）人の手が加わっていない、自然のままの森林。類原始林

**けんせき【△譴責】**（名・他スル）あやまちや不正などを、せめとがめること。

**げんせき【原石】**（名）❶加工する前の宝石。「ダイヤモンドの—」❷原料となる鉱石《こうせき》。「—を受ける」

**げんせき【原籍】**（名）もとの戸籍《こせき》。また、本籍。

**けんせきうん【◇巻積雲・絹積雲】**（名）《天》五〜一二キロメートルの高さに小さく白いかたまりをなしてむらがる雲。うろこ雲。いわし雲。さば雲。

**けんせつ【建設】**（名・他スル）建造物・道路・組織などを新しくつくりあげること。「高層ビルの—計画」「民主国家の—をめざす」対破壊《はかい》

**げんせつ【言説】**（名）ことばで説明すること。また、その意見や考え。「穏《おだ》やかでない—」

**けんせつしょう【建設省】**（名）建設関係の仕事をあつかった国の役所。現在は国土交通省に移行。

**けんせつてき【建設的】**（形動ダ）〔ダロ・ダッ(デ・ニ)・ダ・ナ・ナラ・○〕物事をよくしていこうとする積極的で前向きなようす。「—な意見」「非—な態度」対破壊的《はかいてき》

**けんぜん【健全】**（形動ダ）〔ダロ・ダッ(デ・ニ)・ダ・ナ・ナラ・○〕❶じょうぶで悪いところのないようす。「—な胃のはたらき」❷活動や状態などがかたよらず、まともなようす。「—な考え方」「不—な生活」…化「財政の健全化をはかる」

**げんせん【源泉・原泉】**（名）❶水のわきでるもと。❷物事の生じるみなもと。「活力の—」

**げんせん【厳選】**（名・他スル）きびしくえらぶこと。「—されたメンバー」「材料を—する」

**げんぜん【現前】**（名・自スル）目の前にあること。目の前に現れること。まのあたり。「理想郷が—する」

**げんぜん【厳然】【△儼然】**（ト・タル）いかめしく、おごそかなようす。「—たる態度」

**げんせんかぜい【源泉課税】**（名）《経》所得税《しょとくぜい》の課税のしかたの一つ。給料や利子などが支払《しはら》われるときに、前もって税金を引いてしまう方法。

**げんせんちょうしゅう【源泉徴収】**（名）《経》給料などの所得に対し、その支払《しはらい》者が前もって所得税をさし引いて納税する制度。

**けんそ【険阻】【△嶮△岨】**（名・形動ダ）けわしいこと。また、けわしい場所。「—な山道」

**げんそ【元素】**（名）《化》化学的に分解して、もうこれ以上分けることができないと考えられる、物質の基本的な成分。水素・酸素など。

**けんそう【険相】**（名・形動ダ）顔つきがするどく、すごみがあること。また、そのような人相。

**けんそう【△喧騒・△喧△噪】**（名・形動ダ）人の声や物音でやかましいこと。「都会の—をのがれる」

**けんぞう【建造】**（名・他スル）建物・船などをつくること。「—物」

**げんそう【幻想】**（名・他スル）現実にないことをあれこれと想像すること。とりとめのない空想や想像。「—をいだく」…的「幻想的な物語」

**げんぞう【幻像】**（名）実際にはないのに、あるように見えるかたち。幻影《げんえい》。「—がちらつく」

**げんぞう【現像】**（名・他スル）写したフィルム・乾板《かんぱん》・印画紙に薬品を用いて映像を現すこと。「—液」

**けんそううん【◇巻層雲・絹層雲】**（名）《天》五〜一二キロメートルの上空に、白くうすく一面にひろがる雲。

**げんそうきょく【幻想曲】**（名）《音》楽想のおもむくまま、自由な形式で作られた楽曲。ファンタジー。

**げんそきごう【元素記号】**（名）《化》元素の種類を表示する記号。H（=水素）・O（=酸素）・C（=炭素）など。原子記号。

**けんぞく【△眷属・△眷族】**（名）❶血のつながっているもの。親族。一族。❷家臣。従者。「一家—」

**げんそく【原則】**（名）物事のもとになるきまり。特別な例外をのぞいて、ほとんどの場合にあてはめることのできる基本的な法則や規則。「—として賛成する」…的「原則的な態度」

> **学習 比較《ひかく》**「原則」「原理」
>
> **原則**　多くの場合にあてはめられるきまり・法則。個別的なものにも使うことができる。「原則として欠席を認めない」「原則からはずれた扱《あつか》い」「原則と例外」
>
> **原理**　物事を成り立たせている基本的な理論・法則。一般《いっぱん》的・抽象《ちゅうしょう》的なことがらについてのみ用いる。「てこの**原理**」「浮力《ふりょく》の**原理**」「民主主義の**原理**」

**げんそく【舷側】**（名）船の側面。ふなべり。

**げんそく【減速】**（名・自他スル）運動の速度をおそくすること。また、おそくなること。「—運転」対加速

**げんぞく【◇還俗】**（名・自スル）一度出家《しゅっけ》した僧《そう》や尼《あま》が俗人《ぞくじん》にかえること。「僧が—する」

**けんそん【謙遜】**（名・自スル・形動ダ）ひかえめな態度をとること。へりくだること。「—した口ぶり」類謙譲《けんじょう》。⇨けんきょ（謙虚）「学習」

**げんそん【玄孫】**（名）孫の孫。やしゃご。

**げんそん【現存】**（名・自スル）今現在、現実に存在していること。「—する最古の木造建築」参考「げんぞん」とも読む。

**げんそん【厳存】**（名・自スル）はっきりとたしかに存在していること。「—する事実」

**けんたい【△倦怠】**（名・自スル）❶あきていやになること。いやでなまけること。「—期」❷からだも気分もだるいこと。「—感」

**けんたい【検体】**（名）《医》検査の対象になるもの。血液・尿《にょう》など。

**けんたい【献体】**（名・自スル）自分の意志で、死後、自分のからだを研究用として提供すること。

**けんだい【見台】**（名）書物をのせて読む台。邦楽で、譜面《ふめん》・台本を置くのにも使う。

（見台）

**けんだい【兼題】**（名）和歌・俳句《はいく》などの会で、前もって出しておく題。対席題
**げんたい【減退】**（名・自スル）勢いや力がおとろえること。少なくなること。「食欲―」対増進
**げんだい【現代】**（名）❶今の世の中。「―の青少年」…的「現代的風潮」❷《歴》時代区分の一つ。日本では第二次世界大戦後から現在までの時期。西洋では第一次世界大戦後から現在までの時期。
**げんだいかなづかい【現代〇仮名-遣い】**（名）昭和二一（一九四六）年、内閣告示によって定められ、昭和六一（一九八六）年に改められた、現代の口語《こうご》をかなで書き表す場合のきまり。歴史的仮名遣いに対して、おもに発音に近く書き表す。新仮名遣い。対歴史的仮名遣い
**げんたいけん【原体験】**（名）その後の生き方に影響《えいきょう》を与《あた》えた、忘れることのできない幼少期の体験。「あの戦争がわたしの―になった」
**げんだいぶん【現代文】**（名）現代語で書かれた文章。現代的な文体の文章。対古文
**けんだま【けん玉】**〔剣玉・拳玉〕（名）先がとがり、皿をつけた十字形の棒と、穴のあいた球をひもで結んだおもちゃ。球をほうりあげて皿で受けとめたり、棒の先を球の穴にさし入れたりして遊ぶ。

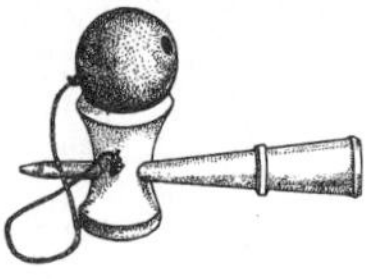
（けんだま）

**けんたん【健△啖】**（名・形動ダ）ひじょうによく食べること。大食。「―家《か》」
**けんたん【検△痰】**（名・自スル）《医》たんを検査して結核菌《けっかくきん》などがあるかどうかを調べること。
**げんたん【減反】**（名・自他スル）農作物の作付《さくつけ》面積をへらすこと。「米の―」「―政策」
**けんち【見地】**（名）物事を考えたり、判断したりするときの立場。「教育的―から判断する」類観点
**けんち【検地】**（名・自スル）《歴》年貢《ねんぐ》高などを決めるために、田畑の境界や広さ、作物のとれ高などを調べること。「太閤《たいこう》―（＝豊臣秀吉《とよとみひでよし》が全国規模で行った検地）」
**けんち【検知】**（名・他スル）機器などで検査して知ること。「アルコール―器」
**げんち【言質】**（名）あとで証拠《しょうこ》となる約束《やくそく》のことば。「―を取る」「―を与《あた》える」
**げんち【現地】**（名）❶現在、あることが行われている土地。また、事件などがおこったところ。現場。「―に派遣《はけん》する」「―調査」❷自分が現在生活している所。今いる所。「―に永住する」
**けんちく【建築】**（名・他スル）家などの建物をつくること。また、その建物。「家屋を―する」「木造―」
**けんちょ【顕著】**（形動ダ）〔ダロ・ダッ(デ・ニ)・ダ・ナ・ナラ・〇〕特にめだっているようす。いちじるしいようす。「進歩が―だ」
**げんちょ【原著】**（名）訳したり直したりしたものに対して、もとの作品。類原作
**けんちょう【県庁】**（名）県の行政上の事務を取りあつかう役所。「―所在地」
**げんちょう【幻聴】**（名）実際には音や声がしないのに、聞こえるように感じること。「―が起こる」
**けんちんじる【けんちん汁】**『◇巻◇繊汁』（名）油でいためたにんじん・ごぼうやとうふをいれたすまし汁。
**げんつき【原付き】**（名）（「原動機付き自転車」の略）総排気量《そうはいきりょう》が五〇cc以下のエンジンをそなえた小型の二輪車。
**けんつく【×剣突】**（名）あらっぽくしかりつけること。どなること。また、その小言。「―をくわす」
**けんてい【検定】**（名・他スル）❶ある決められた基準によって検査し、合格・不合格などを決定すること。「―試験」「教科書の―」❷「検定試験」の略。
**けんてい【献呈】**（名・他スル）目上の人などにさしあげること。「恩師に著書を―する」
**げんてい【限定】**（名・他スル）数・量・範囲《はんい》などをかぎること。制限をつけること。「入場者を―する」
**けんていしけん【検定試験】**（名）ある資格を得るのに必要な能力・知識があるかどうかを調べる試験。
**げんていばん【限定版】**（名）数をかぎって出版する本。参考音楽用ＣＤなどにもいい、その場合は「限定盤」とも書く。
**けんてん【圏点】**（名）文章の中で、特に注意を引きたい箇所《かしょ》の、文字のわきに付ける点。「・」「、」など。傍点《ぼうてん》。
**けんでん【△喧伝】**（名・他スル）世間にやかましく言い広めること。「広く―される」
**げんてん【原典】**（名）訳したり直したりした本に対して、そのもとになった本。また、引用した文章の、もとの本。「―に当たる」
**げんてん【原点】**（名）❶長さや量をはかるときの、もとになる点。また、物事の出発点。「―に立ち返る」❷《数》座標軸《ざひょうじく》のまじわる点。
**げんてん【減点】**（名・自スル）点数を減らすこと。また、減らした点数。「反則による―」
**げんど【限度】**（名）もうこれ以上はないという、ぎりぎりの程度。かぎり。「忍耐《にんたい》にも―がある」「―をこえる」類限界
**けんとう【見当】**（名）❶これから先どうなるかというみこみ。めあて。「―がつく」❷だいたいの方向。方角。「学校はこの―にある」❸数を表すことばについて、「…ぐらい」の意を表す。「五万円―の品物」
**けんとう【軒灯】**（名）家の軒《のき》につけるあかり。
**けんとう【拳闘】**（名）→ボクシング
**けんとう【健闘】**（名・自スル）力いっぱいよくがんばってたたかうこと。「―をたたえる」
**けんとう【検討】**（名・他スル）じゅうぶんに調べて、よしあしを考えること。「再―」「―を要する」
**けんどう【県道】**（名）県が建設し、維持《いじ》・管理している道路。
**けんどう【剣道】**（名）武道の一つ。防具をつけ、竹刀《しない》で打ちあって勝敗を競うもの。
**げんとう【幻灯】**（名）フィルムや小さいガラス板にか

いた絵・写真などに光を当て、大きく広げて幕《まく》に映してみせる装置。スライド。

**げんとう**【厳冬】(名) 寒さのきびしい冬。また、冬の寒さの特にきびしいころ。「—期」

**げんどう**【言動】(名) ことばと動作。言うこととすること。「—を慎《つつし》む」「無責任な—」類 言行《げんこう》

**げんどうき**【原動機】(名) 自然界にあるさまざまなエネルギーを機械を動かす動力にかえる装置。エンジンやモーターなど。「—付き自転車」

**けんとうし**【遣唐使】(名)〘歴〙飛鳥《あすか》時代の六三〇年から、文化・制度をとり入れるために中国の唐におくられた使い。平安時代の八九四年廃止《はいし》。

**げんどうりょく**【原動力】(名) ❶機械に運動をおこさせる力。❷物事の活動をおこすもとになる力。「優勝の—となる」

**ケントし**【ケント紙】(名) 絵画・製図用の白い上質の洋紙。イギリスのケント州原産。▽ケントは、英 Kent

**けんどちょうらい**『△捲土重来』(名・自スル) 一度負けたり失敗したりしたものが、ふたたび力を盛り返してくること。けんどじゅうらい。「—を期する」

**けんどん**『△慳貪』(名・形動ダ) ❶けちけちして欲が深いこと。「—な性格」❷態度などがとげとげしく冷たいこと。つっけんどん。

**けんない**【圏内】(名) ある範囲《はんい》のなか。「台風の勢力—」「優勝—」対 圏外

**げんなま**【現なま】(名)〘俗語〙「現金《げんきん》」のこと。「—を積む」

**げんなり**(副・自スル) 物事にあきたり疲《つか》れたりして元気がなくなり、うんざりするようす。「暑さで—する」

**げんに**【現に】(副) 現実に。実際に。「—この目で見たのだ」

**げんに**【厳に】(副) 厳重に。きびしく。「—つつしむ」「—いましめる」

**けんにょう**【検尿】(名・自スル)〘医〙診断《しんだん》などのために尿の成分などを検査すること。尿検査。

**けんにん**【兼任】(名・他スル) 一人で二つ以上の仕事や役目をかねること。兼務。「監督《かんとく》と選手とを—する」対 専任

**けんにんふばつ**【堅忍不抜】(名・形動ダ) がまん強くじっとこらえて、心がぐらつかないこと。

**けんのう**【献納】(名・他スル) 神社や寺・国などにおかねや物品をさし出すこと。「灯籠《とうろう》を—する」

**げんのう**『玄翁・玄能』(名) 石工や大工《だいく》などが使う、両端《りょうたん》が平らな鉄製の大きなつち。参考 玄翁和尚《おしょう》がこれで殺生石《せっしょうせき》を打ち割ったのでこの名があるという。

**げんのしょうこ**『現の証拠』(名)〘植〙フウロソウ科の多年草。野や道ばたに生え、夏、赤・白の小さな花をつける。葉や茎《くき》は煎《せん》じると下痢《げり》止めなどの薬になる。

(げんのしょうこ)

**けんのん**『×剣呑』(名・形動ダ) あぶないこと。危険なこと。ぶっそう。「—な話だ」

**けんば**【犬馬】(名) ❶犬と馬。❷自分のことをけんそんしていうことば。

**犬馬の労《ろう》** 他人のために力をつくして働くことをけんそんしていう。「—をとる」

**けんぱ**【検波】(名・他スル)〘物〙❶ある場所に電波があるかないかを調べること。❷高周波電流から、音にかえられる音声電流を取り出すこと。「—器」

**げんば**【現場】(名) ❶物事が実際に行われている場所。また、行われた場所。げんじょう。「交通事故の—」「—をおさえる」❷事務的な仕事でなく実際に作業・工事などの行われている場所。「—監督《かんとく》」

**げんぱい**【減配】(名・他スル) 配給量や配当を減らすこと。特に、株式の配当を減らすこと。対 増配

**げんばく**【原爆】(名)「原子爆弾《げんしばくだん》」の略。

**けんぱくしょ**【建白書】(名) 役所や政府などに対し、意見を申したてるために書きしるした書面。

**げんばくしょう**【原爆症】(名)〘医〙原子爆弾《ばくだん》や水素爆弾の爆発にさらされたり、その放射線を身に受けたりしたことによって生じる症状《しょうじょう》。

**げんばつ**【厳罰】(名) きびしく罰《ばっ》すること。きびしい罰。「—に処する」

**げんぱつ**【原発】(名)(「原子力発電所」の略)原子エネルギーを使って発電する施設《しせつ》。

**けんばん**【鍵盤】(名) ピアノやタイプライターなどの、指で押《お》す鍵《けん》がならんでいるところ。キーボード。

**げんばん**【原板】(名) 写真で、現像した乾板《かんぱん》・フィルムなど。ネガ。げんぱん。「—から引き伸《の》ばす」

**げんぱん**【原版】(名) ❶活字の組み版。❷写真の印刷版のもとになる版。「—の修正」

**けんばんがっき**【鍵盤楽器】(名)〘音〙オルガンやピアノなど、鍵盤を押《お》して演奏する楽器の総称《そうしょう》。

**けんび**【兼備】(名・他スル) 二つ以上の才能や長所などをかねそなえていること。「才色—」

**げんぴ**【厳秘】(名) ぜったいに守らなければならない秘密。「—に付《ふ》する(=厳重に秘密にする)」類 極秘《ごくひ》

**けんびきょう**【顕微鏡】(名) ひじょうに小さなものを拡大して見るための器械。「電子—」「—写真」

**けんぴつ**【健筆】(名) 文字・詩・文章などのじょうずなこと。「—をふるう」「—家」

**けんぴん**【検品】(名・他スル)(工場などで)製品を検査すること。「念入りに—する」

**げんぴん**【現品】(名) 実際の品物。現物。現に手もとにある品物。「—限り」

**けんぶ**【剣舞】(名) 詩吟《しぎん》などに合わせて、剣をぬいて舞《ま》う舞《まい》。

**けんぷ**【絹布】(名) 絹糸で織った布。絹織物。

**げんぷ**【厳父】(名) ❶しつけのきびしい父。「—に育てられる」「—慈母《じぼ》」❷他人の父を敬って呼ぶ名。

**げんぷう**【厳封】(名・他スル) 厳重に封《ふう》をすること。「—した重要書類」

**げんぶがん**【玄武岩】(名)〘地質〙火山岩の一種。灰色または黒色で石質は細かい。

**げんぷく**【元服】(名・自スル) むかし、貴族や武家の男子が大人になったしるしに、服をあらため、冠《かんむり》や烏帽

子《えぼし》をつけた儀式《ぎしき》。げんぶく。

**けんぷじん【賢夫人】**（名）かしこい夫人。かしこい妻。「―のほまれが高い」

**けんぶつ【見物】**（名・他スル）楽しみのため、また好奇心《こうきしん》などからある物事や場所を見ること。また、その人。「高みの―」「観光地を―する」「―人《にん》」

**げんぶつ【現物】**（名）❶実際にある物。「見本でなく―を見て決める」❷（おかねに対して）品物。「―で支給する」❸《経》取り引きの対象となる債券《さいけん》・株式・商品などの現品。対先物《さきもの》

**けんぶん【見聞】**（名・他スル）見たり聞いたりすること。また、そうして得た知識や経験。「―を広める」

**けんぶん【検分・見分】**（名・他スル）実際にその場所にたちあって調べ、見とどけること。「実地―」

**げんぶん【言文】**（名）ことばと文章。話しことばと書きことば。「―一致《いっち》」

**げんぶん【原文】**（名）訳したり直したりした文に対して、もとの文章。「―のまま掲載《けいさい》する」

**げんぶんいっち【言文一致】**（名）ふだん話していることばづかいで文章を書くこと。また、その文体。

**けんぺい【憲兵】**（名）もと陸軍で、軍隊の中の警察の役目をした軍人。「―隊」

**げんぺい【源平】**（名）❶源氏《げんじ》と平家《へいけ》。❷（源氏は白旗、平家が赤旗を用いたことから）白と赤。❸敵と味方。

**けんぺいずく【権柄ずく】**（名・形動ダ）権力にまかせて相手を押《お》さえつけ、ものを言ったり行ったりすること。「―で事をすすめる」「―な態度」

**げんぺいせいすいき**〔源平盛衰記〕［作品名］軍記物語。作者不明。南北朝のころ成立か。「平家物語」を増補したもので、源氏《げんじ》と平家《へいけ》の戦いをえがく。参考「げんぺいじょうすいき」とも読む。

**けんぺいりつ【建蔽率】**（名）敷地《しきち》の面積に対する建築面積の割合。

**けんべん【検便】**（名・自スル）《医》病菌《びょうきん》や寄生虫の卵、腸《ちょう》の出血の有無などを調べるため、大便を検査すること。

**けんぼ【賢母】**（名）かしこい母。「良妻―」

**けんぽ【健保】**（名）「健康保険」の略。

**げんぼ【原簿】**（名）もとになる帳簿。「―の写し」

**けんぽう【拳法】**（名）こぶしで突いたり足でけったりするわざを主とした中国伝来の武術。

**けんぽう【憲法】**（名）国のしくみとはたらきについてのおおもとになるきまり。「平和―」「―違反《いはん》」

**げんぽう【減法】**（名）《数》引き算。対加法

**げんぽう【減俸】**（名・自スル）給料の額を減らすこと。「―処分」類減給

**けんぽうきねんび【憲法記念日】**（名）国民の祝日の一つ。五月三日。一九四七（昭和二二）年、日本国憲法が施行《しこう》されたのを記念する日。

**けんぼうじゅっすう【権謀術数】**（名）人をたくみにだますためのはかりごと。「―をめぐらす」

**けんぼうしょう【健忘症】**（名）❶記憶《きおく》力がおとろえる病気。❷もの忘れしやすい性質。

**けんぽん【献本】**（名・自他スル）書物をさしあげること。また、さしあげたその本。「恩師に自著を―する」

**げんぽん【原本】**（名）❶訳したり直したりした本に対して、もとの書物。もとの書類。「―にあたって調べる」「戸籍《こせき》―」❷おおもと。根本。

**けんま【研磨・研摩】**（名・他スル）❶堅《かた》い物の表面をといでみがくこと。「レンズを―する」❷学問・技術や精神をとぎみがくこと。

**げんまい【玄米】**（名）もみがらをとっただけで、まだついて白くしていない米。対白米

**けんまく**『剣幕・見幕』（名）ひどくおこったり、いきりたったときの顔つきや態度。「すごい―でどなりこむ」

**げんまん**『◇拳万』（名・自スル）約束を守るしるしとして、相手と小指をからみ合わせること。また、そのときにいうことば。「指切り―」

**げんみつ【厳密】**（形動ダ）〔ダロ・ダッ(デ・ニ)・ダ・ナ・ナラ・○〕誤りや手落ちのないように、すみずみまできびしく注意をゆきとどかせているようす。「―に調べる」

**げんみょう【玄妙】**（名・形動ダ）道理や技芸などが奥深《おくふか》くてすぐれていること。「―な味わいのある芸」

**けんみん【県民】**（名）その県の住民。

**けんむ【兼務】**（名・他スル）本務以外の職務をかねること。また、その職務。兼任。「課長を―する」

**けんめい【賢明】**（名・形動ダ）かしこくて物事の道理に明るいこと。判断が適切なようす。「―な処置」

**けんめい【懸命】**（名・形動ダ）力いっぱいがんばること。いのちがけ。「―に働く」

**げんめい【言明】**（名・自他スル）はっきりことばに出して言うこと。明言。「―を避《さ》ける」

**げんめい【原名】**（名）訳したり改めたりする前の、もとの名前。

**げんめい【厳命】**（名・他スル）きびしく命令すること。また、その命令。「―を受ける」

**げんめつ【幻滅】**（名・自スル）心にえがいていたことが、現実とはちがうことを知ってがっかりすること。「会って―を感じる」「無責任な彼《かれ》に―する」

**げんめん【原綿】**『原△棉』（名）綿糸の原料になる綿。

**げんめん【減免】**（名・他スル）（税金・刑罰《けいばつ》などを）減らしたりまったくなくしたりすること。「税の―」

**けんもほろろ**（形動ダ）〔ダロ・ダッ(デ・ニ)・ダ・ナ・ナラ・○〕人のたのみなどを冷たくはねつけるようす。とりつくしまもないようす。「―に断られる」

**けんもん【検問】**（名・他スル）車や通行者などを、問いただして調べること。「入り口で―する」「―所」

**けんもん【権門】**（名）位が高く権力のある家。

**げんや【原野】**（名）まだきりひらかれていない自然のままの野原。荒《あ》れ野《の》。「荒涼《こうりょう》とした―」

**けんやく【倹約】**（名・他スル）むだづかいをしないできりつめること。「食費を―する」類節約

**げんゆ【原油】**（名）地中からくみあげたままの、精製されていない石油。

**げんゆう【現有】**（名・他スル）現在もっていること。「―勢力」「―議席数」

**けんゆうしゃ**『△硯友社』（名）《文》明治時代中ごろに、尾崎紅葉《おざきこうよう》らによってつくられた文学者の集まり。雑誌「我楽多《がらくた》文庫」を発刊した。

**けんよう【兼用】**（名・他スル）一つのものを二つ以上の用途《ようと》に使うこと。また、一つのものを二人以上で使うこと。「晴雨―のかさ」

**けんらん【△絢△爛】**（タル）（ト）きらびやかで美しいようす。「―豪華《ごうか》」「―たる舞台《ぶたい》」

**けんり【権利】**（名）ある物事を自分の意志で自由に行うことのできる資格。また、一定の利益を主張し、それを受けることのできる法律上の力。「―を行使する」 対義務

**げんり【原理】**（名）物事のもとになる法則や理論。「てこの―を応用する」…的「原理的には成り立つ」⇩げんそく(原則)「学習」

**けんりきん【権利金】**（名）家や土地などを借りるとき、借り賃のほかに、そこを使う権利を得るためにはらう代金。

**げんりしゅぎ【原理主義】**（名）宗教で、教義の根本となる聖典や基本原理に絶対的価値を置く立場。根本主義。ファンダメンタリズム。

**けんりつ【県立】**（名）県が設立し維持《いじ》すること。また、その施設《しせつ》。「―高校」「―図書館」

**げんりゅう【源流】**（名）❶川の流れのおおもと。みなもと。❷物事のおこり。起源。

**けんりょう【見料】**（名）❶見物《けんぶつ》するときの料金。見物料。❷人相や手相を見てもらう料金。

**げんりょう【原料】**（名）物を作ったり加工したりするもとになるもの。「酒の―」参考ふつう、製品になった時にもとの形が残っていないものをいう。

**げんりょう【減量】**（名・自他スル）❶量や重さが減ること。また、減らすこと。「生産を―する」対増量。❷体重を減らすこと。「―に苦しむ」

**けんりょく【権力】**（名）人を支配し、したがわせる力。「―をかさにきる」「―をふるう」「国家―」

**けんろ【険路】**（名）けわしいみち。「―に分け入る」

**けんろう【堅△牢】**（名・形動ダ）物のつくりがかたくてじょうぶなこと。がんじょうなこと。「―な建物」

**げんろう【元老】**（名）❶明治時代から昭和初期にかけて、大きな功績のあった政治家。元勲《げんくん》。❷ある社会で大きな功績のあった人。「経済界の―」

**げんろく【元△禄】**（名）❶年号の一つ。⇩げんろくじだい。❷（「げんろくそで」の略）女性の和服の袖《そで》で、下にまるみをつけ、丈《たけ》を短くしたもの。

**げんろくじだい【元△禄時代】**（名）〘歴〙江戸《えど》時代前期の元禄年間（一六八八～一七〇四年）を中心とする時代。将軍は徳川綱吉《とくがわつなよし》。町人が台頭し上方《かみがた》を中心に文化が栄えた。

**げんろん【言論】**（名）ことばや文章によって自分の考えを発表すること。また、その意見。「―の自由」

**げんろんきかん【言論機関】**（名）言論を発表するための組織。新聞・雑誌・ラジオ・テレビなど。

**げんわく【幻惑】**（名・他スル）目先をまどわせること。「手品に―される」

**げんわく【△眩惑】**（名・自他スル）目がくらんで判断に迷うこと。また、人の目をくらまし迷わせること。「相手の動きに―される」

# こ コ

**こ【己】** 3画 己0 小6 音コ・キ中 訓おのれ中
❶おのれ。自分。私。◆克己《こっき》・自己・知己《ちき》・利己。❷十干《じっかん》の第六。つちのと。

**こ【戸】** 4画 戸0 小2 音コ 訓と
❶と。とぐち。家や部屋の出入り口。◆戸外・戸口《とぐち》◆門戸。❷家。人家。一家。◆戸主・戸数・戸籍《こせき》・戸別

**-こ【戸】**（接尾）家を数えることば。「一―当たり」

**こ【去】**→きょ(去)

**こ【古】** 5画 口2 小2 音コ 訓ふるい・ふるす
❶ふるい。ふるびている。◆古書・古色・古風・古物・古木◆中古品。対新。❷むかし。◆古語・古今《ここん》・古代・古典・古都・古墳《こふん》・古文・古来◆往古・懐古《かいこ》・考古学・上古・太古・中古・復古。対今

**こ【呼】** 8画 口5 小6 音コ 訓よぶ
❶息をはく。はく息。◆呼気・呼吸。❷声を出してよびかける。◆呼応・呼号◆歓呼《かんこ》・点呼・連呼。❸名づける。◆呼称《こしょう》◆称呼

**こ【固】** 8画 口5 小4 音コ 訓かためる・かたまる・かたい
❶かためる。かたまる。かたまり。かたい。しっかりしている。◆固形・固体・固定◆強固・堅固《けんご》・牢固《ろうこ》。❷かたくな。ごうじょう。◆固持・固辞・固執《こしつ・こしゅう》・固陋《ころう》◆頑固《がんこ》。❸もとから。もともと。◆固有。
参考特別に、「固唾」は「かたず」と読む。

**こ【拠】**→きょ(拠)

**こ【股】** 8画 月4 音コ 訓また
足のひざから上。もも。また。◆股間◆四股《しこ》

**こ【虎】** 8画 虍2 音コ 訓とら
とら。勇猛《ゆうもう》なもの、おそるべきもののたとえとしても使う。◆虎穴《こけつ》・虎口・虎児・虎視眈眈《こしたんたん》・虎狼《ころう》◆白虎《びゃっこ》・猛虎《もうこ》⇩付録「漢字の筆順(3)虍」

**こ【孤】** 9画 子6 音コ
❶みなしご。両親をなくした子ども。◆孤児。❷一人。ただ一つ。仲間がいない。◆孤軍奮闘《こぐんふんとう》・孤高・孤島・孤独・孤立

**こ【弧】** 9画 弓6 音コ
弓なりに曲がっている形。◆弧状◆括弧《かっこ》

**こ【弧】**（名）❶弓のような形。「―を描《えが》く」❷〘数〙円周または曲線の一部分。

**こ【故】** 9画 攵5 小5 音コ 訓ゆえ中

❶ふるい。むかし。◆故事◆温故知新。❷ふるいなじみ。◆故旧・故郷◆縁故《えんこ》。❸死ぬ。死んだ人。◆故人◆物故。❹ことがら。できごと。◆故障◆事故・世故。❺わざと。◆故意

**こ-【故】**（接頭）姓名《せいめい》などについて、すでに死んだ人であることを表す。「ー博士」

**こ【枯】** 9画 木5 音 コ 訓 かれる・からす

❶草木がかれる。◆枯死・枯木。❷水けがなくなる。◆枯渇《こかつ》。❸おとろえる。◆栄枯盛衰《えいこせいすい》

**こ【個】** 10画 イ8 小5 音 コ

全体に対する、一つ。一人。◆個個・個室・個人・個性・個体・個別◆各個・別個

**こ【個】** ㊀（名）一人の人。個人。「ーを重視する」㊁（接尾）物の数をかぞえることば。「みかん三ー」

**こ【庫】** 10画 广7 小3 音 コ・ク高

くら。物を入れておく所。◆庫裏《くり》◆金庫・国庫・在庫・車庫・倉庫・宝庫・冷蔵庫。参考「ク」の音は「庫裏《くり》」などのことばに使われる特殊《とくしゅ》な読み方。

**こ【虚】**→きょ（虚）

**こ【湖】** 12画 氵9 小3 音 コ 訓 みずうみ

みずうみ。◆湖沼《こしょう》・湖上・湖水・湖底・湖畔《こはん》・湖面◆火口湖・人造湖

**こ【雇】** 12画 隹4 音 コ 訓 やとう

やとう。おかねを払《はら》って人を使う。◆雇用◆解雇

⇩付録「漢字の筆順㉜隹」

**こ【誇】** 13画 言6 音 コ 訓 ほこる

じまんする。大げさに言う。◆誇示《こじ》・誇大・誇張

**こ【鼓】** 13画 鼓0 音 コ 訓 つづみ高

❶つづみ。胴《どう》の両面に革《かわ》をはって、打ち鳴らすもの。◆鼓笛◆太鼓。❷打つ。たたく。ひびく。◆鼓動。❸はげます。ふるいたたせる。◆鼓吹《こすい》・鼓舞《こぶ》

**こ【錮】** 16画 金8 音 コ

ふさぐ。とじこめる。◆禁錮《きんこ》

**こ【顧】** 21画 頁12 音 コ 訓 かえりみる

❶むかしのことをふり返る。◆回顧・後顧《こうこ》。❷心にかける。◆顧客《こかく・こきゃく》・顧慮《こりょ》◆愛顧・恩顧 ⇩付録「漢字の筆順㉜隹」

**こ-【小】**（接頭）❶小さい。「ー犬」❷わずかの。ちょっと。また、なんとなく。「ー雨《こさめ》」「ー走り」「ーぎれい」「ーばかにする」❸数量が少したりないが、ほぼそれに近いことを表す。「ー一時間」❹軽んじる気持ちを表す。「ーせがれ」「ーりこう」

**こ【子】**〖◇児〗㊀（名）❶親から生まれたもの。また、それと同等の関係にあるもの（養子など）。子ども。「ーを育てる」対親
❷おさなご。年少者。また、年若い者。「男のー」「受付のー」
❸魚などの卵。「たらー」
❹もとから分かれたもの。「ー会社」対親
❺利子。「元もーもない」
❻トランプ・マージャンなどで、親以外の人。対親
㊁（接尾）❶女性の名につける語。「花ー」❷人や物の意を表す。「江戸《えど》っー」「振《ふ》りー」

**子は鎹《かすがい》** 夫婦の仲を、子どもはかすがいのようにつなぎとめるということ。

**子は三界《さんがい》の首枷《くびかせ》** 親というものは、子への愛情があるため、一生自由な行動をとれないというたとえ。

**こ【粉】**（名）くだけて細かくなったもの。こな。「身をーにする（=労苦をいとわず、いっしょうけんめいに働く）」

**ご【五】** 4画 二2 小1 音 ゴ 訓 いつ・いつつ

いつつ。◆五感・五指・五色・五重奏・五体・五里霧中《ごりむちゅう》・五輪。参考 特別に、「五月」は「さつき」とも読む。「五月雨」は「さみだれ」と読む。

**ご【五】**（名）四に一を足した数。いつつ。

**ご【互】** 4画 二2 音 ゴ 訓 たがい

たがいに。かわるがわる。◆互角・互選◆交互・相互

**ご【午】** 4画 十2 小2 音 ゴ

十二支の七番目。うま。㋐昼の一二時。およびその前後二時間。うまの刻。◆午後・午睡《ごすい》・午前◆正午。㋑南。◆子午線

**ご【呉】** 7画 口4 音 ゴ

中国の古い国の名。今の長江《ちょうこう》（揚子江《ようすこう》）の下流にあたる。◆呉越同舟《ごえつどうしゅう》・呉音・呉服

**ご【後】** 9画 彳6 小2 音 ゴ・コウ 訓 のち・うしろ・あと・おくれる中

❶うしろ。◆後援《こうえん》・後退《こうたい》・後方《こうほう》・後光《ごこう》◆鶏口牛後《けいこうぎゅうご》・最後尾《さいこうび》・人後・前後・背後。対前。❷のち。あと。◆後悔《こうかい》・後継《こうけい》・後者《こうしゃ》・後世《こうせい・ごせ》・後続《こうぞく》・後代《こうだい》・後難《こうなん》・後年《こうねん》・後輩《こうはい》・後半《こうはん》・後妻・後日・後生《ごしょう》・後手《ごて》◆以後・午後・今後・最後・死後・食後・戦後・善後策・直後・放課後・老後。対前・先。❸おくれる。あとにのこる。◆後学《こうがく》・後進《こうしん》・後家◆先憂後楽《せんゆうこうらく》

**ご【娯】** 10画 女7 音 ゴ

たのしむ。たのしみ。◆娯楽

**ご【悟】** 10画 忄7 音 ゴ 訓 さとる

さとる。物事をはっきりわきまえる。さとり。◆悟性◆悔悟《かいご》・覚悟

**ご【御】**↓ぎょ(御)

**ご【御】**(接頭)(多く、漢語の名詞について)❶尊敬の意を表す。「—両親」「—利用ください」「—立派だ」❷謙譲《けんじょう》の意を表す。「—説明します」「—案内いたします」❸丁寧《ていねい》の意を表す。「—ちそう」

**ご【期】**↓き(期)

**ご【期】**(名)ある限られた大事なとき。おり。「この—におよんで」

**ご【碁】** 13画 石8 音ゴ 廿 甘 其 其 其 碁

ご。いご。◆碁石《ごいし》・碁会・碁盤《ごばん》 ◆囲碁

**ご【碁】**(名)縦横各一九本の線でできた三六一の目のある盤《ばん》の上に、交互《こうご》に黒と白の石を並べて、囲みとった部分(=地《じ》)の広さを競うゲーム。「—を打つ」

**ご【語】** 14画 言7 小2 音ゴ 訓かたる・かたらう 言 訂 言 語 語 語

❶かたる。はなしをする。◆豪語 ◆語気・語勢・語調 ◆私語・大言壮語《たいげんそうご》・独語。❷ことば。ことばづかい。言語。単語。◆語彙《ごい》・語学・語感・語義・語句・語源・語弊《ごへい》・語法・語録 ◆隠語《いんご》・英語・漢語・季語・敬語・言語・口語《こうご》・国語・古語・熟語・主語・述語・日本語・反語・標準語・用語

**ご【語】**(名)ことば。言語。また、単語。「—を交える」「知らない—の意味を調べる」

**ご【誤】** 14画 言7 小6 音ゴ 訓あやまる 言 言 誤 誤 誤 誤

あやまり。まちがい。まちがえる。あやまる。やりそこなう。◆誤解・誤算・誤字・誤写・誤植・誤診《ごしん》・誤認・誤謬《ごびゅう》・誤報 ◆錯誤《さくご》・正誤

**ご【護】** 20画 言13 小5 音ゴ 言 討 詳 詳 謹 護

まもる。かばう。たすける。◆護衛・護憲・護持・護身・護送 ◆愛護・援護《えんご》・加護・看護《かんご》・守護・弁護・保護・擁護《ようご》 ⇩付録「漢字の筆順(32)隹」

**コア**〔英 core〕■一■(名)中核《ちゅうかく》。中心となるもの。「—となる人材」■二■(形動ダ){ダロ・ダッ(デ・ニ)・ダ・ナ・ナラ・○}《俗語》徹底《てってい》しているようす。また、熱狂《ねっきょう》的・マニアックなようす。「—なファン」

**コアラ**〔英 koala〕(名)《動》コアラ科の哺乳《ほにゅう》動物。有袋《ゆうたい》類。体長は約六〇～八〇センチメートルで、姿・形がこぐまに似ている。性質は温和で、ユーカリの葉だけを食べ、雌《めす》は子を腹部にある袋《ふくろ》で育てる。オーストラリア南東部に分布する。ふくろぐま。こもりぐま。

(コアラ)

**こい【恋】**(名)男女の間で、相手を好きになり、相手と一緒にいたいと思う強い気持ち。恋愛。「—をする」

**恋は思案《しあん》の外《ほか》** 恋心は常識による思慮《しりょ》や分別では判断できないものである。

**こい**『△鯉』(名)《動》コイ科の魚。川や湖にすむ。口の左右に二対《つい》のひげがある。食用・観賞用。

**こい【故意】**(名)わざとすること。「—にまちがえる」

**こ・い【濃い】**(形){カロ・カツ(ク)・イ・イ・ケレ・○}❶色や味の度合いが強い。「—緑色」「—しょうゆ」❷濃度《のうど》や密度が高い。「—霧《きり》」「ひげが—」❸気持ちやかかわりの程度が高い。「愛情が—」「関係が—」❹可能性など、物事の度合いが強い。「疑いが—」「敗色が—」(対薄い)

**ごい【語意】**(名)そのことばのもつ意味。語義。「—をつかむ」

**ごい【語彙】**(名)ある言語や一定の範囲《はんい》で用いられる語の集まり。また、その数。ボキャブラリー。「基本—」「—を豊かにする」

**こいがたき【恋敵】**(名)自分と同じ人に恋をしている、恋の競争相手。

**こいき【小粋】**(形動ダ){ダロ・ダッ(デ・ニ)・ダ・ナ・ナラ・○}どことなくしゃれているようす。あかぬけているようす。「—な身なり」

**こいくち【濃い口】**(名)しょうゆなどの味が濃いこと。また、そのもの。対薄口《うすくち》

**こいぐち**『△鯉口』(名)(鯉のあけた口に似ていることから)刀のさやの口。「—を切る」

**こいごころ【恋心】**(名)恋しく思う気持ち。

**ごいさぎ**『五位△鷺』(名)《動》サギ科の鳥。頭と背は黒緑色で腹部は白色、頭のうしろに二、三本の白く細長いかざり羽がある。水辺で魚をあさる。

(ごいさぎ)

**こいじ【恋路】**(名)恋心のかようみち。恋。「ひとの—を邪魔《じゃま》する」

**ごいし【碁石】**(名)囲碁に用いる、白と黒の小石。ひらたくて、まるい。

**こいし・い【恋しい】**(形){カロ・カツ(ク)・イ・イ・ケレ・○}離《はな》れている人や場所などに、強く心をひかれる。したわしい。「あの人が—」「ふるさとが—」

**こいずみやくも**〔小泉八雲〕【人名】(一八五〇～一九〇四)英文学者・小説家。本名はラフカディオ＝ハーン(Lafcadio Hearn)。ギリシャ生まれのイギリス人。一八九〇(明治二三)年に来日し、のちに帰化。日本の風物や伝説をもとにした作品を書いた。作品「怪談《かいだん》」「知られざる日本の面影《おもかげ》」など。

**こい・する【恋する】**(自他サ変){シ(セ・サ)・シ・スル・スル・スレ・シロ(セヨ)}相手に特別な愛情をもつ。異性を愛する。「—乙女《おとめ》」

**こいつ**『△此◇奴』(代)❶話し手の近くにいる人をさして、軽蔑《けいべつ》、または親しみの気持ちをこめていうことば。「—はいいやつだ」❷近くのものをさしてぞんざいにいうことば。「—はまずい」

**こいねが・う**『△冀う・◇希う・×庶幾う』(他五){ワ(オ)・イ(ッ)・ウ・ウ・エ・エ}ひじょうに強く願う。「平和を—」

**こいのぼり**『△鯉△幟』(名)紙または布で鯉の形に作ったのぼり。端午《たんご》の節句に男の子の成長を祝って立てる。

**こいびと【恋人】**(名)恋の相手。恋しく思う相手。「—ができる」「永遠の—」

**こいぶみ【恋文】**(名)相手への、恋《こ》い慕《した》う気持ちを書いた手紙。ラブレター。

**コイル**〔英 coil〕(名)絶縁《ぜつえん》した針金を円形・らせん状などにまいたもの。電磁石やモーターなどに使う。

**こいん【雇員】**(名)官庁・会社などで、正規の職員の仕事を手伝うためにやとった人。「ーの身分」

**コイン**〔英 coin〕(名)硬貨《こうか》。金属の貨幣《かへい》。

**ごいん【誤飲】**(名・他スル)食べたり飲んだりしてはいけないものを、誤って飲みこむこと。「ー事故」⇨ごえん

**コイン-ランドリー**〔和製英語〕(名)客が硬貨《こうか》を入れて作動させる洗濯《せんたく》機・乾燥《かんそう》機を置いた店。▽coin と laundry から。

**コイン-ロッカー**〔和製英語〕(名)駅などにある、硬貨《こうか》を入れて使用する手荷物の一時保管箱。貸しロッカー。▽coin と locker から。

**こう【口】** [3画/口0] 小1 音 **コウ・ク** 訓 **くち**　丨 冂 口

❶くち。⬘口角⬙開口一番・経口・鶏口《けいこう》・虎口《ここう》・糊口《ここう》・閉口。❷くちで言う。⬘口調《くちょう》・口伝《くでん》・口外・口語・口実・口述・口頭・口論⬙悪口《あっこう》・異口同音《いくどうおん》。❸出入りするところ。あな。⬘口径⬙火口・河口・銃口《じゅうこう》・噴火口《ふんかこう》。❹人。人の数。⬙人口

**こう【工】** [3画/工0] 小2 音 **コウ・ク**　一 丅 工

❶物をつくる人。職人。⬘工員・工匠《こうしょう》⬙熟練工・職工・大工《だいく》・陶工《とうこう》・名工。❷物をつくるわざ。技芸。仕事。⬘工具・工芸・工作・工事・工場・工程・工費⬙細工《さいく》・施工《しこう・せこう》・人工・図工・着工。❸たくみなわざ。⬘工夫《くふう》・工面《くめん》。❹「工業」の略。⬘工科・工学⬙商工業

**こう【公】** [4画/八2] 小2 音 **コウ** 訓 **おおやけ** 中　ノ 八 公 公

❶社会一般《いっぱん》に関すること。⬘公安・公益・公園・公開・公害・公会堂・公共・公衆・公選・公認・公布・公募《こうぼ》・公民・公約。対私。❷国家や役所に関すること。⬘公営・公私・公社・公職・公団・公費・公務・公用・公立⬙官公庁。対私。❸正しくてかたよらない。⬘公正・公道・公平・公明。❹広くあてはまる。⬘公式・公約数・公理。❺君主。貴人。⬘公家《こうけ・くげ》・公卿《こうけい・くぎょう》・公子。❻人を敬っていうことば。⬙貴公・君公・尊公。❼五等爵《しゃく》の第一。⬘公爵

**-こう【公】**(接尾)❶身分の高い人の名につけて、敬いの気持ちを表すことば。「家康《いえやす》ー」❷親しみや軽蔑《けいべつ》の気持ちを表すことば。「わんー」

**こう【勾】** [4画/勹2] 音 **コウ**　ノ 勹 勾 勾

❶まがる。⬘勾配《こうばい》。❷とらえる。⬘勾引・勾留

**こう【孔】** [4画/子1] 音 **コウ**　フ 了 子 孔

❶あな。すきま。⬙眼孔・気孔・瞳孔《どうこう》・鼻孔《びこう》。❷中国人の姓《せい》。特に、孔子《こうし》をさしていう。⬘孔家・孔孟《こうもう》・孔門

**こう【功】** [5画/力3] 小4 音 **コウ・ク**|高　一 丅 工 玎 功

❶てがら。いさお。⬘功罪・功績・功名⬙成功・奏功。❷ききめ。⬘功徳《くどく》。参考「ク」の音は「功徳《くどく》」などのことばに使われる特殊《とくしゅ》な読み方。

**こう【功】**(名)❶なしとげたりっぱな仕事。手柄《てがら》。「ーをたてる」「内助のー」❷働きの結果。ききめ。「労してーなし」「年のー」

**功成《な》り名《な》遂《と》ぐ** こころざした事業や物事をりっぱになしとげ、名誉《めいよ》をじゅうぶん得る。

**功を奏《そう》する** うまくいく。効果があらわれる。「根回しがーー」注意「効を奏する」とも書く。

**こう【巧】** [5画/工2] 音 **コウ** 訓 **たくみ**　一 丅 工 工 巧

じょうずなこと。できあがりがよい。⬘巧言・巧妙《こうみょう》⬙精巧・老巧。対拙《せつ》

**こう【広】** [5画/广2] 小2 〔廣〕 音 **コウ** 訓 **ひろい・ひろまる・ひろめる・ひろがる・ひろげる**　丶 亠 广 広 広

❶ひろい。はてしがない。⬘広大・広野。対狭《きょう》。❷ひろくする。ひろめる。⬘広告・広報

**こう【甲】** [5画/田0] 音 **コウ・カン**　丨 冂 日 日 甲

❶十干《じっかん》の第一。きのえ。⬘甲子。❷物事の一番目。⬘甲乙《こうおつ》・甲種。❸かたいおおい。よろい。⬘甲冑《かっちゅう》・甲板《かんぱん・こうはん》・甲殻《こうかく》・甲羅《こうら》。⬙亀甲《きっこう》・装甲《そうこう》

**こう【甲】**(名)❶亀《かめ》やかになどの背をおおっているかたい殻《から》。こうら。「亀のーより年の功」❷手のひらや足の裏の反対側の面。「手のー」❸順序や等級の一番目。乙《おつ》の上。「ー乙つけがたい」❹複数のものや人を区別するとき、その一つの名の代わりに用いる語。「前者をー、後者を乙とする」

**こう【交】** [6画/亠4] 小2 音 **コウ** 訓 **まじわる・まじえる・まじる・まざる・まぜる・かう** 中 **・かわす** 中　丶 亠 亣 六 交 交

❶人とまじわる。つきあう。まじわり。⬘交際・交友⬙外交・国交・社交・親交・絶交・断交。❷ものがまじわる。たがいにやりとりする。⬘交互《こうご》・交差・交錯《こうさく》・交渉《こうしょう》・交戦・交通・交流⬙混交。❸入れかわる。入れかえる。⬘交換《こうかん》・交代・交替《こうたい》

**こう【仰】**→ぎょう(仰)

**こう【光】** [6画/儿4] 小2 音 **コウ** 訓 **ひかる・ひかり**　丨 丬 业 业 光 光

❶ひかる。ひかり。かがやき。⬘光輝《こうき》・光線・光明《こうみょう》⬙月光・日光。❷けしき。⬘光景⬙観光・風光。❸ほまれ。めいよ。⬘光栄・光臨⬙栄光。❹とき。時間。⬘光陰《こういん》

**こう【向】** [6画/口3] 小3 音 **コウ** 訓 **むく・むける・むかう・むこう**　ノ 丿 冂 向 向 向

❶むく。むかう。むける。⬘向学・向暑・向上⬙外向・

下向・指向・出向・内向。❷むき。おもむき。かたむき。◆意向・傾向《けいこう》・趣向《しゅこう》・動向・方向

**こう【后】** 6画 口3 小6 音 **コウ**
天子のきさき。◆皇后《こうごう》・皇太后

**こう【好】** 6画 女3 小4 音 **コウ** 訓 **このむ・すく**
❶このむ。すく。愛する。◆好意・好学・好物 ◆愛好・同好。❷よい。このましい。◆好感・好調・好適・好天・好評 ◆絶好。❸なかがよいこと。◆親好・友好。❹じょうず。◆好守・好投

**こう【江】** 6画 氵3 音 **コウ** 訓 **え**
大きな川。特に、長江(揚子江《ようすこう》)のこと。◆江河・江西 ◆長江

**こう【考】** 6画 耂2 小2 音 **コウ** 訓 **かんがえる**
❶かんがえる。思いをめぐらす。かんがえ。◆考案・考察 ◆一考・思考・熟考・黙考《もっこう》。❷しらべる。◆考古学・考査・考証 ◆参考

**こう【行】** 6画 行0 小2 音 **コウ・ギョウ・アン**高 訓 **いく・ゆく・おこなう**
❶ゆく。ゆくこと。旅。◆行進・行程 ◆紀行・急行・歩行・旅行。❷おこなう。おこない。◆行事・行政・行為《こうい》・行使・行動 ◆決行・実行・非行・乱行《らんぎょう》・《らんこう》。❸店。◆銀行。❹(「ギョウ」と読んで)㋐れつ。ならび。◆行間・行列 ◆改行。㋑書体の一つ。◆行書。㋒仏教の勤め・修行《しゅぎょう》。◆行者《ぎょうじゃ》 ◆荒行《あらぎょう》・勤行《ごんぎょう》。❺(アンと読んで)旅あるき。持ちあるく。◆行宮《あんぐう》・行灯《あんどん》。参考「アン」の音は「行脚《あんぎゃ》」「行火《あんか》」などのことばに使われる特殊《とくしゅ》な読み方。特別に、「行方」は「ゆくえ」と読む。

**こう【行】**(名)おこない。行動。「―をともにする」

**こう【坑】** 7画 土4 音 **コウ**
あな。地にほったあな。◆坑道・坑内 ◆金坑・炭坑

**こう【孝】** 7画 子4 小6 音 **コウ**
よく父や母につかえること。親をたいせつにすること。◆孝行・孝女 ◆不孝

**こう【抗】** 7画 扌4 音 **コウ**
はりあう。さからう。◆抗議 ◆対抗・抵抗《ていこう》・反抗

**こう【攻】** 7画 攵3 音 **コウ** 訓 **せめる**
❶せめる。◆攻撃《こうげき》・攻勢 ◆速攻・難攻不落。対守。❷おさめる。研究する。◆攻究 ◆専攻

**こう【更】** 7画 曰3 音 **コウ** 訓 **さら・ふける**高**・ふかす**高
❶かえる。あらためる。かわる。新しくなる。◆更衣・更改・更新・更生・更迭《こうてつ》 ◆変更。❷一夜を五等分した時刻。夜の時間を表すことば。◆初更・深更

**こう【効】** 8画 力6 小5 〔效〕 音 **コウ** 訓 **きく**
きく。ききめがある。ききめ。◆効果・効能・効率《こうりつ》・効力 ◆時効・無効・有効

**こう【効】**(名)ききめ。効果。「―を奏する」

**こう【幸】** 8画 干5 小3 音 **コウ** 訓 **さいわい・さち**中**・しあわせ**
❶さいわい。しあわせ。◆幸運・幸福 ◆多幸・薄幸《はっこう》・不幸。❷天子のおでまし。◆行幸・巡幸《じゅんこう》

**こう【幸】**(名)しあわせなこと。自分に都合のよいこと。「―か不幸か」

**こう【拘】** 8画 扌5 音 **コウ**
❶とらえる。つかまえる。とどめる。◆拘禁・拘束《こうそく》・拘置・拘留。❷かかわる。こだわる。◆拘泥《こうでい》

**こう【肯】** 8画 月4 音 **コウ**
ききいれる。承知する。◆肯定 ◆首肯 ⇩付録「漢字の筆順(5)止」

**こう【侯】** 9画 亻7 音 **コウ**
❶大名。領主。きみ。◆王侯・諸侯。❷五等爵《しゃく》の第二。◆侯爵

**こう【厚】** 9画 厂7 小5 音 **コウ**中 訓 **あつい**
❶あつい。ゆたかである。こい。◆重厚・濃厚《のうこう》。対薄《はく》。❷てあつい。◆厚意・厚情 ◆温厚。❸ゆたかにする。◆厚生

**こう【後】**→ご(後)

**こう【恒】** 9画 忄6 〔恆〕 音 **コウ**
❶いつまでも変わらない。平常。◆恒常・恒星・恒例。❷久しい。いつまでも。◆恒久

**こう【洪】** 9画 氵6 音 **コウ**
❶おおみず。◆洪水。❷大きい。◆洪恩

**こう【皇】** 9画 白4 小6 音 **コウ・オウ**
みかど。天子。◆皇位・皇居・皇后《こうごう》・皇室・皇族・皇太后・皇帝《こうてい》 ◆上皇・天皇《てんのう》・法皇《ほうおう》。参考「天皇《てんのう》」のように「ノウ」と読むこともある。⇩付録「漢字の筆順(2)王〔王〕」

**こう【紅】** 9画 糸3 小6 音 **コウ・ク**中 訓 **べに・くれない**中
❶あざやかな赤い色。くれない。◆紅顔・紅茶・紅梅・紅白・紅葉 ◆真紅《しんく》。❷女の人。◆紅一点・紅涙

《こうるい》。参考「ク」の音は「真紅」などのことばに使われる特殊《とくしゅ》な読み方。特別に、「紅葉」は「もみじ」とも読む。

こう【荒】9画 艹6 音 コウ 訓 あらい・あれる・あらす
❶あれはてる。みだれる。◆荒廃《こうはい》・荒野・荒涼《こうりょう》。❷とりとめがない。◆荒唐無稽《こうとうむけい》。❸風雨がはげしい。◆荒天

こう【郊】9画 阝6 音 コウ
町はずれ。◆郊外◆近郊

こう【香】9画 香0 小4 音 コウ中・キョウ高 訓 か・かおり・かおる
❶かおり。よいにおい。こうばしい。◆香水・香木・香油・香料◆芳香《ほうこう》。❷よいかおりを出すたきもの。◆香炉《こうろ》◆焼香・線香。参考「キョウ」の音は「香車《きょうしゃ》」ということばに使われる特殊《とくしゅ》な読み方。

こう【香】(名) たいてかおりを楽しむため、香木やさまざまな香料をねりあわせてつくったもの。「—をたく」「—を聞く(=香をたいてかおりをかぐ)」

こう【候】10画 イ8 小4 音 コウ 訓 そうろう高
❶さぐる。ようすをみる。◆伺候《しこう》・斥候《せっこう》。❷待つ。◆待ちうける。◆候補。❸きざし。しるし。ようす。◆気候・兆候《ちょうこう》・天候。❹とき。時節。◆時候

こう【候】(名) 時節。気候。時候。手紙のあいさつなどで使う。「新緑の—」「灯火親しむべき—」

こう【格】→かく(格)

こう【校】10画 木6 小1 音 コウ
❶学問や技術を教える所。◆校歌・校舎・校庭・校門◆学校・下校・転校・登校・分校・母校。❷くらべあわせる。書物の文章などを正しくする。◆校閲《こうえつ》・校正・校訂《こうてい》◆初校。❸軍隊の指揮官。◆将校

こう【耕】10画 耒4 小5 音 コウ 訓 たがやす
❶田畑をたがやす。◆耕作・耕地◆農耕。❷働いて生活をする。◆筆耕

こう【耗】→もう(耗)

こう【航】10画 舟4 小5 音 コウ
船でわたる。また、飛行機などで空を飛ぶ。◆航海・航空・航路◆運航・出航・難航

こう【貢】10画 貝3 音 コウ・ク高 訓 みつぐ高
みつぐ。みつぎもの。◆貢献《こうけん》◆年貢《ねんぐ》。参考「ク」の音は「年貢」ということばに使われる特殊《とくしゅ》な読み方。

こう【降】10画 阝7 小6 音 コウ 訓 おりる・おろす・ふる
❶おりる。さがる。◆降下・降車◆下降・昇降《しょうこう》。対昇・乗。❷ふる。◆降雨・降雪。❸負けて従う。くだる。◆降参・降伏《こうふく》◆投降。❹のち。◆以降

こう【高】10画 高0 小2 音 コウ 訓 たかい・たか・たかまる・たかめる
❶たかい。たかさ。◆高山・高所・高地◆座高・標高。対低。❷程度が上であること。◆高圧・高音・高価・高級・高速・高齢《こうれい》。対低。❸けだかい。◆高潔・高尚《こうしょう》◆崇高《すうこう》。❹たかぶる。いばる。◆高言・高慢《こうまん》。❺相手の言動などにつけて、敬意を表す。◆高見・高説。❻「高等学校」の略。◆高卒

こう【康】11画 广8 小4 音 コウ
❶やすらか。◆小康。❷からだがじょうぶである。◆健康

こう【控】11画 扌8 音 コウ高 訓 ひかえる
❶のぞく。さしひく。◆控除。❷訴《うった》える。告げる。◆控訴《こうそ》

こう【梗】11画 木7 音 コウ
❶おおむね。あらまし。◆梗概《こうがい》。❷ふさぐ。◆心筋梗塞《しんきんこうそく》・脳梗塞

こう【黄】11画 黄0 小2〔黃〕音 コウ中・オウ 訓 き・こ中
❶き。きいろ。きいろくなる。◆黄色《おうしょく》・《こうしょく》・黄葉。❷きいろみをおびたもの。◆黄金《おうごん》◆卵黄《らんおう》。参考「こ」の訓は「黄金《こがね》」ということばに使われる特殊《とくしゅ》な読み方。特別に、「硫黄」は「いおう」と読む。⇩付録「漢字の筆順⑭由〔亩〕」

こう【喉】12画 口9 音 コウ 訓 のど
のど。◆喉頭・喉笛《のどぶえ》・喉仏《のどぼとけ》・喉元《のどもと》◆咽喉《いんこう》

こう【慌】12画 忄9 音 コウ高 訓 あわてる・あわただしい
あわてる。落ち着かずみだれたようす。◆恐慌《きょうこう》

こう【港】12画 氵9 小3 音 コウ 訓 みなと
❶船着き場。みなと。◆港湾《こうわん》◆漁港・良港。❷飛行機の離着陸《ちゃくりく》する所。◆空港

こう【硬】12画 石7 音 コウ 訓 かたい
❶かたい。◆硬貨・硬球・硬質・硬直・硬度。対軟《なん》。❷強い。かたくな。◆強硬

こう【絞】12画 糸6 音 コウ高 訓 しぼる・しめる・しまる
ひも・なわなどできつくしめる。◆絞殺・絞首刑《こうしゅけい》

**こう【項】** 12画 頁3 音 コウ

物事の小わけにした一つ一つ。◆項目 ◆事項・条項

**こう【項】**(名) ❶法律・文章などの項目。「一次の―」 ❷《数》数式を組み立てているそれぞれの部分。

**こう【溝】** 13画 氵10 音 コウ 訓 みぞ

ほりわり。みぞ。◆海溝・排水溝《はいすいこう》 ⇩付録「漢字の筆順⑽冓・⑿冉」

**こう【鉱】** 13画 金5 小5 〔鑛〕 音 コウ

❶精錬《せいれん》していない金属。あらがね。◆鉱山・鉱石・鉱物・鉱脈 ◆金鉱・採鉱。 ❷鉱山。◆鉱員 ◆炭鉱

**こう【構】** 14画 木10 小5 音 コウ 訓 かまえる・かまう

❶かまえ。かこい。◆構外・構内。 ❷くみたてて作りあげる。しくみ。◆構図・構成・構想・構造 ◆機構・虚構《きょこう》 ⇩付録「漢字の筆順⑽冓・⑿冉」

**こう【綱】** 14画 糸8 音 コウ 訓 つな

❶つな。 ❷物事のおおもととなるもの。◆綱紀・綱領 ◆大綱・要綱。 ❸大きな分類。◆綱目

**こう【綱】**(名)《動・植》生物を分類する区分け。門と目《もく》の間。「哺乳《ほにゅう》―」

**こう【酵】** 14画 酉7 音 コウ

微生物《びせいぶつ》が澱粉《でんぷん》や糖分などを分解するはたらき。酒のもととなるもの。◆酵素・酵母 ◆発酵

**こう【稿】** 15画 禾10 音 コウ

下書き。◆遺稿・寄稿・原稿・草稿・投稿

**こう【稿】**(名) 文章などの下書き。原稿。「―を改める(=原稿を書き直す)」

**こう【興】** 16画 臼9 小5 音 コウ・キョウ 訓 おこる㊂・おこす㊂

❶(コウと読んで)さかんになる。さかんにする。◆興奮・興亡・興隆《こうりゅう》 ◆新興・復興。 対廃。 ❷(キョウと読んで)おもしろみ。◆興味 ◆感興・座興・即興《そっきょう》・遊興・余興 ⇩付録「漢字の筆順㊶興」

**こう【衡】** 16画 行10 音 コウ

❶はかり。◆度量衡。 ❷つりあい。◆均衡・平衡

**こう【鋼】** 16画 金8 小6 音 コウ 訓 はがね㊥

はがね。◆鋼材・鋼鉄 ◆精鋼・製鋼・鉄鋼

**こう【講】** 17画 言10 小5 音 コウ

❶わかりやすく話してきかせる。◆講演・講義・講堂・講読・講話。 ❷講義。◆受講・聴講《ちょうこう》。 ❸学び習う。けいこする。◆講習・講武。 ❹なかなおりする。◆講和 ⇩付録「漢字の筆順⑽冓・⑿冉」

**こう【講】**(名) 参詣《さんけい》・寄進《きしん》を目的とした、信者の団体。また、おかねの融通《ゆうずう》を目的とした組合。「無尽《むじん》―」

**こう【購】** 17画 貝10 音 コウ

買う。買い入れる。◆購読・購入・購買 ⇩付録「漢字の筆順⑽冓・⑿冉」

**こう【乞う】** 3画 乙2 訓 こう

こう。ねがう。◆雨乞《あまご》い・暇乞《いとまご》い・命乞《いのちご》い

**こ・う【請う・乞う】**(他五) {ワ(オ)・イ(ウ)・ウ・ウ・エ・エ} 相手にねがい求める。「案内を―」「至急連絡《れんらく》を―」「許しを―」 参考「乞う」は特に上の立場の相手に強くお願いする時に用いるが、使い分けは明確ではない。

**こ・う【恋う】**(他五) {ワ(オ)・イ(ウ)・ウ・ウ・エ・エ} 人や事物などを思いしたう。「親を―子の気持ち」「故郷を―心」

**こう『△斯う』**(副) (「かく」の変化したもの)このように。こんなに。「―いう問題」「私は―考える」

**ごう【号】** 5画 口2 小3 〔號〕 音 ゴウ

❶さけぶ。大声を出す。◆号泣《ごうきゅう》・号令 ◆怒号《どごう》。 ❷あいず。しるし。◆号砲《ごうほう》 ◆記号・信号。 ❸呼び名。◆雅号《がごう》・年号・屋号。 ❹順番を表すことばにつける。◆号外 ◆番号

**ごう【号】** ㊀(名) ❶定期的に刊行される雑誌などの、順番を表すことば。「創刊―」「―を重ねる」 ❷文筆家・芸術家などが本名のほかにつける名。雅号《がごう》。 ㊁(接尾) ❶順序や大きさなどを表すことば。「台風三―」「四―ホームラン」「五―活字」 ❷船・列車などの名前につけることば。「アポロ一三―」

**ごう【合】** 6画 口3 小2 音 ゴウ・ガッ・カッ 訓 あう・あわす・あわせる

❶あてはまる。ぴったりあう。◆合致《がっち》・合意・合格・合法・合理 ◆適合・符合《ふごう》。 ❷あつまる。いっしょになる。あわせる。◆合作《がっさく》・合宿《がっしゅく》・合唱《がっしょう》・合奏《がっそう》・合体《がったい》・合併《がっぺい》・合金・合計・合成・合流 ◆化合・会合・集合・総合・連合。 参考「カッ」の音は「合戦《かっせん》」ということばに使われる特殊《とくしゅ》な読み方。「合点《がってん》」は「ガテン」と読むこともある。

**ごう【合】**(名) ❶尺貫法で容積の単位。一升《しょう》の一〇分の一。約〇・一八リットル《リットル》。「四―びん」 ❷尺貫法で面積の単位。一坪《つぼ》の一〇分の一。 ❸登山で、山頂までの道のりを一〇に分けた一つ。「八―目」

**ごう【拷】** 9画 扌6 音 ゴウ

罪を白状させるために打ちたたく。◆拷問

**ごう【剛】** 10画 刂8 音 ゴウ

❶力や気が強い。◆剛毛 ◆金剛《こんごう》石。《対柔》 ❷かたい。◆剛健 ◆外剛内柔《ないじゅう》。

**ごう【剛】**(名) たくましく、つよいこと。「―の者」「柔《じゅう》よく―を制す」 対柔

**ごう【強】**→きょう(強)
**ごう【郷】**→きょう(郷)
**ごう【郷】**(名)いなか。地方。
**郷に入《い》っては郷《ごう》に従《したが》え** その土地に行ったら、そこの風俗《ふうぞく》慣習に従うのがよい。

**ごう【傲】** 13画 亻11 音ゴウ 亻 亻' 仹 侼 傲 傲
おごりたかぶる。◆傲岸・傲然・傲慢《ごうまん》

**ごう【業】**→ぎょう(業)
**ごう【業】**(名)〘仏〙前世の行いによってこの世で受けるむくい。「—が深い」
**業を煮《に》やす** 物事がうまくいかないので、腹が立っていらいらする。「長く待たされて—」

**ごう【豪】** 14画 豕7 音ゴウ 亠 亠 亯 亭 豪 豪
❶なみはずれて強い。勢いがさかんだ。◆豪雨・豪華《ごうか》・豪快・豪語・豪勢・豪放。❷なみはずれてすぐれた人。◆豪傑《ごうけつ》 ◆酒豪・富豪・文豪。❸「オーストラリア(豪州)」の略。

**ごう〘△毫〙**(名)(細い毛の意から)きわめて少ないこと。わずかなこと。「—も動ぜず」
**ごう〘△壕〙**(名)地面をほってつくった穴・みぞ。「地下—」「防空—」
**こうあつ【高圧】**(名)❶強い圧力。「—ガス」❷高い電圧。「—線」(対低圧)
**こうあつてき【高圧的】**(形動ダ){ダロ・ダッ(デ・ニ)・ダ・ナ・ナラ・○}頭ごなしに上からおさえつけるようす。「—な態度」
**こうあん【公安】**(名)社会の安全を守ること。社会・人びとが安全であること。「—条例」
**こうあん【考案】**(名・他スル)くふうをして新しく考え出すこと。「新しい方法を—する」
**こうあんいいんかい【公安委員会】**(名)警察行政の民主的な運営を目指して設けられた機関。国家公安委員会と都道府県公安委員会とがある。
**こうい【行為】**(名)人間のおこない。特に、はっきりした目的や動機をもった行動。「不正—」
**こうい【更衣】**(名)❶着物をきかえること。ころもがえ。「—室」❷むかし、宮中に仕えた女官の名。女御《にょうご》につぐ位。
**こうい【好意】**(名)❶好きだと思う気持ち。❷思いやり。親切な心。「—を受ける」…的「好意的な態度」類善意。対悪意。⇒こうい(厚意)「学習」
**こうい【厚意】**(名)深い思いやり。親切心。「ご—にあまえまして」類厚情

> **学習 使い分け 「好意」「厚意」**
> 好意　ある人を好ましく思う気持ち。親愛の情。「好意を持つ」「好意を抱《いだ》く」
> 厚意　深い思いやりの心。相手の気持ちについていう。「ご厚意にむくいる」「ご厚意に感謝する」

**こうい【皇位】**(名)天皇の位。「—の継承《けいしょう》」
**こうい【校医】**(名)学校からたのまれて児童・生徒の保健・衛生を管理する医師。学校医。
**こうい【高位】**(名)高い地位。「—高官」
**こうい【校異】**(名)古典作品で、本文の異なる本が何通りか伝わっている場合に、その文字や語句の異同をくらべて、しめすこと。また、その異同。
**ごうい【合意】**(名・自スル)おたがいの意志が一致《いっち》すること。「—に達する」
**こういき【広域】**(名)広い区域。広範囲《こうはんい》。「—捜査《そうさ》」
**こういしょう【後遺症】**(名)❶〘医〙病気やけががなおっても、あとまで残る症状《しょうじょう》。「交通事故の—」❷事のあとまで残る悪い影響《えいきょう》。「事件の—」
**ごういつ【合一】**(名・自他スル)一つに合わさること。また、一つに合わせること。「知行《ちこう》—」
**こういっつい【好一対】**(名)よく似合った一対の組み合わせ。「—のカップル」
**こういってん【紅一点】**(名)多くの男性の中にただ一人の女性がまじること。また、その女性。「—のゲスト」参考王安石《おうあんせき》の詩句「万緑《ばんりょく》叢中《そうちゅう》紅一点(=一面の緑の中に咲《さ》く一輪の紅《あか》い花)」から。
**こういん【工員】**(名)工場で働く人。
**こういん【公印】**(名)公務に使う印。官公庁の公式の印。「—偽造《ぎぞう》」対私印
**こういん【行員】**(名)銀行に勤める人。銀行員。
**こういん【光陰】**(名)❶時。時間。❷月日。年月。
**光陰矢《や》の如《ごと》し** 月日がとぶようにはやく過ぎていくようす。
**こういん【拘引・勾引】**(名・他スル)❶とらえて引き連れること。「警察に—される」❷〘法〙裁判所が被告人《ひこくにん》・被疑者・証人などを一定の場所に連れていくこと。「—状」参考②は「勾引」と書く。
**ごういん【強引】**(形動ダ){ダロ・ダッ(デ・ニ)・ダ・ナ・ナラ・○}むりやりに行うようす。「—に売りつける」「—なやりかた」
**こうう【降雨】**(名)雨がふること。また、ふる雨。「—量」
**ごうう【豪雨】**(名)強くふる大量の雨。はげしい雨。「集中—」
**こううん【幸運・好運】**(名・形動ダ)物事のめぐりあわせがよくて、すべてうまくいくこと。運のよいこと。「—にめぐまれる」対不運・非運
**こううんき【耕運機】〘耕△耘機〙**(名)田や畑をたがやす農業用の機械。
**こううんりゅうすい【行雲流水】**(名)大空を行く雲や流れる水のように、物事に執着《しゅうちゃく》することなく、あるがままに従って行動しようとする態度。
**こうえい【公営】**(名)地方公共団体が設けて、経営・管理すること。「—住宅」対私営・民営
**こうえい【光栄】**(名・形動ダ)認められて名誉《めいよ》に思うこと。ほまれ。「身に余る—」
**こうえい〘後△裔〙**(名)子孫。類末裔《まつえい》
**こうえい【後衛】**(名)❶軍隊で、本隊のうしろのほうで守る部隊。❷テニスやバレーボールなどで、コートのうしろのほうを守る競技者。(対前衛)
**こうえき【公益】**(名)社会一般《いっぱん》の利益。公共の利益。「—事業」対私益

**こうえき**【交易】（名・自他スル）品物を交換《こうかん》しあって商売すること。特に、外国貿易をいう。「—国」
**こうえきほうじん**【公益法人】（名）営利を目的とせず、慈善《じぜん》・宗教・学術など社会一般《いっぱん》の利益を目的とする法人。
**こうえつ**【校閲】（名・他スル）文書や原稿《げんこう》の誤りや不備を調べただすこと。「原稿を—する」
**こうえん**【公園】（名）❶多くの人が休んだり楽しんだりするために作られた庭園のような場所。「児童—」❷自然保護・レクリエーションなどを目的としてさだめられた広い地域。「国立—」
**こうえん**【公演】（名・他スル）多くの人の前で、音楽やおどり・劇などを演じること。「定期—」
**こうえん**【好演】（名・自他スル）じょうずな演技や演奏をすること。また、その演技や演奏。
**こうえん**【後援】[一]（名・他スル）背後にあって助けること。うしろだて。あとおし。「—会」[二]（名）あとから行って助ける兵隊。「—部隊」
**こうえん**【高遠】（形動ダ）〔ダロ・ダッ(デ・ニ)・ダ・ナ・ナラ・○〕考えていることがすぐれて奥が深いようす。「—な理想」類高邁《こうまい》
**こうえん**【講演】（名・自スル）ある題目について大勢の人に向かって話をすること。また、その話。「—会」
**こうお**【好悪】（名）好ききらい。「—の感情」
**こうおつ**【甲乙】（名）❶第一と第二。❷すぐれていることとおとっていること。優劣《ゆうれつ》。「—つけがたい」
**こうおん**【恒温】（名）いつも決まった温度。定温。
**こうおん**【高音】（名）❶高い音・声。❷《音》女性の声の最も高い音域。ソプラノ。（対低音）
**こうおん**【高温】（名）高い温度。「—に熱する」「—多湿《たしつ》」対低温
**ごうおん**【『△轟音』】（名）とどろきわたる大きな音。「—が鳴り響《ひび》く」
**こうおんどうぶつ**【恒温動物】（名）《動》周りの温度に関係なく、常に一定の体温を保っている動物。哺乳《ほにゅう》類や鳥類。温血動物。定温動物。対変温動物
**こうか**【工科】（名）❶工業に関する学科。❷大学の工学部。「—大学」
**こうか**【効果】（名）❶その物事によって生じるよい結果。ききめ。「—をあげる」「—があらわれる」…的「効果的な方法を探す」❷演劇・映画などで、擬音《ぎおん》・音楽・照明などで場面に合った感じを出すこと。「—音」「音響《おんきょう》—」
**こうか**【後架】（名）（もと、禅寺《ぜんでら》で洗面所の意）便所。かわや。
**こうか**【降下】（名・自スル）高い所からおりること。高い位置からさがること。「飛行機が—する」「急—」
**こうか**【高価】（名・形動ダ）ねだんが高いこと。「—な書物」対安価・廉価《れんか》
**こうか**【高架】（名）線路や橋などを地上に高くかけわたしたもの。「—線」
**こうか**【降嫁】（名・自スル）皇女が皇室以外の人と結婚《けっこん》し、皇族の籍《せき》を離《はな》れること。
**こうか**【校歌】（名）その学校の校風や理念をうたい、学校で制定した歌。
**こうか**【硬化】（名・自スル）❶物がかたくなること。「動脈—」❷意見や態度が強硬《きょうこう》になること。「態度を—させる」（対軟化《なんか》）
**こうか**【硬貨】（名）金属で造った貨幣《かへい》。金貨・銀貨・銅貨・ニッケル貨など。対紙幣
**こうが**【高雅】（形動ダ）〔ダロ・ダッ(デ・ニ)・ダ・ナ・ナラ・○〕上品でけだかく優雅なようす。「—な作風」
**ごうか**【業火】（名）《仏》❶自分のした悪い行いが心身をほろぼすことを火にたとえたもの。❷悪い行いをした人を苦しめる地獄《じごく》のあつい火。
**ごうか**【豪家】（名）その土地で勢力のある金持ち。
**ごうか**【豪華】（形動ダ）〔ダロ・ダッ(デ・ニ)・ダ・ナ・ナラ・○〕ぜいたくで、はでなようす。りっぱではなやかなようす。「—な顔ぶれ」「—絢爛《けんらん》」「—版」類豪奢《ごうしゃ》
**こうかい**【公海】（名）どこの国の主権もおよんでいない、各国が自由に利用できる海。対領海
**こうかい**【公開】（名・他スル）広く一般《いっぱん》の人が見聞きできるように開放すること。「—放送」「非—」
**こうかい**【更改】（名・他スル）前にとりきめた契約《けいやく》などを新しいものに改めること。
**こうかい**【後悔】（名・自他スル）してしまったことをあとになって悔《く》やむこと。「—の念にかられる」
**後悔先《さき》に立《た》たず** 物事が終わったあとで悔《く》やんでも取り返しがつかない。
**こうかい**【航海】（名・自スル）船で海をわたること。「太平洋を—する」「処女—」
**こうがい**【『△笄』】（名）❶むかし、髪《かみ》をかきあげるのに使った道具。❷女性の日本髪に横にさすかざり。
**こうがい**【口外】（名・他スル）秘密にすべきことなどを他人に話すこと。「決して—しません」
**こうがい**【口蓋】（名）口の中の上側の部分。
**こうがい**【公害】（名）企業《きぎょう》活動や交通量の増加などによって、住民の生活や自然環境《かんきょう》がおかされること。煤煙《ばいえん》・有毒ガスによる大気の汚染《おせん》、排水《はいすい》による水質の汚濁《おだく》、騒音《そうおん》など。
**こうがい**【郊外】（名）都市の周辺にある、田園や自然を多く残した地帯。近郊。「—に住む」
**こうがい**【校外】（名）学校の敷地《しきち》の外。「—授業」対校内
**こうがい**【梗概】（名）小説・劇などのあらすじ。「新聞小説の—」
**こうがい**【鉱害】（名）鉱山の採掘《さいくつ》などでおこる環境汚染《かんきょうおせん》などの害。
**こうがい**【構外】（名）建物や施設《しせつ》などの敷地《しきち》の外。「駅の—」対構内
**こうがい**【『△慷慨』】（名・自他スル）世の中の不正などをいきどおりなげくこと。「悲憤《ひふん》—」
**ごうかい**【豪快】（形動ダ）〔ダロ・ダッ(デ・ニ)・ダ・ナ・ナラ・○〕堂々として力強く、見て気持ちのよいようす。「—な投げわざ」
**ごうがい**【号外】（名）大事件などを至急に報道するため、臨時に印刷して発行する新聞。
**こうかいじょう**【公開状】（名）ある人や団体にあてた批判や質問などを新聞・雑誌などにのせて、広く一般《いっぱん》に示す文書。
**こうかいどう**【公会堂】（名）市・町・村などがそこに住んでいる人びとの会合のために建てた建物。

**こうかがくスモッグ【光化学スモッグ】**（名）大気汚《お》染《せん》公害の一種。車の排《はい》気《き》ガスが太陽の紫外線《しがいせん》をうけて化学反応をおこし、発生するスモッグ。目やのどに障害をおこす。▽スモッグは、英 smog

**こうかく【口角】**（名）口のはし。口のわき。

**口角泡《あわ》を飛《と》ばす** はげしく議論するようす。

**こうかく【広角】**（名）レンズのうつす角度が広いこと。「―レンズ」

**こうかく【降格】**（名・自他スル）位や階級などが下がること。また、下げること。「部長から課長に―される」㊎昇格《しょうかく》

**こうがく【工学】**（名）数学・化学・物理学などを工業生産に応用するための学問。「人間―」

**こうがく【光学】**（名）物理学の一分野で、光の性質やはたらきについて研究する学問。「―器械」

**こうがく【向学】**（名）学問にはげもうと、こころざすこと。「―の念に燃える」⇒こうがく(好学)「学習」

**こうがく【好学】**（名）学問が好きで、それに情熱をもっていること。「―の士」

> **学習〈使い分け〉「向学」「好学」**
> **向学** 学問を熱心にやろうとすること。「向学の念がつのる」「向学心」「向学の志をもつ」
> **好学** 学問を好むこと。文語的で、「好学の士」「好学の徒」のように使われる。

**こうがく【後学】**（名）❶あとから学問を始めた学者。㊎先学。❷のちに自分のためになる知識や学問。役にたつことがら。「―のために見ておく」

**こうがく【高額】**（名）❶金額の多いこと。「―所得者」㊎低額。❷単位の大きい金額。「―紙幣《しへい》」㊎小額

**ごうかく【合格】**（名・自スル）❶決まった条件や資格にかなうこと。「検査に―した品物」❷入学・採用・資格などの試験に通ること。「―通知」「不―」

**こうがくきかい【光学器械】**（名）光の屈折《くっせつ》・反射などを利用した器械の総称《そうしょう》。望遠鏡・カメラなど。

**こうがくしん【向学心】**（名）学問にはげもうと思う心。「―に燃える」

**こうがくねん【高学年】**（名）学校で、上級の学年。特に、小学校の五・六年生。㊎低学年

**こうかくるい【甲殻類】**（名）〘動〙節足動物の一種。水中にすみ、からだの表面がかたい甲羅《こうら》におおわれている。えび・かになど。

**こうかつ【『△狡△猾』】**（形動ダ）{ダロ・ダッ(デ・ニ)・ダ・ナ・ナラ・○} わるがしこいようす。ずるいようす。「―な手段」「―な人」

**ごうかばん【豪華版】**（名）❶用紙・印刷・装丁《そうてい》などがひじょうにぜいたくな本。❷すばらしくりっぱなこと。「きょうの食事は―だ」

**こうかん【公刊】**（名・他スル）本などをつくって、広く世の中に出すこと。「論文集を―する」

**こうかん【交換】**（名・他スル）取りかえること。ひきかえること。また、もののやりとりをすること。「物々―」「名刺《めいし》を―する」「意見―」

**こうかん【向寒】**（名）寒い季節に向かうこと。おもに手紙で時候のあいさつに用いる。「―の候」㊎向暑

**こうかん【好感】**（名）好ましいと思う感情。気持ちのよい印象。「―をもつ」

**こうかん【好漢】**（名）気持ちがさっぱりとして、さわやかな感じを与《あた》える男。

**こうかん【交歓】『交△驩』**（名・自スル）たがいにうち解けて楽しむこと。「―会」

**こうかん【『△巷間』】**（名）世の中。まちなか。ちまた。世間。「―のうわさ」

**こうかん【高官】**（名）高い地位の官職。また、その職についている人。「高位―の人」

**こうかん【『△浩△瀚』】**（形動ダ）{ダロ・ダッ(デ・ニ)・ダ・ナ・ナラ・○} 書物の冊数やページ数がひじょうに多いようす。「―な蔵書」

**こうがん【厚顔】**（名・形動ダ）あつかましく、恥《はじ》を知らないこと。ずうずうしいようす。「―無恥《むち》」㊫鉄面皮《てつめんぴ》

**こうがん【紅顔】**（名）男子の、血色のよいわかわかしい顔。「―の美少年」

**こうがん【『△睾丸』】**（名）〘生〙哺乳《ほにゅう》類の雄《おす》の生殖腺《せいしょくせん》。精子《せいし》をつくり、男性ホルモンを分泌《ぶんぴつ》する。精巣《せいそう》。

**ごうかん【合巻】**（名）〘文〙江戸《えど》時代後期の小説の一種。草双紙《くさぞうし》数冊を一冊に合わせたもの。

**ごうがん【傲岸】**（形動ダ）{ダロ・ダッ(デ・ニ)・ダ・ナ・ナラ・○} 思い上がっていて、えらそうであるようす。「―な態度」「―不遜《ふそん》」㊫傲慢《ごうまん》・高慢

**こうがんざい【抗がん剤】『抗△癌剤』**（名）〘医〙癌細胞の成長や増殖《ぞうしょく》をおさえる薬。

**こうかんしゅ【交換手】**（名）（「電話交換手」の略）電話をかける人と相手の電話線を接続する人。

**こうかんしんけい【交感神経】**（名）〘生〙自律神経の一つ。内臓や血管・腺《せん》などを支配する。

**こうき【公器】**（名）おおやけのためにあるもの。公共の機関。「新聞は社会の―」

**こうき【広軌】**（名）鉄道で、二本のレールの間隔《かんかく》が、標準の一・四三五《メートル》より広いもの。㊎狭軌《きょうき》

**こうき【好奇】**（名）めずらしいことや変わったことに興味をもつこと。ものずき。「―の目で見る」「―心」

**こうき【光輝】**（名）❶光。かがやき。❷かがやくばかりのほまれ。名誉《めいよ》。「―あるわが母校」

**こうき【好機】**（名）ちょうどよいおり。機会。チャンス。「―をつかむ」

**こうき【香気】**（名）よいにおい。よいかおり。「―を放つ」㊫芳香《ほうこう》

**こうき【後記】**㊀（名）書物などで、本文のうしろに書くもの。あとがき。「編集―」㊁（名・他スル）そこよりあとに書くこと。また、その内容。㊎前記

**こうき【後期】**（名）一定の期間を二つ、または三つに分けたときの最後の期間。「江戸《えど》時代―」

**こうき【校紀】**（名）学校内での規律や風紀。「―が乱れる」

**こうき【校規】**（名）学校が決めた規則。校則。

**こうき【高貴】**（名・形動ダ）❶身分が高くてとうとい

こと。「—な人」「—の出」[対]下賤《げせん》。❷りっぱで値段が高いこと。貴重でねうちのあること。「—な品」

**こうき【綱紀】**（名）国をおさめる根本原則。また、組織の秩序《ちつじょ》を保つ規律。「—粛正《しゅくせい》」

**こうぎ【公儀】**（名）朝廷《ちょうてい》や幕府など中央の政府。

**こうぎ【広義】**（名）ある物事・ことばにいろいろな意味が考えられるとき、その広いほうの意味。「—に解釈《かいしゃく》する」[対]狭義《きょうぎ》

**こうぎ〘交〽誼〙**（名）友人としての親しいつきあい。よしみ。「—を結ぶ」

**こうぎ【抗議】**（名・自スル）不当だと思うことに対して、反対の意見を強く主張すること。「—集会」

**こうぎ〘厚〽誼〙**（名）他人が自分に寄せてくれる深い親しみや思いやりの気持ち。「ご—を感謝します」

**こうぎ【講義】**（名・他スル）学問上の考えを説いて教えること。特に、大学の授業。「—を聴《き》く」

**ごうき〘剛〽毅〙**（名・形動ダ）意志が強くて物事にくじけないこと。「—の士」

**ごうき【豪気】**（名・形動ダ）小さなことを気にしないでおもいきってやること。「—なふるまい」

**ごうぎ【合議】**（名・自他スル）集まって相談すること。「—で決める」

**ごうぎ【豪儀】**（形動ダ）〔ダロ・ダッ(デ・ニ)・ダ・ナ・ナラ・○〕威勢《いせい》がよく、はでですばらしいようす。「そいつは—だ」

**こうきあつ【高気圧】**（名）〘天〙大気中で周囲より気圧の高いところ。その区域はおおむね晴天となる。[対]低気圧

**こうきぎょう【公企業】**（名）国・地方公共団体などが設け、経営・管理・運営する企業。[対]私企業

**こうきしん【好奇心】**（名）めずらしいことや新しいものについて興味を強くもつ気持ち。「—が強い」

**こうきゅう【考究】**（名・他スル）深く考え研究すること。「本質を—する」

**こうきゅう【攻究】**（名・他スル）学問などを深く研究し、きわめること。「—の成果」

**こうきゅう【恒久】**（名）いつまでも続いて変わらないこと。「—の平和」[…的]「恒久的な平和を望む」

**こうきゅう【高級】**（名・形動ダ）等級・品質・程度が高いこと。「—品」[…化]「高級化路線」[対]低級

**こうきゅう【高給】**（名）高い給料。「—取り」[対]薄給《はっきゅう》

**こうきゅう【硬球】**（名）野球・テニスなどで使う、かたいボール。[対]軟球《なんきゅう》

**ごうきゅう【号泣】**（名・自スル）大声をあげてなくこと。「母の死に—する」[類]慟哭《どうこく》

**ごうきゅう【強弓】**（名）張りが強く、引くのに力のいる弓。また、それを引く人。

**こうきゅうび【公休日】**（名）❶休日や祝日のほかに公式に認められた休みの日。❷同業者が申し合わせて決めた休日。

**こうきょ【皇居】**（名）天皇の住む所。

**こうきょ〘〽薨去〙**（名・自スル）むかし、皇族または三位《さんみ》以上の身分の高い人が死んだことをいったことば。

**こうきょう【口供】**（名・他スル）❶事実や意見などを口頭で述べること。陳述《ちんじゅつ》。❷〘法〙被告人《ひこくにん》・証人などがする陳述。供述。

**こうきょう【公共】**（名）社会一般《いっぱん》。一般の人びとに関係があること。「—の建物」[…性]「公共性を優先する」

**こうきょう【好況】**（名）経済活動が活発で、景気のよいこと。「—にわく」[類]好景気。[対]不況

**こうぎょう【工業】**（名）原材料を加工して、人間生活に役だつものを作る産業。「重—」

**こうぎょう【鉱業】**（名）鉱物をほり出し、それらからまじりものをとりのぞいて、質のよい金属にする産業。

**こうぎょう【興行】**（名・他スル）映画・芝居《しばい》・スポーツなどを、入場料を取って客に見せること。「—成績」[…的]「興行的には失敗だった」

**こうぎょう【興業】**（名）新しく事業を始め、産業をさかんにすること。「殖産《しょくさん》—」

**こうきょうがく【交響楽】**（名）〘音〙→こうきょうきょく

**こうきょうきぎょうたい【公共企業体】**（名）社会全体の利益のために、国や地方公共団体が資本を出して経営する企業。

**こうきょうきょく【交響曲】**（名）〘音〙管弦楽《かんげんがく》で演奏するための大規模な曲。ふつう四つの楽章からなる。交響楽。シンフォニー。

**こうきょうし【交響詩】**（名）〘音〙詩・絵・風景・物語などの内容を、管弦楽《かんげんがく》によって自由な形式であらわした楽曲。

**こうきょうじぎょう【公共事業】**（名）社会全体のために、国・地方公共団体が中心になってする仕事。学校・病院・道路・水道の建設・整備など。

**こうきょうしん【公共心】**（名）広く社会全体のためにつくそうとする精神。

**こうきょうだんたい【公共団体】**（名）社会全体やおおやけの仕事をとりあつかう団体。地方公共団体など。

**こうきょうりょうきん【公共料金】**（名）郵便《ゆうびん》・電気・水道・ガスや鉄道・バスなど、国民生活に関係の深い事業の料金。政府の許可や認可によって決められる。

**こうぎょく【紅玉】**（名）❶紅色の宝石。ルビー。❷りんごの一品種。実は濃《こ》い紅色で、あまずっぱい。

**こうきん【公金】**（名）国家または公共団体のもっているおかね。また、会社や団体などの所有するおおやけのおかね。「—横領《おうりょう》」

**こうきん【抗菌】**（名）細菌の発生・増殖《ぞうしょく》をおさえること。「—作用」

**こうきん【拘禁】**（名・他スル）人を捕《と》らえて一定の場所に閉じこめておくこと。「容疑者を—する」

**ごうきん【合金】**（名）二種類以上の金属をとかしてまぜ合わせたもの。しんちゅう・ステンレスなど。

**こうきんせいぶっしつ【抗菌性物質】**（名）〘化〙→こうせいぶっしつ

**こうぐ【工具】**（名）工作に使う道具や器具。

**こうぐ【耕具】**（名）田畑をたがやすのに使う道具。

**ごうく【業苦】**（名）〘仏〙前世に悪い行いをしたむくいとしてこの世で受ける苦しみ。「—を背負う」

**こうくう**『口△腔』(名)〔生〕→こうこう(口腔)
**こうくう【航空】**(名)航空機で空を飛ぶこと。「—写真」
**こうぐう【厚遇】**(名・他スル)手あつくもてなすこと。「—を受ける」類優遇。対冷遇・薄遇《はくぐう》
**こうくうき【航空機】**(名)人や物を乗せて空を飛ぶもの。飛行機・ヘリコプター・グライダーなど。
**こうくうびん【航空便】**(名)飛行機で運ぶ郵便物。エアメール。
**こうくうぼかん【航空母艦】**(名)飛行機を多数積んで、それを発着させることのできる広い甲板《かんぱん》をもった軍艦。空母。
**こうくつ【後屈】**(名・自他スル)からだなどがうしろに曲がっていること。また、曲げること。対前屈
**こうぐん【行軍】**(名・自スル)軍隊が列をつくって長い距離《きょり》を移動・行進すること。「夜間—」
**こうげ【香華】**(名)〔仏〕仏前にそなえる香と花。「—をたむける」
**こうげ【高下】**一(名)❶(身分・地位などの)高いことと低いこと。「身分の—は問わない」❷まさることとおとること。優劣《ゆうれつ》。二(名・自スル)上がることと下がること。「物価が—する」「乱—」
**こうけい【口径】**(名)望遠鏡や銃砲《じゅうほう》など、筒《つつ》のような形をしたものの口の直径。「大—レンズ」
**こうけい【光景】**(名)目に見えるけしきやありさま。「美しい—を目にする」「おそろしい—」
**こうけい【後継】**(名)(前の人の地位・仕事などの)あとをつぐこと。あとつぎ。「—者」
**こうげい【工芸】**(名)美術的なデザインをこらした工業製品をつくること。「—品」「伝統—」
**ごうけい【合計】**(名・他スル)多くの数や量を加え合わせること。また、その合わせた数量。「—を出す」
**こうけいき【好景気】**(名)〔経〕経済活動が活発で、金回りがよいこと。類好況《こうきょう》。対不景気
**こうげき【攻撃】**(名・他スル)❶戦争や競技などで、相手を攻《せ》めること。「—をくわえる」対守備・防御《ぼうぎょ》。❷相手の悪いところなどを激しく責めること。非難すること。「個人—」…的「攻撃的な態度」
**こうけつ【高潔】**(名・形動ダ)心の持ち方がけだかく清らかなこと。「—な人格」
**ごうけつ【豪傑】**(名)❶武勇にすぐれ、力の強い人。❷物事にこだわらず大胆《だいたん》な人。
**こうけつあつ【高血圧】**(名)〔医〕血圧が標準より高いこと。対低血圧
**こうけん【効験】**(名)ききめ。効能。こうげん。「—あらたかな秘薬」
**こうけん【後見】**一(名・他スル)人のうしろだてとなって世話をすること。特に、精神上の障害で判断能力が不十分な人の保護・代理・財産の管理などをすること。また、その人。二(名)能《のう》や歌舞伎《かぶき》で役者の出演中、うしろにいていろいろの世話をする人。
**こうけん【高見】**(名)❶すぐれた意見。❷相手の意見を敬っていうことば。「ご—をお聞かせください」
**こうけん【貢献】**(名・自スル)何かのために力をつくして役だつこと。「社会に—する」
**こうげん【公言】**(名・他スル)人前でかくしだてなく、おおっぴらに言うこと。「—してはばからない」
**こうげん【巧言】**(名)口さきだけでうまく言うこと。また、そのことば。「相手の—にのる」
**こうげん【広言】**(名・自他スル)あたりかまわず大きなことを言うこと。また、そのことば。「—をはく」
**こうげん【光源】**(名)光を発するもと。
**こうげん【抗原】**(名)〔医〕生物の体内で抗体を作らせる機能をもった物質。たんぱく質・細菌《さいきん》など。
**こうげん【高言】**(名・自スル)えらそうに大きなことを言うこと。また、そのことば。
**こうげん【高原】**(名)高地にある広い平原。
**ごうけん【合憲】**(名)憲法の趣旨《しゅし》に違反《いはん》していないこと。対違憲
**ごうけん【剛健】**(名・形動ダ)心もからだも強くたくましいこと。「質実—」
**こうげんれいしょく【巧言令色】**(名)人に気に入られようとことばを飾《かざ》り、顔つきをやわらげること。参考論語の「巧言令色鮮《すくな》し仁《じん》」からきたことば。
**こうこ【公庫】**(名)政府が全額を出資し、公共の目的のために資金を貸しつける金融《きんゆう》機関。
**こうこ【好個】**(名)ちょうどよいこと。あつらえむきなこと。「—の題材」
**こうこ【江湖】**(名)世間。世の中。
**こうこ**『香◇香』(名)つけ物。野菜を塩やぬかみそにつけた食べ物。お新香《しんこ》。こうこう。
**こうこ【後顧】**(名)❶うしろをふりむくこと。❷あとに心配がのこること。
**後顧の憂《うれ》い** 自分がいなくなったあとの心配、気がかり。「—なく出発する」
**こうご【口語】**(名)❶話しことば。❷現代語。「古典を—に訳す」(対文語)
**こうご【交互】**(名)たがいちがい。かわるがわる。「男女—に並ぶ」「—に発言する」使い方「交互に」の形で副詞的に用いることが多い。
**こうご【向後】**(名)これから先。今後。
**ごうご【豪語】**(名・自スル)自信ありげに大きなことを言うこと。また、そのことば。「必ず勝つと—する」
**こうこう**『口△腔』(名)〔生〕口の中。消化管の入り口にあたる部分で、食物をとったり発音したりするはたらきをする。参考医学では「こうくう」という。
**こうこう【孝行】**(名・自スル・形動ダ)子が親をたいせつにし、よくつくすこと。「—息子《むすこ》」対不孝
**こうこう【後攻】**(名・自スル)野球などのスポーツで、あとから攻《せ》めること。また、あとから攻めるほう。あとぜめ。対先攻
**こうこう【香香】**(名)→こうこ(香香)
**こうこう【後項】**(名)❶あとの項目・箇条《かじょう》。❷〔数〕数式で二つ以上ある項のうち、あとの項。(対前項)
**こうこう【航行】**(名・自スル)船や飛行機が航路を行くこと。「—の安全をはかる」
**こうこう【高校】**(名)「高等学校」の略。
**こうこう**『△皓△皓』(トタル)白く明るく輝《かがや》くようす。「月が—と照っている」
**こうこう**『△煌△煌』(トタル)まぶしいほどきらきら光るよう

す。「ネオンがーと輝《かがや》く」

**こうごう【皇后】**(名)天皇・皇帝《こうてい》の妻。きさき。

**ごうごう【△囂△囂】**(トタル)人の声ががやがやとやかましいようす。「ーたる非難」「喧喧《けんけん》ー」

**ごうごう【△轟△轟】**(トタル)大きな音があたりにとどろき、鳴りひびくようす。「ーたるエンジンの音」

**こうこうがい【硬口蓋】**(名)〘生〙口の中の上側前方のかたい部分。

**こうごうし・い【神神しい】**(形)〔カロ・カッ(ク)・イ・イ・ケレ・○〕けだかさが感じられ、いかにもおごそかなようす。「ー神殿《しんでん》」

**こうこうせい【向光性】**(名)→こうじつせい。対背光性

**こうごうせい【光合成】**(名)〘植〙植物が太陽の光を受けて、二酸化炭素と水から炭水化物を作ること。炭素同化作用の一つ。

**こうこうや【好好△爺】**(名)人のよいおじいさん。

**こうこがく【考古学】**(名)遺跡《いせき》や遺物などを調べて、古い時代の文化・生活などに関することを研究する学問。

**こうこく【公告】**(名・他スル)国や公共団体が、広告や掲示《けいじ》で一般《いっぱん》の人に告げ知らせること。

**こうこく【公国】**(名)ヨーロッパで、治める者が「公」の称号《しょうごう》をもつ小国。

**こうこく【広告】**(名・他スル)世間に広め知らせること。特に、商品やもよおしなどについて宣伝をすること。また、そのための文書・放送など。「新聞ー」

**こうこく【抗告】**(名・自スル)〘法〙地方裁判所など下級裁判所の決定を不服として、上級裁判所に申し立てること。類上告・控訴《こうそ》

**こうこくとう【広告塔】**(名)❶商品や団体を宣伝するための、看板をつけた建造物。❷商品や団体を宣伝する役割をになっている有名人。

**こうごし【口語詩】**(名)〘文〙口語で作られた、自由詩。明治時代の末ごろから発達してきた。

**こうごたい【口語体】**(名)口語を使って書いた文体。対文語体

**こうこつ【△恍△惚】**(名・トタル)❶物事に心をうばわれてうっとりするようす。「ーとして見とれる」❷年をとって、頭のはたらきや意識がはっきりしないようす。

**こうこつ【硬骨】**(名)❶正義を重んじ、意志・主張を曲げないこと。「ー漢」❷〘生〙かたい骨。「ー魚」対軟骨《なんこつ》

**こうこつもじ【甲骨文字】**(名)かめの甲《こう》や獣《けもの》の骨に刻まれた古代中国の象形文字。甲骨文。

**こうごぶん【口語文】**(名)話しことばで書かれた文章。対文語文

**ごうコン【合コン】**(名)〘俗語〙(「合同コンパ」の略)男性のグループと女性のグループとが合同で行うコンパ。

**こうさ【考査】**(名・他スル)❶(人物・能力などについて)考え調べること。「勤務成績をーする」❷学校で、生徒の学力を調べること。試験。「期末ー」

**こうさ【交差】**〘交△叉〙(名・自スル)二つ以上の線や道路が一か所でななめ、または十文字にまじわり合うこと。「道路がーする」「立体ー」「ー点」

**こうさ【黄砂】**(名)❶黄色の砂。❷中国北部・モンゴル高原などで、風に吹《ふ》き上げられた黄色の砂が空をおおう現象。砂は日本にも飛来することがある。

**こうざ【口座】**(名)❶帳簿《ちょうぼ》で、項目《こうもく》別に計算・記入する所。❷郵便局の振替《ふりかえ》口座。❸銀行などに設ける預金口座。

**こうざ【高座】**(名)説教・演説・演芸などをするための、一段高い席。特に寄席《よせ》などで、演芸をするところ。「ーに上がる」

**こうざ【講座】**(名)❶大学におく、研究・教育のための組織。また、大学で行う講義。❷①に似た形をとる講習会・出版物・放送番組。「市民ー」

**こうさい【公債】**(名)〘経〙国または地方公共団体が、収入の不足を補うために一般《いっぱん》から借り入れる借金。また、その証券。「ーを発行する」

**こうさい【光彩】**(名)美しいかがやき。また、きわだってすぐれていることのたとえ。「ーを放つ」

**こうさい【交際】**(名・自スル)人とつき合うこと。つき合い。まじわり。「ー家」「ー範囲《はんい》が広い」

**こうさい【◇虹彩】**(名)〘生〙眼球の角膜《かくまく》と水晶《すいしょう》体との間にあり、光の量を調節するうすい膜。

**こうさい【高裁】**(名)「高等裁判所」の略。

**こうざい【功罪】**(名)役にたつところと害になるところ。よい点と悪い点。「テレビのーを論じる」

**功罪相《あい》半《なか》ばする** 役にたつところと害になるところとが半々で、よいとも悪いとも評価できない。

**こうざい【鋼材】**(名)機械・造船・工業などの材料となる鋼鉄。

**こうさく【工作】**一(名)機械や道具などを使ってものを作ること。また、特に、それを学ぶ学科。「図画ー」二(名・他スル)ある目的のために、前もって準備やはたらきかけをすること。「裏ー」

**こうさく【交錯】**(名・自スル)いくつかのものが入りまじること。「期待と不安がーする」

**こうさく【耕作】**(名・他スル)田畑をたがやして農作物を作ること。「ー地」

**こうさく【鋼索】**(名)はがねでできている線を何本もより合わせて作ったつな。つり橋・起重機・エレベーター・ケーブルカーなどに用いる。ワイヤロープ。

**こうさつ【考察】**(名・他スル)物事を明らかにするためによく調べ考えること。「歴史的意義をーする」

**こうさつ【高札】**(名)❶むかし、禁止することや守らなければならないきまりなどを書いて、人目につく所に高く立てた板の札。たかふだ。❷入札の中で価格のいちばん高いもの。❸他人の手紙を敬っていうことば。

**こうさつ【絞殺】**(名・他スル)首をしめて殺すこと。

**こうざつ【交雑】**(名・他スル)品種改良などのために、遺伝的に異なる種を交配《こうはい》すること。「ー種」

**こうさてん【交差点】**〘交△叉点〙(名)複数の道路が交わっている所。類十字路・丁《てい》字路

**こうさん【公算】**(名)あることがおこる確実性の度合い。見こみ。見通し。「勝つーが大きい」

**こうさん【恒産】**(名)安定した財産や職業。

**恒産なき者《もの》は恒心《こうしん》なし** 安定した財産や職業がない者は、安定した正しい心ももてない。

**こうさん【降参】**(名・自スル)❶負けて敵に服従すること。類降伏《こうふく》。❷どうしようもなくなって困ること。

と。おてあげ。「この暑さにはーだ」

**こうざん【高山】**（名）高い山。

**こうざん【鉱山】**（名）金・銀・鉄・銅・石炭などの鉱物をほりとる所。

**こうざんしょくぶつ【高山植物】**（名）〘植〙高山に生えている植物。きびしい環境《かんきょう》のために、小形の多年草や小低木が多い。はいまつ・こけももなど。

**こうざんびょう【高山病】**（名）〘医〙高山に登ったとき、気圧の低さや酸素の少なさのためにおこる病気。頭痛・はきけ・めまいなどを感じる。山岳《さんがく》病。

**こうし【公私】**（名）おおやけに関することと、個人に関すること。公的な事と私的な事。「ー混同」

**こうし【公使】**（名）国の代表として条約を結んだ国に行き、外交の仕事を取りあつかう人。大使につぐ外交使節。「ー館」

**こうし【行使】**（名・他スル）権利や力などを実際に使うこと。「実力ー」「権利をーする」

**こうし【厚志】**（名）人からよせられた親切な気持ち。深い思いやり。「ごーにあまえる」類厚情

**こうし【後嗣】**（名）あとつぎ。子孫。

**こうし【皇嗣】**（名）皇位継承《けいしょう》順位が第一位である者。

**こうし【格子】**（名）❶細い木や竹を縦横に組み合わせてつくった建具。窓・戸口に取り付ける。❷①で作った戸。格子戸。❸縦横に線が交差したしま模様。格子じま。

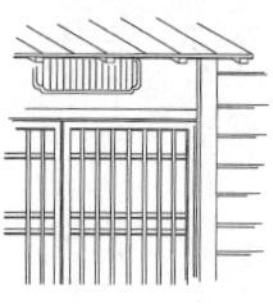

（格子②）

**こうし【△嚆矢】**（名）（もと、かぶら矢の意。むかしの中国では戦争のはじめにかぶら矢を射たことから）物事のはじめ。

**こうし【講師】**（名）❶学校や塾《じゅく》などで、ある授業を担当する教員。「非常勤ー」❷たのまれて、講演会や研究会などで話をする人。❸大学・高等専門学校の教育職の一つ。教授・准《じゅん》教授に準じる職務に従事する。

**こうし〔孔子〕【人名】**（前五五一～前四七九）中国、春秋《しゅんじゅう》時代の思想家。はじめ魯《ろ》の国の政治に参加したが、のち、政界を去り、「仁《じん》」の道を説いて多くの弟子《でし》を教育した。その教えは儒教《じゅきょう》と呼ばれ、後世に大きな影響《えいきょう》をあたえた。「論語」は孔子の行いや弟子たちとの問答を弟子が記録・編集したもの。

**こうじ【△麹】**（名）蒸《む》した米・麦・豆などにこうじかびを繁殖《はんしょく》させたもの。酒・みそ・しょうゆなどをつくるのに使う。

**こうじ【工事】**（名・他スル）建物・橋・道・トンネルなどをつくったり、なおしたりする仕事。「土木ー」

**こうじ【小路】**（名）幅《はば》のせまい道。対大路《おおじ》

**こうじ【公示】**（名・他スル）おおやけの機関が正式に一般《いっぱん》の人に示すこと。「総選挙のー」類告示

**こうじ【好事】**（名）❶よいこと。めでたいこと。「ーが重なる」❷よい行い。

**好事魔《ま》多《おお》し** よいことにはじゃまがはいりやすい。

**好事門《もん》を出《い》でず** よい行いは、なかなか世間に知られにくい。

**こうじ【好餌】**（名）❶人をうまくさそいこむ手段。「ーにつられる」❷欲望のぎせいになるもの。「悪のーとなる」

**こうじ【後事】**（名）あとあとのこと。将来のこと。特に、死後のこと。「ーを託《たく》す」

**こうじ【高次】**（名）程度の高いこと。高い次元。「よりーの問題」

**ごうし【合△祀】**（名・他スル）複数の神や霊《れい》を一つの神社に合わせてまつること。

**ごうし【合資】**（名・自スル）資本を出し合うこと。

**ごうしがいしゃ【合資会社】**（名）会社の損害をどこまでも引き受ける無限責任社員と、自分がその会社に出資している金額の限度内で引き受ける有限責任社員とによって組織されている会社。

**こうじかび【△麹△黴】**（名）コウジカビ科のかび。でんぷんを糖に変えるはたらきをする。酒・みそ・しょうゆなどをつくるのに使う。

**こうしき【公式】**（名）❶おおやけに定められた形式。おもてだった方法。「ー試合」「ーの訪問」「非ー」…的「公式的な見解」❷〘数〙計算のきまりや法則を文字で表した式。

**こうしき【硬式】**（名）野球・テニスなどで、硬球を用いて競技する方式。「ー野球」対軟式《なんしき》

**こうしせい【高姿勢】**（名）相手を上からおさえつけるようないばった態度。「ーに出る」対低姿勢

**こうしつ【皇室】**（名）天皇と、その一族。

**こうしつ【硬質】**（名）質がかたいこと。「ーガラス」対軟質《なんしつ》

**こうじつ【口実】**（名）言いわけをするために、かこつけた理由。言いのがれの材料。「病気をーに休む」

**こうじつせい【向日性】**（名）植物が日光のさすほうに向かってのびる性質。向光性。対背日性

**こうしゃ【公社】**（名）❶社会全体のために、政府が資本を出してつくった公共企業体。❷地方公共団体がつくった企業体。地方公社。

**こうしゃ【巧者】**（名・形動ダ）物事をじょうずにやること。また、その人。「試合ー」

**こうしゃ【後者】**（名）二つ示したもののうち、あとのほうのもの。「ーを選ぶ」対前者

**こうしゃ【降車】**（名・自スル）車や電車からおりること。「ー口」類下車。対乗車

**こうしゃ【校舎】**（名）学校の建物。

**ごうしゃ【豪△奢】**（名・形動ダ）ひじょうにぜいたくで、はでなこと。「ーな生活」類豪華《ごうか》

**こうしゃく【公爵】**（名）もと、貴族の段階を示す五等の爵位（公・侯《こう》・伯《はく》・子・男）の第一。

**こうしゃく【侯爵】**（名）もと、貴族の段階を示す五等の爵位（公・侯《こう》・伯《はく》・子・男）の第二。

**こうしゃく【講釈】**━（名・他スル）❶物事の意義や文章の意味をわかりやすく説明して聞かせること。「論語のー」❷もったいぶったり、理屈《りくつ》をつけたりして説明すること。「ーを並べる」━（名）講談。

**こうしゃくし【講釈師】**（名）講談を話すことを職業とする人。

**こうしゅ【巧手】**（名）ひじょうにうまい技や腕前《うでまえ》。また、その持ち主《ぬし》。「琴《こと》の—」 類 名手・巧者

**こうしゅ【攻守】**（名）攻《せ》めることと守ること。攻撃《こうげき》と守備。「—に活躍《かつやく》する」

**こうしゅ【〖△拱手〗】**（名・自スル）→きょうしゅ（拱手）

**こうしゅ【絞首】**（名）首をしめて殺すこと。

**こうじゅ【口授】**（名・他スル）直接口で伝え、教えさずけること。くじゅ。「—を受ける」

**こうしゅう【口臭】**（名）口から出るいやなにおい。

**こうしゅう【公衆】**（名）社会を構成する一般《いっぱん》の人びと。「—衛生」「—道徳」

**こうしゅう【講習】**（名・他スル）ある期間、人が集まって学問や技術を学び習うこと。また、その指導をすること。「—会」「夏期—」

**ごうしゅう**〔豪州〕［地名］オーストラリアのこと。

**こうしゅうえいせい【公衆衛生】**（名）社会の人びとの病気の予防や健康増進などをはかること。また、その活動。

**こうしゅうでんわ【公衆電話】**（名）一般《いっぱん》の人が料金を払《はら》っていつでも使用できるように、街頭などに設けた電話。

**こうしゅうどうとく【公衆道徳】**（名）社会生活の上で、一人一人が守るべき行動の規準。

**こうしゅうは【高周波】**（名）《物》周波数（振動数《しんどうすう》）の比較《ひかく》的高い電波・電流。対 低周波

**こうしゅけい【絞首刑】**（名）首をしめて殺す刑罰《けいばつ》。縛《しば》り首の刑。

**こうじゅつ【口述】**（名・他スル）口で述べること。「—筆記」

**こうじゅつ【後述】**（名・他スル）あとで述べること。また、そのことがら。「このことは—します」対 前述

**こうしょ【向暑】**（名）暑い季節に向かうこと。おもに手紙で時候のあいさつに用いる。「—の折」対 向寒

**こうしょ【高所】**（名）❶高い場所。「—恐怖症《きょうふしょう》」❷全体をみわたして判断できる高い立場や見地。「大所《たいしょ》—に立った見方」

**こうじょ【皇女】**（名）天皇のむすめ。内親王。

**こうじょ【控除】**（名・他スル）金銭・数量などを差し引くこと。特に、収入の全部または一部について税金をかけないこと。「扶養《ふよう》—」

**こうしょう【工匠】**（名）❶家具・道具などを作る職人。「—の技」❷工作物の意匠。デザイン。

**こうしょう【口承】**（名・他スル）口から口へと語り継《つ》ぎ伝えていくこと。「—文学」

**こうしょう【公称】**（名・自スル）おもてむきに言うこと。「発行部数は一五〇万部」

**こうしょう【公証】**（名）《法》公務員がその職権によってある事実を証明すること。また、その証明。「—人」

**こうしょう【公傷】**（名）公務中に受けたけが。「—と認定する」

**こうしょう【好尚】**（名）好みやはやり。「時代の—に合う」

**こうしょう【交渉】**（名・自スル）❶問題解決のため相手とかけ合うこと。談判。「—がまとまる」❷かかわり合うこと。つきあい。「最近彼《かれ》とは—がない」

**こうしょう【考証】**（名・他スル）むかしのことがらについて、事物や文献《ぶんけん》を調べ、それを証拠《しょうこ》として事実を明らかにすること。「時代—」

**こうしょう【行賞】**（名）功績のあった人に賞を与《あた》えること。「論功—」

**こうしょう【〖△哄笑〗】**（名・自スル）大声で笑うこと。

**こうしょう【高尚】**（名・形動ダ）知性的で上品なようす。「—な趣味《しゅみ》」対 低俗《ていぞく》

**こうしょう【校章】**（名）学校の記章。

**こうしょう【高唱】**（名・他スル）声高らかに歌うこと。また、強く主張すること。「全員で校歌を—する」

**こうしょう【鉱床】**（名）《地質》地中で、鉱物がたくさん集まっている場所。

**こうじょう【口上】**（名）❶口で言うこと。特に、口で言う型どおりのあいさつ。「お祝いの—を述べる」❷芝居《しばい》などで、出しものの説明や襲名披露《しゅうめいひろう》のあいさつをすること。「襲名の—」

**こうじょう【工場】**（名）機械などを使って物をつくったり、加工したりする所。こうば。「自動車—」

**こうじょう【向上】**（名・自スル）前よりもよくなっていくこと。「学力が—する」「—心」対 低下

**こうじょう【交情】**（名）あたたかい親しみの気持ち。また、親しくつき合うこと。「—を深める」

**こうじょう【厚情】**（名）親切な心。深い思いやり。「ご—に感謝します」類 厚意・厚志

**こうじょう【恒常】**（名）状態が同じで変化がないこと。…的「恒常的に作品を展示する」

**ごうしょう【豪商】**（名）豊富な資金を持ち、大規模な商売をしている商人。大商人。

**ごうじょう【強情】**（名・形動ダ）意地が強く、自分の考えをおし通すこと。がんこなこと。「—を張る」

**こうじょうがき【口上書き】**（名）口で述べることを書いた文章。

**こうじょうせいしゅこうぎょう【工場制手工業】**（名）→マニュファクチュア

**こうじょうせん【甲状腺】**（名）《生》のどの下にあって、発育・新陳《しんちん》代謝に関係するホルモンを分泌《ぶんぴつ》する内分泌腺。

**こうしょうにん【公証人】**（名）《法》民事についての公正証書を作ったり、私文書を認めたりする権限のある公務員。

**こうしょうぶんげい【口承文芸】**（名）文字で書かれずに、口伝えに伝えられてきた文芸。伝説・説話・民話など。

**こうしょく【公職】**（名）おおやけの職務。議員・公務員などの職。「—につく」

**こうしょく【好色】**（名・形動ダ）いろごとを好むこと。「—な人」

**こうじょりょうぞく【公序良俗】**（名）人が守るべき公共の秩序《ちつじょ》と善良な風俗。「—に反する」

**こう・じる【〖◇困じる〗】**（自上一）〔ジ・ジ・ジル・ジル・ジレ・ジロ(ジヨ)〕こまる。なやむ。「問題処理に—」

**こう・じる【高じる】【〖△昂じる・△嵩じる〗】**（自上一）〔ジ・ジ・ジル・ジル・ジレ・ジロ(ジヨ)〕程度がはなはだしくなる。つのる。「趣味《しゅみ》が—・じてプロになる」「病《やまい》が—」

**こう・じる【講じる】**(他上一){ジ・ジ・ジル・ジル・ジレ・ジロ(ジヨ)} ❶講義をする。「文学史について—」 ❷いろいろと考え、適切な手段・方法をとる。「試験の対策を—」

**こうしん【口唇】**(名) くちびる。

**こうしん【亢進・昂進・高進】**(名・自スル) 感情などがたかぶっていくこと。また、物事の程度が激しくなること。「インフレが—する」「心悸《しんき》—」

**こうしん【交信】**(名・自スル) 無線などで、通信をとりかわすこと。「—がとぎれる」

**こうしん【行進】**(名・自スル) 多くの人が隊列を作って進むこと。「入場式の—」

**こうしん【更新】**(名・自他スル) 今までのものがあらたまること。あらためて新しくすること。「記録の—」

**こうしん【恒心】**(名) いつも変わらない正しい心。

**こうしん【後身】**(名) (生まれ変わりの意)以前の姿から変化・発展して、様相を変えたあとのもの。「東京専門学校の—が早稲田《わせだ》大学だ」[対]前身

**こうしん【後進】**[一](名) ❶ある分野で、同じ道をあとから進んでくる人。後輩《こうはい》。「—に道をゆずる」 ❷進歩がおくれていること。「—の諸国」[対]先進。[二](名・自スル) 車などがうしろへ進むこと。後退。[対]前進

**こうじん【公人】**(名) 公職にある人。「—としての立場」[対]私人

**こうじん【幸甚】**(名・形動ダ) ひじょうなしあわせ。何よりありがたく思うこと。「そう願えれば—に存じます」[使い方]多く手紙などで用いる。

**こうじん【荒神】**(名) (「三宝荒神《さんぼうこうじん》」の略)かまどの神。

**こうじん【後陣】**(名) 後方の部隊や陣地。「—の備《そな》え」[対]先陣。[参考]「ごじん」ともいう。

**こうじん【後塵】**(名) 人や車などが通ったあとに立つ土ぼこり。

**後塵を拝《はい》する** ❶すぐれた人物のうしろからつきしたがっていく。❷人に先んじられる。おくれをとる。

**こうじん【黄塵】**(名) ❶立ちのぼる黄色い土煙《つちけむり》。「—万丈《ばんじょう》(=黄色い土煙が空高く立ちのぼるようす)」 ❷俗世のわずらわしさ。「—にまみれる」

**こうしんえつ**【甲信越】[地名] 山梨・長野・新潟の三県の地方。旧国名の甲斐《かい》・信濃《しなの》・越後《えちご》をあわせた呼び方。「—地方」

**こうしんきょく【行進曲】**(名)《音》行進する歩調に合う音楽。偶数拍子《ぐうすうびょうし》でリズムが強い。マーチ。

**こうしんじょ【興信所】**(名) 依頼《いらい》を受け、個人・会社などの信用・素行を秘密に調査する機関。

**こうしんせい【更新世】**(名)《地質》地質時代の一つで、今から約二〇〇万年前から一万年前までの時代。氷河が陸をおおったので、氷河時代ともいう。洪積世《こうせきせい》。最新世。

**こうじんぶつ【好人物】**(名) 気だてのよい人。悪気のない人。

**こうしんりょう【香辛料】**(名) 食べ物にからさや香《かお》りなどを加える調味料。スパイス。こしょう・わさびなど。

**こうしんりょく【向心力】**(名)《物》物体が円運動をするとき、円の中心の方向に向かってはたらく力。求心力。[対]遠心力

**こうず【構図】**(名) ❶絵画・写真などで、美的効果を高めるために対象となる材料の配置をくふうしてまとまった全体を作ること。また、その図。❷物事の全体の組みたて。「対立の—ができあがる」

**こうすい【香水】**(名) 香料をアルコールにとかして作ったにおいのよい液。からだや衣服などにつける。

**こうすい【硬水】**(名)《化》カルシウム・マグネシウムなどの塩類が多くとけこんでいる水。せっけんがとけにくいので、洗濯《せんたく》には適さない。[対]軟水《なんすい》

**こうすい【鉱水】**(名) ❶鉱物質を多くふくむ水。❷鉱山や精錬《せいれん》所などから流れ出る鉱毒をふくむ水。

**こうずい【洪水】**(名) ❶大雨などで川の水がふえてあふれ出ること。大水。「—警報」 ❷あふれそうなほど、ものがたくさんあること。「車の—」

**こうすいりょう【降水量】**(名)《天》雨・雪・ひょう・あられなど、地上に降った水分の量。雨量。降雨量。容器にたまった量をミリメートルで表す。

**こうすう【恒数】**(名) 一定で変わらない数。定数。

**こうずか【好事家】**(名) ❶変わった物事に特に興味をもつ人。ものずき。❷風流なことを好む人。

**こうずけ**〔上野〕[地名] むかしの国名の一つ。今の群馬県。上州《じょうしゅう》。

**こう・する【抗する】**(自サ変){シ(セ・サ)・シ・スル・スル・スレ・シロ(セヨ)} 手向かう。抵抗する。「—・しがたい運命」

**こう・ずる【困ずる】**(自サ変){ジ(ゼ)・ジ・ズル・ズル・ズレ・ジロ(ゼヨ)} →こうじる(困じる)

**こう・ずる【高ずる】**【昂ずる・嵩ずる】(自サ変){ジ(ゼ)・ジ・ズル・ズル・ズレ・ジロ(ゼヨ)} →こうじる(高じる)

**こう・ずる【講ずる】**(他サ変){ジ(ゼ)・ジ・ズル・ズル・ズレ・ジロ(ゼヨ)} →こうじる(講じる)

**ごう・する【号する】**(自サ変){シ(セ・サ)・シ・スル・スル・スレ・シロ(セヨ)} ❶名づける。称《しょう》する。「一茶《いっさ》と—」 ❷言いふらす。

**こうせい【公正】**(名・形動ダ) かたよらないで、正しくはっきりしていること。公明正大。「—な判断」

**こうせい【更正】**(名・他スル) 改め正すこと。

**こうせい【更生】**[一](名・自スル) ❶一度よくない状態におちいった人が心のもち方や生活態度を正しく改めること。「—してまじめに働く」 ❷生き返ること。蘇生《そせい》。[二](名・他スル) 使えなくなった物に手を加えてまた使えるようにすること。「—品」

**こうせい【攻勢】**(名) 相手に対して積極的に攻《せ》めこんでいく態勢。「—に出る」[対]守勢

**こうせい【厚生】**(名) 生活を健康で豊かなものにすること。「福利—」「—施設《しせつ》」

**こうせい【後世】**(名) のちの世。のちの時代。「名を—に残す」[注意]「ごせ」と読むと別の意味になる。

**こうせい【後生】**(名) あとから生まれてくる人。また、あとから学ぶ人。年の若い人。後輩《こうはい》。[注意]「ごしょう」と読むと別の意味になる。

**後生畏《おそ》るべし** 年少の者はあとあとどんな力量を示すかわからないから、おそれ敬うべきである。

**こうせい【恒星】**(名)《天》みずから光を出し、たがいの位置をほとんど変えない星。太陽もその一つ。

**こうせい【校正】**（名・他スル）原稿《げんこう》とそれを印刷したものを引きくらべて、文字のあやまりなどを直すこと。

**こうせい【高声】**（名）高い声。大声。対低声

**こうせい【構成】**（名・他スル）部分を集めて全体を組み立てること。また、その組み立て。「文章の―」

学習 比較《ひかく》 「構成」「構造」

構成　部分を集めて全体を組み立てること。部分や要素に重点がある。「委員会は七名で**構成**されている」「家族**構成**」「紙面の**構成**を工夫する」

構造　物事を形づくっている部分の組み合わせ。仕組み。全体に重点がある。「家屋の**構造**」「頭の**構造**がちがう」「耐震《たいしん》**構造**の建築物」「社会**構造**」

**ごうせい【合成】**（名・他スル）❶二つ以上のものをいっしょにして一つのものを作ること。「―写真」❷〔化〕元素から化合物を作ること。また、簡単な化合物から複雑な化合物を作ること。「―化学」

**ごうせい【豪勢】**（形動ダ）{ダロ・ダッ(デ・ニ)・ダ・ナ・ナラ・○} ふつうとはかけ離《はな》れてぜいたくなようす。「―な暮らし」

**ごうせいご【合成語】**（名）複合語。

**ごうせいゴム【合成ゴム】**（名）石油・天然ガスなどからつくり出すゴムに似た合成物質。人造ゴム。

**ごうせいしゅ【合成酒】**（名）アルコールに清酒のような味や香《かお》りをつけてつくった酒。

**ごうせいじゅし【合成樹脂】**（名）〔化〕原料を化学的に合成し、天然樹脂（＝木のやに）に似せて作った物質。いろいろな特質をもち、応用範囲《はんい》が広い。プラスチック・ビニールなど。

**こうせいしょう【厚生省】**（名）国民の保健や福祉《ふくし》などの事務をあつかった国の役所。現在は厚生労働省に移行。

**こうせいずり【校正刷り】**（名）校正をするために仮に刷った印刷物。ゲラ刷り。

**ごうせいせんい【合成繊維】**（名）〔化〕石油や石炭などを原料として化学的に合成してつくった繊維。ナイロン・ビニロンなど。化学繊維。人造繊維。

**ごうせいせんざい【合成洗剤】**（名）石油などを原料に、化学的に合成して作った洗剤。

**こうせいとりひきいいんかい【公正取引委員会】**（名）独占《どくせん》禁止法の運営にあたる機関。内閣府に属するが、独立して業務を行う。公取委。

**こうせいねんきん【厚生年金】**（名）会社・役所・学校などに勤めている人が、年をとったり病気やけがで障害を負ったりしたときに、国から年金を受け取る制度。

**ごうせいひかく【合成皮革】**（名）布に合成樹脂《じゅし》をぬり、天然皮革に似せて作ったもの。

**こうせいぶっしつ【抗生物質】**（名）〔医〕かび・細菌《さいきん》からつくられる、ほかの細菌を殺したり、ふえるのをおさえたりする物質。ペニシリン・ストレプトマイシンなど。抗菌性物質。

**こうせいろうどうしょう【厚生労働省】**（名）中央行政官庁の一つ。国民の健康・衛生や社会福祉《ふくし》、労働者の労働条件や社会保障に関する仕事を取りあつかう。厚労省。

**こうせき【功績】**（名）多くの人びとのためになるりっぱな仕事。てがら。「―をたたえる」

**こうせき【航跡】**（名）船が通ったあとにできる波の白いすじ。

**こうせき【鉱石】**（名）役にたつ金属をふくむ鉱物。

**こうせきうん【高積雲】**（名）〔天〕中層雲の一種。高さ二～七キロメートルくらいの空中にある、まるみのある雲の群れ。むらくも。ひつじぐも。

**こうせきせい【洪積世】**（名）〔地質〕→こうしんせい

**こうせつ【公設】**（名）国または地方公共団体が設立すること。また、そのもの。「―市場」対私設

**こうせつ【巧拙】**（名）じょうずなこととへたなこと。うまいへた。「両者の技術に―はない」

**こうせつ【巷説】**（名）世間のうわさ。類巷談

**こうせつ【降雪】**（名）雪がふること。また、ふる雪。

**こうせつ【高説】**（名）りっぱな意見。また、相手の説を敬っていうことば。「先生のご―をうかがう」

**こうせつ【講説】**（名・他スル）講義して説明すること。また、その説明。「古典を―する」

**ごうせつ【豪雪】**（名）ひじょうにたくさん雪が降ること。また、降った雪。大雪。「―地帯」

**こうぜつのと【口舌の徒】**口は達者《たっしゃ》であるが、実力や行動がともなわない人。「―に過ぎない」

**こうせん【工船】**（名）とった魚介《ぎょかい》類を船内ですぐに缶詰《かんづめ》などに加工する設備のある船。「かに―」

**こうせん【口銭】**（名）売り買いのなかだちの手数料。コミッション。「一割の―をとる」

**こうせん【工銭】**（名）仕事の手間賃。工賃。

**こうせん【公選】**（名・他スル）❶国民や地域住民による選挙。「知事―」❷公開の選挙。「総裁―」

**こうせん【交戦】**（名・自スル）戦いをまじえること。「―国」

**こうせん【光線】**（名）ひかり。ひかりの筋。「太陽―」

**こうせん【抗戦】**（名・自スル）敵の攻撃《こうげき》に抵抗《ていこう》して戦うこと。「侵略《しんりゃく》に対して―する」

**こうせん【黄泉】**（名）（地下の泉の意で）人が死後に行くという所。よみ。冥土《めいど》。

**こうせん【鉱泉】**（名）地中よりわき出る水のうち、鉱物質を多くふくむもの。冷泉をいうことが多いが、広くは温泉をふくめていう。

**こうぜん【公然】**（ト・タル）隠《かく》さないで世間にはっきりと表すこと。おおっぴらであるようす。「―と非難する」「―の秘密（＝表向きは秘密であるはずなのに広く知れわたっていること）」

**こうぜん【昂然】**（ト・タル）自信をもって何ものをもおそれないようす。「―と胸をはる」

**こうぜん【浩然】**（ト・タル）心が広々としておおらかなようす。ゆったりしたようす。

**浩然の気《き》**　公明正大で恥《は》じることがない気持ち。のびのびとした気持ち。「―を養う」

**ごうぜん【傲然】**（ト・タル）いばって人を見下すようす。

「ーたる態度」

**ごうぜん**『△轟然』(ト/タル) 大きい音がとどろきひびくようす。「ーと通過する列車」

**こうそ**【公租】(名) 国税と地方税をまとめていうことば。

**こうそ**【公訴】(名・他スル)〘法〙検察官が刑事《けいじ》事件について、裁判所に審判《しんぱん》を求めること。

**こうそ**【控訴】(名・自スル)〘法〙裁判で、最初の判決に不満があるとき、上級の裁判所にその取り消しや、変更《へんこう》を求めること。「ー審《しん》」類抗告《こうこく》・上告

**こうそ**【酵素】(名)〘化〙生物の体内で作られ、その体内でおこる化学反応をなめらかに進めるはたらきをする物質。ジアスターゼ・ペプシンなど。「消化ー」

**こうぞ**『△楮』(名)〘植〙クワ科の落葉低木。山地に自生し、栽培《さいばい》もされる。くわに似た大きい葉をもつ。木の皮は和紙の原料。

(こうぞ)

**ごうそ**【強訴】(名・自スル) 平安時代から江戸《えど》時代に、徒党を組み支配者に実力でうったえたこと。

**こうそう**【広壮】『△宏壮』(名・形動ダ) 建物などが広くてりっぱなこと。「ーな邸宅《ていたく》」

**こうそう**【抗争】(名・自スル) 対抗して争うこと。「内部ー」

**こうそう**【高僧】(名) ❶知識や行いのすぐれた僧。名僧。❷官位の高い僧。

**こうそう**【高層】(名) ❶層が高く重なること。また、高く重なった層。「ー建築」❷空の上のほうの層。「ー気流」

**こうそう**【高燥】(名・形動ダ) 土地が高い所にあってしめりけの少ないこと。「ーな土地」対低湿《ていしつ》

**こうそう**【構想】(名・他スル) 物事を行うにあたり、それをどのように組み立ててまとめあげるかを考えること。また、組み立てた考え。「ーを練《ね》る」

**こうぞう**【構造】(名) 部分を合わせた全体の組み立て。つくり。「言語のーを分析《ぶんせき》する」…的「構造的な不況《ふきょう》」⇨こうせい(構成)「学習」

**ごうそう**【豪壮】(形動ダ)(ダロ・ダッ(デ・ニ)・ダ・ナ・ナラ・○) 規模が大きくりっぱなようす。「ーな建物」

**こうそううん**【高層雲】(名)〘天〙二～七《キロメートル》の上空に一面に広がる、灰色の雲。おぼろ雲。

**こうそく**【光速】(名) →こうそくど

**こうそく**【拘束】(名・他スル) ❶自由な行動を制限すること。「時間にーされる」「ー時間(=休憩《きゅうけい》時間を合わせた、始業から終業までの時間)」類束縛《そくばく》。❷〘法〙行動の自由を制限した状態におくこと。「身柄《みがら》をーする」

**こうそく**【校則】(名) 学校の規則。校規。

**こうそく**【高速】(名) ❶速度の速いこと。高速度。「ー運転」対低速。❷「高速道路」の略。

**こうそく**【梗塞】(名・自スル) ふさがって通じなくなること。動脈がふさがることで、その先にある組織が死滅《しめつ》した状態。「脳ー」「心筋ー」

**こうぞく**【皇族】(名) 天皇以外の天皇家の一族。

**こうぞく**【後続】(名・自スル) あとに続くこと。あとに続くもの。「ーの列車」

**ごうぞく**【豪族】(名) その地方に古くから住み、強い勢力をもっていた一族。「地方のー」

**こうぞくきょり**【航続距離】(名) 飛行機や船などの、一度積んだ燃料で航行できる距離。

**こうそくど**【光速度】(名)〘物〙光の進む速さ。真空中では毎秒約三〇万《キロメートル》。光速。

**こうそくど**【高速度】(名) 速度の速いこと。高速。「ー撮影《さつえい》」

**こうそくどうろ**【高速道路】(名) 自動車が高速で走るための専用道路。ハイウエー。

**こうそつにんていしけん**【高卒認定試験】(名)(「高等学校卒業程度認定試験」の略) かつての「大検(=大学入学資格検定)」に代わる試験。合格すると高校卒業と同等の資格を与《あた》えられ、大学受験などが可能となる。高認《こうにん》。

**こうそん**【皇孫】(名) 天皇の孫、また、子孫。

**こうそんじゅ**【公孫樹】(名)〘植〙→いちょう(銀杏)

**こうた**【小唄】(名) 江戸《えど》時代にはやった俗曲《ぞっきょく》の一種。三味線《しゃみせん》に合わせて歌う短いうた。

**こうたい**【交代・交替】(名・自スル) ある位置・地位・仕事などを代わり合うこと。入れ代わること。「ーで見はる」「世代のー」

**こうたい**【抗体】(名)〘医〙からだの中に細菌《さいきん》や毒素がはいったとき、それに抵抗《ていこう》して血清中にできる物質。からだに免疫《めんえき》をあたえるもとになる。

**こうたい**【後退】(名・自スル) ❶うしろへ下がること。「車がーする」❷以前より悪い状態になること。「学力がーする」「景気のー」(対前進)

**こうだい**【広大】『△宏大』(名・形動ダ) 広くて大きいこと。「ーな宇宙」「ー無辺(=広くて果てしのないこと)」対狭小《きょうしょう》

**こうだい**【後代】(名) のちの世。のちの時代。後世《こうせい》。「ーに残る業績」

**こうたいごう**【皇太后】(名) 前の天皇の皇后。⇨じょうこうごう

**こうたいし**【皇太子】(名) 天皇の位をつぐことに決められている皇子《おうじ》。東宮《とうぐう》。

**こうだか**【甲高】(名・形動ダ) ❶手足の甲が高いこと。❷靴《くつ》やたびで、甲のところを特に高く作ったもの。

**こうたく**【光沢】(名) 物の表面のかがやき。つや。「ーを出す」

**ごうだつ**【強奪】(名・他スル) 暴力でむりにうばいとること。「現金をーする」

**こうだろはん**〔幸田露伴〕【人名】(一八六七～一九四七) 小説家・随筆《ずいひつ》家・文学者。男性的・理想主義的な作風で、尾崎紅葉《おざきこうよう》とともに、紅露時代と呼ばれる一時代をつくった。小説「風流仏《ふうりゅうぶつ》」「五重塔《ごじゅうのとう》」など。

**こうたん**【降誕】(名・自スル) 神仏、王や聖人などが世の中に生まれ出ること。「ー祭」

**こうだん**【公団】(名) 国がおおやけの事業を行うために設立した特別の団体。現在、すべての公団が、独立行政法人や株式会社に改組されている。

こうだん【後段】（名）あとのくぎり。あとの段。「その件は—でくわしく述べる」対前段

こうだん【▵巷談】（名）世間のうわさ。類巷説

こうだん【降壇】（名・自スル）演説などをすませて壇からおりること。対登壇

こうだん【講談】（名）むかしの戦いや武勇伝などを調子をつけておもしろく話して聞かせる演芸。「—師」

こうだん【講壇】（名）講義や講演をする壇。

ごうたん【豪胆・剛胆】（名・形動ダ）気性が強く、おそれないこと。きもがすわっていること。「—な人」

こうたんさい【降誕祭】（名）❶聖人や偉人《いじん》の誕生日を記念する祭り。❷→クリスマス

こうだんし【好男子】（名）❶顔立ちが美しい男。❷快活で男らしい男。

こうち【巧遅】（名）物事をするのにじょうずではあるが、のろいこと。「—は拙速《せっそく》にしかず（＝仕事はうまくてもおそいのは、へたでも速いのにおよばない）」対拙速

こうち【巧緻】（名・形動ダ）技術・細工などがたくみできめ細かいこと。「—をきわめる」「—な模型」

こうち【拘置】（名・他スル）《法》被告人《ひこくにん》や受刑者《じゅけいしゃ》などを一定の場所にとじこめておくこと。類勾留《こうりゅう》

こうち【耕地】（名）作物を作るためにたがやす土地。耕作地。「—面積」「—整理」

こうち【高地】（名）高い所にある土地。「—栽培《さいばい》」対低地

こうちく【構築】（名・他スル）組み立てて築くこと。つくり築くこと。「陣地《じんち》の—」「理論を—する」

こうちしょ【拘置所】（名）刑事被告人《ひこくにん》や死刑囚《しけいしゅう》を収容する施設《しせつ》。

こうちゃ【紅茶】（名）茶の若葉を発酵《はっこう》、乾燥《かんそう》させたもの。また、それに湯を注いでいれる飲み物。

こうちゃく【▵膠着】（名・自スル）❶ねばりつくこと。❷物事がある状態のままで、ほとんど変わらないこと。「試合が—状態になる」

こうちゅう【甲虫】（名）《動》からだがかたい羽とひふでおおわれている昆虫《こんちゅう》。かぶと虫・こがね虫など。

こうちょう【好調】（名・形動ダ）物事の調子がよいこと。ぐあいがよいこと。「—な売れゆき」「—を維持《いじ》する」類快調。対不調

こうちょう【紅潮】（名・自スル）顔に血がのぼって赤くなること。「はずかしさに顔が—する」

こうちょう【校長】（名）学校で、校務を管理する最高責任者。学校長。

こうちょう【候鳥】（名）《動》季節によってすむ場所を変えるために移動する鳥。渡《わた》り鳥。つばめ・雁《がん》など。対留鳥《りゅうちょう》

こうちょう【高潮】□一（名）満潮が頂点に達したもの。□二（名・自スル）物事の調子が高くはげしくなること。「最—」注意「たかしお」と読むと別の意味になる。

こうちょう【高調】□一（名）音の高い調子。□二（名・自スル）気分や調子が高まること。

こうちょうかい【公聴会】（名）国会の委員会などで、重要なことがらを決める前に、議員以外の関係者・学識経験者などから意見を聞く会。

こうちょうどうぶつ【▵腔腸動物】（名）《動》筒《つつ》または壺《つぼ》状をした簡単なからだの構造の動物。くらげ・さんご・いそぎんちゃくなど。

こうちょく【硬直】（名・自スル）❶筋肉がかたくこわばって、曲がらなくなること。「死後—」❷考え方・態度などに柔軟《じゅうなん》性がなくなること。…化「組織が硬直化する」

ごうちょく【剛直】（名・形動ダ）気性《きしょう》が強く信念を曲げないこと。「—な人」

こうちん【工賃】（名）工作・加工などの仕事に対して支払《しはら》うおかね。仕事の手間賃。工銭《こうせん》。

こうつう【交通】（名・自スル）人や乗り物がゆききすること。また、へだたった場所の間で人や物を輸送すること。「海上—」「—の便《べん》」

こうつうきかん【交通機関】（名）乗り物・運輸施設《うんゆしせつ》など人や物を輸送するしくみ。

ごうつくばり【▵業突く張り】（名・形動ダ）欲ばりで、強情《ごうじょう》なこと。また、そのような人。

こうつごう【好都合】（名・形動ダ）つごうのよいこと。願ったりかなったりのこと。対不都合

こうてい【工程】（名）❶仕事を進めていく順序。また、仕事の各段階。「—表」❷作業の進みぐあい。

こうてい【公定】（名・他スル）おおやけに定めること。国家または公共団体の定め。「—価格」

こうてい【公邸】（名）高級公務員が公務を行うために設けた家。「知事—」類官邸。対私邸

こうてい【行程】（名）❶目的地までの距離《きょり》。みちのり。道程。「一日三〇《キロメートル》の—を行く」❷ピストンの往復する距離。❸旅行などの日程。

こうてい【孝▵悌】（名）父母や兄、目上の人によくつかえること。

こうてい【肯定】（名・他スル）物事をそのとおりだと認めたり、それでよいと賛成したりすること。「現状を—する」…的「肯定的な意見」対否定

こうてい【皇帝】（名）帝国の君主。

こうてい【高低】（名）高いことと低いこと。「音の—を聞き分ける」

こうてい【高弟】（名）特にすぐれた弟子《でし》。

こうてい【校訂】（名・他スル）古典などの本文を、ほかの形で伝わる本や文書とくらべて正すこと。

こうてい【校庭】（名）学校の庭・運動場。

こうでい【拘泥】（名・自スル）こだわること。とらわれること。「勝敗に—するな」

ごうてい【豪邸】（名）大きくてりっぱな家。

こうていぶあい【公定歩合】（名）《経》国の中央銀行（日本では日本銀行）が決定する、市中銀行におかねを貸し出すときの利息の率。参考日本銀行は現在はこの名称《めいしょう》を廃止《はいし》し、「基準割引率および基準貸付利率」と変更《へんこう》した。

こうてき【好適】（名・形動ダ）ちょうどよく合うこと。ふさわしいこと。「保養に—な場所」

こうてき【公的】（形動ダ）{ダロ・ダッ(デ・ニ)・ダ・ナ・ナラ・○}公共のことに関するようす。おおやけの。「—な立場」対私的

こうてきしゅ【好敵手】（名）力の程度が同じくらいの、戦うのによい相手。ライバル。「—を失う」

こうてつ【更迭】（名・自他スル）ある地位や役目に

ついている人を入れかえること。また、入れかわること。「大臣を—する」

**こうてつ【鋼鉄】**（名）炭素を少量ふくんだかたい鉄。刃物《はもの》・機械などに使われる。はがね。スチール。

**こうてん【公転】**（名・自スル）〘天〙ある天体が、ほかの天体のまわりを周期的に回転すること。太陽のまわりの惑星《わくせい》の回転など。「地球の—」対自転

**こうてん【交点】**（名）❶〘数〙線と線、線と面がまじわる点。❷〘天〙惑星《わくせい》などの軌道《きどう》が黄道《こうどう》とまじわる点。

**こうてん【好天】**（名）よい天気。好天気。「—にめぐまれる」

**こうてん【好転】**（名・自スル）物事の状態がよいほうへ変わること。「事態が—する」

**こうてん【荒天】**（名）雨や風がはげしくあれている空模様。「—をついて出発する」

**こうでん【香典】**『香△奠』（名）死んだ人の霊前《れいぜん》にそなえるおかねや品物。香料。

**こうでんかん【光電管】**（名）〘物〙光の強弱を電流の強弱に変える真空管。電送写真などに用いる。

**こうでんち【光電池】**（名）〘物〙光エネルギーを電流に変える装置。カメラの露出計《ろしゅつけい》などに使う。

**こうてんてき【後天的】**（形動ダ）〔ダロ・ダッ(デ・ニ)・ダ・ナ・ナラ・○〕生まれつきではなく、生まれたあとに身にそなわるようす。「—な特質」対先天的

**こうど【光度】**（名）〘物〙発光体が出す光の強さの程度。単位はカンデラ。

**こうど【耕土】**（名）土地の上層の、作物を作るのに適している土。作土《さくど》。

**こうど【高度】**㊀（名・形動ダ）程度の高いこと。「—の技術」㊁（名）海水面からの高さの度合い。

**こうど【黄土】**（名）〘地質〙中国北部など、世界各地に広く見られる、黄褐色《おうかっしょく》の細かな土。おうど。

**こうど【硬度】**（名）❶物のかたさの程度。特に、金属・鉱物についていう。❷〘化〙水がカルシウム・マグネシウムなどの塩類をふくむ度合い。この度合いにより硬水・軟水《なんすい》に分類する。

**こうとう【口答】**（名）口で答えること。対筆答《ひっとう》

**こうとう【口頭】**（名）文書でなく、ことばで直接に話すこと。「—試問」「—で伝える」

**こうとう【公党】**（名）政党として社会的に認められている政党。「—の党首としての発言」

**こうとう【高等】**（名・形動ダ）程度や等級の高いこと。「—裁判所」「—な趣味《しゅみ》」対下等・初等

**こうとう【高踏】**（名）世俗《せぞく》をはなれて気位高く身をおくこと。「—派」…的「高踏的な文学」

**こうとう【高騰】**（名・自スル）物価が急に上がること。「地価が—する」

**こうとう【喉頭】**（名）呼吸器の一部。気管の上部、咽頭《いんとう》の下部にある。「—癌《がん》」

**こうどう【公道】**（名）❶一般《いっぱん》の人が通るための道。国や地方公共団体が管理している道。対私道。❷世の中の人が認める正しい行いの道。正しい道理。「—にもとる」

**こうどう【行動】**（名・自スル）ある意志をもって、実際にからだを動かして物事を行うこと。「—を起こす」「慎重《しんちょう》に—する」…的「行動的な女性」

**こうどう【坑道】**（名）地下につくった通路。特に、鉱山などの坑内の通路。「—を掘《ほ》る」

**こうどう【黄道】**（名）〘天〙地球から見て、太陽が地球のまわりを運行するように見える大円。おうどう。

**こうどう【講堂】**（名）❶学校などで、講演・式などを行う広い部屋・建物。❷寺で、説教・講義などをする所。

**ごうとう【強盗】**（名）暴行やおどしをして人の物をうばい取ること。また、その人。「銀行—」

**ごうどう【合同】**㊀（名・自他スル）二つ以上のものが一つになること。また、一つにすること。「—演奏会」㊁（名）〘数〙幾何学《きかがく》で、二つ以上の図形の形・大きさがまったく同じでぴったりと重ね合わせられること。

**ごうどうがいしゃ【合同会社】**（名）会社の債務《さいむ》に対して、出資している金額の限度内で責任を引き受ける有限責任社員だけで組織される会社。類合名会社

**こうとうがっこう【高等学校】**（名）中学校の上の、高度な普通《ふつう》教育や専門教育を行う三年制の学校。高校。

**こうとうさいばんしょ【高等裁判所】**（名）下級裁判所のうちで最上位の裁判所。最高裁判所の下、地方裁判所の上にあり、全国に八か所ある。高裁。

**こうとうしもん【口頭試問】**（名）たずねられた質問に対して、口頭で答える試験。

**こうとうせんもんがっこう【高等専門学校】**（名）中学校の上の、職業に必要な能力を育成する五年制または五年六か月制の学校。高専《こうせん》。

**こうとうどうぶつ【高等動物】**（名）〘動〙進化の度合いが高く、からだのいろいろな部分が複雑に発達した動物。対下等動物

**こうとうに**…俳句→かうたふに…

**こうとうは【高踏派】**（名）〘文〙一九世紀後半、ロマン派についでフランスにおこった詩の一派。感傷的・個人的なものをしりぞけて形式や技巧《ぎこう》を重視した。

**こうどうはんけい【行動半径】**（名）❶人や動物が行動する範囲《はんい》。また、行動できる範囲。行動範囲。「—が広い」❷飛行機や船が燃料を補給しないで往復できる、その片道の距離《きょり》。

**こうとうべんろん【口頭弁論】**（名）〘法〙民事訴訟《そしょう》において、当事者または代理人が法廷《ほうてい》で意見・主張を申し立てること。

**こうとうむけい【荒唐無稽】**（名・形動ダ）言うことや考えがでたらめで根拠《こんきょ》のないこと。「—な話」

**こうとく【公徳】**（名）社会生活で、だれもが守らなければならない道徳。公衆道徳。「—心」

**こうとく【高徳】**（名）すぐれて徳の高いこと。「—の僧《そう》」

**こうどく【鉱毒】**（名）鉱物をほりだしたり、鉱石を精錬《せいれん》して金属をとりだしたりするときに出てくる毒。

**こうどく【講読】**（名・他スル）意味や内容を明らかにしながら文章を読んだり講義したりすること。「古典—」

**こうどく**【購読】(名・他スル) 本や雑誌・新聞などを買って読むこと。「―者」「定期―」

**こうどくそ**【抗毒素】(名)〘医〙生体内の特定の毒素を中和して無毒にする抗体。

**こうとりい**【公取委】(名)「公正取引委員会」の略。

**こうない**【校内】(名) 学校の敷地《しきち》の中。「―放送」対校外

**こうない**【構内】(名) 建物や施設《しせつ》などの敷地《しきち》の中。「駅の―」対構外

**こうなん**【後難】(名) あとでふりかかるわざわい。「―をおそれる」

**こうなん**【硬軟】(名) かたいこととやわらかいこと。強硬と軟弱。「―両様の態度」

**こうにゅう**【購入】(名・他スル) 買い入れること。購買。「共同―」対販売《はんばい》

**こうにん**【公認】(名・他スル) ❶官庁・公共団体・政党などが正式に認めること。「党の―候補」❷周囲の人びとが認めること。「両親―のつきあい」

**こうにん**【後任】(名) 前の人に代わってその任務につくこと。また、その人。「―を探す」対前任・先任

**こうにん**【高認】(名)「高等学校卒業程度認定試験」の略。⇒こうそつにんていしけん

**こうねつ**【光熱】(名) 明かりと熱。電灯や燃料。「―費」

**こうねつ**【高熱】(名) 高い熱。特に病気などによる高い体温。「―を出す」

**こうねん**【光年】(名)〘天〙光が一年間に進む距離《きょり》で、天体間の距離を表す単位。一光年は約九兆四六〇〇億キロメートル。

**こうねん**【行年】(名) →ぎょうねん

**こうねん**【後年】(名) のちの年。のちの世。「彼《かれ》は―大臣にまでなった」

**こうねん**【高年】(名) 年齢《ねんれい》の高いこと。高齢。

**こうねんき**【更年期】(名) 女性の月経が止まる前後の時期。四五～五〇歳《さい》ぐらい。「―障害」

**こうのう**【効能】(名) ききめ。働き。「薬の―」

**こうのう**【後納】(名・他スル) おさめるべきおかねや物などを事後におさめること。「料金―郵便」対前納

**こうのう**【降納】(名・他スル) かかげてある旗などをかたづけるためにおろすこと。対掲揚《けいよう》

**ごうのう**【豪農】(名) 財産・勢力のある農家。

**こうのとり**〘◇鸛〙(名)〘動〙コウノトリ科の鳥。水辺にいて魚やかえるなどを食べる、つるに似た鳥。日本では特別天然記念物。こうづる。

(こうのとり)

**こうのもの**【香の物】(名) つけもの。おしんこ。

**ごうのもの**【剛の者・強の者】(名) すぐれて強い人。ことにあたってしたたかな人。つわもの。

**こうは**【光波】(名)〘物〙光の波動。

**こうは**【硬派】(名) ❶自分の主義や意見を強く言いはる人たち。「―の政治家」❷女性とのつきあいやはでな服装をきらい、男らしさや粗野《そや》なふるまいを強調しようとする人たち。❸新聞・雑誌で、政治・経済などのかたい記事をあつかう部署や人。対軟派《なんぱ》

**こうば**【工場】(名) →こうじょう(工場)

**こうはい**【光背】(名) 仏像のうしろにつける、光明をかたどったかざり。

(光背)

**こうはい**【交配】(名・他スル) 異なった性質・形態をもつ動植物を人工的にかけあわせること。品種の改良などに利用する。かけあわせ。「―種」

**こうはい**【荒廃】(名・自スル) 荒《あ》れはてること。「建物の―」「人心が―する」

**こうはい**【後輩】(名) 同じ学校や職場などにあとからはいった人。対先輩

**こうはい**【高配】(名) ❶ありがたい心配り。ご配慮《はいりょ》。「ご―を賜《たまわ》りまして」使い方 手紙や挨拶《あいさつ》などで、感謝の気持ちを示すときに用いられる。❷〘経〙株などの配当が高いこと。高配当。

**こうはい**【興廃】(名) おこることとすたれること。栄えることとほろびること。「国の―をかけた一戦」

**こうばい**【公売】(名・他スル)〘法〙おおやけの機関が強制的にさしおさえたものを競売すること。

**こうばい**【勾配】(名) ❶水平面に対するかたむきの程度。「山の―」❷斜面《しゃめん》。「急―をのぼる」

**こうばい**【紅梅】(名)〘植〙こいもも色の花が咲《さ》く梅。

**こうばい**【購買】(名・他スル) 買い入れること。購入。「―力」「―意欲」

**こうばいすう**【公倍数】(名)〘数〙二つ以上の数・式に共通な倍数。対公約数

**こうはいち**【後背地】(名) 港の背後や都市の周辺にあって、経済的に密接な関係をもつ地域。

**こうはく**【紅白】(名) 赤と白。「―の幕」

**こうばく**【広漠】(トタル) 広々として果てしがないようす。「―とした平野」

**こうばく**【荒漠】(トタル) 一面に荒《あ》れはてたようす。「―たる原野」

**こうはくじあい**【紅白試合】(名) 紅白二組に分かれて行う試合。紅白戦。

**こうばし・い**【香ばしい】〘◇芳ばしい〙(形)(カロ・カッ(ク)・イ・イ・ケレ・○) こんがりと焼けたような、よいにおいがする。

**こうはつ**【後発】(名・自スル) ❶あとから出発すること。「―組」対先発。❷あとから始めること。あとから現れて事業などを行うこと。「―メーカー」

**ごうはら**【業腹】(名・形動ダ) いまいましいこと。ひじょうに腹がたつこと。「負けてばかりで―だ」

**こうはん**【公判】(名)〘法〙刑事《けいじ》事件で、法廷《ほうてい》を公開して、うったえられた人に罪があるかないかを調べる裁判。「―が開かれる」

**こうはん**【孔版】(名) 謄写版《とうしゃばん》の別名。

**こうはん**【甲板】(名) →かんぱん(甲板)

**こうはん**【後半】(名) ひと続きのものを二つに分けた、あとの半分。「試合の―」対前半

**こうはん**〘◇攪◇拌〙(名・他スル) →かくはん(攪拌)

**こうはん【広範・広汎】**（形動ダ）{ダロ・ダッ(デ・ニ)・ダ・ナ・ナラ・○}およぶ範囲《はんい》が広いようす。「―な支持を得る」
**こうばん【交番】**（名）❶（「交番所」の略）町の各所に設けられ、警察官が詰めて勤務する所。❷交代で番にあたること。「―制」
**こうばん【降板】**（名・自スル）❶野球で、投手が交代させられてマウンドをおりること。対登板。❷俳優や役職者などが、つとめていた役を途中《とちゅう》でやめること。
**ごうはん【合板】**（名）うすい木材を、木目が交差するように何枚もはり合わせた板。特に、ベニヤ板。
**こうはんい【広範囲】**（名・形動ダ）広い範囲。「捜索《そうさく》が―にわたる」
**こうひ【工費】**（名）工事・工作にかかるおかね。
**こうひ【口碑】**（名）むかしからの言いつたえ。
**こうひ【公費】**（名）官庁や公共団体の費用。対私費
**こうひ【后妃】**（名）きさき。皇后。
**こうび【交尾】**（名・自スル）動物の性交。
**こうび【後尾】**（名）列のうしろのほう。いちばんあと。「最―」対先頭
**ごうひ【合否】**（名）合格と不合格。合格か不合格かということ。「―を決める」
**こうヒスタミンざい【抗ヒスタミン剤】**（名）《医》アレルギー症状《しょうじょう》の原因となるヒスタミンのはたらきをおさえる薬。▽ヒスタミンは、英 histamine
**こうひつ【硬筆】**（名）鉛筆《えんぴつ》・ペンなど、先のかたい筆記用具。対毛筆
**こうひょう【公表】**（名・他スル）広く一般《いっぱん》の人に向けて発表すること。「テストの問題を―する」
**こうひょう【好評】**（名）評判がよいこと。よい評判。「―を博する」対不評・悪評
**こうひょう【高評】**（名）❶相手の批評を敬って言うことば。「ご―をたまわる」❷評判が高いこと。
**こうひょう【講評】**（名・他スル）指導的な立場にある人が、理由をあげ、説明を加えながら批評すること。また、その批評。「試合後の―」
**こうびん【幸便】**（名）❶よいついで。「―に託《たく》する」❷人にことづける手紙のあて名にそえて書くことば。
**こうびん【後便】**（名）あとのたより。このつぎのたより。「委細―」対前便
**こうふ【工夫】**（名）道路・水道などの工事に従事する労働者の古い言い方。注意「くふう」と読むと別の意味になる。
**こうふ【公布】**（名・他スル）❶広く一般《いっぱん》に告げ知らせること。❷《法》法律・命令・条約などの決まったことがらを国民に知らせるため、官報で発表すること。
**こうふ【交付】**（名・他スル）国や役所などがおかねや書類などを引きわたすこと。「―金」
**こうふ【坑夫】**（名）炭坑・鉱山の坑内で鉱物をほりだす仕事をする労働者。参考現在は「鉱員」という。
**こうふ【鉱夫】**（名）鉱山で鉱物をほりだす仕事をする労働者。参考現在は「鉱員」という。
**こうぶ【公武】**（名）公家《くげ》と武家。朝廷《ちょうてい》と幕府。「―合体」
**こうぶ【後部】**（名）うしろの部分。「車の―座席」対前部
**こうふう【校風】**（名）その学校の特色とする気風。「質実剛健《ごうけん》の―」
**こうふく【幸福】**（名・形動ダ）心配事や不安がなくて心が満ちたりていること。しあわせ。「―な生活」「―の絶頂」対不幸
**こうふく【降伏・降服】**（名・自スル）戦いに負けて敵に従うこと。「無条件―」類降参
**ごうふく【剛腹】**（名・形動ダ）度胸がよくて、たいていのことにはおどろかないこと。「―な人物」
**こうぶつ【好物】**（名）好きな飲食物。「大―」
**こうぶつ【鉱物】**（名）地中にふくまれる天然の無機物。鉄鉱石や岩石など。参考石油・天然ガスなども鉱物とみなす場合がある。
**こうふん【口△吻】**（名）❶口先。口もと。❷口ぶり。言いぶり。「激しい―でものを言う」
**口吻を漏《も》らす** それとなく気持ちや考えを口に出す。
**こうふん【公憤】**（名）社会の悪についてのいきどおり。正義のいかり。対私憤
**こうふん【興奮】**『△昂奮・△亢奮』（名・自スル）❶刺激《しげき》によって神経やからだのはたらきが活発になること。「―して眠《ねむ》れない」❷刺激によって感情がたかぶること。「―してどなる」
**こうぶん【構文】**（名）文や文章の構成。
**こうふんざい【興奮剤】**（名）中枢《ちゅうすう》神経を刺激《しげき》して興奮させる薬。カフェイン・カンフルなど。
**こうぶんしょ【公文書】**（名）官庁または公共団体がその仕事上出した公式の文書。対私文書
**こうべ**『◇首・◇頭』（名）あたま。くび。「―をめぐらす（＝ふり返って見る）」「―を垂《た》れる（＝うなだれる）」
**こうへい【公平】**（名・形動ダ）平等で、一方にかたよらないこと。「―に評価する」「―な立場」「不―」
**こうへん【後編】**『後△篇』（名）本・映画などで、二つまたは三つに分かれたものの、あとの編。対前編
**こうべん【抗弁】**『抗△辯』（名・自スル）❶相手の主張に対して、はり合って言いたてること。「激しい―」❷《法》民事訴訟《そしょう》で、相手の論を否定するために別の論を主張すること。
**ごうべん【合弁】**『合△辦』（名）共同で事業を経営すること。特に、外国資本と共同で事業を経営することをいう。「―会社」
**こうほ【候補】**（名）あることがらにふさわしいとして、選ばれる対象となる人や物。「新人賞―」「―地」
**こうぼ【公募】**（名・他スル）広く一般《いっぱん》の人に呼びかけて集めること。「スターの相手役を―する」
**こうぼ【酵母】**（名）菌《きん》類の一群。糖分をアルコールと二酸化炭素に分解するはたらきがある。酒・パンなどの製造に用いられる。酵母菌。イースト。
**こうほう【工法】**（名）物をつくったり、工事をしたりするときの方法。「新しい―でビルを建てる」
**こうほう【公法】**（名）《法》権力関係や公益にかかわる法。憲法・行政法・刑法《けいほう》など。対私法
**こうほう【公報】**（名）官公庁から国民に対して公式に出される報告や通知。狭義《きょうぎ》では、地方公共団体から出されるもの。⇩こうほう（広報）「学習」
**こうほう【広報】**『△弘報』（名）役所・企業《きぎょう》・団

体などが、世間に広く知らせること。また、その知らせ。

> **学習 使い分け**「公報」「広報」
>
> **公報** 官公庁から正式な文書によって出される報告や通知。「選挙公報」「公報で告示する」「戦死の公報が届く」
>
> **広報** 役所や企業《きぎょう》が、業務や活動内容を広く世間に知らせること。「広報部」「市の広報紙」「広報活動に力を入れる」

**こうほう【後方】**（名）うしろのほう。「━にさがる」対前方

**こうほう【高峰】**（名）高くそびえる峰《みね》。高根《たかね》。「━を仰《あお》ぐ」

**こうぼう【工房】**（名）美術家や工芸家の仕事場。アトリエ。

**こうぼう『光△芒』**（名）光のすじ。ひかり。「一条の━を放つ」

**こうぼう【攻防】**（名）せめることと防ぐこと。攻守。「━戦」

**こうぼう【興亡】**（名・自スル）おこることとほろびること。栄えることとおとろえること。「国家の━」

**ごうほう【号砲】**（名）合図にうつピストルや大砲。

**ごうほう【合法】**（名・形動ダ）法律にかなっていること。「非━」…化「ストライキを合法化する」類適法

**ごうほう【豪放】**（名・形動ダ）度量が大きく、大胆《だいたん》で思いきりのよいこと。「━磊落《らいらく》」

**ごうほうてき【合法的】**（形動ダ）〔ダロ・ダッ（デ・ニ）・ダ・ナ・ナラ・○〕法律にかなっているようす。「━な手段」

**こうぼうはふでをえらばず【弘法は筆を選ばず】**（書の名人の弘法大師が字を書くのに筆のえりごのみをしないということから）物事にすぐれた人は、道具などに文句《もんく》を言わずにうまくやりこなすものだ。

**こうぼうもふでのあやまり【弘法も筆の誤り】**（書の名人の弘法大師でも書きそこなうことがあるということから）どんなにすぐれた人でも、ときにはあやまちをすることがある。類河童《かっぱ》の川流れ・猿《さる》も木から落ちる

**こうぼく【公僕】**（名）（社会の人につくす職業の者という意から）公務員。「国民の━」

**こうぼく【香木】**（名）よいにおいをただよわせるためにたく、かおりのよい木。沈香《じんこう》など。

**こうぼく【高木】**（名）〘植〙幹が堅《かた》く直立して、高く生長する木。杉・けやきなど。喬木《きょうぼく》。対低木

**こうほね『◇河骨』**（名）〘植〙スイレン科の多年草。池や沼《ぬま》・川などに生え、茎《くき》は長く、葉は厚く長楕円《だえん》形。夏、黄色い花を水面上に開く。かわほね。

**こうほん【校本】**（名）本文の異なる本が何通りか伝わっている場合に、そのちがいを示してまとめた本。

**こうまい『高△邁』**（名・形動ダ）ふつうの人よりすぐれてけだかいこと。「━な精神」類高遠

**こうまん【高慢】**（名・形動ダ）うぬぼれが強く人を軽んじること。「━な態度をとる」

**ごうまん【傲慢】**（名・形動ダ）おごりたかぶって人をばかにすること。「━無礼な人」

**こうまんちき【高慢ちき】**（名・形動ダ）いかにも高慢なようす。そのような人を軽蔑《けいべつ》していう。

**こうみゃく【鉱脈】**（名）〘地質〙岩石のすきまにある板状の鉱床《こうしょう》。

**こうみょう【功名】**（名）てがらをたて、名をあげること。「━心にはやる」「けがの━」

**こうみょう【光明】**（名）❶暗やみにさしこむ明るい光。❷（逆境にあるとき見いだす）希望。「前途《ぜんと》に━を見いだす」❸仏や菩薩《ぼさつ》の身からはなたれる光。

**こうみょう【高名】**㊀（名・形動ダ）有名なこと。名高いこと。こうめい。「━な歌人」㊁（名）戦場でたてたてがら。武功。

**こうみょう【巧妙】**（形動ダ）〔ダロ・ダッ（デ・ニ）・ダ・ナ・ナラ・○〕ひじょうにたくみでうまいようす。「━にうそをつく」…化「手口が巧妙化する」

**こうみん【公民】**（名）❶国・地方公共団体の政治に参加する権利や資格のある国民。❷中学校社会科の一分野。また、高校の一教科。

**こうみんかん【公民館】**（名）市区町村に住む人びとの教養と文化を高めるために作られた集会所。

**こうみんけん【公民権】**（名）公民として、選挙権・被《ひ》選挙権などをとおして、政治に参加する権利。「━を行使する」

**こうむ【公務】**（名）❶私用ではない、おおやけの仕事。公務員の職務。❷国や地方公共団体などの仕事。「━執行《しっこう》妨害《ぼうがい》」類公用

**こうむいん【公務員】**（名）国や地方公共団体の公務に従事する人。国家公務員と地方公務員とがある。類役人

**こうむてん【工務店】**（名）建物を建てたり、なおしたりする業者。

**こうむ・る【被る】『△蒙る』**（他五）〔ラ（ロ）・リ（ッ）・ル・ル・レ・レ〕❶自分にとって不都合なものを身に受ける。「損害を━」❷人からたまわる。いただく。「恩恵《けいおん》を━」

**こうめい【公明】**（名・形動ダ）公平でかくしだてのないこと。「━な態度」

**こうめい【高名】**㊀（名・形動ダ）有名なこと。名高いこと。こうみょう。「━な画家」㊁（名）相手の名を敬っていうことば。「ご━はうかがっております」

**ごうめいがいしゃ【合名会社】**（名）会社の債務《さいむ》に対してどこまでも責任を負う無限責任社員だけで組織される会社。類合同会社

**こうめいせいだい【公明正大】**（名・形動ダ）かくしだてがなく、正しく堂々としていること。

**ごうも『△毫も』**（副）（あとに打ち消しの語をともなって）少しも。いささかも。「━おびえたようすがない」

**ごうもう【剛毛】**（名）太くてかたい毛。

**こうもうへきがん『紅毛△碧眼』**（名）西洋人。参考江戸《えど》時代のことばで、赤い髪《かみ》と青い目の意。

**こうもく【項目】**（名）物事を基準にしたがって小分けした、ひとつひとつ。条項。「いくつかの━に分ける」

**こうもく【綱目】**（名）物事の大もとになる重要な点と細かい点。「規約の━」

**ごうもくてき【合目的】**（形動ダ）〔ダロ・ダッ（デ・ニ）・ダ・ナ・ナラ・○〕目的にかなっているようす。合目的的。「━な活動」

**こうもり**『×蝙蝠』(名) ❶《動》翼手目《よくしゅもく》に属する哺乳《ほにゅう》類の総称《そうしょう》。小形で、前足から胴体《どうたい》にかけての膜《まく》がつばさとなって、空中を飛ぶ。かわほり。❷(「こうもりがさ」の略)金属の骨に布やビニールをはったかさ。洋がさ。

(こうもり①)

(こうもり②)

**こうもん**【校門】(名) 学校の門。

**こうもん**『△肛門』(名)〔生〕直腸のおわりにあって、体外に大便を出す穴。しりの穴。

**こうもん**【黄門】(名) ❶中納言《ちゅうなごん》の唐《とう》風の呼び名。❷徳川光圀《みつくに》の異称《いしょう》。水戸《みと》黄門。

**こうもん**『△閘門』(名) ❶水位に高低の差のある運河などで、船を通すために水位を上げ下げする装置の門。❷運河・河川の水量を調節するための水門。

**ごうもん**【拷問】(名・他スル) むりやり白状させようとして、肉体的な苦痛をあたえること。「―にかける」

**こうや**【広野】『△曠野』(名) ひろびろとした野原。

**こうや**【荒野】(名) あれはてた野原。あれ野。

**こうや**【紺屋】(名) 染め物屋。こんや。

**紺屋の明後日《あさって》** (紺屋の仕事は天候しだいで、「明後日にはできる」との約束もあてにならないことから) 約束した期限があてにならないこと。

**紺屋の白袴《しろばかま》** (染め物が専門の紺屋が染めていない白い袴をはいていることから) 人のためにばかり働いて、自身のことはおろそかにしがちなことのたとえ。[類]医者の不養生

**こうやく**【口約】(名・他スル) 口だけで約束すること。口約束。

**こうやく**【公約】(名・他スル) 政府や政党、選挙の候補者などが、一般《いっぱん》の人びとに対して政策などの実行を約束すること。また、その約束。

**こうやく**『△膏薬』(名) 薬を油で練った外用薬。紙や布にぬって傷口などにはる。練り薬。

**こうやくすう**【公約数】(名)《数》二つ以上の数・式に共通の約数。[対]公倍数

**こうやどうふ**【高野豆腐】(名) →こおりどうふ

**こうゆ**【香油】(名) 髪《かみ》の毛につけたり肌《はだ》にぬったりする、においのよい油。

**こうゆう**【公有】(名・他スル) 国家や公共団体が所有していること。「―地」[対]私有

**こうゆう**【交友】(名) 友だちとしてつきあうこと。また、その友だち。「―関係」

**こうゆう**【交遊】(名・自スル) 人と親しくつきあうこと。交際。

**こうゆう**【校友】(名) ❶同じ学校の友だち。学友。❷同じ学校の卒業生。同窓。「―会誌」

**ごうゆう**【豪勇・剛勇】(名・形動ダ) 強く、勇ましいこと。「―をもって鳴る男」

**ごうゆう**【豪遊】(名・自スル) おかねをはでに使ってぜいたくに遊ぶこと。また、その遊び。「連日―する」

**こうよう**【公用】(名) ❶国家や公共団体が使用すること。「―車」❷国家や公共団体または会社などの用事。公務。「―で出張する」([対]私用)

**こうよう**【孝養】(名・自スル) 親をたいせつにし、よく世話をすること。孝行。「親に―をつくす」

**こうよう**【効用】(名) ❶つかいみち。用途《ようと》。「他に―がない」❷ききめ。役に立つこと。「薬の―」

**こうよう**【紅葉】(名・自スル) 秋、落葉の前に木の葉が赤色に色づくこと。また、赤色に色づいた葉。もみじ。「―の季節」

**こうよう**【高揚】『△昂揚』(名・自他スル) 気分や精神が高まること。また、高めること。「士気の―」

**こうよう**【黄葉】(名・自スル) 秋、落葉の前に木の葉が黄色に色づくこと。また、黄色に色づいた葉。

**こうよう**【綱要】(名) 物事のたいせつな部分。大事な点。「国文法―」

**こうようご**【公用語】(名) 複数の言語が用いられている国で、おおやけの場での使用が正式に認められている言語。

**こうようじゅ**【広葉樹】(名)《植》葉がひらたくて幅の広い木の総称《そうしょう》。ぶな・かしなど。[対]針葉樹

**ごうよく**【強欲】『強△慾』(名・形動ダ) ひじょうに欲ばりなこと。貪欲《どんよく》。「―な商人」

**こうら**【甲羅】(名) ❶かめ・かになどの外部をおおうかたい殻《から》。甲殻《こうかく》。❷人の背中。「―をほす(=日光で背中を焼く)」

**甲羅を経《へ》る** ❶長く生きていて、経験を積んでいる。年功を積む。❷世間ずれしてあつかましくなる。

**こうらい**【光来】(名) 人が訪ねてくることを敬っていうことば。「ご―をお待ちしています」[類]光臨

**こうらく**【行楽】(名) 山や野や観光地などに行き、遊び楽しむこと。遊山《ゆさん》。「―客」

**こうらん**【高覧】(名) 相手が見ることを敬っていうことば。「ご―ください」

**こうらん**【高欄】(名) 社寺・宮殿などの周囲や、橋・廊下《ろうか》などのふちに作った手すり。欄干《らんかん》。

**こうらん**『△攪乱』(名・他スル) →かくらん(攪乱)

**こうり**【小売り】(名・他スル) 問屋などから仕入れた商品を一般《いっぱん》の人に分け売りすること。[対]卸《おろし》売り。[注意]「小売商」などは送りがなをつけない。

**こうり**【公吏】(名)「地方公務員」の旧称《きゅうしょう》。

**こうり**【公理】(名) ❶一般《いっぱん》に広く通用する真理・道理。❷《数》理論の基礎《きそ》として、証明ぬきで真理であると仮定したことがら。

**こうり**【功利】(名) てがらともうけ。それをすることによって、期待できる利益を考えること。「―に走る」[…的]「功利的な考え」

**こうり**『行△李』(名) 竹・柳《やなぎ》などを箱形に編んだ、衣類や荷物を入れる用具。

(行李)

**こうり**【高利】(名) ❶高い利子。「―で金を貸す」[対]低利。❷大きな利益。

**ごうりか**【合理化】(名・他スル) ❶むだをなくし、仕事や作業がはかどるようにすること。「業務の―をはかる」❷うまく理屈《りくつ》をつけて、自分の言動をもっともらしいものとすること。正当化。

**こうりがし**【高利貸し】(名) 高い利息をとっておかねを貸すこと。また、それを職業とする人。

**ごうりき**【強力】(名) ❶強い力。また、力の強い人。❷登山者の荷物を背負って案内する人。

**こうりしゅぎ**【功利主義】(名) ❶人間の幸福と利益を価値の基準に置く思想。近世イギリスで発達した。❷自分のてがらと利益を第一とする考え方。

**ごうりしゅぎ**【合理主義】(名) 道理に合わないものを除き、すべてを理屈《りくつ》に合うかどうかで考える態度。また、そういう考え方。「―者」

**こうりつ**【公立】(名) 都道府県・市町村などの地方公共団体によって設立され、維持《いじ》・運営されること。また、そのもの。「―学校」対私立

**こうりつ**【効率】(名) 仕事の量と、それに使われた労力や時間との比。仕事の能率。「―のよい機械」…化「業務の効率化をはかる」

**こうりつ**【高率】(名・形動ダ) 比率が高いこと。また、その比率。「―の税金」対低率

**ごうりてき**【合理的】(形動ダ)〔ダロ・ダッ(デ・ニ)・ダ・ナ・ナラ・○〕理屈《りくつ》や道理にかない、むだがないようす。「―な考え」

**こうりてん**【小売店】(名) 小売りだけをする店。

**こうりゃく**【攻略】(名・他スル) ❶せめてうばいとること。「敵地を―する」❷勝負で相手を負かすこと。

**こうりゃく**【後略】(名・他スル) 文章などを引用する場合、そこからあとの部分を省くこと。対前略

**こうりゅう**【勾留】(名・他スル)〔法〕裁判所が取り調べのために、被告《ひこく》人・被疑者を一定の場所にとどめておくこと。「容疑者を―する」類拘置《こうち》

**こうりゅう**【交流】一(名)〔物〕一定時間ごとに流れの方向を反対に変える電流。「―電動機」対直流。二(名・自スル) たがいにまじわること。「文化の―」「―試合《しあい》」

**こうりゅう**【拘留】(名・他スル)〔法〕刑罰《けいばつ》の種類の一つ。一日以上三〇日未満の一定期間、拘留場にとどめておく刑。

**こうりゅう**【興隆】(名・自スル) 物事がおこり、さかんになること。「国家の―」類勃興《ぼっこう》。対衰亡《すいぼう》

**ごうりゅう**【合流】(名・自スル) ❶二つ以上の川が一つの流れになること。❷別々に動いていた人や団体などが一つにまとまること。「会場で―しよう」

**こうりょ**【考慮】(名・他スル) そのことをよく考えること。「不利な条件を―に入れる」

**こうりょう**【香料】(名) ❶よいにおいを出す原料。❷死者の霊前《れいぜん》にそなえるおかねや品物。香典《こうでん》。

**こうりょう**【校了】(名・自他スル) 校正が全部終わること。

**こうりょう**【綱領】(名) 物事のおおもと。特に、政党や団体などがその方針や行動の規則などを箇条《かじょう》書きのようにしてまとめたもの。「政党の―」

**こうりょう**【稿料】(名) 原稿料。「―を払《はら》う」

**こうりょう**【荒涼】『荒△寥』(トタル) あれはててものさびしいようす。「―たる原野」

**こうりょく**【効力】(名) 効果をあげる力。ききめ。はたらき。「―を発揮する」

**ごうりょく**【合力】(名)〔物〕ある物体に同時にはたらくいくつかの力と等しい効果をもつ一つの力。

**こうりん**【光臨】(名) 人がおとずれてくることを敬ったことば。「ご―を仰《あお》ぐ」類光来

**こうりん**【降臨】(名・自スル) 神仏などが天から下ってこの世に姿を現すこと。「天孫―」

**こうるい**【紅涙】(名) ❶血のなみだ。血涙《けつるい》。❷女性の流すなみだ。「―をしぼる」

**こうれい**【好例】(名) ちょうどよい例。「雨降って地固まるの―」

**こうれい**【恒例】(名) 儀式《ぎしき》・行事などが、一定の時期にいつもきまったかたちで行われること。「―の大運動会」…化「月に一度集まるのが恒例化する」

**こうれい**【高齢】(名) 年齢の高いこと。としより。「―者」…化「高齢化社会」類老齢

**ごうれい**【号令】(名・自スル) ❶みんなに同じ行動をとらせるため、指揮者が大きな声で命令すること。また、そのことば。「―をかける」❷支配者が命令を発すること。また、その命令。「天下に―する」

**こうれつ**【後列】(名) うしろの列。対前列

**こうろ**【行路】(名) ❶道を行くこと。また、その道。❷世渡《よわた》り。人の生きていく道。「人生―」

**こうろ**【香炉】(名) 香をたくための入れ物。

**こうろ**【高炉】(名) 製鉄に用いられる、高さのある巨大《きょだい》な円筒《えんとう》形の溶鉱炉《ようこうろ》。

**こうろ**【航路】(名) 船・航空機の通る一定の道。「定期―」「外国―」「―をはずれる」

**こうろう**【功労】(名) 仕事をいっしょうけんめいにして、りっぱな働きをすること。骨折りとてがら。「長年の―にむくいる」「―者」

**こうろう**【高楼】(名) 高く造った建物。たかどの。

**こうろん**【口論】(名・自スル) 言い争うこと。口げんか。「―が絶えない」

**こうろん**【公論】(名) ❶世間一般《いっぱん》の意見。世論。❷かたよらない正しい議論。

**こうろんおつばく**『甲論乙△駁』(名・自スル) たがいに論じ合って、意見がなかなかまとまらないこと。

**こうわ**【講和】『△媾和』(名・自スル) 戦争をやめて、国と国との関係を平和な状態にもどすこと。「―を結ぶ」「―条約」

**こうわ**【講話】(名・自スル) ある題目について、やさしく説いて聞かせること。また、その話。「仏教―」

**こうわん**【港湾】(名) 船がとまることができ、乗客の乗降や荷物のあげおろしのための設備のある所。

**ごうわん**【豪腕・剛腕】(名) ❶腕力が強いこと。また、その人。「―投手」❷物事を強引《ごういん》に処理する能力。「―をふるう」

**こえ**【声】(名) ❶人間・動物などが、発声器官などを使って出す音。音声。「―をかける」「虫の―」❷物が振動《しんどう》して出る音。「鐘《かね》の―」❸意見。世論。「読者の―」❹ある状態が近づいたけはい。「師走《しわす》の―を聞く」❺お告げ。「神の―」

**声が弾《はず》む** うれしくて、うきうきした声になる。

**声なき声**《こえ》 表面にあらわれない、人びとの意見や思い。「―に耳を傾《かたむ》ける」

**声を限《かぎ》りに** できるかぎりの大声で。「—さけぶ」

**声を殺《ころ》す** まわりに聞こえないように、おさえた小さな声で話す。「声を殺してささやきかける」

**声を呑《の》む** おどろいたり、感心したりして声が出なくなる。息をつめる。「思わず—」

**声を潜《ひそ》める** 他人に聞こえないように小さな声で話す。小声でひそひそ話す。

表現 地声・肉声・作り声・猫《ねこ》なで声・裏声・鼻声・小声・大声・大音声《だいおんじょう》・だみ声・どら声・胴間声《どうまごえ》・歓声・喚声《かんせい》・金切り声・嬌声《きょうせい》・怒声《どせい》・罵声《ばせい》◆高い・低い・太い・細い・渋《しぶ》い・甘《あま》い・黄色い・なまめかしい・ハスキー◆蚊《か》の鳴くような・絹を裂《さ》くような・鈴《すず》を転がすような

**こえ【肥】**（名）肥料《ひりょう》。こやし。特に、肥料として用いられる糞尿《ふんにょう》。「—だめ(=肥をためておく所)」

**こえい【孤影】**（名）たった一人のさびしそうな姿。

**ごえい【護衛】**（名・他スル）つきそって、守ること。また、そうする人。「—をつける」

**ごえいか【御詠歌】**（名）〘仏〙巡礼《じゅんれい》の人が仏をたたえてうたう歌。巡礼歌。

**こえがわり【声変わり】**（名・自スル）子どもの声から大人の声に変わること。特に男子ははっきり変わって、低い声になる。「—する年頃《としごろ》」

**ごえつどうしゅう【呉越同舟】**（名）（中国の春秋時代に、よく争った呉と越の人が同じ舟に乗り合わせるという意から）仲の悪い者どうしが同じ場所にいあわせること。また、敵どうしでも共通の困難に対して協力する意。

**ごえもんぶろ**〘五◇右◇衛門風呂〙（名）かまどの上に、鉄製の大きな釜《かま》をすえた風呂。参考安土桃山《あづちももやま》時代の盗賊《とうぞく》石川五右衛門が、釜ゆでの刑《けい》に処せられたという話から出たことば。

**こ・える【肥える】**（自下一）{エ・エ・エル・エル・エレ・エロ(エヨ)} ❶からだに肉がついてふとる。「ぶたが—」対痩《や》せる。❷土地にこやしがきいて、作物がよくできる状態になる。「—・えた土地」対痩せる。❸経験を積んで、もののよしあしがよくわかるようになる。「目が—」「舌《した》が—」

**こ・える【越える・超える】**（自下一）{エ・エ・エル・エル・エレ・エロ(エヨ)} ❶通り過ぎてゆく。「赤道を—」「山を—」❷ある基準より上になる。「一万人を—観客」❸ある時期を過ごして次の時期に至る。「年を—」❹上をとびこす。順序に従わず追いこす。「先輩《せんぱい》を—・えて昇進《しょうしん》する」❺ある範囲《はんい》の外に出る。超越《ちょうえつ》する。「常識を—・えた発想」「党派を—・えて結集する」

> 学習 使い分け 「越える」「超える」
>
> **越える** ある場所や地点を過ぎて、その先へ進む意。「峠《とうげ》を**越える**」「国境を**越える**」「期日を**越える**」
>
> **超える** ある数量や基準を過ぎて、その先へ進む意。「二メートルを**超える**積雪」「定員を**超える**」「極限を**超える**」
>
> ◆「想像をこえる」「立場をこえて話し合う」「限度をこえる」のような場合には、どちらの漢字も用いられ、区別がはっきりしない。

**ごえん**〘誤△嚥〙（名・他スル）飲食物や唾液《だえき》をあやまって気管に入れてしまうこと。⇩ごいん

**コエンザイム**〔英 coenzyme〕（名）〘医〙酵素《こうそ》のはたらきを助ける物質。補酵素。

**こおう【呼応】**（名・自スル）❶相手の呼びかけに応じて行動を起こすこと。たがいに示し合わせてある事を行うこと。「—して立ちあがる」❷〘文法〙文中で、前後の語句が一定のきまりによって関係しあうこと。「副詞の—」

**こおうこんらい【古往今来】**（副）むかしから今まで。

**ゴーカート**〔英 go-cart〕（名）エンジンのついた、遊戯《ゆうぎ》用の小型自動車。

**コークス**〔ドイツ Koks〕（名）石炭を高熱でむし焼きにし、揮発《きはつ》分を除いたもの。煙《けむり》を出さないで燃え、火力の強い燃料となる。

**ゴーグル**〔英 goggles〕（名）水・風・紫外線《しがいせん》などから目をまもるためのめがね。スキー・水泳などで用いる。

**ゴーゴリ**〔Nikolai Vasil'evich Gogol'〕［人名］（一八〇九〜一八五二）ロシアの小説家・劇作家。ロシアの社会を写実的・風刺《ふうし》的にえがき、ロシア写実主義文学の祖といわれる。小説「外套《がいとう》」「死せる魂《たましい》」、戯曲《ぎきょく》「検察官」など。

**ゴージャス**〔英 gorgeous〕（形動ダ）{ダロ・ダッ(デ・ニ)・ダ・ナ・ナラ・〇} はなやかで、ぜいたくなようす。豪華《ごうか》。「—な衣装《いしょう》」

**コース**〔英 course〕（名）❶そこを通って進む道筋。進路。「ハイキング—」❷運動競技で、競走路・競泳路など。「マラソン—」❸物事が進んでいくなりゆき。経過。「出世—」❹学科。課程。「初級—」❺西洋料理などで、きまった順序で出る一組の料理。また、その順序。「フル—の料理」

**コースター**〔英 coaster〕（名）❶遊園地などで、起伏《きふく》やカーブのあるレール上を速い速度で走る乗り物。「ジェット—」❷コップ敷《し》き。

**ゴースト**〔英 ghost〕（名）幽霊《ゆうれい》。

**ゴースト-タウン**〔英 ghost town〕（名）住む人がいなくなってあれはてた町。

**ゴー-ストップ**〔和製英語〕（名）交通信号機。▽go と stop から。

**ゴースト-ライター**〔英 ghost writer〕（名）本来の著者の代わりに、実際に文章や作品を書く人。

**コーチ**〔英 coach〕（名・他スル）運動競技などの技術や訓練を指導すること。また、その人。コーチャー。「トレーニング—」

**コーチャー**〔英 coacher〕（名）❶運動技術を指導する人。コーチ。❷野球で、一塁《いちるい》側と三塁側の所定の位置に立ってランナーやバッターにさしずをする人。

**コーディネーター**〔英 coordinator〕（名）❶調整係。まとめ役。❷服飾《ふくしょく》や室内装飾《そうしょく》で、全体の組み合わせを考える人。

**コーディネート**〔英 coordinate〕（名・他スル）❶あちこちにはたらきかけ、調整し取りまとめること。「イベントを—する」❷服装や室内装飾《そうしょく》などで、色・形など

の調和がとれるよう調整すること。

**コーティング**〔英 coating〕(名・他スル) 物の表面を薄《うす》い膜状《まくじょう》の物質でおおうこと。

**コーテーション-マーク**(名) →クォーテーションマーク

**コーデュロイ**〔英 corduroy〕(名) →コールテン

**コート**〔英 coat〕(名) ❶防寒・防雨のために、洋服の上に着る外套《がいとう》。❷背広などの上着《うわぎ》。

**コート**〔英 court〕(名) テニス・バレーボール・バスケットボールなどの競技を行う競技場。「テニス—」

**コード**〔英 chord〕(名) ❶楽器の弦《げん》。❷〖音〗和音。「—進行」

**コード**〔英 code〕(名) ❶規則。「ドレス—」❷暗号。「認証—」❸コンピューターで、情報を表現するための符号《ふごう》。「バー—」「文字—」

**コード**〔英 cord〕(名) ゴム・ビニールなどで絶縁《ぜつえん》した電線。「電源—」「延長—」

**コートジボワール**〔Côte d'Ivoire〕【地名】アフリカ大陸西部にある、大西洋に面する共和国。首都はヤムスクロ。

**こおどり【小躍り】**(名・自スル) 喜びのあまりおどりあがること。「—して喜ぶ」

**コードレス**〔英 cordless〕(名) 電気を伝えるコードがないこと。「—ヘッドホン」

**コーナー**〔英 corner〕(名) ❶曲がりかど。すみ。❷競走路・スケートリンクなどの曲がった部分。「第三—を回る」❸デパートの売り場やもよおし物の一区画。「展示—」❹放送番組や雑誌などの一区画。「質問—」❺野球で、アウトコーナーとインコーナーの総称《そうしょう》。「—をつく投球」

**コーナリング**〔英 cornering〕(名) 競走や自動車運転などで、コーナーを曲がること。また、その技術。

**コーパス**〔英 corpus〕(名) 言語研究のために、書きことばや話しことばを大量に集めてデータベース化した言語資料。

**コーヒー**〖×珈琲〗〔オランダ koffie〕(名) コーヒーの木(=アカネ科の常緑高木)の実をいって粉にしたもの。また、それでいれる独特のかおり・苦みのある飲み物。

**コーポレーション**〔英 corporation〕(名) 法人。株式会社。

**ごおや**(名) にがうり。「—チャンプルー(=ごおやと豆腐《とうふ》などをいためた物)」参考 おもに、沖縄地方での呼び名。多く「ゴーヤ」と書く。

**コーラス**〔英 chorus〕(名) 〖音〗みんなで声を合わせて歌を歌うこと。合唱。また、合唱団。合唱曲。

**コーラン**〔英 Koran〕(名) イスラム教の聖典。クルアーン。

**こおり【氷】**(名) ❶水が冷えて固まったもの。「—が張る」❷→こおりみず

**ゴーリキー**〔Maksim Gor'kii〕【人名】(一八六八〜一九三六) ロシアの小説家・劇作家。プロレタリア文学運動に力をつくし、その社会主義リアリズムはロシア革命に精神的援助《えんじょ》をあたえた。小説「母」、戯曲《ぎきょく》「どん底」など。

**こおりざとう【氷砂糖】**(名) 質のよい砂糖水を蒸発させ結晶《けっしょう》させたもの。

**こおりどうふ【凍り豆腐・氷豆腐】**(名) 豆腐を寒い夜、外に出して凍《こお》らせ、さらに乾燥《かんそう》させたもの。高野《こうや》豆腐。しみ豆腐。

**こおりまくら【氷枕】**(名) 氷を入れて頭を冷やすゴム製のまくら。

**こおりみず【氷水】**(名) ❶けずった氷にみつ・シロップなどをかけた食べ物。かき氷。❷氷のはいった水。

**コーリャン**〔中国 高粱〕(名)〖植〗イネ科の一年草。もろこしの一種。背が二《メートル》にもなり、とうもろこしに似ている。実は食用。こうりょう。

**こお・る【凍る】**〖◇氷る〗(自五) {ラ(ロ)・リ(ッ)・ル・ル・レ・レ} 低い温度のため液体が固まる。「池の水が—」

**コール**〔英 call〕(名・自スル) 呼ぶこと。電話などで呼び出すこと。「モーニング—」「—センター(=電話で客からの問い合わせ対応などを行う部署)」

**ゴール**〔英 goal〕 ━ (名) ❶競走などの、勝負を決めるコースの最後の地点。決勝点。❷最終の目標。
━ (名・自スル) ❶サッカー・ホッケーなどで、ボールを入れると得点になるところ。また、そこにボールを入れて得点すること。「—を決める」❷「ゴールイン」の略。「先頭で—する」

**ゴール-イン**〔和製英語〕(名・自スル) ❶競走などで、ゴールに着くこと。「一着で—する」❷目標に到達《とうたつ》すること。「めでたく—する(=結婚《けっこん》する)」▽goal と in から。

**ゴールキーパー**〔英 goalkeeper〕(名) サッカー・ホッケーなどで、ゴールを守る人。キーパー。

**コール-サイン**〔英 call sign〕(名) それぞれの無線局や放送局の呼び出し符号《ふごう》。「JOAK」など。

**コールスロー**〔英 coleslaw〕(名) 千切りにしたキャベツを、ドレッシングなどであえた西洋料理。

**コール-タール**〔英 coal tar〕(名) 石炭をむしやきにしてガスやコークスを作るときに出る黒色のねばねばした液体。塗料《とりょう》・染料・爆薬・薬品などに用いる。

**コールテン**〔和製英語〕(名) 表がビロードに似た、うね織りの綿織物。コーデュロイ。▽corded と velveteen からとも、corded と天鵞絨《ビロード》の「天」の合成語からとも。参考「コール天」とも書く。

**ゴールデン-アワー**〔和製英語〕(名) テレビ・ラジオで、視聴《しちょう》率・聴取率のもっとも高い時間帯。ふつう、午後七時から九時ごろまでをいう。ゴールデンタイム。▽golden と hour から。

**ゴールデン-ウイーク**〔和製英語〕(名) 四月下旬《げじゅん》から五月上旬にかけて、一年中でいちばん休日の続く週間。黄金週間。大型連休。▽golden と week から。

**ゴールデン-タイム**〔英 golden time〕(名) →ゴールデンアワー

**ゴールド**〔英 gold〕(名) 金《きん》。「—メダリスト」

**コールド-ゲーム**〔英 called game〕(名) 野球で、五回を過ぎていて、得点差が大きすぎたり、日没《にちぼつ》や降雨などの事情で続行できなかったりするとき、それまでの得点で勝敗を決め、打ち切りにする試合。

**こおろぎ**〖×蟋蟀〗(名)〖動〗コオロギ科の昆虫《こんちゅう》の総称《そうしょう》。からだは黒褐色《こっかっしょく》で縁《えん》の下など暗い所にすむ。雄《おす》は秋の夜に美しい声で鳴く。

**コーン**〔英 cone〕(名) ❶円錐《えんすい》。 ❷アイスクリームを入れる円錐形の入れ物。 ❸スピーカーの円錐形の振動板《しんどうばん》。

**コーン**〔英 corn〕(名) とうもろこし。「―スープ」

**ごおん【呉音】**(名) 漢字の音《おん》の一つ。 漢音より古く中国南部の呉の地方の発音が日本に伝わって国語化したもの。 仏教に関係のあることばに多く、「京」の音「キョウ」、「行」の音「ギョウ」など。

**ごおん【御恩】**(名) ❶目上の人から受けたあたたかい情けを敬っていうことば。「―はけっして忘れません」 ❷〘歴〙鎌倉《かまくら》時代、将軍が御家人《ごけにん》の持つ土地の権利をみとめたり、御家人を守護《しゅご》・地頭《じとう》に任命したりすること。「―と奉公《ほうこう》の関係」

**ごおん【語音】**(名) ことばの発音。

**コーンスターチ**〔英 cornstarch〕(名) とうもろこしからとったでんぷん。 食用・工業用に利用される。 コンスターチ。

**コーンフレーク**〔英 cornflakes〕(名) とうもろこしの実を蒸《む》してつぶしたものを薄《うす》くのばし乾燥《かんそう》させた食品。 コーンフレークス。

**こか【古歌】**(名) 古い歌。 むかしの人がよんだ歌。

**こがい【子飼い】**(名) 動物をひなや子どものときから育てること。 転じて、やとい人や弟子《でし》などを子どものころから、また、未熟《みじゅく》なうちから手もとにおいて育てること。 また、育てられた人。「―のいんこ」「―の部下」

**こがい【戸外】**(名) 家や建物の外。 屋外。「―を散歩する」

**ごかい**〘×沙蚕〙(名)〘動〙環形《かんけい》動物の一種。 からだは細長くむかでに似て数十の節からなり、浅い海の泥《どろ》の中にすむ。 魚つりのえさにする。

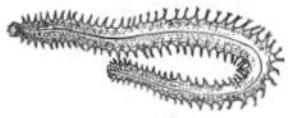
(沙蚕)

**ごかい【誤解】**(名・他スル) 相手の言動の意味をとりちがえること。 まちがって理解すること。「―をまねく」

**こがいしゃ【子会社】**(名) 資本参加などにより、他の会社に経営を支配されている会社。 対親会社

**ごかいどう**〔五街道〕〔地名〕江戸《えど》時代の五つの大きな交通路。 江戸の日本橋を起点とした。 東海道(京都まで)・中山道《なかせんどう》(京都まで)・奥州《おうしゅう》街道(白河《しらかわ》まで)・日光街道(日光まで)・甲州《こうしゅう》街道(下諏訪《しもすわ》まで)をいう。

**コカイン**〔英 cocaine〕(名) 南米原産の低木コカの葉からつくる、習慣性の強い麻薬《まやく》の一種。

**こかく【顧客】**(名) →こきゃく

**ごかく【互角】**(名・形動ダ) たがいの力量に優劣《ゆうれつ》のないこと。 五分五分。「―の形勢」

**ごがく【語学】**(名) ❶ことばを研究する学問。 言語学。 ❷外国語の学習。 また、外国語を使う能力。「―学校」「―力をつける」

**こかげ【木陰】**〘木△蔭〙(名) 木の下で、日光や雨のあたらない所。 木のかげ。「―で休む」

**こが・す【焦がす】**(他五)〔サ(ソ)・シ・ス・ス・セ・セ〕 ❶焼いて黒くする。「じゅうたんを―」「ごはんを―」「天を―ほのお」 ❷心をなやます。「胸を―(=恋《こい》に思いなやむ)」

**こがた【小形】**(名) 形が小さいこと。「―のみかん」 対大形

**こがた【小型】**(名) 同じ種類のものの中で型が小さいこと。「―自動車」 対大型

**こがたな【小刀】**(名) ❶雑用に使う小さな刃物《はもの》。 ナイフ。 きりだし。 ❷→こづか

**こかつ【枯渇】**〘△涸渇〙(名・自スル) ❶水がかれてなくなること。「水脈が―する」「涙《なみだ》が―する」 ❷とぼしくなること。 尽《つ》きること。「才能の―」

**ごがつ【五月】**(名) 一年の五番目の月。 さつき。

**こがね【小金】**(名) 少しばかりまとまったおかね。「―をためる」

**こがね【黄金】**(名) ❶きん。 おうごん。 ❷金貨。 ❸(「こがね色」の略)金色。「―の稲穂《いなほ》」

**こがねむし【黄金虫】**(名)〘動〙コガネムシ科の昆虫《こんちゅう》。 金色をおびた緑色の甲虫《こうちゅう》。

**こがねむし**… 俳句
〔金亀子　擲《なげう》つ闇《やみ》の　深《ふか》さかな〕〈高浜虚子《たかはまきよし》〉 訳夏の夜、明るい灯火に飛んできて落ちたこがね虫を拾って、力いっぱい窓の外に投げ捨てた。 こがね色に輝《かがや》くからだが闇に消えたとき、あらためてその深さに気づかされたことだ。(季語「金亀子」夏)

**こがら【小柄】**(名・形動ダ) ❶からだがふつうより小さいこと。「―な人」 ❷模様や柄が小さいこと。(対大柄)

**こがらし【木枯らし】**〘△凩〙(名) 秋の終わりから冬にかけて強く吹《ふ》く、冷たい北風。

**こが・れる【焦がれる】**(自下一)〔レ・レ・レル・レル・レレ・レロ(レヨ)〕 ❶深く思いしたう。「恋《こい》に―」 ❷(接尾語的に用いて)強く望む。「待ち―」

**こかん【股間】**(名) またの間《あい》。 またぐら。

**こがん【湖岸】**(名) みずうみの岸。「―の宿」

**ごかん【五官】**(名) 五感のはたらく器官。 目・耳・鼻・舌・ひふ。

**ごかん【五感】**(名) 視覚・聴覚《ちょうかく》・嗅覚《きゅうかく》・味覚・触覚《しょっかく》の五つの感覚。「―のはたらき」

**ごかん【互換】**(名・他スル) たがいに取りかえること。 また、取りかえができること。 …性「互換性のある機種」

**ごかん【語幹】**(名)〘文法〙活用する語で、活用語尾を除いた、形の変わらない部分。「読む」の「よ」、「早い」の「はや」など。 対語尾

**ごかん【語感】**(名) ❶ことばから受ける感じ。 また、ことばの持つ感じ。「―の美しいことば」 ❷ことばに対する感覚。「―がするどい」

**ごがん【護岸】**(名) 川岸・海岸などを保護・強化し、水害がおこるのを防ぐこと。「―工事」

**ごかんじょ**〔後漢書〕〔作品名〕中国の王朝、後漢(二五〜二二〇)の事跡《じせき》を記した歴史書。 本紀と列伝は南朝宋《そう》の范曄《はんよう》の、志は晋《しん》の司馬彪《しばひょう》の撰《せん》。「東夷伝《とういでん》」に、古代日本に関する記述がある。

**こかんせつ【股関節】**(名) 骨盤《こつばん》と大腿骨《だいたいこつ》を結合する、股《また》の付け根の関節。「―脱臼《だっきゅう》」

**こき【子機】**(名) 電話機本体と無線で結び、本体から離《はな》れたところで使う送受信機。

**こき【古希】**〘古△稀〙(名) 七〇歳《さい》のこと。「―の祝い」 参考中国の杜甫《とほ》の詩の「人生七十古来稀

なり」の句から出たことば。

**こき【呼気】**（名）口からはき出される息。対吸気

**ごき【語気】**（名）ことばの勢い・調子。ことばつき。「するどい—」「—があらい」

**ごき【誤記】**（名・他スル）まちがって書くこと。また、そのまちがった文字・表記。「—を訂正《ていせい》する」

**ごぎ【語義】**（名）ことばの意味。語意。

**こきおろ・す【こき下ろす】**『◇扱き下ろす』（他五）{サ(ソ)・シ・ス・ス・セ・セ}ひどくけなす。悪く言う。「作品を—」

**ごきげん【ご機嫌】**㊀（名）「きげん（機嫌）」の尊敬語。「—ななめ（=きげんが悪いこと）」「—いかが」㊁（形動ダ）{ダロ・ダッ(デ・ニ)・ダ・ナ・ナラ・○}きげんのいいようす。「—な顔」

**ごきげんよう**『御機嫌◇好う』（感）人に会ったときや、別れるときのあいさつのことば。

**こきざみ【小刻み】**（名・形動ダ）❶間隔《かんかく》を細かくはやくきざむこと。「—に歩く」❷何回にも分けて少しずつ物事をすること。「—に値上げする」

**ごきしちどう**〔五畿七道〕[地名]五畿内（山城《やましろ》・大和《やまと》・摂津《せっつ》・河内《かわち》・和泉《いずみ》の五国）と七道（東海道・東山道・北陸道・山陰《さんいん》道・山陽道・南海道・西海道）のこと。日本のむかしの全土をいう。

**こぎたな・い【小汚い】**（形）{カロ・カツ(ク)・イ・イ・ケレ・○}なんとなくきたならしい。うすぎたない。「—かっこう」

**こきつか・う【こき使う】**『◇扱き使う』（他五）{ワ(オ)・イ(ッ)・ウ・ウ・エ・エ}遠慮《えんりょ》や同情をせず、次から次へと仕事をさせる。使いまくる。「たおれるまで—」

**こぎつ・ける【こぎ着ける】**『△漕ぎ着ける』{ケ・ケ・ケル・ケル・ケレ・ケロ(ケヨ)}㊀（他下一）船をこいで到着《とうちゃく》させる。「ボートを対岸に—」㊁（自下一）努力してやっと目標とするところまでたどりつく。「ようやく発売に—」

**こぎって【小切手】**（名）〘経〙銀行に当座預金をしている人が、指定の金額を支払《しはら》うよう銀行に依頼《いらい》する証券。「—を切る」

**ごきぶり**（名）〘動〙ゴキブリ目の昆虫《こんちゅう》の総称《そうしょう》。からだは黒茶色で、羽は油をぬったような光沢《こうたく》がある。病原菌《びょうげんきん》を運ぶ害虫。油虫《あぶらむし》。

**こきみよ・い【小気味よい】**（形）{カロ・カツ(ク)・イ・イ・ケレ・○}胸がすっとするようで気持ちがよい。手ぎわがあざやかで痛快だ。「繰《く》り出す技が—・く決まる」

**こきゃく【顧客】**（名）ひいきにしてくれる客。おとくい。「—を大事にする」参考「こかく」とも読む。

**こきゅう【呼吸】**㊀（名・自他スル）❶生物が酸素を吸って炭酸ガスを出す作用。❷息を吸ったりはいたりすること。「—がとまる」㊁（名）❶動作をともにするときの相手との調子の合いぐあい。「—が合う」❷物事をするときの調子。こつ。要領。「—をのみこむ」

**こきゅう【故旧】**（名）むかしからのなじみ。旧知。

**こきゅう【鼓弓】**『△胡弓』（名）〘音〙三味線《しゃみせん》に似た東洋の弦楽器《げんがっき》。三本か四本の弦をはり、馬の尾《お》の毛を使った弓でこすって鳴らす。

（鼓弓）

**こきゅうき【呼吸器】**（名）〘生〙生物が呼吸をするための器官。肺《はい》・気管支・魚類のえらなど。

**こきょう【故郷】**（名）生まれ育った土地。ふるさと。「生まれ—」

**故郷へ錦《にしき》を飾《かざ》る** 立身出世してはれがましく生まれ故郷に帰る。

**ごきょう【五経】**（名）儒教《じゅきょう》で重んじる、易経《えききょう》・詩経・書経・春秋《しゅんじゅう》・礼記《らいき》の五つの本。「四書—」

**ごぎょう【五行】**（名）むかしの中国の思想で、すべての物がそれによって成り立つと考えられた五つの元素。木《もく》・火《か》・土《ど》・金《ごん》・水《すい》。

**ごぎょう**『御形』（名）〘植〙→ははこぐさ

**こぎれい**『小△綺麗』（形動ダ）{ダロ・ダッ(デ・ニ)・ダ・ナ・ナラ・○}さっぱりしていて、清潔なようす。「—な服装」

**こきんわかしゅう**〔古今和歌集〕[作品名]日本で最初の勅撰《ちょくせん》和歌集。醍醐《だいご》天皇の命により、紀貫之《きのつらゆき》ら四人の歌人が編集し、九〇五（延喜《えんぎ》五）年成立。歌風は優美で技巧《ぎこう》的。古今集。冒頭文（仮名序）やまとうたは、人の心を種として、よろづの言《こと》の葉とぞなれりける。世の中にある人、ことわざ繁《しげ》きものなれば、心に思ふことを、見るもの、聞くものにつけて、言ひ出《い》だせるなり。

**こく【石】**→せき（石）

**こく【石】**（名）❶尺貫《しゃっかん》法の容積の単位。一斗《と》の一〇倍。約一八〇リットル《リッ トル》。「一—の米」❷和船の積載《せきさい》量や材木の体積量の単位。一〇立方尺。「千—船《せんごくぶね》」❸武家の時代に、領地の収穫高や大名などの給与《きゅうよ》を表したもの。「加賀百万—《ごく》」

**こく【克】** 7画 儿5 音コク 一 十 十 古 古 克

❶よく。じゅうぶんに。◆克明。❷かつ。うちかつ。◆克服・克己《こっき》◆超克

**こく【告】** 7画 口4 小5 音コク 訓つげる ノ 𠂉 牛 生 告 告

❶つげる。知らせる。◆告示・告知・告白・告別◆勧告《かんこく》・警告・広告・報告・予告。❷うったえ出る。◆告訴《こくそ》・告発◆原告・上告・被告《ひこく》

**こく【谷】** 7画 谷0 小2 音コク中 訓たに ハ ハ 父 谷 谷 谷

たに。両方から山のせまった細長い低地。また、そこを流れる川。◆峡谷《きょうこく》・渓谷《けいこく》

**こく【刻】** 8画 刂6 小6 音コク 訓きざむ 亠 亡 亥 亥 亥 刻

❶きざむ。ほる。◆刻印・刻字◆彫刻《ちょうこく》。❷むごい。ひどい。きびしい。◆深刻。❸とき。時間。◆刻限◆時刻・即刻《そっこく》・遅刻《ちこく》・定刻

**こく【刻】**（名）昔の時間の単位。一昼夜を一二等分してそれに十二支をあてたもの。一刻は約二時間。「子《ね》の—」

**こく【国】** 8画 口5 小2 〔國〕 音コク 訓くに 丨 冂 冂 冂 国 国

くに。◆国王・国語・国際・国産・国政・国民・国家・国

会・国旗 ◈外国・帰国・故国・全国 ⇩付録「漢字の筆順(2)王〔玉〕」

**こく【黒】** 11画 黒0 (小2) 〔黑〕 音 コク 訓 くろ・くろい

❶くろ。くろい。◈黒点・黒板 ◈暗黒。❷わるい。◈黒白《こくびゃく》。(対白) ⇩付録「漢字の筆順(28)里」

冂 甲 甲 里 里 黒

**こく【穀】** 14画 禾9 (小6) 〔穀〕 音 コク

❶もみ。もみがら。◈脱穀《だっこく》。❷いね・麦など、実を主食にする食物。こくもつ。◈穀倉・穀物 ◈五穀・雑穀・米穀

士 声 䅟 穀 穀

**こく【酷】** 14画 酉7 音 コク

❶程度がはげしい。はなはだしい。◈酷似《こくじ》・酷暑。❷むごい。きびしい。◈酷使 ◈苛酷《かこく》・過酷・残酷・冷酷

冂 西 酉 酉 酷 酷

**こく【酷】**(形動ダ)〔ダロ・ダッ(デ・ニ)・ダ・ナ・ナラ・○〕思いやりがなく、むごいようす。「あまりにもーな言い方」

**こく**(名)深みのある味わい。「ーのある味」

**こ・く**〘◇扱く〙(他五)〔カ(コ)・キ(イ)・ク・ク・ケ・ケ〕しごき落とす。しごく。「稲《いね》をー」

**こ・く**〘◇放く〙(他五)〔カ(コ)・キ(イ)・ク・ク・ケ・ケ〕《俗語》出す。する。言う。「屁《へ》をー」「いい年をー・いて」「うそをー」

使い方 さげすみの意をこめていう。

**こ・ぐ**〘△漕ぐ〙(他五)〔ガ(ゴ)・ギ(イ)・グ・グ・ゲ・ゲ〕❶櫓《ろ》や櫂《かい》を動かして舟《ふね》を進める。「ボートをー」❷足を曲げたりのばしたりして物を動かす。「ブランコをー」「自転車をー」❸《俗語》(「船をこぐ」の形で)いねむりをする。

**ごく【極】**→きょく(極)

**ごく**〘極〙(副)きわめて。この上なく。「ー少ない品」

**ごく【獄】** 14画 犭11 音 ゴク

❶ろうや。◈獄舎 ◈監獄《かんごく》・出獄・脱獄《だつごく》・投獄・牢獄《ろうごく》。❷うったえ。訴訟《そしょう》。◈疑獄

ノ 犭 犭 犭 犭 獄

**ごく【獄】**(名)罪人を閉じこめておく所。ろうや。「ーにつながれる」

**ごく【語句】**(名)❶語と句。❷ことば。

**ごくあく【極悪】**(名・形動ダ)きわめて悪いこと。「ー人」「ー非道」

**こくい【国威】**(名)国のいきおい。国の威光。「ー発揚《はつよう》」

**ごくい【極意】**(名)(芸の道や武道などの)もっとも奥深《おくふか》い境地。「柔道《じゅうどう》のー」類 奥義《おうぎ》

**こくいっこく【刻一刻】**(副)時がたつにしたがってしだいに。一刻一刻。刻々。「ー(と)変化する」

**こくいん【刻印】**(名・自他スル)❶印をきざみこむこと。また、その印。「ーをおす」❷→ごくいん②

**ごくいん【極印】**(名)❶江戸《えど》時代、金銀貨などに品質を証明するためにおした印。❷消すことのできないしるし。動かしがたい証拠《しょうこ》。刻印。「ーをおす(=そうであると決めつける)」

**こくう【虚空】**(名)何もない空間。そら。大空。「ーをつかむ」

**こくう【穀雨】**(名)(春雨が降って穀物をうるおすころという意)二十四節気の一つ。太陽暦《たいようれき》では四月二〇日ごろ。

**こくうん【国運】**(名)国の運命。国の勢い。「ーを賭《か》ける」

**こくえい【国営】**(名)国が経営すること。また、その事業。「ー企業《きぎょう》」対 民営

**こくえき【国益】**(名)国家の利益。「ーを図る」

**こくえん【黒鉛】**(名)→せきぼく

**こくおう【国王】**(名)一国の統治者。君主。

**こくがい【国外】**(名)国の領土の外。「ー退去」対 国内

**こくがく【国学】**(名)江戸《えど》時代におこった、古典を研究し、日本固有の精神・文化を明らかにしようとする学問。荷田春満《かだのあずままろ》・賀茂真淵《かものまぶち》・本居宣長《もとおりのりなが》らによって指導された。

**こくぎ【国技】**(名)その国の伝統的、代表的な武術・スポーツ。日本では、すもう。

**こくげん【刻限】**(名)❶定められた時刻。定刻。「出発のーが近づく」❷時刻。とき。「子《ね》のー」

**こくご【国語】**(名)❶その国で広く用いられる言語。❷日本語。❸学校の教科の一つ。国語科。

**こくごがく【国語学】**(名)日本語の文法・語彙《ごい》・音韻《おんいん》・方言などを研究する学問。

**こくこく【刻刻】**(副)→こっこく

**こくさい【国債】**(名)国家が、歳入《さいにゅう》の不足をおぎなうためなどに発行する債券。

**こくさい【国際】**(名)多くの国々に関係していること。国と国の交際。「ー協力」「ー結婚《けっこん》」…化「事業の国際化をはかる」使い方 ふつう、他の語の上につけて用いられる。

**こくさいくうこう【国際空港】**(名)外国と往復する飛行機が発着できる設備をそなえた飛行場。

**こくさいご【国際語】**(名)ことばの異なる民族や国家の間で共通語として通じることば。英語など。

**ごくさいしき【極彩色】**(名)ひじょうにはなやかないろどり。「ーの蝶《ちょう》」

**こくさいたんいけい【国際単位系】**(名)長さ・量などを表す際に、多くの国々で共通して使われる単位の体系。メートル・キログラム・秒・アンペア・ケルビン(絶対温度)・モル(物質量)・カンデラを基本単位とする。ＳＩ。

**こくさいてき【国際的】**(形動ダ)〔ダロ・ダッ(デ・ニ)・ダ・ナ・ナラ・○〕その国だけでなく、世界のいろいろな国に関係のあるようす。「ーに活躍《かつやく》する」

**こくさいほう【国際法】**(名)《法》各国間の権利や義務を規定する法。国際公法。

**こくさいれんごう【国際連合】**(名)第二次世界大戦直後の一九四五年、世界平和をたもつためにつくられた国際機構。本部はニューヨークにある。現在、世界の大多数の国が加入している。国連。

**こくさく【国策】**(名)その国の政策。

**こくさん【国産】**(名)自国で生産されること。また、そのもの。「ー品」「ーの車」対 舶来《はくらい》

**こくし【国士】**(名)❶国の中のすぐれた人物。❷自分の身をかえりみず、国家のために尽《つ》くす人。

**こくし【国史】**（名）❶その国の歴史。❷日本の歴史。日本史。

**こくし【国司】**（名）〘歴〙律令《りつりょう》制で、地方を治めるために諸国に派遣《はけん》された役人。

**こくし【酷使】**（名・他スル）ひどい使い方をすること。こき使うこと。「肉体を―する」

**こくじ【告示】**（名・他スル）国や地方公共団体などおおやけの機関が、あることがらを一般《いっぱん》の人に告げ知らせること。「内閣―」類公示

**こくじ【国字】**（名）❶その国の国語を書き表す文字。❷日本で作られた漢字。畑《はたけ》・榊《さかき》・峠《とうげ》など。❸漢字に対し、かな文字。

**こくじ【国事】**（名）国家やその政治に関することがら。「―に奔走《ほんそう》する」

**こくじ【酷似】**（名・自スル）ひじょうによく似ていること。「人相が―している」

**ごくし【獄死】**（名・自スル）ろうやの中で死ぬこと。

**こくしびょう【黒死病】**（名）→ペスト

**ごくしゃ【獄舎】**（名）ろうや。監獄《かんごく》。刑務所《けいむしょ》。「―につながれる」

**こくしゅ【国守】**（名）❶国司のいちばん上に立つ人。国の守《かみ》。❷一国を治める大名。領主。

**こくしょ【国書】**（名）❶国の元首が国の名で出す外交文書。❷日本語で書かれた書物。和書。

**こくしょ【酷暑】**（名）真夏のきびしい暑さ。「―の折からご自愛ください」対酷寒《こっかん》

**ごくしょ【極暑】**（名）この上ない暑さ。また、その暑さの季節。対極寒《ごっかん》

**こくじょう【国情・国状】**（名）国内のようす。国の状態。「―視察」

**ごくじょう【極上】**（名）この上なく上等なこと。また、そのもの。最上。「―品」「―の酒」

**こくじょく【国辱】**（名）国家の恥《はじ》。

**こくしょくじんしゅ【黒色人種】**（名）ひふの色によって分けた人種の一つ。ひふの色は黒褐色《こっかっしょく》で、アフリカ大陸に多く住んでいる。

**こくじん【黒人】**（名）黒色人種に属する人。

**こくすい【国粋】**（名）その国独自の長所・美点。

**こくすいしゅぎ【国粋主義】**（名）自分の国の伝統や文化を他国よりすぐれたものとし、それを守り広めようとする考え方。

**こくぜ【国是】**（名）国家や国民がよいと認めた政治上の大方針。「中立を―とする」

**こくせい【国政】**（名）国の政治。国務。「―をあずかる」

**こくせい【国勢】**（名）人口や産業などの面からみた国のありさま。また、国の勢力。

**こくぜい【国税】**（名）国家が経費をまかなうために国民から集める税金。⇩ちほうぜい

**こくせいちょうさ【国勢調査】**（名）国が、行政上の資料とするため、人口などを一定の時期に全国いっせいに調べること。また、その調べたもの。

**こくせき【国籍】**（名）❶〘法〙その国の国民であるという資格。「アメリカ―を取得する」❷船や飛行機などの特定の国への所属。「―不明の船」

**こくせん【国選】**（名）政府で選ぶこと。官選。「―弁護人」

**こくせんやかっせん【国性爺合戦】**〔作品名〕江戸《えど》時代中期の浄瑠璃《じょうるり》。近松門左衛門《ちかまつもんざえもん》作。一七一五（正徳五）年初演。明《みん》国（=中国）人を父にもつ和藤内《わとうない》（=国性爺）が、明国の復興を図《はか》る話。

**こくそ【告訴】**（名・他スル）〘法〙犯罪事件の被害《ひがい》者やその家族などが、検察官または警察官に被害の事実をうったえ、犯人の処罰《しょばつ》を求めること。

**こくそう【国葬】**（名）国が国の名で行う葬儀《そうぎ》。

**こくそう【穀倉】**（名）❶米や麦などの穀物を入れる倉《くら》。❷穀物がたくさんとれる地方。「―地帯」

**こくぞく【国賊】**（名）自分の国を乱し国家に害をあたえる人。

**こくたい【国体】**（名）❶主権がだれにあるかによって区別される国家の形態。君主制・共和制など。❷「国民体育大会」の略。

**こくだか【石高】**（名）❶米や麦などの収穫《しゅうかく》量。❷武家時代、武士の給料としてあたえられた米の量。扶持高《ふちだか》。

**こくたん【黒炭】**（名）〘地質〙無煙《むえん》炭と褐炭《かったん》の中間の、最もふつうの石炭。瀝青《れきせい》炭。

**こくたん【黒檀】**（名）〘植〙カキノキ科の常緑高木。インド南部などに産する。材は黒くてかたくつやがあり、家具・装飾《そうしょく》用に用いられる。

**こくち【告知】**（名・他スル）関係者に告げ知らせること。「イベント情報を―する」「がんの―」

**こぐち【小口】**（名）❶物を切ったときの切り口。❷取り引きなどで、扱《あつか》う金額・数量が小さいこと。「―の預金」「―投資家」対大口。❸書物で、背以外の三方の紙の断面。特に、背の反対側の部分。

**ごくちゅう【獄中】**（名）ろうやの中。刑務所《けいむしょ》の中。「―生活」

**ごくちょうたんぱ【極超短波】**（名）→ユーエッチエフ

**ごくつぶし【◇穀潰し】**（名）食べるだけは一人前で、なんの働きも収入もない人をののしっていう語。

**こくていこうえん【国定公園】**（名）国が指定して都道府県が管理を受け持つ公園。国立公園に準ずる。

**こくてつ【国鉄】**（名）❶（「国有鉄道」の略）国が経営する鉄道。❷（「日本国有鉄道」の略）日本の国有鉄道事業のために設立された公共企業《きぎょう》体。一九八七（昭和六二）年に分割《ぶんかつ》、民営化され、ジェーアールになった。⇩ジェーアール

**こくてん【黒点】**（名）❶黒い色の点。❷〘天〙太陽面に現れる黒い色の斑点《はんてん》。

**こくど【国土】**（名）一国の治めている地域。領土。

**こくどう【国道】**（名）国が建設し、管理する主要道路。「―一号線」

**ごくどう【極道・獄道】**（名・形動ダ）酒・ばくち・女色などにふけり、品行のよくないこと。また、その人。「―息子《むすこ》」

**こくどけいかく【国土計画】**（名）国の土地や資源の利用・開発を総合的に進めようとする計画。

**こくどこうつうしょう【国土交通省】**（名） 中央行政官庁の一つ。国土・資源の利用や道路・河川などの整備、運輸・交通に関する仕事をあつかう。

**こくない【国内】**（名） 国の領土内。国の内部。「―問題」対国外

**こくないそうせいさん【国内総生産】**（名） 〔経〕→ジーディーピー

**こくなん【国難】**（名） 国家の大きな危難。

**こくねつ【酷熱】**（名） ひどい暑さ。

**こくはく【告白】**（名・他スル） 心の中に秘めていたことを打ち明けること。「愛を―する」

**こくはく【酷薄】**（名・形動ダ） むごく、思いやりがないこと。残酷で薄情なこと。「―な心」

**こくはつ【告発】**（名・他スル） ❶不正や悪事を指摘《てき》し、多くの人に明らかにすること。❷〔法〕被害《ひがい》者・関係者以外の人が検察官・警察官に犯罪のおきたことを申し立て、捜査《そうさ》と裁判を求めること。

**こくばん【黒板】**（名） 白墨《はくぼく》などでものを書くための、黒や緑色にぬった板。

**こくひ【国費】**（名） 国が支出するおかね。「―留学」

**こくび【小首】**（名） くび。あたま。

**小首をかしげる** ちょっと考えたり、ふしぎに思ったりして首を少し曲げる。「不審《ふしん》そうに―」

**小首を傾《かたむ》ける** →こくびをかしげる

**ごくひ【極秘】**（名） 厳重に守らなければならない秘密。「―事項《じこう》」「―の書類」類厳秘《げんぴ》

**こくびゃく【黒白】**（名） ❶黒と白。❷よしあしの区別。是《ぜ》と非。正邪《せいじゃ》。善悪。「―をつける」

**こくひょう【酷評】**（名・他スル） 欠点をあげてきびしく批評すること。また、その批評。「―を受ける」

**こくひん【国賓】**（名） 国が正式にまねいた外国からの客。元首・首相・王族など。

**ごくひん【極貧】**（名） きわめてまずしいこと。類赤貧《せきひん》

**こくふ【国府】**（名） むかし、国ごとにおかれた、地方を治めるための役所。また、その所在地。

**こくふ【国富】**（名） 国の財産。国の富。

**こくふく【克服】**（名・他スル） むずかしいことや苦しいことに努力してうちかつこと。「困難を―する」

**こくぶん【国文】**（名） ❶日本語で書かれた文章。❷「国文学」の略。❸（「国文学科」の略）大学で、国文学を研究する学科。

**こくぶんがく【国文学】**（名） ❶日本の文学。国文。❷日本の文学を研究する学問。

**こくぶんがくし【国文学史】**（名） 日本文学の過去からの発達・変遷《へんせん》の歴史。

**こくぶんぽう【国文法】**（名） 日本語の文法。

**こくべつ【告別】**（名・自スル） 別れを告げること。

**こくべつしき【告別式】**（名） 死者に別れを告げる儀式《ぎしき》。

**こくほう【国宝】**（名） 国の宝。特に、国家が指定し、保護している、建物・彫刻《ちょうこく》・絵などの価値ある文化財。「―に指定する」「―の仏像」

**こくほう【国法】**（名） 国家の法律。特に、憲法。

**こくぼう【国防】**（名） 外からの敵の攻撃《こうげき》・侵略《しんりゃく》に対する国の守り。

**こくみん【国民】**（名） 一国の統治権のもとに、その国家を構成している人びと。同じ国籍《こくせき》をもつ人びと。…的「国民的規模の集会」「国民的な英雄《えいゆう》」

**こくみんえいよしょう【国民栄誉賞】**（名） 広く国民に敬愛され、社会に明るい希望を与《あた》えた人に贈《おく》られる賞。内閣総理大臣が決定する。

**こくみんがっこう【国民学校】**（名） 一九四一（昭和一六）年から一九四七（昭和二二）年までのあいだ、初等教育を行っていた機関。現在の小学校および中学校の一部にあたる。

**こくみんけんこうほけん【国民健康保険】**（名） 健康保険の一つ。公務員や会社員以外の自営業者などを対象に、自治体などが行う社会保険。

**こくみんしょとく【国民所得】**（名） 全国民が一定期間に新たに生産または獲得《かくとく》した財貨を貨幣《かへい》に換算《かんさん》したものの総額。

**こくみんしんさ【国民審査】**（名） 最高裁判所の裁判官が適任かどうかを国民が投票してきめること。

**こくみんせい【国民性】**（名） その国民全体に共通している性質。「陽気な―」

**こくみんそうせいさん【国民総生産】**（名） 〔経〕→ジーエヌピー

**こくみんたいいくたいかい【国民体育大会】**（名） 各都道府県の代表選手によって毎年行われる全国的なスポーツ競技会。国体。

**こくみんとうひょう【国民投票】**（名） 国政にかかわる特別な重要事項《じこう》を決める、国民の直接投票。参考日本国憲法では、憲法の改正について規定されている。

**こくみんねんきん【国民年金】**（名） すべての国民を対象にした年金制度。年をとったり病気やけがで障害を負ったりしたときに、国から一定の金額を受け取ることができる。

**こくみんのしゅくじつ【国民の祝日】**（名） 国が法律で定めた祝いの日。

国民の祝日

| | |
|---|---|
| 元日 | 1月1日 |
| 成人の日 | 1月第2月曜日 |
| 建国記念の日 | 2月11日 |
| 天皇誕生日 | 2月23日 |
| 春分の日 | 3月21日ごろ |
| 昭和の日 | 4月29日 |
| 憲法記念日 | 5月3日 |
| みどりの日 | 5月4日 |
| こどもの日 | 5月5日 |
| 海の日 | 7月第3月曜日 |
| 山の日 | 8月11日 |
| 敬老の日 | 9月第3月曜日 |
| 秋分の日 | 9月23日ごろ |
| スポーツの日 | 10月第2月曜日 |
| 文化の日 | 11月3日 |
| 勤労感謝の日 | 11月23日 |

**こくむだいじん【国務大臣】**（名） 内閣を構成して国務にたずさわる大臣。

**こくめい【克明】**（形動ダ）｛ダロ・ダッ(デ・ニ)・ダ・ナ・ナラ・○｝ 細かいところまでじゅうぶんに明らかにするようす。「―な記録」

**こくもつ【穀物】**（名） 米・麦・あわ・豆など実が主食となるもの。穀類。

**ごくもん【獄門】**（名）❶ろうやの門。❷江戸《えど》時代の刑罰《けいばつ》の一つ。罪人の首を斬《き》り、ろうやの門などにさらしたこと。

**こくゆう【国有】**（名）国家が所有すること。「―財産」…化「土地の国有化」対私有・民有

**こくようせき【黒曜石】**（名）〘地質〙火山岩の一種。半透明《とうめい》の黒色でガラスのようなつやがある。みがいて、装飾《そうしょく》・器具用にする。

**こぐらか・る**（自五）{ラ(ロ)・リ(ッ)・ル・ル・レ・レ}こんがらかる。

**ごくらく【極楽】**（名）❶〘仏〙阿弥陀仏《あみだぶつ》の住む世界。極楽浄土《じょうど》。❷安楽でなんの心配や苦労もない境遇《きょうぐう》や場所。類天国。〘対地獄《じごく》〙

**ごくらくじょうど【極楽浄土】**（名）〘仏〙阿弥陀仏《あみだぶつ》がいるという、苦のない安らかな世界。極楽。

**ごくらくちょう【極楽鳥】**（名）〘動〙フウチョウ科の鳥。雄《おす》はからだの両側に美しい飾《かざ》り羽をもつ。ニューギニアやオーストラリアにすむ。風鳥《ふうちょう》。

（ごくらくちょう）

**こくりつ【国立】**（名）国によって設立され、維持《いじ》・運営されること。また、そのもの。対私立

**こくりつこうえん【国立公園】**（名）特に美しい景色の地域で、国が指定し管理している公園。

**こくりょく【国力】**（名）国のもっている経済・産業・文化・軍事力などを総合した力。

**こくるい【穀類】**（名）米・麦・あわ・豆など、穀物として分類されるもの。

**こくれん【国連】**（名）「国際連合」の略。

**ごくろう【ご苦労】**（名・形動ダ）❶他人の苦労をうやまっていうことば。人の骨折りに対してお礼やいたわりの心を表す。「―をかけます」「―さま」❷他人の骨折りをひやかしたりあざけったりしていうことば。「雨がふるのに―なことだ」

**こくろん【国論】**（名）国民一般《いっぱん》の意見・議論。

**こぐん【孤軍】**（名）援助《えんじょ》がなく孤立した軍隊。

**こぐんふんとう【孤軍奮闘】**（名・自スル）助ける者もなく、ただひとりで努力したり戦ったりすること。

**こけ**〘△苔〙（名）こけ植物（蘚苔類《せんたいるい》）や、地衣類《ちいるい》などの総称《そうしょう》。湿地《しっち》や岩などに生える。ぜにごけ・すぎごけなど種類が多い。

**こけ**〘虚仮〙（名）愚《おろ》かなこと。ばか。「人を―にする」「―の一念」参考もとは仏教語で、見せかけと内心がちがうこと、という意。

**ごけ【後家】**（名）夫に死に別れて、独身で暮らしている女性。未亡人。

**こけい【固形】**（名）固くて、一定の形のあるもの。「―燃料」「―石鹼《せっけん》」

**ごけい【互恵】**（名）たがいに特別の恩恵や利益などを与《あた》え合うこと。特に、国家間の通商関係などについて言う。「―条約」

**ごけい【語形】**（名）ことばのかたち。「―変化（＝文法上のきまりによって、ことばのかたちが変化すること）」

**こけいぶつ【固形物】**（名）一定の形と体積のある物体。

**こけおどし**〘虚仮◇威し〙（名）外見だけ大げさにみせかけた、内容のないもの。「―の表題」

**こげくさ・い【焦げ臭い】**（形）{カロ・カッ(ク)・イ・イ・ケレ・○}焦げるにおいがする。きなくさい。「なべが―」

**こけし**（名）つつ形の胴《どう》にまるい頭をつけ、簡単に色をぬった木の人形。もと、東北地方の郷土人形。

**こげちゃ【焦げ茶】**（名）黒みがかったこい茶色。

**こけつ【虎穴】**（名）❶とらのすむあな。❷危険な場所。

**虎穴に入《い》らずんば虎児《こじ》を得《え》ず** 大きな危険をおかさなければ、りっぱなことをなしとげたり、特別のてがらをたてたりすることはできない。

**こげつ・く【焦げつく】**〘焦げ付く〙（自五）{カ(コ)・キ(イ)・ク・ク・ケ・ケ}❶焦げてくっつく。「ごはんが―」❷貸したおかねなどがとりもどせなくなる。「貸したかねが―」

**コケティッシュ**〔英 coquettish〕（形動ダ）{ダロ・ダッ(デ・ニ)・ダ・ナ・ナラ・○}なまめかしく色っぽいようす。「―な女性」

**ごけにん【御家人】**（名）〘歴〙❶鎌倉《かまくら》・室町《むろまち》幕府で将軍直属の家来。❷江戸《えど》時代、将軍直参《じきさん》の家来で、将軍に会うことのできない侍《さむらい》。旗本《はたもと》より身分が低い。家人《けにん》。

**こけむ・す**〘△苔◇生す〙（自五）{サ(ソ)・シ・ス・ス・セ・セ}こけがはえる。また、長い年月をへて古くなる。「―・した寺」

**こけら**〘△柿〙（名）❶材木のけずりくず。❷屋根をふくのに用いる、すぎ・ひのきなどをうすくはいだ板。

**こけらおとし【こけら落とし】**〘△柿落とし〙（名）新しく建てた劇場での、はじめての興行《こうぎょう》。

**-こ・ける**（接尾）その動作・状態がずっと続く意味を表す。「眠《ねむ》り―」「笑い―」

**こ・ける**〘◇転ける・◇倒ける〙（自下一）{ケ・ケ・ケル・ケル・ケレ・ケロ(ケヨ)}❶ものにつまずいたりして転倒《てんとう》する。「つまずいて―」❷失敗する。しくじる。「芝居《しばい》が―」

**こ・ける**〘◇痩ける〙（自下一）{ケ・ケ・ケル・ケル・ケレ・ケロ(ケヨ)}肉が落ちてやせほそる。「ほおが―」

**こ・げる【焦げる】**（自下一）{ゲ・ゲ・ゲル・ゲル・ゲレ・ゲロ(ゲヨ)}焼けて黒くなる。「ごはんが―」

**こけん**〘△沽券〙（名）人のねうち。体面。

**沽券に関《かか》わる** 名誉《めいよ》や体面にきずがつく。「ここであきらめては―」

**ごけん【護憲】**（名）憲法や立憲政治を守ること。「―運動」

**ごげん【語源・語原】**（名）あることばのもとの形や意味。そのことばのおこり。「―をさぐる」

**ここ【個個】**（名）一つ一つ。おのおの。めいめい。「―の意見を述べる」

**ここ**〘△此◇処・△此◇所〙（代）❶話し手が、自分のいる、または自分に近い場所をさし示すことば。「―までおいで」❷話し手がとりあげる場面・場所。「―はわたしにおまかせください」❸ある物事の現在の状態。「事―に至ってはいたしかたない」❹現在を中心に、時間的に近いことをさし示すことば。「―三日ばかりだれも来ない」「―数日は身動きがとれない」

**こご【古語】**（名）今は一般《いっぱん》に使われないが、むかし用いられたことば。「―辞典」

**ごご【午後】**（名）正午から夜の一二時まで。特に正

午から日がしずむころまで。昼過ぎ。対午前

**ココア**〔英 cocoa〕（名）カカオの種子をいって粉にしたもの。また、それをとかした飲み物。

**ここう【戸口】**（名）家の数と人の数。戸数と人口。

**ここう【虎口】**（名）（虎《とら》の口の意から）ひじょうに危険な場所や状態。「—を脱《だっ》する」

**ここう【孤高】**（名・形動ダ）他を寄せつけず、ひとりだけ高い理想をいだいていること。「—を保つ」

**ここう**『△糊口・△餬口』（名）（「かゆをすする」の意から）生活をたてること。生計。

**糊口をしのぐ** やっとのことで暮らしていく。

**こごう【古豪】**（名）経験を積んだすぐれた実力者。ベテラン。対新鋭《しんえい》

**こごう【呼号】**（名・自スル）大声で呼びさけぶこと。また、大げさに宣伝すること。「天下に—する」

**ごこう【後光】**（名）仏や菩薩《ぼさつ》のからだから発するという光。また、それを仏像のうしろにかたどったもの。光背《こうはい》。「—がさす」

**こご・える【凍える】**（自下一）{エ・エ・エル・エル・エレ・エロ(エヨ)} 寒さのためにからだが冷えて、感覚がなくなる。「手足が—」

**ここかしこ**『△此◇処◇彼◇処』（代）あちらこちら。ほうぼう。

**ここく【故国】**（名）自分の生まれ育った国。母国。また、自分の生まれ育った地方。ふるさと。故郷。「—をしのぶ」「—の土をふむ」

**ごこく【五穀】**（名）人間にとって重要な五つの穀物。ふつう、米・麦・あわ・きび・豆をいう。穀物の総称《そうしょう》。

**ごこく【後刻】**（名）その時よりあとの時。のちほど。「—まいります」

**ここち【◦心地】**（名）ある状態での気分・気持ち。「生きた—がしない」「—よい」「夢—《ごこち》」

**こごと【小言】**（名）❶まちがいなどを口やかましく注意することば。「—を言われる」❷不平・不満などをぶつぶつ言うこと。また、そのことば。

**ココナッツ**〔英 coconut〕（名）《植》ココやし（=ヤシ科の常緑高木）の実。ココナツ。ココナット。

**ここのえ【九重】**（名）❶物が九つ重なっていること。❷天皇の住むところ。宮中。皇居。

**ここのこえをあげる**『△呱△呱の声をあげる』子どもが生まれる。誕生する。

**ここのつ【九つ】**（名）❶一つの九倍。九。❷九個。❸九歳《さい》。

**こご・む**『◇屈む』（自五）{マ(モ)・ミ(ン)・ム・ム・メ・メ} 足・腰《こし》を曲げてからだを低くする。しゃがむ。かがむ。「道ばたに—」

**こごめ【小米・粉米】**（名）米をつくときにくだけた米。

**こころ【心】**（名）❶感じたり、知ったり、考えたり、決めたりする働き。また、その働きのもとになるもの。精神。「からだと—」「—を入れかえる（=改心する）」「—がせまい（=ほかの考え方や見方を受け入れるゆとりがない）」❷まごころ。「—のこもったおくり物」「—から祈《いの》る」❸思い。本当の気持ち。「—を打ち明ける」❹思いやり。なさけ。「—を通わせる」❺意志。意向。「—を決める」❻おもむき。風情《ふぜい》。「歌の—がわかる」❼物事の奥底にある本質。神髄《しんずい》。「茶の湯の—」❽なぞときの答えの意味・内容。「その—は」

**心が重《おも》い** はればれしない。ゆううつである。

**心にかける** 心配する。注意して忘れないでいる。

**心に刻《きざ》む** 忘れないようにする。よくおぼえておく。「父のことばを—」

**心に留《と》める** 注意して覚えておく。

**心にもない** 口だけで、本当はそんな気持ちは少しもない。「—お世辞《せじ》を言う」

**心の雲《くも》** 心の乱れ。乱れた心のさま。

**心の闇《やみ》** 思い乱れて判断に迷うこと。

**心を動《うご》かす** 心に強く感じる。感動する。

**心を打《う》つ** 人の心を強く動かす。「人の—話」

**心を奪《うば》われる** 心がひきつけられる。うっとりさせられる。「あまりの美しさに—」

**心を鬼《おに》にする** かわいそうに思いながら、相手のためにわざときびしくする。「心を鬼にしてしかる」

**心を砕《くだ》く** 心配する。気を配る。苦心する。「子どものために—母親」「小説の構想に—」

**心を配《くば》る** 配慮《はいりょ》する。気を配る。「事故がないように—」

**心を込《こ》める** まごころや誠意をそそぐ。

**心を引《ひ》かれる** しぜんに関心や興味が向く。

**心を許《ゆる》す** 信用して受け入れる。うちとける。

**心を寄《よ》せる** 異性に思いをかける。

**こころ**〔作品名〕夏目漱石《なつめそうせき》の小説。一九一四（大正三）年発表。主人公である「先生」の苦悩《くのう》を通じて、人間のエゴイズムをほりさげた作品。冒頭文 私はその人を常に先生と呼んでいた。だからここでもただ先生と書くだけで本名は打ち明けない。

**こころあたり【心当たり】**（名）思い当たること。思い当たるところ。見当。「—がない」「—をさがす」

**こころあて【心当て】**（名）❶あて推量。「—に言う」❷心の中で頼《たの》みにすること。「—にして待つ」

**こころあてに…** 和歌
〔**心あてに 折《を》らばや折《を》らむ 初霜《はつしも》の 置《お》きまどはせる 白菊《しらぎく》の花《はな》**〕〈古今集《こきんしゅう》・凡河内躬恒《おおしこうちのみつね》〉訳 心の中で見当をつけて折るならば折りましょうか。初霜が白く置いて、どこが花か霜かわからなくさせている白菊の花を。（小倉《おぐら》百人一首の一つ）

**こころある【心有る】**（連体）❶深い考えや分別がある。「—人びとに訴《うった》える」❷思いやりがある。❸おもむきや味わいを解する。《対心無い》

**こころいき【心意気】**（名）積極的に取り組もうとする気持ち。強い意志。「その—に感じる」

**こころえ【心得】**（名）❶技術などを身につけていること。たしなみ。「お花の—がある」❷事をするにあたっての規則・注意。「旅行中の—」❸下級の者が上級の者の役目を代行するときの役職名。「課長—」

**こころえがお【心得顔】**（名）いかにもわかっているというような顔つきや態度。「—でうなずく」

**こころえちがい【心得違い】**（名）❶思いちがい。考えちがい。「とんだ—をしました」❷道理にはずれた考えや行い。

**こころ・える【心得る】**（他下一）{エ・エ・エル・エル・エレ・エロ(エヨ)} ❶わ

きまえる。理解する。「役割を—」❷承知する。引き受ける。「よし、あとは—・えた」❸技芸・作法などを身につけている。「礼儀《れいぎ》作法を—・えている」

**こころおきなく**【心置きなく】(副)❶気がねすることなく。「—遊んでいってください」❷心配を残さずに。気がかりなく。「—出発する」

**こころおぼえ**【心覚え】(名)❶心に覚えていること。「—がある」❷忘れないために記しておくこと。また、そのもの。記憶《きおく》。メモ。

**こころがかり**【心がかり】『心掛かり』(名・形動ダ) 気にかかること。気がかり。「それだけが—だ」

**こころがけ**【心がけ】『心掛け』(名) 心のもち方。心がまえ。「ふだんの—がいい」

**こころが・ける**【心がける】『心掛ける』(他下一)｛ケ・ケ・ケル・ケル・ケレ・ケロ(ケヨ)｝忘れずにそうしようといつも気をつける。「早起きを—」

**こころがまえ**【心構え】(名) 物事に対処する前もっての心の用意。心組み。「いざというときの—」

**こころがわり**【心変わり】(名・自スル) 気持ちが変わること。特に、愛情がほかへ移り変わること。「恋人《こいびと》の—をなげく」

**こころくばり**【心配り】(名) 物事の細かな点にまで気をくばること。心づかい。「—がたりない」

**こころぐみ**【心組み】(名)→こころがまえ

**こころぐる・し**〔心苦し〕(形シク) 古語 ❶心に苦しく思う。また、気がかりだ。「いと—・しく物思ふなるは、まことか」〈竹取物語〉訳たいそう心を苦しめもの思いをしているというのは、ほんとうか。❷人のことで心が痛む。気の毒だ。「思はむ子を法師にしたらむこそ—・しけれ」〈枕草子《まくらのそうし》〉訳かわいく思っている子を僧《そう》にするようなことは気の毒だ。

**こころぐるし・い**【心苦しい】(形)｛カロ・カツ(ク)・イ・イ・ケレ・○｝すまない気がする。心がとがめる。「こんなにお世話になって—・く思います」

**こころざし**【志】(名)❶こうしようと心にきめていること。のぞみ。「—をたてる」「—が高い」❷人に親切にする気持ち。厚意。「お—をありがたくお受けします」❸相手に対する感謝やお礼の気持ち。また、それを表すおくり物。「これはほんの—です」

**こころざ・す**【志す】(他五)｛サ(ソ)・シ・ス・ス・セ・セ｝目的・目標をたて、やりとげようと心に決める。「音楽家を—」

**こころして**【心して】(副) よく注意して物事にあたるようす。「—聞く」

**こころじょうぶ**【心丈夫】(形動ダ)｛ダロ・ダッ(デ・ニ)・ダ・ナ・ナラ・○｝たよりにできるものがあって安心なようす。心強い。「案内人がいるから—だ」

**こころ・する**【心する】(自サ変)｛シ(セ・サ)・シ・スル・スル・スレ・シロ(セヨ)｝じゅうぶんに気をつける。注意する。「過ちのないよう—」

**こころだて**【心立て】(名) 心のもちよう。気だて。「—のよい子」

**こころだのみ**【心頼み】(名) 頼みに思うこと。

**こころづかい**【心遣い】(名・自スル) 相手のためになるように、あれこれと気をくばること。配慮《はいりよ》。心くばり。「細やかな—」「お—に感謝します」

**こころづくし**【心尽くし】(名) まごころをこめること。まごころのこもっていること。「—の手料理」

**こころづけ**【心付け】(名) お礼の気持ちであたえるおかねや品物。祝儀《しゅうぎ》。チップ。

**こころづもり**【心積もり】(名) 心の中で前もってこうしようと考えておくこと。「昼には終える—でいる」

**こころづよ・い**【心強い】(形)｛カロ・カツ(ク)・イ・イ・ケレ・○｝頼《たよ》れるものがあって安心である。「—味方」対心細い

**こころな・い**【心無い】(形)｛カロ・カツ(ク)・イ・イ・ケレ・○｝❶深い考えや分別がない。「—者のしわざ」❷思いやりがない。「—仕打ち」❸おもむきや味わいを解さない。《対心有る》

**こころなき**…和歌

〔**心なき　身《み》にもあはれは　知《し》られけり　鴫立《しぎた》つ沢《さは》の　秋《あき》の夕暮《ゆふぐ》れ**〕〈新古今集《しんこきんしゅう》・西行《さいぎょう》〉訳ものの情趣《じょうしゅ》を解さない私のような出家の身にも、今しみじみと情趣が感じられることだ。しぎが飛びたつこの沢のさびしい秋の夕暮れのけしきを見ていると。（「三夕《さんせき》の歌」の一つ）

**こころなしか**【心なしか】(副) 気のせいか。そう思うせいか。「—顔色が青く見える」

**こころならずも**【心ならずも】(副) 本心でないがしかたなく。不本意ながらも。「—引き受ける」

**こころにく・い**【心憎い】(形)｛カロ・カツ(ク)・イ・イ・ケレ・○｝あまりにすぐれていて、にくらしくなるほどだ。また、さりげないが気づかいが感じられる。「—ほどの出来ばえ」「—演出」

**こころにく・し**〔心憎し〕(形ク) 古語 ❶心ひかれる。おくゆかしい。「そらだきものいと—・くかほり出《い》で」〈源氏物語〉訳どこからともなくかおってくるような薫《た》き物(=練り香)の香りも、たいそうおくゆかしくかおって。❷(打ち消しのことばをともなって)おそるべきだ。「さだめて打手《うって》むけられ候《さうら》ふらん。—・うも候はず」〈平家物語〉訳きっと討手《うって》をお向けになるでしょう。(しかし)おそるべき相手でもございません。

**こころね**【心根】(名)❶心のおく。かくれた本心。「やさしい—」❷根性《こんじょう》。性根《しょうこん》。「—を入れ替《か》える」

**こころのこり**【心残り】(名・形動ダ) 何かがすんだあとまで、そのことについて心配や未練などが残ること。「お会いできなかったのが—だ」

**こころばえ**【心ばえ】(名) 気だて。心のようす。「—のやさしい娘《むすめ》」

**こころばかり**【心ばかり】『心◇許り』(名) (けんそんして言うときに使うことば)ほんのしるしだけ。ほんの気持ちだけ。「—の品ですがお送りします」

**こころばせ**【心ばせ】(名) 心を向け気をきかせること。心づかい。また、気だて。「—を尽《つ》くす」

**こころひそかに**【心ひそかに】『心◇密かに』(副) 心の中だけでそっと。内心。「—思いを寄せる」

**こころぼそ・い**【心細い】(形)｛カロ・カツ(ク)・イ・イ・ケレ・○｝たよるものがなく、不安だ。「一人で行くのは—」対心強い

**こころまち**【心待ち】(名) 心の中で、ひそかに期待して待ち望むこと。「よい知らせを—にする」

**こころみ**【試み】(名) ためしにやってみること。ためし。「新しい—」「—にやってみる」

**こころ・みる**【試みる】(他上一)｛ミ・ミ・ミル・ミル・ミレ・ミロ(ミヨ)｝実際にやってみる。ためしにやってみる。「実験を—」

**こころもち**【心持ち】[一]（名）気持ち。気分。ここち。「ほめられていい—になる」[二]（副）ほんのわずかな程度。少し。いくらか。「—右に傾《かたむ》いている」

**こころもとな・い**【心もとない】『心◇許無い』（形）〔カロ・カッ(ク)・イ・イ・ケレ・○〕なんとなく不安である。たよりなくて心配である。「一人で帰らせるのは—」

**こころもとな・し**〔心許なし〕（形ク）[古語]❶不安である。「—・き日かず重なるままに、白川の関にかかりて旅心定まりぬ」〈おくのほそ道〉[訳]不安な旅の日数が重なるうちに、白河の関まで来てやっと旅に落ち着く気分になった。❷待ち遠しい。じれったい。「くるしく—・ければ、ただ日のへぬる数を…かぞふれば」〈土佐《とさ》日記〉[訳]つらくじれったいので、（出発してからの）過ぎ去った日数を…かぞえているので。❸はっきりしない。ぼんやりしている。「花びらのはしに、をかしきにほひこそ—・うつきためれ」〈枕草子《まくらのそうし》〉[訳]（梨《なし》の花は）花びらのはしに、美しい色つやがほんのりついているようだ。

**こころやす・い**【心安い】（形）〔カロ・カッ(ク)・イ・イ・ケレ・○〕親しい間がらである。気やすい。「—友だち」「—仲」

**こころゆくまで**【心行くまで】気がすむまで。満足するまで。「—話し合う」

**こころよ・い**【快い】（形）〔カロ・カッ(ク)・イ・イ・ケレ・○〕気持ちがよい。気分がよい。「そよ風が—」「—・く引き受ける」

**ここをせんどと**【ここを先途と】ここを勝敗などを決める大事な場面と思って真剣《しんけん》になること。「—攻撃《こうげき》する」

**ここん**【古今】（名）むかしから今まで。「—の名作」「—未曽有《みぞう》（=むかしから今まであったためしがない）」

**ごこん**【語根】（名）[文法]単語の、意味の中心を形づくる、それ以上分けられない部分。たとえば、「しずかだ」「しずまる」の「しず」など。

**ごごんぜっく**【五言絶句】（名）《文》漢詩の形。一句が五言（五字）からなっていて、四句でまとまっているもの。[参考]漢詩のおもな種類としては、絶句（四句詩）と律詩《りっし》（八句詩）とがあり、それぞれが一句五言（五字）のものと、七言（七字）のものとに分かれる。

**ここんちょもんじゅう**〔古今著聞集〕[作品名]鎌倉《かまくら》時代中期の説話集。橘成季《たちばなのなりすえ》撰《せん》。一二五四（建長六）年完成。約七〇〇編の説話が集められている。

**ここんとうざい**【古今東西】（名）むかしから今までと、東洋と西洋。いつでもどこでも。「—を問わず」

**ごごんりっし**【五言律詩】（名）《文》漢詩の形。一句が五言（五字）からなっていて、八句でまとまっているもの。五言律。五律。⇨ごごんぜっく「参考」

**こさ**【濃さ】（名）濃いこと。また、その程度。

**ごさ**【誤差】（名）❶《数》真の数値と近似値《きんじち》との差。❷ほんとうの数値と、測定して得た数値との差。ちがい。くいちがい。

**ござ**『△茣△蓙・△蓙』（名）藺草《いぐさ》の茎《くき》などで編んだしきもの。ござむしろ。

**こさい**【小才】（名）ちょっとした機転のきく能力。こざい。「—がきく」

**ごさい**【後妻】（名）妻に死別したり離婚《りこん》したりした男性と結婚した妻。のちぞい。[対]先妻

**こざいく**【小細工】[一]（名）こまごました指先の仕事。[二]（名・自スル）一時しのぎで、すぐに見破られるようなつまらない策略。「—を弄《ろう》する」

**ございます**『御座います』❶「ある」の丁寧《ていねい》語。「本はここに—」❷「だ」「である」の丁寧語。「おもしろう—」「あれは学校で—」[文法]「ござります」の音便。「あります」「です」より丁寧な言い方。②は形容詞の連用形のウ音便・形容動詞の連用形に続いたり、「で(て)ございます」の形で用いられる。

**こさ・える**『△拵える』（他下一）〔エ・エ・エル・エル・エレ・エロ(エヨ)〕《俗語》「こしらえる」のくだけた言い方。

**こざかし・い**『小◇賢しい』（形）〔カロ・カッ(ク)・イ・イ・ケレ・○〕❶りこうぶってなまいきだ。「—物言い」❷抜《ぬ》け目がない。「—・く立ち回る」

**こさく**【小作】（名）地主の土地を借り、小作料をはらって耕作すること。また、その人。[対]自作

**こさくのう**【小作農】（名）小作によって農業を営む農家。また、その農民。[対]自作農

**コサック**〔Cossack〕（名）ロシア西南部にすみついた種族。馬術にすぐれ、騎兵《きへい》として活躍《かつやく》した。コザック。

**こざっぱり**（副・自スル）さっぱりしていて、見るからに清潔なようす。「—（と）したなりをしている」

**ごさどう**【誤作動】（名・自スル）機械などがまちがった動きをすること。また、その動き。「警報が—する」「システムの—」

**こざとへん**【こざと偏】『◇阜偏』（名）漢字の部首の一つ。「防」などの左側にある「阝」の部分。⇩おおざと

**こさめ**【小雨】（名）細かな雨。小降りの雨。[対]大雨

**ござ・る**〔御座る〕（自四）[古語]（「ござある」の変化したもの）❶「ある」「いる」の尊敬語。いらっしゃる。おられる。「神様が—」❷「行く」「来る」の尊敬語。いらっしゃる。おいでになる。「これこれ弥次《やじ》さん。おいしゃさまが—・った（=おいでになった）」〈東海道中膝栗毛《ひざくりげ》〉❸「ある」「いる」の丁寧《ていねい》語。ございます。「そんな町が—か（=ありますか）」〈東海道中膝栗毛〉❹「(て)いる」の尊敬語。いらっしゃる。「よく旦那《だんな》は知って—」〈東海道中膝栗毛〉

**こさん**【古参】（名）古くからその職場や団体にいること。また、その人。ふるがお。「—の店員」[対]新参《しんざん》

**ごさん**【五山】（名）❶（「京都五山」の略）京都にある臨済《りんざい》宗の五大寺。天竜《てんりゅう》寺・相国《しょうこく》寺・建仁《けんにん》寺・東福寺・万寿《まんじゅ》寺。❷（「鎌倉《かまくら》五山」の略）鎌倉にある臨済宗の五大寺。建長寺・円覚《えんがく》寺・寿福《じゅふく》寺・浄智《じょうち》寺・浄妙《じょうみょう》寺。関東五山ともいう。

**ごさん**『午△餐』（名）昼の食事。昼めし。「—会」[参考]「ごさん」とも読む。

**ごさん**【誤算】（名・他スル）計算をまちがえること。転じて、みこみがはずれること。「計画に—がある」

**ごさんけ**【御三家】（名）❶徳川将軍家一門の尾張《おわり》・紀伊《きい》・水戸《みと》の三家。❷その分野で最もすぐれていたり知られていたりする三人。「業界—」

**こし**【腰】（名）❶人のからだの骨盤《こつばん》の上の部分。「—が曲がる」「—を下ろす（=すわる）」

❷物の中間より少し下の部分。障子や壁《かべ》の下部。❸何かを行おうとするかまえや勢い。「話の—を折る」❹もちやめん類などのねばりや弾力《だんりょく》。「—が強いうどん」

**腰が重《おも》い** めんどうがってなかなか行動をおこさない。「あの人は—」対腰が軽い

**腰が軽《かる》い** めんどうがらずにてきぱき行動する。また、軽々しく行動する。「—人」対腰が重い

**腰が砕《くだ》ける** 物事を行う意気ごみがくずれる。

**腰が強《つよ》い** ❶気が強い。強気だ。❷ねばりけや弾力《だんりょく》性がある。「めんの—」《対腰が弱い》

**腰が抜《ぬ》ける** ❶腰の関節がはずれたりして、立てなくなる。❷びっくりする。また、びっくりして、立てなくなる。「—ほどのショックを受けた」《類腰を抜かす》

**腰が低《ひく》い** 他人に対してへりくだり丁寧《ていねい》である。

**腰が引《ひ》ける** こわがったりためらったりしてすぐ逃《に》げ出しそうな態度をとる。

**腰が弱《よわ》い** ❶気が弱い。いくじがない。❷ねばりけや弾力《だんりょく》性がない。《対腰が強い》

**腰を上《あ》げる** ❶立ち上がる。❷ようやく物事に取りかかる。「重い—」

**腰を入《い》れる** 本気になって物事をする。本腰《ほんごし》を入れる。「腰を入れて勉強しなさい」

**腰を浮《う》かす** 立ち上がろうとして腰を少し上げる。

**腰を折《お》る** 仕事や話を中途《ちゅうと》でさまたげたり、勢いをくじいたりして、続ける気をなくさせる。「話の—」

**腰を据《す》える** どっしりと落ち着く。落ち着いて物事をする。「腰を据えて仕事にかかる」

**腰を抜《ぬ》かす** ❶腰の関節がはずれたりして、立てなくなる。❷びっくりする。また、びっくりして立てなくなる。「とつぜんのことで腰を抜かした」《類腰が抜ける》

**こし**『△輿』(名) むかしの乗り物の一つ。二本の棒の上に屋形をのせ、その中に人を乗せてかついで運ぶ。

**こし【枯死】**(名・自スル) 草木がかれてしまうこと。

**こじ【◦居士】**(名)『仏』男子が死んだのち、その法名の下につける呼び名。対大姉《だいし》

**こじ【固持】**(名・他スル) 自分の考え・方針などをかたく持ち続けること。また、あくまで守ってゆずらないこと。「自分の信念を—する」類固守

**こじ【固辞】**(名・他スル) 何度すすめられてもかたく辞退すること。「役員を—する」

**こじ【孤児】**(名) 両親のいない子ども。みなしご。

**こじ【故事】**(名) むかしあったことがらやむかしから伝わっているいわれ。また、そのことば。「—来歴」

**こじ【誇示】**(名・他スル) ほこらしげに見せびらかすこと。「経済力を—する」

**-ごし【越し】**(接尾) ❶(物の名について)ある物をへだてて物事を行う意を表す。「垣根《かきね》—に話す」❷(時間・年月を表すことばについて)ある年月にわたって続けてする意を表す。「二年—の研究」

**ごし【五指】**(名) 手の五本の指。「—にあまる(=数えあげると五より多い)」

**ごじ【誤字】**(名) 字形や使い方のまちがっている文字。対正字

**ごじ【護持】**(名・他スル) しっかりと守り保つこと。

**こじあ・ける【こじ開ける】**(他下一) {ケ・ケ・ケル・ケル・ケレ・ケロ(ケヨ)} すきまに物をさしこんだりしてむりにあける。「戸を—」

**こしあん**『△漉し△餡』(名) 小豆《あずき》を煮《に》てつぶしたものを裏ごしして作ったあん。対つぶあん

**こしいれ**『△輿入れ』(名・自スル) (嫁《よめ》を乗せた輿を婿《むこ》の家にかつぎ入れることから)嫁入り。婚礼《こんれい》。

**こしお【小潮】**(名) ひき潮と満ち潮の干満の差が最も少なくなること。また、そのときの潮。対大潮

**こしおれ【腰折れ】**(名) へたな詩歌《しいか》。また、自分の作った歌をけんそんしていうことば。「—歌」

**こしかけ【腰掛け】**(名) ❶腰をかける台。いす。❷一時的にその仕事に身をおくこと。

**こしかた【来し方】**(名) ❶過ぎ去った時。過去。「—行く末」❷通ってきた方向や場所。「ふりかえって—をながめる」参考「きしかた」とも続む。

**こしき【古式】**(名) むかしからのやり方。むかしのままのやり方。「—ゆかしく行う」「—にのっとる」

**こじき**『◇乞食』(名) 人からおかねや物をめぐんでもらって生活している人の古い言い方。ものもらい。

**こじき**〔古事記〕[作品名] 奈良《なら》時代にできた現存する日本最古の神話・歴史書。三巻。七一二(和銅五)年完成。稗田阿礼《ひえだのあれ》が暗唱していたものを、元明《げんめい》天皇が太安万侶《おおのやすまろ》に命じて記録・編集させたもの。

冒頭文 天地《あめつち》初めて発《ひら》けし時、高天《たかま》の原に成れる神の名は、天之御中主《あめのみなかぬし》神。次に高御産巣日《たかみむすひ》神。次に神産巣日《かむむすひ》神。此《こ》の三柱《みはしら》の神は、並《みな》独神《ひとりがみ》と成り坐《ま》して、身を隠《かく》したまひき。

**ごしき【五色】**(名) 青・赤・黄・白・黒の五つの色。また、いろいろの色。いろいろの種類。「—の糸」

**こじきでん**〔古事記伝〕[作品名]「古事記」の注釈《ちゅうしゃく》書。四四巻。本居宣長《もとおりのりなが》作。一七九八(寛政《かんせい》一〇)年完成。国学に新生面を開いた。

**こしぎんちゃく【腰巾着】**(名) ❶むかし腰にさげた、おかねなどを入れる小さな袋《ふくろ》。❷いつも勢力のある人のそばについていて離《はな》れず、その人のごきげんをとっている人。「社長の—」

**こしくだけ【腰砕け】**(名) ❶すもうなどで、腰の力が抜《ぬ》けて体勢がくずれること。❷物事が途中《とちゅう》でだめになり、あとが続かなくなること。「計画が—になる」

**こじせいご【故事成語】**(名) むかしあったことがらやいわれ(故事)に基づいてできたことわざや熟語。「五十歩百歩」「五里霧中《ごりむちゅう》」など。

**こしたんたん**『虎視△眈△眈』(トタル) 虎《とら》がえものをねらっているように、すき・機会をゆだんなくねらうようす。「—とチャンスをうかがう」

**ごしちちょう【五七調】**(名) 詩や和歌で、調子を整えるため、語句を五音・七音の順にくり返す形式。⇩しちごちょう

**こしつ【固執】**(名・自他スル) 自分の意見をかたくなに守って譲《ゆず》らないこと。「自説に—する」参考「こしゅう」とも読む。

**こしつ【個室】**(名) 個人用の部屋。

**こしつ**『△痼疾』(名) 長い間なおらない病気。持病。

**こじつ【故実】**(名) むかしの儀式《ぎしき》・法令・作法・服装などのしきたり。「—に明るい人」「有職《ゆうそく》—」

**ごじつ【後日】**（名）❶のちの日。「—改めておうかがいします」❷あることがらのすんだあと。「—談」

**ゴシック**〔英 Gothic〕（名）❶肉太で、線の太さが等しい活字体。ゴチック。ゴチ。❷ヨーロッパ中世の美術様式。主として建築様式で、先のとがったアーチと垂直な線に特色がある。多く、聖堂建築にみられる。

（ゴシック②）

**こじつ・ける**（他下一）〔ケ・ケ・ケル・ケル・ケレ・ケロ（ケヨ）〕自分につごうのよいように、むりに理屈《りくつ》をつけたり関係づけたりする。「理由を—」

**ごじつだん【後日談】**（名）ある事件が終わったあとに、どんなことがあったかという話。「これには—がある」

**ゴシップ**〔英 gossip〕（名）興味本位のうわさ話。「—記事」

**ごじっぽひゃっぽ【五十歩百歩】**少しのちがいはあるが、ほとんど同じであること。似たりよったり。

故事 孟子《もうし》が梁《りょう》の恵王《けいおう》に「戦場で五十歩逃《に》げた兵士が、百歩逃げた兵士を笑ったらどうであるか」と問うたとき、恵王が「逃げたことは同じで大差ない」と答えたという話による。〈孟子《もうし》〉

**こしぬけ【腰抜け】**（名）❶腰がぬけて立ち上がれないこと。また、その人。❷いくじのないこと。おくびょうな人。「もう—とは言わせない」

**こしべん【腰弁】**（名）❶（「腰弁当」の略）弁当を腰にさげること。また、その弁当。❷（腰に弁当をさげて勤めに出るような）安月給取り。

**こしまき【腰巻き】**（名）女性が和服を着るとき、腰から下の肌《はだ》に巻く布。ゆもじ。おこし。

**こしもと【腰元】**（名）むかし、身分の高い人のそば近くつかえた女性。侍女《じじょ》。

**ごしゃ【誤写】**（名・他スル）まちがって書き写すこと。

**こしゃく**『小▵癪』（名・形動ダ）なまいきでしゃくにさわること。「—なことを言うな」

**ごしゃく【語釈】**（名・他スル）ことばや句の意味を説明すること。また、その解説。「—をつける」

**ごしゃごしゃ**（副・自スル）物がいりまじって乱雑なようす。ごちゃごちゃ。

**こしゃほん【古写本】**（名）むかしの人の書き写した本。ふつう、江戸《えど》時代のはじめまでの写本をいう。

**こしゅ【戸主】**（名）❶一家の主人。家長。❷むかしの民法で、戸主権をもち、一家を統率《とうそつ》した人。

**こしゅ【固守】**（名・他スル）かたく守ること。「自説を—する」類固持

**ごしゅいんせん【御朱印船】**（名）〘歴〙安土桃山《あづちももやま》時代から江戸《えど》時代のはじめにかけて、豊臣秀吉《とよとみひでよし》や徳川家康《とくがわいえやす》などの朱印の押《お》してある鑑札《かんさつ》を持って海外貿易《ぼうえき》を行った船。朱印船。

（ごしゅいんせん）

**こしゅう【固執】**（名・自他スル）→こしつ（固執）

**ごじゅうおん【五十音】**（名）❶五十音図に表された五〇個の音。「—順」❷「五十音図」の略。

**ごじゅうおんず【五十音図】**（名）日本語の基本となる音節（清音・直音）を、同じ母音のかなを横に、同じ子音のかなをたてにそろえ、五段一〇行合計五〇のわくに規則的に並べたもの。このうち、ヤ行の「い」「え」、ワ行の「う」は、それぞれア行の「い」「え」「う」と同音で重複する。また、ワ行の「ゐ」「ゑ」「を」は現代ではア行の「い」「え」「お」と同音となる。このため、現代では実際の音は四四。⇩表見返し裏「五十音図」

**ごじゅうさんつぎ【五十三次】**（名）江戸《えど》時代に、江戸の日本橋から、京都の三条大橋までの東海道にあった五三の宿場《しゅくば》。東海道五十三次。

**ごしゅうしょうさま【御愁傷様】**（感）身内に不幸のあった人に対して言う悔《く》やみのことば。「このたびは—でございます」

**こじゅうと**『小▵舅』（名）❶夫または妻の兄弟。❷→こじゅうとめ。

**こじゅうとめ**『小▵姑』（名）夫または妻の姉妹。こじゅうと。参考②はふつう「小姑」と書く。

**ごじゅうのとう【五重の塔】**（名）仏教寺院の建築で、屋根を五重につくった塔。

**ごじゅうのとう**〔五重塔〕〔作品名〕幸田露伴《こうだろはん》の小説。一八九一（明治二四）年から翌年にかけて発表。のっそり十兵衛《じゅうべえ》という大工が、谷中《やなか》感応《かんのう》寺の五重の塔を完成するまでの苦難をえがく。

**こじゅけい**『小▵綬鶏』（名）〘動〙キジ科の鳥。形はうずらに似て、少し大きい。鳴き声はかんだかい。

**ごじゅん【語順】**（名）文や句の中での語の順番。

**こしょ【古書】**（名）❶古い時代の書籍《しょせき》。むかしの本。❷→ふるほん

**ごしょ【御所】**（名）天皇や皇族の住んでいる所。また、天皇や皇族を敬っていうことば。

**ごじょ【互助】**（名・自スル）たがいに助け合うこと。「—会」

**こしょう【小姓】**（名）むかし、身分の高い人のそば近くつかえて、身のまわりの用をした少年。

**こしょう【呼称】**（名・他スル）名づけて呼ぶこと。また、その呼び名。「正式な—を変更《へんこう》する」

**こしょう**『▵胡▵椒』（名）❶〘植〙コショウ科のつる性多年草。熱帯地方で栽培《さいばい》されている。実はえんどうくらいの大きさでからい。❷①の実を粉にした香辛《こうしん》料。

（胡椒①）

**こしょう【故障】**━（名・自スル）機械やからだの一部などの調子が悪くなること。「テレビの—」━（名）さしつかえ。さしさわり。「—ができて出席を中止する」

**こしょう【湖沼】**（名）湖とぬま。

**こしょう【誇称】**（名・他スル）じまんしてほこらしげに、また大げさに言うこと。

**こじょう【弧状】**(名) 半円形に曲がった形。弓形。

**ごしょう【後生】**(名) ❶《仏》死後に生まれ変わる世。来世。❷《仏》極楽《ごくらく》に生まれ変わること。❸人にひたすら頼《たの》むときのことば。「—だから返して」

**ごじょう【五常】**(名) 儒教《じゅきょう》で、人の守るべき五つの道。㋐仁・義・礼・智《ち》・信の五つの徳。㋑父・母・兄・弟・子のそれぞれが守るべき、義・慈《じ》・友・恭《きょう》・孝の五つの徳。㋒父子の親・君臣の義・夫婦の別・長幼の序・朋友《ほうゆう》の信。五倫《ごりん》。
参考「こうせい」と読むと別の意味になる。

**ごじょう【互譲】**(名) たがいにゆずり合うこと。

**こしょうがつ【小正月】**(名) 陰暦《いんれき》で、正月一四日の夜から一六日まで。

**ごしょうだいじ【後生大事】**(名) ❶《仏》後生の安楽を願って、一心に仏道に勤めること。❷物をきわめてたいせつにすること。「—に持ち続ける」

**こしょく【古色】**(名) 年をへた色つや。古びた味わい。

**ごしょく【誤植】**(名) 印刷の活字の組みあやまり。印刷物の字のまちがい。

**こしょくそうぜん**『古色△蒼然』(タルト) いかにも古めかしいようす。古びているようす。「—とした寺」

**ごしょぐるま【御所車】**(名) むかし、身分の高い人が乗って、牛に引かせた屋形のある車。牛車《ぎっしゃ》。

**こじらいれき【故事来歴】**(名) むかしから伝えられてきた物事の起源やいわれ。また、その歴史。

**こしらえ**『△拵え』(名) ❶こしらえること。また、こしらえたもの。仕上がった状態。「しもた屋風の—」❷服装。また、化粧《けしょう》。「粋《いき》な—」

**こしら・える**『△拵える』(他下一) {エ・エ・エル・エル・エレ・エロ(エヨ)} ❶形のあるものに作りあげる。「弁当を—」「着物を—」❷美しくかざる。よそおう。「顔を—・えて舞台《ぶたい》に出る」❸ある目的のために用意する。準備する。「働いて学費を—」❹もっともらしい話などを作りあげる。「うまい話を—」

**こじら・す**『△拗らす』(他五) {サ(ソ)・シ・ス・ス・セ・セ} →こじらせる

**こじら・せる**『△拗らせる』(他下一) {セ・セ・セル・セル・セレ・セロ(セヨ)} 事態や病気などを、前よりも悪くする。こじらす。「問題を—」「かぜを—・せて肺炎《はいえん》になる」

**こじり**『△鐺』(名) 刀のさやのはし。また、そこに当てる飾《かざ》りの金具。

**こじ・れる**『△拗れる』(自下一) {レ・レ・レル・レル・レレ・レロ(レヨ)} 事態や病気などが、前よりも悪くなる。「話が—」

**こしん【湖心】**(名) 湖のまん中。湖の中心。

**こじん【古人】**(名) むかしの人。「—のことば」

**こじん【故人】**(名) 死んだ人。なくなった人。

**こじん【個人】**(名) ❶社会・組織・集団をつくる一人一人の人間。「—の意見を尊重する」「—行動」「—タクシー」❷おおやけの立場をはなれた一人の人間。「私—の問題」…的「個人的な好み」

**ごしん【誤診】**(名・自他スル) 医者が病気の診断をあやまること。まちがった診断。

**ごしん【誤審】**(名・自他スル) 審判・判定をまちがえること。また、あやまった審判・判定。

**ごしん【護身】**(名) 危害から自分の身を守ること。「—術」

**ごじん【御仁】**(名) 他人を敬っていうことば。おかた。「立派な—」使い方 現在では「困った御仁」などと、皮肉やからかいの意味で用いられることも多い。

**ごじん**『△吾人』(代) わたし。われわれ。私たち。

**こじんさ【個人差】**(名) 個人個人の精神面や肉体面におけるちがい。「能力には—がある」

**こじんしゅぎ【個人主義】**(名) 一人一人の人間の存在意義と価値を重視し、個人の権利や自由を尊重する考え方。対 全体主義

**こじんじょうほう【個人情報】**(名) 氏名・住所・生年月日などの、特定の個人を識別できる情報。

**こじんまり**(副・自スル) →こぢんまり。参考「こぢんまり」と書くのが本則。

**こ・す【越す・超す】**(自他五) {サ(ソ)・シ・ス・ス・セ・セ} ❶ある物の上や障害《しょうがい》となるものを通り過ぎて、向こうがわへ行く。「山を—」「峠《とうげ》を—」「難関を—」❷ある範囲《はんい》・基準を上回る。それ以上になる。「人口が五〇万を—」「限度を—」❸ある期間を過ごす。「冬を—」「年を—」❹追い抜《ぬ》く。「先を—・される」❺(「…に越す」の形で)まさる。「用心に—・したことはない」❻ひっこす。「隣《となり》の町に—」❼(「お越し」の形で)「行く」「来る」の尊敬語。いらっしゃる。「どうぞお—・しください」⇒こえる(越える)「学習」

**こ・す【鼓す】**(他五) {サ(ソ)・シ・ス・ス・セ・セ} →こする(鼓する)

**こ・す**『△漉す・△濾す』(他五) {サ(ソ)・シ・ス・ス・セ・セ} 布・紙・網《あみ》などの細かい目を通して、かすや不純物を取り除く。濾過《ろか》する。「雨水を—」

**ご・す**『△伍す』(自五) {サ(シ)・シ・ス・ス・セ・セ} →ごする

**こすい【湖水】**(名) 湖。また、湖の水。

**こすい【鼓吹】**(名・他スル) ❶元気づけはげますこと。鼓舞《こぶ》。「士気を—する」❷意見や思想をさかんに主張し宣伝すること。「民主主義を—する」

**こす・い**『△狡い』(形) {カロ・カツ(ク)・イ・イ・ケレ・○} 計算高くてずるい。わるがしこい。「—やり口」

**ごすい【午睡】**(名・自スル) ひるね。

**こすう【戸数】**(名) 家の数。「村の—」

**こすう【個数】**(名) 数えられる物の数。

**こずえ**『△梢・△杪』(名) (木の末の意で)木の枝や幹《みき》の先の部分。

**こずかたの**…短歌
〔不来方の お城《しろ》の草《くさ》に 寝《ね》ころびて 空《そら》に吸《す》はれし 十五《じふご》の心〕〈石川啄木《いしかわたくぼく》〉訳 盛岡《もりおか》城の城跡《じょうせき》の草の上に寝ころんで、はるかな空に吸いこまれていった一五歳《さい》の私の心よ。(今、あのころのことがなつかしく思い出されることだ)

**こすから・い**『△狡辛い』(形) {カロ・カツ(ク)・イ・イ・ケレ・○} けちでぬけめがない。こすっからい。「—考え」

**コスタリカ**〔Costa Rica〕【地名】中央アメリカ、パナマの北西にある共和国。首都はサンホセ。

**コスチューム**〔英 costume〕(名) ❶衣装《いしょう》。特に、舞台《ぶたい》や仮装のための衣装。❷特定の地方・時

代の伝統的民族衣装。

**コスチューム-プレー**〔英 costume play〕（名）❶ある時代の衣装《いしょう》をつけて演じられる劇。❷→コスプレ

**コスト**〔英 cost〕（名）❶物を作るために必要な費用。原価。「—を抑《おさ》える」「—ダウン」❷値段。

**コスト-パフォーマンス**〔英 cost performance〕（名）商品・サービスの、価格に対する品質・満足度の割合。費用対効果。コスパ。「—が高い」

**コス-プレ**〔和製英語〕（名）漫画《まんが》やアニメの登場人物に変装《へんそう》したり、ある職業の扮装《ふんそう》をしたりして楽しむこと。コスチュームプレー。▽英 costume play（=衣装《いしょう》劇）から。

**ゴスペル**〔英 gospel〕（名）❶キリストにより人類が救われるというよろこばしい知らせ。福音《ふくいん》。❷賛美歌の一つ。アフリカ系アメリカ人の宗教歌である黒人霊歌《かれい》に、ブルースやジャズの要素が加わったもの。ゴスペルソング。

**コスメチック**〔英 cosmetic〕（名）化粧《けしょう》品。コスメ。「—ショップ」

**コスモス**〔英 cosmos〕（名）❶〘植〙キク科の一年草。葉は線状に細かく裂《さ》け、秋に赤・白・うす紅などの花が咲《さ》く。秋桜。❷秩序《ちつじょ》ある世界。宇宙。㊥カオス

**コスモポリタン**〔英 cosmopolitan〕（名）国や民族にとらわれず、全世界、全人類を一つのものと考えて行動する人。また、広く世界で活躍《かつやく》している人。

**こす・る**〘◇擦る〙（他五）｛ラ(ロ)・リ(ッ)・ル・ル・レ・レ｝物を他の物におしつけながら動かす。また、そのように何度も動かす。「手で目を—」「弓で弦《げん》を—」

**こ・する**【鼓する】（他サ変）｛シ(セ・サ)シ・スル・スル・スレ・シロ(セヨ)｝気持ちをふるいおこす。「勇を—・して挑戦《ちょうせん》する」

**ご・する**〘△伍する〙（自サ変）｛シ(セ・サ)・シ・スル・スル・スレ・シロ(セヨ)｝上の者や強い者と同列にならぶ。肩《かた》をならべる。「強豪《きょうごう》に—・して争う」

**こす・れる**〘◇擦れる〙（自下一）｛レ・レ・レル・レル・レレ・レロ(レヨ)｝物と物とがすれあう。

**ごせ**【後世】（名）〘仏〙死後の世。来世。

**ごぜ**〘×瞽女〙（名）三味線《しゃみせん》をひき、歌を歌いながら銭を乞《こ》い歩いた盲目《もうもく》の女芸人。

**こせい**【個性】（名）その人だけ、また、その物だけが特別に持っている固有の性質。「—をのばす」…的「個性的な生き方」

**ごせい**【互生】（名・自スル）〘植〙葉が茎《くき》の節ごとに一葉ずつたがいちがいの方向に出ていること。⇩たいせい（対生）・りんせい

**ごせい**【悟性】（名）物事を判断し理解する能力。「—が働く」

**ごせい**【語勢】（名）話すことばの調子や勢い。語気。「—を強める」

**こせいだい**【古生代】（名）〘地質〙地質時代の一つで、約五億七〇〇〇万年前から二億五〇〇〇万年前までの時代。三葉虫やしだ類が栄《さか》え、脊椎《せきつい》動物が現れた。

**こせき**【戸籍】（名）夫婦を中心にその家族の氏名・生年月日・各人の関係などをしるした公文書。

**こせき**【古跡】〘古△蹟〙（名）歴史上の有名な事件や建物などのあった跡《あと》。旧跡。「—を訪ねる」

**こせきしょうほん**【戸籍抄本】（名）戸籍原本のうち、請求《せいきゅう》者の指定した部分だけを写したもの。

**こせきとうほん**【戸籍謄本】（名）戸籍原本の全部を写したもの。

**こせこせ**（副・自スル）小さなことを気にしてばかりいて、気持ちに落ち着きがないようす。「—した性格」

**ごせっく**【五節句・五節供】（名）一年間の五つの節句。正月七日の人日《じんじつ》・三月三日の上巳《じょうし》・五月五日の端午《たんご》・七月七日の七夕《しちせき》・九月九日の重陽《ちょうよう》。

**こぜに**【小銭】（名）小額のおかね。細かいおかね。「—の持ち合わせがない」

**こぜにいれ**【小銭入れ】（名）硬貨《こうか》など小額の金銭を入れて持ち歩く財布《さいふ》。

**こぜりあい**【小競り合い】（名）❶小部隊どうしの小さなたたかい。❷ちょっとしたいさかいやもめごと。

**こせん**【古銭】（名）むかしの硬貨《こうか》。

**ごせん**【互選】（名・他スル）同じ仲間の中からたがいに選挙して選び出すこと。「委員長を—する」

**ごぜん**【午前】（名）夜の一二時から正午までの間。特に、夜明けごろから正午まで。㊥午後

**ごぜん**【御前】（名）❶天皇や身分の高い人などの前を敬っていうことば。「—会議」❷身分の高い人、特に、婦人の敬称《けいしょう》。「静《しず》か—」

**こせんきょう**〘△跨線橋〙（名）鉄道線路の上にまたがってかけられた橋。

**ごせんし**【五線紙】（名）楽譜《がくふ》をつくるときに音符《おんぷ》を書きこむ、五本の平行線が引いてある紙。

**こせんじょう**【古戦場】（名）むかし、合戦の行われた場所。「源平《げんぺい》の—」

**こそ**（副助）❶あることがらを特に取り立てて強める意を表す。「こちら—助かりました」「今度—がんばる」❷あることがらを強め、あとに続くことがらをしりぞける意をみちびく。「読め—すれ、書けるはずがない」❸（動詞の未然形＋「ばこそ」の形で）「全然…しない」の意を表す。「友の制止を聞かば—（=ちっとも聞かない）」

**こそあど**（名）語の最初に「こ・そ・あ・ど」のつく、物事をさし示すことばの総称《そうしょう》。代名詞の「これ・それ・あれ・どれ」、形容動詞の「こんな・そんな・あんな・どんな」、副詞の「こう・そう・ああ・どう」、連体詞の「この・その・あの・どの」など。⇩しじご

**こぞう**【小僧】（名）❶修行《しゅぎょう》中の年の若い僧《そう》。小坊主《こぼうず》。❷商店などの、少年の店員の古い言い方。❸年少の男子をばかにしたり、親しみをこめたりして言うことば。「—のくせに生意気《なまいき》だ」

**ごそう**【護送】（名・他スル）❶人や物のそばにつきそって守り送ること。「—船団」❷罪人や被疑者《ひぎしゃ》などを監視《かんし》しながら送ること。「—車」

**ごぞうろっぷ**〘五臓六△腑〙（名）❶漢方で、肺臓・心臓・肝臓《かんぞう》・腎臓《じんぞう》・脾臓《ひぞう》の五つの内臓と、大腸《だいちょう》・小腸・胃・胆《たん》・膀胱《ぼうこう》・三焦《さんしょう》の六腑。❷（①の意から）腹の中。心の中。「—にしみる」

**こそく**〘△姑息〙（名・形動ダ）❶一時のまにあわせにす

ること。その場しのぎ。「―な手段」❷ひきょうであるようす。ずるい。参考①が本来の意味。

📖ことばの移り変わり
「語の意味変化とオノマトペ」
音の似たオノマトペ(擬声《ぎせい》語・擬態語)の影響《えいきょう》で語の意味が変化している、と思われる事例がある。「姑息《こそく》」の「その場しのぎ」から「ひきょう」へ、「憮然《ぶぜん》」の「失望すること」から「腹を立てること」への意味変化には、それぞれ「こっそり」「こそこそ」、「ぶすっ(と)」「ぶうぶう(言う)」の影響があろう。また、「ひきょうな手段」は多くの場合「その場しのぎの手段」でしかなく、不本意な結果には「失望する」と同時に「腹を立てる」ことも多い。その結果、どちらの意味に解釈《かいしゃく》しても不自然でない実例が多いことも、意味変化を助長しているといえる。

**ごそくろう【御足労】**(名)人がわざわざ来てくれたり、行ってくれたりすることを、感謝の気持ちをこめていうことば。「―をおかけして、申しわけありません」

**こそこそ**(副・自スル)人に知られないようにこっそりするようす。「―(と)かくれる」

**こそだて【子育て】**(名・自スル)子どもを育てること。「―を楽しむ」類育児

**こぞって【『◇挙って』】**(副)一人残らず。みんな。「―出席する」文法「こぞりて」の音便。

**こそで【小袖】**(名)❶むかし、男女が着た袖の小さい衣服。❷絹の綿入れ。

**こそどろ【こそ泥】**(名)人のすきをねらって、ちょっとした物をぬすむ泥棒。

**こそばゆ・い**(形){カロ・カツ(ク)・イ・イ・ケレ・○}くすぐったい。「あまりほめられると―」

**コソボ**〔Kosovo〕【地名】バルカン半島西部にある共和国。首都はプリシュティナ。

**こぞ・る【『◇挙る』】**(自他五){ラ(ロ)・リ(ッ)・ル・ル・レ・レ}全部集まる。また、全部集める。「―って歓迎《かんげい》する」

**ごぞんじ【御存じ】『御存◇知』**(名)「知っていること」の尊敬語。「すでに―のことと思います」

**こたい【固体】**(名)一定の体積と形をもち、容易に変化しない物体。⇩えきたい・きたい(気体)

**こたい【個体】**(名)❶一つ一つ独立して存在するもの。❷一個の生物として、完全な働きをもつ最小の単位。

**こだい【古代】**(名)❶古い時代。むかし。❷〔歴〕時代区分で中世の前の時代。日本史では一般《いっぱん》に奈良・平安時代をいうが、古墳《こふん》時代をふくめることもある。西洋史では原始時代と封建《ほうけん》時代の間。

**こだい【誇大】**(名・形動ダ)実際より大げさであるようす。「成果を―に言う」「―広告」

**ごたい【五体】**(名)からだの五つの部分。頭・首・胸・手・足。または、頭と両手・両足など。転じて、からだ全体。「―満足」

**ごだいこ【五大湖】**(名)北アメリカ大陸の北東部にある五つの大きな湖の総称《そうしょう》。スペリオル湖・ミシガン湖・ヒューロン湖・エリー湖・オンタリオ湖。

**ごだいしゅう【五大州】**(名)アジア・アフリカ・ヨーロッパ・アメリカ・オセアニアの五つの州。五大陸。

**ごたいそう【御大層】**(形動ダ){ダロ・ダッ(デ・ニ)・ダ・ナ・ナラ・○}言動があまりにおおげさであることを皮肉っていう語。「―な警備体制」

**こだいもうそう【誇大妄想】**(名)自己の現状を実際より過大に評価し、それを事実だと思いこむこと。

**ごたいりく【五大陸】**(名)↓ごだいしゅう

**こたえ【答え】**(名)❶相手の質問・呼びかけに対する返事。返答。「―を返す」「―につまる」❷問題の解答。「―を出す」(対問い)

**こたえられない【『◇堪えられない』】**このうえなくすばらしい。たまらない。「骨董《こっとう》好きには―一品」

**こた・える【応える】**(自下一){エ・エ・エル・エル・エレ・エロ(エヨ)}❶そうしてほしいというまわりの人びとの気持ちにそった行動をする。「世の期待に―」❷身にしみて強く感じる。「失敗が身に―・えた」

**こた・える【答える】**(自下一){エ・エ・エル・エル・エレ・エロ(エヨ)}❶相手からの質問・呼びかけに返事をする。「大きな声で―」❷問題を解く。解答する。「難問に―」

**こた・える【『◇堪える』】**(自下一){エ・エ・エル・エル・エレ・エロ(エヨ)}がまんしてその状態を持続する。こらえる。「持ち―」

**こだか・い【小高い】**(形){カロ・カツ(ク)・イ・イ・ケレ・○}やや高い。少し高い。「―丘《おか》」

**こだから【子宝】**(名)(親にとっては宝のようにたいせつな)子ども。子という宝。「―にめぐまれる」

**ごたくをならべる【御託を並べる】**勝手な理《り》屈《くつ》や考えを、えらそうにあれこれ言う。参考「御託」は「御託宣《ごたくせん》(=神仏のお告げ)」の略。

**ごたごた**━(名・自スル)家庭や組織の内部で争いごとが起こること。もめごと。いざこざ。「―が絶えない」「党内が―する」━(副・自スル)入り乱れてまとまりがないようす。「商品を―と並べる」「―した部屋」

**こだし【小出し】**(名)たくさんある中から少しずつ出すこと。「―に使う」

**こだち【木立】**(名)木々が群がって生えている所。また、その木々。

**こたつ【『◇火◇燵・◇炬◇燵』】**(名)炭火や電熱器の上にやぐらを置き、ふとんをかけて足などを暖める暖房具。

**ごたつ・く**(自五){カ(コ)・キ(イ)・ク・ク・ケ・ケ}❶ごたごたと混雑する。「部屋が―」❷物事がうまくおさまらないで、もつれる。もめる。「相続問題で―」

**こだて【戸建て】**(名)↓いっこだて

**ごたぶんにもれず【御多分にもれず】**世間の大多数のものと同様に。「―、うちの生活も苦しい」使い方ふつう、あまりよくない場合に用いる。

**こだま【木霊】**━(名)樹木の魂《たましい》。木の精。━(名・自スル)声や音が山などにぶつかって、はね返ってくること。やまびこ。参考━は「谺」とも書く。

**こだわり**(名)❶ささいなことを必要以上に気にすること。❷細かいところにまで気をつかって追求すること。「味への―」

**こだわ・る**(自五){ラ(ロ)・リ(ッ)・ル・ル・レ・レ}❶あることを必要以上に気にかけ、それにとらわれる。「勝ち負けに―」❷細かいところにまで気をつかい、好みを追求する。「食品の産地に―」

**こたん【枯淡】**(名・形動ダ)俗《ぞく》っぽくなくあっさりしている中にもおもむきがあること。「―な味わい」

**ごだんかつよう【五段活用】**(名)〔文法〕口語

動詞の活用の一種。語尾が五十音図のア・イ・ウ・エ・オの五段にわたって活用するもの。「書く」「読む」などの活用。参考 文語動詞は「書かう」「読まう」などとなり、オ段に活用することがなかったので、四段活用という。⇩付録「動詞活用表」

**こち**『×東風』（名）春、東からふく風。ひがしかぜ。

**こちこち**（形動ダ）〔ダロ・ダッ(デ・ニ)・ダ・ナ・ナラ・○〕❶凍《こお》ったり乾《かわ》いたりしてひじょうにかたくなっているようす。「―に凍る」❷緊張《きんちょう》してなめらかな動作ができなくなっているようす。「あがって―になる」❸考え方や感じ方にやわらかさがなく、融通《ゆうずう》のきかないようす。「―の石頭」

**ごちそう**『御▵馳走』（名・他スル）「馳走」の丁寧《ていねい》な言い方。「―になる」

**ごちそうさま**『御▵馳走様』（感）❶食事をしたあとやごちそうを受けたときなどに言うあいさつ。❷うらやましいことを見せつけられたときなどに、皮肉って返すことば。

**こちた・し**〔言痛し・事痛し〕（形ク）古語 ❶うるさい。わずらわしい。「人言《ひとごと》はまことー・くなりぬともそこに障《さは》らむわれにあらなくに」〈万葉集〉訳 人のうわさがほんとうにうるさくなってしまおうともそれにじゃまされる私ではないことよ。❷おおげさだ。ものものしい。「葉のひろごりざまぞ、うたてー・けれど」〈枕草子《まくらのそうし》〉訳 葉の（大きく）広がっているようすは、見苦しくおおげさであるけれども。❸たいそう多い。おびただしい。「―・く多かる、まして口惜《くちを》し」〈徒然草《つれづれぐさ》〉訳（死後に残った財産が）むやみに多いのは、なおさらつまらない。

**ゴチック**〔ドイツ Gotik〕（名）→ゴシック

**こちふかば**…和歌
〔東風吹かば　にほひおこせよ　梅《うめ》の花《はな》　主《あるじ》なしとて　春《はる》を忘《わす》るな〕〈拾遺集《しゅういしゅう》・菅原道真《すがわらのみちざね》〉訳 暖かい東の風が吹いたならば、私のことを思いだして花の香をこの大宰府《だざいふ》まで送ってよこしておくれ、（遠い京都の私の家の庭の）梅の花よ。主人がいないからといって、春を忘れてはいけないよ。

**こちゃく**【固着】（名・自スル）なにかにしっかりと固まりつくこと。くっついて離《はな》れないこと。

**ごちゃごちゃ**（副・形動ダ・自スル）ひじょうに雑然としているようす。「―にならべる」

**コチュジャン**（名）（朝鮮《ちょうせん》語から）もちごめ・とうがらし・塩などをまぜて発酵《はっこう》させて作る調味料。朝鮮料理に使われる。とうがらしみそ。コチジャン。

**こちょう**『▵胡▵蝶』（名）蝶《ちょう》の古い言い方。

**こちょう**【誇張】（名・他スル）実際よりもおおげさに表現すること。「―した言い方」

**ごちょう**【語調】（名）ことばの調子。ことばつき。

**こちら**『▵此◇方』（代）❶自分に近い場所・方向や物をさすことば。「―へおいで」「―が新製品です」❷自分に近い人をさすことば。この人。「―が山田さんです」❸自分。自分たち。「―からおうかがいします」「―はみな元気です」参考「こっち」のていねいな言い方。

**こぢんまり**（副・自スル）小さくまとまっているようす。きちんとして居心地《いごこち》のよいようす。「―(と)した家」

**こつ**【骨】10画 骨0 小6 音 コツ 訓 ほね

❶ほね。◆骨格・骨髄《こつずい》・骨折・骨肉◆筋骨・白骨。◆遺骨・納骨。❷火葬《かそう》にしたあとに残るほね。❸ひとがら。しんのある気性《きしょう》。◆気骨・反骨・無骨《ぶこつ》。❹物事のほねぐみ・中心になるもの。◆骨子◆鉄骨 ⇩付録「漢字の筆順(7)冎」

**こつ**【骨】（名）❶火葬《かそう》のあとに残る死者のほね。「お―を拾う」❷物事をうまく行う要領。勘《かん》どころ。「―をつかむ」参考 ②は、ふつうかな書きにする。

**こつ**【滑】→かつ(滑)

**ごつ・い**（形）〔カロ・カッ(ク)・イ・イ・ケレ・○〕やわらかさがなく、頑丈《がんじょう》そうで、ごつごつした感じである。「―岩」「―感じの男」

**こっか**【国花】（名）国民が愛し、その国の象徴《しょうちょう》とする花。日本の桜、イギリスのばらなど。

**こっか**【国家】（名）ある決まった領土があり、そこに住む人びと(国民)からなり、統治する組織を持つ社会。国。「法治―」…的「国家的損失」

**こっか**【国歌】（名）❶国の儀式《ぎしき》や祭典で歌われる、その国を代表する歌。「―斉唱《せいしょう》」❷和歌。

**こづか**【小づか】『小◇柄』（名）脇差《わきざし》のさやの外側にそえて差す小刀。

**こっかい**【国会】（名）国の立法機関。国民から選挙された議員によって組織され、法律の制定・条約の承認・予算の議決・内閣総理大臣の指名などを行う機関。衆議院と参議院からなる。

**こづかい**【小使い】（名）「用務員」の古い言い方。

**こづかい**【小遣い】（名）日常のちょっとした買い物などにあてるおかね。「―銭」「―帳」

**こっかいぎいん**【国会議員】（名）国民の代表者として、国会で国の政治に関することを議論し、決める人。衆議院議員と参議院議員からなる。

**こっかく**【骨格】『骨▵骼』（名）骨組み。からだつき。「―筋」

**こっかこうむいん**【国家公務員】（名）国の機関につとめる公務員。⇩ちほうこうむいん

**こっかしけん**【国家試験】（名）特定の資格を認めるために、国家が行う試験。司法試験など。

**こっかしゅぎ**【国家主義】（名）国家の存在を至高のものとし、国家を個人に優先させようとする主義。

**こっかん**【国漢】（名）国語と漢文。

**こっかん**【酷寒】（名）真冬のきびしい寒さ。「―の地」「―の候」類 極寒《ごっかん》・厳寒。対 酷暑《こくしょ》

**ごっかん**【極寒】（名）この上ない寒さ。また、その寒さの季節。類 酷寒《こっかん》・厳寒。対 極暑《ごくしょ》

**こっき**【克己】（名・自スル）自分の欲望や悪い心にうちかつこと。「―心」

**こっき**【国旗】（名）国家を象徴《しょうちょう》するものとして定められた旗。「―掲揚《けいよう》」

**こっきょう**【国教】（名）国民が信仰《しんこう》すべきものとして、国家が特に認めて保護している宗教。

**こっきょう**【国境】（名）国と国とのさかいめ。国ざかい。「―を越《こ》える」「―線」

**こっく**【刻苦】（名・自スル）ひじょうに骨を折り苦労すること。「―勉励《べんれい》」

**コック**〔英 cock〕（名）水道管・ガス管などの栓《せん》。

**コック**〔オランダ kok〕（名）料理人。

**こづ・く**【小突く】（他五）〔カ(コ)・キ(イ)・ク・ク・ケ・ケ〕❶人のからだを

つつく。軽く突く。❷いじ悪くいじめる。

**コックピット**〔英 cockpit〕(名) 飛行機や宇宙船の操縦室。また、レーシングカーなどの運転席。

**こっくり**(名・副・自スル) ❶同意したり承諾《しょうだく》したりしたことを示すために首をたてにふること。「―(と)うなずく」❷居《い》眠《ねむ》りをして急に頭を下げるようす。

**こっけい**【滑稽】(名・形動ダ) ❶おもしろおかしいこと。「―な身ぶり」❷ばかばかしいこと。「勉強しないで合格しようとは―な話だ」

**こっけいせつ**【国慶節】(名) 中華《ちゅうか》人民共和国の建国記念日。一〇月一日。

**こっけいぼん**【滑稽本】(名) 〘文〙江戸《えど》時代後期の小説の一種。江戸町人の生活をおもしろおかしく描く。「東海道中膝栗毛《ひざくりげ》」「浮世風呂《うきよぶろ》」など。

**こっけん**【国権】(名) 国家の権力。「―の発動」

**こっけん**【国憲】(名) 国の大もととなる法。憲法。

**こっこ**【国庫】(名) 国のおかねを保管し、その収入支出を取りあつかう機関。

**-ごっこ**(接尾) そのまねをして遊ぶこと。「鬼《おに》―」

**こっこう**【国交】(名) 国と国との公式な交際。「―を断絶する」

**ごつごうしゅぎ**【ご都合主義】(名) 一定の考えや方針をもたず、その場の状況《じょうきょう》に合わせてつごうよく行動する態度をさげすんで言うことば。

**こっこく**【刻刻】(副) 時を追って。刻一刻。こくこく。「出発の時間が―(と)近づく」

**こつこつ**(副) 休まず地道に努力するようす。「―(と)勉強する」

**ごつごつ**(副・自スル) ❶角ばってなめらかでないようす。「―の岩」❷ぶこつなようす。「―(と)した男」

**こっし**【骨子】(名) いちばんたいせつなところ。要点。中心。「話の―を説明する」

**こつずい**【骨髄】(名) ❶〘生〙骨の内部を満たすやわらかな組織。❷心の奥底。「恨《うら》み―に徹《てっ》する」

**こっせつ**【骨折】(名・自スル) からだの骨が折れること。

**こつぜん**『△忽然』(トタル) たちまち。にわかに。突然《とつぜん》。「―と姿を消す」参考「こつねん」とも読む。

**こっそう**【骨相】(名) 顔や頭部の骨格の上に現れるとされる、その人の性質や運命。「―学」

**こつそしょうしょう**『骨粗△鬆症』(名)〘医〙老化などにより骨がもろくなり折れやすくなった症状。

**こっそり**(副) だれにも知られないようにそっと。ひそかに。「朝早く―(と)家を出る」

**ごっそり**(副) たくさんの物をそっくり残らず。あらいざらい。根こそぎ。「宝石類を―(と)盗《ぬす》まれた」

**ごったがえ・す**【ごった返す】(自五) {サ(ソ)・シ・ス・ス・セ・セ} ひどく混雑している。「群衆で―・している」

**ごったに**【ごった煮】(名) いろいろな材料を入れていっしょに煮た料理。

**こっち**『△此◇方』(代)「こちら」のくだけた言い方。

**ごっちゃ**(形動ダ) {ダロ・ダッ(デ・ニ)・ダ・ナ・ナラ・○} いろいろなものが乱雑に入りまじるようす。「あれもこれも―になる」

**こっちょう**【骨頂】(名) このうえない状態であること。「愚《ぐ》の―」使い方▷多く、悪い場合に使われる。

**こつづみ**【小鼓】(名) 小さいつづみ。左手に持ち右肩《みぎかた》にのせ、右手で打つ。能楽・長唄《ながうた》などに使う。

**こづつみ**【小包】(名) ❶小さな包み。❷(「小包郵便」の略)小さい物品を包装し、郵便として送るもの。

**こってり**一(副・自スル) 味や色などが、しつこいくらいに濃《こ》いようす。「―(と)したスープ」二(副) いやというほど、しつこくたっぷりと。「父親に―(と)油を絞《しぼ》られた(=きびしく叱《しか》られた)」

**こっとう**『骨△董』(名) ❶美術的な価値のある古道具や古美術品。「書画―」「―品」❷古いばかりで役に立たないもの。…的「骨董的存在」

**コットン**〔英 cotton〕(名) もめん。綿糸。

**こつにく**【骨肉】(名) ❶骨と肉。❷肉親。親子・兄弟など血縁《けつえん》関係にある者。「―の争い」

**骨肉相《あい》食《は》む** 肉親どうしがたがいに争う。

**こっぱ**【木っ端】(名) ❶木のけずりくず。❷つまらないもの。とるにたりないもの。「―役人」

**こっぱみじん**『木っ端◇微△塵』(名) こなごなにくだけ散ること。こなみじん。「爆発《ばくはつ》で―になる」

**こつばん**【骨盤】(名) 〘生〙腹部をささえる腰《こし》の骨。

**こっぴど・い**『こっ◇酷い』(形) {カロ・カッ(ク)・イ・イ・ケレ・○} 〘俗語〙「ひどい」を強めたことば。「―・くしかられる」

**こつぶ**【小粒】(名・形動ダ) ❶粒が小さいこと。「―なぶどう」対大粒。❷からだの小さいこと。また、そういう人。「―だが力は強い」❸人物が小さいこと。また、力量がたりないこと。「―な政治家」

**コップ**〔オランダ kop〕(名) ガラス・プラスチックなどで作った円筒《えんとう》形の水飲み。

**コップの中《なか》の嵐《あらし》** 当事者にとっては重大なようでも、全体からみればたいしたことのない争いのたとえ。

**こっぷん**【骨粉】(名) 動物の骨から脂肪《しぼう》を除いてくだいた粉。肥料に用いる。

**コッペ-パン**〔和製語〕(名) 細長い紡錘《ぼうすい》形をしたパン。ホットドッグなどに使う。▽コッペは、フランス coupé (=切った)から。パンは、ポルトガル pão

**こつまく**【骨膜】(名) 〘生〙骨を包んでいる白い膜。骨を保護し、骨の栄養・成長・再生をつかさどる。

**こづれ**【子連れ】(名) 子どもを連れていること。子ども連れ。「―の客」

**こて**『△鏝』(名) ❶壁土《かべつち》・セメント・しっくいなどをぬるときに使う道具。鉄のひらたい板に柄《え》をつけたもの。❷熱して、布のしわをのばしたり、髪《かみ》の毛にくせをつけたりするのに用いる道具。アイロン。「―をあてる」❸はんだづけに用いる道具。はんだごて。

**こて**【小手】(名) ❶腕のひじと手首の間の部分。また、手先。❷剣道《けんどう》で、手首のあたりを打つこと。

**小手をかざす** 目の上に手をさしかけ、光をさえぎる。

**こて**『◇籠手』(名) ❶よろいの付属品の一つで、腕《うで》をおおう道具。❷剣道《けんどう》で、手の甲《こう》からひじをおおう防具。また、その部分を打つわざ。❸弓を射るときに左の手首からひじのあたりにつける道具。

**ごて**【後手】(名) ❶先をこされて受け身になること。また、手おくれになること。「―に回る」❷碁《ご》・将棋《しょうぎ》で、相手のあとから打ったり指したりし始めること。また、

その番の人。（対先手）

**こてい【固定】**（名・自他スル）一定の場所・状態から動いたり、変化したりしないこと。また、そのようにすること。「しばって－する」「－客」「－収入」

**こていかんねん【固定観念】**（名）そうと思い込んでしまい、なかなか変えられない考え。「－を破る」

**こていしさん【固定資産】**（名）土地・建物・特許権など、同じ形のまま長期に渡《わた》って保有される資産。「－税」

**こていひょう【固定票】**（名）選挙のたびに、決まった党や候補者に必ず投票する人びとの票。対浮動《ふどう》票

**コテージ**〔英 cottage〕（名）洋風の山小屋。また、山小屋のような建物。

**こてき【鼓笛】**（名）太鼓《たいこ》と笛《ふえ》。「－隊」

**ごてごて**（副・自スル）見た目などがしつこくくどい感じであるようす。「－（と）した飾《かざ》りつけ」

**こてさき【小手先】**（名）❶手の先。❷手の先でするような、ちょっとした技能や才覚。「－がきく」「－の対策」

**こてしらべ【小手調べ】**（名）本式にする前に、ちょっとためしにやってみること。「ほんの－にひと泳ぎする」

**こてん【古典】**（名）❶むかし書かれた書物。❷むかしに作られ、長い年月を経て、今の時代にも高く評価されている文学・音楽などの芸術作品。「－音楽」…的「古典的作品」

**こてん【個展】**（名）ある個人の作品だけをならべた展覧会。「－を開く」

**ごてん【御殿】**（名）❶身分の高い人の家を敬っていうことば。❷ひじょうにりっぱでぜいたくな家。

**ごでん【誤伝】**（名・自他スル）まちがって伝わること。また、伝えること。まちがって伝わったうわさや話。

**こてんげいのう【古典芸能】**（名）雅楽《ががく》・能・狂言《きょうげん》・歌舞伎《かぶき》・落語などの、むかしから伝えられている芸能。

**こてんこてんに**（副）徹底《てってい》的にやっつけるようす。こてんぱんに。「－やっつけられた」

**こてんしゅぎ【古典主義】**（名）古典をとうとび、その形式にならおうとする学問や芸術上の態度。ふつう一七～一八世紀のヨーロッパの芸術流派をいう。

**こてんぱんに**（副）一方が他方を徹底《てってい》的にうち負かすようす。こてんこてんに。「－やっつける」

**こと【事】**（名）❶ことがら。物事。事実。「いい－もあれば、悪い－もある」❷できごと。事件。「－がおきてからではおそい」❸事情。「くわしい－がわからない」❹場合。「－によっては中止」❺上に修飾語《しゅうしょくご》をともなって、さまざまな意味に用いる。㋐関係することがら。「かねの－は口に出すな」㋑経験。「一度見た－がある」㋒必要。「わびる－はない」㋓習慣。「朝早く散歩する－にしている」㋔ねうち。価値。「行っただけの－はある」㋕うわさ。話。「お元気との－です」㋖勧誘《かんゆう》・忠告の意を表す。「よく復習する－だ」㋗命令の意を表す。「六時に起きる－（＝六時に起きなさい）」❻形容詞の連体形について連用修飾語をつくる。「長い－（＝長く）会わない」「うまい－（＝うまく）ごまかす」❼（通称《つうしょう》と実名の間に用いて）すなわち。「森鷗外《おうがい》－森林太郎《もりりんたろう》」❽（人を表す名詞について）…についていえば。「私－このたび転居いたしました」参考⑤⑥⑦⑧は、ふつうかな書きにする。

**事新《あたら》しく** ことさら。あらためて。「－説明するまでもないことだ」

**事が足《た》りる** →ことたりる

**事が運《はこ》ぶ** 物事がうまく進む。「そう簡単に－とはかぎらない」

**事ここに至《いた》る** 今さらどうにもならない状態になる。「事ここに至っては辞職するほかはない」

**事志《こころざし》と違《たが》う** 物事が自分の考えていたとおりにならない。

**事ともしない** なんとも思わず平気でいる。「失敗など－」

**事なきを得《え》る** 何事もなく無事に済む。

**事に当《あ》たる** 取り組むべき仕事や任務をこなす。

**事に触《ふ》れて** 何かにつけて。「－注意する」

**事によると** ひょっとすると。もしかすると。「－来るかもしれない」

**事のついでに** あることをしたのに合わせて。

**事もあろうに** ほかにもいろいろな可能性があったなかで、よりによって。「－パトカーとぶつかるなんて」

**事を欠《か》く** →ことかく

**事を構《かま》える** 物事を荒《あら》だてようとする態度をとる。「いたずらに－のは得策でない」

**事を好《この》む** 事件がおこるのを望む。争いを好む。

**こと【琴】**（名）〔音〕邦楽《ほうがく》の弦楽器《げんがっき》の一つ。中が空洞《くうどう》の桐《きり》の台の上に糸を張り、琴づめでひいて鳴らす。ふつう一三弦。

（琴）

**こと【古都】**（名）古い、むかしのみやこ。日本では、京都・奈良など。

**こと『糊塗』**（名・他スル）一時しのぎにとりつくろっておくこと。「自分の失敗を－する」

**こと**（終助）女性語で、感動・やわらかな断定・疑問・同意を求める気持ちを表す。「きれいだ－」「言ってはいけない－よ」「すてきじゃない－」

**こと〔異〕**（形動ナリ）古語 異なっている。ふつうと違って格別である。「人の性なんぞ－ならん」〈徒然草《つれづれぐさ》〉訳人の本性はどうして（この天地と）異なるであろうか。

**-ごと**（接尾）…もいっしょに。…ぐるみ。…のまま。「皮－かじる」

**-ごと『毎』**（接尾）❶…のそれぞれに。「班－に課題を決める」「会う人－にあいさつする」❷…のたびにいつも。「日－夜－」「一〇〇《メートル》－にしるしをつける」

**ことう【古刀】**（名）古い刀。特に、慶長《けいちょう》年間（一五九六～一六一五）以前に作られた刀。

**ことう【孤島】**（名）海上にぽつんとただ一つある島。はなれ島。「絶海の－」「陸の－（＝陸続きだが交通の便のきわめて悪い地域）」

**こどう【鼓動】**（名・自スル）❶心臓が規則的に動くこと。また、その響《ひび》き。❷内にひそむ強い動きが外に伝わること。「新時代の—を感じる」

**ごとう**『△梧△桐』（名）〔植〕→あおぎり

**ごとう【語頭】**（名）ことばのはじめの部分。対語尾

**ごとう【誤答】**（名）まちがった答え。

**こどうぐ【小道具】**（名）❶身のまわりのこまごました道具。❷〔演〕舞台《ぶたい》で使うこまごました道具。対大道具

**ごとうしゃく【五等爵】**（名）華族《かぞく》の階級で、公・侯《こう》・伯《はく》・子・男の五つの爵位。⇩かぞく（華族）

**ことか・く【事欠く】**（自五）{カ(コ)・キ(イ)・ク・ク・ケ・ケ}❶必要なものが不足する。なくて不自由する。「食べる物にも—生活」❷（「…（する）にことかいて」の形で）他に適切な方法があるはずなのに、よりによって…する。「言うに—・いて他人の秘密をばらすとは」

**ことがら【事柄】**（名）事の性質・ようす・内容。「複雑な—」

**ことき・れる【事切れる】**（自下一）{レ・レ・レル・レル・レレ・レロ(レヨ)}息が絶える。死ぬ。「すでに—・れていた」

**こどく【孤独】**（名・形動ダ）（もと、みなしごとひとり者の意から）たよるものがなく、ひとりぼっちであること。「—に耐《た》える」「—な生き方」

**ごとく【五徳】**（名）火鉢《ひばち》で、やかんなどをかけるために用いる、三脚または四脚の鉄の輪。

（ごとく）

**ごどく【誤読】**（名・他スル）まちがって読むこと。読みあやまり。「漢字を—する」「文意を—する」

**ことごとく**『◇尽く・△悉く』（副）すべて。全部。残らず。「作戦は—失敗に終わった」

**ことごとし・い【事事しい】**（形）{カロ・カツ(ク)・イ・イ・ケレ・○}大げさだ。ものものしい。「—物言い」

**ことこまか【事細か】**（形動ダ）{ダロ・ダツ(デ・ニ)・ダ・ナ・ナラ・○}細かいところまでくわしいようす。「—に説明する」

**ことさら**『殊更』（副）❶わざと。わざわざ。「—(に)さわぎたてる」❷とりわけ。「妹を—かわいがる」

**ことし【◦今年】**（名）今の、この年。本年。こんねん。

**ごとし**〔如し〕（助動）古語❶似ている。…のようだ。「おのが思ひはこの雪のごとくなむ積もれる」〈古今集〉訳私の思いはこの雪のように積もっています。❷多くの中から例示する意を表す。たとえば…のようだ。「和歌・管弦《くわんげん》・往生要集《わうじやうえうしふ》ごときの抄物《せうもつ》を入れたり」〈方丈《ほうじょう》記〉訳たとえば和歌や音楽の本や「往生要集」のようなものの抜《ぬ》き書きを入れてある。

**ことだま【言霊】**（名）むかし、ことばがもつと信じられていた不思議な霊力《れいりょく》。

**ことた・りる【事足りる】**（自上一）{リ・リ・リル・リル・リレ・リロ(リヨ)}じゅうぶんに用が足りる。まにあう。「電話で—」

**ことづけ【言付け】**『◇託け』（名）人にたのんで先方に伝えてもらうこと。また、その内容。伝言。ことづて。「—をたのむ」

**ことづ・ける【言付ける】**『◇託ける』（他下一）{ケ・ケ・ケル・ケル・ケレ・ケロ(ケヨ)}人にたのんで先方に用事を伝えてもらったり、品物をとどけてもらったりする。「手紙を—」

**ことづて【言づて】**『言◇伝』（名）❶人にたのんで伝えてもらうこと。また、その内容。伝言。ことづけ。「—をたのまれる」❷間接的に伝え聞くこと。人づて。

**ことなかれしゅぎ【事なかれ主義】**『事△勿れ主義』（名）ひたすら、めんどうなことがおこらないようにと望む消極的なやり方・考え方。

**ことな・る【異なる】**（自五）{ラ(ロ)・リ(ツ)・ル・ル・レ・レ}同じでない。ちがっている。「大きさが—」「事情が—」

**ことに【殊に】**（副）特に。とりわけ。「ゆりは形も美しいが、—かおりがよい」

**-ごとに**『◇毎に』（接尾）→ごと（毎）

**ことにする【異にする】**ほかと同じではない。ちがっている。「あの人とは考えを—」

**ことのは【言の葉】**（名）❶ことば。❷和歌。

**ことのほか【殊の外】**（副）❶思いのほか。意外に。「—うまくいった」❷このうえもなく。特別に。「きょうは—暑い」

**ことば【言葉】**『◇詞』（名）❶人間の思想・感情を伝え、また理解するのに使う音声や文字。言語。「—をかける」「—を交わす」「—の壁《かべ》」❷単語や句など、言語の構成要素。「—の意味」❸言ったり、書いたりした内容。「友人の—を信じる」❹ことばづかい。言い方。「—が悪い」

**言葉に甘《あま》える**（多く、上に「お」をつけて）相手の親切な申し出をありがたく受け入れ、それに従う。「お言葉に甘えてごちそうになります」

**言葉に針《はり》を持《も》つ**　ことばの中に悪意がある。

**言葉の綾《あや》**　ことばをかざった言い回し。「—にすぎない」

**言葉を返《かえ》す**　口答えをする。言い返す。「お—ようですが…」

**言葉を尽《つ》くす**　相手にじゅうぶんにわかるようにくわしく述べる。「言葉を尽くして説得にあたる」

**言葉を濁《にご》す**　はっきりしたことを言わない。わざとあいまいに言う。「肝心《かんじん》なことになると—」

**ことばがき**『◇詞書』（名）和歌の前に書かれた文章で、その歌の題や、作られたいきさつなどを述べたもの。

**ことはじめ【事始め】**（名）❶あらたな物事にはじめて着手すること。❷その年の物事のはじめ。

**ことばじり【言葉尻】**（名）❶ことばの終わり。語尾。「—をにごす」❷うっかり言いまちがった部分。言いそこない。ことばのはしばし。

**言葉尻を捕《と》らえる**　人の言いそこなったところをとらえてとがめる。「言葉尻を捕らえて非難する」

**ことばずくな【言葉少な】**（形動ダ）{ダロ・ダツ(デ・ニ)・ダ・ナ・ナラ・○}口数が少ないようす。「—に語る」

**ことばづかい【言葉遣い】**（名）ものの言い方や話し方。「—に気をつけなさい」

**ごとばてんのう**〔後鳥羽天皇〕【人名】（一一八〇—一二三九）鎌倉《かまくら》時代初期の天皇。譲位《じょうい》後は院政をとり、鎌倉幕府を倒《たお》そうとして起こした承久《じょうきゅう》の乱にやぶれ、隠岐《おき》に流された。歌人としてもすぐれていて、「新古今《しんこきん》和歌集」を撰《えら》ばせた。

**ことぶき【寿】**（名）❶めでたいこと。祝い。また、祝

いのことば。❷命の長いこと。長寿《ちょうじゅ》。長生き。

**ことぶ・く**〖◇寿く〗（他五）{カ(コ)・キ(イ)・ク・ク・ケ・ケ}→ことほぐ

**ことほ・ぐ**〖言◇祝ぐ・◇寿ぐ〗（他五）{ガ(ゴ)・ギ(イ)・グ・グ・ゲ・ゲ}喜びのことばを言う。祝う。ことぶく。「新春を—」

**ことほどさように**【事程左様に】具体的な事例をあげて、後に述べる結論の程度を強調することば。それほどに。「—自然災害とはおそろしいものだ」

**こども**【子供】（名）❶自分の子。むすこやむすめ。「—は二人です」対親 ❷幼い子。「—が遊んでいる」対大人《おとな》 ❸精神的にじゅうぶん成長していない人。幼稚《ようち》なこと。「彼《かれ》は、まだまだ—だ」対大人

**こどもごころ**【子供心】（名）子どもの、わきまえのないむじゃきな心。幼心《おさなごころ》。「—にもわかっていた」

**こどもだまし**【子供だまし】〖子供△騙し〗（名）幼い子どもをだますような、見せかけだけでねうちのないものや方法。「—のやり方」

**こともなげ**【事も無げ】（形動ダ）{ダロ・ダッ(デ・ニ)・ダ・ナ・ナラ・○}たいしたことでもないというように平然としているようす。「困難な問題を—に処理する」

**こどものひ**【こどもの日】（名）国民の祝日の一つ。子どもの人格を重んじ、しあわせを願い、強く正しく育つように祝う日。五月五日。

**ことよ・せる**【事寄せる】（自下一）{セ・セ・セル・セル・セレ・セロ(セヨ)}ほかのことを口実にする。かこつける。「仕事に—・せて外に出る」

**ことり**【小鳥】（名）小さな鳥。すずめ・うぐいすなど。

**ことわざ**〖△諺〗（名）古くから人びとに言いならわされてきた、いましめや風刺《ふうし》の文句。「猿《さる》も木から落ちる」「情けは人のためならず」など。

**ことわり**〖◇理〗（名）❶物事のすじみち。もっともなこと。道理。「世の—」❷わけ。理由。

**ことわり**【断り】（名）❶相手の申し出を聞き入れないこと。拒絶《きょぜつ》すること。「—の返事を書く」❷前もって知らせて、許しを得ておくこと。「—を入れる」「—もなしに出かけてはいけない」

**ことわ・る**【断る】（他五）{ラ(ロ)・リ(ッ)・ル・ル・レ・レ}❶相手の申し出を聞き入れずこばむ。拒絶《きょぜつ》する。「誘《さそ》いを—」❷前もって知らせ、許しを得る。「—・って使う」

**こな**【粉】（名）ひじょうに細かい粒《つぶ》になっているもの。粉末。「—にひく」「—ミルク」

**こなぐすり**【粉薬】（名）粉末にした薬。散薬。

**こなごな**【粉粉】（形動ダ）{ダロ・ダッ(デ・ニ)・ダ・ナ・ナラ・○}粉のように細かく砕《くだ》けたようす。「割れて—になった」

**こなし**〖◇熟し〗（名）からだの動かし方。動作。「身の—」

**こな・す**〖◇熟す〗（他五）{サ(ソ)・シ・ス・ス・セ・セ}❶食物を消化する。❷物事を処理する。さばく。「そつなく—」「数を—」❸思うままにあつかう。「機械を使い—」

**こなた**〔此方〕（代）古語 ❶（方向や場所を示して）こちら。こっち。「三代の栄耀《えいよう》一睡《いっすい》のうちにして、大門の跡は一里—にあり」〈おくのほそ道〉訳（藤原《ふじわら》氏）三代の栄華《えいが》も短い夢のようにはかなく消え、（その屋敷《やしき》の）表門の跡は一里ほど手前に残っている。❷（過去のある時）以来。以後。「かしこき御影《みかげ》に別れ奉《たてまつ》りにし—」〈源氏物語〉訳おそれ多いお姿に死別し申しあげてしまって以来。❸未来のある時より現在に近い時。その時より前。「長からずのみおぼさるる御世の—にと」〈源氏物語〉訳長くはないとばかり思われるご寿命《じゅみょう》のある間にと。

**こなみじん**【粉みじん】〖粉◇微△塵〗（名）こなごなにくだけること。こっぱみじん。こなごな。

**こなゆき**【粉雪】（名）粉のように、細かくさらさらした雪。こゆき。「—が舞《ま》う」

**こな・れる**〖◇熟れる〗（自下一）{レ・レ・レル・レル・レレ・レロ(レヨ)}❶食物が消化される。「食物が胃で—」❷知識や技術が身につき、思いのままにあつかえるようになる。「—・れた文章」❸世間になれて、人柄《ひとがら》の角《かど》がとれる。

**こにくらし・い**【小憎らしい】（形）{カロ・カッ(ク)・イ・イ・ケレ・○}いかにも生意気《なまいき》で憎らしい感じである。「言い方が—」

**こにもつ**【小荷物】（名）❶手に持って運べる荷物。❷鉄道で、おもに旅客列車で運ぶ小さな荷物。

**コニャック**〔フランス cognac〕（名）フランスの南西部コニャック地方でつくられるブランデー。

**ごにん**【誤認】（名・他スル）まちがってそれであると認めること。「事実—」

**こにんずう**【小人数】（名）少ない人数。こにんず。「—の家族」

**ごにんばやし**【五人ばやし】〖五人△囃子〗（名）謡《うたい》・笛・太鼓《たいこ》・大つづみ・小つづみで行う演奏。また、その五人の奏者を模したひな人形。

**こぬか**〖小△糠・粉△糠〗（名）米ぬか。ぬか。

**こぬかあめ**【こぬか雨】〖小△糠雨・粉△糠雨〗（名）細かくふる雨。霧雨《きりさめ》。ぬか雨。

**コネ**（名）「コネクション」の略。「有力者に—をつける」

**コネクション**〔英 connection〕（名）❶つながり。関係。❷物事をうまく運ぶために利用する人とのつながり。縁故《えんこ》。コネ。「父親の—で就職する」

**こねく・る**〖△捏ねくる〗（他五）{ラ(ロ)・リ(ッ)・ル・ル・レ・レ}❶何度もこねる。❷へりくつやむりなことをあれこれ言ったり、考えたりする。「くだくだと言い訳を—」

**こ・ねる**〖△捏ねる〗（他下一）{ネ・ネ・ネル・ネル・ネレ・ネロ(ネヨ)}❶粉・粘土《ねんど》などを水を加えてねる。❷へりくつやむりなことをあれこれと言う。「だだを—」

**ご・ねる**（自下一）{ネ・ネ・ネル・ネル・ネレ・ネロ(ネヨ)}《俗語》あれこれと文句を言う。不平不満をしつこく言う。

**この**〖△此の〗（連体）❶自分に近い物や人をさすことば。「—本」❷今話題にしていることがらをさすことば。「—点はたいせつだ」❸現在に近いことをさすことば。「—二、三日は暑かった」

**このあいだ**【この間】〖△此の間〗（名）先日。先ごろ。こないだ。「—先生にしかられた」

**このうえもない**【この上もない】これ以上のことはない。最高の。最上の。「—幸福」

**このえ**〖◇近◇衛〗（名）❶（「近衛府」の略）むかし、宮中の警備にあたった役所。❷天皇や君主の護衛。

**このかた**【この方】〖△此の方〗一（名）そのことがあって以来。「就職してから—」二（代）「この人」のていねいな言い方。

**このきどや**…俳句
〔この木戸や　鎖《じゃう》のさされて　冬《ふゆ》の月《つき》〕〈其

角《きかく》〉訳夜遅《おそ》く人通りのない道を行くと、江戸城《えどじょう》の見附《みつけ》の門は、ぴたりとじょうでとざされ、いかめしくそそり立っている。その上に冬の月がさむざむと光っている。（季語「冬の月」冬）

**このごにおよんで**【この期に及んで】もうあともどりができないところまで来てしまった、今になって。今さら。「—弱音をはくな」

**このごろ**【この頃】『△此の頃』（名）近頃。数日来。最近。

**このは**【木の葉】（名）樹木の葉。木《き》の葉。

**このはずく**『木の葉×木菟』（名）《動》フクロウ科の小さいみみずく。夜「ぶっぽうそう」と鳴くと言われるところから、「仏法僧」とも呼ぶ。

**このぶん**【この分】『△此の分』（名）このようす。この調子。「—では試験に受かりそうもない」

**このほど**【この程】『△此の程』（名）このごろ。最近。さきごろ。このたび。「—転居しました」

**このまし・い**【好ましい】（形）{カロ・カッ(ク)・イ・イ・ケレ・○}❶感じがよく、好感がもてる。❷望ましい。「—・くない傾向」

**このみ**【好み】（名）❶気に入ること。趣味《しゅみ》。「—に合う」❷望み。注文。希望。「—に応じる」

**このみ**【木の実】（名）樹木になる実。木《き》の実。

**このみちや**…俳句〔この道や　行《ゆ》く人《ひと》なしに　秋《あき》の暮《くれ》〕〈芭蕉《ばしょう》〉訳私の歩いているこの道は、自分よりほかに行く人もいない、さびしい秋の夕暮れである。それにつけても、私の行く俳諧《はいかい》の道は、前にも後《あと》にも行く人のいない孤独《こどく》な芸術の道であるよ。（前書きに「所思」とあり、自分の思いを述べたもの。季語「秋の暮」秋）

**この・む**【好む】（他五）{マ(モ)・ミ(ン)・ム・ム・メ・メ}気に入ってそれを味わい楽しむ。また、ほしいと思う。「音楽を—」「—と—・まざる(=好まない)とにかかわらず」

**このめ**【木の芽】（名）→きのめ

**このもし・い**【好もしい】（形）{カロ・カッ(ク)・イ・イ・ケレ・○}→このましい

**このよ**【この世】『△此の世』（名）現在、生きている世。現在の世の中。現世。「—を去る」対あの世

**このわた**『×海鼠腸』（名）なまこの腸《はらわた》でつくる塩辛《しおから》。参考「こ」はなまこ、「わた」は腸の意。

**こばい**【故買】（名）盗《ぬす》んだ品物と知りながら買うこと。

**こばか**『小×馬鹿』（名）（「小馬鹿にする」の形で）他人を見くびった態度をとること。

**こはく**『△琥△珀』（名）大むかしの木のやにが化石となったもの。黄または赤茶色。透明《とうめい》でつやがある。かんざしやパイプなど、かざりものに使う。「—色」

**ごはさん**【御破算】（名）❶そろばんで、数をおいたたまをくずすこと。「—で願いましては」❷物事を、最初の何もなかった状態にもどすこと。白紙にもどすこと。「旅行の話は—になった」

**こばしり**【小走り】（名）小またで急ぎ足に行くこと。「—に歩く」

**こはぜ**『小△鉤・△鞐』（名）足袋《たび》やきゃはんなどの合わせ目をとめる爪形《つめがた》のとめ具。

**ごはっと**【御法度】（名）「法度」の尊敬語。禁じられていること。禁制。

**こばな**【小鼻】（名）鼻の下のほうの、左右にふくらんだ部分。「—をふくらませる(=不満そうにする)」

**こばなし**【小話】『小△咄』（名）気のきいた短い話。

**こばなれ**【子離れ】（名・自スル）子どもが大きくなってきて、親が以前のようには子どもの世話をやかないようになること。対親離れ

**こはば**【小幅】一（名）織物の幅で、大幅の半分。並幅《なみはば》。約三六センチメートル。二（名・形動ダ）数や量の変化の差が少ないこと。「—な値上げ」（対大幅）

**こば・む**【拒む】（他五）{マ(モ)・ミ(ン)・ム・ム・メ・メ}❶相手の要求をことわる。拒否《きょひ》する。拒絶《きょぜつ》する。「要求を—」❷進んでくるものをさまたげる。はばむ。「進出を—」

**こばやしいっさ**〔小林一茶〕【人名】（一七六三　一八二七）江戸《えど》時代後期の俳人。信濃《しなの》(=長野県)の人。庶民《しょみん》的な生活感情をうたい、独自の俳風を示した。句文集「おらが春」、句日記「父の終焉《しゅうえん》日記」など。

**こばやしたきじ**〔小林多喜二〕【人名】（一九〇三　一九三三）昭和初期の小説家。プロレタリア文学の代表的作家として活躍《かつやく》。「蟹工船《かにこうせん》」「党生活者」など。

**こはる**【小春】（名）陰暦《いんれき》一〇月(=今の一一月)のこと。

**コバルト**〔英 cobalt〕（名）❶《化》鉄族の金属元素。灰白色《かいはくしょく》でつやがあり磁性が強い。合金製造・電気めっきなどに用いる。元素記号 Co ❷濃《こ》くあざやかな青色。「—ブルー」

**こはるびより**【小春。日和】（名）初冬の、春のように暖かいよい天気。

**こはん**【湖畔】（名）湖のほとり。

**こばん**【小判】（名）安土桃山《あづちももやま》時代から江戸《えど》時代末期まで用いられた、うすい楕円《だえん》形をした金貨。一枚が一両にあたる。対大判

**ごはん**【ご飯】（名）めし。食事を丁寧《ていねい》にいう語。

**ごばん**【碁盤】（名）碁を打つのに用いる台。盤は四角で、縦横にそれぞれ一九本の線がある。「—の目」

**こばんざめ**『小判△鮫』（名）《動》コバンザメ科の海水魚。頭部に小判状の吸盤《きゅうばん》があり、大形魚類に吸着して、その食べこぼしなどをえさとする。参考権力者のそばで、そのおこぼれにあずかる者のたとえにも用いる。

**こはんとき**【小半時】（名）むかしの一時《いっとき》(=二時間)の四分の一。約三〇分。

**こび**『△媚』（名）❶きげんをとること。人の気に入るようにすること。「上司に—を売る」❷女性が男性の気を引こうとして見せる色っぽい動作や表情。

**ごび**【語尾】（名）❶ことばの終わり。「—をはっきり発音する」対語頭。❷《文法》活用する語の変化する部分。活用語尾。「書か(ない)」「書き(ます)」の「か」「き」など。「—変化」対語幹

**コピー**〔英 copy〕一（名・他スル）❶複写すること。また、文書などの写し。「—をとる」❷複製。模造《もぞう》品。「—商品」二（名）広告の文案。「—ライター」「キャッチ—」

**コピー-アンド-ペースト**〔英 copy and paste〕（名・他スル）コンピューターで、文章・画像などのデータの一部を写しとって他の場所にはりつけること。コピペ。

**こびき**『木△挽き』（名）木材をのこぎりでひくこと。ま

た、それを職業としている人。

**こびと**【小人】(名) 童話などに出てくるひじょうに小さい想像上の人間。

**こびへつら・う**〖媚び諂う〗(自五) {ワ(オ)・イ(ツ)・ウ・ウ・エ・エ} 相手に気に入られるようひたすら機嫌《きげん》をとる。おもねる。「上司に―」

**ごびゅう**〖誤謬〗(名) あやまり。まちがい。「―を正す」

**こひょう**【小兵】(名) からだの小さいこと。また、そういう人。小柄《こがら》な人。「―力士」対大兵《だいひょう》

**こびりつ・く**(自五) {カ(コ)・キ(イ)・ク・ク・ケ・ケ} 強くくっついてはなれなくなる。「ガムが―」「情景が目に―」

**こ・びる**〖媚びる〗(自上一) {ビ・ビ・ビル・ビル・ビレ・ビロ(ビヨ)} ❶人に気に入られようとしてきげんをとる。類へつらう・おもねる。❷男性の気を引くために女性が色っぽくふるまう。

**こふ**【誇負】(名・他スル) 誇りとし、自慢すること。

**こぶ**〖瘤〗(名) ❶打ち身や病気のために、ひふの一部がもり上がったもの。❷物の表面に高く丸くもり上がったもの。「木の―」「糸の―」❸足手まといになるやっかいなもの。じゃまもの。特に、子ども。「―つき」

**こぶ**【昆布】(名) →こんぶ

**こぶ**【鼓舞】(名・他スル) (つづみを打って舞《まい》をまうことから)はげまし元気づけること。「士気を―する」

**ごふ**【護符】(名) まじないや神仏の名が書かれているおまもりの札《ふだ》。おふだ。お守り。

**ごぶ**【五分】(名) ❶一寸(=約三・〇三《センチメートル》)の半分。❷一割の半分。五《パーセント》。❸どちらもまさりおとりのないこと。五分五分。「両者まさに―の取組」

**こふう**【古風】(名・形動ダ) 古めかしいこと。むかしふう。「―な衣装《いしょう》」「―な考え方」

**ごふうじゅうう**【五風十雨】(名) (五日目ごとに風がふき、十日目ごとに雨が降る意) ❶気候が順調なこと。❷世の中が平和なこと。

**ごふく**【呉服】(名) 和服用の織物。反物《たんもの》。

**こふくげきじょう**【鼓腹撃壌】(名) (「鼓腹」は腹つづみを打つ、「撃壌」は大地をたたく意)世の中がよくおさまり、人びとが平和を楽しむようす。故事中国の尭《ぎょう》帝の時代、一人の老人が食べ物を口にしながら腹つづみを打ち、地面をたたいて歌をうたい、太平をたたえたということによる。〈十八史略〉

**ごぶごぶ**【五分五分】(名) 二つのものを比べてどちらもまさりおとりのないこと。「勝負は―だ」

**ごぶさた**【御無沙汰】(名・自スル) 長い間、便りや訪問をしないでいること。また、それをわびるあいさつのことば。「すっかり―しております」

**こぶし**【拳】(名) 手の指を固くにぎりしめたもの。にぎりこぶし。げんこつ。「―を固める」

**こぶし**【小節】(名) 民謡《みんよう》や演歌などを歌うとき、声を微妙《びみょう》にふるわせる装飾《そうしょく》的な節回し。「―をきかせて歌う」

**こぶし**〖辛夷〗(名)《植》モクレン科の落葉高木。高さ約一〇《メートル》。山地に自生。春、葉の出る前ににおいのよい白い大形の花が咲《さ》く。

(辛夷)

**ごふじょう**【御不浄】(名) 便所のこと。使い方多く、女性が使った、古風なことば。

**こぶつ**【古物】(名) ❶使いふるしの物。ふるもの。❷古くから伝わる由緒《ゆいしょ》ある品物。「―商」

**こぶとり**【小太り】(名・形動ダ) 少し太っていること。「―の男」

**コブラ**〔英 cobra〕(名)《動》コブラ科の毒蛇《どくへび》。南アジア・アフリカなどにすむ。おこると首の部分を広げる。

(コブラ)

**こぶり**【小振り】一(名) 小さく振ること。二(名・形動ダ) 形が小さめなこと。小形。《対大振り》

**こぶり**【小降り】(名) 雨や雪の降りかたが弱いこと。「―になるまで待つ」対大降り

**こふん**【古墳】(名)《歴》土を盛り上げて築いた古代の墳墓《ふんぼ》。円墳・方墳・前方後円墳など。

**こぶん**【子分】(名) 親分の下にいて、言われたとおりに働く人。手下。部下。対親分

**こぶん**【古文】(名) むかしの人の書いた文章。ふつう江戸《えど》時代以前の文章。対現代文

**ごぶん**【誤聞】(名・他スル) 内容をまちがえて聞くこと。聞きちがい。

**こふんじだい**【古墳時代】(名)《歴》日本で古墳がさかんにつくられた時代。弥生《やよい》時代の次の時代で、三世紀末から七世紀初めごろまでをいう。

**ごへい**【御幣】(名) 神祭用具の一つ。紙や白布を細長く切って木にはさんだもの。ぬさ。

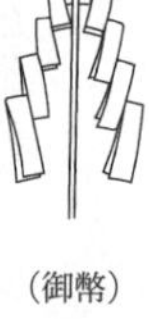

(御幣)

**御幣を担《かつ》ぐ** 縁起《えんぎ》や迷信《めいしん》を気にかける。

**ごへい**【語弊】(名) ことばの使い方が適切でないために人にあたえる誤解や不快感。「そう言っては―がある」

**こべつ**【戸別】(名) 一軒《いっけん》一軒の家ごと。「―訪問」

**こべつ**【個別】〖箇別〗(名) 一つ一つ別にすること。個々別々。「―に検討《けんとう》する」

**コペルニクスてきてんかい**【コペルニクス的転回】(名) 物事の見方・考え方がそれまでとはまったく変わること。参考ポーランドの天文学者コペルニクス(Copernicus)が、それまでの天動説とは正反対の地動説を唱えて、それ以後の天文学の考え方を一変させたことによる。

**コペンハーゲン**〔Copenhagen〕〔地名〕デンマークの首都。交通の要地で、北ヨーロッパの文化の中心地。

**こほう**【孤峰】(名) ただ一つそびえている峰《みね》。

**ごほう**【語法】(名) ❶ことばの使い方。言い方。❷言語を組み立てるうえでの法則。文法。

**ごほう**【誤報】(名・他スル) まちがった報道・知らせをすること。また、その報道・知らせ。「―と判明する」

**ごぼう**〖牛蒡〗(名)《植》野菜の一種。キク科の二年草。地中に長い根がまっすぐにのび、食用とする。

**ごぼうぬき**【ごぼう抜き】〖牛蒡抜き〗(名)

❶ごぼうを土の中から引き抜くように、一気に抜きとること。❷すわりこみの人などを排除《はいじょ》するために一人ずつひっぱりだすこと。❸競走などで数人を一気に抜きさること。「ラストスパートで六人を―にする」

**こぼく【古木】**（名）年をへた古い立ち木。老木。

**こぼ・す**〘◇零す〙（他五）〔サ(ソ)・シ・ス・ス・セ・セ〕❶容器の中に入っている液状や粒状《つぶじょう》のものを、かたむけたりあふれさせたりして外に落とす。「バケツの水を―」❷あふれて外にもれ出させる。「涙《なみだ》を―」「笑《え》みを―」❸不平を口に出す。「ぐちを―」

**こぼればなし【こぼれ話】**〘◇零れ話〙（名）ある物事に関係しておこった、ちょっとした話。余話。

**こぼ・れる**〘◇毀れる〙（自下一）〔レ・レ・レル・レル・レレ・レロ(レヨ)〕刃物《はもの》の刃が欠ける。刃こぼれする。「包丁《ほうちょう》の刃が―」

**こぼ・れる**〘◇零れる〙（自下一）〔レ・レ・レル・レル・レレ・レロ(レヨ)〕❶容器の中に入っている液状や粒状《つぶじょう》のものが外に落ち出る。「インクが―」「砂が―」❷あふれて外にもれ出る。「涙《なみだ》が―」「笑《え》みが―」❸散り落ちる。「花びらが―」

**こぼんのう【子煩悩】**（名・形動ダ）ひじょうに自分の子どもをかわいがること。また、そうする人。

**こま【駒】** 15画 馬5 訓こま 馬 馬 駒 駒

こま。子馬。◆若駒《わかごま》 ⇩付録「漢字の筆順㊳馬」

**こま【駒】**（名）❶馬。子馬。❷将棋《しょうぎ》で、盤上《ばんじょう》で動かす五角形の木片。また、双六《すごろく》などで、盤上で動かすもの。「―を進める」❸（転じて）手元にあって、自由に動かせる人やもの。❹三味線《しゃみせん》・バイオリンなどで、弦《げん》と胴《どう》の間に入れて弦をささえるもの。

**こま**〘△齣〙（名）❶映画のフィルムのひと区切り。❷まんがなどのひと区切り。❸一場面。ある場面。「アメリカでの生活のひと―」

**こま**〘×独楽〙（名）厚くまるい木や金属製の胴《どう》に軸《じく》を通したおもちゃ。回して遊ぶ。

**ごま**〘△胡麻〙（名）〘植〙ゴマ科の一年草。夏、うすい紫《むらさき》色の花が咲《さ》く。種子は食用とし、また油をとる。

**胡麻をする** 自分の利益のために人のきげんをとる。

**ごま【護摩】**（名）〘仏〙密教で、本尊の前で、ぬるでの木などを燃やして仏にいのること。「―をたく」

**コマーシャル**〔英 commercial〕（名）❶（名詞の上につけて）商売に関係のあること。「―ソング」❷ラジオやテレビの番組中に入れる広告放送。CM

**こまい【古米】**（名）収穫《しゅうかく》してから一年以上たっている米。対新米

**こまいぬ**〘△狛犬〙（名）神社の社殿《しゃでん》の前に置かれる、一組のしゃがんだ形のししに似た犬の像。からいぬ。

（こまいぬ）

**こまか【細か】**（形動ダ）〔ダロ・ダッ(デ・ニ)・ダ・ナ・ナラ・○〕細かいようす。「きめ―な対応」

**こまか・い【細かい】**（形）〔カロ・カツ(ク)・イ・イ・ケレ・○〕❶数多く集まっているものの一つ一つの形が小さい。「網《あみ》の目が―」「―砂」対粗《あら》い ❷小さなことがらにまで及《およ》んでいる。くわしい。「―事情は知らない」「―・く調べる」❸注意がすみずみまでゆきとどいている。「―心づかい」「芸が―」❹ささいである。「―ことにこだわるな」❺少しの損得も気にする。けちである。「おかねに―」❻金額が小さい。「―おかね」

**ごまか・す**〘×誤魔化す〙（他五）〔サ(ソ)・シ・ス・ス・セ・セ〕❶人目をまぎらしたりうそをついたりして、その場をとりつくろう。「笑って―」「年を―」❷人目をあざむいて不正をする。「お釣《つ》りを―」

**こまぎれ【細切れ】**〘小間切れ〙（名）細かく切ったもの。特に、そうした肉。「牛肉の―」「―の話」

**こまく【鼓膜】**（名）〘生〙耳の穴のおくにあるうすい膜。外耳《がいじ》と中耳《ちゅうじ》のさかいをなす。空気の振動《しんどう》を受けてゆれ動き、音波を伝える働きをする。

**こまごま**〘細細〙（副・自スル）❶細かいようす。「―（と）した仕事」❷くわしくていねいなようす。「―（と）注意する」

**ごましお【ごま塩】**〘△胡麻塩〙（名）❶ごまをいって塩とまぜたもの。❷黒と白のまじったもの。特に、頭髪《とうはつ》やひげについていう。「―頭」

**こましゃく・れる**（自下一）〔レ・レ・レル・レル・レレ・レロ(レヨ)〕子どもが、ませたことやこざかしいことを言ったりしたりする。「―・れた子ども」

**ごますり**〘△胡麻△擂り〙（名）他人にへつらって、自分の利益を得ようとすること。また、そのようにする人。

**こまた【小股】**（名）❶歩幅《ほはば》が狭《せま》いこと。「―で歩く」対大股。❷股《また》。「―の切れ上がった（＝女性のすらりとした、いきな姿の形容）女性」

**こまち【小町】**（名）（小野小町《おののこまち》が美しかったということから）美しい娘《むすめ》。小町娘。

**こまづかい【小間使い】**（名）主人の身のまわりの雑用をした女性の使用人。

**こまつな【小松菜】**（名）〘植〙アブラナの一変種。葉は、楕円《だえん》形でやわらかい。食用。

**こまとめて**…和歌

〔駒とめて　袖《そで》打《う》ちはらふ　かげもなし　佐野《さの》のわたりの　雪《ゆき》の夕暮《ゆふぐ》れ〕〈新古今集《しんこきんしゅう》・藤原定家《ふじわらのていか》〉訳馬をとめて、袖にかかった雪を払《はら》いおとす物陰《ものかげ》もここにはない。佐野のあたりの一面の雪野原の夕暮れよ。

**こまどり【駒鳥】**（名）〘動〙ヒタキ科の小鳥。森林にすみ、鳴き声は馬のいななきに似ている。

**こまぬ・く**〘△拱く〙（他五）〔カ(コ)・キ(イ)・ク・ク・ケ・ケ〕腕組《うでぐ》みをする。こまねく。「手を―（＝何もしないでただ見ている）」

**こまね・く**〘△拱く〙（他五）〔カ(コ)・キ(イ)・ク・ク・ケ・ケ〕➡こまぬく

**こまねずみ**〘×高麗△鼠・×独楽△鼠〙（名）〘動〙ネズミ科の哺乳《ほにゅう》動物。はつかねずみの変種。小形で純白。輪をかいて回る性質がある。まいねずみ。

**ごまのはい【護摩の灰】**（名）むかし、旅人の姿をして、道中で他の旅人の金品をだましとった賊《ぞく》。

**こまむすび【小間結び】**（名）ひもや糸などの両端《りょうたん》を二度からませて固く結ぶ結びかた。

**こまめ**〘小×忠実〙（形動ダ）〔ダロ・ダッ(デ・ニ)・ダ・ナ・ナラ・○〕細かいことにまで気がついて、よく動くようす。「―に動く」

**ごまめ**〘△鱓・×田作〙（名）かたくちいわしの干したもの。正月や祝儀《しゅうぎ》などの料理に用いる。たづくり。

**ごまめの歯軋《はぎしり》り** 相手に及《およ》ぶだけの力のない者がいくら憤慨《ふんがい》してみてもむだだということのたとえ。

**こまもの【小間物】**（名）化粧品《けしょうひん》・装身具・日用品などのこまごました物。対荒物《あらもの》

**こまやか**『細やか・◇濃やか』（形動ダ）〔ダロ・ダッ(デ・ニ)・ダ・ナ・ナラ・○〕❶ゆきとどいて情の厚いようす。「―な配慮《はいりょ》」「愛情が―だ」❷色や密度がこいようす。「緑―な松」

**こまりは・てる【困り果てる】**（自下一）〔テ・テ・テル・テル・テレ・テロ(テヨ)〕どうしようもなく困る。「さいふを忘れて―」

**こま・る【困る】**（自五）〔ラ(ロ)・リ(ッ)・ル・ル・レ・レ〕❶どうしたらよいかわからなくてなやむ。「返事に―」❷迷惑《めいわく》に感じる。「長電話に―」❸びんぼうで苦しむ。「生活に―」

**こまわり【小回り】**（名）小さく回ること。

**小回りが利《き》く** ❶車などが半径を小さくして回ることができる。「小型車なので―」❷情勢に応じて、すばやく対処できる。

**コマンド**〔英 command〕（名）❶命令。指令。❷コンピューターに特定の処理を行わせるための命令。

**ごまんと**（副）ひじょうにたくさんあるようす。「同じような話を―聞いたことがある」

**こみ【込み】**（名）❶いろいろとりまぜること。「大小―にして売る」❷（名詞について）そのものをふくめること。「税―」

**ごみ**『△芥・△塵』（名）不要になったものなどで、きたならしく役にたたないもの。「―箱」

**こみあ・う【混み合う・込み合う】**（自五）〔ワ(オ)・イ(ッ)・ウ・ウ・エ・エ〕多数の人がいて混雑する。「電車が―」

**こみあ・げる【込み上げる】**（自下一）〔ゲ・ゲ・ゲル・ゲル・ゲレ・ゲロ(ゲヨ)〕❶感情が高まって、おさえようとしてもわきあがるように出てくる。「笑いが―」「―悲しみ」❷食べた物をもどしそうになる。「はきけが―」

**こみい・る【込み入る】**（自五）〔ラ(ロ)・リ(ッ)・ル・ル・レ・レ〕物事の事情や仕組みなどが複雑に入り組む。「―・った話」

**コミカル**〔英 comical〕（形動ダ）〔ダロ・ダッ(デ・ニ)・ダ・ナ・ナラ・○〕こっけいなようす。「―な演技」

**ごみごみ**（副・自スル）整った感じがなく、いろいろなものが雑然としているようす。「―(と)した裏通り」

**こみだし【小見出し】**（名）新聞・雑誌の記事などで、表題の見出しにそえる小さな見出し。また、長い文章の中で、内容のまとまりごとにつける小さな見出し。

**コミック**〔英 comic〕㊀（形動ダ）〔ダロ・ダッ(デ・ニ)・ダ・ナ・ナラ・○〕喜劇的なようす。コミカル。㊁（名）漫画《まんが》。コミックス。

**コミッショナー**〔英 commissioner〕（名）プロ野球・プロボクシングなどで、全体をまとめる機関の最高責任者。また、その職名。

**コミッション**〔英 commission〕（名）❶手数料。❷わいろ。

**こみみ【小耳】**（名）耳。

**小耳に挟《はさ》む** ちらりと聞く。聞くともなしに聞く。「よくないうわさを―」

**ごみゃく【語脈】**（名）文章中の語の続きぐあい。

**コミュニケ**〔フランス communiqué〕（名）（おもに外交上の）声明書。公文書。

**コミュニケーション**〔英 communication〕（名）ことば・文字などによって、たがいに思想・意思などを伝達・交換《こうかん》すること。「会員どうしの―をはかる」

**コミュニスト**〔英 communist〕（名）共産主義者。

**コミュニズム**〔英 communism〕（名）共産主義。

**コミュニティー**〔英 community〕（名）村や町など、一定の地域での生活共同体。地域社会。

**こむ【込む】** 5画 ⻌2 訓こむ・こめる

ノ 入 入 込 込

こむ。こめる。◆仕込み・尻込《しりご》み 参考「込」は日本で作った国字。

**こ・む【込む・混む】**（自五）〔マ(モ)・ミ(ン)・ム・ム・メ・メ〕❶人・物などがいっぱいつまっている。「電車が―」「予定が―」❷複雑で細かい所までよくできている。「手の―・んだ仕事」❸（動詞の連用形について）㋐ずっとしつづける。じゅうぶんにする。すっかりその状態になる。「座り―」「芸を教え―」「信じ―」㋑中に入る。中に入れる。「流れ―」「荷を積み―」 参考①はふつう「混む」、②③は「込む」と書く。

**ゴム**〔オランダ gom〕（名）❶（「ゴムの木」の略）樹皮からゴム質を分泌《ぶんぴつ》する植物の総称《そうしょう》。❷ゴムの木からとったしるを乾燥《かんそう》させて作った弾力《だんりょく》のある物質。生ゴム。天然ゴム。また、それと似た性質をもつ合成物質。ボール・タイヤ・くつなどを作る。

**こむぎ【小麦】**（名）〘植〙イネ科の植物。秋まきは越年草《えつねんそう》、春まきは一年草。実から小麦粉を作る。また、みそやしょうゆなどの原料とする。重要な穀物として世界じゅうで栽培《さいばい》されている。

**こむぎいろ【小麦色】**（名）日に焼けた肌《はだ》などの、（収穫《しゅうかく》期の小麦のような）薄《うす》い茶色。

**こむぎこ【小麦粉】**（名）小麦をひいて粉にしたもの。パン・うどんなどの原料。メリケン粉。うどん粉。

**こむずかし・い【小難しい】**（形）〔カロ・カッ(ク)・イ・イ・ケレ・○〕❶少しむずかしい。なんとなくめんどうくさい。「―理屈《りくつ》をこねる」❷ふきげんなようす。「―顔」

**こむすび【小結】**（名）すもうで、力士の階級の一つ。関脇《せきわけ》の次の位。

**こむすめ【小娘】**（名）一人前とはいえない若い娘。「まだほんの―だ」使い方多く相手を軽く見て言う。

**こむそう【虚無僧】**（名）普化宗《ふけしゅう》（＝禅宗《ぜんしゅう》の一派）の僧。頭をそらず肩《かた》にけさをかけて深あみがさをかぶり、尺八をふいて諸国を回り修行《しゅぎょう》する。

（こむそう）

**こむらがえり【こむら返り】**『△腓返り』（名）こむら（＝ふくらはぎ）の筋肉が急にけいれんすること。こぶらがえり。

**こめ【米】**（名）稲《いね》の実のもみがらを取り除いたもの。そのままのものを玄米《げんまい》、精白したものを白米という。

**こめかみ**『×顳顬』（名）耳の上、目のわきの、物をかむとき動く部分。

**こめじるし【米印】**（名）「米」の字に似た、注釈《ちゅうしゃく》などを示す符号《ふごう》。「※」

**コメディアン**〔英 comedian〕（名）喜劇俳優。

**コメディー**〔英 comedy〕（名）喜劇。

**こめどころ【米所】**（名）よい米がたくさんとれる土地。

**こめぬか【米ぬか】**〖米△糠〗（名）玄米《げんまい》精白時に皮がくだけてできる粉。肥料・漬物《つけもの》用。ぬか。

**こめびつ【米びつ】**〖米△櫃〗（名）❶米をたくわえておく箱。❷〘俗語〙生活費をかせぐもとなるもの。また、かせぐ人。

**こめや【米屋】**（名）米を売る店。また、その人。

**こめる【込める】**→こむ

**こ・める【込める】**〖◇籠める〗（他下一）{メ・メ・メル・メル・メレ・メロ(メヨ)} ❶あるものの中にそれを入れる。つめる。「弾《たま》を―」❷気持ちなどをじゅうぶんに入れる。「心を―」「力を―」「深い意味を―」

**ごめん【御免】**■一（名）❶いやで断る気持ちを表すことば。「もう―だ」❷役をやめさせることを表すことば。「お役―」■二（感）訪問や別れ、また謝罪などのときに用いるあいさつのことば。「―ください」「―なさい」

**コメンテーター**〔英 commentator〕（名）テレビ・ラジオの報道番組などで、解説や意見を述べる人。

**コメント**〔英 comment〕（名・自スル）特定の問題に対して意見や批評を述べること。論評。「―をつける」「ノー―」

**こも**〖◇薦〗（名）粗《あら》く織ったむしろ。

**ごもくずし【五目ずし】**〖五目△鮨〗（名）きざんだ魚肉や野菜などを味つけしてすし飯とまぜたもの。

**ごもくならべ【五目並べ】**（名）二人が碁盤《ごばん》に交互《こうご》に黒と白の石を置き、早く五個一列に並べたほうを勝ちとするゲーム。

**ごもくめし【五目飯】**（名）肉・魚・野菜などをきざんでたきこんだ、味つけごはん。

**こもごも**〖◇交◇交〗（副）たがいに入り混じるようす。かわるがわる。「悲喜―の人生」

**こもじ【小文字】**（名）欧文《おうぶん》で、字体の小さいもの。大文字A・Bに対するa・bなど。㊌大文字

**こもち【子持ち】**（名）❶子ども、特に幼い子どもを持っていること。また、そういう人。❷さかななどが子・卵をはらんでいること。「―がれい」

**こもの【小物】**（名）❶アクセサリーなどのこまごまとした物や付属品。「―入れ」❷姿・形の小さい物。❸力量や勢力がない者。「会長としては―だ」㊌大物

「釣れたのは―ばかり」㊌大物

**こもり【子守】**（名・自スル）子どものおもりをすること。また、その人。「―歌」

**こも・る【籠もる】**（自五）{ラ(ロ)・リ(ッ)・ル・ル・レ・レ} ❶中にはいって外に出ないでいる。ひきこもる。「寺に―」❷感情などがじゅうぶんにふくまれている。「心の―・った品」❸気体などが内に満ちて外に出ない。「けむりが部屋に―」

**こもれび【木漏れ日】**（名）木の葉の間からもれてさしてくる日の光。

**コモロ**〔Comoros〕〘地名〙アフリカ大陸の東海上にある島々からなる共和国。コモロ連合。首都はモロニ。

**こもん【小紋】**（名）細かい模様を布地一面に染め出したもの。

**こもん【顧問】**（名）（会社・団体などで）相談を受けて意見を述べる役。また、その人。「野球部の―」

**こもんじょ【古文書】**（名）むかしのことを研究する資料となる、古い時代の記録や文書。

**こや【小屋】**（名）❶小さな造りの建物。小さくそまつな家。「物置―《ごや》」「山―《ごや》」❷芝居《しばい》などの興行に使う建物。「芝居―《ごや》」

**こやがけ【小屋掛け】**（名・自スル）芝居《しばい》などの興行のために仮の小屋をつくること。また、その小屋。

**こやく【子役】**（名）芝居《しばい》・映画などで、子どもの役。また、その役を演じる子どもの役者。

**ごやく【誤訳】**（名・他スル）まちがった訳。また、訳をまちがえること。「―を指摘《してき》する」

**こやし【肥やし】**（名）❶作物などがよく育つように土の中に入れてやる栄養分。こえ。肥料。❷人の成長を助けるもととなるもの。「芸の―」

**こや・す【肥やす】**（他五）{サ(ソ)・シ・ス・ス・セ・セ} ❶からだをふとらせる。「牛を―」❷土地に肥料をあたえて、作物がよくできるようにする。「地味《ちみ》を―」❸経験をつんでよしあしの判断がつくようにする。「よい作品を見て目を―」「舌を―」❹不当な利益を得る。「私腹を―」

**こやみ**〖小◇止み〗（名）（雨や雪が）少しの間やむこと。おやみ。「雨が―になる」

**こゆう【固有】**（名・形動ダ）そのものだけにあることもとからあること。「日本―の文化」㊮特有

**こゆうめいし【固有名詞】**（名）〘文法〙地名・人名など、ある一つのものだけの名称《めいしょう》を表す語。㊌普通名詞

**こゆき【小雪】**（名）少し降る雪。「―がちらつく」㊌大雪

**こゆき【粉雪】**（名）細かくさらさらした雪。こな雪。

**こゆび【小指】**（名）指の中で、いちばん外側の最も細くて小さな指。

**こよい**〖◇今宵〗（名）きょうの宵。今晩。今夜。

**こよう【雇用】**〖雇△傭〗（名・他スル）人をやとうこと。「終身―」

**ごよう【御用】**（名）❶「用事」「用件」などを敬ったり丁寧《ていねい》にいったりする語。「何か―ですか」❷宮中・役所の用務。「―納め」❸むかし、官命で犯人をとらえること。また、そのときのかけ声。「―にする」❹時の政府や支配者のきげんをとって、その意のままになること。「―学者」「―組合」

**ごよう【誤用】**（名・他スル）まちがった使い方をすること。あやまった用法。「敬語の―」

**ごようおさめ【御用納め】**（名）官公庁が年内の仕事を終わりにすること。また、その日。ふつうは一二月二八日。㊌御用始め

**ごようきき【御用聞き】**（名）❶商店などが、得意先の注文を聞きに回ること。また、それをする人。❷江戸《えど》時代、官命を受けて、犯人の捜査《そうさ》や逮捕《たいほ》を手つだった人。目明かし。おかっぴき。

**ごようきん【御用金】**（名）江戸《えど》時代、幕府や藩《はん》が歳入《さいにゅう》不足のとき、商人などに臨時に課した金。

**ごようたし**〖御用◇達〗（名）官庁などに品物を納める商人。ごようたつ。「宮内庁《くないちょう》―」

**ごようてい【御用邸】**（名）皇室の別邸。

**ごようはじめ**【御用始め】(名) 官公庁がその年はじめての仕事をすること。また、その日。ふつうは一月四日。対御用納め

**こようほけん**【雇用保険】(名) 一九七五(昭和五〇)年、「失業保険」にかわってつくられた社会保険。失業した労働者に一定のおかねを支払《しはら》うほか、労働者の福祉《ふくし》増進に関する事業への助成を行う。

**コヨーテ**〔英 coyote〕(名)《動》イヌ科の哺乳《ほにゅう》動物。おおかみに似ているが、やや小さい。草原おおかみ。

**こよなく**(副) このうえなく。最高に。格別に。「ふるさとをー愛する」

**こよな・し**(形ク) 古語 格別だ。このうえない。(よい場合にも悪い場合にも用いる)。「つくづくと一年《ひととせ》を暮らすほどだにもー・うのどけしや」〈徒然草《つれづれぐさ》〉訳 しみじみと一年を暮らす間でさえも、格別に心のゆったりするものであることよ。

**こよみ**【暦】(名) 天体の運行にもとづいて、一年間の月日・曜日・祝祭日・日の出・日の入り・月のみちかけなどを日をおって書いた表。カレンダー。「ーをくる」

**こより**『◇紙△縒り・◇紙△撚り』(名) 和紙を細長く切って糸のようによったもの。かんぜより。

**こら**(感) 相手をしかりつけたり、おどかしたりするときに発することば。「ー、いいかげんにしろ」

**コラーゲン**〔英 collagen〕(名) 骨・皮膚《ひふ》などを構成するたんぱく質の一つ。化粧《けしょう》品・医薬品に利用され、またゼラチンの原料にもなる。

**こらい**【古来】(名・副) 古くから。むかしから今まで。「日本ーの伝統」

**ごらいこう**【御来光】(名) 高い山の頂上で見る日の出。ご来迎《らいごう》。「ーを拝む」

**ごらいごう**『御来◇迎』(名) ❶高い山で、日の出や日没《にちぼつ》時に霧《きり》がある場合、光をうしろにして立つと、前方の自分のかげの周囲に美しい輪ができること。❷→ごらいこう

**こらえしょう**【こらえ性】『◇堪え性』(名) つらいことなどをがまんできる性質。「ーがない」

**こら・える**『◇堪える』(他下一) {エ・エ・エル・エル・エレ・エロ(エヨ)} たえしのぶ。がまんする。「悲しみをー」「怒《いか》りをー」

**ごらく**【娯楽】(名) 人の心をたのしませ、なぐさめるもの。「ー番組」…性「娯楽性あふれる映画」

**こらし・める**【懲らしめる】(他下一) {メ・メ・メル・メル・メレ・メロ(メヨ)} 罰《ばつ》を加えて、こりさせる。「いたずらっ子をー」

**こら・す**【凝らす】(他五) {サ(ソ)・シ・ス・ス・セ・セ} 考えや注意を一か所に集中させる。「ひとみをー」「くふうをー」

**コラボレーション**〔英 collaboration〕(名) 共同で事業・研究などを行うこと。共同作業。コラボ。

**コラム**〔英 column〕(名) 新聞・雑誌などで、小さくまとまったかこみ記事。かこみらん。

**ごらん**【御覧】㊀(名)「見ること」の尊敬語。「作品をーにいれる」「ーになる」㊁❶「見よ」の丁寧《ていねい》語。「あの景色をー」❷(「…てごらん」の形で)「ためしに…せよ」の意の「…てみよ」の丁寧語。…てみなさい。「書いてー」「言ってー」注意 ㊁①は「ごらんなさい」「ごらんください」より軽い気持ちの言い方。㊁①②とも同等または目下の人に対して使う。

**こり**『△梱』(名) ❶行李《こうり》。❷荷造りした貨物。

**こり**【凝り】(名) 筋肉がはってかたくなること。「肩《かた》のーをほぐす」

**こり**『△狐△狸』(名) きつねとたぬき。人をばかすとされるもの。「ー妖怪《ようかい》の類《たぐい》」

**コリー**〔英 collie〕(名)《動》犬の品種の一つ。イギリス原産で、顔が細長く毛が長い。

**ごりおし**【ごり押し】(名・他スル)《俗語》強引《ごういん》に自分の考えなどを押し通すこと。「要求をーする」

**こりかたま・る**【凝り固まる】(自五) {ラ(ロ)・リ(ッ)・ル・ル・レ・レ} ❶一か所に集まって、かたくなる。「絵の具がー」❷一つの物事にとらわれ、ほかをかえりみなくなる。「古い考えにー」

**こりごり**『懲り懲り』(形動ダ・自スル) 二度としたくはないと思うほどいやになること。すっかりこりるようす。「お説教はもうーだ」

**こりしょう**【凝り性】(名) 一つのことに熱中して徹底《てってい》的にする性質。また、そういう人。

**こりつ**【孤立】(名・自スル) 他からの助けなどがなく、一つまたは一人だけぽつんとあること。「ー無援《むえん》」

**ごりむちゅう**【五里霧中】(名) (五里四方もある深い霧《きり》の中で、方角がわからなくなる意から)すっかり迷ってどうしたらよいかわからないこと。

**ごりやく**【御利益】(名)「りやく」の尊敬語。神仏からあたえていただくめぐみ。「ーがある」

**こりゅう**【古流】(名) 古い流儀《りゅうぎ》や作法。

**こりょ**【顧慮】(名・他スル) あれこれと考えて気にかけること。「家の事情をーして将来の方針を決める」

**ごりょう**【御陵】(名) →みささぎ

**ごりょうち**【御料地】(名) 皇室の所有地。御料所。

**ゴリラ**〔英 gorilla〕(名)《動》ヒトニザル科の哺乳《ほにゅう》動物。最大の類人猿《るいじんえん》でアフリカの森林にすむ。

**こ・りる**【懲りる】(自上一) {リ・リ・リル・リル・リレ・リロ(リヨ)} ひどい目にあって反省し、二度とやるまいと思う。「失敗にー」

**ごりん**【五倫】(名) →ごじょう(五常)㋒

**ごりん**【五輪】(名) ❶オリンピックのマーク。五大陸を表す青・黄・黒・緑・赤の五つの輪をW形に組み合わせたもの。転じて、オリンピック。❷《仏》宇宙生成のもととなる、地・水・火・風・空の五つ。「ー塔《とう》」

**こ・る**【凝る】(自五) {ラ(ロ)・リ(ッ)・ル・ル・レ・レ} ❶精神を打ちこむ。「野球にー」❷細かいところまでいろいろとくふうをする。そのことばかりにむちゅうになる。「ー・った家の造り」「ー・った料理」❸筋肉がはってこわばる。「肩《かた》がー」

**こるい**【孤塁】(名) 一つだけ孤立している砦《とりで》。「ーを守る」使い方 たった一人でがんばりとおすようすを言う。

**コルク**〔オランダ kurk〕(名) コルクがし(=ブナ科の常緑高木)などの木の表皮下の組織。軽くて弾力《だんりょく》があり、気体・液体・熱を通さない。びんのせんやはきものの裏などに用いる。キルク。

**コルセット**〔英 corset〕(名) ❶腹・腰《こし》などのまわりを締《し》めて体形を整える女性の下着。❷《医》整形外科で患部《かんぶ》を固定するために用いる道具。

**コルネット**〔英 cornet〕(名)《音》金管楽器の一つ。

弁が三つあり、トランペットより小型で音がやわらかい。

（コルネット）

**ゴルフ**〔英 golf〕（名）芝《しば》をはった広いコースにある一八の穴に、順々にクラブで打ったボールを入れていく競技。

**コルホーズ**〔ロシア kolkhoz〕（名）ソビエト連邦《れんぽう》で行われた民間経営による集団農場。⇨ソフホーズ

**これ**『△此れ・◇是』■一（代）❶自分に近いものや場所を示すことば。「―をください」❷今、話題にしていることがらをさすことば。「―がだいじだ」❸現在。いま。「―から行く」❹ことばの調子を強めるときに使うことば。「―いかに」■二（感）目下の者に呼びかけたり、注意したりするときに用いることば。こら。「―、放せ」

**これがまあ**…［俳句］〔是がまあ　つひの栖《すみか》か　雪《ゆき》五尺《ごしゃく》〕〈一茶《いっさ》〉［訳］これが、私の最後の住みかとなる地なのか。雪が五尺も降りつもった、この故郷の地が。（五〇歳《さい》の一月帰郷したときの句。季語「雪」冬）

**コレクション**〔英 collection〕（名）趣味《しゅみ》としてある物を集めること。また、集めたもの。収集品。

**コレクトコール**〔英 collect call〕（名）電話で、受信者が通話料を支払《しはら》うことを承諾《しょうだく》して行う通話。

**コレステロール**〔cholesterol〕（名）『生』肝臓《かんぞう》でつくられて血管などにたまる、脂肪《しぼう》に似た物質。動脈硬化症《どうみゃくこうかしょう》の原因にもなる。

**これみよがし**『△此れ見よがし』（名・形動ダ）得意になって見せつけること。「―の態度」

**コレラ**〔オランダ cholera〕（名）『医』コレラ菌《きん》による感染症《かんせんしょう》。はげしい下痢《げり》・吐《は》きけをおこす。

**ころ【頃】** ［11画 頁2］［訓］ころ

ころ。このごろ。◆頃合い◆年頃《としごろ》・日頃《ひごろ》

**ころ【頃】**（名）❶だいたいの時期をさすことば。「三時―《ごろ》に会う」「桜の咲《さ》く―」「若かりし―」❷あることにちょうどよい時機。ころあい。「―をみて話をする」

**ころ**（名）大きな物や重い物を動かしやすくするためにその下に敷《し》くまるい棒。

**ごろ【語呂】**（名）❶ことばを発音したときの調子。「―のよい名前」❷「ごろあわせ」の略。

**ゴロ**（名）野球で、地面を転がる打球。「セカンド―」［参考］英 grounder の略からか。

**ころあい【頃合い】**（名）❶適当な時期。しおどき。「―をみはからう」❷ちょうどよい程度。手ごろ。「―の長さ」

**ごろあわせ【語呂合わせ】**（名）ことわざ・俗語《ぞくご》などに、音《おん》が似ている別の語をあてて、意味のちがうものにすることばのしゃれ。「その手はくわな（桑名と食わないとをかける）の焼きはまぐり」の類。

**コロイド**〔英 colloid〕（名）『化』ある物質が他の物質中にひじょうに小さな粒《つぶ》となって分散している状態。ゼラチン・にかわなどが水にとけたものをいう。膠質《こうしつ》。

**ころう**『固△陋』（名・形動ダ）古い考えに執着《しゅうちゃく》し、新しいものを受けつけないこと。［使い方］「頑迷《がんめい》固陋」の形で使うことが多い。

**ころう【故老・古老】**（名）むかしのことをよく知っている老人。

**ころおい【頃おい】**（名）ころ。その時分。

**ころが・す【転がす】**（他五）〔サ(ソ)・シ・ス・ス・セ・セ〕❶回転させて進ませる。「玉を―」❷ひっくり返す。たおす。「すもうで相手を―」❸転売を重ねる。「土地を―」

**ころがりこ・む【転がり込む】**（自五）〔マ(モ)・ミ(ン)・ム・ム・メ・メ〕❶ころがってはいってくる。「ボールが―」❷思いがけなく手にはいる。「大金が―」❸人の家にはいり込んで世話になる。「友人の家に―」［参考］「ころげこむ」ともいう。

**ころが・る【転がる】**（自五）〔ラ(ロ)・リ(ッ)・ル・ル・レ・レ〕❶回転しながら進む。ころげる。「ボールが―」❷立っていたものが横に倒《たお》れる。ころぶ。ころげる。「すべって―」❸からだを横にする。「たたみに―ってテレビを見る」❹（「ころがっている」の形で）むぞうさに置いてある。簡単に手にはいるところにある。「チャンスはどこにでも―っている」

**ごろく【語録】**（名）ある人物のことばを集めた書物。

**ころげこ・む【転げ込む】**（自五）〔マ(モ)・ミ(ン)・ム・ム・メ・メ〕→ころがりこむ

**ころ・げる【転げる】**（自下一）〔ゲ・ゲ・ゲル・ゲル・ゲレ・ゲロ(ゲヨ)〕→ころがる①②

**ころころ**■一（副）❶軽い感じでころがっていくようす。「ボールが―（と）ころがる」❷若い女性などが、ほがらかによく笑うようす。「明るい声で―（と）笑う」❸めまぐるしく変わるようす。「考えが―（と）変わる」❹物事があっけなく行われるようす。「シード選手が―（と）負ける」■二（副・自スル）小さいものが、まるまるとしているようす。「―（と）太った子犬」

**ごろごろ**（副・自スル）❶大きく重そうな物がころがっていくようす。「大きな石が―（と）落ちる」❷かみなりの鳴る音を表すことば。❸猫《ねこ》などがのどを鳴らす音を表すことば。❹大きなものがあちこちにころがっているようす。いたる所にたくさんあるようす。「岩が―している河原」「有能な人材が―いる」❺なにもしないで過ごすようす。「家で―している」

**コロシアム**（名）❶〔英 Colosseum〕帝政《ていせい》ローマ時代に造られた野外円形闘技《とうぎ》場。コロセウム。❷〔英 colosseum〕大競技場。

**ころしもんく【殺し文句】**（名）そのひとことで相手の心をすっかりとらえてしまうような巧《たく》みなことば。

**ころ・す【殺す】**（他五）〔サ(ソ)・シ・ス・ス・セ・セ〕❶命をとる。殺害する。「虫を―」［対］生かす ❷勢いをおさえる。「息を―」「球のスピードを―」❸本来のはたらきをおさえる。役にたたないようにする。「せっかくの才能を―」［対］生かす ❹野球で、アウトにする。「ランナーを―」

**ごろつき**（名）一定の住所や職業がなく、おどしやたかりなどの悪事をはたらく者。ならずもの。

**コロッケ**〔フランス croquette〕（名）ゆでてつぶしたじゃがいもと、玉ねぎ・ひき肉などをまぜたものにパン粉をまぶし、油であげた料理。

**ころっと**（副）→ころりと

**ごろっと**（副）→ごろりと

**コロナ**〔英 corona〕（名）〘天〙太陽のいちばん外側のガス層。皆既《かいき》日食のとき、太陽のまわりから四方へ青白く広がった状態が観測される。

（コロナ）

**コロナウイルス**〔英 coronavirus〕（名）人や動物に感染《かんせん》し、発熱や重度の呼吸器疾患《しっかん》など様々な症状を引き起こすウイルス。名前は太陽のコロナに似た突起《とっき》をもつことから。

**コロニー**〔英 colony〕（名）❶植民地。❷障害者などが、共同生活をしながら治療《ちりょう》や訓練を受けられる福祉施設《ふくししせつ》。❸動植物や細菌《さいきん》の集団。

**ごろね【ごろ寝】**〘◇転寝〙（名・自スル）寝るしたくをしないで、その場にごろりと横になって寝ること。「たたみでーする」

**ころば・す【転ばす】**（他五）｛サ(ソ)・シ・ス・ス・セ・セ｝❶ころころと回転させて進ませる。❷立っているものをたおす。

**ころばぬさきのつえ【転ばぬ先のつえ】**〘転ばぬ先の△杖〙何事も失敗しないように、前もって用心する必要があるというたとえ。

**ころ・ぶ【転ぶ】**（自五）｛バ(ボ)・ビ(ン)・ブ・ブ・ベ・ベ｝❶つまずいたりしてたおれる。転倒《てんとう》する。「すべってー」❷回転しながら進む。ころがる。❸なりゆきが変わる。「どちらにー・んでも大した違《ちが》いはない」❹主義をむりに変える。特に江戸《えど》時代、キリスト教徒が弾圧《だんあつ》をうけて改宗《かいしゅう》する。

**ころも【衣】**（名）❶着る物。衣服。「ー替え」❷僧《そう》や尼《あま》がまとう衣服。法衣《ほうえ》。「墨染《すみぞ》めのー」❸揚《あ》げ物などの外側のかわ。「えびフライのー」

**ころもがえ【衣替え】**〘衣◇更え〙（名・自スル）❶季節に応じて、衣服を着かえること。むかしは旧暦《きゅうれき》の四月一日と一〇月一日に行った。❷外側のようすやよそおいなどをすっかり変えること。

**ころもへん【衣偏】**（名）漢字の部首の一つ。「補」「複」などの左側にある「衤」の部分。

**ころりと**（副）❶小さいものや軽いものがころがったり倒《たお》れたりするようす。❷それまでとはすっかり変わるようす。「態度をー変えた」❸あっけなく負けたり倒されたりするようす。「疑いもせず、ーだまされた」

**ごろりと**（副）❶大きく重そうなものが、ころがったり倒《たお》れたりするようす。「岩をーころがす」❷人などが、横になるようす。「ベッドにー横になる」

**コロン**（名）「オーデコロン」の略。

**コロン**〔英 colon〕（名）欧文の句読点の一つ。「：」

**ころんでもただはおきない【転んでもただは起きない】**（ころんでも、必ず何かをつかんで起きあがるという意から）失敗しても何かを得ようとする、欲が深かったりぬけ目がなかったりするようすのたとえ。

**コロンビア**〔Colombia〕〔地名〕南アメリカ大陸北西部にある共和国。首都はボゴタ。

**コロンブスのたまご【コロンブスの卵】**簡単そうに見えることでも、最初にそれをやりとげるのはむずかしいというたとえ。参考アメリカ大陸を発見したコロンブス(Columbus)が、それは簡単なことだと言う人に対して、では、卵を立ててみよと言い、だれもが失敗したあとで、卵のしりを割って立てたという話から。

**こわ・い【怖い】**〘◇恐い〙（形）｛カロ・カッ(ク)・イ・イ・ケレ・○｝❶危険や不安を感じてさけたい気持ちになる。おそろしい。「雷《かみなり》がー」「ー夢」「ー先生」❷悪い結果になるのではないかと感じて心配である。「落第がー」「今はよくてもあとがー」

**こわ・い**〘◇強い〙（形）｛カロ・カッ(ク)・イ・イ・ケレ・○｝❶つよい。てごわい。はげしい。「情《じょう》がー」❷かたい。ごわごわしている。「ー布」

**こわいろ【声色】**（名）❶声の調子。声音《こわね》。「おちついたー」❷役者などのせりふや口調のまね。声帯模写。「ーを使う」

**こわが・る【怖がる】**〘◇恐がる〙（自五）｛ラ(ロ)・リ(ッ)・ル・ル・レ・レ｝こわいと思う。おそろしく思う。「暗やみをー」

**こわき【小脇】**（名）わき。「ーにかかえる」

**こわごわ**〘怖怖・◇恐◇恐〙（副）こわがりながら。おそるおそる。「ーようすを見る」

**こわざ【小技】**（名）柔道《じゅうどう》・すもうなどで、ちょっとした動きでしかける技。また、ちょっとした技巧《ぎこう》的な技。対大技《おおわざ》

**こわ・す【壊す】**〘◇毀す〙（他五）｛サ(ソ)・シ・ス・ス・セ・セ｝❶強い力を加えて、くだいたり変形させたりする。破壊《はかい》する。「家をー」「大事な食器をー・される」❷機能を損《そこ》なう。故障させる。「カメラを落としてー・してしまう」「腹をー」❸まとまっているものをだめにする。「信頼関係をー」「街《まち》の景観をー建物」

**こわだか【声高】**（形動ダ）｛ダロ・ダッ(デ・ニ)・ダ・ナ・ナラ・○｝声が高く大きいようす。「ーに話す」

**こわだんぱん【こわ談判】**〘◇強談判〙（名）きびしい態度で談判すること。また、その談判。

**こわっぱ**〘小◇童〙（名）子どもをののしって言うことば。小僧《こぞう》。

**こわね【声音】**（名）声の調子。声色《こわいろ》。

**こわば・る**〘◇強張る・◇硬張る〙（自五）｛ラ(ロ)・リ(ッ)・ル・ル・レ・レ｝かたくつっぱったようになる。「表情がー」

**こわめし**〘◇強飯〙（名）もち米をせいろうでふかした飯。あずきをまぜる場合が多い。赤飯《せきはん》。おこわ。

**こわもて**〘◇強◇面〙（名）❶おそろしい顔つき。❷他人に強い圧迫《あっぱく》感をあたえるような態度。「ーで契約《けいやく》を強《し》いられる」

**こわ・れる【壊れる】**〘◇毀れる〙（自下一）｛レ・レ・レル・レル・レレ・レロ(レヨ)｝❶強い力が加わり、くだけたり変形したりする。「茶碗《ちゃわん》がー」「橋がー」❷機能しなくなる。故障する。「テレビがー」「ブレーキがー」❸まとまっているものがだめになる。「計画がー」

**こん【今】** 4画 人2　小2　音 コン・キン 中　訓 いま

ノ 人 今 今

❶いま。現在。⬘今後⬙ 現今・古今・昨今。対古・昔。❷この。いまの。⬘今回・今月・今週・今春・今度・今夜。参考特別に「今日」は「きょう」、「今朝」は「けさ」、「今年」は「ことし」とも読む。

**こん【困】** 7画 口4 小6 音コン 訓こまる
こまる。くるしむ。◆困苦・困難・困惑《こんわく》◆貧困

**こん【昆】** 8画 日4 音コン
むし。◆昆虫。参考「昆布《こんぶ・こぶ》」のように「コ」と読むこともある。

**こん【金】**→きん(金)

**こん【建】**→けん(建)

**こん【恨】** 9画 忄6 音コン 訓うらむ・うらめしい
❶うらむ。うらみ。◆遺恨・怨恨《えんこん》。❷残念に思う。くやむ。◆悔恨《かいこん》・痛恨

**こん【根】** 10画 木6 小3 音コン 訓ね
❶ねっこ。草や木のね。◆根茎《こんけい》◆球根。❷物事のもと。よりどころ。◆根拠《こんきょ》・根絶・根本◆禍根《かこん》。❸活動の大もとになる力。物事にたえる力。気力。◆根気・根性《こんじょう》◆精根

**こん【根】**(名)❶物事をがまんして続ける気力。根気。「精も—もつきはてる」「—をつめる」❷〔数〕㋐方程式の未知数を満たす値《あたい》。㋑ある数を何乗かした数に対するもとの数。「平方—」

**こん【婚】** 11画 女8 音コン
夫婦になる。◆婚姻《こんいん》・婚約・婚礼◆結婚・新婚

**こん【混】** 11画 氵8 小5 音コン 訓まじる・まざる・まぜる・こむ
❶まざる。まぜあわせる。◆混合・混声・混入。❷入り乱れる。いろいろなものがまじりあって、区別がつかない。◆混雑・混線・混同・混沌《こんとん》・混迷《こんめい》・混乱

**こん【痕】** 11画 疒6 音コン 訓あと
❶きずあと。◆刀痕。❷物があったあとに残ったしるし。あと。◆痕跡《こんせき》◆血痕・弾痕・墨痕《ぼっこん》

**こん【紺】** 11画 糸5 音コン
こんいろ。こい青色。◆紺青《こんじょう》◆濃紺《のうこん》。参考「紺屋《こんや・こうや》」のように「コウ」と読むこともある。

**こん【紺】**(名)紫色《むらさきいろ》をおびた、こい青色。「—のワンピース」

**こん【献】**→けん(献)

**こん【魂】** 14画 鬼4 音コン 訓たましい
❶たましい。◆霊魂《れいこん》。❷こころ。精神。◆魂胆《こんたん》◆心魂・身魂・精魂・闘魂《とうこん》

**こん【墾】** 16画 土13 音コン
土地をたがやす。あれ地をひらく。◆墾田◆開墾

**こん【懇】** 17画 心13 音コン 訓ねんごろ 高
❶まごころ。心をこめてするさま。◆懇願・懇切・懇望《こんもう》。❷うちとけて親しい。◆懇意・懇親◆別懇

**ごん【言】**→げん(言)

**ごん【勤】**→きん(勤)

**ごん【権】**→けん(権)

**ごん【厳】**→げん(厳)

**こんい【懇意】**(名・形動ダ)親しくつきあっていること。心安いこと。「—な間がら」

**こんいん【婚姻】**(名・自スル)法律上の手続きをとって夫婦になること。結婚。

**こんか【婚家】**(名)嫁《よめ》入り先、または婿《むこ》に行った先の家。

**ごんか【言下】**(名)→げんか(言下)

**こんかい【今回】**(名)何回かにわたっているものの中で、現在のもの。このたび。「—の公演は成功だ」

**こんがうの**《コンゴウノ》…俳句
〔金剛の 露《つゆ》ひとつぶや 石《いし》の上《うへ》〕〈川端茅舎《かわばたぼうしゃ》〉訳かたくて破れない金剛のような、きらきら光る露の玉がひとつぶ石の上にのっている。はかない露だが、とてもこわれそうには見えない。(季語「露」秋)

**こんかぎり【根限り】**(副)根気のつづくかぎり。力のあるかぎり。「—戦った」

**こんがらか・る**(自五){ラ(ロ)・リ(ッ)・ル・ル・レ・レ}❶糸など、細長いものがもつれてからまる。「糸が—」❷物事が複雑に入り組み、筋道がわからなくなる。「話が—」参考「こんぐらかる」「こんがらがる」ともいう。

**こんかん【根幹】**(名)(木の根と幹《みき》の意から)物事の大もとになるたいせつなところ。根本。「—をなす」「—をゆるがす」対枝葉

**こんがん【懇願】**(名・他スル)心をこめて願いたのむこと。「—をしりぞける」

**こんき【根気】**(名)物事をなげださずに、長く続けていく精神力。根《こん》。「—のいる仕事」

**こんき【婚期】**(名)結婚するのによい年ごろ。

**こんきゃく【困却】**(名・自スル)こまりきること。すっかりこまること。「ほとほと—する」

**こんきゅう【困窮】**(名・自スル)❶ゆきづまってこまりはてること。「資金の—を訴《うった》える」❷ひどく貧乏《びんぼう》で苦しむこと。「生活に—する」

**こんきょ【根拠】**(名)❶物事のよりどころ。もとになる理由。「—がない話」❷ねじろ。本拠。「—地」

**こんぎょう【今暁】**(名)きょうの明け方。

**ごんぎょう【勤行】**(名・自スル)〔仏〕僧《そう》などが、仏前で経を読んだり礼拝《らいはい》したりすること。おつとめ。

**こんく【困苦】**(名)おかねや物がなくてこまり苦しむこと。「—にたえる」

**ゴング**〔英 gong〕(名)❶どら。❷ボクシングなどで、競技時間の開始・終了を知らせるかね。

**コンクール**〔フランス concours〕(名)(音楽・美術・映画などの)競演会・競技会。「合唱—」

**ごんぐじょうど**〖△欣◇求浄土〗(名)〔仏〕死後、極楽《ごくらく》浄土へ行けることを心から願うこと。

**こんぐらか・る**(自五){ラ(ロ)・リ(ッ)・ル・ル・レ・レ}→こんがらかる

**コングラチュレーション**〔英 congratulations〕

(感) 成功・幸福などを祝う気持ちを表すことば。おめでとう。

**こんくらべ【根比べ】**『根◇競べ』(名・自スル) 根気の強さを比べ合うこと。

**コンクリート**〔英 concrete〕(名) セメントと砂・水などをまぜてかためたもの。土木・建築材用。コンクリ。

**ごんげ【権化】**(名) ❶〔仏〕仏・菩薩《ぼさつ》が、かりに姿を変えてこの世に現れること。❷ある特質が人の形になって現れたかのように思われる人。「悪の—」

**こんけい【根茎】**(名) 地下をはう根のような茎《くき》。竹・はすなどにみられる。

**こんけつ【混血】**(名・自スル) 人種のちがう男女の間に生まれた子に両者の特質がまじること。

**こんげつ【今月】**(名) この月。本月。当月。

**こんけつじ【混血児】**(名) 人種のちがう男女の間に生まれた子ども。

**こんげん【根源・根元】**(名) 大もと。根本。「諸悪の—」

**ごんげん【権現】**(名) ❶仏・菩薩《ぼさつ》が、日本の神としてかりに姿を変えて、この世に現れること。また、その神。❷むかしの神の尊号の一つ。

**ごんげんづくり【権現造り】**(名) 神社建築の様式の一つ。本殿と拝殿との間に中殿があって、それぞれの屋根が続いているもの。

(ごんげんづくり)

**こんご【今後】**(名) 今からのち。これから先。以後。「—は、じゅうぶん注意します」

**コンゴ**〔Congo〕〔地名〕❶アフリカ大陸中部の共和国。正式名称《めいしょう》はコンゴ共和国。首都はブラザビル。❷アフリカ大陸中部の共和国。正式名称はコンゴ民主共和国。首都はキンシャサ。

**こんこう【混交】**『混△淆』(名・自他スル) 入りまじること。まぜ合わせること。「玉石《ぎょくせき》—」

**こんごう【金剛】**(名) ❶「金剛石」の略。❷ひじょうにかたくてこわれないこと。また、そのもの。

**こんごう【根号】**(名)〔数〕平方根などの累乗《るいじょう》根を表す記号。「√」など。ルート。

**こんごう【混合】**(名・自他スル) まじり合うこと。まぜ合わせること。「—物」

**こんごうしゃ【金剛砂】**(名)〔地質〕ざくろ石や鋼玉《こうぎょく》の粉末。ガラス・大理石・金物などをとぐのに用いる。

**こんごうせき【金剛石】**(名)〔地質〕宝石の一つ。ダイヤモンド。

**こんごうづえ【金剛づえ】**『金剛△杖』(名) 修験《しゅげん》者や登山者が持つ八角または四角の白木のつえ。

**こんごうの…**〔俳句〕→こんがうの…

**こんごうふえ【金剛不壊】**『金剛不◇壊』(名) たいそう堅固《ごけん》でこわれないこと。「—の信心」

**こんごうぶつ【混合物】**(名) 二種類以上のものがたがいに化学的な結合をしないでまじり合ったもの。

**こんごうりき【金剛力】**(名) 金剛力士(=仁王《におう》)のような強い力。

**コンコース**〔英 concourse〕(名) 駅の構内や公園などの、通路をかねた中央広場・ホール。

**ごんごどうだん【言語道断】**(名・形動ダ) 言いようのないほどひどいこと。もってのほか。「—の行い」

**こんこん**『△昏△昏』(ト タル) 意識がはっきりしないようす。よく眠《ねむ》っているようす。「—と眠る」

**こんこん**『△滾△滾』(ト タル) 水がさかんに流れるようす。また、わき出るようす。「—とわき出る泉」

**こんこん【懇懇】**(ト タル) 親切にくり返して言うようす。「—とさとす」

**コンサート**〔英 concert〕(名) 演奏会。音楽会。「野外—」「—マスター」

**こんさい【根菜】**(名) 根・地下茎《ちかけい》などの地中にうまった部分を食用にする野菜。にんじん・だいこん・じゃがいも・たまねぎなど。

**こんざい【混在】**(名・自スル) 複数の物事が入りまじって存在すること。「二つの要素が—する」

**こんざつ【混雑】**(名・自スル) 多くの人や物が入りまじってこみ合うこと。「—を避《さ》ける」

**コンサバティブ**〔英 conservative〕(形動ダ) (ダロ・ダッ・デ・ニ・ダ・ナ・ナラ・〇) 考え方、また服装などが、保守的なようす。コンサバ。

**コンサルタント**〔英 consultant〕(名) 物事について指導・助言をする専門家。相談役。「経営—」

**コンサルティング**〔英 consulting〕(名) 専門家が指導をしたり、相談にのったりすること。「経営—」

**こんじ【今次】**(名) 今回。今度《こんど》。

**こんじ【根治】**(名・自他スル) 病気などを根本からなおすこと。また、なおること。こんち。「胃病を—する」

**コンシエルジュ**〔フランス concierge〕(名) ❶ホテルなどで、宿泊客の求めに応じて交通手段の手配や観光案内などの手助けをする人。❷(転じて)特定の分野のことについて案内する人。

**こんじき【金色】**(名) こがね色。きんいろ。

**こんじきの…**〔短歌〕

〔金色の　小《ちひ》さき鳥《とり》の　かたちして　銀杏《いちやう》散《ち》るなり　夕日《ゆふひ》の岡《をか》に〕〈与謝野晶子《よさのあきこ》〉〔訳〕金色の小さい鳥のような形をして、きらきらといちょうが散っている。夕日のさす晩秋の丘に。

**こんじきやしゃ**〔金色夜叉〕〔作品名〕尾崎紅葉《おざきこうよう》の小説。一八九七(明治三〇)年から一九〇二(明治三五)年にかけて発表。金の力をめぐる恋愛《れんあい》の争いをえがく未完の長編で、明治時代に広く愛読された。

**こんじゃく【今昔】**(名) 今とむかし。

**今昔の感《かん》**　今とむかしを思いくらべて、そのはなはだしいちがいをつくづく感じる気持ち。「—に堪《た》えない」

**こんじゃくものがたりしゅう**〔今昔物語集〕〔作品名〕平安時代後期の説話集。作者不明。一〇〇〇あまりのインド・中国・日本の説話からなる。

**こんしゅう【今週】**(名) この週。この一週間。

**コンシューマー**〔英 consumer〕(名) 消費者。

**こんじょう【今生】**(名) この世に生きている間。この世。「—の別れ」

**こんじょう【根性】**(名) ❶その人の根本的な性

質。しょうね。「—が曲がっている」「やじ馬—」❷苦難に立ち向かう精神力。「—がある選手」

**こんじょう【紺青】**（名）あざやかなあい色。また、その色の絵の具・顔料。「—の海」

**ごんじょう【言上】**（名・他スル）目上の人に、申しあげること。

**こんしょく【混食】**（名・自スル）肉と野菜の両方の食品を食べること。

**こん・じる【混じる】**（自他上一）{ジ・ジ・ジル・ジル・ジレ・ジロ(ジヨ)}まじる。まざる。また、まぜる。

**こんしん【△渾身】**（名）からだ全体。全身。満身。「—の力をふりしぼる」

**こんしん【懇親】**（名）うちとけて親しくなること。「—会」

**こんすい【△昏睡】**（名・自スル）意識を失って眠《ねむ》り続けること。「—状態」

**コンスターチ**（名）→コーンスターチ

**コンスタント**〔英 constant〕（形動ダ）{ダロ・ダッ(デ・ニ)・ダ・ナ・ナラ・○}常に一定しているようす。いつも変わらないようす。「—な売れ行きを示す」

**こん・ずる【混ずる】**（自他サ変）{ジ(ゼ)・ジ・ズル・ズル・ズレ・ジロ(ゼヨ)}→こんじる

**こんせい【混成】**（名・自他スル）まじり合ってできていること。また、まぜ合わせて作ること。「—チーム」

**こんせい【混声】**（名）男声と女声とがいっしょに歌うこと。「—合唱」

**こんせい【懇請】**（名・他スル）心をこめてひたすらたのむこと。「資金援助《えんじょ》を—する」

**こんせいがっしょう【混声合唱】**（名）男声と女声とによって行う合唱。

**こんせき【今夕】**（名）きょうの夕方。こよい。今晩。

**こんせき【痕跡】**（名）以前になにかがあったとわかるあと。あとかた。「—をとどめる」「—を残す」

**こんせつ【懇切】**（名・形動ダ）たいへん親切でよく気をくばること。「—丁寧《ていねい》に教える」

**こんぜつ【根絶】**（名・他スル）完全にたやすこと。ねだやし。「暴力を—する」

**コンセプト**〔英 concept〕（名）❶概念《がいねん》。❷作品や計画などの基本的な構想。「街《まち》づくりの—」

**こんせん【混戦】**（名・自スル）敵と味方が入り乱れて戦うこと。また、勝負がわからないほどの乱戦。「—状態」

**こんせん【混線】**（名・自スル）❶電信・電話で、別の通信・通話がまじってくること。❷いくつかの話がまじって話の筋がわからなくなること。「話が—する」

**こんぜん【混然】**【△渾然】（トタル）まじり合って区別のないようす。「—一体となる」

**コンセンサス**〔英 consensus〕（名）意見の一致《いっち》。同意。合意。賛同。「全員の—を得る」

**コンセント**〔和製語〕（名）電気の配線に器具のコードを接続するための、壁《かべ》などに取り付けてある、プラグのさしこみ口。

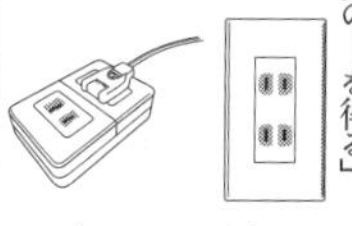

（コンセント）

**コンソメ**〔フランス consommé〕（名）肉や野菜を煮《に》だして作る澄《す》んだスープ。

**こんだく【混濁】**（名・自スル）はっきりしなくなること。にごること。「意識が—する」

**コンダクター**〔英 conductor〕（名）❶オーケストラ・合唱などの指揮者。❷案内者。「ツアー—」

**コンタクト**〔英 contact〕（名）❶相手と連絡《れんらく》をつけ、交渉《こうしょう》をもつこと。接触《せっしょく》。「むこうの担当者と—をとる」❷「コンタクトレンズ」の略。

**コンタクト-レンズ**〔英 contact lens〕（名）直接眼球につけて視力を矯正《きょうせい》するプラスチック製のレンズ。コンタクト。

**こんだて【献立】**（名）提供する料理の種類や内容、また、その順序。メニュー。「—表」

**こんたん【魂胆】**（名）心の中にもっているたくらみ。よくない考え。「何か—がありそうだ」

**こんだん【懇談】**（名・自スル）ひざをまじえて語り合うこと。うちとけて話し合うこと。「—会」

**こんち【根治】**（名・自他スル）→こんじ(根治)

**コンチェルト**〔イタリア concerto〕（名）〔音〕→きょうそうきょく(協奏曲)

**こんちゅう【昆虫】**（名）〔動〕節足動物の一種。からだは頭・胸・腹の三つの部分からなり、胸には三対《つい》の足と、多くは二対の羽がある。とんぼ・ちょう・あり・はちなど種類が多い。「—採集」

**こんちゅうき**〔昆虫記〕【作品名】フランスの昆虫学者ファーブルの書いた本。一〇巻。一九一〇年完成。昆虫の生態がくわしく正確に記録されている。

**コンツェルン**〔ドイツ Konzern〕（名）独立した別々の企業《きぎょう》が同系統の資本の下に結合された独占《どくせん》企業体。

**コンテ**〔フランス conté〕（名）クレヨンの一種。黒色または褐色《かっしょく》で、写生・デッサンに用いる。（もと商標名）

**こんてい【根底】**【根△柢】（名）物事の基礎《きそ》。根本。「—からくつがえす」

**コンディショナー**〔英 conditioner〕（名）❶調整装置。「エアー—」❷髪《かみ》のいたみを防いだり補修《ほしゅう》したりする化粧《けしょう》品。〈アコンディショナー。

**コンディション**〔英 condition〕（名）そのときのからだや物事の状態や調子。「からだの—をととのえる」

**コンテスト**〔英 contest〕（名）あることについて、優劣《ゆうれつ》を競うもよおし。競技会。「スピーチ—」

**コンテナ**〔英 container〕（名）貨物や製品を運ぶための金属製の大きな箱。荷物を荷造りしないまま入れて輸送できる。「—船」

**こんでん【墾田】**（名）〔歴〕奈良時代、耕地をふやすため、新しく開墾させ、のちに私有を許した田地。

**コンデンサー**〔英 condenser〕（名）〔物〕絶縁《ぜつえん》した二つの導体を向かい合わせ、電気をたくわえさせる装置。蓄電《ちくでん》器。

**コンデンス-ミルク**（名）牛乳に砂糖を入れ、煮《に》つめたもの。練乳。▽英 condensed milk から。

**コンテンツ**〔英 contents〕（名）❶書籍《しょせき》の内容・目次。❷放送やインターネットで配信《はいしん》される情報の中身。「—が豊富なウェブサイト」

**コント**〔フランス conte〕（名）❶風刺《ふうし》と機知に富んだ短

い物語。軽妙《けいみょう》な小話。❷軽妙な寸劇。

**こんど【今度】**（名）❶今回。このたび。「―転校してきた生徒」❷この次。次回。「―は勝つ」

**こんとう**〖△昏倒〗（名・自スル）目がくらんでたおれること。「仰向《あおむ》けに―する」類卒倒

**こんどう【金堂】**（名）寺で、本尊をまつってある堂。

**こんどう【混同】**（名・他スル）本来区別しなければならないものを、同じものとして扱《あつか》うこと。「公私―」

**コンドーム**〔英 condom〕（名）避妊《ひにん》・性感染症《せいかんせんしょう》予防のために陰茎《いんけい》にかぶせる、ゴムでできたふくろ。スキン。

**こんとく【懇篤】**（名・形動ダ）親切で、ていねいなこと。「ごーなおことば」

**ゴンドラ**〔イタリア gondola〕（名）❶イタリアの水の都ベネチアで使われている特有の船。❷飛行船や気球などのつりかご。

（ゴンドラ①）

**コントラスト**〔英 contrast〕（名）対比。対照。「赤と白の―」「―の妙《みょう》」

**コントラバス**〔ドイツ Kontrabass〕（名）〖音〗弦楽器《げんがっき》のうちで、最も大形で、低音のもの。ダブルベース。バス。

（コントラバス）

**コンドル**〔英 condor〕（名）〖動〗コンドル科の猛禽《もうきん》類の総称《そうしょう》。このうちアンデスコンドルは南アメリカのアンデス地方にすみ、飛ぶ鳥の中では最大級のもの。動物の死肉を食べる。はげたか。

（コンドル）

**コントロール**〔英 control〕（名・他スル）❶物事の程度を自分の思うとおりにうまく調節すること。制御《せいぎょ》。「欲望を―する」❷野球で、投手が思う所にボールを投げること。また、その技能。制球力。

**コントロール-タワー**〔英 control tower〕（名）飛行場で、飛行機の発着を指示する所。航空管制塔《かんせいとう》。

**こんとん**〖混△沌・△渾△沌〗（トタル）物事の区別がはっきりしないようす。「―とした世界情勢」

**こんな**（形動ダ）〔ダロ・ダッ(デ・ニ)・ダ・△・ナラ・○〕このような。「―ふうにやってくれ」文法連体形は語幹がそのまま使われる。

**こんなん【困難】**（名・形動ダ）やりとげるのが大変でむずかしいこと。「―を克服《こくふく》する」対容易

**こんにち【今日】**（名）❶きょう。本日。❷このごろ。現在。「―の世界情勢」

**こんにちは**〖今日は〗（感）昼間、人に会ったり、人をたずねたりしたときに使う、あいさつや呼びかけのことば。

**こんにゃく**〖△蒟△蒻〗（名）❶〖植〗サトイモ科の多年草。地下に、こんにゃく玉とよばれる大きなまるい茎《くき》があり、食用にする。こんにゃくいも。❷こんにゃく玉の粉末に石灰《せっかい》液をまぜて、煮《に》て固めた食品。

**こんにゅう【混入】**（名・自他スル）まじってはいること。まぜて入れること。「異物が―する」

**こんねん【今年】**（名）ことし。本年。

**コンパ**（名）費用を出し合い、仲間どうしで飲食する会。「クラス―」▽英 company から。

**コンバーター**〔英 converter〕（名）❶交流の電気を直流の電気に変換《へんかん》したり、周波数を変えたりする装置。❷コンピューターの処理において、データの形式を変換するソフトウエア。

**コンバーチブル**〔英 convertible〕（名）折りたたみ式の幌《ほろ》の付いた自動車。コンバーティブル。

**コンバート**〔英 convert〕（名・自他スル）❶ラグビーで、トライのあとのゴールキックに成功すること。❷野球で、選手のポジションを転向させること。

**コンパートメント**〔英 compartment〕（名）列車などの、仕切られた客室。

**こんぱい**〖困△憊〗（名・自スル）すっかりつかれること。つかれはてること。「疲労《ひろう》―」

**コンバイン**〔英 combine〕（名）移動しながら、刈《か》り取り・脱穀《だっこく》・選別のできる大型の農業機械。

**こんぱく**〖魂△魄〗（名）死者のたましい。霊魂《れいこん》。

**コンパクト**〔英 compact〕㊀（名）おしろい・パフなどを入れた、鏡のついた携帯《けいたい》用の化粧《けしょう》用具。㊁（形動ダ）〔ダロ・ダッ(デ・ニ)・ダ・ナ・ナラ・○〕こぢんまりとして小さくまとまっているようす。「―にまとめる」「―サイズ」

**コンパクト-ディスク**〔英 compact disc〕（名）→シーディー①

**コンパス**〔オランダ kompas〕（名）❶製図などに用いる、円をかいたり長さをはかったりする道具。❷羅針盤《らしんばん》。羅針儀《らしんぎ》。❸〖俗語〗歩幅《ほはば》。また、両足の長さ。「―が長い」

**コンパニー**（名）→カンパニー

**コンパニオン**〔英 companion〕（名）❶仲間。友だち。❷行事や催《もよお》し、宴会《えんかい》などで、客の接待をする女性。

**こんばん【今晩】**（名）きょうの晩。今夜。

**こんぱん【今般】**（名）このたび。今度。「―支社に転勤になりました」

**こんばんは**〖今晩は〗（感）夜、人に会ったり、人をたずねたりしたときに使う、あいさつのことば。

**コンビ**（名）（「コンビネーション」の略）❶二人の組み合わせ。「―を組む」❷→コンビネーション③

**コン-ビーフ**（名）塩づけの牛肉をほぐしてかんづめにしたもの。コーンビーフ。▽英 corned beef から。

**コンビナート**〔ロシア kombinat〕（名）生産効率を上げるために、いくつかの工場などを計画的・合理的に組み合わせて作られた工業地域。「石油―」

**コンビニエンス-ストア**〔英 convenience store〕（名）日用品や食料品などを手軽に購入《こうにゅう》できる小型の店。コンビニ。参考「コンビニエンス」は「便利」の意。

**コンビネーション**〔英 combination〕（名）❶組み合わせ。組み合わさったもの。「―サラダ」❷上下がつながった婦人・子ども用の下着。❸革《かわ》とズック、色のちがう革などを組み合わせて作った靴《くつ》。コンビ。

**コンピューター**〔英 computer〕(名) 電子回路を利用して、複雑な計算や情報の処理・保存などを高速で行う機械。電子計算機。コンピュータ。

**コンピューター-ウイルス**〔英 computer virus〕(名) コンピューターに侵入《しんにゅう》してデータを破壊《はかい》したり消去したりするプログラム。ネットワークなどを通じてほかのコンピューターに感染《かんせん》することからの名。

**コンピューター-グラフィックス**〔英 computer graphics〕(名) コンピューターでえがいた図形や映像。また、それをえがくための技術。CG。

**こんぶ【昆布】**(名) 褐藻《かっそう》類のコンブ科の海藻《かいそう》。帯のように長く数《すう》メートルにもなる。食用。こぶ。

**コンプライアンス**〔英 compliance〕(名) 法令遵守《じゅんしゅ》。特に、企業《きぎょう》が、法令・規則・社会規範《きはん》に従って活動を行うこと。「ーを徹底《てってい》する」

**コンプリート**〔英 complete〕(名・自他スル) ❶すべてそろっていること。❷完成・完了すること。「ゲームをーした」

**コンプレックス**〔英 complex〕(名) ❶(「インフェリオリティーコンプレックス」の略) 劣等感《れっとうかん》。「ーをもつ」❷精神分析《せいしんぶんせき》で、抑圧《よくあつ》された感情・欲望・観念が、無意識のうちに一方にかたよっている状態。

**コンプレッサー**〔英 compressor〕(名) ❶圧力を加えて、空気など気体の体積を小さくする機械。空気圧縮《あっしゅく》装置。❷音響《おんきょう》機器の一つ。楽器からでる音の強弱の差を小さくする装置。

**コンペ**(名) ❶競争。競技会。特に、ゴルフの競技会。「ゴルフー」❷公募に応じて、建築の設計案や企画《きかく》案などをきそうこと。▽英 competition から。

**コンペイトー**〖×金平糖・×金米糖〗〔ポルトガル confeito〕(名) 糖蜜《とうみつ》をかためてつくる、突起《とっき》のある小つぶの菓子《かし》。

**こんぺき**〖紺△碧〗(名) 黒みをおびた濃《こ》い青色。「ーの空」

**コンベヤー**〔英 conveyer〕(名) 工場などで、材料・製品などをのせ自動的に移動させる帯状の運搬《うんぱん》装置。コンベア。「ベルトー」

**ごんべん【言偏】**(名) 漢字の部首の一つ。「読」「評」などの漢字の左側にある「言」の部分。

**こんぼう【混紡】**(名・他スル) 種類のちがう繊維《せんい》をまぜて、糸をつむぐこと。「麻《あさ》と綿のー」

**こんぼう【こん棒】**〖△棍棒〗(名) にぎって持つ手ごろな長さの棒。

**こんぽう**〖△梱包〗(名・他スル) 包装をし、ひもなどで結び荷造りすること。また、荷造りしたもの。「ー材」

**コンポジション**〔英 composition〕(名) ❶構成。組み立て。特に、絵画・写真などの構図。❷作曲。❸外国語で文をつくること。作文。

**こんぽん【根本】**(名) あることがらがなりたつ基礎《きそ》になっているもの。大もと。根源。「物事のーをただす」「ーにさかのぼる」[…的]「根本的な改革」

**コンマ**〔英 comma〕(名) ❶欧文《おうぶん》の句読点《くとうてん》の一つ。また、数字の位取りのしるし。カンマ。「,」❷小数点。「ー以下(=標準以下であること)の成績」

**こんまけ【根負け】**(名・自スル) 根気が続かなくなって負けること。「しつこさにーする」

**こんめい**〖△昏迷〗(名・自スル) ❶道理に暗く心が迷うこと。❷意識がもうろうとすること。

**こんめい【混迷】**(名・自スル) 物事が入りまじってわけがわからなくなること。「ーを深める政治情勢」

**こんもう【根毛】**(名)〔植〕根の先にある細い毛のようなもの。地中の水分・養分を吸いとる働きをする。

**こんもう【懇望】**(名・他スル) 他人に心から願い望むこと。熱望。こんぼう。「友人にーされる」

**こんもり**(副・自スル) ❶うす暗くなるくらいに、木々が生《お》い茂《しげ》っているようす。「ー(と)茂った森」❷まるく盛り上がっているようす。「ー(と)した丘《おか》」

**こんや【今夜】**(名) きょうの夜。今晩。

**こんや【紺屋】**(名) 染め物屋。こうや。

**こんやく【婚約】**(名・自スル) 結婚《けっこん》する約束をかわすこと。また、その約束。「ー者」

**こんゆう【今夕】**(名) きょうの夕方。こんせき。

**こんよう【混用】**(名・他スル) まぜて使うこと。いろいろとりまぜて用いること。

**こんよく【混浴】**(名・自スル) 共同浴場で、男女がいっしょに同じ風呂《ふろ》にはいること。

**こんらん【混乱】**(名・自スル) 入りみだれて、秩序《ちつじょ》がなくなること。「ーをまねく」「ーした情勢」

**こんりゅう【建立】**(名・他スル) 寺院の堂や塔《とう》などを建てること。「寺をーする」

**こんりんざい【金輪際】**(副) 決して。絶対に。「ー文句は言わない」[使い方]下に「ない」「ません」などの打ち消しのことばがくる。

**こんれい【婚礼】**(名) 結婚《けっこん》式。「ーの日取り」

**こんろ**〖△焜炉〗(名) 土または金属製の、煮《に》たき用の小さい加熱器具。「ガスー」

**こんわく【困惑】**(名・自スル) どうしてよいか、わからなくなって困ること。「思いがけない事態にーする」

## さ サ

**さ【左】** 5画 工2 小1 音 サ 訓 ひだり
一ナ𠂇𠂇左
❶ひだり。◆左記・左折・左右。対 右。❷(昔、中国で右をとうとんだことから)低い地位。◆左遷《させん》。❸革新的・急進的な思想や立場。◆左派・左翼《さよく》◆極左。対 右

**さ【再】**→さい(再)

**さ【佐】** 7画 亻5 小4 音 サ
亻仁什佐佐佐
❶たすける。たすけ。◆佐幕《さばく》◆補佐。❷軍隊の階級名の一つ。◆佐官◆少佐・大佐

**さ【作】**→さく(作)

**さ【沙】** 7画 氵4 音 サ
氵氵汌沙沙沙
❶すな。◆沙漠《さばく》。❷水で洗ってよりわける。◆沙汰《さた》

**さ【査】** 9画 木5 小5 音 サ
十木木杏杳査

しらべる。◆査察・査定◆監査《かんさ》・鑑査《かんさ》・検査・審査《しんさ》・捜査《そうさ》・調査

**さ【砂】** 9画 石4 小6 音 サ・シャ (中) 訓 すな
すな。すなのように細かいつぶ。◆砂丘《さきゅう》・砂州《さす》・砂鉄・砂糖・砂漠《さばく》◆土砂《どしゃ》。参考 特別に、「砂利」は「じゃり」と読む。

**さ【茶】** →ちゃ(茶)

**さ【唆】** 10画 口7 音 サ 訓 そそのかす (高)
そそのかす。けしかける。◆教唆《きょうさ》・示唆《しさ・じさ》

**さ【差】** 10画 工7 小4 音 サ 訓 さす
❶ちがい。◆差異・差別◆千差万別。❷さしひき。ひらき。◆差額◆誤差・時差・大差。参考 特別に、「差し支える」は「さしつかえる」と読む。⇩付録「漢字の筆順㉓差」

**さ【差】** (名) ❶性質・状態・数量などのへだたり。ちがい。「扱《あつか》いに―をつける」「雲泥《うんでい》の―」❷《数》ある数からほかの数を引いた値《あたい》。「―を求める」対 和

**さ【詐】** 12画 言5 音 サ
だます。うそをつく。◆詐欺《さぎ》・詐取・詐称《さしょう》

**さ【鎖】** 18画 金10 音 サ 訓 くさり
❶くさり。◆鉄鎖《てっさ》・連鎖。❷とざす。しめる。◆鎖国◆封鎖《ふうさ》・閉鎖

**さ-** (接頭) ❶(名詞・動詞などについて)語調をととのえる。「―百合《ゆり》」「―まよう」❷(名詞について)「若い」「時期が早い」などの意を表す。「―わらび」❸(名詞について)陰暦《いんれき》五月の意を表す。「―みだれ」
参考 ①は「小」、②③は「早」と書くことがある。

**-さ** (接尾) (形容詞・形容動詞の語幹について)名詞をつくり、ようすや程度を表す。「さびし―」「寒―」「豊か―」「複雑《ふくざつ》―」

**さ** (終助) ❶文の終わりについて、軽く言いはなつ意を表す。「今にわかる―」「それでいい―」❷(疑問を表す語とともに用いて)強い疑問、反駁《はんばく》の気持ちを表す。「どうすればいいの―」「なぜいやなの―」「なに―」❸文節末につけて、聞き手の注意をひくのに用いる。「だって―」❹(「…とさ」「…てさ」の形で)伝え聞いたことがらであることを表す。「今日は休むって―」

**ざ【座】** 10画 广7 小6 音 ザ 訓 すわる (中)
❶すわる。すわる所。物をすえる所。◆座高・座敷《ざしき》・座席・座像◆王座・上座・正座・台座。❷人の集まり。また、その席。◆座興・座談◆一座・講座・中座・満座。❸星の集まり。◆星座。❹芝居《しばい》などの興行をする団体。◆座頭《ざがしら》・座長◆前座 ⇩付録「漢字の筆順㉙坐」

**ざ【座】** [一] (名) ❶すわる場所。「―につく」❷集会の席。また、その雰囲気《ふんいき》。「―をはずす」「―を取り持つ」❸地位。「主役の―を射止める」❹鎌倉《かまくら》・室町《むろまち》時代に、貴族や社寺から保護を受けていた同業組合。「楽市楽―」❺江戸《えど》時代に、幕府がおかねを作らせていた所。「金―」[二] (接尾) ❶星座の名にそえることば。「おとめ―」❷劇場などの名前にそえることば。「歌舞伎《かぶき》―」「名画―」

**座が白《しら》ける** その席のなごやかな雰囲気《ふんいき》がくずれ、よそよそしい感じになる。

**ざ【挫】** 10画 扌7 音 ザ
くじける。勢いが衰《おとろ》える。◆挫傷・挫折◆頓挫《とんざ》・捻挫《ねんざ》 ⇩付録「漢字の筆順㉙坐」

**さあ** (感) ❶人をさそったり早くするようにせきたてたり、また、自分がこれからなにかをしようというときなどに言うことば。「―、行こう」「―、勉強するぞ」❷驚《おどろ》き・喜び・困惑《こんわく》などの感情をこめて言うことば。「―、困った」❸判断や返答をためらうときに言うことば。「―、よくわかりません」

**サーカス** 〔英 circus〕 (名) 軽業《かるわざ》や動物の芸などを見せる見せ物。曲芸。また、曲芸団。

**サーキット** 〔英 circuit〕 (名) ❶電気の回路。❷自動車やオートバイのレース用のコース。

**サークル** 〔英 circle〕 (名) ❶まるい形。輪《わ》。❷同じ趣味《しゅみ》や関心をもつ人たちの集まり。仲間。同好会。「文学研究の―」「―活動」

**ざあざあ** (副) 雨や水などが勢いよく降ったり流れたりするようす。また、その音。「雨が―(と)降る」

**サージ** 〔英 serge〕 (名) ななめの織り目を出した洋服地用の織物。

**サーズ【SARS】** (名) 《医》(英 Severe Acute Respiratory Syndrome の略)サーズコロナウイルスの感染《かんせん》によって、高熱や呼吸器の疾患《しっかん》を引き起こす病気。重症《じゅうしょう》急性呼吸器症候群《しょうこうぐん》。

**サーチ** 〔英 search〕 (名・他スル) 探すこと。調べること。探索《たんさく》。検索。

**サーチ-エンジン** 〔英 search engine〕 (名) →けんさくエンジン

**サーチライト** 〔英 searchlight〕 (名) 反射鏡で強めた光により遠くを照らせる照明装置。探照灯。

**サード** 〔英 third〕 (名) ❶第三。三番目。❷野球で、三塁《るい》。また、三塁手。「―ゴロ」

**サーバー** 〔英 server〕 (名) ❶ネットワークを通じて、他のコンピューターにデータやファイルを提供するコンピューター。対 クライアント。❷テニス・卓球《たっきゅう》・バレーボールなどでサーブをする人。対 レシーバー。❸料理をのせる盆《ぼん》、または料理を取り分けるスプーンやフォーク。❹飲みものをそそぐ容器や器具。「コーヒー―」

**サービス** 〔英 service〕 (名・自他スル) ❶人のために力をつくすこと。奉仕《ほうし》。「―精神」「家族―」❷客へのもてなし。接待。「あの店は―がいい」❸求めに応じて、技術や労力を提供すること。「―産業」「介護《かいご》―」❹値引きをしたりおまけをつけたりすること。「一品―する」「―価格」❺→サーブ。「―エース」

**サービス-エリア** 〔英 service area〕 (名) ❶一つの放送局の電波が届く地域。❷高速道路で、休息所・給油所のあるところ。SA。

**サーブ**〔英 serve〕(名・自スル)テニス・卓球《たっきゅう》・バレーボールなどで、せめる側が球を打ち出すこと。また、その球。サービス。対レシーブ

**サーフィン**〔英 surfing〕(名)波乗り。木または合成樹脂《ごうせいじゅし》製の板に乗って波の上をすべるスポーツ。

**サーベル**〔オランダ sabel〕(名)西洋風の細長い刀。

**サーモグラフィー**〔英 thermography〕(名)物体の表面温度を測定し、温度の分布を画像で表す装置。

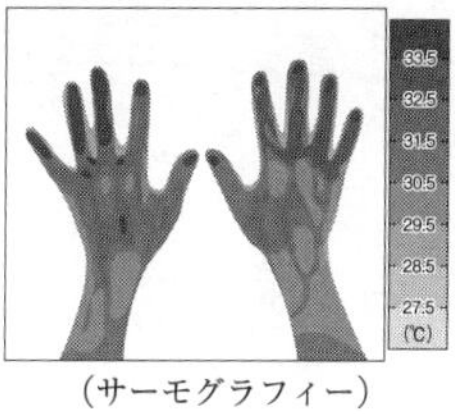

(サーモグラフィー)

**サーモスタット**〔英 thermostat〕(名)温度の自動調節装置。一定の温度になると自動的にスイッチが切れたりはいったりするしかけ。

**サーモン**〔英 salmon〕(名)【動】鮭《さけ》。

**サーモン-ピンク**〔英 salmon pink〕(名)鮭《さけ》の肉のような、赤みをおびたもも色。

**さあらぬ** なにげない。さりげない。「―ようす」

**サーロイン**〔英 sirloin〕(名)牛の腰《こし》の上部の肉。やわらかく、上等とされる。「―ステーキ」

**さい【才】** 3画 扌0 小2 音サイ
❶生まれつき備わった能力。◆才覚・才気・才能◆多才・文才。❷頭のよい人。はたらきのある人。◆才媛《さいえん》・才人◆偉才《いさい》・英才・秀才・天才
一 十 才

**さい【才】** 一(名)生まれつき持っている能力。才能。「天賦《てんぷ》の―」二(接尾)年齢《ねんれい》を数える語として、俗《ぞく》に「歳《さい》」のかわりに用いる字。「一五―」

**さい【切】**⇒せつ(切)

**さい【再】** 6画 冂4 小5 音サイ・サ 訓ふたたび
ふたたび。もう一度。二度。◆再会・再現・再考・再興・再婚《さいこん》・再選・再度・再発◆一再。参考「サ」の音は「再来年《さらいねん》」「再来週」などのことばに使われる特殊《とくしゅ》な読み方。⇒付録「漢字の筆順⑫冉」
一 厂 冂 币 再 再

**さい【西】**⇒せい(西)

**さい【災】** 7画 火3 小5 音サイ 訓わざわい 中
自然におこる不幸なできごと。わざわい。◆災害・災難◆火災・天災
く 巛 巛 巛 災 災

**さい【妻】** 8画 女5 小5 音サイ 訓つま
つま。夫婦のうちの女性のほう。◆妻子・妻帯◆夫妻。対夫 ⇒付録「漢字の筆順㉝妻」
一 ヨ ヨ 妻 妻 妻

**さい【采】** 8画 釆1 音サイ
❶とる。えらびとる。◆采配。❷いろどり。あや。◆采色。❸すがた。かたち。◆風采
一 ㇐ ㇐ 采 平 采

**さい【采】**(名)❶采配。「―を振る」❷さいころ。参考②は「賽」とも書く。

**さい【砕】** 9画 石4 〔碎〕 音サイ 訓くだく・くだける
くだく。こなごなにする。こなごなになる。◆砕石・砕氷船◆玉砕《ぎょくさい》・粉骨砕身・粉砕
一 ア 石 砂 砕 砕

**さい【宰】** 10画 宀7 音サイ
おさめる。とりしまる。◆宰相《さいしょう》◆主宰
丶 宀 宀 宇 宰 宰

**さい【栽】** 10画 木6 音サイ
❶うえる。苗木《なえぎ》をうえる。◆栽培《さいばい》。❷うえこみ。◆盆栽《ぼんさい》⇒付録「漢字の筆順⑴戈〔戈〕」
十 土 耒 栽 栽 栽

**さい【殺】**⇒さつ(殺)

**さい【財】**⇒ざい(財)

**さい【彩】** 11画 彡8 音サイ 訓いろどる 高
いろどる。いろどり。◆彩色《さいしき・さいしょく》◆色彩《しきさい》・水彩
一 ㇐ ㇐ 平 采 彩

**さい【採】** 11画 扌8 小5 音サイ 訓とる
とり出す。えらび出す。◆採掘《さいくつ》・採決・採光・採取・採集・採択・採点・採用◆伐採《ばっさい》
扌 扌 扌 扌 採 採

**さい【済】** 11画 氵8 小6 〔濟〕 音サイ 訓すむ・すます
❶すます。◆決済・返済・弁済。❷すくう。たすける。◆済度◆救済・共済 ⇒付録「漢字の筆順㉞斉」
氵 氵 汶 汶 浐 済

**さい【祭】** 11画 示6 小3 音サイ 訓まつる・まつり
❶まつる。神をまつる。まつり。◆祭日・祭壇《さいだん》・祭礼◆司祭。❷にぎやかなもよおし。◆体育祭・文化祭
ク タ 夕 夘 祭 祭

**さい【斎】** 11画 斉3 〔齋〕 音サイ
❶神や仏をまつる前に行いや飲食をつつしみ、心やからだをきよめること。◆斎戒《さいかい》・斎場◆潔斎《けっさい》。❷読み書きする部屋。◆書斎 ⇒付録「漢字の筆順㉞斉」
亠 文 产 斉 斎 斎

**さい【細】** 11画 糸5 小2 音サイ 訓ほそい・ほそる・こまか・こまかい
❶ほそい。◆細流◆毛細血管。❷小さい。こまかい。◆細菌《さいきん》・細心・細胞《さいぼう》・細密・細字◆微細《びさい》・零細《れいさい》。❸くわしい。◆委細・詳細《しょうさい》・明細
く 幺 糸 糹 細 細

**さい【菜】** 11画 艹8 小4 音サイ 訓な
❶食用の草。◆菜園・菜食◆山菜・白菜・野菜。❷飯のおかず。◆一汁一菜《いちじゅういっさい》・総菜《そうざい》
一 艹 艹 芯 苹 菜

**さい【最】** 12画 日8 小4 音サイ 訓もっとも
これ以上はない。いちばんの。第一。◆最愛・最強・最近・最後・最高・最新・最大。参考特別に、「最寄
日 旦 早 昌 昰 最

り」は「もより」と読む。⇩付録「漢字の筆順㉒耳」

**さい-【最】**（接頭）「もっとも」「いちばんの」の意を表す。「―優先」「―高値《たかね》」

**さい【裁】** 12画 衣6 小6 音サイ 訓たつ㊥・さばく

❶布・紙などをたちきる。◆裁断。❷したてる。したて。◆裁縫《さいほう》◆洋裁・和裁。❸物事をさばく。◆裁決・裁判・裁量◆決裁・制裁・仲裁。❹かた。ようす。◆体裁《ていさい》⇩付録「漢字の筆順⑴戈〔戈〕」

**さい【債】** 13画 亻11 音サイ

❶かり。かりたおかね。◆債券・債務◆負債。❷かし。かしたおかね。◆債権。❸「債券」の略。◆公債・国債・社債⇩付録「漢字の筆順⑷圭」

**さい【催】** 13画 亻11 音サイ 訓もよおす

❶うながす。せきたてる。◆催促《さいそく》・催眠《さいみん》・催涙《さいるい》。❷会などを開く。もよおし。◆開催・主催⇩付録「漢字の筆順㉜隹」

**さい【塞】** 13画 土10 音サイ・ソク 訓ふさぐ・ふさがる

❶（「サイ」と読んで）外敵の侵入《しんにゅう》を防ぐために、国境に設けた小城。とりで。◆城塞・要塞。❷（「ソク」と読んで）ふさぐ。とざす。さまたげる。◆脳梗塞《のうこうそく》・逼塞《ひっそく》・閉塞《へいそく》⇩付録「漢字の筆順⑽共」

**さい【歳】** 13画 止9 音サイ・セイ

❶としつき。つきひ。◆歳月。❷一か年。一年。◆歳出・歳入・歳末。参考「セイ」の音は「歳暮《せいぼ》」ということばに使われる特殊《とくしゅ》な読み方。特別に、「二十歳」は「はたち」とも読む。⇩付録「漢字の筆順⑴戈〔戊〕・⑸止」

**-さい【歳】**（接尾）年齢《ねんれい》を数えることば。「一八」

**さい【載】** 13画 車6 音サイ 訓のせる・のる

❶のせる。車や船に物をのせる。◆積載・搭載《とうさい》・満載。❷書きしるす。新聞や雑誌にのせる。◆記載・掲載《けいさい》・連載⇩付録「漢字の筆順⑴戈〔戈〕」

**さい【際】** 14画 阝11 小5 音サイ 訓きわ㊫

❶境界。はて。かぎり。◆際限◆分際《ぶんざい》・辺際。❷であう。◆際会。❸まじわる。つきあう。◆学際・交際・国際。❹おり。とき。機会。◆実際

**さい【際】**（名）何かが起きたり、何かをしたりする、そのとき。おり。「非常の―」「この―思い切って捨てよう」

**さい【埼】** 11画 土8 小4 訓さい

さき。みさきや、山のはし。

参考「さい」の訓は「さき」が変化したもの。「埼玉」県は「さいたま」県と読む。

**さい【犀】**（名）〔動〕サイ科の大形の哺乳《ほにゅう》動物の総称《そうしょう》。アフリカやインドなどにすむ。皮は厚くてかたく、鼻の上に一本か二本の角をもつ。

**さい【賽・采】**（名）小さい立方体の六つの面に、一から六までの目をしるしたもの。さいころ。「―は投げられた（＝すでに行動に出た以上、やりぬくほかない）」

**さい【差異・差違】**（名）他のものとの性質・内容・程度などのちがい。「二人の考え方に―はない」

**ざい【在】** 6画 土3 小5 音ザイ 訓ある

❶ある場所・時間・地位などにいる。ある。◆在学・在校・在住・在世・在籍《ざいせき》◆現在・潜在《せんざい》・存在・滞在《たいざい》・不在。❷いなか。◆在所◆近在

**ざい【在】**（名）❶都会から少し離《はな》れた場所。いなか。「―の出身」❷人がそこにいること。「―不在を確認する」「―ロンドン」

**ざい【材】** 7画 木3 小4 音ザイ

❶ものを作るもとになる木。原料となるもの。◆材質・材木・材料◆角材・教材・資材・素材・題材・木材。❷性質。また、才能のある人。◆逸材《いつざい》・人材

**ざい【材】**（名）❶建築などに用いる木。材木。❷何かを作る材料となるもの。「神話に―をとる」❸才能のある人。人材。「広く野《や》に―を求める」

**ざい【剤】** 10画 刂8 〔劑〕 音ザイ

❶薬をまぜあわせる。◆調剤。❷調合して作った薬。◆錠剤《じょうざい》・洗剤・薬剤⇩付録「漢字の筆順㉞斉」

**ざい【財】** 10画 貝3 小5 音ザイ・サイ㊥

たから。ねうちのある金品。◆財産・財政・財力◆家財・散財・私財・文化財。参考「サイ」の音は「財布《さいふ》」などのことばに使われる特殊《とくしゅ》な読み方。

**ざい【財】**（名）❶財産。「一代で―をなす」❷〔経〕人間の欲望をみたすもの。財貨。「消費―」

**ざい【罪】** 13画 罒8 小5 音ザイ 訓つみ

❶法にふれる行い。◆罪状・罪人◆犯罪。❷道徳に反した悪いこと。◆罪悪◆功罪・謝罪。❸刑《けい》に処する。◆断罪・流罪《るざい》⇩付録「漢字の筆順㉟非」

**さいあい【最愛】**（名）いちばん愛していること。「―の人」

**さいあく【最悪】**（名・形動ダ）いちばん悪いこと。「―の事態を招く」対最善・最良

**ざいあく【罪悪】**（名）道徳や法律、社会のならわしなどにそむく悪い行い。つみ。「―感にさいなまれる」

**ざいい【在位】**（名・自スル）天皇《てんのう》・国王などが位についていること。また、その期間。「―五〇年」

**さいいき【西域】**（名）→せいいき（西域）

**さいうよく【最右翼】**（名）（士官学校などで成績順に右から並んだことから）集団や競争において、最も有力なもの。「次期総理大臣の—」

**さいうん【彩雲】**（名）日光にいろどられた美しい雲。

**さいえん【才媛】**（名）すぐれた才能をもつ女性。学問・教養のある女性。「—の誉《ほまれ》れが高い」類才女

**さいえん【再演】**（名・他スル）同じ劇をふたたび上演すること。または、同じ役でもう一度出演すること。

**さいえん【菜園】**（名）野菜畑。「家庭—」

**サイエンス**〔英 science〕（名）❶科学。❷自然科学。

**さいおうがうま【塞翁が馬】**人間の幸・不幸は予測できないものであるということ。「人間万事—」

故事 むかし、中国の国境の塞《とりで》近くに住む翁《おきな》（＝老人）の飼っていた馬が逃《に》げたが、数か月してりっぱな馬をつれてもどってきた。翁のむすこはその馬から落ちて足をくじいたが、そのため戦争に行くのをまぬかれたという話から出たことば。〈淮南子《えなんじ》〉

**さいか【西下】**（名・自スル）首都（東京）から西のほうに行くこと。対東上

**さいか【災禍】**（名）風水害・地震《じしん》などのわざわい。災害。「—をこうむる」

**さいか【最下】**（名）❶最も下にあること。❷最もおとっていること。《対最上》

**さいか【裁可】**（名・他スル）君主が臣下の申し立てをさばいて許可をあたえること。「—をあおぐ」

**ざいか【在荷】**（名・自スル）現在ある品物や商品。在庫品。また、店や倉庫などに現在品物のあること。

**ざいか【財貨】**（名）❶おかねや品物。❷〘経〙人間のあらゆる欲望をみたすもの。財。

**ざいか【罪科】**（名）つみ。とが。また、刑罰《けいばつ》。「—を問われる」

**ざいか【罪過】**（名）つみやあやまち。罪悪。

**さいかい【再会】**（名・自スル）長い間会わなかった人どうしがふたたび会うこと。「ぐうぜん—する」

**さいかい【再開】**（名・自他スル）ふたたび始まること。また、ふたたび始めること。「試合を—する」

**さいかい【斎戒】**（名・自スル）神聖な仕事をする者が飲食や行動をつつしんで、心身を清めること。

**さいかい【際会】**（名・自スル）ぐうぜん事件や機会などに出あうこと。「危機に—する」

**さいがい【災害】**（名）天災や事故などによるわざわい。「—にみまわれる」「—対策」

**ざいかい【財界】**（名）大資本をもった実業家や金《きん》融《ゆう》業者の社会。経済界。「—の大立て者」

**ざいがい【在外】**（名）外国にあること。外国にいること。「—邦人《ほうじん》（＝外国にいる日本人）」

**ざいがいこうかん【在外公館】**（名）外国にある大使館・公使館・領事館など。

**さいかいもくよく【斎戒△沐浴】**〘名・自スル〙神聖な仕事をする者が飲食や行動をつつしみ、水を浴びてからだや心を清らかにすること。

**さいかく【才覚】**一（名）うまく物事を行うための知恵《ちえ》の働き。「—がある人」二（名・他スル）苦心しておかねを集めること。くめん。「資金を—する」

**さいかく**〔西鶴〕〔人名〕→いはらさいかく

**ざいがく【在学】**（名・自スル）学生・生徒として、学校に籍《せき》をおくこと。「—証明」「高校に—する」

**さいかち**〘×皁莢〙（名）〘植〙マメ科の落葉高木。鋭《するど》いとげがあり、初夏に黄緑色の花がふさ状に咲《さ》き、長さ約三〇《センチメートル》のさやをつける。かわらふじのき。

**さいかん【才幹】**（名）物事をやりとげる能力。

**さいかん【再刊】**（名・他スル）一度刊行を中止していた新聞や雑誌などをふたたび出版すること。

**さいき【才気】**（名）すぐれた頭や心のはたらき。するどい頭のはたらき。「—あふれる人物」「—ばしる」

**さいき【再起】**（名・自スル）失敗や病気などの悪い状態からふたたび立ち直ること。「—不能」

**さいぎ**〘△猜疑〙（名・他スル）人をすなおに信用せず、何かをたくらんでいるのではないかと疑うこと。「—心」

**さいきかんぱつ**〘才気△煥発〙（名・形動ダ）すぐれた頭のはたらきが目立って表れでること。「—な人」

**さいきじゅうおう【才気縦横】**（名・形動ダ）すぐれた頭のはたらきが、思いのままに発揮《はっき》されること。

**さいきょ【再挙】**（名・自スル）一度失敗した事業などをふたたびおこすこと。「—を期す」「—をはかる」

**さいきょ【裁許】**（名・他スル）役所などで、願いや届けを、調べたうえで許可すること。

**さいきょう【西京】**（名）西の都。京都。

**さいきょう【最強】**（名）いちばん強いこと。「日本で—のチーム」

**さいぎょう**〔西行〕〔人名〕（一一一八―一一九〇）平安時代末期の歌人。鳥羽《とば》上皇に仕える北面の武士であったが、のち、僧《そう》となり、諸国を旅して自然と人生を叙情《じょじょう》的に歌った。歌集「山家集《さんかしゅう》」。

**ざいきょう【在京】**（名・自スル）都にいること。東京または京都にいること。

**ざいきょう【在郷】**（名・自スル）郷里にいること。地方にいること。ざいごう。

**さいきん【細菌】**（名）単細胞《たんさいぼう》の微生物《びせいぶつ》の一群。おもに分裂《ぶんれつ》によってふえる。生態系の中で物質の循環《じゅんかん》に役だつものや、病原体となるものなどがある。バクテリア。

**さいきん【最近】**（名）現在にごく近いある期間。近ごろ。このごろ。「—の社会情勢」「—の流行」

**ざいきん【在勤】**（名・自スル）勤務についていること。

**さいく【細工】**（名・他スル）❶手先を使って細かいものを作る仕事。また、そうして作られたもの。「竹—《ざいく》」❷ごまかそうとして、いろいろくふうをすること。たくらみ。「陰《かげ》で—をする」

**細工は流流《りゅうりゅう》仕上《しあ》げを御覧《ごろう》じろ** くふうはじゅうぶんにしてあるので、あとはできあがりを見てください。よい結果を生む自信のあるときのことば。

**さいぐう【斎宮】**（名）むかし、伊勢《いせ》神宮に仕えた未婚《みこん》の内親王《ないしんのう》。天皇が位につくたびごとに選ばれた。いつきのみや。

**さいくつ【採掘】**（名・他スル）鉱物などを地中からほりだすこと。「金を—する」

**サイクリング**〔英 cycling〕（名）楽しみとして自転車で遠乗りすること。

**サイクル**〔英 cycle〕（名）❶物事が一定の周期でく

りかえすこと。また、その過程。「流行の―」❷もと、周波数の単位。⇩ヘルツ。❸自転車。「―レース」

**サイクル-ヒット**〔和製英語〕(名) 野球で、一人の選手が一試合に短(単)打・二塁《にるい》打・三塁打・本塁打を打つこと。サイクル安打。▽cycle と hit から。

**サイクロトロン**〔英 cyclotron〕(名)〘物〙電磁石を利用したイオン加速装置。原子核《かく》を人工的にこわして原子のしくみを調べるためなどに使う。

**サイクロン**〔英 cyclone〕(名)〘天〙インド洋に発生する熱帯低気圧。

**さいくん【細君】**(名) 自分の妻をさすことば。転じて、同輩《どうはい》や目下の人などの妻をさすことば。

**ざいけ【在家】**(名) 出家《しゅっけ》しないで俗世間《ぞくせけん》にいること。また、その人。「―の信者」㊥出家

**さいけいこく【最恵国】**(名) 国家間で結ばれる通商条約などにおいて、最も有利な取りあつかいを受ける国。「―待遇《たいぐう》」

**さいけいれい【最敬礼】**(名・自スル) 最もていねいなおじぎ。深く頭を下げるおじぎ。「拝殿《はいでん》に―する」

**さいけつ【採血】**(名・自スル) 診断《しんだん》・輸血などのためにからだから血液をとること。「検査のため―する」

**さいけつ【採決】**(名・他スル) 会議で議案を成立させるかどうかを出席者の賛否の数によって決めること。「議案を―する」㊢表決。⇩さいけつ(裁決)「学習」

**さいけつ【裁決】**(名・他スル) (上役や役所などが)よい悪いをさばいて決めること。「―を下す」

> **学習〈使い分け〉**「採決」「裁決」
>
> **採決** 会議で、出席者の判断によって賛成か反対かを決めること。「強行**採決**」「**採決**をとる」「**採決**の結果、否決された」
>
> **裁決** ある人が物事のよしあしを判断して決めること。また、役所などが処分を明らかにすること。「社長の**裁決**が下りる」「**裁決**に従う」「**裁決**を申請《しんせい》する」

**さいげつ【歳月】**(名) としつき。年月。「長い―を費《つい》やす」

**歳月人《ひと》を待《ま》たず** 年月は人のつごうなどにかかわりなく、どんどん過ぎてしまう。

**さいけん【再建】**(名・他スル) ❶建物をふたたび建てること。建て直すこと。「焼《や》けた体育館を―する」❷ほろびたり、おとろえたりした事業や組織を立て直すこと。「会社の―をはかる」㊫①で、神社や寺を建て直す場合は、ふつう「さいこん」と読む。

**さいけん【債券】**(名) 国や地方公共団体・銀行・会社などが一般《いっぱん》の人びとからおかねを借りるときに、その証拠《しょうこ》として発行する証券《しょうけん》。

**さいけん【債権】**(名)〘法〙ある人(債権者)が他の人(債務者)に対して、金銭・品物などの提供を請求《せいきゅう》できる権利。おかねなどを貸した人が借りた人に返すよう求める権利。㊥債務

**さいげん【再現】**(名・自他スル) 一度消えてなくなったものがふたたび現れること。また、ふたたび現すこと。「事故の模様を―する」

**さいげん【際限】**(名) はて。かぎり。「欲望には―がない」〈使い方〉ふつう、下に打ち消しの語をともなって用いる。

**ざいげん【財源】**(名) おかねの出どころ。おかねを得るもと。「社会保障の―を確保する」

**さいけんとう【再検討】**(名・他スル) もう一度調べ直して考えること。「計画を―する」

**さいこ【最古】**(名) いちばん古いこと。「日本―の寺」㊥最新

**さいご【最後】**(名) ❶いちばん終わり。いちばんあと。㊢最終。㊥最初。❷(「…たら最後」「…たが最後」の形で)いったん…したらそれきり。「遊びに行ったら―、日ぐれまで帰らない」⇩さいご(最期)「学習」

**最後の切《き》り札《ふだ》** いちばんあとに用いる有力な手段。

**最後を飾《かざ》る** ものおしや仕事などの終わりを、りっぱにしあげる。「祭りの―花火」

**さいご【最期】**(名) 命がつきるとき。死にぎわ。臨終《りんじゅう》。死。「―をとげる(=死ぬ)」

> **学習〈使い分け〉**「最後」「最期」
>
> **最後** ものごとのいちばん終わり。「最初」と対をなす。「今学期**最後**の授業」「列の**最後**について歩く」「**最後**の力をふりしぼる」
>
> **最期** 生命の終わりをさすことば。「あえない**最期**をとげる」「母の**最期**を見届ける」「勇壮《ゆうそう》な**最期**」

**ざいこ【在庫】**(名) 品物が倉庫にあること。また、その品物。「―がある」「―を確かめる」

**さいこう【再考】**(名・他スル) 一度決まったことなどについてもう一度考え直すこと。「―の余地がある」

**さいこう【再校】**(名) 印刷物で、二度目の校正。また、その校正刷《ず》り。

**さいこう【再興】**(名・自他スル) おとろえていたものをふたたびおこすこと。また、おこること。「家を―する」

**さいこう【採光】**(名・自スル) 室内に日光などの光をとり入れること。「―を考えた設計」

**さいこう【採鉱】**(名・自スル) 鉱石をほりだすこと。

**さいこう【最高】**(名) 高さや質・程度などがいちばん高いこと。最上。「―の品」「―の気分」「―議決機関」㊥最低

**さいこう【催行】**(名・他スル) 団体旅行を計画・準備して、予定どおり実行すること。「最少―人員」

**ざいこう【在校】**(名・自スル) ❶学生・生徒として、学校に籍《せき》をおいていること。在学。「―生」❷学校の中にいること。「夕方までは―の予定です」

**ざいごう【在郷】**(名) ❶いなか。❷郷里にいること。ざいきょう。

**ざいごう【罪業】**(名)〘仏〙つみとなる悪い行い。また、その結果としてのむくい。「―が深い」

**さいこうがくふ【最高学府】**(名) 学問を学ぶいちばん上級の学校。ふつう大学をさしていう。

**さいこうさい【最高裁】**(名)「最高裁判所」の略。

**さいこうさいばんしょ【最高裁判所】**（名）最も上級の裁判所。法律や裁判の結果が、憲法に合っているかどうかを決めたり、高等裁判所でも決まらない事件に最後の判決をくだしたりする。最高裁。

**さいこうちょう【最高潮】**（名）人びとの気持ちやその場の雰囲気《ふんいき》がいちばん高まった状態。また、その時。クライマックス。「祭りが—に達する」

**さいこうほう【最高峰】**（名）❶いちばん高いみね。「アルプス山脈の—」❷その分野でいちばんすぐれたもの。「日本文学の—といわれる作品」

**さいごく【西国】**（名）❶西のほうの国。❷九州地方。参考「さいこく」とも読む。

**サイコセラピー**〔英 psychotherapy〕（名）〔医〕心理療法《りょうほう》。精神療法。対話や、行動の提案によって精神疾患《しっかん》を治療する方法。

**さいごつうちょう**『最後通△牒』（名）❶〔法〕争っている国の一方が相手国に出す最終的な要求書。要求をいれなければ武力行使をふくむ行動に出ると通告するもの。❷要求がいれられなければ話し合いを打ち切るという最後の通告。「—を突《つ》きつける」

**さいごっぺ**『最後っ△屁』（名）→いたちのさいごっぺ

**さいころ**『△賽◇子・×骰子』（名）→さい（賽）

**サイコロジー**〔英 psychology〕（名）心理。心理学。

**さいこん【再建】**（名・他スル）神社や寺をふたたび建てなおすこと。⇒さいけん（再建）「参考」

**さいこん【再婚】**（名・自スル）ふたたび結婚すること。

**さいさい【再再】**（副）たびたび。二度も三度も。「—たずねたが会えなかった」類再三

**さいさき**『◇幸先』（名）よいことがおこる前ぶれ。転じて、物事を始めるときの前ぶれ。「—がよい」

**さいさん【採算】**（名）利益があるかどうか、収入と支出を計算してみること。「—が合わない」

**採算が取《と》れる** 収入と支出がひき合う。利益がある。「この値段では採算がとれない」

**さいさん【再三】**（副）二度も三度も。たびたび。しばしば。「—のチャンスをのがす」類再再

**ざいさん【財産】**（名）個人や団体の所有している、おかねや物品、土地・建物など経済的価値のあるもの。類資産・身代《しんだい》

**さいさんさいし【再三再四】**（副）何度もくり返して。「—警告する」参考「再三」を強めた言い方。

**さいし【才子】**（名）才能や知恵《ちえ》があってすぐれている人。また、頭の回転がはやく、ぬけめのない人。類才人。使い方ふつう、男性について用いる。

**さいし【妻子】**（名）妻と子。「—を養う」

**さいし【祭司】**（名）宗教上の儀式《ぎしき》などを専門に受け持つ者。

**さいし**『祭△祀』（名）神や祖先をまつること。祭り。

**さいじ【細字】**（名）細かい文字。小さい文字。

**さいじ【細事】**（名）ちょっとしたこと。つまらないことがら。「—にこだわる」「—にわたるまで話し合う」

**さいじ【催事】**（名）もよおしもの。「—場」

**さいしき【才識】**（名）才知と識見。知恵《ちえ》と物事を見分ける力。「—の備わった人」

**さいしき【彩色】**（名・自他スル）いろどること。「—をほどこす」

**さいじき【歳時記】**（名）❶一年じゅうの季節の行事や自然の現象などを書いた本。❷〔文〕俳句の季語を集めて四季ごとに分類・解説し、例句をのせたもの。季寄せ。

**さいじつ【祭日】**（名）❶祭りの日。❷国民の祝日のこと。

**ざいしつ【在室】**（名・自スル）部屋の中にいること。

**ざいしつ【材質】**（名）木材や材料の性質。

**さいして【際して】**（「…に際して」の形で）…のおりにあたって。「実行に—注意することがある」

**ざいしゃ【在社】**（名・自スル）会社につとめていること。または、会社内にいること。

**さいしゅ【祭主】**（名）❶中心となって祭典を行う人。❷伊勢《いせ》神宮の神官の長。

**さいしゅ【採取】**（名・他スル）動植物・鉱物などをとって集めること。また、指紋《しもん》・血液などをとること。「薬草の—」「未—」

**さいしゅう【採集】**（名・他スル）資料や標本にするために採《と》り集めること。「植物—」

**さいしゅう【最終】**（名）いちばん終わり。いちばん最後。「—電車」「—回」…的「最終的な結論」類最後。対最初

**ざいじゅう【在住】**（名・自スル）そこに住んでいること。「カナダ—のおば」

**さいしゅつ【歳出】**（名）国や地方公共団体の一会計年度における支出の合計。対歳入

**さいしゅっぱつ【再出発】**（名・自スル）出なおすこと。もう一度初めからやり直すこと。「人生の—をはかる」

**さいしょ【最初】**（名）いちばん初め。「物事は—がたいせつだ」対最後・最終

**さいじょ【才女】**（名）能力や知恵《ちえ》がすぐれた女性。学問にすぐれた女性。類才媛《さいえん》

**さいじょ【妻女】**（名）❶妻と娘《むすめ》。❷妻。

**ざいしょ【在所】**（名）❶住んでいる所。❷国もと。郷里。❸地方。いなか。

**さいしょう【宰相】**（名）総理大臣。首相。

**さいしょう【最小】**（名）いちばん小さいこと。「世界で—の国」対最大。⇒さいしょう（最少）「学習」

**さいしょう【最少】**（名）❶いちばん少ないこと。「—の経費で最大の利益をあげる」対最多。❷いちばん年が若いこと。最年少。対最長

> **学習〈使い分け〉「最小」「最少」**
>
> **最小** いくつかある中で、いちばん小さいこと。「最大」と対《つい》をなす。「日本で最小の島」「最小限の努力」「最小値」
>
> **最少** いくつかある中で、いちばん少ないこと。「最多」と対をなす。「最少得点で勝つ」「最少の人員でまかなう」

**さいじょう【斎場】**（名）❶祭りを行う清浄《せいじょう》な場所。祭場。❷葬式《そうしき》を行う場所。葬儀場。

**さいじょう【最上】**（名）❶最も上にあること。「ビルの―階」❷最もすぐれていること。「―の品」（対最下）

**ざいじょう【罪状】**（名）行われた犯罪の状況《じょうきょう》やその実情。「―を否認する」

**さいじょうきゅう【最上級】**（名）❶段階や等級が最も上であること。「―の品質」❷〘文法〙英語などの西洋語にみられる、形容詞・副詞の語形変化の一つ。くらべるものの中で、最も程度の大きいことを表す。

**さいしょうげん【最小限】**（名）それ以上小さくすることのできない、ぎりぎりの程度。最小限度。「被害《ひがい》を―にくいとめる」対最大限

**さいしょうこうばいすう【最小公倍数】**（名）〘数〙公倍数のうち最も小さいもの。対最大公約数

**さいしょく【才色】**（名）女性の、すぐれた才能と美しい顔や姿。

**さいしょく【彩色】**（名・自他スル）→さいしき（彩色）

**さいしょく【菜食】**（名・自スル）肉や魚をさけ、おもに野菜類だけを食べること。「―主義者」対肉食

**ざいしょく【在職】**（名・自スル）その職務についていること。「―期間」

**さいしょくけんび【才色兼備】**（名）女性がすぐれた才能を持ち、そのうえ、美しさもそなえていること。

**さいしん【再診】**（名）二回目以降の診察。

**さいしん【再審】**（名・他スル）❶もう一度調べること。❷〘法〙確定判決が下った事件をもう一度裁判所が審理しなおすこと。また、その申し立てや手続き。

**さいしん【細心】**（名・形動ダ）細かいことにまで気を配ること。「―の注意をはらう」「―にして大胆《だいたん》」

**さいしん【最新】**（名）いちばん新しいこと。「―の情報」「―の流行」対最古

**さいじん【才人】**（名）すぐれた才能のある人。類才子

**さいじん【祭神】**（名）その神社にまつってある神。

**さいしんせい【最新世】**（名）〘地質〙→こうしんせい

**サイズ**〔英 size〕（名）大きさ。寸法。「―が合う」「ミニ―」

**ざいす【座椅子】**（名）和室などで用いる、背もたれがあり脚《あし》のない、すわってよりかかるための椅子。

**さいすん【採寸】**（名・自スル）洋服を作るとき、からだの各部分の寸法をはかること。

**さいせい【再生】**㊀（名・自スル）❶生き返ること。❷心を入れかえてまじめな生活を始めること。更生《こうせい》。㊁（名・自他スル）〘動〙なくなったからだの一部がふたたびつくられること。「とかげの尾《お》が―する」㊂（名・他スル）❶くず・古物などを利用して新しい品物を作り出すこと。「―紙」❷録音・録画したものを装置にかけて、もとの音・映像を出すこと。

**さいせい【再製】**（名・他スル）一度製品になった物に手を加えて別の製品に作りかえること。

**ざいせい【在世】**（名・自スル）人がこの世に生きていること。類存命《ぞんめい》。参考「ざいせ」とも読む。

**ざいせい【財政】**（名）❶国や公共団体の収入・支出に関する経済活動。「県の―をたてなおす」❷企業《きぎょう》・個人や家庭のかねまわり。「わが家の―」

**さいせいいっち【祭政一致】**（名）神をまつることを国政の中心におく考え。また、その政治のあり方。

**さいせいいりょう【再生医療】**（名）失われたからだの組織や臓器を、培養《ばいよう》するなどした細胞《さいぼう》を用いて再生させ、その機能を回復させる医療。

**さいせいき【最盛期】**（名）いちばんさかんな時期。「―を過ぎる」

**さいせいさん【再生産】**（名・他スル）生産したものを売った利益を資本にして、さらに生産が行われること。「拡大―」

**さいせき【砕石】**（名・自他スル）岩石をくだくこと。また、くだかれた岩石。

**さいせき【採石】**（名・自スル）石材を切って取り出すこと。「―場」

**ざいせき【在籍】**（名・自スル）学校や団体などに籍があること。「―者」

**さいせん【再選】**（名・自他スル）❶同じ人をふたたび選出すること。「議長に―する」❷ふたたび当選すること。「―をはたす」

**さいせん【さい銭】**〘△賽銭〙（名）神社・寺などにお参りしたときに供えるおかね。「―箱」

**さいぜん【最前】**（名）❶いちばん前。「―の列」❷さきほど。ついさっき。「―申しあげたとおり」

**さいぜん【最善】**（名）❶いちばんよいこと。「―の策」類最良。対最悪。❷できるかぎりのこと。「―をつくす」

**さいぜんせん【最前線】**（名）❶戦場で直接敵と向かいあうところ。❷最も進んだ活動や激しい競争の行われているところ。「開発競争の―」

**さいせんたん【最先端】**（名）時代や流行のいちばん進んでいるところ。「―のファッション」

**さいそう【採草】**（名・自スル）飼料や肥料用などの草をかること。

**さいぞう【才蔵】**（名）正月に訪れる三河万歳《みかわまんざい》で、太夫《たゆう》に合わせてこっけいな芸を演じて歩く者。

**さいそく【細則】**（名）ある規則について、その運用などさらに細かいことがらを決めた規則。対総則

**さいそく【催促】**（名・他スル）早くするようにうながすこと。せかすこと。「返答を―する」類督促《とくそく》

**ざいぞく【在俗】**（名）僧《そう》にならないで、一般《いっぱん》の人として暮らしていること。また、その人。類在家

**さいた【最多】**（名）いちばん多いこと。「―出場」対最少

**サイダー**〔英 cider〕（名）（もとはリンゴ酒の意）炭酸水に砂糖・香料《こうりょう》などをまぜた清涼《せいりょう》飲料。

**さいたい【妻帯】**（名・自スル）妻をもつこと。妻をもっていること。「―者」

**さいたい**〘△臍帯〙（名）〘生〙→へそのお

**さいだい【細大】**（名）細かいことと大きいこと。一部始終。全部。

**細大漏《も》らさず** 細かなことでも大きなことでもすべて。「―記録してある」

**さいだい【最大】**（名）いちばん大きいこと。「世界

―の客船」「―級」対最小

**さいだいげん【最大限】**（名）それ以上大きくすることのできない、ぎりぎりの程度。最大限度。「―譲《じょう》歩《ほ》してもここまでだ」対最小限

**さいだいこうやくすう【最大公約数】**（名）〘数〙公約数のうち最も大きいもの。対最小公倍数

**さいたく【採択】**（名・他スル）いくつかある中からよいものを選び、とりあげること。「提案を―する」

**ざいたく【在宅】**（名・自スル）自分の家にいること。「明日は―しています」「―医《い》療《りょう》」

**さいたる【最たる】**（連体）同類の中でもっともその特《とく》徴《ちょう》をあらわしている。「わからず屋の―もの」

**さいたん【採炭】**（名・自スル）石炭を掘《ほ》りとること。

**さいたん【最短】**（名）いちばん短いこと。「―距離《きょり》」対最長

**さいだん【祭壇】**（名）祭りや礼拝に使う壇。神仏・死《し》霊《りょう》などを祭り、そなえものをささげる壇。

**さいだん【裁断】**（名・他スル）❶型に合わせて布や紙などを裁《た》つこと。「―機」❷物事のよしあし、是非《ぜひ》などをはっきり決めること。「社長の―をあおぐ」

**ざいだん【財団】**（名）❶一定の目的のために提供された財産の集合。❷「財団法人」の略。

**ざいだんほうじん【財団法人】**（名）個人や企《き》業《ぎょう》などから提供された財産によってつくられた、営利を目的としない団体。⇒ほうじん（法人）

**さいち【才知】**〘才△智〙（名）すぐれた才能と知恵《ちえ》。「―あふれる応答」

**さいち【細緻】**（名・形動ダ）細かく注意が行きとどいていて綿密なこと。「―な計画」

**さいちゅう【最中】**（名）物事の行われている間。また、物事のまっさかり。さなか。「食事の―」

**ざいちゅう【在中】**（名・自スル）封《ふう》筒《とう》や包みなどの中にその物がはいっていること。「請求書《せいきゅうしょ》―」

**さいちょう【最長】**（名）❶いちばん長いこと。「日本―の川」対最短。❷いちばん年上であること。最年長。対最少

**さいづち**〘才△槌〙（名）木製の小形のつち。「―頭（＝さいづちの形に似て、額と後頭部がつき出た頭）」

**さいてい【最低】**（名）高さや質・程度などがいちばん低いこと。「―気温」「―の成績」対最高

**さいてい【裁定】**（名・他スル）物事のよしあしをさばいて決めること。「―を下す」

**さいていげん【最低限】**（名）それより低くはできないという限界。最低限度。「―の生活」「―必要な知識」

**さいてき【最適】**（名・形動ダ）いちばん適していること。いちばんふさわしいこと。「委員には君が―だ」「学業に―な環《かん》境《きょう》」

**ざいテク【財テク】**（名）（「財務テクノロジー」の略）企《き》業《ぎょう》や個人が、有利な投資先を求めて資金を運用すること。

**さいてん【再転】**（名・自スル）情勢などが一度変わったあとで、もう一度変わること。「事情が―する」

**さいてん【祭典】**（名）祭りの儀《ぎ》式《しき》。祭り。

**さいてん【採点】**（名・他スル）点数をつけること。点数をつけて評価すること。「―がからい」

**サイト**〔英 site〕（名）❶敷《しき》地《ち》。用地。「キャンプ―」❷インターネット上で情報を配《はい》信《しん》する場所。ウェブサイト。「ショッピング―」

**さいど【再度】**（名）二度。ふたたび。「登頂に―挑《ちょう》戦《せん》する」

**さいど【彩度】**（名）色のあざやかさの度合い。明《めい》度《ど》・色《しき》相《そう》とともに色の三要素といわれる。

**さいど【済度】**（名・他スル）〘仏〙迷い苦しむ人を救い、苦しみのない悟《さと》りの境地へ導くこと。

**サイド**〔英 side〕（名）❶横。わき。側面。「―ミラー」「プール―」❷立場。一方のがわ。また、サッカー・テニスなどでそれぞれの陣《じん》地《ち》。「消費者―」❸主でないもの。副。「―ビジネス」

**さいとうもきち**〔斎藤茂吉〕〔人名〕（一八八二～一九五三）大正・昭和時代の歌人・医者。短歌を伊《い》藤《とう》左《さ》千《ち》夫《お》に学び、アララギ派の代表的歌人となった。歌風は万葉調で、近代的感覚にあふれる。歌集「赤《しゃっ》光《こう》」「あらたま」など。

**サイドカー**〔英 sidecar〕（名）オートバイの横につけた車両。または、それのついたオートバイ。

**さいどく【再読】**（名・他スル）前に読んだものをもう一度読み返すこと。「―にたえる文章」

**さいどくもじ【再読文字】**（名）漢文を訓読するとき、二度読む漢字。「未（いまだ…ず）」「且（まさに…んとす）」など。

**サイド-ビジネス**〔和製英語〕（名）本業以外の仕事。副業。内職。▽side と business から。

**サイド-ブレーキ**〔和製英語〕（名）自動車で、運転席の横にある手動のブレーキ装置。ハンドブレーキ。▽side と brake から。

**サイド-メニュー**〔和製語〕（名）飲食店で、メインとなる料理以外の食べ物。一品料理やデザートなど。▽英 side とフランス menu から。

**サイドライン**〔英 sideline〕（名）❶テニス・バレーボールなどのコートや、ラグビー・サッカーなどのグラウンドを仕切る長方形のうちの長い辺の線。「―を割る」❷傍《ぼう》線《せん》。「重要な箇《か》所《しょ》に―を引く」

**さいな・む**〘◇苛む・△嘖む〙（他五）〔マ(モ)・ミ(ン)・ム・ム・メ・メ〕苦しめなやます。「罪の意識に―・まれる」

**さいなん【災難】**（名）思いもかけない不幸なできごと。「―にあう」「―をまぬかれる」

**ざいにち【在日】**（名・自スル）外国人で、日本に居住していること。「―イギリス人」

**さいにゅう【歳入】**（名）国や地方公共団体の一会計年度における収入の合計。「―予算」対歳出

**さいにん【再任】**（名・自他スル）もう一度前の職務につくこと。また、つけること。「議長に―される」

**さいにん【再認】**（名・他スル）あらためて認めること。

**ざいにん【在任】**（名・自スル）任務・役職についていること。任地にあること。「―期間」

**ざいにん【罪人】**（名）罪を犯《おか》した人。

**さいにんしき【再認識】**（名・他スル）あらためて価値や重要性を認めること。「彼《かれ》の実力を―する」

**さいねん【再燃】**（名・自スル）❶おとろえていたものが再びさかんになること。「ブームが―する」❷一度おさま

っていたことがまた問題となること。「失言問題が―する」

**さいねんしょう【最年少】**(名) いちばん年下であること。また、その人。対最年長

**さいねんちょう【最年長】**(名) いちばん年上であること。また、その人。対最年少

**さいのう【才能】**(名) 物事をやりとげたり、理解したりするすぐれた能力。「―がない」「―を伸《の》ばす」「絵の―」「豊かな―」類才

**さいのかわら**『△賽の◦河原』(名)『仏』子どもが死んでから行くという三途《さんず》の河原。参考この河原で子どもが石を積んで塔《とう》を建て、父母の供養《くよう》をしようとするが、いくら積んでも鬼《おに》にくずされてしまう。このとき地蔵尊が現れて子どもを救うという。

**さいのめ**『△賽の目・采の目』(名) ❶さいころの面にしるしてある数。❷さいころのような小さい立方体。「にんじんを―に切る」

**サイバー-**〔英 cyber〕(接頭)「コンピューター」「コンピューターネットワーク上の」の意を表す。「コンピューターに関する」「―空間」「―犯罪」

**さいはい【再拝】**一(名・他スル) 二度続けておがむこと。二(名) 手紙の終わりにつけて相手を敬う気持ちを表すことば。「頓首《とんしゅ》―」

**さいはい【采配】**(名) ❶むかし、大将が兵をさしずするために使った道具で、木や竹の柄《え》の先に大きなふさのついたもの。❷さしず。指揮。

（采配①）

**采配を振《ふ》る** 指揮する。

**さいばい【栽培】**(名・他スル) 植物を植えて育てること。魚類などの養殖《ようしょく》をもさすことがある。「温室―」「―漁業」

**さいばし【菜箸】**(名) おかずを皿に分けるときや料理を作るときに使う、長いはし。

**さいばし・る【才走る】**(自五) {ラ(ロ)・リ(ッ)・ル・ル・レ・レ}才気があふれる。利発でぬけめがない。「―・った顔」使い方

多くはよくない意味に使う。

**さいはつ【再発】**(名・自スル) おさまっていた病気・事件などがふたたびおこること。「事故の―を防ぐ」「がんが―する」

**ざいばつ【財閥】**(名) ❶大企業《だいきぎょう》や大資本を独占《どくせん》的に支配する資本家の一族・一団。❷俗《ぞく》に、金持ち。

**さいはて【最果て】**(名) これより先がないという、国土や陸地のいちばんはずれの所。「―の地」「北の―」

**さいばら**『催馬◇楽』(名) 古代の歌謡《かよう》の一種。奈良時代の民謡《みんよう》などが平安時代に宮中の雅楽《ががく》に取り入れられたもの。楽器の伴奏《ばんそう》で歌われた。

**さいはん【再犯】**(名・自スル) ふたたび罪を犯《おか》すこと。また、その者。対初犯

**さいはん【再版】**(名・他スル) 同じ本をふたたび出版すること。また、その本。類重版。対初版

**さいばん【裁判】**(名・他スル) 紛争《ふんそう》や訴訟《そしょう》に対して、裁判所が法律にもとづいて判断をくだすこと。

**さいばんいんせいど【裁判員制度】**(名) 一般《いっぱん》市民が裁判員として刑事裁判に参加し、裁判官とともに有罪・無罪の決定および量刑の判断をくだす制度。

**さいばんかん【裁判官】**(名) 裁判所の構成員で、裁判をする権限をもつ国家公務員。

**さいばんしょ【裁判所】**(名) 裁判を行う国の役所。最高裁判所・高等裁判所・地方裁判所・家庭裁判所・簡易裁判所がある。

**さいはんせいど【再販制度】**(名)(「再販売価格維持《いじ》制度」の略) 生産者が小売《こうり》業者などに商品の価格を指示し、それを維持させる制度。書籍《しょせき》・音楽用CDなどの著作《ちょさく》物に適用される。

**さいひ【採否】**(名) 採用と不採用。とり上げるかとり上げないか。「議案の―について問う」

**さいひ【歳費】**(名) ❶一年間に使う費用。❷国会議員に対してはらわれる一年間の手当。

**さいひつ【才筆】**(名) 文章をじょうずに書く才能。また、じょうずな文章。「―をふるう」

**さいひつ【細筆】**(名) ❶細い筆。❷細かく書くこと。

**さいひょう【砕氷】**(名・自スル) 氷をくだくこと。また、くだいた氷。

**さいひょうせん【砕氷船】**(名) 厚く張った氷をくだいて、船のすすむ道を開く特別な装備をもつ船。

**さいふ【財布】**(名) 布・革《かわ》などで作った携帯《けいたい》用のおかね入れ。

**財布の底《そこ》をはたく** 持っているおかねを全部出す。

**財布の紐《ひも》を締《し》める** むだなおかねを使わないように気をつける。

**さいぶ【細部】**(名) 細かい部分。「―にこだわる」

**さいぶつ【才物】**(名) 頭がよく、才能のある人。

**ざいぶつ【財物】**(名) 金銭と品物。宝物。参考「ざいもつ」とも読む。

**さいぶん【細分】**(名・他スル) 細かく分けること。「土地を―する」…化「細分化された組織」

**さいぶん【祭文】**(名) →さいもん①

**さいべつ【細別】**(名・他スル) 細かく区別すること。「成分によって―する」対大別

**さいへん【再編】**(名・他スル) もう一度編成し直すこと。再編成。「委員会を―する」「政界の―」

**さいへん【細片】**(名) 小さなかけら。「貝がらの―」

**さいぼ【歳暮】**(名) →せいぼ(歳暮)①

**さいほう【西方】**(名) ❶西のほう。❷『仏』(「西方浄土《じょうど》」の略) 極楽《ごくらく》浄土。

**さいほう【裁縫】**(名・自スル) 布を裁《た》ち切って衣服などをぬうこと。針仕事。

**さいぼう【細胞】**(名) 生物のからだを組み立てているいちばん小さな単位で、核《かく》をふくんだ原形質の小さなかたまり。

**さいぼうぶんれつ【細胞分裂】**(名) 一つの細胞が二個の細胞に分かれること。

**ざいほう【財宝】**(名) 財産と宝物。たから。

**サイボーグ**〔英 cyborg〕(名) 人工臓器などの機械をうめこんで改造された人間。改造人間。

**サイホン**〔英 siphon〕(名) ❶『物』液体を高い所か

ら低い所へうつすのに使う曲がった管。❷ガラス製のコーヒーわかし器。水蒸気の圧力を利用したもの。〔=サイフォン〕

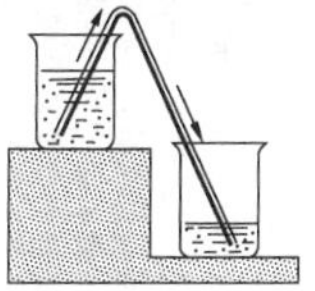
(サイホン①)

**さいまつ【歳末】**(名) 年の暮れ。年末。「—助け合い運動」

**さいみつ【細密】**(名・形動ダ) 細かくくわしいようす。「—画」

**さいみん【催眠】**(名) 人工的にねむけをもよおさせること。「—薬」

**さいみんじゅつ【催眠術】**(名) 暗示によって人をなかばねむったようにさせる術。心理療法《りょうほう》として病気の治療などに応用される。

**さいむ【債務】**(名)〔法〕ある特定の人(債務者)が他の特定の人(債権者)に対して、金銭・品物・労務などを提供しなければならない義務。おかねなどを借りた人が貸した人に返す義務。「—を負う」対債権

**ざいむ【財務】**(名) 国家や団体などで、おかねをどのようにして集めたり使ったり管理したりするかということをあつかう財政上の仕事。

**ざいむしょう【財務省】**(名) 中央行政官庁の一つ。国の予算や税金など、財政に関する仕事を取りあつかう。

**ざいめい【罪名】**(名) 犯《おか》した罪の名。

**さいもく【細目】**(名) 物事のくわしい内容を規定した個々の条項《じょうこう》。「計画の—を決める」

**ざいもく【材木】**(名) 建築や器具などの材料となる木。ふつう、板や角材などに加工されたものをいう。

**さいもん【祭文】**(名) ❶祭りのとき、神に告げる文章。さいぶん。❷(「歌祭文《うたざいもん》」の略)江戸《えど》時代の俗曲《ぞっきょく》の一種。❸歌祭文をうたって家々を回って歩いた芸人。

**ざいや【在野】**(名) ❶官職につかず、民間にいること。「—の研究者」❷政党が、野党の立場にあること。

**さいやく【災厄】**(名) 不幸なできごと。わざわい。

**さいゆ【採油】**(名・自スル) ❶植物の種などから油をしぼりとること。❷地下から石油を掘《ほ》りとること。「—権」

**さいゆうき【西遊記】**〔作品名〕中国、明《みん》代の長編小説。呉承恩《ごしょうおん》の作という。唐《とう》の玄奘《げんじょう》(=三蔵法師)という僧《そう》が、さるの孫悟空《そんごくう》、ぶたの猪八戒《ちょはっかい》、かっぱの沙悟浄《さごじょう》をつれて、さまざまな困難《こんなん》に出会いながらも無事に天竺《てんじく》(=インド)に着き、仏教の経典《きょうてん》をもらって帰ってくるという話。

**さいよう【採用】**(名・他スル) ふさわしいと考えられる人物や案などをえらんで用いること。「—通知」「提案を—する」「不—」

**さいらい【再来】**(名・自スル) ❶ふたたびやって来ること。「古きよき時代の—」❷この世にふたたび生まれ出ること。生まれかわり。「キリストの—」

**ざいらい【在来】**(名) これまでにあったこと。これまでふつうに行われてきたこと。「—の工法」「—線」「—種」

**さいりゃく【才略】**(名) 知恵《ちえ》とはかりごと。また、知恵のあるはかりごと。「—に富む」

**さいりゅう【細流】**(名) 細い流れ。小川。

**ざいりゅう【在留】**(名・自スル) 一時、ある土地にとどまって住むこと。特に、しばらく外国にとどまること。「—邦人《ほうじん》(=外国にいる日本人)」

**さいりょう【宰領】**(名・他スル) とりしきること。また、その役の人。「作業を—する」

**さいりょう【最良】**(名) いちばんいいこと。「人生—の日」類最善。対最悪

**さいりょう【裁量】**(名・他スル) その人の考えで判断し、物事の処理をすること。「君の—にまかせる」

**ざいりょう【材料】**(名) ❶その物を作るときのもとになるもの。原料。資材。「建築—」❷研究や調査、また、判断のもとになるもの。「研究—」「判断—」❸芸術作品や作文の題材。

**さいりょく【才力】**(名) 才能と知恵《ちえ》の働き。

**ざいりょく【財力】**(名) 財産によって生じる、人や物を動かす力。また、費用を負担《ふたん》できる力。

**ザイル**〔ドイツ Seil〕(名) 登山用の綱《つな》。ロープ。

**さいるい【催涙】**(名) 目を刺激《しげき》してなみだを出させること。「—ガス」「—弾《だん》」

**さいれい【祭礼】**(名) 祭り。また、祭りの儀式《ぎしき》。

**サイレン**〔英 siren〕(名) 穴のあいた円板を高速で回転させるなどして、うなるような高くひびく音を出す装置。時報・警報などに使う。

**サイレント**〔英 silent〕(名) ❶音のないこと。「—モード」❷登場人物の声や音楽などの音声をともなわない映画。無声映画。対トーキー。❸英語などで、つづり字の中で発音しない文字。knife の k など。

**サイロ**〔英 silo〕(名) 家畜《かちく》の冬の飼料などを新鮮《しんせん》な状態でたくわえておくための建造物。石・れんが・コンクリートなどで作られる。

(サイロ)

**さいろく【再録】**(名・他スル) ❶ふたたび録音や録画をすること。❷すでに発表した文章をふたたび掲載《けいさい》すること。

**さいろく【採録】**(名・他スル) とりあげて記録すること。また、その記録。「方言の—」

**さいろく【載録】**(名・他スル) 書物や雑誌などに載《の》せること。

**さいわい【幸い】**■一(名・形動ダ) しあわせなこと。幸福。幸運。「不幸中の—」■二(副) しあわせにも。運よく。「—天気はよかった」

**さいわい・する【幸いする】**(自サ変){シ(セ・サ)・シ・スル・スル・スレ・シロ(セヨ)} よい結果をもたらすことになる。「何が—かわからない」

**さいわん【才腕】**(名) すぐれた力を持ち、頭もよく働き、物事をてきぱき処理するうでまえ。「—をふるう」

**サイン**〔英 sign〕(名・自スル) ❶自分の名前を書きしるすこと。また、書いた名前。署名。「書類に—する」❷あいず。しるし。特に野球などで、相手にわからないように味方に送るあいず。「—を送る」

**ざいん【座員】**(名) 劇団などの一座に所属する人。

**さうざう・し**〔ソウゾウシ〕(形シク) 古語 ものさびしい。ものた

りない。「この酒をひとりたうべんがー・しければ申しつるなり」〈徒然草《つれづれぐさ》〉訳この酒を一人飲むのがさびしくものたりないのでお呼びしたのだ。

**サウジアラビア**〔Saudi Arabia〕［地名］アラビア半島にある君主国。世界有数の産油国。首都はリヤド。

**サウスポー**〔英 southpaw〕（名）野球やボクシングなどで、左ききの選手。

**サウナ**〔フィンランド sauna〕（名）フィンランド風の蒸《む》しぶろ。サウナぶろ。「ーにはいる」

**さうら・ふ**〔候ふ《ソウロウ》〕（自四）古語❶貴人のそばに仕える意の謙譲《けんじょう》語。お仕え申しあげる。おそばにひかえる。「殿上《てんじょう》の小庭に畏《かし》こまりてぞー・ひける」〈平家物語〉訳清涼殿《せいりょうでん》の小庭に（家貞《いえさだ》という者が）かしこまってひかえていた。❷「ある」「いる」の意の丁寧《ていねい》語。あります。ございます。おります。「別《べち》の子細《しさい》ー・はず」〈平家物語〉訳（私がまいりましたのは）特別な事情があるわけではございません。❸動詞・形容詞・形容動詞などの下について、丁寧の意をそえる。…でございます。「もっとも愚《おろ》かにー」〈徒然草《つれづれぐさ》〉訳（私たちこそ）ひどくばかでございます。文法「さぶらふ」から変化した語。

**サウンド**〔英 sound〕（名）音。音声。音響《おんきょう》。

**サウンド-トラック**〔英 sound track〕（名）映画のフィルムで、音声や音楽を録音した、縁《ふち》の部分。また、その録音した音声や音楽。サントラ。

**さえ**『△冴え』（名）❶頭の働きやうでまえがすぐれていること。「うでのーを見せる」「勘《かん》のー」❷色や音・光などが澄《す》みきっていること。

**さえ**（副助）❶さらにその上に加わる意を表す。…までも。「雨に加えて風ー出てきた」❷極端《きょくたん》な例をあげて、他をおしはからせる意を表す。…でも。「おとなでー無理だ」❸（「さえ…なら」「さえ…ば」の形で）最低の必要条件を表す。「天気ーよければ行こう」

**さえかえ・る**『△冴え返る』（自五）{ラ(ロ)・リ(ッ)・ル・ル・レ・レ}❶光などがくっきりとあざやかである。「夜空に星がー」❷寒さが身にしみるほどきびしくなる。「ー冬の夜」

**さえき**【差益】（名）価格の変動・改定やそれに伴《ともな》う売買の結果によって生じた利益。「円高ー」

**さえぎ・る**【遮る】（他五）{ラ(ロ)・リ(ッ)・ル・ル・レ・レ}❶じゃまをしてとめる。「行く手をー」「話をー」❷向こうが見えないように間に物を置いてへだてる。「カーテンでー」

**さえず・る**『△囀る』（自五）{ラ(ロ)・リ(ッ)・ル・ル・レ・レ}❶小鳥がしきりに鳴く。「ひばりがー」❷ぺちゃくちゃうるさくしゃべる。

**さ・える**『△冴える』（自下一）{エ・エ・エル・エル・エレ・エロ(エヨ)}❶色や音・光などが澄《す》む。「月が夜空にー」❷技量などがあざやかである。「料理の腕《うで》がー」「弁舌《べんぜつ》がー」❸感覚の働きが鋭《するど》くなる。「勘《かん》がー」「目がー」❹ひじょうに冷える。「空気がー」❺（「さえない」の形で）生き生きとしていない。ぱっとしない。「ー・えない顔」「ー・えない服装」

**さえわた・る**『△冴え渡る』（自五）{ラ(ロ)・リ(ッ)・ル・ル・レ・レ}少しのくもりもなく一面に澄《す》みきっている。「月がー」

**さお**『△竿・△棹』㊀（名）❶枝や葉を取り去った細長い竹や木の棒。「ものほしー《ざお》」❷水底をついて船を進めるための長い棒。「ーをさす」❸三味線《しゃみせん》の糸を張る長い柄《え》の部分。㊁（接尾）旗・たんす・ようかんなどを数えることば。「たんす二《ふた》ー」

**さおさ・す**『△棹差す』（自五）{サ(ソ)・シ・ス・ス・セ・セ}❶水底をさおでついて船を進める。「流れにー」❷時代の流れにうまくのる。「時流にー」

**さおだけ**【さお竹】『△竿竹』（名）物干しざおなどにする長い竹の棒。

**さおとめ**【◦早乙女】（名）❶田植えをする少女。❷おとめ。少女。

**さおばかり**『△竿△秤・△棹△秤』（名）目もりのあるさおをつりさげて一方のはしに物をかけ、反対側の分銅《ふんどう》を動かして、つり合いのぐあいで重さをはかるはかり。

**さか**【坂】（名）❶一方が高く一方が低くかたむいている道や場所。「急なー」❷（人生や仕事の進みぐあいを坂にたとえて）ひと区切りになるところ。「五〇のーを越《こ》す」

**さか**【茶菓】（名）茶と菓子。ちゃか。「ーのもてなし」「ーを供《きょう》する」

**さが**『◇性』（名）❶人の性質。生まれつき。「人のー」❷ならわし。習慣。「浮《う》き世のー」

**ざが**『座△臥・△坐△臥』（名・自スル）すわることと寝《ね》ること。日常生活。ふだん。「行住《ぎょうじゅう》ー」

**さかあがり**【逆上がり】（名）鉄棒で、足のほうからからだを上に回転させ、腹部と両手で鉄棒上にからだを支える姿勢になること。しり上がり。

**さかい**【境】（名）❶物と物が接する所。また、土地のくぎり。境界。「畑と畑とのー」❷物事の分かれ目。状況《じょうきょう》の変わるところ。「生死のー」❸限られた範囲《はんい》の地域。特別の場所。「神秘のー」

**さかいめ**【境目】（名）ちょうど分かれ目となるところ。「隣《となり》の家とのー」「成功か失敗かのー」

**さかうらみ**【逆恨み】『逆◇怨み』（名・他スル）❶恨みに思う人から逆に恨まれること。❷人の好意を悪くとって逆に恨むこと。「忠告してーされる」

**さか・える**【栄える】（自下一）{エ・エ・エル・エル・エレ・エロ(エヨ)}勢いがさかんになる。繁栄《はんえい》する。「家がー」対衰《おとろ》える

**さかおとし**【逆落とし】（名）❶まっさかさまに落とすこと。❷切り立ったがけを馬でいっきに降りること。

**さかき**『△榊』（名）〔植〕サカキ科の常緑樹。葉は楕円《だえん》形でつやがあり、白色の小さな花をつける。葉のついている枝を神前にそなえる。

**さがく**【差額】（名）差し引いた残りの金額。

**ざがく**【座学】（名）実技に対して、講義を聞くなど席にすわって学ぶ学科。

**さかぐら**【酒蔵】（名）酒を醸造《じょうぞう》したり、貯蔵したりするための蔵。

**さかご**【逆子】（名）胎児《たいじ》が、正常とは逆に頭を上にした姿勢になっていること。骨盤《こつばん》位。

**さかさ**【逆さ】（名・形動ダ）逆になること。さかさま。

**さかさま**【逆さま】『逆様』（名・形動ダ）順序や位置があべこべになっていること。「がけからーに落ちる」

**さか・し**〔賢し〕（形シク）古語❶かしこい。「古《いにしえ》の七のー・しき人どもも欲《ほ》りせしものは酒にしあるらし」〈万葉集〉訳むかしの七人の賢人たちも、欲しがったのは

酒にちがいない。❷気丈《きじょう》で、しっかりしている。「心―・しき者念じて射むとすれども」〈竹取物語〉訳心のしっかりした者ががまんして射ようとするが。❸よい。じょうずである。「こと人々のもありけれど、―・しきもなかるべし」〈土佐日記〉訳ほかの人たちの(歌)もあったが、じょうずなのもないようだ。❹こざかしい。なまいきである。「さはえ聞こゆまじと聞こえむも、いと―・しければ」〈和泉《いずみ》式部《しきぶ》日記〉訳歌をさしあげることはできませんと申しあげるのも、たいへんなまいきな感じなので。

**さがしあ・てる【捜し当てる・探し当てる】**(他下一)｛テ・テ・テル・テル・テレ・テロ(テヨ)｝あちこちさがして、見つけ出す。「居所《いどころ》を―」

**さかし・い**〖◇賢しい〗(形)｛カロ・カッ(ク)・イ・イ・ケレ・○｝❶りこうだ。かしこい。❷りこうぶってなまいきだ。「―ことを言う」

**さかしら**〖◇賢しら〗(名・形動ダ)自分をりこうだと信じて生意気にふるまうこと。「―をする」

**ざがしら【座頭】**(名)芝居《しばい》などの一座のかしら。

注意「ざとう」と読むと別の意味になる。

**さが・す【捜す・探す】**(他五)｛サ(ソ)・シ・ス・ス・セ・セ｝見つけようとたずね求める。「本を―」「職を―」

> **学習 使い分け**「捜す」「探す」
>
> **捜す** あり場所・居場所のわからないものや人を見つけようとたずね求める意。「迷子《まいご》を**捜す**」「落とし物を**捜す**」「犯人を**捜す**」
>
> **探す** 欲しいものを見つけようとたずね求める意。「えさを**探す**」「ことばを**探す**」「職を**探す**」「住まいを**探す**」

**さかずき【杯】**〖△盃〗(名)酒を飲むとき用いる小さなうつわ。ちょこ。「―をほす」

**さかずきごと【杯事】**(名)❶結婚《けっこん》などの祝いや、兄弟・親分子分の誓《ちか》いをするために、さかずきをとりかわすこと。❷さかずきのやりとり。酒宴《しゅえん》。

**さかだい【酒代】**(名)→さかて(酒手)

**さかだち【逆立ち】**(名・自スル)❶手を地につけ、足を上にのばして立つこと。倒立《とうりつ》。❷物が上下反対になること。さかさま。

**さかだ・つ【逆立つ】**(自五)｛タ(ト)・チ(ツ)・ツ・ツ・テ・テ｝逆さまに立つ。「髪《かみ》の毛が―」

**さかだ・てる【逆立てる】**(他下一)｛テ・テ・テル・テル・テレ・テロ(テヨ)｝逆さまに立てる。「髪《かみ》を―・てておこる」

**さかて【逆手】**(名)❶短刀などを、刃《は》が小指のほうから出るようににぎること。❷鉄棒で、てのひらを上に向けてにぎること。ぎゃくて。

**逆手に取《と》る** 相手の言ったことなどを逆に利用してやり返す。「相手のことばを逆手に取ってやりこめる」

**さかて【酒手】**(名)❶酒の代金。酒代《さかだい》。❷決まった代金以外にわたす心づけのおかね。チップ。「―をはずむ」

**さかな**〖△肴〗(名)❶酒を飲むときにそえて食べるもの。❷宴会《えんかい》のときにおもしろみをそえる歌やおどり・話題など。「友人の失敗談を―に飲む」

**さかな【魚】**(名)脊椎《せきつい》動物の一種で、水の中にすみ、えらで呼吸するもの。うお。魚類。

**ことばの移り変わり**

「語の意味範囲①」

ひとつの語が、ある事物・概念全般《がいねんぜんぱん》と、そのうちの一部のものとの両方を指して使われることがある。例えば「さかな」の語源は「酒菜」で、「酒肴《しゅこう》・副食物全般」をいったが、そのうち最も代表的であった「魚類」を特に指す用法が生じた。

また「着物」や「お酒」はそれぞれ「衣類」「アルコール飲料」全般のほかに、「お正月は着物(=和服)を着る」「ビールをやめてお酒(=日本酒)にする」のような、そのうちの以前から日本にあったものだけを指す用法もある。これは、明治以降、洋服や洋酒が日本社会に定着し、和服は衣類の、日本酒はアルコール飲料のうちの一部となってしまったことが関係している。

**さかなで【逆なで】**〖逆△撫で〗(名・他スル)わざと人の気にさわることを言ったりしたりすること。「神経を―する」

**さかなみ【逆波】**〖逆◇浪〗(名)流れにさからって立つ波。「―が立つ」

**ざがね【座金】**(名)❶器具などの金具の下に取りつけて材を保護し、飾《かざ》りをかねる金具。❷ボルトをしめるとき、ナットの下に置くうすい金属の板。ワッシャー。

**さかねじ【逆ねじ】**〖逆△捩じ〗(名)❶逆にねじること。❷相手からの攻撃《こうげき》や非難などに対して逆にやりかえすこと。「―をくわせる」

**さかのぼ・る【遡る】**〖△溯る〗(自五)｛ラ(ロ)・リ(ッ)・ル・ル・レ・レ｝❶流れにさからってのぼる。「川を―」❷過去のある時点や、物事の根本にもどる。「時代を―」

**さかば【酒場】**(名)酒を飲ませる店。バーや居酒屋など。「大衆―」

**さかま・く【逆巻く】**(自五)｛カ(コ)・キ(イ)・ク・ク・ケ・ケ｝流れにさからうように波がはげしくまきあがる。「―波」

**さがみ**〔相模〕〔地名〕むかしの国名の一つ。今の神奈川県の大部分。相州《そうしゅう》。

**さかみち【坂道】**(名)坂になっている道。

**さかむけ【逆むけ】**〖逆◇剝け〗(名)つめのはえぎわの皮が、指のつけ根のほうへ細くむけること。ささくれ。

**さかもり【酒盛り】**(名)人びとが集まって酒を飲んで楽しむこと。酒宴《しゅえん》。「お祝いの―」

**さかや【酒屋】**(名)酒をつくったり、売ったりする店。また、その人。

**さかやき**〖×月代〗(名)❶平安時代、男子がかんむりのあたる部分の髪《かみ》を半円形にそった、その部分。❷江戸《えど》時代、男子が額から頭の中央にかけて髪をそった、その部分。

(さかやき②)

**さかゆめ【逆夢】**(名)見た内容が、現実では反対の結果となって現れる夢。対正夢《まさゆめ》

**さかよせ【逆寄せ】**(名)攻撃《こうげき》してくる相手に対して、逆にこちらから攻《せ》め向かうこと。逆襲《ぎゃくしゅう》。

**さから・う【逆らう】**(自五)｛ワ(オ)・イ(ッ)・ウ・ウ・エ・エ｝❶相手の命令や注意に従わずに手向かう。反抗《はんこう》する。たてつく。「親に―」❷物事の勢いや自然の流れとは逆の方向に進もうとする。「川の流れに―」「運命に―」

**さかり【盛り】**（名）❶物事の勢いのいちばんよい時期や状態。ピーク。「桜の花は今が―だ」❷人間のからだや精神のいちばん強くてじょうぶな時期。「人生の―を過ぎる」❸動物が発情して異性を求めること。「―がつく」

**さがり【下がり】**（名）❶位置・程度・値段などが下がること。「物価の上がり―がはげしい」対上がり。❷（時を表す語について）ある時刻を過ぎること。また、その時。「昼―」❸→おさがり ❹すもうで、力士がまわしの前にさげているひも状の飾《かざ》り。「―をさばく」

**さかりば【盛り場】**（名）人の多く集まるにぎやかな場所。繁華街《はんかがい》。「―をうろつく」

**さか・る【盛る】**（自五）｛ラ(ロ)・リ(ッ)・ル・ル・レ・レ｝❶勢いがさかんになる。「火が燃え―」❷栄える。繁盛《はんじょう》する。「店が―」❸動物が発情して交尾《こうび》する。

**さが・る【下がる】**（自五）｛ラ(ロ)・リ(ッ)・ル・ル・レ・レ｝❶上から下へ移る。高い所から低い所へと移る。おりる。くだる。「水位が―」「ズボンが―」対上がる ❷地位・価値・程度などが低くなる。ある段階から、より低い段階へ移る。落ちる。「値段が―」「順位が―」「速度が―」対上がる ❸たれる。ぶらさがる。「幕が―」「つららが―」❹うしろへ退く。「三歩―」❺目上の人のいる所から退く。また、勤め先などから帰る。「―・ってよい」❻上位の者や役所などから金品・許可などが与《あた》えられる。おりる。「免状《めんじょう》が―」❼時が新しいほうへ移る。くだる。「時代が―につれ」

**さかん【左官】**（名）壁《かべ》を塗《ぬ》る仕事をする人。

**さかん【盛ん】**（形動ダ）｛ダロ・ダッ(デ・ニ)・ダ・ナ・ナラ・○｝❶勢いがよいようす。「老いてますます―だ」❷熱心に行われているようす。「この国は野球が―だ」

**さがん【左岸】**（名）川下に向かって左側の岸。対右岸

**さがん【砂岩】**（名）〔地質〕砂のつぶが水底に沈《しずん》でかたまってできた岩石。参考「しゃがん」とも読む。

**さき【崎】** 11画 山8 小4 訓さき

海につきでた陸地。さき。みさき。◆洲崎《すさき》

**さき【崎】**（名）❶陸地が海や湖につきでた所。みさき。「御前《おまえ》―《ざき》」❷山や丘《おか》のつきでている端《はし》。

**さき【先】**（名）❶つきだしたはしの部分。また、長いもののはし。先端《せんたん》。「棒の―」「しっぽの―」❷続いているもののいちばん前。先頭。「集団の―に立つ」対後《あと》 ❸進んで行く前のほう。「この―行きどまり」❹行きつく所。目的の場所。「訪問《ほうもん》―」❺将来。前途《ぜんと》。行く末《すえ》。「―の長い話」「この子の―が思いやられる」❻今よりも前。以前。「転ばぬ―の杖《つえ》」「―に申しあげたとおり」類後《のち》 ❼順序が前であること。「―に寝《ね》る」「―を越《こ》される」対後《あと》 ❽やりとりの相手。先方。「注文―に届ける」

**先を争《あらそ》う** 他におくれないように争って進む。

**さき【左記】**（名）縦書きの文章で、左側または次に記してあること。「詳細《しょうさい》は―の通りです」

**さぎ**〖△鷺〗（名）〔動〕サギ科の水鳥。つるに似ているがつるより小さい。あおさぎ・ごいさぎなど種類が多い。

**さぎ【詐欺】**（名）人をだましておかねや品物を取ったり、損害を与《あた》えたりすること。「―にあう」

**さきおくり【先送り】**（名・他スル）物事の判断・処理《しょり》を先にのばすこと。「結論を―(に)する」

**さきおととい**〖×一昨昨日〗（名）一昨日の前の日。三日前の日。さきおとつい。

**さきおととし**〖×一昨昨年〗（名）一昨年の前の年。三年前の年。「―買った服」

**さきがけ【先駆け】**〖先△駈け・△魁〗（名・自スル）❶まっさきに敵の陣地《じんち》にせめ入ること。「―の功名」❷ほかのものより先になること。ほかのものより先に事を始めること。「流行の―」

**さきがし【先貸し】**（名・他スル）支払《しはら》いの期日より前におかねを支払うこと。まえがし。対先借り

**さきがり【先借り】**（名・他スル）受け取りの期日より前におかねを受け取ること。まえがり。対先貸し

**さきこぼ・れる【咲きこぼれる】**〖咲き△溢れる〗（自下一）｛レ・レ・レル・レル・レレ・レロ(レヨ)｝あふれるほどいっぱいに咲く。「藤《ふじ》の花が―」

**さきごろ【先頃】**（名）このあいだ。つい最近。「―行われた大会」

**さきざき【先先】**（名）❶将来。行く末。「―を案じる」❷行く先のそれぞれ。「―で歓迎《かんげい》される」

**さぎし【詐欺師】**（名）人をだましておかねや品物を取る者。ぺてん師。

**サキソホン**〔英 saxophone〕（名）〔音〕筒《つつ》形の金属製管楽器。広い音域をもち、独特のやわらかい甘美《かんび》な音を出す。金属製だが木管楽器に分類される。サックス。サクソフォーン。

（サキソホン）

**さきそ・める【咲き初める】**（自下一）｛メ・メ・メル・メル・メレ・メロ(メヨ)｝花が咲きはじめる。「梅がほのかに―」

**さきだか【先高】**（名）〔経〕将来、値が上がると予想されること。「―を見越《みこ》して買う」

**さきだ・つ【先立つ】**（自五）｛タ(ト)・チ(ッ)・ツ・ツ・テ・テ｝❶人の先に立ってする。先頭になる。「―・って進む」❷あることより前に行われる。前に起こる。「出発に―・って人数を確かめる」❸先に死ぬ。「子どもに―・たれる」❹何よりもまず必要である。「―もの(=金)がない」

**さきだ・てる【先立てる】**（他下一）｛テ・テ・テル・テル・テレ・テロ(テヨ)｝先に行かせる。先にやらせる。「案内人を―・てて行く」

**さきどり【先取り】**（名・他スル）❶ほかの人より先に手に入れること。先に事を行うこと。「流行を―する」❷代金・利子などを先に取ること。「利息の―」

**さきにお・う【咲き匂う】**（自五）｛ワ(オ)・イ(ッ)・ウ・ウ・エ・エ｝花が美しく咲く。みごとに咲く。「菊《きく》の花が―」

**さきばし・る【先走る】**（自五）｛ラ(ロ)・リ(ッ)・ル・ル・レ・レ｝人に先

だって事をしようとして、軽率《けいそつ》な、また、でしゃばった行動をする。「―・った行動」

**さきばらい【先払い】**(名・他スル) ❶品物をもらう前に代金を払うこと。前払い。「代金を―する」対後払い。❷運賃や郵便料金などを受取人が支払うこと。着《ちゃく》払い。「送料―」❸むかし、貴人の外出のとき前方の通行人を追いはらったこと。また、その人。

**さきぶれ【先触れ】**(名) 前もって知らせること。まえぶれ。「冬の―を感じさせる北風」

**さきぼう【先棒】**(名) ❶二人で物をかつぐとき、前のほうをかつぐ人。❷(多く、「お先棒」の形で)人の手先になって働くこと。また、その人。「お―をかつぐ」

**さきほこ・る【咲き誇る】**(自五) {ラ(ロ)・リ(ッ)・ル・ル・レ・レ} 今をさかりと美しく咲く。「庭に―花々」

**さきぼそり【先細り】**(名・自スル) ❶先のほうがしだいに細くなっていること。❷だんだん衰《おとろ》えたり減ったりしていくこと。「事業が―になる」

**さきほど【先程】**(名) 少し前。つい今しがた。「―は失礼しました」

**さきまわり【先回り】**(名・自スル) ❶相手よりも先にそこへ行っていること。「―して待ち伏《ぶ》せする」❷他人をだしぬいてすばしこくたちまわること。「―をして手を打つ」

**さきみだ・れる【咲き乱れる】**(自下一) {レ・レ・レル・レル・レレ・レロ(レヨ)} たくさんの花が一面に咲く。「秋の野に―花」

**さきもの【先物】**(名)〔経〕商品の受け渡《わた》しを将来の一定の時期に行うことを約束した売買契約《けいやく》。また、その商品。「―取引」対現物《げんぶつ》

**さきものがい【先物買い】**(名) ❶〔経〕先物を買うこと。❷現在は値打ちがはっきりしないものを、将来の価値を見こんで手に入れること。

**さきもり【〖×防人〗】**(名)〔歴〕律令《りつりょう》制で、北九州を守るために、おもに東国からおくられた兵士。

**さきもりに…**和歌

〔**防人に　行くはたが背《せ》と　問《と》ふ人《ひと》を　見《み》るがともしさ　物思《ものも》ひもせず**〕〈万葉集《まんようしゅう》・防人の歌〉訳防人として出て行くのはだれの夫か、とたずねる人を見るとうらやましさがこみあげてくることよ。(その人は防人になる夫を心配している私のような)もの思いもしないで。

**さきゅう【砂丘】**(名) 風のために砂が運ばれてできたおか。類砂山

**さきゆき【先行き】**(名) 将来。行く末。「―が心配だ」参考「さきいき」とも読む。

**さぎょう【作業】**(名・自スル) からだや頭脳をつかって仕事をすること。また、その仕事。「―場」「農―」

**ざきょう【座興】**(名) ❶その場をおもしろくするための遊びや芸当。❷ちょっとしたその場のたわむれ。

**ざぎょう【座業】**〖△坐業〗(名) すわってする仕事。

**さぎょうへんかくかつよう【サ行変格活用】**(名)〔文法〕動詞の活用の一種。口語では「し(せ・さ)・し・する・する・すれ・しろ(せよ)」、文語では「せ・し・す・する・すれ・せよ」と活用する。この活用の語には「する(口語)」「す・おはす(文語)」と、「する」「す」がついた複合動詞がふくまれる。サ変。文法「おはす」については、四段または下二段活用とする説もある。⇩付録「動詞活用表」

**さぎり【さ霧】**〖◇狭霧〗(名) 霧。

**さきわたし【先渡し】**(名・他スル) ❶代金をもらう前に品物を渡すこと。❷→まえわたし㊀

**さきん【砂金】**(名) 金の鉱脈の浸食《しんしょく》により、金が粒状《つぶじょう》になって流れだし、川底や海岸にたまったもの。参考「しゃきん」とも読む。

**さきん【差金】**(名) 差し引きした残りの金額。

**さきん・じる【先んじる】**(自上一) {ジ・ジ・ジル・ジル・ジレ・ジロ(ジヨ)} 人より先に行う。先に行く。「一歩―」

**さきん・ずる【先んずる】**(自サ変) {ジ(ゼ)・ジ・ズル・ズル・ズレ・ジロ(ゼヨ)} →さきんじる

**さきんずればひとをせいす【先んずれば人を制す】** 相手より少しでも先に事を行えば自分が有利になる。

**さく【冊】**→さつ(冊)

**さく【作】** 7画 亻5 小2 音サク・サ 訓つくる

ノ 亻 亻 作 作

❶(サクと読んで) ㋐つくる。また、つくったもの。◆作者・作成・作品・作文・作曲 ◆原作・工作・製作。㋑農作物をつくる。◆作柄《さくがら》・作物 ◆耕作・豊作。㋒たくらむ。はかる。◆作為《さくい》・作戦。❷(サと読んで) ㋐はたらき。仕事。◆作業。㋑からだや物を動かす。◆作動・作法 ◆操作・動作

**さく【作】**(名) ❶作ったもの。特に文学・芸術などの作品。「会心の―」❷農作物のできぐあい。「昨年の―を上回る収穫《しゅうかく》」

**さく【削】** 9画 刂7 音サク 訓けずる

丨 ⺌ 肖 肖 肖 削

けずる。そいでけずりとる。◆削減・削除《さくじょ》 ◆掘削《くっさく》・添削《てんさく》

**さく【昨】** 9画 日5 小4 音サク

丨 冂 日 日 昨 昨

❶一日前の。一まわり前の。◆昨日・昨年・昨夜。❷むかし。◆昨今。参考特別に、「昨日」は「きのう」とも読む。

**さく-【昨】**(接頭) (時に関する語について)「一まわり前の」の意を表す。「―シーズン」「―年度」

**さく【柵】** 9画 木5 音サク

十 木 朾 杣 柵 柵

木材などを立て並べて作ったかこい。◆鉄柵

**さく【柵】**(名) 木材などを立てて並べ、それに横木をとりつけたかこい。「―を巡《めぐ》らす」

**さく【索】** 10画 糸4 音サク

一 十 土 圥 索 索

❶つな。なわ。◆索道 ◆鋼索。❷さがす。さがしもとめる。◆索引 ◆検索・思索・詮索《せんさく》・捜索《そうさく》・探索。❸さびしいようす。◆索漠《さくばく》

**さく【策】** 12画 竹6 小6 音サク

⺮ 竹 竺 笁 笧 策

❶つえ。◆散策。❷はかりごと。◆策士・策定・策略

◇画策・政策・善後策・対策

**さく【策】**（名）物事がうまくゆくようにめぐらす考えや計画。はかりごと。「―を練る」「―を弄《ろう》する」

**策に溺《おぼ》れる** いろいろ策略をめぐらしすぎて、かえって判断を誤り失敗する。「策士―」

**さく【酢】** 12画 酉5 音 サク 訓 す

す。すっぱい味のする液体の調味料。◇酢酸《さくさん》

**さく【搾】** 13画 扌10 音 サク 高 訓 しぼる

❶しぼる。しぼり出す。◇搾取・搾乳《さくにゅう》。❷しめつけて小さくする。◇圧搾《あっさく》

**さく【錯】** 16画 金8 音 サク

❶ものがいりまじる。いりみだれる。◇錯乱《さくらん》◇交錯。❷まちがえる。まちがい。◇錯誤《さくご》・錯覚《さっかく》

**さく【咲く】** 9画 口6 訓 さく

さく。花がさく。◇遅咲《おそざ》き・室咲《むろざ》き

**さ・く【咲く】**（自五）〔カ(コ)・キ(イ)・ク・ク・ケ・ケ〕花がひらく。「梅が―」

**さく**（名）まぐろなどの身を刺身《さしみ》に切りやすい大きさに切り分けたもの。

**さく【△朔】**（名）陰暦《いんれき》で、月の第一日。ついたち。

**さ・く【裂く・割く】**（他五）〔カ(コ)・キ(イ)・ク・ク・ケ・ケ〕❶ひきやぶる。ひきちぎる。「布を―」❷人と人の仲をむりにひきはなす。「友だちの仲を―」❸刃物《はもの》で切って開く。「魚を―」❹一部をほかのことにあてる。「人手を―」

参考 ④は「割く」と書く。

> **学習 使い分け「裂く」「割く」**
>
> **裂く** 力を加えて二つに引き離《はな》す。「ハンカチを裂く」「生木《なまき》を裂く」「二人の仲を裂く」「絹を裂くような悲鳴」
>
> **割く** 刃物《はもの》で切り分ける。一部を分けてある目的に使う。「魚の腹を割く」「紙面を割く」「会見のために時間を割く」

**さくい【作為】**（名・自スル）❶わざと手を加えること。作りごと。「―のあとがみえる」「無―」…的「作為的に行う」❷〘法〙人の行為。特に、意思にもとづく積極的な行為。「不―」

**さくい【作意】**（名）❶作品制作の意図。モチーフ。❷たくらみ。「何か―が感じられる」

**さく・い**（形）〔カロ・カツ(ク)・イ・イ・ケレ・○〕〘俗語〙❶物がもろい。❷性質がさっぱりしている。❸気軽である。きさくである。

**さくいん【索引】**（名）本の中のことがらや語句などを抜《ぬ》き出して、容易に探し出せるように一定の順序に並べたもの。インデックス。「―で探す」

**さくおとこ【作男】**（名）田畑を耕したりするためにやとわれている男。

**さくがら【作柄】**（名）農作物のできぐあい。「稲《いね》の―」

**さくがんき【削岩機】**〘△鑿岩機〙（名）鉱山や土木工事で、岩や石に穴をあける機械。

**さくげん【削減】**（名・他スル）金額・数量などをけずりへらすこと。「予算を―する」

**さくご【錯誤】**（名）その人の考えと客観的事実とが一致《いっち》しないこと。まちがい。「試行―」「時代―」

**さくざつ【錯雑】**（名・自スル）複雑にいりまじること。いり乱れること。「仕事が―する」

**さくさん【酢酸】**〘△醋酸〙（名）〘化〙酢《す》の成分で、すっぱくて強いにおいのある液体。食用・薬品原料用。

**さくし【作詞】**（名・自他スル）歌の文句（=歌詞）を作ること。「校歌を―する」

**さくし【作詩】**（名・自他スル）詩を作ること。詩作。

**さくし【策士】**（名）はかりごとのじょうずな人。よくはかりごとをたくらむ人。「彼《かれ》はなかなかの―だ」

**策士策《さく》に溺《おぼ》れる** 策士ははかりごとを使うことばかり考えてかえって失敗する。

**さくじつ【昨日】**（名）きのう。

**さくしゃ【作者】**（名）詩歌《しいか》・文章・小説・絵画などを作る人。また、作った人。「―の個性」

**さくしゅ【搾取】**（名・他スル）しぼりとること。特に、資本家が労働者の労働に対し、それに相当する賃金を払《はら》わず利益を自分のものとすること。「中間―」

**さくじょ【削除】**（名・他スル）文字や文章などの一部をけずって取りのぞくこと。「不要な語句を―する」

**さくず【作図】**（名・他スル）❶図や図形を作ること。❷〘数〙与《あた》えられた条件に適する図形を作ること。

**さく・する【策する】**（他サ変）〔シ(セ・サ)・シ・スル・スル・スレ・シロ(セヨ)〕はかりごとをする。事をたくらむ。「権力の回復を―」

**さくせい【作成】**（名・他スル）書類・計画などを作ること。「原案《げんあん》の―」⇩さくせい（作製）「学習」

**さくせい【作製】**（名・他スル）物を作ること。こしらえること。製作。「用具の―」

> **学習 使い分け「作成」「作製」**
>
> **作成** 書類・計画など抽象《ちゅうしょう》的な何かを考えてまとめあげ、それを紙に書き表す意。「書類の**作成**」「報告書の**作成**」「予算案を**作成する**」「図表を**作成する**」
>
> **作製** 目で見たり、手で触《ふ》れたりすることのできるような、具体的な物を作り上げる意。「標本の**作製**」「プラモデルの**作製**」「機械部品を**作製**している」

**サクセス-ストーリー**〔英 success story〕（名）ある人物が成功をおさめるまでの物語。成功譚《たん》。

**さくせん【作戦】**（名）❶試合や戦いを進める上のはかりごと。戦術。「―を練る」「―を立てる」…的「作戦的には失敗だ」❷軍隊が、ある目的のために一定期間にわたって行う戦い。「上陸―」

**さくぜん【索然】**（ト タル）おもしろみがなく、興ざめのするようす。「興味―たる思い」

**さくそう【錯△綜】**（名・自スル）複雑にいりまじること。「―した事件」

**サクソフォーン**（名）〘音〙→サキソホン
**さくづけ【作付け】**（名・他スル）田や畑に作物の植えつけをすること。さくつけ。注意「作付面積」などは送りがなをつけない。
**さくてい【策定】**（名・他スル）政策や計画を検討し決定すること。「次年度予算を―する」
**さくどう【索道】**（名）空中にかけわたした鋼鉄製のロープに運搬《うんぱん》器《き》をつるし、人や荷物を運ぶ設備。ロープウエー。
**さくどう【策動】**（名・自スル）はかりごとをめぐらしてひそかに行動すること。「うらで―する」
**さくにゅう【搾乳】**（名・自スル）牛・やぎなどの乳をしぼること。「一日一回―する」
**さくねん【昨年】**（名）ことしの前の年。類去年
**さくばく【索漠】**『索△莫・索△寞』（ト タル）心をなぐさめるものもなく、ものさびしいようす。「―とした風景」
**さくばん【昨晩】**（名）きのうの晩。ゆうべ。「―雪が降った」類昨夜
**さくひん【作品】**（名）作ったもの。制作したもの。特に文学・美術・音楽などの制作物。「文学―」
**さくふう【作風】**（名）作品にあらわれた傾向《けいこう》や特徴《とくちょう》。「飾《かざ》りけのない―」「江戸《えど》時代の―」
**さくぶん【作文】**（名・自スル）❶文章を作ること。また、作った文章。❷実質のともなわない、もっともらしい文章でまとめたもの。
**さくほう【昨報】**（名）おもに新聞で、きのうの報道。
**さくぼう【策謀】**（名・他スル）はかりごとをめぐらすこと。また、そのはかりごと。「―家」
**さくもつ【作物】**（名）田や畑で作る植物。農作物。「畑の―」「―が実る」
**さくや【昨夜】**（名）きのうの夜。ゆうべ。類昨晩
**さくゆう【昨夕】**（名）きのうの夕方。ゆうべ。「―から降り続いた雨」
**さくら**（名）❶売り手の仲間で、客のふりをして品物を買い、見物人の買いたいと思う気持ちをそそるようにしむける人。❷演説会や芝居《しばい》などで、主催《しゅさい》者に頼《たの》まれておおげさに拍手《はくしゅ》したり賛成したりする人。
**さくら【桜】**（名）❶〘植〙バラ科の落葉高木。やまざくら・そめいよしのなど、種類が多い。日本人に古くから親しまれている。❷「桜色」の略。
**さくらいろ【桜色】**（名）桜の花のような、うすい赤色。淡紅色《たんこうしょく》。「ほんのりと―に染まったほお」
**さくらがい【桜貝】**（名）〘動〙ニッコウガイ科の二枚貝。殻《から》は桜色で美しい。浅海の砂底にすむ。
**さくらがり【桜狩り】**（名）桜の花をたずね歩いて観賞すること。
**さくらぜんせん【桜前線】**（名）桜の開花期が同じ地点を結んだ線。「―が北上する」
**さくらそう【桜草】**（名）〘植〙サクラソウ科の多年草。園芸品種が多い。春、桜に似た花が咲《さ》く。
**さくらにく【桜肉】**（名）（桜色をしているところから）馬の肉の別称《べっしょう》。馬肉《ばにく》。
**さくらのその**〔桜の園〕〔作品名〕ロシアの作家チェーホフの戯曲《ぎきょく》。一九〇三年作。落ちぶれた地主が屋敷「桜の園」を新興の商人に売って故郷を去る話。
**さくらもち【桜餅】**（名）小麦粉で作ったうすい皮、または蒸《む》したもち米で作った皮であんを包み、塩づけの桜の葉で巻いた菓子《かし》。
**さくらゆ【桜湯】**（名）塩づけにした桜の花に湯をそそいだ飲み物。祝賀用。
**さくらん【錯乱】**（名・自スル）考えや気持ちが乱れて、混乱すること。「精神―」「―状態」
**さくらんぼ**『桜ん◇坊』（名）桜の実。特に、桜桃《おうとう》の実。初夏に熟す。食用。さくらんぼう。
**さぐり【探り】**（名）さぐること。さがすこと。
**探りを入《い》れる** ようすをさぐる。「それとなく―」
**さぐりあし【探り足】**（名）足元を足でさぐりながら進むこと。また、その足つき。「暗いので―で歩く」
**さぐりあ・てる【探り当てる】**（他下一）{テ・テ・テル・テル・テレ・テロ(テヨ)}手足でさぐったり、調べまわったりして見つけ出す。
**さぐりだ・す【探り出す】**（他五）{サ(ソ)・シ・ス・ス・セ・セ}表面に現れないことを調べ、つきとめる。「原因を―」
**さくりゃく【策略】**（名）事がうまく行くように考えた、相手をだますはかりごと。計略。「―をめぐらす」
**さぐ・る【探る】**（他五）{ラ(ロ)・リ(ッ)・ル・ル・レ・レ}❶見えない物を手や足などでさわる感覚をたよりにさがす。「ポケットを―」「枕《まくら》もとを―」❷相手に気づかれないようにようすや事情を調べる。「敵のようすを―」「本心を―」❸わからないことがらを明らかにしようと調べ考える。未知のことがらを探し求める。「日本語の起源を―」「実現の可能性を―」❹美しい景色などをたずね求める。「秋の京都を―」
**さくれい【作例】**（名）❶詩文などの作り方の実例・手本。❷辞書で、語の用法を示すために作った例文。
**さくれつ**『△炸裂』（名・自スル）爆弾《ばくだん》や砲弾《ほうだん》などが破裂すること。「砲弾が―する」
**ざくろ**『◇石△榴・△柘△榴』（名）〘植〙ミソハギ科の落葉高木。六月ごろに赤い花が咲《さ》く。実は丸く、うれると皮が裂《さ》けて多数の赤い種が現れる。食用。
**さけ【酒】**（名）❶アルコール分をふくんだ飲み物の総称《そうしょう》。「―を飲む」「―が回る」❷米とこうじで作ったアルコール飲料。清酒。日本酒。
**酒に飲《の》まれる** 酒に酔《よ》って正気を失う。
**酒は百薬《ひゃくやく》の長《ちょう》** 酒はほどよく飲みさえすれば、他のどんな薬よりもからだのためによい。
**さけ**『△鮭』（名）〘動〙サケ科の魚。北の海にすみ、秋に川をさかのぼり卵をうむ。食用。特にしろざけをいうほか、べにざけ・ぎんざけ・からふとますなどを含《ふく》めた総称《そうしょう》としても使う。しゃけ。サーモン。
**さげ【下げ】**（名）❶下げること。対上げ。❷相場が安くなること。「小幅《こはば》の―」「―幅」❸落語で、結びのしゃれ。おち。「落語の―」
**さけい【左傾】**（名・自スル）❶左にかたむくこと。❷思想が急進的になること。…化「思想が左傾化する」（対右傾）
**さけかす【酒かす】**『酒△粕・酒△糟』（名）もろみから酒をしぼったかす。つけもの・かす汁《じる》などに使う。
**さげがみ【下げ髪】**（名）髪をうしろにたばねてたれ下げる女子の髪形。
**さけくせ【酒癖】**（名）酒に酔《よ》ったときに出るくせ。

さけぐせ。「—が悪い」

**さげしお【下げ潮】**（名）引き潮。対上げ潮

**さけずき【酒好き】**（名）酒がすきなこと。また、その人。「無類の—」

**さげす・む【蔑む】**『△貶む』（他五）{マ(モ)・ミ(ン)・ム・ム・メ・メ}相手を劣《おと》った者として見くだす。見下げる。けいべつする。「—・んだ目で見る」

**さけのみ【酒飲み】**（名）酒がすきで、よく飲む人。上戸《じょうご》。左党。

**さけびたり【酒浸り】**（名）酒の中にひたるように、いつでも酒を飲んでいること。「—の毎日」

**さけ・ぶ【叫ぶ】**{バ(ボ)・ビ(ン)・ブ・ブ・ベ・ベ}㊀（自五）声を高くするどく発する。大声を出す。わめく。「火事だと—」㊁（他五）世間に強く主張する。「平和を—」

**さけめ【裂け目】**（名）さけたところ。われめ。

**さ・ける【裂ける】**（自下一）{ケ・ケ・ケル・ケル・ケレ・ケロ(ケヨ)}強い力によって、一つであった物が破れたり割れたりして離《はな》れる。「大地が—」「ズボンが—」

**さ・ける【避ける】**（他下一）{ケ・ケ・ケル・ケル・ケレ・ケロ(ケヨ)}❶好ましくない物事から離《はな》れようとする。また、近づかないようにする。「朝夕のラッシュを—」「人目を—」❷好ましくない事態が起こらないようにする。「争いを—」「重複を—」❸つごうの悪い結果が生じそうな言動をしないようにする。さしひかえる。「明言を—」

**さ・げる【下げる】**（他下一）{ゲ・ゲ・ゲル・ゲル・ゲレ・ゲロ(ゲヨ)}❶上から下へ移す。おろす。「位置を—」「頭を—」対上げる ❷地位や価値・程度などを低くする。落とす。「温度を—」「価格を—」「評価を—」対上げる ❸つるす。ぶらさげる。「風鈴《ふうりん》を—」❹神仏や身分の高い人・客などのそばから、物をしりぞける。かたづける。「おぜんを—」❺うしろのほうへ移す。「教室の机を—」❻けなす。「人を上げたり—・げたりする(=ほめたりけなしたりする)」対上げる

**さ・げる【提げる】**（他下一）{ゲ・ゲ・ゲル・ゲル・ゲレ・ゲロ(ゲヨ)}手に持ってぶらさげる。「かばんを—」

**さげわた・す【下げ渡す】**（他五）{サ(ソ)・シ・ス・ス・セ・セ}官庁から民間へ、または目上の人から目下の者へ物などを与《あた》えたり売ったりする。「国有地を—」

**さげん【左舷】**（名）船のうしろから船首に向かって左側の船べり。対右舷

**ざこ【○雑魚】**（名）❶いろいろ種類のまじった小ざかな。❷下っぱ。小物。

**ざこう【座高】**『△坐高』（名）背筋をのばしていすに腰《こし》かけたときの、いすの面から頭の上までの高さ。

**さこうべん**『左顧右△眄』（名・自スル）→うこさべん

**さこく【鎖国】**（名・自スル）外国との取り引きや交通を禁止すること。「—政策」対開国

**さこつ【鎖骨】**（名）〘生〙胸の骨と肩《かた》の骨をつないでいる、肩の前の、左右一対《いっつい》の長い骨。

**ざこつ【座骨】**『△坐骨』（名）〘生〙骨盤《こつばん》の一部でおしりの下の部分にある骨。「—神経痛《しんけいつう》」

**ざこね【○雑魚寝】**（名・自スル）大勢の人がいりまじってごろ寝をすること。「一つの部屋に—する」

**さこん**『左◇近』（名）〘歴〙（「左近衛府《さこんえふ》」の略）近衛府《このえふ》の一つで、平安時代、右近衛府とともに宮中の警護にあたった役所。対右近

**ささ-**『◇小・◇細』（接頭）名詞の上について「小さい」「こまかい」「わずかな」の意を表す。「—波《さざなみ》」

**ささ**『△笹』（名）〘植〙イネ科の竹の類の中で、たけが低くて細く、生長後も竹の皮を落とさないもの。くまざさ・ちまきざさなど種類が多い。

**ささい**『△些細』（形動ダ）{ダロ・ダッ(デ・ニ)・ダ・ナ・ナラ・○}取りあげるねうちがないほど小さなようす。「—なことにこだわる」

**ささえ【支え】**（名）ささえること。ささえるもの。つっかえ。「心の—を失う」

**さざえ**『×栄螺』（名）〘動〙リュウテンサザエ科の巻き貝。磯《いそ》の岩の間にすむ。殻《から》はにぎりこぶし状で、表面に多くの突起《とっき》がある。つぼ焼きなどにする。

**ささ・える【支える】**（他下一）{エ・エ・エル・エル・エレ・エロ(エヨ)}❶倒《たお》れたり落ちたりしないように何かをあてて押《お》さえとめる。「屋根を—柱」「からだを—・えられながら歩く」❷その状態をたもってゆけるようにする。維持《いじ》する。「母の収入で一家の生活を—」「政権を—」❸くいとめる。ふせぎとめる。「敵の攻撃《こうげき》を—」

**ささくれ**（名）❶先や表面が細かく裂《さ》けること。❷指のつめのはえぎわの皮がむけること。逆《さか》むけ。

**ささくれだ・つ【ささくれ立つ】**（自五）{タ(ト)・チ(ッ)・ツ・ツ・テ・テ}❶ひどくささくれて荒《あ》れた状態になる。「—・った手」❷気持ちが荒れていらいらする。「神経が—」

**ささく・れる**（自下一）{レ・レ・レル・レル・レレ・レロ(レヨ)}❶先や表面が細かく裂《さ》ける。「竹刀《しない》が—」❷指のつめのはえぎわの皮が逆《さか》むけになる。「指が—」❸気持ちが荒《あ》れてとげとげしくなる。「—・れた気分」

**ささげ**『×豇豆・×大角豆』（名）〘植〙マメ科の一年草。夏、白やうす紫《むらさき》色の小さな花が咲《さ》き、さやを結ぶ。種子はあずきに似て、食用。

**ささ・げる**『△捧げる』（他下一）{ゲ・ゲ・ゲル・ゲル・ゲレ・ゲロ(ゲヨ)}❶両手で高く上げて持つ。「優勝旗を—・げて歩く」❷神仏や尊敬する人にさしあげる。たてまつる。「玉串《たまぐし》を—」「祈りを—」❸真心や愛情などを示して相手にさしだす。「身も心も—」「研究に一生を—」

**ささだけ【ささ竹】**『△笹竹』（名）〘植〙小さい竹。

**ささつ【査察】**（名・他スル）物事が基準どおりに行われているかどうかを取り調べること。「行政—」

**さざなみ【さざ波】**『◇細波・◇小波・△漣』（名）水面に細かに立つ波。ささなみ。さざれなみ。

**さざなみや…**和歌

〔さざ波や　志賀《しが》の都《みやこ》は　あれにしを　昔《むかし》ながらの　山桜《やまざくら》かな〕〈千載集《せんざいしゅう》・よみ人しらず〉訳むかし栄えた志賀の都はあれはててしまったが、むかしのまま美しく咲《さ》きにおっている長等山《ながらやま》の山桜であることよ。（「平家物語」によれば平忠度《たいらのただのり》の作という。「さざ波や」は「志賀」の枕詞《まくらことば》。「昔ながら」は、地名「長等山」との掛詞《かけことば》）

**ささぶね【ささ舟】**『△笹舟』（名）ささの葉を折って作った舟。「—を浮《う》かべる」

**ささみ**『△笹身』（名）鶏《にわとり》の胸の部分の肉。やわらかく脂肪《しぼう》が少ない。参考肉がささの葉の形をしていることからの名。

**ささめき** (名) 声をひそめて話すこと。また、そのことば。ささやき。「人びとの—が聞こえる」

**さざめ・く** (自五) {カ(コ)・キ(イ)・ク・ク・ケ・ケ} にぎやかにさわぐ。

**ささめゆき【ささめ雪】**〖◇細雪〗(名) 細かに降る雪。まばらに降る雪。

**ささめゆき**〔細雪〕【作品名】谷崎潤一郎《たにざきじゅんいちろう》の長編小説。一九四八(昭和二三)年完成。大阪船場《せんば》の美しい四人姉妹の生活と運命をえがく。

**ささやか**〖◇細やか〗(形動ダ) {ダロ・ダッ(デ・ニ)・ダ・ナ・ナラ・○} ❶規模が小さいようす。ひかえめなようす。「—な願い」「—なくらし」❷わずかで粗末《そまつ》なようす。形ばかりのようす。「—な送別会」使い方 ②は多く謙遜《けんそん》していう。

**ささや・く**〖◇囁く〗(自五) {カ(コ)・キ(イ)・ク・ク・ケ・ケ} ❶小声でひそひそと話す。「耳もとで—」❷ひそかにうわさする。「引退が—・かれる」

**ささやぶ**〖△笹△藪〗(名) ささがむらがり生えている所。また、竹やぶ。

**ささ・る【刺さる】**(自五) {ラ(ロ)・リ(ッ)・ル・ル・レ・レ} 先のとがったものが物やからだなどに突《つ》き立つ。「ばらのとげが—」

**さざれ**〖◇細〗(名) ❶「さざれ石」の略。❷(接頭語的に用いて) 小さい。「—波」

**さざれいし【さざれ石】**〖◇細石〗(名) 小さい石。

**さざんか**〖◇山◇茶花〗(名)〖植〗ツバキ科の常緑小高木。暖かい地方に生え、葉は互生《ごせい》。晩秋から冬にかけて赤色や白色の椿《つばき》ににた花が咲《さ》く。園芸品種が多い。

(さざんか)

**-さし**〖◇止し〗(接尾) 動詞について、動作を途中《とちゅう》でやめることを表す。「読み—の本」「飲み—」

**さし**〖◇尺〗(名) ものさし。

**さし【刺し】**(名) 米俵にさして米を取り出して調べるための、先をななめに切った竹筒《たけづつ》。こめさし。

**さし【差し】** 一 (名) ❶さしむかい。「—で飲む」❷二人で荷をかつぐこと。「—でかつぐ」二 (接頭) 動詞について、意味を強めたり調子を整える。「—招く」三 (接尾) 舞《まい》の曲数を数える語。「一—舞う」

**さじ**〖△匙〗(名) 小さい皿状の頭部に柄《え》のついた、液体や粉をすくう道具。スプーン。「大—一杯《いっぱい》」

**匙を投《な》げる** ❶(薬の調合用のさじを投げ出す意から) 医者が病人を見放す。❷見込《みこ》みがないとあきらめる。「専門家もさじを投げた難問」

**さじ**〖△些事・△瑣事〗(名) つまらないこと。ささいなこと。「—にこだわる」

**-ざし【差し】**(接尾) 物の姿や状態などをいうことば。「まな—」「面《おも》—」

**ざし【座視】**〖△坐視〗(名・他スル) そばで見ているだけで、手出しをしないこと。「—するにしのびない」

**さしあ・げる【差し上げる】**(他下一) {ゲ・ゲ・ゲル・ゲル・ゲレ・ゲロ(ゲヨ)} ❶上へあげる。ささげる。「両手を高く—」❷「与《あた》える」の謙譲《けんじょう》語。献上《けんじょう》する。「記念に—・げます」❸(助詞「て」の下について)「…てやる」の謙譲語。「書いて—」

**さしあし【差し足】**(名) つま先でそっと歩くこと。「ぬき足—しのび足」

**さしあたって【差し当たって】**(副) さしあたり。

**さしあたり【差し当たり】**(副) 今のところ。さしずめ。当面。さしあたって。「—これだけあればよい」

**さしいれ【差し入れ】**(名・他スル) ❶刑務所《けいむしょ》などにはいっている人に、食物や品物を届けること。また、その物。❷こもって仕事をしている人に激励《げきれい》の気持ちをこめて食物などを届けること。また、その物。

**さしい・れる【差し入れる】**(他下一) {レ・レ・レル・レル・レレ・レロ(レヨ)} ❶物を、中やすきまへ差しこむように入れる。「ポストに新聞を—」❷差し入れをする。「弁当を—」

**さしえ【挿絵】**(名) 新聞・雑誌・書物などの文章の中に入れる絵。イラスト。「—の多い本」

**サジェスチョン**〔英 suggestion〕(名) 暗示《あんじ》。示唆《しさ》。サゼッション。「—をもらう」

**さしお・く【差し置く】**(他五) {カ(コ)・キ(イ)・ク・ク・ケ・ケ} ❶そのままにしておく。「勉強を—・いて遊びにゆく」❷人をないがしろにする。「先輩《せんぱい》を—・いて出過ぎたまねをする」

**さしおさえ【差し押さえ】**(名)〖法〗税金や借金を払《はら》わない人などに対して、国の力によって、財産の処分などを勝手にできないようにすること。

**さしおさ・える【差し押さえる】**(他下一) {エ・エ・エル・エル・エレ・エロ(エヨ)} ❶押さえとめる。「あばれる人を—」❷差し押さえをする。「家屋《かおく》を—」

**さしか・える【差し替える】**(他下一) {エ・エ・エル・エル・エレ・エロ(エヨ)} ❶別のものといれかえる。「例文を—」❷とりかえてほかのものを差す。「花瓶《かびん》の花を—」

**さしかか・る【差しかかる】**〖差し掛かる〗(自五) {ラ(ロ)・リ(ッ)・ル・ル・レ・レ} ❶ちょうどその場所に来る。「坂に—」❷ある時期や状況《じょうきょう》になろうとする。「満潮時に—」「佳境《かきょう》に—」❸上からおおいかぶさる。

**さしか・ける【差しかける】**〖差し掛ける〗(他下一) {ケ・ケ・ケル・ケル・ケレ・ケロ(ケヨ)} 上からおおうようにかざす。「かさを—」

**さじかげん【さじ加減】**〖△匙加減〗(名) ❶薬をまぜあわせるぐあい。❷物事を処理する場合の手かげん。「—一つで決まる」

**さしがね【差し金】**(名) ❶大工などが使う、直角に曲がった金属製のものさし。かね尺《じゃく》。「—を当てる」❷かげで人をあやつること。「人の—で動く」

**さしき【挿し木】**(名) 植物の茎《くき》や枝を土の中にさして根を出させ、新しい株を作る方法。

**さじき**〖◇桟敷〗(名) すもうや芝居《しばい》・祭りの見物などで、一段高く作られた見物席。「—が設けられる」

**ざしき【座敷】**(名) ❶たたみを敷《し》いた部屋。特に、客間。「奥《おく》の—で休む」❷宴会《えんかい》の席。「—芸」❸(ふつう「お」をつけて) 芸人・芸者などが宴席に呼ばれること。「お—がかかる」

**さしぐ・む【差しぐむ】**〖差し◇含む〗(自五) {マ(モ)・ミ(ン)・ム・ム・メ・メ} 涙《なみだ》がわいてくる。涙ぐむ。

**さしこ【刺し子】**(名) 綿布を重ね合わせて細かく刺して縫《ぬ》ったもの。じょうぶなので柔道着《じゅうどうぎ》などに用いる。「—の半纏《はんてん》」

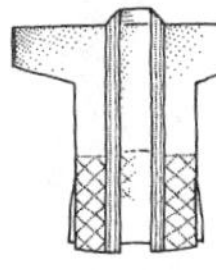
(さしこ)

**さしこ・む**【差し込む】｛マ(モ)・ミ(ン)・ム・ム・メ・メ｝ ■一 (他五) すきまや穴につきさすように入れる。「かぎを—」 ■二 (自五) ❶光がはいってくる。「朝日が—」 ❷腹や胸が急にはげしく痛む。「胃が—」 参考 ■二①は「射し込む」とも書く。

**さしさわり**【差し障り】(名) ぐあいの悪いこと。さまたげ。さしつかえ。「—が生じる」「—のない話」

**さししお**【差し潮】(名) 満ち潮。上げ潮。 対 引き潮

**さしし・める・す**【指し示す】(他五) ｛サ(ソ)・シ・ス・ス・セ・セ｝ 指でさして示す。「東の方角を—」

**さしず**【指図】(名・自他スル) そうするように言いつけること。また、その言いつけ。「—どおりに行う」

**さしずめ**『差し詰め』(副) ❶さしあたり。「—暮らしには困らない」 ❷つまるところ。結局。「—ぼくがやらなければならないわけだ」

**さしせま・る**【差し迫る】(自五) ｛ラ(ロ)・リ(ッ)・ル・ル・レ・レ｝ すぐ近くにせまる。まぎわまで近づく。「—った試験」

**さしだしにん**【差出人】(名) 手紙や荷物などを出した人。「—不明の手紙」

**さしだ・す**【差し出す】(他五) ｛サ(ソ)・シ・ス・ス・セ・セ｝ ❶前へ出す。「手を—」 ❷提出する。「書類を—」 ❸手紙や荷物などを送り出す。

**さしたる**『◇然したる』(連体) これというほどの。たいした。「—支障はない」 使い方 あとに「ない」「ません」などの打ち消しのことばがくる。

**さしちが・える**【刺し違える】(自下一) ｛エ・エ・エル・エル・エレ・エロ(エヨ)｝ たがいに刀で刺し合って死ぬ。相手をほろぼし、自分もほろぶ。「政敵《せいてき》と—」

**さしつかえ**【差し支え】(名) さまたげ。さしさわり。支障。「何も—はない」

**さしつか・える**【◦差し支える】(自下一) ｛エ・エ・エル・エル・エレ・エロ(エヨ)｝ ぐあいの悪いことになる。支障が生じる。「仕事に—」

**さして**【差し手】(名) すもうで、自分の手を相手のわきの下に入れること。また、その手。「—争い」

**さして**『◇然して』(副) たいして。べつだん。それほど。「—おどろくことでもない」 使い方 あとに「ない」「ません」などの打ち消しのことばがくる。

**さしでがまし・い**【差し出がましい】(形) ｛カロ・カッ(ク)・イ・イ・ケレ・○｝ でしゃばったようすである。「—口をきく」

**さしでぐち**【差し出口】(名) よけいな口出し。「そばから—をするな」

**さしでもの**【差し出者】(名) でしゃばりや。ですぎもの。

**さしと・める**【差し止める】(他下一) ｛メ・メ・メル・メル・メレ・メロ(メヨ)｝ やめさせる。禁止する。「出版を—」「出入りを—」

**さじなめて**… 俳句

〔匙《さじ》なめて 童《わらは》たのしも 夏氷《なつごおり》〕〈山口誓子《やまぐちせいし》〉 訳 子どもがかき氷を食べている。さじをなめ、いかにもうれしそうだ。(季語「夏氷」夏)

**さしぬき**『指◇貫』(名) むかしのはかまの一種。すそにひもを通し、はいたあとでくくりつぼめたもの。衣冠《いかん》・直衣《のうし》・狩衣《かりぎぬ》を着たときにはいた。

(さしぬき)

**さしの・べる**【差し伸べる・差し延べる】(他下一) ｛ベ・ベ・ベル・ベル・ベレ・ベロ(ベヨ)｝ ❶ある方向にのばして出す。「指を—」 ❷力を貸す。手助けをする。「救いの手を—」

**さしはさ・む**【差し挟む】(他五) ｛マ(モ)・ミ(ン)・ム・ム・メ・メ｝ ❶間に入れる。はさみこむ。割りこませる。「口を—」 ❷ある考えを心にもつ。「疑いを—」

**さしひか・える**【差し控える】(他下一) ｛エ・エ・エル・エル・エレ・エロ(エヨ)｝ ❶遠慮《えんりょ》してやめる。しないでおく。「よけいな口出しを—」 ❷ひかえめにする。「酒を—」

**さしひき**【差し引き】 ■一 (名・他スル) ある数からある数を引くこと。また、引いた残り。「—ゼロ」 ■二 (名・自スル) 潮が満ち引きすること。

**さしひ・く**【差し引く】(他五) ｛カ(コ)・キ(イ)・ク・ク・ケ・ケ｝ ある数からある数を引く。「給与から税金を—」

**さしまね・く**【差し招く】『◦麾く』(他五) ｛カ(コ)・キ(イ)・ク・ク・ケ・ケ｝ 手でまねく。手まねきして呼ぶ。「人を—」

**さしまわ・す**【差し回す】(他五) ｛サ(ソ)・シ・ス・ス・セ・セ｝ 指定の場所に行かせる。さしむける。「迎《むか》えの車を—」

**さしみ**【刺身】(名) 新鮮《しんせん》な魚肉などをなまのまますく切り、しょうゆなどをつけて食べる料理。

**さしむかい**【差し向かい】(名) 二人が向かい合っていること。「—で話す」

**さしむき**『差し向き』(副) さしあたり。今のところ。「—用事はない」

**さしむ・ける**【差し向ける】(他下一) ｛ケ・ケ・ケル・ケル・ケレ・ケロ(ケヨ)｝ そこへ行かせる。派遣《はけん》する。「使者を—」

**さしも**『◇然しも』(副) あれほど。「—の寒さも終わりらしい」

**さしもど・す**【差し戻す】(他五) ｛サ(ソ)・シ・ス・ス・セ・セ｝ ❶やりなおしをさせるためにもとに返す。「書類を—」 ❷〔法〕上級裁判所が、下級裁判所の判決を破棄《はき》して裁判のやりなおしをさせる。「第一審《だいいっしん》に—」

**さしもの**【指物】(名) ❶むかし、武士が戦場での目じるしのため、よろいの背にさした小旗やかざり物。「旗—」 ❷板を組み立てて作った器具や家具。「—師」

**さしゅ**【詐取】(名・他スル) 金品をだまし取ること。「知人から大金を—する」

**さしゅう**【査収】(名・他スル) 書類などを確認して受け取ること。「ご—ください」

**ざしょ**【座所】(名) 貴人などのすわり場所。貴人の居間《いま》。「天皇の御《ご》—」

**さしょう**『△些少』(名・形動ダ) 少ないこと。少し。わずか。「—ですが、お受け取りください」

**さしょう**【査証】(名・他スル) 調べて証明すること。また、その証書。特に、パスポートの裏書き。ビザ。

**さしょう**【詐称】(名・他スル) 氏名・職業・学歴などをいつわって言うこと。「経歴を—する」

**ざしょう**【挫傷】(名・他スル) 打ったりくじいたりなどして、ひふの表面に傷はないが、ひふの下に傷を受けること。また、その傷。打ち身。「脳—」

**ざしょう**【座礁】『△坐礁』(名・自スル) 船が暗礁に乗りあげて動けなくなること。「—事故の多い海域」

**さじょうのろうかく**【砂上の楼閣】土台やより

どころが弱く、すぐにくずれてしまうこと。転じて、実現が不可能な物事や計画のたとえ。

**ざしょく**【座食】『△坐食』(名・自スル) 働かないで暮らすこと。居食《いぐ》い。徒食《としょく》。「—の日々」

**さしわたし**【差し渡し】(名) 直径。

**さじん**『砂△塵・沙△塵』(名) 砂ぼこり。「—が巻き上がる」

**-さ・す**『◇止す』(接尾)(動詞の連用形について)五段活用の動詞をつくり「とちゅうでやめる」「しのこす」の意を表す。「言い—」

**さす**【砂州】『砂△洲』(名)《地質》水や風によって運ばれた土や砂が海岸や湖岸にたまり長くのびて、対岸や島などにつながったもの。また、つながりそうなもの。

**さ・す**【差す】｛サ(ソ)・シ・ス・ス・セ・セ｝ ■一 (自五) ❶光が当たる。光が照り入る。「西日《にしび》が—」 ❷色などが表面に表れる。「顔に赤みが—」 ❸ある気持ちがおこる。「嫌気《いやけ》が—(=いやになる)」「魔《ま》が—(=ふと悪い考えがおこる)」 ❹潮が満ちる。「潮が—」
■二 (他五) ❶頭上に広げ持つ。「かさを—」 ❷刀などを帯の間にはさみ入れる。「脇差《わきざし》を—」 ❸すもうで、自分の手を相手のわきの下につき入れる。「右を—」 ❹少量の液体をそそぎ入れる。「湯を—」「目薬を—」「油を—」 ❺色などをつける。「紅《べに》を—」 ❻船を動かすためにさおを使う。「流れにさおを—」
参考 ■一①は「射す」、■二④は「注す」とも書く。

**さ・す**【刺す】(他五)｛サ(ソ)・シ・ス・ス・セ・セ｝ ❶先のとがったものをつき入れる。つきさす。「短刀で人を—」 ❷虫が針を皮膚《ひふ》につき通す。「はちに—・される」 ❸針をつき通して縫《ぬ》う。「ぞうきんを—」 ❹もちざおで鳥をとらえる。「鳥を—」 ❺野球で、走者をアウトにする。「本塁《ほんるい》で—」 ❻目・鼻・舌《した》、また人の気持ちを鋭《するど》く刺激《しげき》する。「鼻を—臭《にお》い」

**さ・す**【指す】(他五)｛サ(ソ)・シ・ス・ス・セ・セ｝ ❶指や棒などで方向や場所を示す。ゆびさす。「右のほうを—」 ❷その方向へ向かう。めざす。「東を—・して進む」 ❸人や物をそれと定めて示す。「彼《かれ》のことを—・して言った悪口」「この語の—意味」 ❹将棋《しょうぎ》をする。「一局—」

**さ・す**【挿す】(他五)｛サ(ソ)・シ・ス・ス・セ・セ｝ ❶細長いものをある物の中にさし入れる。さしこむ。「花びんに花を—」「かんざしを—」 ❷さし木をする。「ばらを—・してふやす」

**ざす**【座主】(名) 寺院の事務をとりしきる僧《そう》。特に、延暦《えんりゃく》寺の長である僧。「天台《てんだい》—」

**さすが**『×流石』(副) ❶聞いて予想・期待していたとおりほんとうに。評判どおり。「銀座は—(に)にぎやかだ」 ❷そうは言うもののやはり。「今度ばかりは—に弱った」「—の強打者も三振《さんしん》」

**さずか・る**【授かる】(自他五)｛ラ(ロ)・リ(ッ)・ル・ル・レ・レ｝ あたえられる。いただく。「子を—」

**さず・ける**【授ける】(他下一)｛ケ・ケ・ケル・ケル・ケレ・ケロ(ケヨ)｝ ❶(目上の者から目下の者に)あたえる。とらせる。「勲章《くんしょう》を—」 ❷教え伝える。「秘伝を—」「策を—」

**さすて**【差す手】(名) 舞《まい》で、手を前方へ差し出すこと。「—引く手(=舞の手ぶり)も鮮《あざ》やかに舞う」

**サステナブル**〔英 sustainable〕(形動ダ)｛ダロ・ダッ(デ)・ニ・ダ・ナ・ナラ・○｝ 持続可能であるようす。特に、地球環境《かんきょう》や経済活動などが長期的に維持《いじ》できるよう配慮《はいりょ》されているようす。サステイナブル。

**サスペンション**〔英 suspension〕(名) 自動車などで、車輪と車体の間に取り付けて振動《しんどう》や衝撃《しょうげき》を吸収する装置。

**サスペンス**〔英 suspense〕(名) 小説・映画などで、読者・観客にあたえる不安や気がかりな感情。また、そういう感情を起こさせる技巧《ぎこう》や作品。「—ドラマ」

**サスペンダー**〔英 suspenders〕(名) ❶ズボンなどがずり落ちないように肩《かた》からかけるつりひも。ズボンつり。 ❷靴下《くつした》どめ。ガーター。

**さすまた**【刺股】(名) 長い棒の先に鉄製の二股《ふたまた》をつけたもの。江戸《えど》時代、盗賊《とうぞく》などをとらえるために用いた。

**さすら・う**(自五)｛ワ(オ)・イ(ッ)・ウ・ウ・エ・エ｝ あてもなくさまよい歩く。放浪《ほうろう》する。漂泊《ひょうはく》する。「諸国を—」

**さす・る**『◇摩る・◇擦る』(他五)｛ラ(ロ)・リ(ッ)・ル・ル・レ・レ｝ てのひらで軽くこする。「病人の背中を—」

**ざ・する**【座する】『△坐する』(自サ変)｛シ(セ・サ)・シ・スル・スル・スレ・シロ(セヨ)｝ すわる。何もしないでそのままいる。「—・して死を待つ」

**ざせき**【座席】(名) すわる場所。すわる席。シート。

**させつ**【左折】(名・自スル) 道路などを左へ曲がること。対 右折

**ざせつ**【挫折】(名・自スル) 事業や計画などがとちゅうでだめになること。「計画が—する」「—感」

**さ・せる**(他下一)｛セ・セ・セル・セル・セレ・セロ(セヨ)｝ ❶ある行動をするようにしむける。「手伝いを—」 ❷ある行動を放任《ほうにん》・許容《きょよう》する。「好きに—」

**させる**(助動)｛サセ・サセ・サセル・サセル・サセレ・サセロ(サセヨ)｝ ❶使役《しえき》の意を表す。…するようにしむける。「生徒に問題を考え—」 ❷放任《ほうにん》・許容《きょよう》などの意を表す。…させておく。…するにまかせる。「好きな学校を受け—」 ❸(「させられる」の形で)尊敬の意を表す。お…なさる。「女王は選手にお手をのべさせられた」 ❹(「…させていただく」などの形で)謙遜《けんそん》の意を表す。「少し考えさせていただきます」 文法 上一段・下一段・カ変動詞の未然形につく。⇩せる(助動)

**させん**【左遷】(名・他スル) 現在よりも低い官職・地位に落とすこと。「地方に—される」対 栄転

**ざぜん**【座禅】『△坐禅』(名)《仏》足を組んで静かに座り、よけいなことはいっさい考えないで、さとりを得ようとする修行《しゅぎょう》法。おもに禅宗で行う。「—を組む」

**さぞ**(副) さだめし。さぞかし。きっと。「—お喜びでしょう」使い方 あとに「だろう」「でしょう」などの推量のことばがくる。

**さそいみず**【誘い水】(名) ❶井戸《いど》のポンプの水が出ないとき、水をさそい出すためにポンプにそそぎ入れる水。呼び水。「—を入れる」 ❷事の起こるきっかけをつ

くるもの。「投書がーとなり、論争が起こった」

**さそ・う【誘う】**（他五）{ワ(オ)・イ(ッ)・ウ・ウ・エ・エ} ❶いっしょに行動することをすすめる。「ハイキングにー」 ❷ある気分や状態にさせる。うながす。「眠《ねむ》りをー」「涙《なみだ》をー」 ❸そそのかす。誘惑《ゆうわく》する。「悪事にー」

**ざそう【挫創】**（名）❶打ったり転んだりして、皮膚《ひふ》に傷をつけること。また、その傷。❷→ざしょう(挫傷)

**ざぞう【座像】**『△坐像』（名）すわっている姿の像。対立像

**さぞかし**（副）さだめし。きっと。「さぞ」を強めたことば。「ー子どもが喜ぶことでしょう」

**さぞや**（副）さぞかし。きっと。「さぞ」を強めたことば。「ー心配していることでしょう」

**さそり**『△蠍』（名）『動』サソリ目の節足動物の総称《そうしょう》。四組の足とはさみをもち、腹のうしろ半分が尾《お》の形をしていて、その先に毒のある針をもつ。熱帯・亜熱帯《あねったい》にすむ。

（さそり）

**さた【沙汰】**（名・自他スル）❶物事のよしあしを定めること。さばき。「地獄《じごく》のーもかねしだい」❷命令。さしず。「ーを待つ」❸知らせ。たより。「何のーもない」「ご無《ぶ》ー」❹うわさ。評判。「とかくのーがある」❺行い。しわざ。事件。「正気のーではない」「裁判ー《ざた》」

**沙汰の限《かぎ》り**　言いようもないほど悪いこと。もってのほか。論外。「彼《かれ》の行いはーだ」

**さだいじん【左大臣】**（名）むかしの役人の職名。太政《だいじょう》大臣に次ぐ位で、右大臣の上位。

**さだか【定か】**（形動ダ）{ダロ・ダッ(デ・ニ)・ダ・ナ・ナラ・〇} 物事のようすや性質がはっきりとしているようす。明らかなようす。確か。「記憶《きおく》がーでない」使い方〉多く「定かでない」という否定形で使われる。

**ざたく【座卓】**（名）畳《たたみ》や床《ゆか》に座って使う机・テーブル。

**さだまり【定まり】**（名）定まっていること。きまり。「おーの話」

**さだま・る【定まる】**（自五）{ラ(ロ)・リ(ッ)・ル・ル・レ・レ} ❶物事が決まる。決定する。「集会の日時がー」「評価がー」❷体勢などがしっかりして動かなくなる。「足もとがー・らない」❸世の中の乱れやさわぎ、天候など、荒《あ》れていたものがしずまる。おさまる。「天下がー」「天気がー」

**さだめ【定め】**（名）❶きまり。おきて。規則。「法のー」❷定まっている運命。「人の世のー」❸一定していて変わらないこと。「ーなき世」

**さだめし【定めし】**（副）きっと。必ず。さぞ。「ーおつかれのことでしょう」使い方〉あとに「だろう」「でしょう」などの推量のことばがくる。

**さだめて【定めて】**（副）→さだめし

**さだ・める【定める】**（他下一）{メ・メ・メル・メル・メレ・メロ(メヨ)} ❶物事をしっかり決めて動かないようにする。「規則をー」「ねらいをー」❷世の中の乱れやさわぎをしずめる。おさめる。「天下をー」

**さたやみ【沙汰やみ】**『沙汰◇止み』（名）（命令・指令・計画などが）とりやめになること。中止。

**さたん【左△袒】**（名・自スル）味方すること。

故事 漢の臣である周勃《しゅうぼつ》が呂《りょ》氏の乱をおさめようとしたとき、漢王劉《りゅう》氏に味方する者は左袒(=左の肩《かた》をはだぬぎにすること)せよと言った話による。〈史記〉

**さたん**『△嗟嘆・△嗟△歎』（名・自他スル）❶なげくこと。「ーの声」❷感心してほめること。

**サタン**〔英 Satan〕（名）キリスト教で説く悪魔《あくま》。

**ざだん【座談】**（名・自スル）何人かが同席して自由に話し合うこと。また、その話。

**ざだんかい【座談会】**（名）何人かが集まって、あることがらについて自由に話し合う会。「ーに出席する」

**さち【幸】**（名）❶自然からとれた食べ物。「海のーの料理」❷幸福。さいわい。「ー多かれと祈《いの》る」

**ざちょう【座長】**（名）❶座談会などで、中心になって話し合いを進め、とりまとめてゆく人。「ーを選出する」❷劇団などのいちばん上に立つ人。一座のかしら。

**さつ【冊】** 5画 冂3 小6 音サツ・サク高

❶(サツと読んで)ふみ。書物。◆冊子◆分冊・別冊。❷(サクと読んで)書きつけをする細長いふだ。◆短冊《たんざく》

丨 冂 冂 冊 冊

**-さつ【冊】**（接尾）書物を数えることば。「二ーの教科書」

**さつ【札】** 5画 木1 小4 音サツ 訓ふだ

❶ふだ。書きつけ。◆鑑札《かんさつ》・入札・表札・落札。❷きっぷ。◆改札。❸紙幣《しへい》。◆札束《さつたば》◆新札

一 十 才 木 札

**さつ【札】**（名）紙幣《しへい》。「一〇〇ドルーの束《たば》」

**さつ【刷】** 8画 刂6 小4 音サツ 訓する

❶する。こする。文字や絵などをうつし出す。◆印刷・縮刷。❷ぬぐう。きれいにする。◆刷新

コ 尸 届 屌 刷

**さつ【刹】** 8画 刂6 音サツ高・セツ

寺。◆古刹《こさつ》・仏刹《ぶっさつ》・名刹《めいさつ》。参考「刹那《せつな》」は、梵語《ぼんご》の音訳。

ノ メ 㐅 杀 刹

**さつ【拶】** 9画 扌6 音サツ

せまる。近づく。◆挨拶《あいさつ》

一 扌 扌 拶 拶

**さつ【殺】** 10画 殳6 小5 〔殺〕 音サツ・サイ高・セツ高 訓ころす

❶(サツと読んで)ころす。◆殺意・殺害・殺傷・殺人◆暗殺・自殺・他殺。❷なくす。ほろぼす。◆抹殺《まっさつ》。❸すさまじい。あらあらしい。◆殺到《さっとう》・殺伐《さつばつ》。❹意味を強める。◆悩殺《のうさつ》・忙殺《ぼうさつ》・黙殺《もくさつ》。❺(サイと読んで)へらす。◆減殺《げんさい》・相殺《そうさい》。参考「サイ」の音は「相殺」「減殺」ということばに、「セツ」の音は「殺生《せっしょう》」ということばに使われる特殊《とくしゅ》な読み方。

ノ 㐅 杀 杀 殺 殺

**さつ【察】** 14画 宀11 小4 音サツ

❶よくみて調べる。◆監察《かんさつ》・観察・考察・視察・診察《しんさつ》・偵察《ていさつ》。❷想像する。おしはかる。◆察知◆推察・洞察《どうさつ》・拝察

**さつ【撮】** 15画 扌12 音 サツ 訓 とる

❶つまむ。つまみとる。◆撮記。❷写真などをうつす。◆撮影《さつえい》◆特撮 ⇩付録「漢字の筆順㉒耳」

**さつ【擦】** 17画 扌14 音 サツ 訓 する・すれる

こする。すれる。◆擦過傷《さっかしょう》◆摩擦《まさつ》

**さっ【早】**→そう(早)

**ざつ【雑】** 14画 隹6 小5 〔雜〕 音 ザツ・ゾウ

❶入りまじる。入り乱れてまとまりがない。◆雑居・雑然・雑踏《ざっとう》・雑炊《ぞうすい》◆混雑・煩雑《はんざつ》・複雑・乱雑。❷こまごまとした。重要でない。◆雑貨・雑草・雑費・雑文・雑用・雑木《ぞうき・ざつぼく》。❸いいかげん。あらい。◆粗雑《そざつ》。参考 特別に、「雑魚」は「ざこ」と読む。⇩付録「漢字の筆順㉜隹」

**ざつ【雑】**（形動ダ）〔ダロ・ダッ(デ・ニ)・ダ・ナ・ナラ・○〕おおまかで、細かいところに気が回らないようす。おおざっぱでいいかげんなようす。「―な仕事ぶり」「―に扱《あつか》う」

**さつい【殺意】**（名）人を殺そうとする意志。「―をいだく」

**さついれ【札入れ】**（名）紙幣《しへい》を入れるさいふ。紙入れ。

**さつえい【撮影】**（名・他スル）写真や映画をとること。「―所」「レントゲン―」

**ざつえい【雑詠】**（名）俳句や和歌で、題を決めないでいろいろな物事をよむこと。また、その俳句や和歌。

**ざつえき【雑役】**（名）こまごまとした用事や仕事。

**ざつおん【雑音】**（名）❶さわがしく不快な感じをさせる音。騒音《そうおん》。「外の―」❷ラジオ・電話などを聞きとるのにじゃまになる音。「―がはいる」❸《俗語》まわりであれこれ言う批評。「周囲の―を気にするな」

**さっか【作家】**（名）詩歌《しいか》・小説・絵画などの文芸・芸術作品を作る人。特に、小説家についていうことが多い。「陶芸《とうげい》―」「女流―」

**さっか【作歌】**（名・自スル）和歌を作ること。また、作った和歌。

**さっか【昨夏】**（名）去年の夏。「―の出来事」

**ざっか【雑貨】**（名）日常生活に必要な、こまごました品物。「日用―」「―商」

**サッカー**〔英 soccer〕（名）一一人ずつ二組に分かれ、ボールを手を使わずに足でけるなどして相手のゴールに入れ、点数を競う競技。

**さつがい【殺害】**（名・他スル）人を殺すこと。

**さっかく【錯角】**（名）〔数〕一つの直線が他の二直線とまじわるとき、二直線の内側にあり、一つの直線の反対側ではすかいに向かい合っている角。図の角aと角c、角bと角dをそれぞれ錯角という。

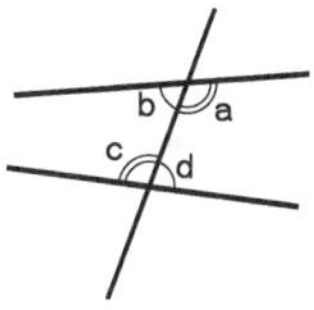

（錯角）

**さっかく【錯覚】**（名・自スル）❶物事を見たり聞いたりするとき、ほんとうのものとちがったように感じること。「目の―」❷思いちがい。かんちがい。「自分も現地にいるような―をおこす」

**ざつがく【雑学】**（名）いろいろな分野・方面にわたるまとまりのない知識・学問。

**さっかしょう【擦過傷】**（名）すり傷。かすり傷。

**サッカリン**〔英 saccharin〕（名）《化》人工甘味料《かんみりょう》の一種。無色・半透明《とうめい》の結晶《けっしょう》。

**ざっかん【雑感】**（名）まとまりもなく心に思ったこと。いろいろな感想。「―を述べる」

**さつき【○五月】**『△皐月』（名）❶陰暦《いんれき》五月の異名。「―晴れ」❷《植》「さつきつつじ」の略。

**さっき【殺気】**（名）人を殺そうとするような、ぶきみな気配。はげしい敵意。「―を感じる」「―だつ」

**さっき**（副）（「さき」の変化したもの）さきほど。先刻。

**ざっき【雑記】**（名）いろいろなことを書きしるすこと。また、その書きしるしたもの。「―帳」

**さつきつつじ**『○五月×躑躅』（名）《植》ツツジ科の常緑低木。山に生え、庭にも植える。五、六月ごろに紅紫色《こうししょく》・白色などの花が咲《さ》く。さつき。

**さつきばれ【○五月晴れ】**（名）❶梅雨《つゆ》の晴れ間。❷五月の空の晴れわたること。また、その天気。

**さつきやみ【○五月闇】**（名）さみだれの降るころの夜の暗いこと。また、そのくらやみ。

**さっきゅう【早急】**（名・形動ダ）ひじょうに急ぐようす。至急。「―な対処」参考「そうきゅう」とも読む。

**ざっきょ【雑居】**（名・自スル）❶いろいろな人がまじって住むこと。特に、一つの家にいくつもの家族が住んでいること。「―家族」❷一つの建物にいろいろな店や会社などがはいっていること。「―ビル」❸同じ地域にいろいろな人種が入りまじって住むこと。

**さっきょう【作況】**（名）農作物のできぐあい。作柄《さくがら》。

**さっきょく【作曲】**（名・自他スル）音楽の曲を作ること。「―家」

**さっきん【殺菌】**（名・他スル）熱や薬品などで細菌や病原菌を殺すこと。「食器を―する」類 滅菌《めっきん》

**ざっきん【雑菌】**（名）いろいろな細菌《さいきん》。また、ある細菌を純粋《じゅんすい》培養《ばいよう》するときに混入した、それ以外の細菌。

**さっきんざい【殺菌剤】**（名）細菌や病原菌を殺すのに使う薬。ホルマリン・石炭酸など。

**サック**〔英 sack〕（名）物を入れたり保護したりするための袋《ふくろ》・さや。「指―」

**ザック**〔ドイツ Sack〕（名）リュックサック。

**サックス**〔英 sax〕（名）《音》→サキソホン

**ざっくばらん**（形動ダ）〔ダロ・ダッ(デ・ニ)・ダ・ナ・ナラ・○〕ありのままでかくしだてのないようす。「―に話す」「―な人がら」

**ざっくり**（副）❶切り口やわれめが大きいようす。「―（と）開いた傷口」❷布地などの手ざわりがあらいようす。「―（と）編んだセーター」❸《俗語》おおまかなよう

す。ざっと。「費用を―(と)計算する」

**ざっけん【雑件】**（名）こまごました事件や用事。

**ざっこく【雑穀】**（名）米・麦以外の穀類。まめ・そば・きび・ひえ・あわなど。

**さっこん【昨今】**（名）このごろ。ちかごろ。「―の学生気質」

**さっさと**（副）❶急いで。すばやく。「―帰る」❷とどこおりなく。手ぎわよく。「―処理する」

**さっし【察し】**（名）人の気持ちや、物事の事情をおしはかること。推察すること。「―がいい」「―がつく」

**さっし【冊子】**（名）とじ合わせてつくった本。転じて、広く書物のことをいう。「研究論文を―にする」

**サッシ**〔英 sash〕（名）窓わく。サッシュ。「アルミ―」

**ざっし【雑誌】**（名）毎号同じ書名で、週刊・旬刊《じゅんかん》・月刊・季刊など、定期的に出す出版物。

**ざつじ【雑事】**（名）いろいろなこまごました用事。

**サッシュ**〔英 sash〕（名）❶ぼうしや、婦人服のウエストにつけるかざりおび。❷→サッシ

**ざっしゅ【雑種】**（名）生物で、種類のちがう雄《おす》と雌《めす》の間に生まれたもの。

**さっしょう【殺傷】**（名・他スル）殺したり、けがをさせたりすること。「―事件」

**ざっしょく【雑食】**（名・自他スル）動物性と植物性の食物を両方食べること。「―動物」

**さっしょぶん【殺処分】**（名・他スル）人に害をおよぼす動物や、飼い主のいないペットなどを殺して処分すること。

**さっしん【刷新】**（名・他スル）以前の悪い点を改めてすっかり新しいものにすること。「政治の―」

**さつじん【殺人】**（名）人を殺すこと。「―事件」

**さつじん【殺陣】**（名）〔演〕→たて(殺陣)

**さつじんてき【殺人的】**（形動ダ）{ダロ・ダッ(デ・ニ)・ダ・ナ・ナラ・○}死者が出そうなほどすさまじいようす。「―な混雑」

**さっすい**『△撒水』（名・自スル）水をまくこと。「―車」参考「さんすい」とも読みならわされている。

**さっすう【冊数】**（名）書物・ノートなどの数。

**さっ・する【察する】**（他サ変）{シ(セ・サ)・シ・スル・スル・スレ・シロ(セヨ)}❶周囲の状況《じょうきょう》などからおしはかって感じとる。「危険を―」❷人の気持ちなどを正しく想像し理解する。思いやる。「お気持ちお―・しします」

**ざつぜん【雑然】**（ト タル）まとまりがなくごたごたと入り乱れているようす。「―とした部屋」対 整然

**さっそう**『△颯爽』（ト タル）姿・動作などが勇ましくきりりとして気持ちのよいようす。「―と登場する」

**ざっそう【雑草】**（名）栽培《さいばい》する草以外の、しぜんに生えるいろいろな草。「―のようなたくましさ」

**さっそく【早速】**（副）時間をおかないですぐに。すみやかに。「―返事を出します」

**ざった【雑多】**（形動ダ）{ダロ・ダッ(デ・ニ)・ダ・ナ・ナラ・○}たくさんの種類のものがいろいろ入りまじっているようす。「種々―」

**さつたば【札束】**（名）紙幣《しへい》を束にしたもの。「―を積む」

**ざつだん【雑談】**（名・自スル）はっきりした主題を持たずにあれこれと気ままに話すこと。また、その話。雑話。「―して過ごす」

**さっち【察知】**（名・他スル）ようすなどからおしはかって知ること。「相手の意図《いと》を―する」

**さっちゅう【殺虫】**（名）害虫を殺すこと。「―剤」

**さっと**『△颯と』（副）❶動作などがすばやく行われるようす。「―かくれる」❷雨や風が急に降ったり吹《ふ》いたりするようす。「―風が吹きぬける」

**ざっと**（副）❶物の数などをおおまかにいうときに使うことば。おおよそ。「―一〇〇人ばかりの人」❷丁寧《ていねい》でなくおおまかに行うようす。「―目を通す」

**さっとう【殺到】**（名・自スル）たくさんの人や物事が一時にどっとおし寄せること。「客が出口に―する」

**ざっとう【雑踏】**『雑△沓』（名・自スル）多くの人でこみあうこと。人ごみ。「―の中にまぎれこむ」

**ざつねん【雑念】**（名）物事に集中しようとしているときに心を乱すいろいろな考え。「―をはらう」

**ざつのう**『雑△嚢』（名）肩《かた》にかける布製のかばん。

**ざっぱい【雑俳】**（名）本格的な俳諧《はいかい》に対して、さまざまな形式と内容をもつ俳諧のこと。前句《まえく》づけ・冠《かむり》づけ・川柳《せんりゅう》など。

**ざっぱく**『雑△駁』（形動ダ）{ダロ・ダッ(デ・ニ)・ダ・ナ・ナラ・○}知識や考えが雑多で、まとまりがないようす。「―な意見」

**さつばつ【殺伐】**（形動ダ・ト タル）うるおいや温かみがなく、すさんで荒《あ》れているようす。「―とした情景」

**さっぱり** ❶（副・自スル）❶よけいなものがなく、すっきりと気持ちがいいようす。「―(と)した服装」「シャワーをあびて―する」❷人の性質や物の味などがあっさりしているようす。「―(と)した気性《きしょう》」「この料理は―している」❷（副）❶（あとに打ち消しのことばをともなって）少しも。まったく。「―わからない」❷まったくだめなようす。「成績は―だ」❸こだわりのないようす。「―(と)あきらめる」

**ざっぴ【雑費】**（名）おもな費用以外にかかるこまごました費用。「―を加えた総計」

**さっぴ・く【差っ引く】**（他五）{カ(コ)・キ(イ)・ク・ク・ケ・ケ}→さしひく

**さつびら【札びら】**『札◇片』（名）おさつ。紙幣《しへい》。

**札びらを切《き》る** 大金をこれ見よがしに惜《お》しげもなく使う。

**さっぷ**『△撒布』（名・他スル）→さんぷ(散布)

**さっぷうけい【殺風景】**（名・形動ダ）見る者を楽しませるおもむきのないようす。うるおいや温かみがないようす。興ざめのすること。「―な部屋」「―な話」

**ざつぶん【雑文】**（名）軽く書き流した文章。

**ざっぽう【雑報】**（名）おもに新聞で、あまり重要でない、いろいろな細かい出来事の記事。

**ざつぼく【雑木】**（名）いろいろな木。材木として使えない、価値のない木。ぞうき。

**さつま〔薩摩〕**【地名】むかしの国名の一つ。今の鹿児島県の西部。薩州《さっしゅう》。

**さつまいも**『△薩摩芋・×甘藷』（名）〔植〕ヒルガオ科の多年草。茎《くき》はつる性で地をはい、葉はハート形。根はでんぷんに富み、食用。かんしょ。からいも。

**さつまのかみ**『△薩摩の◇守』（名）乗り物におかねを払《はら》わないで乗ること。また、その人。参考平家の武将、薩摩守《さつまのかみ》忠度《ただのり》に「ただ乗り」をかけたもの。

**さつまはやと**『△薩摩△隼◇人』（名）❶薩摩の武

士。❷鹿児島県出身の男性。

**ざつむ【雑務】**（名）あまり重要でないこまごまとした事務。「—に追われる毎日」

**ざつよう【雑用】**（名）いろいろなこまごまとした用事。また、つまらない用事。「—に追われる」

**さつりく**『殺△戮』（名・他スル）多くの人をむごく殺すこと。「—現場」

**ざつろく【雑録】**（名）いろいろなことをまとまりなく記録すること。また、その書きつけたもの。

**ざつわ【雑話】**（名）→ざつだん

**さて**㊀（接）前の意味を受けてつぎに続けるときや、話題を変えようとするときに使うことば。そうして。それから。そこで。「—、一方では」⇨ところで「学習」㊁（感）何かを始めようとするときに発することば。「—、そろそろ行こうか」

**さであみ【さで網】**『△叉手網』（名）わくが三角形のすくい網。

（さであみ）

**さてい【査定】**（名・他スル）事情を調べて価格・等級・合否などを決めること。「税額の—をする」

**サディスト**〔英 sadist〕（名）相手のからだに苦痛をあたえて性的快感を得る人。サド。対マゾヒスト

**サディズム**〔英 sadism〕（名）相手のからだに苦痛をあたえて性的満足を得る異常性欲。サド。対マゾヒズム。参考フランスの作家マルキ＝ド＝サドの名から。

**さておく【さて置く】**『△扨置く』（他五）〔カ(コ)・キ(イ)・ク・ク・ケ・ケ〕ひとまずそのままにしておく。「冗談《じょうだん》は—・いて」

**さてこそ**（副）やっぱり。思ったとおり。

**さてさて**（感）ひじょうに感心したとき、あきれたとき、また驚《おどろ》いたときなど、深く心を動かされたときに言うことば。なんとまあ。「—困ったことだ」

**さてつ【砂鉄】**（名）川や海の底にたまっている、砂のように細かい磁鉄鉱のつぶ。

**さてつ**『△蹉△跌』（名・自スル）❶つまずくこと。❷失敗してゆきづまること。「—をきたす」

**さては**㊀（接）そしてまた。さらにその上に。「火事にはなる、—病人は出る」㊁（感）そうかと思いあたるときに発することば。それでは。「—うそだったのか」

**さても**（感）物事にひじょうに感じ入ったときに使うことば。さてさて。ほんとうに。「—りっぱな行いだ」

**サテライト**〔英 satellite〕（名）❶衛星。人工衛星。❷本体から離《はな》れた所に置かれた、付属する機関や施設《しせつ》。「—キャンパス」

**サテライト-スタジオ**〔英 satellite studio〕（名）放送局の外に設けた中継《ちゅうけい》局・放送室。

**サテン**〔英 satin〕（名）→しゅす

**さと【里】**（名）❶人家が集まった所。人里。「—から離《はな》れた山奥《やまおく》」❷妻・養子・やとわれている人などの生まれた家。実家。「母の—に行く」❸子どもを預けて育ててもらう家。「—親」❹そだち。おいたち。「お—が知れる（＝そだちがよくないことがわかる）」

**さど**〔佐渡〕［地名］❶新潟市西方の日本海上にある島。新潟県に属する。❷むかしの国名の一つ。今の新潟県佐渡島《さどがしま》。佐州《さしゅう》。

**サド**（名）❶「サディスト」の略。❷「サディズム」の略。

**さと・い**『△聡い』（形）〔カロ・カッ(ク)・イ・イ・ケレ・○〕❶理解がはやくかしこい。「—子ども」❷気がつくのがはやい。感覚が鋭《するど》い。「耳が—」

**さといも【里芋】**（名）《植》サトイモ科の多年草。葉はハート形で大きい。地下茎《ちかけい》や葉の柄《え》は食用。

**さとう【左党】**（名）❶左翼《さよく》の政党。革新的政党。❷酒飲み。左きき。

**さとう【砂糖】**（名）甘《あま》みが強い白色の結晶《けっしょう》の調味料。さとうきび・てんさいなどからとる。

**さどう【作動】**（名・自スル）機械・機関が動くこと。また、その動き。「エンジンが—する」

**さどう【茶道】**（名）抹茶《まっちゃ》をたてて飲む、特別に決まった作法。茶の湯。参考「ちゃどう」とも読む。

**ざとう【座頭】**（名）❶むかし、盲人《もうじん》の琵琶《びわ》法師のうちでいちばん下の位。❷むかし、頭をそった盲人で、琵琶・琴《こと》などをひくこと、またはあんま・はりなどの治療《ちりょう》を仕事とした人。注意「ざがしら」と読むと別の意味になる。

**さとうきび【砂糖きび】**『砂糖△黍』（名）《植》イネ科の多年草。暖かい地方で栽培《さいばい》され、茎《くき》の汁《しる》をしぼって砂糖をとる。甘蔗《かんしょ・かんしゃ》。砂糖竹。

（さとうきび）

**さとうだいこん【砂糖大根】**（名）《植》→てんさい（甜菜）

**さとうはるお**〔佐藤春夫〕［人名］（一八九二〜一九六四）詩人・小説家。近代的なするどい感覚を詩や小説に表現した。詩集「殉情《じゅんじょう》詩集」、小説「田園の憂鬱《ゆううつ》」「都会の憂鬱」など。

**さとおや【里親】**（名）よその子どもを預かって実の親のかわりに育てている人。対里子

**さとがえり【里帰り】**（名・自スル）❶結婚《けっこん》した女性が実家に帰ること。「妻の—」❷よそで働いている人が、休暇《きゅうか》で実家へ帰ること。

**さとかた【里方】**（名）よめ・養子などの生まれた家。また、その一族。「—の両親」

**さどく【査読】**（名・他スル）論文などを学術誌にのせるかどうかの審査《しんさ》のために専門家が読むこと。

**さとご【里子】**（名）よその家に預けて育ててもらう子。対里親

**さとごころ【里心】**（名）自分の両親や育った家、ふるさとを恋《こい》しく思う心。「—がつく」

**さとし【諭し】**（名）❶さとすこと。おしえ。「親の—」❷神や仏のおつげ。「神のお—」

**さと・す【諭す】**（他五）〔サ(ソ)・シ・ス・ス・セ・セ〕よくわかるように言い聞かせる。「あやまちを—」

**さとびと【里人】**（名）里に住む人。その土地の人。

**さとへん【里偏】**（名）漢字の部首の一つ。「野」などの左側にある「里」の部分。

**さとやま【里山】**（名）人里《ひとざと》の近くにあり、生活に利用されている山。

**さとり【悟り】**『◇覚り』（名）❶気がつくこと。物事

を理解すること。「—がはやい」❷《仏》迷いを去り、真理を知ること。「—をひらく」

**さと・る【悟る】**『◇覚る』{ラ(ロ)・リ(ッ)・ル・ル・レ・レ} [一]（他五）❶物事の道理を深く理解する。「自然の摂理《せつり》を—」❷あることに気づく。感づく。察知する。「自分の非を—」「死期を—」[二]（自五）《仏》心の迷いから抜《ぬ》けて、真理を理解する。悟りをひらく。

**サドル**〔英 saddle〕（名）自転車やオートバイなどの、こしかける部分。

**さなえ【◦早苗】**（名）苗代《なわしろ》から田に移し植えるころの、若い稲《いね》の苗。「—を植える」

**さなえづき【◦早苗-月】**（名）陰暦《いんれき》五月の異名。

**さなか**『◇最中』（名）物事がさかんに行われているとき。さいちゅう。まっさかり。「相談している—」

**さながら**『◇宛ら』（副）まるで。あたかも。そっくりなようす。「—滝《たき》のように降る雨」「実戦—の演習」

**さながら**〔宛ら〕（副）古語 ❶そのまま。「—六月になりぬ」〈蜻蛉《かげろう》日記〉訳そのまま六月になった。❷すべて。残らず。「七珍万宝《しっちんまんぼう》—灰塵《くわいじん》となりにき」〈方丈記《ほうじょうき》〉訳めずらしい数々の宝がすべて灰や燃えかすになってしまった。❸あたかも。ちょうど。「今は—天人も、羽なき鳥のごとくにて」〈謡曲《ようきょく》・羽衣〉訳いまはちょうど天人も、羽のない鳥のようなようすで。

**さなぎ**『△蛹』（名）《動》ちょうやかいこなど、完全変態する昆虫《こんちゅう》で、幼虫から成虫になる途中《とちゅう》の、食べ物もとらず活動もほとんどしないでいるときの状態。

**さなだむし**『◇真田虫』（名）《動》→じょうちゅう（条虫）

**サナトリウム**〔英 sanatorium〕（名）高原・海岸・林間などに設けられた結核《けっかく》療養所《りょうようじょ》。

**サニタリー**〔英 sanitary〕（名）衛生的であること。特に、浴室・トイレなどの水まわりや生理用品に関することにいう。

**さぬき**〔讃岐〕[地名] むかしの国名の一つ。今の香川県。讃州《さんしゅう》。

**さね**『◇実・◇核』（名）❶果実のなかの固いところ。たね。核《かく》。❷板と板をつぎ合わせるとき一方の板に作る細長い突起《とっき》。他方の板の溝《みぞ》にかみ合わせる。

**さねかずら**『◇真◇葛』（名）《植》マツブサ科のつる性常緑低木。夏、淡黄色《たんおうしょく》の花が咲《さ》く。実は球形で集まってつき、紅色に熟す。びなんかずら。

**さねとも**〔実朝〕[人名] →みなもとのさねとも

**さのう【左脳】**（名）《生》大脳の左側の部分。言語・文字の処理を行うなど、論理的思考をつかさどるとされる。ひだりのう。対右脳

**さのう**『砂△嚢』（名）❶砂を入れたふくろ。❷鳥類の消化器の一つ。のみこんだ砂つぶがはいっていて、食べ物をくだくことができる。すなぶくろ。すなぎも。

**さのみ**『◇然のみ』（副）（あとに打ち消しのことばをともなって）それほど。たいして。さほど。「—重要ではない」

**さは【左派】**（名）政党や団体などの中で、革新的な考えをもつ人びとのグループ。類左翼《さよく》。対右派

**さば**『△鯖』（名）《動》サバ科の魚。近海の水面近くを回遊している。背は青緑色で波形の模様がある。

**さばを読《よ》む**　自分の都合のよいように数をごまかす。

**さはい【差配】**（名・他スル）❶指図《さしず》してとりしきること。仕事を分担してさせること。「仕事を—する」❷持ち主にかわって貸家・貸地などを管理すること。また、その人。

**サバイバル**〔英 survival〕（名）きびしい状況《じょうきょう》の中で生き延びること。生き残ること。「—ゲーム」

**さばく【佐幕】**（名）江戸《えど》時代末期、幕府の味方をし、これを助けたこと。「—派」対勤王《きんのう》

**さばく【砂漠・沙漠】**（名）雨の量がきわめて少なく乾燥《かんそう》しているため、植物もほとんど育たない、砂や岩石ばかりの広大な土地。…化「草原の砂漠化」

**さば・く**『△捌く』{カ(コ)・キ(イ)・ク・ク・ケ・ケ}（他五）❶扱《あつか》いにくい物事をたくみに扱う。こみいった物事をうまく処理する。「手綱《たづな》を—」「仕事を—」❷商品を売りつくす。「在庫品を—」❸からまっているものを解きほぐす。「裾《すそ》を—」❹肉や魚の、身と骨を切り分ける。

**さば・く【裁く】**{カ(コ)・キ(イ)・ク・ク・ケ・ケ}（他五）正しいかどうか、道理にかなっているかどうかを判定する。裁判で判決をくだす。「事件を—」

**さば・ける**『△捌ける』{ケ・ケ・ケル・ケル・ケレ・ケロ(ケヨ)}（自下一）❶商品などが売れてなくなる。「大量に—」❷かた苦しさがなく、世なれて物わかりがいい。「—けた人」❸混乱していた事態が処理される。「渋滞《じゅうたい》が—」

**さばさば**（副・自スル）❶ことが終わって、気持ちがすっきりしたようす。「言いたいことを言って—した」❷性格がさっぱりしてこだわりのないようす。「—した人」

**さはんじ【茶飯事】**（名）（ふだんお茶を飲んだり、ごはんを食べたりするような）ごくふつうのこと。ありふれたこと。「日常—」

**サバンナ**〔英 savanna〕（名）《地》熱帯・亜熱帯《あねったい》地方の、雨が少なく雨季・乾季《かんき》のある草原。サバナ。

**さび**（名）すし屋で、わさびのこと。「—抜《ぬ》き」

**さび**（名）歌謡《かよう》曲などで、一番の聞かせどころ。さわり。

**さび【寂】**（名）❶ものしずかな深い趣《おもむき》。古びたあじわい。芭蕉《ばしょう》の俳諧《はいかい》における重要な理念の一つ。❷声が低く、しぶみのあること。

**さび**『△錆・△銹』（名）❶金属の表面が空気や湿気《しっけ》にふれて酸化してできたもの。❷よくないことをしたために生じた悪い結果。「身から出た—」

**さびし・い【寂しい】**『△淋しい』{カロ・カッ(ク)・イ・イ・ケレ・○}（形）❶相手になる人がおらず、心がみたされない。人恋《こい》しくもの悲しい。「親友が去って—」「ふるさとを思うと—」❷人かげや物音がなく、ひっそりと静かで心細い。「—夜道」❸欲しいものがじゅうぶんになく、ものたりない。「ふところが—」「口が—」《=さみしい》

**さびしさに**…和歌
〔さびしさに　宿《やど》を立《た》ちいでて　ながむれば
いづくも同《おな》じ　秋《あき》の夕暮《ゆふぐ》れ〕〈後拾遺集《ごしゅういしゅう》・良暹《りょうぜん》〉訳なんとないさびしさに、庵《いおり》を出てあたりをながめてみると、どこも同じようなさびしさだなあ、この秋の夕暮れは。（小倉《おぐら》百人一首の一つ）

**さびしさは**…和歌

〔さびしさは　その色《いろ》としも　なかりけり　まき立《た》つ山《やま》の　秋《あき》の夕暮《ゆふぐ》れ〕〈新古今集《しんこきんしゅう》・寂蓮《じゃくれん》〉訳さびしさは、どの色のせいだというのでもないなあ。杉《すぎ》やひのきが立っているこの山の秋の夕暮れは。（「三夕《さんせき》の歌」の一つ）

**さびつ・く**【〈錆付く〉】（自五）〔カ(コ)・キ(イ)・ク・ク・ケ・ケ〕❶金物などがさびる。また、さびのため、ほかの物にくっついてはなれなくなる。「ねじがー」❷能力がおとろえる。「自慢《じまん》の腕《うで》はー・いていない」「ー・いた頭」

**ざひょう**【座標】（名）《数》平面・空間における点の位置を示すために、直角にまじわる直線をもとにして表す数値。「ー軸《じく》」

**さ・びる**【◇寂びる】（自上一）〔ビ・ビ・ビル・ビル・ビレ・ビロ(ビヨ)〕古びてあじわいが出る。「芸がー」

**さ・びる**【△錆びる】（自上一）〔ビ・ビ・ビル・ビル・ビレ・ビロ(ビヨ)〕金属にさびが出る。「包丁《ほうちょう》がー」

**さび・れる**【寂れる】（自下一）〔レ・レ・レル・レル・レレ・レロ(レヨ)〕にぎやかでさかんだったものが衰《おとろ》える。「町がー」対にぎわう

**サブ**〔英 sub〕（名）❶補欠。「ーのメンバー」❷補助的であること。正に対する副。代理。「ータイトル」「ーノート」

**サファイア**〔英 sapphire〕（名）青い色ですきとおった美しい宝石。青玉《せいぎょく》。

**サファリ**〔英 safari〕（名）アフリカで、狩猟《しゅりょう》または野生動物の観察をするための旅行。

**サファリ-パーク**〔英 safari park〕（名）野生動物を放し飼いにした自然公園。

**サブカルチャー**〔英 subculture〕（名）その社会にむかしから伝わり、多くの人びとが認める文化に対して、一部の人びとを担《にな》い手とする独特の文化。特に、漫画《まんが》・アニメーション・ゲームなどの大衆文化をさす。サブカル。

**サブタイトル**〔英 subtitle〕（名）本や文章の題を補うためにそえる題。副題。「論文にーをつける」

**ざぶとん**【座布団】【座△蒲団】（名）すわるとき、しりの下にしくふとん。

**サプライズ**〔英 surprise〕（名）おどろかすこと。また、思いがけないこと。「ープレゼント」

**さぶら・ふ**〔候ふ〕サブラ(ロ)ウ 古語→さうらふ

**サフラン**〔オランダ saffraan〕（名）《植》アヤメ科の多年草。球根植物で、一〇月ごろ、紫《むらさき》色のかおりのよい花が咲《さ》く。めしべの花柱は薬用・食品の着色用にする。

（サフラン）

**サブリミナル**〔英 subliminal〕（名・形動ダ）知覚できないほどの瞬間《しゅんかん》的な映像をくり返し見せるなどして、潜在《せんざい》意識にはたらきかけること。「ー効果」

**サプリメント**〔英 supplement〕（名）栄養素をおぎなうための食品。サプリ。栄養補助食品。

**さべつ**【差別】（名・他スル）差をつけて扱《あつか》うこと。かたよった基準で一部の人に対して不公平な扱いをすること。「ー待遇《たいぐう》」「無ー」…的「差別的な扱い」

**さべつか**【差別化】（名・他スル）他とのちがいをはっきりさせること。「製品のーを図《はか》る」

**さへん**【サ変】（名）《文法》「サ行変格活用」の略。

**サボ**（名）「サボタージュ」の略。

**さほう**【作法】（名）❶客をもてなすときや日常生活における正しいふるまい方。エチケット。マナー。「礼儀《れいぎ》ー」「不《ぶ》ー」「食事のー」❷物事をするときの決まった方法。やり方。「お茶のー」

**さぼう**【砂防】（名）山地・海岸などで土砂《どしゃ》のくずれや流出をふせぐこと。「ー林」

**サポーター**〔英 supporter〕（名）❶筋肉や関節などを保護するためのゴム入りの包帯。❷支持者。特に、サッカーで特定のチームを応援《おうえん》する人たち。

**サポート**〔英 support〕（名・他スル）支援《しえん》すること。支持すること。援助。「物心両面でーする」

**サボタージュ**〔フランス sabotage〕（名・自スル）❶労働者が要求を通す手段として、団結して仕事の能率をさげ、経営者に損害をあたえること。怠業《たいぎょう》。❷なまけること。

**サボテン**【×仙人掌】（名）《植》サボテン科の常緑多年草。茎《くき》は多肉質で、葉はとげになっている。種類が多く、観賞用に栽培《さいばい》されている。シャボテン。

**さほど**【◇然程】（副）それほど。あまり。「今日はー暑くない」使い方〉あとに「ない」「ません」などの打ち消しのことばがくる。

**サボ・る**（他五）〔ラ(ロ)・リ(ッ)・ル・ル・レ・レ〕《俗語》（「サボタージュ」の「サボ」を動詞化したもの）仕事・学業をなまけて休む。「仕事をー」

**ザボン**〔ポルトガル zamboa〕（名）《植》ミカン科の常緑果樹。暖地に栽培《さいばい》。初夏、白い花を開き、子どもの頭ほどの黄色の実を結ぶ。実はそのままで、厚い皮は砂糖づけにするなどして食べる。

（ザボン）

**さま**【様】■一（名）❶ありさま。ようす。「子の成長するー」「ー変わり」❷まとまった姿。「ーにならない」■二（接尾）❶人の名前、または身分を表す呼び名などのあとにつけて敬意を表す。「鈴木ー」「ご主人ー」❷物事を丁寧《ていねい》に言うときに使う語。「ご苦労ー」

**ざま**【◇様】■一（名）《俗語》ありさま・ようす・状態などをののしって言う語。「なんというーだ」「ーをみろ（＝人の失敗をあざけりののしって言うことば）」■二（接尾）❶その方向。「よこー」「うしろー」❷ある動作をすると同時に。「すれちがいーに切りつける」❸動作をするようす。動作のしかた。「死にー」

**サマー**〔英 summer〕（名）夏。夏季。「ースクール」

**サマー-タイム**〔英 summer time〕（名）夏時間。夏の間、時計を標準時刻より一時間進めて、昼の時間を有効に使う制度。欧米《おうべい》で広く行われる。

**さまがわり**【様変わり】（名・自スル）ようすや情勢などがすっかり変わること。「ーした町並み」

**-さまさま**【様様】（接尾）自分の助けになった人・物のあとにつけて、感謝の気持ちを表す。「お天気ー」

**さまざま**【様様】（形動ダ）〔ダロ・ダッ(デ・ニ)・ダ・ナ・ナラ・○〕形・性質などのちがうものがいろいろあるようす。「ーな考え」

**さま・す【冷ます】**（他五）｛サ(ソ)・シ・ス・ス・セ・セ｝❶熱いものを適当な温度に下げる。「お茶を―」対温める。❷高まった気持ちやその場の状態を静める。熱意を失わせる。「興奮を―」

**さま・す【覚ます】**『◇醒ます』（他五）｛サ(ソ)・シ・ス・ス・セ・セ｝❶ねむりからさめるようにする。「目を―」❷意識を正常な状態にもどす。はっきりさせる。「心の迷いを―」❸酒の酔《よ》いを消す。「酔いを―」

**サマセット＝モーム**［人名］→モーム

**さまた・げる【妨げる】**（他下一）｛ゲ・ゲ・ゲル・ゲル・ゲレ・ゲロ(ゲヨ)｝じゃまをする。妨害《ぼうがい》する。「交通を―」

**さまつ**『◇瑣末・△些末』（形動ダ）｛ダロ・ダッ(デ・ニ)・ダ・ナ・ナラ・○｝とるにたりないささいなようす。「―なことにこだわるな」

**さまで**『◇然まで』（副）（多く、あとに打ち消しのことばをともなって）そうまで。それほどに。「―重要ではない」

**さまよ・う**『×彷徨う』（自五）｛ワ(オ)・イ(ッ)・ウ・ウ・エ・エ｝❶あてもなく歩く。「山中を―」❷状態が一定しないでゆれ動く。「生死の境を―」

**さみし・い**『◇寂しい・△淋しい』（形）｛カロ・カッ(ク)・イ・イ・ケレ・○｝→さびしい

**さみせん**『◇三味線』（名）《音》→しゃみせん

**さみだれ【◦五月雨】**（名）六月（＝陰暦《いんれき》で五月）ごろ降り続く長雨。梅雨。つゆ。

**さみだれしき【◦五月雨-式】**（名）物事がとぎれながらもくり返し続くこと。また、少しずつ複数回にわけて行うこと。「―にメールを送る」

**さみだれの…**俳句

〔五月雨の　降《ふ》り残《のこ》してや　光堂《ひかりどう》〕〈芭蕉《ばしょう》〉訳ものを朽《く》ちさせる五月の長雨も、この光堂だけは降り残したのであろうか、五〇〇年もたっているのに、むかしのままの金色《こんじき》に光り輝《かがや》いて残っていることだ。（中尊寺《ちゅうそんじ》光堂での作。季語「五月雨」夏）

**さみだれや…**俳句

〔さみだれや　大河《たいが》を前《まえ》に　家《いえ》二軒《にけん》〕〈蕪村《ぶそん》〉訳降り続く五月の長雨で水かさの増した大きな川、その流れを前にして、岸べに小さな家が二軒、心細く寄りそうように立っている。（季語「さみだれ」夏）

**さみだれを…**俳句

〔五月雨を　集《あつ》めて早《はや》し　最上川《もがみがは》〕〈芭蕉《ばしょう》〉訳山や野に降ったさみだれを集め水かさを増した最上川が、すさまじい速さで流れている。（季語「五月雨」夏）

**サミット**〔英 summit〕（名）首脳会談。特に、日本・アメリカ・イギリス・フランスなどによる主要国首脳会議。参考「頂上」の意。

**さむ・い【寒い】**（形）｛カロ・カッ(ク)・イ・イ・ケレ・○｝❶不快に感じるほど気温が低い。また、そう感じる。「―朝」対暑い ❷恐怖《きょうふ》などでぞっとする。「背筋《せすじ》が―・くなる」❸中身やおかねなどが、とぼしい。「お―行政」「ふところが―」

**さむがり【寒がり】**（名・形動ダ）寒さを他の人より感じやすいこと。また、その人。対暑がり

**さむけ【寒気】**（名）❶寒い感じ。❷熱や恐怖《きょうふ》のために、ぞくぞくする寒さを感じること。「―のする話」

**さむざむ【寒寒】**（副・自スル）❶いかにも寒そうなようす。❷何もなく殺風景なようす。「―とした教室」

**さむぞら【寒空】**（名）❶いかにも寒そうな冬の空。❷冬の寒い天候。「―の下を歩く」

**サムネイル**〔英 thumbnail〕（名）コンピューターなどで、一覧して表示できるように画像や文書ファイルのイメージを縮小して示したもの。

**さむらい【侍】**（名）❶武士。❷《俗語》度胸があり、思いきったことをする人物。「彼《かれ》は大した―だ」

**さめ**『△鮫』（名）《動》軟骨《なんこつ》魚類サメ目の魚の総称《そうしょう》。海にすみ、歯がするどく、性質のあらいものも多い。

**さめざめ**（副）涙《なみだ》をしきりに流して静かに泣くようす。「―（と）泣く」

**さめはだ【さめ肌】**『△鮫肌・△鮫◇膚』（名）さめの皮のようにざらざらした人のはだ。

**さ・める【冷める】**（自下一）｛メ・メ・メル・メル・メレ・メロ(メヨ)｝❶熱いものの温度が低くなる。「スープが―」❷高まった気持ちや状態がおとろえる。熱意や興味をなくす。「興奮―・めやらぬ顔」

**さ・める【覚める】**『◇醒める』（自下一）｛メ・メ・メル・メル・メレ・メロ(メヨ)｝❶ねむりから起きた状態になる。「目が―」❷意識が正常な状態にもどる。「麻酔《ますい》から―」❸酒の酔《よ》いがなくなる。「酔いが―」❹（「さめた」「さめている」の形で）冷静である。「―・めた目で見る」参考④は「冷める」とも書く。

**さ・める**『△褪める』（自下一）｛メ・メ・メル・メル・メレ・メロ(メヨ)｝色がうすくなる。あせる。「洋服の色が―」

**さも**『◇然も』（副）❶そのようにも。「―あろう」❷いかにも。実に。「―悲しそうに泣く」

**サモア**〔Samoa〕［地名］南太平洋中部のサモア諸島西部を占《し》める国。サモア独立国。首都はアピア。

**さもあらばあれ**『◇然もあらばあれ』それならそれでしかたがない。どうにでもなれ。ままよ。

**さもありなん**『◇然もありなん』そうであろう。いかにももっともだ。

**さもし・い**（形）｛カロ・カッ(ク)・イ・イ・ケレ・○｝いやしい。意地きたない。見苦しい。「―根性《こんじょう》」

**ざもち【座持ち】**（名）集まりの席で、雰囲気《ふんいき》を楽しくするように取り持つこと。「―がうまい」

**ざもと【座元】**（名）芝居《しばい》・見世物などの興行主。

**サモワール**〔ロシア samovar〕（名）ロシア特有の金属製の湯わかし器。

**さもん【査問】**（名・他スル）事件などで、関係者を調べ問いただすこと。「―委員会」

**さや**『△莢』（名）《植》マメ科の植物の種子をおおうから。「えんどうまめの―」

**さや**『△鞘』（名）❶かたなの刀身、筆・えんぴつの先などを納めておくつつ形のもの。❷ねだん・利率のちがう場合の差。売値と買値の差。利ざや。「―をかせぐ」

**さやあて【さや当て】**『△鞘当て』（名）（武士と武士がおたがいの刀の鞘《さや》がふれたことをとがめたことから）二人の男性が一人の女性を争うこと。「恋《こい》の―」

**さやいんげん**『△莢隠元』（名）種子が未熟なうちに、さやごと食べるいんげんまめ。

**さやえんどう**『△莢△豌豆』（名）種子が未熟なうちに、さやごと食べるえんどうまめ。

**さやか**（形動ダ）｛ダロ・ダッ(デ・ニ)・ダ・ナ・ナラ・○｝はっきりして明らかなよう

す。澄《す》みきっているようす。「—な月の光」

**ざやく【座薬】**(名)〘医〙尿道《にょうどう》・肛門《こうもん》などにさしこんで使う薬。

**さゆ**〘◇白湯〙(名)(お茶などに対し)何もまぜない湯。

**さゆう【左右】** 一 (名) ❶左と右。「船が—にゆれる」❷自分のそば。かたわら。「辞典を—に置く」❸態度をあいまいにすること。「言《げん》を—にする(=あいまいなことを言う)」二 (名・他スル) 思うままに支配すること。影響《えいきょう》をあたえること。「運命を—する決断」

**ざゆう【座右】**(名) 自分のいるかたわら。身辺。「—の書」「—に置く」

**座右の銘《めい》** いつも心にとめていましめとすることば。

**さよ**〘◇小夜〙(名) 夜。「—曲」

**さよう【作用】**(名・自スル) ❶他のものに働きかけること。また、その働き。「副—」「プラスの—をもたらす」❷生物の心身の働き。「消化—」❸〘物〙二つの物体が力をおよぼしあうとき、一つの物体がほかの物体におよぼす力。対反作用

**さよう**〘◇然様・左様〙 一 (形動ダ){ダロ・ダッ(デ・ニ)・ダ・ナ・ナラ・○} そう。そのよう。そのとおり。「—な事実はございません」二 (感) そうだ。そのとおりだ。

**さようてん【作用点】**(名) てこで、動かそうとする物体に対して力が働く点。⇩てこ〈図〉

**さようなら**〘◇然様なら〙(感) 別れのあいさつのことば。「さようならば(=それならば)、ここで別れましょう」の意。さよなら。

**さよきょく**〘◇小夜曲〙(名)〘音〙→セレナーデ

**さよく【左翼】**(名) ❶(飛行機・鳥などの)左のつばさ。❷隊列の左のほう。❸急進的な思想をもつ人や団体。社会主義・共産主義などの立場。「—運動」類左派《さは》。❹野球で、本塁《ほんるい》から見て外野の左のほう。また、そこを守る人。レフト。《対右翼》

**さよなら**(感) →さようなら

**さら【皿】** 5画 皿0 小3 訓さら
丨 冂 冂 罒 皿
さら。◆小皿・灰皿

**さら【皿】**(名) 食物をもる平たい器《うつわ》。また、それに似た形のもの。「ひざの—」

**さら**〘◇新〙(名) あたらしいこと。あたらしいもの。まだ使っていないこと。「まっ—の洋服」「—湯」

**ざら**(形動ダ){ダロ・ダッ(デ・ニ)・ダ・ナ・ナラ・○} めずらしくないようす。いくらもあるようす。「そんなことは世間に—だ」

**さらい-【再来】**(接頭)(「週」「月」「年」につけて)次の次の。翌翌《よくよく》。「—年」

**さら・う**〘△浚う・△渫う〙(他五){ワ(オ)・イ(ッ)・ウ・ウ・エ・エ} 川・池などの底の土砂《どしゃ》をすくってとりのぞく。「どぶを—」

**さら・う**〘△攫う〙(他五){ワ(オ)・イ(ッ)・ウ・ウ・エ・エ} ❶すきをみて、うばいさる。「子どもを—」❷ひとりじめにして持ってゆく。「人気を—」「優勝を—」

**さら・う**〘×復習う〙(他五){ワ(オ)・イ(ッ)・ウ・ウ・エ・エ} 習ったことをくり返して練習する。復習する。「ピアノを—」

**サラエボ**〔Sarajevo〕〔地名〕ボスニア・ヘルツェゴビナの首都。一九一四年、ここでオーストリア皇太子夫妻が暗殺され、第一次世界大戦の発端《ほったん》となった。

**ざらがみ【ざら紙】**(名) ざらざらした質のよくない西洋紙。わら半紙。「—に印刷する」

**サラきん【サラ金】**(名)(「サラリーマン金融《きんゆう》」の略)会社員などの個人に、無担保だが高い利息でおかねを貸すこと。また、その業者。

**さらけだ・す【さらけ出す】**(他五){サ(ソ)・シ・ス・ス・セ・セ} ありのままをすっかり出して見せる。「心の中を—」

**サラサ**〘×更紗〙〔ポルトガル saraça〕(名) 人物・花鳥・図形などの模様をうつしそめた綿や絹の布。

**さらさら** 一 (副) ❶かろやかに進むようす。「小川が—(と)流れる」「手紙を—(と)書く」❷かわいたものがふれあうようす。また、その音。「砂が—(と)こぼれる」二 (副・形動ダ・自スル) しめりけやねばりけなどがないようす。「—した髪《かみ》」「雪は—だ」

**さらさら**〘更更〙(副) 少しも。決して。まったく。「だますつもりは—なかった」使い方〉あとに「ない」「ません」などの打ち消しのことばがくる。

**ざらざら** 一 (副・自スル) 小石や砂などかたいものがすれあうようす。また、その音。「—(と)砂がこぼれる」二 (副・形動ダ・自スル) 表面がなめらかでないようす。「—した床《ゆか》」「—な紙」

**さらし**〘△晒し〙(名) 麻《あさ》や綿の布を漂白《ひょうはく》すること。また、その布。特に、さらし木綿《もめん》。

**さらしこ【さらし粉】**〘△晒し粉〙(名) 消石灰《しょうせっかい》に塩素を吸収させた白い粉。布の漂白《ひょうはく》や、消毒に使う。クロールカルキ。

**さらしなにっき**〔更級日記〕〔作品名〕平安時代中期の日記。菅原孝標女《すがわらのたかすえのむすめ》の作。一〇六〇(康平三)年ころ完成。一三歳《さい》の少女時代から、夫と死別して仏門にはいるまでの思い出を書いたもの。冒頭文あづまぢの道のはてよりも、猶《なほ》おくつかたに生《お》ひいでたる人、いかばかりかはあやしかりけむを、いかに思ひはじめけることにか、世の中に物語といふもののあんなるを、いかで見ばやと思ひつつ…。

**さらしもの【さらし者】**〘△晒し者〙(名) 多くの人の前で恥《はじ》をかかされる人。

**さら・す**〘△晒す〙(他五){サ(ソ)・シ・ス・ス・セ・セ} ❶日光に当てる。また、風雨の当たるままにする。「しかばねを—」❷布を洗ったり薬品を使ったりして白くする。「布を—」❸人びとの目にふれるようにする。「恥《はじ》を—」❹危険な状態のなかにおく。「脅威《きょうい》に—・される」❺野菜などを水につけて、あくなどをぬく。「わらびを水に—」

**さらそうじゅ【沙羅双樹】**(名)〘植〙フタバガキ科の常緑高木。材は建築用。種子から油をとる。釈迦《しゃか》がなくなったとき、四方に二本ずつあったとされる。沙羅《さら・しゃら》。

**サラダ**〔英 salad〕(名) なまの野菜を主にして、マヨネーズやドレッシングなどであえた料理。

**さらち【更地】**(名) ❶樹木や家がない宅地。「—にして販売《はんばい》する」❷手を加えていない空き地。

**ざらつ・く**(自五){カ(コ)・キ(イ)・ク・ク・ケ・ケ} ざらざらする。「砂ぼこりで床《ゆか》が—」

**さらに**〘更に〙(副) ❶その上に。加えて。「強い風が吹《ふ》き、—雨も降ってきた」❷ますます。いっそう。「波は—はげしくなった」❸決して。少しも。「言い残すことは—ない」使い方〉③はあとに「ない」「ません」などの打ち消しのことばがくる。

**さらば**『◇然らば』[一]（接）それならば。そうなら。[二]（感）別れるときのあいさつのことば。「—ふるさと」

**サラブレッド**〔英 thoroughbred〕（名）❶馬の品種の一つ。イギリスの馬とアラビア系の馬をかけ合わせた競走馬。❷（転じて）家柄《いえがら》や血筋《ちすじ》のよい人。

**サラミ**〔イタリア salami〕（名）にんにくをきかせてくんせいにしたイタリア風のかたいソーセージ。

**ざらめ**『◇粗目』（名）結晶《けっしょう》のあらい、ざらざらとした砂糖。

**サラリー**〔英 salary〕（名）給料。月給。

**サラリーマン**〔和製英語〕（名）給料をもらって生活している人。月給取り。▽salaried man から。

**さらりと**（副）❶手ざわりが軽くなめらかなようす。「—した肌《はだ》」❷あっさりしているようす。「悪口を—聞き流す」❸きれいさっぱり。「失敗を—忘れる」

**サリー**〔英 sari〕（名）インド女性の衣装の一つ。一枚の長い布をからだに巻き、残りは頭にかぶるか肩からたらすかして着る。

**ざりがに**『×蝲蛄』（名）『動』❶甲殻《こうかく》類ザリガニ科のえびの一種。体長五、六センチメートルで、大きなはさみをもつ。北海道・東北地方の河川《かせん》にすむ。❷アメリカざりがに。体長一〇センチメートルあまり。水田などにすみ、稲《いね》に害をあたえる。

**さりげな・い**『◇然り気ない』（形）{カロ・カッ(ク)・イ・イ・ケレ・○}意識しているこというようすを見せない。何事もないようにふるまうようす。「—顔」「—・く声をかける」

**サリチルさん**【サリチル酸】（名）『化』無色針状の結晶《けっしょう》で、医薬・防腐剤《ぼうふざい》・染料や香料《こうりょう》の原料。サルチル酸。▽サリチルは、ドイツ Salizyl

**さりとて**『◇然りとて』（接）それだからといって。「—ほかによい方法もない」

**さりとも**『◇然りとも』（接）そうであっても。それでも。

**さりながら**『◇然りながら』（接）しかしながら。そうではあるが。

**サリン**〔sarin〕（名）『化』毒ガスの一種。常温では液体で気化しやすく、吸入すると即時に神経を麻痺《まひ》させる。

**さる**『◇申』（名）❶十二支の第九。❷むかしの時刻の名。今の午後四時ごろ、およびその前後約二時間（一説にはその後約二時間）。❸方角の名。西南西。

**さる**【猿】（名）❶『動』ヒト科を除いた哺乳《ほにゅう》類霊長《れいちょう》目の動物の総称《そうしょう》。人類に最も近く、かしこくてすばしこい。にほんざるやチンパンジーなど多くの種がある。特に、にほんざるをさすことがある。❷人まねのうまい者、ずるがしこい者をあざけって言うことば。

**猿も木《き》から落《お》ちる** その道にすぐれた人でもときには失敗することがある。[類]河童《かっぱ》の川流れ・弘法《こうぼう》も筆のあやまり

**さ・る**【去る】{ラ(ロ)・リ(ッ)・ル・ル・レ・レ}[一]（自五）❶ある場所から離《はな》れる。「東京を—」「世を—(=死ぬ)」❷ある時期が過ぎてゆく。「冬が—」❸ある状態がなくなる。「痛みが—」❹ある場所や時から離れへだたっている。「今を—こと三年前」❺（動詞について）すっかり…する。「忘れ—」[二]（他五）なくする。取り除く。「雑念を—」

**去る者《もの》は追《お》わず** 自分から離《はな》れていく者は、その人の自由にまかせ無理に引きとめない。

**去る者《もの》は日日《ひび》に疎《うと》し** ❶死んだ者は日がたつにつれて忘れられる。❷親しかった者も離《はな》れてしまうと、しだいに親しみがうすれてしまう。

**さる**【去る】（連体）過ぎ去った。「—五日」[対]来《きた》る

**さる**『◇然る』（連体）（ばくぜんと人・物・場所などをさして）「ある」「そのような」という意味を表す。「—所からの便り」「—人」「敵も—者(=ぬけめがない者)」[使い方]名前などを明らかにしないで伝えたいときに使う。

**ざる**『△笊』（名）❶細く割った竹などで編んだかご。❷①の目から水がもれるように、手ぬかりが多いことのたとえ。「—法」❸「ざるそば」の略。❹「ざる碁《ご》」の略。

**さるおがせ**（名）サルオガセ科の地衣《ちい》類。灰緑色で深山の木の枝に糸のようにたれ下がる。

**さるがく**【猿楽】『◇散楽・◇申楽』（名）古く行われた、こっけいな物まねや曲芸などを主とした民衆演芸の一つ。のち、能・狂言《きょうげん》へと発展した。

**さるぐつわ**【猿ぐつわ】『猿△轡』（名）声をたてさせないために口にかませて、頭のうしろでゆわえる布や手ぬぐいなど。「—をかませる」

**ざるご**【ざる碁】『△笊碁』（名）へたな囲碁《いご》。

**サルサ**〔スペイン salsa〕（名）『音』キューバなどで生まれ、アメリカで発達した軽快なダンス音楽。また、そのダンス。

**さるしばい**【猿芝居】（名）❶猿に芸をさせる見せ物。❷へたな芝居。❸すぐに見やぶられるようなたくらみ。

**さるすべり**『×百日紅』（名）『植』ミソハギ科の落葉高木。木のはだがなめらかで、夏に紅またはうす紅色の花が長い間咲《さ》き続ける。ひゃくじつこう。

**ざるそば**『△笊×蕎麦』（名）ゆでたそばをざるなどにもって細く切ったのりをかけたもの。つけ汁《じる》で食べる。

**さるぢえ**【猿知恵】（名）りこうのようで間のぬけている考え・たくらみ。あさはかな知恵。

**さるのこしかけ**【猿の腰掛け】（名）サルノコシカケ科の大形のきのこ。樹木の幹にかたい半円形の腰かけの形をして生える。

**サルビア**〔英 salvia〕（名）『植』❶シソ科の一年草。夏から秋にかけてまっかな花をつける。ひごろもそう。❷シソ科の多年草。夏、紫《むらさき》色の花をつける。葉は楕円《だえん》形で香料《こうりょう》用・薬用。セージ。薬用サルビア。

（サルビア①）

**サルファざい**【サルファ剤】（名）『医』化膿《かのう》性の病気や肺炎《はいえん》などの治療《ちりょう》に用いる薬。スルファ剤。▽サルファは、英 sulfa

**サルベージ**〔英 salvage〕（名）❶海で遭難《そうなん》したものを助けること。海難救助。❷沈没船《ちんぼつせん》などを引きあげる作業。「—船」

**さるべき**〔然るべき〕[古語]❶しかるべき。それにふさわし

い。「—やうありて、秋ごろ和泉《いづみ》に下るに」〈更級《さらしな》日記〉訳しかるべき事情があって、秋ごろに和泉の国に行くと。❷そうなる運命の。そうなるのが当然な。「—にやありけん」〈宇治拾遺《うじしゅうい》物語〉訳そうなる前世からの運命であったのであろうか。❸りっぱな。れっきとした。「御前《ごぜん》などに—人おほくて」〈大鏡〉訳お先払《さきばら》いなどにりっぱな人が多くて。文法動詞「さり」の連体形に助動詞「べし」の連体形「べき」のついたもの。

**さるまた【猿股】**（名）男子の腰《こし》から股をおおう短い下着。

**さるまね【猿まね】**〘猿真◇似〙（名・自スル）本質をしっかりとらえないで、うわべだけ人のまねをすること。

**さるまわし【猿回し】**〘猿△廻し〙（名）猿に芸をさせて見せ物にすることを仕事としている人。

**サルモネラきん【サルモネラ菌】**（名）〘医〙チフスや食中毒をひきおこす菌。▽サルモネラは、英 salmonella

**さるもの【さる者】**〘◇然る者〙そうとう手ごわい者。したたかな者。「敵も—だ」

**ざれうた【ざれ歌】**〘◇戯れ歌〙（名）❶おどけた歌。こっけいな歌。❷狂歌《きょうか》。

**されき**〘砂△礫〙（名）砂と小石。しゃれき。

**されこうべ**〘×髑髏・△曝◇首〙（名）→しゃれこうべ

**ざれごと【ざれ言】**〘◇戯れ言〙（名）ふざけて言うことば。冗談《じょうだん》。「—を言う」

**ざれごと【ざれ事】**〘◇戯れ事〙（名）ふざけてすることがら。冗談事《じょうだんごと》。「ほんの—だ」

**されど**〘◇然れど〙（接）けれども。だが。しかし。

**されば**〘◇然れば〙（接）だから。それゆえ。

**ざ・れる**〘◇戯れる〙（自下一）〔レ・レ・レル・レル・レレ・レロ(レヨ)〕たわむれる。ふざける。じゃれる。「—・れて遊ぶ」

**サロン**〔フランス salon〕（名）❶客間。応接間。❷上流家庭の社交的な会。❸美術展覧会。❹美容院や酒場などの名として用いられることば。「ヘアー—」

**さわ【沢】**（名）❶低くて草の生えているじめじめした土地。❷山あいにある浅い谷川。「—登り」

**さわかい【茶話会】**（名）お茶を飲みながら気軽に話し合う会。

**さわがし・い【騒がしい】**（形）〔カロ・カッ(ク)・イ・イ・ケレ・○〕❶声や物音が大きくてうるさく感じられる。そうぞうしい。「教室が—」❷おだやかでない。「世の中が—」

**さわが・す【騒がす】**（他五）〔サ(ソ)・シ・ス・ス・セ・セ〕さわがしい状態にする。さわがせる。「世間を—事件」

**さわが・せる【騒がせる】**（他下一）〔セ・セ・セル・セル・セレ・セロ(セヨ)〕→さわがす

**さわがに【沢がに】**〘沢△蟹〙（名）〘動〙サワガニ科のかに。体長二〜三センチメートルで、淡水《たんすい》にすむ。

**さわぎ【騒ぎ】**（名）❶さわぐこと。また、騒動《そうどう》。もめごと。事件。「大—」「—をおこす」❷（「…どころの騒ぎ」の形で、下に打ち消しのことばをともなって）そのようななまやさしい程度。そんなことをしている場合。「旅行どころの—ではない」

**さわ・ぐ【騒ぐ】**（自五）〔ガ(ゴ)・ギ(イ)・グ・グ・ゲ・ゲ〕❶やかましい声や物音をたてる。「見物人が—」❷多くの人びとがいろいろとうわさして言い立てる。とりざたする。「マスコミが—」「世間を—・がせる」❸多くの人びとが不満や抗議《こうぎ》の意を表明する。「賃上げを要求して—」❹心や態度が平静さを失う。「心が—」「血が—」「あわてず—・がずに行動する」

表現 ざわつく・ざわめく・さんざめく・どよめく◆にぎやか・騒がしい・騒々《そうぞう》しい・うるさい・やかましい・けたたましい◆わいわい・がやがや・ざわざわ・どたどた・どたばた・どんちゃん◆おもちゃ箱をひっくりかえしたよう・蜂《はち》の巣《す》をつついたよう

**ざわざわ**（副・自スル）❶大勢の人がてんでに話したり動いたりしてさわがしいようす。落ち着かないようす。「会場が—(と)する」❷風にゆれて木の葉などが音をたてるようす。「木々が—(と)音をたてる」

**さわ・す**〘△醂す〙（他五）〔サ(ソ)・シ・ス・ス・セ・セ〕❶かきの実のしぶをぬく。「しぶがきを—」❷水につけてさらす。

**ざわつ・く**（自五）〔カ(コ)・キ(イ)・ク・ク・ケ・ケ〕ざわざわする。さわがしく落ち着かない状態になる。「教室が—」

**ざわめ・く**（自五）〔カ(コ)・キ(イ)・ク・ク・ケ・ケ〕なんとなくざわざわする。どことなくさわがしい感じになる。「会場が—」

**さわやか【爽やか】**（形動ダ）〔ダロ・ダッ(デ・ニ)・ダ・ナ・ナラ・○〕❶すがすがしくて気持ちのよいようす。さっぱりしているようす。「—な風」「—な態度」❷ことばがはっきりしてなめらかなようす。「弁舌—」

**さわら**〘△椹〙（名）〘植〙ヒノキ科の常緑高木。山地に自生する。ひのきに似ているが葉のさきがとがっている。材は建築や器具に使う。

**さわら**〘△鰆〙（名）〘動〙サバ科の魚。からだは細長く、背は灰青色。日本各地の近海にすむ。

**さわらぬかみにたたりなし**〘触らぬ神に△祟りなし〙めんどうなことにかかわったりしなければ、災いを受けるおそれはない。

**さわらび**〘◇早△蕨〙（名）芽を出したばかりのわらび。「—が萌《も》え出る」

**さわり【触り】**（名）❶ふれたときの感じ。「—ぐあい」❷義太夫《ぎだゆう》で、一曲中のいちばんの聞かせ所。❸話や音楽で、いちばんの聞かせ所。「話の—を聞きもらす」❹《俗語》話や音楽で、はじまりの部分。

**さわ・る【触る】**（自五）〔ラ(ロ)・リ(ッ)・ル・ル・レ・レ〕❶手や指などで接する。また、物がからだにふれる。「商品に—」❷かかわりを持つ。「当たらず—・らず」❸→さわる(障る)③

> 学習 比較《ひかく》 「触《さわ》る」「触《ふ》れる」
>
> **触る**　人がある物に接する意。意識的に行うことが多く、接触《せっしょく》の程度は「ふれる」よりも強く、時間的に長い。「ストーブに**触って**はいけない」「子犬の頭に**触る**」「新芽に軽く**触って**みる」
>
> **触れる**　物に軽く接する意。接触の程度は「さわる」より弱く、瞬間的《しゅんかんてき》なことが多い。主体は人でなくてもよい。「外気に**触れる**」「高圧線に**触れる**」「カーテンが壁《かべ》に**触れる**」「写真のネガが光に**触れる**」

**さわ・る【障る】**（自五）〔ラ(ロ)・リ(ッ)・ル・ル・レ・レ〕❶さしつかえる。「仕事に—」❷悪い影響《えいきょう》をあたえる。害になる。「夜ふかしはからだに—」❸人の気を悪くする。「気に—」「しゃくに—」参考③は「触る」とも書く。

**さん【三】** 3画 一2 小1 音サン 訓み・みつ・みっつ 一 二 三
❶一の三倍。みっつ。◆三権・三唱◆七五三。❷何度も。しばしば。◆三省・三拝九拝《さんぱいきゅうはい》◆再三《さいさん》。参考特別に、「三味線」は「しゃみせん」「さみせん」と読む。

**さん【三】**（名）二に一を足した数。みっつ。

**さん【山】** 3画 山0 小1 音サン 訓やま 丨 山 山
❶やま。やまのような形をしたもの。◆山積・山頂・山脈◆火山・登山。❷寺院。◆山号・山門◆開山。参考特別に、「山車」は「だし」、「築山」は「つきやま」と読む。

**-さん【山】**（接尾）❶山の名前につけることば。「富士《ふじ》—」❷寺院の称号《しょうごう》につけることば。「比叡《ひえい》—延暦寺《えんりゃくじ》」

**さん【参】** 8画 厶6 小4 〔參〕 音サン 訓まいる ㇜ 厶 厶 叁 叁 参
❶加わる。◆参加・参列◆新参《しんざん》。❷ひきくらべる。◆参考・参照。❸神社やお寺におまいりする。◆参詣《さんけい》・参拝◆墓参。❹「行く」の丁寧《ていねい》なことば。◆参上◆持参。❺文字の書きかえをふせぐため、「三」のかわりに領収書や証書などに用いる字。参考⑤で、「一・二・十」の場合は、「壱・弐・拾」を用いる。

**さん【桟】** 10画 木6 〔棧〕 音サン 十 木 杉 栈 桟 桟
かけはし。◆桟道・桟橋。参考特別に、「桟敷」は「さじき」と読む。⇩付録「漢字の筆順(1)戈〔戈〕」

**さん【桟】**（名）❶戸や障子《しょうじ》の骨組み。「障子の—にほこりがたまる」❷板がそらないように裏に打つ細長い木材。「—を打つ」

**さん【蚕】** 10画 虫4 小6 〔蠶〕 音サン 訓かいこ 二 天 吞 吞 蚕 蚕
かいこ。◆蚕業・蚕糸・蚕室◆養蚕

**さん【惨】** 11画 忄8 〔慘〕 音サン・ザン 高 訓みじめ 高 丶 忄 忄 忄 怪 惨
いたましい。むごたらしい。◆惨劇・惨事・惨死《ざんし》・惨状・惨敗《ざんぱい》◆悲惨・無惨《むざん》

**さん【産】** 11画 生6 小4 音サン 訓うむ・うまれる・うぶ 高 亠 立 产 产 产 産
❶うむ。うまれる。◆産婦・産卵◆安産・出産・難産。❷物をつくりだす。物ができる。つくりだされたもの。◆産業・産出・産地・産物◆原産・国産・水産・生産・増産・畜産・物産・名産。類生。❸身代《しんだい》。財産。◆遺産・破産・不動産。参考特別に、「土産」は「みやげ」と読む。⇩付録「漢字の筆順(13)生」

**さん【産】**（名）❶（多く「おさん」の形で）子を産むこと。「お—をする」❷その土地でうまれたこと。その土地で生産されたこと。「青森の—」「外国—の農産物」❸財産。身代《しんだい》。「ばくだいな—をなす」

**さん【傘】** 12画 人10 音サン 高 訓かさ 丿 人 个 仒 仐 傘
かさ。かさの形をしたおおい。◆傘下◆落下傘

**さん【散】** 12画 攵8 小4 音サン 訓ちる・ちらす・ちらかす・ちらかる 一 艹 昔 昔 背 散
❶ちる。ちらす。ちりぢりになる。◆散逸《さんいつ》・散会・散在・散乱◆解散・四散・退散・発散・分散・離散《りさん》。対集。❷まとまりがない。自由気まま。◆散文・散歩・散漫《さんまん》。❸ひま。ひまなようす。◆閑散《かんさん》。❹粉薬《こなぐすり》。◆散薬

**さん【算】** 14画 竹8 小2 音サン ⺮ 𥫗 竹 笞 筸 算
❶数をかぞえる。◆算出・算数◆暗算・概算《がいさん》・換算《かんさん》・計算・決算・採算・通算・予算。❷もくろむ。みこみ。◆算段◆公算・誤算・勝算・打算

**さん【算】**（名）❶うらないや和算に使う算木《さんぎ》。❷計算・勘定《かんじょう》をすること。❸もくろみ。見こみ。「—がくるう」

**算を置**《お》**く** 算木を使ってうらなう。また、計算する。

**算を乱**《みだ》**す** （算木をみだしたように）ばらばらになる。

**さん【酸】** 14画 酉7 小5 音サン 訓すい 高 冂 两 酉 酉 酢 酸
❶す。すっぱい味。◆酸味。❷酸性の物質。◆塩酸・硫酸《りゅうさん》。❸つらい。いたましい。◆酸鼻◆辛酸《しんさん》。❹「酸素」の略。◆酸化

**さん【酸】**（名）❶《化》水に溶けて酸性（=青色のリトマス紙を赤く変える性質）をしめす物質。対アルカリ。❷すっぱい味。

**さん【賛】** 15画 貝8 小5 〔贊〕 音サン 扌 夫 夫夫 替 賛
❶ほめる。ほめたたえる。◆賛美◆賞賛・絶賛。❷人の考えをみとめる。力をそえる。◆賛意・賛助・賛成・賛同・賛否◆協賛。❸絵や書のわきにそえることば。◆画賛・自画自賛

**さん【賛】**（名）❶東洋画で、絵の中に書き入れる詩や文。画賛。❷ある人物や物などをほめたたえる漢文の文体の一つ。

**-さん**（接尾）人の名前や職業名・あいさつのことばなどにつけ、軽い敬意や親愛の意を表す。「田中—」「花屋—」「ご苦労—」

**ざん【残】** 10画 歹6 小4 〔殘〕 音ザン 訓のこる・のこす 一 歹 歹 残 残 残
❶のこる。のこす。◆残金・残業・残暑《ざんしょ》・残存《ざんそん・ざんぞん》・残念・残留《ざんりゅう》◆敗残・老残。❷むごい。むごたらしいことをする。◆残虐《ざんぎゃく》・残忍《ざんにん》◆無残。参考特

別に、「名残」は「なごり」と読む。⇩付録「漢字の筆順(1)戈〔戈〕」

**ざん【惨】**→さん(惨)

**ざん【斬】** 11画 斤7 音ザン 訓きる 一 亓 亘 車 斬 斬

❶刀で切る。切り殺す。◆斬殺・斬首。❷ぬきんでる。きわだつ。◆斬新

**ざん【暫】** 15画 日11 音ザン 亓 亘 車 斬 斬 暫

しばらく。わずかの間。◆暫時・暫定

**さんい【賛意】**(名) 賛成する気持ち。「―を示す」

**さんいつ【散逸】**〘散△佚〙(名・自スル) まとまっていた書類や本などが、ばらばらになってゆくえがわからなくなること。「―した資料」

**さんいん【参院】**(名)「参議院」の略。

**さんいん【産院】**(名) 妊婦《にんぷ》の検診《けんしん》や産婦の出産を扱《あつか》う医院。

**さんいんちほう**〔山陰地方〕[地名] 中国地方のうち日本海に面する地方。対山陽地方

**さんう【山雨】**(名) 山に降る雨。

**山雨来《きた》らんと欲《ほっ》して風《かぜ》楼《ろう》に満《み》つ** 事のおころうとする前の、なんとなくあたりのようすがおだやかでないことのたとえ。

**さんか【参加】**(名・自スル) 仲間に加わり、いっしょに行動すること。「早朝練習に―する」「不―」⇩かにゅう「学習」

**さんか【惨禍】**(名) いたましい災難。「戦争の―」

**さんか【傘下】**(名)(一つの傘《かさ》の下の意から)ある組織や人物の指導・支配を受ける立場にあること。「大企業《だいきぎょう》の―にはいる」

**さんか【酸化】**(名・自他スル)〘化〙ある物質と酸素が化合すること。広い意味では、ある化合物から水素が失われること。「―した鉄」対還元《かんげん》

**さんか【賛歌】**〘△讃歌〙(名) 物事をほめたたえる気持ちを表した歌。「雪山―」

**さんが【山河】**(名)❶山と川。❷国土。自然。「故郷の―」参考「さんか」とも読む。

**さんが【参賀】**(名・自スル) 新年や天皇誕生日などの祝日に、皇居へ行って、喜びの気持ちを表すこと。

**さんかい【山塊】**(名) 山脈から離《はな》れてある一群の山。「丹沢《たんざわ》―」

**さんかい【参会】**(名・自スル) 会合に出席すること。「―者」

**さんかい【散会】**(名・自スル) 会合が終わって、人びとが別れて帰ること。「夕方になって―する」

**さんかい【散開】**(名・自スル) 集まった人や軍隊の隊形などが、散らばり広がること。

**さんがい【三界】**(名)〘仏〙❶衆生《しゅじょう》(=いっさいの生きもの)が、過去・現在・未来にわたり生まれ変わってさまよう欲界・色界《しきかい》・無色界の三つの世界。❷過去・現在・未来の三世《さんぜ》。

**さんがい【惨害】**(名) 天災・事故などによるひどい被害《ひがい》・損害。

**ざんがい【残骸】**(名)❶戦闘《せんとう》・災害・事故などでひどくこわされたまま残っているもの。「焼けあとの―」「飛行機の―」❷戦場などに残された死体。

**さんかいき【三回忌】**(名) 死んでから満二年目。または、その日に行う法事。三周忌。「父の―」

**さんかいのちんみ【山海の珍味】** 山や海でとれためずらしいものを取りそろえたごちそう。

**さんかカルシウム【酸化カルシウム】**(名)〘化〙→せいせっかい

**さんかく【三角】**(名) 三つのかどのある形。三角形。「―定規《じょうぎ》」

**さんかく【参画】**(名・自スル) 計画に参加すること。「事業に―する」

**さんがく【山岳】**(名) 高い山。「―地帯」

**さんがく【産額】**(名) 生産・産出される物の数量。または、その金額。

**ざんがく【残額】**(名) 残りの金額や数量。

**さんかくかんけい【三角関係】**(名) 三人の男女の間の複雑な恋愛《れんあい》関係。

**さんかくかんすう【三角関数】**〘三角△函数〙(名)〘数〙角の大きさで定まる関数。サイン(正弦《せいげん》)・コサイン(余弦)・タンジェント(正接)などの六種。

**さんかくきん【三角巾】**(名)❶正方形の布を二分してつくった三角形の包帯。❷調理のときなどに、頭にかぶる三角形の布。

**さんかくけい【三角形】**(名) たがいにまじわる三つの直線でかこまれた(平面)図形。さんかっけい。

**さんかくす【三角州】**〘三角△洲〙(名)〘地〙川上から運ばれてきた土砂《どしゃ》がつもってできた、河口《かこう》の三角形の砂地。デルタ。

**さんかくてん【三角点】**(名) 測量の基準となる地点。また、そこに置かれる標識。

**さんかしゅう**〔山家集〕[作品名] 西行《さいぎょう》の歌集。歌数約一六〇〇首。鎌倉《かまくら》時代初期の成立という。旅や自然を清く澄《す》んだ心ですなおにうたっている。

**さんがつ【三月】**(名) 一年の三番目の月。やよい。

**さんがにち【三が日】**〘三箇日〙(名) 正月の元日《がんじつ》・二日・三日の三日間。

**さんかん【山間】**(名) 山の中。山と山の間。山あい。「―の村」

**さんかん【参観】**(名・他スル) その場へ行って実際に見ること。「授業―」

**さんかんおう【三冠王】**(名)❶野球で、最多《さいた》本塁打《ほんるいだ》・最多打点・首位打者の三つのタイトルをとった選手。❷競技会などで、おもな三部門のタイトルをとった人。

**さんかんしおん【三寒四温】**(名) 三日ぐらい寒く、つぎの四日ぐらいが暖かくなるという冬の気候の型。また、だんだん暖かくなる春のはじめの気候。

**さんき【山気】**(名) 山に特有のひんやりした空気。

**さんぎ【参議】**━(名・自スル) 国の政治に関する協議に加わること。また、その人。━(名) むかしの太政官《だいじょうかん》の職員。大臣・大納言《だいなごん》・中納言につぐ。

**さんぎ【算木】**(名)❶中国から伝わって和算に用いられた計算用の四角の棒。❷うらないに使う六

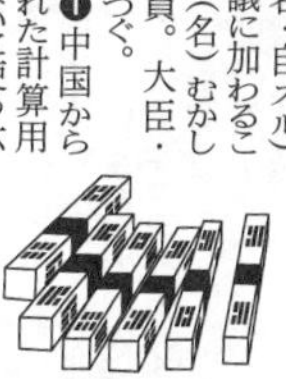

(算木②)

本の四角の棒。

**ざんき**〖△慚△愧・△慙△愧〗(名・自スル) 自分のしたことを心から恥《は》ずかしく思うこと。「―にたえない」「―の念」

**さんぎいん**【参議院】(名) 衆議院とともに日本の国会をつくり、衆議院で決めたことをもう一度検討する機関。解散はなく、議員の任期は六年で、三年ごとに半数を改選する。参院。⇩しゅうぎいん

**ざんぎく**【残菊】(名) 秋の末から冬の初めごろまで咲《さ》き残った菊。

**さんきゃく**【三脚】(名) ❶三本の足。また、三本足のいす。「二人―」❷自由に開いたりしめたりできる三本足の台。カメラなどを固定する。「カメラの―」

**ざんぎゃく**【残虐】(名・形動ダ) 人や動物にたいする行為《こうい》が、考えられないくらいひどいこと。「―な事件」類残酷《ざんこく》

**さんきゅう**【産休】(名) (「出産休暇《きゅうか》」の略) 出産のために一定期間勤めを休むこと。「―にはいる」

**サンキュー**〔英 thank you〕(感) ありがとう。

**さんきょう**【山峡】(名) 山と山のせまい間。谷間。「―の村」

**さんぎょう**【蚕業】(名) かいこを育て、かいこの繭《まゆ》から絹糸を作り出す仕事。「―試験場」

**さんぎょう**【産業】(名) 生活に必要な品物やサービスを生産・提供する仕事の総称《そうしょう》。農林水産業・鉱工業などや、それらに関係のある商業やサービス業などがふくまれる。「―の振興《しんこう》を図《はか》る」

**ざんきょう**【残響】(名) 音が鳴りやんだあとでも、壁《かべ》などに反射してしばらく聞こえる音のひびき。

**ざんぎょう**【残業】(名・自スル) 決められた勤務時間のあとまで残って仕事をすること。超過勤務。

**さんぎょうかくめい**【産業革命】(名)〖歴〗一八世紀の後半から一九世紀の初めにかけて、イギリスを中心として起こった産業上の大きな変化。手工業から機械工業にかわり、大量生産が可能になった。

**さんぎょうはいきぶつ**【産業廃棄物】(名) 工場などから生じる不用な物。廃油《はいゆ》・汚泥《おでい》など。

法律で事業者による処理が定められている。

**ざんぎり**〖◇散切り〗(名) 髪《かみ》を結ばず、切ったままにしておくこと。特に、明治時代初期のちょんまげを切った髪形。ざんぎり頭。

**ざんきん**【残金】(名) 残りの金額。残高。

**さんきんこうたい**【参勤交代】〖参△覲交代〗(名)〖歴〗江戸《えど》時代、諸国の大名が原則として一年おきにかわるがわる江戸へ出て、幕府につかえた制度。

**さんく**【惨苦】(名) いたましい苦しみ。ひどい苦労。「―をなめる(=ひどい苦労を経験する)」

**さんぐう**【参宮】(名) 神宮《じんぐう》、特に伊勢《いせ》神宮に参拝すること。

**さんくぎれ**【三句切れ】(名)〖文〗和歌で、三句目で意味が切れるもの。「見わたせば花も紅葉《もみぢ》もなかりけり　浦《うら》の苫屋《とまや》の秋の夕暮れ」など。

**サングラス**〔英 sunglasses〕(名) まぶしい光線や紫外《しがい》線から目を守るための色つきレンズのめがね。

**さんぐん**【三軍】(名) 陸軍・海軍・空軍のすべてをいうことば。全軍。「―の長」

**さんげ**【散華】(名・自スル) ❶仏を供養《くよう》するために仏前に花をまき散らすこと。❷(花のように散るの意で)戦死を美化していうことば。

**ざんげ**〖△懺◇悔〗(名・他スル) 今までの自分の行ったあやまちや罪をくい改め、神仏などに打ち明けること。また、単にくい改めて告白すること。「罪を―する」参考仏教では「さんげ」と読む。

**さんけい**【山系】(名) 二つ以上の山脈が連なって、一つのまとまりをつくっているもの。「ヒマラヤ―」

**さんけい**【参詣】(名・自スル) 神社や寺におまいりすること。参拝。「神社に―する」

**さんげき**【惨劇】(名) ひじょうにむごたらしい事件。

**さんけつ**【酸欠】(名) (「酸素欠乏《けつぼう》」の略) 空気中の酸素が不足すること。「―事故」

**ざんげつ**【残月】(名) 明け方の空に残っている月。ありあけの月。「―が西の山にかかる」

**さんげつき**〔山月記〕〖作品名〗中島敦《なかじまあつし》の小説。一九四二(昭和一七)年発表。中国の伝奇《でんき》小説に材をとる。秀才の李徴《りちょう》は虎《とら》と化したのちも、詩人として名を残すことを望む。冒頭文隴西《ろうせい》の李徴は博学才穎《はくがくさいえい》、天宝の末年、若くして名を虎榜《こぼう》に連ね、ついで江南尉《こうなんい》に補せられたが、性、狷介《けんかい》、自ら恃《たの》むところ頗《すこぶ》る厚く、賤吏《せんり》に甘んずるを潔《いさぎよ》しとしなかった。

**さんけづ・く**【産気づく】(自五)〔カ(コ)・キ(イ)・ク・ク・ケ・ケ〕子どもが今にも産まれそうな状態になる。

**さんけん**【三権】(名) 国を治めていくうえで、最もたいせつな立法・司法・行政の三つの権限。

**さんけん**【散見】(名・自スル) あちらこちらにちらほら見えること。「古い書物に―されることば」

**さんげん**【三弦】〖三△絃〗(名)〖音〗❶三味線《しゃみせん》の別名。❷雅楽《ががく》で使う三種の弦楽器。琵琶《びわ》・箏《そう》・和琴《わごん》。

**ざんげん**〖△讒言〗(名・自スル) 他人をおとしいれるために事実をまげてその人を悪く言うこと。「―されて地位を失う」

**さんげんしょく**【三原色】(名) 適当な割合でまぜ合わせるとすべての色を表すことのできる、基本となる色。絵の具では赤・黄・青、光では赤・緑・青。

**さんけんぶんりつ**【三権分立】(名) 国家権力を立法・司法・行政の三権に分け、それぞれ議会・裁判所・内閣という独立した機関をおき、権力の乱用を防ぐ制度。

**さんご**〖△珊△瑚〗(名)〖動〗サンゴ虫類の腔腸《こうちょう》動物の総称《そうしょう》。また、その個体が死んだあとに残る石灰《せっかい》質の骨組み。赤や桃色《ももいろ》のものなどがあり、装飾《そうしょく》品にする。

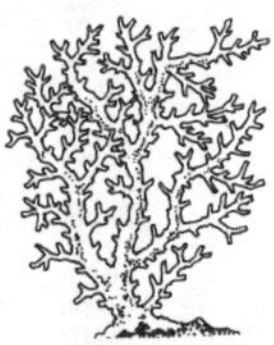
(さんご)

**さんこう**【三后】(名) 太皇太后《たいこうたいごう》・皇太后・皇后のすべてをいうことば。三宮《さんぐう》。

**さんこう**【参考】(名) いろいろくらべ合わせて自分の考えを決める助けやおぎないにすること。また、その材料。

「—意見」

**さんごう**【山号】(名) 寺の名の上にそえる称号《しょうごう》。比叡山《ひえいざん》延暦寺《えんりゃくじ》の「比叡山」の類。

**ざんこう**【残光】(名) 夕暮れどきの弱い日のひかり。夕日が沈《しず》んでからも残るかすかなひかり。類残照

**ざんごう**『△塹△壕』(名) 戦場で、そこに隠れて敵の攻撃《こうげき》から身を守るために掘《ほ》る溝《みぞ》。

**さんこうしょ**【参考書】(名) 調査・研究・学習などのときに利用する教科書以外の本。「学習—」

**さんこうにん**【参考人】(名) ❶犯罪捜査《そうさ》において、被疑者《ひぎしゃ》以外で取り調べをうける人。❷国会の委員会で、意見を求められる専門家など。

**ざんこく**【残酷】(名・形動ダ) 常識の範囲《はんい》をこえてむごいと感じさせるようす。「—なしうち」類残虐《ざんぎゃく》

**さんごくいち**【三国一】(名) 世界でいちばんすぐれていること。「—の花嫁《はなよめ》」参考むかし、「三国」は日本・中国・インドのことで、全世界を意味した。

**さんごくし**〔三国志〕【作品名】中国の歴史書。晋《しん》の陳寿《ちんじゅ》の撰《せん》。魏《ぎ》・呉《ご》・蜀《しょく》の三国が、たがいに争ったころの歴史を述べたもの。

**さんごくでんらい**【三国伝来】(名) インドから中国を通って日本に伝わってきたこと。「—の品」

**さんごしょう**【さんご礁】『△珊△瑚礁』(名) さんごが積もってできた岩礁や島。

**さんこつ**【散骨】(名・自スル) 遺骨を山や川・海などにまいてとむらうこと。

**さんこのれい**【三顧の礼】目上の人が、ある人物に仕事をしてもらいたいと何度も礼を尽くして頼《たの》むこと。「—を尽くす」

故事 蜀《しょく》の劉備《りゅうび》が諸葛孔明《しょかつこうめい》を三度たずねて軍師に迎《むか》えたことから出たことば。〈三国志〉

**さんごや**【三五夜】(名) 陰暦《いんれき》で、一五日の夜。特に、八月一五日の夜。

**さんさ**『三△叉』(名) 三筋に分かれた所。みつまた。

**さんざ**『散◇散』(副)《俗語》→さんざん㊀

**さんさい**【山菜】(名) 山でとれる、食べられる植物。わらび・ふき・ぜんまいなど。「—料理」

**さんざい**【散在】(名・自スル) あちらこちらにちらばってあること。「人家が—する」類点在

**さんざい**【散財】(名・自スル) 多くのおかねを使うこと。おかねをむだに費やすこと。「とんだ—をする」

**ざんざい**【斬罪】(名) 首を切る刑罰《けいばつ》。打ち首。

**さんさく**【散策】(名・自スル) 特別の目的もなくぶらぶら歩くこと。「郊外《こうがい》を—する」類散歩

**さんざし**『山査子』(名)《植》バラ科の落葉低木。春、梅に似た花が咲《さ》く。果実は薬用。

(さんざし)

**ざんさつ**【惨殺】(名・他スル) むごたらしい方法で殺すこと。「—死体」

**ざんさつ**【斬殺】(名・他スル) 切り殺すこと。

**さんざっぱら** (副)《俗語》「さんざん」を強めた言い方。

**さんさろ**『三△叉路・三差路』(名) 道が三方向に分かれている所。

**さんさん**『△燦△燦』(ト・タル) 太陽の光が明るく、きらきらとかがやくようす。「—と降りそそぐ陽光」類燦爛《さんらん》

**さんざん**【散散】㊀(副・形動ダ) はなはだしいようす。いやになるほどひどいようす。さんざ。「—めいわくをかける」㊁(形動ダ)〔ダロ・ダッ(デ・ニ)・ダ・ナ・ナラ・○〕ひじょうに悪いようす。ひどくいためつけられるようす。「—な目にあう」

**さんさんくど**【三三九度】(名) 結婚《けっこん》式のとき、新郎《しんろう》と新婦が三つ組のさかずきを用い、一つのさかずきで三回ずつ、計九度酒を飲みかわすこと。

**さんさんごご**【三三五五】(副) あちらに三人、こちらに五人というように、人が分かれて行動するようす。「—集まってくる」

**さんし**【蚕糸】(名) 蚕《かいこ》の繭《まゆ》からとった糸。生糸《きいと》。絹糸。

**さんじ**【参事】(名) ある事務に関与《かんよ》すること。また、その職名。

**さんじ**【惨事】(名) まともに見られないくらいむごたらしいできごと。「流血の—」

**さんじ**【賛辞】『△讃辞』(名) ほめたたえることば。ほめことば。「—をおくる」

**ざんし**『残△滓』(名) 残りかす。残ったかす。

**ざんし**【惨死】(名・自スル) 見ていられないくらいむごたらしい死に方をすること。「事故で—する」

**ざんし**『△慙死・△慚死』(名・自スル) 心から恥《は》じて死ぬこと。また、死ぬほど深く恥じること。

**ざんじ**【暫時】(副) しばらく。少しの間。「—の猶予《ゆうよ》を与《あた》える」

**さんしきすみれ**【三色すみれ】『三色△菫』(名)《植》スミレ科の一年草または二年草。春に黄・紫《むらさき》・白などの花が咲《さ》く。パンジー。さんしょくすみれ。

**さんじげん**【三次元】(名) 空間をはかる縦・横・高さの三つの次元。立体。「—の世界」⇩じげん(次元)①

**さんしすいめい**【山紫水明】(名)(日に照りはえて山は紫《むらさき》色に見え、水は清らかに澄《す》みきっている意で)山や川の景色の美しいこと。「—の地」

**さんじせいげん**【産児制限】(名・自スル) 母体保護のためや人口増加・貧困をふせぐため、子どもを計画的に産むように調節すること。産児調節。

**さんした**【三下】(名)(「三下奴《やっこ》」の略) ばくち打ちなどの仲間うちで、下っぱの者。

**さんしちにち**【三七日】(名) →みなぬか

**さんしのれい**【三枝の礼】(子どもの鳩《はと》が親鳥のとまっている枝より三本下の枝にとまるということから) 鳥でも親に対する礼儀《れいぎ》を知っているというたとえ。

**さんしゃ**【三社】(名) 三つの神社。特に、伊勢神宮《いせじんぐう》・賀茂《かも》神社・石清水八幡宮《いわしみずはちまんぐう》。

**さんしゃく**【参酌】(名・他スル) ほかのものとくらべてみて、参考にすること。「—して結論を出す」

**さんじゅ**【傘寿】(名)(「傘」の略字「仐」が八十と読めることから) 八〇歳《さい》。また、八〇歳の祝い。

**ざんしゅ**【斬首】(名・他スル) 刀などで首を切ること。また、その刑罰《けいばつ》。「—に処する」類打ち首

**さんしゅう**【参集】(名・自スル) 人びとがある場所に集まってくること。「広場に—する」

**さんじゅう**【三重】(名) 三つ重なること。また、重ねること。「―の塔《とう》」

**さんしゅうき**【三周忌】(名) →さんかいき

**さんじゅうしょう**【三重唱】(名)〔音〕三人がそれぞれちがう音域《おんいき》を歌う合唱。「男声―」

**さんじゅうそう**【三重奏】(名)〔音〕三種の楽器による合奏。バイオリン・チェロ・ピアノからなるピアノ三重奏など。トリオ。

**さんじゅうろっかせん**【三十六歌仙】(名) 平安時代、藤原公任《ふじわらのきんとう》が選んだとされる柿本人麻呂《かきのもとのひとまろ》・山部赤人《やまべのあかひと》などのすぐれた歌人三十六人。

**さんじゅうろっけいにげるにしかず**【三十六計逃げるにしかず】追いつめられ、困ったときは、どんな策よりも逃げるのが最良の方法だ。

**さんしゅつ**【産出】(名・他スル) ある産物がとれること。また、物を生産すること。「石油の―国」

**さんしゅつ**【算出】(名・他スル) 計算して数を出すこと。「必要経費を―する」

**さんじゅつ**【算術】(名) ❶計算の方法。❷もと、小学校などで教えた初歩の数学。今の「算数」。

**さんじゅつへいきん**【算術平均】(名)〔数〕いくつかの数を全部加え、その個数で割って得られる数。相加平均。参考 単に「平均」といえば、算術平均をさす。

**さんしゅのじんぎ**【三種の神器】(名) 天皇のしるしとして、代々の天皇が受けつぐ三つの宝物《ほうもつ》。八咫鏡《やたのかがみ》・八尺瓊曲玉《やさかにのまがたま》・天叢雲剣《あめのむらくものつるぎ》。

**さんじょ**【賛助】(名・他スル) 事業や行いの趣旨《しゅし》に賛成して力を貸すこと。「―会員」

**ざんしょ**【残暑】(名) 立秋を過ぎても残っている暑さ。秋まで残る暑さ。「―がきびしい」

（山椒）

**さんしょう**【山椒】『山△椒』(名)〔植〕ミカン科の落葉低木。枝にとげがあり、葉と実には強い香《かお》りがある。若葉は「木の芽」とよばれ、食用。実は薬や香辛料《こうしんりょう》にする。さんしょ。

**山椒は小粒《こつぶ》でもぴりりと辛《から》い** (山椒の実は小さいが辛いところから)からだは小さくとも気性《きしょう》や才能がすぐれていることのたとえ。

**さんしょう**【参照】(名・他スル) 照らし合わせて参考にすること。「付録―のこと」

**さんじょう**【参上】(名・自スル)「行くこと」「訪問すること」の謙譲《けんじょう》語。おうかがい。「明日―いたします」

**さんじょう**【惨状】(名) むごたらしいようす。いたましいようす。「事故の―を伝えるニュース」

**ざんしょう**【残照】(名) 夕日がしずんでからも山頂や空の一部に残っている光。類 残光

**さんしょううお**『山△椒魚』(名)〔動〕両生類サンショウウオ目の動物の総称《そうしょう》。谷川・池などにすみ、いもりに似ている。

（さんしょううお）

**さんしょうだゆう**〔山椒大夫〕〔作品名〕森鷗外《もりおうがい》の小説。一九一五(大正四)年作。安寿姫《あんじゅひめ》(姉)と厨子王《ずしおう》(弟)の兄弟が人買いにさらわれて苦労し、最後に厨子王が母にめぐりあうという物語。

**さんしょく**【三色】(名) ❶三種類の色。「―すみれ」❷三原色。

**さんしょく**【蚕食】(名・他スル) 蚕《かいこ》が桑《くわ》の葉を食うように、よその領域をはしからだんだんに侵《おか》していくこと。「隣国《りんごく》を―する」

**さんじょく**【産褥】『産△褥』(名) 出産のときに産婦が用いる寝床《ねどこ》。

**さん・じる**【参じる】(自上一){ジ・ジ・ジル・ジル・ジレ・ジロ(ジョ)} ❶「行く」「来る」の謙譲《けんじょう》語。まいる。参上する。「馳《は》せ―」❷組織や会合などに参加する。「結社に―」

**さん・じる**【散じる】(自他上一){ジ・ジ・ジル・ジル・ジレ・ジロ(ジョ)} ❶ちる。「群衆が―」❷なくする。なくなる。「おかねを―」❸はらす。はれる。「うれいを―」

**さんしん**【三振】(名・自スル) 野球で、打者がストライクを三つとられてアウトになること。「見送りの―」

**ざんしん**【斬新】(形動ダ){ダロ・ダッ(デ・ニ)・ダ・ナ・ナラ・○} 着想が新しくめずらしいようす。目新しいようす。「―なデザイン」

**さんしんとう**【三親等】(名)〔法〕親族関係の近さが三番目であること。本人およびその配偶者の、曽祖父母《そうそふぼ》・曽孫・おじ・おば・おい・めいにあたる者。また、それらとの間柄《あいだがら》。三等親。⇩しんとう(親等)「参考」・しんぞく〈図〉

**さんすい**【山水】(名) ❶山と川。また、山と水のある自然の風景。類 山川。❷山や水など自然の景色をかいた絵。山水画。

**さんすい**【散水】『△撒水』(名・自スル) 道路などに水をまくこと。「―車」注意「撒水」のもとの読みは「さっすい」であるが、「さんすい」と読みならわされている。

**さんずい**【三水】(名) 漢字の部首の一つ。「江」「海」などの左側にある「氵」の部分。

**さんすう**【算数】(名) ❶小学校の教科の一つ。数量計算や図形など初歩の数学を教える。❷数の計算。

**さんすくみ**【三すくみ】『三△竦み』(名)(蛇《へび》はなめくじを、なめくじはかえるを、かえるは蛇を恐《おそ》れることから)三者がたがいに相手を恐れて、自由に行動できないこと。「―の状態」

**サンスクリット**〔英 Sanskrit〕(名) 古代インドの文章語。梵語《ぼんご》。

**さんずのかわ**【三途の川】『三◇途の川』(名)〔仏〕人が死んで冥土《めいど》へ行く途中《とちゅう》で渡《わた》るという川。

**さん・する**【産する】{シ(セ・サ)・シ・スル・スル・スレ・シロ(セヨ)} 一 (他サ変) 物をうみだす。作りだす。生産する。「米を―土地」二 (自サ変) とれる。できる。「当地に―野菜」

**さん・する**【賛する】『△讃する』(自他サ変){シ(セ・サ)・シ・スル・スル・スレ・シロ(セヨ)} ❶力をそえる。助ける。❷賛成する。同意する。「友の意見に―」❸ほめる。❹絵などに賛のことばを書く。

**さん・ずる**【参ずる】(自サ変){ジ(ゼ)・ジ・ズル・ズル・ズレ・ジロ(ゼヨ)} →さんじ

る(参じる)

**さん・ずる【散ずる】**(自他サ変){ジ(ゼ)・ジ・ズル・ズル・ズレ・ジロ(ゼヨ)}↓さんじる(散じる)

**ざん・する【▵讒する】**(他サ変){シ(セ・サ)・シ・スル・スル・スレ・シロ(セヨ)}事実でないことをこしらえて他人を悪く言う。中傷する。

**さんぜ【三世】**(名)❶《仏》前世《ぜんせ》・現世《げんせ》・来世《らいせ》の三つの世。❷父・子・孫の三代。さんせい。

**さんせい【三省】**(名・他スル)一日に何度も自分のことを反省し、いましめること。参考「論語」の「われ日に三たびわが身を省《かえり》みる」の句による。

**さんせい【三聖】**(名)世界の三大聖人。釈迦《しゃか》・孔子《こうし》・キリスト。

**さんせい【酸性】**(名)《化》酸の性質。ある物質が酸の性質をもっていること。青色のリトマス紙を赤く変えるような性質。「—反応」対アルカリ性

**さんせい【賛成】**(名・自スル)人の意見や考えに同意すること。「その提案に—する」「不—」類賛同。対反対

**さんせいう【酸性雨】**(名)大気汚染《おせん》物質のとけこんだ酸性度の高い雨。生態系に影響《えいきょう》を与《あた》え、建造物などにも害をおよぼす。

**さんせいけん【参政権】**(名)基本的人権の一つ。国民が国や地方公共団体の政治に加わることのできる権利。選挙権・被選挙権など。

**さんせき【三跡】**〖三▵蹟〗(名)平安時代中期の書道の三名人。和風の書にすぐれた。小野道風《おののとうふう》・藤原佐理《ふじわらのすけまさ》・藤原行成《ゆきなり》。

**さんせき【山積】**(名・自スル)山のように高く積もること。たくさんたまること。「仕事が—する」

**さんせきのうた【三夕の歌】**(名)《文》新古今《しんこきん》和歌集の中の、「秋の夕暮れ」をよんだ三首の歌。「さびしさはその色としもなかりけりまき立つ山の秋の夕暮れ」〈寂蓮《じゃくれん》〉、「心なき身にもあはれは知られけり鴫《しぎ》立つ沢《さは》の秋の夕暮れ」〈西行《さいぎょう》〉、「見わたせば花も紅葉《もみぢ》もなかりけり浦《うら》の苫屋《とまや》の秋の夕暮れ」〈藤原定家《ふじわらのていか》〉の三首。三夕の和歌。

**ざんせつ【残雪】**(名)(春になっても)消えないで残っている雪。

**さんせん【山川】**(名)山と川。転じて、自然。「—草木《そうもく》(=自然のけしき)」

**さんせん【参戦】**(名・自スル)戦いに加わること。「同盟国の要請《ようせい》で—する」

**さんぜん【参禅】**(名・自スル)❶禅の道を修行すること。❷寺などで座禅をすること。

**さんぜん【▵燦然】**(トタル)きらきらと光り輝《かがや》くようす。「—と輝くダイヤモンド」

**さんそ【酸素】**(名)《化》空気中の約五分の一をしめる、無色・無味・無臭《むしゅう》の気体元素。物の燃焼や、生物の呼吸になくてはならないもの。元素記号 O

**ざんそ【▵讒訴】**(名・他スル)他人をおとしいれるために、悪く事実をまげて訴《うった》えること。

**さんそう【山荘】**(名)山の中にある別荘。

**ざんぞう【残像】**(名)物を見たあと、しばらくの間その物が視覚に残っているように感じられる現象。

**さんぞく【山賊】**(名)山に住む盗賊《とうぞく》。

**さんそん【山村】**(名)山の中の村。「静かな—」

**ざんそん【残存】**(名・自スル)なくならないで残っていること。「—する兵力」参考「ざんぞん」とも読む。

**さんだい【参内】**(名・自スル)宮中に参上すること。

**さんだいしゅう【三代集】**(名)《文》「古今《こきん》和歌集」「後撰《ごせん》和歌集」「拾遺《しゅうい》和歌集」の三つの勅撰《ちょくせん》和歌集。

**ざんだか【残高】**(名)収入から支出を差し引くなどして残った金額。残金。「預金《よきん》—」

**サンタ-クロース**〔英 Santa Claus〕(名)クリスマスの前夜、煙突《えんとつ》から家にはいってきて、子どもたちに贈《おく》り物を配るという伝説上の老人。サンタ。

**サンダル**〔英 sandal〕(名)はきものの一種。ひもやバンドで足にひっかけてはく。

**さんだわら【桟俵】**(名)米俵の両端《りょうはし》につける、まるいわら製のふた。さんだらぼっち。

(さんだわら)

**さんたん【三嘆】**〖三▵歎〗(名・自スル)感心して何度もほめること。「一読—」

**さんたん【賛嘆】**〖▵讃▵歎〗(名・他スル)深く感心してほめること。「—に値する」類賛美

**さんたん【惨▵憺・惨▵澹】**(トタル)❶あわれでいたましいようす。みじめでひどいようす。「—たるありさま」❷心をなやませ苦心するようす。「苦心—」

**さんだん【散弾】**〖▵霰弾〗(名)発射と同時に、多数の細かい弾《たま》が一度に飛び散るしかけの弾丸。「—銃《じゅう》」

**さんだん【算段】**(名・他スル)苦心しておかねや品物などのつごうをつけること。くめん。「—がつく」

**さんだんとび【三段跳び】**(名)陸上競技の種目の一つ。走ってきてかたほうの足でふみきってとび、もう一度同じ足でとび、最後に反対の足でジャンプして両足をそろえて着地し、その距離《きょり》を競う。

**さんだんろんぽう【三段論法】**(名)三段階による推理の方法。大小二つの前提から、結論を導きだすもの。たとえば、「植物は生物だ」(大前提)、「松は植物だ」(小前提)ということから、「松は生物だ」(結論)を導く。

**さんち【山地】**(名)山の多い土地。また、山中の土地。対平地

**さんち【産地】**(名)その品物の産出される土地。生産地。「—直送のくだもの」

**さんちゅう【山中】**(名)山の中。山間。「—暦日《れきじつ》なし」

**さんちょう【山頂】**(名)山のいただき。山巓《さんてん》。「—からの眺《なが》め」対山麓《さんろく》

**さんてい【算定】**(名・他スル)計算して見積もること。「工事費の—」

**ざんてい【暫定】**(名)かりにしばらくの間だけ決めること。「—予算」…的「暫定的な処置」

**サンデー**〔英 sundae〕(名)アイスクリームの上にくだものをのせ、チョコレートソースをかけるなどした食べ物。

**サンデー**〔英 Sunday〕(名)日曜日。

**サン-デッキ**〔英 sun deck〕(名)❶船の上甲板

《じょうかんぱん》。❷太陽を直接受けるテラス。

**さんてん**〖山△巓〗（名）山のいただき。山頂。

**サンドイッチ**〔英 sandwich〕（名）うすく切ったパンの間にハム・野菜などをはさんだ食べ物。

**さんどう**【山道】（名）山あいの道。山みち。

**さんどう**【参道】（名）神社や寺院におまいりするために作られた道。「玉砂利《たまじゃり》を敷《し》き詰《つ》めた―」

**さんどう**【桟道】（名）山のけわしいがけに沿って張り出すようにつくられた道。

**さんどう**【賛同】（名・自スル）示された意見や提案などに賛成・同意すること。「彼の案に―する」

**ざんとう**【残党】（名）戦いに敗れ、うちもらされて生き残った者。「平家の―」

**さんどがさ**【三度がさ】〖三度△笠〗（名）顔がかくれるように深く作ったすげがさ。

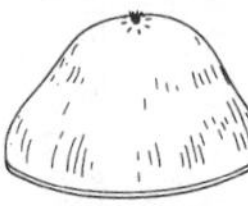
（さんどがさ）

**サントニン**〔英 santonin〕（名）〘医〙よもぎの花のつぼみなどからとる、回虫の駆除《くじょ》薬《やく》。

**サンドバッグ**〔英 sandbag〕（名）ボクシングの打撃《だげき》練習に用いる、砂を入れた袋《ふくろ》。

**サンドペーパー**〔英 sandpaper〕（名）ガラスの粉や金剛砂《こんごうしゃ》などを紙や布の表面につけたやすり。紙やすり。

**さんどめのしょうじき**【三度目の正直】最初と二回目は失敗しがちであてにならないが、三回目にはうまくいくこと。

**サントメ・プリンシペ**〔Sao Tome and Principe〕〘地名〙アフリカ大陸の西、ギニア湾《わん》上のサントメ島とプリンシペ島からなる共和国。首都はサントメ。

**サン-トラ**（名）「サウンドトラック」の略。

**さんにゅう**【参入】（名・自スル）❶新しく加わること。「新分野に―する」❷高貴なところへ参ること。

**さんにゅう**【算入】（名・他スル）全体の計算の中に加えること。「予備費として―する」

**ざんにん**【残忍】（名・形動ダ）思いやりがなくむごいことを平気ですること。「―な性格」

**さんにんしょう**【三人称】（名）〘文法〙→たしょう（他称）

**さんにんよればもんじゅのちえ**【三人寄れば文殊の知恵】平凡《へいぼん》な人間でも三人も寄り集まれば、文殊菩薩《ぼさつ》のようなよい考えが浮かぶものだ。

**ざんねん**【残念】（形動ダ）〔ダロ・ダッ(デ・ニ)・ダ・ナ・ナラ・○〕❶物事が終わったあとで、まだ心残りがするようす。「お会いできず―です」❷思いどおりにいかず、くやしく思うようす。「―無念」

**さんば**【産婆】（名）助産婦の旧称《きゅうしょう》。⇨じょさんし

**サンバ**〔ポルトガル samba〕（名）ブラジルに発達した四分の二拍子《びょうし》の速いテンポのダンス音楽。

**さんぱい**【三拝】（名・自スル）三度うやうやしく礼をすること。「神前で―する」

**さんぱい**【参拝】（名・自スル）神社や寺にまいって神仏をおがむこと。参詣《さんけい》。「神社に―する」

**ざんぱい**【惨敗】（名・自スル）さんざんに負けること。「―を喫《きっ》する」参考「さんぱい」とも読む。

**さんぱいきゅうはい**【三拝九拝】（名・自スル）何度も頭を下げておがむこと。また、そのようにして頼《たの》むこと。「―して頼みこむ」

**さんばいず**【三杯酢】（名）酢《す》・醤油《しょうゆ》（または塩）・砂糖（またはみりん）をまぜ合わせたもの。

**さんばがらす**【三羽がらす】〖三羽△烏〗（名）門人や部下の中で、また、ある方面ですぐれた三人。

**さんぱくがん**【三白眼】（名）黒目が上の方に寄って、左右と下の三方に白目が見える目。

**さんばし**【桟橋】（名）❶船客の乗り降りや貨物の積みおろしのために、岸から水上につきだした橋。❷（工事現場などで）のぼりおりのための、傾斜《けいしゃ》のついた板の足場。

**さんぱつ**【散発】（名・自スル）❶物事がときどき起こること。「事件が―する」…的「デモが散発的に行われる」❷弾丸《だんがん》が間をおいてうたれること。

**さんぱつ**【散髪】（名・自スル）髪《かみ》をかってととのえること。理髪。

**ざんばらがみ**【ざんばら髪】（名）乱れた髪。参考「さんばらがみ」ともいう。

**ざんぱん**【残飯】（名）食べ残しためし。

**さんはんきかん**【三半規管】（名）〘生〙脊椎《せきつい》動物の内耳《ないじ》にある半円状の三つの管。からだの平衡《へいこう》を保つはたらきをする。

**さんび**【酸鼻】（名・形動ダ）むごたらしいこと。「事故現場は―をきわめた」

**さんび**【賛美】〖△讃美〗（名・他スル）ほめたたえること。「美しさを―する」類賛嘆《さんたん》

**さんぴ**【賛否】（名）賛成と不賛成。「―両論」

**ザンビア**〔Zambia〕〘地名〙アフリカ大陸南部の内陸にある共和国。首都はルサカ。

**さんびか**【賛美歌】〖△讃美歌〗（名）キリスト教で、神やキリストの徳をほめたたえる歌。

**さんぴつ**【三筆】（名）日本の書道で特にすぐれた三人。ふつう、平安時代の嵯峨《さが》天皇・空海・橘逸勢《たちばなのはやなり》をさす。

**さんぴょう**【散票】（名）投票が一人の候補者などに集まらないで散ってしまうこと。また、その票。

**さんびょうし**【三拍子】（名）❶〘音〙強・弱・弱の三拍《さんぱく》で一小節をなす拍子。「―の曲」❷必要な三つの条件。

**三拍子揃**《そろ》**う** 必要な三つの条件がそなわる。

**ざんぴん**【残品】（名）売れ残りの品物。

**さんぷ**【産婦】（名）出産前後の婦人。

**さんぷ**【散布】〖△撒布〗（名・他スル）まき散らすこと。「農薬を―する」注意「撒布」の本来の読みは「さっぷ」であるが、「さんぷ」と読みならわされている。

**ざんぶ**【残部】（名）❶残りの部分。❷本などの、売れ残った部数。「―僅少《きんしょう》」

**さんぷく**【三伏】（名）夏至《げし》後の第三・第四の庚《かのえ》の日（＝初伏・中伏）と、立秋後の最初の庚の日（＝末伏）の総称《そうしょう》。夏のいちばん暑い期間。

**さんぷく**【山腹】（名）山頂とふもとの間。中腹。

**さんぷくつい**【三幅対】（名）❶三つそろって一組

になった掛《か》け物。❷三つで一組の物。

**さんぶさく**【三部作】(名) 三つの部に分かれているが、主題がたがいにつながりあって、まとまりをもつ作品。

**さんふじんか**【産婦人科】(名)〘医〙妊娠《にんしん》・出産および女性に特有の病気をあつかう医学・診療《しんりょう》の分野。産科と婦人科をあわせた言いかた。

**さんぶつ**【産物】(名) ❶その土地で作られたり、とれたりするもの。「各県の―」❷あることの結果として生まれたもの。「努力の―」「時代の―」

**サンプリング**〔英 sampling〕(名・自他スル) 全体像を明らかにするために、見本として一部を抜《ぬ》き出すこと。見本抽出《ちゅうしゅつ》。標本抽出。「―調査」

**サンプル**〔英 sample〕(名) 商品などの、見本。また、調査のための標本。「―をとりよせる」

**さんぶん**【散文】(名) 定型や韻律《いんりつ》にとらわれないで書かれた、ふつうの文章。対 韻文《いんぶん》

**さんぶんし**【散文詩】(名) 散文の形式による詩。

**さんぶんてき**【散文的】(形動ダ)〔ダロ・ダッ(デ・ニ)・ダ・ナ・ナラ・○〕❶散文のような形式をとっているようす。❷詩的なおもむきがなく、平凡《へいぼん》なようす。「―な表現」対 詩的

**さんへいほうのていり**【三平方の定理】(名)〘数〙→ピタゴラスの定理

**さんぽ**【散歩】(名・自スル) 気晴らしや健康などのために気ままにぶらぶら歩くこと。「毎朝の―」類 散策

**さんぼう**【三方】(名) 神仏に物を供えるときに使う四角形の白木の台。

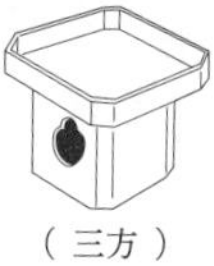

(三方)

**さんぼう**【三宝】(名)〘仏〙仏教徒がうやまう仏・法(=仏の教え)・僧《そう》の三つの宝。

**さんぼう**【参謀】(名) ❶司令官の下にいて、戦闘《せんとう》の計画や指導をする将校。「―本部」❷ある人の下でいろいろとはかりごとをたてる人。「選挙―」

**さんま**〘×秋刀魚〙(名)〘動〙サンマ科の魚。からだは細長く、体長四〇《センチメートル》くらい。秋の味覚とされる。

**さんまい**【三枚】(名) ❶紙など平たいもの三つ。「―の皿」❷魚料理で、頭を切り落とし、背骨の両側の身を切り離《はな》して下準備すること。二枚の身と骨で三枚となる。「さばを―におろす」「―下ろし」

**さんまい**【三昧】(名)〘仏〙一つのことに心を集中して雑念を捨てること。

**-ざんまい**【三昧】(接尾) ほかを忘れてそのことに熱中すること。思うがままに自分のしたいことをすること。「読書―」「ぜいたく―」

**さんまいめ**【三枚目】(名) こっけいな役を演じる俳優。また、その役。転じて、こっけいな役まわりをする人。参考 歌舞伎《かぶき》で、番付の三番目に書かれた役者がこっけいな役を演じたことからいう。

**サンマリノ**〔San Marino〕〘地名〙イタリア半島の北東部にある世界最古の共和国。首都はサンマリノ。

**さんまん**【散漫】(形動ダ)〔ダロ・ダッ(デ・ニ)・ダ・ナ・ナラ・○〕❶気持ちや注意力が物事に集中しないようす。「注意が―だ」❷まとまりのないようす。「話が―になる」

**さんみ**【酸味】(名) すっぱいあじ。「―が強い料理」

**さんみいったい**【三位一体】(名) ❶キリスト教で、父たる天の神と、その子キリスト、聖霊《せいれい》とはもともと一体であり、神が三つの姿となって現れているとする考え方。❷別々の三つのものが一つになること。三つのものが一体となって力を合わせること。

**さんみゃく**【山脈】(名)〘地質〙多くの山が細長くつらなって脈状になっているもの。

**さんみんしゅぎ**【三民主義】(名) 近代中国の革命家孫文《そんぶん》が唱えた政治理論。三民は、民族の独立・民権の伸長《しんちょう》・民生の安定の三原則のこと。

**ざんむ**【残務】(名) 残った仕事。「―整理」

**さんめん**【三面】(名) ❶三つの方面。❷新聞の社会面。参考 ②は新聞が四ページであったときに、社会記事を第三ページにのせたことからいう。

**さんめんきじ**【三面記事】(名) 新聞の社会面の記事。社会の雑多なできごとをあつかったもの。

**さんめんきょう**【三面鏡】(名) 正面と左右に鏡をとりつけた鏡台。

**さんもん**【三文】(名) ❶銭《ぜに》一文の三倍。ひじょうに安いこと。❷ねうちのないもの。「二《に》束《そく》―」「―文士」

**さんもん**【山門】(名) ❶寺の正門。❷寺。

**さんもんばん**【三文判】(名) できあいの、安価なはんこ。

**さんや**【山野】(名) 山と野原。

**さんやく**【三役】(名) ❶すもうで、大関・関脇《せきわけ》・小結《こむすび》。「―の揃《そろ》い踏《ぶ》み」❷政党や会社などで、重要な三つの役。また、その役の人。「党の―」

**さんやく**【散薬】(名) 粉末のくすり。粉薬《こなぐすり》。

**さんゆこく**【産油国】(名) 石油を産出する国。特に、石油の輸出がその国のおもな産業である国。

**さんよ**【参与】㊀(名・自スル) 計画や事業に加わり協力すること。「企画《きかく》に―する」㊁(名) 学識経験者が行政事務などに協力するときの職名。

**ざんよ**【残余】(名) 残り。余り。

**さんよう**【山容】(名) 山のかたち。山の姿。「噴火《ふんか》で―が変わる」

**さんよう**【算用】(名・他スル) 計算すること。勘定《かんじょう》。「胸《むな》―《ざんよう》」

**さんようすうじ**【算用数字】(名) →アラビアすうじ

**さんようちほう**〔山陽地方〕〘地名〙中国地方のうち、瀬戸内海《せとないかい》側。対 山陰《さんいん》地方

**さんようちゅう**【三葉虫】(名)〘動〙古生代に栄えた節足動物の一種。絶滅したが多くの化石が残っている。

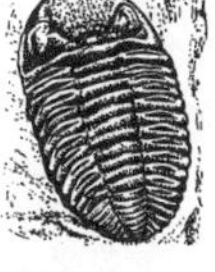

(さんようちゅう)

**さんらん**【産卵】(名・自スル) 卵をうむこと。

**さんらん**【散乱】(名・自スル) ちりぢりにあちこちにちらばること。「ごみが―する」

**さんらん**〘△燦△爛〙(ト タル) きらきら光りかがやくようす。「―とかがやく」類 燦燦《さんさん》

**さんり**【三里】(名) ❶一里の三倍。❷ひざがしらの下の外側のくぼんだ所。灸《きゅう》をすえる所の一つ。

**さんりくちほう**〔三陸地方〕〘地名〙陸前(=宮

城)・陸中(=岩手)・陸奥《むつ》(=青森)の総称《そうしょう》。

**ざんりゅう【残留】**(名・自スル) あとに残りとどまること。「―部隊」「―物質」「―農薬」

**ざんりゅうこじ【残留孤児】**(名) 外国で両親と離《はな》れ、現地に取り残された子。「中国―」

**さんりょう【山陵】**(名) 天皇・皇后《こうごう》の墓。御陵《ごりょう》。みささぎ。

**さんりょう『山△稜』**(名) 山の頂《いただき》から頂へとつらなる部分。尾根《おね》。

**さんりん【山林】**(名) 山と林。また、山にある林。

**さんりんしゃ【三輪車】**(名) ❶車輪の三つついた、幼児用の乗り物。❷車輪の三つついた、荷物の運搬《うんぱん》に使う自動車。オート三輪。

**さんりんぼう【三隣亡】**(名) 陰陽道《おんようどう》で、家を建てるのに最悪とされる日。この日に建築すると火事に見まわれ、隣《となり》三軒《さんげん》を焼失するという。

**ざんるい【残塁】**(名) ❶野球で、その回の攻撃《こうげき》が終わったとき走者が塁に残っていること。「三者―」❷攻《せ》め落とされないで残っているとりで。

**サンルーム**〔英 sunroom〕(名) 日光を多くとり入れるための、ガラスばりの部屋。

**さんれい『山△嶺』**(名) 山のみね。「―の雪」

**さんれつ【参列】**(名・自スル) 式や会合に参加し列席すること。「入学式に―する」

**さんろう【参籠】**(名・自スル) 神社や寺などに日数を決めてこもり、いのること。おこもり。

**さんろく【山麓】**(名) 山のふもと。山すそ。「―の村」対山頂

## し　シ

**し【士】** 3画 士0 小5 音シ

❶成年の男子。男子をほめていうことば。◆士君子 ◆義士・国士・紳士《しんし》・壮士《そうし》・多士・名士。❷さむらい。軍人。◆士官・士気・士族・士卒・士道・士分 ◆騎士《きし》・戦士・武士・兵士。❸ある資格や技能をもつ人。◆学士・楽士・棋士《きし》・博士・文士。参考特別に、「居士」は「こじ」と読む。「海士」は「あま」、「博士」は「はかせ」とも読む。

**し【士】** 一(名) りっぱな人物。一人前の男子。「高潔の―」「同好の―」二(接尾) ある資格をもつ人をいうことば。「代議―」「弁護―」「栄養―」

> 学習 比較《ひかく》 「〜士」「〜師」
>
> 〜士 ふつう、特定の資格をもっている人をさす。弁護士、税理士、介護福祉《かいごふくし》士、保育士など。
>
> 〜師 ふつう、技術・芸能・宗教など、専門的な職業についている人をさす。医師、看護師、美容師、手品師、講談師、宣教師など。ぺてん師、詐欺師《さぎし》などのように悪事を働く人をさしていうこともある。

**し【子】** 3画 子0 小1 音シ・ス 訓こ

❶こども。◆子女・子息・子孫・子弟 ◆王子・妻子・長子・童子《どうじ》・末子《ばっし・まっし》・養子。❷ひと。◆君子・読書子・編集子・遊子。❸学識のある人に対する敬称《けいしょう》。また、孔子《こうし》のこと。◆孟子《もうし》・老子。❹み。たね。たまご。◆子房《しぼう》・子葉 ◆種子・卵子。❺小さいもの。◆子細 ◆原子・電子・分子・粒子《りゅうし》。❻物の名の下にそえることば。◆椅子《いす》・金子《きんす》・冊子・障子《しょうじ》・扇子《せんす》・調子・帽子《ぼうし》・様子《ようす》。❼五等爵《しゃく》の第四。◆子爵。❽十二支の一番目。ねずみ。ね。◆子午線。参考特別に、「迷子」は「まいご」、「息子」は「むすこ」と読む。

**し【支】** 4画 支0 小5 音シ 訓ささえる

❶わかれる。わける。えだわかれする。◆支社・支店・支脈・支離滅裂《しりめつれつ》・支流 ◆気管支。❷わけて出す。おかねをはらう。◆支給・支出 ◆収支。❸ささえる。◆支援《しえん》・支持・支柱・支点。❹さしつかえる。◆支障。❺えと。◆干支・十二支。参考特別に、「差し支える」は「さしつかえる」と読む。

**し【止】** 4画 止0 小2 音シ 訓とまる・とめる

❶とまる。とどまる。◆止宿 ◆静止・停止・明鏡止水。❷とめる。やめにする。さしとめる。◆止血 ◆禁止・制止・阻止《そし》・中止・抑止《よくし》。参考特別に、「波止場」は「はとば」と読む。⇨付録「漢字の筆順(5)止」

**し【氏】** 4画 氏0 小4 音シ 訓うじ 中

❶うじ。㋐血のつながりのある人びと。一族。◆氏族。㋑みょうじ。◆氏名 ◆姓氏《せいし》。❷人をていねいにいうことば。◆彼氏《かれし》・同氏・両氏

**し【氏】** 一(名) 人をさす敬称《けいしょう》。「―の話を聞く」二(接尾) ❶姓名《せいめい》につけて敬意を表すことば。❷氏族名につけて、その出身であることを表すことば。「藤原《ふじわら》―」

**し【仕】** 5画 亻3 小3 音シ・ジ 高 訓つかえる

❶つかえる。官職につく。◆仕官・仕途《しと》 ◆出仕・致仕《ちし》。❷目上の人の世話をする。◆給仕《きゅうじ》・奉仕《ほうし》。❸物事をする。◆仕方・仕事。参考「ジ」の音は「給仕」ということばに使われる特殊《とくしゅ》な読み方。

**し【史】** 5画 口2 小5 音シ

❶世の移り変わり。また、あることについての移り変わりや発展の過程などを書きしるしたもの。◆史学・史実・史跡《しせき》・史伝・史料 ◆外史・国史・正史・先史・文化史・歴史。❷できごとを記録する役人。文章にたずさわる人。◆侍史《じし》・女史

**し【司】** 5画 口2 小4 音シ

❶つかさどる。役目として取りあつかう。⬘司会・司書・司法・司令。❷つかさどる役目の人。また、その役目をとり行う所。⬘司教・司祭・司直⬙行司《ぎょうじ》・宮司《ぐうじ》・郡司・国司・上司・保護司・有司

し【四】5画 口2 小1 音シ 訓よ・よっ・よっつ・よん
丨 冂 四 四 四
❶よっつ。よたび。⬘四角・四季・四捨五入・四声・四則・四大⬙朝三暮四。❷まわり。四つの方向。⬘四囲・四海・四顧《しこ》・四散・四通八達・四面

し【四】(名)三に一を足した数。よっつ。

し【市】5画 巾2 小2 音シ 訓いち
丶 亠 广 市 市
❶いち。品物の売買をする所。⬘市価・市況《しきょう》・市場。❷まち。たくさんの人が集まる所。⬙城市・都市。❸市制をしいた地方公共団体。⬘市街・市井《しせい》・市営・市長・市民・市立

し【市】(名)地方公共団体の一つ。人口五万人以上など、地方自治法の条件を満たしているもの。

し【矢】5画 矢0 小2 音シ高 訓や
ノ 𠂉 ⺧ 午 矢
や。弓のつるにかけて射るもの。⬙一矢・嚆矢《こうし》

し【示】→じ(示)

し【旨】6画 匕4 音シ 訓むね高
匕 匕 旨 旨 旨
わけ。かんがえ。⬘旨趣《ししゅ》⬙宗旨・主旨・趣旨・宣旨《せんじ》・勅旨《ちょくし》・本旨・要旨・令旨《りょうじ・れいし》・論旨

し【次】→じ(次)

し【死】6画 歹2 小3 音シ 訓しぬ
一 厂 歹 歹 歹 死
❶命がなくなる。しぬ。しぬこと。⬘死期・死去・死刑《しけい》・死者・死傷・死別・死亡⬙横死・客死《かくし・きゃくし》・仮死・餓死《がし》・起死回生・急死・水死・生死・戦死・即死《そくし》・致死《ちし》・万死《ばんし》・半死半生・病死・不老不死・変死。対生。❷活力がない。役に立たない。⬘死語・死蔵・死文。❸命がけ。⬘死守・死闘《しとう》・死力。❹命にかかわる危険。⬘死線・死地。❺野球で、アウト。⬙二死

し【死】(名)死ぬこと。また、生命・活力がないこと。「—を覚悟《かくご》する」「—の山」対生

**死の商人《しょうにん》** 兵器や武器の製造・販売《はんばい》をしてもうける企業《きぎょう》や商人。

**死を賭《と》す** 死を覚悟《かくご》して物事を行う。

し【糸】6画 糸0 小1〔絲〕音シ 訓いと
𠃋 幺 幺 糸 糸 糸
❶いと。⬙金糸・絹糸《けんし》・絹糸《きぬいと》・蚕糸《さんし》・製糸・抜糸《ばっし》・綿糸。❷糸のように細いもの。⬘糸雨⬙菌糸《きんし》

し【自】→じ(自)

し【至】6画 至0 小6 音シ 訓いたる
一 𠫔 𠫔 㔾 至 至
❶とどく。行きつく。⬙夏至《げし》・冬至《とうじ》・必至。❷この上なく。⬘至急・至高・至極《しごく》・至純・至上・至情・至当・至難・至福 ⇩付録「漢字の筆順⒇至」

し【伺】7画 亻5 音シ高 訓うかがう
亻 门 伺 伺 伺 伺
ようすをみる。安否をたずねる。⬘伺候《しこう》・伺察

し【志】7画 心3 小5 音シ 訓こころざす・こころざし
一 十 士 士 志 志
❶こころざす。のぞみねがう。心に決めた目的や信念。⬘志学・志願・志気・志向・志士・志望⬙意志・遺志・初志・大志・同志・有志・立志。❷相手を思いやる気持ち。⬙厚志・寸志・篤志《とくし》・芳志《ほうし》。❸書いたもの。記録。⬙三国志

し【私】7画 禾2 小6 音シ 訓わたくし・わたし
一 二 千 禾 私 私
❶わたくし。個人的なこと。自分だけのこと。⬘私意・私事・私情・私心・私人・私設・私邸《してい》・私服・私腹・私欲・私利・私立⬙公私・無私・滅私奉公《めっしほうこう》。対公。❷こっそりと。ひそかに。⬘私語・私淑《ししゅく》

し【使】8画 亻6 小3 音シ 訓つかう
亻 仁 仁 仁 伊 使
❶つかう。もちいる。⬘使役《しえき》・使途《しと》・使用⬙駆使《くし》・行使・酷使《こくし》。❷つかい。つかいの人。⬘使者・使節・使徒⬙急使・遣唐使《けんとうし》・公使・正使・大使・勅使《ちょくし》・天使・特使・副使・密使

し【刺】8画 刂6 音シ 訓さす・ささる
一 市 市 朿 刺 刺
❶さす。つきとおす。さし殺す。⬘刺客《しかく》・刺激・刺殺・刺繍《ししゅう》・刺青《しせい》。❷つきささるように感じさせる。⬙風刺。❸名ふだ。⬙名刺

し【始】8画 女5 小3 音シ 訓はじめる・はじまる
𡿨 女 女 女 始 始
❶はじまり。はじめ。⬘始終・始祖《しそ》・始末⬙元始・原始・終始・年始。❷はじまる。はじめる。⬘始業・始動・始発⬙開始・創始。《対終》

し【姉】8画 女5 小2 音シ中 訓あね
女 女 女 女 姉 姉
❶年上の、女のきょうだい。あね。⬘姉弟・姉妹⬙義姉・長姉・令姉。対妹。❷女性を親しみ敬って呼ぶことば。⬙貴姉・諸姉。参考 特別に、「姉さん」は「ねえさん」とも読む。

し【枝】8画 木4 小5 音シ高 訓えだ
十 木 木 朩 枝 枝
❶木のえだ。⬘枝幹・枝頭・枝葉。対幹。❷本筋から分かれたもの。⬘枝葉末節《しようまっせつ》⬙連枝

し【祉】8画 ネ4〔祉〕音シ
ネ ネ ネ 补 补 祉
さいわい。⬙福祉 ⇩付録「漢字の筆順⑸止」

し【肢】8画 月4 音シ
丿 月 月 肚 肢 肢
❶てあし。⬘肢体⬙下肢・義肢・後肢・四肢・上肢・前肢。❷分かれ出たもの。⬙選択肢《せんたくし》

し【姿】9画 女6 小6 音シ 訓すがた
すがた。かたち。ありさま。◆姿勢・姿態 ◆英姿・風姿・雄姿《ゆうし》・容姿・麗姿《れいし》

し【思】9画 心5 小2 音シ 訓おもう
❶おもう。考える。おもい。◆思案・思惟《しい》・思考・思索《しさく》・思想・思潮・思念・思慮《しりょ》 ◆意思・所思・静思・沈思・不思議。❷したう。◆思慕《しぼ》 ◆相思

し【指】9画 扌6 小3 音シ 訓ゆび・さす
❶ゆび。◆指圧・指紋《しもん》 ◆屈指《くっし》・五指・十指《じっし》・食指・拇指《ぼし》。❷ゆびさす。さししめす。◆指揮・指示・指定・指摘《してき》・指導・指名

し【施】9画 方5 音シ・セ 訓ほどこす 高
❶行う。◆施工《しこう・せこう》・施行《しこう・せこう》・施政・施設 ◆実施。❷(「セ」と読んで)ほどこしをあたえる。めぐむ。◆施主《せしゅ》・施薬《せやく》・施療《せりょう》 ◆布施《ふせ》

し【師】10画 巾7 小5 音シ
❶先生。人を教えみちびく人。◆師事・師匠《ししょう》・師弟・師範《しはん》・師友 ◆恩師・旧師・教師・先師。❷宗教上の指導者を呼ぶことば。◆法師・牧師。❸専門の技術をもつ人。◆医師・絵師・技師・猟師《りょうし》。❹軍隊。◆師団 ◆出師《すいし》。❺多くの人の集まる所。みやこ。◆京師《けいし》。参考特別に、「師走」は「しわす」「しはす」と読む。⇩し(士)「学習」

し【師】㊀(名)学問・技芸などを教える人。人を教えみちびく人。先生。「―と仰《あお》ぐ」「―の恩」㊁(接尾)専門の職業についている人を表すことば。「薬剤《やくざい》―」「看護―」「美容―」

し【恣】10画 心6 音シ
ほしいまま。自分の思いのまま。◆恣意 ◆放恣

し【紙】10画 糸4 小2 音シ 訓かみ
❶かみ。◆紙幅《しふく》・紙幣《しへい》・紙片 ◆色紙・製紙《せいし》・白紙・半紙・油紙・用紙・料紙・和紙。❷「新聞紙」の略。◆紙面 ◆機関紙・地方紙・日刊紙

し【脂】10画 月6 音シ 訓あぶら
❶肉のあぶら。◆脂肪《しぼう》 ◆牛脂・皮脂・油脂。❷木のやに。◆樹脂。❸べに。口べに。◆脂粉《しふん》

し【視】11画 見4 小6 〔視〕 音シ
❶見る。気をつけてよく見る。◆視界・視覚・視察・視線・視聴《しちょう》・視点・視野・視力 ◆監視《かんし》・凝視《ぎょうし》・検視・座視・正視・注視・直視・透視《とうし》。❷考える。あつかう。◆疑問視・軽視・重視・重大視・敵視・度外視・無視

し【紫】12画 糸6 音シ 訓むらさき
むらさき。青と赤の中間色。◆紫雲・紫衣《しえ》・紫煙《しえん》・紫外線・紫紺《しこん》・紫蘇《しそ》・紫電 ◆紅紫

し【詞】12画 言5 小6 音シ
❶ことば。文章。詩文。◆詞章・詞藻《しそう》 ◆歌詞・作詞・祝詞《しゅくし・のりと》・誓詞《せいし》。❷文法上の役割や形態で分類した語。◆形容詞・動詞・品詞・副詞・名詞。参考特別に、「祝詞」は「のりと」とも読む。

し【歯】12画 歯0 小3 〔齒〕 音シ 訓は
動物の口の中にあって、食べ物をかみくだくもの。◆歯科・歯牙《しが》・歯根・歯列 ◆永久歯・義歯・犬歯・切歯扼腕《せっしやくわん》・乳歯・抜歯《ばっし》・明眸皓歯《めいぼうこうし》・門歯
⇩付録「漢字の筆順⑸止」

し【嗣】13画 口10 音シ
あとつぎ。あととり。あとをつぐ。◆嗣子 ◆家嗣・継嗣《けいし》・後嗣・嫡嗣《ちゃくし》

し【試】13画 言6 小4 音シ 訓こころみる・ためす 中
❶ためす。ためしに行ってみる。◆試案・試飲・試運転・試金石・試掘《しくつ》・試験・試行錯誤《しこうさくご》・試作・試写・試食・試用・試練。❷「試験」の略。◆追試・入試

し【詩】13画 言6 小3 音シ
し。韻文《いんぶん》。漢詩。◆詩歌《しか・しいか》・詩吟《しぎん》・詩集・詩情・詩人・詩壇《しだん》・詩論 ◆漢詩・現代詩・散文詩・叙事詩《じょじし》・叙情詩《じょじょうし》・定型詩・風物詩。参考「詩歌《しいか》」のように「シイ」と読むこともある。

し【詩】(名)文芸作品の一つの形。心に生じた感情などを、一定のリズムをもたせて表したもの。「―を書く」

し【資】13画 貝6 小5 音シ
❶もとで。もとになるものやおかね。◆資金・資源・資材・資産・資本・資料・資力 ◆学資・出資・投資・物資。❷うまれつき。身分。◆資格・資質 ◆天資

し【飼】13画 食5 小5 音シ 訓かう
かう。動物にえさをあたえてやしなう。◆飼育・飼養・飼料

し【誌】14画 言7 小6 音シ
❶しるす。書きしるしたもの。◆雑誌・書誌・地誌・日誌・博物誌・碑誌《ひし》・墓誌。❷「雑誌」の略。◆誌上・誌面 ◆会誌・季刊誌・月刊誌・週刊誌

し【雌】14画 隹6 音シ 訓め・めす
❶生物のめす。◆雌雄《しゆう》。対雄。❷弱いもの。◆雌伏《しふく》 ⇩付録「漢字の筆順㉜隹」

し【摯】15画 手11 音シ
まことの気持ちがいたる。◆真摯

し【賜】 15画 貝8 音シ 高 訓たまわる
身分の高い人が物をあたえる。たまわりもの。◆賜暇《しか》・賜杯《しはい》◇恩賜・下賜《かし》・賞賜・特賜

し【諮】 16画 言9 音シ 訓はかる
はかる。上の人が下の人に相談する。◆諮議・諮問

し（接助）❶いくつかのことがらをならべあげて示す。…うえに。「頭はいい―、やさしい―…」❷あとに述べる判断の理由となっていることを表す。…から。…ので。「空も晴れた―、出かけよう」文法 活用語の終止形につく。

じ【仕】→し（仕）

じ【示】 5画 示0 小5 音ジ・シ 中 訓しめす
しめす。人に見せる。さしずする。◆示威《じい》・示唆《しさ》・示談《じだん》◇暗示・教示・訓示・掲示《けいじ》・告示・誇示《こじ》・指示・展示・表示・明示・黙示《もくし・もくじ》

じ【地】→ち（地）

じ【地】（名）❶土地。地面。「―をならす」❷その地方。その土地。「―の酒」❸布などのきじ。「―の厚い布」「服―」❹あるもののしたじとなっている部分。㋐ぬりものなどの、まだぬっていないもの。「木―」㋑模様のある布・紙などの、模様のない部分。「―の色」❺生まれつきもっている性質。もちまえ。「―が出る（＝かくしていた本性《ほんしょう》が出る）」❻文章の中で会話や歌などを除いた部分。「―の文」❼実際。実地。「小説を―で行くような生き方」❽囲碁《いご》で、碁石で囲んで取った部分。

じ【字】 6画 子3 小1 音ジ 訓あざ 中
ことばを書き表す記号。もじ。◆字画・字体◇活字・漢字・数字

じ【字】（名）❶ことばを書き表すために用いる記号。文字。また、特に漢字のこと。「知らない―をならう」❷文字の書きぶり。「―がうまい」

じ【寺】 6画 寸3 小2 音ジ 訓てら
てら。仏像を安置して、僧《そう》が仏道の修行《しゅぎょう》をするところ。◆寺院・寺社◇社寺・菩提寺《ぼだいじ》・末寺《まつじ》

じ【次】 6画 欠2 小3 音ジ・シ 中 訓つぐ・つぎ
❶二番目。つぎの。つぎ。◆次回・次官・次期・次女・次席・次善・次男。❷順番。◆次元・次第《しだい》◇式次・順次・席次・漸次《ぜんじ》・逐次《ちくじ》・年次・目次。❸回数や度数などを表すことば。◇今次・数次

-じ【次】（接尾）物事の回数や順序などを表すことば。「一―試験」「二―募集《ぼしゅう》」

じ【耳】 6画 耳0 小1 音ジ 中 訓みみ
みみ。音声を聞きとる器官。◆耳朶《じだ・みみたぶ》・耳鼻《じび》・耳目◇外耳・俗耳《ぞくじ》・中耳・内耳・馬耳東風 ⇩付録「漢字の筆順(22)耳」

じ【自】 6画 自0 小2 音ジ・シ 訓みずから
❶じぶん。おのれ。みずから。◆自愛・自衛・自我・自覚・自決・自己・自業自得《じごうじとく》・自国・自殺・自首・自習・自粛《じしゅく》・自称《じしょう》・自身・自信・自省・自責・自他・自治・自転・自伝・自動・自暴自棄《じぼうじき》・自慢《じまん》・自滅《じめつ》・自立◇各自・独自。対他。❷しぜんに。ひとりでに。◆自生・自然《しぜん・じねん》・自明。❸じぶんの思うまま。◆自在・自由。❹起点を表す語。…から。…より。◆自今・自来

じ【似】 7画 イ5 小5 音ジ 中 訓にる
にている。にせる。◇疑似・酷似《こくじ》・相似・類似

じ【児】 7画 儿5 小4 〔兒〕 音ジ・ニ 中
❶ちのみご。幼い子。子ども。◆児戯《じぎ》・児女・児童◇育児・園児・孤児《こじ》・女児・男児・乳児・幼児。❷むすこ。むすめ。◆児孫◇愛児・遺児・豚児《とんじ》。❸若者。◇快男児・健児・寵児《ちょうじ》・反逆児・風雲児。参考「ニ」の音は「小児科《しょうにか》」などのことばに使われる特殊《とくしゅ》な読み方。特別に、「稚児」は「ちご」と読む。「鹿児島」県は「かごしま」県と読む。

じ【事】 8画 亅7 小3 音ジ・ズ 高 訓こと
❶こと。ことがら。できごと。◆事件・事故・事実・事情・事態・事物・事変◇火事・記事・行事・軍事・故事・惨事《さんじ》・小事・人事・大事・万事・無事・変事・有事・用事。❷人間のすること。しごと。◆事業・事跡《じせき》・事務◇悪事・家事・幹事・検事・知事・当事者・理事・領事。❸つかえる。◆事大主義◇兄事・師事。参考「ズ」の音は「好事家《こうずか》」ということばに使われる特殊《とくしゅ》な読み方。

じ【侍】 8画 イ6 音ジ 訓さむらい
❶目上の人のそばにつかえる。◆侍医・侍講・侍史・侍者・侍従《じじゅう》・侍女◇近侍・内侍《ないし》。❷さむらい。

じ【治】 8画 氵5 小4 音ジ・チ 訓おさめる・おさまる・なおる・なおす
❶おさめる。管理する。乱れをなおす。◆治安《ちあん》・治下《ちか》・治国《ちこく》・治者《ちしゃ》・治水《ちすい》・治世《ちせい》◇自治《じち》・政治・統治《とうち》・法治《ほうち》。❷病気をなおす。なおる。◆治癒《ちゆ》・治療《ちりょう》◇根治《こんじ・こんち》・主治医・全治《ぜんち》・湯治・難治《なんじ・なんち》・不治《ふじ・ふち》・療治《りょうじ》

じ【持】 9画 扌6 小3 音ジ 訓もつ
手にもつ。たもつ。◆持久・持参・持続・持病・持論◇維持《いじ》・堅持《けんじ》・固持・支持・所持・保持

じ【時】 10画 日6 小2 音ジ 訓とき

❶とき。◆時間・時候・時刻・時差・時日・時節・時報◆一時・寸時・同時・日時。❷そのころ。おり。◆時下・時価・時宜《じぎ》・時局・時勢・時代・時分・時流◆往時・当時・非常時・臨時。参考特別に、「時雨」は「しぐれ」、「時計」は「とけい」と読む。

**-じ【時】**(接尾)❶時間の単位。一日を二四等分したもの。一分の六〇倍。「午後三―」❷ある特定のとき。「運転―」「災害―」

**じ【除】**↓じょ(除)

**じ【滋】** 12画 氵9 小4 音ジ中
しげる。そだつ。養う。◆滋味《じみ》・滋養《じよう》。参考「滋賀」県は「しが」県と読む。

**じ【慈】** 13画 心9 音ジ 訓いつくしむ高
かわいがる。いたわる。なさけをかける。◆慈愛・慈雨・慈顔・慈恵《じけい》・慈心・慈善・慈悲・慈父・慈母

**じ【辞】** 13画 辛6 小4 〔辭〕 音ジ 訓やめる中
❶ことば。文書。◆辞句・辞書・辞典・辞令◆訓辞・言辞・賛辞・式辞・修辞・祝辞・世辞・送辞・答辞・美辞麗句《びじれいく》。❷ことわる。やめる。◆辞意・辞去・辞職・辞世・辞退・辞任◆固辞・拝辞

**じ【辞】**(名)ことば。「開会の―」

**辞を低《ひく》くする** 相手に敬意を表し、ことばづかいをていねいにする。

**じ【磁】** 14画 石9 小6 音ジ
❶鉄を引きつける性質。じしゃく。◆磁気・磁性・磁力◆耐磁《たいじ》性・電磁。❷高い温度で焼きあげたかたい焼き物。◆磁器◆青磁・陶磁器《とうじき》・白磁

**じ【餌】** 15画 食6 音ジ高 訓えさ・え
❶たべもの。◆食餌・薬餌。❷えさ。◆餌食《えじき》◆好餌。参考常用漢字表には「餌」と「餌」(許容字体)」とが示されている。⇩付録「漢字の筆順(22)耳」

**じ【璽】** 19画 玉14 音ジ
天子の印。◆印璽・御璽《ぎょじ》・国璽 ⇩付録「漢字の筆順(2)王〔玉〕」

**じ**【△痔】(名)〘医〙肛門《こうもん》やその付近におこる病気の総称《そうしょう》。痔疾《じしつ》。

**しあい【試合】**(名・自スル)スポーツや武芸などで、うでまえをくらべ合って、勝ち負けを争うこと。「練習―」

**じあい【自愛】**(名・自スル)❶自分で自分のからだをたいせつにすること。「どうぞご―ください」❷自分の利益をはかること。使い方①は、多く手紙の終わりに書くあいさつなどに使われる。

**じあい【慈愛】**(名)いつくしみ、かわいがるような深い愛。「―に満ちたまなざし」

**しあがり【仕上がり】**(名)できあがること。また、できあがったようす。「美しい―」

**しあが・る【仕上がる】**(自五){ラ(ロ)・リ(ッ)・ル・ル・レ・レ}仕事などが、すっかりできあがる。物事がよい状態にできあがる。「絵が―」「からだが順調に―」

**しあげ【仕上げ】**(名)❶仕事などを完成させること。また、そのできばえ。❷仕事などの最後の手入れ。

**しあ・げる【仕上げる】**(他下一){ゲ・ゲ・ゲル・ゲル・ゲレ・ゲロ(ゲヨ)}仕事などを最後までやる。物事を完成させる。「宿題を―」

**しあさって**〘×明明後日〙(名)あさっての次の日。

**ジアスターゼ**〔ドイツ Diastase〕(名)〘化〙麦芽《ばくが》などにふくまれる酵素《こうそ》。主成分はアミラーゼ。消化剤《ざい》に用いる。

**シアター**〔英 theater〕(名)劇場。映画館。

**しあつ【指圧】**(名・他スル)指・てのひらなどでからだをおしたり、もんだりすること。筋肉のこりをほぐしたり、血行をよくしたりするために行う。「―療法《りょうほう》」

**じあまり【字余り】**(名)短歌・俳句で、一つの句の音が、五音・七音などの決まった音より多いこと。

**しあわせ【幸せ】**〘仕合わせ〙(名・形動ダ)願っていたとおりの状態で、心配や苦しみがなく、心が満ちたりていること。幸福。「―な一生」「不―」

**しあん【私案】**(名)個人としての考え。ある物事について、個人として考えた案。「―をまとめる」

**しあん【思案】**(名・自他スル)❶いろいろ考えること。「―をめぐらす」❷心配すること。「―顔」

**思案に余《あま》る** いくら考えてもよい考えがどうにも浮《う》かばない。

**思案に暮《く》れる** さんざん考えてもよい考えが浮《う》かばないままでいる。

**しあん【試案】**(名)何かを決めるために、試みに考えたかりの案。「―を作成する」

**じあん【事案】**(名)問題になっていることがら。「緊急《きんきゅう》を要する―」

**しあんなげくび【思案投げ首】**(名)よい考えが浮《う》かばなくて弱っていること。「―の体《てい》」

**しい**〘◇椎〙(名)〘植〙ブナ科の常緑高木。日本南部の森林の代表種。実は食用。材木は建築や、まき・炭の材料として使われる。しいのき。

**しい【四囲】**(名)まわり。周囲。「―の状況《じょうきょう》」

**しい【私意】**(名)❶自分だけの考え。❷自分の利益や都合だけを考える心。「―をはさむ」(類私心)

**しい**〘思△惟〙(名・自他スル)いろいろ考えたり、深く思いをめぐらしたりすること。類思考

**しい【恣意】**(名)自分勝手な考え。気ままな考えや思いつき。…的「恣意的な解釈《かいしゃく》」

**じい【示威】**(名・自他スル)力や勢いを示し見せること。「―行進」

**じい【自慰】**(名・自スル)❶自分で自分をなぐさめること。❷↓オナニー

**じい【侍医】**(名)天皇や身分の高い人の主治医。

**じい【辞意】**(名)その役目をやめようと考えていること。辞職しようとする意志。「―を表明する」

**シーアイエー【CIA】**(名)〔英 Central Intelligence Agency の略〕アメリカ中央情報局。大統領直属の機関で、国の安全保障にかかわる情報の収集などを行う。

**シーイーオー【CEO】**（名）（英 chief executive officer の略）企業《きぎょう》の最高経営責任者。

**じいうんどう【示威運動】**（名）主張や要求を通すために、集団となって力を示すこと。また、その集会や行進。デモンストレーション。デモ。

**シーエーティーブイ【CATV】**（名）（英 community antenna television の略）共同アンテナでテレビ放送を受信し、有線で各家庭に送る共同視聴《しちょう》式のテレビ。ケーブルテレビはこの一種。

**ジーエヌピー【GNP】**（名）〘経〙（英 gross national product の略）国民総生産。一定期間に一国が生産した物・サービスを市場《しじょう》価格で評価し、それから原料などの中間生産物を差し引いた総額。

**シーエム【CM】**（名）（英 commercial message の略）→コマーシャル②

**しいか【詩歌】**（名）❶詩や歌。❷漢詩や和歌。

**シーキュー【CQ】**（名）アマチュア無線家（＝ハム）が相手を呼び出すために打つ信号。

**しいく【飼育】**（名・他スル）家《か》畜《ちく》や鳥などを飼って育てること。「―係」類飼養

**シークレット**〔英 secret〕（名）秘密。「トップ―」

**しいさあ**（名）沖縄で、魔《ま》よけとする焼き物の獅子《しし》像。シーサー。

**シーシー【cc】**（名）❶（英 cubic centimeter の略）立方センチメートル。「二〇〇―の牛乳」❷（英 carbon copy の略）電子メールで、本来のあて先以外の人にも同文のメールを送る機能。

**シージー【CG】**（名）（英 computer graphics の略）→コンピューターグラフィックス

**シージーエスたんい【CGS単位】**（名）長さにセンチメートル、重さにグラム、時間に秒を基礎《きそ》単位として用いる単位の体系。センチメートル（centimeter）のC、グラム（gramme）のG、秒（second）のSをとったもの。

**じいしき【自意識】**（名）自分自身についての意識。自己意識。「―過剰《かじょう》（＝他人からどう見られているかを意識しすぎるようす）」

**しい・する【△弑する】**（他サ変）{シ(セ・サ)・シ・スル・スル・スレ・シロ(セヨ)} 主君や親を殺す。「主君を―」

**シースルー**〔英 see-through〕（名）衣服の生地《きじ》がうすく、内部がすけて見えること。「―のシャツ」

**シーズン**〔英 season〕（名）❶季節。❷そのことがさかんに行われる季節・時期。「海水浴の―」

**シーズンオフ**〔和製英語〕（名）さかんに行われる時期以外の、活動を休止している期間。時期はずれ。オフ。「プロ野球の―」▽season と off から。

**ジーゼル**（名）→ディーゼル

**シーソー**〔英 seesaw〕（名）長い板のまん中に支柱をとりつけ、その両はしに人が乗って、たがいちがいに上がり下がったりして遊ぶもの。

**シーソーゲーム**〔英 seesaw game〕（名）追いつ追われつの接戦で、どちらが勝つかわからないような試合。「―を展開する」

**しいたけ**〘◇椎△茸〙（名）キシメジ科のきのこ。しい・ならなどの木に生えるが、栽培《さいばい》して食用とする。

**しいた・げる【虐げる】**（他下一）{ゲ・ゲ・ゲル・ゲル・ゲレ・ゲロ(ゲヨ)} 不当にいじめて苦しめる。「人民を―政治」

**シーツ**〔英 sheet〕（名）寝るとき、しきぶとんの上にしく布。しきふ。

**しいて【強いて】**（副）困難をおしきって。むりやりに。あえて。「―趣味《しゅみ》をあげれば切手収集です」

**シーディー【CD】**（名）❶（英 compact disc の略）デジタル方式で音声・文字・画像などの信号を記録するディスク。レーザー光線でデータを読み取る。コンパクトディスク。❷（英 cash dispenser の略）銀行などに設置される現金自動支払《しはら》い機。

**シーティースキャナー【CTスキャナー】**（名）〘医〙（CTは英 computerized tomography の略）コンピューター断層撮影《さつえい》装置。X《エックス》線《せん》とコンピューターを組み合わせて、人体の横断面を撮影する装置。▽スキャナーは、英 scanner

**ジーディーピー【GDP】**（名）〘経〙（英 gross domestic product の略）国内総生産。国内の経済活動を表す指標の一つ。一定期間に国内で新たに生産された物・サービスの総額。GNP（国民総生産）から海外での純所得を差し引いたもの。

**シーディーロム【CD-ROM】**（名）コンピューター用のデータを記録した読み出し専用のコンパクトディスク。▽ROMは英 read-only memoryから。

**シート**〔英 seat〕（名）❶座席。「―ベルト」❷野球で、野手の守る場所。「―ノック（＝野球で、守備位置についた選手にノックして、ボールを処理させる練習）」

**シート**〔英 sheet〕（名）❶一枚の紙。特に、切手・回数券など、一定の枚数が印刷されている一枚の紙。「切手―」❷雨よけや日よけなどに使うビニールや布。「車に―をかける」

**シード**〔英 seed〕（名・他スル）トーナメント戦で、強いチームや選手どうしが最初から対戦しないように組み合わせること。「第一―の選手」

**ジイド**〔André Gide〕【人名】（一八六九 一九五一）フランスの小説家・批評家。個人主義的な立場から、古い道徳・宗教・社会制度を批判した。一九四七年ノーベル文学賞受賞。作品「狭《せま》き門」「田園交響楽」など。

**シートベルト**〔英 seat belt〕（名）事故の際の衝撃《しょうげき》を和《やわ》らげる目的で、自動車や飛行機などの座席にからだを固定するベルト。「―を着用する」

**シートン**〔Ernest Thompson Seton〕【人名】（一八六〇 一九四六）アメリカの動物文学者・画家。動物の生態を研究し、愛情をこめて多数の動物小説を書いた。その物語は「シートン動物記」として知られている。

**しいな**〘△粃・△秕〙（名）❶殻《から》ばかりで中身のないもみ。❷実らないままでしなびた草木の実。

**ジーパン**（名）デニムで作られたじょうぶなズボン。▽和製英語 jeans pants の略から。

**ジーピーエス【GPS】**（名）（英 global positioning system の略）全地球測位システム。人工衛星を利用して地球上の現在位置を測定するシステム。カーナビなどに利用される。

**シーピーユー【CPU】**（名）（英 central processing unit の略）中央演算処理装置。コンピューターの中枢《ちゅうすう》をになう計算処理装置。

**ジープ**〔英 jeep〕(名) 全輪駆動《ぜんりんくどう》の強力な小型自動車。本来は軍用。(商標名)

**シーフード**〔英 seafood〕(名) 食用にする海産物。「—サラダ」

**シーベルト**〔英 sievert〕(名)〘物〙放射線量の、人体への影響の度合いを表す単位。記号 Sv ⇒ベクレル

**シームレス**〔英 seamless〕(名) ぬい目やつぎ目のないこと。「—ストッキング」「—管」

**ジーメン【Gメン】**(名) ❶ F B I (アメリカ合衆国の連邦《れんぽう》捜査《そうさ》局) 捜査官の通称《つうしょう》。❷特別な任務をもつ捜査官の通称。「麻薬《まやく》—」▽英 Government men から。

**シーラカンス**〔英 coelacanth〕(名)〘動〙硬骨魚類《こうこつぎょるい》の一種。古生代から中生代にかけて栄え、絶滅したと考えられていたが、一九三八年に発見された。「生きた化石」といわれている。

(シーラカンス)

**シーリング**〔英 ceiling〕(名) ❶天井。「—ライト」❷公的に定められた価格・賃金・生産量などの最高限度。また、予算請求などの最高限度額。

**し・いる【強いる】**(他上一)〔イ・イ・イル・イル・イレ・イロ(イヨ)〕むりにさせる。強制する。強要する。「酒を—」

**シール**〔英 seal〕(名) ❶手紙などの封印としてはる紙。❷うらにのりがぬってあり、そのままはりつけられるようにした印刷物。❸(あざらしの意から)スキーの裏につける、あざらしの皮やナイロンなどでつくったすべり止め。

**しいれ【仕入れ】**(名) 販売《はんばい》・生産のために、商品や原材料を買い入れること。「—値段」

**し・いれる【仕入れる】**(他下一)〔レ・レ・レル・レル・レレ・レロ(レヨ)〕❶販売《はんばい》・生産のために、商品や原材料を買い入れる。「商品を—」❷知識・技術などを得る。「情報を—」

**じいろ【地色】**(名) 布などの生地《きじ》の色。

**しいん【子音】**(名) 発音するときに、舌や歯などで、はく息がじゃまされてできる音。たとえば、ka (カ)・si (シ)・to (ト)の k・s・t など。しおん。対 母音《ぼいん》

**しいん【死因】**(名) 死んだ原因。「—を調べる」

**しいん【私印】**(名) 個人の印章。対 公印

**シーン**〔英 scene〕(名) ❶映画・演劇・小説・事件などの、場面。情景。「ラスト—」❷光景。景色。

**じいん【寺院】**(名) てら。僧院《そういん》。仏閣。

**ジーンズ**〔英 jeans〕(名) あや織りのじょうぶな綿布。また、それで作ったズボンや衣服など。「—のズボン」

**じう【慈雨】**(名) 作物などに、時期・量ともにちょうどよいぐあいに降る雨。めぐみの雨。「干天《かんてん》の—」

**しうち【仕打ち】**(名) ❶人に対するやり方。「ひどい—」❷芝居《しばい》で、俳優のする表情や動作。使い方 ①はふつう悪い場合にいう。

**じうん【時運】**(名) その時その時の世のなりゆき。時の運命。「—に乗る」

**しうんてん【試運転】**(名・他スル) 乗り物や機械などをためしに動かしてみること。「新型車の—」

**シェア**〔英 share〕㊀(名・自他スル) 分けあうこと。共有すること。「ルーム—」㊁(名)〘経〙ある業界の市場《しじょう》で、特定の商品の占《し》めている割合。市場占有率《せんゆうりつ》。「—を広げる」

**しえい【市営】**(名) 市が経営すること。「—住宅」

**しえい【私営】**(名) (国や地方公共団体などのおおやけの経営に対して) 個人や民間の会社が経営すること。類 民営。対 公営

**じえい【自営】**(名・他スル) 自分の力で独立して事業をすること。「—業」

**じえい【自衛】**(名・自スル) 自分の力で自分を守ること。「—手段」

**じえいたい【自衛隊】**(名) 日本の平和と独立を守り、公共の治安維持《いじ》にあたることをおもな目的としてつくられた組織。陸上・海上・航空に分かれる。

**ジェーアール【JR】**(名) 日本国有鉄道(=日本の、国が経営していた鉄道)の分割、民営化によって生まれた鉄道会社。旅客会社六社と貨物会社一社がある。参考 Japan Railways から。

**シェーカー**〔英 shaker〕(名) カクテルを作るため、洋酒などを入れて振《ふ》る金属製の容器。

**シェークスピア**〔William Shakespeare〕[人名] (一五六四〜一六一六) イギリスの劇作家・詩人。悲劇・喜劇・史劇などに多くの作品を残した世界的な文豪《ぶんごう》。代表作は「ハムレット」「マクベス」「オセロ」「リア王」の四大悲劇をはじめ「ロミオとジュリエット」「ベニスの商人」など。

**シェード**〔英 shade〕(名) ❶日よけ。❷電灯のかさ。「ランプ—」

**シェーバー**〔英 shaver〕(名) かみそり。特に、電気かみそり器。「電気—」

**シェービング-クリーム**〔英 shaving cream〕(名) ひげをそるときにぬるクリーム。

**シェープ-アップ**〔英 shape up〕(名・自他スル) 美容や健康のため、運動や減量を行ってからだを引きしめること。シェイプアップ。

**シェール-オイル**〔英 shale oil〕(名) 地中の頁岩《けつがん》(シェール)層にふくまれる原油。頁岩油《ゆ》。

**シェール-ガス**〔英 shale gas〕(名) 地中の頁岩《けつがん》(シェール)層にふくまれる天然ガス。

**ジェーン=エア**〔Jane Eyre〕[作品名] イギリスの女性作家シャーロット=ブロンテの長編小説。一八四七年刊。孤児《こじ》ジェーンの波乱にとんだ半生をえがく。

**しえき【私益】**(名) 自分ひとりだけの利益。個人の利益。対 公益

**しえき【使役】**(名・他スル) ❶人を使って仕事をさせること。❷〘文法〙ある行為をさせることを表す言い方。動詞に、助動詞「せる」「させる」などをつけて表す。

**シエスタ**〔スペイン siesta〕(名) 昼寝《ひるね》。また、スペインなどにおける、昼寝をするための長時間の昼休み。

**ジェスチャー**〔英 gesture〕(名) ❶身ぶり。手ぶり。「—で合図する」❷みせかけの動作や態度。「盗塁《とうるい》の—をする」(=ゼスチャー)

**ジェット-エンジン**〔英 jet engine〕(名) 圧縮した空気に気化した燃料を吹《ふ》きこんで燃焼させ、生じたガスを高速で噴出《ふんしゅつ》させて推進力を得る機関。

**ジェットき【ジェット機】**(名) ジェットエンジンを利用した飛行機。▽ジェットは、英 jet

**ジェットきりゅう【ジェット気流】**(名) 対流圏《たいりゅうけん》の最上部のせまい領域を、水平に東に強く吹《ふ》

く風。▽ジェットは、英 jet

**ジェット-コースター**〔和製英語〕（名）遊園地などにある、急な上り下りやカーブのあるレール上を高速で走る乗り物。▽jet と coaster から。

**ジェネリックいやくひん**【ジェネリック医薬品】（名）新薬の特許期間が過ぎてから製造・販《はん》売《ばい》される、同じ成分で安価な医薬品。後発医薬品。▽ジェネリックは 英 generic

**ジェネレーション**〔英 generation〕（名）世代。同時代の人びと。ゼネレーション。「ーギャップ」

**シェパード**〔英 shepherd〕（名）《動》ドイツ原産の、おおかみに似た犬の一品種。りこうで、用心深く、勇敢《ゆうかん》なため、警察犬や番犬などに使われる。セパード。

**シェフ**〔フランス chef〕（名）調理場の長にあたる料理人。料理長。コック長。

**ジェラシー**〔英 jealousy〕（名）やきもち。嫉妬《しっと》。

**シエラレオネ**〔Sierra Leone〕【地名】アフリカ大陸西岸の大西洋に面する共和国。首都はフリータウン。

**ジェル**〔英 gel〕（名）ゼリー状のもの。特に化粧品《けしょうひん》や医薬品などにいう。「冷却《れいきゃく》ー」

**シェルター**〔英 shelter〕（名）避難所《ひなんじょ》。防空壕《ぼうくうごう》。「核《かく》ー」

**シェルパ**〔英 Sherpa〕（名）ネパール地方に住む部族。ヒマラヤ登山の案内人を務めることで知られる。

**しえん**【支援】（名・他スル）力を貸して助けること。「ーをうける」「ー団体」類援助

**しえん**【私怨】（名）個人的なうらみ。「ーをはらす」

**しえん**【紫煙】（名）たばこの煙《けむり》。「ーをくゆらす」

**ジェンダー**〔英 gender〕（名）生物学上の性に対して、歴史・社会・文化によって形成された男女の性のありよう。「ーフリー」

**ジェントルマン**〔英 gentleman〕（名）紳士《しんし》。殿方《とのがた》。ゼントルマン。対レディー

**しお**【塩】（名）❶塩からい味の白い結晶体《けっしょうたい》。主成分は塩化ナトリウム。海水または岩塩からとる。❷塩かげん。塩け。「あまー《じお》の鮭《さけ》」

**しお**【潮】〘△汐〙（名）❶海水が月や太陽の引力によって引いたり満ちたりする現象。「満ちー」「ーが引く」❷海の水。「ーのかおり」❸あることをするのに、ちょうどよい時。しおどき。「それをーに引きあげる」

**しおかぜ**【潮風】（名）海の上を吹《ふ》く風。また、海から吹いてくる塩けをふくんだ風。「ーを受ける」

**しおから**【塩辛】（名）さかな・いか・貝の、はらわた・肉・卵などを塩づけにした食べ物。「いかのー」

**しおから・い**【塩辛い】（形）{カロ・カッ(ク)・イ・イ・ケレ・○}塩けが強くからい。しょっぱい。「ー味」

**しおからごえ**【塩辛声】（名）かすれた声。しわがれた声。「ーをはりあげる」

**しおからとんぼ**〘塩辛×蜻蛉〙（名）《動》トンボ科の昆虫《こんちゅう》。最もふつうに見られる種類で、雄《おす》は灰白色、雌《めす》はうす茶色。雌はむぎわらとんぼとも。

**しおき**【仕置き】（名・他スル）❶こらしめるために罰《ばつ》をあたえること。おしおき。❷江戸《えど》時代、罪人を罰すること。特に、死刑《しけい》にすること。「ー場《ば》」

**しおくみ**【潮くみ】〘潮△汲み〙（名）塩を作るために海水をくむこと。また、その人。

**しおくり**【仕送り】（名・自他スル）生活や勉強のためのおかねや品物を送ること。また、その金品。「親からのー」

**しおけ**【塩気】（名）食物などが含《ふく》む塩の度合い。

**しおけむり**【潮煙】（名）海水がとびちるしぶき。

**しおさい**【潮◇騒】（名）潮が満ちてくるときにたつ波の音。また、そのひびき。参考「しおざい」とも読む。

**しおざかい**【潮境】（名）寒流と暖流など、性質の異なる海流が接する境目。漁場に適する。潮目。

**しおざけ**〘塩△鮭〙（名）塩づけしたさけ。塩じゃけ。

**しおじ**【潮路】（名）❶海の水の、満ちたり引いたりする道すじ。❷船が行き来する道すじ。航路。

**しおしお**（副）気落ちして元気のないようす。しょんぼりしているようす。「ー（と）退散する」

**しおた・れる**〘潮垂れる〙（自下一）{レ・レ・レル・レル・レレ・レロ(レヨ)}❶しょんぼりする。「しかられてー」❷涙《なみだ》を流す。

**しおづけ**【塩漬け】（名・他スル）保存や味つけのために、野菜や肉類を塩につけること。また、その食品。

**しおどき**【潮時】（名）❶海水が満ちたり引いたりするとき。❷物事をするのにちょうどよいとき。ころあい。「ーを見計らう」

**しおなり**【潮鳴り】（名）遠くから聞こえてくる、波の寄せたり返したりする音。

**シオニズム**〔Zionism〕（名）ユダヤ人がパレスチナにおける祖国再建を目指しておこした民族運動。一九四八年のイスラエル建国で、ほぼ目的を達成した。

**しおひ**【潮干】（名）海の水が引くこと。

**しおひがり**【潮干狩り】（名）海水の引いた砂浜で貝などをとること。

**しおみず**【塩水】（名）塩けをふくんだ水。また、食塩をとかした水。

**しおめ**【潮目】（名）暖流と寒流など、性質の異なる海水の流れが出あって、その境目が線のように現れる所。プランクトンが繁殖《はんしょく》して好漁場となる。潮境。

**しおやき**【塩焼き】（名）❶魚などに塩をふって焼くこと。また、その料理。「さんまのー」❷海水を煮《に》つめて塩をとること。

**しおらし・い**（形）{カロ・カッ(ク)・イ・イ・ケレ・○}すなおで、おとなしいようす。従順でいじらしい。「いつになくー姿」

**ジオラマ**〔フランス diorama〕（名）模型を使い、立体的に表現された展示物。また、その展示方法。立体模型。ディオラマ。

**しおり**〘△撓り〙（名）《文》芭蕉《ばしょう》の俳諧《はいかい》の根本理念の一つ。作者の繊細《せんさい》で美しい感情や気分が、句の余情となってかもしだされるもの。

**しおり**〘枝折り・△栞〙（名）❶山道で木の枝を折って道しるべとすること。❷本の読みかけのページの間にはさんで、めじるしにするもの。❸案内書。「旅のー」❹「しおり戸」の略。

**しおりど**〘枝折り戸〙（名）木の枝や竹でつくったかんたんな戸。庭の出入り口などにもうける。

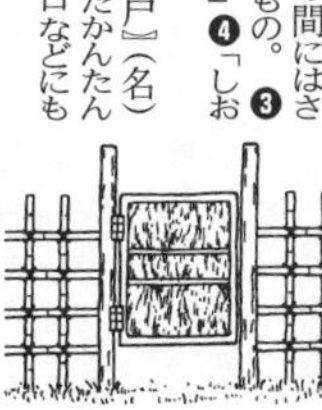

（しおりど）

**しお・れる**〖◇萎れる〗（自下一）｛レ・レ・レル・レル・レレ・レロ(レヨ)｝❶草木が生気をなくしてぐったりする。「花が―」❷気落ちして、元気がなくなる。「失敗して―」

**しおん**【子音】（名）↓しいん(子音)

**しおん**〖紫△苑〗（名）〔植〕キク科の多年草。秋、菊《きく》に似たうす紫《むらさき》の花を多数つける。根はせきどめの薬になる。

（ 紫苑 ）

**じおん**【字音】（名）漢字の音のこと。中国の発音がもとになっている読み方。「学」を「ガク」、「生」を「セイ」「ショウ」と読むなどの読み方。漢字音。対字訓

**じおんかなづかい**【字音◦仮名‐遣い】（名）漢字の音読みを、歴史的かなづかいで表記する際のきまり。特に、同音の漢字の読みがなについての書き分け。参考たとえば、「火事」の音は「くわじ」と表記し、「家事」の音は「かじ」と表記するように書き分ける。

**しか**【**鹿**】 11画 鹿0 小4 訓しか・か｜ 广户庐庐唐鹿
しか。けものの名。◆鹿毛《かげ》◆河鹿《かじか》。参考「か」の訓は「鹿《か》の子」「鹿児島《かごしま》」などのことばに使われる特殊《とくしゅ》な読み方。⇩付録「漢字の筆順(6)龷」

**しか**【鹿】（名）〔動〕シカ科の哺乳《ほにゅう》動物。森林にすみ、草食性。雄《おす》には枝のようなつのがはえる。

**鹿を追《お》う者《もの》は山《やま》を見《み》ず** 利益を得ることにむちゅうになっている者は、他をかえりみないたとえ。

**しか**【市価】（名）商品が市場で売り買いされる値段。市場価格。

**しか**【史家】（名）歴史を研究している人。歴史家。

**しか**【歯科】（名）歯の病気の予防や治療《ちりょう》をする医学の一分野。

**しか**（副助）限定の意を表す。…よりほかに。「私に―できない」「これだけ―ありません」使い方あとに「ない」「ません」などの打ち消しのことばがくる。「だけしか」の形はいっそう強い限定を表す。

**しが**【歯牙】（名）歯ときば。歯。

**歯牙に(も)かけない** 問題にしない。相手にしない。

**じか**〖◇直〗（名）間に何もおかないで接すること。直接。「―の取り引き」「―ばき」

**じか**【自家】（名）❶自分の家。「―発電」❷自分。自分自身。「―中毒」

**自家薬籠中《やくろうちゅう》の物《もの》**（自分の薬箱の中の薬のように）いつでも自分の思うままに利用できるもの。

**じか**【時下】（名）このごろ。この節。目下《もっか》。「―春暖の候」使い方おもに手紙などで使う。

**じか**【時価】（名）そのときそのときの物の値段。「―数百万円の骨董《こっとう》品」

**じが**【自我】（名）❶他のいっさいのものと区別して意識される自分。自己。「―にめざめる」❷自分に執着《しゅうちゃく》する気持ち。「―が強い」

**シガー**〔英 cigar〕（名）葉巻きたばこ。

**しかい**【司会】（名・自他スル）会の進行を受けもつこと。また、その人。「―者」

**しかい**【四海】（名）❶四方の海。❷四方の国々。世界。「―波静か(=国の内外が平和なこと)」

**しかい**【視界】（名）一定の位置から目で見わたせる範囲《はんい》。眼界。視野。「―が開ける」「―に入る」

**しかい**〖△斯界〗（名）その方面の社会。この分野。「―の権威《けんい》者」

**しがい**【市外】（名）市の区域外。「―電話」対市内

**しがい**【市街】（名）商店や家が立ちならぶ所。また、そのにぎやかな通り。「―地」…化「市街化が進む」

**しがい**【死骸】（名）死んだ、人や動物のからだ。しかばね。「―が横たわる」類死体・遺体

**じかい**【自戒】（名・自スル）自分で自分に注意して、まちがいのないようにつつしむこと。「自重《じちょう》―」

**じかい**【磁界】（名）〔物〕↓じば

**じがい**【自害】（名・自スル）刀などで自殺すること。「―して果てる」

**しがいせん**【紫外線】（名）〔物〕スペクトルで、紫《むらさき》色の外側に現れる目には見えない光線。肌《はだ》の日やけの原因となる。医療《いりょう》などにも利用する。UV。

**しかえし**【仕返し】（名・自スル）❶いやなことをされた人が、その相手にやり返すこと。報復。「―を恐《おそ》れる」❷やり直し。

**しかく**【四角】（名・形動ダ）❶四つの線でかこまれ、かどが四つある形。方形。四角形。❷きちんとしすぎていてかたくるしいこと。「―に考えすぎる」

**しかく**【死角】（名）❶射程内にあるのに、位置や銃砲《じゅうほう》の構造上の理由から、たまをうちこめない所。❷見通しのきかない範囲《はんい》。「カメラの―にはいる」

**しかく**【刺客】（名）人をつけねらって殺す人。暗殺者。しきゃく。「―に襲《おそ》われる」注意正しくは「せっかく」というが、ふつう「しかく」と読みならわされている。

**しかく**【視角】（名）❶見ているものの両はしと目を結んだ二つの直線の間の角。❷物を見る見方。視点。「―を変えて見る」

**しかく**【視覚】（名）五感の一つ。物の形や色を見る目の感覚。「―に訴《うった》える」…的「視覚的効果」

**しかく**【資格】（名）❶ある仕事や役目についたり、何かをしたりすることの許される身分・条件。「参加する―」「医師の―」「無―」❷ある組織などの中での身分・立場。「校長代理の―で参加する」

**しがく**【史学】（名）歴史を研究する学問。歴史学。「―科」

**しがく**【志学】（名）一五歳《さい》のこと。参考「論語」の「吾《われ》十有五にして学に志す」から出たことば。

**しがく**【私学】（名）個人や民間の団体が、設立し運営している学校。私立の学校。対官学

**じかく**【字画】（名）漢字を組み立てている点や線。また、その数。

**じかく**【自覚】（名・自他スル）❶自分の立場や能力・状態などをはっきり知ること。「―が足りない」「無―」❷からだの状態などを、自分で感じとること。「―症状《しょうじょう》」

**しかく・い**【四角い】（形）｛カロ・カツ(ク)・イ・イ・ケレ・○｝四角である。「―土地」

**しかくか**【視覚化】（名・他スル）目で見えない物事

や関係を、画像や図式などを使ってわかりやすく見せること。「統計データの―」

**しかくけい**【四角形】（名）四本の直線で囲まれた（平面）図形。

**しかくしめん**【四角四面】（名・形動ダ）❶たいへんきちんとしていて、かたくるしいこと。ひじょうにまじめなこと。「―な態度」❷真四角なこと。「―のやぐら」

**じかくしょうじょう**【自覚症状】（名）〔医〕病人が、自分で感じることのできる症状。「―がない」

**しかくば・る**【四角張る】（自五）〔ラ(ロ)・リ(ッ)・ル・ル・レ・レ〕❶四角の形をしている。「―・った入れ物」❷かたくるしい態度をとる。「―・ったあいさつ」

**しかけ**【仕掛け】（名）❶くふうして作ったしくみ。装置。からくり。「―を見破る」❷やり始めたとちゅう。やりかけ。「―の仕事」

**しかけはなび**【仕掛け花火】（名）いろいろな形や色が現れるように仕掛けた大がかりな花火。

**しか・ける**【仕掛ける】（他下一）〔ケ・ケ・ケル・ケル・ケレ・ケロ(ケヨ)〕❶何かをやりはじめる。やりかける。「話を―・けたらじゃまがはいった」❷相手に対して、積極的に何かをする。しむける。「けんかを―」❸あるはたらきをさせるために準備する。装置をとりつける。「わなを―」「ご飯を―」

**しかざん**【死火山】（名）〔地質〕歴史上、噴火《ふんか》などの火山活動をした記録がまったくない火山。参考かつての呼称《こしょう》で、現在は用いない。

**しかし**『◇併し・◇然し』（接）❶けれども。そうではあるが。前に述べたことがらを受けて、それと反対の、また少しちがったことがらを言うときに使うことば。「じょうずな演奏だ。―感動がうすい」❷新たな話題をもちだすときに使うことば。それにしても。「―すごい人手だね」

> **学習 比較《ひかく》**「しかし」「ただし」
>
> **しかし** 前のことがらと違《ちが》った方向に話が進む。「図書館では携帯《けいたい》電話の使用が禁止されている。しかし、規則をやぶる利用者もいる」
>
> **ただし** 例外や条件などを示し、基本的に同じ方向に話が進む。「図書館に漫画《まんが》は置かない。ただし、学習漫画は別だ」

**しかじか**『◇然◇然・△云△云』（副）長いことばや文章を略していうとき、そのことばの代わりに使うことば。これこれ。このように。「かくかく―」

**じがじさん**【自画自賛】（名・自スル）（自分でかいた絵に自分で賛を書く意から）自分で自分のしたことをほめること。「傑作《けっさく》だと―する」

**しかして**『◇然して・△而して』（接）↓しこうして

**しかしながら**『◇然し△乍ら』（接）そうではあるが。しかし。「―これでは不十分だ」

**しかしゅう**【私家集】（名）個人の和歌集。家集。家《いえ》の集。「―を編む」

**しかしゅう**【詞華集・詞花集】（名）すぐれた詩歌・文をあつめたもの。アンソロジー。

**じかじゅふん**【自家受粉・自花受粉】（名）〔植〕花粉が同じ株の花のめしべについて受粉すること。

**しかず**『◇若かず・◇如かず』❶…するのにこしたことはない。「逃《に》げるに―」❷…におよばない。「百聞は一見に―」

**じかせい**【自家製】（名）自分の家で作ること。また、その作ったもの。「―のパン」

**じかせん**【耳下腺】（名）〔生〕耳の前下部にあって唾液《だえき》を出す腺。「―炎」

**じがぞう**【自画像】（名）自分で自分の顔や姿をかいた絵。

**しかた**【仕方】（名）物事をする方法。やり方。手段。「勉強の―を教える」

**仕方がない** ❶ほかにどうすることもできない。やむをえない。「すんでしまったことは―」❷がまんできない。たまらない。「かわいくて―」

**しかたな・い**【仕方ない】（形）〔カロ・カッ(ク)・イ・イ・ケレ・○〕しかたがない。「くよくよしても―」「楽しくて―」

**じかたび**【地下◦足袋】（名）力仕事などをするときにはく、底がゴムでできている足袋。

**じがため**【地固め】（名・自スル）❶家を建てるのにさきだって、土地をたいらに固めること。❷物事に取りかかる前に、そのもとになることを準備しておくこと。基礎《きそ》を固めること。「着々と―をする」

**じかだんぱん**【◇直談判】（名・自スル）人を間に入れず相手と直接かけあうこと。「社長と―する」

**しがち**【仕勝ち】（形動ダ）〔ダロ・ダッ(デ・ニ)・ダ・ナ・ナラ・○〕とかくそうする傾向《けいこう》があるようす。「忘れ物を―だ」

**じかちゅうどく**【自家中毒】（名）〔医〕自分の体内でできた毒素による中毒。尿毒症《にょうどくしょう》など。

**しかつ**【死活】（名）死ぬか生きるか。生き死に。「―問題」

**しがつ**【四月】（名）一年の四番目の月。うづき。

**じかつ**【自活】（名・自スル）他人の援助《えんじょ》を受けずに、自分の力で生活すること。「卒業後に―する」

**しがつばか**【四月ばか】『四月×馬鹿』（名）↓エープリルフール

**しかつめらし・い**（形）〔カロ・カッ(ク)・イ・イ・ケレ・○〕まじめくさっていて、かたくるしいようす。「―顔」「―話」

**しかと**（名・他スル）〔俗語〕無視すること。参考花札で、十月の札（鹿《しか》の十《とお》）にかかれた鹿が横を向いていることからという。

**しかと**『◇確と』（副）❶かたく。しっかりと。「―にぎりしめる」❷はっきりと。たしかに。「―覚えている」「―承知しました」参考「しっかと」ともいう。

**じかどうちゃく**『自家△撞着』（名）同じ人の言行が、前と後とでくいちがうこと。「―に陥《おち》いる」

**しがな・い**（形）〔カロ・カッ(ク)・イ・イ・ケレ・○〕❶つまらない。とるにたりない。「―商売」❷まずしい。「―暮らし」

**しがなおや**〔志賀直哉〕【人名】（一八八三～一九七一）小説家。武者小路実篤《むしゃのこうじさねあつ》らと「白樺《しらかば》」を創刊。するどい感受性と、正義感にあふれた作風、簡潔・端正《たんせい》な文体で私小説の新分野を開いた。おもな作品に「暗夜行路」「城《き》の崎《さき》にて」「小僧《こぞう》の神様」など。

**じかに**『◇直に』（副）間に何もおかずに。直接に。「本人と―話す」「地面に―すわりこむ」

**じがね**【地金】（名）❶めっきなどをしたものの下地の

金属。

質。本性《ほんしょう》。❷ふだんはかくれている、その人間のほんとうの性質。「―を出す」

**しか・ねる**『◇為兼ねる』（他下一）{ネ・ネ・ネル・ネル・ネレ・○}することができない。できにくい。「約束は―」

**しかばね**『△屍』（名）❶死んだ、人や動物のからだ。亡骸《なきがら》。死体。❷漢字の部首の一つ。「居」「屋」などの漢字の「尸」の部分。しかばねかんむり。

**屍に鞭《むち》打《う》つ** 死者を非難・攻撃《こうげき》する。

**しかばん【私家版】**（名）個人が営利を目的とせず、かぎられた人にだけ配布するために発行する本。

**じかび**『◇直火』（名）料理などで、直接火をあてて焼くこと。また、その火。「―焼き」

**じかまき**『◇直△蒔き・◇直△播き』（名・他スル）作物の種子を苗床《なえどこ》にまかないで、田畑に直接まくこと。じきまき。「―栽培《さいばい》」

**じがみ【地紙】**（名）❶おうぎ・かさなどにはる紙。❷金や銀の箔《はく》などをはりつける下地の紙。

**しがみつ・く**（自五）{カ(コ)・キ(イ)・ク・ク・ケ・ケ}そのものから離《はな》れまいとして力を入れてつかむ。また、あるものに執着《しゅうちゃく》する。「母親に―」「地位に―」

**しかめっつら【しかめっ面】**『△顰めっ面』（名）不快そうにまゆのあたりにしわを寄せた顔つき。しかめっら。「―をする」

**しか・める**『△顰める』（他下一）{メ・メ・メル・メル・メレ・メロ(メヨ)}不快なときなどに、まゆのあたりにしわを寄せる。「顔を―」

**しかも**『◇然も・△而も』（接）❶その上に。おまけに。「高原はすずしく、―空気はきれいだ」❷それにもかかわらず。それでもなお。「注意されて―直そうとしない」

**じかよう【自家用】**（名）自分または自分の家で使うこと。また、そのもの。「―車」

**しからし・める**『◇然らしめる』（他下一）{メ・メ・メル・メル・メレ・メロ(メヨ)}そうさせる。そのような結果にいたらせる。「運命の―ところ」

**しからば**『◇然らば』（接）そうであるなら。それなら。「求めよ、―与《あた》えられん」

**しがらみ**『◇柵』（名）❶水の流れをせきとめるために、川の中にくいをならべ、竹などを横に結びつけたもの。❷人の心などにまつわりついて、行動を束縛《そくばく》するもの。「世の―を断《た》つ」

**しか・り**〔然り〕（自ラ変）古語 そうである。そのとおりである。

**しかりつ・ける【叱りつける】**『叱り付ける』（他下一）{ケ・ケ・ケル・ケル・ケレ・ケロ(ケヨ)}きびしくしかる。きつくしかる。「部下を―」

**しか・る【叱る】**（他五）{ラ(ロ)・リ(ッ)・ル・ル・レ・レ}声をあらくして目下の者をとがめる。強く注意する。「子どもを―」

**しかるに**『◇然るに』（接）それなのに。それにもかかわらず。「最善をつくした。―事態は改善しない」

**しかるべき**『◇然る◇可き』❶それに適した。ふさわしい。「―方法」❷そうであるのがあたりまえだ。「非難されて―行動」

**しかるべく**『◇然る◇可く』（副）適切に。ふさわしいように。「―処置する」

**シガレット**〔英 cigarette〕（名）紙巻きたばこ。

**しかれども**『◇然れども』（接）そうではあるけれども。しかしながら。

**しかん【士官】**（名）軍隊で、将校のこと。

**しかん【仕官】**（名・自スル）❶官職につくこと。❷むかし、武士が主君に召《め》しかかえられて仕えること。

**しかん【史観】**（名）歴史を解釈《かいしゃく》するうえでの根本的な考え方・立場。歴史観。「唯物《ゆいぶつ》―」

**しかん**『△弛緩』（名・自スル）ひきしまっているものが、ゆるむこと。たるむこと。「筋肉が―する」対 緊張《きんちょう》。

注意「ちかん」は慣用読み。

**しかん【私感】**（名）個人としての立場からの感想。「―を述べる」

**しがん**『△此岸』（名）《仏》迷いの世界。この世。現世。対 彼岸《ひがん》

**しがん【志願】**（名・自他スル）そうしたい、そうなりたいと、進んで願い出ること。「―者」類 志望

**じかん【字間】**（名）文字と文字との間。

**じかん【時間】**（名）❶過去・現在・未来にわたり永遠に流れてゆくもの。とき。「―が経過する」「―を超越《ちょうえつ》する」対 空間 ❷時の流れの中の、ある瞬間《しゅんかん》。時刻。「時計を見て―を知る」「待ち合わせの―」❸ある時刻とある時刻の間の長さ。「―がかかる」「待ち―」…的「時間的な変化」❹あることをするのにちょうどよい、または、あることをするように決められている、時。「食事の―だ」「休み―」❺時を数える単位。一日の二四分の一。「一―は六〇分」「目的地まであと二―かかる」

**じかんたい【時間帯】**（名）一日のうち、ある区切られた時間の間。「電気使用量の多い―」

**じかんひょう【時間表】**（名）❶乗り物などの時刻表。❷→じかんわり

**じかんわり【時間割り】**（名）学校の授業や仕事の予定などを時間ごとに割り当てること。また、それを表にしたもの。時間表。

**しき【式】** 6画 弋3 小3 音 シキ

一 二 亍 式 式

❶一定のかた。てほん。◆式目 ◆旧式・形式・古式・新式・正式・方式・本式・様式・略式・礼式。❷作法にしたがって行う行事。◆式辞・式場・式典・式服 ◆儀式《ぎしき》・挙式・結婚《けっこん》式・卒業式・入学式。❸計算の方法などを数字や記号で表したもの。◆公式・数式・等式・分子式・方程式

**しき【式】**（名）❶きまった作法にしたがって行う改まった行事。「―を挙げる」「―の日取り」❷数字や記号などを用いて、ある関係や法則を表したもの。数式・方程式・化学式など。「―を立てる」

**しき【色】**→しょく(色)

**しき【織】**→しょく(織)

**しき【識】** 19画 言12 小5 音 シキ

言 訁 語 識 識

❶しる。みわける。みとめる。◆識字・識別 ◆意識・鑑識《かんしき》・学識・認識・面識。❷考え。知恵。◆識見・識者 ◆見識・常識・知識。❸しるし。◆標識 ⇩付録「漢字の筆順(1)戈〔戈〕」

**-しき**（接尾）（指示代名詞などのあとについて）物事の程度・内容がとるにたりないという意を表す。「なんのこれー」「あれーのことで落ちこむな」

**しき【士気】**（名）兵士の意気ごみ。また、団結して何かをしようとするときの意気ごみ。「ーがあがる」

**しき【四季】**（名）春・夏・秋・冬の四つの季節。「ーおりおりに咲《さ》く花」

**しき【死期】**（名）❶死ぬとき。「ーが近づく」❷死ぬべきとき。「ーを逸《いっ》する」参考「しご」とも読む。

**しき【志気】**（名）あることをしようとする意気ごみ。

**しき【指揮】**（名・他スル）❶全体の行動を統一するため、さしずして人びとを動かすこと。「全軍をーする」❷合奏・合唱などの演奏を、そのための棒や手ぶりなどで統率すること。

**しき**〔子規〕【人名】→まさおかしき

**しき**〔史記〕【作品名】中国前漢の歴史書。一三〇巻。漢の司馬遷《しばせん》の著。紀元前九〇年ころ完成。伝説上の黄帝《こうてい》から前漢の武帝にいたる間の通史。

冒頭文（黄帝）黄帝は少典《せうてん》の子なり。姓は公孫、名は軒轅《けんえん》といふ。生まれて神霊、弱にしてよく言ひ、幼にして徇斉《じゅんせい》、長じて敦敏《とんびん》、成《な》りて聡明《そうめい》なり。

**しぎ**『△鴫・△鷸』（名）〔動〕シギ科の鳥の総称《そうしょう》。川・沼《ぬま》・海などの水のほとりにすみ、くちばしや足が長い。ふつう秋と春に群れをつくって日本にたちよる渡《わた》り鳥。

（鴫）

**しぎ【仕儀】**（名）物事の思わしくないなりゆき・事情。「やむをえぬーとなる」

**しぎ【試技】**（名）重量挙げや走り高とびなどのスポーツ競技で、わざを一定の回数おこなうこと。種目により回数とやり方がちがう。「体操《たいそう》のー」

**じき【直】**→ちょく（直）

**じき【直】**□一（名）間に何もはさまないこと。じか。直接。「ーの取り引き」「ーの兄」□二（副）時間や距離《きょり》の近いようす。すぐ。「ー行きます」

**じき【食】**→しょく（食）

**じき【自記】**（名・他スル）❶自分で書き記すこと。❷器械が自動的に記録すること。「ー温度計」

**じき【次期】**（名）次のとき。次のおり。「ー会長」

**じき【自棄】**（名）やけになって自分で自分を見捨てること。すてばちになること。「自暴ー」

**じき【時季】**（名）季節。特に、ある物事に適した季節。シーズン。「もうすぐ桜のーだ」「ーはずれ」

**じき【時期】**（名）物事をするとき。おり。「実施《じっし》ー」⇒じき（時機）「学習」

**じき【時機】**（名）物事をするのにちょうどよい機会。ころあい。「ーを逸《いっ》する」

> **学習 使い分け**「時期」「時機」
>
> **時期**　物事を行う時や期間。「入試の時期」「時期をずらして出かける」「いまは時期が悪い」「時期尚早《しょうそう》」
>
> **時機**　あることをするのにちょうどよい時。チャンス。「時機をうかがう」「時機を失う」「時機が熟するのを待つ」「時機到来《とうらい》」

**じき【磁気】**（名）磁石《じしゃく》が鉄を引きつけたり、電流に作用したりする現象。「ーを帯びる」

**じき【磁器】**（名）高い温度で焼いた白くてかたい上等な焼き物。有田焼《ありたやき》・九谷焼《くたにやき》など。

**じぎ【字義】**（名）漢字の意味。「ーを調べる」

**じぎ【児戯】**（名）子どもの遊び。「ーにひとしい」

**じぎ【時宜】**（名）あることをするのに時期がちょうどよいこと。「ーを得た処置」

**じぎ【辞儀】**（名・自スル）❶頭を下げて礼をすること。おじぎ。❷遠慮《えんりょ》。辞退。

**じきあらし【磁気嵐】**（名）〔物〕地球のまわりの磁場にはげしい変化がおこること。参考太陽の活動が原因と考えられ、電波や通信を乱すことがある。

**しきい【敷居】**（名）戸や障子の下部をはめる、溝《みぞ》やレールのついた横木。「ーをまたぐ」対鴨居《かもい》

**敷居が高《たか》い**　不義理や不面目《ふめんぼく》なことをしていて、その人の家に行きにくい。

**しきいし【敷石】**（名）庭や道などにしくたいらな石。

**しきかく【色覚】**（名）色を識別する感覚。

**しきかくいじょう【色覚異常】**（名）色の見え方が、他の多くの人の見え方と異なること。

**しきぎょう【私企業】**（名）民間人が設立し経営する企業。対公企業

**しききん【敷金】**（名）家や部屋などを借りるとき、借り主が貸し主に預ける保証金。「ーを納める」

**しきけん【識見】**（名）物事を正しく判断する力。しっけん。「ーのある人」

**しきさい【色彩】**（名）❶いろどり。いろあい。「けばけばしいーの服」❷傾向《けいこう》。性質。「政治的ー」

**じきさん【直参】**（名）〔歴〕江戸《えど》時代、将軍に直属した一万石《ごく》未満の武士。旗本《はたもと》と御家人《ごけにん》。

**しきし【色紙】**（名）❶短歌や俳句や絵などをかく、方形の厚紙。❷地《じ》の弱くなった着物に裏打ちをする布。注意「いろがみ」と読むと別の意味になる。

**しきじ【式次】**（名）儀式《ぎしき》を進める順序。式の次第。「入学式のー」

**しきじ【識字】**（名）文字の読み書きができること。「ー率」「ー教育」

**しきじ【式辞】**（名）式場で述べるあいさつのことば。

**じきじき**『直直』（副）間に人をおかずに。じかに。直接に。「ーの頼《たの》み」

**しきしだい【式次第】**（名）儀式《ぎしき》を行う順序。

**しきしまのみち【敷島の道】**和歌の道。歌道。

**しきしゃ【識者】**（名）知識があって、しっかりした考え方や正しい判断のできる人。有識者。「ーに聞く」

**しきしゃ【指揮者】**（名）❶さしずや命令をする人。❷音楽の合唱や合奏で指揮をする人。コンダクター。

**しきじゃく【色弱】**（名）程度の軽い色覚異常。

**しきじょう【式場】**（名）儀式《ぎしき》を行う場所。

**じきしょうそう【時期尚早】**（名・形動ダ）そのことを行うにはまだ時期が早いこと。

**しきせ【仕着せ】**『◇為着せ』（名）→おしきせ

**しきそ【色素】**（名）物体に色をあたえるもとになる成

分。「天然—」
**じきそ【直訴】**（名・自他スル）正式な順序をふまず、じかに主君や上役にうったえること。「—状」
**しきそう【色相】**（名）色のぐあい。色あい。彩度《さいど》・明度とともに色の三要素の一つとされる。
**しきそくぜくう【色即是空】**（名）〖仏〗この世に存在するものはすべてはかない仮の姿であって、永遠に変わらない実体というものはないということ。
**しきだい【式台】**（名）玄関の上がり口に作った、一段低くなっている板じきの部分。
**しきたり【仕来り】**（名）古くから行われてきたやり方。今までのならわし。慣習。「わが家の—」
**ジギタリス**〔オランダ digitalis〕（名）〖植〗オオバコ科の多年草。夏、茎《くき》の先に赤紫《あかむらさき》色の花を穂《ほ》のようにつける。有毒だが、葉から心臓の薬をとる。きつねのてぶくろ。

（ジギタリス）

**しきち【敷地】**（名）建物をたてたり、公園や道などを造ったりするための土地。「広い—」
**しきちょう【色調】**（名）色彩《しきさい》の濃淡《のうたん》・強弱のぐあい。色あい。「暗い—の絵」
**しきていさんば【式亭三馬】**【人名】（一七七六～一八二二）江戸《えど》時代後期の戯作者《げさくしゃ》。江戸町人の生活をありのままにえがき、十返舎一九《じっぺんしゃいっく》とともに滑稽本《こっけいぼん》の二大作家といわれる。作品「浮世風呂《うきよぶろ》」「浮世床《どこ》」など。
**じきでし【直弟子】**（名）先生から直接教えを受ける弟子。「名人の—になる」
**しきてん【式典】**（名）大がかりな式。儀式《ぎしき》。「盛大な—」
**じきでん【直伝】**（名）秘伝などを、先生が直接弟子に伝えること。「師匠《ししょう》—」
**じきとう【直答】**（名・自スル）本人が相手に直接答えること。参考「ちょくとう」とも読む。
**じきひ【直披】**（名）手紙のあて名のわきに書くことばで、あて名の本人が直接開くようにという意。類親展。
**じきひつ【直筆】**（名）自分で書くこと。その人本人が書いたもの。「徳川家康《いえやす》—の書」対代筆　参考「ちょくひつ」とも読む。
**しきふ【敷布】**（名）しきぶとんの上にしく布。シーツ。
**しきふく【式服】**（名）儀式《ぎしき》に出席するときに着用する正式な服。類礼服。対平服
**しきべつ【識別】**（名・他スル）種類や性質などを、見分けること。「—は困難だ」類判別
**じきまき【直▵蒔き・直▵播き】**（名・他スル）→じかまき
**しきみ【▵樒】**（名）〖植〗マツブサ科の常緑小高木。山地に自生するが、ふつう寺・墓地などに植えられ、仏前にそなえる。葉から抹香《まっこう》を作る。実は有毒。
**しきもう【色盲】**（名）→しきかくいじょう
**しきもの【敷物】**（名）すわるときにしいたり、床の上にしいたりするもの。じゅうたん・マット・ござなど。
**しきやく【刺客】**（名）→しかく(刺客)
**じぎゃく【自虐】**（名）自分で自分を必要以上にひどく責めること。…的「自虐的な性格」
**しきゅう【子宮】**（名）〖生〗哺乳《ほにゅう》類の雌《めす》の生殖器の一部で、胎児《たいじ》を宿す器官。
**しきゅう【支給】**（名・他スル）おかねや品物を与《あた》えわたすこと。あてがうこと。「手当を—する」類給付
**しきゅう【四球】**（名）→フォアボール
**しきゅう【至急】**（名）ひじょうに急ぐこと。大急ぎ。「—お集まりください」
**しきゅう【死球】**（名）→デッドボール
**じきゅう【自給】**（名・他スル）自分の必要なものを自分で作ってまかなうこと。「食糧《しょくりょう》の—は可能だ」
**じきゅう【持久】**（名・自スル）長くもちこたえること。「—走」「—力」
**じきゅう【時給】**（名）一時間あたりいくらと決められた給料。時間給。
**しきゅうしき【始球式】**（名）野球で、試合を始めるときに、来賓《らいひん》がボールを捕手《ほしゅ》に投げる儀式《ぎしき》。
**じきゅうじそく【自給自足】**（名・自スル）自分の必要なものを自分で作り、それだけでまかなうこと。「—の生活」
**しきょ【死去】**（名・自スル）人が死ぬこと。
**じきょ【辞去】**（名・自スル）あいさつをして他人の所から立ち去ること。「知人宅を—する」
**しきょう【市況】**（名）市場《しじょう》での商品・株式の取り引きのようす。「株式—」
**しきょう【司教】**（名）カトリックの、聖職者の位の一つ。大司教の下で、司祭の上。
**しきょう【詩興】**（名）詩をつくりたくなるような気持ち。また、詩のおもしろみ。詩情。「—がわく」
**しぎょう【始業】**（名・自スル）決まった期間や時間の仕事・授業を始めること。「—式」対終業
**じきょう【自供】**（名・自他スル）取り調べに対して、被疑《ひぎ》者などが自分の犯《おか》したことがらを述べること。また、述べたことがら。「犯行を—する」類自白
**じぎょう【事業】**（名）❶社会のために行う大きな仕事。「慈善《じぜん》—」❷営利を目的として行う、会社の経営や商売などの仕事。「—をおこす」「—所」
**しきょうひん【試供品】**（名）宣伝のため、無料で配ってためしに使ってもらう化粧品《けしょうひん》などの見本。
**しきよく【色欲】**〖色▵慾〗（名）性に関する欲望。情欲。類性欲
**しきょく【支局】**（名）中心となる本局や本社から分かれて、その地域の仕事を受け持つ局。対本局
**じきょく【時局】**（名）その時の国家・社会などの情勢。「—講演会」
**じきょく【磁極】**（名）磁石《じしゃく》の両端の、磁力の最も強い所。S極とN極がある。
**しきり【仕切り】**（名）❶間に境を作ってくぎること。また、そのためのもの。「部屋の—を取りはらう」❷取り引きや帳簿《ちょうぼ》のしめくくり。決算。❸すもうで、力士が、両手を地につけからだを低くする、立ち合いの構え。「—直し」
**しきりに【◇頻りに】**（副）❶同じことがくり返されるようす。「—汗をふく」❷中断されず続けられるようす。「雨が—降る」❸熱心に何度もする。「—欲しがる」

**しき・る【仕切る】**〔ラ(ロ)・リ(ッ)・ル・ル・レ・レ〕㊀(他五) ❶間に境を作ってくぎる。「部屋を―」❷おかねの計算のしめくくりをする。「月末で―」❸物事のすべてを責任をもって処理する。とりしきる。「宴会を―」㊁(自五) すもうで、両手を地につけて身構える。「低く―」

**しきん【至近】**(名) ひじょうに近いこと。いちばん近いこと。「―距離《きょり》から撃《う》つ」

**しきん【資金】**(名) 事業を始めたり、特定の活動をしたりするためのもとになるおかね。元手《もとで》。「―を集める」

**しぎん【詩吟】**(名) 漢詩に節をつけてうたうこと。

**しきんぐり【資金繰り】**(名) 事業をつづけるためのおかねのやりくり。かねぐり。「―が苦しい」

**しきんせき【試金石】**(名) ❶金・銀などのねうちの高い金属をこすって、ほんものかどうかを調べるために使う黒くてかたい石。❷物のねうちや人の能力をためす材料になる物事。「―となる試合」

**しく【四苦】**(名)〔仏〕人生における四つの苦しみ。生《しょう》・老・病・死のこと。

**し・く【◇如く・◇若く】**〔カ(コ)・キ(イ)・ク・ク・ケ・ケ〕(自五) 及《およ》ぶ。匹敵《ひってき》する。「百聞は一見に―・かず」「警戒《けいかい》するに―はない」〔使い方〕あとに打ち消しのことばがくる。

**し・く【敷く】**〔カ(コ)・キ(イ)・ク・ク・ケ・ケ〕(他五) ❶たいらになるように一面に広げる。「ふとんを―」「ござを―」❷下をおおうように一面にならべる。「たたみを―」「じゃりを―」❸物の下にたいらにおく。また、下におさえつける。「下じきを―」「尻《しり》に―」「泥棒《どろぼう》を組み―」❹地面などにとりつける。設置する。「レールを―」❺配置する。「陣《じん》を―」❻広くゆきわたらせる。「善政を―」〔参考〕⑤⑥は「布く」とも書く。

**じく【軸】** 12画 車5 〔音〕ジク

❶車の心棒《しんぼう》。◆車軸・主軸。❷巻物などの中心にする棒。◆軸木《じくぎ》・軸物《じくもの》。❸物事の中心。回転の中心となるもの。◆機軸・枢軸《すうじく》・地軸 ⇩付録「漢字の筆順⑭由〔由〕」

**じく【軸】**(名) ❶まわるものの中心となって、それを支える棒状のもの。「車の―」「―を回転させる」❷巻物・掛《か》け軸などの心棒。転じて、巻物・掛け軸のこと。「床《とこ》の間《ま》に―をかける」❸その物の支えとなる棒状の部分。「マッチの―」「ペン―」❹集団や活動の中心となるもの。「チームの―となる選手」❺〔数〕座標や対称《たいしょう》図形の基準となる直線。「x―とy―」❻回転運動の中心となる直線。「地球の―」

**じく『△舳』**(名) へさき。船首。

**じく【字句】**(名) 文章の中の字やことば。

**じくあし【軸足】**(名) 運動をするとき、体重を支える運動の中心となる足。

**じくう【時空】**(名) 時間と空間。「―をこえる」

**じくうけ【軸受け】**(名) ❶機械の回転軸をささえて、摩擦《まさつ》を少なくする装置。ベアリング。❷とびらなどの回転軸をささえる部分。「ドアの―」

**しくかつよう【シク活用】**(名)〔文法〕文語形容詞の活用の一種。「しく(しから)・しく(しかり)・し・しき(しかる)・しけれ・しかれ」と活用する。「悲しく」「正しく」のように、連用形の語尾が「しく」となるもの。

**しぐさ『仕◇種・仕草』**(名) ❶何かをするときの、からだの動かし方。動作。「かわいらしい―」❷映画や劇で、俳優のする表情や動作。

**ジグザグ**〔英 zigzag〕(名・形動ダ) 線や道などが左右に何度も折れ曲がっていること。「―行進」

**じくじ『△忸△怩』**(ト タル) ひじょうにはずかしいと思うようす。「内心―たるものがある」

**しくしく**(副) ❶鼻をすすりあげながら、弱々しく静かに泣くようす。「―(と)泣く」❷たえまなくかすかにいたむようす。「腹が―(と)いたむ」

**しくじ・る**(他五)〔ラ(ロ)・リ(ッ)・ル・ル・レ・レ〕失敗する。やりそこなう。「試験に―」

**ジグソーパズル**〔英 jigsaw puzzle〕(名) 一枚の絵や写真を多くの細片に分けてばらばらにし、それを組み合わせてもとの絵や写真に作りなおす遊び。はめ絵。

**じぐち【地口】**(名) ことわざや成句などをもとにして、それと発音が似ている文句をつくっていうしゃれ。「知らぬが仏」を「知らなきゃほうっておけ」といったりするもの。

**しくつ【試掘】**(名・他スル) 鉱物の質や遺跡《いせき》の有無などを調べるために、ためしに土地をほってみること。

**シグナル**〔英 signal〕(名) ❶信号。合図。「―を送る」❷道路や鉄道などで、進め、止まれの合図をする機械。信号機。

**しくはっく【四苦八苦】**(名・自スル) ひじょうな苦しみ。また、ひどく苦しむこと。「資金繰《ぐ》りに―する」

**じくばり【字配り】**(名)(書道などで)字の配置。

**しくみ【仕組み】**(名) ❶物事の組み立て。構造。「時計の―」「会社の―」❷小説や劇などの筋。構成。「最後であっといわせる―だ」

**しく・む【仕組む】**(他五)〔マ(モ)・ミ(ン)・ム・ム・メ・メ〕❶くふうして組み立てる。❷悪いことなどを計画する。たくらむ。「八百長《やおちょう》を―」❸小説や劇の筋を組み立てる。「事件をドラマに―」

**シクラメン**〔英 cyclamen〕(名)〔植〕サクラソウ科の多年草。春、赤・桃《もも》・朱《しゅ》・白などの花が咲《さ》く。ぶたのまんじゅう。

(シクラメン)

**しぐれ【○時雨】**(名) 秋の末から冬のはじめにかけて、降ったりやんだりする雨。

**じくん【字訓】**(名) 漢字の読み方の一つで、漢字にその意味にあたる日本語をあてはめて読む読み方。「山」を「サン」ではなく「やま」と読むなど。訓。〔対〕字音

**しくんし【四君子】**(名)(清らかで美しい姿が君子を思わせるということから)中国で、絵にするのに尊ばれた四つの題材。蘭《らん》・竹・梅・菊《きく》のこと。

**しけ『×時化』**(名) ❶風雨のため海があれること。また、あれて魚がとれないこと。「―にあう」❷映画や芝居《しばい》などで、客がはいらないこと。不景気なこと。

**じげ【地毛】**(名)(かつらなどに対して)もともと自然に生えている髪《かみ》の毛。

**しけい【死刑】**(名) 犯罪者の命をうばう刑罰《けいばつ》。

**しけい【私刑】**（名）裁判などの手続きをふまず、個人や集団で、勝手にひどい罰《ばつ》をあたえること。リンチ。

**しけい【紙型】**（名）活字を組んだ版に、厚い紙をおしつけて活字のかたをとったもの。これに、鉛《なまり》の合金を流しこみ、印刷するための鉛版《えんばん》を作る。

**しげい【至芸】**（名）この上なくすぐれた芸。

**じけい【次兄】**（名）（年齢《ねんれい》が）上から二番目の兄。

**じけい【字形】**（名）文字のかたち。

**じけい【自警】**（名・自スル）自分たちで自分たちのまわりを警戒《けいかい》すること。「一団」

**じけいれつ【時系列】**（名）物事を時間の経過にしたがって並べた順。「一を追う」

**しげき【史劇】**（名）歴史上の出来事をもとにした劇。歴史劇。

**しげき【刺激】『刺△戟』**（名・他スル）❶目・耳・皮膚《ひふ》など、からだの感覚器官に作用して、反応をおこさせること。また、そのもの。「皮膚を一する」❷心に働きかけて、興奮・怒《いか》り・意欲などの反応をおこさせること。また、そのもの。「子どもには一の強い話」「一を受ける」…的「刺激的な出来事」

**しげき【詩劇】**（名）詩の形式で書かれた劇。

**しけこ・む**（自五）〔マ(モ)・ミ(ン)・ム・ム・メ・メ〕（俗語）❶悪い遊び場などにはいりこむ。❷お金がなくて、家にとじこもる。

**しげしげ『◇繁◇繁』**（副）❶たびたび。しきりに。「一(と)通う」❷よくよく。つくづく。「一(と)見つめる」

**しけつ【止血】**（名・自他スル）出血を止めること。

**じけつ【自決】**（名・自スル）❶自分で、自分自身に関することを決めること。「民族一」❷自殺すること。

**しげみ【茂み】『◇繁み』**（名）草や木のおいしげったところ。

**し・ける『×時化る』**（自下一）〔ケ・ケ・ケル・ケル・ケレ・ケロ(ケヨ)〕❶風雨が強く海があれる。「海が一」❷（海があれて魚がとれないことから）不景気で金まわりが悪い状態になる。また、物事がうまくいかず元気がなくなる。「一・けた話」

**し・ける『◇湿気る』**（自下一）〔ケ・ケ・ケル・ケル・ケレ・ケロ(ケヨ)〕しめりけをもつ。しっける。「のりが一」参考「しけった煎餅《せんべい》」のように五段にも活用する。

**しげ・る【茂る】『◇繁る』**（自五）〔ラ(ロ)・リ(ッ)・ル・ル・レ・レ〕草や木がさかんにのびて、枝や葉が多くなる。「葉が一」

**しけん【私見】**（名）自分ひとりの意見。また、それをけんそんしていう語。「一によれば」

**しけん【試験】**（名・他スル）❶物の性質や働きなどのよしあしをためすこと。検査。「機械の性能を一する」❷どのくらいわかっているかを知るために、問題を出して答えさせること。「入学一」「一を受ける」「無一」

**しげん【至言】**（名）物事の道理にかなった、もっともなことば。適切なことば。

**しげん【資源】**（名）生産のもとになる、自然界にある物資。石油・木材など。ときに、「人的資源」と人間をふくめて使うこともある。「地下一」

**じけん【事件】**（名）❶話題となるような出来事。「おそろしい一が起こる」「殺人一」❷（「訴訟《そしょう》事件」の略）裁判に訴《うった》えられていることがら。

**じげん【次元】**（名）❶〔数〕線・面・空間・時間などの広がり。線は一次元、面は二次元、立体は三次元。❷物事をとらえたり考えたりするうえでの基準・立場。「一が異なる」「一が低い」

**じげん【字源】**（名）一つ一つの文字がそれぞれの形や意味をもつようになったおこり。

**じげん【時限】**（名）❶ある決まった時間をかぎること。「一爆弾《ばくだん》」❷学校の授業時間の一つのくぎり。「きょうは四一で終わりだ」

**しけんかん【試験管】**（名）化学実験などに使う、底のある細長いガラス管。

**しけんてき【試験的】**（形動ダ）〔ダロ・ダッ(デ・ニ)・ダ・ナ・ナラ・○〕ためしにやってみるようす。「一に使ってみる」

**しこ【四股】**（名）すもうで、力士が足を交互《こうご》に高くあげ、力を込《こ》めて地面をふむ動作。「一をふむ」

**しこ【指呼】**（名・他スル）ゆびさして呼ぶこと。

**指呼の間《かん》** 呼べば答えるほど近い距離《きょり》。

**しご【死後】**（名）死んだのち。類没後《ぼつご》。対生前

**しご【死期】**（名）→しき(死期)

**しご【死語】**（名）むかしは使われたが現在使われなくなったことばや言語。

**しご【私語】**（名・自スル）おおやけの場でひそひそと勝手に話をすること。ひそひそ話。「一をつつしむ」

**じこ【自己】**（名）自分。自身。「一主張」「一紹介《しょうかい》」「一暗示」

**じこ【事故】**（名）思いがけなくおこる、よくないできごと。アクシデント。「交通一」「無一」

**じご【事後】**（名）物事が終わったあと。また、起こったあと。「一処理」「一承諾《しょうだく》」対事前

**しこう【至高】**（名）この上なくすぐれて、りっぱなこと。最高。「一の精神」

**しこう【志向】**（名・他スル）心がある物事に向いていること。また、ある物事を目標としてめざすこと。「永遠の平和を一する」「上昇《じょうしょう》一」

**しこう【私行】**（名）つとめや役目などと関係のない、個人的な生活上の行い。

**しこう【伺候】**（名・自スル）❶身分の高い人のそば近くに仕えること。❷目上の人のごきげんをうかがいに行くこと。

**しこう【施工】**（名・自他スル）工事を行うこと。「一期間」参考「せこう」とも読む。

**しこう【思考】**（名・他スル）考えること。考え。「一をめぐらす」「一力」「一回路」類思惟《しい》

**しこう【指向】**（名・他スル）ある方向に向かうこと。「輸出一」「性的一」…性「指向性アンテナ」

**しこう【施行】**（名・他スル）❶実際に行うこと。❷法律の効力を実際に発生させること。「法を一する」参考②の意味のときは「せこう」とも読む。

**しこう【歯垢】『歯△垢』**（名）食べ物のかすや細菌《さいきん》などによるよごれが歯の表面についたもの。プラーク。

**しこう【嗜好】『△嗜好』**（名・他スル）飲食物などの中で、それをたしなみ好むこと。また、人それぞれの好み。「一品」

**しこう【試行】**（名・他スル）ためしにやってみること。「一段階」「一期間」

**じこう【事項】**（名）一つ一つのまとまったことがら。項目《こうもく》。「注意一」

**じこう【侍講】**（名）君主に学問を教えること。また、

その役目の人。

**じこう【時好】**(名) その時代の人びとの好み。

**時好に投《とう》ずる** その時代のはやりや好みに、よく合ってもてはやされる。

**じこう【時効】**(名)〖法〗一定の期間が過ぎた場合、権利がなくなったり生じたりすること。「—の成立」

**じこう【時候】**(名) 春・夏・秋・冬のその時々の気候のようす。「—のあいさつ」

●**時候を表すことば**

| | |
|---|---|
| 一月 | 新春・初春・酷寒《こっかん》・厳寒 |
| 二月 | 余寒・残寒・春寒・立春・春一番 |
| 三月 | 早春・浅春《せんしゅん》・春雨・軽暖 |
| 四月 | 陽春・春暖 |
| 五月 | 晩春・暮春《ぼしゅん》・新緑・薫風《くんぷう》・軽暑 |
| 六月 | 入梅・梅雨空《つゆぞら》・梅雨晴れ・麦秋《ばくしゅう》 |
| 七月 | 梅雨明け・盛夏・酷暑 |
| 八月 | 晩夏・残暑・新涼《しんりょう》・立秋 |
| 九月 | 初秋・新秋・清涼 |
| 一〇月 | 秋冷・秋涼・実りの秋・秋晴れ |
| 一一月 | 晩秋・向寒 |
| 一二月 | 初冬・歳晩《さいばん》 |

※時候の挨拶《あいさつ》は、右に示すようなことばを使って、「…の候」「…のみぎり」で書きはじめるのが一般《いっぱん》的。

**しこうさくご【試行錯誤】**(名) 一つの課題に対して、失敗を重ねながらだんだんと正しいやり方や解決に近づいていく方法。「—をくり返す」

**しこうして**〖△而して〗(接) そうして。そして。しかして。(前の文を受けて、あとにさらにつけ加えるときに用いる文語的なことば)。文法「しかくして」の音便。

**じごうじとく【自業自得】**(名) 自分でしたよくないことのむくいが自分にかえってくること。

**しこうひん**〖△嗜好品〗(名) 酒・茶・コーヒー・たばこなど、かおりや味を好んで、食べたり飲んだりするもの。

**じごえ【地声】**(名) その人の生まれつきの声。「—が大きい」

**しごき**〖◇扱き〗(名) ❶細長いものを手ににぎって、強くこするように引くこと。❷(「しごき帯」の略)女性が着物を着るとき、帯の下にしめる腰帯《こしおび》。❸〘俗語〙きびしい練習・訓練。「—に耐《た》える」

**しごく【至極】** ━(名) この上ないこと。「めいわく—」━(副) この上なく。きわめて。「—愉快《ゆかい》だ」

**しご・く**〖◇扱く〗(他五)〔カ(コ)・キ(イ)・ク・ク・ケ・ケ〕 ❶片手《かたて》でにぎった細長いものを別の手で強くこするように動かす。「槍《やり》を—」❷〘俗語〙きびしくきたえる。「新人を—」

**じこく【自国】**(名) 自分の国。対他国

**じこく【時刻】**(名) ❶時間の流れの中の、ある決まった一瞬《いっしゅん》。何時と決まった時。「約束の—になる」❷ちょうどよいとき。時機。機会。「—到来《とうらい》」

**じごく【地獄】**(名) ❶〖仏〗生前に悪い事をした人が、死んでから行って苦しみを受けるとされる所。対極楽。❷キリスト教などで、救われない者の魂《たましい》が落ちるとされる所。対天国。❸ひじょうな苦しみを受けること。また、その場所。「試験—」対極楽・天国

**地獄で仏《ほとけ》に会《あ》う** 危険なときや困っているときに、思わぬ助けにあったうれしさを表すことば。

**地獄の沙汰《さた》も金《かね》次第《しだい》** (地獄の裁きでさえも、おかねを出せば罪をまぬかれるということから)何事もおかねさえあれば思うようになるということのたとえ。

**しこくちほう【四国地方】**〔地名〕本州の近畿《きんき》・中国地方と九州の間にある島。徳島・香川・愛媛・高知の四県からなる。

**じこくひょう【時刻表】**(名) 電車やバスなど、乗り物の発車・到着《とうちゃく》の時刻を書いた表。

**じごくみみ【地獄耳】**(名) ❶一度聞いたら忘れないこと。❷人のうわさやかくしていることをすばやく聞きつけてよく知っていること。また、そういう人。

**じこけんお【自己嫌悪】**(名) 自分自身をいやだと思うこと。自分がうとましくなること。「—におちいる」

**じこけんじ【自己顕示】**(名) 自分の存在を目立たせようとすること。「—欲の強い人」

**じこしょうかい【自己紹介】**(名・自スル) はじめて会った人に、自分で自分の名前や仕事などを言って知らせること。

**じごしょうだく【事後承諾】**(名・他スル) 事前の承諾をえずに行われたことについて、あとで承諾を受けること。また、承諾をあたえること。

**じこせきにん【自己責任】**(名) 自分の行動に対して、自分が責任を負わなければならないこと。「—で行う」「—を問われる」

**しごせん【子午線】**(名) ❶〖天〗天球上で、天頂と天の北極と天の南極とを通る大きな円。❷→けいせん(経線)

**しこたま**(副)〘俗語〙数えきれないほどたくさんに。「—買い込《こ》む」

**じこちゅうしんてき【自己中心的】**(形動ダ)〔ダロ・ダッ(デ・ニ)・ダ・ナ・ナラ・○〕 自分のつごうのみを考え、他人への気づかいに欠けるようす。「—な性格」

**しごと【仕事】**(名) ❶働くこと。しなければならないこと。「—をてつだう」「一日の—が終わる」❷職業。職務。「印刷関係の—に就《つ》く」❸〖物〗物体に力をくわえて位置を動かすこと。

**しごとりつ【仕事率】**(名)〖物〗ある一定の時間内に行われる仕事の量。ワットや馬力で表す。

**しこな【しこ名】**〖◇醜名〗(名) すもうで、力士の呼び名。参考 多く「四股名」と漢字をあてる。

**しこな・す**(他五)〔サ(ソ)・シ・ス・ス・セ・セ〕 じょうずに処理する。うまくやりとげる。「与《あた》えられた役をみごとに—」

**じこはさん【自己破産】**(名)〖法〗借金を返せなくなった人が、みずから破産手続きを申し立てること。

**じこひはん【自己批判】**(名・自他スル) 自分で自分のしたことを批判し、そのあやまりを認めること。

**じこまんぞく【自己満足】**(名・自スル) 自分自身または自分の行為《こうい》に、自分で満足すること。

**しこみ【仕込み】**(名) ❶教えこむこと。しつけ。「母の—がよい」❷商品を仕入れること。また、飲食店で下ごしらえをすること。❸酒・みそ・しょうゆなどをしこむこと。❹(「しこみづえ」の略)中に刀をかくし入れたつえ。❺(「…じこみ」の形で)その場所で身につけたこと。「アメリカ—の腕前《うでまえ》」

**しこ・む【仕込む】**（他五）(マ(モ)・ミ(ン)・ム・ム・メ・メ)❶教えこむ。訓練する。しつける。「芸を―」❷商店や飲食店で、商品を仕入れたり、材料の下ごしらえをしたりする。「材料を―」❸酒・みそ・しょうゆなどをつくるため、原料をまぜ合わせておけなどにつめこむ。「酒を―」❹細工をほどこして中に入れる。「つえに刀を―」
**しこめ**『◇醜女』（名）顔のみにくい女性。
**しこり**『△痼り・◇凝り』（名）❶からだの筋肉などの一部がかたくなること。また、そのかたくなった部分。❷仲たがいや言いあらそいなど、よくない出来事のあったあとに残る、気まずい感じ。わだかまり。「―が残る」
**じこりゅう【自己流】**（名）自分だけのやり方。類我流
**しこん【士魂】**（名）武士の精神・たましい。「―商才(=武士の精神と商人の才能をあわせ持つこと)」
**しさ【示唆】**（名・他スル）それとなく教えること。ほのめかすこと。「―を与《あた》える」…的「示唆的な手紙」
**しざ【視座】**（名）物事を見るときの立場。視点。
参考「じざ」とも読む。
**じさ【時差】**（名）❶地球上の位置によって生じる時刻の差。「―ぼけ」❷時刻をずらすこと。「―出勤」
**しさい【子細】**『△仔細』━（名）❶物事のわけ。くわしい事情。「―ありげな顔」❷さしつかえ。さしさわり。「その件についての―はない」━（名・形動ダ）くわしいこと。細かなこと。「―に語る」
**しさい【司祭】**（名）カトリックの聖職者。神父《しんぷ》。司教の下の位。教会の儀式《ぎしき》をつかさどる。
**しざい【死罪】**（名）死刑《しけい》。「―にあたいする」
**しざい【私財】**（名）個人の財産。「―を投じる」
**しざい【資材】**（名）物を作るもとになる材料。「建築―」
**じざい【自在】**（名・形動ダ）じゃまされることなく思いのままであること。思うまま。「自由―」
**じざいかぎ**『自在△鉤』（名）つるした棒などにつけて自由に上げ下げできるかぎ。いろりなどで、なべなどをつるす。

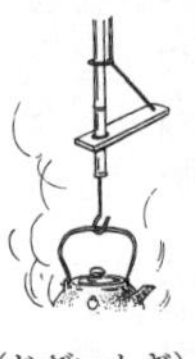
（じざいかぎ）

**しさく【思索】**（名・自他スル）筋道をたどって考えをめぐらすこと。「―にふける」
**しさく【施策】**（名）事に対処する計画。また、その計画を実際に行うこと。「国として―を講《こう》じる」
**しさく【試作】**（名・他スル）ためしに作ってみること。また、その作品。「―品」
**じさく【自作】**━（名・他スル）自分で作ること。また、作ったもの。━（名）「自作農」の略。対小作
**じさくじえん【自作自演】**（名）❶自分で脚本《きゃくほん》を書き、自分で演じること。また、自分で作曲して自分で演奏すること。❷計画から実行まで、すべて自分一人で行うこと。「―の狂言誘拐《きょうげんゆうかい》」
**じさくのう【自作農】**（名）自分の田や畑を持っていて農業を営む農家。また、その農民。対小作農
**じざけ【地酒】**（名）その土地でできる酒。
**しさつ【刺殺】**（名・他スル）❶刃物《はもの》などでさし殺すこと。❷野球で、フライをとったり走者にボールをつけたりして打者や走者をアウトにすること。
**しさつ【視察】**（名・他スル）実際にその場所に行って、実状を見きわめること。「被災《ひさい》地を―する」
**じさつ【自殺】**（名・自スル）自分で自分の命をたつこと。「投身―」…的「自殺的な行為《こうい》」対他殺
**じさない【辞さない】**どんなこともさけたりしない。何ごとをも恐《おそ》れない。「死をも―覚悟《かくご》」
**しさん【四散】**（名・自スル）集まっていたものが四方にちらばること。ちりぢりになること。「家族が―する」
**しさん【資産】**（名）土地・建物・おかねなどの財産。「―を残す」「―家」
**しさん【試算】**（名・他スル）❶見当をつけるために、ためしに計算してみること。「旅行費用を―する」❷計算の結果を確かめるために再度計算すること。検算。
**しざん【死産】**（名）胎児《たいじ》が死んで生まれること。
**じさん【自賛】**（名・自スル）自分で自分をほめること。「自画―」
**じさん【持参】**（名・他スル）持って行くこと。また、持ってくること。「弁当―」
**じさんきん【持参金】**（名）結婚《けっこん》するとき、嫁《よめ》または婿《むこ》が実家から相手の家へ持っていくおかね。
**しし【四肢】**（名）両手と両足。前足とうしろ足。
**しし【志士】**（名）高い理想とこころざしをもち、国や社会のためにつくす人。「勤皇《きんのう》の―」
**しし【嗣子】**（名）家のあととり。あとつぎ。
**しし**『△獅子』（名）❶〔動〕ライオン。❷ししまい。
**獅子身中《しんちゅう》の虫《むし》**（獅子の体内に寄生している虫が、獅子の肉を食って死なせてしまう意から）味方の側にいながら内部からわざわいをおこす者。また、恩をあだで返す者のたとえ。
**しし**『△孜△孜』(ト・タル)熱心につとめるようす。「―として勉学にはげむ」
**しじ【支持】**（名・他スル）❶物を支えること。「梁《はり》で屋根を―する」❷ある考えや方針に賛成して、それを支えること。「―をえる」「―政党」
**しじ【四時】**（名）❶四季。春夏秋冬。「―の風物」❷〔仏〕一日のうちの四つの時。旦《たん》(=朝)・昼・暮《ぼ》(=夕方)・夜。「―のおつとめ」
**しじ【私事】**（名）個人的なことがら。わたくしごと。
**しじ【指示】**（名・他スル）❶さし示すこと。「方角を―する」❷さしずすること。「―に従う」
**しじ【指事】**（名）→しじもじ
**しじ【師事】**（名・自スル）ある決まった人を先生として、教えを受けること。「画壇《がだん》の重鎮《じゅうちん》に―する」
**じし【自死】**（名・自スル）自ら命を絶つこと。自殺。
**じし【侍史】**（名）（おそばにいる人を通じてという意で）手紙のあて名にそえて書き、敬意を表すことば。
**じじ**『△爺』（名）男性の老人。おじいさん。対婆《ばば》
**じじ【時事】**（名）その時その時の世の中の出来事。
**ししいでん**『紫△宸殿』（名）→ししんでん
**ししおどし**『◇鹿◇威し』（名）支点で支えた竹筒《たけづつ》の一方に水を落とし、たまった水の重みで竹筒がかたむいて水が流れ出ると、反動で他方の端《はし》が下の石を打って音を出すようにした装置。
**ししがしら**『△獅子頭』（名）木で作ったししの頭。

ししまいに使う。

**ししく**『△獅子△吼』(名・自スル) ❶力をこめて熱弁をふるうこと。 ❷《仏》仏の説法。 ししがほえて、ほかのけものをおそれさせる威力《いりょく》にたとえたことば。

**ししくったむくい**『◇獣食った報い』悪事をした当然のむくい。

**しじご【指示語】**(名)《文法》実際の物・事・場所・方角などの名称《めいしょう》の代わりに、それらを指し示すことば。「これ」「あの」「そう」など。

●指示語―こそあどことば

| | 近称 | 中称 | 遠称 | 不定称 | 品詞 |
|---|---|---|---|---|---|
| 事物 | これ | それ | あれ | どれ | 代名詞 |
| 人・物 | こいつ | そいつ | あいつ | どいつ | 代名詞 |
| 場所 | ここ | そこ | あそこ | どこ | 代名詞 |
| 方向 | こちら | そちら | あちら | どちら | 代名詞 |
| 方向 | こっち | そっち | あっち | どっち | 代名詞 |
| ようす | こんな | そんな | あんな | どんな | 形容動詞 |
| ようす | こう | そう | ああ | どう | 副詞 |
| 指示 | この | その | あの | どの | 連体詞 |

※「近称」は、話し手側に近いもの。「中称」は、聞き手側に近いもの。「遠称」は、話し手からも聞き手からも遠いもの。「不定称」は、はっきりと特定できないもの、または不明のもので、疑問の意を表すことが多い。

**じじこっこく【時時刻刻】**(副) 時間がたつにつれて。しだいしだいに。「―(と)変化する世界情勢」

**ししそんそん【子子孫孫】**(名) ずっとのちまで続く子孫。子孫代々。「―に語り継《つ》がれる」

**しじだいめいし【指示代名詞】**(名)《文法》事物・場所・方向などをさす代名詞。「これ・それ・あれ・どれ」「ここ・そこ・あそこ・どこ」「こちら・そちら・あちら・どちら」など。

**ししつ【私室】**(名) 個人の使う部屋。

**ししつ【紙質】**(名) 紙の性質や品質。

**ししつ【資質】**(名) 生まれつきの性質や才能。「―を見ぬく」…的「資質的にはすぐれている」類素質

**しじつ【史実】**(名) 歴史上の事実。「―をふまえて書かれた作品」

**じしつ【自失】**(名・自スル) 気ぬけすること。われを忘れてぼんやりすること。「茫然《ぼうぜん》―する」

**じしつ**『△痔疾』(名)《医》→じ(痔)

**じじつ【事実】**(名) ❶実際にそうあること。実際にあったこと。「―を重んじる」「そのような―はない」「―無根《むこん》(=事実であるという根拠《こんきょ》がないこと)」 ❷(副詞的に用いて)ほんとうに。実際に。「―わたくしは何も知らない」「―そのとおりだった」

**事実は小説《しょうせつ》よりも奇《き》なり** 現実のできごとには、作りものである小説よりも変わったことがある。参考イギリスの詩人バイロンの「ドン・ジュアン」にあることば。

**じじつ【時日】**(名) 日にちと時間。日数。

**しじのよわいをかぞえる**『死児の◇齢を数える』死んだ子が生きていたら今はいくつになると数えてなげくように、どうにもならないことについてぐちを言う。

**ししふんじん**『△獅子奮迅』(名) (ししがあばれるように)はげしい勢いで奮闘《ふんとう》すること。「―の働き」

**しじま**(名) 静まり返っていること。「夜の―」

**ししまい**『△獅子舞』(名) 正月やお祭りなどに、ししの頭《かしら》をかぶっておどる舞。しし。

(ししまい)

**しじみ**『△蜆』(名)《動》ヤマトシジミ科の二枚貝。黒褐色《こっかっしょく》の殻《から》を持ち河口や湖沼《こしょう》の砂の中にすむ。あさりより小さい。

**じじむさ・い**『△爺むさい』(形) {カロ・カツ(ク)・イ・イ・ケレ・◯} 男性が年寄りじみてむさくるしい。「―服装」

**ししむら**『◇肉△叢』(名) 肉のかたまり。また、肉体。

**しじもじ【指事文字】**(名) 漢字の六書《りくしょ》の一つ。形で表すことのできない物事を図形や記号で示したもの。「上」「下」「一」「二」など。

**ししゃ【支社】**(名) ❶会社などの、本社から分かれて設《もう》けられた事業所。対本社。 ❷もととなる神社から分かれた神社。

**ししゃ【死者】**(名) 死んだ人。「事故で―がでた」

**ししゃ【使者】**(名) 依頼《いらい》や命令を受けた使いの者。「―を立てる」

**ししゃ【試写】**(名・他スル) 完成した映画を一般《いっぱん》の人に見せる前に、特定の人に見せること。「―会」

**ししゃ【試射】**(名・他スル) 鉄砲《てっぽう》・大砲・ミサイルなどをためしにうってみること。「―場」

**じしゃ【寺社】**(名) 寺と神社。社寺。

**じしゃ【侍者】**(名) 身分の高い人のそばに仕えて雑用をする人。

**ししゃく【子爵】**(名) もと、貴族の段階を示す五等の爵位(公・侯《こう》・伯《はく》・子・男)の第四。

**しじやく【指示薬】**(名)《化》溶液《ようえき》の酸性・アルカリ性・水素イオンの濃度《のうど》などを色の変化で示す薬。リトマス・フェノールフタレインなど。

**じしゃく【磁石】**(名) ❶《物》鉄を吸い寄せる性質を持つ物体。 ❷(「磁石盤《じしゃくばん》」の略) 磁針がついている、方角を知るための道具。 ❸《地質》磁鉄鉱。

**じじゃく【自若】**(ト/タル) 大事にあっても驚《おど》ろかず、落ち着いているようす。「泰然《たいぜん》―とした態度」

**ししゃごにゅう【四捨五入】**(名・他スル)《数》求める位のすぐ下の位の数が、四以下ならば切り捨て、五以上ならば上の位に一を加えて切りあげること。

**ししゅ【死守】**(名・他スル) 命がけで守ること。「城を―する」

**ししゅ【詩趣】**(名) ❶詩にあるような感じ。「―あふれる風景」 ❷詩としてのあじわい。「―をくみとる」

**じしゅ【自主】**(名) 人の助けや干渉《かんしょう》を受けないで、自分で決めてやっていくこと。「―独立」

**じしゅ【自首】**(名・自スル) 犯罪者が、犯罪の事実や犯人がだれかがわかる前に自分からその罪を警察などに申し出ること。

**ししゅう【死臭】**(名) 死体から出るいやなにおい。

**ししゅう**『刺△繡』(名・自他スル) いろいろな色の糸で、布に絵や模様のかざりぬいをすること。また、その作品。縫《ぬ》い取り。

**ししゅう【詩集】**(名) 詩を集めた本。

**しじゅう【始終】** **一**(名) はじめから終わりまで。「一部—を話す」 **二**(副) いつも。たえず。「—言い聞かせる」「—騒《さわ》がしい」

**じしゅう【自修】**(名・自他スル) 先生につかないで、自分で学問を身につけること。

**じしゅう【自習】**(名・自他スル) 自分で学習すること。「—時間」「自学—」

**じしゅう【時宗】**(名)〘仏〙浄土宗《じょうどしゅう》の流れをうけた宗派の一つ。鎌倉《かまくら》時代に一遍《いっぺん》が開いた。

**じじゅう【自重】**(名) (機械や車両などの)それ自身の重さ。注意「じちょう」と読むと別の意味になる。

**じじゅう【侍従】**(名) 天皇や皇太子のそば近く仕える人。また、その役。

**しじゅうから【四十△雀】**(名)〘動〙シジュウカラ科の小鳥。頭とのどは黒く、腹とほおは白い。

**しじゅうくにち【四十九日】**(名)〘仏〙人が死んでから四九日目の忌日《きにち》。また、その日に行う法要。しちしちにち。なななぬか。「—の法事」

**しじゅうしょう【四重唱】**(名)〘音〙四人がそれぞれちがう声部を受けもって歌う合唱。カルテット。

**しじゅうそう【四重奏】**(名)〘音〙四つの楽器による合奏。カルテット。「弦楽《げんがく》—」

**しじゅうはって【四十八手】**(名) ❶すもうで、相手を負かすわざの総称《そうしょう》。❷人をあやつったり、ある目的をとげたりするための、いろいろな手段や方法。

**ししゅうびょう【歯周病】**(名)〘医〙歯の周りに起こる歯槽膿漏《しそうのうろう》などの病気。

**ししゅく【止宿】**(名・自スル) 宿泊《しゅくはく》すること。

**ししゅく【私淑】**(名・自スル) 直接教えてもらってはいないが、ひそかに先生としてしたい、尊敬し、学ぶこと。

**しじゅく【私塾】**(名) 個人が開いている塾。

**じしゅく【自粛】**(名・自スル) 自分からすすんで行いに気をつけ、つつしむこと。「お祭りを—する」

**じしゅせい【自主性】**(名) 何事も自分の判断で行おうとする態度。「生徒の—を重んじる」

**ししゅつ【支出】**(名・他スル) ある目的のために、おかねをはらうこと。また、はらったおかね。「—をおさえる」対収入

**じしゅてき【自主的】**(形動ダ)〔ダロ・ダッ(デ・ニ)・ダ・ナ・ナラ・○〕他人のさしずを受けず、自分自身で物事を判断したり処理したりするようす。「—に計画を立てる」

**しじゅん【至純】**(名・形動ダ) 少しもまじりけのないこと。この上なく純粋《じゅんすい》なこと。「—な愛」

**じじゅん【耳順】**(名) 六〇歳《さい》の呼び名。参考「論語」の「六十にして耳順《したが》う」から出たことば。

**しじゅんかせき【示準化石】**(名)〘地質〙太古《たいこ》のある時代に広く栄えたために、地層のできた時代を推定するのに役立つ化石。古生代の三葉虫《さんようちゅう》、中生代のアンモナイトなど。標準化石。

**ししゅんき【思春期】**(名) 異性に関心を持ち始める年ごろ。「—にさしかかる」

**ししょ【支所】**(名) 中心となる事業所から分かれて、その地域の業務を取りあつかうところ。「大阪—」

**ししょ【史書】**(名) 歴史を記した書物。歴史書。

**ししょ【司書】**(名) 図書館で、本の貸し出しや整理などをする人。また、その資格。

**ししょ【四書】**(名) 儒教《じゅきょう》を学ぶために必要とされた四つの書物の総称《そうしょう》。「大学」「中庸《ちゅうよう》」「論語」「孟子《もうし》」のこと。「—五経《ごきょう》」

**しじょ【子女】**(名) ❶むすことむすめ。子ども。「海外帰国—」❷女の子。

**じしょ【地所】**(名) 建物を建てる、土地。地面。

**じしょ【自署】**(名・自スル) 自分の名前を自分で書くこと。また、その署名。「契約書《けいやくしょ》に—する」

**じしょ【辞書】**(名) ことばを集めて、ある決まった順序にならべ、そのことばの発音・意味・使い方などを説明した本。辞典。字引《じびき》。「—を引く」

**じじょ【次女】**(名) むすめのうち、二番目に生まれた子。二女。

**じじょ【自助】**(名) 他の力を借りないで、自分の力でなしとげること。「—努力」

**じじょ【自序】**(名) 著者が自分の本のはじめに自分で書いた序文。

**じじょ【侍女】**(名) 身分の高い人に仕える女性。

**ししょう【支障】**(名) さまたげになるような、ぐあいの悪いこと。さしつかえ。さしさわり。「—をきたす」

**ししょう【死傷】**(名・自スル) 死んだり、けがをしたりすること。「—者」

**ししょう【刺傷】**(名・他スル) 人を刃物《はもの》などで刺《さ》して傷つけること。また、その傷。

**ししょう【師匠】**(名) 学問や芸などを教える人。先生。対弟子《でし》

**ししょう【詞章】**(名) 詩や文章。また、リズムのある作品(浄瑠璃《じょうるり》、謡曲《ようきょく》など)の文章。

**しじょう【史上】**(名) 歴史に現れた範囲《はんい》。歴史上。「—最悪の事故」

**しじょう【市場】**(名) ❶品物や証券の売り買い・取り引きをする所。「株式—」「海外—」❷商品を売ることができる範囲《はんい》。「—を開拓《かいたく》する」「—占有率《せんゆうりつ》」(=マーケット)

**しじょう【至上】**(名) この上もないこと。最上。最高。「—の喜び」

**しじょう【至情】**(名) ❶この上なく尊い心。まごころ。「—あふれる文面」❷ごく自然な気持ち。

**しじょう【私情】**(名) ❶個人としての感情。「—をはさむ」❷自分の利益だけを考える気持ち。私心。

**しじょう【紙上】**(名) ❶紙の上。❷新聞の記事面。紙面。「—討論会」

**しじょう【試乗】**(名・自スル) 乗り物に、性能などをためすために乗ってみること。「新車の—会」

**しじょう【詩情】**(名) ❶心に深く感じたことを詩に表したいと思う気持ち。「—がわく」❷詩的な味わい。詩のおもしろみ。「—あふれる作品」

**しじょう【誌上】**(名) 雑誌の記事面。誌面。

**じしょう【自称】** **一**(名・自スル) 自分で自分はこういう者だと言うこと。「—名人」 **二**(名)〘文法〙人称の一つ。話し手自身をさす代名詞。「わたくし」「ぼく」など。第一人称。一人称。⇨にんしょう(人称)

**じしょう【自傷】**(名・自スル) 自分で自分のからだを傷つけること。「—行為《こうい》」

**じしょう【自照】**(名・自スル) 自分で、自分のことに

ついて考えたり、反省したりすること。「—文学」

**じしょう【事象】**（名）現実の目に見える形で現れることがら。「自然界のさまざまな—」

**じじょう【自乗】**（名・他スル）〘数〙数や式に同じ数や式をかけ合わせること。二乗。平方。

**じじょう【自浄】**（名）海や川がみずからの働きで、不純なものをきれいにすること。「—作用」〈使い方〉組織などで、その不正や欠点をみずからの力で取り除くことの意でも用いる。「警察の—能力」

**じじょう【事情】**（名）❶物事のそうなったわけ。「—を聞く」「やむをえない—」❷その事に関する細かいようす。「家庭の—」「食糧《しょくりょう》—」

**じじょう【磁場】**（名）〘物〙→じば

**しじょうくうぜん【史上空前】**（名）歴史上これまでに例のないこと。「—の大作戦」

**じじょうじばく【自縄自縛】**（名）自分のしたことや言ったことのために、動きがとれなくなり苦しむこと。

**ししょうせつ【私小説】**（名）〘文〙作者自身の体験を告白するように描《えが》く小説。わたくし小説。日本の近代文学が生んだ独特の小説形式。

**じしょうぶんがく【自照文学】**（名）〘文〙自己を反省・観察して書いた文学。日記や随筆《ずいひつ》など。

**しじょうめいれい【至上命令】**（名）どんなことがあっても従わなければならない命令。

**ししょく【試食】**（名・他スル）味をみるためにためしに食べること。「—会」

**じしょく【辞職】**（名・自他スル）職を自分からやめること。「—を決意する」類辞任

**じじょでん【自叙伝】**（名）自分で書いた自分の伝記。自伝。

**ししょばこ【私書箱】**（名）郵便局の中に備えつけた個人や団体の専用の郵便受け。郵便私書箱。

**ししるいるい**『死△屍累累』（トタル）たくさんの死体があたり一面に重なり合うようす。

**ししん【至心】**（名）まごころ。誠実な心。

**ししん【私心】**（名）❶自分の利益だけを考える気持ち。利己心。「—を去る」「—のない行い」❷自分ひとりの考え。《類私意》

**ししん【私信】**（名）個人の用事で出す手紙。

**ししん【使臣】**（名）国や君主の使いとして外国へつかわされる者。大使・公使など。

**ししん【指針】**（名）❶磁石《じしゃく》や計器類の針。「—を示す」❷これから進んでいく、また、やっていく方針。

**しじん【私人】**（名）公職をはなれた一個人。「—としての行動」対公人

**しじん【詩人】**（名）❶詩を作る人。また、詩を作ることを職業にしている人。❷詩的な感性をもった人。

**じしん【自身】**（名）❶自分。自己。❷そのもの。自体。「それは組織—の問題だ」

**じしん【自信】**（名）自分の能力・価値などを信じること。また、その気持ち。「—をもつ」「—満々」

**じしん【地震】**（名）地球の内部の急激な変化によって、地面がゆれ動く現象。⇩しんど(震度)

**地震雷《かみなり》火事《かじ》親父《おやじ》** 人びとが恐《おそ》ろしいと思うものを順にあげたことば。

**じしん【磁針】**（名）〘物〙水平に回転するように中央を支えた、針の形をした小型の磁石《じしゃく》。方角を知るのに使う。

**じじん【自刃】**（名・自スル）刃物《はもの》で自殺すること。

**じじん【自陣】**（名）自分の陣地・陣営。

**ししんけい【視神経】**（名）〘生〙網膜《もうまく》に受けた光の刺激《しげき》を脳に伝える神経。

**じしんけい【地震計】**（名）地震のゆれ方や強さを、自動的に記録する器械。

**じしんたい【地震帯】**（名）地震の発生しやすい地域がつらなって帯状になっている所。

**ししんでん**『紫△宸殿』（名）むかし、天皇の住む宮殿の中心にあった建物。天皇即位《そくい》の儀式《ぎしき》などを行った。南殿《なでん》。参考「ししいでん」ともいう。

**ジス【JIS】**（名）〔英 Japanese Industrial Standard の略〕日本産業規格。鉱《こう》工業品やデータ・サービスの種類・構造・品質などを全国的に統一するための基準。

**じ・す【辞す】**（自他五）{サ(ソ)・シ・ス・ス・セ・セ}→じする(辞する)

**しずい【歯髄】**（名）〘生〙歯の内部の、神経や血管があるやわらかい組織。「—炎《えん》」

**しずい**『雌△蕊』（名）〘植〙→めしべ。対雄蕊《ゆうずい》

**じすい【自炊】**（名・自スル）自分で自分の食事を作ること。「—生活」

**しすう【指数】**（名）❶物価・賃金・生産量・知能などの変動などを見るために、基準とする数に対する比率を示した数値。「物価—」「知能—」❷〘数〙ある数の右かたに小さく書き、その数を何回続けてかけ合わせるかを表す数字。たとえば、4を3回かけ合わせることを$4^3$と書き、3を指数という。

**しずか【静か】**（形動ダ）{ダロ・ダッ(デ・ニ)・ダ・ナ・ナラ・〇}❶音がしないようす。ひっそりしているようす。「—な夜」「—に歩く」❷動かないようす。乱れのないようす。「—な海」❸落ち着いているようす。おだやかなようす。「—に話す」「—な環境《かんきょう》」

**しずかさや**…俳句→しづかさや…

**しずく【滴】**『△雫』（名）水や液体のぽとぽとと落ちるつぶ。したたり。「雨の—」

**しずけさ【静けさ】**（名）静かなこと。静寂《せいじゃく》。「嵐《あらし》の前の—」

**しずごころ【静心】**（名）落ち着いた静かな心。

**しずしず【静静】**（副）ゆっくりと静かに。しとやかに。「—(と)歩く」

**シスター**〔英 sister〕（名）カトリックの修道院で修行《しゅぎょう》する尼僧《にそう》。修道女。

**システマチック**〔英 systematic〕（形動ダ）{ダロ・ダッ(デ・ニ)・ダ・ナ・ナラ・〇}組織的・体系的・系統的なようす。「—な学習方法」

**システム**〔英 system〕（名）❶物事のしくみ。組織。制度。「会社の—」「便利な—」❷全体をすじみち立てて、ひとつのしくみにまとめたもの。体系。

**システム-エンジニア**〔英 systems engineer〕（名）コンピューターのシステムの開発・設計などにたずさわる技術者。SE。

**ジステンパー**〔英 distemper〕（名）おもに子犬がか

かる急性の感染症《かんせんしょう》。死亡率が高い。

**ジストマ**〔ラテン distoma〕(名)《動》寄生虫の一種。人や馬の肝臓《かんぞう》・肺に寄生して病気をおこす。

**じすべり【地滑り】**(名・自スル)❶地盤《じばん》がゆるんで、傾斜《けいしゃ》した土地の表面がだんだんすべり落ちること。❷物事が一挙に大きく変動すること。[…的]「地滑り的な大敗を喫《きっ》する」

**ジスマーク【JISマーク】**(名)製品が、日本産業規格に合格したことを表すマーク。▽JISは、英 Japanese Industrial Standard の略。

(ジスマーク)

**しずまりかえ・る【静まり返る】**(自五){ラ(ロ)・リ(ツ)・ル・ル・レ・レ}すっかり静かになる。「―・った会場」

**しずま・る【静まる・鎮まる】**(自五){ラ(ロ)・リ(ツ)・ル・ル・レ・レ}❶物音がなくなり、しずかになる。「場内が―」❷だんだんおだやかになる。騒動《そうどう》などがおさまってくる。「暴動が―」「心が―」❸神の霊《れい》がそこにとどまっている。[注意]①は「静まる」、③は「鎮まる」と書く。

> **[学習]使い分け**「静まる」「鎮まる」
>
> **静まる** 動いていた物が動かなくなって物音がやみ、落ち着いた状態になる意。「寝静まる」「会場が静まる」「風が静まる」
>
> **鎮まる** 抑《おさ》えられ、おさまってくる意。「痛みが鎮まる」「内乱が鎮まる」「騒《さわ》ぎが鎮まる」「世の中が鎮まる」

**しず・む【沈む】**(自五){マ(モ)・ミ(ン)・ム・ム・メ・メ}❶水面より上にあったものが水の底の方へ移動する。水没《すいぼつ》する。「船が―」「ダム湖の底に―・んだ集落」[対]浮《う》く・浮かぶ ❷太陽・月などが、地平線や水平線の下にかくれる。「夕日が―」❸それまでの位置より低くなる。「地盤《じばん》が―」「打者の手元でボールが―」❹元気がなくしょんぼりする。「気分が―」「憂《うれ》いに―」[類]塞《ふさ》ぐ。[対]浮く ❺みじめな状態におちいる。「不幸の淵《ふち》に―」❻色や音が落ち着いている。「―・んだ色合い」

**しず・める【沈める】**(他下一){メ・メ・メル・メル・メレ・メロ(メヨ)}❶水の中にしずむようにする。「船を―」[対]浮《う》かべる。❷姿勢を低くする。「腰《こし》を―」

**しず・める【静める・鎮める】**(他下一){メ・メ・メル・メル・メレ・メロ(メヨ)}❶話し声や物音などを小さくする。「鳴りを―」❷乱れたものや騒動《そうどう》をしずかに、おだやかにさせる。「心を―」「内乱を―」❸神をまつって、その場所にとどまらせる。[注意]①は「静める」、③は「鎮める」と書く。

**し・する【資する】**(自サ変){シ(セ・サ)・シ・スル・スル・スレ・シロ(セヨ)}役に立つ。助けとなる。「産業の発達に―」

**じ・する【侍する】**(自サ変){シ(セ・サ)・シ・スル・スル・スレ・シロ(セヨ)}身分の高い人のそば近く仕える。はべる。「主君の座所に―」

**じ・する【持する】**(他サ変){シ(セ・サ)・シ・スル・スル・スレ・シロ(セヨ)}❶ある状態をたもつ。「名声を―」「満《まん》を―(=十分に準備して待つ)」❷かたく守る。「戒《かい》を―」

**じ・する【辞する】**{シ(セ・サ)・シ・スル・スル・スレ・シロ(セヨ)}■一■(自サ変)あいさつをして立ち去る。「先生のお宅を―」■二■(他サ変)❶辞退する。「要請《ようせい》を―」❷すすめをことわる。役目や職をやめる。「職を―」❸(「…を辞せず」の形で)おそれないでやる。「死をも―・せず戦う」[参考]五段にも活用し、「…を(も)辞さない(辞さず)」などの形でも多く用いられる。「ストライキをも辞さない覚悟《かくご》」

**しせい【市井】**(名)人が集まり住んでいる所。まち。「―の人(=一般の庶民《しょみん》)」

**しせい【四声】**(名)中国における漢字の声調の分類。平声《ひょうしょう》(=低い平らな声調)・上声《じょうしょう》(=しだいに高くなる声調)・去声《きょしょう》(=急激な下降調)・入声《にっしょう》(=語尾がp・t・kで終わるもの)の四種。

**しせい【四姓】**(名)❶むかし、日本の名家として知られた源《みなもと》・平《たいら》・藤原《ふじわら》・橘《たちばな》の四氏。❷→カースト

**しせい【市政】**(名)地方公共団体としての市の政治。

**しせい【至誠】**(名)この上なく誠実なこと。また、その心。まごころ。

**しせい【私製】**(名)個人が作ること。民間が作ること。また、そのもの。「―はがき」[対]官製

**しせい【刺青】**(名)→いれずみ

**しせい【施政】**(名)政治を行うこと。「―方針」

**しせい【姿勢】**(名)❶物事をするときのからだのかっこう。「―がいい」「―を正す」❷物事に対するときの態度。心のもち方。「勉強にうちこむ―」「前向きな―で対処する」

**しせい【資性】**(名)もって生まれた性質。天性。

**しせい【詩聖】**(名)きわめてすぐれた詩人。特に、中国の詩人杜甫《とほ》をさす。

**じせい【自生】**(名・自スル)自然に生え育つこと。「山野に―する植物」

**じせい【自制】**(名・他スル)自分で自分の感情や欲望をおさえつけること。「―心」

**じせい【自省】**(名・自他スル)自分自身のことばや行いを反省すること。「心を落ち着けて―する」

**じせい【時世】**(名)うつり変わる世の中。時代。「いやなご―だ」

**じせい【時制】**(名)《文法》ヨーロッパの諸言語などで、過去・現在・未来など、時のちがいを表す際の、動詞を中心に見られる語形変化の体系。テンス。

**じせい【時勢】**(名)時代の流れる勢い。世の中のなりゆき。「―に遅《おく》れる」

**じせい【辞世】**(名)死にぎわによんで残す短歌や俳句など。「―の歌」

**じせい【磁性】**(名)磁石《じしゃく》が鉄を吸いつけるなど、磁気をおびた物体が示す性質。

**しせいかつ【私生活】**(名)個人としての生活。「―に立ち入る」

**しせいし【私生子】**(名)旧民法で、夫婦でない男女の間に生まれた子ども。私生児《しせいじ》。[参考]現在の法律では「嫡出《ちゃくしゅつ》でない子」という。

**しせいだい【始生代】**(名)《地質》地質時代のうちで最も古く、二五億年以前と考えられる時代。

**しせき【史跡】**『史△蹟』(名)歴史に残るようなできごとや施設《しせつ》のあった所。「―をたずねる」

**しせき【歯石】**（名）歯の間や根もとにつく、石灰《せっかい》分が固まったもの。

**じせき【次席】**（名）首席のつぎの地位。また、その地位の人。「―検事」

**じせき【自責】**（名・自スル）自分の悪かったことを自分で責めること。「―の念にかられる」

**じせき【事跡】**『事△蹟』（名）物事の行われたあと。

**じせき【事績】**（名）ある人が成しとげた仕事。てがら。功績。類業績

**しせつ【私設】**（名）個人の費用で設立すること。また、設立したもの。「―の図書館」対公設

**しせつ【使節】**（名）国の代表として、外国に使いに行く人。「―団」「―を派遣《はけん》する」

**しせつ【施設】**（名）❶ある目的のためにつくった建物や設備。「公共―」❷福祉《ふくし》関係の設備と機関。「養護―」

**じせつ【自説】**（名）自分の考えや意見。「―を曲げない」

**じせつ【持説】**（名）前から持っているその人の意見。

**じせつ【時節】**（名）❶季節。時候。「―柄《がら》おからだをたいせつに」❷何かをするのにちょうどよい時。「―到来《とうらい》」❸世の中の情勢。

**しせん【支線】**（名）❶鉄道などで、本線から分かれた線。対本線・幹線。❷電柱を支えるために張る線。

**しせん【死線】**（名）❶死ぬか生きるかの境目。「―をさまよう」❷牢獄《ろうごく》や収容所などの周囲に設けた線で、そこをこえると射殺されるという限界線。

**しせん【視線】**（名）物を見ているときの目の向いている方向。「するどい―」「―をそらす」

**しせん【詩仙】**（名）ひじょうにすぐれた詩人。特に、中国の詩人李白《りはく》をさす。

**しぜん【自然】**■一（名）❶宇宙・地球・山・川・海・生物などのように、人間の力によらず存在するもの。「―保護」「―のめぐみ」「大―」❷人間の手が加わっていない、ありのままの状態・性質。「―の美」「―児」類天然。対人工・人為《じんい》

■二（形動ダ）{ダロ・ダッ（デ・ニ）・ダ・ナ・ナラ・○}わざとらしくなく、ありのままのようす。「―な態度」「不―」

■三（副）ひとりでに。おのずから。「―にドアが開く」

**じせん【自選】**『自△撰』（名・他スル）自分の作品の中から自分で選び出すこと。「―歌集」

**じせん【自薦】**（名・自スル）自分で自分を推薦すること。「―の候補者」対他薦

**じぜん【次善】**（名）最善のつぎによいこと。第二のよい方法。「―の策」

**じぜん【事前】**（名）物事のおこる前。また、実行する前。「―に調査する」対事後

**じぜん【慈善】**（名）不幸な人や、暮らしに困っている人を助けること。「―事業」

**しぜんいさん【自然遺産】**（名）世界遺産の一分類。世界遺産条約によって保護されている、自然環境《かんきょう》として価値のある地域。

**しぜんかい【自然界】**（名）人間がつくったものでなく、宇宙・地球・山・川・海・植物・動物などのようにもともとあるすべてのもの。

**しぜんかがく【自然科学】**（名）自然の現象を研究する学問。物理学・化学・動物学・植物学・天文学・生理学など。⇩しゃかいかがく・じんぶんかがく

**しぜんげんしょう【自然現象】**（名）自然の中におこるさまざまな現象。

**しぜんしゅぎ【自然主義】**（名）《文》人間の生活や世の中のことをありのままに書いていこうとする文学上の考え方。一九世紀にフランスを中心にしてさかんになった。日本には明治後期に伝わった。

**しぜんすう【自然数】**（名）《数》一から順に一つずつふえていく数。1・2・3・4…などの正の整数。

**しぜんせんたく【自然選択】**（名）自然界で、環境《かんきょう》によりよく適合するものが生き残り、そうでないものはほろびていくという考え方。自然淘汰《とうた》。参考生物学者ダーウィンが唱えた進化論の用語。

**しぜんたい【自然体】**（名）❶剣道《けんどう》・柔道《じゅうどう》などで、よけいな力の入っていない自然な構え。❷身がまえたり気負ったりしない、自然な態度。

**しぜんとうた【自然淘汰】**『自然△淘汰』（名）「自然選択《せんたく》」

の古い言い方。

**しそ【始祖】**（名）ある物事を最初に始めた人。元祖《がんそ》。また、一番古い先祖。

**しそ**『紫△蘇』（名）《植》シソ科の一年草。葉は卵形で紫《むらさき》色と緑色の種類がある。葉を梅づけ・さしみのつまなどに使い、小さな果実は塩づけなどにする。

**しそう【死相】**（名）❶まもなく死ぬのではないかと思われる顔つき。「―が現れる」❷死に顔。

**しそう【志操】**（名）堅《かた》く守って変わらないこころざし。「―堅固《けんご》」

**しそう【思想】**（名）考え。特に、社会や人生などに対するまとまった考え。「革新的な―」…的「思想的な背景」…性「思想性にとぼしい」

**しそう**『指△嗾・使△嗾』（名・他スル）人をそそのかして仕向けること。けしかけること。

**しそう【詞藻】**（名）❶文章の、美しいことばのあや。文章の修飾《しゅうしょく》。❷詩歌《しいか》や文章。

**しそう【詩想】**（名）何かに感動して、詩を生み出そうとする気持ち。また、詩に表れている考えや気持ち。

**しぞう【死蔵】**（名・他スル）役立てずに、ただしまっておくこと。「貴重本を―する」

**しぞう【私蔵】**（名・他スル）個人が所有していること。また、そのもの。「―の名画」

**じぞう【地蔵】**（名）（「地蔵菩薩《ぼさつ》」の略）釈迦《しゃか》の死後、弥勒菩薩《みろくぼさつ》が現れるまでのあいだ、人びとを教え導くという菩薩。ぼうず頭の石像として、道ばたなどに多く立てられた。

（じぞう）

**しそうか【思想家】**（名）人生や社会などについてすぐれた思想をもっている人。

**しそうのうろう【歯槽膿漏】**『歯槽△膿漏』（名）《医》歯の周囲の組織の炎症《えんしょう》。うみが出たり歯がぬけたりする。

**シソーラス**〔英 thesaurus〕（名）ことばを意味によって分類した辞典。分類語彙《ごい》辞典。

**しそく【子息】**（名）他人のむすこを敬って言うことば。「ご―」対息女

**しそく**【四則】（名）〘数〙加法・減法・乗法・除法を合わせた呼び名。「—演算」
**しぞく**【士族】（名）武士の家がら。特に、明治の初めに、それまで武士であった者にあたえた呼び名。一九四七（昭和二二）年に廃止《はいし》。
**士族の商法《しょうほう》**（明治の初期、士族が生活のために商売をして失敗したことから）商売に不慣れな人が、へたな商売をして失敗すること。
**しぞく**【氏族】（名）同じ先祖をもつ人びとの集まり。
**じそく**【自足】（名・自スル）❶自分で自分の必要なものをととのえること。「自給—」❷自分で満足すること。「現状に—する」
**じそく**【時速】（名）一時間に進む距離《きょり》で示される、ものの速さ。「—六〇キロ」
**じぞく**【持続】（名・自他スル）ある状態を、長く続けること。また、いつまでも続くこと。「努力を—する」
…性「持続性のある運動」
**しそちょう**【始祖鳥】（名）〘動〙鳥の先祖と考えられてきた化石動物。ジュラ紀の地層から発見された。くちばしには鋭《するど》い歯があり、翼《つばさ》に三本の指をもつなど、爬《は》虫《ちゅう》類の特徴《とくちょう》ももつ。

（しそちょう）

**しそつ**【士卒】（名）下士官と兵卒。また、兵士。
**しそん**【子孫】（名）❶子どもやまご。❷祖先から代々血筋をひいた人びと。対祖先・先祖
**じそん**【自存】（名・自スル）自力で生存すること。
**しそん・じる**【仕損じる】〘◇為損じる〙（他上一）{ジ・ジ・ジル・ジル・ジレ・ジロ（ジヨ）}やりそこなう。「急《せ》いては事を—」
**じそんしん**【自尊心】（名）自分の人格や才能をほこる気持ち。また、自分の品位を高く保とうとする気持ち。プライド。「—が傷つく」「—が許さない」
**しそん・ずる**【仕損ずる】〘◇為損ずる〙（他サ変）{ジ（ゼ）・ジ・ズル・ズル・ズレ・ジロ（ゼヨ）}→しそんじる
**した**【下】一（名）❶位置の低い所。下部。「坂の—」「—の引き出し」対上 ❷物のかげ。おおわれている所。「木の—で休む」❸内側。「着物の—にシャツを着る」対上 ❹地位・価値・程度などが低いこと。また、おとっていること。「—を見ればきりがない」「人の—で働く」対上 ❺年齢《ねんれい》が少ないこと。年下。「二つ—の弟」対上 ❻すぐあと。「そう言う口の—からまたくり返す」❼心の奥《おく》。「—心《したごころ》」
二（接頭）前もってするという意を表す。「—調べ」「—ごしらえ」
**下へも置《お》かない** ひじょうに大事にもてなす。下にも置かない。「—歓迎《かんげい》ぶり」
**した**【舌】（名）❶〘生〙動物の口の中にあって、味を感じる器官。そしゃくしたりのみくだしたりする作用をおこない、人間の場合には、音声を発するのにも役立つ。❷ことばづかい。ことば。
**舌が回《まわ》る** すらすらとよくしゃべる。
**舌の根《ね》の乾《かわ》かぬうち** そのことばを言い終わったそのすぐあと。「—にうそを言う」
**舌を出《だ》す** ❶かげで相手をばかにしたり、悪口を言ったりするしぐさ。❷自分の失敗にてれるしぐさ。
**舌を巻《ま》く** 感心しておどろく。
**しだ**〘×羊歯・×歯朶〙（名）〘植〙しだ植物（＝維管束《いかんそく》をもち胞子《ほうし》で繁殖《はんしょく》する植物）の総称《そうしょう》。わらび・ぜんまい・うらじろなど。
**じた**【自他】（名）❶自分と他人。「—ともに許す（＝だれでもそうだと認める）」❷自動詞と他動詞。
**じだ**〘耳△朶〙（名）耳たぶ。耳。「—にふれる（＝聞き及《およ》ぶ）」
**したあじ**【下味】（名）調理のときに、あらかじめ材料につけておく味。「塩で—をつけておく」
**したい**【死体】（名）人や動物の、死んだからだ。しかばね。類死骸《しがい》・遺体《いたい》。対生体
**したい**【肢体】（名）❶手足。❷手足と胴体《どうたい》。全身。
**したい**【姿態】（名）すがた。からだつき。
**しだい**【次第】一（名）❶順序。「式—を決める」❷わけ。事情。「こういう—ですからご了承《りょうしょう》ください」二（接尾）❶…したらすぐに。「雨がやみ—再開する」❷…のまま。…のとおり。「お望み—」❸…によって決まる。「成功するかどうかは、きみの努力—だ」
**しだい**【私大】（名）「私立大学」の略。
**じたい**【字体】（名）❶文字の形。「新—」❷書体。
**じたい**【自体】一（名）❶自分のからだ。❷（名詞について）「そのもの自身」の意を表す。「計画—に問題がある」二（副）もとより。そもそも。元来。「—それがいけない」
**じたい**【事態】（名）ことがらのありさま。事のなりゆき。「困った—になる」「緊急《きんきゅう》—」
**じたい**【辞退】（名・他スル）遠慮《えんりょ》して断ること。引き受けないこと。「受賞を—する」
**じだい**【地代】（名）❶土地を借りている人が地主にはらうおかね。借地料。❷土地の値段。地価。
参考「ちだい」とも読む。
**じだい**【次代】（名）次の時代。次の世代。「—のホープ」「—をになう」
**じだい**【時代】（名）❶あるまとまりを持った、一つづきの長い年月。「古きよき—」「—が変わる」「少年—」❷歴史の上で、ある特色をとらえて区切ったひとまとまりの期間。「明治—」「古墳《こふん》—」❸その時期。その当時。「—の空気」「—の先駆《せんく》者」「—を反映する」❹古いとき。むかし風の感じ。「—がかった文句」「—を感じさせる寺」
**じだいおくれ**【時代後れ】（名・形動ダ）その時代の流行や考え方などにおくれること。「—な感覚」
**じだいかんかく**【時代感覚】（名）時代に対する感じ方。「するどい—」
**じだいげき**【時代劇】（名）近代以前の、特に武家時代を題材にした劇映画・演劇。まげもの。
**じだいさくご**【時代錯誤】（名）❶時代の異なる物事を混同する誤り。❷その時代や世の中の動きに合わない考え方や方法。アナクロニズム。

**じだいしゅぎ【事大主義】**（名）自分の主義・主張を持たずに、勢力の強いものに従って、自分の安全を守ろうとする考え方。

**しだいに【次第に】**（副）順を追って。だんだんに。「風雨がー弱まる」

**じだいもの【時代物】**（名）❶長い年月をすぎて古くなったもの。「ーのカメラ」❷〔演〕浄瑠璃《じょうるり》や歌舞《かぶ》伎《き》などで、江戸《えど》時代以前の歴史上の事件を題材にしたもの。[対]世話物

**した・う【慕う】**（他五）｛ワ(オ)・イ(ッ)・ウ・ウ・エ・エ｝❶なつかしく思い、心ひかれる。恋《こい》しく思う。「ふるさとをー」❷いっしょにいたくて、あとを追う。「母をー・って泣く子」❸ある人や学問を尊敬して、見習おうとする。「学風をー」

**したうけ【下請け】**（名・他スル）引き受けた仕事を、さらに、ほかの人が請け負うこと。また、その人。「ーに出す」

**したうち【舌打ち】**（名・自スル）舌をならすこと。思うとおりにならないときなどにする。

**したえ【下絵】**（名）下がきの絵。正式に絵をかく前や、ししゅう・彫刻《ちょうこく》などをする場合に材料にかく絵。

**したが・う【従う】**（自五）｛ワ(オ)・イ(ッ)・ウ・ウ・エ・エ｝❶あとからついて行く。「案内の人にー」❷指示やきまりなどにさからわず、そのとおりにする。「命令にー」「法律にー」[対]背《そむ》く ❸物事の流れや勢いにそうようにする。「時勢にー」❹（「…にしたがい」「…にしたがって」の形で）…とともに。…につれて。「進むにー・って道は険しくなる」

**したが・える【従える】**（他下一）｛エ・エ・エル・エル・エレ・エロ(エヨ)｝❶人をひきつれていく。「部下をー」❷他人を思いどおりに動かす。服従させる。「敵をー」「天下をー」

**したがき【下書き】**（名・他スル）❶清書の前に練習として書くこと。また、書いたもの。❷書いたままでおしていない文章。草稿《そうこう》。❸絵などを本格的にかくまえに、だいたいの形などをかくこと。[参考]③は「下描き」とも書く。

**したがって【従って】**（接）（前の文の内容を受けて）それだから。よって。ゆえに。「ルールを破った。ー負けとする」

**したぎ【下着】**（名）肌《はだ》に直接着る衣服。[類]肌《はだ》着《ぎ》。[対]上着

**したく【支度・仕度】**（名・自他スル）❶あることにとりかかる前に準備をすること。また、その準備。「食事のー」「旅行のー」❷出かけるとき、服装をととのえること。身じたく。

**したく【私宅】**（名）個人の家。また、自宅。

**しだ・く**（他五）｛カ(コ)・キ(イ)・ク・ク・ケ・ケ｝荒《あ》らす。くだく。つぶす。「ふみー」「かみー」[使い方]多く、動詞の下について接尾《びせつ》語的に用いられる。

**じたく【自宅】**（名）自分の家。

**したくさ【下草】**（名）木の下に生える草。

**したくちびる【下唇】**（名）下側のくちびる。「ーをかむ」[対]上唇《うわくちびる》

**したげいこ【下稽古】**（名・自スル）本番の前にけいこをすること。また、そのけいこ。

**したけんぶん【下検分】**（名・他スル）何かをする前に、物や場所などを前もって調べること。下見。

**したごころ【下心】**（名）❶心の底にひそかに持っている考え。「ーをいだく」❷漢字の部首の一つ。「志」や「恭」などの下部にある「心」「⺗」の部分。

**したごしらえ【下ごしらえ】**『下△拵え』（名・他スル）❶前もって準備しておくこと。❷本格的に料理をする前に、材料などに手を入れて準備しておくこと。「料理のー」

**したさき【舌先】**（名）❶舌の先。❷たくみなことば。口先。弁舌《べんぜつ》。「ーでまるめこむ」

**したさきさんずん【舌先三寸】**（名）口先だけのたくみな弁舌《べんぜつ》。「ーで言いくるめる」

**したじ【下地】**（名）❶物事をするうえで土台となるもの。基礎《きそ》。「芸のーがある」❷生まれつきの性質。素質。❸（吸い物を作るもととなることから）しょうゆ。つけ汁《じる》。❹壁《かべ》や塗《ぬ》り物の、加工や彩色をする土台。

**しだし【仕出し】**（名）注文によって料理を作って配達すること。また、その料理。出前。「ー弁当」

**したし・い【親しい】**（形）｛カロ・カッ(ク)・イ・イ・ケレ・○｝仲がよい。関係が深い。「ー・き仲にも礼儀《れいぎ》あり」

**したじき【下敷き】**（名）❶物の下に敷くもの。特に、字を書くときに紙の下に敷くもの。❷物の下に敷かれること。「車のーになる」❸もととなるもの。手本。「ーとなった作品」

**したしみ【親しみ】**（名）したしく思うこと。また、その気持ち。親愛の情。「ーを感じる」「ーがわく」

**したし・む【親しむ】**（自五）｛マ(モ)・ミ(ン)・ム・ム・メ・メ｝❶親しくする。仲よくつき合う。「転校生とー」❷つねに接して、楽しむ。「古典にー」[類]馴染《なじ》む

**したしらべ【下調べ】**（名・他スル）❶あらかじめ調べること。「会場のーをする」❷予習。「授業のー」

**したそうだん【下相談】**（名・自スル）あらかじめしておく相談。

**しただい【舌代】**（名）あいさつを口で言うかわりに書いたもの。口上書き。[参考]「ぜつだい」とも読む。

**したたか**『◇強か』[一]（副）ひどく・強く・たくさんなど、量や程度の大きいようす。「ひざをー(に)打った」[二]（形動ダ）｛ダロ・ダッ(デ・ニ)・ダ・ナ・ナラ・○｝手ごわいようす。ひとすじなわではいかないようす。「ーなやつだ」

**したた・める**『◇認める』（他下一）｛メ・メ・メル・メル・メレ・メロ(メヨ)｝❶書き記す。「一筆ー」❷食事をする。「夕食をー」

**したたらず【舌足らず】**（名・形動ダ）❶舌がよくまわらないで、発音がはっきりしないこと。「ーな発音」❷ことばや文章などで、じゅうぶんに言うべきことが表現できていないこと。「ーな説明」

**したた・る【滴る】**（自五）｛ラ(ロ)・リ(ッ)・ル・ル・レ・レ｝（「下垂《た》る」の意から）液体がしずくとなってたれ落ちる。「あせがー」

**したつづみ【舌鼓】**（名）うまいものを食べて舌を鳴らすこと。[参考]「したづつみ」とも言う。

**舌鼓を打《う》つ** おいしさのあまり、思わず舌を鳴らす。

**したっぱ【下っ端】**（名）身分や地位の低い者。

**したっぱら【下っ腹】**（名）→したはら

**したづみ【下積み】**（名）❶ほかの物の下に積まれること。また、下に積まれた物。[対]上積《うわづ》み。❷いつまでも人に使われて、能力を発揮する機会にめぐまれないこ

と。また、その人。「長い—の生活」

**したて**【下手】（名）❶へりくだった態度。したで。❷地位や能力が下であること。❸すもうで、組んだ手が相手のうでの下になること。また、その手。（対上《うわ》手《て》）。注意「しもて」「へた」と読むと別の意味になる。

**下手に出《で》る** 相手に対してへりくだった態度をとる。

**したて**【仕立て】（名）布を切って、着物や服をぬうこと。また、その仕上がり具合。「—がよい」

**したてなげ**【下手投げ】（名）→アンダースロー。対上《うわ》手《て》投げ

**した・てる**【仕立てる】（他下一）〔テ・テ・テル・テル・テレ・テロ(テヨ)〕❶布を切って、着物や服をぬう。「ゆかたを—」❷教えて育てあげる。「一人前の大工に—」❸準備をととのえる。「馬車を—」❹それらしく見えるようにつくりあげる。「犯人に—」

**したどり**【下取り】（名・他スル）新しい品物を売るとき、客のもつ古い同種の品物を引き取り、その分だけ値引きすること。「車を—に出す」

**したなめずり**【舌なめずり】〘舌△舐めずり〙（名・自スル）❶舌でくちびるをなめまわすこと。❷えものなどを待ちかまえるようす。「—して時機を待つ」

**したぬり**【下塗り】（名・他スル）上塗《うわぬ》りをする前に下地を塗ること。また、塗ったもの。対上塗り

**したばき**【下ばき】〘下△穿き〙（名）ズボン下やパンツなど、腰《こし》から下にはく下着。

**したばき**【下履き】（名）屋外ではくはきもの。対上履《うわば》き

**じたばた**（副・自スル）❶手足をもがいてあばれ、抵抗《ていこう》するようす。「—するな」❷あわててあれこれとさわぎまわるようす。「今さら—しても間に合わない」

**したばたらき**【下働き】（名・自スル）❶人の下で働くこと。また、その人。❷人の家につかわれて、すいじやそうじなどの雑用をすること。また、その人。

**したはら**【下腹】（名）腹の下の部分。下腹部。したっぱら。

**したび**【下火】（名）❶火の勢いがおとろえること。❷さかんだった勢いが弱くなること。「人気が—になる」

**したびらめ**【舌平目】〘舌△鮃〙（名）〘動〙ウシノシタ科とササウシノシタ科の魚の総称《そうしょう》。海底にすみ、からだは平たく長卵形。

**したへん**【舌偏】（名）漢字の部首の一つ。「乱」「辞」などの漢字の左側にある「舌」の部分。

**じたまご**【地卵】（名）その土地に産する卵。

**したまち**【下町】（名）都会の、土地の低いところにあって、おもに商工業のさかんな町。対山の手

**したまわ・る**【下回る】（自五）〔ラ(ロ)・リ(ッ)・ル・ル・レ・レ〕数量や程度などが、ある基準よりも少なくなる。「売り上げが前年を—」「予想を—入場者」対上回《うわまわ》る

**したみ**【下見】㊀（名・他スル）❶前もって見て調べておくこと。下検分。「試験場の—」❷下読み。㊁（名）家の外部の壁《かべ》をおおう、横に長い板を少しずつ重ねてうちつけた板張り。

**したむき**【下向き】（名）❶下のほうを向いていること。❷勢いが衰《おとろ》え始める傾向《けいこう》にあること。❸物価や相場が下がり始めること。（対上向《うわむ》き）

**したやく**【下役】（名）職場などで、自分より地位などが下である人。対上役《うわやく》

**したよみ**【下読み】（名・他スル）前もって読んで準備をしておくこと。下見。「台本を—する」

**じだらく**【自堕落】（形動ダ）〔ダロ・ダッ(デ・ニ)・ダ・ナ・ナラ・○〕生活態度がだらしなく、しまりのないようす。「—な生活」

**じたらず**【字足らず】（名）短歌や俳句で、一つの句の音が、五音・七音などの決まった音より少ないこと。

**したりがお**【したり顔】（名）うまくいったという得意の顔。じまんそうな顔つき。「—で話す」

**しだれざくら**【枝垂れ桜】（名）〘植〙バラ科の落葉高木。桜の一種。枝が細くたれさがっているもの。

**しだれやなぎ**【枝垂れ柳】（名）〘植〙ヤナギ科の落葉高木。庭・堤防《ていぼう》・道ばたなどに植えられる。枝は細長くたれさがる。いとやなぎ。

**しだ・れる**【枝垂れる】（自下一）〔レ・レ・レル・レル・レレ・レロ(レヨ)〕枝などが長くたれさがる。「—・れた柳《やなぎ》が風に揺《ゆ》れる」

**したわし・い**【慕わしい】（形）〔カロ・カッ(ク)・イ・イ・ケレ・○〕恋《こい》しくて、そばにいたい気持ちだ。「—人」

**したん**〘紫△檀〙（名）〘植〙マメ科の常緑高木。インドの南部に産する。材はきめが細かく、黒みがかった赤紫《あかむらさき》色。上等の家具や額縁《がくぶち》などに使われる。

**しだん**【指弾】（名・他スル）（つまはじきにする意から）非難すること。「世間の—を受ける」

**しだん**【師団】（名）軍隊の編制で、軍団の下、旅団の上。独立して作戦行動のとれる単位。

**しだん**【詩壇】（名）詩人の社会。詩人の仲間。

**じたん**【時短】（名）（「時間短縮」の略）労働時間を短くすること。「—勤務」

**じだん**【示談】（名）争い事を裁判にかけず、話し合って解決すること。「—でおさめる」

**じだんだをふむ**【地団駄を踏む】両足をはげしく踏み鳴らしてくやしがる。

**しち**【七】 2画 一1 小1 音シチ 訓なな・ななつ・なの
一 七

❶ななつ。ななたび。◆七五三・七五調・七言絶句・七福神・七変化《しちへんげ》・七曜・七宝《しっぽう》。❷回数の多いこと。◆七転八倒《しちてんばっとう・しってんばっとう》・七難。参考「なの」の訓は「七日《なのか（なぬか）》」などのことばに使われる特殊《とくしゅ》な読み方。特別に、「七夕」は「たなばた」とも読む。

**しち**【七】（名）六に一を足した数。ななつ。

**しち**【質】→しつ（質）

**しち**【質】（名）❶約束を実行する保証として預けておくもの。「人—《ひとじち》」❷質屋に、おかねを借りるかわりに預ける品物。「—に入れる」

**しち**【死地】（名）❶死ぬべき場所。「—を求める」❷生きるか死ぬかわからないようなひじょうに危険な所。また、そういう状態。「—におもむく」

**じち**【自治】（名）❶自分たちのことを、自分たちで決めて行うこと。「—の精神」❷地方公共団体や大学で、自主的に行政・事務などを行うこと。

**しちがつ**【七月】（名）一年の七番目の月。ふみづき。ふづき。

**しちぐさ**【質草】〘質◇種〙（名）質に入れる品物。

**しちごさん【七五三】**（名）男子は三歳《さい》と五歳、女子は三歳と七歳にあたる年の一一月一五日に行う祝い。氏神《うじがみ》などに参り、すこやかな成長をいのる。

**しちごちょう【七五調】**（名）詩や和歌で、七音のことばと五音のことばが一つづきになって、その調子が七五・七五とくり返されること。⇩ごしちちょう

**しちごんぜっく【七言絶句】**（名）《文》漢詩の形。一句が七言（七字）からなっていて、四句でまとまっているもの。⇩ごごんぜっく「参考」

**しちごんりっし【七言律詩】**（名）《文》漢詩の形。一句が七言（七字）からなっていて、八句でまとまっているもの。⇩ごごんぜっく「参考」

**じちしょう【自治省】**（名）地方自治に関する事務をあつかった国の役所。現在は総務省に移行。

**じちたい【自治体】**（名）自治の権能を認められて、行政を行うおおやけの団体。地方自治体。地方公共団体。

**しちてんばっとう【七転八倒】**（名・自スル）苦しさや痛さのためにころげまわってもがくこと。「—の苦しみ」参考「しってんばっとう」とも読む。

**しちどうがらん【七堂△伽藍】**（名）寺で、金堂《こんどう》・講堂・塔《とう》・鐘楼《しょうろう》・経蔵《きょうぞう》・僧坊《そうぼう》・食堂《じきどう》の七つの建物。また、それらを備えたりっぱな寺院。

**しちながれ【質流れ】**（名）質屋に借りたおかねを返せなくなり、預けた品物が質屋のものになること。また、その品物。「—の宝石」

**しちなん【七難】**（名）❶《仏》この世におこる七つの災難。転じて、いろいろの災難。「—八苦」❷いろいろの欠点。「色の白いは—隠《かく》す」

**しちふくじん【七福神】**（名）むかしから、福の神として信仰《しんこう》されている七人の神。大黒天・恵比須《えびす》・毘沙門天《びしゃもんてん》・弁財天《べんざいてん》（弁天）・福禄寿《ふくろくじゅ》・寿老人《じゅろうじん》・布袋《ほてい》の七人。

**しちふだ【質札】**（名）質屋に預けた品物の預かり証。質券。

**しちほう【七宝】**（名）《仏》↓しっぽう①

**しちみ【七味】**（名）（「七味唐辛子《とうがらし》」の略）とうがらし・さんしょう・あさ・けし・ちんぴ（＝みかんの皮を干したもの）・ごま・しそあるいはなたねを混ぜた調味料。七色《なないろ》唐辛子。

**しちめんちょう【七面鳥】**（名）《動》キジ科の大形の鳥。北アメリカ原産。頭と首の部分には羽毛がなく、ひふの色が赤や青に変わる。肉は食用。ターキー。

（しちめんちょう）

**しちめんどう【七×面倒】**（名・形動ダ）ひじょうに面倒なこと。

**しちや【七夜】**（名）子どもが生まれて七日目の夜。名づけの祝いをする。おしちや。

**しちや【質屋】**（名）品物を預かっておかねを貸す商売をする店。

**しちゃく【試着】**（名・他スル）服がからだに合うかどうか、買う前にためしに着てみること。「—室」

**しちゅう【支柱】**（名）❶たおれないようにささえる柱。つっかいぼう。❷物事のささえとなる重要なもの。また、そのような人。「一家の—となる人」

**シチュー**〔英 stew〕（名）肉・野菜などをやわらかく煮《に》こんで塩・こしょうなどで味つけした料理。

**しちゅうにかつをもとめる【死中に活を求める】**絶望的な状況《じょうきょう》の中で、それを打ち破る方法をさがし出そうとする。

**しちよう【七曜】**（名）❶日曜・月曜・火曜・水曜・木曜・金曜・土曜の七つの曜日をまとめた呼び名。「—表（＝カレンダー）」❷日・月と、火星・水星・木星・金星・土星の五つの星。

**しちょう【支庁】**（名）本庁から遠くはなれた所に設けられた、本庁に属する役所。「隠岐《おき》—」対本庁

**しちょう【市庁】**（名）市役所。

**しちょう【市長】**（名）地方公共団体としての市の長。市政の最高責任者。

**しちょう【思潮】**（名）その時代の人びとにみられる思想のおもな傾向《けいこう》。思想の流れ。「文芸—」

**しちょう【視聴】**（名）❶見ることと聞くこと。❷注意。注目。「人びとの—を引く」

**しちょう【試聴】**（名・他スル）録音された音楽などを、ためしにきくこと。「—盤《ばん》」

**じちょう【自重】**（名・自スル）❶行いをつつしむこと。「—自愛」❷からだをたいせつにすること。「隠忍《いんにん》—」注意「じじゅう」と読むと別の意味になる。

**じちょう【自嘲】**（名・自スル）自分をあざけること。

**しちょうかくきょういく【視聴覚教育】**（名）映画・テレビ・ビデオ・スライド・実物・模型など、目や耳に直接訴《うった》える教具を使って行う教育。

**しちょうしゃ【視聴者】**（名）テレビの放送を見たり聞いたりする人。聴視者。

**しちょうそん【市町村】**（名）市と町と村。

**しちょうりつ【視聴率】**（名）テレビ放送の番組について、それが見られている割合。「—が高い番組」

**しちょく【司直】**（名）法律によって物事の正否を裁く人。裁判官や検察官。「—の判断をあおぐ」

**じちりょう【自治領】**（名）ある国家の一部でありながら、広範囲《こうはんい》に自治権をもつ領域や国。

**しちりん【七厘・七輪】**（名）土で作ったこんろ。燃料に炭を用いる。参考価《あたい》が七厘ほどのわずかな炭で煮物《にもの》ができることからという。

（しちりん）

**じちんさい【地鎮祭】**（名）建物などの工事の前にその土地の神をまつって、無事をいのる儀式《ぎしき》。

**しつ【叱】** 5画 口2 音シツ 訓しかる
丨 口 口 口 叱
しかる。声をあらくしてとがめる。◆叱正・叱責・叱咤《しった》。

**しつ【失】** 5画 大2 小4 音シツ 訓うしなう
丿 𠂉 仁 牛 失
❶なくす。なくなる。◆失意・失格・失業・失踪《しっそう》・失速・失念・失望・失明・失礼・失恋《しつれん》◆遺失・消失・

焼失・喪失《そうしつ》・損失・得失・紛失《ふんしつ》・忘失・茫然自失《ぼうぜんじしつ》・流失。対得。❷しくじる。あやまち。◆失火・失言・失策・失笑・失政・失態・失敗◆過失

**しっ【室】** 9画 宀6 小2 音シツ 訓むろ 中
❶へや。◆室温・室外・室内◆暗室・温室・教室・寝室《しんしつ》・茶室・入室・浴室・和室。❷家族。一族。◆正室・側室・内室・令室⇩付録「漢字の筆順⑳至」
◆王室・皇室。❸身分の高い人の妻。夫人。

**-しつ【室】**（接尾）部屋。また、それを数えることば。「職員ー」「更衣《こうい》ー」

**しっ【疾】** 10画 疒5 音シツ
❶病気。◆疾患《しっかん》・疾病《しっぺい》◆悪疾・眼疾。❷はやい。はげしい。◆疾駆《しっく》・疾呼・疾走・疾風

**しっ【執】** 11画 土8 音シツ・シュウ 訓とる
❶手にとる。とり行う。しごとをする。◆執権・執行・執政・執刀・執筆・執務。❷物事にかたくとりつく。こだわる。◆執拗《しつよう》・執心《しゅうしん》・執着《しゅうちゃく・しゅうじゃく》・執念《しゅうねん》◆確執・我執《がしゅう》・固執《こしつ・こしゅう》・偏執《へんしつ・へんしゅう》

**しっ【湿】** 12画 氵9 〔濕〕 音シツ 訓しめる・しめす
しめる。うるおす。◆湿気《しっけ・しっき》・湿潤《しつじゅん》・湿疹《しっしん》・湿地・湿度・湿布《しっぷ》◆陰湿《いんしつ》・除湿・多湿。対乾

**しっ【嫉】** 13画 女10 音シツ
ねたむ。にくらしく思う。◆嫉視・嫉妬《しっと》

**しっ【漆】** 14画 氵11 音シツ 訓うるし
うるし。うるしの樹液から作る塗料《とりょう》。◆漆器・漆黒

**しっ【質】** 15画 貝8 小5 音シツ・シチ 中・チ 高
❶もと。なかみ。◆質量◆材質・実質・蛋白質《たんぱくしつ》・地質・品質・物質・本質。❷うまれつき。たち。◆悪質・気質・筋肉質・資質・神経質・性質・素質・体質。❸ありのまま。かざりけがない。◆質実・質素・質朴《しつぼく》。❹ただす。問いたずねる。◆質疑・質問。❺（シチと読んで）抵当《ていとう》。かた。◆質草《しちぐさ》・質屋◆人質《ひとじち》。参考「チ」の音は「言質《げんち》」などのことばに使われる特殊《とくしゅ》な読み方。

**しつ【質】**（名）❶そのものを形成している内容のよしあし。中身。「生活のーの向上」「量よりー」❷生まれつき備えている性質や才能。「天性のー」

**しつ【『△瑟』】**（名）中国の古い弦楽器《げんがっき》。大形で琴《こと》に似る。「琴《きん》ー《しつ》相《あい》和す（＝夫婦仲がむつまじい）」

**しっ**（感）❶人を静かにさせるときに言うことば。「ー、静かに」❷動物を追い払《はら》うときに言うことば。「ー、ー、あっちへ行け」

**じつ【日】**↓にち（日）

**じつ【実】** 8画 宀5 小3 〔實〕 音ジツ 訓み・みのる
❶木や草のみ。◆果実・結実。❷中身がそなわる。◆充実《じゅうじつ》。対虚《きょ》。❸中身。内容。◆口実・故実・内実・名実・有名無実。❹ほんとう。じっさいの。◆実演・実験・実現・実行・実際・実在・実子・実質・実情・実生活・実相・実体・実態・実物・実用・実力・実例◆確実・虚実《きょじつ》・現実・史実・事実・写実・真実・如実《にょじつ》。対虚。❺まごころ。◆実直◆誠実・切実・忠実・篤実《とくじつ》・不実

**じつ【実】**（名）❶表面的なものをとりのぞいた中身・内容。実質。「名を捨ててーを取る」❷うそ・いつわりのないほんとうのこと。真実。「ーのところ」「ーの親子」対虚《きょ》。❸まごころ。「ーのある人」

**じっ【十】**↓じゅう（十）

**しつい【失意】**（名）思いどおりにならないでがっかりすること。失望。「ーのどん底におちる」対得意

**じつい【実意】**（名）❶ほんとうの心。「ーをただす」❷親切な心。まごころ。「ーのこもったおくり物」

**じついん【実印】**（名）市区町村の役所に印鑑《いんかん》届けをしてあるはんこ。対認め印

**しつう【止痛】**（名）痛みを止めること。「ー薬」

**しつうはったつ【四通八達】**（名・自スル）道路や線路などが四方八方に通じていること。

**じつえき【実益】**（名）実際の利益。実利。「趣味《しゅみ》と実益を兼《か》ねる」

**じつえん【実演】**（名・他スル）❶実際に人の前でやって見せること。「手品《てじな》のーをする」❷映画・テレビでなく、俳優や歌手などが実際に舞台《ぶたい》で演じること。

**しつおん【室温】**（名）部屋の中の温度。

**しっか【失火】**（名・自スル）過失から火事をおこすこと。また、その火事。「ーの責任を問う」

**しっか【『◇膝下』】**（名）❶ひざもと。❷父母のもと。

**じっか【実科】**（名）農業・工業・商業・家政などの実用的な技能面を学習する科目。実用の教科。

**じっか【実家】**（名）自分の生まれた家。生家。

**しっかい【『△悉皆』】**（副）一つ残らずすべて。ことごとく。「ー調査」

**じっかい【十戒】**（名）❶仏道を修行《しゅぎょう》する上で守るべき一〇のいましめ。❷キリスト教で、モーセが神からあたえられたという一〇箇条《かじょう》の啓示《けいじ》。参考②は「十誡」とも書く。

**じつがい【実害】**（名）実際に受けた損害。

**しっかく【失格】**（名・自スル）資格を失うこと。「三回反則したらーだ」

**じつがく【実学】**（名）実際の生活に役立つ学問。医学・工学など。

**しづかさや…** 俳句
〔閑かさや《シズカサヤ》　岩《いは》にしみ入《い》る　蟬《せみ》の声《こゑ》〕〈芭蕉《ばしょう》〉訳全山がひっそりとしてなんというしずけさであろうか。蟬の声だけが岩にしみ入っていくようにきこえている。（立石寺《りゅうしゃくじ》での作。季語「蟬」夏）

**しっかと【『◇確と』】**（副）↓しかと（確と）

**しっかり**（副・自スル）❶強くてじょうぶで、なかなかこわれないようす。安定しているようす。「ー（と）した土

台」「ー(と)つかむ」 ❷することや考えることにまちがいがなく信用のできるようす。「ー(と)した説明」「ー者」 ❸意識やからだが確かであるようす。「気をー(と)持つ」「ー(と)した足どり」

**しつかん**【質感】(名) そのものの材質から受ける感じ。「木のー」

**しっかん**【疾患】(名) やまい。病気。「心臓ー」

**じっかん**【十干】(名) 木・火・土・金《ごん》・水の五行《ごぎょう》に、兄《え》と弟《と》を配したもの。甲《きのえ》・乙《きのと》・丙《ひのえ》・丁《ひのと》・戊《つちのえ》・己《つちのと》・庚《かのえ》・辛《かのと》・壬《みずのえ》・癸《みずのと》。十二支《じゅうにし》と組み合わせて年や日を表すのに用いた。⇨えと

**じっかん**【実感】(名・他スル) 物事に実際に接したときに受ける感じ。また、それを感じること。「まだーがわかない」

**しっき**【湿気】(名) しめりけ。しっけ。「ーが多い」

**しっき**【漆器】(名) うるしぬりのうつわ。ぬりもの。

**しつぎ**【質疑】(名・自スル) はっきりしない点や疑問の点を問いただすこと。「ーの時間にはいる」

**じつぎ**【実技】(名) 実際に行う技術や演技。「ー試験」「飛びこみのー」

**しつぎおうとう**【質疑応答】(名) はっきりしない点や疑問の点を質問し、一方がそれに答えること。また、そのやりとり。

**しっきゃく**【失脚】(名・自スル) 失敗をしたりおとしいれられたりして、今までの地位をなくしてしまうこと。「汚職《おしょく》事件でーする」

**しっきゅう**【湿球】(名) 乾湿《かんしつ》温度計で、二本一組の球部のうち湿《しめ》った布で包まれているもの。

**しつぎょう**【失業】(名・自スル) ❶職業を失うこと。「倒産《とうさん》でーする」 類失職。 ❷職業につくことができないでいること。「ー中」

**じっきょう**【実況】(名) 実際の状況。「ー中継」

**じつぎょう**【実業】(名) 農業・工業・商業・水産業など、実際の生産や売買に関する事業。「ー界」

**じつぎょうか**【実業家】(名) 商工業・金融《きんゆう》などの事業を営んでいる人。

**じっきょうほうそう**【実況放送】(名) 何かが行われている場所から、直接そのようすを放送すること。

**しつぎょうほけん**【失業保険】(名) 失業した労働者に一定の保険金を支払《しはら》う社会保険。一九七五(昭和五〇)年から「雇用《こよう》保険」となった。

**しっきん**【失禁】(名・自スル) 病気や驚《おどろ》きなどのために、知らないうちに大小便をもらすこと。

**じっきんしょう**〔十訓抄〕〔作品名〕鎌倉《かまくら》時代中期の説話集。編者は六波羅二臈左衛門入道《ろくはらじろうざえもんにゅうどう》といわれる。一二五二(建長四)年完成。教訓的な説話が多く集められている。

**しっく**【疾駆】(名・自スル) 馬や車を速く走らせること。また、速く走ること。「草原をーする馬」

**シック**〔フランス chic〕(形動ダ){ダロ・ダッ(デ・ニ)・ダ・ナ・ナラ・○} あかぬけして、しゃれた感じのするようす。「ーな装《よそお》い」

**しっくい**『×漆喰』(名) 石灰《せっかい》に粘土《ねんど》を加え、ふのりをとかした液で練ったもの。壁《かべ》や天井《てんじょう》をぬる。

**シックハウスしょうこうぐん**【シックハウス症候群】(名)《医》建材に含《ふく》まれる化学物質などが原因となっておこる、頭痛・めまい・はきけなどの症状。▽シックハウスは、英 sick house

**しっくり**(副・自スル) 物事や心などがよく調和して、落ち着いているようす。「二人の仲がー(と)しない」

**じっくり**(副) じゅうぶんに時間をかけ、落ち着いて物事をするようす。「ー(と)考える」

**しつけ**『△躾』(名) 礼儀《れいぎ》作法を正しく教えこむこと。また、身についた礼儀作法。「ーのよい子」

**しつけ**【仕付け】(名) ぬいもので、正しくぬうために前もって糸であらくおさえること。また、ぬいあげた着物がくずれないように糸でとめておくこと。また、その糸。

**しっけ**【湿気】(名) しめりけ。しっき。「ーが多い」

**しっけい**【失敬】㊀(名・自スル・形動ダ) 礼儀《れいぎ》をわきまえないこと。また、そのさま。失礼。「ーな言い方だ」㊁(名・他スル) こっそりぬすむこと。「梅を一枝ーする」㊂(名・自スル) いっしょにいた人と別れること。ふつう、男性が用いる。「一足先にーする」㊃(感) 別れるときや、あやまるときのあいさつのことば。ふつう、親しい男性どうしで用いられる。「いやあー、ー」

**じっけい**【実兄】(名) 同じ父母から生まれた兄。実の兄。対義兄

**じっけい**【実刑】(名) 執行猶予《しっこうゆうよ》でなく、実際に受ける刑罰《けいばつ》。「ー判決」

**じつげつ**【日月】(名) ❶太陽と月。 ❷としつき。つきひ。

**しつ・ける**『△躾ける』(他下一){ケ・ケ・ケル・ケル・ケレ・ケロ(ケヨ)} 礼儀《れいぎ》作法を教えこんで身につけさせる。「子どもをー」

**しつ・ける**【仕付ける】(他下一){ケ・ケ・ケル・ケル・ケレ・ケロ(ケヨ)} ❶やりなれている。やりつける。「ー・けている仕事」 ❷糸で仕付けをする。「すそをー」

**しっ・ける**【湿気る】(自下一){ケ・ケ・ケル・ケル・ケレ・ケロ(ケヨ)} →しける(湿気る)

**しっけん**【執権】(名) ❶政治の実権をにぎること。また、その人。 ❷《歴》鎌倉《かまくら》幕府の職名。将軍を助け、政治を統轄《とうかつ》した。代々、北条《ほうじょう》氏がこの役についた。

**しっけん**【識見】(名) →しきけん

**しつげん**【失言】(名・自スル) 言ってはいけないことをうっかり言ってしまうこと。また、そのことば。

**しつげん**【湿原】(名) 水分が多く、じめじめした草原。「ーの植物」

**じっけん**【実見】(名・他スル) 実際にそのものを見ること。「ーしてよく分かった」

**じっけん**【実権】(名) 実質的な権力。実際の権力。「政治のーをにぎる」

**じっけん**【実験】(名・他スル) ❶理論や仮説が正しいかどうかを、実際にためすこと。特に自然科学で、自然現象に人工的に変化をおこさせ、その結果を観察すること。「ー科学」「ー室」…的「実験的なシステム」 ❷実際に経験すること。また、その経験。

**じつげん**【実現】(名・自他スル) 思っていたことが現実になること。また、現実のものにすること。「夢がーした」「計画をーさせる」…性「実現性にとぼしい計画」

**じっけんだい**【実験台】(名) ❶その上で実験を行う台。 ❷実験の対象。実験の材料になるもの。

**しつこ・い**（形）〔カロ・カツ(ク)・イ・イ・ケレ・○〕❶色・かおり・味などが強すぎて、いやな感じのするようす。「脂《あぶら》っこくて―料理」❷あることにこだわって離《はな》れず、うるさく感じられるようす。「―・くつきまとう」参考「しつっこい」ともいう。

**しっこう【失効】**（名・自スル）法律や権利などが、その効力を失うこと。「条約が―する」対発効

**しっこう【執行】**（名・他スル）決められていることを実際に行うこと。「―委員」「刑《けい》を―する」

**じっこう【実行】**（名・他スル）実際に行うこと。「計画を―に移す」類実施《じっし》

**じっこう【実効】**（名）実際にあらわれる効果。「―のある対策」

**しっこうゆうよ【執行猶予】**（名）《法》罪を犯した人がある決められた期間、別の罪を犯さなければ、言いわたした刑《けい》を科さないことにする制度。「―二年」

**じっこうりょく【実行力】**（名）物事を実際に行うことのできる能力。「―のある人」

**しっこく【△桎△梏】**（名）（手かせと足かせの意から）自由を束縛《そくばく》するもの。「―を逃《のが》れる」

**しっこく【漆黒】**（名）うるしをぬったようにつやがあってまっ黒なこと。「―の闇《やみ》」

**しつごしょう【失語症】**（名）《医》脳に障害がおき、ものを言うことや理解することができなくなる症状。

**じっこん【△昵懇・◇入魂】**（名・形動ダ）たいへん親しいこと。心やすいこと。懇意《こんい》。「―の間がら」

**じっさい【実際】**㊀（名）❶ほんとうの、または現実のありさま。「―とはちがう話」❷頭で考えるのではなく、現実に行うこと。また、その場面。「理論と―」…的「実際的な仕事」㊁（副）ほんとうに。まったく。「―びっくりした」

**じつざい【実在】**（名・自スル）実際にあること。実際に存在すること。「―の人物」類実存

**しっさく【失策・失錯】**（名・自スル）しくじること。しそこない。また、野球のエラー。「―による得点」

**しつじ【執事】**（名）身分の高い人の家、あるいは神社・寺などで、事務や家事などをとりしきる人。

**じっし【十指】**（名）❶一〇本の指。「―に余る（＝一〇より多い）」❷多くの人の指。

**十指の指《さ》すところ** 大勢の人のみとめるところ。

**じっし【実子】**（名）自分の生んだ子。実の子。対養子

**じっし【実姉】**（名）同じ父母から生まれた姉。実の姉。対義姉

**じっし【実施】**（名・他スル）予定していたことや計画などを実際に行うこと。「雨天でも―する」類実行

**しつじつ【質実】**（名・形動ダ）かざりけがなくてまじめなこと。

**じっしつ【実質】**（名）そのもののほんとうの性質や内容。「外見よりも―を重んじる」

**しつじつごうけん【質実剛健】**（名・形動ダ）まじめでかざりけがなく、しっかりしていて強いこと。

**じっしつちんぎん【実質賃金】**（名）《経》支払《しはら》われた賃金でどれだけの生活物資を購入《こうにゅう》できるかを示すもの。賃金が上がってもそれを上回って物価が上昇《じょうしょう》すれば、実質賃金は低下する。対名目賃金

**じっしつてき【実質的】**（形動ダ）〔ダロ・ダッ(デ・ニ)・ダ・ナ・ナラ・○〕見た目ではなく、実際の内容のようす。実際に内容が備わっているようす。「―な利益をうる」対形式的

**じっしゃ【実写】**（名・他スル）実際の人間や場面を撮影《さつえい》すること。または、撮影したもの。「―フィルム」「―版」

**じっしゃかい【実社会】**（名）実際の世の中。学校生活などに対して、働いて生きていく世の中のことをいう。「卒業して―に出る」

**じっしゅう【実収】**（名）❶実際の収入。税金や経費などを差し引いたもの。実収入。手取り。❷実際の収穫《しゅうかく》量。

**じっしゅう【実習】**（名・他スル）技術などを実際の場でやってみて学び習うこと。「教育―」「―生」

**しつじゅん【湿潤】**（名・形動ダ）しめっていること。しめりけの多いこと。「―な気候」

**しっしょう【失笑】**（名・自スル）思わず笑ってしまうこと。「―を買う（＝ばかなことをして人から笑われる）」

**じっしょう【実証】**㊀（名）確かな証拠《しょうこ》。「―がない」㊁（名・他スル）物事が確かであることを、実際に証明すること。「理論の正しさを―する」…的「実証的な研究法」

**じつじょう【実状】**（名）実際のありさま。⇩じつじょう（実情）「学習」

**じつじょう【実情】**（名）❶実際の事情。「―をさぐる」❷まごころ。ほんとうの気持ち。

> **学習 使い分け**「実状」「実情」
>
> **実状** 外から見た物事のほんとうのありさま。「被害《ひがい》の実状」「実状を写したフィルム」
>
> **実情** 内から見た物事のほんとうのありさま。まごころの意味でも使われる。「会社の実情」「実情を話す」「実情を知らない」
>
> ◆「状」は外形的なありさま、「情」は内容的なありさまを表すので、本来は別の意味の語。実際にはほとんど同一にあつかわれ、一般的《いっぱんてき》に「実情」が広く用いられる。

**しっしょく【失職】**（名・自スル）職業を失うこと。「倒産《とうさん》で―する」類失業

**しっしん【失神・失心】**（名・自スル）気を失うこと。一時的に意識を失うこと。「驚《おどろ》きのあまり―する」

**しっしん【湿△疹】**（名）《医》あせもやただれなど、ひふにできる炎症《えんしょう》。

**じっしんぶんるいほう【十進分類法】**（名）図書分類法の一つ。日本十進分類法では、図書を内容で一〇の類に分け、類をさらに一〇の綱《こう》に分け、綱をさらに一〇の目に分け、三けたの数字で分類する。

**じっしんほう【十進法】**（名）《数》〇から九までの数字を用いて一〇倍ごとに、位どりを一つずつあげていく数え方。一・十・百・千・万…など。

**じっすう【実数】**（名）❶《数》有理数と無理数をまとめた言い方。対虚数《きょすう》。❷実際に確かめた数。「参加者の―は五二〇人だ」

**しっ・する【失する】**〔シ(セ・サ)・シ・スル・スル・スレ・シロ(セヨ)〕㊀（他サ変）なく

してしまう。失う。「機会を—」「礼を—」 ■二 (自サ変) (「…に失する」の形で)「…に過ぎる」の意を表す。「遅《おそ》きに—」

**じっすん【実寸】** (名) 実際の寸法。「—をはかる」

**しっせい【叱正】** (名・他スル) 論文や作品の批評・添削《てんさく》をたのむときにけんそんしていうことば。「ご—をあおぐ」

**しっせい【叱声】** (名) しかりつける声。

**しっせい【失政】** (名) 政治のしかたをあやまること。また、あやまった政治。「大統領の—を批判する」

**しっせい【執政】** (名) ❶政務をとること。また、その人や職。❷〘歴〙江戸《えど》幕府の老中《ろうじゅう》、または各藩《はん》の家老のこと。

**じっせい【実勢】** (名) 実際のいきおい。「—価格(=実際に売買されるときの価格)」

**じっせいかつ【実生活】** (名) 現実の生活。実際の生活。「—をかいまみる」

**しっせき【叱責】** (名・他スル) あやまちなどをしかり責めること。「はげしく—される」

**しっせき【失跡】** (名・自スル) 人のゆくえがわからなくなること。ゆくえをくらますこと。失踪《しっそう》。

**じっせき【実績】** (名) 実際の功績・成果。「—をあげる」「—を積み重ねる」

**じっせつ【実説】** (名) 実際にあった話。実話。

**じっせん【実戦】** (名) 実際の戦い。実際の試合。「—を経験する」

**じっせん【実践】** (名・他スル) 理論や主義などを、自分で実際に行うこと。実行。「—に移す」[対]理論

**じっせん【実線】** (名) 点線・破線などに対して、切れないで続いているふつうの線。

**しっそ【質素】** (名・形動ダ) じみでつましいこと。ぜいたくをしないこと。「—な身なり」「—な生活」

**しっそう【失踪】** (名・自スル) 人のゆくえがわからなくなること。ゆくえをくらますこと。失跡《しっせき》。「—届」

**しっそう【疾走】** (名・自スル) ひじょうに速く走ること。「全力—」

**じっそう【実相】** (名) 物事の実際のありさま。

**じつぞう【実像】** (名) ❶〘物〙光がレンズや鏡などを通過・反射したのち、一点に集まってできる像。❷人や物のほんとうの姿。([対]虚像《きょぞう》)

**しっそく【失速】** (名・自スル) ❶飛行機が浮力《ふりょく》を失い、落ちそうになること。❷(比喩《ひゆ》的に)物事が勢いをなくすこと。「景気が—する」

**じっそく【実測】** (名・他スル) 長さ・距離《きょり》・面積などを、実際にはかること。「—図」

**じつぞん【実存】** (名・自スル) 実際に存在すること。[類]実在

**じつぞんしゅぎ【実存主義】** (名) 真の存在は、自分を意識し自覚するわれわれ人間であるとして、現実の人間の存在を深く考える哲学《てつがく》の立場。キルケゴールやサルトルらが主張。

**しった【叱咤】**〘叱△咤〙 (名・他スル) 大声でしかったり、声をはりあげてはげましたりすること。「—激励《げきれい》する」

**しったい【失態・失体】** (名) 面目《めんぼく》を失うような失敗。ぶざまな失敗。「—を演じる」

**じったい【実体】** (名) そのものの奥《おく》に秘められた、ほんとうの姿。本体。正体。「—のない組織」

**じったい【実態】** (名) 表面からはわかりにくい、実際のようす。ありさま。実情。「—調査」

**しったかぶり【知ったかぶり】**〘知ったか振り〙 (名) 知らないのに、さも知っているようなふりをすること。

**じつだん【実弾】** (名) ❶鉄砲《てっぽう》や銃《じゅう》にこめる本物のたま。「—演習」❷〘俗語〙選挙などのとき、買収に使う現金。「選挙で—が飛び交《か》う」

**しっち【失地】** (名) ❶戦争などにより失った土地や領土。❷失った地位・権力。「—回復」

**しっち【湿地】** (名) じめじめした土地。しめりけの多い土地。「—帯」

**じっち【実地】** (名) ❶物事があったり、物事を行ったりしている実際の場所。現場。「—検証」❷実際の場合。「—訓練」

**じっちゅうはっく【十中八九】** (名・副) 一〇のうち八か九。おおかた。ほとんど。「—まちがいない」

**しっちょう【失調】** (名) 調子がくるったり、正常な調和を失ったりすること。「栄養—」

**じっちょく【実直】** (名・形動ダ) 誠実で、正直なこと。「—な人がら」

**しっつい【失墜】** (名・自他スル) 物事に失敗して、信用や名誉《めいよ》などをなくすこと。「信用を—する」

**じつづき【地続き】** (名) 海・川などにへだてられずに土地が続いていること。また、土地が接していること。

**じって【十手】** (名) 江戸《えど》時代、罪人をつかまえるときに役人の使った、手もとにかぎのある鉄の棒。

(じって)

**じってい【実弟】** (名) 同じ父母から生まれた弟。実の弟。[対]義弟

**しつてき【質的】** (形動ダ)〈ダロ・ダッ(デ・ニ)・ダ・ナ・ナラ・○〉 性質や内容に関係しているようす。「—にすぐれている」[対]量的

**じってつ【十哲】** (名) 一〇人のすぐれた門下生。「蕉門《しょうもん》—(=芭蕉《ばしょう》門下一〇人のすぐれた弟子《でし》)」「孔門《こうもん》—」

**しってん【失点】** (名) 競技・勝負などで、相手にとられた点。[対]得点

**しってんばっとう【七転八倒】** (名・自スル) →しちてんばっとう

**しっと【嫉妬】** (名・他スル) ❶自分よりすぐれたりめぐまれたりしているものをうらやみねたむこと。「才能に—する」❷自分の愛するものが、他へ愛情を向けることをうらみにくむこと。やきもち。「—心」「—にかられる」

**しつど【湿度】** (名) 空気のしめりぐあい。空気中にふくまれている水蒸気の割合。「—が高い」「—計」

**じっと** (副・自スル) ❶からだを動かさないでいるようす。「—して待つ」❷意識や視線を集中するようす。「—考える」「—見つめる」❸心の動きをおさえてがまんするようす。「—こらえる」

**しっとう【失投】** (名・自スル) 野球で、投手が打者の打ちやすい球を投げてしまうこと。また、その球。

**しっとう【執刀】** (名・自スル) 手術や解剖《かいぼう》のためにメスを持つこと。また、手術や解剖を行うこと。

**じつどう【実働】**（名・自スル）実際に働くこと。「ー時間」

**しっとり**（副・自スル）❶適度に湿《しめ》り気をふくんでいるようす。「ー(と)した土」❷落ち着いて、しとやかなようす。「ー(と)した風情《ふぜい》」

**じっとり**（副・自スル）（不快なほど）湿《しめ》り気をおびているようす。「ーと汗《あせ》ばむ」

**しつない【室内】**（名）部屋の中。「ーの温度」

**しつないがく【室内楽】**（名）〘音〙部屋の中や小音楽堂などで、小人数で演奏する音楽。ピアノ三重奏や弦楽《げんがく》四重奏など。

**じつに【実に】**（副）まことに。ひじょうに。「ー残念なことをした」

**しつねん【失念】**（名・他スル）うっかりして忘れること。度忘れ。「頼《たの》まれたことをーする」

**じつねん【実年】**（名）中年から老年期前までの年代。中高年。

**じつは【実は】**（副）ほんとうは。打ち明けて言うと。「ー知らなかったのです」

**ジッパー**〔英 zipper〕（名）「ファスナー」の商標名。

**しっぱい【失敗】**（名・自スル）物事がうまくいかず目的をとげられないこと。やりそこなうこと。しくじり。「交渉《こうしょう》がーに終わる」「試験にーする」対成功

**失敗は成功《せいこう》のもと** 失敗しても、その原因をさがし出して反省することにより、成功を得るもとになる。失敗は成功の母。

**じっぱひとからげ【十把一からげ】**（名）いろいろなものをねうちの低いものとして、区別なしに一まとめにして扱《あつか》うこと。「ーにしてかたづける」

**しっぴ【失費】**（名）物事にかかった費用。

**じっぴ【実否】**（名）ほんとうかうそか。真偽《しんぎ》。真否《しんぴ》。「ーを確かめる」

**じっぴ【実費】**（名）実際にかかる費用。また、実際にかかった費用。「ーだけを支払《しはら》う」

**しっぴつ【執筆】**（名・他スル）文章を書くこと。「ー中の作品」

**しっぷ【湿布】**（名・自他スル）水・湯・薬の液などにしめした布をからだの悪い部分にあて、炎症《えんしょう》をなおすこと。また、その布。「温ー」

**じっぷ【実父】**（名）血のつながっている父。対義父・養父・継父《けいふ》

**しっぷう【疾風】**（名）はげしく速く吹《ふ》きすぎてゆく風。はやて。

**しっぷうじんらい【疾風迅雷】**（名）❶強い風とはげしい雷《かみなり》。❷行動がすばやくはげしいことのたとえ。「ーの進撃《しんげき》」

**じつぶつ【実物】**（名）実際のもの。本物。「ーの模型」

**じつぶつだい【実物大】**（名）本物と同じ大きさ。

**しっぺい**〘◇竹△篦〙（名）禅宗《ぜんしゅう》で、修行者をいましめて打つために使う、竹のひらたい棒。

（竹篦）

**しっぺい【疾病】**（名）病気。やまい。

**しっぺいがえし【しっぺい返し】**〘◇竹△篦返し〙（名・自スル）人から何かされたとき、すぐに仕返しをすること。参考「しっぺがえし」ともいう。

**じっぺんしゃいっく〔十返舎一九〕**〔人名〕（一七六五～一八三一）江戸《えど》時代後期の戯作者《げさくしゃ》。式亭三馬《しきていさんば》とならぶ滑稽本《こっけいぼん》の代表作家。作品「東海道中膝栗毛《ひざくりげ》」など。

**しっぽ【◦尻尾】**（名）❶動物の尾《お》。❷細長いもののはし。「大根のー」

**尻尾を出《だ》す** うそやごまかしがばれる。ぼろを出す。

**尻尾をつかむ** 秘密やごまかしの証拠《しょうこ》をにぎる。

**尻尾を振《ふ》る** きげんをとって相手にとり入る。

**尻尾を巻《ま》く** かなわないと知って降参する。

**じつぼ【実母】**（名）血のつながっている母。自分を生んだ母。生母。生みの母。対義母・養母・継母《けいぼ》

**しつぼう【失望】**（名・自スル）自分の願いどおりにならなくて、がっかりすること。「ーのあまり寝《ね》こんだ」

**しっぽう【七宝】**（名）❶〘仏〙七つの宝。金・銀・瑠璃《るり》・玻璃《はり》・硨磲《しゃこ》・珊瑚《さんご》・瑪瑙《めのう》。七珍《しっちん》。しちほう。❷（「七宝焼き」の略）銀や銅などの下地にうわぐすりをぬって、美しい色で模様を焼きつけたもの。

**じっぽう【十方】**（名）❶東・西・南・北・北東・北西・南東・南西と上・下の一〇の方向。❷あらゆる場所・方向。「ー世界(＝全世界)」

**じっぽう【実包】**（名）銃《じゅう》の実弾《じつだん》。対空包

**しつぼく【質朴】**（名・形動ダ）かざりけがなく正直なこと。「ーな性格」

**しっぽり**（副）❶しっとりと水気をふくんでいるようす。❷男女の仲がむつまじく、情愛のこまやかなようす。

**じつまい【実妹】**（名）同じ父母から生まれた妹。実の妹。対義妹

**しつむ【執務】**（名・自スル）事務・業務についていること。「ー時間」

**じつむ【実務】**（名）実際の事務や仕事。「ーにたずさわる」

**しつめい【失明】**（名・自スル）視力を失うこと。

**じつめい【実名】**（名）ほんとうの名前。本名《ほんみょう》。「ーを伏《ふ》せる」参考「じつみょう」とも読む。

**しつもん【質問】**（名・自他スル）わからないことや物事のわけなどをたずねること。「ーに答える」

**しつよう**〘執△拗〙（形動ダ）〔ダロ・ダッ(テ・ニ)・ダ・ナ・ナラ・〇〕一つのことにどこまでもこだわるようす。しつこいようす。「ーにたずねまわる」

**じつよう【実用】**（名）実際に使うこと。実際に役だつこと。「ー品」…性「実用性を重視する」

**じつようか【実用化】**（名・他スル）実際に使われるようにすること。「新しい技術のー」

**じつようしんあん【実用新案】**（名）すでにある物品について、形状・構造や組み合わせを変えることでより使いやすくなるようにする新しいアイデア。登録すると、独占《どくせん》的にそれを使用する権利があたえられる。

**じつようてき【実用的】**（形動ダ）〔ダロ・ダッ(テ・ニ)・ダ・ナ・ナラ・〇〕実際に役だつようす。「ーに作りかえる」

**じづら【字面】**（名）❶一つ一つの文字や、ならべた文字の全体から受ける感じ。❷文章の表面的な意味。

**しつら・える**〖◇設える〗（他下一）{エ・エ・エル・エル・エレ・エロ（エヨ）}ととのえる。かざりつける。また、設備する。「洋風に―・えた部屋」「調度品を―」

**しつらくえん**〔失楽園〕〔作品名〕イギリスの詩人ミルトンの長編叙事詩《じょじし》。一六六七年刊。アダムとイブが悪《あく》魔《ま》にさそわれ、エデンの園を失うという話。

**じつり**【実利】（名）実際の利益。「―第一」

**じつり**【実理】（名）実際の経験から得た理論。

**しつりょう**【質量】（名）❶質と量。「―ともに充《じゅう》実《じつ》した蔵書」❷〖物〗物体の持っている物質の量。

**じつりょく**【実力】（名）❶ほんとうに持っている能力やうでまえ。「―を出す」［…的］「実力的には互《ご》角《かく》だ」［類］地力《じりき》。❷話し合いの代わりに用いられる、武力や腕《わん》力《りょく》。「―で阻止《そし》する」

**じつりょくこうし**【実力行使】（名）話し合いで解決しないとき、武力・腕《わん》力《りょく》・ストライキなどによって目的をはたそうとすること。

**じつりょくしゃ**【実力者】（名）ある社会や組織で、支配力や影響《えいきょう》力《りょく》を持つ人。「経済界の―」

**しつれい**【失礼】［一］（名・自スル・形動ダ）礼儀《れいぎ》にはずれること。不作法《ぶさほう》なこと。「ご返事もさしあげず―しました」「―な発言だ」［類］非礼・無礼

［二］（名・自スル）人と別れること、相手の前から立ち去ることをいうことば。「お先に―します」

［三］（感）別れるときやあやまるとき、また、人にものをたのんだり、たずねたりするときにいうことば。「―、ちょっと教えてください」「これは―」［類］失敬《しっけい》

**じつれい**【実例】（名）実際にあった例。「成功した―を挙げる」

**しつれん**【失恋】（名・自スル）恋《こい》にやぶれること。恋がかなえられないこと。「―の痛手《いたで》」

**じつろく**【実録】（名）ありのままの事実の記録。「戦争の―」

**じつわ**【実話】（名）実際にあった話。

**して**【仕手】（名）❶物事をする人。「模範《もはん》演技の―がいない」❷能楽や狂言《きょうげん》の主役。また、それを演じる人。［対］脇《わき》。❸相場で、多額の資金を動かして投機的な大口売買を行う人。［注意］②は、ふつう「シテ」と書く。

**して** ［一］（接）そして。それで。「―、その後はどうした」

［二］（格助）❶…で。…でもって。「二人―持つ」「みんな―そうじをする」❷（「…をして」の形で、下に使役の表現を伴《ともな》って）動作をさせられる人を表す。「彼《かれ》を―言わせるなら」［三］（接助）状態を表して、あとに続ける。…て。…で。「天高く―馬肥える」［四］（副助）ことばの調子を強める。「今に―思えば」

**してい**【子弟】（名）❶子や弟。❷年少者。

**してい**【私邸】（名）個人のやしき。［対］官邸・公邸

**してい**【指定】（名・他スル）いくつかのものの中から、特にそれと決めること。「日時を―する」「―席」

**してい**【師弟】（名）先生と生徒。師匠《ししょう》と弟子。

**しでか・す**【仕出かす】（他五）{サ（ソ）・シ・ス・ス・セ・セ}ふつうでは考えられないようなことをしてしまう。やらかす。「とんでもないことを―」

**してき**【指摘】（名・他スル）あやまりや問題点などをとりあげて、さししめすこと。「ポイントを―する」

**してき**【史的】（形動ダ）{ダロ・ダッ（デ・ニ）・ダ・ナ・ナラ・〇}歴史に関係するようす。「―研究」

**してき**【私的】（形動ダ）{ダロ・ダッ（デ・ニ）・ダ・ナ・ナラ・〇}個人に関係するようす。おおやけでないようす。「―な事情」［対］公的

**してき**【詩的】（形動ダ）{ダロ・ダッ（デ・ニ）・ダ・ナ・ナラ・〇}詩のようなおもむきのあるようす。「―な表現」［対］散文的

**じてき**【自適】（名・自スル）束縛《そくばく》されることもなく心のままに楽しみ暮らすこと。「悠々《ゆうゆう》―の生活」

**してつ**【私鉄】（名）民間会社が経営する鉄道。

**じてっこう**【磁鉄鉱】（名）〖地質〗磁性の強い、黒くて、にぶい光のある鉱物。最も重要な製鉄原料。

**しでのたび**【死出の旅】死ぬこと。「―に出る」

**しでのやま**【死出の山】冥土《めいど》にあるというけわしい山。転じて、あの世。

**してや・る**（他五）{ラ（ロ）・リ（ッ）・ル・ル・レ・レ}思いどおりにうまくやる。だまして思いどおりにする。「まんまと―・られた」

**してん**【支店】（名）本店から分かれた店。［類］出店《でみせ》。［対］本店

**してん**【支点】（名）〖物〗てこをささえている固定した点。⇒てこ〈図〉

**してん**【視点】（名）物事を見たり、考えたりするときの立場。「―を定める」「―を変えて考える」

**しでん**【史伝】（名）❶歴史と伝記。❷歴史の記録に基づいた伝記。

**しでん**【市電】（名）市が経営する電車。また、市街地の路面を走る電車。市内電車。

**じてん**【次点】（名）❶最高点の次の点数。また、それをとった人。❷選挙で当選した人や、コンクールなどで入選した人の、次の人。また、その得票数や点数。

**じてん**【自転】（名・自スル）❶自分で回転すること。❷〖天〗地球や月や、ほかの星が、自分の内部の軸《じく》を中心に回ること。［対］公転

**じてん**【時点】（名）時間の流れの上の、ある一点。「五月の―ではまだ決定していなかった」

**じてん**【字典】（名）漢字を一定の順序にならべ、その一字一字について発音・意味・用法などを説明した書物。字書。字引。⇒じてん（辞典）「学習」

**じてん**【事典】（名）物やことがらをあらわすことばを集めて一定の順序にならべ、その内容を説明した書物。「百科―」「人名―」⇒じてん（辞典）「学習」

**じてん**【辞典】（名）ことばを集めて一定の順序にならべ、一語一語について意味・用法・書き方などを説明した書物。辞書。字引。「国語―」「ことわざ―」

> **学習** **使い分け**「字典」「事典」「辞典」
>
> **字典**　漢字について説明した本。
>
> **事典**　物事について説明した本。
>
> **辞典**　ことば（単語）について説明した本。ただし、「字典」や「事典」をふくんで「辞典」ということもある。
>
> ◆同音（異義語）であるために、「モジテン」「コトテン」「コトバテン」と呼んで区別することがある。

**じでん【自伝】**（名）→じじょでん

**じてんしゃ【自転車】**（名）乗った人がペダルをふみ、車輪を回して走る二輪車。

**じてんしゃそうぎょう【自転車操業】**（名）なんとか資金をやりくりし、むりにでも仕事を続けていないと倒産《とうさん》しそうな、あぶない経営状態。参考ペダルをふむのをやめれば倒《たお》れる自転車にたとえていう。

**してんのう【四天王】**（名）❶〘仏〙帝釈天《たいしゃくてん》に仕えて、四方を守るという持国天《じこくてん》・増長天《ぞうじょうてん》・広目天《こうもくてん》・多聞天《たもんてん》の四神。寺院にその像が多い。❷部下・門人の中で最もすぐれた四人。

**しと【使徒】**（名）❶キリストが、その教えを伝えるために選んだペテロ以下の一二人の弟子《でし》。❷とうとい役目に身をささげて努力している人。「平和の―」

**しと【使途】**（名）おかねなどの使いみち。「―不明」

**しとう【至当】**（名・形動ダ）最も適当であること。きわめて当然であるようす。「―な助言」

**しとう【死闘】**（名・自スル）死にものぐるいで戦うこと。また、その戦い。「―をくり返す」

**しとう【私闘】**（名）個人的な利害やうらみによる争い。「―を禁じる」

**しどう【市道】**（名）市のおかねでつくり、維持《いじ》・管理している道路。

**しどう【私道】**（名）個人が自分の所有する土地につくった道路。私設道路。対公道

**しどう【始動】**（名・自他スル）動き始めること。また、動かし始めること。「エンジンが―する」

**しどう【指導】**（名・他スル）ある目的・方向に向けて教えみちびくこと。「―方法」「―にあたる」…的「指導的立場」

**しどう『△斯道』**（名）学問・技芸などで各自が従事している方面。このみち。この分野。「―の権威《けんい》」

**じとう【地頭】**（名）〘歴〙鎌倉《かまくら》・室町《むろまち》時代、荘園《しょうえん》のとりしまりを行い、幕府の命令で土地の税を取り立てたり、罪人をとらえたりした役人。

**じどう【自動】**（名）機械などが、人手によらず自力で動くこと。…化「工程を自動化する」対他動

**じどう【児童】**（名）❶子ども。わらべ。❷小学校に学ぶ子ども。学童。

**じどうけんしょう【児童憲章】**（名）すべての子どもの人権と幸福を保障しようとする目的で作られたきまり。日本では、一九五一（昭和二六）年制定。

**じどうし【自動詞】**（名）〘文法〙ある動作・作用が他にはたらきかけず、主体の動き・変化として表される動詞。対他動詞。参考自動詞と他動詞は語形も活用も異なるのがふつう。たとえば、「水が流れる」は自動詞、「水を流す」は他動詞である。しかし、「風が吹《ふ》く」は自動詞、「笛《ふえ》を吹く」は他動詞というように、語形・活用が同じものもある。

**じどうしゃ【自動車】**（名）ガソリンエンジンや電動モーターなどの力で道路を走る車。

**じどうせいぎょ【自動制御】**（名）条件の変化に応じて、機械が自動的に作業を調節すること。オートメーション。「―装置」

**じどうてき【自動的】**（形動ダ）{ダロ・ダッ(デ・ニ)・ダ・ナ・ナラ・○}❶人手によらず自力で動くようす。「―に開くドア」❷自然のなりゆきとしてそうなるようす。「―に進級する」

**じどうはんばいき【自動販売機】**（名）おかねを入れてボタンを押《お》すなどすると自動的に品物が出てくるようになっている機械。自販機。

**じどうぶんがく【児童文学】**（名）子どものために書かれた文学作品。童話・童謡《どうよう》など。

**じとく【自得】**（名・自他スル）❶体験や努力によってよく理解すること。❷自分で満足して得意になること。❸自分にむくいを受けること。「自業《じごう》―（=自分でしたことのむくいを自分で受けること）」

**しどけな・い**（形）{カロ・カッ(ク)・イ・イ・ケレ・○}だらしがなくて、見ぐるしい。乱れてしまりがない。「―姿」

**しと・げる『◇為遂げる』**（他下一）{ゲ・ゲ・ゲル・ゲル・ゲレ・ゲロ(ゲヨ)}終わりまで完全にやりとおす。なしとげる。「難事業を―」

**しどころ『◇為所』**（名）しなくてはならない大事な場合。「ここががまんの―だ」

**しとしと**（副）雨が静かに降るようす。「雨が―（と）降っている」

**じとじと**（副・自スル）ひどく湿《しめ》っていて不快なようす。「―した床《ゆか》」

**しとね『△茵・△褥』**（名）すわるときや、寝《ね》るときに敷《し》くもの。ふとん。

**しとみ『△蔀』**（名）むかしの建物に用いられた、日光・風雨よけの戸。格子《こうし》の裏に板をつけたもの。

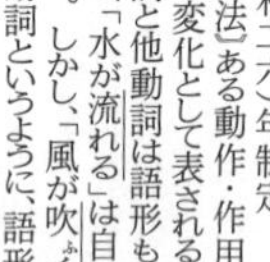
（しとみ）

**しと・める【仕留める】**（他下一）{メ・メ・メル・メル・メレ・メロ(メヨ)}ねらった相手を確実にうち殺したり、手に入れたりする。「熊《くま》を―」

**しとやか『◇淑やか』**（形動ダ）{ダロ・ダッ(デ・ニ)・ダ・ナ・ナラ・○}（女性の）動作や話し方が上品でもの静かなようす。「―な人」

**じどり『地◇鶏』**（名）古くからその土地で育てている鶏《にわとり》。

**しどろもどろ**（形動ダ）{ダロ・ダッ(デ・ニ)・ダ・ナ・ナラ・○}話のすじみちが通っていなくて、乱れるようす。「―の返事」「きびしく追及《ついきゅう》されて―になる」

**シトロン**〔英 citron〕（名）炭酸水に甘みとレモンの味をつけた清涼飲料水《せいりょういんりょうすい》。

**-しな**（接尾）（動詞の連用形について）「…のとき」「…のついで」などの意を表す。「帰り―に寄る」

**しな【品】**（名）❶何かの用途《ようと》にあてるための、形のある物。品物。「お祝いの―」❷品物のよい、悪いなどの性質。品質。「―が落ちる」「―定め」❸商品。「―切れ」「―不足」

**しな『◇科』**（名）なまめかしいようす。思わせぶりな身ぶり。

**しなを作《つく》る**　おもに女性が男性に対して、なまめかしいようすを見せる。

**しない【市内】**（名）市の区域内。対市外

**しない【○竹刀】**（名）剣道《けんどう》で用いる、四本の割り竹をたばねた刀。

**しな・う『△撓う』**（自五）{ワ(オ)・イ(ッ)・ウ・ウ・エ・エ}はねかえす力のあるものがやわらかに曲がる。たわむ。「竹が―」

**しなうす【品薄】**（名・形動ダ）需要《じゅよう》に対して品

物が不足がちなこと。「在庫が━になる」

**しなかず【品数】**（名）品物の数。品物の種類。

**しながれ【品枯れ】**（名）品物が不足して市場に出まわらないこと。

**しなぎれ【品切れ】**（名）製造中止や売り切れのために、品物がなくなること。

**しなさだめ【品定め】**（名・他スル）人や物のよしあしを批評して決めること。「よく━して仕入れる」

**シナジー**〔英 synergy〕（名）相乗作用。相乗効果。「━効果」

**しなだ・れる**（自下一）{レ・レ・レル・レル・レレ・レロ(レヨ)}相手にあまえたりこびたりしてもたれかかる。しなだれかかる。「男の肩《かた》に━」

**しなちく**〘×支那‐竹〙（名）→メンマ

**しなの**〔信濃〕［地名］むかしの国名の一つ。今の長野県。信州《しんしゅう》。

**しなのぢは**《シナノジハ》…短歌

〔信濃路は　いつ春《はる》にならん　夕《ゆふ》づく日《ひ》入《い》りてしまらく　黄《き》なる空《そら》のいろ〕〈島木赤彦《しまぎあかひこ》〉訳山深い信濃の国（＝長野県）はいつになったら春になるのだろう。きょうも夕日がしずんだあと、しばらく空がさむざむと黄色にそまっている。

**しなのぢは**《シナノジハ》…和歌

〔信濃路は　今《いま》の墾道《はりみち》　刈株《かりばね》に　足《あし》踏《ふ》ましなむ　履《くつ》はけわが背《せ》〕〈万葉集《まんようしゅう》・東歌《あずまうた》〉訳信濃路はまだ切りひらかれたばかりの道です。切り株に足を踏みぬきなさることもあるでしょう、くつをはいていらっしゃい。私の夫よ。（「背」は女性が夫や恋人《こいびと》などを呼ぶ語）

**しな・びる**〘◇萎びる〙（自上一）{ビ・ビ・ビル・ビル・ビレ・ビロ(ビヨ)}水気がなくなり、しぼんだりしわがよったりする。生気が衰《おとろ》えて、若々しさがなくなる。「━・びた野菜」

**しなもの【品物】**（名）しな。物品。

**シナモン**〔英 cinnamon〕（名）香辛料《こうしんりょう》の一つ。セイロン肉桂《にっけい》の樹皮《じゅひ》からつくる。

**しなやか**（形動ダ）{ダロ・ダッ(デ・ニ)・ダ・ナ・ナラ・〇}❶弾力《だんりょく》があって、やわらかに曲がるようす。「━な竹」❷動作やからだつきがなめらかで美しいようす。「━な投球フォーム」

**じならし【地ならし】**〘地◇均し〙（名）❶地面のでこぼこをならして平らにすること。❷地面をならすための まるい筒形《つつがた》のローラー。❸物事がうまくいくよう、事前に行う工作。「交渉《こうしょう》の━をする」

**じなり【地鳴り】**（名）地震《じしん》などのときに、大地がゆれ動いて音がひびくこと。また、その音。

**シナリオ**〔英 scenario〕（名）❶〘演〙演劇・映画・テレビの脚本《きゃくほん》。台本。「━ライター」❷仕組んだり予想したりした物事の進行。「━通りに事が運ぶ」

**しな・る**〘△撓る〙（自五）{ラ(ロ)・リ(ッ)・ル・ル・レ・レ}→しなう

**しなん【至難】**（名・形動ダ）ひじょうにむずかしいこと。「ここを登るのは━のわざだ」

**しなん【指南】**（名・他スル）武芸などを教え導くこと。「柔道《じゅうどう》の━役」

**じなん【次男】**（名）むすこのうち、二番目に生まれた子。二男。

**シニア**〔英 senior〕（名）❶年長者。先輩《せんぱい》。❷上級生。上級。〘対ジュニア〙

**しにがね【死に金】**（名）❶ためておくだけで、利用しないおかね。❷効果のないことに使うおかね。むだがね。❸自分が死んだときの費用に用意するおかね。

**しにがみ【死に神】**（名）人を死にさそうという神。「━にとりつかれる」

**シニカル**〔英 cynical〕（形動ダ）{ダロ・ダッ(デ・ニ)・ダ・ナ・ナラ・〇}皮肉な態度をとるようす。「━な笑い」

**しにぎわ【死に際】**（名）今にも生命がたえようとしているとき。死ぬまぎわ。往生《おうじょう》ぎわ。

**しにざま【死に様】**（名）死ぬときのありさま。死に臨《のぞ》んでのようす。

**しにせ【○老舗】**（名）古くから何代も同じ商売を続け、栄えている店。老舗《ろうほ》。「明治時代創業の━」

**しにぞこない【死に損ない】**（名）死ぬべきときに、また、死のうとして死ねないこと。また、その人。

**しにたい【死に体】**（名）すもうで、立ち直れないほど体勢がくずれた状態。また、比喩《ひゆ》的に、組織などが基盤《きばん》をなくして倒《たお》れそうな状態をいう。

**しにた・える【死に絶える】**（自下一）{エ・エ・エル・エル・エレ・エロ(エヨ)}一族やある動物などが全部死んで、その血統や種《しゅ》がなくなる。「━・えた太古の生物」

**しにちかき**…短歌

〔死に近き　母《はは》に添《そ》ひ寝《ね》の　しんしんと　遠田《とおだ》のかはづ　天《てん》に聞《きこ》ゆる〕〈斎藤茂吉《さいとうもきち》〉訳死の近い母の看病で添い寝をしていると、夜はしんしんとふけ、遠くの田で鳴くかえるの声が、天にひびきわたってしんしんと聞こえることだ。（母の死を迎《むか》えた連作の中の一首）

**しにはじ【死に恥】**（名）死にぎわのはじ。死んだあとまで残るはじ。「━をさらす」〘対生き恥〙

**しにばな【死に花】**（名）死ぬまぎわにりっぱなことをすること。死後のほまれ。「━を咲《さ》かせる（＝りっぱに死んでほまれを残す）」

**しにみず【死に水】**（名）人が死ぬとき唇《くちびる》をしめらせる水。末期《まつご》の水。

**死に水を取る**　死にぎわに唇を水でしめらせてやる。転じて、死ぬまで世話をする。

**しにめ【死に目】**（名）死にぎわ。臨終のとき。「親の━に会えない」

**しにものぐるい【死に物狂い】**（名・形動ダ）必死になってあばれたり努力したりすること。「━で働く」

**しにょう【し尿】**〘△屎尿〙（名）大便と小便。排泄《はいせつ》物。「━処理場」

**しにわか・れる【死に別れる】**（自下一）{レ・レ・レル・レル・レレ・レロ(レヨ)}一方が死に、片方が生き残る。死別する。「夫に━」

**しにん【死人】**（名）死んだ人。死者。

**死人に口《くち》なし**　死んだ人は、無実の罪をきせられても言い訳できず、また、証人としての証言もできない。

**しにん【視認】**（名・他スル）実際に目で見て確認すること。…性「視認性が高い」

**じにん【自任】**（名・自他スル）❶自分自身で、それが自分の任務であると思うこと。「責任者だと━している」❷自分の性質や能力などがすぐれていて、それにふさわしいと信じこむこと。自負すること。「野球の天分があるとーしている」⇩じにん(自認)「学習」

**じにん【自認】**（名・自他スル）自分でそうであると認めること。「失敗をーする」

**学習 使い分け**「自任」「自認」

自任　あることにふさわしい能力・資格があると、自分で思うこと。「天才を**自任**する」「第一人者と**自任**する」

自認　自分のしたことや自分にかかわりのある状態を、そのとおりであると自分で認めること。「過失を**自認**する」「行きすぎを**自認**する」

**じにん【辞任】**（名・自他スル）今までの任務を自分からやめること。「会長をーする」類辞職。対就任

**し・ぬ【死ぬ】**（自五）{ナ(ノ)・ニ(ン)・ヌ・ヌ・ネ・ネ}❶命がなくなる。「事故でー」「ー気になってがんばる」対生まれる ❷いきいきしなくなる。「目がー・んでいる」❸活用されなくなる。ものの働き・価値がなくなる。「せっかくのアイデアがー・んでしまう」❹野球で、アウトになる。「タッチされて走者がー」❺囲碁《いご》で、相手に石をかこまれて取られる。《対生きる》

**じぬし【地主】**（名）土地の持ち主。

**シネスコ**（名）「シネマスコープ」の略。

**じねつ【地熱】**（名）《地質》→ちねつ

**シネマ**〔英 cinema〕（名）映画。キネマ。

**シネマ-コンプレックス**〔英 cinema complex〕（名）複合映画館。複数のスクリーンがある映画館。シネコン。

**シネマスコープ**〔CinemaScope〕（名）横長の大スクリーンに映写する映画。シネスコ。（商標名）

**シネラマ**〔Cinerama〕（名）半円形の大スクリーンに三台の映写機で三か所同時に映写し、多くのスピーカーを使って立体感を出す映画。（商標名）

**じねんじょ**『自然△薯』（名）「やまのいも」の異称。

**しの**『△篠』（名）《植》群がり集まって生える細い竹の総称《そうしょう》。しのだけ。

**しのうこうしょう【士農工商】**（名）江戸《えど》時代に人びとの身分を職業によって、武士・農民・職人・商人と四つに分けたもの。四民。

**しのぎ**『△鎬』（名）刀の、刃《は》と峰《みね》との間の少しもりあがっている部分。

（しのぎ）

**しのぎを削**《けず》**る**（刀のしのぎがぶつかり合ってけずられる意から）おたがいにはげしく争う。はげしく戦う。「横綱どうしのー熱戦」

**しの・ぐ**『△凌ぐ』（他五）{ガ(ゴ)・ギ(イ)・グ・グ・ゲ・ゲ}❶たえしのぶ。きりぬける。「暑さをー」「飢《う》えをー」「急場をー」❷ふせぐ。「風雨をー」❸数量・程度が他よりもまさる。「プロをーうまさ」「真夏をー暑さ」

**しのごのいう【四の五の言う】**あれこれと文句を言う。「四の五の言わずに早くやりなさい」

**しのだけ**『△篠竹』（名）《植》→しの

**しのつくあめ**『△篠突く雨』（名）（しの竹をたばにして地につきおとすような）はげしい大雨。

**しののめ**『×東雲』（名）明けがた。「ーの空」

**しのはい【死の灰】**（名）原子爆弾《ばくだん》などが爆発したときに出る放射性物質の通称《つうしょう》。

**しのば・せる【忍ばせる】**（他下一）{セ・セ・セル・セル・セレ・セロ(セヨ)}❶音・声・姿を人に知られないようにする。「足音をー」❷人にわからないようにそっと入れておく。かくし持つ。「ふところに短刀をー」

**しのび【忍び】**（名）❶人目をさけて物事をすること。「おーの訪問」❷人に知られず、たくみに行動する術。忍びの術。忍術《にんじゅつ》。❸敵中にひそかにはいりこんで、ようすを探る者。忍びの者。

**しのびあし【忍び足】**（名）足音をたてないでそっと歩く足どり。「ぬき足差し足ー」

**しのびこ・む【忍び込む】**（自五）{マ(モ)・ミ(ン)・ム・ム・メ・メ}人目につかないように、こっそりとはいりこむ。「空き家にー」

**しのびな・い【忍びない】**（形）{カロ・カッ(ク)・イ・イ・ケレ・○}そうするのがつらくてたえられない。「見るにー」

**しのびなき【忍び泣き】**（名・自スル）人に知られないよう声を立てずに泣くこと。「寝床《ねどこ》でーする」

**しのびやか【忍びやか】**（形動ダ）{ダロ・ダッ(デ・ニ)・ダ・ナ・ナラ・○}人目につかないようにこっそりとするようす。ひそか。

**しのびよ・る【忍び寄る】**（自五）{ラ(ロ)・リ(ッ)・ル・ル・レ・レ}気づかれないようにそっと近づく。「音もなくー」

**しの・ぶ【忍ぶ】**{バ(ボ)・ビ(ン)・ブ・ブ・ベ・ベ}㊀（他五）❶人に気づかれないようにこっそりと行動する。「人目をー」❷つらく苦しいことなどを、こらえる。がまんする。「恥《はじ》をー」㊁（自五）かくれる。ひそむ。「屋根裏にー」

**しの・ぶ**『△偲ぶ』（他五）{バ(ボ)・ビ(ン)・ブ・ブ・ベ・ベ}なつかしく恋《こい》しく思う。思い出す。「亡《な》き姉をー」「むかしをー」

**しのぶぐさ【忍ぶ草】**（名）《植》❶シノブ科のしだ植物。根茎《けいこん》は地上・樹上をはい、羽の形にさけた葉をつける。根茎を夏、のきなどにつるして観賞用にする。❷「のきしのぶ」の別称《べっしょう》。

**しば【芝】** 6画 艹3 訓しば 一 十 艹 艹 芝 芝

しば。しばくさ。◆芝居《しばい》・芝刈《しばか》り。参考特別に、「芝生」は「しばふ」と読む。

**しば【芝】**（名）《植》イネ科の多年草。節から根が出て地面をおおう。庭などに植えて芝生《しばふ》をつくる。「ーを刈《か》る」

**しば**『△柴』（名）山野に生える細くて低い雑木《ぞうき》。また、雑木の小枝。「ー刈《か》り」

**じば【磁場】**（名）《物》磁石《じしゃく》と磁石、磁石と電流の間など、磁力が働いている範囲《はんい》。磁界。じじょう。

**ジハード**〔アラビア jihād〕（名）イスラム教で、信仰《しんこう》のための努力、奮闘《ふんとう》。特に、イスラム世界を広めたり守ったりするための戦い。「聖戦」と訳される。

**しはい【支配】**（名・他スル）❶権力で、国・組織・人などを自分の思いどおりに動かすこと。「ー階級」「ー下に属する」❷人の行動や思考を束縛《そくばく》したり規制したりすること。「先入観にーされる」…的「賛成の気分が支配的だ」

**しはい【紙背】**（名）❶紙の裏。❷文章の奥《おく》に含《ふく》まれている意味。「眼光ーに徹《てっ》する（=文章を読ん

で書かれていない部分の意味まで見ぬく)」

**しはい**【賜杯】(名) 天皇・皇族などから競技に勝った人やチームにおくられる優勝カップ。「―を手にする」

**しばい**【芝居】(名) ❶演劇の総称《そうしょう》。特に、歌舞伎《かぶき》・浄瑠璃《じょうるり》・新派などをいう。「―がはねる」❷人をだますための作りごと。「一《ひと》―うつ」類演技

**しばいがか・る**【芝居がかる】(自五) {ラ(ロ)・リ(ッ)・ル・ル・レ・レ} 動作や口調が芝居でもしているようにわざとらしくなる。「―った身振《みぶ》り」

**しばいぎ**【芝居気】(名) 人をあっといわせるようなことをしたがる気持ち。「―の多い人」参考「しばいけ」「しばいっけ」ともいう。

**しばいっけ**【芝居っ気】(名) →しばいぎ

**しはいにん**【支配人】(名) 経営者にかわって、営業に関係した仕事のすべてをとりしきる人。マネージャー。

**しばいぬ**『△柴犬』(名)〘動〙犬の品種の一つ。日本産。小形で、立った小さな耳とまいた尾《お》をもつ。

**じはく**【自白】(名・他スル) 自分の犯《おか》した罪や秘密にしていたことをありのままに話し、認めること。白状すること。「スパイを―に追いこむ」類自供

**じばく**【自縛】(名・自スル) 自分の主張や意見にしばられて、動きがとれなくなること。「自縄《じじょう》―」

**じばく**【自爆】(名・自スル) 自分の乗る飛行機・軍艦《ぐんかん》や自分のからだにしかけた爆薬を、自ら爆発させること。「―装置」

**しばくさ**【芝草】(名)〘植〙→しば(芝)

**じばさんぎょう**【地場産業】(名) その地方に定着している産業。

**しばし**『◇暫し』(副) 少しの間。しばらく。「ここで―お待ち願いたい」

**しばしば**『△屢』(副) 何度もくりかえすようす。たびたび。なんども。「―会いに来る」

**しはす**【◦師走】(名) →しわす

**しばせん**〔司馬遷〕【人名】(前一四五?〜前八六?) 中国、前漢の歴史家。武帝《ぶてい》につかえ、太史令《たいしれい》(国の記録をあつかう史官の長官)となった。のち、伝説上の黄帝《こうてい》から前漢の武帝までの歴史書、「史記」一三〇巻を完成。

**じはだ**【地肌】『地◇膚』(名) ❶土の表面。大地の表面。❷本来の肌。けしょうをしていない肌。また、毛などでおおわれていない肌。

**しばたた・く**『◇瞬く』(他五) {カ(コ)・キ(イ)・ク・ク・ケ・ケ} →しばたたく

**しばたた・く**『△屢△叩く・◇瞬く』(他五) {カ(コ)・キ(イ)・ク・ク・ケ・ケ} しきりにまばたきをする。しばたく。「目を―」

**しばち**【芝地】(名) 芝の生えている所。しばふ。

**しはつ**【始発】(名) ❶列車・バスなどが、その場所を起点として出発すること。「―駅」対終着。❷列車・バスなどの路線で、その日の最初に発車すること。また、その列車・バスなど。「―の電車」対終発

**じはつ**【自発】(名) ❶自分で考え、自分から進んですること。…性「自発性を重んじる」❷〘文法〙意志と無関係にしぜんにそうなること。助動詞「れる」「られる」を用いて表す。

**じはつてき**【自発的】(形動ダ) {ダロ・ダッ(デ・ニ)・ダ・ナ・ナラ・○} 自分から進んで物事をするようす。「―に協力する」

**しばのと**『△柴の戸』(名) ❶細い枝や木で作った門。❷そまつな家。

**しばのほねをかう**【死馬の骨を買う】それほどの才能もない人をまず優遇《ゆうぐう》すれば、すぐれた者がしぜんに集まってくるというたとえ。

故事 古代中国の燕《えん》の昭王が郭隗《かくかい》に賢者《けんじゃ》を招く相談をしたとき、「むかしある君が家来に名馬を求めさせたところ、その家来は死んだ名馬の骨を買ってきて、『君が死馬の骨さえ大金で買ったと聞けば、必ず各地から名馬を売りに来るでしょう』と言っていたが、はたしてそのとおりになった」と話したことから出たことば。〈戦国策〉

**しばふ**【◦芝生】(名) 芝が一面に生えたところ。

**じばら**【自腹】(名) ❶自分の腹。❷自分のかね。

**自腹を切《き》る** 必ずしも払《はら》う必要のない費用を自分で払う。「自腹を切って得意先を接待《せったい》する」

**しはら・う**【支払う】(他五) {ワ(オ)・イ(ッ)・ウ・ウ・エ・エ} 代金・料金などを払いわたす。「現金で―」

**しばらく**『◇暫く』(副) ❶少しの間。しばし。「―お待ちください」❷ひさしく。長い間。「彼《かれ》とは―会っていない」

**しば・る**【縛る】(他五) {ラ(ロ)・リ(ッ)・ル・ル・レ・レ} ❶縄《なわ》・ひもなどを巻きつけて動かないようにする。「荷物を―」「どろぼうを―」対ほどく ❷自由な行動ができないようにする。束縛《そくばく》する。「規則で―」「時間に―・られる」

**しはん**【市販】(名・他スル) 世間の一般《いっぱん》の店で売ること。または、売っていること。「―の薬」

**しはん**【死斑】(名) 死後、ひふにできる紫《むらさき》の斑点。

**しはん**【師範】(名) ❶人の手本となること。また、手本となる人。❷学問やわざなどを教える人。先生。また、その資格。❸(「師範学校」の略)もと、教員の養成を目的とした公立学校。

**じばん**【地盤】(名) ❶建物などを建てる土台となる土地。「―がゆるい」❷勢いや力の届く所。物事を行うための根拠地《こんきょち》。「選挙の―」「―を固める」

**ジバン**『×襦袢』〔ポルトガル gibão〕(名) →じゅばん

**しはんき**【四半期】(名) 一年を四等分した各期間。三か月。

**じはんき**【自販機】(名)「自動販売機」の略。

**じばんちんか**【地盤沈下】(名) ❶地表《ちひょう》面がしずむ現象。❷(比喩《ひゆ》的に)勢力が維持《いじ》できなくなり、おとろえること。「人気が―を起こす」

**しはんぶん**【四半分】(名) 四つに分けた一つ。四分の一。

**しひ**【私費】(名) 個人で負担する費用。「―で留学する」対官費《かんぴ》・公費

**しひ**【詩碑】(名) 詩をほりつけ、記念にたてた石碑。

**しび**『△鴟尾』(名) 仏殿などの屋根の両端《りょうはし》にとりつける魚の尾《お》の形をしたかざりもの。

(しび)

**じひ**【自費】(名) 自分で払《はら》う費用。「―でまかなう」「―出版」類自弁

**じひ**【慈悲】(名) ❶あわれみ、いつくしむ気持ち。なさけ。「―深い人」「無―」❷〘仏〙仏や菩薩《ぼさつ》が、衆生

《しゅじょう》をいつくしみ、苦しみを除《のぞ》くこと。

**シビア**〔英 severe〕(形動ダ){ダロ・ダッ(デ・ニ)・ダ・ナ・ナラ・○}きびしいようす。厳格なようす。「ーな条件」「ーに批評する」

**ジビエ**〔フランス gibier〕(名) 狩猟《しゅりょう》によって食用とする野生の鳥やけもの。また、その肉。「ー料理」

**じびか【耳鼻科】**(名) 耳や鼻の病気を治療《ちりょう》する医学の一分科。

**じびき【字引】**(名) ❶漢字を集めて、分類・配列し、音訓・意味などを説明した本。❷辞書。辞典。

**じびきあみ【地引き網】**(名) 引き網の一種。沖《おき》にはり、陸地に引き寄せて魚をとる網。

**しひつ【試筆・始筆】**(名) かきぞめ。

**じひつ【自筆】**(名) 自分で書くこと。また、書いたもの。直筆《じきひつ》。「ーの原稿《げんこう》」対代筆

**じひびき【地響き】**(名・自スル) 大地が鳴りひびくこと。震動《しんどう》や物音が地面を伝わってひびいてくること。

**しひょう【死票】**(名) 選挙で、落選した候補者に投じられた票。死に票。「ーを立てる」

**しひょう【指標】**(名) 見当をつけるための目じるし。「六〇点が一つのーになる」

**しひょう【師表】**(名) 人びとの手本。また、その人。

**じひょう【時評】**(名) ❶その時点での世の中の出来事に対する批評。「文芸ー」❷その当時の評判。

**じひょう【辞表】**(名) 勤めをやめることを申し出るときに、そのむねを書いて出す文書。「ーを出す」

**じびょう【持病】**(名) ❶なおりにくく、いつも苦しめられている病気。「ーのぜんそく」❷なかなかなおらない悪いくせ。「かねづかいがあらいのは彼《かれ》のーだ」

**シビリアン-コントロール**〔英 civilian control〕(名) 軍人以外の人が軍隊に対して最高指揮権を持つこと。文民統制《とうせい》。

**しび・れる**〖△痺れる〗(自下一){レ・レ・レル・レル・レレ・レロ(レヨ)}❶からだの一部、または全体の感覚がなくなる。まひする。「足がー」❷心に強い刺激《しげき》を受けてうっとりする。陶酔《とうすい》する。「ーような美声」

**しびれをきらす【しびれを切らす】**〖△痺れを切らす〗❶長い間すわっていて足がしびれる。❷長い間待たされてがまんできなくなる。待ちくたびれる。

**しびん**〖△溲瓶〗(名)(「しゅびん」の変化したもの)病人などが寝《ね》たまま小便をするときに使う容器。

**しふ【師父】**(名) ❶師と父。❷父のように敬愛する師。

**しぶ【渋】**(名) ❶渋柿《しぶがき》からとる、赤黒い汁《しる》。木や紙にぬってくさるのをふせぐ。かきしぶ。❷渋い味。

**しぶ【支部】**(名) 本部から分かれてその地域の仕事を取りあつかうところ。対本部

**じふ【自負】**(名・自他スル) 自分の才能などに自信をもち誇《ほこ》りに思うこと。「記憶《きおく》力のよさをーする」

**じふ【慈父】**(名) ❶子に対する愛情の深い父親。❷父親を敬っていうことば。(対慈母)

**しぶ・い【渋い】**(形){カロ・カツ(ク)・イ・イ・ケレ・○}❶渋柿《しぶがき》のような、舌を刺激《しげき》する味がする。「ーお茶」❷けちである。「かねにはー人」❸地味だが落ち着いて深みがある。「ー色の服」❹不愉快《ふゆかい》そうだ。「ー顔をする」

**しぶうちわ【渋うちわ】**〖渋×団扇〗(名) 柿《かき》の渋をぬった、赤茶色で大形のうちわ。

**しぶがき【渋柿】**(名) 実が熟しても味が渋い柿。干し柿などにする。

**しぶがみ【渋紙】**(名) 和紙をはりかさねて柿《かき》の渋をぬったもの。

**しぶかわ【渋皮】**(名) 木や果実などの表の皮の下にあるうすい皮。

**渋皮がむける** ❶洗練されて美しくなる。あかぬける。❷物事になれてたくみになる。

**しぶき**〖×飛沫〗(名) 空中に飛び散る細かい水の玉。「波のーをあびる」

**しふく【至福】**(名) この上もない幸福。「ーの時」

**しふく【私服】**(名) ❶制服ではない、個人の洋服。対制服。❷(「私服刑事」の略) 職務上、①を着て仕事をしている警察官。

**しふく【私腹】**(名) 自分のもうけ・財産。私利。

**私腹を肥《こ》やす** 地位や権力を悪用して不当に自分の財産をふやす。

**しふく【雌伏】**(名・自スル) 将来活躍《かつやく》する機会がくるのを、力を養いながらがまんして待つこと。「ー七年」対雄飛《ゆうひ》

**しぶ・く**(自五){カ(コ)・キ(イ)・ク・ク・ケ・ケ}❶風雨がはげしく吹《ふ》きつける。「雨がー」❷しぶきがあがる。「波がー」

**じぶくろ【地袋】**(名) 床《とこ》の間のわきのちがい棚《だな》の下などにつけた小さな戸棚。対天袋

**ジプシー**〔英 Gypsy〕(名) ヨーロッパを中心に各地を放浪《ほうろう》する民族。音楽やおどりを好む。参考差別的な意を持ち、自称《じしょう》としては「ロマ」などを用いる。

**しぶしぶ**〖渋渋〗(副) 気がすすまずいやいやながら。しぶりながら。不承不承《ふしょうぶしょう》。「ー引き受ける」

**ジブチ**〔Djibouti〕〔地名〕アフリカ大陸の東部、エチオピアの北東にある共和国。首都はジブチ。

**しぶつ【死物】**(名) ❶生命のない活動しないもの。❷役にたたないもの。「法規がーと化す」

**しぶつ【私物】**(名) 国や会社の物ではなく、個人で持っている物。…化「公共の物を私物化する」

**じぶつ【事物】**(名) さまざまな物やことがら。ものごと。参考「物事」に比べて、「こと」よりも「物」に重点を置いた言い方。

**じぶつ【持仏】**(名) 身につけたり部屋にまつったりして、自分を守ってくれるものとして信仰《しんこう》する仏像。

**ジフテリア**〔英 diphtheria〕(名)〔医〕ジフテリア菌《きん》の感染《かんせん》によって、のどに白い膜《まく》ができる病気。子どもがかかりやすい。

**シフト**〔英 shift〕(名・自スル) ❶位置や場所を移動すること。❷野球で、特別な守備態勢をとること。「バントー」❸自動車のギアを入れかえること。「ーレバー」❹勤務の交替《こうたい》制。「ー勤務」

**しぶと・い**(形){カロ・カツ(ク)・イ・イ・ケレ・○}❶がまん強く、容易にはへこたれない。ねばり強い。「ー・く食いさがる」❷なかなか自分の考えを捨てない。強情《ごうじょう》である。「ー奴《やっ》」

**じふぶき【地◦吹雪】**(名) 強風が積もった雪をまきあげて、横なぐりにふきつけること。

**しぶみ【渋み】**〖渋味〗(名) ❶渋い味。❷地味で落ち着いた深みのある感じ。「ーのある陶器《とうき》」

**しぶ・る【渋る】**{ラ(ロ)・リ(ッ)・ル・ル・レ・レ} [一](自五) ❶なめらかに進まなくなる。「筆が―」 ❷下痢《げり》気味で、便意はあるのに大便が出ない状態になる。「腹が―」 [二](他五) 気がすすまず、ぐずぐずする。「協力を―」
**しふん【私憤】**(名) 自分に関することにまつわる怒《いか》り。個人的なうらみ。「―をいだく」対公憤
**しふん【脂粉】**(名) べにとおしろい。転じて、化粧《けしょう》。「―の香《か》」
**しぶん【死文】**(名) ❶実際には効力のない法令や規則。空文。「条約が―と化す」 ❷内容のない文章。
**しぶん【詩文】**(名) 詩と文章。転じて、文学。
**じぶん【自分】**[一](名) その人自身。自己《じこ》。おのれ。「―のことは―でする」 [二](代) わたくし。わたし。「―もそう考えます」
**じぶん【時分】**(名) ❶だいたいの時。ころ。「子どもの―の思い出」 ❷ちょうどよいとき。ころあい。「―を見はからう」
**じぶん【時文】**(名) 中国の現代文。
**じぶんかって【自分勝手】**(名・形動ダ) 自分のつごうだけで物事をすること。身勝手。「―な男」
**しぶんごれつ【四分五裂】**(名・自スル) ばらばらに分かれること。めちゃめちゃに分裂《ぶんれつ》すること。「内紛《ないふん》から党が―する」
**しぶんしょ【私文書】**(名) 公務員以外の者が作った文書。個人の立場で作成した文書。対公文書
**しべ【△蕊】**(名) おしべとめしべ。
**しへい【紙幣】**(名) 紙のおかね。札《さつ》。対硬貨《こうか》
**じへい【時弊】**(名) その時代の悪い習慣や弊害。
**じへいしょう【自閉症】**(名)〘医〙幼児期に現れる障害の一つ。対人関係や言語の障害、同じ動作のくり返しなど、さまざまな症状がみられる。
**じべた【地べた】**(名)〘俗語〙地面。
**しべつ【死別】**(名・自スル) 身近な人が死んで、その人と別れること。死にわかれ。対生別《せいべつ》
**シベリア**〔Siberia〕【地名】ロシア連邦《れんぽう》の一地方で、ウラル山脈からベーリング海にわたるアジア北部の地域。
**しへん【四辺】**(名) ❶あたり。まわり。周囲。 ❷〘数〙四つの辺。「―形」
**しへん【紙片】**(名) 紙のきれはし。紙きれ。
**しべん【支弁】**(名・他スル) おかねを支払《しはら》うこと。「食事代は会社が―する」
**しべん【至便】**(名・形動ダ) ひじょうに便利なこと。たいへんつごうのよいこと。「交通―」
**しべん【思弁】**(名・他スル) 経験によらず、理性をささえとして頭の中だけで考えること。
**じへん【事変】**(名) ❶異常な出来事。 ❷警察力ではしずめることのできないような騒動《そうどう》。 ❸宣戦布告なしで行われる国家間の戦闘行為《せんとうこうい》。
**じべん【自弁】**(名・他スル) 自分で費用をはらうこと。「バス代は―でお願いします」類自費
**しへんけい【四辺形】**(名)〘数〙四つの辺で囲まれた図形。四角形。「平行―」
**しぼ【思慕】**(名・他スル) 思いしたうこと。恋《こい》しく思うこと。「亡《な》き母を―する」
**じぼ【字母】**(名) ❶ことばをつづるもととなる文字の一つ一つ。アルファベットなど。 ❷活字を作るもとになる字型。母型。
**じぼ【慈母】**(名) ❶思いやりが深くやさしい母。 ❷母を敬っていうことば。(対慈父)
**しほう【四方】**(名) ❶東・西・南・北の四つの方角。 ❷まわり。あらゆる方向。「―を見る」「―八方」
**しほう【司法】**(名) 国家が法律に基づいて紛争《ふんそう》を解決する行為《こうい》。民事・刑事《けいじ》上の裁判。
**しほう【至宝】**(名) この上なくとうとい宝。「国の―」
**しほう【私法】**(名) 個人間のたがいの権利・義務を規定した法律。民法・商法など。対公法
**しぼう【子房】**(名)〘植〙めしべの下のはしのふくらんだ所で、受精して実になる部分。⇨花〈図〉
**しぼう【死亡】**(名・自スル) 死ぬこと。死去。死没《しぼつ》。「―記事」「―者」
**しぼう【志望】**(名・他スル) こうしたい、こうなりたいと望むこと。「芸術家を―する」「―校」類志願
**しぼう【脂肪】**(名) 動植物の中にふくまれるあぶら。ふつう、常温では固体。エネルギー源となる。
**じほう【時報】**(名) ❶その時々の出来事を知らせる新聞や雑誌など。「経済―」 ❷テレビ・ラジオなどで、標準の時刻を知らせること。「正午の―」
**じぼうじき【自暴自棄】**(名・形動ダ) 物事が思いどおりにならず、やけになること。やけくそ。
**しほうしょし【司法書士】**(名) 登記《とうき》・供託《きょうたく》などについて、裁判所・検察庁・法務局などに提出する書類の作成を代行する、法律上の資格のある人。
**しほうとりひき【司法取引】**(名) 刑事裁判で、検察側と被告《ひこく》側とで交《か》わされる取引。被告が捜査に協力することを条件に、刑を軽くしたり、不起訴《ふきそ》にしたりする制度。
**しぼつ【死没】【死△歿】**(名・自スル) 死ぬこと。死亡。死去。
**しぼ・む【◇萎む・△凋む】**{マ(モ)・ミ(ン)・ム・ム・メ・メ}(自五) 勢いや張りがなくなり、ちぢんで小さくなる。「ゴム風船が―」「花が―」「夢が―」対膨《ふく》らむ
**しぼり【絞り】**(名) ❶「絞り染め」の略。 ❷花びらなどの色がまだらになっているもの。 ❸カメラのレンズのまわりに取りつけて光の量を調節する装置。
**しぼりこ・む【絞り込む】**(他五){マ(モ)・ミ(ン)・ム・ム・メ・メ} 条件にあわせて数や範囲《はんい》を限定する。「候補作を―」
**しぼりぞめ【絞り染め】**(名) 布地をところどころ糸でくくって、白地の模様を出す染め方。くくり染め。
**しぼりだ・す【絞り出す・搾り出す】**(他五){サ(ソ)・シ・ス・ス・セ・セ} ❶しぼって中にある液体などを出す。「アイデアを―」「声を―」 ❷考えなどを苦心して出す。
**しぼ・る【絞る・搾る】**(他五){ラ(ロ)・リ(ッ)・ル・ル・レ・レ} ❶強くおしたりねじったりして、中にふくまれている水分などの液体を出す。「雑巾《ぞうきん》を―」「ぶどうを―」「袖《そで》を―(=ひどく泣く)」
❷むりに出す。「声を―」「知恵《ちえ》を―」
❸むごく取りたてる。「税金を―・り取る」
❹きびしくきたえたりしかったりする。「母に―・られる」
❺広がっているものをせばめる。「ウエストを―」
❻範囲《はんい》をせばめて限定する。「的《まと》を―」「条件を―」「テーマを―」

❼音量・光量・数量などを小さくする。「ボリュームを―」「レンズを―」

**学習 使い分け 「絞る」「搾る」**
**絞る** ねじり合わせるように力を加えて水分などを出したり、むりに取り出したりする意。また、広がっているものを小さくする意。「手ぬぐいを**絞る**」「知恵《ちえ》を**絞る**」「問題点を**絞る**」「音量を**絞る**」
**搾る** おしちぢめるように力を加えて、中身や水分などを取り出す意。また、むりに取りたてる意。「乳を**搾る**」「チューブを**搾る**」「年貢米《ねんぐまい》を**搾り取る**」
◆「搾る」は、しぼり取る、しぼり出すという意味で限定して使われ、「絞る」のほうが一般《いっぱん》的に広い範囲に使われる。

**しほん【資本】**(名) 事業をするのに必要なおかね。もうけるためにつぎこむもとで。資金。
**しほんか【資本家】**(名) 利潤《りじゅん》や配当を得る目的で資本を出す人。また、会社などを経営して労働者を使う人。㊀労働者
**しほんしゅぎ【資本主義】**(名) 資本家が利益を得るために、労働者をやとって商品を生産する経済のしくみ。㊀社会主義
**しま【島】**(名) まわりを水で囲まれた陸地。
**しま**『△縞』(名) 染め糸を使って縦や横にすじを織り出した織物。また、そのような模様。ストライプ。
**しま**〔志摩〕〔地名〕むかしの国名の一つ。今の三重県の東部。志州。
**しまい【姉妹】**(名) ❶姉と妹。女のきょうだい。㊀兄弟 ❷つながりや、たがいに似たところのある二つのもの。「―校」「―都市」
**しまい**『仕舞い・◇終い』(名) ❶やめること。終わり。最後。「これでお―にしよう」「―には泣きだした」❷(「…ずじまい」の形で)…しないで終わってしまうことを表す。「彼女《かのじょ》とは会わず―だ」
**しま・う**『仕舞う・◇終う』(他五) {ワ(オ)・イ(ッ)・ウ・ウ・エ・エ} ❶終わりにする。また、商売などをやめる。「店を―」❷使った物などをもとあった所や入れ物におさめる。かたづける。「夏服を―」❸(「…て(で)しまう」の形で)㋐動作が終わることを表し、その動作を強調する。「行って―」「あきれて―」「捨てて―・え」㋑そうするつもりがないのに、ある結果となったことを表す。「うっかり寝すごして―・った」
**しまうま**『△縞馬』(名)〘動〙ウマ科の哺乳《ほにゅう》動物。からだ全体が白と黒のしまになっている。アフリカの草原に群れをつくってすむ。ゼブラ。
**じまえ【自前】**(名) 費用を全部自分で負担すること。「―で服をつくる」
**しまおくそく**『△揣摩臆測』(名・他スル) たしかな根拠《こんきょ》もないのにあれこれとおしはかること。あて推量。
**しまかげ【島陰】**(名) 島にかくれて見えない所。
**しまかげ【島影】**(名) 島の姿。「―が見える」
**しまぎあかひこ**〔島木赤彦〕〔人名〕(一八七六〜一九二六) 大正時代の歌人。伊藤左千夫《いとうさちお》に学び、のちアララギ派の指導者となり、「鍛練道《たんれんどう》」を唱えた。歌集「太虚《たいきょ》集」、歌論「歌道小見」など。
**じまく【字幕】**(名) 映画やテレビなどで、題名・配役・せりふ・説明などを文字で映し出すもの。
**しまぐに【島国】**(名) まわりを海に囲まれた国。
**しまぐにこんじょう【島国根性】**(名) 島国の国民にありがちな、視野がせまく自分本位のこせこせした気質。
**しまざきとうそん**〔島崎藤村〕〔人名〕(一八七二〜一九四三) 明治・大正・昭和前期の詩人・小説家。「若菜《わかな》集」などを出して新体詩を完成。のち、小説「破戒《はかい》」によって自然主義小説のさきがけとなり、晩年の大作「夜明け前」にいたるまで多くの作品を残した。
**しまだ【島田】**(名)「島田まげ」の略。
**しまだまげ【島田まげ】**『島田△髷』(名) 未婚《みこん》の女性や花嫁《はなよめ》が結《ゆ》う、日本髪《にほんがみ》の結い方。島田。

(しまだまげ)

**しまつ【始末】**❶(名) ❶初めから終わりまでのありさま・事情。「解散に至った―」❷よくない結果。「結局この―だ」❷(名・他スル) ❶かたづけること。しめくくること。「あと―」「家を―する(=家を売る)」❷むだづかいしないこと。「ものの―がいい」
**始末が悪《わる》い** たちが悪く、あつかいに困る。「わざとやっているのだから―」㊀始末に負えない
**始末に負《お》えない** 自分の力ではあつかいきれない。「―いたずらっ子」㊀始末が悪い・手に負えない
**しまつしょ【始末書】**(名) あやまちをわびるため、そのいきさつを書いて出す書類。
**しまながし【島流し】**(名・他スル) ❶むかしの刑罰《けいばつ》の一つ。罪人を遠くの島や土地へ追いやること。流刑《るけい》。❷不便な遠い土地に転勤させられること。
**しまり【締まり】**(名) ❶ゆるみがなく、ひきしまっていること。「―のない顔」❷しめくくり。「―をつける」❸むだづかいしないこと。倹約《けんやく》。❹戸じまり。
**しまりや【締まり屋】**(名) むだづかいをしない人。倹約《けんやく》家。
**しま・る【閉まる】**(自五) {ラ(ロ)・リ(ッ)・ル・ル・レ・レ} ❶ひらいていたものがとじられる。ふさがれる。「ふたが―」「ドアが―」❷店の営業などが終わる。「店が―」(㊀開《あ》く)
**しま・る【絞まる】**(自五) {ラ(ロ)・リ(ッ)・ル・ル・レ・レ} 首のまわりに強い力が加えられる。「首が―」
**しま・る【締まる】**(自五) {ラ(ロ)・リ(ッ)・ル・ル・レ・レ} ❶ものにゆるみやたるみがなくなる。「ねじが―」「―・ったからだつき」❷気持ちや態度などにゆるみがなくなる。「身が―思い」「―・ってゆこう」「―・らない話だ」❸きりつめる。節約する。
**じまわり【地回り】**『地△廻り』(名) ❶近くの村落から農作物などを送ってくること。また、その物。

「―の野菜」❷都市やその周辺をまわって商売すること。また、その商人。❸盛り場などをうろつくならず者。
**じまん【自慢】**（名・他スル）自分や自分に関係の深いことを人にほこること。「成績を―する」「―話」
**しみ【染み】**（名）❶液体などがついてよごれること。また、そのよごれ。「壁《かべ》の―」❷ひふにできる茶色の斑点《はんてん》。
**しみ**『×紙魚・×衣魚』（名）〔動〕シミ科の昆虫《こんちゅう》。体長は約一《センチメートル》で、からだに銀色のうろこがあり、着物や本を食いあらす。

（紙魚）

**じみ【地味】**（名・形動ダ）色・模様・動作などが派手でなく目立たないようす。「―な色」対派手
**じみ【滋味】**（名）❶うまい味。また、栄養が豊富な食物。❷物事のもつ深い味わい。「―豊かな話」
**シミーズ**（名）→シュミーズ
**しみこ・む【染み込む】**（自五）{マ(モ)・ミ(ン)・ム・ム・メ・メ}深く中までしみる。しみとおる。「汗《あせ》の―・んだ運動着」「師のことばが心の中まで―」
**しみじみ**（副）❶心に深くしみこむようす。「―ありがたいと思う」❷心のなかの思いを静かに話すようす。「―（と）語る」
**しみず【○清水】**（名）地下からわき出てくる、清くすんだ水。
**じみち【地道】**（名・形動ダ）むりなく着実に物事を進めていくこと。「―に努力する」
**しみつ・く【染みつく】**『染み着く・染み付く』（自五）{カ(コ)・キ(イ)・ク・ク・ケ・ケ}❶色やにおいなどがついてとれなくなる。「たばこのにおいが服に―」❷悪い習慣や考え方などが身についてぬけなくなる。「なまけぐせが―・いている」
**しみったれ**（名・形動ダ）ひどくけちけちしていること。また、その人。
**しみどうふ**『◇凍み豆腐』（名）→こおりどうふ
**しみとお・る【染みとおる】**『染み◇透る』（自五）{ラ(ロ)・リ(ッ)・ル・ル・レ・レ}❶内部まで深くしみこむ。「雨が服の中まで―」❷心に強く感じる。「骨の髄《ずい》まで―」
**しみぬき【染み抜き】**（名・他スル）衣服などについたしみを取り去ること。
**しみゃく【支脈】**（名）山脈・鉱脈・葉脈などで、もとになる太いすじから分かれたもの。
**しみゃく**『△翅脈』（名）昆虫《こんちゅう》の羽にみられる網《あみ》状のすじ。羽を補強するはたらきがある。
**シミュレーション**〔英 simulation〕（名）現実に想定される場面と同じような状況《じょうきょう》を設定し、模型などを使って実験すること。模擬《もぎ》実験。
**し・みる【染みる】**『△滲みる・△沁みる』（自上一）{ミ・ミ・ミル・ミル・ミレ・ミロ(ミヨ)}❶液体・におい・色などが物の中にはいりこむ。「水が砂地に―」「油のにおいが着物に―」❷刺激《しげき》などによって痛いように感じる。「薬が目に―」❸深く感じる。「失敗が身に―」
**し・みる**『◇凍みる』（自上一）{ミ・ミ・ミル・ミル・ミレ・ミロ(ミヨ)}❶こおる。❷こおりつくほど寒さがきびしく感じられる。「―朝」
**-じ・みる**『染みる』（接尾）（名詞について上一段動詞をつくる）❶…がしみつく。「油―」❷…のようにみえる。「年寄り―」「子ども―」
**しみん【四民】**（名）❶江戸《えど》時代の士農工商の四つの身分。❷すべての階層の人びと。「―平等」
**しみん【市民】**（名）❶その市に住む人びと。「千葉―」❷選挙などで政治に参加できる人びと。公民。「―運動」❸市民階級の人。「―革命」
**しみんかいきゅう【市民階級】**（名）西洋で、封建《ほうけん》社会を支配していた貴族・聖職者に代わり民主主義・資本主義社会を確立した中産階級。ブルジョアジー。
**しみんけん【市民権】**（名）❶市民として自由が保障され、政治にたずさわることのできる権利。❷広く世に受け入れられること。「―を得る」
**しみんしゃかい【市民社会】**（名）市民が自由・平等で、法律をもとにして政治が行われている社会。
**じむ【事務】**（名）会社などで、机の上で計算したり書類などをあつかったりする仕事。「―員」「―をとる」
**ジム**〔英 gym〕（名）❶屋内のトレーニングなどのための施設《しせつ》。「スポーツ―」❷ボクシングの練習場。また、その選手を育てる組織。
**しむ・ける【仕向ける】**（他下一）{ケ・ケ・ケル・ケル・ケレ・ケロ(ケヨ)}人が何かをするようにはたらきかける。「勉強するように―」
**じむし【地虫】**（名）土の中にすむ虫の総称《そうしょう》。こがね虫・かぶと虫などの幼虫。
**じむてき【事務的】**（形動ダ）{ダロ・ダッ(デ・ニ)・ダ・ナ・ナラ・○}感情を入れずに物事をかたどおりに行うようす。「―な対応」
**しめあ・げる【締め上げる】**（他下一）{ゲ・ゲ・ゲル・ゲル・ゲレ・ゲロ(ゲヨ)}❶強くしめつける。「ひもで―」❷きびしく責める。
**しめい【氏名】**（名）名字《みょうじ》と名前。姓名《せいめい》。
**しめい【死命】**（名）死ぬか生きるかという大事なこと。「―を制する（=相手の急所をおさえる）」
**しめい【使命】**（名）与《あた》えられた任務。はたさなければならないつとめ。「―を果たす」「―感」
**しめい【指名】**（名・他スル）名を挙げてその人と指定すること。「会長に―する」
**じめい【自明】**（名・形動ダ）説明や証明をしなくても、わかりきっていること。「―の理」
**しめいだしゃ【指名打者】**（名）野球で、攻撃時に投手の代わりに打席に立つ選手。DH《ディーエイチ》。
**しめいてはい【指名手配】**（名・他スル）警察が、逮捕状《たいほじょう》の出ている被疑者《ひぎしゃ》の名前を広く知らせ、つかまえるように手配すること。
**しめかざり【しめ飾り】**『×注連飾り・◇標飾り』（名）しめ縄《なわ》を張って飾ること。また、その飾り。正月に門口《かどぐち》や神棚《かみだな》などに張る。
**しめきり【閉め切り】**（名）戸などをしめたままであけないこと。「窓を―にする」
**しめきり【締め切り】**（名）期限を決めて物事のとりあつかいを終わりにすること。また、その期日。
**しめき・る【閉め切る】**（他五）{ラ(ロ)・リ(ッ)・ル・ル・レ・レ}戸などをすっかりしめる。また、しめたままにしておく。「―・ったままの部屋」
**しめき・る【締め切る】**（他五）{ラ(ロ)・リ(ッ)・ル・ル・レ・レ}物事のとりあつかいを時間や数でうち切って、おしまいにする。「受付を―」
**しめくく・る【締めくくる】**『締め◇括る』（他

し

五）｛ラ(ロ)・リ(ッ)・ル・ル・レ・レ｝❶しっかりしばる。❷まとまりをつけて終わりにする。「話を—」

**しめころ・す**【絞め殺す】（他五）｛サ(ソ)・シ・ス・ス・セ・セ｝首をしめて命をうばう。絞殺《こうさつ》する。

**しめさば**〘締め△鯖〙（名）三枚におろしたさばを、塩と酢《す》につけた食べ物。きずし。

**しめし**【示し】（名）❶神仏のさとし。教え。「神のお—」❷人にいましめとなること。「—をつける」

**示しがつかない** ほうっておいては前例となって、他に悪い影響《えいきょう》をおよぼす。よい手本にならない。

**しめじ**（名）キシメジ科のきのこ。秋、雑木林《ぞうきばやし》の中に群がり生える。かさは白またはねずみ色。食用。

**しめしあわ・せる**【示し合わせる】（他下一）｛セ・セ・セル・セル・セレ・セロ(セヨ)｝❶前もって相談する。「—・せた場所」❷合図して知らせ合う。「目で—」

**しめしめ**（感）思ったとおりに物事が運んだ喜びをひそかに表すことば。「—、うまくいった」

**じめじめ**（副・自スル）❶湿気《しっけ》が多く不快なようす。「—(と)した天気」❷陰気《いんき》なようす。

**しめ・す**【示す】（他五）｛サ(ソ)・シ・ス・ス・セ・セ｝❶相手によくわかるように出して見せたり、何かをして見せたりする。「証明書を—」「模範《もはん》を—」❷指などでさして教える。さししめす。「方向を—」❸気持ちや考えなどを相手にわかるように外に表す。「関心を—」「難色を—」❹あることがらや物事の状態を表す。「回復傾向《けいこう》を—検査結果」

**しめ・す**【湿す】（他五）｛サ(ソ)・シ・ス・ス・セ・セ｝ぬらす。しめらす。「水でくちびるを—」

**しめすへん**【示偏】（名）漢字の部首の一つ。「神」「祠《ほこら》」などの左側にある「ネ」「礻」の部分。

**しめた**（感）うまくいった喜びを表すことば。

**しめだ・す**【締め出す・閉め出す】（他五）｛サ(ソ)・シ・ス・ス・セ・セ｝❶外に人を追い出したり、外にいる人を中にはいらせないようにする。「客を店から—」❷仲間に入れない。排除《はいじょ》する。「外国商品を—」「よそ者を—」

**しめつ**【死滅】（名・自スル）死にたえてほろびること。「害虫が—する」

**じめつ**【自滅】（名・自スル）❶しぜんにほろびること。❷自分のしたことで自分がほろびたり負けたりすること。「エラーの連続で—した」

**しめつ・ける**【締めつける】〘締め付ける〙（他下一）｛ケ・ケ・ケル・ケル・ケレ・ケロ(ケヨ)｝❶力いっぱいしめる。強くしめる。❷規制や圧迫《あっぱく》をきびしくする。「国民を—政治」

**しめっぽ・い**【湿っぽい】（形）｛カロ・カッ(ク)・イ・イ・ケレ・○｝❶しめりけがある。❷暗くはればれしない。「—話」

**しめて**【締めて】（副）合計して。全部で。「—二万円」

**しめなわ**【しめ縄】〘×注連縄・◇標縄〙（名）神を祭る所などに張って神聖な所と他の所の境とする、紙のかざりをつけた縄。

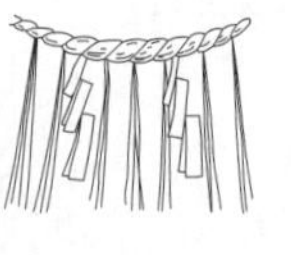
（しめなわ）

**しめやか**（形動ダ）｛ダロ・ダッ(デ・ニ)・ダ・ナ・ナラ・○｝❶ひっそりと静かなようす。「—な夜の雨」❷悲しみにしずんでものさびしいようす。「—に葬儀《そうぎ》が行われた」

**しめり**【湿り】（名）❶しめること。水分をふくむこと。❷（多く、「おしめり」の形で）雨が降ること。「ひと—欲しいところだ」「ちょうどいいお—だ」

**しめりけ**【湿り気】（名）物にわずかにふくまれている水分。しっき。しっけ。「—をおびる」

**しめ・る**【湿る】（自五）｛ラ(ロ)・リ(ッ)・ル・ル・レ・レ｝❶水けをもつ。「—・ったタオル」対乾く。❷気持ちがふさぐ。めいる。「心が—」

**し・める**【占める】（他下一）｛メ・メ・メル・メル・メレ・メロ(メヨ)｝❶場所・物・地位などを、自分のものとする。その場所をふさぐ。「上位を—」「社内で重要な位置を—」❷全体の中である部分・割合を持つ。「賛成派が過半数を—」❸（「味をしめる」の形で）一度やってそのうまみを知る。

**し・める**【閉める】（他下一）｛メ・メ・メル・メル・メレ・メロ(メヨ)｝❶開《あ》いている窓や戸などをとじる。とざす。「窓を—」❷その日の営業を終える。また、商売などをやめる。「店を—」（対開ける）

**し・める**【絞める】（他下一）｛メ・メ・メル・メル・メレ・メロ(メヨ)｝首などを強い力で押《お》さえつけて息ができないようにする。「首を—」「鶏《にわとり》を—」

**し・める**【締める】（他下一）｛メ・メ・メル・メル・メレ・メロ(メヨ)｝❶かたく結ぶ。ゆるまないよう固定する。「帯を—」「ねじを—」❷態度や気持ちのたるんだところをなくす。「—・めてかかれ」❸節約する。「家計を—」❹そこまでを一くぎりとしておかねなどの合計を出す。「今月分を—」❺酢《す》や塩で魚の肉をしまらせる。「酢でさばを—」❻完成や決着を祝って手を打つ。

**しめる**（助動）｛シメ・シメ・シメル・シメル・シメレ・シメロ(シメヨ)｝使役の意を表す。「私をして言わ**しめれば**」文法用言・助動詞の未然形につく。口語では「せる」「させる」を用いることが多い。

**しめん**【四面】（名）四つの面。また、四方。まわり。「—体」「日本は—を海に囲まれている」

**しめん**【紙面】（名）❶紙の表面。❷新聞の記事をのせる面。紙上。「—をにぎわす」

**しめん**【誌面】（名）雑誌で、記事をのせるページ。

**じめん**【地面】（名）❶土地の表面。「—を蹴《け》る」❷土地。地所。「—を買う」

**しめんそか**〘四面△楚歌〙（名）まわりを敵や反対者にかこまれ、孤立《こりつ》すること。「—の状態」

故事 楚《そ》の国の項羽《こうう》が漢の兵隊にかこまれたとき、四方からさかんに楚の歌が聞こえてきたので、項羽は楚の国民が漢に降参《こうさん》したと思って悲しんだ、という話から出たことば。〈史記〉

**しも**【下】（名）❶川などの、流れていくほう。「川—」「風—《かざしも》」対上《かみ》❷あとのほう。「—半期」対上《かみ》❸からだの腰《こし》から下の部分。「—半身」❹大小便。「—の始末」❺地位・身分の低い人。「—の者」対上《かみ》❻位の低い席。下座。対上《かみ》❼短歌の、「下の句」の略。対上《かみ》

**しも【霜】**（名）❶空気中の水分が地面や物にふれてこおった細かい氷。「冷蔵庫の―」「―が降りる」❷しらがのたとえ。「頭に―を置く（＝白髪《はくはつ》になる）」

**しも**（副助）❶強調の意を表す。「そのほうがまだ―よい」❷（下に打ち消しのことばをともなって）例外のある意を表す。「望みなきに―あらず」文法強意の副助詞「し」に係助詞「も」のついたもの。

**しもいちだんかつよう【下一段活用】**（名）〘文法〙動詞の活用の一種。語尾が五十音図のエ段だけに活用するもの。「寝る」「投げる」などの活用。文語では「蹴《け》る」の一語だけ。⇩付録「動詞活用表」

**しもうさ**〔下総〕［地名］むかしの国名の一つ。今の千葉県北部と茨城県南西部。総州《そうしゅう》。

**しもがれ【霜枯れ】**㊀（名・自スル）霜のために草木が枯れること。㊁（名）（「霜枯れ時」の略）草木が霜で枯れる季節。また、冬、商品の売れ行きが悪い時期。

**じもく【耳目】**（名）❶耳と目。また、聞くことと見ること。「―にふれる」❷人びとの注意。「―を引く」

**じもく【除目】**（名）平安時代、大臣以外の役人を任命した儀式《ぎしき》。春と秋の二回行われた。

**しもごえ【下肥】**（名）人の大小便を肥料にしたもの。

**しもざ【下座】**（名）位や身分が下の人がすわる席。対上座《かみざ》

**しもじも【下下】**（名）一般《いっぱん》の人。社会的な地位の低い人びと。

**しもたや【しもた屋】**（名）（「仕舞《しも》うた屋（＝商売をやめた家）」の転）商店がならぶ所で、商売をしないで暮らしている家。また、勤め人などの、商店でない家。

**しもつき【霜月】**（名）陰暦《いんれき》一一月の異名。

**しもつけ**〔下野〕［地名］むかしの国名の一つ。今の栃木県。野州《やしゅう》。

**しもて【下手】**（名）❶川の下流のほう。「川の―」❷〘演〙客席から見て舞台《ぶたい》の左のほう。（対上手《かみて》）注意「したて」と読むと別の意味になる。

**しもと**〘△笞〙（名）むかし、罪人を打った木製のむち。

**じもと【地元】**（名）❶事件・行事・問題などがおこったり行われたりしている土地。また、出身地。「―の応援《おうえん》がすごかった」❷自分の住んでいる土地。

**しもにだんかつよう【下二段活用】**（名）〘文法〙文語動詞の活用の一種。語尾が五十音図のウ・エの二段にわたって活用するもの。「告ぐ」「聞こゆ」などの活用。⇩付録「動詞活用表」

**しもねた【下ねた】**（名）（俗語）性や排泄《はいせつ》に関する下品な話題。「―をひかえる」

**しものく【下の句】**（名）短歌で、終わりの七・七（第四句と第五句）の二つの句。対上《かみ》の句

**しもばしら【霜柱】**（名）冬、地中の水分がこおって地表で小さい柱のような氷となったもの。「―が立つ」

**しもはんき【下半期】**（名）一年を二つに分けた、あとのほうの半年。下期《しもき》。対上半期《かみはんき》

**しもぶくれ【下膨れ】**〘下△脹れ〙（名）顔の下のほうがふくらんでいること。また、そのような顔。

**しもふり【霜降り】**（名）❶霜がおりたようにところどころ白い斑点《はんてん》の入った布地。❷牛肉で、脂肪《しぼう》が網《あみ》の目のように入りまじったもの。

**しもべ**〘◇僕・下◇部〙（名）めしつかい。下男《げなん》。

**しもやけ【霜焼け】**（名）寒さのため血行が悪くなり、手足の先などが赤くはれ、かゆく、痛くなる症状《しょうじょう》。

**しもん【指紋】**（名）指先の内側の皮膚《ひふ》にある、多くの線でできた模様。また、その模様が物についたあと。ひとりひとりちがっている。「―を照合する」

**しもん【試問】**（名・他スル）質問に答えさせて学力や能力などをためすこと。「口頭《こうとう》―」

**しもん【諮問】**（名・他スル）ある機関や専門家に対し、政策などについての意見をたずね求めること。「―機関」

**じもん【地紋】**（名）布地に織り出した、または染め出した模様。

**じもん【自問】**（名・自スル）自分の心に問いかけること。「自分に悪い点はなかったか―する」

**じもんじとう【自問自答】**（名・自スル）自分で問いを出して自分で答えること。

**しや【視野】**（名）❶一目で見られる範囲《はんい》。視界。「山を登るにつれて―が開けてきた」❷物事に対する見通しや、考えのおよぶ範囲。「―のせまい人」

**しゃ【写】** 5画 冖3 小3 〔寫〕 音シャ 訓うつす・うつる

冖 冖 写 写

❶かきうつす。うつしとる。まねて書く。◆写経《しゃきょう》・写字・写実・写生・写本 ◆活写・書写・謄写《とうしゃ》・筆写・描写《びょうしゃ》・複写・模写。❷写真・映像などの形で物の姿をうつす。◆写真機 ◆映写・試写・速写

**しゃ【社】** 7画 ネ3 小2 〔社〕 音シャ 訓やしろ

ラ ネ ネ ネ 社

❶やしろ。お宮。神をまつるところ。◆社殿《しゃでん》・社務所 ◆寺社・神社・大社・末社。❷人の集まり。団体。組織。◆社会・社交・社団 ◆会社・結社・講社。❸「会社」などの略。◆社員・社説・社宅・社長・社用 ◆出社・商社・退社・弊社《へいしゃ》・本社

**しゃ【社】**（名）「会社」「新聞社」などの略。「―の方針」

**しゃ【車】** 7画 車0 小1 音シャ 訓くるま

一 厂 丙 百 亘 車

❶くるま。軸《じく》を中心にしてまわる輪。◆車軸・車輪 ◆滑車《かっしゃ》・水車・拍車《はくしゃ》・風車。❷くるまをつけた乗り物。◆車庫・車掌《しゃしょう》・車体・車台・車道・車馬・車両 ◆貨車・汽車・下車・降車・自転車・自動車・乗車・人力車・駐車《ちゅうしゃ》・停車・電車・馬車・発車・列車。参考特別に、「山車」は「だし」と読む。

**しゃ【舎】** 8画 人6 小5 音シャ

人 亼 今 全 舎 舎

❶いえ。たてもの。仮に泊《と》まる所。◆舎宅 ◆営舎・駅舎・屋舎・官舎・寄宿舎・校舎・宿舎・兵舎。❷私の。自分の。◆舎兄・舎弟。❸「寄宿舎」の略。◆舎監《しゃかん》。参考特別に、「田舎」は「いなか」と読む。

**しゃ【者】** 8画 耂4 小3 〔者〕 音シャ 訓もの

人。もの。◆医者・王者・加害者・学者・患者《かんじゃ》・記者・行者《ぎょうじゃ》・後者・作者・使者・儒者《じゅしゃ》・勝者・前者・第三者・知者・長者・当事者・配偶《はいぐう》者・被害《ひがい》者・筆者・文学者・役者・勇者・両者。参考 特別に、「猛者」は「もさ」と読む。 一 十 土 耂 者 者

**しゃ【砂】**→さ(砂)

**しゃ【射】** 10画 寸7 小6 音 シャ 訓 いる
❶弓に矢をつがえて放つ。◆射術 ◆騎射《きしゃ》。❷鉄砲《てっぽう》や大砲をうつ。◆射撃《しゃげき》・射殺・射手・射程 ◆発射・乱射。❸いきおいよく発する。◆射出 ◆注射・日射・反射・噴射《ふんしゃ》。❹ねらう。◆射幸心 丿 亻 ń 身 身 射

**しゃ【捨】** 11画 扌8 小6 音 シャ 訓 すてる
❶すてる。◆捨象《しゃしょう》・捨身 ◆四捨五入・取捨・用捨。対 取。❷おかねや物を寄進する。◆喜捨・浄捨《じょうしゃ》 扌 扌 扒 拎 拴 捨

**しゃ【赦】** 11画 赤4 音 シャ
罪や過《あやま》ちをゆるす。◆赦罪・赦状・赦免《しゃめん》 ◆恩赦・大赦・特赦・容赦 一 土 赤 赤 赦 赦

**しゃ【斜】** 11画 斗7 音 シャ 訓 ななめ
ななめ。かたむく。◆斜線・斜辺・斜面・斜陽 ◆傾斜《けいしゃ》 ∧ 亼 余 余 斜 斜

**しゃ【斜】**（名）傾《かたむ》いていること。ななめ。
**斜に構《かま》える**（刀をななめに構えることから）❶物事に皮肉やからかいの態度で接する。❷物事に対して身構える。

**しゃ【煮】** 12画 灬8 〔煮〕 音 シャ 高 訓 にる・にえる・にやす
なべなどに入れ、火にかけてにる。にえる。◆煮沸《しゃふつ》 一 土 耂 者 者 煮

**しゃ【遮】** 14画 辶11 音 シャ 訓 さえぎる
さえぎる。おしとどめる。◆遮光・遮断・遮蔽《しゃへい》 ◆遮 亠 广 庐 庶 庶 遮

**しゃ【謝】** 17画 言10 小5 音 シャ 訓 あやまる 中
❶ことわる。◆謝絶。❷礼を言う。お礼。◆謝意・謝恩・謝辞・謝礼 ◆感謝・月謝・拝謝・薄謝《はくしゃ》・万謝《ばんしゃ》。❸あやまる。わびる。◆謝罪 ◆陳謝《ちんしゃ》 言 言 訂 訶 謝 謝

**しゃ【紗】**（名）生糸を薄《うす》く織った目のあらい織物。夏の羽織などに用いる。

**じゃ【邪】** 8画 阝5 音 ジャ
正しくない。心がねじけている。◆邪悪・邪気・邪教・邪険・邪宗《じゃしゅう》・邪推・邪道・邪念・邪魔《じゃま》 ◆正邪。対 正。参考 特別に、「風邪」は「かぜ」とも読む。 一 𠂉 ヱ 牙 牙 邪

**じゃ【蛇】** 11画 虫5 音 ジャ・ダ 訓 へび
へび。へびの形に似たもの。◆蛇口《じゃぐち》・蛇身・蛇行《だこう》・蛇足《だそく》 ◆大蛇・長蛇《ちょうだ》 丶 口 中 虫 虻 蛇

**じゃ【蛇】**（名）大きなへび。おろち。
**蛇の道《みち》は蛇《へび》** 同類のものは、たがいに相手のすることがわかっているということ。

**じゃ** 一（助動）〔ジャロ・ジャッ・ジャ・○・○・○〕（「である」の変化したもの）はっきり言い切る意（断定）を表す。「今日はよい天気じゃ」使い方 老人が使ったり、方言で使われたりする。二（接）（「では」の変化したもの）話題を変えるきっかけを示すときや、物事を切り上げるときに使うことば。じゃあ。「じゃ、これで終わりにしましょう」

**ジャー**〔英 jar〕（名）ごはんや飲み物などを保温しておくための入れ物。

**じゃあく【邪悪】**（名・形動ダ）ひねくれていて悪いこと。「―な考え」

**ジャージー**〔英 jersey〕（名）❶伸《の》び縮みするメリヤスの布地。また、それを用いたセーター・シャツなど。❷サッカー・ラグビーなどのユニフォーム。（＝ジャージ）

**しゃあしゃあと**（副・自スル）恥《はじ》を恥とも思わずに平気でいるようす。「人に迷惑《めいわく》をかけても―している」「いけ―現れた」

**ジャーナリスト**〔英 journalist〕（名）新聞・雑誌・放送などの記者・編集者などの総称《そうしょう》。

**ジャーナリズム**〔英 journalism〕（名）新聞・雑誌・放送などの言論・報道活動。また、その社会。

**ジャーナル**〔英 journal〕（名）新聞。雑誌。決まった期間をおいて発行される雑誌。定期刊行物。

**シャープ**〔英 sharp〕一（形動ダ）〔ダロ・ダッ(デ・ニ)・ダ・ナ・ナラ・○〕するどいようす。「―な切れ味」二（名）〔音〕半音あげるしるし。嬰《えい》記号。記号 ♯ 対 フラット

**シャープ-ペンシル**〔和製英語〕（名）軸《じく》の中のしんを少しずつ出して使う鉛筆《えんぴつ》。▽Eversharp（商標名）と pencil から。

**シャーベット**〔英 sherbet〕（名）くだものの汁《しる》に砂糖・香料《こうりょう》などを入れてこおらせた氷菓子《こおりがし》。

**シャーマニズム**〔英 shamanism〕（名）神・精霊などと交流するシャーマンが、予言・うらない・はらいなどをする宗教の一形態。シャマニズム。

**シャーレ**〔ドイツ Schale〕（名）ふたの付いた、浅くまるいガラス製の容器。細菌《さいきん》の培養《ばいよう》などに使う。

**しゃい【謝意】**（名）❶お礼の心。感謝の気持ち。「好意に―を表する」❷おわびの気持ち。

**シャイ**〔英 shy〕（形動ダ）〔ダロ・ダッ(デ・ニ)・ダ・ナ・ナラ・○〕内気ではにかみやすいようす。「―な人」

**ジャイアント**〔英 giant〕（名）巨人。大男。また、巨大なこと。

**しゃいん【社員】**（名）会社に勤めている人。会社員。「―一同」

**しゃうん【社運】**（名）会社の運命。「―をかける」

**しゃおく【社屋】**（名）会社の建物。

**しゃおん【謝恩】**（名）受けた恩に感謝すること。「卒業の―会」

**しゃか【釈迦】**【人名】（前四六三？～前三八三？）仏教の開祖。インドのカピラ城の王子であったが、二九歳《さい》のときに出家し、三五歳でさとりを開き、のち、四五年間各地で教えをひろめた。釈尊《しゃくそん》。釈迦牟尼《むに》。釈迦牟尼仏。

**釈迦に説法**《せっぽう》（釈迦に仏の教えを説くということから）そのことをよく知っている人に教えるおろかさをいうことば。

**ジャガー**〔英 jaguar〕（名）〘動〙ネコ科の哺乳《ほにゅう》動物。ひょうに似た猛獣《もうじゅう》。泳ぎ・木登りが得意。アメリカひょう。アメリカとら。

**しゃかい【社会】**（名）❶生活するうえでなんらかの結びつきを持つ人びとの集まり。「ー生活」「ーの一員」❷世の中。世間。「ーに出る」「実ー」❸同類の仲間の集団。「大人のー」「動物のー」❹「社会科」の略。

**しゃかいか【社会科】**（名）小学校・中学校の教科の一つ。社会生活への正しい理解とのぞましい態度を育てるための学科。社会。

**しゃかいかがく【社会科学】**（名）人間社会の多様な現象を研究する学問の総称《そうしょう》。社会学・経済学・政治学など。⇩しぜんかがく・じんぶんかがく

**しゃかいがく【社会学】**（名）社会のおこり・発達・しくみ・はたらきなどを研究する学問。

**しゃかいきょういく【社会教育】**（名）学校教育以外の場で青少年や一般《いっぱん》の成人を対象に行われる組織的な教育活動。類成人教育

**しゃかいじぎょう【社会事業】**（名）世の中の人びとの幸福や利益のために、特に社会の助けを必要とする人びとに対して行われる組織的な事業。生活保護や児童保護など。

**しゃかいしゅぎ【社会主義】**（名）物を作るための材料・資本・土地・道具などを社会全体の共有とし、利益は働きに応じて分け、階級的差別のない自由平等な社会を作ろうとする考え方。対資本主義

**しゃかいじん【社会人】**（名）実社会で働いている人。「ーとしての自覚をもつ」

**しゃかいせい【社会性】**（名）❶社会全般《ぜんぱん》に通用する性質。「ーをもった小説」❷集団をつくって生活をするのに必要な性質。「ーを養う」

**しゃかいてき【社会的】**（形動ダ）〔ダロ・ダッ(デ・ニ)・ダ・ナ・ナラ・○〕社会に関係するようす。「ー影響《えいきょう》が大きい」

**しゃかいふくし【社会福祉】**（名）社会全体の幸福。特に、めぐまれない人を援助《えんじょ》・救済すること。

**しゃかいほけん【社会保険】**（名）病気・けが・災害・失業・老齢《ろうれい》などによって生活に困ったときに、本人またはその家族の生活を助けるための、公的な保険制度。

**しゃかいほしょう【社会保障】**（名）人びとが病気や失業などで生活に困ったとき、社会保険などによって国がその生活を守るしくみ。

**じゃがいも【じゃが芋】**（名）〘植〙ナス科の多年草。初夏、白やうす紫《むらさき》色の花が咲《さ》く。土の中の茎《くき》がふくらんで芋となり食用となる。ばれいしょ。

**しゃかいもんだい【社会問題】**（名）社会の矛盾《むじゅん》や欠点からおこるいろいろな問題。労働問題・失業問題・女性問題・公害問題など。

**じゃかご【蛇籠】**（名）竹・針金などで、円筒《えんとう》形にあらくあんだかごに石などをつめたもの。河岸などに並べて岸を強化し、水勢を変化させて水害を防ぐもの。

**しゃが・む**（自五）〔マ(モ)・ミ(ン)・ム・ム・メ・メ〕ひざを曲げこしを落として、しりをうかしたかっこうをする。かがむ。「道にー」

**しゃかりき**（形動ダ）〔ダロ・ダッ(デ・ニ)・ダ・ナ・ナラ・○〕〘俗語〙一生懸命《けんめい》に取り組むようす。がむしゃら。「ーに働く」

**ジャカルタ**〔Jakarta〕〘地名〙インドネシアの首都。ジャワ島の北西岸にある港湾《こうわん》都市。

**しゃが・れる**〘△嗄れる〙（自下一）〔レ・レ・レル・レル・レレ・レロ(レヨ)〕声がかすれる。しわがれる。「ー・れた声」

**しゃかん【舎監】**（名）寄宿舎の監督《かんとく》をする人。

**じゃき【邪気】**（名）❶人間に不幸をあたえる悪いきざしや気配《けはい》。「ーを払《はら》う」❷意地の悪い心。わるぎ。「ーのない人」「無ー」

**しゃきょう【写経】**（名・自スル）お経《きょう》を書き写すこと。また、写したお経。

**じゃきょう【邪教】**（名）世の中に害をあたえる正しくない宗教。類邪宗。対正教

**しゃきん【謝金】**（名）お礼にわたすおかね。礼金。

**しやく【試薬】**（名）〘化〙ある物の中にまじっている物質の検出・分析《ぶんせき》などに用いる薬品。

**しゃく【尺】** 4画 戸1 小6 音シャク
フ コ 尸 尺
❶長さの単位。一寸《いっすん》の一〇倍。◆尺八・尺貫《しゃっかん》法。❷ものさし。◆尺度◆縮尺

**しゃく【尺】**（名）❶尺貫《しゃっかん》法で、長さの単位。寸の一〇倍。約三〇・三センチ《メートル》。❷転じて、長さ。たけ。「ーをはかる」❸ものさし。「計算ー《じゃく》」❹映画・テレビ番組などの上映・放送時間。

**しゃく【石】**↓せき(石)

**しゃく【赤】**↓せき(赤)

**しゃく【昔】**↓せき(昔)

**しゃく【借】** 10画 亻8 小4 音シャク 訓かりる
亻 仁 件 借 借 借
❶かりる。かりたもの。◆借財・借銭・借地・借家・借用・借款《しゃっかん》・借金《しゃっきん》◆恩借・寸借・租借《そしゃく》・貸借《たいしゃく》・賃借・拝借。対貸。❷ゆるす。◆仮借《かしゃく》

**しゃく【酌】** 10画 酉3 音シャク 訓くむ 高
冂 丙 酉 酌 酌 酌
❶酒をくむ。酒をついで飲む。◆酌婦◆手酌《てじゃく》・独酌・晩酌。❷くみとる。あれこれと照らし合わせてえらぶ。◆酌量◆参酌・斟酌《しんしゃく》

**しゃく【酌】**（名）酒をつぐこと。「ーをしてまわる」

**しゃく【釈】** 11画 釆4 〔釋〕 音シャク
丷 ⺍ 平 釆 釈 釈
❶文章などの意味をわかりやすく説く。◆釈義◆解釈・訓釈・語釈・注釈・評釈。❷事情を説明する。◆釈明。❸とける。きえてなくなる。◆釈然◆希釈・氷釈。❹ゆるして自由の身にする。◆釈放◆保釈。❺「釈迦《しゃか》」の略。◆釈尊《しゃくそん》・釈門・釈教《しゃっきょう》

**しゃく【爵】** 17画 ⺤13 音シャク
⺤ 爫 爫 爵 爵 爵
貴族の等級を表すことば。公・侯《こう》・伯《はく》・子《し》・男《だん》の

五つの位に分かれる。◆爵位・爵号 ◆授爵

**しゃく**『勺』(名)❶尺貫《しゃっかん》法の容積の単位。一合《ごう》の一〇分の一。約〇・〇一八リットル。❷尺貫法の面積の単位。一坪《つぼ》の一〇〇分の一。約〇・〇三三平方メートル。

**しゃく**『笏』(名)束帯《そくたい》を着たとき、右手に持つ長さ三六センチメートルぐらいの細長いうすい板。

(笏)

**しゃく**『癪』㊀(名)胸や腹に急におこるはげしい痛み。㊁(名・形動ダ)腹の立つこと。かんしゃく。「—なやつ」「—だが許してやろう」

**癪にさわる** むかむか腹が立つ。不快に思う。

**癪の種《たね》** 腹の立つ原因。

**じゃく**【持薬】(名)いつもそばにおいて使う薬。

**じゃく**【若】 8画 艹5 小6 音 ジャク㊥・ニャク㊢ 訓 わかい・もしくは㊢ 一 艹 𦬇 芀 若 若
❶年がわかい。おさない。◆若年・若輩《じゃくはい》◆老若《ろうじゃく・ろうにゃく》。対老。❷いくらか。いくつかの。◆若干《じゃっかん》。❸ごとし。…のようだ。◆傍若無人《ぼうじゃくぶじん》。参考「ニャク」の音は「老若《ろうにゃく》」ということばに使われる特殊《とくしゅ》な読み方。特別に、「若人」は「わこうど」と読む。

**じゃく**【弱】 10画 弓7 小2 音 ジャク 訓 よわい・よわる・よわまる・よわめる 𠃌 𠃌 弓 弓 弱 弱
❶よわい。よわる。力がない。おとっている。◆弱小・弱体・弱点・弱肉強食 ◆強弱・虚弱《きょじゃく》・衰弱《すいじゃく》・脆弱《ぜいじゃく》・軟弱《なんじゃく》・柔弱《にゅうじゃく》・薄弱《はくじゃく》・貧弱《ひんじゃく》。対強。❷年がわかい。◆弱年・弱輩《じゃくはい》・弱冠《じゃっかん》

**-じゃく**【弱】(接尾)示した数より少し少ないこと、また、端数《はすう》をきりあげた数であることを表す。「一時間—」対強

**じゃく**【寂】 11画 宀8 音 ジャク・セキ㊢ 訓 さび・さびしい・さびれる 丶 宀 宀 宋 宗 寂
❶さびしい。しずか。◆寂然《じゃくねん・せきぜん》・寂寞《じゃくまく・せきばく》・寂寥《せきりょう》◆閑寂《かんじゃく》・静寂・幽寂《ゆうじゃく》。❷仏教で、死ぬこと。◆寂滅《じゃくめつ》◆入寂《にゅうじゃく》。参考「セキ」の音は「寂然《せきぜん》」などのことばに使われる特殊《とくしゅ》な読み方。

**じゃく**【着】→ちゃく(着)

**しゃくい**【爵位】(名)爵の階級・称号《しょうごう》。明治憲法で定めた華族《かぞく》制度では、公・侯《こう》・伯《はく》・子《し》・男《だん》の五つに分かれる。

**しゃく・う**『杓う』(他五){ワ(オ)・イ(ッ)・ウ・ウ・エ・エ}《俗語》水などをすくう。

**しゃくぎ**【釈義】(名)文章などの意味をときあかすこと。また、その内容。

**しゃくざい**【借財】(名)借りたおかね。借金。

**しゃくし**『杓子』(名)皿の形をした部分に柄《え》のついた、めし・しるなどをすくう道具。

**じゃくし**【弱視】(名)視力が弱いこと。

**ジャグジー**〔英 Jacuzzi〕(名)気泡風呂《きほうぶろ》。浴槽《よくそう》内にいきおいよく泡《あわ》を噴出《ふんしゅつ》する風呂。ジャクジー。ジャクージ。(商標名)

**しゃくしじょうぎ**『杓子定規』(名・形動ダ)一つの基準にあてはめてすべての物事を決めようとする、融通《ゆうずう》のきかないやり方・態度。「—な考え方」

**じゃくしゃ**【弱者】(名)力のない者。弱い立場にある者。対強者

**しゃくしゃく**『綽綽』(ト/タル)ゆったりと落ち着いているようす。「余裕《よゆう》—」

**じゃくじゃく**【寂寂】(ト/タル)❶さびしく静かなようす。❷何も考えず、無心であるようす。「空々《くうくう》—」

**しゃくしょ**【市役所】(名)市の行政事務を取りあつかう役所。市庁。

**しゃくじょう**『錫杖』(名)僧《そう》や修験者《しゅげんじゃ》が持ち歩く金《かね》の輪などのついたつえ。

**じゃくしょう**【弱小】(名・形動ダ)❶小さく勢いの弱いこと。「—チーム」対強大。❷年の若いこと。弱年。

**しゃくぜん**【釈然】(ト/タル)疑い・迷い・うらみなどが消えて心がはればれするようす。「—としない説明」

**じゃくそつ**【弱卒】(名)弱い兵士・部下。「勇将のもとに—なし」

**しゃくそん**【釈尊】(名)釈迦《しゃか》の尊称《そんしょう》。

**じゃくたい**【弱体】㊀(名)弱いからだ。㊁(名・形動ダ)組織・体制などのまとまりや力がよわよわしいこと。…化「組織の弱体化をふせぐ」

**しゃくち**【借地】(名・自スル)土地を借りること。また、借りた土地。「—権」

**じゃぐち**【蛇口】(名)水道管などの先につけて水の出る量を調節する金属製の口。「—をひねる」

**しゃくちょうくう**〔釈迢空〕【人名】(一八八七〜一九五三)大正・昭和前期の歌人・国文学者。本名は折口信夫《おりくちしのぶ》。古語をたくみに使った独特な表現法で、人情の微妙《びみょう》さを歌った作品が多い。また、上代文学の研究に民俗学《みんぞくがく》を取り入れて大きな功績をあげた。歌集「海やまのあひだ」「春のことぶれ」など。

**じゃくてき**【弱敵】(名)弱い相手。弱い敵。対強敵

**じゃくてん**【弱点】(名)人からせめられると困るような弱みやうしろぐらいところ。短所。

**じゃくでん**【弱電】(名)通信用や家庭用などに使う弱い電流。また、それをあつかう電気工学の部門。「—メーカー」対強電

**しゃくど**【尺度】(名)❶ものさし。❷物事をくらべたり評価したりする基準。「—を統一する」

**しゃくどう**【赤銅】(名)銅に少量の金と銀をまぜた合金。また、その色。「—色(=赤黒い色)のはだ」

**しゃくとりむし**【尺取り虫】(名)《動》しゃくとりがの幼虫。形や色は木の小枝に似て、人が指で寸法をとるようにからだをまげのばしして進む。

**しゃくなげ**『石南◇花・石△楠◇花』(名)《植》ツツジ科の常緑低木。深山に自生、また、観賞用に栽培《さいばい》される。葉は長楕円《だえん》形で厚い。初夏、白

(しゃくなげ)

や淡紅《たんこう》色のつつじに似た花をたくさんつける。

**じゃくにくきょうしょく【弱肉強食】**(名) 弱いものが強いものに滅《ほろ》ぼされること。強者が弱者を征服《せいふく》すること。「—の自然界」

**しゃくねつ**『△灼熱』(名・自スル) 焼けて熱くなること。焼けつくように熱いこと。「—の太陽」

**じゃくねん【若年・弱年】**(名) 年が若いこと。若者。「—層」

**じゃくはい【若輩・弱輩】**(名) ❶年の若い者。青年。❷経験が浅く、未熟な者。「—者《もの》ですが」
使い方 若い人をばかにしたり、自分をへりくだって言ったりするときに用いる。

**しゃくはち【尺八】**(名) 竹製の縦笛。表に四つ、裏に一つの穴がある。長さは一尺八寸(=約五五センチメートル)。

(しゃくはち)

**しゃくぶく**『◇折伏』(名・他スル) 〘仏〙仏法の力で、悪い人や悪い教えを屈伏《くっぷく》させること。相手を説きふせて信仰《しんこう》の道に入らせること。

**しゃくほう【釈放】**(名・他スル) とらえていた者をはなし、自由の身にすること。

**しゃくま【借間】**(名) 部屋を借りて住むこと。また、借りた部屋。対 貸間《かしま》

**しゃくめい【釈明】**(名・他スル) 自分の立場や事情を説明して、わかってもらおうとすること。「—を聞く」
類 弁解・弁明

**じゃくめついらく【寂滅為楽】**(名) 〘仏〙心やからだの欲や迷いを捨ててさとりの境地にはいることが、ほんとうの楽しみであるということ。

**しゃくや【借家】**(名) 借りて住む家。対 貸家《かしや》

**しゃくやく**『△芍薬』(名) 〘植〙ボタン科の多年草。初夏にぼたんに似た赤・桃《もも》・白の大形の花を開く。根は薬用。花を観賞するため庭園に植える。

**しゃくよう【借用】**(名・他スル) 借りて使うこと。「—書」

**しゃくりあ・げる【しゃくり上げる】**(自下一){ゲ・ゲ・ゲル・ゲル・ゲレ・ゲロ(ゲヨ)} 息をはげしくすいこむようにして泣く。

**しゃくりょう【酌量】**(名・他スル) 人の気持ちや事情をよく理解し、罰《ばつ》などに手かげんを加えること。「情状—」

**ジャグリング**〔英 juggling〕(名) クラブとよばれるとっくり形の道具や玉・ナイフなどを、たくみに投げたり受けたりする曲芸。

**しゃく・る**(他五){ラ(ロ)・リ(ッ)・ル・ル・レ・レ} ❶中がくぼむようにえぐる。「すいかを—・って食べる」❷水などをすくう。「手で水を—」❸すくうようにあげる。「あごを—」

**しゃく・れる**(自下一){レ・レ・レル・レル・レレ・レロ(レヨ)} 中のほうがえぐれたようにくぼんでいる。「—・れたあご」

**しゃけ**『△鮭』(名) 〘動〙→さけ(鮭)

**しゃげき【射撃】**(名・他スル) 鉄砲《てっぽう》や大砲をうつこと。

**ジャケット**〔英 jacket〕(名) ❶丈《たけ》の短いうわぎ。❷レコード・CDや本などの外側の覆《おお》い。カバー。

**しゃけん【車検】**(名) (「自動車検査」の略) 法律に基づいて行われる自動車の定期車両検査。

**じゃけん【邪険】**『邪△慳』(形動ダ){ダロ・ダッ(デ・ニ)・ダ・ナ・ナラ・○} 思いやりがなく、むごいあつかいをするようす。「—にする」

**しゃこ【車庫】**(名) 電車・自動車などを入れておく建物。

**しゃこ**『△硨△磲』(名) 〘動〙シャコガイ科の二枚貝。世界最大の貝。熱帯の海にすみ、殻《から》は白くて厚い。

**しゃこ**『△蝦△蛄』(名) 〘動〙シャコ科の節足動物。えびに似るがからだは平たく、かまのようなするどい足をもつ。浅い海の泥《どろ》の中にすむ。食用。

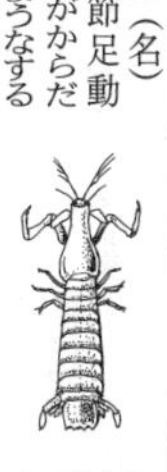
( 蝦蛄 )

**しゃこう【社交】**(名) 世の中の人と人とのつき合い。

**しゃこう【射幸】**『射△倖』(名) 偶然《ぐうぜん》の利益や幸福を得ようとねらうこと。「—心」

**しゃこう【遮光】**(名・自他スル) 光をさえぎること。「—カーテン」

**じゃこう**『△麝香』(名) 雄《おす》のじゃこうじかからとる香料。香気が強く、薬用にもする。

**しゃこうかい【社交界】**(名) 上流階級の人びとが集まって交際する社会。「—の花形」

**しゃこうじれい【社交辞令】**(名) つき合い上の口先だけのことば。類 外交辞令

**しゃこうしん【射幸心】**『射△倖心』(名) 努力しないで偶然《ぐうぜん》のもうけをねらう気持ち。「—をあおる」

**しゃこうせい【社交性】**(名) 人とのつき合いが好きな、また、じょうずな性質。「—に富む」

**しゃこうダンス【社交ダンス】**(名) 男女が二人一組で曲にあわせて踊《おど》るダンス。ソーシャルダンス。▽ダンスは、英 dance

**しゃこうてき【社交的】**(形動ダ){ダロ・ダッ(デ・ニ)・ダ・ナ・ナラ・○} 人とのつき合いがじょうずなようす。「—な性格」

**しゃこく【社告】**(名) 会社や新聞社などが世間一般《いっぱん》に向けて出す知らせ。

**しゃさい【社債】**(名) 〘経〙株式会社が長期資金を得るために、一定の期間を決めて発行する証券。

**しゃざい【謝罪】**(名・自他スル) あやまること。わびること。「—文」

**しゃさつ【射殺】**(名・他スル) ピストルや小銃《しょうじゅう》などでうち殺すこと。「害獣《がいじゅう》を—する」

**しゃし【斜視】**(名) 物を見るのに両方のひとみが同じ方向を向かない目。やぶにらみ。よりめ。

**しゃし**『△奢△侈』(名) 身分不相応な、ぜいたく。「—に流れる」「—をきわめる」

**しゃじ【社寺】**(名) 神社と寺。寺社。

**しゃじ【謝辞】**(名) ❶お礼のことば。❷おわびのことば。

**しゃじく【車軸】**(名) 車の軸。車の心棒。
**車軸を流《なが》す** 大雨が降るようす。「—ような雨」

**しゃじつ【写実】**(名・他スル) 目に見えたものを、そのまま文章や絵に写しだすこと。…的「写実的な絵画」

**しゃじつしゅぎ【写実主義】**(名) 人生や自然をありのままに文学や絵などで描《えが》こうとする考え方。

一九世紀のヨーロッパにおこった。リアリズム。

**じゃじゃうま**【じゃじゃ馬】（名）❶あばれ馬。❷わがままで勝ち気な、あつかいにくい女性。

**しゃしゃり・でる**【しゃしゃり出る】（自下一）〔デ・デ・デル・デル・デレ・デロ(デヨ)〕《俗語》身のほどをわきまえずにでしゃばる。「あの人は何にでも―・でてくる」

**しゃしゅ**【社主】（名）会社の持ち主・代表者。

**しゃしゅ**【車種】（名）自動車や鉄道車両などの種類。「人気の―」

**しゃしゅ**【射手】（名）❶弓を射る人。❷銃砲《じゅうほう》をうつ人。

**じゃしゅう**【邪宗】（名）❶世をまどわす正しくない宗教。類邪教。❷江戸《えど》時代のキリスト教のこと。

**じゃしゅうもん**〔邪宗門〕〔作品名〕北原白秋《きたはらはくしゅう》の最初の詩集。一九〇九(明治四二)年刊。南国的な味わいと異国趣味《しゅみ》にあふれている。

**しゃしゅつ**【射出】（名・自他スル）❶矢・弾丸《だんがん》などを発射すること。❷水などを細い穴から勢いよく出すこと。❸一点から放射状に出ること。

**しゃしょう**【車掌】（名）電車・バスなどに乗務して、車内の事務や出発の合図などの仕事にあたる人。

**しゃしょう**【捨象】（名・他スル）ある概念《がいねん》を形づくるとき、本質的でない要素をすて去ること。

**しゃしょく**【写植】（名）「写真植字」の略。

**しゃしん**【写真】（名）写真機でうつして印画紙に焼きつけたもの。また、うつした画像データを画面などに表示したもの。「―をとる」「合成―」

**じゃしん**【邪心】（名）悪い心。ねじけた心。「―を除《のぞ》く」「―を捨てる」

**しゃしんき**【写真機】（名）写真をとる機械。カメラ。

**しゃしんしょくじ**【写真植字】（名）活字を使わないで、文字を一字ずつ写真にとって印刷版を作ること。写植。

**しゃしんでんそう**【写真電送】（名）写真や絵を電波にかえて遠くに送り、うつしだすしくみ。

**しゃしんばん**【写真版】（名）❶亜鉛《あえん》・銅などの表面に写真を焼きつけて作った印刷版。❷新聞・雑誌などに印刷された写真。

**ジャズ**〔英 jazz〕（名）《音》アメリカの黒人の音楽から発達した、リズムを中心にした軽《かろ》やかな音楽。

**じゃすい**【邪推】（名・他スル）他人の言動を、悪意があるようにとるなど、悪いほうに考えること。

**ジャスダック**【JASDAQ】（名）《経》日本の株式市場の一つ。おもに中小企業《きぎょう》、ベンチャー企業などの株式をあつかう。

**ジャスト**〔英 just〕（副）ちょうど。きっかり。「九時―」「―五〇キロの体重」「―サイズ」

**ジャスマーク**【JASマーク】（名）（JASは、英 Japanese Agricultural Standard の略）飲食料品および油脂《ゆし》、農産物・林産物・畜産《ちくさん》物・水産物で、日本農林規格に合格した品目につけられるマーク。

（ジャスマーク）

**ジャスミン**〔英 jasmine〕（名）《植》モクセイ科のジャスミン類の植物の総称《そうしょう》。熱帯・亜熱帯《あねったい》に分布する常緑または落葉の低木。においのいい花をつけ、花から香料《こうりょう》をとる。

**しゃ・する**【謝する】（他サ変）〔シ(セ・サ)・シ・スル・スル・スレ・セヨ〕❶あやまる。わびる。「失礼を―」❷礼を言う。「厚意を―」❸ことわる。「面会を―」

**しゃせい**【写生】（名・他スル）絵や文章などで、事物をありのままに写しだすこと。スケッチ。「―文」

**しゃせつ**【社説】（名）新聞社・雑誌社がその社の意見として発表する論説。

**しゃぜつ**【謝絶】（名・他スル）ことわること。「申し出を―する」「面会―」

**じゃせつ**【邪説】（名）正しくない意見。悪い説。

**しゃせん**【社線】（名）（「会社線」の略）民間会社の経営する鉄道やバスの路線。

**しゃせん**【車線】（名）道路上に示された自動車用のコース。また、自動車がならんで走ることができる台数で道路の幅《はば》を表す語。「片側二―の道路」

**しゃせん**【斜線】（名）ななめに引いた線。

**しゃそう**【車窓】（名）電車・自動車などの窓。「―の風景」

**しゃたい**【車体】（名）車で、乗客・荷物などをのせる部分。ボディー。また、車両の全体。「低い―」

**しゃだい**【車台】（名）❶車体をささえ、車輪に続いている部分。❷車の台数。

**しゃたく**【社宅】（名）社員やその家族を住まわせるために、会社が用意する家。「―住まい」

**しゃだつ**『洒脱』（名・形動ダ）俗《ぞく》っぽいところがなくてさっぱりしていること。「―な話術」「軽妙《けいみょう》―」

**しゃだん**【遮断】（名・他スル）流れや通行などをさえぎりとめること。「交通を―する」

**しゃだんき**【遮断機】（名）鉄道の踏切《ふみきり》にあり、電車が通過するとき、人や車の横断をさえぎる装置。

**しゃだんほうじん**【社団法人】（名）何人かが一つの目的のために集まって作り、法律上、権利・義務を認められている団体。⇒ほうじん(法人)

**しゃち**『鯱』（名）❶《動》イルカ科の哺乳《ほにゅう》動物。歯がするどく、背は黒色で腹は白色。群れをつくってくじらなどをおそう。さかまた。❷しゃちほこ。

**じゃち**【邪知】『邪智』（名）悪いことを考えつく知恵《ちえ》。わるぢえ。「―にたけている」

**しゃちこば・る**『鯱張る』（自五）〔ラ(ロ)・リ(ッ)・ル・ル・レ・レ〕↓しゃちほこばる

**しゃちほこ**『鯱』（名）❶想像上の魚。頭がとらのようで背にとげがある。❷城などの屋根の両端《りょうたん》につける①をかたどったかざり。

（しゃちほこ②）

**しゃちほこば・る**『鯱張る』（自五）〔ラ(ロ)・リ(ッ)・ル・ル・レ・レ〕（「しゃちほこ」のように）いかめしくかまえる。緊張《きんちょう》してかたくなる。しゃちこばる。しゃっちょこばる。「―・った顔つき」

**しゃちゅう**【社中】（名）❶会社などの中。❷(邦楽《ほうがく》やおどりで)同じ先生についている仲間。同門。❸同じ結社の仲間。

**しゃちょう【社長】**（名）会社・社団を代表する役。また、その人。

**シャツ**〔英 shirt〕（名）❶上半身に着る肌着《はだぎ》。❷「ワイシャツ」などの略。

**じゃっか【弱化】**（名・自他スル）力などが弱くなること。また、弱くすること。対強化

**ジャッカル**〔英 jackal〕（名）《動》イヌ科の哺乳《ほにゅう》動物。おおかみに似るが小形。草原や林にすみ、小動物や果実、ほかの肉食動物の食べ残しなどを食べる。

**しゃっかん【借款】**（名）国と国との間の資金の貸し借り。「円ー」

**じゃっかん【若干】**（名・副）いくらか。少しばかり。「ー余裕《よゆう》がある」

**じゃっかん【弱冠】**（名）❶年の若いこと。「ー一八歳《さい》」❷男子の数え年で二〇歳のこと。

**しゃっかんほう【尺貫法】**（名）日本古来の物のはかり方。長さは尺、重さは貫、容積は升《しょう》を基準とする。一九五九（昭和三四）年に廃止《はいし》され、のちにメートル法に統一された。

●単位—尺貫法

| | | |
|---|---|---|
| 長さ | 1里《り》＝36町<br>1町《ちょう》＝60間<br>1丈《じょう》＝10尺<br>1間《けん》＝6尺<br>1尺《しゃく》＝10寸<br>1寸《すん》＝10分<br>1分《ぶ》 | 約3.93km<br>約109.2m<br>約3.03m<br>約1.82m<br>約30.3cm<br>約3.03cm<br>約3mm |
| 面積 | 1町《ちょう》＝10反（段）＝3000坪<br>1反《たん》（段《たん》）＝10畝＝300坪<br>1畝《せ》＝30坪<br>1坪《つぼ》＝1歩《ぶ》 | 約99a（アール）<br>約9.9a<br>約99㎡<br>約3.3㎡ |
| 重さ | 1貫《かん》＝1000匁<br>1斤《きん》＝160匁<br>1匁《もんめ》 | 約3.75kg<br>約600g（グラム）<br>約3.75g |
| 容積 | 1石《こく》＝10斗＝100升<br>1斗《と》＝10升<br>1升《しょう》＝10合<br>1合《ごう》＝10勺<br>1勺《しゃく》 | 約0.18kL<br>約18L（リットル）<br>約1.8L<br>約0.18L<br>約0.018L |

**じゃっき【△惹起】**（名・他スル）事件や問題などをひきおこすこと。「混乱をーする」

**ジャッキ**〔英 jack〕（名）ねじ・歯車・油圧などを利用し、重い物を持ち上げる道具。

（ジャッキ）

**しゃっきん【借金】**（名・自スル）おかねを借りること。また、そのおかね。「ーを返済《へんさい》する」

**しゃっく【赤口】**（名）陰陽《おんよう》道で、正午以外の時間は凶《きょう》とされる日。赤舌日《しゃくぜつにち》。しゃっこう。

**ジャック**〔英 jack〕（名）❶トランプの絵札の一つ。一一にあたる。❷電気器具のプラグのさしこみ口。

**ジャックナイフ**〔英 jackknife〕（名）大形の折りたたみ式ナイフ。

**しゃっくり**（名）横隔膜《おうかくまく》の収縮によって空気が急にすいこまれ、くり返し、のどが音を発する現象。

**しゃっけい【借景】**（名）庭の外の山や木などを、その庭の背景としてとり入れること。また、その景色。

**しゃっこう**〔赤光〕〔作品名〕斎藤茂吉《さいとうもきち》の最初の歌集。一九一三（大正二）年刊。するどい感覚的な歌風をもち、万葉調の近代化に成功している。

**じゃっこく【弱国】**（名）国力の弱い国。対強国

**ジャッジ**〔英 judge〕■一（名・他スル）競技の審判《しんぱん》や判定。「ーをくだす」■二（名）審判員。

**シャッター**〔英 shutter〕（名）❶幅《はば》のせまい鉄板を横にならべてつなぎ合わせた、巻き上げ式の戸。よろい戸。❷写真機につけられた開閉装置。フィルムに光がはいる時間を調節するもの。「ーを切る」

**しゃっちょこば・る**『△鯱張る』（自五）｛ラ(ロ)・リ(ッ)・ル・ル・レ・レ｝→しゃちほこばる

**シャットアウト**〔英 shutout〕（名・他スル）❶建物や仲間などからしめ出すこと。❷野球などで、相手に得点をあたえずに勝つこと。完封《かんぷう》。

**シャッフル**〔英 shuffle〕（名・他スル）❶トランプで、カードを切って混ぜること。❷順序や位置をばらばらに入れ替《か》えること。「ー再生」

**シャッポ**〔フランス chapeau〕（名）帽子《ぼうし》。

シャッポを脱《ぬ》ぐ　降参する。負けを認める。

**しゃてい【舎弟】**（名）❶弟。特に、他人に対して自分の弟をさして言う。❷《俗語》弟分。

**しゃてい【射程】**（名）❶弾丸《だんがん》のとどく距離《きょり》。❷力の及《およ》ぶ範囲《はんい》。「優勝もー内だ」

**しゃてき【射的】**（名）❶的《まと》をねらって弓を射たり銃《じゅう》をうったりすること。❷空気銃にコルクのたまをつめて、人形などの的をねらってうつ遊び。

**しゃでん【社殿】**（名）神体をまつってある、神社の中心となる建物。

**しゃどう【車道】**（名）道路のうちで、車が通るように定めてある所。対歩道・人道

**じゃどう【邪道】**（名）❶人としてやってはならない悪い行い。❷方法として正しくないやり方。「あの練習法はーだ」（対正道《せいどう》）

**シャドー**〔英 shadow〕（名）影《かげ》。陰影。シャドウ。「アイー」

**シャドーボクシング**〔英 shadow boxing〕（名）ボクシングで、相手がいるものと想定して一人でする練習。

**シャトル**〔英 shuttle〕（名）❶バドミントンで打ち合う羽根。シャトルコック。❷近距離《きんきょり》の定期往復便。「ーバス」❸「スペースシャトル」の略。

**しゃにくさい【謝肉祭】**（名）→カーニバル①

**しゃにむに**『遮二無二』（副）計画もなくがむしゃらにするようす。「ー働く」

**じゃねん【邪念】**（名）ゆがんだ、正しくない考え。不純な気持ち。雑念。「ーをはらう」

**じゃのめ【蛇の目】**（名）❶太い輪の形。❷（「蛇の目傘《がさ》」の略）紺色《こんいろ》などの地の傘に、白く太い輪の模様をつけたもの。

（じゃのめ②）

**しゃば【車馬】**（名）❶車と馬。❷乗り物。「ーの通行禁止」

**しゃば**『△娑婆』（名）❶《仏》いろいろな欲や苦しみのあ

る人間の世界。この世。❷《俗語》刑務所《けいむしょ》などにいる人から見て、自由な外の世界。「—が恋《こい》しい」

**しゃばけ**『△娑婆気』（名）名誉《めいよ》や利益などにとらわれる気持ち。しゃばっけ。「—が多い」

**じゃばら**【蛇腹】（名）アコーディオンなどの、ひだがあって自由にのびちぢみする部分。

**じゃびせん**【蛇皮線】（名）沖縄の代表的な弦楽器《げんがっき》。「三線《さんしん》」の俗称《ぞくしょう》。胴《どう》にへびの皮を張り、三本の弦を張ったもの。三味線《しゃみせん》のもとになった。

**しゃふ**【車夫】（名）人力車をひく人。くるまひき。

**しゃぶ**（名）《俗語》覚醒剤《かくせいざい》のこと。

**ジャブ**〔英 jab〕（名）ボクシングで、腕《うで》だけを使ってすばやくこきざみに打つパンチ。

**しゃふう**【社風】（名）その会社の伝統的な気風。

**しゃぶしゃぶ**（名）牛などのうす切り肉をなべの熱湯にくぐらせて、たれをつけて食べる料理。

**しゃふつ**【煮沸】（名・他スル）煮《に》たてること。「—消毒」

**シャフト**〔英 shaft〕（名）❶動力を伝える回転軸《かいてんじく》。動軸。❷ゴルフクラブなどの長い柄《え》。

**しゃぶ・る**（他五）｛ラ(ロ)・リ(ッ)・ル・ル・レ・レ｝口の中に入れて、なめたり、すったりする。ねぶる。「指を—」

**しゃへい**【遮蔽】（名・他スル）ほかから見えないようにおおうこと。「工事現場を—する」

**しゃべ・る**『△喋る』（自他五）｛ラ(ロ)・リ(ッ)・ル・ル・レ・レ｝❶ものを言う。「英語を—」❷口かず多く話す。「べらべら—」

**シャベル**〔英 shovel〕（名）土や砂などをほったりすくったりするのに使う道具。ショベル。類スコップ

**しゃへん**【斜辺】（名）❶かたむいている辺。❷《数》直角三角形の直角に向かい合っている辺。

**シャボテン**（名）《植》→サボテン

**しゃほん**【写本】（名）書き写した本。対版本

**シャボン**〔ポルト sabão〕（名）せっけん。

**シャボンだま**【シャボン玉】（名）せっけん水をストローなどの先につけ、息を吹《ふ》きこんで飛ばす泡《あわ》の玉。

▽シャボンは、ポルト sabão

**じゃま**【邪魔】（名・他スル・形動ダ）❶何かをするときにさまたげになることやもの。「仕事の—をする」「—がはいる」❷（「おじゃまする」の形で）人を訪問することをけんそんしていう語。「明日お—します」

**ジャマイカ**〔Jamaica〕【地名】カリブ海、西インド諸島にある立憲君主国。首都はキングストン。

**しゃみせん**【○三味線】（名）《音》邦楽《ほうがく》で使う弦楽器《げんがっき》。猫《ねこ》などの皮を張った胴《どう》と、細長いさおからなり、三本の糸をばちで鳴らす。さみせん。

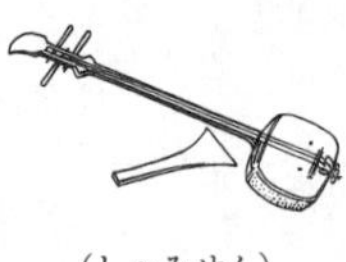
（しゃみせん）

**三味線を弾《ひ》く**　本心を人にわからせないためにそしらぬ顔をしてちがうことを言う。

**ジャム**〔英 jam〕（名）いちご・りんごなどの果実に砂糖を加えて煮《に》つめた食べ物。

**しゃむしょ**【社務所】（名）神社の事務を取りあつかう所。

**しゃめい**【社命】（名）会社の命令。「—の出張」

**しゃめん**【赦免】（名・他スル）罪をゆるすこと。

**しゃめん**【斜面】（名）かたむいている面。「山の—」

**シャモ**『×軍鶏』（名）《動》にわとりの一種。骨格がたくましく太い。闘争《とうそう》心が強く、闘鶏《とうけい》などに使う。

**しゃもじ**『△杓文字』（名）ごはんや汁《しる》をすくう道具。特に、ごはんをもる柄《え》の先がひらたくなった道具。

**しゃよう**【社用】（名）会社の用事。「—の接待」

**しゃよう**【斜陽】（名）❶入り日。夕日。❷比喩《ひゆ》的に、落ちぶれていくこと。「—産業」

**しゃようぞく**【斜陽族】（名）世の中が変わったために落ちぶれた、上流階級の人びと。参考太宰治《だざいおさむ》の小説「斜陽」から出たことば。

**しゃらく**『△洒落』（名・形動ダ）性質がさっぱりしていて物事にこだわらないこと。注意「しゃれ」と読むと別の意味になる。

**しゃらくさ・い**『△洒◇落臭い』（形）｛カロ・カッ(ク)・イ・イ・ケレ・○｝なまいきだ。こしゃくだ。「—ことを言うな」

**しゃり**【舎利】（名）❶《仏》釈迦《しゃか》や聖者の骨。「仏—」❷火葬《かそう》にして残った骨。❸《俗語》米粒《こめつぶ》。ごはん。「銀—」

**じゃり**【○砂利】（名）❶かどがすれてまるくなった小石。また、その集まり。❷《俗語》子ども。

**しゃりょう**【車両】『車△輛』（名）電車や自動車などの総称《そうしょう》。また、その車体。「鉄道—」

**しゃりん**【車輪】（名）車のわ。

**しゃれ**『×洒落』（名）❶気のきいたこと。❷（多く「おしゃれ」の形で）気のきいた身なりや化粧《けしょう》をすること。「お—をする」❸発音が同じで意味のちがうことばを使って、おもしろく言い表した文句。「—をとばす」❹冗談《じょうだん》。「—が通じない」「—にならない」注意「しゃらく」と読むと別の意味になる。

**しゃれい**【謝礼】（名）お礼の気持ちを表したことばやおくり物。「—金」

**しゃれこうべ**『×髑髏・△曝◇首』（名）風や雨にさらされて頭が骨ばかりになったもの。されこうべ。どくろ。

**しゃれぼん**『×洒落-本』（名）《文》江戸《えど》時代の後期にはやった小説の一種。こっけいなことや遊里の遊びなどについて書いたもの。

**しゃ・れる**『×洒落る』（自下一）｛レ・レ・レル・レル・レレ・レロ(レヨ)｝❶気がきいている。「—・れたつくりの店」❷顔や身なりをかざる。おしゃれをする。❸「しゃれ③」を言う。❹なまいきである。「—・れたまねをするな」

**じゃ・れる**『◇戯れる』（自下一）｛レ・レ・レル・レル・レレ・レロ(レヨ)｝まつわりついてたわむれる。「猫《ねこ》がボールに—」

**じゃれん**【邪恋】（名）人としての道にはずれた恋《こい》。

**シャワー**〔英 shower〕（名）じょうろのような口から水や湯を出してあびる装置。また、その水や湯。「—をあびる」

**ジャンキー**〔英 junkie〕（名）❶薬物依存症《いそんしょう》の人。❷異常なほど何かに熱中している人。

**ジャンクション**〔英 junction〕（名）異なる高速道路どうしが接続する地点。分岐《ぶんき》点。合流点。

**ジャンク-フード**〔英 junk food〕（名）カロリーは高いが栄養価の低い、インスタント食品やスナック菓子《がし》などの食品。

**ジャン＝クリストフ**〔Jean-Christophe〕〔作品名〕フランスの作家ロマン＝ロランの長編小説。一九一二年完成。ベートーベンがモデルとされるドイツの天才音楽家クリストフのさまざまな人生体験をえがいたもの。

**ジャングル**〔英 jungle〕（名）熱帯地方の、木のおいしげった原始林。密林。

**ジャングル-ジム**〔英 jungle gym〕（名）金属のパイプを格子《こうし》状に組み上げた遊び道具。公園などにあり、のぼりおりして遊ぶ。

**じゃんけん**『じゃん拳』（名）二人以上の者が片手で石（ぐう）・はさみ（ちょき）・紙（ぱあ）の形をまねして同時に出しあい、勝負を決める遊び。石ははさみに、はさみは紙に、紙は石にそれぞれ勝つ。

**しゃんしゃん** 一（副）❶鈴《すず》などが鳴る音。❷手じめのときの拍手《はくしゅ》の音。二（副・自スル）年をとってもからだがしっかりし、元気にしているようす。

**じゃんじゃん**（副）❶次々にたくさん行う、また行われるようす。「食べ物を―注文する」「電話が―かかってくる」❷半鐘《はんしょう》がくり返し鳴らされる音。

**シャンソン**〔フランス chanson〕（名）フランスの流行歌。

**シャンツェ**〔ドイツ Schanze〕（名）スキーのジャンプ台。

**シャンデリア**〔英 chandelier〕（名）洋間の天井《てんじょう》からつるす、装飾《そうしょく》をかねた電灯。

**しゃんと**（副・自スル）❶気持ちに張りがあるようす。❷年齢《ねんれい》のわりに元気なようす。❸背筋をのばし、姿勢を正しくするようす。「―立つ」

**ジャンパー**〔英 jumper〕（名）❶そで口とすそのしまった作業・運動用などのゆったりとした上着。ジャンパー。❷陸上やスキーの跳躍《ちょうやく》競技の選手。

**シャンハイ**〔上海〕〔地名〕中国、長江《ちょうこう》の河口にある都市。中国最大の貿易港。

**シャンパン**〔フランス champagne〕（名）炭酸ガスをふくむ白ぶどう酒。おもに祝いの席で使う。フランスのシャンパーニュ地方でできるのでこの名がある。シャンペン。

**ジャンプ**〔英 jump〕一（名・自スル）とびあがること。跳躍《ちょうやく》。二（名）スキー・陸上競技などの跳躍《ちょうやく》種目。「―競技」

**シャンプー**〔英 shampoo〕（名・自スル）髪《かみ》を洗う洗剤《せんざい》。洗髪《せんぱつ》剤。また、それで髪を洗うこと。

**シャンペン**（名）→シャンパン

**ジャンボ**〔英 jumbo〕一（名）（「ジャンボジェット」の略）超大型ジェット旅客機。二（名・形動ダ）ひじょうに大きいこと。「―サイズ」

**ジャンル**〔フランス genre〕（名）種類。様式。部門。特に、詩や小説などといった文芸作品の種別。「―別」

**しゅ【手】** 4画 手0 小1 音 シュ 訓 て・た| 中 一 二 三 手

❶て。◆手足・手中 ◆握手《あくしゅ》・挙手・触手《しょくしゅ》・徒手・入手・拍手《はくしゅ》・落手。❷手で行う。◆手芸・手術。❸自分の手でする。てずから。◆手記 ◆下手人。❹仕事をする。◆着手。❺すぐれたわざ。わざのすぐれた人。◆手練・手腕《しゅわん》◆名手。❻ある仕事をする人を呼ぶ語。◆運転手・歌手・旗手・助手・選手。❼方法。◆手段・手法。参考「た」の訓は「手綱《たづな》」「手繰《たぐ》る」などのことばに使われる特殊《とくしゅ》な読み方。特別に、「上手」は「じょうず」、「下手」は「へた」とも読む。「手伝う」は「てつだう」と読む。

**しゅ【主】** 5画 丶4 小3 音 シュ・ス| 高 訓 ぬし・おも 丶 ニ 亠 キ 主

❶中心となる人。あるじ。かしら。◆主家・主君・主従・主将・主上・主人・主命 ◆君主・祭主・亭主《ていしゅ》・店主・当主・喪主《もしゅ》・領主。対従・客。❷中心となるもの。おもな。◆主意・主演・主眼・主義・主催《しゅさい》・主旨《しゅし》・主治医・主食・主体・主題・主張・主犯・主目的・主役・主要・主力。対従。❸はたらきかけるもの。じぶん。◆主観・主語。対客。参考「ス」の音は、「法主《ほっす》」「坊主《ぼうず》」などのことばに使われる特殊《とくしゅ》な読み方。⇩付録「漢字の筆順⑵王〔主〕」

**しゅ【主】**（名）❶中心となる重要なもの。「勉強が―で遊びは従だ」「―として若者を対象とする商品」対従。❷中心・長となる人。あるじ。❸つかえる相手。君主。しゅう。❹キリスト教で、神またはキリストのこと。天主。「―の恵《めぐ》み」

**しゅ【守】** 6画 宀3 小3 音 シュ・ス| 訓 まもる・もり 中 丶 丶 宀 宀 守 守

❶まもる。まもり。みはって番をする。◆守衛・守旧・守護・守株《しゅしゅ》・守備《しゅび》・守兵 ◆看守《かんしゅ》・堅守《けんしゅ》・攻守《こうしゅ》・固守・死守・遵守《じゅんしゅ》・墨守《ぼくしゅ》・保守。対攻《こう》。❷地方官の長官。◆郡守・国守・太守。参考「ス」の音は「留守《るす》」ということばに使われる特殊《とくしゅ》な読み方。

**しゅ【朱】** 6画 木2 音 シュ ノ 二 牛 牛 朱

あか。あか色。あかい色のすみ。◆朱色・朱印・朱墨《しゅずみ》・朱肉・朱筆

**しゅ【朱】**（名）❶少し黄色がかった赤色。朱色。❷赤色の顔料・墨《すみ》。

**朱に交《まじ》われば赤《あか》くなる** 人はつき合っている友だちによって、よくも悪くもなるというたとえ。

**朱を入《い》れる** 朱墨《しゅずみ》で文章の訂正《ていせい》・添削《てんさく》などをする。

**しゅ【取】** 8画 又6 小3 音 シュ 訓 とる 一 丅 耳 耳 耳 取

手にとる。自分のものにする。◆取材《しゅざい》・取捨・取得《しゅとく》◆採取《さいしゅ》・搾取《さくしゅ》・詐取《さしゅ》・摂取《せっしゅ》・奪取《だっしゅ》・聴取《ちょうしゅ》・略取。対捨《しゃ》 ⇩付録「漢字の筆順㉒耳」

**しゅ【狩】** 9画 犭6 音 シュ 訓 かる・かり ノ 犭 犭 狞 狩 狩

鳥やけものをとる。かり。◆狩猟《しゅりょう》

**しゅ【首】** 9画 首0 小2 音 シュ 訓 くび 丷 䒑 䒑 首 首

❶くび。あたま。こうべ。◆首級・首肯《しゅこう》・首尾《しゅび》◆鶴首《かくしゅ》・機首・鳩首《きゅうしゅ》・絞首刑《こうしゅけい》・斬首《ざんしゅ》・船首・頓首《とんしゅ》。❷はじめ。◆首唱 ◆巻首・部首。❸いちばん上に位するもの。中心となるもの。◆首位・首相・

首席・首都・首脳・首班・首府・首謀《しゅぼう》・首領 ⬙元首・党首・盟首

**-しゅ【首】**（接尾）和歌や漢詩を数えることば。「百人一―」

**しゅ【修】**→しゅう(修)

**しゅ【殊】** 10画 歹6 音 **シュ** 訓 **こと** 一 ア 万 歹 歹' 殊
とりわけ。ふつうとちがう。⬘殊勲《しゅくん》・殊勝 ⬙特殊

**しゅ【珠】** 10画 王6 音 **シュ** 丁 王 王' 玝 玗 珠
❶貝の中にできるまるいたま。しんじゅ。⬘珠玉 ⬙真珠《しんじゅ》。❷真珠のようにまるいもの。⬘珠算 ⬙数珠《じゅず・ずず》・念珠《ねんじゅ》。参考 特別に、「数珠」は「じゅず」「ずず」と読む。⇩付録「漢字の筆順(2)王〔王〕」

**しゅ【酒】** 10画 酉3 小3 音 **シュ** 訓 **さけ・さか** 丶 氵 汀 沂 洒 酒
さけ。アルコール分をふくむ飲料。⬘酒宴《しゅえん》・酒気・酒肴《しゅこう》・酒豪《しゅごう》・酒色・酒席・酒造・酒乱・酒量 ⬙飲酒・禁酒・清酒・節酒・斗酒《としゅ》・日本酒・美酒・葡萄酒《ぶどうしゅ》・銘酒《めいしゅ》・洋酒。参考「さか」の訓は「酒屋《さかや》」「酒場《さかば》」「酒盛《さかも》り」などのことばに使われる特殊《とくしゅ》な読み方。特別に、「お神酒」は「おみき」と読む。

**しゅ【衆】**→しゅう(衆)

**しゅ【腫】** 13画 月9 音 **シュ** 訓 **はれる・はらす** 月 肝 肟 脜 腫 腫
はれる。はれもの。むくみ。⬘腫瘍《しゅよう》 ⬙筋腫・水腫・肉腫・浮腫《ふしゅ》 ⇩付録「漢字の筆順(28)里」

**しゅ【種】** 14画 禾9 小4 音 **シュ** 訓 **たね** 千 禾 禾' 秆 秱 種
❶植物のたね。⬘種子。❷うえる。たねをまく。⬘種痘《しゅとう》 ⬙接種。❸分類したもの。なかま。たぐい。⬘種族・種別・種目・種類 ⬙各種・職種・人種・同種。❹生物分類上の単位で、最も下のもの。⬘種名 ⬙原種・雑種・変種 ⇩付録「漢字の筆順(28)里」

**しゅ【種】**（名）❶一定のきまり、共通する性質などによって分けたまとまり。種類。「この―の話はよく耳にする」❷《動・植》生物を分類する区切りの一つ。属の下で、最も下のもの。「亜―《あしゅ》」

**しゅ【趣】** 15画 走8 音 **シュ** 訓 **おもむき** 十 キ 走 赶 趄 趣
❶わけ。考え。⬘趣意・趣向・趣旨《しゅし》 ⬙意趣。❷おもむき。あじわい。おもしろみ。⬘趣致《しゅち》・趣味 ⬙画趣・雅趣《がしゅ》・興趣・詩趣・情趣・俗趣《ぞくしゅ》・妙趣《みょうしゅ》・野趣 ⇩付録「漢字の筆順(22)耳」

**じゅ【寿】** 7画 寸4 〔壽〕 音 **ジュ** 訓 **ことぶき** 一 三 丰 寿 寿 寿
❶とし。いのち。長生き。⬘寿命《じゅみょう》 ⬙長寿・天寿。❷長生きの祝い。⬙米寿

**じゅ【受】** 8画 又6 小3 音 **ジュ** 訓 **うける・うかる** 丶 𠂉 𠂊 𠂢 孚 受
うける。うけとる。ひきうける。⬘受益・受戒《じゅかい》・受給・受験・受講・受賞・受信・受胎《じゅたい》・受託《じゅたく》・受諾《じゅだく》・受注・受動・受難・受納・受容・受理・受領 ⬙甘受《かんじゅ》・感受・享受《きょうじゅ》・授受・伝受・拝受・傍受《ぼうじゅ》

**じゅ【呪】** 8画 口5 音 **ジュ** 訓 **のろう** 丨 口 口' 叩 呪 呪
❶のろう。人がわざわいをこうむるよう祈《いの》る。⬘呪詛《じゅそ》。❷まじないをする。⬘呪術・呪縛《じゅばく》・呪文《じゅもん》

**じゅ【従】**→じゅう(従)

**じゅ【授】** 11画 扌8 小5 音 **ジュ** 訓 **さずける**㊥・**さずかる**㊥ 扌 扌' 扌" 挼 授
あたえる。伝える。⬘授戒《じゅかい》・授業・授産・授受・授賞・授乳・授与《じゅよ》 ⬙教授・口授《こうじゅ・くじゅ》・神授・伝授

**じゅ【就】**→しゅう(就)

**じゅ【需】** 14画 雨6 音 **ジュ** 一 ⺈ 雨 雫 雫 需
もとめる。必要とする。もとめ。⬘需給・需用・需要 ⬙応需・官需・軍需・特需・必需品・民需

**じゅ【儒】** 16画 亻14 音 **ジュ** 亻 侕 俨 偄 儒 儒
❶よわい。背がひくい。⬙侏儒《しゅじゅ》。❷孔子《こうし》を祖とする学問や教え。⬘儒家《じゅか》・儒学・儒教・儒者

**じゅ【樹】** 16画 木12 小6 音 **ジュ** 木 朩 朾 桔 樹 樹
❶き。たち木。⬘樹影《じゅえい》・樹液・樹海・樹枝《じゅし》・樹脂・樹皮・樹氷・樹木・樹齢《じゅれい》 ⬙果樹・植樹・大樹・緑樹。❷たてる。うちたてる。⬘樹立

**しゅい【主意】**（名）❶中心となる、おもな意味。おもな考え。主眼。「論説の―」❷知性や感情よりも意志を重んじること。対 主知・主情

**しゅい【首位】**（名）第一位。首席。「―打者」

**しゅい【趣意】**（名）何かをしようとするときの、もとになる考え。また、文章・談話などで、のべようとする考え。「―書」「話の―をつかむ」

**しゅいん【朱印】**（名）❶朱肉で押《お》した印。❷《歴》室町《むろまち》・江戸《えど》時代、将軍や大名が公文書に押した印。または、その公文書。「御《ご》―船」

**しゅいんせん【朱印船】**（名）《歴》→ごしゅいんせん

**しゆう【私有】**（名・他スル）国や役所ではなく、個人が所有していること。「―財産」対 公有・国有

**しゆう【雌雄】**（名）❶めすとおす。「―異株《いしゅ》」❷優劣《ゆうれつ》。勝ちまけ。「―を決する」

**しゅう【収】** 4画 又2 小6 〔收〕 音 **シュウ** 訓 **おさめる・おさまる** 丨 丩 屮 収
❶おさめる。とり入れる。おさまる。⬘収益・収穫《しゅうかく》・収拾《しゅうしゅう》・収集・収束《しゅうそく》・収得・収入・収納・収容・収録 ⬙押収《おうしゅう》・回収・吸収・没収《ぼっしゅう》。❷とり入れたもの。収入。⬘収支 ⬙月収・減収。❸ちぢまる。⬘収縮・収斂《しゅうれん》

**しゅう【囚】** 5画 口2 音 シュウ
とらえて監禁《かんきん》する。罪をおかしてとらえられた人。◆囚人 ◆死刑囚《しけいしゅう》・未決囚・幽囚《ゆうしゅう》・虜囚《りょしゅう》

**しゅう【州】** 6画 川3 小3 音 シュウ 訓 す 中
❶土砂《どしゃ》が積もって、川などの水面に現れ出ている所。なかす。◆三角州《さんかくす》・中州《なかす》。❷むかしの日本の行政区画の呼び名。くに。◆九州・甲州《こうしゅう》・上州・信州・本州・六十余州。❸米国などの行政区画の一つ。◆州議会・州政府。❹大陸。◆欧州《おうしゅう》・六大州

**しゅう【舟】** 6画 舟0 音 シュウ 訓 ふね・ふな
ふね。こぶね。◆舟運・舟行・舟航・舟艇《しゅうてい》 ◆漁舟《ぎょしゅう》・軽舟・呉越《ごえつ》同舟・孤舟《こしゅう》・呑舟《どんしゅう》。類船。参考「ふな」の訓は「舟《ふな》遊び」「舟宿《ふなやど》」「舟歌《ふなうた》」などのことばに使われる特殊《とくしゅ》な読み方。

**しゅう【秀】** 7画 禾2 音 シュウ 訓 ひいでる 高
ぬきんでる。すぐれる。◆秀逸《しゅういつ》・秀歌・秀句・秀才・秀作・秀麗《しゅうれい》 ◆閨秀《けいしゅう》・俊秀《しゅんしゅう》・優秀

**しゅう【周】** 8画 口5 小4 音 シュウ 訓 まわり
❶めぐる。まわる。◆周忌《しゅうき》・周期・周年・周遊。❷まわり。めぐり。◆周囲・周辺 ◆円周・外周。❸ひろくゆきわたる。ゆきとどく。◆周知・周到《しゅうとう》

**しゅう【周】**(名) 場所などのまわり。また、そのまわりを回る回数を表す。「コースを二―する」

**しゅう〔周〕**(名)《歴》中国の王朝の名。紀元前一一世紀に殷《いん》を滅《ほろ》ぼして成立し、前二五六年、秦《しん》に滅ぼされた。

**しゅう【宗】** 8画 宀5 小6 音 シュウ・ソウ 中
❶(シュウと読んで)神仏の教え。それを信仰《しんこう》する人びと。◆宗教・宗旨《しゅうし》・宗派・宗門 ◆改宗・邪宗《じゃしゅう》・禅宗《ぜんしゅう》。❷(ソウと読んで)先祖《せんぞ》。本家。おおもと。◆宗家《そうけ》・宗匠《そうしょう》

**-しゅう【宗】**(接尾) 仏教の流派の名に付ける語。「天台―」

**しゅう【拾】** 9画 扌6 小3 音 シュウ 中・ジュウ 中 訓 ひろう
❶ひろう。◆拾遺《しゅうい》・拾得《しゅうとく》 ◆収拾。❷おさめる。まとめる。❸文字の書きかえをふせぐため、「十」のかわりに領収書や証書などに用いる字。

**しゅう【祝】**→しゅく(祝)

**しゅう【秋】** 9画 禾4 小2 音 シュウ 訓 あき
❶あき。四季の一つ。◆秋雨・秋季・秋月・秋扇《しゅうせん》・秋霜《しゅうそう》・秋分・秋冷 ◆初秋・中秋・麦秋《ばくしゅう》・晩秋・立秋。❷としつき。年月。◆春秋・千秋

**しゅう【臭】** 9画 自3 〔臭〕 音 シュウ 訓 くさい・におう
❶におい。よくないにおい。◆臭気・臭素 ◆悪臭・異臭・体臭・腐臭《ふしゅう》・無臭。❷いやな感じ。◆俗臭《ぞくしゅう》

**しゅう【修】** 10画 亻8 小5 音 シュウ・シュ 中 訓 おさめる・おさまる
❶身につける。まなぶ。ならう。◆修学・修業・修身・修得・修養・修了《しゅうりょう》・修練・修行《しゅぎょう》 ◆研修・独修・必修・履修《りしゅう》。❷つくろう。なおす。◆修正・修繕《しゅうぜん》・修築・修復・修理 ◆改修・補修。❸かざる。◆修辞・修飾《しゅうしょく》。❹書物を編集する。◆修訂《しゅうてい》 ◆監修《かんしゅう》。参考「シュ」の音は「修行《しゅぎょう》」「修験者《しゅげんじゃ》」などのことばに使われる特殊《とくしゅ》な読み方。

**しゅう【袖】** 10画 衤5 音 シュウ 高 訓 そで
そで。腕《うで》をおおうために身ごろにつけた部分。◆鎧袖一触《がいしゅういっしょく》・領袖 ⇩付録「漢字の筆順⑭由〔由〕」

**しゅう【執】**→しつ(執)

**しゅう【終】** 11画 糸5 小3 音 シュウ 訓 おわる・おえる
❶おわる。おしまいになる。おえる。おわり。◆終業・終局・終結・終止・終始・終戦・終着・終点・終末・終了《しゅうりょう》 ◆最終・始終《しじゅう》・有終。対始。❷おわりまで。◆終日・終身・終生。❸死ぬ。◆臨終《りんじゅう》

**しゅう【羞】** 11画 羊5 音 シュウ
はじ。はじる。はずかしめ。◆羞恥心《しゅうちしん》 ◆含羞《がんしゅう》 ⇩付録「漢字の筆順㉓⺶」

**しゅう【習】** 11画 羽5 小3 音 シュウ 訓 ならう
❶まなぶ。くり返しならう。まねる。◆習作・習字・習熟・習得・習練 ◆演習・温習・学習・既習《きしゅう》・教習・講習・自習・伝習・復習・練習。❷ならわし。しきたり。◆習慣《しゅうかん》・習性・習俗《しゅうぞく》・習癖《しゅうへき》 ◆悪習・因習・慣習・奇習《きしゅう》・常習・風習・陋習《ろうしゅう》

**しゅう【週】** 11画 辶8 小2 音 シュウ
七日をひとめぐりとした時間の単位。◆週刊・週間・週休・週日・週末 ◆今週・次週・先週・毎週・来週

**しゅう【週】**(名) 日曜日から土曜日までの七日をひとめぐりとした時間の単位。「次の―」

**しゅう【就】** 12画 尢9 小6 音 シュウ・ジュ 高 訓 つく 中・つける 中
❶位置・地位につく。ある状態になる。◆就学・就業・就

航・就床《しゅうしょう》・就職・就寝《しゅうしん》・就任◆去就。❷なる。しとげる。◆成就《じょうじゅ》。参考「ジュ」の音は「成就《じょうじゅ》」ということばに使われる特殊《とくしゅ》な読み方。

**しゅう【衆】** 12画 血6 小6 音 シュウ・シュ 高

多い。大勢の人。◆衆寡《しゅうか》・衆議・衆愚《しゅうぐ》・衆人・衆知・衆望・衆目・衆生《しゅじょう》◆観衆・群衆・公衆・大衆・聴衆《ちょうしゅう》。参考「シュ」の音は「衆生《しゅじょう》」ということばに使われる特殊《とくしゅ》な読み方。

**しゅう【衆】**（名）❶大勢の人。人数の多いこと。「烏合《うごう》の―」「―をたのむ(=味方の人数が多いことをたよりにする)」❷ある特徴《とくちょう》を持った人びとを呼ぶことば。しゅ。「若い―」「旦那《だんな》―」

**しゅう【集】** 12画 隹4 小3 音 シュウ 訓 あつまる・あつめる・つどう 中

❶あつまる。あつめる。◆集荷・集会・集計・集結・集合・集散・集成・集積・集団・集中・集約・集落◆凝集《ぎょうしゅう》・群集・結集・採集・収集・召集《しょうしゅう》・招集・徴集《ちょうしゅう》・編集・密集。対散。❷詩歌《しいか》や文章などをあつめた書物。◆歌集・画集・句集・詩集・選集・全集・文集⇩付録「漢字の筆順(32)隹」

**しゅう【愁】** 13画 心9 音 シュウ 訓 うれえる 高・うれい 高

かなしむ。うれい。◆愁傷・愁色・愁嘆《しゅうたん》・愁眉《しゅうび》◆哀愁《あいしゅう》・郷愁・春愁・悲愁・憂愁《ゆうしゅう》・旅愁

**しゅう【酬】** 13画 酉6 音 シュウ

❶むくいる。かえす。◆応酬・報酬。❷返事。◆貴酬

**しゅう【醜】** 17画 酉10 音 シュウ 訓 みにくい

みにくい。きたならしい。◆醜悪・醜怪《しゅうかい》・醜行・醜態・醜聞・醜名◆美醜・老醜。対美

**しゅう【蹴】** 19画 足12 音 シュウ 訓 ける

ける。けとばす。◆蹴鞠《けまり》・蹴球《しゅうきゅう》◆一蹴《いっしゅう》

**しゅう【襲】** 22画 衣16 音 シュウ 訓 おそう

❶おそう。不意うちにする。◆襲撃《しゅうげき》・襲来◆奇襲《きしゅう》・逆襲・急襲・強襲・空襲・夜襲・来襲。❷うけつぐ。あとをつぐ。◆襲名◆因襲・世襲・踏襲《とうしゅう》

**じゆう【自由】**（名・形動ダ）ほかからさまたげられないで、自分の思うままにできること。「言論の―」「時間の―がきく」「不―」…化「貿易の自由化」

**じゆう【事由】**（名）物事の理由や原因。

**じゅう【十】** 2画 十0 小1 音 ジュウ・ジッ 訓 とお・と

❶とお。とたび。◆十干《じっかん》・十字・十字架《じゅうじか》・十文字◆数十。❷じゅうぶん。完全。◆十全・十分。❸数の多いこと。◆十人十色《じゅうにんといろ》・十目《じゅうもく》読む。参考特別に、「十重二十重」は「とえはたえ」と「二十」「二十歳」は「はたち」、「二十日」は「はつか」とも読む。「十回《じっかい》」などは「じゅっかい」とも読む。

**じゅう【十】**（名）九に一を足した数。とお。

**じゅう【中】**→ちゅう(中)

**-じゅう【中】**（接尾）❶(期間を表す語に付いて)その間ずっと。「一晩―勉強する」❷ある期間の中で。「明日―には仕上げます」❸ある範囲《はんい》や集団すべての中で。「学校―で有名になる」

**じゅう【汁】** 5画 氵2 音 ジュウ 訓 しる

しる。液体。◆一汁一菜・果汁・苦汁・胆汁《たんじゅう》・肉汁・乳汁・墨汁《ぼくじゅう》

**じゅう【充】** 6画 儿4 音 ジュウ 訓 あてる 高

❶あてる。たりないところをみたす。◆充員・充当・充用◆拡充・補充。❷みちる。いっぱいある。◆充血・充実・充足・充備・充分・充満◆汗牛充棟《かんぎゅうじゅうとう》

**じゅう【住】** 7画 亻5 小3 音 ジュウ 訓 すむ・すまう

❶すむ。すまう。場所を定めて生活する。◆住居・住所・住宅・住人・住民◆安住・移住・永住・居住・在住・定住・転住。❷ひと所にいる。とどまる。◆住職◆常住⇩付録「漢字の筆順(2)王〔主〕」

**じゅう【住】**（名）すまい。すむこと。「―環境《かんきょう》」「職―近接」

**じゅう【拾】**→しゅう(拾)

**じゅう【柔】** 9画 木5 音 ジュウ・ニュウ 訓 やわらか・やわらかい

❶やわらかい。しなやか。◆柔軟《じゅうなん》・柔毛。対剛《ごう》。❷おだやか。やさしい。◆柔順・柔和《にゅうわ》◆温柔・外剛内柔。対剛。❸よわよわしい。心・からだがしっかりしていない。◆柔弱《にゅうじゃく》◆優柔不断。対剛。❹やわらげる。◆懐柔《かいじゅう》。❺やわら。◆柔術・柔道

**じゅう【柔】**（名）やわらかくしなやかなこと。対剛《ごう》

**柔よく剛《ごう》を制《せい》す** 弱い者がかえって強い者に勝つことのたとえ。

**じゅう【重】** 9画 里2 小3 音 ジュウ・チョウ 訓 え・おもい・かさねる・かさなる

❶目方がおもい。おもさ。◆重圧・重金属・重心・重水・重量・重力◆加重・荷重・軽重《けいじゅう・けいちょう》・体重・鈍重《どんじゅう》・比重。対軽。❷ひどい。はなはだしい。◆重罪・重症《じゅうしょう》・重傷・重税・重態・重病・重労働◆厳重。対軽。❸おもんじる。たいせつにする。たいせつである。◆重視・重職・重責・重大・重鎮《じゅうちん》・重点・重役・重用《じゅうよう・ちょうよう》・重要◆貴重・尊重・珍重《ちんちょう》。対軽。❹おもおもしい。落ち着いている。◆重厚◆自重《じちょう》・慎重《しんちょう》。対軽。❺かさなる。かさねる。◆重婚《じゅうこん》・重唱・重重・重箱・重複《ちょうふく・じゅうふく》・重畳《ちょうじょう》◆多重・二重。参考特別に、「十重八十重」は

「とえはたえ」と読む。⇩付録「漢字の筆順㉘里」

**じゅう【従】** 10画 彳7 小6 〔從〕 音ジュウ・ショウ 高・ジュ 高 訓したがう・したがえる ノ 彳 彳 彳 彳 従
❶あとからついて行く。つきしたがう。◆従軍・従属 ◆随従《ずいじゅう》・追従《ついじゅう・ついしょう》・陪従《ばいじゅう》。❷つきしたがう人。おとも。◆従者・従僕《じゅうぼく》 ◆侍従《じじゅう》・主従。対主。❸言うとおりになる。さからわない。◆従順 ◆屈従《くつじゅう》・臣従・忍従《にんじゅう》・服従・面従・盲従《もうじゅう》・隷従《れいじゅう》。❹たずさわる。仕事にあたる。◆従業員・従事 ◆専従。❺ゆったりしている。◆従容《しょうよう》。❻…から。これまで。◆従前・従来。❼親戚《しんせき》の人の呼び方につける語。◆従兄・従妹。❽中心となるものに付属するもの。◆従犯・従三位《じゅさんみ》。対主。参考「ショウ」「ジュ」の音は、「従容《しょうよう》」「従三位《じゅさんみ》」などのことばに使われる特殊《とくしゅ》な読み方。

**じゅう【従】**（名）中心となることがらに付随《ふずい》するもの。「内容が主で形式は—だ」対主

**じゅう【渋】** 11画 氵8 〔澁〕 音ジュウ 訓しぶ・しぶい・しぶる 氵 氵 氵 氵 渋 渋
❶味がしぶい。にがにがしい。◆渋面 ◆苦渋。❷しぶる。はかどらない。◆渋滞《じゅうたい》 ◆晦渋《かいじゅう》・難渋 ⇩付録「漢字の筆順⑸止」

**じゅう【銃】** 14画 金6 音ジュウ 𠆢 亼 金 釒 鉣 銃
つつ。てっぽう。◆銃火・銃眼・銃器・銃撃《じゅうげき》・銃後・銃殺・銃身・銃声・銃弾《じゅうだん》 ◆小銃

**じゅう【銃】**（名）弾丸《だんがん》を発射する武器で、手で持ってあつかうもの。小銃・拳銃《けんじゅう》・機関銃など。

**じゅう【獣】** 16画 犬12 〔獸〕 音ジュウ 訓けもの 丷 㽗 㽗 兽 獣 獣
けだもの。◆獣医・獣肉・獣欲・獣類 ◆怪獣《かいじゅう》・海獣・禽獣《きんじゅう》・鳥獣・珍獣《ちんじゅう》・肉食獣・猛獣《もうじゅう》・野獣

**じゅう【縦】** 16画 糸10 小6 〔縱〕 音ジュウ 訓たて 糸 糸 紒 紒 紒 縦
❶上下、前後の方向。たて。◆縦横・縦貫《じゅうかん》・縦線・縦走・縦隊・縦断・縦列。対横。❷自由にする。気ままにする。◆縦覧 ◆操縦・放縦

**しゅうあく【醜悪】**（名・形動ダ）顔つき・考え・行いなどがひじょうにみにくく、不快なこと。「—な姿」

**しゅうあけ【週明け】**（名）次の週が始まるころ。ふつう、月曜日をさす。「—に連絡《れんらく》します」

**じゅうあつ【重圧】**（名）強い圧力。重くのしかかる力。「—を加える」「—を感じる」

**しゅうい【周囲】**（名）❶物のまわり。「家の—」❷人や物のまわりをとりまくもの。「—の目がうるさい」

**しゅうい【拾遺】**（名）詩歌《しいか》や文章などで、もれているものをひろい補うこと。また、そうしてつくったもの。

**じゅうい【獣医】**（名）ペットや家畜《かちく》の病気を診察《しんさつ》・治療《ちりょう》する医師。獣医師。

**じゆういし【自由意志】**（名）他から強制や束縛《そくばく》などを受けない自分自身の意志。「—にまかせる」

**じゅういちがつ【十一月】**（名）一年の十一番目の月。しもつき。

**しゅういつ【秀逸】**（名・形動ダ）ほかのものより、とびぬけてすぐれていること。「—な作品」

**じゅういつ『充△溢』**（名・自スル）みちあふれること。「生命力の—」

**しゅういん【衆院】**（名）「衆議院」の略。

**しゅうう『△驟雨』**（名）急に降りだす雨。にわか雨。

**しゅううん【舟運】**（名）舟による交通や輸送。

**しゅうえき【収益】**（名）事業などで利益をおさめること。また、収入になった利益。「—をあげる」

**しゅうえき【就役】**（名・自スル）❶仕事や役職につくこと。❷新造の軍艦《ぐんかん》が任務につくこと。

**しゅうえん【周縁】**（名）物のまわり。物のはしのほう。「社会の—部」

**しゅうえん『終△焉』**（名）❶死にぎわ。臨終。「—の地」❷物事の終わり。「時代の—」

**しゅうえん【終演】**（名・自スル）演劇・音楽などの上演が終わること。対開演

**じゅうおう【縦横】**（名）❶たてとよこ。❷南北と東西。❸思いどおり。思うまま。「—に使いこなす」

**じゅうおうむじん【縦横無尽】**（名・形動ダ）自由自在に行うこと。思うぞんぶん。「—の活躍《かつやく》」

**しゅうか【集荷】**（名・自他スル）農産物や水産物などを集めること。また、集まること。また、その荷。

**しゅうか【集貨】**（名・自他スル）貨物や商品を集めること。また、集まること。また、その貨物や商品。

**しゅうか【衆寡】**（名）人数の多数と少数。

**衆寡敵《てき》せず** 人数の少ないものは人数の多いものにはかなわない。類多勢《たぜい》に無勢《ぶぜい》

**じゅうか【銃火】**（名）銃器による射撃《しゃげき》。また、射撃するときに発する火。「—をあびる」

**しゅうかい【集会】**（名・自スル）多くの人が同じ目的で一定の場所に集まること。また、その集まり。「—を開く」類会合

**しゅうかい【醜怪】**（名・形動ダ）ぞっとするほどみにくいこと。「—な心」

**しゅうかいどう『秋海△棠』**（名）《植》シュウカイドウ科の多年草。庭などに植える。秋、淡紅《たんこう》色の花をつける。

（しゅうかいどう）

**しゅうかく【収穫】**（名・他スル）❶農作物を取り入れること。また、その取り入れたもの。❷あることをして得た、よい結果。成果。「思わぬ—を得る」

**しゅうかく【臭覚】**（名）においを感じる感覚。嗅覚《きゅうかく》。

**しゅうがく【修学】**（名・自スル）勉強して学問を身につけること。「—旅行」

**しゅうがく【就学】**（名・自スル）小学校にはいること。「—児」「—年齢《ねんれい》」

**しゅうがくりょこう【修学旅行】**（名）学校行事の一つで、児童・生徒が教師の引率《いんそつ》のもとに、実

地見学のために行う旅行。

**じゆうがた【自由形】**（名）水泳競技の種目の一つ。どんな泳ぎ方をしてもよい。ふつうはクロール。

**しゅうかつ【就活】**（名）（「就職活動」の略）大学の卒業予定者などが、仕事につくために行う活動のこと。

**ことばの移り変わり**

**「略語と造語」**

「就活」は「就職活動」の略語であるが、このように「活動」を「活」と略す例は「学活」「部活」など学校・学生用語に多くある。「就活」も学校生活の延長線上にあると考えれば、「部活」等にならって略語化されたものと見られる。「就活」の類推で「婚活」が造語されると、「保活」「終活」などの、略語というより「活」による新たな造語ととらえられる「〇活」型語彙《ごい》が多く作られるようになった。同様の先行例として明治以降用いられる「材（材料）」があり、古くは「素材」「題材」「教材」、近年では「食材」「具材」などが造語されている。

**じゅうがつ【十月】**（名）一年の一〇番目の月。神無月《かんなづき・かみなづき》。

**しゅうかん【収監】**（名・他スル）犯罪の被疑者《ひぎしゃ》・被告人や刑罰《けいばつ》の確定した人を拘置所《こうちしょ》や刑務所《けいむしょ》などの刑事施設《しせつ》に収容すること。

**しゅうかん【週刊】**（名）週一回、定期的に刊行すること。また、刊行される新聞や雑誌。「一誌」

**しゅうかん【週間】**（名）❶七日間。一週間。❷特別な行事の行われる七日間。「読書一」

**しゅうかん【習慣】**（名）❶その土地で、古くからくり返し行われている決まったやり方。ならわし。しきたり。「村の一」類風習・慣習 ❷くり返し行われ、いつも決まってするようになっていること。「早起きの一」

⇩かんしゅう（慣習）「学習」

**じゅうかん【重患】**（名）重い病気。また、それにかかっている人。重病患者。

**じゅうかん【縦貫】**（名・他スル）縦《たて》につきぬけること。南北につらぬくこと。「一道路」

**じゅうがん【銃眼】**（名）敵を射撃《しゃげき》したり監視《かんし》したりするために、防壁《ぼうへき》などにあけた穴。

**しゅうき【周忌】**（名）人が死んだのち、毎年回ってくる同じ月の同じ日の忌日《きにち》。また、その回数を表す。「祖父《そふ》の三一」類回忌

**しゅうき【周期】**（名）一定の時間をおいて同じ動きや現象がくり返されるときの、その一定の時間。「一運動」…的「周期的な痛み」

**しゅうき【臭気】**（名）くさみ。いやなにおい。「異様なーが漂《ただよ》う」

**しゅうき【秋季】**（名）秋の季節。「一体育大会」

⇩かき（夏期）「学習」

**しゅうき【秋期】**（名）秋の期間。「一講習会」⇩かき（夏期）「学習」

**しゅうぎ【祝儀】**（名）❶祝いの儀式。「不《ぶ》一」❷祝いの気持ちを表すために贈《おく》るおかねや品物。❸心づけ。チップ。「一をはずむ」

**しゅうぎ【衆議】**（名）大勢の人で相談すること。また、その相談。「一一決」

**じゅうき【『什器』】**（名）ふだん使う家具や道具類。

**じゅうき【銃器】**（名）一人で持ち運べる大きさの小銃・ピストル・機関銃などの武器。

**しゅうぎいん【衆議院】**（名）参議院とともに日本の国会を構成する機関の一つ。全国の各選挙区で選ばれた議員からなり、その任期は四年で、解散がある。「一議員」⇩さんぎいん

**じゅうきネット【住基ネット】**（名）「住民基本台帳ネットワークシステム」の略。市区町村がもつ住民基本台帳の情報をネットワーク化し、全国の行政機関で利用するしくみ。

**しゅうきゃく【集客】**（名・自スル）客を集めること。「一力《りょく》」「チラシを配って一する」

**しゅうきゅう【週休】**（名）一週間のうちにきまって休日があること。また、その休日。「一二日制」

**しゅうきゅう【週給】**（名）一週間ごとに支払《しはら》われる給料。

**しゅうきゅう【蹴球】**（名）ボールを相手のゴールにけり入れて勝ち負けを争うスポーツ。サッカー・ラグビー・アメリカンフットボールがあるが、ふつう、サッカーをいう。

**じゅうきょ【住居】**（名）人の住む家。すまい。

**しゅうきょう【宗教】**（名）神や仏など、超《ちょう》人間的なものを信仰《しんこう》し、安心や幸福を求めようとすること。また、そのための教え。「原始一」…的「宗教的な立場」

**しゅうぎょう【修業】**（名・自スル）学術・技芸を習って身につけること。しゅぎょう。「一証書」

**しゅうぎょう【終業】**（名・自スル）決まった期間や時間の仕事・学業を終えること。「一式」対始業

**しゅうぎょう【就業】**（名・自スル）❶職業についていること。「一人口」❷業務につくこと。「一時間」

**じゆうぎょう【自由業】**（名）時間にしばられないで個人で独立して営む職業。著述業・弁護士など。

**じゅうぎょういん【従業員】**（名）会社や工場などで、その一員として働く人。「一を雇《やと》う」

**しゅうきょうか【宗教家】**（名）宗教を信じ、広めることをつとめとしている人。

**しゅうきょうかいかく【宗教改革】**（名）〔歴〕一六世紀のヨーロッパ、カトリック教会の内部で起こった改革運動。この運動によって、カトリック教会から分裂《ぶんれつ》してプロテスタント教会が生まれた。

**しゅうきょく【終曲】**（名）〔音〕→フィナーレ①

**しゅうきょく【終局】**（名）❶囲碁《いご》・将棋《しょうぎ》の対局の終わり。「名人戦の一」❷物事の結末・終末。また、事件が落ち着くこと。「一を迎《むか》える」

**しゅうきょく【『褶曲』】**（名）〔地質〕地表に近いたいらな地層が、横からの圧力で波状に曲がり、山や谷ができること。「一山脈」

**しゅうぎょとう【集魚灯】**（名）夜、水上をてらして、魚をおびきよせるためのあかり。

**しゅうきん【集金】**（名・他スル）おかねを集めること。また、集めたおかね。「一日」「ガス代を一する」

**じゅうきんぞく【重金属】**（名）比重の大きな重い金属。金・銀・銅・鉛《なまり》・鉄など。対軽金属

**しゅうぐ【衆愚】**（名）大勢のおろかな人。「一政治」

**ジュークボックス**〔英 jukebox〕（名）硬貨《こうか》を入れて選曲すると、自動的にレコードがかかる装置。
**シュークリーム**（名）卵と小麦粉でつくったうすい球状の皮を焼いて、中にクリームをつめた洋菓子《ようがし》。▽フランス chou à la crème から。
**じゅうぐん【従軍】**（名・自スル）軍隊について戦地へ行くこと。「―記者」
**しゅうけい【集計】**（名・他スル）個々の数値を集めて合計すること。また、その合計。「票数を―する」
**じゅうけい【重刑】**（名）重い刑罰《けいばつ》。
**じゆうけいざい【自由経済】**（名）《経》個人や私《し》企業《きぎょう》の経済活動が、国などの統制を受けないで自由に行われる経済のしくみ。対統制経済
**しゅうげき【襲撃】**（名・他スル）ふいにおそうこと。「敵を―する」
**じゅうげき【銃撃】**（名・他スル）銃で射撃すること。「はげしい―戦」「―を浴《あ》びる」
**しゅうけつ【終結】**（名・自スル）物事がかたづいて終わること。「戦争が―する」
**しゅうけつ【集結】**（名・自他スル）多くのものが一か所に集まること。また、集めること。「軍が―する」
**じゅうけつ【充血】**（名・自スル）からだの一部の動脈に血が異常に集まり、赤くなること。「目が―する」
**じゅうけつきゅうちゅう【住血吸虫】**（名）《動》ジュウケツキュウチュウ科の寄生虫の総称《そうしょう》。皮膚《ひふ》から人や家畜《かちく》の血管にはいりこみ寄生する。
**しゅうけん【集権】**（名）権力を一つに集めること。「中央―の政治」対分権
**しゅうげん【祝言】**（名）❶お祝いに述べることば。❷婚礼《こんれい》。結婚式。「―を挙げる」
**じゅうけん【銃剣】**（名）❶銃と剣。❷小銃の先につける短い剣。また、短い剣をつけた小銃。
**じゅうげん【重言】**（名）❶同じ意味の語を重ねて用いる言い方。「日本に来日《らいにち》する」「後で後悔《こうかい》する」など。じゅうごん。❷同じ字を重ねた熟語。「堂々」「国々」など。畳語《じょうご》。畳字《じょうじ》。
**じゅうこ【住戸】**（名）アパートやマンションなどの集合住宅で、その住居一戸一戸をいう語。
**しゅうこう【舟航】**（名・自スル）舟《ふね》で行くこと。航海。
**しゅうこう【周航】**（名・自スル）船でほうぼうをめぐること。「世界を―する」
**しゅうこう【修好・修交】**（名・自スル）国と国が、なかよくつき合うこと。「―通商条約」
**しゅうこう【就航】**（名・自スル）船・飛行機が、はじめて航路につくこと。「新型船が―する」
**しゅうごう【集合】**（名・自他スル）❶集まっていっしょになること。また、集めていっしょにすること。「―場所」対解散。❷《数》ある条件をみたすものの集まり。
**じゅうこう【銃口】**（名）銃の弾丸《だんがん》を発射する口。つつさき。「―を向ける」
**じゅうこう【重厚】**（形動ダ）〔ダロ・ダッ(デ・ニ)・ダ・ナ・ナラ・○〕おもおもしくどっしりしているようす。「―な人がら」対軽薄《けいはく》
**じゅうこうぎょう【重工業】**（名）鉄・船・車両など、重くて大形のものを生産する工業。対軽工業
**しゅうごうじゅうたく【集合住宅】**（名）一つの建物の内部をいくつかの独立した住戸に区切った住宅。アパートやマンションなどの総称《そうしょう》。
**じゅうごや【十五夜】**（名）陰暦《いんれき》一五日の満月の夜。特に、八月一五日の夜をいう。
**じゅうこん【重婚】**（名・自スル）《法》配偶《はいぐう》者のいる人がさらに別の人と結婚すること。「―罪」
**しゅうさ【収差】**（名）《物》レンズや反射鏡で像をつくるとき、一点から出た光が正確に一点に集まらず、像がぼやけたりすること。「―が大きいレンズ」
**ジューサー**〔英 juicer〕（名）野菜やくだものをすりつぶしてジュースをしぼりとる電気器具。
**しゅうさい【秀才】**（名）すぐれた才能のある人。勉強のよくできる人。「学年一の―」対鈍才《どんさい》
**じゅうざい【重罪】**（名）重い罪。「―人」
**しゅうさく【秀作】**（名）できばえのすぐれた作品。
**しゅうさく【習作】**（名）絵画・彫刻《ちょうこく》・音楽・文学などで、練習や試みのつもりで作った作品。エチュード。「無名時代の―」
**じゅうさつ【銃殺】**（名・他スル）銃でうち殺すこと。特に、刑罰《けいばつ》としてうち殺すこと。「―刑」
**しゅうさん【集散】**（名・自他スル）❶物や人が集まることと散らばること。「離合《りごう》―」❷作物などが、産地から集められ、各地に送られてゆくこと。「―地」
**じゅうさんや【十三夜】**（名）陰暦《いんれき》の一三日の夜。特に、九月一三日の夜をいう。「―の月」
**しゅうし【収支】**（名）収入と支出。「―がとんとんになる」「―が合う」
**しゅうし【宗旨】**（名）❶その宗教の中心となる教え。❷信仰《しんこう》する宗派。宗門。❸その人の主義主張や好み。「テニスからゴルフに―を変える」
**しゅうし【修士】**（名）大学院に二年以上在学し、修士論文・試験に合格した人にあたえられる学位。マスター。「―課程」
**しゅうし【終止】**（名・自スル）終わること。しまい。
**しゅうし【終始】**㊀（名）終わりとはじめ。㊁（副）はじめから終わりまでずっと。「―だまっていた」㊂（名・自スル）状態・態度などが終わりまで変わらないこと。「なごやかな雰囲気《ふんいき》に―する」
**しゅうじ【修辞】**（名）ことばを有効につかって適切に美しく言い表すこと。レトリック。「―学」
**しゅうじ【習字】**（名）文字の書き方を習うこと。書道。「ペン―」
**じゆうし【自由詩】**（名）伝統的な詩の形式や約束にしばられないで作った詩。「口語―」対定型詩
**じゅうし【重視】**（名・他スル）たいせつなものだと考え、重くみること。「対外関係を―する」対軽視
**じゅうじ【十字】**（名）十の字のかたち。「―路」
**十字を切《き》る** キリスト教徒が神にいのるとき、手で胸に十字をえがく。
**じゅうじ【住持】**（名）→じゅうしょく(住職)
**じゅうじ【従事】**（名・自スル）その仕事にたずさわること。「農業に―している」
**しゅうしいっかん【終始一貫】**（名・自スル・副）考えやようすなどがはじめから終わりまでまったく変わらないこと。「―した態度」「―反対する」

**じゅうじか【十字架】**（名）❶罪人をはりつけにする十字形の柱。「―を背負う（＝キリストが十字架を背負いはりつけになったことから、永久にのがれられない罪を身にもつたとえ）」❷キリスト教の象徴《しょうちょう》としての十字形のしるし。クルス。「胸に―をかける」

**じゅうじぐん【十字軍】**（名）〘歴〙中世、ヨーロッパのキリスト教徒が、聖地《せいち》エルサレムをイスラム教徒から取りもどすためにおくった軍隊。

**しゅうしけい【終止形】**（名）〘文法〙用言・助動詞の活用形の一種。文を言いきる形。活用形の基本とされる。

**じゆうじざい【自由自在】**（形動ダ）〔ダロ・ダッ(デ・ニ)・ダ・ナ・ナラ・○〕思いどおりにできるようす。心のまま。「―に操作する」

**しゅうじつ【終日】**（名）朝から晩まで。一日じゅう。「―家にこもる」

**しゅうじつ【週日】**（名）一週間のうち、土曜と日曜、または、日曜をのぞいた日。ウイークデー。

**じゅうじつ【充実】**（名・自スル）内容がゆたかで、じゅうぶんなこと。「―した生活」

**しゅうしふ【終止符】**（名）欧文《おうぶん》の終わりにつける、「・」のしるし。ピリオド。「―を打つ（＝物事に結末をつける）」

**じゅうしまつ**〘十姉◇妹〙（名）〘動〙カエデチョウ科の小鳥。からだは白く暗褐色《あんかっしょく》のまだらがある。

**じゅうしゃ【従者】**（名）家来《けらい》としてつき従う人。

**しゅうじゃく【執着】**（名・自スル）→しゅうちゃく（執着）

**しゅうじゅ【収受】**（名・他スル）受け取って自分のものにすること。「金品を―する」

**しゅうしゅう【収拾】**（名・他スル）乱れたものや状態を取りまとめ、収まりをつけること。「事態を―する」「―がつかない」

**しゅうしゅう【収集】**（名・他スル）❶物をあちこちから集めること。「ごみの―」❷楽しみや研究のために、物を集めること。また、その集めたもの。コレクション。「切手を―する」参考②は「蒐集」とも書く。

**しゅうじゅう**〘◇主従〙（名）→しゅじゅう

**じゅうじゅう【重重】**（副）かさねがさね。くり返し。よくよく。「―おわびいたします」

**じゆうしゅぎ【自由主義】**（名）社会に害をおよぼさないかぎり、個人の思想や活動の自由を最大限に認めるべきだとする考え方・立場。リベラリズム。

**しゅうしゅく【収縮】**（名・自他スル）ちぢまること。ちぢめること。「血管が―する」対膨張《ぼうちょう》

**しゅうじゅく【習熟】**（名・自スル）物事に慣れてじょうずになること。「仕事に―する」類熟練

**じゅうじゅつ【柔術】**（名）柔道のもととなった、素手《すで》で相手とたたかう、日本古来の武術。やわら。⇩じゅうどう

**じゅうじゅん【柔順】**（名・形動ダ）心がやさしく、すなおなこと。「―な人」

**じゅうじゅん【従順】**（名・形動ダ）おとなしくすなおで、さからわないこと。「―な態度」

**じゅうしょ【住所】**（名）住んでいる所。また、その番地。「―録」「―不定」

**しゅうしょう【就床】**（名・自スル）床《とこ》につくこと。寝《ね》ること。「―時刻」類就寝《しゅうしん》。対起床

**しゅうしょう【愁傷】**（名・自スル）死などの不幸にあって、なげき悲しむこと。「ご―さま（＝おくやみのことば）」

**じゅうしょう【重症】**（名）病気の程度がひどく重いこと。また、物事の状態が悪化して回復がむずかしいときにもいう。「―患者《かんじゃ》」対軽症

**じゅうしょう【重唱】**（名・他スル）〘音〙一人ずつちがった高さの声の部分を受け持って合唱すること。二重唱・三重唱など。

**じゅうしょう【重傷】**（名）重い傷《きず》。大けが。「―を負《お》う」対軽傷

**じゅうしょう【銃床】**（名）小銃などで、銃身を取りつけ、かまえるときに肩《かた》に当てる木製の部分。

**しゅうしょうろうばい**〘周章△狼△狽〙（名・自スル）思いがけないことに出あって、あわてうろたえること。「思わぬ事態に―する」

**しゅうしょく【秋色】**（名）秋のけしき。秋らしいようす。「―が深まる」

**しゅうしょく【修飾】**（名・他スル）❶見ばえがするようにととのえかざること。「ことばに―が多い」❷〘文法〙あることばが他のことばの内容を、説明したり限定したりすること。

**しゅうしょく【就職】**（名・自スル）勤め先を見つけ、そこで働くようになること。「―口《ぐち》」対退職

**じゅうしょく【住職】**（名）寺でいちばん位の高い僧《そう》。住持《じゅうじ》。「寺の―」

**じゅうしょく【重職】**（名）責任のある重要な職務。「―に就《つ》く」

**しゅうしょくご【修飾語】**（名）〘文法〙ほかのことばの前について、そのことばの内容を説明したり限定したりすることば。「白い雲」の「白い」、「ゆっくり読む」の「ゆっくり」など。参考体言を修飾する「連体修飾語」と、用言を修飾する「連用修飾語」がある。

**しゅうじょし【終助詞】**（名）〘文法〙助詞の一種。（文や句の終わりについて）疑い・強め・驚《おどろ》きなどの気持ちを表す。「か・よ・わ・な・なあ」など。

**じゅうじろ【十字路】**（名）二本の道が十の字に交わっているところ。

**しゅうしん【修身】**（名）❶正しい行いをするようにつとめること。❷旧制度の小・中学校の教科の一つ。今の「道徳」にあたる。

**しゅうしん【執心】**（名・自スル）一つのことに心がうばわれ、忘れることができないこと。「おかねに―する」

**しゅうしん【終身】**（名）生きている間。死ぬまでの間。「―刑《けい》」

**しゅうしん【就寝】**（名・自スル）寝《ね》るために床《とこ》にはいること。「―時間」類就床。対起床

**しゅうじん【囚人】**（名）刑務《けいむ》所に入れられている人。「―服」

**しゅうじん【衆人】**（名）多くの人びと。大勢の人。「―環視《かんし》（＝多くの人が見ていること）の中」

**じゅうしん【重心】**（名）物の重さが一つに集まる点。「―をとる（＝釣《つ》り合いをとる）」

**じゅうしん【重臣】**（名）たいせつな役目についてい

て、身分の高い家来《けらい》。

**じゅうしん【銃身】**（名）銃の、弾丸《だんがん》の通る筒《つつ》の形をした部分。

**しゅうしんこよう【終身雇用】**（名）企業《きぎょう》などで、就職した社員を、特別な事情がない限り定年まで雇《やと》うこと。

**シューズ**〔英 shoes〕（名）靴《くつ》。短靴《たんぐつ》。「バスケット—」

**ジュース**〔英 deuce〕（名）テニス・バレーボールなどで、あと一ポイントでそのセットの勝負が決まる前に同点となること。デュース。

**ジュース**〔英 juice〕（名）くだものや野菜からとった汁《しる》。また、その汁で作った飲み物。「オレンジ—」

**しゅうすい【秋水】**（名）❶秋のすみきった水。❷よく研《と》いだ、くもりのない刀。「三尺の—」

**じゅうすい【重水】**（名）《化》重水素をふくみ、ふつうの水よりも分子量の大きい水。原子炉《げんしろ》の冷却《れいきゃく》などに使われる。

**じゅうすいそ【重水素】**（名）《化》水素の同位元素で、質量数がふつうの水素の二倍および三倍のもの。水素爆弾《ばくだん》の原料。

**しゅうせい【修正】**（名・他スル）よくないところを、手を加えて直してよくすること。「字句を—する」⇩しゅうせい(修整)「学習」

**しゅうせい【修整】**（名・他スル）写真の原板や印画、画像などに手を加えて直したり整えたりすること。「無—」

**学習** **使い分け**「修正」「修整」

修正　よくないところを直してよくすること。「計画を修正する」「原稿《げんこう》に修正を加える」「修正案」「軌道《きどう》修正」

修整　写真の原板・印画や画像を直して整えること。写真などに手を加える場合に限って使われる。「ネガを修整する」「原板の修整」

**しゅうせい【終生】**（名）死ぬまでの間。一生《いっしょう》。副詞的にも用いる。「—忘れ得ぬ思い出」

**しゅうせい【習性】**（名）❶動物が、生まれつき持っている行動の型。「鳥の—」❷習慣によって身についてしまった性質。くせ。「夜ふかしが—となる」

**しゅうせい【集成】**（名・他スル）たくさんのものを一つにまとめあげること。集めて完成すること。集大成。

**じゅうせい【銃声】**（名）銃をうった音。

**じゅうぜい【重税】**（名）負担の重い税金。「—にあえぐ」

**しゅうせき【集積】**（名・自他スル）物が多く集まりつみ重なること。また、つみ重ねること。「木材の—所」

**じゅうせき【重責】**（名）重い責任。「—をになう」

**しゅうせきかいろ【集積回路】**（名）《物》電子部品とそれをつなぐ配線を、小さな板に組みこんだ超《ちょう》小型の電子回路。IC《アイシー》。

**しゅうせん【周旋】**（名・自他スル）売り買い・話し合いなどで、人と人との間に立って世話をすること。類斡旋《あっせん》

**しゅうせん【終戦】**（名）戦争が終わること。特に、第二次世界大戦の終結。対開戦

**しゅうぜん【修繕】**（名・他スル）こわれた所などをつくろい直すこと。「家屋の—」類修理

**じゅうぜん【十全】**（名・形動ダ）欠点がなく、すべて完全なこと。万全《ばんぜん》。「—のそなえ」

**じゅうぜん【従前】**（名）今より前。これまで。以前。「—どおり」

**しゅうそ【臭素】**（名）《化》揮発しやすく、はげしいにおいをもつ元素。赤褐色《せっかっしょく》で、常温では液体。殺菌《さっきん》・医薬・写真・染料《せんりょう》用。元素記号 Br

**じゅうそう【重奏】**（名・他スル）《音》二つ以上の楽器で、それぞれ異なる高さの声部を受け持って合奏すること。二重奏・三重奏・四重奏など。

**じゅうそう【重曹】**（名）《化》（「重炭酸ソーダ」の略）弱いアルカリ性を示す無色の結晶《けっしょう》。薬品や、パンをふくらませるのに使う。炭酸水素ナトリウム。

**じゅうそう【重層】**（名）いくつもの層をなして重なること。…的「重層的な構造」

**じゅうそう【縦走】**（名・自スル）登山で、峰《みね》から峰へと尾根《おね》伝いに歩くこと。

**しゅうそうれつじつ【秋霜烈日】**（名）（秋の冷たい霜《しも》と夏のはげしい日光の意から）心構え・態度・刑罰《けいばつ》などが、おごそかでひじょうにきびしいこと。

**しゅうそく【収束】**❶（名・自他スル）おさまりがつくこと。おさまりをつけること。「事態を—する」❷（名・自スル）❶《数》数列が、ある一定の値にかぎりなく近づくこと。収斂《しゅうれん》。❷《物》光線などが一点に集まること。収斂。集束。「焦点《しょうてん》に—する」

**しゅうそく【終息】**（名・自スル）混乱した状態などが終わること。やむこと。「戦争が—する」

**しゅうぞく【習俗】**（名）むかしから行われてきた生活のならわし。習慣や風俗。「離島の—を調査する」

**じゅうそく【充足】**（名・自他スル）じゅうぶん満ちたりること。また、満たすこと。「—感を得る」

**じゅうぞく【従属】**（名・自スル）強いものやもとになるものにつき従うこと。「大国に—する」…的「従属的な地位にあまんじる」

**じゅうそつ【従卒】**（名）将校につき従って身のまわりの世話をする兵。

**しゅうたい【醜態】**（名）見苦しく恥《は》ずかしいありさまや行い。「—をさらす」「—を演じる」

**じゅうたい【重体・重態】**（名）病気やけがが重く、命にかかわる状態。「—におちいる」

**じゅうたい【『△紐帯』】**（名）→ちゅうたい(紐帯)

**じゅうたい【渋滞】**（名・自スル）つかえてすらすらとはかどらないこと。特に、車の流れがとどこおること。「交通—」

**じゅうたい【縦隊】**（名）たてにならぶ隊形。「一列—」対横隊

**じゅうだい【重大】**（名・形動ダ）ひじょうにおもおもしくたいせつなこと。「—な役割」「—視」「責任—」

**しゅうたいせい【集大成】**（名・他スル）多くのものを集めて、一つのものにつくりあげること。また、そのもの。集成。「研究の成果を—した論文」

**じゅうたく【住宅】**（名）人の住む家。「―地」

**しゅうだつ【収奪】**（名・他スル）むりにうばいとること。強制的にとりあげること。「土地を―する」

**しゅうたん【愁嘆】『愁△歎』**（名・自スル）なげき悲しむこと。「―場《ば》（=悲劇的な場面）」

**しゅうだん【集団】**（名）多くの人や物の集まり。「―で登校する」…的「集団的な暴力」

**じゅうたん『△絨△毯・△絨△緞』**（名）ゆかの敷物《しきもの》にする厚い毛織物《けおりもの》。カーペット。

**じゅうだん【銃弾】**（名）銃やピストルのたま。

**じゅうだん【縦断】**（名・他スル）❶たての方向にたちきること。❷南北の方向に通りぬけること。「アメリカ大陸を―する」（対横断）

**しゅうち【周知】**（名・自スル）人びとに広く知れわたること。「―の事実」「―徹底《てってい》をはかる」

**しゅうち【羞恥】**（名）はずかしく思うこと。はじらい。「―心」

**しゅうち【衆知】『衆△智』**（名）❶多くの人が知っていること。❷多くの人の知恵《ちえ》。「―を集める」

**しゅうちく【修築】**（名・他スル）建物などを修理すること。「寺を―する」

**しゅうちゃく【執着】**（名・自スル）あることに心が強くとらわれて思いきれないこと。「おかねに―する」参考「しゅうじゃく」とも読む。

**しゅうちゃく【終着】**（名）最後の地点に行き着くこと。「―駅」対始発

**しゅうちゅう【集中】**（名・自他スル）一か所に集まること。一か所に集めること。「人口が―する」「神経を―する」…的「一人を集中的に攻撃する」…化「権力の集中化をはかる」

**しゅうちゅうごうう【集中豪雨】**（名）限られた地域で短時間の間にはげしく降る雨。

**しゅうちゅうちりょうしつ【集中治療室】**（名）→アイシーユー

**じゅうちゅうはっく【十中八九】**（名・副）→じっちゅうはっく

**しゅうちょう『△酋長』**（名）部族のかしら。

**じゅうちん【重鎮】**（名）ある方面やグループなどで、ひじょうに重んじられる人。「財界の―」

**しゅうてい【舟艇】**（名）小型の舟。「上陸用―」

**しゅうてん【終点】**（名）電車・バスなどの最後に行きつく所。「―に着く」対起点

**しゅうでん【終電】**（名）「終電車」の略。「―に間に合う」

**じゅうてん【充塡】**（名・他スル）あいている所やすきまなどに物をみたし、つめること。「弾丸《だんがん》を―する」

**じゅうてん【重点】**（名）❶物事のひじょうにたいせつなところ。重視するところ。「―を置く」類力点。❷〔物〕→さようてん

**じゅうでん【充電】**（名・自スル）❶〔物〕蓄電池《ちくでんち》や蓄電器に電気を入れてためること。「バッテリーに―する」対放電。❷あとにそなえて、活力をたくわえること。「―期間をおく」

**しゅうでんしゃ【終電車】**（名）その日の最後に出る電車。終電。「―に遅《おく》れる」

**じゅうてんてき【重点的】**（形動ダ）{ダロ・ダッ(デ・ニ)・ダ・ナ・ナラ・○}たいせつなところに特に力を注ぐようす。「―に調べる」

**しゅうと『△姑』**（名）→しゅうとめ

**しゅうと『△舅』**（名）夫または妻の父。対姑《しゅうとめ》

**しゅうと【宗徒】**（名）その宗派の信者。信徒。

**シュート**〔英 shoot〕■一（名・自スル）野球で、投手の投げた球が投手から見て、右投手なら右へ曲がること。また、その球。■二（名・他スル）サッカーやバスケットボールなどで、ボールをゴールに向けて蹴《け》ったり投げたりすること。参考㊀は日本独特の用法。

**じゅうど【重度】**（名）症状《しょうじょう》や程度がおもいこと。対軽度

**しゅうとう【周到】**（形動ダ）{ダロ・ダッ(デ・ニ)・ダ・ナ・ナラ・○}注意が行きとどいて、手ぬかりのないようす。「用意―」

**しゅうどう【修道】**（名・自スル）宗教の教義を修めること。「―士」「―女《じょ》」

**じゅうとう【充当】**（名・他スル）そのことに役だてるためにあてること。「不足分は予備費から―する」

**じゅうどう【柔道】**（名）日本に古くからある柔術を改良したスポーツ。素手《すで》で相手をなげとばしたり、おさえこんだりして技を競う。

**しゅうどういん【修道院】**（名）キリスト教で、きびしい規律に従って共同生活をして修行《しゅぎょう》する僧《そう》または尼僧《にそう》のすむ寺院。

**しゆうどうたい【雌雄同体】**（名）〔動〕一つのからだでおすとめすの両方の特色をもっていること。また、そのような動物。かたつむり・みみずなど。

**しゅうとく【拾得】**（名・他スル）落ちているものをひろうこと。「―物」

**しゅうとく【修得】**（名・他スル）技術・学問などを学び、身につけること。「技術を―する」

**しゅうとく【習得】**（名・他スル）習いおぼえること。「外国語を―する」

**じゅうとく【重篤】**（名・形動ダ）病状が非常に重いこと。「―な副作用」

**しゅうとめ『△姑』**（名）夫または妻の母。しゅうと。対舅《しゅうと》

**じゅうなん【柔軟】**（形動ダ）{ダロ・ダッ(デ・ニ)・ダ・ナ・ナラ・○}❶やわらかなようす。しなやかなようす。「―なからだ」「―体操」❷その場、その場に応じて融通《ゆうずう》のきくようす。「―な態度」…性「柔軟性のある考え方」

**じゅうにおんおんかい【十二音音階】**（名）〔音〕一オクターブを半音ずつに分けた一二音による音階。

**じゅうにがつ【十二月】**（名）一年の最後の月。師走《しわす》。

**じゅうにし【十二支】**（名）子《ね》・丑《うし》・寅《とら》・卯《う》・辰《たつ》・巳《み》・午《うま》・未《ひつじ》・申《さる》・酉《とり》・戌《いぬ》・亥《い》の総称《そうしょう》。時間・方角を示し、十干《じっかん》と組み合わせて年月日を表すのに用いる。「十干―」⇒えと

**じゅうにしちょう【十二指腸】**（名）〔生〕小腸の一部で、胃から直接に続くところ。「―潰瘍《かいよう》」

**じゅうにしちょうちゅう【十二指腸虫】**（名）〔動〕コウチュウ科の線形動物。大きさは約一cm《センチメートル》で、人間の小腸上部につく寄生虫。鉤虫《こうちゅう》。

**じゅうにひとえ【十二◇単】**（名）平安時代以

降、宮中《きゅうちゅう》などにつとめる女官の正装《せいそう》に対する後世の俗称《ぞくしょう》。単《ひとえ》の上に袿《うちき》を重ねて着る。

（じゅうにひとえ）

**じゅうにぶん【十二分】**（名・形動ダ）度がすぎるほどじゅうぶんなこと。「―に注意する」

**しゅうにゅう【収入】**（名・他スル）他から受け取って自分のものとなるおかねや品物。「年間―」対支出

**しゅうにゅういんし【収入印紙】**（名）租税《そぜい》・手数料などを取るために国家が発行する証票。

**しゅうにん【就任】**（名・自スル）ある職務につくこと。「社長に―する」対退任・辞任

**じゅうにん【住人】**（名）その家や土地に住んでいる人。「マンションの―」類住民

**じゅうにん【重任】**一（名）たいせつな任務。二（名・自スル）任期がきれたのちも、また同じ人が続いて任務につくこと。ちょうにん。「会長を―する」

**じゅうにんといろ【十人十色】**（名）好みや考えなどが人それぞれ違《ちが》っていること。「性格は―だ」

**じゅうにんなみ【十人並み】**（名・形動ダ）顔だちや才能などがふつうであること。人なみ。「―の器量」

**しゅうねん【周年】**一（名）まる一年。二（接尾）（数を表すことばについて）物事が始まってから経た年数を表す。「開校五―」

**しゅうねん【執念】**（名）一つのことをかたく心に思いこみ、こだわる心。「―を燃やす」

**じゅうねんいちじつ【十年一日】**（名）〔一〇年をまるで一日のようにという意で〕長い間、同じ状態でいること。進歩のないようすや、根気よく仕事を続けるようすを表す。「―のごとく同じ生活を続ける」

**しゅうねんぶか・い【執念深い】**（形）{カロ・カツ(ク)・イ・イ・ケレ・○}しつこい。「―人」「蛇《へび》のように―」

**しゅうのう【収納】**（名・他スル）❶（役所が）物やおかねなどを受け取りおさめること。「税を―する」❷物をある場所におさめて、しまうこと。「―スペース」

**じゅうのう【十能】**（名）炭火を入れて持ち運ぶ道具。金属製の容器に木の柄《え》がついている。

（じゅうのう）

**しゅうは【周波】**（名）〔物〕電流・電波・音波などが、周期的にくり返す同じ波形の振動《しんどう》。

**しゅうは【宗派】**（名）→しゅうもん

**しゅうは【秋波】**（名）異性の気をひく色っぽい目つき。「―を送る」類色目・流し目

**しゅうはい【集配】**（名・他スル）郵便物や貨物などを、集めることと配ること。「―人」

**じゅうばこ【重箱】**（名）料理を入れて二重、三重に重ねる四角い容器。ふつうは、うるし塗《ぬ》りの木製。

**重箱の隅《すみ》を楊枝《ようじ》でほじくる** どうでもいいような細かいところまで問題にする。重箱の隅をつつく。

**じゅうばこよみ【重箱読み】**（名）漢字二字でできた熟語《じゅくご》の上の字を音《おん》で読み、下の字を訓で読む読み方。「重箱」「番組」など。対湯桶《ゆとう》読み

**しゅうはすう【周波数】**（名）〔物〕電流・電波・音波などが一秒間に向きを変える振動《しんどう》数。単位はヘルツ。「ラジオの―をあわせる」

**じゅうはちばん【十八番】**（名）〔歌舞伎《かぶき》の市川家に伝えられ、同家が得意とする一八種の芝居《しばい》をいったことから〕最も得意とするもの。おはこ。

**しゅうはつ【終発】**（名）列車・バスなどの路線で、その日の最後に発車すること。また、その列車・バスなど。対始発

**しゅうばつ【秀抜】**（名・形動ダ）きわだってすぐれていること。「―な発想」

**じゅうはっしりゃく【十八史略】**〔作品名〕中国、元《げん》代の歴史書。曽先之《そうせんし》の撰《せん》。古代から宋《そう》の時代までの歴史を簡略に述べている。

**しゅうばん【週番】**（名）一週間交代の勤務や当番。また、その勤務や当番をする人。

**しゅうばん【終盤】**（名）❶碁《ご》・将棋《しょうぎ》で、勝負が終わりに近いころの盤面。❷勝負や物事の終わりに近づいたころ。⇩じょばん・ちゅうばん

**じゅうはん【重犯】**（名・自スル）❶重い犯罪。また、それを犯《おか》した者。❷重ねて罪を犯すこと。また、その者。

**じゅうはん【重版】**（名・他スル）同じ本を何回も印刷して出版すること。類再版。対初版

**じゅうはん【従犯】**（名）〔法〕主犯による犯罪の実行を助けた罪。また、その罪をおかした者。幇助《ほうじょ》犯。類共犯。対主犯・正犯

**しゅうび【愁眉】**（名）うれいをふくんだまゆ。心配そうな顔つき。

**愁眉を開《ひら》く** 心配事がなくなってほっと安心する。

**じゅうびょう【重病】**（名）重い病気。「―人」

**しゅうふく【修復】**（名・他スル）❶こわれたところをもとどおりに直すこと。「建物を―する」「―工事」❷もつれた関係をもとどおりにすること。

**じゅうふく【重複】**（名・自スル）→ちょうふく

**しゅうぶん【秋分】**（名）〔天〕二十四節気の一つ。秋、昼と夜の長さが同じになり、太陽が真東からのぼり真西に沈《しず》むとき。太陽暦《たいようれき》の毎年九月二三日ごろ。対春分

**しゅうぶん【醜聞】**（名）その人の行いについてのよくない評判。スキャンダル。「―が立つ」

**じゅうぶん【重文】**（名）❶〔文法〕主語と述語の関係が二つ以上連なっている文。たとえば、「花が咲《さ》き、鳥が鳴く」など。⇩たんぶん（単文）・ふくぶん。❷「重要文化財」の略。

**じゅうぶん【十分・充分】**（副・形動ダ）物事が満ちたりているようす。「―にいただきました」「不―」

**しゅうぶんのひ【秋分の日】**（名）国民の祝日の一つ。秋の彼岸《ひがん》の中日にあたり、毎年九月二三日ごろ。対春分の日

**しゅうへき【習癖】**（名）身についてしまった、あまりよ

くないくせ。「困った—だ」

**しゅうへん【周辺】**（名）物・人・地域などのまわり。その近辺。「公園の—」

**しゅうほう【週報】**（名）❶週ごとに行う報告。❷毎週定期的に発行される刊行物。ウイークリー。

**しゅうぼう【衆望】**（名）多くの人びとがかけている信望や期待。「—にこたえる」類輿望《よぼう》

**じゅうほう【銃砲】**（名）小銃と大砲。また、銃器。

**じゆうぼうえき【自由貿易】**（名）〘経〙国の干渉《かんしょう》や統制・保護などのない貿易。対保護貿易

**じゅうぼく【従僕】**（名）男の召使《めしつかい》。下男《げなん》。

**じゆうほんぽう【自由奔放】**（名・形動ダ）ほかからさまたげられず、自分の好きなことを好きなようにやること。「—な生活」

**シューマイ【中国 焼売】**（名）中国料理の一つ。ひき肉と野菜などをまぜ、小麦粉の皮で包んでむしたもの。

**しゅうまく【終幕】**（名）❶芝居《しばい》の最後の一幕。対序幕。❷演劇などが終わること。閉幕。対開幕。❸物事が終わること。終局。対序幕

**しゅうまつ【終末】**（名）物事の終わり。しまい。「事件が—に近づく」

**しゅうまつ【週末】**（名）一週間の終わり。土曜日、または土曜日から日曜日にかけてをいう。また、金曜日をふくめていうこともある。ウイークエンド。

**じゅうまん【充満】**（名・自スル）かぎられた空間の中に、いっぱいに満ちること。「室内にけむりが—する」

**じゅうみん【住民】**（名）その土地に住んでいる人。「沿線《えんせん》の—」「—運動」類住人

**じゅうみんきほんだいちょう【住民基本台帳】**（名）市町村が住民票を世帯ごとに編成して作成した台帳。

**じゆうみんけんうんどう【自由民権運動】**（名）〘歴〙明治時代初期の藩閥《はんばつ》政治に反対して、国会の開設や憲法の制定などによる国民の権利の拡大を要求した政治運動。

**じゅうみんぜい【住民税】**（名）その土地に住居・事務所などをもつ人や会社などにかけられる地方税。

**じゅうみんとうひょう【住民投票】**（名）地方公共団体において、首長や議員の解職、議会の解散、特定の政策の可否などについて、住民の意思を投票によって問う制度。

**じゅうみんひょう【住民票】**（名）その人の氏名・生年月日・性別・世帯主との続き柄《がら》・住所・本籍《ほんせき》などをしるした公文書。

**しゅうめい【襲名】**（名・他スル）親の名や師匠《ししょう》の芸名などをつぐこと。「—披露《ひろう》」

**じゅうめん【渋面】**（名）不愉快《ふゆかい》そうな顔つき。しかめっつら。「—をつくる」

**しゅうもく【衆目】**（名）多くの人の見方。「—の一致《いっち》する（＝だれもがそうみている）ところ」

**じゅうもつ【『△什物』】**（名）❶ふだん使う道具。什器。❷寺・神社などが秘蔵する宝物。什宝。

**しゅうもん【宗門】**（名）一つの宗教の中で教えのちがいからできた分派。宗派。「—改め」類宗旨《しゅうし》

**じゅうもんじ【十文字】**（名）十の字の形。たてよこにまじわる形。十字。「—にたすきをかける」

**しゅうや【終夜】**（名）夜どおし。「—営業」

**しゅうやく【集約】**（名・他スル）寄せ集めて一つに整理してまとめること。「出された意見を—する」

**じゅうやく【重役】**（名）重い役目、特に会社を経営する役目の人。取締役《とりしまりやく》・監査役《かんさやく》など。

**じゅうやく【重訳】**（名・他スル）原文が一度ほかの国のことばに翻訳《ほんやく》されたものから、さらに翻訳すること。また、その訳したもの。「英語版から—する」

**しゅうやくのうぎょう【集約農業】**（名）かぎられた土地に多くの資本と労力をかけて、できるだけ作物などを多くとるようにする農業。対粗放《そほう》農業

**じゅうゆ【重油】**（名）原油から揮発油・灯油などの油をより分けたあとに残る黒く濃《こ》い油。燃料用。

**しゅうゆう【周遊】**（名・自スル）あちこちを見て回りながら旅行すること。「—券」類回遊

**しゅうよう【収用】**（名・他スル）公共の利益となる事業のために、個人の財産や土地などの権利を強制的に国家や公共団体に移すこと。「土地—法」

**しゅうよう【収容】**（名・他スル）建物などに、人や物を収め入れること。「—人員」「けが人を—する」

**しゅうよう【修養】**（名・他スル）精神をみがいて、もっとりっぱな人となるようつとめること。「—を積む」

**じゅうよう【重要】**（名・形動ダ）物事の中心にかかわって、大事であること。「—書類」「—な問題」

**じゅうようし【重要視】**（名・他スル）大事であると考えること。重視。「—されている問題」〔…性〕「問題の重要性を理解する」類大切

**じゅうようぶんかざい【重要文化財】**（名）保護・保存することを目的に、政府から指定された、日本国のたいせつな国宝・美術品などの文化財。重文。

**じゅうようむけいぶんかざい【重要無形文化財】**（名）演劇・音楽・工芸技術など無形の文化財のうち、政府によって特に重要な価値があると指定されたもの。⇩にんげんこくほう

**しゅうらい【襲来】**（名・自スル）突然《とつぜん》おそってくること。「台風—」類来襲

**じゅうらい【従来】**（名）以前から今まで。これまで。「—の方針」

**しゅうらく【集落】『△聚落』**（名）人の住んでいる家が集まっている所。「山間の—」

**じゅうらん【縦覧】**（名・他スル）自由に見ること。「書類を—する」

**しゅうり【修理】**（名・他スル）悪い所やこわれた所を直すこと。「自動車を—する」類修繕《しゅうぜん》

**じゆうりつ【自由律】**（名）短歌・俳句を定型（五・七・五・七・七や五・七・五）にとらわれないで、自由な音数で詠《よ》む形式。

**しゅうりょう【秋涼】**（名）秋のすずしさ。秋のすずしい風。「—の候」

**しゅうりょう【修了】**（名・他スル）決められた学業や課程を学び終えること。「—式」「—証書」

**しゅうりょう【終了】**（名・自他スル）すべて終わること。また、終えること。「試合—」対開始

**じゅうりょう【十両】**（名）❶一両の一〇倍。

「小判《こばん》—」❷すもうで、力士の階級の一つ。幕内《まくうち》の下で幕下《まくした》の上の位。「—に昇進《しょうしん》する」

**じゅうりょう【重量】**(名)❶物の重さ。目方。「—を計る」❷目方が重いこと。「—級」対軽量

**じゅうりょうあげ【重量挙げ】**(名)バーベルを頭上に持ちあげて、力の強さを競う競技。ウエートリフティング。

**じゅうりょく【重力】**(名)《物》地球上の物体を地球がその中心へ引きつけようとする力。「無—」

**じゅうりん【蹂躙】**(名・他スル)ふみにじること。特に、暴力や権力で他人の権利を侵害《しんがい》すること。「国土を—する」「人権—」

**シュール**〔フランス sur〕(形動ダ){ダロ・ダッ(デ・ニ)・ダ・ナ・ナラ・○}(「シュールレアリスム」の略から)シュールレアリスム風であるようす。現実ばなれしているようす。「—な絵」

**ジュール**〔英 joule〕(名)《物》エネルギーの計算単位。一《ニュートン》の力が物体を一《メートル》動かすときの仕事の量にあたる。記号 J

**シュールレアリスム**〔フランス surréalisme〕(名)超《ちょう》現実主義。第一次世界大戦後におこった芸術運動。現実の世界にとらわれないで、作者の自由な想像を表現しようとするもの。シュールリアリズム。

**しゅうれい【秀麗】**(名・形動ダ)特にすぐれて整っていて美しいようす。「—な富士山」「眉目《びもく》—」

**しゅうれい【秋冷】**(名)秋になって感じる冷ややかさ。「—の候」

**しゅうれっしゃ【終列車】**(名)その日の最後に運行される列車。「—に間に合う」

**しゅうれん【収斂】**㊀(名・自他スル)収縮すること。「—剤《ざい》」㊁(名・自スル)❶《数》→しゅうそく(収束)㊁①❷《物》→しゅうそく(収束)㊁②

**しゅうれん【修練・修錬】**(名・他スル)精神や技術をみがき、きたえること。「精神を—する」

**しゅうれん【習練】**(名・他スル)くり返し習うこと。練習。「—を積む」

**しゅうろう【就労】**(名・自スル)労働にとりかかること。仕事についていること。「—時間」

**じゅうろうどう【重労働】**(名)はげしく体力を使うきびしい仕事。「—を課す」対軽労働

**しゅうろく【収録】**(名・他スル)❶雑誌・本にとり入れてのせること。「五万語を—する辞書」❷録音または録画すること。「番組を—する」

**しゅうろく【集録】**(名・他スル)集めて書物にのせること。また、その書物。「民話の—」

**しゅうわい【収賄】**(名・自他スル)自分の職権を利用して便宜《べんぎ》をはかる見返りに、おかねや品物をもらうこと。わいろを受けとること。「—の容疑」対贈賄《ぞうわい》

**ジューン-ブライド**〔英 June bride〕(名)六月の花嫁《はなよめ》。ローマ神話で六月は女性の結婚生活を守護する女神ユーノーの月であることから、この月に結婚する女性は幸せになれるとされる。

**しゅえい【守衛】**(名)役所や会社などの建物・出入り口の警備にあたる職。また、その人。「—所」

**じゅえい【樹影】**(名)樹木のかげ。

**じゅえき【受益】**(名)利益を受けること。「—者」

**じゅえき【樹液】**(名)❶樹皮からにじみ出る液。❷樹木が地中からすいあげた水分・養分などの液。

**ジュエリー**〔英 jewelry〕(名)宝石類。また、宝石・貴金属類をつかった装身具。

**しゅえん【主演】**(名・自スル)映画・演劇などで、主役を演じること。また、その人。「—女優」対助演

**しゅえん【酒宴】**(名)酒を飲んで楽しむ集まり。酒盛《さかも》り。「—を催《もよお》す」

**しゅおん【主音】**(名)《音》音階の中心となる第一音。たとえば、ハ長調ではハの音。キーノート。

**しゅか【主家】**(名)主人・主君の家。「—を守る」

**シュガー**〔英 sugar〕(名)砂糖。「—レス(=砂糖をふくまないこと)」

**じゅかい【樹海】**(名)樹木が広い範囲《はんい》にわたってうっそうとしげり、上から見ると海のように見える森林。

**しゅかく【主客】**(名)❶主人と客。「—対座」❷主となるものと従となるもの。「—転倒《てんとう》」参考「しゅきゃく」とも読む。

**しゅかく【主格】**(名)《文法》主語を表す格。⇩しゅご(主語)

**じゅがく【儒学】**(名)孔子《こうし》を祖とする学問。

**しゅかくてんとう【主客転倒】**(名・自スル)物事の本来の立場や順序などが逆になること。「—もはなはだしい」

**しゅかん【手簡】**(名)手紙。書状。

**しゅかん【主幹】**(名)ある仕事を中心となってまとめる人。「論説—」

**しゅかん【主観】**(名)❶その人個人の見方・感じ方・考え方。「—を捨てる」❷まわりの物を見たり感じたり考えたりする主体。また、その意識。(対客観)

**しゅがん【主眼】**(名)最も大事な点。眼目。要点。「ここがこの文章の—だ」

**しゅかんてき【主観的】**(形動ダ){ダロ・ダッ(デ・ニ)・ダ・ナ・ナラ・○}その人個人の感覚にもとづく見方や考え方をするようす。「—な思い込《こ》み」対客観的

**しゅき【手記】**(名)自分の体験・感想などを書きしるしたもの。「—をのこす」

**しゅき【酒気】**(名)酒を飲んだ人が発する、酒のにおい。また、酒に酔《よ》っているけはい。「—をおびる」

**しゅき【朱熹】**【人名】(一一三〇—一二〇〇)中国、南宋《なんそう》の思想家。儒学《じゅがく》を集大成して朱子学を完成した。江戸《えど》時代の儒学に大きな影響《えいきょう》を与《あた》えた。

**しゅぎ【主義】**(名)❶その人の守っている一定の考え方。「—主張」❷政治的・社会的に人間の行動を規定する理論や立場。「民主—」

**しゅきゃく【主客】**(名)→しゅかく(主客)

**しゅきゅう【守旧】**(名)古い習慣や制度を守ろうとすること。「—派」類保守

**しゅきゅう【首級】**(名)討《う》ち取った敵の首。しるし。「—を挙げる」

**じゅきゅう【受給】**(名・他スル)配給や支給(給与・年金など)を受けること。「年金—者」

**じゅきゅう【需給】**(名)需要と供給。「—のバランスをとる」

**しゅぎょう【修行】**(名・自スル)❶《仏》仏の教えを守って、りっぱな僧《そう》になるようにつとめること。「仏道の

―を積む」❷学問・武芸などをみがいて、自分をきたえること。「武者《むしゃ》―」

**しゅぎょう【修業】**(名・自スル) 学問や技芸などを習い身につけること。しゅうぎょう。「花嫁《はなよめ》―」

**じゅきょう【儒教】**(名) 孔子《こうし》の教えをもとにした、中国の伝統的な道徳思想。

**じゅぎょう【授業】**(名・自スル) 学校などで学問・技術などを教え授《さず》けること。「数学の―」

**しゅぎょく【珠玉】**(名) ❶真珠《しんじゅ》や宝石。「金銀―」❷美しいもの。すばらしいもの。「―の短編」

**しゅく【叔】** 8画 又6 音 シュク
父母の年下のきょうだい。◆叔父・叔母。参考 特別に、「叔父」は「おじ」、「叔母」は「おば」とも読む。
丨 ㅏ 上 赤 叔 叔

**しゅく【祝】** 9画 ネ5 小4 〔祝〕 音 シュク・シュウ 高 訓 いわう
いわう。めでたいことを喜ぶ。さいわいをいのる。◆祝儀・祝儀《しゅうぎ》・祝宴《しゅくえん》・祝賀・祝辞・祝日・祝勝・祝典・祝電・祝杯《しゅくはい》・祝福 ◆慶祝《けいしゅく》。参考「シュウ」の音は「祝儀《しゅうぎ》」「祝言《しゅうげん》」などのことばに使われる特殊《とくしゅ》な読み方。特別に、「祝詞」は「のりと」とも読む。
ネ ネ ネ 祀 祀 祝

**しゅく【宿】** 11画 宀8 小3 音 シュク 訓 やど・やどる・やどす
❶やど。やどる。◆宿舎・宿直・宿泊《しゅくはく》 ◆一宿一飯《いっしゅくいっぱん》・合宿・寄宿・下宿・投宿・野宿《のじゅく》・民宿。❷以前からの。◆宿願・宿敵・宿弊《しゅくへい》。❸前世からの。◆宿縁《しゅくえん》・宿業《しゅくごう》・宿命
丶 宀 宀 宀 宿 宿

**しゅく【宿】**(名) ❶泊《と》まること。また、その場所。❷昔、街道《かいどう》の要所で、旅人が泊まったり、馬の乗り継《つ》ぎをしたりした所。宿場《しゅくば》。宿駅。

**しゅく【淑】** 11画 氵8 音 シュク
❶よい。しとやか。おもに女性の美徳についていう。◆淑女・淑徳 ◆貞淑《ていしゅく》。❷尊敬してしたう。◆私淑
氵 氵 汁 汁 沫 淑

**しゅく【粛】** 11画 ⺕8 〔肅〕 音 シュク
❶うやうやしくする。つつしむ。音を立てないようにする。◆粛啓《しゅくけい》・粛粛・粛然 ◆厳粛・自粛・静粛。❷いましめる。きびしくする。◆粛正・粛清 ⇩付録「漢字の筆順㊵粛」
ㇵ ⺕ 肀 肃 肃 粛

**しゅく【縮】** 17画 糸11 小6 音 シュク 訓 ちぢむ・ちぢまる・ちぢめる・ちぢれる・ちぢらす
ちぢむ。ちぢめる。短くする。◆縮刷・縮写・縮尺・縮小・縮図 ◆圧縮・畏縮《いしゅく》・萎縮《いしゅく》・緊縮《きんしゅく》・軍縮・収縮・伸縮《しんしゅく》・短縮・濃縮《のうしゅく》。対 伸
ㄑ 糸 紵 紵 縮 縮

**じゅく【塾】** 14画 土11 音 ジュク
子弟《してい》を集めて教える私設の学校。◆塾舎・塾生・塾長・塾頭 ◆家塾・義塾・私塾・村塾
亠 享 孰 孰 孰 塾

**じゅく【塾】**(名) 私設の、勉強や技能を教える所。特に、学校の授業の補習や進学指導を目的とするものをいう。「学習―に通う」「そろばん―」

**じゅく【熟】** 15画 灬11 小6 音 ジュク 訓 うれる 中
❶にる。にえる。◆半熟。❷くだものなどがうれる。じゅうぶんに育つ。◆熟柿《じゅくし》・熟成 ◆黄熟・完熟・成熟・早熟・晩熟・未熟・爛熟《らんじゅく》。❸物事になれる。◆熟練 ◆円熟・習熟・老熟。❹じゅうぶんにする。よくよく。◆熟議・熟思・熟視・熟睡《じゅくすい》・熟達・熟知・熟読・熟覧・熟慮《じゅくりょ》・熟考《じゅっこう》
亠 亠 享 孰 孰 熟

**しゅくあ【宿▵痾】**(名) 長い間治らない病気。

**しゅくい【祝意】**(名) おめでたいことを喜び祝う気持ち。賀意。「―を表する」

**しゅくえい【宿営】**(名・自スル) 軍隊などが陣《じん》をはって宿泊《しゅくはく》すること。また、その宿泊所。

**しゅくえき【宿駅】**(名) 鎌倉《かまくら》時代からのち、おもな街道《かいどう》で人夫や馬をとりかえたり、旅人が泊《と》まったりできる設備のあった所。宿場《しゅくば》。

**しゅくえん【祝宴】**(名) 祝いの宴会。

**しゅくえん【宿縁】**(名) 〔仏〕人間の力だけではどうにもできない、前世からの因縁《いんねん》。

**しゅくが【祝賀】**(名・他スル) 祝いよろこぶこと。「―会」類 慶賀《けいが》

**しゅくがん【宿願】**(名) 長い間もち続けていた願い。「―を果たす」「―がかなう」

**じゅくご【熟語】**(名) ❶二つ以上の漢字、または、単語が結合してできたことば。「学校」「天文学」「山登り」など。「四字―」❷慣用句。「英―」

**しゅくごう【宿業】**(名) 〔仏〕前世でした善悪の行い。また、この世で結果として受けるむくい。

**しゅくさい【祝祭】**(名) ❶ある物事を祝って祭りを行うこと。また、その祭り。「―空間」❷祝いと祭り。祝日と祭日。

**しゅくさいじつ【祝祭日】**(名) 祝日と祭日。

**しゅくさつ【縮刷】**(名・他スル) もとのものより小さく縮めて印刷すること。また、その印刷物。「―版」

**しゅくし【祝詞】**(名) ❶祝いのことば。祝辞。「新年のご―を申しあげます」❷→のりと

**しゅくじ【祝辞】**(名) 祝いのことば。祝詞《しゅくし》。「―を述べる」

**じゅくし【熟視】**(名・他スル) じっと見つめること。「対象を―する」

**じゅくし【熟◦柿】**(名) よくうれた柿《かき》。

**じゅくじ【熟字】**(名) 漢字二字以上がむすびついてまとまった意味を表す語。「良心」「学校」など。

**じゅくじくん【熟字訓】**(名) 漢字二字以上で書き表したことばを漢字一字ずつの音訓で読まず、全体をまとめて訓で読むもの。「今日《きょう》」「時雨《しぐれ》」「雪崩《なだれ》」など。

**しゅくじつ【祝日】**(名) 国が決めた祝いの日。⇩こくみんのしゅくじつ

**しゅくしゃ【宿舎】**(名) ❶泊《と》まる所。やど。「国

民—」❷特定の人を入居させる住宅。「公務員—」

**しゅくしゃ【縮写】**（名・他スル）もとのものを小さく縮めて写すこと。また、写したもの。「図面を—する」

**しゅくしゃく【縮尺】**（名・他スル）地図や設計図などで、もとの形を縮めて表すこと。また、その比率。「五万分の一の—」

**しゅくしゅ【宿主】**（名）寄生生物に寄生される生物。やどぬし。

**しゅくしゅく【粛粛】**（ト タル）おごそかで身のひきしまるようす。「—と行列が進む」

**しゅくしょ【宿所】**（名）泊《と》まる所。やど。「簡易—」

**しゅくじょ【淑女】**（名）上品でしとやかな女性。レディー。「紳士《しんし》—の皆様《みなさま》」[対]紳士

**しゅくしょう【祝勝】**（名）勝利を祝うこと。「—会」

**しゅくしょう【縮小】**（名・自他スル）物の量・大きさ・人数などを、縮めて小さくすること。また、縮まって小さくなること。「予算を—する」「軍備—」[対]拡大

**しゅくず【縮図】**（名）❶もとの形・大きさを縮めて示した図。「市内の—」❷物事のようすをわかりやすくまとめて端的《たんてき》に表したもの。「人生の—」

**じゅく・す【熟す】**（自五）{サ(ソ)・シ・ス・ス・セ・セ}❶くだものなどが食べごろとなる。「柿《かき》が—」[類]熟《う》れる。❷物事をするのにぐあいのよい時期・状態になる。「機が—」❸慣れてじょうずになる。熟練する。「—・した芸」

**じゅくすい【熟睡】**（名・自スル）ぐっすりねむること。「疲《つか》れて—する」

**しゅく・する【祝する】**（他サ変）{シ(セ・サ)・シ・スル・スル・スレ・シロ(セヨ)}祝福する。祝う。「鉄道の開通を—」

**じゅく・する【熟する】**（自サ変）{シ(セ・サ)・シ・スル・スル・スレ・シロ(セヨ)}→じゅくす

**しゅくせ【宿世】**（名）《仏》→すくせ

**しゅくせい【粛正】**（名・他スル）きびしく取りしまって、不正をなくすること。「綱紀《こうき》を—する」⇒しゅくせい（粛清）「学習」

**しゅくせい【粛清】**（名・他スル）きびしく取りしまって、不正な者や反対する者を除くこと。

> **学習 使い分け「粛正」「粛清」**
>
> **粛正** きびしく取りしまって不正を除くこと。おもに制度や規則を対象とする。「風紀を粛正する」「選挙を粛正する」
>
> **粛清** 不正を取りしまるということで、不正と見なされた人間を追放すること。「異端《いたん》分子を粛清する」「反対派の粛清」

**じゅくせい【熟成】**（名・自スル）時間をおくことで、飲食物のうま味が増したり、やわらかくなったりして、よい状態にできあがること。「一〇年—させたワイン」

**しゅくぜん【粛然】**（ト タル）心がひきしまるようす。また、身がひきしまるほど静かなようす。「—とした行進」

**しゅくだい【宿題】**（名）❶学校などで、家でやることとして出す課題。「漢字の—が出る」❷その場で解決できず、あとまでもちこす問題。「今後の—」

**じゅくたつ【熟達】**（名・自スル）慣れてじょうずになること。「英会話に—する」[類]熟練・練達

**じゅくち【熟知】**（名・他スル）細かなところまでよく知っていること。「事情を—している」[類]精通・知悉《ちしつ》

**しゅくちょく【宿直】**（名・自スル）学校や会社などで、夜間、交代で泊《と》まって警備にあたること。また、その役の人。「—室」[対]日直

**しゅくてき【宿敵】**（名）前々からのかたき。前からの競争相手。「—どうしの対戦」

**しゅくてん【祝典】**（名）祝いの儀式《ぎしき》。

**しゅくでん【祝電】**（名）祝いの電報。「—をうつ」

**しゅくとく【淑徳】**（名）上品でしとやかな、女性の美徳。

**じゅくどく【熟読】**（名・他スル）文章の意味をよく考えて読むこと。精読。「—玩味《がんみ》する」

**じゅくねん【熟年】**（名）人生経験を積んで円熟した年ごろ。五〇代くらいの中高年層をさすことば。

**しゅくば【宿場】**（名）江戸《えど》時代、おもな街道《かいどう》にあった宿駅。

**しゅくはい【祝杯】**〖祝△盃〗（名）祝いの酒を飲むさかずき。「—をあげる」

**しゅくはく【宿泊】**（名・自スル）旅館などに泊《と》まること。「—料金」

**しゅくばまち【宿場町】**（名）おもな街道《かいどう》の宿駅を中心にして発達した町。

**しゅくふく【祝福】**（名・他スル）❶幸せを祈《いの》り、喜び祝うこと。「友人の結婚《けっこん》を—する」❷キリスト教で、神からあたえられる幸せ。「神の—を感謝する」

**しゅくべん【宿便】**（名）便秘のために長く腸内にたまっている大便。

**しゅくほう【祝砲】**（名）祝いの気持ちを表すためにうつ空砲。「—をうつ」

**しゅくぼう【宿坊】**（名）参詣《さんけい》する人のための、寺の宿泊《しゅくはく》所。

**しゅくぼう【宿望】**（名）前々からもっていた望み。「—がかなう」

**しゅくめい【宿命】**（名）生まれる前から決まっている、人間の力ではどうすることもできないめぐり合わせ。「—だとあきらめる」[…的]「宿命的な出会い」[類]天命。⇒うんめい「学習」

**しゅくやく【縮約】**（名・他スル）小さくまとめて簡単なものにすること。「—版」

**じゅくりょ【熟慮】**（名・他スル）じゅうぶんよく考えること。「—の末、実行に移す」

**じゅくれん【熟練】**（名・自スル）仕事などに慣れてじょうずになること。「—工」[類]習熟・熟達・練達

**しゅくん【主君】**（名）自分が仕えている殿様《とのさま》や君主。

**しゅくん【殊勲】**（名）特別にすぐれたてがら。「—をたてる」「—賞」

**じゅくん【受勲】**（名・自他スル）勲章を受けること。[対]叙勲《じょくん》

**しゅけい【主計】**（名）会計を受け持つこと。また、その係の人。「—官」

**しゅげい【手芸】**（名）刺繡《ししゅう》・編み物・人形作りなど、手先でする技芸。「—品」

**じゅけい【受刑】**（名・自スル）刑の執行《しっこう》を受けること。「—者」

**しゅけん【主権】**（名）国を治めるもとになる、いちばん強い権力。「—は国民にある」

**じゅけん【受検】**（名・自他スル）検査・検定などを受けること。「—番号」

**じゅけん【受験】**（名・自他スル）試験、特に入学試験を受けること。「高校を—する」

**しゅけんざいみん【主権在民】**（名）国家の主権が国民にあること。

**しゅげんじゃ【修験者】**（名）山野で修験道（=山中での修行《しゅぎょう》により霊験《れいげん》を得る仏教の一派）の修行をする人。山伏《やまぶし》。

**しゅご【主語】**（名）〘文法〙文を形づくる成分の一部。「何がどうする」「何がどんなである」「何が何である」という表し方の中で「何が」にあたることば。「風が吹《ふ》く」という文では「風が」が主語で、「吹く」が述語。

**しゅご【守護】** ■一（名・他スル）安全に守ること。「—神」■二（名）〘歴〙鎌倉《かまくら》・室町《むろまち》時代に、地方の国々のものごとを警戒《けいかい》し、取り締《し》まった役目。

**しゅこう【手工】**（名）手先を使って木・紙などの細工をすること。「—品」

**しゅこう【手交】**（名・他スル）文書などを手わたすこと。「要望書を—する」

**しゅこう【首肯】**（名・自スル）うなずくこと。人の考え・意見に賛成すること。「—しがたい学説」

**しゅこう『酒△肴』**（名）酒と、酒を飲むときの料理。酒と、酒のさかな。「—でもてなす」

**しゅこう【趣向】**（名）物事のおもしろみやおもむきを出すための考え・くふう。おもしろみ。「—をこらす」

**しゅごう【酒豪】**（名）大酒飲み。酒に強い人。

**じゅこう【受講】**（名・自他スル）講義や講習を受けること。「—料」

**しゅこうぎょう【手工業】**（名）簡単な器械・道具を使って品物を作る小規模な工業。「家内制—」

**しゅこうげい【手工芸】**（名）機械を使わず、おもに手先を使ってする工芸。

**じゅごん『×儒艮』**（名）〘動〙海にすむ、ジュゴン科の哺乳《ほにゅう》動物。形はくじらに似て、海藻《かいそう》を食べ、インド洋・太平洋の熱帯にすむ。人魚の原型とされる。

（じゅごん）

**しゅさい【主宰】**（名・他スル）人びとの上に立ち、中心になって物事をまとめていくこと。また、その人。「劇団を—する」

**しゅさい【主催】**（名・他スル）中心になって会などをもよおすこと。「新聞社—のマラソン大会」「—者」

**しゅざい【取材】**（名・自他スル）新聞・雑誌の記事や作品などの材料・題材を取り集めること。「現地の—にあたる」「関係者に—する」

**しゅざん【珠算】**（名）そろばんでする計算。

**じゅさん【授産】**（名）職のない人や生活に困っている人などに仕事を世話すること。「—所」

**しゅし【主旨】**（名）物事の中心となるおもな意味・考え。「全文の—をよくつかむ」

**しゅし【種子】**（名）植物のたね。「—を採《と》る」

**しゅし【趣旨】**（名）❶そのことをする、おもな理由や目的。「会の—を説明する」❷文章や話などで言おうとしていることがら。「文章の—」

**しゅじ【主事】**（名）学校・会社・役所などで、ある決まった事務を責任をもって行う役。また、その役の人。

**じゅし【樹脂】**（名）木からにじみ出るねばねばした液。また、そのかたまったもの。やに。

**しゅじい【主治医】**（名）❶その病人の治療《ちりょう》を中心となって担当する医者。❷かかりつけの医者。

**しゅしがく【朱子学】**（名）中国で、宋《そう》の時代に朱熹《しゅき》によって始められた儒学《じゅがく》。

**しゅじく【主軸】**（名）❶いちばん中心になる軸。❷原動機からの動力を直接受け、他に伝える軸。シャフト。❸中心となって物事を行う人。中心となることがら。「—打者」

**しゅししょくぶつ【種子植物】**（名）〘植〙花が咲《さ》き、種子をつくる植物。裸子《らし》植物と被子《ひし》植物に分けられる。顕花《けんか》植物。

**しゅしゃ【取捨】**（名・他スル）よいものや必要なものを取り、悪いものや不要なものを捨てること。「—選択」

**じゅしゃ【儒者】**（名）儒学《じゅがく》を修めた人。儒学を教える人。

**しゅしゅ『守◇株』**（名）古い習慣を守っているだけで進歩がなく、融通《ゆうずう》がきかないこと。

故事 宋《そう》の時代、ある農夫が、うさぎが木の切り株にぶつかって死んだのを見て、それからは働くのをやめ株を見張ってまたうさぎを得ようとしたが得られず、もの笑いになったという話から出たことば。〈韓非子《かんぴし》〉

**しゅじゅ『△侏儒』**（名）❶背たけがきわめて低い人。❷見識のない人をあざけっていうことば。

**しゅじゅ【種種】**（名・副・形動ダ）いろいろな種類があること。さまざま。「—の草花が咲《さ》き競う」

**じゅじゅ【授受】**（名・他スル）わたすことと受け取ること。やりとり。受け渡《わた》し。「賞品の—」

**しゅじゅう【主従】**（名）主になるものと、それに従うもの。主人と従者。しゅうじゅう。「—関係」

**しゅじゅざった【種種雑多】**（名・形動ダ）いろいろな種類のものがいりまじっていること。「—な情報」

**しゅじゅそう【種種相】**（名）いろいろな姿・ありさま。「社会の—が描《えが》かれている」

**しゅじゅつ【手術】**（名・他スル）医師が治療《ちりょう》のためにからだの悪い所を切り取ったり、切り開いて処置したりすること。「胃の切開—」

**じゅじゅつ【呪術】**（名）神秘的なものの力を借りてさまざまなふしぎな現象をおこさせようとするもの。まじない・魔術《まじゅつ》など。

**しゅしょ【朱書】**（名・他スル）赤い墨《すみ》やインクで書くこと。また、その書いたもの。

**しゅしょう【主将】**（名）❶全軍の総大将。❷スポーツなどのチームの統率《とうそつ》者。キャプテン。

**しゅしょう【主唱】**（名・他スル）中心となってある意見や主張などを唱えること。「自由主義経済の―者」

**しゅしょう【首相】**（名）内閣でいちばん上の地位の人。内閣総理大臣。宰相《さいしょう》。「―官邸《かんてい》」

**しゅしょう【首唱】**（名・他スル）先に立って、唱え出すこと。まっさきに言い出すこと。「改革を―する」

**しゅしょう【殊勝】**（形動ダ）〔ダロ・ダッ(デ・ニ)・ダ・ナ・ナラ・○〕けなげで感心なようす。「子どもながら―な心がけ」

**しゅじょう【主情】**（名）知性や意志よりも感情を重んじること。…的「主情的な発想」対主知・主意

**しゅじょう【衆生】**（名）〖仏〗いっさいの生き物。「―済度《さいど》(=迷い苦しむ人をすくい、悟《さと》りの境地に導くこと)」「一切―」

**じゅしょう【受章】**（名・自他スル）勲章《くんしょう》や褒章《ほうしょう》を受けること。「勲章を―する」

**じゅしょう【受賞】**（名・自他スル）賞を受けること。「大賞を―する」

**じゅしょう【授章】**（名・自他スル）勲章《くんしょう》や褒章《ほうしょう》をあたえること。「文化勲章の―式」

**じゅしょう【授賞】**（名・自他スル）賞をあたえること。「芥川《あくたがわ》賞の―式」

**しゅじょうしゅぎ【主情主義】**（名）知性や意志よりも感情を主にする考え方。対主知主義

**しゅしょく【主食】**（名）毎日の食事で主となる食物。米・パンなど。「米を―にする」対副食

**しゅしょく【酒色】**（名）酒を飲むことと女遊び。「―にふける」

**しゅしん【主審】**（名）❶競技の審判《しんぱん》員のうちで、いちばん主になる人。対副審。❷野球で、球審。

**しゅじん【主人】**（名）❶一家の中心になる人。❷自分が仕えている人。「店の―」❸妻が人に対して、自分の夫をさしていうことば。「宅の―」

**じゅしん【受信】**（名・他スル）❶電信・電話やテレビ放送・ラジオ放送などを受けること。「―料」「メールを―する」対送信。❷郵便・電報を受けること。《対発信》

**じゅしん【受診】**（名・自スル）医師に病気のぐあいを診察《しんさつ》してもらうこと。「―の申し込《こ》みをする」

**しゅじんこう【主人公】**（名）文学作品・映画などの中心人物。ヒーローまたはヒロイン。「小説の―」

**しゅす『△繻子』**（名）表面に縦糸または横糸を浮《う》き出させた織物。なめらかでつやがある。サテン。

**じゅず【○数珠】**（名）たくさんの小さな玉を糸でつないで輪にしたもの。仏を拝むとき手にかける。念珠《ねんじゅ》。ずず。

（じゅず）

**しゅすい【取水】**（名・自スル）川などから水道や農業、工業に必要な水を取り入れること。「―施設《しせつ》」「―制限」

**じゅすい『◇入水』**（名・自スル）水にはいって自殺すること。身投げ。にゅうすい。「―して果てる」

**じゅずつなぎ【○数珠つなぎ】『○数珠△繋ぎ』**（名）じゅず玉のように、たくさんの人や物をひとつなぎにすること。また、そうなったもの。「車が―になる」

**じゅずなり【○数珠なり】『○数珠◇生り』**（名）じゅず玉のように、人や物がいくつもつながって並ぶようす。

**しゅずみ【朱墨】**（名）朱色の粉をにかわでねった墨。あかずみ。

**しゅせい【守勢】**（名）相手の攻撃《こうげき》を防ぎ守る態勢。「―に立つ」対攻勢《こうせい》

**しゅせい【酒精】**（名）→アルコール②

**じゅせい【受精】**（名・自スル）成熟した雌《めす》の卵子と雄《おす》の精子とが結びつくこと。「―卵」

**じゅせい【授精】**（名・他スル）精子を卵子に結びつけること。「人工―」

**しゅせき【手跡】『手△蹟』**（名）その人の書いた文字。書きぶり。筆跡。「良寛《りょうかん》の―」

**しゅせき【主席】**（名）国家や政党などを代表する第一の地位。また、その地位にいる人。⇩しゅせき(首席)「学習」

**しゅせき【首席】**（名）席次や地位がいちばん上であること。また、その人。

> **学習 使い分け**「主席」「首席」
>
> **主席** 国家や政党などの第一位として、それを代表する人。「国家主席」「党主席」「国民政府主席」
>
> **首席** ある範囲《はんい》の中で席次がいちばん上であること。また、その人。「首席で卒業する」「クラスの首席」「首席代表」

**しゅせき【酒席】**（名）酒宴《しゅえん》の席。また、その場所。「―での発言」

**しゅせきさん【酒石酸】**（名）〖化〗ぶどうなどに含《ふく》まれるすっぱい味の酸。化学実験や清涼《せいりょう》飲料水用に使われる。

**しゅせん【主戦】**（名）❶戦争することを主張すること。「―論」❷中心となって戦うこと。「―投手」

**しゅせん【酒仙】**（名）❶俗事《ぞくじ》を離《はな》れ酒を楽しむ人。❷とても酒が好きな人。

**しゅせんど【守銭奴】**（名）おかねをためることばかりにむちゅうになっている人。欲が深くてけちな人。

**じゅそ『呪△詛』**（名・他スル）のろうこと。のろい。

**じゅぞう【受像】**（名・他スル）テレビ電波などを受信機に受けて目に見える形にうつし出すこと。「衛星放送を―する」

**しゅぞく【種族】**（名）同じ祖先から出て同じことば・風俗《ふうぞく》・習慣をもっている人びとの集まり。

**しゅたい【主体】**（名）❶ほかのものに対して意志や行動をもってはたらきかけるもとのもの。…的「主体的な行動」対客体。❷物事や組織の中心となるもの。「生徒会が―となって運動会を行う」

**しゅだい【主題】**（名）❶研究や作品の中心となる内容や考え方。「小説の―」❷音楽の中心となるメロディー。「同じ―がくり返される」《類テーマ》

**じゅたい【受胎】**（名・自スル）体内に子どもをやどすこと。妊娠《にんしん》。「―告知」

**しゅだいか【主題歌】**（名）映画やドラマなどで、その

主題を表現した歌。テーマソング。

**しゅたいせい【主体性】**（名）しっかりした自分の考え方や立場をもっていて、他にふりまわされないで行動する態度・性質。「―のある人」「―に欠ける」

**じゅたく【受託】**（名・他スル）仕事や金品のあつかいなどをたのまれること。たのまれて引き受けること。「依頼《らい》を―する」

**じゅだく【受諾】**（名・他スル）申し入れや提案などを受け入れること。「要求を―する」類承諾

**しゅたる【主たる】**（連体）主要な。おもな。「事故の―原因」

**しゅだん【手段】**（名）目的を実現するための手だて。方法。「目的のためには―を選ばない」「強圧的な―をとる」

**しゅち【主知】**（名）感情や意志よりも知性や理性を重んじること。…的「主知的な考え」対主情・主意

**しゅちしゅぎ【主知主義】**（名）感情よりも知性や理性のはたらきを主にする考え方。対主情主義

**しゅちにくりん【酒池肉林】**（名）とてもぜいたくな酒もり。参考池に酒を満たし、木々に肉をかけて酒宴《しゅえん》を催《もよお》したという「史記」の故事から。

**しゅちゅう【手中】**（名）手のなか。

**手中に収《おさ》める** 自分のものにする。支配下におく。

**じゅちゅう【受注】**〖受△註〗（名・他スル）注文を受けること。「―量が減る」対発注

**しゅちょ【主著】**（名）その人の書いた書物の中で代表的なもの。

**しゅちょう【主張】**（名・他スル）自分の意見を強く述べること。また、その意見。「―をとおす」「権利を―する」

**しゅちょう【主潮】**（名）ある時代・ある社会の中心になっている考え方・傾向《けいこう》。「現代の―」

**しゅちょう【主調】**（名）ある音楽の基本となっている調べ。また、音楽以外で全体の中心となっている調子。「―音」「赤が―の絵」

**しゅちょう【首長】**（名）❶集団のかしら。統率者。❷地方公共団体の長。

**しゅつ【出】** 5画 凵3 小1 音シュツ・スイ 中 訓でる・だす

丨 丩 屮 出 出

❶外へでる。だす。◆出荷・出家・出血・出港・出獄《しゅつごく》・出資・出世・出入・出馬・出発・出費・出師《すいし》・出納帳《すいとうちょう》◆移出・外出・支出・進出・脱出《だっしゅつ》・転出・派出・搬出《はんしゅつ》・輸出・流出。対入。❷あらわれる。あらわす。◆出芽・出現・出生《しゅっしょう・しゅっせい》・出来《しゅったい》・露出《ろしゅつ》。◆演出・現出・産出・輩出《はいしゅつ》・百出・頻出《ひんしゅつ》。❸ある場所に行く。その場にのぞむ。◆出演・出勤・出欠・出仕・出場・出陣《しゅつじん》・出席・出廷《しゅってい》・出動。❹ぬきんでる。◆出色◆傑出《けっしゅつ》。

参考「スイ」の音は「出納《すいとう》」などのことばに使われる特殊《とくしゅ》な読み方。

**じゅつ【述】** 8画 辶5 小5 音ジュツ 訓のべる

一 十 木 朮 述 述

のべる。考えをことばで表す。◆述懐《じゅっかい》・述語・述作・述部◆記述・供述・口述・公述・後述・詳述《しょうじゅつ》・叙述《じょじゅつ》・前述・祖述《そじゅつ》・著述・陳述《ちんじゅつ》・論述

**じゅつ【術】** 11画 行5 小5 音ジュツ

彳 什 休 休 術 術

❶学問。◆術語◆学術・芸術。❷わざ。方法。◆技術・手術・忍術《にんじゅつ》・馬術。❸はかりごと。計略。◆術策・術中

**じゅつ【術】**（名）❶身につけた特別なわざ。技術。「剣《けん》の―」❷相手をおとしいれるはかりごと。術策。「敵の―にはまる」❸物事をうまくするためのてだて。「世渡《よわた》りの―」❹忍術《にんじゅつ》・魔術《まじゅつ》など、人知をこえたわざ。「分身の―」

**しゅつえん【出演】**（名・自スル）映画・舞台《ぶたい》・放送などに出て演じること。「テレビに―する」「―者」

**しゅっか【出火】**（名・自スル）火事を出すこと。火事になること。「台所から―した」対鎮火《ちんか》

**しゅっか【出荷】**（名・他スル）荷物を送り出すこと。特に、市場へ品物を出すこと。「野菜の―」対入荷

**しゅつが【出芽】**（名・自スル）❶芽を出すこと。類発芽。❷〖動・植〗酵母菌《こうぼきん》など、生物のからだの一部が芽のようにふくらみ、新しい個体になること。

**じゅっかい【述懐】**（名・自他スル）心の中の思いや思い出を述べること。「むかしを―する」

**しゅっかん【出棺】**（名・自スル）葬式《そうしき》で、死者の棺《ひつぎ》をその家または式場から送り出すこと。

**しゅつがん【出願】**（名・自他スル）許可を願い出ること。願書を出すこと。「―書類」

**しゅつぎょ【出漁】**（名・自スル）→しゅつりょう

**しゅっきん【出金】**（名・自スル）おかねを出すこと。また、出したおかね。「―伝票」対入金

**しゅっきん【出勤】**（名・自スル）つとめ先につとめに出ること。「時差―」対欠勤・退勤

**しゅっけ【出家】**（名・自スル）俗世間《ぞくせけん》を離《はな》れて仏門にはいること。また、その人。僧《そう》。対在家《ざいけ》

**しゅつげき【出撃】**（名・自スル）敵を攻撃《こうげき》するために、味方の陣地《じんち》から出ること。「―開始」

**しゅっけつ【出欠】**（名）出席と欠席。「―をとる」

**しゅっけつ【出血】**（名・自スル）❶血が血管の外に出ること。血が流れ出ること。「―多量」「内―」❷商売などで、損害が出ること。犠牲《ぎせい》をはらうこと。「―大サービス」

**しゅっけとそのでし**〔出家とその弟子〕〔作品名〕倉田百三《くらたひゃくぞう》の戯曲《ぎきょく》。一九一六（大正五）年発表。浄土真宗《じょうどしんしゅう》を開いた親鸞《しんらん》の教えを劇にしたもので、信仰《しんこう》と愛の悩《なや》みをえがいた。

**しゅつげん【出現】**（名・自スル）（それまでなかったものや見えなかったものが）現れ出ること。「英雄《えいゆう》の―」

**しゅっこ【出庫】**一（名・他スル）倉庫から品物を出すこと。「―伝票」二（名・自他スル）電車やバスなどを車庫から出すこと。また、出ること。「バスを―させる」（対入庫）

**じゅつご【述語】**（名）〖文法〗文を形づくる成分の一部。主語について説明することば。主語「何が」に対して、「どうする」「どんなだ」「なんだ」にあたることば。「花が咲《さ》く」という文では「花が」が主語で、「咲く」が述

**じゅつご**【術語】(名) 学問の上で、特に定義して使う専門用語。学術用語。テクニカルターム。

**しゅっこう**【出向】(名・自スル) 出向くこと。特に、役所や会社の命令でよその組織へ出向いてそこに勤めること。「子会社へ一する」

**しゅっこう**【出航】(名・自スル) ❶船が航海に出ること。❷航空機が出発すること。

**しゅっこう**【出港】(名・自スル) 船が港を出ること。[類]出帆《しゅっぱん》。[対]入港

**じゅっこう**【熟考】(名・他スル) 長い時間をかけ、いろいろとよく考えること。「一を要する問題」

**しゅっこく**【出国】(名・自スル) その国を出て外国へ行くこと。「一の手続き」[対]入国

**しゅつごく**【出獄】(名・自スル) 刑期《けいき》を終えて刑務所から出ること。出所。「一を許される」[対]入獄

**しゅっこんそう**【宿根草】(名)〘植〙多年草で、地上に出ている部分は枯《か》れても、地下茎《ちかけい》または根が残って冬を越《こ》し、また新しい芽を出す草。ゆり・チューリップなど。しゅくこんそう。

**じゅっさく**【術策】(名) 相手をだますためにしくんだはかりごと。「敵の一におちいる」[類]計略

**しゅっさつ**【出札】(名・自スル) 乗車券や入場券などの切符《きっぷ》を売ること。「一口」

**しゅっさん**【出産】(名・自他スル) 子どもが生まれること。子どもを産むこと。お産。「一祝い」

**しゅっし**【出仕】(名・自スル) 勤めに出ること。特に、役所や官庁などに仕えること。

**しゅっし**【出資】(名・自スル) 事業をするためのもとになるおかねを出すこと。「新会社に一する」

**しゅつじ**【出自】(名) その人の家がら、生まれ。

**しゅっしゃ**【出社】(名・自スル) 会社へ出勤すること。「一時間」[対]退社

**しゅっしょ**【出処】(名) ❶ものの出どころ。出所。❷官職につくことと民間にいること。「一進退」

**しゅっしょ**【出所】〔一〕(名・自スル) 刑期《けいき》を終えて刑務所から出ること。「仮一」〔二〕(名) ものの出どころ。出処。「一不明の文書」

**しゅっしょう**【出生】(名・自スル) 生まれること。しゅっせい。「一届」「一地」

**しゅつじょう**【出場】(名・自スル) ❶運動競技や演技などの行われる場に参加すること。「全国大会に一する」[対]欠場。❷場内や構内から外に出ること。「いったん一されると再入場はできません」[対]入場

**しゅっしょく**【出色】(名・形動ダ) ほかのものに比べて特にすぐれて目だつこと。「一のでき」[類]抜群《ばつぐん》

**しゅっしょしんたい**【出処進退】(名) 職や地位にとどまるかやめるかということ。また、身の振《ふ》り方。

**しゅっしん**【出身】(名) その土地・学校・身分などの出であること。「山口県一」「一校」

**しゅつじん**【出陣】(名・自スル) 戦場にむかうこと。また、試合をするために出かけること。

**しゅっすい**【出水】(名・自スル) 大雨などで川などの水があふれ出ること。「一さわぎ」[類]洪水《こうずい》

**しゅっせ**【出世】(名・自スル) 世の中に出てりっぱな身分や地位につくこと。「立身一」

**しゅっせい**【出生】(名・自スル) →しゅっしょう

**しゅっせい**【出征】(名・自スル) 軍隊の一員として戦場へ行くこと。「一兵士」

**しゅっせうお**【出世魚】(名) ❶成長するにつれて呼び名の変わる魚。めでたいものとされる。代表的な出世魚に鱸《すずき》、鰤《ぶり》、鯔《ぼら》がある。⇨すずき・ぶり・ぼら。❷鯉《こい》。[参考]②は、中国の黄河《こうが》にある竜門《りゅうもん》の滝をさかのぼった鯉が竜になるという故事による。

**しゅっせがしら**【出世頭】(名) 同期の者や一族の中で最も出世した人。また、一番早く出世した人。

**しゅっせき**【出席】(名・自スル) 学校の授業や会合などに出ること。「一をとる」[対]欠席

**しゅっせきぼ**【出席簿】(名) 会議や学校の授業で、参加者の出席・欠席を記録するためのノート。

**しゅっせさく**【出世作】(名) その人がはじめて世の中に認められるきっかけとなった作品。

**しゅっせばらい**【出世払い】(名) 借金や代金を出世・成功したときにはらうこと。また、その約束。

**しゅっそう**【出走】(名・自スル) 競馬や競輪などで、競走に出ること。「一馬」

**しゅったい**『出◇来』(名・自スル) (「しゅつらい」の変化したもの) ❶重大な物事が起こること。「事件が一する」❷物事ができあがること。「重版一」

**しゅつだい**【出題】(名・自スル) ❶試験やクイズなどの問題を出すこと。❷詩歌《しいか》の題を出すこと。

**しゅったつ**【出立】(名・自スル) 旅行に出発すること。旅立ち。「早朝に一する」

**じゅっちゅう**【術中】(名) 相手をおとしいれるためにしくんだはかりごとの中。「敵の一にはまる」

**しゅっちょう**【出張】(名・自スル) 仕事のために勤め先以外の場所へ出かけていくこと。「九州へ一する」

**しゅっちょう**【出超】(名)「輸出超過」の略。「一をおさえる」[対]入超

**しゅってい**【出廷】(名・自スル) 裁判のために法廷《ほうてい》に出ること。「証人が一する」[対]退廷

**しゅってん**【出典】(名) 故事や引用した語句・文章などの出どころである本。「一を明らかにする」

**しゅってん**【出店】(名・自他スル) 新たに店を出すこと。「東京に一する」[注意]「でみせ」と読むと別の意味になる。

**しゅつど**【出土】(名・自スル) 考古学の資料となる大むかしの遺物が土の中から出てくること。「一品」

**しゅっとう**【出頭】(名・自スル) 呼び出しに応じて、役所などに出向くこと。「警察に一する」

**しゅつどう**【出動】(名・自スル) 軍隊・警察・消防隊などが、活動するために現場に出かけること。

**しゅつにゅう**【出入】(名・自スル) 人やおかねなどの出ることとはいること。ではいり。

**しゅつば**【出馬】(名・自スル) (馬に乗ってその場に出る意から) ❶地位の高い人などが自分自身で現場に出向くこと。「委員長の一を要請《ようせい》する」❷選挙に立候補すること。「今回の選挙への一を断念する」

**しゅっぱつ**【出発】(名・自スル) ❶目的地に向かって出かけること。「九時に一する」❷新しく物事をはじめること。「くじけずに再一する」

**しゅっぱん【出帆】**（名・自スル）船が港を出ること。「ーを見送る」類出港・船出《ふなで》

**しゅっぱん【出版】**（名・他スル）作品・文書などを本や雑誌などの印刷物にして世に出すこと。「ー物」

**しゅっぴ【出費】**（名・自スル）費用を出すこと。また、その費用。「物価高でーがかさむ」

**しゅっぴん【出品】**（名・自他スル）展覧会に作品を出したり、オークションなどに品物を出したりすること。

**じゅつぶ【述部】**（名）〘文法〙文の中で、述語と、その修飾《しゅうしょく》語からなる部分。たとえば、「若葉が青々と茂《しげ》る」の「青々と茂る」の部分。対主部

**しゅっぺい【出兵】**（名・自スル）戦争などに軍隊を出動させること。派《は》兵《へい》。

**しゅつぼつ【出没】**（名・自スル）現れたりかくれたりすること。「このあたりには、いのししがよくーする」

**しゅっぽん【出奔】**（名・自スル）その土地を逃《に》げ出して、姿をくらますこと。「故郷をーする」

**しゅつらん【出藍】**（名）弟子《でし》が師よりもまさること。「ーのほまれ」参考「荀子《じゅんし》」の「青は藍《あい》より出《い》でて藍より青し」から出たことば。

**しゅつりょう【出漁】**（名・自スル）漁船で魚をとりに出かけること。参考「しゅつぎょ」とも読む。

**しゅつりょく【出力】**（名・他スル）❶機械などが力を受けて働き、その結果として外へ出す力。「ーを下げる」❷コンピューターで、処理した結果・情報を外部に出すこと。アウトプット。（対入力）

**しゅつるい【出塁】**（名・自スル）野球で、打者が塁に進むこと。「一番打者がーする」

**しゅと【首都】**（名）その国の中央政府のある都市。「イギリスのーロンドン」類首府

**しゅとう【種痘】**（名）〘医〙牛痘《ぎゅうとう》からつくったワクチンを人のからだに植えつける、天然痘の予防法。

**しゅどう【手動】**（名）機械などを、動力ではなく手で動かすこと。「ー式ポンプ」

**しゅどう【主導】**（名・他スル）集団や組織の中心となって全体を導くこと。「青年将校らにーされた二・二六事件」…的「首相が主導的役割を果たす」

**じゅどう【受動】**（名）自分からするのではなく他から働きを受けること。受け身。対能動

**じゅどうきつえん【受動喫煙】**（名）たばこをすわない人が、そばで他人がすったたばこの煙《けむり》を間接的にすってしまうこと。間接喫煙。

**しゅどうけん【主導権】**（名）集団の中心となって物事を進めていく力。イニシアチブ。「ーを握《にぎ》る」

**じゅどうたい【受動態】**（名）〘文法〙他から作用を受ける意味を示す言い方。日本語では動詞に助動詞「れる」「られる」をつけて表す。対能動態

**じゅどうてき【受動的】**（形動ダ）〔ダロ・ダッ(デ・ニ)・ダ・ナ・ナラ・○〕他から働きを受けるようす。受け身であるようす。「ーな態度」対能動的

**しゅとく【取得】**（名・他スル）資格・権利・物品などを自分のものにすること。手に入れること。「運転免許《めんきょ》をーした」

**しゅとけん【首都圏】**（名）東京都とそのまわりの七県。東京都・神奈川県・埼玉県・千葉県・茨城県・栃木県・群馬県・山梨県。

**しゅとして【主として】**（副）ある物事の中心となっているようす。おもに。もっぱら。「客はー若者だ」

**じゅなん【受難】** ━（名・自スル）苦難や災難にあうこと。「ーの年だった」 ━（名）キリストが十字架《じゅうじか》にかけられて受けた苦難。

**ジュニア**〔英 junior〕（名）❶年下の者。年少者。対シニア。❷下級。下級生。対シニア。❸むすこ。

**しゅにく【朱肉】**（名）赤色の印肉。

**じゅにゅう【授乳】**（名・自スル）赤んぼうに乳を飲ませること。「ー期」

**しゅにん【主任】**（名）中心となってその仕事を受け持つ役。また、受け持つ人。「売り場ー」

**しゅぬり【朱塗り】**（名）朱色に塗ること。また、朱色に塗った物。「ーの椀《わん》」

**しゅのう【首脳】**（名）団体や組織の中のおもだった人。中心になって活動する人。「ー陣《じん》」「ー会談」

**じゅのう【受納】**（名・他スル）受け取っておさめること。「商品をーする」

**シュノーケル**〔ドイツ Schnorchel〕（名）❶潜水艦《せんすいかん》の、外気の取り入れと排気《はいき》を行う装置。❷一端《いったん》を水面上に出し、他方を口にくわえて、水にもぐったまま呼吸をするための管《くだ》。

**じゅばく【呪縛】**（名・他スル）まじないをかけて動けなくすること。また、心理的に束縛《そくばく》すること。「ーにかかる」

**しゅはん【主犯】**（名）複数の人が行った犯罪で、その中心となった人物。「ーを逮捕《たいほ》する」対従犯

**しゅはん【首班】**（名）いちばん上の位にある人。特に、内閣総理大臣。「ーに指名される」

**じゅばん**〘×襦袢〙〔ポルトガル gibão〕（名）和服用の肌着《はだぎ》。ジバン。

**しゅび【守備】**（名・他スル）敵の攻撃《こうげき》をふせいで味方を守ること。「ーを固める」対攻撃

**しゅび【首尾】**（名）（頭と尾の意から）❶物事のはじめと終わり。前とあと。❷物事のなりゆき。結果。「上々のー」「不ー」

**首尾一貫《いっかん》** 物事のはじめから終わりまで一つの方針でつらぬかれていること。「論理がーした文章」

**首尾よく** うまいぐあいに。つごうよく。「ー合格した」

**じゅひ【樹皮】**（名）木の皮。「ーをはぐ」

**しゅひぎむ【守秘義務】**（名）職務や立場によって知ることのできた秘密を守る義務。

**ジュピター**〔英 Jupiter〕（名）ローマ神話の最高神。⇩ゼウス

**しゅひつ【主筆】**（名）新聞社や雑誌社などで、記者のいちばん上にあって社説などの大事な記事を書く人。

**しゅひつ【朱筆】**（名）文字を書き入れたり、直したりするときに使う、朱墨《しゅずみ》をつけた筆。また、赤色の書きこみ。「ーを入れる」

**しゅびょう【種苗】**（名）種《たね》と苗《なえ》。

**じゅひょう【樹氷】**（名）氷点下に冷えた霧《きり》のつぶが木の枝などにこおりついたもの。

**しゅひん【主賓】**（名）客の中で、中心となるいちばんたいせつな人。「ーとして招く」

**しゅふ【主夫】**（名）夫であって、一家の中心となって

家事をする人。妻の「主婦」に対していう。

**しゅふ【主婦】**（名）妻であって、一家の中心となって家事をする人。

**しゅふ【首府】**（名）一国の中央政府のある都市。「アメリカの―ワシントン」類首都

**しゅぶ【主部】**（名）❶全体の中でおもな部分。❷〘文法〙文の主語と、その修飾《しゅうしょく》語の部分。たとえば、「白い雲が浮《う》く」の「白い雲が」の部分。対述部

**シュプール**〔ドイツ Spur〕（名）雪の上の、スキーですべった跡《あと》。「―を描《えが》く」

**シュプレヒコール**〔ドイツ Sprechchor〕（名）❶〘演〙詩やせりふを合唱の形式でいう表現方法。❷デモや集会で、要求やスローガンを声をそろえて叫《さけ》ぶこと。

**しゅぶん【主文】**（名）❶文章の中でのおもな部分。❷〘法〙判決文で、結論の部分。「判決の―」

**じゅふん【受粉】**（名・自スル）〘植〙おしべの花粉がめしべの柱頭につくこと。「自家―」

**じゅふん【授粉】**（名・他スル）〘植〙おしべの花粉をめしべの柱頭につけること。「人工―」

**しゅべつ【種別】**（名・他スル）種類によって分けること。また、その区別。「昆虫《こんちゅう》を―する」

**しゅほう【手法】**（名）物事のやり方。特に、芸術作品の表現方法。「新しい―」

**しゅほう【主峰】**（名）その山脈の中でいちばん高くそびえる峰《みね》。「アルプスの―」

**しゅぼう【首謀・主謀】**（名）中心になって悪事や陰謀《いんぼう》をくわだてること。また、その人。「―者」

**しゅみ【趣味】**（名）❶仕事としてではなく、楽しみとして好むことがら。「―と実益を兼《か》ねる」「無―」❷物の美しさやおもしろみを理解し味わう力。また、それにもとづく好み。「―のいい人」「悪―」❸味わいやおもしろみ。おもむき。「異国―」

**シュミーズ**〔フランス chemise〕（名）婦人の肌着《はだぎ》の一種。肩《かた》にひもでつって、胸からひざのあたりまでをおおう。シミーズ。

**じゅみょう【寿命】**（名）❶生物の生きていられる期間。いのち。「―がつきる」❷物の、使える期間。また、その期間が終わること。「この電池はもう―だ」

**しゅめい【主命】**（名）主君の命令。主人の言いつけ。「―には逆らえない」

**しゅもく【種目】**（名）種類によって分けた項目《こうもく》。「競技―」

**しゅもく【撞木】**〖△撞木〗（名）鐘《かね》を打ち鳴らすための丁字《ていじ》形の棒。鐘たたき。

**じゅもく【樹木】**（名）木。立ち木。

**じゅもん【呪文】**（名）まじないのことば。のろいのことば。「―を唱える」

**しゅやく【主役】**（名）❶演劇や映画などで、中心になる役。主人公の役。また、それを演じる役者。「―に抜擢《ばってき》される」対脇役《わきやく》・端役《はやく》。❷そこでの主要な役割。また、それをになう人。「事件の―」

**じゅよ【授与】**（名・他スル）さずけあたえること。「卒業証書を―する」

**しゅよう【主要】**（名・形動ダ）あることの中心となっていて、たいせつなこと。「―人物」「―な点」

**しゅよう【腫瘍】**（名）〘医〙はれものの一種で、異常にふえていく細胞《さいぼう》の集まり。筋腫・肉腫・がんなど。

**じゅよう【受容】**（名・他スル）外からのさまざまな刺激《しげき》を受け入れて、自分の中にとりこむこと。「外国の文化を―する」

**じゅよう【需要】**（名）❶必要とするものを求めること。❷〘経〙商品などを買い入れようとする欲求。「―をみたす」（対供給）

**しゅよく【主翼】**（名）胴体《どうたい》から両側に張り出していて、飛行機に浮《う》きあがる力をあたえるつばさ。

**しゅら【修羅】**（名）「阿修羅《あしゅら》」の略。

**修羅の巷《ちまた》** 激しい争乱の場。

**シュラーフザック**〔ドイツ Schlafsack〕（名）綿や羽毛を入れた、登山用の寝袋《ねぶくろ》。シュラフ。

**ジュラき【ジュラ紀】**（名）〘地質〙地質時代の中生代中期（第二紀）のこと。約二億年前から一億四〇〇〇万年前までの間をさし、恐竜《きょうりゅう》・アンモナイト類、裸子《らし》植物が栄えていた。▽ジュラは、フランス Jura

**しゅらば【修羅場】**（名）❶戦争や闘争《とうそう》などで悲惨《ひさん》な状態になった場所。しゅらじょう。「―と化す」❷劇や講談などで、はげしく悲壮《ひそう》な戦いや争いの場面。「―を演じる」

**ジュラルミン**〔英 duralumin〕（名）アルミニウムに銅・マグネシウム・マンガンなどを加えて作った白色の金属。軽くじょうぶで、飛行機・建材などに使われる。

**しゅらん【酒乱】**（名）酒に酔《よ》うとあばれること。また、そのくせのある人。「―の気《け》がある」

**じゅり【受理】**（名・他スル）書類などを受けつけること。「辞表を―する」「不―」

**しゅりけん【手裏剣】**（名）手ににぎって、敵に投げつける鉄製で小形の武器。棒状や十字状などのものがある。

**じゅりつ【樹立】**（名・自他スル）しっかりとできあがること。うち立てること。「日本新記録を―する」

**しゅりゅう【主流】**（名）❶川などのおおもとの流れ。類本流。❷その社会・分野などで中心となっている傾向《けいこう》や勢力。「―派」（対支流・傍流《ぼうりゅう》）

**しゅりゅうだん**〖手△榴弾〗（名）手で投げる小形の爆弾《ばくだん》。てりゅうだん。

**しゅりょう【狩猟】**（名・自スル）鉄砲《てっぽう》や網《あみ》・わななどで、野山の鳥やけものをつかまえること。「―期間」

**しゅりょう【首領】**（名）一団の仲間の長。かしら。「盗賊《とうぞく》の―」

**じゅりょう【受領】**（名・他スル）品物やおかねを受け取ること。「―証」類領収

**しゅりょく【主力】**（名）❶ある物事にかたむける力や努力の大部分。「筋力アップに―を注ぐ」❷全体の中で中心となる主要な勢力。「―選手」

**じゅりん【樹林】**（名）木がたくさん生えている所。はやし。「針葉―」

**しゅるい【種類】**（名）ある共通する性質によって分けたときにできる、それぞれのまとまり。「―が異なる」

**じゅれい【樹齢】**（名）木の年齢。「―三〇〇年」

**シュレッダー**〔英 shredder〕（名）不要な文書などを細かく裁断する機械。「―にかける」

**しゅれん【手練】**（名）すぐれたうでまえ。熟練した手ぎわ。「―の早わざ」注意「てれん」と読むと別の意味になる。

**しゅろ**〘△棕△櫚〙（名）〖植〗ヤシ科の常緑高木。東北地方以南の各地に栽培《さいばい》される。幹の先端《せんたん》に、深くさけた大きい葉を多数つける。葉の柄《え》のつけ根は繊維《せんい》状で、なわ・敷物《しきもの》・はけ・ほうきなどの材料となる。

（しゅろ）

**じゅろうじん【寿老人】**（名）七福神の一。頭が長く白いひげをたらし、つえとうちわを持っている神。長寿を授《さず》けるという。

**しゅわ【手話】**（名）耳や口の不自由な人のための、手を用いて意思を伝える方法。

**じゅわき【受話器】**（名）電話機で相手からの話を聞き取る部分。レシーバー。「―を取る」対送話器

**しゅわん【手腕】**（名）物事を行うすぐれたうでまえ。「―をふるう」

**しゅん【旬】**→じゅん（旬）

**しゅん【旬】**（名）季節の野菜・くだもの・魚などそれぞれの、たくさんとれて、味の最もよい時。

**しゅん【俊】** 9画 亻7 音シュン 亻 仆 伫 佟 俊 俊
すぐれる。かしこい。すぐれた人物。◆俊英・俊才・俊秀《しゅんしゅう》・俊足・俊敏《しゅんびん》◆英俊・雄俊《ゆうしゅん》

**しゅん【春】** 9画 日5 小2 音シュン 訓はる 一 三 耂 夫 春 春
❶はる。四季の一つ。◆春雨・春季・春期・春暁《しゅんぎょう》・春光・春日・春宵《しゅんしょう》・春暖・春風・春分・春眠《しゅんみん》◆惜春《せきしゅん》・早春・晩春・暮春《ぼしゅん》・孟春《もうしゅん》・陽春・立春。❷年のはじめ。正月。◆賀春・迎春《げいしゅん》・新春。❸若い元気なころ。◆青春。❹異性をもとめるこころ。◆春情◆思春期

**しゅん【瞬】** 18画 目13 音シュン 訓またたく 高 目 目' 盱 眄 瞬 瞬
またたく。まばたく。まばたきをする間ぐらいのきわめて短い時間。◆瞬間・瞬時◆一瞬

**じゅん【旬】** 6画 日2 音ジュン・シュン ノ 勹 勺 旬 旬 旬
一か月を一〇日ずつ三つに分けたそれぞれの期間。一〇日間。◆旬刊《じゅんかん》・旬日・旬報・旬余◆下旬・上旬・初旬・中旬。参考「シュン」の音は「旬の野菜」などというときに使われる特殊《とくしゅ》な読み方。

**じゅん【巡】** 6画 辶3 音ジュン 訓めぐる く 巛 巛 巛 巡 巡
❶ひとまわりする。見まわる。◆巡回・巡検・巡査・巡察・巡視◆一巡。❷各地をめぐり歩く。◆巡演・巡業・巡行・巡幸・巡航・巡拝・巡遊・巡礼・巡歴。参考特別に、「お巡りさん」は「おまわりさん」と読む。

**じゅん【盾】** 9画 目4 音ジュン 訓たて 厂 斤 斤 盾 盾 盾
たて。やりや矢《や》などをふせぐ武器。◆矛盾《むじゅん》

**じゅん【准】** 10画 冫8 音ジュン 冫 汁 汁 汁 准 准
❶ゆるす。承認する。◆批准《ひじゅん》。❷それにつぐものであることを表す。じゅんじる。◆准尉《じゅんい》・准看護師・准教授・准将 ⇩付録「漢字の筆順(32)隹」

**じゅん【殉】** 10画 歹6 音ジュン 一 ア 歹 歹 歹 殉
❶死んだ人のあとを追って死ぬ。◆殉死。❷ある目的・仕事のために命をすてる。◆殉教・殉国・殉職・殉難

**じゅん【純】** 10画 糸4 小6 音ジュン 乡 幺 糸 糸 紅 純
まじりけがない。ありのままでかざりけがない。◆純愛・純益・純金・純潔・純情・純真・純粋《じゅんすい》・純正・純然・純白・純朴《じゅんぼく》・純良◆至純・清純・単純・不純

**じゅん【純】** ■一（名・形動ダ）すなおでかざらないこと。けがれのないこと。「―な人」■二（接頭）まじりけがなく、そのものだけの意を表す。「―日本風の家屋」

**じゅん【循】** 12画 彳9 音ジュン 彳 彳 彳 彳 循 循
❶したがう。沿う。◆因循。❷めぐる。◆循環《じゅんかん》

**じゅん【順】** 12画 頁3 小4 音ジュン 丿 川 川 川 順 順
❶したがう。さからわない。すなお。◆順化・順守・順応《じゅんのう》・順法《じゅんぽう》◆温順・帰順・恭順《きょうじゅん》・耳順《じじゅん》・柔順《じゅうじゅん》・従順。対逆。❷物事がつごうよくはこぶ。◆順境・順調・順風◆不順。対逆。❸一定のきまりにしたがってならんでいる。また、そのならび。◆順位・順延・順次・順序・順番・順路◆打順・手順・筆順

**じゅん【順】**（名）一定のきまりによる並び方。順序。順番。「五十音―にならべる」「―をおっての説明」

**じゅん【準】** 13画 氵10 小5 音ジュン 氵 氵 汁 汁 進 準
❶めあて・よりどころとなるもの。◆準則◆基準・規準・照準・水準・標準。❷よりどころとしてそれにならう。のっとる。◆準拠《じゅんきょ》・準用。❸そなえる。◆準備。❹それにつぐものであることを表す。◆準会員・準急 ⇩付録「漢字の筆順(32)隹」

**じゅん-【準】**（接頭）それにつぐもの、なぞらえるものであることを表す。「―決勝」「―惑星《わくせい》」

**じゅん【潤】** 15画 氵12 音ジュン 訓うるおう・うるおす・うるむ 氵 氵 氵 潤 潤 潤
❶水けをふくむ。しめる。◆潤滑《じゅんかつ》◆湿潤《しつじゅん》・浸潤《しんじゅん》。❷ゆたかである。◆潤沢《じゅんたく》◆豊潤。❸つや。

つやをつけてかざる。◆潤色・潤飾《じゅんしょく》。❹もうけ。◆利潤⇩付録「漢字の筆順(2)王〔王〕」

**じゅん【遵】** 15画 辶12 音 ジュン 丷 芇 芮 酋 尊 遵
したがう。決められたとおりにする。◆遵守・遵法

**じゅんあい【純愛】**（名）純粋《じゅんすい》な愛。ひたむきな愛。「―物語」

**じゅんい【順位】**（名）一定の基準にもとづく順番で表した位置。「―を競う」

**じゅんいつ【純一】**（名・形動ダ）まじりけがないこと。いつわりやかざりけがないこと。「―な情熱」

**しゅんえい【俊英】**（名）ひじょうにすぐれていること。また、その人。「一門の―」

**じゅんえき【純益】**（名）はいったおかね全体からかかった費用を差し引いた純粋《じゅんすい》のもうけ。「―金」

**じゅんえん【巡演】**（名・自他スル）ほうぼうを回って劇を演じること。「地方―」

**じゅんえん【順延】**（名・他スル）予定の期日を順ぐりに延ばすこと。「雨天―」

**じゅんおう【順応】**（名・自スル）→じゅんのう

**じゅんおくり【順送り】**（名・他スル）順序どおりにつぎからつぎへ送ること。「―で役職につく」

**じゅんか【純化】**『△醇化』（名・他スル）まじりものを除き、純粋《じゅんすい》なものにすること。「精神を―する」

**じゅんか【順化】**『△馴化』（名・自スル）異なる環境《かんきょう》に移った生物が、その土地の気候風土に適応する体質にかわっていくこと。「風土に―する」

**じゅんかい【巡回】**（名・自スル）❶一定の区域を見回って歩くこと。「管内を―する」類 巡邏《じゅんら》。❷各地を順々にまわること。「―図書館」

**しゅんかしゅうとう【春夏秋冬】**（名）一年の四つの季節。四季。

**じゅんかつゆ【潤滑油】**（名）❶機械の摩擦《まさつ》を少なくするためにさす油。❷比喩《ひゆ》的に、物事がうまく進むための仲立ちとなるもの。「両者間の―となる」

**しゅんかん【瞬間】**（名）まばたきをする間くらいのひじょうに短い時間。「決定的―」…的「瞬間的にひらめく」類 瞬時・一瞬

**じゅんかん【旬刊】**（名）新聞や雑誌などを一〇日ごとに発行すること。また、その出版物。

**じゅんかん【旬間】**（名）一〇日間。特に、特別な催《もよお》しや行事を行う一〇日間。「交通安全―」

**じゅんかん【循環】**（名・自スル）めぐってもとにもどること。また、それをくり返すこと。「血液の―」

**じゅんかんき【循環器】**（名）〘生〙血液やリンパ液を体内の各部分に運び、酸素・栄養などを補給して、いらなくなったものを運び去る器官。心臓・血管・リンパ管など。

**じゅんかんごし【准看護師】**（名）法律で定められた資格をもち、病院などで、医師や看護師の指示を受けて病人やけが人の世話などをする人。准看。

**じゅんかんしょうすう【循環小数】**（名）〘数〙小数点以下のある位からあと、同じ数字が同じ順序でかぎりなくくり返される小数。0.123123…など。

**しゅんき【春季】**（名）春の季節。「―運動会」⇩かき(夏期)「学習」

**しゅんき【春期】**（名）春の期間。「―休暇《きゅうか》」⇩かき(夏期)「学習」

**しゅんぎく【春菊】**（名）〘植〙キク科の一年草、または越年草《えつねんそう》。葉は羽状に細かく切れこみ、互生《ごせい》する。かおりがよく食用にする。きくな。

**じゅんぎゃく【順逆】**（名）❶正しい考え方に合うことと合わないこと。「―を誤る」❷順境と逆境。

**しゅんきょ【峻拒】**『△峻拒』（名・他スル）きびしい態度できっぱりと断ること。「申し出を―する」

**じゅんきょ【準拠】**（名・自スル）よりどころとして従うこと。また、そのよりどころ。「教科書―の問題集」

**しゅんぎょう【春暁】**（名）春の夜明け。

**じゅんきょう【殉教】**（名・自スル）自分の信仰《しんこう》する宗教のために命をすてること。「―者」

**じゅんきょう【順境】**（名）物事が順調に運んでいる状態や境遇《きょうぐう》。「―に生い立つ」対 逆境

**じゅんぎょう【巡業】**（名・自スル）演芸・すもう・野球などの興行《こうぎょう》で各地を回ること。「地方―」

**じゅんきょうじゅ【准教授】**（名）大学・高等専門学校の教員で、教授に次ぐ地位。また、その地位の人。准教。参考 二〇〇七(平成一九)年の学校教育法の改正で、「助教授」に代えて置かれた。

**じゅんきん【純金】**（名）まじりもののない金。

**じゅんぎん【純銀】**（名）まじりもののない銀。

**じゅんぐり【順繰り】**（名）順序を追って行うこと。順番。「―に回覧《かいらん》する」使い方 ふつう「に」をつけて副詞的に用いる。

**じゅんけつ【純血】**（名）動物の血統の純粋《じゅんすい》なこと。異種族の血がまじっていないこと。「―種」

**じゅんけつ【純潔】**（名・形動ダ）心身にけがれがなく清いこと。「―な心」

**じゅんけっしょう【準決勝】**（名）競技などで、決勝へ進出する選手やチームを決める試合。

**しゅんけん【峻険】**『△峻険・△嶮』（名・形動ダ）山などが高くけわしいこと。「―な山々」

**しゅんげん【峻厳】**『△峻厳』（名・形動ダ）ひじょうにきびしく妥協《だきょう》を許さないこと。「―な態度」類 厳格

**しゅんこう【竣工】**『△竣工・△竣功』（名・自スル）工事が終わって建物などができあがること。「―式」類 落成。対 起工

**じゅんこう【巡行】**（名・自スル）各地を回って歩くこと。「史跡《しせき》を―する」

**じゅんこう【巡幸】**（名・自スル）天皇《てんのう》が各地をめぐり歩くこと。

**じゅんこう【巡航】**（名・自スル）船や飛行機などが各地を回ること。

**じゅんこうそくど【巡航速度】**（名）船・飛行機が、燃料を最も節約できる速度。

**じゅんこく【殉国】**（名）国のために命を捨てて尽くすこと。「―の志士」

**じゅんさ【巡査】**（名）警察官の階級の一つ。また、一般《いっぱん》に警察官。おまわりさん。「交通―」

**しゅんさい【俊才】**『△駿才』（名）すぐれた才能。また、それをもつ人。「一門の―」類 秀才

**じゅんさつ**【巡察】（名・他スル）あちらこちらを回って視察すること。「各地を―する」
**しゅんじ**【瞬時】（名）まばたきをするくらいのわずかな時間。ひじょうに短い時間。「―の出来事」類瞬間
**じゅんし**【巡視】（名・他スル）警戒《けいかい》や監督《かんとく》のために回ってようすをみること。「―船」
**じゅんし**【殉死】（名・自スル）死んだ主君や主人のあとを追って自殺すること。
**じゅんし**〔荀子〕【人名】（前二九八?～前二三八?）中国、戦国時代の思想家。孟子《もうし》の性善説に対して性悪説を唱えた。その説は、書物「荀子」に述べられている。
**じゅんじ**【順次】（副）順序を追って行うようす。順ぐりに。「わかりしだい―お知らせします」
**じゅんじつ**【旬日】（名）一〇日間。一〇日ほど。
**じゅんしゅ**【遵守・順守】（名・他スル）法律や規則などに従い、それをよく守ること。「規則を―する」
**しゅんしゅう**【俊秀】（名）才能や知恵《ちえ》がすぐれていること。また、その人。
**しゅんじゅう**【春秋】（名）❶春と秋。❷一年。❸年月。歳月《さいげつ》。また、年齢《ねんれい》。「―を重ねる」
**春秋に富《と》む** 年が若くて、将来が長い。
**しゅんじゅん**『△逡巡』（名・自スル）決心がつかず、ためらうこと。「―せずに決断する」類躊躇《ちゅうちょ》
**じゅんじゅん**『△諄△諄』（トタル）ていねいにくり返して説くようす。「―と説き聞かせる」
**じゅんじゅんに**【順順に】（副）順序を追って一つ一つ行うようす。順ぐりに。「―受け付ける」
**じゅんじょ**【順序】（名）❶ある基準にそったならび方。「―立てて説明する」「―不同」類順番
❷物事を行う手順。仕事などの段どり。「―をふむ」
**しゅんしょう**【春宵】（名）春のよい。春の夜。
**春宵一刻《いっこく》直《あたい》千金《せんきん》** 春の夜はおもむきが深く、そのひとときは千金にもかえがたいねうちがある。参考蘇軾《そしょく》の「春夜詩」の一節。
**じゅんじょう**【純情】（名・形動ダ）すなおで、きれいな心。また、そのような心でいるようす。「―可憐《かれん》」
**しゅんしょく**【春色】（名）春の景色。また、春のけはい。
**じゅんしょく**【殉職】（名・自スル）職務を遂行《すいこう》していて命を落とすこと。「警官が―する」
**じゅんしょく**【潤色】（名・他スル）文章をかざったり、事実を誇張《こちょう》したりすること。「事実を―する」
**じゅん・じる**【殉じる】（自上一）{ジ・ジ・ジル・ジル・ジレ・ジロ(ジヨ)}❶命を投げ出してつくす。「国に―」❷死んだ主君や主人のあとを追って死ぬ。「主君の死に―」
**じゅん・じる**【準じる】（自上一）{ジ・ジ・ジル・ジル・ジレ・ジロ(ジヨ)}❶あるものを基準としてそれにならう。「先例に―」❷何かを基準としてそれに見合ったとりあつかいをする。「経済力に―じて援助額《えんじょがく》を決める」
**じゅんしん**【純真】（名・形動ダ）悪い心や私欲が少しもなく清らかなこと。「子どものように―な心」
**じゅんすい**【純粋】（名・形動ダ）❶まじりけがないこと。「―のアルコール」類生粋《きっすい》。❷悪い心や私欲がないこと。「―な心」
**じゅん・ずる**【殉ずる】（自サ変）{ジ(ゼ)・ジ・ズル・ズル・ズレ・ジロ(ゼヨ)}→じゅんじる(殉じる)
**じゅん・ずる**【準ずる】（自サ変）{ジ(ゼ)・ジ・ズル・ズル・ズレ・ジロ(ゼヨ)}→じゅんじる(準じる)
**しゅんぜい**〔俊成〕【人名】→ふじわらのしゅんぜい
**じゅんせい**【純正】（名・形動ダ）❶まじりけがなく本物であること。「メーカーの―部品」❷理論だけの研究で実際の応用にまで及《およ》ばないこと。「―数学」
**しゅんせつ**【春節】（名）中国で伝統的に祝う、旧暦《きゅうれき》の元旦《がんたん》。また、正月のこと。
**しゅんせつ**『△浚△渫』（名・他スル）川・海などの水底のどろ・砂などをさらってとり除くこと。「―船」
**じゅんせつ**【順接】（名）《文法》文や句の接続のしかたの一種。二つの文や句が、前に述べたことから当然予測されることにつながる関係。たとえば、「雨が降ったので、運動会は中止になった」などのように、「ので」「だから」「ば」などで表される接続関係。対逆接
**じゅんぜん**【純然】（トタル）まじりけのないようす。それにちがいないようす。「―たる違法行為《いほうこうい》」
**しゅんそく**『△駿足』（名）❶足の速い馬。しゅんめ。「―を駆《か》る」❷足が速いこと。「―の外野手」対鈍足《どんそく》。参考②は「俊足」とも書く。
**じゅんそく**【準則】（名）規則に従うこと。また、従うべき規則。
**じゅんたく**【潤沢】（名・形動ダ）物やおかねなどがたくさんあること。豊富なようす。「―な資金」
**しゅんだん**【春暖】（名）春の暖かさ。「―の候」
**じゅんち**『△馴致』（名・他スル）なれさせること。なじませて、しだいにある状態になるようにすること。
**じゅんちょう**【順調】（名・形動ダ）物事がすらすらと調子よく進むこと。「―に進む」
**じゅんて**【順手】（名）鉄棒などで、手の甲《こう》が上向きで、親指が内側になる棒のにぎりかた。対逆手《ぎゃくて》
**しゅんでい**【春泥】（名）雪や霜《しも》などがとけたことによる春先のぬかるみ。
**しゅんと**（副・自スル）急に元気がなくなって気持ちがしずむようす。「しかられて―なる」
**じゅんど**【純度】（名）品質の純粋《じゅんすい》さの程度。「―の高いアルコール」
**しゅんとう**【春闘】（名）（「春季闘争」の略）労働組合が賃上げなどを要求して、例年、春に行う闘争。
**しゅんどう**『△蠢動』（名・自スル）❶虫などがうごめくこと。❷つまらない者がかげで何かをたくらんでさわぎを起こすこと。「不満分子が―する」
**じゅんとう**【順当】（名・形動ダ）予想や道理などに合っていて、当然と思われること。「―な結果」
**じゅんなん**【殉難】（名）社会的・宗教的な災難などのために命を捨てること。「―者」
**じゅんのう**【順応】（名・自スル）状態や環境《かんきょう》に合うように、性質や行動を変化させていくこと。「周囲の変化に―する」…性「順応性が高い」類適応
**じゅんぱく**【純白】（名・形動ダ）まじりけのない白。まっしろ。「―のウエディングドレス」
**しゅんぱつりょく**【瞬発力】（名）瞬間的に筋肉をはたらかせてすばやく運動する力。「―にすぐれる」
**じゅんばん**【順番】（名）順序のとおりに事にあたること。また、その順序。「―を待つ」類順序

**じゅんび【準備】**（名・自他スル）事に備えて前もって用意すること。したく。「―運動」「旅行の―をととのえる」「料理の材料を―する」「心の―」

**しゅんびん【俊敏】**（名・形動ダ）頭のはたらきがよくて動作がすばやいこと。「―な行動」

**じゅんぷう【順風】**（名）船などの進もうとする方向へ吹《ふ》く風。追い風。「―を利して進む」対 逆風

**順風に帆《ほ》を上《あ》げる** 物事が調子よく思いどおりに進むことのたとえ。

**しゅんぷうたいとう**『春風△駘△蕩』（ト/タル）❶春風がおだやかに吹《ふ》き、春のけしきののどかなようす。❷人がらが、おだやかでおおらかなようす。

**じゅんぷうびぞく**『△醇風美俗』（名）人情にあつい風俗やすぐれた風習。

**じゅんぷうまんぱん【順風満帆】**（名・形動ダ）（帆《ほ》いっぱいに順風を受けて船が進むように）物事が順調に進行していること。「―の人生」

**じゅんふどう【順不同】**（名）名前や物を、なんのきまりもなく、適当に並べること。順序不同。

**しゅんぶん【春分】**（名）〖天〗二十四節気の一つ。春、昼と夜の長さが同じになり、太陽が真東からのぼり真西に沈《しず》むとき。毎年三月二一日ごろ。対 秋分

**じゅんぶんがく【純文学】**（名）〖文〗興味本位の通俗《つうぞく》的な文学に対し、純粋《じゅんすい》に芸術的な立場で文学思想を表現しようとするもの。対 大衆文学

**しゅんぶんのひ【春分の日】**（名）国民の祝日の一つ。春の彼岸《ひがん》の中日にあたり、毎年三月二一日ごろ。対 秋分の日

**しゅんべつ**『△峻別』（名・他スル）きびしく区別すること。「善悪を―する」

**じゅんぽう【旬報】**（名）一〇日ごとに出される報告や、雑誌・新聞。

**じゅんぽう【遵法・順法】**（名）法律に従うこと。

**じゅんぼく【純朴】**『△醇朴・△淳朴』（名・形動ダ）かざりけがなく、すなおなこと。「―な村人」

**しゅんみん【春眠】**（名）春の夜のねむり。

**春眠暁《あかつき》を覚《おぼ》えず** 春の夜は短く、寝心地《ごこち》がいいため、夜が明けたのも気づかず、寝すごしてしまう。参考 孟浩然《もうこうねん》の「春暁《しゅんぎょう》」の一節。

**しゅんめ**『△駿◇馬』（名）足の速いすぐれた馬。駿馬《しゅんば》。対 駑馬《どば》

**じゅんめん【純綿】**（名）化学繊維《かがくせんい》などのまざっていないもめん。「―のシャツ」

**じゅんもう【純毛】**（名）化学繊維《かがくせんい》などのまざっていない毛糸・毛織物。「―の生地《きじ》」

**じゅんよう【準用】**（名・他スル）規則などを、決められた以外の、似たようなことにあてはめて用いること。

**じゅんら**『巡△邏』（名・自スル）見回って歩くこと。また、その役の人。「市中を―する」類 巡回

**しゅんらい【春雷】**（名）春先に鳴るかみなり。

**じゅんりょう【純良】**（名・形動ダ）まじりけがなく、品質がよいこと。「―バター」

**じゅんれい【巡礼・順礼】**（名・自スル）聖地や霊場《れいじょう》を順々におまいりしながら回って歩くこと。また、そうする人。類 遍路《へんろ》

**じゅんれき【巡歴】**（名・自スル）ほうぼうを回って歩くこと。「諸国を―して見聞を広める」

**しゅんれつ**『△峻烈』（名・形動ダ）きびしくはげしいこと。「―な寒気《かんき》」「―をきわめる」

**じゅんれつ【順列】**（名）❶順序。序列。「―に従う」❷〖数〗いくつかの数をある順序に従ってならべること。また、そのならべ方の総数。「―組み合わせ」

**じゅんろ【順路】**（名）順序よく行けるように決められた道すじ。「―を示す」

**じゅんわくせい【準惑星】**（名）〖天〗太陽のまわりを公転しているほぼ球形の天体で、惑星よりも質量が小さく、公転軌道《きどう》に他の天体が存在しているもの。冥王《めいおう》星・ケレスなど。

**しょ【処】** 5画 几3 小6 〔處〕 音 ショ

ノ ク 夂 夂 処

❶ところ。場所。◆処処◆随処《ずいしょ》。❷いる。家にいる。◆処女・処世◆出処進退。❸とりさばく。◆処遇《しょぐう》・処刑《しょけい》・処決・処断・処置・処罰《しょばつ》・処分・処方・処務・処理◆善処・対処

**しょ【初】** 7画 刀5 小4 音 ショ 訓 はじめ・はじめて・はつ・うい高・そめる中

ラ ネ ネ 初 初

❶早い時期。はじめ。◆初夏・初期・初級・初志・初春《しょしゅん・はつはる》・初旬《しょじゅん》・初頭・初日・初年・初歩・初老◆最初・当初・年初。❷はじめて。◆初演・初学・初婚《しょこん》・初出・初診《しょしん》・初対面・初潮・初犯

**しょ【所】** 8画 戸4 小3 音 ショ 訓 ところ

ラ ヨ 戸 所 所 所

❶ところ。ありか。◆所在◆急所・局所・近所・在所・住所・随所《ずいしょ》・短所・長所・難所・場所・名所・要所。❷ある仕事をするところ。◆所員・所長◆役所。❸作用や動作を表す語について、…すること、…するもの、の意を表す。◆所轄《しょかつ》・所感・所見・所持・所信・所属・所存・所帯・所得・所有

**-しょ【所】**（接尾）ある仕事をする施設《しせつ》・機関を表すことば。「刑務《けいむ》―」「事務―」

**しょ【書】** 10画 曰6 小2 音 ショ 訓 かく

コ ヨ 主 圭 書 書

❶かく。かきしるす。◆書家・書記・書式・書写・書道・書法◆血書・浄書《じょうしょ》・清書・大書・代書・墨書《ぼくしょ》。❷文字。◆書画・書体◆楷書《かいしょ》・行書《ぎょうしょ》・草書・六書《りくしょ》・隷書《れいしょ》。❸本。◆書院・書架《しょか》・書庫・書斎《しょさい》・書誌・書籍《しょせき》・書店・書名・書物◆悪書・古書・司書・辞書・叢書《そうしょ》・蔵書《ぞうしょ》・読書・図書・洋書・和書。❹てがみ。かきつけ。◆書簡・書状・書信・書面・書類◆遺書・願書・信書・投書・白書・文書・返書・密書

**しょ【書】** 一（名）❶（毛筆で）文字を書くこと。また、その書き方。書いた文字。「―を習う」「空海《くうかい》の―」❷本。書物。「―をひもとく」❸手紙。「―をしたためる」二（接尾）書類。「領収―」

**しょ【庶】** 11画 广8 音 ショ

亠 广 庐 庐 庐 庶

❶もろもろの。いろいろの。◆庶政・庶務。❷多くの人。民衆。◆庶人・庶民。❸正妻でない女性の産んだ子。◆庶子・庶出・庶流。対嫡《ちゃく》

**しょ【暑】** 12画 日8 小3 〔暑〕 音ショ 訓あつい
❶気温が高くてあつい。あつさ。◆暑気・暑熱◆炎暑《えんしょ》・寒暑・向暑・酷暑《こくしょ》・残暑・盛暑・避暑《ひしょ》・防暑・猛暑《もうしょ》・小暑・大暑。（対寒）❷夏のあつい時期。◆暑月・暑中◆

**しょ【署】** 13画 罒8 小6 〔署〕 音ショ
❶役割。手わけ。◆部署。❷役所。◆署員・署長◆官署・警察署・分署・本署。❸書きしるす。書きつける。◆署名◆自署・親署・代署

**しょ【緒】** 14画 糸8 〔緖〕 音ショ・チョ 訓お
❶いとぐち。はじめ。◆緒言・緒戦・緒論◆端緒《たんしょ》・《たんちょ》・由緒《ゆいしょ》。❷こころ。◆情緒《じょうちょ》・《じょうしょ》。参考「チョ」の音は「情緒《じょうちょ》」などのことばに使われる特殊《とくしゅ》な読み方。

**しょ【緒】**（名）物事のはじめ。いとぐち。ちょ。「―に就《つ》く（＝物事が始まる）」

**しょ【諸】** 15画 言8 小6 〔諸〕 音ショ
多くの。もろもろ。いろいろ。◆諸君・諸行無常《しょぎょうむじょう》・諸賢《しょけん》・諸侯《しょこう》・諸国・諸氏・諸事万端《しょじばんたん》・諸種・諸所・諸説・諸島・諸派・諸般《しょはん》・諸費用

**じょ【自余】**〖△爾余〗（名）すでに述べたもの以外。このほか。それ以外。

**じょ【女】** 3画 女0 小1 音ジョ中・ニョ・ニョウ高 訓おんな・め中
❶おんな。婦人。◆女王・女系・女傑《じょけつ》・女権・女子・女丈夫《じょじょうふ》・女性・女難・女房《にょうぼう》・女体《にょたい》・《じょたい》・女人《にょにん》◆才女・妻女・侍女《じじょ》・淑女《しゅくじょ》・男女《だんじょ》・《なんにょ》・貞女《ていじょ》・天女《てんにょ》・美女。❷むすめ。おとめ。女の子。◆女婿《じょせい》◆子女・少女・処女・息女・長女・婦女・幼女・養女。（対男）。参考「ニョウ」の音は「女房《にょうぼう》」などのことばに使われる特殊《とくしゅ》な読み方。特別に、「海女」は「あま」、「乙女」は「おとめ」と読む。

**じょ【如】** 6画 女3 音ジョ・ニョ高
❶ほとんどちがわない。そのまま。ごとし。◆如意《にょい》・如実《にょじつ》◆一如《いちにょ》。❷あることばの下につけて、ようすや状態を表す。◆欠如・突如《とつじょ》・躍如《やくじょ》

**じょ【助】** 7画 力5 小3 音ジョ 訓たすける・たすかる・すけ中
❶たすける。すくう。力をかす。◆助言・助成・助勢《じょせい》・助長・助命・助力◆一助・援助《えんじょ》・救助・互助《ごじょ》・賛助・内助・扶助《ふじょ》・補助。❷主となるものをたすける。◆助演・助監督《じょかんとく》・助手・助動詞

**じょ【序】** 7画 广4 小5 音ジョ
❶順番。◆序次・序列◆順序・秩序《ちつじょ》。❷物事のはじめ。◆序曲・序奏・序破急・序盤《じょばん》・序幕・序論。❸はしがき。まえがき。◆序文◆自序

**じょ【序】**（名）❶書物のはじめに書く文章。序文。対跋《ばつ》。❷物事の順番。順序。「長幼《ちょうよう》の―」

**じょ【叙】** 9画 又7 〔敍〕 音ジョ
❶順序をたてて述べる。◆叙景・叙事・叙述・叙情・叙説・叙法・叙論◆自叙・平叙文。❷官位をさずける。◆叙位・叙勲《じょくん》・叙爵《じょしゃく》・叙任◆昇叙《しょうじょ》

**じょ【徐】** 10画 彳7 音ジョ
ゆるやかに。ゆっくり。◆徐行・徐徐◆緩徐《かんじょ》

**じょ【除】** 10画 阝7 小6 音ジョ・ジ中 訓のぞく
❶のぞく。とりさる。◆除外・除去・除籍《じょせき》・除雪・除草・除幕・除名◆解除・駆除《くじょ》・控除《こうじょ》・削除《さくじょ》・切除・排除《はいじょ》。❷はらい清める。◆掃除《そうじ》。❸古いものを去り、新しいものをむかえる。◆除夜。❹わる。わりざん。◆除数・除法◆乗除。対乗。❺官職につける。◆除目《じもく》。参考「ジ」の音は「掃除《そうじ》」などのことばに使われる特殊《とくしゅ》な読み方。

**しょあく【諸悪】**（名）さまざまな悪いおこないやできごと。「―の根源」

**しょい【所為】**（名）❶しわざ。おこない。❷理由・原因。せい。ゆえ。

**じょい【女医】**（名）女性の医者。

**じょい【叙位】**（名・自スル）位をさずけること。

**しょいこ**〖◇背◇負子〗（名）荷物をのせて背におう木のわく。

（しょいこ）

**しょいちねん【初一念】**（名）ある事をなしとげようと、最初に思いたった考え。「―をつらぬく」

**しょいん【書院】**（名）❶書院造りの座敷《ざしき》。表座敷。❷本を読んだり、書きものをする部屋。

**しょいんづくり【書院造り】**（名）室町《むろまち》時代中期におこり、桃山《ももやま》時代に完成した武家住宅の造り方。床《とこ》の間・玄関《げんかん》・明かり障子《しょうじ》・たたみなどのある建物。以後の日本住宅の様式のもとになった。

（しょいんづくり）

**ジョイント**〔英 joint〕 ■一 (名) つなぎ目。 ■二 (名・自他スル) 合同で行うこと。 連携《れんけい》すること。 連結すること。「―コンサート」

**しよう【子葉】** (名)〔植〕 種子が芽《め》を出すと最初に出る葉。 種子の中の胚《はい》の一部をなす。

（子葉）

**しよう【止揚】** (名・他スル) 哲学《てつがく》で、二つの矛盾《むじゅん》する考えやことがらを、いちだんと高い段階で調和統一すること。 弁証法の重要な概念《がいねん》。 アウフヘーベン。

**しよう【仕様】** (名) ❶物事のやり方。 方法。 手段。「どう―もない」 ❷作る物の寸法・形状・構造などの規定。「特別―」「―書」

**しようがない** ❶よい手段・方法がない。「なんとも―」「すんだことは―」 ❷手に負えない。「―やつだ」 参考「しょうがない」ともいう。

**しよう【私用】** (名) ❶個人の用事。「―で休む」 ❷おおやけの物を個人のことに用いること。《対公用》

**しよう【使用】** (名・他スル) 使うこと。 用いること。「―を禁じる」「道具を―する」「未―」「不―」

**しよう【枝葉】** (名) ❶木の枝と葉。 ❷中心からはずれたあまり大事でない部分。「―にこだわる」「―末節」《対根幹》

**しよう【試用】** (名・他スル) ためしに使うこと。「―期間」

**しよう【飼養】** (名・他スル) 動物にえさをやって飼うこと。「家畜《かちく》を―する」 類飼育

**しょう【上】**→じょう(上)

**しょう【小】** 3画 小0 (小1) 音 ショウ 訓 ちいさい・こ・お

❶ちいさい。 ちいさいもの。 ◆小異・小額・小寒・小計・小国・小冊子・小事・小心・小人物・小数・小伝・小刀・小児《しょうに》・小品・小片《しょうへん》・小量 ◆狭小《きょうしょう》・群小・細小・最小・弱小・縮小・大小・微小《びしょう》・矮小《わいしょう》。 対大。 ❷自分の側をけんそんしていうことば。 ◆小社・小身・小生。 ❸「小学校」の略。 参考 特別に、「小豆」は「あずき」とも読む。

**しょう【小】** ■一 (名) ❶ちいさいこと。 ちいさいもの。「大は―をかねる」 対大。 ❷(「小の月」の略) 一か月が陰暦《いんれき》で三〇日、陽暦で三一日に満たない月。「―の月」 対大。 ■二 (接頭) 形・規模・数量などがちいさい意を表す。「―人数」「―アジア」

**小の虫《むし》を殺《ころ》して大《だい》の虫《むし》を助《たす》ける** 一部分を犠牲《ぎせい》にして全体を助けることのたとえ。

**しょう【井】**→せい(井)

**しょう【升】** 4画 十2 音 ショウ 訓 ます

ます。 ますめの単位。 一合の一〇倍。 ◆一升瓶《いっしょうびん》

**しょう【升】** (名) 尺貫《しゃっかん》法の容積の単位。 一合の一〇倍。 一升は約一・八《リットル》。「五―の酒」

**しょう【少】** 4画 小1 (小2) 音 ショウ 訓 すくない・すこし

❶すくない。 すこし。 ◆少額・少憩《しょうけい》・少時・少少・少食・少数・少量 ◆過少・希少・僅少《きんしょう》・軽少・減少・些少《さしょう》・多少。 対多。 ❷わかい。 年の少ない。 ◆少女・少壮《しょうそう》・少年 ◆年少・幼少・老少

**しょう【召】** 5画 口2 音 ショウ 訓 めす

よぶ。 よびよせる。 ◆召喚《しょうかん》・召還《しょうかん》・召見・召集・召致《しょうち》・召募《しょうぼ》 ◆応召

**しょう【正】**→せい(正)

**しょう【生】**→せい(生)

**しょう【匠】** 6画 匚4 音 ショウ

❶たくみ。 職人。 ◆工匠。 ❷一芸にひいでた人。 名人。 ◆巨匠《きょしょう》・師匠・宗匠《そうしょう》・名匠。 ❸考案。 くふうをこらすこと。 ◆意匠

**しょう【声】**→せい(声)

**しょう【床】** 7画 广4 音 ショウ 訓 とこ・ゆか

❶とこ。 ◆起床・病床・臨床。 ❷ものを育てるもとになる所。 ◆温床。 ❸地層。 ◆河床・鉱床

**しょう【抄】** 7画 扌4 音 ショウ

❶ぬきがき。 一部をとり出して書く。 ◆抄写・抄出・抄本・抄訳・抄録・抄論 ◆詩抄。 ❷むずかしいことばをぬき出して訳や説明をつけたもの。 注釈《ちゅうしゃく》書。 ◆抄物《しょうもの・しょうもつ》 ◆史記抄・論語抄

**しょう【肖】** 7画 月3 音 ショウ

似る。 似せる。 かたどる。 ◆肖像 ◆不肖

**しょう【姓】**→せい(姓)

**しょう【尚】** 8画 ⺌5 音 ショウ

❶なお。 まだ。 ◆尚早。 ❷たっとぶ。 重んじる。 ◆尚古・尚武 ◆好尚。 ❸たかい。 たかめる。 ◆高尚

**しょう【性】**→せい(性)

**しょう【性】** ■一 (名) 生まれつきの性質。 また、その物が本来もっている性質。「―に合わない」 ■二 (接尾) そのような体質・性質であることをあることばの下について、そのような体質・性質であることを表す。「冷え―」「苦労―」

**しょう【招】** 8画 扌5 (小5) 音 ショウ 訓 まねく

まねきよせる。 呼びよせる。 ◆招宴《しょうえん》・招集・招請《しょうせい》・招待・招致《しょうち》・招聘《しょうへい》・招来

**しょう【承】** 8画 手4 (小6) 音 ショウ 訓 うけたまわる(中)

❶うけ入れる。 うけたまわる。 ◆承引・承諾《しょうだく》・承知・承認・承服 ◆了承《りょうしょう》。 ❷うけつぐ。 ◆承前 ◆起承

転結・継承《けいしょう》・口承・相承《そうしょう・そうじょう》・伝承

**しょう【昇】** 8画 日4 音ショウ 訓のぼる
のぼる。あがる。◆昇華《しょうか》・昇格・昇級・昇降・昇進・昇段・昇天・昇殿《しょうでん》・昇騰《しょうとう》・昇任 ◆上昇。 対降

**しょう【松】** 8画 木4 小4 音ショウ 訓まつ
まつ。木の名。◆松韻《しょういん》・松竹梅・松柏《しょうはく》・松籟《しょうらい》 ◆古松・青松・老松

**しょう【沼】** 8画 氵5 音ショウ 高 訓ぬま
ぬま。◆沼気・沼湖・沼沢 ◆湖沼《こしょう》・池沼

**しょう【青】**→せい(青)

**しょう【政】**→せい(政)

**しょう【昭】** 9画 日5 小3 音ショウ
あきらか。あきらかにする。◆昭光・昭和 ◆顕昭《けんしょう》

**しょう【星】**→せい(星)

**しょう【省】**→せい(省)

**しょう【省】**(名) ❶内閣の下におかれた、大臣を長とする中央官庁。「外務—」 ❷〔歴〕古代律令《りつりょう》制で、太政官《だいじょうかん》の下におかれた八つの官庁。八省。❸中国の行政区画。「四川《しせん》—」

**しょう【相】**→そう(相)

**しょう【宵】** 10画 宀7 音ショウ 高 訓よい
よい。日がくれてまもないころ。また、夜。◆終宵・春宵・徹宵《てっしょう》

**しょう【将】** 10画 寸7 小6 〔將〕 音ショウ
❶ひきいる。軍隊をひきいる人。◆将軍・将校 ◆主将・武将・名将・猛将《もうしょう》・老将。❷旧軍隊・自衛隊で最高の位。◆将官 ◆海将・少将・大将・中将《ちゅうじょう》・陸将。❸まさに…しようとしている。◆将来

**しょう【将】**(名) 軍隊をひきいる人。

**将を射《い》んと欲《ほっ》すればまず馬《うま》を射《い》よ** 大きな目的を果たすには、周辺から手をつけるのが早道だ。

**しょう【従】**→じゅう(従)

**しょう【消】** 10画 氵7 小3 音ショウ 訓きえる・けす
❶きえる。けす。なくす。◆消音・消化・消火・消却《しょうきゃく》・消散・消失・消灯・消毒・消防・消滅《しょうめつ》 ◆雲散霧消《うんさんむしょう》・解消・抹消《まっしょう》。❷ついやす。使いはたす。◆消費・消耗《しょうもう・しょうこう》。❸おとろえる。◆消長・消沈《しょうちん》。❹ひかえめである。◆消極的

**しょう【症】** 10画 疒5 音ショウ
病気。病気のあらわれ。◆症候群・症状 ◆炎症《えんしょう》・既往症《きおうしょう》・狭心症《きょうしんしょう》・軽症・重症・神経症

**しょう【祥】** 10画 ネ6 〔祥〕 音ショウ
❶めでたいこと。◆吉祥《きっしょう・きちじょう》・不祥。❷めでたいことのまえぶれ。きざし。◆祥気 ◆瑞祥《ずいしょう》・発祥

**しょう【称】** 10画 禾5 〔稱〕 音ショウ
❶となえる。よぶ。名づける。◆称呼・称号・称名《しょうみょう》 ◆愛称・仮称・敬称・呼称・詐称《さしょう》・自称・総称・俗称《ぞくしょう》・通称・名称・略称。❷たたえる。ほめる。◆称賛・称美・称揚《しょうよう》。❸つりあう。◆対称

**しょう【笑】** 10画 竹4 小4 音ショウ 中 訓わらう・えむ 中
❶わらう。わらい。◆笑殺・笑止・笑声・笑話 ◆一笑・苦笑・哄笑《こうしょう》・失笑・談笑・嘲笑《ちょうしょう》・爆笑《ばくしょう》・微笑《びしょう》・冷笑。❷相手にものを頼《たの》むときにけんそんして言うことば。◆笑納・笑覧。参考特別に、「笑顔」は「えがお」と読む。

**しょう【唱】** 11画 口8 小4 音ショウ 訓となえる
❶となえる。◆唱道・唱名《しょうみょう》・唱和 ◆暗唱・高唱・主唱・首唱・提唱・復唱・朗唱。❷うたう。◆唱歌 ◆愛唱・歌唱・合唱・斉唱《せいしょう》・低唱・独唱・二重唱

**しょう【商】** 11画 口8 小3 音ショウ 訓あきなう 中
品物を売ったり買ったりする。あきない。あきんど。◆商家・商業・商談・商店・商人・商売・商標・商品 ◆画商・行商・豪商《ごうしょう》・政商・隊商・通商・貿易商

**しょう【商】**(名)〔数〕割り算で得た値《あたい》。対積

**しょう【渉】** 11画 氵8 〔涉〕 音ショウ
❶歩いてわたる。◆徒渉。❷広く見聞する。◆渉猟《しょうりょう》。❸かかわる。関係する。◆渉外 ◆干渉・交渉

**しょう【清】**→せい(清)
⇩付録「漢字の筆順(5)止」

**しょう【章】** 11画 立6 小3 音ショウ
❶規則としてあらわしたもの。◆憲章。❷ふみ。文書。❸詩や文、楽曲の大きな区切り。◆章句・章節 ◆楽章・序章。❹しるし。◆印章・記章・徽章《きしょう》・勲章《くんしょう》・校章・受章・授章・帽章《ぼうしょう》・喪章《もしょう》・腕章《わんしょう》

**しょう【章】**(名) 文章や楽曲を大きく分けた区切り。「—をあらためる」「五—からなる小説」

**しょう【紹】** 11画 糸5 音ショウ
ひきあわせる。間をとりもつ。◆紹介《しょうかい》

**しょう【訟】** 11画 言4 音 ショウ

裁判であらそう。うったえる。◆争訟・訴訟《そしょう》

**しょう【勝】** 12画 力10 小3 音 ショウ 訓 かつ・まさる 中

❶かつ。かち。◆勝因・勝機・勝算・勝訴《しょうそ》・勝敗・勝負・勝利 ◆圧勝・快勝・完勝・決勝・常勝・全勝・大勝・不戦勝・優勝・連勝。対負・敗。❷まさる。すぐれる。◆健勝・殊勝《しゅしょう》。❸景色のすぐれた所。◆勝地 ◆奇勝《きしょう》・景勝・絶勝・探勝・名勝

**しょう【掌】** 12画 手8 音 ショウ

❶てのひら。◆掌握《しょうあく》・掌中 ◆合掌。❷つかさどる。仕事として受け持つ。◆管掌・車掌・職掌・分掌

**しょう【晶】** 12画 日8 音 ショウ

❶明るくきらめく鉱物。◆水晶。❷純粋《じゅんすい》な鉱物のもつ一定の形。◆晶質 ◆結晶

**しょう【焼】** 12画 火8 小4 〔燒〕 音 ショウ 訓 やく・やける 中

やく。やける。もえる。◆焼却《しょうきゃく》・焼香《しょうこう》・焼死・焼失・焼尽《しょうじん》 ◆延焼・全焼・燃焼・半焼・類焼

**しょう【焦】** 12画 灬8 音 ショウ 訓 こげる・こがす・こがれる・あせる 高

❶やきこがす。こげる。◆焦点・焦土・焦熱・焦眉《しょうび》。❷あせる。いらいらする。◆焦心・焦燥《しょうそう》・焦慮《しょうりょ》 ⇩付録「漢字の筆順(32)隹」

**しょう【硝】** 12画 石7 音 ショウ

❶鉱物の一つ。無色の結晶《けっしょう》で、水にとけ、もえやすい。医薬・火薬・ガラスなどの原料。◆硝酸・硝酸銀・硝石。❷火薬。◆硝煙《しょうえん》・硝薬 ◆煙硝

**しょう【粧】** 12画 米6 音 ショウ

よそおう。かざる。◆粧飾 ◆化粧《けしょう》・美粧

**しょう【装】**→そう(装)

**しょう【詔】** 12画 言5 音 ショウ 訓 みことのり 高

天子の人民につたえることば。◆詔書・詔勅《しょうちょく》・詔命・詔令 ◆恩詔・聖詔・大詔《たいしょう》・拝詔

**しょう【証】** 12画 言5 小5 〔證〕 音 ショウ

❶あかしをたてる。あかし。◆証印・証券・証言・証拠《しょうこ》・証左・証紙・証書・証人・証明・証文《しょうもん》 ◆引証・確証・偽証《ぎしょう》・挙証・考証・実証・反証・保証・立証。❷証明する文書。◆学生証・保険証

**しょう【象】** 12画 豕5 小5 音 ショウ・ゾウ

❶(ショウと読んで)㋐かたち。ありさま。あらわれたすがた。◆印象・気象・具象・形象・現象・事象・対象・抽象《ちゅうしょう》・万象《ばんしょう》。㋑かたどる。なぞらえる。◆象形・象徴《しょうちょう》。❷(ゾウと読んで)ぞう。熱帯地方にすむ動物の名。◆象眼・象牙《ぞうげ》 ◆巨象《きょぞう》・白象

**しょう【傷】** 13画 亻11 小6 音 ショウ 訓 きず・いたむ 中・いためる 中

❶きず。けが。◆傷痍《しょうい》・傷痕《しょうこん》・傷病 ◆軽傷・死傷・重傷・創傷・打撲傷《だぼくしょう》・致命傷《ちめいしょう》・凍傷《とうしょう》・負傷。❷きずつく。きずつける。◆傷害 ◆殺傷・損傷・中傷・刃傷《にんじょう》。❸心をいためる。かなしむ。◆傷心 ◆哀傷《あいしょう》・感傷・愁傷《しゅうしょう》・悲傷

**しょう【奨】** 13画 大10 〔奬〕 音 ショウ

すすめる。はげます。◆奨学・奨金・奨励《しょうれい》 ◆勧奨《かんしょう》・推奨・選奨・報奨

**しょう【照】** 13画 灬9 小4 音 ショウ 訓 てる・てらす・てれる

❶てりかがやく。てらす。ひかり。◆照射・照度・照明・照覧 ◆残照・夕照・探照灯・日照・反照・晩照・返照。❷てらしあわす。つきあわせてみる。◆照会・照合・照査 ◆参照・対照

**しょう【詳】** 13画 言6 音 ショウ 訓 くわしい

❶くわしい。◆詳解・詳記・詳細・詳察・詳述・詳説・詳伝・詳報・詳密・詳録・詳論 ◆精詳。❷こまかいところまでわかっている。◆不詳・未詳

**しょう【彰】** 14画 彡11 音 ショウ

表す。あきらかにする。◆彰徳 ◆顕彰《けんしょう》・表彰

**しょう【精】**→せい(精)

**しょう【障】** 14画 阝11 小6 音 ショウ 訓 さわる 高

❶さまたげる。さしさわり。◆障害 ◆故障・罪障・支障・万障《ばんしょう》。❷ふさぐ。へだてる。さえぎる。◆障塞《しょうさい》・障子《しょうじ》・障蔽《しょうへい》・障壁《しょうへき》 ◆保障

**しょう【憧】** 15画 忄12 音 ショウ 訓 あこがれる

あこがれ。あこがれる。◆憧憬《しょうけい・どうけい》。参考「憧憬《どうけい》」のように「ドウ」と読むこともある。⇩付録「漢字の筆順(28)里」

**しょう【衝】** 15画 行9 音 ショウ

❶つく。つきあたる。◆衝撃《しょうげき》・衝動・衝突《しょうとつ》 ◆緩衝

《かんしょう》・折衝。❷かなめ。大事な点。◆要衝 ⇩付録「漢字の筆順㉘里」

**しょう【賞】** 15画 貝8 小5 音 ショウ
❶ほめる。◆賞賛・賞揚《しょうよう》・激賞・推賞・嘆賞《たんしょう》。❷ほうび。たまわったもの。◆賞金・賞状・賞品・賞与《しょうよ》・恩賞・懸賞《けんしょう》・受賞・授賞・入賞・褒賞《ほうしょう》・論功行賞。❸すぐれた所を愛してたのしむ。◆賞玩《しょうがん》・賞美・賞味 ◆観賞・鑑賞《かんしょう》

**しょう【賞】**（名）功績に対して与《あた》えられる金品。ほうび。「―をもらう」「皆勤《かいきん》―」

**しょう【償】** 17画 亻15 音 ショウ 訓 つぐなう
つぐなう。かえす。うめあわせをする。◆償還《しょうかん》・償金 ◆代償・賠償《ばいしょう》・弁償・報償・補償・無償・有償

**しょう【礁】** 17画 石12 音 ショウ
海中にかくれている岩。◆暗礁・環礁《かんしょう》・岩礁・漁礁・座礁・珊瑚礁《さんごしょう》 ⇩付録「漢字の筆順㉜隹」

**しょう【鐘】** 20画 金12 音 ショウ 訓 かね
かね。つりがね。◆鐘声・鐘楼《しょうろう》 ◆警鐘・時鐘・半鐘・晩鐘・梵鐘《ぼんしょう》 ⇩付録「漢字の筆順㉘里」

**しょう【△笙】**（名）〔音〕雅楽《ががく》の楽器の一つ。一七本の竹の管を環状《かんじょう》に立てならべた管楽器。笙の笛。

（笙）

**しょ・う【◇背◇負う】**（他五）〔ワ(オ)・イ(ッ)・ウ・ウ・エ・エ〕「せおう」が変化したことば。「大きな荷物を―・いこむ」

**じょう【滋養】**（名）からだの栄養となること。また、その食べ物。「―に富む食べ物」

**じょう【上】** 3画 一2 小1 音 ジョウ・ショウ高 訓 うえ・うわ・かみ・あげる・あがる・のぼる・のぼせる中・のぼす中
❶高いほう。うえ。◆上空・上層・上体・上部・上方 ◆屋上・海上・机上《きじょう》・頭上・地上・頂上・天上・馬上。対下。❷はじめのほう。◆上巻・上記・上述・上旬《じょうじゅん》・上代・上流 ◆以上・同上。対下。❸すぐれていること。◆上策・上上・上達・上等・上品。対下。❹等級の高いほう。◆上位・上官・上級・上司・上人《しょうにん》 ◆極上《ごくじょう》・最上・至上。対下。❺おもて。そとがわ。◆紙上・図上。❻ある場所を表す語。◆席上・途上《とじょう》。❼あがる。あげる。◆上気・上昇《じょうしょう》 ◆炎上《えんじょう》・逆上・計上。対下。❽申しあげる。さしあげる。たてまつる。◆上告・上訴《じょうそ》 ◆一筆啓上《いっぴつけいじょう》・献上《けんじょう》・言上《ごんじょう》・参上・進上・奏上・呈上《ていじょう》。❾高い所に出す。おおやけの場に出す。◆上映・上演・上場。❿都に行く。◆上京。参考「ショウ」の音、「うわ」の訓は、「上人《しょうにん》」「上着《うわぎ》」などのことばに使われる特殊《とくしゅ》な読み方。特別に、「上手」は「じょうず」とも読む。

**じょう【上】** 一（名）❶順位・価値などがすぐれていること。「―の部類」対下。❷二つ、または三つにわかれた作品の、はじめの部分。対下。二（接尾）…のうえで、…に関して、…の点で、の意味を表す。「地球―のあらゆる生き物」「一身―の問題」「行きがかり―やむをえない」

**じょう【丈】** 3画 一2 音 ジョウ 訓 たけ
❶長さの単位。一尺の一〇倍。◆丈余 ◆万丈《ばんじょう》・方丈。❷しっかりしている。◆丈夫《じょうぶ》 ◆頑丈《がんじょう》・気丈

**じょう【丈】** 一（名）尺貫《しゃっかん》法の長さの単位。一尺の一〇倍。約三・〇三《メートル》。二（接尾）歌舞伎《かぶき》俳優の芸名の下につけて、敬意を表すことば。「尾上菊五郎《おのえきくごろう》―」

**じょう【冗】** 4画 冖2 音 ジョウ
❶むだ。必要でない。よぶん。◆冗員・冗談・冗費。❷しまりがない。くどい。◆冗長・冗漫《じょうまん》

**じょう【成】**→せい(成)

**じょう【条】** 7画 木3 小5 〔條〕 音 ジョウ
❶すじ。すじみち。◆条痕《じょうこん》 ◆一条・数条。❷一つ一つ小分けにして示したもの。また、そのように書いたとりきめ。◆条項《じょうこう》・条文・条約・条例 ◆箇条《かじょう》・教条・金科玉条・逐条《ちくじょう》

**じょう【状】** 7画 犬3 小5 〔狀〕 音 ジョウ
❶すがた。かたち。◆液状・球状・形状・棒状。❷なりゆき。ありさま。◆状況《じょうきょう》・状勢・状態 ◆異状・行状《ぎょうじょう》・現状・罪状・実状・症状《しょうじょう》・情状・白状・別状・名状。❸かきつけ。手紙。◆状箱 ◆回状・賞状・書状・年賀状・免状《めんじょう》・礼状

**-じょう【状】**（接尾）ある形や性質を持つことを表す。「らせん―」「ゴム―」

**じょう【定】**→てい(定)

**じょう【乗】** 9画 丿8 小3 〔乘〕 音 ジョウ 訓 のる・のせる
❶のる。のりものにのる。◆乗員・乗客・乗降・乗車・乗船・乗馬・乗用車 ◆騎乗《きじょう》・搭乗《とうじょう》・同乗・便乗《びんじょう》。対降。❷かけあわせる。かけざん。◆乗除・乗数・乗法 ◆自乗・相乗。対除。❸《仏》人びとを悟《さと》りの世界にみちびくやり方。◆小乗・大乗

**じょう【城】** 9画 土6 小4 音 ジョウ 訓 しろ
しろ。◆城下・城外・城郭《じょうかく》・城塞《じょうさい》・城主・城代・

城壁《じょうへき》・城門 ◆牙城《がじょう》・宮城・下城・堅城《けんじょう》・古城・築城・登城《とじょう》・落城・籠城《ろうじょう》。参考「茨城」県は「いばらき」県、「宮城」県は「みやぎ」県と読む。⇩付録「漢字の筆順(1)戈〔戊〕」

**じょう【浄】** 9画 氵6 〔淨〕 音ジョウ

❶きよい。けがれがない。◆浄財《じょうざい》・浄書・浄水・浄土 ◆清浄・不浄。❷きよめる。◆浄化・浄罪 ◆洗浄

**じょう【剰】** 11画 刂9 〔剩〕 音ジョウ

あまる。あまり。◆剰員・剰余 ◆過剰・余剰

**じょう【常】** 11画 巾8 小5 音ジョウ 訓つね・とこ高

❶つね。ふだん。いつも。◆常温・常勤・常時・常習・常住・常食・常設・常置・常駐《じょうちゅう》・常任・常備・常夜灯・常用・常緑樹・常連 ◆経常・恒常《こうじょう》・日常・平常・無常。❷なみのもの。ふつう。◆常識・常人・常態 ◆異常・尋常《じんじょう》・正常・通常・非常

**じょう【情】** 11画 忄8 小5 音ジョウ・セイ高 訓なさけ

❶物事に感じて動く心の働き。こころ。気持ち。◆情感・情操・情緒《じょうちょ》《じょうしょ》・情熱・情念・情理 ◆有情《うじょう》・感情・私情・純情・叙情《じょじょう》・心情・性情・知情意・人情・非情・表情。❷他人を思いやるあたたかい心。なさけ。◆情愛・情義・情宜《じょうぎ》 ◆愛情・恩情・厚情・同情・薄情《はくじょう》・無情・友情。❸男女間のしたいあう気持ち。◆情死・情事 ◆色情・慕情《ぼじょう》・恋情《れんじょう》。❹ありさま。ようす。◆情況《じょうきょう》・情景・情状・情勢・情報 ◆国情・事情・実情・世情・陳情《ちんじょう》。❺おもむき。味わい。◆情趣《じょうしゅ》・情味 ◆詩情・風情《ふぜい》・余情・旅情。参考「セイ」の音は「風情《ふぜい》」ということばに使われる特殊《とくしゅ》な読み方。⇩付録「漢字の筆順(4)主」

**じょう【情】**（名）❶物事に感じて起こる心の動き。感情。「懐旧《かいきゅう》の—」❷人を思いやる心。「—に厚い」「—にほだされる」❸異性をしたう気持ち。「—を交《か》わす」

**情が移《うつ》る** 接しているうちにだんだん愛情や親しみがわいてくる。「動物を飼っていると—」

**情がこわい** 強情だ。意地っぱりだ。性格がきつい。

**情にもろい** 人情に動かされやすい。「厳しい人だが—ところもある」

**じょう【盛】**↓せい(盛)

**じょう【場】** 12画 土9 小2 音ジョウ 訓ば

物事が行われるところ。ばしょ。◆場外・場景・場内・場裏《じょうり》 ◆運動場・会場・休場・球場・劇場・現場《げんば》・工場・市場・戦場・退場・登場・道場・入場・農場・牧場・満場

**じょう【畳】** 12画 田7 〔疊〕 音ジョウ 訓たたむ・たたみ

❶かさねる。かさなる。◆畳語 ◆重畳《ちょうじょう》。❷たたみ。◆半畳

**-じょう【畳】**（接尾）たたみを数えることば。「六—一間《ひとま》」参考「帖」とも書く。

**じょう【蒸】** 13画 艹10 小6 音ジョウ 訓むす中・むれる中・むらす中

❶水分が気体となり立ちのぼる。◆蒸気・蒸散・蒸発。❷ゆげや熱気をあてる。◆燻蒸《くんじょう》

**じょう【静】**↓せい(静)

**じょう【縄】** 15画 糸9 小4 〔繩〕 音ジョウ中 訓なわ

なわ。わら・あさなどをより合わせたひも。◆縄文《じょうもん》 ◆自縄自縛《じじょうじばく》・捕縄《ほじょう》

**じょう【壌】** 16画 土13 〔壤〕 音ジョウ

耕作のできる土地。大地。◆壌土 ◆天壌無窮《てんじょうむきゅう》・土壌 ⇩付録「漢字の筆順(10)⺷」

**じょう【嬢】** 16画 女13 〔孃〕 音ジョウ

女の子。むすめ。◆愛嬢・令嬢 ⇩付録「漢字の筆順(10)⺷」

**じょう【嬢】** ━（名）幼い女の子や若い娘を敬意をこめていうことば。「お—さん」 ━（接尾）❶結婚していない若い女性の呼び名にそえる敬称《けいしょう》。「中村—」❷職業を表す語の下につけて、その仕事についている女性であることを示すことば。「案内—」

**じょう【錠】** 16画 金8 音ジョウ

❶戸が、開かないようにするための金具。◆錠前《じょうまえ》 ◆施錠《せじょう》・手錠・南京錠《なんきんじょう》。❷丸いかたまりの薬。◆錠剤《じょうざい》 ◆糖衣錠

**じょう【錠】** ━（名）他人が開けられないように、戸・ふた・とびらなどに取りつけ、かぎで開閉する金具。錠前《じょうまえ》。「—をおろす」 ━（接尾）錠剤《じょうざい》を数えることば。「食後に二—ずつ飲む」

**じょう【譲】** 20画 言13 〔讓〕 音ジョウ 訓ゆずる

❶へりくだる。しりぞく。◆譲歩 ◆敬譲・謙譲《けんじょう》・互譲《ごじょう》。❷ゆずりあたえる。◆譲位・譲渡《じょうと》・譲与《じょうよ》 ◆委譲・割譲《かつじょう》・禅譲《ぜんじょう》・分譲 ⇩付録「漢字の筆順(10)⺷」

**じょう【醸】** 20画 酉13 〔釀〕 音ジョウ 訓かもす高

酒をつくる。時間をかけてしぜんにつくりだす。◆醸成・醸造 ◆吟醸《ぎんじょう》 ⇩付録「漢字の筆順(10)⺷」

**-じょう【△帖】**（接尾）❶束《たば》にしてある紙や海苔《のり》を数えることば。一帖は半紙二〇枚、海苔一〇枚。

**じょう** ❷→じょう（畳）（接尾）

**じょうあい【情愛】**（名）愛する気持ち。いつくしみの心。「―の深い人」

**しょうあく【掌握】**（名・他スル）（手の中ににぎる意から）自分のものとして思いどおりにできる状態にすること。「実権を―する」

**しょうい【小異】**（名）わずかのちがい。「大同―」

**小異を捨《す》てて大同《だいどう》に就《つ》く** 細部のちがいは捨てて、大筋で一致《いっち》する。

**しょうい【傷痍】**（名）きず。けが。「―軍人」

**じょうい【上位】**（名）高い地位・順位。「―の成績」対下位

**じょうい【上意】**（名）上にたつ者の考え。主君の命令。「―下達」対下意《かい》

**じょうい【情意】**（名）感情と意志。心持ち。

**じょうい【攘夷】**（名）外敵を追いはらうこと。特に、幕末におきた、外国人を追いはらおうとする運動。「尊王《そんのう》―」

**じょうい【譲位】**（名・自スル）君主が位をゆずること。

**じょういかたつ【上意下達】**（名）上にたつ者の考えを下の者に伝え知らせること。「―の組織」

**しょういだん【焼夷弾】**（名）高熱や火炎で建物などを焼きはらうために使用される爆弾《ばくだん》や砲弾《ほうだん》。

**しょういん【承引】**（名・他スル）聞き入れること。引き受けること。「ご―ください」類承諾《しょうだく》

**しょういん【勝因】**（名）勝利の原因。対敗因

**しょういん【証印】**（名・自スル）証明のしるしとして押《お》す印。また、それを押すこと。

**じょういん【上院】**（名）外国の二院制の議会で、下院に対する議院。日本の参議院にあたる。「―議員」対下院

**じょういん【冗員・剰員】**（名）むだな人数。あまっている人数。「―を整理する」

**じょういん【乗員】**（名）→じょうむいん

**しょううん【勝運】**（名）試合などに勝つ運。「―に見はなされる」

**じょうえい【上映】**（名・他スル）映画をうつして観客に見せること。「近日―」「―期間」

**しょうエネ【省エネ】**（名）（「省エネルギー」の略）石油・ガスなどの資源や電気などのエネルギーを節約すること。

**しょうえん【小円】**（名）〘数〙球を、中心を通らない平面で切った切り口の円。対大円

**しょうえん【荘園・庄園】**（名）〘歴〙奈良時代から室町《むろまち》時代にかけて、貴族や神社・寺などが私有していた土地。

**しょうえん【硝煙】**（名）銃砲《じゅうほう》をうったときに出る火薬のけむり。「―弾雨《だんう》（＝硝煙が立ちこめ、弾丸が雨のように降る激しい戦闘《せんとう》のさま）」

**じょうえん【上演】**（名・他スル）劇を舞台《ぶたい》で演じて観客に見せること。「話題作の―」

**しょうおう【照応】**（名・自スル）物事や文章で、二つの部分がたがいに関連し対応しあっていること。「前後が―しない」

**しょうおん【消音】**（名）エンジンの爆音《ばくおん》や機械などの騒音《そうおん》を小さくすること。「―装置」

**じょうおん【常温】**（名）❶いつも決まっている温度。「―を保つ」❷自然のままの温度。「―で解凍《かいとう》する」

**しょうか【昇華】**（名・自他スル）❶〘化〙固体が液体にならず直接気体になること。または、その逆の変化。❷あるものがより高尚《こうしょう》なものに高められること。高めること。「個人的な経験を芸術作品に―する」

**しょうか【消化】**（名・自他スル）❶〘生〙食べた物を消化液によって、吸収できる状態に分解すること。「―にいい食べ物」「未―」❷学んだことをよく理解して、自分のものとすること。「熟読し―する」❸わりあてられたことなどをやりとげること。「スケジュールを―する」

**しょうか【消火】**（名・自スル）火や火事を消すこと。

**しょうか【商家】**（名）商売をしている家。商人の家。「―の生まれ」

**しょうか【唱歌】**（名）❶歌をうたうこと。また、その歌。❷もと、小学校の教科の一つで、現在の「音楽」にあたる。また、それで用いた歌曲。「文部省―」

**しょうか【頌歌】**（名）神の栄光や英雄《えいゆう》の功績などをほめたたえる歌。「―をささげる」

**しょうが【生姜】**（名）〘植〙ショウガ科の多年草。ふつうは畑に作る。からみが強く根・茎《くき》は食用。

（しょうが）

**じょうか【城下】**（名）城のまわりの地域。城下町。

**じょうか【浄化】**（名・他スル）❶きたないものを取り除いてきれいにすること。「―装置」❷不正や罪などを除いて正常な状態にすること。「政界の―」

**しょうかい【哨戒】**（名・自スル）敵の襲撃《しゅうげき》にそなえ、見張りをして警戒《けいかい》すること。「―機」

**しょうかい【紹介】**（名・他スル）❶知らない人どうしを間に立ってひき合わせること。「友人を―する」❷知られていない物事を、広く人びとに知らせること。「新製品の―」

**しょうかい【商会】**（名）商業を行っている会社。参考多く、商店や会社の名につけて用いる。

**しょうかい【照会】**（名・他スル）問い合わせること。「不明な点を―する」

**しょうかい【詳解】**（名・他スル）くわしく解釈《かいしゃく》すること。また、その解釈。類精解。対略解《りゃっかい》

**しょうがい【生涯】**（名）生まれてから死ぬまで。一生の間。終生。「八〇年の―」「―忘れない」

**しょうがい【渉外】**（名）外部や外国との連絡《れんらく》や交渉《こうしょう》をすること。「―係」

**しょうがい【傷害】**（名・他スル）人にけがをおわせること。「―罪」「―致死《ちし》（＝殺すつもりはないが、人を傷つけて死なせてしまうこと）」

**しょうがい【障害】**〘障碍〙（名）❶じゃま。さまたげ。「―物」❷心身に故障があって働きがじゅうぶんでないこと。「機能―」❸陸上競技・馬術などで、コース上の障害物をとびこして行う競走。「三〇〇〇《メートル》―」

**じょうかい【常会】**（名）❶決まった時期に開かれる

集会。❷「通常国会」のこと。

**じょうがい【場外】**（名）ある場所・会場のそと。「―ホームラン」㊎場内

**しょうがいがくしゅう【生涯学習】**（名）人がその一生を通じて自分の意志で行う学習活動。

**しょうかえき【消化液】**（名）〘生〙食物を分解する働きのある液。唾液《だえき》・胃液・腸液・胆汁《たんじゅう》など。

**しょうかき【消化器】**（名）〘生〙食物の消化・吸収の働きをする器官。口・食道・胃・腸など消化腺《しょうかせん》からなる。

**しょうかく【昇格】**（名・自他スル）位・階級などがあがること。また、それらをあげること。「部長に―する」㊎降格

**しょうがく【小額】**（名）小さい単位の金額。「―の紙幣《しへい》」㊎高額

**しょうがく【少額】**（名）金額の少ないこと。「予想より―だ」㊎多額

**しょうがく【奨学】**（名）勉強や研究をすすめはげますこと。「―資金」

**じょうかく【城郭】**〖城△廓〗（名）城のまわりの囲い。また、城。「―建築」「―を構える」

**しょうがくきん【奨学金】**（名）学資の補助や研究を助けるために貸したりあたえたりするおかね。

**しょうがくせい【小学生】**（名）小学校の児童。

**しょうかせん【消火栓】**（名）火災に備えてもうけられる、消火用のホースを取りつけるための水道の栓。

**じょうかそう【浄化槽】**（名）汚《よご》れた水を、河川《かせん》に流すまえにきれいにするための設備。

**しょうがつ【正月】**（名）❶年の最初の月。一月。特に、年のはじめの、新年を祝う期間。❷楽しく喜ばしいこと。「目の―」

**しょうがっこう【小学校】**（名）六歳《さい》から六年間、義務教育として初等教育をほどこす学校。

**しょうがない**　→「しよう（仕様）」子見出し

**しょうかふりょう【消化不良】**（名）❶消化器が弱って、食べたものがじゅうぶん消化・吸収されないこと。❷教えられたことが理解できず、自分のものになっていないこと。「知識をつめこみすぎて―を起こす」

**じょうかまち【城下町】**（名）室町《むろまち》時代から江戸《えど》時代にかけて、大名の居城を中心に栄えた町。

**しょうかん【小寒】**（名）二十四節気の一つ。太陽暦《たいようれき》では、一月六日ごろ。

**しょうかん【召喚】**（名・他スル）〘法〙裁判所などが、被告人《ひこくにん》・証人などに出頭を命じること。

**しょうかん【召還】**（名・他スル）外国などへ派遣《はけん》した人を呼びもどすこと。「大使を本国に―する」

**しょうかん【将官】**（名）軍隊の階級のうち、大将・中将《ちゅうじょう》・少将の総称《そうしょう》。

**しょうかん【商館】**（名）おもに外国人が、商業を営む建物。「オランダ―の跡《あと》」

**しょうかん【償還】**（名・他スル）借金や土地など、借りたものを返すこと。「国債《こくさい》を―する」

**しょうがん【賞玩】**〖賞△翫〗（名・他スル）❶物のよさや味わいを大事にすること。「花の美を―する」❷味のよさをほめながら食べること。「珍味《ちんみ》を―する」

**じょうかん【上官】**（名）その人より上級の官吏《かんり》や軍人。「―の命令」

**じょうかん【情感】**（名）物事に接したときにおこるしみじみとした感じ。「―がこもった作品」

**しょうき【正気】**（名）気が確かなこと。正常な心。「―に返る」「―の沙汰《さた》ではない（=正気の人のすることではない）」㊎狂気《きょうき》

**しょうき【商機】**（名）商売で有利な取引を行うことのできる機会。「―をつかむ」

**しょうき【勝機】**（名）戦いや試合などで、勝利を得る機会。「―をのがす」

**しょうき【詳記】**（名・他スル）くわしく書くこと。また、その書いたもの。㊎略記《りゃっき》

**しょうき**〖△鍾△馗〗（名）中国で、病気や悪魔《あくま》を追いはらうという神。日本では、五月人形の一つとしてかざる。

（鍾馗）

**しょうぎ【床机】**〖床△几〗（名）むかし、戦場や狩《か》り場などで使った、折りたたみ式のこしかけ。

（床机）

**しょうぎ【将棋】**（名）縦横一〇本ずつの線が引かれた八一ますの盤上《ばんじょう》で、並べたこまをたがいに動かして相手の王を詰《つ》ませるゲーム。「―を指す」

**じょうき【上気】**（名・自スル）（興奮や運動などのために）のぼせてほてること。「―した顔」

**じょうき【上記】**（名）そこより前に書いてあること。また、その文句。「―のとおり決定する」㊎下記

**じょうき【常軌】**（名）ふつうのやり方。常道。「―を失う（=正常でない言動をする）」

**常軌を逸《いっ》する**　世間一般《いっぱん》のやり方や常識からはずれたことをする。「常軌を逸した行動」

**じょうき【蒸気】**（名）液体の蒸発、または固体の昇華《しょうか》によってできた気体。特に、水蒸気。

**じょうぎ【定規・定木】**（名）直線や曲線を引くとき、あてがう道具。「三角―」

**じょうぎ【情宜】**〖情△誼〗（名）つき合いの上での人を思う心。よしみ。したしみ。「―に厚い」

**じょうぎ【情義】**（名）人情と義理。「―を欠く」

**じょうききかん【蒸気機関】**（名）高圧の水蒸気でピストンを運動させ、機械を動かすしくみ。

**じょうきげん【上機嫌】**（名・形動ダ）たいそうきげんがよいこと。「―な顔」㊎不機嫌

**じょうきタービン【蒸気タービン】**（名）高圧の水蒸気を噴《ふ》き出して、羽根車を回す装置。▽タービンは、英 turbine

**しょうぎだおし【将棋倒し】**（名）立ててならべた将棋のこまの、一つが倒れると他のこまもつぎつぎに倒れていくように、ならんで立っているものが折り重なって倒れること。「観客が―になる」

**しょうきぼ【小規模】**（名・形動ダ）建物・工場などのつくりや工事・事業などのしくみの小さいこと。「―

な工場」対大規模

**しょうきゃく【消却】**(名・他スル) ❶消し去ること。「株式の―」❷使ってなくしてしまうこと。「債務《さいむ》を―する」❸借りたものを返すこと。

**しょうきゃく【焼却】**(名・他スル) 焼き捨てること。「不要な書類を―する」「―炉《ろ》」

**しょうきゃく【償却】**(名・他スル) ❶借金をすべて返すこと。「負債《ふさい》を―する」❷→げんかしょうきゃく

**じょうきゃく【上客】**(名) ❶上座につかせる客。正客《しょうきゃく》。「―として招かれる」❷商売上のたいせつな客。「店の―」

**じょうきゃく【乗客】**(名) 乗り物に乗る客。また、乗っている客。「電車の―」

**じょうきゃく【常客】**(名) いつも来る客。常連。

**しょうきゅう【昇級】**(名・自スル) 位・等級があがること。「―試験」

**しょうきゅう【昇給】**(名・自スル) 給料があがること。「年一回の―」

**じょうきゅう【上級】**(名) 段階や等級が上であること。上の等級・学級。「彼《かれ》は一年―だ」対下級

**しょうきゅうし【小休止】**(名・自スル) 少しの間休むこと。「一〇分間の―」

**じょうきゅうせい【上級生】**(名) 学年が上の児童・生徒。「中学の―」対下級生

**しょうきょ【消去】**(名・自他スル) 消してなくすこと。消えてなくなること。「データを―する」

**しょうきょう【商況】**(名) 商売上の取り引きの状況。商売の景気。「―を見る」

**しょうぎょう【商業】**(名) 商品を売買してもうけを得る事業。あきない。「―を営む」「―地域」

**じょうきょう【上京】**(名・自スル) 地方から都へ出ること。東京へ出ること。「就職のため―する」

**じょうきょう【状況・情況】**(名) 物事の、時とともに変わってゆくその時々のようす。「―判断」「現場の―」類情勢

**しょうぎょうとし【商業都市】**(名) 商業を中心に発達している都市。「―として発展する」

**しょうぎょうびじゅつ【商業美術】**(名) 商業上の目的で作られる美術。広告・デザインなど。

**しょうきょくてき【消極的】**(形動ダ)〔ダロ・ダッ(テ)・(ニ)・ダ・ナ・ナラ・○〕すすんで物事をせず、受け身であるようす。事にあたりひっこみがちなようす。「―な態度」対積極的

**しょうきょほう【消去法】**(名) 物事を選ぶときに、条件にあわないものからはぶいていき、残ったものを選びとる方法。

**しょうきん【賞金】**(名) 賞としてあたえるおかね。

**しょうきん【償金】**(名) 損害をあたえたつぐないとして払《はら》うおかね。賠償金《ばいしょうきん》。「―を支払う」

**じょうきん【常勤】**(名・自スル) 毎日、ある一定の時間勤めること。「―の講師」対非常勤

**しょうく【承句】**(名) 漢詩で、絶句の第二句。⇩きしょうてんけつ

**しょうく【章句】**(名) ❶文章の章と句。文章中の文句。❷文章のくぎり・段落。「―に分ける」

**じょうく【冗句】**(名) むだな文句。「―を除く」

**じょうくう【上空】**(名) 空の上のほう。また、ある場所の上の空。「日本海の―」

**しょうぐん【将軍】**(名) ❶一軍を指揮《しき》・統率《とうそつ》する人。❷軍隊の将官を呼ぶことば。❸「征夷《せいい》大将軍」の略。

**じょうげ【上下】**一(名) ❶上と下。また、上と下が対《つい》になったもの。「背広の―」❷のぼりとくだり。「―線とも不通」❸高いことと低いこと。「地位の―」二(名・自スル) 上がったり下がったりすること。のぼったりくだったりすること。「体温が―する」「船が川を―する」

**しょうけい【小径】**(名) 小さな道。細い道。

**しょうけい【小計】**(名・他スル) 一部分を合計すること。また、その合計。対総計

**しょうけい【小憩・少憩】**(名・自スル) ちょっと休むこと。小休止。「途中《とちゅう》で―をとる」

**しょうけい『△捷径』**(名) ❶近道。早道。❷手っ取り早く目的を達成する方法。「合格への―」

**しょうけい【象形】**(名) ❶ものの形をかたどること。❷漢字の六書《りくしょ》の一つ。ものの形を図形化してつくったもの。「山」「川」「日」「鳥」など。

日　月　水　魚　鳥
(象形②)

**しょうけい【憧憬】**(名・自スル) あこがれること。あこがれ。「―の的《まと》」参考「どうけい」とも読む。

**じょうけい【情景】**(名) 目に見えたり、心にうかんだりする光景やありさま。「過去の―を思いうかべる」

**しょうけいもじ【象形文字】**(名) 物の形をかたどって作った文字。古代エジプトの文字や漢字の一部など。

**しょうげき【衝撃】**(名) ❶はげしくつきあたったときの打撃《だげき》。「頭部に―を受ける」❷はげしく心に感じること。ショック。「世間に―をあたえた事件」…的「衝撃的な事実が明るみに出る」

**しょうけつ『△猖△獗』**(名・自スル) 悪いものがはびこり、猛威《もうい》をふるうこと。「流感が―をきわめる」

**じょうげどう【上下動】**(名) 上下に動くこと。特に、地震《じしん》のときなどの上下の震動。対水平動

**しょうけん【証券】**(名) 株券や公債《こうさい》・社債などの総称《そうしょう》。有価証券。「―取引所」

**しょうげん【証言】**(名・他スル) 事実を、あきらかにするために述べること。また、そのことば。特に、裁判のとき、証人の述べることば。「―台に立つ」

**じょうけん【条件】**(名) ❶制約したり限定したりすることがら。「―付きで採用する」「相手の―を拒否《きょひ》する」「無―」❷あることが成立するうえで必要なことがら。「すべての―がそろう」…的「条件的にはめぐまれている」

**じょうげん【上弦】**(名) 新月から満月になるまでの中ごろに出る月。月の入りのとき、弓のつるを上に向けたような半円形にみえる。陰暦《いんれき》で、七、八日ごろの

月。「ーの月」対下弦

**じょうげん【上限】**（名）ものの数や値段などの上のほうの限界。「価格のー」対下限

**じょうけんはんしゃ【条件反射】**（名）《生》ある条件があたえられると反射的におこる作用。犬に食事をあたえる前にベルを聞かせることをくり返すと、犬がベルを聞いただけで唾液《だえき》を出すようになるなど。

**しょうこ【尚古】**（名）むかしのものや古いものを尊ぶこと。「ー趣味《しゅみ》」

**しょうこ【称呼】**（名）呼び名。呼び方。

**しょうこ【証拠】**（名）物事を証明するよりどころとなるもの。あかし。「盗《ぬす》みのーをつかむ」「論よりー」

**しょうこ【△鉦鼓】**（名）❶かねとたいこ。❷打楽器の一つ。円形の青銅製のかねで、雅楽《ががく》で用いる。

（鉦鼓②）

**しょうご【正午】**（名）昼の一二時。「ーの時報」

**じょうこ【上古】**（名）❶大むかし。❷《歴》日本史の時代区分の一つ。大化の改新ごろまでをさす。

**じょうご【上戸】**（名）❶酒好きで、たくさん飲める人。対下戸《げこ》。❷（「…上戸」の形で）酒に酔《よ》うと特定のくせを出す人。また、そのくせ。「泣きー」

**じょうご【畳語】**（名）同じことばを重ねて作ったことば。「われわれ」「泣く泣く」など。

**じょうご【×漏斗】**（名）口の小さいものに液体を入れるときに使う、あさがおの花のような形の器具。ろうと。

（ 漏斗 ）

**しょうこう【小康】**（名）❶世の中の混乱が少しの間おさまること。❷病気が少しよくなりかけて落ち着くこと。「ーを得る」「ー状態」

**しょうこう【昇降】**（名・自スル）のぼりとくだり。あがりおり。「ー口」

**しょうこう【将校】**（名）少尉《しょうい》以上の軍人。士官。

**しょうこう【消耗】**（名・自他スル）→しょうもう

**しょうこう【商工】**（名）❶商業と工業。「ー業」❷商人と職人。

**しょうこう【商港】**（名）商船の出入りが盛《さか》んな港。

**しょうこう【焼香】**（名・自スル）香をたいて仏や死者をおがむこと。「仏前でーする」

**しょうごう【称号】**（名）呼び名。名称。資格などを表す名称。「博士のー」

**しょうごう【商号】**（名）商人が商売上、自分の店や会社を表すのに使う名称《めいしょう》。屋号の類。

**しょうごう【照合】**（名・他スル）二つのものを比べ合わせてまちがいがないかどうかを確かめること。「原本とーする」「指紋《しもん》のー」

**じょうこう【上皇】**（名）天皇の、位を譲《ゆず》ったのちの呼び名。太上《だいじょう》天皇。

**じょうこう【条項】**（名）箇条《かじょう》書きにした一つ一つの項目。「法案のー」

**じょうこう【乗降】**（名・自スル）乗り物の乗り降り。「ー客」

**しょうこうかいぎしょ【商工会議所】**（名）商工業の改善・発達をはかるために、その地域で商業・工業をいとなむ人びとが集まって相談する機関。

**しょうこうき【昇降機】**（名）→エレベーター

**しょうこうぐん【症候群】**（名）《医》相伴《ともな》って起きたいくつかの病的変化の原因が不明であったり一つでなかったりしたとき、病名にかわるものとして用いる医学用語。シンドローム。「睡眠《すいみん》時無呼吸ー」

**じょうこうごう【上皇后】**（名）退位した天皇の妻。参考二〇一九（平成三一）年、天皇の退位にともなって定められた称号《しょうごう》。

**しょうこうねつ【△猩紅熱】**（名）《医》感染症《かんせんしょう》の一つ。急に高い熱が出て顔が赤くなり、ひふに赤い小さなぶつぶつが出る。子どもに多い。

**しょうこく【小国】**（名）国土のせまい国。また、国力の弱い国。対大国《たいこく》

**しょうこく【生国】**（名）生まれた国。出生地。しょうごく。

**じょうこく【上告】**（名・自スル）《法》第二審《だいにしん》の判決について、上級の裁判所に不服を申し立てること。「ーの手続きをとる」類控訴《こうそ》・抗告《こうこく》

**しょうこだ・てる【証拠立てる】**（他下一）{テ・テ・テル・テル・テレ・テロ（テヨ）}証拠をあげて、事実であることを証明する。「無実をー」

**しょうことなしに** どうしようもなく。しかたなく。「ー同意する」文法「しょうこと」は「為《せ》んこと」の変化したことば。

**しょうこぶっけん【証拠物件】**（名）証拠となる品物・土地・建物など。「ーを示す」

**しょうこりもなく【性懲りもなく】**前の失敗やしかられたことにこりもしないで。「ー繰《く》り返す」

**しょうこん【性根】**（名）物事をやりとげる気力。根気。注意「しょうね」と読めば別の意味になる。

**しょうこん【招魂】**（名）死んだ人の霊《れい》を招いてまつること。「ーの儀《ぎ》」

**しょうこん【商魂】**（名）商売をうまくやって、大いにもうけようとする才能や気がまえ。「ーたくましい」

**しょうこん【傷痕】**（名）きずあと。「ーが残る」

**じょうこん【条痕】**（名）❶すじ状についたあと。「銃弾《じゅうだん》のー」❷《地質》素焼《すや》きの磁器《じき》に鉱物をすりつけたときに現れるすじ。鉱物によって色が異なるので、鉱物の鑑定《かんてい》に利用される。

**しょうさ【小差】**（名）わずかのちがい。わずかな差。「ーで勝つ」対大差

**しょうさ【証左】**（名）証拠《しょうこ》。あかし。

**じょうざ【上座】**（名）上の位の席。かみざ。「ーを占《し》める」類上席。対下座《げざ》

**しょうさい【小才】**（名）少しばかりの才能。「ーを鼻にかける（=じまんする）」

**しょうさい【商才】**（名）商売の才能。商売のうでまえ。「ーがある」

**しょうさい【詳細】**（名・形動ダ）くわしく細かなこと。つぶさ。「ーに報告する」

**じょうさい【城塞】**（名）しろ。敵を防ぐためのとり

で。「―を築く」
**じょうざい【浄財】**（名）寺や慈善事業《じぜんじぎょう》などに寄付するおかね。「―を募《つの》る」
**じょうざい【浄罪】**（名）罪を清めること。
**じょうざい【錠剤】**（名）丸く平たい形にかためた薬。タブレット。
**じょうさく【上作】**（名）❶できのよいこと。上出来。対下作《げさく》。❷作物のみのりのよいこと。豊作。
**じょうさく【上策】**（名）うまいはかりごと。「これ以上の―はない」類良策。対下策《げさく》
**じょうさし【状差し】**（名）柱やかべにかけて手紙やはがきなどを差しておく入れ物。
**しょうさつ【小冊】**（名）ページ数の少ない小さな本。うすい本。小冊子。「―にまとめる」対大冊
**しょうさつ【笑殺】**（名・他スル）笑って相手にしないこと。「―して取り合わない」
**しょうさっし【小冊子】**（名）小型のうすい書物。パンフレット。小冊。「学校案内の―」
**しょうさん【消散】**（名・自他スル）消えてなくなること。消してなくすこと。「靄《もや》が―する」
**しょうさん【称賛・賞賛】〖称△讃・賞△讃〗**（名・他スル）ほめたたえること。「世の―をあびる」
**しょうさん【勝算】**（名）勝てるだろうという見こみ。勝つ見こみ。勝ちめ。「―はじゅうぶんにある」
**しょうさん【硝酸】**（名）《化》無色でにおいのある揮発性の液体。酸化力が強く化学工業や火薬製造に使われる。
**じょうさん【蒸散】**（名・自スル）《植》植物が体内の水分を水蒸気として空中に発散すること。
**しょうし【生死】**（名）→せいし（生死）
**しょうし【将士】**（名）将校と兵士。将兵。
**しょうし【笑止】**（名・形動ダ）おかしいこと。笑いがとまらないほどばかばかしいようす。「―の沙汰《さた》」
**しょうし【焼死】**（名・自スル）焼け死ぬこと。
**しょうし【証紙】**（名）支払《しはら》いずみであることや、品質や内容の証明のしるしとして書類や品物にはる紙。
**しょうじ【小事】**（名）ちょっとしたこと。ささいなこと。「大事《だいじ》の前の―」対大事
**しょうじ【商事】**（名）商売や商業に関係していることがら。「―会社」
**しょうじ【障子】**（名）和室で、部屋のしきりや窓に立てる建具《たてぐ》。格子《こうし》に組んだ枠《わく》に和紙などをはったもの。明かり障子。
**じょうし【上△巳】**（名）五節句の一つ。陰暦《いんれき》三月三日の桃《もも》の節句。ひなまつり。じょうみ。
**じょうし【上司】**（名）職場などで、その人より地位が上の人。「―に判断をあおぐ」類上役《うわやく》
**じょうし【上肢】**（名）手。両うで。対下肢《かし》
**じょうし〖上△梓〗**（名・他スル）（むかし、版木《はんぎ》に梓《あずさ》の木を用いたことから）本を出版すること。
**じょうし〖城△址・城△趾〗**（名）城のあったあと。城あと。「青葉―」類城跡《じょうせき》
**じょうし【情死】**（名・自スル）愛し合っている男女がいっしょに自殺すること。「―事件」類心中《しんじゅう》
**じょうじ【常事】**（名）❶決まったことがら。❷ふだんのこと。いつものこと。
**じょうじ【情事】**（名）男女間の愛情に関することがら。いろごと。
**じょうじ【常時】**（名・副）ふだん。いつも。「―携帯《けいたい》する」
**しょうしか【少子化】**（名）子どもの出生率・出生数が減少していくこと。
**しょうじき【正直】**（名・形動ダ）❶すなおで正しい心をもっていること。ことばや行いにうそのないこと。「―な人」「―なところ（＝ほんとうを言うと）」「不―」❷（副詞的に用いて）本当のところ。「―言って、私にはまったくわからない」
**正直の頭《こうべ》に神《かみ》宿《やど》る** 正直な人には神の助けがあり幸福になれる。「神は正直の頭に宿る」とも。
**じょうしき【常識】**（名）広く世間一般《いっぱん》の人が共通してもっている、またはもつべきだとされる考えや知識。「―はずれ」「―をくつがえす発想」「非―」…的「常識的（＝ごくふつう）な判断」
**じょうしきまく【定式幕】**（名）歌舞伎《かぶき》の舞台に使う、黒・柿《かき》・萌黄《もえぎ》の三色の引き幕。
**しょうしせんばん【笑止千万】**（形動ダ）（ダロ・ダッ(デ・ニ)・ダ・ナ・ナラ・〇）ひどくばかばかしく、話にならないようす。「―な言いぐさ」
**しょうしつ【消失】**（名・自スル）消えてなくなること。「権利が―する」
**しょうしつ【焼失】**（名・自他スル）焼けてなくなること。焼いてなくすること。「家屋が―する」
**じょうしつ【上質】**（名）品質がよいこと。上等な品質。「―紙」類良質
**じょうじつ【情実】**（名）個人的な感情や関係がからんで、公正でなくなることがらや状態。「―を排《はい》した判断」
**しょうしみん【小市民】**（名）資本家と労働者との中間階層の人びと。中産階級。プチブル。
**しようしゃ【使用者】**（名）❶物などを使う人。❷人を雇《やと》って使う人。対使用人
**しょうしゃ【小社】**（名）自分の会社をけんそんしていうことば。「―発行の辞典」類弊社《へいしゃ》
**しょうしゃ【商社】**（名）商業、特に貿易の目的をもって作られた団体や会社。「総合―」
**しょうしゃ【勝者】**（名）勝った人。勝利者。「―をたたえる」対敗者
**しょうしゃ【照射】**（名・自他スル）光が照りつけること。また、光線などを当てること。「レントゲン―」
**しょうしゃ〖△瀟△洒〗**（形動ダ）（ダロ・ダッ(デ・ニ)・ダ・ナ・ナラ・〇）すっきりしていてしゃれているようす。「―な建物」
**しょうじゃ【生者】**（名）《仏》命のあるもの。生きているもの。「―必滅《ひつめつ》」
**じょうしゃ【乗車】**（名・自スル）電車・バス・タクシーなどに乗ること。「―券」対降車・下車《げしゃ》
**じょうしゃひっすい【盛者必衰】**（名）《仏》勢いのさかんな者も必ずおとろえるときがくるということ。しょうじゃひっすい。
**しょうじゃひつめつ【生者必滅】**（名）《仏》生きている者は必ず死ぬということ。
**じょうしゅ【城主】**（名）城の持ち主。

**じょうしゅ【情趣】**（名）しみじみとした味わい。おもむき。ふぜい。「—に富んだ風景」
**じょうじゅ【成就】**（名・自他スル）願いがかなうこと。成しとげること。「大願—」類成功
**しょうしゅう【召集】**（名・他スル）❶人びとを召《め》し集めること。❷国会議員を、一定の期日に国会に召し集めること。❸戦時などに、国家が民間人を軍隊に召し集めること。⇩しょうしゅう（招集）「学習」
**しょうしゅう【招集】**（名・他スル）人びとをまねき集めること。「会議のために委員に—をかける」

> **学習〈使い分け〉「召集」「招集」**
> **召集**　地位の高い人が低い人を呼び集めること。「召集令状」「国会を召集する」
> **招集**　ある所へ集まるように呼びかけること。「招集をかける」「株主を招集する」
> ◆「召集」は主として公的な場合にのみ使われ、一般《いっぱん》には「招集」を使うことが多い。

**しょうしゅう【消臭】**（名）いやなにおいをなくすこと。「—効果」
**しょうじゅう【小銃】**（名）ピストルより銃身《じゅうしん》の長い、小型の銃。「自動—」
**じょうしゅう【常習】**（名）いつもくり返し行っていること。いつもの（悪い）くせや習慣。「麻薬《まやく》—者」
**じょうじゅう【常住】**（名・自スル）❶《仏》生まれたり死んだり変化したりしないで、常に存在すること。「—不変」対無常。❷そこに常に住むこと。「その地に—する」❸（副詞的に用いて）ふだん。いつも。
**じょうじゅうざが**『常住座△臥』（名）（すわるにもねるにもの意から）ふだん。いつも。
**じょうしゅうはん【常習犯】**（名）ある一つの犯罪をなんどもくり返して行うこと。また、その人。
**しょうしゅつ【抄出】**（名・他スル）書物・書類などから必要な部分をぬき書きすること。また、ぬき書きされたもの。類抜粋《ばっすい》
**しょうじゅつ【詳述】**（名・他スル）くわしく述べること。「事情を—する」対略述
**じょうじゅつ【上述】**（名・他スル）上または前に述べたこと。前述。「—したように」
**じょうしゅび【上首尾】**（名・形動）物事が思いどおりにうまくいくこと。「交渉《こうしょう》は—だった」対不首尾《ふしゅび》
**しょうしゅん**『△頌春』（名）（春をたたえるという意）年賀状などで使う新年のあいさつのことば。賀春。
**しょうじゅん【照準】**（名）鉄砲《てっぽう》や大砲のねらいを目標に向けて定めること。「—を合わせる」
**じょうじゅん【上旬】**（名）一か月を三つにわけたはじめの期間で、一日から一〇日までの呼び名。「八月の—」類初旬。⇩ちゅうじゅん・げじゅん
**しようしょ【仕様書】**（名）❶やり方や手順を説明した文書。❷建築物や工業製品などで、注文品についての詳細《しょうさい》を文章や図で記したもの。
**しょうしょ【小暑】**（名）二十四節気の一つ。太陽暦《たいようれき》では七月七日ごろ。
**しょうしょ【詔書】**（名）天皇のことばを書いた文書。
**しょうしょ【証書】**（名）事実を証明し証拠《しょうこ》とする文書。証文《しょうもん》。「借用—」「卒業—」
**しょうじょ【少女】**（名）年の若い女の子。おとめ。むすめ。「—雑誌」対少年
**じょうしょ【浄書】**（名・他スル）下書きなどをきれいに書き直すこと。「原稿《げんこう》を—する」類清書
**じょうしょ【情緒】**（名）→じょうちょ
**じょうじょ【乗除】**（名）かけることとわること。かけ算とわり算。「加減—」
**しょうしょう【少少】**（名・副）少し。わずか。「—のことでは驚《おどろ》かない」「—あわてた」
**しょうしょう**『△蕭△蕭』（トタル）❶ものさびしいようす。❷ものさびしく風が吹《ふ》いたり雨が降ったりするようす。「—と吹く風」
**しょうじょう【小乗】**（名）《仏》（小さな乗り物の意）大乗と並ぶ仏教の二大流派の一つ。自己の悟《さと》りと救済を目的とする教えを説く。大乗の立場から批判していったよび方。対大乗
**しょうじょう【症状】**（名）病気やけがの状態。「自覚—がない」
**しょうじょう【清浄】**（名・形動ダ）❶清らかで、よごれのないこと。清浄《せいじょう》。❷《仏》まよい・悩《なや》み・私欲がなく清らかなこと。「六根《ろっこん》—」
**しょうじょう【掌上】**（名）てのひらの上。
**しょうじょう**『△猩△猩』（名）❶《動》→オランウータン ❷中国の想像上の動物。からだはさるで顔は人に似て、毛が赤く酒を好むとされる。
**しょうじょう【賞状】**（名）成績のよい人や功績のあった人などに、ほめことばを書いてあたえる書状。
**じょうしょう【上昇】**（名・自スル）上にのぼっていくこと。位置・程度などが上がること。「気温が—する」「物価が—する」対下降・低下
**じょうしょう【常勝】**（名）戦うと、いつも勝つこと。「—チーム」
**じょうじょう【上上】**（名・形動ダ）ひじょうによいこと。上乗。「—の天気」
**じょうじょう【上乗】**（名・形動ダ）最もすぐれていること。ひじょうによいこと。上々。「結果は—だ」
**じょうじょう【上場】**（名・他スル）❶株式・債券《さいけん》などの有価証券や商品先物《さきもの》取引の商品を取引所で売買できるようにすること。「—企業《きぎょう》」❷劇などを上演すること。
**じょうじょう【情状】**（名）物事がそうなっていった事情。「—を考慮《こうりょ》する」
**じょうじょうしゃくりょう【情状酌量】**（名・自スル）《法》裁判で判決を下す際に、被告人《ひこくにん》の犯罪にいたった事情の同情すべき点を考えて、刑罰《けいばつ》を軽くすること。「—の余地がない」
**しょうしょく【少食・小食】**（名）食べ物を少ししか食べないこと。「—の人」対大食《たいしょく》
**じょうしょく【常食】**（名・他スル）日常的に食べること。また、その食べ物。「米を—とする」
**しょう・じる【生じる】**（自他上一）〔ジ・ジ・ジル・ジル・ジレ・ジロ（ジヨ）〕❶

はえる。はやす。「木の芽が一」「かびを一」❷物事がおこる。おこす。「事故が一」「変化を一」❸うまれる。うむ。「いい結果が一」「疑惑《ぎわく》を一」

**しょう・じる【招じる】**〖◇請じる〗(他上一) {ジ・ジ・ジル・ジル・ジレ・ジロ(ジヨ)} 人を呼んで、まねく。招待する。「客を一」

**じょう・じる【乗じる】** {ジ・ジ・ジル・ジル・ジレ・ジロ(ジヨ)} ■一 (自上一) 好機をうまく利用する。つけこむ。「相手のすきに一」■二 (他上一) かけあわせる。かけ算をする。「五に三を一」因除する

**しょうしん【小心】**(名・形動ダ) おくびょうなこと。気が小さいこと。「一でいつもおどおどしている」「一者」

**しょうしん【小身】**(名) 身分の低いこと。また、身分の低い人。対大身《たいしん》

**しょうしん【昇進】**(名・自スル) 地位が上がること。「課長に一する」

**しょうしん【焦心】**(名・自スル) あせること。気をもむこと。また、その心。

**しょうしん【傷心】**(名・自スル) 心をいためること。また、その傷ついた心。「一のあまり旅に出る」

**しょうじん【小人】**(名) ❶徳のない心のせまい人。小人物。❷身分の低い人。❸背の低い人。❹子ども。しょうにん。〔対大人《たいじん》〕

**小人閑居《かんきょ》して不善《ふぜん》をなす** 小人物はひまがあると、とかくよくないことをしでかすものだ。

**しょうじん【精進】**(名・自スル) ❶一心に努力すること。「研究に一する」❷《仏》仏道修行《しゅぎょう》に心から打ちこむこと。「仏道に一する」❸身を清め慎《つつし》むこと。「一潔斎《けっさい》」❹肉食をせず野菜類だけを食べること。「一料理」

**じょうしん【上申】**(名・他スル) 位の上の人に意見や事情を述べること。「改革案を一する」

**じょうじん【常人】**(名) ふつうの人。凡人《ぼんじん》。「一の力では及《およ》ばない」

**しょうじんけっさい【精進潔斎】**(名・自スル) 肉類などを食べず、けがれをさけて心身を清めること。

**しょうしんしょうめい【正真正銘】**(名) うそいつわりのないこと。ほんとう。「一のダイヤだ」

**しょうじんぶつ【小人物】**(名) 心のせまい人。品性にかけ器量の小さい人。小人《しょうじん》。対大人物

**しょうしんよくよく【小心翼翼】**(ト・タル) 気が小さく、少しのことにもびくびくするようす。

**しょうじんりょうり【精進料理】**(名) 肉類・魚介類《ぎょかいるい》を使わないで、野菜や穀類《こくるい》・海藻類《かいそうるい》だけで調理した料理。

**じょうず【◦上手】**(名・形動ダ) ❶なにかをするそのやり方がたくみですぐれていること。また、そのような人。「絵を一にかく」「商売一」対下手《へた》 ❷(多く「お」をつけて)おせじがうまいようす。また、そのおせじ。「お一を言う」

注意「うわて」「かみて」と読むと別の意味になる。

**上手の手《て》から水《みず》が漏《も》れる** どんなに上手な人でも思いがけない失敗をすることがある。

**しょうすい【小水】**(名) 小便《しょうべん》。

**しょうすい【〖△憔△悴〗】**(名・自スル) 病気・悲しみ・心配ごとなどのためにやつれること。「一しきった姿」

**じょうすい【上水】**(名) ❶飲むためのきれいな水。飲み水。❷「上水道」の略。〔対下水《げすい》〕

**じょうすい【浄水】**(名) ❶清らかな水。❷消毒などをしたきれいな水。「一場」対汚水《おすい》

**じょうすいどう【上水道】**(名) 飲み水などとして使う水を供給するための設備。対下水道《げすいどう》

**しょうすう【小数】**(名) ❶小さい数。❷《数》整数でない実数を小数点を用いて十進法で表したもの。0.1や5.6など。

**しょうすう【少数】**(名) ものの数や人数の少ないこと。「一意見を尊重する」「一精鋭《せいえい》」対多数

**じょうすう【乗数】**(名) 《数》かけ算で、かけるほうの数。対被乗数《ひじょうすう》

**じょうすう【常数】**(名) 《数》→ていすう②

**しょうすうてん【小数点】**(名) 《数》整数の部分と一より小さい小数の部分との間にうつ点。

**しょうすうは【少数派】**(名) 属するものの数が少ないほうのグループ。「一の意見」対多数派

**しょう・する【称する】**(他サ変) {シ(セ・サ)・シ・スル・スル・スレ・シロ(セヨ)} ❶名づけて呼ぶ。「天才と一」❷たたえる。ほめる。「功を一」❸いつわって言う。「病気と一・して休む」

**しょう・する【証する】**(他サ変) {シ(セ・サ)・シ・スル・スル・スレ・シロ(セヨ)} ❶証明する。証拠《しょうこ》だてる。「無実を一」❷保証する。うけあう。

**しょう・する【〖△誦する〗】**(他サ変) {シ(セ・サ)・シ・スル・スル・スレ・シロ(セヨ)} 詩文などを声に出して読む。唱える。「和歌を一」

**しょう・する【賞する】**(他サ変) {シ(セ・サ)・シ・スル・スル・スレ・シロ(セヨ)} ほめる。たたえる。「その行為《こうい》を一」

**しょう・ずる【生ずる】**(自他サ変) {ジ(ゼ)・ジ・ズル・ズル・ズレ・ジロ(ゼヨ)} →しょうじる(生じる)

**しょう・ずる【招ずる】**〖◇請ずる〗(他サ変) {ジ(ゼ)・ジ・ズル・ズル・ズレ・ジロ(ゼヨ)} →しょうじる(招じる)

**じょう・ずる【乗ずる】**(自他サ変) {ジ(ゼ)・ジ・ズル・ズル・ズレ・ジロ(ゼヨ)} →じょうじる

**しょうせい【小生】**(代) 手紙などで、男性が自分をけんそんしていうことば。わたくし。「一も元気です」

**しょうせい【小成】**(名) わずかばかりの成功。「一に安んじる(=少しの成功に満足し、向上心をなくす)」

**しょうせい【招請】**(名・他スル) たのんで来てもらうこと。「講師として一する」

**しょうせい【笑声】**(名) わらいごえ。

**しょうせい【勝勢】**(名) 勝ちそうな形勢。勝った勢い。「一に導く」

**じょうせい【上製】**(名) 上等に作ること。また、上等に作ったもの。「一本」対並製《なみせい》

**じょうせい【情勢・状勢】**(名) 物事の現在のようす。今後のなりゆき。「世界一」類状況《じょうきょう》

**じょうせい【醸成】**(名・他スル) ❶米や大豆《だいず》などを発酵《はっこう》させて、酒やしょうゆなどをつくること。醸造。❷ある雰囲気《ふんいき》などをかもしだすこと。「険悪な空気が一される」

**しょうせき【硝石】**(名) 《化》硝酸カリウムが天然に鉱物として産出した場合の名称《めいしょう》。無色の結晶《けっしょう》体で、医薬・火薬・肥料などに使われる。

**じょうせき【上席】**(名) ❶会合などで、地位の上の者がすわる席。上座《じょうざ》・上座《かみざ》。「一を占《し》める」対末

席《まっせき》。❷地位が上であること。「—研究員」

**じょうせき**【定石】(名) ❶囲碁《いご》で、最も有利とされている決まった石の打ち方。「—どおりに打つ」❷決まったやり方。一定の方式。「—に従って進める」

**じょうせき**【定跡】(名) 将棋《しょうぎ》で、最も有利とされている決まった指し方。

**じょうせき**【城跡】(名) 城のあと。類城址《じょうし》

**しょうせつ**【小雪】(名) 二十四節気の一つ。太陽暦《たいようれき》では一一月二二日ごろ。

**しょうせつ**【小節】(名) ❶文章のひとくぎり。❷《音》楽譜《がくふ》の中の縦線と縦線でくぎられた部分。「第一—」❸わずかの節操・義理。

**しょうせつ**【小説】(名) 社会や人間の姿などを作者の構想をもとに虚構《きょこう》の物語として表現する散文形式の作品。「短編—」…的「小説的な場面」

**しょうせつ**【章節】(名) 長い文章などの章や節の区切り。

**しょうせつ**【詳説】(名・他スル) くわしく説明すること。また、くわしい説明。「日本文法—」対略説

**じょうせつ**【常設】(名・他スル) いつもそこに設けてあること。「—の展示場」

**じょうぜつ**【『饒舌】(名・形動ダ) 口数の多いこと。おしゃべり。「—な人」対寡黙《かもく》。参考「冗舌」とも書く。

**しょうせっかい**【消石灰】(名) 《化》生石灰《せいせっかい》に水をそそいで作る白色の粉。さらしこ・しっくいなどの原料や消毒・肥料用として使われる。

**じょうせつかん**【常設館】(名) いつも映画・演劇などを興行《こうぎょう》している建物。

**しょうせっこう**【焼石『膏】(名) 《化》石膏を熱して作る白い粉末。石膏細工・白墨《はくぼく》などの原料。

**しょうせつしんずい**〔小説神髄〕〔作品名〕坪内逍遥《つぼうちしょうよう》の評論。一八八五(明治一八)年から翌年にかけて刊行。小説のあり方を説き、近代小説の出発点となった。

**しょうせん**【商船】(名) 商業上の目的で、客や貨物を運ぶ船。

**しょうせん**【商戦】(名) 売り上げをのばすために、商売上競いあうこと。「歳末《さいまつ》—」

**しょうぜん**【承前】(名) (「前に続く」の意) 続き物の文章の最初に記すことば。

**しょうぜん**【『悄然】(トタル) 元気のないようす。しょんぼり。「—と首を垂れる」

**じょうせん**【乗船】(名・自スル) 船に乗ること。「—時刻」対下船

**しょうせんきょくせい**【小選挙区制】(名) 一つの選挙区で当選者を一人とする選挙制度。日本では一九九四(平成六)年から衆議院議員選挙の大半の議席に適用されている。

**しょうそ**【勝訴】(名・自スル) 訴訟《そしょう》に勝つこと。「原告側が—する」対敗訴

**じょうそ**【上訴】(名・自スル) ❶上の者に訴《うった》えること。❷《法》裁判の判決に不服なとき、さらに上級の裁判所に訴えること。「最高裁判所に—する」

**しょうそう**【少壮】(名・形動ダ) 年が若くて元気なこと。また、そういう人。「—気鋭《きえい》」

**しょうそう**【尚早】(名・形動ダ) そのことをするにはまだ早いこと。「時期—」

**しょうそう**【焦燥】『焦『躁』(名・自スル) あせって、いらいらすること。「—感にかられる」

**しょうぞう**【肖像】(名) 人の顔や姿を、絵や彫刻《ちょうこく》などにうつしたもの。「—画」

**じょうそう**【上奏】(名・他スル) 意見や事実などを天皇に申しあげること。「—文」

**じょうそう**【上層】(名) ❶重なった層の上のほう。「—の大気」❷社会的・経済的に上のほうの階級。「社会の—部」(対下層)

**じょうそう**【情操】(名) 美しいもの、純粋《じゅんすい》なものなどに感動する豊かな心のはたらき。「—教育」

**じょうぞう**【醸造】(名・他スル) 発酵《はっこう》作用を利用して、酒・しょうゆ・みそなどをつくること。「—業」

**じょうそううん**【上層雲】(名) 《天》巻雲《けんうん》・巻積雲・巻層雲など地上五キロメートル以上に現れる雲。

**しょうぞうけん**【肖像権】(名) 《法》自分の顔や姿を他人に撮影《さつえい》・描写《びょうしゃ》・公開・使用されない権利。「—を侵害《しんがい》される」

**しょうそく**【消息】(名) ❶ようすを知らせるもの。たより。「—をたつ」❷物事のありさま。「政界の—」

**しょうぞく**【装束】(名) 特別の場合の衣服で身じたくをすること。また、その衣服。「黒—に身をつつむ」

**しょうそくすじ**【消息筋】(名) ある方面の事情をよく知っている人。「—の話によれば」

**しょうたい**【正体】(名) ❶物のほんとうの姿。「—をあばく」類本体。❷しっかりした気持ち。正気。「酔《よ》って—がなくなる」「—なく眠《ねむ》りこける」

**しょうたい**【招待】(名・他スル) 人を招いてもてなすこと。「—客」「—券」「友人を—する」

**じょうたい**【上体】(名) からだの腰《こし》から上の部分。「—を起こす」

**じょうたい**【状態】(名) あるときの人や物事のようす。「混乱した—が続く」「健康—」類状況《じょうきょう》

**じょうたい**【常体】(名) 《文法》文末が「だ」「である」で終わる文体。⇩けいたい(敬体)

**じょうたい**【常態】(名) ふつうのようす。いつものありさま。「—にもどる」

**じょうだい**【上代】(名) ❶大むかし。古代。❷日本史の時代区分で大和《やまと》・奈良時代のこと。上古。

**じょうだい**【城代】(名) 城主の代わりに城を守り、領地を治める人。「—家老」

**しょうたく**【沼沢】(名) 沼《ぬま》と沢《さわ》。「—地」

**しょうだく**【承諾】(名・他スル) 人からの願い・要求などをききいれること。「申し出を—する」類承知・承認・受諾《じゅだく》

**じょうたつ**【上達】(名・自スル) 学問が進んだり技芸などがうまくなったりすること。「—が早い」

**しょうたん**【小胆】(名・形動ダ) 気の小さいこと。度胸がないこと。小心。対大胆

**しょうだん**【商談】(名) 商売についての相談。「—が成立する」

**じょうだん**【上段】(名) ❶上の段。高い段。❷

上座。❸しない・刀・やりなどを頭上に高く持ちかまえること。「—にかまえる」
**じょうだん【冗談】**（名）ほんとうでないことをおもしろみをまぜていう話。また、ふざけてすること。ジョーク。「—半分」「—じゃない（=とんでもない）」
**しょうち【召致】**（名・他スル）高い立場から人を呼び寄せること。
**しょうち【承知】**（名・他スル）❶内容をよく知っていること。「無理を—でお願いする」「先刻—」「ご—のとおり」❷人からの願い・要求などを聞きいれること。「申し入れを—する」「—しました」類承諾《しょうだく》❸（「承知しない」の形で）許さない。かんべんしない。
**しょうち【招致】**（名・他スル）招き寄せること。「企業《きぎょう》を—する」「オリンピック—」
**しょうち【勝地】**（名）景色のよい土地。名勝。
**じょうち【常置】**（名・他スル）いつも設《もう》けておくこと。「委員会を—する」
**しょうちくばい【松竹梅】**（名）❶松と竹と梅。えんぎのよいめでたいしるし。❷商品や席などの等級のよび名。ふつう松が最上級を示す。
**しょうちゅう【掌中】**（名）❶てのひらの中。❷思いどおりになる範囲《はんい》。「全権を—に収める」
**掌中の珠《たま》** 最もたいせつにし、愛するもの。特に、最愛の子。「—を失う」
**しょうちゅう【焼酎】**（名）穀類・いもなどから蒸留してつくるアルコール分の強い酒。
**じょうちゅう【条虫】**〖△條虫〗（名）《動》扁形《へんけい》動物の一種。からだは多くの節からなり、ひらたいひも状。腸内に寄生する。さなだむし。
**じょうちゅう【常駐】**（名・自スル）派遣《はけん》された所につねに駐在していること。「軍隊が—する」
**じょうちょ【情緒】**（名）❶ある事物に接して起こる独特な気分。また、その気分をさそい出す雰囲気《ふんいき》。「異国—」❷喜びや悲しみなど、そのときどきの感情。「—不安定」参考もとの読みは「じょうしょ」であるが、ふつう「じょうちょ」と読みならわされている。
**しょうちょう【小腸】**（名）《生》腸の一部。胃と大腸の間にある消化器官で、十二指腸・空腸・回腸からなる。
**しょうちょう【省庁】**（名）外務省や金融《きんゆう》庁のように、「省」「庁」のつく役所の総称《そうしょう》。「関係—」
**しょうちょう【消長】**（名・自スル）おとろえたりさかんになったりすること。「勢力の—」
**しょうちょう【象徴】**（名・他スル）考えや感じなど具体的な形のないものを音・色・物などをかりて表すこと。また、表したもの。白が純潔を、鳩《はと》が平和を表すなど。シンボル。「—詩」…的「象徴的な事件」
**じょうちょう【上長】**（名）目上・年上の人。
**じょうちょう【冗長】**（名・形動ダ）くどくどと長たらしいこと。「—な文章」
**じょうちょう【情調】**（名）❶感覚にともなってひきおこされる快・不快などのさまざまな感情。「甘美《かんび》な—」❷気分。おもむき。「江戸《えど》—」
**しょうちょうしゅぎ【象徴主義】**（名）一九世紀末にフランスを中心におこった芸術運動。心の動きを、ほかのものをえがくことによって表そうとするやり方。
**しょうちょく【詔勅】**（名）天皇《てんのう》が国民に発表したことば。みことのり。「—がくだる」
**しょうちん【消沈】**〖△銷沈〗（名・自スル）おとろえしずむこと。元気がなくなること。「意気—」
**しょうつき【祥月】**（名）故人の一周忌《いっしゅうき》以後の、死去した月と同じ月。「—命日《めいにち》（=故人の死んだ月の命日）」
**じょうてい【上程】**（名・他スル）議案などを会議にかけること。「予算案の—」
**じょうでき【上出来】**（名・形動ダ）できばえがいいこと。「あれは自分でも—だった」対不出来
**しょうてん【昇天】**（名・自スル）❶天にのぼること。「旭日《きょくじつ》—の勢い（=朝日が天にのぼるような、さかんな勢い）」❷死んで、魂《たましい》が天に昇《のぼ》ること。
**しょうてん【商店】**（名）商品を売る店。「—街」
**しょうてん【焦点】**（名）❶《物》レンズや球面鏡で屈折《くっせつ》、または反射した光が一つに集まる点。「—があう」❷注意や興味などが集まるところ。また、問題の中心点。「—をしぼって議論する」
**しょうでん【小伝】**（名）簡単な伝記。
**しょうでん【昇殿】**（名・自スル）❶神社の拝殿などにのぼること。「参拝のため—する」❷むかし、宮中の殿上《てんじょう》の間《ま》にのぼること。「—を許される」
**じょうてんき【上天気】**（名）よくはれたよい天気。
**しょうてんきょり【焦点距離】**（名）《物》レンズや球面鏡の中心から焦点までの距離。「—を測る」
**しょうど【焦土】**（名）❶焼けて黒くなった土。❷建物・草木などが一面に焼けてあとかたのない土地。焼け野原。「—と化す」
**しょうど【照度】**（名）《物》ある面積の表面がある時間に受ける光の量。単位はルクス。
**じょうと【譲渡】**（名・他スル）（財産・権利などを）ゆずり渡《わた》すこと。「財産を—する」
**じょうど【浄土】**（名）《仏》仏のいるきよらかな世界。「極楽《ごくらく》—」対穢土《えど》
**じょうど【壌土】**（名）❶土。土地。❷粘土《ねんど》を二五～三七・五《パーセント》ふくんだ土。農作物の栽培《さいばい》に適する。
**しょうとう【小刀】**（名）小さな刀。わきざし。対大刀《だいとう》
**しょうとう【消灯】**（名・自スル）あかりを消すこと。「—時間」対点灯
**しょうどう【唱道】**（名・他スル）（「道」は言う意）先にたってとなえること。「政治改革を—する」
**しょうどう【唱導】**（名・他スル）仏法や自分の考えなどを説いて人を導くこと。「—の師」
**しょうどう【衝動】**（名）よく考えることなしに発作《ほっさ》的に行動をしようとする心の動き。「—にかられる」「—買い」…的「衝動的な行為《こうい》」
**じょうとう【上棟】**（名）→むねあげ
**じょうとう【上等】**（名・形動ダ）品質・等級・程度などがすぐれていること。「—な品」対下等
**じょうとう【常套】**〖常△套〗（名）いつも決まっていること。ありふれたこと。「—手段」「—句」

**じょうどう【常道】**（名）❶原則にかなったふつうのやり方。「商売の―」❷つねに人間の行うべき正しい道。「―にはずれる」

**じょうどう【情動】**（名）感情。特に、急にこみあげる一時的な感情。

**しょうとく【生得】**（名）生まれながらに備わっていること。「―の才」参考「せいとく」とも読む。

**しょうどく【消毒】**（名・他スル）有害な細菌《さいきん》やウイルスを熱や薬などで殺すこと。「日光―」「傷口を―する」

**じょうとくい【上得意】**（名）高価な、または多くの商品を買ってくれる、店にとって特にたいせつな客。

**しょうどくやく【消毒薬】**（名）消毒に使う薬。生石灰《せいせっかい》・アルコール・石炭酸など。消毒剤。

**じょうどしそう【浄土思想】**（名）阿弥陀仏《あみだぶつ》にすがって極楽《ごくらく》浄土に行こうという考え方。

**じょうどしゅう【浄土宗】**（名）《仏》仏教の宗派の一つ。平安時代の末期に法然《ほうねん》が始めた教え。「南無阿弥陀仏《なむあみだぶつ》」の念仏を唱えることによって極楽《ごくらく》浄土に行くことを願うもの。

**じょうどしんしゅう【浄土真宗】**（名）《仏》仏教の宗派の一つ。浄土宗から分かれた。鎌倉《かまくら》時代に親鸞《しんらん》が始めた教え。他力本願《たりきほんがん》で阿弥陀仏《あみだぶつ》を信じる。真宗。一向宗《いっこうしゅう》。門徒宗。

**しょうとつ【衝突】**（名・自スル）❶物と物とがはげしくぶつかること。「―事故」❷考え方や立場の違《ちが》うものが対立してあらそうこと。「意見の―」

**じょうない【場内】**（名）ある場所・会場の中。「―禁煙《きんえん》」対場外

**しょうに【小児】**（名）年齢《ねんれい》の低い子ども。「―病棟《びょうとう》」

**しょうにか【小児科】**（名）子どもの病気を専門にあつかう、医学の一分野。「―の医師」

**しょうにまひ【小児まひ】『小児麻△痺』**（名）《医》脊髄《せきずい》または脳がおかされて、手足にまひ症状《しょうじょう》がおこる病気。おもに子どもがかかる。

**しょうにゅうせき『△鍾乳石』**（名）《地質》鍾乳洞《しょうにゅうどう》の天井《てんじょう》からつらら状にたれさがった石灰岩《せっかいがん》。水にとけた石灰分がかたまったもの。

**しょうにゅうどう『△鍾乳洞』**（名）《地質》石灰岩《せっかいがん》が地下水や雨水によりとかされてできたほらあな。

**しょうにん【使用人】**（名）人に雇《やと》われて働く人。対使用者

**しょうにん【上人】**（名）❶修行《しゅぎょう》をつんだりっぱな僧《そう》。❷僧をうやまってよぶ呼び名。

**しょうにん【小人】**（名）入場料や運賃などの区分で、子ども。⇨だいにん（大人）・ちゅうにん

**しょうにん【承認】**（名・他スル）よいと認めて受け入れること。「議案を―する」類承諾《しょうだく》・了承《りょうしょう》

**しょうにん【商人】**（名）商売をしている人。商業をいとなむ人。あきんど。

**しょうにん【証人】**（名）事実を証明する人。特に、裁判で、自分の見聞きした事実を申し述べる人。

**しょうにん『◇聖人』**（名）りっぱな心をもち、行いのすぐれた僧《そう》。上人《しょうにん》。

**じょうにん【常任】**（名・自スル）いつもその任務についていること。「―委員」

**しょうね【性根】**（名）強い心の持ち方。心がまえ。根性《こんじょう》。「―のすわった人物」注意「しょうこん」と読めば別の意味になる。

**じょうねつ【情熱】**（名）全力をつくして打ちこもうとする、燃えるようなはげしく強い感情。「作曲に―を燃やす」「―家」…的「情熱的に取り組む」

**しょうねつじごく【焦熱地獄】**（名）《仏》地獄の一つ。この世で悪いことをして死んだ者を、火の中に投げ入れて苦しめる所。「―に堕《お》ちる」

**しょうねん【少年】**（名）年の若い男の子。「―の日の夢」対少女。参考「少年法」では二〇歳《さい》未満の男女をいい、「児童福祉法《じどうふくしほう》」では小学校就学から一八歳未満の男女をいう。

**少年老《お》い易《やす》く学《がく》成《な》り難《がた》し** 月日がたつのは早く、若いと思っていてもすぐ年をとってしまう。学問はなかなかきわめることができないので時間をむだにしないで勉強しなければならない。参考このあと「一寸の光陰《こういん》軽《かろ》んずべからず」と続く。朱熹《しゅき》の作とされる詩にあることば。

**しょうねん【生年】**（名）生まれてから過ぎた年。年齢《ねんれい》。「―二〇歳《さい》」参考「せいねん」とも読む。

**じょうねん【情念】**（名）人やものに対しておこる、断《た》ち切りがたい思い。「―にとらわれる」

**しょうねんいん【少年院】**（名）罪を犯《おか》した、または犯すおそれのある少年を収容し、矯正《きょうせい》教育をする施設《しせつ》。

**しょうねんば【正念場】**（名）ひじょうに大事な場面。「成功か失敗かの―をむかえる」参考浄瑠璃《じょうるり》や歌舞伎《かぶき》の大事な場面から出たことば。

**しょうねんほう【少年法】**（名）《法》非行があったり犯罪を犯《おか》したりした少年に対して、特別な処分や取り扱《あつか》いを定めた法律。

**しょうのう【小脳】**（名）《生》脳髄《のうずい》の一部。大脳の下、脊髄《せきずい》のうしろ上方にあり、からだのつり合いを保つなどの運動を調整する働きをもつ。

**しょうのう【小農】**（名）せまい田畑を家族だけで耕作する小規模な農業。また、その農民。対大農

**しょうのう【笑納】**（名・他スル）（つまらない物だと笑って納めてくださいという意で）他人に物を贈《おく》るときなどに使う謙譲《けんじょう》語。「ご―ください」

**しょうのう『△樟脳』**（名）樟《くすのき》の細片を蒸留してできる、白色の結晶《けっしょう》。防虫剤《ぼうちゅうざい》などに用いる。

**じょうのう【上納】**（名・他スル）政府や上部団体に、おかねや物を納めること。「―金」

**しょうのふえ『△笙の笛』**（名）↓しょう（笙）

**じょうば【乗馬】**（名・自スル）❶馬に乗ること。❷人が乗るための馬。乗用の馬。

**しょうはい【勝敗】**（名）勝ち負け。「―にこだわらない」類勝負

**しょうはい【賞杯】『賞△盃』**（名）賞としてあたえるさかずき。カップ。「―を手にする」

**しょうはい『賞△牌』**（名）賞としてあたえる記章。メダル。「―を受ける」

**しょうばい【商売】** 一（名・他スル）商品を仕入れて売ること。あきない。「―繁盛《はんじょう》」 二（名）暮らしのためにする仕事。職業。「―道具」

**しょうばいがたき【商売敵】**（名）同じ商売をするうえでの競争相手。

**しょうばいがら【商売柄】**（名）❶商売の種類。❷その職業の人がもつ独特の習性や考え方。また、副詞的に用いて、その職業の性質上。「―目がきく」

**しょうばいぎ【商売気】**（名）いつもかねもうけに結びつけようとばかり考えている心。また、その職業の人に特有な心の働き。商売っ気《け》。「―を出す」

**しょうばつ【賞罰】**（名）ほめることと罰すること。賞と罰。「―なし」

**じょうはつ【蒸発】**（名・自スル）❶《化》液体が気体に変わること。「水分が―する」❷《俗語》こっそりいなくなること。行方不明になること。「夫が―する」

**しょうばん【相伴】**（名・自スル）❶お客の相手をしていっしょにごちそうになること。また、その人。「お―にあずかる」❷他人とのつり合いやゆきがかりで、利益を受けること。「お―で物をもらう」

**じょうはんしん【上半身】**（名）からだの腰《こし》から上の部分。「―を曲げる」対下半身

**しょうひ【消費】**（名・他スル）おかね・物・時間・エネルギーなどを、使ってなくすこと。使いはたすこと。「石油を大量に―する」対生産

**しょうび【焦眉】**（名）（眉《まゆ》を焦《こ》がすほど火が近づいている意から）危難が身にせまっていること。

**焦眉の急《きゅう》** ひじょうにさしせまった災難や危険。急を要することがら。「問題の解決が―となっている」

**しょうび【賞美】**（名・他スル）ほめたたえること。楽しんで味わうこと。「名月を―する」

**じょうひ【冗費】**（名）むだな費用。むだづかい。「―をはぶく」

**じょうび【常備】**（名・他スル）いつでも使えるように常にそなえておくこと。「―薬」

**しょうひきげん【消費期限】**（名）食品を安全に食べることのできる期限。弁当や生ものなどのいたみやすいものに表示される。類賞味期限

> **学習 比較《ひかく》** 「消費期限」「賞味期限」
>
> **消費期限** 製造日からおおむね五日以内に品質が劣化《れっか》する食品に表示され、安全に食べることのできる期限を年月日で示したもの。
>
> **賞味期限** 劣化が比較《ひかく》的遅《おそ》い食品に表示され、品質の保持がじゅうぶんに可能であると認められる期限を年月日、または年月で示したもの。

**しょうひざい【消費財】**（名）《経》人びとの生活で直接に消費される物。「耐久《たいきゅう》―（=長期間使うことのできる家具・電気製品など）」対生産財

**しょうひしゃ【消費者】**（名）生産されたものを使って生活している人。商品・サービスを購入《こうにゅう》する人。「―価格」対生産者

**しょうひしゃきんゆう【消費者金融】**（名）個人を対象に融資《ゆうし》をおこなうこと。また、その貸金《かしきん》業者。無担保だが金利は多く高め。

**しょうひぜい【消費税】**（名）消費の対象となる商品や受けたサービスに課せられる税金。

**しょうひょう【商標】**（名）生産者や販売《はんばい》者が、自分の商品であることを示すために品物につける文字・図形・記号など。トレードマーク。「登録―」

**しょうひょう【証票】**（名）証拠《しょうこ》となるふだ。証明となる書きつけ。「―を張りつける」

**しょうびょう【傷病】**（名）けがや病気。

**しょうひん【小品】**（名）❶ちょっとした作品。❷（「小品文」の略）日常のちょっとしたことを短くまとめた文章。

**しょうひん【商品】**（名）売るための品物。「―を陳列《ちんれつ》する」「目玉―」…化「商品化にこぎつける」

**しょうひん【賞品】**（名）賞としてあたえる品物。

**じょうひん【上品】**（名・形動ダ）洗練されていて、気品のあること。「―なことばづかい」対下品

**しょうひんけん【商品券】**（名）記された金額に相当する商品と引きかえることを約束した有価証券。

**しょうふ【△娼婦】**（名）不特定の男性と性的な関係をもつのを職業としている女。売春婦。

**しょうぶ【△菖△蒲】**（名）《植》ショウブ科の多年草。水辺に生える。葉は長い剣状《つるぎじょう》で、強いかおりがある。初夏、葉の根元に淡黄色《たんおうしょく》の花を穂状《すいじょう》につける。薬用。葉を五月五日の端午《たんご》の節句にかざったり湯に入れたりする。「―湯」

**しょうぶ【勝負】**（名・自スル）勝ち負け。また、勝ち負けを決めること。「―をつける」類勝敗

**じょうぶ【丈夫】**（形動ダ）（ダロ・ダッ(デ・ニ)・ダ・ナ・ナラ・○）❶健康なようす。元気でいるようす。「―に育つ」❷しっかりしていて、こわれにくいようす。「―な箱」

**じょうぶ【上部】**（名）上の部分。上のほう。「電柱の―」「―組織」対下部《かぶ》

**しょうふう【△蕉風】**（名）《文》松尾芭蕉《まつおばしょう》およびその門下の俳句の作風。正風。

**しょうふく【承服・承伏】**（名・自スル）承知して従うこと。「いやいや―する」

**じょうぶくろ【状袋】**（名）手紙・書類などを入れるふくろ。封筒《ふうとう》。「書類を―に入れる」

**しょうぶごと【勝負事】**（名）勝ち負けを争う競技やゲーム。囲碁《いご》・将棋《しょうぎ》・トランプなど。また、ばくち。

**しょうぶし【勝負師】**（名）❶囲碁《いご》や将棋《しょうぎ》などの勝負事を職業にしている人。❷ばくち打ち。❸成功するか不確実なことも思いきって実行する人。

**しょうふだ【正札】**（名）商品につける、掛《か》け値のないねだんのふだ。「―をつける」

**じょうぶつ【成仏】**（名・自スル）❶《仏》悟《さと》りを開いて仏になること。❷死んで仏となること。「迷わず―する」

**しょうぶん【性分】**（名）生まれつきもっている性質。たち。「最後までやらないと気がすまない―」

**じょうぶん【滋養分】**（名）栄養となる成分。

「ーに富む」
**じょうぶん【条文】**（名）法律や規則など、箇条《かじょう》書きにされている文。「憲法のー」
**しょうへい【招△聘】**（名・他スル）礼をつくして、丁重《ていちょう》に相手を招くこと。「世界的音楽家をーする」
**しょうへい【将兵】**（名）将校と兵士。
**しょうへき【障壁】**（名）❶かこいやしきりとなるかべ。❷じゃまになるもの。妨《さまた》げ。「両国間のーをとりのぞく」「ーをめぐらす」
**じょうへき【城壁】**（名）城の周囲のかべ。城の塀《へい》。「堅固《けんご》なー」
**じょうべき【乗△冪】**（名）〔数〕→べき
**しょうへん【掌編】【掌△篇】**（名）ごく短い文芸作品。「ー小説」
**しょうべん【小便】**（名・自スル）尿道《にょうどう》を通って体外に排出《はいしゅつ》される、老廃物《ろうはいぶつ》をふくんだ液体。尿。また、それを排出すること。
**じょうほ【譲歩】**（名・自スル）（人に道をゆずる意から）自分の主張や考えをおさえて、相手の考えに歩み寄ること。「これ以上ーできない」
**しょうほう【商法】**（名）❶商売のしかた。「あくどいー」❷〔法〕商業について規定した法律。
**しょうほう【詳報】**（名）くわしい知らせ。
**しょうぼう【消防】**（名）火事を消したり、火事がおこらないように予防したりすること。「ー自動車」
**じょうほう【定法】**（名）❶決まった法則。❷いつも行う決まったやり方。「ーに従う」
**じょうほう【乗法】**（名）〔数〕かけ算。㊟除法
**じょうほう【情報】**（名）❶ある物事の事情・状況《じょうきょう》などについての知らせ。「台風ー」❷行動や判断のために必要な知識。「ー不足」
**じょうほうかしゃかい【情報化社会】**（名）情報の価値が高まり、大量の情報の取りあつかいが大きな影響《えいきょう》力を持つにいたった社会。情報社会。
**じょうほうげん【情報源】**（名）その情報の出どころ。また、その情報を得たところ。「ーは不明だ」
**しょうぼうしょ【消防署】**（名）消防活動や救急活動などの仕事をする役所。
**じょうほうしょり【情報処理】**（名）コンピューターなどを用いて多くの情報を分類・整理し、目的に応じて取り出すこと。
**じょうほうもう【情報網】**（名）多くの情報をすばやくやりとりするために、網《あみ》の目のように張りめぐらした情報伝達経路。「ーを整備する」
**しょうほん【抄本】**（名）全体の中から一部分をぬき書きした書物。また、文書の一部分のうつし。「戸籍《こせき》ー」㊟謄本《とうほん》
**じょうまえ【錠前】**（名）→じょう（錠）㊀
**しょうまっせつ【枝葉末節】**（名）全体からみて、重要ではないささいなことがら。「ーにとらわれる」
**しょうまん【小満】**（名）二十四節気の一つ。太陽暦《たいようれき》では五月二一日ごろ。
**じょうまん【冗漫】**（名・形動ダ）話や文章がだらだらと長たらしくて、まとまりのないこと。「ーな話」
**しょうみ【正味】**（名）❶いらない部分を取り去った中身。また、その数量や重さ。「箱が重くてーはわずかだ」❷ほんとうの数量や重さ。「ー三時間しか寝《ね》ていない」
**しょうみ【賞味】**（名・他スル）味をほめながら、食べたり飲んだりすること。「海の幸《さち》をーする」
**じょうみ【情味】**（名）❶そのものの持っているあじわい。おもむき。「ーに乏《とぼ》しい作品」❷人間らしいあたたかみ。おもいやり。「ー豊かな人」
**しょうみきげん【賞味期限】**（名）食品をおいしく食べることのできる期限。スナック菓子《がし》・缶詰《かんづめ》・乳製品など、比較《ひかく》的いたみにくいものに表示される。㊟消費期限。⇩しょうひきげん「学習」
**じょうみゃく【静脈】**（名）〔生〕からだの各部分から、血液を心臓に運ぶ血管。「ー注射」㊟動脈
**しょうみょう【小名】**（名）〔歴〕武家時代に領地が大名より少なかった領主。特に江戸《えど》時代では、大名の中で石高《こくだか》の少ない諸侯《しょこう》。
**しょうみょう【声明】**（名）〔仏〕仏教儀式《ぎしき》で僧《そう》がとなえる声楽。梵唄《ぼんばい》。㊟「せいめい」と読むと別の意味になる。
**しょうみょう【称名・唱名】**（名）〔仏〕仏の名号《みょうごう》（＝南無阿弥陀仏《なむあみだぶつ》など）をとなえること。
**じょうむ【乗務】**（名・自スル）交通機関に乗って、運転や乗客の世話などの仕事をすること。「ー員」
**じょうむ【常務】**（名）❶いつもしている仕事。❷（「常務取締役《とりしまりやく》」の略）社長や専務を助けて、会社の日常の業務を処理する重役。
**じょうむいん【乗務員】**（名）交通機関に乗って、車内での職務を行う人。運転手・車掌《しゃしょう》など。
**しょうめい【正銘】**（名）（正しい銘があるという意から）ほんものであること。「正真ー」
**しょうめい【証明】**（名・他スル）証拠《しょうこ》を示したり論理的に導いたりして物事の真実を明らかにすること。「無実をーする」「ー書」
**しょうめい【照明】**㊀（名・他スル）あかりで照らして明るくすること。また、そのあかり。「ー器具」㊁（名）舞台《ぶたい》や撮影《さつえい》の効果をあげるために使う光線。「ー係」
**しょうめつ【生滅】**（名・自スル）生じることとほろびること。生まれることと死ぬこと。
**しょうめつ【消滅】**（名・自他スル）消えてなくなること。消してなくすこと。「自然ー」
**しょうめん【正面】**（名）❶物の前にあたる側。「ー玄関《げんかん》」㊟側面・背面 ❷まっすぐ前に向かうこと。また、その方向。まむかい。「相手のーに座る」「ー衝突《しょうとつ》」「ー切って（＝遠慮《えんりょ》せず）ものを言う」
**しょうもう【消耗】**（名・自他スル）使ってへらすこと。使ってなくなること。「体力をーする」参考もとの読みは「しょうこう」。
**しょうもうひん【消耗品】**（名）使うことによって、へったり、なくなったりしていく品物。鉛筆《えんぴつ》・紙など。
**じょうもく【条目】**（名）箇条《かじょう》書きにした項目《こうもく》や文書。「ーを検討《けんとう》する」
**じょうもの【上物】**（名）上等の品物。「手織りのーが手にはいる」

**しょうもん【証文】**（名）借金・契約《けいやく》などをしたという証拠《しょうこ》となる書きつけ。証書。「—をとる」
**証文の出《だ》し遅《おく》れ** 手遅《ておく》れで、なんの効果もないことのたとえ。「今ごろ言っても—だ」
**しょうもん【掌紋】**（名）てのひらにある、ひふの細かい線でできた模様。指紋と同じく一人ひとりちがっていて一生変わらない。「—を照合する」
**しょうもん【『△蕉門』】**（名）〔文〕松尾芭蕉《まつおばしょう》に俳句を習った人たち。芭蕉の門人。「—十哲《じってつ》（=芭蕉門下の一〇人のすぐれた弟子《でし》）」
**じょうもん【定紋】**（名）家によって決まっている紋。
**じょうもん【城門】**（名）城の出入り口に設けられた門。
**じょうもんじだい【縄文時代】**（名）〔歴〕日本史の時代区分の一つ。紀元前一万年ごろから紀元前四世紀ごろまで。縄文土器がつくられた。人びとは竪穴《たてあな》住居にすみ、おもに狩猟《しゅりょう》・漁労・採集によって生活していた。
**じょうもんどき【縄文土器】**（名）〔歴〕縄文時代に作られた土器。表面に縄目《なわめ》の模様がある。縄文式土器。

（じょうもんどき）

**しょうや【『△庄屋』】**（名）〔歴〕江戸《えど》時代、代官の下で税金の取りたてなど、村を治める仕事をした人。参考 関西での言い方。関東では「名主《なぬし》」と言った。
**しょうやく【生薬】**（名）草の根・木の皮・果実・熊《くま》の胆《い》・麝香《じゃこう》など植物や動物の一部を、原形のまま、あるいは少し手を加えただけで用いる薬。きぐすり。
**しょうやく【抄訳】**（名・他スル）もとの文章の一部をぬきだして訳すこと。また、その訳文。「西洋古典の—」対 全訳・完訳
**じょうやく【条約】**（名）国家間の合意によって、たがいの権利・義務などを決めた約束。また、その文書。「平和—」「—の締結《ていけつ》」
**じょうやど【定宿・常宿】**（名）いつもとまる宿屋。
**じょうやとい【常雇い】**（名）長期間にわたって人を雇うこと。また、雇われている人。
**じょうやとう【常夜灯】**（名）一晩じゅうつけておくあかり。
**しょうゆ【『△醤油』】**（名）大豆《だいず》・小麦・食塩水にこうじをまぜて発酵《はっこう》させてつくる液体調味料。したじ。むらさき。
**しょうよ【賞与】**（名）❶ほうびとしておかねや品物をあたえること。また、そのおかねや品物。❷会社や官庁で、六月・一二月などに給料のほかに特別に支払《しはら》われるまとまったおかね。一時金。ボーナス。
**じょうよ【丈余】**（名）一丈（=約三《メー》《トル》）あまり。
**じょうよ【剰余】**（名）あまり。余剰。「—金」
**じょうよ【譲与】**（名・他スル）（財産・権利などを）ゆずりあたえること。「権利を—する」
**しょうよう【小用】**（名）❶ちょっとした用事。「—があって出かける」❷小便をすること。こよう。
**しょうよう【商用】**（名）❶商売上の用事。「—で出かける」❷商売で使うこと。「—に購入《こうにゅう》する」
**しょうよう【『△逍△遥』】**（名・自スル）あちこちと、気のむくままにぶらぶら歩くこと。散歩。「公園を—する」
**しょうよう【賞揚・称揚】**（名・他スル）ほめたたえること。「傑作《けっさく》として—する」
**しょうよう【従容】**（《ト》《タル》）ゆったりとして落ち着いているようす。「—として死につく」
**じょうよう【常用】**（名・他スル）いつも使うこと。ふだん使うこと。「—漢字」「胃薬を—する」
**じょうようかんじ【常用漢字】**（名）日常の漢字使用の目安として「常用漢字表」に掲《かか》げられた二一三六字の漢字。一九八一（昭和五六）年、それまでの当用漢字にかわって制定され、二〇一〇（平成二二）年に改定が行われた。
**じょうようしゃ【乗用車】**（名）人が乗るために使う自動車。「ハイブリッドの—」
**しょうようじゅりん【照葉樹林】**（名）亜熱帯《あねったい》から温帯にかけて分布する、常緑の広葉樹からなる樹林。
**しょうらい【招来】**（名・他スル）人を招きよせること。また、ある結果をひき起こすこと。「音楽家を—する」「インフレを—する」
**しょうらい【将来】**（名）これから先。前途《ぜんと》。ゆくすえ。「—の夢」「近い—」…的「将来的にも希望のもてる選手」

学習 比較《ひかく》 「将来」「未来」

将来　これから先。「未来」より今に近い時間をさすことが多い。また、副詞的にも用いられる。「自分の将来について考える」「日本の将来」「ぼくは将来外交官になりたい」

未来　「過去」と対《つい》をなし、「過去・現在・未来」という時間の流れの中で、現在より先の時間をさす。「将来」より遠い先を表す。「明るい未来が約束されている」「未来への夢」「未来に向かって歩む」

**しょうらいせい【将来性】**（名）これからよくなる見こみ。「この会社には—がある」
**じょうらく【『上△洛』】**（名・自スル）京都へ行くこと。
**しょうらん【笑覧】**（名・他スル）（つまらないものだと笑って見てくださいという意で）他人に自分の物を見てもらうときに使う謙譲《けんじょう》語。「ご—ください」
**しょうらん【照覧】**（名・他スル）はっきりと見ること。特に、神仏がご覧になること。「神々も—あれ」
**じょうらん【上覧】**（名・他スル）天皇《てんのう》や身分の高い人が見ること。「—試合」
**じょうらん【『△擾乱』】**（名・自他スル）世の中がさわぎ乱れること。また、乱しさわがすこと。「—の世の中」
**しょうり【勝利】**（名・自スル）戦争や試合などに勝つこと。「—を得る」対 敗北
**じょうり【条理】**（名）物事の道理。すじみち。「—にかなう」「不—」
**じょうり【情理】**（名）人間らしい感情と物事のすじ

みち。人情と道理。「—をつくす」「—を説《と》く」

**じょうりく【上陸】**(名・自スル) 船や海から陸にあがること。「孤島《ことう》に—する」「台風が—する」

**しょうりつ【勝率】**(名) 試合などに勝った割合。

**しょうりゃく【省略】**(名・他スル) 簡単にするために、ある部分をはぶくこと。「くわしいことは—します」

**しょうりゃく【商略】**(名) 商売上のかけひき。「—にたけている」

**じょうりゅう【上流】**(名) ❶川のみなもとに近いほう。川上《かわかみ》。「利根川《とねがわ》の—」❷社会的な地位や生活の程度が高い階級。上層。「—階級」(対下流)

**じょうりゅう【蒸留】**〖蒸△溜〗(名・他スル) 液体を熱して蒸発させ、その蒸気をまた冷やして液体にすること。これによって液体中の混合物を除く。「—酒」

**じょうりゅうしゅ【蒸留酒】**(名) 醸造《じょうぞう》して造った酒を蒸留してアルコール分を多くした酒。ウイスキー、ウオツカ、焼酎《しょうちゅう》など。

**じょうりゅうすい【蒸留水】**(名)〖化〗水を蒸留して作った混合物のない水。

**しょうりょ【焦慮】**(名・自スル) あせっていらいらすること。「—にかられる」

**しょうりょう【小量】** ━(名) わずかな量。少量。対大量。━(名・形動ダ) 心のせまいこと。度量の小さいこと。狭量《きょうりょう》。「—な人物」

**しょうりょう【少量】**(名) 少しの分量。少しの数量。小量。「—の液体」対多量

**しょうりょう【渉猟】**(名・他スル) ❶何かを求めてあちこち歩き回ること。「山野を—する」❷多くの本を読みあさること。「文献《ぶんけん》を—する」

**しょうりょう【精霊】**(名)〖仏〗死者のたましい。霊魂《れいこん》。「—流し」

**しょうりょうえ【精霊会】**(名)〖仏〗→うらぼん

**しょうりょく【省力】**(名) 機械化などによって作業の手間や工業生産の工程を省略すること。また、人手をはぶくこと。…化「作業の省力化をはかる」

**じょうりょくじゅ【常緑樹】**(名)〖植〗一年じゅうみどりの葉をつける木。松・杉《すぎ》など。対落葉樹

**じょうるり【浄瑠璃】**(名) 三味線《しゃみせん》に合わせてかたる、語り物の総称《そうしょう》。特に、その中の義太夫節《ぎだゆうぶし》。

**しょうれい【奨励】**(名・他スル) よいことだから積極的にするようにと、すすめること。「スポーツを—する」

**じょうれい【条例】**(名) 地方公共団体が、その議会の議決によって制定するきまり。「—の制定」

**じょうれい【常例】**(名) いつも決まって行われること。いつもの例。恒例《こうれい》。

**じょうれん【常連・定連】**(名) ❶いつもいっしょに行動する仲間。❷いつも決まって来る客。常客《じょうきゃく》。

**しょうろ【松露】**(名) ショウロ科の食用キノコ。春、海岸の松林の砂の中にほとんどうずまって生える。

**じょうろ**〖×如雨露〗(名) 草花などに水をそそぎかける道具。そそぎ口に小さな穴がたくさんあけてあり、そこから水が出る。じょろ。

**しょうろう【鐘楼】**(名) 寺のかねつき堂。参考「しゅろう」とも読む。

**しょうろく【抄録】**(名・他スル) 全体の中から必要な所だけをぬき書きすること。また、そのぬき書き。「原本からの—」

**じょうろく【丈六】**(名) 立像で高さ一丈六尺(＝約五《メートル》)、座像でその半分の約八尺の仏像。

**しょうろん【詳論】**(名・他スル) くわしく論じること。また、その論説・議論。

**しょうろんぶん【小論文】**(名) あるテーマについての自分の考えを筋道を立てて短くまとめた文章。

**しょうわ【昭和】**(名) 一九二六年一二月二五日から一九八九年一月七日までの年号。大正の後、平成の前。

**しょうわ【笑話】**(名) わらいばなし。こっけいな話。

**しょうわ【唱和】**(名・自スル) 一人の声に続いて、大勢が唱えること。「万歳《ばんざい》のご—をお願いします」

**しょうわくせい【小惑星】**(名)〖天〗主として火星と木星の軌道《きどう》の間にあって、太陽のまわりをまわっている多数の小さな天体。小遊星。

**しょうわのひ【昭和の日】**(名) 国民の祝日の一つ。昭和の時代をふりかえり、国の将来を考える日。四月二九日。参考昭和天皇《てんのう》の誕生日にあたる。

**しょうわる【性悪】**(名・形動ダ) 性質が悪いようす。また、そのような人。

**じょうわん【上腕】**(名) 腕《うで》のうち、肩《かた》からひじまでの部分。二の腕。「—二頭筋」対前腕

**しょえん【初演】**(名・他スル) 劇や音楽などを、はじめて上演したり演奏したりすること。また、その上演・演奏。「本邦《ほんぽう》—」

**じょえん【助演】**(名・自スル) 映画・演劇などで、主役を助けて演技すること。また、その人。対主演

**ショー**〔英 show〕(名)(軽演劇・展示会など)人びとに見せるための催《もよお》し物。見せ物。「自動車—」

**じょおう【女王】**(名) ❶女の王様。クイーン。「イギリスの—」❷ある分野で最も実力や人気のある女性。「ゴルフの—」

**ショー-ウインドー**〔英 show window〕(名) 中にかざった商品を、通る人に見せるためのガラス窓。

**じょおうばち【女王蜂】**(名)〖動〗集団生活をしているはちの中で、産卵能力のある雌《めす》のはち。みつばちなどでは一群の中に一匹《びき》だけいる。

**ジョーカー**〔英 joker〕(名) トランプで、どのマークにも入らない番外の札《ふだ》。他の札の代わりに用いたり、最高の切り札として使ったりする。ばば。

**ジョーク**〔英 joke〕(名) 冗談《じょうだん》。「—をとばす」

**ジョージア**〔Georgia〕〖地名〗西アジア、黒海の東岸にある共和国。旧称《きゅうしょう》グルジア。首都はトビリシ。

**ショート**〔英 short〕━(名) ❶長さや時間の短いこと。「—ヘア」対ロング。❷野球で、遊撃《ゆうげき》手。ショートストップ。━(名・自スル)〖物〗電気回路の二点が何らかの原因でつながって大量の電流が流れること。短絡《たんらく》。「配線が—してヒューズがとぶ」

**ショートカット**〔英 shortcut〕━(名・自スル) ❶近道すること。❷コンピューターで、操作の手順を簡略にすること。━(名) 短く切った女性の髪形《かみがた》。参考━は、和製英語。

**ショートケーキ**〔英 shortcake〕(名) 洋菓子《ようがし》の一つ。スポンジケーキの台の上に、生クリーム・いちごなどをのせた菓子。
**ショート-ショート**(名) ユーモアやサスペンスに富んだごく短い小説。▽英 short short story から。
**ショート-プログラム**〔英 short program〕(名) フィギュアスケートの競技種目の一つ。あらかじめ決められたジャンプやスピンなどの技を、短い規定時間内で演技する。SP。⇨フリースケーティング
**ショール**〔英 shawl〕(名) 女性用のかたかけ。
**ショールーム**〔英 showroom〕(名) 商品をならべて展示する部屋。陳列《ちんれつ》室。展示室。
**ショーロホフ**〔Mikhail Aleksandrovich Sholokhov〕【人名】(一九〇五〜一九八四)ソ連の小説家。コサックの生活に取材した作品を書いた。一九六五年ノーベル文学賞受賞。作品「静かなドン」「開かれた処女地」など。
**しょか【初夏】**(名) ❶夏のはじめ。はつなつ。「―の陽気」対晩夏。❷陰暦《いんれき》の四月。
**しょか【書架】**(名) 本をならべておく棚《たな》。本棚。
**しょか【書家】**(名) 書道の専門家。「著名な―」
**しょが【書画】**(名) 書と絵画。「―骨董《こっとう》」
**しょかい【所懐】**(名) 心の中で思い、考えていること。「―を述べる」
**じょがい【除外】**(名・他スル) あるきまりや範囲《はんい》からはずすこと。取り除くこと。「選考の対象から―する」
**しょがく【初学】**(名) けいこや学問をはじめて学ぶこと。学びはじめ。「―の心得」「―者《しゃ》」
**じょがくせい【女学生】**(名) 女子の学生や生徒。
**しょかつ【所轄】**(名・他スル) 役所などが、ある範囲《はんい》を受け持ち管理すること。また、その受け持つ範囲。所管。管轄《かんかつ》。「―管内」「―の警察署」
**じょがっこう【女学校】**(名) 女子だけが入学できる学校。女子校。
**しょかん【所感】**(名) 心に感じたこと。感想。「―を述べる」
**しょかん【所管】**(名・他スル) 役所や団体などで、ある範囲《はんい》の仕事を管理すること。また、その範囲。所轄《しょかつ》。管轄《かんかつ》。「文部科学省―」
**しょかん【書簡】**『書△翰』(名) 手紙。「―を送る」類書状・書面
**じょかん【女官】**(名) 宮中につかえる女性。官女。にょかん。
**しょき【初期】**(名) 物事のはじめの時期。「―の作品」対末期
**しょき【所期】**(名・他スル) 期待することがら。また、そうしようと思い定めること。「―の目的を達する」
**しょき【書記】**(名) ❶会議などの記録をとる役目の人。「生徒会の―になる」❷文書を作ったり事務をとりあつかったりする役目の人。
**しょき【暑気】**(名) 夏の暑さ。対寒気《かんき》
**しょきあたり【暑気あたり】**『暑気◇中り』(名) 夏の暑さのために体調をくずすこと。
**しょきか【初期化】**(名・他スル) コンピューターで、それまでのデータを消去し、ディスクを使いはじめの状態にすること。
**しょきばらい【暑気払い】**(名) 夏の暑さで弱ったからだを元気づけること。
**しょきゅう【初級】**(名) 勉強や技芸などのはじめの段階。初等。「―クラス」「―英会話」
**しょきゅう【初給】**(名) 就職してはじめてもらう給料。また、初任給。
**じょきょ【除去】**(名・他スル) じゃまなものなどを取り去ること。取り除くこと。「障害物を―する」
**しょぎょう【所業・所行】**(名) (このましくない)しわざ。行い。ふるまい。「にくむべき―」
**じょきょう【助教】**(名) 大学・高等専門学校の教員で、准教授《じゅんきょうじゅ》に次ぐ地位。また、その人。学生の教授・研究を職務とする。参考二〇〇七(平成一九)年の学校教育法の改正により新設された。
**じょきょうじゅ【助教授】**(名) 「准教授《じゅんきょうじゅ》」の旧称《きゅうしょう》。
**しょぎょうむじょう【諸行無常】**(名)《仏》この世のすべてのものはたえず変化して、ほんのわずかの間ももとのままではいないということ。参考仏教の根本思想の一つ。
**じょきょく【序曲】**(名) ❶《音》㋐オペラなどで幕があく前に演奏する音楽。㋑管弦楽曲《かんげんがくきょく》の形式の一つ。❷(比喩《ひゆ》的に)物事のはじまり。前ぶれ。
**じょきん【除菌】**(名・自スル) 細菌を取り除くこと。
**ジョギング**〔英 jogging〕(名・自スル) 健康などのためにゆっくり走ること。
**しょく【私欲】**(名) 自分の利益だけを考える欲ばりな心。「私利―」

**しょく【色】** 6画 色0 小2 音ショク・シキ 訓いろ

❶いろ。いろどり。◆色彩《しきさい》・色紙《しきし》・色素《しきそ》・色調《しきちょう》◆寒色・原色・五色《ごしき・ごしょく》・彩色《さいしき》・染色・暖色・着色・配色・変色。❷かおの表情。かおだち。◆顔色《がんしょく》・気色《きしょく・けしき》・喜色・巧言《こうげん》令色・難色・容色。❸もののかたち。ようす。◆異色・脚色《きゃくしょく》・古色・出色・潤色《じゅんしょく》・遜色《そんしょく》・特色・敗色。❹男女間の欲情。◆色情《しきじょう》・色欲《しきよく》◆好色・酒色。
参考特別に、「景色」は「けしき」と読む。
**-しょく【色】**(接尾) ❶色、また、色の数を表す。「保護―」「同系―」「全二四―」❷そのようなようすであることを表す。「郷土―」「国際―豊か」

**しょく【拭】** 9画 扌6 音ショク 高 訓ふく・ぬぐう

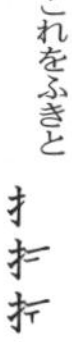

ふく。ぬぐう。よごれをふきとる。◆払拭《ふっしょく》

**しょく【食】** 9画 食0 小2 音ショク・ジキ 高 訓くう・くらう 高・たべる

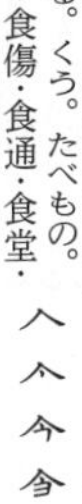

❶たべる。くう。たべもの。◆食事・食傷・食通・食堂・食道・食肉・食費・食物・食用・食欲・食料・食糧《しょくりょう》・食器◆衣食住・飲食・会食・間食・寄食・牛飲馬食・蚕食・弱肉強食・主食・少食・寝食《しんしょく》・生食・絶食・断食《だんじき》・昼食・肉食・副食・偏食《へんしょく》・暴

飲暴食・飽食《ほうしょく》・無為徒食《むいとしょく》・流動食。❷日や月が欠ける。◆月食・日食。参考「ジキ」の音は「断食《だんじき》」などのことばに使われる特殊《とくしゅ》な読み方。

**しょく【食】**(名)❶たべること。また、たべもの。「—が細る(=少食になる)」「—を絶つ」❷日や月などの、天体の全部または一部が他の天体にさえぎられて見えなくなる現象。参考②は「蝕」とも書く。

**しょく【植】** 12画 木8 小3 音ショク 訓うえる・うわる 十 木 朩 枯 植 植

❶うえる。草や木などをうえつける。◆植樹・植毛・植林◆移植・扶植《ふしょく》。❷草や木。◆植物。❸開拓《かいたく》のために人を移り住ませる。◆植民◆入植。❹印刷のため活字を組む。◆植字◆誤植

**しょく【殖】** 12画 歹8 音ショク 訓ふえる・ふやす 一 歹 歹 歼 殖 殖

❶ふやす。ふえる。◆殖財・殖産◆生殖・増殖・繁殖《はんしょく》・養殖・利殖。❷ふえて豊富にあるもの。◆学殖。❸開拓《かいたく》のために人を移り住ませる。◆殖民◆拓殖

**しょく【飾】** 13画 食5 音ショク 訓かざる 𠆢 今 今 食 飠 飾

かざる。かざり。◆虚飾《きょしょく》・修飾・装飾・服飾・粉飾・文飾・満艦飾《まんかんしょく》

**しょく【触】** 13画 角6 〔觸〕 音ショク 訓ふれる・さわる ⺈ 𠂊 角 角 觓 触

❶ふれる。さわる。◆触手・触媒《しょくばい》・触発・触角《しょっかく》・触覚《しょっかく》◆一触即発《いっしょくそくはつ》・鎧袖一触《がいしゅういっしょく》・感触・接触。❷さしさわりがある。◆抵触《ていしょく》⇩付録「漢字の筆順(27)角」

**しょく【嘱】** 15画 口12 〔囑〕 音ショク 口 叮 吊 喝 嘱 嘱

❶たのむ。◆嘱託《しょくたく》◆委嘱。❷関心をもって見る。◆嘱望・嘱目

**しょく【織】** 18画 糸12 小5 音ショク 高・シキ 訓おる 糸 糹 綷 織 織 織

❶おりものをおる。◆織女・織機・織工◆染織《せんしょく》・紡織《ぼうしょく》。❷くみたてる。◆組織《そしき》⇩付録「漢字の筆順(1)戈〔戈〕」

**しょく【職】** 18画 耳12 小5 音ショク 一 ㄗ 耳 聕 職 職

❶役目。つとめ。仕事。◆職域・職員・職業・職種・職掌《しょくしょう》・職責・職能・職場・職分・職務・職歴・職階・職権◆汚職《おしょく》・閑職《かんしょく》・教職・在職・辞職・就職・殉職《じゅんしょく》・退職・天職・内職・奉職《ほうしょく》・本職・無職・免職《めんしょく》。❷技能的な仕事。◆職人・職工⇩付録「漢字の筆順(1)戈〔戈〕・(22)耳」

**しょく【職】**(名)❶暮らしをたてるための仕事。また、その手立てとなる技能。「—をさがす」「手に—をつける」❷担当する務め。また、その地位。「大臣の—を解かれる」

**しょく〖△燭〗**(名)ともしび。あかり。

**しょく【初句】**(名)〔文〕❶和歌・俳句のはじめの句。第一句。「—切れ」❷詩文のはじめの句。起句。

**じょく【辱】** 10画 辰3 音ジョク 訓はずかしめる 高 一 厂 戸 辰 辱 辱

はずかしめる。はじ。◆栄辱・汚辱《おじょく》・屈辱《くつじょく》・雪辱・恥辱《ちじょく》・侮辱《ぶじょく》・陵辱《りょうじょく》

**しょくあたり【食あたり】**〖食◦中り〗(名)食べ物を食べておなかをこわすこと。食中毒。

**しょくあん【職安】**(名)「職業安定所」の略。

**しょくいき【職域】**(名)❶職業や仕事の範囲《はんい》。「—外の仕事」❷職業に従事している場所。職場。

**しょくいく【食育】**(名)食についての知識や考え方を養い、健全な食生活をおくるための教育。

**しょくいん【職印】**(名)職員・公務員が公務上のことで使う印。

**しょくいん【職員】**(名)官庁・学校・会社などに勤めている人。「市の—」「—室」「—録」

**しょぐう【処遇】**(名・他スル)人を評価してその地位や待遇などを決めてあつかうこと。また、そのあつかい方。「能力に応じた—をする」

**しょくえん【食塩】**(名)食用にする塩。「—水」

**しょくぎょう【職業】**(名)暮らしをたてていくために日常従事する仕事。「—を変える」「—につく」

**しょくぎょうあんていじょ【職業安定所】**(名)(「公共職業安定所」の略)厚生労働大臣の管理のもとに、職業の紹介《しょうかい》や指導などをする役所。職安。ハローワーク。

**しょくぎょういしき【職業意識】**(名)自分の職業に対する考えや自覚。また、その職業についている人に特有の考え方や感じ方。「—にめざめる」

**しょくぎょうびょう【職業病】**(名)〔医〕ある職業に特有な労働環境《かんきょう》・労働形式が主因となっておこる病気。化学物質を扱《あつか》う人の中毒など。

**しょくぎれ【初句切れ】**(名)〔文〕和歌で、第一句の終わりに意味の切れ目があるもの。たとえば、「秋近し電灯のたまのぬくもりのさはれば指の皮膚《ひふ》に親しき」〈石川啄木《いしかわたくぼく》〉は「秋近し」の初句で意味が切れている。

**しょくげん【食言】**(名・自スル)(一度口から出したことばをふたたび口に入れてしまう意から)約束を守らないこと。うそをつくこと。「君子は—せず」

**しょくご【食後】**(名)食事のあと。「—のデザート」対食前

**しょくざい【食材】**(名)料理をつくるための材料。「地元の—を使った料理」

**しょくざい〖△贖罪〗**(名・自スル)❶金品を出したりよい行いをしたりして、犯《おか》した罪のつぐないをすること。つみほろぼし。❷キリスト教で、キリストが十字架《じゅうじか》にかかって、人類の罪のつぐないをしたこと。

**しょくさん【殖産】**(名)❶生産物をふやし、産業をさかんにすること。「—興業」❷財産をふやすこと。

**しょくさんじん**〔蜀山人〕【人名】→おおたなんぽ

**しょくし【食指】**（名）ひとさしゆび。
**食指が動《うご》く** 食欲がおこる。また、ある物をほしがったり何かやってみたくなったりする。「うまい話に━」
故事 むかし、中国の子公《しこう》が父親に会いに行くとちゅう、自分のひとさしゆびが動いた。それで、これはごちそうにありつける知らせだと、同行者に語ったという話から出たことば。〈左伝〉
**しょくじ【食事】**（名・自スル）生きていくのに必要な栄養をとるために、毎日の習慣として食物を食べること。また、その食べもの。「━をとる」「━のしたく」
**しょくじ【食餌】**（名）〘医〙（病人用の）食べもの。
**しょくじ【植字】**（名・自スル）活版印刷で、原稿《げんこう》の指定どおりに活字を組むこと。
**しょくしゅ【触手】**（名）〘動〙無脊椎《むせきつい》動物の口のまわりなどにあるひげ状のもので、外部からの刺激《しげき》を感じたり食物をとらえたりするための器官。
**触手を伸《の》ばす** 目的のものを得ようとしてはたらきかける。「関連の業種に━」
**しょくしゅ【職種】**（名）職業や仕事の種類。
**しょくじゅ【植樹】**（名・自スル）木を植えること。
**しょくじょ【織女】**（名）❶はたおりの女性。❷〘天〙→しょくじょせい
**しょくしょう【食傷】**（名・自スル）❶同じ食べ物にあきていやになること。❷同じ物事がたびたびくり返されるのでいやになること。「その話には━している」
**しょくしょう【職掌】**（名）受け持っているつとめや役目。
**しょくしょうがら【職掌柄】**（名）（副詞的に用いて）つとめの性質上。役目上。「━よく知っている」
**しょくじょせい【織女星】**（名）〘天〙琴座《ことざ》の一等星、ベガ。たなばたの伝説のある星。おりひめ星。⇩けんぎゅうせい
**しょくじりょうほう【食餌療法】**（名）〘医〙食べ物の種類・量などを調節して病気をなおす方法。
**しょくしん【触診】**（名・他スル）医者が患者《かんじゃ》の身体に触《さわ》って診断をすること。「リンパ節を━する」
**しょくせい【植生】**（名）ある地域で生育している植物全体の状態。
**しょくせい【職制】**（名）❶仕事の分担についての制度。❷会社などで仕事や部下を管理する役職。また、その役職にいる人。管理職。
**しょくせいかつ【食生活】**（名）生活のうち、食べ物に関係することがら。「米中心の━」
**しょくせき【職責】**（名）職務のうえでの責任。「無事━を果たす」
**しょくぜん【食前】**（名）食事をする前。「━酒」対 食後
**しょくぜん【食膳】**（名）食べ物をのせるぜん。料理をのせるぜん。「━に供する（＝料理として出す）」
**しょくだい【燭台】**『△燭台』（名）ろうそくを立ててあかりをともす台。

（しょくだい）

**しょくたく【食卓】**（名）食事をするときに使うテーブル。「━を囲む」
**しょくたく【嘱託】**（名・他スル）頼《たの》んで、仕事をまかせること。特に、会社や役所などで、正式の職員としてではなく、ある仕事をするように頼むこと。また、頼まれた人。「━医」「━の身分」
**しょくちゅうしょくぶつ【食虫植物】**（名）〘植〙葉や花で小虫をとらえ、栄養を吸収する植物。もうせんごけ・はえじごく・うつぼかずらなど。食肉植物。
**しょくちゅうどく【食中毒】**（名）飲食物にふくまれる細菌《さいきん》や有毒物質でおこる中毒。吐《は》き気・腹痛・下痢《げり》などの症状《しょうじょう》があらわれる。食あたり。
**しょくつう【食通】**（名）（いろいろな料理を食べているため）食べ物についての知識を持ち、味のよしあしをよく知っていること。また、その人。グルメ。
**しょくどう【食堂】**（名）❶食事をする部屋《へや》。ダイニングルーム。「━車」❷いろいろな料理を食べさせる店。「駅前の━」
**しょくどう【食道】**（名）〘生〙消化器官の一部。のどから胃に続くくだ。成人で長さ約二五センチメートル。
**しょくにく【食肉】**（名）❶食用の肉。❷他の動物の肉を食べること。
**しょくにくしょくぶつ【食肉植物】**（名）〘植〙→しょくちゅうしょくぶつ
**しょくにん【職人】**（名）手先の技術を使って仕事をする人。大工・左官など。「うでのいい━」
**しょくにんかたぎ【職人かたぎ】**『職人×気質』（名）職人に特有の気質《きしつ》。自分の技術に自信をもち、納得《なっとく》できない仕事はしない、といった実直さやがんこさなど。
**しょくのう【職能】**（名）❶仕事のうえでの能力。❷職業によってちがうそれぞれのはたらき。
**しょくのうきゅう【職能給】**（名）賃金の決め方の一種。各人の仕事上での能力に応じて決められる賃金。
**しょくば【職場】**（名）勤務先。また、その中で各自が仕事をする場所。
**しょくばい【触媒】**（名）〘化〙化学反応のとき、それ自体は変化しないでほかのものの化学変化を早めたりおくらせたりするはたらきを持っている物質。
**しょくはつ【触発】**（名・自スル）物にふれるとすぐ爆発《ばくはつ》すること。（名・他スル）刺激《しげき》をあたえてある行動・感情などを起こさせること。「師のことばに━される」
**しょくパン【食パン】**（名）四角い型に入れて焼いた主食用のパン。▽パンは、ポルトガル pão
**しょくひ【食費】**（名）食事のためにかかる費用。「━を節約する」
**しょくひん【食品】**（名）食べ物となる品物。食料品。「インスタント━」「冷凍《れいとう》━」
**しょくひんてんかぶつ【食品添加物】**（名）調味・保存などの目的で食品に添加される物質。
**しょくぶつ【植物】**（名）一般《いっぱん》に、生物を大きく分けた場合の、動物に対する一群の生物の総称《そうしょう》。多くは、一定の場所から動かず光合成によって生きる。木・草など。「━採集」「━図鑑《ずかん》」対 動物
**しょくぶつえん【植物園】**（名）いろいろな植物を栽培《さいばい》して、人に見せたり研究したりする施設《しせつ》。「熱

帯ー」

**しょくぶつせい**【植物性】(名) ❶植物がもっている性質。❷植物からとったものであること。「ーの油」(対動物性)

**しょくぶつせいせんい**【植物性繊維】(名) 織物の原料となる繊維のうち、植物からとったもの。もめん・麻《あさ》など。

**しょくぶん**【職分】(名) 仕事のうえでの自分の務め。役目。「ーを果たす」

**しょくべに**【食紅】(名) 食品に赤い色をつけるための色素。特に、紅花《べにばな》の色素。

**しょくぼう**【嘱望】『◇属望』(名・自他スル) 前途《ぜんと》にのぞみをかけること。期待すること。「将来をーされる」

**しょくみん**【植民】『殖民』(名・自スル) 本国と従属関係にある土地や新領土に移り住んで、その土地を開発すること。また、その移住民。

**しょくみんち**【植民地】『殖民地』(名) 本国から移住した人びとによって経済活動が行われ、治められている従属した土地。また、新領土。

**しょくむ**【職務】(名) 自分の受け持つ仕事。役目。「ー質問(=警察官が職務のうえで行う質問)」

**しょくめい**【職名】(名) 職業・職務の名称《めいしょう》。

**しょくもつ**【食物】(名) 食べ物。食品。

**しょくもつせんい**【食物繊維】(名) 植物にふくまれる、人が食べても消化できない成分。腸のはたらきを促進《そくしん》するなどの効果があるとされる。

**しょくもつれんさ**【食物連鎖】(名) 自然界における、食われる生物と食う生物とのひとつながりの関係。たとえば、植物は草食動物に食われ、その草食動物は肉食動物に食われるといった関係。

**しょくよう**【食用】(名) 食べ物にすること。食物として使うこと。また、そのもの。「ーになるきのこ」

**しょくよく**【食欲】(名) 食べたいと思う気持ち。くいけ。「ー旺盛《おうせい》」「ーをそそる」

**しょくりょう**【食料】(名) ❶食べ物。「ー品」❷食費。⇩しょくりょう(食糧)「学習」

**しょくりょう**【食糧】(名) 食べ物。主として、米などの主食をさす。「ーを確保する」「ー難」

> **学習〈使い分け〉「食料」「食糧」**
>
> **食料**　一般《いっぱん》的な食べ物全般。「食料を買い足す」「食料品売り場」「生鮮《せいせん》食料品」「食料自給率」
>
> **食糧**　主食を中心とした食べ物。「携帯《けいたい》食糧」「食糧を備蓄《びちく》する」「食糧危機」

**しょくりょうじきゅうりつ**【食料自給率】(名) 国内で供給される食料のうち、国内で生産される食料の割合。

**しょくりょうひん**【食料品】(名) 食べ物。特に、主食物以外の副食物など。食品。「生鮮《せいせん》ー」

**しょくりん**【植林】(名・自他スル) 山や野に木を植えて、林に育てること。「杉《すぎ》をーする」

**しょくれき**【職歴】(名) これまでにどんな仕事をしてきたかということ。仕事のうえでの経歴。

**しょくん**【諸君】(名) 多くの人びとを軽い親しみをこめていうことば。みなさん。代名詞的にも用いる。「選手ーの健闘《けんとう》を期待します」使い方〉同輩《どうはい》または目下の相手に対して使う。

**じょくん**【叙勲】(名・他スル) 功労・功績のあった人に対して、国が勲等《くんとう》や勲章をさずけること。対受勲

**しょけい**【処刑】(名・他スル) 刑罰《けいばつ》をあたえること。特に、死刑にすること。

**しょけい**【初経】(名)〔生〕→しょちょう(初潮)

**しょけい**【諸兄】(名) 複数の男性を敬意をこめていうことば。代名詞的にも用いる。対諸姉

**じょけい**【女系】(名) 女性が受け継《つ》いでいく系統。また、母方の血すじ。「ー家族」対男系

**じょけい**【叙景】(名) 景色を詩や文章に書き表すこと。「ー文」「ー詩」

**しょけつ**【処決】(名・他スル) ❶処分すること。始末をつけること。処理。❷覚悟《かくご》すること。

**じょけつ**【女傑】(名) 気性《きしょう》や行動が活発で、知恵《ちえ》や勇気のすぐれた女性。類女丈夫《じょじょうふ》

**しょ・げる**『×悄気る』(自下一){ゲ・ゲ・ゲル・ゲル・ゲレ・ゲロ(ゲヨ)} がっかりして元気がなくなる。「先生にしかられてー」

**しょけん**【所見】(名) ❶見たり調べたりした結果。見たて。「医師がーを書く」❷あることについての考え・意見。「ーを述べる」

**しょけん**【書見】(名・自スル) 本を読むこと。読書。「ー台」

**しょげん**【緒言】(名) 書物の本文の前にある文章。はしがき。まえがき。類序文・序言。注意「ちょげん」とも読みならわされている。

**じょけん**【女権】(名) 女性の権利。特に、社会・政治・法律・教育上などの権利。「ー拡張」

**じょげん**【助言】(名・自スル) そばからことばをそえて助けること。また、そのことば。口ぞえ。アドバイス。「ーをあたえる」「ーを求める」

**じょげん**【序言】(名) 書物の初めに述べることば。まえがき。はしがき。類序文・緒言《しょげん》

**しょこ**【書庫】(名) 書物をしまっておく建物・部屋。

**しょこう**【初校】(名) 印刷物で、最初の校正。また、その校正刷《ず》り。

**しょこう**【諸侯】(名) 封建《ほうけん》時代に領地をもっていた人。大名など。

**しょこう**『△曙光』(名) ❶夜明けの光。❷わずかに見えはじめた明るいきざし。「解決のーが見える」

**じょこう**【女工】(名) 工場で働く女性の古い呼び方。

**じょこう**【徐行】(名・自スル) 自動車・電車などがスピードをゆるめてゆっくり進むこと。「ー運転」

**じょこうえき**【除光液】(名) マニキュアなどのつめに塗《ぬ》ったエナメルを取り除くための溶剤《ようざい》。

**しょこく**【諸国】(名) ほうぼうの国。多くの国ぐに。「アフリカー」

**じょことば**『序◇詞』(名)〔文〕→じょし(序詞)②

**しょこん**【初婚】(名) その人にとってはじめての結婚。

**しょさ**【所作】(名) ❶からだの動かし方。身のこな

し。みぶり。しぐさ。「ちょっとした―にもその人の気持ちが表れる」❷「しょさごと」の略。

**しょさい【所載】**(名)新聞・雑誌などに掲載《けいさい》されていること。「校友会誌―の訪問記」

**しょさい【書斎】**(名)家庭で、読書や書き物をするための部屋《へや》。

**しょざい【所在】**(名)存在する場所。ありか。人のいる所。「問題点の―を明らかにする」「県庁―地」「犯人の―をつきとめる」

**じょさい【如才】**(名)手ぬかり。「―のない人」

**しょざいな・い【所在ない】**(形){カロ・カッ(ク)・イ・イ・ケレ・○}することがなく、てもちぶさただ。「話し相手がいなくて―」

**じょさいな・い【如才ない】**(形){カロ・カッ(ク)・イ・イ・ケレ・○}よく気がきき手ぬかりがない。あいそがいい。「万事に―人」

**しょさごと【所作事】**(名)〘演〙歌舞伎《かぶき》で、おもに長唄《ながうた》を伴奏《ばんそう》とするおどり。また、その舞踊《ぶよう》劇。

**しょさん【所産】**(名)作り出したもの。うみ出したもの。「今回の成功は努力の―だ」

**じょさんし【助産師】**(名)出産を助け、産婦や産児の世話などを職業とする人。「助産婦《じょさんぷ》」から改称《かいしょう》。

**しょし【初志】**(名)はじめにたてた志。はじめからの決心。「―をつらぬく」「―貫徹《かんてつ》」

**しょし【所思】**(名)思うこと。心に考えていること。「―の一端《いったん》を述べる」

**しょし【書誌】**(名)❶著者・出版社・成立事情・体裁《ていさい》・内容などの、書物についての情報。「―学」❷ある人物やテーマについての文献《ぶんけん》の目録。「田山花袋《たやまかたい》―」

**しょし【庶子】**(名)本妻以外の女性から生まれた子。[対]嫡子《ちゃくし》。[参考]古い言い方で、現在は主に「非嫡出子《ひちゃくしゅつし》」という。

**しょし【諸子】**(代)多くの人びとを軽い敬意をこめていうことば。諸君。みなさん。代名詞的にも用いる。[使い方]同輩《どうはい》または目下の相手に対して使う。

**しょし【諸氏】**(名)多くの人びとを敬意をこめていうことば。みなさま。代名詞的にも用いる。「先輩《せんぱい》―」

**しょし【諸姉】**(名)複数の女性を敬意をこめていうことば。代名詞的にも用いる。[対]諸兄

**しょじ【所持】**(名・他スル)持っていること。身につけていること。「―金」「拳銃《けんじゅう》の不法―」「不―」

**しょじ【諸事】**(名)いろいろなこと。「―万端《ばんたん》」

**じょし【女子】**(名)❶女の子。むすめ。「―学生」❷女の人。女性。「―社員」〔[対]男子〕

**じょし【女史】**(名)有名な女性や社会的地位のある女性などを尊敬して呼ぶことば。多くは、名前の下にそえて用いる。

**じょし【助詞】**(名)〘文法〙品詞の一種。付属語で活用のないことば。ほかのことばとの関係を示したり、ある意味をそえたりする働きをもつ。「て・に・を・は」など。

**じょし【序詞】**(名)❶前書きのことば。はしがき。序文。❷〘文〙和歌・古文などで、あることばを言い出すために前置きとして述べられることば。じょことば。たとえば、「あしひきの山鳥の尾《を》のしだり尾のながながし夜をひとりかも寝《ね》む」の「あしひきの山鳥の尾のしだり尾の」は「ながながし」を言い出すための序詞である。[参考]②のはたらきは枕詞《まくらことば》と似ているが、枕詞が五音を主とするのに対して、序詞は不定で五音より長いものが多い。

**じょじ【女児】**(名)女の子。[対]男児

**じょじ【助字】**(名)漢文で、ほかの語について、その意味を補う語。也《なり》・耳《のみ》・乎《や・か》など。助辞。

**じょじ【助辞】**(名)❶〘文法〙助詞と助動詞の総称《そうしょう》。❷→じょじ(助字)

**じょじ【叙事】**(名)感情をまじえないで事実や事件の推移をそのまま述べること。「―詩」⇩じょじょう

**しょしき【書式】**(名)書類を作るときの、決められた書き方。「―どおりに書く」

**しょしき【諸式】**(名)❶いろいろな品物。「婚礼《こんれい》の―」❷いろいろな品物の値段。物価。「―が値上がりする」

**じょじし【叙事詩】**(名)〘文〙民族や国民の運命に関係する戦争や事件を、特に英雄《えいゆう》の行動を中心に、ありのままに述べた詩。「イリアス」「オデュッセイア」などが代表的な作品。⇩じょじょうし

**じょしつ【除湿】**(名・自スル)湿気を取り除くこと。「―装置」

**しょしゃ【書写】**㊀(名・他スル)書きうつすこと。「経文《きょうもん》を―する」㊁(名)小中学校の国語科の一教科。字を正しく書くことを目的とする。習字。

**しょしゅ【諸種】**(名)いろいろの種類。種々《しゅじゅ》。

**じょしゅ【助手】**(名)❶仕事や研究などの手助けをする人。アシスタント。❷大学で、研究・教育の補助的な業務をになう職名。また、その人。

**しょしゅう【初秋】**(名)❶秋のはじめ。はつあき。[対]晩秋。❷陰暦《いんれき》の七月。

**しょしゅう【所収】**(名)本などに収められていること。「二月号―の論文」

**しょしゅつ【初出】**(名・自スル)最初に出ること。はじめてあらわれること。「二年生で―の漢字」

**しょしゅつ【所出】**(名)物事の出どころ。出所《しゅっしょ》。「―をはっきりさせる」

**じょじゅつ【叙述】**(名・他スル)順序だてて述べること。また、述べたもの。「細部まで―する」

**しょしゅん【初春】**(名)❶春のはじめ。早春。はつはる。[対]晩春。❷年のはじめ。はつはる。❸陰暦《いんれき》の一月。正月。

**しょじゅん【初旬】**(名)月のはじめの一〇日間の呼び名。[類]上旬

**しょしょ【処暑】**(名)二十四節気の一つ。太陽暦《たいようれき》の八月二三日ごろ。夏の暑さがおさまる時期。

**しょじょ【処女】**(名)❶まだ性的経験のない女性。生娘《きむすめ》。バージン。❷(名詞につけて)はじめてすることや、だれも踏《ふ》みこんだり手をつけたりしていないことを表すことば。「―航海」「―作」「―峰《ほう》」

**しょじょう【書状】**(名)手紙。[類]書面・書簡

**じょしょう【序章】**(名)❶論文や小説などの序にあたる章。全体の主旨《しゅし》や目的・物語の発端《ほったん》などが書かれる。❷(比喩《ひゆ》的に)物事のはじめ。「それは事件の―にすぎない」

**じょじょう【叙情】**『△抒情』(名)自分の感情を述べ表すこと。[…性]「叙情性あふれる詩」[…的]「叙情

的な作風」⇩じょじ(叙事)

**じょじょうし**【叙情詩】〖△抒情詩〗(名)〔文〕作者の感情を主観的に表現した詩。⇩じょじし

**じょじょうふ**【女丈夫】(名) 気性《きしょう》が強くしっかりしている女性。類女傑《じょけつ》

**じょしょく**【女色】(名) ❶女性の美しさや魅力《みりょく》。❷女性との情事。いろごと。「—におぼれる」

**しょじょさく**【処女作】(名) はじめて作った作品。「—が刊行される」

**しょじょち**【処女地】(名) ❶まだ耕されたことのない土地。まだ開かれていない土地。「未開の—」❷まだ研究・調査などの行われていない分野。

**じょじょに**【徐徐に】(副) ゆっくり少しずつ進んだり変わったりするようす。「—天候が回復する」

**しょしん**【初心】(名) ❶はじめに心に決めたこと。最初の決心。「—忘るべからず」❷習いはじめでまだなれていないこと。「—者」

**しょしん**【初診】(名) はじめての診察《しんさつ》。「—料」

**しょしん**【所信】(名) これが正しい、こうするのがよいと自分の信じるところ。「—表明」

**しょしん**【書信】(名) たより。手紙。

**しょじん**【庶人】(名) 一般《いっぱん》の人びと。類庶民

**しょしんしゃ**【初心者】(名) はじめて物事を習ったり行ったりする人。

**しょしんしゃマーク**【初心者マーク】(名) 自動車の運転免許《うんてんめんきょ》取得後一年未満であることを示す、車の前後に付けるマーク。初心運転者標識。若葉マーク。

(しょしんしゃマーク)

**じょすう**【除数】(名)〔数〕割り算で、割るほうの数。対被除数《ひじょすう》

**じょすうし**【助数詞】(名)〔文法〕数を表す語の下につけて、そのものの数量・種類・順序などを表す接尾語。「一本・二個・一〇台」の「本・個・台」など。

**じょすうし**【序数詞】(名)〔文法〕順序を表す数詞。「第一」「二位」「二番目」など。

**しょ・する**【処する】{シ(セ・サ)・シ・スル・スル・スレ・シロ(セヨ)} ■一(自サ変) その場に身を置いて状況《じょうきょう》に応じた態度や行動をとる。「難局に—」■二(他サ変) ❶とりはからう。処理する。「事を—」❷刑罰《けいばつ》をあたえる。「死刑に—」

**じょ・する**【叙する】(他サ変){シ(セ・サ)・シ・スル・スル・スレ・セヨ} ❶文章や詩などに書き表す。「情景を—」❷勲等《くんとう》などをさずける。「勲一等に—」

**じょ・する**【除する】(他サ変){シ(セ・サ)・シ・スル・スル・スレ・シロ(セヨ)} ❶〔数〕割る。割り算をする。「一〇を二で—」対乗じる。❷取り除く。

**しょせい**【処世】(名) 世間での人づきあいや物事をうまく処理して生活していくこと。よわたり。「—術」

**しょせい**【書生】(名) ❶学生。❷他人の家で世話になり、その家の仕事を手伝いながら勉強する人。

**じょせい**【女声】(名) 声楽で、女の声。「—コーラス」対男声

**じょせい**【女性】(名) 女の人。婦人。対男性

**じょせい**【女婿】(名) むすめの夫。むすめむこ。

**じょせい**【助成】(名・他スル) 事業や研究などがなしとげられるよう経済面で助けること。「—金」

**じょせい**【助勢】(名・自スル) 力をそえて手助けすること。すけだち。「—を求める」

**じょせいてき**【女性的】(形動ダ){ダロ・ダッ(デ・ニ)・ダ・ナ・ナラ・〇} 性格・しぐさ・行動・ようすなどがいかにも女性のようであるようす。対男性的

**しょせき**【書籍】(名) 本。書物。「—小包《こづつみ》」

**じょせき**【除籍】(名・他スル) 名簿《めいぼ》・戸籍《こせき》などからその名を取り除くこと。「—処分」

**しょせつ**【所説】(名) その人の説くところ。また、その説。主張。

**しょせつ**【諸説】(名) いろいろな説や見方・考え方。「—紛々《ふんぷん》(=いろいろな説が入り乱れているようす)」

**じょせつ**【序説】(名) 本論にはいる前に、準備として述べる説明。序論。

**じょせつ**【除雪】(名・自スル) 積もった雪を取り除くこと。「—車」

**しょせん**【初戦・緒戦】(名) 最初の戦い。戦争・試合のはじめのほう。「—をかざる」注意「緒戦」は「ちょせん」とも読みならわされている。

**しょせん**【所詮】(副) つまるところ。けっきょく。どうせ。「—負ける試合であった」

**じょせん**【除染】(名・他スル) 放射性物質や有毒な化学物質などによる汚染《おせん》を取り除くこと。

**しょそう**【諸相】(名) いろいろの姿やありさま。「人生の—を描《えが》く」

**しょぞう**【所蔵】(名・他スル) 自分の物としてしまって持っていること。また、その品物。「A氏—の絵」

**じょそう**【女装】(名・自スル) 男性が女性の身なりをすること。対男装

**じょそう**【助走】(名・自スル) 陸上競技のフィールド競技や体操競技などで、とんだり投げたりする勢いをつけるため、ふみきり点まで走ること。「—路」

**じょそう**【序奏】(名)〔音〕楽曲の主要部分にうつる導入としての前奏。

**じょそう**【除草】(名・自スル) 雑草を取り除くこと。草取り。「—剤《ざい》」

**しょぞく**【所属】(名・自スル) ある事物・個人などがグループ・団体などに属していること。「劇団に—する」

**しょぞん**【所存】(名) 心で考えていること。つもり。「努力する—でございます」

**じょそんだんぴ**【女尊男卑】(名) 女性を尊び、男性を低くみる態度や考え方。対男尊女卑

**しょた**【諸多】(名) いろいろとたくさんあるもの。

**しょたい**【所帯】(名) 一戸をかまえて独立の生計をたてる単位。ふつう、夫婦とその家族で構成される独立した一家、また、その暮らしをいう。世帯《せたい》。「—持ち」

**しょたい**【書体】(名) ❶文字の書きぶり。書風。❷文字のいろいろな形の様式。筆記体では、楷書《かいしょ》・行書・草書など。活字体では、明朝《みんちょう》体・宋

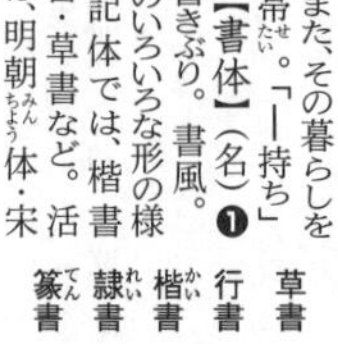


( 書体② )

朝《そうちょう》体・教科書体・ゴシック・イタリックなど。
**しょだい**【初代】(名) 家系・身分などで、代々続いている系統の最初の人。一代目。「―大統領」
**じょたい**【除隊】(名・自スル) 兵士が服役《ふくえき》を解除されること。㊨入隊
**しょたいめん**【初対面】(名) 会ったことのない人とはじめて会うこと。「―のあいさつ」
**しょだな**【書棚】(名) 本をのせる棚。本棚。
**しょだん**【処断】(名・他スル) さばいて決めること。処置をつけること。「法の―をくだす」
**しょだん**【初段】(名) 柔道《じゅうどう》・剣道《けんどう》・碁《ご》・将棋《しょうぎ》などで、うでまえによってあたえられる、最初の段位。また、それをあたえられた人。
**しょち**【処置】(名・他スル) ❶物事の取り扱《あつか》い方を決め、始末をつけること。また、その始末のつけ方。「断固たる―をとる」㊮処理・措置《そち》。❷病気やけがの手当てをすること。また、その手当て。「応急―」「傷を―する」
**しょちゅう**【暑中】(名) 夏の最も暑い間。特に、夏の土用の一八日間。「―見舞《みま》い」㊨寒中
**じょちゅう**【女中】(名) ❶その家に住みこんだり通ったりして、家事や雑用をする女性。古い呼び方で、今は「お手伝いさん」という。❷旅館などで、給仕《きゅうじ》をしたり雑用をしたりする女性。仲居《なかい》。
**しょちゅううかがい**【暑中伺い】(名) →しょちゅうみまい
**じょちゅうぎく**【除虫菊】(名) 〘植〙キク科の多年草。夏、白い花が咲《さ》く。花をかげぼしにして粉にし、殺虫剤《さっちゅうざい》や蚊とり線香《せんこう》などの原料にする。
**しょちゅうみまい**【暑中見舞い】(名) 立秋までの夏の暑い最中、知人や親しい人などのようすをたずねること。また、そのうかがいの手紙。暑中うかがい。
㊫立秋を過ぎると「残暑見舞い」となる。
**しょちょう**【初潮】(名) 〘生〙はじめての月経。初経。
**しょちょう**【所長】(名) 事務所や営業所など、「所」と呼ばれるところのいちばん上の責任者。
**しょちょう**【署長】(名) 警察署・税務署など、「署」と呼ばれるところのいちばん上の責任者。
**じょちょう**【助長】(名・他スル) ある働きかけによって、物事の成長や傾向《けいこう》などをいっそう強くすること。「自立を―する」「不安を―する」
**しょっかい**【職階】(名) 社長と社員など、職務のうえでの階級。「―制」
**しょっかく**【食客】(名) よその家に寝泊《ねと》まりして、食べさせてもらっている人。いそうろう。食客《しょっきゃく》。
**しょっかく**【触角】(名) 〘動〙昆虫《こんちゅう》やえびなどの頭にある細長い角状《つのじょう》の感覚器官。
**しょっかく**【触覚】(名) 五感の一つ。物にふれておこる皮膚《ひふ》の感覚。
**しょっかん**【食間】(名) 食事と食事とのあいだ。「―に服用する薬」
**しょっかん**【食感】(名) 食物を口にいれたときの感じ。口当たり。「ほくほくとした―」
**しょっかん**【触感】(名) 物にふれたときの感じ。手ざわり。肌《はだ》ざわり。「柔《やわ》らかな―」
**しょっき**【食器】(名) 食事に使う器具。茶碗《ちゃわん》・皿・はしなど。「―棚《だな》」
**しょっき**【織機】(名) 織物を織る機械。はたおり機。
**ジョッキ**(名) ビールなどを飲むのに用いる、とってのついた大きなコップ。▽英 jug から。
**ジョッキー**〔英 jockey〕(名) 競馬の騎手《きしゅ》。
**しょっきゃく**【食客】(名) →しょっかく(食客)
**ショッキング**〔英 shocking〕(形動ダ)〔ダロ・ダッ(デ・ニ)・ダ・ナ・ナラ・○〕 心に衝撃《しょうげき》を受けるようす。「―な事件」
**ショック**〔英 shock〕(名) ❶急に受ける強い打撃《だげき》。衝撃《しょうげき》。「爆発《ばくはつ》の―」❷予期しないことにぶつかったときの激《はげ》しい心の動き。「母の急病に―を受ける」「精神的―」❸〘医〙急激に全身の血液の流れが悪化して、細胞の機能が低下する状態。「―死」
**しょっけん**【食券】(名) 食堂などで、飲食物と引きかえる券。
**しょっけん**【職権】(名) 職務を進めていくうえであたえられている権限。職務権限。「―の乱用」
**しょっこう**『△燭光』(名) ❶ともしびの光。燭《しょく》。❷〘物〙光源の光の強さをはかる単位。現在では、カンデラを用いる。
**しょっこう**【職工】(名) 工場などで働く労働者の古い呼び名。工員。
**しょっちゅう**(副) しじゅう。たえず。いつも。「―いたずらをくり返す」
**しょっつる**『◇塩◇汁』(名) はたはた・いわしなどを塩漬《しおづ》けにして発酵《はっこう》させた汁《しる》から作る調味料。「―鍋《なべ》」
**しょってた・つ**『◇背◇負って立つ』責任を持って困難なことや重要な役割を引き受ける。
**しょっ・てる**『◇背◇負ってる』(自下一)〔テ・テ・テル・テル・テレ・テロ(テヨ)〕うぬぼれている。「なんだ、ずいぶん―な」
**ショット**〔英 shot〕(名) ❶テニスやゴルフで、球を打つこと。また、その打球。「ナイス―」❷映画やテレビで、カメラが回り始めてから終わるまでの一場面。カット。
**しょっぱ・い**(形)〔カロ・カッ(ク)・イ・イ・ケレ・○〕〘俗語〙しおからい。「―スープ」
**しょっぱな**(名)〘俗語〙物事のはじめ。最初。「―からしくじる」
**しょっぴ・く**(他五)〔カ(コ)・キ(イ)・ク・ク・ケ・ケ〕〘俗語〙むりやり連れていく。特に、犯罪の容疑者を警察署に連行する。「現行犯で―・かれる」
**ショッピング**〔英 shopping〕(名・自スル) 買い物をすること。「―を楽しむ」「―センター」
**ショップ**〔英 shop〕(名) 店。「ペット―」
**しょて**【初手】(名) (碁《ご》・将棋《しょうぎ》の最初の手の意から)はじめ。最初。「―からやりなおす」
**しょてい**【所定】(名) 前もって決まっていること。決められているとおり。「―の場所に集まる」「―の様式」
**じょてい**【女帝】(名) 女性の天皇《てんのう》・皇帝《こうてい》。
**しょてん**【書店】(名) 書物を売る店。また、書物を出版する会社。本屋。
**しょとう**【初冬】(名) ❶冬のはじめ。はつふゆ。㊨晩冬。❷陰暦《いんれき》の一〇月。

**しょとう【初等】**（名）いくつかに区分してあるうちの、最初の程度・等級。「―教育」対高等
**しょとう【初頭】**（名）時代・年代のはじめのころ。最初のころ。「七世紀―に建てられた寺」
**しょとう『〈蔗糖』**（名）さとうきびやてんさいからとった砂糖。
**しょとう【諸島】**（名）多くの島々。いくつかの島の集まり。群島。「小笠原《おがさわら》―」
**しょどう【初動】**（名）最初にとる行動や動作。「―捜査《そうさ》」「―対応」
**しょどう【書道】**（名）毛筆で文字を書く芸術。
**じょどうし【助動詞】**（名）〔文法〕品詞の一種。付属語で活用のあることば。単独で用いられることはなく、用言やほかの助動詞につけて使われ、特定の意味をそえる。「書かない」の「ない」、「食べたい」の「たい」など。
**しょとく【所得】**（名）一定期間内に得た収入や利益。「年間―」「―が伸《の》びる」
**しょとくぜい【所得税】**（名）直接税の一種。個人が一年間に得た金額に応じて課せられる国税。
**しょなのか【初七日】**（名）人が死んだ日から数えて、七日目。また、その日に行う法事。しょなぬか。ひとなぬか。「―の法要」
**じょなん【女難】**（名）男性が、女性に関することで受ける災難《さいなん》。「―の相」
**しょにち【初日】**（名）❶芝居《しばい》やすもうなどの興行で最初の日。対千秋楽《せんしゅうらく》。❷すもうで、負け続けていた力士がはじめて勝つこと。「―が出る」
**しょにんきゅう【初任給】**（名）職についてはじめて受け取る給料。また、その金額。
**しょねつ【暑熱】**（名）夏のきびしい暑さ。
**しょねん【初年】**（名）❶最初の年。第一年。❷その時代のはじめのころ。「明治―」
**じょのくち【序の口】**（名）❶物事のはじめのところ。はじめの部分。「この暑さはまだ―だ」❷すもうの番付《ばんづけ》のいちばん下の位。「―優勝」
**じょはきゅう【序破急】**（名）❶舞楽《ぶがく》・能楽《のうがく》の構成形式。「序」は導入部、「破」は展開部、「急」は終結部。それぞれに特有のテンポや表現上のきまりをもつ。❷物事の、はじめと中間と終わり。
**しょばつ【処罰】**（名・他スル）罪や悪事を犯《おか》した者に罰をあたえること。「違反者《いはんしゃ》を―する」
**しょはん【初犯】**（名）はじめて罪を犯《おか》すこと。また、その罪を犯した人。対再犯
**しょはん【初版】**（名）本を出版したときの最初の版。また、その本。第一版。「―本」対再版・重版
**しょはん【諸般】**（名）いろいろ。さまざまなこと。「―の事情」
**じょばん【序盤】**（名）❶碁《ご》・将棋《しょうぎ》で、さし始めの状況《じょうきょう》やその盤面。「―で作戦勝ちする」❷勝負や物事の、初期の段階。「今シーズンの―戦」⇨ちゅうばん・しゅうばん（終盤）
**しょひょう【書評】**（名）本の内容を紹介《しょうかい》しながら批評した文章。「新聞の―欄《らん》」
**ジョブ**〔英 job〕（名）❶仕事。❷コンピューターで、一連の作業を一つのまとまりとしてあつかう単位。
**しょぶん【処分】**（名・他スル）❶物事の取りあつかい方をきめて始末をつけること。「不用品の―」「財産を―する」❷罰《ばっ》すること。「きびしく―する」「出場停止―」類処罰
**じょぶん【序文】**（名）書物の本文の前にある文章。はしがき。まえがき。類序言・緒言《しょげん》。対跋文《ばつぶん》
**ショベル**（名）→シャベル
**ショベル-カー**〔和製英語〕（名）地面をほったり、土砂《どしゃ》などをすくったりするための大型のシャベルを備えている車両。パワーショベル。▽shovel と car から。
**しょほ【初歩】**（名）学問や芸術などの習いはじめの段階。…的「初歩的なミス」
**しょぼ・い**（形）〔カロ・カッ(ク)・イ・イ・ケレ・〇〕《俗語》見栄《みば》えが悪い。さえない。「―内容の本」
**しょほう【処方】**（名・他スル）《医》薬を調合すること。特に、医者が患者《かんじゃ》の病気に応じた薬の作り方や用い方を指示すること。
**しょぼう【書房】**（名）❶書店。❷書斎《しょさい》。
**じょほう【除法】**（名）《数》割り算。対乗法
**しょほうせん【処方箋】**（名）《医》医者が薬の作り方や用い方を書いて、薬剤師《やくざいし》または患者《かんじゃ》にわたす書きつけ。
**しょぼく・れる**（自下一）〔レ・レ・レル・レル・レレ・レロ(レヨ)〕《俗語》気力をなくして、みじめなようすになる。「―・れた姿」
**しょぼしょぼ** 一（副）小雨《こさめ》が勢いなく降り続くようす。「雨が―（と）降っている」二（副・自スル）❶疲《つか》れたりねむかったりで、目をあけていられずまばたきするようす。「目が―（と）する」❷見るからに元気がなくてあわれなようす。「―（と）歩く」
**じょまく【序幕】**（名）❶芝居《しばい》のはじめの幕。第一幕。❷物事・事件などのはじまり。（対終幕）
**じょまく【除幕】**（名・自スル）銅像・碑《ひ》などができあがって、それにかぶせてある幕をとること。「―式」
**しょみん【庶民】**（名）一般《いっぱん》の人びと。…的「庶民的な感覚」類大衆・庶人・民衆
**しょむ【庶務】**（名）いろいろな細かい事務。「―係」
**しょめい【書名】**（名）書物の名。
**しょめい【署名】**（名・自スル）自分の氏名を書くこと。また、書いた氏名。サイン。「契約《けいやく》書に―する」
**じょめい【助命】**（名・自他スル）（殺されることになっている人の）命を助けること。「―嘆願《たんがん》書」
**じょめい【除名】**（名・他スル）名簿《めいぼ》から名前を取り除くこと。組織などからしめ出すこと。「―処分」
**しょめん【書面】**（名）❶手紙や文書の文面。❷手紙。また、文書。書類。「―で回答する」
**しょもう【所望】**（名・他スル）ほしい、してほしいと望むこと。望み。願い。「―の品」
**しょもつ【書物】**（名）本。図書。書籍《しょせき》。
**しょや【初夜】**（名）はじめての夜。特に、結婚《けっこん》してはじめての夜。
**じょや【除夜】**（名）一二月三一日の夜。おおみそかの夜。
**じょやく【助役】**（名）❶駅長や所長などの次の位で、その事務を助けたり、代行したりする役。また、その人。❷「副市町村長」の旧称《きゅうしょう》。
**じょやのかね【除夜の鐘】**（名）一〇八の煩悩《ぼんのう》

を取り去って新年をむかえるために、おおみそかの夜の一二時をはさみ、寺院で一〇八回つく鐘。

**しょゆう【所有】**（名・他スル）自分の物として持っていること。「—地」「—者」類保有

**じょゆう【女優】**（名）女性の俳優。対男優

**しょゆうけん【所有権】**（名）自分の物として、自由に使ったり処分したりすることのできる権利。

**しょよ【所与】**（名）与《あた》えられたもの。与えられること。「—の条件」

**しょよう【初葉】**（名）ある時代のはじめのころ。初頭。「江戸《えど》時代の—」対末葉《まつよう》

**しょよう【所用】**（名）用事。用向き。「—があっておそくなる」

**しょよう【所要】**（名）ある物事をするのに必要なこと。また、そのもの。「—時間」

**しょり【処理】**（名・他スル）物事をさばいて、始末をつけること。「事故の—」「事後—」「未—」類処置

**じょりゅう【女流】**（名）ある方面で活躍《かつやく》している女性。「—作家」

**しょりょう【所領】**（名）領地として持つ土地。

**じょりょく【助力】**（名・自スル）手助けすること。力ぞえ。「—を乞《こ》う」

**しょるい【書類】**（名）記録や仕事上の書きつけ。いろいろな文書。「重要—」

**しょるいそうけん【書類送検】**（名・他スル）〔法〕犯罪の被疑者《ひぎしゃ》を拘束《こうそく》せずに、事件についての書類や証拠物《しょうこぶつ》を警察から検察庁へ送ること。

**ショルダー-バッグ**〔英 shoulder bag〕（名）肩《かた》にかけられるようにつくられたかばん。

**じょれつ【序列】**（名）順序をつけてならべること。特に、地位・成績などの順序。「年功—」「—をつける」

**じょろ**〖×如露〗（名）→じょうろ

**しょろう【初老】**（名）❶老人になりかける年ごろ。「—の紳士《しんし》」❷もと、四〇歳《さい》の別の呼び方。

**じょろう【女郎】**（名）むかし、遊郭《ゆうかく》で客の相手をした女性。遊女《ゆうじょ》。

**しょろん【緒論】**（名）本論の前のはじめの説明・論。序論。注意「ちょろん」とも読みならわされている。

**じょろん【序論】**（名）本論の前おきとして書いたり述べたりする論。緒論《しょろん》。序説。

**しょんぼり**（副・自スル）元気がなくさびしそうなようす。「—（と）帰る」「しかられて—（と）する」

**シラー**〔Friedrich von Schiller〕【人名】（一七五九～一八〇五）ドイツの詩人・劇作家。ゲーテとならぶ一八世紀ドイツ文学の代表者。その作品は、自由へのあこがれと正義感につらぬかれている。詩「歓喜《かんき》に寄す」、戯曲《ぎきょく》「群盗《ぐんとう》」「ウィルヘルム=テル」など。シルレル。

**しらあえ【白あえ】**〖白◇和え〗（名）豆腐《とうふ》に白ごまや白みそなどをすりまぜて野菜やこんにゃくなどをあえた料理。「ほうれん草の—」

**じらい【地雷】**（名）地中に埋《う》めておき、その上を人や車が通ると爆発《ばくはつ》するしくみの兵器。「—探知器」

**じらい**〖△爾来〗（副）それから。その時以来。「—三〇年の月日がたつ」

**しらうお【白魚】**（名）〘動〙シラウオ科の魚。近海にすみ、四、五月ごろに川・湖などにのぼって卵をうむ。からだは小形ですきとおっていて細長い。食用。「—のような指（=女性の、白くて細い指）」

**しらが【**◎**白髪】**（名）白くなった髪《かみ》の毛。白髪《はくはつ》。「—染め」

**しらかば**〖白△樺〗（名）〘植〙カバノキ科の落葉高木。高原や山地の日当たりのよい土地に自生。樹皮は白く、紙のようにはげる。材は細工用。しらかんば。かば。「—の林」

**しらかべ【白壁】**（名）漆喰《しっくい》で白くぬった壁。

**しらかわよふね【白河夜船】**（名）ぐっすり寝《ね》こんで、何も知らないこと。参考京都を見たふりをした者が、京都の地名である白河のことをきかれ、川の名と思って、夜船で通ったから知らない、と答えたという話から出たことば。

**しらき【白木】**（名）塗料《とりょう》をぬらない、皮をはいだ木地《きじ》のままの木材。「—の床《ゆか》」「—の家具」

**しらきづくり【白木造り】**（名）皮をはいだ木地《きじ》のままの木材でつくること。また、そういう材木で作ったもの。

**しら・ける【白ける】**（自下一）{ケ・ケ・ケル・ケル・ケレ・ケロ(ケヨ)}❶もりあがっていた気分がこわされて気まずくなる。興がさめる。「座が—」❷色などが白っぽくなる。

**しらこ【白子】**（名）魚のおすの精巣《せいそう》。

**しらじら【白白】**（副）夜が明けてだんだん明るくなっていくようす。「空が—（と）明けてゆく」

**しらじらし・い【白白しい】**（形）{カロ・カツ(ク)・イ・イ・ケレ・〇}❶興ざめであるようす。「—気分」❷見えすいているようす。明らかにいつわりとわかるようす。「—うそをつく」

**しらす**〖白子〗（名）〘動〙いわしなどの幼魚。ほすなどして食用にする。「—ぼし」

**しらす【白州】**〖白△洲〗（名）❶庭などで白い砂のしいてある所。❷江戸《えど》時代、奉行所《ぶぎょうしょ》・代官所などで、罪人を問いただしたり、さばいたりした場所。

**じら・す**〖◇焦らす〗（他五）{サ(ソ)・シ・ス・ス・セ・セ}相手が待ち望んでいることをわざと遅《おく》らせていらだたせる。じれさせる。「ピッチャーがバッターを—」

**しらずしらず【知らず知らず】**（副）知らないうちに。いつのまにか。「—ねむっていた」

**しらせ【知らせ】**（名）❶人に知らせること。また、その内容。通知。「—を受ける」「急な—」❷何かがおこるようなけはい。「虫の—」

**しら・せる【知らせる】**（他下一）{セ・セ・セル・セル・セレ・セロ(セヨ)}人にことがらを書いたり言ったりして伝える。「手紙で—」

**しらたき【白滝】**（名）❶白い布を垂らしたように水が流れ落ちる滝。❷糸のように細く作ったこんにゃく。

**しらたま【白玉】**（名）❶白い玉。❷「真珠《しんじゅ》」の古い呼び名。❸白玉粉（=もち米を水でさらして碾《ひ》いた粉）で作っただんご。

**しらちゃ・ける【白茶ける】**（自下一）{ケ・ケ・ケル・ケル・ケレ・ケロ(ケヨ)}色がさめて白っぽくなる。「壁《かべ》が—・けてしまった」

**しらとり【白鳥】**（名）❶羽毛《うもう》の白い鳥。❷〘動〙→はくちょう

**しらとりは…**短歌

〔白鳥《しらとり》は　哀《かな》しからずや　空《そら》の青《あを》　海《うみ》のあをにも　染《そ》まずただよふ〕〈若山牧水

《わかやまぼくすい》〉訳あの白い鳥は悲しくないのだろうか。空の青にも海の青にも染まらず、ただ一羽でただよっているよ。

**しらなみ【白波】**（名）❶白くあわだつ波。❷盗賊《とうぞく》（白鳥はここでは「かもめ」のこと）参考②は、むかし中国で、黄巾《こうきん》の乱の残党が白波谷《はくはこく》にこもり、白波賊と呼ばれたことによる。

**しらぬい【**『×不知火』**】**（名）夏の夜、九州の熊本《くまもと》県八代《やつしろ》海の沖《おき》に見えるたくさんの火影《ほかげ》。

**しらぬかお【知らぬ顔】**（名）知っていながら知らないふりをする顔つき。しらんかお。

**知らぬ顔の半兵衛《はんべえ》**　知っているのに知らないふりをしてすましていること。また、その人。「一をきめこむ」

**しらぬがほとけ【知らぬが仏】**知っていれば平気でいられないが、何も知らないために仏のように広い心で気楽にしていられるのだというたとえ。（ばかにしたり、ひやかしたりする場合に用いられることが多い）

**しらは【白刃】**（名）さやからぬいた刀。ぬきみ。

**しらばく・れる**（自下一）〔レ・レ・レル・レル・レレ・レロ(レヨ)〕知っていても知らないふりをする。しらばっくれる。「証拠《しょうこ》があるのだから一・れてもだめだ」

**シラバス**〔英 syllabus〕（名）大学などの、講義の内容と計画を説明したもの。

**しらはた【白旗】**（名）→しろはた

**しらはにの…**短歌

〔白埴《しらはに》の　瓶《かめ》こそよけれ　霧《きり》ながら　朝《あさ》はつめたき　水《みづ》くみにけり〕〈長塚節《ながつかたかし》〉訳秋海棠《しゅうかいどう》を生けるには、白いうわぐすりをかけて焼いた花瓶《かびん》がぴったりだ。朝、霧にぬれながら、この花瓶につめたい水をくんだことであるよ。（「秋海棠の画に」と詞書《ことばがき》がある）

**しらはのやがたつ【白羽の矢が立つ】**多くの中から特に選び出される。ねらいをつけられる。「選手代表として彼《かれ》に白羽の矢が立った」

**しらびょうし【白拍子】**（名）平安時代の末ごろに始まったおどり。また、それをおどる女性。

**しらふ**『×素面』（名）酒に酔《よ》っていない平常の状態。「そんなことは一ではできない」

**ジラフ**〔英 giraffe〕（名）《動》→きりん（麒麟）①

**しらべ【調べ】**（名）❶調べること。調査。検査。「犯人の所在地の一がつく」❷罪を問いただすこと。「一を進める」❸音楽の調子。「琴《こと》の一」

**しら・べる【調べる】**（他下一）〔ベ・ベ・ベル・ベル・ベレ・ベロ(ベヨ)〕❶よくわからないことなどを、はっきりさせるために、本や物を見たり、人に聞いたりして、考えたしかめる。「原因を一」「語の意味を辞書で一」❷異常なところがないかをたしかめる。点検する。「エンジンを一」「帳簿《ちょうぼ》を一」❸問いただす。とりしらべる。「容疑者を一」

**しらみ**『△虱』（名）《動》シラミ目《もく》の小さな昆虫《こんちゅう》。人や鳥・けものなどについて血を吸う。はっしんチフスなどの病原体を運ぶものもある。

**しらみつぶし**『△虱潰し』（名）かたはしから、一つ一つもらさず処理すること。「一に聞いて回る」

**しら・む【白む】**（自五）〔マ(モ)・ミ(ン)・ム・ム・メ・メ〕夜があけて明るくなる。「東の空が一」

**しらをきる【しらを切る】**知っているのに知らないと言いはる。しらばくれる。とぼける。「あくまでも一」

**しらんかお【知らん顔】**（名）→しらぬかお

**しらんぷり【知らんぷり】**（名）（「しらぬふり」の変化したもの）知っていても知らないそぶりをすること。

**しり【尻】**　5画 尸2　訓しり　ㇰ ㇱ 尸 尻 尻

しり。うしろ。おわり。◆尻餅《しりもち》◆帳尻《ちょうじり》・目尻《めじり》・矢尻《やじり》。参考特別に、「尻尾」は「しっぽ」と読む。

**しり【尻】**（名）❶腰《こし》のうしろの、下の部分。おしり。❷人や物のうしろ。「人の一についてばかりいる」❸続いているものの最後のところ。「一から数えたほうが早い成績」❹物事の結果。また、そのよくない結果や影響《えいきょう》。❺器物の底の部分。「やかんの一」

**尻が重《おも》い**　ぶしょうで、なかなか物事にとりかかろうとしない。

**尻が軽《かる》い**　❶気軽に物事をする。❷行いや態度が軽々しく軽率《けいそつ》である。❸（女性が）浮気《うわき》である。

**尻が長《なが》い**　人の家に行き、なかなか帰ろうとしない。

**尻に敷《し》く**　妻が夫をおさえつけて、思うままにふるまう。

**尻に火《ひ》がつく**　物事がさしせまって、じっとしていられなくなる。「しりに火がついてやっと勉強をはじめた」

**尻を据《す》える**　一つの所にじっくり落ち着く。腰《こし》をすえる。「彼《かれ》はしりをすえて仕事にとりくんでいる」

**尻を叩《たた》く**　催促《さいそく》して早くやらせる。

**尻を拭《ぬぐ》う**　人の失敗のあと始末をする。

**尻を持《も》ち込《こ》む**　他の人にあと始末をさせたり、責任をとらせたりする。

**しり【私利】**（名）自分だけの利益。「一私欲」

**シリア**〔Syria〕［地名］シリア・アラブ共和国。西アジアの地中海沿岸にある国。首都はダマスカス。

**しりあい【知り合い】**（名）つきあいがあってたがいに知っていること。また、その相手。知人。

**しりあがり【尻上がり】**（名）❶終わりのほうになるほど、物事の状態がよくなること。「成績は一によくなった」対しり下がり。❷ことばの調子で、終わりのほうが高くなること。「一のアクセント」対しり下がり。❸→さかあがり

**シリアス**〔英 serious〕（形動ダ）〔ダロ・ダッ(デ・ニ)・ダ・ナ・ナラ・○〕❶真剣なようす。まじめなようす。「一に考える」❷深刻なようす。重大なようす。「一な問題」

**シリアル**〔英 cereal〕（名）コーンフレークやオートミールなど、穀物を原料とした食品。

**シリアル-ナンバー**〔英 serial number〕（名）各工業製品ごとに付けられている固有の製造番号。製品の管理や不正使用防止に用いられる。

**シリーズ**〔英 series〕（名）❶本・映画・テレビ番組などで、内容の関連するひと続きのもの。「名作一」❷野球などで、続けて行うひとまとめの試合。「日本一」

**しりうまにのる【尻馬に乗る】**自分のしっかりした考えを持たずに、他人のあとにくっついて同じように物事を行うことのたとえ。「人の尻馬に乗ってさわぐ」

**しりえ**『◇後◇方』（名）うしろのほう。後方《こうほう》。

**しりおし【尻押し】**（名・他スル）❶うしろから押すこと。❷かげで力をかして助けること。《類後押《あとお》し》

**しりがる【尻軽】**（名・形動ダ）❶気軽にすぐ行動すること。また、そういう人。❷ことばや動作が、軽はずみなこと。❸（女性が）浮気《うわき》なこと。

**じりき【地力】**（名）そのものが、もともともっている力。「―を発揮する」「―にまさる」類実力

**じりき【自力】**（名）❶自分ひとりの力。独力。「危地を―で脱出する」❷〘仏〙自分の力で修行《しゅぎょう》し、悟《さと》りを得ようとすること。〘対他力〙

**しりきれ【尻切れ】**（名）❶うしろのほうが切れていること。また、そのもの。❷完成しないで中途《ちゅうと》で終わっていること。「―の文章」

**しりきれとんぼ【尻切れとんぼ】**〘尻切れ×蜻蛉〙（名）物事が途中《とちゅう》で切れて最後まで続かないこと。「―は困る」

**シリコーン**（名）〘化〙→シリコン

**しりごみ【尻込み】**〘◇後込み〙（名・自スル）❶前を向いたままうしろへ退くこと。あとずさりすること。❷ためらうこと。「いざという時に―してしまう」

**シリコン**〔英 silicone〕（名）〘化〙合成樹脂《じゅし》の一種。水をよくはじき、電気を絶縁《ぜつえん》するので、防水加工や変圧器などに使用する。シリコーン。

**しりさがり【尻下がり】**（名）❶あとのほうになるほど物事の状態が悪くなること。❷ことばの調子で、終わりのほうが低くなること。〘対しり上がり〙

**じりじり** ■一（副）❶少しずつ着実に進んでゆくようす。「―（と）追いつめる」❷熱や光が強いようす。「太陽が―（と）照りつける」❸油などが燃えないで焼けたり焦《こ》げたりするようす。「魚が―（と）焼ける」■二（副・自スル）心がしだいにいらだってくるようす。「―しながら待つ」

**しりすぼみ【尻すぼみ】**（名）❶容器が、底にいくにつれて細くなっていること。❷はじめよかった勢いが、あとになるにつれてだんだん弱くなっていくこと。「反対運動も―になる」

**しりぞ・く【退く】**（自五）{カ(コ)・キ(イ)・ク・ク・ケ・ケ}❶うしろのほうへさがる。後退する。「もとの地点に―」対進む。❷身分の高い人の所から去る。「御前《ごぜん》を―」❸仕事や地位から身を引く。引退する。「政界を―」

**しりぞ・ける【退ける】**〘◇斥ける〙（他下一）{ケ・ケ・ケル・ケル・ケレ・ケロ(ケヨ)}❶その場から遠ざける。さがらせる。「人を―・け、二人だけで話す」❷向かってくるものを追い返す。撃退《げきたい》する。「数千の敵を―」❸拒絶《きょぜつ》する。うけ入れない。「要求を―」❹職をやめさせる。地位を落とす。「要職から―」

**しりつ【市立】**（名）市の費用で設立され、維持《いじ》・運営されること。また、そのもの。「―の図書館」参考「私立」と区別するために「いちりつ」と読むこともある。

**しりつ【私立】**（名）個人や民間団体の費用で設立され、維持《いじ》・運営されること。また、そのもの。「―高校」対国立・公立。参考「市立」と区別するために「わたくしりつ」と読むこともある。

**じりつ**〘△而立〙（名）三〇歳《さい》のこと。参考「論語」の「三十而立（三十にして立つ）」から出たことば。

**じりつ【自立】**（名・自スル）他の力を借りないで自分の力でやっていくこと。ひとりだち。「―の精神」「経済的に―する」類独立

**じりつ【自律】**（名・自スル）自分で決めたきまりに従って、物事を行うこと。対他律

**じりつご【自立語】**（名）〘文法〙それだけで一つの意味をもち、文節になることのできることば。名詞・代名詞・動詞・形容詞・形容動詞・副詞・連体詞・接続詞・感動詞をいう。対付属語

**じりつしんけい【自律神経】**（名）〘生〙内臓や血管などを動かしている神経。本人の意志と関係なく働く。交感神経と副交感神経がある。「―失調症《しっちょうしょう》」

**しりとり【尻取り】**（名）前の人の言ったことばの終わりの音《おん》が、次のことばの最初にくるようにして、つぎつぎに続けていく遊び。「あたま、まっち、ちくわ、わ…」の類。

**しりぬぐい【尻拭い】**（名・自スル）他人の失敗などのあと始末をすること。

**じりひん【じり貧】**（名）❶〘経〙相場がだんだん安くなること。じりやす。❷だんだん貧乏《びんぼう》になっていくこと。また、しだいに状態が悪くなること。

**しりめ【尻目】**〘◇後目〙（名）❶ひとみだけを動かしてうしろを見ること。よこめ。ながしめ。❷（「…をしりめに」の形で）問題にしないで無視すること。「抗議《こうぎ》の声を―に強行する」

**尻目にかける** 人をばかにして問題にしない。

**しりめつれつ【支離滅裂】**（名・形動ダ）（言動が）めちゃめちゃで、すじみちのたたないこと。「―な話」

**しりもち【尻餅】**（名）しりから落ちるようにたおれること。転んでしりを地にうちつけること。「―をつく」

**しりゅう【支流】**（名）❶本流に流れこんでいる川。また、本流から分かれた川。類分流。対本流。❷中心から分かれたグループ。分派。〘対主流〙

**じりゅう【時流】**（名）その時代の社会一般《いっぱん》の考え方や傾向《けいこう》。「―にさからう」「―にのる」類風潮

**しりょ【思慮】**（名・他スル）深く考えをめぐらすこと。また、その考え。「―分別《ふんべつ》」「―が深い」

**しりょう【史料】**（名）歴史の研究や編集に必要な材料。

**しりょう【死霊】**（名）死者のたましい。また、死者の怨霊《おんりょう》。対生き霊

**しりょう【資料】**（名）何かを調べたり研究したりするときの、もとになる情報や材料。「―収集」

**しりょう【飼料】**（名）家畜《かちく》のえさ。

**しりょく【死力】**（名）死にものぐるいで出すありったけの力。必死の力。「―を尽《つ》くす」

**しりょく【視力】**（名）目の物を見る力。また、その度合い。「―がおとろえる」「―検査」

**しりょく【資力】**（名）資本を出せる力。財力。

**じりょく【磁力】**（名）〘物〙磁気の働きの強さ。

**シリンダー**〔英 cylinder〕（名）❶エンジンの主要部分をなす円筒《えんとう》部。内部でピストンが往復運動を行って動力を生み出す。気筒《きとう》。❷円筒形のもの。「―錠《じょう》」

**しる【汁】**（名）❶物の中にふくまれている水分。「レモンの―」❷吸《す》い物。つゆ。みそしる。「―の実」❸他人のおかげで受けるもうけ。「うまい―を吸う」

**し・る【知る】**（他五）{ラ(ロ)・リ(ッ)・ル・ル・レ・レ}❶物事についての知識を得る。「動物の名を―」❷ある物事を意識でとらえる。気がつく。「そうとは―・らなかった」「宿題があるのに―・らないふりをする」❸経験を通じて感じとる。体験する。「恋《こい》の甘《あま》さを―」「戦争を―・らない世代」❹じゅうぶん理解する。「一を聞いて十を―」❺面識がある。「その人ならよく―・っている」❻かかわりをもつ。関知する。「私の―・ったことか」

**シルエット**〔フランス silhouette〕（名）❶横顔などの形を黒くぬりつぶした画像。かげえ。❷衣服や人の姿、ものの形の輪郭線《りんかくせん》。「流線形の―」

**シルク**〔英 silk〕（名）絹。絹糸。絹で織った布。

**シルク-ハット**〔英 silk hat〕（名）円筒形をした、男性の洋式礼装用の帽子《ぼうし》。表面が絹でおおわれている。

（シルクハット）

**シルク-ロード**〔英 Silk Road〕（名）〔歴〕古代、アジアを横断していた東西交通路の呼び名。中国から西アジアや地中海方面に輸出した絹の輸送路で、思想・文化などもこの道によって伝わった。絹の道。

**しるこ【汁粉】**（名）あずきのあんをとかして、砂糖を入れて煮《に》た汁の中に、もち・白玉などを入れた食べ物。

**しるし【印】**（名）❶他と区別したり、ある意味を表したりするためのもの。「通行止めの―」「―をつける」❷証拠《しょうこ》になるもの。あかし。「愛の―」❸気持ちを形に表したもの。「お礼の―です」

**しるし**『◇徴』（名）きざし。徴候《ちょうこう》。「回復の―が見えてきた」

**しる・し**〔著し〕（形ク）古語❶はっきりしている。特に目だっている。「わが見し児《こ》らがまみは―・しも」〈万葉集〉訳私が会ったあの子の目もとははっきり見えることよ。❷（上に「も」をともなって）そのとおりだ。予想していたとおりだ。「宣《のたま》ひしも―・く十六夜《いざよひ》の月をかしきほどにおはしたり」〈源氏物語〉訳おっしゃったとおり、十六夜の月の美しい日にお見えになった。

**しるしばかり【印ばかり】**『印◇許り』（名・副）わずかばかり。ほんの少し。「―のお礼」

**しるしばんてん【印半纏】**『印半△纏』（名）背中・襟《えり》などに屋号《やごう》や紋章《もんしょう》などを染めぬいたはんてん。はっぴ。

（しるしばんてん）

**しる・す**『◇印す』（他五）{サ(ソ)・シ・ス・ス・セ・セ}しるしをつける。また、形を残す。「箱に店のマークを―」「足跡《そくせき》を―」

**しる・す【記す】**（他五）{サ(ソ)・シ・ス・ス・セ・セ}❶書きつける。「手帳に―」❷記憶《きおく》にとどめる。「しっかりと心に―」

**ジルバ**（名）社交ダンスの一種。速いテンポの軽快なおどり。▽英 jitterbug の発音を日本語にうつした語。

**シルバー**〔英 silver〕（名）❶銀、または銀製品。❷銀色。「―グレー」❸（他の語につけて）高齢《こうれい》者。「―世代」

**シルバー-シート**〔和製英語〕（名）電車やバスなどで、老人やからだの不自由な人などのために用意された座席。現在は多く「優先席」という。▽silver と seat から。

**しるべ**『◇導・◇標』（名）手びき。目じるし。道しるべ。「星を―に進む」

**しるべ【知る辺】**（名）知り合いの人。「―をたよって故郷を出る」

**しれい【司令】**（名・他スル）軍隊・艦隊《かんたい》などを指揮・監督《かんとく》すること。また、その役目の人。「―官」

**しれい【指令】**（名・他スル）上位者が下位の者に出すさしず。命令。「本部の―によって動く」

**じれい【事例】**（名）❶前例になる事実。「過去の―」❷一つ一つの場合についての実例。ケース。「―研究」

**じれい【辞令】**（名）❶応対のことば・あいさつ。「外交―」❷会社や役所などで、職の任免《にんめん》や勤務内容の変更《へんこう》を書いて本人にわたす文書。「―が下りる」

**しれいとう【司令塔】**（名）❶軍艦《ぐんかん》や航空基地などで、艦長や司令官が指揮を行うための塔。❷スポーツなどで、集団をリードする役割を担《にな》う中心人物。「チームの―」

**しれつ【歯列】**（名）歯ならび。「―矯正《きょうせい》」

**しれつ**『△熾烈』（名・形動ダ）勢いがさかんではげしいこと。「敵の攻撃《こうげき》は―をきわめた」

**じれった・い**『◇焦れったい』（形）{カロ・カッ(ク)・イ・イ・ケレ・○}自分の思うように物事が進まず、いらだたしい。もどかしい。「―・くて見ていられない」

**しれっと**（副・自スル）何事もなかったかのようにふるまうようす。「―した顔」

**しれもの**『◇痴れ者』（名）❶おろかもの。ばかもの。❷一つのことに心を打ちこんで夢中になっている人。

**し・れる【知れる】**（自下一）{レ・レ・レル・レル・レレ・レロ(レヨ)}❶知られる。「人に―・れては困る話」❷わかる。「えたいが―・れない（＝正体がわからない）」❸（「知れた…」「知れている」などの形で）わかりきっている。「そんなのは―・れたことだ」「しょせん結果は―・れている」

**じ・れる**『◇焦れる』（自下一）{レ・レ・レル・レル・レレ・レロ(レヨ)}物事が思うようにならず、いらいらする。じりじりする。「あまりに遅《おそ》いので―・れてきた」

**しれわた・る【知れ渡る】**（自五）{ラ(ロ)・リ(ッ)・ル・ル・レ・レ}多くの人に広く知られるようになる。「世間に顔が―」

**しれん【試練】**『試△煉』（名）実力・精神力などをためすこと。また、そのための苦しみ。「―にたえる」

**ジレンマ**〔英 dilemma〕（名）二つの対立することがらの板ばさみになって、どちらとも決められなくなった状態。「―におちいる」

**しろ【白】**（名）❶雪のような色。白色。❷碁石《ごいし》の白いほう。また、それを持つ人。❸罪をおかした事実やその疑いがないこと。また、その人。「彼《かれ》は―だ」（対黒）

**しろ【城】**（名）❶敵をふせぐためにがんじょうに造った大規模な建造物。「―を築く」❷他人の干渉《かんしょう》を許さない自分だけの世界。「自分の―にこもる」

**しろあと【城跡】**（名）城があったところ。城跡《じょうせき》。類城址《じょうし》

**しろあり**『白△蟻』(名)『動』シロアリ目《もく》の昆虫《こんちゅう》。建築物の木材を食い、その内部に巣《す》を作る害虫。形はありに似ているが、別種で、からだの色は白い。

**しろ・い【白い】**(形)〔カロ・カツ(ク)・イ・イ・ケレ・○〕❶色が白である。また、白に近い色である。「―雲」「―肌《はだ》」対黒い ❷なにも書いてない。「まだ―ノート」

**白い目《め》で見《み》る** 冷淡《れいたん》な、また、にくしみなどのこもった目つきで見る。白眼視《はくがんし》する。「人を―」

**しろうと【○素人】**(名)経験があさく、そのことに熟練《じゅくれん》していない人。また、それを職業や専門としていない人。アマチュア。「―考え」「ずぶの―」対玄人《くろうと》

**しろうとばなれ【○素人-離れ】**(名・自スル)しろうとでありながら、専門家のようにすぐれていること。

**じろうものがたり**〔次郎物語〕[作品名]下村湖人《しもむらこじん》の長編小説。一九三六(昭和一一)年から約二〇年がかりで発表。少年本田次郎の成長していく姿をえがく自伝的作品。

**しろかき【代かき】**『代△搔き』(名)田植えの準備として、水田に水を入れて土をかきならすこと。

**しろがね【白金】**『◇銀』(名)❶銀《ぎん》。❷銀のように白く光る色。銀色。

**しろかねも…**和歌
〔銀も　金《くがね》も玉《たま》も　何《なに》せむに　まされる宝《たから》　子にしかめやも〕〈万葉集《まんようしゅう》・山上憶良《やまのうえのおくら》〉訳銀、金、宝石などという宝も、私にとってなんになろうか。いかにすぐれた宝でも、子にまさる宝があろうか、ありはしない。

**しろくじちゅう【四六時中】**(副)(四かける六で、二四時間ということから)一日じゅう。いつも。常に。「二六時中。「―携帯《けいたい》電話をいじっている」

**しろくま【白熊】**(名)『動』クマ科の哺乳《ほにゅう》動物。北極地方にすむ白色の大形のくま。北極ぐま。

**しろくろ【白黒】**(名)❶白と黒。「―の模様」❷物事のよしあし。是《ぜ》と非。有罪と無罪。「―をはっきりさせる」❸写真・映画などで、色のついていないもの。モノクローム。「―テレビ」

**しろざけ【白酒】**(名)どろりと濃《こ》くて、甘《あま》みのある白い酒。多く、ひな祭りにそなえる。

**しろじ【白地】**(名)布や紙の地の白いこと。また、そのもの。

**しろしょうぞく【白装束】**(名)白ずくめの服装。神をまつる儀式《ぎしき》や死者に着せるのに用いる。

**じろじろ**(副)人やものなどを、くり返し無遠慮《えんりょ》に見るようす。「人の顔を―(と)見る」

**シロップ**〔オランダ siroop〕(名)濃《こ》い砂糖水。また、それに香料などを加えたもの。「ガム―」

**しろバイ【白バイ】**(名)交通のとりしまりにあたる警察官が乗る、白くぬったオートバイ。

**しろはた【白旗】**(名)❶白色の旗。しらはた。❷降伏《こうふく》のしるしに掲《かか》げる白い旗。しらはた。

**しろぼし【白星】**(名)❶白くてまるい、または星形のしるし。❷すもうで、勝つこと。また、勝ったしるし。転じて、勝つこと。成功。「―をあげる」《対黒星》

**シロホン**〔ドイツ Xylophon〕(名)『音』→もっきん

**しろみ【白身】**(名)❶卵の中の透明《とうめい》な部分。卵白。対黄身。❷魚や鶏《にわとり》など肉の白い部分。また、魚の肉の白いもの。「―の魚」対赤身。❸木材の白い部分。しらた。対赤身

**しろむく**『白無△垢』(名)上着から下着まですべて白い布で作った着物。「―の衣装《いしょう》」

**しろめ【白目】**(名)❶眼球の白い部分。対黒目。❷人をつめたく見る目つき。「―で人を見る」

**しろもの【代物】**(名)ある評価の対象となる、物や人。「とんだ―を買わされた」「君の手におえる―ではない」使い方けなして言うときに用いることが多い。

**じろりと**(副)するどい目つきでにらむように見るようす。「うるさい人を―見る」参考「じろっと」ともいう。

**しろん【史論】**(名)歴史に関する評論・理論。

**しろん【試論】**(名)試みに書いた意見や理論。

**しろん【詩論】**(名)詩についての評論・理論。

**じろん【持論】**(名)日ごろもっている意見。いつも主張している意見。持説。「これは私の―です」

**しわ**『△皺』(名)紙や布やひふなどがたるんだり、ちぢんだりしてできた細かいすじ。「―だらけの手」「―がよる」

**しわが・れる**『△嗄れる』(自下一)〔レ・レ・レル・レル・レレ・レロ(レヨ)〕声がかれてかすれる。しゃがれる。「―・れた声」

**しわくちゃ**『△皺くちゃ』(形動ダ)〔ダロ・ダッ(デ・ニ)・ダ・ナ・ナラ・○〕しわだらけなようす。「顔を―にして笑う」

**しわけ【仕分け・仕訳】**(名・他スル)❶種類別に分けること。分類。「商品を―する」❷簿記《ぼき》で、項目《こうもく》を分けて貸し借りの関係を書き入れること。注意②は「仕訳」と書く。

**しわ・ける【仕分ける】**(他下一)〔ケ・ケ・ケル・ケル・ケレ・ケロ(ケヨ)〕種類別に分ける。分類する。「荷物を―」

**しわざ【仕業】**(名)したこと。行い。行為《こうい》。「神の―」「だれの―かわからない」参考多くは、非難したくなるようなよくない行いをいう。

**じわじわ**(副)物事がゆっくり少しずつ行われていくようす。「薬が―(と)効いてくる」「汗《あせ》が―(と)でる」

**しわす【○師走】**(名)陰暦《いんれき》一二月の異名。

**しわぶき**『△咳』(名)せき。せきばらい。

**しわよせ【しわ寄せ】**『△皺寄せ』(名・他スル)不利なことや困難なことが解決されないために、悪い影響《えいきょう》を他におよぼすこと。また、その悪い影響。「むりな事業拡大の―がくる」

**じわれ【地割れ】**(名)日照りや地震《じしん》などのため、地面に割れ目ができること。また、その割れ目。

**しん【心】** 4画 心0 小2 音シン 訓こころ　丶 心 心 心
❶しんぞう。臓器の一つ。◆心音・心室・心臓・心電図・心不全・心房《しんぼう》◆強心剤《きょうしんざい》。❷こころ。◆心外・心境・心血・心情・心身・心酔《しんすい》・心痛・心底《しんそこ》《しんてい》・心配・心服・心理◆安心・一心・会心・感心・関心・歓心《かんしん》・疑心・決心・好奇心・私心・羞恥心《しゅうちしん》・小心・信心《しんじん》・人心・熱心・腐心《ふしん》・変心・放心・発心《ほっしん》・本心・野心・用心《ようじん》・良心。❸まんなか。いちばん大事なところ。◆心髄《しんずい》・心棒◆遠心力・核心《かくしん》・求心・重心・中心・灯心・都心。参考特別に、「心地」は「ここち」と読む。

**しん【心】**(名)❶こころ。精神。また、こころの底。「―・技・体」「―からほれる」❷物やからだの中心の部

分。また、中心にあるかたい部分。「えんぴつの—」「からだが—まで冷える」 参考 ②は「芯」とも書く。

しん【申】 5画 田0 小3 音シン㊥ 訓もうす
❶目上の人に言う。もうす。述べる。◆申告・申請《しんせい》 ◆具申・答申・内申。❷十二支の九番目。さる。

しん【伸】 7画 亻5 音シン 訓のびる・のばす・のべる
❶のびる。のばす。◆伸縮・伸長・伸張・伸展 ◆急伸・屈伸《くっしん》。対縮・屈。❷述べる。◆追伸・二伸

しん【臣】 7画 臣0 小4 音シン・ジン
主君につかえるもの。家来《けらい》。◆臣下・臣従・臣民 ◆家臣・旧臣・君臣・功臣・重臣・大臣《だいじん》・忠臣・乱臣。対君 ⇩付録「漢字の筆順⑪巨〔臣〕」

しん【臣】㊀（名）主君に仕える人。臣下。「不忠の—」㊁（代）主君に対して、家来《けらい》が自分をいうことば。

しん【芯】 7画 艹4 音シン
物の中心にあるもの。中心にあるかたい部分。◆帯芯《おびしん》・灯芯

しん【芯】（名）❶物やからだの中心部。中心のかたい部分。「バットの—」「—から温まる」「りんごの—」❷ろうそくなどの火をつけるところ。「ランプの—」 参考「心」とも書く。

しん【身】 7画 身0 小3 音シン 訓み
❶からだ。◆身心・身体・身長・身命《しんめい》 ◆化身《けしん》・献身《けんしん》・渾身《こんしん》・心身・全身・長身・八頭身・病身・粉骨砕身《ふんこつさいしん》・満身。❷じぶん。社会的な立場。◆身代 ◆一身・後身・自身・修身・出身・前身・分身・保身・立身。❸物のなかみ。◆刀身

しん【辛】 7画 辛0 音シン 訓からい
❶からい。◆香辛料《こうしんりょう》。❷つらい。くるしい。◆辛 ◆辛苦・辛酸・辛勝・辛抱《しんぼう》・辛辣《しんらつ》・辛労 ◆粒粒辛苦《りゅうりゅうしんく》。❸十干《じっかん》の第八。かのと。

しん【侵】 9画 亻7 音シン 訓おかす
ほかの領土や領分にまではいっていく。おかす。◆侵害・侵攻《しんこう》・侵食・侵入・侵犯・侵略 ◆不可侵

しん【信】 9画 亻7 小4 音シン
❶まこと。うそやいつわりがない。◆信義・信実 ◆背信《はいしん》。❷信じてうたがわない。◆信条・信託《しんたく》・信任・信念・信憑《しんぴょう》・信用・信頼《しんらい》 ◆確信・過信・自信・半信半疑。対疑。❸神仏などを信じる。◆信仰《しんこう》・信者《しんじゃ》・信心《しんじん》・信徒 ◆迷信。❹伝達の手段。てがみ。たより。◆信号・信書 ◆音信・交信・受信・書信・送信・通信・電信・発信・返信

しん【信】（名）❶うそのないこと。誠実であること。「—を置く」❷疑わないこと。信用すること。「—を示す」❸信仰《しんこう》すること。信心。「—をおこす」
信を問《と》う 信頼されているかどうかをたしかめる。「選挙で国民の—」

しん【津】 9画 氵6 音シン㊩ 訓つ
❶みなと。ふなつき場。わたし場。◆入津。❷あふれる。わき出る。◆興味津津

しん【神】 9画 ネ5 小3〔神〕 音シン・ジン 訓かみ・かん㊥・こう㊩
❶かみ。かみさま。◆神威《しんい》・神官・神鏡・神宮《じんぐう》・神事・神社《じんじゃ》・神体・神託《しんたく》・神殿《しんでん》・神仏・神霊《しんれい》・神話 ◆海神《かいじん》・水神《すいじん》・明神《みょうじん》・雷神《らいじん》。❷人間のちえではは かり知れないふしぎなはたらき。◆神技・神出鬼没《しんしゅつきぼつ》・神聖・神通力《じんつうりき・じんずうりき》・神童・神秘・神妙《しんみょう》。❸たましい。こころ。◆神経・神髄《しんずい》 ◆失神・精神。 参考「かん」「こう」の訓は、「神主《かんぬし》」「神々《こうごう》しい」などのことばに使われる特殊《とくしゅ》な読み方。特別に、「お神酒」は「おみき」、「神楽」は「かぐら」と読む。「神奈川」県は「かながわ」県と読む。

しん【唇】 10画 口7 音シン㊩ 訓くちびる
くちびる。◆唇音・唇歯 ◆口唇・紅唇・朱唇《しゅしん》

しん【娠】 10画 女7 音シン
みごもる。子どもをやどす。◆妊娠《にんしん》

しん【振】 10画 扌7 音シン 訓ふる・ふるう・ふれる
❶ふる。ふりうごかす。ふれうごく。◆振動・振幅《しんぷく》・振鈴《しんれい》 ◆強振・三振。❷さかんになる。さかんにする。◆振起・振興・振張 ◆不振

しん【浸】 10画 氵7 音シン 訓ひたす・ひたる
❶ひたす。水につかる。◆浸出・浸食・浸水・浸入。❷しみこむ。◆浸潤《しんじゅん》・浸透《しんとう》

しん【真】 10画 目5 小3〔眞〕 音シン 訓ま
❶まこと。ほんとう。ほんもの。◆真意・真価・真偽《しんぎ》・真剣《しんけん》・真摯《しんし》・真実・真情・真性・真相 ◆写真・正真正銘《しょうしんしょうめい》・迫真《はくしん》。対偽《ぎ》。❷自然のまま。まじりけやけがれがない。◆純真・天真爛漫《てんしんらんまん》。❸書体の一つ。漢字をくずさずに書くもの。◆真行草・真書。 参考 特別に、「真面目」は「まじめ」とも読む。「真っ赤」は「まっか」、「真っ青」は「まっさお」と読む。

しん【真】（名）うそやいつわりのないこと。「—の姿」「—にせまる」

しん【針】 10画 金2 小6 音シン 訓はり
❶はり。ぬいばり。◆針小棒大 ◆運針。❷めもりや方向をさし示すはり。◆針路 ◆検針・磁針・短針・長針・秒針・方針。❸はりのように先のとがったもの。◆針葉樹 ◆避雷針《ひらいしん》

しん【深】 11画 氵8 小3 音シン 訓ふかい・ふかまる・ふかめる
❶水がふかい。◆深淵《しんえん》・深海・深浅・深度 ◆水深。対浅。❷おくぶかい。◆深意・深遠・深奥《しんおう》・深山・深窓・深長・深謀遠慮《しんぼうえんりょ》。❸程度がはなはだしい。◆深紅《しんく》・深更《しんこう》・深刻・深夜・深緑

しん【紳】 11画 糸5 音シン
身分の高い人。教養があって品位のそなわったりっぱな人。◆紳士・紳商 ◆貴紳

しん【進】 11画 辶8 小3 音シン 訓すすむ・すすめる
❶前のほうへ行く。すすむ。すすめる。◆進軍・進行・進出・進退・進展・進入・進路 ◆一進一退・急進・亢進《こうしん》・行進・推進・前進・漸進《ぜんしん》・促進《そくしん》・直進・猪突猛進《ちょとつもうしん》・突進《とっしん》・発進・邁進《まいしん》。対退。❷階級などがあがる。◆進学・進級 ◆栄進・昇進《しょうしん》・躍進《やくしん》。❸よくなる。向上する。◆進化・進歩 ◆精進《しょうじん》・日進月歩。❹さしあげる。たてまつる。◆進言・進講・進上・進呈《しんてい》・進物《しんもつ》 ◆詠進《えいしん》・寄進 ⇩付録「漢字の筆順㉜隹」

しん【森】 12画 木8 小1 音シン 訓もり
一 十 オ 木 朩 森
❶もり。◆森林。❷物が多い。◆森羅万象《しんらばんしょう》。❸おごそか。◆森厳。❹ひっそりしている。◆森閑《しんかん》

しん【診】 12画 言5 音シン 訓みる
病気のようすをみる。◆診察・診断・診療《しんりょう》・診・休診・検診・誤診・初診・打診・聴診《ちょうしん》・問診 ◆往診・休診・検診・誤診・初診・打診・聴診《ちょうしん》・問診

しん【寝】 13画 宀10 〔寢〕 音シン 訓ねる・ねかす
ねる。ねどこにつく。ねむり。◆寝具・寝室・寝食・寝台 ◆就寝

しん【慎】 13画 忄10 〔愼〕 音シン 訓つつしむ
❶つつしむ。◆謹慎《きんしん》。❷こまやかに気をくばる。◆慎重《しんちょう》

しん【新】 13画 斤9 小2 音シン 訓あたらしい・あらた・にい
❶あたらしい。あたらしいもの。◆新鋭《しんえい》・新型・新旧・新居・新婚《しんこん》・新作・新春・新人・新設・新調・新陳代謝《しんちんたいしゃ》・新年・新婦・新聞・新緑・新郎《しんろう》 ◆温故知新・最新・斬新《ざんしん》。対旧・古。❷あらためる。◆維新《いしん》・一新・革新・更新《こうしん》・刷新

しん【新】 ━（名）「新暦《しんれき》」の略。「―の正月」 ━（接頭）「新しい」の意を表す。「―社会人」「―発売」（対旧）

しん【審】 15画 宀12 音シン
❶くわしくしらべる。あきらかにする。くわしくあきらか。◆審議・審査・審判・審美・審理 ◆不審。❷「審理」の略。◆控訴審《こうそしん》・再審・予審。❸「審判員」の略。◆球審・主審・塁審《るいしん》

しん【請】→せい（請）

しん【震】 15画 雨7 音シン 訓ふるう・ふるえる
❶ふるえる。ゆれ動く。◆震動。❷地震のこと。◆震源・震災・震度 ◆激震・耐震《たいしん》・余震

しん【薪】 16画 艹13 音シン 訓たきぎ
たきぎ。まき。◆薪水・薪炭 ◆臥薪嘗胆《がしんしょうたん》

しん【親】 16画 見9 小2 音シン 訓おや・したしい・したしむ
❶おや。◆親権 ◆両親。❷みうち。血つづき。◆親戚《しんせき》・親族・親等・親類 ◆近親・肉親。❸したしい。したしむ。◆親愛・親近感・親交・親切・親善・親日《しんにち》・親睦《しんぼく》・親密・親友・親和 ◆懇親《こんしん》。対親疎《そ》。❹みずから。自分でする。◆親告・親書・親展。❺天子みずからすることにつけることば。◆親閲《しんえつ》・親署・親征《しんせい》・親政・親任

しん【秦】（名）〔歴〕中国の王朝の名。紀元前二二一年に始皇帝《しこうてい》が全土を統一したが、紀元前二〇六年に三代でほろびた。

しん【清】（名）〔歴〕中国最後の王朝。一六一六年に満州族が建て、一九一二年に一二代でほろびた。

じん【人】 2画 人0 小1 音ジン・ニン 訓ひと
ノ 人
ひと。にんげん。◆人為《じんい》・人員・人家・人格・人権・人口・人工・人材・人心・人生・人道・人品《じんぴん》・人物・人間《にんげん》・人情《にんじょう》・人数《にんずう》・人相《にんそう》 ◆悪人《あくにん》・賢人《けんじん》・個人・詩人・死人《しにん》・主人・成人・知人・天地人・万人《ばんにん・ばんじん》・美人・名人・浪人《ろうにん》。
参考 特別に、「玄人」は「くろうと」、「素人」は「しろうと」、「若人」は「わこうど」と読む。「大人」は「おとな」、「仲人」は「なこうど」、「一人」は「ひとり」、「二人」は「ふたり」とも読む。

-じん【人】（接尾）人の国籍《こくせき》・出身地や職業などを示して言うことば。「日本―」「芸能―」「社会―」

じん【刃】 3画 刀1 音ジン 高 訓は
フ 刀 刃
❶刀やつるぎなどの、物を切る部分。は。やいば。◆凶刃《きょうじん》・白刃。❷きる。刀などで、きりころす。◆自刃

じん【仁】 4画 亻2 小6 音ジン・ニ 中

❶思いやり。◆仁愛・仁義・仁術・仁政・仁徳。❷ひと。◆御仁《ごじん》。参考「二」の音は「仁王《におう》」ということばに使われる特殊《とくしゅ》な読み方。 ノ イ 仁 仁

**じん【仁】**（名）❶思いやり。特に、儒教《じゅきょう》の教えで理想とする徳。「—の心」❷（多く「ごじん」の形で）ひと。「立派なご—」「困ったご—」使い方〉軽い敬意、もしくは皮肉・困惑《こんわく》の気持ちをこめて用いる。

**じん【尽】**〔盡〕 6画 尸3 音ジン 訓つくす・つきる・つかす

❶つきる。なくなる。◆尽日《じんじつ》・消尽・焼尽・湯尽《とうじん》・無尽蔵。❷つくす。出しつくす。◆尽力。❸ことごとく。全部。◆一網打尽《いちもうだじん》 ᄀ ᄏ 尸 尺 尽 尽

**じん【迅】** 6画 辶3 音ジン て 弋 卂 卂 讯 迅

❶はやい。すみやか。◆迅疾《じんしつ》・迅速。❷いきおいがはげしい。◆獅子奮迅《ししふんじん》・疾風迅雷《しっぷうじんらい》

**じん【臣】**→しん(臣)

**じん【甚】** 9画 甘4 音ジン㊁ 訓**はなはだ**・**はなはだしい**

ふつうより度合いがはげしい。はなはだしい。◆甚大◆激甚・幸甚・深甚 ⇩付録「漢字の筆順㊲甚」 一 卄 廿 甘 其 甚

**じん【神】**→しん(神)

**じん【陣】** 10画 阝7 音ジン ㇇ 阝 阝 阿 陌 陣

❶軍勢をおいていくさに備えている所。◆陣営・陣地・陣中・陣門◆敵陣・本陣。❷軍隊の配置。◆陣頭・陣容◆円陣・布陣。❸いくさ。◆初陣《ういじん》・出陣。❹ひとしきり。にわか。◆陣痛

**じん【陣】**■（名）❶戦場で軍勢を配置している所。また、その配置。「—を構える」「背水の—」❷いくさ。「大坂冬の—」■（接尾）共通の目的・仕事などをもつ人びとの集まり。「報道—」「首脳—」

**じん【尋】** 12画 寸9 音ジン 訓たずねる

❶ひろ。両手をひろげた長さで、中国では八尺、日本では六尺（＝約一・八二㍍《メートル》）。◆千尋・万尋《ばんじん》。❷ふつう。なみの。◆尋常。❸聞きただす。◆尋問 ᄀ ᄏ ヨ 昻 尋 尋

**じん【腎】** 13画 月9 音ジン 丨 ᅡ 臣 臤 腎 腎

❶じんぞう。内臓の一つ。◆腎盂《じんう》・腎炎《じんえん》◆副腎《ふくじん》。❷かなめ。たいせつなところ。◆肝腎《かんじん》 ⇩付録「漢字の筆順⑪巨〔臣〕」

**ジン**〔英 gin〕（名）大麦やとうもろこしなどを原料として、ねずの実で香りをつけた蒸留酒。

**しんあい【信愛】**■（名）信仰《しんこう》と愛。■（名・他スル）信頼《しんらい》し、愛すること。

**しんあい【親愛】**（名・形動ダ）親しみや愛情を感じること。「—の情を表す」「—なる友」

**じんあい【仁愛】**（名）他人にかける心からのめぐみ。いつくしみ。「—の精神」

**じんあい【塵埃】**『△塵△埃』（名）❶ちりやほこり。「—にまみれる」❷けがれたこの世。俗世間《ぞくせけん》。

**しんあん【新案】**（名）新しいくふう。「—特許《とっきょ》」

**しんい【真意】**（名）ほんとうの気持ち。また、ほんとうの意味。「彼《かれ》の—を確かめる」

**じんい【人為】**（名）自然のままでなく人の手を加えること。…的「人為的な災害」類人工。対自然

**しんいり【新入り】**（名）新しく仲間に加わること。また、その人。「—の部員」類新顔《しんがお》・新参《しんざん》

**しんいん【真因】**（名）事件などのほんとうの原因。

**じんいん【人員】**（名）（ある集団などに属する）人数。あたまかず。「—をそろえる」「—整理」

**しんうち【真打ち】**（名）寄席《よせ》などで、最後に出る、最も芸のすぐれた人。また、それに相当する資格。

**しんえい【新鋭】**（名・形動ダ）その分野に新しく現れて、実力があり活躍がめざましいこと。また、そういう人や物。「期待の—」「最—」対古豪《ここう》

**じんえい【陣営】**（名）❶軍隊の集まっている所。❷対立する勢力のそれぞれの側。「革新—」

**しんえいたい【親衛隊】**（名）天子や元首などのそばにいて護衛する人たち。

**しんえん【深淵】**『深△淵』（名）深いふち。

**深淵に臨《のぞ》む** 危険な事態に直面する。

**しんえん【深遠】**（名・形動ダ）はかり知れないほど深い意味をもっていること。「—なことば」

**じんえん【人煙】**（名）人家から立つ炊事《じすい》のけむり。「—まれな土地」

**しんおう【深奥】**（名・形動ダ）おく深いこと。また、おく深いところ。「学問の—をきわめる」

**しんおう【震央】**（名）《地質》地震《じしん》の震源の真上にあたる地点。

**しんおん【心音】**（名）《生》心臓が鼓動《こどう》する音。

**しんおん【唇音】**（名）上下のくちびるの間で調節される音。日本語のバ行・パ行の音や、英語のb, f, m, p, vなど。

**しんか【臣下】**（名）家来。家臣。

**しんか【真価】**（名）ほんとうの値うち。真の価値。「—を問われる」

**しんか【深化】**（名・自他スル）程度が深くなっていくこと。また、深めていくこと。「理解を—させる」

**しんか【進化】**（名・自スル）❶《動・植》生物が長い年月の間に変化していくこと。ふつう、からだのしくみなどが単純なものから複雑なものへと変化する。「生物の—する過程」❷物事がいい方向へと発展すること。進歩。「性能が—する」（対退化）

**じんか【人家】**（名）人の住んでいる家。

**シンガー**〔英 singer〕（名）歌手。声楽家。

**シンガーソングライター**〔英 singer-song-writer〕（名）自分で作詞・作曲して歌う歌手。

**しんかい【深海】**（名）❶深い海。海の深い所。❷《地》水深二〇〇㍍《メートル》以上の深い海。（対浅海《せんかい》）

**しんがい【侵害】**（名・他スル）他人の権利や利益などをおかして、そこなうこと。「人権—」

**しんがい【震駭】**『震△駭』（名・自スル）驚きおそれて、からだがふるえること。「人びとを—させた事件」

**しんがい【心外】**（形動ダ）〔ダロ・ダッ(デ・ニ)・ダ・ナ・ナラ・〇〕思いもよらないことになり、裏切られたように感じたり、残念に思ったり

するようす。「誤解を受けるとは一だ」

**じんかい**〖△塵△芥〗（名）ちりやごみ。「一処理場」

**しんかいぎょ**【深海魚】（名）深海の底にすむ魚。

**じんかいせんじゅつ**【人海戦術】（名）多くの人を次々にくりだし、数の力で敵を圧倒《あっとう》する戦法。また、多人数を動員して物事を処理する方法。

**しんかいち**【新開地】（名）❶新しく切り開かれた所。❷新しく開けて町になった所。

**しんがお**【新顔】（名）新しく仲間に加わった人。新しく登場した人。㊫新入り。㊐古顔《ふるがお》

**しんかく**【神格】（名）神の地位・資格。

**しんがく**【心学】（名）江戸《えど》時代、神道《しんとう》・儒教《じゅきょう》・仏教の教えをまとめ合わせて、だれでも理解できるようにやさしく説いた教え。石田梅岩《ばいがん》が始めた。

**しんがく**【神学】（名）キリスト教などで、神の教えや信仰《しんこう》生活などについて研究する学問。

**しんがく**【進学】（名・自スル）上級の学校に進むこと。「一相談」「高校へ一する」

**じんかく**【人格】（名）道徳性や判断力から見た、その人の人間としてのあり方。その人の品格。人がら。「すぐれた一」「一の形成」「一者」「二重一」

**しんかくか**【神格化】（名・他スル）神でないものを神とみなして崇拝《すうはい》すること。「指導者を一する」

**しんがくこう**【進学校】（名）難関の上級学校へ生徒を進学させるため、受験教育に重点をおいている中学校・高等学校。「県内有数の一」

**じんがさ**【陣がさ】〖陣△笠〗（名）❶むかし、下級の武士たちが、かぶとのかわりにかぶったかさ。❷幹部でない、一般《いっぱん》の代議士や党員。

（じんがさ①）

**しんがた**【新型・新形】（名）今までになかった、新しい型・形式。

**しんがっこう**【神学校】（名）キリスト教などで、神学を研究し伝道者を養成する学校。

**しんかなづかい**【新。仮名・遣い】（名）→げんだいかなづかい

**シンガポール**〔Singapore〕［地名］マレー半島の南のはしにある共和国。都市国家。

**しんから**【心から】（副）心の底から。すっかり。「一感心する」

**しんがり**〖◇殿〗（名）退却《たいきゃく》する軍隊の最後尾にいて、敵の追撃《ついげき》を防ぐこと。また、その部隊。転じて、隊列や順番のいちばんうしろ。最後。「一にひかえる」

**しんかろん**【進化論】（名）〘動・植〙生物はすべて、簡単な細胞《さいぼう》からおこって、長い年月の間に複雑なものへ変化発展し、現在のようにいろいろな種類のものになったのだという説。ダーウィンなどが唱えた。

**しんかん**【心肝】（名）（心臓と肝臓の意から）こころ。こころの底。「一を砕《くだ》く（＝いろいろ苦心する）」

**しんかん**【神官】（名）神主《かんぬし》。神職。

**しんかん**【信管】（名）砲弾《ほうだん》・爆弾《ばくだん》を爆発させるための装置。

**しんかん**【新刊】（名）本を新しく出版すること。また、その本。「一書」

**しんかん**【新館】（名）もとの建物に対して、新しく建てたほうの建物。㊐旧館

**しんかん**〖震△撼〗（名・自他スル）ふるえ動くこと。また、驚《おどろ》かせて、ふるえさせること。「世間を一させる」

**しんかん**【森閑・深閑】（トタル）ひっそりとして静まり返っているようす。「一とした境内《けいだい》」

**しんがん**【心眼】（名）物事のほんとうの姿をはっきり見分ける心の働き。「一を開く」

**しんがん**【心願】（名）神仏に心の中で願いをたてること。また、その願い。「一をたてる」

**しんがん**〖真△贋〗（名）本物とにせもの。「一を見分ける」

**じんかんいたるところせいざんあり**〖人間◇到る所青山あり〗→にんげんいたるところせいざんあり

**しんかんせん**【新幹線】（名）主要都市の間を高速で結ぶ鉄道。「東海道一」

**しんき**【心気】（名）こころもち。気持ち。気分。

**しんき**【新奇】（名・形動ダ）目新しくて、めずらしいこと。「一をてらう（＝目新しさで一般《いっぱん》受けをねらう）」

**しんき**【新規】（名・形動ダ）新しく事をすること。「一採用」「市場へ一に参入する」

**新規蒔《ま》き直《なお》し** はじめにもどって新しくやりなおすこと。「一をはかる」

**しんぎ**【神技】（名）人間の力ではできないような、すぐれたわざ。神わざ。「一に近いできばえ」

**しんぎ**【信義】（名）約束を守り、義務を果たすこと。「一にあつい」「一にもとる」

**しんぎ**【真偽】（名）ほんとうのこととうそ。ほんとうかうそか。「一を確かめる」㊫真否《しんぴ》

**しんぎ**【審議】（名・他スル）会議などでくわしく話し合って内容を検討すること。「予算案を一する」

**じんぎ**【仁義】（名）❶人として行わねばならない道。他人に対する礼儀《れいぎ》や義理。「一を欠く」❷やくざ仲間などの間で行われるあいさつやおきて。「一を切る」

**じんぎ**〖神△祇〗（名）天の神と地の神。神がみ。

**しんきいってん**【心機一転】（名・自スル）何かのきっかけで、急に気持ちが新しくよいほうに変わること。「一まじめに勉強する」

**しんきくさ・い**【辛気臭い】（形）〔カロ・カッ(ク)・イ・イ・ケレ・○〕気がめいるようす。また、思いどおりにならず、じれったいようす。「一話」

**しんきじく**【新機軸】（名）今までにない新しい方法・計画・くふう。「一を打ち出す」

**しんきゅう**〖針△灸・△鍼△灸〗（名）鍼《はり》と、灸《きゅう》。

**しんきゅう**【進級】（名・自スル）上の級になったり、上の学年に進んだりすること。「一試験」

**しんきゅう**【新旧】（名）❶新しいものと古いもの。❷新暦《しんれき》（＝太陽暦）と旧暦（＝太陰《たいいん》暦）。

**しんきょ**【新居】（名）新しい住まい。㊐旧居

**しんきょう**【心境】（名）そのときの、心の状態。気持ち。「一の変化」「一を語る」

**しんきょう**【信教】（名）宗教を信じること。「一の自由」

**しんきょう**【進境】（名）うでまえなどが、あがっていく

ようす。進歩や上達の度合い。「—いちじるしい」

**しんきょう【新教】**（名）一六世紀の宗教改革で、ローマカトリック教会に反対しておこったキリスト教の宗派のこと。プロテスタント。対旧教

**しんぎょうそう【真行草】**（名）漢字の書体で、楷書《かいしょ》（真書）・行書・草書のこと。生け花・絵画・造園などの表現形式をあらわす用語としても使われる。

**しんきょく【神曲】**〔作品名〕イタリアの詩人ダンテの長編叙事《じょじ》詩。一三二一年完成。地獄《じごく》編・煉獄《れんごく》編・天国編の三部からなる。ルネサンス文学の世界的名作。

**しんきろう【△蜃気楼】**（名）温度差などによる光の異常屈折《くっせつ》で、砂漠や海上の空中に陸地や船などが浮《う》かんだように見える現象。空中楼閣《ろうかく》。

**しんきろく【新記録】**（名）競技などで、今までにないいちばんよい成績。「平泳ぎの世界—」

**しんきん【心筋】**（名）〘生〙心臓の壁《かべ》をつくっている特殊《とくしゅ》な筋肉。

**しんきん【親近】**［一］（名・自スル）身近に近づいて、親しくすること。［二］（名）❶みうち。「—者」❷そば近くにつかえること。また、その者。側近《そっきん》。

**しんぎん【△呻吟】**（名・自スル）ひじょうに苦しみうめくこと。「句作に—する」

**しんきんかん【親近感】**（名）身近で親しい感じ。「先生に—をいだく」

**しんきんこうそく【心筋梗塞】**（名）〘医〙心臓の冠《かん》動脈がつまって血液が流れにくくなり、心臓がはたらかなくなる病気。「急性—」

**しんく【辛苦】**（名・自スル）つらいめにあって苦しむこと。「—をなめる」「艱難《かんなん》—」

**しんく【真紅・深紅】**（名）まっか。濃《こ》い紅色。

**シンク**〔英 sink〕（名）台所の流し。

**しんぐ【寝具】**（名）ふとん・まくらなど、寝《ね》るときに使う用具。夜具。

**じんく【甚句】**（名）民謡《みんよう》の一種。ふつう七・七・七・五の四句からなる。「すもう—」

**しんくう【真空】**（名）❶空気などの気体がぜんぜんない空間。「—パック」❷活動や作用のまったく停止した状態。実質のないからっぽの状態。「—地帯」

**じんぐう【神宮】**（名）❶やしろ。特に、格式の高い神社。❷「伊勢《いせ》神宮」のこと。

**しんくうかん【真空管】**（名）〘物〙ガラスまたは金属のくだの中に陰極・陽極などを封入《ふうにゅう》し、真空にしたもの。整流・検波・増幅《ぞうふく》などを行う。

**ジンクス**〔英 jinx〕（名）縁起《えんぎ》をかつぎ、ある場合には必ずこうなると信じこまれていること。「—を破る」参考 多く縁起の悪いことにいわれる。

**シンクタンク**〔英 think tank〕（名）さまざまな分野の専門家を集めて、分析《ぶんせき》や開発を行い、その成果を企業《きぎょう》や公共団体に提供する組織。頭脳集団。

**シングル**〔英 single〕（名）❶単一のもの。ひとり用。「—ベッド」対ダブル。❷（「シングルヒット」の略）野球で一塁《るい》まで行ける安打。単打。❸洋服の上着の前の合わせ目が浅く、ボタンが一列のもの。また、ワイシャツの袖《そで》やズボンの裾《すそ》の、折り返しのないもの。対ダブル。❹ゴルフで、ハンディキャップがひとけたであること。❺（「シングル盤《ばん》」の略）表裏に一曲ずつ収めたレコード、また、二曲前後を収めた音楽CD。❻独身者。

**シングルス**〔英 singles〕（名）卓球《たっきゅう》・テニスなどで、ひとり対ひとりで行う試合。対ダブルス

**シンクロ**［一］（名・自他スル）「シンクロナイズ」の略。［二］（名）「シンクロナイズドスイミング」の略。

**シンクロナイズ**〔英 synchronize〕（名・自他スル）❶同時に起こること。また、同時に動くこと。❷映画などで、別々に記録された映像と音声とを一致《いっち》させること。❸写真で、シャッターの開閉と、フラッシュの発光する時間とを一致させること。

**シンクロナイズド-スイミング**〔英 synchronized swimming〕（名）→アーティスティックスイミング

**しんぐん【進軍】**（名・自スル）軍隊が前進すること。

**しんけい【神経】**（名）❶〘生〙からだに受ける刺激《しげき》を脳や脊髄《せきずい》に伝えたり、そこからの命令を各器官に伝えたりする細い糸のような器官。「運動—」❷物事を感じとる心の働き。「—が行き届く」「—をとがらせる」「無—な人」

**じんけい【陣形】**（名）いくさのときの軍隊のならび方。陣立て。碁《ご》や将棋《しょうぎ》でもいう。

**しんけいしつ【神経質】**（名・形動ダ）神経の働きが敏感《びんかん》で情緒《じょうちょ》が不安定になりやすい性質。ちょっとしたことでも気になる性質。「—な人」

**しんけいしょう【神経症】**（名）〘医〙→ノイローゼ

**しんけいすいじゃく【神経衰弱】**（名）❶〘医〙過労などのため、神経系が弱まって疲《つか》れやすくなり、ちょっとしたことにも敏感《びんかん》になる病気。❷トランプ遊びの一つ。全部の札を裏返し、二枚ずつめくり、同じ数のものを多くあてたほうを勝ちとする。

**しんけいつう【神経痛】**（名）〘医〙知覚神経の刺激《しげき》からおこる、はげしい痛みの症状《しょうじょう》。

**しんげき【進撃】**（名・自スル）前進して敵を攻撃《こうげき》すること。「快—」対退却《たいきゃく》

**しんげき【新劇】**（名）〘演〙歌舞伎《かぶき》や新派劇に対し、西洋の近代劇の影響《えいきょう》を取り入れて、明治四〇年ごろにできた新しい傾向《けいこう》の演劇。

**しんけつ【心血】**（名）全精神。全力。力の限り。

**心血を注《そそ》ぐ** 全精神をこめて物事をする。全力をつくす。「研究に—」

**しんげつ【新月】**（名）❶陰暦《いんれき》で、ついたち。❷〘天〙太陽と同方向にあり、地球に向いた側を太陽が照らさないので、見えない状態の月。❸陰暦で月のはじめに細く出る月。また、三日月をもいう。

**じんけつ【人傑】**（名）知識・才能・実行力などがひじょうにすぐれた人。

**しんけん【真剣】**［一］（名）木刀や竹刀《しない》ではない、ほんものの刀。「—勝負」［二］（形動ダ）〔ダロ・ダッ(デ・ニ)・ダ・ナ・ナラ・○〕ほんきで物事にとりくむようす。「—に学習する」

**しんけん【親権】**（名）〘法〙親が未成年の子に対して、監督《かんとく》したり保護したりする権利や義務。

**しんげん【進言】**（名・他スル）目上の人に意見を申し述べること。「上司に—する」

**しんげん**『△箴言』(名) 教訓や戒《いまし》めとなる短いことば。類 格言・金言《きんげん》
**しんげん**【震源】(名) 地下の、地震発生のもととなった場所。「―の深さ」
**しんげん**【森厳】(形動ダ)〔ダロ・ダッ(デ・ニ)・ダ・ナ・ナラ・○〕身が引きしまるほどに、もの静かでおごそかなようす。「―な境内《けいだい》」
**じんけん**【人絹】(名)(「人造絹糸」の略)絹に似せて、綿花・木材パルプなどから化学的に作った糸。また、それで織った織物。レーヨン。
**じんけん**【人権】(名) 人間が生まれながらにもつ生命・自由・平等などに関する権利。「基本的―」
**しんけんざい**【新建材】(名) 新しい建築材料。軽量金属や合成樹脂《じゅし》製品などが用いられる。
**じんけんじゅうりん**『人権△蹂△躙』(名) 人権をおかし、不法な扱《あつか》いをすること。人権侵害《しんがい》。
**しんげんち**【震源地】(名) 地下で地震が発生した地点の真上にあたる地域。類 震央《しんおう》
**じんけんひ**【人件費】(名) 給料や手当など、働く人に支払《しはら》う費用。「―が高い」
**しんこ**『△糝粉』(名) ❶うるち米をひいて粉にしたもの。おもに和菓子の材料となる。❷「糝粉餅《もち》」の略。①を水でこねて蒸《む》し、それをついたもの。「―細工《ざいく》」参考「新粉」とも書く。
**しんご**【新語】(名) ❶新しくつくられたり、外国からはいってきたりして、使われだしたことば。「今年流行の―」❷はじめて習うことば。新出語。

**ことばの移り変わり**
「新語①」
「新語」とは新しく使われるようになった語句のことであるが、もっとも典型的なのは新しい事物・概念《がいねん》を表すために新しい語が生まれるタイプである。「インターネット」関連を例にすると、この語をはじめ、「ウェブ」「ブラウザ」「ブログ」などが挙げられる。さらに、以前からある事物・概念に新しい名称《めいしょう》が生まれるタイプも多く、「甘味《かんみ》」と「スイーツ」、「二枚目」「ハンサム」と「イケメン」、「正反対」と「真逆」のように、ふつうはしばらく新旧の語が併用される。一方、「助教授」→「准《じゅん》教授」、「優性遺伝子」→「顕性《けんせい》遺伝子」のように、公的機関がある日をもって名称を切り替えるというケースもある。

**じんご**【人後】(名) 他人のうしろ。他人のあと。
**人後に落《お》ちない** 他人にひけをとらない。他人に負けない。「熱意では―」
**じんご**【人語】(名) ❶人間のことば。「―を解する」❷人の話し声。「ひっそりして―もない」
**しんこう**【信仰】(名・他スル) 神や仏を深く信じてうやまうこと。「―心があつい」
**しんこう**【侵攻】(名・他スル) 敵の領地をおかし攻《せ》めること。「隣国《りんごく》に―する」
**しんこう**【振興】(名・自他スル) 学術や産業が、さかんになること。さかんにすること。「産業を―する」
**しんこう**【進行】■一(名・自スル) ❶目的地に向かって進んでいくこと。「列車が―する」❷状態や程度が進むこと。「病状が―する」■二(名・自他スル) 物事がはかどること。また、進めること。「大会は予定どおり―した」「会議を―する」類 進捗《しんちょく》
**しんこう**【深更】(名) まよなか。夜ふけ。深夜。「会議が―におよぶ」
**しんこう**【進攻】(名・自他スル) 前へ進んでいって攻《せ》めること。攻めこむこと。
**しんこう**【進講】(名・他スル) 天皇・皇族など、身分の高い人に講義をすること。
**しんこう**【新興】(名) 新しく興《おこ》ること。「―宗教」「―勢力」「―国」
**しんこう**【親交】(名) 親しい交際。「―を結ぶ」
**しんごう**【信号】(名) ❶音・色・光・形などを符号《ふごう》として使い、離《はな》れた相手に意志を伝えること。また、その符号。「―を送る」❷鉄道や道路で交通を規制する機械。信号機。「―の前で止まる」
**じんこう**【人口】(名) ❶一国または一定の地域に住んでいる人の数。❷世間のうわさ。人の口。
**人口に膾炙《かいしゃ》する** 世間の人によく知れわたる。
**じんこう**【人工】(名) 人間の力で作り出したり、自然のものに人間が手を加えたりすること。「―甘味料《かんみりょう》」類 人為《じんい》・人造。対 自然

**じんこうえいせい**【人工衛星】(名) ロケットで打ちあげ、地球などのまわりを回るようにした人工の物体。気象衛星・通信衛星など。
**じんこうえいよう**【人工栄養】(名) ❶母乳のかわりに乳児に与《あた》える、牛乳や粉ミルクなど。❷食物をとれない病人などに、栄養を補うために与える、食塩水・ぶどう糖液など。
**じんこうこきゅう**【人工呼吸】(名)《医》呼吸が止まったりそれに近い状態におちいった人の呼吸をよみがえらせるために、人工的に肺に空気を送りこむこと。
**じんこうしば**【人工芝】(名) 芝の代用として合成樹脂《じゅし》で作られた芝状のマット。「―の球場」
**じんこうじゅせい**【人工授精】(名)《医》人工的に精子《せいし》を卵子と結合させること。
**じんこうじゅふん**【人工授粉】(名)《植》人工的に花粉をめしべにつけること。
**じんこうちのう**【人工知能】(名) 学習・推理・判断など、人間の脳に近いはたらきができるコンピューターシステム。AI。
**じんこうてき**【人工的】(形動ダ)〔ダロ・ダッ(デ・ニ)・ダ・ナ・ナラ・○〕自然のままでなく、人の手が加わっているようす。「―な美」「―な光」
**じんこうとうせき**【人工透析】(名)《医》→とうせき(透析)
**じんこうみつど**【人口密度】(名) 単位面積内の土地に住む人間の数の割合。ふつうは一平方《キロメートル》あたりの人口で表す。「―が高い」
**じんこうわくせい**【人工惑星】(名) ロケットによって大気圏《たいきけん》外に打ち上げ、太陽の周囲を回るようにした人工の物体。
**しんこきゅう**【深呼吸】(名・自スル) 肺の中の空気をできるだけ多く出入りさせるための、深い呼吸。
**しんこきんわかしゅう**〔新古今和歌集〕〔作品名〕鎌倉《かまくら》時代初期の勅撰《ちょくせん》和歌集。二〇巻。後鳥羽《ごとば》上皇の命令で藤原定家《ふじわらのていか》・藤原家隆《いえたか》らが編集した。一二〇五(元久二)年完成。約一九八〇首の歌が集められている。歌風は、はなやかで

技巧《ぎこう》的。新古今集。
**しんこく【申告】**（名・他スル）申し出ること。特に、役所などに一定の事実を申し出ること。「税金の―」
**しんこく【新穀】**（名）その年にとれた穀物。特に、米。
**しんこく【深刻】**（形動ダ）〔ダロ・ダッ(デ・ニ)・ダ・ナ・ナラ・○〕❶事態がさしせまって、重大なようす。「―な問題」❷重大な事態に深く思い悩《なや》むようす。「―な表情」
**しんこっちょう【真骨頂】**（名）そのものの本来の姿。真面目《しんめんもく》。真価。「―を示す」
**シンコペーション**〔英 syncopation〕（名）〔音〕規則的に与《あた》えられている強弱のリズムを部分的に変え、曲に特殊《とくしゅ》な効果をもたらす技法。切分音《せつぶんおん》。
**しんこん【心魂】**（名）たましい。精神。「―をかたむける(=ありったけの力をそそぐ)」
**心魂に徹《てっ》する** 深く心にしみこむ。
**しんこん【身魂】**（名）からだと心。身と心のすべて。
**しんこん【新婚】**（名）結婚したばかりであること。また、その人。「―旅行」
**しんごんしゅう【真言宗】**（名）〔仏〕仏教の宗派の一つ。空海《くうかい》(=弘法大師《こうぼうだいし》)が開いたもので、大日如来《だいにちにょらい》をおがみ、呪文《じゅもん》の力で即身成仏《そくしんじょうぶつ》(=生きているまま仏になること)することを説く。
**しんさ【審査】**（名・他スル）くわしく調べて、よい・わるいや当選・落選などを決めること。「―員」
**しんさい【震災】**（名）地震によって受ける災害。大きなものとしては、関東大震災（一九二三年）・阪神《はんしん》・淡路《あわじ》大震災（一九九五年）・東日本大震災（二〇一一年）などがある。
**じんさい【人災】**（名）人の不注意・怠慢《たいまん》などからおこる災害。対天災
**じんざい【人材】**（名）才能があり、役にたつ人。「優秀な―」「―を登用する」
**しんさく【真作】**（名）その人が作ったことがまちがいない作品。「ゴッホの―」対贋作《がんさく》・偽作《ぎさく》
**しんさく【新作】**（名・他スル）新しく作ること。また、新しい作品。「―落語《らくご》」対旧作

**しんさつ【診察】**（名・他スル）医者が病気のようすを判断するために、病人のからだを調べること。
**しんさん【辛酸】**（名）つらく苦しいこと。
**辛酸をなめる** つらく、苦しいめにあう。
**しんざん【深山】**（名）人里を遠く離《はな》れたおくふかい山。おくやま。「―幽谷《ゆうこく》」
**しんざん【新参】**（名）新しく来た人。新しく仲間になった人。「―者《もの》」類新入り。対古参《こさん》
**しんし【紳士】**（名）❶教養が高く礼儀《れいぎ》正しい男の人。ジェントルマン。対淑女《しゅくじょ》。…的「紳士的に応対する」❷男子の尊称《そんしょう》。「―服」
**しんし【真摯】**（形動ダ）〔ダロ・ダッ(デ・ニ)・ダ・ナ・ナラ・○〕まじめでひたむきなようす。「―な態度」類真率《しんそつ》
**しんじ【信士】**（名）〔仏〕❶俗人《ぞくじん》のまま仏門にはいった男子。❷男子の戒名《かいみょう》につける称号《しょうごう》。（対信女《しんにょ》）
**しんじ【神事】**（名）神をまつる儀礼《ぎれい》。祭り。
**しんじ【新字】**（名）❶新しく作られた文字。また、新字体。❷教科書などで初めて学習する漢字。新出文字。
**じんじ【人事】**（名）❶人間の力でできることがら。「―を尽《つ》くす」❷世の中に関することがら。「―にわずらわされる」❸官庁・会社などの組織に属する人の身分や一身上に関することがら。「―課」「―異動」注意「ひとごと」と読むと別の意味になる。
**人事を尽《つ》くして天命《てんめい》を待《ま》つ** できる限りの努力をした上で、あとは運命にまかせる。
**じんじ【仁慈】**（名）なさけ。思いやり。めぐみ。
**じんじいん【人事院】**（名）国家公務員の人事や給与《きゅうよ》などをあつかう中央の人事行政機関。
**しんしき【神式】**（名）神道《しんとう》のしきたりによる儀式《ぎしき》。「―結婚《けっこん》」
**しんしき【新式】**（名・形動ダ）新しいやり方や様式。「―の銃《じゅう》」対旧式
**しんしきょうてい【紳士協定】**（名）正式な手続きはふまずに、たがいに相手を信用しあって結ぶ約束。紳士協約。

**シンジケート**〔英 syndicate〕（名）❶共同で事業を行うために企業《きぎょう》が組む連合。❷大規模な犯罪組織。「麻薬《まやく》―」
**しんじこ・む【信じ込む】**（他五）〔マ(モ)・ミ(ン)・ム・ム・メ・メ〕なんの疑いももたず、すっかり信じる。「迷信《めいしん》を―」
**しんじたい【新字体】**（名）一九四九（昭和二四）年に当用漢字字体表で新しく採用された字体。「萬」「國」に対する「万」「国」など。新字。対旧字体
**しんしつ【心室】**（名）〔生〕心臓の下半分の部分で、心房《しんぼう》から受けた血液を動脈に送り出すところ。
**しんしつ【寝室】**（名）寝《ね》るために使う部屋。
**しんじつ【信実】**（名・形動ダ）まじめで誠意のあること。また、その心。「―をもって話す」
**しんじつ【真実】**［一］（名・形動ダ）ほんとうのこと。「―を話す」…性「証言の真実性は疑えない」対虚偽《きょぎ》。［二］（副）ほんとうに。心から。「―そう思う」
**じんじつ【人日】**（名）五節句の一つ。陰暦《いんれき》正月七日。
**じんじふせい【人事不省】**（名）意識を失って、何もわからなくなってしまうこと。「―におちいる」
**しんしゃ【深謝】**（名・自他スル）❶深く感謝し、心からお礼を言うこと。❷心からおわびをすること。「ご返事がおくれましたことを―いたします」
**しんしゃ【新車】**（名）新しい車。新しい自動車。
**しんじゃ【信者】**（名）その宗教を信仰《しんこう》する人。信徒。「キリスト教の―になる」
**じんしゃ【仁者】**（名）❶たいそうなさけぶかい人。❷りっぱな徳のそなわった人。
**じんじゃ【神社】**（名）日本の神をまつってある所。やしろ。お宮。「―に参拝する」
**しんしゃく【新釈】**（名）新しい解釈。
**しんしゃく『△斟酌』**（名・他スル）❶条件や状況《じょうきょう》などをあれこれと考え合わせて、適当に処置すること。「諸般《しょはん》の事情を―してきめる」❷相手の事情をくみとること。手かげんすること。「多少―してやろう」❸ことばや行いをひかえめにすること。「―はいらぬ」
**しんしゅ【神酒】**（名）神にそなえる酒。おみき。

**しんしゅ【進取】**（名）進んで新しいことをやろうとすること。「―の気性《きしょう》」

**しんしゅ【新種】**（名）❶新しく発見された生物の種類。また、新しく人工的に作られた品種。「―の稲《いね》」❷今までにない新しい種類。「―の商売」

**しんじゅ【真珠】**（名）貝類、特にあこや貝のなかで作られる、銀白色で美しいつやのある小さな玉。装飾《そうしょく》用。パール。

**じんしゅ【人種】**（名）❶人類を、ひふの色、からだつきなど身体的特徴《とくちょう》から分類したもの。「―差別」❷人を、生活のしかたや職業などによって分けた言い方。「うわさ話を好む―」

**しんしゅう【真宗】**（名）《仏》↓じょうどしんしゅう

**しんじゅう【心中】**（名・自スル）❶愛し合った男女がいっしょに自殺すること。類情死。❷二人以上の者がいっしょに自殺すること。「一家―」❸ある仕事や組織などと運命をともにすること。「会社と―する覚悟《かくご》」注意「しんちゅう」と読むと別の意味になる。

**しんしゅく【伸縮】**（名・自他スル）のびたりちぢんだりすること。のばしたりちぢめたりすること。「―自在」

**しんしゅつ【侵出】**（名・自スル）他の領域をおかして進みでること。「隣国《りんごく》に―する」

**しんしゅつ【進出】**（名・自スル）新たな方面へ、進みでること。「海外へ―する」

**しんしゅつ【新出】**（名・自スル）そこにはじめて出てくること。「―漢字」

**じんじゅつ【仁術】**（名）人に仁徳（＝心からの思いやり）をほどこす方法。「医は―」

**しんしゅつきぼつ【神出鬼没】**（名）まるで鬼神《きじん》のようにとつぜん現れたりいなくなったりすること。

**しんしゅん【新春】**（名）正月。新年。初春。

**しんじゅん【浸潤】**（名・自スル）❶水などがしみとおってうるおうこと。❷考え方などがだんだんと広がってゆくこと。❸体内で細菌《さいきん》やがん細胞などがまわり広がること。「がんの―と転移」

**しんしょ【信書】**（名）個人間でやりとりする通信文。手紙。「―の秘密」

**しんしょ【新書】**（名）文庫本よりやや大きい縦長の形で、教養ものや手軽な読み物をおさめた双書《そうしょ》。

**しんしょ【親書】**（名）❶自分で手紙を書くこと。また、その手紙。❷天皇や元首が書いた手紙・文書。

**しんじょ【寝所】**（名）ねる部屋。寝室。寝間《ねま》。

**しんしょう【心証】**（名）❶人のことばや行いによって心にうける印象。「―を害する」❷《法》裁判官が、審理《しんり》中に得た認識または確信。

**しんしょう【心象】**（名）それまでに見聞きしたことがもとになって心の中にえがき出されたもの。イメージ。「―風景」

**しんしょう【身上】**（名）財産。「―持ち」「―をつぶす」注意「しんじょう」と読むと別の意味になる。

**しんしょう【辛勝】**（名・自スル）競技などで、苦労してやっと勝つこと。「強い相手に―する」対楽勝

**しんじょう【心情】**（名）心の中の思い。気持ち。「相手の―を察する」…的「心情的には理解できる」

**しんじょう【身上】**（名）❶その人に関すること。みのうえ。「―書」「―調査」❷その人のねうち。とりえ。「正直が彼《かれ》の―だ」注意「しんしょう」と読むと別の意味になる。

**しんじょう【信条】**（名）❶しっかりと心に信じ守っていることがら。主義。「誠実であることを―とする」❷信仰《しんこう》の上で守るべき教義。

**しんじょう【真情】**（名）まごころ。ほんとうの気持ち。「―を吐露《とろ》する」

**しんじょう【進上】**（名・他スル）相手にさしあげること。「―物《もの》」

**じんじょう【尋常】**（名・形動ダ）❶ふつう。あたりまえ。「―一様《いちよう》（＝あたりまえで他と変わりのないようす）」❷見苦しくないようす。すなおなようす。「―に白状する」「―に勝負しろ」

**しんしょうしゃ【身障者】**（名）↓しんたいしょうがいしゃ

**しんしょうひつばつ【信賞必罰】**（名）功績のあった人には必ず賞をあたえ、悪事をした人は必ず罰すること。

**しんしょうぼうだい【針小棒大】**（名）針ほどに小さいものを棒ほどの大きさに言うこと。小さなことを大げさに言うこと。「―に言いふらす」

**しんしょく【侵食】**【侵^蝕】（名・他スル）❶他の領域をしだいにおかし、そこなうこと。「隣国《りんごく》を―する」❷《地質》↓しんしょく（浸食）

**しんしょく【神職】**（名）神主《かんぬし》。神官。

**しんしょく【浸食】**【浸^蝕】（名・他スル）《地質》水や風などが、しだいに陸地をけずってゆくこと。

**しんしょく【寝食】**（名）寝《ね》ることと食べること。ふだんの生活。「―をともにする」

**寝食を忘《わす》れる** 寝《ね》ることや食べることを忘れてしまうほど、物事に熱中する。

**しん・じる【信じる】**（他上一）{ジ・ジ・ジル・ジル・ジレ・ジロ(ジヨ)}❶ほんとうだとかたく思う。疑いなくそうだと思う。「彼《かれ》のことばを―」「幽霊《ゆうれい》の存在を―」「成功すると―」❷まちがいないものとして頼《たよ》りにする。信頼《しんらい》する。「自分を―・じて行動する」❸信仰《しんこう》する。「仏教を―」

**しんしん【心身・身心】**（名）心とからだ。精神と肉体。「―をきたえる」

**しんしん【新進】**（名）ある分野に新しく出てきたこと。また、その人。「―気鋭《きえい》の作家」

**しんしん【津津】**（トタル）たえずわき出るようす。「興味―」

**しんしん【深深】**（トタル）❶ひっそりと静まりかえっているようす。「―と夜がふける」❷寒さなどがからだのしんまでしみ通るようす。「―と冷えこむ冬の夜」

**しんしん【森森】**（トタル）木が深くしげっているようす。奥深《おくぶか》くおごそかなようす。「―たる杉《すぎ》の木立」

**しんじん【信心】**（名・他スル）神や仏を心から信じてうやまうこと。また、その心。「―深い人」「不―」

**しんじん【新人】**（名）❶新しく世に出た人。ある分野に新しく登場した人。「―歌手」❷新しく仲間入りした人。新顔。新入り。「―教育」

**しんじん【深甚】**（形動ダ）{ダロ・ダッ(デ・ニ)・ダ・ナ・ナラ・○}気持ちや意味がひじょうに深いようす。「―な感謝の意を表する」

**じんしん【人心】**（名）人の心。人びとの気持ち。「―をつかむ」「―をまどわす」「―を一新する」

**じんしん【人身】**（名）❶人間のからだ。「―売買」❷その人の身分。個人の身の上。「―攻撃《こうげき》（＝私的なことがらをとりあげ、個人を非難すること）」

**しんしんこうじゃく【心神耗弱】**（名）心神喪《そう》失《しつ》より軽いが、精神機能の障害のため、自分の行動の善悪を判断する力がふつうの人よりおとる状態。

**じんしんじこ【人身事故】**（名）人と自動車や列車との接触《せっしょく》などにより、人が死んだり負傷したりする交通事故。「―を起こす」

**しんしんしょう【心身症】**（名）《医》心理的要因や精神的ストレスで身体に変調をきたす症状。

**しんしんそうしつ【心神喪失】**（名）精神機能の障害のため、自分の行動の善悪がまったく判断できない状態。法律上その行為は処罰《しょばつ》されることはない。

**しんすい【心酔】**（名・自スル）一つのことにむちゅうになること。また、ある人を心からうやまい慕《した》うこと。「漱石《そうせき》に―する」

**しんすい【浸水】**（名・自スル）水につかること。水がはいりこむこと。「―家屋」「床上《ゆかうえ》―」

**しんすい【進水】**（名・自スル）新しく造った船がはじめて水に浮《う》かぶこと。「―式」

**しんすい【薪水】**（名）たきぎと水。転じて、炊事《すいじ》のこと。

**薪水の労《ろう》**（炊事の労の意から）人につかえて骨身をおしまず働くこと。「師のために―をとる」

**しんずい【心髄】**（名）❶物事の中心となる大事なところ。❷心のおくそこ。

**しんずい【神髄・真髄】**（名）学問・武道・芸道などで、いちばん大事なところ。その道の奥義《おうぎ》。「芸の―をきわめる」

**じんすい【『尽△瘁』】**（名・自スル）社会や公共のために力をつくすこと。ほねおること。「長く教育に―する」

**じんずうりき【神通力】**（名）→じんつうりき

**しん・ずる【信ずる】**（他サ変）〔ジ(ゼ)・ジ・ズル・ズル・ズレ・ジロ(ゼヨ)〕→しんじる

**しんせい【申請】**（名・他スル）許可や認可などを役所などに願いでること。「免許《めんきょ》の交付を―する」

**しんせい【神聖】**（名・形動ダ）ひじょうに清らかで尊いこと。「―な場所」

**しんせい【真正】**（名・形動ダ）ほんとうで正しいこと。「―な証言」

**しんせい【真性】**（名）❶《医》（類似の病気ではなく）たしかにその病気であること。「―コレラ」対仮性。❷生まれつきもっている性質。天性。

**しんせい【新生】**（名・自スル）❶新しく生まれ出ること。「―児」❷生まれ変わった心で、新しい生活を始めること。「―の道を歩む」

**しんせい【新制】**（名）新しい制度。「―大学」対旧制

**しんせい【新星】**（名）❶《天》とつぜん明るさが増し、のち光がしぜんにうすれていく恒星《こうせい》。❷芸能・スポーツ界などで、新しく現れて急に世間の人気を集める人。「映画界の―」

**しんせい【親政】**（名）君主が自分で政治を行うこと。また、その政治。

**じんせい【人生】**（名）❶人がこの世に生きていくこと。「―の荒波《あらなみ》にもまれる」❷人がこの世に生きている間。人の一生。「充実《じゅうじつ》した―」

**じんせい【人性】**（名）人間が本来もっている性質。

**じんせい【仁政】**（名）人民に対する思いやりのあるよい政治。「―をしく」

**しんせいがん【深成岩】**（名）《地質》火成岩の一つ。マグマが地下の深い所でゆっくり冷えてかたまったもの。花崗岩《かこうがん》など。

**じんせいかん【人生観】**（名）人生の目的や価値・意義などについての考え方。「―を語る」

**じんせいくん【人生訓】**（名）人間が生きるうえで、ためになる教え。

**しんせいじ【新生児】**（名）生まれたばかりの赤んぼう。特に、生後四週間までの乳児《にゅうじ》をいう。

**しんせいだい【新生代】**（名）《地質》地質時代の中で現代をふくむ最も新しい時代。約六六〇〇万年前から現代まで。第三紀・第四紀に分けられる。

**しんせいめん【新生面】**（名）ある領域における新しい方面。新分野。「―を開く」

**しんせかい【新世界】**（名）❶新しく発見された地域。特に、南北アメリカ大陸など。新大陸。❷新しく活動する場所。新天地。「―を切り開く」

**しんせき【親戚】**（名）血すじや縁組《えんぐみ》でつながっていること。また、その人。親類。

**じんせき【人跡】**（名）人の足あと。人の通ったあと。「―まれな山中」

**じんせきみとう【人跡未踏】**（名）まだ人が一度も足をふみ入れたことがないこと。「―の地」

**シンセサイザー**〔英 synthesizer〕（名）《音》電子回路を用いて音を合成し、演奏する楽器。多種多様な音を作り出すことができる。シンセ。

**しんせつ【新設】**（名・他スル）組織や施設《しせつ》などを新しく設けること。「―高校」「校舎を―する」

**しんせつ【新雪】**（名）新しく降り積もった雪。

**しんせつ【新説】**（名）今までなかった新しい考え方や意見。「学界に―を発表する」

**しんせつ【親切】**（名・形動ダ）相手への思いやりが深くやさしいこと。ていねいでゆきとどいていること。「―な人」「不―」

**しんせっきじだい【新石器時代】**（名）《歴》石器時代の最後の段階。みがいた石器が普及《ふきゅう》し、農耕・牧畜《ぼくちく》などが始められた。対旧石器時代

**しんせん【深浅】**（名）❶深いことと浅いこと。「理解の―」❷色が濃《こ》いことと薄《うす》いこと。濃淡《のうたん》。

**しんせん【新鮮】**（形動ダ）〔ダロ・ダッ(デ・ニ)・ダ・ナ・ナラ・○〕❶野菜や魚・肉などが、新しくみずみずしいようす。「―な魚」❷汚《よご》れがなくすがすがしいようす。「―な空気」❸今までにない新しさが感じられるようす。「―なデザイン」

**しんぜん【親善】**（名）国や団体などがたがいに理解を深め、なかよくつき合うこと。「―試合」

**じんせん【人選】**（名・自スル）ふさわしい人を選ぶこと。「―にてまどる」

**しんせんつくばしゅう**〔新撰菟玖波集〕〔作品

名室町《むろまち》時代後期の連歌《れんが》集。二〇巻。飯尾宗祇《いいおそうぎ》らが編集した。一四九五(明応《めいおう》四)年成立。二〇〇〇あまりの連歌が集められている。

**しんぜんび【真善美】**(名)人間の理想とする三つの価値概念《かちがいねん》。認識上の真、道徳上の善、芸術上の美。

**しんそ【親疎】**(名)親しいことと、親しくないこと。親しい人と、親しくない人。

**しんそう【真相】**(名)(人に知られていることとはちがう)ほんとうのことがら・事情。「事件の―を調べる」

**しんそう【深窓】**(名)広い家のおくふかい部屋。「―に育つ(=世間の苦労を知らず大切に養育される)」「―の令嬢《れいじょう》」

**しんそう【深層】**(名)積み重なっているものの深い所。物事のおくふかくかくれた所。「―心理」対表層

**しんそう【新装】**(名・他スル)外観や設備などを新しくすること。「―開店」「―なったビル」

**しんぞう【心臓】**一(名)❶《生》血管系の中心となる器官。血液を体内に循環《じゅんかん》させるポンプとしてはたらく。❷物事を動かしていく中心部。「日本の―部」二(名・形動ダ)あつかましく、ずうずうしいこと。「たいした―だ」

**しんぞう【新造】**一(名・他スル)新しく造ること。また、造ったもの。「―船」二(名)(多く「ご新造」の形で)むかし、若い人妻を呼んでいったことば。しんぞ。

**じんぞう【人造】**(名)人間が造ること。また、造ったもの。「―湖」「―皮革《ひかく》」類人工。対天然

**じんぞう【腎臓】**(名)《生》腹のうしろ、背骨の両側にあり、そらまめのような形をした内臓。尿《にょう》を体外に送りだすはたらきをする。

**じんぞうけんし【人造絹糸】**(名)→じんけん(人絹)

**じんぞうせんい【人造繊維】**(名)《化》→ごうせいせんい

**しんぞうまひ【心臓まひ】**《心臓麻△痺》(名)心臓の活動が急に止まり、突然死《とつぜんし》すること。

**しんぞく【親族】**(名)血すじや縁組《えんぐみ》でつながっている人びと。

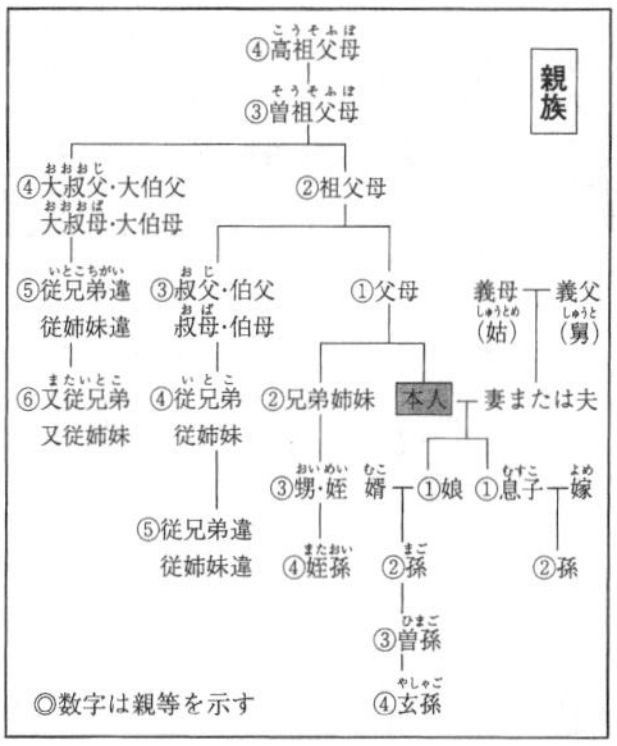


**じんそく【迅速】**(名・形動ダ)たいへん速いこと。すみやか。「―に処理する」

**しんそこ【心底・真底】**一(名)心のおく底。本心。「―から願っている」二(副)心から。ほんとうに。「―尊敬している」

**しんそつ【真率】**(名・形動ダ)まじめでかざらないこと。類真摯《しんし》

**しんそつ【新卒】**(名)その年に新しく学校を卒業すること。また、その人。「―者」「―採用」

**しんたい【身体】**(名)人のからだ。「―測定」

**しんたい【神体】**(名)神がやどっているとして神社などにまつられているもの。鏡・剣・玉など。「ご―」

**しんたい【進退】**(名)❶進むことと退くこと。❷いちいちの動作。たちいふるまい。❸職を続けるかやめるかの身の処置。「―を明らかにする」

**進退谷《きわ》まる** 進むことも退くこともできず、どうにもならない状態に追いこまれる。

**しんだい【身代】**(名)その人の持っているいっさいの財産。資産。「―をつぶす」「―限り(=破産)」

**しんだい【寝台】**(名)寝《ね》るときに使う台。ベッド。

**じんたい【人体】**(名)人間のからだ。「―模型」

**じんたい**《△靭帯》(名)《生》骨と骨とを結びつけたり、関節を保護したりするひも状の組織。

**じんだい【甚大】**(名・形動ダ)程度がひじょうに大きいようす。「被害《ひがい》―」

**しんたいうかがい【進退伺い】**(名)仕事のうえで大きな過失をおかしたとき、責任をとって辞職すべきかどうか上役に判断を求めること。また、その文書。

**しんだいかぎり【身代限り】**(名)財産をすっかりなくすこと。「破産」の古い言い方。

**しんたいけんさ【身体検査】**(名)❶《医》からだの発育状態や健康状態を調べる検査。体格検査。❷持ち物や服装などを調べること。

**じんだいこ【陣太鼓】**(名)むかし、いくさのとき、兵士を動かすときの合図に打ち鳴らした太鼓。

**しんたいし【新体詩】**(名)《文》明治の初めに西洋の詩の影響《えいきょう》によってつくられた、新しい形式の詩。

**しんたいしょうがいしゃ【身体障害者】**(名)からだの一部が不自由な人。身障者。

**しんたいそう【新体操】**(名)輪・リボン・縄《なわ》・棍棒《こんぼう》・ボールといった用具を使って、伴奏《ばんそう》音楽に合わせて演技する体操競技。

**じんだいめいし【人代名詞】**(名)《文法》→にんしょうだいめいし

**しんたいりく【新大陸】**(名)新しく発見された大陸。オーストラリアや南北アメリカなど。対旧大陸

**しんたく【信託】**(名・他スル)❶相手を信用してまかせること。「国民の―にこたえる政治」❷《法》財産の管理や処分を他人にまかせること。「―会社」

**しんたく【神託】**(名)神のおつげ。「―を受ける」

**しんたくぎんこう【信託銀行】**(名)銀行の一種。ふつうの銀行業務と、依頼《いらい》された財産の管理や処分などを行う。

**しんだこのとしをかぞえる【死んだ子の年を数える】**→しじのよわいをかぞえる

**しんたん【心胆】**(名)こころ。きも。

**心胆を寒《さむ》からしめる** 心の底から驚《おどろ》きおそれさせ

る。ぞっとさせる。

**しんたん【薪炭】**（名）たきぎとすみ。燃料。

**しんだん【診断】**（名・他スル）❶医者が患者《かんじゃ》のからだのぐあいを調べて、病状を判断すること。「ーを下《くだ》す」「健康ー」❷現在の状態を調べ、問題点を指摘《してき》すること。「企業《きぎょう》の経営をーする」

**じんち【人知】**『人^山智』（名）人間のちえ。「ーの及《およ》ばないところ」

**じんち【陣地】**（名）戦うために軍隊を配置した所。

**しんちく【新築】**（名・他スル）家などを新しく建てること。また、新しく建てた家。「ー家屋」

**じんちく【人畜】**（名）❶人間と家畜。「ー無害」「ーに被害《ひがい》はない」❷人の情けがわからないような人をあざけって言うことば。人でなし。

**しんちゃ【新茶】**（名）その年に出た新芽でつくった茶。

**しんちゅう【心中】**（名）心の中。気持ち。内心。「ーを察する」「ーおだやかでない」注意「しんじゅう」と読むと別の意味になる。

**しんちゅう**『真^△鍮』（名）銅と亜鉛《あえん》との合金。黄色でさびにくくて、美しいつやがある。黄銅。

**しんちゅう【進駐】**（名・自スル）軍隊がよその国の領土内にはいって、そこにとどまること。「ー軍」

**じんちゅう【陣中】**（名）❶陣地の中。❷戦争の最中。

**じんちゅうみまい【陣中見舞い】**（名）（戦場の兵士をたずねてはげますことから）いそがしく仕事をしている人をたずねて、労をねぎらったり、はげましたりすること。また、そのときに持っていく食べ物や飲み物など。

**しんちょ【新著】**（名）新しく書いた本。対旧著

**しんちょう【伸長】**『伸^△暢』（名・自他スル）力や長さなどがのびること。また、のばすこと。「個性のー」

**しんちょう【身長】**（名）背の高さ。せたけ。「平均寿命《じゅみょう》のー」

**しんちょう【伸張】**（名・自他スル）大きさや勢力などがのび広がること。また、のばし広げること。「ー率」

**しんちょう【新調】**（名・他スル）衣服などを新しく作ること。また、作ったもの。「スーツをーする」

**しんちょう【深長】**（形動ダ）〔ダロ・ダッ(デ・ニ)・ダ・ナ・ナラ・〇〕何か深い意味があるようす。「意味ーなことば」

**しんちょう【慎重】**（形動ダ）〔ダロ・ダッ(デ・ニ)・ダ・ナ・ナラ・〇〕行動するにあたって注意深い態度をとるようす。「ーに運転する」対軽率《けいそつ》

**じんちょうげ**『◇沈丁◇花』（名）〔植〕ジンチョウゲ科の常緑低木。中国原産。早春、内側が白く外側が赤《あか》紫《むらさき》色または白のかおりの強い小花が咲《さ》く。ちんちょうげ。

（じんちょうげ）

**しんちょく【進捗】**（名・自スル）物事が進みはかどること。「ー状況《じょうきょう》を調べる」類進行

**しんちんたいしゃ【新陳代謝】**（名・自スル）❶生物が生存に必要なものをとり入れ、不要なものを出すこと。❷古いものと新しいものが入れかわること。「組織のーをはかる」

**しんつう【心痛】**（名・自スル）ひどく心配して心を痛めること。「ーのあまり、寝《ね》こんでしまう」

**じんつう【陣痛】**（名）❶〔医〕子どもが生まれる前に周期的に起こる、おなかのいたみ。❷物事を完成する前の苦しみ。

**じんつうりき【神通力】**（名）なんでも思いどおりにできるふしぎな力。じんずうりき。

**しんてい【心底】**（名）心のおく。本心。「ーを見抜《みぬ》く」参考「しんそこ」とも読む。

**しんてい【進呈】**（名・他スル）人に物をさしあげること。進上。「著書をーする」類贈呈《ぞうてい》

**じんてい【人定】**（名）❶人が定めること。「ー法」❷〔法〕本人であることを確認すること。「ー質問」

**しんてき【心的】**（形動ダ）〔ダロ・ダッ(デ・ニ)・ダ・ナ・ナラ・〇〕心に関するようす。「ー変化」対物的

**じんてき【人的】**（形動ダ）〔ダロ・ダッ(デ・ニ)・ダ・ナ・ナラ・〇〕人に関するようす。「ー被害《ひがい》」

**シンデレラ**〔Cinderella〕（名）❶西洋の民話の一つ。また、その主人公の名。まま母にいじめられている不幸な少女が、舞踏会《ぶとうかい》に残したガラスの靴《くつ》が手がかりとなって、王子と幸せな結婚《けっこん》をする物語。❷とつぜんの幸運にめぐまれた人。「ーガール」

**しんてん【伸展】**（名・自他スル）規模や勢力がのび広がること。また、のばし広げること。「事業がーする」

**しんてん【進展】**（名・自スル）物事や事態がどんどん進行し発展していくこと。「捜査《そうさ》がーする」

**しんてん【親展】**（名）手紙などの表に書いて、あて名の人自身に直接開封《かいふう》してほしいという意を表すことば。類直披《じきひ》

**しんでん【神殿】**（名）神をまつる建物。

**しんでん【新田】**（名）埋《う》めたてや開墾《かいこん》などによって、新しく作りあげた田。

**しんでん【親電】**（名）その国の元首がみずからの名で発信する電報。

**しんでんず【心電図】**（名）〔医〕心臓の運動によっておこる電流をグラフ化し、記録したもの。心臓病などの診断《しんだん》に使う。

**しんてんち【新天地】**（名）新しく開かれた世界。新しく活動する場所。「ーを求めて船出する」

**しんでんづくり【寝殿造り】**（名）平安時代、貴族の住宅に用いられた建築様式。南に向いた寝殿を中央にし、それを囲む建物をそれぞれ廊下《ろうか》でつないだもの。

（しんでんづくり）

**しんてんどうち【震天動地】**（名）異変・大事件がおこって、人びとがひじょうに驚《おどろ》きこわがること。

**しんと【信徒】**（名）ある宗教を信じる人。信者。

**しんと**（副・自スル）物音がなく静まりかえっているようす。「倉庫内はーしている」参考「しいんと」ともいう。

**しんど【深度】**（名）深さの程度。「海の―を測る」

**しんど【進度】**（名）物事の進みぐあい。進行の程度。「生徒によって学習の―がちがう」

**しんど【震度】**（名）地震の強さの程度。参考 日本では、震度計で計測された値を用いて、震度0・1・2・3・4・5弱・5強・6弱・6強・7の一〇階級に分ける。

●震度表

| 階級 | ゆれのようす |
| --- | --- |
| 0 | 人はゆれを感じないが、地震計には記録される。 |
| 1 | 屋内で静かにしている人の中には、ゆれをわずかに感じる人がいる。 |
| 2 | 屋内で静かにしている人の大半がゆれを感じ、電灯などつり下げたものがわずかにゆれる。 |
| 3 | 屋内にいる人のほとんどがゆれを感じ、たなの食器類が音をたてることがある。 |
| 4 | ほとんどの人が驚《おどろ》き、つり下げたものや電線が大きくゆれ、食器類は音をたてる。 |
| 5弱 | 大半の人が恐怖《きょうふ》をおぼえ、たなの食器類や本が落ちることがある。電柱のゆれがわかり、道路に被害《ひがい》が生じることがある。 |
| 5強 | 大半の人が、物につかまらないと歩けない。たなの食器類や本が落ち、固定していない家具がたおれることがある。 |
| 6弱 | 立っていることが困難になる。家具の大半が移動し、たおれるものもある。壁《かべ》のタイル・窓ガラスが破損・落下することがある。 |
| 6強 | はわないと動けない。家具のほとんどが移動し、たおれるものが多くなる。 |
| 7 | はわないと動けない。家具のほとんどが移動したりたおれたりし、とぶこともある。 |

**じんと**（副・自スル）❶感動して、涙《なみだ》が出そうになるようす。「目頭《めがしら》が―熱くなる」❷痛さや冷たさなどでしびれるように感じるようす。「冷たさが歯に―しみる」参考「じいんと」ともいう。

**しんど・い**（形）{カロ・カッ(ク)・イ・イ・ケレ・○}（関西方言で）つかれた。骨がおれて苦しい。大儀《たいぎ》だ。「からだが―」

**しんとう【心頭】**（名）心の中。「怒《いか》り―に発する（=はげしく怒る）」

**心頭を滅却《めっきゃく》すれば火《ひ》もまた涼《すず》し** どんな苦しみも、それを超越《ちょうえつ》して心にとめなければ、苦しさを感じない。

**しんとう【神道】**（名）日本に古くからある宗教。神を敬い、祖先を尊ぶことを根本の理念とする。

**しんとう【浸透】**『▵滲透』（名・自スル）❶液体がしみとおること。❷考え方や習慣などが広くゆきわたること。「民主主義が―する」❸〘化〙濃度《のうど》が異なる二つの液体がうすい膜《まく》で仕切られているとき、その膜を通して一方が他方の液体とまじる現象。「―圧」

**しんとう【親等】**（名）〘法〙親族関係の遠近を示す等級。参考 親子は一親等、祖父母・孫・兄弟は二親等、おじ・おば・おい・めいは三親等、いとこは四親等になる。⇩しんぞく〈図〉

**しんどう【神童】**（名）人並《ひとな》みはずれて、才能のすぐれている子ども。「―の誉《ほま》れが高い」

**しんどう【振動】**（名・自スル）❶揺《ゆ》れ動くこと。❷〘物〙物体が、決まった長さを決まった速さで行ったり来たりする運動。「振り子が―する」

**しんどう【新道】**（名）新しく開いた道。対 旧道

**しんどう【震動】**（名・自スル）ふるえ動くこと。「トラックが通るたびに家が―する」

**じんとう【陣頭】**（名）いくさのときの先頭。転じて、仕事をするときの第一線。「―指揮をとる」

**じんどう【人道】**（名）❶人間としてしなくてはならない正しい生き方。「―にはずれた行為《こうい》」類 人倫《じんりん》。❷街路のうちで、人の通る道。歩道。対 車道

**じんどうしゅぎ【人道主義】**（名）人格の平等をみとめ、人類全体の幸福の実現をはかろうとする主義。ヒューマニズム。

**じんとうぜい【人頭税】**（名）国民一人一人に同じ額をかける税。にんとうぜい。

**じんどうてき【人道的】**（形動ダ）{ダロ・ダッ(デ・ニ)・ダ・ナ・ナラ・○}人道主義の立場に立つようす。「―な行い」

**じんとく【人徳】**（名）その人にそなわっているすぐれた人がら。「―がある」

**じんとく【仁徳】**（名）誠実に人を思いやり、手をさしのべる心。仁愛の徳。参考「にんとく」とも読む。

**じんど・る【陣取る】**（自五）{ラ(ロ)・リ(ッ)・ル・ル・レ・レ}❶陣地をもうける。「山を背にして―」❷場所をしめる。「一番前に―」

**シンドローム**〔英 syndrome〕（名）〘医〙→しょうこうぐん

**シンナー**〔英 thinner〕（名）ペンキ・ラッカーなどをうすめたり衣服のしみをぬいたりするのに使う溶剤《ようざい》。

**しんにち【親日】**（名）外国人が日本に好意をもつこと。「―家」対 反日

**しんにゅう**『▵之▵繞』（名）漢字の部首の一つ。「道」「遡」などの「辶」「⻌」の部分。しんにょう。

**しんにゅう【侵入】**（名・自スル）他人の家や他国の領土など、はいってはいけない所に、むりにはいりこむこと。「敵の―を受ける」⇩しんにゅう（浸入）「学習」

**しんにゅう【浸入】**（名・自スル）建物・土地などに水がはいりこむこと。

学習 使い分け「侵入」「浸入」

侵入　はいるべきではない所にむりにはいること。「泥棒《どろぼう》が侵入する」「不法侵入」「侵入者を排除《はいじょ》する」

浸入　はいっては都合の悪い所に水がはいりこむこと。「水が床下《ゆかした》に浸入する」「壁《かべ》の割れ目から雨水が浸入している」

**しんにゅう【進入】**（名・自スル）進んでいってそこにはいること。「―禁止」

**しんにゅう【新入】**（名）新しくはいること。また、はいった人。新入り。「―生」「―社員」

**しんにょ【信女】**（名）〔仏〕❶俗人《ぞくじん》のまま仏門にはいった女子。❷女子の戒名《かいみょう》につける称号《しょうごう》。〘対信士《しんじ》〙

**しんにょ【真如】**（名）〔仏〕宇宙のあらゆるものの中にある本体で、永久不変の無差別・平等の真理。

**しんにょう『△之△繞』**（名）→しんにゅう（之繞）

**しんにん【信任】**（名・他スル）信用して事をまかせること。「―を得る」「―投票」「不―」

**しんにん【新任】**（名）新しく任命されること。また、新しく任命された人。「―教師」

**しんねん【信念】**（名）かたく信じて疑わない心。「―をもって実行する」

**しんねん【新年】**（名）新しい年。新春。

**しんのう【親王】**（名）天皇の男の子と男の孫の称号《しょうごう》。参考女子は内親王という。

**しんぱ【新派】**（名）❶新しい流派。❷〔演〕（「新派劇」の略）歌舞伎《かぶき》に対抗《たいこう》して明治の中ごろにおこった現代劇を中心とする演劇。

**シンパ**（名）（「シンパサイザー」の略）共鳴者。特に、革新的な政党や団体の支持者や後援《こうえん》者。▽英 sympathizer から。

**じんば【人馬】**（名）人と馬。「―一体となって」

**しんぱい【心配】**■一（名・自他スル・形動ダ）これからどうなるか、悪いことが起きないかなどと、不安に思うこと。「親に―をかける」「テストが―だ」「―性《しょう》」■二（名・自他スル）こころづかいをすること。世話をすること。「就職を―してやる」

**じんばおり【陣羽織】**（名）むかし、いくさのとき、武士がよろいや具足《ぐそく》の上に着たそでなしの羽織。

（じんばおり）

**しんぱく【心拍】**（名）心臓が全身に血液を循環《じゅんかん》させるために規則正しく動くこと。鼓動《こどう》。「―数があがる」

**シンパシー**〔英 sympathy〕（名）共感。共鳴。また、同情。「―を抱《いだ》く」

**ジンバブエ**〔Zimbabwe〕〔地名〕アフリカ大陸南部の内陸部にある共和国。首都はハラレ。

**しんばりぼう【心張り棒】**（名）戸や窓を開けられないように、内側にななめにかける棒。「―をかう」

**シンバル**〔英 cymbals〕（名）〔音〕打楽器の一つ。金属製の二枚のまるい板《ばん》を打ち合わせて鳴らす。

（シンバル）

**しんぱん【新盤】**（名）新しく売り出された音楽CDやレコード。

**しんぱん【侵犯】**（名・他スル）他国の権利や領土などをおかすこと。「領空を―する」

**しんぱん【新版】**（名）❶新しく出版された本。新刊。❷以前出版した本の一部分を訂正《ていせい》するなどして出版したもの。対旧版

**しんぱん【審判】**（名・他スル）❶事件や訴《うった》えを審理し、判決や可否などの判断を下すこと。また、その判決や判断。「―を下す」❷競技で、勝敗・優劣《ゆうれつ》などを判定すること。また、その人。❸キリスト教などで、神がこの世をさばくこと。「最後の―」

**しんぱん【親藩】**（名）〔歴〕江戸《えど》時代、将軍家の近親が治めていた藩。尾張《おわり》・紀伊《きい》・水戸《みと》など。

**しんび【審美】**（名）美しいものと、みにくいものとを見分けること。「―眼」

**しんぴ【神秘】**（名・形動ダ）人間のちえではかり知ることのできないほど、ふしぎなこと。「宇宙の―」…的「神秘的な光景」

**しんぴ【真皮】**（名）〔生〕脊椎《せきつい》動物の表皮の下にある層。毛細血管や皮脂腺《ひしせん》・汗腺《かんせん》などがある。

**しんぴ【真否】**（名）真実のことと、そうでないこと。ほんとうとうそ。「―を確かめる」類真偽《しんぎ》

**しんびがん【審美眼】**（名）美しいものと、みにくいものとを見分ける能力。「―のある人」

**しんぴつ【真筆】**（名）その人自身の書いたもの。直筆《じきひつ》。「雪舟《せっしゅう》の―」対偽筆《ぎひつ》

**しんぴょう『信△憑』**（名・自スル）確かなものとして信用すること。

**しんぴょうせい『信△憑性』**（名）確かだとして信用できる程度。「―にとぼしい」「―がある」

**しんぴん【新品】**（名）新しい品物。できたての品。

**じんぴん【人品】**（名）その人にそなわっている気品・品格。また、風采《ふうさい》。「―いやしからぬ人物」

**しんぷ【神父】**（名）キリスト教で、カトリックなどの司祭のこと。

**しんぷ【新婦】**（名）はなよめ。対新郎《しんろう》

**しんぷ【新譜】**（名）新しい曲の楽譜。また、その音楽CDやレコード。

**しんぷう【新風】**（名）今までなかった新しいようすや、やり方。「―を吹《ふ》きこむ」

**シンフォニー**〔英 symphony〕（名）〔音〕交響曲《こうきょうきょく》。シンホニー。

**しんぷく【心服】**（名・自スル）尊敬して心から従うこと。「―する人物」

**しんぷく【振幅】**（名）〔物〕揺《ゆ》れ動く物体の、はじめに止まっていた位置から、右または左に最も大きくはなれたときの位置までの長さ。ふりはば。

**しんぷく【震幅】**（名）地震計が感じとった震動の幅《はば》。

**しんふぜん【心不全】**（名）〔医〕心臓のはたらきが弱り、血液の循環《じゅんかん》がうまくいかなくなった状態。

**じんふぜん【腎不全】**（名）〔医〕腎臓のはたらきが弱り、老廃《ろうはい》物の排出《はいしゅつ》がうまくいかなくなった状態。

**しんぶつ【神仏】**（名）❶神と仏。「―に祈《いの》る」❷神道《しんとう》と仏教。

**じんぶつ【人物】**（名）❶ひと。「―画」❷ひとがら。「―はしっかりしている」❸すぐれた人。才能のある人。「彼《かれ》はなかなかの―だ」

**しんぶつしゅうごう【神仏習合】**（名）日本固有の神道《しんとう》と外来宗教の仏教とを融合《ゆうごう》し、それ

それの信仰《しんこう》を両立させること。神仏混淆《こんこう》。

**シンプル**〔英 simple〕（形動ダ）{ダロ・ダッ(デ・ニ)・ダ・ナ・ナラ・○} むだがなく単純で、すっきりしているようす。簡素・質素なようす。「―なデザイン」「―な生活」

**しんぶん【新聞】**（名）社会の新しい事件や問題をできるだけ早く知らせるための、おもに日刊の定期刊行物。「―記者」「―種《だね》(=新聞記事の材料となる事件・問題)」

**じんぶん【人文】**（名）人間がつくりあげた文化・文明のこと。「―地理学」参考「じんもん」とも読む。

**じんぶんかがく【人文科学】**（名）人類文化に関する学問のこと。言語学・哲学・文学など。⇩しゃかいかがく・しぜんかがく

**しんぶんすう【真分数】**（名）《数》分子が分母よりも小さい分数。

**じんぶんちりがく【人文地理学】**（名）産業・交通・文化など、人間社会の現象を、自然環境《かんきょう》や地域のちがいという観点から研究する学問。

**じんべい【甚平】**（名）身たけがひざ下ぐらいの広そでの着物。おもに男性が夏に室内着として用いる。甚兵衛《じんべえ》。

**しんぺん【身辺】**（名）身のまわり。「―整理」

**しんぺん【新編】**（名）新しく編集・編成すること。また、その書物。

**しんぽ【進歩】**（名・自スル）物事がしだいによいほうに進んでいくこと。「技術の―」類発達・発展・向上。対退歩

**しんぼう【心房】**（名）《生》心臓の上半分の部分。血液を静脈《じょうみゃく》から受けて心室に送るところ。

**しんぼう【心棒】**（名）❶回転するものの軸《じく》となる棒。車輪の軸木《じくぎ》。❷活動の中心となるもの。

**しんぼう【辛抱】**（名・自他スル）つらいことや苦しいことをがまんすること。「なにごとも―が肝心《かんじん》だ」

**しんぼう【信望】**（名）多くの人びとから受ける信用と人望。「―を集める」

**しんぼう【深謀】**（名）深く考えたはかりごと。

**しんぽう【信奉】**（名・他スル）ある思想や宗教などをかたく信じて大事にすること。「―者」

**じんぼう【人望】**（名）多くの人びとから寄せられる尊敬と信頼《しんらい》。「―のあつい人」「―がない」

**しんぼうえんりょ【深謀遠慮】**（名）遠い将来まで見通して深く考えてたてた計画。深慮遠謀。「―をめぐらす」

**しんぼうづよ・い【辛抱強い】**（形）{カロ・カッ(ク)・イ・イ・ケレ・○} じっとがまんすることができる。がまん強い。「―性格」

**しんぼく【親睦】**（名）おたがいに親しくすること。仲よくすること。「―を深める」

**シンポジウム**〔英 symposium〕（名）ある問題についての数人の意見発表と、参加者の質問およびそれへの応答とからなる討論会。

**しんぽてき【進歩的】**（形動ダ）{ダロ・ダッ(デ・ニ)・ダ・ナ・ナラ・○} 考え方がふつうより進んでいるようす。特に、古い考え方や制度などを改革していこうとするようす。「―な人」

**シンホニー**（名）《音》→シンフォニー

**シンボル**〔英 symbol〕（名）❶象徴《しょうちょう》。「平和の―」❷ある意味をもたせたしるし。「―マーク」

**しんぽん【新本】**（名）❶新しい本。対古本《ふるほん》。❷新刊の本。

**しんまい【新米】**（名）❶その年にとれた米。対古米《こまい》。❷仲間にはいったばかりでまだなれていない人。また、未熟な人。「―の刑事」対古顔《ふるがお》

**じんましん【◁蕁麻◁疹】**（名）《医》急にかゆみを感じ、一時的にひふが赤くはれるアレルギー性の病気。

**しんみ【新味】**（名）新しいおもむき。「―を増す」

**しんみ【親身】**㊀（名）血のつながりの近い身内。肉親。㊁（名・形動ダ）肉親に対するように親切な心づかいをすること。「―になって世話をする」

**しんみつ【親密】**（名・形動ダ）ひじょうに仲のよいこと。親しみの深いようす。「―な関係」対疎遠《そえん》

**じんみゃく【人脈】**（名）政界・財界・会社などで、系統や系列が同じ人びとのつながり。「―をたどる」

**しんみょう【身命】**（名）→しんめい(身命)

**しんみょう【神妙】**（形動ダ）{ダロ・ダッ(デ・ニ)・ダ・ナ・ナラ・○} ❶感心なようす。「―な心がけだ」❷すなおなようす。おとなしいようす。「―にすわっている」

**しんみり**（副・自スル）❶もの静かで落ち着いているようす。しみじみ。「―(と)話し合う」❷もの悲しいようす。「―(と)通夜《つや》を営む」

**しんみん【臣民】**（名）君主国における国民。

**じんみん【人民】**（名）社会や国家を構成している人びと。国民。

**しんめ【新芽】**（名）新しく出た草木の芽。若芽。

**しんめい【身命】**（名）からだといのち。しんみょう。「―をなげうって社会のためにつくす」

**しんめい【神明】**（名）かみ。「天地―にちかう」

**じんめい【人名】**（名）人の名前。「―事典」

**じんめい【人命】**（名）人のいのち。「―救助」

**しんめいづくり【神明造り】**（名）神社の建て方の一つ。柱は掘《ほ》っ立て式で屋根はかや茸《ぶ》き。屋上の千木《ちぎ》・鰹木《かつおぎ》などを特徴《とくちょう》とする。代表的なものは伊勢神宮《いせじんぐう》。

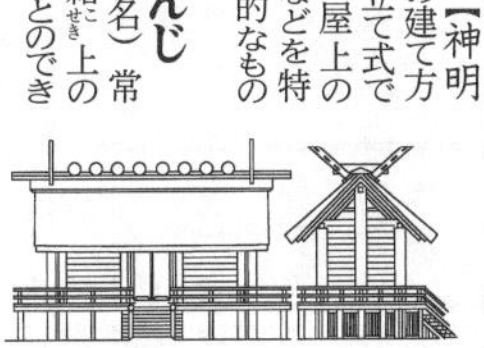

正面　側面

（しんめいづくり）

**じんめいようかんじ【人名用漢字】**（名）常用漢字のほかに戸籍《こせき》上の人の名前に用いることのできる漢字。

**シンメトリー**〔英 symmetry〕（名）左右対称《たいしょう》。また、左右のつり合いがとれていること。

**じんめんじゅうしん【人面獣心】**（名）人の顔をしているが、心はけもの同然であること。冷酷非情《れいこくひじょう》な人。にんめんじゅうしん。

**しんめんもく【真面目】**（名）そのものの本来の姿。ありのまま。ほんとうのねうち。しんめんぼく。「―が発揮された作品」注意「まじめ」と読むと別の意味になる。

**しんもつ【進物】**（名）人へのおくりもの。つかいもの。「―を届ける」「ご―」

**しんもん【審問】**（名・他スル）❶事情を明らかにす

るため、くわしくたずねること。❷〘法〙裁判所などが、審理のために当事者や関係者に問いただすこと。
**じんもん【陣門】**（名）陣屋の出入り口。軍門。
**陣門に降《くだ》る**　敵に負けて降参する。「敵の―」
**じんもん【尋問】〖△訊問〗**（名・他スル）口で問いただすこと。「警官があやしい男を―する」「不審《ふしん》―」
**しんや【深夜】**（名）まよなか。よふけ。「―営業」
**じんや【陣屋】**（名）❶戦場で軍の兵士が寝《ね》とまりする所。❷江戸《えど》時代、城を持たない大名が住んでいた所。また、代官などの詰めた役所。
**しんやく【新訳】**（名）新しい翻訳《ほんやく》。また、その本。対旧訳
**しんやく【新薬】**（名）新しく製造され、売り出された薬。「―の開発」
**しんやくせいしょ【新約聖書】**（名）キリスト教の教えを書いた本の一つ。キリストと弟子《でし》たちの行いやことばがしるされている。⇒きゅうやくせいしょ
**しんゆう【親友】**（名）仲のよい友だち。心からうちとけて親しい友人。「無二《むに》の―」
**しんよう【信用】**❶（名・他スル）確かだと信じて受け入れること。「人を―する」類信頼《しんらい》
❷（名）人や組織などの、確かだと判断されている、よい評価。「店の―にかかわる」
**じんよう【陣容】**（名）❶いくさでの軍隊の配置のしかた。陣がまえ。陣形。「―を立て直す」❷チーム・団体などの組織の顔ぶれと配置。「―を一新する」
**しんようきんこ【信用金庫】**（名）おもに中小商工業者のために設けられた金融《きんゆう》機関。資金の貸し付け、預金の取りあつかいなどを行う。
**しんようくみあい【信用組合】**（名）（「信用協同組合」の略）中小企業者の組合員に、必要な資本を貸したり、預金を取りあつかったりする機関。
**しんようじゅ【針葉樹】**（名）〘植〙松・杉《すぎ》など、針のような細長い葉をもつ木の総称《そうしょう》。対広葉樹
**しんようはんばい【信用販売】**（名）買い手を信用して代金後払《あとばら》いで品物をわたす販売方法。クレジット。

**しんらい【信頼】**（名・他スル）相手を信じてまかせる気持ちになること。信じてたよること。「―にこたえる」「友人を―する」…性「信頼性に欠ける」類信用
**しんらつ【辛辣】**（名・形動ダ）言うことや言い方が、ひじょうにてきびしいこと。「―な批評」
**しんらばんしょう【森羅万象】**（名）宇宙に存在するすべてのもの。万物。
**しんり【心理】**（名）心のようす。心のうごき。「子どもの―」「―学」…的「心理的な効果を考える」
**しんり【真理】**（名）いつどんなときでも変わることのない正しい道理。「―を探究する」
**しんり【審理】**（名・他スル）〘法〙裁判所が裁判のもとになる事実・法律関係を調べること。「事件の―」
**しんりがく【心理学】**（名）人間や動物の意識や行動などを研究する学問。
**じんりき【人力】**（名）❶人間の力。じんりょく。「―発電」❷「人力車」の略。
**じんりきしゃ【人力車】**（名）人を乗せて、車夫が引っぱって走る二輪車。人力。

（じんりきしゃ）

**しんりさよう【心理作用】**（名）心のはたらき。
**しんりびょうしゃ【心理描写】**（名）小説や映画などで、人物の心の動きを細かくえがきだすこと。
**しんりゃく【侵略】〖侵△掠〗**（名・他スル）よその国に攻《せ》めこんで領土などをうばいとること。「―戦争」
**しんりょ【深慮】**（名）深い考え。対浅慮《せんりょ》
**しんりょう【診療】**（名・他スル）医者が病人を診察して治療すること。「―を受ける」「―所」
**しんりょう【新涼】**（名）秋のはじめのすずしさ。
**しんりょえんぼう【深慮遠謀】**（名）先のことまで深く考え、計画をたてること。
**しんりょく【深緑】**（名）濃《こ》いみどり。ふつう、木や草の色についていう。「―の木々」

**しんりょく【新緑】**（名）初夏のころの若葉のみどり。「―の候」
**じんりょく【人力】**（名）人間の力や能力。じんりき。「―の及《およ》ばないところ」
**じんりょく【尽力】**（名・自スル）力をつくすこと。骨をおること。「先生のご―で研究を続けられました」
**しんりん【森林】**（名）広い範囲《はんい》に多くの木が生えしげっている所。森。「―地帯」
**じんりん【人倫】**（名）❶人間として行わねばならない正しい生き方。「―にもとる（＝反する）」類人道。❷人間どうしの間がら。また、その秩序《ちつじょ》。「―をあやうくする」❸（動物に対して）人間。人類。
**しんりんよく【森林浴】**（名）森林の中を歩き、木々の香気を浴びて、心身のやすらぎを得ること。
**しんるい【親類】**（名）血すじや縁組《えんぐみ》などでつながった一族。みうち。親戚《しんせき》。「―縁者が集まる」
**じんるい【人類】**（名）人間。人間をほかの動物と区別して呼ぶときのことば。「―の歴史」
**じんるいあい【人類愛】**（名）人間を人種や国によって区別しないで、すべての人を愛していこうとする心。
**じんるいがく【人類学】**（名）人類を生物的側面・文化的側面から研究する学問。「文化―」
**しんれい【心霊】**（名）❶たましい。霊魂《れいこん》。❷科学で説明できないふしぎな心の現象。「―術」
**しんれい【振鈴】**（名）すずをふって鳴らすこと。また、その鈴。
**しんれき【新暦】**（名）太陽の動きを中心にして作ったこよみ。陽暦。太陽暦。対旧暦
**しんろ【針路】**（名）❶（羅針盤《らしんばん》の針のさす方向の意で）船や航空機の進む道。「―を南にとる」❷めざす方向。方針。
**しんろ【進路】**（名）❶進んでゆく方向。ゆくて。「―をさまたげる」対退路。❷人が将来進んでいく方向。「卒業後の―」「―指導」
**しんろう【心労】**（名・自スル）いろいろ心配して心を痛めること。精神的な疲労《ひろう》。「―が重なる」
**しんろう【辛労】**（名・自スル）骨おり。苦労。「―

辛苦を重ねる」
**しんろう【新郎】**（名）はなむこ。対新婦《しんぷ》
**じんろう**【『△塵労』】（名）❶世俗《せぞく》的なわずらわしい苦労。❷〔仏〕煩悩《ぼんのう》。
**じんろく【甚六】**（名）お人よし。おろか者。特に、大事に育てられておっとりしている長男を、からかっていう語。「総領《そうりょう》の―」
**しんわ【神話】**（名）❶その民族などの神を中心とする伝説・説話。「ギリシャ―」❷根拠《こんきょ》もなく人びとに信じられていることがら。「安全―が崩《くず》れ去る」
**しんわ【親和】**（名・自スル）人と親しみ、なごやかになること。「クラスの―をはかる」

# す ス

**す【子】**↓し（子）
**す【主】**↓しゅ（主）
**す【守】**↓しゅ（守）
**す【素】**↓そ（素）
**す【素】**㊀（名）手を加えていないそのまま。ありのまま。「―のままの姿」㊁（接頭）❶あるがまま、そのままの意を表す。「―顔《がお》」「―足」「―もぐり」❷（人に関する語について）平凡《へいぼん》な、みすぼらしいの意を表す。「―浪人《ろうにん》」❸（形容詞について）程度がはなはだしい意を表す。「―ばやい」

**す【須】** [12画 頁3] 音ス
もちいる。必要とする。◆必須《ひっす》

**す【数】**↓すう（数）
**す【巣】**（名）❶鳥・けもの・虫などのすみか。「すずめの―」❷悪人たちが住みついている所。「山賊《さんぞく》の―」❸人が寝《ね》起きして暮らしている所。「愛の―」
**す【酢】**【『△醋』】（名）すっぱい味の液体調味料。
**す**【『△簀』】（名）❶竹・あしなどをあらくあんだ敷《し》きもの。すのこ。❷すだれ。参考②は「簾」とも書く。
**す**【『△鬆』】（名）❶大根やごぼう、煮《に》すぎた豆腐《とうふ》などの内部にできるすき間や穴。「―が立つ」❷鋳物《いもの》の内部に空気が閉じ込《こ》められてできる空洞《くうどう》。

**ず【図】** [7画 口4] 小2 〔圖〕 音ズ・ト 訓はかる 中
❶物の形状をえがいたもの。◆図案・図画・図解・図形・図工・図式・図説・図表・図面 ◆絵図《えず》・海図・構図・作図・縮図・製図・設計図・地図・天気図・略図。❷はかる。計画する。くふうする。はかりごと。◆意図《いと》・企図《きと》・壮図《そうと》。❸書物。◆図書《としょ》

**ず【図】**（名）❶物の形状・ようす、また、他の物との関係を、点や線などを用いて描いたもの。「―で示す」「概念《がいねん》―」❷ある光景を描いた絵。「竜虎《りゅうこ》の―」❸その場における、人や物事のようす。「見られた―ではない」❹思い考えた計画やねらい。
**図に当《あ》たる** 予想通りに事が運ぶ。
**図に乗《の》る** いい気になってつけあがる。調子にのる。
**ず【豆】**↓とう（豆）
**ず【事】**↓じ（事）
**ず【頭】**↓とう（頭）
**ず【頭】**（名）あたま。
**頭が高《たか》い** いばっている。おうへいである。
**すあし【素足】**（名）靴下《くつした》やはき物をはいていないむき出しの足。はだし。「―で歩く」
**ずあん【図案】**（名）形・色などを組み合わせて図に表したもの。デザイン。化「つばめを図案化する」

**すい【水】** [4画 水0] 小1 音スイ 訓みず
❶みず。◆水圧・水位・水泳・水温・水害・水蒸気・水道・水分・水平・水力 ◆雨水・汚水《おすい》・温水・海水・河水・我田引水《がでんいんすい》・下水・散水・上水・薪水《しんすい》・断水・地下水・排水《はいすい》・防水・用水・流水・冷水。❷みずのある所。川・海など。◆水域・水運・水産・水上・水辺《すいへん・みずべ》・水陸 ◆一衣帯水・行雲流水《こううんりゅうすい》・湖水・山水・入水《じゅすい》・潜水《せんすい》・治水《ちすい》・着水。❸液体状のもの。◆水銀・水薬《すいやく・みずぐすり》◆化粧水《けしょうすい》。❹水素のこと。◆水爆《すいばく》◆炭水化物。❺七曜の一つ。「水曜日」の略。参考特別に、「清水」は「しみず」とも読む。

**すい【出】**↓しゅつ（出）

**すい【吹】** [7画 口4] 音スイ 訓ふく
ふく。いきをはく。管楽器をふき鳴らす。◆吹管・吹奏楽・吹鳴・吹毛 ◆鼓吹《こすい》。参考特別に、「息吹」は「いぶき」、「吹雪」は「ふぶき」と読む。

**すい【垂】** [8画 土5] 小6 音スイ 訓たれる・たらす
❶たれる。たれさがる。◆垂下・垂線・垂涎《すいぜん》・垂直 ◆胃下垂・懸垂《けんすい》。❷上の者から下の者に教える。◆垂教・垂示・垂範《すいはん》 ⇩付録「漢字の筆順㉛垂」

**すい【炊】** [8画 火4] 音スイ 訓たく
ごはんをたく。火を使って料理をする。◆炊煙《すいえん》・炊事・炊飯 ◆一炊・自炊・雑炊《ぞうすい》

**すい【帥】** [9画 巾6] 音スイ
ひきいる。軍隊をひきつれる。◆元帥・総帥・統帥

**すい【粋】** [10画 米4] 〔粹〕 音スイ 訓いき
❶まじりけがない。最もすぐれたもの。◆粋然・粋美 ◆生粋《きっすい》・国粋・純粋・精粋。❷いきである。◆粋人 ◆不粋・無粋

**すい【粋】**㊀（名）最もすぐれているもの。「科学技術の―を集める」㊁（名・形動ダ）世間や人情に通じ、ものわかりがよく洗練されていること。「―をきかす」「無―《ぶすい》」

**すい【衰】** [10画 衣4] 音スイ 訓おとろえる
おとろえる。勢いがよわる。◆衰運・衰弱・衰世・衰勢・衰退・衰微《すいび》・衰亡・衰滅《すいめつ》 ◆栄枯盛衰《えいこせいすい》・減衰・盛者必衰《しょうじゃひっすい・じょうしゃひっすい》・老衰。対盛

**すい【推】** 11画 扌8 小6 音スイ 訓おす 中
❶前へおす。おしすすめる。◆推移・推敲《すいこう》・推進・推力。❷よいものとしておし上げる。❸考えをおしすすめる。◆推挙・推奨《すいしょう》・推賞・推薦《すいせん》。❸考えをおしすすめる。おしはかる。◆推計・推考・推察・推測・推定・推理・推量・推論 ◆邪推《じゃすい》・類推 ⇩付録「漢字の筆順(32)隹」
扌 扌 扌 扌 扌 推

**すい【酔】** 11画 酉4 〔醉〕 音スイ 訓よう
❶酒などによう。◆酔漢・酔眼・酔客《すいきゃく》・酔狂《すいきょう》・酔生夢死《すいせいむし》 ◆宿酔・泥酔《でいすい》・麻酔《ますい》。❷うっとりして心がうばわれる。◆心酔・陶酔《とうすい》
冂 丙 酉 酉 酉 酔

**すい【遂】** 12画 辶9 音スイ 訓とげる
なしとげる。おわりまでやりとおす。◆遂行 ◆完遂・未遂
丷 䒑 㒸 㒸 家 遂

**すい【睡】** 13画 目8 音スイ
ねむる。ねむり。◆睡魔《すいま》・睡眠《すいみん》・睡余 ◆仮睡・午睡・昏睡《こんすい》・熟睡 ⇩付録「漢字の筆順(31)垂」
目 目 目 目 睡 睡

**すい【穂】** 15画 禾10 〔穗〕 音スイ 高 訓ほ
穀物の茎《くき》の先に実ができたもの。ほ。◆穂状 ◆花穂・出穂期 ⇩付録「漢字の筆順(25)恵〔恵〕」
千 禾 禾 和 种 穂

**す・い【酸い】**（形）{カロ・カッ(ク)・イ・イ・ケレ・〇} すっぱい。酸味がする。
**酸いも甘《あま》いも噛《か》み分《わ》ける** 人生経験が豊富で、世の中の複雑な事情や微妙《びみょう》な人情によく通じている。

**ずい【随】** 12画 阝9 〔隨〕 音ズイ
❶したがう。あとについてゆく。◆随員・随行・随身《ずいじん》・随伴《ずいはん》 ◆追随・付随。❷気のむくまま。◆随意・随時・随所・随想・随筆 ◆気随
阝 阝 阝 阝 随 随

**ずい【髄】** 19画 骨9 〔髓〕 音ズイ
❶骨の中心にある組織。骨髄。❷中枢《ちゅうすう》神経。◆脊髄《せきずい》・脳髄。❸物事の中心となる重要な部分。要点。◆髄液・髄脳 ◆心髄・神髄・真髄・精髄
冂 冎 骨 骨 骨 髄 髄

**ずい【髄】**（名）❶《生》動物の骨の内部にあるやわらかい組織。骨髄。「寒さが骨の―までしみる」❷《植》植物の茎《くき》の中心部にあるやわらかい組織。「葦《よし》の―から天井《てんじょう》のぞく（=見識のせまいことのたとえ）」

**ずい【⁽△⁾蕊・⁽△⁾蘂】**（名）花のおしべとめしべ。しべ。

**ずい【隋】**（名）《歴》中国の王朝の名。五八一年に楊堅《ようけん》が建てた国で、南朝の陳《ちん》をほろぼして中国全土を統一した。六一八年に二代で唐《とう》にほろぼされた。

**すいあ・げる【吸い上げる】**（他下一）{ゲ・ゲ・ゲル・ゲル・ゲレ・ゲロ(ゲヨ)} ❶液体を吸って上へあげる。「井戸水《いどみず》を―」❷他人の利益をよこどりする。「もうけを―・げられる」❸地位の下の者や一般《いっぱん》の人からの意見などを取り上げる。「部下の意見を―」

**すいあつ【水圧】**（名）水の圧力。

**すいい【水位】**（名）一定の規準面から測った、川・海・湖などの水面の高さ。「―が増す」

**すいい【推移】**（名・自スル）移り変わること。時が移りゆくこと。「時代の―」「人口の―」類変遷《へんせん》

**ずいい【随意】**（名・形動ダ）思いのままであること。制限のないようす。「―に行動する」「―契約《けいやく》」

**すいいき【水域】**（名）水面上の区域。「危険―」

**ずいいきん【随意筋】**（名）《生》自分の思うままに動かすことのできる筋肉。手足の筋肉など。対不随意筋

**ずいいち【随一】**（名）多くの同類の中で最もすぐれていること。「東洋―の景観」「当代―」

**スイーツ**〔英 sweets〕（名）甘《あま》いもの。洋菓子《ようがし》。

**スイート**〔英 suite〕（名）ホテルで、寝室《しんしつ》・居間などが一続きになっている部屋。「―ルーム」

**スイート**〔英 sweet〕（形動ダ）{ダロ・ダッ(デ・ニ)・ダ・ナ・ナラ・〇} ❶甘《あま》い。「―ポテト」❷甘美《かんび》な。楽しく快い。「―ホーム」

**スイートピー**〔英 sweet pea〕（名）《植》マメ科のつる性一年草。初夏のころ、えんどうによく似た白・ピンク・紫《むらさき》色などの花が咲《さ》く。観賞用。

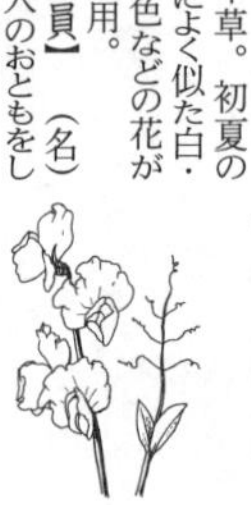
（スイートピー）

**ずいいん【随員】**（名）地位の高い人のおともをしていく人。「大使の―」

**すいうん【水運】**（名）船で人や物を運ぶこと。対陸運

**すいうん【衰運】**（名）おとろえていく運命。「―をたどる」対盛運《せいうん》

**すいえい【水泳】**（名）スポーツや楽しみのために、水の中を泳ぐこと。スイミング。

**すいえき【⁽△⁾膵液】**（名）《生》膵臓《すいぞう》でつくられて十二指腸に分泌《ぶんぴつ》される消化液。たんぱく質・脂肪《しぼう》・炭水化物を消化する酵素《こうそ》をふくんでいる。

**すいえん【水煙】**（名）❶水けむり。❷五重の塔《とう》などの九輪《くりん》の上部にある炎《ほのお》の形のかざり。

**すいえん【垂⁽△⁾涎】**（名・自スル）→すいぜん

**すいえん【炊煙】**（名）炊事《すいじ》をするときにたつ、かまどの煙《けむり》。

**すいおん【水温】**（名）水の温度。

**すいか【水火】**（名）❶水と火。❷洪水《こうずい》と火災。❸水におぼれたり、火に焼かれたりするような苦しみ。❹ひじょうに仲の悪いことのたとえ。「―の仲」
**水火も辞《じ》せず** どんな、危険や苦しみもおそれない。

**すいか【水禍】**（名）❶大水によるわざわい。水害。❷水におぼれて死ぬこと。

**すいか【⁽◇⁾西⁽△⁾瓜】**（名）《植》ウリ科のつる性一年草。夏にできる大きな実は、水分が多くあまい。

**すいか【⁽◇⁾誰何】**（名・他スル）何者かわからない相手を呼びとめて、名を問いただすこと。「守衛に―される」

**すいがい【水害】**（名）洪水《こうずい》や高潮《たかしお》などによる被害《ひがい》。「―に見舞《みま》われる」

**すいかずら【⁽×⁾忍冬⁽⁼⁾】**（名）《植》スイカズラ科のつる性植物。初夏、においのよい花が葉のわきに二つずつ咲

《さ》く。花ははじめ白く、のちに黄色に変わる。にんどう。

**すいがら**【吸い殻】（名）たばこを吸ったあとの残り。

**すいがん**【酔眼】（名）酒に酔《よ》ったときのぼんやりした目つき。「—朦朧《もうろう》」

**ずいかん**【随感】（名）おりにふれての感想。「—録」

**すいき**【水気】（名）❶水蒸気。❷みずけ。しめりけ。❸むくみ。

**ずいき**『×芋茎』（名）さといもの茎《くき》。干したものをいもがらといい、食用にする。

**ずいき**【随喜】（名・自スル）心からよろこんでありがたく思うこと。

**随喜の涙**《なみだ》　ありがたくてこぼす涙。うれし涙。

**すいきゅう**【水球】（名）七人ずつ二組になり、泳ぎながらボールをゴールに入れて得点を競う競技。ウォーターポロ。

**すいぎゅう**【水牛】（名）『動』ウシ科の哺乳《ほにゅう》動物。東南アジアやアフリカなどの水辺《みずべ》にすむ。飼育して農作業や運搬《うんぱん》に使い、角《つの》は工芸に用いる。

**すいきょ**【推挙】（名・他スル）ある人をその地位の適任者としてすすめること。「議長に—する」類推薦《すいせん》

**すいきょう**【水郷】（名）→すいごう

**すいきょう**【酔狂・粋狂】（名・形動ダ）変わったことをこのむこと。ものずき。「—にもほどがある」

**すいぎょのまじわり**【水魚の交わり】水と魚のように、切っても切れないとても親しいつき合いのたとえ。類管鮑《かんぽう》の交わり・刎頸《ふんけい》の交わり

故事 蜀《しょく》の劉備《りゅうび》が、その臣諸葛孔明《しょかつこうめい》との関係を、魚と水のように離《はな》れられない間がらだと言ったことから出たことば。〈三国志〉

**すいきん**『水△禽』（名）足に水かきをもち、水上生活をする鳥類の総称《そうしょう》。う・かもめなど。みずどり。

**すいぎん**【水銀】（名）『化』常温で液体であるただ一つの金属元素。銀白色で重い。温度の変化によって体積が規則正しく変わるので、温度計・気圧計などに使われる。元素記号 Hg

**すいきんくつ**【水琴窟】（名）日本庭園で、手水鉢《ちょうずばち》の下などの地中に瓶《かめ》を埋《う》めて、そこに落ちて反響《はんきょう》する水滴《すいてき》の音色を楽しむためのしかけ。

**すいぎんでんち**【水銀電池】（名）陽極に酸化水銀を用いた小型電池。カメラ・腕時計《うでどけい》などに使われたが、環境《かんきょう》保護のため現在は生産中止。

**すいぎんとう**【水銀灯】（名）水銀の蒸気のはいった電灯。照明や医療《いりょう》などに用いる。

**すいくち**【吸い口】（名）❶口で吸う部分。特に、きせるや巻きたばこの口にくわえる部分。❷吸い物に入れて香《かお》りをよくするもの。ゆずの皮や木の芽など。

**すいけい**【水系】（名）一つの川とその川の支流。つながる湖・沼《ぬま》などもふくめていう。「利根川《とねがわ》—」

**すいけい**【推計】（名・他スル）資料などをもとに計算して、だいたいの数量の見当をつけること。「二〇年後の人口を—する」

**すいげん**【水源】（名）川・水道の流れ出てくるもと。みなもと。「—地」「—の確保」

**すいこう**【水耕】（名）→みずさいばい

**すいこう**【推考】（名・他スル）おしはかり考えること。

**すいこう**『推△敲』（名・他スル）文章の字句などをねり直してよいものにすること。「—を重ねる」

故事 唐の詩人賈島《かとう》が詩を作り、その中の「僧は推《お》す月下の門」の「推す」を「敲《たた》く」としたほうがよいかどうか迷ったとき、韓愈《かんゆ》に尋《たず》ねると「敲く」のほうがよいと言ったという話から出たことば。〈唐詩紀事〉

**すいこう**【遂行】（名・他スル）仕事やつとめなどをやりとげること。「任務を—する」

**すいごう**【水郷】（名）水辺《みずべ》の村や里。特に、川や湖のほとりのけしきのよい所。すいきょう。

**ずいこう**【随行】（名・自スル）目上の人につき従って行くこと。おともをして行くこと。また、そのおともの人。「大臣に—する」類随伴《ずいはん》

**すいこうさいばい**【水耕栽培】（名）→みずさいばい

**すいこでん**〔水滸伝〕〔作品名〕中国、明《みん》代の通俗《つうぞく》長編小説。作者は、羅貫中《らかんちゅう》とも施耐庵《したいあん》ともいわれる。成立年は不明。宋《そう》代の一〇八人の英雄豪傑《えいゆうごうけつ》の行動をえがいたもので、日本の江戸《えど》時代の小説に強い影響《えいきょう》をあたえた。

**すいこ・む**【吸い込む】（他五）{マ(モ)・ミ(ン)・ム・ム・メ・メ}吸って中に入れる。吸い入れる。「煙《けむり》を—」

**すいさいが**【水彩画】（名）洋画の一つ。水でといた絵の具でえがいた絵。みずえ。

**すいさつ**【推察】（名・他スル）他人の事情や気持ちをおしはかること。「およその—がつく」類推量・推測

**すいさん**【水産】（名）（魚介・海藻《かいそう》などが）海・川・湖などからとれること。また、その産物。「—業」

**すいさん**【推参】（名・自スル）おしかけて行くこと。人の家を自分からたずねて行くことのへりくだった言い方。「突然《とつぜん》—いたしまして申しわけありません」

**すいさんかナトリウム**【水酸化ナトリウム】（名）『化』白色の固体で、空気中の水分を吸ってとける。水溶液は強アルカリ性。せっけんや化学薬品の原料。苛性《かせい》ソーダ。▽ナトリウムは、ド《ドイ》ツ Natrium

**すいさんぎょう**【水産業】（名）水産物をとったり、育てたり、加工したりする仕事。

**すいさんぶつ**【水産物】（名）海・川・湖などでとれるさかな・貝・海藻《かいそう》など。

**すいし**【水死】（名・自スル）水におぼれて死ぬこと。類溺死《できし》

**すいじ**【炊事】（名・自スル）煮《に》たり焼いたりなどして食事を作ること。「—場」「交代で—する」

**ずいじ**【随時】（副）❶好きなときにいつでも。「—退場してよい」❷そのときどき。「方法は—考えよう」

**すいしつ**【水質】（名）水の成分や性質。水の純度。「—検査」「—汚濁《おだく》」

**ずいしつ**【髄質】（名）『生』大脳や腎臓《じんぞう》など、構造や機能の異なる二つの層をもつ器官の、内側の層のこと。対皮質

**すいしゃ**【水車】（名）川の流れや落ちる水をはね車に当てて回すしかけの車。得た動力で、米をついたり、粉をひいたりする。

（すいしゃ）

**すいじゃく**『垂△迹』(名)〘仏〙仏が人びとを救うために、かりに神の姿となってこの世に現れること。「本地《ほんじ》―」参考「すいしゃく」とも読む。

**すいじゃく**【衰弱】(名・自スル) からだや神経がおとろえよわること。「長わずらいで―する」「神経―」

**すいじゅん**【水準】(名) 物事のねうち・働き・品質・等級などをはかるときの一定の標準。レベル。「生活―が高い」「―に達する」

**すいじゅんき**【水準器】(名) ある面が水平であるかどうかを調べる道具。ガラス管にアルコールを入れ、面が水平であれば管の中の泡《あわ》が中央にくるしかけのものがよく使われる。

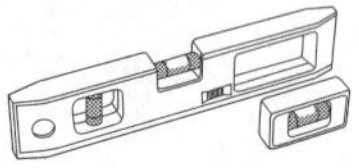
(すいじゅんき)

**ずいしょ**【随所・随処】(名) あちらこちら。どこでも。いたるところ。「―に見られる」

**すいしょう**【水晶】(名)〘地質〙六角柱の形をした透明《とうめい》な石英の結晶。不純物がまじると紫《むらさき》・黒などの色がつく。装飾品《そうしょくひん》やはんこ、光学機器などに使う。クリスタル。

**すいしょう**【推奨】(名・他スル) すぐれている点をほめて、人にすすめること。「先生方ご―の品」

**すいしょう**【推賞・推称】(名・他スル) すぐれていると、ほめて人に言うこと。「批評家が―する作品」

**すいじょう**【水上】(名) 海・川・湖などの水の上。水面。「―スキー」対陸上

**ずいしょう**『△瑞祥・△瑞象』(名) めでたいことが起こる兆《きざ》し。吉兆《きっちょう》。瑞兆《ずいちょう》。

**すいじょうき**【水蒸気】(名) 水が蒸発して気体となったもの。また、湯気。

**すいじょうきょうぎ**【水上競技】(名) 水泳・飛びこみ・水球など、水上で行われるスポーツ。

**すいしょうたい**【水晶体】(名)〘生〙眼球の虹彩《こうさい》のうしろにある凸《とつ》レンズ形の部分。光線を屈折《くっせつ》させ、網膜《もうまく》に焦点《しょうてん》を結ばせる。

**すいしょく**【水食】『水△蝕』(名・他スル)〘地質〙雨や流水などが地表をしだいにけずること。「―作用」

**すいしん**【水深】(名) 水面から底までの深さ。

**すいしん**【推進】(名・他スル) ❶物をなにかの力で前のほうへ進ませること。「―器」❷物事がうまくゆくようにおしすすめること。「計画を―する」

**すいじん**【粋人】(名) ❶世間や人情に通じ、物事がよくわかっている人。いきな人。❷風流を好む人。

**ずいじん**〔随身〕(名) 古語 ❶つき従って行くこと。また、おともの人。「同じうは、―して歩きたまへ」〈狭衣《さごろも》物語〉訳(私の行く先が知りたいのなら)いっそのこと、(私に)つき従っておいでなさい。❷身分の高い人の外出のとき、朝廷《ちょうてい》の命令でつき従った警護《けいご》の役人。「君達《きんだち》も―なきはいとしらじらし」〈枕草子《まくらのそうし》〉訳(きれいに着かざって美しい)公達《きんだち》でも、警護のおともがないのはまことにおもしろくない。

**すいしんき**【推進器】(名) 船・飛行機などを前に進める装置。スクリューやプロペラなど。

**すいしんりょく**【推進力】(名) ❶物を前に進める力。「ロケットの―」❷物事をおし進め行わせる力。「経済成長の―」

**スイス**〔フランス Suisse〕[地名] ヨーロッパ中部にある連邦《れんぽう》共和国。南部をアルプス山脈が走る。永世《えいせい》中立国。正式名はスイス連邦。首都はベルン。

**すいすい**(副) ❶軽やかに進むようす。「めだかが―(と)泳ぐ」❷物事がとどこおりなく順調にはかどるようす。「難問を―(と)解決する」

**すいせい**【水生】『水△棲』(名) 水の中に生息すること。「―動物」対陸生

**すいせい**【水性】(名) 水にとけやすい性質をもっていること。「―塗料《とりょう》」対油性《ゆせい》

**すいせい**【水星】(名)〘天〙太陽系の惑星《わくせい》の一つ。太陽にいちばん近い。太陽系の中では最も小さく、直径は地球の約〇・三八倍。

**すいせい**【水勢】(名) 水の流れる勢い。

**すいせい**【衰勢】(名) おとろえた勢い。勢いのおとろえた状態。類退勢

**すいせい**『△彗星』(名)〘天〙ほうきのような、うすいガス体の白い尾《お》を長くひいて動く星。太陽のまわりを回る。ほうき星。

**彗星のごとく現《あらわ》れる** それまで知られていなかった人が、急に才能を現し注目される。

**すいせいがん**【水成岩】(名)〘地質〙堆積《たいせき》岩の一つ。水底に砂や小石などが積もってできる。

**すいせいむし**【酔生夢死】(名) 有益なことは何もせず、むだな一生を送ること。

**すいせん**【水仙】(名)〘植〙ヒガンバナ科の多年草。暖地の海岸などに自生する。球根でふえ、葉は細長い。一、二月ごろ白や黄のにおいのよい花を開く。

( 水仙 )

**すいせん**【水洗】(名・他スル) 水で洗い流すこと。「―トイレ」

**すいせん**【垂線】(名)〘数〙ある一つの直線または平面に、直角をなして交わる直線。垂直線。

**すいせん**【推薦】(名・他スル) よいと思う人や物を、他人にすすめること。「―状」「役員に―する」

**すいぜん**『垂△涎』(名・自スル)(食べたくてよだれをたらす意から)あるものを強くほしがること。「―の的《まと》」注意「すいえん」とも読みならわされている。

**すいそ**【水素】(名)〘化〙色・味・においのない気体で、いちばん軽い元素。よく燃えて高い熱を出す。元素記号 H

**すいそう**【水草】(名) 水辺《みずべ》や水中に生える草。みずくさ。

**すいそう**【水葬】(名・他スル) 死体を水中に投じてほうむること。「船員のなきがらを―にする」

**すいそう**【水槽】(名) 水をためておく入れ物。「―で熱帯魚を飼う」「防火―」

**すいそう**【吹奏】(名・他スル) らっぱなどの管楽器を吹《ふ》いて演奏すること。「行進曲を―する」

**すいぞう**『△膵臓』(名)〘生〙内臓器官の一つ。胃の後方にあり、膵液を分泌《ぶんぴつ》して十二指腸に送る。血液中の糖を調節するホルモンであるインシュリンも分泌する。

**ずいそう【随想】**(名) あれこれと心に浮《う》かぶままの考えや感想。また、それを書きとめた文章。「―録」

**すいそうがく【吹奏楽】**(名)〘音〙管楽器を中心に打楽器を加えて演奏される合奏音楽。

**すいそく【推測】**(名・他スル) 物事のようすやなりゆきをおしはかって考えること。「―の域を出ない話」類推察・推量

**すいぞくかん【水族館】**(名) 水中にすむ生物を集めて飼育し、人びとに見せる施設《しせつ》。

**すいそばくだん【水素爆弾】**(名) 水素の原子核が融合《ゆうごう》するとき生じるエネルギーを利用した爆弾。原子爆弾よりはるかに大きな威力《いりょく》がある。水爆。

**すいたい【衰退】**〘衰△頽〙(名・自スル) しだいにおとろえて勢力がなくなること。「―の一途《いっと》をたどる」類衰微《すいび》。対繁栄《はんえい》・隆盛《りゅうせい》

**すいたい【酔態】**(名) ひどく酒に酔《よ》ったようす・姿。

**すいだし【吸い出し】**(名) ❶吸って中のものを外に出すこと。❷(「吸い出し膏薬《こうやく》」の略)できもののうみを吸いだすためにはる膏薬。

**すいだ・す【吸い出す】**(他五) {サ(ソ)・シ・ス・ス・セ・セ} 中にあるものを吸って外へ出す。「うみを―」

**すいだん【推断】**(名・他スル) 物事をおしはかって、こうであると断定すること。「―をくだす」

**すいちゅう【水中】**(名) 水の中。「―撮影《さつえい》」

**すいちゅう【水柱】**(名) 水面から柱のようにふき上げる水。みずばしら。

**すいちゅうか【水中花】**(名) すきとおったうつわに水を入れ、その中で開かせる造花。

**すいちゅうめがね【水中眼鏡】**(名) 泳ぐときや水中にもぐるときに使うめがね。

**すいちゅうよくせん【水中翼船】**(名) 船の下部に翼《つばさ》をつけ、船体を浮《う》かせて高速で走る船。

**ずいちょう【瑞兆】**〘△瑞兆〙(名) めでたいことがおこりそうな前ぶれ。「―があらわれる」類吉兆《きっちょう》

**すいちょく【垂直】**(名・形動ダ) ❶水平線・水平面に対して直角の方向であること。鉛直《えんちょく》。「柱を―にたてる」対水平。❷〘数〙直線と直線、直線と面、面と面が直角をなして交わること。

**すいちょくせん【垂直線】**(名)〘数〙→すいせん(垂線)

**すいちょくぶんぷ【垂直分布】**(名) 標高や水深との関係からみた生物の分布。対水平分布

**すいつ・く【吸い付く】**(自五) {カ(コ)・キ(イ)・ク・ク・ケ・ケ} 吸って、または吸うようにしてくっつく。ぴったりくっつく。「ひるに―・かれる」「壁《かべ》に―・いた吸盤《きゅうばん》」

**すいつ・ける【吸い付ける】**(他下一) {ケ・ケ・ケル・ケル・ケレ・ケロ(ケヨ)} ❶物を吸って、または吸うようにしてぴったりひきつける。「磁石が鉄を―」❷たばこを火に当てて吸い、火をつける。❸いつも吸う。吸いなれている。「葉巻を―」

**スイッチ**〔英 switch〕□一(名) 電流を流したり、切ったりする装置。「テレビの―を入れる」□二(名・他スル) ほかのものに切りかえること。「投手を―する」

**すいっちょ**(名)〘動〙→うまおい③

**すいてい【水底】**(名) 川・海・湖などの、水のそこ。

**すいてい【推定】**(名・他スル) 具体的なことがらをもとにして、おしはかって決めること。「死亡―時刻」

**すいてき【水滴】**(名) ❶水のしたたり。しずく。「―が落ちる」❷すずりにさす水を入れておく水入れ。

**すいでん【水田】**(名) 水を入れたたんぼ。みずた。

**ずいと**(副) ためらわずに一気に進み出たり動かしたりするようす。「手を―突《つ》き出す」

**すいとう【水痘】**(名)〘医〙小児に多い急性の感染症《かんせんしょう》の一つ。ウイルスによって移りひろがり、熱が出てひふに小さな水ぶくれができ、かゆい。みずぼうそう。

**すいとう【水筒】**(名) 飲み物を入れて持ち歩くためのつつ型の容器。

**すいとう【水稲】**(名) 水田で作られるいね。対陸稲《おかぼ・りくとう》

**すいとう【出納】**(名・他スル) おかねや品物を出し入れすること。特に、収入と支出。「―係」

**すいどう【水道】**(名) ❶水源から飲み水や工業用水を供給する設備。上水道。❷海の、陸地が両側からせまっている所。「紀伊《きい》―」類海峡《かいきょう》

**すいどう**〘△隧道〙(名) →トンネル□一。参考「ずいどう」とも読む。

**すいとりがみ【吸い取り紙】**(名) インクで書いたものの上からおしあて、余分なインクを吸わせる紙。

**すいと・る【吸い取る】**(他五) {ラ(ロ)・リ(ッ)・ル・ル・レ・レ} ❶液状のものや細かいものを吸いこませてとる。「ぞうきんで水を―」「掃除機《そうじき》でほこりを―」❷他人のおかねや利益などをうまく取りあげる。しぼりとる。「もうけを―・られる」

**すいとん**〘水団〙(名) 小麦粉を水でこね、小さくちぎったものを実とした汁《しる》。

**すいなん【水難】**(名) ❶洪水《こうずい》や高潮《たかしお》などによる災難。水害。❷海上や水上であう災難。難破・沈没《ちんぼつ》・水死など。「―救助訓練」

**すいのみ【吸い飲み】**〘吸い△呑み〙(名) 飲み口の長いきゅうす形の入れ物。病人が寝《ね》たままで水などの液体を飲むときに用いる。

**すいばいか【水媒花】**(名)〘植〙花粉が水に運ばれて受粉する水生植物。きんぎょも・せきしょうもなど。

**すいばく【水爆】**(名)「水素爆弾《すいそばくだん》」の略。

**すいはん【垂範】**(名・自スル) 手本を示すこと。「率先《そっせん》―」

**すいばん【水盤】**(名) 陶器《とうき》や鉄製の、底のたいらな浅いうつわ。生け花・盆栽《ぼんさい》などに使う。みずばち。

**すいばん【推△輓】**〘推△輓・推△挽〙(名・他スル) 適任者として人を推薦《すいせん》すること。推挙。「役員の―を受ける」

**ずいはん【随伴】**(名・自スル) ❶目上の人のおともとしてついてゆくこと。「社長に―して外国へ行く」類随行。❷ある物事にともなって、他のことがらがおこること。「―症状《しょうじょう》」

**すいはんき【炊飯器】**(名) 電気やガスでごはんをたく器具。

**すいび【衰微】**(名・自スル) 勢いがだんだんおとろえて弱ってゆくこと。「国力が―する」類衰退

**ずいひつ【随筆】**(名) 心に浮《う》かんだことや、見聞きしたことを思いのままに書いた文章。エッセイ。

**すいふ【水夫】**(名) 船員。特に、下ばたらきの仕事をする船員。

**すいぶん【水分】**(名) 物の中にふくまれている水の度合い。みずけ。「—が多い果物」

**ずいぶん【随分】** 一 (副) ふつうの程度をこえているようす。かなり。だいぶ。相当。「—寒くなった」 二 (形動ダ) {ダロ・ダッ(デ・ニ)・ダ・ナ・ナラ・○} 度をこしているようす。「返事もしないとは—だ」 相手の言動を非難していう。

**すいへい【水平】**(名・形動ダ) ❶静止した水面のように、表面がたいらなこと。「—な地面」 ❷地球の重力の方向に対して直角の方向であること。「手を—に保つ」対垂直

**すいへい【水兵】**(名) 海軍の兵士。

**すいへいせん【水平線】**(名) ❶〘物〙地球の重力の方向に対して垂直な直線。 ❷海上で、海面と空との境として見えるたいらな直線。「—に太陽がしずむ」

**すいへいどう【水平動】**(名) 水平に動くこと。特に、地震《じしん》のときの左右への震動。対上下動

**すいへいぶんぷ【水平分布】**(名) 緯度《いど》などの関係からみた生物の分布。対垂直分布

**すいへいめん【水平面】**(名) ❶静止した水の表面。 ❷〘物〙地球の重力の方向に垂直な平面。

**すいへん【水辺】**(名) 湖・川・池などに近い場所。水辺《みずべ》。水ぎわ。

**すいほう【水泡】**(名) ❶みずのあわ。みなわ。 ❷消えやすくはかないこと。また、そのもののたとえ。

**水泡に帰《き》する** せっかくの努力がむだになる。

**すいほう【水△疱】**(名)〘医〙やけどなどでひふの表面にできる水ぶくれ。

**すいぼう【水防】**(名) 水害を防ぐこと。「—対策」

**すいぼう【衰亡】**(名・自スル) おとろえてほろびること。「国が—する」類衰滅《すいめつ》。対興隆《こうりゅう》

**すいぼくが【水墨画】**(名) 絵の具を使わないで、墨《すみ》だけでかいた絵。墨絵《すみえ》。

**すいぼつ【水没】**(名・自スル) 地上にあった建物などが、水の中にしずんでしまうこと。「ダムの底に—した村」

**すいま【水魔】**(名) 水害のおそろしさを魔物にたとえたことば。「—に見舞《みま》われる」

**すいま【睡魔】**(名) ねむけ。はげしいねむけを魔物にたとえたことば。「—におそわれる」

**ずいまくえん【髄膜炎】**(名)〘医〙→のうせきずいまくえん

**すいません** (感) →すみません

**すいみつとう【水蜜桃】**(名)〘植〙桃《もも》の品種の一つ。実が大きく水分が多くてあまい。

**すいみゃく【水脈】**(名) ❶自然の水が地下を流れている道すじ。 ❷船の通る道。水路。

**すいみん【睡眠】**(名・自スル) ねむること。ねむり。「—をとる」

**ずいむし【ずい虫】**『△螟虫』(名)〘動〙昆虫《こんちゅう》類のメイガ科の幼虫で、稲《いね》などの茎《くき》の中にはいりこんで食いあらす害虫。

**すいめい【吹鳴】**(名・他スル) 高く吹《ふ》きならすこと。

**すいめつ【衰滅】**(名・自スル) おとろえほろびること。類衰亡

**すいめん【水面】**(名) 水の表面。水のおもて。「花びらが—に浮《う》かぶ」「—にさざ波がたつ」

**すいめんか【水面下】**(名) ❶水の中。水中。 ❷表面には現れないところ。かくれて見えないところ。「—で交渉《こうしょう》を行う」

**すいもの【吸い物】**(名) 野菜・魚・肉などを入れたすまし汁《じる》。「まつたけの—」

**すいもん【水門】**(名) 貯水池や水路に設けて水の流れや量を調節するために開閉する門。

**すいよう【水曜】**(名) 一週の四番目の日。水曜日。

**すいようえき【水溶液】**(名) ある物質を水にとかした液体。「食塩の—」

**すいよく【水浴】**(名・自スル) 水をあびること。

**すいよ・せる【吸い寄せる】**(他下一) {セ・セ・セル・セル・セレ・セロ(セヨ)} ❶吸って、または吸うようにして近くへ寄せる。「磁石が鉄を—」 ❷人の気持ちや視線などを引きつける。「新商品に目が—・せられる」

**すいらい【水雷】**(名) 爆薬をつめ、水中で爆発させて敵の船を破壊《はかい》する兵器。魚雷・機雷など。

**すいり【水利】**(名) ❶水上輸送の便《べん》。船で人や荷物を運ぶこと。「—が発達する」 ❷水の利用。水を田畑の灌漑《かんがい》や飲み水に使うこと。「—権」

**すいり【推理】**(名・他スル) わかっている事実をもとにして、まだわかっていないことをおしはかること。「—をはたらかせる」「犯人を—する」

**すいりく【水陸】**(名) 水と陸。水上と陸上。「—両用車」

**すいりしょうせつ【推理小説】**(名) 推理によって犯罪をときあかし、犯人をさがしだすことを中心としてすじを進めていく小説。探偵《たんてい》小説。ミステリー。

**すいりょう【水量】**(名) 水の分量。特に、池や川などの水の量。みずかさ。「—の豊富な川」

**すいりょう【推量】**(名・他スル) ❶人の心や物事の事情をおしはかること。「胸中を—する」類推測・推察。 ❷〘文法〙確かでないことを予想したり想像したりする意を表す言い方。助動詞「う」「よう」「まい」などを用いて表す。

**すいりょく【水力】**(名) 水の流れる力。流れている水や高い所から落ちる水などによる力。「—発電」

**すいりょく【推力】**(名) 前へおしすすめる力。推進力。「ロケットの—」

**すいりょくはつでん【水力発電】**(名) 水が流れる力や落下する力を利用して発電機を動かし電気をおこすこと。⇩かりょくはつでん

**すいれい【水冷】**(名) 発動機などの機械や設備を水で冷やすこと。「—式エンジン」対空冷

**すいれん【水練】**(名) 泳ぎのけいこ。水泳の練習。

**すいれん**『睡△蓮』(名)〘植〙スイレン科の多年草。池や沼《ぬま》などに生える。水底の泥《どろ》の中の根茎《こんけい》からのびた長い柄《え》のある円形の葉が水面に浮《う》く。夏に赤・黄・白などの花が咲《さ》く。はすに似るが少し小さい。

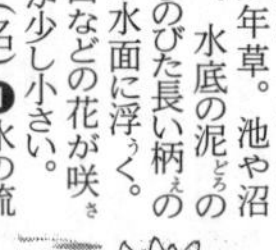

( 睡蓮 )

**すいろ【水路】**(名) ❶水の流れる道。水を送る道。 ❷船の通る道。類航路

**すいろん【推論】**(名・他スル) わかっている事実をも

とにしてまだわかっていないことをおしはかり、論じること。「―の域を出ない」

**スイング**〔英 swing〕㊀（名・他スル）❶振《ふ》り動かすこと。❷バットやゴルフクラブなどを振ること。❸ボクシングで、腕を大きく振って横から打つこと。㊁（名）〔音〕ジャズの一つの型。軽快なリズムをもつもの。

**すう【枢】** 8画 木4 〔樞〕 音 スウ

物事のたいせつなところ。物事の中心。◆枢機・枢軸・枢軸《すうじく》・枢密・枢要 ◆中枢

**すう【崇】** 11画 山8 音 スウ

❶たっとい。◆崇高。❷あがめる。うやまいたっとぶ。◆崇敬・崇拝・崇仏 ◆尊崇

**すう【数】** 13画 攵9 小2 〔數〕 音 スウ・ス高 訓 かず・かぞえる

❶かず。かぞえる。◆数学・数詞・数字・数値・数量 ◆員数《いんずう》・回数・関数・奇数《きすう》・偶数《ぐうすう》・算数・実数・小数・少数・整数・素数・多数・点数・度数・人数《にんずう・ずにん》・倍数・分数・変数・無数・約数。❷いくつかの。◆数回・数日・数人・数年。❸めぐりあわせ。運命。◆数奇 ◆命数・暦数《れきすう》。❹わざ。はかりごと。◆術数《じゅっすう》。参考「ス」の音は「人数《にんず》」などのことばに使われる特殊《とくしゅ》な読み方。特別に、「数珠」は「じゅず」、「数寄屋」「数奇屋」は「すきや」と読む。

**すう【数】** ㊀（名）❶もののかず。❷〘数〙自然数。広義では、有理数・実数・複素数（＝実数と虚数《きょすう》を合わせた数）などのこと。「正の―」❸物事のなりゆき。めぐりあわせ。「勝敗の―はまだ不明だ」㊁（接頭）いくつかの数を漠然《ばくぜん》と指すことば。「―人」「―万円」

**す・う【吸う】**（他五）（ワ(オ)・イ(ッ)・ウ・ウ・エ・エ）❶気体や液体を鼻や口からからだの中にひき入れる。「空気を―」「汁《しる》を―」「たばこを―」対吐《は》く ❷物をひき入れるようにして取りこむ。吸引する。「掃除機《そうじき》でごみを―」❸液体を取りこむ。吸収する。「砂が水を―」

**スウィフト**〔Jonathan Swift〕〔人名〕（一六六七〜一七四五）イギリスの作家。痛烈《つうれつ》な風刺《ふうし》で社会を批判した。作品に「ガリバー旅行記」など。

**スウェーデン**〔Sweden〕〔地名〕北ヨーロッパ、スカンディナビア半島の東側にある立憲君主国。首都はストックホルム。

**スウェット**〔英 sweat〕（名）（汗《あせ》の意）裏側をけばだたせた綿のメリヤス地で、汗を吸収しやすい運動用の素材。また、その衣類。「―スーツ」

**すうがく【数学】**（名）数・量・空間について研究する学問。代数学や幾何《きか》学などの総称《そうしょう》。

**すうき【枢機】**（名）❶たいせつなところやことがら。❷重要な政務。「国政の―に加わる」

**すうき【数奇】**（名・形動ダ）（数は運命、奇は不幸の意）不運・不幸のくり返されるようす。めまぐるしく運命の変わるようす。「―な運命をたどる」注意「すき」と読むと別の意味になる。

**すうききょう**〘枢機△卿〙（名）ローマカトリックで、教皇につぐ位の聖職者。司教の中から選ばれ、教皇の選挙権をもつ。参考「すうきけい」とも読む。

**すうけい【崇敬】**（名・他スル）神や、特にりっぱな人をたっとびうやまうこと。「―の念を抱《いだ》く」類崇拝

**すうこう【崇高】**（名・形動ダ）とうとくけだかいこと。「―な精神」

**すうこう**〘△趨向〙（名）物事があるほうへ向かっていくこと。また、その方向。「時代の―を見守る」

**すうし【数詞】**（名）〔文法〕名詞で、物の数量や順序を表すことば。「一つ・二本・三番・第四回」など。

**すうじ【数字】**（名）❶数を表す符号《ふごう》や文字。アラビア数字（＝算用数字）「１２３…」、漢数字「一、二、三…」、ローマ数字「ⅠⅡⅢ…」などがある。❷数字で表されることがら。「―に強い」

**すうじ【数次】**（名）回数を何度かかさねること。数回。数度。「―にわたって行う」

**すうしき【数式】**（名）〘数〙数字や文字を計算記号で結びつけて数量的な意味を表したもの。式。

**すうじく【枢軸】**（名）活動の中心となるかんじんなところ。特に、政治・権力の中心。中枢。「―に連なる」

**ずうずうし・い**〘◇図◇図しい〙（形）（カロ・カッ(ク)・イ・イ・ケレ・○）人に遠慮《えんりょ》せず、自分勝手なことを平気でするようす。あつかましい。「―やつ」

**ずうずうべん【ずうずう弁】**（名）「ジ・ジュウ」の発音が「ズ・ズウ」になるような、音声が鼻にかかった発音をする話し方。東北地方などの方言に多い。

**すうせい**〘△趨勢〙（名）物事が移り変わってゆく勢いや世の中の動き。なりゆき。「時代の―」

**すうた【数多】**（名）数多いこと。たくさん。あまた。

**ずうたい**〘◇図体〙（名）からだ。なり。特に、からだの大きさが目だつときに使う。「―が大きい」

**スーダン**〔Sudan〕〔地名〕アフリカ大陸の北東部にある共和国。首都はハルツーム。

**すうち【数値】**（名）❶計算・測定して出した数。❷〘数〙文字で表された式の、文字にあてはまる数。

**スーツ**〔英 suit〕（名）ひとそろいの洋服。上下を同じ生地《きじ》で作った背広や婦人服。

**スーツケース**〔英 suitcase〕（名）旅行のときに、着がえの洋服などを入れて持ち歩くかばん。

**すうとう【数等】**（副）ほかと比べて程度などに大きな違《ちが》いがあるようす。ずっと。はるかに。「―上の品物」

**スーパー**〔英 super〕㊀（名）❶「スーパーマーケット」の略。❷（「スーパーインポーズ」の略）映画・テレビなどの字幕《じまく》。㊁（接頭）「超《ちょう》」「特別の」「上の」などの意を表す。「―スター」

**スーパーマーケット**〔英 supermarket〕（名）日用雑貨・食料品などを客が売り場で自由に選び、出口でまとめて代金を払《はら》うしくみの店。スーパー。

**スーパーマン**〔英 superman〕（名）ふつうの人の限界をこえる能力をもつ人間。超人《ちょうじん》。

**すうはい【崇拝】**（名・他スル）うやまいたっとぶこと。「国民に―される人物」「偶像《ぐうぞう》―」類崇敬《すうけい》

**スープ**〔英 soup〕（名）西洋料理などで、肉や野菜などを煮《に》だして味つけした汁《しる》。

**ズーム**〔英 zoom〕(名) ❶「ズームレンズ」の略。❷ズームレンズを用いて被写体《ひしゃたい》の像を拡大・縮小すること。「―アップ」「―イン」

**ズーム-レンズ**〔英 zoom lens〕(名) 焦点距離《しょうてんきょり》を連続的に変えて、望遠から広角までの機能を果たすカメラ用レンズ。可変焦点レンズ。

**すうよう【枢要】**(名・形動ダ) 物事の中心となるたいせつなところ。かなめ。「組織の―」

**すうり【数理】**(名) ❶数学の理論。❷計算。計算の方法。「―に明るい」

**すうりょう【数量】**(名) 物の数とかさ。分量。…的「数量的にはかなり多い」…化「数量化して表す」

**すうりょうし【数量詞】**(名)《文法》名詞で、物の数量を表すことば。二つ、三個など。「本一冊」のように名詞の後に置いたり、「本を一冊買う」のように連用修飾《しゅうしょく》語《ご》のように用いたりすることができる。

**すうれつ【数列】**(名)《数》一定の規則にしたがって一列にならべられた数の列。

**すえ【末】**(名) ❶物の先やはしのほう。「枝の―」対本《もと》 ❷一定の時間・期間の終わり。「九月の―」❸物事が行われた結果。「苦心の―」❹これから先。将来。「―たのもしい」❺きょうだいのいちばん下。末っ子。「―の弟」❻重要でないこと。「それは―の―だ」❼道徳の乱れた時代。末世《まっせ》。「世《よ》も―だ」

**ずえ【図会】**(名) 特定の種類の絵や図を集めたもの。「名所―」

**ずえ【図絵】**(名) 絵。図画。

**スエード**〔フランス suède〕(名) 子やぎや子牛の裏皮をけばだたせた、なめし革《がわ》。

**すえおき【据え置き】**(名) すえおくこと。そのままにしておくこと。「定価を―にする」「貯金の―期間」

**すえお・く【据え置く】**(他五) {カ(コ)・キ(イ)・ク・ク・ケ・ケ} ❶動かしたり変えたりしないでそのままにしておく。「料金を―」❷貯金・債券《さいけん》などをある期間預けたままにしておく。

**すえおそろし・い【末恐ろしい】**(形) {カロ・カッ(ク)・イ・イ・ケレ・○} 今のようすでは、将来どうなるか予想もつかなくておそろしい気がする。「―子ども」

**すえずえ【末末】**(名) ❶将来。ゆく末。のちのち。「こうしておけば―まで安心だ」❷子孫。「一族の―まで栄える」❸身分の低い者。しもじも。

**すえぜん【据え膳】**(名) すぐ食べられるよう食膳を人の前にすえておくこと。また、その膳。「上げ膳―」

**すえつかた【末つ方】**(名)(「つ」は「の」の意の古い言い方) ❶末のころ。❷末のほう。末の部分。

**すえつ・ける【据え付ける】**(他下一) {ケ・ケ・ケル・ケル・ケレ・ケロ(ケヨ)} 場所を決め、動かないように取りつける。「機械を―」

**すえっこ【末っ子】**(名) きょうだいの中でいちばんあとに生まれた子ども。末子《ばっし・まっし》。

**すえながく【末永く・末長く】**(副) これから先もずっと。「―お幸せに」

**すえひろ【末広】**(名) ❶先のほうにゆくにしたがって、広がっていること。❷将来に向かってしだいに栄えること。❸祝いの席などでの扇《おうぎ》のよび方。せんす。

**すえひろがり【末広がり】**(名) →すえひろ

**すえもの【◇陶物】**(名) 陶器《とうき》。やきもの。

**すえる【据える】** 11画 扌8 訓すえる・すわる
すえる。すえつける。◆据え置き・据え膳《ぜん》
才 扌 扌 护 护 拼 据

**す・える【据える】**(他下一) {エ・エ・エル・エル・エレ・エロ(エヨ)} ❶動かないようにしっかりと置く。「機械を―」「灸《きゅう》を―」❷人をある場所に座らせたり地位につけたりする。「上座に―」「会長に―」❸おちつかせる。長くその場にとどまらせる。「腰《こし》を―」「腹に―・えかねる(=腹が立ってがまんができない)」

**す・える【△饐える】**(自下一) {エ・エ・エル・エル・エレ・エロ(エヨ)} 飲食物がくさってすっぱくなる。くさる。「―・えた臭《にお》い」

**すおう【△蘇◇芳】**(名) ❶《植》マメ科のとげのある落葉低木。春、黄色い花が咲《さ》く。豆のさややや心材から赤色の染料がとれる。❷(①からとれる染料でそめた)黒みを帯びた赤色。

**すおう【周防】**【地名】むかしの国名の一つ。今の山口県の東部。防州《ぼうしゅう》。

**ずが【図画】**(名) 絵をかくこと。絵。「―工作」

**スカート**〔英 skirt〕(名) 腰《こし》からひざのあたりまでをつつむ女性の洋服。

**スカーフ**〔英 scarf〕(名) 防寒や装飾《そうしょく》のために、おもに女性が首にまいたり頭にかぶったりする布。

**ずかい【図解】**(名・他スル) 内容を図に表してわかりやすく説明すること。「構造を―する」類図説

**ずがいこつ【頭蓋骨】**(名)《生》脳を包んで保護しているじょうぶな頭の骨。とうがいこつ。

**スカイダイビング**〔英 skydiving〕(名) 飛行機からパラシュートをつけて地上に飛びおりるスポーツ。

**スカイライン**〔英 skyline〕(名) ❶山や建物などが空を背景にしてえがく輪郭《りんかく》。❷山の尾根《おね》を切り開いて造った自動車道路。

**スカウト**〔英 scout〕一(名・他スル) 有望な新人や有能な人を見つけだしたり、引きぬいたりすること。また、それを仕事にしている人。二(名)「ボーイスカウト」「ガールスカウト」の略。

**すがお【素顔】**(名) ❶化粧《けしょう》をしていない顔。「―の美しさ」❷ありのままの状態。「日本の―」

**すかさず**『透かさず』(副) 間をおかないですぐにある行動をとるようす。「―やり返す」

**すかし【透かし】**(名) ❶すきまを作ること。また、その部分。❷光にすかすと見えるようにしてある文字や模様。「―のはいったお札《さつ》」

**すかしぼり【透かし彫り】**(名) 木や金属の板などをくりぬいて、図案を表したもの。「欄間《らんま》の―」

**すか・す**(自五) {サ(ソ)・シ・ス・ス・セ・セ}《俗語》気取る。すます。「彼《かれ》は―・した男だ」

**すか・す**『△賺す』(他五) {サ(ソ)・シ・ス・ス・セ・セ} ❶きげんを取りなだめる。「おどしたり―・したりして承知させる」❷うまく相手をだます。言いくるめる。

**すか・す**『◇空かす』(他五) {サ(ソ)・シ・ス・ス・セ・セ} 空腹にする。おなかをへらす。「腹を―」

**すか・す【透かす】**(他五) {サ(ソ)・シ・ス・ス・セ・セ} ❶すきまを作る。まばらにする。「間を―」❷物を通して向こうにあるもの

を見る。「ガラスごしに―・して見る」

**ずかずか**（副）他人の家などに、無遠慮《ぶえんりょ》にあらあらしくはいっていくようす。「土足で―（と）押し入る」

**すがすがし・い**〖◇清◇清しい〗（形）{カロ・カツ(ク)・イ・イ・ケレ・○}さわやかで気持ちがよい。「朝の空気は―」「―気分」

**すがた【姿】**（名）❶からだの格好《かっこう》。からだつき。また、物の全体的な形や格好。「成長したりっぱな―」「うしろ―」「美しい山の―」❷存在するものとして目に映る人や物の形。「―を現す」「―を消す」❸着ているものなどのようす。身なり。ふうさい。「はでな―で歩く」「はかま―」❹物事のありさま。ようす。「移り変わる世の―」

**すがたみ【姿見】**（名）全身をうつす大きい鏡。

**スカッシュ**〔英 squash〕（名）❶果汁《かじゅう》をソーダ水でうすめ、砂糖を加えた飲み物。「レモン―」❷四方を壁《かべ》で囲まれたコートで、壁に向かって交互《こうご》にボールをラケットで打ち合う、テニスに似た室内球技。

（スカッシュ②）

**すかっと**（副・自スル）さっぱりして快いようす。「―晴れた青空」

**すがめ**〖△眇〗（名）やぶにらみ。斜視《しゃし》。

**すが・める**〖△眇める〗（他下一）{メ・メ・メル・メル・メレ・メロ(メヨ)}片目を細くして見る。また、片目を細くして物のねらいを定める。「目を―・めてねらいをつける」「ためつ―・めつ」

**-すがら**（接尾）❶はじめから終わりまでずっと通して。「夜《よ》も―」❷何かのついでに。その途中《とちゅう》。「道―考える」

**ずがら【図柄】**（名）図案の模様。

**すがりつ・く**〖△縋り付く〗（自五）{カ(コ)・キ(イ)・ク・ク・ケ・ケ}たよりとする人や物に、しっかりつかまる。しがみつく。「母に―」

**すが・る**〖△縋る〗（自五）{ラ(ロ)・リ(ッ)・ル・ル・レ・レ}❶たよりとする人・物などにしっかりとつかまる。「杖《つえ》に―・って歩く」❷同情や助けにたよる。「人のなさけに―」

**すがわらのみちざね**〔菅原道真〕【人名】（八四五―九〇三）平安時代前期の学者・政治家。右大臣にまでのぼるが、政争に敗れて大宰府《だざいふ》に左遷《させん》され、その地で死去。詩文にすぐれ、学問の神様として北野天満宮《てんまんぐう》などにまつられる。

**ずかん【図鑑】**（名）同種類に属するものの絵や写真を集め配列して解説した本。「動物―」

**スカンク**〔英 skunk〕（名）〖動〗イタチ科の哺乳《ほにゅう》動物。体色は黒く、背に白色の線がある。危険がせまると、しりから強い悪臭《あくしゅう》のある液を出す。

**ずかんそくねつ【頭寒足熱】**（名）頭をひやし、足をあたためること。健康のためによいという。

**スカンディナビア**〔Scandinavia〕【地名】北ヨーロッパにある半島の名。大西洋とバルト海に面し、スウェーデンとノルウェーの二国がある。スカンディナビア半島。

**すかんぴん**〖×素寒貧〗（名・形動ダ）《俗語》きわめて貧乏《びんぼう》なこと。また、その人。一文なし。

**すき**〖△犂〗（名）馬や牛、トラクターなどに引かせて土を耕す農具。

**すき【隙・透き】**（名）❶物と物との間。あいている部分。すき間《ま》。「はいりこむ―もない」❷あき時間。ひま。「仕事の―に本を読む」❸気のゆるみ。油断。「相手の―をみて逃《に》げる」

**すき**〖△鋤〗（名）手や足の力で土をほりおこす農具。幅《はば》の広い刃《は》に長い柄《え》をつけたもの。

（鋤）

**すき【好き】**（名・形動ダ）❶それに心を引かれること。このむこと。「絵が―だ」「―な人」対嫌《きら》い ❷変わった物事をこのむこと。ものずき。「―者」❸思うままにすること。「―なようにしろ」

**好きこそ物《もの》の上手《じょうず》なれ** 何事でも好きだとその事を熱心にやるようになり、しぜんに上達するものだ。

**すき【数寄・数奇】**（名）風流であること。風流をこのむこと。茶の湯・和歌などをこのむこと。注意「数奇」は「すうき」と読むと別の意味になる。

**数寄を凝《こ》らす** 道具や建物などを風流なものにするようにつとめる。「数寄を凝らした庭園」

**すぎ【杉】** 7画 木3 訓すぎ 一 十 オ 木 杉 杉

すぎ。樹木の名。◆杉板《すぎいた》・杉材《すぎざい》◆糸杉《いとすぎ》

**すぎ【杉】**（名）〖植〗ヒノキ科の常緑高木。葉は針状で、幹はまっすぐにのびる。建築材・器具材・船材用。

**-すぎ【過ぎ】**（接尾）時・年齢《ねんれい》を過ぎていること、または度をこしたことを表す。「九時―」「食べ―」

**-ずき【好き】**（接尾）あることをこのむこと、また、このむ人を表す。「遊び―」「酒―」

**スキー**〔英 ski〕（名）❶両足の靴《くつ》につけて雪の上をすべって進む細長い板状の道具。❷①をつけて雪の上をすべるスポーツ。

**スキーヤー**〔英 skier〕（名）スキーをする人。

**すきおこ・す**〖△鋤き起こす〗（他五）{サ(ソ)・シ・ス・ス・セ・セ}鋤《すき》で土をほりおこす。「畑を―」

**すきかって【好き勝手】**（名・形動ダ）まわりのことなど考えず、自分の思いのままに行動すること。「―に出歩く」

**すききらい【好き嫌い】**（名）気に入ることといやなこと。また、えりごのみ。「―がはげしい」

**すきこの・む【好き好む】**（他五）{マ(モ)・ミ(ン)・ム・ム・メ・メ}特にこのむ。「―・んで遠回りをしているのではない」使い方「好きこのんで…」の形で使われることが多い。

**すぎさ・る【過ぎ去る】**（自五）{ラ(ロ)・リ(ッ)・ル・ル・レ・レ}時間がたって、過去のものになる。「―・った青春の日々」

**すきずき【好き好き】**（名）人によってこのみがそれぞれちがうこと。「蓼《たで》食う虫も―」

**ずきずき**（副・自スル）傷などが脈《みゃく》を打つように絶えまなく痛むようす。「頭が―（と）痛む」

**すぎたげんぱく**〔杉田玄白〕【人名】（一七三三―一八一七）江戸《えど》時代後期の医者・蘭学者《らんがくしゃ》。前野良沢《まえのりょうたく》らとオランダの解剖《かいぼう》書を翻訳《ほんやく》して「解体新書」として刊行し、医学の発展につくした。著書「蘭学事始《ことはじめ》」など。

**すぎたるはなおおよばざるがごとし**【過ぎたるはなお及ばざるがごとし】なんでも程度をこしていきすぎるのは、足りないのと同じでよくない。ほどほどがよい、ということ。参考「論語」にあることば。

**すきっぱら**【すきっ腹】『◇空きっ腹』(名) おなかがへっていること。空腹。すきばら。

**スキップ**〔英 skip〕(名・自スル) ❶片足ずつ、かわるがわる軽くとびはねながら進むこと。❷途中《とちゅう》を飛ばして先に進むこと。

**すきとお・る**【透き通る】(自五) {ラ(ロ)・リ(ッ)・ル・ル・レ・レ} ❶物を通して、中にあるものや向こうにあるものが見える。透明《とうめい》である。「川の水が―・って底が見える」❷声や音がすんでいる。「―・った声」

**すぎな**『杉菜』(名) 〔植〕トクサ科の多年生しだ植物。道ばたや荒《あ》れ地に生える。地上の茎《くき》は緑色で、節から多く枝が出る。地下茎《ちかけい》からつくしが出る。

(すぎな)

**すぎない**【過ぎない】(「…にすぎない」の形で)それ以上のものではない。…だけだ。…でしかない。「うわさに―」「まだ子どもに―」

**すきばら**【すき腹】『◇空き腹』(名) →すきっぱら

**すきま**【隙間・透き間】(名) ❶物と物との間のわずかなあき。「かべの―をふさぐ」❷あき時間。ひま。

**すきまかぜ**【隙間風・透き間風】(名) 戸・障子《しょうじ》などのすきまから吹《ふ》きこむ風。

**スキミング**〔英 skimming〕(名) クレジットカードやキャッシュカードの暗証番号などの磁気記録情報を、特殊《とくしゅ》な装置を用いて不正に読み取ること。

**スキム-ミルク**〔英 skim milk〕(名) 脱脂《だっし》乳。

**すきや**【○数寄屋・○数奇屋】(名) ❶茶の湯を行うために建てた、茶席・水屋《みずや》などがついている建物。茶室。❷茶室風の建物。「―造《づく》り」

**すきやき**【すき焼き】『△鋤焼き』(名) 牛肉に野菜やとうふなどを加えて煮《に》ながら食べるなべ料理。

**スキャナー**〔英 scanner〕(名) 絵や写真、文字などを読みとってコンピューターに取り込《こ》む装置。

**スキャンダル**〔英 scandal〕(名) ❶不名誉《ふめいよ》なうわさ。醜聞《しゅうぶん》。❷汚職《おしょく》などのみにくい事件。

**スキューバ-ダイビング**〔英 scuba diving〕(名) 酸素ボンベと調節弁を組み合わせた水中呼吸装置(=スキューバ)を使った潜水《せんすい》。

**スキル**〔英 skill〕(名) 訓練や経験によって身につけた技能や技術。「―アップ」

**す・ぎる**【過ぎる】(自上一) {ギ・ギ・ギル・ギル・ギレ・ギロ(ギヨ)} ❶その場所を通ってさらに先に行く。通過する。「トンネルを―と、すぐ海が見えた」「自動車が目の前を―」❷時間がたつ。また、その時期が終わる。「春が―・ぎ、夏になる」「期限が―」「残り時間が―のを待つ」❸ある程度をこえる。度をこえる。「いたずらが―」「わたしには―・ぎた(=身のほどをこえてすばらしい)妻だ」❹→すぎない ❺(動詞の連用形、形容詞・形容動詞の語幹について)程度・限度をこえる。「食べ―」「高―」「静か―」

**スキン**〔英 skin〕(名) ❶肌《はだ》。皮膚《ひふ》。「―ケア」❷皮革。❸コンドーム。

**ずきん**【頭巾】(名) 頭をおおう布製のかぶりもの。目だけを見せて顔をおおうものもある。「防災―」

**スキン-シップ**〔和製英語〕(名) 肌《はだ》と肌のふれ合いによる愛情の交流。「親子の―」▽skin と ship から。

**スキン-ダイビング**〔英 skin diving〕(名) かんたんな道具をつけて行う、スポーツとしての潜水《せんすい》。

**スキンヘッド**〔英 skinhead〕(名) 丸坊主《まるぼうず》に剃《そ》り上げた頭。

**す・く**『◇空く』(自五) {カ(コ)・キ(イ)・ク・ク・ケ・ケ} ❶中のものが少なくなりあきができる。「腹が―」「―・いた電車に乗る」❷用事や仕事がなくなる。ひまになる。「手が―」❸胸につかえていたものがなくなってさっぱりと気持ちよくなる。すっきりする。「胸の―ようなホームラン」

**す・く**【透く】(自五) {カ(コ)・キ(イ)・ク・ク・ケ・ケ} ❶すきまができる。「戸と柱の間が―」❷物を通して見える。すける。「裏が―・いて見える」

**す・く**【好く】(他五) {カ(コ)・キ(イ)・ク・ク・ケ・ケ} このましいと思う。気に入る。このむ。「人に―・かれる」対嫌《きら》う

**す・く**『△漉く・◇抄く』(他五) {カ(コ)・キ(イ)・ク・ク・ケ・ケ} 原料を水にとかし、簀《す》に流してうすく広げて紙をつくる。板海苔《いたのり》をつくるのにもいう。「紙を―」

**す・く**『△梳く』(他五) {カ(コ)・キ(イ)・ク・ク・ケ・ケ} 髪《かみ》をくしでとかす。くしけずる。「髪を―」

**す・く**『△鋤く』(他五) {カ(コ)・キ(イ)・ク・ク・ケ・ケ} 鋤《すき》を入れて土をほりおこす。「田を―」

**すぐ**『◇直ぐ』(副) ❶その時点から時をおかないようす。ただちに。「―に行く」「そのまま―食べられる」❷その場所から距離《きょり》がはなれていないようす。ごく近く。「家は学校の―そばにある」

**-ずく**(接尾)(名詞について) ❶「…という手段・やり方(だけ)による」の意を表す。「腕《うで》―」「力―」「納得《なっとく》―」❷「…だけを動機・目的とする」の意を表す。「欲得《よくとく》―」「そろばん―」

**すくい**【救い】(名) ❶すくうこと。助け。「―の手をさしのべる」❷苦しい気持ちからのがれさせるもの。なぐさめてくれるもの。「―のない話」「せめてもの―」

**スクイズ**(名) 野球で、三塁《さんるい》の走者をバントによって生還《せいかん》させる攻撃《こうげき》のやり方。▽英 squeeze play から。

**すくいぬし**【救い主】(名) ❶救ってくれた人。❷キリスト教で、救世主。キリストのことをさす。

**すく・う**【巣くう】(自五) {ワ(オ)・イ(ッ)・ウ・ウ・エ・エ} ❶動物が巣を作って住む。「軒先《のきさき》に―鳥」❷好ましくない人びとがたまり場を作って居つく。「暴力団が―店」❸よくない考えや病気などが、心やからだにはびこる。「病魔《びょうま》が―」

**すく・う**『△掬う・◇抄う』(他五) {ワ(オ)・イ(ッ)・ウ・ウ・エ・エ} ❶水や粉などを手や入れ物で下から上へくみ取る。しゃくる。「水を―」❷液体の中のものを手やさじ、網《あみ》などで取り出す。「ざるでどじょうを―」❸足などを横または上向きにさっとはらう。「足を―・われてひっくりかえる」

**すく・う**【救う】(他五) {ワ(オ)・イ(ッ)・ウ・ウ・エ・エ} 苦しんでいる人、

貧しい人やあぶない状態にある人などに力を貸して助ける。「弱者をー」「おぼれているところをー・われた」

**スクーター**〔英 scooter〕（名）両足をそろえ腰《こし》をかけた形で乗る、車輪の小さい自動二輪車。

**スクープ**〔英 scoop〕（名・他スル）新聞・雑誌・テレビなどで、大きな新しいニュースをほかの社より先につかみ、報道すること。また、その記事。特種《とくだね》。

**スクーリング**〔英 schooling〕（名）通信教育を受けている学生が一定期間、教室で受ける授業。

**スクール**〔英 school〕（名）学校。「スイミングー」「ーカラー（＝その学校のもつ独自の気風）」

**スクエア-ダンス**〔英 square dance〕（名）ダンスの一種。二人ずつ組んだ四組が向かい合っておどる。

**すぐさま**『◇直ぐ様』（副）あることから時をおかないようす。すぐに。「家に帰るとー用事を言いつけられた」

**すくすく**（副）順調に勢いよく大きくなるようす。「赤ちゃんがー（と）育つ」「稲《いね》がー（と）伸《の》びる」

**すくせ**『◇宿世』（名）《仏》❶生まれる前の世。前世。❷前世からの因縁《いんねん》。参考「しゅくせ」とも読む。

**すくな・い**【少ない】（形）〔カロ・カツ(ク)・イ・イ・ケレ・○〕数や量が多くない。わずかである。「もうけがー」「ー人数」対多い

**すくなからず**【少なからず】（副）数量や程度が少ないどころか多いようす。かなり。「台風による被害《ひがい》がー出た」

**すくなくとも**【少なくとも】（副）❶少なく見つもっても。「ー三日はかかる」❷ほかのことはともかく。せめて。「ーそれだけはほんとうだ」

**すくなめ**【少なめ】（名・形動ダ）やや少ないぐらいの分量や程度。「食費をーに見つもる」対多め

**すく・む**『△竦む』（自五）〔マ(モ)・ミ(ン)・ム・ム・メ・メ〕緊張《きんちょう》や恐《おそ》ろしさで、からだがこわばって動けなくなる。「足がー」

**-ずくめ**（接尾）（名詞について）それればかりであることを表す。「うれしいことー」「黒ーの服装」

**すく・める**『△竦める』（他下一）〔メ・メ・メル・メル・メレ・メロ(メヨ)〕からだをちぢめる。「寒さに身をー」「肩《かた》をー」

**すくよか**『◇健よか』（形動ダ）〔ダロ・ダッ(デ・ニ)・ダ・ナ・ナラ・○〕元気にすくすくと成長するようす。じょうぶで健康なようす。すこやか。「ーに育つ」

**スクラッチ**〔英 scratch〕（名）（引っかく意）❶レコード盤《ばん》を直接手で動かし、レコード針との摩擦《まさつ》によって特殊《とくしゅ》な音を出す演奏法。❷くじの一種。銀色の蠟《ろう》状の物質でおおわれた部分をコインなどでけずるもの。

**スクラップ**〔英 scrap〕（名）❶新聞や雑誌などの切りぬき。❷くず鉄。「こわれた車をーにする」

**スクラップブック**〔英 scrapbook〕（名）新聞・雑誌の切りぬきなどをはりこむノート。切りぬき帳。

**スクラム**〔英 scrum〕（名）❶ラグビーで、両チームのフォワードがたがいに肩《かた》を組み、中にボールを入れて押《お》し合うこと。❷大勢が腕《うで》を組み合って横に列をつくること。「ーを組んで行進する」

**スクランブル**〔英 scramble〕（名）❶迎撃戦闘機《げいげきせんとうき》の緊急《きんきゅう》発進。❷交差点で、すべての方向の車を止めて歩行者が交差点内をどの方向にも自由に渡《わた》れるようにした方式。「ー交差点」

**スクランブル-エッグ**〔英 scrambled egg〕（名）洋風のやわらかいいり卵。

**スクリーン**〔英 screen〕（名）❶ついたて。❷映画をうつす幕。転じて、映画。

**スクリプト**〔英 script〕（名）映画・ラジオ・テレビの台本。放送用台本。

**スクリュー**〔英 screw〕（名）（ねじ・らせんの意）船を進めるためにうしろにつけたプロペラ。

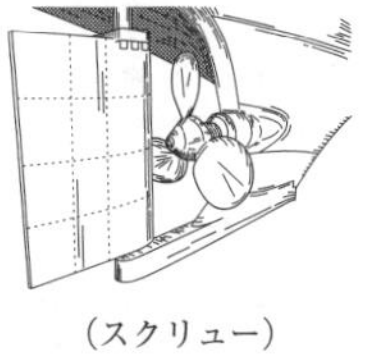

（スクリュー）

**すぐ・る**『◇選る』（他五）〔ラ(ロ)・リ(ッ)・ル・ル・レ・レ〕多数の中からすぐれたものを選びとる。えりすぐる。「精鋭《せいえい》をー」

**すぐれて**【優れて】『◇勝れて』（副）特に。とりわけ。「ー政治的な問題だ」

**すぐ・れる**【優れる】『◇勝れる』（自下一）〔レ・レ・レル・レル・レレ・レロ(レヨ)〕❶才能や力や価値などがほかより上である。まさる。「ー・れた人物」「ー・れた作品」❷調子がいい。よい状態である。「気分がー・れない」「顔色がー・れない」使い方②はふつう、打ち消しの形で用いる。

**スクロール**〔英 scroll〕（名・他スル）パソコンや携帯《けいたい》電話で、表示されていない部分を見るため、画面を上下・左右に移動させること。

**スクワット**〔英 squat〕（名・自スル）（しゃがむ意）上半身を垂直にのばしたまま膝《ひざ》を屈伸《くっしん》させる運動。

**すけ**【助】㊀（名）たすけること。助力。㊁（接尾）ほかのことばにつけて、名前のようにいう語。「飲みー」

**すげ**『△菅』（名）《植》カヤツリグサ科スゲ属の多年草の総称《そうしょう》。葉は細長く先がとがり、穂《ほ》のような花を開く。葉で笠《かさ》やみのなどを編む。種類が多い。

**ずけい**【図形】（名）❶物の形を書き表した図。❷《数》立体や面、点や線などである形をなすもの。

**スケート**〔英 skate〕（名）❶氷の上をすべるために、靴《くつ》の底につける薄《うす》い刃《は》のような金具。また、それをつけた靴をはいて行うスポーツ。アイススケート。❷ローラースケート。

**スケートの**…俳句
〔スケートの 紐《ひも》むすぶ間《ま》も 逸《はや》りつつ〕〈山口誓子《やまぐちせいし》〉訳靴《くつ》をかかえてスケート場へやってくると、にぎやかな声がひびいてくる。はやくすべりたくてスケート靴の長いひもを結ぶ間も惜《お》しまれて、心ははやりたつことである。（季語「スケート」冬）

**スケート-リンク**（名）スケート場。アイスリンク。▽英 skating rink から。

**スケープゴート**〔英 scapegoat〕（名）他人の罪を負わされる身代わり。いけにえ。「失政のーにされる」参考旧約聖書にある、人の罪を負わせて原野に放った「贖罪《しょくざい》のやぎ」の意から。

**スケール**〔英 scale〕（名）❶物事の内容・仕組み、人物などの大きさ。規模《きぼ》。「雄大《ゆうだい》なー」「ーの大きい人」❷ものさし。目もり。寸法《すんぽう》。

**すげか・える**【すげ替える】（他下一）〔エ・エ・エル・エル・エレ・エロ(エヨ)〕❶すげてあったものを他のものにかえる。「げたの鼻緒《はなお》をー」❷ある役職にある人を交替《こうたい》させる。「社長の

首を—」

**すげがさ**〖△菅△笠〗(名)すげの葉で編んだかさ。田植えのときなどにかぶる。

(すげがさ)

**スケジュール**〔英 schedule〕(名)物事を行うときの予定・日程。また、その表。「旅行の—を組む」

**ずけずけ**(副)遠慮《えんりょ》しないで思ったとおりを言うようす。「—(と)文句を言う」

**すけそうだら**〖×助宗△鱈〗(名)〖動〗→すけとうだら

**すけだち**【助○太刀】(名・自スル)❶むかし、あだうちなどの片方に力を貸すこと。また、その人。❷加勢すること。また、その人。「いそがしいので—をたのむ」

**スケッチ**〔英 sketch〕(名・他スル)❶写生すること。また、写生画。「野山を—する」❷印象を写生するようなつもりで書いた短い文や小曲。

**スケッチブック**〔英 sketchbook〕(名)写生帳。

**すけっと**〖助っ◇人〗(名)仕事や争いごとなどの、手助け・加勢をしてくれる人。「—を頼《たの》む」

**すけとうだら**〖×介党△鱈〗(名)〖動〗タラ科の魚。ふつうのたら(まだら)よりからだがやや細い。北太平洋に多くすみ、食用。卵はたらこ。すけそうだら。

**すげな・い**(形){カロ・カッ(ク)・イ・イ・ケレ・○}思いやりがなくて、つめたい。薄情《はくじょう》である。つれない。「—返事」「—態度」

**すけべえ**〖助◇平・助◇兵◇衛〗(名)〘俗語〙好色なこと。また、そのような人。すけべ。「—根性《こんじょう》(=欲ばっていろいろなことに手を出したがる気持ち)」

**す・ける**【透ける】(自下一){ケ・ケ・ケル・ケル・ケレ・ケロ(ケヨ)}物を通して中や向こうが見える。「底まで—・けて見える川」

**す・げる**(他下一){ゲ・ゲ・ゲル・ゲル・ゲレ・ゲロ(ゲヨ)}❶はめこむ。さしこむ。「こけしの首を—」❷穴などにさし通して結ぶ。「げたの鼻緒《はなお》を—」

**スケルツォ**〔イタリア scherzo〕(名)〖音〗軽くて陽気な感じのテンポの速い楽曲。

**スケルトン**〔英 skeleton〕(名)(骸骨《がいこつ》の意)❶骨組み。内部の構造。また、それがすけて見えること。「—タイプの時計」❷ガスストーブの、炎《ほのお》を熱に変える器具。❸そりに腹ばいの状態で一人で乗り、氷上を滑走《かっそう》してタイムを競《きそ》う競技。

**スコア**〔英 score〕(名)❶競技の得点。また、得点の記録表。「—をつける」「—ボード」❷〖音〗演奏するすべてのパートの楽譜《がくふ》を一つにまとめたもの。総譜。

**スコアブック**〔英 scorebook〕(名)試合の経過や点数などを書きこんだ記録帳。

**すご・い**〖◇凄い〗(形){カロ・カッ(ク)・イ・イ・ケレ・○}❶おそろしい。気味がわるい。「—形相《ぎょうそう》」❷すばらしい。「—記録」❸はなはだしい。「—人気」「—・く速い車」

**ずこう**【図工】(名)教科の一つ。図画と工作。

**スコール**〔英 squall〕(名)熱帯地方で、風とともにはげしく降るにわか雨。

**すこし**【少し】(副)数量・程度などがわずかなようす。ちょっと。「おかねが—ある」「—寒い」

**すご・し**〔凄し〕(形ク)古語❶気味がわるい。おそろしい。もの寂《さび》しい。「琴《きん》を少しかき鳴らし給《たま》へるが、我ながらいと—・う聞こゆれば」〈源氏物語〉訳琴をちょっとかき鳴らしなさったが、自分でしたことだが(その音が)たいそうもの寂しく聞こえるので。❷おそろしいくらいすぐれている。すばらしい。「なまめかしく—・うおもしろく、所がらはまして聞こえけり」〈源氏物語〉訳(音楽が)優雅《ゆうが》にすばらしく趣《おもむき》深く、このような場所だけにいっそうすばらしく聞こえるのであった。

**すこしも**【少しも】(副)ちっとも。まったく。「—うれしくない」使い方〉あとに「ない」「ません」などの打ち消しのことばがくる。

**すご・す**【過ごす】(他五){サ(ソ)・シ・ス・ス・セ・セ}❶時間を送る。「おそろしい一夜を—」「温泉でのんびり—」❷暮らす。生活する。「その日その日を—」❸程度をこえる。やりすぎる。「度を—」「酒を—」❹(動詞の連用形について)㋐そのままにしておく。「悪を見—」㋑程度をこえてそのことをする。「寝《ね》—」

表現 暮らす・日を送る・生活する◆ふらふら・ぶらぶら・のんびり・ぼんやり・だらだら・ごろごろ・ぬくぬくと・のうのうと◆大過《たいか》なく・悠々《ゆうゆう》と・泰然《たいぜん》と・漫然《まんぜん》と・無為《むい》に・便々《べんべん》と(=何もしないで)

**すごすご**(副)がっかりして元気なく立ち去るようす。しおしお。「三振《さんしん》して—(と)引き下がる」

**スコッチ**〔英 Scotch〕(名)❶(「スコッチウイスキー」の略)スコットランド産のウイスキー。❷(「スコッチツイード」の略)スコットランド産の羊の毛で織った毛織物。

**スコットランド**〔Scotland〕〖地名〗イギリスのグレートブリテン島の北部地方。

**スコップ**〔オランダ schop〕(名)土をほったり物をすくったりするのに用いる柄《え》の付いた道具。類シャベル

**すこぶる**〖△頗る〗(副)程度がはなはだしいようす。たいそう。ひじょうに。「—きげんがいい」

**すこぶるつき**〖△頗る付き〗(名)上に「すこぶる」という語がつくほどはなはだしいこと。「—の美人」

**すごみ**〖◇凄み〗(名)見た感じやことばづかいのおそろしいようす。すごさ。「—をきかす」

**すご・む**〖◇凄む〗(自五){マ(モ)・ミ(ン)・ム・ム・メ・メ}相手をおどすようなおそろしいようすをする。「—・んでみせる」

**すごも・る**【巣籠もる】(自五){ラ(ロ)・リ(ッ)・ル・ル・レ・レ}❶鳥などが巣の中にはいったままでいる。「鳥が—」❷虫などが冬、土の中にもぐったままでいる。

**すこやか**【健やか】(形動ダ){ダロ・ダッ(デ・ニ)・ダ・ナ・ナラ・○}❶健康で元気なようす。達者。「—に成長する」❷心や行いがしっかりして正しいようす。「—な精神」

**すごろく**〖◇双六〗(名)さいころをふって、出た目の数だけ「振り出し」から順々に区画を進み、早く最後の「上がり」の区画に到達《とうたつ》することを競《きそ》う遊び。

**すさび**〖◇遊び〗(名)心のむくままにするあそびごと。「老《お》いの—」「筆の—」

**すさ・ぶ**〖◇荒ぶ〗(自五){バ(ボ)・ビ(ン)・ブ・ブ・ベ・ベ}→すさむ

**すさま・じ**〔凄じ〕(形シク)古語❶興ざめだ。「—・じきもの 昼吠《ほ》ゆる犬」〈枕草子《まくらのそうし》〉訳興ざめなもの、昼間に吠える犬。❷さむざむとしている。「河原の風さこそ—・じかりけめ」〈平家物語〉訳河原に吹《ふ》く風は、さぞかしさむざむとしていたことだろう。❸(程度

が)はなはだしい。ひどい。「滝《たき》の音ことに—・じく」〈平家物語〉訳滝の落ちる音がことさらにものすごく。❹あきれたことだ。とんでもない。「あれがお屋敷《やしき》に奉公《ほうこう》してゐたも—・じい」〈東海道中膝栗毛《ひざくりげ》〉訳あれがお屋敷に奉公していたのも、あきれたことだ。

**すさまじ・い**『◇凄まじい』(形)〔カロ・カッ(ク)・イ・イ・ケレ・○〕❶ひどくおそろしい。ものすごいようすである。「—光景」❷はなはだしい。はげしい。「—勢い」❸あきれるほどひどい。「これで勝つ気でいるとは—」

**すさ・む**『◇荒む』(自五)〔マ(モ)・ミ(ン)・ム・ム・メ・メ〕❶生活や心などが荒《あ》れてうるおいがなくなる。粗雑《ざつ》になる。「心が—」❷荒れくるう。はげしくなる。すさぶ。「風が吹《ふ》き—」

**ずさん**『△杜△撰』(「撰」は詩文をつくる意)■一(名)詩や文章などで、よりどころが不確かであやまりの多いこと。■二(名・形動ダ)物事のしかたがいいかげんでミスの多いこと。「—な仕事」

故事杜黙《もくと》という人の作る詩に、きまりに合わないものが多かったことから出たことば。〈野客叢書《やかくそうしょ》〉

**すし**『×寿司・△鮨・△鮓』(名)酢《す》で味つけした飯に魚や貝などをのせたりまぜたりした食べ物。にぎりずし・ちらしずしなど。

**すじ**【筋】■一(名)❶細長く続くもの。線や血管など。「—を一本引く」「青—を立てる(=ひどくおこる)」❷筋肉《きんにく》・植物などの繊維《せんい》。「足の—がつる」❸血統。血すじ。「平家《へいけ》の—をひく」❹物語などのだいたいの内容。あらまし。「作品の—をまとめる」❺全体をつらぬくはっきりした道理。すじみち。「彼の言うことは—が通っている」❻技芸などの素質。「彼《かれ》の将棋《しょうぎ》は—がいい」❼その方面。その関係。よりどころや所属などをぼかしていう語。「確かな—からの情報」■二(接尾)❶(数を示すことばの下について)細長いものを数える。「一—の涙《なみだ》」❷(地名などのあとについて)川・道路などに沿った所。「大川—の家」

**筋を通《とお》す** 物事の道理をまもる。きちんと手順をふむ。「話の—」

**ずし**【図示】(名・他スル)図にかいて示すこと。

**ずし**『△厨子』(名)❶物を入れる二枚扉《とびら》の入れもの。❷仏像やお経などをおさめておく両扉の仏具。

( 厨子② )

**すじあい**【筋合い】(名)きちんとした理由やわけ。道理。「口をはさむ—ではない」

**すじかい**【筋交い】(名)❶ななめ。ななめにまじわること。すじちがい。❷建物を強くするために柱などの間にななめに取りつけた木材。

**すじがき**【筋書き】(名)❶小説・演劇・映画などのあらすじを書いたもの。❷前もって考えてしくんだ計画。「—どおりに事が運ぶ」

**すじがねいり**【筋金入り】(名)❶補強のため、太い針金《はりがね》などが中に入っていること。❷身体や精神がきたえられてしっかりしていること。

**ずしき**【図式】(名)物事のようすや関係をわかりやすく説明した図。「—で表す」…的「図式的な考え方をする」…化「複雑な関係を図式化して示す」

**すじぐも**【筋雲】(名)《天》→けんうん

**すじこ**【筋子】(名)さけ・ますの卵を卵巣《らんそう》ごと塩づけにした食べ物。すずこ。

**すじだて**【筋立て】(名)物語などの筋の展開の仕方。プロット。「—のわかりやすい小説」

**すじちがい**【筋違い】■一(名・形動ダ)❶ななめ。すじかい。❷道理にはずれていること。また、見当ちがいなこと。「—の意見」「親に文句を言うのは—だ」■二(名)筋肉をむりに使って痛めること。

**すしづめ**【すし詰め】『△鮨詰め』(名)人や物などが、中にすきまなくはいっていること。「—の電車」

**すじみち**【筋道】(名)❶物事の道理。条理。「—の通った意見」❷物事を進めるための手続き。順序。「—を立てて話す」

**すじむかい**【筋向かい】(名)ななめに向かい合うこと。すじ向こう。「—の家」

**すじめ**【筋目】(名)❶物を折ったときにできる線。折り目。「—のたったはかま」❷家柄《いえがら》。血すじ。「—が正しい」❸物事のすじみち。「—をたてて話す」

**すじょう**【素性・素姓】(名)❶血すじや家柄《いえがら》。また、生まれや育ち。経歴。「—が知れない」❷その物がつくられてからの由来。由緒《ゆいしょ》。

**ずじょう**【頭上】(名)頭の上。「—に注意」

**ずしり**(副)いかにも重く感じられるようす。ずっしり。「—と重いスーツケース」

**すす**『△煤』(名)❶煙《けむり》の中にふくまれている黒い粉。❷煙とほこりがまざって天井《てんじょう》などについたよごれ。

**すず**【鈴】(名)金属や土で作り、球形で中に玉などを入れてふり鳴らすもの。「—をころがすような(=美しく澄《す》んだ)声」

**すず**『△錫』(名)《化》金属元素の一つ。銀白色で、やわらかく、さびにくい。ブリキ・青銅・はんだ・器物などに使用される。元素記号 Sn

**ずず**『◇数◇珠』(名)→じゅず

**すずかけのき**『△篠懸けの木・鈴掛けの木』(名)《植》スズカケノキ科の落葉高木。葉はてのひら形で、秋に丸い実をつける。街路樹にする。材は器具用。プラタナス。

(すずかけのき)

**すずかぜ**【涼風】(名)すずしい風。特に、秋のはじめに吹《ふ》くすずしい風。

**すすき**『◇薄・△芒』(名)《植》イネ科の多年草。山や野に生え、秋に白っぽく長い花穂《かすい》が出る。この穂《ほ》を尾花《おばな》と呼ぶ。秋の七草の一つ。かや。

**すすぎ**『◇濯ぎ』(名)よごれや洗剤《せんざい》などを落とすためにすすぐこと。「—が足りない」

**すずき**『△鱸』(名)《動》スズキ科の魚。体長は一メートルにおよぶ。川で成長し、秋に海にくだる。参考「せいご」→「ふっこ」→「すずき」と、成長するごとに呼び名が変わ

る、いわゆる出世魚《しゅっせうお》の一つ。

**すすきだきゅうきん**〔薄田泣菫〕【人名】（一八七七〜一九四五）明治・大正時代の詩人・随筆《ずいひつ》家。古典的・ロマン的作風で知られた。詩集「白羊宮《はくようきゅう》」、随筆集「茶話」など。

**すずきみえきち**〔鈴木三重吉〕【人名】（一八八二〜一九三六）明治・大正時代の小説家・童話作家。夏目漱石《そうせき》の門にはいり、小説「千鳥」「桑《くわ》の実」などを発表。雑誌「赤い鳥」を出して児童文学の向上につくした。

**すす・ぐ**〖△漱ぐ〗（他五）{ガ(ゴ)・ギ(イ)・グ・グ・ゲ・ゲ} 口の中を洗い清める。うがいをする。ゆすぐ。「口を—」

**すす・ぐ**〖◇濯ぐ〗（他五）{ガ(ゴ)・ギ(イ)・グ・グ・ゲ・ゲ} ❶水でよごれを洗い落としたり、せっけんなどを洗い流したりする。ゆすぐ。「洗濯物《せんたくもの》を—」❷恥《はじ》や不名誉《ふめいよ》などを取り除く。そそぐ。「恥を—」参考 ②は「雪ぐ」とも書く。

**すす・ける**〖△煤ける〗（自下一）{ケ・ケ・ケル・ケル・ケレ・ケロ(ケヨ)} ❶すすなどで黒くなる。すすばむ。「障子《しょうじ》が—」❷古くなってうす黒くよごれる。「—・けた家」

**すずし・い**【涼しい】（形）{カロ・カッ(ク)・イ・イ・ケレ・○} ❶暑くなくひんやりして気持ちがいい。「—風」❷見た目がすっきりしていてすがすがしい。「—目」

**涼しい顔《かお》** そしらぬふりをしてすましている顔つき。「—をする」

**すずしろ**〖×清白〗（名）〖植〗春の七草の一つ。「だいこん」の古名。

**すずな**〖△菘〗（名）〖植〗春の七草の一つ。「かぶ（蕪）」の古名。

**すずなり**【鈴なり】〖鈴◇生り〗（名）❶木の実などが集まってたくさんみのっているようす。「—のみかん」❷多くの人が一か所に、そこからはみ出しそうなほどたくさん集まっているようす。「見物人が—になる」

**すすはき**〖△煤掃き〗（名）→すすはらい

**すすはらい**〖△煤払い〗（名）屋内のすすやほこりをはらってそうじをすること。煤掃《すすは》き。

**すずみ**【涼み】（名）すずむこと。「川辺に—に行く」

**すす・む**【進む】（自五）{マ(モ)・ミ(ン)・ム・ム・メ・メ} ❶前のほうへ行く。前進する。「五歩前に—」対退《しりぞ》く ❷ある目標や方面に向かう。「演劇界に—」❸上の地位・段階などに行く。「大学院に—」「本戦に—」「学年が—」❹内容・程度が高まる。「文化が—」「—・んだ技術」「—・んだ考えの持ち主」❺物事などの勢いがはなはだしくなる。「病状が—」「風化が—」❻物事が順調にはこぶ。はかどる。「工事が—」❼積極的になる。その気になる。「—・んで仕事をする」「気が—・まない」❽時計が、正しい時刻よりもさきの時刻を示す。「一日に一分—」対遅《おく》れる

**すず・む**【涼む】（自五）{マ(モ)・ミ(ン)・ム・ム・メ・メ} 日かげにはいったりすずしい風などにあたったりして、暑さをさける。

**すずむし**【鈴虫】（名）〖動〗スズムシ科の昆虫《こんちゅう》。からだは黒茶色で小さい。草むらにすんで、秋、リーンリーンと鈴を鳴らすような美しい音色《ねいろ》で鳴く。

（すずむし）

**すずめ**〖△雀〗（名）❶〖動〗ハタオリドリ科の小鳥。人家の近くにすんで農作物をあらすが、害虫を食うよい面もある。❷（群がり、うるさくさえずるので）おしゃべりな人のたとえ。「京—」「江戸《えど》—」❸あちこちに出入りして事情にくわしい人のたとえ。「楽屋—」

**雀の涙《なみだ》** ほんのわずかな数量のたとえ。「—ほどの見舞《みま》い金《きん》」

**雀百《ひゃく》まで踊《おど》り忘《わす》れず** 小さいときにおぼえ、身につけたことがらは、年をとっても忘れないものである。類 三つ子の魂《たましい》百まで

**すずめのこ…** 俳句

〔雀の子 そこのけそこのけ 御馬《おうま》が通《とお》る〕〈一茶《いっさ》〉訳 巣立ったばかりの雀の子が、道でえさをあさっている。「そこのけ、そこのけ、お馬のお通りだぞ」と言いながら子どもがおもちゃの馬にまたがって通っていく。（季語「雀の子」春）

**すずめばち**〖△雀蜂〗（名）〖動〗スズメバチ科の昆虫《こんちゅう》。日本で最大のはち。腹部に黒と黄色の縞《しま》があり、毒性の強い針をもつ。くまんばちともいう。

**すす・める**【進める】（他下一）{メ・メ・メル・メル・メレ・メロ(メヨ)} ❶前のほうに動かす。前に出させる。「駒《こま》を—」「車を—」❷地位・階級などを上げる。「位を—」❸内容・程度をさらに高くする。「機械化を—」❹物事をめざす方向へ向かわせる。はかどらせる。「話を—」「作業を—」「準備を—」❺時計の針を、実際の時刻よりさきにする。「時計を二分—」⇩すすめる（薦める）「学習」

**すす・める**【勧める】〖◇奨める〗（他下一）{メ・メ・メル・メル・メレ・メロ(メヨ)} そうするようにさそう。「母に旅行を—」⇩すすめる（薦める）「学習」

**すす・める**【薦める】（他下一）{メ・メ・メル・メル・メレ・メロ(メヨ)} ある人・物事をとり上げて用いるように説く。推薦《すいせん》する。「良書として—」

> **学習 使い分け** 「進める」「勧める」「薦める」
>
> **進める** 前方へ行かせる意。「兵を**進める**」「馬を**進める**」「準備を**進める**」「調査を**進める**」「論を**進める**」
>
> **勧める** あることをするようにさそいうながす意。「お茶を**勧める**」「入会を**勧める**」「すぐ行くように**勧める**」
>
> **薦める** 推薦《すいせん》する意。「候補者として**薦める**」「先生から**薦め**られた映画」

**すずらん**〖鈴△蘭〗（名）〖植〗キジカクシ科の多年草。寒い地方に自生。観賞用に栽培《さいばい》する。五月ごろ、穂状《すいじょう》につぼ形のにおいのよい白い花が咲《さ》く。

（すずらん）

**すずり**『△硯』（名）（「すみすり」の変化したもの）墨《すみ》を水でする道具。石やかわらなどで作られている。

**すすりあ・げる**【すすり上げる】『△啜り上げる』（自他下一）{ゲ・ゲ・ゲル・ゲル・ゲレ・ゲロ(ゲヨ)} 鼻水を強く吸い込《こ》む。また、そのようにして泣く。

**すすりな・く**【すすり泣く】『△啜り泣く』（自五）{カ(コ)・キ(イ)・ク・ク・ケ・ケ} 鼻水と息を吸いあげるようにして、声をおさえて泣く。「ひとり寝床《ねどこ》でー」

**すす・る**『△啜る』（他五）{ラ(ロ)・リ(ッ)・ル・ル・レ・レ} ❶口に吸い入れる。「お茶をー」「めんをー」❷鼻水を息といっしょに吸い込《こ》む。「洟《はな》をー」「ー・りあげて泣く」

**すずろ**（形動ナリ）古語 ❶なんとなく気にかかるようす。わけもなく。「いみじく泣くを見たまふも、ーに悲し」〈源氏物語〉訳ひどく泣くのをご覧《らん》になるにつけても、わけもなく悲しい思いがする。❷思いがけないようす。予期しないようす。「つたかへでは茂《しげ》り、もの心細くーなる目を見ることと思ふに」〈伊勢《いせ》物語〉訳つたやかえでが茂り、なんとなく心細く思いがけない目にあうことだと思っているときに。

**ずせつ**【図説】（名・他スル）図を使って説明すること。また、図を使って説明した書物。類図解

**すそ**【裾】 13画 ネ8 訓すそ ネ ネ 衤 衤 裾 裾
すそ。山すそ。◆裾濃《すそご》・裾野 ◆裳裾《もすそ》

**すそ**【裾】（名）❶衣服の下のへり。「ーをからげる」❷山のふもと。山すそ。❸川の下流。川下《かわしも》。❹髪《かみ》の毛のえり首に近いあたり。「ーを刈《か》る」

**すそご**【裾濃】（名）染め色の一種。着物の、上はうすく、下になるほど色が濃《こ》くなっているもの。

**すその**【裾野】（名）山のふもとの、ゆるやかに傾斜《けいしゃ》して広がっている野原。「富士山のー」

**すそもよう**【裾模様】（名）着物のすそのほうだけにつけた模様。また、すそに模様をつけた着物。

**スター**〔英 star〕（名）❶星。❷俳優・歌手・スポーツ選手などで人気のある者。「大ー」「ープレーヤー」

**スターティング-メンバー**〔和製英語〕（名）スポーツで、試合開始のときの出場選手。先発メンバー。スタメン。▽starting と member から。

**スタート**〔英 start〕（名・自スル）出発すること。始動。開始。また、出発点。「ーライン（=スタートの地点に引いた白線）」「ーを切る（=出発・開始する）」

**スタイリスト**〔英 stylist〕（名）❶モデルや俳優などの衣装・髪形《かみがた》などを考え、ととのえる職業の人。❷服装にいつも気を配る人。気取り屋。

**スタイル**〔英 style〕（名）❶姿。かっこう。からだつき。「ーがいい」❷服装や髪《かみ》などの型。「流行のー」❸文体。❹美術・建築などの様式。❺考え方や行動のしかた。生活様式。「生活のー」

**スタイルブック**〔英 stylebook〕（名）流行の洋服の型などを図や写真で表した本。

**スタインベック**〔John Ernst Steinbeck〕【人名】（一九〇二～一九六八）アメリカの小説家。社会的関心をもって作品をえがいた。作品「怒《いか》りのぶどう」「エデンの東」など。一九六二年ノーベル文学賞受賞。

**すだ・く**『◇集く』（自五）{カ(コ)・キ(イ)・ク・ク・ケ・ケ} 虫などが群がって鳴く。「草むらにー秋の虫」

**スタグフレーション**〔英 stagflation〕（名）《経》景気の停滞《ていたい》にもかかわらず、物価の上昇《じょうしょう》が続く状態。参考stagnation（景気停滞）と inflation（物価上昇）との合成語。

**すたこら**（副）急ぎ足で行くようす。あわてて立ち去るようす。「ー（と）逃《に》げ出す」「ーさっさ」

**スタジアム**〔英 stadium〕（名）設備の大きな運動競技場。野球場・サッカー場など。

**スタジオ**〔英 studio〕（名）❶録音・放送設備のある部屋。「レコーディングー」❷画家・彫刻《ちょうこく》家などの仕事場。❸映画の撮影所《さつえいじょ》。

**すたすた**（副）足早に歩くようす。「ー（と）去る」

**ずたずた**（副）細かくちぎれたようす。きれぎれ。「布がーにさける」「心がーになる（=ひどく傷つく）」

**すだ・つ**【巣立つ】（自五）{タ(ト)・チ(ッ)・ツ・ツ・テ・テ} ❶ひなどりが成長して巣から飛び立つ。「ひながー」❷親もとをはなれる。または、学校を卒業してゆく。「学窓《がくそう》をー」

**スタッカート**〔イタリア staccato〕（名）《音》音を一つずつ短く切って演奏する方法。音符《おんぷ》の上または下に「・」の符号《ふごう》をつけて示す。

**スタッフ**〔英 staff〕（名）❶一つの仕事を共同して行う人びと。メンバー。「捜査《そうさ》ー」❷演劇・映画・放送などで、出演者以外の制作関係者。

**ずだぶくろ**『頭△陀袋』（名）❶修行《しゅぎょう》して歩く僧《そう》が経本《きょうほん》などを入れて首にかける袋。❷なんでもはいるようなだぶだぶの袋。

**スタミナ**〔英 stamina〕（名）からだのねばり強さ。体力。精力。持久力。「ーをつける」

**スタメン**（名）《俗語》「スターティングメンバー」の略。

**すた・る**【廃る】（自五）{ラ(ロ)・リ(ッ)・ル・ル・レ・レ} ❶すたれる。❷名誉《めいよ》や面目がそこなわれる。「ここで引き下がっては男がー」

**すだれ**『△簾』（名）細い竹や葦《あし》などをならべて糸で編み、つりさげて、物のへだて・日よけなどに使うもの。

**すた・れる**【廃れる】（自下一）{レ・レ・レル・レル・レレ・レロ(レヨ)} ❶用いられなくなる。世間で行われなくなる。また、勢いなどがおとろえる。「道徳がー」「店がー」❷流行していたものがはやらなくなる。「流行がー」対はやる

**スタンス**〔英 stance〕（名）❶野球・ゴルフなどで、球《たま》を打つときの足のかまえ方。「オープンー」❷姿勢。立場。「慎重《しんちょう》なーをとる」

**スタンダード**〔英 standard〕（名・形動ダ）標準。標準的。「この洋服の型はーだ」

**スタンダール**〔Stendhal〕【人名】（一七八三～一八四二）フランスの小説家。社会批判と人間の心理分析《ぶんせき》にすぐれていた。作品に「赤と黒」「パルムの僧院《そういん》」など。

**スタンディング-オベーション**〔英 standing ovation〕（名）演奏会などで、観客が立ち上がって拍手《はくしゅ》喝采《かっさい》すること。

**スタント**〔英 stunt〕（名）❶離《はな》れ技。妙技《みょうぎ》。曲芸。❷映画などでのひじょうに危険な演技。

**スタンド**〔英 stand〕（名）❶競技場の階段式の見物席。「正面ー」❷売り場。売店。「ガソリンー」❸カウンターのついた立ち飲みの店。「ーバー」❹物をのせたり立てたりする台。「マイクー」❺電気スタンド。

**スタンドイン**〔英 stand-in〕（名）映画などで、スターの身代わりをする俳優。吹《ふ》き替《か》え。

**スタント-カー**〔英 stunt car〕（名）自動車の曲芸競技。また、そのための自動車。

**スタンド-プレー**（名）❶競技者や演技者などが観衆から拍手《はくしゅ》を受けようとしてわざとする、はでな動作。❷注目を集めるためにする、はでな言動。「彼《かれ》は—が多い」▽英 grandstand play から。

**スタント-マン**〔英 stunt man〕（名）映画などで、危険な演技を俳優にかわって行う人。

**スタンバイ**〔英 stand-by〕（名・自スル）いつでも行動できるように準備して、待機すること。

**スタンプ**〔英 stamp〕（名）❶印《いん》。ゴム印。「—台」❷郵便の消印。❸名所や旧跡《きゅうせき》などで記念におす印。「記念—」

**スチーブンソン**〔Robert Louis Stevenson〕〔人名〕（一八五〇—一八九四）イギリスの小説家。夢と冒険にみちた海洋小説「宝島」や「ジキル博士とハイド氏」などで有名。

**スチーム**〔英 steam〕（名）❶蒸気《じょうき》。ゆげ。「—エンジン」❷蒸気を使って室内をあたためる装置。

**スチール**〔英 steal〕（名）野球で、盗塁《とうるい》。

**スチール**〔英 steel〕（名）はがね。鋼鉄《こうてつ》。

**スチール**〔英 still〕（名）映画の一場面を大きく焼きつけた宣伝用の写真。スチール写真。

**スチュワーデス**〔英 stewardess〕（名）旅客機の女性客室乗務員の旧称《きゅうしょう》。参考 現在は、男女ともに「客室乗務員」「キャビンアテンダント」「フライトアテンダント」などと呼ぶ。

**スチロール**〔ドイツ Styrol〕（名）《化》エチルベンゼンから作る無色の引火性液体。合成ゴムなどの原料になる。「発泡《はっぽう》—」

**すっ-**【素っ】（接頭）下にくる語の意味を強める。「—ぱだか」「—とんきょう」「—飛ばす」

**ずつ**〖◇宛〗（副助）（数や量を表すことばについて）❶同じ数量を割りあてる意を表す。「二個—取る」❷同じ数量をくり返す意を表す。「毎日二ページ—読む」「少し—与《あた》える」

**ずつう**【頭痛】（名）❶頭が痛むこと。頭の痛み。❷心配。なやみ。苦労。「—の種」

**スツール**〔英 stool〕（名）背もたれやひじかけのない小型のいす。

**すっからかん**（名・形動ダ）《俗語》すっかりなくなってしまうこと。特に、おかねがなくなってしまうこと。「事業に失敗して—になる」類 すってんてん・無一文《むいちもん》

**すっかり**（副）残すところなくある状態になっているようす。全部。みんな。まったく。「借金を—返す」「彼《かれ》は—おとなになった」

**すっきり**（副・自スル）さっぱりとして気分のよいようす。「頭が—（と）する」「—（と）したデザイン」

**ズック**〔オランダ doek〕（名）❶麻《あさ》や木綿《もめん》の糸で織った厚い布地。帆《ほ》・テント・リュックサック・運動靴《うんどうぐつ》などを作る。❷①で作った靴。

**すっくと**（副）（「すくと」の変化したもの）勢いよく立つようす。まっすぐに立つようす。「—立ち上がる」

**ずっこ・ける**〖ずっ◇転ける〗（自下一）{ケ・ケ・ケル・ケル・ケレ・ケロ(ケヨ)}《俗語》❶的はずれで間の抜《ぬ》けたことをする。「—・けた発言」❷拍子《ひょうし》抜けする。「デマだと知って—」

**ずっしり**（副）いかにも重そうに感じられるようす。ずしり。「—（と）重い金貨」

**すったもんだ**（名・自スル）《俗語》物事がもめて、なかなかまとまらないこと。「—のあげくに可決される」

**すってんてん**（名・形動ダ）《俗語》持っていた物やおかねがすっかりなくなること。「競馬《けいば》で—になる」類 すっからかん・無一文《むいちもん》

**すっと**（副）❶動作がすばやく行われるようす。「—席をたつ」❷わだかまりが消えて、気分がすっきりとよくなるようす。「胸が—する」

**ずっと**（副）❶ひじょうにかけはなれているようす。「こっちのほうが—大きい」「—前に聞いた話」類 はるか。❷長く続いているようす。「さっきから—考えている」❸ためらわずに進むようす。「奥《おく》へ—はいる」

**すっとんきょう**【素っ頓狂】（名・形動ダ）《俗語》ひどく場違《ばちが》いなことや調子はずれの言動を突然《とつぜん》するさま。また、その人。「—な声を出す」

**すっぱ・い**【酸っぱい】（形）{カロ・カツ(ク)・イ・イ・ケレ・○}酸味がある。酢《す》のような味がする。「このみかんは—」「口が—・くなるほど言う（＝同じことを何度も言う）」

**すっぱだか**【素っ裸】（名）❶衣服をまったく着けていないこと。まっぱだか。全裸《ぜんら》。❷財産がすっかりなくなったことのたとえ。

**すっぱぬ・く**【すっぱ抜く】〖×素っ破-抜く〗（他五）{カ(コ)・キ(イ)・ク・ク・ケ・ケ}《俗語》人の秘密にしていることなどをあばき、公表する。「不正行為《こうい》を—」

**すっぱり**（副）❶物を一気に断《た》ち切るようす。「鉈《なた》で—（と）切る」❷思いきりのよいようす。きっぱり。「恋人《こいびと》と—（と）別れる」

**すっぴん**【素っぴん】（名）《俗語》（女性が）化粧《けしょう》をしていないで素顔のままであること。また、その顔。

**すっぽか・す**（他五）{サ(ソ)・シ・ス・ス・セ・セ}《俗語》しなければならないことをしないままにしてほうっておく。「約束を—」

**すっぽり**（副）❶全体をつつみこむようにおおうようす。「コートで—（と）身を包《つつ》む」❷物がうまくはまったり、はずれたりするようす。「ボールがミットに—（と）おさまる」「指輪が—（と）ぬける」

**すっぽん**〖△鼈〗（名）《動》スッポン科の亀《かめ》。池や沼《ぬま》にすみ、甲羅《こうら》はやわらかい。よくかみつく。食用。

**すで**【素手】（名）何も持ったりつけたりしていない手。「—で立ち向かう」

**すていし**【捨て石】（名）❶庭のかざりとしてところどころに置いてある石。❷土木の基礎《きそ》工事で、水の勢いをゆるめるために水底に投げ入れる石。❸碁《ご》で、作戦として、取られることを承知でうつ石。❹今はむだなようにみえるが、あとで必ず役にたつと見こして行う物事。また、それをする人。「会社再生の—となる」

**スティック**〔英 stick〕（名）❶棒。棒状のもの。「リップ—」❷ホッケー・アイスホッケーなどで球を打つ棒。

**すていん**【捨て印】（名）証書などで、訂正《ていせい》の場合などに備えて欄外《らんがい》にあらかじめ押《お》しておく印。

**ステーキ**〔英 steak〕（名）厚めの肉を焼いた料理。特に、ビーフステーキをさすことが多い。

**ステージ**〔英 stage〕（名）❶舞台《ぶたい》。演壇《えんだん》。

「晴れの―」「―衣装《いしょう》」❷段階。❸自動車や自転車などのレースの、一区間・行程。

**ステーショナリー**〔英 stationery〕(名) 文房具《ぶんぼうぐ》。

**ステーション**〔英 station〕(名) ❶駅。停車場。❷一つの仕事を受け持つ場所。「サービス―」❸放送局。「キー―」

**ステータス**〔英 status〕(名) 社会的な地位や身分。「―シンボル」

**ステートメント**〔英 statement〕(名) 政府・政党・団体などが発表する声明や声明書。

**すてがね【捨て金】**(名) ❶使っても役にたたないおかね。むだな出費。むだがね。❷もうけや返金をあてにしないで貸すおかね。「―のつもりで貸す」

**すてき**〘×素敵〙(形動ダ) {ダロ・ダッ(デ・ニ)・ダ・ナ・ナラ・○} 心がひかれて、すばらしいと感じられるようす。「―な洋服」

**すてご【捨て子】**〘◇棄て子〙(名) 赤んぼうや幼児を置きざりにして捨てること。また、捨てられた子ども。

**すてぜりふ【捨てぜりふ】**〘捨て×台詞〙(名) ❶立ち去るとき言い捨てていく、おどかし・ののしりなどのことば。「―をはく」❷役者が舞台《ぶたい》で、その場に応じて思いつきで言う、脚本《きゃくほん》にはないせりふ。アドリブ。

**ステッカー**〔英 sticker〕(名) 宣伝用や目印などに使われる、のりのついた小形のはり紙。「―をはる」

**ステッキ**〔英 stick〕(名) つえ。棒。

**ステップ**〔英 step〕(名) ❶歩調。ダンスなどの足どり。「軽《かろ》やかな―」❷列車・バスなどの乗降口にあるふみ段。❸陸上競技の三段とびの二つ目の跳躍《ちょうやく》。❹物事をすすめる際の一つの段階。「つぎの―に移る」

**ステップ**〔英 steppe〕(名) 中央アジアやシベリアなど、雨の少ない地方に見られる大草原地帯。

**ステップ-アップ**〔英 step up〕(名・自スル) 一つ段階をあげて進歩すること。

**ステップ-バイ-ステップ**〔英 step by step〕(名) 物事を一つ一つ手順をふんでやること。

**すててこ**(名) ひざの下まである男性用のズボン下。

**すでに【既に】**〘△已に〙(副) ❶今となってはもはや。もう。「―手遅《ておく》れだ」❷前から。今までに。「―知られている事件」

**すてね【捨て値】**(名) 損をしてもよいと思ってつけた、捨てるも同然の安いねだん。「―で売りさばく」

**すてばち【捨て鉢】**(名・形動ダ) 希望を失い、どうなってもいいという気持ちになること。やけくそ。「―な態度」類やぶれかぶれ

**すてみ【捨て身】**(名) 死んでもかまわないというくらいの決意で、力いっぱいにやること。「―でぶつかる」

**す・てる【捨てる】**〘◇棄てる〙(他下一) {テ・テ・テル・テル・テレ・テロ(テヨ)} ❶いらないものとして投げ出す。「ごみを―」対拾《ひろ》う ❷かまわないでほうっておく。「―・てておけない問題」❸見かぎる。あきらめる。「試合を―」「夢を―」❹関係をたちきる。「故郷を―」「世を―」❺大切なものを投げ出す。犠牲《ぎせい》にする。「身を―覚悟《かくご》」

**捨てる神《かみ》あれば拾《ひろ》う神《かみ》あり** 見捨てる人があれば、一方では助けてくれる人もある。世間は広いのだからあまりくよくよすることはないということ。

**ステルス**〔英 stealth〕(名) 軍用機やミサイルなどをレーダーに探知されにくくすること。「―戦闘機《せんとうき》」

**ステレオ**〔英 stereo〕(名) 二つ以上のスピーカーを使って立体感のある音響《おんきょう》を出す装置。また、その放送。対モノラル

**ステレオタイプ**〔英 stereotype〕(名・形動ダ) 行動や考え方が型にはまって画一《かくいつ》的であること。紋《もん》切《き》り型。「―な発想」参考「ステロタイプ」ともいう。

**ステンド-グラス**〔英 stained glass〕(名) 色ガラスを組み合わせて、模様・風景などを表したガラス板。教会建築などに使われる。

**ステンレス**(名) 鉄とニッケル・クロムの合金。さびにくく建築・機械・食器など用途《ようと》が広い。▽英 stainless steel から。

**スト**(名)「ストライキ」の略。「交通―」

**ストア**〔英 store〕(名) 店。商店。「ドラッグ―」

**ストイック**〔英 stoic〕(形動ダ) {ダロ・ダッ(デ・ニ)・ダ・ナ・ナラ・○} 感情や欲をおさえるようす。禁欲的。「―な人」参考もと、ストア学派(ギリシャ哲学《てつがく》の一派)の哲学者の意。

**ストーカー**〔英 stalker〕(名) ある人に一方的な恋愛《れんあい》感情や関心を抱《いだ》き、しつこくつきまとう人。

**すどおし【素通し】**(名) ❶さえぎるものがなくて向こうがすっかり見えること。まるみえ。「―のガラス」「家の中が―だ」❷度のついていないめがね。

**ストーブ**〔英 stove〕(名) 石炭・石油・電気・ガス・まきなどを使って、室内をあたためる器具。

**ストーふじん**〔ストー夫人〕【人名】(一八一一―一八九六)アメリカの女性小説家。黒人奴隷《どれい》の生活をえがいた「アンクル=トムズ-ケビン」は、奴隷廃止《はいし》運動に大きな影響《えいきょう》を与《あた》えた。〔Harriet Beecher Stowe〕

**ストーム**〔英 storm〕(名) ❶嵐《あらし》。❷学生が寄宿舎《きしゅくしゃ》などで、深夜に大さわぎをすること。

**すどおり【素通り】**(名・自スル) 立ち寄らないで前を通り過ぎること。「店の前を―する」

**ストーリー**〔英 story〕(名) ❶物語。話。「サクセス―」「―テラー(=話のうまい人。筋立てのうまい作家)」❷小説・映画などの話のすじ。

**ストール**〔英 stole〕(名) 女性用の長い肩掛《かたか》け。

**ストッキング**〔英 stocking〕(名) 長い靴下《くつした》。特に、女性用のうすい長靴下。

**ストック**〔英 stock〕(名・他スル) 品物などをたくわえておくこと。また、その品物。「―が十分にある」

**ストック**〔ドイツ Stock〕(名) スキー・登山用のつえ。

**ストックホルム**〔Stockholm〕【地名】スウェーデンの首都。バルト海にのぞむ港町で、貿易・工業がさかん。

**ストップ**〔英 stop〕(名・自他スル) とまること。とめること。「―をかける」「エンジンが―する」

**ストップウオッチ**〔英 stopwatch〕(名) 競技などの所要時間を、秒以下の単位まで正確にはかるための時計。

**すどまり【素泊まり】**(名) 旅館に、食事をしないで寝《ね》るだけのために泊まること。「―料金」

**ストライカー**〔英 striker〕(名) サッカーで、シュートを成功させられる力の高い選手。「エース―」

**ストライキ**〔英 strike〕（名）❶労働者が、やとい主に対する要求を通すために仕事をいっせいに休むこと。同盟罷業《どうめいひぎょう》。スト。「—をうつ」❷学生が、要求のために団結して授業・試験を休むこと。同盟休校。

**ストライク**〔英 strike〕（名）❶野球で、投手の投げた球が本塁《ほんるい》上で、打者がふつうに打つことのできる決められた範《はん》囲《い》を通ること。また、その投球。空振《からぶ》りやファウルもストライクにとられる。[対]ボール。❷ボウリングで、一回目に投げたボールで全部のピンをたおすこと。

**ストライプ**〔英 stripe〕（名）しま模様。

**ストラップ**〔英 strap〕（名）洋服や下着の肩《かた》つりひも。また、かばんなどのつりひも。

**ストリート**〔英 street〕（名）通り。人や車の往来する町中の道路。街路《がいろ》。「メーン—」

**ストリート-チルドレン**〔英 street children〕（名）戦争・貧困・家庭崩壊《ほうかい》などのために住む家がなく、路上で生活せざるをえない子どもたち。

**ストリーミング**〔英 streaming〕（名）インターネット上で動画や音声などを視聴する際、データを受信しながら同時に再生する方式。「—放送」

**ストレート**〔英 straight〕**一**（形動）{ダロ・ダッ(デ・ニ)・ダ・ナ・ナラ・○}まっすぐなようす。直接的なようす。「—ヘア」「—に言う」**二**（名）❶続けざま。とぎれずに連続していること。「—勝ち」「—で医学部に合格する」❷野球で、直球。❸ボクシングで、腕《うで》をまっすぐにのばして相手を打つ打ち方。「—パンチ」❹洋酒などをうすめずにそのまま飲むこと。「ウイスキーを—で飲む」

**ストレス**〔英 stress〕（名）《医》肉体的・精神的な刺激《しげき》に対しておこる体内の防衛反応。一般《いっぱん》には、その刺激となる、精神的・肉体的な負担をもいう。「—がたまる」「—が多い」

**ストレッチ**〔英 stretch〕（名）❶競技場・競馬場などの直線コース。「ホーム—（=ゴール前の直線）」❷伸縮《しんしゅく》性のある布地。❸筋肉や関節をのばす体操。

**ストレプトマイシン**〔英 streptomycin〕（名）《医》抗生《こうせい》物質の一種。肺炎《はいえん》や結核《けっかく》などにきくが、難聴《なんちょう》などの副作用がみられる。ストマイ。

**ストロー**〔英 straw〕（名）❶麦わら。「—ハット（=麦わら帽子《ぼうし》）」❷ジュースなどの飲み物を吸うために使う、紙・プラスチック製の細長いくだ。[参考]②は、古くは麦わらを用いたことから。

**ストローク**〔英 stroke〕（名）❶テニスやゴルフで、ボールを打つこと。また、ゴルフでの打数。❷ボートで、オールのひとこぎ。❸水泳で、手のひとかき。

**ストロベリー**〔英 strawberry〕（名）いちご。

**ストロボ**〔英 strobo〕（名）写真をとるときに使う、瞬間《しゅんかん》的な強い光を放つ装置。（もと商標名）

**ストロンチウム**〔英 strontium〕（名）《化》常温で水を分解し、水素を発生する金属元素。核爆発《かくばくはつ》ち、人体に害をおよぼす。元素記号 Sr

**すな【砂】**（名）岩石が風化してできたきわめて細かいつぶ。また、その集まったもの。まさご。「—遊び」

**砂をかむよう** なんのおもしろみもなく、あじけないことのたとえ。「—な毎日」

**すなあらし【砂嵐】**（名）砂漠《さばく》などで吹《ふ》く、砂をたくさんふくんだ強い風。

**すなお【素直】**（形動ダ）{ダロ・ダッ(デ・ニ)・ダ・ナ・ナラ・○}❶ひねくれたところがなく純真なようす。さからわないようす。「—な性質」❷物の形や内容・技芸などに、くせがないようす。「—な文章」

**すなけむり【砂煙】**（名）風などによって舞《ま》い上がる砂が煙のように見えるもの。「—があがる」

**すなご【砂子】**（名）❶すな。まさご。❷ふすま紙や蒔絵《まきえ》などに吹《ふ》きつける金銀の粉。

**すなじ【砂地】**（名）砂ばかりの土地。砂の多い土地。すなち。「—で育つ植物」

**スナック**〔英 snack〕（名）❶軽い食事。❷軽い食事や酒などを出す店。スナックバー。❸（「スナック菓子《がし》」の略）ポテトチップなどの手軽に食べられる食品。

**スナップ**〔英 snap〕（名）❶洋服などの合わせ目をとめるための、凹《おう》と凸《とつ》の形をした金具。[類]ホック。❷野球の投球などで、手くびの力をきかせること。❸「スナップショット」の略。「—写真」

**スナップショット**〔英 snapshot〕（名）手早く写す写真。早撮《はやど》り写真。

**すなどけい【砂◦時計】**（名）時計の一種。小穴から砂を少しずつ落とし、その量で時を知るしかけのもの。

（すなどけい）

**すなど・る**『◇漁る』（他五）{ラ(ロ)・リ(ッ)・ル・ル・レ・レ}貝や魚をとる。漁《りょう》をする。「魚を—」

**すなば【砂場】**（名）子どもの遊び場として、砂を入れて囲った場所。「—で遊ぶ」

**すなはま【砂浜】**（名）砂地の浜辺《はまべ》。

**すなはら【砂原】**（名）広く平らな砂地。

**すなぶろ【砂風呂】**（名）温泉場などで、熱い砂にからだをうめてあたためる設備。砂湯。

**すなぼこり【砂ぼこり】**『砂△埃』（名）風のために吹《ふ》きあがる細かい砂やほこり。砂塵《さじん》。

**すなやま【砂山】**（名）砂がつもってできた小さい山。[類]砂丘《さきゅう》

**すなわち**『◇即ち・◇則ち・△乃ち』（接）❶言いかえれば。とりもなおさず。「日本人—我々は」❷（「…すれば」を受けて）そういうときにはいつも。「戦えば—勝つ」❸そこで。そして。「—ここで引き返した」[参考]ふつう、①は「即ち」、②は「則ち」、③は「乃ち」と書く。

**ずに**（動詞の未然形について）…ないで。…ず。「宿題をやらず—寝《ね》る」[文法]打ち消しの助動詞「ぬ」の連用形「ず」に格助詞「に」のついたもの。

**スニーカー**〔英 sneaker〕（名）底がゴムでできた運動靴《うんどうぐつ》。

**ずぬ・ける**『図抜ける・頭抜ける』（自下一）{ケル・ケル・ケレ・ケロ(ケヨ)}たいそうすぐれる。とびぬける。ずばぬける。「成績が—・けている」「—・けて背が高い」

**すね**『△臑・△脛』（名）ひざからくるぶしまでの部分。多くその前面をいう。はぎ。「倒木《とうぼく》に—をぶつける」

**すねに傷《きず》を持《も》つ** やましいことがある。人にかくしたい前歴がある。「—身」

**すねをかじる** まだ自分で独立した生活ができず、親などの世話になる。「親の—」

**すねあて【すね当て】**〖△臑当て・△脛当て〗(名) ❶すねを保護するためにつける道具。野球のキャッチャーやホッケーのゴールキーパーなどが用いる。❷鎧《よろい》の付属具の一つで、鉄や革で作った、すねを守るための武具。

**すねかじり**〖△臑△齧り〗(名) 親などから生活費や学費をもらって生活すること。また、その人。すねっかじり。「―の身」

**すねもの【すね者】**〖△拗ね者〗(名) ❶心がひねくれている人。❷世をすねて暮らしている人。

**す・ねる**〖△拗ねる〗(自下一) {ネ・ネ・ネル・ネル・ネレ・ネロ(ネヨ)} すなおに従わないでわざと逆らった態度をとる。だだをこねたりぐずぐずしたりして従わない。「世を―」「よく―子ども」

**ずのう【頭脳】**(名) 人間の脳。知力や判断力などの頭のはたらき。また、その力のすぐれた人。「―明晰《めいせき》」「すぐれた―の持ち主」

**ずのうろうどう【頭脳労働】**(名) おもに知力や思考力をつかってする仕事。類精神労働。対肉体労働

**スノーボード**〔英 snowboard〕(名) 幅《はば》の広い一枚の板に左右の足を前後に固定して、雪の上をすべるスポーツ。また、その板。

**スノーモービル**〔英 snowmobile〕(名) 小型エンジンがついた雪上用そり。前部のスキーで方向を定め、後部のキャタピラで進む。

**すのこ**〖△簀の子〗(名) ❶細い竹を横にならべて編んだもの。❷木・竹などのうす板を少しずつ間をおいて打ちつけた台、または縁《えん》。⇩下段〈図〉

**すのもの【酢の物】**(名) 貝・魚肉・野菜などを酢で味つけした料理。「たこの―」

(スノーボード)

(スノーモービル)

**スパ**〔英 spa〕(名) 温泉。鉱泉。また、それを中心とした総合保養施設《しせつ》。「―リゾート」

**スパーク**〔英 spark〕(名・自スル) 放電して火花がとぶこと。また、その火花。「電線が―する」

**スパート**〔英 spurt〕(名・自スル) 競走・競泳などで、ある地点から全速力を出すこと。「ラストーをかける」

**スパイ**〔英 spy〕(名・他スル) こっそりと敵のようすをさぐること。また、その人。間諜《かんちょう》。密偵《みってい》。「―をはたらく」「産業―」

**スパイク**〔英 spike〕■一(名) 陸上競技や野球などに使う、底に金属製のつめをつけた靴《くつ》。また、そのつめ。■二(名・他スル) ❶競技中に、㊀のつめで人を傷つけること。「走者に―される」❷バレーボールで、ジャンプして相手のコートにボールをたたきつけること。「―を打つ」

**スパイス**〔英 spice〕(名) 料理の味をひきたてるために使う香《かお》りの強い調味料。香辛料《こうしんりょう》。こしょう、シナモンなど種類が多い。

**スパイラル**〔英 spiral〕(名) ❶らせん。らせん形。❷(物価・収益・賃金などの)連鎖的《れんさてき》な変動や悪循環《あくじゅんかん》。「デフレ―」❸フィギュアスケートで、片足を上げ、らせんをえがいて滑《すべ》ること。

**スパゲッティ**〔イタリア spaghetti〕(名) パスタの一種。小麦粉を原料にした細長く穴のないめん。

**すばこ【巣箱】**(名) みつばちや鳥類が巣を作ったり卵をうんだりしやすいように人間が作った小箱。

**すばしこ・い**(形) {カロ・カッ(ク)・イ・イ・ケレ・○} 動作などがすばやいようす。すばしっこい。「―・く動きまわる」

**すばしっこ・い**(形) {カロ・カッ(ク)・イ・イ・ケレ・○} →すばしこい

**すぱすぱ**(副) ❶ものを鋭《するど》い刃物《はもの》で勢いよくつぎつぎに切るようす。「木の枝を―(と)切り落とす」❷たばこをせわしなく吸うようす。「たばこを―(と)すう」

**ずばずば**(副) 遠慮《えんりょ》なく、また手かげんしないで、どんどん言うようす。「欠点を―(と)指摘《してき》する」

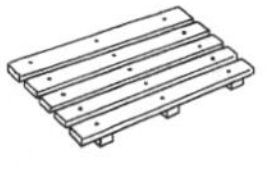
(すのこ②)

**すはだ【素肌】**〖素◇膚〗(名) ❶化粧《けしょう》をしていない肌。❷下着を着ていない肌。「―にゆかたを着る」

**スパッツ**〔英 spats〕(名) ❶伸縮《しんしゅく》性のある布でつくった、下半身に密着する長いパンツ。❷登山などで、よごれをふせぐために、長ズボンの裾《すそ》から靴《くつ》のあたりにつけるおおい。

**スパナ**〔英 spanner〕(名) ボルトやナットを回してしめたり取りはずしたりするのに使う工具。

**ずばぬ・ける【ずば抜ける】**(自下一) {ケ・ケ・ケル・ケル・ケレ・ケロ(ケヨ)} ふつうよりもはるかにすぐれている。抜群《ばつぐん》である。「―・けた成績」

(スパナ)

**すばや・い【素早い】**(形) {カロ・カッ(ク)・イ・イ・ケレ・○} 動作や反応がひじょうにはやい。すばしこい。「動きが―」

**すばらし・い【素晴らしい】**(形) {カロ・カッ(ク)・イ・イ・ケレ・○} ❶ひじょうにりっぱである。たいへんすぐれている。「―作品」❷程度がはなはだしい。「―・く速い飛行機」

**ずばり**(副) ❶急所を正確について言うようす。言いあてるようす。「そのもの―」「―言う」「痛いところを―とつく」❷勢いよく切るようす。「―と切り落とす」

**すばる**〖△昴〗(名)《天》おうし座にあるプレアデス星団の和名。肉眼で六つの星が見える。六連星《むつらぼし》。

**スパルタ**〔Sparta〕(名)《歴》古代ギリシャに栄えた都市国家。国を強くするため、若者にきびしい教育をしたことで有名。「―式(=きびしくきたえる教育や訓練のやり方)」「―教育(=スパルタ式で行われる教育)」

**スパン**〔英 span〕(名) ❶時間的な間隔《かんかく》。期間。「五年の―で考える」❷支柱と支柱との距離《きょり》。

**ずはん【図版】**(名) 書物の中に印刷された図。

**スパンコール**〔英 spangle〕(名) 光を受けてきらきら輝《かがや》く、金属・プラスチック製の薄《うす》い小片《しょうへん》。ドレスや衣装《いしょう》などに縫《ぬ》いつけて装飾《そうしょく》とする。

**スピーカー**〔英 speaker〕(名) ❶ラジオ・テレビ・ステレオなどで、電気信号を音に変えて出力する装置。❷拡声器。ラウドスピーカー。

**スピーチ**〔英 speech〕(名) 宴会《えんかい》や会議などで、大

勢を前にしてする話。「テーブル―」

**スピーディー**〔英 speedy〕（形動ダ）{ダロ・ダッ(デ・ニ)・ダ・ナ・ナラ・○} 物事が手際《てぎわ》よく行われるようす。動きが早いようす。「問題を―に解決する」

**スピード**〔英 speed〕（名）❶速力。速度。「―メーター」❷速度が速いこと。「―ボール」

**スピッツ**〔ドイツ Spitz〕（名）〘動〙犬の一品種。ふつうは白色で、毛が長く小形。愛玩《あいがん》用。

**ずひょう【図表】**（名）数量や割合を直線・曲線・数字などで図に表したもの。グラフ。「―で説明する」

**スピリチュアル**〔英 spiritual〕（形動ダ）{ダロ・ダッ(デ・ニ)・ダ・ナ・ナラ・○} 精神的であるようす。霊的《れいてき》。宗教的。「―な体験」

**スピリット**〔英 spirit〕（名）精神。たましい。

**スピン**〔英 spin〕（名・自スル）回転すること。旋回《せんかい》。ボール・飛行機・車などの動きや、ダンス、フィギュアスケートなどにいう。「カーブで車が―した」

**スピンオフ**〔英 spin-off〕（名）❶会社の一部門を分社化すること。❷ドラマや映画などで、登場人物や設定をいかして作る続編。番外編。

**スフ**（名）化学繊維《せんい》のくずから作った繊維。綿・羊毛の代用品。▽英 staple fiber から。

**ずふ【図譜】**（名）同類のものの図を集め分類して説明をつけた本。「鳥類―」「植物―」

**ずぶ**（副）まったく。まるっきり。「―のしろうと」
使い方〉「ずぶの」の形で用いる。

**スフィンクス**〔英 Sphinx〕（名）❶ギリシャ神話の怪物《かいぶつ》。顔は女で、羽をもつ。通行人になぞをかけ、とけないと殺したという。❷人の顔にライオンのからだをもつ石像。古代エジプトなどで王宮・神殿《しんでん》・墓の入り口に置かれた。

（スフィンクス②）

**スプーン**〔英 spoon〕（名）さじ。

**ずぶと・い【図太い】**（形）{カロ・カッ(ク)・イ・イ・ケレ・○} 少々のことではびくともしない。また、ずうずうしい。「神経が―」

**ずぶぬれ【ずぶ△濡れ】**（名）ひどくぬれること。びしょぬれ。「にわか雨で―になる」

**すぶり【素振り】**（名）竹刀《しない》・バット・ラケットなどを振《ふ》って練習すること。「木刀の―をする」注意「そぶり」と読むと別の意味になる。

**スプリング**〔英 spring〕（名）❶ばね。❷春。「―セール」❸（「スプリングコート」の略）春や秋に着る、うすい外套《がいとう》。あいオーバー。

**スプリングボード**〔英 springboard〕（名）❶体操競技などの踏《ふ》み切り板。また、水泳の飛び込《こ》み板。❷ある行動を起こすためのきっかけ。契機《けいき》。

**スプリンクラー**〔英 sprinkler〕（名）❶畑や庭などに水をまく装置。❷天井《てんじょう》などにとりつけ、火事のときに自動的に水がまかれるようにした消火装置。

**スプリンター**〔英 sprinter〕（名）短距離《たんきょり》走者。また、短距離泳者。

**スプリント**〔英 sprint〕（名）❶短い距離《きょり》を全力で走ったり泳いだりすること。❷陸上・水泳・スケートなどの短距離レース。

**スプレー**〔英 spray〕（名）液体を霧《きり》状にして吹《ふ》きつける道具。噴霧器《ふんむき》。「ヘアー―」

**すべ【◇術】**（名）方法。しかた。手段。「なす―を知らない（＝どうしてよいかわからない）」

**スペア**〔英 spare〕（名）❶予備。予備品。「―タイヤ」❷ボウリングで、二回目に投げたボールで残っている全部のピンをたおすこと。

**スペアリブ**〔英 spareribs〕（名）豚《ぶた》の骨つきばら肉。また、それを調理したもの。

**スペイン**〔Spain〕〔地名〕ヨーロッパ南西部イベリア半島にある立憲君主国。イスパニア。首都はマドリード。

**スペース**〔英 space〕（名）空間。あいている所。「収納―」

**スペース-シャトル**〔英 space shuttle〕（名）アメリカで開発され、一九八一年から二〇一一年まで地球と宇宙空間を往復した有人宇宙船。シャトル。

**スペード**〔英 spade〕（名）トランプのふだの印の名。黒の♠の形。

**すべからく【◇須らく】**（副）当然。ぜひとも。「―努力すべし」使い方〉多く、あとに「べし」がくる。

**スペクタクル**〔英 spectacle〕（名）映画や演劇で、大じかけで壮大《そうだい》な場面。「一大―」

**スペクトル**〔フランス spectre〕（名）〘物〙光がプリズムを通って分解されたとき、波長のちがいによってできる色のおび。虹《にじ》状にならぶ。

**スペシャリスト**〔英 specialist〕（名）専門家。ある分野に関してすぐれた能力をもつ人。

**スペシャル**〔英 special〕（名・形動ダ）特別。特製。「―ランチ」「―ルーム」「―料金」

**すべすべ**（副・自スル）ものの表面の手ざわりがなめらかなようす。「―した肌《はだ》」

**スペック**（名）（英 specification の略）機械などの規模・構造・性能をまとめたもの。仕様。「ハイ―」

**すべて【全て】【◇凡て・◇総て】**❶（名）あるものの全部。みんな。「あり金《がね》の―をつかい果たす」
❷（副）ことごとく。なにもかも。「―完了《かんりょう》する」

**全ての道《みち》はローマに通《つう》じる**（ローマ帝国《ていこく》時代、世界各地の道がすべてローマに通じていたことから）やりかたはちがっていても同じ目的にいきつくこと、また、一つの真理があらゆることにあてはまるということのたとえ。

**すべりこ・む【滑り込む】**（自五）{マ(モ)・ミ(ン)・ム・ム・メ・メ} ❶すべって、またはすべるようにして中にはいる。「列車がホームに―」❷時間すれすれにその場に行く。「試験開始まぎわに―」❸野球で、走者がすべって塁《るい》にはいる。

**すべりだい【滑り台】**（名）公園などにある、高いところから斜面《しゃめん》をすべりおりて遊ぶ台。

**すべりだし【滑り出し】**（名）（すべりはじめの意から）物事のはじめ。出だし。「順調な―」

**すべりどめ【滑り止め】**（名）❶すべるのを防ぐこと。また、そのためのもの。「―に砂をまく」❷入学試験で、志望の学校に不合格になったときのために別の学校を受験すること。また、その学校。

**スペリング**〔英 spelling〕（名）欧米《おうべい》語の文字のつ

づり方。単語のつづり。スペル。

**す・べ・る【滑る】**（自五）｛ラ(ロ)・リ(ッ)・ル・ル・レ・レ｝❶物の面の上をなめらかに動く。「戸がよく―」「スキーで―」❷足もとがつるつるして、不安定になる。「足が―」❸つかもうとしたものがすりぬける。「手が―」❹余計なことを思わず言ったり書いたりする。「口が―」「筆が―」❺《俗語》落第する。不合格になる。「試験に―」

**す・べる【統べる】**〖◇総べる〗（他下一）｛ベ・ベ・ベル・ベル・ベレ・ベロ(ベヨ)｝❶多くのものを一つにまとめる。「作品を―根本の思想」❷治める。支配する。「国を―」

**スペル**〔英 spell〕（名）↓スペリング

**スポイト**〔オランダ spuit〕（名）インク・薬液などの液体をすい上げてほかの入れものに移すのに使う、片方のはしにゴムなどのふくろのついた管《くだ》。

**スポーク**〔英 spoke〕（名）自転車などの車輪の車軸《しゃじく》と輪とをつなぐ細長い針金状の棒。輻《や》。

（スポーク）

**スポークスマン**〔英 spokesman〕（名）政府や団体の、報道機関への発表を担当する人。

**スポーツ**〔英 sports〕（名）球技・陸上・水泳など、競技や楽しみのために行う運動。「―選手」

**スポーツのひ【スポーツの日】**（名）国民の祝日の一つで、スポーツを楽しみ、他者を尊重する精神をつちかうための日。一〇月の第二月曜日。二〇二〇（令和二）年に「体育の日」から改称《かいしょう》。▽スポーツは、英 sports

**スポーツマン**〔英 sportsman〕（名）スポーツを好んでする人。また、運動選手。

**スポーツマンシップ**〔英 sportsmanship〕（名）正々堂々と競技しようとする態度・精神。「―にのっとる」

**スポーティー**〔英 sporty〕（形動ダ）｛ダロ・ダッ(デ・ニ)・ダ・ナ・ナラ・〇｝軽快なようす。活動的なようす。「―な服装」

**ずぼし【図星】**（名）目あてのところ。表面に出ていない、最もかんじんなところ。「―をさす」

**スポット**〔英 spot〕（名）❶場所。地点。「観光―」❷ラジオやテレビなどで、番組の間に放送する短いニュースや広告。❸「スポットライト」の略。「―をあてる」❹空港で、飛行機に乗客が乗りおりする地点。

**スポットライト**〔英 spotlight〕（名）舞台《ぶたい》の一部の人・物を特に明るく照らす照明。「―を浴びる」

**すぼま・る**〖△窄まる〗（自五）｛ラ(ロ)・リ(ッ)・ル・ル・レ・レ｝すぼんだ状態になる。先が細くなる。すぼむ。

**すぼ・む**〖△窄む〗（自五）｛マ(モ)・ミ(ン)・ム・ム・メ・メ｝❶先のほうがしだいに細くなる。「すその―・んだズボン」❷ふくらんだり開いたりしていたものがちぢむ。しぼむ。「花が―」❸勢いがおとろえる。「気勢が―」

**すぼ・める**〖△窄める〗（他下一）｛メ・メ・メル・メル・メレ・メロ(メヨ)｝広がっていたものやからだを小さくする。つぼめる。「肩《かた》を―」

**ずぼら**（名・形動ダ）《俗語》だらしのないこと。「―な性格」「―で困る」

**ズボン**〔フランス jupon〕（名）洋服の腰《こし》から下にはく、ふたまたになった衣服。

**スポンサー**〔英 sponsor〕（名）❶民間放送で、番組の提供者。広告主。❷おかねを出して援助《えんじょ》してくれる人。後援者。パトロン。

**スポンジ**〔英 sponge〕（名）❶海綿《かいめん》。❷①を模してゴムやプラスチックで作ったもの。クッションに入れたり、食器・からだを洗ったりするのに用いる。

**ズボンした【ズボン下】**（名）ズボンの下にはく下着。▽ズボンは、フランス jupon

**ズボンつり**〖ズボン△吊り〗（名）ズボンが下がらないように肩《かた》にかけてズボンをつっておくもの。サスペンダー。▽ズボンは、フランス jupon

**スマート**〔英 smart〕（形動ダ）｛ダロ・ダッ(デ・ニ)・ダ・ナ・ナラ・〇｝❶あかぬけて感じがよいようす。「―に着こなす」❷からだがすらりとしていてかっこうのよいようす。「―な体形」

**スマートフォン**〔英 smartphone〕（名）パソコンに近い機能を備えた高機能な携帯《けいたい》電話。多く、タッチパネルで操作するものをいう。スマホ。

**すまい【住まい】**（名）住む所。家。住所。

**スマイル**〔英 smile〕（名）微笑《びしょう》。ほほえみ。

**すま・う【住まう】**（自五）｛ワ(オ)・イ(ッ)・ウ・ウ・エ・エ｝住んでいる。住む。「郊外《こうがい》に―」

**すまし【澄まし】**（名）❶にごりをなくすこと。洗い清めること。❷（「すまし汁《じる》」の略）塩・しょうゆでうすく味をつけた吸い物。おすまし。❸気どること。「―顔」参考②は「清まし」とも書く。

**すま・す【済ます】**（他五）｛サ(ソ)・シ・ス・ス・セ・セ｝❶物事をなしとげる。終える。「宿題を―」❷それでよいことにする。まにあわせる。「残り物で―」「冗談《じょうだん》では―・されない」❸（動詞の連用形について）すっかり…になりきる。「客になり―」

**すま・す【澄ます】**〖◇清ます〗｛サ(ソ)・シ・ス・ス・セ・セ｝[一]（他五）❶水などのにごりをなくする。「にごり水を―」❷心を集中させる。一心に…する。「耳を―」❸（動詞の連用形について）完全に…する。また、すっかり…する。「刀を研《と》ぎ―」[二]（自五）まじめな顔をする。また、なんでもないという顔をする。「つんと―」「―・して冗談《じょうだん》を言う」

**すま・せる【済ませる】**（他下一）｛セ・セ・セル・セル・セレ・セロ(セヨ)｝↓すます（済ます）

**スマッシュ**〔英 smash〕（名・他スル）テニスやバドミントンなどで、相手のコートに球を強く打ちこむこと。

**すまない**〖済まない〗申しわけがない。おわびの言いようがない。「―という気持ちになる」文法動詞「済む」の未然形に打ち消しの助動詞「ない」のついたもの。

**すみ【炭】**（名）❶木が焼けて黒く残ったもの。❷木をむし焼きにして作った燃料。木炭。「―を焼く」

**すみ【隅】**〖◇角〗（名）物や場所の、中心からはなれた角や端《はし》の部分。「―から―まで」「廊下《ろうか》の―」

**隅に置《お》けない** 思いのほか、才能や知識、また経験などがあって、ばかにできない。「彼《かれ》もなかなか―」

**すみ【墨】**（名）❶すすをにかわでねり、香料《こうりょう》などを入れてかためたもの。また、それを水の入ったすずりですってつ

くる黒い汁《しる》。「—をする」❷いか・たこがはき出す黒い汁。「—をはく」❸すす。「なべ底《ぞこ》の—」

**-ずみ**【済み】(接尾)そのことがすんだこと、終わったことを表す。「売約—」

**すみえ**【墨絵】(名)墨だけで濃淡《のうたん》をつけてかいた絵。水墨画《すいぼくが》。

**すみか**【住みか】〖住み◇処〗(名)住んでいる所。すまい。「山賊《さんぞく》の—」「終《つい》の—」使い方 多く、よくないものの住む所や、世間からかくれて住む所にいう。

**すみがま**【炭窯】〖炭△竈〗(名)なま木をむし焼きにして炭を作るかまど。炭焼きがま。

**すみき・る**【澄み切る】(自五){ラ(ロ)・リ(ッ)・ル・ル・レ・レ}少しのにごりもなく澄む。「—・った秋の空」「—・った心境」

**すみごこち**【住み○心地】(名)住んで感じる気持ち。「こんどの家は—がいい」

**すみこみ**【住み込み】(名)雇《やと》われた人が、働き先である主人の家や職場に住んで仕事をすること。また、その人。「—で働く」対通《かよ》い

**すみずみ**【隅隅】(名)❶あちこちの隅。あらゆる隅。「部屋の—まできれいにする」❷すべての方面。「—まで気を配《くば》る」

**すみぞめ**【墨染め】(名)❶黒く染めること。❷僧《そう》の黒い衣《ころも》。「—の衣」

**すみだがわ**【隅田川】〔作品名〕室町《むろまち》時代前期の能の曲名。観世元雅《かんぜもとまさ》の作。ひとり子を人買いにさらわれた母親が、ゆくえをたずねて京都から東国にくだり、隅田川のほとりで子の亡霊《ぼうれい》にあうというすじ。

**すみつ・く**【住み着く】(自五){カ(コ)・キ(イ)・ク・ク・ケ・ケ}そこを住居と定めて落ち着く。定住する。「ここに—・いて一〇年になる」「床下《ゆかした》に猫《ねこ》が—」

**すみっこ**【隅っこ】(名)《俗語》端《はし》のほう。すみ。

**すみつぼ**【炭つぼ】〖炭△壺〗(名)火のついた炭を入れて、ふたをして火を消すつぼ。火消しつぼ。

**すみつぼ**【墨つぼ】〖墨△壺〗(名)❶墨汁《ぼくじゅう》を入れるつぼ。墨入れ。❷木材などの表面に直線を引くのに使う道具。糸くり車からくり出した糸を、墨汁をしみこませた綿の中を通し、その糸をぴんと張って指ではじいて線をつける。

(墨つぼ②)

**すみな・れる**【住み慣れる】(自下一){レ・レ・レル・レル・レレ・レロ(レヨ)}長く住んで、その家や土地に慣れる。「—・れた町」

**すみび**【炭火】(名)木炭でおこした火。

**すみません**〖済みません〗(感)❶人にあやまるときのことば。「遅《おく》れて—」❷人に礼を言うときのことば。「親切にしていただいて—」❸人にものをたずねたり、頼《たの》んだりするときのあいさつのことば。「—。そこのペンをとってください」参考「すまない」の丁寧《ていねい》な言い方。くだけた言い方で「すいません」ともいう。

**すみやか**【速やか】(形動ダ){ダロ・ダッ(デ・ニ)・ダ・ナ・ナラ・○}動作などが時を置かずすばやいようす。「—に処理する」

**すみやき**【炭焼き】(名)❶窯《かま》で木をむし焼きにして炭をつくること。また、それを仕事にしている人。「—小屋」❷肉・魚などを炭火で焼くこと。また、その料理。炭火焼き。

**すみれ**〖△菫〗(名)〖植〗❶スミレ科の多年草。各地の野や道ばたに自生。春のはじめに小さな紫《むらさき》色の花をつける。❷スミレ科スミレ属の多年草の総称《そうしょう》。

**すみわた・る**【澄み渡る】(自五){ラ(ロ)・リ(ッ)・ル・ル・レ・レ}空などが一面に澄んでくもりがない。「—・った秋空」

**す・む**【住む】〖△棲む〗(自五){マ(モ)・ミ(ン)・ム・ム・メ・メ}❶いどころを決めて暮らす。「故郷の町に—」❷動物が巣などを作って生活する。「瀬《せ》に—魚」参考 多く、①は「住む」、②は「棲む」と書かれる。

**す・む**【済む】(自五){マ(モ)・ミ(ン)・ム・ム・メ・メ}❶物事が終わる。完了する。「用事が—」「食事が—」❷その場はそれで解決する。その場の用が足りる。「金を払《はら》わずに—」「ぬれずに—」「勘違《かんちが》いでは—・まない話」❸(「気が済む」などの形で)気持ちのうえで満足する。納得《なっとく》がいく。「気が—までやり直す」

**す・む**【澄む】(自五){マ(モ)・ミ(ン)・ム・ム・メ・メ}❶にごりやくもりがなく、すきとおる。「—・んだ目」「—・んだ水」❷声や音などがさえる。「—・んだ鐘《かね》の音《ね》」❸雑念などがなくなり心がしずまる。「—・んだ心境」❹清音として発音する。(対濁《にご》る)

**スムーズ**〔英 smooth〕(形動ダ){ダロ・ダッ(デ・ニ)・ダ・ナ・ナラ・○}物事がなめらかにすすむようす。スムース。「—に事が運ぶ」

**すめばみやこ**【住めば都】どんな所でも、住みなれればその土地がよくなってくるものだ。

**すめらぎ**〔天皇〕(名)古語 天皇《てんのう》。すべらぎ。

**すめん**【素面】(名)❶剣道《けんどう》で、面をかぶらないこと。❷酒を飲んでいないときの顔。しらふ。

**ずめん**【図面】(名)建物・機械などの、構造・つくりを図にかいたもの。設計図。「—をひく」

**すもう**【○相撲】〖×角力〗(名)❶土俵内で二人が取り組んで、相手をたおすか土俵外に出すかして勝負を争う競技。「—を取る」❷(「すもうとり」の略)すもうを取る職業の人。力士。「お—さん」

**スモッグ**〔英 smog〕(名)工場や暖房《だんぼう》などの煙《けむり》や車の排気《はいき》ガスが空にたちこめ、霧《きり》のようになったもの。煙霧《えんむ》。「光化学—」

**すもも**〖△李〗(名)〖植〗バラ科の落葉小高木。果樹として栽培《さいばい》。春、白い花が咲《さ》く。果実は赤黄色の球形で、あまずっぱい。

**スモンびょう**【スモン病】(名)〖医〗整腸剤《ざい》のキノホルムの服用が原因とされる病気。腹痛や下痢《げり》に始まり、足のまひや視力障害をおこす。参考「スモン(SMON)」は、subacute myelo-optico-neuropathy の頭文字をとったもの。

**すやき**【素焼き】(名)陶磁《とうじ》器を、うわぐすりをかけずに低い熱で焼くこと。また、そうして焼いたうつわ。「—の鉢《はち》」

**すやすや**(副)気持ちよさそうに眠《ねむ》っているようす。「赤ちゃんが—(と)眠っている」

**すら**(副助)一つの例をあげてほかの事をおしはからせる。…でさえ。…でも。…まで。「名前—書けない」

**スラー**〔英 slur〕(名)〖音〗高さの異なる二つ以上の音をなめらかに演奏するように指示する記号。

**スライス**〔英 slice〕━(名・他スル)❶薄《うす》く切るこ

と。また、薄く切ったもの。「玉ねぎを―する」❷テニス・卓球《たっきゅう》で、球の下側を擦《す》るように打って逆回転をかけること。㊁（名・自スル）ゴルフで、打球が利《き》き腕《うで》の方向にそれて飛ぶこと。㊉フック

**スライディング**〔英 sliding〕（名・自スル）❶すべること。❷野球で、走者が塁《るい》にすべり込《こ》むこと。

**スライド**〔英 slide〕㊀（名・自他スル）❶すべること。すべらせること。❷ある数量を他の数量の変化にあわせて増減すること。「物価に―する賃金」㊁（名）❶幻灯《げんとう》。また、幻灯のフィルム。❷顕微鏡《けんびきょう》で見る物をのせるガラス板。スライドグラス。

**ずらか・る**（自五）{ラ(ロ)・リ(ッ)・ル・ル・レ・レ}《俗語》人に気づかれないようににげる。にげて姿をかくす。「現場から―」

**ずら・す**（他五）{サ(ソ)・シ・ス・ス・セ・セ}❶物をすべらせるようにして少し位置を動かす。「机を―」❷決まっている日時・日程などを動かす。「予定日を―」

**すらすら**（副）物事がとどこおりなくなめらかに運ぶようす。「―（と）答える」

**スラックス**〔英 slacks〕（名）ズボン。

**スラッシュ**〔英 slash〕（名）文や語を区切るために用いるななめの線。「／」。

**スラム**〔英 slum〕（名）大都市で貧しい人びとがたくさん集まって住んでいる区域。貧民窟《ひんみんくつ》。「―街」

**ずらり**（副）多くの人や物が並ぶようす。「名画が―と並ぶ展覧会」

**すらりと**（副）❶すらすらと。また、刀などをすべるように抜《ぬ》くようす。「―刀を抜く」❷ほっそりして、かっこうがいいようす。「―した美人」

**スラング**〔英 slang〕（名）❶俗語《ぞくご》。❷ある仲間うちだけで通用する特殊《とくしゅ》なことば。隠語《いんご》。

**スランプ**〔英 slump〕（名）一時的に調子が悪くてうまくいかない状態。不振《ふしん》。「―におちいる」

**すり**【刷り】（名）印刷すること。また、そのできばえ。「―が悪い」

**すり**〖×掏摸〗（名）気づかれないように人の持ち物をぬき取ること。また、ぬき取る人。「―の常習犯」

**すりあし**【すり足】〖△摺り足〗（名）地面や床《ゆか》に足の裏をするように静かに歩くこと。「―でしのびよる」

**すりあわ・せる**【擦り合わせる】〖△摺り合わせる〗（他下一）{セ・セ・セル・セル・セレ・セロ(セヨ)}❶物と物とを合わせてこする。「手を―・せて頼《たの》む」❷たがいの意見や情報をつき合わせて調整する。「条件を―」

**すりえ**【すり餌】〖△擂り餌〗（名）魚粉・ぬか・野菜などをすりつぶした小鳥のえさ。

**ずりお・ちる**【ずり落ちる】（自上一）{チ・チ・チル・チル・チレ・チロ(チヨ)}ずれて落ちる。ずれて下がる。「めがねが―」

**すりか・える**【すり替える】〖△掏り替える〗（他下一）{エ・エ・エル・エル・エレ・エロ(エヨ)}人に気づかれないようにそっと取りかえる。「にせものと―」

**すりガラス**〖◇磨り×硝子〗（名）金剛砂《こんごうしゃ》などで表面をすり、不透明《ふとうめい》にしたガラス。くもりガラス。▽ガラスは、オランダ glas

**すりきず**【擦り傷】（名）何かですってできた、ひふや物の表面の傷。

**すりきり**【すり切り】〖△摺り切り〗（名）粒状《つぶじょう》や粉状のものを、ます・さじなどのふちと同じ高さで平らにならすこと。「―三杯《ばい》」

**すりき・れる**【擦り切れる】（自下一）{レ・レ・レル・レル・レレ・レロ(レヨ)}こすれて、物が切れる。「ズボンのすそが―」

**すりこぎ**【すりこ木】〖△擂り粉木〗（名）すり鉢《ばち》で物をすりつぶすときに使う棒。

**すりこみ**【刷り込み】（名）鳥類に多く見られる学習行動で、生まれてすぐに目にしたものを親だと思いこみ、一生それに従う現象。インプリンティング。

**すりこ・む**【擦り込む】〖◇摩り込む〗（他五）{マ(モ)・ミ(ン)・ム・ム・メ・メ}❶薬や塩などを、こすって中へしみこませる。「傷口に薬を―」❷ある物に、別の物をすってまぜ入れる。「みそにごまを―」

**スリット**〔英 slit〕（名）袖口《そでぐち》やスカートの裾《すそ》に入れた切れ込《こ》み。

**スリッパ**〔英 slipper〕（名）つま先から足の甲《こう》までを入れてはく洋風のうわばき。

**スリップ**〔英 slip〕㊀（名・自スル）すべること。特に、自動車のタイヤなどがすべること。「雪道で―する」㊁（名）女性用下着で、洋服のすべりをよくするために肩《かた》からつるして着るもの。

**スリナム**〔Suriname〕［地名］南アメリカ大陸北東部にある、大西洋に面した共和国。首都はパラマリボ。

**すりぬ・ける**【擦り抜ける】〖△摺り抜ける〗（自下一）{ケ・ケ・ケル・ケル・ケレ・ケロ(ケヨ)}❶せまい所や人ごみの中をぶつからないように通り抜ける。「雑踏《ざっとう》を―」❷ごまかしたりして、なんとかその場をのがれる。「監視《かんし》の目を―」

**すりばち**【すり鉢】〖△擂り鉢〗（名）みそ・ごまなどをすりつぶすのに使う、焼き物の鉢。あたりばち。

**すりへら・す**【すり減らす】〖◇磨り減らす〗（他五）{サ(ソ)・シ・ス・ス・セ・セ}❶こすってへらす。「くつの底を―」❷はげしく使いすぎて弱くする。「神経を―」

**すりみ**【すり身】〖△擂り身〗（名）魚肉をたたき、すりつぶしたもの。かまぼこ・ちくわなどの材料にする。

**スリム**〔英 slim〕（形動ダ）{ダロ・ダッ(デ・ニ)・ダ・ナ・ナラ・○}からだつきがほっそりしているようす。「―な体形」

**すりむ・く**【擦りむく】〖擦り◇剝く〗（他五）{カ(コ)・キ(イ)・ク・ク・ケ・ケ}ひふを何かにこすってむく。「ひざを―」

**すりもの**【刷り物】（名）印刷したもの。印刷物。「―にして配る」

**ずりょう**〖◇受領〗（名）《歴》むかしの官職の一つ。各地方へ行って国を治めた国司の長官。国守。

**すりよ・る**【擦り寄る】（自五）{ラ(ロ)・リ(ッ)・ル・ル・レ・レ}❶ひざをすべらせて近寄る。❷すれ合うほどに近寄る。「子猫《こねこ》が―・ってくる」❸相手にとり入ろうとして近づく。「権力者に―」

**スリラー**〔英 thriller〕（名）小説や映画などで、ぞっとさせるようなおそろしい作品。「―映画」

**スリランカ**〔Sri Lanka〕［地名］インド半島の南東、インド洋上にある共和国。旧称《きゅうしょう》セイロン。首都はスリジャヤワルダナプラコッテ。

**スリリング**〔英 thrilling〕（形動ダ）{ダロ・ダッ(デ・ニ)・ダ・ナ・ナラ・○}人をひやっとさせたり、ぞっとさせたりするような、スリルのあるようす。「―なゲーム」

**スリル**〔英 thrill〕（名）こわかったり危なかったりして、ぞ

くぞく・はらはらする感じ。「―満点」

**す・る【刷る】**〖△摺る〗（他五）{ラ(ロ)・リ(ッ)・ル・ル・レ・レ} ❶物の形をほりつけた板に、紙や布を当て、こすって模様を出す。「版画を―」❷印刷する。「年賀状を―」

**する**〖◇為る〗{シ(セ・サ)・シ・スル・スル・スレ・シロ(セヨ)} 〓（他サ変）❶ある行為《こうい》・動作を行う。「運動を―」「掃除《そうじ》を―」❷その仕事につく。その役割をつとめる。「兄は教師をしている」「忘年会《ぼうねんかい》の幹事を―」❸別の状態にかえる。「キャベツを千切りに―」「部屋をきれいに―」「値段を安く―」❹（「…に(と)する」の形で）ある地位・役職などにつけたり、ある用途《ようと》にあてたりする。「彼《かれ》を次期社長と―」「録音データを証拠《しょうこ》と―」❺（「…と(に)する」の形で）…と思う。…と考える。「実験は成功したものと―」「旅行を楽しみに―」❻ある状態を身に受ける。ある結果を引き起こす。「病気を―」「大けがを―」「大失敗を―」❼身につける。「ネクタイを―」「マスクを―」❽（「お(ご)…する」の形で）謙譲《けんじょう》の意味を表す。「お待ち―」「ご相談したい」 〓（自サ変）❶ある状態・現象が起こり、それが感じられる。意識される。「地鳴りが―」「頭痛が―」「気おくれが―」「味が―」❷ある状態である。また、ある状態になる。「広々とした家」「のんびり―」❸その値段である。「一億円も―絵画」❹時間がたつ。「一〇日もすればなおる」❺（「…う(よう)とする」の形で）㋐ある動作を起こしかける意を表す。「すぐに立ち去ろうとした」㋑ちょうどそうなるところである。「船が沈《しず》もうと―」❻（「…としては」「…と(に)すれば」の形で）…の立場では。「私としては賛成できない」「彼にすれば怒《おこ》るのも当然だ」❼（からだの一部を表す語に「に」のついた形を受けて）その器官の行為・動作が行われることを表す。「目に―」「口に―（＝話す・食べる）」 文法 名詞・副詞や形容詞の連用形などと結びついて複合サ変動詞をつくる。「失敗する」「びっくりする」「なくする」など。

| 尊敬語 | 謙譲《けんじょう》語 | 丁寧《ていねい》語 |
|---|---|---|
| なさる<br>される | いたす | します<br>いたす<br>いたします |

**す・る**〖△掏る〗（他五）{ラ(ロ)・リ(ッ)・ル・ル・レ・レ} 人が身につけているさいふなどを、気づかれないうちにこっそりぬき取る。「さいふを―・られる」

**す・る【擦る】**〖◇摩る・◇磨る・△摺る・△擂る〗（他五）{ラ(ロ)・リ(ッ)・ル・ル・レ・レ} ❶ある物を他の物に当てて、強くこする。「マッチを―」❷おしつぶして細かく砕《くだ》く。「みそを―」❸おしつけて何度も動かす。すりみがく。とぎおろす。「墨《すみ》を―」❹《俗語》使ってなくしてしまう。「競馬で―」 参考 多く、①④は「擦る」「摩る」、②は「擂る」、③は「磨る」を用いる。

**ずる**（名）ずるいこと。なまけること。「―をする」「―休み」

**ずる・い**〖△狡い〗（形）{カロ・カッ(ク)・イ・イ・ケレ・○} 自分につごうがよいように、なまけたり、悪いことをしたりするようす。悪がしこい。こすい。「―考え方」

**スルー**〔英 through〕（名・自他スル）❶通り抜《ぬ》けること。「ドライブ―」❷《俗語》物事をやり過ごすこと。気にせず無視すること。「問題点を―してしまう」

**するが**〔駿河〕［地名］むかしの国名の一つ。今の静岡県の中央部。駿州《すんしゅう》。

**ずるがしこ・い【ずる賢い】**〖△狡賢い〗（形）{カロ・カッ(ク)・イ・イ・ケレ・○} 巧《たく》みに悪知恵《わるぢえ》をはたらかせるようす。狡猾《こうかつ》である。悪賢い。「―計略」

**ずる・ける**〖△狡ける〗（自下一）{ケ・ケ・ケル・ケル・ケレ・ケロ(ケヨ)} なまける。横着する。「宿題を―」

**するする**（副）❶なめらかにすべるようす。❷とどこおりなく物事が進行するようす。「―(と)木に登る」

**ずるずる**（副）❶物を引きずっていくようす。「ズボンの裾《すそ》を―引きずる」❷少しずつすべるようす。「―(と)すべり落ちる」❸しまりのないようす。物事のきまりがつかず、長引くようす。「約束の期日を―(と)のばす」❹汁《しる》などを音を立ててすするようす。「そばを―(と)すする」

**すると**（接）❶そうすると。そこで。「九時になった。―、ベルが鳴った」❷それでは。そうだとすると。「―、これはまちがいですね」

**するど・い【鋭い】**（形）{カロ・カッ(ク)・イ・イ・ケレ・○} ❶刃物《はもの》などの先がとがっている。また、とがっていてよく切れる。「切れ味の―刀」 対 鈍《にぶ》い。❷勢いがはげしい。強くきびしい。「―攻撃《こうげき》」「―目つき」❸頭や感覚がすぐれていてすばやく働く。「―観察眼」 対 鈍い

**するめ**〖△鯣〗（名）いかの胴《どう》を切り開いて内臓を取り除き、ほした食べ物。

**ずれ**（名）ずれていること。くいちがい。「タイミングの―」「意見に―がある」「音程の―をなおす」

**スレート**〔英 slate〕（名）うすい粘板岩《ねんばんがん》の板。屋根がわらに用いる。人造のものはセメントと繊維《せんい》をまぜて作る。「―ぶきの屋根」

**ずれこ・む【ずれ込む】**（自五）{マ(モ)・ミ(ン)・ム・ム・メ・メ} 予定した時までに終わらず、つぎの時期にはいってしまう。「完成が来月に―」

**すれすれ**〖擦れ擦れ〗（名・形動ダ）❶くっつきそうなほど近いようす。「―まで近づく」❷もう少しで限度をこえそうなようす。きわどいようす。「反則―のプレー」

**すれちが・う【擦れ違う】**（自五）{ワ(オ)・イ(ッ)・ウ・ウ・エ・エ} ❶たがいにふれるほど近くを逆方向に通りすぎる。「電車が―」❷考えが通じ合わなかったり、かみあわなかったりする。ゆきちがう。「議論が―」

**すれっからし**〖擦れっ枯らし〗（名・形動ダ）世なれて悪がしこくなっていること。また、その人。すれからし。

**スレッド**〔英 thread〕（名）インターネット上の掲示板《けいじばん》などで展開される、ある話題に対する一連の書き込みや記事のまとまり。スレ。「―を立てる」

**す・れる【擦れる】**〖◇摩れる〗（自下一）{レ・レ・レル・レル・レレ・レロ(レヨ)} ❶物と物とがふれ合う。「風で木の葉が―・れる」❷こすれていたむ。「かかとが―」❸世の中でもまれて悪がし

こくなる。「都会生活で—」

**ず・れる**（自下一）〔レ・レ・レル・レル・レレ・レロ(レヨ)〕❶あるべき場所・位置・時期からはずれる。「位置が—」「日程が—」❷基準・標準からはずれる。「時代感覚が—」

**スレンダー**〔英 slender〕（形動ダ）〔ダロ・ダッ(デ・ニ)・ダ・ナ・ナラ・○〕ほっそりとしたようす。すらりとしたようす。「—なからだつき」

**スロー**〔英 slow〕（名・形動ダ）速度のおそいこと。動作ののろいこと。ゆるやか。「—ボール」「動作が—な人」「—テンポ」㊟クイック

**スローイン**〔英 throw-in〕（名）バスケットボールやサッカーなどで、相手がラインの外に出した球をコート内に投げ入れること。

**スローガン**〔英 slogan〕（名）団体などの主義や主張を短いことばに表したもの。標語。「—をかかげる」

**スロープ**〔英 slope〕（名）傾斜《けいしゃ》。斜面。勾配《こうばい》。「長い—のゲレンデ」

**スロー-フード**〔英 slow food〕（名）伝統的な食材や調理法を守り、食事をゆっくり味わい、食文化や食生活を見直していこうとする運動。参考「ファーストフード」に対してつくられたことば。

**スロー-モーション**〔英 slow motion〕（名）❶ゆっくりした動作。のろのろしていること。❷高速度撮影《さつえい》によって動きがゆっくり見える映像。「—で見る」

**ずろく【図録】**（名）図によって説明した本。「年中行事—」

**スロットル**〔英 throttle〕（名）エンジンや蒸気機関などで、回転数を上げ下げするために、燃料や蒸気の流れを調節する弁。「—を開く」

**スロバキア**〔Slovakia〕[地名]ヨーロッパ中部にある共和国。首都はブラチスラバ。

**スロベニア**〔Slovenia〕[地名]ヨーロッパ南部のバルカン半島の付け根にある共和国。首都はリュブリャナ。

**すわ**（感）突然《とつぜん》のできごとに驚《おどろ》いて出す声。さあ。それっ。「—一大事」

**スワジランド**〔Swaziland〕[地名]「エスワティニ」の旧称《きゅうしょう》。

**すわり【座り・据わり】**〖△坐り〗（名）❶すわること。❷物を置いたときの安定度。「—の悪いつぼ」

**すわりこみ【座り込み】**〖△坐り込み〗（名）要求や抗議《こうぎ》のために、ある場所にすわって動かないこと。おもに、労働争議のときなどに戦術として行われる。

**すわりこ・む【座り込む】**〖△坐り込む〗（自五）〔マ(モ)・ミ(ン)・ム・ム・メ・メ〕❶すわったまま動かないでいる。「要求貫徹《かんてつ》まで—」❷中にはいってすわる。「部屋に—」

**すわりだこ【座りだこ】**〖△坐り×胼胝〗（名）いつも正座しているため、足の甲《こう》にできるたこ。

**すわる【据わる】**→すえる(据える)

**すわ・る【座る・据わる】**〖△坐る〗（自五）〔ラ(ロ)・リ(ッ)・ル・ル・レ・レ〕❶ひざを曲げて腰《こし》をおろす。「ベンチに—」「畳《たたみ》の上に—」❷ある地位につく。「社長のいすに—」❸ぐらぐらせず、安定する。「赤んぼうの首が—」❹じっとして動かない状態になる。「酔ようと目が—」❺気持ちがどっしりと落ち着いた状態になる。「腹が—」「肝《きも》の—・った人物」参考多く、③④⑤は「据わる」と書く。

**スワン**〔英 swan〕（名）〘動〙→はくちょう

**すん【寸】** 3画 寸0 小6 音スン

一 寸 寸

❶長さの単位。一尺の一〇分の一。◆方寸。❷長さ。◆寸法◆原寸。❸すこし。わずか。◆寸暇《すんか》・寸刻・寸志・寸時・寸借・寸前・寸断・寸秒

**すん【寸】**（名）❶尺貫《しゃっかん》法で、長さの単位。一尺の一〇分の一。約三・〇三《センチメートル》。「五尺三—」❷長さ。寸法。「—がつまる(＝丈《たけ》が短くなる)」

**すんいん【寸陰】**（名）わずかな時間。

**すんか【寸暇】**（名）わずかなひま。「—をおしむ」

**ずんぐり**（副・自スル）太くて短いようす。背が低く太っているようす。「—(と)した形のつぼ」

**ずんぐりむっくり**（「ずんぐり」を強めていう語）背が低く太っているようす。

**すんげき【寸隙】**（名）わずかなひまやすき。「—をつく」

**すんげき【寸劇】**（名）ごく短い劇。

**すんげん【寸言】**（名）短いことば。短いが深い意味を含《ふく》んだことば。

**すんごう**〖寸△毫〗（名）ほんのわずか。「—のすきもない」

**すんこく【寸刻】**（名）わずかの時間。「—の猶予《ゆうよ》もない」「—を争う」㊫寸時

**すんし【寸志】**（名）❶(自分の気持ちをへりくだっていうことば)わずかな志。「—を表す」❷(自分の贈《おく》り物をへりくだっていうことば)心ばかりの贈り物。

**すんじ【寸時】**（名）ほんの少しの時間。「—もおしい」㊫寸刻

**すんしゃく【寸借】**（名）金品をちょっとの間だけ、また、少しだけ借りること。

**すんしゃくさぎ【寸借詐欺】**（名）金品をちょっとの間貸してくれといってだまし取ること。また、そのさぎをする人。

**ずんずん**（副）物事がおくれずに勢いよく進むようす。ぐんぐん。「人混《ひとご》みの中を—(と)歩く」

**すんぜん【寸前】**（名）ちょっと前。すぐ前。直前。「落ちる—で止まる」

**すんたらず【寸足らず】**（名・形動ダ）寸法が足りないこと。ふつうより短いこと。「—の着物」

**すんだん【寸断】**（名・他スル）細かくずたずたに断《た》ち切ること。「台風で交通網《こうつうもう》が—される」

**すんづまり【寸詰まり】**（名・形動ダ）長さが足りないこと。ふつうより丈《たけ》が短いこと。「—のズボン」

**すんてつ【寸鉄】**（名）❶短い刃物《はもの》。「身に—も帯びない」❷短いが人の心を動かすことば。警句《けいく》。

**寸鉄人《ひと》を刺《さ》す** 警句《けいく》で人の急所をつく。

**すんでのことで【すんでの事で】**〖◇既の事で〗もう少しのところで。あぶなく。すんでのところで。「—大けがをするところだった」

**すんど【寸土】**（名）少しの土地。「—を争う」

**ずんどう**〖◇寸胴〗（名・形動ダ）上から下まで同じ太さであること。胴部がくびれていないこと。「—な花瓶《かびん》」

**すんなり**（副・自スル）❶すらりとしてしなやかなよう

す。「—(と)伸《の》びた足」❷物事が、抵抗《ていこう》もなくうまくいくようす。「—(と)きまる」

**すんびょう【寸秒】**(名)ごく短い時間。「—を争う事態」

**すんびょう【寸描】**(名)短い時間で簡単に描写すること。また、そのもの。スケッチ。「—画」

**すんぴょう【寸評】**(名・他スル)短くまとめた批評。短評。「人物の—」

**すんぶん【寸分】**(名・副)(一寸一分の意から)ほんの少し。「—のくるいもない」「—たがわず書き写す」使い方〉あとに打ち消しのことばがくる。

**すんぽう【寸法】**(名)❶長さ。「—を測る」❷《俗語》計画。だんどり。「全部いただく—だ」

**すんわ【寸話】**(名)短い話。ちょっとした話。

# せ セ

**せ【世】**→せい(世)

**せ【施】**→し(施)

**せ【瀬】** 19画 氵16 〔瀬〕 訓 せ

氵 沪 涑 涑 漸 瀬

せ。あさせ。はやせ。◆瀬音《せおと》・瀬戸

**せ【瀬】**(名)❶川で、歩いて渡《わた》れるほど浅い所。また、流れのはやい所。◆川瀬・淵瀬《ふちせ》 対淵《ふち》。❷立場。「立つ—がない」❸機会。「うかぶ—がない」

**せ【背】**(名)❶動物のからだのうしろの、肩《かた》から腰《こし》あたりまでの部分。せなか。「荷を—に負う」「—をまるめる」対腹《はら》❷うしろ側。背面。「かべを—にして立つ」「椅子《いす》の—」「—表紙」❸山の尾根《おね》。「山の—」❹身長。せい。「—がのびる」

**背に腹《はら》は代《か》えられぬ** さしせまった大事のためには、他のことを犠牲《ぎせい》にするのもしかたがないたとえ。

**背を向《む》ける** ❶うしろ向きになる。❷知らん顔をする。とりあわない。また、そむく。「世間に—」

**せ【畝】**『◇畝』(名)田畑などの面積の単位。一畝は三〇歩《ぶ》。一反《たん》の一〇分の一。約九九平方メートル。

**ぜ【是】** 9画 日5 音 ぜ

日 旦 早 早 昰 是

❶よい。道理に合っている。ただしいとする。◆是正・是是非非・是認・是非。対非。❷よいとして定めた方針。◆国是。❸これ。この。◆色即是空《しきそくぜくう》

**ぜ【是】**(名)道理に合っていること。正しい、よいと認められること。「教義を—とする」対非

**是が非《ひ》でも** ぜひとも。何がなんでも。「—勝ちたい」使い方〉あとに願望・命令・義務などの表現をともなう。

**ぜ**(終助)軽く念をおしたりうながしたりするときに使うことば。よ。「さあ行こう—」使い方〉男性語で、親しみをこめたぞんざいな表現。対等、または目下の者に用いる。文法 用言・助動詞の終止形につく。

**ぜあみ【世阿弥】**【人名】(一三六三?～一四四三?)室町《むろまち》時代初期の能役者・謡曲《ようきょく》作者。観阿弥《かんあみ》の子。田楽《でんがく》や猿楽《さるがく》などの長所を取り入れ、能楽をすぐれた芸術として完成させた。また、「風姿花伝《ふうしかでん》(花伝書)」などの能楽論や謡曲の作品も多く残した。

**せい【井】** 4画 二2 小4 音 セイ 高・ショウ 中 訓 い

一 二 ナ 井

❶いど。◆井泉《せいせん》・井底◆油井《ゆせい》。❷いげたの形のように、きちんと区切っていること。◆井田 ◆天井《てんじょう》。❸人の集まる所。◆市井《しせい》。参考「ショウ」の音は「天井《てんじょう》」ということばに使われる特殊《とくしゅ》な読み方。

**せい【世】** 5画 一4 小3 音 セイ・セ 訓 よ

一 十 廾 廿 世

❶人の一生。一代。◆世子・世代◆一世《いっせい・いっせ》・在世《ざいせい・ざいせ》・終世・前世《ぜんせ》・来世《らいせ》。❷代々つづいていること。◆世襲《せしゅう》。❸時代。ひとまとまりの時間。◆世紀◆永世・近世・後世《こうせい》・中世。❹よのなか。人の世。◆世界・世間・世故《せこ》・世才・世事・世人・世相・世俗《せぞく》・世評◆厭世《えんせい》・出世・処世・絶世・俗世《ぞくせ》・治世・末世《まっせ》・乱世《らんせい・らんせ》

**-せい【世】**(接尾)家系・王位などが祖先から何代目にあたるかを示すことば。「七—の孫」「ルイ一六—」

**せい【正】** 5画 止1 小1 音 セイ・ショウ 訓 ただしい・ただす・まさ

一 丁 下 正 正

❶ただしい。◆正気《しょうき》・正直《しょうじき》・正真正銘《しょうしんしょうめい》・正確・正義・正邪《せいじゃ》・正常・正正堂堂・正装・正解・正当・正論◆厳正・公正・公明正大・純正・真正・不正。対邪。❷ただしくする。なおす。◆改正・矯正《きょうせい》・校正・叱正《しっせい》・修正・粛正《しゅくせい》・是正《ぜせい》・訂正《ていせい》・補正。❸ちょうど。◆正午《しょうご》・正中・正反対。❹物事の主となるもの。ほんらいの。◆正体《しょうたい》・正妻・正史・正式・正統・正門

**せい【正】** 一(名)❶道徳的に正しいこと。「—よく邪《じゃ》を制す」❷正式なもの。主となるもの。「—副二通の書類」対副。❸相反する性質の一方。㋐《数》実数の値がゼロより大きいこと。「—の整数」対負《ふ》。㋑《物》陽電気の性質。対負。二(接頭)❶「正式の」の意を表す。「—社員」❷「正しい形の」「きちんとした」の意を表す。「—三角形」

**せい【生】** 5画 生0 小1 音 セイ・ショウ 訓 いきる・いかす・いける・うまれる・うむ・おう中・はえる・はやす・き中・なま

ノ 𠂉 仁 牛 生

❶うまれる。うむ。生じる。◆生得《しょうとく・せいとく》・生来《しょうらい・せいらい》・生家・生後・生産・生殖《せいしょく》・生成・生誕《せいたん》・生年・生母◆往生《おうじょう》・再生・出生《しゅっしょう・しゅっせい》・胎生《たいせい》・誕生《たんじょう》・派生・発生。類産。❷いきる。いきていること。◆生涯《しょうがい》・生活・生還《せいかん》・生気・生業・生計・生殺与奪《せいさつよだつ》・生死《しょうじ・せいし》・生息・生存《せいぞん》・生物・生別◆一生《いっしょう》・回生・寄生・更生《こうせい》・後生《ごしょう》・今生《こんじょう》・人生・民生。対死。❸いのち。いのちのあるもの。◆生類《しょうるい》・生命◆衛生・衆生《しゅじょう》・殺生《せっしょう》・畜生《ちくしょう》・養生《ようじょう》。❹はえる。そだつ。◆生育・生長◆自生・密生・野生。❺なま。◆生魚・生鮮《せいせん》。❻未熟なこと。◆生硬《せいこう》。❼勉強している人をい

う。◆生徒◇学生・塾生《じゅくせい》。参考 特別に、「芝生」は「しばふ」、「弥生」は「やよい」と読む。⇩付録「漢字の筆順⒀生」

**せい【生】** ㊀(名)❶生きていること。「―に執着《しゅうちゃく》する」対 死。❷いのち。生命。「この世に―をうける」❸暮らし。生活。「―をいとなむ」㊁(接尾)学生・生徒の意を表す。「三年―」「留学―」

**せい【成】** 6画 戈2 小4 音 セイ・ジョウ 高 訓 なる・なす

❶なしとげる。つくりあげる。できあがる。◆成案・成因・成果・成功・成算・成績・成否・成立◇完成・形成・構成・合成・作成・大成・達成。❷そだつ。そだてあげる。◆成育・成熟・成長◇育成・促成《そくせい》・養成。参考「ジョウ」の音は「成就《じょうじゅ》」「成仏《じょうぶつ》」などのことばに使われる特殊《とくしゅ》な読み方。⇩付録「漢字の筆順⑴戈〔戊〕」

**せい【西】** 6画 西0 小2 音 セイ・サイ 訓 にし

❶にし。太陽の沈《しず》む方角。◆西域《せいいき・さいいき》・西部・西方《せいほう・さいほう》◇関西《かんさい》。対 東。❷「西洋」の略。◆西欧《せいおう》・西紀・西暦《せいれき》◇泰西《たいせい》

**せい【声】** 7画 士4 小2〔聲〕 音 セイ・ショウ 高 訓 こえ・こわ 中

❶こえ。おと。◆声楽・声帯・声量◇悪声・音声・喚声《かんせい》・歓声《かんせい》・奇声《きせい》・銃声《じゅうせい》・発声・美声。❷ことば。ことばをだす。◆声援《せいえん》・声明・声優。❸評判。うわさ。世間の評価。◆声価・声望◇名声。参考「ショウ」の音は「大音声《だいおんじょう》」、「こわ」の訓は「声色《こわいろ》」などのことばに使われる特殊《とくしゅ》な読み方。

**せい【制】** 8画 刂6 小5 音 セイ

❶つくる。◆制作。❷ととのえさだめる。きまり。しくみ。◆制定・制度・制服・制令◇学制・官制・旧制・体制・編制・封建制《ほうけんせい》・法制。❸おしとどめる。おさえる。おさめる。◆制圧・制御《せいぎょ》・制限・制止◇規制・禁制・自制・節制・統制・抑制《よくせい》。

**せい【姓】** 8画 女5 音 セイ・ショウ

みょうじ。一族・家を表す名。◆姓名◇改姓・旧姓・同姓 ⇩付録「漢字の筆順⒀生」

**せい【姓】** (名)名前のうち、その家の名をあらわす部分。名字《みょうじ》。氏《うじ》。「母方の―」

**せい【征】** 8画 彳5 音 セイ

戦いに行く。◆征戦・征途《せいと》・征討・征伐《せいばつ》・征服◇遠征・外征・出征・長征

**せい【性】** 8画 忄5 小5 音 セイ・ショウ 中

❶うまれつき。素質。たち。◆性根《しょうね》・性分《しょうぶん》・性格・性質◇気性《きしょう》・個性・根性《こんじょう》・天性・品性・本性・理性。❷物事の性質。傾向《けいこう》。◆性能◇悪性・急性・酸性・植物性・属性・適性・特性・慢性《まんせい》・野性。❸男女・雌雄《しゆう》の別。それに関する本能。◆性別・性欲◇異性・女性・男性 ⇩付録「漢字の筆順⒀生」

**せい【性】** ㊀(名)❶男女・雌雄《しゆう》の区別。「―差別」❷性別・生殖《せいしょく》に関する本能。「―に目覚める」「―教育」❸生まれつきの性質。たち。「人の―は善である」㊁(接尾)名詞の下について、「…としての性質」「…の度合い」などの意を表す。「芸術―」「アルカリ―」「危険―」

**せい【青】** 8画 青0 小1 音 セイ・ショウ 高 訓 あお・あおい

❶あお。あおい色。◆青雲・青山・青磁・青松《せいしょう》・青天・青銅・青票・青嵐《せいらん》◇群青《ぐんじょう》・丹青《たんせい》。❷わかい。まだ熟していない。◆青春・青年。参考「ショウ」の音は「緑青《ろくしょう》」「紺青《こんじょう》」「群青《ぐんじょう》」などのことばに使われる特殊《とくしゅ》な読み方。特別に、「真っ青」は「まっさお」と読む。⇩付録「漢字の筆順⑷龶」

**せい【斉】** 8画 斉0〔齊〕 音 セイ

きちんとそろう。ひとしくととのえる。◆斉一《せいいつ》・斉唱◇一斉・均斉 ⇩付録「漢字の筆順㉞斉」

**せい【政】** 9画 攵5 小5 音 セイ・ショウ 高 訓 まつりごと 高

❶国をおさめる。◆政界・政局・政権・政策・政治・政党・政道・政府・政変・政略・政令◇行政・憲政・国政・参政・施政《しせい》。❷すじみちをたてて、よくととのえる。◆家政・財政。参考「ショウ」の音は「摂政《せっしょう》」などのことばに使われる特殊《とくしゅ》な読み方。

**せい【星】** 9画 日5 小2 音 セイ・ショウ 中 訓 ほし

❶空にひかるほし。◆星雲・星座・星団◇衛星・火星・金星・恒星《こうせい》・新星・彗星《すいせい》・明星《みょうじょう》・遊星・流星・惑星《わくせい》。❷としつき。◆星霜《せいそう》。参考「ショウ」の音は「明星《みょうじょう》」ということばに使われる特殊《とくしゅ》な読み方。⇩付録「漢字の筆順⒀生」

**せい【牲】** 9画 牛5 音 セイ

生きたまま神にそなえる生き物。いけにえ。◇犠牲《ぎせい》 ⇩付録「漢字の筆順⒀生」

**せい【省】** 9画 目4 小4 音 セイ・ショウ 訓 かえりみる 中・はぶく

❶かえりみる。◆省察◇三省・自省・内省・反省。❷ぶじかどうかたずねる。◇帰省。❸へらす。はぶく。◆省略《しょうりゃく》・省力《しょうりょく》◇冠省《かんしょう》。❹内閣の下でそれぞれの国政をあずかる所。◆省庁《しょうちょう》◇財務省《ざいむしょう》。❺中国の行政区画。◇河北省《かほくしょう》

**せい【凄】** 10画 冫8 音 セイ

**せい【逝】** 10画 辶7 音 セイ 訓 ゆく高・いく高
人が死ぬ。◆逝去 ◆永逝・急逝・長逝・夭逝《ようせい》

**せい【情】**→じょう(情)

**せい【清】** 11画 氵8 小4 音 セイ・ショウ高 訓 きよい・きよまる・きよめる
❶きよい。すんでいてけがれがない。◆清潔・清純・清浄《せいじょう・しょうじょう》・清水・清泉・清流・清冽《せいれつ》・清廉潔白《せいれんけっぱく》 ◆河清《かせい》。対濁《だく》。❷きよめる。すっきりと整理する。◆清算・清掃《せいそう》 ◆粛清《しゅくせい》。❸すずしい。すがすがしい。◆清風・清涼《せいりょう》。参考「ショウ」の音は「六根清浄《ろっこんしょうじょう》」などのことばに使われる特殊《とくしゅ》な読み方。特別に、「清水」は「しみず」とも読む。⇩付録「漢字の筆順(4)⺼」

**せい【盛】** 11画 皿6 小6 音 セイ中・ジョウ高 訓 もる・さかる中・さかん中
❶勢いがある。さかえる。◆盛運・盛夏・盛会・盛況《せいきょう》・盛衰《せいすい》・盛大・盛典 ◆旺盛《おうせい》・全盛・隆盛《りゅうせい》。対衰《すい》。❷りっぱである。◆盛装・盛徳。参考「ジョウ」の音は「繁盛《はんじょう》」などのことばに使われる特殊《とくしゅ》な読み方。⇩付録「漢字の筆順(1)戈〔戊〕」

**せい【婿】** 12画 女9 音 セイ高 訓 むこ
むこ。むすめの夫。◆女婿《じょせい》・令婿

**せい【晴】** 12画 日8 小2 音 セイ 訓 はれる・はらす
はれる。よい天気。◆晴雨・晴耕雨読・晴色・晴天・晴朗 ◆快晴。対雨 ⇩付録「漢字の筆順(4)⺼」

**せい【勢】** 13画 力11 小5 音 セイ 訓 いきおい
❶いきおい。力。◆勢力 ◆威勢《いせい》・気勢・権勢・豪勢《ごうせい》・優勢・余勢・劣勢《れっせい》。❷ありさま。ようす。◆運勢・形勢・姿勢・時勢・情勢・趨勢《すうせい》・大勢《たいせい》・体勢・態勢。❸人のあつまり。人数。◆大勢《おおぜい》・加勢・軍勢《ぐんぜい》・総勢《そうぜい》・多勢《たぜい》・手勢《てぜい》

**せい【歳】**→さい(歳)

**せい【聖】** 13画 耳7 小6 音 セイ
❶ひじり。ちえや人がらのすぐれた人。◆聖賢《せいけん》・聖者《せいじゃ》・聖人・聖哲《せいてつ》 ◆列聖。❷その道でいちばんすぐれている人。◆画聖・楽聖・棋聖《きせい》・詩聖・俳聖。❸天子に関することがらにそえる敬語。◆聖恩・聖上・聖跡《せいせき》・聖断。❹けがれのない。きよらかな。◆聖域・聖火・聖書・聖地・聖母・聖夜 ◆神聖。⇩付録「漢字の筆順(2)王〔王〕・(22)耳」

**せい-【聖】**(接頭)キリスト教で、聖人の名にそえることば。「—ヨハネ」

**せい【誠】** 13画 言6 小6 音 セイ 訓 まこと中
まごころ。いつわりのない心。◆誠意・誠実・誠心・誠忠 ◆至誠・忠誠 ⇩付録「漢字の筆順(1)戈〔戊〕」

**せい【精】** 14画 米8 小5 音 セイ・ショウ中
❶余分なものをとりのぞく。◆精製・精米・精練。❷よりすぐった。すぐれた。◆精鋭《せいえい》・精粋《せいすい》・精髄《せいずい》・精選。❸こまかく、くわしい。◆精巧《せいこう》・精算・精通・精密。対粗《そ》。❹こころ。たましい。◆精魂《せいこん》・精神・精霊《せいれい・しょうりょう》 ◆妖精《ようせい》。❺生命のもと。気力。◆精進《しょうじん》・精勤・精根・精力・精励《せいれい》 ◆丹精《たんせい》・不精《ぶしょう》。参考「ショウ」の音は「精進《しょうじん》」「不精《ぶしょう》」などのことばに使われる特殊《とくしゅ》な読み方。⇩付録「漢字の筆順(4)⺼」

**せい【精】**(名)❶心身の力。精力。また、いっしょうけんめいはげむこと。「—がつく」「—が出る」❷自然のものに宿るたましい。精霊《せいれい》。「森の—」
**精も根《こん》も尽きる** 気力も根気もなくなる。
**精を出《だ》す** 熱心に働く。いっしょうけんめいやる。「仕事に—」

**せい【製】** 14画 衣8 小5 音 セイ
つくる。つくり。◆製作・製造・製品・製法 ◆官製・既製・謹製《きんせい》・作製・私製・即製《そくせい》・調製・手製《てせい》

**-せい【製】**(接尾)地名や材料名などの下について、どのようにつくられたかを表すことば。「外国—」「ガラス—」

**せい【誓】** 14画 言7 音 セイ 訓 ちかう
ちかう。かたく約束する。◆誓願・誓紙・誓詞・誓文《せいもん》・誓約 ◆宣誓

**せい【静】** 14画 青6 小4 〔靜〕 音 セイ・ジョウ中 訓 しず・しずか・しずまる・しずめる
❶物音がしない。ひっそりしている。しずか。◆静穏《せいおん》・静寂《せいじゃく》・静粛《せいしゅく》 ◆閑静《かんせい》。❷動かない。おちついている。◆静観・静止・静物・静養 ◆安静・鎮静《ちんせい》・動静・平静・冷静。対動。参考「ジョウ」の音は「静脈《じょうみゃく》」などのことばに使われる特殊《とくしゅ》な読み方。⇩付録「漢字の筆順(4)⺼」

**せい【静】**(名)しずかなこと。動かないこと。「動中の—」対動

**せい【請】** 15画 言8 音 セイ・シン高 訓 こう高・うける
たのむ。ねがいもとめる。◆請願・請求 ◆懇請《こんせい》・招請・申請・要請。参考「シン」の音は「普請《ふしん》」などのことばに使われる特殊《とくしゅ》な読み方。⇩付録「漢字の筆順(4)⺼」

**せい【整】** 16画 攵12 小3 音 **セイ** 訓 **ととのえる・ととのう**
正しくそろえる。ととのえる。
◆整形・整然・整頓《せいとん》・整 ロ 申 束 敕 敕 整
備・整理・整列 ◆均整・修整・端整《たんせい》・調整

**せい【醒】** 16画 酉9 音 **セイ** 冂 酉 酉 酊 醒 醒
酔《よ》いや眠《ねむ》りからさめる。心の迷いがさめる。◆覚醒《かくせい》・半醒《はんせい》 ⇩付録「漢字の筆順⒀生」

**せい【背】**(名) ↓せ(背)④

**せい**〖◇所為〗(名) ある結果を引き起こすもとになった原因・理由。「失敗を人の―にする」「年の―かすぐにつかれる」⇩おかげ「学習」

**ぜい【税】** 12画 禾7 小5 音 **ゼイ** ニ 千 禾 秒 税 税
国などが人びとからとりたてるものやおかね。◆税額・税関・税金・税収・税制・税務 ◆課税・関税・減税・国税・重税・増税・租税《そぜい》・脱税《だつぜい》・納税・免税《めんぜい》

**ぜい【税】**(名) 国や地方公共団体が、公的な費用に当てるため、国民・住民から一定の基準で強制的に取り立てる金銭。税金。租税《そぜい》。「―を納める」

**ぜい【説】** ↓せつ(説)

**ぜい**〖△贅〗(名) ぜいたく。「―のかぎりをつくす」

**せいあくせつ【性悪説】**(名) 中国の思想家荀子《じゅんし》の唱えた、人の本性《ほんしょう》は生まれながらにして悪であるという説。対性善説

**せいあつ【制圧】**(名・他スル) 力によって相手をおさえつけること。「反乱軍を―する」

**せいあん【成案】**(名) できあがった考え。また、それを文章にしたもの。「―を得る」対草案

**せいい【勢威】**(名)(権勢と威力の意から) 人をおそれ従わせる強い力。「―をふるう」

**せいい【誠意】**(名) 心をこめてまじめに物事に対応する気持ち。まごころ。「―を示す」

**せいいき【西域】**(名) むかし中国で、西方にある地域や国をさしていったことば。参考「さいいき」とも読む。

**せいいき【声域】**(名)〘音〙声楽で、ある人が出すことのできる声の高低の範囲《はんい》。男声はテノール・バリトン・バス、女声はソプラノ・メゾソプラノ・アルトに分ける。

**せいいき【聖域】**(名) 侵《おか》してはならない神聖な区域。「―を侵す」

**せいいく【生育】**(名・自他スル) 生物が生まれ育つこと。また、育てること。「草花が―する」⇩せいいく(成育)「学習」

**せいいく【成育】**(名・自スル) 生物が成長し育つこと。育って大きくなること。「子どもの―が楽しみだ」

> **学習 使い分け 「生育」「成育」**
>
> **生育** おもに植物が芽生えて育つこと。また、育てること。「**生育**状態がいい」「稲《いね》の**生育**期間」「野菜の**生育**に適した土」
>
> **成育** おもに人や動物が成長していろいろな機能が成熟・発達すること。「子どもの**成育**を見守る」「ほたるの**成育**環境《かんきょう》」「稚魚《ちぎょ》の**成育**場」

**せいいたいしょうぐん**〖征△夷大将軍〗(名)〘歴〙❶平安時代の初め、蝦夷征討《えぞせいとう》のためにつかわされた将軍に与《あた》えられた臨時の職名。❷鎌倉《かまくら》時代以後、幕府の首長《しゅちょう》を表す称号《しょうごう》。将軍。

**せいいっぱい【精一杯】**(名・副) 力のかぎりを出すこと。できるかぎり。「―努力する」

**せいいん【成因】**(名) 物事ができあがる原因。

**せいいん【成員】**(名) 団体を構成する人員。構成員。メンバー。

**せいう【晴雨】**(名) 晴天と雨天。「―兼用《けんよう》」

**せいうけい【晴雨計】**(名)〘天〙気圧の高低によって天気を判断する器械。気圧計。バロメーター。

**セイウチ**〔ロシア sivuch〕(名)〘動〙北極海に群生する大形の哺乳《ほにゅう》動物。おっとせいに似ており、太いあごひげと、長い二本のきばをもつ。海馬《かいば》。

**せいうん【青雲】**(名) ❶青空。❷高い位。

**青雲の志《こころざし》** りっぱな人になろうと志すこと。世の中に出て高い位につこうとする意欲。「―をいだく」

**せいうん【星雲】**(名)〘天〙うすい雲のようにかがやいて見える星やガスなどの集まり。

**せいうん【盛運】**(名) さかえる運命。運がよいほうへ向かっていくこと。「―に向かう」対衰運《すいうん》

**せいえい【清栄】**(名) 手紙文で、相手の健康と繁栄《はんえい》を祝うあいさつのことば。「ご―のこととおよろこび申しあげます」

**せいえい【精鋭】**(名・形動ダ) 精力やするどい気力のみちあふれていること。また、そういうえりぬきの人や兵士。「―部隊」「少数―」

**せいえき【精液】**(名)〘生〙雄《おす》の生殖《せいしょく》器でつくられる、精子を含《ふく》んだ、白くねばねばした液。

**せいえん【声援】**(名・他スル) 声をかけて応援すること。声を出してはげますこと。「―を送る」

**せいえん【製塩】**(名・自スル) 塩を作ること。

**せいおう**〔西欧〕〔地名〕❶ヨーロッパの西部。西ヨーロッパ。対東欧。❷ひろく西洋をさす。ヨーロッパ。欧州。

**せいおん【清音】**(名) ❶日本語の音で、濁点《だくてん》や半濁点の符号《ふごう》をつけないかなで表される音。たとえば、「バ」や「パ」でなく、「ハ」のような音。⇩だくおん・はんだくおん。❷すんだ音色。

**せいおん【静穏】**(名・形動ダ) 静かでおだやかなこと。「―な生活」

**せいか【生花】**(名) ❶いけばな。❷自然の生きた花。「―を供える」対造花

**せいか【正価】**(名) かけねのない、または割引していないほんとうの値段。「―で売る」「現金―」

**せいか【生家】**(名) その人が生まれた家。実家。

**せいか【正貨】**(名)〘経〙金貨・銀貨のように、それ自身が額面と同じだけの実質的な価値をもつ貨幣《かへい》。

**せいか【正課】**(名) 正規に学ぶ学科。必ず修めなければならない課目。「英会話を―としている」

**せいか【成果】**(名) あることを行って得られたよい結果。「すばらしい―を得る」「学習の―」

**せいか【声価】**（名）人物や事物に対する世間一般《いっぱん》の評判。「―が上がる」

**せいか【青果】**（名）野菜とくだもの。青果物。

**せいか【盛夏】**（名）夏の最も暑い時期。

**せいか【聖火】**（名）神にささげる神聖な火。特に、オリンピック大会のとき、ギリシャのオリンポスから競技場へ運び、大会の期間中燃やし続ける火。「―リレー」

**せいか【聖歌】**（名）神をほめたたえる宗教歌。特に、キリスト教の賛美歌。「―隊」

**せいか【精華】**（名）物事のすぐれていちばんよいところ。「貴族文化の―」

**せいか【製菓】**（名）菓子《かし》を作ること。

**せいかい【正解】**（名・自他スル）❶正しく解答・解釈《かいしゃく》すること。また、その解答、解釈。「全問―」❷結果的に正しかったと思えること。「買って―だった」

**せいかい【政界】**（名）政治の世界。政治家の社会。「―に進出する」「―の黒幕」

**せいかい【盛会】**（名）人が多く集まるにぎやかな会。「―のうちに終わる」

**せいかい【精解】**（名・他スル）くわしく解釈《かいしゃく》すること。また、その解釈。類詳解《しょうかい》。対略解《りゃっかい》

**せいかいけん【制海権】**（名）軍事・通商の面で、ある範囲《はんい》の海上を支配する権力。⇨せいくうけん

**せいかがく【生化学】**（名）《化》生物の構成物質や生命現象を化学的に研究する学問。生物化学。

**せいかく【性格】**（名）❶行動や考えなどにあらわれる、その人がもっている特徴的《とくちょうてき》な心の傾向《けいこう》。「―がいい」「明るい―」類性質・気質・性分《しょうぶん》 …的「その仕事は性格的に向いている」❷その事物が特にもっている性質。「地方都市のもつ―」「―の異なる団体」

**せいかく【政客】**（名）政治家。政客《せいきゃく》。

**せいかく【正確】**（名・形動ダ）正しくて、まちがいがないこと。確実なこと。「―に計算する」「―を期する」「不―」⇨せいかく（精確）「学習」

**せいかく【精確】**（名・形動ダ）細かい点までゆきとどいて、確かなこと。「情報を―につかむ」

> **学習 使い分け**「正確」「精確」
>
> 正確　まちがいがなくて確かであること。「正確な時刻」「正確な発音」「正確に測る」
>
> 精確　細かな部分まで確実であること。「精確な資料」「精確に調査する」
>
> ◆「精確」は、「正確」に「精密」の意味が加わったもの。区別しにくい場合もあり、「正確」を使うことが多い。

**せいがく【声楽】**（名）〔音〕人の声による音楽。歌曲・合唱曲・オペラなど。「―家」対器楽

**ぜいがく【税額】**（名）税金としてはらう金額。「―の通知」

**せいかたんでん**『△臍下丹田』（名）へそのすぐ下の腹部。力を入れると勇気と元気が得られるという。

**せいかつ【生活】**（名・自スル）❶生きて活動すること。「昆虫《こんちゅう》の―」「―環境《かんきょう》の破壊《はかい》」❷世の中で暮らしていくこと。暮らし。「日常―」「―力がある」「豊かな―」「―感のある部屋」

**せいかつく【生活苦】**（名）収入が足りないために起こる、生活上の苦しみ。「―に耐《た》える」

**せいかっこう【背格好】**（名）→せかっこう

**せいかつしゅうかんびょう【生活習慣病】**（名）日常の不摂生《ふせっせい》やかたよった食生活が発症《はっしょう》に大きくかかわる病気。糖尿病《とうにょうびょう》や高血圧など慢性《まんせい》的な病気が多い。

**せいかつすいじゅん【生活水準】**（名）生活がどのくらい豊かであるかというその程度。「―が高い」

**せいかつなん【生活難】**（名）物価の上昇《じょうしょう》や、収入減などで生活が苦しいこと。「―におちいる」

**せいかつひ【生活費】**（名）人が生活していくために必要な費用。「―を送ってもらう」

**せいかつほご【生活保護】**（名）国が生活に困っている人に対して必要な保護を行い、最低限度の生活を保障して、その自立を助ける制度。「―を受ける」

**せいかつようしき【生活様式】**（名）時代や土地によってちがう、衣食住の形式などの、生活のしかた。

**せいかぶつ【青果物】**（名）野菜とくだもの。青果。

**せいかん【生還】**（名・自スル）❶（あぶないめにあいながら）生きて帰ること。「戦地から―する」❷野球で、走者が本塁《ほんるい》に帰って得点すること。ホームイン。

**せいかん【清閑】**（名・形動ダ）世の中のわずらわしさから離《はな》れ、清らかでもの静かなこと。「―な生活」

**せいかん【盛観】**（名）さかんなようす。すばらしいみもの。壮観《そうかん》。「式は―をきわめた」

**せいかん**『精△悍』（名・形動ダ）動作や顔つきがするどくて勇ましく力があふれていること。「―な顔つき」

**せいかん【静観】**（名・他スル）何もせずになりゆきを静かに見まもること。静視。「事態を―する」

**せいがん【正眼・青眼】**（名）剣道《けんどう》で、相手の目に自分の刀の先を向けて構えること。中段の構え。

**せいがん【青眼】**（名）人を喜びむかえる気持ちのあらわれた目つき。⇨はくがんし「故事」

**せいがん【誓願】**（名・他スル）神仏にちかいをたてて願いをかなえてほしいと祈《いの》ること。願かけ。

**せいがん【請願】**（名・他スル）国民が、政府や公共団体などに、要望を文書で願い出ること。「―書」

**ぜいかん【税関】**（名）港・空港・国境などで、出入国する船・航空機、旅行客の手荷物の取り締《し》まりや、輸出入品の検査・課税などの仕事をする役所。

**せいき【生気】**（名）生き生きとした気力。元気。活気。「―を失った表情」「―をとりもどす」

**せいき【世紀】**（名）❶年代。時代。❷西暦《せいれき》で一〇〇年を一区切りとして数える時代の単位。「二一―」❸（「世紀の…」の形で）一世紀に一度しか現れないようなすばらしいこと。「―の祭典」

**せいき【生起】**（名・自スル）現象が生じたり事件が起こったりすること。発生。「難問が―する」

**せいき【正規】**（名）正式のきまり。正式に決められていること。「―の手続きをふむ」

**せいき【西紀】**(名)→せいれき

**せいき【性器】**(名)『生』生物が生殖《せいしょく》を行うための器官。生殖器。

**せいき【精気】**(名)❶すべてのものの生まれ出るおおもとの気。「万物の—」❷活動のもととなる力。精力。「—を吸い取られる」

**せいぎ【正義】**(名)人が行わなければいけない正しい道理。「—感」「—を守る」

**せいぎ【盛儀】**(名)盛大な儀式《ぎしき》。「ご成婚《せいこん》の—」類盛典

**せいぎ【精義】**(名)くわしい意義。くわしい講義。

**せいきまつ【世紀末】**(名)❶世紀のおわりころの年月。「二〇世紀の—の年」❷一九世紀末のヨーロッパで、道徳・風紀がくずれ退廃《たいはい》的な風潮のみられた時期。…的「世紀末的な様相を呈《てい》する」

**せいきゅう【性急】**(名・形動ダ)よく考えず、せわしく物事を行うようす。せっかち。気みじか。「—な行動」「—な結論」

**せいきゅう【請求】**(名・他スル)正当な権利として相手に何かを求めること。要求。要請。「—書」「代金を—する」

**せいきょ【逝去】**(名・自スル)人の死を敬って言うことば。「ご—をおくやみ申しあげます」

**せいぎょ【生魚】**(名)❶生きている魚。❷新鮮《しんせん》なまのさかな。鮮魚《せんぎょ》。

**せいぎょ【成魚】**(名)じゅうぶんに成長した魚。対稚魚《ちぎょ》・幼魚

**せいぎょ【制御】**『制△禦』(名・他スル)❶相手の行動や自分の気持ちなどをおさえつけて思うようにあやつること。「感情を—する」❷機械・装置などが適切に作動するように調節すること。「自動—装置」

**せいきょう【生協】**(名)(「生活協同組合」の略)地域や職場の組合員で構成され、生活に必要な物資やサービスの供給をおもな事業とする協同組合。また、その店舗《てんぽ》。コープ。

**せいきょう【正教】**(名)❶正しい教え・宗教。対邪教《じゃきょう》。❷一一世紀なかばローマ教会と分離《ぶんり》し、ロシア・東欧《とうおう》諸国で広まったキリスト教の一派。ギリシャ正教。

**せいきょう【盛況】**(名)会合・催《もよお》しなどで、人が大勢集まって活気のあるようす。「満員の—」

**せいぎょう【正業】**(名)世間から認められているまともな職業。まともな、かたぎの仕事。「—につく」

**せいぎょう【生業】**(名)その収入によって生活していくための職業。なりわい。「農業を—としている」

**せいきょういく【性教育】**(名)少年・少女に、性についての正しい知識や道徳を教える教育。

**せいきょうと【清教徒】**(名)『歴』一六世紀後半、イギリス国教会に反抗《はんこう》しておこった新教徒の一派。信仰《しんこう》上・生活上のきびしさを重んじた。ピューリタン。

**せいぎょき【盛漁期】**(名)魚が多くとれる時期。

**せいきょく【正極】**(名)『物』→ようきょく(陽極)

**せいきょく【政局】**(名)❶政治のなりゆき。政界のありさま。「—のゆくえをうらなう」❷政権をめぐっての政党間や政党内部の争い。「—になる」

**せいぎょく【青玉】**(名)→サファイア

**せいきん【精勤】**(名・自スル)精を出してまじめにつとめること。仕事や学業を休んだりなまけたりせずに熱心につとめること。

**ぜいきん【税金】**(名)租税《そぜい》として納めるおかね。「—を納める」

**せいきんは**『星△菫派』(名)『文』明治時代、星やすみれに寄せて情熱的・空想的に恋愛《れんあい》をうたった浪漫《ろうまん》派の詩人の一派。与謝野鉄幹《よさのてつかん》・晶子《あきこ》らを中心とする雑誌「明星《みょうじょう》」で活躍《かつやく》した人びと。

**せいく【成句】**(名)❶二語以上からなり、まとまった意味を表す語句。慣用句。イディオム。「口がすべる」「さじを投げる」など。❷むかしからよく使われている詩文の句やことわざ。「転《ころ》ばぬ先のつえ」など。「故事—」

**せいくうけん【制空権】**(名)軍事・通商の面で、ある範囲《はんい》の上空を支配する権力。⇒せいかいけん

**せいくらべ【背比べ】**(名・自スル)せいの高さを比べ合うこと。たけくらべ。

**せいけい【生計】**(名)暮らしをたてる手段。「—をたてる」

**せいけい【西経】**(名)イギリスの旧グリニッジ天文台を通る0度の子午線から西方一八〇度までの経度。対東経。⇒けいど(経度)・いど(緯度)〈図〉

**せいけい【整形】**(名・他スル)形をととのえること。特に、手術によって顔やからだの形をととのえること。「—手術」「美容—」

**せいけいげか【整形外科】**(名)『医』骨折やねんざなど、骨・関節・筋肉・神経などの機能障害や奇形《きけい》を予防したり治療《ちりょう》したりする医学の一分野。

**せいけつ【清潔】**(名・形動ダ)❶よごれのないようす。きれいなようす。「手を—にする」類清浄《せいじょう》。❷品行が正しくごまかしがないようす。「—な人がら」(対不潔)

**せいけん【政見】**(名)政治家が政治に対してもっている意見。「—放送」「—発表」

**せいけん【政権】**(名)政府を構成し政治を行う権力。「—を握《にぎ》る」「—の座につく」

**せいけん【聖賢】**(名)知識や人がらが最もすぐれている人。聖人と賢人。「—の書」

**せいげん【制限】**(名・他スル)ある決まった範囲《はんい》や限界を定めること。また、その範囲や限界。「—時間」「入場者を—する」「無—」類制約・規制

**ぜいげん【税源】**(名)税金を取りたてるもととなる個人や法人の収入や財産。

**せいご【生後】**(名)生まれてからのち。「—五か月」

**せいご【正誤】**(名)❶正しいことと、あやまっていること。「—を見きわめる」❷あやまりを正すこと。「—表」

**せいご【成語】**(名)❶二語以上からなり、むかしから言いならわされていて、あるまとまった意味を表す語句。「棚《たな》からぼたもち」など。❷二つ以上の語が結合して、一語としてまとまった語。熟語。

**せいこう【生硬】**(名・形動ダ)文章や態度などがごつごつした感じで、ぎこちないこと。「—な文章」

**せいこう【成功】**（名・自スル）❶目的を達すること。思ったとおりに物事をなしとげよい結果を得ること。「―を祈《いの》る」「―を収める」「失敗は―の母」「不―」類成就《じょうじゅ》 ❷社会的地位や富を得ること。立身出世《しゅっせ》をすること。「―して故郷に錦《にしき》をかざる」《対失敗》

**せいこう【性交】**（名・自スル）男女が性器を交えること。セックス。

**せいこう【性向】**（名）その人や物事がもっている性質の傾向《けいこう》。「何事にも口をはさむ―がある」

**せいこう【性行】**（名）性質と行い。「―が悪い」

**せいこう【精巧】**（名・形動ダ）作りや細工が細かくて、じょうずにできていること。「―な細工」類精妙《せいみょう》

**せいこう【精鋼】**（名）精錬《せいれん》した鋼鉄。

**せいごう【正号】**（名）〘数〙正数を表す記号。プラスのしるし。「＋」対負号

**せいごう【整合】**（名・自他スル）❶ぴったり合うこと。また、ととのえてぴったり合わせること。「歯の不―をなおす」❷考えや意見の中に矛盾《むじゅん》がないこと。…性「整合性を欠く論理」

**せいこううどく【晴耕雨読】**（名・自スル）❶晴れた日は畑に出てたがやし、雨の降る日は室内で読書すること。❷勤めなどをやめて、のんびり生活すること。

**せいこうとうてい【西高東低】**（名）〘天〙日本付近の冬の代表的な気圧の状態で、日本列島の西のほうに高気圧が、東のほうに低気圧がある場合をいう。日本海側では天気が悪く、太平洋側では晴天が続く。

**せいこうほう【正攻法】**（名）計略を使わないで、正々堂々と攻《せ》める方法。「―でゆく」

**せいこく【正△鵠】**〘正△鵠〙（名）（「鵠」は、弓の的《まと》のまん中の黒い点の意）物事の要点。急所。参考「せいこう」とも読みならわされている。

**正鵠を射《い》る** 物事の要点を正しくおさえる。急所をつく。「正鵠を射た意見」

**せいこつ【整骨】**（名）〘医〙骨折や関節のはずれなどをなおすこと。骨接《つ》ぎ。接骨。「―院」

**ぜいこみ【税込み】**（名）給料や料金などに税金がふくまれていること。また、その金額。「―で一万円」

**せいこん【成婚】**（名）結婚がなりたつこと。「皇太子ご―」

**せいこん【精根】**（名）心身の活動する力。精力と根気。気力。「―つきはてる」

**せいこん【精魂】**（名）（物事にうちこむ）たましい。精神。「―こめて作る」

**せいさ【性差】**（名）男女の性別による違《ちが》い。男女差。

**せいさ【精査】**（名・他スル）くわしく調べること。「―を要する事項《じこう》」

**せいざ【正座】**〘正△坐〙（名・自スル）ひざをそろえて、きちんとすわること。ふつう、足を折って尻《しり》をかかとの上に置くすわり方をいう。

**せいざ【星座】**（名）〘天〙恒星《こうせい》の集まりを、それぞれの見かけの位置によって神や人物・動物・器物などにかたどって、名づけたもの。白鳥座、オリオン座など。

**せいさい【正妻】**（名）法律で認められた正式な妻。本妻。

**せいさい【生彩】**（名）↓せいさい（精彩）②

**せいさい【制裁】**（名・他スル）悪いことをしたり、約束やきまりを守らなかったりする者をこらしめること。また、その罰《ばつ》。「―を加える」「―を受ける」

**せいさい【精彩】**（名）❶目立って美しい色彩。「―あふれる画面」❷生き生きとして、元気ではつらつとしていること。「―を放つ」「―を欠いたプレー」参考②は「生彩」とも書く。

**せいさい【精細】**（名・形動ダ）くわしく細かいこと。「―な解釈《かいしゃく》」

**せいざい【製材】**（名・自スル）山などから切ってきた木を、板や角材などに加工すること。「―所」

**せいざい【製剤】**（名）薬剤をつくること。また、製品としてつくられた薬。「血液―」類製薬

**せいさく【政策】**（名）政治を行っていくうえでの方針やそれを実行するためのやり方。「経済―」

**せいさく【制作】**（名・他スル）芸術作品や放送番組などを作ること。また、その作品。「絵画―」⇩せいさく（製作）「学習」

**せいさく【製作】**（名・他スル）品物や器具などを作ること。製造。作製。「模型《もけい》の―」

> **学習 使い分け**「制作」「製作」
>
> **制作** 美術・文学・放送番組などの作品を作ること。「卒業制作」「彫刻《ちょうこく》の制作」「テレビドラマの制作」
>
> **製作** 品物や機械・器具などを作ること。また、映画やドラマなどを作ることの意味でも使われる。「製作所」「試作品の製作」「家具を製作する工場」「映画の製作者」

**せいさつ【省察】**（名・他スル）自分の生活や行いを反省して、よく考えること。「みずからの行動を―する」

**せいさつよだつ【生殺与奪】**（名）生かしたり殺したり、あたえたりうばったりが思いどおりになること。相手を思うようにする力をもつこと。「―の権をにぎる」

**せいさん【生産】**（名・他スル）人間が自然物に手を加えて、生活に必要な品物を作りだすこと。「大量―」「―力」…的「生産的な意見」…性「生産性を上げる」対消費

**せいさん【正△餐】**〘正△餐〙（名）西洋料理で正式の献立《こんだて》による食事。ディナー。

**せいさん【成算】**（名）成功の見とおし。なしとげられる見こみ。「―がある」

**せいさん【凄惨】**（名・形動ダ）目もあてられないほどむごたらしいこと。「―な事故現場」

**せいさん【清算】**（名・他スル）❶おたがいの貸し借りを計算して、貸し借りをなくすこと。「借金を―する」❷これまでの関係やことがらに結末をつけること。「過去の生活を―する」

**せいさん【精算】**（名・他スル）細かく正確に計算すること。また、細かく計算しなおして、過不足のないよう支払《しはら》いを行うこと。「運賃を―する」対概算《がいさん》

**せいざん【青山】**（名）❶あおあおと木が茂《しげ》っている

山。❷死んで骨をうずめる所。「人間《にんげん・じんかん》いたる所ーあり(=骨をうずめる所はどこにでもあるのだから、大志を抱《いだ》く者は、故郷を出て大いに活躍《かつやく》すべきだ)」

**せいさんかくけい【正三角形】**(名) 三つの辺の長さと三つの角の大きさがすべて等しい三角形。

**せいさんカリ【青酸カリ】**(名)《化》シアン化カリウム。白色で針のような形をした結晶《けっしょう》。ひじょうに毒性が強い。▽カリは、オランダ kali

**せいさんざい【生産財】**(名)《経》生産の手段として用いられる機械・原材料など。[対]消費財

**せいさんしき『聖▵餐式』**(名) キリスト教で、キリストの最後の晩餐《ばんさん》を記念し、キリストの血としてぶどう酒、肉としてパンを食べる儀式《ぎしき》。

**せいさんしゃ【生産者】**(名) 物を作る仕事をしている人。「ー米価」[対]消費者

**せいし【正史】**(名) 国家が正式なものとして作った歴史書。[対]外史

**せいし【生死】**(名) 生きることと死ぬこと。生きているか死んでいるか。「ーのせとぎわ」「ーの境をさまよう」

**せいし【正視】**(名・他スル) まともに見ること。真正面から見ること。「ーにたえない」[類]直視

**せいし【制止】**(名・他スル) 人が行おうとする言動をおさえとどめること。「ーをふりきる」「発言しようとするのをーする」

**せいし【精子】**(名)《生》雄《おす》の生殖細胞《せいしょくさいぼう》。ふつう、鞭毛《べんもう》や繊毛《せんもう》をもって運動する。卵子《らんし》と結びついて子ができる。[対]卵子

**せいし【静止】**(名・自スル) じっとして動かないこと。「ー衛星」「ーした状態」

**せいし【製糸】**(名) 糸を作ること。特に、絹《きぬ》にするためにまゆから生糸《きいと》をとること。「ー工場」

**せいし【静思】**(名・自他スル) 心を澄《す》まして静かに思うこと。静かに考えること。「ー黙考《もっこう》」

**せいし【製紙】**(名) 紙を作ること。「ー工場」

**せいし【誓詞】**(名) ちかいのことば。

**せいじ【正字】**(名) ❶正しい字。[対]誤字。❷正式なものとされる、字画の正しい漢字。[対]俗字《ぞくじ》・略字

**せいじ【青磁】**(名) 鉄分をふくむ青緑色のうわぐすりをかけて焼いた磁器。「ーの花瓶《かびん》」

**せいじ【政治】**(名) ❶主権者が立法・行政・司法などの機関によって国家を治めていくこと。地方政治や国際政治のように国以外にいうこともある。「ーにたずさわる」「ー活動」❷集団内における権力をめぐる争いやかけひき。「社内ー」

**せいじか【政治家】**(名) ❶政治を仕事としている人。「有力なー」❷政治的な力をもっている人。かけひきや根回しのじょうずな人。

**せいじがく【政治学】**(名) 政治を研究する学問。

**せいしき【正式】**(名・形動ダ) 正しいやり方。決められたとおりの方式。また、それにかなっていること。本式。「ーな手続き」「ーに結婚《けっこん》する」[対]略式

**せいしつ【正室】**(名) ❶表座敷《おもてざしき》。❷身分の高い人の、正式の妻。正妻。本妻。[対]側室《そくしつ》

**せいしつ【性質】**(名) ❶行動や考えなどにあらわれる、その人が生まれつきもっている心の傾向《けいこう》。「おとなしいー」[類]性格 ❷事物がもともともっている特性。「燃えやすいー」

**せいじつ【誠実】**(名・形動ダ) まじめで正直なこと。まごころのこもっていること。「ーな人がら」「不ー」

**せいじてき【政治的】**(形動ダ)〔ダロ・ダッ(デ・ニ)・ダ・ナ・ナラ・○〕❶政治にかかわるようす。「ーな話題」❷実際に即して物事に対応するようす。「ー判断」

**せいじはん【政治犯】**(名) 一国の政治的なきまりや秩序《ちつじょ》をみだす犯罪。また、その罪をおかした人。

**せいじゃ【正邪】**(名) 正しいことと、不正なこと。

**せいじゃ【聖者】**(名) ❶聖人。❷偉大《いだい》な信仰《しんこう》者。特にキリスト教で、その教えを守るために死んだ人や偉大な信者をいう。

**せいじゃく【静寂】**(名・形動ダ) 静まりかえっていること。静かでひっそりしていること。「ーをやぶる」

**ぜいじゃく『▵脆弱』**(名・形動ダ) もろくて弱いこと。「ーなからだ」

**せいしゅ【清酒】**(名) 米を原料として作った日本固有の澄《す》んだ酒。日本酒。

**ぜいしゅう【税収】**(名) 国や地方公共団体が税金を徴収《ちょうしゅう》して得る収入。「ーの落ち込《こ》み」

**せいしゅく【星宿】**(名) むかし、中国で天球を二十八の星座に分類したもの。星の宿り。

**せいしゅく【静粛】**(名・形動ダ) 静かにつつしみ深くしているようす・状態。「ごーに願います」

**せいじゅく【成熟】**(名・自スル) ❶農作物がじゅうぶんに実ること。「稲《いね》のーが早い」❷人間のからだや精神がじゅうぶんに成長すること。「心身がーする」❸物事が熟して適当な時期に達すること。

**せいしゅん【青春】**(名) 希望にあふれ、夢の多い若い時期。青年期。「ーを謳歌《おうか》する」「ー時代」

**せいじゅん【清純】**(名・形動ダ) 清らかで純情なこと。清くけがれのないこと。「ーな少女」

**せいしょ【清書】**(名・他スル) 下書きなどをきれいに書き直すこと。「原稿《げんこう》をーする」[類]浄書《じょうしょ》

**せいしょ【聖書】**(名) キリスト教の教えを書いた本。「旧約聖書」と「新約聖書」とがある。バイブル。

**せいしょう【斉唱】**(名・他スル)《音》大勢の人が同じ節をいっしょに歌うこと。「校歌のー」[対]独唱

**せいしょう【政商】**(名) 政府や政治家と結びついて利益を得る商人。

**せいしょう【清祥】**(名) 手紙文で、相手が元気で幸福に暮らしていることを祝うあいさつのことば。「ごーのこととおよろこび申しあげます」

**せいしょう【清勝】**(名) 手紙文で、相手が元気で健康に暮らしていることを祝うあいさつのことば。「ごーにてご活躍《かつやく》のこととおよろこび申しあげます」[類]健勝

**せいじょう【正常】**(名・形動ダ) 正しくふつうであること。変なところがないこと。ノーマル。「ーな状態」「ーにもどる」[⋮化]「国交が正常化する」[対]異常

**せいじょう【性情】**(名) 人の生まれつきの性質や心情。「楽天的なーの持ち主」

**せいじょう【政情】**(名) 政治の情勢。政界の状態。「ーの不安定な国」

**せいじょう【清浄】**(名・形動ダ) 清くけがれのないこ

と。清浄《しょうじょう》。「―な空気」類清潔。対不浄

**せいじょうき【星条旗】**（名）アメリカ合衆国の国旗。一三本の赤白の横線はアメリカ独立のときの州の数を表し、五〇個の白い星は現在の州の数を表す。

**せいしょうなごん〔清少納言〕【人名】**（生没年不明）平安時代中期の女性文学者。一条天皇の皇后《こうごう》定子《ていし》につかえ、広い知識とするどい感覚を発揮した随筆《ずいひつ》「枕草子《まくらのそうし》」を書いた。

**せいしょうねん【青少年】**（名）青年と少年。ふつう、一二歳《さい》ぐらいから二五歳ぐらいまでの男女。

**せいしょく【生色】**（名）生き生きとした顔色やようす。「―を失う(=元気がなくなる)」

**せいしょく【生殖】**（名・他スル）生物が自分の種族を保ち、栄えさせるために子孫を作ること。「―器」「有性―」「無性―」

**せいしょく【聖職】**（名）（僧《そう》や神官など）神聖な職務。特にキリスト教で、宣教師・司祭・牧師など。「―者」

**せいしょくさいぼう【生殖細胞】**（名）〔生〕生殖のためのはたらきをになう細胞。有性生殖の場合の雄《おす》の精子、雌《めす》の卵子、無性生殖の場合の胞子《ほうし》など。対体《たい》細胞

**せいしょほう【正書法】**（名）一般《いっぱん》に正しいと認められている、語の書き表し方。

**せいしん【制震】**（名）地震などのゆれを、建物内部に組みこんだ装置・構造などでおさえること。類耐震《たいしん》・免震《めんしん》

**せいしん【星▵辰】**（名）（「辰」は天体の意）星。

**せいしん【清新】**（名・形動ダ）すがすがしくて、新しさにあふれているようす。「―の気を吹《ふ》きこむ」

**せいしん【誠心】**（名）うそやいつわりのないまじめな心。まごころ。「―誠意をつくす」

**せいしん【精神】**（名）❶こころ。たましい。理性的な心のはたらき。「崇高《すうこう》な―」「―統一」「―修行《しゅぎょう》」「―状態」「―鑑定《かんてい》」対肉体 ❷物事のいちばんもととなる意義。真髄《しんずい》。「憲法の―」「建学の―」 ❸物事をやりとげようとする気持ち。気力。根気。「たくましい―」「―を鍛《きた》える」

**精神一到《いっとう》何事《なにごと》か成《な》らざらん** 精神を集中して物事を行えばどんなことでもできる。類思う念力岩をも通す

**せいじん【成人】**一（名）おとな。一人前の人間。日本では満一八歳《さい》以上をいう。「―式」二（名・自スル）おとなになること。成長。「りっぱに―する」

参考二〇二二（令和四）年四月に満二〇歳から満一八歳以上となる。

**せいじん【聖人】**（名）知識や徳がひじょうにすぐれていて、多くの人の手本とされる人。「―君子」

**せいしんえいせい【精神衛生】**（名）精神の病気の予防・治療《ちりょう》を行うこと。また、精神的健康を保とうとすること。メンタルヘルス。「―上よくない」

**せいじんきょういく【成人教育】**（名）社会に出ている成人に対して行う教育。類社会教育

**せいしんてき【精神的】**（形動ダ）{ダロ・ダッ(デ・ニ)・ダ・ナ・ナラ・〇}精神に関するようす。「―な支え」「―ショック」「―負担」対物質的・肉体的

**せいしんねんれい【精神年齢】**（名）知能の発達した程度を年齢で表したもの。

**せいじんのひ【成人の日】**（名）国民の祝日の一つで、成人になった人を祝う日。一月の第二月曜日。

**せいしんはくじゃく【精神薄弱】**（名）→ちてきしょうがい

**せいしんびょう【精神病】**（名）〔医〕精神の働きに異常をおこす病気。

**せいじんびょう【成人病】**（名）「生活習慣病」のかつての呼び名。

**せいしんぶんせき【精神分析】**（名）夢や連想などを分析し、心の奥《おく》にかくれている心理を明らかにしようとすること。フロイトがはじめた方法。

**せいしんりょく【精神力】**（名）その人をささえる精神の強さ。目的をはたそうとする意志の力。気力。「強い―でやりとげる」

**せいしんろうどう【精神労働】**（名）おもに頭脳を使ってする仕事。事務・研究・教育など。類頭脳労働。対肉体労働

**せいず【星図】**（名）〔天〕空の星や星雲などの位置や明るさを地図のように示した図。

**せいず【製図】**（名・他スル）機械や建物を作るのに用いる、形や寸法などを示した図面をかくこと。

**せいすい【盛衰】**（名）さかんになることと、おとろえること。「栄枯《えいこ》―」

**せいすい【精粋】**（名）まじりけを取り去った、いちばんたいせつなところ。「日本文学の―を集める」

**せいずい【精髄】**（名）物事のいちばんたいせつなところ。「茶道の―」

**せいすう【正数】**（名）〔数〕0より大きい数。対負数

**せいすう【整数】**（名）〔数〕1・2・3…などの自然数と、これに対応する負数と0をまとめた呼び名。

**せい・する【制する】**（他サ変）{シ(セ・サ)・シ・スル・スル・スレ・シロ(セヨ)}❶相手または自分の言動や感情などをおさえる。「騒《さわ》ぐのを―」「機先《きせん》を―(=相手をおさえて自分が先に行動する)」❷支配する。「全国を―」❸制定する。「法を―」

**せい・する【製する】**（他サ変）{シ(セ・サ)・シ・スル・スル・スレ・シロ(セヨ)}物をつくる。こしらえる。「鉄を―工場」

**せいせい【生成】**（名・自他スル）ものが生じて形あるものになること。また、すること。「火山の―」

**せいせい【精製】**（名・他スル）❶まじり物を取り除き、純良な物に作りあげること。「―品」「砂糖の―」❷念を入れて作ること。対粗製《そせい》

**せいせい【清清】**（副・自スル）すがすがしいようす。気持ちがさっぱりするようす。「宿題がすんで―した」

**せいぜい【精精】**（副）❶できるだけ。力のおよぶかぎり。「―がんばってくれ」❷多く見積もって。たかだか。「参加者は―一〇人程度だろう」

**ぜいせい【税制】**（名）税金のかけ方や取りたてる方法などのきまり。租税《そぜい》の制度。「―改革」

**せいせいどうどう【正正堂堂】**（ト・タル）態度が正

しくて、りっぱなようす。「―とたたかう」

**せいせいるてん**【生生流転】(名・自スル) この世のすべてのものが、生死をくりかえし、いつまでも変化し続けていくこと。生生流転《しょうじょうるてん》。

**せいせき**【成績】(名) ❶仕事などであがった結果。「販売《はんばい》―」 ❷学生や生徒の学業や試験のできぐあい。「英語の―が上がる」「―表」

**せいせき**【聖跡】〘聖△蹟〙(名) むかし、神聖なことやものがあったあと。また、天皇に関係のある遺跡《いせき》。

**せいぜつ**【凄絶】(名・形動ダ) きわめてすさまじく、言いようもないくらいであること。「―な光景」

**せいせっかい**【生石灰】(名)〘化〙石灰石を焼いて作った白いかたまり。酸化カルシウム。

**せいせん**【生鮮】(名・形動ダ) 魚や肉、野菜などが新しくて生きのいいこと。「―食料品」

**せいせん**【聖戦】(名) ❶宗教上の神聖な目的のための戦争。また、正義のための戦い。 ❷→ジハード

**せいせん**【精選】(名・他スル) よく調べて、よいものだけを選びぬくこと。「―問題集」

**せいぜん**【生前】(名) なくなった人が生きていたとき。「―の業績をたたえる」「―をしのぶ」 対 死後

**せいぜん**【整然】(トタル) きちんとととのっているようす。「―とした行進」 対 雑然

**せいぜんせつ**【性善説】(名) 中国の思想家孟子《もうし》の唱えた、人の本性《ほんしょう》は生まれながらにして善であるという説。 対 性悪説

**せいそ**〘清△楚〙(名・形動ダ) 清らかでさっぱりしていること。「―な姿」 使い方 おもに女性に対して使う。

**せいそ**【精粗】(名) 細かいことと粗《あら》いこと。また、くわしいことと大ざっぱなこと。「描写《びょうしゃ》の―」

**せいそう**【正装】(名・自スル) 儀式《ぎしき》などに出るための正式の服装。また、それを着ること。 対 略装

**せいそう**【成層】(名) 層になって積み重なること。また、その層。「―岩」「―圏《けん》」

**せいそう**【政争】(名) 政界の争い。政治上の争い。政権の奪《うば》いあい。「みにくい―」

**せいそう**【星霜】(名) 年月。としつき。「幾《いく》―を重ねる(=何年もたつ)」

**せいそう**【清掃】(名・他スル) きれいにそうじすること。「―工場(=ごみ処理場)」

**せいそう**【盛装】(名・自スル) 美しく、りっぱに着かざること。また、その衣装《いしょう》。「―した婦人」

**せいそう**〘△悽△愴〙(名・形動ダ) すさまじく痛ましいこと。「―な死」

**せいそう**【精巣】(名)〘生〙動物の雄《おす》の生殖《せいしょく》器官の一つで、精子をつくる部分。哺乳《ほにゅう》類では陰嚢《いんのう》の中にあり、睾丸《こうがん》ともいう。

**せいぞう**【製造】(名・他スル) 物を作ること。また、原料に手を加え商品を作ること。「―業」

**せいそうけん**【成層圏】(名)〘天〙地上約一〇キロメートルから約五〇キロメートルまでの空気の層。風が決まった方向に吹《ふ》いていて気象の変化がない。

**せいそく**【生息】〘△棲息・△栖息〙(名・自スル) 生物が生存し、繁殖《はんしょく》すること。生物がある場所にすんで生活すること。「ジャングルに―する動物」

**せいぞろい**【勢ぞろい】〘勢△揃い〙(名・自スル) ❶軍勢がそろうこと。 ❷ある目的で、関係しているすべての人や物が一か所に集まりそろうこと。「全国の精鋭《せいえい》が―する」

**せいぞん**【生存】(名・自スル) 生きて存在すること。生き残ること。「―者」 参考「せいそん」とも読む。

**せいぞんきょうそう**【生存競争】(名) 生物が生きのびようとして、たがいに争うこと。また、人間社会で生じるさまざまな競争にもいう。「―に勝つ」

**せいぞんけん**【生存権】(名) 人間にふさわしい健康で文化的な生活を送れるよう、国家に要求できる権利。

**せいたい**【正対】(名・自スル) 真正面に向き合うこと。「どのような困難《こんなん》にも―する」

**せいたい**【生体】(名) 生きているからだ。「―反応」「―移植」 対 死体

**せいたい**【生態】(名) ❶自然界に生きている生物の状態。「パンダの―を調べる」 ❷ありのままの生活の姿。「現代の高校生の―」

**せいたい**【成体】(名) 成長して、生殖《せいしょく》能力をもつようになった生物の個体。

**せいたい**【声帯】(名)〘生〙のどの中間にある、声を出す器官。弾力《だんりょく》のある二つの帯状の筋からなる。息がここを通るとき振動《しんどう》して声となる。

**せいたい**【政体】(名) 国の政治が行われるしくみと方法。民主制・君主制・共和制、または専制政体・立憲政体など。

**せいたい**【静態】(名) 動きのない状態。 対 動態

**せいたい**【整体】(名) 指圧やマッサージによって、骨のゆがみをなおしたり、からだの働きを整えたりすること。

**せいだい**【正大】(名・形動ダ) 正しくて堂々としているようす。「公明―」

**せいだい**【盛大】(名・形動ダ) 集会や儀式《ぎしき》などが大じかけでりっぱなようす。「―な歓迎《かんげい》会」

**せいたいけい**【生態系】(名) 一定の地域にすむ生物の集まりと、それをとりまく生活環境《せいかつかんきょう》とをひとまとまりのものとしてとらえたもの。

**せいたいもしゃ**【声帯模写】(名) 人の声や動物の鳴き声などをまねること。また、その芸。声色《こわいろ》。

**せいだく**【清濁】(名) ❶澄《す》んでいることとにごっていること。 ❷清音と濁音。 ❸善悪。正しいこととよくないこと。

**清濁併《あわ》せ呑《の》む** 心が広く大きく、善悪の区別なく、なんでも受け入れる。「―大人物」

**ぜいたく**〘△贅沢〙(名・形動ダ・自スル) ❶ふつうの程度、または必要以上におかねや物を費やすこと。「―な生活」「食材を―に使う」「―三昧《ざんまい》」 ❷身のほどをこえていること。「―な悩《なや》み」

**せいたけ**【背丈】(名) →せたけ

**せいだ・す**【精出す】(自五){サ(ソ)・シ・ス・ス・セ・セ} いっしょうけんめいに努力する。精を出す。「仕事に―」

**せいたん**【生誕】(名・自スル) 人が生まれること。誕生《たんじょう》。多く、有名な人物について用いる。「―一〇〇年」「―の地」

**せいだん**【星団】(名)〘天〙多くの恒星《こうせい》が集まって

かたまりに見えるもの。プレアデス星団など。

**せいだん【政談】**（名）❶政治についての談話。政治上の議論。❷政治や裁判を題材にした講談。

**せいだん【清談】**（名）おかねなど俗世間《ぞくせけん》のことでない、趣味《しゅみ》・芸術・学問などの話。「ーにふける」

**せいたんさい【聖誕祭】**（名）→クリスマス

**せいち【生地】**（名）その人の生まれた所。出生地。

**せいち【聖地】**（名）神仏などに関係のある神聖な土地。転じて、ある物事にとって重要な地。「ー巡礼」

**せいち【精緻】**（名・形動ダ）きわめてくわしく細かいこと。「ーな細工《さいく》」類精密《せいみつ》

**せいち【整地】**（名・自他スル）種まきや苗《なえ》植えのために土地をたがやしたり、建築などのために土地をたいらにしたりすること。「ー作業」

**ぜいちく**『△筮竹』（名）うらないに使う、竹の細い棒。

（ぜいちく）

**せいちゃ【製茶】**（名）つみとった茶の葉を加工して、飲料用の茶を作ること。

**せいちゅう【正中】**（名）まんなか。物の中心。

**せいちゅう【成虫】**（名）〘動〙成長して、生殖《せいしょく》の能力をもつようになった昆虫《こんちゅう》。対幼虫《ようちゅう》

**せいちゅう**『△掣◇肘』（名・他スル）（人のひじを引いて自由にさせない意から）そばから干渉《かんしょう》して行動を自由にさせないこと。「ーを加える」

**せいちょう【正調】**（名）（歌い方などの）正しい調子。特に、民謡《みんよう》についていう。「ー黒田節」対変調

**せいちょう【生長】**（名・自スル）植物などが、のび育つこと。「稲《いね》がーする」類発育。⇩せいちょう（成長）「学習」

**せいちょう【成長】**（名・自スル）❶人や動物などが、育って大きくなること。からだや心が育って成熟すること。「子どもがすくすくーする」「精神的ー」類発育。❷物事の規模《きぼ》や内容が発展して大きくなること。「ー産業」「ー株」

**学習 使い分け 「生長」「成長」**

**生長** 植物が育って大きくなること。「苗《なえ》の生長を妨《さまた》げる」「樹木が生長する」

**成長** 動物が育っていくこと。また、物事が発展して大きくなること。「孫の成長を喜ぶ」「心の成長を助ける」「経済成長」

**せいちょう【成鳥】**（名）成長して、生殖《せいしょく》の能力をもつようになった鳥。

**せいちょう【声調】**（名）声の調子。節まわし。

**せいちょう【性徴】**（名）男女・雄雌《おすめす》のちがいを表すからだの特徴《とくちょう》。「第一次ー」

**せいちょう【清澄】**（名・形動ダ）くもりやよごれがなく、清らかにすみわたっているようす。「山のーな空気」

**せいちょう【清聴】**（名・他スル）相手が自分の話を聞いてくれることを敬っていうことば。「ごーを感謝いたします」

**せいちょう【静聴】**（名・他スル）静かによく聞くこと。「ごーください」

**せいちょう【整腸】**（名）腸の働きをととのえること。

**せいちょう【整調】**（名・他スル）調子をととのえること。「からだをーする」

**せいちょうかぶ【成長株】**（名）❶将来発展が予想される会社の株。❷将来性のある人。

**せいつう【精通】**（名・自スル）ある物事についてくわしく知っていること。「近代文学にーする」

**せいてい【制定】**（名・他スル）法律や規則などを作り定めること。「法律をーする」

**せいてき【政敵】**（名）政治的に対立している相手。政治上の競争相手。

**せいてき【清適】**（名）心身がすがすがしく安らかなこと。手紙文などで、他人の健康や無事を喜ぶことば。「ごーのことと存じます」

**せいてき【性的】**（形動ダ）{ダロ・ダッ(デ・ニ)・ダ・ナ・ナラ・○}性や性欲に関するようす。「ーな魅力《みりょく》」

**せいてき【静的】**（形動ダ）{ダロ・ダッ(デ・ニ)・ダ・ナ・ナラ・○}静かで、動きのないようす。対動的

**せいてつ【西哲】**（名）西洋の、すぐれた哲学者・思想家。

**せいてつ【製鉄】**（名）鉄鉱石をとかして銑鉄《せんてつ》を作ること。「ー所」

**せいてはことをしそんじる**『◇急いては事を仕損じる』物事をする場合にあわてたり、あせったりすると失敗する。類急がば回れ

**せいてん【青天】**（名）晴れた空。青空。

**青天の霹靂《へきれき》**（青空にとつぜん鳴るかみなりの意から）とつぜん起こった思いがけないできごと。

**せいてん【盛典】**（名）盛大な祝典・儀式《ぎしき》。類盛儀《せいぎ》

**せいてん【晴天】**（名）晴れている空。また、天気のよいこと。「本日はーなり」「ーにめぐまれる」対雨天

**せいてん【聖典】**（名）❶その宗教で、教義の根本が記されている書物。キリスト教の聖書やイスラム教のコーランなど。❷聖人が書いた書物。

**せいてんかん【性転換】**（名・自スル）❶生物の個体が、反対の性の機能を持つようになること。❷手術によって性器を別の性のものに変えること。

**せいでんき【静電気】**（名）〘物〙（まさつによっておこる電気など）物を伝わって流れていかない電気。

**せいてんはくじつ【青天白日】**（名）❶よく晴れた日和《ひより》。❷心や行いがきれいでうしろぐらいところのないこと。また、無罪が明らかになること。「ーの身」

**せいと【生徒】**（名）学校などで教えを受けている人。特に、中学校・高等学校で、教育を受けている人。「ー会」「ー手帳」類児童・学生

**せいと【征途】**（名）❶旅のみち。❷戦争や試合などに出かけていく道。「ーにつく」

**せいと【聖徒】**（名）キリスト教徒。キリスト教の聖人。

**せいど【制度】**（名）社会や団体などをまとめていくために決められた規則やしくみ。「社会保障ー」

**せいど【精度】**（名）機械や計算・測定などの、正確さや精密さの程度。「―が高い」

**せいとう【正当】**（名・形動ダ）正しくて道理にかなっていること。「―な理由」…性「正当性を認める」…化「自分の行為《こうい》を正当化する」対不当

**せいとう【正答】**（名・自スル）正しい答え。また、正しく答えること。「―を求める」

**せいとう【正統】**（名）同じものから分かれたもののうちで、正しいとされる血すじや系統。「―派」…的「正統的なやり方」対異端

**せいとう【征討】**（名・他スル）従わないものを、兵を出してうつこと。「―作戦をたてる」

**せいとう【政党】**（名）政治について同じ意見や考えをもっている人びとが集まって作った団体。「―政治」

**せいとう【製糖】**（名・自スル）さとうきび・てんさいなどから砂糖を作ること。

**せいどう【正道】**（名）正しい道。正しい道理。また、それにかなった生き方やり方。対邪道《じゃどう》

**せいどう【制動】**（名・他スル）運動している物体、特に車輪を止めたり、その速力を落としたりすること。「―機（＝ブレーキ）」

**せいどう【青銅】**（名）銅とすずの合金。からかね。ブロンズ。「―の像」「―器」

**せいどう【政道】**（名）政治のやり方。政治の道。

**せいどう【聖堂】**（名）❶孔子《こうし》をまつった建物。聖廟《せいびょう》。「湯島《ゆしま》の―」❷キリスト教の礼拝堂。

**せいどういつせいしょうがい【性同一性障害】**（名）肉体的な性と、自分が感じている人格的な性が一致しない状態。GID。

**せいどうきじだい【青銅器時代】**（名）《歴》石器時代と鉄器時代の間で、青銅の器具を作り使用した時代。日本では、弥生《やよい》時代に青銅器と鉄器を同時に使用したので、独立した青銅器時代はない。

**せいとうせいじ【政党政治】**（名）国会に多数を占《し》める政党が政権を担当する議会政治。

**せいとうぼうえい【正当防衛】**（名）《法》急に不正な暴行を加えられたとき、自分または他人を守るために、やむをえず相手に害を加える行為《こうい》。それが必要限度をこえないかぎり、罰《ばっ》せられない。

**せいとく【生得】**（名）生まれつき。「―の資質」参考「しょうとく」とも読む。

**せいどく【精読】**（名・他スル）細かいところまで注意してくわしく読むこと。熟読。対乱読《らんどく》

**せいとん【整頓】**（名・他スル）きちんとかたづけること。正しく整えること。「整理―」

**せいにく【精肉】**（名）よく選んだ上等の肉。「―店」

**ぜいにく【ぜい肉】**〘△贅肉〙（名）必要以上にからだについた肉や脂肪《しぼう》。「―がつく」

**せいねん【生年】**（名）❶生まれた年。誕生《たんじょう》の年。「―月日」対没年《ぼつねん》。❷生まれてから過ぎた年数。参考②の意味では「しょうねん」とも読む。

**せいねん【成年】**（名）人の知能や身体が完全に発達したとみなされる年齢《ねんれい》。満一八歳《さい》以上。「―に達する」対未成年。参考二〇二二（令和四）年四月に満二〇歳以上から引き下げ。

**せいねん【青年】**（名）一五、六歳《さい》から二十代ぐらいまでの男女。「文学―」

**せいねん【盛年】**（名）元気でさかんな年ごろ。

**せいねんがっぴ【生年月日】**（名）生まれた年と月と日。

**せいねんこうけんせいど【成年後見制度】**（名）《法》判断能力が不十分な高齢《こうれい》者や知的障害者などを、財産管理などの面で法的に保護する制度。

**せいのう【性能】**（名）機械などの性質や能力。「―のよい機械」

**せいは【制覇】**（名・自スル）❶すべての競争相手をおさえて権力をにぎること。「世界―の野望をいだく」❷運動競技などで、優勝すること。「全国―をめざす」

**せいばい【成敗】**（名・他スル）❶処罰《しょばつ》すること。こらしめること。「けんか両―」❷むかし、罪人などを打ち首にしたこと。「悪人を―する」

**せいはく【精白】**（名・他スル）米や麦をついて皮をとり、白くすること。「―米」

**せいばく【精麦】**（名・他スル）麦をついて白くすること。また、その麦。

**せいはつ【整髪】**（名・自スル）髪《かみ》の形を整えること。「―料」

**せいばつ【征伐】**（名・他スル）敵や悪人などを攻《せ》めうつこと。「悪者を―する」

**せいはん【正犯】**（名）《法》刑法《けいほう》で、犯罪を自ら実行する者。主犯。対従犯

**せいはん【製版】**（名・自スル）印刷するための版面を作ること。「写真―」「―技術がよい」

**せいはんたい【正反対】**（名・形動ダ）ちょうど逆のこと。まったくあべこべのこと。「―の方角」

**せいひ【正否】**（名）正しいことと、正しくないこと。正しいか正しくないか。「―をはっきりさせる」

**せいひ【成否】**（名）成功と失敗。成功するか失敗するか。「このこと一つに事の―がかかる」

**せいび【整備】**（名・自他スル）すぐ使えるように準備を整えること。また、整っていること。「車を―する」

**せいひつ**〘静△謐〙（名・形動ダ）静かでおだやかなこと。世の中がおだやかに治まること。「―をとりもどす」

**せいひょう【青票】**（名）国会で記名投票をするとき、議案への反対の意を表す議員が投じる青色の票。あおひょう。「―を投じる」対白票

**せいひょう【製氷】**（名・自スル）氷をつくること。「―機」

**せいびょう【性病】**（名）《医》おもに、性行為《せいこうい》によって感染《かんせん》する病気。梅毒《ばいどく》・淋病《りんびょう》など。性感染症《しょう》。

**せいびょう**〘聖△廟〙（名）孔子《こうし》をまつってある堂。聖堂。

**せいひれい【正比例】**（名・自スル）《数》→ひれい（比例）①。対反比例

**せいひん【清貧】**（名）欲をもたず、行いが清らかで貧しさに不満を感じていないこと。「―に甘《あま》んじる」

**せいひん【製品】**（名）おもに商品として作った品物。「電化―」

**せいふ【正負】**（名）❶《数》正数（0より大きい数）と負数（0より小さい数）。❷《数》正号と負号。プラス（＋）とマイナス（－）。❸《物》陽極と陰極《いんきょく》。

**せいふ【政府】**（名）国の政治を行う機関。特に、内閣や中央官庁。「—の要人」「時の—」

**せいぶ【西部】**（名）❶地域や国など、特定の場所の西の部分。対東部。❷アメリカ合衆国のミシシッピ川から西の地域。

**せいふう【清風】**（名）すずしくて気持ちのよい風。

**せいふく【制服】**（名）学校や会社などで着るように決められている服装。ユニホーム。対私服

**せいふく【征服】**（名・他スル）❶力で相手をたおして、従わせること。「敵を—する」❷困難にうちかって目的を果たすこと。「エベレストを—する」

**せいぶげき【西部劇】**（名）アメリカ合衆国の西部開拓《かいたく》時代を題材にした劇や映画。ウエスタン。

**せいぶつ【生物】**（名）生きて活動し、繁殖《はんしょく》をするもの。動物・植物・微生物《びせいぶつ》などをまとめた呼び名。いきもの。「単細胞《たんさいぼう》—」「外来—」対無生物

**せいぶつ【静物】**（名）絵の題材で、花・くだもの・器具などのように動かないもの。

**せいぶつが【静物画】**（名）《美》人物や風景などをえがいた絵に対し、花・くだもの・器具などをえがいた絵。

**せいぶつがく【生物学】**（名）自然科学の一部門。生物や生命現象について研究する学問。

**せいぶつへいき【生物兵器】**（名）人のからだに害をなす細菌《さいきん》やウイルスなどを利用した兵器。

**せいふん【製粉】**（名・他スル）小麦などの穀物《こくもつ》をひいて、粉を作ること。「—所」

**せいぶん【成分】**（名）❶ある物を作っているもとになる元素または物質。「—分析《ぶんせき》」❷《文法》文を構成している各部分。主語・述語・修飾《しゅうしょく》語など。

**せいぶん【成文】**（名）文章に書き表すこと。また、その文章。…化「慣習法を成文化する」

**せいぶんほう【成文法】**（名）《法》文書の形式で書き表されている法。対不文法

**せいへい【精兵】**（名）きたえあげた強い兵士。よりぬきの兵。せいびょう。「—を集める」

**せいへき【性癖】**（名）生まれつきのかたよった性質。おもに、悪いくせ。「変な—をもっている」

**せいべつ【生別】**（名・自スル）生き別れ。生きながら別れること。対死別

**せいべつ【性別】**（名）男女の区別。雄《おす》と雌《めす》の区別。「—は問わない」

**せいへん【正編】〘正△篇〙**（名）書物や映画などの主要な部分。また、はじめに作られたもの。対続編

**せいへん【政変】**（名）政治上の変動。政権が急に交替《こうたい》すること。

**せいぼ【生母】**（名）生みの母。実母。対養母

**せいぼ【聖母】**（名）キリストの生母、マリア。マドンナ。

**せいぼ【歳暮】**（名）❶年の暮れ。年末。❷一年間世話になった人に、年の暮れにわたす贈《おく》り物。おせいぼ。参考①の意味では「さいぼ」とも読む。

**せいほう【西方】**（名）西の方角・方面。さいほう。対東方

**せいほう【製法】**（名）ものをつくる方法。製造法。「塩の—」

**せいぼう【声望】**（名）りっぱな人だという評判。「—が高い人」

**せいぼう【制帽】**（名）学生・警官など、ある団体や職業に属する人が、かぶるように決められている帽子。

**ぜいほう【税法】**（名）《法》税金に関する法規の総称《そうしょう》。「—違反《いはん》」

**せいほうけい【正方形】**（名）《数》四つの辺の長さが等しく、四つの角が直角の四辺形。正四角形。ましかく。

**せいぼつねん【生没年】**（名）生まれた年と死んだ年。生年と没年。「—不明」

**せいほん【製本】**（名・他スル）印刷物などをとじて表紙をつけ、本の形に仕上げること。「—技術」

**せいまい【精米】**（名・自他スル）玄米《げんまい》をついて皮をとり、白くすること。また、その米。精白米。白米。

**せいみつ【精密】**（名・形動ダ）細かい点まで注意が行きとどいて正確なこと。「—検査」「—機械」類精緻《せいち》・緻密《ちみつ》

**せいみょう【精妙】**（名・形動ダ）細かくたくみなこと。すぐれてたくみなこと。「—な技術」類精巧《せいこう》

**せいむ【政務】**（名）政治を行ううえでの仕事。「—を執《と》る」

**ぜいむ【税務】**（名）税金を割り当てたり、取りたてたりする事務。

**ぜいむしょ【税務署】**（名）国税庁に属し、国税の割り当てや徴収《ちょうしゅう》に関する仕事をする役所。

**せいめい【生命】**（名）❶生物が生物として存在できる、もとの力。いのち。「—にかかわる病《やまい》」「新しい—の誕生《たんじょう》」❷いのちに等しいような最も大事なもの。「政治—をかける」「信用は会社の—である」

**せいめい【声名】**（名）よい評判。名声。「—が上がる」

**せいめい【声明】**（名・自他スル）意見や見解を公《おおやけ》に発表すること。また、その意見。「共同—」「—を出す」注意「しょうみょう」と読むと別の意味になる。

**せいめい【姓名】**（名）名字《みょうじ》と名前。氏名。「—を明記する」「—を名乗る」

**せいめい【清明】**一（名・形動ダ）清く明らかなこと。「—な月の光」二（名）二十四節気の一つ。太陽暦《たいようれき》では四月五日ごろ。

**せいめい【盛名】**（名）よい評判。さかんな名声。「—を馳《は》せる」

**せいめいせん【生命線】**（名）❶生死・存亡《そんぼう》の分かれ目となる最も重要な物事。「国の—」❷手相で、寿命《じゅみょう》に関係があるとされる、てのひらのすじ。

**せいめいはんだん【姓名判断】**（名）姓名の文字の画数《かくすう》などによってその人の運勢をうらなうこと。

**せいめいほけん【生命保険】**（名）保険の対象になっている人が死亡または一定の年齢《ねんれい》になったとき、約束の金額を保険会社から受け取るしくみの保険。

**せいめいりょく【生命力】**（名）生命を維持《いじ》していこうとする力。「—の強い植物」

**せいもん【正門】**（名）正面の門。表門。

**せいもん【声紋】**（名）周波数分析《ぶんせき》装置で声を

図に変えたもの。指紋と同じように人によって差があるため犯罪捜査《そうさ》に利用される。

**せいもん【誓文】**（名）誓《ちか》いのことばを書いた文書。

**せいや【聖夜】**（名）クリスマスの前夜。一二月二四日の夜。クリスマスイブ。

**せいやく【成約】**（名・自スル）契約《けいやく》が成立すること。「―にいたる」

**せいやく【制約】**（名・他スル）ある条件をつけて活動をおさえつけること。また、その条件。「厳しい―がある」「時間的―を受ける」「行動を―される」類制限

**せいやく【誓約】**（名・他スル）誓《ちか》いをたてて、かたく約束すること。また、その誓い。「―書」

**せいやく【製薬】**（名）薬を作ること。また、作った薬品。「―会社」類製剤《せいざい》

**せいゆ【精油】** 一（名）植物の花・葉・根などから精製した油状の香料《こうりょう》。二（名・自スル）石油を精製すること。また、精製した石油。

**せいゆ【製油】**（名・他スル）原油や動植物から石油・食用油・香油《こうゆ》などを作ること。

**せいゆう【声優】**（名）ラジオの放送劇や映画の吹《ふ》きかえ、アニメーションなどに、声だけで出演する俳優。

**せいゆう【清遊】**（名・自スル）❶風流な遊び。「―の地」❷手紙などで、相手の遊びや旅行をさすていねいな言い方。「海外に―される」

**せいよう【西洋】**（名）ヨーロッパやアメリカの国々。「―料理」「―風」「―文明」対東洋

**せいよう【静養】**（名・自スル）心やからだを静かに休めること。また、からだを休めて病気や疲《つか》れをいやすこと。「自宅で―する」

**せいよく【性欲】**〘性△慾〙（名）男女間の肉体的な欲望。性に関する欲望。類色欲《しきよく》

**せいらい【生来】**（名・副）❶生まれつき。「―の正直者」❷生まれて以来。「―うそをついたことがない」

**せいり【生理】**（名）❶生物のからだの生きるうえでのはたらきぐあい。「―現象」❷月経。「―休暇《きゅうか》」

**せいり【整理】**（名・他スル）❶乱れているものをととのえること。「―整頓《せいとん》」「交通―」類整頓

❷不要なものを取り除くこと。「不採算部門を―する」「人員―」

**ぜいり【税吏】**（名）税金に関する事務をとりあつかう役人。

**せいりがく【生理学】**（名）生物、特に、人体の器官のはたらきについて研究する学問。

**ぜいりし【税理士】**（名）資格をもち、税金に関する相談に応じたり、納税の申告を代行したりする人。

**せいりつ【成立】**（名・自スル）❶なりたつこと。できあがること。「会が―する」「不―」❷交渉《こうしょう》などがまとまること。「商談が―する」

**ぜいりつ【税率】**（名）税金を課する割合。租税《そぜい》率。「―を下げる」

**せいりてき【生理的】**（形動ダ）（ダロ・ダッ(デ・ニ)・ダ・ナ・ナラ・○）❶からだのはたらきや組織に関するようす。「―現象」❷理屈《りくつ》ではなく本能に関するようす。「―にあわない」

**せいりゃく【政略】**（名）❶政治上の策略。「―をめぐらす」❷物事を有利にはこぶためのはかりごと。かけひき。…的「政略的な選択をする」

**せいりゃくけっこん【政略結婚】**（名）政治上の策略や経済的な利益のために、当人たちの意思とはかかわりなくさせる結婚。

**せいりゅう【清流】**（名）川などの、きれいな水の流れ。対濁流《だくりゅう》

**せいりゅう【整流】**（名・他スル）《物》電気で、交流を直流に変えること。「―器」

**せいりゅうとう【青竜刀】**（名）むかしの中国の刀。柄《つか》に青い竜のかざりがあり、刀身は幅《はば》が広く曲がっている。

**せいりょう【声量】**（名）その人が出せる声の大きさと豊かさ。「―のある人」

**せいりょう【清涼】**（名・形動ダ）さわやかで、すがすがしいこと。「高原の―な空気」

**せいりょういんりょうすい【清涼飲料水】**（名）アルコールをふくまず、さわやかな感じのする飲み物。サイダーやコーラ、ジュースなど。ソフトドリンク。

**せいりょうざい【清涼剤】**（名）❶口の中や気分をさわやかにする薬。❷人の気持ちをさわやかにする物事やできごと。「小さな親切が一服の―となった」

**せいりょうでん【清涼殿】**（名）内裏《だいり》にあった御殿《ごてん》の一つ。天皇が平常住んだ所。せいろうでん。

**せいりょく【勢力】**（名）ほかをおさえ、自分に従わせる力。「―をのばす」「新興―」「―圏《けん》」

**せいりょく【精力】**（名）心やからだの元気なはたらきのもとになる力。活力。「―があり余る」…的「精力的な活動」

**せいるい【声涙】**（名）声と涙《なみだ》。

**声涙ともに下《くだ》る** 感情がたかぶり、涙を流しながら語る。

**せいれい【制令】**（名）制度と法令。「―を守る」

**せいれい【政令】**（名）憲法《けんぽう》や法律できめられていることを実施《じっし》するために内閣が制定する命令。

**せいれい【清麗】**（名・形動ダ）清らかでうるわしいこと。「―な水」

**せいれい【聖霊】**（名）キリスト教で、人の心にやどり、神の道を守り続ける心を助けはげます力となるもの。

**せいれい【精励】**（名・自スル）精を出して働くこと。はげみ努めること。「―努力」

**せいれい【精霊】**（名）❶自然界にある万物に宿っているとされる根源の力・たましい。「大地の―」「―崇拝《すうはい》」❷死者のたましい。しょうりょう。「先祖の―を迎《むか》える」

**せいれいしていとし【政令指定都市】**（名）政令によって指定された人口五〇万人以上の市。区を設けることができるなど、一般《いっぱん》の市とは異なる行政上の特例が認められる。指定都市。

**せいれき【西暦】**（名）キリストが誕生したとされる年を紀元元年として年を数える数え方。西紀。

**せいれつ【清冽】**〘清△洌〙（形動ダ）（ダロ・ダッ(デ・ニ)・ダ・ナ・ナラ・○）水などが清らかで冷たい感じのするようす。「―な泉」

**せいれつ【整列】**（名・自スル）きちんと列をつくってならぶこと。「校庭に―する」

**せいれん【清廉】**（名・形動ダ）心が清く私欲のないこと。「―潔白」「―の士」

**せいれん【精練】**（名・他スル）❶よく練って仕上げること。よく訓練してきたえ上げること。精錬《せいれん》。❷天然繊維《てんねんせんい》からまじりものを除いて質を高めること。

**せいれん【精錬】**（名・他スル）❶鉱石からまじりものを除いて、純度の高い金属に仕上げること。❷→せいれん(精練)①

**せいれん【製錬】**（名・他スル）鉱石からふくまれている金属をとり出し、精製して地金《じがね》にすること。

**せいれんけっぱく【清廉潔白】**（名・形動ダ）心にけがれがなく、清く正しいこと。「彼《かれ》は一だ」

**せいろう【晴朗】**（名・形動ダ）空が晴れてさわやかなこと。「天気一」

**せいろう**〖◇蒸籠〗（名）かまの上にのせて底から湯気を通し、食品をむす木製の道具。せいろ。

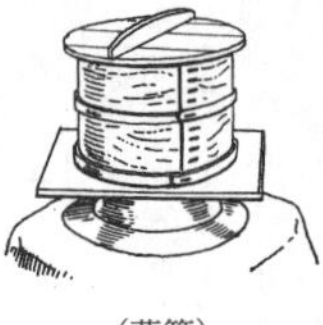
（蒸籠）

**せいろん【正論】**（名）道理にあった正しい意見や主張。「一を吐《は》く」「一をのべる」

**せいろん【政論】**（名）政治上の議論。そのときの政治についての議論。

**ゼウス**〔ギリシャ Zeus〕（名）ギリシャ神話の主神。ローマ神話のジュピターにあたり、天空を支配し、人間社会の秩序《ちつじょ》をつかさどる。

**セーシェル**〔Seychelles〕【地名】アフリカの東、インド洋上の島々からなる共和国。セイシェル。首都はビクトリア。

**セーター**〔英 sweater〕（名）毛糸などで編んだ上着で、頭からかぶって着るもの。

**せえの**（感）呼吸をあわせて力を入れるときのかけ声。

**セーフ**〔英 safe〕（名）❶野球で、打者・走者が塁《るい》に生きること。❷テニス・卓球《たっきゅう》などで、打球が規定の線の中にはいること。イン。❸どうにかまにあうこと。かろうじて助かること。（対アウト）

**セーブ**〔英 save〕（名・他スル）❶おさえること。抑制《よくせい》すること。「力を一する」❷野球で、救援《きゅうえん》投手がリードを守りきること。「一ポイント」❸コンピューターで、データを記録《きろく》・保存すること。

**セーフガード**〔英 safeguard〕（名）世界貿易機関（WTO）協定によって認められている緊急《きんきゅう》輸入制限。特定の品が多く輸入され、国内の生産者に大きな損害をあたえかねないときに認められる。

**セーフティーネット**〔英 safety net〕（名）❶サーカスなどで、転落を防ぐための網《あみ》。❷社会や個人の危機的な事態を避けるために用意された制度。社会保険や生活保護、資金ぐりの公的支援など。

**セーラー**〔英 sailor〕（名）❶船員。水兵。❷「セーラー服」の略。

**セーラーふく【セーラー服】**（名）水兵の軍服。また、それを模して作った、女学生の制服や子ども服。▽セーラーは、英 sailor

**セール**〔英 sale〕（名）販売《はんばい》。特に、大売り出し。「開店記念一」「バーゲン一」

**セールス**〔英 sales〕（名・他スル）販売《はんばい》すること。特に、外交販売。「一トーク」「一ポイント」

**セールスマン**〔英 salesman〕（名）商品を売り歩く人。外交販売《はんばい》員。

**せおいなげ【背負い投げ】**（名）柔道《じゅうどう》のわざの一つ。相手のからだをせおうような形から、肩《かた》ごしに投げ落とすわざ。

**せお・う【背負う】**（他五）{ワ(オ)・イ(ツ)・ウ・ウ・エ・エ}❶荷物や人を背にのせる。「リュックサックを一」❷苦しい仕事などを引き受け責任をもつ。「借金を一」「一家を一」

**せおよぎ【背泳ぎ】**（名）泳ぎ方の一つ。あお向けになって、両足で強く水を打ち、両手で交互《こうご》に水をかいて進む泳ぎ方。背泳《はいえい》。バックストローク。バック。

**セオリー**〔英 theory〕（名）理論。学説。「一どおりの野球」

**せかい【世界】**（名）❶地球上のすべての地域・国々。「一旅行」「一新記録」❷世の中。世間《せけん》。「未知の一」「住む一がちがう」❸同じ仲間の集まり。「若者の一」「職人の一」❹ある特定の領域。「夢の一」「学問の一」「自分の一にはいっている」❺芸術家や芸術作品の独特の雰囲気《ふんいき》。「『源氏物語』の一」「ゴッホの一」❻宇宙《うちゅう》。

**せかいいさん【世界遺産】**（名）世界的に価値のある財産として、ユネスコが採択《さいたく》した条約に基づいて登録された、保護すべき遺産。文化遺産・自然遺産・複合遺産の三つがある。

**せかいかん【世界観】**（名）世界や人生の本質・価値などについての見方や考え方。「独特の一をもつ」

**せかいたいせん【世界大戦】**（名）〖歴〗世界的な規模《きぼ》で行われた戦争。第一次は一九一四（大正三）年～一九一八（大正七）年。第二次は一九三九（昭和一四）年～一九四五（昭和二〇）年。

**せかいてき【世界的】**（形動ダ）{ダロ・ダッ(デ・ニ)・ダ・ナ・ナラ・○}❶世界の人びとから高く評価されているようす。「一な名作」❷世界全体に関係しているようす。「一な大事件」

**せがき【施餓鬼】**（名）〖仏〗あの世で飢《う》えに苦しむ者や、とむらいをする人がいない死者の供養《くよう》。施餓鬼会《え》。

**せか・す**〖◇急かす〗（他五）{サ(ソ)・シ・ス・ス・セ・セ}急がせる。せきたてる。せかせる。「母に一・されて家を出る」

**せかせか**（副・自スル）いそがしそうで、落ち着かないようす。「一（と）歩く」「一した人」

**せかっこう【背格好】**〖背△恰好〗（名）背の高さやからだつき。姿。せいかっこう。「一がよく似ている」

**せが・む**（他五）{マ(モ)・ミ(ン)・ム・ム・メ・メ}むりにたのむ。ねだる。「おもちゃを一」

**せがれ**〖△倅・△悴〗（名）❶自分のむすこをけんそんしていうことば。❷他人のむすこを乱暴にいうことば。

**セカンド**〔英 second〕（名）❶第二。二番目。「一ハウス」「一ライフ」❷野球で、二塁《るい》。また、二塁手。「一を守る」❸→セコンド

**セカンドオピニオン**〔英 second opinion〕（名）よりよい決定をするために、別の人からもらう意見。特に医療《いりょう》で、主治医《しゅじい》以外の医師から診療《しんりょう》

や治療について意見をもらうこと。

**せき【夕】** 3画 夕0 (小1) [音] **セキ** ㊥ [訓] **ゆう** ノ ク 夕
ゆうべ。ひぐれ。◆夕日《せきじつ》◆一朝一夕《いっちょういっせき》・今夕《こんせき》・旦夕《たんせき》・朝夕《ちょうせき》。[対]朝。[参考]特別に、「七夕」は「たなばた」とも読む。

**せき【斥】** 5画 斤1 [音] **セキ** ノ 厂 𠂆 斤 斥
❶しりぞける。おしのける。◆斥力《せきりょく》◆排斥《はいせき》。❷うかがう。ようすをさぐる。◆斥候《せっこう》

**せき【石】** 5画 石0 (小1) [音] **セキ・シャク・コク** ㊥ [訓] **いし** 丆 不 石 石
❶(セキと読んで)いし。いわ。◆石材・石像・石炭・石仏・石器《せっき》◆隕石《いんせき》・化石・岩石・巨石《きょせき》・鉱石・礎石《そせき》・宝石・墓石。❷(コクと読んで)容積の単位。武家時代に武士の禄高《ろくだか》を表したもの。◆石高《こくだか》。[参考]「シャク」「コク」の音は「磁石《じしゃく》」「石高《こくだか》」「千石船《せんごくぶね》」などのことばに使われる特殊《とくしゅ》な読み方。

**せき【赤】** 7画 赤0 (小1) [音] **セキ・シャク** ㊒ [訓] **あか・あかい・あからむ・あからめる** 一 十 土 赤 赤 赤
❶あか。あかい。◆赤色・赤飯・赤面。❷まごころ。まこと。◆赤心。❸むきだし。◆赤手・赤貧《せきひん》・赤裸裸《せきらら》。❹革命思想や共産主義。◆赤化。[参考]「シャク」の音は「赤銅《しゃくどう》」などのことばに使われる特殊《とくしゅ》な読み方。特別に、「真っ赤」は「まっか」と読む。

**せき【昔】** 8画 日4 (小3) [音] **セキ** ㊒・**シャク** ㊥ [訓] **むかし** 一 艹 龷 昔 昔 昔
むかし。遠い過去。以前。◆昔時・昔日《せきじつ》・昔年◆往昔《おうせき・おうじゃく》。[対]今。[参考]「シャク」の音は「今昔《こんじゃく》」などのことばに使われる特殊《とくしゅ》な読み方。

**せき【析】** 8画 木4 [音] **セキ** 十 木 木 析 析 析
わかつ。細かくわけて、あきらかにする。◆析出◆解析・透析《とうせき》・分析

**せき【席】** 10画 巾7 (小4) [音] **セキ** 亠 广 庐 庐 席 席
❶むしろ。しきもの。◆席巻《せっけん》◆枕席《ちんせき》。❷すわる場所。◆席次・席順◆議席・欠席・座席・出席・上席・着席・臨席《りんせき》・列席。❸多くの座席を設けた、人の集まる場所。◆宴席《えんせき》・会席・酒席。❹落語などをする寄席《よせ》。◆席亭《せきてい》。[参考]特別に、「寄席」は「よせ」と読む。

**せき【席】**(名)❶座る場所。座席。「—に着く」「—をはずす」❷人が集まって会やもよおしなどをする場所。「歓迎《かんげい》の—を設ける」「公《おおやけ》の—での発言」❸落語などをする演芸場。寄席《よせ》。また、その演芸。「お笑いを一—申し上げます」

**席の暖《あたた》まる暇《いとま・ひま》もない** 一か所にじっとしているひまもないほど忙《いそが》しい。

**席を改《あらた》める** 話し合いなどの場所・会場を別の所に移す。「席を改めて話しあう」

**せき【脊】** 10画 月6 [音] **セキ** 人 入 火 夾 脊 脊
せ。せなか。せぼね。◆脊髄《せきずい》・脊柱・脊椎《せきつい》

**せき【隻】** 10画 隹2 [音] **セキ** 亻 亻 什 隹 隻 隻
❶一つ。ほんの少し。◆隻影《せきえい》◆片言隻句《へんげんせっく》。❷二つで一組になっているもののかたほう。◆隻眼・隻手・隻腕《せきわん》 ⇩付録「漢字の筆順㉜隹」

**-せき【隻】**(接尾)❶二つで一組になっているものの一方を数えることば。「びょうぶ一—」❷船を数えることば。「貨物船一—」

**せき【寂】**→じゃく(寂)

**せき【惜】** 11画 忄8 [音] **セキ** [訓] **おしい・おしむ** 丷 忄 忄 忄 惜 惜
❶心残りに思う。おしむ。◆惜春・惜敗・惜別◆哀惜《あいせき》・痛惜。❷だいじにする。◆惜陰《せきいん》◆愛惜

**せき【戚】** 11画 戈7 [音] **セキ** 厂 厂 厈 戚 戚 戚
みうち。親族。◆姻戚《いんせき》・遠戚・縁戚《えんせき》・外戚・親戚 ⇩付録「漢字の筆順⑴戈〔戊〕」

**せき【責】** 11画 貝4 (小5) [音] **セキ** [訓] **せめる** 一 十 丰 青 責 責
❶せめる。とがめる。◆譴責《けんせき》・自責・叱責《しっせき》・問責。❷つとめ。義務。◆責任・責務◆引責・重責・職責・文責 ⇩付録「漢字の筆順⑷龶」

**せき【跡】** 13画 足6 [音] **セキ** [訓] **あと** 口 口 𧾷 趾 跡 跡
❶あしあと。物の通ったあと。◆足跡・航跡・人跡・追跡。❷物事の行われたあと。物事のあったあと。◆遺跡・奇跡《きせき》・軌跡《きせき》・旧跡・行跡《ぎょうせき》・形跡・痕跡《こんせき》・史跡・筆跡・門跡《もんぜき》

**せき【積】** 16画 禾11 (小4) [音] **セキ** [訓] **つむ・つもる** 禾 秆 秸 積 積 積
❶つむ。つみ重なる。◆積雲・積載《せきさい》・積算・積雪・積年◆山積・集積・堆積《たいせき》・蓄積《ちくせき》・累積《るいせき》。❷面や空間の広さや大きさ。◆体積・面積・容積 ⇩付録「漢字の筆順⑷龶」

**せき【積】**(名)〔数〕二つ以上の数をかけ合わせて得られた数。「—を求める」[対]商

**せき【績】** 17画 糸11 (小5) [音] **セキ** 幺 糸 紅 紶 績 績
❶つむぐ。綿や繭《まゆ》から糸をつくる。◆紡績《ぼうせき》。❷てがら。しごとの成果。◆業績・功績・事績・実績・成績 ⇩付録「漢字の筆順⑷龶」

**せき【籍】** 20画 竹14 [音] **セキ** ⺮ 竺 笄 籍 籍 籍
❶書物。◆漢籍・史籍・書籍。❷家族の関係を書きしるした正式の文書。◆戸籍・入籍・復籍・本籍。❸ある団体に属していること。◆学籍・国籍・在籍・除籍

**せき【籍】**（名）❶戸籍《こせき》。「—を入れる」「—を抜《ぬ》く」❷学校や団体の一員としての資格をもっていること。「医学部に—を置く」

**せき〘△咳〙**（名）かぜをひいたり、むせたりしたとき、のどや気管が刺激《しげき》されて、急にはげしく出る強い息。

**せき〘△堰〙**（名）水流をとめるために川や湖などに築いた仕切り。

**堰を切《き》る** こらえていた動作や物事が急にはげしくおこるようす。「堰を切ったように泣きだす」

**せき【関】**（名）❶へだて。❷→せきしょ

**せきあく【積悪】**（名）悪事を積み重ねること。また、その積み重ねた悪事。「—の報《むく》い」㊉積善

**せきうん【積雲】**（名）〔天〕夏、晴れた空の低い所にむくむくともり上がる雲。わたぐも。

**せきえい【石英】**（名）〔地質〕二酸化珪素《けいそ》からなる鉱物。火成岩や変成岩および多くの堆積《たいせき》岩のおもな成分で、ガラス・陶器《とうき》の原料となる。純粋《じゅんすい》な結晶《けっしょう》を水晶とよぶ。

**せきがいせん【赤外線】**（名）スペクトルで、赤色の外側にあって、肉眼では見えない光線。熱作用が大きく、医療《いりょう》や写真などに利用される。「—通信」

**せきがく〘△碩学〙**（名）学問が広く、深いこと。また、その人。大学者。「現代の—」

**せきがはら【関ケ原】**（名）勝敗または運命の決まる大事な戦いや場面。参考「関ケ原」は岐阜県の南西部にあり、一六〇〇（慶長《けいちょう》五）年、豊臣《とよとみ》方と徳川方が天下分け日の戦いをした所。

**せきこ・む〘△咳き込む〙**（自五）{マ(モ)・ミ(ン)・ム・ム・メ・メ}はげしく、続けざまにせきをする。「煙《けむ》りで—」

**せきこ・む〘◇急き込む〙**（自五）{マ(モ)・ミ(ン)・ム・ム・メ・メ}気持ちがあせる。気がせいて、いらだつ。「—・んで話す」

**せきさい【積載】**（名・他スル）船・車などに荷物を積みこむこと。積みのせること。「—量」

**せきざい【石材】**（名）建築や製作の材料とする石。「建築用—」

**せきさん【積算】**（名・他スル）❶数をつぎつぎに加えて計算すること。累計《るいけい》。「総合得点を—する」❷おおよその費用を前もって計算すること。見積もり。

**せきじ【席次】**（名）❶会合などでの座席の順序。席順。「披露宴《ひろうえん》の—表」❷成績・地位などの順序。「—がさがる」

**せきじつ【昔日】**（名）過去の日々。むかし。往日《おうじつ》。「—の面影《おもかげ》をしのぶ」

**せきしゅ【赤手】**（名）手に何も持たないこと。またはその手。すで。徒手。「—空拳《くうけん》」

**せきじゅうじ【赤十字】**（名）❶白地に赤く十字を染めだした赤十字社または救護班の記章。❷（「赤十字社」の略）博愛の精神にもとづき、平時には災害や病気などの救護や予防にあたり、戦争のときには傷病者の救護などを行う国際協力団体。

**せきしゅつ【析出】**（名・自他スル）〔化〕溶液《ようえき》から、ある物質を固体として取りだすこと。また、固体が分かれて出てくること。「塩化ナトリウムを—する」

**せきしゅん【惜春】**（名）春の過ぎ去るのをおしむこと。「—賦《ふ》」「—の情」

**せきじゅん〘石△筍〙**（名）〔地質〕鍾乳洞《しょうにゅうどう》の天井《てんじょう》から石灰質《せっかいしつ》をふくむ水が床《ゆか》にしたたり落ち、たけのこ状に伸《の》びて固まったもの。

**せきじゅん【席順】**（名）座席などの順序。席次。

**せきしょ【関所】**（名）むかし、交通の要所や国境に設けて通行人や荷物の出入りを調べた所。関。

**せきじょう【席上】**（名）会合や集会などの場。「研究会の—」

**せきしん【赤心】**（名）かざらないまごころ。誠意。

**せきずい【脊髄】**（名）〔生〕脊椎《せきつい》動物だけにある、背骨《せぼね》の中を管状に脳の延髄《えんずい》まで通っている神経系の器官。左右に、いく対《つい》かの脊髄神経を出している。知覚・反射運動などをつかさどる。

**せきせい【赤誠】**（名）まごころ。まこと。

**せきせつ【積雪】**（名）降り積もった雪。「—量」

**せきぜん【積善】**（名）よい行いを積み重ねること。また、積み重ねてきたよい行い。㊉積悪

**積善の家《いえ》に余慶《よけい》あり** よい行いを積んだ家には必ず幸福がおとずれる。

**せきぜん【寂然】**（ト・タル）ものさびしいようす。じゃくねん。「—たる風景」

**せきぞう【石像】**（名）石で作った像、彫刻《ちょうこく》。

**せきだい【席題】**（名）和歌・俳句などの会で、その場で出す題。㊉兼題《けんだい》

**せきた・てる〘◇急き立てる〙**（他下一）{テ・テ・テル・テル・テレ・テロ(テヨ)}しきりにさいそくして急がせる。「外出のしたくを—」

**せきたん【石炭】**（名）〔地質〕古代の植物が地中にうもれて熱や圧力により炭化したもの。泥炭《でいたん》・褐炭《かったん》・無煙炭などがあり、燃料・化学工業の原料となる。

**せきたんガス【石炭ガス】**（名）〔化〕石炭を空気にふれさせずに熱してできるガス。燃料・灯火用に利用される。▽ガスは、オランダ・英 gas

**せきたんさん【石炭酸】**（名）〔化〕コールタールからとる無色で針の形をした結晶《けっしょう》体。においがあり、防腐《ぼうふ》・消毒・工業原料などに用いる。フェノール。

**せきちく【石竹】**（名）〔植〕ナデシコ科の多年草。五月ごろに赤や白の花が咲《さ》く。からなでしこ。

**せきちゅう【脊柱】**（名）〔生〕高等動物のからだの中軸《ちゅうじく》になる骨格。脊椎《せきつい》がつながってできている。背骨《せぼね》。

**せきちん【赤沈】**（名）〔医〕→せっけっきゅうちんこうそくど

**せきつい【脊椎】**（名）〔生〕背骨を形づくっている多くの骨。椎骨《ついこつ》。

**せきついカリエス【脊椎カリエス】**（名）〔医〕脊椎が結核菌《けっかくきん》におかされる病気。▽カリエスは、ドイツ Karies

**せきついどうぶつ【脊椎動物】**（名）〔動〕背骨を中心にしてからだを支えている動物の総称《そうしょう》。魚類・両生類・爬虫《はちゅう》類・鳥類・哺乳《ほにゅう》類。

**せきてい【石庭】**（名）砂を敷《し》きつめ、岩石を配置することでつくられた庭。「竜安寺《りょうあんじ》の—」

**せきとう【石塔】**（名）❶石造りの塔。❷石で造った墓。墓石。

**せきどう【赤道】**（名）❶地球の中心をとおり、自転軸《じく》に垂直に切った面を赤道面といい、これと地球表

面が交わる線。これを0度として、緯度《いど》を決める。「—直下」❷赤道面を無限にのばして天球と交わる線。天の赤道。

**せきどうギニア**〔赤道ギニア〕〔地名〕アフリカ大陸の中西部にあり、ギニア湾《わん》に位置する共和国。首都はマラボ。▽ギニアは、Guinea

**せきどうさい【赤道祭】**（名）船が赤道を通るときに船員たちが行うまつり。

**せきとして【寂として】**（副）物音一つしないで静まりかえっているようす。ひっそりとして。「—声なし」

**せきと・める【せき止める】**『△堰き止める・◇塞き止める』（他下一）{メ・メ・メル・メル・メレ・メロ(メヨ)}流れているものをさえぎりとめる。また、物事の進行をくいとめる。「川を—」

**せきとり【関取】**（名）すもうで、十両以上の力士。

**せきにん【責任】**（名）❶仕事や役目として、当然しなければならないつとめ。引き受けたことに付いてくるつとめ。「親の—を果たす」「監督《かんとく》の—」❷生じた結果に対して負うべき責めや償《つぐな》い。「事故の—をとる」「—を転嫁《てんか》する」

**せきにんかん【責任感】**（名）責任を重んじ、それを果たそうとする心。「彼《かれ》は—の強い男だ」

**せきにんしゃ【責任者】**（名）あることについて責任を引き受ける立場にある人。「工事の—」

**せきねん【積年】**（名）長い年月。「—のうらみ」

**せきのこの**… 俳句

〔咳の子の　なぞなぞあそび　きりもなや〕〈中村汀女《なかむらていじょ》〉訳かぜをひき咳のために外で遊べない子に、なぞなぞ遊びの相手をしてやっていると、もっともっとせがんで、ほんとにまあ、きりもないことだ。（季語「咳」冬）

**せきのやま【関の山】**（名）できる最大限度。せいぜい。精いっぱい。「がんばっても、半分やるのが—だ」

**せきはい【惜敗】**（名・自スル）ほんのすこしの差でおしくも試合や勝負に負けること。「一点差の—」

**せきばく**『寂△寞』（ト タル）ひっそりとしてものさびしいようす。じゃくまく。「—とした山中」

**せきばらい【せき払い】**『△咳払い』（名・自スル）人の注意をひいたり、のどの調子をととのえたりするためにわざとせきをすること。

**せきはん【赤飯】**（名）もち米にあずきをまぜてむしたごはん。祝いのときなどに食べる。こわめし。おこわ。

**せきばん【石版】**（名）印刷原版の一つ。石版石に脂肪《しぼう》性インキでかいて作る。また、その印刷。

**せきひ【石碑】**（名）❶あることを記念して、石にことばをきざんで建てたもの。❷墓石。

**せきひん【赤貧】**（名）ひじょうに貧しいこと。類極貧《ごくひん》

**赤貧洗《あら》うが如《ごと》し**（洗いながしたように何もないことから）ひじょうに貧しいようす。

**せきふ**『石△斧』（名）石で作ったおの。石器時代の人が農具・工具や武器として使った。

**せきぶつ【石仏】**（名）石で作った仏像。また、岩にほりつけた仏像。いしぼとけ。

**せきぶん【積分】**（名・他スル）《数》関数の変化の度合いや和などをあつかう高等数学。また、その計算法。

**せきべつ【惜別】**（名）別れをおしむこと。「—の情」

**せきぼく【石墨】**（名）炭素からなる、黒くてやわらかい鉱物。鉛筆《えんぴつ》のしんや電極などに使う。黒鉛。

**せきむ【責務】**（名）責任と義務。責任のあるつとめ。「—を果たす」

**せきめん【赤面】**（名・自スル）はずかしくて顔が赤くなること。また、その顔。「—のいたり」

**せきもり【関守】**（名）関所を守る役人。

**せきゆ【石油】**（名）地中から産出する燃えやすい油状の液体。主成分は炭化水素。とったままのものを原油といい、これからまじりものを除いて灯油・軽油・重油・ガソリンなどをつくる。燃料・灯火・工業用。

**セキュリティー**〔英 security〕（名）安全。防犯。「—システム」

**せきらら【赤裸裸】**（名・形動ダ）何一つつつみかくすことがないこと。ありのまま。「—に告白する」

**せきらんうん【積乱雲】**（名）《天》夏の空に、山のように大きくもりあがって高く立ちのぼり、しばしば雷雨《らいう》やひょうをともなう雲。入道雲。かみなり雲。

**せきり【赤痢】**（名）《医》赤痢菌《せきりきん》が大腸にはいっておこる感染症《かんせんしょう》。下痢をおこし血便を出す。

**せきりょう【席料】**（名）座敷《ざしき》や会場などを借りる料金。「高い—をとる」

**せきりょう**『寂△寥』（名・ト タル）人の気配がなくさびしいようす。心が満たされずものさびしいようす。「—感」

**せきりょく【斥力】**（名）《物》二つの物体がたがいにはね返す力。対引力

**せきりん**『赤△燐』（名）《化》りんの一種で、暗い赤色の粉末。発火点が高く毒がないので、マッチに使う。

**せきれい**『△鶺△鴒』（名）《動》セキレイ科の小鳥。清流のほとりにすみ、長い尾《お》を上下に振《ふ》る。いしたたき。

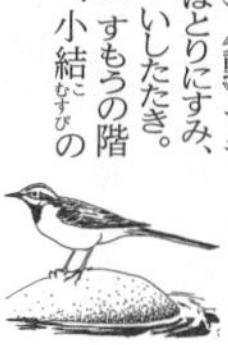
（せきれい）

**せきわけ**『関◇脇』（名）すもうの階級の一つで、大関《おおぜき》の次、小結《こむすび》の上の位。三役の一つ。

**せきをしても**… 俳句

〔咳をしても　一人《ひとり》〕〈尾崎放哉《おざきほうさい》〉訳病気で寝込《ねこ》んだが、咳をしてもひとりぼっち。世話をしてくれる人も心配してくれる人もなく、咳の音が虚《むな》しくひびく部屋でさびしく寝ている。（小豆島《しょうどしま》で寺男をしていたときの作。自由律の句）

**せ・く**『△咳く』（自五）{カ(コ)・キ(イ)・ク・ク・ケ・ケ}せきをする。「苦しそうに—」

**せ・く**『◇急く』（自五）{カ(コ)・キ(イ)・ク・ク・ケ・ケ}❶早くしようと思って心があせる。「気が—」「—・いては事をしそんじる」❷はげしくなる。急になる。「息が—」

**せ・く**『△堰く・◇塞く』（他五）{カ(コ)・キ(イ)・ク・ク・ケ・ケ}水流などをさえぎりとめる。せきとめる。「川の流れを—」

**せぐくま・る**『△跼る』（自五）{ラ(ロ)・リ(ッ)・ル・ル・レ・レ}からだを前にかがめる。こごむ。かがむ。「物陰《ものかげ》に—」

**セクシー**〔英 sexy〕（形動ダ）{ダロ・ダッ(デ・ニ)・ダ・ナ・ナラ・○}性的魅力《みりょく》のあるようす。「—な声」「—な女性」

**セクシュアル-ハラスメント**〔英 sexual harassment〕（名）性的いやがらせ。異性に対するいやがらせや蔑視《べっし》・わいせつ行為《こうい》など。セクハラ。

**セクショナリズム**〔英 sectionalism〕（名）ある組

織などで、自分の属する部門や派閥《ばっ》《は》だけを重んじてほかからのはたらきかけを受け入れない傾向《けいこう》。派閥偏重《へんちょう》《はばつ》。なわばり主義。

**セクション**〔英 section〕(名)❶分割された部分・区画。❷組織などの一区分。会社・役所などの部・課。「担当—」❸新聞などの欄《らん》。文章などの節。

**セクト**〔英 sect〕(名) 宗派・学派・党派など、ある組織のなかで同じ主義・主張をもつ集団。「—の対立」

**セク-ハラ**(名)「セクシュアルハラスメント」の略。

**セグメント**〔英 segment〕(名) 分割《ぶんかつ》すること。また、分割したもののうちの一つの部分。「—に分ける」

**せけん【世間】**(名)❶世の中。社会。人の世。また、そこにいる人びと。「—に出る」「—を騒《さわ》がす」「—の目がうるさい」[…的]「世間的な評価」❷自分の活動や交際の範囲《はんい》。「—が広い」

**せけんしらず【世間知らず】**(名・形動ダ) 若かったり経験が少なかったりして、世の中のことや人情をよく知らないこと。また、その人。「—の人」

**せけんてい【世間体】**(名) 世間の人に対するていさい。「—を気にする」「—が悪い」

**せけんなみ【世間並み】**(名・形動ダ) 世間の人びとと同じくらい。ふつう。人なみ。「—の暮らし」

**せけんばなし【世間話】**(名) 世間のいろいろの物事についての気楽な話。

**せけんばなれ【世間離れ】**(名・自スル) 世間の常識などから考え方や行動がかけはなれていること。「—した若者」

**せけんむねさんよう**〔世間胸算用〕〔作品名〕江戸《えど》時代中期の浮世草子《うきよぞうし》。五巻。井原西鶴《いはらさいかく》作。一六九二(元禄《げんろく》五)年刊行。大みそかを背景とする町人生活をえがいた短編二〇を収める。

**せこ【世故】**(名) 世間の俗事《ぞくじ》や風俗・習慣など。「—に通じる」

**世故に長《た》ける** 世間のことをよく知っていて世わたりがうまい。「世故にたけた人」

**せこ・い**(形){カロ・カッ(ク)・イ・イ・ケレ・○}《俗語》物事のやり方や考え方がけちくさい。「—やり」

**せこう【施工】**(名・自他スル) 工事を行うこと。しこう。「—業者」[参考]本来の読みは「しこう」だが、「せこう」と読みならわされている。

**せこう【施行】**(名・他スル)→しこう(施行)②

**セコハン**(名) 中古品。中古《ちゅうぶる》。「—の自動車」▽英 secondhand から。

**セコンド**〔英 second〕(名)❶秒。❷ボクシングで、選手のつきそいの人。[参考]「セカンド」ともいう。

**せさい【世才】**(名) 世間のことをよく知っていて、うまく世わたりをする才能。世知《せち》。「—にたける」

**せさく【施策】**(名)「しさく(施策)」の慣用読み。[参考]「試作」などと区別するため、おもに官公庁や行政関係の業界で用いられる。

**セし【セ氏】**(名) 水の氷点を0度、沸点《ふってん》を一〇〇度(沸点は、現在は九九・九七四度とされる)とする温度のはかり方。摂氏《せっし》。記号 ℃ ⇨カし

**せじ【世事】**(名) 世間のできごと。世間で行われていることがら。俗事《ぞくじ》。「—にうとい人」

**せじ【世辞】**(名)(多く「お世辞」の形で) 人をいい気分にさせるようなあいそのよいことば。「お—がうまい」

**せし・める**(他下一){メ・メ・メル・メル・メレ・メロ(メヨ)} うまく立ちまわって自分のものにする。「おじさんからこづかいを—」

**せしゅ【施主】**(名)❶寺や僧《そう》におかねや物をほどこす人。❷葬儀《そうぎ》・法事・供養《くよう》をする中心の人。「長兄が—となる」❸家の建て主。建築主。

**せしゅう【世襲】**(名・他スル) その家の地位・財産・職業などを子孫が代々受けつぐこと。「—制」

**せじゅつ【施術】**(名・自スル) 手術や治療《ちりょう》などの医療行為《こうい》をほどこすこと。「整体の—」

**せじょう【世上】**(名) 世の中。「—をにぎわす」

**せじょう【世情】**(名) 世の中の事情。また、世の中のありさまや人情。「彼《かれ》は—に通じている」

**せじょう【施錠】**(名・自スル) かぎをかけること。「門に—する」[対]開錠

**せじん【世人】**(名) 世間の人。世の中の人。「—の注目をあびる」

**せすじ【背筋】**(名)❶背骨にそってある筋肉。「—をのばす」[注意]「はいきん」と読むと別の意味になる。❷衣服の背骨にあたる部分の縫《ぬ》い目。

**背筋が寒《さむ》くなる** おそろしくて、ぞっとする。「—ような体験」

**ゼスチャー**(名)→ジェスチャー

**セスナ**〔英 Cessna〕(名) アメリカのセスナ社で製造された小型飛行機。

**ぜせい【是正】**(名・他スル) 悪い点やまちがっているところを正しくなおすこと。「欠点を—する」

**せせこまし・い**(形){カロ・カッ(ク)・イ・イ・ケレ・○}❶性質がこせこせしている。度量がない。「—考え」❷場所がせまくるしくてゆとりがない。「—部屋」

**ぜぜひひ【是是非非】**(名) かたよりがない立場で、よいことはよい、悪いことは悪いとすること。「—の立場」

**せせらぎ**(名) 川の浅い所などを水がさらさらと流れる音。また、その流れ。「小川の—」

**せせらわら・う【せせら笑う】**(他五){ワ(オ)・イ(ッ)・ウ・ウ・エ・エ} 人をばかにして笑う。あざ笑う。冷笑する。

**せそう【世相】**(名) その時の世の中のありさま。「—を反映した事件」[類]世態

**せぞく【世俗】**(名)❶世間のならわし・風俗。「—に染まる」❷俗っぽい世の中。また、俗世間の人びと。[…化]「世俗化がすすむ」[…的]「世俗的な問題」

**せたい【世帯】**(名) 同じ家に住み、生計を同じにしている人の集まり。所帯。「単身—」「—年収」

**せたい【世態】**(名) 世の中のようす。「—風俗《ふうぞく》」[類]世相

**せだい【世代】**(名)❶同じくらいの年齢《ねんれい》の人びと。ある年代の層。ジェネレーション。「戦後—」[…的]「世代的なギャップ」❷親・子・孫と続いていく、それぞれの代。「—が代わる」

**せだいこうたい【世代交代】**(名)❶《動・植》同一生物が無性生殖《せいしょく》と有性生殖など異なる生殖法を交互《こうご》にくり返して、代を重ねていくこと。しだ植物・くらげなどにみられる。世代交番。❷中心が、年をとった世代から若い世代へとかわること。

**せたけ【背丈】**(名)❶せいの高さ。身長。「—が伸

びる」❷着物のたけの長さ。「—をつめる」

**セダン**〔英 sedan〕（名）乗用車の型式の一つ。座席が前後二列で、車体前部にボンネット、後部にトランクがそれぞれ車内スペースと分かれてある。

**せち【節】**→せつ（節）

**せち【世知】**『世△智』（名）生活をしていく上でのちえ。世才。「—にたける」

**せちがら・い【世知辛い】**『世△智辛い』（形）〔カロ・カッ(ク)・イ・イ・ケレ・〇〕❶人情がうすく世の中が暮らしにくい。「—世の中だ」❷計算高くてずるい。ぬけ目がない。けちである。「—やつ」

**せつ【切】** 4画 刀2 小2 音 セツ・サイ 中 訓 きる・きれる
一 七 切 切
❶（セツと読んで）㋐きる。きりさく。◆切開・切除・切断・切腹。㋑こする。◆切磋琢磨《せっさたくま》・切歯扼腕《せっしやくわん》。㋒せまる。さしせまる。◆切迫《せっぱく》。㋓ぴったり合う。◆適切。㋔しきりに。身につよく感じる。◆切実・切望 ◆哀切《あいせつ》・懇切《こんせつ》・親切・大切・痛切。❷（サイと読んで）すべて。おおよそ。◆一切《いっさい》・合切《がっさい》。参考「サイ」の音は「一切《いっさい》」などのことばに使われる特殊《とくしゅ》な読み方。

**せつ【折】** 7画 扌4 小4 音 セツ 訓 おる・おり・おれる
一 十 扌 扩 扩 折
❶おれる。おる。おれまがる。◆右折・曲折・屈折《くっせつ》・骨折・左折。❷わける。◆折衷《せっちゅう》・折半《せっぱん》。❸くじく。とちゅうでくじける。◆折衝《せっしょう》 ◆挫折《ざせつ》

**せつ【刹】**→さつ（刹）

**せつ【拙】** 8画 扌5 音 セツ 訓 つたない
一 十 扌 扎 抖 拙
❶つたない。へた。◆拙速《せっそく》・拙劣《せつれつ》 ◆巧拙《こうせつ》・稚拙《ちせつ》。対巧。❷自分のことをけんそんしていうことば。◆拙詠《せつえい》・拙稿《せっこう》・拙作・拙者・拙宅・拙著

**せつ【窃】** 9画 穴4 〔竊〕 音 セツ
丶 宀 穴 穸 穷 窃
ぬすむ。こっそり取る。◆窃取・窃盗《せっとう》 ◆剽窃《ひょうせつ》

**せつ【殺】**→さつ（殺）

**せつ【接】** 11画 扌8 小5 音 セツ 訓 つぐ 高
扌 扌 拧 接 接
❶ちかづく。ちかづける。くっつく。◆接近・接触《せっしょく》・接線 ◆間接・直接・密接・隣接《りんせつ》。❷つなぐ。つぎあわせる。◆接合・接続・接着 ◆溶接《ようせつ》。❸人と会う。もてなす。◆接客・接見・接待 ◆応接・面接

**せつ【設】** 11画 言4 小5 音 セツ 訓 もうける
丶 言 言 訁 訬 設
つくる。そなえつける。建てる。◆設営・設計・設置・設定・設備・設立 ◆開設・仮設・建設・施設《しせつ》・常設・新設・創設・特設・敷設《ふせつ》・併設《へいせつ》

**せつ【雪】** 11画 雨3 小2 音 セツ 訓 ゆき
一 丆 干 雨 雪 雪
❶ゆき。◆雪害・雪渓《せっけい》・雪原・雪中 ◆蛍雪《けいせつ》・降雪・豪雪《ごうせつ》・残雪・除雪・新雪・積雪・風雪。❷すすぐ。あらいきよめる。◆雪辱《せつじょく》。参考特別に、「雪崩」は「なだれ」、「吹雪」は「ふぶき」と読む。

**せつ【摂】** 13画 扌10 〔攝〕 音 セツ
扌 扌 押 押 挕 摂
❶とる。とりいれる。◆摂取。❷かわっておこなう。かねる。◆摂関・摂社・摂政《せっしょう》。❸ととのえる。やしなう。◆摂生《せっせい》 ⇩付録「漢字の筆順㉒耳」

**せつ【節】** 13画 竹7 小4 〔節〕 音 セツ・セチ 高 訓 ふし
ヶ 竺 笞 管 節 節
❶ふし。二つのものが結びつくところ。◆関節・枝葉末節《しようまっせつ》。❷物事の区切り。音楽や文章の区切り。◆音節・楽節・文節。❸時の区切り。とき。おり。◆節季・節分 ◆季節・時節・当節・二十四節気。❹いわいの日。◆節会《せちえ》・節日《せちにち・せつじつ》・節句 ◆佳節《かせつ》。❺ほどよくする。適度におさえる。◆節減・節水・節制・節度・節約 ◆調節。❻みさお。ある考えをまもりとおすこと。◆節義・節操 ◆苦節・忠節・貞節《ていせつ》・変節・礼節。参考「セチ」の音は「お節《せち》料理《りょうり》」などのことばに使われる特殊《とくしゅ》な読み方。

**せつ【節】**（名）❶時の流れを区切った、そのとき。おり。「その—はお世話になりました」❷文章や楽曲などの一区切り。「詩の一—」❸自分の考え・主張をまもりとおすこと。みさお。節操。「—を曲げる」

**せつ【説】** 14画 言7 小4 音 セツ・ゼイ 高 訓 とく
ニ 三 言 訁 訬 説
❶わかりやすく話す。◆説教・説得・説明・説諭《せつゆ》 ◆演説《えんぜつ》・解説・概説《がいせつ》・言説《げんせつ》・力説。❷述べられた意見や主張。◆学説・高説・自説・社説・新説・俗説《ぞくせつ》・定説・論説。❸はなし。うわさ。◆説話 ◆小説・伝説・風説・流説。参考「ゼイ」の音は「遊説《ゆうぜい》」などのことばに使われる特殊《とくしゅ》な読み方。

**せつ【説】**（名）ある物事に対して、筋道を立てて述べられた意見や主張。「—を唱える」「—が分かれる」

**ぜつ【舌】** 6画 舌0 小6 音 ゼツ 中 訓 した
ノ 二 千 千 舌 舌
❶した。◆舌音・舌端《ぜったん》・舌頭。❷ことば。◆舌禍《ぜっか》・舌戦・舌鋒《ぜっぽう》 ◆饒舌《じょうぜつ》・毒舌・筆舌・弁舌

**ぜつ【絶】** 12画 糸6 小5 音 ゼツ 訓 たえる・たやす・たつ
糸 紒 紒 紹 絡 絶
❶たちきる。やめる。◆絶縁《ぜつえん》・絶交・絶食・絶筆 ◆断絶・中絶。❷たえる。なくなる。◆絶望・絶命・絶滅 ◆気絶・根絶。❸ことわる。◆拒絶《きょぜつ》・謝絶。❹ぬきんでている。◆絶海 ◆隔絶《かくぜつ》。❺すぐれている。◆絶景・絶世・絶頂・絶品 ◆卓絶《たくぜつ》。❻ひじょうに。◆絶叫《ぜっきょう》・絶好・絶賛・絶大・絶妙《ぜつみょう》 ◆壮絶《そうぜつ》。❼漢詩の一つの型。◆絶句

**せつあく【拙悪】**（名・形動ダ）できがまずくて悪いこと。「—な仕上がり」

**せつえい【設営】**（名・他スル）建物や施設《しせつ》を作って準備すること。会場などの準備をすること。

**せつえん【節煙】**（名・自スル）たばこを吸う量を減らすこと。

**ぜつえん【絶縁】**（名・自スル）❶人との縁やつながりを切ること。「彼《かれ》とは━状態だ」「━状」❷〘物〙電流や熱の伝導を絶ち切ること。「━材」

**ぜつえんたい【絶縁体】**（名）〘物〙電気や熱を伝えないもの。不導体。ゴム・ガラス・エボナイトなど。

**せっか【赤化】**（名・自他スル）❶赤くなること。また、赤くすること。❷（赤旗を旗印とすることから）共産主義化すること。

**ぜっか【舌禍】**（名）❶自分の発言がもとで自分が受けるわざわい。「失言による━事件」❷他人が言った悪口や中傷のために受けるわざわい。

**ぜっか【絶佳】**（名・形動ダ）景色がきわめてよいようす。すばらしく美しいこと。「風光━」

**せっかい【切開】**（名・他スル）〘医〙治療《ちりょう》などのためにからだの一部を切り開くこと。「━手術」

**せっかい【石灰】**（名）〘化〙生石灰《せいせっかい》・消石灰のこと。セメント・肥料・消毒などに使う。いしばい。

**せつがい【雪害】**（名）大雪やなだれのために受ける損害。「━対策」

**ぜっかい【絶海】**（名）陸地から遠くはなれている海。「━の孤島《ことう》」

**せっかいがん【石灰岩】**（名）〘地質〙生物の死骸《しがい》などが水底につもってできた岩。炭酸カルシウムを主成分とする堆積《たいせき》岩の一種。石灰石。

**せっかいすい【石灰水】**（名）〘化〙消石灰を水にとかしたアルカリ性の溶液《ようえき》。無色透明《とうめい》だが、炭酸ガスを通すと白くにごる。

**せっかく【折角】**（副）❶そのことのために特に力をつくすようす。わざわざ。苦心して。「━作ったのにすぐこわれた」❷たまにしかなく、たいせつに思うようす。「━の日曜日なのに大雨だ」

**せっかち**（名・形動ダ）気がみじかく落ち着きがないようす。また、そういう性格の人。「━な人」

**せっかん【石棺】**（名）石でできたかんおけ。特に、古墳《こふん》時代の死体を納めた石の箱をさす。

**せっかん【折△檻】**（名・他スル）きびしくいましめること。特に、こらしめのためにからだに苦痛をあたえること。

**せっかん【摂関】**（名）摂政《せっしょう》と関白《かんぱく》。

**せつがん【接岸】**（名・自スル）船が岸に横づけになること。「港に━する」

**せっかんせいじ【摂関政治】**（名）〘歴〙天皇にかわって摂政《せっしょう》や関白《かんぱく》が行う政治。平安時代に藤原《ふじわら》氏が代々受けつぐかたちで行った。

**せつがんレンズ【接眼レンズ】**（名）〘物〙顕微鏡《けんびきょう》・望遠鏡などで、物を見るときに目をあてるほうのレンズ。▽レンズは、英 lens 対 対物レンズ

**せっき【石器】**（名）大むかしの人が使っていた、石で作ったいろいろの道具。石おの・石やりなど。

**せっき【節気】**（名）陰暦《いんれき》で、季節の変わりめを示す二四の日。二十四節気。⇩下段〈表〉

**せっき【節季】**（名）❶季節の終わり。❷年の暮れ。年末。❸商店などの、盆《ぼん》暮れの決算期。

**せっきじだい【石器時代】**（名）〘歴〙人類文化の最も古い時代で、人類が石で道具を作り使用した時代。参考 旧と新の二時代に分けられ、このあと青銅器時代、鉄器時代と金属を使用する時代になる。

**せっきゃく【接客】**（名・自スル）客に会うこと。客をもてなすこと。「━態度」「━中」

**せっきゃくぎょう【接客業】**（名）客に応対する職業。飲食店や販売店《はんばいてん》・旅館の従業員など。

**せっきょう【説教】**（名・自スル）❶神や仏の教えを話して聞かせること。❷言い聞かせて注意すること。特に、かた苦しい教訓《きょうくん》的な話や注意・忠告をすること。「子どもに━する」

**ぜっきょう【絶叫】**（名・自スル）ありったけの声で、大きくさけぶこと。「助けを求めて━する」

**ぜっきょう【絶境】**（名）人間の社会または人里から、遠くはなれた土地。「未開の━」

**せっきょく【積極】**（名）進んで物事を行おうとすること。「━果敢《かかん》」

●節気━二十四節気と月の異名

| 四季 | | 陰暦月 | 二十四節気 | 陽暦による日付 |
|---|---|---|---|---|
| 春 | 初春 | 一月<br>睦月《むつき》 | 立春《りっしゅん》<br>雨水《うすい》 | 二月四日ごろ<br>二月一九日ごろ |
| | 仲春 | 二月<br>如月《きさらぎ》 | 啓蟄《けいちつ》<br>春分《しゅんぶん》 | 三月六日ごろ<br>三月二一日ごろ |
| | 晩春 | 三月<br>弥生《やよい》 | 清明《せいめい》<br>穀雨《こくう》 | 四月五日ごろ<br>四月二〇日ごろ |
| 夏 | 初夏 | 四月<br>卯月《うづき》 | 立夏《りっか》<br>小満《しょうまん》 | 五月六日ごろ<br>五月二一日ごろ |
| | 仲夏 | 五月<br>皐月《さつき》 | 芒種《ぼうしゅ》<br>夏至《げし》 | 六月六日ごろ<br>六月二二日ごろ |
| | 晩夏 | 六月<br>水無月《みなづき》 | 小暑《しょうしょ》<br>大暑《たいしょ》 | 七月七日ごろ<br>七月二三日ごろ |
| 秋 | 初秋 | 七月<br>文月《ふみづき》 | 立秋《りっしゅう》<br>処暑《しょしょ》 | 八月七日ごろ<br>八月二三日ごろ |
| | 仲秋 | 八月<br>葉月《はづき》 | 白露《はくろ》<br>秋分《しゅうぶん》 | 九月八日ごろ<br>九月二三日ごろ |
| | 晩秋 | 九月<br>長月《ながつき》 | 寒露《かんろ》<br>霜降《そうこう》 | 一〇月八日ごろ<br>一〇月二三日ごろ |
| 冬 | 初冬 | 一〇月<br>神無月《かんなづき》 | 立冬《りっとう》<br>小雪《しょうせつ》 | 一一月七日ごろ<br>一一月二二日ごろ |
| | 仲冬 | 一一月<br>霜月《しもつき》 | 大雪《たいせつ》<br>冬至《とうじ》 | 一二月七日ごろ<br>一二月二二日ごろ |
| | 晩冬 | 一二月<br>師走《しわす》 | 小寒《しょうかん》<br>大寒《だいかん》 | 一月六日ごろ<br>一月二〇日ごろ |

**せっきょくせい【積極性】**（名）物事を進んで行おうとする性質・傾向《けいこう》。「行動に━が見られる」

**せっきょくてき【積極的】**（形動ダ）｛ダロ・ダッ(デ・ニ)・ダ・ナ・ナラ・○｝進んで物事を行おうとしたり考えたりするようす。「━に発言する」「━な性格」対 消極的

**せっきん【接近】**（名・自スル）近寄ること。近づくこと。「台風の━」「二人の仲が急速に━する」

**せつ・く**『◇責付く』（他五）〔カ(コ)・キ(イ)・ク・ク・ケ・ケ〕↓せっつく

**せっく**【節句・節供】（名）むかしから行われている季節の変わり目などにする祝いの日。一年に五回あるが、特に三月三日と五月五日の節句をいう。参考五節句は一月七日（七草の節句）、三月三日（桃《もも》の節句）、五月五日（端午《たんご》の節句）、七月七日（七夕《たなばた》の節句）、九月九日（菊《きく》の節句）。

**ぜっく**【絶句】一（名）漢詩の形式の一つ。起・承・転・結の四句からできているもの。五言《ごごん》絶句・七言絶句の二種がある。二（名・自スル）話のとちゅうでことばにつまり、あとが続かなくなること。「驚《おどろ》きのあまり—する」

**セックス**〔英 sex〕（名）性。男女の別。性交。

**せっけい**【設計】（名・他スル）❶建物や機械などを作るとき、作る形や構造などを図面などに書き表すこと。「—図」❷人生についてなどの計画をたてること。「生活—」

**せっけい**【雪渓】（名）夏になっても雪が消えないで残っている高い山の谷間や斜面《しゃめん》。「—を登る」

**ぜっけい**【絶景】（名）この上もないほどすばらしいけしき。「天下の—」

**せっけいもじ**『△楔形文字』（名）↓くさびがたもじ

**せつげつか**【雪月花】（名）（冬の）雪と（秋の）月と（春の）花。日本の代表的な自然美をあらわす。参考「せつげっか」ともいう。

**せっけっきゅう**【赤血球】（名）《生》血液のおもな成分。ヘモグロビンという赤い色素をもち、体内に酸素を運び炭酸ガスを運び出す働きをする。対白血球

**せっけっきゅうちんこうそくど**【赤血球沈降速度】（名）《医》細いガラス管に入れた血液のなかの赤血球がしずんでいく速さ。からだの状態が悪い場合は早くしずむので、健康状態を調べるために行う。血沈。赤沈。

**せっけん**『石△鹸』（名）脂肪《しぼう》に苛性《かせい》ソーダを加えて作る洗浄剤《せんじょうざい》。水にとけやすく、あかやよごれを落とすのに使う。シャボン。「洗濯《せんたく》—」「薬用—」

**せっけん**『席◇巻・席△捲』（名・他スル）（席《むしろ》を巻く意から）かたはしから攻《せ》めとること。勢力をどんどんのばすこと。「諸国を—する」「市場を—する」

**せっけん**【接見】（名・自スル）❶身分の高い人が、おおやけの立場で人に会うこと。「使節に—する」類引見《いんけん》。❷《法》拘束《こうそく》されている被疑者《ひぎしゃ》や被告人と、弁護人などが面会すること。「—禁止」

**せっけん**【節倹】（名・自他スル）むだづかいをせず、きりつめて使うこと。「—家」

**せつげん**【雪原】（名）❶雪が一面に積もった平原。雪野原。❷高山や南極・北極地方で、積もった雪が夏でも解けない広い地域。

**せつげん**【節減】（名・他スル）使う量をきりつめて減らすこと。節約。「経費—」「電力—」

**ゼッケン**（名）スポーツの選手や競走馬などが競技のときに背や胸につける、番号を書いた布。また、その番号。▽語源ははっきりしない。

**ぜつご**【絶後】（名）将来同じような例が二度とおこらないと思われること。「空前—の大事件」

**せっこう**【斥候】（名）こっそりと敵のようすや地形などをさぐる兵。「敵地に—を放つ」

**せっこう**『石△膏』（名）硫酸《りゅうさん》カルシウムの結晶《けっしょう》。セメント・チョーク・彫刻《ちょうこく》などの材料とする。「—像」「—でかためる」

**せつごう**【接合】（名・自他スル）つなぎ合わせること。ある物がほかの物につながること。「—部分」

**ぜっこう**【絶交】（名・自スル）仲たがいして、それまでのつき合いをやめてしまうこと。「友と—する」

**ぜっこう**【絶好】（名）物事をするのにこの上もなくよいこと。「—のチャンス」

**ぜっこうちょう**【絶好調】（名・形動ダ）からだの具合や物事の調子が最高によい状態。「チームの打線が—だ」

**せっこつ**【接骨】（名・自スル）折れたりはずれたりした骨をなおすこと。ほねつぎ。整骨。「—医」

**ぜっこん**【舌根】（名）❶舌のつけね。❷《仏》味覚をつかさどる舌。六根の一つ。⇒ろっこんしょうじょう

**せっさく**【拙作】（名）❶できの悪い、へたな作品。❷自分の作品をけんそんしていうことば。

**せっさく**【拙策】（名）❶まずいはかりごと。❷自分のはかりごとをけんそんしていうことば。

**せっさたくま**『切△磋△琢磨』（名・自スル）（石や玉を切ったりみがいたりするように）知識や徳をみがくこと。仲間どうしではげましあって、ともに向上すること。「たがいに—する」

**ぜっさん**【絶賛】『絶△讃』（名・他スル）この上なくほめること。「—を博した絵画作品」

**せっし**【摂氏】（名）「セ氏」の旧称《きゅうしょう》。参考「摂氏」は、考案したスウェーデンのセルシウスの中国名「摂爾修」からとってつけられた。

**せつじ**【接辞】（名）《文法》接頭語と接尾語との総称《そうしょう》。

**せつじつ**【切実】（形動ダ）〔ダロ・ダッ(デ・ニ)・ダ・ナ・ナラ・〇〕自分の身に直接影響《えいきょう》するのを身にしみて心に強く感じるようす。「—に感じる」「—な問題」

**せっしゃ**【接写】（名・他スル）写真で、レンズを被写《ひしゃ》体《たい》に近づけて写すこと。「花を—する」

**せっしゃ**【拙者】（代）武士が自分をへりくだっていったことば。

**せっしやくわん**『切歯△扼腕』（名・自スル）歯をくいしばり、腕《うで》をにぎりしめてくやしがること。ひじょうにおこったりくやしがったりすること。「—の思い」

**せっしゅ**【窃取】（名・他スル）他人のものをこっそりぬすみ取ること。「金品を—する」

**せっしゅ**【接種】（名・他スル）《医》病気の予防・治療《ちりょう》・診断《しんだん》などのために、ワクチンなどを人や動物のからだにうえつけること。「予防—」

**せっしゅ**【摂取】（名・他スル）❶学問や技術などをとり入れること。「西洋文化の—」❷栄養などをからだにとり入れること。「ビタミンを—する」

**せっしゅう**【接収】（名・他スル）国家などが権力によって強制的に個人の所有物を取りあげること。「家屋を—する」

**せつじょ**【切除】（名・他スル）（からだの悪い部分などを）切り取ること。「患部《かんぶ》を—する」

**せっしょう【折衝】**（名・自スル）たがいに利害の反する者が、問題を解決するために話し合うこと。談判。「徹夜《てつや》で—を重ねる」

**せっしょう【殺生】**[一]（名・自他スル）生き物を殺すこと。「—をいましめる」[二]（名・形動ダ）むごいようす。ざんこくなようす。「—なことを言う」

**せっしょう【摂政】**（名）君主に代わって政治を行うこと。また、その人・その職。

**ぜっしょう【絶唱】**[一]（名）この上なくすぐれている詩歌。「万葉集の中の—」[二]（名・他スル）心をこめて強く歌いあげること。

**ぜっしょう【絶勝】**（名）景色がこの上なくすぐれていること。また、その場所。「—の地」

**せつじょうしゃ【雪上車】**（名）雪や氷の上を走れるように、特別に作った自動車。

**せっしょく【接触】**（名・自スル）❶物と物とがふれ合うこと。さわること。「—事故」❷人と会ったりかかわりをもったりすること。「犯人と—をもつ」

**せっしょく【節食】**（名・自スル）食事の量をほどよく減らすこと。

**せつじょく【雪辱】**（名・自スル）勝負に勝って、前に受けた恥《はじ》をそそぐこと。名誉《めいよ》を取りもどすこと。「—戦」「—を果たす」

**ぜっしょく【絶食】**（名・自スル）何も食べないでいること。食事をしないこと。「三日間—する」

**せっしょくしょうがい【摂食障害】**（名）《医》拒食症《きょしょくしょう》、過食症、異食症（=食べ物でないものをしきりに食べようとする症状）の三つの総称《そうしょう》。

**セッション**〔英 session〕（名）❶開会期間。会議などでのひと区切り。❷複数の演奏者によるジャズの演奏。多く即興《そっきょう》的なものにいう。

**せっすい【節水】**（名・自スル）水をたいせつに使って、使用量を減らすこと。「—につとめる」

**せっ・する【接する】**{シ(セ・サ)・シ・スル・スル・スレ・シロ(セヨ)}[一]（自サ変）❶すきまなく、またはわずかな間をおいて、隣《とな》りあう。また、触《ふ》れあう。「庭に—道路」「肩と肩とが—」❷人に会う。応対する。「たくさんの人に—」❸物事に出あう。出くわす。「悲しい知らせに—」「名作に—」❹《数》曲線・直線・曲面・平面が他の曲線・曲面と一点だけを共有する。「円に—直線」[二]（他サ変）❶くっつける。触れさせる。また、近づける。「ひたいを—・して話す」「軒《のき》を—」❷ひとつづきにする。「切り口の両はしを—」

**仕組みの解明**　「接する」

**Q** 子どもに接する？
子どもと接する？

A　子どもに厳しく接する。
B　同級生と親しく接する。

**A**・触《ふ》れあう相手としては「に」と「と」の両方が使えるが、「と」のほうが対等なニュアンスがある。
・「異国の文化に接する」「訃報《ふほう》に接する」などのように、ある物事と出あったり、かかわり合いを持ったりした場合は「に」が多く使われる。

**せっ・する【節する】**（他サ変）{シ(セ・サ)・シ・スル・スル・スレ・シロ(セヨ)}❶量をひかえめにする。「たばこを—」❷減らす。制限する。「経費を—」

**ぜっ・する【絶する】**（自サ変）{シ(セ・サ)・シ・スル・スル・スレ・シロ(セヨ)}（「…に絶する」「…を絶する」の形で）はるかにこえる。かけ離《はな》れている。「言語に—苦労（=ことばでは言い表せないほどの苦労）」「想像を—」

**せっせい【摂生】**（名・自スル）健康に注意して、じょうぶで過ごせるようにつとめること。養生《ようじょう》。「—につとめる」「不—」

**せっせい【節制】**（名・他スル）物事を、度を越《こ》さないようにひかえめにすること。「たばこを—する」

**せつぜい【節税】**（名・自他スル）法律で許される範囲《はんい》内で、納める税金が少なくなるよう工夫すること。

**ぜっせい【絶世】**（名）この世で比べるものがないほどすぐれていること。「—の美女」

**せつせつ【切切】**（トタル）❶その人の深い思いや情がこもっているようす。「—とうったえる」❷相手の思いが心にせまって感じられるようす。「—と胸を打つ」

**せっせと**（副）なまけたり休んだりしないで、いっしょうけんめいに物事を行うようす。「朝から晩まで—働く」

**せっせん【接戦】**（名・自スル）❶近寄って戦うこと。❷どちらも力が同じくらいで、勝ち負けがなかなかつかないはげしい戦い。「一点を争う—」

**せっせん【接線・切線】**（名）《数》曲線上・曲面上の一点においてだけ接している直線。

**せつぜん【▵截然】**（トタル）❶区別がはっきりしているようす。「—と分ける」❷するどく切り立っているようす。「—とそびえる」

**ぜっせん【舌戦】**（名）言い争うこと。口論。論戦。「激しい—がくりひろげられる」

**せっそう【節操】**（名）正しいと信じたことをかたく守って心を変えないこと。みさお。「—を守る」「無—」

**せっそく【拙速】**（名・形動ダ）仕上げはへただができあがりの速いこと。「—を避《さ》ける」対巧遅《こうち》

**せつぞく【接続】**（名・自他スル）つながること。つなげること。「列車の—」「電源を—する」

**せつぞくご【接続語】**（名）《文法》文節と文節、文と文とをつなぐ役目をもった文節。

**せつぞくし【接続詞】**（名）《文法》品詞の一種。自立語で活用がなく、語と語、句と句、文と文とをつなぐ働きをすることば。「そして」「また」「しかし」など。

**せつぞくじょし【接続助詞】**（名）《文法》助詞の一種。主として用言について、句と句をつなぐ働きをする助詞。「と」「て(で)」「のに」「ので」など。

**せっそくどうぶつ【節足動物】**（名）《動》からだの表面がかたいひふでおおわれている動物の一群。多数の節《ふし》からなり、数対《つい》の足を持っている無脊椎《むせきつい》動

物。昆虫《こんちゅう》類・多足類・くも類・甲殻《こうかく》類など。

**せった**【×雪駄・雪◇踏】(名) 竹の皮のぞうりの裏に革《かわ》をはり、かかとにうすい鉄を打ったはきもの。

(せった)

**せったい**【接待】(名・他スル) 客をもてなすこと。お茶などを出してふるまうこと。「—係」「客を—する」

**ぜったい**【絶対】㊀(名) ❶他に比較《ひかく》するものがなく、それだけで成立すること。「—の真理」対相対 ❷ほかから何の制限も受けないこと。何の条件もつけられないこと。「—の信頼をおく」㊁(副) ❶どんなことがあっても。「—(に)勝つ」❷(あとに打ち消しのことばをともなって)決して。「—(に)まちがいない」

**ぜつだい**【舌代】(名) 口で言う代わりに書いたあいさつの文章。参考「しただい」とも読む。

**ぜつだい**【絶大】(名・形動ダ) 程度がひじょうに大きいようす。「—な人気」「—な権力をもつ政治家」

**ぜったいあんせい**【絶対安静】(名) 病気やけがが重いとき、動かず寝《ね》たまま静かな状態を保つこと。

**ぜったいおんかん**【絶対音感】(名)〔音〕ある音を聞いたとき、その音の高さをほかの音と比較《ひかく》しないで識別できる感覚・能力。

**ぜったいおんど**【絶対温度】(名)〔物〕セ氏マイナス二七三・一五度(物理的に考えられる最低温度、すべての分子が静止する温度)を0度として、セ氏と同じ目盛りではかった温度。ケルビン温度。記号 K

**ぜったいし**【絶対視】(名・他スル) それを絶対的なものとみなすこと。「規則を—する」

**ぜったいぜつめい**【絶体絶命】(名・形動ダ) ひじょうに危険なところに追いこまれて、とてものがれることのできない状態にあること。「—の窮地《きゅうち》」

**ぜったいたすう**【絶対多数】(名) 議決などで、圧倒的《あっとうてき》に多数であること。「—で可決した」

**ぜったいち**【絶対値】(名)〔数〕正(プラス)・負(マイナス)の符号《ふごう》を取り去った数。実数 a の絶対値を |a| で表す。

**ぜったいてき**【絶対的】(形動ダ)〔ダロ・ダッ(デ・ニ)・ダ・ナ・ナラ・○〕何ものとも比較《ひかく》できない存在・状態であるようす。「—な価値」対相対的

**ぜったいに**【絶対に】(副) ↓ぜったい㊁

**せったく**【拙宅】(名) 自分の家のへりくだった言い方。「—へお寄りください」

**せつだん**【切断】【△截断】(名・他スル) 切ること。切りはなしてしまうこと。「木材を—する」「—面」

**せっち**【設置】(名・他スル) ある目的のために設備や機関を設けること。「照明を—する」類設立

**せっちゃく**【接着】(名・自他スル) 物と物とがくっつくこと。また、くっつけること。「部品を—する」

**せっちゃくざい**【接着剤】(名) 物と物とをくっつけるのに使う物質。「瞬間《しゅんかん》—」

**せっちゅう**【折衷・折中】(名・他スル) 二つ以上のちがった考えや物事から、それぞれのよいところや中間をとって、一つにまとめあげること。「和洋—」「—案」

**ぜっちょう**【絶頂】(名) ❶山のいちばん高い所。頂上。いただき。❷物事の程度が最高になったところ。頂点。「人気が—をきわめる」「幸福の—」

**せっちん**【雪◇隠】(名)(「せついん」の変化したもの)便所。

**せっつ**〔摂津〕〔地名〕むかしの国名の一つ。今の大阪府北西部と兵庫県南東部にまたがる。摂州。

**せっつ・く**【◇責っ付く】(他五)〔カ(コ)・キ(イ)・ク・ク・ケ・ケ〕しきりに急がせる。早くするように催促《さいそく》する。「本を返すように—・かれる」参考「せつく」の変化した語。

**せってい**【設定】(名・他スル) 物事を新たに設けてさだめること。「条件を—する」「会合を—する」

**セッティング**〔英 setting〕(名・他スル) ❶配置して据《す》えつけること。「会場にテーブルを—する」❷物事を準備したり設けたりすること。「会談の—をする」

**せってん**【接点】(名) ❶〔数〕曲線や曲面が直線あるいは平面に接する点。❷二つの物事の接するところ。一致《いっち》するところ。「交渉《こうしょう》の—をみいだす」

**せつでん**【節電】(名・自スル) 電気を節約して使うこと。「—に協力する」

**セット**〔英 set〕㊀(名) ❶道具などの一組。ひとそろい。「文房具《ぶんぼうぐ》—」❷テニスやバレーボールなどで、一試合中の勝負の一区切り。「三—マッチ」❸舞台《ぶたい》や映画撮影《さつえい》の装置。「芝居《しばい》の—」㊁(名・他スル) ❶髪《かみ》の形を整えること。❷機械や道具を組み立てたり、調整したりすること。「マイクを—する」「目覚まし時計を—する」

**せつど**【節度】(名) 言行などの、守るべき程度を越《こ》さないこと。「—を守る」「—ある態度」

**セットアップ**〔英 setup〕(名・他スル) ❶組み立てること。❷パソコンやソフトを、利用できる状態に準備すること。「ネットワークを—する」

**せっとう**【窃盗】(名・他スル) 他人のものをこっそりぬすむこと。また、その人。「—でつかまる」

**せっとうご**【接頭語】(名)〔文法〕つねにある単語の前について、ことばの調子をよくしたり、意味をそえたりすることば。「お茶」の「お」、「か弱い」の「か」など。対接尾語《せつびご》

**せっとく**【説得】(名・他スル) よく話し、言い聞かせて相手を納得《なっとく》させること。話してよくわからせること。「父に—されて思いとどまった」「—にあたる」「まるで—力がない」…性「説得性のある発言」

**せつな**【刹那】(名) ひじょうに短い時間。ほんのわずかの間。「—主義(=将来や過去のことは考えずに、現在の一瞬《いっしゅん》に最大の楽しみを求めようとする考え方)」…的「刹那的な楽しみ」

**せつな・い**【切ない】(形)〔カロ・カッ(ク)・イ・イ・ケレ・○〕さびしさや悲しさなどで、胸がしめつけられるようである。「—思い」

**せつなる**【切なる】(連体) 心からの。ひたすらの。「—願い」

**せつに**【切に】(副) 心から強く思っているようす。ぜひとも。ひたすら。「—お願いします」

**せっぱく**【切迫】(名・自スル) ❶時間や期限がさしせまってくること。おしつまること。「入試の期日が—してきた」❷何か重大なことがおこりそうで、緊張《きんちょう》した状態になること。「会場には—した空気が流れた」

**せっぱつま・る**【切羽詰まる】(自五)〔ラ(ロ)・リ(ッ)・ル・ル・レ・レ〕

ぎりぎりまでおいつめられ、どうにもならなくなる。「—・ってうそをつく」

**せっぱん【折半】**（名・他スル）おかねなどを半分ずつに分けること。「代金は—にした」

**ぜっぱん【絶版】**（名）一度出版した本の、以後の印刷や発行をやめること。「—にする」

**せつび【設備】**（名・他スル）ある目的をはたすのに必要な建物・機械などをそなえつけること。また、そなえつけたもの。「—がいい」「—投資」

**せつびご【接尾語】**（名）《文法》つねにある単語のあとについて、意味をそえたり、品詞を変える働きをしたりすることば。「田中さん」の「さん」、「高さ」の「さ」、「女らしい」の「らしい」、「春めく」の「めく」など。対接頭語

**ぜっぴつ【絶筆】**（名）❶死んだ人が生前最後に書き残した文章や絵など。「有名作家の—」❷書くのをやめること。断筆。

**ぜっぴん【絶品】**（名）きわめてすぐれた品物や作品。

**せっぷく【切腹】**（名・自スル）（おもに武士や軍人が）自分で腹を切って死ぬこと。はらきり。割腹《かっぷく》。

**せっぷく【説伏】**（名・他スル）自分の考えを説いて、相手を従わせること。説きふせること。

**せつぶん【拙文】**（名）下手《へた》な文章。自分の文章をけんそんしていうときに用いる。

**せつぶん【節分】**（名）立春の前日。二月三日ごろで、豆《まめ》まきの行事を行う。参考もとは季節の変わり目の意で、立春・立夏・立秋・立冬の前日をいう。

**せっぷん【接▵吻】**（名・自スル）愛情や敬意の表現として、相手の唇《くちびる》・手などに自分の唇をふれること。くちづけ。キス。

**ぜっぺき【絶壁】**（名）きり立っているがけ。「—をかわす」

**せっぺん【切片】**（名）きれはし。「ガラスの—」

**せつぼう【切望】**（名・他スル）しきりに望むこと。熱心に望むこと。「留学を—する」

**せっぽう【説法】**（名・自他スル）❶《仏》仏の教えを話して聞かせること。「辻《つじ》—」「釈迦《しゃか》に—」❷物事のすじみちを教え聞かせること。

**ぜつぼう【絶望】**（名・自スル）望みがまったくなくなること。希望をいっさいなくすこと。「人生に—する」…的「絶望的な状況《じょうきょう》」

**ぜっぽう【舌▵鋒】**（名）議論や弁舌《べんぜつ》のするどさ。「—するどくつめよる」

**ぜつみょう【絶妙】**（名・形動ダ）このうえなくうまいこと。きわめてたくみなこと。「—のタイミング」

**ぜつむ【絶無】**（名・形動ダ）まったくないこと。「疑われるような点は—だ」類皆無《かいむ》

**せつめい【説明】**（名・他スル）あることがらの内容・事情や理由・意義などを相手によくわかるように述《の》べること。「学校—会」「電気製品の—書」「わかりやすく—する」…的「文章が説明的になる」

**ぜつめい【絶命】**（名・自スル）命が絶えること。死ぬこと。

**ぜつめつ【絶滅】**（名・自他スル）すっかりほろんで、絶えること。ほろぼしてしまうこと。「—寸前の動物」「—にひんする」「犯罪を—する」

**ぜつめつきぐしゅ【絶滅危惧種】**（名）近い将来に絶滅するおそれが高いと分類された生物種。

**せつもん【設問】**（名・自スル）問題をつくって出すこと。また、その問題。「—に答える」

**せつやく【節約】**（名・他スル）物をむだに使わないこと。きりつめること。「光熱費を—する」「時間の—」類倹約《けんやく》。対浪費《ろうひ》

**せつゆ【説諭】**（名・他スル）悪い行いを改めるように言い聞かせること。「生徒に—する」

**せつり【摂理】**（名）❶キリスト教で、万物を導く神の考え。❷自然界を支配する法則。「自然の—」

**せつりつ【設立】**（名・他スル）会社や学校などを新しくつくりあげること。「大学を—する」類設置《せっち》

**ぜつりん【絶倫】**（名・形動ダ）なみはずれてすぐれていること。「精力—」

**せつれつ【拙劣】**（名・形動ダ）へたでおとっていること。「—な文章」

**せつろん【拙論】**（名）へたな議論や論文。自分の議論や論文をけんそんしていうことば。

**せつわ【説話】**（名）物語。特に、神話・伝説・民話など人びとの間に語り伝えられた話。「仏教—」

**せつわぶんがく【説話文学】**（名）《文》神話・伝説・民話など、説話をもとにしている文学の総称《そうしょう》。「今昔《こんじゃく》物語集」「宇治拾遺《うじしゅうい》物語」など。

**せと【瀬戸】**（名）❶陸と陸との間にはさまれたせまい海峡《かいきょう》。❷「せとぎわ」の略。❸「せともの」の略。

**せど【背戸】**（名）裏門。裏口。

**せどうか【◇旋頭歌】**（名）《文》和歌の形式の一つ。五・七・七・五・七・七の音数からできているもの。

**せとぎわ【瀬戸際】**（名）（瀬戸と外海との境目の意から）生死・勝敗・成否など、重大なことが決まる分かれ目。瀬戸。「—にたたされる」

**せともの【瀬戸物】**（名）陶磁器《とうじき》の通称《つうしょう》。焼き物。瀬戸。

**ことばの移り変わり**
「語の意味範囲②」
ある事物・概念《がいねん》のうち一部のものを指していた語が、その全般《ぜんぱん》を指すようになる例がある。「瀬戸物《せともの》」は「瀬戸（今の愛知県瀬戸市近辺）で作られた陶磁器《とうじき》」を指す語であったが、ここが産地として有名であったことから、のちには陶磁器全般を指すようになった。また、「片栗《かたくり》粉」は、植物のかたくりからとったデンプンなのでこの名がついたが、今日の「片栗粉」はほとんどじゃがいもから作られており、原料を問わず「（調理用）デンプン全般」を指すようになったわけである。

**せなか【背中】**（名）❶からだのうしろの、肩《かた》から腰《こし》までの間。背。❷うしろ。背後《はいご》。

**せなかあわせ【背中合わせ】**（名）❶二人または二つの物が、たがいに背を合わせて反対のほうを向いていること。❷裏表の関係にあること。「運と不運は—だ」❸仲が悪いこと。

**ぜに【銭】**（名）金属製の硬貨《こうか》。また、貨幣《かへい》。おかね。「—をかせぐ」「安物買いの—失い」

**ぜにん【是認】**（名・他スル）よいと認めること。そうだと認めること。「暴力は—できない」対否認《ひにん》

**せぬき【背抜き】**（名）背広などの上着の背中の部分には裏地をつけないこと。また、その上着。

**セネガル**〔Senegal〕【地名】アフリカ大陸の西岸にあり、大西洋に面する共和国。首都はダカール。

**ゼネ-コン**（名）大手の総合土木建設会社。▽英 general contractor から。

**ゼネ-スト**（名）（「ゼネラルストライキ」の略）同じ地域、同じ産業、またはいくつかの産業にわたって、労働者が団結していっせいに行うストライキ。▽英 general strike から。

**ゼネレーション**（名）→ジェネレーション

**せのび【背伸び】**（名・自スル）❶つまさきで立って、背を高くすること。「—して物を取る」❷自分の実力以上のことをしようとすること。「—した生き方」

**セパード**（名）《動》→シェパード

**せばま・る【狭まる】**（自五）｛ラ(ロ)・リ(ッ)・ル・ル・レ・レ｝せまくなる。間がつまる。「道が—」「一位と二位の間隔《かんかく》が—」

**せば・める【狭める】**（他下一）｛メ・メ・メル・メル・メレ・メロ(メヨ)｝せまくする。間をつめる。「捜査《そうさ》範囲《はんい》を—」対広げる 対広がる

**セパレート**〔英 separate〕（名）分かれていること。「—コースを走る」「—の水着」

**せばんごう【背番号】**（名）スポーツ選手などのユニホームの背中につける番号。

**せひ【施肥】**（名・自スル）作物などに肥料をやること。

**ぜひ【是非】**[一]（名）よいことと悪いこと。「問題の—を論じる」[二]（副）強く願うようす。どうしても。なにとぞ。「—勝ってほしい」

**是非もない** やむをえない。しかたがない。「—ことだ」

**セピア**〔英 sepia〕（名）黒ずんだ茶色。「—色の写真」

**ぜひとも【是非とも】**（副）「ぜひ」を強めた言い方。どうしても。なんとしても。「—参加してください」

**せひょう【世評】**（名）世の中の評判。人びとのうわさ。「—どおりの名作だ」「—が高い」

**せび・る**（他五）｛ラ(ロ)・リ(ッ)・ル・ル・レ・レ｝しつこく言ってねだる。むりに求める。せがむ。「母にこづかいを—」

**せびれ【背びれ】**『背△鰭』（名）魚の背にあるひれ。

**せびろ**『×背広』（名）男性用のスーツ。ひとそろいの上着・ズボン、または上着・ズボン・ベストからなる。

**せぶみ【瀬踏み】**（名・自スル）（川を渡《わた》る前に、水中に足を入れて深さをみることの意から）ある物事をする前に、ちょっとためしてみること。

**ゼブラ**〔英 zebra〕（名）《動》しまうま。

**せぼね【背骨】**（名）《生》→せきちゅう

**せま・い【狭い】**（形）｛カロ・カッ(ク)・イ・イ・ケレ・○｝❶面積やはば、間隔《かんかく》などが小さい。「—庭」「—道」❷範囲《はんい》が限られていたり、小さかったりする。「視野《しや》が—」「行動範囲が—」「交際が—」❸心にゆとりがない。「心が—」（対広い）

**せまきもん【狭き門】**❶キリスト教で、天国に至《いた》る道のけわしいことのたとえ。❷入学や就職で、競争がはげしくて、合格するのがむずかしい状況《じょうきょう》のたとえ。

**せまきもん**〔狭き門〕【作品名】フランスの作家ジイドの小説。一九〇九年刊。年下のいとこを愛するアリサは、その恋《こい》を妹にゆずり、信仰《しんこう》の「狭き門」にはいる。自己犠牲《ぎせい》と生との矛盾《むじゅん》をえがいた作品。

**せまくるし・い【狭苦しい】**（形）｛カロ・カッ(ク)・イ・イ・ケレ・○｝せまくてきゅうくつである。「—家」「—都会」

**せま・る【迫る】**｛ラ(ロ)・リ(ッ)・ル・ル・レ・レ｝[一]（自五）❶間がせまくなる。つまる。「距離《きょり》が—」❷近寄る。近づく。「夕やみが—」「締《し》め切りが—」「危険が—」「真に—」❸胸がしめつけられる。息がつまる。「胸が—思い」[二]（他五）強く求める。しいる。「実行を—」

**せみ**『△蟬』（名）《動》セミ科の昆虫《こんちゅう》。夏、雄《おす》が鳴く。幼虫は土にもぐって木の根から汁《しる》を吸って大きくなり、数年後、地上に出て成虫になる。あぶらぜみ・ひぐらし・みんみんぜみ・つくつくぼうしなど種類が多い。

**セミ-**〔英 semi〕（接頭）「半分」「準」の意を表す。「—プロ」

**ゼミ**（名）「ゼミナール」の略。

**セミコロン**〔英 semicolon〕（名）欧文《おうぶん》の句読点《くとうてん》の一つ。コロンよりも軽い区切り。「；」

**せみしぐれ【せみ○時雨】**『△蟬○時雨』（名）たくさんのせみがしきりに鳴きたてる声を、しぐれの音にたとえたことば。

**セミナー**〔英 seminar〕（名）→ゼミナール

**ゼミナール**〔ドイツ Seminar〕（名）❶大学で、少人数の学生たちが、先生の指導のもとで、ある専門の問題について、たがいに報告・討論を行うこと。演習。ゼミ。❷①の形式で行われる講習会。セミナー。「経営—」

**セミプロ**（名）アマチュアでありながら、実質的にはそれを職業のようにしていること。プロ並みのうでまえであること。また、そのような人。「写真に関しては—だ」▽英 semiprofessional から。

**せめ【責め】**（名）❶相手をひどく責めたてて苦しめること。「—にたえる」❷責任。義務。「—を負う」

**せめあぐ・む【攻めあぐむ】**『攻め△倦む』（自五）｛マ(モ)・ミ(ン)・ム・ム・メ・メ｝いくら攻めてもうまくいかないで、どう攻めたらいいか苦しむ。「速球の投手を—」

**せめい・る【攻め入る】**（自五）｛ラ(ロ)・リ(ッ)・ル・ル・レ・レ｝攻めて敵の陣地《じんち》や国にはいる。攻め込《こ》む。「敵の城に—」

**せめおと・す【攻め落とす】**（他五）｛サ(ソ)・シ・ス・ス・セ・セ｝攻めて敵の城や陣地《じんち》などを自分側のものにする。「敵のとりでを—」

**せめおと・す【責め落とす】**（他五）｛サ(ソ)・シ・ス・ス・セ・セ｝責めたてて承知させる。また、自白させる。「罪人を—」

**せめぎあ・う【せめぎ合う】**『△鬩ぎ合う』（自五）｛ワ(オ)・イ(ッ)・ウ・ウ・エ・エ｝たがいに争いあう。「多数の候補者が—」

**せめく【責め苦】**（名）ひどく責めたてて、心やからだにあたえる苦しみ。「地獄《じごく》の—にあう」

**せめこ・む【攻め込む】**（自五）｛マ(モ)・ミ(ン)・ム・ム・メ・メ｝敵を攻めて、相手の陣地《じんち》にはいる。攻め入る。「敵陣に—」

**せめさいな・む【責めさいなむ】**『責め◇苛む』（他五）｛マ(モ)・ミ(ン)・ム・ム・メ・メ｝いじめ苦しめる。ひどく責めたてる。「良心に—・まれる」

**セメスターせい【セメスター制】**（名）学校の一年間を前期と後期に分け、それぞれで授業修了するように行う制度。▽セメスターは、英 semester（学期）

**せめた・てる【攻め立てる】**（他下一）｛テ・テ・テル・テル・テレ・テロ(テヨ)｝

**せめた・てる**【責め立てる】（他下一）{テ・テ・テル・テル・テレ・テロ(テヨ)} しきりに責めとがめる。「過去の失敗を—」しきりにはげしく攻撃《こうげき》する。「息もつかず—」

**せめつ・ける**【責めつける】〖責め付ける〗（他下一）{ケ・ケ・ケル・ケル・ケレ・ケロ(ケヨ)} きびしくとがめる。きびしく責める。「居丈高《いたけだか》に部下を—」

**せめて**（副）不満足ながら最低限の願いを表す。少なくとも。「—これだけのことはしてほしい」「—会いたい」

**せめて** 古語 ❶むりに。しいて。「君は御衣《ぞ》にまとはれて臥《ふ》し給《たま》へるを、—起こして」〈源氏物語〉 訳紫《むらさき》の上は（光源氏の）お召《め》し物につつまれて臥していらっしゃったのを、（光源氏が）しいて起こして。❷はなはだしく。ひどく。「—おそろしきもの 夜鳴る神」〈枕草子《まくらのそうし》〉 訳ひどく恐《おそ》ろしいもの、夜間の雷鳴《らいめい》。

**せめても**（副）「せめて」を強めた言い方。「けががなかったのが—のさいわいだ」

**せ・める**【攻める】（他下一）{メ・メ・メル・メル・メレ・メロ(メヨ)} 敵に向かって戦いをしかける。攻撃《こうげき》する。「城を—」対守る

**せ・める**【責める】（他下一）{メ・メ・メル・メル・メレ・メロ(メヨ)} ❶相手のあやまちや失敗をとがめる。非難する。「仕事のミスを—」「自分を—」❷苦痛をあたえる。「—・めて白状《はくじょう》させる」❸きびしく催促《さいそく》する。しきりに要求する。「借金とりに—・められる」

**セメント**〔英 cement〕（名）〖化〗石灰《せっかい》岩と粘土《ねんど》をくだいて熱したもの。水を加えて放置すると固まる。土木工事・建築の材料などに使う。

**せもじ**【背文字】（名）本の背の部分に書いてある文字。書名・作者名などを表す。

**せもたれ**【背もたれ】〖背△凭れ〗（名）いすなどの、座ったときに背中をもたせかける部分。

**ゼラチン**〔英 gelatin〕（名）〖化〗動物の骨髄《こつずい》などからとれる蛋白《たんぱく》質。熱湯にとけ、冷えるとゼリー状にかたまる。食品・医薬品などに用いる。

**ゼラニウム**〔英 geranium〕（名）〖植〗フウロソウ科の多年草。夏、赤・紫《むらさき》・白色などの小花がかたまって咲《さ》く。観賞用。

**セラピー**〔英 therapy〕（名）（薬や手術によらない）治療《ちりょう》・治療法。

**セラピスト**〔英 therapist〕（名）療法士《りょうほうし》。治療士。特に、心理療法や物理療法を行う人をいう。

**セラミックス**〔英 ceramics〕（名）無機物を加熱・冷却《れいきゃく》してつくられる、金属でない製品。陶磁器《とうじき》・ガラス・ほうろう製品や、人工の原料をつかった、熱に強く電気を通さない新素材や製品など。

**せり**〖△芹〗（名）〖植〗セリ科の多年草。しめった所や溝《みぞ》などに生える。葉に強いかおりがあり、食用にする。春の七草の一つ。

（芹）

**せり**【競り】（名）❶競り合うこと。はげしい競争。❷競り売り。競売。「—にかける」

**せりあ・う**【競り合う】（自他五）{ワ(オ)・イ(ッ)・ウ・ウ・エ・エ} たがいに勝とうとはげしく争う。「優勝を—」

**せりあが・る**【せり上がる】〖◇迫り上がる〗（自五）{ラ(ロ)・リ(ッ)・ル・ル・レ・レ} ❶下から上へと、少しずつ上がっていく。❷劇場で、せり出しを用いて奈落《ならく》から舞台《ぶたい》や花道に上がる。

**せりあ・げる**【競り上げる】（他下一）{ゲ・ゲ・ゲル・ゲル・ゲレ・ゲロ(ゲヨ)} 競り売りで、買い手が争って、だんだんとねだんを上げる。「金《かね》に糸目をつけずに—」

**ゼリー**〔英 jelly〕（名）ゼラチンをとかし、くだものの汁《しる》や砂糖などを加えて、ひやしかためた菓子《かし》。

**せりいち**【競り市】（名）競り売りの行われる市場。また、そこでの売り買い。「馬の—」

**せりうり**【競り売り】（名・他スル）品物の売り主が大勢の買い手にねだんをつけさせて競わせ、最も高いねだんをつけた人に品物を売ること。競売。競り。

**せりおと・す**【競り落とす】（他五）{サ(ソ)・シ・ス・ス・セ・セ} 競り売りで、買い手の中で最も高いねだんをつけて、その品物を手に入れる。「名画を—」

**せりだし**【せり出し】〖◇迫り出し〗（名）劇場で、舞台《ぶたい》や花道に切り穴を作り、役者や道具を奈落《ならく》から押し上げて出すこと。また、その装置。せり。

**せりだ・す**【せり出す】〖◇迫り出す〗{サ(ソ)・シ・ス・ス・セ・セ} 一（他五）❶上または、前へ押《お》し出す。「道へ—・した家」❷劇場で、せり出しを使い、舞台《ぶたい》の下から上へ役者・大道具などを押し上げて出す。二（自五）前に出る。「腹が—」

**せりふ**〖×台詞・×科白〗（名）❶俳優《はいゆう》が舞台《ぶたい》などで劇中の人物として話すことば。「—を忘れる」「—回し」❷ことば。文句。言いぐさ。「おきまりの—」

**せりょう**【施療】（名・自スル）病気やけがを治療《ちりょう》すること。特に、貧しい人のために、ただで治療すること。「—院」

**せ・る**【競る】（他五）{ラ(ロ)・リ(ッ)・ル・ル・レ・レ} ❶たがいに勝とうとして争う。競い合う。「ゴール間近で—・った」❷競り売りで、品物を手に入れようと、競争して相手よりも高いねだんをつける。「市場で—」

**せる**（助動）{セ・セ・セル・セル・セレ・セロ(セヨ)} ❶使役《しえき》の意を表す。…するようにしむける。「使いに行か—」❷放任・許容などを表す。…させておく。…するにまかせる。「やりたいようにやら**せ**ておく」❸（「せられる」の形で）尊敬の意を表す。お…になる。「御手《おて》に取ら**せ**られた」❹（「…せていただく」「…せてもらう」の形で）けんそんの意を表す。「休ま**せ**ていただく」 文法 五段・サ変動詞の未然形につく。⇒させる（助動）

**セル**〔英 cell〕（名）❶細胞《さいぼう》。❷コンピューターの表計算ソフトで、表を構成するます目の一つ。

**セル**（名）細い毛糸で織った、和服用のうすい毛織物。▽《オランダ》 serge から。

**セルバンテス**〔Miguel de Cervantes Saavedra〕【人名】（一五四七〜一六一六）スペインの小説家。理想と現実の不一致《いっち》を風刺《ふうし》した「ドン＝キホーテ」の作者。

**セルビア**〔Serbia〕【地名】バルカン半島中西部にある共和国。首都はベオグラード。

**セルフ-**〔英 self〕（接頭）「自分自身で」「自動的に」の意を表す。「—ケア」「—タイマー」

**セルフサービス**〔英 self-service〕（名）食堂・店などで、客が自分で料理や品物を選んだり運んだりするしくみ。「—のガソリンスタンド」

**セルフタイマー**〔英 self-timer〕（名）写真をうつすとき、一定時間後に自動的にカメラのシャッターが切れる装置。

**セルロイド**〔英 celluloid〕（名）《化》ニトロセルロースに樟脳《しょうのう》をまぜ、アルコールを加えてつくる合成樹脂《じゅし》。燃えやすく、現在の用途《ようと》は限られる。

**セルロース**〔英 cellulose〕（名）→せんいそ

**セレクト**〔英 select〕（名・他スル）選ぶこと。より分けること。「優秀《ゆうしゅう》な選手を—する」「—ショップ」

**セレナーデ**〔ドイツ Serenade〕（名）《音》小夜曲《さよきょく》。夜曲《やきょく》。セレナード。㋐夜、愛する人の家の窓の下で歌う歌曲。㋑弦楽器《げんがっき》を主とする甘美《かんび》で軽快な小曲。

**セレブ**〔英 celeb〕（名）（「セレブリティ」の略）有名人。著名人。また、裕福《ゆうふく》な人。

**セレモニー**〔英 ceremony〕（名）儀式《ぎしき》。式典。

**セロ**（名）《音》→チェロ

**ゼロ**〔フランス zéro〕（名）❶数字の0。零《れい》。❷数がまったく何もないこと。得点のないこと。「三対—で勝つ」❸ぜんぜんねうちのないこと。「彼《かれ》の信用は—だ」

**セロハン**〔フランス cellophane〕（名）繊維素《せんいそ》から作るうすいすき通った紙。包み紙などに使う。「—テープ」

**セロリ**〔英 celery〕（名）《植》セリ科の一年草または越年草《えつねんそう》。香気《こうき》があり、西洋料理に使う。オランダみつば。セルリー。

**せろん【世論】**（名）世の中の一般《いっぱん》の人びとの考えや意見。「—を反映させる」「—にうったえる」参考「世論」は「輿論《よろん》」の書き換《か》えとして用いられるようになったが、しだいに「せろん」とも読まれるようになった。

**せろんちょうさ【世論調査】**（名）→よろんちょうさ

**せわ【世話】**（名・他スル）❶いろいろとめんどうをみること。あれこれと手助けすること。「老人の—をする」「お—になる」❷間に立ってとりもつこと。「嫁《よめ》を—する」❸手間がかかってやっかいであること。「—をかける」

**世話が焼《や》ける** 手数がかかってやっかいである。

**世話を焼《や》く** すすんであれこれと人のめんどうをみる。

**せわし・い**【◇忙しい】（形）〔カロ・カッ(ク)・イ・イ・ケレ・○〕❶いそがしい。用事が多くて少しもひまがない。せわしない。「年末は—」❷動作がせかせかして、落ち着かない。せわしない。「—・く人が出入りする」

**せわしな・い**【◇忙しない】（形）〔カロ・カッ(ク)・イ・イ・ケレ・○〕せわしい。「—性格の人」

**せわずき【世話好き】**（名・形動ダ）人のめんどうをみるのがすきであること。また、その人。「—な人」

**せわにょうぼう【世話女房】**（名）夫の身の回りの面倒《めんどう》をよくみて、家事を手ぎわよく切りまわす妻。

**せわにん【世話人】**（名）団体などの事務を処理し、運営する人。世話役。「—を選ぶ」

**せわもの【世話物】**（名）《演》浄瑠璃《じょうるり》や歌舞伎《かぶき》などで、その時代の出来事や人情をえがいた劇。おもに江戸《えど》時代の町人の生活を主題としたもの。対時代物

**せわやく【世話役】**（名）→せわにん

**せん【千】** 3画 十1 小1 音セン 訓ち 一 二 千
❶せん。一〇〇の一〇倍。❷ひじょうに多いこと。⬘千客万来・千軍万馬・千載一遇《せんざいいちぐう》・千差万別・千変万化 ⬘一騎当千《いっきとうせん》

**せん【千】**（名）❶一〇〇の一〇倍。❷数の多いこと。「—に一つの見込《みこ》みもない」

**せん【川】** 3画 川0 小1 音セン 訓かわ 中 丿 川 川
かわ。⬘河川《かせん》・山川《さんせん》。参考特別に、「川原」は「かわら」とも読む。

**せん【仙】** 5画 イ3 音セン ノ イ 仆 仙 仙
❶山にはいって、不老不死の術をおさめた人。⬘仙界・仙境・仙人 ⬘神仙。❷俗人《ぞくじん》とかけはなれている人。特に歌や詩にすぐれた人。⬘歌仙・詩仙

**せん【占】** 5画 ト3 音セン 訓しめる・うらなう 丨 卜 ⺊ 占 占
❶うらない。うらなう。⬘占星術・占星。❷物や場所を自分のものにする。⬘占拠《せんきょ》・占有・占領 ⬘独占

**せん【先】** 6画 儿4 小1 音セン 訓さき ノ ⺈ ⺧ 生 牛 先
❶前のほう。早いほう。さき。さきにする。⬘先駆《せんく》・先見・先行・先攻《せんこう》・先陣《せんじん》・先端《せんたん》・先着・先手《せんて》・先頭・先導・先発・先約 ⬘機先・率先《そっせん》・優先。対後。❷過ぎ去ったもの。以前。また、現在より一つ前。⬘先月・先刻・先日・先週・先人・先祖・先代・先般《せんぱん》・先例 ⬘祖先

**せん【先】**（名）❶今より前。以前。「—から承知《しょうち》している」❷相手より順序が前であること。先手《せんて》。❸囲碁《いご》・将棋《しょうぎ》で、先に打ちはじめるほう。

**先を越《こ》す** 相手に先んじて物事をする。

**せん【宣】** 9画 宀6 小6 音セン 丶 宀 宀 宣 宣 宣
❶考えをのべる。⬘宣言・宣告・宣誓《せんせい》。❷広く告げ知らせる。⬘宣教・宣伝・宣布。❸みことのり。天子のおおせ。⬘宣下《せんげ》・宣旨《せんじ》

**せん【専】** 9画 寸6 小6 〔專〕 音セン 訓もっぱら 中 一 戸 亘 車 専 専
❶ただ一つのことだけする。もっぱら何かをする。⬘専一《せんいつ》・専業・専攻《せんこう》・専心・専属・専任・専念・専門・専用。❷自分だけでする。ひとりじめする。⬘専権・専断・専売・専有。❸わがまま。ほしいまま。⬘専決・専横・専制 ⇩付録「漢字の筆順㉕甫〔甫〕」

**せん【泉】** 9画 水5 小6 音セン 訓いずみ ′ 白 白 自 身 泉
いずみ。地中からわきでる水。⬘泉水・泉石 ⬘温泉・源泉

泉・鉱泉・林泉

**せん【浅】** 9画 氵6 小4 〔淺〕 音 セン 中 訓 あさい 氵氵氵浅浅浅浅

❶あさい。◆浅海・浅水◆深浅。対深。❷色がうすい。◆浅紅《せんこう》・浅緑。❸知識や考えがたりない。あさはか。◆浅学・浅見・浅才・浅薄《せんぱく》・浅慮《せんりょ》⇩付録「漢字の筆順(1)戈〔戈〕」

**せん【洗】** 9画 氵6 小6 音 セン 訓 あらう 氵氵氵汁汢洗

あらう。あらい清める。◆洗顔・洗剤《せんざい》・洗浄《せんじょう》・洗濯《せんたく》・洗脳・洗面・洗練◆水洗

**せん【染】** 9画 木5 小6 音 セン 中 訓 そめる・そまる・しみる 高・しみ 高 氵氵氿氿沈染染

❶そめる。色をつける。◆染色・染織《せんしょく》・染髪《せんぱつ》・染料。❷しみこむ。病気などがうつる。◆汚染《おせん》・感染・伝染

**せん【扇】** 10画 戸6 音 セン 訓 おうぎ 彐戸戸扇扇扇

❶おうぎ。あおぐもの。◆扇形・扇状地・扇子《せんす》・扇風機◆夏炉冬扇《かろとうせん》・換気扇《かんきせん》・団扇《だんせん》・鉄扇。❷人の気持ちをあおりたてる。◆扇情・扇動

**せん【栓】** 10画 木6 音 セン 十木朩朩朩栓栓

❶穴や管の口をふさぐもの。◆血栓・密栓。❷管などの先につける開閉装置。◆給水栓・消火栓・元栓《もとせん》⇩付録「漢字の筆順(2)王〔王〕」

**せん【栓】**(名) ❶容器の口や物の穴などをふさぐために、さしこんだりおおったりするもの。「風呂《ふろ》の—を抜《ぬ》く」❷水道管・ガス管などの端《はし》に取りつける開閉装置。コック。「ガスの—をひねる」

**せん【旋】** 11画 方7 音 セン 方方方方旋旋旋

❶めぐる。ぐるぐるまわる。◆旋回・旋盤《せんばん》・旋風《せんぷう》◆斡旋《あっせん》・周旋・螺旋《らせん》。❷かえる。◆凱旋《がいせん》

**せん【船】** 11画 舟5 小2 音 セン 訓 ふね・ふな ノ介舟舟舟船船

ふね。◆船員・船室・船首・船倉・船体・船長・船舶《せんぱく》・帆船《はんせん》・◆貨物船・汽船・客船・漁船・商船・造船・帆船・母船。類舟《しゅう》。参考「ふな」の訓は「船旅《ふなたび》」「船賃《ふなちん》」などのことばに使われる特殊《とくしゅ》な読み方。

**せん【戦】** 13画 戈9 小4 〔戰〕 音 セン 訓 いくさ 中・たたかう 丷丷丷単戦戦

❶たたかう。たたかい。いくさ。◆戦火・戦況《せんきょう》・戦術・戦場・戦線・戦争・戦地・戦闘《せんとう》・戦乱・戦略・戦力◆合戦《かっせん》・休戦・苦戦・決戦・作戦・対戦・乱戦。❷競争。試合。◆観戦・決勝戦・熱戦。❸おそれおののく。ふるえる。◆戦戦恐恐《せんせんきょうきょう》・戦慄《せんりつ》⇩付録「漢字の筆順(1)戈〔戈〕」

**せん【煎】** 13画 灬9 音 セン 訓 いる 丷广肖前前煎

❶煮《に》つめる。煮出す。せんじる。◆煎茶・煎薬◆湯煎《ゆせん》。❷いる。あぶる。◆煎餅《せんべい》◆焙煎《ばいせん》

**せん【羨】** 13画 𦍌7 音 セン 高 訓 うらやむ・うらやましい 丷丷䒑𦍌羊羨

うらやむ。うらやましがる。◆羨望《せんぼう》⇩付録「漢字の筆順(23)𦍌」

**せん【腺】** 13画 月9 音 セン 月肜肸胊腺腺

体内の分泌《ぶんぴつ》作用をいとなむ器官。◆汗腺《かんせん》・甲状腺《こうじょうせん》・前立腺・乳腺・扁桃腺《へんとうせん》・涙腺《るいせん》。参考「腺」は日本で作った国字。

**せん【詮】** 13画 言6 音 セン 言訁訃詮詮詮

あきらかにする。くわしく調べる。◆詮議《せんぎ》・詮索《せんさく》◆所詮⇩付録「漢字の筆順(2)王〔王〕」

**せん【詮】**(名) ❶何かをしたききめ。かい。効果。「泣くよりほかに—がなかった」❷なすべき手段。すべ。「くやんでも—のないこと」

**せん【践】** 13画 足6 〔踐〕 音 セン 口ア足趾践践

道を行く。ふみ行う。◆実践⇩付録「漢字の筆順(1)戈〔戈〕」

**せん【箋】** 14画 竹8 音 セン ⺮⺮笺笺笺箋

ふだ。書き付け用の細長い紙片《しへん》。詩歌や手紙などを書き記す紙。◆処方箋《しょほうせん》・便箋《びんせん》・付箋⇩付録「漢字の筆順(1)戈〔戈〕」

**せん【銭】** 14画 金6 小6 〔錢〕 音 セン 訓 ぜに 中 ㇰ金金銭銭銭

ぜに。おかね。◆銭湯◆悪銭・金銭・古銭・賽銭《さいせん》⇩付録「漢字の筆順(1)戈〔戈〕」

**せん【銭】**(名) 通貨の単位。円の一〇〇分の一。

**せん【潜】** 15画 氵12 〔潛〕 音 セン 訓 ひそむ・もぐる 氵氵氵涉潜潜

❶水中にもぐる。◆潜航・潜水・潜望鏡。❷中や奥《おく》にひそむ。かくれる。◆潜在・潜入・潜伏《せんぷく》

**せん【線】** 15画 糸9 小2 音 セン 幺糸糸糸紾線

❶細長いすじ。すじ状のもの。◆線画・線香《せんこう》・線条・線描《せんびょう》◆曲線・光線・視線・水平線・直線・点線・電線・白線・傍線《ぼうせん》。❷交通機関の道すじ。◆線路◆沿線・幹線・支線・車線・脱線《だっせん》・路線

**せん【線】**(名) ❶糸のように細長く続くもの。すじ。また、そのような形状のもの。「ノートに—を引く」「電話の—を引く」❷物の輪郭《りんかく》。「からだの—を強調した服」❸物事を進める上での、だいたいの方針や道筋。「その—で話を進めよう」❹ある一定の基準・水準。「いい—を行っている」「無難な—に落ち着く」

❺相手や対象から受ける印象・感じ。「―の細い人」❻交通機関の道筋。「東海道―」

**せん【遷】** 15画 辶12 音 セン

❶場所や地位などをよそにうつす。うつる。◆遷宮《せんぐう》・遷幸・遷都 ◆左遷・孟母《もうぼ》三遷。❷時がうつりかわる。◆遷移 ◆変遷

**せん【選】** 15画 辶12 小4 音 セン 訓 えらぶ

えらぶ。えらばれたもの。◆選挙・選考・選者《せんじゃ》・選手・選出・選択《せんたく》・選抜《せんばつ》 ◆改選・決選・互選《ごせん》・再選・精選・当選・入選・予選

**せん【選】** (名) 多くの中から選ぶこと。また、選ばれたもの。「―にもれる」

**せん【薦】** 16画 艹13 音 セン 訓 すすめる

えらんですすめる。◆自薦・推薦・他薦・特薦 ⇩付録「漢字の筆順(6)艹」

**せん【繊】** 17画 糸11 〔纖〕 音 セン

❶ほそい。こまかい。◆繊維《せんい》・繊細・繊毛。❷「繊維」の略。◆化繊 ⇩付録「漢字の筆順(1)戈〔戈〕」

**せん【鮮】** 17画 魚6 音 セン 訓 あざやか

❶新しい。なま。◆鮮魚・鮮血・鮮度 ◆新鮮・生鮮。❷あざやかな。はっきりしている。◆鮮明・鮮烈《せんれつ》

**ぜん【全】** 6画 人4 小3 音 ゼン 訓 まったく・すべて

❶すべて。のこらず。◆全員・全額・全校・全国・全集・全勝・全焼・全体・全長・全般《ぜんぱん》・全部・全貌《ぜんぼう》・全滅《ぜんめつ》・全力。❷きずがない。かけたところがない。◆全人・全知全能 ◆安全・完全・健全・万全・保全 ⇩付録「漢字の筆順(2)王〔王〕」

**ぜん-【全】** (接頭) 「すべて」「あらゆる」「全部で」の意を表す。「―世界」「―試合」「―一五話」

**ぜん【前】** 9画 刂7 小2 音 ゼン 訓 まえ

❶進んでいくほう。まえ。◆前進・前途《ぜんと》・前方・前面 ◆眼前・面前・目前。❷時間的に早いほう。順序のさきのほう。◆前回・前期・前月・前日・前者・前提 ◆以前・午前・食前・生前・戦前。（対 後）

**ぜん-【前】** (接頭) 「一つ前の」「…以前の」の意味を表す。「―生徒会長」「―近代的」

**ぜん【善】** 12画 口9 小6 音 ゼン 訓 よい

❶よい。このましい。道徳にかなった。◆善意・善行・善政・善人・善良 ◆改善・最善・慈善《じぜん》・独善。対 悪。❷なかよくする。◆善隣《ぜんりん》 ◆親善

**ぜん【善】** (名) 道義・道徳に合っていること。また、単によいことやよいおこない。「一日一―」対 悪

**善は急《いそ》げ** よいことはチャンスをのがさず、ためらわずに急いでするのがよい。

**ぜん【然】** 12画 灬8 小4 音 ゼン・ネン

❶そのとおりである。そのとおりになる。そのまま。◆偶然《ぐうぜん》・自然・天然《てんねん》・当然・必然・未然。❷状態を表すことばにつける。◆唖然《あぜん》・依然《いぜん》・毅然《きぜん》・決然・公然・雑然・全然・泰然《たいぜん》・断然・突然《とつぜん》・漠然《ばくぜん》・憤然《ふんぜん》・平然・呆然《ぼうぜん》・茫然《ぼうぜん》・猛然《もうぜん》・悠然《ゆうぜん》

**-ぜん【然】** (接尾) (名詞について)「…のようなようす」「…らしい」の意を表す。「学者―としている」

**ぜん【禅】** 13画 ネ9 〔禪〕 音 ゼン

❶心をしずめ、さとりを求めること。◆禅定《ぜんじょう》 ◆座禅・参禅。❷①のような修行《しゅぎょう》をする仏教の一派。◆禅刹《ぜんさつ》・禅宗・禅僧《ぜんそう》・禅問答《ぜんもんどう》・禅林。❸位をゆずる。◆禅譲《ぜんじょう》

**ぜん【禅】** (名) 《仏》❶心をしずめ精神を集中して無我《むが》の境地に入り、真理を求めること。禅定《ぜんじょう》。❷禅宗。❸座禅。「―を組む」

**ぜん【漸】** 14画 氵11 音 ゼン

しだいに。だんだんに。◆漸近線・漸次・漸進・漸増

**ぜん【膳】** 16画 月12 音 ゼン

料理をのせる台。また、その料理。◆御膳《ごぜん》・食膳・配膳・本膳

**ぜん【膳】** ■一■ (名) 食事のときに、料理や食器をのせる台。また、その台にのせて出される料理。「―をはこぶ」「祝いの―」 ■二■ (接尾) ❶茶わんにもっためしを数えることば。「ごはん二―」❷一対《いっつい》のはしを数えることば。「はしを一―買う」

**ぜん【繕】** 18画 糸12 音 ゼン 訓 つくろう

つくろう。なおす。◆営繕・修繕

**ぜんあく【善悪】** (名) ❶よいことと悪いこと。よしあし。「―の判断」❷善人と悪人。

**せんい【船医】** (名) 船に乗り組んで、船客や船員の病気やけがの治療《ちりょう》をする医者。

**せんい【戦意】** (名) 戦おうとする意気ごみ。闘志《とうし》。「―を失う」

**せんい【遷移】** (名・自スル) 移り変わること。「植生の―」

**せんい【繊維】** (名) ❶動物や植物のからだを作っている、細い糸のようなすじ。❷織物や紙などの原料となる細い糸のような物質。「天然―」「合成―」参考 ①は医学では多く「線維」と書く。

**ぜんい【善意】** (名) ❶物事のよい面だけを見ようとする心。「―に解釈《かいしゃく》する」❷人のためを思う心。親切心。「―の寄付金」類 好意。（対 悪意）

**ぜんいき【全域】** (名) ❶ある地域・区域の全体。

「東北—」❷ある分野・領域の全体。「活動の—」

**せんいそ【繊維素】**(名) 植物の細胞膜《さいぼうまく》や繊維を形づくっているおもな成分。セルロース。

**せんいちやものがたり**〔千一夜物語〕[作品名] →アラビアンナイト

**せんいつ【専一】**(名・形動ダ) そのことだけに力を注ぐこと。第一と考えてすること。「ご自愛—に」

**せんいん【船員】**(名) 船の乗組員。ふなのり。

**ぜんいん【全員】**(名) ある集団のすべての人。「—集合」「—が参加する」類総員

**せんえい【先鋭】**『△尖鋭』(名・形動ダ) ❶先がするどくとがっていること。❷思想や行動が急進的で過激であること。「—分子」…的「先鋭的な考え方」…化「行動が先鋭化する」

**せんえい【船影】**(名) 船の姿。船の影《かげ》。

**ぜんえい【前衛】**(名) ❶軍隊で、前方を守る部隊。対後衛。❷テニスやバレーボールなどで、コートの前方で攻撃《こうげき》や守備をする役。対後衛。❸芸術運動などで、これまでのやり方を打ちこわし、時代にさきがけて新しいものを創造しようとする人びと。アバンギャルド。「—画家」…的「前衛的な作風」

**せんえき【戦役】**(名) 戦い。戦争。「日露《にちろ》の—」

**せんえつ【△僭越】**(名・形動ダ) 自分の立場や身分を越《こ》えて出すぎたことをすること。「—な行為《こうい》」「—ながら私が引き受けましょう」使い方〉自分の行為をけんそんしていう場合にも用いる。

**せんおう【専横】**(名・形動ダ) 権力者などが自分の思うとおりにすること。わがままですきかってにふるまうこと。「—な政治」

**ぜんおん【全音】**(名)〔音〕半音の二倍の音程。たとえば、ハ調のドとレ、レとミなどの間の音程。対半音

**せんか【専科】**(名) 一つのことを専門に研究する課程。また、そこで学ぶ科目。

**せんか【戦火】**(名) ❶戦争によっておこる火災。「—にみまわれる」❷戦い。戦争。「—を交える」

**せんか【戦果】**(名) 戦争・闘争《とうそう》・競技などによって得たものや成果。「多大の—を収める」

**せんか【戦禍】**(名) 戦争によって受けるわざわい。「—をこうむる」

**せんが【線画】**(名) 線だけでかいた絵。線描画。

**ぜんか【全科】**(名) 全部の学科。全教科。

**ぜんか【前科】**(名) 前に罪をおかして罰《ばつ》を受けていること。「—のある男」「—三犯」

**せんかい【仙界】**(名) 仙人の住む世界。また、仙人の住むような、俗世界《ぞくせかい》と離《はな》れた清らかなところ。

**せんかい【先回】**(名) 一つ前の回。前回。

**せんかい【浅海】**(名) ❶浅い海。❷〔地〕海岸の近くの、約二〇〇《メートル》の深さまでの海。対深海

**せんかい【旋回】**(名・自スル) ❶円をえがいて回ること。「上空を—する」❷飛行機などが、曲線をえがくように方向を変えること。「右へ急—する」

**せんがい【選外】**(名) 出品した作品が選ばれないこと。入選しないこと。「—佳作《かさく》」類等外

**ぜんかい【全会】**(名) その会全体。その会に出席している全員。「—一致《いっち》」

**ぜんかい【全快】**(名・自スル) 病気やけががすっかりなおること。「—祝い」類本復《ほんぷく》

**ぜんかい【全開】**(名・自他スル) 戸や栓《せん》などを全部開くこと。「窓を—にする」「エンジンを—にする」対半開

**ぜんかい【全壊・全潰】**(名・自スル) 建物などが、すっかりこわれること。「台風で家が—した」対半壊

**ぜんかい【前回】**(名) この前の回。「—の議題」

**せんかく【先覚】**(名) ❶世間の人よりさきに道をさとった人。「—者」❷学問・見識のある先輩《せんぱい》。

**せんがく【先学】**(名) 学問上の先輩《せんぱい》。「—の道をたどる」対後学

**せんがく【浅学】**(名) 学問や知識があまりないこと。学問がまだ十分に身についていないこと。「—非才の身(=学問も十分でなく、才能もあまりない自分)」使い方〉多く、自分のことをけんそんしていうときに使う。

**ぜんかく【全角】**(名) 和文活字や、コンピューター上の日本語入力で、正方形の文字一字分の大きさ。「—文字」対半角

**ぜんがく【全額】**(名) 全部の金額。「—を支払《しはら》う」類総額

**せんかたな・い**『◇為ん方無い・詮方無い』(形)〔カロ・カッ(ク)・イ・イ・ケレ・○〕そうするよりほかに方法がない。しかたがない。「くやんでも—」

**せんかん【戦艦】**(名) 戦争用の船。特に軍艦の中で最大級の装備をもつ船。戦闘艦《せんとうかん》。

**せんかん【選管】**(名)「選挙管理委員会」の略。

**せんがん【洗眼】**(名・自スル) 水や薬を使って目を洗うこと。

**せんがん【洗顔】**(名・自スル) 顔を洗うこと。「—料」

**せんき【戦記】**(名) 戦争のようすを書きしるしたもの。戦争の記録。軍記。「—物語」

**せんき【戦機】**(名) 戦いをするのに適当な機会。また、戦いがおこりそうなけはい。「—が熟する」

**せんぎ【詮議】**(名・他スル) ❶話し合って物事を明らかにすること。「事の是非《ぜひ》を—する」❷罪をおかした人を取り調べること。「厳しい—を受ける」

**ぜんき【前記】**(名・他スル) そこより前に書くこと。また、その内容。「—の内容」対後記

**ぜんき【前期】**(名) ❶ある期間を二つまたは三つに分けた場合の最初の期間。「—の試験」❷今の期間の一つ前の期間。「—からの繰越《くりこし》金」

**せんきものがたり【戦記物語】**(名)〔文〕→ぐんきものがたり

**せんきゃく【先客】**(名) さきに来ている客。「—がある」

**せんきゃく【船客】**(名) 船に乗っている客。

**せんきゃくばんらい【千客万来】**(名) たくさんの客がつぎつぎに来ること。「—の大繁盛《だいはんじょう》」

**せんきゅう【選球】**(名・自スル) 野球で、打者がボールとストライクを見分けて選ぶこと。「—眼がよい」

**せんきょ【占拠】**(名・他スル) その場所を自分または自分たちのものにして、ほかの人を寄せつけないこと。「教室を—する」

**せんきょ【選挙】**（名・他スル）❶多くの人びとの中から適当な人を選ぶこと。「委員を—する」❷選挙権をもつ者が議員や自治体の代表などを投票で選びだすこと。「衆議院議員—」

**せんぎょ【鮮魚】**（名）新鮮な魚。いきのいい魚。

**せんきょう【仙境・仙郷】**（名）❶人の住んでいる所から遠くはなれた清らかな所。❷仙人の住む所。

**せんきょう【船橋】**（名）→ブリッジ②

**せんきょう【戦況】**（名）戦いのようす。戦争のありさま。「—が不利になる」[類]戦局

**せんぎょう【専業】**（名）❶ある仕事・事業だけをもっぱら行うこと。「—農家」「—主婦」[対]兼業。❷国が、ある人や団体にだけ認めた独占《どくせん》事業。

**せんきょうし【宣教師】**（名）宗教を伝えひろめる人。特に、キリスト教の教えを外国に伝えひろめる人。

**せんきょうんどう【選挙運動】**（名）選挙に当選するために行う演説・政見放送など。

**せんきょかんりいいんかい【選挙管理委員会】**（名）選挙の運営を管理する機関。選管。

**せんきょく【戦局】**（名）戦争や勝負ごとのなりゆき。「—が悪化する」「—を左右する」[類]戦況

**せんきょく【選曲】**（名・他スル）多くの楽曲の中から、一つあるいはいくつかの曲を選び出すこと。

**せんきょく【選挙区】**（名）選挙のために、議員を選出する単位として分けられた区域。「小—」

**せんきょけん【選挙権】**（名）選挙に参加して投票できる権利。特に、公職につく人を選ぶ権利。日本では、満一八歳《さい》以上の国民にあたえられる。「—を行使する」[対]被《ひ》選挙権

**せんきょにん【選挙人】**（名）選挙する権利をもつ人。「—登録」[対]被《ひ》選挙人

**せんぎり【千切り】**（名）野菜などを細長く刻むこと。また、その刻んだもの。「大根の—」

**せんきん【千金】**（名）❶たくさんのおかね。「—をつかむ」❷ひじょうに大きなねうち。「値《あたい》—」

**ぜんきんだいてき【前近代的】**（形動ダ）{ダロ・ダッ(デ・ニ)・ダ・ナ・ナラ・○}考え方ややり方などが古めかしくて、合理性に欠けるようす。前時代的。「—な制度」

**せんく【先駆】**（名・自スル）❶→ぜんく❷人びとより先にたって物事をすること。また、その人。[…的]「先駆的な役割を果たす」

**ぜんく【前駆】**（名・自スル）馬に乗って行列や馬を先導すること。さきがけ。先駆。

**せんぐう【遷宮】**（名・自スル）神社の建てかえのとき、まつってある神を、仮の、あるいは新しい神殿《しんでん》にうつすこと。また、その儀式《ぎしき》。「—式」

**せんくしゃ【先駆者】**（名）他の人に先がけて物事をする人。

**せんくち【先口】**（名）順番が先であること。先に申しこんだり約束したりしたもの。[対]後口《あとくち》

**ぜんくつ【前屈】**（名・自他スル）からだが前にまがっていること。また、まげること。「—姿勢」[対]後屈

**せんぐんばんば【千軍万馬】**（名）❶たくさんの兵と馬。大軍。❷戦場での経験が豊富なこと。また、社会での経験が豊かなこと。「—の勇士」

**せんげ【遷化】**（名・自スル）〔仏〕高僧《こうそう》が死ぬこと。入滅《にゅうめつ》。

**せんけい【扇形】**（名）❶おうぎを開いたような形。扇状。おうぎ形。❷〔数〕一つの円弧《えんこ》とその弧の両はしに引いた半径とでつくられる形。

**ぜんけい【全景】**（名）全体の景色・ながめ。「市の—を見わたす」

**ぜんけい【前掲】**（名・他スル）その本の中で前に述べたり引用したりしたこと。「—の資料」

**ぜんけい【前傾】**（名・自他スル）からだが前方にかたむくこと。また、前にかたむけること。「—姿勢をとる」

**せんけつ【先決】**（名・他スル）さきに決めること。また、さきに決めるべきこと。「—問題」「予算の成立が—だ」

**せんけつ【鮮血】**（名）きずぐちから流れ出たばかりのまっ赤な血。なまち。「—がほとばしる」

**せんげつ【先月】**（名）今月の前の月。前月。

**ぜんげつ【前月】**（名）❶先月。❷ある月の一つ前の月。

**せんけん【先見】**（名）物事がおこる前に、それを見ぬくこと。

**先見の明《めい》** 先のことを見ぬくかしこさ。「—がある」

**せんけん【先賢】**（名）むかしの賢人。「—の教え」[類]先哲《せんてつ》

**せんげん【宣言】**（名・他スル）広く多くの人びとに向けて意見や方針などをはっきり発表すること。「独立を—する」

**ぜんけん【全権】**（名）❶委任されたことを処理するすべての権限。「—をゆだねる」❷「全権委員」の略。

**ぜんげん【前言】**（名）❶前に言ったことば。「—を取り消す」「—をひるがえす」❷昔の人のことば。

**ぜんげん【漸減】**（名・自他スル）だんだん減《へ》ること。だんだん減らすこと。「生産量が—する」[対]漸増

**ぜんけんいいん【全権委員】**（名）国家を代表して外国政府と交渉《こうしょう》にあたったり、条約に署名したりするすべての権限をまかされた人。

**せんけんたい【先遣隊】**（名）本隊より先に現地に行って、現地の視察や本隊の受け入れ準備などを行う少人数の部隊。

**ぜんけんたいし【全権大使】**（名）→とくめいぜんけんたいし

**せんけんてき【先験的】**（形動ダ）{ダロ・ダッ(デ・ニ)・ダ・ナ・ナラ・○}哲学で、経験によらないで認識されるようす。アプリオリ。

**せんこ【千古】**（名）❶おおむかし。❷永遠。永久。「—の夢」「—不易《ふえき》（＝永久に変わらないこと）」

**せんご【戦後】**（名）戦争の終わったあと。特に、第二次世界大戦の終わったあと。「—生まれ」[対]戦前

**ぜんこ【前古】**（名）むかし。

**前古未曽有《みぞう》** むかしから今までに一度もあったためしがないこと。

**ぜんご【前後】** **一**（名）❶空間的な前とうしろ。「—左右」「—にいる人」❷時間的な先《さき》と後《あと》。「夏休みの—」❸物事のつながりやすじみち。「—の見境《みさかい》がつかない」「—不覚《ふかく》」 **二**（名・自スル）❶順序が逆になること。「話が—す

る」❷間をおかずに続くこと。「父と姉が―して帰宅した」

三（接尾）（数量、年齢《ねんれい》、時点などを表す語について）「…ぐらい」「…ころ」の意を表す。「一〇人―」「三〇歳《さい》―」「一時―」「日没《にちぼつ》―」

**前後を忘《わす》れる** 怒《いか》り・興奮・酔《よ》いなどで、おかれた状況《じょうきょう》がわからなくなり正しい判断ができなくなる。

**ぜんご【善後】**（名）物事のあとしまつをすること。「―処理」「―策」

**せんこう【先考】**（名）死んだ父。亡父。

**せんこう【先行】**（名・自スル）❶さきに行くこと。「リーダーが―する」「人気が―する」❷あることがらがほかのことがらよりさきに行われること。さきに行われていること。「―投資」「―研究」❸スポーツで、先に得点をあげること。「一点―」

**せんこう【先攻】**（名・自スル）野球などで、さきに攻《せ》めること。また、さきに攻めるほう。先攻め。「―をとる」対後攻

**せんこう【『穿孔』】**（名・自スル）あなをあけること。また、そのあな。「―機」

**せんこう【専攻】**（名・他スル）ある学問の分野を専門に研究すること。「国文学を―する」

**せんこう【『閃光』】**（名）瞬間《しゅんかん》的にひらめく光。「―を発する」

**せんこう【潜行】**（名・自スル）❶水中をもぐって進むこと。❷人目をさけて行動すること。ひそかに活動すること。「地下に―する」

**せんこう【選考】【『銓衡』】**（名・他スル）よく調べて適切な人物を選ぶこと。「―試験」「書類―」

**せんこう【線香】**（名）香料の粉をねって線状に固めたもの。火をつけて仏前に供える。「―をあげる」

**せんこう【潜航】**（名・自スル）❶潜水艦《せんすいかん》などが水の中をもぐって進むこと。「―艇《てい》」❷ひそかに航行すること。

**せんこう【選鉱】**（名・自他スル）ほりとった鉱物を有用なものと不用なものに選び分けること。

**ぜんこう【全校】**（名）❶その学校の先生や生徒の全部。「―生徒」❷すべての学校。「市内―」

**ぜんこう【前項】**（名）❶前にあげた項目・箇条《かじょう》。❷〔数〕数式で二つ以上ある項のうち、前の項。（対後項）

**ぜんこう【善行】**（名）よい行い。「―を積む」「―をほどこす」対悪行《あくぎょう》

**せんこうはなび【線香花火】**（名）❶こよりの中に火薬を入れて作った花火。❷初めははなばなしいが、すぐに衰《おとろ》えてしまうこと。また、長つづきしないこと。

**せんこく【先刻】**（名）❶さきほど。さっき。「―は失礼いたしました」❷（副詞的に用いて）前から。すでに。「そんなことは―承知だ」

**せんこく【宣告】**（名・他スル）❶言いわたすこと。「病名の―」❷〔法〕刑事《けいじ》事件で、裁判長が判決を言いわたすこと。「無罪を―する」

**ぜんこく【全国】**（名）くに全体。くにじゅう。「―に知れわたる」…的「全国的に雨の一日」

**せんごくじだい【戦国時代】**（名）〔歴〕❶日本で、応仁《おうにん》の乱から約一世紀続いた戦乱の時代。❷中国で、秦《しん》が世の中を統一するまでの春秋《しゅんじゅう》時代に続く動乱時代（前四〇三年～前二二一年）。

**せんごくぶね【千石船】**（名）江戸《えど》時代に使われた、米を千石くらい積むことのできる大形の船。

**ぜんごさく【善後策】**（名）事件などのあとしまつのうまいやり方。「―を講じる」

**せんこふえき【千古不易】**（名）永遠に変わらないこと。「―の真理」

**ぜんごふかく【前後不覚】**（名）前後のことがわからなくなるほど意識がはっきりしなくなること。

**ぜんざ【前座】**（名）❶寄席《よせ》で、真打ちなどの前に出演すること。また、その人。「―をつとめる」❷催《もよお》し物などで、中心となる出演者より前に出演すること。また、その人。「―試合」

**センサー**〔英 sensor〕（名）検知器・検知装置。温度・光・圧力などを検出・計測する装置。

**せんさい【先妻】**（名）今の妻と結婚する前の妻。前妻。対後妻《ごさい》

**せんさい【戦災】**（名）戦争によって受ける被害《ひがい》。「―で家を失う」「―孤児《こじ》」

**せんさい【繊細】**（名・形動ダ）❶ほっそりして優美なこと。また、細くてか弱いようす。「―な指」❷感情などが細やかで鋭《するど》いこと。デリケート。「―な神経」

**せんざい【千載・千歳】**（名）千年。長い年月。

**せんざい【『前栽』】**（名）❶庭先に植えた草木。庭の植え込《こ》み。❷草木を植えた庭。

**せんざい【洗剤】**（名）衣類・食器などを洗うのに使う薬剤。せっけん、合成洗剤など。

**せんざい【潜在】**（名・自スル）表面には出ないで内部にひそんでいること。「―能力」…的「潜在的な能力を調べる」対顕在《けんざい》

**ぜんさい【前菜】**（名）正式の西洋料理で、最初に出る簡単な料理。オードブル。

**ぜんざい【『善』哉』】** 一（名）関西で、つぶしあんのしるこ。関東で、つぶしあんをもちにかけた食べ物。二（感）（「よきかな」の意）よいことをほめることば。

**せんざいいしき【潜在意識】**（名）本人は自覚していないが、奥《おく》にひそんでいる心のはたらき。

**せんざいいちぐう【千載一遇】**（名）千年に一度しかめぐりあえないほどまれなこと。「―の好機」

**せんざいわかしゅう〔千載和歌集〕**〔作品名〕平安時代末期の勅撰《ちょくせん》和歌集。二〇巻。藤原俊成《ふじわらのしゅんぜい》の撰。一一八八（文治四）年成立。象徴《しょうちょう》的で深みのある「幽玄《ゆうげん》」の歌風を特徴とする。

**せんさく【『穿』鑿』】**（名・他スル）細かいことまで知ろうとしてなにからなにまで調べること。また、なにもかも知りたがること。「―好きな人」「つまらぬ―はやめよう」

**せんさく【詮索】**（名・他スル）さがし求めること。細かいところまで調べ求めること。「―を重ねる」

**せんさばんべつ【千差万別】**（名）さまざまな種類があってそれぞれちがっていること。「考え方は―だ」

**せんし【先師】**（名）❶亡くなった先生。❷むかしの賢人《けんじん》や聖人。

**せんし【戦士】**（名）❶戦場に出て戦う兵士。❷ある事業や運動に参加して、最前線で活躍《かつやく》する人。

「企業《きぎょう》—」「自由の—」

**せんし【戦死】**（名・自スル）軍人・兵士が、戦場に出て、敵と戦って死ぬこと。「—者」類 戦没《せんぼつ》

**せんじ【宣旨】**（名）むかし、天皇《てんのう》のことばを述べ伝えること。また、その文書。それを伝える役の人。参考 詔勅《しょうちょく》にくらべて、手続きが簡単なもの。

**せんじ【戦時】**（名）戦争をしているとき。戦争中。「—中」「—体制」対 平時

**ぜんし【全紙】**（名）❶A判・B判など、紙の規格に合わせて作られたままの紙。全判《ぜんばん》。❷新聞の紙面全体。❸すべての新聞。「—あげての報道」

**ぜんじ【全治】**（名・自スル）→ぜんち

**ぜんじ【禅師】**（名）《仏》❶禅宗の僧《そう》を敬っていうことば。❷むかし、徳の高い禅宗の僧に、朝廷《ちょうてい》からおくられた呼び名。「一休—」

**ぜんじ【漸次】**（副）だんだん。しだいに。「—回復に向かう」

**せんじぐすり【煎じ薬】**（名）薬用植物の根・茎《くき》・葉などを煮《に》出して服用する薬。

**せんしじだい【先史時代】**（名）《歴》考古学の時代区分で、文字で書かれた記録の残っていない時代。

**ぜんじだいてき【前時代的】**（形動ダ）〔ダロ・ダッ(デ・ニ)・ダ・ナ・ナラ・〇〕昔のままで古めかしく、今の時代に合わないようす。前近代的。「—なやり方」

**せんしつ【船室】**（名）船の中の乗客用の部屋《へや》。キャビン。

**せんじつ【先日】**（名）このあいだ。さきの日。「ついこのあいだ—のできごと」

**ぜんじつ【前日】**（名）特定のある日の、すぐ前の日。「試験の—」

**ぜんじつせい【全日制】**（名）→ぜんにちせい

**せんじつ・める【煎じ詰める】**（他下一）〔メ・メ・メル・メル・メレ・メロ(メヨ)〕❶薬用植物などをよく煮《に》つめ、その成分を出しきる。「薬草を—」❷これ以上考えられないところまで考える。「—・めれば彼《かれ》の責任だ」

**せんしゃ【洗車】**（名・自スル）自動車などの車両の汚《よご》れを洗い落とすこと。

**せんしゃ【戦車】**（名）厚い鉄板でおおわれた車体に大砲《たいほう》・機関銃《きかんじゅう》などを備え、キャタピラで走る戦争用の車両。タンク。

**せんじゃ【△撰者】**（名）❶古い文献《ぶんけん》・書物などの作者。❷よい作品を選んで歌集などを作る人。「古今《こきん》和歌集の—」

**せんじゃ【選者】**（名）詩・短歌・俳句・小説など、多くの作品の中からすぐれたものを選ぶ役目の人。

**ぜんしゃ【前車】**（名）前を進む車。

**前車の覆《くつがえ》るは後車《こうしゃ》の戒《いまし》め**　前の人の失敗はあとの人のいましめとなる。

**前車の轍《てつ》を踏《ふ》む**　前の人の失敗をあとの人がくり返すことのたとえ。

**ぜんしゃ【前者】**（名）二つ示したことがらのうち、前のほうのもの。「—と後者を比べる」対 後者

**せんじゃく【繊弱】**（名・形動ダ）細くかよわいこと。

**ぜんしゃく【前借】**（名・他スル）決められた日にもらうおかねを先に借りること。まえがり。「給料の—」

**せんしゅ【先守】**（名・自スル）野球などで、さきに守ること。また、守るほう。

**せんしゅ【先取】**（名・他スル）相手よりもさきに取ること。「—得点」

**せんしゅ【船首】**（名）船の前の部分。へさき。「—をめぐらす」対 船尾《せんび》

**せんしゅ【選手】**（名）競技に参加するために選ばれた人。「オリンピック—」

**せんしゅう【千秋】**（名）千年。ひじょうに長い年月。「一日《いちじつ》—の思い」

**せんしゅう【先週】**（名）今週の前の週。

**せんしゅう【選集】**（名）ある人、または多くの人の書いたたくさんの作品の中からいくつかの作品を選び集めた書物。「文学—」「評論—」

**せんじゅう【先住】**（名）先にその場所に住んでいること。「—権」

**せんじゅう【専従】**（名・自スル）ある一つの仕事を専門にすること。また、そうする人。「組合の—」

**ぜんしゅう【全集】**（名）❶ある人の書いたものをすべて集めた書物。「永井荷風《かふう》—」❷同種類または同時代の作品を広く集めた書物。「世界文学—」

**ぜんしゅう【禅宗】**（名）《仏》仏教の宗派の一つ。座禅によって悟《さと》りを得ることを目的とする。鎌倉《かまくら》時代に栄西《えいさい》・道元《どうげん》によって中国から伝えられた。臨済《りんざい》宗、曹洞《そうとう》宗、黄檗《おうばく》宗の三派がある。

**せんしゅうがっこう【専修学校】**（名）職業や実際の生活に必要な専門的な技術教育を行う学校。修業年限は一年以上。

**せんじゅうみん【先住民】**（名）征服者《せいふくしゃ》や移住民に対して、もともとその土地に住みついていた人びと。先住民族。

**せんしゅうらく【千秋楽】**（名）芝居《しばい》やすもうなどの興行の最終の日。楽《らく》。楽日《らくび》。「—をむかえる」対 初日。参考「千秋楽」は雅楽《ががく》の曲の一つで、法会《ほうえ》のとき最後に奏したことからいう。

**せんしゅけん【選手権】**（名）競技で、優勝した選手や団体にあたえられる資格。また、それを決める試合や大会。「世界—大会」

**せんしゅつ【選出】**（名・他スル）多くの人の中から選び出すこと。「代表を—する」

**せんじゅつ【戦術】**（名）戦いに勝つための方法。また、ある目的を達成するための手段・方法。「—をねる」「—があたる」…的「戦術的な失敗」類 兵法

**ぜんじゅつ【前述】**（名・自スル）前に述べたこと。また、そのことがら。先述。対 後述

**せんしょ【選書】**（名）多くの著作の中から目的に合ったものを選んで刊行する、一連の書物。

**ぜんしょ【全書】**（名）ある方面のことがらについて書かれたものを広く集めた書物。「六法—」「百科—」

**ぜんしょ【善処】**（名・自他スル）物事をうまく処理すること。適切に対処すること。「前向きに—する」

**せんしょう【先勝】**■一■（名・自スル）何回か行う試合でさきに勝つこと。■二■（名）陰陽道《おんようどう》で、何事も早い時間にすれば勝つという日。急用や訴訟《そしょう》などによいとされる。対 先負《せんぶ》

**せんしょう**〖△僭称〗（名・他スル）身分をこえた称《しょう》号《ごう》を勝手にとなえること。また、その称号。「皇帝《こうてい》を—する」

**せんじょう**【洗浄】〖洗△滌〗（名・他スル）水や薬などできれいに洗い流すこと。「傷口を—する」参考「洗滌」のもとの読みは「せんでき」。

**せんじょう**【戦場】（名）戦闘《せんとう》の行われている所。類戦地

**せんじょう**【線条】（名）すじ。線。「—痕《こん》」

**ぜんしょう**【全勝】（名・自スル）試合や勝負に全部勝つこと。「—優勝」対全敗

**ぜんしょう**【全焼】（名・自スル）火事で建物などが全部焼けてしまうこと。まる焼け。対半焼

**ぜんじょう**【禅譲】（名・他スル）❶中国で、皇帝《こうてい》がその位を子孫でなく、有徳者にゆずること。❷天皇《てんのう》、または支配的な地位の人がその位をゆずること。

**ぜんしょうせん**〖前△哨戦〗（名）❶戦闘《せんとう》で、警戒《けいかい》のために配置した小部隊（=前哨）の間の戦い。❷本格的な活動の前に行われる手はじめの活動。小手調《こてしら》べ。「選挙の—」

**せんじょうち**【扇状地】（名）〔地〕川が山地から流れて平地に出るところに、土や砂が堆積《たいせき》してできた、おうぎ形をした土地。

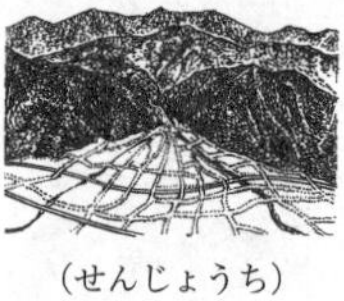
（せんじょうち）

**せんじょうてき**【扇情的】〖△煽情的〗（形動ダ）〔ダロ・ダッ(デ・ニ)・ダ・ナ・ナラ・○〕情欲を刺激《しげき》してあおりたてるようす。「—な映画」

**ぜんしょうとう**【前照灯】（名）→ヘッドライト

**せんしょく**【染色】（名・他スル）糸・布地などを染めること。また、染めた色。

**せんしょく**【染織】（名）布を染めることと織ること。染め物と織物。「—家」

**せんしょくたい**【染色体】（名）〔生〕細胞《さいぼう》の核《かく》が分かれるときに見られる棒状の物質。遺伝子をふくみ、生物の種類によって、数や形が一定している。色素に染まりやすい。

**せん・じる**【煎じる】（他上一）〔ジ・ジ・ジル・ジル・ジレ・ジロ(ジヨ)〕薬用植物や茶などを煮《に》て、その成分を出す。「薬草を—」

**せんしん**【先進】（名）ほかよりも先に進んでいてすぐれていること。「—技術をとり入れる」対後進

**せんしん**【専心】（名・自スル）一つのことだけに心を集中すること。「勉強に—する」類専念

**せんしん**【線審】（名）テニスやサッカーなどの球技で、ボールが規定の線の外に出たか出ないかを判定する審判。ラインズマン。

**せんじん**【千尋】〖千△仞〗（名）山がひじょうに高いこと。また、谷や海がひじょうに深いこと。「—の谷」

**せんじん**【先人】（名）❶むかしの人。以前の人。前人。❷祖先。「—の教えを守る」

**せんじん**【先陣】（名）❶本陣の前にある陣地。対後陣。❷戦いのさきがけ。一番乗り。「—争い」

**せんじん**【戦陣】（名）❶敵と戦うために軍隊が配置された所。戦場。❷戦いの陣立て。戦法。

**せんじん**〖戦△塵〗（名）❶戦場に起こる砂ぼこり。「—にまみれる」❷戦争のさわぎ。「—をさける」

**ぜんしん**【全身】（名）からだ全体。からだじゅう。「—びしょぬれになる」「—運動」

**ぜんしん**【前身】（名）❶〔仏〕この世に生まれる前の身の上。❷以前の身分。前歴。また、団体や組織などの、現在の形に変わる前の形。「この大学の—は師範《しはん》学校です」対後身

**ぜんしん**【前進】（名・自スル）前へ進むこと。「一歩—する」対後進・後退

**ぜんしん**【漸進】（名・自スル）順を追って少しずつ進むこと。…的「漸進的な改革」対急進

**ぜんじん**【全人】（名）知識・感情・意志の調和した人。欠点のない完全な人。「—教育」

**ぜんじん**【前人】（名）今より前の人。むかしの人。先人。

**せんしんこく**【先進国】（名）工業が発達し、経済・文化などが進んでいる国。対発展途上国《とじょうこく》

**ぜんしんぜんれい**【全身全霊】（名）からだと心のすべて。「—を傾《かたむ》ける」

**せんしんばんく**【千辛万苦】（名・自スル）さまざまな苦労をすること。多くの難儀《なんぎ》や苦しみ。「—を乗りこえる」

**ぜんじんみとう**【前人未到】（名）今までにだれも到達《とうたつ》していないこと。「—の高峰《こうほう》」「—の業績」

**せんす**【扇子】（名）→おうぎ(扇)

**センス**〔英 sense〕（名）物事の、ことばにしにくいこまかくデリケートな感じを感じ取る心のはたらき。感覚。「美的—がない」「—がいい」

**せんすい**【泉水】（名）庭にある小さな池。

**せんすい**【潜水】（名・自スル）水中にもぐること。「—服」

**せんすいかん**【潜水艦】（名）海中にもぐったまま航行し、偵察《ていさつ》や攻撃《こうげき》などを行う軍艦。

**せん・する**【宣する】（他サ変）〔シ(セ・サ)・シ・スル・スル・スレ・シロ(セヨ)〕おおやけにはっきりと告げ知らせる。宣言する。「開会を—」

**せん・する**〖△撰する〗（他サ変）〔シ(セ・サ)・シ・スル・スル・スレ・シロ(セヨ)〕❶文章などを書きあらわす。❷多くの詩歌《しいか》・文章からよいものを選びとって編集する。「アンソロジーを—」

**せんずるところ**【詮ずる所】いろいろ考えた結果として。要するに。結局。「—ほかに方法がない」

**ぜんせ**【前世】（名）〔仏〕三世《さんぜ》の一つ。人がこの世に生まれてくる前にいたと考えられる世界。さきの世。「—の因縁《いんねん》」⇩げんせ・らいせ

**せんせい**【先生】（名）❶学問や技芸などを教える人。自分が教えを受けている人。「絵の—」「学校の—」❷教師・医者・政治家などを敬って呼ぶ言い方。「内科の—」❸からかいや親しみの気持ちをこめて他人を呼ぶことば。「—のお出ましだ」

**せんせい**【先制】（名・他スル）相手より先に手をうってその後の戦局を有利にすること。「—攻撃《こうげき》」「—点を入れる」

**せんせい**【専制】（名）❶他の意見を受け入れず、自

分だけの考えで物事を決めて行うこと。「—主義」「—君主」❷「専制政治」の略。

**せんせい【宣誓】**(名・他スル) 誓《ちか》いのことばをみんなの前で言うこと。また、そのことば。「選手—」

**せんせい【潜性】**(名)「劣性《れっせい》」に同じ。

**ぜんせい【全盛】**(名) いちばん栄えていること。対 顕性《けんせい》 まっさかり。「—期」

**ぜんせい【善政】**(名) 正しくてよい政治。国民のためになる政治。「—をしく」対 悪政

**ぜんせいき【前世紀】**(名) 一つ前の世紀。また、古い時代。「—の遺物」

**せんせいじゅつ【占星術】**(名) 星の動きや星と太陽や月との関係などによって、人や国の将来を占《うら》なう術。星占い。

**せんせいせいじ【専制政治】**(名) 一部の者が国家のすべての権力をにぎり、人民の意思を無視して思いどおりに国をおさめる政治。専制。

**センセーショナル**〔英 sensational〕(形動ダ)〔ダロ・ダッ(デ・ニ)・ダ・ナ・ナラ・○〕人びとの興味を強く引くようす。世の中の人の感情・関心をあおりたてるようす。「—なニュース」

**センセーション**〔英 sensation〕(名) 人びとの関心を集めること。大評判。「—を巻きおこす」

**せんせき【戦跡】**(名) 戦争が行われた跡《あと》。

**せんせき【戦績】**(名) 戦い・試合などの成績。「—を発表する」

**せんせん【宣戦】**(名・自スル) 相手の国に対して戦争を始めることを言いわたすこと。「—布告」

**せんせん【戦線】**(名) ❶戦争を行っている場所。戦闘《せんとう》の現場。「—離脱《りだつ》」❷政治運動・労働運動などの活動の形態・方法など。「統一—」

**せんせん**〖△潺△潺〗(トタル) 浅い川がさらさら流れるようす。また、その音の形容。「—と流れるせせらぎ」

**せんぜん【戦前】**(名) 戦争の始まる前。特に、第二次世界大戦の開戦の前。「—派」対 戦後

**ぜんせん【前線】**(名) ❶戦場で、敵と最も近くで対している所。第一線。「負傷して—を退く」「最—」❷〖天〗冷たい気団(=空気の大きなかたまり)と暖かい気団のさかいめと、地面が接する線。この付近は天気が悪い。「秋雨《あきさめ》—」「温暖—」

**ぜんせん【善戦】**(名・自スル) 強い相手に対して、力を尽っくしてよく戦うこと。「—むなしく敗れる」

**ぜんぜん【全然】**(副)(あとに打ち消しのことばをともなって)まったく。まるきり。すっかり。「英語は—できない」参考「ぜんぜんいい」のように、打ち消しのことばをともなわないで、「ひじょうに」の意味に使うこともある。

**せんせんきょうきょう【戦戦恐恐】**〖戦戦△兢△兢〗(トタル) おそれてびくびくするようす。おそれてふるえるようす。「いつしかられるかと—としていた」

**せんぞ【先祖】**(名) ❶その家の血すじの最初の人。❷その家系で、今生きている人より前の人びと。祖先。「—をまつる」対 子孫

**せんそう【船倉】**〖船△艙〗(名) 船で、貨物を積んでおく所。ふなぐら。「—にかくれて密航する」

**せんそう【戦争】**(名・自スル) ❶国と国とが武力によって争うこと。「—に反対する」❷はげしい競争や混乱した状況《じょうきょう》をたとえていうことば。「受験—」

**ぜんそう【前奏】**(名) ❶〖音〗器楽の独奏部や歌唱部などの主《しゅ》旋律《せんりつ》の前に演奏される伴奏《ばんそう》の部分。❷物事のはじまり。前ぶれ。

**ぜんそう【禅僧】**(名) 禅宗《ぜんしゅう》の僧。

**ぜんぞう【漸増】**(名・自他スル) だんだんに増えること。だんだんに増やすこと。「人口が—する」対 漸減

**ぜんそうきょく【前奏曲】**(名) ❶〖音〗歌劇の序曲。❷〖音〗独立して作曲される自由な形式の小曲。プレリュード。❸物事の始まる前ぶれ。「大きな事件の—」

**せんそうとへいわ**〔戦争と平和〕〖作品名〗ロシアの作家トルストイの長編小説。一八六九年完成。ナポレオンのロシア侵入《しんにゅう》を背景として、当時のロシア貴族社会の揺《ゆ》れ動くようすを描《えが》いている。

**せんぞがえり【先祖返り】**(名) 生物が進化の過程で失ったと考えられる形態・性質が、子孫に偶然《ぐうぜん》現れること。隔世遺伝《かくせいいでん》。

**せんぞく【専属】**(名・自スル) ある一つの会社・団体にだけ所属し、他に所属しないこと。「—歌手」

**ぜんそく**〖△喘息〗(名)〖医〗急にせきがひどく出て、呼吸が苦しくなる病気。「—の発作《ほっさ》を起こす」

**ぜんそくりょく【全速力】**(名) 出すことのできる一番はやい速さ。フルスピード。「—で走る」

**センター**〔英 center〕(名) ❶中央。中心。まんなか。❷野球で、外野の中央の位置。また、そこを守る人。中堅《ちゅうけん》。中堅手。❸バスケットボールやバレーボールなどで、中央の位置。また、そこを守る人。❹ある分野の施設《しせつ》や機関が集まっている所。「文化—」「ショッピング—」

**センターライン**〔英 center line〕(名) ❶競技場やコートを中央で二分する線。❷車の進行方向を区別するために、道路の中央に引く線。

**せんたい【船体】**(名) 船の形や姿。また、積み荷・付属物などを除いた船の本体。

**せんたい【船隊】**(名) 行動をともにする船の一隊。

**せんだい【先代】**(名) ❶現在より前の時代。前代。「—の遺物」❷今の主人の前の主人。「—の店主」❸襲名《しゅうめい》した芸能人などの一代前の人。「—の菊五郎《きくごろう》」

**ぜんたい【全体】**㊀(名) ❶個々の物やことがらが集まったものの、すべて。全部。みんな。「—の意見」「—像をつかむ」…的「全体的にバランスのとれた構図」❷からだの全部。全身。類 総体。対 部分
㊁(副) ❶そもそも。もとはというと。「—君が悪い」❷いったい。いったいぜんたい。「—どういうつもりだ」

**ぜんたいしゅぎ【全体主義】**(名) 全体(民族や国家)の利益を優先し、個人はその全体に奉仕《ほうし》すべきだとする政治上の考え方や体制。対 個人主義

**ぜんだいみもん【前代未聞】**(名) 今まで聞いたこともないようなめずらしいこと。「—のできごと」

**せんたく【洗濯】**(名・他スル) よごれた布や衣服などを洗ってきれいにすること。「—機」

**せんたく【選択】**(名・他スル) いくつかある中から、よ

い、または適当だと思われるものを選ぶこと。「取捨ー」「かしこいー」「ーをせまる」

**せんたくし【選択肢】**（名）試験問題やアンケートなどで、質問の答えをその中から選ぶように作られたいくつかの解答・回答例。「次のーの中から一つ選べ」

**せんだつ【先達】**（名）❶学問や技芸にすぐれ、学ぼうとする人を教え導く人。❷案内する人。❸山にはいって修行《しゅぎょう》をしようとする人の案内をする僧《そう》。

**せんだって【先達て】**〘先達て〙（名・副）このあいだ。先日。
参考「せんだち」とも読む。

**ぜんだて【膳立て】**（名・自スル）❶ぜんをならべ食事の用意をすること。❷（ふつう「おぜんだて」の形で）物事がうまく運ぶように、前もって準備をしておくこと。「会議のおーをする」

**ぜんだま【善玉】**（名）❶善人。芝居《しばい》・映画などで善人の役。❷よいはたらきをするもの。「ーコレステロール」（対悪玉）

**センタリング**〔英 centering〕（名・他スル）❶サッカーやホッケーなどで、サイドラインの近くから、ゴール前にいる味方へむけてボールをパスすること。❷ワープロソフトなどで、文字を行の中央に置くこと。

**せんたん【先端】**〘△尖端〙（名）❶長いものやとがったもののいちばん先の部分。「棒のー」「半島のー」類突端《とったん》。❷時代や流行のさきがけ。先頭。「時代のーをいく」…的「先端的な研究」

**せんたん【戦端】**（名）戦争のきっかけ。戦争のいとぐち。「ーを開く（=戦争を始める）」

**せんだん【専断】**〘△擅断〙（名・他スル）自分の考えで勝手に物事を決めること。「社長のー」

**せんだん**〘△栴△檀〙（名）〔植〕❶センダン科の落葉高木。暖かい地方の海辺《うみべ》や山地に自生。庭などにも植える。五、六月ごろ、うす紫《むらさき》色の花が咲《さ》く。果実は薬用。❷「白檀《びゃくだん》」の別名。

（栴檀①）

**栴檀は双葉《ふたば》より芳《かんば》し**（びゃくだんは小さい双葉のときから強いかおりがあるように）大成する人は子どものころからすぐれていることのたとえ。

**せんだん【船団】**（名）いっしょに行動する船の集まり。「輸送ー」

**ぜんだん【前段】**（名）前のひとくぎり。前の段。「文章のー」対後段

**せんち【戦地】**（名）戦争の行われている所。「ーに赴《おもむ》く」類戦場

**センチ**〔フランス centi〕（名）❶メートル法で、各単位の前につけて、その一〇〇分の一の意を表す。記号 c ❷「センチメートル」の略。

**センチ**（形動ダ）〔ダロ・ダッ(デ・ニ)・ダ・ナ・ナラ・○〕「センチメンタル」の略。「ーな気分に浸《ひた》る」「おー」

**ぜんち【全治】**（名・自スル）病気やけがなどがすっかりなおること。ぜんじ。「ー一週間のけが」

**ぜんちし【前置詞】**（名）〔文法〕英語・フランス語・ドイツ語などの品詞の一種。名詞・代名詞の前において他の語との関係を示すことば。英語の at, in など。

**ぜんちぜんのう【全知全能】**（名）すべてを知り、どんなことでも行うことのできる能力。「ーの神」

**センチメートル**〔フランス centimètre〕（名）メートル法で、長さを表す単位。一センチメートルは、一《メートル》の一〇〇分の一。センチ。記号 cm

**センチメンタル**〔英 sentimental〕（形動ダ）〔ダロ・ダッ(デ・ニ)・ダ・ナ・ナラ・○〕少しのことにも感じやすくなみだもろいようす。感傷的。センチ。「ーな気分」

**せんちゃ【煎茶】**（名）❶茶の葉を湯でせんじ出した飲み物。また、そのために加工した茶の葉（=葉茶《はちゃ》）。❷玉露《ぎょくろ》と番茶の間の、中級の葉茶。

**せんちゃく【先着】**（名・自スル）他よりも先に着くこと。また、先に着いた人。「ー順に受け付ける」

**せんちゅう【戦中】**（名）戦争のあいだ。特に、第二次世界大戦の最中。

**せんちょう【船長】**（名）❶船の運航を指揮し、乗組員のさしず・監督《かんとく》をする人。❷船の、船首から船尾《びせん》までの長さ。

**ぜんちょう【全長】**（名）全体の長さ。「ー一三〇《メートル》のつり橋」

**ぜんちょう【前兆】**（名）何かが起ころうとするしるし。きざし。前ぶれ。「地震《じしん》のー」

**せんて【先手】**（名）❶碁《ご》・将棋《しょうぎ》などで、相手より先に打ったりさしたりすること。また、その番の人。「ーでさす」❷先に行うこと。こちらから先に出て、相手の出るのをおさえること。また、そのような作戦。「ーを打つ」（対後手《ごて》）

**せんてい【先帝】**（名）先代の天子。

**せんてい【剪定】**〘△剪定〙（名・他スル）果樹などの花や実がよくつくように、また、庭木などの形をよくするために枝の一部をはさみで切り落とすこと。「庭木をーする」

**せんてい【船底】**（名）船の底。ふなぞこ。

**せんてい【選定】**（名・他スル）多くの中から選び決めること。「ー図書」

**ぜんてい【前提】**（名）ある物事が成り立つための考えや条件。「過半数の賛成が決定のー条件だ」

**せんでき**〘洗△滌〙（名・他スル）→せんじょう（洗浄）

**せんてつ【先哲】**（名）むかしのすぐれた思想家や学者。「ーの知恵《ちえ》に学ぶ」類先賢《せんけん》

**せんてつ**〘△銑鉄〙（名）鉄鉱石をとかしたままで、まざりものを取り除いていない鉄。かたくてもろい。なべやかまなどを作るのに使う。「鋳物《いもの》用のー」

**ぜんてつ**〘前△轍〙（名）前を行く車がつけたわだち。

**前轍を踏《ふ》む** 前の人と同じような失敗をする。「前轍を踏まぬよう注意する」

**ぜんでら【禅寺】**（名）禅宗の寺。禅院。禅林。

**せんでん【宣伝】**（名・他スル）❶ある考えやことがらを、多くの人に伝え知らせること。「ー効果がある」❷商品名とそのききめや特徴《とくちょう》などをわかってもらうように、物事を事実以上に大げさに言いふらすこと。「自分の長所ばかりをーする」

**ぜんてん【全天】**（名）空の全体。「ーをおおう雲」

**センテンス**〔英 sentence〕（名）文。文章。

**せんてんてき【先天的】**（形動ダ）〔ダロ・ダッ(デ・ニ)・ダ・ナ・ナラ・○〕生まれつきそなわっているようす。「ーな才能」対後天的

**せんと【遷都】**（名・自スル）首都をほかの地にうつすこと。「京から江戸《えど》に―する」

**セント**〔英 cent〕（名）アメリカ・カナダなどの通貨の単位。一ドルの一〇〇分の一。

**せんど【先途】**（名）（行きつくさき・なりゆきの意から）せとぎわ。勝敗の決まる分かれ目。「ここを―と戦う」

**せんど【鮮度】**（名）野菜・魚・肉などの新鮮さの度合い。「―のいい魚」「―が落ちる」

**ぜんと【前途】**（名）行く先。ゆくて。また、ゆくすえ。将来。「―多難」「―洋々」「明るい―」

**ぜんど【全土】**（名）国土、またはある地方の全部。全地域。「高気圧が日本―をおおう」「九州―」

**せんとう**『△尖塔』（名）先がとがってつき出た建物。

**せんとう【先頭】**（名）いちばん前。まっさき。はじめ。「―に立つ」対後尾《こうび》

**せんとう【戦闘】**（名・自スル）戦うこと。特に、武器を使って戦うこと。「―機」

**せんとう【銭湯】**『洗湯』（名）料金をとって入浴させる浴場。ふろや。公衆浴場。

**せんどう【先導】**（名・他スル）先に立って導くこと。「パトカーに―される」

**せんどう【扇動】**『△煽動』（名・他スル）そそのかすこと。人の気持ちをあおり立てて、ある行動をおこすようにしむけること。「大衆を―する」

**せんどう【船頭】**（名）❶船をこぐことを仕事にしている人。「渡《わた》し船の―」❷和船の船長。

**船頭多《おお》くして船《ふね》山《やま》に上《のぼ》る**　事を進めるとき、さしずする人が多いとまとまりがなくなり、目的とちがった結果になってしまうことのたとえ。

**ぜんどう【善導】**（名・他スル）よい方向へ導くこと。「青少年の―」

**ぜんどう**『△蠕動』（名・自スル）❶うごめくこと。❷《生》食物を下方へ送るためにおこる食道や胃腸の運動。「―運動」

**ぜんとうよう【前頭葉】**（名）《生》大脳の前方の部分。運動・言語・思考などをつかさどるとされる。

**セントクリストファー・ネービス**〔Saint Christopher and Nevis〕［地名］カリブ海の東方にある立憲君主国。首都はバセテール。

**セントビンセントおよびグレナディーンしょとう**〔セントビンセント及びグレナディーン諸島〕〔Saint Vincent and the Grenadines〕［地名］カリブ海の東方にある島々からなる立憲君主国。首都はキングスタウン。

**セントラル-ヒーティング**〔英 central heating〕（名）集中暖房《だんぼう》方式。一か所に設けたボイラーから熱を送って各部屋を暖める暖房の方法。

**セントルシア**〔Saint Lucia〕［地名］カリブ海の東方にある立憲君主国。首都はカストリーズ。

**ゼントルマン**（名）→ジェントルマン

**せんな・い【詮ない】**（形）〔カロ・カツ(ク)・イ・イ・ケレ・○〕やってもしかたがない。かいがない。「今さら言っても―ことだ」

**ぜんなんぜんにょ【善男善女】**（名）《仏》仏教を信じている男女。信仰心《しんこう》の深い人びと。

**ぜんにちせい【全日制】**（名）おもに高等学校で、昼間に授業が行われる学習の課程。対定時制。参考「ぜんじつせい」とも読む。

**せんにちて【千日手】**（名）将棋《しょうぎ》で、おたがいが同じ指し手を繰《く》り返して勝負の決まらない手。

**せんにゅう【潜入】**（名・自スル）人に見つからないようにこっそりはいりこむこと。「敵陣《てきじん》深く―する」

**せんにゅうかん【先入観】**（名）前もって作りあげられた、変えにくい考え。自由な考え方や判断のさまたげとなる場合にいう。「―にとらわれる」

**せんにょ【仙女】**（名）女の仙人。

**せんにん【仙人】**（名）山中に住み、年をとったり死んだりすることのない、神通力《じんつうりき》をもつという想像上の人。転じて、無欲で世間ばなれした人。

**せんにん【先任】**（名）先にその任務・地位についていること。また、その人。「―の教授」類前任。対後任

**せんにん【専任】**（名）ほかの仕事とのかけもちでなく、ある一つの仕事だけを受け持つこと。また、その人。「―講師」対兼任《けんにん》

**せんにん【選任】**（名・他スル）適した人を選んで、その任務につかせること。「投票で議長に―される」

**ぜんにん【前任】**（名）前にその仕事についていたこと。また、その人。「―校」「―者」類先任。対後任

**ぜんにん【善人】**（名）心が美しく行いの正しい人。よい人。「根っからの―」対悪人

**せんぬき【栓抜き】**（名）びんのせんをぬく道具。

**せんねつ【潜熱】**（名）❶内部にこもって表面に現れない熱。❷《物》物質がとけたり蒸発したりするときなどに費《つい》やされる熱。融解《ゆうかい》熱・気化熱など。

**せんねん【先年】**（名）過ぎ去ったある年。

**せんねん【専念】**（名・自スル）それだけに心をむけてかかりきりで行うこと。「仕事に―する」類専心

**ぜんねん【前年】**（名）その前の年。また、昨年。去年。「卒業の―」「―の業績を上回る」

**せんのう【洗脳】**（名・他スル）さまざまな働きかけをして、その人の思想や主義を根本的に変えさせること。

**ぜんのう【全納】**（名・他スル）おさめるべきおかねや物などを全部おさめること。「商品を―する」類完納。対分納

**ぜんのう【全能】**（名）完全な能力。あらゆることのできる力。何でもできること。「全知―の神」

**ぜんのう【前納】**（名・他スル）おさめるべきおかねや物などを前もっておさめること。「授業料を―する」対後納《こうのう》

**せんばい【専売】**（名・他スル）❶特定の人や会社が独占的《どくせんてき》に売ること。❷国家が、ある品物の生産や販売《はんばい》を独占すること。

**せんぱい【先輩】**（名）同じ学校や職場などに先にはいった人。経験などが自分より上の人。「大学の―」「人生の―」対後輩

**ぜんぱい【全敗】**（名・自スル）試合や勝負に全部負けること。「―を喫《きっ》する」対全勝

**ぜんぱい【全廃】**（名・他スル）すっかりとりやめること。全部廃止すること。「今までの規則を―する」

**せんばいとっきょ【専売特許】**（名）❶「特許」の古い呼び名。❷《俗語》特にその人が得意にしていること。おはこ。「この歌は彼《かれ》の―だ」

**せんぱく【船舶】**（名）ふね。「航行中の―」

**せんぱく【浅薄】**（形動ダ）〔ダロ・ダッ(デ・ニ)・ダ・ナ・ナラ・〇〕知識や考えが浅くてうすっぺらなようす。深みがないようす。「―な議論」「―な知識」

**せんばつ【選抜】**（名・他スル）多くの中からすぐれたものを選び出すこと。「―チーム」

**せんぱつ【先発】**（名・自スル）❶先に出発すること。「―隊」対後発。❷野球などで、最初から試合に出ること。「―投手」「―メンバー」

**せんぱつ【洗髪】**（名・自スル）髪《かみ》を洗うこと。

**せんばづる【千羽鶴】**（名）❶折り紙で折ったつるを、糸でたくさんつないだもの。病気の見舞《みま》いなどに作り贈られる。❷たくさんのつるをえがいた模様。

**-せんばん【千万】**（接尾）否定的な意味の名詞や形容動詞の語幹の下につけて、はなはだしいことを表す。「迷惑《めいわく》―」「不届き―」

**せんばん【旋盤】**（名）材料を回転させ、これに刃物《はもの》(=バイト)をあてて、けずったり穴をあけたりなどする工作機械。「―工」

**せんぱん【戦犯】**（名）❶（「戦争犯罪人」の略）戦争をおこしたり、戦争に際し国際法をおかしたりして、人道上の罪に問われた者。❷〔俗語〕スポーツなどで、試合に負ける原因となった人。

**せんぱん【先般】**（副）さきごろ。このあいだ。過日。「―お申しこしの件」

**ぜんはん【前半】**（名）ひと続きのものを二つに分けた、前の半分。「―で勝負がきまる」「プログラムの―」対後半。参考「ぜんぱん」とも読む。

**ぜんぱん【全般】**（名）あることがらの全体。すべて。「今週は―によい天気が続く」

**せんび【船尾】**（名）船のうしろの部分。とも。対船首

**せんび【戦備】**（名）戦争の準備。

**ぜんび【善美】**（名・形動ダ）❶よいものと美しいもの。❷美しくりっぱなこと。「―を尽っくした建築」

**ぜんぴ【前非】**（名）以前おかしたあやまち。「―をくいる」

**せんびき【線引き】**（名・自他スル）❶線を引くこと。❷ある基準で範囲《はんい》や領域を区切ること。「違法《ほう》とするかの―がむずかしい」

**せんびょう【線描】**（名）物の形を線だけでえがくこと。「―画」

**せんぴょう【選評】**（名・他スル）よい作品を選んで批評すること。また、その批評。「入選作の―」

**せんびょうしつ【腺病質】**（名）やせていて顔色が悪く、病気にかかりやすい体質。

**ぜんびん【前便】**（名）前回のたより。この前に出した手紙。先便。対後便

**せんぶ【先負】**（名）陰陽道《おんようどう》で、物事をするのに午前は悪く、午後は吉《きち》であるとされる日。急用や訴訟《そしょう》に悪いとされる。対先勝

**せんぷ【先夫】**（名）（死別したり離婚《りこん》したりした）以前の夫。もとの夫。前夫。

**せんぷ【宣布】**（名・他スル）思想や主義を広く世間に知らせゆきわたらせること。

**ぜんぶ【全部】**（名）ある物事のすべて。みんな。「品物は―売れた」「―の家庭に配布する」対一部

**ぜんぶ【前部】**（名）前の部分。「車の―」対後部

**ぜんぷ【前夫】**（名）→せんぷ(先夫)

**せんぷう【旋風】**（名）❶うずをまいて吹《ふ》く強い風。つむじかぜ。❷社会に突然《とつぜん》大きな反響《はんきょう》を引き起こすようなできごと。「―をまきおこす」「一大―」

**せんぷうき【扇風機】**（名）電気を通すと、モーターがプロペラ状の羽根車を回して風をおこす機械。

**せんぷく【船腹】**（名）❶船の胴体《どうたい》の側面の部分。また、船の荷物を積みこむ所。❷船の積載《せきさい》量。❸船の隻数《せきすう》をいうときに用いる語。「―数」

**せんぷく【潜伏】**（名・自スル）❶人目をさけてこっそりとかくれていること。「―中の犯人」❷からだは病気に感染《かんせん》しているが、まだ症状《しょうじょう》が外に現れていないこと。「―期間」

**ぜんぷく【全幅】**（名）ありったけ。全部。「―の信頼《しんらい》を寄せる」

**せんぶり**『千振り』（名）〖植〗リンドウ科の二年草。山野に自生。秋、紫《むらさき》色のすじのある白い花が咲《さ》く。根・茎《くき》はにがく、ほして胃腸薬にする。

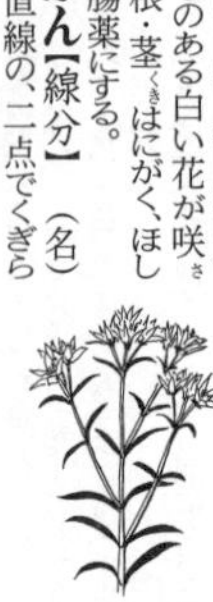

（せんぶり）

**せんぶん【線分】**（名）〖数〗直線の、二点でくぎられた部分。

**ぜんぶん【全文】**（名）一つの文章の全体。「―を掲載《けいさい》する」

**ぜんぶん【前文】**（名）❶その前に書いた文章。「―で述べたように」❷手紙のはじめに書くあいさつのことば。❸法令や規約などの前書き。「憲法の―」

**せんぶんりつ【千分率】**（名）→パーミル

**せんべい【煎餅】**（名）米の粉・小麦粉などをこね、うすくのばして味をつけて焼いた菓子《かし》。

**せんべいぶとん【煎餅布団】**（名）わたが少なく、うすくてかたい、そまつなふとん。「―にくるまる」

**せんべつ【選別】**（名・他スル）ある基準によって、選びわけること。「不良品を―する」

**せんべつ**『▵餞別』（名）別れる人や遠くに旅立つ人に、送別の気持ちをこめておくるおかねや品物。はなむけ。「心のこもった―」

**せんべん**『先▵鞭』（名）ほかの人より先に着手すること。「研究の―をつける」

**ぜんぺん【全編】**『全▵篇』（名）小説・詩・映画などの一つの作品の全部。「―を通して読む」

**ぜんぺん【前編】**『前▵篇』（名）書物・映画などで、二つまたは三つに分かれたものの、最初の編。対後編

**せんぺんいちりつ【千編一律】**『千▵篇一律』（名・形動ダ）（千編の詩がみな同じ調子で作られている意から）どれもこれもみな同じ調子で少しも変わったところがないこと。「―の作品」

**せんぺんばんか【千変万化】**（名・自スル）変化の多いこと。さまざまに変わること。「―の様相」

**せんぼう【羨望】**（名・他スル）うらやましく思うこと。うらやましがること。「人びとの―の的《まと》になる」

**せんぽう【先方】**（名）❶むこう。前のほう。❷相

手の人。相手方。「—の都合《つごう》に合わせる」対当方
**せんぽう**『先△鋒』（名）❶戦闘《せんとう》やある行動などで、人びとの先頭に立って物事にあたる人。「急—」❷柔道《じゅうどう》・剣道《けんどう》などの団体戦の最初の対戦者。
**せんぽう**【戦法】（名）戦争や競技・試合の、手段・方法・戦いの進め方。「捨て身の—をとる」
**ぜんぼう**【全貌】（名）物事や出来事の全体のようす。「事件の—が明らかになる」類全容
**ぜんぽう**【前方】（名）前のほう。対後方
**せんぼうきょう**【潜望鏡】（名）水中の潜水艦《せんすいかん》が、外の状況《じょうきょう》を見るために水面上につき出す望遠鏡。
**ぜんぽうこうえんふん**【前方後円墳】（名）古墳の形式の一つ。前が方形でうしろが円形のもの。
**せんぼつ**【戦没】『戦△歿』（名・自スル）戦争で死ぬこと。「—者」類戦死
**ぜんまい**『△薇』（名）〔植〕ゼンマイ科の多年生しだ植物。山野に自生する。春に出るうずまき形の若葉は食用。

（薇）

**ぜんまい**『×発条』（名）うずまきの形にまいた鋼鉄《こうてつ》のばね。弾力《だんりょく》があり、時計やおもちゃの動力などに使う。「—じかけ」
**せんまいどおし**【千枚通し】（名）たくさん重ねた紙などに穴をあけるときに使う、細いきり。
**ぜんまいの**…俳句
〔ぜんまいの　のの字《じ》ばかりの　寂光《じゃっくわう》土《ど》〕
〈川端茅舎《かわばたぼうしゃ》〉訳春の光の中に「の」の字形のやわらかいぜんまいが、いくつも芽を出している。まるで仏様の寂光浄《じょう》土《ど》を思わせる。（季語「ぜんまい」春）
**せんまんむりょう**【千万無量】（名）数えきれないこと。また、はかりしれないこと。「—の思い」
**せんみん**『△賤民』（名）社会の最下層におかれ、差別を受けた人びと。
**せんみんしそう**【選民思想】（名）自分たちは神から選ばれた民族で、他の民族を神に導く使命を持っているとする思想。ユダヤ民族にみられる思想。
**せんむ**【専務】（名）❶特にその仕事だけを受け持っていること。また、その人。❷（「専務取締役《とりしまりやく》」の略）会社で、社長を助けて会社の仕事を全体的に見て管理する重役。
**せんめい**【鮮明】（形動ダ）〔ダロ・ダッ(デ・ニ)・ダ・ナ・ナラ・○〕あざやかではっきりしているようす。「—な画像」「不—」
**せんめつ**『△殲滅』（名・他スル）残らずほろぼすこと。「敵を—する」
**ぜんめつ**【全滅】（名・自他スル）すっかりほろびること。また、ほろぼすこと。「作物が—する」
**せんめん**【洗面】（名・自スル）顔を洗うこと。「—器」「—所」
**ぜんめん**【全面】（名）すべての面。あらゆる方面。「—協力」「—ガラス張り」
**ぜんめん**【前面】（名）前のほう。おもての方面。「減税を公約の—に押《お》し出す」
**ぜんめんてき**【全面的】（形動ダ）〔ダロ・ダッ(デ・ニ)・ダ・ナ・ナラ・○〕あらゆる方面にわたっているようす。物事の全体にわたっているようす。「—に賛成する」「—に変える」
**せんもう**【繊毛】（名）❶細い毛。❷〔生〕細胞《さいぼう》の表面から出る細い毛のような突起《とっき》。
**せんもん**【専門】（名）ある一つの学問や仕事に深くかかわり、くわしい知識を持っていること。また、その学問や仕事。「—は物理学だ」「—店」…的「専門的な知識」
**せんもんか**【専門家】（名）ある一つの学問や仕事に深くかかわり、そのことにくわしい人。エキスパート。「—に依頼《いらい》する」「古代史の—」
**せんもんがっこう**【専門学校】（名）専門課程を置く専修学校。職業や専門の技術教育を行う。
**ぜんもんどう**【禅問答】（名）❶禅宗の僧《そう》が行う代表的な修行《しゅぎょう》法の一つ。修行者が問い、師がこれに答える。❷意味のよくわからないことばのやりとり。また、問いと答えがかみ合わないこと。
**ぜんもんのとらこうもんのおおかみ**『前門の虎後門の△狼』一つの災難を逃《のが》れても別の災難がくること。また、前後から災難がおそってくること。
**ぜんや**【前夜】（名）❶前日の夜。前の晩。❷記念日・祭日・事件など、ある特定の日の前日の夜。
**せんやく**【先約】（名）その時より前にしておいた別の約束。また、以前にした約束。「今夜は—がある」
**ぜんやく**【全訳】（名・他スル）原文を全部訳すこと。また、その訳文。「源氏《げんじ》物語の—」対抄訳《しょうやく》
**ぜんやさい**【前夜祭】（名）行事や記念日の前夜に行うお祭り。
**せんゆう**【占有】（名・他スル）自分の所有にすること。「土地を—する」⇩せんゆう（専有）「学習」
**せんゆう**【専有】（名・他スル）自分ひとりだけ、または自分のところだけのものとして所有すること。独占《どくせん》。「—物」対共有

> **学習** 使い分け　「占有」「専有」
> **占有**　自分の所有にすること。「土地の占有者」「市場占有率」「占有の意思」
> **専有**　自分だけでひとりじめにすること。「共有」と対をなす。「専有面積」「部屋を専有する」「上映権を専有する」

**せんゆう**【戦友】（名）戦場でともに戦った仲間。
**せんゆうこうらく**【先憂後楽】（名）政治を行う者は人民より先に天下のことを心配し、人民が楽しんだあとに楽しむべきだ、ということ。
**せんよう**【専用】（名・他スル）❶決まった人だけが使うこと。「社長—のエレベーター」❷ある特定の目的のためだけに使うこと。「山歩き—の靴《くつ》」
**せんよう**【宣揚】（名・他スル）あることがらを広く世に伝えて、それをさかんにすること。「国威《こくい》を—する」
**ぜんよう**【全容】（名）全体の姿・ようす。「—を解明する」類全貌《ぜんぼう》
**ぜんよう**【善用】（名・他スル）よい方面にうまく使うこと。「余暇《よか》の—に心がける」対悪用

**ぜんら【全裸】**（名）まるはだか。すっぱだか。

**せんらん【戦乱】**（名）戦争のために国内が乱れること。また、戦争。「―の巷《ちまた》」

**せんりがん【千里眼】**（名）遠い所のできごとや将来のこと、あるいは人の心の中などを見通す力。また、その力をもつ人。

**せんりつ【旋律】**（名）〘音〙高低や長短が組み合わさった音楽的な音の流れ。ふし。メロディー。

**せんりつ【戦慄】**（名・自スル）恐《おそ》れのために、ふるえおののくこと。「―を覚える」「―が走る」

**ぜんりつせん【前立腺】**（名）〘生〙男性生殖《せいしょく》器の一部。膀胱《ぼうこう》の下、尿道《にょうどう》をとり囲む栗《くり》の実《み》ほどの腺。精子の運動を活発にする乳白色の液を分泌《ぶんぴつ》する。

**せんりのみちもいっぽから【千里の道も一歩から】**どんなに長い道のりも第一歩から始まるように、どんなに大きな目標もまず小さなことから始めて、つみ重ねることでなしとげられるということ。

**せんりひん【戦利品】**（名）戦争で敵から奪《うば》い取った品物。

**せんりゃく【戦略】**（名）戦争に勝つための大きなはかりごと。転じて、政治・社会運動などの、成功するための大きなはかりごと。「―をたてる」「経営―」

**ぜんりゃく【前略】**（名）❶手紙で、前書きの時候のあいさつなどを省くときのことば。❷文章を引用する場合、前の文章を省くこと。[対]後略。[使い方]①で、「前略」と書いた場合はすぐ用件に入り、ふつう結びは「草々」「不一《ふいつ》」「不備」などを用いる。

**せんりゅう【川柳】**（名）〘文〙五・七・五の一七字の短詩。俳句とちがって季語や切れ字の制約がなく、こっけいなことや皮肉などを読みこむ。江戸《えど》時代に柄井川柳《からいせんりゅう》たちが始めた。「かみなりをまねてはらがけやっとさせ」など。

**せんりょ【浅慮】**（名）考えが浅いこと。あさはかな考え。「―を恥《は》じる」[対]深慮

**せんりょう【占領】**（名・他スル）❶一定の場所をひとりじめすること。「座席を―する」❷他国を攻《せ》めて武力で自国の支配下におくこと。「―軍」

**せんりょう【染料】**（名）糸・布などを染める材料。

**せんりょう【選良】**（名）よい人を選びだすこと。また、その選ばれた人。特に、代議士をいう。

**せんりょう【線量】**（名）放射線の量。物質に照射された量を表す照射線量、生物や物質が吸収した量を表す吸収線量などがある。放射線量。「―計」

**ぜんりょう【善良】**（形動ダ）{ダロ・ダッ(デ・ニ)・ダ・ナ・ナラ・○}人の性質が正直ですなおなようす。「―な市民」

**せんりょうやくしゃ【千両役者】**（名）格式が高く、芸にすぐれ、人気も高い役者。

**せんりょく【戦力】**（名）❶戦争を遂行《すいこう》する力。兵士の数や兵器の性能などについていう。「―増強」[…的]「戦力的にはおとる」❷仕事をなしとげるための力。有能なはたらき手。「彼女《かのじょ》はおおいに―になっている」

**ぜんりょく【全力】**（名）もっているすべての力。あるかぎりの力。「―をつくしてたたかう」「―投球」

**せんりょのいっしつ【千慮の一失】**❶どんなにかしこい人でもしくじりがあるということ。❷よく考えてから実行してもおこる失敗。思いがけない失敗。

**ぜんりん【善隣】**（名）となりの家やとなりの国と仲よくすること。「―友好」

**せんれい【先例】**（名）❶これからの基準となる例。「―を作る」❷前からのしきたり。以前にあった例。前例。「―を破る」

**せんれい【洗礼】**（名）❶キリスト教で、信者になるときに受ける礼式。全身を水につけたり頭に水をかけたりする。「―を受ける」❷ある物事についてのはじめての試練。大きな影響《えいきょう》を受けるような経験。「新人投手がホームランの―を受ける」

**ぜんれい【前例】**（名）前の例。以前の例。先例。「―のない処置」

**せんれき【戦歴】**（名）戦争や試合などに参加した経歴。「輝《かがや》かしい―の持ち主」

**ぜんれき【前歴】**（名）今までの経歴。「―を問わない」

**せんれつ【戦列】**（名）戦いに参加する部隊の列。また、競技などのためにつくられた組織。「―を離《はな》れる」

**せんれつ【鮮烈】**（形動ダ）{ダロ・ダッ(デ・ニ)・ダ・ナ・ナラ・○}ひじょうにあざやかで強烈《きょうれつ》なようす。「―な印象を受ける」

**ぜんれつ【前列】**（名）前の列。[対]後列

**せんれん【洗練】**（名・他スル）性質や趣味《しゅみ》、詩歌《しいか》や文章などにみがきをかけて、上品で高尚《こうしょう》なものにすること。「―された趣味」「―された文章」

**せんろ【線路】**（名）汽車や電車が通る道。レール。

**ぜんわん【前腕】**（名）腕《うで》のうち、ひじから手首までの部分。[対]上腕

# そ ソ

**そ【狙】** 8画 犭5 [音]ソ [訓]**ねらう**　ノ 犭 犭 犭 狙 狙 狙

❶さる。動物の名。◆狙公。❷ねらう。かくれてすきをうかがう。◆狙撃《そげき》

**そ【阻】** 8画 阝5 [音]ソ [訓]**はばむ** [高]　ㇷ 阝 阝 阝 阻 阻 阻

❶けわしい。けわしい所。◆険阻。❷はばむ。じゃまをする。へだてる。◆阻害・阻隔《そかく》・阻止

**そ【祖】** 9画 ネ5 [小5]〔祖〕[音]ソ　ネ ネ ネ 礻 祖 祖 祖

❶家系の最初の人。また、祖父・祖母以前の血縁《けつえん》者。◆祖先◆遠祖・先祖《せんぞ》。❷親の親。◆祖父・祖母◆曽祖父《そうそふ》。❸ある物事をはじめた人。◆祖師◆開祖・元祖・教祖・始祖

**そ【祖】**（名）❶先祖。❷ある物事をはじめた人。「近代医学の―」

**そ【租】** 10画 禾5 [音]ソ　ニ 千 禾 和 租 租

❶田畑からとれる穀物の一部を税としておさめさせたも

の。ねんぐ。また、税金。◆租税・租庸調《そようちょう》◆公租・地租。❷借りる。◆租界・租借

**そ【素】** 10画 糸4 小5 音 ソ・ス 中

❶（ソと読んで）㋐手を加えていない。かざりけがない。◆素朴《そぼく》◆簡素・質素。㋑もとになるもの。◆素因・素材・素地・素質・素数◆元素・色素・要素。㋒もとの。ふだんの。◆素行・素養◆平素。❷（スと読んで）ありのままの。◆素足・素顔・素性《すじょう》・素手《すで》・素肌《すはだ》。参考 特別に、「素人」は「しろうと」と読む。⇩付録「漢字の筆順(4)圭」

**そ【措】** 11画 扌8 音 ソ

❶おく。しまつをつける。◆措辞・措置。❷ふるまう。ふるまい。◆挙措

**そ【粗】** 11画 米5 音 ソ 訓 あらい

❶あらい。おおざっぱ。ていねいでない。◆粗悪・粗忽《そこつ》・粗雑・粗食・粗製・粗暴・粗末・粗密・粗野・粗略◆精粗。対 精・密。❷他人への贈《おく》り物などをへりくだっていうことば。◆粗餐《そさん》・粗品・粗茶

**そ【組】** 11画 糸5 小2 音 ソ 訓 くむ・くみ

❶くみたてる。くみたて。◆組閣・組織・組成◆改組。❷「組合」の略。◆労組

**そ【疎】** 12画 疋7 音 ソ 訓 うとい 高・うとむ 高

❶まばら。間があいている。◆疎開・疎密◆過疎・空疎。対 密。❷うとい。したしくない。遠ざける。◆疎遠・疎外・疎隔《そかく》◆親疎。対 親。❸あらい。おろそか。◆疎略・疎漏《そろう》。対 密。❹通る。ふさがっているものを通す。◆疎水・疎通

**そ【訴】** 12画 言5 音 ソ 訓 うったえる

❶上に申し出てさばきを願う。◆訴訟《そしょう》・訴状・訴追◆起訴・控訴《こうそ》・告訴・勝訴・提訴・敗訴。❷不満を申し立てて同情を求める。◆哀訴《あいそ》・愁訴《しゅうそ》

**そ【塑】** 13画 土10 音 ソ

ねんどなどで形をつくる。◆塑像◆可塑性・彫塑《ちょうそ》

**そ【想】**→そう（想）

**そ【遡】** 13画 辶10 音 ソ 高 訓 さかのぼる

さかのぼる。◆遡及《そきゅう》・遡行。参考 常用漢字表には「遡（14画）」と「遡（許容字体）」とが示されている。

**そ【礎】** 18画 石13 音 ソ 訓 いしずえ 高

❶柱の下にすえる土台石。◆礎材・礎石◆定礎。❷物事のもとになるもの。◆基礎

**ぞ【曽】**→そう（曽）

**ぞ** ㊀（終助）意味を強めたり、念をおしたりする。「よしがんばるー」「雨が降るー」㊁（副助）❶強めの意を表す。「ここーというとき」「知る人ー知る」❷疑問詞について、さだかでない意を表す。「どこーにいい店はないか」

**そあく【粗悪】**（名・形動ダ）そまつな作りで、品物の質が悪いこと。「ー品」

**そあん【素案】**（名）原案の前の、おおよその内容をまとめた最初の案。

**そいそしょく【粗衣粗食】**（名）そまつな衣服とそまつな食べ物。質素な生活をすることのたとえ。「ーにあまんじる」

**そいつ**（代）❶話し手と話し相手以外のある特定の人をさして、見下げて、また、乱暴に言うことば。「ーはだれだ」❷物などをさす場合の「それ」を乱暴に言うことば。「ーを取ってくれ」

**そいと・げる【添い遂げる】**（自下一）〔ゲ・ゲ・ゲル・ゲル・ゲレ・ゲロ（ゲヨ）〕❶周囲の反対などの困難を乗りこえて夫婦になる。❷夫婦になって一生をともに暮らす。

**そいね【添い寝】**（名・自スル）寝ようとする人に寄りそって、いっしょに寝ること。「赤んぼうにーする」

**そいん【素因】**（名）❶事のおこる原因。もと。「ーを究明する」❷その病気にかかりやすい性質。

**そう【双】** 4画 文2 〔雙〕 音 ソウ 訓 ふた

❶二つ。二つで一組になっているもの。◆双眼鏡・双肩《そうけん》・双手・双生児・双発・双方。❷ならぶ。◆無双

**そう【壮】** 6画 士3 〔壯〕 音 ソウ

❶気力・体力がさかんである。いさましい。◆壮快・壮挙・壮健・壮絶・壮年・壮烈《そうれつ》◆強壮・少壮・大言壮語・悲壮・勇壮。❷大きくてりっぱである。◆壮観・壮大・壮図《そうと》・壮麗《そうれい》◆広壮・豪壮《ごうそう》

**そう【早】** 6画 日2 小1 音 ソウ・サッ 中 訓 はやい・はやまる・はやめる

❶時刻や時期がはやい。◆早期・早暁《そうぎょう》・早婚《そうこん》・早熟・早春・早世・早退・早朝◆尚早《しょうそう》。対 晩。❷急である。すぐに。◆早急《さっきゅう・そうきゅう》・早速《さっそく》・早早。参考「サッ」の音は「早速」などのことばに使われる特殊《とくしゅ》な読み方。特別に、「早乙女」は「さおとめ」、「早苗」は「さなえ」と読む。

**そう【争】** 6画 ク4 小4 〔爭〕 音 ソウ 訓 あらそう

あらそう。物をとりあう。たたかう。◆争議・争奪《そうだつ》・争点・争覇《そうは》・争乱◆競争・係争・抗争《こうそう》・政争・戦争・闘争《とうそう》・紛争《ふんそう》・論争

**そう【走】** 7画 走0 小2 音 ソウ 訓 はしる

❶はしる。かける。早足でゆく。◆走行・走者・走破・走路◆滑走《かっそう》・完走・競走・疾走《しっそう》・出走・助走・東

奔西走《とうほんせいそう》・独走・伴走《ばんそう》・暴走・力走。❷にげる。⬘脱走《だっそう》・逃走《とうそう》・遁走《とんそう》・敗走。参考特別に、「師走」は「しわす」「しはす」と読む。

**そう**【宗】→しゅう(宗)

**そう【奏】** 9画 大6 小6 音ソウ 訓かなでる高

❶すすめる。さしあげる。天子に申しあげる。⬘奏上⬙上奏・内奏。❷音楽をかなでる。⬘奏楽・奏者⬙演奏・合奏・協奏曲・序奏・吹奏《すいそう》・前奏・伴奏《ばんそう》。❸なしとげる。⬙奏功・奏効

**そう【相】** 9画 目4 小3 音ソウ・ショウ中 訓あい

❶ようす。すがた。かたち。⬘相好《そうごう》・相貌《そうぼう》⬙印相・家相・形相《ぎょうそう》・真相・世相・手相・人相・様相。❷たがいに。ともどもに。⬘相愛・相違《そうい》・相互・相殺《そうさい》・相似《そうじ》・相対・相談・相当。❸次々にうけつぐ。⬘相続・相伝。❹(ショウと読んで)たすける。君主をたすけて政治をとる人。⬙宰相《さいしょう》・首相。参考特別に、「相撲」は「すもう」と読む。

**そう**【相】(名) ❶外面にあらわれた形やようす。「憤怒《ふんぬ》の一」❷ものにあらわれた運勢や吉凶《きっきょう》のしるし。「水難の一」

**そう【荘】** 9画 艹6 〔莊〕 音ソウ

❶おごそか。いかめしい。⬘荘厳《そうごん》・荘重《そうちょう》。❷いなかや郊外《こうがい》に建てた別宅。⬙山荘・別荘

**-そう**【荘】(接尾) 旅館やアパートなどの名にそえることば。「清風一」

**そう【草】** 9画 艹6 小1 音ソウ 訓くさ

❶くさ。⬘草原・草食・草木⬙雑草・除草・毒草・牧草・野草・薬草。❷草ぶきの。そまつな。⬘草庵《そうあん》・草堂。❸はじめ。はじめる。⬘草創。❹下書き。⬘草案・草稿《そうこう》⬙起草。❺書体の一つ。⬘草書・草体⬙真行草。参考特別に、「草履」は「ぞうり」と読む。

**そう【送】** 9画 辶6 小3 音ソウ 訓おくる

❶人をみおくる。⬘送迎《そうげい》・送辞・送別⬙歓送《かんそう》・葬送《そうそう》。対迎。❷おくる。おくりとどける。⬘送還《そうかん》・送金・送検・送電・送付・送料⬙運送・直送・転送・発送・別送・返送・放送・郵送・輸送・陸送

**そう【倉】** 10画 人8 小4 音ソウ 訓くら

❶くら。穀物や、その他の物を入れておく所。⬘倉庫⬙穀倉・船倉。❷にわか。あわてる。⬘倉皇・倉卒

**そう【捜】** 10画 扌7 〔搜〕 音ソウ 訓さがす

さがす。さがしもとめる。さぐる。⬘捜査・捜索《そうさく》

**そう【挿】** 10画 扌7 〔插〕 音ソウ 訓さす

さす。さしこむ。さしはさむ。⬘挿絵《さしえ》・挿入・挿話

**そう【桑】** 10画 木6 音ソウ高 訓くわ

くわ。くわの木。⬘桑園・桑田⬙扶桑《ふそう》

**そう【巣】** 11画 ⺍8 小4 〔巢〕 音ソウ高 訓す

❶鳥のす。⬙営巣・帰巣性。❷物が集まっている所。⬙病巣・卵巣。❸すみか。悪者などのかくれが。⬘巣窟《そうくつ》

**そう【掃】** 11画 扌8 音ソウ 訓はく

❶はく。はらいきよめる。⬘掃除《そうじ》⬙清掃。❷はらいのぞく。うちはらう。⬘掃海・掃射・掃討・掃滅《そうめつ》⬙一掃

**そう【曹】** 11画 曰7 音ソウ

❶つかさ。裁判をつかさどる役人。⬙法曹。❷軍隊や自衛隊の階級の一つ。⬘曹長⬙軍曹・陸曹

**そう【曽】** 11画 曰7 〔曾〕 音ソウ・ゾ

❶かつて。これまでに。⬙未曽有《みぞう》。❷かさなる。直系親族の三親等を表すことば。⬘曽祖父《そうそふ》・曽祖母《そうそぼ》・曽孫《そうそん》。参考「ゾ」の音は「未曽有《みぞう》」ということばに使われる特殊《とくしゅ》な読み方。

**そう【爽】** 11画 爻7 音ソウ 訓さわやか

さわやか。すがすがしい。⬘爽快・爽涼《そうりょう》⬙颯爽《さっそう》

**そう【窓】** 11画 穴6 小6 音ソウ 訓まど

❶まど。⬘窓外⬙獄窓《ごくそう》・車窓。❷へや。教室。⬙学窓・深窓・同窓

**そう【創】** 12画 刂10 小6 音ソウ 訓つくる

❶きず。きりきず。きずつける。⬘創痍《そうい》・創傷。❷はじめ。はじめてつくる。⬘創案・創意・創刊・創業・創建・創作・創始・創設・創造・創立⬙草創・独創

**そう【喪】** 12画 口9 音ソウ 訓も

❶も。人の死後、近親者が一定期間、身をつつしんで悲しみの意を表すこと。⬘喪家・喪礼・喪主《もしゅ》・喪章《もしょう》・喪中《もちゅう》・喪服《もふく》⬙国喪・大喪・服喪《ふくも》。❷うしなう。なくす。⬘喪失・喪心⬙阻喪《そそう》

**そう【痩】** 12画 疒7 〔瘦〕 音ソウ高 訓やせる

やせる。やせほそる。⬘痩軀《そうく》・痩身

そ

そう — そう

**そう【葬】** 12画 艹9 音 ソウ 訓 ほうむる (高)
ほうむる。また、その儀式《ぎしき》。とむらい。◆葬儀・葬式・葬礼・葬列◆火葬・会葬・国葬・本葬・埋葬《まいそう》・密葬

**そう【装】** 12画 衣6 (小6)〔裝〕 音 ソウ・ショウ(中) 訓 よそおう(高)
❶身につける。よそおい。身じたく。◆装束《しょうぞく》◆衣装《いしょう》・仮装・軽装・正装・盛装・武装・服装・扮装《ふんそう》・変装・洋装・略装・礼装。❷かざる。ととのえる。◆装飾《そうしょく》・装身具・装丁◆改装・外装・新装・塗装《とそう》・包装・舗装《ほそう》。❸そなえつける。◆装置・装備

**そう【僧】** 13画 亻11〔僧〕 音 ソウ
出家《しゅっけ》して仏道にはいった人。◆僧院・僧正《そうじょう》・僧侶《そうりょ》◆高僧・禅僧《ぜんそう》・尼僧《にそう》・名僧坊《そうぼう》・僧侶《そうりょ》

**そう【僧】**(名) ❶出家《しゅっけ》して仏道にはいった人。僧侶《そうりょ》。「禅宗《ぜんしゅう》の―」❷ある宗教に属し、修行《しゅぎょう》している人。「修道院の―」

**そう【想】** 13画 心9 (小3) 音 ソウ・ソ(高)
おもう。心の中に思いうかべて考える。考え。◆想起・想像・想定・想念◆回想・感想・空想・幻想《げんそう》・構想・思想・発想・夢想・予想・理想・連想。参考「ソ」の音は「愛想《あいそ》」などのことばに使われる特殊《とくしゅ》な読み方。

**そう【想】**(名) 文学などの芸術作品についての構想。「新聞記事に―を得た小説」

**そう【層】** 14画 尸11 (小6)〔層〕 音 ソウ
❶かさなる。かさなりの一つ一つ。◆層雲◆下層・高層・上層・深層・断層・地層・沖積層《ちゅうせきそう》。❷社会での階級。ある基準で分けた人の集まり。◆階層・若年層《じゃくねんそう》・読者層

**そう【層】**(名) ❶厚みをもって平たく幾重《いくえ》にも重なっているもの。また、その重なり。「厚い雲の―」「―をなす」❷職業・立場・年齢《ねんれい》などで分けた集団。「選手の―が厚い」「幅広《はばひろ》い―から支持を得る」

**そう【総】** 14画 糸8 (小5)〔總〕 音 ソウ
❶ひとつにまとめる。◆総括《そうかつ》・総計・総合・総称《そうしょう》。❷全体をとりしまる。◆総監《そうかん》・総裁・総帥《そうすい》・総長・総統・総務・総理・総領事。❸全部。すべての。◆総意・総員・総額・総数・総勢《そうぜい》・総力・総論

**そう【遭】** 14画 辶11 音 ソウ 訓 あう
あう。であう。めぐりあう。◆遭遇《そうぐう》・遭難

**そう【槽】** 15画 木11 音 ソウ
❶水などを入れる器。おけ。◆浄化槽《じょうかそう》・水槽・浴槽。❷おけの形をしたもの。◆歯槽

**そう【踪】** 15画 足8 音 ソウ
あと。足あと。足跡《そくせき》。◆失踪

**そう【操】** 16画 扌13 (小6) 音 ソウ 訓 みさお(高)・あやつる(中)
❶あやつる。うまく使いこなす。◆操業・操作《そうさ》・操縦・操舵《そうだ》◆体操。❷かたくまもって変えないこころざし。みさお。◆操行◆志操・情操・節操・貞操《ていそう》

**そう【燥】** 17画 火13 音 ソウ
かわく。かわかす。◆乾燥・高燥

**そう【霜】** 17画 雨9 音 ソウ(高) 訓 しも
❶しも。◆霜柱《しもばしら》・霜夜《しもよ》・霜害・霜降・霜天◆秋霜・晩霜。❷年のひとめぐり。としつき。◆星霜

**そう【贈】**→ぞう(贈)

**そう【騒】** 18画 馬8〔騷〕 音 ソウ 訓 さわぐ
さわぐ。さわがしい。◆騒音・騒然・騒動・騒乱◆狂騒《きょうそう》・物騒《ぶっそう》 ⇩付録「漢字の筆順(38)馬」

**そう【藻】** 19画 艹16 音 ソウ 訓 も
❶水草。も。◆藻類◆海藻。❷かざり。もよう。また、美しい文章や詩歌《しいか》。◆詞藻・文藻

**-そう**『△艘』(接尾) 小さい船を数えることば。「三―の船」

**そう**『△箏』(名)《音》桐《きり》で作った細長い胴《どう》に一三本の弦《げん》をはった楽器。琴《こと》。

**そう**〔宋〕(名)《歴》❶中国で、南北朝時代の南朝の一つ。四二〇～四七九年。❷中国で、中世の王朝。九六〇～一一二七年。一一二七年にみやこを移してからは南宋ともいった。一二七九年、元《げん》に滅《ほろ》ぼされた。

**そ・う【沿う】**(自五)〔ワ(オ)・イ(ツ)・ウ・ウ・エ・エ〕❶長く続いているもののそばからはなれない状態を保つ。あるもののわきを進む。「川に―・って進む」❷定められた物事に従う。「方針に―・って行う」

**そ・う【添う】**(自五)〔ワ(オ)・イ(ツ)・ウ・ウ・エ・エ〕❶そばにいる。「影《かげ》のように―」❷つけ加わる。❸夫婦となる。つれそう。「二人を―・わせる」❹期待や目的にかなう。「ご希望には―・いかねます」

**そう** ㊀(副)❶そのように。「ぼくも―思う」❷それほど。「―難しい問題ではない」㊁(感)❶相手のことばにうなずく意を表す。「―、そのとおりです」❷相手のことばに対する、軽い疑問や驚《おどろ》きの気持ちを表す。「―、そんなにうまくいくものかな」使い方㊀②は、あとに「ない」「ません」などの打ち消しのことばがくる。

**ぞう【造】** 10画 辶7 (小5) 音 ゾウ 訓 つくる
❶つくる。こしらえる。◆造営・造形・造語・造成・造物主◆改造・建造・構造・醸造《じょうぞう》・人造・製造・創

造・捏造《ねつぞう》。❷いたる。きわめる。◆造詣《ぞうけい》

**ぞう【象】**→しょう(象)

**ぞう【象】**(名)〘動〙陸上では最もからだの大きい哺乳《ほにゅう》動物。インド・アフリカにすみ、鼻が長く、二本の長い牙《きば》をもつ。草食性。

**ぞう【像】** 14画 亻12 小5 音 ゾウ

❶光によってうつる姿・かたち。心にうつしだす姿・かたち。◆映像・虚像《きょぞう》・現像・実像・想像。❷似せてかいたり、つくったりしたすがた。◆胸像・偶像《ぐうぞう》・群像・座像・肖像《しょうぞう》・銅像・仏像・木像・立像

**ぞう【像】**(名)❶物のかたち。人の姿。「理想とする教師の―」❷神仏・人・動物などに似せて描いたり、つくったりしたもの。「女神の―」❸〘物〙光の反射・屈折《くっせつ》などによってうつる物体のかたち。「―を結ぶ」

**ぞう【増】** 14画 土11 小5 〔增〕 音 ゾウ 訓 ます・ふえる・ふやす

❶ます。多くなる。ふやす。◆増加・増強・増減・増産・増進・増水・増税・増設・増大◆急増・漸増《ぜんぞう》・倍増。対減。❷おごりたかぶる。◆増長

**ぞう【増】**(名)多くなること。ふやすこと。「前月比一割の―」対減

**ぞう【憎】** 14画 忄11 〔憎〕 音 ゾウ 訓 にくむ・にくい・にくらしい・にくしみ

にくむ。にくしみ。◆憎悪《ぞうお》◆愛憎。対愛

**ぞう【雑】**→ざつ(雑)

**ぞう【蔵】** 15画 艹12 小6 〔藏〕 音 ゾウ 訓 くら 中

❶かくす。◆埋蔵《まいぞう》。❷しまっておく。おさめる。◆蔵書◆私蔵・収蔵・所蔵・貯蔵・内蔵・秘蔵・腹蔵・無尽蔵《むじんぞう》・冷蔵。❸物をしまっておく建物。くら。◆経蔵《きょうぞう》・土蔵・宝蔵 ⇩付録「漢字の筆順(1)戈〔戊〕・(11)巨〔臣〕」

**ぞう【蔵】**(名)所有していること。所蔵。「個人の―」「美術館―」

**ぞう【贈】** 18画 貝11 〔贈〕 音 ゾウ・ソウ 訓 おくる

おかねや物などを人におくりあたえる。おくりもの。◆贈位・贈呈《ぞうてい》・贈答・贈与《ぞうよ》・贈賄《ぞうわい》◆寄贈《きぞう・きそう》・恵贈《けいぞう》・受贈・追贈。参考「ソウ」の音は「寄贈《きそう》」などのことばに使われる特殊《とくしゅ》な読み方。

**ぞう【臓】** 19画 月15 小6 〔臟〕 音 ゾウ

からだの中のいろいろな器官。はらわた。◆臓器・臓物《ぞうもつ》◆肝臓《かんぞう》・五臓六腑《ごぞうろっぷ》・心臓・腎臓《じんぞう》・内臓・肺臓 ⇩付録「漢字の筆順(1)戈〔戊〕・(11)巨〔臣〕」

**そうあい【相愛】**(名)たがいに愛し合うこと。「相思―の仲」

**そうあたり【総当たり】**(名)❶参加したすべての人、またはチームと試合をすること。「―戦」❷くじびきで、からくじのないこと。

**そうあん【草案】**(名)文章の下書き。草稿《そうこう》。また、検討するために、まず作られた文案。原案。「憲法の―」「―をねる」類叩《たた》き台。対成案

**そうあん【草△庵】**(名)草ぶきの、そまつで小さい家。

**そうあん【創案】**(名・他スル)それまでになかったことをはじめて考え出すこと。また、考え出された案。「効率のよいシステムを―する」

**そうあん【僧△庵】**(名)僧の住むそまつな家。

**そうい【相違】**(名・自スル)同じでないこと。異なること。ちがい。「二人の意見には―がある」「案に―する(=考えていたのとちがう)」

**そうい【創△痍】**(名)刀などの刃物《はもの》で受けた傷。切り傷。「満身―」

**そうい【創意】**(名)新しいものを作り出そうとする気持ち。新しい思いつき。「―工夫《くふう》」

**そうい【僧衣】**(名)僧が着る服。ころも。法衣《ほうえ》。

**そうい【総意】**(名)全員の一致《いっち》した意見。全員の意向や意志。「国民の―に基づく」

**ぞうい【贈位】**(名・自スル)生前の功績に対して、死後に位を贈《おく》ること。また、その位階。

**そういう** そのような。そんな。「―ことではない」

**そういない【相違ない】**(形)〔カロ・カッ(ク)・イ・イ・ケレ・○〕まちがいない。決まっている。「右のとおりに―」

**そういん【僧院】**(名)寺。寺院。また、修道院。

**そういん【総員】**(名)(ある団体に属する)すべての人員。「―三〇名」類全員

**そういん〔宗因〕**【人名】→にしやまそういん

**ぞういん【増員】**(名・自他スル)人員や定員をふやすこと。また、ふえること。「職員が―になる」対減員

**そううつびょう【△躁鬱病】**(名)〘医〙異常に興奮してはしゃいだ気分になる状態(=躁)と、異常にゆううつでしずんだ気分になる状態(=鬱)とが、交互《こうご》にあらわれる精神病の一種。双極性障害。

**そううん【層雲】**(名)〘天〙霧《きり》のように層をなして低くたれこめる雲。霧とちがって、地面にはつかない。

**ぞうえい【造営】**(名・他スル)神社・仏閣・宮殿《きゅうでん》などを建てること。「本殿を―する」

**そうえん【桑園】**(名)くわばたけ。

**ぞうえん【造園】**(名・自スル)庭園・公園などをつくったり整えたりすること。「―業」

**ぞうえん【増援】**(名・他スル)応援の人数をふやすこと。人数をふやして助けること。「―部隊」

**ぞうお【憎悪】**(名・他スル)にくみ、きらうこと。「激しい―の念をいだく」

**そうおう【相応】**(名・自スル・形動ダ)つり合うこと。ふさわしいこと。「身分―の暮らし」「不―」

**そうおん【△宋音】**(名)→とうおん(唐音)

**そうおん【騒音】〘△噪音〙**(名)さわがしい音。うるさい音。「―防止」

**ぞうか【造化】**(名)❶宇宙・万物を創造する神。造物主。❷宇宙。天地万物。「―の妙《みょう》」

**ぞうか【造花】**(名)布や紙などでほんものに似せて作った花。「―を飾《かざ》る」対生花《せいか》

**ぞうか【増加】**(名・自他スル)数や量がふえること。

また、ふやすこと。「人口の—」対減少
**ぞうか【雑歌】**（名）〘文〙和歌の分類の一つ。「万葉集」では相聞《そうもん》・挽歌《ばんか》に分類されたもの以外の歌。「古今集《こきんしゅう》」以下の勅撰《ちょくせん》集では、四季や恋などのどれにも分類できない歌。
**そうかい【壮快】**（名・形動ダ）元気さかんで、気持ちがよいこと。勇ましくてここちよいこと。「—なアクション」
**そうかい【爽快】**（名・形動ダ）さわやかで気持ちがよいこと。「朝の—な気分」
**そうかい【掃海】**（名・他スル）船の安全な航行のために、海中にある機雷《きらい》などの危険物を取り除くこと。「—艇《てい》」
**そうかい【総会】**（名）ある団体の関係者全員が集まる会合。「生徒—を開く」「株主—」
**そうがい【霜害】**（名）農作物や樹木が、春の晩霜《ばんそう》など季節はずれの霜《しも》のために受ける被害《ひがい》。
**そうがかり【総掛かり】**（名）全員で力を合わせて一つのことにあたること。「家じゅう—で畑仕事をする」
**そうかく【総画】**（名）一つの漢字の画数の合計。「—索引《さくいん》」
**そうがく【奏楽】**（名・自他スル）音楽を演奏すること。また、演奏される音楽。「式の最初に—する」
**そうがく【総額】**（名）全体を合計した金額。「貯金の—」類全額
**ぞうがく【増額】**（名・他スル）金額をふやすこと。また、ふやした金額。「予算の—を求める」対減額
**そうかつ【総括】**（名・他スル）❶全体を一つにまとめること。「—質問」類一括・統括。❷一つの活動や運動が終わったあとで、反省や評価をすること。「文化祭の—」
**そうがな【草◦仮名】**（名）漢字の草書体からできたかな。これがさらに簡略化されてひらがなができた。
**そうかのいぬ【喪家の△狗】**（喪中《もちゅう》の家の犬は、食べ物をあたえて世話する人がいないためにやせおとろえていることから）やつれはてて元気がない人のたとえ。
**そうかん【壮観】**（名・形動ダ）規模が大きくてすばらしい眺《なが》め。また、そのようす。「—な眺め」
**そうかん【相関】**（名・自スル）二つのものがたがいにかかわりをもち、影響《えいきょう》しあうこと。「—関係」「—図」
**そうかん【送還】**（名・他スル）もとの所へ、人を送り返すこと。「本国へ—する」「強制—」
**そうかん【創刊】**（名・他スル）雑誌や新聞など定期的な刊行物を新しく刊行すること。対廃刊《はいかん》
**そうかん【総監】**（名）組織全体の事務や人員を取りしまり監督《かんとく》する役。また、その人。「警視—」
**ぞうかん【増刊】**（名・他スル）雑誌や新聞などを定期以外に刊行すること。また、そのもの。「臨時—」
**ぞうがん【象眼】**〘象△嵌〙（名・他スル）❶金属・陶器《とうき》・木材などの表面に模様をきざみ金銀などをはめこむこと。また、その作品。「—細工《さいく》」❷印刷で、鉛版《えんばん》の修正したい部分を切りぬき、別の活字をはめこむこと。
**そうがんきょう【双眼鏡】**（名）両方の目にあてて見る望遠鏡。
**そうき【早期】**（名）早い時期。はじめのころ。「病気を—に発見する」類初期
**そうき【想起】**（名・他スル）思いおこすこと。思い出すこと。「幼児期の体験を—する」
**そうき【総記】**（名）❶全体をまとめた記述。❷図書の分類で、百科事典・新聞・雑誌など特定の分野に属さないもの。
**そうぎ【争議】**（名）❶たがいに意見を主張して争うこと。「家庭—」❷「労働争議」の略。
**そうぎ【葬儀】**（名）死者をほうむる儀式。葬式。「しめやかに—が行われる」
**そうぎ**〔宗祇〕【人名】→いいおそうぎ
**ぞうき【雑木】**（名）いろいろな種類の木。材木としては使えない、たきぎや炭にする木。「—林」
**ぞうき【臓器】**（名）内臓の器官。肺・胃・腸・心臓・肝臓《かんぞう》・腎臓《じんぞう》など。「—の移植手術」
**そうきゅう【早急】**（名・形動ダ）→さっきゅう
**そうきゅう【送球】**一（名・自スル）球技で、ボールをパスすること。また、野球で、ボールを取って送ること。「一塁《いちるい》への—」二（名）→ハンドボール
**そうきゅう**〘△蒼△穹〙（名）青空。大空。
**そうきょ【壮挙】**（名）大きな目的をもった勇ましいくわだてや行い。「—をなしとげる」類壮図《そうと》
**そうぎょう【早暁】**（名）夜が明けるころ。
**そうぎょう【創業】**（名・自スル）新しく事業を始めること。「—五〇周年記念」
**そうぎょう【僧形】**（名）僧の身なり。髪《かみ》の毛をそり、衣《ころも》や袈裟《けさ》を着た姿。
**そうぎょう【操業】**（名・自スル）機械を動かして仕事をすること。「—停止」「遠洋で—する船団」
**ぞうきょう【増強】**（名・他スル）力・人員・設備などをふやし、働きを強めること。「生産力を—する」
**そうきょく**〘△箏曲〙（名）琴《こと》で演奏する音楽。
**そうきょくせいしょうがい【双極性障害】**（名）〘医〙→そううつびょう
**そうきょくせん【双曲線】**（名）〘数〙平面上で、ある決まった二つの点からの距離《きょり》の差が、一定の長さになる点をつらねた曲線。

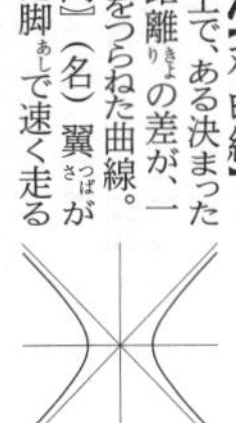
（そうきょくせん）

**そうきん**〘走△禽〙（名）翼《つばさ》が退化し、発達した脚《あし》で速く走る鳥。だちょうなど。
**そうきん【送金】**（名・自スル）おかねを送ること。また、そのおかね。「家からの—を待つ」
**ぞうきん【雑巾】**（名）ふきそうじなどで、よごれた所をふきとる布。「—がけ」
**そうく**〘走△狗〙（名）（狩《か》りで、えものを追いたてる犬の意から）人の手先となって働く者をいやしめていうことば。「権力の—となる」
**そうく**〘痩△軀〙（名）やせたからだ。「長身—」
**そうぐ【装具】**（名）装備として身につける道具。
**そうぐう【遭遇】**（名・自スル）思いがけなく出あうこと。不意に出あうこと。「事故に—する」
**そうくずれ【総崩れ】**（名）全体がくずれて負けること。戦いで全体の隊形がくずれること。「敵は—だ」
**そうくつ【巣窟】**（名）悪者などがかくれ住んでいる

所。かくれが。ねじろ。「暴力団の—」

**そうけ【宗家】**（名）❶一族一門の本家。❷華道《かどう》や茶道《さどう》などの芸道で、一派の正統を伝える中心の家。また、その家の当主。家元《いえもと》。「茶道の—」

**ぞうげ【象牙】**（名）象のきば。適度にかたく、きめが細かくて美しいため、いろいろな細工物に使われた。

**象牙の塔《とう》** 現実から離《はな》れてひたすら芸術や研究にふける生活を送る境地。特に、学究生活や大学の研究室などの閉鎖《へいさ》的な社会。「—にこもる」

**そうけい【早計】**（名）軽はずみな、早まった考えや計画。「ここで断念するのは—にすぎる」

**そうけい【総計】**（名・他スル）全部の数を合計すること。また、その数。合計。「費用の—」対小計

**そうげい【送迎】**（名・他スル）人を送ったりむかえたりすること。「園児を—する」「—用のバス」

**ぞうけい【造形・造型】**（名・自スル）芸術作品などとして、形のあるものをつくりあげること。「人物—」

**ぞうけい【造詣】**（名）学問・芸術などのある分野について、広い知識と深い理解をもっていること。「美術に—が深い」

**ぞうけいげいじゅつ【造形芸術】**（名）空間に形のあるものをつくり、その形や色で美を表す芸術。絵画・彫刻《ちょうこく》・建築・工芸など。造形美術。

**そうけだ・つ【総毛立つ】**（自五）〔タ(ト)・チ(ツ)・ツ・ツ・テ・テ〕寒さやおそろしさなどのために、ぞっとして全身の毛が立つ感じになる。身の毛がよだつ。「へびを見て—」

**ぞうけつ【増血】**（名・自スル）からだの中の血をふやすこと。また、からだの中の血がふえること。「—剤《ざい》」

**ぞうけつ【増結】**（名・他スル）列車・電車にさらに車両をつないでふやすこと。「車両を—する」

**そうけっさん【総決算】**（名・自他スル）❶それまでの収入と支出を全部計算して、まとめること。「一年間の収支の—をする」❷物事のしめくくりをすること。「学生生活の—」

**そうけん【双肩】**（名）左右の肩《かた》。両肩。転じて、責任・任務などを期待されて引き受けるもののたとえ。「優勝はきみたちの—にかかっている」

**双肩に担《にな》う** 一身に引き受ける。全責任をもつ。

**そうけん【壮健】**（名・形動ダ）からだが元気でじょうぶなこと。「ご—でなによりです」

**そうけん【送検】**（名・他スル）被疑者《ひぎしゃ》の身がらや調書などを警察から検察庁へ送ること。「書類—」

**そうけん【創見】**（名）今までにない新しい意見。独創的な考え。「—に富む論文」

**そうけん【創建】**（名・他スル）建物や学校などをはじめて建てること。「奈良時代に—された寺院」

**そうげん【草原】**（名）一面に草の生えている広々とした野原。「大—」

**ぞうげん【増減】**（名・自他スル）ふえたりへったりすること。ふやしたりへらしたりすること。「人口の—」

**そうこ【倉庫】**（名）品物をしまっておく建物。くら。

**そうご【壮語】**（名・自スル）勇ましいことやえらそうなことを言うこと。また、そのことば。「大言《たいげん》—」

**そうご【相互】**（名）どちらの側からも相手に働きかけること。また、そのそれぞれの側。「—の連絡《れんらく》を密にする」「—に協力する」

**ぞうご【造語】**（名・自スル）今までにあることばを組み合わせて、新しいことばをつくること。また、そのことば。

**そうごいそん【相互依存】**（名）おたがいに頼《たよ》り合っていること。そうごいぞん。

**そうこう【壮行】**（名）旅や遠い任地などに出発する人を元気づけ、はげますこと。「—の宴《えん》を開く」

**そうこう【走行】**（名・自スル）車などが走ること。「—距離《きょり》」

**そうこう【奏功】**（名・自スル）目的をなしとげること。目的どおりに成功すること。「作戦が—する」

**そうこう【奏効】**（名・自スル）ききめがあらわれること。よい結果をうむこと。「新薬が—する」

**そうこう【草稿】**（名）文章の下書き。「論文の—」「—に手を入れる」類草案

**そうこう【装甲】**（名・自スル）❶よろい・かぶとに身をかためること。武装すること。❷弾丸《だんがん》を防ぐために、船体や車体などに鋼鉄《こうてつ》板をはること。「—車」

**そうこう【操行】**（名）日ごろの行い。身もち。品行。素行《そこう》。「—が悪い」

**そうこう【霜降】**（名）（霜《しも》の降りはじめるころの意）二十四節気の一つ。太陽暦《たいようれき》では、一〇月二三日ごろ。

**そうこう**（副）あれこれと。なんやかやと。「—するうちに」

**そうこう【倉皇】**『△蒼△惶』（トタル）あわただしいようす。あたふたとあわてるようす。「—として退出する」

**そうごう【相好】**（名）顔かたち。顔つき。表情。

**相好を崩《くず》す** 顔をほころばせる。にこにこする。

**そうごう【総合】**『△綜合』（名・他スル）べつべつにあるものを系統だてて一つにまとめること。「情報を—する」…的「総合的に判断する」対分析《ぶんせき》

**そうこうかい【壮行会】**（名）人の出発を元気づけはげますために、友人や知人などが開く見送りの会。

**そうごうげいじゅつ【総合芸術】**（名）いろいろな芸術の要素を総合した形の芸術。映画・演劇・オペラなど。

**そうこうげき【総攻撃】**（名・他スル）全軍がいっせいに敵に攻《せ》めかかること。「—を開始する」

**そうごうだいがく【総合大学】**（名）文系・理系にわたって、各種の学部をもつ大学。ユニバーシティー。対単科大学

**そうこうのつま**『△糟△糠の妻』（「糟糠」は酒かすと米ぬかのことで、そまつな食べ物の意）貧しいときから苦労をともにしてきた妻。そのような妻は、裕福《ゆうふく》になってもたいせつにしなければならないという意味で使われる。

**そうこく【相克】**『相△剋』（名・自スル）対立するものがたがいに争うこと。「義理と人情との—」

**そうごふじょ【相互扶助】**（名）たがいに助け合うこと。「—の精神」

**そうこん【早婚】**（名）ふつうよりも若い年齢《ねんれい》で結婚すること。対晩婚

**そうごん【荘厳】**（名・形動ダ）おごそかでりっぱなようす。「教会で—な儀式《ぎしき》が行われる」

**ぞうごん【雑言】**（名）いろいろの悪口。「悪口《あっこう》—をあびせる」

**そうさ【走査】**（名・他スル）テレビなどで、送信する画像を多くの点や線に分解し、一定の順序で電気信号に変えること。また、受信の際、その電気信号をもとの画像に再現すること。スキャン。「ー線」

**そうさ【捜査】**（名・他スル）さがして取り調べること。特に、犯人をさがし、犯罪の証拠《しょうこ》などを調べること。「ーの手がのびる」

**そうさ【操作】**（名・他スル）❶機械などをあやつって動かすこと。「遠隔《えんかく》ー」[…性]「操作性にすぐれた車」❷物事を自分につごうのいいようにうまくやりくりして処理すること。そのように手を加えること。「帳簿《ちょうぼ》をーする」「情報ー」「遺伝子ー」

**ぞうさ【造作】**〖雑作〗（名）❶手間がかかること。めんどう。「なんのーもなくできた」「無ー」❷ごちそう。もてなし。「ごーにあずかる」[注意]「造作」は「ぞうさく」と読むと別の意味になる。

**そうさい【相殺】**（名・他スル）さしひいて、たがいに損得などがないようにすること。さしひきゼロにすること。「貸し借りをーする」「長所・短所がーされる」

**そうさい【葬祭】**（名）葬式と祖先の祭り。「冠婚《かんこん》ー」

**そうさい【総裁】**（名）団体・政党などの長として全体をまとめる職務。また、その人。「日本銀行ー」

**そうざい【総菜】**〖△惣菜〗（名）家庭で食べるふだんの食事の副食物。ごはんのおかず。

**そうさく【捜索】**（名・他スル）❶行方《ゆくえ》のわからない人や物をさがし求めること。「ー隊」「ー願い」❷裁判所や捜査機関が、犯人や証拠《しょうこ》物を発見するために、人の身体・物・住居などを強制的にとり調べること。「家宅ー」

**そうさく【創作】**（名・他スル）❶あるものを新しくつくり出すこと。「ー品」❷文学や芸術などの作品を自分の考えでつくり出すこと。また、その作品。「ー舞踊《ぶよう》」❸つくりごと。うそ。「そんな話は彼《かれ》のーだ」

**ぞうさく【造作】**[一]（名・他スル）建物や部屋などをつくること。「書斎《しょさい》をーする」[二]（名）❶家の中のかざりや建具。「こったー」❷〘俗語〙顔かたち。目鼻だち。「ーがととのっている」[注意]「ぞうさ」と読むと別の意味になる。

**ぞうさつ【増刷】**（名・他スル）予定の部数を出したあと、さらにふやして印刷すること。ましずり。

**ぞうさな・い【造作ない】**（形）{カロ・カッ(ク)・イ・イ・ケレ・〇}簡単だ。たやすい。容易である。「そんな仕事はーことだ」

**そうざん【早産】**（名・自他スル）赤んぼうが予定より早く生まれること。月足らず。

**ぞうさん【増産】**（名・他スル）生産高をふやすこと。「食糧《しょくりょう》をーする」[対]減産

**ぞうざんうんどう【造山運動】**（名）〘地質〙山脈をつくる地殻《ちかく》の変動。褶曲《しゅうきょく》・断層《だんそう》などの運動によって地面が高くもり上がる。

**そうし【壮士】**（名）❶壮年の男子。元気さかんな若者。❷明治時代、自由民権運動に加わった闘士《とうし》。のちにはその流れをくんだ無頼《ぶらい》な者をさした。

**そうし【相思】**（名）男女が、たがいに恋《こい》しく思い合うこと。「ー相愛の仲」

**そうし【草紙・草子・双紙】**〖◇冊子〗（名）❶かな書きの、物語・日記・歌集などの総称《そうしょう》。❷江戸《えど》時代の、絵を中心とした大衆向きの読み物。

**そうし【創始】**（名・他スル）物事を新しく始めること。また、物事の始まり。始め。「ー者」

**そうじ【相似】**（名・自スル）❶形・姿などが、たがいによく似ていること。「ーした体形」❷〘数〙二つの図形が、一方を拡大または縮小したとき、もう一方と完全に重ね合わせることができる関係にあること。「ー形」

**そうじ【送辞】**（名）去る人を送ることば。特に、卒業式で在校生が卒業生を送ることば。[対]答辞《とうじ》

**そうじ【掃除】**（名・他スル）ごみやよごれを取り除いてきれいにすること。清掃。「部屋をーする」

**ぞうし【増資】**（名・自スル）資本金をふやすこと。[対]減資

**そうしき【葬式】**（名）死んだ人をほうむる儀式《ぎしき》。とむらい。葬儀。「ーを出す」

**そうじしょく【総辞職】**（名・自スル）全員がそろってその職をやめること。特に、総理大臣とすべての国務大臣が同時に辞職すること。「内閣ー」

**そうしつ【喪失】**（名・他スル）（抽象《ちゅうしょう》的・精神的なことがらについて）持っていたものをなくすこと。失うこと。「記憶《きおく》ー」「自信をーする」

**そうして**（接）❶前のことを受けて、それにつけ加えることを表す。そして。それから。「この本はおもしろく、ー有意義だ」❷前のことに引き続いて次のことが行われることを表す。そして。それから。「顔を洗った。ー朝食をとった」

**そうじて【総じて】**（副）全体として。だいたいにおいて。一般《いっぱん》に。「日本人はー歴史好きだ」

**そうしゃ【壮者】**（名）働きざかりの人。壮年の人。

**そうしゃ【走者】**（名）❶走る人。ランナー。「リレーの第一ー」❷野球で、塁《るい》に出ている攻撃《こうげき》側の人。ランナー。「ー一掃《いっそう》の三塁打」

**そうしゃ【奏者】**（名）楽器を演奏する人。「サックスー」「首席ー」

**そうしゃ【掃射】**（名・他スル）機関銃《きかんじゅう》などで、左右になぎはらうように連続してうつこと。「機銃ー」

**そうしゃ【操車】**（名・自スル）列車などの車両の編成・入れかえなどをすること。「ー場」

**そうしゅ【双手】**（名）両方の手。もろ手。

**そうじゅう【操縦】**（名・他スル）❶機械、特に航空機などをあやつり動かすこと。「ー士」「飛行機をーする」[…性]「操縦性にすぐれた飛行機」❷人を自分の思うままにたくみに使うこと。「部下をーする」

**ぞうしゅう【増収】**（名・自スル）収入や作物のとり入れ高がふえること。「税のーをはかる」[対]減収

**ぞうしゅうわい【贈収賄】**（名）わいろを贈ることと受け取ること。贈賄と収賄。

**そうじゅく【早熟】**（名・形動ダ）❶くだものや穀物がふつうよりも早く熟すこと。わせ。「ーの品種」[対]晩熟。❷年のわりに心やからだの発育が早く、大人びていること。ませているようす。「ーな子ども」

**そうしゅこく【宗主国】**（名）従属する国に対して、その内政・外交などを管理する権利を持つ国。

**そうしゅつ【創出】**（名・他スル）新たに物事をつく

りだすこと。「新しい文化の━」

**そうしゅん【早春】**（名）春のはじめ。初春。対晩春

**そうしょ【双書】**『△叢書』（名）続けて出す同じ型・同じ種類の本。シリーズ。「民俗学《みんぞくがく》━」

**そうしょ【草書】**（名）漢字の書体の一つ。行書《ぎょうしょ》をさらにくずした書き方。草体。⇒書体〈図〉

**ぞうしょ【蔵書】**（名）書物を所蔵すること。また、その書物。蔵本。「━家」「図書館の━」

**そうしょう【宗匠】**（名）俳句・和歌・茶道《さどう》・生け花などの先生。師匠。「俳句の━」

**そうしょう【相称】**（名）たがいにつり合いがとれていること。対称。「左右━」

**そうしょう【創傷】**（名）刃物《はもの》などでからだに受けた傷。「━を受ける」

**そうしょう【総称】**（名・他スル）同じ種類のもの全体をひとまとめにして呼ぶこと。また、その呼び名。「ボールを使ってする運動競技を━して球技という」

**そうじょう【奏上】**（名・他スル）天皇・国王などに申しあげること。上奏。奏聞《そうもん》。

**そうじょう【相乗】**（名・他スル）❶〔数〕二つ以上の数をかけ合わせること。また、その積。❷二つ以上の物事が作用しあうこと。「━作用」

**そうじょう【葬場】**（名）葬式をする場所。葬儀《そうぎ》場。

**そうじょう【僧正】**（名）僧の位の一つで、最高の位。のちに大僧正・僧正・権《ごん》僧正に分かれた。

**そうじょう【騒擾】**『騒△擾』（名・自スル）大勢でさわぎを起こし、社会の秩序《ちつじょ》を乱すこと。騒動。騒乱。

**そうじょうこうか【相乗効果】**（名）たがいに作用しあうことで、効果がいっそう高まること。「かつおとこんぶの━によるうま味」

**そうしようしょくぶつ【双子葉植物】**（名）〔植〕被子《ひし》植物で、胚《はい》に子葉が二枚あるもの。あさがお・あぶらななど。対単子葉植物

**そうじょうのじん**『△宋△襄の仁』無用のなさけ。不必要なあわれみ。

故事宋《そう》の襄公《じょうこう》が楚《そ》との戦いで、敵がまだ陣《じん》をかまえないうちに攻撃《こうげき》するように家臣が進言した際、君子は相手の困っているときに苦しめてはいけないと言って楚が陣をしきおわるのを待ち、逆に敗れたという話から出たことば。〈左伝〉

**そうじょうへんじょう**〔僧正遍昭・僧正遍照〕〔人名〕→へんじょう（遍昭）

**そうしょく【草食】**（名・自スル）草をおもな食べ物とすること。「━動物」…性「馬は草食性だ」対肉食

**そうしょく【装飾】**（名・他スル）美しく見えるようにかざること。また、そのかざり。「室内━」「━品」…的「装飾的な縁《ふち》どり」

**そうしょく【僧職】**（名）僧という身分・職業。

**ぞうしょく【増殖】**（名・自他スル）ふえて多くなること。また、ふやして多くすること。「細胞《さいぼう》が━する」

**そうしん【送信】**（名・他スル）電信・電話などで通信を送り出すこと。「メールを━する」「━がとだえる」類発信。対受信

**そうしん【喪心・喪神】**（名・自スル）❶気を失うこと。失神。❷正気を失うこと。気ぬけしてぼんやりすること。放心。「━した表情」

**そうしん【痩身】**（名）やせているからだ。

**そうしん【総身】**（名）からだ全体。全身。そうみ。

**ぞうしん【増進】**（名・自他スル）能力や勢いなどが進むこと。また、進めること。「食欲の━」対減退《げんたい》

**そうしんぐ【装身具】**（名）身につけてかざりにするもの。指輪・首かざり・ブローチなど。アクセサリー。

**そうず**『僧◇都』（名）僧の位の一つで、僧正《そうじょう》の次の位。

**そうすい【総帥】**（名）全軍をひきいる人。総大将。

**ぞうすい【増水】**（名・自スル）川などの水の量がふえること。「河川《かせん》の━」対減水

**ぞうすい【雑炊】**（名）きざんだ野菜などを入れて煮《に》こみ、しょうゆや塩などで味をつけたかゆ。おじや。

**そうすう【総数】**（名）全体の数。すべての数。「入場者の━」

**そうすかん【総すかん】**（名）（「すかん」は「好かん」の意）関係者の全員からきらわれること。「━をくう」

**そう・する【奏する】**（他サ変）{シ(セ・サ)・シ・スル・スル・スレ・シロ(セヨ)} ❶天皇に申しあげる。奏上する。❷音楽を演奏する。「琴《こと》を━」❸成果をあげる。「功を━」「効を━」

**そう・する【草する】**（他サ変）{シ(セ・サ)・シ・スル・スル・スレ・シロ(セヨ)} 原稿《げんこう》を書く。下書きをつくる。「一文を━」

**ぞう・する【蔵する】**（他サ変）{シ(セ・サ)・シ・スル・スル・スレ・シロ(セヨ)} ❶自分のものとして持っている。しまっておく。「貴重な本を━」❷中にふくみ持つ。「問題点を━」

**そうせい【早世】**（名・自スル）若くして死ぬこと。早死に。若死に。夭折《ようせつ》。「不幸にも━する」

**そうせい【創世】**（名）はじめて世界をつくること。世界の始まり。「━記（＝「旧約聖書」の第一巻）」

**そうせい【創生】**（名・他スル）新しくつくり出すこと。「地方━」

**そうせい【創成】**（名）はじめてできあがること。「映画の━期」

**そうせい【創製】**（名・他スル）商品などをはじめてつくり出すこと。「当社━の菓子《かし》」

**そうせい**『△叢生・△簇生』（名・自スル）草木などがむらがって生えること。「笹《ささ》が━する」

**そうぜい【総勢】**（名）全体の人数。総員。

**ぞうせい【造成】**（名・他スル）土地などに手を加えて、利用できるようにつくりあげること。「宅地の━」

**ぞうぜい【増税】**（名・自他スル）税金の額をふやすこと。「━による財政再建」対減税

**そうせいじ【双生児】**（名）→ふたご

**そうせいじ【早生児】**（名）予定より早く生まれた子。早産児。

**そうせきうん【層積雲】**（名）〔天〕下層雲の一つ。高さ二《キロメートル》以下の空に層をなす灰色の雲。

**そうせつ【創設】**（名・他スル）ある施設《しせつ》・機関などをはじめてつくること。「学校を━する」

**そうせつ【総説】**（名・他スル）言おうとすることの全体をまとめて説くこと。また、その説。総論。

**そうぜつ【壮絶】**（名・形動ダ）この上もなくはげしく

勇ましいこと。「—な最期《さいご》」

**ぞうせつ【増設】**（名・他スル）施設《しせつ》や設備などを、今あるものにつけたして設けること。「校舎を—する」

**そうぜん**『△蒼然』（トタル）❶あおあおとしているようす。「—たる月の光」❷夕方のうす暗いようす。「暮色《ぼしょく》—」❸古びて色のあせたようす。「古色—」

**そうぜん【騒然】**（トタル）がやがやとさわがしいようす。何か起こりそうな不穏《ふおん》なようす。「教室が—となる」

**ぞうせん【造船】**（名・自スル）船を造ること。「—所」

**そうせんきょ【総選挙】**（名）衆議院議員の定員全部を選びだす選挙。

**そうそう【草草】**『△匆△匆』［一］（名・形動ダ）簡単で時間をかけないようす。また、あわただしいようす。［二］（名）（いそいで記したの意で）手紙の終わりに書くあいさつのことば。使い方［二］は、「前略」「冠省《かんしょう》」などに対して用いる。

**そうそう【草創】**（名）ある事業や物事のはじめ。創始。草分け。「—期」

**そうそう【葬送・送葬】**（名・他スル）葬式で死者を見送ること。野べの送り。「—の列」

**そうそう**［一］（副）そんなにいつまでも。そんなにたびたび。そんなにたくさん。「—遊んではいられない」［二］（感）❶相手に同意するときのことば。「—、そのとおりだ」❷何かを思い出したときに言うことば。「—、こんなこともあった」使い方［一］は、あとに「ない」「ません」などの打ち消しのことばがくる。

**そうそう【早早】**（副）❶（「早早に」の形で）急ぐようす。はやばや。「—にきりあげる」❷（多く他の語の下について）すぐに。…になってすぐ。「席に着く—チャイムが鳴る」「来月—（に）できあがる」「新年—」

**そうそう【層層】**（トタル）幾重《いくえ》にも重なっているようす。「—と重なる岩」

**そうぞう【創造】**（名・他スル）新しいものをはじめてつくりだすこと。「—の喜び」「万物の—主」…的「創造的な仕事」…性「創造性に富む作品」対模倣《もほう》

**そうぞう【想像】**（名・他スル）実際に経験していないことやできないことを、心の中で思いうかべること。「—力」「そんなことがあったとは—もつかない」

**想像を絶《ぜっ》する** まったく想像することもできない。「—できごと」

> **学習 比較《ひかく》** 「想像」「空想」
>
> **想像** 頭の中で、あれこれと思い描《えが》くこと。「一〇年後の自分を**想像**する」「**想像**をたくましくする」「**想像**をこえた世界」「**想像**上の動物」「だいたい**想像**がつく」
>
> **空想** 現実にはありそうにもないことを思い描くこと。「宇宙旅行の**空想**にふける」「**空想**家」「**空想**科学小説」「**空想**がひろがる」「単なる**空想**に終わる」

**そうぞうし・い【騒騒しい】**（形）{カロ・カッ(ク)・イ・イ・ケレ・○}❶物音や人の声が大きくてやかましい。うるさい。さわがしい。「教室の中が—」❷事件などがあって、周囲や世の中がおちつかない。「世間が—」

**そうそうたる**『△錚△錚たる』（連体）すぐれているとして、多くの人に知られている。「—メンバー」

**そうそく【総則】**（名）全体に共通して適用される、根本となるきまり。「会員規約の—」対細則

**そうぞく【相続】**（名・他スル）跡目《あとめ》や財産などを受けつぐこと。「遺産—」

**そうぞくぜい【相続税】**（名）相続した財産に対して課される国税。

**そうぞく【僧俗】**（名）僧と一般《いっぱん》の人。

**そうそつ【倉卒】**『△怱卒』（名・形動ダ）あわただしく、いそがしいこと。「—の間《かん》」

**そうそふ【曽祖父】**（名）祖父母の父。ひいおじいさん。

**そうそぼ【曽祖母】**（名）祖父母の母。ひいおばあさん。

**そうそん【曽孫】**（名）孫の子。ひまご。ひいまご。

**そうだ**『操△舵』（名・自スル）舵《かじ》をあやつって、船を思う方向に進ませること。「—手」

**そうだ**（助動）［一］{ソウダロ・ソウダッ(ソウデ・ソウニ)・ソウダ・ソウナ・ソウナラ・○}（主として、動詞の連用形または形容詞・形容動詞の語幹について）ありさま、ようす（様態）を表す。…のようだ。…のようすである。「雨が降り—」「温か**そうな**服」［二］{○・ソウデ・ソウダ・○・○・○}（活用語の終止形について）人から聞いたこと（伝聞）を表す。…ということだ。…と聞く。「彼《かれ》は合格した—」参考［一］は、形容詞の「ない」「よい」につくときは語幹に「さ」を付けた「なさそうだ」「よさそうだ」の形になり、助動詞の「たい」「ない」につくときは「行きたそうだ」「わからなそうだ」の形になる。

**そうたい【早退】**（名・自スル）学校や勤務先を、決まった時刻より早く帰ること。早びけ。早びき。

**そうたい【相対】**（名）あるものが、ほかのものとの関係や比較《ひかく》によって成り立っていること。「—評価」対絶対

**そうたい【総体】**［一］（名）物事のすべて。全体。「—で評価する」［二］（副）❶だいたいにおいて。「—よくできた」❷もともと。元来。「—むりな話だ」

**そうだい【壮大】**（名・形動ダ）大きくてりっぱなこと。「気宇《きう》—」「—な建造物」

**そうだい【総代】**（名）仲間や関係者全員を代表すること。また、その人。「卒業生—」

**ぞうだい【増大】**（名・自他スル）量・規模《きぼ》・程度などが、ふえて大きくなること。また、ふやして大きくすること。「予算が—する」対減少

**そうたいか【相対化】**（名・他スル）ある物事を、ほかの物事と比べて位置づけてとらえること。「自分の価値観を—する」

**そうたいせいりろん【相対性理論】**（名）《物》物理学者アインシュタインがたてた理論。光があらゆる観測者にとって同じ速さであることをもとに、時間や空間がゆがむことや重力とエネルギーを同一に扱《あつか》えることを示した。

**そうたいてき【相対的】**（形動ダ）{ダロ・ダッ(デ・ニ)・ダ・ナ・ナラ・○}ほかのものとの関係や比較《ひかく》のうえで、それが成り立つようす。「物事を—にとらえる」対絶対的

**そうだか【総高】**（名）すべてを合わせた数量。総計。総額。

**そうだち【総立ち】**（名）興奮して、その場の全員がいっせいに立ち上がること。「観客が一となる」

**そうだつ【争奪】**（名・他スル）あらそって奪《うば》いあいをすること。「優勝旗一戦」

**そうたん【操短】**（名・自スル）（「操業短縮」の略）生産過《か》剰《じょう》による製品価値の低下を防ぐために、工場の機械を一部とめたり操業時間を減らしたりすること。

**そうだん【相談】**（名・他スル）ある問題を解決するために、自分の意見を述べて話し合ったり、他人の意見を聞いたりすること。また、その話し合い。「身の上一」「一に乗る（＝相談を受けて、助言や意見を言う）」

**そうち【送致】**（名・他スル）❶送り届けること。❷〔法〕刑《けい》事《じ》事件の書類・証《しょう》拠《こ》物・被疑《ひぎ》者《しゃ》などを、ある機関からほかの機関に送ること。

**そうち【装置】**（名・他スル）機械や道具・設備などをそなえつけること。また、その機械や道具・設備など。

**ぞうちく【増築】**（名・他スル）現在ある建物に、つけたして建てること。建て増し。「子ども部屋を一する」

**そうちゃく【装着】**（名・他スル）身につけること。また、器具や部品などを取りつけること。「ゴーグルを一する」「レンズをカメラに一する」

**そうちょう【早朝】**（名）朝早いうち。「一出勤」

**そうちょう【荘重】**（名・形動ダ）おごそかでおもおもしいこと。「一な式典」

**そうちょう【総長】**（名）ある国家機関・総合大学・団体などで、いちばん上の位。また、その人。

**ぞうちょう【増長】**（名・自スル）❶しだいにつけあがること。「ほめられて一する」❷好ましくない傾向《けいこう》がしだいにひどくなること。「依頼《いらい》心《しん》が一する」

**そうで【総出】**（名）みんながそろって出ること。また、出かけること。「家じゅう一で花見に行く」

**そうてい【壮丁】**（名）❶成年に達した一人前の男子。❷労役や兵役に従う成年の男子。

**そうてい【送呈】**（名・他スル）人に物を送って、さしあげること。「著書を一する」

**そうてい【装丁】**『装△幀・装△釘』（名・他スル）書物をとじて表紙をつけ、一冊の本として作ること。装本。また、書物の表紙などのデザイン。

**そうてい【想定】**（名・他スル）ある状況《じょうきょう》や条件などをかりに考えること。「事故を一した訓練」

**そうてい**『△漕艇』（名）（競技用の）ボートをこぐこと。

**ぞうてい【贈呈】**（名・他スル）人に物をさしあげること。「記念品を一する」類進呈

**そうてん【争点】**（名）争いごとの中心点。「一がぼやける」「一をしぼる」

**そうてん【装塡】**（名・他スル）（弾《だん》丸《がん》・フィルムなどを）中にはめこむこと。「カメラにフィルムを一する」

**そうてん【総点】**（名）全部の得点。総得点。

**そうでん【相伝】**（名・他スル）代々伝えること。代々受けつぐこと。「一子一の奥《おう》義《ぎ》」

**そうでん【送電】**（名・自スル）電気を送ること。「一線」

**そうと【壮図】**（名）雄大《ゆうだい》で勇ましい計画。規模の大きいりっぱな計画。類壮挙・雄図《ゆうと》

**そうと【壮途】**（名）勇ましく出発すること。期待にみちたかどで。「一を祝う」

**そうとう【双頭】**（名）一つのからだに頭が二つならんでいること。「一の鷲《わし》の紋章《もんしょう》」

**そうとう【争闘】**（名・自スル）あらそいたたかうこと。闘争。「一の場」

**そうとう【相当】**㊀（名・自スル）❶あてはまること。該当《がいとう》。「日本語の『秋』に一する英語」❷つり合うこと。相応。「財力に一する家」㊁（副・形動ダ）かなり。だいぶ。「一ひどいけがだ」「一な混雑だ」

**そうとう【掃討】**『掃△蕩』（名・他スル）まだ残っている敵などを、すっかりうちはらうこと。「一作戦」

**そうとう【総統】**（名）国政などの全体をまとめて管理する役。また、その人。

**そうどう【草堂】**（名）❶草ぶきの家。わらや。❷自分の家をけんそんしていうことば。

**そうどう【騒動】**（名）❶大勢の人が秩序《ちつじょ》を乱してさわぎたてること。また、そのような事件や事態。「一を起こす」❷争い。もめごと。「お家一」

**ぞうとう【贈答】**（名・他スル）物品や詩歌《しいか》などをおくることと、その返しをすること。「一品」「一歌」

**そうどういん【総動員】**（名・他スル）何かをするために、全部の人をかり出すこと。「一をかける」

**そうどうきかん【相同器官】**（名）《動・植》ちがう種の生物の間で、見かけはちがっていても、発生上の由来が同じものと考えられる器官。人の手と鳥のつばさ、えんどうの巻きひげとサボテンのとげなど。

**そうとうしゅう**『曹◇洞宗』（名）《仏》禅宗《ぜんしゅう》の一派。鎌倉《かまくら》時代に道元《どうげん》が中国から伝えた。

**そうとく【総督】**（名）全体をとりしまること。また、その役。特に、植民地などの政務・軍務を指揮する役。「一府」

**そうなめ【総なめ】**『総△嘗め』（名）❶全部の相手を負かすこと。「横綱《よこづな》・大関《おおぜき》を一にする」❷ある期間のほとんどすべての賞やタイトルを獲得《かくとく》すること。「その年の映画賞を一にする」❸全部に被害《ひがい》をあたえること。「火が全市を一にする」

**そうなん【遭難】**（名・自スル）（山・海などで）命をおとすような災難にあうこと。「冬山で一する」

**ぞうに【雑煮】**（名）野菜・鳥肉などのはいった汁《しる》に、もちを入れた料理。新年の祝いに食べる。

**そうにゅう【挿入】**（名・他スル）中にさしはさむこと。さしこむこと。「一句（＝文の中に、ことわり書きのように入れられた句）」「イラストを一する」

**そうにょう**『走△繞』（名）漢字の部首の一つ。「起」「越」などの「走」の部分。

**そうねん【壮年】**（名）働きざかりの年ごろ。また、その年ごろの人。「一を過ぎる」類中年

**そうねん【想念】**（名）心の中に浮《う》かぶ考えや思い。「暗い一にとらわれる」

**そうは【争覇】**（名・自スル）❶支配者の地位を争うこと。❷優勝を争うこと。「一戦」

**そうは【走破】**（名・自スル）予定した道のりを走りと

おすこと。「全行程を—する」

**そうば【相場】**（名）❶市場で取り引きされる商品の、その時のねだん。時価。市価。「—が上がる」❷〘経〙現物の取り引きをしないで、商品の市場のねだんの変動を利用しておかねをもうけようとする投機的な取り引き。「—に手を出す」❸世間の一般《いっぱん》的な考え。「うそは、いつかはばれるものと—がきまっている」

**ぞうはい【増配】**（名・他スル）物を配分する量や率をふやすこと。特に、株式会社が株主に配る利益の配当率をふやすこと。「黒字で—となる」対減配

**そうはく『△蒼白』**（名・形動ダ）顔から血の気が引いて、青白く見えること。「顔面—になる」

**そうはく『△糟△粕』**（名）さけかす。また、よいところを取り去った残り物。不用物。「古人の—をなめる（＝むかしの人の残した形をまねるだけで、独創性がない）」

**そうはつ【双発】**（名）二つの発動機をそなえていること。「—のプロペラ機」対単発

**そうはつ【総髪】**（名）江戸《えど》時代の男子の髪形《かみがた》の一つ。髪全体をのばし、うしろでたばねた。医者・山伏《やまぶし》などが結《ゆ》った。

（ 総髪 ）

**ぞうはつ【増発】**（名・他スル）列車・バス・飛行機などの運行回数をいつもよりふやすこと。「臨時の—便《びん》」

**そうはとんやがおろさない【そうは問屋が卸さない】**（そんな安値では問屋が卸売《おろしう》りしてくれないという意から）自分のつごうのよいようにばかりはいかない。また、簡単には相手の思うようにさせない。

**そうばな【総花】**（名）❶料理屋などで、客が使用人などの全員に出すお祝いのおかねや物。❷関係者にもれなく利益をあたえること。…的「総花的な公約」

**そうはん【相反】**（名・自スル）たがいに反対であること。対立していること。「利益—」

**そうばん【早晩】**（副）おそかれ早かれ。いつかは。そのうち。「あの二人は—結婚《けっこん》するよ」

**ぞうはん【造反】**（名・自スル）組織や体制に反逆すること。「党員が—する」参考中国の文化大革命で使われた「造反有理（＝反逆には道理がある）」からきたことば。

**そうび【装備】**（名・他スル）必要な武器・備品・付属品などを整え備えたり身につけたりすること。また、そのもの。「—の点検」「防寒具を—する」

**そうび『△薔△薇』**（名）〘植〙→ばら（薔薇）

**そうひょう【総評】**（名・他スル）全体にわたって批評すること。まとめの批評。「今年の文学を—する」

**そうびょう『宗△廟』**（名）祖先の霊《れい》をまつる所。みたまや。特に、皇室の祖先の霊をまつる所。

**ぞうひょう【雑兵】**（名）❶身分のひくい兵士。❷頭数をそろえるだけの、とるに足りない者。下っぱ。

**そうふ【送付】**（名・他スル）品物や書類などを送り届けること。「案内状を—する」

**ぞうふ『臓△腑』**（名）はらわた。内臓。五臓六腑。

**そうふう【送風】**（名・自スル）風や空気を吹《ふ》き送ること。「—機」

**ぞうふく【増幅】**（名・自他スル）❶〘物〙電流や電圧の振幅《しんぷく》を大きくすること。「—器」❷物事の程度や範囲《はんい》を大きくすること。また、大きくなること。「話が—されて伝わる」「不安が—する」

**ぞうぶつしゅ【造物主】**（名）天地のすべてのものをつくりだした者。造化《ぞうか》の神。

**そうへい【僧兵】**（名）武力をもった僧。特に、平安時代の末ごろ、延暦《えんりゃく》寺・興福寺・園城《おんじょう》寺など大きな寺でかかえていた僧兵が有名。

**ぞうへいきょく【造幣局】**（名）貨幣の鋳造《ちゅうぞう》などを行う、財務省所管の独立行政法人。

**そうへき【双璧】**（名）（一対《いっつい》の宝玉の意から）優劣《ゆうれつ》のつけられない二つのすぐれたもの。「画壇《がだん》の—」

**そうべつ【送別】**（名・他スル）（遠方への転勤や旅行などで）別れてゆく人を送ること。「—会」

**ぞうほ【増補】**（名・他スル）書物などで、新たな内容をふやし、おぎなうこと。「—改訂《かいてい》した辞典」

**そうほう【双方】**（名）こちら側とあちら側。両方。両者。「—の言い分を聞く」

**そうほう【奏法】**（名）楽器の演奏のしかた。「ギターの—」

**そうぼう『双△眸』**（名）二つのひとみ。両眼。

**そうぼう【相貌】**（名）❶顔かたち。容貌。「知的な—」❷物事のありさま・ようす。「深刻な—」

**そうぼう【僧坊・僧房】**（名）（寺に付属した）僧のふだん住んでいる家。

**そうぼう『△蒼△茫』**（トタル）見わたすかぎり青々として広いようす。「—たる海原《うなばら》」

**そうほん【草本】**（名）〘植〙茎《くき》がしなやかで木質でなく、実がなると、全部または地上部がかれてしまう植物。くさ。「多年生—」対木本《もくほん》

**ぞうほん【蔵本】**（名）所蔵している本。蔵書。

**そうほんざん【総本山】**（名）❶〘仏〙一つの宗派の各本山の中で、いちばん中心となる寺。❷同じ分野・学派・流派などの中心となるところ。「財界の—」

**そうまとう【走馬灯】**（名）→まわりどうろう。「思い出が—のようにつぎつぎに浮《う》かんでくる」

**そうみ【総身】**（名）からだ全体。全身。「大男《おおおとこ》—に知恵《ちえ》がまわりかね」

**そうむ【総務】**（名）役所や会社などで、組織全体の運営に関する事務をあつかうこと。また、その役。

**そうむしょう【総務省】**（名）中央行政官庁の一つ。国と地方公共団体との連絡《れんらく》・調整や、郵便・情報通信事業の監督《かんとく》などを取りあつかう。

**そうめい『△聡明』**（形動ダ）{ダロ・ダッ（デ・ニ）・ダ・ナ・ナラ・○} 頭がよく、物事の理解がすぐれているようす。「—な人」

**そうめいきょく【奏鳴曲】**（名）〘音〙→ソナタ

**そうめつ【掃滅】**（名・他スル）（敵や害をなすものを）すっかりほろぼしてしまうこと。「—作戦」

**そうめん『◇素麺』**（名）小麦粉をこね、線状にのばしてかわかした食べ物。うどんより細く、ゆでて食べる。類冷や麦

**そうもく【草木】**（名）草や木。植物。「山川《さんせん》—」

**ぞうもつ【臓物】**（名）はらわた。内臓。特に、食用

とする牛・ぶた・鳥などのはらわたをさす。もつ。
**そうもん【相聞】**（名）《文》「万葉集」での和歌の分類の一つ。男女や親しい者どうしがやりとりした歌。
**そうもん【桑門】**（名）僧《そう》。出家《しゅっけ》。
**そうもん【僧門】**（名）僧の社会。仏門。「―に入る」
**ぞうよ【贈与】**（名・他スル）品物やおかねをおくりあたえること。「―税（＝個人間の贈与で得た財産に課せられる税金）」「現金を―する」
**そうよう【〖△搔△痒〗】**（名）かゆいところをかくこと。「隔靴《かっか》―（＝思うようにならずじれったいこと）」
**そうらん【争乱】**（名）戦争・内乱などによって世の中の秩序《ちつじょ》が乱れること。「戦国―の世」
**そうらん【総覧】【〖△綜覧〗】** ■一■（名・他スル）全体に目を通すこと。通覧。■二■（名）ある物事に関係のあることがらを一つにまとめた書物や表。「学校―」
**そうらん【騒乱】**（名）さわぎが起こり、世の中の秩序《ちつじょ》が乱れること。また、そのさわぎ。「―状態になる」
**そうり【総理】** ■一■（名・他スル）全体を統一し管理すること。また、その役。■二■（名）「内閣総理大臣」の略。
**ぞうり【〖○草履〗】**（名）底のひらたい、鼻緒《はなお》のついたはきもの。わらを編んで作ったものや、革《かわ》やゴム製のものなどがある。「ゴム―」
**そうりだいじん【総理大臣】**（名）「内閣総理大臣」の略。首相《しゅしょう》。
**そうりつ【創立】**（名・他スル）はじめてつくること。はじめて設立すること。「―記念日」「会社を―する」
**ぞうりむし【〖○草履-虫〗】**（名）《動》ぞうりのような形をした原生動物の一種。からだは細い毛でおおわれる。池や水たまりにすみ、分裂《ぶんれつ》してふえる。

（ぞうりむし）

**そうりょ【僧侶】**（名）出家《しゅっけ》して仏道にはいった人。僧。坊《ぼう》さん。
**そうりょう【送料】**（名）物やおかねを送るときにかかる料金。送り賃。「小包《こづつみ》の―」
**そうりょう【総量】**（名）全体の量や重さ。「とれた米の―」「―規制」
**そうりょう【総領】【〖△惣領〗】**（名）最初に生まれた子。あととり。「―息子《むすこ》」㊥長子《ちょうし》
**総領の甚六《じんろく》** 最初に生まれた子はたいせつに育てられるので、お人好《よ》しでおっとりしているということ。
**ぞうりょう【増量】**（名・自他スル）量や重さがふえること。また、ふやすこと。㊟減量
**そうりょうじ【総領事】**（名）外国に駐在《ちゅうざい》している領事の中で、いちばん上位の領事。
**そうりょく【総力】**（名）持っている全部の力。組織などの総体の力。「―をあげて完成させる」
**そうりん【相輪】**（名）《仏》五重の塔《とう》などの屋根の上にある金属製の飾《かざ》り。水煙《すいえん》・九輪《くりん》・宝珠《ほうじゅ》などからなる。相輪全体を九輪と呼ぶこともある。

（そうりん）

**ぞうりん【造林】**（名・自スル）木を植え育てて森林を造ること。
**ソウル**〔英 soul〕（名）❶魂《たましい》。精神。❷（「ソウルミュージック」の略）一九六〇年代に、ゴスペルとブルースから発展してきた、アメリカの黒人音楽。
**ソウル**〔地名〕大韓民国《だいかんみんこく》の首都。朝鮮《ちょうせん》半島の中央部に位置する。
**そうるい【藻類】**（名）淡水《たんすい》中や海中に育ち、光合成を行い胞子《ほうし》や分裂《ぶんれつ》でふえる生物の総称《そうしょう》。わかめ・てんぐさ・あおみどろなど。
**そうれい【壮麗】**（名・形動ダ）大きくりっぱで美しいこと。「―な宮殿《きゅうでん》」
**そうれい【葬礼】**（名）葬式。とむらい。
**そうれつ【壮烈】**（名・形動ダ）勇ましく勢いのはげしいこと。「―な死をとげる」
**そうれつ【葬列】**（名）死んだ人を墓まで送る人の列。また、告別式に参列する人の列。
**そうろ【走路】**（名）競走に使われる道。コース。
**そうろう【早老】**（名）年のわりにはやくふけること。
**そうろ・う**〔候〕古語→さうらふ
**そうろうぶん【候文】**（名）文末を「…ます」「…です」のかわりに「…そうろう」で結ぶ文語体の手紙文。
**そうろん【争論】**（名・自スル）言い争うこと。議論をたたかわすこと。論争。「―が絶えない」
**そうろん【総論】**（名）全体をまとめて述べた論。「―賛成、各論反対」㊟各論
**そうわ【挿話】**（名）文章や物語などの間にはさまれた、話の筋とは直接関係のない短い話。エピソード。
**そうわ【総和】**（名）多くの数や量の全体の合計。総計。「―を求める」
**ぞうわい【贈賄】**（名・自スル）職権を利用して便宜《べんぎ》をはかってもらうため、不正におかねや品物をおくること。わいろをおくること。「―罪」㊟収賄《しゅうわい》
**そうわき【送話器】**（名）電話機で、話す声を送る部分。㊟受話器
**そえがき【添え書き】**（名・自他スル）❶書画などにその由来などを書きそえること。また、その文句。❷手紙の終わりに、本文にもれたことを書き加えること。また、その文句。おって書き。追伸《ついしん》。
**そえぎ【添え木】**（名・自他スル）❶植木などが倒《たお》れないように、ささえとして木をあてがうこと。また、その木。❷骨折箇所《かしょ》を固定するため、板などをあてがうこと。また、その板。参考②は「副え木」とも書く。
**そえもの【添え物】**（名）❶主となるものを引き立たせるためにつけ加えるもの。また、形式的にそえただけのもの。「彼《かれ》は単なる―にすぎない」❷景品。おまけ。
**そ・える【添える】【〖◇副える〗】**（他下一）〔エ・エ・エル・エル・エレ・エロ(エヨ)〕❶そばにつける。つけ加える。「案内状に地図を―」❷そばから補助する。「手を―」「口を―」
**そえん【疎遠】**（名・形動ダ）便りや行き来がなくなり、親しみがうすくなること。「―になる」㊟親密
**ソーシャリスト**〔英 socialist〕（名）社会主義者。ソシアリスト。
**ソーシャリズム**〔英 socialism〕（名）社会主義。ソシアリズム。
**ソーシャル-ダンス**〔英 social dance〕（名）社

交ダンス。ソシアルダンス。

**ソーシャル-ネットワーキング-サービス**〔英 social networking service〕（名）→エスエヌエス

**ソーシャル-ワーカー**〔英 social worker〕（名）社会福祉《しゃかいふくし》事業や医療《いりょう》事業に専門的にたずさわっている人。社会福祉士など。

**ソース**〔英 sauce〕（名）西洋料理に使う液状の調味料。「ウースター―（=野菜やくだものから作る、黒みがかったソース）」

**ソース**〔英 source〕（名）情報などのみなもと。出所。「ニュース―」

**ソーセージ**〔英 sausage〕（名）ぶたや牛などの腸に、味つけしたひき肉をつめた食品。腸詰《ちょうづ》め。

**ソーダ**〔オランダ soda〕（名）❶〘化〙ナトリウム塩の総称《そうしょう》。また、特に炭酸ナトリウムのこと。❷「ソーダ水」の略。参考「曹達」と漢字をあてることもある。

**ソーダすい【ソーダ水】**（名）炭酸水にシロップで味をつけた飲み物。▽ソーダは、オランダ soda

**ソート**〔英 sort〕（名・他スル）❶分類。仕分け。❷コンピューターで一定の基準でデータを並べかえること。

**ソーホー【SOHO】**（名）〔英 small office home office の略〕パソコンのネットワークを活用して、小さな事務所や自宅で仕事をすること。

**ソーラー**〔英 solar〕（名）太陽の光や熱を利用していること。「―バッテリー」「―カー」

**ソーラー-カー**〔英 solar car〕（名）太陽のエネルギーを利用して走る自動車。

**ソール**〔英 sole〕（名）❶足や靴《くつ》などの底。❷ゴルフで、クラブヘッドの底の部分。

**ソールド-アウト**〔英 sold out〕（名）売り切れ。

**ゾーン**〔英 zone〕（名）地域。地帯。区域。「スクールー」「ストライクー」

**そかい【租界】**（名）もと中国の開港都市で、行政権・警察権を外国がもっていた地域。

**そかい【疎開】**（名・自他スル）空襲《くうしゅう》や災害による被害《ひがい》を少なくするために、人びとや物資・工場などを安全な地方へ分散すること。「学童―」

**そがい【阻害】**〖阻▵碍〗（名・他スル）じゃますること。さまたげること。「成長を―する」

**そがい【疎外】**（名・他スル）よそよそしくして、のけものにすること。「友人たちから―される」「―感」

**そかく【組閣】**（名・自スル）内閣を組織すること。

**そかく【疎隔】**（名・自他スル）よそよそしくなること。へだたりができること。また、へだてること。「感情の―」

**そがん【訴願】**（名・他スル）訴《うった》え願うこと。

**そぎおと・す【そぎ落とす】**〖◇削ぎ落とす〗（他五）〔サ(ソ)・シ・ス・ス・セ・セ〕けずり落とす。けずり取る。「むだな肉を―」

**そきゅう【訴求】**（名・自スル）広告などで買ってもらうように相手に働きかけること。「―力のあるポスター」

**そきゅう【遡及】**（名・自スル）過去にまでさかのぼって影響《えいきょう》や効力を及《およ》ぼすこと。

**そく【即】** 7画 卩5 〔卽〕 音 ソク

❶つく。くっつく。◆即位・即物 ◆不即不離《ふそくふり》。❷ただちに。すぐに。その場で。◆即応・即座・即死・即時・即日・即席・即断・即答・即売・即興・即金・即決・即刻。❸すなわち。◆色即是空《しきそくぜくう》

**そく【即】**㊀（接）前後にかかげる二つのことがらが同じであることを示す。すなわち。「被疑者《ひぎしゃ》―犯罪者というわけではない」㊁（副）時間をおかないですぐに行動にうつるようす。ただちに。「思い立ったら―行動」

**そく【束】** 7画 木3 小4 音 ソク 訓 たば

❶たば。たばねる。ひとまとめにする。◆束帯・束髪《そくはつ》 ◆結束・収束。❷動きのとれないようにしばる。ひきしめる。◆束縛《そくばく》 ◆検束・拘束《こうそく》・約束

**-そく【束】**（接尾）たばねたものを数えることば。「二―三文《にそくさんもん》」

**そく【足】** 7画 足0 小1 音 ソク 訓 あし・たりる・たる・たす

❶あし。◆足跡《そくせき》・足下 ◆手足・土足。❷足でゆく。歩く。あゆみ。◆遠足・駿足《しゅんそく》・長足・鈍足《どんそく》。❸たりる。じゅうぶんである。◆円満具足・自足・充足《じゅうそく》・不足・満足。❹たす。つけくわえる。◆補足。参考 特別に、「足袋」は「たび」と読む。

**-そく【足】**（接尾）はきもの一そろいを数えることば。「げた三―」

**そく【促】** 9画 亻7 音 ソク 訓 うながす

❶せきたてる。うながす。◆促進・促成 ◆催促《さいそく》・督促《とくそく》。❷せまる。つまる。◆促音

**そく【則】** 9画 刂7 小5 音 ソク

きまり。さだめ。標準。のり。◆会則・規則・原則・校則・細則・総則・通則・定則・鉄則・党則・罰則《ばっそく》・反則・付則・変則・法則・本則

**そく【息】** 10画 心6 小3 音 ソク 訓 いき

❶いき。◆気息・嘆息《たんそく》・窒息《ちっそく》。❷生きる。生きている。◆消息・生息。❸やすむ。◆安息・休息。❹おわる。なくなる。◆息災 ◆終息。❺利子。◆利息。❻子ども。◆息女 ◆愛息・愚息《ぐそく》・子息・令息。参考 特別に、「息吹」は「いぶき」、「息子」は「むすこ」と読む。

**そく【捉】** 10画 扌7 音 ソク 訓 とらえる

とらえる。つかまえる。◆把捉《はそく》・捕捉《ほそく》

**そく【速】** 10画 辶7 小3 音 ソク 訓 はやい・はやめる・はやまる・すみやか ㊥

❶はやい。すみやか。◆速達・速断・速答・速報・速記・速球・速決 ◆快速・急速・高速・早速《さっそく》・迅速

《じんそく》・拙速《せっそく》・敏速《びんそく》。対遅《ち》。❷はやさ。◆速度・速力◆音速・時速・等速・秒速・風速

**そく【側】** 11画 亻9 小4 音ソク 訓がわ 亻 仴 伹 俱 側 側
❶そば。かたわら。◆側室・側近◆君側《くんそく》。❷一方のがわ。物の片面。◆側壁《そくへき》・側面。❸ほのか。◆側聞。参考「がわ」の訓は「かわ」とも読む。

**そく【測】** 12画 氵9 小5 音ソク 訓はかる 氵 汩 泹 浿 測 測
❶長さや深さなどをはかる。◆測定・測量◆観測・計測・実測・歩測・目測。❷おしはかる。推量する。◆憶測《おくそく》・推測・不測・予測

**そく【塞】**→さい(塞)

**そ・ぐ【◇殺ぐ・◇削ぐ】**(他五){ガ(ゴ)・ギ(イ)・グ・グ・ゲ・ゲ} ❶ななめに切りおとす。とがるように切る。「竹を—」❷髪《かみ》の毛の先を切りおとす。❸うすくけずり取る。「ごぼうを—」❹へらす。弱める。「興味を—がれる」

**ぞく【俗】** 9画 亻7 音ゾク ノ 亻 仐 伀 俗 俗
❶ならわし。◆習俗・風俗・民俗・良俗。❷世の中。◆俗界◆世俗・脱俗《だつぞく》。❸なみ。世間一般《いっぱん》で行われる。◆俗字・俗称《ぞくしょう》・俗人・俗説◆通俗。❹いやしい。下品。◆俗悪・俗物◆低俗・卑俗《ひぞく》。対雅《が》。❺出家《しゅっけ》した僧《そう》に対し、仏門にはいっていない人。また、その生活。◆還俗《げんぞく》・在俗

**ぞく【俗】**一(名・形動ダ)❶世間一般《いっぱん》に行われているようす。ありふれていること。「—に言う」❷品がなく、安っぽいようす。「—な人間」二(名)仏門にはいっていない人。また、その生活。「—を捨て仏門にはいる」

**ぞく【族】** 11画 方7 小3 音ゾク 亠 方 方 於 旋 族
❶同じ血すじのもの。身うち。同類のあつまり。◆遺族・一族・家族・貴族・血族・皇族・豪族《ごうぞく》・氏族・種族・親族・同族・部族・民族。❷むらがりあつまる。◆族生

**ぞく【属】** 12画 尸9 小5 〔屬〕音ゾク ⺈ 尸 尸 屌 属 属
❶つきしたがう。つく。◆属性・属領・属官《ぞっかん》・属国《ぞっこく》◆帰属・軍属・従属・所属・専属・直属・配属・付属。❷同類。仲間。◆金属・尊属・同属

**ぞく【属】**(名)〔動・植〕生物分類上の単位。科の下で、種の上。

**ぞく【賊】** 13画 貝6 音ゾク 貝 貝 貯 賊 賊 賊
❶ぬすむ。ぬすびと。◆賊徒◆海賊・義賊・凶賊《きょうぞく》・山賊・盗賊《とうぞく》。❷むほん人。◆賊軍・賊将・賊臣◆逆賊・国賊 ⇩付録「漢字の筆順(1)戈〔戈〕」

**ぞく【賊】**(名)❶盗《ぬす》みをはたらく人。「—を捕《と》らえる」❷国家や権力者にそむく者。「—を討《う》つ」

**ぞく【続】** 13画 糸7 小4 〔續〕音ゾク 訓つづく・つづける ㄑ 幺 糸 紶 綪 続
つづく。つづける。◆続出・続発・続編・続報・続行・続柄《つづきがら・ぞくがら》◆永続・勤続・継続《けいぞく》・後続・持続・接続・相続・存続・断続・連続

**ぞくあく【俗悪】**(名・形動ダ)下品で程度の低いこと。「—な映画」

**そくい【即位】**(名・自スル)天皇《てんのう》や君主が位につくこと。「—式」対退位《たいい》

**そくいん【◇惻隠】**(名)他人の気持ちを思いやって、かわいそうに思うこと。同情。「—の情」

**そぐ・う**(自五){ワ(オ)・イ(ッ)・ウ・ウ・エ・エ}にあう。適する。ふさわしい状態である。「その場に—・わない言動」使い方ふつう、打ち消しの形で用いる。

**ぞくうけ【俗受け】**(名・自スル)一般《いっぱん》大衆に好かれること。「—をねらう」「—するテレビ番組」

**そくおう【即応】**(名・自スル)その場のようすによくあてはまること。また、すばやく対応すること。「情勢に—する」「—態勢」

**そくおん【促音】**(名)国語の発音で、つまる音。「はっきり」「勝った」などの「っ」の音。

**そくおんびん【促音便】**(名)〔文法〕音便の一種。語中・語尾の「ち」「り」「ひ」などが促音「っ」に変化すること。「打ちて」が「打って」、「取りて」が「取って」になるたぐい。⇩おんびん(音便)

**ぞくがく【俗楽】**(名)❶民間で行われる音楽。俗曲。三味線《しゃみせん》音楽や民謡《みんよう》など。❷低級な音楽。

**ぞくがら【続柄】**(名)→つづきがら

**ぞくぎいん【族議員】**(名)特定の業界の便宜《べんぎ》や利益を図《はか》るために、関係する省庁や政策に強い影響《えいきょう》力を行使する国会議員。

**ぞくぐん【賊軍】**(名)支配者、特に朝廷《ちょうてい》にそむいた軍勢。「勝てば官軍、負ければ—」対官軍

**ぞくけ【俗気】**(名)世間的な名誉《めいよ》やおかねにひかれる心。「—を出す」参考「ぞっけ」とも読む。

**ぞくご【俗語】**(名)❶改まった場では用いにくい、くだけたことば。「ごねる」「やばい」など。❷(詩歌《しいか》に用いる雅語《がご》に対して)ふだん使うことば。口語。

**そくざ【即座】**(名)すぐその場。多く「即座に」の形で副詞的に用いる。「—の対応」「—に答える」

**そくさい【息災】**(名・形動ダ)元気でいること。達者でいること。「無病—」

**ぞくさい【俗才】**(名)俗事をたくみに行う才能。

**そくさいえんめい【息災延命】**(名)わざわいをなくし、長く生きること。延命息災。

**そくし【即死】**(名・自スル)事故などにあって、その場ですぐに死ぬこと。「—の状態」

**そくじ【即時】**(名)すぐその時。「—通話」

**ぞくじ【俗字】**(名)正しい字体ではないが、一般《いっぱん》に使われる字体。「卒」を「卆」と書くたぐい。対正字

**ぞくじ【俗耳】**(名)世間の人の耳。「—に入《い》りやすい(=一般《いっぱん》の人に受け入れられやすい)」

**ぞくじ【俗事】**(名)社会生活をするうえで欠かせないいろいろな雑事。「—に追われる」

**そくしつ【側室】**(名)身分の高い人のめかけ。対正室

**そくじつ【即日】**（名）あることがあった、すぐその日。当日。「—開票」

**ぞくしゅう【俗臭】**（名）俗っぽく、気品のないこと。「—芬《ふん》々《ぷん》」

**ぞくしゅう【俗習】**（名）世間の風習・習慣。

**ぞくしゅつ【続出】**（名・自スル）同じようなことがらがつぎつぎに出てくること。「けが人が—する」

**そくじょ【息女】**（名）身分のある人のむすめ。また、他人のむすめを敬っていうことば。「ご—」対子息

**ぞくしょう【俗称】**（名）❶世間一般《いっぱん》で使われている呼び名。通称。❷僧《そう》の出家《しゅっけ》する前の名。俗名《ぞくみょう》。

**そくしん【促進】**（名・他スル）物事がはかどるようにおし進めること。はかどらせること。「販売《はんばい》を—する」

**ぞくしん【俗信】**（名）（うらないやまじないなど）民間で行われている信仰《しんこう》。

**ぞくじん【俗人】**（名）❶（僧《そう》に対して）世間一般《いっぱん》の人。❷名誉《めいよ》や利益にとらわれている人。俗物。また、風流な趣味《しゅみ》や芸術などがわからない人。

**ぞくじん【俗塵】**『俗△塵』（名）世の中のさまざまなわずらわしいこと。「—をさける」

**そく・す【即す】**（自五）{サ(ソ)・シ・ス・ス・セ・セ}→そくする（即する）

**ぞく・す【属す】**（自五）{サ(ソ)・シ・ス・ス・セ・セ}→ぞくする

**そく・する【即する】**（自サ変）{シ(セ・サ)・シ・スル・スル・スレ・シロ(セヨ)}ぴったり対応する。あてはまる。「その場に—・した方法」

**そく・する【則する】**（自サ変）{シ(セ・サ)・シ・スル・スル・スレ・シロ(セヨ)}あることがらを基準としてそれに従う。のっとる。「内規に—」

**ぞく・する【属する】**（自サ変）{シ(セ・サ)・シ・スル・スル・スレ・シロ(セヨ)}❶ある仲間にはいっている。所属する。「美術部に—」❷その種類または範囲《はんい》にはいっている。「バラ科に—花」❸したがう。従属する。「外国の支配に—」

**ぞくせ【俗世】**（名）→ぞくせい（俗世）

**そくせい【即製】**（名・他スル）てまをかけず、その場ですぐに作ること。「—の歌」

**そくせい【促成】**（名・他スル）（植物などを）人手を加えて早く生長させること。「—栽培《さいばい》」

**そくせい【速成】**（名・自他スル）物事が短い期間に仕上がること。また、仕上げること。「英会話—法」

**ぞくせい【俗世】**（名）俗世間。この世の中。俗世《ぞくせ》。「—の欲やしがらみ」

**ぞくせい【族生】**『△簇生』（名・自スル）草や木などがたくさん群がって生えること。叢生《そうせい》。「よもぎが—する」参考「簇生《ぞくせい》」は「そうせい」の慣用読み。

**ぞくせい【属性】**（名）そのものに備わっている性質。

**そくせき【即席】**（名）その場ですぐにすること。また、てまのかからないこと。「—料理」

**そくせき【足跡】**（名）❶あしあと。歩いたあと。「—をしるす」❷人がやりとげた研究や仕事。業績。「かがやかしい—を残す」

**ぞくせけん【俗世間】**（名）一般《いっぱん》の人が住む世の中。この世の中。「—のわずらわしいつきあい」

**ぞくせつ【俗説】**（名）学問的なよりどころのない、世間に言い伝えられている説。「—にとらわれる」

**そくせん【側線】**（名）❶鉄道線路でふだんの運行に使う以外の、車両の入れかえなどのための線路。❷〔動〕魚類・両生類などのからだのわきにある感覚器官。これで水流や水圧を感じる。

**そくせんそっけつ【速戦即決】**（名）戦いで、勝敗を一気に決めること。また、短時間で物事の決着をつけること。「—主義」

**そくせんりょく【即戦力】**（名）訓練や教育をしなくてもすぐに現場で働ける人。すぐに役立つ力。「彼は—として期待できる」

**ぞくぞく**（副・自スル）❶寒けがするようす。「かぜで—(と)する」❷恐怖《きょうふ》などでからだがふるえるようす。「不気味で—(と)する」❸喜びなどを強く感じて、からだがふるえるようす。「開幕を前に—(と)する」

**ぞくぞく【続続】**（副）あとからあとから続くようす。つぎつぎ。「客が—(と)つめかける」

**そくたい【束帯】**（名）むかし、身分の高い男子が宮中の儀式《ぎしき》などで身につけた正式の服装。「衣冠《いかん》—」

（そくたい）

**そくだい【即題】**（名）❶その場で出して、すぐに答えさせる問題。❷題を出し、その場で詩歌《しいか》や文章を作らせること。また、その題。

**そくたつ【速達】**（名）（「速達郵便」の略）速達料金をとり、ふつうの郵便よりはやく配達する郵便。

**そくだん【即断】**（名・他スル）その場ですぐに決めること。「—を迫《せま》る」⇒そくだん（速断）「学習」

**そくだん【速断】**（名・他スル）❶すばやく判断・決断すること。❷よく考えないで、すぐに決めること。はやまった判断。「—はいけない」

> **学習 使い分け**「即断」「速断」
>
> **即断** その場ですぐに決めること。「即断即決」「即断は難しい」「即断を下す」
>
> **速断** 時間をかけないですばやく決めること。多く「急ぎすぎたためのまちがった判断」という意味で使われる。「速断に過ぎる」「速断は禁物だ」「速断を戒《いまし》める」

**そくち【測地】**（名・自他スル）土地を測量すること。

**ぞくっと**（副・自スル）寒さや恐怖《きょうふ》、期待などのためにからだがふるえるようす。「背すじが—する」

**ぞくっぽ・い【俗っぽい】**（形）{カロ・カッ(ク)・イ・イ・ケレ・○}世間一般《いっぱん》にありふれて品がない。「—趣味《しゅみ》」

**そくてい【測定】**（名・他スル）器具を使って、大きさ・広さ・重さ・強さなどをはかること。「体力—」

**そくど【速度】**（名）ものの進んでいく速さ。また、その度合い。スピード。「—をおとす」「—を上げる」

**そくとう【即答】**（名・自スル）その場ですぐに返事をすること。「—をさける」

**そくとう【速答】**（名・自スル）すみやかに答えること。

**ぞくとう【続投】**（名・自スル）❶野球で、試合中に投手が交代しないで投球を続けること。❷地位や職務を交代しないでさらに続けること。「社長の—」

**そくとうよう【側頭葉】**（名）〘生〙大脳の、耳のあたりから側面後方にかけての部分。言語、記憶《きおく》、聴《ちょう》覚《かく》にかかわっている。

**そくどく【速読】**（名・他スル）本などを速く読むこと。「―術」

**ぞくに【俗に】**（副）ふつう一般《いっぱん》に。世間で。「泳げない人を―かなづちという」

**ぞくねん【俗念】**（名）（おかねや地位などにひかれる）世俗的な考え。「―を捨て去る」

**そくのう【即納】**（名・他スル）その場ですぐに納めること。「商品を―する」

**そくばい【即売】**（名・他スル）展示会などに出した品物を、その場ですぐに売ること。「―会」

**そくばく【束縛】**（名・他スル）行動に制限を加えて自由をうばうこと。「時間に―される」類拘束《こうそく》

**そくばく**〘×若干〙（副）→そこばく

**そくはつ【束髪】**（名）❶髪《かみ》をたばねて結ぶこと。❷明治時代にはやった婦人の洋風の髪形の一つ。

（そくはつ②）

**ぞくはつ【続発】**（名・自スル）同じようなことがあいついで起こること。「事故が―する」類頻発《ひんぱつ》

**そくひつ【速筆】**（名）文章を書くのがはやいこと。対遅筆《ちひつ》

**ぞくぶつ【俗物】**（名）利益や名誉《めいよ》などにばかりとらわれている、つまらない人。「―根性《こんじょう》」

**そくぶつてき【即物的】**（形動ダ）{ダロ・ダッ(デ・ニ)・ダ・ナ・ナラ・〇}❶感情をまじえずに、物事をあるがままに見たり、考えたりするようす。「―な表現」❷目に見える利益を重んじるようす。「―な人」

**そくぶん【側聞】**〘△仄聞〙（名・他スル）うすうす聞くこと。うわさにちらっと聞くこと。「―するところでは」

**ぞくへん【続編】**〘続△篇〙（名）書物・映画などで、前編または本編に続く編。「小説の―」対正編

**そくほう【速報】**（名・他スル）すばやく知らせること。また、その知らせ。「ニュース―」

**ぞくほう【続報】**（名・他スル）以前に報告したことがらに続けて、その後の状況《じょうきょう》を知らせること。また、その知らせ。「事件の―がはいる」

**そくみょう【即妙】**（名・形動ダ）即座に機転がきくこと。「当意―」

**ぞくみょう【俗名】**（名）〘仏〙❶僧《そう》の出家《しゅっけ》する前の名。対法名《ほうみょう》。❷一般《いっぱん》の人の生きているときの名。対戒名《かいみょう》・法名

**ぞくむ【俗務】**（名）世間のわずらわしい仕事。

**ぞくめい【俗名】**（名）→ぞくみょう

**そくめん【側面】**（名）❶物の左右の面。「顔の―」対正面。❷〘数〙角柱などの上面・底面以外の面。「―図」❸わきの方面。「―から援助《えんじょ》する」❹ある一面。「彼女《かのじょ》の意外な―を知る」

**ぞくよう【俗謡】**（名）世間でよくうたわれるはやり歌。小唄《こうた》や民謡などをいう。

**ソクラテス**〔Sokrates〕【人名】（前四七〇?～前三九九）古代ギリシャの哲学《てつがく》者。アテネの市民に対し、自己の無知を自覚することから出発して、真の知識と道徳を求めるように説いた。しかし、神を認めず人びとをまどわす者として死刑《しけい》を言いわたされ、毒を飲んで死んだ。

**ぞくり【俗吏】**（名）つまらない役人。俗物の官吏。

**そくりょう【測量】**（名・他スル）地上の、ある部分の位置・形・面積などをはかり調べること。

**ぞくりょう【属僚】**（名）下役。下級役人。

**ぞくりょう【属領】**（名）ある国に付属させられている国や地域。ある国の支配下にある領土。

**そくりょく【速力】**（名）動くもの、乗り物などの進む速さ。スピード。「全―」

**そくろう【足労】**（名）（「ご足労」の形で）相手を敬って、その人にわざわざ来てもらったり行ってもらったりすることをいうことば。「ご―をおかけします」

**ぞくろん【俗論】**（名）俗世間のくだらない議論・意見。

**そぐわない** ふさわしくない。つり合わない。ぴったりしない。「その場に―服装」

**そけいぶ**〘△鼠△蹊部・△鼠径部〙（名）もものつけねの内側。動脈・静脈《じょうみゃく》・リンパ管・神経などが通る。

**そげき【狙撃】**（名・他スル）銃《じゅう》などで、ねらいうつこと。「―兵」

**ソケット**〔英 socket〕（名）電球をさしこむ受け口。

**そこ【底】**（名）❶入れ物などのいちばん下の部分。「なべの―」「かばんの―」❷川や海などのいちばん下の部分。「海の―」❸物事のいちばん下。きわまる所。限界。「不景気も―が見えた」「―が知れない」❹奥《おく》のほうにあってかくれているところ。「心の―まで見とおす」「―を割って話す(=本心をかくさずに話す)」

**底が浅《あさ》い** 内容に深みがない。また、力量がない。「彼《かれ》の話は―」

**底を突《つ》く** ❶相場などが最低の値段になる。「株価が―」❷たくわえがなくなる。「貯金が―」

**底を叩《はた》く** 中の物を出しつくす。「さいふの―」

**そこ**〘△其◇処〙（代）❶相手に近い場所をさすことば。そのところ。「―の本を取ってください」❷すぐ前に出た物事をさしていうことば。その点。そのこと。「―が問題だ」❸その場面。「―で小説は終わった」

**そご【祖語】**（名）同じ系統の複数の言語の、もとになる言語。

**そご**〘△齟△齬〙（名・自スル）意見や物事がくいちがうこと。「―をきたす(=くいちがいが起こる)」

**そこあげ【底上げ】**（名・他スル）最も低い部分を引き上げ、全体の水準を高めること。「景気の―」

**そこい【底意】**（名）下心。心の底。「―がある」

**そこいじ【底意地】**（名）心の奥《おく》にかくしもっている、その人の気持ち。「―が悪い」

**そこう【素行】**（名）ふだんの行い。日常の品行。「―が悪い」「―調査」

**そこう**〘粗△肴〙（名）粗末な酒のさかな。「粗酒―」使い方料理を人にすすめるときにへりくだっていう。

**そこう【遡行】**〘△溯行〙（名・自スル）川をさかのぼって行くこと。「岸づたいに―する」

**そこく【祖国】**（名）先祖の代からずっと住み続けてきた国。自分の生まれた国。母国《ぼこく》。「わが―」

**そこしれぬ【底知れぬ】**（連体）どこまであるかわからない。限度がわからない。「―力の持ち主」
**そこそこ** 一（副）❶（多く「…もそこそこに」の形で）物事を急いでいいかげんにすまして、つぎのことに取りかかるようす。「食事も―に出かける」❷じゅうぶんとはいえないが、いちおうの程度には達しているようす。「―のできばえ」二（接尾）その数に達するか達しないかくらいの程度であることを表す。「四〇歳《さい》―の人」
**そこぢから【底力】**（名）いざというときに出てくる、かくされた強い力。「決勝戦で―を出す」
**そこつ『粗△忽』** 一（名・形動ダ）そそっかしいこと。かるはずみなこと。「―者」「―な行動」二（名）不注意からおこしたあやまち。「―をわびる」
**そこで**（接）❶（前のことがらを受けて）それで。そういうわけで。それだから。「用が済んだ。―家に帰った」❷（話題を転じて）さて。ところで。「―おたずねしますが」
**そこな・う【損なう】**（他五）{ワ(オ)・イ(ツ)・ウ・ウ・エ・エ}❶こわす。傷つける。悪くする。「健康を―」「友情を―」「美観を―」「品位を―」❷（動詞の連用形について）失敗する。機会を失う。「撃《う》ち―」「話を聞き―」
**そこなし【底無し】**（名）❶物の底がないこと。限りなく深いこと。「―沼《ぬま》」❷きりがないこと。限度がみえないこと。「―の酒飲み」
**そこぬけ【底抜け】** 一（名）底のないこと。また、そのもの。二（名・形動ダ）❶しまりがないこと。だらしないようす。また、そのような人。❷限りのないこと。「―の大さわぎ」「―に明るい人物」
**そこね【底値】**（名）《経》相場の最低の値段。
**そこ・ねる【損ねる】**（他下一）{ネ・ネ・ネル・ネル・ネレ・ネロ(ネヨ)}❶人の気持ちやからだの調子を悪くする。「きげんを―」「健康を―」❷（動詞の連用形について）失敗する。機会を失う。「絶好球を打ち―」「昼食をとり―」
**-そこのけ『△其◇処◇退け』**（接尾）（名詞の下について）その道の専門家をしのぐほどすぐれていることを表す。…もかなわないほど。「学者―の物知り」
**そこはかとなく**（副）どこがどうということもなく。どこからともなく。「―ただよう花のかおり」
**そこばく『×若干』**（副）いくらか。いくつか。そくばく。「―の不安を感じる」
**そこひ『底△翳・×内障眼』**（名）《医》眼球の内部に故障があり、視力のおとろえる病気。
**そこびえ【底冷え】**（名・自スル）からだのしんまで冷えこむこと。「―のする夜」
**そこびかり【底光り】**（名・自スル）❶奥底《おくそこ》から光ること。また、その光。「―のする目」❷才能や実力が、深いところからにじみでること。「―のする演技」
**そこびきあみ【底引き網】**（名）引き網の一つ。海底にたらし、船で引きずるようにして魚をとるふくろ状の網。トロールなど。

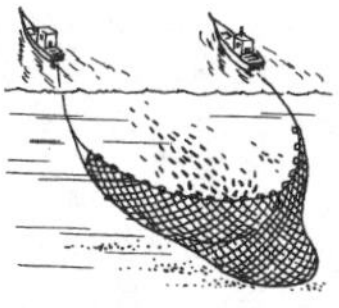

（そこびきあみ）

**そこまめ【底豆】**（名）足の裏にできる水ぶくれ。
**そこら『△其◇処ら』** 一（代）そのあたり。そのへん。そこいら。「―を歩きまわる」二（名）（「…かそこら」「…やそこら」の形で）そのくらいの数量・程度を表す。そこいら。「三〇分か―で着く」
**そさい『△蔬菜』**（名）野菜。青もの。
**そざい【素材】**（名）もとになる材料。また、作品などの題材。「―の味を生かした料理」「小説の―」
**ソサエティー**〔英 society〕（名）❶社会。社交界。❷学界。協会。団体。
**そざつ【粗雑】**（名・形動ダ）大まかであらっぽく、いいかげんなこと。「―な作り」類粗末
**そさん『粗△餐』**（名）そまつな食事。他人に出す食事をけんそんしていうことば。「―を差し上げたい」
**そし【阻止】**（名・他スル）じゃまをしてくいとめること。はばむこと。「入場を―する」
**そし【祖師】**（名）《仏》一宗一派を開いた僧《そう》。
**そし【素子】**（名）電気回路などで、その構成要素として独立した固有の機能を持つ部品。トランジスター、コンデンサーなど。
**そし【素志】**（名）つねづねもっているこころざし。
**素志を貫《つらぬ》く** はじめの決心をおしとおす。
**そじ【素地】**（名）もととなるもの。したじ。基礎《きそ》。土台。「学者としての―に欠ける」
**そじ【措辞】**（名）詩歌《しいか》・文章などの、ことばの使い方や配置のしかた。「―のたくみな文章」
**ソシアリスト**（名）→ソーシャリスト
**ソシアリズム**（名）→ソーシャリズム
**ソシアル-ダンス**（名）→ソーシャルダンス
**そしき【組織】** 一（名・他スル）ある目的のために、人や物などが集まって、秩序《ちつじょ》のあるまとまりを作ること。また、その集まり。「労働組合の―」…化「ボランティアを組織化する」…的「組織的な活動」二（名）《生》同一の形をもち、同じ生理作用をする細胞《さいぼう》が集まってできた構造。「神経―」
**そしつ【素質】**（名）生まれつきそなわっていて、将来発展するもととなる特別の性質や能力など。「芸術家の―がある」「―に欠ける」…的「素質的にはいいものを持っている」類資質
**そして**（接）→そうして
**そしな【粗品】**（名）そまつな品物。人に贈《おく》る品物をけんそんしていうことば。そひん。「―を進呈《しんてい》する」
**そしゃく『△咀△嚼』**（名・他スル）❶食べ物をよくかみくだくこと。❷物事や文章をよく考えて意味を正しく理解すること。「内容をじゅうぶんに―する」
**そしゃく【租借】**（名・他スル）ある国がほかの国の領土の一部を借りて、一定期間おさめること。「―地」
**そしょう【訴訟】**（名・自スル）《法》争いを解決するために、裁判所に対して裁判を請求《せいきゅう》すること。また、その手続き。「―を起こす」
**そじょう『△俎上』**（名）まないたの上。
**俎上に載《の》せる** 議論したり批評したりするために、あることがらをとりあげる。「人口問題を―」
**俎上の魚《うお》** 相手の思うままになるよりしかたのないことのたとえ。まな板の鯉《こい》。
**そじょう【訴状】**（名）うったえの理由や内容を書いて裁判所に提出する書類。「―を読みあげる」
**そじょう【遡上】『△溯上』**（名・自スル）流れをさかの

ぼること。「鮭《さけ》が川を―する」
**そしょく**【粗食】（名・自スル）そまつなものを食べること。また、そまつな食べ物。「―にたえる」対美食
**そしょく**〔蘇軾〕【人名】（一〇三六〜一一〇一）中国、宋《そう》の文学者。号は東坡《とうば》。詩文にすぐれ、特に詩は宋代第一といわれた。代表作「赤壁賦《せきへきのふ》」。
**そしらぬかお**【素知らぬ顔】知っていながら知らないふりをする顔つき。「―ですれちがう」
**そしり**『△譏り・△謗り』（名）悪口を言うこと。非難。「軽率の―はまぬかれない」「世間の―を受ける」
**そし・る**『△譏る・△謗る』（他五）〔ラ(ロ)・リ(ッ)・ル・ル・レ・レ〕他人のことを悪く言う。非難する。けなす。「人を―」
**そすい**【疎水】『△疏水』（名）農業用水・運送・給水・発電などのために、土地を切り開いて作った水路。
**そすう**【素数】（名）〘数〙1より大きい整数で、1またはその数自身でしか割りきれないもの。2・3・5・7・11・13…など無限に存在する。
**そせい**【組成】（名・他スル）いくつかの成分を合わせて組み立てること。また、その組み立て。「化合物の―」
**そせい**【粗製】（名）あらっぽくいいかげんに作ること。また、そのもの。「―品」対精製
**そせい**【塑性】（名）→かそせい
**そせい**『△蘇生』（名・自スル）よみがえること。生き返ること。「雨で草花が―する」「奇跡《きせき》的に―する」
**そぜい**【租税】（名）国や県、市町村がその経費にあてるため、住民から強制的に徴収《ちょうしゅう》するおかね。税。
**そせいらんぞう**【粗製濫造・粗製乱造】（名・他スル）そまつで質の悪い品を、やたらに多く作ること。
**そせき**【礎石】（名）❶家の柱の下にすえる石。土台石。「―をすえる」❷物事の基礎となるもの。いしずえ。「平和の―を築く」
**そせん**【祖先】（名）❶家系のはじめの人。また、その家の今の代より前の人びと。「―をまつる」類先祖。❷現在あるものの、もとのもの。「人類の―」（対子孫）
**そそ**『△楚△楚』（ト）（タル）若い女性の、清らかで美しいようす。「―とした雰囲気《ふんいき》」
**そそう**【阻喪】『△沮喪』（名・自スル）気力がくじけ、勢いがなくなること。「意気―する」
**そそう**【粗相】（名・自スル）❶不注意やそそっかしさから、あやまちをおかすこと。「とんだ―をいたしました」❷大小便をもらすこと。「子どもが―をする」
**そぞう**【塑像】（名）粘土《ねんど》や石膏《せっこう》でつくった像。
**そそ・ぐ**【注ぐ】〔ガ(ゴ)・ギ(イ)・グ・グ・ゲ・ゲ〕［一］（自五）❶水が流れこむ。「川が海に―」❷雨・雪・光などが降りかかる。「光が降り―」
［二］（他五）❶液体を流しいれる。上から流しかける。「急須《きゅうす》にお湯を―」「植木に水を―」「火に油を―（=勢いのさかんなものにさらに勢いを加える）」❷心や力をその方面に向ける。集中する。「研究に力を―」「愛情を―」「視線を―」❸こぼす。「涙《なみだ》を―」
**そそ・ぐ**『◇雪ぐ・◇濯ぐ』（他五）〔ガ(ゴ)・ギ(イ)・グ・グ・ゲ・ゲ〕❶恥《はじ》や不名誉《ふめいよ》などを除き去る。すすぐ。「汚名《おめい》を―」❷よごれを洗い落とす。すすぐ。
**そそくさ**（副）行動があわただしく落ち着かないようす。「―と部屋を出ていった」
**そそっかし・い**（形）〔カロ・カッ(ク)・イ・イ・ケレ・○〕あわて者で、早がてんや失敗が多い。「なんて―やつだ」
**そそのか・す**【唆す】（他五）〔サ(ソ)・シ・ス・ス・セ・セ〕相手をおだてるなどして、何かをするようにさそいすすめる。「子どもを―」類けしかける。使い方〉ふつう、よくないことをさせる場合に使う。
**そそりた・つ**【そそり立つ】（自五）〔タ(ト)・チ(ッ)・ツ・ツ・テ・テ〕高くそびえ立つ。「眼前に―岩山」
**そそ・る**（他五）〔ラ(ロ)・リ(ッ)・ル・ル・レ・レ〕ある気持ちをおこさせる。さそう。「食欲を―」「なみだを―話」
**そぞろ**『◇漫ろ』（副・形動ダ）❶気持ちが落ち着かないようす。「海外旅行を前に気も―だ」❷なんとなく心が動くようす。わけもなく。「―になみだがこぼれる」
**そぞろあるき**【そぞろ歩き】『◇漫ろ歩き』（名・自スル）あてもなく、ぶらぶら歩くこと。「―を楽しむ」
**そだ**『粗△朶』（名）たきぎなどにする、切った木の枝。
**そだい**【粗大】（名・形動ダ）あらくて大まかなこと。「―ごみ（=家庭から出る大型のごみ）」
**そだち**【育ち】（名）❶育つこと。成長。「―ざかり」❷育った環境《かんきょう》。おいたち。「―がわかる」❸（名詞の下について）そうした環境や育てられ方で育ったこと。「下町―」「おぼっちゃん―」
**そだ・つ**【育つ】（自五）〔タ(ト)・チ(ッ)・ツ・ツ・テ・テ〕❶生物がだんだん大きくなる。成長する。「ねる子は―」「いねが―」❷能力などを身につけて、一人前になる。「若手が―」「次の人材が―・たない」❸組織や物事が大きくなる。「一流企業《きぎょう》に―」❹能力や心のはたらきがよい方向に伸《の》びる。「責任感が―・たない」
**そだ・てる**【育てる】（他下一）〔テ・テ・テル・テル・テレ・テロ(テヨ)〕❶世話をして大きくする。成長させる。養育する。「子どもを―」「苗《なえ》を―」❷教育して一人前にする。「弟子《でし》を―」❸組織や物事を大きく発展させる。「地方独自の文化を―」「一流企業《きぎょう》に―」❹能力や心のはたらきをよい方向に伸《の》ばす。「才能を―」
**そち**【措置】（名・他スル）うまくとりはからってしまいをつけること。「―を講じる」「優遇《ゆうぐう》―」類処置
**そち**〔其方〕（代）古語❶そっち。そちら。「矢のしげく霰《あら》れなす―より来れば」〈万葉集〉訳矢がたくさんあられのようにそちらから来るので。❷おまえ。目下の人に使う。
**そちゃ**【粗茶】（名）そまつな茶。人に出す茶をけんそんしていうことば。「―でございますが」
**そちら**『△其◇方』（代）❶相手のいる方向や場所をさすことば。「三時に―へうかがいます」❷相手の近くにある物をさすことば。「―を見せてください」❸相手や相手側の人をさすことば。「―はお変わりありませんか」
参考「そっち」のていねいな言い方。
**そつ**【卒】 8画 十6 小4 音ソツ

❶位のごく低い兵や役人。◆獄卒《ごくそつ》・士卒・従卒・兵卒。❷急に。だしぬけに。◆卒爾《そつじ》・卒然・卒中・

卒倒《そっとう》。❸おわる。おえる。◆卒業

**-そつ**【卒】（接尾）「卒業」の略。「音楽大学―」

**そつ**【率】 11画 玄6 小5 音ソッ㊥・リッ 訓ひきいる　亠 亠 玄 泫 泫 率

❶（ソツと読んで）㋐ひきいる。つれていく。◆率先◆引率・統率。㋑ありのまま。すなお。◆率直◆真率。㋒あわただしい。かるがるしい。◆率爾《そつじ》・率然◆軽率。❷（リツと読んで）わりあい。◆円周率・確率・効率・打率・能率・倍率・百分率・比率・利率

**そつ**（名）てぬかり。また、むだ。「―がない」

**そつい**【訴追】（名・他スル）〖法〗❶検察官が犯罪の事実を裁判所に訴《うった》えること。起訴。❷裁判官や人事院の人事官を、罪や不正を理由にやめさせるよう求めること。

**そつう**【疎通】〖△疏通〗（名・自スル）両者の考えや意見がよく通じ合うこと。「意思の―をはかる」

**そっか**【足下】㊀（名）❶足の下。足もと。「―に見おろす町なみ」❷手紙のあて名のわきにそえて書く、敬意を表すことば。㊁（代）きみ。あなた。「―のご尽力《じんりょく》に感謝する」〔使い方〕㊁は手紙などで、自分と対等またはそれ以下の相手を敬っていう。

**ぞっか**【俗化】（名・自スル）世の中の風習にそまって、俗《ぞく》っぽくなること。通俗化。「観光地が―する」

**ぞっか**【俗歌】（名）世間ではやっている歌。はやりうた。

**ぞっかい**【俗界】（名）俗人《ぞくじん》の住んでいる世界。俗世間。

**そっき**【速記】（名・他スル）すばやく書きしるすこと。特に人の話を特別の記号を用いてはやく書きとること。

**ぞっきぼん**【ぞっき本】（名）売れゆきが悪いため、見切りをつけて、安い値段で売っている本。

**そっきゅう**【速球】（名）野球で、投手の投げる速度のはやいボール。スピードボール。「―投手」

**そっきょう**【即興】（名）❶その場でおこる興味。❷その場で感じたおもしろみを、すぐに詩や歌などに表すこと。「―詩人」「―演奏」

**そつぎょう**【卒業】（名・他スル）❶学校で決められた学業を終えること。「―式」㊎入学。❷一定の段階を体験して終えること。「ピアノの初歩は―した」

**そっきょうきょく**【即興曲】（名）〖音〗その場で感じたままに、自由に作曲された曲。

**そっきょうし**【即興詩】（名）その場でわいた詩興を、そのますぐに表した詩。

**そっきょうしじん**【即興詩人】〔作品名〕デンマークの作家アンデルセンの小説。一八三五年作。詩人アントニオと歌姫《うたひめ》アヌンチャタとの美しく悲しい恋《こい》物語。日本でも森鷗外《もりおうがい》の名訳で知られる。

**ぞっきょく**【俗曲】（名）三味線《しゃみせん》などに合わせてうたう歌謡《かよう》。都都逸《どどいつ》・端唄《はうた》など。

**そっきん**【即金】（名）物を買うとき、その場ですぐにおかねを払《はら》うこと。また、そのおかね。「―で支払う」

**そっきん**【側近】（名）身分の高い人などのそば近くに仕えること。また、その人。「首相《しゅしょう》の―」

**ソックス**〔英 socks〕（名）短い靴下《くつした》。

**そっくり**㊀（副）そのまま全部。残らず。まるまる。「これを―きみにあげよう」㊁（形動ダ）〔ダロ・ダッ(デ・ニ)・ダ・ナ・ナラ・〇〕よく似ているようす。「顔立ちが母親に―だ」

**そっくりかえ・る**【反っくり返る】（自五）〔ラ(ロ)・リ(ッ)・ル・ル・レ・レ〕❶からだや物がうしろにそり曲がる。❷からだをうしろにそらして、相手を見下ろすようにする。「―・って座る」〖類〗反り返る〗

**ぞっけ**【俗気】（名）→ぞくけ

**そっけつ**【即決】（名・他スル）その場ですぐに決めること。「即断―」「購入《こうにゅう》を―する」

**そっけつ**【速決】（名・他スル）すみやかに決めること。「―を要することがら」

**そっけな・い**【素っ気ない】（形）〔カロ・カッ(ク)・イ・イ・ケレ・〇〕愛想《あいそ》がない。思いやりがない。すげない。「―態度」

**そっこう**【即効】（名）すぐにききめが現れること。「―薬」〔…性〕「即効性のあるかぜ薬」

**そっこう**【速攻】（名・他スル）❶すばやく攻《せ》めること。「―が成功する」❷《俗語》（副詞的に用いて）すぐに。即座に。「家に帰って―(で)寝《ね》る」

**そっこう**【速効】（名）薬などのききめがはやく現れること。〔…性〕「速効性肥料」

**そっこう**【側溝】（名）排水《はいすい》などのために、道路や線路のわきにつくったみぞ。

**ぞっこう**【続行】（名・他スル）物事をやめずに続けて行うこと。「試合を―する」㊎中断

**そっこうじょ**【測候所】（名）気象庁の地方機関で、その地方の気象や地震《じしん》などを観測する所。現在はほぼすべてが機械化・無人化され廃止《はいし》。

**そっこく**【即刻】（副）すぐに。ただちに。「―帰れ」

**ぞっこく**【属国】（名）独立しないで、ほかの国の支配を受けている国。

**そっこん**【即今】（名）ただいま。現在。「―の政情」

**ぞっこん**《俗語》㊀（副）心の底から。しんそこ。「―ほれこむ」㊁（形動ダ）〔ダロ・ダッ(デ・ニ)・ダ・ナ・ナラ・〇〕心の底からほれているようす。「彼女《かのじょ》に―だ」

**そつじながら**〖卒△爾ながら・率△爾ながら〗突然《とつぜん》で失礼ですが。「―お尋《たず》ねします」〔使い方〕人にものを尋ねたり話を切り出したりするときに用いる。

**そつじゅ**【卒寿】（名）（「卒」の俗字《ぞくじ》「卆」が九十と読めることから）九〇歳《さい》。また、九〇歳の祝い。

**そっせん**【率先】（名・自スル）人に先だって、進んで物事を行うこと。「―して実行する」

**そつぜん**【卒然・率然】（副）突然《とつぜん》、思いがけなく起こるようす。「―と世を去る」

**そっち**〖△其◇方〗（代）「そちら」のくだけた言い方。

**そっちのけ**〖△其◇方◇退け〗（名）❶他のことに熱中し、そのことをほったらかしにして気にかけないこと。「勉強―で遊びまわる」❷専門家や本職をおしのけるほどすぐれていること。そこのけ。「プロも―のできばえ」

**そっちゅう**【卒中】（名）〖医〗脳出血などで、突然《とつぜん》意識を失ったり、からだがまひしたりする症状《しょうじょう》。

**そっちょく**【率直】（形動ダ）〔ダロ・ダッ(デ・ニ)・ダ・ナ・ナラ・〇〕かざりけがなく、ありのままであるようす。「―に話す」

**そっと**（副）❶音をたてないように何かをするようす。しずかに。「―歩く」❷人に気づかれないように何かをするようす。ひそかに。「―事を運ぶ」❸さわらないでその

ままにしておくようす。「しばらくは—しておこう」

**ぞっと**(副・自スル) 寒さやおそろしさでからだがふるえるようす。身の毛がよだつようす。「—する話」

**ぞっとしない** あまり感心しない。いい気持ちがしない。おもしろくない。「—趣向《しゅこう》」

**そっとう**【卒倒】(名・自スル) 急に意識を失ってたおれること。「ショックで—しそうになる」類昏倒《こんとう》

**そっぱ**【反っ歯】(名) 前歯が外へそって出ていること。また、その歯。でっぱ。

**そっぽ**(名) よそのほう。別のほう。

**そっぽを向《む》く** ❶別のほうを向く。❷無視や無関心の態度を示す。協調しない態度をとる。「協力要請《ようせい》に—」

**そで**【袖】(名) ❶衣服の、両腕《りょううで》をおおう部分。「—口《ぐち》」❷着物のたもと。「—で顔をかくす」❸門のわきの垣根《かきね》・机のわきの引き出し・舞台《ぶたい》の左右のはしなど、わきについているもの。「舞台の—に引っこむ」

**袖にする** 冷淡《れいたん》に扱《あつか》う。「友人を—」

**袖振《ふ》り合《あ》うも多生《たしょう》の縁《えん》** 道で見知らぬ人とそでをふれ合わせる程度のささいなことも、すべて前世からの因縁《いんねん》によるものだということ。「袖すり合うも多生の縁」とも。参考「多生」は、「他生」とも書く。

**袖を絞《しぼ》る** (なみだでぬれた袖を絞る意から)なみだを流して泣く。ひどく悲しんで泣く。

**そてい**【措定】(名・他スル) 哲学《てつがく》で、推論の前提としてある命題を立てること。また、その命題。定立。

**ソテー**〔フランス sauté〕(名) 肉・魚などを少量の油やバターをひいたフライパンで焼いた料理。「ポーク—」

**そでがき**【袖垣】(名) 門のわきなどにそえて、低く作った垣根《かきね》。

**そでたけ**【袖丈】(名) そでの長さ。

**そてつ**『△蘇鉄』(名)〔植〕ソテツ科の常緑低木。暖かい地方に生える。幹の先から羽の形をした大きい葉をかんむりのように出す。

(そてつ)

**そでのした**【袖の下】(名) (そでの下からこっそりわたす意から)わいろ。「—を使う」

**そでひちて**…和歌

〔袖ひちて むすびし水《みづ》の こほれるを 春《はる》立《た》つ今日《けふ》の 風《かぜ》やとくらむ〕〈古今集《こきんしゅう》・紀貫之《きのつらゆき》〉訳暑い夏の日に、袖がぬれるのもかまわず手にすくった水が、冬になって凍《こお》っていたのを、立春のきょう吹《ふ》く暖かい風が、今ごろとかしているだろうか。

**そと**【外】(名) ❶囲みや仕切りをこえた部分。「窓の—」「ラインの—にはみだす」対内《うち》・中《なか》❷物の表に向いた面。そとがわ。外面。「感情を—に出す」対内 ❸建物の外部。屋外。戸外。「—で遊ぶ」対中 ❹ある範囲《はんい》から出たところ。「関心の—」対内・中 ❺自分の所属する場所や家庭以外のところ。「仕事を—に出す」「—で食事する」対内

**そとうば**『◇卒塔婆』(名) →そとば

**そとうば**〔蘇東坡〕【人名】→そしょく(蘇軾)

**そとうみ**【外海】(名) 湾《わん》や入り江《え》などの外に広がる海。外洋。「—へこぎだす」対内海《うちうみ》

**そとがわ**【外側】(名) 物のそとのほう。外部。外面。「へいの—を歩く」対内側

**そどく**【素読】(名・他スル) 文章の意味を考えずに、ただ文字を追って声を出して読むこと。「論語の—」

**そとぜい**【外税】(名) 表示されている価格に消費税が含《ふく》まれないこと。消費税が別に課されること。対内税《うちぜい》

**そとづら**【外面】(名) ❶物の外側の面。表面。❷世間や外部の人に見せる顔つきや態度。「—がいい」対内面《うちづら》

**そとのり**【外のり】『外◇法』(名) 箱・ますなどを、その厚みも加えた外側ではかった寸法。対内のり

**そとば**『◇卒◇塔婆』(名) 供養《くよう》のために、死んだ人の戒名《かいみょう》やお経《きょう》のことばを書いて墓のうしろに立てる細長い板。とうば。そとうば。

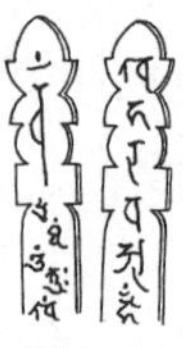

(そとば)

**そとぶろ**【外風呂】(名) 旅館などで、屋外につくった風呂。また、自分の家の風呂に対して銭湯《せんとう》など。対内風呂

**そとぼり**【外堀】(名) 城の外まわりの堀。また、二重の堀で外側にある堀。

**外堀を埋《う》める** ある目的を達成するために、まず、まわりの障害となるものを取り除く。

**そとまご**【外孫】(名) 嫁《よめ》に行った娘《むすめ》が産んだ子。外孫《がいそん》。対内孫《うちまご》

**そとまた**【外股】(名) つま先を外に向けて歩く歩き方。対内股《うちまた》

**そとまわり**【外回り】(名) ❶建物・場所などの外側のまわり。「家の—をきれいにする」❷会社などで、外の取り引き先などを回ること。また、その人。外勤。「—に出る」❸外側のほうを回ること。「環状《かんじょう》線の—の電車」対内回り

**そとみ**【外見】(名) 外から見たようす。がいけん。「—はいいが、内実はわからない」

**そとゆ**【外湯】(名) 温泉場の旅館などで、その建物の外に設けてある浴場。外風呂。対内湯《うちゆ》

**そなえ**【備え】(名) ❶いざというときの用意。準備。「万全の—」❷敵をふせぐ守り。「—を固める」

**備えあれば憂《うれ》いなし** ふだんから用意をしておけば、万一の事が起こっても心配することはない。

**そなえつ・ける**【備え付ける】(他下一)〔ケ・ケ・ケル・ケル・ケレ・ケロ(ケヨ)〕必要な物を一定の場所に設置して、使えるようにしておく。「火災報知機を—」

**そな・える**【供える】(他下一)〔エ・エ・エル・エル・エレ・エロ(エヨ)〕神や仏の前に物をさしあげる。「仏前に花を—」

**そな・える**【備える】『◇具える』(他下一)〔エ・エ・エル・エル・エレ・エロ(エヨ)〕❶起こることに対応できるよう、前から準備しておく。「試験に—・えて勉強する」「いざというときに—」❷必要なときに使えるように、物を用意しておく。「消火器を—」「最新の設備を—・えた病院」❸生まれつきもっている。「音楽家の素質を—・えている」「徳を—」

**そなた**〖△其◇方〗(代)❶そっち。そちら。❷あなた。おまえ。目下の相手をさすことば。

**ソナタ**〔イタリア sonata〕(名)〘音〙器楽曲の形式の一つ。三または四楽章からなる独奏曲または室内楽曲。奏鳴《そうめい》曲《きょく》。

**ソナチネ**〔イタリア sonatine〕(名)〘音〙簡単な形式のソナタ。小奏鳴《そうめい》曲。

**そなれまつ**【そなれ松】〖△磯△馴れ松〗(名)海岸で、海風のため枝や幹がはうように生えている松。

**そなわ・る**【備わる】〖◇具わる〗(自五){ラ(ロ)・リ(ッ)・ル・ル・レ・レ}❶必要なものや設備などが用意されている。「最新の機器が—」❷しぜんに身についている。「品のよさが—・っている」

**ソネット**〔英 sonnet〕(名)〘文〙近世ヨーロッパの叙情詩《じょじょうし》の形式の一つ。十四行詩。

**そね・む**〖◇嫉む〗(他五){マ(モ)・ミ(ン)・ム・ム・メ・メ}自分よりすぐれている者をねたむ。しっとする。「友の成功を—」

**その**【園】(名)❶果樹や草花などを植える、ひと囲いの地。「桜の—」❷まわりから区別された、ある特定の場所。「学びの—」「女の—」

**その**〖△其の〗(連体)❶話し手からみて、聞き手に近い物や人をさしていうことば。「—りんごをください」❷すぐ前に述べたことがらをさしていうことば。「—話はもうやめましょう」

**そのうえ**【その上】〖△其の上〗(接)それに加えて。さらに。「あの店の料理は味がよく、—値段が安い」

**そのうち**【その内】〖△其の内〗(副)近いうち。近日。ちかぢか。「—おうかがいします」

**そのかみ**【その上】〖△其の上〗(名)❶そのことがあった当時。そのころ。❷むかし。過去。

**そのかわり**【その代わり】〖△其の代わり〗(接)それと引きかえに。「ちょっと重いが、—じょうぶだ」

**そのくせ**〖△其の癖〗(接)それなのに。「兄とはよくけんかをする。—いつも一緒《いっしょ》にいる」

**そのじつ**【その実】〖△其の実〗(副)実際は。ほんとうは。「いやがっているようだが、—うれしいのだ」

**そのすじ**【その筋】〖△其の筋〗(名)❶そのむき。その方面。「—の専門家」❷そのことを取りあつかう役所。特に、警察。「—からのお達し」

**そのせつ**【その節】〖△其の節〗(名)話題になっているその時。「—はたいへんお世話になりました」

**そのて**【その手】〖△其の手〗(名)❶そういう手段。そういう計略。「—はくわない」「—には乗らない」❷そのような種類。「—の商品は置いてない」

**そのばかぎり**【その場限り】〖△其の場限り〗(名)そのときだけで、あとには関係がないこと。「—の口約束」

**そのばしのぎ**【その場しのぎ】〖△其の場△凌ぎ〗(名)とりあえずそのときだけをなんとかきりぬけること。一時しのぎ。「—の対応」

**そのばのがれ**【その場逃れ】〖△其の場逃れ〗(名)あとのことは考えず、なんとかごまかしてそのときをのがれようとすること。一時のがれ。「—の言いわけ」

**そのひぐらし**【その日暮らし】〖△其の日暮らし〗(名)その日のかせぎでその日を暮らす、ゆとりのない生活。また、将来への見通しがなく、毎日を無気力に過ごしているようす。「—の生活」

**そのほう**【その方】〖△其の方〗(代)おまえ。なんじ。

**そのまま**〖△其の△儘〗[一](名・副)❶それまでの状態のまま。今までどおり。「—にしておく」❷よく似ていること。そっくり。「母親—の顔」[二](副)引き続いてすぐに。「帰って荷物を置くと、—家を出た」

**そのみち**【その道】〖△其の道〗(名)ある専門の方面。そのすじ。「—にすぐれた人」

**そのもの**〖△其の物〗(名)❶問題になっているもの。当のもの。「—ずばり」❷(体言につき接尾語《せつびご》的に用いて)㋐それ自体。「計画—に無理があった」㋑(上の体言を強調して)それ以外の何ものでもないこと。「彼《かれ》は誠実—だ」

**そば**〖◇側・◇傍〗(名)❶近くの所。かたわら。「駅の—」「—から口を出す」❷(動詞について)その動作の行われたすぐあと。「習う—から忘れる」

**そば**〖×蕎麦〗(名)❶〘植〙タデ科の一年草。高地で栽培《さいばい》する。夏または秋に白い花が咲《さ》く。実から、そば粉をとる。❷そば粉をこねて打ちのばし、細長く切った食品。そばきり。

（蕎麦①）

**そばがき**〖×蕎麦△搔き〗(名)そば粉に熱湯をかけて、かたくねった食べ物。

**そばかす**〖×雀斑〗(名)顔などの皮膚《ひふ》に現れる、茶色の細かい斑点《はんてん》。

**そばきり**【そば切り】〖×蕎麦切り〗(名)→そば(蕎麦)②

**そばこ**【そば粉】〖×蕎麦粉〗(名)そばの実をひいてつくった粉。

**そばだ・つ**〖△峙つ・△聳つ〗(自五){タ(ト)・チ(ッ)・ツ・ツ・テ・テ}高くそびえ立つ。「—山」類聳《そび》える

**そばだ・てる**〖△欹てる〗(他下一){テ・テ・テル・テル・テレ・テロ(テヨ)}一方の端《はし》をあげて高くする。かたむける。転じて、注意力を集中させる。「肩《かた》を—」「耳を—」

**そばづえ**〖◇側△杖・◇傍△杖〗(名)関係もないのに、思わぬ災難を受けること。まきぞえ。「—をくう」

**そば・める**〖◇側める〗(他下一){メ・メ・メル・メル・メレ・メロ(メヨ)}横に向ける。そむける。そらす。「目を—」

**そばゆ**【そば湯】〖×蕎麦湯〗(名)❶そばをゆでたあとの湯。❷そば粉を熱湯でといたもの。

**そびえた・つ**〖△聳え立つ〗(自五){タ(ト)・チ(ッ)・ツ・ツ・テ・テ}山や建物が高く立っている。そそり立つ。「—富士山」

**ソビエトれんぽう**〔ソビエト連邦〕(名)〘歴〙ユーラシア大陸の北部をしめた世界最初の社会主義国。一九一七年のロシア革命を経て建国され、一九九一年まで続いた。ソ連。▽ソビエトは、Soviet

**そび・える**〖△聳える〗(自下一){エ・エ・エル・エル・エレ・エロ(エヨ)}山や建物が高く立っている。「雲の上に—山々」類峙《そばだ》つ

**そびやか・す**〖△聳やかす〗(他五){サ(ソ)・シ・ス・ス・セ・セ}わざと高くあげる。「肩《かた》を—(=いばった態度をする)」

**そびょう**【素描】(名・他スル)〘美〙→デッサン

**-そび・れる**(接尾)(動詞の連用形について、下一

段活用の動詞をつくる)…しそこねる。そうする機会をのがす。「言《い》い—」「寝《ね》—」

**そひん【粗品】**(名) →そしな

**そふ【祖父】**(名) 父母の父。おじいさん。対祖母

**ソファー**〔英 sofa〕(名) 背もたれのある、クッションのきいた長いす。

**ソフィスティケート**〔英 sophisticate〕(名・他スル) 都会的に洗練《せんれん》すること。「—された身なり」

**ソフト**〔英 soft〕㊀(名・形動ダ) やわらかなこと。「—な肌《はだ》ざわり」「人あたりが—だ」対ハード。㊁(名) ❶「ソフト帽《ぼう》」の略。❷「ソフトクリーム」の略。❸「ソフトボール」の略。❹「ソフトウエア」の略。対ハード

**ソフトウエア**〔英 software〕(名) コンピューターで使うプログラム、また、利用技術の総称《そうしょう》。ソフト。対ハードウエア

**ソフト-クリーム**〔和製英語〕(名) かためずにクリーム状にしたアイスクリーム。ソフト。▽英 soft ice cream から。

**ソフト-ドリンク**〔英 soft drink〕(名) アルコール分を含《ふく》まない飲みもの。清涼《せいりょう》飲料水、お茶など。

**ソフトぼう【ソフト帽】**(名) フェルト製のやわらかい帽子。中折れ。ソフト。▽ソフトは、英 soft

(ソフトぼう)

**ソフトボール**〔米 softball〕(名) 大きめのやわらかいボールを用いて行う、野球に似た競技。また、そのボール。ソフト。

**ソフト-ランディング**〔英 soft landing〕(名・自スル) ❶→なんちゃくりく ❷(比喩《ひゆ》的に)物事がおだやかで安定した状態に移ること。特に、過熱した景気が、急激な景気後退を避《さ》けながら安定成長に移行すること。対ハードランディング

**そふぼ【祖父母】**(名) 祖父と祖母。

**ソフホーズ**〔ロシア sovkhoz〕(名) ソビエト連邦《れんぽう》で行われた大規模な国営農場。ソホーズ。⇒コルホーズ

**ソプラノ**〔イタリア soprano〕(名)〘音〙女性の声の中でいちばん高い音域。また、その声の歌手。

**そぶり【素振り】**(名) 顔色や動作に現れたようす。けはい。「うれしそうな—を見せる」注意「すぶり」と読むと別の意味になる。

**そぼ【祖母】**(名) 父母の母。おばあさん。対祖父

**そほう【粗放・疎放】**(名・形動ダ) 大ざっぱなこと。あらくてしまりのないこと。

**そぼう【粗暴】**(名・形動ダ)(性質・動作が)あらあらしく乱暴なこと。「—な性格」「—なふるまい」

**そほうか【素封家】**(名) その土地に代々続いた家柄《いえがら》で、多くの財産のある家。

**そほうのうぎょう【粗放農業】**(名) 土地にかける資本や労力の少ない、自然にまかせた農業。対集約農業

**ソホーズ**(名) →ソフホーズ

**そぼく【素朴】**〘素△樸〙(名・形動ダ) ❶かざりけがなくありのままなこと。「—な人がら」❷考え方などが単純で、こみいっていないこと。「—な発想」

**そぼふ・る【そぼ降る】**(自五){ラ(ロ)・リ(ッ)・ル・ル・レ・レ} 雨がしとしとと降る。しめやかに降る。「—雨」

**そぼろ**(名) 卵やほぐした魚肉、ひき肉などを細かくばらばらになるまで炒《い》って味つけした食品。

**そほん**〘粗△笨〙(名・形動ダ) あらけずりで雑なこと。粗雑。

**そまつ【粗末】**(形動ダ){ダロ・ダッ(デ・ニ)・ダ・ナ・ナラ・○} ❶作りなどが雑なようす。また、質などが悪いようす。「—な小屋」「—な身なり」類粗雑。⇒おそまつ。❷(多く「…を粗末にする」の形で)大事にしないようす。いいかげんにあつかうようす。「物を—にするな」類粗略

**そまびと【そま人】**〘△杣人〙(名) 山で木を切る職業の人。きこり。

**ソマリア**〔Somalia〕[地名]アフリカ大陸の東岸、インド洋に面する連邦《れんぽう》共和国。首都はモガディシュ。

**そま・る【染まる】**(自五){ラ(ロ)・リ(ッ)・ル・ル・レ・レ} ❶色がつく。色がしみる。「朱《あけ》に—(=血だらけになる)」❷悪い影響《えいきょう》を受ける。感化される。「悪に—」

**そみつ【粗密・疎密】**(名) あらいことと細かいこと。「人口分布に—がある」

**そむ・く【背く】**(自五){カ(コ)・キ(イ)・ク・ク・ケ・ケ} ❶人の意見や物事のきまりに従わない。反対する。反抗《はんこう》する。「命令に—」対従う。❷期待・予想に反する行動をとる。「信頼《しんらい》に—」

**そむ・ける【背ける】**(他下一){ケ・ケ・ケル・ケル・ケレ・ケロ(ケヨ)} (心や顔・目などを)ほかのほうへ向ける。「顔を—」

**ソムリエ**〔フランス sommelier〕(名) レストランでワインに関する専門知識をもつ給仕人《きゅうじにん》。客へのアドバイスや食事に合うワインの選別をする。

**そめいよしの**〘染井△吉野〙(名)〘植〙桜の品種の一つ。日本各地で最も多く見られる。花はあわい紅色で、のちにほとんど白くなる。

**そめぬ・く【染め抜く】**(他五){カ(コ)・キ(イ)・ク・ク・ケ・ケ} ❶じゅうぶんに染める。「藍《あい》で—」❷模様を地の色のままに残して、ほかの部分を染める。「家紋《かもん》を—」

**そめもの【染め物】**(名) 布などを染めること。また、染めたもの。

**-そ・める【初める】**(接尾)(動詞の連用形について)「…し始める」「はじめて…する」の意を表す。「明け—」「咲《さ》き—」「見—」

**そ・める【染める】**(他下一){メ・メ・メル・メル・メレ・メロ(メヨ)} ❶染料などを使って色をつける。色をしみこませる。「布を—」❷墨《すみ》や絵の具をふくませる。「筆を—(=書き始める)」❸恥《は》ずかしさや興奮のために、顔やほおを赤くする。「ほおを—」❹深く思いを寄せる。「心を—」❺(「手を染める」の形で)あることをし始める。「新事業に手を—」

**そも**〘△抑〙(接) それにしても。そもそも。

**そもそも**〘△抑〙㊀(名) はじめ。事のおこり。「—の原因は何だ」㊁(副) はじめから。もともと。「おくれて来た君が—悪い」㊂(接) あることがらを説きおこすのに使うことば。いったい。さて。「—人間とは」

**そや【粗野】**(形動ダ){ダロ・ダッ(デ・ニ)・ダ・ナ・ナラ・○} (ことばや行いが)あらあらしく、洗練されていないようす。「—な行動」

**そよ**(副) 風がかすかに吹《ふ》くようす。また、その音。「—ともしない」

**そよう【素養】**（名）日ごろのけいこや修養によって身につけた知識や教養。「茶道の―がある」

**そようちょう【租庸調】**（名）〘歴〙律令《りつりょう》制度が行われた時代の税制。「租」は田畑からとれた穀物の一部を納めること。「庸」は労役《ろうえき》、またはそのかわりに布などを納めること。「調」はその地方の特産品を納めること。参考 中国の唐《とう》の制度にならったもの。

**そよかぜ【そよ風】**〘◇微風〙（名）そよそよと吹《ふ》く風。静かに吹く風。びふう。「―がほおをなでる」

**そよ・ぐ**〘◇戦ぐ〙（自五）{ガ(ゴ)・ギ(イ)・グ・グ・ゲ・ゲ} 風に吹《ふ》かれてわずかにゆれ動く。「風に―木の葉」

**そよそよ**（副）風が静かに吹《ふ》くようす。「春風が―（と）吹く」

**そよふ・く【そよ吹く】**（自五）{カ(コ)・キ(イ)・ク・ク・ケ・ケ} 風がそよそよと吹く。

**そら【空】** 一（名）❶頭上に高く広がる空間。天。天空。空中。「―の雲」「―を飛ぶ」❷天候。空模様。「一雨きそうな―だ」「―があやしくなる」❸もとの居場所から遠くはなれた場所・境遇《きょうぐう》。「旅の―」「故郷の―」❹心持ち。気持ち。「あの時は生きた―もなかった」❺何も考えないこと。心がうつろなこと。「うわの―」❻覚えていて、何も見ないで言ったり書いたりすること。「―で言う」「―で歌う」❼うそ。いつわり。「―を言う」
二（接頭）❶「なんとなく」の意を表す。「―おそろしい」❷「あてにならない」の意を表す。「―だのみ」❸「見せかけの」「うその」「実体がない」の意を表す。「―泣《な》き」「―寝《ね》」「―似」

**そら**（感）相手の注意をうながすときのことば。「―、見ろ」

**そらいろ【空色】**（名）❶晴れた空の色。うすい青色。❷天気のようす。空模様。「―があやしい」

**そらうそぶ・く**〘空△嘯く〙（自五）{カ(コ)・キ(イ)・ク・ク・ケ・ケ} ❶相手をばかにしたような言い方をしたり態度をとったりする。「君にはむりだと―」「自分ではないと―」❷そらとぼける。知らないふりをする。

**そらおそろし・い【空恐ろしい】**（形）{カロ・カッ(ク)・イ・イ・ケレ・○} なんとなく不安で恐ろしい。「ゆくすえが―」

**そらおぼえ【空覚え】**（名）❶（書物の文句などを）全部覚えていること。暗記。「―の詩」❷不確かな記憶《きおく》。うろ覚え。「―で断言できない」

**そらごと【空言】**（名）いつわりのことば。うそ。

**そら・す【反らす】**（他五）{サ(ソ)・シ・ス・ス・セ・セ} そり返るようにする。弓なりに曲げる。「胸を―」

**そら・す**〘◇逸らす〙（他五）{サ(ソ)・シ・ス・ス・セ・セ} ❶本来の方向から別の方向に向かうようにする。「視線を―」「注意を―」「話を―」❷とらえそこなう。のがす。逃《に》がす。「ボールを―」❸相手の気持ちにそぐわないような応対をする。人の気分を悪くする。「客を―・さない応対」使い方 ③は多く打ち消しの形で用いる。

**そらぞらし・い【空空しい】**（形）{カロ・カッ(ク)・イ・イ・ケレ・○} ❶知っていて知らないふりをするようす。「―態度をとる」❷見えすいているようす。「―おせじを言う」

**そらだのみ【空頼み】**（名・他スル）あてにならないことを期待すること。「―に終わる」

**そらとぼ・ける**〘空△惚ける〙（自下一）{ケ・ケ・ケル・ケル・ケレ・ケロ(ケヨ)} 知っているのに、わざと知らないふりをする。しらばくれる。「取り調べに対して―」

**そらなみだ【空涙】**（名）悲しくもないのに悲しいふりをして流す涙。うそ泣きの涙。

**そらに【空似】**（名）血のつながりはないのに、顔つきなどがよく似ていること。「他人の―」

**そらね【空音】**（名）❶鳥などの鳴き声をまねた声。「鳥の―」❷実際には鳴っていないのに、聞こえたように感じる音。❸いつわりのことば。うそ。「―をはく」

**そらね【空寝】**（名・自スル）寝たふりをすること。たぬき寝入り。「―をきめこむ」

**そらねんぶつ【空念仏】**（名）信心がないのに、口先だけで念仏を唱えること。また、念仏を唱えるふりをすること。空念誦《そらねんじゅ》。からねんぶつ。

**そらまめ**〘空豆・◇蚕豆〙（名）〘植〙マメ科の一年草または越年草《えつねんそう》。春、紫《むらさき》色の斑点《はんてん》のある、ちょうに似た形の白い花が咲《さ》く。さやは長い楕円《だえん》形で、空を向いてつく。種子は食用。

**そらみみ【空耳】**（名）❶実際には声も音もしないのに、聞いたように感じること。「今のは―だったようだ」❷わざと聞こえないふりをすること。

**そらもよう【空模様】**（名）❶天気のようす。天候。「明日の―」❷事のなりゆき。「険悪な―」

**そらゆめ【空夢】**（名）❶見てもいないのに、見たかのように作り上げて人に語る夢。❷現実にはそのようにならなかった夢。

**そらん・じる**〘△諳んじる〙（他上一）{ジ・ジ・ジル・ジル・ジレ・ジロ(ジヨ)} 書物を見ずに、書いてあるとおりに言えるように覚える。「経文《きょうもん》を―」

**そらん・ずる**〘△諳んずる〙（他サ変）{ジ(ゼ)・ジ・ズル・ズル・ズレ・ジロ(ゼヨ)} →そらんじる

**そり**〘△橇〙（名）（馬・犬などに引かせて）氷や雪の上をすべらせて、人や物を運ぶ乗り物。

**そり【反り】**（名）❶弓なりに曲がること。また、曲がったようす。❷刀のみねの、そった部分。また、その状態。

**反りが合《あ》わない** （刀身のそりとさやが合わない意から）たがいの気が合わない。「あの二人は―」

**そりかえ・る【反り返る】**（自五）{ラ(ロ)・リ(ッ)・ル・ル・レ・レ} ❶ものがうしろのほうにそり曲がる。ひどくそる。「―・った刀」❷からだをそらして他を見下ろすようにする。ふんぞりかえる。「―・って歩く」

**ソリスト**〔フランス soliste〕（名）❶独奏者。独唱者。❷バレエで、ソロを踊《おど》るダンサー。第一舞踊手《ぶようしゅ》。

**そりみ【反り身】**（名）（いばったようすで）からだをうしろへそらすこと。また、その姿勢。「―になる」

**そりゃく【粗略・疎略】**（名・形動ダ）おろそかで投げやりなこと。いいかげん。ぞんざい。「―なあつかい」類 粗末

**そりゅうし【素粒子】**（名）〘物〙物質を構成する基礎《きそ》となる最も小さい粒子。電子・陽電子・陽子・反陽子・中性子・中間子などの総称《そうしょう》。

**そりん【疎林】**（名）木がまばらに生えている林。対

密林

**そ・る**【反る】（自五）{ラ(ロ)・リ(ッ)・ル・ル・レ・レ} ❶平らなものが弓なりに曲がる。「本の表紙が―」 ❷からだ、またはその一部がうしろのほうへ弓なりに曲がる。「指が―」

**そ・る**〖△剃る〗（他五）{ラ(ロ)・リ(ッ)・ル・ル・レ・レ} かみそりなどで、髪《かみ》やひげを根もとから切り取る。「顔を―」

**ソルフェージュ**〔フランス solfège〕（名）〘音〙声楽の基本練習の一つ。正しく譜《ふ》を読むための練習として、母音やドレミの音名で歌う方法。また、その練習曲。

**それ**〖△其れ〗 ━（代）❶話し手からみて、聞き手に近いものをさしていうときのことば。「―を見せてください」 ❷前に言ったことをさしていうときのことば。「―については まだわかりません」 ❸そのとき。「―以来会っていない」 ━（感）注意をうながしたり、気合いをかけたりするときにいうことば。「―、そのまま突っ走れ」

**それがし**〔某〕（代）古語 ❶名のはっきりしない人や物をさすことば。だれそれ。なにがし。「入道殿《にふだうどの》、―といふ御馬にたてまつりて」〈大鏡〉訳入道殿は、何とかというお馬にお乗りになって。❷自分をさすことば。わたし。「―多くの丈六《ぢやうろく》を作り奉《たてまつ》れり」〈宇治拾遺《うじしゆうい》物語〉訳わたくしはたくさんの一丈六尺の仏像をお作り申しあげた。

**それから**（接）前に述べたことに続けて、次のことを持ち出すときに使うことば。その次に。そのあと。そうして。「九時までテレビを見て、―勉強した」

**それきり**（副）それで最後。それかぎり。また、それで全部。それだけ。それっきり。「彼《かれ》とは―会っていない」「持ち合わせは―か」

**それこそ** ━「それ」を強調していう語。「―が私の知りたかったことだ」 ━（副）まちがいなく。まさしく。「先生に見つかったら―大変だ」

**それそうおう**【それ相応】（名・形動ダ）それにふさわしいこと。それにつり合うこと。「うまくなりたいなら―の努力が必要だ」

**それぞれ**〖△其れ△其れ・◇夫れ◇夫れ〗（名・副）めいめい。おのおの。「―の希望を述べる」

**それで**（接）❶（前の話を受けて）そういうわけで。それだから。「雨が降った。―遠足は中止になった」 ❷相手の話の先をうながすときのことば。そして。それから。「―どうなったの」 ❸前の話から新しい話題に移るときのことば。そこで。「―新しい提案があります」

**それどころか**（接）その程度ですむどころか。「話を聞かない。―いねむりまではじめた」

**それとなく**（副）それとはっきり言わないで、遠まわしに。それとはなしに。「―注意する」

**それとも**（接）または。あるいは。もしくは。「行きますか、―やめますか」

**それなり** ━（名）それ相応に評価できること。それはそれとして。「―の効果」「―に理解できる」 ━（名・副）そのまま。それっきり。「―音沙汰《おとさた》がない」

**それに**（接）そのうえ。それに加えて。「寒気《さむけ》がする。―頭もいたい」

**それはさておき**【それはさて置き】わき道にそれた話を本筋にもどすときに用いることば。ところで。閑話《かんわ》休題。

**そ・れる**〖◇逸れる〗（自下一）{レ・レ・レル・レル・レレ・レロ(レヨ)} ❶本来の道筋からはずれる。「話がわき道へ―」 ❷ねらいがはずれて別の方向へ行く。「弾《たま》が―」 ❸調子がはずれる。「歌の音程が―」

**ソれん**〔ソ連〕（名）〘歴〙→ソビエトれんぽう

**ソロ**〔イタリア solo〕（名）❶〘音〙独唱。独奏。独奏曲。「ピアノ―」 ❷単独ですること。「―ホームラン」

**そろい**〖△揃い〗 ━（名）❶そろうこと。全部そろったもの。「みなさまお―です」「不―《ふぞろい》」 ❷衣服などの布地・仕立てなどが同じであること。「お―の洋服」 ━（接尾）いくつかで一組になっているものを数えることば。「ひと―の学用品」

**-ぞろい**〖△揃い〗（接尾）（体言について）そのようなものがそろっているという意を表す。「力作―」

**そろいぶみ**【そろい踏み】〖△揃い踏み〗（名）すもうで、力士が土俵に並び、しこをふむこと。「三役―」

**そろいもそろって**〖△揃いも△揃って〗同類のものばかり集まったことをあきれていうようす。「―意気地《いくじ》なしだ」使い方〉多く、悪い意味合いで用いる。

**そろう**【疎漏・粗漏】（名・形動ダ）いいかげんで、手抜《てぬ》かりのあること。「―のないように」

**そろ・う**〖△揃う〗（自五）{ワ(オ)・イ(ッ)・ウ・ウ・エ・エ} ❶物の形や状態・程度、人の動作などが同じになる。一致《いっち》する。「長さが―」「列が―」「足なみが―」 ❷必要なものや人が全部集まる。「条件が―」「全員が―」

**そろ・える**〖△揃える〗（他下一）{エ・エ・エル・エル・エレ・エロ(エヨ)} ❶物の形や状態・程度、人の動作などを同じにする。「毛先を―」「口を―・えて言う」 ❷必要なものや人を全部集める。「書類を―」「証拠《しょうこ》を―」「人員を―」 ❸きちんと並べる。「脱いだ靴《くつ》を―」

**そろそろ**（副）❶静かにゆっくりと行うようす。「―（と）歩く」 ❷まもなく。やがて。「―試合の始まる時間だ」

**ぞろぞろ**（副）❶大勢続いて行くようす。「―（と）ついて行く」 ❷着ている物を引きずって行くようす。「着物のすそを―（と）引きずる」

**そろばん**〖◇算盤〗（名）❶中国や日本などで使われる計算道具。横長の枠《わく》の中にならんだ玉を上下させて計算をする。❷損得の勘定《かんじょう》。「―が合わない（＝採算がとれない）」

**算盤ずく** 何事も損得を計算して、損をしないようにすること。計算ずく。「―で事にあたる」

**算盤を弾《はじ》く** ❶そろばんを使って計算する。❷損得の計算をする。「どのくらい利益が出るか―」

**ぞろめ**【ぞろ目】（名）二つのさいころを振《ふ》ったとき、同じ目が出ること。

**ソロモンしょとう**〔ソロモン諸島〕〔Solomon Islands〕〘地名〙南太平洋上の多数の島からなる立憲君主国。首都はガダルカナル島のホニアラ。

**ぞろり**（副）❶多くのものがつながっているようす。ぞろぞろ。「人が―と並ぶ」 ❷着物を長く引きずるように、また、くずした感じに着ているようす。

**そわそわ**（副・自スル）気持ちや態度が落ち着かないようす。「―（と）した態度」

**そん【存】** 6画 子3 小6 音ソン・ゾン 一ナ才冇存存

❶物がある。目の前にある。いる。◆存在・存続・存廃《そんぱい》・存否・存亡・存立◆依存《いそん・いぞん》・既存《きそん・きぞん》・現存《げんそん・げんぞん》・生存。対亡。❷たもつ。◆存命◆温存・保存。❸(「ゾン」と読んで)考える。考え。思う。◆存外・存分◆異存・一存・所存

**そん【村】** 7画 木3 小1 音ソン 訓むら 一十才木村村村

❶むら。むらざと。いなか。◆村落◆寒村・漁村・山村・農村。❷地方公共団体の中で最小のもの。◆村議会・村長・村有地◆市町村

**そん【孫】** 10画 子7 小4 音ソン 訓まご 了孑孖孫孫

まご。子の子。同じ血すじの子。◆外孫《がいそん》・玄孫《げんそん》・皇孫・子孫・曽孫《そうそん》・嫡孫《ちゃくそん》・末孫《まっそん・ばっそん》

**そん【尊】** 12画 寸9 小6 音ソン 訓たっとい・とうとい・たっとぶ・とうとぶ 䒑㒸酋尊尊

❶たっとい。とうとい。◆尊厳・尊大◆至尊・唯我独尊《ゆいがどくそん》。対卑《ひ》。❷たっとぶ。とうとぶ。◆尊敬・尊称《そんしょう》・尊崇《そんすう》・尊重◆自尊心。対卑。❸他人を敬うことばとして使う。◆尊顔・尊父・尊名。❹仏。仏像。◆釈尊《しゃくそん》・不動尊・本尊《ほんぞん》

**そん【損】** 13画 扌10 小5 音ソン 訓そこなう中・そこねる中 扌扣捐揖損

❶そこなう。きずつける。◆損壊《そんかい》・損傷・損料◆汚損《おそん》・毀損《きそん》・破損。❷へらす。利益をうしなう。◆損益・損害・損金・損失・損得◆欠損。対得

**そん【損】**(名・形動ダ) ❶不利益をこうむること。「株で―をする」「多額の―を出す」❷ついやした努力がむくわれないこと。「―な性格」「心配して―をした」《対得》

**そん【遜】** 13画 辶10 音ソン 子孫孫孫遜遜

❶へりくだる。ゆずる。◆謙遜《けんそん》・不遜。❷およばない。おとる。◆遜色。参考常用漢字表には「遜(14画)」と「遜(許容字体)」とが示されている。

**ぞん【存】**→そん(存)

**そんえい【村営】**(名) 村が経営すること。

**そんえき【損益】**(名) 損失と利益。「―勘定《かんじょう》」類損得

**そんかい【村会】**(名) 村会議員で構成する、村の政治などを決める議決機関。村議会。

**そんかい【損壊】**(名・自他スル) こわれくずれること。そこないこわすこと。「家屋の―」

**そんがい【損害】**(名) 事故や災害などで受ける不利益や金銭的損失。「―をこうむる」「―賠償《ばいしょう》」

**ぞんがい【存外】**(名・副・形動ダ) 思いのほか。案外。「試験は―やさしかった」

**そんがん【尊顔】**(名) 相手の顔を敬っていうことば。「ご―を拝する」

**そんき【損気】**(名) 損を招く性質。「短気は―」

**そんきょ【△蹲△踞】**(名・自スル) ❶うずくまること。❷すもうや剣道《けんどう》で、向きあって礼をする姿勢。腰《こし》をおろし、両ひざを開いてつま先立ち、背筋《せすじ》をのばす。「―の姿勢をとる」❸むかし、身分の高い人が通りかかったとき、ひざをついてうずくまり、頭を下げた礼。

**そんけい【尊敬】**(名・他スル) 他人の人格や行為《こうい》をりっぱだと思い、敬うこと。「―の念を抱《いだ》く」

**そんけいご【尊敬語】**(名)《文法》敬語の一種。話し手が、相手や目上の人の動作・状態などを敬う気持ちを表すことば。動詞「言う」に対する「おっしゃる」、「行く」「来る」などに対する「いらっしゃる」、助動詞「れる」「られる」など。

**そんげん【尊厳】**(名・形動ダ) とうとくおごそかなこと。「生命の―」

**そんげんし【尊厳死】**(名) 人間の尊厳を保った死。死に臨んで延命《えんめい》のための治療《ちりょう》を断り、自然のまま死を受け入れること。

**そんざい【存在】**(名・自スル) ❶物があること。人がいること。また、そのある物やいる人。「―価値」「目立たない―」❷哲学《てつがく》で、現実をこえたところの根本にあること。また、あるもの。対当為《とうい》

**ぞんざい**(形動ダ){ダロ・ダッ(デ・ニ)・ダ・ナ・ナラ・○} やり方が乱暴でいいかげんなようす。投げやり。「―な口のきき方」

**そんざいかん【存在感】**(名) 現実にそこにいる、あるということを強く思わせる感じ。「―のある役者」

**ぞんじ【存じ】**(名) 知っていること。「ご―ですか」
使い方 ふつう、上に「ご」をつけて使う。

**ぞんじあ・げる【存じ上げる】**(他下一){ゲ・ゲ・ゲル・ゲル・ゲレ・ゲロ(ゲヨ)}「知る」「思う」の謙譲《けんじょう》語。「お名前は―・げております」

**そんしつ【損失】**(名) 財産や利益を失うこと。損をすること。また、その損。「多大な―」類損害

**そんしょう【尊称】**(名) 尊敬の気持ちを表すためにつける呼び名。類敬称

**そんしょう【損傷】**(名・自他スル) こわれ、傷つくこと。また、こわし、傷つけること。破損。「車を―する」

**そんしょく【遜色】**(名) おとっているようす。見おとり。ひけめ。「ほかとくらべて―がない」

**そんじょそこら**『そんじょ△其◇処ら』(代)「そこら」を強めていう語。「―の品物とはちがう」

**そん・じる【損じる】**{ジ・ジ・ジル・ジル・ジレ・ジロ(ジヨ)} 一(自上一) いたむ。こわれる。二(他上一) ❶いためる。こわす。❷悪くする。そこなう。「健康を―」「きげんを―」❸(動詞の連用形について)しくじる。…しそこなう。「書き―」

**ぞん・じる【存じる】**(自上一){ジ・ジ・ジル・ジル・ジレ・ジロ(ジヨ)} ❶「考える」「思う」の謙譲《けんじょう》語。「お目にかかりたいと―・じます」❷「知る」「承知する」の謙譲語。「少しも―・じませんでした」

**そんすう【尊崇】**(名・他スル) 尊いものとして、あがめること。崇拝。「神仏を―する」

**そん・する【存する】**{シ(セ・サ)・シ・スル・スル・スレ・シロ(セヨ)} 一(自サ変) ある。存在する。生存する。残る。「記憶《きおく》に―」二(他サ変) 保つ。残しとどめる。「旧態を―」

**そん・する【損する】**（他サ変）{シ(セ・サ)・シ・スル・スル・スレ・シロ(セヨ)} ❶不利益をこうむる。「相場で—」❷努力などがむだに終わる。「心配して—・した」《対得する》

**そん・ずる【損ずる】**（自他サ変）{ジ(ゼ)・ジ・ズル・ズル・ズレ・ジロ(ゼヨ)} →そんじる

**ぞん・ずる【存ずる】**（自サ変）{ジ(ゼ)・ジ・ズル・ズル・ズレ・ジロ(ゼヨ)} →ぞんじる

**そんぞく【存続】**（名・自他スル）引き続いて存在すること。また、続けて残しておくこと。「会の—に力をそそぐ」対廃止《はいし》

**そんぞく【尊属】**（名）父母・祖父母・おじ・おばなど、血のつながりのある目上の人。対卑属《ひぞく》

**そんだい【尊大】**（名・形動ダ）おごりたかぶること。いばってえらそうなようす。「—な態度」

**そんたく【『△忖度』】**（名・他スル）他人の気持ちや考えをおしはかること。推察。「相手の気持ちを—する」

**そんち【存置】**（名・他スル）今ある制度や設備を、そのまま残しておくこと。「研究所を—する」対廃止《はいし》

**そんちょう【村長】**（名）地方公共団体としての村の長。村の行政の最高責任者。

**そんちょう【尊重】**（名・他スル）価値を認めてたいせつにあつかうこと。「少数意見を—する」

**そんどう【村道】**（名）❶村の道。❷村のおかねで造り、維持《いじ》・管理している道路。

**そんとく【損得】**（名）損失と利益。損か得か。「—抜《ぬ》きで引き受ける」類損益

**そんな**（形動ダ）{ダロ・ダッ(デ・ニ)・ダ・△・ナラ・○} そのような。そういう。「—ことはない」「—人は知らない」⇩おなじ 文法

**ぞんねん【存念】**（名）いつも心にとめて忘れないこと。いつも思っていること。考え。「—を申せ」

**そんのう【尊王・尊皇】**（名）天皇を尊び、天皇中心に考えること。「—の志士」

**そんのうじょうい【『尊王△攘△夷』】**（名）《歴》天皇を尊び、外国人を追いはらおうとした、江戸《えど》時代末期の思想。

**そんぱい【存廃】**（名）施設《しせつ》・制度などを、残しておくか廃止《はいし》するかということ。「制度の—を検討する」

**そんぴ【存否】**（名）あるかないか、いるかいないか、生きているかどうか、無事かどうかということ。

**そんぴ【尊卑】**（名）尊いことと、いやしいこと。

**ゾンビ**〔英 zombie〕（名）呪術《じゅじゅつ》などの力で、死体のままよみがえった人間。

**そんぷ【尊父】**（名）他人の父を敬っていうことば。

**そんぷうし【村夫子】**（名）いなかの学者。いなかの物知り。また、見識のせまい学者をけいべつして言うことば。「—然とした人」

**ソンブレロ**〔スペイン sombrero〕（名）スペインやメキシコなどでかぶる、まるい大きなつばのついた帽子《ぼうし》。

**ぞんぶん【存分】**（副・形動ダ）思いのまま、じゅうぶんにするようす。「思う—遊んだ」「—に楽しむ」

**そんぼう【存亡】**（名）存在し続けるかほろびるかということ。「危急—のとき」

**ぞんめい【存命】**（名・自スル）生きていること。生存。「父の—中はお世話になりました」類在世《ざいせい》

**そんもう【損耗】**（名・自他スル）減ること。減らすこと。「タイヤが—する」参考もとの読みは「そんこう」。

**そんらく【村落】**（名）山村・農村などの集落。むら。むらざと。「—共同体」

**そんりつ【存立】**（名・自スル）組織・制度などがほろびないで、成り立ってゆくこと。「—があやぶまれる」

**そんりつ【村立】**（名）村の経費で設立・維持《いじ》すること。

**そんりょう【損料】**（名）物を借りたときにはらうおかね。かりちん。使用料。

## た タ

**た【太】**→たい(太)

**た【他】** 5画 イ3 小3 音タ 訓ほか

ノ イ 仆 付 他

❶ほか。ほかの。べつの。◆他意・他界・他郷・他国・他日・他人・他方・他用。❷ほかの人。◆他言《たごん》・他殺・他薦《たせん》・他力 ◆自他・排他《はいた》。対自

**た【他】**（名）❶ほか。別の物事。「—に例を見ない」❷自分以外の人。他人。「—を責める」

**た【多】** 6画 夕3 小2 音タ 訓おおい

ノ ク タ 多 多 多

数や量がおおい。たくさん。◆多額・多芸・多言《たげん・たごん》・多才・多謝・多種・多少・多数・多勢《たぜい》・多大・多年・多量 ◆雑多。対少・寡《か》

**た【多】**（名）数が多いこと。

**多とする** りっぱだとみとめてほめる。また、大いに感謝する。「彼《かれ》の努力を—」「好意を—」

**た【汰】** 7画 氵4 音タ

丶 丶 氵 氵 汁 汏 汰

水で洗い流す。不用のものを除いてよりわける。◆沙汰《さた》・淘汰《とうた》

**た-**（接頭）動詞・形容詞の上につけて調子を強めたり、ととのえたりする。「—ばかる」「—やすい」

**た【手】**「て」の変化した形。名詞や動詞の上につけて、手に関する複合語をつくる。「—づな」「—ばさむ」

**た【田】**（名）稲《いね》を植えるために耕した土地。たんぼ。

**た**（助動）{タロ・○・タ・タ・タラ・○} ❶過ぎたことがらを表す。「きのう山に行っ—」❷ことがらが終わったことを表す。「今、書き終え—」❸終わった結果が引き続いていることを表す。「はき清め—庭」❹未来のある時点で起こることを表す。「彼《かれ》が来**たら**始めよう」⇩たら(三)。❺状態を表す。「曲がっ—針」❻（「だった」「ていた」などの形で）発見や思い出しを表す。「明日はテストだっ—」「ここにあっ—」❼動作をうながす意を表す。「どい—どい—」文法活用語の連用形につく。ガ・ナ・バ・マ行の五段活用動詞につくときは「だ」とにごる。「澄《す》んだ水」

**だ【打】** 5画 扌2 小3 音ダ 訓うつ

一 十 才 扌 打

❶うつ。たたく。◆打撃《だげき》・打診《だしん》・打倒《だとう》・打破・打撲《だぼく》 ◆殴打《おうだ》・痛打・乱打。❷その動作をする意味を表す語。◆打開・打算。❸野球でボールをうつ。◆打球・打者・打数・打率 ◆安打・代打・長打・本塁打《ほんるいだ》・連打。❹ダースのあて字。

**だ【妥】** 7画 女4 音 ダ ノ 𠂊 ⺤ 妥 妥 妥
おちつく。おちつかせる。おだやか。◆妥協・妥結・妥当

**だ【唾】** 11画 口8 音 ダ 訓 つば 口 口 唾 唾 唾 唾
つば。つばをはく。◆唾液・唾棄《だき》。参考 特別に、「固唾」は「かたず」と読む。「唾」は「つばき」とも読む。
⇩付録「漢字の筆順㉛垂」

**だ【蛇】**↓じゃ(蛇)

**だ【堕】** 12画 土9 〔墮〕 音 ダ 阝 阝 阝 随 随 堕
おとす。おちる。おちいる。◆堕胎《だたい》・堕落

**だ【惰】** 12画 忄9 音 ダ 忄 忄 忙 惰 惰 惰
❶おこたる。なまける。しまりがなくなる。◆惰弱・惰眠《だみん》◆勤惰・怠惰《たいだ》。❷今までの状態が続くこと。◆惰性・惰力

**だ【駄】** 14画 馬4 音 ダ ｢ ｢ 馬 馬 駄 駄
❶馬の背に荷物をのせる。◆駄賃・駄馬◆荷駄《にだ》。❷ねうちがない。つまらない。◆駄菓子《だがし》・駄犬・駄作・駄文・駄弁・駄本◆無駄。❸はきもの。◆足駄《あしだ》・下駄《げた》・雪駄《せった》 ⇩付録「漢字の筆順㊳馬」

**だ** (助動) 一 {ダロ・ダッ(デ)・ダ・ナ・ナラ・○} はっきり言い切る意味(断定)を表す。「それは私の意見―」「私がしたのではない」「それはほんとうのことなのか」 文法 主として、体言や助詞「の」につく。 二 {ダロ・○・ダ・ダ・ダラ・○} 助動詞「た」の変化した形。⇩た(助動) 文法

**たあいな・い** (形) {カロ・カッ(ク)・イ・イ・ケレ・○} ↓たわいない

**ダーク** 〔英 dark〕 (名・形動ダ) 色調が黒っぽいこと。また、色調や受ける印象などが暗いようす。「―スーツ」「―グレー」「―なイメージ」

**ダーク-ホース** 〔英 dark horse〕 (名) ❶競馬で、実際の力はわからないが、強そうにみえる馬。❷実力はわからないが、強そうな競争者。「―的存在」

**ターゲット** 〔英 target〕 (名) 標的。また、ねらいをつける目標。「―をしぼって商品を宣伝する」

**ダース** (名・接尾) 一二個を一組として品物を数える単位。「鉛筆《えんぴつ》を一―買う」▽英 dozen から。参考「打」と漢字をあてて書くこともある。

**タータン** 〔英 tartan〕 (名) いくつかの色を組み合わせた、スコットランドに古くから伝わる格子《こうし》じまの織物。また、その格子じま。「―チェック」

**ダーツ** 〔英 darts〕 (名) ❶洋裁で、布を立体的に仕上げるために、三角(矢のようなかたち)につまんで縫《ぬ》った部分。❷的《まと》に矢(=ダート)を投げて得点を競《きそ》う室内ゲーム。

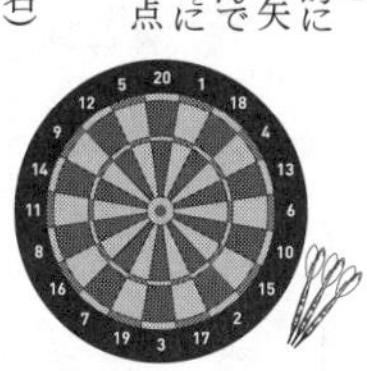

(ダーツ②)

**タートルネック** 〔英 turtleneck〕 (名) セーターなどの、首に沿って折り返す筒状《つつじょう》の高いえり。とっくり。参考「かめの首」の意。

**ターニング-ポイント** 〔英 turning point〕 (名) 変わり目。転機。分岐《ぶんき》点。「人生の―」

**ターバン** 〔英 turban〕 (名) インド人やイスラム教徒の男性が頭にまく布。また、それに似た形の女性の帽子《ぼうし》。

(ターバン)

**ダービー** 〔Derby〕 (名) ❶イギリスのロンドン郊外《こうがい》で毎年行われるサラブレッド三歳《さい》馬の競馬。ダービーは、創始者である伯爵《はくしゃく》の名。「日本ダービー」はこれにならって日本で行う競馬。❷首位を争うこと。「ホームラン―」

**タービン** 〔英 turbine〕 (名) 蒸気や水の力で羽根のついた軸《じく》を回転させ、動力をえる原動機。「ガス―」

**ターボ** 〔英 turbo〕 (名) (「ターボチャージャー」の略)内燃機関で、排気《はいき》ガスを利用してタービンを回し、シリンダー内に燃料と空気を送り、出力を高める装置。

**ターミナル** 〔英 terminal〕 (名) ❶飛行場で、航空管制塔《かんせいとう》・税関など中心になる施設《しせつ》が集まっている所。ターミナルビル。❷列車・バスなどの終点。また、交通機関が多く集まり発着する所。「―デパート」❸端子《たんし》。❹端末。端末機。

**ターミナル-ケア** 〔英 terminal care〕 (名) 《医》終末期医療《いりょう》。末期がんなどで治る見込《みこ》みがない患者《かんじゃ》に対して、苦痛や不安をやわらげ、安らかで充足《じゅうそく》した最期をむかえられるよう行う看護・医療。

**タール** 〔英 tar〕 (名) 《化》石炭・木材などを、空気を入れずに熱したときにできる黒色の粘液《ねんえき》。木タール・コールタールなど。

**ターン** 〔英 turn〕 (名・自スル) ❶回ること。回転。「―テーブル」❷進路を変えること。「U―」❸水泳で、プールのはしで折り返すこと。「クイック―」

**たい【大】**↓だい(大)

**たい【太】** 4画 大1 小2 音 タイ・タ 訓 ふとい・ふとる 一 ナ 大 太
❶大きい。ふとい。◆太鼓《たいこ》・太陽◆丸太《まるた》。❷はなはだしい。ひじょうに。◆太古・太平。❸最上の位にあるもの。◆太后《たいこう》・太子・太守。参考 特別に、「太刀」は「たち」と読む。

**たい【代】**↓だい(代)

**たい【台】**↓だい(台)

**たい【対】** 7画 寸4 小3 〔對〕 音 タイ・ツイ 中 ュ ナ 文 文 対 対
❶むかいあう。◆対岸・対局・対決・対抗《たいこう》・対座・対称《たいしょう》・対照・対戦・対談・対等・対比・対面・対立・対話◆絶対・相対・敵対・反対。❷こたえる。◆応対。❸(ツイと読んで)二つそろって一組をなすもの。ひとそろい。◆対句《ついく》◆一対《いっつい》

**たい【対】** 一 (名) ❶たがいに優劣《ゆうれつ》・上下の差がないこと。対等。「―で戦う」❷試合・勝負などの相手であることを示す。「赤組―白組」❸(ふたつの数の間に挟《はさ》んで)比を表す。「得点は5―3」 二 (接頭) 「…に対する」の意を表す。「―前年比」

たい【体】7画 亻5 小2 〔體〕 音タイ・テイ中 訓からだ
❶（タイと読んで）㋐からだ。◆体温・体格・体軀《たいく》・体質・体操・体力◆遺体・身体・人体・肉体。㋑はたらきの中心になるもの。もと。◆実体・主体。㋒きまったかたち。かた。◆体系・体制◆字体・政体・文体。㋓もの。一定の形をもったもの。◆体積◆液体・気体・固体。❷（テイと読んで）ようす。外観。◆体裁◆人体《にんてい》・風体
亻 仁 什 休 休 体

たい【体】㊀（名）❶人間のからだ。身体。「―をかわす」「―をあずける」❷そのものとして必要な、まとまったかたち。「会議の―をなさない」❸もととなるもの。本体。実体。「名は―を表す」㊁（接尾）神仏の像や遺体などを数えることば。「仏像一―」

たい【耐】9画 而3 音タイ 訓たえる
❶もちこたえる。◆耐火・耐久・耐震《たいしん》・耐水・耐熱。❷こらえる。がまんする。◆耐寒・耐乏《たいぼう》◆忍耐《にんたい》
一 ア 丙 而 耐 耐

たい【待】9画 彳6 小3 音タイ 訓まつ
❶まつ。まちのぞむ。◆待機・待避《たいひ》・待望◆期待。❷もてなす。◆待遇《たいぐう》◆歓待《かんたい》・招待・接待
彳 彳 彳 往 待 待

たい【怠】9画 心5 音タイ 訓おこたる・なまける
おこたる。なまける。たるむ。◆怠業・怠惰《たいだ》・怠納・怠慢《たいまん》◆倦怠《けんたい》
厶 厶 台 台 怠 怠

たい【胎】9画 月5 音タイ
❶子を腹にやどす。みごもった子。◆胎教・胎児・胎生◆懐胎《かいたい》・受胎。❷子をやどすところ。◆胎内・胎盤《たいばん》◆母胎。❸はじめ。きざし。◆胎動
丿 月 月 肊 肸 胎

たい【退】9画 辶6 小6 音タイ 訓しりぞく・しりぞける
❶うしろへさがる。しりぞける。◆退却《たいきゃく》・退散・退治◆撃退《げきたい》・後退・撤退《てったい》・敗退。対進。❷その場からはなれる。去る。◆退院・退去・退出・退場・退席・退避《たいひ》◆早退。❸やめる。◆退位・退学・退職・退陣《たいじん》◆引退・辞退・脱退《だったい》・中退・勇退。❹おとろえる。へる。◆退化・退歩◆減退・衰退《すいたい》。参考特別に、「立ち退く」は「たちのく」と読む。
ㄱ ㅋ 艮 艮 退 退

たい【帯】10画 巾7 小4 〔帶〕 音タイ 訓おびる・おび
❶おび。物にまきつける細い布。◆衣帯・眼帯・包帯。❷おび状の地域。◆一帯・温帯・寒帯・地帯・熱帯。❸おびる。身につける。◆帯電・帯刀◆携帯《けいたい》。❹ともなう。ともなうものとしてもつ。◆帯同◆妻帯・所帯・付帯・連帯
一 十 卄 卅 芇 帯

たい【泰】10画 氺5 音タイ
❶やすらか。おだやか。◆泰然・泰平◆安泰。❷はなはだしい。◆泰西
三 夫 夫 泰 泰 泰

たい【堆】11画 土8 音タイ
うずたかく盛り上げる。また、うずたかく盛り上げたもの。◆堆積・堆肥《たいひ》 ⇩付録「漢字の筆順㉜隹」
土 圹 圹 圹 堆 堆

たい【袋】11画 衣5 音タイ高 訓ふくろ
ふくろ。いれもの。◆風袋・郵袋。参考特別に、「足袋」は「たび」と読む。
亻 代 代 岱 岱 袋

たい【逮】11画 辶8 音タイ
およぶ。おいかける。つかまえる。◆逮捕《たいほ》
ㅋ 尹 隶 隶 逮 逮

たい【替】12画 曰8 音タイ 訓かえる・かわる
かえる。とりかえる。いれかわる。◆交替・代替。参考特別に、「為替」は「かわせ」と読む。
二 夫 夫 夫 扶 替

たい【貸】12画 貝5 小5 音タイ中 訓かす
おかねや物をかす。◆貸借・貸与《たいよ》◆賃貸。対借
亻 仁 代 岱 貸 貸

たい【隊】12画 阝9 小4 音タイ
組をつくった多数の人の集まり。また、統制のとれた兵の集まり。◆隊形・隊商・隊長・隊列◆横隊・楽隊・軍隊・縦隊・入隊・部隊・編隊・本隊・連隊
ㇹ 阝 阝 阼 隊 隊

たい【隊】（名）組織された集まり。「―を組む」

たい【滞】13画 氵10 〔滯〕 音タイ 訓とどこおる
❶物事がはかどらない。とどこおる。つかえる。◆滞貨・滞積・滞納◆延滞・渋滞《じゅうたい》・沈滞《ちんたい》・停滞。❷同じ所にとどまる。◆滞空・滞在・滞日・滞留
氵 氵 汁 泄 泄 滞

たい【態】14画 心10 小5 音タイ
すがた。ようす。ありさま。◆態勢・態度◆旧態・形態・姿態・事態・失態・実態・醜態《しゅうたい》・状態・生態
自 自 能 能 態 態

たい【戴】17画 戈13 音タイ
❶頭の上に物をのせる。◆戴冠式《たいかんしき》◆不倶戴天《ふぐたいてん》。❷ありがたくいただく。おしいただく。◆推戴・頂戴《ちょうだい》・奉戴《ほうたい》 ⇩付録「漢字の筆順⑴弋〔戈〕」
土 亩 査 査 戴 戴

たい『鯛』（名）〔動〕タイ科の魚の総称《そうしょう》。特に、まだいをさすことが多い。沿岸の少し深い所にすむ。からだがひらたく、多くはうす紅色。味がよくて美しく、「めでたい」に音が通じるため、お祝いの料理などに使う。

**鯛の尾《お》より鰯《いわし》の頭《あたま》** 大きい集団の低い地位にいるより、小さい集団でもその長になるほうがよいというたとえ。類鶏口《けいこう》となるも牛後《ぎゅうご》となるなかれ

たい【他意】（名）❶他人にはかくしているほかの考え。「別に―はありません」❷裏切りの心。ふたごころ。

たい（助動）〔タカロ・タカツ（タク）・タイ・タイ・タケレ・○〕希望・願望を表す。「海に行

き—」「本を読み—」「ぜひ会いたかった」文法 動詞および動詞型活用の助動詞の連用形につく。

**タイ**〔英 tie〕(名) ❶ネクタイ。「—ピン」❷記録・得点が同じであること。「—記録」❸《音》同じ高さの二つの音符《おんぷ》を結び、一音で演奏することを示す記号。

**タイ**〔Thai〕【地名】インドシナ半島の中央部にある立憲君主国。むかしシャムといった。首都はバンコク。

**だい【大】** 3画 大0 小1 音 ダイ・タイ 訓 おお・おおきい・おおいに　一 ナ 大

❶おおきい。おおきな。◆大火・大海・大金・大地・大輪《たいりん・だいりん》 ◆拡大・巨大《きょだい》・強大・最大・壮大《そうだい》・特大・肥大・雄大《ゆうだい》。対小。❷すぐれている。まさっている。◆大家《たいか》・大器・大成 ◆偉大《いだい》。❸はなはだしい。ひじょうな。◆大吉《だいきち》・大凶《だいきょう》・大慶《たいけい》・大敗・大病・大漁 ◆甚大《じんだい》・盛大・絶大。❹だいたい。おおかた。◆大意・大概《たいがい》・大勢《たいせい》・大体・大抵《たいてい》・大略。❺最高位の。◆大将《たいしょう・だいしょう》・大臣・大僧正《だいそうじょう》・大納言《だいなごん》。❻ことばの上につけてうやまう意を表す。◆大王・大兄《たいけい》。❼「大学」の略。◆大卒 ◆女子大・私立大・短大。参考 特別に、「大人」は「おとな」とも読む。「大和」は「やまと」と読む。

**だい【大】**一(名) ❶おおきいこと。おおきいもの。「声を—にする」対小。❷程度がはなはだしいこと。「可能性は—だ」⇩だいの。❸一か月が陰暦《いんれき》で三〇日、陽暦で三一日ある月。「—の月」対小。二(接頭) ❶形・規模・数量などがおおきい意を表す。「—回転」「—都市」❷りっぱである意、またうやまう意を表す。「—作家」「—先輩《せんぱい》」❸状態・程度がはなはだしい意を表す。「—好き」「—損害」三(接尾) ほぼそのおおきさである意を表す。「実物—」「等身—」

**大なり小《しょう》なり** 大小などの程度の差があっても。大小にかかわらず。「みんな—夢をもっている」

**大の虫《むし》を生《い》かして小《しょう》の虫《むし》を殺《ころ》す** 大事なことを生かすためには、小さなことを犠牲《ぎせい》にする。

**大は小《しょう》を兼《か》ねる** 大きいものは小さいものの代わりとしても使える。

**だい【内】**→ない(内)

**だい【代】** 5画 亻3 小3 音 ダイ・タイ 訓 かわる・かえる・よ・しろ 中　ノ 亻 仁 代 代

❶かわる。かえる。かわり。◆代行・代謝《たいしゃ》・代診《だいしん》・代筆・代弁・代用・代理 ◆交代《こうたい》・総代・名代《みょうだい》。❷商品や労力に対して支払《しはら》うおかね。◆代金・代償《だいしょう》 ◆地代。❸家や位をついで、その地位にある間。◆初代・世代・先代・累代《るいだい》・歴代。❹時世。歴史上の一区切り。◆近代・現代・古代・時代・上代・当代

**だい【代】**一(名) ❶位や家などを受け継《つ》いでその地位にある期間。また、世代。「—が替《か》わる」「孫子《まごこ》の—」❷代金。「お—は結構です」「タクシー—」二(接尾) ❶年代・年齢《ねんれい》のだいたいの範囲《はんい》を表す。「一九九〇年—」「二〇—の若者」❷位や家などを受け継いだ順番を表す。「八—将軍」

**だい【台】** 5画 口2 小2 〔臺〕 音 ダイ・タイ　ノ ム 厶 台 台

❶(ダイと読んで)㋐高くて四方がよく見通せる建物。◆灯台・楼台《ろうだい》。㋑高くたいらな所。◆台地 ◆高台《たかだい》。㋒物をのせるもの。◆台座・台車 ◆縁台《えんだい》・鏡台・燭台《しょくだい》・寝台《しんだい》。㋓もとになるもの。◆台紙・台帳・台本 ◆土台。❷(タイと読んで)㋐あらし。◆台風。㋑もたげる。◆台頭

**だい【台】**一(名) ❶物をのせたり人がのったりする、平たいもの。「—の上にあがる」❷基礎《きそ》・土台となるもの。「ケーキの—」二(接尾) ❶車や機械などを数えることば。「バス二—で行く」❷値段・年齢《ねんれい》・数量などのだいたいの範囲《はんい》を表す。「三万円—」

**だい【弟】**→てい(弟)

**だい【第】** 11画 竹5 小3 音 ダイ　⺮ 笁 笃 笃 第 第

❶物事の順序。◆次第《しだい》。❷試験。◆及第《きゅうだい》・落第

**だい-【第】**(接頭) 順序を表す。「—一次」「—三者」「—二巻」

**だい【題】** 18画 頁9 小3 音 ダイ　早 早 是 是 題 題

❶書物の巻頭の文字。見出し。◆題言《だいげん》・題字・題辞・題名・題目 ◆外題《げだい》・主題・副題。❷解決を求められていることがら。◆課題・議題・宿題・出題・難題・命題・問題

**だい【題】**一(名) ❶文章・書物などの内容や主題を短いことばで示したもの。題名。「作品に—をつける」❷和歌・俳句などで、それを詠《よ》みこむように与《あた》えられたことがら。「今月のお—」二(接尾) 問題を数えることば。「全部で五—」

**ダイアグラム**(名) →ダイヤグラム

**たいあたり【体当たり】**(名・自スル) ❶勢いよくからだごと相手にぶつかること。「敵に—する」❷もっている力をふりしぼって取りくむこと。「—の演技」

**タイアップ**〔英 tie-up〕(名・自スル) 人や会社の組織などが結びついて、協同で物事をすること。提携《ていけい》。「他社と—する」

**ダイアモンド**(名) →ダイヤモンド

**ダイアリー**〔英 diary〕(名) 日記。

**ダイアル**(名) →ダイヤル

**ダイアローグ**〔英 dialogue, dialog〕(名) 対話。問答。劇や小説などで、二人以上の人物の会話の部分。対 モノローグ

**たいあん【大安】**(名) 陰陽道《おんようどう》で、結婚《けっこん》・旅行などすべてによいとされる日。「—吉日《きちじつ》」

**たいあん【対案】**(名) 相手の案に対して、こちらから出す別の案。「—を示す」

**だいあん【代案】**(名) ある案の代わりに出す案。

**たいい【大意】**(名) だいたいの意味。あらまし。「文章の—をくみとる」

**たいい【体位】**(名) ❶体格・健康・運動能力などをもとにしてみた、からだの状態。「—が向上する」❷から

だの位置。姿勢。

**たいい**【退位】(名・自スル) 天皇・君主が位をしりぞくこと。対即位《そくい》

**だいい**【題意】(名) ❶表題の意味。❷問題の意味。

**たいいく**【体育】(名) ❶じょうぶなからだや運動能力を養うための教育。⇨ちいく・とくいく。❷学校教科の一つ。運動や競技の実技と理論を教える。

**たいいくのひ**【体育の日】(名) 「スポーツの日」の旧称《きゅうしょう》。

**だいいち**【第一】㊀(名) ❶順番の最初。「一試合」❷最もすぐれていること。「一位」❸最もたいせつなこと。「安全一」㊁(副) 何よりもまず。他のことはさておいて。「一あぶなくて仕方がない」

**だいいちいんしょう**【第一印象】(名) 人や物事に接して最初に受ける感じ。「一がよかった」

**だいいちぎ**【第一義】(名) いちばんもとになる考え。いちばんたいせつなことがら。…的「第一義的な問題」

**だいいちじさんぎょう**【第一次産業】(名) 農業・林業・畜産《ちくさん》業・水産業など、自然を利用して原材料や食糧《しょくりょう》を生産する産業。

**だいいちじせかいたいせん**【第一次世界大戦】(名)〔歴〕一九一四(大正三)年から一九一八(大正七)年まで、ドイツ・オーストリアなどの同盟国とイギリス・フランス・ロシア・アメリカ・日本などの連合国が戦った戦争。同盟国側がやぶれた。

**だいいちにんしゃ**【第一人者】(名) その社会・分野の中で、いちばんすぐれている人。「脳外科の一」

**だいいちにんしょう**【第一人称】(名)〔文法〕→じしょう(自称)㊁

**だいいちりゅう**【第一流】(名) ある分野の中で最もすぐれていること。一流。第一級。「一の選手」

**だいいっせん**【第一線】(名) ❶戦場で、敵と直接に相対するところ。最前線。「一で戦う」❷最も実質的で活発な活動をしている場。「一を退《しりぞ》く」

**たいいん**【退院】(名・自スル) 入院していた人が、病気がなおるなどして病院から出ること。対入院

**たいいん**【隊員】(名) 隊に属している人。

**だいいん**【代印】(名・自スル) 本来おすべき人の代わりに、別の人が自分の印をおすこと。また、その印。

**たいいんれき**【太陰暦】(名)〔天〕月のみちかけをもとにして作ったこよみ。新月から新月までを一か月とする。陰暦。対太陽暦

**だいえい**【題詠】(名) 前もって題を決めておいて、詩歌《しいか》・俳句《はいく》を作ること。また、その詩歌・俳句。

**たいえいてき**【退△嬰的】(形動ダ)〔ダロ・ダッ(デ・ニ)・ダ・ナ・ナラ・○〕進んで新しいことにとりくもうとする意欲のないようす。消極的。「一な風潮」

**たいえき**【体液】(名)〔生〕動物の体内をみたしている液体。細胞《さいぼう》に酸素や栄養を運んだり、老廃物《ろうはいぶつ》を運び出したりする。血液・リンパ液など。

**たいえき**【退役】(名・自スル) (将校・准士官《じゅんしかん》が)兵役をしりぞくこと。「一軍人」

**ダイエット**〔英 diet〕(名・自スル) 健康や肥満防止のために、食事の量や種類を制限すること。「一食品」

**だいえん**【大円】(名)〔数〕球を、中心を通る面で切ったとき、切り口に現れる円。対小円

**たいおう**【対応】(名・自スル) ❶二つの物事が、相対する関係にあること。「一する二辺」❷相手の動きや状況《じょうきょう》の変化に応じて物事を行うこと。「一策を練《ね》る」❸両方がたがいにつり合うこと。「収入に一した支出」

**だいおう**【大王】(名) 王を尊敬していうことば。また、偉大《いだい》な王。「閻魔《えんま》一」

**だいおうじょう**【大往生】(名・自スル) 苦しみや心の乱れがなく、安らかに死ぬこと。「一をとげる」

**ダイオード**〔英 diode〕(名) 半導体などで、陽極と陰極《いんきょく》の二極だけを持ったもの。「発光一」

**ダイオキシン**〔英 dioxin〕(名) 有機塩素化合物の一種。毒性《どくせい》が強く分解されにくいので、環境汚染《かんきょうおせん》物質として問題視される。

**たいおん**【体温】(名) からだの温度。「一計」

**だいおんじょう**【大音声】(名) 遠くまでひびきわたるほどの大きな声。おおごえ。「一で名のりをあげる」

**たいか**【大火】(名) 被害《ひがい》が広い範囲《はんい》におよぶ、大きな火事。大火事。「一に見舞《みま》われる」

**たいか**【大家】(名) ❶その分野ですぐれた力があると認められた人。巨匠《きょしょう》。「書道の一」❷大きな家。また、財産や身分のある家。たいけ。「地方の一の出」「一の若だんな」

**たいか**【大過】(名) 大きな失敗。目だったあやまち。「一なく勤《つと》めあげる」使い方 多く、「大過なく」の形で用いる。

**たいか**【大禍】(名) 大きなわざわい。「一にあう」

**たいか**【耐火】(名) 火に燃えにくいこと。高い熱にたえること。「一建築」…性「耐火性の建材」

**たいか**【退化】(名・自スル) ❶進化したものが前の状態にもどること。「能力が一する」❷〔動・植〕生物のからだのある器官が、長く使われなかったためにその働きが衰《おとろ》え、仕組みが簡単になったり、なくなったりすること。人の盲腸《もうちょう》など。「一現象」(対進化)

**たいか**【滞貨】(名・自スル) ❶売れ行きが悪くて、商品がたまること。また、その商品。❷輸送しきれずに、貨物がたまること。また、その貨物。

**たいが**【大河】(名) ❶はばが広く水量の豊かな川。❷規模の大きい長編作品のたとえ。「一ドラマ」

**タイガ**〔ロシア taiga〕(名) シベリアや北アメリカ北部にある針葉樹林帯。シベリアのものをいう場合が多い。

**だいか**【代価】(名) ❶品物のねだん。代金。「一を支払《しはら》う」❷一つのことをするためにひきかえにする犠牲《ぎせい》や損害。「一が高くつく」類代償《だいしょう》

**タイガー**〔英 tiger〕(名)〔動〕→とら(虎)①

**たいかい**【大会】(名) ❶一つの目的で多くの人が集まって催《もよお》す会。「全国柔道《じゅうどう》一」❷ある組織に属している人びとの全体的な会合。「組合一」

**たいかい**【大海】(名) 大きな海。おおうみ。「一の一滴《いってき》(＝広大な所にきわめて小さいものがあること)」

**たいかい**【退会】(名・自スル) はいっている会からしりぞくこと。「一の手続き」対入会

**たいがい**【大害】(名) 大きな損害や災害。

**たいがい**【大概】㊀(名) ❶数が多いものの大部分。

たいてい。「彼《かれ》は―のスポーツをこなす」❷ある物事の大筋となる部分。あらまし。「事件の―」❸適当。ほどほど。いいかげん。「冗談《じょうだん》も―にしろ」㊁（副）全部ではないが大体のところ。たいてい。「休日は―家にいる」参考㊁はかな書きにすることが多い。

**たいがい【対外】**（名）外部や外国に対すること。「―政策」…的「対外的な体面を重んじる」

**たいがい【体外】**（名）からだのそと。「―受精」対体内

**だいがえ【代替え】**（名）他のもので代えること。代わりのもの。代替《だいたい》。「―の品」

**たいかく【体格】**（名）骨格・筋肉・栄養状態など、外から見たからだのかっこう。からだつき。「―がいい」

**たいがく【退学】**（名・自スル）卒業しないうちに学校をやめること。また、やめさせられること。「―者」

**だいがく【大学】**（名）高等学校の上にある、専門の教育を受けるための学校。四年制のものをいうが、短期大学を含《ふく》めていうこともある。

**だいがくいん【大学院】**（名）大学を卒業した人がさらに深い研究をするための機関。修士課程と博士課程がある。

**たいかくせん【対角線】**（名）《数》多角形のとなり合っていない二つの頂点を結ぶ直線。

**だいかつ【大喝】**（名・自スル）大声でどなりつけたり、しかったりすること。「―一声」

**だいがっこう【大学校】**（名）国の行政官庁などの付属機関として置かれる学校。防衛大学校・気象大学校など。学校教育法に定める「大学」には含《ふく》まれない。

**たいかのかいしん【大化の改新】**（名）《歴》六四五（大化元）年に中大兄皇子《なかのおおえのおうじ》・中臣鎌足《なかとみのかまたり》たちが蘇我氏《そがし》をたおし、政治のしくみを天皇中心にあらためた改革。

**だいがわり【代替わり】**（名・自スル）君主・経営者・家のあるじなどが次の代に替わること。

**たいかん【大官】**（名）地位の高い官職。また、その地位の人。「政府の―」

**たいかん【大患】**（名）❶重い病気。大病。❷心配の種になる重大なこと。「国家の―になる」

**たいかん【大観】**㊀（名・他スル）全体を広く見わたすこと。また、見とおすこと。「政局を―する」㊁（名）ひろびろとした雄大《ゆうだい》ながめ。

**たいかん【大鑑】**（名）その部門のことがすべてわかるようにまとめられている本。大全。「囲碁《いご》―」

**たいかん【体幹】**（名）からだの主要な部分。胴体《どうたい》。「―トレーニング」

**たいかん【体感】**（名・他スル）からだに受ける感じ。また、からだで感じること。「―温度」

**たいかん【退官】**（名・自スル）官職をしりぞくこと。

**たいかん【耐寒】**（名）寒さにたえること。「―訓練」…性「耐寒性に優れた園芸品種」

**たいかん【戴冠】**（名・自スル）国王や皇帝《こうてい》が位についたしるしとして、はじめて王冠を頭にのせること。

**たいがん【大願】**（名）大きな望み・願いごと。だいがん。「―がかなう」

**たいがん【対岸】**（名）川や入り江《え》などのむこう岸。

**対岸の火事《かじ》** 自分には被害《ひがい》がおよばないため、傍観《ぼうかん》していられる出来事のたとえ。「この事件は、―として見過ごすことはできない」

**たいがん【対顔】**（名・自スル）人と顔を合わせること。会うこと。対面。

**だいかん【大寒】**（名）二十四節気の一つ。太陽暦《たいようれき》の一月二〇日ごろで、一年中で最も寒い時期とされる。

**だいかん【代官】**（名）❶代理の役人。❷《歴》江戸《えど》時代、幕府がじかに治めている土地で、年貢《ねんぐ》をとりたてたり民政にあたったりした役人。

**だいがん【大願】**（名）→たいがん（大願）

**たいかんしき【戴冠式】**（名）国王や皇帝《こうてい》が位について、はじめて王冠を頭にのせる儀式《ぎしき》。

**たいがんじょうじゅ【大願成就】**（名・自スル）大きな願いごとがかなうこと。「―をいのる」

**だいかんみんこく【大韓民国】**〔地名〕朝鮮半島南部の共和国。北緯《ほくい》三八度線で北の朝鮮民主主義人民共和国と接する。首都はソウル。韓国。

**たいき【大気】**（名）地球を取りまいている空気全体。「―圏《けん》」「―の汚染《おせん》」

**たいき【大器】**（名）（大きい入れ物の意から）人なみすぐれた才能。また、その持ち主。「未完の―」

**たいき【待機】**（名・自スル）いつでも行動できるように準備をして、時機のくるのを待つこと。「自宅―」

**たいぎ【大義】**（名）人として守り実行しなくてはならない根本の道。特に、君主や国に対してはたさなくてはならないつとめ。「―にもとる行い」

**たいぎ【大儀】**㊀（名）重大な儀式。㊁（形動ダ）〔ダロ・ダッ(デ・ニ)・ダ・ナ・ナラ・〇〕❶ほねがおれるようす。めんどうでおっくうなようす。「遊びに行くのも―だ」❷目下の人が苦労してやったことをねぎらうことば。ご苦労。「―であった」

**だいぎ【台木】**（名）❶つぎ木をするとき台にする、根のついたほうの木。❷物の台とする木。

**たいきけん【大気圏】**（名）《天》地球のまわりの空気の存在する範囲《はんい》。気圏。

**たいぎご【対義語】**（名）❶正反対の意味を表すことば。「長い」と「短い」など。類反意語・反義語・反対語。対同義語。❷意味が対《つい》になることば。「男」と「女」、「春」と「秋」など。

**だいぎし【代議士】**（名）選挙で選ばれ、国民の意見を代表して国政にたずさわる人。ふつう、衆議院議員をさす。

**だいきち【大吉】**（名）運勢や縁起《えんぎ》がひじょうにいいこと。対大凶《だいきょう》

**たいきばんせい【大器晩成】**（名）大人物はふつうの人よりもおくれて頭角を現すということ。

**だいきぼ【大規模】**（名・形動ダ）建物・工場などのつくりや工事・事業などのしくみが、おおがかりなこと。「―な工事」対小規模

**たいぎめいぶん【大義名分】**（名）❶人として守らなければならない根本的なつとめや道徳。❷何かをするよりどころとなる、すじの通ったもっともな理由。「―が立つ」

**たいきゃく【退却】**（名・自スル）状況《じょうきょう》が不利に

なってあとへしりぞくこと。「敵が—する」[対]進撃《しんげき》

**たいぎゃく【大逆】**(名) 親や主君を殺すような、人の道にそむく最も悪い行い。だいぎゃく。「—罪」

**たいきゅう【耐久】**(名) 長く持ちこたえられること。「—力」「—レース」[…性]「耐久性に富む家具」

**だいきゅう【代休】**(名) 休日に出勤したり登校したりした場合、そのかわりにとる休み。

**たいきょ【大挙】**[一](名) 大きい計画。[二](名・自スル) 大勢で物事をすること。「—して押《お》しかける」

**たいきょ【退去】**(名・自スル) そこから立ちのくこと。「—命令」「国外に—する」

**たいきょう【胎教】**(名) 胎児によい影響《えいきょう》をあたえるために、妊婦《にんぷ》が精神的な安定を保ち、美しいものを見たり聞いたりすること。「—によい音楽」

**たいぎょう【大業】**(名) 大規模で偉大《いだい》な事業。

**たいぎょう【怠業】**(名・自スル) →サボタージュ①

**だいきょう【大凶】**(名) 運勢や縁起《えんぎ》がひじょうに悪いこと。[対]大吉《だいきち》

**たいきょく【大局】**(名) 広く全体を見渡《みわた》した場合の、物事のなりゆき。「時代の—を見る」[…的]「大局的見地から発言する」

**たいきょく【対局】**(名・自スル) 向かい合って碁《ご》を打ったり、将棋《しょうぎ》をさしたりすること。「昭和の名—」

**たいきょく【対極】**(名) 対立する極。正反対の所。「それと—をなす考え方」[…的]「対極的な立場」

**たいきょくけん【太極拳】**(名) 中国古来の拳法《けんぽう》。深呼吸に合わせて、円を描《えが》くようなゆるやかな動作を行う。健康体操として普及《ふきゅう》している。

**たいきん【大金】**(名) たくさんのおかね。「—を投じる」

**たいきん【退勤】**(名・自スル) 仕事を終えて勤め先を出ること。[対]出勤

**だいきん【代金】**(名) 品物を買ったり仕事をたのんだりしたときに、相手にはらうおかね。「—後払《あとばら》い」

**たいく【体△軀】**(名) からだ。からだつき。「堂々とした—」

**だいく【大工】**(名) 建物を建てたり、なおしたりする職業の人。また、その仕事。「宮—」「日曜—」

**たいくう【対空】**(名) 敵の、空からの攻撃《こうげき》に応じること。「—ミサイル」

**たいくう【滞空】**(名・自スル) 航空機などが空を飛び続けること。「—時間」

**たいぐう【対偶】**(名) ❶二つのもの・ことばなどが一そろいになっていること。つい。そろい。❷〘数〙命題の仮定と結論を否定して入れかえたもの。「AならばBである」という命題に対しての「BでないならばAでない」という命題。

**たいぐう【待遇】**(名・他スル) ❶客などをもてなすこと。応対すること。「手厚い—を受ける」「差別—」「最恵国《さいけいこく》—」❷職場での地位や給料など、つとめている人に対する取りあつかい。「—の改善」

**たいぐうひょうげん【待遇表現】**(名) 話し手が、話し相手や話題の人物に対する気持ちに応じて使い分ける、尊敬・親愛・軽侮《けいぶ》などのことばの表現。

**たいくつ【退屈】**(名・自スル・形動ダ) ❶ひまで時間をもてあますこと。「—しのぎ」❷物事にあきていやになること。つまらないこと。「—な話」

**たいぐん【大軍】**(名) 多数の軍勢。「敵の—」

**たいぐん【大群】**(名) 動物などがたくさん集まってできた大きな群れ。「ねずみの—」

**たいけ【大家】**(名) 財産のある家。また、社会的地位の高い家がら。たいか。「—の坊《ぼっ》ちゃん」

**たいけい【大系】**(名) 同じ種類のものを系統だてて集めた書物。「現代科学—」

**たいけい【大計】**(名) 大きなはかりごと。大計画。「国家百年の—」

**たいけい【大慶】**(名) ひじょうにめでたいこと。「—の至りに存じます」[使い方]おもに手紙文で使う。

**たいけい【体刑】**(名) ❶からだをたたいたりして苦しめるむかしの刑罰《けいばつ》。❷〘法〙罪人を刑務所などに入れて、自由をうばう刑罰。懲役《ちょうえき》・禁錮《きんこ》など。

**たいけい【体系】**(名) ばらばらのものを一つにまとめたもの。特に、一定の考え方によってすじみちをたててまとめた理論や思想の全体。システム。「法律の—」[…化]「体系化された学問」[…的]「体系的に論ずる」

**たいけい【体型・体形】**(名) からだのかたち。からだつき。[参考]一般《いっぱん》に、「肥満型」「やせ型」などというときは「体型」を用い、「整った体形」「体形がくずれる」などには「体形」を用いる。

**たいけい【大兄】**(代) 男性どうしで、同輩《どうはい》、またはやや年長の相手をうやまっていうのに使うことば。あなた。[類]貴兄。[使い方]おもに手紙文で使う。

**だいけい【台形】**(名) 一組の向かい合った辺が平行である四辺形。[参考]もと「梯形《ていけい》」といった。

**たいけつ【対決】**(名・自スル) ❶両者が相対して、どちらが正しいか、どちらがすぐれているかなどを決めること。「両雄《りょうゆう》の—」❷困難な物事などに立ちむかうこと。「巨悪《きょあく》と—する」

**たいけん【体験】**(名・他スル) 自分が実際に経験すること。また、その経験。「貴重な—」「—談」「未—」⇨けいけん(経験)「学習」

**たいけん【帯剣】**(名・自スル) 剣を腰《こし》にさげること。また、腰にさげた剣。

**たいげん【大言】**(名・自スル) えらそうに大きなことを言うこと。思いあがったことば。「—を吐《は》く」

**たいげん【体言】**(名)〘文法〙自立語で活用がなく、主語になることができるもの。名詞の類。

**たいげん【体現】**(名・他スル) 抽象《ちゅうしょう》的・精神的なものを具体的な形に現すこと。「理想を—した人物」[類]具現

**だいけん【大検】**(名) →こうそつにんていしけん

**だいげん【代言】**[一](名・他スル) 本人にかわって意見を述べること。「依頼人《いらいにん》の言い分を—する」[二](名)(「代言人」の略)弁護士の古い言い方。

**だいげん【題言】**(名) 本の巻頭のことばや、石碑《せきひ》・かけじくなどの上に書くことば。題辞。

**たいげんそうご【大言壮語】**(名・自スル) 実際には自分の力ではできないような、大きなことを言うこと。また、そのことば。「彼《かれ》には—の癖《くせ》がある」

**たいげんどめ【体言止め】**(名)〘文〙和歌などで、句や文の終わりを体言で止める表現方法。余情や余

韻《よいん》を生じさせる効果がある。

**たいこ【太古】**（名）おおむかし。はるかに遠いむかし。

**たいこ【太鼓】**（名）打楽器の一つ。木や金属でできた胴《どう》に革などをはり、ばちや手で打ち鳴らすもの。

（太鼓）

**たいご【対語】**（名）意味が正反対、または対《つい》をなすことば。ついご。対義語。「大」と「小」、「兄」と「弟」など。

**たいご【隊△伍】**（名）きちんと隊を組んで並んだ列。隊列。「―を整える」

**たいこう【大功】**（名）おおてがら。「―を立てる」

**たいこう【大綱】**（名）❶根本的なことがら。物事のおおもと。物事のたいせつな所。「―を定める」❷物事のあらまし。おおすじ。「計画の―を発表する」

**たいこう【太△閤】**（名）❶むかし、摂政《せっしょう》・太政《だいじょう》大臣をうやまった呼び名。のち、関白《かんぱく》をやめた人をもいった。❷豊臣秀吉《とよとみひでよし》のこと。

**たいこう【対向】**（名・自スル）たがいに向かい合うこと。「―車」

**たいこう【対抗】**（名・自スル）たがいに競争し合うこと。はり合うこと。「―意識」「クラス―」

**たいこう【対校】**■一（名）学校と学校とが競争し合うこと。「―試合」■二（名・他スル）❶二種類以上の写本をくらべ合わせて、文章の異同を調べること。❷校正刷りと原稿《げんこう》とを照合すること。

**たいこう【退行】**（名・自スル）進歩や成長がとまって、もとの状態にもどること。「―現象」

**たいこう【退校】**（名・自スル）❶学校を途中《とちゅう》でやめること。また、やめさせられること。「―処分」❷その日の授業などが終わって学校を出ること。「教職員の―時間」類下校

**だいこう【代行】**（名・他スル）当人にかわって物事を行うこと。また、その人。「職務を―する」「運転―」「家事―」

**だいこう【代講】**（名・自他スル）当人にかわって、別の人が講演や講義を行うこと。また、その人。

**だいごう【大剛】**（名）すぐれて強いこと。また、その人。

**だいごう【題号】**（名）表紙にしるされている本の名。

**たいこうば【対抗馬】**（名）❶競馬で、優勝候補と張り合う力があると予想される馬。❷選挙や競技で、有力な人に張り合う力のある競争相手。

**たいこうぼう【太公望】**（名）中国、周代の賢臣《けんしん》、呂尚《りょしょう》のこと。転じて、つりをする人。また、つりの好きな人。「―でにぎわう河原《かわら》」

故事 呂尚が渭水《いすい》の岸でつりをしていたところ、狩《かり》りに来ていた周の文王に見いだされ、「あなたこそ、わが太公（＝祖父）のときから待ち望んでいた賢人だ」と言われ、重く用いられたという話から出たことば。〈史記〉

**たいこく【大国】**（名）国土の広い国。また、国力の強い国。「経済―」対小国

**だいこくてん【大黒天】**（名）七福神の一。ずきんをかぶり、うちでの小づちと大きな袋《ふくろ》を持ち、米俵にのっている福の神。大黒さま。

（だいこくてん）

**だいごくでん【大極殿】**（名）むかし、大内裏《だいだいり》の中央にあって、天皇が政務をとり、祝賀・即位《そくい》など重大な儀式《ぎしき》を行った御殿《ごてん》。

**だいこくばしら【大黒柱】**（名）❶家の中央にあって屋根を支える、特別に太い柱。「檜《ひのき》の―」❷家や団体などを、中心となってささえている人。「チームの―」類屋台骨

**たいこばし【太鼓橋】**（名）半円形のそり橋。

**たいこばら【太鼓腹】**（名）前に丸くつき出た大きな腹。

**たいこばん【太鼓判】**（名）（太鼓のような大きい判の意から）まちがいないという保証。

**太鼓判を押《お》す** 確かにまちがいないと、うけあう。保証する。「合格確実の―」

**だいごみ【△醍△醐味】**（名）（牛・羊《ひつじ》の乳から作った飲み物（＝醍醐）のたいへんうまい味の意から）物事のほんとうのおもしろさ。深い味わい。「スキーの―を知る」

**たいこもち【太鼓持ち】**（名）❶芸ごとがうまく、客のきげんをとりながら酒の席をにぎわすのを仕事としている男性。幇間《ほうかん》。❷人のきげんをとり、こびへつらう人をあざけって言うことば。「社長の―」

**だいこん【大根】**（名）❶〔植〕アブラナ科の一年草または越年草《えつねんそう》。根は白くて太く、食用にする。種類が多い。❷「大根役者」の略。

**だいこんやくしゃ【大根役者】**（名）芸が未熟でへたな役者を軽蔑《けいべつ》して言うことば。だいこん。

**たいさ【大差】**（名）大きな差。はなはだしいちがい。「―をつけて勝つ」「両者の主張に―はない」対小差

**たいざ【対座】『対△坐』**（名・自スル）向かい合ってすわること。また、その座席。「客と―する」

**たいざ【退座】**（名・自スル）❶席を立ってその場から去ること。「会議中に―する」❷芝居《しばい》の一座などからぬけること。

**だいざ【台座】**（名）物をのせておく台。特に、仏像を安置する台。

**たいさい【大祭】**（名）❶おおがかりな祭り。「秋の―」❷天皇が中心となって行う皇室の祭り。

**たいざい【大罪】**（名）ひじょうに重い罪。だいざい。

**たいざい【滞在】**（名・自スル）よそに行って、ある期間その土地にとどまること。「―期間」類逗留《とうりゅう》

**だいざい【大罪】**（名）→たいざい（大罪）

**だいざい【題材】**（名）作品や研究の内容・主題となる材料。「小説の―」「―を選ぶ」

**たいさいぼう【体細胞】**（名）〔生〕からだの生殖《せいしょく》細胞以外の細胞。対生殖細胞

**たいさく【大作】**（名）規模《きぼ》の大きな作品。また、すぐれた作品。「―映画」「世界的に知られた―」

**たいさく【対策】**（名）相手の態度や物事のなりゆきに応じてとる手段・方法。「試験の―をたてる」

**だいさく【代作】**（名・他スル）芸術作品などを、本人にかわって別の人が作ること。また、その作品。

**たいさつ【大冊】**（名）ページ数の多い大きい本。厚い本。対小冊

**たいさん【退散】**（名・自スル）❶集まった人びとがその場からひきあげて帰って行くこと。「そろそろ—しよう」❷逃《に》げ去ること。「一目散《いちもくさん》に—する」

**たいざん【大山】**（名）大きな山。

**大山鳴動《めいどう》して鼠《ねずみ》一匹《いっぴき》** 前ぶれのさわぎだけが大きくて、その結果が意外に小さいことのたとえ。

**たいざん【泰山】**（名）❶高くて大きな山。❷中国の山東省にある名山。

**だいさん【代参】**（名・自スル）当人に代わって別の人が神仏にお参りすること。また、その人。

**だいさんごく【第三国】**（名）そのことがらに直接関係のない国。「—の調停」

**だいさんじさんぎょう【第三次産業】**（名）商業・運輸・金融《きんゆう》など、サービス業の総称《そうしょう》。

**だいさんしゃ【第三者】**（名）そのことがらに直接関係のない人。「—の意見を聞く」対当事者

**だいさんセクター【第三セクター】**（名）国や地方公共団体（=第一セクター）と民間企業《きぎょう》（=第二セクター）との共同出資による事業体。効率的な地域開発などを目指す。▽セクターは、英sector

**だいさんにんしょう【第三人称】**（名）〔文法〕→たしょう（他称）

**たいさんぼく【泰山木・大山木】**（名）〔植〕モクレン科の常緑高木。観賞用に栽培《さいばい》。五、六月ごろ白色でかおりのよい大きな花をつける。たいざんぼく。

**たいざんほくと【泰山北斗】**（名）泰山と北斗星。その道で最も仰《あお》ぎ尊ばれる人。泰斗。

**たいし【大志】**（名）大きな事をなしとげようとするこころざし。大きな希望。「少年よ—を抱《いだ》け」

**たいし【大使】**（名）（「特命全権大使」の略）条約国に駐在《ちゅうざい》する最上位の外交官。自国の代表者としてその国との外交に当たる。

**たいし【太子】**（名）❶王・天皇のあとつぎに決まっている人。皇太子。❷聖徳太子《しょうとくたいし》のこと。

**たいじ【対峙】**〘対△峙〙（名・自スル）❶高い山などが向かいあってそびえること。「東西に—する山々」❷人や軍勢など二つの対立する勢力がにらみ合ったまま、じっと動かないでいること。「両軍が川をはさんで—する」

**たいじ【胎児】**（名）母親の腹の中にいる子ども。

**たいじ【退治】**（名・他スル）害をあたえるものを取りのぞくこと。敵をほろぼすこと。「悪人を—する」

**だいし【大姉】**（名）〔仏〕女性が死んだのち、その法名の下につける呼び名。対居士《こじ》

**だいし【大師】**（名）〔仏〕❶仏・菩薩《ぼさつ》をうやまっていうことば。❷りっぱな僧《そう》に朝廷《ちょうてい》があたえた呼び名。❸弘法《こうぼう》大師空海《くうかい》のこと。

**だいし【台紙】**（名）写真や図画などをはりつける厚い紙。「—に写真をはる」

**だいし【台詞】**（名）劇のせりふ。

**だいし【題詞】**（名）→だいじ（題辞）

**だいし【題詩】**（名）出された題に合わせて作った詩。

**だいじ【大事】**■一（名）❶重大な事件やことがら。また、たいへんなこと。「国家の—」「—に至《いた》る」❷重要な仕事。大事業。「—をなしとげる」対小事 ■二（形動ダ）〔ダロ・ダッ(デ・ニ)・ダ・ナ・ナラ・○〕❶かけがえのないものとしてたいせつにするようす。「道具を—にあつかう」「おからだをお—に」❷重要なようす。「—な問題」

**大事の前《まえ》の小事《しょうじ》** ❶大きいことをやろうとする人は、小さいことにも気をゆるめてはいけない。❷大きいことをなしとげようとするときには、小さいことなど見捨ててもかまわない。「—に過ぎない」

**大事を取《と》る** じゅうぶん用心して慎重《しんちょう》に物事を行う。「大事を取ってゆっくり静養する」

**だいじ【題字】**（名）書物のはじめや、絵画・石碑《せきひ》などの上に、その題として書きしるす文字。

**だいじ【題辞】**（名）書物のはじめや、絵画・石碑《せきひ》などの上に書きしるすことば。題詞。

**ダイジェスト**〔英digest〕（名・他スル）書物などの内容を、わかりやすく短くまとめること。また、まとめたもの。要約。「名作の—版」

**たいしかん【大使館】**（名）大使が、その駐在《ちゅうざい》国において事務をおこなう建物。参考国際法では、大使を派遣《はけん》した国の領土と見なされる。

**だいしぜん【大自然】**（名）人間とはくらべものにならない、はかりしれない力をもつ偉大《いだい》な自然。

**たいした**〘大した〙（連体）❶たいそうな。ひじょうな。驚《おどろ》くほどの。「—度胸だ」❷とりたてて言うほどの。それほどの。「—ことはない」使い方②は、あとに「ない」「ません」などの打ち消しのことばがくる。

**たいしつ【体質】**（名）❶生まれつきもっている、からだの性質。「虚弱《きょじゃく》—」…的「体質的に酒を受け付けない」❷組織などにしみこんでいる性質。「古い—の会社」「隠蔽《いんぺい》—」

**たいしつ【退室】**（名・自スル）部屋から出ること。対入室

**たいして**〘大して〙（副）とりたてて言うほど。さほど。それほど。「—心配はいらない」使い方あとに「ない」「ません」などの打ち消しのことばがくる。

**たいしぼう【体脂肪】**（名）からだの中にある脂肪。「—率（=体重に占《し》める脂肪重量の割合）」

**たいしゃ【大赦】**（名）恩赦の一種。国や皇室にめでたいことなどがあったとき、政令で定める罪《つみ》について、有罪の判決の効力や、検察官が裁判を請求《せいきゅう》する権利をなくすこと。

**たいしゃ【代謝】**（名・自スル）新しいものがつぎつぎに古いものと入れかわること。「新陳《しんちん》—」

**たいしゃ【退社】**（名・自スル）❶会社をやめること。「定年で—する」対入社。❷一日のつとめが終わって会社を出ること。「—時間」対出社

**だいしゃ【台車】**（名）❶物をのせる台の下に小さい車輪がついた手押《てお》し車。❷鉄道車両などの、車体を支える枠《わく》や車輪からなる部分。

**だいじゃ【大蛇】**（名）大きなへび。おろち。

**たいしゃく【貸借】**（名・他スル）貸すことと、借りること。貸し借り。特に、おかねについていう。

**たいしゃくてん**〘◇帝釈天〙（名）〔仏〕仏法を守る神の一。

**たいしゃづくり【大社造り】**（名）神社建築の

最も古い様式。屋根は切り妻造りで、床《ゆか》の高い建て方。出雲《いずも》大社の本殿など。

（たいしゃづくり）

**だいしゃりん**【大車輪】（名）❶物事を一生懸命《けんめい》にすること。「—で仕上げる」❷器械体操の一つ。鉄棒を両手でにぎり、からだをのばしたまま回転させる運動。

**たいしゅ**【太守】（名）❶むかし、中国で郡の長官を呼んだ名。❷むかし、親王《しんのう》が長官になった、上総《かずさ》（千葉県）・上野《こうずけ》（群馬県）・常陸《ひたち》（茨城県）の三つの国の国守。❸一国の領主。また、江戸《えど》時代、一国以上の領地をもつ大名《だいみょう》。

**たいじゅ**【大樹】（名）大きな木。大木。「寄らば—の陰《かげ》（＝頼《たよ》るならば、しっかりしたところに頼るのがよい）」

**たいしゅう**【大衆】（名）社会の大部分をしめる、ふつうの人びと。「一般《いっぱん》—」[…的]「大衆的なスポーツ」[…性]「大衆性に欠ける」[…化]「海外旅行が大衆化する」[類]民衆・庶民《しょみん》

**たいしゅう**【体臭】（名）からだから出るにおい。その人らしい特徴《とくちょう》のたとえにも使われる。「小説に作家の—を感じる」

**たいじゅう**【体重】（名）からだの重さ。「—計」

**たいしゅうぶんがく**【大衆文学】（名）〘文〙多くの読者が興味をもつように書いた娯楽《ごらく》性の強い文学。通俗《つうぞく》文学。[対]純文学

**たいしゅつ**【退出】（名・自スル）地位の高い人の前や改まった場からひきさがること。「役所を—する」

**たいしゅつ**【帯出】（名・他スル）備えつけの物品などを、外に持ち出すこと。「禁—の本」

**たいしょ**【大暑】（名）❶きびしい暑さ。❷二十四節気の一つ。太陽暦《たいようれき》の七月二三日ごろで、一年中で最も暑い時期とされる。

**たいしょ**【太初】（名）天地が開けたはじめのとき。

**たいしょ**【対処】（名・自スル）あることがらやなりゆきに応じて適切にとりはからうこと。「事態に—する」

**たいしょ**『対△蹠』（名）（「蹠」は足の裏の意）向かい合わせた足の裏のように、正反対の位置にあること。[…的]「対蹠的な二人の身の上」[注意]もとの読みは「たいせき」であるが、「たいしょ」と読みならわされている。

**だいしょ**【代書】（名・他スル）本人に代わって手紙や書類を書くこと。代筆。また、それを仕事にする人。代書人。「手紙を—してもらう」

**たいしょう**【大正】（名）一九一二年七月三〇日から一九二六年一二月二五日までの年号。明治の後、昭和の前。

**たいしょう**【大将】（名）❶むかしの陸軍・海軍の軍人のいちばん上の位。「海軍—」❷ひとまとまりの人の中のかしら。「お山の—」❸親しみや、からかいの気持ちで男の人を呼ぶことば。「—は家にいるかい」

**たいしょう**【大勝】（名・自スル）大きな差をつけて勝つこと。大勝利。「—を博する」[対]大敗《たいはい》

**たいしょう**【大賞】（名）コンテストなどで、最も優秀《ゆうしゅう》なものに与《あた》えられる賞。グランプリ。

**たいしょう**【対称】（名）❶二つのものが対応して、つり合いをたもっていること。「左右—」❷〘数〙一つの点・線・面を中心にして、その両側にある図形がたがいに向き合う位置にあること。シンメトリー。「点—」「—図形」[…的]「対称的な図形」❸〘文法〙人称の一つ。話し手が話しかける相手をさしていう代名詞。「あなた」「きみ」など。第二人称。二人称。⇩にんしょう（人称）・たいしょう（対照）「学習」

**たいしょう**【対象】（名）❶感じたり、認めたり、求めたりする精神作用が向けられるもの。「思索《しさく》の—」❷はたらきかけの目標となるもの。相手。「中学生を—とした本」⇩たいしょう（対照）「学習」

**たいしょう**【対照】[一]（名・他スル）くらべ合わせること。「現代語訳を古文と—する」[類]対比 [二]（名）性質のちがうものがくらべられ、ちがいがはっきりすること。また、その取り合わせ。コントラスト。「—の妙《みょう》」[…的]「対照的な性格」

**学習 使い分け** 「対称」「対象」「対照」

- **対称**　二つのものが対応して、つり合っていること。「面**対称**」「**対称**に配置する」
- **対象**　相手・目標となるもの。「子どもを**対象**とした番組」「研究の**対象**」「興味の**対象**」「**対象**をしぼる」「読者**対象**」
- **対照**　くらべ合わせること。また、ちがいのきわだつ取り合わせ。「原文と訳文を**対照**する」「色の**対照**を考える」「両者にはきわだった**対照**が見られる」「好**対照**をなす」

**たいしょう**【隊商】（名）らくだに荷物をのせ、隊を作って砂漠《さばく》を行き来する商人の一団。キャラバン。

**たいじょう**【退場】（名・自スル）舞台《ぶたい》・会場・競技場などから立ち去ること。「—処分」[対]入場

**だいしょう**【大小】（名）❶大きいことと小さいこと。大きいものと小さいもの。「事の—にかかわらずとりあげる」❷武士が腰《こし》にさす刀とわきざし。

**だいしょう**【代償】（名）❶他人にあたえた損害をつぐなうこと。また、つぐないとしてさしだすおかね・物・労力。❷何かをしたり得たりするかわりにはらう犠牲《ぎせい》や損害。「勝利の—はあまりにも大きかった」[類]代価

**だいじょう**【大乗】（名）〘仏〙（大きな乗り物の意）小乗とならぶ仏教の二大流派の一つ。自分自身だけでなく、ひろく人間全体の救済を説く。大乗仏教。[対]小乗

**だいじょうかん**『◇太政官』（名）〘歴〙❶律令《りつりょう》制で、国の政治の中心となった中央の役所。❷一八六八（明治元）年に設けられた明治政府の最高官庁《かんちょう》。[参考]「だじょうかん」とも読む。

**だいじょうだいじん**『◇太政大臣』（名）〘歴〙❶律令《りつりょう》制で、太政官の最上位の役人。❷明治政府の職名。太政官の長官。[参考]「だじょうだいじん」とも読む。

**だいじょうだん【大上段】**（名）❶刀を両手で頭の上に高くかまえること。「竹刀《しない》を—にかまえる」❷相手を威圧《いあつ》するような態度。「—にものを言う」

**だいじょうてき【大乗的】**（形動ダ）｛ダロ・ダッ(デ・ニ)・ダ・ナ・ナラ・○｝個人的なせまい立場にとらわれず、大局的な立場で物事を見るようす。「—見地から判断する」

**だいじょうてんのう【大上天皇】**〘◇太上天皇〙（名）位をゆずったのちの天皇を尊んで呼ぶことば。参考「だじょうてんのう」とも読む。

**だいじょうぶ【大丈夫】**㊀（形動ダ）｛ダロ・ダッ(デ・ニ)・ダ・ナ・ナラ・○｝あぶなげがないようす。ひじょうにしっかりしているようす。「試験は—だ」「強い地震《じしん》にも—な家」㊁（副）まちがいなく。確かに。「—、約束の時間には行くよ」

**だいじょうみゃく【大静脈】**（名）〘生〙全身から血液を集めて心臓に送る、上下二本の太い静脈。

**たいしょうりょうほう【対症療法】**（名）❶〘医〙あらわれた症状に対して、それを和《やわ》らげるために行う治療。高熱に解熱剤《げねつざい》を用いるなど。❷根本的な解決ではない、その場だけの間に合わせの処置。

**たいしょく【大食】**（名・自スル）たくさん食べること。大食い。「—漢(=大食いする人)」対小食

**たいしょく【退色】**〘△褪色〙（名・自スル）色がさめること。また、さめた色。「布地が—する」

**たいしょく【退職】**（名・自スル）これまでつとめていた職をやめること。「定年で—する」「—金」対就職

**たいしょこうしょ【大所高所】**（名）小さなことにこだわらず、広く大きな視野で物事をとらえること。「—から判断する」

**たい・じる【退治る】**（他上一）｛ジ・ジ・ジル・ジル・ジレ・ジロ(ジヨ)｝うちほろぼす。退治する。「悪者を—」参考「退治」を動詞化した語。

**たいしん【大身】**（名）身分の高い人。地位が高く大金持ちの人。対小身

**たいしん【耐震】**（名）地震に強いこと。建物などが地震にたえてこわれにくいこと。「—家屋」「—構造」…性「耐震性を考えた建物」類制震・免震《めんしん》

**たいじん【大人】**（名）❶からだがふつうの人より大きい人。対小人。❷おとな。成人。また、身分の高い人。❸徳の高い人。度量のある人。「—の風格」対小人《しょうじん》。❹男性の先生・学者などを尊敬していうことば。また、名の下につけて敬うことば。

**たいじん【対人】**（名）他人に対すること。「—関係がうまくいく」

**たいじん【対陣】**（名・自スル）敵と向かい合って陣をとること。「川をはさんで—する」

**たいじん【退陣】**（名・自スル）❶軍隊がそれまでいた陣地からうしろにさがること。「猛攻《もうこう》をうけて—する」❷重要な役目をやめること。「首相の—をせまる」

**だいしん【代診】**（名・他スル）担当の医者にかわって患者《かんじゃ》を診察すること。また、その人。

**だいじん【大尽】**（名）❶大金持ち。❷むかしの遊郭《ゆうかく》で、おかねをたくさん使って遊んだ人。

**だいじん【大臣】**（名）❶内閣を構成する人。国務大臣またはそれぞれの省の大臣のこと。「外務—」❷むかしの中央の役所で、最上位の役人。太政《だいじょう》大臣・左大臣・右大臣・内大臣の総称《そうしょう》。

**だいじんぶつ【大人物】**（名）心の大きい、りっぱな人。才能のすぐれた偉大《いだい》な人。「歴史上の—」対小人物

**ダイス**〔英 dice〕（名）さいころ。また、さいころを用いて行うゲーム。

**だいず【大豆】**（名）〘植〙マメ科の一年草。夏に白・紫《むらさき》の花が葉のつけねに咲《さ》く。種子は食用になり、また、とうふ・みそ・油などの原料になる。

**たいすい【耐水】**（名）水による変質や破損がないこと。また、水がしみとおらないこと。水に強いこと。「—構造」…性「耐水性を強化する」

**たいすう【対数】**（名）〘数〙aを1でない正の数とするとき、正の数Nに対して、$a^n = N$で定められるnを、aを底《てい》とするNの対数という。

**だいすう【代数】**（名）〘数〙（「代数学」の略）数の代わりに文字を使って数の性質や関係を研究する学問。

**たい・する【対する】**（自サ変）｛シ(セ・サ)・シ・スル・スル・スレ・シロ(セヨ)｝❶向かい合う。「相《あい》—位置」❷相手をする。応対する。「客に—態度」❸こたえる。応じる。「要望に—・して善処する」❹関する。かかわる。対象とする。「発展途上国に—援助」「政治に—・して不信感をもつ」❺対《つい》になっている。「権利に—義務」❻相手にして戦う。「優勝候補と—」

**たい・する【体する】**（他サ変）｛シ(セ・サ)・シ・スル・スル・スレ・シロ(セヨ)｝人から言われたことなどを忘れず、しっかり守って物事をする。「親の意を—」

**たい・する【帯する】**（他サ変）｛シ(セ・サ)・シ・スル・スル・スレ・シロ(セヨ)｝身につける。所持する。腰《こし》につける。「刀を—」

**だい・する【題する】**（他サ変）｛シ(セ・サ)・シ・スル・スル・スレ・シロ(セヨ)｝本・作品などに、題をつける。「『運命』と—曲」

**たいせい【大成】**㊀（名・他スル）❶一つの物事をりっぱになしとげること。「研究を—する」❷多くの資料や書物などを集めてまとめあげること。また、そのもの。「集—」㊁（名・自スル）ある方面ですぐれた人になること。大きな成功をおさめること。「画家として—する」

**たいせい【大声】**（名）大きい声。おおごえ。「—疾呼《しっこ》(=大声で激しく呼ぶこと)」

**たいせい【大政】**（名）国の政治。天下の政治。

**たいせい【大勢】**（名）全体から見たありさまやなりゆき。「試合の—は決まった」「天下の—にしたがう」

**たいせい【大聖】**（名）人がらや考え・行いがひじょうにりっぱで、人びとに敬われる人。最もすぐれた聖人。

**たいせい【対生】**（名・自スル）〘植〙葉が茎《くき》の節ごとに二つずつ向かい合ってつくこと。しそ・なでしこなど。⇨ごせい(互生)・りんせい

**たいせい【体制】**（名）❶社会・集団のしくみやあり方。「資本主義—」「救急医療《いりょう》—」❷社会を支配する勢力。「—側につく」「反—運動」❸〘生〙生物体のいろいろな部分が、それぞれにはたらきながら全体として統一を保っている、その組織。

**たいせい【体勢】**（名）からだのかまえ。姿勢。「—がくずれる」「—を立て直す」

**たいせい【胎生】**（名）〘動〙子が母親のからだの中である程度大きくなり、親と同じ形の個体として生まれる

こと。ほとんどの哺乳《ほにゅう》類にみられる。対卵生《らんせい》

**たいせい【耐性】**(名) ❶病原菌《きん》などが一定の薬物に対して抵抗力《ていこうりょく》をそなえる性質。❷物事にたえる力。「ストレスに—がつく」

**たいせい【退勢】**『△頽勢』(名) 勢いがおとろえていくありさま。類衰勢《すいせい》

**たいせい【泰西】**(名) 西洋。「—の名画」

**たいせい【態勢】**(名) ある物事に対する身がまえや態度。「受け入れ—が整う」「量産—にはいる」

**たいせいほうかん【大政奉還】**(名)〔歴〕一八六七(慶応三)年、江戸《えど》幕府の一五代将軍徳川慶喜《とくがわよしのぶ》が、政権を朝廷《ちょうてい》に返したこと。

**たいせいよう【大西洋】**(名) ヨーロッパ・アフリカ大陸と南北アメリカ大陸の間にある、広さが世界第二の大洋。

**たいせき【体積】**(名) 立体が空間の中でしめる大きさ。

**たいせき**『対△蹠』(名) →たいしょ(対蹠)

**たいせき【退席】**(名・自スル) 会合などで、席を立って去ること。「会議の途中《とちゅう》で—する」

**たいせき【堆積】**(名・自スル) うずたかく積み重なること。特に土砂《どしゃ》が、風や水で運ばれてある場所にたまること。「ごみが—する」「川底に—する土砂」

**たいせき【滞積】**(名・自スル) 貨物や仕事などがうまくさばけずに、たまり積もること。「郵便物が—する」

**たいせきがん【堆積岩】**(名)〔地質〕砂・小石・火山灰・生物の死骸《しがい》などが海底や湖底、陸上に積もってできた岩石。礫《れき》岩・石灰《せっかい》岩など。

**たいせつ【大雪】**(名) ❶はげしく降る雪。おおゆき。❷二十四節気の一つ。太陽暦《たいようれき》の一二月七日ごろ。

**たいせつ【大切】**(形動ダ)(ダロ・ダッ(デ・ニ)・ダ・ナ・ナラ・○) ❶なくてはならないほど重要なようす。「—な本」❷心を配っていねいに扱《あつか》うようす。「—に使う」「物を—にする」(類大事)

**たいせん【大戦】**(名) ❶大きな戦争。❷第一次または第二次世界大戦。

**たいせん【対戦】**(名・自スル) 敵と味方がむかいあって戦うこと。試合をすること。「—成績」

**たいぜん【泰然】**(ト/タル) 落ち着いていて物事に驚《おどろ》かないようす。「—とかまえる」

**たいぜんじじゃく【泰然自若】**(ト/タル) どんなことにもあわてず、ゆったりと落ち着きはらっているようす。「危険がせまっても—としている」

**だいぜんてい【大前提】**(名) ❶三段論法で、いちばん初めにおかれる前提。参考「人間は必ず死ぬ。ソクラテスは人間である。ゆえにソクラテスは必ず死ぬ」とした場合、「人間は必ず死ぬ」がこれにあたる。❷それがないと議論がなりたたなくなるような重要な前提。根本となる条件。「親の許可を得ることが—だ」

**たいそう【体操】**(名) ❶からだを発達させ、健康を増進させるために、からだのいろいろな部分を規則正しく動かす運動。「ラジオ—」❷体操競技。鞍馬《あんば》・跳馬《ちょうば》・平均台・床運動などの総称《そうしょう》。

**たいそう**『大層』一(副) 物事の程度がはなはだしいようす。ひじょうに。たいへん。「—みごとだ」二(形動ダ)(ダロ・ダッ(デ・ニ)・ダ・ナ・ナラ・○) ❶程度がはなはだしいようす。「—な人出」❷おおげさなようす。「—なことを言う」

**たいぞう【退蔵】**(名・他スル) 品物を外へ出さないで、ひそかにしまっておくこと。「—物資」

**だいそう【代走】**(名) →ピンチランナー

**だいそうじょう【大僧正】**(名) 僧の最高位。

**だいそれた【大それた】**(連体) あまりにも非常識な。とんでもない。「—事をする」「—望みをいだく」

**たいだ【怠惰】**(名・形動ダ) なまけおこたること。「—な生活」対勤勉

**だいだ【代打】**(名) →ピンチヒッター

**だいたい**『大体』一(名) 物事のあらまし。おおよそ。「—の話は聞いている」二(副) ❶全体のうちの大部分。ほとんど。「仕事は—すんだ」「—わかった」❷おおづかみな数量を表す。およそ。ほぼ。「—三日で終わる」❸もとはといえば。そもそも。「—あなたが悪いのだ」

**だいたい**『大△腿』(名) ふともも。もも。「—部」

**だいたい【代替】**(名・他スル) 他の物で代えてまにあわせること。だいがえ。「—地」

**だいだい**『△橙』(名) ❶〔植〕ミカン科の常緑小高木。暖地に栽培《さいばい》。夏、かおりのある白い花が咲《さ》き、実は熟すと赤みがかった黄色になる。正月のかざりに用いる。❷「だいだい色」の略。

**だいだい【代代】**(名) 何代も続いていること。歴代。「—酒屋を営む」「先祖—」

**だいだいいろ【だいだい色】**『△橙色』(名) 赤みがかった黄色。オレンジ色。

**だいたいこつ**『大△腿骨』(名)〔生〕足のつけねからひざまでの骨。ふとももの骨。

**だいだいてき【大大的】**(形動ダ)(ダロ・ダッ(デ・ニ)・ダ・ナ・ナラ・○) ひじょうにおおがかりなようす。「—に報道する」

**だいだいり【大内裏】**(名) むかし、平城京・平安京の、皇居《こうきょ》(=内裏)を中心として役所の集まった一区域。

**だいたすう【大多数】**(名) ほとんど全部といってもよいほど数の多いこと。大部分。「—が賛成する」

**たいだん【対談】**(名・自スル) あることがらについて、二人で向かい合って話し合うこと。また、その話。「誌上《しじょう》—」

**たいだん【退団】**(名・自スル) 劇団・球団など「団」と名のつく団体からぬけること。「—理由」対入団

**だいたん【大胆】**(名・形動ダ) 物事にびくびくせず、おそれないこと。度胸があり、思い切りよくやってのけること。「—な行動」「—な構図」対小胆

**だいだんえん【大団円】**(名) 小説・芝居《しばい》などが、めでたくおさまる終わりの場面。「—を迎《むか》える」

**だいたんふてき【大胆不敵】**(名・形動ダ) 度胸があって、何ものもおそれないこと。「—な面《つら》がまえ」

**たいち【対置】**(名・他スル) 二つのものを、向かい合わせに置くこと。「—して比較《ひかく》する」

**だいち【大地】**(名)(天に対して) 人間や動植物が生存している地。また、広くて大きい土地。

**だいち**〔大地〕〔作品名〕アメリカの女性作家パール=バッ

クの長編小説。一九三五年完成。三代にわたる中国農民一家の栄枯《えいこ》をえがいたもの。

**だいち【台地】**（名）まわりより一段と高い、表面が広くたいらな土地。

**たいちょ【大著】**（名）❶ページ数や冊数が多い書物。❷すぐれた書物。

**たいちょう【体長】**（名）動物のからだの長さ。

**たいちょう【体調】**（名）からだの調子。「—をくずす」「—を整える」

**たいちょう【退庁】**（名・自スル）勤務を終えて、役所から退出すること。「定時に—する」対登庁《とうちょう》

**たいちょう【退潮】**（名・自スル）❶潮《しお》がひくこと。引き潮。❷勢いがおとろえること。「景気の—」

**たいちょう【隊長】**（名）一隊の指揮をする人。「消防—」

**だいちょう【大腸】**（名）〘生〙消化器官の一つ。小腸に続く、肛門《こうもん》までの太い管《くだ》。おもに水分を吸収する。

**だいちょう【台帳】**（名）❶あることがらを記録する、もとになる帳簿《ちょうぼ》。「土地—」❷商店や会社で、売買などを記録しておく帳簿。「仕入れ—」

**たいちょうかく【対頂角】**（名）〘数〙二直線がまじわってできる四つの角のうち、向かい合う二つの角。

**だいちょうきん【大腸菌】**（名）人間や動物の大腸に多くいる細菌。ときに、病気をおこす原因ともなる。

**タイツ**〔英 tights〕（名）はだに密着するように作られた、おもに腰《こし》からつま先までを包む衣服。

**たいてい【大抵】**『大抵』（名・副）❶大部分。ほとんど。おおかた。「聞かなくても—わかっている」「—の人」❷おそらく。たぶん。「—だいじょうぶだろう」❸ひととおり。ふつう。「—のことではおどろかない」❹ほどほど。たいがい。「いたずらも—にしろ」使い方〉③は、あとに「ない」「ません」などの打ち消しのことばがくる。

**たいてい【退廷】**（名・自スル）法廷から出ること。「裁判長から—を命じられる」対出廷・入廷

**たいてき【大敵】**（名）ひじょうにてごわい敵。強敵。「油断《ゆだん》—」

**たいてき【対敵】**（名・自スル）❶敵に向かうこと。❷相手とする敵。

**たいてん【大典】**（名）❶国や皇室などの重大な儀式《ぎしき》。「即位《そくい》の—」❷重要な法律・法典。

**たいてん【退転】**（名・自スル）❶物事が移り変わって、もとより悪くなること。あともどり。「不—の決意」❷〘仏〙仏教の修行をなまけて、もとの位に落ちること。

**たいでん【帯電】**（名・自スル）〘物〙物体が電気をおびること。「—体」

**たいと【泰斗】**（名）（人びとがあおぎ見る泰山《たいざん》と北斗《ほくと》星の意から）その方面で最もすぐれた人。権威者《けんいしゃ》。「原子物理学の—」

**タイト**〔英 tight〕（形動ダ）{ダロ・ダッ(デ・ニ)・ダ・ナ・ナラ・○}❶衣服などが、ぴったりとからだに合っているようす。「—なスーツ」❷ぎっしりと詰まっているようす。「—なスケジュール」

**たいど【態度】**（名）❶心の動きが表にあらわれた、表情や動作。そぶり。「よそよそしい—」「—が大きい」❷人や物事に対する心がまえや身がまえ。「強硬《きょうこう》な—をとる」「学問に対する—」「どっちつかずの—」

**たいとう【台頭】**『擡頭』（名・自スル）（新しいものが）勢力を増して進出してくること。「若手が—する」

**たいとう【対等】**（名・形動ダ）二つのものの間に、優劣《ゆうれつ》・上下の差がないこと。「—の立場」

**たいとう【帯刀】**（名・自スル）刀を腰《こし》にさすこと。また、腰にさした刀。「名字《みょうじ》—を許される」

**たいとう**『駘蕩』（トタル）❶大きくのびのびとしたようす。❷ゆったりとのどかなようす。「春風《しゅんぷう》—」

**たいどう【胎動】**（名・自スル）❶母親の腹の中で胎児が動くこと。❷物事の内部の動きが、表に現れようとしていること。物事のきざし。「新しい時代の—」

**たいどう【帯同】**（名・他スル）いっしょに連れていくこと。同伴すること。「家族を海外赴任《ふにん》に—する」

**だいとう【大刀】**（名）大きなかたな。対小刀

**だいどう【大道】**（名）❶幅《はば》の広い道路。大通り。「天下の—を行く」❷人の守るべき正しい道。たいどう。

**だいどうげい【大道芸】**（名）街頭や盛《さか》り場などで通行人を相手に演じる芸。

**だいどうしょうい【大同小異】**（名）小さなちがいはあるが、だいたいが同じであること。大差がないこと。似たりよったり。「二人の意見は—だ」

**だいどうだんけつ【大同団結】**（名・自スル）多くの団体や党派などが、目的達成のため、小さな意見のちがいを捨てて団結すること。「各派が—する」

**だいどうみゃく【大動脈】**（名）❶〘生〙心臓の左心室から血液を送り出す動脈の本幹。❷交通の重要な幹線。「新幹線は日本の—だ」

**だいとうりょう【大統領】**（名）❶共和制の国家で、その国家を代表する人。元首。❷芝居《しばい》に出演している役者などに対して、ほめたり、親しみをこめたりして呼びかけるときのことば。「待ってました、—」

**たいとく【体得】**（名・他スル）自分で体験して知識や技能を身につけること。「要領を—する」類会得《えとく》

**たいどく【胎毒】**（名）〘医〙赤んぼうの頭や顔にできる皮膚病《ひふびょう》。参考母の胎内で受けた毒によると考えられていたことから。

**だいとく【大徳】**（名）〘仏〙りっぱな人がらで、人びとに敬われる僧《そう》。だいとこ。

**だいどく【代読】**（名・他スル）本来読むはずの人に代わって、別の人が読むこと。「祝辞《しゅくじ》を—する」

**だいどころ【台所】**（名）❶食物を調理する部屋。勝手《かって》。❷財政・家計などのやりくり。また、それをする所。「—が苦しい」「会社の—を預かる」

**タイトル**〔英 title〕（名）❶映画・本などの題。❷映画の字幕。❸競技などの選手権。「—をうばう」

**タイトル-マッチ**〔英 title match〕（名）タイトルを争う試合。「世界フライ級—」

**たいない【体内】**（名）からだの中。対体外

**たいない【胎内】**（名）母親の腹の中の、子どもをみごもる所。

**だいなごん【大納言】**（名）❶太政《だいじょう》官の次官で、右大臣の次の位。❷〘植〙（「大納言小豆《だいなごんあずき》」

の略)あずきの一品種。大つぶで色が濃《こ》く、味もよい。

**だいなし【台無し】**(名・形動ダ) いたんだりよごれたりして、使いものにならなくなること。物事がすっかりだめになること。「雨で服が―になる」

**ダイナマイト**〔英 dynamite〕(名) ニトログリセリンを珪藻土《けいそうど》・綿火薬などにしみこませた爆薬《ばくやく》。
参考 一八六六年にスウェーデンのノーベルが発明。

**ダイナミック**〔英 dynamic〕(形動ダ) {ダロ・ダッ(デ・ニ)・ダ・ナ・ナラ・○} 力強くいきいきとしたようす。動的。「―な表現」

**ダイナモ**〔英 dynamo〕(名) 発電機。

**だいなん【大難】**(名) 大きなわざわい。たいへんな困難。たいなん。「―がふりかかる」

**だいにぎ【第二義】**(名) あまりたいせつでないことがら。根本的でないこと。…的「第二義的な問題にすぎない」

**だいにじさんぎょう【第二次産業】**(名) 物を加工・製造する産業。製造工業・鉱業・建設業など。

**だいにじせかいたいせん【第二次世界大戦】**(名)〔歴〕一九三九(昭和一四)年から一九四五(昭和二〇)年までの間、ドイツ・イタリア・日本の枢軸国《すうじくこく》と、アメリカ・イギリス・フランス・ソ連・中国などの連合国との間で行われた大きな戦争。一九四五年八月、日本が最後に降伏《こうふく》して終わった。

**たいにち【対日】**(名) 日本に対すること。「―貿易」「―感情」

**たいにち【滞日】**(名・自スル) 外国の人が日本に滞在すること。「観光のため―する」

**だいににんしょう【第二人称】**(名)〔文法〕→たいしょう(対称)③

**だいにゅう【代入】**(名・他スル)〔数〕数式の中の文字に、ある特定の数や数式・文字をあてはめること。

**たいにん【大任】**(名) 重要な任務。責任の重い役目。「―を果たす」

**たいにん【退任】**(名・自他スル) 任務をしりぞくこと。役目をやめること。「―のあいさつ」対 就任《しゅうにん》

**だいにん【大人】**(名) 入場料や運賃などの区分で、おとな。⇩しょうにん(小人)・ちゅうにん

**だいにん【代人】**(名) 本人に代わって物事を行う人。代理人。「―をたてる」

**ダイニング**〔英 dining〕(名)(「ダイニングルーム」の略)食堂。台所。

**ダイニングキッチン**〔和製英語〕(名) 台所と食堂をかねた部屋。DK。▽dining と kitchen から。

**たいねつ【耐熱】**(名) 高熱を受けても変質しないこと。「―ガラス」…性「耐熱性を備えた合金」

**だいの【大の】**(連体) ❶大きな。一人前の。りっぱな。「―男のすることではない」 ❷たいへんな。ひじょうな。「―苦手《にがて》」「―仲よし」

**たいのう【滞納・怠納】**(名・他スル) 納めなければならない金銭や物品を、期限内に納めないこと。「授業料を―する」「税金の―」

**だいのう【大脳】**(名)〔生〕脳の大部分をしめ、考えたり記憶《きおく》したりする精神活動を行い、感覚・運動を支配する器官。高等な動物ほどよく発達している。

**だいのう【大農】**(名) ❶「大農経営」の略。 ❷広い田畑をもつ豊かな農家。豪農《ごうのう》。対 小農

**だいのうけいえい【大農経営】**(名) 機械を使い、大規模に行う農業のやり方。大農。

**だいのじ【大の字】**(名) 手足を左右に広げ、「大」という字の形のように寝《ね》た姿。「―になって寝る」

**たいは【大破】**(名・自他スル) ❶物がひどくこわれること。また、こわすこと。「船が―する」 ❷敵をひどく負かすこと。「相手のチームを―する」

**ダイバー**〔英 diver〕(名) ❶潜水《せんすい》する人。潜水士。 ❷水泳競技の飛び込《こ》みの選手。

**ダイバーシティー**〔英 diversity〕(名) 変化に富んでいること。多様性。特に、性別・年齢《ねんれい》・国籍《こくせき》などについていう。「職場の―を推進する」

**たいはい【大杯】**〔大△盃〕(名) 大きなさかずき。

**たいはい【大敗】**(名・自スル) さんざんに敗れること。大差で負けること。「―を喫《きっ》する」対 大勝

**たいはい【退廃】**〔△頽廃〕(名・自スル) 道徳や健全な気風がすたれ、乱れること。…的「退廃的な生活」

**だいばかり【台ばかり】**〔台△秤〕(名) 物を台にのせて重さをはかるはかり。

**たいはく【太白】**(名) ❶(「太白星」の略)金星。 ❷よく精製した質のよい白砂糖。 ❸太い絹糸。

**だいはちぐるま【大八車・代八車】**(名)(八人分の仕事の代わりをする車の意で)二、三人で引くような、木製で二輪の大きな荷車。だいはち。

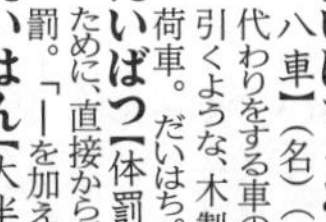
(だいはちぐるま)

**たいばつ【体罰】**(名) こらしめのために、直接からだに苦痛をあたえる罰。「―を加える」

**たいはん【大半】**(名) おおかた。大部分。「―の人が帰った」

**たいばん【胎盤】**(名)〔生〕哺乳《ほにゅう》動物の腹の中にあって、胎児と母体を結びつける器官。胎児への栄養供給・呼吸作用などを行う。

**だいばんじゃく【大盤石】**(名)(大きな岩の意から)どっしりとしてびくともしないこと。「―のかまえ」

**たいひ【対比】**(名・他スル) 二つのものを比べること。「日本文化と外国文化との―」類 対照

**たいひ【待避】**(名・自スル) ❶列車・自動車などが、他の車両の通り過ぎるのをわきによけて待つこと。「―線」 ❷危険をさけて、それが過ぎ去るのを待つこと。「屋内で―する」⇩たいひ(退避)「学習」

**たいひ【退避】**(名・自スル) 現在いる所から安全な所へ移って危険をさけること。「老人を公園に―させる」

> 学習 使い分け 「待避」「退避」
>
> 待避 相手が通り過ぎるのをよけて待つこと。「待避所」「右側で待避する」「急行が特急を待避する」
>
> 退避 危険をさけるために、別の安全な場所に行くこと。「退避訓練」「退避命令」「津波《つなみ》で高台へ退避する」

**たいひ【堆肥】**(名) わら・雑草・落ち葉などを積み重

ね、水や下肥《しもごえ》などをかけてくさらせた肥料。

**たいひ【貸費】**（名・自スル）（学費などの）費用を貸すこと。また、そのおかね。「―生」

**だいびき【代引き】**（名）（「代金引換《ひきかえ》」の略）通信販売《はんばい》などで、配達人に代金を払《はら》い、それと引き換えに品物を受け取る支払い方法。だいひき。

**タイピスト**〔英 typist〕（名）タイプライターで文字を打ち、文書を作るのを職業とする人。

**だいひつ【代筆】**（名・他スル）書くはずの人に代わって、別の人が手紙・書類などを書くこと。また、その書いたもの。代書。「手紙を―する」対自筆・直筆《じきひつ》

**たいひょう【体表】**（名）からだの表面。

**たいびょう【大病】**（名）ひじょうに重い病気。「―をわずらう」

**だいひょう【大兵】**（名）からだが大きくたくましいこと。また、そういう人。対小兵《こひょう》

**だいひょう【代表】**（名・他スル）❶団体や多数の者に代わって、その考えなどを表したり物事をしたりすること。また、その人。「日本―」❷ある物事が全体の性質や特徴《とくちょう》を表していること。また、そのもの。「南アルプスを―する風景」

**だいひょうさく【代表作】**（名）その作家の特色やその時代の特色が最もよく表れているすぐれた作品。「『源氏《げんじ》物語』は平安時代の文学の―である」

**だいひょうてき【代表的】**（形動ダ）〔ダロ・ダッ(デ・ニ)・ダ・ナ・ナラ・○〕いろいろある中で全体を代表するようなようす。「―な意見」「―作品」

**ダイビング**〔英 diving〕（名・自スル）❶水泳競技で、飛び込《こ》み。❷飛行機の急降下。❸水にもぐること。潜水《せんすい》。「スキューバー―」❹からだを宙におどらせること。「―キャッチ」❺「スカイダイビング」の略。

**たいぶ【大部】**（名）❶ひとまとまりの書物の冊数が多いこと。また、一冊のページ数が多いこと。「―の著作」❷大部分。おおかた。「市の―が焼失した」

**たいぶ【退部】**（名・自スル）「部」と名のつく団体からぬけること。「バレー部を―する」対入部

**タイプ**〔英 type〕■一（名）❶型。様式。「新しい―の車」❷同じ仲間に共通の性格。類型。「学者―の人」❸「タイプライター」の略。■二（名・他スル）タイプライターで打つこと。また、キーボードで文字を入力すること。

**ダイブ**〔英 dive〕（名・自スル）❶水に飛び込《こ》むこと。水の中に潜ること。❷からだを宙におどらせること。

**だいぶ**『大分』（副）物事の程度や数量がふつうや予想より大きかったり進んでいたりするようす。かなり。だいぶん。「―寒くなった」「―時間がかかった」

**たいふう【台風】**『△颱風』（名）《天》熱帯低気圧の強いもの。南洋の海上に発生し、おもに夏から秋にかけて中国・日本などをおそうあらし。「―の襲来《しゅうらい》」

**たいふういっか【台風一過】**（名）台風が通り過ぎて雨風がおさまること。「―の青空」

**たいふうのめ【台風の目】**❶《天》台風の中心にできる無風で雲の少ない静かなところ。台風眼《たいふうがん》。❷変動する物事に影響《えいきょう》を与《あた》える中心となるもの。「政局の―となる人物」

**タイフーン**〔英 typhoon〕（名）台風。

**だいふく【大福】**（名）❶物が豊かで幸福なこと。「―長者」❷（「大福もち」の略）あんを包んだもち。

**だいふくちょう【大福帳】**（名）商店で、売り買いした代金などを書きとめておく帳面。台帳。

**だいぶつ【大仏】**（名）大きい仏像。「奈良の―」

**たいぶつレンズ【対物レンズ】**（名）《物》顕微鏡《けんびきょう》や望遠鏡などで、観察する物体に近い、つつ先にあるほうのレンズ。▽レンズは、英 lens 対接眼レンズ

**だいぶぶん【大部分】**（名）ほとんど全部。おおかた。たいがい。「生徒の―はわかっている」対一部分

**タイプライター**〔英 typewriter〕（名）指先でキーをたたき、文字を紙面に打ち出す器械。タイプ。

**だいぶん**『大分』（副）→だいぶ

**たいぶんすう【帯分数】**（名）《数》0以外の整数と真分数とを加えて表した数。$2\frac{1}{3}$など。

**たいへい【太平・泰平】**（名・形動ダ）世の中がおだやかに治まっていること。「天下―を楽しむ」

**たいへいき**〔太平記〕〔作品名〕南北朝時代の軍記物語。四〇巻。小島法師の作との説がある。一四世紀後半に成立。南北朝の争いをえがく。

**たいへいよう**〔太平洋〕（名）アジア・オーストラリア・南北両アメリカ・南極の五つの大陸にかこまれた、世界で最も広い大洋。地球上の海面の約半分をしめる。

**たいへいようせんそう【太平洋戦争】**（名）第二次世界大戦のうち、アジア・太平洋地域で行われた、アメリカ・イギリス・中国などの連合国と日本との戦争。一九四一（昭和一六）年一二月の開戦から、一九四五（昭和二〇）年八月ポツダム宣言の受諾《じゅだく》まで。当時の日本側の呼称《こしょう》は大東亜《だいとうあ》戦争。

**たいへいらく【太平楽】**（名）❶雅楽《ががく》の舞《まい》の一つ。❷好き勝手にのんきにしたり言ったりすること。「―をならべる」

**たいべつ【大別】**（名・他スル）大まかに分けること。「せっかちとのんきとの二つに―する」対細別

**たいへん【大変】**■一（名）大きな変事。重大な出来事。一大事。「国家の―」■二（形動ダ）〔ダロ・ダッ(デ・ニ)・ダ・ナ・ナラ・○〕❶事が重大なようす。「―なまちがいをおかす」❷程度がはなはだしいようす。「―な人出」❸苦労がひととおりでないようす。「―な仕事だ」■三（副）ひじょうに。たいそう。はなはだ。「―よくできた」「―遅くなりました」

**だいべん【大便】**（名）肛門《こうもん》から出される食べ物のかす。くそ。ふん。

**だいべん【代弁】**『代△辨』（名・他スル）❶本人に代わって事務などを行うこと。また、その人。❷本人に代わって、ほかの人がつぐなうこと。「損害を―する」

**だいべん【代弁】**『代△辯』（名・他スル）本人に代わって、意見や希望を述べること。「民衆の―者」

**たいほ【退歩】**（名・自スル）物事の状態が前より悪くなること。「技量が―する」対進歩

**たいほ【逮捕】**（名・他スル）警察などが犯罪者や被疑者《ひぎしゃ》をとらえること。「真犯人を―する」「―状」

**たいほう【大砲】**（名）大きな弾丸《だんがん》をうちだす兵器。

**たいぼう【大望】**(名)→たいもう

**たいぼう【耐乏】**(名)物がじゅうぶんになくて不自由なのをがまんすること。「—生活」

**たいぼう【待望】**(名・他スル)あることの実現を待ち望むこと。待ちこがれること。「—の初勝利」

**だいぼうあみ【大謀網】**(名)魚群を導く垣網《かきあみ》と、魚をとらえる口の小さな袋網《ふくろあみ》からなる魚網《ぎょもう》。

**たいぼうちょう【体膨張】**〘体膨△脹〙(名)〘物〙温度の変化につれて物体の体積が増減する現象。

**たいぼく【大木】**(名)大きな木。

**だいほん【台本】**(名)映画・演劇・放送などの脚本《きゃくほん》。せりふ・動作などが書いてある。「—を書く」

**だいほんえい【大本営】**(名)戦争中に、天皇の下に置かれ、陸海軍を指揮した最高機関。

**だいほんざん【大本山】**(名)〘仏〙総本山の次の位の寺で、一つの宗派をまとめる大きな寺。

**たいま【大麻】**(名)❶麻《あさ》の漢名。❷神にささげる、ぬさを尊んでいうことば。❸伊勢神宮《いせじんぐう》など、神社がさずけるおふだ。❹麻からつくった麻薬。

**タイマー**〔英 timer〕(名)❶タイムスイッチ。「二時間後に—をセットする」❷「セルフタイマー」の略。❸ストップウオッチ。❹時間を計る役目の人。

**たいまい【大枚】**(名)大きい金額。たくさんのおかね。「—をはたいて買う」「—を投じる」

**たいまつ**〘×松明〙(名)むかし、松《まつ》のやにの多い部分や竹・葦《あし》などをたばね、火をつけてあかりにしたもの。

**たいまん【怠慢】**(名・形動ダ)なまけて、やらなければならないことをしないこと。「職務—」

**だいみょう【大名】**(名)〘歴〙武家時代、広い領地を持っていた武士。特に江戸《えど》時代、一万石《ごく》以上の土地をあたえられていた武士。「—行列」

**だいみょうりょこう【大名旅行】**(名)豪華《ごうか》でぜいたくな旅行。

**タイミング**〔英 timing〕(名)物事を行うのにちょうどよい時機。また、それをみはからうこと。「絶好の—」

**タイム**〔英 time〕(名)❶時間。時刻。「ハーフ—」❷競走・競泳などで、かかった時間。「—をはかる」❸(「タイムアウト」の略)バスケットボール・野球などの競技で、試合を一時休止すること。「—をかける」

**タイム-アップ**(名・自スル)規定の時間が終わること。時間切れ。▽英 time is up から。

**タイム-カプセル**〔英 time capsule〕(名)後世《こうせい》の人びとに残すために、その時代を表す文化・生活記録などを入れて、地中に埋めておく容器。

**タイムキーパー**〔英 timekeeper〕(名)スポーツ競技、また、映画・テレビ番組の制作などで、時間を計り、記録する人。

**タイム-スイッチ**〔英 time switch〕(名)決められた時間がくると、自動的に電流が切れたり流れたりする装置《そうち》。タイマー。

**タイム-スリップ**〔和製英語〕(名・自スル)SFなどで、過去や未来の世界に瞬時《しゅんじ》に移動すること。▽time と slip から。

**タイムテーブル**〔英 timetable〕(名)物事を進めるときの予定表。時間割り。時間表。時刻表。

**タイム-マシン**〔英 time machine〕(名)現在から過去や未来の世界へ自由に行き来することができるという、空想上の機械。

**タイム-ラグ**〔英 time lag〕(名)たがいに関連する二つの出来事や現象の間に生じる時間のずれ。「執筆《しっぴつ》から出版までの間に—がある」

**タイムリー**〔英 timely〕(形動ダ)(ダロ・ダッ(デ・ニ)・ダ・ナ・ナラ・〇)よい時機に物事が行われるようす。タイミングがよいようす。「—な企画《きかく》」「—ヒット」

**タイム-リミット**〔英 time limit〕(名)あることを済ますために定められた期限。制限時間。「申し込《こ》みの—まであと一時間を切った」

**タイム-レコーダー**〔英 time recorder〕(名)会社や工場などで、従業員の出社や退社の時刻をカードに記録する器械。

**だいめい【題名】**(名)映画・絵・本などの作品につけた名。タイトル。「小説の—を決める」

**だいめいし【代名詞】**(名)❶〘文法〙名詞の一種。実際の物・事・人・場所・方角などの名称《めいしょう》の代わりに、それらを指し示すことば。「わたし」「あなた」「それ」「これ」「あれ」「どこ」など。❷ある事物をよく表している代表的なもの。「勤勉は日本人の—だ」

**たいめん【対面】**(名・自スル)❶直接に顔を合わせること。「五年ぶりに—する」類面会。❷たがいに向かい合うこと。「—交通」

**たいめん【体面】**(名)世間に対するていさい。面目《めんぼく》。「—をけがす」

**たいもう【大望】**(名)(かなえられそうもないほどの)大きな望み。「—を抱《いだ》く」参考「たいぼう」とも読む。

**だいもく【題目】**(名)❶本や論文などの表題。❷研究や討議などの主題。❸〘仏〙→おだいもく②

**タイヤ**〔英 tire〕(名)自動車・自転車などの車輪の外側につけるゴム製の輪。

**ダイヤ**(名)❶「ダイヤグラム」の略。「—が乱れる」❷「ダイヤモンド」の略。「—の指輪」❸トランプのふだで、赤い◆の形。(=ダイア)

**たいやく【大厄】**(名)❶大きなわざわい。❷最も注意しなくてはならない厄年《やくどし》。数え年で、男の四二歳《さい》、女の三三歳。

**たいやく【大役】**(名)責任の重い役。たいせつな役目。「—をこなす」

**たいやく【大約】**(名・副)おおよそ。あらまし。

**たいやく【対訳】**(名・他スル)原文と訳文をならべて示すこと。また、その訳文。「和英—」

**だいやく【代役】**(名)劇・映画などで、ある役の人にさしつかえができたときに、代わってその役をつとめること。また、その人。「—を立てる」

**ダイヤグラム**〔英 diagram〕(名)図表。特に、電車などの運行予定表。また、それによる運行。ダイアグラム。ダイヤ。

**ダイヤモンド**〔英 diamond〕(名)❶宝石の一つ。炭素の結晶《けっしょう》で、鉱物中最もかたく、美しくかがやく。金剛石《こんごうせき》。ダイヤ。❷野球で、内野。(=ダイアモンド)

**ダイヤモンド-ダスト**〔英 diamond dust〕(名)寒冷地で、空気中の水分が氷結して浮遊《ふゆう》する

現象。太陽の光が当たるとダイヤモンドのように輝く。

**ダイヤル**〔英 dial〕（名）❶電話機の回転式数字盤《すうじばん》。また、電話をかけること。「―をまわす」❷ラジオや金庫などの、めもりに合わせて回すつまみ。《＝ダイアル》 参考「ダスト」は、ちり・ほこりの意。

**たいよ【貸与】**（名・他スル）おかねや物を貸しあたえること。「制服を―する」

**たいよう【大洋】**（名）大海。特に、太平洋・大西洋・インド洋などのおもだった海。「―に乗り出す」

**たいよう【大要】**（名）だいたいの要点。あらまし。「計画の―」

**たいよう【太陽】**（名）❶《天》太陽系の中心にある恒星《こうせい》。その光と熱は地球上の生物を育てている。地球からの距離《きょり》約一億四九六〇万キロ《メートル》、直径約一三九万キロ《メートル》（地球の約一〇九倍）。❷いつも明るくかがやいて希望をあたえるもの。「心に―をもつ」

**たいよう【耐用】**（名）機械などが使用にたえて役立つこと。「―年数」

**だいよう【代用】**（名・他スル）あるものの代わりに、別のものを用いること。また、その別のもの。「―品」「筆がないのでペンで―する」

**たいようけい【太陽系】**（名）《天》太陽を中心とした天体の集まり。太陽と水星・金星・地球・火星・木星・土星・天王星・海王星の八つの惑星《わくせい》、その衛星、準惑星・小惑星・流星・彗星《すいせい》などからなる。

**たいようしゅう**〔大洋州〕【地名】→オセアニア

**たいようでんち【太陽電池】**（名）太陽からの光エネルギーを電気エネルギーにかえる装置。

**たいようとう【太陽灯】**（名）太陽光線に似た、紫外線《しがいせん》をふくんだ光を出す医療《いりょう》用・殺菌《さっきん》用の電灯。

**たいようれき【太陽暦】**（名）《天》地球が太陽のまわりを一周する時間を一年として決めたこよみ。陽暦。新暦。参考一年を三六五日とし、四年ごとにうるう年を設けて三六六日とする。対太陰暦《たいいんれき》

**たいよくはむよくににたり【大欲は無欲に似たり】**❶大きな欲望をもつ者は小さな利益にはこだわらないから、外見は欲がないように見える。❷欲の深い者は欲のためにかえって損を招きやすく、結局は無欲の者と同じ結果になる。

**たいら【平ら】** 一（形動ダ）〔ダロ・ダッ(デ・ニ)・ダ・ナ・ナラ・○〕❶高低やでこぼこのないようす。ひらたいようす。「地面を―にならす」❷おだやかなようす。「気持ちを―にする」❸（ふつう「おたいら」の形で）ひざをくずしたりあぐらをかいたりして、楽な姿勢をとること。「どうぞお―に」二（名）（地名の下に付けて）山間の広い平地。「松本―《だいら》」注意二は、「だいら」と濁《にご》ることが多く、また、送りがなの「ら」はつけない。

**たいらか【平らか】**（形動ダ）〔ダロ・ダッ(デ・ニ)・ダ・ナ・ナラ・○〕❶たいらなようす。ひらたいようす。「―な道」❷世の中や心が、安定しておだやかなようす。「心中―でない」

**たいら・げる【平らげる】**（他下一）〔ゲ・ゲ・ゲル・ゲル・ゲレ・ゲロ(ゲヨ)〕❶敵や反抗《はんこう》する者などを打ち負かす。平定する。「賊《ぞく》を―」❷残らず食べる。「三杯《さんばい》めもぺろりと―」

**たいらん【大乱】**（名）革命や内乱などで、世の中が大いに乱れること。

**だいり【内裏】**（名）❶むかしの皇居。天皇《てんのう》の住む御殿《ごてん》。御所《ごしょ》。❷「だいりびな」の略。

**だいり【代理】**（名・他スル）そのことをするはずの人に代わって、別の人がそれを処理すること。また、その人。「父の―を務める」「部長―」

**だいリーグ【大リーグ】**（名）→メジャーリーグ

**だいりき【大力】**（名）ひじょうに力が強いこと。また、その人。「―無双《むそう》」

**たいりく【大陸】**（名）❶地球上の広く大きい陸地。ユーラシア・アフリカ・北アメリカ・南アメリカ・オーストラリア・南極の各大陸がある。❷日本から中国をさしていうことば。「―文化の影響《えいきょう》」❸イギリスからヨーロッパをさしていうことば。

**たいりくせいきこう【大陸性気候】**（名）《天》大陸内部に多くみられる気候。雨が少なく、昼と夜、夏と冬の気温の差が大きい。内陸性気候。対海洋性気候

**たいりくだな【大陸棚】**（名）大陸のまわりの、深さ二〇〇メートルまでの、傾斜《けいしゃ》がゆるやかな海底。陸棚。

**たいりくてき【大陸的】**（形動ダ）〔ダロ・ダッ(デ・ニ)・ダ・ナ・ナラ・○〕❶気候や風土が大陸に特有であるようす。❷小事にこだわらず、おおらかでのんびりしているようす。

**だいりせき【大理石】**（名）石灰岩が大地の熱・力で変質してできた結晶《けっしょう》質の岩石。建築・彫刻《ちょうこく》に用いる。マーブル。

**たいりつ【対立】**（名・自スル）立場や意見などのちがう二つのものが張り合うこと。「意見が―する」…的「対立的な立場にある」

**だいりてん【代理店】**（名）取り引きや業務を、当事者に代わって行ったり、仲介《ちゅうかい》したりする会社。エージェンシー。「旅行―」

**だいりびな【内裏びな】**〘内裏△雛〙（名）ひな祭りにかざる、天皇《てんのう》・皇后《こうごう》に似せた一組のひな人形。

**たいりゃく【大略】** 一（名）おおよその内容。あらまし。「―を話す」二（副）だいたい。おおかた。おおよそ。「作業は―終わった」

**たいりゅう【対流】**（名）《物》熱の伝わり方の一つ。あたためられた部分の気体や液体が上にあがり、あたためられていない部分が下に向かって流れこむ動きのこと。

**たいりゅう【滞留】**（名・自スル）❶旅先などで長くとどまること。「一か月ほど―する」❷物事がすらすらと運ばずとどこおること。「物資が―する」

**たいりゅうけん【対流圏】**（名）《天》地球の表面からおよそ十数キロ《メートル》までの、空気の対流がおこっている部分。成層圏《せいそうけん》の下に位置する。降雨・降雪などふつうの気象現象は、この部分で生じる。

**たいりょう【大猟】**（名）狩《か》りをして、えものがたくさんとれること。対不猟

**たいりょう【大量】**（名）物の量が多いこと。「―の不良品が出回る」対小量

**たいりょう【大漁】**（名）漁で、魚がたくさんとれること。「―で浜《はま》がにぎわう」類豊漁。対不漁

**たいりょうせいさん【大量生産】**（名）機械化された設備を用いるなどして、同じ製品を一時にたくさん作り出すこと。マスプロダクション。

**たいりょく【体力】**（名）仕事・運動などを行うからだの力。また、病気などに対する抵抗力《ていこうりょく》。「―増進」「―がつく」…的「体力的に無理だ」

**たいりん【大輪】**（名）開いた花がふつうよりいちだんと大きいこと。また、その花。だいりん。「―の朝顔」

**タイル**〔英 tile〕（名）床《ゆか》や壁《かべ》などに張る板状の建築材。多くは陶磁器《とうじき》製。「―張りの浴室」

**たいれい【大礼】**（名）即位《そくい》などの皇室での重大な儀式《ぎしき》。

**ダイレクト**〔英 direct〕（名・形動ダ）物事が直接行われるようす。「気持ちが―に伝わる」

**ダイレクトメール**〔英 direct mail〕（名）個人あてに直接送付する広告。あて名広告。DM。

**たいれつ【隊列】**（名）集まった人びとがきちんと並んでつくった列。「―を組む」「―を乱す」

**たいろ【退路】**（名）もどるときの道。逃《に》げ道。「敵の―を絶つ」対進路

**たいろう【大老】**（名）《歴》江戸《えど》時代、将軍を補佐する最高職。臨時《りんじ》に老中《ろうじゅう》の上におかれた。

**だいろっかん【第六感】**（名）見る（視覚）・聞く（聴覚《ちょうかく》）・味わう（味覚）・かぐ（嗅覚《きゅうかく》）・さわる（触覚《しょっかく》）の五つの感覚のほかの、なんとなく物事の本質を感じとる心のはたらき。直感。勘《かん》。

**たいわ【対話】**（名・自スル）相手と直接向かい合って話をすること。また、その話。「住民と―する」「親子の―」⇩かいわ「学習」

**たいわん【台湾】**〔地名〕アジア大陸の南東、中国福建省の東にある島。一九四九年、中国共産党との内戦に敗れた国民党政権がこの地に移った。

**たいわんぼうず【台湾坊主】**（名）春先、台湾付近で発生して急速に発達する温帯低気圧をいった呼び名。日本に大雪をもたらすことがある。

**たう【多雨】**（名）降雨量が多いこと。「高温―」

**たうえ【田植え】**（名）苗代《なわしろ》で育てた稲《いね》の苗《なえ》を水田に移し植えること。「―の季節」「―うた」

**ダウへいきん【ダウ平均】**（名）《経》（「ダウ式平均株価」の略）アメリカのダウージョーンズ社が始めた計算法による株式の平均価格。株の価格の長期連続性をとらえやすい。

**ダウン**〔英 down〕■一（名・自他スル）❶下がること。下げること。「成績が―する」対アップ。❷ボクシングなどで、打たれてリングにたおれること。また、打ちたおすこと。ノックダウン。❸疲《つか》れや病気でたおれること。「過労で―する」❹コンピューターなどがとつぜん動作を停止すること。「システム―」■二（名）水鳥の羽毛。布団・防寒着などの詰《つ》め物にする。「―ジャケット」

**ダウンしょう【ダウン症】**（名）《医》染色体《せんしょくたい》の異常によって起こる病気。多くは知能障害や身体的特徴《とくちょう》を伴《ともな》う。ダウン症候群。参考一九世紀にイギリスの医師ダウン（Down）が報告した。

**ダウンタウン**〔英 downtown〕（名）都市の低地の商工業地帯。下町。

**ダウンロード**〔英 download〕（名・他スル）ネットワークで結ばれた他のコンピューターから、情報やデータを自分のパソコンなどに取り込《こ》むこと。対アップロード

**たえい・る【絶え入る】**（自五）〔ラ(ロ)・リ(ッ)・ル・ル・レ・レ〕息が絶える。死ぬ。「―ばかりに泣く」

**たえがた・い【耐え難い・堪え難い】**（形）〔カロ・カツ(ク)・イ・イ・ケレ・○〕がまんできない。しんぼうできない。「―苦しみ」

**だえき【唾液】**（名）《生》唾液腺《せん》から口の中に出て消化を助ける液。つば。つばき。

**たえしの・ぶ【耐え忍ぶ・堪え忍ぶ】**（他五）〔バ(ボ)・ビ(ン)・ブ・ブ・ベ・ベ〕つらいこと、苦しいことをじっとがまんする。こらえる。「悲しみを―」

**たえず【絶えず】**（副）とぎれることなく続いているようす。いつも。常に。「―動きまわる」

**たえだえ【絶え絶え】**（形動ダ）〔ダロ・ダッ(デ・ニ)・ダ・ナ・ナラ・○〕今にもとぎれそうなようす。また、とぎれとぎれに続くようす。「息も―に話す」「すすり泣きが―に聞こえる」

**たえて【絶えて】**（副）その後は一度も。少しも。ぜんぜん。「―久しく手紙がない」「遅刻《ちこく》など―なかった」使い方あとに「ない」「ません」などの打ち消しのことばがくる。

**たえなる【〈妙なる】**（連体）不思議なまでにすぐれている。きわめてすばらしい。「―琴《こと》の調べ」

**たえま【絶え間】**（名）長く続いているものがとぎれている所。切れ間。「雨が―なく降る」「雲の―」

**た・える【耐える・堪える】**（自下一）〔エ・エ・エル・エル・エレ・エロ(エヨ)〕❶苦しみやつらさをがまんする。こらえる。「寒さに―」❷外から加えられる力に負けず、持ちこたえる。「風雨に―」「弾圧《だんあつ》に―」❸…することができる。…に値する。「見るに―・えない惨事《さんじ》」「鑑賞《かんしょう》に―」❹（「…にたえない」の形で）そのような気持ちになるのをおさえられない。「感に―・えない」注意③④は「堪える」を用いる。

**た・える【絶える】**（自下一）〔エ・エ・エル・エル・エレ・エロ(エヨ)〕❶続いていたものが、途中《とちゅう》で切れてなくなる。「道が―」「通信が―」❷尽《つ》きる。なくなる。ほろびる。「血筋が―」「心配が―・えない」「息が―（＝死ぬ）」❸関係が切れる。「友だちとの仲が―」

**だえん【△楕円】**（名）小判形の細長い円。長円。

**たお・す【倒す】**（他五）〔サ(ソ)・シ・ス・ス・セ・セ〕❶立っているものを、力を加えて横にする。また、ころばす。「棒を―」「押《お》されて―・される」❷殺す。「敵を一太刀《ひとたち》で―」❸たたかって負かす。「試合で相手を―」❹国や政府などをほろぼす。「独裁政権を―」❺借りたおかねを返さずにすます。ふみたおす。

**たおやか**（形動ダ）〔ダロ・ダッ(デ・ニ)・ダ・ナ・ナラ・○〕姿や動作などがしとやかで、美しく上品なようす。「―な舞《まい》」

**たおやめ【手◇弱女】**（名）上品でしとやかな女性。美しくやさしい女性。対丈夫《ますらお》

**たお・る【手折る】**（他五）〔ラ(ロ)・リ(ッ)・ル・ル・レ・レ〕手で折り取る。「花を―」

**タオル**〔英 towel〕（名）布の表面に糸を輪の状態に織り出した、やわらかく厚い綿織物。また、その布で作った西洋手ぬぐい。「バス―」

**たお・れる【倒れる】**（自下一）〔レ・レ・レル・レル・レレ・レロ(レヨ)〕❶立っていることができずに横になる。「台風で木が―」❷病気などで寝《ね》こむ。「過労で―」❸戦いや病気などで死ぬ。「凶弾《きょうだん》に―」

❹国や政府などがほろびる。「幕府が―」❺会社などが経営できず、つぶれる。「会社が―」

**たか【高】**（名）❶おかねや物の量・数。「売り上げの―」❷程度やねうち。「―の知れたこと」

**高が知《し》れる** 程度がわかる。たいしたことはない。「売り上げといっても高が知れている」

**高をくくる** たいしたことはないとみくびる。「相手は子どもと―」

**たか**『△鷹』（名）〘動〙タカ科の鳥のうち、中形以下のものの総称《そうしょう》。するどく曲がった口ばし、かぎ形のつめをもつ。小さい鳥や動物をとらえて食べる。

（鷹）

**たか【多寡】**（名）多いことと少ないこと。多少。「金額の―は問題でない」

**たが**『△箍』（名）おけやたるの周囲にはめて、しめつけるための竹や金属の輪。

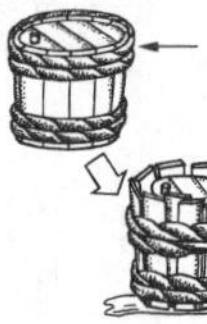
（たが）

**たがが緩《ゆる》む** 緊張がゆるみしまりがなくなる。

**-だか【高】**（接尾）❶数量や金額を表す。「漁獲《ぎょかく》―」「売上―」❷金額が高くなる意を表す。「昨日より三円―の相場」対安《やす》

**だが**（接）前に述べたことを受けて、それとは反対のことを述べるときに使うことば。しかし。けれども。「前はうまくいった。―、こんどもうまくいくとはかぎらない」

**たかい【他界】**（名・自スル）（この世以外の世界へ行く意から）死ぬこと。死去。

**たか・い【高い】**（形）{カロ・カッ(ク)・イ・イ・ケレ・○} ❶ずっと上のほうにある。基準となる面から上までのへだたりが大きい。たけが長い。「―山」「手を―・く上げる」「鼻が―（=得意である）」「背が―」対低い ❷等級・水準・価値などがすぐれている。「―教養を身につける」「格調が―」「目が―」対低い ❸音や声の振動数《しんどうすう》が多い。また、声・音が大きい。「―ソプラノの声」「静かに、声が―」対低い ❹ひろく知られている。「評判が―」「悪名が―」❺数値・程度などが大きい。「温度が―」「年齢《ねんれい》が―」「出席率が―」対低い ❻かかる金額が大きい。高価である。「野菜が―・くなる」「―・くつく（=予想よりおかねがかかる）」対安い ❼（上に「お」をつけて）つんとすまして気どっている。えらぶっている。「お―・くとまる」

**たがい【互い】**（名）❶関係のある両方。双方《そうほう》。「お―の利益を考える」❷同じような立場にあること。「お―さま」

**だかい【打開】**（名・他スル）物事の行きづまりを打ち破ること。解決する方法を見つけること。「困難な状況《じょうきょう》を―する」「―策」

**たがいちがい【互い違い】**（名）異なる二つのものが一つおきになること。また、双方《そうほう》から一つおきに入りまじること。交互《こうご》。「―に重ねる」

**たがいに【互いに】**（副）両方が同じように。両方ともに。「―あいさつを交わす」「―譲《ゆず》り合う」

**たかいびき【高いびき】**『高△鼾』（名）大きな音のいびき。また、いびきをたててよく眠《ねむ》っていること。

**たが・う**『◇違う』（自五）{ワ(オ)・イ(ッ)・ウ・ウ・エ・エ} ❶ちがう。一致《いっち》しない。「寸分―・わぬ（=まったく同じだ）」❷そむく。はずれる。「約束に―」使い方「ちがう」は「…とちがう」といい、「たがう」は「…にたがう」という。

**たが・える**『◇違える』（他下一）{エ・エ・エル・エル・エレ・エロ(エヨ)} ❶ちがわせる。ちがえる。「順序を―」❷きまりなどを守らない。「約束を―」

**たかが**『高が』（副）物事の程度や数量などがたいしたことではないようす。せいぜい。「―一〇〇円」「―子どものけんかだ」

**たかがり【たか狩り】**『△鷹狩り』（名）飼いならしたたかを放して、ほかの鳥やうさぎをとらえさせる狩り。

**たかく【多角】**（名）❶角の多いこと。「―形」❷いろいろな方面にわたっていること。「―経営」…的「多角的に物事を見る」

**たがく【多額】**（名・形動ダ）金額の多いこと。「―の寄付」「―納税者」対少額

**たかくけい【多角形】**（名）〘数〙三本以上の線分でかこまれた平面図形。三角形・四角形・五角形など。多辺形。たかっけい。

**たかくけいえい【多角経営】**（名）一つの会社や個人が、いくつかの商売や事業を行うこと。

**たかげた【高げた】**『高下◇駄』（名）歯の高いげた。あしだ。高あしだ。

**たかさ【高さ】**（名）高いこと。また、その程度。「山の―」「背の―」「音の―」

**たかさご**〔高砂〕〔作品名〕能の曲名。世阿弥《ぜあみ》作。中の一節が婚礼《こんれい》などのめでたいときにうたわれる。

**だがし【駄菓子】**（名）ねだんの安い大衆的な菓子。

**たかしお【高潮】**（名）吹《ふ》きつける暴風などによって海面が高くなり、陸に大波がおそってくるもの。注意「こうちょう」と読むと別の意味になる。

**たかしまだ【高島田】**（名）日本髪《にほんがみ》のゆい方の一つ。島田まげのゆった根もとを高くしたもので、おもに花嫁《はなよめ》がゆう。

（たかしまだ）

**たかじょう**『△鷹匠』（名）鷹狩《たかが》りのために鷹を飼育・訓練する人。

**たかだい【高台】**（名）まわりよりもひときわ高くて、たいらな土地。

**たかだか【高高】**（副）❶めだって高いようす。「―と手をあげる」❷声を高くはりあげるようす。「詩を―と朗唱する」❸多く見積もってもたいしたことではないようす。せいぜい。「もうけは―二割だ」

**だかつ**『蛇△蝎』（名）へびとさそり。人がひどくきらうもののたとえ。「―のごとくいみきらう」

**たかつき**『高△坏』（名）むかし、食べ物を盛るのに使った脚《あし》のついたうつわ。

（たかつき）

**だがっき【打楽器】**（名）〘音〙道具や手などでたたいたり、振《ふ》ったりして音を出す楽器。たいこ・木琴《もっきん》・シンバル・タンバリンなど。

**たかどの【高殿】**（名）高く造った御殿《ごてん》。

**たかとび【高飛び】**（名・自スル）（事件の犯人などが）遠くの土地へ逃《に》げること。「国外に―する」

**たかとび【高跳び】**（名）陸上競技で、バーをとびこえる高さを競うもの。走り高跳び・棒高跳びがある。

**たかな【高菜】**（名）〘植〙アブラナ科の越年草《えつねんそう》。からし菜の一種で、つけものにして食べる。

**たかなみ【高波】**（名）高く立つ波。大波。「暴風や―に注意する」

**たかな・る【高鳴る】**（自五）｛ラ(ロ)・リ(ッ)・ル・ル・レ・レ｝❶高く鳴りひびく。「―波音」❷喜びや希望で、胸がどきどきする。「胸が―」

**たかね【高値】**（名）ねだんが高いこと。高いねだん。「―がつく」「―をよぶ」対安値

**たかね**〘高△嶺・高根〙（名）高いみね。山のいただき。「富士《ふじ》の―」

**高嶺の花《はな》**　遠くから見ているばかりで、手の届かないもののたとえ。とても自分のものになる見こみのないもの。「プールのある家なんて―だ」

**たがね**〘△鏨・△鑽〙（名）はがねでつくったのみ。金属をけずり取ったり岩石を割ったりするのに用いる。

**たかねぼし**…〔俳句〕

〔**高嶺星　蚕飼《こがひ》の村《むら》は　寝《ね》しづまり**〕〈水原秋桜子《みずはらしゅうおうし》〉訳高い峰《みね》の夜空にかがやく春の星、その下で、日中養蚕《ようさん》にいそがしい村の家々は、ひっそりと静かな眠《ねむ》りについている。（季語「蚕飼」春）

**たかのぞみ【高望み】**（名・自他スル）身分や実力以上のものを望むこと。また、その望み。「あんまり―するな」

**たかのつめ**〘△鷹の爪〙（名）〘植〙日本で代表的なとうがらしの一品種。実は細長く、赤くてからい。

**たかは【たか派】**〘△鷹派〙（名）強硬《きょうこう》に自分の考えをおしとおそうとする人びと。対はと派

**たかばなし【高話】**（名・自スル）大きな声で話すこと。また、その話。「迷惑《めいわく》も考えず―する」

**たかはまきょし**〔高浜虚子〕〔人名〕(一八七四〜一九五九)俳人・小説家。本名は清。正岡子規《まさおかしき》に俳句を学び、雑誌「ホトトギス」の中心となって活躍《かつやく》、多くの弟子《でし》を育てた。客観写生・花鳥諷詠《かちょうふうえい》を説いた。句集に「虚子句集」がある。

**たかはりぢょうちん【高張りぢょうちん】**〘高張り◇提◇灯〙（名）長いさおの先に高くとりつけたちょうちん。高張り。

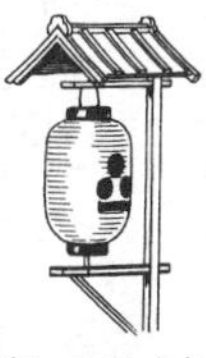
（たかはりぢょうちん）

**たかびしゃ【高飛車】**（名・形動ダ）相手の言い分を聞かず、自分の考えなどを一方的におしつける態度をとること。「―に出る」

**たが・ふ**〔違《タガ(ゴ)》ふ《ウ》〕古語 ━（自四）❶ちがう。一致《いっち》しない。「かぐや姫《ひめ》のたまふやうに―・はず作り出《い》でつ」〈竹取物語〉訳（玉の枝を）かぐや姫のおっしゃるのとちがわぬ姿にこしらえあげた。❷そむく。さからう。「仏の御教へに―・らんと」〈徒然草《つれづれぐさ》〉訳仏のお教えにそむいているだろうと。━（他下二）ちがうようにする。そむく。「かの遺言《ゆいごん》を―・へじ」〈源氏物語〉訳（亡夫の）あの遺言にそむくまい。

**たかぶ・る【高ぶる】**〘△昂る〙（自五）｛ラ(ロ)・リ(ッ)・ル・ル・レ・レ｝❶心や感覚の働きがぴんと張りつめて、するどくなる。興奮する。「神経が―」❷えらそうにする。「おごり―」

**たかまくら【高枕】**（名）❶安心してねむること。❷日本髪《にほんがみ》をくずさずにねるため、高く作ったまくら。

**たかま・る【高まる】**（自五）｛ラ(ロ)・リ(ッ)・ル・ル・レ・レ｝高くなる。もりあがる。強くなる。「関心が―」「緊張《きんちょう》が―」

**たかみ【高み】**（名）高い所。「―から見おろす」

**高みの見物《けんぶつ》**　事のなりゆきを、わきから気楽に見ていること。傍観《ぼうかん》。「―をきめこむ」

**たかむらこうたろう**〔高村光太郎〕〔人名〕(一八八三〜一九五六)詩人・彫刻家《ちょうこくか》。彫刻家光雲《こううん》の子。詩集「道程《どうてい》」を刊行して口語自由詩を完成。また、ロダンの影響《えいきょう》を受け、彫刻家としてもすぐれていた。詩集には、ほかに「智恵子抄《ちえこしょう》」などがある。

**たか・める【高める】**（他下一）｛メ・メ・メル・メル・メレ・メロ(メヨ)｝高くする。強くする。「能率を―」「品質を―」対低める

**たがや・す【耕す】**（他五）｛サ(ソ)・シ・ス・ス・セ・セ｝作物をつくるために、田畑をほり返して土をやわらかくする。耕作する。

**たから【宝】**（名）❶金・銀・宝石のようにこの世に数が少なくねうちのあるもの。「―の山」「―探し」❷ひじょうに大事でかけがえのないもの。また、人。「国の―ともいうべき人」❸（「お宝」の形で）金銭。

**宝の持《も》ち腐《ぐさ》れ**　すぐれた力や物を持ちながら、それを役立てることができないこと。「せっかくの才能も―だ」

**だから**（接）前に述べたことの当然の結果として、あとのことがおこることを表す。そうであるから。それゆえ。「よく聞いていなかったでしょう。―わからないのよ」

**たからいきかく**〔宝井其角〕〔人名〕→えのもときかく

**たからか【高らか】**（形動ダ）｛ダロ・ダッ(デ・ニ)・ダ・ナ・ナラ・○｝声・音などが高く大きくひびくようす。「ラッパが―に鳴る」

**たからくじ【宝くじ】**〘宝△籤〙（名）都道府県などが発売するくじの券。当たると賞金がもらえる。

**たからじま**〔宝島〕〔作品名〕イギリスの作家スチーブンソンの冒険《ぼうけん》小説。一八八三年刊。宝島の地図を手にした少年ジムの一行が、宝をほりあてるまでを描く。

**たからぶね【宝船】**（名）米や宝物と、七福神を乗せた船。また、それをかいた絵。この絵を正月二日の夜、枕《まくら》の下にしいてねるとよい夢を見るとされる。

**たからもの【宝物】**（名）宝とするもの。また、宝とするようなひじょうに大事なもの。宝物《ほうもつ》。

**たかり**〘◇集り〙（名）人をおどして金品をまきあげること。また、それをする人。「ゆすり―をはたらく」

**たか・る**〘◇集る〙（自五）｛ラ(ロ)・リ(ッ)・ル・ル・レ・レ｝❶人・虫などが一つの所・物に寄り集まる。「よって―・ってからかう」「はえが―」❷人をおどして金品をまきあげる。また、せがんでおごらせる。「不良に―・られる」「先輩《せんぱい》に―」

**たがる**（助動）｛タガラ(タガロ)・タガリ(タガッ)・タガル・タガル・タガレ・○｝（動作を表すことばの下について）それを希望しているようすを表す。「知り―」「見せ―」「ほめられ―」参考自分以外の者が…

したいと思うようすを表す。自分の希望を表す場合は「たい」を用いる。文法 動詞および動詞型活用の助動詞の連用形につく。

**たかわらい**【高笑い】（名・自スル）大声で笑うこと。また、その笑い声。哄笑《こうしょう》。「宿敵を倒《たお》して—する」

**たかん**【多感】（名・形動ダ）物事に感じやすいこと。「—な少年時代」

**だかん**〖△兌換〗（名・他スル）国・銀行の出した紙のおかねを金貨や銀貨などの正貨とひきかえること。

**だかんしへい**〖△兌換紙幣〗（名）〘経〙国・銀行がいつでも金貨や銀貨などの正貨とひきかえる約束で発行した紙のおかね。対 不換紙幣

**たき**【滝】 13画 氵10 〔瀧〕 訓 たき 氵 氵 氵 氵 滝 滝

たき。◆滝口・滝壺《たきつぼ》◆白滝《しらたき》

**たき**【滝】（名）がけの上などから垂直に近い角度で流れ落ちる水。「—にうたれる」「—のような汗《あせ》」

**たき**【多岐】（名・形動ダ）（道がいくつにも分かれている意から）物事がいろいろな方面に分かれていること。「問題が複雑—にわたる」

**たぎ**【多義】（名）一つのことばが多くの意味をもつこと。「—語」…的「多義的にとらえる」

**だき**【唾棄】（名・他スル）（つばをはきすてる意から）ひどくけいべつし、きらうこと。「—すべき存在」

**だき**【惰気】（名）だらけた気分。なまけ心。

**だきあ・う**【抱き合う】（自五）｛ワ(オ)・イ(ッ)・ウ・ウ・エ・エ｝おたがいに相手を抱く。「ひしと—」

**だきあわせ**【抱き合わせ】（名）二つの物を組み合わせること。特に、売れないものを売れるものと組み合わせて売ること。「—で売る」

**たきおとし**【たき落とし】〖△焚き落とし〗（名）たきぎをたいたあとに残った火。おき。

**だきかか・える**【抱き抱える】（他下一）｛エ・エ・エル・エル・エレ・エロ(エヨ)｝腕《うで》をまわして支え持つ。「子どもを—」

**たきぎ**【薪】（名）燃料にする木。たきもの。まき。

**たきぐち**【滝口】（名）❶滝の水の落ち口。❷むかし、内裏《だいり》の清涼殿《せいりょうでん》の北東にあったみぞを流れる水の流れ落ちる所。❸（詰め所が②にあったことから）むかし、皇居の警護にあたった武士。

**たぎご**【多義語】（名）一つのことばで、使われる場合によって、いくつかの別の意味をもつことば。

**だきこ・む**【抱き込む】（他五）｛マ(モ)・ミ(ン)・ム・ム・メ・メ｝❶抱いてかかえこむ。「子犬をふところに—」❷うまい話で相手をまるめこみ、（悪い計画の）仲間にひき入れる。「中立派を—」

**たきざわばきん**〔滝沢馬琴〕【人名】（一七六七〜一八四八）江戸《えど》時代後期の読本《よみほん》作者。勧善懲悪《かんぜんちょうあく》の立場で書かれた大作「南総里見八犬伝《なんそうさとみはっけんでん》」を、二八年かけて完成した。作品はほかに「椿説弓張月《ちんせつゆみはりづき》」など。別号曲亭《きょくてい》馬琴など。

**タキシード**〔英 tuxedo〕（名）男子が夜会などに着る略式の礼服。燕尾服《えんびふく》のかわりに用いる。

（タキシード）

**たきし・める**〖△焚き◇染める〗（他下一）｛メ・メ・メル・メル・メレ・メロ(メヨ)｝香《こう》をたいて、かおりを衣服などにしみこませる。「着物に香を—」

**だきし・める**【抱き締める】（他下一）｛メ・メ・メル・メル・メレ・メロ(メヨ)｝しめつけるように強く抱く。「わが子を—」

**だきすく・める**【抱きすくめる】〖抱き△竦める〗（他下一）｛メ・メ・メル・メル・メレ・メロ(メヨ)｝強く抱いて、相手が身動きできないようにする。「うしろから—」

**たきだし**【炊き出し】（名）災害などのときに、被災《ひさい》者や現場で働く人びとのために飯をたいて出すこと。

**だきつ・く**【抱きつく】〖抱き付く〗（自五）｛カ(コ)・キ(イ)・ク・ク・ケ・ケ｝両手で相手の体をかかえてはなれないようにする。「母親に—」

**たきつけ**〖△焚き付け〗（名）まきなどに火をつけるとき、最初に燃やす燃えやすい材料。紙・木片《もくへん》など。

**たきつ・ける**〖△焚き付ける〗（他下一）｛ケ・ケ・ケル・ケル・ケレ・ケロ(ケヨ)｝❶火をつけて燃やしはじめる。「ふろを—」❷おだてたり、そそのかしたりして、あることをするようにしむける。けしかける。「若者を—」

**たきつぼ**【滝つぼ】〖滝△壺〗（名）滝の水が落ちこんで深くなっている所。

**たきび**【たき火】〖△焚き火〗（名）庭などで落ち葉などを集めてたくこと。また、その火。「—にあたる」

**たきぼうよう**【多岐亡羊】（名）学問の道は多方面に分かれ、真理をとらえにくいこと。また、方針が多すぎて、どれを取るべきか迷うこと。亡羊の嘆《たん》。

故事 中国、戦国時代の学者楊子《ようし》の隣家《りんか》で羊を逃《に》がした。おおぜいで追いかけたがあまりに分かれ道が多く、ついにその羊を見失ったという。それを聞いた楊子が学問の道もまた同じだと嘆《なげ》いたことからいう。〈列子〉

**たきもの**〖△焚き物〗（名）たきぎ・まきなどの燃料。

**だきゅう**【打球】（名）野球・テニスなどで、打ったたま。「鋭《するど》い—が飛ぶ」

**たきょう**【他郷】（名）故郷でない、よその土地。また、外国。異郷。「—にさすらう」

**だきょう**【妥協】（名・自スル）たがいの意見がくいちがうとき、ゆずり合って一つの考えにまとめること。また、相手の意見に合わせて自分の主張をおさえること。「—案」「—の産物」

**たきょく**【多極】（名）中心となるものや重点を置くべきものがいくつもあること。…化「情勢が多極化する」

**たぎ・る**〖△滾る〗（自五）｛ラ(ロ)・リ(ッ)・ル・ル・レ・レ｝❶しぶきをあげ、はげしく波だつ。「谷川の瀬《せ》が—」❷煮《に》えたつ。「湯が—」❸感情が強くわきおこる。「情熱が—」

**たく**【宅】 6画 宀3 小6 音 タク 丶 丶 宀 宀 宅 宅

すまい。やしき。家。◆宅地◆帰宅・旧宅・居宅・在宅・自宅・社宅・住宅・邸宅《ていたく》・別宅・本宅

**たく**【宅】（名）❶自分の住む家。自宅。❷妻が他人に対して夫をいうことば。「—が申しますに」❸（上に「お」をつけて）相手の家または相手の人をいうことば。

「おーの庭」

**たく【択】** 7画 扌4 〔擇〕 音タク 一 十 扌 扌 扌 択
よいものをえらびとる。◆採択・選択・二者択一

**たく【沢】** 7画 氵4 〔澤〕 音タク 訓さわ 丶 氵 氵 氵 沪 沢
❶さわ。水がたまって草がはえている湿地《しっち》帯。◆沼沢《しょうたく》。❷うるおう。豊富にある。うるおい。めぐみ。◆恩沢・恵沢《けいたく》・潤沢《じゅんたく》・贅沢《ぜいたく》・余沢。❸つや。◆光沢

**たく【卓】** 8画 十6 音タク 丨 卜 占 占 卓 卓
❶ひときわぬきんでている。すぐれている。◆卓越《たくえつ》・卓説・卓絶・卓抜《たくばつ》・卓論・卓見《たっけん》。❷つくえ。◆卓上・卓球《たっきゅう》 ◆円卓・食卓

**たく【卓】**（名）つくえ。テーブル。「ーを囲む」

**たく【拓】** 8画 扌5 音タク 一 十 扌 扌 拓 拓
❶土地をきりひらいてひろげる。◆拓殖《たくしょく》 ◆開拓・干拓。❷石碑《せきひ》などの文字を墨《すみ》で紙などにうつしとる。石ずり。◆拓本 ◆魚拓

**たく【度】**→ど(度)

**たく【託】** 10画 言3 音タク 丶 言 言 訁 訐 託
❶たよりにして、物事をまかせる。たのむ。あずける。◆託児所・託送 ◆依託《いたく》・委託・寄託・供託・結託・嘱託《しょくたく》・信託。❷かこつける。◆仮託。❸おつげ。◆託宣《たくせん》 ◆神託

**たく【濯】** 17画 氵14 音タク 氵 氵 氵 氵 涅 濯
あらう。すすぐ。◆洗濯 ⇩付録「漢字の筆順(32)隹」

**た・く【炊く】**（他五）{カ(コ)・キ(イ)・ク・ク・ケ・ケ} 水にひたした米などを煮《に》る。「ご飯をー」

**た・く【『△焚く』】**（他五）{カ(コ)・キ(イ)・ク・ク・ケ・ケ} ❶燃料を燃やす。火にくべて燃やす。「落ち葉をー」「ふろをー」❷香《こう》をくゆらす。参考②は「薫く」「炷く」とも書く。

**タグ**〔英 tag〕（名）❶下げふだ。値ふだや荷ふだの類。「ーシール」❷コンピューターで、データのまとまりを指示したり、文書の書式などを設定したりするために付ける記号や文字列。「HTMLー」

**だく【諾】** 15画 言8 音ダク 言 言 訁 訁 諾 諾
❶「はい」と返事をする。「はいはい」と人に従う。◆唯唯諾諾《いいだくだく》。❷承知する。◆諾否 ◆応諾・快諾・許諾・受諾・承諾・内諾

**だく【濁】** 16画 氵13 音ダク 訓にごる・にごす 丶 氵 氵 泻 濁 濁
水などがすんでいない。にごる。よごれる。◆濁音・濁酒・濁水・濁点・濁流 ◆汚濁・清濁・白濁。対清

**だく【駄句】**（名）へたでつまらない俳句。自作の句をけんそんしていうこともある。

**だ・く【抱く】**（他五）{カ(コ)・キ(イ)・ク・ク・ケ・ケ} うでで胸にかかえもつ。かかえる。「赤んぼうをー」

**たくあん【『沢△庵』】**（名）（「たくあんづけ」の略）ほした大根をぬかと塩でつけたもの。たくわん。

**たぐい【類い】**（名）❶同じ程度のもの。「ーまれな名品」❷同じ種類のもの。仲間。「さかなのー」

**たくいつ【択一】**（名）二つ以上のものから一つを選ぶこと。「二者ーをせまられる」

**たくえつ【卓越】**（名・自スル）ほかのものよりもずばぬけてすぐれていること。「ーした意見」

**だくおん【濁音】**（名）日本語の音で、にごる音。かなに濁点をつけて表す発音。「が」「ざ」など。⇩せいおん(清音)・はんだくおん

**たくさん【『×沢山』】**（名・副・形動ダ）❶物の量や数が多いようす。「ーの品」「ー食べる」❷それ以上望まないようす。じゅうぶん。「争いはもうーだ」

**たくしあ・げる【たくし上げる】**（他下一）{ゲ・ゲ・ゲル・ゲル・ゲレ・ゲロ(ゲヨ)} そでやすそなどを、手でまくりあげる。「そでをー」

**タクシー**〔英 taxi〕（名）駅前や路上などで客を乗せ、目的地まで運ぶ営業用の自動車。「ーをひろう」

**たくしき【卓識】**（名）すぐれた考え。りっぱな意見。

**たくしこ・む【たくし込む】**（他五）{マ(モ)・ミ(ン)・ム・ム・メ・メ} ❶着物のすそをはしょって帯にはさみこむ。また、衣服のすそをズボンやスカートの内側におしこむ。「シャツをー」❷たぐって手もとに入れる。

**たくじしょ【託児所】**（名）親が働きに出ている間、乳幼児を預かって世話をする施設《しせつ》。

**だくしゅ【濁酒】**（名）にごりざけ。どぶろく。

**たくしゅつ【卓出】**（名・自スル）ほかよりとびぬけてすぐれていること。「ーした才能」

**たくじょう【卓上】**（名）机やテーブルの上。「ーに置く」「ーカレンダー」

**たくしょく【拓殖】**（名・自スル）未開の土地を切り開いて人が住みつくこと。

**たくしん【宅診】**（名・自他スル）医者が自分の家で診察すること。対往診

**たく・す【託す】【『△托す』】**（他五）{サ(ソ)・シ・ス・ス・セ・セ}→たくする

**だくすい【濁水】**（名）にごった水。

**たく・する【託する】【『△托する』】**（他サ変）{シ(セ・サ)・シ・スル・スル・スレ・シロ(セヨ)} ❶自分がすべきことを人にたのんでまかせる。「親戚《しんせき》に子どもをー」❷用件をほかの人にことづける。「伝言をー」❸伝えたい気持ちや意見などを、ある形を借りて表す。「思いを詩にー」

**たくせつ【卓説】**（名）きわめてすぐれた考えや意見。

**たくぜつ【卓絶】**（名・自スル）ほかにくらべるものがないほどすぐれていること。「ーしたわざ」

**たくせん【託宣】**（名）神が人の口を借りたり夢の中などに現れたりして、その意志を伝えること。また、そのことば。おつげ。神託。「ごーがくだる」

**たくそう【託送】**（名・他スル）運送店などにたのんで荷物を送ること。「りんごをーする」

**だくだく【諾諾】**（タル）何事にも逆らわずに、人の言うままになるようす。「唯唯《いい》ーと従う」

**たくち【宅地】**（名）住宅の敷地《しきち》。また、家を建てるための土地。「ー造成」…化「宅地化が進む」

**だくてん【濁点】**（名）かなの右上につけて、にごった発

音を表すしるし。「が」「ば」などの「゛」。にごり。

**タクト**〔ドイツ Takt〕(名)〔音〕合唱・合奏の指揮に使う棒。指揮棒。「―をふる(=音楽の指揮をする)」

**ダクト**〔英 duct〕(名)冷暖房《れいだんぼう》や換気《かんき》のための空気が通る管。送水管などをふくめてもいう。

**たくはい【宅配】**(名・他スル)荷物・新聞・牛乳などを受取人の家に直接配達すること。「―便《びん》」

**たくはつ**〖△托鉢〗(名・自スル)〔仏〕修行《しゅぎょう》のため、僧《そう》が鉢《はち》をもって経《きょう》を唱えながら家々をまわり、米やおかねなどのほどこしを受けること。「―僧」

**たくばつ【卓抜】**(名・自スル・形動ダ)たくさんの中でずばぬけてすぐれていること。「―な着想」

**だくひ【諾否】**(名)承知と不承知。「―を問う」

**タグボート**〔英 tugboat〕(名)港などで、他の船を引いたり押《お》したりするための小型船。ひき船。

**たくほん【拓本】**(名)石碑《せきひ》や器物にきざまれた文字などを墨《すみ》を使って紙にうつしとったもの。石ずり。

**たくま**〖△琢磨〗(名・他スル)(石や玉などをとぎみがくことから)学問・技芸などの向上に努力すること。「切磋《せっさ》―する」

**たくまし・い**〖△逞しい〗(形){カロ・カッ(ク)・イ・イ・ケレ・○}❶からだががっしりしていて、いかにも強そうなようす。「―男」❷心がしっかりしていて、なにものにもひるまない。「―精神力」❸勢いがさかんである。「想像を―・くする」

**たくみ**〖◇匠・◇工〗(名)手先や道具を使い、木材などを材料として物をつくる職人。工匠《こうしょう》。

**たくみ【巧み】**一(形動ダ){ダロ・ダッ(デ・ニ)・ダ・ナ・ナラ・○}物事をじょうずになしとげるようす。うまくくふうされているようす。「困難を―に切りぬける」「―なうそ」二(名)工作物などの細かいくふう・趣向《しゅこう》。「―をこらす」

**たく・む**〖◇巧む・◇工む〗(他五){マ(モ)・ミ(ン)・ム・ム・メ・メ}くふうする。技巧《ぎこう》をこらす。「―・まざる効果」使い方「たくまざる(=意識してねらったものでなく、しぜんにあらわれる)ユーモア」など、打ち消しの形で使うことが多い。

**たくらみ**〖◇企み〗(名)たくらむこと。よくないくわだて。「―が露見《ろけん》する」

**たくら・む**〖◇企む〗(他五){マ(モ)・ミ(ン)・ム・ム・メ・メ}ひそかによくないことを計画する。「悪事を―」

**たぐりこ・む【手繰り込む】**(他五){マ(モ)・ミ(ン)・ム・ム・メ・メ}糸・つなどをたぐって、手もとへ引き入れる。

**だくりゅう【濁流】**(名)にごった水の流れ。「―にのまれる」対清流

**たぐりよ・せる【手繰り寄せる】**(他下一){セ・セ・セル・セル・セレ・セロ(セヨ)}たぐって手もとへ引きよせる。「つなを―」

**たぐ・る【手繰る】**(他五){ラ(ロ)・リ(ッ)・ル・ル・レ・レ}❶両手をかわるがわる引いて、糸やつななどを手もとへ引く。「ザイルを―」❷もとのほうへ一つ一つたどっていって思い出す。「記憶《きおく》を―」

**たくろん【卓論】**(名)すぐれた議論や説。卓説。

**たくわえ【蓄え】**〖◇貯え〗(名)ためて、しまっておくこと。また、ためてあるもの。特に、貯金《ちょきん》。「―が底をつく(=すっかりなくなる)」

**たくわ・える【蓄える】**〖◇貯える〗(他下一){エ・エ・エル・エル・エレ・エロ(エヨ)}❶あとあとの役に立つように、おかねや物などをためておく。「金を―」❷知識や力を身につけておく。「実力を―」❸髪《かみ》やひげなどをはやす。「あごひげを―」

**たくわん**〖沢△庵〗(名)→たくあん

**たけ【丈】**(名)❶ものの高さ。「身《み》の―」「―の高い草」❷衣服などの長さ。「袖《そで》―」❸ある限り。全部。「思いの―をうち明ける」

**たけ【竹】**(名)〔植〕イネ科の多年生植物。茎《くき》は円筒《えんとう》形・中空で節があり、地下茎《ちかけい》でふえる。いろいろな細工ものに使われる。若芽の「たけのこ」は食用。

**竹を割《わ》ったよう** 性質がまっすぐで、さっぱりしているようすのたとえ。「―な気性《きしょう》」

**たけ【岳】**〖△嶽〗(名)高くそびえる山。

**たけ**〖△茸〗(名)きのこ。「―狩《が》り」

**たけ【他家】**(名)よその家。「―に嫁《とつ》ぐ」

**だけ**(副助)❶限定する意を表す。「私―が知らない」「残りは一つ―だ」❷(「だけだ」などの形で)それ以上のことはない意を表す。「じゃまになる―だ」❸限度に近いという意をこめて、程度を表す。「それ―できればいい」「できる―やってみる」❹(「だけの」「だけに」などの形で)それに相応する意を表す。「苦労した―のことはある」❺(「…ば(たら)…だけ」の形で)「なおさら」「ますます」の意を表す。「深入りすればする―危険だ」文法体言・用言の連体形・副詞などにつく。

**たげい【多芸】**(名・形動ダ)いろいろな芸ごとを身につけていること。「―多才」対無芸

**多芸は無芸《むげい》** 多芸の人は特にすぐれた芸がないために、結局は芸のないのにひとしい。

**たけうま【竹馬】**(名)二本の竹ざおに足をのせる横木をとりつけ、そこに乗ってさおの上部をにぎって歩く遊具。

(たけうま)

**たけがき【竹垣】**(名)竹を編んだり組んだりして作った垣根。

**たけがり**〖△茸狩り〗(名)山・林などに出かけ、食べられるきのこをさがしてとること。きのことり。

**たけかんむり【竹冠】**(名)漢字の部首の一つ。「管」「答」「筆」などの上部の「⺮」の部分。

**だげき【打撃】**(名)❶物を強く打つこと。「頭部に―を受ける」❷野球で、打者が投手の投げた球を打つこと。バッティング。「―練習」❸すぐには立ち直れないような損害や痛手。「冷害で―を受けた農家」

**たけくらべ【丈比べ】**(名・自スル)背の高さをくらべること。せいくらべ。

**たけくらべ**〔作品名〕樋口一葉《ひぐちいちよう》の小説。一八九五(明治二八)年から翌年にかけて発表。東京の下町を背景に、ほのかな恋《こい》ごころにめざめていく少年少女の微妙《びみょう》な心理をえがいている。冒頭文廻《まわ》れば大門の見返り柳いと長けれど、お歯ぐろ溝《どぶ》に灯火《ともしび》うつる三階の騒ぎも手に取るごとく、…

**たけざいく【竹細工】**(名)竹でいろいろな道具・かざり物を作ること。また、作ったもの。

**たけざお【竹ざお】**〖竹△竿〗(名)竹で作ったさお。

**たけだけし・い**〖◇猛◇猛しい〗(形){カロ・カッ(ク)・イ・イ・ケレ・○}❶勇ましくて強そうである。「―顔つき」❷ずうずうしい。ずぶとい。「盗人《ぬすびと》―」

**だけつ**【妥結】（名・自スル）考えのちがう両者がゆずり合って約束がまとまること。「交渉《こうしょう》が―する」

**たけとりものがたり**〔竹取物語〕［作品名］平安時代前期にできた日本最古の物語。作者・成立年代不明。竹取の翁《おきな》が竹の中から得たかぐや姫《ひめ》は成長するや五人の貴公子や帝《みかど》から求婚《きゅうこん》されるがそれに応じず月の世界に帰っていくというすじ。
冒頭文 今は昔、竹取の翁《おきな》といふものありけり。野山にまじりて竹を取りつつ、よろづのことに使ひけり。名をば、さぬきの造《みやつこ》となむいひける。その竹の中に、もと光る竹なむ一筋ありける。

**たけとんぼ**【竹とんぼ】『竹×蜻蛉』（名）割った竹をプロペラのような形にうすくけずり、中央に軸《じく》をさし、両手で軸を回転させてとばすおもちゃ。

**たけなわ**『△酣・△闌』（名・形動ダ）物事のいちばんさかんなとき。まっさかり。「春―」「宴会《えんかい》も―だ」

**たけのこ**『竹の子・△筍』（名）《植》竹の地下茎《ちかけい》から出る芽。やわらかいものは食用とする。「雨後《うご》の―（＝似たものがつぎつぎと現れ出ることのたとえ）」

**たけみつ**『竹◇光』（名）❶竹で作ったにせの刀。❷切れない刀をあざけっていうことば。なまくら。

**たけもとぎだゆう**〔竹本義太夫〕［人名］（一六五一―一七一四）江戸《えど》時代前期の浄瑠璃《じょうるり》の語り手。義太夫節《ぎだゆうぶし》の開祖。大坂に竹本座をおこして近松門左衛門《ちかまつもんざえもん》の作品を上演し、美声とたくみな語り口で評判を得た。

**たけやぶ**【竹やぶ】『竹△藪』（名）竹がたくさん生えている所。竹林《ちくりん》。

**たけやらい**【竹矢来】（名）竹をあらく組んでつくった垣《かき》。

**たけやり**【竹やり】『竹△槍』（名）竹の先をななめに切って鋭《するど》くとがらせ、槍《やり》のかわりとしたもの。

**たけりた・つ**『△哮り立つ』（自五）{タ(ト)・チ(ッ)・ツ・ツ・テ・テ}（けものなどが）あらあらしくほえさけぶ。「とらが―」

**たけりた・つ**『◇猛り立つ』（自五）{タ(ト)・チ(ッ)・ツ・ツ・テ・テ}興奮してあらあらしくなる。「―心」

**たけ・る**『△哮る』（自五）{ラ(ロ)・リ(ッ)・ル・ル・レ・レ}（けものなどが）あらあらしくほえる。「ライオンが―」

**たけ・る**『◇猛る』（自五）{ラ(ロ)・リ(ッ)・ル・ル・レ・レ}❶気がたってあらあらしくふるまう。興奮して勇みたつ。「―心をしずめる」❷あれる。あばれる。「荒波《あらなみ》が―・りくるう」

**た・ける**『◇長ける』（自下一）{ケ・ケ・ケル・ケル・ケレ・ケロ(ケヨ)}一つの方面にすぐれた力をもつ。長じる。「文才に―・けた人」「悪知恵《わるぢえ》に―」

**た・ける**『△闌ける』（自下一）{ケ・ケ・ケル・ケル・ケレ・ケロ(ケヨ)}❶物事がさかりとなる。たけなわになる。「秋も―」❷さかりを少し過ぎる。「年―・けた人」

**たげん**【他言】（名・他スル）→たごん

**たげん**【多元】（名）根本になるものがいくつもあること。「―放送（＝二つ以上の放送局を結んで一つの番組を構成するもの）」…的「多元的に考える」

**たげん**【多言】（名・自スル）口数の多いこと。たごん。「説明に―を要しない」

**たこ**『△凧』（名）竹などの骨組みに紙をはって糸をつけ、風の勢いで空にあげるおもちゃ。いかのぼり。「―あげ」

**たこ**『△蛸・×章魚』（名）《動》軟体《なんたい》動物の一種。海底の岩の間にすむ。からだはやわらかく、口のまわりに吸盤《きゅうばん》のついた八本の足を持つ。逃《に》げるときにすみをはく。種類が多く、食用。

**たこ**『×胼胝』（名）たえずすれたりおさえつけられたりしたひふの一部が、かたくあつくなったもの。「ペン―《だこ》」「耳に―ができる（＝同じことを何度も聞かされて、聞きあきる）」

**たこあし**【たこ足】『△蛸足』（名）たこの足のように、いくつにも分かれ出ていること。「―配線」

**たこう**【多幸】（名・形動ダ）しあわせの多いこと。「ご―を祈《いの》る」対薄幸《はっこう》

**だこう**【蛇行】（名・自スル）へびがはうように、S字状に曲がりくねってゆくこと。「―運転」「―する川」

**たこうしき**【多項式】（名）《数》＋《プラス》または－《マイナス》で、二つ以上の項を結びつけた整式。$a+b$, $3ax-4by$ など。対単項式

**タゴール**〔Rabindranath Tagore〕［人名］（一八六一―一九四一）インドの詩人・思想家。郷里のベンガル語での詩作のほか、戯曲《ぎきょく》や小説も書いた。一九一三年ノーベル文学賞受賞。詩集「ギーターンジャリ」など。

**たこく**【他国】（名）❶よその国。外国。「―の領土」対自国。❷ふるさとでない土地。他郷。

**たこくせききぎょう**【多国籍企業】（名）複数の国に生産・販売の拠点《きょてん》をもち、世界的規模で事業を行う企業。

**たこつぼ**『△蛸△壺』（名）❶海の中にしずめて、たこをとらえるのに使う素焼《すや》きのつぼ。❷戦場で、兵士がかくれたり逃《に》げこんだりするためにほった一人用の穴《あな》。

**たごのうらゆ**…和歌
〔**田子の浦ゆ　うちいでて見《み》れば　真白《ましろ》にぞ　不尽《ふじ》の高嶺《たかね》に　雪《ゆき》は降《ふ》りける**〕〈万葉集《まんようしゅう》・山部赤人《やまべのあかひと》〉訳田子の浦を通って、視界のひらけた所に出て見ると、まっ白に富士の高い峰《みね》に雪が降りつもっていることだ。（新古今集《しんこきんしゅう》・小倉百人一首では「田子の浦にうち出でて見れば白妙《しろたへ》の富士の高嶺に雪は降りつつ」となっている）

**タコメーター**〔英 tachometer〕（名）自動車のエンジンの回転数を示す計器。回転速度計。

**たこやき**【たこ焼き】『△蛸焼き』（名）水にといた小麦粉を専用の型に流し込《こ》み、刻んだたこやねぎなどを加えて、球状に焼いた食べ物。

**たごん**【他言】（名・他スル）（秘密《ひみつ》などを）ほかの人にしゃべること。他言《たげん》。「―は無用だ」

**たさい**【多才】（名・形動ダ）いろいろな方面にわたって才能が豊かなこと。「多芸―」

**たさい**【多彩】（名・形動ダ）❶色彩が多くて美しいこと。❷種々さまざまで、変化に富んでいること。「―な行事」「―な顔ぶれ」

**ださ・い**（形）{カロ・カッ(ク)・イ・イ・ケレ・○}《俗語》言動・服装・好みなどが、野暮《やぼ》ったく、かっこうが悪い。「―格好」

**だざいおさむ**〔太宰治〕［人名］（一九〇九―一九四八）小説家。するどい感受性と風刺《ふうし》で、人間の内面をえぐり出し、第二次世界大戦後、流行作家となって活躍《かつやく》した。作品「走れメロス」「人間失格」「斜陽《しゃよう》」など。

**だざいふ**『◇大宰府』（名）《歴》律令《りつりょう》制で、筑前

《ちくぜん》の国(＝今の福岡県)に置かれていた役所。九州・壱岐《いき》・対馬《つしま》を治め、外交・国防にあたった。

**たさく【多作】**(名・他スル)(芸術家が)作品をたくさん作ること。「—で知られる作家」対寡作《かさく》

**ださく【駄作】**(名)くだらない作品。自分の作品をけんそんしていうこともある。「この小説は—だ」

**たさつ【他殺】**(名)他人に殺されること。「—死体」対自殺

**ださん【打算】**(名・自他スル)物事を行うまえに、自分にとって損か得かをまず考えること。「—がはたらく」

**ださんてき【打算的】**(形動ダ){ダロ・ダッ(デ・ニ)・ダ・ナ・ナラ・○}自分の損得をまず考えるようす。かんじょう高いようす。「—な考え方」

**たざんのいし【他山の石】**自分の修養や反省に役立つ、他人のことばや行動。「彼《かれ》の失敗を—とする」参考よその山から出た質の異なる石も、砥石《といし》にすれば宝玉をみがく役に立つという「詩経」にあることばから。

**たし【足し】**(名)不足をおぎなうもの。「旅費の—にする」「腹の—にならない」

**たし【多士】**(名)多くのすぐれた人材。「—済済《せいせい》」

**たじ【他事】**(名)その人には関係のないこと。ほかのこと。よそごと。「—ながらご安心ください」

**たじ【多事】**(名)❶しなければならないことが多いこと。「身辺—のおり」❷事件が続いておこり、世間がおだやかでないこと。「内外—」「—多難」

**だし【出し】**(名)❶→だしじる。「昆布《こんぶ》で—をとる」❷自分の目的や利益のために利用する人や物。口実《こうじつ》。「子どもを—にして遊ぶ」「人を—に使う」参考①は「出汁」とも書く。

**だし【○山車】**(名)祭りのとき、きれいなかざりものをつけ、引いて歩く車。「—を引く」

( 山車 )

**だしいれ【出し入れ】**(名・他スル)出したり入れたりすること。「おかねの—に心を配る」

**だしおし・む【出し惜しむ】**(他五){マ(モ)・ミ(ン)・ム・ム・メ・メ}出すことをおしむ。出ししぶる。「おかねを—」

**たしか【確か】**一(形動ダ){ダロ・ダッ(デ・ニ)・ダ・ナ・ナラ・○}❶はっきりしていて、まちがいないようす。確実であるようす。「—な証拠《しょうこ》」「不—」「—に受け取りました」❷信用できるようす。あぶなげなく安心できるようす。「—な人にお願いする」「—な品質」二(副)はっきりしないがほぼまちがいないようす。おそらく。「—そうだったと思う」

**たしか・める【確かめる】**(他下一){メ・メ・メル・メル・メレ・メロ(メヨ)}はっきりしない点を、念をおしたり調べたりして、はっきりさせる。「本人であることを—」

**だしがら【出し殻】**(名)❶出し汁《じる》をとったあとのかす。❷お茶やコーヒーをいれたあとのかす。

**タジキスタン**〔Tajikistan〕[地名]中央アジア南東部、パミール高原に位置する共和国。首都はドゥシャンベ。

**たしざん【足し算】**(名)《数》二つまたはそれ以上の数を加え合わせる計算。寄せ算。加法。加算。対引き算

**だししぶ・る【出し渋る】**(他五){ラ(ロ)・リ(ッ)・ル・ル・レ・レ}出すことをいやがる。出しおしむ。「寄付金を—」

**だしじる【出し汁】**(名)かつおぶし・こんぶ・しいたけなどのうまみを煮《に》出した汁。すまし汁・みそ汁などの汁ものや煮物などに用いる。だし。

**たしせいせい【多士◇済◇済】**(名・トタル)すぐれた人物がたくさんいること。たしさいさい。「顔ぶれは—だ」

**たじたじ**(副)相手に圧倒《あっとう》されて、しりごみするようす。たじろぐようす。「大人顔負けの意見に—となる」

**たじたたん【多事多端】**(名・形動ダ)仕事が多くて、いそがしいこと。「—な年」

**たじたなん【多事多難】**(名)事件が次々と起こり、困難の多いこと。

**たしつ【多湿】**(名・形動ダ)湿度が高いこと。しめりけの多いこと。「高温—」

**たじつ【他日】**(名)ほかの日。将来のいつか。後日《ごじつ》。「—を期す」

**たしなみ【『△嗜み』】**(名)❶芸ごとなどの、心得。「生け花の—がある」❷心がけ。用意。「ふだんの—」❸つつしみ。節制。「—がない」

**たしな・む【『△嗜む』】**(他五){マ(モ)・ミ(ン)・ム・ム・メ・メ}❶このんで適度に親しむ。「酒を—」❷(芸ごとなどを)習って身につけている。心得がある。「俳句を—」❸つつしむ。自分の行いに気をつける。「わが身を—」

**たしな・める【『△窘める』】**(他下一){メ・メ・メル・メル・メレ・メロ(メヨ)}よくない行いを注意する。いましめる。「不勉強を—」

**だしぬ・く【出し抜く】**(他五){カ(コ)・キ(イ)・ク・ク・ケ・ケ}すきをねらったりだましたりして、他人より先に物事をする。「他社を—・いて記事にする」

**だしぬけ【出し抜け】**(名・形動ダ)突然《とつぜん》何かが起こること。不意なようす。いきなり。「—の発言」「—に声をかけられる」

**たじま**〔但馬〕[地名]むかしの国名の一つ。今の兵庫県の北部。但州《たんしゅう》。

**たしまえ【足し前】**(名)(金額などの)不足をおぎなう分。おぎない。「費用の—にする」

**だしもの【出し物】**(名)芝居《しばい》その他の興行《こうぎょう》で、上演する作品。「毎月—が変わる」

**たしゃ【他者】**(名)自分以外の人。ほかの人。

**たしゃ【多謝】**(名・自スル)❶深く感謝すること。❷深くあやまること。「妄言《もうげん》—」

**だしゃ【打者】**(名)野球のバッター。「強—」

**だじゃく【惰弱】『△懦弱』**(名・形動ダ)❶意志が弱くいくじがないこと。「—な精神」❷体力の弱いこと。

**だじゃれ【『駄×洒落』】**(名)つまらないしゃれ。へたなしゃれ。「—をとばす」

**だしゅ【『△舵手』】**(名)船のかじをとる人。

**たじゅう【多重】**(名)いくつも重なり合うこと。また、いくつも重ねること。「—録音」「—債務《さいむ》」

**たじゅうほうそう【多重放送】**(名)テレビ電波のすきまを利用して、音声や文字などの情報を加えて送信する放送。

**たしゅたよう【多種多様】**（名・形動ダ）種類がいろいろであること。さまざま。「人の好みは—だ」

**たしゅつ【他出】**（名・自スル）よそへ出かけること。外出。「—をひかえる」

**たしゅみ【多趣味】**（名・形動ダ）多くの趣味をもっていること。「—な人」

**だじゅん【打順】**（名）野球で、打者の打つ順番。「—を組む」「好—」

**たしょう【他生】**（名）《仏》今生《こんじょう》に対して、過去や未来の生。前世と来世。

**たしょう【他称】**（名）《文法》人称の一つ。話し手と聞き手以外の人・物事をさす代名詞。「彼《かれ》」「彼女《かのじょ》」、「あれ」「それ」など。第三人称。三人称。⇩にんしょう（人称）

**たしょう【多少】** ■一（名）数量の多いことと少ないこと。多いか少ないか。多寡《たか》。「—にかかわらずお届けします」■二（副）いくらか。少しばかり。「—ちがっている」「数学には—自信がある」

**たしょう【多生】**（名）《仏》多くの生死をくり返すこと。何度も生まれ変わること。

**たじょう【多情】**（名・形動ダ）❶感受性が豊かで、何事にも感じやすいこと。「—な青年期」❷異性に対する愛情が変わりやすいこと。移り気。「—な人」

**だじょうかん【◇太政官】**（名）《歴》→だいじょうかん

**だじょうだいじん【◇太政大臣】**（名）《歴》→だいじょうだいじん

**たじょうたこん【多情多恨】**（名・形動ダ）物事に感じやすく、うらみ・悲しみの多いこと。

**だじょうてんのう【◇太上天皇】**（名）→だいじょうてんのう

**たじょうぶっしん【多情仏心】**（名）移り気だが、愛情が豊かで、薄情《はくじょう》なことのできない性質。

**たじろ・ぐ**（自五）｛ガ(ゴ)・ギ(イ)・グ・グ・ゲ・ゲ｝相手の力・勢いなどにおされてひるむ。しりごみする。「相手のけんまくに—」

**だしん【打診】**（名・他スル）❶医者が指で患者《かんじゃ》のからだをたたき、音によって内臓などの状態を診断すること。❷相手にそれとなく働きかけ、その反応でようすをさぐること。「先方の意向を—する」

**たしんきょう【多神教】**（名）多くの神々を信仰《しんこう》する宗教。対一神教

**た・す【足す】**（他五）｛サ(ソ)・シ・ス・ス・セ・セ｝❶（数などを）加える。「二—三は五」対引く ❷不足分をおぎなう。「やかんに水を—」❸（多く「用を足す」の形で）㋐用事をすます。㋑大小便をすます。

**だ・す【堕す】**（自五）｛サ(ソ)・シ・ス・ス・セ・セ｝→だする

**だ・す【出す】**（他五）｛サ(ソ)・シ・ス・ス・セ・セ｝❶手もとにあるものを他へ移す。㋐内のものを外へ移す。「かごから小鳥を—」対入れる。㋑出発・発車させる。「舟《ふね》を—」㋒ある目的のためによそに行かせる。「使いを—」㋓送る。「小包を—」㋔提出する。出品する。「作品を—」㋕支払《しはら》う。「資金を—」㋖からだの一部を前や外側に伸《の》ばす。「手を前に—」㋗人の前に示す。あたえる。「飲み物を—」「指示を—」❷今まで見えなかったもの、なかったものを外に現す。㋐おもてに現す。「不満を顔に—」「ぼろを—」㋑物事をはっきり示す。「証拠《しょうこ》を—」㋒しまってあるものを外へ移す。「夏服を—」㋓多くの人に知られるように示す。また、出版する。「広告を—」「本を—」㋔新しく始める。「店を—」㋕そういう結果を生む。「もうけを—」「記録を—」㋖物事を発生させる。生じる。産出する。「火事を—」「この山は鉄を—」㋗新たに加える。「スピードを—」❸（動詞の連用形の下について）㋐外や表にあらわれるようにする。「家の外に飛び—」「やることをノートに書き—」㋑「…しはじめる」という意を表す。「雨が降り—」「泣き—」

**たすう【多数】**（名）ものの数や人数の多いこと。「—ご出席ください」対少数

**だすう【打数】**（名）野球で、打者になった回数。ただし、四球・死球・犠打《ぎだ》などはふくまない。「四—一安打」

**たすうけつ【多数決】**（名）会議などで、採決の結果、人数の多いほうの意見を全体の意見として事を決めること。また、その決め方。「—に従う」

**たすうは【多数派】**（名）全体の中で、同じ意見をもつ人や所属している人が多いグループ。対少数派

**たすか・る【助かる】**（自五）｛ラ(ロ)・リ(ッ)・ル・ル・レ・レ｝❶あぶないところをまぬかれる。「命が—」❷労力・費用などが少なくてすむ。「手伝ってくれるので—」

**たすき【△襷】**（名）❶和服のそでをたくしあげるために用いるひも。❷一方の肩《かた》からもう一方の腰《こし》にななめにかける細長い輪状の布。「次走者に—をつなぐ」「立候補者の—」

（たすき①）

**たすきがけ【たすき掛け】【△襷掛け】**（名）❶たすき①をかけること。また、そうして立ち働く姿。「—で働く」❷ななめに交差させること。「荷物にひもを—にする」❸たすき②のような輪状のものを、一方の肩《かた》からななめにかけること。「ショルダーバッグを—にする」

**タスク**〔英 task〕（名）❶課せられた仕事。任務。❷コンピューターが処理する作業の単位。

**たすけ【助け】**（名）助けること。助けるもの。「—を借りる」「仕事の—になる」

**たすけぶね【助け船】**（名）❶しずみそうになった船やおぼれかけている人を救い助ける船。❷困っているときの加勢。助力。「—を出す」

**たす・ける【助ける】**（他下一）｛ケ・ケ・ケル・ケル・ケレ・ケロ(ケヨ)｝❶あぶないところからのがれさせる。「けが人を—」❷力をそえて、よくなるようにする。「貧しい人を—」「仕事を—」「消化を—酵素《こうそ》」

**たずさ・える【携える】**（他下一）｛エ・エ・エル・エル・エレ・エロ(エヨ)｝❶手にさげたり身につけたりして持つ。「土産《みやげ》を—」❷つれだって行く。ともなう。「妻子を—・えて上京する」❸（「手を携える」の形で）たがいに手をとる。ともに行動する。「平和のために手を—」

**たずさわ・る【携わる】**（自五）｛ラ(ロ)・リ(ッ)・ル・ル・レ・レ｝あることに関係する。従事する。「教職に—」

**ダスターコート**〔和製英語〕（名）ほこりよけのために着る軽いコート。▽duster と coat から。

**ダストシュート**〔英 dust chute〕（名）ビルなどで、穴にごみを投げ入れて下に落として集める設備《せつび》。

**たず・ねる【訪ねる】**（他下一）〔ネ・ネ・ネル・ネル・ネレ・ネロ(ネヨ)〕人に会うためや、ある目的のためにその場所に行く。訪問する。おとずれる。「恩師を―」「故郷を―」⇩たずねる(尋ねる)「学習」

| 尊敬語 | 謙譲《けんじょう》語 | 丁寧《ていねい》語 |
|---|---|---|
| 訪問なさる | あがる | 訪ねます |
| お訪ねになる | 参上する | |
| 訪問される | うかがう | |
| いらっしゃる | おうかがいする | |
| | 参る | |

**たず・ねる【尋ねる】**（他下一）〔ネ・ネ・ネル・ネル・ネレ・ネロ(ネヨ)〕❶わからないことを聞く。質問する。「駅へ行く道を―」❷所在やゆくえのわからないものをさがしもとめる。「ゆくえ知れずの友人を―・ねて歩く」❸物事の先例・道理を探って明らかにする。「進化のあとを―」

学習 使い分け 「訪ねる」「尋ねる」

**訪ねる**　ある場所や人をめざして出かける。「遺跡《いせき》を**訪ねる**」「病院を**訪ねる**」「友人を**訪ねる**」

**尋ねる**　わからない物事をさがし求める。また、そのために人に質問する。「先生に訳《やく》を**尋ねる**」「兄のゆくえを**尋ねる**」「安否《あんぴ》を**尋ねる**」「文字の起源を**尋ねる**」

**だ・する【堕する】**（自サ変）〔シ(セ・サ)・シ・スル・スル・スレ・シロ(セヨ)〕悪い状態・傾向《けいこう》におちいる。堕落する。「低俗《ていぞく》に―」

**たぜい【多勢】**（名）多くの人びと。大ぜい。多人数。「―をたのんで油断する」対無勢《ぶぜい》

**多勢に無勢《ぶぜい》**　少数の者が多数の者を相手としては、とてもかなわないこと。

**だせい【惰性】**（名）❶今まで続けてきた習慣。今までのくせ。「―で夜ふかしをする」❷《物》物体がそれまでの運動状態を続けようとする性質。類慣性《かんせい》

**だせいせっき【打製石器】**（名）旧石器時代の、石を砕《くだ》いただけの石器。⇩ませいせっき

**だせき【打席】**（名）野球で、打者が立つ場所。バッターボックス。また、そこに立つこと。「―数」

**たせん【他薦】**（名・他スル）他人が推薦すること。対自薦

**だせん【打線】**（名）野球で、打者の顔ぶれ。「上位―」

**たそがれ〖×黄昏〗**（名）❶夕ぐれ。くれがた。「―時」❷さかりを過ぎたころ。「人生の―」

**だそく【蛇足】**（名）よけいなもののたとえ。無用のもの。「―ですが申し上げます」

故事　楚《そ》の人が数人集まって、いちばん早く蛇《へび》を描《えが》いた者が、主人からいただいた酒を飲むという約束をした。しかし、まっ先にかきあげた者が、余裕《よゆう》にまかせて蛇にない足までかきそえたため、かけに負けて酒を飲めなかったという話から出たことば。〈戦国策〉

**たた【多多】**（副）数の多いようす。たくさん。「気づかないことが―ある」

**多多ますます弁《べん》ず**　（「弁ず」は処理する意）手腕《しゅわん》・才能が豊かで、することが多ければ多いほど上手に処理することができる。多ければ多いほど都合がよい。

故事　臣下である韓信《かんしん》に「陛下《へいか》はせいぜい十万の兵を指揮するのがやっとでしょう」と言われた漢の高祖が、こんどは韓信に「おまえの場合はどうか」とたずねたときの答え。〈漢書〉

**ただ〖△只〗**（名）代金のいらないこと。無料。また、報酬《ほうしゅう》のないこと。「料金が―になる」「―働き」

**ただ〖◇徒・△只〗**[一]（名）❶ふつうであること。「―の人」❷何事もないこと。「―ではすまない」[二]（副）なんの意義もないようす。むだに。無益に。「―時を過ごす毎日」

**ただ〖◇唯・△只〗**[一]（副）❶ほかにはなにもなく、そのことだけであるようす。「―祈《いの》るだけだ」「―ねだんが安いだけにすぎない」❷数量などが少ないようす。わずかに。たった。「―一度しか会っていない」[二]（接）前に述べたことに例外や条件をそえるときに使うことば。ただし。「味はいい。―、値段が高い」

**だだ〖×駄駄〗**（名）子どもがあまえて、わがままを言うこと。「―をこねる」

**ただい【多大】**（名・形動ダ）ひじょうに多いこと。程度のはなはだしいこと。「―な損失をこうむる」

**だたい【堕胎】**（名・自スル）《医》人工的に胎児を流産させること。妊娠《にんしん》中絶。

**ただいま〖△只今・◇唯今〗**[一]（名）今。現在。「―外出中です」[二]（副）❶今すぐ。「―まいります」❷たった今。ほんの少し前。「―ご紹介《しょうかい》にあずかりました」[三]（感）外から帰ったときのあいさつのことば。

**たた・える〖◇称える〗**（他下一）〔エ・エ・エル・エル・エレ・エロ(エヨ)〕ほめあげる。ほめて言う。称賛《しょうさん》する。「優勝を―」

**たた・える〖△湛える〗**（他下一）〔エ・エ・エル・エル・エレ・エロ(エヨ)〕❶水などをいっぱいにする。「満々と水を―・えた湖」❷感情を顔に表す。「満面に笑《え》みを―」

**たたかい【戦い・闘い】**（名）たたかうこと。戦争。勝負。闘争《とうそう》。「ゲリラとの―」「病苦との―」

**たたか・う【戦う・闘う】**（自五）〔ワ(オ)・イ(ッ)・ウ・ウ・エ・エ〕❶兵や武力を用いて争う。戦争をする。「国境で―」❷力・わざをふるって勝ち負けを争う。「予選を―」❸利害の対立する相手に対して、自分の利益を守るために争う。「言論の自由のために―」❹困難や障害などにうちかとうと努力する。「貧困《ひんこん》と―」

学習 使い分け 「戦う」「闘う」

**戦う**　武力をもって、また、たがいの力を出し合って攻《せ》め合い、勝ち負けを争う。「隣国《りんごく》と

戦う」「予選を戦い抜《ぬ》く」「力いっぱい戦ったが負けた」

**闘う** 障害や困難に負けないように努力する。また、自分の利益を守るために争う。「自然と**闘う**」「病気と**闘う**」「睡魔《すいま》と**闘う**」「労使が**闘う**」

**たたき**〖△叩き・△敲き〗(名) ❶たたくこと。「肩《かた》—」 ❷ほうちょうでこまかくたたいた魚・鳥などの肉。また、その料理。「あじの—」

**たたき**〖×三和土〗(名) コンクリートなどでかためた、台所・玄関《げんかん》・ふろ場などの土間《どま》。

**たたきあ・げる**【たたき上げる】〖△叩き上げる〗(自他下一) {ゲ・ゲ・ゲル・ゲル・ゲレ・ゲロ(ゲヨ)} 下積みから苦労や努力を重ねて、一人前になる。「内弟子から—・げた名人」

**たたきうり**【たたき売り】〖△叩き売り〗(名) ❶道ばたで、商品を置いた台などをたたき、大声で呼びかけながらしだいに値を安くして商品を売ること。「バナナの—」 ❷投げ売り。大安売り。

**たたきおこ・す**【たたき起こす】〖△叩き起こす〗(他五) {サ(ソ)・シ・ス・ス・セ・セ} ❶戸をたたいて眠《ねむ》っている人を起こす。❷ねている人をむりに起こす。「夜半に—」

**たたきだい**【たたき台】〖△叩き台〗(名) よりよい案をつくるために、まず検討材料として出す案。「—を出す」 類 原案・草案

**たたきつ・ける**〖△叩き付ける〗(他下一) {ケ・ケ・ケル・ケル・ケレ・ケロ(ケヨ)} ❶強く投げつける。はげしく打ちつける。「相手を土俵に—」「—ような雨」 ❷物を乱暴にさしだす。つきつける。「辞表を—」

**たたきなお・す**【たたき直す】〖△叩き直す〗(他五) {サ(ソ)・シ・ス・ス・セ・セ} ❶たたいてまっすぐにする。❷ひねくれた心などをきたえて正しく直す。「性根《しょうね》を—」

**たたきのめ・す**〖△叩きのめす〗(他五) {サ(ソ)・シ・ス・ス・セ・セ} 立ち上がれなくなるほど、ひどい打撃《だげき》を与《あた》える。徹底《てってい》的にたたく。「会議では完膚《かんぷ》無《な》きまでに—・された」

**たた・く**〖△叩く・△敲く〗(他五) {カ(コ)・キ(イ)・ク・ク・ケ・ケ} ❶手や手に持った物で強く打つ。また、続けて打つ。「つくえを—」「頭を—」「肩《かた》を—」 ❷打って音を出す。「たいこを—」「手を—」 ❸相手に攻撃《こうげき》を加える。また、強く非難する。「敵陣《てきじん》を—」「マスコミに—・かれる」 ❹値段《ねだん》をまけさせる。「—・いて買う」 ❺(「…口をたたく」の形で)いろいろとしゃべる。「へらず口を—」「むだ口を—」

**たたけばほこりがでる**〖△叩けば△埃が出る〗どんな人でも、くわしく調べてみれば、過去の悪い行いなどが出てくる。「—身」

**ただこと**〘直言・徒言〙(名) 古語 たとえや技巧《ぎこう》などを用いないで表現された、ありのままのことば。ただごと。「これは—に言ひて、物にたとへなどもせぬものなり」〈古今集〉 訳 この種の歌は(物事を)ありのままに詠《よ》んで、何かにたとえることなどもしない歌である。

**ただごと**【ただ事】〖△只事・◇徒事〗(名) ふつうのこと。あたりまえのこと。「—ではない」 使い方 多く、あとに「ない」「ません」などの打ち消しのことばがくる。

**ただし**【但し】 7画 イ5 訓 ただし
ただし。ただ。しかし。◆但
亻 仆 仃 仴 伹 但

**ただし**〖但し〗(接) 前のことばを受けて、例外や条件を示すことば。しかし。「野外撮影《さつえい》はあす行う。—、雨なら中止だ」

**ただし・い**【正しい】(形) {カロ・カッ(ク)・イ・イ・ケレ・○} ❶道徳や規範《きはん》などにかなっている。あるべきさまをしている。「—行い」「礼儀《れいぎ》—人」「—姿勢」 ❷事実や真理、基準などに合っている。まちがっていない。正確である。「—答え」「字を—・く書く」

**ただしがき**【ただし書き】〖但し書き〗(名) 書き出しに「ただし」ということばを使って、その前文の説明・条件・例外などを示すこと。また、その文。

**ただ・す**【正す】(他五) {サ(ソ)・シ・ス・ス・セ・セ} ❶まちがっているものをなおす。「あやまりを—」 ❷ととのえる。乱れたところをきちんとあらためる。「姿勢を—」 ❸道理に合っているかどうかを明らかにする。「是非《ぜひ》を—」

**ただ・す**〖◇糾す・△糺す〗(他五) {サ(ソ)・シ・ス・ス・セ・セ} よしあしを明らかにする。事実を問い調べる。「罪を—」

**ただ・す**〖◇質す〗(他五) {サ(ソ)・シ・ス・ス・セ・セ} たずねてたしかめる。質問する。「真意を—」

**たたずまい**〖△佇まい〗(名) 物のようす。風情《ふぜい》。自然にかもしだされるふんいき。「雲の—にも春が感じられる」

**たたず・む**〖△佇む〗(自五) {マ(モ)・ミ(ン)・ム・ム・メ・メ} 立ちどまってしばらくじっとしている。「道ばたに—」

**ただちに**【直ちに】(副) ❶時間を置かずに、すぐに。即座に。「—現場へ向かう」 ❷じかに。直接に。「庭から—砂浜《すなはま》に出られる」

**だだっこ**【だだっ子】〖×駄駄っ子〗(名) わがままで、言うことを聞かない子ども。

**だだっぴろ・い**【だだっ広い】(形) {カロ・カッ(ク)・イ・イ・ケレ・○} やたらに広い。必要以上に広い。「—部屋」

**ただでさえ**〖◇唯でさえ〗(副) ふつうの場合でさえ。そうでなくても。「—狭《せま》い所へ大勢がおしかける」

**ただなか**【ただ中】〖◇直中・△只中〗(名) ❶まんなか。中央。「太平洋の—」 ❷まっさいちゅう。まっさかり。「熱戦の—」

**ただならぬ**(連体) ふつうではない。ひとどおりでなくたいへんな。何かいわくがありそうである。「—気配」

**ただのり**【ただ乗り】〖△只乗り〗(名・自スル) 料金を払《はら》わないで電車やバスなどに乗ること。無賃《むちん》乗車。

**たたみ**【畳】(名) わらをしんにして、畳表でおおった和室用の厚い敷物《しきもの》。

**畳の上《うえ》の水練《すいれん》** 畳の上でする水泳の練習のように、理屈《りくつ》や方法がわかっているだけで、実際には役に立たないこと。畳水練。

**たたみおもて**【畳表】(名) 麻糸《あさいと》をたて糸にし、いぐさをよこ糸にして織ったござ。畳の表につける。

**たたみがえ**【畳替え】(名・自スル) 畳表を新しくとりかえること。

**たたみか・ける**【畳み掛ける】(自下一){ケ・ケ・ケル・ケル・ケレ・ケロ(ケヨ)}相手に余裕《よゆう》をあたえないように、続けざまに行う。「―・けて質問する」「―・けて攻撃《こうげき》する」

**たたみこ・む**【畳み込む】(他五){マ(モ)・ミ(ン)・ム・ム・メ・メ}❶たたんで中に入れる。「ちらしを―」❷深く心の中に刻みこむ。「師のことばを胸に―」

**たたみすいれん**【畳水練】(名)→たたみのうえのすいれん

**たた・む**【畳む】(他五){マ(モ)・ミ(ン)・ム・ム・メ・メ}❶折り重ねて小さくする。「ふろしきを―」❷開いているものをとじて小さくする。「傘《かさ》を―」❸今までの生活や商売などをやめる。「店を―」❹心の中にしまいこんで、外へ表さないようにする。「自分ひとりの胸に―・んでおく」❺(俗語)暴力でいためつける。殺す。「―・んでしまえ」

**ただもの**【ただ者】『△只者・◇徒者』(名)ありふれたふつうの人。平凡《へいぼん》な人。「―ではない」使い方》多く、あとに「ない」「ません」などの打ち消しのことばがくる。

**ただよ・う**【漂う】(自五){ワ(オ)・イ(ツ)・ウ・ウ・エ・エ}❶空中・水面にうかんで、ゆれ動く。「波間に―舟《ふね》」❷ある気分・においなどがあたりにたちこめる。「妖気《ようき》が―」「よいかおりが―」❸あてもなくさまよう。「―・い歩く」

**たたら**『×蹈鞴』(名)足でふんで空気を送りこむ、大型のふいご。

**たたらを踏《ふ》む** 勢いあまってふみとどまれず、数歩あゆみ進む。

**たたり**『△祟り』(名)❶神仏・怨霊《おんりょう》などから受けるわざわい。「悪霊の―」❷悪いことをした結果、受けるむくい。「悪口を言うと、あとの―がこわい」

**たた・る**『△祟る』(自五){ラ(ロ)・リ(ツ)・ル・ル・レ・レ}❶神仏や怨霊《おんりょう》などがわざわいをなす。「悪霊が―」❷よくないことをしたために悪い結果をまねく。「遊びすぎが―・って成績が下がる」

**ただ・れる**『△爛れる』(自下一){レ・レ・レル・レル・レレ・レロ(レヨ)}❶ひふや肉が破れくずれる。「傷口が―」❷何かにおぼれて生活があれる。「酒に―・れた毎日」

**たたん**【多端】(名・形動ダ)事件が多いこと。また、仕事などが多くていそがしいこと。「多事―」

**たち-**【立ち】(接頭)動詞の上につけて、意味を強める。「―至る」「―働く」

**-たち**『◇達』(接尾)人・動物を表すことばにつけて、複数であることを表す。「きみ―」「ぼく―」「子ども―」「つばめ―」参考「ども」「ら」よりもていねいなことば。

**たち**『◇質』(名)❶生まれつきの性質や体質。「なみだもろい―」「風邪《かぜ》をひきやすい―」❷物事の性質。「―の悪いふきでもの」「―の悪いいたずら」

**たち**【◦太刀】(名)長く大きな刀。むかし、儀式《ぎしき》や合戦《かっせん》に使った。「―をはく(=腰《こし》につける)」

**たちあい**【立ち会い・立ち合い】(名)❶事実を検視したり、後日の証人となるため、その場にのぞむこと。また、その人。「第三者―のもとで行う」❷向かい合って勝負すること。「真剣《しんけん》での―」❸すもうで、仕切りから立ちあがること。また、その瞬間《しゅんかん》。「するどい―」参考②③は、ふつう「立ち合い」と書く。

**たちあいえんぜつ**【立ち会い演説・立会演説】(名)意見のちがう人が同じ場所でかわるがわる行う演説。特に選挙の際に行われる。

**たちあ・う**【立ち会う・立ち合う】(自五){ワ(オ)・イ(ツ)・ウ・ウ・エ・エ}❶証人・参考人としてその場に出て、事態を見守る。「開票に―」❷たがいに向かい合って勝負する。「真剣《しんけん》で―」参考②は、ふつう「立ち合う」と書く。

**たちあが・る**【立ち上がる】(自五){ラ(ロ)・リ(ツ)・ル・ル・レ・レ}❶からだをおこして立つ。「いすから―」❷上のほうへ立ちのぼる。「砂ぼこりが―」❸決心して行動を始める。「反対運動に―」❹ふたたび勢いをとりもどす。たちなおる。「失意の底から―」❺コンピューターやソフトウエアが起動する。

**たちあ・げる**【立ち上げる】(他下一){ゲ・ゲ・ゲル・ゲル・ゲレ・ゲロ(ゲヨ)}❶コンピューターやソフトウエアを使用できる状態にする。起動させる。「パソコンを―」❷新しく企画《きかく》や事業などをはじめる。「プロジェクトを―」

**たちい**【立ち居】『◇起ち居』(名)立ったりすわったりすること。日常の動作。「―に気をくばる」

**たちいた**【裁ち板】(名)布地を裁つとき、台にする板。

**たちいた・る**【立ち至る】(自五){ラ(ロ)・リ(ツ)・ル・ル・レ・レ}重大な状況《じょうきょう》・事態になる。「のっぴきならない状況に―」

**たちいふるまい**【立ち居振る舞い】(名)立ったりすわったりする、日常の動作。たちふるまい。「優雅《ゆうが》な―」

**たちい・る**【立ち入る】(自五){ラ(ロ)・リ(ツ)・ル・ル・レ・レ}❶(関係のない者が)中にはいる。「敷地《しきち》内へ―・らないこと」❷他人のことに深くかかわる。干渉《かんしょう》する。「―・ったことをたずねる」❸ことがらの深いところまではいりこむ。「問題の根本に―・って話す」

**たちうち**【◦太刀打ち】(名・自スル)❶長い刀を用いて戦うこと。❷はりあって互角《ごかく》に勝負すること。「とても―できない(=かなわない)」

**たちおうじょう**【立ち往生】(名・自スル)(立ったまま死ぬ意から)ゆきづまって動きがとれなくなること。「雪で列車が―する」「質問ぜめにあって―する」

**たちおく・れる**【立ち遅れる・立ち後れる】(自下一){レ・レ・レル・レル・レレ・レロ(レヨ)}❶物事を始めるのがおくれる。「着工が―」「スタートで―」❷ほかより進歩・発展がおくれる。「技術開発で他社に―」

**たちかえ・る**【立ち返る】(自五){ラ(ロ)・リ(ツ)・ル・ル・レ・レ}もとの所や状態にもどる。かえる。「初心に―」

**たちがれ**【立ち枯れ】(名・自スル)草木が立ったまま枯れること。また、その草木。「―の松」

**たちき**【立ち木】(名)地面に生えて立っている樹木《じゅもく》。

**たちぎえ**【立ち消え】(名)❶火が途中《とちゅう》で消えること。❷物事がいつのまにか途中でとりやめになること。「計画が―になる」

**たちぎき**【立ち聞き】(名・他スル)他人の話を、物かげなどに立ってぬすみ聞きすること。「―はよくない」

**たちき・る**【断ち切る】(他五){ラ(ロ)・リ(ツ)・ル・ル・レ・レ}❶紙や布などを切りはなす。「布地を―」❷関係をなくす。持ちつづけてきた感情をきっぱりと捨てる。「悪友とのつき合いを―」「未練を―」❸間をさえぎりとめる。「輪

送路を—」参考①は「裁ち切る」とも書く。

**たちぐされ【立ち腐れ】**（名・自スル）❶立ち木などが立ったままくさること。❷建物などが手入れをしないために荒《あ》れはてること。「—のあばら屋」

**たちくらみ【立ちくらみ】**『立ち△眩み』（名・自スル）急に立ち上がったときなどにめまいがすること。

**たちこ・める【立ち込める】**『立ち◇籠める』（自下一）{メ・メ・メル・メル・メレ・メロ(メヨ)}煙《けむり》や霧《きり》などがあたり一面をおおう。「湯気がもうもうと—」

**たちさ・る【立ち去る】**（自五）{ラ(ロ)・リ(ッ)・ル・ル・レ・レ}そこからいなくなる。たちのく。「だまって—」

**たちさわ・ぐ【立ち騒ぐ】**（自五）{ガ(ゴ)・ギ(イ)・グ・グ・ゲ・ゲ}❶立ってさわぐ。また、さわぎたてる。「観客が—」❷波などが激しく動いて音をたてる。「波が—」

**たちすく・む【立ちすくむ】**『立ち△竦む』（自五）{マ(モ)・ミ(ン)・ム・ム・メ・メ}驚《おどろ》きやこわさで、立ったまま動けなくなる。「恐怖《きょうふ》のあまり—」

**たちつく・す【立ち尽くす】**（自五）{サ(ソ)・シ・ス・ス・セ・セ}いつまでも動こうとせず、その場に立ったままでいる。「ぼうぜんと—」「名画の前に—」

**たちどころに**『立ち所に』（副）時間をおかずに。ただちに。すぐに。「—効果があらわれる」

**たちどま・る【立ち止まる】**（自五）{ラ(ロ)・リ(ッ)・ル・ル・レ・レ}歩くのをやめてとまる。「掲示板《けいじばん》の前で—」

**たちなお・る【立ち直る】**（自五）{ラ(ロ)・リ(ッ)・ル・ル・レ・レ}❶倒《たお》れそうになっていたものが、またしっかりと立つ。❷もとのよい状態にもどる。「事故のショックから—」

**たちなら・ぶ【立ち並ぶ】**（自五）{バ(ボ)・ビ(ン)・ブ・ブ・ベ・ベ}❶たくさん並んで立つ。「高層ビルが—」❷実力が同じくらいである。肩《かた》を並べる。「彼《かれ》の力に—者はいない」参考①で、建物の場合は「建ち並ぶ」とも書く。

**たちの・く【立ち退く】**【○立ち退く】（自五）{カ(コ)・キ(イ)・ク・ク・ケ・ケ}住んでいた所を引きはらってよそに移る。「アパートを—」

**たちのぼ・る【立ち上る】**（自五）{ラ(ロ)・リ(ッ)・ル・ル・レ・レ}煙《けむり》などが上のほうへあがる。空へあがる。「湯気が—」

**たちば【立場】**（名）❶立っている所。❷その人のおかれている地位や境遇《きょうぐう》。「つらい—」❸ものの見方や考え方のよりどころ。「反対の—をとる」

**たちばさみ【裁ちばさみ】**『裁ち△鋏』（名）布地を裁断するためのやや大型のはさみ。

**たちはだか・る【立ちはだかる】**（自五）{ラ(ロ)・リ(ッ)・ル・ル・レ・レ}❶相手の前に手足を広げて立って、行く手をさえぎる。「大男が—」❷障害が行く手のじゃまをする。「前途《ぜんと》に—困難」

**たちばな**『△橘』（名）『植』ミカン科の常緑小高木。枝にとげがあり、初夏に白い花が咲《さ》く。みかんに似た実がなるが、すっぱくて食べられない。

**たちばなし【立ち話】**（名・自スル）立ったままで人と話をすること。また、その話。

**たちふさが・る【立ち塞がる】**（自五）{ラ(ロ)・リ(ッ)・ル・ル・レ・レ}前に立って行く手をさえぎる。じゃまをする。「両手を広げて—」「困難が—」

**たちふるまい【立ち振る舞い】**（名）→たちいふるまい

**たちまち**『△忽ち』（副）ひじょうに短い時間のうちに。すぐに。「—品切れになる」「青空が—くもる」

**たちまわり【立ち回り】**（名）❶歩き回って立ち寄ること。❷芝居《しばい》などで、乱闘《らんとう》・切り合いなどの演技。ちゃんばら。❸つかみ合い。けんか。「よっぱらいが路上で—を演じる」

**たちまわりさき【立ち回り先】**（名）出かけた人が出先で立ち寄る所。特に、逃走《とうそう》中の犯人・被疑者《ひぎしゃ》が立ち寄る場所。「—を調べる」

**たちまわ・る【立ち回る】**（自五）{ラ(ロ)・リ(ッ)・ル・ル・レ・レ}❶あちこち歩き回る。❷自分の得になるようにしむけながら人びととつき合う。「うまく—」❸芝居《しばい》で、乱闘《らんとう》や切り合いを演じる。❹（逃走《とうそう》中の犯人などが）ある場所に立ち寄る。

**たちむか・う【立ち向かう】**（自五）{ワ(オ)・イ(ッ)・ウ・ウ・エ・エ}強い相手や困難に向かっていく。正面からとりくむ。「権力に—」「難問に—」

**たちゆ・く【立ち行く】**（自五）{カ(コ)・キ・ク・ク・ケ・ケ}生活や商売が成り立つ。なんとかやっていける。「暮らしが—・かなくなる」

**だちょう**『△駝鳥』（名）『動』ダチョウ科の鳥。鳥類中最大で体長は二メートル以上あり、アフリカの草原などにすむ。つばさは短くて飛べないが、走るのが速い。

**たちよ・る【立ち寄る】**（自五）{ラ(ロ)・リ(ッ)・ル・ル・レ・レ}❶目的地へ行くとちゅうで、ちょっとある所に寄る。「学校の帰りに本屋に—」❷寄る。近寄る。「木かげに—」

**たちわざ【立ち技】**（名）柔道《じゅうどう》・レスリングで、立った姿勢でしかけるわざ。対寝技《ねわざ》

**たちわた・る【立ち渡る】**（自五）{ラ(ロ)・リ(ッ)・ル・ル・レ・レ}雲・霧《きり》などが一面をおおう。「朝霧が川面《かわも》に—」

**だちん【駄賃】**（名）（駄馬で荷物を運ぶ際の運賃の意から）労働に対する報酬《ほうしゅう》。ほねおり賃。特に、使いなどをした子どもへのほうび。おだちん。

**たつ【達】** 12画 辶9 小4 音タツ　十 圭 幸 達 達

❶通じる。ゆきつく。とどく。とどける。◆速達・伝達・配達。❷目的などにゆきつく。しとげる。◆達成◆栄達・到達《とうたつ》。❸物事によく通じる。じゅうぶんにきわめる。◆達観・達見・達人・達筆◆熟達・上達・練達。❹しらせ。たっし。◆下達《かたつ》・通達。参考特別に、「友達」は「ともだち」と読む。

**たつ**『△辰』（名）❶十二支の第五。❷むかしの時刻の名。今の午前八時ごろ、およびその前後約二時間。（一説にはその後約二時間）。❸方角の名。東南東。

**たつ【竜】**（名）想像上の動物。からだは蛇《へび》に似るが足・角《つの》・ひげがあり、雲や雨をおこすという。りゅう。

**た・つ【立つ】**（自五）{タ(ト)・チ(ッ)・ツ・ツ・テ・テ}❶人が足をのばしてからだをまっすぐに支える。また、ものがまっすぐ縦になる。「山頂に—」「道しるべが—」
❷まっすぐにつきささる。「矢が—」
❸おき上がる。立ち上がる。「いすから—」
❹そこから去る。しりぞく。「席を—」
❺出発する。出かける。「夜行で東京を—」
❻たちのぼる。上へあがる。「湯気の—スープ」
❼ようすや形が現れる。生じる。「秋風が—」「うわさ

が―」
❽あらたに設けられる。開かれる。「市が―」
❾新しい季節がくる。「春―日」
❿感情がたかぶる。はげしくなる。「気が―」
⓫ある状態に身をおく。地位をしめる。「人の上に―」「優位に―」「矢面《やおもて》に―」
⓬用にたえる。「役に―」
⓭はたらきがすぐれている。「筆が―」「うでが―」
⓮そこなわれず保たれる。「面目《めんぼく》が―」
⓯筋道が通る。なりたつ。「理屈《りくつ》が―」
⓰生活ができる。「生計が―」
⓱確かなものになる。「見通しが―」
⓲しまる。「雨戸が―・っている」
⓳(動詞の連用形について)その状態がさかんになることを表す。さかんに…する。「湯が煮《に》え―」「いきり―」
参考 ⑤は「発つ」とも書く。

**立つ鳥《とり》跡《あと》を濁《にご》さず** 飛び立つ水鳥があとを濁さないように、人もその場を去るときは、見苦しくないようあとしまつをしておくべきだ。

**た・つ【建つ】**(自五)〔タ(ト)・チ(ツ)・ツ・ツ・テ・テ〕建造物がつくられる。「新居が―」「記念碑《きねんひ》が―」

**た・つ〘◦経つ〙**(自五)〔タ(ト)・チ(ツ)・ツ・ツ・テ・テ〕時間が過ぎる。「月日が―のは早いものだ」

**た・つ【断つ・絶つ】**(他五)〔タ(ト)・チ(ツ)・ツ・ツ・テ・テ〕❶切りはなす。「枝葉を―」❷続いていたことをうちきる。なくする。縁《えん》を切る。「望みを―」「酒を―」「交際を―」❸さえぎる。「敵の逃《に》げ道を―」❹終わらせる。ほろぼす。「悪の根を―」「命を―」

**た・つ【裁つ】**(他五)〔タ(ト)・チ(ツ)・ツ・ツ・テ・テ〕衣服を仕立てるために、布地を切る。裁断《さいだん》する。「スカート地を―」

**だつ【脱】** 11画 月7 音 ダツ 訓 ぬぐ・ぬげる 丿 刀 月 月' 胪 脱
❶ぬぐ。◆脱衣・脱皮《だっぴ》・脱帽《だつぼう》。対着。❷とりのぞく。◆脱穀・脱脂《だっし》・脱臭《だっしゅう》・脱色・脱毛。❸ぬけ出す。のがれる。はなれる。◆脱却《だっきゃく》・脱獄《だつごく》・脱出・脱走・脱俗《だつぞく》・脱退◆解脱《げだつ》・洒脱《しゃだつ》・離脱《りだつ》。❹はずれる。◆脱臼《だっきゅう》・脱線◆逸脱《いつだつ》。❺ぬかす。ぬける。◆脱字・脱落・脱漏《だつろう》

**だつ【奪】** 14画 大11 音 ダツ 訓 うばう 大 夲 夲 夲 奞 奪
うばいとる。むりにとる。◆奪回・奪還《だっかん》・奪取◆強奪《ごうだつ》・争奪・剝奪《はくだつ》・略奪

**-だ・つ〘立つ〙**(接尾)(おもに名詞について動詞をつくる)…のようになる。…がかる。…めく。「殺気―」「紫《むらさき》―」「浮《う》き足―」⇩付録「漢字の筆順(32)隹」

**たつい【達意】**(名)表現が行きとどいていて、言いたいことがよく他人に通じること。「―の文章」

**だつい【脱衣】**(名・自スル)衣服をぬぐこと。「―場」対着衣

**だっかい【脱会】**(名・自スル)会をぬけること。「―を通知する」「―届」対入会

**だっかい【奪回】**(名・他スル)うばわれたものをうばい返すこと。「優勝旗を―する」類奪還《だっかん》

**たっかん【達観】**(名・他スル)❶細かいことにこだわらず、物事の道理を見通すこと。また、何事にも動じない心境になること。「人生を―する」❷全体の情勢を広く見渡すこと。「国際情勢を―する」

**だっかん【奪還】**(名・他スル)うばわれたものを取りもどすこと。「首位の座を―する」類奪回

**だっきゃく【脱却】**(名・自他スル)悪い状態からぬけ出ること。すて去ること。「古い考えから―する」

**たっきゅう【卓球】**(名)台の中央に網《あみ》をはり、両側からラケットで球を打ちあう室内競技。ピンポン。

**だっきゅう【脱臼】**(名・自他スル)〘医〙骨の関節がはずれること。「肩《かた》を―する」

**ダッグアウト**〔英 dugout〕(名)野球場で、選手や監督《かんとく》のひかえている所。グラウンドのへりに一段低く作られている。ダグアウト。ベンチ。

**タックス**〔英 tax〕(名)税金。租税《そぜい》。「―フリー(=免税《めんぜい》。非課税)」

**タックス-ヘイブン**〔英 tax haven〕(名)国外からの資金の流入や法人の設立を促《うなが》す目的で、法人税などの税率をゼロ、もしくはきわめて低くしている国や地域。租税回避地《そぜいかいひち》。▽ヘイブンは避難所の意。

**たづくり【田作り】**(名)⇩ごまめ

**タックル**〔英 tackle〕(名・自スル)❶相手にくみつくこと。❷ラグビーなどで、ボールを持った敵にくみついて、その行動をさまたげること。

**たっけ** ⇩け(終助)

**だっけ** ⇩け(終助)

**たっけい〘◦磔刑〙**(名)はりつけの刑。

**たっけん【卓見】**(名)すぐれた意見。すぐれた考え。「―に富む論文」⇩たっけん(達見)「学習」

**たっけん【達見】**(名)道理や事情を見きわめた、すぐれた意見・見識。「―の持ち主」

> **学習 使い分け** 「卓見」「達見」
> **卓見** ほかの人には考え出せないようなすぐれた意見。「**卓見**を吐《は》く」「彼《かれ》の説はまさに**卓見**だ」
> **達見** 物事の道理や将来を見きわめたすぐれた意見・見識。「**達見**を持つ」「将来の発展を見通した**達見**」

**だっこ〘抱っこ〙**(名・他スル)抱くこと、抱かれることの幼児語。「泣いている子を―する」

**だっこう【脱稿】**(名・他スル)原稿を書き終えること。「論文を―する」対起稿

**だっこく【脱穀】**(名・自スル)稲《いね》・麦などの実を穂《ほ》からとること。また、もみがらを取り去ること。「―機」

**だつごく【脱獄】**(名・自スル)囚人《しゅうじん》が刑務所《けいむしょ》から逃《に》げだすこと。「―囚」

**だつサラ【脱サラ】**(名・自スル)サラリーマンが勤務先をやめ、独立して商売や仕事を始めること。「―して開業する」参考「サラ」は「サラリーマン」の略。

**たっし【達し】**(名)官庁や上司などからの命令・通達。「―書き」「お―」

**だっし【脱脂】**(名・自スル)脂肪《しぼう》をとり去ること。

**だつじ【脱字】**(名) 書き落としたり、印刷物の中でぬけ落ちたりした文字。「誤字—を校正する」

**だっしにゅう【脱脂乳】**(名) 脂肪《しぼう》分をとりのぞいた牛乳。スキムミルク。

**だっしめん【脱脂綿】**(名) 脂肪《しぼう》分をぬき去り、消毒・精製した綿《わた》。医療《いりょう》・衛生用。

**たっしゃ【達者】**(形動ダ){ダロ・ダッ(デ・ニ)・ダ・ナ・ナラ・〇} ❶ある物事に熟達して上手なようす。「芸—」「英語が—だ」❷からだがじょうぶで元気なようす。「—で暮らす」❸からだのある部分のはたらきがすぐれているようす。「足が—だ」❹ぬけめのないようす。「世渡《よわた》りが—だ」

**だっしゅ【奪取】**(名・他スル) うばい取ること。「連続して三振《さんしん》を—する」

**ダッシュ**〔英 dash〕□一(名) ❶文章で、ことばを言いかえたり他のことばをさしはさんだりするときに使う記号。ダーシ。「—」。❷数学などで、ローマ字の右肩《みぎかた》につけて用いる「′」の記号。「a′」など。□二(名・自スル) 勢いよく進むこと。短い距離《きょり》を全力で走ったり泳いだりすること。「—をきかせる」「スタート—」

**だっしゅう【脱臭】**(名・自スル) いやなにおいをぬくこと。くさみを取ること。「—剤《ざい》」

**だっしゅつ【脱出】**(名・自スル) ぬけ出ること。いやな、また、危険な所からぬけ出すこと。「危機を—する」

**ダッシュボード**〔英 dashboard〕(名) 自動車で、運転席の前のいろいろな計器が取りつけられた部分。

**だっしょく【脱色】**(名・自他スル) もともとの色や、染めた色をぬくこと。「—剤《ざい》」対着色

**たつじん【達人】**(名) ❶学問・技芸・武術に深く通じている人。「剣術《けんじゅつ》の—」❷物事に深く通じていて、道理を見通した人。「人生の—」

**だっすい【脱水】**(名・自スル) ❶物の中にふくまれている水分をぬき取ること。「—機」❷体内の水分が欠乏《けつぼう》すること。「—症状《しょうじょう》」

**たっ・する【達する】**{シ(セ・サ)・シ・スル・スル・スレ・シロ(セヨ)} □一(自サ変) ❶あるところまで行きつく。およぶ。届く。「目的地に—」「合格ラインに—」❷深く通じる。「学芸に—」□二(他サ変) ❶なしとげる。達成する。「目的を—」❷広く告げ知らせる。「その旨《むね》を—」

**だっ・する【脱する】**{シ(セ・サ)・シ・スル・スル・スレ・シロ(セヨ)}(自他サ変) ❶ぬけ出る。のがれ出る。まぬかれる。「組織を—」「危険を—」❷ある程度をこえる。「素人《しろうと》の域《いき》を—」❸もれ落ちる。ぬけ落ちる。「重要な一文を—」

**たつせ【立つ瀬】**(名) 立場。面目《めんぼく》。

**立つ瀬がない** 面目《めんぼく》が立たない。

**たっせい【達成】**(名・他スル) 物事をなしとげること。「念願を—する」

**だつぜい【脱税】**(名・自スル) おさめるべき税金を、不正な方法をとっておさめないこと。「—の摘発《てきはつ》」

**だっせん【脱線】**(名・自スル) ❶列車や電車などの車輪が線路からはずれること。「—事故」❷話や行動が本筋からはずれること。「話が—する」

**だっそう【脱走】**(名・自スル) 束縛《そくばく》されている場所から、ぬけだして逃《に》げること。「集団—」

**だつぞく【脱俗】**(名・自スル) 世俗的なことにこだわる心境からぬけ出ること。

**たった**(副) 数や量が少ないようす。わずか。ほんの。「—三人しか来なかった」「これは—の一〇〇円だ」

**だったい【脱退】**(名・自スル) 所属する団体・組織からぬけること。「組合を—する」類離脱《りだつ》。対加入

**タッチ**〔英 touch〕□一(名・自スル) ❶ふれること。「—の差(=わずかの差)」❷関係すること。「その計画には—していない」❸野球で、ボールを持った手で走者にふれること。「—アウト」□二(名) ❶絵や文章の筆づかい。また、作品などのもつ感じ。「細かい—の絵」「コメディー—のドラマ」❷ピアノの鍵盤《けんばん》などのおし方。❸手ざわり。「ソフト—」❹「タッチライン」の略。「—に出る」

**タッチ-パネル**〔英 touch panel〕(名) 画面の表示に指やペンで直接触れて操作する、コンピューターの入力装置。

**だっちょう【脱腸】**(名)〘医〙腸など、内臓の一部が腹壁《ふくへき》から出ること。ヘルニア。

**タッチライン**〔英 touchline〕(名) サッカー・ラグビーなどで、長方形の競技場の長いほうの境界線。

**たって**(副) むりに。ぜひ。しいて。「—の願い」

**たって**(接助) ❶逆接の仮定条件を表す。…たとしても。…ても。「泣い—むだだ」「何もなく—いい」文法活用語の連用形につく。ガ・ナ・バ・マ行五段活用動詞につくときは、「泳いだって」「飛んだって」「読んだって」のように「だって」とにごる。❷…としても。「行こう(っ)—行かせない」文法活用語の終止形につく。

**だって** 使い方 話しことばで使われる。□一(副助) ❶特別なことがらを示しながらそれも例外ではない、という意を表す。…でも。…でさえも。「子ども—わかる」❷いくつかのことがらを例示し、他の場合も同じであることを表す。「きみ—ぼく—、みんなが知っている」❸例外なくそうであることを強調する。…も。「一日—休んだことはない」□二(終助) ある人のことばに対して、おどろきや非難の気持ちを表す。「見ていたのに、ぼくは知らない—」□三(接) 相手の言うことに反論したり、そうなった理由を説明したりするときに使うことば。でも。そのわけは。「—きのうは行くと言ったじゃないか」「ぼくはもうねるよ。—頭が痛いんだもの」

**だっと【脱△兎】**(名) (逃《に》げるうさぎの意から)ひじょうにすばやいもののたとえ。「—のごとく逃げる」

**たっと・い【貴い・尊い】**(形){カロ・カッ(ク)・イ・イ・ケレ・〇} →とうとい

**だっとう【脱党】**(名・自スル) 自分の属している党からぬけ出ること。類離党《りとう》。対入党

**たっと・ぶ【貴ぶ・尊ぶ】**(他五){バ(ボ)・ビ(ン)・ブ・ブ・ベ・ベ} →とうとぶ

**たつとりあとをにごさず【立つ鳥跡を濁さず】**→「たつ(立つ)」子見出し

**たづな【手綱】**(名) くつわにつけ、馬をあやつる綱。「—をゆるめる」

**たつのおとしご【竜の落とし子】**(名)〘動〙ヨウジウオ科の魚。浅い海にすむ。体長八センチメートルくらいで頭は馬に似ている。長い尾《お》で海藻《かいそう》にまきつき、立って泳ぐ。海馬《かいば》。

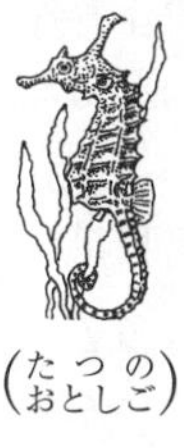

(たつのおとしご)

**タッパーウェア**〔Tupperware〕（名）食品などを保存するための、プラスチック製の密閉容器。タッパー。（商標名）

**だっぴ【脱皮】**（名・自スル）❶〘動〙爬虫《はちゅう》類・昆虫《こんちゅう》などが、成長の過程で古い表皮をぬぎすて新しい表皮に変わること。「へびのー」❷古い考え方や態度などをすてて新しくなること。「近代国家へーする」

**たっぴつ【達筆】**（名・形動ダ）文字をすらすらと上手に書くこと。類能筆。対悪筆

**タップ-ダンス**〔英 tap dance〕（名）靴《くつ》の先・かかとで床をふみならしながらおどるダンス。

**たっぷり** ㊀（副）じゅうぶんなようす。たくさんあるようす。「ー（と）眠《ねむ》った」「皮肉ーに話す」㊁（副・自スル）ゆとりのあるようす。「ーした洋服」

**たつへん【立偏】**（名）漢字の部首の一つ。「端」「竣」などの左側にある「立」の部分。

**たつべん【達弁】**〘達△辯〙（名・形動ダ）弁舌のさわやかなこと。よどみのない話し方。能弁。

**だつぼう【脱帽】**（名・自スル）❶帽子をぬぐこと。「ー、礼」対着帽。❷相手に敬意を表すこと。また、降参すること。「彼《かれ》の妙技《みょうぎ》にはーする」

**だっぽう【脱法】**（名）法律に触れないようにしながら悪事をはたらくこと。「ー行為《こうい》」

**たつまき【竜巻】**（名）〘天〙気圧の急変のためにおこるはげしいうずまきの風。砂や水を巻きあげる。

**たつみ**〘△辰△巳・△巽〙（名）方角の名。南東。

**だつらく【脱落】**（名・自スル）❶ぬけ落ちること。「本文にーがある」「文字がーしている」❷仲間についていけなくなること。「ー者」類落後

**だつりょく【脱力】**（名・自スル）からだの力がぬけること。「ー感におそわれる」

**だつろう【脱漏】**（名・自スル）文字などがもれ落ちること。「ーの多い原稿《げんこう》」

**たて【立て】** ㊀（接頭）最高席次の。筆頭の。「ー行司《ぎょうじ》」「ー役者」㊁（接尾）（動詞の連用形について）その動作が終わったばかりであることを表す。…したばかり。「焼きーのパン」「おろしーの服」

**たて【盾】**〘△楯〙（名）❶敵の矢・やり・弾丸《だんがん》をふせぐ木や金属の板。❷自分を守る手段や口実。「法律をーに反論する」

**盾に取《と》る** あることを理由にして、言いわけまたは言いがかりの手段・方法とする。「人権をー」「ーに書く」「首をーにふる（＝承知する）」

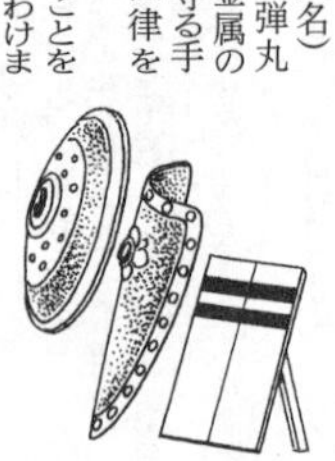

（盾①）

**たて【縦】**〘△竪〙（名）❶上下の方向や長さ。❷前後の方向。「ーにならぶ」❸南北の方向・距離《きょり》。「大陸をーに走る山脈」❹階級・年齢《ねんれい》などの上下。「ーの関係」（対横）

**たて**〘×殺陣〙（名）〘演〙劇や映画で、乱闘《らんとう》の場面。たちまわり。「ー師」参考「さつじん」とも読む。

**たで**〘△蓼〙（名）〘植〙❶いぬたで・はなたでなどタデ科植物の総称《そうしょう》。❷「やなぎたで」の通称。タデ科の一年草で、じめじめした土地に生え、夏から秋にかけて白い小さな花を開く。茎《くき》・葉に辛《から》みがある。

（たで②）

**蓼食《く》う虫《むし》も好《す》き好《ず》き** 辛《から》い蓼の葉を好んで食べる虫もあるように、人の好みはさまざまだ。

**-だて**〘立て〙（接尾）❶（動詞の連用形について）わざとその動作をする意を表す。「隠《かく》しー」「とがめー」❷（数を表すことばについて）㋐車につける牛や馬の数を表す。「二頭ーの馬車」㋑映画などで、一回の興行に何本上演するかを表す。「二本ーの映画」

**-だて【建て】**（接尾）家などの建て方を表す。「一戸ー」「二階ー」

**だて**〘×伊達〙（名・形動ダ）❶強さや義侠《ぎきょう》心をことさら見せようとすること。「男ー」❷はでなふるまいや服装をすること。みえをはること。「ー姿」「ーめがね」

**たてあな【縦穴】**〘△竪穴〙（名）地面に垂直にほった穴。対横穴

**たてあなじゅうきょ**〘△竪穴住居〙（名）〘歴〙地面に浅く広く穴をほり、柱を立てて屋根をふいた住居。主として新石器時代につくられ、日本では縄文《じょうもん》時代からみられる。

**たていた【立て板】**（名）立てかけてある板。

**立て板に水《みず》** すらすらとよどみなくしゃべるようす。

**たていと【縦糸】**〘◇経糸〙（名）織物で、上下の方向に通っている糸。対横糸

**たてうり【建て売り】**（名）売る目的で家を建てて、売り出すこと。また、その家。「ー住宅」

**たてか・える【立て替える】**（他下一）{エ・エ・エル・エル・エレ・エロ(エヨ)} 一時、本人にかわって代金を支払《しはら》う。「会費をー」

**たてがき【縦書き】**（名）文字を上から下へと順に書くこと。「ーのノート」対横書き

**たてか・ける【立てかける】**〘立て掛ける〙（他下一）{ケ・ケ・ケル・ケル・ケレ・ケロ(ケヨ)} 立てて他の物にもたれさせる。「塀《へい》にはしごをー」

**たてがみ**〘△鬣〙（名）馬やおすライオンなどの首すじにはえている長いふさふさした毛。

**たてかんばん【立て看板】**（名）人目につくところに立てかけておく看板。たてかん。

**たてぐ【建具】**（名）戸・ふすま・障子《しょうじ》など、部屋をしきり、あけたりしめたりするもの。「ーをとりつける」

**たてぐみ【縦組み】**（名）印刷・組み版で、上から下へ活字を組むこと。縦書きに組むこと。対横組み

**たてこう【立坑・縦坑】**〘△竪坑〙（名）炭坑などで、まっすぐ下にほりさげた坑道。

**たてごと【たて琴】**〘△竪琴〙（名）〘音〙→ハープ

**たてこ・む【立て込む】**（自五）{マ(モ)・ミ(ン)・ム・ム・メ・メ} ❶その場所に人が集まってこみ合う。「店内がー」❷ぎっしり立ちならぶ。「家のー・んだ町」❸用事が重なっていそがしい。「仕事がー」参考②は「建て込む」とも書く。

**たてこ・める【立て込める】**〘◇閉て込める〙（他下一）{メ・メ・メル・メル・メレ・メロ(メヨ)} 戸・障子《しょうじ》などをしめきる。

**たてこ・もる【立て籠もる】**（自五）{ラ(ロ)・リ(ッ)・ル・ル・レ・レ} ❶家や室内にはいって外に出ない。「書斎《しょさい》にー」❷城や陣地《じんち》から出ないで敵に対抗《たいこう》する。「城にー」

**たてつ・く**【盾突く】〖△楯突く〗(自五){カ(コ)・キ(イ)・ク・ク・ケ・ケ} 目上の人などに反抗《はんこう》する。さからう。「親に—」

**たてつけ**【建て付け】(名) 戸・障子《しょうじ》などの、あけしめするときのぐあい。「—が悪い」

**たてつづけ**【立て続け】(名) 短時間に同じことが続くようす。続けざま。「—に事故が起こる」

**たてつぼ**【建坪】(名) 建築物がしめる土地の面積。

**たてなお・す**【立て直す】(他五){サ(ソ)・シ・ス・ス・セ・セ} ❶だめになりかけたものを、またもとのよい状態にもどす。「経営状態を—」❷計画などをやめて、もう一度やりなおす。「計画を—」参考①は「建て直す」とも書く。

**たてなお・す**【建て直す】(他五){サ(ソ)・シ・ス・ス・セ・セ} ❶今の建物をこわして新しく建てる。「自宅を—」❷→たてなおす(立て直す)①

**たてなみ**【縦波】(名)〘物〙音波など、振動《しんどう》方向と波の進む方向が同じである波動。じゅうは。対横波

**たてひざ**【立て膝】(名) かたひざを立ててすわること。また、その姿勢。

**たてぶえ**【縦笛】(名) たてに持って吹《ふ》く笛。クラリネット・リコーダー・尺八など。対横笛

**たてふだ**【立て札】(名) 人びとに注意したり知らせたりすることがらを書いて立てておく札。

**たてまえ**【建て前】(名) ❶建物の骨組みや棟《むね》を組み立てること。また、そのあとの祝い。むね上げ。❷表向きの方針。原則。「—と本音《ほんね》」対本音

**だてまき**【だて巻き】〖×伊達・巻き〗(名) ❶女の人が着くずれを防ぐため、帯の下にしめる細い帯。❷魚肉のすり身と卵をまぜたものを厚焼きにし、うずまき形にまいた食品。正月料理などにする。

**たてまし**【建て増し】(名・他スル) 今までの建物に建て加えること。増築。「勉強部屋の—」

**たてまつ・る**【奉る】(他五){ラ(ロ)・リ(ッ)・ル・ル・レ・レ} ❶神や目上の人にさしあげる。献上《けんじょう》する。「神前に幣《ぬさ》(=そなえ物)を—」❷形だけうやまって高い地位につける。まつりあげる。「会長に—」❸(動詞の連用形について)けんそんの意を表す。「おそれいり—」「祝い—」

**たてまつ・る**〔奉る〕(他四) 古語 ❶「与《あた》える」の意の謙譲《けんじょう》語。さしあげる。「公《おほやけ》に御文《ふみ》—・り給ふ」〈竹取物語〉訳帝《みかど》にお手紙をさしあげなさる。❷「(人を)遣《や》る」の意の謙譲語。(使いなどを)参上させる。うかがわせる。「いざ、人して見せに—・らむ」〈蜻蛉《かげろう》日記〉訳さあ、人に命じて見せに参上させよう。❸「着る」の意の尊敬語。お召《め》しになる。「やつれたる狩《か》りの御衣《おんぞ》を—・り」〈源氏物語〉訳めだたない狩りのお着物をお召しになり。❹「飲む」「食う」の意の尊敬語。めしあがる。「壺《つぼ》なる御薬—・れ」〈竹取物語〉訳壺の中にあるお薬をめしあがれ。❺(動詞の連用形について)謙譲の意を表す。お…申しあげる。「みな手をわかちて、もとめ—・れども」〈竹取物語〉訳みなで手わけして、おさがし申しあげるが。

**たてもの**【建物】(名) 人が住んだり、仕事をしたり、物を入れたりするためにたてたもの。建築物。建造物。

**たてや**【建屋】(名) 設備や作業場を収容する建物。「原子炉《げんしろ》—」

**たてやくしゃ**【立て役者】(名) ❶一座の中心となる最もすぐれた俳優。❷物事の中心となって活躍《かつやく》する人。中心人物。「会の—」「チーム優勝の—」

**たてゆれ**【縦揺れ】(名・自スル) ❶船や飛行機などが縦に揺れること。ピッチング。❷地震《じしん》で上下に揺れること。(対横揺れ)

**-だてら**(接尾)(身分・立場などを表すことばの下について)「ふさわしくない」の意を表す。「子ども—に」使い方非難やけいべつの気持ちを含《ふく》んだ言い方。

**た・てる**【立てる】(他下一){テ・テ・テル・テル・テレ・テロ(テヨ)} ❶端《はし》を上にむけてまっすぐに置く。横になっていたり倒《たお》れていたものをおこす。「柱を—」「えりを—」対寝《ね》かす ❷まっすぐにつきさす。「つめを—」❸出発させる。さしむける。「使者を—」❹ようすや形を現す。生じさせる。はっきり示す。「波風を—(=不和を生じさせる)」「うわさを—」「計画を—」「てがらを—」「音を—」「誓《ちか》いを—」❺ある役や位置につかせる。「証人に—」「候補者を—」❻はたらかせる。「役に—」「聞き耳を—」❼面目《めんぼく》を保たせる。「顔を—」「先輩《せんぱい》を—」❽生活を保つようにする。「生計を—」❾筋道を通す。「義理を—」❿ものの先をとがらせる。「のこぎりの目を—」⓫湯・風呂《ふろ》をわかす。「風呂を—」⓬抹茶《まっちゃ》をいれる。「茶を—」⓭しめる。「戸を—」⓮(動詞の連用形について)しきりに…する。はげしく…する。「わめき—」「言い—」「みがき—」参考⑫は「点てる」、⑬は「閉てる」とも書く。

**た・てる**【建てる】(他下一){テ・テ・テル・テル・テレ・テロ(テヨ)} ❶建物などを造る。「家を—」❷新しく国や組織などをつくる。「王朝を—」

仕組みの解明「建てる」

Q 海外に建てる? 海外で建てる?

A 経営者が海外に工場を建てる
B 技術者が海外で工場を建てる

A・「に」は取り付けるようなニュアンスがあり、これまでなかったものが存在するようになることに意味の中心がある。
・「で」は動きの場所を表し、そこで建てる作業をすることに意味の中心がある。

**たてわり**【縦割り】(名) ❶物をたてに割ること。❷組織の上下関係ばかりに基づいて物事を執《と》り行うこと。「—行政」

**だてん**【打点】(名) 野球で、打者が安打・四球・犠打《ぎだ》などによって味方にもたらした得点数。「—王」

**だでん**【打電】(名・自スル) 電報を打つこと。

**だてんし**【堕天使】(名) キリスト教で、悪魔《あくま》のこと。もとは天使であったが、神に逆らって怒りを買い、天

上界を追われた。

**たとい**〖×仮令・×縦令〗（副）→たとえ（副）

**たどう【他動】**（名）他からはたらきかけること。また、他にはたらきかけること。対自動

**だとう【打倒】**（名・他スル）相手をうち倒《たお》すこと。うち負かすこと。「内閣の―をめざす」

**だとう【妥当】**（名・自スル・形動ダ）考えや行動などが、その場の状況《じょうきょう》や一般《いっぱん》的な道理にむりなくあてはまること。「―な結論」…性「妥当性のない結末」

**タトゥー**〔英 tattoo〕（名）入れ墨《ずみ》。

**たどうし【他動詞】**（名）〘文法〙他にはたらきかける動作・作用を表す動詞。一般《いっぱん》に「を」をともなうもの。「読む」「書く」「話す」など。対自動詞。⇩じどうし「参考」

**たとえ【例え】**〖△譬え・◇喩え〗（名）わかりやすく説明するために、引き合いに出されることがらや話。また、同じような例。比喩《ひゆ》。「―をひく」

**たとえ**〖×仮令・×縦令〗（副）（あとに「…とも」「…ても」などをともなって）かりに。たとい。「―負けても後悔《こうかい》しない」

**たとえば【例えば】**（副）❶例をあげていえば。「趣味は、―読書です」❷かりに。もしも。「―の話」

**たとえようもない【例え様もない】**ほかの例をあげて言い表そうとしてもできない。「その美しさは―」

**たと・える【例える】**〖△譬える・◇喩える〗（他下一）{エ・エ・エル・エル・エレ・エロ(エヨ)} わかりやすくするために、似たことがらを引き合いに出す。なぞらえる。「美しさを花に―」

**たどく【多読】**（名・他スル）本を多く読むこと。

**たどたどし・い**（形）{カロ・カッ(ク)・イ・イ・ケレ・○} ぎこちなくあぶなっかしい。おぼつかない。「―説明」

**たどりつ・く【たどり着く】**〖△辿り着く〗（自五）{カ(コ)・キ(イ)・ク・ク・ケ・ケ} 苦労してやっと行き着く。「どうにか山頂に―」

**たど・る**〖△辿る〗（他五）{ラ(ロ)・リ(ッ)・ル・ル・レ・レ} ❶道や川などにそって進む。「山道を―」❷はっきりしないことを筋道を追ってたずね求める。「記憶《きおく》を―」❸物事がある方向に進む。「不幸な運命を―」

**たどん**〖◇炭団〗（名）炭の粉にのりを加えてねり、丸くかためた燃料。

**たな【棚】** 12画 木8 訓 たな 十 木 朷 枂 棚 棚

たな。たな状のもの。◆書棚・戸棚・藤棚《ふじだな》

**たな【棚】**（名）❶物をのせるために板を横にわたしたもの。「―をつる」❷つる性の植物をはわせるために高い所に水平にかけわたしたもの。「ぶどう―」❸陸地からゆるい傾斜《けいしゃ》で続いている海底。「大陸―《だな》」

**棚から牡丹餅《ぼたもち》** 思いがけない幸運をつかむことのたとえ。たなぼた。

**棚に上《あ》げる** 問題として取り上げない。ほうっておく。「自分のことは棚に上げて、人の悪口を言う」

**たな**〖◇店〗（名）❶みせ。商家。❷貸家。借家。「―賃《ちん》」「―子」

**たなあげ【棚上げ】**（名・他スル）❶ある問題の解決・処理を一時保留して先へのばすこと。「法案の審議《しんぎ》を―する」❷商品を一時的にしまいこんで市場へ出さないこと。

**たなおろし【棚卸し】**〖◇店卸し〗（名・他スル）❶決算のとき、手持ちの商品の数量と価格を調査すること。❷他人の欠点などをいちいちあげて悪く言うこと。

**たなこ**〖◇店子〗（名）家を借りている人。借家人。対大家《おおや》

**たなご**〖△鱮〗（名）〘動〙コイ科の魚。形はふなに似ているが、小形。川や湖の流れのゆるい浅い所にすむ。

**たなごころ**〖◇掌〗（名）てのひら。

**たなごころを指《さ》す** 物事がきわめて明白である。

**たなざらえ【棚ざらえ】**〖棚△浚え〗（名・自他スル）店の商品を整理するために、安く売ること。たなざらい。「閉店のため―する」

**たなざらし**〖◇店△晒し〗（名）❶商品が売れないで、いつまでも店に置かれたままになっていること。また、その商品。「―の衣料品」❷ある問題が未解決のままほうっておかれること。「―の案件」

**たなだ【棚田】**（名）山などの斜面《しゃめん》に段状に作った田。

**たなばた【○七夕】**（名）五節句《ごせっく》の一つ。七月七日の夜、織女《しょくじょ》星と牽牛《けんぎゅう》星が年に一度会うという伝説に基づいて行う祭り。星祭り。七夕《しちせき》。

**たなび・く**〖棚引く〗（自五）{カ(コ)・キ(イ)・ク・ク・ケ・ケ} 雲・かすみ・けむりなどが、うすく横に長くただよう。

**たなぼた【棚ぼた】**〖棚△牡◇丹〗（名）「棚からぼたもち」の略。「―式にもうける」

**たなん【多難】**（名・形動ダ）災難や困難・苦労が多いこと。「前途《ぜんと》―」「多事―」

**たに【谷】**（名）❶山と山との間のくぼんだ所。❷まわりより低いところや状態。「景気の―」「気圧の―」

**だに**〖×壁蝨〗（名）❶〘動〙四対の足を持つ小形の節足動物。種類が多く、人や家畜《かちく》について血をすうものもある。❷人におかねをたかるなどしてきらわれる者。

**たにあい【谷あい】**〖谷◇間〗（名）谷の中。谷間《たにま》。「―の村」

**たにかぜ【谷風】**（名）昼間、山腹の空気が暖められ、山頂に向かって斜面《しゃめん》を吹《ふ》きあげる風。対山風

**たにがわ【谷川】**（名）谷間を流れる川。

**たにざきじゅんいちろう**〔谷崎潤一郎〕〔人名〕（一八八六〜一九六五）小説家。「刺青《しせい》」などの耽美《たんび》主義の作品で登場し、「痴人《ちじん》の愛」などで官能の世界をえがいた。のちに日本的な古典の美にあこがれ、「源氏物語」の現代語訳を完成、また古典的世界を純化した「春琴抄《しゅんきんしょう》」「細雪《ささめゆき》」などを書いた。

**たにし**〖田△螺〗（名）〘動〙タニシ科の巻き貝の総称《そうしょう》。大きさは三〜四センチメートルで、黒茶色。水田や池などにすむ。

（たにし）

**たにま【谷間】**（名）❶谷の中。谷あい。❷くぼんだ状態になっている所。また、周囲からとり残された所。「ビルの―」「福祉《ふくし》行政の―」

**たにまち**〖谷町〗（名）すもうで、力士の後援者《こうえんしゃ》・ひいき筋のこと。参考明治の末ごろ、大阪谷町筋のすもう好きの医者が、治療《ちりょう》代をとらず力士を世話したことから出た語という。多く「タニマチ」と書く。

**たにん【他人】**（名）❶自分以外の人。「―まかせ」

❷血のつながりのない人。「赤の―」対肉親。❸関係のない人。第三者。「―の出る幕ではない」

**他人の疝気《せんき》を頭痛《ずつう》に病《や》む** （「疝気」は下腹部の痛む病気）自分に関係のないことによけいな心配をすることのたとえ。

**他人の空似《そらに》** 血がつながっていないのに、顔かたちがよく似ていること。

**他人の飯《めし》を食《く》う** 親もとから離《はな》れ、他人の中で世間の苦労を味わう。

**たにんぎょうぎ【他人行儀】**（名・形動ダ）親しい間がらなのに、他人のようによそよそしくふるまうこと。「―なあいさつ」

**たにんずう【多人数】**（名）多くの人。大勢。多人数《たにんず》。

**たぬき【△狸】**（名）❶〔動〕イヌ科の哺乳《ほにゅう》動物。山地や草原に穴をほってすむ。古くから人をばかすと信じられた。毛皮は防寒用、毛は毛筆の材料とする。むじな。❷人をだます人。「―おやじ」❸（「たぬきうどん」「たぬきそば」の略）てんぷらのあげ玉などを入れた、かけうどん・かけそば。

（たぬき①）

**たぬきねいり【たぬき寝入り】**【△狸寝入り】（名・自スル）眠《ねむ》ったふりをすること。「―をきめこむ」

**たね【種】**（名）❶草や木の実の中の、芽の出るもとになるもの。種子。「柿《かき》の―」「―をまく」
❷血筋を伝えるもとになるもの。「―をやどす」
❸物事のおこる原因。「なやみの―」
❹手品のしかけのもと。「―を明かす」
❺新聞記事や小説・話・文章などの材料。「話の―」「特《とく》―《だね》」「―がつきる」
❻料理の材料や汁《しる》の実。「すしの―」

**たねあかし【種明かし】**（名・自スル）❶手品などのしかけを説明すること。❷隠《かく》されていた真相などを説明すること。「事件の―をする」

**たねあぶら【種油】**（名）菜種からしぼった油。食用。菜種油。

**たねいも【種芋】**（名）次に植えつける種にするいも。

**たねうし【種牛】**（名）子をふやしたり、品種を改良したりするために飼う、雄《おす》の牛。

**たねうま【種馬】**（名）子をふやしたり、品種を改良したりするために飼う、雄《おす》の馬。

**たねがしま【×種子ヶ島】**（名）〔歴〕一五四三（天文一二）年に、鹿児島県南方の種子島に渡来《とらい》したポルトガル人によって伝えられた火縄式《ひなわしき》の小銃《しょうじゅう》。転じて、火縄銃の別称《べっしょう》。

**たねぎれ【種切れ】**（名）材料・工夫・口実などがすっかりなくなること。「アイデアが―になる」

**たねつけ【種付け】**（名・自スル）家畜《かちく》の繁殖《はんしょく》や品種改良のために、雄《おす》と雌《めす》を交配すること。

**たねび【種火】**（名）いつでも火をおこせるように、消さないでおく小さい火。「―をつける」類口火

**たねほん【種本】**（名）書きものや話をするもとになる、他人が書いた本。「講義の―」

**たねん【他年】**（名）将来の、ある年。いつか。

**たねん【多年】**（名）多くの年月。長年。「―にわたる研究」「―の労苦」

**たねんせいそうほん【多年生草本】**（名）〔植〕二年以上にわたって生きる草本。多くは冬に地上部は枯《か》れるが地下の茎《くき》や根は残り、翌年また芽を出す。きく・ゆりなど。多年草。

**たねんそう【多年草】**（名）→たねんせいそうほん

**だの**（副助）いろいろなことを例として並べあげるときに使うことば。「ケーキ―くだもの―好きなものばかり」

**たのう【多能】**（名・形動ダ）技芸に広く通じ、なんでもよくできること。「多芸―」

**たのし・い【楽しい】**（形）{カロ・カッ(ク)・イ・イ・ケレ・○}心が満ち足りて、明るくうきうきした気分である。「―話」⇩うれしい「学習」

**たのしみ【楽しみ】**㊀（名）楽しいこと。楽しいと感じる物事。「読書の―」㊁（名・形動ダ）楽しいだろうと想像して心待ちにすること。「旅行が―だ」

**たのし・む【楽しむ】**（他五）{マ(モ)・ミ(ン)・ム・ム・メ・メ}❶満ち足りて愉快《ゆかい》に感じる。「人生を―」❷好きなことをして満足する。「釣《つ》りを―」❸喜びの心で待つ。期待する。「子の成長を―」

**たのみ【頼み】**（名）❶たのむこと。また、その内容。「―を聞きいれる」❷あてにすること。あてにするもの。「―の綱《つな》」類頼《たよ》り

**たの・む【頼む】**（他五）{マ(モ)・ミ(ン)・ム・ム・メ・メ}❶ある物事をしてくれるよう相手に願う。依頼《いらい》する。「用事を―」❷物事の処置を相手にまかせる。「留守《るす》を―」「あとは―・んだ」❸何かをしてもらうために呼ぶ。また、注文する。「タクシーを―」「コーヒーを―」❹力としてたよる。あてにする。「衆を―」「神仏の加護《かご》を―」

**たのもし・い【頼もしい】**（形）{カロ・カッ(ク)・イ・イ・ケレ・○}❶たよりになりそうにみえる。心強い。「―味方」❷将来りっぱになりそうで期待できる。「末―」

**たば【束】**㊀（名）細長いものや平たいものを一つにまとめてくくったもの。「札《さつ》の―」㊁（接尾）たばねたものを数えることば。「三―」

**束になってかかる** 大勢が一度に一つのものに向かう。

**だは【打破】**（名・他スル）❶相手を打ち負かすこと。「敵を―する」❷社会の発展のさまたげとなるものをとりのぞくこと。「因習を―する」

**だば【駄馬】**（名）❶荷を運ばせる馬。❷下等な馬。

**たばか・る【◇謀る】**（他五）{ラ(ロ)・リ(ッ)・ル・ル・レ・レ}だましあざむく。「まんまと―・られた」

**たばこ【×煙草・△莨】**〔ポルト tabaco〕（名）❶〔植〕ナス科の一年草。大形で楕円《だえん》形の葉をつけ、夏、うす赤色の花を開く。葉はニコチンをふくむ。❷①の葉をほしてつくったもの。火をつけてその煙《けむり》をすう。

**たばさ・む【手挟む】**（他五）{マ(モ)・ミ(ン)・ム・ム・メ・メ}手やわきにはさんで持つ。また、刀剣《とうけん》類を腰《こし》にさす。「弓矢を―」「刀を―」

**タバスコ**〔スペイン Tabasco〕（名）タバスコペッパー（赤とう

がらしの一種)に塩や果実酢《す》などを加えた辛味《からみ》調味料。パスタやピザにかける。(商標名)

**たはた【田畑】**(名)田と畑。田畑《でんぱた》。

**たはつ【多発】**(名・自スル)多く発生すること。「事故が―する」

**たば・ねる【束ねる】**(他下一)〔ネ・ネ・ネル・ネル・ネレ・ネロ(ネヨ)〕❶たばにする。一まとめにする。「髪《かみ》を―」❷とりまとめる。統率する。「会を―」

**たはむれに《タワムレニ》…**短歌

〔たはむれに **母《はは》を背負《せお》ひて そのあまり 軽《かろ》きに泣《な》きて 三《さん》歩《ぽ》あゆまず**〕〈石川啄木《いしかわたくぼく》〉訳遊び半分に母を背負ってみて、そのあまりの軽さに母のおとろえや、かけた苦労をしみじみと感じて、涙《なみだ》があふれ、三歩と歩けなかったことだ。

**たび【度】**一(名)❶その時。おり。「この―はお世話になりました」❷その時ごと。「見る―に思い出す」❸回数。「―重なる」二(接尾)数を表す語について、くり返される回数を示す。「三《み》―優勝する」

**たび【旅】**(名・自スル)家を離《はな》れて、一時遠くへ行くこと。旅行。「―に出る」

**旅の恥《はじ》はかき捨《す》て** 旅先では知人もいないし、長くいるわけでもないから、恥《は》ずかしい行いをしても平気だ。

**旅は道連《みちづ》れ世《よ》は情《なさ》け** 旅先では道連れがあったほうが心強いし、世の中で暮らしていくにも、たがいに思いやる人情がたいせつである。

**たび【○足袋】**(名)おもに和服のときに足にはく、つま先が二つに分かれたふくろ状のはきもの。布などでつくる。

( 足袋 )

**だび【△茶△毘・△茶△毗】**(名)《仏》火葬《かそう》。

**茶毘に付《ふ》す** 火葬にする。

**タピオカ**〔英 tapioca〕(名)キャッサバ(=トウダイグサ科の落葉低木)の根茎《こんけい》からとったでんぷん。食用。

**たびかさな・る【度重なる】**(自五)〔ラ(ロ)・リ(ッ)・ル・ル・レ・レ〕同じようなことが何度もおこる。「―不運」

**たびがらす【旅がらす】**【旅△烏】(名)❶定住する所がなく、旅から旅へとさすらう者。❷よその土地から来た人をいやしめていうことば。

**たびげいにん【旅芸人】**(名)あちこち旅をしながら芸を見せて生活する芸人。「―一座」

**たびごろも【旅衣】**(名)旅行のとき着る衣服。

**たびさき【旅先】**(名)旅行をして行き着いた所。旅行先。また、旅の途中《とちゅう》。「―からの手紙」

**たびじ【旅路】**(名)旅行の道筋。また、旅行。「―をたどる」「死出《しで》の―」

**たびじたく【旅支度・旅仕度】**(名・自スル)❶旅行の準備。「―を調える」❷旅行中の服装。

**タピストリー**(名)→タペストリー

**たびだ・つ【旅立つ】**(自五)〔タ(ト)・チ(ッ)・ツ・ツ・テ・テ〕旅に出る。「パリへ―」

**たびたび【度度】**(副)間を長くおかずに、同じことをなんどもくり返すようす。しばしば。「―訪れる」

**たびにやんで…**俳句

〔**旅に病んで 夢《ゆめ》は枯《かれ》野《の》を かけめぐる**〕〈芭蕉《ばしょう》〉訳旅の途中《とちゅう》、病気になってふしていると、その夢にさびしい枯れ野を、なおもかけめぐっている旅姿の自分を見ることである。(没《ぼっ》する五日前、生前最後の句として知られる。季語「枯野」冬)

**たびね【旅寝】**(名・自スル)旅先で寝ること。

**たびはだし【○足袋はだし】**【○足袋△跣】(名)下駄《げた》・草履《ぞうり》などをはかず、足袋のままで地面を歩くこと。「―で駆《か》け寄る」

**たびびと【旅人】**(名)旅をしている人。旅行者。

**たびまくら【旅枕】**(名)旅先で寝《ね》ること。また、宿にとまること。たびね。「―を重ねる」

**たびらこ**【田平子】(名)《植》キク科の越年草《えつねんそう》。野道などに自生。春、黄色の小花を開く。春の七草の一つである「ほとけのざ」のこと。こおにたびらこ。

(たびらこ)

**ダビング**〔英 dubbing〕(名・他スル)❶録音・録画したものを、別のテープなどに録音・録画しなおすこと。❷映画・放送で、録音された音楽・せりふなどを合成して一本に編集すること。

**タフ**〔英 tough〕(形動ダ)〔ダロ・ダッ(デ・ニ)・ダ・ナ・ナラ・○〕❶精神的・肉体的にねばり強くたくましいようす。「―な男」❷困難で骨が折れるようす。「―なコース」

**タブー**〔英 taboo〕(名)❶神聖なもの、けがれたものについて口に出したり、ふれたりすることを禁じる宗教的・社会的禁制。禁忌《きんき》。❷さけなければならないこと。口に出したりふれたりしてはいけないこと。

**だぶだぶ**(副・自スル・形動ダ)❶液体がたくさん入っていて、揺《ゆ》れ動くようす。❷衣服などが大きすぎて、からだに合わないようす。「―のシャツ」類ぶかぶか。❸太って肉がたるんでいるようす。

**だぶつ・く**(自五)〔カ(コ)・キ(イ)・ク・ク・ケ・ケ〕❶液体がいっぱい入っていて揺《ゆ》れ動く。❷衣服などが大きすぎてゆるゆるである。❸物やおかねがありあまる。「豊作で米が―」

**だふや【だふ屋】**(名)《俗語》(「だふ」は札《ふだ》を逆にいったもの)手にはいりにくい入場券や切符《きっぷ》を実際の値段より高い値で売りつけることを商売にしている人。

**たぶらか・す**【△誑かす】(他五)〔サ(ソ)・シ・ス・ス・セ・セ〕うまいことを言うなどしてだます。あざむく。「ことばたくみに―」

**ダブリューシー【WC】**(名)(英 water closet の略)便所。手洗所。トイレ。

**ダブル**〔英 double〕(名)❶二重・二倍・二個・二人用などの意味。「―ベッド」❷洋服の上着の前の合わせ目が深く、ボタンが二列になっているもの。また、ワイシャツの袖《そで》やズボンの裾《すそ》に折り返しのあるもの。(対シングル)

**ダブ・る**(自五)〔ラ(ロ)・リ(ッ)・ル・ル・レ・レ〕《俗語》同じものが重なる。重複する。「ページが―」「物体が―って見える」

参考英語の double を動詞にしたことば。

**ダブル-クリック**〔英 double click〕(名・他スル)コンピューターで、マウスのボタンを二回続けて押すこと。

**ダブルス**〔英 doubles〕(名)卓球《たっきゅう》・テニスなどで、二人ずつ組んで行う試合。対シングルス

**ダブルブッキング**〔英 double-booking〕(名・自スル)二重に予約を受けること。また、二つの予定や約

束を重ねて入れてしまうこと。
**ダブル-プレー**〔英 double play〕(名) 野球で、一続きのプレーで二つのアウトをとること。併殺《へいさつ》。
**タブレット**〔英 tablet〕(名) ❶錠剤《じょうざい》。❷鉄道の単線区間での通行票。通票《つうひょう》。❸うすい板状で持ち運べる、タッチパネル式のコンピューター。
**タブロイド**〔英 tabloid〕(名) ふつうの新聞紙一ページの半分の大きさ。また、その大きさの新聞。イギリスの大衆紙に多い。「―判《ばん》」「―紙」
**たぶん【他聞】**(名) 他人に聞かれること。「―をはばかる話」
**たぶん【多分】**㊀(名) ❶数量や程度が大きいこと。たくさん。相当。「―の寄付」「―に軽率だ」❷多くの例。「ご―にもれず」㊁(副) 可能性の高い推定を表す。十中八九。おそらく。おおかた。「―合格するだろう」⇨おそらく「学習」
**だぶん【駄文】**(名) くだらない文章。また、自分の文章をけんそんしていうことば。
**たべずぎらい【食べず嫌い】**(名) →くわずぎらい
**タペストリー**〔英 tapestry〕(名) 色糸を織り込《こ》んで絵や模様を織り出したつづれ織りの織物。壁掛《かべか》けに用いる。タピストリー。タピスリー。
**たべもの【食べ物】**(名) 食べるもの。食物《しょくもつ》。
**た・べる【食べる】**(他下一) {べ・べ・べる・べる・べれ・べろ(べよ)} ❶食物を口に入れ、かんでのみこむ。食う。「三食きちんと―」❷暮らしをたてる。生活する。「自分で―・べていく」

| 尊敬語 | 謙譲《けんじょう》語 | 丁寧《ていねい》語 |
| --- | --- | --- |
| あがる | いただく | 食べます |
| 召《め》しあがる | ちょうだいする | いただく |

**だべ・る**『駄◇弁る』(自五) {ら(ろ)・り(っ)・る・る・れ・れ}《俗語》むだばなしをする。
**たべん【多弁】**(名・形動ダ) 口数の多いこと。よくしゃべること。おしゃべり。「めずらしく―になる」
**だべん【駄弁】**(名) むだなおしゃべり。むだぐち。「―を弄《ろう》する」
**たへんけい【多辺形】**(名)《数》多角形。
**だほ**『△拿捕』(名・他スル) とらえること。特に、他国の船をとらえること。「領海侵犯《しんぱん》の外国船を―する」
**たほう【他方】**㊀(名) ほかの方向。ほかの方面。もう一方。「―から攻《せ》める」㊁(副) 一方では。別の面から見ると。「ぶっきらぼうだが―やさしい面もある」
**たぼう【多忙】**(名・形動ダ) ひじょうにいそがしいこと。「―を極《きわ》める」
**たぼう【多望】**(名・形動ダ) 将来が有望であること。「前途《ぜんと》―の若者」
**だぼく【打撲】**(名・他スル) からだを物にぶつけたり、打ちつけたりすること。「―傷」
**たま【玉・球・弾】**『◇珠』㊀(名) ❶まるい形をしたもの。「目の―」「火の―」❷まるくまとめられたひとかたまり。「毛糸の―」「うどん一―」❸水滴《すいてき》など、まるくつぶになったもの。「露《つゆ》の―」「―の汗《あせ》」❹スポーツで使うボール。「―を投げる」❺弾丸《だんがん》。「ピストルの―をこめる」❻ガラスでできた球状のもの。「電球の―が切れる」❼そろばんで、計算のときに上下に動かすもの。❽まるい形をした宝石類。転じて、美しいものや価値の高いものをさす。「―をちりばめる」「掌中《しょうちゅう》の―」「―の肌《はだ》」「―のような子」❾人をあざけっていうことば。「あいつもそうとうな―だ」㊁(接頭)「美しい」「たいせつな」などの意を表す。「―すだれ」「―垣《がき》」
参考 ふつう㊀の①④⑥は「玉・球」、⑤は「弾・玉」、⑦⑧は「玉・珠」、②③⑨および㊁は「玉」と書く。
**玉に瑕《きず》** あらゆる面で文句のつけようのないものがもっている、ほんのわずかの欠点。「忘れっぽいのが―だ」
**玉の輿《こし》に乗《の》る** (貴人のりっぱな輿に乗る意から)貧しい女性が、金持ちや身分の高い男性の妻になる。
**玉磨《みが》かざれば光《ひか》りなし** 素質のある人でも、学問や努力をしなければりっぱにはならないというたとえ。
**たま【霊】**『◇魂』(名) たましい。霊魂《れいこん》。
**たま・う**『◇賜う・◇給う』(他五) {わ(お)・い(っ)・う・う・え・え} ❶「与《あた》える」「授《さず》ける」の尊敬語。お与えになる。くださる。❷(動詞の連用形について、「…たまえ」の形で)軽く命令する意を表す。「これを見―・え」
**たまがき【玉垣】**(名) 神社のまわりの垣。
**だまか・す**『△騙かす』(他五) {さ(そ)・し・す・す・せ・せ}《俗語》だます。
**たまかつま**〔玉勝間〕【作品名】江戸《えど》時代後期の随筆《ずいひつ》集。本居宣長《もとおりのりなが》著。一七九三(寛政《かんせい》五)年から亡くなる一八〇一(享和《きょうわ》元)年まで執筆された約一〇〇〇編の随筆を集めたもの。
**たまぐし【玉串】**(名) さかきの枝に、布や紙などをつけて、神前にささげるもの。
**だまくらか・す**『△騙くらかす』(他五) {さ(そ)・し・す・す・せ・せ}《俗語》だます。

(たまぐし)

**たま・げる**『◇魂◇消る』(自下一) {げ・げ・げる・げる・げれ・げろ(げよ)} (魂《たましい》が消える意から)ひどくびっくりする。驚《おどろ》く。
**たまご【卵】**(名) ❶鳥・魚・昆虫《こんちゅう》などの雌《めす》がうみおとすもの。❷特に、にわとりの卵。「―焼き」❸まだ一人前にならない修業《しゅぎょう》中の人。「医者の―」
参考 ②は「玉子」とも書く。
**たまごやき【卵焼き・玉子焼き】**(名) にわとりの卵をかきまぜて味をつけて焼いた料理。
**たまさか**『◇偶さか』(副) ❶思いがけなく。偶然《ぐうぜん》。❷たまたま。まれに。「―訪れると留守《るす》だ」
**たましい【魂】**(名) ❶肉体に宿り、心のはたらきをつかさどると考えられているもの。霊魂《れいこん》。「死者の―」❷人間の心。精神。気力。「研究に―をうちこむ」
**魂を入《い》れ替《か》える** 心をあらためる。
**だましうち【だまし討ち】**『△騙し討ち』(名) 相手をだましてゆだんさせ、不意に討つこと。また、相手をゆだんさせておいて、ひどい目にあわせること。「―に遭《あ》う」
**たまじゃり【玉◦砂利】**(名) 大粒《おおつぶ》の、まるい砂利。「―を敷《し》きつめた参道」

**だま・す**『△騙す』（他五）{サ(ソ)・シ・ス・ス・セ・セ}❶うその話やにせ物をほんとうだと思わせる。あざむく。「甘《あま》いことばで人を―」❷だまらせようとしてなだめすかす。「泣く子を―」❸調子をみながら手かげんしてもちこたえさせる。「機械を―・し―・し使う」

**たまたま**『◇偶◇偶』（副）❶いつもではないが時おり。まれに。「―町で見かける人」❷ちょうどそのとき。思いがけなく。偶然《ぐうぜん》。「―そこにいた」

**たまつき**【玉突き】（名）❶→ビリヤード ❷追突《ついとつ》された車がそのいきおいを受けてつぎつぎと前の車に追突すること。「―事故」

**たまてばこ**【玉手箱】（名）❶伝説で、浦島太郎《うらしまたろう》が竜宮城《りゅうぐうじょう》から持ち帰ったという箱。❷たいせつな物がしまってあってめったに開いて見せない箱。

**たまな**【玉菜・球菜】（名）〔植〕→キャベツ

**たまに**『◇偶に』（副）回数がひじょうに少ないようす。まれに。「―図書館に行く」「―しか会えない」

**たまねぎ**『玉△葱』（名）〔植〕ヒガンバナ科の多年草。地下にできる鱗茎《りんけい》は平たい球形で食用にする。

**たまのり**【玉乗り・球乗り】（名）大きな玉に乗って、玉をころがしながらする曲芸。また、それをする人。

**たまのをよ**《タマノ…オヨ》 和歌

〔玉の緒よ　絶《た》えなば絶《た》えね　ながらへば　忍《しの》ぶることの　弱《よわ》りもぞする〕〈新古今集《しんこきんしゅう》・式子内親王《しきしないしんのう》〉訳私の命よ、いっそ絶えるのなら絶えてしまえ。このまま生きながらえていると、あの人への恋心《こいごころ》を人に知られまいとこらえている力が弱ってしまうから。

**たま・ふ**〔給ふ・賜ふ〕《タモウ》 古語 ㊀（他四）❶「与《あた》える」の意の尊敬語。お与えになる。くださる。「多《おほ》くのあしを―・ひて」〈徒然草《つれづれぐさ》〉訳（上皇が）たくさんのおかねをくださって。❷（動詞の連用形について）尊敬を表す。お…になる。…なさる。「かぐや姫いといたく泣き―」〈竹取物語〉訳かぐや姫はたいそうひどくお泣きになる。㊁（他下二）（主として「見る」「聞く」「思ふ」などの動詞について）けんそんを表す。「うちうちに思ひ―・ふるさまを奏《そう》したまへ」〈源氏物語〉訳そっと、（私の）存じておりますことを（天皇《てんのう》に）申しあげてください。

**たまへん**【玉偏】（名）漢字の部首の一つ。「珍」「現」などの左側にある「王」の部分。

**たままつり**【霊祭り】『◇魂祭り』（名）〔仏〕七月一三日または八月一三日からその月の一六日まで、死者の霊《れい》をまつること。盂蘭盆《うらぼん》。おぼん。

**たまむかえ**【霊迎え】『◇魂迎え』（名）〔仏〕七月一三日または八月一三日の盆《ぼん》の夜、迎《むか》え火をたいて死者の霊《れい》を迎える仏事。精霊《しょうりょう》迎え。

**たまむし**【玉虫】（名）〔動〕タマムシ科の昆虫《こんちゅう》。金緑色のからだに紫《むらさき》色の筋がある美しい甲虫《こうちゅう》。

**たまむしいろ**【玉虫色】（名）❶光線のぐあいで、玉虫の羽のように緑色や紫《むらさき》色に見える染め色や織り色。❷立場や見方によって同じことがさまざまに解釈《かいしゃく》され、あいまいなこと。「―の表現」「―の回答」

**たまもの**『◇賜・◇賜物』（名）❶たまわったもの。くださったもの。「神からの―」❷努力の結果として手に入れたよいもの。また、人から得たよい結果。おかげ。「苦心の―」「ご支援《しえん》の―」

**たまらな・い**『◇堪らない』（形）{カロ・カッ(ク)・イ・イ・ケレ・○}❶がまんができない。「暑くて―」❷この上なくよい。こたえられない。「山頂に立った気分は―」

**たまり**『△溜まり』（名）❶たまること。たまった所。「水―」❷人の集まる所。「―場」❸すもうで、土俵下の審判員《しんぱんいん》・力士がひかえている所。❹みそからしたたった汁《しる》。❺（「たまりじょうゆ」の略）大豆《だいず》・塩・水だけを原料とした濃厚《のうこう》なしょうゆ。

**たまりか・ねる**『◇堪り兼ねる』（自下一）{ネ・ネ・ネル・ネル・ネレ・○}がまんしきれなくなる。「―・ねて発言を求める」

**だまりこく・る**【黙りこくる】（自五）{ラ(ロ)・リ(ッ)・ル・ル・レ・レ}いつまでもだまったままでいる。「ずっと―・っている」

**だまりこ・む**【黙り込む】（自五）{マ(モ)・ミ(ン)・ム・ム・メ・メ}まったく口をきかなくなる。「急に―」

**たま・る**『△溜まる』（自五）{ラ(ロ)・リ(ッ)・ル・ル・レ・レ}❶集まって多くの量になる。「ほこりが―」「水が―」「おかねが―」❷かたづかないまま残って多くの量になる。「仕事が―」

参考 ①で金銭の場合は「貯まる」とも書く。

**だま・る**【黙る】（自五）{ラ(ロ)・リ(ッ)・ル・ル・レ・レ}❶ものを言うことをやめる。声を出すのをやめる。「泣く子も―」❷何もはたらきかけをしないでいる。何も言わないでいる。「―・っていても客が寄って来る」

**たまわ・る**【賜る】（他五）{ラ(ロ)・リ(ッ)・ル・ル・レ・レ}❶「もらう」の謙譲《けんじょう》語。いただく。ちょうだいする。「祝辞《しゅくじ》を―」❷「与《あた》える」の尊敬語。「王様がおことばを―」

**たみ**【民】（名）国家・社会を構成する人びと。人民。「―の声」

**ダミー**〔英 dummy〕（名）❶実験や撮影《さつえい》などで、人間のかわりに使う人形。❷替《か》え玉。身代わり。❸税金のがれなどの目的でつくられた実体のない会社。「―会社」❹模型。見本。模造品。

**たみくさ**【民草】（名）人民。たみ。たみぐさ。

**だみごえ**【だみ声】『◇濁声』（名）❶低くてにごった声。「―をはりあげる」❷なまった声。

**だみん**【惰眠】（名）なまけて眠《ねむ》ること。転じて、何もしないでぶらぶらすること。

**惰眠をむさぼる**　仕事をしないでだらしなく暮らす。

**ダム**〔英 dam〕（名）発電・灌漑《かんがい》などの目的で、川をせきとめ水をためて造った施設《しせつ》。

**たむけ**【手向け】（名）❶神仏や死者の霊《れい》に物をささげること。また、そのささげたもの。「―の花」❷せんべつ。はなむけ。「―のことば」

**たむ・ける**【手向ける】（他下一）{ケ・ケ・ケル・ケル・ケレ・ケロ(ケヨ)}❶神仏や死者の霊《れい》に物をささげる。「墓に花を―」❷旅に出る人などにせんべつをおくる。

**たむし**【田虫】（名）〔医〕皮膚《ひふ》病の一種。赤いはんてんができてひじょうにかゆい。

**たむろ**『◇屯』（名・自スル）❶一か所に人びとがむれ集まること。また、その集まる場所。「学生が―する店」❷兵士などが集合すること。また、その陣営《じんえい》。

**ため**（名）〔俗語〕対等・同等であること。また、同じ年齢《ねんれい》であること。「―年《どし》」

**ため**『◇為』（名）❶何かにとって役に立つこと。「―になる話」「家族の―に働く」❷理由・原因となること。

ゆえ。「なまけた—に落第した」❸目的とすること。「受験の—に上京する」❹関係あること。…にとって。「私の—には大事な人だ」

**ためにする** ある目的のために、また自分の利益をはかろうとする下心をもって、事を行う。「—議論」

**だめ【駄目】**[一](名) 囲碁《いご》で、白石・黒石の境にあって、どちらの目でもない所。[二](名・形動ダ) ❶むだなこと。「何を言っても—だ」❷よくないこと。してはいけないこと。「あきらめては—だ」「ここを通っては—だよ」❸できないこと。「これ以上はとても—だ」❹使い物にならないこと。役に立たないこと。「水にぬれて紙が—になる」「—な男」

**駄目を押《お》す** よりいっそう確実なものにするために、念を入れてやる。「もう一度—」

**駄目を出《だ》す** 演劇などで、俳優の演技に注文をつけてやり直させる。欠点を指摘する。だめ出しをする。

**ためいき【ため息】**『△溜め息』(名) ひどく感心したり、失望・心配・安心したりしたときなどにつく大きな息。「思わず—が出る」「—をつく」

**ためいけ【ため池】**『△溜め池』(名) 用水をためておく人工の池。

**ダメージ**〔英 damage〕(名) 肉体的、精神的な痛手《で》《いた》。損害。損傷。「—を与《あた》える」

**だめおし【駄目押し】**(名・自スル) ❶念を入れるために、さらに確かめること。❷競技でほとんど勝ちが決まっているときに、さらに得点すること。「—の一点」

**ためぐち【ため口】**(名)《俗語》同じ年齢《ねんれい》の者に話すような、くだけた話し方やことばづかい。

**ためこ・む【ため込む】**『△溜め込む』(他五) {マ(モ)・ミ(ン)・ム・ム・メ・メ} ためてしまっておく。たくさんためる。「おかねを—」「ストレスを—」参考 金銭の場合は「貯め込む」とも書く。

**ためし**『◇例』(名) 先例。前例。「勝った—がない」

**ためし【試し】**『◇験し』(名) かりにやってみること。こころみること。「—にやってみよう」「ものは—」

**ため・す【試す】**(他五) {サ(ソ)・シ・ス・ス・セ・セ} 物事のよしあしや能力の程度などを、実際にやって確かめてみる。こころみる。「いろいろなやり方を—」「実力を—」

**だめだし【駄目出し】**(名) ❶演劇などで、俳優の演技に注文をつけて改めさせること。❷仕事などの欠点を指摘したり、やり直しを命じたりすること。

**ためつすがめつ**『矯めつ△眇めつ』(副) いろいろな方向からじっくり見るようす。「—品定めする」

**だめもと【駄目元】**(名)《俗語》(「駄目で元々」の略)うまくいかなくてもやらなかったのと結果は同じだという気持ちで、ともかく物事に取り組んでみること。「—で頼《たの》んでみる」

**ためら・う**『×躊躇う』(自五) {ワ(オ)・イ(ッ)・ウ・ウ・エ・エ} 決心がつかないでぐずぐずする。ちゅうちょする。「実行を—」

**た・める**『△溜める』(他下一) {メ・メ・メル・メル・メレ・メロ(メヨ)} ❶集めたり使わずに残しておいたりしてふやす。たくわえる。「目に涙《なみだ》を—」「おかねを—」❷物事を処理せずにとどこおらせる。「仕事を—」参考 ①で金銭の場合は「貯める」とも書く。

**た・める【矯める】**(他下一) {メ・メ・メル・メル・メレ・メロ(メヨ)} ❶曲げたりまっすぐにしたりして物の形を直す。「枝を—」「角《つの》を—・めて牛を殺《ころ》す(=わずかな欠点を直そうとして、全体をだめにしてしまう)」❷悪いくせ・性質・風習などを改め直す。矯正《きょうせい》する。「悪習を—」❸ゆがめる。いつわる。「事実を—・めて伝える」

**ためん【他面】**(名) ❶ほかの面・方面。❷(副詞的に用いて)ほかの面からは。別の面では。「彼《かれ》は口うるさいが、—思いやりもある」

**ためん【多面】**(名) ❶多くの方面。「—にわたって活躍《かつやく》している」…性「多面性のある性格」…的「多面的に考える」❷多くの平面。「—体」

**ためんたい【多面体】**(名)《数》四つ以上の多角形の平面でかこまれた立体。四面体・五面体など。

**たもあみ【たも網】**(名) 竹・木・はりがねなどの枠《わく》をつけた小形のすくい網。たも。

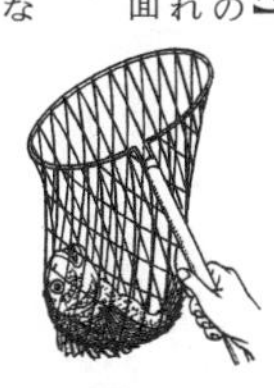
(たもあみ)

**たもうさく【多毛作】**(名) 同じ田や畑で、一年に三回以上異なる農作物を作り収穫《しゅうかく》すること。

**たもくてき【多目的】**(名・形動ダ) 施設《しせつ》や設備などが、多くの目的・用途《ようと》をもっていること。「—ホール」「—ダム」

**たも・つ【保つ】**(他五) {タ(ト)・チ(ッ)・ツ・ツ・テ・テ} ❶ある状態をながく持ち続ける。「室温を一定に—」「平和を—」❷乱れたりこわれたりしないようにまもり続ける。「秩序《ちつじょ》を—」「面目《めんぼく》を—」

**たもと**『△袂』(名) ❶和服のそでの下部。❷ふもと。「山の—」❸すぐ近く。そば。「橋の—」

**袂を分《わ》かつ** 人と別れる。関係を絶つ。

**たや・す【絶やす】**(他五) {サ(ソ)・シ・ス・ス・セ・セ} ❶なくなるようにする。「害虫を—」❷なくなったままにしておく。きらす。「火を—・さないようにしなさい」「笑顔を—な」

**たやす・い**『×容易い』(形) {カロ・カッ(ク)・イ・イ・ケレ・○} かんたんにできる。やさしい。容易だ。「—仕事」

**たやまかたい〔田山花袋〕**【人名】(一八七一—一九三〇) 小説家。一九〇七(明治四〇)年「蒲団《ふとん》」を発表、現実をありのままにえがこうとする自然主義文学のさきがけとなった。作品はほかに「生」「田舎《いなか》教師」など。

**たゆう**『太◇夫・◇大◇夫』(名) ❶能・狂言《きょうげん》・浄瑠璃《じょうるり》など、いろいろな芸の上位にある者。❷上位の遊女。

**たゆた・う**『×揺蕩う』(自五) {ワ(オ)・イ(ッ)・ウ・ウ・エ・エ} ❶ゆらゆらただよう。「波に—木の葉」❷心がゆれうごく。「—心」

**たゆ・む**『△弛む』(自五) {マ(モ)・ミ(ン)・ム・ム・メ・メ} ゆだんする。心がゆるむ。「—・まず努力をする」

**たよう【他用】**(名) ❶ほかの用事。「—で出かける」❷ほかのことに使うこと。「—を禁じる」

**たよう【多用】**[一](名) 用事が多いこと。「ご—中恐《おそ》れ入ります」[二](名・他スル) 多く用いること。「外来語を—する」

**たよう【多様】**(名・形動ダ) いろいろ。さまざま。「多種—」「—な価値観」…化「ニーズの多様化」…性

「民族の多様性」

**たより**【便り】(名)❶手紙。音信。知らせ。「母からの―が届く」「花の―」❷てがかり。てづる。ゆかり。「何の―も得られない」

**たより**【頼り】(名)たよること。たのみとする人や物。「地図を―にさがす」類頼《たの》み

**たよりな・い**【頼りない】(形)｛カロ・カツ(ク)・イ・イ・ケレ・○｝❶たよるものがない。心細い。「―身の上」❷信頼《しんらい》できない。たよりにならない。「子どもでは―」

**たよ・る**【頼る】(自他五)｛ラ(ロ)・リ(ッ)・ル・ル・レ・レ｝助けてくれるものとしてよりかかる。たのみにする。てづるとする。「武力に―」「知人を―・って上京する」

**仕組みの解明**　「頼る」

**Q** 先生を頼る？　先生に頼る？

| | | を | に | |
|---|---|---|---|---|
| A | 先生 | ○ | ○ | 頼っていてはいけない |
| B | 親戚《しんせき》 | ○ | × | 頼って故郷へ戻《もど》った |
| C | 勘《かん》 | × | ○ | 頼る |

**A**・Aのようにあてにするという場合には両方使えるが、Bの例や「つてを頼る」など、相手との関係を利用して助けを得る場合は「を」を使う。

・相手が人でない場合は、Cのように「に」を使う。

**たら**『△鱈』(名)《動》タラ科の魚。北方の海のやや深い所にすむ。卵はたらこ。

**たら**■一(副助)(「といったら」の略)軽い非難や驚《おどろ》きの気持ちを表す。「まあ、お父さん―」■二(終助)❶自分の意向にそわない相手へのいらだちの気持ちを表す。「静かにしろっ―」❷軽くうながす意を表す。「ひとことおっしゃっ―」■三(助動詞「た」の仮定形)仮定の条件を表す。もし…なら。「あした雨が降っ―中止にする」

**たらい**『△盥』(名)湯または水などを入れて洗顔や洗い物などに使う、木、金属またはプラスチック製の平たい容器。

**たらいまわし**【たらい回し】『△盥回し』(名・他スル)(足でたらいを回す曲芸の意から)ある事・物・役などを順に他の場所・人に回すこと。「患者《かんじゃ》を―にする」「政権の―」

**だらく**【堕落】(名・自スル)行いや態度が悪くなること。身をもちくずすこと。「―した生活」

**-だらけ**(接尾)(体言について)それがやたらにあること、また、それにまみれていることを表す。「借金―」「どろ―」使い方〉多くは、好ましくないことがらにいう。

**だら・ける**(自下一)｛ケ・ケ・ケル・ケル・ケレ・ケロ(ケヨ)｝しまりがなくなる。だらしなくなる。「気分が―」

**たらこ**『△鱈子』(名)たらの腹の中の卵。特に、すけとうだらの卵を塩づけにした食品。

**-たらし・い**(接尾)(名詞や形容詞・形容動詞の語幹について形容詞をつくる)…のような(よくない)感じがする。「長―」「未練―」

**たらしこ・む**【たらし込む】『△誑し込む』(他五)｛マ(モ)・ミ(ン)・ム・ム・メ・メ｝《俗語》だまして思いどおりにあやつる。

**だらしな・い**(形)｛カロ・カツ(ク)・イ・イ・ケレ・○｝❶物事をきちんとやらないで、しまりがない。「―生活」❷弱くていくじがない。しっかりしていない。「負けて逃《に》げだすなんて―」参考「だらしがない」ともいう。

**たら・す**【垂らす】(他五)｛サ(ソ)・シ・ス・ス・セ・セ｝❶たれさげる。ぶらさげる。「幕を―」❷液体を少しずつ落とす。したたらす。「よだれを―」

**-たらず**【足らず】(接尾)(数を表すことばの下について)それより少し少ないことを表す。「一〇人―の人数」「五分―で着いた」対あまり

**たらたら**(副)❶液体がしたたり落ちるようす。「―(と)汗《あせ》を流す」❷不満やおせじなど、聞き苦しいことを長々と述べるようす。「不平―」

**だらだら**■一(副)液体がたれて流れるようす。「血が―(と)流れる」■二(副・自スル)❶長く続いてしまりのないようす。「―(と)したまとまりのない話」❷動作がのろのろしていたり気持ちがゆるんでいたりしてしまりのないようす。「―した態度」❸傾斜《けいしゃ》がゆるやかに長く続くようす。「―(と)した坂」

**たらちね**『×垂乳根』(名)❶母。❷両親。また、父。

**たらちねの…**短歌

〔たらちねの　**母《はは》がつりたる　青蚊帳《あをがや》を　すがしといねつ　たるみたれども**〕〈長塚節《ながつかたかし》〉訳長い入院生活からわが家にもどり、老いた母がつってくれた青がやを、心地《ここち》よいことだと思って喜んで寝《ね》たことだ。たるんではいたけれども。(「たらちねの」は「母」の枕詞《まくらことば》)

**タラップ**〔オランダ trap〕(名)船や飛行機に乗り降りするときに使うはしご段。「―を降りる」

**たらのき**『△楤の木』(名)《植》ウコギ科の落葉低木。葉や茎《くき》にとげがあり、夏、小さな白黄色の花を咲《さ》かせる。若芽をあえもの、てんぷらなどにして食べる。

**たらばがに**『△鱈場△蟹・多羅波△蟹』(名)《動》タラバガニ科の甲殻《こうかく》類。北方のたらの漁場にすむ。大形で食用。参考形はかにに似るがやどかりの一種。

**たらふく**(副)《俗語》おなかいっぱい。「―食う」参考「鱈腹」は当て字。

**だらりと**(副)❶力なくたれさがるようす。「両手を―下げる」❷しまりのないようす。「のんべん―過ごす」

**たられば**(名)《俗語》こうしていたら、ああすれば、といった仮定の話。「―を言ってもはじまらない」

**-たり**(接尾)和語の数詞にそえて人を数えるのに用いる。「三《み》―」「四《よ》―」

**たり**(接助)❶動作をならべあげる。「見―聞い―」❷例をあげて示す。「走っ―してはいけない」文法「飛んだりはねたり」「着たり脱いだり」のように、ガ・ナ・バ・マ行の五段活用動詞に続くときは「だり」とにごる。

**ダリア**〔英 dahlia〕(名)《植》キク科の多年草。球根

によってふえる。夏から秋に赤・黄などの大きな花が咲《さ》く。てんじくぼたん。

（ダリア）

**たりかつよう**【タリ活用】（名）《文法》文語形容動詞の活用の一種で、終止形の活用語尾が「たり」となるもの。「たり」は、「と」に「あり」がついて変化したもので、「たら・たり(と)・たり・たる・たれ・たれ」と活用する。「堂々たり」「平然たり」など。

**たりき**【他力】（名）❶他人の助力。❷《仏》仏・菩薩《ぼさつ》の力。阿弥陀仏《あみだぶつ》の本願の力。（対自力）

**たりきほんがん**【他力本願】（名）❶《仏》ひたすら、阿弥陀仏《あみだぶつ》にすがって極楽往生《ごくらくおうじょう》を願うこと。❷他人の力や助けばかりあてにすること。他人にたよって物事をすること。

**たりつ**【他律】（名）自分の考えによるのではなく、他からの命令によって行動すること。対自律

**だりつ**【打率】（名）野球で、打数に対する安打数の割合。打撃《だげき》率。「一二割五分《ごぶ》」

**たりほ**【垂り穂】〖足り穂〗（名）みのって、たれさがっている稲《いね》、麦などの穂。

**たりゅうじあい**【他流試合】（名）ほかの流儀《りゅうぎ》の人との試合。

**たりょう**【多量】（名）量が多いこと。たくさんの分量。「一の薬を投与《とうよ》する」対少量

**だりょく**【惰力】（名）今までの勢いで物事を行う力。惰性の力。「一で動く」

**た・りる**【足りる】（自上一）〔リ・リ・リル・リル・リレ・リロ(リヨ)〕❶分量などが必要なだけある。じゅうぶんである。「本代は一〇〇〇円で一」「説明が一・りない」❷何かをするのにじゅうぶんな状態である。まにあう。「メールで用が一」❸それだけの価値がある。「とるに一・りない」

**たる**〖△樽〗（名）酒・しょうゆなどを入れておく木製の円筒《えんとう》形の入れもの。「一につめる」

**た・る**【足る】（自五）〔ラ(ロ)・リ(ッ)・ル・ル・レ・レ〕❶足りる。「工夫が一・らない」「信じるに一」❷満足する。「一を知る」

**だる・い**〖◇怠い・△懈い〗（形）〔カロ・カッ(ク)・イ・イ・ケレ・○〕疲《つか》れや病気などのために、からだに力が入らず、動かすのがおっくうであるようす。「からだが一」

**たるき**〖◇垂木・△棰〗（名）屋根板などをささえるために、棟《むね》から軒《のき》にわたす木。

**タルタル-ソース**〔英 tartar sauce〕（名）マヨネーズに、ゆで卵・ピクルス・たまねぎ・パセリなどをきざんでまぜ合わせてつくったソース。

**タルト**〔フランス tarte〕（名）パイの一種。生地《きじ》を浅い皿で焼き、果物《くだもの》やクリームなどをのせた洋菓子《ようがし》。

**だるま**【達磨】❶【人名】（生没年不明）インドの僧《そう》。六世紀はじめ中国にわたり、禅宗《ぜんしゅう》を伝えた。中国河南省《かなんしょう》の少林寺で、九年間壁《かべ》に向かって座禅《ざぜん》をし、さとりを開いたという。❷（名）①の座禅している姿にかたどった張り子の赤い人形。「願いがかなって一に両目を入れる」❸（名）②に似たまるい形のものや全体が赤いもの。「雪一」「火一」「血一」

**たる・む**〖△弛む〗（自五）〔マ(モ)・ミ(ン)・ム・ム・メ・メ〕❶ぴんとはっていたものがゆるむ。「ロープが一」❷はりつめていた気持ちがゆるむ。だらける。「気持ちが一」

**たれ**【垂れ】（名）❶たれること。たれるもの。「雨一《あまだれ》」❷しょうゆ・みりん・みそなどをまぜてつくった調味料。「かばやきの一」❸漢字の部首のうち、「疒（やまいだれ）」「厂（がんだれ）」など上部から左下にたれるもの。❹(名詞の下について)そのような人を悪くいうことば。「甘《あま》っ一」「しみっ一」

**たれ**〖◇誰〗（代）→だれ

**だれ**【誰】 15画 言8 訓だれ 言 訃 訃 訐 誰 誰 だれ。たれ。◆誰彼《だれかれ》・誰某《だれそれ》 ⇩付録「漢字の筆順(32)隹」

**だれ**【誰】（代）不定の人や名を知らない人をさしていうことば。「君は一だ」「一か来た」参考古くは「たれ」。

**だれぎみ**【だれ気味】（名・形動ダ）❶だれているようす。「一の練習」❷相場が下がる気配にあること。

**たれこ・む**【垂れ込む】（他五）〔マ(モ)・ミ(ン)・ム・ム・メ・メ〕《俗語》警察や報道機関に、犯罪や不祥事《ふしょうじ》などの情報をこっそり知らせる。密告する。「匿名《とくめい》で一」

**たれこ・める**【垂れ込める】〖垂れ◇籠める〗（自下一）〔メ・メ・メル・メル・メレ・メロ(メヨ)〕低く垂れるようにあたりをおおう。「暗雲が一」

**だれそれ**【誰それ】〖誰◇某〗（代）名前のわからない人やだれとはっきりさせたくない人をさし示すことば。

**たれながし**【垂れ流し】（名）❶大小便を無意識に出してしまい、あとしまつをしないこと。❷工場などから出た汚水《おすい》を、そのまま川などに流すこと。

**たれまく**【垂れ幕】（名）垂れ下げた幕や細長い布。「舞台《ぶたい》の一」「大売り出しの一が下がっている」

**た・れる**【垂れる】〔レ・レ・レル・レル・レレ・レロ(レヨ)〕━（自下一）❶物の一方の端《はし》が下にさがる。ぶらさがる。「前髪《まえがみ》が一」❷液体が、しずくになったり物をつたったりして落ちる。「汗《あせ》が一」━（他下一）❶下の方へさげる。「幕を一」「稲《いね》が穂《ほ》を一」❷目上の人が目下の人に示す。「範《はん》を一」❸《俗語》大小便やおならをする。

**だ・れる**（自下一）〔レ・レ・レル・レル・レレ・レロ(レヨ)〕❶はりつめた気持ちがなくなり、しまりがなくなる。「気分が一」❷相場が下がって活気がなくなる。

**タレント**〔英 talent〕（名）❶才能。❷テレビなどに出演する芸能人。「テレビ一」

**タロいも**【タロ芋】（名）《植》サトイモ科の多年草。熱帯の一部の地域で食用に栽培《さいばい》される。

**だろう**❶話し手の推量を表す。「あしたは雨になる一」❷相手に念をおしたり同意を求めたりする気持ちを表す。「そんなことをしてはだめ一」「きみも行くの一」❸疑う気持ちを表す。「本当一か」「こんな時間にだれ一」文法断定の助動詞「だ」の未然形「だろ」に推量の助動詞「う」のついたもの。

**たろうかじゃ**〖太郎◇冠者〗（名）《演》狂言《きょうげん》で、大名の従者の役がら。こっけいな言動をする。

**タワー**〔英 tower〕（名）塔《とう》。「東京一」

**たわいな・い**（形）〔カロ・カッ(ク)・イ・イ・ケレ・○〕❶考えや分別《ふんべつ》がない。❷とりとめもない。むじゃきだ。「一話」❸てごたえがない。張り合いがない。「一・く負ける」❹正体が

ない。「ー・く眠《ねむ》る」参考「たあいない」ともいう。

**たわけ**〖◇戯け〗(名) ❶ふざけること。❷ばかもの。「このーめ」「ー者」

**たわ・ける**〖◇戯ける〗(自下一)〔ケ・ケ・ケル・ケル・ケレ・ケロ(ケヨ)〕❶ふざける。たわむれる。「ー・けたことをぬかす」❷みだらなことを言う、または行う。

**たわごと**〖◇戯言〗(名) ふざけたことば。ばかげたことば。「ーを言う」

**たわし**〖◇束子〗(名) わら・しゅろの毛・ナイロン糸などをたばねて作った、食器などを洗うのに用いる道具。

**たわ・む**〖△撓む〗(自五)〔マ(モ)・ミ(ン)・ム・ム・メ・メ〕枝などが重みで弓なりに曲がる。しなう。「雪で枝がー」

**たわむれに**…短歌→たはむれに…

**たわむ・れる**【戯れる】(自下一)〔レ・レ・レル・レル・レレ・レロ(レヨ)〕❶おもしろがって遊ぶ。遊び興じる。「愛犬とー」「波とー」❷おどけたりふざけたりする。「ー・れてへらず口をきく」❸異性にふまじめなことをする。

**たわら**【俵】(名) 米・炭などを入れるためにわらなどで編んだ袋《ふくろ》。「ーをかつぐ」「米ー《こめだわら》」

**たわわ** (形動ダ)〔ダロ・ダッ(デ・ニ)・ダ・ナ・ナラ・○〕たわみしなうようす。たわむほどであるようす。「みかんが枝もーにみのる」

**たん【丹】** 4画 丶3 音 タン 丿 几 月 丹
❶赤。赤い。◆丹青・丹頂。❷まごころ。◆丹誠・丹精・丹念。❸ねった薬。丸薬の名。◆丹薬

**たん**【反】→はん(反)

**たん**【反】〖◇段〗(名) ❶田畑・山林などの面積を示す単位。一反は三〇〇歩《ぶ》で、約九・九《アール》にあたる。❷織物の長さの単位。ふつう、長さ約一〇・六《メートル》、はば約三四《センチメートル》。成人一人分の着物ができる。

**たん【旦】** 5画 日1 音 タン・ダン 丨 冂 日 日 旦
❶あさ。早朝。◆旦夕《たんせき》。◆一旦・元日。❷第一日。◆月旦《げったん》。参考「旦那《だんな》」は、梵語《ぼんご》の音訳。

**たん【担】** 8画 扌5 小6 〔擔〕 音 タン 訓 かつぐ高・になう高 一 十 扌 扣 扣 担
❶になう。かつぐ。◆担架《たんか》。◆荷担。❷身に引き受ける。受け持つ。◆担当・担任 ◆負担・分担

**たん【単】** 9画 ⺍6 小4 〔單〕 音 タン 丶 丷 ⺍ 𫩏 畄 単
❶一つ。ひとり。ただ一つの。◆単一・単価・単車・単身・単数・単線・単独・単発。対複。❷ひとまとまり。◆単位・単元・単語。❸こみいっていない。◆単式・単純・単調 ◆簡単

**たん**【単】(名) テニス・卓球《たっきゅう》などで、ひとり対ひとりでする試合。シングルス。「ー・複とも勝つ」対複

**たん【炭】** 9画 火5 小3 音 タン 訓 すみ 丶 山 山 屵 屵 炭
❶すみ。木をむし焼きにして作った燃料。◆薪炭《しんたん》・木炭。❷炭素。◆炭化・炭酸・炭水化物。❸石炭。◆炭坑《たんこう》・炭鉱・炭田 ◆亜炭《あたん》・黒炭・採炭・貯炭・泥炭《でいたん》・粉炭・無煙炭《むえんたん》・練炭

**たん【胆】** 9画 月5 〔膽〕 音 タン 丿 刀 月 肌 胆 胆
❶きも。消化器官の一つ。◆胆汁《たんじゅう》・胆石・胆嚢《たんのう》。❷強い気力。度胸。◆胆勇・胆力 ◆豪胆《ごうたん》・小胆・大胆・放胆・落胆。❸こころ。◆肝胆《かんたん》・魂胆《こんたん》・心胆

**たん【探】** 11画 扌8 小6 音 タン 訓 さぐる中・さがす 一 扌 扌 扌 挥 探
さがす。さぐってしらべる。◆探求・探究・探検・探査・探索《たんさく》・探勝・探知・探偵《たんてい》・探訪

**たん【淡】** 11画 氵8 音 タン 訓 あわい 丶 氵 氵 氵 沙 淡
❶あわい。色や味がうすい。◆淡彩《たんさい》 ◆濃淡《のうたん》。対濃。❷あっさりしている。こだわりがない。◆淡淡・淡泊《たんぱく》 ◆枯淡《こたん》・恬淡《てんたん》・冷淡。❸塩分をふくまない。◆淡水

**たん【短】** 12画 矢7 小3 音 タン 訓 みじかい 𠂉 𠂉 矢 矢 知 短
❶みじかい。たけがひくい。◆短歌・短期・短剣《たんけん》・短銃・短縮・短刀・短波・短文・短編 ◆最短・長短。❷たりない。とぼしい。劣《おと》っている。◆短才・短所・短慮《たんりょ》。(対長)

**たん**【短】(名) 足りないところ。劣《おと》っているところ。短所。「ーを捨て長を取る」対長

**たん【嘆】** 13画 口10 〔嘆〕 音 タン 訓 なげく・なげかわしい 口 叶 咁 噗 嘆 嘆
❶なげく。なげいてためいきをつく。◆嘆願・嘆息 ◆慨嘆《がいたん》・愁嘆《しゅうたん》・痛嘆・悲嘆。❷感心してためいきをつく。ほめたたえる。◆嘆賞・嘆美 ◆詠嘆《えいたん》・感嘆・驚嘆《きょうたん》・三嘆

**たん【端】** 14画 立9 音 タン 訓 はし・は高・はた 亠 立 立 竝 竝 端 端
❶正しい。きちんとしている。◆端座・端正・端然・端麗《たんれい》。❷はじめ。もと。いとぐち。◆端倪《たんげい》・端緒《たんちょ》・発端《ほったん》。❸はし。すえ。◆端末 ◆一端・極端・先端・突端《とったん》・末端。❹ことがら。◆万端

**たん**【端】(名) 物事がはじまるきっかけ。いとぐち。「ーを開く」

**端を発《はっ》する** それをきっかけとしてはじまる。「宗教問題にー紛争《ふんそう》」

**たん【綻】** 14画 糸8 音 タン 訓 ほころびる 糸 糸 紵 紵 綻 綻
ほころびる。ぬい目がほどける。事がやぶれる。◆破綻

**たん【誕】** 15画 言8 小6 音 タン 亻 千 千 証 誕 誕
うまれる。◆誕生 ◆降誕・生誕

**たん**【壇】→だん(壇)

**たん【鍛】** 17画 金9 音 タン 訓 きたえる
金属を打ちきたえる。心身をきたえる。◆鍛冶《たんや・かじ》・鍛練・鍛錬《たんれん》。参考 特別に、「鍛冶」は「かじ」とも読む。

**たん【〘△痰〙】**（名）のどや気管から出る、ねばねばした分泌物《ぶんぴつぶつ》。「―が出る」

**タン**〔英 tongue〕（名）舌。特に、料理に用いる牛や豚《ぶた》などの舌の肉。「―シチュー」「牛《ぎゅう》―」

**だん【旦】**→たん（旦）

**だん【団】** 6画 口3 小5 〔團〕 音 ダン・トン 高
❶まるい。まるめる。まどか。◆団円・団子・団欒《だんらん》◆炭団《たどん》。❷かたまり。集まり。◆団員・団結・団体・団地◆一団・楽団・球団・教団・軍団・劇団・財団・集団・船団。参考「トン」の音は「布団《ふとん》」などのことばに使われる特殊《とくしゅ》な読み方。

**だん【団】**（名）まとまりをもった人びとの集まり。「―の運営」「合唱―」「バレー―」

**だん【男】** 7画 田2 小1 音 ダン・ナン 訓 おとこ
❶おとこ。◆男子・男児・男声・男性・男優◆美男《びなん》。対 女。❷むすこ。◆次男・嫡男《ちゃくなん》・長男。対 女。❸五等爵《しゃく》（公・侯《こう》・伯《はく》・子・男）の第五。

**だん【段】** 9画 殳5 小6 音 ダン
❶くぎり。きれめ。◆段階・段落◆後段・前段。❷だんだん。きざはし。◆段丘《だんきゅう》・段差◆階段・下段・上段・雛段《ひなだん》。❸てだて。方法。◆算段・手段。❹武道や囲碁《いご》・将棋《しょうぎ》などで、わざや力の程度を示す等級。◆段位◆昇段《しょうだん》・初段・有段者

**だん【段】**（名）❶上下にくぎったものの一つ一つ。「上の―」「―に分ける」❷のぼりおりするときに踏《ふ》んでゆく、台をずらして重ねた形になっているもの。階段。だんだん。「―をのぼる」❸武道や囲碁《いご》・将棋《しょうぎ》などで、腕前《うでまえ》に応じて与《あた》えられる等級。「―が上がる」❹文章などの一くぎり。段落。❺歌舞伎《かぶき》・浄瑠璃《じょうるり》などの場面のくぎり。「寺子屋の―」❻ある局面。場面。「実行の―になる」❼前のことがらをさしていうことば。こと。次第。「無礼の―、平《ひら》にお許しください」

**だん【断】** 11画 斤7 小5 〔斷〕 音 ダン 訓 たつ 中・ことわる
❶たち切る。とぎれる。◆断交・断食《だんじき》・断酒・断水・断絶・断層・断続・断腸・断念・断片《だんぺん》・断面◆横断・禁断・裁断・縦断・寸断・切断・中断・分断。❷思いきってする。決定を下す。◆断案・断行・断罪・断定◆英断・果断・決断・診断《しんだん》・即断《そくだん》・速断・独断・判断。❸はっきりと。きっぱりと。◆断言・断固・断然。❹前もって知らせる。◆無断

**だん【断】**（名）はっきりと決めること。決断。「―を下す」

**だん【弾】** 12画 弓9 〔彈〕 音 ダン 訓 ひく・はずむ・たま
❶たま。銃砲《じゅうほう》のたま。◆弾丸・弾薬◆凶弾《きょうだん》・実弾・銃弾《じゅうだん》・爆弾《ばくだん》。❷はずむ。はじく。はじきかえす。◆弾性・弾力。❸弦楽器《げんがっき》などをひきならす。◆弾琴《だんきん》◆連弾。❹たたく。◆弾圧。❺ただす。罪を問う。◆弾劾《だんがい》◆糾弾《きゅうだん》・指弾

**だん【暖】** 13画 日9 小6 音 ダン 訓 あたたか・あたたかい・あたたまる・あたためる
❶あたたかい。◆暖気・暖地・暖冬・暖流◆温暖・寒暖・春暖。対 冷・寒。❷あたたまる。あたためる。◆暖房《だんぼう》・暖炉《だんろ》。

**だん【暖】**（名）あたたかなこと。あたたかみ。「―を取る」 対 冷

**だん【談】** 15画 言8 小3 音 ダン
❶はなす。はなしあう。◆談合・談笑・談判《だんぱん》・談論・談話◆会談・歓談《かんだん》・懇談《こんだん》・雑談・示談《じだん》・商談・相談・対談・面談。❷はなし。物語。◆怪談《かいだん》・芸談・美談

**だん【談】**（名）はなすこと。また、その話。「本人の―では」「後日―」

**だん【壇】** 16画 土13 音 ダン・タン 高
❶土をもりあげて作ったまつりの場所。◆祭壇。❷いちだん高く作った台。◆壇上◆演壇・花壇・教壇・登壇。❸なかま。同じ仕事をする人の集まり。◆歌壇・画壇・俳壇・文壇・論壇。参考「タン」の音は「土壇場《どたんば》」などのことばに使われる特殊《とくしゅ》な読み方。

**だん【壇】**（名）段をつけて高く設けた場所。「―にあがる」

**だんあつ【弾圧】**（名・他スル）権力や武力でおさえつけること。「デモを―する」…的「弾圧的な態度」

**だんあん【断案】**（名）最終案。「―を下す」

**たんい【単位】**（名）❶数量をはかる基準とする数や量。メートル・リットル・グラムなど。❷物事を数で表すときに基準となるまとまり。「一五分―の料金」「一面積あたり」❸組織をつくるもととなるまとまり。「クラス―」❹高等学校や大学で、学習量をはかる基準となるもの。ふつう、学科の一定量の学習時間。「卒業に必要な―」

**たんいせいしょく【単為生殖】**（名）〘動・植〙卵子が受精しないで、子ができること。みつばち・ありまきなどの動物や、たんぽぽ・どくだみなどの植物にみられる。処女生殖。単性生殖。

**たんいつ【単一】**（名・形動ダ）それ一つであること。また、それ一種だけで、まじりけがないこと。「―民族」

**だんいほうしょく【暖衣飽食】**（名）あたたかい着物を着ておなかいっぱい食べること。満ち足りた暮らしのたとえ。「―の生活」

**だんいん【団員】**（名）団体に属している人。団体

**だんう【弾雨】**（名）雨のようにはげしくとんでくる弾丸。「砲煙《ほうえん》—」

**だんうん【断雲】**（名）ちぎれ雲。

**たんおん【単音】**（名）音声を分解して得られる最小の単位の音。

**たんおん【短音】**（名）みじかい音《おん》。「カー」に対する「カ」など。対長音

**たんおんかい【短音階】**（名）〘音〙第二音と第三音、第五音と第六音の間が半音、ほかは全音になっている音階。暗い感じがする。対長音階

**たんか【担架】**（名）二本の棒の間にじょうぶな布を張り、病人やけが人を寝《ね》かせたまま乗せて運ぶ道具。

**たんか【炭化】**（名・自スル）〘化〙炭素化合物が分解して、炭素だけが残ること。「植物が土中で—する」

**たんか【単価】**（名）商品一個、または一単位あたりのねだん。「—が高い」

**たんか『△啖△呵』**（名）相手にまくしたてるように言う、歯切れよく威勢《せい》のいいことば。「—をきる」

**たんか【短歌】**（名）〘文〙和歌の形式の一つ。五・七・五・七・七の五句からなるもの。ふつう、和歌という と短歌をさす。みそひともじ。対長歌

**だんか『△檀家』**（名）寺に墓を持っていて、葬儀《そうぎ》・法要などを頼《たの》み、その寺にお布施《ふせ》をする家。

**タンカー**〔英 tanker〕（名）石油や液化天然ガスを運ぶ船。特にオイルタンカーをいう。油槽《ゆそう》船。

**だんかい【団塊】**（名）かたまり。「—の世代（=第二次世界大戦直後の数年間に生まれた、人口の多い世代）」

**だんかい【段階】**（名）❶ある基準によって分けられた順序。等級。「五—評価」❷物事がうつりかわっていく過程での一くぎり。「仕上げの—にはいる」…的「段階的に実施《じっし》する」

**だんがい【断崖】**（名）切りたったけわしいがけ。「—絶壁《ぜっぺき》」

**だんがい【弾劾】**（名・他スル）罪や不正をはっきりさせて責任を追及《ついきゅう》すること。「政府を—する」

**だんがいさいばんしょ【弾劾裁判所】**（名）〘法〙不正をしたり、職務上の義務を果たさなかったりした裁判官をさばくために、国会が設ける裁判所。

**たんかカルシウム【炭化カルシウム】**（名）〘化〙→カーバイド。▽カルシウムは、オランダ calcium

**たんかすいそ【炭化水素】**（名）〘化〙炭素と水素の化合物の総称《そうしょう》。メタン・ベンゼンなど。燃料や化学工業の原料として用いられる。

**たんかだいがく【単科大学】**（名）一学部だけの大学。商科大学・医科大学など。カレッジ。対総合大学

**たんがん【単眼】**（名）〘動〙明るい暗いがわかる程度の簡単な構造の目。昆虫《こんちゅう》類・くも類などがもつ。対複眼

**たんがん【単願】**（名・他スル）受験のとき、一つの学校または一つの学部・学科だけに願書を出すこと。対併願《へいがん》

**たんがん【嘆願】『△歎願』**（名・他スル）事情をうったえて心から願うこと。「—書」

**だんがん【弾丸】**（名）❶鉄砲《てっぽう》や大砲のたま。❷ひじょうに速度のはやいもののたとえ。「—列車」

**たんき【単記】**（名・他スル）（投票などで）用紙に一人の名だけを記入すること。「—投票」対連記

**たんき【短気】**（名・形動ダ）がまんができず、すぐにいらだったり、おこったりすること。「—をおこす」

**短気は損気《そんき》** 短気をおこすと損をすることになる。

**たんき【短期】**（名）短い期間。「—決戦」…的「短期的な見通し」対長期

**だんき【暖気】**（名）❶あたたかい気候。❷あたたかい空気。また、あたたかみ。「—のない部屋」

**だんぎ【談義・談議】**（名・自スル）❶自由に話し合うこと。「教育—」「音楽—」❷〘仏〙仏教の教義を説き聞かせること。説法。❸長くてつまらない話。「へたの長—」

**たんきだいがく【短期大学】**（名）二年または三年で課程を修了する大学。短大。

**たんきゅう【探求】**（名・他スル）物事をたずね求めること。さがし求めること。⇩たんきゅう（探究）「学習」

**たんきゅう【探究】**（名・他スル）物事の真の姿やあり方を深くさぐり見きわめようとすること。

> **学習 使い分け**「探求」「探究」
>
> **探求** 物事を得ようとさがし求めること。「幸福の**探求**」「秘宝のありかを**探求**する」「原因を**探求**する」
>
> **探究** 物事の本質をさぐり、見きわめようとすること。「真理の**探究**」「歴史の**探究**」「宗教の本質を**探究**する」

**だんきゅう【段丘】**（名）〘地質〙海や川の岸にそって階段状に発達した地形。「海岸—」「河岸《かがん》—」

**たんきょり【短距離】**（名）❶距離が短いこと。❷（「短距離競走」の略）陸上競技で、ふつう四〇〇メートルまでの競走をいう。（対長距離）

**タンク**〔英 tank〕（名）❶水・ガス・石油などをたくわえておく大きな容器。「石油—」❷戦車。

**タングステン**〔英 tungsten〕（名）〘化〙金属元素の一つ。うすい灰色できわめてかたく、高い熱にもとけない。電球のフィラメントなどに用いる。元素記号 W

**たんぐつ【短靴】**（名）足首までの浅い靴。対長靴

**タンク-トップ**〔英 tank top〕（名）えりぐりが広く肩《かた》が大きく露出《ろしゅつ》したそでなしのシャツ。

**タンク-ローリー**〔英 tank lorry〕（名）ガソリンや液化ガスなどの液体を運搬《うんぱん》するタンクを備えつけたトラック。タンク車。

**たんけい【短径】**（名）〘数〙楕円《だえん》形のいちばんみじかい直径。対長径

**たんげい『端△倪』**（名・他スル）はかり知ること。推測。使い方多く「端倪すべからざる（=はかり知れない）」の形で用いられる。

**だんけい【男系】**（名）男性が受け継《つ》いでいく系統。また、父方の血すじ。対女系

**だんけつ【団結】**（名・自スル）ある目的のために多くの人が一つにまとまり、力を合わせること。「一致《いっち》ーして事にあたる」「ー力」

**たんけん【探検・探険】**（名・他スル）まだ知られていない土地を危険をおかして調べること。「南極ー隊」

**たんけん【短見】**（名）あさはかな考え。浅見《せんけん》。

**たんけん【短剣】**（名）短い刀。

**たんげん【単元】**（名）ある主題を中心とする学習活動の一つのまとまり。「このーのねらい」

**だんげん【断言】**（名・他スル）はっきりと言い切ること。「ーしてはばからぬ」

**たんこ【淡湖】**（名）《地質》淡水のみずうみ。淡水湖。

**たんご【単語】**（名）《文法》それ以上に分けられないまとまった意味をもつ、ことばの最小の単位。「春が来る」という文は「春」「が」「来る」の三つの単語からなっている。

**たんご【端午】**（名）五節句の一つ。五月五日の男の子の節句。端午の節句。「こどもの日」にあたる。

**たんご**〔丹後〕【地名】むかしの国名の一つ。今の京都府の北部。丹州。

**タンゴ**〔スペイン tango〕（名）《音》アルゼンチンにおこった、主として四分の二拍子《びょうし》のダンス曲。また、そのダンス。

**だんこ【断固】**『断△乎』（トタル）きっぱりとするようす。おしきってするようす。「ーとして戦う」「ーたる態度」

**だんご【団子】**（名）❶米やきびなどの粉を水でこねて小さくまるめ、むしたりゆでたりした食べ物。❷①に似た形のもの。「ー鼻《ばな》」「肉ー」

**たんこう【炭坑】**（名）石炭をほり出すために、地中にほった穴。

**たんこう【炭鉱】**（名）石炭をほり出す鉱山。

**だんこう【団交】**（名・自スル）「団体交渉《こうしょう》」の略。

**だんこう【断交】**（名・自スル）つき合いをやめること。特に、国家間の交際・交渉《こうしょう》をやめること。「ーを通告する」

**だんこう【断行】**（名・他スル）反対や困難をおしきって、思いきって行うこと。「値下げをーする」

**だんごう【談合】**（名・自スル）❶話し合い。相談。❷入札《にゅうさつ》のときなどに、関係者が前もって話し合い、ねだんなどをきめておくこと。「ー罪」

**たんこうしき【単項式】**（名）《数》数といくつかの文字の積として書かれた式。$2a, 3b, -5xy^2$ など。対多項式

**たんこうしょく【淡紅色】**（名）うすい赤色。もも色。

**たんこうぼん【単行本】**（名）それだけで単独の本として出版された本。全集・叢書《そうしょ》はいらない。

**たんこぶ**『たん△瘤』（名）《俗語》こぶ。こぶたん。「目の上のー（=じゃまで目ざわりなもの）」「ーができる」

**だんごむし**『団子虫』（名）《動》オカダンゴムシ科の節足動物。刺激《しげき》を受けるとからだを丸める。落ち葉や雑草などを食べる。

**だんこん【弾痕】**（名）弾丸の当たったあと。「ーの残るかべ」

**たんさ【探査】**（名・他スル）ようすのよくわかっていないところを探り調べること。「火星をーする」

**たんざ【端座】**『端△坐』（名・自スル）きちんとすわること。

**だんさ【段差】**（名）道路などで、急に高く、または低くなっていること。また、その段。「ーに注意」

**ダンサー**〔英 dancer〕（名）❶西洋風の踊《おど》りの舞踊家《ぶようか》。踊り子。❷ダンスホールで客を相手におどることを職業とする女性。

**たんさい【淡彩】**（名）あっさりした、あわいいろどり。「ー画」「ーで描《えが》く」

**だんさい【断裁】**（名・他スル）紙や布などをたちきること。「不要な書類をーする」

**だんざい【断罪】**（名・自スル）❶罪をさばくこと。判決を下すこと。「厳しくーする」❷むかし、罪人の首を切る刑罰《けいばつ》。打ち首。

**たんさいが【淡彩画】**（名）うすくいろどった絵。

**たんさいぼう【単細胞】**（名）❶《動・植》単一《たんいつ》の細胞。「ー生物」❷《俗語》単純な考え方しかできない人をからかって言うことば。

**たんさいぼうせいぶつ【単細胞生物】**（名）《動・植》からだがただ一つの細胞からできている生物。

**たんさく【単作】**（名）同じ土地に年一回、一種類の作物を作ること。一毛作。「米のー地帯」

**たんさく【探索】**（名・他スル）さがしたずねること。「犯人の行方《ゆくえ》をーする」

**たんざく【短冊】**『短◇尺』（名）❶和歌・俳句・絵などをかいたり、七夕《たなばた》のかざりなどに用いる細長い紙。❷細長い四角形。短冊形《がた》。「ーに切る」

**タンザニア**〔Tanzania〕【地名】アフリカ大陸の中東部にある共和国。首都はドドマ。

**たんさん【炭酸】**（名）《化》二酸化炭素が水にとけてできる弱い酸。

**たんざん【炭山】**（名）石炭を産する山。

**たんさんガス【炭酸ガス】**（名）《化》→にさんかたんそ。▽ガスは、〔オランダ・英 gas〕

**たんさんすい【炭酸水】**（名）《化》二酸化炭素を水にとかしたもの。清涼《せいりょう》飲料水などに用いられる。

**たんさんソーダ【炭酸ソーダ】**（名）《化》→たんさんナトリウム。▽ソーダは、〔オランダ soda〕

**たんさんどうかさよう【炭酸同化作用】**（名）《植》→たんそどうかさよう

**たんさんナトリウム【炭酸ナトリウム】**（名）《化》白い粉か結晶《けっしょう》状の化合物で、水にとけると強いアルカリ性を示す。せっけんやガラスなどの原料となる。炭酸ソーダ。▽ナトリウムは、〔ドイツ Natrium〕

**たんし【端子】**（名）電気機器の電流の出入り口や、他の電気機器と接続する部分に取りつけた金具。ターミナル。

**だんし【男子】**（名）❶男の子。「ー出生」❷男の人。男性。「ーの一言《いちごん》」（対女子）

**だんじ【男児】**（名）❶男の子。対女児。❷男の人。りっぱな男。「日本ー」

**たんしき【単式】**（名）単純な方式や形式。対複式

**だんじき【断食】**（名・自スル）修行・祈願《きがん》などのため、一定の期間食物を食べないこと。「ーの行《ぎょう》」

**たんじじつ【短時日】**（名）短い日数。わずかの期間。「—に解決できる問題ではない」

**たんじつ【短日】**（名）昼の短い冬の日。

**たんじつげつ【短日月】**（名）短い月日。わずかの期間。「—でやりとげる」

**だんじて【断じて】**（副）❶決して。絶対に。「—許さない」❷きっと。必ず。「—勝つ」〈使い方〉①はあとに「ない」「ません」などの打ち消しのことばがくる。

**たんしゃ【単車】**（名）オートバイ。自動二輪車。

**だんしゃく【男爵】**（名）もと、貴族の段階を示す五等の爵位（公・侯《こう》・伯《はく》・子・男）の第五。

**たんじゅう【胆汁】**（名）〔生〕肝臓《かんぞう》でつくられるにがい消化液。脂肪《しぼう》の消化を助ける。

**たんじゅう【短銃】**（名）ピストル。拳銃《けんじゅう》。

**たんじゅうしつ【胆汁質】**（名）気質の型の一つ。刺激《しげき》に対する反応が激しく、感情的な気質。

**たんしゅく【短縮】**（名・他スル）時間や距離《きょり》などを短くちぢめること。「時間—」「操業—」対延長

**たんじゅん【単純】**（名・形動ダ）❶まじりけがないこと。「—な色」❷こみいってないこと。「—な機械」「—なしくみ」「—明快に語る」対複雑。❸考えが浅いこと。「—な男」

**たんじゅんか【単純化】**（名・他スル）こみいっている物事を単純にすること。「問題を—して考えがちだ」

**たんしょ【短所】**（名）おとっているところ。非難すべきところ。欠点。対長所

**たんしょ【端緒・端初】**（名）いとぐち。てがかり。たんちょ。「—をつかむ」「問題解決の—を開く」

**だんじょ【男女】**（名）男と女。「—共学」

**たんしょう【探勝】**（名・自スル）景色のよい所を見て歩くこと。「名所の—会」「紅葉の山を—する」

**たんしょう【嘆賞・嘆称】**〖△歎賞・△歎称〗（名・他スル）感心してほめたたえること。「—の的《まと》になる」

**たんしょう【短小】**（形動ダ）{ダロ・ダッ(デ・ニ)・ダ・ナ・ナラ・○}短く小さいようす。対長大

**たんじょう【誕生】**（名・自スル）❶生まれること。出生。生誕。「—日」❷新しいものができること。新しく物事がおこること。「近代国家の—」

**だんしょう【断章】**（名）詩や文章の一部分。

**だんしょう【談笑】**（名・自スル）うちとけて話したり笑ったりすること。「親しげに—する」

**たんしようしょくぶつ【単子葉植物】**（名）〔植〕被子《ひし》植物で、胚《はい》の子葉がただ一枚のもの。イネ科・ユリ科などがこれに属する。対双子葉《そうしよう》植物

**たんじょうせき【誕生石】**（名）生まれた月に合わせて定めた宝石。「四月の—はダイヤモンドだ」

**たんしょうとう【探照灯】**（名）→サーチライト

**たんしょく【単色】**（名）❶まじりけのない一つの色。❷太陽光線がプリズムを通ったときに生じる七つの色の一つ一つ。

**だんしょく【暖色】**（名）あたたかい感じをあたえる色。赤・黄系統の色。対寒色

**だんじょどうけん【男女同権】**（名）男性と女性が法律的に同じ権利をもち、社会生活をするうえで性別による差別がないこと。

**たん・じる【嘆じる】**〖△歎じる〗（他上一）{ジ・ジ・ジル・ジル・ジレ・ジロ(ジヨ)}❶なげく。「現代の世相を—」❷ほめる。感心する。「見事なできばえを—」

**だん・じる【断じる】**（他上一）{ジ・ジ・ジル・ジル・ジレ・ジロ(ジヨ)}❶はっきりと決める。「一方的に—」❷さばく。「罪を—」

**だん・じる【弾じる】**（他上一）{ジ・ジ・ジル・ジル・ジレ・ジロ(ジヨ)}弦楽器《げんがっき》をひく。ひきならす。「琴《こと》を—」

**だん・じる【談じる】**（他上一）{ジ・ジ・ジル・ジル・ジレ・ジロ(ジヨ)}❶話す。語る。「時局を—」❷相談する。談判する。

**たんしん【単身】**（名）ただひとり。「—で上京する」

**たんしん【短針】**（名）時計の短いほうの針。時針《じしん》。対長針

**たんす【簞笥】**〖△簞△笥〗（名）引き出しや戸のある木製の箱形の家具。衣服や小道具をしまっておくために使う。

**ダンス**〔英 dance〕（名）❶西洋風のおどり。舞踊《ぶよう》。❷社交ダンス。

**たんすい【淡水】**（名）塩分をふくまない水。まみず。「—魚」「—湖」対鹹水《かんすい》

**だんすい【断水】**（名・自他スル）水の流れが止まること。特に、水道の給水が止まること。または、止めること。「工事のため—する」

**たんすいかぶつ【炭水化物】**（名）〔化〕炭素・水素・酸素の化合物。動物のたいせつな栄養素の一つ。でんぷんや砂糖など。含水炭素《がんすいたんそ》。

**たんすう【単数】**（名）❶数が一つであること。❷〔文法〕西洋語などで、人や物の数が一つであることを表す語形。対複数

**たん・ずる【嘆ずる】**〖△歎ずる〗（他サ変）{ジ(ゼ)・ジ・ズル・ズル・ズレ・ジロ(ゼヨ)}→たんじる

**だん・ずる【断ずる】**（他サ変）{ジ(ゼ)・ジ・ズル・ズル・ズレ・ジロ(ゼヨ)}→だんじる（断じる）

**だん・ずる【弾ずる】**（他サ変）{ジ(ゼ)・ジ・ズル・ズル・ズレ・ジロ(ゼヨ)}→だんじる（弾じる）

**だん・ずる【談ずる】**（他サ変）{ジ(ゼ)・ジ・ズル・ズル・ズレ・ジロ(ゼヨ)}→だんじる（談じる）

**たんせい【丹誠】**（名）まごころ。まこと。「—をこめる」

**たんせい【丹精】**（名・自スル）心をこめて一心に物事をすること。「—をこらす」「—してつくる」

**たんせい【嘆声】**〖△歎声〗（名）なげいたり感心したりして出す声。ためいき。「—をもらす」

**たんせい【端正・端整】**（名・形動ダ）ふるまいや姿・形がきちんとととのっていること。「—な顔だち」

**だんせい【男声】**（名）声楽で、男の声。「—合唱」対女声

**だんせい【男性】**（名）男の人。男子。対女性

**だんせい【弾性】**（名）〔物〕外から力を加えられて形の変わったものが、その力が去ったとき、もとの形にもどろうとする性質。弾力性。「—が大きい」

**だんせいてき【男性的】**（形動ダ）{ダロ・ダッ(デ・ニ)・ダ・ナ・ナラ・○}姿や行動・ようすなどがいかにも男性のようであるようす。「—な性格」対女性的

**たんせき【旦夕】**（名）❶朝夕。❷ふだん。日常。❸時期のさしせまっていること。「命《めい》—にせまる（=いまにも死にそうである）」

**たんせき【胆石】**（名）〔医〕輪胆管または胆嚢《たんのう》に、

胆汁《たんじゅう》の成分がかたまってできる結石。はげしい痛みを引き起こすことがある。「—症《しょう》」

**だんぜつ【断絶】**(名・自他スル) 続いていたものが切れて絶えること。つながりや関係などが断《た》ち切れること。断ち切ること。「国交—」「世代の—」

**たんせん【単線】**(名) 一本の線。特に、一つの線路を往復の列車が共用するもの。対複線

**たんぜん【丹前】**(名) 寒いときに着物の上に着る、そでが広く中に綿のはいった衣服。どてら。

( 丹前 )

**たんぜん【端然】**(ト・タル) きちんとととのっているようす。「—とすわる」

**だんせん【断線】**(名・自スル) 電気・電話などの線が切れること。

**だんぜん【断然】**(副・ト・タル) ❶きっぱりとおしきってするようす。「—禁煙《きんえん》する」❷他とかけはなれてちがうようす。「—こちらのほうがよい」

**たんそ【炭素】**(名)〖化〗元素の一つ。無味・無臭《むしゅう》の固体で、ダイヤモンド・木炭・石炭のおもな成分となっているもの。元素記号 C

**だんそう【男装】**(名・自スル) 女性が男性の身なりをすること。「—の麗人《れいじん》」対女装

**だんそう【断想】**(名) あるとき、あることをきっかけに浮《う》かぶ、断片《だんぺん》的な思いや考え。「老いをめぐる—」

**だんそう【断層】**(名) ❶〖地質〗地殻《ちかく》の強い圧力を受けて地層にわれめができ、これにそって地盤《じばん》に上下または水平方向のずれが生じること。また、そのずれ。❷考え方などのくいちがい。ずれ。「世代間の—」

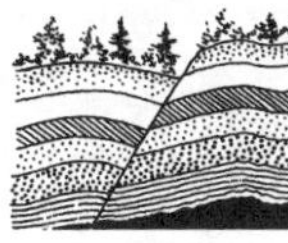

( 断層① )

**だんそう【弾奏】**(名・他スル) 弦楽器《げんがっき》をひいて演奏すること。

**だんそう【弾倉】**(名) 連発式の銃《じゅう》で、補充《ほじゅう》用の弾丸をあらかじめこめておく部分。

**たんそく【嘆息】**〖△歎息〗(名・自スル) ためいきをつくこと。また、ためいき。「天を仰《あお》いで—する」

**だんぞく【断続】**(名・自スル) 切れたり続いたりすること。…的「断続的に聞こえる雨音」

**たんそせんい【炭素繊維】**(名)〖化〗合成繊維を原料にして高温で焼いて作った繊維。軽くて強度が高く、弾性《だんせい》にすぐれていることから、スポーツ用品や航空機などに使われる。カーボンファイバー。

**たんそどうかさよう【炭素同化作用】**(名)〖植〗緑色植物や一部の細菌《さいきん》が、吸収した二酸化炭素と水から炭水化物を作り出す作用。光合成と化学合成とがある。炭酸同化作用。

**だんそんじょひ【男尊女卑】**(名) 男性を尊び、女性を低くみる態度や考え方。対女尊男卑

**たんだ【短打】**(名) ❶野球で、バットを短く持って確実に打つこと。「—戦法」❷野球で、一塁《いちるい》に出られるヒット。単打。シングルヒット。対長打

**たんたい【単体】**(名) ❶複数組み合わさったものの一つ一つ。「スピーカーを—で販売《はんばい》する」❷〖化〗一種類の元素だけからできている物質。酸素・水素・金・銀・ダイヤモンドなど。

**たんだい【短大】**(名)「短期大学」の略。

**だんたい【団体】**(名) 同じ目的をもった人びとの集団。「—旅行」「政治—」

**だんたいこうしょう【団体交渉】**(名・自スル) 労働組合が、労働条件などについて使用者と交渉すること。団交。

**だんだら【段だら】**(名) いくつもの横じまが段状に織られたり染められたりしていること。また、その模様。

**だんだらじま【段だらじま】**〖段だら△縞〗(名) 横じまを一つ一つちがった色にした織物。また、その模様。

**だんだらぞめ【段だら染め】**(名) 横じまを一つ一つちがった色に染めること。また、染めた模様。

**たんたん【△坦△坦】**(ト・タル) ❶でこぼこがなくたいらなようす。「—とした道」❷別に変わったこともなく、おだやかに過ぎてゆくようす。「—とした毎日」

**たんたん【△眈△眈】**(ト・タル) するどい目つきでねらうようす。転じて、野心をもってねらうようす。「虎視《こし》—」

**たんたん【淡淡】**(ト・タル) ❶あっさりとしているようす。「—とした味」❷物事にこだわらないようす。「—と心境を語る」

**だんだん【段段】**㊀(名) 階段。階段状のもの。「—をのぼる」㊁(副) 少しずつ状態が変わっていくようす。しだいに。「—(と)気温が下がる」

**だんだんばたけ【段段畑】**(名) 山の斜面《しゃめん》などにつくった階段状の畑。

**たんち【探知】**(名・他スル) かくれているものなどをさぐり出して知ること。「電話の逆—」「魚群—機」

**だんち【団地】**(名) 住宅を計画的に一定区域につくった所。また、その住宅やアパートの集まり。計画的に工場を集めたものにもいう。「工業—」

**だんち【暖地】**(名) あたたかい土地・地方。

**だんちがい【段違い】**㊀(名・形動ダ) 程度や能力などが、くらべられないほどかけはなれてちがうこと。「—の強さ」㊁(名) 高さがちがうこと。「—の棚《たな》」

**だんちがいへいこうぼう【段違い平行棒】**(名) 女子体操競技の種目の一つ。高さのちがう二本の棒を平行にわたした用具。また、それに使う

**たんちょ【端緒】**(名) →たんしょ(端緒)

**たんちょう【単調】**(名・形動ダ) 調子が同じで変化がないこと。一本調子。「—なリズム」「—な生活」

**たんちょう【探鳥】**(名) →バードウォッチング

**たんちょう【短調】**(名)〖音〗短音階の調子。マイナー。対長調

**だんちょう【団長】**(名) 団体の代表者。

**だんちょう【断腸】**(名) はらわたがちぎれるかと思うような深い悲しみ。「—の思い」

**たんちょうづる【丹頂鶴】**(名)〖動〗ツル科の鳥。頭のてっぺんが赤く、羽毛が純白で、首と風切り羽の先が黒い。日本ではおもに北海道東部の湿原《しつげん》地帯にすむ。特別天然記念物。たんちょう。

**ダンテ**〖Dante Alighieri〗【人名】(一二六五〜一三二一)イタリアの詩人。フィレンツェの生まれ。大叙事《じょじ》詩「神曲」を完成し、ルネサンスのさきがけをなした。ほかに詩集「新

生」など。

**たんてい【探偵】**（名・他スル）他人の事情や犯罪などをひそかに調べること。また、それを職業とする人。

**たんてい【短艇・端艇】**（名）ボート。小舟《こぶね》。

**だんてい【断定】**（名・他スル）❶きっぱりと決めること。はっきりと判断すること。「犯人と一する」⋯的「断定的に話す」❷〔文法〕物事を、そうだときっぱり判断する意を表す言い方。助動詞「だ」「です」「なり」「たり」などを用いて表す。

**ダンディー**〔英 dandy〕（名・形動ダ）男が、おしゃれでスマートなようす。また、その人。だて男。

**たんていしょうせつ【探偵小説】**（名）犯罪のなぞときを中心とした小説。推理小説。

**たんてき【端的】**（形動ダ）〔ダロ・ダッ(デ・ニ)・ダ・ナ・ナラ・○〕❶はっきりしているようす。「一な事実」❷てっとりばやく核心《かくしん》にふれるようす。「一に述べる」

**たんでき【耽溺】**（名・自スル）よくないことにふけりおぼれること。「酒色に一する」

**たんでん【丹田】**（名）下腹。ここに力を入れると心が落ち着くという。「臍下《せいか》一（＝へその下）」

**たんでん【炭田】**（名）〔地〕石炭の層が多くあって、採掘《さいくつ》のできる地域。

**たんとう【担当】**（名・他スル）仕事や役目を受け持つこと。受け持ち。「会計を一する」

**たんとう【短刀】**（名）短い刀。短剣《たんけん》。

**だんとう【弾頭】**（名）ミサイルなどの先にある爆発《ばくはつ》する部分。「核《かく》一」

**だんとう【暖冬】**（名）いつもの年より暖かい冬。

**だんどう【弾道】**（名）打ち出された弾丸が空中にえがく線。「一ミサイル」

**だんとうだい【断頭台】**（名）罪人の首を切る台。ギロチン。「一の露《つゆ》と消える」

**たんとうちょくにゅう【単刀直入】**（名・形動ダ）前おきのことばをはぶいて、いきなり話の本題にはいること。「一に聞く」「一な質問」

**たんどく【丹毒】**（名）〔医〕ひふや粘膜《ねんまく》の傷から細菌《さいきん》がはいっておこる急性感染症《かんせんしょう》。ひふが赤くはれ、熱を出す。

**たんどく【単独】**（名）ただ一つ。ただひとり。「一行動」「一で首位にたつ」

**たんどく【耽読】**（名・他スル）むちゅうで読みふけること。「推理小説を一する」

**だんトツ【断トツ】**（名）〔俗語〕（「断然トップ」の略）他に圧倒的《あっとうてき》な差をつけてトップの座にあること。「一の人気」

**だんどり【段取り】**（名）物事の順序・手順。手はず。「仕事の一を決める」「一がつく」「式の一」

**だんな【旦那】【檀那】**（名）❶主人。あるじ。「若一」「酒屋の一」❷自分の夫、または他人の夫を呼ぶことば。❸目上の男の人に呼びかけることば。❹〔仏〕寺におかねや物を寄進する信者。檀家《だんか》。

**だんなげい【旦那芸】**（名）金持ちやひまのある人が、なぐさみに習いおぼえた芸。

**だんなでら【檀那寺】**（名）その家が檀家《だんか》となっている寺。菩提寺《ぼだいじ》。

**たんなる【単なる】**（連体）ただそれだけの。ただの。「一うわさにすぎない」

**たんに【単に】**（副）そのことだけに限る意を表す。ただ。「一成績がよいだけではない」使い方 あとに「だけ」「のみ」「⋯にすぎない」などのことばがくることが多い。

**たんにん【担任】**（名・他スル）任務または事務を受け持つこと。特に学校で、教員が学級や教科を受け持つこと。また、その人。受け持ち。「三年生のクラスを一する」「一の先生」

**タンニン**〔オランダ tannin〕（名）〔化〕お茶・柿《かき》の実などの中にふくまれるしぶみの成分。インクや染料などの原料として、また皮をなめすときなどに用いる。

**だんねつ【断熱】**（名・自スル）建築などで、熱が伝わらないようにすること。「一効果」「一材」

**たんねん【丹念】**（形動ダ）〔ダロ・ダッ(デ・ニ)・ダ・ナ・ナラ・○〕細部まで心をこめてていねいに行うようす。「一に仕上げる」

**だんねん【断念】**（名・他スル）あきらめること。「計画を一する」

**たんのう【胆嚢】**（名）〔生〕肝臓《かんぞう》の下にあって、胆汁《たんじゅう》をたくわえるふくろ状の器官。

**たんのう【堪能】**㊀（名・形動ダ）学芸・技術などにすぐれていること。「語学に一な人」㊁（名・自スル）満足すること。気がすむこと。「美しい景色に一する」参考 ㊀のもとの読みは「かんのう」であるが、「たんのう」と読みならわされている。

**たんば【丹波】**〔地名〕むかしの国名の一つ。今の京都府の中部と兵庫県の一部。丹州。

**たんぱ【短波】**（名）〔物〕波長の短い電波。波長は、一〇《メートル》〜一〇〇《メートル》。航空機通信などに使う。

**たんぱく【淡泊・淡白】**（名・形動ダ）❶物の味や色などがあっさりしていること。「一な味」対 濃厚《のうこう》。❷人がらがさっぱりして欲のないこと。「かねに一な人」

**たんぱくしつ【たんぱく質】【蛋白質】**（名）動物や植物のからだをつくるおもな成分である有機化合物で、炭素・酸素・窒素《ちっそ》などをふくむ重要な栄養素の一つ。

**たんぱつ【単発】**（名）❶発動機が一つしかないこと。対 双発《そうはつ》。❷一発ずつ発射すること。「一銃《じゅう》」対 連発。❸一度きりで終わり後に続かないもの。「一のドラマ」

**たんぱつ【短髪】**（名）短く刈《か》った髪《かみ》。ショートカット。ショートヘア。対 長髪

**だんぱつ【断髪】**（名・自スル）❶髪《かみ》を切ること。「一式」❷短く切った女性の髪形。

**タンバリン**〔英 tambourine〕（名）〔音〕打楽器の一つ。円形のわくの片面に皮を張り、周囲に小さい鈴《すず》をつけたもの。タンブリン。

（タンバリン）

**だんぱん【談判】**（名・自スル）事の始末や取り決めのために相手と話し合うこと。かけあい。「直《じか》一」「一が決裂《けつれつ》する」

**たんび【耽美】**（名）最も価値あるものは美であるとして、その世界にひたること。「一主義」⋯的「耽美的な作品」

**たんび【嘆美】**『△歎美』（名・他スル）感心してほめること。「―の声を上げる」
**たんぴょう【短評】**（名）短い批評。寸評。
**ダンピング**〔英 dumping〕（名・他スル）〔経〕❶商品を国内よりもずっと安いねだんで外国市場に売りこむこと。❷採算を無視した安売り。投げ売り。
**ダンプ-カー**〔和製英語〕（名）荷台をかたむけて、積み荷をおろすことのできる装置を備えた大型のトラック。ダンプ。▽dump と car から。
**タンブラー**〔英 tumbler〕（名）平底《ひらぞこ》で取っ手がないやや大型のコップ。「ウイスキーを―につぐ」
**タンブリン**（名）〔音〕→タンバリン
**たんぶん【単文】**（名）〔文法〕「水が流れる」のように主語・述語の関係が一組だけで成り立っている文。⇩ふくぶん・じゅうぶん(重文)①
**たんぶん【短文】**（名）短い文。短い文章。対長文
**たんぺいきゅう【短兵急】**（形動ダ）〔ダロ・ダッ(デ・ニ)・ダ・ナ・ナラ・○〕にわかであるようす。だしぬけ。「―な要求」
**ダンベル**〔英 dumbbell〕（名）柄《え》の両端《りょうたん》におもりをつけた、筋肉を鍛《きた》えるための器具。亜鈴《あれい》。
**たんぺん【短編】**『短△篇』（名）詩・小説・映画などの短いもの。「―小説」対長編
**だんぺん【断片】**（名）きれはし。きれぎれになった一つ。「記憶《きおく》の―」
**だんぺんてき【断片的】**（形動ダ）〔ダロ・ダッ(デ・ニ)・ダ・ナ・ナラ・○〕きれぎれで、まとまりのないようす。「―な知識」
**たんぼ**『田△圃』（名）田になっている土地。田。
**たんぽ【担保】**（名）〔法〕おかねを借りる人が返せない場合を考えて、保証としてあらかじめ提供するもの。抵当《ていとう》。「家を―にかねを借りる」「―をとる」
**たんぼう【探訪】**（名・他スル）その場所に行って社会の実状などをさぐること。たんぽう。「社会―」
**だんぼう【暖房】**『△煖房』（名・他スル）部屋の中をあたためること。また、その装置。対冷房
**だんボール【段ボール】**（名）波状のボール紙の片面または両面に、平らなボール紙をはりつけたもの。箱にして荷造りなどに使う。「―箱」▽ボールは、英 board から。
**たんぽぽ**『×蒲公英』（名）〔植〕キク科の多年草。葉は根から分かれてのび、春に黄や白の花が咲《さ》く。種には白い毛がつき風にのってとび散る。
**タンポン**〔ドイツ Tampon〕（名）❶脱脂綿《だっしめん》やガーゼに薬をしみこませてかためたもの。傷口につめて使う。❷脱脂綿などをかためて棒状にした生理用品。
**たんまつ【端末】**（名）中心となるコンピューターとつながって、情報の入出力をうけもつ装置。「―機」
**だんまつま【断末魔】**（名）死にぎわ。臨終。また、息を引き取るまぎわの苦しみ。「―の叫《さけ》び」
**たんまり**（副）〔俗語〕たくさん。じゅうぶん。「―(と)もうける」
**だんまり**（名）❶ものを言わないこと。また、その人。「―をきめこむ」❷〔演〕歌舞伎《かぶき》で、登場人物がやみの中でだまってするさぐり合いの動作。また、その場面。
**たんめい【短命】**（名・形動ダ）寿命の短いこと。「―な人」「―な内閣」対長命
**タンメン**〔中国 湯麺〕（名）ゆでた中華《ちゅうか》そばに、いためた野菜などの具と塩味のスープをかけたもの。
**だんめん【断面】**（名）❶物を切ったときの切り口の面。「木材の―」❷物事をある視点から見たときのようす。「社会の一―」
**だんめんず【断面図】**（名）物を一つの平面で仮に切って、その内部の状態やしくみをかき表した図。
**たんもの【反物】**（名）❶和服の衣料にする織物。呉服《ごふく》。❷一反になっている織物。
**だんやく【弾薬】**（名）銃砲《じゅうほう》にこめるたまと火薬。
**だんゆう【男優】**（名）男性の俳優。対女優
**たんよう【単葉】**（名）❶〔植〕一枚の葉片からなる葉。❷飛行機の主翼《しゅよく》が一枚のもの。（対複葉）
**たんらく【短絡】**（名・自スル）❶物事の筋道を追わないで、原因と結果を簡単に結びつけてしまうこと。…的「短絡的な考え方」❷→ショート㊁
**だんらく【段落】**（名）❶文章をいくつかのまとまった内容にわけた、そのひと区切り。「文章を―にわける」❷物事の区切り。「仕事が一―ついた」
**だんらん【団△欒】**（名・自スル）親しい者どうしの楽しい集まり。「一家―」「―のひととき」類団居《まとい》
**たんり【単利】**（名）〔経〕利息を元金にくり入れず、最初の元金だけについて定率の利息を計算すること。また、その利息。対複利
**だんりゅう【暖流】**（名）赤道付近から南と北の方向に流れる、ほかの海水より水温の高い海流。日本海流(黒潮)・メキシコ湾流《わんりゅう》など。対寒流
**たんりょ【短慮】**（名・形動ダ）❶考えが浅いこと。思慮《しりょ》がたりないこと。「―な言動」❷気みじか。短気。「―を起こす」
**たんりょく【胆力】**（名）何事にも動じない気力。度胸。きもったま。「―を練る」
**だんりょく【弾力】**（名）❶〔物〕外から力が加えられて形が変わったときに、物体がもとの形にもどろうとする力。…性「弾力性に富む物体」❷情勢に応じて自由に変化できる柔軟《じゅうなん》な力。…性「弾力性のある計画」…的「規則の弾力的な運用」
**だんりんふう【談林風】**『△檀林風』（名）〔文〕江戸《えど》時代前期、西山宗因《そういん》によって開かれた俳諧《はいかい》の一流派。それまでの俳句に対し、自由で新奇《しんき》な表現をした。
**たんれい【端麗】**（名・形動ダ）姿や形がきちんととのっていて美しいこと。「容姿―」
**だんれつ【断裂】**（名・自他スル）つながっていたものが断《た》ち切れること。断ち切ること。「アキレス腱《けん》の―」
**たんれん【鍛練・鍛錬】**（名・他スル）（金属をきたえる意から）きびしい修業《しゅぎょう》や訓練で、心身・技能をきたえること。「―をつむ」
**だんろ【暖炉】**『△煖炉』（名）壁《かべ》につくりつけた、火をたいて部屋をあたためる設備。
**だんろんふうはつ【談論風発】**（名・自スル）さかんに話し合い、議論するようす。
**だんわ【談話】**（名）❶くつろいで話し合うこと。「―室」❷ある公的なことがらについて形式ばらないで述べられた意見。「首相の―」

# ち　チ

**ち【地】** 6画 土3 小2 音 チ・ジ

❶つち。陸。おか。⬘地震《じしん》・地盤《じばん》・地面《じめん》・地下・地形・地質・地上・地図・地表・地理《ちり》⬙極地・山地・湿地《しっち》・大地・天地・土地・平地・盆地《ぼんち》・陸地。対天。❷ところ。場所。⬘地所《じしょ》・地域・地区・地点・地方・地名⬙各地・基地・現地・耕地・国有地・産地・宅地・農地・目的地・領地。❸立場。身分。状況《じょうきょう》。⬘地位・地歩⬙危地・窮地《きゅうち》・境地・見地。❹手を加えないありのまま。本性《ほんしょう》。⬘地金《じがね》・地声《じごえ》⬙素地《そじ》。❺織物のもとになる布。⬙生地《きじ》・布地《ぬのじ》。❻はででない。堅実《けんじつ》。⬘地味《じみ》・地道《じみち》。参考特別に、「心地」は「ここち」と読む。「意気地」は「いくじ」とも読む。

**ち【地】**（名）❶天の下に広がり、その上で人間や動植物が生きている土や岩石でできたところ。地上。地面。大地。「―をはう」「―のはて」「―に足のついた（＝現実離《ばな》れしていない）生活」対天。❷特定の場所。「文明発祥《はっしょう》の―」「異国の―」「―の利を得る」❸領土。「―を接する両国」❹書物・荷物など、上下がきまっているものの下の部分。「天―無用」対天

**地に落《お》ちる**　さかんであった権威《けんい》や名声がおとろえすたれる。

**地を掃《はら》う**　何も残らず、すっかりなくなってしまう。「道義の念が―」

**ち【池】** 6画 氵3 小2 音 チ 訓 いけ

❶いけ。⬘池沼《ちしょう》・池畔《ちはん》⬙貯水池・用水池。❷液体などをためておくもの。⬙電池

**ち【治】**→じ（治）

**ち【治】**（名）❶政治。❷政治がよく、世の中がおさまっていて平和であること。

**治に居《い》て乱《らん》を忘《わす》れず**　平和なときでも戦乱のときの準備を忘れない。つねに非常時に備えておく。

**ち【知】** 8画 矢3 小2 音 チ 訓 しる

❶しる。かんじとる。さとる。⬘知覚・知見・知識⬙感知・関知・察知・周知・熟知・承知・探知・認知・未知・予知。❷しらせる。しらせ。⬙告知・通知・報知。❸しりあい。⬘知己《ちき》・知人・知友⬙旧知。❹物事を理解する頭のはたらき。⬘知育・知恵《ちえ》・知性・知的・知能・知力⬙英知・機知・故知・才知・無知。❺おさめる。つかさどる。⬘知行《ちぎょう》・知事

**ち【知】**（名）物事の道理や善悪を理解・判断する頭のはたらき。「―・情・意」「―にはたらけば角《かど》が立つ（＝理知的にふるまうと人間関係がとげとげしくなる）」

**ち【値】** 10画 亻8 小6 音 チ 訓 ね・あたい 中

❶ねうち。もののねだん。⬙価値。❷数の大きさ。あたい。⬙近似《きんじ》値・数値・絶対値・偏差《へんさ》値

**ち【恥】** 10画 心6 音 チ 訓 はじる・はじ・はじらう・はずかしい

はじる。はじ。⬘恥辱《ちじょく》⬙羞恥《しゅうち》・破廉恥《はれんち》・無恥　⇩付録「漢字の筆順㉒耳」

**ち【致】** 10画 至4 音 チ 訓 いたす

❶来させる。つれて行く。⬙引致・招致・誘致《ゆうち》・拉致《らち・らっち》。❷ゆきつく。ゆきつくところ。⬘致死・致命傷⬙一致・合致・極致。❸おもむき。⬙雅致《がち》・風致　⇩付録「漢字の筆順⑳至」

**ち【遅】** 12画 辶9 〔遲〕 音 チ 訓 おくれる・おくらす・おそい

❶おそい。のろい。ぐずぐずする。⬘遅疑・遅日・遅速・遅滞《ちたい》・遅遅・遅鈍《ちどん》⬙巧遅《こうち》。対速。❷おくれる。おそくなる。⬘遅延・遅刻・遅参・遅配

**ち【痴】** 13画 疒8 〔癡〕 音 チ

❶頭の働きがにぶい。おろか。⬘痴鈍《ちどん》⬙愚痴《ぐち》。❷情欲にまよい、理性を失う。⬘痴漢⬙情痴

**ち【稚】** 13画 禾8 音 チ

おさない。いとけない。子どもっぽい。⬘稚気・稚魚・稚児《ちご》・稚拙《ちせつ》⬙幼稚。参考特別に、「稚児」は「ちご」と読む。⇩付録「漢字の筆順㉜隹」

**ち【置】** 13画 罒8 小4 音 チ 訓 おく

❶物をおく。すえる。⬘置換《ちかん》⬙安置・位置・設置・装置・対置・倒置《とうち》・配置・放置・留置。❷かたをつける。しまつする。⬙処置・措置《そち》

**ち【質】**→しつ（質）

**ち【緻】** 16画 糸10 音 チ

こまかい。きめがこまかい。⬘緻密⬙巧緻《こうち》・細緻・精緻　⇩付録「漢字の筆順⑳至」

**ち【血】**（名）❶人間や動物のからだの中をめぐる赤い液体。栄養分や老廃《ろうはい》物を運ぶ。血液。血潮《ちしお》。「―を流す」「―のめぐりが悪い」❷同じ祖先につながる関係。血すじ。血統。「武士の―を引く」「―のつながり」❸（比喩《ひゆ》的に）体内をめぐる、活力や人間らしい感情の源となるもの。「―がたぎる」

**血が通《かよ》う**　人間味がある。「血の通った政治」

**血が騒《さわ》ぐ**　予期した物事などに対して、気持ちが高まって興奮する。「決勝戦を前に―」

**血で血《ち》を洗《あら》う**　❶肉親どうしがたがいに争う。❷暴力に対して、暴力でむくいる。

**血と汗《あせ》の結晶《けっしょう》**　たいへんな努力の成果。

**血の出《で》るような**　ひじょうに苦労するようす。血のにじむような。「―苦心の末に成功する」

**血は水《みず》よりも濃《こ》い**　他人よりも肉親のほうが強いつながりがある。

**血も涙《なみだ》もない** 人間らしい心も思いやりもまったくない。「―ことをする」

**血湧《わ》き肉《にく》躍《おど》る** ひじょうに興奮してからだに力がみなぎる。

**血を見《み》る** 争いで死傷者が出る。

**血を分《わ》ける** 親子や兄弟などの、同じ血すじの関係にある。「血を分けた兄弟」

**ちあい【血合い】**（名）まぐろやぶりなどの魚の肉で、背と腹の境目にある、血を多く含《ふく》んだ赤黒い部分。

**チアーガール**〔和製英語〕（名）→チアリーダー。▽cheer と girl から。

**チアノーゼ**〔ドイツ Zyanose〕（名）〘医〙呼吸困難や血行障害などにより、血液中の酸素が減少して皮膚《ひふ》などが青紫《あおむらさき》色になること。

**チアリーダー**〔英 cheerleader〕（名）運動競技などで、そろいの衣装《いしょう》ではでなダンスやパフォーマンスを見せる、女性の応援《おうえん》団員。チアガール。

**ちあん【治安】**（名）国家・社会がよく治まっておだやかなこと。「―が乱れる」

**ちい【地位】**（名）社会や組織の中で果たす役割からみた位置。「責任のある―」「重要な―を占《し》める」

**ちいき【地域】**（名）ある広さの、区切られた土地。「商業―」…的「地域的な特色」類地区・地帯

**ちいきしゃかい【地域社会】**（名）市・町・村など一定の範囲《はんい》の中で、共通の利害や特徴《とくちょう》によって結びついている社会。

**ちいく【知育】**（名）知識を広め、知能を伸《の》ばすことを目的とする教育。⇒とくいく・たいいく

**チーク**〔英 cheek〕（名）❶ほお。「―ダンス」❷（「チークカラー」の略）ほおべに。

**チーク**〔英 teak〕（名）〘植〙シソ科の落葉高木。木材はかたくて軽い。船や家をつくるのに使う。

**ちいさ・い【小さい】**（形）〔カロ・カッ(ク)・イ・イ・ケレ・〇〕❶面積・容積・高さなどがわずかである。「家が―」❷数量が少ない。また、程度・規模などがわずかである。「八より―数」「損害が―」「声が―」❸重要でない。とるにたりない。「―ことにこだわる」❹年が下である。おさない。「―ころの夢」「―子」❺心がせまい。こせこせして大きさを感じさせない。「人物が―」「気が―」（対大きい）

**ちいさくなる【小さくなる】**遠慮《えんりょ》などのため、ちぢこまる。「先生の前では―」

**ちいさな【小さな】**（連体）小さい。「―店」対大きな

**チーズ**〔英 cheese〕（名）牛などの乳を発酵《はっこう》させて作った固形の食べ物。蛋白《たんぱく》質が主成分。

**チーター**〔英 cheetah〕（名）〘動〙ネコ科の哺乳《ほにゅう》動物。アフリカなどにすむ肉食性の猛獣《もうじゅう》。黄色の毛に黒い斑点《はんてん》がある。哺乳動物の中で走るのが最も速いといわれる。チータ。

**チーフ**〔英 chief〕（名）グループで何かをするとき、中心となってまとめる人。主任。「―カメラマン」

**チーム**〔英 team〕（名）競技や仕事などをいっしょに行う人びとの集団。「―を組む」「代表―」

**チームワーク**〔英 teamwork〕（名）チームの人びとがたがいに協力してやる動作。共同作業。また、そのチームの団結する力。「―がよい」

**ちいるい【地衣類】**（名）菌類《きんるい》と藻類《そうるい》とがまとまっている共生体。さるおがせ・うめのきごけなど。

**ちえ【知恵】**〘△智△慧〙（名）物事を考え、くふうしたり、判断や処理をしたりする能力。「―がまわる」「―をしぼる」「生活の―」

> **学習 比較《ひかく》**「知恵」「知識」
>
> **知恵** 物事をよく考え、うまくこなしていくことができる能力。「知恵を働かせる」「何かいい知恵はないか」「知恵をつける」「知恵を出し合う」「知恵を貸す」
>
> **知識** 物事についてのはっきりとした理解。「新しい知識を与《あた》える」「コンピューターに関する知識」「予備知識を得る」「知識人」「知識欲」

**チェアパーソン**〔英 chairperson〕（名）議長。司会者。参考「チェアマン」の言いかえ語。

**チェアマン**〔英 chairman〕（名）❶→チェアパーソン ❷組織・団体の代表者。「Jリーグの―」

**チェーホフ**〔Anton Pavlovich Chekhov〕【人名】（一八六〇〜一九〇四）ロシアの小説家・劇作家。日常生活をさりげなく描《えが》きながら、人生の真実を示す作品を書いた。小説「六号室」「決闘《けっとう》」、戯曲《ぎきょく》「三人姉妹」「桜の園《その》」など。

**チェーン**〔英 chain〕（名）❶くさり。「自転車の―」❷資本や経営を同じくする、商店・劇場・ホテルなどの系列。「一大ホテル―」

**チェーンストア**〔英 chain store〕（名）一つの会社によって経営・管理されている複数の小売店。チェーン店。

**チェーンソー**〔英 chain saw〕（名）自動式ののこぎり。チェーンになった歯をエンジンで回転させて、樹木などを切るのに使う。

**チェコ**〔Czech〕【地名】ヨーロッパ中部にある共和国。首都はプラハ。

**チェス**〔英 chess〕（名）白黒六種一六個ずつの駒《こま》をたがいに動かして相手のキングを取るゲーム。西洋将棋《しょうぎ》。

**チェスト**〔英 chest〕（名）❶整理だんす。収納用の大きな箱。❷胸。胸部。類バスト

**ちぇっ**（感）何かがうまくいかなかったときなどに発することば。また、舌打ちの音。ちっ。

**チェック**〔英 check〕一（名）❶小切手。「トラベラーズ―」❷格子《こうし》じま。「―のスカート」二（名・他スル）たしかめること。点検・確認などをすること。また、それが済んだしるし。「帳簿《ちょうぼ》を―する」「―リスト」「ボディー―」

**チェックアウト**〔英 checkout〕（名・自スル）ホテルなどで、料金を精算して部屋を引きはらうこと。対チェックイン

**チェックイン**〔英 checkin〕（名・自スル）❶ホテルなどで、泊《と》まる手続きをすること。対チェックアウト。❷

空港で、飛行機に乗る手続きをすること。

**ちえねつ【知恵熱】**（名）乳児の、歯が生えるころに突然《とつぜん》出る熱。

**ちえのわ【知恵の輪】**（名）いろいろな形の金属の輪を、つなぎ合わせたりはずしたりして遊ぶおもちゃ。

**チェリー**〔英 cherry〕（名）さくらんぼ。

**チェロ**〔英 cello〕（名）〔音〕コントラバスについで大型で、音の低い弦楽器《げんがっき》。セロ。

（チェロ）

**ちえん【地縁】**（名）同じ地域に住んでいることで生じる人間関係。「—血縁で結ばれた社会」

**ちえん【遅延】**（名・自スル）物事が予定の時刻や期日よりもおくれたり長引いたりすること。「電車が—する」「工事が—する」

**チェンジ**〔英 change〕（名・自他スル）変わること。変えること。交代。変更《へんこう》。「メンバー—」「イメージ—」「モデル—」「コート—」

**チェンバロ**〔イタリア cembalo〕（名）〔音〕→ハープシコード

**ちか【地下】**（名）❶地面の下。「—街」類地中。対地上。❷死んでから行くといわれる世界。冥土《めいど》。よみ。❸非合法な政治・社会運動などがひそかに行われる、社会の表面からかくれた場所。「—にもぐる」「—活動」

**ちか【地価】**（名）土地の値段。「—の上昇《じょうしょう》」

**ちか【治下】**（名）ある政権の支配のもと。統治下。「独裁者の—にある」

**ちかい【地階】**（名）建物の、地下に造られた階。「—の食品売り場」

**ちか・い【近い】**（形）{カロ・カッ(ク)・イ・イ・ケレ・○}❶距離《きょり》・時間などのへだたりが小さい。「海が—」「日暮れも—」❷内容・性質などが似かよっている。また、数量などのへだたりが小さく、ほぼ同じくらいである。「青に—緑色」「考え方が—」「一万人—応募《おうぼ》者」「終わりに—」❸血のつながりが濃《こ》い。関係が深い。「—親類」❹近視である。「目が—」（対遠い）

**仕組みの解明「近い」**

**Q** 駅に近い？ 駅から近い？ 駅と近い？

| | | に | から | と | |
|---|---|---|---|---|---|
| A | 駅 | ○ | ○ | ○ | 近い |
| B | 親 | ○ | × | ○ | 近い年齢《ねんれい》 |

**A**
・距離《きょり》を表す場合どれもいえるが、「目指す駅に近い」のように「に」は向かう方向を、「駅から近い観光地」のように「から」は出発点を取り上げる。
・「と」は「となり駅と近い駅」のように、動きのイメージがなく取り上げ方が対等というニュアンスがある。
・距離についていうのでない場合は、Bのように「から」は使えない。

**ちがいだな【違い棚】**（名）床《とこ》の間《ま》の横などに二枚の板を左右から段ちがいにつくりつけたたな。

（ちがいだな）

**ちがいない【違いない】**（「…に違いない」の形で）たしかである。まちがいなくそうである。「きっと来るに—」

**ちがいほうけん【治外法権】**（名）〔法〕元首や外交官などの特定の外国人が、滞在国《たいざいこく》の法律に支配されない特別の権利。

**ちか・う【誓う】**（他五）{ワ(オ)・イ(ッ)・ウ・ウ・エ・エ}神仏・他人・自分自身に、その事をするとかたく約束する。「心に—」

**ちが・う【違う】**（自五）{ワ(オ)・イ(ッ)・ウ・ウ・エ・エ}❶比較《ひかく》する他のものと同じでない状態である。ことなる。「彼女《かのじょ》とは意見が—」「約束が—」❷正しいものと合わない。まちがう。「答えが—」❸正常の状態・位置からはずれる。「首の筋が—」❹他と差がある。また、他との差がわかるほどすぐれている。「頭のできが—」

**ちが・える【違える】**（他下一）{エ・エ・エル・エル・エレ・エロ(エヨ)}❶同じでないようにする。「今までとやり方を—」❷まちがえる。「答えを—」❸正常の状態・位置からはずす。「首の筋を—」❹決められた物事に従わないようにする。「約束を—」

**ちかく【近く】**㊀（名）❶近い所。「—の家」❷（数量を表す語について）それに近いことを表す。「三年—会っていない」㊁（副）近いうちに。近々。「—うかがう予定です」

**ちかく【地核】**（名）〔地質〕地球の中心で高温・高圧の部分。地心。

**ちかく【地殻】**（名）〔地質〕地球の表面をおおっているかたい部分。厚さは、陸地では約三〇《キロメートル》～四〇《キロメートル》、海底では約五《キロメートル》。「—変動」

**ちかく【知覚】**（名・他スル）感覚によってものの形や性質、自分を取りまく空間・時間などを見分け知ること。また、その働き。視覚・聴覚《ちょうかく》・嗅覚《きゅうかく》・味覚・触覚《しょっかく》など。「—神経」

**ちがく【地学】**（名）地球や、地球を形づくる物質についての学問の総称《そうしょう》。地質学・鉱物学・地震学《じしんがく》など。

**ちかけい【地下茎】**（名）〔植〕植物の地中にあるくき。養分をたくわえて、芽や根を出す。

**ちかごろ【近頃】**（名）このごろ。最近。「—の若い者」「—かぜをひかなくなった」

**ちかし・い【近しい】**（形）{カロ・カッ(ク)・イ・イ・ケレ・○}親しい。仲のよい。「—間がら」

**ちかしげん【地下資源】**（名）地下にうまっている鉱物資源。鉱石・石炭・石油など。

**ちかしつ【地下室】**（名）地面より下にある部屋。

**ちかすい【地下水】**（名）地下の土砂《どしゃ》・岩石などのすきまを満たしたり、流れたりしている水。

**ちかちか**（副・自スル）❶強い光で目が刺激《しげき》される

ようす。「目が—(と)する」❷小さな光が小刻《こきざ》みに光ったり消えたりするようす。「星が—(と)瞬《またた》く」

**ちかぢか【近近】**(副)❶空間的にひじょうに近いようす。「—と顔をよせて見る」❷それほど時間がたたないうちに。近いうちに。近日。「—そちらに行く予定です」参考②は「きんきん」とも読む。

**ちかづき【近づき】**〘近付き〙(名)親しくなること。知り合うこと。また、その人。「お—になれて光栄です」

**ちかづ・く【近づく】**〘近付く〙(自五)〔カ(コ)・キ(イ)・ク・ク・ケ・ケ〕❶時間や距離《きょり》などが近くなる。動いて近くに行く。「春が—」「目的地に—」❷親しくなろうとする。つきあいを求める。「権力者に—」❸めざすものに迫《せま》る。似てくる。「理想に—」《対遠ざかる》

**ちかって【誓って】**(副)(神仏の名にかけて)かならず。きっと。決して。「—成功させます」「—うそは言いません」

**ちかてつ【地下鉄】**(名)(「地下鉄道」の略)地下に掘《ほ》ったトンネルを走る鉄道。

**ちかどう【地下道】**(名)地下につくられた道路。

**ちかば【近場】**(名)近くの場所。あまり遠くない所。「—で店を探す」

**ちかまつもんざえもん**〔近松門左衛門〕〔人名〕(一六五三—一七二四)江戸《えど》時代前期・中期の浄瑠璃《じょうるり》・歌舞伎《かぶき》作者。人情の世界を美しくえがく浄瑠璃にすぐれた。作に「国性爺合戦《こくせんやかっせん》」「曽根崎《そねざき》心中」「心中天の網島《あみじま》」「冥途《めいど》の飛脚《ひきゃく》」など。

**ちかみち【近道】**(名・自スル)❶目的地へ行くのにふつうより距離《きょり》の近い道を通ること。また、その道。「—を通る」対遠道《とおみち》・回り道。❷目的を達するのにてっとり早い方法・手段。はやみち。「成功への—」

**ちかめ【近目】**(名)❶近眼。❷やや近いほう。「—の球」《対遠目》。参考②はふつう「近め」と書く。

**ちがや**〘△茅〙(名)〘植〙イネ科の多年草。葉は細長い線形。山野に生え、春のはじめ、白色の穂《ほ》の形をした花が咲《さ》く。これを「つばな」という。

**ちかよ・る【近寄る】**(自五)〔ラ(ロ)・リ(ッ)・ル・ル・レ・レ〕❶近くに寄る。近づく。「—って見る」対遠のく。❷親しくなるようにする。かかわりをもつ。「あいつには—な」

**ちから【力】**(名)❶人や動物にそなわっている、自分や他の物を動かす筋肉の働き。「手の—」❷物体を動かしたり、物体の状態に変化をおこさせたりする働き。「エンジンの—」「風の—を利用する」❸身につけた能力。実力。「数学の—をつける」❹ある目的に向かっての集中したはたらきかけ。おかげ。ほねおり。「みんなの—で優勝できた」❺頼《たよ》りとなるもの。「親の—をあてにする」❻他をおさえつけ、支配して、思いどおりに動かす勢い。権力。勢力。「—でおさえつける」「—関係」❼そのものから感じられる勢い。元気さ。気力。「—のあふれた字」「—をなくす」❽ききめ。効果。「薬の—でなおった」

**力及《およ》ばず** 努力したが力量がたりないために、うまくいかないで。「—敗退する」

**力が抜《ぬ》ける** ❶気力がなくなる。❷からだの緊張《きんちょう》がほぐれる。「肩《かた》の—」

**力に余《あま》る** 自分の能力ではどうにもできない。手に余る。「この仕事は私の—」

**力になる** 人の助けとなる。「困っている人の—」

**力を入《い》れる** 特にそのことを優先させて熱心に努力する。「英語に—」

**力を落《お》とす** がっかりして気力をなくす。

**力を貸《か》す** 手伝う。手を貸す。「友人に—」

**ちからおとし【力落とし】**(名)がっかりすること。落胆《らくたん》すること。「さぞお—のことでしょう」

**ちからこぶ【力こぶ】**〘力△瘤〙(名)❶ひじを曲げて力を入れたとき、肩《かた》とひじの間にできる筋肉の盛りあがり。❷熱心につとめること。「—を入れる(=その物事に熱心に力をつくす)」

**ちからしごと【力仕事】**(名)特に強い力のいる労働。「—に向かないからだ」類力業《ちからわざ》・肉体労働

**ちからずく【力ずく】**(名)❶力のかぎりをつくして行うこと。❷暴力や権力で強引《ごういん》に物事を行うこと。「—で奪《うば》う」類腕《うで》ずく

**ちからぞえ【力添え】**(名・自スル)力をかして助けること。助力。「お—をお願いします」

**ちからだのみ【力頼み】**(名)助けてくれるものとして頼《たよ》りにすること。「わが子を—とする」

**ちからだめし【力試し】**(名)体力や能力などをためしてみること。「—に試験を受ける」類腕試《うでだめ》し

**ちからづ・く【力づく】**〘力付く〙(自五)〔カ(コ)・キ(イ)・ク・ク・ケ・ケ〕元気づく。元気が出る。「声援《せいえん》に—」

**ちからづ・ける【力づける】**〘力付ける〙(他下一)〔ケ・ケ・ケル・ケル・ケレ・ケロ(ケヨ)〕元気が出るようにはげます。「後輩《こうはい》を—」

**ちからづよ・い【力強い】**(形)〔カロ・カッ(ク)・イ・イ・ケレ・○〕❶頼《たよ》りになって安心できる。「彼《かれ》の助けがあれば—」❷力があふれていてたのもしい。「—返事」「—文字」

**ちからぬけ【力抜け】**(名・自スル)力がぬけること。がっかりすること。「敗戦の報に—する」

**ちからまかせ【力任せ】**(名・形動ダ)力にまかせてすること。ありったけの力ですること。「—に押《お》す」

**ちからまけ【力負け】**(名・自スル)❶力そのものが劣《おと》っていて、負けること。「まともに闘《たたか》ったのでは—する」❷力を入れすぎて、かえって負けること。

**ちからみず【力水】**(名)すもうで、土俵下のすみに置いてある、力士が口にふくむ水。「—をつける」

**ちからもち【力持ち】**(名)力の強いこと。また、その人。「気はやさしくて—」

**ちからわざ【力業】**(名)❶強い力を頼《たの》みにする技。❷体力のいる仕事。類力仕事・肉体労働

**ちかん**〘△弛緩〙(名・自スル)↓しかん(弛緩)

**ちかん【置換】**(名・他スル)あるものを他のものに置きかえること。「文字を—する」

**ちかん【痴漢】**(名)女性に性的ないたずらをする男。

**ちき【知己】**(名)❶自分をよく理解していてくれる友人。「十年来の—」類知友。❷知人。知り合い。

**ちき【稚気】**(名)子どもっぽい気質。気持ちがおさないこと。「—愛すべき人」

**ちぎ【千木】**(名)神社などの屋根の棟《むね》の両はしに

交差して組み合わせた長い二本の木。

（ちぎ）

**ちきゅう【地球】**（名）〘天〙太陽系の惑星《わくせい》の一つ。人類がすみ、太陽側から三番目に位置する天体。一日一回自転し、一年に一回公転する。

**ちきゅうおんだんか【地球温暖化】**（名）二酸化炭素などの温室効果ガスの蓄積《ちくせき》によって、地球の平均気温が長期的に上がってゆく現象。生態系や気象に大きな影響《えいきょう》をおよぼすおそれがある。

**ちきゅうぎ【地球儀】**（名）地球をかたどった模型。球面に地図をかき、回転するようにしたもの。

**ちぎょ【稚魚】**（名）卵からかえってまもない魚。「さけの―を放流する」対成魚

**ちきょう【地峡】**（名）〘地質〙二つの陸地をつなぐ、せまく細くなっている陸地。「パナマ―」

**ちぎょう【知行】**一（名・他スル）〘歴〙中世、土地を支配すること。また、その土地。二（名）〘歴〙江戸《えど》時代、将軍や大名から武士にあたえられた領地。また、のちには扶持米《ふちまい》。俸禄《ほうろく》。「一万石《ごく》の―」

**ちきょうだい【乳兄弟】**（名）実の兄弟ではないが、同じ人の乳で育った者どうしの間がら。

**ちぎょのわざわい【池魚の災い】**思いがけない災難やまきぞえにあうことのたとえ。特に、類焼の意。

故事 宋《そう》の国で、池に投げられた宝のたまを得ようと、池をさらったために、中の魚がすべて死んだという故事〈呂氏春秋《りょししゅんじゅう》〉から、また一説に、城門の火事を消そうとして池の水をくみほしたので、池の中の魚が死んだという故事から出た語。

**ちぎり【契り】**（名）❶約束。誓《ちか》い。特に、夫婦の約束。「夫婦の―を結ぶ」❷前世からの約束。宿縁《しゅくえん》。「親子の―」

**ちぎ・る【契る】**（他五）{ラ(ロ)・リ(ッ)・ル・ル・レ・レ}❶将来のことについてかたく約束する。❷夫婦の約束を結ぶ。「二世《にせ》を―」

**ちぎ・る**『千切る』（他五）{ラ(ロ)・リ(ッ)・ル・ル・レ・レ}❶手で細かく引きさく。「紙を―」❷ねじるように引っぱって取る。もぎ取る。「枝からみかんを―」❸（動詞の連用形について）強くその動作をすることを表す。「ほめ―」

**チキン**〔英chicken〕（名）とり肉。「フライド―」

**チキン-ライス**〔和製英語〕（名）とり肉・玉ねぎをいためてごはんにまぜ、トマトケチャップなどで味つけした料理。▷chicken と rice から。

**ちく【竹】** 6画 竹0 小1 音チク 訓たけ
たけ。植物の名。◆竹簡・竹馬・竹林 ◆爆竹《ばくちく》・破竹。参考特別に、「竹刀」は「しない」と読む。

**ちく【畜】** 10画 田5 音チク
動物を飼育すること。飼われている動物。◆畜犬・畜産・畜舎・畜生・畜類 ◆家畜・人畜・牧畜

**ちく【逐】** 10画 辶7 音チク
❶おう。おいはらう。◆逐電《ちくでん》・放逐。❷順をおう。順々にする。◆逐一・逐語訳・逐次・逐日・逐条審議《しんぎ》・逐年。❸きそう。◆角逐

**ちく【蓄】** 13画 艹10 音チク 訓たくわえる
たくわえる。ためる。集める。◆蓄財・蓄積・蓄電池 ◆蘊蓄《うんちく》・含蓄《がんちく》・貯蓄・備蓄

**ちく【築】** 16画 竹10 小5 音チク 訓きずく
きずく。建物をたてる。◆築城・築造・築堤《ちくてい》・築港《ちっこう》 ◆移築・改築・建築・構築・修築・新築・増築。参考特別に、「築山」は「つきやま」と読む。

**ちく【地区】**（名）❶ある一定の区域。「周辺―」❷ある目的のためにくぎられた一定の地域。「風致《ふうち》―」「文教―」類地域・地帯

**ちくいち【逐一】**（副）一つ一つ順を追って。一つ一つ残らず。「問題を―解決する」「―報告する」

**ちぐう【知遇】**（名）学識・人格などを認められて手厚く扱《あつか》われること。「―を得る」

**ちくおんき【蓄音機】**（名）レコードに記録した音波を、音に再生するしくみの機械。

**ちくかん【竹簡】**（名）むかしの中国で、紙の発明以前に字を書くのに使われた竹のふだ。

**ちくけん【畜犬】**（名）飼い犬。

**ちくご【筑後】**〔地名〕むかしの国名の一つ。今の福岡県の南部。筑州。

**ちくごやく【逐語訳】**（名・他スル）原文の一語一語を順をおって忠実に訳すこと。直訳すること。

**ちぐさ【千草】**（名）❶いろいろな草。「庭の―」❷（「千草色」の略）黄色がかった緑色。もえぎ色。

**ちくざい【蓄財】**（名・自スル）おかねをためること。また、たくわえた財産。「巨万《きょまん》の―」

**ちくさつ【畜殺】**（名・他スル）家畜を殺すこと。

**ちくさん【畜産】**（名）家畜を飼って肉・乳・皮など人間に必要なものを生産する産業。「―業」

**ちくじ【逐次】**（副）つぎつぎに。順々に。順次。「全集を―刊行《かんこう》する」

**ちくしゃ【畜舎】**（名）家畜を入れて飼う建物。

**ちくしょう【畜生】**一（名）❶けもの。動物。❷人をののしって言うことば。「あん―」二（感）いかりやくやしい気持ちを強く表すことば。「―、今に見ていろ」

**ちくじょう【逐条】**（名）箇条《かじょう》書きの文章を一つ一つ順をおってとりあげること。「―審議《しんぎ》」

**ちくじょう【築城】**（名・自スル）城をきずくこと。

**ちくしょうどう【畜生道】**（名）❶〘仏〙六道《ろくどう》（＝衆生《しゅじょう》が行く六つの世界）の一つ。生前の悪い行いによって、死者が鳥・獣《けもの》に生まれ変わり苦しみを受ける世界。❷道徳上許されない間がらでの情事。

**ちくせき【蓄積】**（名・自他スル）物やおかね・知識などをたくわえること。たまってふえていくこと。また、そのもの。「資本の―」「―された知識」「疲労の―」

**ちくぜん【筑前】**〔地名〕むかしの国名の一つ。今の福岡県の北西部。筑州。

**ちくぞう【築造】**（名・他スル）石や土を積み重ねて、堤防《ていぼう》・城などをきずくこと。「ダムを一する」

**ちくちく**（副・自スル）❶先のとがったもので、くり返し刺《さ》すようす。また、そのような痛みを感じるようす。「一縫《ぬ》う」「セーターが一する」❷相手に苦痛を与《あた》える物言いをくり返しするようす。「一（と）いやみを言う」

**ちくでん【逐電】**（名・自スル）逃《に》げてゆくえをくらますこと。ちくてん。「悪事を働いて一する」

**ちくでんき【蓄電器】**（名）〘物〙→コンデンサー

**ちくでんち【蓄電池】**（名）充電することで何回でも使うことができる電池。バッテリー。

**ちくねん【逐年】**（副）年をおって。年ごとに。年々。「一予算が増大する」

**ちくのうしょう**〖蓄△膿症〗（名）〘医〙鼻の奥《おく》の副鼻腔《ふくびこう》にうみのたまる病気。鼻づまりや頭痛がおこり、記憶力《きおくりょく》がおとろえる。

**ちぐはぐ**（名・形動ダ）くいちがっていること。二つ以上のものの組み合わせがそろっていないこと。「言うこととやることが一だ」「くつ下が一だ」

**ちくばのとも【竹馬の友】**（竹馬《たけうま》に乗って遊んだころからの友の意）仲のよいおさな友だち。

**ちくび【乳首】**（名）❶ちぶさの先の少しつき出たところ。❷乳幼児にくわえさせる、①の形のゴム製品。おしゃぶり。

**ちくりょく【畜力】**（名）牛・馬などが車や耕具を引く力。家畜の労働力。

**ちくりん【竹林】**（名）竹の林。竹やぶ。

**竹林の七賢《しちけん》**　中国の晋《しん》の時代の、阮籍《げんせき》・嵆康《けいこう》など、七人の賢人。老子や荘子《そうし》の思想を尊び、竹林で俗世間《ぞくせけん》から離《はな》れた話を楽しんだという。

**ちく・る**（他五）〔ラ(ロ)・リ(ッ)・ル・ル・レ・レ〕〘俗語〙告げ口をする。

**ちくるい【畜類】**（名）❶牛・馬・豚《ぶた》などの家畜。❷けもの。畜生。

**ちくわ【竹輪】**（名）かまぼこの一種。すりつぶした魚肉を竹ぐしにぬりつけて、焼くかむすかしたもの。

**ちけい【地形】**（名）山・川・平野・海岸線など、土地の高低による地表のありさま。「一図」類地勢

**チケット**〔英 ticket〕（名）切符《きっぷ》や券。乗車券・入場券・食券など。「一を取る」

**ちけん【知見】**（名）❶実際に見て知ること。「一を広める」❷知識。見識。

**ちけん【治験】**（名）〘医〙薬の効果や安全性を確認するために行う臨床《りんしょう》試験。「一薬」

**ちご**【○稚児】（名）❶子ども。❷神社や寺の祭りの行列などで着かざってねり歩く子ども。「一行列」❸むかし、貴族の家や寺などに召《め》し使われた少年。

**ちこう【地溝】**（名）〘地質〙二つのだいたい平行した断層の間にできた、細長いくぼんだ土地。

**ちこく【遅刻】**（名・自スル）決められた時刻におくれること。「学校に一する」

**ちこくへいてんか【治国平天下】**（名）国を治め、世の中を平和にすること。

**ちこつ【恥骨】**（名）〘生〙骨盤《こつばん》の正面に位置する左右一対の骨。

**ちさい【地裁】**（名）「地方裁判所」の略。

**ちさん【治山】**（名）木を植えたりして、大雨などのときに山が荒《あ》れないように整備すること。「一治水」

**ちさん【遅参】**（名・自スル）決められた時刻におくれて来ること。遅刻して来ること。

**ちさんちしょう【地産地消】**（名）ある地域でとれた農水産物をその地域で消費すること。

**ちし【地誌】**（名）ある地域の自然・社会・文化などをしるした書物。「郷土の一」

**ちし【知歯】**〖△智歯〗（名）〘生〙第三大臼歯《きゅうし》のこと。おやしらず。知恵歯《ちえば》。

**ちし【致死】**（名）人を死なせてしまうこと。「過失一」「一量」

**ちじ【知事】**（名）都・道・府・県の長。任期四年で、住民の直接選挙で選ばれる。

**ちしお【血潮】**（名）❶流れ出る血。「一に染まる」❷熱血・熱情のたとえ。「若い一がたぎる」

**ちしき【知識】**（名）ある物事について知っていること。また、知っている内容やことがら。「豊富な一を持つ」「一欲《よく》」⇨ちえ「学習」

**ちじき【地磁気】**（名）〘物〙地球のもつ磁気。磁石の針が南北をさす原因となるもの。地球磁気。

**ちしきかいきゅう【知識階級】**（名）知的職業についている人びとの層。インテリ。

**ちしきじん【知識人】**（名）知識・教養のある人。

**ちしきよく【知識欲】**（名）知識を得ようと思う気持ち。「一が強い」

**ちじく【地軸】**（名）〘地質〙地球の南極と北極をつなぐ線。地球はこれを軸として一日に一回自転する。

**ちしつ【地質】**（名）地殻《ちかく》を形づくる土地・岩石などの性質やようす。「一学」

**ちしつ**〖知△悉〗（名・他スル）細かい点までくわしく知っていること。知りつくしていること。「事情を一している」類精通・熟知

**ちしつじだい【地質時代】**（名）〘地質〙地球の表面に岩石または地層ができてから現代までの時代。参考先カンブリア代・古生代・中生代・新生代に分けられる。現代は新生代。

**ちしまかいりゅう【千島海流】**（名）〘地〙→おやしお

**ちしゃ【知者】**〖△智者〗（名）物事の道理をよく知っている人。また、かしこい人。知恵《ちえ》のある人。

**ちしゃ【治者】**（名）国を治める人。「一として君臨する」対被治者《ひちしゃ》

**ちしょう【知将】**〖△智将〗（名）知恵《ちえ》があり、作戦や戦略のうまい将軍。

**ちじょう【地上】**（名）❶地面の上。「一七階建て」対地下。❷この世。「一の楽園」

**ちじょう【痴情】**（名）異性間の愛情にまどう気持ち。「一のもつれ」

**ちじょうい【知情意】**（名）人間の精神活動の根本となる、知性と感情と意志。

**ちじょうけん【地上権】**（名）〘法〙他人の土地に建物を建てたり木を植えたりするために、その土地を使用することができる権利。

**ちじょうは【地上波】**（名）テレビやラジオ放送用の、地表面付近を伝わる電波。衛星を使わず、地上に

ある設備だけで送信される。「―放送」

**ちじょく【恥辱】**(名) はじ。はずかしめ。「―を受ける」類屈辱《くつじょく》

**ちしりょう【致死量】**(名) 薬物などで、それ以上飲んだら死ぬという限界の量。「―の睡眠薬《すいみんやく》」

**ちしん【地心】**(名) 地球の中心。地球の内部。

**ちじん【知人】**(名) たがいに知り合っている人。知り合い。「―を紹介《しょうかい》する」

**ちじん【痴人】**(名) おろか者。ばか者。

**ちず【地図】**(名) 地表の陸・海・川・山などの形状や事物を、一定の規則で縮尺し平面上に表した図。

**ちすい【治水】**(名・自スル) ダムや堤防《ていぼう》を作り、川の流れを制御《せいぎょ》して、水利をはかったり水害をふせいだりすること。「―事業」

**ちすじ【血筋】**(名) ❶血のつながり。血統。血縁《けつえん》。また、親子・兄弟など血のつながった者。「母方の―」❷体内をめぐる血液の通る道筋。血管。

**ちせい【地勢】**(名) 土地の高低・起伏《きふく》などの状態。「険《けわ》しい―」類地形

**ちせい【治世】**(名) ❶よく治まった世の中。平和な世の中。対乱世。❷君主として世の中を治めること。また、その期間。「徳川《とくがわ》の―」

**ちせい【知性】**(名) 物事を論理的に考え、判断する心の働き。「―が感じられる人」…的「知性的な顔」

**ちせいがく【地政学】**(名) 地理的な環境《かんきょう》が国の政治・経済などに与《あた》える影響《えいきょう》を考える学問。

**ちせき【地籍】**(名) 土地の位置・広さ・所有権など、土地に関することがら。また、それをしるした台帳。

**ちせつ【稚拙】**(名・形動ダ) 子どもっぽくてへたなこと。「―な文章」

**ちそ【地租】**(名) 旧法で、土地に対して課せられた税。参考現在の固定資産税にあたる。

**ちそう【地層】**(名) 〔地質〕長い年月の間に積み重なってできた、土砂《どしゃ》や岩石の層の重なり。

**ちそう【『△馳走』】**(名・他スル) 食事などを用意して客をもてなすこと。また、そのもてなし。転じて、りっぱな料理やおいしい食べ物。「ご―になる」使い方〉多く、上に「ご」をつけて使う。

**ちそく【遅速】**(名) 進み方のおそいことと、はやいこと。

**ちたい【地帯】**(名) ある特色と広がりをもつひと続きの地域。「安全―」「工業―」類地域・地区

**ちたい【遅滞】**(名・自スル) おくれてはかどらないこと。おそくなること。「―なく届ける」

**ちだい【地代】**(名) →じだい(地代)

**チタニウム**〔英 titanium〕(名) 〔化〕→チタン

**ちだるま【血だるま】**『血◇達磨』(名) 全身に血をあびた、だるまのように真っ赤な状態。「―になる」

**チタン**〔ドイツ Titan〕(名) 〔化〕金属元素の一つ。地中に化合物として分布する。軽くじょうぶでジェット機や人工衛星の機材に使われるほか、化合物は顔料の原料にされる。チタニウム。元素記号 Ti

**ちち【父】**(名) ❶男親。父親。対母 ❷ある物事を創始した男性。生みの親。「近代科学の―」

**ちち【乳】**(名) ❶乳房《ちぶさ》から出る白い液体。「―を飲ませる」❷乳房。「―が張る」

**ちち【遅遅】**(〈ト〉〈タル〉) 進み方がおそいようす。ゆっくり。のろのろ。「仕事は―として進まない」

**ちぢ【千千】**(名) 数の多いこと。さまざま。いろいろ。「―に心が乱れる」

**ちちうえ【父上】**(名) 父を敬っていうことば。「―によろしく」対母上

**ちちおや【父親】**(名) 父。男親。対母親

**ちちかた【父方】**(名) 父親のほうの血筋に属していること。「―の親類」対母方

**ちちぎみよ**…短歌
〔父君よ　けさはいかにと　手《て》をつきて　問《と》ふ子《こ》を見《み》れば　死《し》なれざりけり〕〈落合直文《おちあいなおぶみ》〉訳「お父さま、けさはおかげんはいかがですか」と、まくらもとに手をついて、病気を気づかってたずねる幼い子を見ると、この子を残して死ぬなど、とてもできないことだ。

**ちちくさ・い【乳臭い】**(形) {カロ・カッ(ク)・イ・イ・ケレ・○} ❶乳のにおいがする。❷子どもっぽい。幼稚《ようち》だ。「―議論」

**ちぢこま・る【縮こまる】**(自五) {ラ(ロ)・リ(ッ)・ル・ル・レ・レ} からだをまるめるようにして、小さくなる。「寒さで全身が―」

**ちちとこ**〔父と子〕〔作品名〕ロシアの作家ツルゲーネフの長編小説。一八六二年刊。古い習慣や道徳の世界に生きる父と、それを否定する子との対立をえがく。

**ちちのひ【父の日】**(名) 父親の愛や労苦に感謝するための日。毎年六月の第三日曜日。

**ちちばなれ【乳離れ】**(名・自スル) ❶乳児が成長して乳を飲まなくなること。また、その時期。離乳《りにゅう》。❷親から精神的に自立すること。「大学生になってもまだ―していない」参考「ちばなれ」ともいう。

**ちちはは**が…和歌
〔父母が　頭《かし》らかきなで　幸《さ》くあれて　いひし言葉《けとば》ぜ　忘《わす》れかねつる〕〈万葉集《まんようしゅう》・防人《さきもり》の歌・丈部稲麻呂《はせつかべのいなまろ》〉訳父母が、防人として出発する私の頭をなでて、無事でいるようにと言ったことばが忘れられないことだ。

**ちぢま・る【縮まる】**(自五) {ラ(ロ)・リ(ッ)・ル・ル・レ・レ} ❶長さ・距離《きょり》・時間などが短くなる。「先頭との差が―」「寿命《じゅみょう》が―」❷緊張《きんちょう》やこわさ、また、寒さなどのために、からだや気持ちが小さくなる。「身の―思い」

**ちぢみ【縮み】**(名) ❶ちぢむこと。小さくなること。「―のひどい布地」❷(「縮み織り」の略)表面に細かいしわをよせてちぢませた織物。

**ちぢみあが・る【縮み上がる】**(自五) {ラ(ロ)・リ(ッ)・ル・ル・レ・レ} 恐《おそ》れ・驚《おどろ》き・寒さなどで、からだがすくんで、凝《こ》り固まったようになる。「犬にほえられて―」

**ちぢ・む【縮む】**(自五) {マ(モ)・ミ(ン)・ム・ム・メ・メ} ❶長さ・大きさが小さくなる。「セーターが―」「ばねが―」「寿命《じゅみょう》が―」❷こわさや寒さなどのため、からだや気持ちが小さくなる。「身の―思い」

**ちぢ・める【縮める】**(他下一) {メ・メ・メル・メル・メレ・メロ(メヨ)} ❶長さ・距離《きょり》・時間などを短くする。ものを小さくする。「差を―」「タイムを―」❷緊張《きんちょう》や寒さなどのために、からだを小さくする。「身を―」

**ちちゅう【地中】**(名) 地面から下の土の中。大地の中。「―に埋《う》める」類地下

**ちちゅうかい**〔地中海〕(名) ヨーロッパ・アジア・アフ

リカの三大陸にかこまれた東西に細長い内海。大西洋・黒海・紅海のそれぞれにつながる。

**ちぢら・す**【縮らす】(他五) {サ(ソ)・シ・ス・ス・セ・セ} ちぢれるようにする。「髪《かみ》を―」

**ちぢ・れる**【縮れる】(自下一) {レ・レ・レル・レル・レレ・レロ(レヨ)} しわが寄ってちぢまる。こまかくまいたり波打ったりしたようになる。「髪《かみ》が―」

**ちつ**【秩】 10画 禾5 音チツ 千禾和秩秩秩
❶物事の順序。きまり。◆秩序。❷役人の給料。◆秩禄《ちつろく》

**ちつ**【窒】 11画 穴6 音チツ 宀宀宀空空室窒
❶息がふさがれる。◆窒息。❷元素の一つ。◆窒素⇩付録「漢字の筆順⑳至」

**チッキ**(名) 旅客が鉄道で乗車券を使って送る手荷物。また、その預かり証。▽英 check から。参考 一九八六(昭和六一)年に廃止《はいし》された。

**ちっきょ**【△蟄居】(名・自スル) ❶家に閉じこもって外出しないこと。「―の生活」❷江戸《えど》時代、武士にあたえた刑《けい》の一つ。一室に謹慎《きんしん》させるもの。

**ちっこう**【築港】(名・自スル) 船の出入りのために工事をして港をきずくこと。また、そのような港。

**ちつじょ**【秩序】(名) 物事の正しい順序やきまり。「社会の―」「―を乱す」「無―」

**ちっそ**【窒素】(名)〘化〙気体元素の一つ。色も味もにおいもなく、空気の体積のうち約五分の四をしめている。肥料や爆薬《ばくやく》に使う。元素記号 N

**ちっそく**【窒息】(名・自スル) 息がつまったり、酸素が欠乏《けつぼう》したりして、呼吸ができなくなること。「―死」

**ちっとも**(副) 少しも。「―痛くない」使い方〉あとに「ない」「ません」などの打ち消しのことばがくる。

**チップ**〔英 chip〕(名) ❶かけごとで、お金の代わりに使う小さなふだ。❷野菜などを薄《うす》く輪切りにしたもの。「ポテト―」❸木材を薄く細かく切ったもの。パルプの原料になる。❹集積回路を作りつけた小片《しょうへん》の部品。「ＩＣ―」

**チップ**〔英 tip〕(名) ❶決められた料金のほかに、お礼としてわたすおかね。心づけ。祝儀《しゅうぎ》。「―をはずむ」❷野球で、球がバットをかすること。「ファウル―」

**ちっぽけ**(形動ダ) {ダロ・ダッ(デ・ニ)・ダ・ナ・ナラ・〇} 《俗語》とるにたりないほど小さいようす。「―な存在」

**ちてい**【地底】(名) 大地の底。地面のずっと下。

**ちてき**【知的】(形動ダ) {ダロ・ダッ(デ・ニ)・ダ・ナ・ナラ・〇} ❶知性に富み、正しい判断力をそなえているようす。知性的。「―な人」❷知性や知識に関係しているようす。「―能力」

**ちてきしょうがい**【知的障害】(名) 知能・精神の発達がおくれ、社会生活への適応に困難が生じる状態。かつては「精神薄弱《はくじゃく》」と呼ばれた。

**ちてきしょゆうけん**【知的所有権】(名) 特許権・商標権・著作権など、人間の知的生産物に対する所有権(財産権)。知的財産権。

**ちてん**【地点】(名) 地上のある一つの位置・場所。「折り返し―」

**ちどうせつ**【地動説】(名)〘天〙地球が太陽のまわりを回るという考え。コペルニクスが唱えた。対天動説

**ちとせ**〘千◇歳〙(名) 千年。また、長い長い年月。

**ちとせあめ**〘千◇歳△飴〙(名) 七五三や新生児の宮参りのときに、松竹梅や鶴亀《つるかめ》の絵を描《か》いた長い紙袋《かみぶくろ》に入れて売られる、紅白の棒状のあめ。

**ちどり**【千鳥】(名)〘動〙チドリ科の水鳥。くちばしが短く、足のゆびが三本のものが多い。海辺《うみべ》を数千羽が群がりとぶ。

(ちどり)

**ちどりあし**【千鳥足】(名)(左右に足を踏《ふ》みちがえる千鳥の歩き方から)酒に酔《よ》ってよろめきながら歩く歩き方。

**ちどん**【遅鈍】(名・形動ダ) 動作や頭のはたらきがのろくてにぶいこと。「―な男」

**ちなまぐさ・い**【血なまぐさい】〘血△腥い〙(形) {カロ・カッ(ク)・イ・イ・ケレ・〇} ❶血のにおいがする。「―魚」❷血が流れるのを見るようなざんこくなようす。「―事件」

**ちなみに**〘◇因みに〙(接) 前のことがらに補足説明をするときに用いることば。ついでに言えば。「―申しあげますと」

**ちな・む**〘◇因む〙(自五) {マ(モ)・ミ(ン)・ム・ム・メ・メ} あることがらとの関係によってその物事をする。関連する。ことよせる。「発見者に―・んだ名前」

**ちにち**【知日】(名) 外国の人が、日本のことについてよく知っていること。「―家」

**ちねつ**【地熱】(名)〘地質〙地球内部の熱。「―を利用する」「―発電」参考「じねつ」とも読む。

**ちのう**【知能】〘△智能〙(名) 物事を考えて、判断したり理解したり記憶《きおく》したりする、頭の働き。「―が高い」…的「知能的な犯罪」

**ちのうけんさ**【知能検査】(名) 知識・理解力・判断力・記憶《きおく》力・注意力などの能力をはかるための検査。メンタルテスト。

**ちのうしすう**【知能指数】(名) 知能の発達程度の目じるしとなる数値。知能検査で出た精神年齢を実際の年齢《ねんれい》で割り一〇〇倍したもの。ＩＱ。

**ちのうはん**【知能犯】(名) 詐欺《さぎ》・横領《おうりょう》・背任《はいにん》など、知能を働かせて行う犯罪。また、その犯人。

**ちのけ**【血の気】(名) ❶皮膚《ひふ》の、血のかよっているようす。血色。「―の引いた顔」❷感情に走りやすいこと。すぐかっとなること。「―の多い人」

**ちのみご**【乳飲み子】〘乳△呑み子〙(名) 乳児。赤んぼう。「―をかかえて働く」

**ちのめぐり**【血の巡り】❶血液の循環《じゅんかん》。「―をよくする」❷頭の働き。「―が悪い」

**ちのり**【血のり】〘血△糊〙(名) のりのようにねばり気のある血。

**ちのり**【地の利】物事をするのに、土地の位置や地勢などのようすが有利なこと。「―を得る」「―を生かす」

**ちはい**【遅配】(名・自他スル) 配達・支給などが、予定された期日よりおくれること。「給料の―」

**ちばし・る**【血走る】(自五) {ラ(ロ)・リ(ッ)・ル・ル・レ・レ} 興奮したり熱中したりして、目が赤くなる。「目が―・っている」

**ちばなれ**【乳離れ】(名・自スル) →ちちばなれ

**ちはん**【池畔】(名) 池のほとり。

**ちばん**【地番】(名) 土地登記簿《とうきぼ》に記載《きさい》され

る、土地の一区画ごとにつけた番号。

**ちび** 一 (名・形動ダ) からだが小さいこと。背の低いこと。また、その人。 二 (名) 幼い子ども。ちびっこ。

**ちびちび** (副) ほんの少しずつするようす。ちびりちびり。「—(と)酒を飲む」

**ちひつ【遅筆】** (名) 文章を書くのがおそいこと。「—の作家」対速筆

**ちびっこ【ちびっ子】** (名) 幼い子ども。「—広場」

**ちひょう【地表】** (名) 地球の表面。

**ち・びる**『△禿びる』(自上一) {ビ・ビ・ビル・ビル・ビレ・ビロ(ビヨ)} 先がすりへる。先がすりへって短くなる。「鉛筆《えんぴつ》が—」

**ちび・る** (他五) {ラ(ロ)・リ(ッ)・ル・ル・レ・レ} 《俗語》❶小便などを少しもらす。❷出し惜《お》しみする。けちけちする。

**ちひろ**『千◇尋』(名) ❶一ひろの千倍。一ひろは両手を左右にひろげた長さで、約一・八メートル。❷長さ・深さがはかり知れないこと。「—の海」

**ちぶ【恥部】** (名) ❶性器のある部分。陰部《いんぶ》。❷人に見られたくない恥《は》ずかしい部分。「政界の—」

**ちぶさ【乳房】** (名) 《生》女性や哺乳《ほにゅう》動物の雌《めす》の胸や腹部にあり、乳を出す器官。乳房《にゅうぼう》。

**チフス** 〔ドイ Typhus〕(名) 《医》チフス菌《きん》におかされておこる急性の感染症《かんせんしょう》。チブス。「腸—」

**ちへい【地平】** (名) ❶大地の平らな広がり。❷地平線。❸ある物事が展開される領域・範囲《はんい》。「科学の新たな—をひらく」

**ちへいせん【地平線】** (名) 遠くに見える、地面と空の境の線。「—に沈《しず》む夕日」

**チベット** 〔Tibet〕[地名] 中国の南西部、インドの北の高原地帯にある中国の自治区。区都はラサ。

**ちへど【血へど】**『血◇反吐』(名) 胃から吐《は》く血。また、そのかたまり。「—を吐くほど練習する」

**ちへん【地変】** (名) 土地の変動。土地の陥没《かんぼつ》や隆起《りゅうき》、火山の噴火《ふんか》や地震《じしん》など。

**ちほ【地歩】** (名) 自分のいる立場・地位。「—を占《し》める」「—を固める」

**ちほう【地方】** (名) ❶国内のある一定の地域。「関東—」❷その国の首府からはなれた地域。「—都市」対中央

**ちほう**『痴△呆』(名) 病気や加齢《かれい》のため、知能が低下した状態。また、その状態にある人。⇒にんちしょう

**ちぼう【知謀】**『△智謀』(名) 知恵《ちえ》のあるはかりごと。「—をめぐらす」

**ちほうこうきょうだんたい【地方公共団体】** (名) 法律の範囲《はんい》内で、一定の地域内の行政を自主的に行うためにつくられた団体。都・道・府・県や市・町・村など。地方自治体。

**ちほうこうむいん【地方公務員】** (名) 地方公共団体につとめる公務員。⇒こっかこうむいん

**ちほうさいばんしょ【地方裁判所】** (名) 各都道府県に設置される下級裁判所の一つ。ふつう、第一審《しん》の裁判を行う。地裁。

**ちほうし【地方紙】** (名) 全国紙に対して、限られた地域を対象に発行される新聞。

**ちほうじちたい【地方自治体】** (名) →ちほうこうきょうだんたい

**ちほうしょく【地方色】** (名) その地方の自然や風俗《ふうぞく》・習慣などから受ける独特の感じ。郷土色。ローカルカラー。「—豊かな祭り」

**ちほうぜい【地方税】** (名) 地方公共団体が集める税金。⇒こくぜい

**ちほうばん【地方版】** (名) 中央に本社をおく新聞社が地方読者のために、その地方に関する記事をのせる紙面。

**ちほうぶんけん【地方分権】** (名) 政治の権力を中央に集中しないで分散し、地方に自治権をもたせること。対中央集権

**チボーけのひとびと** 〔チボー家の人々〕[作品名] フランスの作家マルタン=デュ=ガールの長編小説。一九四〇年完成。現実主義者アントワーヌと理想主義者ジャックの兄弟を中心に、第一次世界大戦前後のフランス社会と青年たちの苦悩《くのう》をえがいた大作。

**ちまき**『△粽』(名) もちごめやくず粉などで作ったもちを茅《ち》(=ちがや)や笹《ささ》などの葉に包んでむしたもの。五月五日の端午《たんご》の節句に食べる。

**ちまた**『△巷』(名) ❶道が分かれる所。分かれ道。また、物事の分かれ目。「生死の—」❷町の通り。街路。❸世間。世の中。「—のうわさ」❹ある物事の起こっている場所。「戦火の—」

**ちまちま** (副・自スル) 小さくまとまっているようす。ちんまり。「—(と)した字を書く」

**ちまつり【血祭り】** (名) (むかし、中国で、いけにえの血で軍神を祭り出陣《しゅつじん》したことから)出陣のとき、味方の士気を高めるために敵方の者などをまず殺すこと。「—にあげる(=特定の相手をひどい目にあわせる)」

**ちまなこ【血眼】** (名) 興奮して血ばしった目。むちゅうになって目的をなしとげようとするようすなどにいう。「—になってさがす」

**ちまみれ【血まみれ】**『血◇塗れ』(名・形動ダ) 血だらけであること。「手が—になる」類血みどろ

**ちまめ【血豆】** (名) 皮下の内出血によってひふにできる赤黒い豆のような形のもの。「てのひらに—ができる」

**ちまよ・う【血迷う】** (自五) {ワ(オ)・イ(ッ)・ウ・ウ・エ・エ} 逆上して、正しい判断ができなくなる。理性を失う。「何を—・ったのか高い買い物をしてしまった」

**ちみ【地味】** (名) 土地がこえているかやせているかの度合い。注意「じみ」と読むと、別の意味になる。

**ちみちをあげる【血道を上げる】** 恋愛《れんあい》や道楽にむちゅうになる。「かけごとに—」

**ちみつ【緻密】** (名・形動ダ) ❶きめや細工が細かいこと。「—な織物」❷細かいところまでゆきとどいて、ぬかりのないこと。「—な計画」類精密

**ちみどろ【血みどろ】** (名・形動ダ) からだじゅうが血だらけであること。「—の戦い」類血まみれ

**ちみもうりょう**『△魑魅△魍△魎』(名) さまざまな化け物・妖怪《ようかい》。「—の世界」

**ちめい【地名】** (名) 土地の名前。土地の呼び名。

**ちめい【知名】** (名・形動ダ) 世の中によく名前が知られていること。「—人」「—度」類有名

**ちめい【知命】** (名) 五〇歳《さい》のこと。参考「論語」の「五十にして天命を知る」から出たことば。

**ちめいしょう【致命傷】** (名) ❶死ぬ原因となる

傷。「腹部の傷が—となる」❷再起できなかったり、とりかえしがつかなくなったりした原因。「国会での失言が—になる」

**ちめいてき【致命的】**(形動ダ){ダロ・ダッ(デ・ニ)・ダ・ナ・ナラ・○} ❶命にかかわるようす。「—な傷」❷ふたたび立ち上がれない原因となるようす。「—な失敗をする」

**ちめいど【知名度】**(名) 世の中に名前が知られている度合い。

**ちもく【地目】**(名) 土地をおもな使用目的によって分けた名称《めいしょう》。田・畑・宅地・山林・原野・保安林など多くの区分がある。

**ちゃ【茶】** 9画 艹6 小2 音 チャ・サ 中
一 艹 艹 艾 苶 茶
❶ちゃの木。◆茶園・茶畑。❷おちゃ。また、それを飲む作法。◆茶菓《さか・ちゃか》・茶道《さどう・ちゃどう》・茶器・茶室・茶店・茶屋 ◆喫茶《きっさ》・紅茶・新茶・煎茶《せんちゃ》・粗茶《そちゃ》・番茶・抹茶《まっちゃ》・銘茶《めいちゃ》・緑茶。❸茶の葉を煮《に》出したような色。◆茶色・茶褐色《ちゃかっしょく》 ◆海老茶《えびちゃ》

**ちゃ【茶】**(名) ❶〘植〙ちゃの木。ツバキ科の常緑低木。芽や若葉をつんで飲料品とする。「—をつむ」❷①の芽や若葉を蒸《む》して乾燥《かんそう》したもの。また、それに湯を注いで出した飲み物。「—を飲む」「—をいれる」❸抹茶《まっちゃ》。また、茶の湯。「—をたてる」❹茶色。

**チャージ**〔英 charge〕(名・自他スル) ❶充電《じゅうでん》したり、自動車などに燃料を入れたりすること。「バッテリーを—する」❷ＩＣカードなどに入金すること。❸サッカーやラグビーなどで、体当たりで向かうプレー。❹ゴルフで、好スコアで追い上げること。「猛《もう》—をかける」❺レストランやホテルなどでの料金。「ルーム—」

**チャーシュー**〔中国 叉焼〕(名) ぶた肉のかたまりを糸でしばり、焼いたり煮《に》たりして調味料の味をしみ込《こ》ませた料理。焼き豚《ぶた》。「—麺《めん》」

**チャーター**〔英 charter〕(名・他スル) 船やバス・飛行機などを借り切ること。「—機」

**チャーチ**〔英 church〕(名) 教会。教会堂。

**チャート**〔英 chart〕(名) ❶海図。地図。❷図表。一覧表。

**チャーハン**〔中国 炒飯〕(名) 中華《ちゅうか》料理の一種。ぶた肉・野菜などをきざんで、ご飯といっしょにいためたもの。焼き飯《めし》。

**チャーミング**〔英 charming〕(形動ダ){ダロ・ダッ(デ・ニ)・ダ・ナ・ナラ・○} 人をひきつける魅力《みりょく》のあるようす。魅力的。魅惑《みわく》的。「—な女性」

**チャーム-ポイント**〔和製英語〕(名) 人の目をひきつける、最も魅力《みりょく》的なところ。「大きな瞳《ひとみ》が—だ」▽charm と point から。

**チャイム**〔英 chime〕(名) ❶音階に音を合わせて並べた一組の鐘《かね》。また、それによる音楽や合図。❷①のような音を出す装置。「玄関《げんかん》の—を鳴らす」

**ちゃいろ【茶色】**(名) 黒みがかった赤黄色。

**ちゃうけ【茶請け】**(名) お茶にそえて出す菓子《かし》・つけものなど。

**ちゃかい【茶会】**(名) 茶の湯の会。「—を催《もよお》す」

**ちゃがし【茶菓子】**(名) お茶にそえて出す菓子。

**ちゃか・す**『×茶化す』(他五){サ(ソ)・シ・ス・ス・セ・セ} ❶まじめに受け取らずじょうだんにしてしまう。ひやかす。「人の話を—」❷じょうだんにかこつけてごまかす。「てれて—」

**ちゃかっしょく【茶褐色】**(名) 黒みがかった茶色。こげ茶色。

**ちゃがま【茶釜】**(名) 茶の湯で使う、湯をわかすかま。

(ちゃがま)

**ちゃがら【茶殻】**(名) 煎《せん》じ出したあとの茶の葉。出しがら。

**ちゃき【茶器】**(名) ❶お茶をいれるときに使う道具。茶道具。❷抹茶《まっちゃ》を入れる器。

**ちゃきちゃき**(名) 混じりけがないこと。「—の江戸《えど》っ子」類生粋《きっすい》。参考「嫡嫡《ちゃくちゃく》」が変化したとされる、くだけた言い方。

**ちゃきん【茶巾】**(名) 茶道で、茶碗《ちゃわん》をふくのに使うきれ。

**ちゃく【着】** 12画 羊6 小3 音 チャク・ジャク 高 訓 きる・きせる・つく・つける
丶 丷 䒑 羊 𦍌 着
❶きる。服などを身につける。◆着衣・着用。対脱《だつ》。❷つく。つける。㋐くっつける。くっつく。ついてはなれない。◆着色 ◆愛着《あいじゃく・あいちゃく》・執着《しゅうじゃく・しゅうちゃく》・接着・定着・土着・粘着《ねんちゃく》・付着・密着。㋑ゆきつく。たどりつく。とどく。◆着駅・着岸・着信・着水・着弾《ちゃくだん》・着地・着任・着陸 ◆帰着・終着・先着・到着《とうちゃく》・発着。㋒きまりがつく。◆決着・落着。㋓仕事にとりかかる。◆着手・着工。㋔注意を向ける。思いつく。◆着意・着眼・着想・着目。❸落ち着いている。◆着実 ◆沈着《ちんちゃく》。参考「ジャク」の音は「愛着《あいじゃく》」「執着《しゅうじゃく》」などのことばに使われる特殊《とくしゅ》な読み方。⇩付録「漢字の筆順㉓羊」

**ちゃく【着】**㊀(名) ある場所に着くこと。「五時の—の便に乗る」「京都—」対発。㊁(接尾) ❶衣服を数えることば。「スーツ二—」❷到着《とうちゃく》の順序を数えることば。「徒競走で一—になる」

**ちゃく【嫡】** 14画 女11 音 チャク
女 女 妒 妒 嫡 嫡
❶正妻。◆嫡出。❷あとつぎ。◆嫡子・嫡男。対庶《しょ》。❸あとつぎの血すじ。正統。◆嫡流

**ちゃくい【着衣】**(名) 身につけている衣服。また、衣服を着ること。対脱衣《だつい》

**ちゃくい【着意】**(名・自スル) ❶思いつくこと。思いつき。「奇抜《きばつ》な—」類着想。❷気をつけること。注意。「この点に—する」類留意

**ちゃくえき【着駅】**(名) 到着《とうちゃく》先の駅。対発駅

**ちゃくがん【着眼】**(名・自スル) 目をつけること。目のつけ方。「いいところに—する」類着目

**ちゃくがんてん【着眼点】**(名) 目のつけどころ。注目したところ。「—がよい」

**ちゃくざ【着座】**(名・自スル) 座席につくこと。「ご—ください」類着席

**ちゃくし【嫡子】**(名) ❶家のあとつぎとなる子。あととり。❷正妻の産んだ子。嫡出子。

**ちゃくじつ【着実】**（名・形動ダ）落ち着いて、一歩一歩確実に物事を進めること。また、あぶなげのないこと。「—な研究」「—な気風」

**ちゃくしゅ【着手】**（名・自スル）仕事や事業に取りかかること。「建設工事に—する」

**ちゃくしゅつ【嫡出】**（名）〘法〙法律上正式に結婚した夫婦の間に生まれること。「—の子」

**ちゃくしゅつし【嫡出子】**（名）〘法〙法律上正式に結婚した夫婦の間に生まれた子。嫡子。

**ちゃくしょく【着色】**（名・自スル）色をつけること。「—剤《ざい》」「合成—料」対脱色《だっしょく》

**ちゃくしん【着信】**（名・自スル）郵便・電話・電子メールなどの、通信がとどくこと。また、その通信。「—音」対発信

**ちゃくすい【着水】**（名・自スル）飛んでいるものが水面に降りること。「飛行艇《ひこうてい》が—する」

**ちゃくせき【着席】**（名・自スル）席につくこと。すわること。「一同—」類着座

**ちゃくそう【着想】**（名）思いつくこと。思いつき。アイデア。「奇抜《きばつ》な—」類着意

**ちゃくだつ【着脱】**（名・他スル）装備・部品などをとりつけることとはずすこと。また、衣服を着ることと脱《ぬ》ぐこと。「—式のバッテリー」

**ちゃくち【着地】**（名・自スル）❶飛んでいるものが地面に降りること。類着陸。❷体操やスキーのジャンプなどで、とび上がった者がゆかや雪面におり立つこと。

**ちゃくちゃく【着着】**（副）物事が順序よくはかどるようす。一歩一歩。「工事が—と進む」

**ちゃくなん【嫡男】**（名）正式に結婚している夫婦の間に生まれた長男。

**ちゃくにん【着任】**（名・自スル）新しい任務についたり新しい任地に到着《とうちゃく》したりすること。対離任《りにん》

**ちゃくばらい【着払い】**（名）郵便物や送られてきた品物の代金や送料を、受け取った人が払うこと。「宅配便《たくはいびん》を—で送る」

**ちゃくひょう【着氷】**（名・自スル）❶水蒸気や水滴《すいてき》が、航行中の飛行機や船、電線などに凍《こお》って付着すること。また、その氷。❷スケート競技などで、ジャンプ後に氷面に降り立つこと。

**ちゃくふく【着服】**（名・他スル）人のおかねやものをこっそりぬすんで自分のものとすること。「公金の—」

**ちゃくぼう【着帽】**（名・自スル）帽子をかぶること。また、かぶっている状態。対脱帽《だつぼう》

**ちゃくもく【着目】**（名・自スル）（重要なものとして）特に目をつけること。気をつけて見ること。「—に値《あたい》する」「そこに—するとはすばらしい」類着眼

**ちゃくよう【着用】**（名・他スル）衣服などを身につけること。「制服を—する」

**ちゃくりく【着陸】**（名・自スル）飛行機などが陸上に降りること。「—態勢」類着地。対離陸《りりく》

**ちゃくりゅう【嫡流】**（名）本家の血筋。正統。正しい血筋。「源氏《げんじ》の—」

**チャコ**（名）洋裁などで、布地を裁《た》つときにしるしをつける色つきのチョーク。▽英 chalk から。

**チャコール**〔英 charcoal〕（名）❶木炭。活性炭。❷黒みがかった灰色。炭色。「—グレーのスーツ」

**ちゃこし【茶こし】**〘茶△漉し〙（名）目の細かい小さな金網《かなあみ》でできた、茶をこすための道具。

**ちゃさじ【茶さじ】**〘茶△匙〙（名）❶紅茶・コーヒーなどを飲むときに使う小型のさじ。ティースプーン。❷抹茶《まっちゃ》をすくう、竹でできているさじ。茶杓《ちゃしゃく》。

**ちゃしつ【茶室】**（名）茶の湯の会に用いる部屋。

**ちゃしぶ【茶渋】**（名）湯のみ茶碗《ちゃわん》や急須《きゅうす》などにこびりつく、茶をせんじた汁《しる》のあか。

**ちゃしゃく**〘茶△杓〙（名）→ちゃさじ

**ちゃじん【茶人】**（名）❶茶道《さどう》に通じた人。茶の湯の好きな人。❷風流を好む人。好事家《こうずか》。

**ちゃせん**〘茶△筅〙（名）抹茶《まっちゃ》をたてるとき、かきまわしてあわをたてる竹でつくった道具。

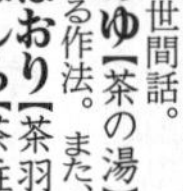

（ちゃせん）

**ちゃだい【茶代】**（名）❶茶店でしはらう、飲んだ茶の代金。❷旅館・飲食店などで、決まった代金のほかにあたえる心づけのおかね。チップ。

**ちゃたく**〘茶△托〙（名）湯のみ茶碗《ちゃわん》をのせる平たい小さな皿。

**ちゃだんす【茶だんす】**〘茶△簞△笥〙（名）茶器・食器などをしまっておく戸棚《とだな》式の家具。

**ちゃち**（形動ダ）〔ダロ・ダッ(デ・ニ)・ダ・ナ・ナラ・○〕安っぽいようす。貧弱なようす。「—なつくりの家」「—な考え」

**ちゃちゃ**〘×茶茶〙（名）人の話の途中《とちゅう》で、わきから口をはさんで言う冷やかしやからかいのことば。「話に—を入れる」「とんだ—がはいる」

**ちゃっか【着火】**（名・自他スル）火がつくこと。また、火をつけること。「燃料に—する」「—剤《ざい》」

**ちゃっかり**（副・自スル）自分が得するように抜《ぬ》け目なくふるまうようす。「見かけによらず—している」

**チャック**（名）「ファスナー」の商標名。

**ちゃづけ【茶漬け】**（名）ご飯に茶をかけたもの。

**ちゃっこう【着工】**（名・自スル）工事に取りかかること。「来春—予定の新社屋」類起工。対完工

**チャット**〔英 chat〕（名）コンピューターネットワーク上で、複数の人が同時にメッセージをやりとりすること。参考「おしゃべり」の意。

**ちゃつみ【茶摘み】**（名）茶の木の芽や葉をつむこと。また、それをする人。

**チャド**〔Chad〕〔地名〕アフリカ大陸の中央部にある共和国。首都はンジャメナ。

**ちゃどう【茶道】**（名）→さどう(茶道)

**ちゃのま【茶の間】**（名）家族が食事をしたり、くつろいだりする部屋。「—でくつろぐ」類居間。対客間

**ちゃのみともだち【茶飲み友達】**〔茶飲み。友達〕（名）お茶を飲みながら世間話をしたりするような、気楽な友達。

**ちゃのみばなし【茶飲み話】**（名）茶を飲みながらする世間話。

**ちゃのゆ【茶の湯】**（名）客をまねき、抹茶《まっちゃ》をたててすすめる作法。また、その会。「—の心得」類茶道

**ちゃばおり【茶羽織】**（名）女性用の短い羽織。

**ちゃばしら【茶柱】**（名）番茶や煎茶《せんちゃ》をついだとき、茶碗《ちゃわん》の中で縦に浮《う》かぶ茶の茎《くき》。俗《ぞく》に、よいことの前兆《ぜんちょう》という。「—が立つ」

**ちゃばらもいっとき【茶腹も一時】** 茶を飲んだだけでも、しばらくは空腹をしのぐことができるように、わずかの物でも一時の助けにはなるということ。

**ちゃばん【茶番】**（名）❶（「茶番狂言《きょうげん》」の略）その場の物を使ってこっけいな口ぶり・身ぶりで行う、おどけた簡単な劇。❷（比喩《ひゆ》的に）意図の見えすいたばかばかしい出来事。「とんだ—だ」「—劇」

**ちゃぶだい【ちゃぶ台】**〖◇卓△袱台〗（名）折りたたみのできる脚《あし》がついた、低い食卓《しょくたく》。

**チャペル**〔英 chapel〕（名）キリスト教の礼拝堂。

**ちゃぼ**〖×矮鶏〗（名）〖動〗にわとりの一品種。小形で足が短く、尾《お》は長い。愛玩《あいがん》用として飼われる。

**ちゃぼうず【茶坊主】**（名）❶室町《むろまち》・江戸《えど》時代に、大名などに仕えて、茶の湯を受け持った者。頭をそっていたことからの名。❷権力者に気に入られようとして、そのごきげんとりをする人をあざけっていう。

**ちやほや**（副・他スル）きげんをとってあまやかすようす。おだててきげんをとるようす。「まごを—する」

**ちゃみせ【茶店】**（名）道ばたにあって、通行人が茶を飲んだり菓子《かし》を食べたりして休息できる店。茶屋。

**ちゃめ**〖×茶目〗（名・形動ダ）あいきょうがあっていたずらっぽいようす。また、その人。「お—な女の子」「—っ気《け》がある」

**ちゃや【茶屋】**（名）❶茶を作り、または売る店。葉茶屋。❷茶店。❸客に料理を出したり、宴会《えんかい》をさせたりする店。

**ちゃら**（名）《俗語》帳消《ちょうけ》し。それまでのいきさつや貸し借りをすべて取り消すこと。「話を—にする」

**ちゃらちゃら**（副・自スル）❶はででやすっぽい身なりをするなどして、うわついた態度や行動をするようす。「—したやつだ」❷小さな金属などが触《ふ》れ合ったりして、軽い音をたてるようす。「小銭《こぜに》が—（と）する」

**ちゃらんぽらん**（名・形動ダ）《俗語》いいかげんで、無責任なこと。「—を言う」「—な行動」

**チャリティー**〔英 charity〕（名）慈善《じぜん》。「—ショー（＝慈善興行）」

**チャルメラ**〔ポルトガル charamela〕（名）〖音〗らっぱに似た木管楽器。屋台《やたい》の夜鳴きそば屋などが吹《ふ》く。

（チャルメラ）

**チャレンジ**〔英 challenge〕（名・自スル）挑戦《ちょうせん》すること。困難な物事にいどむこと。「難問に—する」

**ちゃわかい【茶話会】**（名）→さわかい

**ちゃわん【茶わん】**〖茶△碗〗（名）茶を飲んだり、飯を盛って食べたりするのに使う陶磁器《とうじき》。

**ちゃわんむし【茶わん蒸し】**〖茶△碗蒸し〗（名）とり肉・野菜などの具を茶碗に入れ、出し汁《じる》で溶《と》いた卵汁を注いで茶碗ごと蒸《む》した日本料理。

**-ちゃん**（接尾）人の名前や人を表す語につけて、親しみをこめて呼ぶときに用いる。「あや—」「おばあ—」

**ちゃんこなべ【ちゃんこ鍋】**（名）すもうの力士《りきし》がよく作る、魚・肉・野菜などをいれたなべ料理。

**チャンス**〔英 chance〕（名）何かをするのにちょうどよい機会。好機。「—をつかむ」「シャッター—」

**ちゃんちゃらおかし・い**（形）{カロ・カッ(ク)・イ・イ・ケレ・○}《俗語》笑止千万《せんばん》だ。笑ってしまうほど、あまりにばかばかしい。「今ごろ言いだすなんて—」

**ちゃんちゃんこ**（名）綿入りの袖《そで》なし羽織。

**ちゃんと**（副・自スル）❶きちんとしているようす。「—した服装」❷確かで間違《まちが》いのないようす。確かに。しかと。「この目で—見た」

**チャンネル**〔英 channel〕（名）ラジオやテレビで、各放送局に割り当てられた電波の周波数。また、その局に合わせるためのボタンやつまみ。「—を変える」

**ちゃんばら**（名）時代劇《じだいげき》で、刀で切り合うこと。また、そういう劇や演技。「—ごっこ」類剣劇《けんげき》

**チャンピオン**〔英 champion〕（名）優勝者。選手権保持者。第一人者。「世界—」

**ちゃんぽん** ㊀（名・形動ダ）《俗語》二種類以上のものをまぜこぜにすること。「ワインと日本酒を—に飲む」㊁（名）太めの麺《めん》に肉・魚介《ぎょかい》・野菜などを具にしてスープで煮《に》た長崎《ながさき》の名物料理。

**ちゆ【治癒】**（名・自スル）病気・けがなどがなおること。「足の傷が一〇日で—する」

**ちゆう【知友】**（名）たがいによく理解し合っている友。気心の知れた友人。「—の間がら」類知己《ちき》

**ちゅう【中】** 4画 丨3 小1 音チュウ・ジュウ 訓なか
ヽ 冂 口 中

❶なか。うち。◆中耳《ちゅうじ》◆意中・海中・懐中《かいちゅう》・渦中《かちゅう》・眼中・胸中・空中・市中・車中・手中・腹中。❷まんなか。かたよらない。◆中央・中核《ちゅうかく》・中級・中堅《ちゅうけん》・中軸《ちゅうじく》・中旬《ちゅうじゅん》・中心・中枢《ちゅうすう》・中正・中道・中庸《ちゅうよう》・中立。❸とちゅう。あいだ。◆中継《ちゅうけい》・中断・中途《ちゅうと》◆寒中・忌中《きちゅう》・最中・道中。❹あたる。◆中毒◆的中・必中・命中。❺「中学校」の略。◆付属中。❻「中国」の略。◆中華《ちゅうか》◆日中・訪中。参考「ジュウ」の音は「世界中《せかいじゅう》」などのことばに使われる特殊《とくしゅ》な読み方。

**ちゅう【中】** ㊀（名）等級・程度・大きさなどが並であること。「—くらいの成績」「大・—・小」㊁（接尾）❶ある物や範囲《はんい》のなか。「海水—の塩分」「今月—」❷それが行われている間。最中。「授業—」

**ちゅう【仲】** 6画 亻4 小4 音チュウ中 訓なか
ノ イ 亻 仲 仲 仲

❶人と人とのあいだ。なかだち。◆仲介《ちゅうかい》・仲裁・仲人《ちゅうにん》。❷兄弟の二番目。◆仲兄◆伯仲《はくちゅう》。参考特別に、「仲人」は「なこうど」とも読む。

**ちゅう【虫】** 6画 虫0 小1 〔蟲〕 音チュウ 訓むし
ヽ 冂 口 中 虫 虫

むし。◆虫害◆益虫・害虫・寄生虫・昆虫《こんちゅう》・成虫・幼虫

**ちゅう【沖】** 7画 氵4 小4 音チュウ高 訓おき
丶 氵 氵 沪 沪 沖

❶水がわき動く。◆沖積層。❷高くあがる。のぼる。◆沖天

**ちゅう【宙】** 8画 宀5 小6 音チュウ

そら。空間。◆宇宙⇩付録「漢字の筆順⑭由〔由〕」

**ちゅう【宙】**（名）❶地面からはなれた地上の空間。空中。「ほこりが―に舞《ま》う」「計画が―に浮《う》く（＝中途半端《ちゅうとはんぱ》なままとどこおる）」❷見たり聞いたりしないで言うこと。そら。「せりふを―で言う」

**ちゅう【忠】** 〔8画／心4〕〔小6〕〔音〕チュウ
❶まごころ。まこと。◆忠言・忠告・忠実・忠信。❷主君にまごころをささげてつくす。◆忠義・忠勤・忠君・忠臣・忠誠・忠節・忠勇 ◆尽忠《じんちゅう》・誠忠・不忠

**ちゅう【抽】** 〔8画／扌5〕〔音〕チュウ
ひきだす。ぬきだす。◆抽出・抽象・抽選⇩付録「漢字の筆順⑭由〔由〕」

**ちゅう【注】** 〔8画／氵5〕〔小3〕〔音〕チュウ 〔訓〕そそぐ
❶そそぐ。水などをつぎこむ。◆注射・注水・注入・注油。❷心を一点に集中して向ける。◆注意・注視・注目 ◆傾注《けいちゅう》。❸本文にそえて、そのことばをときあかす。また、ときあかしたもの。◆注解・注記・注釈《ちゅうしゃく》 ◆脚注《きゃくちゅう》・頭注・評注・補注。❹たのむ。◆注文⇩付録「漢字の筆順⑵王〔主〕」

**ちゅう【注】**〖△註〗（名）本文中のことばなどにつけられた説明。注解。「―をつける」

**ちゅう【昼】** 〔9画／日5〕〔小2〕〔晝〕〔音〕チュウ 〔訓〕ひる
❶日の出から日の入りまで。ひるま。◆昼間・昼夜 ◆白昼。〔対〕夜《や》。❷まひる。正午。◆昼食

**ちゅう【柱】** 〔9画／木5〕〔小3〕〔音〕チュウ 〔訓〕はしら
はしら。ささえとなるもの。◆柱石・柱頭 ◆円柱・角柱・支柱・脊柱《せきちゅう》・鉄柱・電柱⇩付録「漢字の筆順⑵王〔主〕」

**ちゅう【衷】** 〔10画／衣4〕〔音〕チュウ
❶心の中。まごころ。◆衷情・衷心 ◆苦衷・微衷《びちゅう》。❷なか。かたよらない。◆折衷。〔参考〕常用漢字表の字体から、総画数を9画とすることもある。

**ちゅう【酎】** 〔10画／酉3〕〔音〕チュウ
濃《こ》い酒。蒸留《じょうりゅう》してつくる強い酒。◆焼酎《しょうちゅう》

**ちゅう【鋳】** 〔15画／金7〕〔鑄〕〔音〕チュウ 〔訓〕いる
金属をとかして、型に入れて器物を作る。◆鋳金・鋳造・鋳鉄 ◆改鋳

**ちゅう【駐】** 〔15画／馬5〕〔音〕チュウ
一定の場所にとどまる。とどめる。◆駐在・駐車・駐屯《ちゅうとん》・駐日・駐留・駐輪 ◆移駐・常駐・進駐⇩付録「漢字の筆順⑵王〔主〕・㊳馬」

**ちゅうい【注意】**（名・自他スル）❶心を集中させて気をつけること。「―をはらう」「―がたりない」「不―」❷用心すること。「大雨―報」「車に―する」❸よくないところを指摘して直すように言うこと。気をつけるように言うこと。「―を与《あた》える」「父に―される」

**ちゅういじんぶつ【注意人物】**（名）つねに行動を注意・注目されている危険な人物。

**ちゅういほう【注意報】**（名）災害がおこりそうなことに対して注意を呼びかける予報。警報《けいほう》に次ぐもの。「乾燥《かんそう》―」

**チューイン-ガム**〔英 chewing gum〕（名）特別な樹液《じゅえき》や合成樹脂《じゅし》などに味やかおりをつけた、飲みこまずに口の中でかんで味わう菓子《かし》。ガム。

**ちゅうおう【中央】**（名）❶中心。まんなか。「町の―」❷政府のある土地。首都。また、政府。「―に進出する」〔対〕地方。❸組織などを動かすうえで、中心的な役割を果たす役目や位置。「―銀行」

**ちゅうおうアジア【中央アジア】**〔地名〕ユーラシア大陸中央部の乾燥《かんそう》地帯。中国西部から、カザフスタン・ウズベキスタン・キルギス・トルクメニスタン・タジキスタンなどの国にわたる。▽アジアは、Asia

**ちゅうおうアフリカ【中央アフリカ】**〔地名〕アフリカ大陸中央部の共和国。首都はバンギ。▽アフリカは、Africa

**ちゅうおうアメリカ【中央アメリカ】**〔地名〕南北両アメリカ大陸の中間にある地域。グアテマラ・エルサルバドル・ホンジュラス・ニカラグア・コスタリカ・パナマなどの国がある。中米。▽アメリカは、America

**ちゅうおうしゅうけん【中央集権】**（名）政治の権力が中央の政府に集中していること。〔対〕地方分権

**ちゅうおん【中音】**（名）高くも低くもない、また、強くも弱くもない中ぐらいの音。

**ちゅうか【中華】**（名）❶中国で、漢民族が周囲の諸民族に対して、自分たちが文化的に中心をしめていることを意識していったことば。❷「中華料理」の略。

**ちゅうかい【仲介】**（名・他スル）両方の間にはいって、話をとりついだりまとめたりすること。また、その役。なかだち。「―者」「―の労をとる」

**ちゅうかい【注解】**〖△註解〗（名・他スル）注や解釈《かいしゃく》をつけて本文の意味をわかりやすくすること。また、その注や解釈。「万葉集―」〔類〕注釈

**ちゅうがい【虫害】**（名）害虫のために、農作物や山林などが受ける被害《ひがい》。

**ちゅうがえり【宙返り】**（名・自スル）❶空中でからだを回転させること。とんぼがえり。❷飛行機が空中で上下に輪をえがくように回転すること。

**ちゅうかく【中核】**（名）物事の中心となる重要な部分。「組織の―をなす人」

**ちゅうがく【中学】**（名）「中学校」の略。

**ちゅうかじんみんきょうわこく**〔中華人民

共和国〕〔地名〕アジア大陸の中・東部をしめる社会主義国。一九四九年成立。首都はペキン(北京)。中国。

**ちゅうがた【中形】**（名）❶形が中くらいの大きさであること。❷大紋《だいもん》と小紋《こもん》の中間の大きさの染め模様。また、それを染めた浴衣地《ゆかたじ》。

**ちゅうがた【中型】**（名）同じ種類のもののなかで型が中くらいの大きさであること。「—自動車」

**ちゅうがっこう【中学校】**（名）小学校を卒業してからはいる義務教育の学校。修業年限は三年。中学。

**ちゅうかりょうり【中華料理】**（名）中国特有の料理。四川《しせん》料理・広東《カントン》料理など、地域によって特色がある。中国料理。中華。

**ちゅうかん【中間】**（名）❶二つのものの間。中ほど。「—地点」「—試験」❷程度や傾向《けいこう》が極端《きょくたん》でなく中くらいなこと。「—をとる」「—派」❸物事が終了《しゅうりょう》するまでの途中《とちゅう》。「—報告」

**ちゅうかん【昼間】**（名）ひる。ひるま。「—人口」 類日中。対夜間

**ちゅうかんし【中間子】**（名）〘物〙素粒子《そりゅうし》の一つ。はじめ湯川秀樹《ゆかわひでき》が陽子と電子の中間の質量をもつものとして存在を仮定し、のちその存在が証明された。

**ちゅうかんしゅくしゅ【中間宿主】**（名）〘動〙寄生虫が最後の宿主に寄生する前に、しばらくの間寄生する宿主。

**ちゅうかんしょく【中間色】**（名）❶純色（＝まじりけのない色）に白または黒をまぜたやわらかみのある色。❷主要原色の中間にある色。橙《だいだい》・黄緑・紫《むらさき》など。

**ちゅうき【中気】**（名）〘医〙→ちゅうぶう

**ちゅうき【中期】**（名）❶中ごろの時期。「平安—」❷（「長期」「短期」に対して）中くらいの長さの期間。…的「中期的な展望」

**ちゅうき【注記】**〘△註記〙（名・他スル）本文の語句などの説明を書きしるすこと。また、その説明。

**ちゅうぎ【忠義】**（名・形動ダ）君主や主人・国家にまごころをつくすこと。「—をつくす」「—な家来」

**ちゅうきょう【中京】**〔地名〕名古屋のこと。東京・西京（＝京都）に対していうことば。

**ちゅうきょり【中距離】**（名）❶中くらいの距離。「—ミサイル」❷（「中距離競走」の略）陸上競技で、八〇〇《メートル》と一五〇〇《メートル》の競走。参考「長距離」「短距離」に対していう。

**ちゅうきん【忠勤】**（名）忠実につとめること。「—を励《はげ》む」

**ちゅうきん【鋳金】**（名）金属を鋳型《いがた》にとかしこんで器物を作ること。また、その技術。

**ちゅうきんとう**〔中近東〕〔地名〕中東と近東を合わせた地方。西南アジアの地域。

**ちゅうくう【中空】**（名）❶空の中ほど。「—をにらむ」類中天。❷内部がからになっていること。がらんどう。「—の幹《みき》」

**ちゅうぐう【中宮】**（名）むかし、皇后・皇太后・太皇太后の呼び名。また、皇后と同じ格のきさき。

**ちゅうけい【中継】**（名・他スル）❶中間で受けつぐこと。なかつぎ。「—基地」❷「中継放送」の略。

**ちゅうけいほうそう【中継放送】**（名）試合や事故などの実況《じっきょう》を放送局がなかつぎして放送すること。また、よその放送局の放送をなかつぎして放送すること。中継。

**ちゅうけん【中堅】**（名）❶社会や団体などの中心になって活躍《かつやく》する中くらいの地位の人。「—社員」❷（「中堅手」の略）野球で、外野の中央を守る選手。センター。

**ちゅうげん【中元】**（名）❶陰暦《いんれき》七月一五日をいい、死者の霊《れい》を供養《くよう》する日。うらぼん。❷七月上旬《じょうじゅん》からお盆《ぼん》にかけてするおくり物。「お—」

**ちゅうげん【中間・仲間】**（名）〘歴〙江戸《えど》時代などに、武家《ぶけ》などに仕えて雑用をした奉公人《ほうこうにん》。

**ちゅうげん【忠言】**（名）まごころをもって注意することば。忠告のことば。類忠告

**忠言は耳《みみ》に逆《さか》らう** 忠告のことばはなかなか聞き入れにくい。

**ちゅうげんにしかをおう**〘中原に鹿を◇逐う〙❶帝王《ていおう》の位を得ようとして争う。❷多くの人がある地位を得ようとして争う。

**ちゅうこ【中古】**（名）❶〘歴〙時代区分の一つ。上古と近古の間。日本史では平安時代。❷ちょっと古いこと。少し使われて新品でないこと。また、その物。ちゅうぶる。「—車」「—品」

**ちゅうこう【中興】**（名・他スル）一度おとろえたものを、また栄えさせること。「—の祖」

**ちゅうこう【忠孝】**（名）忠と孝。主人・君主・国家にまごころをつくす心と、親をたいせつにする心。

**ちゅうこう【鋳鋼】**（名）とかして鋳型《いがた》に入れ、かためたはがね。鋳造した鋼鉄。

**ちゅうこうねん【中高年】**（名）中年と高年。四〇歳《さい》前後から老年ごろまでの年代。

**ちゅうこく【忠告】**（名・自スル）相手のためを考えてまごころをもって意見を言うこと。また、そのことば。「—に従う」「友人に—する」類忠言

**ちゅうごく**〔中国〕〔地名〕❶→ちゅうかじんみんきょうわこく❷日本で、「中国地方」の略。

**ちゅうごくちほう**〔中国地方〕〔地名〕本州の西部にあり、岡山・広島・山口・鳥取・島根の五県からなる地方。

**ちゅうごし【中腰】**（名）半分腰を上げかけた姿勢。「—になる」「—の姿勢」

**ちゅうざ【中座】**（名・自スル）話し合い・集会などの途中《とちゅう》で席をはずすこと。「会議を—する」

**ちゅうさい【仲裁】**（名・他スル）争いの間にはいって、仲直りさせること。また、その人。「—にはいる」

**ちゅうざい【駐在】**（名・自スル）❶外交官や会社員が仕事のためにある所に派遣《はけん》され、そこに一定の期間とどまっていること。「商社の海外—員」❷「駐在所②」の略。また、「駐在所②」の巡査《じゅんさ》。

**ちゅうざいしょ【駐在所】**（名）❶駐在する所。❷巡査《じゅんさ》が受け持ち区域に駐在して職務に従事する所。

**ちゅうさんかいきゅう【中産階級】**（名）資本家階級と労働者階級の間にあるさまざまな社会層。中小商工業者・自営農民・自由業者など。

**ちゅうし【中止】**（名・他スル）途中《とちゅう》でやめること。また、予定されていたことをやめること。「連載《れんさい》—」「雨で遠足が—になる」

**ちゅうし【注視】**（名・他スル）じっと見つめること。注意して見ること。「人びとの—を浴びる」㊫注目

**ちゅうじ【中耳】**（名）〘生〙耳の一部で、外耳と内耳にはさまれた部分。外耳からくる音を内耳に伝える。⇩がいじ・ないじ（内耳）

**ちゅうじえん【中耳炎】**（名）〘医〙病原菌《きん》などによっておこる中耳の炎症《えんしょう》。うみがたまり、熱が出たり痛みや耳鳴りなどの症状が出る。

**ちゅうじき【昼食・中食】**（名）昼の食事。

**ちゅうじく【中軸】**（名）❶物のまん中をつらぬく軸。❷物事の中心になる物事や人。「—打者」

**ちゅうじつ【忠実】**（名・形動ダ）❶まじめに、正直につとめること。「仕事に—だ」㊫誠実。❷もとのものそのままに行うこと。「原作に—な映画」

**ちゅうしほう【中止法】**（名）〘文法〙文の中で、いったん中止してつぎに続ける用法。連用形の用法の一種。「鳥は歌い、ちょうは舞《ま》う」「この花はきれいで、香《かお》りもよい」の「歌い」「きれいで」など。

**ちゅうしゃ【注射】**（名・他スル）からだの組織や血管などに針をさし、薬液を体内に入れること。「—をうつ」

**ちゅうしゃ【駐車】**（名・自スル）車をとめて置いておくこと。「—場」「—違反《いはん》」

**ちゅうしゃく【注釈】〖△註釈〗**（名・他スル）語句などの説明や解釈をつけて本文をわかりやすくすること。また、その説明や解釈。「—を加える」㊫注解

**ちゅうしゅう【中秋】**（名）❶陰暦《いんれき》八月一五日。「—の名月」❷秋のなかば。陰暦八月。㊟②は「仲秋」とも書く。

**ちゅうしゅつ【抽出】**（名・他スル）多くの中からある物をぬき出すこと。とり出すこと。「任意に—する」

**ちゅうしゅん【仲春】**（名）春のなかば。陰暦《いんれき》二月。

**ちゅうじゅん【中旬】**（名）一か月を三つに分けたうちの中間の一〇日間。一一日から二〇日までの呼び名。⇩じょうじゅん・げじゅん

**ちゅうしょう【中称】**（名）〘文法〙指示代名詞の一種。話し手が、ややへだたった事物・場所・方向などをさすのに用いる。「それ」「そこ」「そちら」など。⇩きんしょう（近称）・えんしょう（遠称）

**ちゅうしょう【中傷】**（名・他スル）根拠《こんきょ》のない悪口を言って人の名誉《めいよ》を傷つけること。「他人を—する」

**ちゅうしょう【抽象】**（名・他スル）個々のもの、またはさまざまな考えから、共通の性質をぬき出して、それをとらえようとすること。「—画」「—芸術」…化「人の姿を抽象化したデザイン」㊟具体・具象

**ちゅうじょう【柱状】**（名）柱のような形。柱形。

**ちゅうじょう【衷情】**（名）まごころ。うそいつわりのない気持ち。「—をうったえる」㊫衷心

**ちゅうしょうきぎょう【中小企業】**（名）資本金や働いている人の数があまり多くない、中規模・小規模の企業。

**ちゅうしょうてき【抽象的】**（形動ダ）〔ダロ・ダッ(デ・ニ)・ダ・ナ・ナラ・○〕❶さまざまなものの中から、共通の性質をぬき出してとらえるようす。❷実際のことがらからはなれて、はっきりしないようす。「—な説明」（㊟具体的）

**ちゅうしょく【昼食】**（名）昼の食事。昼ごはん。ランチ。「—をとる」「—会」㊟古くは、「ちゅうじき」とも読んだ。

**ちゅうしん【中心】**（名）❶まん中。「的《まと》の—」❷物事の、ひじょうに大事なところ。かなめ。「—人物」「経済の—地」❸〘数〙円や球で、円周や球面のすべての点から同じ距離《きょり》にある点。

**ちゅうしん【忠臣】**（名）忠義な家来。

**ちゅうしん【注進】**（名・他スル）事件がおこったことを目上の人に急いで知らせること。「ご—に及《およ》ぶ」

**ちゅうしん【衷心】**（名）まごころ。心の奥底《おくそこ》。「—よりおわびいたします」㊫衷情

**ちゅうしんかく【中心角】**（名）〘数〙円の二つの半径の間にはさまれてできる角。

**ちゅうしんじんぶつ【中心人物】**（名）事件・集団などの中心になる人物。「事件の—」

**ちゅうすい【虫垂】**（名）〘生〙盲腸《もうちょう》の下についている、細い管状の小突起《とっき》。

**ちゅうすい【注水】**（名・自スル）水をそそぎ入れること。また、水をそそぎかけること。

**ちゅうすいえん【虫垂炎】**（名）〘医〙虫垂に炎症《えんしょう》をおこしてうみをもつ病気。右の下腹部にはげしい痛みがある。虫様突起《とっき》炎。盲腸《もうちょう》炎。

**ちゅうすう【中枢】**（名）物事の中心となるいちばん大事なところ・もの。「国家の—」

**ちゅうすうしんけい【中枢神経】**（名）〘生〙からだじゅうの神経の中心となる部分。脳髄《のうずい》・脊髄《せきずい》など。㊟末梢《まっしょう》神経

**ちゅうせい【中世】**（名）〘歴〙時代区分の一つで、古代と近世の間。日本史では鎌倉《かまくら》・室町《むろまち》時代。西洋史では五世紀から一五世紀中ごろまで。

**ちゅうせい【中正】**（名・形動ダ）かたよらないで正しいこと。「—な意見」「—を欠く」

**ちゅうせい【中性】**（名）❶中間の性質。❷〘化〙酸性でもアルカリ性でもないこと。「—洗剤《せんざい》」❸性質や言動などが男性とも女性ともつかないこと。…的「中性的な服装」

**ちゅうせい【忠誠】**（名）自分が仕える者にまごころをもってつくすこと。忠義の心。「—を誓《ちか》う」「—心」

**ちゅうぜい【中背】**（名）背たけが高くも低くもなく、中くらいであること。「中肉—」

**ちゅうせいし【中性子】**（名）〘物〙陽子とともに原子核《かく》を組み立てている素粒子《そりゅうし》の一つ。正の電荷も負の電荷もおびていない中性の粒子。ニュートロン。

**ちゅうせいせんざい【中性洗剤】**（名）水溶液《すいようえき》が中性である合成洗剤。

**ちゅうせいだい【中生代】**（名）《地質》古生代の次、新生代の前の地質時代。アンモナイト・爬虫《はちゅう》類・裸子《らし》植物・しだ類などが栄えた。約二億五〇〇〇万年前から六六〇〇万年前にわたる。

**ちゅうせき【沖積】**（名）《地質》水の流れで運ばれた土や砂などが積み重なること。「—平野」

**ちゅうせき【柱石】**（名）（柱といしずえの意）国や組織の支えとなるたいせつな人。「国家の—となる」

**ちゅうせきせい【沖積世】**（名）《地質》→かんしんせい

**ちゅうせきそう【沖積層】**（名）《地質》氷河《ひょうが》時代の終わりから現在までの完新世（沖積世）にできた地層。砂・小石・どろなどからなる。

**ちゅうせきへいや【沖積平野】**（名）《地質》川の流れで運ばれた土砂《どしゃ》が堆積《たいせき》してできた平野。

**ちゅうせつ【忠節】**（名）主君や国にいつまでも変わることなく尽っくそうとする心。「—を尽くす」

**ちゅうぜつ【中絶】**（名・自他スル）❶途中《とちゅう》で絶えること。また、途中でやめること。「音信が—する」「研究を—する」類中断。❷（「人工妊娠《にんしん》中絶」の略）人工的に流産や早産をさせること。

**ちゅうせん【抽選】**〘抽△籤〙（名・自スル）くじ引き。くじを引くこと。「—で決める」

**ちゅうぞう【鋳造】**（名・他スル）金属をとかし鋳型《いがた》に流しこんで、いろいろな器物をつくること。

**チューター**〔英 tutor〕（名）❶大学や塾《じゅく》などで、個人指導を行う教師。❷講習会などの講師。

**ちゅうたい【中退】**（名・自スル）（「中途《ちゅうと》退学」の略）途中《とちゅう》で学校をやめること。「大学を—する」

**ちゅうたい【紐帯】**〘△紐帯〙（名）（ひもと帯の意から）二つのものをかたく結びつける大事なもの。じゅうたい。「家族の—」

**ちゅうだん【中段】**（名）❶中の段。中ほどの段。❷刀・やりなどを上段と下段の中間にかまえること。

**ちゅうだん【中断】**（名・自他スル）続いていた物事が途中《とちゅう》でとぎれること。また、途中でとぎれさせること。「仕事を—する」類中絶。対続行

**ちゅうちょ**〘△躊△躇〙（名・自スル）決心がつかず迷うこと。ためらうこと。「—なく決める」類逡巡《しゅんじゅん》

**ちゅうづり【宙づり】**〘宙△吊り〙（名）空中にぶら下がった状態。「—になる」

**ちゅうてつ【鋳鉄】**（名）鋳物《いもの》に使われる鉄の合金。炭素を多くふくみ、かたいが、もろい。

**ちゅうてん【中天】**（名）天のまん中。天の中ほど。「月が—にかかる」類中空

**ちゅうてん【中点】**（名）《数》一つの線分や曲線・弧《こ》を二等分するまん中の点。

**ちゅうてん【沖天】**〘△冲天〙（名）天に高くのぼること。「—の勢い」

**ちゅうと【中途】**（名）❶道のなかほど。途中《とちゅう》。「坂の—」❷進行している物事のなかごろ。なかば。「—退学」「—採用」

**ちゅうとう【中等】**（名）中くらいの程度。上等と下等の、また、初等と高等との中間。「—教育」

**ちゅうとう【柱頭】**（名）❶柱のいちばん上の部分。❷《植》めしべの先で花粉のつくところ。

**ちゅうとう**〔中東〕〔地名〕❶ヨーロッパから見て、極東と近東の間の地域。イラン・イラク・アフガニスタンなど。❷アジア南西部とアフリカ北東部の地域の総称《そうしょう》。イラン・イラク・サウジアラビア・トルコ・イスラエル・エジプトなどが含《ふく》まれる。中近東。

**ちゅうどう【中道】**（名）❶どちらにもかたよらないこと。「—を歩む」類中庸《ちゅうよう》。❷物事の中途《ちゅうと》。

**ちゅうどく【中毒】**（名・自スル）❶飲食物や薬物などの毒にあたって、からだに障害をおこすこと。「食—」❷《俗語》それなしではいられないこと。「活字—」

**ちゅうとはんぱ【中途半端】**（名・形動ダ）物事を途中でやめて完成しないこと。また、どっちつかずではっきりしないこと。「—な修理」「—な態度」

**ちゅうとん【駐屯】**（名・自スル）軍隊がある任地に長くとどまること。「—地」類駐留

**チューナー**〔英 tuner〕（名）ラジオ・テレビなどの受信機で、特定の周波数に同調させるための装置。

**ちゅうなんべい**〔中南米〕〔地名〕中央アメリカと南アメリカとをあわせた言い方。ラテンアメリカ。

**ちゅうにかい【中二階】**（名）一階と二階の中間の高さにつくられた階。

**ちゅうにく【中肉】**（名）❶やせても太ってもいないこと。「—中背」❷品質が中くらいの食用の肉。

**ちゅうにち【中日】**（名）彼岸《ひがん》の七日間のまん中の日。春分の日または秋分の日。「彼岸の—」

**ちゅうにち【駐日】**（名）外国の外交官などが仕事のために日本に駐在すること。「—大使」

**ちゅうにゅう【注入】**（名・他スル）液体などをそそぎ入れること。「薬を—する」

**ちゅうにん【中人】**（名）入場料や運賃などの区分で、大人《だいにん》と小人《しょうにん》の間の人。⇒だいにん（大人）・しょうにん（小人）

**チューニング**〔英 tuning〕（名・他スル）❶ラジオやテレビで、受信したい周波数に同調させること。❷楽器の音の調子や高さを合わせること。

**ちゅうねん【中年】**（名）四〇歳《さい》前後から五〇代のなかばくらいまでの年齢《ねんれい》。また、その年齢の人。「—太り」類壮年《そうねん》

**ちゅうのう【中脳】**（名）《生》脳の一部分。視覚・聴覚《ちょうかく》などに関係する。

**ちゅうは【中波】**（名）《物》波長が一〇〇《メートル》～一〇〇〇《メートル》の電波。AMラジオ放送や海上通信などに使われる。

**ちゅうばいか【虫媒花】**（名）《植》花粉が虫によって運ばれて受粉する花。きゅうり・あぶらななど。きれいな花弁《かべん》や強い香《かお》りで虫をさそう。

**ちゅうばん【中盤】**（名）❶碁《ご》・将棋《しょうぎ》などで、なかほどまで進んだ局面。❷勝負ごとなどのなかほどまで進んだ段階。「選挙の—戦」❸サッカーなどで、攻撃《こうげき》の選手と守備の選手の間の位置。「—の選手」⇩じょばん・しゅうばん（終盤）

**ちゅうび【中火】**（名）料理で、中くらいの強さの火。参考「強火」「弱火」「とろ火」に対していう。

**ちゅうひしゅ【中皮腫】**（名）《医》胸膜《きょうまく》や腹膜の表面を覆《おお》っている中皮にできる腫瘍《しゅよう》。アスベ

ストの吸引が主因とされる。

**ちゅうぶ【中部】** ❶（名）物の中央の部分。まん中の部分。❷［地名］「中部地方」の略。

**チューブ**〔英 tube〕（名）❶くだ。つつ。❷薬・絵の具などを入れ、おし出して使うつつ状の容器。❸タイヤの内側に入れて、空気をつめるゴム管。

**ちゅうぶう【中風】**（名）〔医〕脳出血などのあとに残る、からだのまひした状態。中気。ちゅうぶ。ちゅうふう。

**ちゅうふく【中腹】**（名）山の頂上とふもとの中間。

**ちゅうぶちほう**〔中部地方〕［地名］本州の中央部にあたる地方。新潟・富山・石川・福井・山梨・長野・岐阜・静岡・愛知の九県。

**ちゅうぶらりん【中ぶらりん・宙ぶらりん】**（名・形動ダ）❶空中にぶら下がっていること。❷どっちつかずで中途半端《ちゅうとはんぱ》なこと。「―になった計画」

**ちゅうぶる【中古】**（名）少し使って古いこと。また、その物。ちゅうこ。セコハン。「―の自動車」

**ちゅうべい**〔中米〕［地名］中央アメリカ。

**ちゅうへん【中編】**『中△篇』（名）❶詩や小説などで、長編と短編の中間の長さの作品。「―小説」❷作品で、三編からできているものの第二編。

**ちゅうぼう**『△厨房』（名）台所。調理場。

**ちゅうみつ**『△稠密』（名・形動ダ）ある地域に多く集まってこみ合っていること。「人口の―な都市」

**ちゅうもく【注目】**（名・自他スル）関心をもって見つめること。注意して見ること。「―を浴びる」「―の的《まと》」「黒板に―する」類注視

**ちゅうもん【注文】**『△註文』（名・他スル）❶品物を希望するように作らせたり、届けさせたりすること。あつらえること。「洋服を―する」「そばを―する」❷何かを依頼《いらい》するときに、こうしてほしいと希望すること。また、その条件。「―をつける」「―がうるさい」

**ちゅうや【昼夜】**一（名）日夜。昼と夜。「―の別なく働く」二（副）夜も昼も。いつも。「―努力する」類日夜

**昼夜を分《わ》かたず** 昼夜の区別なく。たえまなく。

**ちゅうやけんこう【昼夜兼行】**（名・自スル）昼夜の区別なく続けて行うこと。「―で仕上げる」

**ちゅうゆ【注油】**（名・自スル）機械などに油をさすこと。「ミシンに―する」

**ちゅうよう【中庸】**（名・形動ダ）どちらにもかたよらないで、穏当《おんとう》なこと。「―を得る」類中道

**ちゅうよう【中葉】**（名）ある時代の中ごろ。「一七世紀の―」

**ちゅうりつ【中立】**（名）両方の間にたち、どちらにもかたよらず味方も敵対もしないこと。「―の態度をとる」「永世―国」…的「中立的立場をまもる」

**チューリップ**〔英 tulip〕（名）〔植〕ユリ科の多年草。茎《くき》は直立し、葉は先がとがり細長い。四、五月ごろ赤・黄・白などのつりがね形の花が咲《さ》く。

**ちゅうりゃく【中略】**（名・他スル）文章などの中間の部分をはぶくこと。

**ちゅうりゅう【中流】**（名）❶川の流れの中ほど。源と河口《かこう》の中間。❷生活の程度が上流でも下流でもなく、中ぐらいの階級。「―階級」

**ちゅうりゅう【駐留】**（名・自スル）軍隊が外国の土地に一定の期間とどまること。「―軍」類駐屯《ちゅうとん》

**ちゅうりょく【注力】**（名・自スル）あることがらに特別に力を注ぐこと。「環境《かんきょう》整備に―する」

**ちゅうわ【中和】**（名・自他スル）❶ちがった性質のものがまじりあって、それぞれの特性を失うこと。どちらにもかたよらずおだやかなものにすること。「両者の対立を―させる」❷〔化〕酸性とアルカリ性のものがまじって中性となること。また、その変化。

**チュニジア**〔Tunisia〕［地名］アフリカ北部の、地中海に面した共和国。首都はチュニス。

**ちよ【千代】**（名）千年。また、ひじょうに長い年月。

**ちょ【著】** 11画 艹8 小6 〔著〕 音チョ 訓あらわす中・いちじるしい中

❶あらわす。書物を書く。書物。◆著作・著者・著述・著書◆旧著・共著・自著・新著・編著・名著。❷はっきりあらわれる。めだつ。◆著名◆顕著《けんちょ》

**ちょ【著】**（名）書物を書くこと。また、その書物。「太宰治《だざいおさむ》の―」

**ちょ【貯】** 12画 貝5 小5 音チョ

たくわえる。ためる。◆貯金・貯水・貯蔵・貯蓄《ちょちく》

**ちょ【緒】**→しょ（緒）

**ちょ【緒】**（名）いとぐち。物事のはじめ。「―につく（＝物事が実際に始まる）」注意もとの読みは「しょ」。

**チョイス**〔英 choice〕（名・他スル）選ぶこと。選択《せんたく》。「グッド―」

**ちょいちょい**（副）《俗語》少しの間をおいて、たびたびくり返されるようす。ちょくちょく。「そこへは―行く」

**ちょいやく【ちょい役】**（名）《俗語》演劇や映画で、ちょっと登場するだけの役。端役《はやく》。

**ちょう【丁】** 2画 一1 小3 音チョウ・テイ中

❶（チョウと読んで）㋐書物の一枚一枚の紙。表裏二ページ分。◆丁数《ちょうすう》◆落丁・乱丁。㋑偶数《ぐうすう》。（ばくちで）さいころの目の偶数。◆丁半。対半。❷（テイと読んで）㋐十干《じっかん》の第四。ひのと。㋑物事の四番目。◆丙丁《へいてい》。㋒わかもの。◆丁年◆壮丁《そうてい》。㋓雑役《ざつえき》に従事する人。◆園丁・使丁・馬丁

**ちょう【丁】** 一（名）さいころの目の偶数《ぐうすう》。「―が出るか半が出るか」対半。二（接尾）❶和とじの書物の紙の枚数を数えることば。表裏二ページで一丁。❷豆腐《とうふ》を数えることば。❸料理の注文を数えることば。「そば一―」❹市街地の小区分。「一―目」

**ちょう【弔】** 4画 弓1 音チョウ 訓とむらう

とむらう。死者をいたむ。くやみを述べる。◆弔意・弔旗・弔辞・弔電・弔文・弔問◆慶弔《けいちょう》

**ちょう【庁】** 5画 广2 小6 〔廳〕 音チョウ

役所。◆庁舎◆官庁・宮内庁《くないちょう》・県庁・支庁・退庁・登庁・道庁・都庁・府庁・本庁

**ちょう【庁】**（名）❶役所。官庁。「消防―」「警視―」❷国の行政機関の一つ。内閣府・各省の外局として置かれる。「金融《きんゆう》―」「文化―」

**ちょう【兆】** 6画 儿4 小4 音 チョウ 訓 きざす高・きざし高

❶きざし。◆兆候◆吉兆・凶兆《きょうちょう》・瑞兆《ずいちょう》・前兆。❷数の単位。億の一万倍。また、数の多いこと。◆兆民◆億兆⇒付録「漢字の筆順(26)兆」

**ちょう【兆】**（名）数の単位。億の一万倍。

**ちょう【町】** 7画 田2 小1 音 チョウ 訓 まち

❶まち。市や区などの一区分。◆町家・町内・町人。❷町制をしいた地方公共団体。◆町議・町長

**ちょう【町】** ㊀（名）地方公共団体の一つ。市と村の中間。まち。「市―村」㊁（接尾）❶市街地の小区分。「番―」❷尺貫《しゃっかん》法の距離《きょり》の単位。間《けん》の六〇倍。約一〇九メートル。❸尺貫法の面積の単位。坪《つぼ》の三〇〇〇倍。約九九アール。

**ちょう【長】** 8画 長0 小2 音 チョウ 訓 ながい

❶ながい。ながさ。◆長歌・長期・長久・長考・長寿・長針・長征《ちょうせい》・長蛇《ちょうだ》・長髪《ちょうはつ》・長編《ちょうじゅ》・長命◆身長・体長・悠長《ゆうちょう》。対短。❷年上。めうえ。◆長者・長上・長男・長幼・長老◆年長。❸集団の上に立つ人。かしら。◆長官◆駅長・会長・校長・社長・首長・所長・船長・総長。❹すぐれる。すぐれているもの。◆長所◆特長。対短。❺そだつ。大きくなる。◆生長・成長。❻のびる。のばす。◆延長・助長・伸長《しんちょう》・増長。❼むだ。◆長物⇒付録「漢字の筆順(15)镸」

**ちょう【長】**（名）❶集団の上に立つ者。おさ。かしら。「一家の―」❷よい点。長所。「一日《いちじつ》の―」対短。❸最もすぐれているもの。「百薬の―」

**ちょう【挑】** 9画 扌6 音 チョウ 訓 いどむ

いどむ。しかける。けしかける。◆挑戦・挑発⇒付録「漢字の筆順(26)兆」

**ちょう【重】**→じゅう（重）

**ちょう【帳】** 11画 巾8 小3 音 チョウ

❶部屋などをしきるためにたれ下げる布。たれまく。ひきまく。◆開帳・几帳《きちょう》・緞帳《どんちょう》。❷物を書き留めておく冊子。ちょうめん。◆帳簿《ちょうぼ》◆記帳・台帳・通帳・手帳・電話帳・日記帳。参考 特別に、「蚊帳」は「かや」とも読む。⇒付録「漢字の筆順(15)镸」

**ちょう【張】** 11画 弓8 小5 音 チョウ 訓 はる

❶たるみなくはる。広げて大きくする。◆張力◆拡張・緊張《きんちょう》・誇張《こちょう》・伸張《しんちょう》・膨張《ぼうちょう》。❷いいはる。◆主張⇒付録「漢字の筆順(15)镸」

**-ちょう【張】**（接尾）弓・幕などを数えることば。「弓一―」

**ちょう【彫】** 11画 彡8 音 チョウ 訓 ほる

ほる。きざむ。◆彫金・彫刻・彫塑《ちょうそ》・彫像◆木彫

**ちょう【眺】** 11画 目6 音 チョウ 訓 ながめる

ながめる。遠くを見る。◆眺望⇒付録「漢字の筆順(26)兆」

**ちょう【釣】** 11画 金3 音 チョウ高 訓 つる

つる。魚をつる。◆釣果・釣竿《ちょうかん》・釣魚

**ちょう【頂】** 11画 頁2 小6 音 チョウ 訓 いただく・いただき

❶頭のてっぺん。◆頂門◆丹頂《たんちょう》。❷物のいちばん高いところ。◆頂上・頂点◆山頂・絶頂・天頂・登頂。❸物をいただく。◆頂戴《ちょうだい》

**ちょう【鳥】** 11画 鳥0 小2 音 チョウ 訓 とり

とり。動物のとりの総称《そうしょう》。◆鳥獣《ちょうじゅう》・鳥類◆愛鳥・益鳥・害鳥・候鳥・保護鳥・野鳥・留鳥《りゅうちょう》。参考「鳥取県」は「とっとりけん」と読む。

**ちょう【朝】** 12画 月8 小2 音 チョウ 訓 あさ

❶あさ。◆朝会・朝刊・朝三暮四・朝食・朝夕・朝礼・朝令暮改◆今朝・早朝・明朝・翌朝。対夕《せき》・晩。❷天子が政治をとるところ。◆朝議・朝廷《ちょうてい》・朝敵。❸天子のおさめている世。時代の区分。◆王朝・南北朝・平安朝。❹くに。本国。◆帰朝・来朝。参考 特別に、「今朝」は「けさ」とも読む。

**ちょう【貼】** 12画 貝5 音 チョウ 訓 はる

のりではりつける。◆貼付《ちょうふ・てんぷ》。参考「貼付《てんぷ》」のように「テン」と読むこともある。

**ちょう【超】** 12画 走5 音 チョウ 訓 こえる・こす

❶こす。とびこえる。◆超越《ちょうえつ》・超過◆出超・入超。❷かけはなれる。ぬきんでる。◆超人・超絶・超然

**ちょう【超】** ㊀（接頭）❶程度がそれ以上である、とびぬけている、また、かけはなれているの意を表す。「―満員」「―伝導」「―現実主義」❷《俗語》程度がはなはだしいことを強調する意を表す。「―忙《いそが》しい」㊁（接尾）ある数値をこえていることを表す。「二〇《キログラム》―の手荷物」⇒きょう（強）「学習」

**ちょう【腸】** 13画 月9 (小6) [音]チョウ
ちょう。はらわた。◆腸炎《ちょうえん》
◆胃腸・十二指腸・小腸・大腸・直腸・盲腸《もうちょう》

**ちょう【腸】**（名）《生》消化器官の一つ。胃から肛門《こうもん》につながるまがりくねった細長い管《くだ》で、小腸と大腸からなり、食べ物の消化・吸収を行う。はらわた。

**ちょう【跳】** 13画 足6 [音]チョウ [訓]はねる・とぶ
はねる。おどりあがる。とびあがる。◆跳馬・跳舞《ちょうぶ》・跳躍《ちょうやく》・跳梁《ちょうりょう》⇩付録「漢字の筆順(26)兆」

**ちょう【徴】** 14画 彳11 〔徵〕 [音]チョウ
❶しるし。きざし。あらわれ。◆徴候 ◆象徴・性徴・特徴・表徴・符徴《ふちょう》。❷めし出す。よび出す。◆徴兵・徴募《ちょうぼ》・徴用。❸とりたてる。◆徴収・徴集・徴税・徴発 ◆追徴 ⇩付録「漢字の筆順(2)王〔王〕」

**ちょう【嘲】** 15画 口12 [音]チョウ [訓]あざける
ばかにして笑う。あざける。◆嘲笑・嘲弄《ちょうろう》 ◆自嘲

**ちょう【潮】** 15画 氵12 (小6) [音]チョウ [訓]しお
❶海の水。海水の満ち引き。うしお。◆潮位・潮流 ◆干潮・高潮・満潮。❷世の中のながれ。傾向《けいこう》。◆思潮・風潮

**ちょう【澄】** 15画 氵12 [音]チョウ(高) [訓]すむ・すます
きれいにすむ。すきとおる。◆澄明 ◆清澄・明澄 ⇩付録「漢字の筆順(16)癶」

**ちょう【調】** 15画 言8 (小3) [音]チョウ [訓]しらべる・ととのう(中)・ととのえる(中)
❶ととのう。ほどよくととのえる。◆調教・調合・調剤《ちょうざい》・調整・調節・調停・調髪《ちょうはつ》・調味・調理・調律・調和。❷つくらせる。あつらえる。◆調製・調達 ◆新調。❸しらべる。◆調査・調書。❹音・ことば・物事のいきおいなどのぐあい。◆調子 ◆哀調《あいちょう》・音調・格調・基調・好調・順調・声調・単調・短調・長調・低調・不調・変調・論調

**-ちょう【調】**（接尾）❶音階やことばなどの調子を表すことば。「ト―」「七五―」❷そのようなおもむき・ようすであることを表すことば。「翻訳《ほんやく》―」「万葉―」

**ちょう【聴】** 17画 耳11 〔聽〕 [音]チョウ [訓]きく
話や音楽をきく。ききとる。◆聴覚・聴講・聴取・聴衆・聴聞《ちょうもん》・聴力 ◆謹聴《きんちょう》・傾聴《けいちょう》・静聴・盗聴《とうちょう》・拝聴・傍聴《ぼうちょう》 ⇩付録「漢字の筆順(22)耳」

**ちょう【懲】** 18画 心14 〔懲〕 [音]チョウ [訓]こりる・こらす・こらしめる
こらす。こらしめて思いしらせる。◆懲悪・懲役《ちょうえき》・懲戒《ちょうかい》・懲罰《ちょうばつ》 ⇩付録「漢字の筆順(2)王〔王〕」

**-ちょう【挺】**〘△挺〙（接尾）❶墨《すみ》・銃《じゅう》・ろうそく・三味線《しゃみせん》など、細長いものを数えることば。「小銃三―」❷駕籠《かご》・人力車などを数えることば。「駕籠一―」

**ちょう【蝶】**〘△蝶〙（名）《動》鱗翅《りんし》目の昆虫《こんちゅう》の一群の総称《そうしょう》。鱗粉におおわれた四枚の大きな美しい羽をもつ。くだのような口で花のみつや樹液をすう。種類が多い。ちょうちょう。ちょうちょ。

**蝶よ花《はな》よ** 子どもを非常にかわいがって育てるようす。

**ちょうあい**〘△寵愛〙（名・他スル）立場の上の人が、特別に目をかけてかわいがること。「―を受ける」

**ちょうあい【帳合い】**（名）❶現金・商品などの実際の金額や数と帳簿《ちょうぼ》とを照らし合わせること。❷帳簿に収支を記入して損益を計算すること。

**ちょうあく【懲悪】**（名）悪い心や行いをこらしめること。「勧善《かんぜん》―（=善をすすめ悪をこらしめること）」

**ちょうい【弔意】**（名）人の死をいたみ悲しむ気持ち。「―を表す」

**ちょうい【弔慰】**（名・他スル）死んだ人をとむらい、遺族をなぐさめること。「―金」

**ちょうい【潮位】**（名）基準面からはかった海面の高さ。干満によって変化する。

**ちょういん【調印】**（名・自スル）条約や書類などに、両方の代表者がその内容を認めたしるしとして、署名したり印をおしたりすること。「条約の―」

**ちょうえい【町営】**（名）町が経営すること。

**ちょうえき【懲役】**（名）罪をおかした人を刑務所《けいむしょ》に入れ一定の労働をさせる刑罰《けいばつ》。「無期―」

**ちょうえつ【超越】**（名・自他スル）❶ふつうの程度・基準などをはるかにこえていること。「人知を―する」❷あることがらにこだわらず、それをこえた立場にいること。「世俗《せぞく》を―する」「利害を―する」

**ちょうえん【長円】**（名）→だえん

**ちょうおん【長音】**（名）長くのばして発音する音。「カ」に対する「カー」など。[対]短音

**ちょうおんかい【長音階】**（名）《音》第三音と第四音、第七音と第八音との間が半音、ほかは全音になっている明るい感じの音階。[対]短音階

**ちょうおんそく【超音速】**（名）音が空気中を伝わる速度よりもはやいこと。「―旅客機」

**ちょうおんぱ【超音波】**（名）《物》振動《しんどう》数が毎秒二万ヘルツ以上の音波。人の耳には聞こえない。魚群探知や医療《いりょう》などに利用する。

**ちょうか【町家】**（名）❶町の中の家。❷町人の家。特に、商家。「―のご新造《しんぞう》」

**ちょうか【長歌】**（名）《文》和歌の形式の一つ。五・七の句を三つ以上続けて終わりを七音の句で結ぶ。「万葉集」に多く、ふつう反歌《はんか》をそえる。長歌《ながうた》。[対]短歌

**ちょうか【釣果】**（名）魚つりの成果。とれた魚。

**ちょうか【超過】**（名・自スル）時間や数量などが、決められた限度をこえること。「―料金」「―勤務」「予算を―する」

**ちょうかい**【町会】(名) ❶(「町議会」の略)町の自治に関することを決定する機関。 ❷(「町内会」の略)町民の親睦《しんぼく》をはかり、町内のことを相談する会。

**ちょうかい**【朝会】(名) 学校・職場などで行う朝の集会。 類朝礼

**ちょうかい**【懲戒】(名・他スル) 悪いこと・不当なことをした者をこらしめいましめること。 特に、公務員などの義務違反《いはん》に罰《ばつ》をあたえること。「―処分」 類懲罰《ちょうばつ》

**ちょうかく**【弔客】(名) とむらいの客。 弔客《ちょうきゃく》。

**ちょうかく**【頂角】(名) 〘数〙三角形の底辺に対する角。

**ちょうかく**【聴覚】(名) 五感の一つ。 音を感じ取り、聞き分ける感覚。「するどい―」

**ちょうかん**【長官】(名) 金融《きんゆう》庁などの官庁や最高裁判所で、事務をとりしまる最高の位。 また、その人。

**ちょうかん**【朝刊】(名) 毎日発行する新聞で、朝、発行するもの。 対夕刊

**ちょうかんず**『鳥△瞰図』(名) 高い所から地上を見おろしたようにかいた風景、または地図。

(ちょうかんず)

**ちょうき**【弔旗】(名) 人の死をいたんで掲《かか》げる旗。 黒布をつけたり、半旗にしたりする。

**ちょうき**【長期】(名) 長い期間。「―戦」 …的「長期的な見通し」 …化「紛争《ふんそう》が長期化する」 対短期

**ちょうきゃく**【弔客】(名) →ちょうかく(弔客)

**ちょうきょう**【調教】(名・他スル) 馬や犬、または猛獣《もうじゅう》などを訓練すること。「―師」

**ちょうきょり**【長距離】(名) ❶距離が長いこと。「―列車」 ❷(「長距離競走」の略)陸上競技で、五〇〇〇《メートル》・一万《メートル》などの競走。 《対短距離》

**ちょうきん**【彫金】(名) 金属に彫刻をすること。 また、その技術。「―師」

**ちょうく**【長駆】(名・自スル) ❶長い距離《きょり》を一気に走ること。「一塁《るい》から―ホームインする」 ❷長い距離を馬に乗って走ること。

**ちょうけい**【長兄】(名) 兄弟で、いちばん上の兄。 対末弟《まってい・ばってい》

**ちょうけい**【長径】(名) 〘数〙楕円《だえん》形のいちばん長い直径。 対短径

**ちょうけし**【帳消し】(名) ❶金銭の貸し借りがなくなり、帳面に記入された金額を消すこと。「借金を―にする」 ❷たがいに差し引いて損得がなくなること。 ある行為《こうい》によってそれまでの価値などがなくなること。「努力が失敗によって―になる」

**ちょうげん**【調弦】(名・他スル) 〘音〙弦楽器の弦を調節して、一定の音の高さに合わせること。

**ちょうげんじつしゅぎ**【超現実主義】(名) →シュールレアリスム

**ちょうこう**【兆候・徴候】(名) 物事がおこるしるし。 きざし。 まえぶれ。「肺炎《はいえん》の―が現れる」

**ちょうこう**【長考】(名・自スル) 長い時間考えること。「―の末に決める」

**ちょうこう**【朝貢】(名・自スル) 外国から使節がやって来て、朝廷《ちょうてい》に貢《みつ》ぎ物をすること。「―貿易」

**ちょうこう**【聴講】(名・他スル) 講義をきくこと。「―生」

**ちょうごう**【調合】(名・他スル) 薬などを、二種類以上きまった割合でまぜ合わせること。「薬を―する」

**ちょうこうぜつ**【長広舌】(名) ながながとしゃべり続けること。 長舌。「―をふるう」

**ちょうこく**【彫刻】(名・自他スル) 木・石・金属などに物の形や文字をほりきざむこと。 また、立体的な像をほりあげること。 また、その作品。「―家」

**ちょうこく**【超克】(名・自他スル) 困難を乗りこえ、それにうちかつこと。「苦悩《くのう》を―する」

**ちょうごんか**〔長恨歌〕[作品名] 中国、唐代《とうだい》の詩人白居易《はくきょい》(白楽天)の作った長編の詩。 唐の玄宗《げんそう》皇帝が、楊貴妃《ようきひ》を失った悲しみをうたったもの。

**ちょうさ**【調査】(名・他スル) あることがらについて明らかにするために、調べること。「世論―」「事故の原因を―する」

**ちょうざい**【調剤】(名・自他スル) 薬を調合すること。「処方箋《しょほうせん》のとおりに―する」

**ちょうさんぼし**【朝三暮四】(名) 目先のちがいにとらわれて、結果が同じになることに気がつかないこと。 また、うまいことばを使って人をだまし、ばかにすること。

故事 中国の宋《そう》の狙公《そこう》が、飼っている猿《さる》たちにとちの実を朝三つ、夕方に四つあたえようと言ったら猿がおこったので、朝四つ、夕方三つあたえると言ったら喜んだという話から出たことば。〈列子〉

**ちょうし**【弔詞】(名) 死者に対するくやみのことば。 類弔辞・弔文

**ちょうし**【長子】(名) 最初に生まれた子。 長男または長女。 類総領。 対末子《ばっし・まっし》

**ちょうし**『△銚子』(名) ❶徳利《とっくり》。「お―」 ❷結婚式などで酒をさかずきにつぐときに用いる、長い柄《え》のある器。

**ちょうし**【調子】(名) ❶音の流れ・高低・リズムのぐあい。 ふし。「曲に合わせて―をとる」「―はずれ」 ❷ことばや文章から感じられるようす。「強い―で言う」 ❸からだや機械などのぐあい。「胃の―がよい」 ❹物事の進む勢いやはずみ。「―が出る」「―づく」

**調子に乗《の》る** おだてや勢いに乗り、いい気になる。「調子に乗って買いすぎる」

**調子を合《あ》わせる** ❶音楽で、音の高低やリズムなどを合わせる。 ❷相手にさからわずに、適当に話を合わせる。

**ちょうじ**【弔事】(名) 死亡や葬儀《そうぎ》などの、不幸なできごと。 対慶事《けいじ》

**ちょうじ**【弔辞】(名) 死者をとむらうためのくやみのことば。「―を述べる」 類弔詞・弔文

**ちょうじ**『△寵児』(名) ❶特別にかわいがられている

子ども。❷時流にのって世間からもてはやされている人。「時代の―となる」

**ちょうしぜん【超自然】**（名）自然界の法則をこえた、理屈《りくつ》では説明できないふしぎなこと。「―現象」 …的「超自然的な能力」

**ちょうしはずれ【調子外れ】**（名・形動ダ）❶正しい音程やリズムからはずれていること。「―の演奏」❷言動が周囲と違《ちが》っていて、不調和なこと。「―な発言」 参考「ちょうしっぱずれ」ともいう。

**ちょうしゃ【庁舎】**（名）官公庁の建物。役所の建物。

**ちょうじゃ【長者】**（名）❶金持ち。富豪《ふごう》。「―番付《ばんづけ》」❷目上の人。年上の人。

**ちょうしゅ【聴取】**（名・他スル）聞き取ること。特に、事情や状況《じょうきょう》をくわしく聞くこと。「事情―」「―率(=ラジオ放送で、ある番組が聞かれている割合)」

**ちょうじゅ【長寿】**（名）寿命が長いこと。長生き。「―を保つ」「不老―」 類 長命

**ちょうしゅう【徴収】**（名・他スル）❶おかねを集めること。「会費を―する」❷国や地方公共団体が税金などを取り立てること。「源泉《げんせん》―」⇒ちょうしゅう〈徴集〉「学習」

**ちょうしゅう【徴集】**（名・他スル）人・物などを強制的に集めること。

> **学習〈使い分け〉「徴収」「徴集」**
>
> **徴収** ある目的のために、おかねをとりたてること。「参加費の**徴収**」「税金を**徴収**する」「入学金の**徴収**」
>
> **徴集** ある目的のために、人や物などを強制的に集めること。「**徴集**兵」「軍馬を**徴集**する」「貴金属を**徴集**される」

**ちょうしゅう【聴衆】**（名）演説や音楽などをきくために集まった人びと。「多数の―を前にして話す」

**ちょうじゅう【鳥獣】**（名）鳥とけもの。「―保護区」

**ちょうしょ【長所】**（名）すぐれた点。よいところ。「―をのばす」 対 短所

**ちょうしょ【調書】**（名）調べたことがらを書いた書類。被疑者《ひぎしゃ》などを取り調べた内容をしるした書類。「―を作成する」

**ちょうじょ【長女】**（名）最初に生まれた女の子。

**ちょうしょう【嘲笑】**（名・他スル）あざけり笑うこと。人をばかにして笑うこと。「―のまと」「―を買う」

**ちょうじょう【長上】**（名）❶年上の人。❷目上の人。

**ちょうじょう【重畳】** 一（名・自スル）いくえにも重なり合うこと。「―する岩石」 二（名・形動ダ）このうえなく満足なこと。「―に存じます」

**ちょうじょう【頂上】**（名）❶山のいちばん高い所。いただき。❷物事の、上までのぼりつめた状態。絶頂。「人生の―に達する」

**ちょうじょう【長城】**（名）長く続いている城壁《じょうへき》。特に、万里《ばんり》の長城。

**ちょうしょく【朝食】**（名）朝の食事。朝ごはん。

**ちょうじり【帳尻】**（名）おかねの出し入れを計算した結果。転じて、物事のつじつま。「―が合う」「―を合わせる」

**ちょう・じる【長じる】**（自上一）{ジ・ジ・ジル・ジル・ジレ・ジロ(ジョ)}❶成長する。「―におよんで」❷年上である。「三歳《さい》―・じている」❸すぐれている。「絵に―」

**ちょうしん【長身】**（名）背たけの高いこと。また、その人。「―をいかしたプレー」

**ちょうしん【長針】**（名）時計の長いほうの針。分針《ふんしん》。 対 短針

**ちょうしん【聴診】**（名・他スル）《医》医者が聴診器で、患者《かんじゃ》の心臓や呼吸の音など体内の音をきいて、診断のてがかりにすること。

**ちょうじん【超人】**（名）ふつうの人とはかけはなれた、すぐれた能力をもつ人。スーパーマン。

**ちょうしんき【聴診器】**（名）《医》医者が患者《かんじゃ》の体内の音をきき、病気かどうかを調べる器具。

**ちょうじんてき【超人的】**（形動ダ）{ダロ・ダッ(デ・ニ)・ダ・ナ・ナラ・○}ふつうの人間の能力をこえているようす。「―な記録」

**ちょうず【◇手◇水】**（名）❶顔や手を洗う水。「―鉢《ばち》」❷便所。 文法「てみず」の音便。

**ちょうすう【丁数】**（名）❶おもに和とじの書物の紙の枚数。表裏二ページが一丁。❷二で割れる数。偶数《ぐうすう》。

**ちょう・する【弔する】**（他サ変）{シ(セ・サ)・シ・スル・スル・スレ・セヨ}人の死を悲しみいたむ。とむらう。「心から―」

**ちょう・する【徴する】**（他サ変）{シ(セ・サ)・シ・スル・スル・スレ・シロ(セヨ)}❶取り立てる。「租税《そぜい》を―」❷呼び出す。「兵を―」❸照らし合わせる。証拠《しょうこ》とする。「歴史に―・して明らかである」❹求める。「意見を―」

**ちょう・ずる【長ずる】**（自サ変）{ジ(ゼ)・ジ・ズル・ズル・ズレ・ジロ(ゼヨ)}→ちょうじる

**ちょうせい【長生】**（名・自スル）長生きすること。

**ちょうせい【長逝】**（名・自スル）死ぬこと。死去。逝去《せいきょ》。永眠《えいみん》。

**ちょうせい【調製】**（名・他スル）注文などに応じて、品物をととのえ作ること。「―豆乳」

**ちょうせい【調整】**（名・他スル）ぐあいの悪いところをととのえてほどよい状態にすること。「日程を―する」「意見―」 類 調節

**ちょうぜい【徴税】**（名・自スル）税金を取り立てること。 対 納税

**ちょうせき【長石】**（名）《地質》鉱物の一種で、火成岩のおもな成分。陶磁器《とうじき》などの原料となったり、肥料・火薬・マッチなどの製造に用いる。

**ちょうせき【朝夕】** 一（名）朝と夕方。朝晩。あさゆう。 二（副）ふだん。いつも。

**ちょうせき【潮◁汐】**（名）海の水が満ちたり引いたりすること。潮《しお》の満ち干《ひ》。「―表」

**ちょうせつ【調節】**（名・他スル）物事をぐあいのよい状態にととのえること。「温度を―する」 類 調整

**ちょうぜつ【超絶】**（名・自スル）ほかとは比較《ひかく》できないほどずぬけてすぐれていること。「―技巧《ぎこう》」

**ちょうせん【挑戦】**（名・自スル）❶戦いをいどむこ

と。戦いをしかけること。「―状」…的「挑戦的な態度をとる」❷困難な物事にたちむかうこと。「世界記録に―する」「司法試験に―する」(=チャレンジ)

**ちょうせん**【朝鮮】〔地名〕アジア大陸東部の半島。現在、北《ほく》緯《い》三八度線を境として朝鮮民主主義人民共和国と大韓民国《だいかんみんこく》に分かれている。

**ちょうぜん**【超然】(トタル) 物事にこだわらないで、ゆうゆうとしているようす。「―たる態度」

**ちょうせんにんじん**〘朝鮮人◇参〙(名)〔植〕ウコギ科の多年草。中国・朝鮮の原産。根は強壮《きょうそう》剤《ざい》として用いられる。

**ちょうせんみんしゅしゅぎじんみんきょうわこく**〔朝鮮民主主義人民共和国〕〔地名〕朝鮮半島の北部にある社会主義国。首都はピョンヤン。

**ちょうそ**【彫塑】(名) ❶彫刻と塑像《そぞう》。❷彫刻の原型になる像を粘土《ねんど》やろうなどでつくること。

**ちょうぞう**【彫像】(名) 木・金属・石などをほりきざんでつくった像。

**ちょうそくのしんぽ**【長足の進歩】わずかの間にひじょうに進歩すること。「―をとげる」

**ちょうだ**【長打】(名・自スル) 野球で、二塁打《にるいだ》以上のヒット。ロングヒット。対短打

**ちょうだ**【長蛇】(名) (長く大きなへびの意から)長く大きなもの。また、長くつらなっていること。「―の列」

**長蛇を逸《いっ》する** 惜《お》しい機会やえもの・人などを取り逃《に》がす。

**ちょうだい**【頂戴】(名・他スル) ❶「もらうこと」「食べること」「飲むこと」の謙譲《けんじょう》語。いただくこと。「おほめのことばを―する」「じゅうぶん―しました」❷物をくれるよう、また、売ってくれるように求める語。ややくだけた言い方。「そのトマトを―」❸(動詞の連用形に「て」のついた形などに続いて)おだやかな命令の意を表す。…てください。「取って―」

**ちょうだい**【長大】(形動ダ)〔ダロ・ダッ(デ・ニ)・ダ・ナ・ナラ・○〕長く大きいようす。「―な物語」対短小

**ちょうたいそく**【長大息】(名・自スル) 長いため息をつくこと。類長嘆《ちょうたん》

**ちょうたく**〘彫△琢〙(名・他スル) ❶宝石などをきざんでみがくこと。❷文章を入念に練り上げること。

**ちょうたつ**【調達】(名・他スル) 必要なものをとりそろえて用意すること。また、そうして届けること。「資金を―する」

**ちょうだつ**【超脱】(名・自スル) 俗《ぞく》世間《せけん》の物事にとらわれず、一段高い境地にぬけでること。「世俗から―する」

**ちょうたん**【長短】(名) ❶長いことと短いこと。また、長さ。「―をくらべる」❷長所と短所。またじゅうぶんなところと不足しているところ。「―相おぎなう」

**ちょうたん**【長嘆】〘長△歎〙(名・自スル) 長いため息をついてなげくこと。「思わず―する」類長大息

**ちょうたんぱ**【超短波】(名)〔物〕波長が一メートル〜一〇メートルの電波。おもにテレビ放送やFMラジオ放送などに利用する。VHF。

**ちょうチフス**【腸チフス】(名)〔医〕感染症《かんせんしょう》の一つ。腸チフス菌《きん》に腸をおかされておこる病気。高い熱が出て、げりをする。▽チフスは、ドイツ Typhus

**ちょうちゃく**〘◇打△擲〙(名・他スル) 人を打ちたたくこと。なぐること。「子どもを―してはいけない」

**ちょうちょ**〘△蝶△蝶〙(名)〔動〕→ちょう(蝶)

**ちょうちょう**【町長】(名) 地方公共団体としての町の長。町の政治の最高責任者。

**ちょうちょう**【長調】(名)〔音〕長音階の調子。メジャー。「ハ―」対短調

**ちょうちょう**〘△喋△喋〙(名・副・自スル) しきりにしゃべること。「―と弁ずる」

**ちょうちょう**〘△蝶△蝶〙(名)〔動〕→ちょう(蝶)

**ちょうちょう**【丁丁】(副) かたい物をつづけて打つ音が響《ひび》くようす。

**ちょうちょうなんなん**〘△喋△喋△喃△喃〙(トタル) 男女が小声で楽しそうに語り合うようす。

**ちょうちょうの**…俳句→てふてふの…

**ちょうちょうはっし**【丁丁発止】(副) ❶たがいにはげしく刀で打ち合うようす。「―(と)切り合う」❷はげしく議論をたたかわすようす。「―のやりとり」

**ちょうちん**〘◇提◇灯〙(名) 細く割った竹の骨に紙をはり、中にろうそくをともすようにした照明具。

**提灯に釣《つ》り鐘《がね》** (形は似ているが、重さはまるで違《ちが》うことから)つり合わないことのたとえ。

**ちょうちんもち**【ちょうちん持ち】〘◇提◇灯持ち〙(名) ❶ちょうちんを持って先頭を歩くこと。また、その人。❷人の手先となって、その人をほめて回ること。また、そういう人をあざけっていうことば。

**ちょうつがい**〘△蝶◇番〙(名) ❶とびら・ふたなどに取りつけ、そこを軸《じく》としてあけしめできるようにする金具。ちょうばん。❷からだの関節。「ひざの―」

(ちょうつがい①)

**ちょうつけ**【帳付け】(名・自スル) ❶帳面に書きつけること。また、その仕事をする人。❷つけで買い物をすること。参考「ちょうづけ」とも読む。

**ちょうづめ**【腸詰め】(名) →ソーセージ

**ちょうづら**【帳面】(名) 帳《ちょう》面《めん》に書かれていること。また、表面上の数字や計算。ちょうめんづら。「―を合わせる」

**ちょうてい**【朝廷】(名) むかし、天皇が政治をとった所。また、天皇を中心とした政府や政権。

**ちょうてい**【調停】(名・他スル) 意見のちがう両者の間に立って、争いをやめさせ、仲直りさせること。「紛争《ふんそう》を―する」

**ちょうてき**【朝敵】(名) 朝廷《ちょうてい》の敵。

**ちょうてん**【頂点】(名) ❶〔数〕角をつくっている二つの直線のまじわる点。または、多面体の三つ以上の平面のまじわる点。❷いちばん高い所。いただき。頂上。❸いちばんさかんな状態。「人気が―に達する」

**ちょうでん**【弔電】(名) 人が死んだときに打つくやみの電報。「―をうつ」

**ちょうでんどう**【超伝導・超電導】(名)〔物〕ある温度以下に冷えると、一部の金属や合金で電気抵抗《でんきていこう》がゼロになる現象。

**ちょうと【長途】**（名）長い道のり。「—につく」

**ちょうど【調度】**（名）ふだん使う、身のまわりの道具。「—品」

**ちょうど**『丁度』（副）❶余分や不足がないようす。ぴったり。きっちり。「—三時だ」「一万円—です」「—いいサイズ」❷その時間・時期によく合うようす。折よく。まさにその時。「—電車が来た」❸そのものによく似ているようす。まるで。さながら。「その白さは—雪のようだ」

**ちょうどうけん【聴導犬】**（名）耳の聞こえない人を介助《かいじょ》するため、玄関《げんかん》のチャイムや警報器の音などの生活上必要な音を知らせるように訓練された犬。

**ちょうどきゅう**『超△弩級』（名）ずばぬけて強く大きいこと。「—の台風」〔参考〕「弩」は超大型のイギリスの戦艦《せんかん》ドレッドノートの、頭文字の当て字で、それをこえた大きさである意。

**ちょうとっきゅう【超特急】**（名）❶特急よりも速い列車。「夢の—」❷ひじょうに急いで仕事をすすめること。「—で仕上げる」

**ちょうな**『◇手△斧』（名）木材をあらけずりするときに使う、鍬《くわ》形をした大工道具。

（ちょうな）

**ちょうなん【長男】**（名）最初に生まれた男の子。

**ちょうない【町内】**（名）同じ町の中。「—会」

**ちょうにん【町人】**（名）江戸《えど》時代、町に住む商人・職人を呼んだことば。

**ちょうネクタイ**『△蝶ネクタイ』（名）蝶のような形に結んだネクタイ。▽ネクタイは、英 necktie

**ちょうねんてん【腸捻転】**（名）〔医〕腸がねじれて、腸の中を物が通らなくなる病気。激しい腹痛・嘔《おう》吐《と》などを起こす。

**ちょうのうりょく【超能力】**（名）ふつうの人間の能力をこえた超自然的なふしぎな能力。「—者」

**ちょうは【長波】**（名）〔物〕波長一〇〇〇〇《メートル》〜一万《メートル》の電波。航空機や船舶《せんぱく》の航路標識などに用いられる。

**ちょうば【帳場】**（名）旅館や商店などで帳簿《ちょうぼ》をつけたり、勘定《かんじょう》などをする所。「—にすわる」

**ちょうば【跳馬】**（名）体操競技の種目の一つ。また、それに使う馬の背の形をした台。

**ちょうば【嘲罵】**（名・他スル）口ぎたなくあざけりののしること。「—をあびせる」

**ちょうばいか【鳥媒花】**（名）〔植〕鳥に花粉が運ばれて受粉する花。蜜《みつ》を出して鳥をさそう。びわ・つばき・さざんかなど。

**ちょうはつ【長髪】**（名）長くのばした髪《かみ》。ロングヘア。〔対〕短髪《たんぱつ》

**ちょうはつ【挑発】**『挑△撥』（名・他スル）相手を刺激《しげき》して、事件・戦争や、欲情・興味などをおこすようにしむけること。「—にのる」〔…的〕「挑発的な態度」

**ちょうはつ【徴発】**（名・他スル）戦時下の軍などが、人を強制的に呼び出して仕事をさせたり、物品を取り立てたりすること。「馬を—する」

**ちょうはつ【調髪】**（名・自スル）髪《かみ》を切りそろえて、形をととのえること。理髪。

**ちょうばつ【懲罰】**（名・他スル）不正行為《ふせいこうい》などに対して、こらしめのために罰すること。また、その罰。「—を受ける」〔類〕懲戒《ちょうかい》

**ちょうはん【丁半】**（名）❶さいころの目の偶数《ぐうすう》（丁）と奇数《きすう》（半）。❷二個のさいころをふって出た目の合計が偶数か奇数かをあてて勝負するばくち。

**ちょうび**『△掉尾』（名）→とうび

**ちょうふ【貼付】**（名・他スル）のりなどで、はりつけること。「写真を—する」〔参考〕「てんぷ」とも読む。

**-ちょうぶ【町歩】**（接尾）田畑や山林の面積を計算するとき、町を単位としていうことば。一町歩は約九九《アール》。「三—の田」⇒ちょう（町）〔二〕③

**ちょうふく【重複】**（名・自スル）同じ物事が重なること。じゅうふく。「—をさける」「内容が—する」

**ちょうぶく【調伏】**（名・他スル）❶〔仏〕仏に祈って、悪心や魔物《まもの》などをうち負かし、しずめること。❷のろいによって人を殺すこと。

**ちょうぶつ【長物】**（名）長いばかりで役にたたないもの。じゃまなもの。「無用の—」

**ちょうぶん【弔文】**（名）人の死をなげき悲しむ気持ちを述べた文。「—を読み上げる」〔類〕弔詞・弔辞

**ちょうぶん【長文】**（名）長い文。長い文章。「—読解」〔対〕短文

**ちょうへい【徴兵】**（名・自他スル）国が国民を一定期間、強制的に兵役につかせること。「—制度」

**ちょうへん【長編】**『長△篇』（名）詩・小説・映画などの長いもの。長編物。「—小説」〔対〕短編

**ちょうぼ【帳簿】**（名）おかねや品物の出し入れなどを記入する帳面。「—をつける」

**ちょうぼ【朝暮】**（名）❶朝夕。朝晩。❷一日じゅう。

**ちょうほう【弔砲】**（名）軍隊で、死者を弔《とむら》うためにうつ空砲。

**ちょうほう【重宝】**〔一〕（名）たいせつな宝。じゅうほう。〔二〕（名・他スル・形動ダ）便利で役にたつこと。便利なのでよく使うこと。調法。「—している品」

**ちょうほう【調法】**（名・他スル・形動ダ）→ちょうほう（重宝）〔二〕

**ちょうほう**『△諜報』（名）敵のようすをひそかにさぐって知らせること。また、その知らせ。「—機関」

**ちょうぼう【眺望】**（名・他スル）けしきを遠くまで見わたすこと。また、そのながめ。みはらし。「—がよい」

**ちょうほうけい【長方形】**（名）〔数〕四つの内角がみな直角である四辺形。一般《いっぱん》には正方形でないものをいう。長四角。矩形《くけい》。

**ちょうほんにん【張本人】**（名）事件などの、いちばんの原因をつくった人。「けんかの—」

**ちょうまんいん【超満員】**（名）乗り物や会場などで、それ以上はいれないほど人がいっぱいにはいること。

**ちょうみ【調味】**（名・自スル）飲食物の味をととのえること。ちょうどよい味をつけること。「塩で—する」

**ちょうみりょう【調味料】**（名）食物の味つけに使われる、塩・砂糖・しょうゆ・みそなどの総称《そうしょう》。

**ちょうむすび【ちょう結び】**『△蝶結び』（名）

ちょうの羽のような形の、リボンやひもなどの結び方。

**ちょうめい【長命】**（名・形動ダ）長生きすること。「―な人」類長寿《ちょうじゅ》。対短命

**ちょうめい【澄明】**（名・形動ダ）空気や水などがすみきって明るいこと。「―な空」類清澄

**ちょうめん【帳面】**（名）物事を書きとめておくために、紙をとじ合わせて作った物。ノート。

**ちょうもく【鳥目】**（名）（むかしの穴あき銭が鳥の目のように見えるということから）金銭。銭《ぜに》。

**ちょうもん【弔問】**（名・他スル）死んだ人の家をたずねてくやみを述べること。「―客」

**ちょうもん【聴聞】**（名・他スル）❶《仏》説教や法話などをきくこと。❷行政機関が行政上の決定をするとき、広く利害関係者や第三者の意見をきくこと。公聴。「―会」

**ちょうもんのいっしん【頂門の一針】**頭の上に針を一本さすように、相手の急所をおさえ、痛いところをついていましめること。また、そのいましめ。

**ちょうや【朝野】**（名）朝廷《ちょうてい》または政府と、民間。官民。また、国全体。「―をあげて祝う」

**ちょうやく【跳躍】**㊀（名・自スル）跳《と》びあがること。ジャンプ。「全身を使って―する」㊁（名）陸上競技の走り高跳び・走り幅《はば》跳び・棒高跳びなどをまとめていう呼び名。「―競技」

**ちょうやく【調薬】**（名・自スル）薬を調合すること。調剤《ちょうざい》。

**ちょうよう【長幼】**（名）年長者と年少者。年上と年下。「―の序（＝年長者と年少者との間にある、守るべき順序や規律）」

**ちょうよう【重用】**（名・他スル）人を重要な地位につけて用いること。じゅうよう。

**ちょうよう【重陽】**（名）五節句の一つ。陰暦《いんれき》九月九日の菊《きく》の節句。「―の宴《えん》」

**ちょうよう【徴用】**（名・他スル）戦時下などに、国家が国民を動員して強制的に仕事をさせること。

**ちょうらく【『△凋落』】**（名・自スル）❶草木の花や葉がしおれて落ちること。❷力や勢いがなくなること。落ちぶれること。「―の一途《いっと》をたどる」「人気の―」

**ちょうり【調理】**（名・他スル）料理をすること。「―師」「―法」「魚を―する」

**ちょうりつ【町立】**（名）町で建て、運営・管理すること。また、その施設《しせつ》。「―中学校」

**ちょうりつ【調律】**（名・他スル）《音》楽器の音を正しい高さや音色に調節すること。「ピアノを―する」

**ちょうりゅう【潮流】**（名）❶潮《しお》の満ち干《ひ》につれておこる海水の流れ。❷世の中のなりゆき。時勢の動き。「時代の―」類時流

**ちょうりょう【『跳△梁』】**（名・自スル）❶自由にはねまわること。❷好ましくないものがはびこり、かってに行動すること。「賊《ぞく》が―する」「―跋扈《ばっこ》」

**ちょうりょく【張力】**（名）❶引っぱる力。張る力。❷《物》物体内部の任意の面に垂直に働き、その両側の部分を引き離《はな》すように働く力。「表面―」

**ちょうりょく【聴力】**（名）耳で音をききとる力。「―検査」

**ちょうるい【鳥類】**（名）《動》脊椎《せきつい》動物の一種。鳥全体をさす呼び名。からだは羽毛でおおわれ、角質のくちばしをもち、つばさをもって、多くのものは空を飛ぶ。恒温《こうおん》動物で、卵でふえる。

**ちょうれい【朝礼】**（名）学校・職場などで朝、全員が集まってあいさつや伝達などを行う行事。類朝会

**ちょうれいぼかい【朝令暮改】**（名）（朝出した命令をその日の夕方には変える意から）法律や命令がすぐに変わって一定せず、あてにならないこと。

**ちょうろう【長老】**（名）❶老人の敬称《けいしょう》。特に、その道で経験が深く重要な存在である人。「画壇《がだん》の―」❷徳の高い僧《そう》。❸キリスト教で、信徒を代表し指導する人。

**ちょうろう【嘲弄】**（名・他スル）ばかにしてからかうこと。「相手を―する」

**ちょうわ【調和】**（名・自スル）いろいろの要素や条件などがほどよくつり合うこと。「―がとれる」「―を保つ」

**チョーク**〔英 chalk〕（名）❶《地質》石灰《せっかい》質の岩石。白亜《はくあ》。❷白墨《はくぼく》。

**ちよがみ【千代紙】**（名）折り紙や人形細工などに使う、美しい模様の色刷りされた和紙。

**ちょき**（名）じゃんけんで、人差し指と中指を立てて出す、はさみを表すかたち。

**ちょきん【貯金】**（名・自他スル）おかねをためること。また、特に、郵便局などにあずけておかねをためること。また、そのおかね。「―通帳」類預金《よきん》

**ちょく【直】** 8画 目3 小2 音 チョク・ジキ 訓 ただちに・なおす・なおる

一 十 𠂇 冇 直 直

❶まっすぐ。◆直射・直進・直線・直立・直球・直系・直行◆垂直。対曲。❷正しい。すなお。◆直情◆愚直《ぐちょく》・剛直《ごうちょく》・実直・正直《しょうじき》・率直《そっちょく》。❸ただちに。間をおかないで。じかに。◆直訴《じきそ》・直営・直後・直接・直前・直属・直通・直売・直面・直訳・直轄《ちょっかつ》・直観《ちょっかん》・直結《ちょっけつ》。❹あたい。ねうち。◆安直・高直《こうじき》。❺番にあたること。当番。◆宿直・当直・日直

**ちょく【直】**（名・形動ダ）❶まっすぐなこと。正しいこと。「理非曲―」❷直接的であること。じか。「生産者との―の取り引き」「―に話す」

**ちょく【勅】** 9画 力7 〔敕〕 音 チョク

一 ロ 申 束 剌 勅

みことのり。天子のおことば・命令。◆勅語・勅旨《ちょくし》・勅使・勅宣《ちょくせん》・勅命・勅令◆詔勅《しょうちょく》・奉勅《ほうちょく》

**ちょく【捗】** 10画 扌7 音 チョク

扌 扌 扌 扌 扌 捗

はかどる。仕事が進む。◆進捗《しんちょく》 ⇩付録「漢字の筆順(5)止」

**ちょくえい【直営】**（名・他スル）製造元・本社などが直接に経営すること。「本社―の販売《はんばい》店」

**ちょくおん【直音】**（名）日本語の音節で、一つの母音《ぼいん》、または一子音《しいん》と一母音からなるもの。「あ（a）」「く（ku）」「そ（so）」など。拗音《ようおん》・促音《そくおん》・撥音《はつおん》を除き、一音節がひらがな一字で表される。

**ちょくげき【直撃】**(名・他スル) 爆弾《ばくだん》や砲弾《ほうだん》などがじかに当たること。また、台風・なだれ・雷《かみなり》などが直接おそうこと。「—弾」「台風の—を受ける」

**ちょくげん【直言】**(名・他スル) 思うところを遠慮《えんりょ》なくはっきりと言うこと。また、そのことば。「上司に—する」

**ちょくご【直後】**(名) ❶物事が起こったすぐあと。「事故の—」 ❷もののすぐうしろ。《対直前》

**ちょくご【勅語】**(名) 国民に対する天皇の意思表示のことば。「教育—」

**ちょくさい【直裁】**(名・他スル) ❶ただちにさばいて決めること。❷直接に自分でさばいて決めること。

**ちょくさい『直△截』**(名・形動ダ) →ちょくせつ(直截)

**ちょくし【直視】**(名・他スル) ❶目をそらさずにまっすぐに見ること。類正視。❷物事の真実をありのままに正しく見つめること。「現実を—する」

**ちょくし【勅使】**(名) 天皇の使者。

**ちょくしゃ【直写】**(名・他スル) そのままうつすこと。ありのままにうつすこと。「事実を—する」

**ちょくしゃ【直射】**(名・他スル) ❶光線がまともに照らすこと。じかに照らすこと。「—日光」 ❷直線的に飛ぶように弾丸《だんがん》を発射すること。

**ちょくじょ【直叙】**(名・他スル) 感想などをまじえず、ありのままを述べること。「見たままを—する」

**ちょくじょう【直上】** 一(名) まうえ。すぐ上。二(名・自スル) まっすぐに上がること。《対直下《ちょっか》》

**ちょくじょうけいこう【直情径行】**(名・形動ダ) 相手の気持ちやまわりの状態などにかまわず、思ったとおりに言ったり行動したりすること。「—の人」

**ちょくしん【直進】**(名・自スル) まっすぐに進むこと。「—禁止」「目的に向かって—する」

**ちょくせつ【直接】**(名・副) 間にほかのものがなく、じかに接すること。じかにかかわること。「—の影響《えいきょう》」「本人に—話す」対間接

**ちょくせつ『直△截』**(名・形動ダ) ❶ためらわずに、ただちに決めること。❷まわりくどくなくずばりと表現するようす。「簡明—な説明」参考「ちょくさい」とも読みならわされている。

**ちょくせつこうどう【直接行動】**(名) 目的をとげるために、規則や手続きを無視して、力ずくの手段をとること。「—に出る」

**ちょくせつぜい【直接税】**(名) 税金の負担者に直接支《し》払《はら》わせる税金。所得税・法人税・固定資産税など。対間接税

**ちょくせつせんきょ【直接選挙】**(名) 選挙権をもつ人が直接、候補者に投票して当選者を決める制度。対間接選挙

**ちょくせつてき【直接的】**(形動ダ)〔ダロ・ダッ(デ・ニ)・ダ・ナ・ナラ・○〕 じかに接するようす。「—な言い回し」対間接的

**ちょくせん【直線】**(名) ❶まっすぐな線。「—コース」 ❷《数》二点間の最短距離《きょり》を結ぶ線。《対曲線》

**ちょくせん『勅△撰』**(名) 天皇・上皇が自分で詩《しい》歌《か》・文章を選ぶこと。また、天皇・上皇の命令によって詩歌などを選び編集すること。「—和歌集」

**ちょくぜん【直前】**(名) ❶物事の起こるすぐ前。「事件の—」 ❷あるもののすぐ前。目の前。「車の—を横切る」《対直後》

**ちょくせんわかしゅう『勅△撰和歌集』**(名)《文》天皇や上皇の命令によって編集された和歌集。「古今《こきん》和歌集」から、「新続《しんしょく》古今和歌集」までを総称《そうしょう》して二十一代集という。また、「古今和歌集」以下三集、あるいは八集を、それぞれ三代集・八代集ともいう。⇒さんだいしゅう・はちだいしゅう

**ちょくそう【直送】**(名・他スル) 中つぎの業者なしに相手に直接送ること。「産地—の野菜」

**ちょくぞく【直属】**(名・自スル) 直接にその下に属すること。直接につき従うこと。「政府—の機関」

**ちょくだい【勅題】**(名) ❶天皇の出す詩歌《しいか》の題。特に、歌会始めの題。❷天皇の書いた額。

**ちょくちょう【直腸】**(名)《生》大腸のいちばん終わりで、肛門《こうもん》に通じる部分。

**ちょくちょく**(副)《俗語》少しの間をおいて、何度もくり返されるようす。ちょいちょい。「—店に来る」

**ちょくつう【直通】**(名・自スル) 乗り物や電話が、乗り換《か》えや中つぎなどなしに、目的地や相手に直接に通じること。「—電車」「—電話」

**ちょくとう【直答】**(名・自スル) ❶相手に直接答えること。じきとう。❷すぐ答えること。即答《そくとう》。「—をさける」

**ちょくばい【直売】**(名・他スル) 問屋や小売《こうり》店を通さないで生産者が消費者へ直接に売ること。じかうり。「産地—」類直販《ちょくはん》

**ちょくはん【直販】**(名・他スル) 問屋を通さないで、生産者が消費者に直接売ること。類直売

**ちょくひ【直披】**(名) →じきひ

**ちょくほうたい【直方体】**(名)《数》マッチ箱のような立体で、長方形の面ばかりからなる六面体。

**ちょくめい【勅命】**(名) 天皇の命令。みことのり。

**ちょくめん【直面】**(名・自スル) ある物事にじかに向きあうこと。直接にであうこと。「危険に—する」

**ちょくもう【直毛】**(名) まっすぐでくせのない髪《かみ》の毛。対くせ毛

**ちょくやく【直訳】**(名・他スル) 原文の一語一語を順を追って意味どおりに忠実に訳すこと。逐語《ちくご》訳。「—文」対意訳

**ちょくゆ【直喩】**(名) 修辞法の一種。たとえるものとたとえられるものとを「たとえば」「…のような」などの語を使って直接結びつける比喩。明喩。「かもしかのように速い足」など。対隠喩《いんゆ》

**ちょくゆしゅつ【直輸出】**(名・他スル) なかだちする商社の手を通さないで、生産国から相手国にじかに輸出すること。直接輸出。対直輸入

**ちょくゆにゅう【直輸入】**(名・他スル) なかだちする商社の手を通さないで、生産国からじかに輸入すること。直接輸入。対直輸出

**ちょくりつ【直立】**(名・自スル) ❶まっすぐに立つこと。「—不動」 ❷高く、またけわしくそびえること。

**ちょくりゅう【直流】** 一(名・自スル) まっすぐに流れること。また、その流れ。二(名)《物》回路の中をい

つも決まった方向に流れる電流。対交流
**ちょくれい【勅令】**（名）❶天子・君主の命令。❷明治憲法のもとで、天皇の権限として議会を通さずに制定された命令。
**ちょくれつ【直列】**（名）❶まっすぐな列。「―縦隊」❷《物》（「直列接続」の略）電池・抵抗器《ていこうき》などの配線で、正負の電極を、交互《こうご》に一列につなぐこと。対並列《へいれつ》
**ちょげん【緒言】**（名）→しょげん
**ちょこ〖△猪◇口〗**（名）❶陶磁器《とうじき》製の小さなさかずき。❷酢《す》の物などを盛る、さかずきに似たうつわ。
**ちょこざい〖△猪◇口才〗**（名・形動ダ）なまいきなこと。りこうぶること。さしでがましいこと。「―なやつめ」
**ちょこちょこ**（副・自スル）❶幼児などが、小さい歩はばで落ち着きなく動きまわるようす。「あちこち―（と）歩きまわる」❷少しの間をおいて、たびたびくり返されるようす。ちょくちょく。「―顔を見せる」
**ちょこなんと**（副）小さくかしこまって、じっとしているようす。ちょこんと。「片隅《かたすみ》に―座っている」
**ちょこまか**（副・自スル）落ち着きなくこまかく動きまわるようす。「―（と）動きまわる」
**チョコレート**〔英 chocolate〕（名）❶カカオの実をいって粉にしたものに、ミルク・バター・砂糖・香料《こうりょう》などをまぜて、かためた菓子《かし》。❷（「チョコレート色」の略）こいあずき色。こげ茶色。
**ちょこんと**（副）❶小さな動作を一回するようす。「―おじぎをする」❷小さくかしこまって、じっとしているようす。ちょこなんと。「小犬が―座る」
**ちょさく【著作】**（名・自他スル）本を書き著すこと。また、その本。「―者」類著述
**ちょさくけん【著作権】**（名）《法》文芸・学術・美術・音楽などの作品を、その著作者が独占《どくせん》的に利用でき、他人に許可なく利用させない権利。著作者の死後も一定期間存続する。「―の侵害《しんがい》」
**ちょしゃ【著者】**（名）その本を書いた人。著作者。
**ちょじゅつ【著述】**（名・自他スル）本を書き著すこと。また、その本。「―業」「―家」類著作
**ちょしょ【著書】**（名）その人が書いた本。著作。
**ちょすい【貯水】**（名・自スル）水をためておくこと。また、ためた水。「―池」「―量」
**ちょすいち【貯水池】**（名）防火・灌漑《かんがい》・水道・水力発電などに使う水をためておく人工の池。
**ちょせん【緒戦】**（名）→しょせん（緒戦）
**ちょぞう【貯蔵】**（名・他スル）物をたくわえてしまっておくこと。「―庫」
**ちょたん【貯炭】**（名）石炭をたくわえておくこと。また、その石炭。「―量」
**ちょちく【貯蓄】**（名・他スル）おかねなどの財産をたくわえること。また、ためた財産。「老後のための―」
**ちょっか【直下】**■一（名）まっすぐ下。ました。「赤道―」「―型地震《じしん》」■二（名・自スル）まっすぐに下がること。「急転―」（対直上）
**ちょっかい**（名）《俗語》❶ねこなどが片方の前足で物をかき寄せること。❷よけいな手出しをすること。横から口を出すこと。かまうこと。「―を出す」
**ちょっかく【直角】**（名）《数》二直線が垂直にまじわったときにできる角度。九〇度。「―三角形」
**ちょっかく【直覚】**（名・他スル）ちょっと見聞きしただけで、それがなんであるかをすぐ感じ知ること。「事の本質を―する」…的「直覚的に理解する」類直観
**ちょっかくさんかくけい【直角三角形】**（名）《数》内角の一つが直角になっている三角形。
**ちょっかつ【直轄】**（名・他スル）直接に管理・支配すること。「幕府の―地」
**ちょっかっこう【直滑降】**（名・自スル）スキーで、斜面《しゃめん》をまっすぐにすべりおりること。
**ちょっかん【直感】**（名・他スル）頭で考えた結果でなく、物事を瞬間《しゅんかん》的に感じとること。第六感。「危険だと―した」「―にたよる」
**ちょっかん【直観】**（名・他スル）論理的な思考などによらずに、直接に対象の本質や全体をとらえること。…的「直観的に感じとる」類直覚
**チョッキ**（名）上着の下に着る袖《そで》なしの短い胴着《どうぎ》。ベスト。「毛糸の―」▽《ポルトガル》jaque からという。
**ちょっきゅう【直球】**（名）野球で、投手が打者に対して投げるまっすぐなたま。ストレート。対変化球
**ちょっきん【直近】**（名）現時点から最も近くのこと。「―三か月の売上額」「海外の―情報」
**ちょっけい【直系】**（名）❶直接の血すじ。祖父・父・子・孫と親子の関係でつながる系統。「―尊属」❷直接に系統を受けつぐこと。「―の会社」（対傍系《ぼうけい》）
**ちょっけい【直径】**（名）《数》円や球の中心を通り、円周上または球面上に両端《りょうたん》がある線分。
**ちょっけつ【直結】**（名・自他スル）間に何もおかないで直接に結びつくこと。また、結びつけること。「生活に―する問題」
**ちょっこう【直交】**（名・自スル）《数》直角に交わること。「X軸《じく》に―するY軸」
**ちょっこう【直行】**（名・自スル）❶寄り道などをしないで、目的地にまっすぐに行くこと。「現場に―する」❷思うままにためらわずに行うこと。「直言―」
**ちょっこう【直航】**（名・自スル）船・飛行機などが、どこにも寄らずに目的地にまっすぐ行くこと。「―便」
**ちょっと〖×一寸〗**■一（副）❶少しの間。ほんのしばらく。「―待ってください」❷程度や分量が少しであるようす。少し。少々。「この品物は―高い」「―だけ残す」❸軽い気持ちで行うようす。「―聞いてこよう」❹かなり。ある程度。「―名の知れた会社」❺（下に打ち消しのことばをともなって）とても。かんたんには。「―想像がつかない」「それは―できない」■二（感）軽い呼びかけのことば。「君、―」
**ちょっとやそっと** 少しばかり。ちょっとぐらい。ちっとやそっと。「―のことでは驚《おどろ》かない」使い方〉多くあとに「ない」などの打ち消しのことばがくる。
**ちょっとした〖×一寸した〗**（連体）❶わずかな。ほんのちょっとの。ささいな。「―かすり傷ですんだ」❷かなりの。相当《そうとう》な。「―腕前《うでまえ》の持ち主」
**ちょっぴり**（副）ほんの少し。「―さびしい」
**ちょとつ〖△猪突〗**（名・自スル）いのししのように、まっ

すぐ何も考えずにつき進むこと。「―猛進《もうしん》」

**ちょびひげ**『ちょび△髭』(名) 鼻の下に少しばかりはやしたひげ。

**ちょめい**【著名】(名・形動ダ) 名前が世間に広く知られていること。「―人」類 有名

**ちょりつ**『△佇立』(名・自スル) しばらくの間立っていること。たたずむこと。「茫然《ぼうぜん》と―する」

**ちょろ・い** (形) {カロ・カッ(ク)・イ・イ・ケレ・○}《俗語》❶簡単にかたづけられる。容易だ。「こんなテストは―」❷考え方などが安易で軽薄《けいはく》である。「そんなー手にのるものか」

**ちょろちょろ** (副・自スル) ❶少量の水が流れるようす。「水道の水が―(と)出る」❷炎《ほのお》が小さく出ているようす。「火が―(と)燃えている」❸小さいものがあちこち動きまわるようす。「ねずみが―する」

**ちょろまか・す** (他五) {サ(ソ)・シ・ス・ス・セ・セ}《俗語》他人の目をごまかして、物や金銭を盗《ぬす》む。また、数や金額をごまかして得をする。「店の品物を―」

**ちょろん**【緒論】(名) →しょろん

**チョンガー** (名)《俗語》(朝鮮《ちょうせん》語から)独身の男性。

**ちょんぎ・る**【ちょん切る】(他五) {ラ(ロ)・リ(ッ)・ル・ル・レ・レ} たやすく切る。むぞうさに切る。「枝を―」

**ちょんまげ**『◇丁△髷』(名) 江戸《えど》時代の男性の髪形《かみがた》の一つ。後頭部でたばねた髪を、前へ折り曲げたもの。

(ちょんまげ)

**ちらか・す**【散らかす】(他五) {サ(ソ)・シ・ス・ス・セ・セ} 物を整理せず、あちこちに放りだしておく。「部屋を―」

**ちらか・る**【散らかる】(自五) {ラ(ロ)・リ(ッ)・ル・ル・レ・レ} 物があちこちに乱雑に散らばる。「ごみが―」

**ちらし**【散らし】(名) ❶散らすこと。❷広告などを印刷して配る紙。びら。「開店の―を配る」❸(「ちらしずし」の略)すし飯の上に魚や貝、卵焼きなどの具を並べた食べ物。

**ちら・す**【散らす】(他五) {サ(ソ)・シ・ス・ス・セ・セ} ❶散るようにする。「花を―」「気を―」❷はれもののうみや痛みを手術をしないでおさえる。「盲腸《もうちょう》を―」「痛みを―」❸(動詞の連用形について)やたらに…する。さかんに…する。「わめき―」参考 ③は、ふつうかな書きにする。

**ちらちら** (副・自スル) ❶細かいものが舞《ま》い落ちるようす。「雪が―(と)降る」❷光が弱く何度もきらめくようす。「いさり火が―する」「星が―(と)またたく」❸物が見えかくれするようす。「人かげが―(と)する」❹くり返し視線を向けるようす。「―(と)横目でうかがう」❺時々聞こえてくるようす。「うわさを―耳にする」

**ちらつ・く** (自五) {カ(コ)・キ(イ)・ク・ク・ケ・ケ} ❶ちらちらと降る。「雪が―」❷光がちらちらする。「画面が―」❸目の前に見えかくれする。「おもかげが―」

**ちらば・る**【散らばる】(自五) {ラ(ロ)・リ(ッ)・ル・ル・レ・レ} ❶広い範囲《はんい》に散るように存在する。「人家が―っている」❷まとまっていたものが、ばらばらになる。「卒業生が全国に―」❸ものが散乱する。ちらかる。「おもちゃが部屋中に―」

**ちらほら** (副・自スル) あちらこちらに少しずつあるようす。ちらりほらり。「和服姿の女性も―(と)見える」

**ちらり** (副) ❶一瞬《いっしゅん》見たり見えたりするようす。「彼《かれ》の姿を―と目にした」「光が―と見える」❷わずかに聞いたり聞こえたりするようす。「―と耳にする」

**ちらりほらり** (副) ちらほら。「―(と)雪が降る」

**ちり**『△塵』(名) ❶細かい土や砂。小さいほこりやごみ。「―をはらう」❷俗世間《ぞくせけん》のわずらわしさやけがれ。「浮《う》き世の―」❸ほんのわずかなこと。「―ほどの誠意もない」❹値うちのないもの。「―の身」

**ちりも積《つ》もれば山《やま》となる** ちりのようにわずかなものも、積み重なれば大きなものになるというたとえ。

**ちり**【地理】(名) ❶土地のようす。「この周辺の―に明るい」❷《地》地球上の海陸・山川・気候・人口・都市・産業・交通・文化などのようす。「―学」❸②を研究する学問。また、教科。

**チリ**〔Chile〕[地名] 南アメリカの南西部にある、南北に細長い共和国。首都はサンティアゴ。

**ちりあくた**『△塵△芥』(名) ❶ほこりやごみ。❷値うちのないもの。つまらないもの。

**ちりがみ**【ちり紙】『△塵紙』(名) 鼻紙などに使うそまつな紙。

**ちりし・く**【散り敷く】(自五) {カ(コ)・キ(イ)・ク・ク・ケ・ケ} 葉や花が散って、あたり一面にしきつめたように地面をおおう。「落ち葉が―道」

**ちりぢり**【散り散り】(名・形動ダ) 物が散らばること。いっしょにいたものが、別れ別れになること。「親子が―になる」「―ばらばら」

**ちりとり**【ちり取り】『△塵取り』(名) はき集めたごみをすくいとる道具。

**ちりば・める**『△鏤める』(他下一) {メ・メ・メル・メル・メレ・メロ(メヨ)} 金銀や宝石などを、かざりとしてあちこちにはめこむ。「宝石を―・めた王冠《おうかん》」

**ちりめん**『◇縮△緬』(名) 表面にこまかいしぼ(=糸のより方によってつけるでこぼこ)を出した絹織物。

**ちりめんじゃこ**『◇縮△緬◇雑◇魚』(名) かたくちいわしの稚魚《ちぎょ》を煮《に》て干した食品。ちりめんざこ。

**ちりゃく**【知略】『△智略』(名) 知恵《ちえ》にすぐれたかしこいはかりごと。知謀《ちぼう》。「―をめぐらす」

**ちりょ**【知慮】『△智慮』(名) かしこい考え。また、先のことを見通す能力。「―才覚」

**ちりょう**【治療】(名・他スル) 病気やけがなどをなおすために手当てをすること。「―をほどこす」

**ちりょく**【知力】『△智力』(名) 知恵《ちえ》のはたらき。「―をつくす」

**ち・る**【散る】(自五) {ラ(ロ)・リ(ッ)・ル・ル・レ・レ} ❶花や葉が、枝や茎《くき》からはなれて落ちる。「桜が―」❷まとまっていたものが、ばらばらに分かれる。「群衆が―」❸ばらばらになって四方へ飛ぶ。「火花が―」「ガラスの破片《はへん》が―」❹にじんで広がる。「インクが―」❺できもののはれなどがひく。「痛みが―」❻心が集中できなくなる。「気が―」❼(比喩《ひゆ》的に)いさぎよく死ぬ。「戦場に―」

**チルド**〔英 chilled〕(名) 食品の新鮮《しんせん》さを保つため、

セ氏0度程度の低温で冷蔵すること。「—食品」

**ちわげんか**【痴話げんか】〘痴話▵喧▵嘩〙(名) 夫婦や恋人《こいびと》どうしの間で、とるにたりないことから起こるけんか。「やきもちからの—」

**ちん**【沈】 7画 氵4 音 チン 訓 しずむ・しずめる
❶水中にしずむ。底のほうへ行く。◆沈下・沈潜《ちんせん》・沈滞《ちんたい》・沈殿《ちんでん》・沈没《ちんぼつ》 ◆撃沈《げきちん》・自沈・浮沈《ふちん》。対浮。❷気が落ち着く。◆沈思黙考《ちんしもっこう》・沈静・沈着。❸気がしずむ。◆沈鬱《ちんうつ》・沈痛 ◆消沈

**ちん**【珍】 9画 王5 音 チン 訓 めずらしい
❶めずらしい。思いがけない。◆珍奇《ちんき》・珍客・珍事・珍説・珍妙《ちんみょう》。❷得がたい。貴重な。◆珍書・珍重《ちんちょう》・珍品・珍味 ⇩付録「漢字の筆順(2)王〔王〕」

**ちん**【珍】(名・形動ダ) めずらしいこと。他と変わっていておもしろいようす。「—とするに足る」

**ちん**【朕】 10画 月6 音 チン
われ。天子の自称《じしょう》。

**ちん**【陳】 11画 阝8 音 チン
❶ならべる。◆陳列 ◆出陳。❷のべる。◆陳謝・陳述・陳情 ◆開陳・具陳。❸古い。古いもの。◆陳腐《ちんぷ》 ◆新陳代謝《しんちんたいしゃ》

**ちん**【賃】 13画 貝6 小6 音 チン
❶やとい人にはらうおかね。◆賃金《ちんきん》・賃銀《ちんぎん》・賃銭。❷物を借りたり利用したりした代価としてはらうおかね。◆賃借・賃貸 ◆運賃・工賃・駄賃《だちん》・船賃《ふなちん》・家賃

**ちん**【鎮】 18画 金10 〔鎭〕 音 チン 訓 しずめる㊔・しずまる㊔
❶おさえとなるもの。おもし。◆重鎮・風鎮・文鎮。❷おさえつける。しずめる。しずまる。◆鎮圧・鎮火・鎮護・鎮魂《ちんこん》・鎮座・鎮守《ちんじゅ》・鎮静・鎮台・鎮痛剤《ちんつうざい》・鎮定・鎮撫《ちんぶ》

**ちん**〘▵狆〙(名)〘動〙犬の品種の一つ。小形で額《ひたい》が高く、目が大きく、長い毛でおおわれている。

**ちん**〘◇亭〙(名) 庭園などにある休憩《きゅうけい》・見晴らし用の小屋。あずまや。

**ちんあげ**【賃上げ】(名・自スル) 賃金を上げること。「—要求」対賃下げ

**ちんあつ**【鎮圧】(名・他スル) 反乱・暴動などを力でおさえつけてしずめること。「暴徒を—する」類平定

**ちんうつ**【沈鬱】(名・形動ダ) 気持ちがしずんで、ふさぎこんでいること。「—な気分だ」類憂鬱《ゆううつ》

**ちんか**【沈下】(名・自スル) 地面などがしずんで下がること。「地盤《じばん》—」対隆起《りゅうき》

**ちんか**【鎮火】(名・自他スル) 火事が消えておさまること。火事を消すこと。「やっと—した」対出火

**ちんがし**【賃貸し】(名・他スル) →ちんたい(賃貸)

**ちんがり**【賃借り】(名・他スル) →ちんしゃく

**ちんき**【珍奇】(名・形動ダ) めずらしく、変わっていること。「—な出来事」

**ちんきゃく**【珍客】(名) めずらしい客。思いがけない客。

**ちんきん**【賃金】(名) ❶→ちんぎん ❷〘法〙賃貸借の契約《けいやく》によって、支払《しはら》うことを約束したおかね。

**ちんぎん**【賃金・賃銀】(名) 労働に対する報酬《ほうしゅう》として支払《しはら》われるおかね。「—を支払う」

**ちんけ**(形動ダ){ダロ・ダッ(デ・ニ)・ダ・ナ・ナラ・○}〘俗語〙程度が低く、価値や魅力《みりょく》のないようす。「—な贈《おく》り物」

**ちんご**【鎮護】(名・他スル) 争いや乱れをしずめて、国をわざわいから守ること。「国を—する」

**ちんこう**【沈降】(名・自スル) しずみ下がること。沈下。「赤血球の—速度」

**ちんこん**【鎮魂】(名) 死者の霊《れい》をなぐさめしずめること。「—歌」

**ちんざ**【鎮座】(名・自スル) ❶神のたましいがその地にしずまっていること。「神が—まします所」❷どっかりと場所をしめていること。「床《とこ》の間に—する置物」

**ちんさげ**【賃下げ】(名・自スル) 賃金を下げること。減給。対賃上げ

**ちんし**【沈思】(名・自スル) 落ち着いて静かに考えること。深く物思いにしずむこと。「—黙考《もっこう》」

**ちんじ**【珍事】〘▵椿事〙(名) ❶めずらしい出来事。考えられないような出来事。「前代未聞《みもん》の—」❷思いがけない事件。参考②は多く「椿事」と書く。

**ちんしごと**【賃仕事】(名) 手内職のように、一ついくらという手間賃をとってする仕事。

**ちんしもっこう**【沈思黙考】(名・自スル) だまってじっと深く考えること。

**ちんしゃ**【陳謝】(名・他スル) あやまること。わけを話してわびること。「手ちがいを—する」

**ちんしゃく**【賃借】(名・他スル) 料金をはらって物を借りること。賃借り。対賃貸《ちんたい》

**ちんしゅ**【珍種】(名) めずらしい種類。また、そのもの。「—の蝶《ちょう》」

**ちんじゅ**【鎮守】(名) ❶その土地をしずめ守る神。また、その神をまつった神社。「—の森」❷軍隊を出して、その土地をしずめ守ること。

**ちんじゅつ**【陳述】(名・他スル) ❶意見や考えを口で述べること。また、その内容。❷〘法〙訴訟《そしょう》当事者や関係人が裁判所に対して、事件に関することを、ことばや書面で述べること。「被告《ひこく》の—」

**ちんじょう**【陳情】(名・他スル) 実情をうったえて、適切な処置をしてくれるようにたのむこと。「—団」

**ちんせい**【沈静】(名・自スル) 落ち着いて静かなこと。また、静かになること。…化「騒《さわ》ぎが沈静化する」

**ちんせい**【鎮静】(名・自他スル) 気持ちがしずまり落ち着くこと。また、落ち着かせること。「—剤《ざい》」

**ちんせき**【沈積】(名・自スル) 流れてきた土砂《どしゃ》などが、水底にしずんで積もること。

**ちんせつ**【珍説】(名) ❶めずらしい話。❷変わった意見。ばかばかしい意見。

**ちんせん**【沈潜】(名・自スル) ❶水底に深くしずみかくれること。❷物事に深くうちこむこと。落ち着いて

深く考えること。「研究に―する」

**ちんせん【賃銭】**（名）仕事に対する報酬《ほうしゅう》や物の使用料として支払《しはら》われるおかね。賃金。

**ちんたい【沈滞】**（名・自スル）物事が動いていかず活気がないこと。とどこおること。「―ムード」類停滞《ていたい》

**ちんたい【賃貸】**（名・他スル）料金をとって、物を貸すこと。賃貸し。「―契約《けいやく》を結ぶ」対賃借

**ちんたいしゃく【賃貸借】**（名）〘法〙相手に自分の持ち物を貸すことに対して、相手が借り賃としておかねを支払《しはら》うことを約束した契約《けいやく》。

**ちんたら**（副・自スル）《俗語》やる気が感じられず、だらだらと物事を行うようす。「―掃除《そうじ》するんじゃない」

**ちんだん【珍談】**（名）めずらしい話。おもしろい話。「―奇談《きだん》」

**ちんちくりん**（名・形動ダ）《俗語》❶背の低い人をあざけっていうことば。❷衣服の袖《そで》や丈《たけ》が短くて、からだに合っていないこと。つんつるてん。「―な格好」

**ちんちゃく【沈着】**㊀（名・形動ダ）落ち着いていてあわてないこと。「冷静―な態度」㊁（名・自スル）底にたまって付着すること。「色素が―する」

**ちんちょう【珍重】**（名・他スル）めずらしいものとしてたいせつにすること。「―している品」

**ちんちょうげ**〘沈丁◇花〙（名）《植》➡じんちょうげ

**ちんつう【沈痛】**（名・形動ダ）深い悲しみや悩《なや》み事で心を痛め、しずんでいること。「―な面持《おもも》ち」

**ちんつう【鎮痛】**（名）〘医〙痛みをおさえ、しずめること。「―作用」

**ちんつうざい【鎮痛剤】**（名）〘医〙痛みをしずめる薬。痛み止め。

**ちんてい【鎮定】**（名・自他スル）反乱・暴動などを力でしずめておさめること。また、しずまっておさまること。「暴動を―する」

**ちんでん【沈殿】**〘沈△澱〙（名・自スル）液体の中にまじっているものが、底にしずんでたまること。「不純物が―する」

**ちんとう**〘◇枕頭〙（名）まくらもと。「―の書」

**ちんどんや【ちんどん屋】**（名）人目に立つ服装をし、三味線《しゃみせん》・太鼓《たいこ》・クラリネットなどを鳴らしながら町をねり歩き、宣伝・広告をする人。

**ちんにゅう**〘△闖入〙（名・自スル）ことわりもなく、とつぜんはいりこむこと。「―者」

**ちんば**〘△跛〙（名）片足が不自由なこと。参考差別的な語で、現在は用いない。

**チンパニー**（名）〘音〙➡ティンパニー

**チンパンジー**〔英 chimpanzee〕（名）〘動〙ヒトニザル科の哺乳《ほにゅう》動物。熱帯アフリカの森林にすみ、類人猿《るいじんえん》の中で最も知能が高いといわれる。黒しょうじょう。

**ちんぴら**（名）《俗語》❶一人前でもないのに生意気にふるまう者をあざけっていうことば。❷不良の少年少女。また、やくざの下っぱ。「―にからまれる」

**ちんぴん【珍品】**（名）ひじょうにめずらしい品物。「―を手に入れる」

**ちんぷ【陳腐】**（名・形動ダ）ありふれていて古くさいこと。「―なせりふ」

**ちんぶん【珍聞】**（名）めずらしい話。「―奇聞《きぶん》」

**ちんぷんかんぷん**（名・形動ダ）何を言っているのかまったくわからないこと。話がまったく通じないこと。「講師の話は―だ」

**ちんぼつ【沈没】**（名・自スル）船が水中にしずむこと。「貨物船が―する」

**ちんまり**（副・自スル）小さくまとまっているようす。「―（と）した庭」

**ちんみ【珍味】**（名）めったに味わえないめずらしい食べ物。「山海の―」

**ちんみょう【珍妙】**（名・形動ダ）変わっていておかしいこと。「―な姿」

**ちんむるい【珍無類】**（名・形動ダ）この上なくめずらしいこと。ほかに例がないほど風変わりであること。「―の服装」

**ちんもく【沈黙】**（名・自スル）口をきかないこと。だまったままでいること。「―は金《きん》なり」「―を守る」

**ちんれつ【陳列】**（名・他スル）人びとに見せるために、品物や作品をならべること。「―棚《だな》」

## つ ツ

**つ【通】**➡つう（通）

**つ【都】**➡と（都）

**-つ**（接尾）一から九までの和語の数詞について、物を数えるのに用いる。「一《ひと》―」

**つ【津】**（名）❶港。船《ふな》つき場。❷渡《わた》し場。

**ツアー**〔英 tour〕（名）❶周遊。観光旅行。「ヨーロッパ―」❷小旅行。「スキー―」❸巡業《じゅんぎょう》。「全国―」

**ツァイツェン**〔中国 再見〕（感）別れのあいさつのことば。さようなら。参考「またお会いしましょう」の意。

**つい【対】**➡たい（対）

**つい【対】**㊀（名）❶二つそろって一組をなすもの。そろい。「―の屏風《びょうぶ》」❷対句《ついく》。㊁（接尾）二つそろって一組のものをかぞえることば。「一―の茶碗《ちゃわん》」

**つい【追】** 9画 辶6 小3 音ツイ 訓おう

亻 户 户 自 追 追

❶おいかける。ついて行く。◆追及《ついきゅう》・追求・追撃《ついげき》・追随《ついずい》・追跡《ついせき》・追突《ついとつ》・追尾《ついび》◆急追。❷過去にさかのぼる。◆追憶《ついおく》・追善・追想・追悼《ついとう》・追慕《ついぼ》。❸つけ加える。もう一度行う。◆追加・追記・追試験・追伸《ついしん》・追訴《ついそ》・追体験・追認

**つい【椎】** 12画 木8 音ツイ

木 杧 杵 椎 椎

せぼね。◆椎間板《ついかんばん》◆胸椎《きょうつい》・頸椎《けいつい》・脊椎《せきつい》・腰椎《ようつい》⇩付録「漢字の筆順㉜隹」

**つい【墜】** 15画 土12 音ツイ

阝 阝 阝 隊 隊 墜

❶おちる。おとす。◆墜死・墜落◆撃墜《げきつい》。❷うしなう。権威《けんい》や名誉《めいよ》をなくす。◆失墜

**つい**（副）❶時間や距離《きょり》などのごく近いようす。ちょっと。「―先ほど」「―そこまで」❷深い考えもなく。うっかり。思わず。「―笑ってしまった」

**ツイード**〔英 tweed〕(名) 目のあらい平織りや綾《あや》織りの毛織物。「—のジャケット」

**つい・え**【費え】(名) ❶費用。出費。❷むだな出費。

**つい・える**【◇潰える】(自下一) {エ・エ・エル・エル・エレ・エロ(エヨ)} ❶つぶれる。くずれてだめになる。「夢が—」❷戦いにやぶれる。

**ついおく**【追憶】(名・他スル) 過ぎ去ったむかしを思いおこすこと。「—にふける」類追懐《ついかい》・追想

**ついか**【追加】(名・他スル) あとからふやしたりつけ加えたりすること。「—注文」「—料金」

**ついかい**【追懐】(名・他スル) 過ぎ去ったむかしをなつかしく思いしのぶこと。類追憶《ついおく》・追想

**ついかんばん**【椎間板】(名)〘生〙背骨を構成する椎骨《ついこつ》と椎骨との間にある軟骨《なんこつ》。上下からの衝撃《しょうげき》をやわらげるはたらきをする。「—ヘルニア」

**ついき**【追記】(名・他スル) あとから書き加えること。また、その文。「補足を—する」

**ついきゅう**【追及】(名・他スル) きびしく問いつめること。どこまでも追いつめること。「責任の—」「犯人の—」⇩ついきゅう(追究)「学習」

**ついきゅう**【追求】(名・他スル) あるものを得ようとしてどこまでも追い求めること。「利潤《りじゅん》の—」⇩ついきゅう(追究)「学習」

**ついきゅう**【追究】(名・他スル) 物事の内容を、どこまでも深くしらべて明らかにしようとすること。「宇宙のなぞを—する」

> **学習** 使い分け 「追及」「追求」「追究」
>
> **追及** あとからきびしく調べること。「政府の疑惑《ぎわく》を**追及**する」「犯人の行方《ゆくえ》を**追及**する」「捜査官《そうさかん》のきびしい**追及**」
>
> **追求** あるものをあくまで手に入れようとすること。「幸福を**追求**する」「利益の**追求**」
>
> **追究** あることについて徹底的に明らかにしようとすること。「原因**追究**」「真理の**追究**」

**ついく**【対句】(名) 修辞法の一つ。文の組み立てが似ていて、意味などが相対する二つの句を並べること。また、その句。「おびに短し、たすきに長し」など。

**ついげき**【追撃】(名・他スル) 敵のあとを追いかけて攻撃《こうげき》すること。おいうち。「敵を—する」

**ついご**【対語】(名) →たいご(対語)

**ついし**【追試】(名) ❶「追試験」の略。❷ある人が行った実験をあとからそのとおりにやって確かめること。「—を行い再現性を確認する」

**ついし**【墜死】(名・自スル) 高所から落ちて死ぬこと。

**ついじ**【◇築地】(名) 柱を立て、板をしんにして土でぬりかため、かわら屋根をふいた塀《へい》。ついじべい。

(ついじ)

**ついしけん**【追試験】(名) 病気や事故などで試験を受けられなかった者や不合格者に対し、あとで特別に行う試験。追試。「数学の—を受ける」

**ついじゅう**【追従】(名・自スル) 人の言ったことやしたことにただそのままつき従うこと。「人の意見に—する」注意「ついしょう」と読むと別の意味になる。

**ついしょう**【追従】(名・自スル) 人のきげんをとっておせじを言うなどすること。人にこびへつらうこと。「お—を言う」「—笑い」注意「ついじゅう」と読むと別の意味になる。

**ついしん**【追伸】(名) 手紙で、本文を書き終わったのち、さらにそのあとに書きたした文。また、その文のはじめに書くことば。追って書き。二伸。

**ついずい**【追随】(名・自スル) 人のしたあとからそれを追うようについて行くこと。「他の—を許さない」

**ツイスト**〔英 twist〕(名) ❶ひねること。❷ロックのリズムにのせて、腰《こし》をひねるように動かすダンス。

**ついせき**【追跡】(名・他スル) ❶逃《に》げる者のあとを追いかけること。「犯人を—する」❷その後のなりゆきなどを続けて調べること。「—調査」

**ついぜん**【追善】(名・他スル) 死者の冥福《めいふく》をいのるため、法事などを行うこと。「—供養《くよう》」

**ついぞ**(副) 今までに一度も。いまだかつて。「—出会ったことがない」使い方〉あとに「ない」「ません」などの打ち消しのことばがくる。

**ついそう**【追走】(名・他スル) 走って追いかけること。「後続選手の—を振《ふ》り切る」

**ついそう**【追想】(名・他スル) 過ぎ去ったむかしを思いしのぶこと。「若き日を—する」類追憶《ついおく》・追懐《ついかい》

**ついたいけん**【追体験】(名・他スル) 他人が体験したことをたどり、自分の体験としてとらえること。

**ついたち**【◦一日】〘△朔・×朔日〙(名) 月の第一日。対晦日《みそか》・晦《つごもり》。文法「月立ち」の音便。

**ついたて**【◇衝立て】(名) 室内に立てて仕切りや目かくしにする家具。

(ついたて)

**ついちょう**【追弔】(名・他スル) 死んだ人の生前をなつかしんでとむらうこと。

**ついちょう**【追徴】(名・他スル) 足りない金額をあとから取り立てること。「—金」

**ついて**〘就いて〙(「…について」の形で) ❶…に関して。「映画に—話す」❷…ごとに。「一冊に—五〇〇円を払《はら》う」文法「つきて」の音便。

**ついで**〘◇序で〙(名) 何かをするときに、他のことがいっしょにできる、よい機会。「—があるので出かける」

**ついで**【次いで】(接) 引き続いて。その次に。「説明が終わり、—質疑にはいる」文法「つぎて」の音便。

**ついでに**〘◇序でに〙(副) 何かをするそのおりに。その機会に。いっしょに。「—買い物をしてくる」

**ついては**〘就いては〙(接) そういうわけで。それだから。そこで。「—お話をしたいことがあります」

**ついとう**【追討】(名・他スル) 逃《に》げる敵を追いかけて討《う》つこと。討手《うって》をさしむけて敵を討つこと。「賊軍《ぞくぐん》を—する」

**ついとう**【追悼】(名・他スル) 死んだ人を思い出し

て、その死を悲しむこと。「―のことば」

**ついとつ**【追突】(名・自スル) 自動車などが前を行くもののうしろに突《つ》き当たること。「―事故」

**ついな**『追△儺』(名) むかし、宮中で大みそかの夜に行われた悪鬼《あっき》を追い払《はら》う行事。鬼《おに》やらい。節分の豆《まめ》まきは、これが転じたもの。

**ついに**『◇遂に・◇終に』(副) ❶長い時間やいきさつののちに、ある状態に達するようす。とうとう。「―願いがかなう」❷最後まで。結局。「一日じゅう待ったが―来なかった」 使い方 ②はあとに「ない」「ません」などの打ち消しのことばがくる。

**ついにん**【追認】(名・他スル) あとになって認めること。過去にさかのぼって認めること。「現状を―する」

**ついば・む**『△啄む』(他五) {マ(モ)・ミ(ン)・ム・ム・メ・メ} 鳥がくちばしで物をつついて食う。 文法「突《つ》っきはむ」の音便。

**ついひ**【追肥】(名) 作物の生育の途中《とちゅう》で養分を補うためにあたえる肥料。おいごえ。 対 元肥《もとごえ》

**ついび**【追尾】(名・他スル) あとを追いかけて行くこと。追跡《ついせき》。「犯人を―する」

**ついぼ**【追慕】(名・他スル) 死んだ人、遠くはなれてしまった人やむかしのことなどを思い出してなつかしむこと。「亡《な》き母を―する」

**ついほう**【追放】(名・他スル) ❶好ましくないとして追いはらうこと。「暴力―」 類 放逐《ほうちく》。❷一定の理由のもとに、人をある地位や公職から退《しりぞ》けること。パージ。「公職―」

**ついや・す**【費やす】(他五) {サ(ソ)・シ・ス・ス・セ・セ} ❶使ってなくす。使いへらす。「五年の月日を―」「予算を―」❷むだに使う。浪費《ろうひ》する。「貴重な時間を―」

**ついらく**【墜落】(名・自スル) 高い所から落ちること。「飛行機が―する」「―事故」

**ツイン**〔英 twin〕(名) ❶対《つい》になっているもの。「―ベッド」❷ホテルで、一人用ベッドを二つそなえた部屋。

**つう**【通】 10画 辶7 小2 音 ツウ・ツ 高 訓 とおる・とおす・かよう

❶とおる。とおり過ぎる。◆ フ マ 乃 肙 甬 通 通過・通気・通行・通路◆開通・貫通《かんつう》・不通。❷ゆききする。かよう。◆通学・通勤◆交通・文通。❸広くゆきわたる。一般《いっぱん》におこなわれる。◆通貨・通称《つうしょう》・通常・通説・通俗《つうぞく》・通念・通弊《つうへい》・通有・通用・通例◆共通・普通《ふつう》。❹とどかせる。知らせる。◆通告・通信・通達・通知・通報◆内通。❺はじめから終わりまで全部にわたる。◆通算・通史・通釈《つうしゃく》・通読・通夜《つや》。❻くわしく知っている。◆通暁《つうぎょう》・通人◆精通。 参考「ツ」の音は「通夜《つや》」などのことばに使われる特殊《とくしゅ》な読み方。

**つう**【通】一 (名・形動ダ) ❶ある分野の物事についてくわしく知っていること。また、その人。「その道の―」「事情―」❷人情、特に男女間の機微《きび》に通じていること。「―なはからい」 二 (接尾) 手紙や文書をかぞえることば。「診断書《しんだんしょ》一―」

**つう**【痛】 12画 疒7 小6 音 ツウ 訓 いたい・いたむ・いためる

❶いたい。からだがいたむ。◆ 亠 广 疒 疒 痟 痛 痛覚・痛痒《つうよう》◆苦痛・激痛・頭痛・鎮痛《ちんつう》・疼痛《とうつう》・鈍痛《どんつう》・腹痛。❷心がいたむ。くるしむ。◆痛恨《つうこん》・痛惜《つうせき》・痛嘆《つうたん》・痛憤《つうふん》◆心痛・沈痛《ちんつう》・悲痛。❸ひどく。大いに。◆痛飲・痛快・痛感・痛撃《つうげき》・痛切・痛罵《つうば》・痛烈《つうれつ》

**ツー**〔英 two〕(名) ふたつ。二。「ナンバー―」「―ピース」

**つういん**【通院】(名・自スル) 治療《ちりょう》のために病院・医院にかようこと。「週に一度―する」

**つういん**【痛飲】(名・他スル) 大いに酒を飲むこと。

**つううん**【通運】(名) 荷物・貨物を運ぶこと。運搬《うんぱん》。運送。「―業」

**つうか**【通貨】(名)〖経〗その国の中で通用しているおかね。「―の偽造《ぎぞう》」

**つうか**【通過】(名・自スル) ❶ある場所を通り過ぎること。止まらずに通り過ぎること。「―列車」❷物事がさわりなく通ること。「議案―」「予選を―する」

**つうかい**【通解】(名・他スル)↓つうしゃく

**つうかい**【痛快】(名・形動ダ) たいそうゆかいなこと。たいへん気持ちのよいこと。「―な出来事」

**つうかぎれい**【通過儀礼】(名) 人生における、誕生・成人・結婚《けっこん》・死亡などに伴う儀礼・習俗《しゅうぞく》。また、そのような人生の節目《ふしめ》。イニシエーション。

**つうかく**【痛覚】(名) 皮膚《ひふ》や身体内部で痛みを感じる感覚。

**つうがく**【通学】(名・自スル) 児童・生徒・学生が、学校にかようこと。「自転車で―する」「―路」

**つうかん**【通関】(名) 旅客や貨物が、出入国の正式な手続きを行って税関を通過すること。

**つうかん**【痛感】(名・他スル) ひじょうに強く心に感じること。「責任を―する」

**つうき**【通気】(名) 内と外との空気をかよわせること。通風。「―孔《こう》」 …性「通気性を考えた設計」

**つうぎょう**【通暁】一 (名) 夜どおし。徹夜《てつや》。二 (名・自スル) 物事を、すみからすみまでくわしく知りぬいていること。「近代史に―する」

**つうきん**【通勤】(名・自スル) 勤め先にかようこと。「都心まで―する」「―電車」

**つうく**【痛苦】(名) ひじょうな苦しみ。苦痛。

**つうけい**【通計】(名・他スル) 全体を通して計算すること。また、全体の合計。 類 通算

**つうげき**【痛撃】(名・他スル) はげしく攻撃《こうげき》すること。強い打撃をあたえること。「敵を―する」

**つうこう**【通交・通好】(名・自スル) 国家間で親しく交際すること。「―条約」

**つうこう**【通行】(名・自スル) ❶人や車などが通ること。「―止め」❷世間一般《いっぱん》に行われること。

**つうこう**【通航】(名・自スル) 船が通ること。「海峡《かいきょう》を―する船舶《せんぱく》」

**つうこく**【通告】(名・他スル) 知らせ告げること。特に、決定したことがらなどを正式に知らせること。また、その知らせ。「処分を―する」 類 通達

**つうこん**【痛恨】(名・他スル) ひじょうに残念に思うこと。「―事」「―のきわみ」

**つうさん**【通算】(名・他スル)(期間などの)全体を通して計算すること。「―成績」 類 通計

**つうし【通史】**（名）時代を限定しないで、全時代を通して書かれた歴史。

**つうじ【通じ】**（名）❶相手の言っていることを理解すること。ものわかり。「—が早い」❷大便が出ること。便通。「—をよくする」「お—」

**つうじ【通事・通辞・通詞】**（名）通訳。特に、江戸《えど》時代の幕府の通訳。

**つうしゃく【通釈】**（名・他スル）文章の全体を通して解釈すること。また、そうしたもの。通解。

**つうしょう【通称】**（名）本名や正式な名前ではなく、一般《いっぱん》に通用している名前。とおりな。「東本願寺、—お東さん」類俗称《ぞくしょう》

**つうしょう【通商】**（名・自スル）他国とたがいに行き来して商売すること。「—条約」

**つうじょう【通常】**（名）特別でなくふつうであること。「—六時まで営業」

**つうじょうこっかい【通常国会】**（名）毎年一月中に定期的に召集《しょうしゅう》される国会の常会。会期は一五〇日間。⇩りんじこっかい・とくべつこっかい

**つうしょうさんぎょうしょう【通商産業省】**（名）「経済産業省」の旧称《きゅうしょう》。通産省。

**ツーショット**〔英 two shot〕（名）❶映画・テレビ・写真で二人の場面・構図。❷男女が二人でいること。

**つう・じる【通じる】**（自他上一）{ジ・ジ・ジル・ジル・ジレ・ジロ(ジヨ)}❶道などが、ある所までつながる。また、つながるようにする。「京都に—道」「山頂まで道を—」「電流が—」❷連絡《れんらく》がつく。また、連絡する。「電話が—」「前もって話を—・じておく」❸考えや気持ちが相手に伝わる。相手にわかる。「気持ちが—」「冗談《じょうだん》の—・じない相手」「英語が—」❹くわしく理解している。「事情に—・じている」❺広くあてはまる。通用する。「現代にも—問題」❻ひそかに関係をもつ。「敵に—」❼（「…を通じて」の形で）㋐仲だちとして。「友人を—・じて知りあう」㋑長い期間ずっと。広い範囲《はんい》にわたって。「一生を—・じて親交がある」

**つうしん【通信】**（名・自スル）❶ようすを知らせること。たより。「学級—」❷郵便・電信・電話などで情報を伝え、連絡《れんらく》をとること。「—がとだえる」

**つうじん【通人】**（名）❶ある物事にひじょうにくわしい人。物知り。❷風流をよく解する人。粋人《すいじん》。

**つうしんえいせい【通信衛星】**（名）長距離《ちょうきょり》通信の中継《ちゅうけい》局となる人工衛星。CS。

**つうしんきょういく【通信教育】**（名）通学することなく、郵便やラジオ・テレビ・インターネットなどの通信手段を利用して行う教育。

**つうしんしゃ【通信社】**（名）新聞社・雑誌社・放送局などにニュースを提供《ていきょう》する会社。

**つうしんはんばい【通信販売】**（名）広告や放送などの通信によって注文を取り、商品を送る販売のしかた。通販。

**つうしんぼ【通信簿】**（名）学校が、児童・生徒の学業成績・クラブ活動・身体状況《じょうきょう》・出欠席などのようすを家庭に知らせる帳簿。通知簿。通知表。

**つうしんもう【通信網】**（名）新聞社や通信社、放送局などが、各地からニュースを集めるために作った通信組織。

**つう・ずる【通ずる】**（自他サ変）{ジ(ゼ)・ジ・ズル・ズル・ズレ・ジロ(ゼヨ)}↓つうじる

**つうせい【通性】**（名）同類のものに共通して認められる性質。「渡《わた》り鳥の—」

**つうせき【痛惜】**（名・他スル）人の死などをひじょうに惜《お》しむこと。「—の念にたえない」

**つうせつ【通説】**㊀（名）一般《いっぱん》に認められている説。「—をくつがえす」対異説。㊁（名・他スル）全体にわたって解説すること。「日本史—」

**つうせつ【痛切】**（形動ダ）{ダロ・ダッ(デ・ニ)・ダ・ナ・ナラ・○}心に強く感じるようす。「人の親切心を—に感じる」

**つうそく【通則】**（名）❶一般《いっぱん》にあてはまる規則。「—に従って処理する」❷全般にわたる規則。

**つうぞく【通俗】**（名・形動ダ）世間一般《いっぱん》にありふれたこと。また、だれにもわかりやすいこと。「—小説」

**つうぞくてき【通俗的】**（形動ダ）{ダロ・ダッ(デ・ニ)・ダ・ナ・ナラ・○}世間一般《いっぱん》に受け入れられやすいようす。だれにもわかりやすいが、あまり高級ではないようす。「—な映画」

**つうたつ【通達】**㊀（名・他スル）告げ知らせること。特に、役所が、その下の機関・職員に告げ知らせること。また、その知らせ。類通告。㊁（名・自スル）物事に深く通じていること。「三か国語に—する」

**つうち【通知】**（名・他スル）知らせること。また、その知らせ。「採用の—を受けとる」

**つうちひょう【通知表】**（名）↓つうしんぼ

**つうちょう【通帳】**（名）品物の受け渡《わた》しやおかねの出し入れなどを書きとめておく帳面。「貯金—」

**つうちょう【通△牒】**（名・他スル）書面で通知すること。また、その書面。おもに公文書についていう。「最後—」

**つうてい【通底】**（名・自スル）一見異なることがらや考え方が、根底では共通していること。「両作品に—する世界観」

**つうてん【痛点】**（名）皮膚《ひふ》の表面に点在する、痛みを感じる場所。

**つうどく【通読】**（名・他スル）はじめから終わりまでざっとひととおり読むこと。「最初に全体を—する」

**ツートン-カラー**〔和製英語〕（名）二つの色を組み合わせた配色。「—の自動車」▽two-tone と color から。

**つうねん【通年】**（名）一年間を通じて行ったり、取りあつかったりすること。「—営業」

**つうねん【通念】**（名）一般《いっぱん》に共通した考え。ふつうとなっている考え。「社会—」

**つうば【痛罵】**（名・他スル）ひじょうに強くののしること。「相手を—する」「—を浴びせる」

**つうはん【通販】**（名）「通信販売」の略。

**ツーピース**〔英 two-piece〕（名）二つで一そろいの洋服。特に、上着とスカートとの二つで一組になっている婦人服。

**つうふう【通風】**（名・自スル）風を通し、空気の流れをよくすること。通気。換気《かんき》。「—孔《こう》」

**つうふう【痛風】**（名）〘医〙尿酸塩《にょうさんえん》が関節な

どの周囲に沈着《ちんちゃく》して炎症《えんしょう》をおこし、はれて痛む病気。

**つうふん【痛憤】**（名・自他スル）ひじょうに腹をたてること。「人心の荒廃《こうはい》にーする」

**つうぶん【通分】**（名・他スル）〘数〙二つ以上の分数の、値《あたい》を変えないで各分母を同じにすること。

**つうへい【通弊】**（名）一般《いっぱん》に共通してみられる悪い点。「社会のー」

**つうべん【通弁】**（名・自他スル）「通訳」の古い言い方。

**つうほう【通報】**（名・他スル）情報などを告げ知らせること。また、その知らせ。「警察にーする」

**つうぼう【通謀】**（名・自スル）二人以上の者がしめし合わせて悪事をくわだてること。「敵とーする」

**つうやく【通訳】**（名・自他スル）使うことばがちがうため話の通じない人の間にたって、それぞれのわかることばに訳して伝えること。また、それをする人。「同時ー」

**つうゆう【通有】**（名・形動ダ）共通してもっていること。「若者にーの反応」…性「通有性が見られる」

**つうよう【通用】**（名・自スル）❶世間一般《いっぱん》に認められ、広く用いられること。「現代ではーしない考え方」❷いずれにも用いられること。「両者にーする規則」❸一定の期間・範囲《はんい》内で有効であると認められること。「半年ーする入場券」❹ふだん出入りすること。「ー口」「ー門」

**つうよう【痛◬痒】**（名）痛みとかゆみ。

**痛痒を感《かん》じない** なんの影響《えいきょう》も受けない。痛くもかゆくもない。「一度の失敗くらいでは少しもー」

**つうようもん【通用門】**（名）正門に対して、関係者がふだんの出入りに使う門。

**つうらん【通覧】**（名・他スル）全体にざっと目を通すこと。「全巻をーする」

**つうりき【通力】**（名）どんなことでもできるふしぎな力。神通力《じんつうりき》。「ーを失う」

**ツーリスト**〔英 tourist〕（名）旅行者。観光客。

**ツーリング**〔英 touring〕（名・自スル）オートバイや自転車などで遠出《とおで》したり周遊したりすること。

**ツール**〔英 tool〕（名）❶工具。道具。用具。❷パソコン用のソフトで、作業の効率化やプログラム開発などに用いられるもの。「ーバー」

**つうれい【通例】**㊀（名）一般《いっぱん》のならわし。ふつうの例。「ーに従う」㊁（副）一般に。ふつうには。「祝日はー休業となる」

**つうれつ【痛烈】**（名・形動ダ）たいそうはげしいこと。たいへん手きびしいこと。「ーな批評」

**つうろ【通路】**（名）行き来するための道。とおりみち。「ーをふさぐ」

**つうろん【通論】**（名）❶全体にわたって述べた議論・解説。「気象学ー」❷世間一般《いっぱん》に認められている議論。「天下のー」

**つうわ【通話】**㊀（名・自スル）電話で話をすること。また、その話。「ー料」㊁（接尾）電話で話をするときの、一定時間の単位。「三ー」

**つえ【◬杖】**（名）❶木や竹などの細長い棒で、歩くときの助けとするもの。ステッキ。「ーをつく」「ーにすがる」❷たのみとするもの。「ーとも柱ともたのむ人」

**杖をひく** 散歩する。また、旅をする。

**つか【塚】** 12画 土9 〔塚〕 訓つか

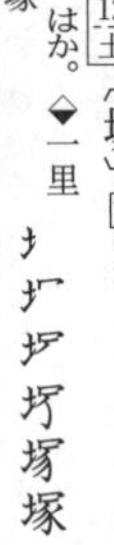

つか。もり土。はか。◆一里塚・貝塚・首塚

**つか【塚】**（名）❶土を高くもった所。「一里ー《づか》」❷土をもった墓。「ーを築いてとむらう」

**つか【◇束】**（名）❶四本の指をならべたほどの長さ。「十《と》ーの剣《つるぎ》」❷（「束柱《つかばしら》」の略）建築で、はりとむねの間や、床《ゆか》の下に立てる短い柱。❸印刷・製本で、紙や本の厚み。「ーが出る」

**つか【◇柄】**（名）刀や弓などの手でにぎる部分。

**つが【◬栂】**（名）〘植〙マツ科の常緑高木。関東以南の山地に自生。葉は線形。材はかたく、建築・器具・製紙用。樹皮からタンニンをとる。とが。つがまつ。

**つかい【使い・遣い】**（名）❶人に言いつけられて用をたしに行くこと。また、その人。使者。「ーに行く」「ーを出す」❷（名詞について）使うこと。また、その人。その使い方。「人形ー」「かねー《づか》いがあらい」

**つがい【◇番い】**（名）二つ組み合わせて一組となるもの。対《つい》。特に、雌《めす》と雄《おす》。「小鳥をーで飼う」

**つかいこな・す【使いこなす】**（他五）〔サ(ソ)・シ・ス・ス・セ・セ〕じゅうぶんに役立たせる。じょうずに使う。「コンピューターをー」「知識をー」

**つかいこ・む【使い込む・遣い込む】**（他五）〔マ(モ)・ミ(ン)・ム・ム・メ・メ〕❶人から預かったおかねや公金を私用に使う。「公金をー」❷予定していた以上におかねを使う。「ー・んで赤字になる」❸長い間使って、それを使うのになれる。「ー・んだ道具」

**つかいすて【使い捨て】**（名）一度または少し使っただけで捨ててしまうこと。「ーのコンタクトレンズ」

**つかいて【使い手・遣い手】**（名）❶道具を使う人。特に、上手に使う人。「剣《けん》のー」❷金銭を浪費《ろうひ》する人。

**つかいで【使いで】**（名）じゅうぶんに使える量があること。「ーがある」

**つかいはしり【使い走り】**（名・自スル）用事を言いつけられてあちこちに行くこと。また、その人。つかいばしり。つかいっぱしり。「朝からーさせられる」

**つかいみち【使い道】**（名）使う方法。使う方面。用途《ようと》。使途。「ーを考える」「ーが多い」

**つかいもの【使い物・遣い物】**（名）❶役に立って使えるもの。「ーにならない」❷おくりもの。「おー」

**つかいわ・ける【使い分ける】**（他下一）〔ケ・ケ・ケル・ケレ・ケロ(ケヨ)〕❶同じものを、目的によっていろいろに区別して使う。「相手によって態度をー」❷それぞれのものを場合によってうまく区別して使う。「三か国語を自由にー」

**つか・う【使う・遣う】**（他五）〔ワ(オ)・イ(ッ)・ウ・ウ・エ・エ〕❶手段や材料として役立たせる。用いる。使用する。「機械をー」「頭をー仕事」❷心を働かせる。「気をー」❸人を働かせる。用事をさせる。「アルバイトをー」❹ことばをあやつる。「英語をー」❺時間・物・おかねなどをついやす。「湯水のようにおかねをー」

❻それを用いて特定の行為《こうい》をする。「弁当を—(=食べる)」「湯を—(=入浴する)」

> **学習 使い分け** 「使う」「遣う」
>
> **使う** 人・もの・方法などを、ある目的のために利用する。「はしを**使う**」「時間を有効に**使う**」「居留守《いるす》を**使う**」「頭を**使う**」
>
> **遣う** ある種のものを、役にたつように動かす。「気を**遣う**」「言葉**遣い**」「人形**遣い**」
>
> ◆「遣う」は、きまった語句にしか用いられず、「使う」が一般《いっぱん》的。

**つかえ**『◇支え』(名) ❶物事がとどこおること。❷病気や心配などで、胸やのどがふさがったように感じること。「胸の—がおりる」参考②は「痞え」とも書く。

**つか・える**『◇支える』(自下一){エ・エ・エル・エル・エレ・エロ(エヨ)} ❶ふさがって先へ進まなくなる。「食べ物がのどに—」「胸が—」❷物事がすらすらといかなくなる。とどこおる。「仕事が—」「ことばが—」

**つか・える**【仕える】(自下一){エ・エ・エル・エル・エレ・エロ(エヨ)} ❶目上の人のそばにいて、その人の用をする。「主君に—」「神に—」❷つとめる。奉公《ほうこう》する。「宮中に—」

**つが・える**『◇番える』(他下一){エ・エ・エル・エル・エレ・エロ(エヨ)} ❶二つのものを組み合わせる。「雌雄《しゆう》を—」❷弓のつるに矢をあてる。「矢を—・えて放つ」

**つかさど・る**『◇司る・◇掌る』(他五){ラ(ロ)・リ(ッ)・ル・ル・レ・レ} ❶役目として取りあつかう。担当する。「経理を—」❷器官などがその働きをする。「消化を—臓器」

**つか・す**【尽かす】(他五){サ(ソ)・シ・ス・ス・セ・セ} 出しつくす。「あいそを—」

**つかずはなれず**【付かず離れず】『◇即かず離れず』くっつきすぎも離れすぎもせず、適度に距離《きょり》や関係を保つこと。不即不離《ふそくふり》。「—の関係」

**つかつか** (副) 迷ったり遠慮《えんりょ》したりせず、力強く前に進み出るようす。「—(と)近寄る」

**つかぬこと**【付かぬ事】前の話とは関係のないこと。だしぬけのこと。突然《とつぜん》話し出したり、急に話題をかえたりするときに使う。「—をおたずねしますが」

**つか・ねる**『◇束ねる』(他下一){ネ・ネ・ネル・ネル・ネレ・ネロ(ネヨ)} ❶合わせて一つにくくる。たばねる。「まきを—」❷腕《うで》を組み合わせる。「手を—(=何もしないでただ見ている)」

**つかのま**【つかの間】『◇束の間』(名) ちょっとの間。「—の夢」

**つかま・える**【捕まえる】『△摑まえる・◇捉まえる』(他下一){エ・エ・エル・エル・エレ・エロ(エヨ)} ❶とらえる。とりおさえる。「犯人を—」❷しっかりにぎってはなさないようにする。「腕《うで》を—」❸ある目的のために人や動くものをひきとめる。「タクシーを—」❹(「…をつかまえて」の形で)…に対して。「先生を—・えて『こら』とは何だ」参考ふつう①は「捕まえる」、②は「摑まえる」と書く。

**つかま・す**『△摑ます』(他五){サ(ソ)・シ・ス・ス・セ・セ} →つかませる

**つかま・せる**『△摑ませる』(他下一){セ・セ・セル・セル・セレ・セロ(セヨ)} ❶だまして悪い品物やにせ物を買わせる。「粗悪品《そあくひん》を—」❷わいろを相手に受け取らせる。「金品を—」

**つかまつ・る**『◇仕る』(自五){ラ(ロ)・リ(ッ)・ル・ル・レ・レ}「する」「行う」の謙譲《けんじょう》語。いたす。「参上—」「お相手—」

**つかま・る**【捕まる】『△摑まる・◇捉まる』(自五){ラ(ロ)・リ(ッ)・ル・ル・レ・レ} ❶とりおさえられる。とらえられる。「犯人が—」❷呼び止めたり会ったりすることができる。「担当者が—・らない」❸相手にひきとめられる。「友だちに—」❹手でしっかりとつかむ。「つり革《かわ》に—」参考ふつう①は「捕まる」、④は「摑まる」と書く。

**つかみあ・う**【つかみ合う】『△摑み合う』(自五){ワ(オ)・イ(ッ)・ウ・ウ・エ・エ} ❶たがいにつかむ。❷けんかなどで、組み合う。「大の男二人が—」

**つかみかか・る**『△摑み掛かる』(自五){ラ(ロ)・リ(ッ)・ル・ル・レ・レ} 相手のからだや衣服をつかむようにして組みつく。相手に勢いよく組みつく。「物も言わず相手に—」

**つかみどころ**【つかみ所】『△摑み所』(名) ここというたいせつな中心点。とらえどころ。「—のない話」

**つか・む**『△摑む』(他五){マ(モ)・ミ(ン)・ム・ム・メ・メ} ❶物を手でしっかりはなさないように持つ。「てすりを—」「おぼれる者はわらをも—」対放す ❷手に入れる。自分のものとする。「証拠《しょうこ》を—」「幸運を—」「きっかけを—」❸人の気持ちをとらえてはなさないようにする。「聴衆《ちょうしゅう》の心を—」❹物事のたいせつなところをとらえる。把握《はあく》する。「要点を—」「こつを—」「イメージを—」

**つか・る**【漬かる】→つける(漬ける)

**つか・る**【漬かる】『◇浸かる』(自五){ラ(ロ)・リ(ッ)・ル・ル・レ・レ} ❶液体の中にはいる。ひたる。「湯に—」「家屋が水に—」❷つけものがちょうどよい味になる。「たくわんがいい味に—」参考②は、ふつう「漬かる」と書く。

**つかれ**【疲れ】(名) くたびれること。疲労《ひろう》。「旅の—が出る」

**つか・れる**【疲れる】(自下一){レ・レ・レル・レル・レレ・レロ(レヨ)} ❶体力や気力を使って、元気がなくなる。くたびれる。「目が—」「生活に—」❷使い古して物が弱る。「—・れた洋服」「油が—」

**つか・れる**『△憑かれる』(自下一){レ・レ・レル・レル・レレ・レロ(レヨ)} 霊《れい》や悪魔《あくま》などにのりうつられる。「きつねに—」「何かに—・れたように働く」

**つかわ・す**【遣わす】(他五){サ(ソ)・シ・ス・ス・セ・セ} ❶使いとして人を行かせる。「使者を—」❷あたえる。「ほうびを—」❸(動詞の連用形に「て」のついた形について)…してやる。「許して—」

**つき**【月】(名) ❶《天》天体の一つで、地球の衛星。自転しながら約一か月で地球のまわりを一周する。❷月の光。「—が明るい」❸一年を十二に分けた一つ。一か月。「大の—」「—に一度のぜいたく」❹妊娠《にんしん》期間。「—が満ちて女児を産む」

**月とすっぽん** 二つのものの差がひじょうに大きいことのたとえ。類雲泥《うんでい》の差

**月に叢雲《むらくも》花《はな》に風《かぜ》** 月が出るとすぐ雲がかかり、花が咲《さ》くと風がすぐ吹《ふ》き散らすように、よいことは長続きしないものだということのたとえ。

**つき**【付き】『◇附き』■一■(名) ❶付くこと。「糊《のり》の—が悪い」❷火のつきぐあい。「—が悪いライター」❸

運。「—が回ってくる」❹つきしたがうこと。「お—の人」㊁(接尾)❶(名詞について)ようす。かっこう。「目—」「顔—」❷付属していること。「庭—の家」

**つき**〘就き〙(動詞「つく」の連用形。「…につき」の形で)❶…に関して。「例の件に—相談します」❷…のために。「雨に—中止」❸…ごとに。「一人に—一個」

**つぎ**【次】(名)❶順序や地位や時間などがすぐあとであること。また、すぐあとに続くもの。「—の日」「お—の方どうぞ」「—の問いに答えよ」❷宿場。「東海道五十三—」

**つぎ**【継ぎ】(名)着物などの破れたりいたんだりしたところを、別の布をあててつくろうこと。また、そのあてる布。

**つきあい**【付き合い】(名)❶人との交際。「長い—」❷社交上の必要や義理から、他の人といっしょに行動すること。「—で酒を飲む」

**つきあ・う**【付き合う】(自五){ワ(オ)・イ(ッ)・ウ・ウ・エ・エ}❶人と交際する。「家族全員で—」❷社交上の必要や義理から、他の人と行動をともにする。「一杯《ぱい》—」

**つきあかり**【月明かり】(名)明るい月の光。「—に照らされる」

**つきあ・げる**【突き上げる】(他下一){ゲ・ゲ・ゲル・ゲル・ゲレ・ゲロ(ゲヨ)}❶下から上に突いておし上げる。「こぶしを—」❷下位の人が上位の人に要求や批判を強く突きつける。「執行部《しっこうぶ》を—」

**つきあたり**【突き当たり】(名)道や廊下《ろうか》などの、行きどまりになった所。「—の部屋」

**つきあた・る**【突き当たる】(自五){ラ(ロ)・リ(ッ)・ル・ル・レ・レ}❶ぶつかる。衝突《しょうとつ》する。「車がへいに—」❷進んでいく方向をものにさえぎられて、それ以上進めなくなる。「—・って右に曲がる」❸物事がうまく進まず行きづまる。「研究が壁《かべ》に—」

**つきあわ・す**【突き合わす】(他五){サ(ソ)・シ・ス・ス・セ・セ}→つきあわせる

**つぎあわ・す**【継ぎ合わす】(他五){サ(ソ)・シ・ス・ス・セ・セ}→つぎあわせる

**つきあわ・せる**【突き合わせる】(他下一){セ・セ・セル・セル・セレ・セロ(セヨ)}❶二つのものをくっつくほど近くに向かい合わせる。「ひざを—」❷両方をならべて比べる。照らし合わせる。「台帳と—」

**つぎあわ・せる**【継ぎ合わせる】(他下一){セ・セ・セル・セル・セレ・セロ(セヨ)}❶別々になっているものをつないで一つにする。「パイプを—」❷縫《ぬ》いつけて一つにする。「布を—」

**つきおくれ**【月遅れ・月後れ】(名)❶その月のものを次の月に遅らせること。また、遅らせたもの。「—のお盆《ぼん》」❷毎月出る雑誌などで、その月に発行されたものより前の号。「—の雑誌」

**つきかえ・す**【突き返す】(他五){サ(ソ)・シ・ス・ス・セ・セ}❶対抗《たいこう》してこちらからも突く。突いてもどす。❷受け取らないで冷たく返す。つっかえす。「贈《おく》り物を—」

**つきかげ**【月影】(名)❶月の光。月あかり。「—さやかな夜」類月光。❷月の光でうつる物や人の影。

**つきがけ**【月掛け】(名)毎月決まった額のおかねを積み立てること。また、そのおかね。「—貯金」

**つきがわり**【月替わり】(名)❶次の月になること。❷月ごとに交替《こうたい》すること。「—のメニュー」

**つぎき**【接ぎ木】(名・他スル)植物の枝や芽(=つぎ穂《ほ》)を切り取って他の木(=台木《だいぎ》)につぐこと。

(つぎき)

**つきぎめ**【月ぎめ】〘月◇極め〙(名)一か月いくらと決めること。また、その約束。「—契約《けいやく》」「—の駐車場《ちゅうしゃじょう》」

**つききり**【付ききり】〘付き切り〙(名)いつもそばに付きそっていること。つきっきり。「—で看病《かんびょう》する」

**つぎこ・む**【つぎ込む】〘◇注ぎ込む〙(他五){マ(モ)・ミ(ン)・ム・ム・メ・メ}❶器《うつわ》の中に液体をそそぎ入れる。「酒をとっくりに—」❷おかねや時間・労力などを、あることに大量に使う。「全財産を事業に—」

**つきさ・す**【突き刺す】(他五){サ(ソ)・シ・ス・ス・セ・セ}先のするどいもので突いてさす。勢いよくさす。「針を布に—」

**つきしたが・う**【付き従う】〘付き◇随う〙(自五){ワ(オ)・イ(ッ)・ウ・ウ・エ・エ}❶人のあとについていく。お供をする。「上司に—」❷人の言うことに従い配下となる。服従する。「権力者の意向に—」

**つきずえ**【月末】(名)月の終わりのころ。げつまつ。「—の支払《しはら》い」対月初め

**つきせぬ**【尽きせぬ】(連体)次から次にあふれ出てとどまることがない。尽きることのない。「—思い」

**つきそい**【付き添い】(名)世話をするためにそばについていること。また、その人。「—の人」「病人の—」

**つきそ・う**【付き添う】(自五){ワ(オ)・イ(ッ)・ウ・ウ・エ・エ}病人や子どもなどの世話をするために、そばに付いている。「親が登校に—」

**つきだし**【突き出し】(名)❶すもうで、相手の胸のあたりを突いて、土俵の外へ出すこと。「—で勝つ」❷料理屋などで最初に出す、簡単な酒のつまみ。

**つきだ・す**【突き出す】{サ(ソ)・シ・ス・ス・セ・セ}㊀(他五)❶すもうで、相手を突いて、土俵の外へ出す。❷勢いよく出す。乱暴に出す。「こぶしを—」❸犯人などを警察に連れていってひき渡《わた》す。「警察へ—」㊁(自五)外に向かって出る。「海に—・した岬《みさき》」

**つきづき**【月月】(名)毎月。月ごと。

**つぎつぎ**【次次】(副)あとからあとから続くようす。次から次へと。「—に車がくる」「—と発表する」

**つきづき・し**〔付き付きし〕(形シク)古語ふさわしい。しっくりと調和している。好ましい。「家居《いへ》の—・しく、あらまほしきこそ」〈徒然草《つれづれぐさ》〉訳住まいがしっくりと調和がとれていて、好ましいのは。対付き無し

**つきっきり**【付きっきり】〘付きっ切り〙(名)→つききり

**つきつ・ける**【突きつける】〘突き付ける〙(他下一){ケ・ケ・ケル・ケル・ケレ・ケロ(ケヨ)}はげしい勢いで相手の前にさし出す。「刃物《はもの》を—」「証拠《しょうこ》を—」

**つきつ・める**【突き詰める】(他下一){メ・メ・メル・メル・メレ・メロ(メヨ)}❶徹底《てってい》的に考えたり調べたりする。「問題を—」❷一心にそれだけを思いこむ。「あまり—・めて考えるな」

**つきてんしん**…俳句

〔月天心　貧《まづ》しき町《まち》を　通《とほ》りけり〕〈蕪村《ぶそん》〉訳秋の夜ふけ、天の中心に月がかかり、清らかな光が、貧しい町を照らしている。その町を通りすぎたことである。（季語「月」秋）

**つきとお・す**【突き通す】（他五）｛サ(ソ)・シ・ス・ス・セ・セ｝突いて裏まで通す。つきぬく。「畳《たたみ》に針を―」

**つきとば・す**【突き飛ばす】（他五）｛サ(ソ)・シ・ス・ス・セ・セ｝相手を強く突いてはねとばす。「うしろから―」

**つきと・める**【突き止める】（他下一）｛メ・メ・メル・メル・メレ・メロ(メヨ)｝よく調べてはっきりさせる。さぐり出す。「原因を―」

**つきな・し**〔付き無し〕（形ク）古語❶とりつくところがない。手がかりがない。「逢《あ》ふことの今ははつかになりぬれば夜深からでは―・かりけり」〈古今集〉訳（人目がうるさくて）あの人に逢うことが今はわずかになってしまったので、夜が更《ふ》けてからでなくては（逢う）手がかりがないことだ。❷不似合いである。ふさわしくない。「ただ今は、人聞きの、いと―・かるべきなり」〈源氏物語〉訳ただ今のところでは、外聞がたいそうよくないはずである。対付き付きし

**つきなみ**【月並み】『月◇次』㊀（名・形動ダ）新鮮《しんせん》さがなく、平凡《へいぼん》でありふれていること。「―なことば」㊁（名）毎月。月ごと。「―の会合」

**つきぬけて**…俳句

〔つきぬけて　天上《てんじやう》の紺《こん》　曼珠沙華《まんじゆしやげ》〕〈山口誓子《やまぐちせいし》〉訳つきぬけるように晴れわたった秋の空の紺の色。群がった燃えるようにまっかな曼珠沙華の花が、その空を背景に、すっくと立っていることだ。（季語「曼珠沙華」秋）

**つきぬ・ける**【突き抜ける】（自下一）｛ケ・ケ・ケル・ケル・ケレ・ケロ(ケヨ)｝❶突き破って向こうがわへ出る。「壁《かべ》を―」❷通りぬける。「校庭を―・けて行く」

**つぎのま**【次の間】（名）❶主たる座敷《ざしき》のとなりについている小部屋。「―付きの部屋」❷主君のいる部屋のとなりの部屋。「―にひかえる」

**つきのわ**【月の輪】（名）❶月。また、満月のような円い形。❷月の輪熊《ぐま》ののどにある半月形の白い毛。

**つぎはぎ**【継ぎはぎ】『継ぎ◇接ぎ』（名・他スル）❶つぎをあてたりつくろい合わせたりすること。また、そのもの。「―だらけの服」❷寄せ集めてつなぎ合わせること。「―の文章」

**つきはじめ**【月初め】（名）月の初めのころ。対月末《つきずえ》

**つきはな・す**【突き放す】（他五）❶突いたり押《お》したりしてはなれさせる。❷頼《たよ》ってくる相手などを冷たくあしらう。「親からも―・した言い方をされる」❸感情をまじえずに扱《あつか》う。「自分を―・して見る」

**つきばらい**【月払い】（名・他スル）毎月一回、期日をきめて支払うこと。月賦《げっぷ》払い。「―で買う」

**つきひ**【月日】（名）❶月と太陽。❷時。年月。「―のたつのがはやい」（類日月《じつげつ》）

**つきびと**【付き人】（名）力士や芸能人などにつきそって、身のまわりの世話をする人。つけびと。

**つぎほ**【接ぎ穂】（名）❶つぎ木をするとき、台木《だいぎ》につぐ枝や芽。⇩つぎき〈図〉。❷会話がとぎれないためのきっかけ。「話の―に困る」

**つきまと・う**【付きまとう】『付き△纏う』（自五）｛ワ(オ)・イ(ッ)・ウ・ウ・エ・エ｝うるさくからみつく。からみついて離《はな》れない。「子どもが母親に―」「不安が―」

**つきみ**【月見】（名）❶月をながめ楽しむこと。観月。特に、陰暦《いんれき》八月十五夜と九月十三夜の月を観賞すること。❷（「月見そば」「月見うどん」の略）かけそばやかけうどんの上に生卵《なまたまご》を割って落としたもの。

**つきみそう**【月見草】（名）〔植〕❶アカバナ科の越年草《えつねんそう》。夏の夕方、白い四枚の花びらをもった花が咲《さ》く。観賞用に栽培される。❷アカバナ科のおおまつよいぐさ・まつよいぐさの俗称《ぞくしょう》。花は黄色で夏の夕方咲き、翌朝しぼむ。よいまちぐさ。

（つきみそう①）

**つぎめ**【継ぎ目】（名）❶物と物とをつなぎ合わせた所。つなぎめ。「レールの―」❷関節。「ひざの―」❸あとつぎ。

**つきもの**【付き物】（名）あるものにとりあわせとして決まって付いているもの。「正月にかるたは―だ」

**つきもの**『△憑き物』（名）人にのり移って異常な言動をさせる霊《れい》。物の怪《け》。「―が落ちる」

**つきやま**【◦築山】（名）庭園などに山をかたどって築いた小高い所。

**つきゆび**【突き指】（名・自スル）指先を強く物につきあて、指の関節を痛めること。

**つきよ**【月夜】（名）月が照って明るい夜。

**月夜に釜《かま》を抜《ぬ》かれる**（明るい月夜に釜をぬすまれるということから）はなはだしい油断のたとえ。

**月夜に提灯《ちょうちん》**（月夜にちょうちんをともす意から）無益なこと、必要のないことのたとえ。

**つきよみの**…和歌

〔月よみの　光《ひかり》を待《ま》ちて　帰《かへ》りませ　山路《やまぢ》は栗《くり》の　いがの多《おほ》きに〕〈良寛和尚《りょうかんおしょう》〉訳月の光がさすのを待ってからお帰りください。山道は栗のいががたくさん落ちていますから。（「月よみ」は、月のこと）

**つ・きる**【尽きる】（自上一）｛キ・キ・キル・キル・キレ・キロ(キヨ)｝❶だんだん減っていって、残りがなくなる。そこで終わる。はてる。「寿命《じゅみょう》が―」「話が―」「なごりが―・きない」❷（「…に尽きる」の形で）それ以外のものはない。ただそれだけである。「男冥利《みょうり》に―」

**つ・く**【付く】（自五）｛カ(コ)・キ(イ)・ク・ク・ケ・ケ｝❶あるものに他のものが触《ふ》れて離《はな》れなくなる。くっつく。付着する。「泥《どろ》が―」「においが―」「さし木が―」❷加えられた作用のあとが残っている。「傷が―」「足あとが―」❸人がそばに離れずにいる。従っていく。「護衛が―」「人に―・いていく」❹味方する。くみする。「弱い者に―」❺何かに他の物が加わる。付加する。「利子が―」「特典が―」❻新しい要素が加わったり、ある作用が増し加わる。「実力が―」「箔《はく》が―」「勢いが―」❼名前やねだんなどが定められる。「値が―」❽ある結果に落ち着く。「かたが―」「話が―」

❾それがあるねだんにあたる。「高く—」❿新しい関係が生じる。「渡《わた》りが—」⓫感覚器官に感じられる。「目に—(=目立つ)」「鼻に—(=あきて、いやになる)」⓬意識がはたらく。「気が—」⓭ある推測や判断ができる状態になる。「見当が—」「めぼしが—」⓮(「ついている」の形で)運がいい。「きょうは朝から—・いている」

**つ・く**『◇点く』(自五)〔カ(コ)・キ(イ)・ク・ク・ケ・ケ〕❶火がもえはじめる。「種火が—」❷あかりがともる。「街《まち》にあかりが—」

**つ・く【就く】**(自五)〔カ(コ)・キ(イ)・ク・ク・ケ・ケ〕❶物事を始める。とりかかる。「午後の仕事に—」「ねむりに—」❷ある人に教えを受ける。「家庭教師に—」「師に—・いて学ぶ」❸ある地位や役目に身を置いてその仕事に従事する。「教職に—」「任務に—」❹ある地位になる。即位する。「王位に—」❺(「…について」の形で)…に関して。「健康に—・いてのアンケート」❻(「…につき」の形で)㋐…に関して。「ご質問の件に—・きお答えします」㋑理由を表す。「工事中に—・き立ち入り禁止」㋒…ごとに。「一時間に—・き三〇〇円の使用料」参考④で、王位や帝位《ていい》の場合は、「即く」とも書く。

**つ・く【着く】**(自五)〔カ(コ)・キ(イ)・ク・ク・ケ・ケ〕❶人や物が移動して目的の場所に達する。到着《とうちゃく》する。「荷物が—」「学校に—」❷人が場所をしめる。「席に—」「食卓《しょくたく》に—」❸のばしたからだの一部がある場所に触《ふ》れて届く。達する。「足の—・かないプール」

**つ・く**『△憑く』(自五)〔カ(コ)・キ(イ)・ク・ク・ケ・ケ〕霊《れい》やもののけなどが人にのり移る。「きつねが—」

**つ・く**『◇吐く』(他五)〔カ(コ)・キ(イ)・ク・ク・ケ・ケ〕❶口から息を出す。「ため息を—」❷口に出して言う。「うそを—」

**つ・く【突く】**(他五)〔カ(コ)・キ(イ)・ク・ク・ケ・ケ〕❶先のとがったものを中に強くおしこむ。さす。「やりで—」❷細長いものの先を強く当てる。また、強くおす。「鐘《かね》を—」「判を—」❸棒のようなものを地面などに当ててささえにする。「ひじを—」「つえを—」❹ボールなどを地面などにくりかえしたたきつけてはずませる。「まりを—」❺相手の弱点などを攻撃《こうげき》する。攻《せ》める。「欠点を—」「不意を—」❻ものともしないで行う。「あらしを—・いて出かける」❼強く刺激《しげき》する。「鼻を—におい」参考①⑤⑥⑦は「衝く」とも、②の「鐘をつく」は「撞く」とも書く。

**つ・く**『△搗く・△舂く』(他五)〔カ(コ)・キ(イ)・ク・ク・ケ・ケ〕穀類《こくるい》をうすに入れてきねで強く打つ。「もちを—」

**つ・ぐ【次ぐ】**(自五)〔ガ(ゴ)・ギ(イ)・グ・グ・ゲ・ゲ〕❶すぐあとに続く。「春に—・いで夏がくる」❷そのすぐ下の地位にある。「社長に—実力者」

**つ・ぐ**『◇注ぐ』(他五)〔ガ(ゴ)・ギ(イ)・グ・グ・ゲ・ゲ〕水や湯などをそそぎ入れる。「お茶を—」「ビールを—」

**つ・ぐ【接ぐ】**(他五)〔ガ(ゴ)・ギ(イ)・グ・グ・ゲ・ゲ〕ある物の先にもう一つの物をつなぎ合わせる。「骨を—」「木に竹を—」

**つ・ぐ【継ぐ】**(他五)〔ガ(ゴ)・ギ(イ)・グ・グ・ゲ・ゲ〕❶あとを受けつぐ。相続する。継承《けいしょう》する。「父のあとを—」「師匠《ししょう》の名跡《みょうせき》を—」❷とぎれることなくあとへつづける。「ことばを—」「息を—」❸破れたものに、つぎをあててつくろう。「破れを—」❹たえないように足し加える。「炭を—」

**-づ・く**『付く・◇附く』(接尾)(名詞について動詞をつくる)❶しだいにその状態になる、また、その状態が強まる意を表す。「おじけ—」「調子—」❷そのようなことがたびたび起こる意を表す。「このところ映画—・いている(=映画をよくみにいく)」

**つくえ【机】**(名)読書や書きものなどをする台。

**つくし**『×土筆』(名)〖植〗すぎなの地下茎《ちかけい》から出て、胞子《ほうし》をつける茎《くき》。春のはじめに野原に生える。先のほうが筆の先のような形をしている。つくしんぼ。

**つくし**〔筑紫〕〔地名〕❶むかしの、筑前《ちくぜん》と筑後《ちくご》を合わせた地方の名。今の福岡県。❷九州の古い呼び方。

**-づくし**『尽くし』(接尾)(名詞について)同類のものを残らず並べあげる意を表す。「花—」「ないない—」

**つく・す【尽くす】**(他五)〔サ(ソ)・シ・ス・ス・セ・セ〕❶ぜんぶ出しきる。なくなるまで使う。できるかぎりのことを行う。「全力を—」「悪事の限りを—」「議論を—」❷ほかのもののために力のかぎりつとめる。「社会のために—」❸じゅうぶんに言い表す。「筆舌《ひつぜつ》に—・くしがたい」❹(動詞の連用形について)すっかり…する。し終わる。「言い—」「知り—」

**つくだに【つくだ煮】**『△佃煮』(名)小魚・貝・海藻《かいそう》などをしょうゆや砂糖などで煮つめた食品。参考江戸《えど》の佃島《つくだじま》で作られたことからの名。

**つくづく**『◇熟』(副)❶念を入れて考えたり見たりするようす。よくよく。「—(と)考える」「—(と)見る」❷深く感じたり身にしみたりするようす。しみじみ。「—(と)感心する」

**つくつくぼうし**『つくつく法師』(名)〖動〗セミ科の昆虫《こんちゅう》。からだは黒茶色で羽は透明《とうめい》。夏の終わりごろから秋にかけておすがオーシーツクツクと鳴く。

**つぐな・う【償う】**(他五)〔ワ(オ)・イ(ッ)・ウ・ウ・エ・エ〕❶相手にあたえた損害をおかねや物でうめ合わせる。弁償《べんしょう》する。「事故の責任を—」❷罪や責任を金品や労働でうめ合わせる。「罪を—」

**つくね**『△捏ね』(名)魚のすり身やとりのひき肉などを、卵・片栗《かたくり》粉などとまぜ、こねて丸めたもの。串焼《くしや》きやおでんなどに用いる。

**つくねんと**(副)一人で何もせずにぼんやりしているようす。「—すわっている」

**つくばい**『△蹲い』(名)縁側《えんがわ》近くの庭や、茶室の庭先にそなえられている石の手水鉢《ちょうずばち》。参考手を洗うためにつくばうのでいう。

**つくば・う**『△蹲う』(自五)〔ワ(オ)・イ(ッ)・ウ・ウ・エ・エ〕うずくまる。しゃがむ。「這《は》い—」

**つぐみ**〘△鶇〙（名）〔動〕ヒタキ科の小鳥。秋、群れをなして北方からわたって来る。

**つぐ・む**〘△噤む〙（他五）｛マ(モ)・ミ(ン)・ム・ム・メ・メ｝口を閉じる。だまる。「固く口を―」

**つくり**〘△旁〙（名）漢字の右がわの部分。「親」の「見」、「話」の「舌」など。対偏《へん》

**つくり**【作り・造り】（名）❶つくること。つくり具合。構造やかまえ。「がんじょうな―」「店の―」❷からだつき。「小―の人」❸身なり。化粧《けしょう》。「はでな―」「若―」❹さしみ。「鯛《たい》の生け―」❺わざとそのようにすること。「―笑い」使い方〉他の語が上にきて熟語になる場合は「…づくり」とにごることが多い。

**つくりごと**【作り事】（名）実際にはないことを、あるように作りあげたことがら。うそ。「―を言う」

**つくりだ・す**【作り出す・造り出す・創り出す】（他五）｛サ(ソ)・シ・ス・ス・セ・セ｝❶つくり始める。「五時に料理を―」❷新しいものを生みだす。「かつてないシステムを―」❸生産する。製造する。「製品はすべてオートメーションで―・される」

**つくりつけ**【作り付け・造り付け】（名）とりはずしのできないように作ってあるもの。「―の棚《たな》」

**つくりばなし**【作り話】（名）実際にはないことを、ほんとうにあったように作りあげた話。「まったくの―」

**つくりもの**【作り物】（名）❶なにかに似せて作った物。「―の花」❷想像や架空《かくう》のことがら。「―のドラマ」❸農作物。❹能楽の舞台《ぶたい》装置。

**つく・る**【作る・造る・創る】（他五）｛ラ(ロ)・リ(ッ)・ル・ル・レ・レ｝❶原料・材料などを加工して、ものをこしらえる。製作・製造する。「本棚《ほんだな》を―」「ダムを―」「ぶどうからワインを―」
❷今までなかったもの・状態をあらたに生み出す。「会社を―」「俳句を―」「子どもを―」「借金を―」
❸農作物などを生産する。手をかけて育てあげる。「みかんを―」「人材を―」
❹ある形をとる。「列を―・って並ぶ」
❺見た目をととのえる。「顔を―」
❻いつわって、わざととりつくろう。「うわべを―」「声を―」

> **学習〈使い分け〉「作る」「造る」「創る」**
>
> **作る** 規模の小さいもの、また形のないものをこしらえる。「米を**作る**」「食事を**作る**」「人形を**作る**」「詩を**作る**」「前例を**作る**」「敵を**作る**」
>
> **造る** 工業的で、規模が大きいもの、また形のあるものをこしらえる。また、醸造《じょうぞう》する。「船を**造る**」「庭園を**造る**」「貨幣《かへい》を**造る**」「酒を**造る**」
>
> **創る** これまでになかったものを初めて生み出す。創造する。「新しい文化を**創る**」「画期的な製品を**創る**」
>
> ◆つくられるものによって「造る」「創る」が使われることもあるが、一般《いっぱん》に「作る」が広く用いられる。

**つくろ・う**【繕う】（他五）｛ワ(オ)・イ(ッ)・ウ・ウ・エ・エ｝❶破れたところやこわれたところをなおす。修理する。「ほころびを―」❷体裁《ていさい》よくととのえる。とりつくろう。「身なりを―」「世間体《せけんてい》を―」

**つけ**【付け】〘◇附け〙■一（名）❶勘定《かんじょう》書き。請求書。かきつけ。❷あとでまとめて支払《しはら》うことにして帳簿《ちょうぼ》につけておくこと。また、そのような買い方。「―で買う」■二（接尾）（動詞の連用形について）いつもしなれている意を表す。「行き―の店」「かかり―の医者」

**つけが回《まわ》ってくる** （あとで請求書がまわってくる意から）よくないことをした報《むく》いがあとになってやってくる。

**つげ**〘×黄楊・×柘植〙（名）〔植〕ツゲ科の常緑小高木。葉は小形の楕円《だえん》形。春、黄色の小花をつける。材はかたく、くしや版木《はんぎ》などを作る。

**-づけ**【付け】（接尾）❶つけること。「のり―」「色―」「動機―」❷日にちについて、その日付である意を表す。「四月一日―の新聞」

**-づけ**【漬け】■一（接尾）❶それに漬けたもの、また、漬物である意を表す。「みそ―」「茶―」「なす―」❷そればかりの状態に身を置く意を表す。「薬―になる」「勉強―の毎日」■二（名）まぐろの赤身をしょうゆに漬けたもの。

**つけあが・る**【付け上がる】（自五）｛ラ(ロ)・リ(ッ)・ル・ル・レ・レ｝調子にのっていばる。いい気になる。「おだてると―」

**つけあわせ**【付け合わせ】（名）肉や魚などの主となる料理にそえる野菜・海藻《かいそう》など。

**つけい・る**【付け入る】（自五）｛ラ(ロ)・リ(ッ)・ル・ル・レ・レ｝相手の弱点やゆだんなどをうまく利用する。すきにつけこむ。「―すきがない」

**つけく**【付け句】（名）連歌《れんが》や俳諧《はいかい》で、前句《まえく》につける句。対前句

**つげぐち**【告げ口】（名・自スル）人の秘密やあやまちをこっそり他人に知らせること。「先生に―する」

**つけくわ・える**【付け加える】（他下一）｛エ・エ・エル・エル・エレ・エロ(エヨ)｝すでにあるものに、あとからそえる。「注意を―」

**つけこ・む**【付け込む】｛マ(モ)・ミ(ン)・ム・ム・メ・メ｝■一（自五）相手のゆだんや弱点をうまく利用する。つけいる。「弱みに―」■二（他五）帳面に書き入れる。

**つけすてし**…短歌

〔つけすてし　野火《のび》の烟《けぶ》りの　あかあかと　見《み》えゆく頃《ころ》ぞ　山《やま》は悲《かな》しき〕〈尾上柴舟《おのえさいしゅう》〉訳山の枯《か》れ草を焼くためつけっぱなしにされた火の煙《けむ》りが、日暮れになってあかあかと見えてくるころはことさらに、山はしみじみともの悲しく思われることだ。

**つけたし**【付け足し】（名）つけたすこと。また、そのもの。つけたり。「―のように書かれた文章」

**つけた・す**【付け足す】（他五）｛サ(ソ)・シ・ス・ス・セ・セ｝あとからくわえて補う。追加する。「ことばを―」

**つけたり**〘付け足り〙（名）つけ加えたもの。副次的なもの。つけたし。「そんなことは―にすぎない」

**つけとどけ**【付け届け】（名・他スル）社交上や世話になったお礼、何かの依頼《いらい》などのために金品を贈《おく》ること。また、その贈り物。「盆暮《ぼんく》れに―をする」

**つけね**【付け根】（名）物のついている根もと。「腕《うで》

の―」

**つけねら・う**【付け狙う】（他五）{ワ(オ)・イ(ツ)・ウ・ウ・エ・エ}いつもつきまとって機会をうかがう。「だれかに―・われている」

**つけびと**【付け人】（名）↓つきびと

**つけぶみ**【付け文】（名・自スル）恋文《こいぶみ》。ラブレター。また、恋文を相手に渡《わた》したり送ったりすること。

**つけまわ・す**【付け回す】（他五）{サ(ソ)・シ・ス・ス・セ・セ}しつこくどこまでもあとを追う。「不審《ふしん》者に―・される」

**つけめ**【付け目】（名）❶うまく利用できそうな相手の弱点。「相手の疲労《ひろう》がこちらの―だ」❷目当て。「彼《かれ》らはかねが―だ」

**つけもの**【漬物】（名）野菜を塩やぬかみそなどにつけた食品。「なすの―」

**つけやきば**【付け焼き刃】（名）一時のまにあわせにおぼえたことがらや知識。「―では通じない」

**つける**【漬ける】 14画 氵11 訓 つける・つかる

氵 氵 汁 洼 清 清 漬

つける。つかる。水にひたす。

◆漬物 ◆茶漬《ちゃづ》け ⇩付録「漢字の筆順(4)圭」

**つ・ける**【漬ける】（他下一）{ケ・ケ・ケル・ケル・ケレ・ケロ(ケヨ)}❶液体にひたす。「洗い物を水に―」「標本をホルマリンに―」❷漬物《つけもの》を作る。「きゅうりを―」 参考 ①は「浸ける」とも書く。

**つ・ける**【付ける】（他下一）{ケ・ケ・ケル・ケル・ケレ・ケロ(ケヨ)}❶はなれているものをいっしょにする。合わせる。くっつける。「窓に顔を―」「紙をのりで―」「薬を指に―」

❷作用を加えてそのあとを残す。「足あとを―」「しみを―」

❸書きこむ。「日記を―」「帳簿《ちょうぼ》を―」

❹人をそばにおく。「護衛《ごえい》を―」

❺あとを追う。尾行《びこう》する。「犯人を―」

❻従わせる。仲間にする。「味方に―」

❼何かに他の物を加える。「利子を―」「付録を―」

❽新しい要素を加えたり、ある作用を増し加える。「実力を―」「はずみを―」

❾名前やねだんを定める。「名を―」「高値を―」

❿以前の状態を終わらせる。「決着を―」

⓫新しい関係を生じさせる。「コネを―」

⓬意識をはたらかせる。「気を―」「目を―」

⓭ある推測や判断をもつ。「見当を―」「めぼしを―」

⓮（「…につけ」の形で）…に関して。…があると、それにともなって。「寒いに―・け暑いに―・けふるさとの母がしのばれる」

⓯（動詞の連用形について）いつも…する。…し慣れる。「かよい―・けた道」

⓰（動詞の連用形について）勢いが強いことを表す。「しかり―」「なぐり―」「呼び―」

**つ・ける**『◇点ける』（他下一）{ケ・ケ・ケル・ケル・ケレ・ケロ(ケヨ)}❶火やあかりをともす。「ろうそくに火を―」❷電気製品のスイッチを入れる。「テレビを―」

**つ・ける**【就ける】（他下一）{ケ・ケ・ケル・ケル・ケレ・ケロ(ケヨ)}❶ある地位に身を置かせる。「王の座に―」❷その人から教えを受けさせる。「娘をピアノの先生に―」

**つ・ける**【着ける】（他下一）{ケ・ケ・ケル・ケル・ケレ・ケロ(ケヨ)}❶身にまとう。着る。「はかまを―」❷ある場所に到着《とうちゃく》させる。「門前に車を―」❸触《ふ》れて届かせる。「指先を地面に―」❹身を置かせる。「席に―」

**つ・げる**【告げる】（他下一）{ゲ・ゲ・ゲル・ゲル・ゲレ・ゲロ(ゲヨ)}❶知らせる。「時を―鐘《かね》」❷言う。話す。「別れを―」

**-づ・ける**『付ける』（接尾）（名詞について動詞をつくる）そのような状態・性質がつくようにしたり、与《あた》えたりする意を表す。「元気―」「関連―」

**-っこ**（接尾）（動詞の連用形などについて名詞をつくる）…すること、たがいに…しあうこと、の意を表す。「取り替《か》え―」「にらめ―」「なれ―」

**-っこ・い**（接尾）（名詞などについて形容詞をつくる）そのような状態・性質を強くもつ意を表す。「油―」「丸―」「ねば―」

**つごう**【都合】㊀（名）何かをするときの事情。具合のよしあし。「―でおくれる」「―が悪い」「不―」

㊁（名・他スル）やりくりすること。「おかねの―をつける」「なんとか―する」 類 工面《くめん》

㊂（副）全部合わせて。「―五名が欠席」

**つごもり**『△晦』（名）陰暦《いんれき》で、月の最後の日。類 みそか。対 一日《ついたち》。参考 一二月三一日を「大《おお》つごもり」という。

**つじ**『△辻』（名）❶道が十文字に交わった所。十字路。四つ辻。❷道ばた。街頭。「―説法《せっぽう》」

**つじうら**『△辻◇占』（名）❶吉凶《きっきょう》をうらなった文句を書いた紙きれ。また、それを売る人。❷偶然《ぐうぜん》のできごとから吉凶をうらなうこと。

**つじかご**『△辻△駕◇籠』（名）むかし、道ばたに待っていて、客を乗せたかご。

**つじかぜ**『△辻風』（名）↓つむじかぜ

**つじぎり**『△辻斬り』（名）むかし、武士が刀の切れ味をためしたり、また腕《うで》をみがいたりするために、夜、道ばたで通行人を切ったこと。また、その武士。

**つじつま**『△辻△褄』（名）物事の筋道。初めと終わり。「収支の―を合わせる(=くいちがいをなくす)」

**辻褄が合《あ》う** 話の前後がよく合う。物事の筋道がよく通る。「話の―」

**つじどう**『△辻堂』（名）道ばたにある小さい仏堂。

**つしま**〔対馬〕［地名］❶九州と朝鮮《ちょうせん》半島のほぼ中間にあり、長崎県に属する島。❷むかしの国名の一つ。今の長崎県対馬。対州《たいしゅう》。

**つた**『△蔦』（名）〘植〙ブドウ科のつる性落葉植物。吸盤《きゅうばん》のある巻きひげで他の物にからみついてのびる。葉はてのひらのような形で秋に紅葉する。

**つた・う**【伝う】（自五）{ワ(オ)・イ(ツ)・ウ・ウ・エ・エ}ある物に沿《そ》って行く。ついて移る。「なみだがほおを―」

**つた・える**【伝える】（他下一）{エ・エ・エル・エル・エレ・エロ(エヨ)}❶ことばなどで知らせる。「ニュースを―」「文書で―」

❷学問や技芸、財産などを受け継《つ》がせる。「奥義《おうぎ》を―」「伝統を―」

❸後代に順々に送り知らせる。「語り―」

❹他の土地に教えひろめる。「仏教を―」

❺何かを通して別の所へ移りゆかせる。作用をおよぼす。「熱を―」「電気をよく―物質」

**つたかずら**『△蔦△蔓・△蔦◇葛』（名）〘植〙つる草全体をまとめていう呼び名。

**つたな・い【拙い】**（形）｛カロ・カッ(ク)・イ・イ・ケレ・○｝❶へたである。「―絵」❷運が悪いようす。「武運―・く敗れる」

**つたわ・る【伝わる】**（自五）｛ラ(ロ)・リ(ッ)・ル・ル・レ・レ｝❶ことばなどを通してほかの人に知られる。また、知れわたる。「気持ちが―」「うわさが―」❷代々受け継《つ》がれている。「この地に―伝説」❸よそからわたってくる。伝来する。「鉄砲《てっぽう》はポルトガルから―・った」❹何かを通って別の所へ移りゆく。作用がおよぶ。「音の―速さ」❺物に沿《そ》って進む。「なみだがほおを―」

**つち【土】**（名）❶岩石がくだけて細かい粒子《りゅうし》となり、地表にたまったもの。土壌《どじょう》。「―を耕《たがや》す」「―をいじる」❷大地。地面。「外国の―を踏《ふ》む」

**土一升《いっしょう》に金《かね》一升《いっしょう》** 土地のねだんがひじょうに高いことのたとえ。

**土がつく** すもうで、負ける。また、一般《いっぱん》に勝負に負ける。「三日目で―」

**土となる** 死ぬ。土にかえる。「異国の―」

**つち**『△槌・△鎚』（名）柄《え》のついた、物をたたくのに用いる工具。金づち・木づちなど。

**つちいっき**『土一△揆』（名）〘歴〙→どいっき

**つちいばんすい**〔土井晩翠〕〔人名〕→どいばんすい

**つちいろ【土色】**（名）土のような青黒い色。〔使い方〕血の気のない顔色に使われることが多い。

**つちか・う【培う】**（他五）｛ワ(オ)・イ(ッ)・ウ・ウ・エ・エ｝❶根に土をかけ、草木を育てる。❷知性や能力などを養い育てる。「公徳心を―」〔類〕養う

**つちくさ・い【土臭い】**（形）｛カロ・カッ(ク)・イ・イ・ケレ・○｝❶土のにおいがする。「―におい」❷いなかじみていてやぼったい。どろ臭い。「―作品」

**つちくれ【土くれ】**『土◇塊』（名）土のかたまり。

**つちけいろ【土気色】**（名）土のような色。〔使い方〕血の気や生気《せいき》のない顔色の形容にいう。

**つちけむり【土煙】**（名）土砂《どしゃ》が吹《ふ》き上げられて、煙のように見えるもの。「―をあげて走る」

**つちつかず【土付かず】**（名）すもうで、その場所が始まってから、まだ一度も負けていないこと。また、一般《いっぱん》に勝負でまだ負けていないこと。

**つちのえ**『△戊』（名）土の兄《え》の意。十干《じっかん》の第五。

**つちのと**『◇己』（名）土の弟《と》の意。十干《じっかん》の第六。

**つちふまず【土踏まず】**（名）足の裏の内側の、くぼんだ部分。

**つちへん【土偏】**（名）漢字の部首の一つ。「城」「地」などの左側にある「土」の部分。

**つつ【筒】**（名）❶断面がまるくて細長く、中がからになっているもの。「茶―《ちゃづつ》」❷銃身《じゅうしん》。砲身《ほうしん》。また、小銃・大砲。「ささげ―」

**つつ**（接助）❶二つのことを同時にする意を表す。…ながら。「考え―歩く」❷動作をくり返す意を表す。「ふり返り―去って行く」❸（「つつある」の形で）動きや状態の変化の進行を表す。「忘れ―ある」「気温が上がり―ある」❹「にもかかわらず」「ながらも」の意を表す。「心にかけ―もごぶさたする」〔文法〕動詞・助動詞の連用形につく。

**つつうらうら【津津浦浦】**（名）（「あらゆる港や海べ」の意から）国のすみからすみまで。全国いたる所。つづうらうら。「―に知れわたる」

**つっかいぼう【つっかい棒】**『突っ◇支い棒』（名）戸が開いたり、物がたおれたりしないように支《ささ》える棒。

**つっかえ・す【突っ返す】**（他五）｛サ(ソ)・シ・ス・ス・セ・セ｝→つきかえす

**つっかか・る【突っかかる】**『突っ掛かる』（自五）｛カ(コ)・キ(ッ)・ク・ク・ケ・ケ｝❶相手に突いていく。❷突き当たる。ひっかかる。「段差に―」❸相手にくってかかる。「ことあるごとに―・ってくる」

**つっかけ**『突っ掛け』（名）足の先につっかけるようにしてはく簡単なはきもの。

**つっか・ける【突っかける】**『突っ掛ける』（他下一）｛ケ・ケ・ケル・ケル・ケレ・ケロ(ケヨ)｝❶はきものをつまさきにかけてはく。「サンダルを―」❷急にぶつける。「自転車にはげしく―・けられる」

**つつがな・い**『△恙無い』（形）｛カロ・カッ(ク)・イ・イ・ケレ・○｝病気やけがなどの事故がない。無事である。「―・く日を送る」

**つつがむしびょう【つつが虫病】**『△恙虫病』（名）〘医〙つつが虫（＝だにの一種）にさされておこる急性の熱病。高熱・発疹《はっしん》・筋肉の痛みをおこす。

**つづき【続き】**（名）❶続いていること。続きぐあい。また、続くもの。「文と文の―が悪い」「話の―」❷（名詞の下について）それが続いていることを表す。「陸―」「縁《えん》―」「日照り―」

**つづきがら【続き柄】**（名）血族・親族のつながり方。続柄《ぞくがら》。「本人との―」

**つつ・く**（他五）｛カ(コ)・キ(イ)・ク・ク・ケ・ケ｝❶くり返し軽くつく。「背中を―」❷くり返しつくようにして物を食べる。「なべを―」❸何かをするように人にはたらきかける。けしかける。「委員長を―・いて交渉《こうしょう》に行かせる」❹欠点などをわざと取り上げる。「人の弱点を―」（＝つっつく）

**つづ・く【続く】**（自五）｛カ(コ)・キ(イ)・ク・ク・ケ・ケ｝❶あることがら・状態がとぎれることなくつらなる。「雨の日が―」「高熱が―」「けわしい道が―」❷似たようなことがらがつぎつぎに起こる。「大事件が―」❸あるものが別のものにつながる。「台所に―居間」「来月号に―」❹すぐあとに従う。「前の人に―・いてはいる」❺次の位置・順位につく。「首位に一ゲーム差で―」

**つづけざま【続け様】**（名）同じことが続けて何回も起こること。「地震《じしん》が―に起こる」

**つづ・ける【続ける】**（他下一）｛ケ・ケ・ケル・ケル・ケレ・ケロ(ケヨ)｝❶たえまなく続くようにする。「勉強を―」❷前のものにつながるようにする。間をおかないで、すぐにする。「一番に―・けて二番を歌う」「前の文に―」

**つっけんどん**『突っ△慳貪』（名・形動ダ）態度やことばづかいがとげとげしく、冷たいようす。「―な返事」

**つっこみ【突っ込み】**（名）❶つっこむこと。❷問題を深く掘《ほ》り下げること。「研究に―が足りない」❸漫才《まんざい》で、相手の話のおかしなところを指摘《してき》すること。また、そのようにして話の筋を進める役の人。「―をいれる」〔対〕惚《ぼ》け

**つっこ・む【突っ込む】**〔マ(モ)・ミ(ン)・ム・ム・メ・メ〕 ㊀(自五) ❶勢いよくはいる。つき進む。「車が家に—」 ❷内側に深く立ち入る。「—・んだ質問をする」 ㊁(他五) ❶勢いよくさし入れる。「水に手を—」 ❷むぞうさに、または、すっぽりと入れる。「ポケットに手を—」 ❸相手の弱点などをするどくせめる。「話の矛盾《むじゅん》点を—・まれる」 ❹深くはいりこむ。深くかかわりをもつ。「事件に首を—」 ❺漫才《まんざい》で、つっこみをする。 対 惚《ぼ》ける

**つつさき【筒先】**(名) ❶筒の先。 ❷銃身《じゅうしん》・砲身《ほうしん》の先。「敵に—を向ける」 ❸消火ホースの先。また、そこを受け持つ消防士。

**つつじ**『×躑躅』(名)《植》ツツジ科の常緑または落葉低木。春・夏のころ、じょうご形の紅・紫《むらさき》・白などの花が咲《さ》く。山地に生え、また、観賞用に栽培《さいばい》する。

**つつしみぶか・い【慎み深い】**(形)〔カロ・カツ(ク)・イ・イ・ケレ・○〕 礼儀《れいぎ》正しくひかえめなようす。「—人」

**つつし・む【慎む】**(他五)〔マ(モ)・ミ(ン)・ム・ム・メ・メ〕 ❶あやまちのないように気をつける。「行いを—」 ❷物事の度をこさないよう、ひかえめにする。「夜ふかしを—」⇨つつしむ(謹む)「学習」

**つつし・む【謹む】**(他五)〔マ(モ)・ミ(ン)・ム・ム・メ・メ〕 敬意を表す。かしこまる。「—・んで申し上げます」 使い方 ふつう、「謹んで」の形で使われる。

> **学習** 使い分け 「慎む」「謹む」
>
> 慎む　おさえてひかえめにする。「口を**慎む**」「言動を**慎む**」「暴飲暴食を**慎む**」
>
> 謹む　相手を上と見て、かしこまる。「**謹ん**でおわびします」「**謹ん**でお受けします」

**つつそで【筒袖】**(名) たもとがなくて筒のようになっているそで。また、そのようなそでの着物。

**つった・つ【突っ立つ】**(自五)〔タ(ト)・チ(ッ)・ツ・ツ・テ・テ〕 ❶まっすぐ立つ。また、勢いよく立つ。「煙突《えんとつ》が—・っている」 ❷何もしないで立っている。「ぼうぜんと—」

**つっつ・く**(他五)〔カ(コ)・キ(イ)・ク・ク・ケ・ケ〕 →つつく

**つつぬけ【筒抜け】**(名) (筒の底が抜けていて入れた物がこぼれてしまう意から) ❶話や秘密などがそのまま他人に伝わること。「情報が—だ」 ❷人の話などが、頭の中にとどまらずにすどおりすること。「何を言っても右から左へ—だ」

**つっぱ・ねる【突っぱねる】**『突っ△撥ねる』(他下一)〔ネ・ネ・ネル・ネル・ネレ・ネロ(ネヨ)〕 ❶つきとばす。「手で—」 ❷相手の要求やさそいなどを強くことわる。「申し出を—」

**つっぱ・る【突っ張る】**〔ラ(ロ)・リ(ッ)・ル・ル・レ・レ〕 ㊀(自五) ❶筋肉などが強く張ってかたくなる。「足が—」「はだが—」 ❷自分の意地や主張をおしとおす。また、虚勢《きょせい》を張る。「無関係だと—」 ㊁(他五) ❶押《お》しあててささえる。「手で—」 ❷すもうで、てのひらで相手を強くつきはなす。

**つっぷ・す【突っ伏す】**(自五)〔サ(ソ)・シ・ス・ス・セ・セ〕 勢いよく顔やからだをふせる。「机に—・して泣く」「立ち合いから—・って出る」

**つつまし・い**『◇慎ましい』(形)〔カロ・カツ(ク)・イ・イ・ケレ・○〕 ❶ひかえめなようす。遠慮《えんりょ》深い。「—態度」 ❷質素である。「—暮らしぶり」

**つつましやか**『◇慎ましやか』(形動ダ)〔ダロ・ダッ(デ・ニ)・ダ・ナ・ナラ・○〕 遠慮《えんりょ》深くしとやかなようす。「—な女性」

**つづまやか**『◇約まやか』(形動ダ)〔ダロ・ダッ(デ・ニ)・ダ・ナ・ナラ・○〕 ❶てがるなようす。てみじか。「—な手紙」 ❷ぜいたくでないようす。質素。「—に暮らす」

**つづま・る**『◇約まる』(自五)〔ラ(ロ)・リ(ッ)・ル・ル・レ・レ〕 小さくなる。短くなる。ちぢまる。「日数が—」

**つつみ【堤】**(名) ❶川や池などの水があふれ出るのをふせぐため、岸に土を高く築いたもの。どて。堤防《ていぼう》。「—が切れる」 ❷水をためた池。ため池。

**つつみ【包み】**(名) 紙やふろしきなどで包んだもの。「—を開く」

**つづみ【鼓】**(名)《音》 ❶和楽器の一種。中央がくびれた胴《どう》の両側に革《かわ》を張り、手やばちで打ち鳴らすもの。 ❷革を張って打ち鳴らす日本の打楽器の総称《そうしょう》。

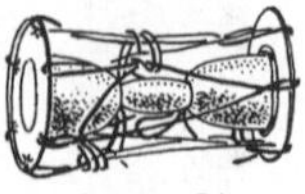
(つづみ①)

**つつみかく・す【包み隠す】**(他五)〔サ(ソ)・シ・ス・ス・セ・セ〕 ❶包んで見えないようにする。「—・さず打ち明ける」 ❷秘密にして人に知られないようにする。

**つつみちゅうなごんものがたり**〔堤中納言物語〕《作品名》平安時代後期の物語集。作者・成立年代不明。「虫めづる姫君」など一〇の短編からなり、貴族生活を笑いと皮肉をまじえてあざやかにえがく。

**つつ・む【包む】**(他五)〔マ(モ)・ミ(ン)・ム・ム・メ・メ〕 ❶物を中に入れてその全体を布・紙などでおおう。「ふろしきに—」 ❷まわりをとりかこむ。「霧《きり》に—・まれる」 ❸ある雰囲気《ふんいき》が全体をおおう。「事件はなぞに—・まれている」「静けさに—・まれた森」 ❹秘密にする。かくす。「—・みきれない喜び」

**つづ・める**『◇約める』(他下一)〔メ・メ・メル・メル・メレ・メロ(メヨ)〕 ❶小さくする。ちぢめる。簡単にする。「—・めて言えば」 ❷節約する。「生活費を—」

**つつもたせ**『×美人局』(名) 女性が夫や愛人とたくらんで、他の男性を誘惑《ゆうわく》した後、それを言いがかりに金品を要求すること。

**つづら**『×葛籠』(名) 着物を入れる箱形のかご。つづらふじのつるや竹またはひのきの薄板《うすいた》で編む。

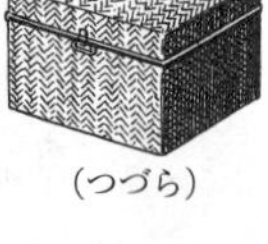
(つづら)

**つづらおり【つづら折り】**『◇葛折り・×九十九折り』(名) つづらふじのつるのように、いくつにも折れ曲がっている山道。「—の坂道」

**つづり**『△綴り』(名) ❶一つにまとめてとじること。また、とじてあるもの。「書類の—」 ❷欧米《おうべい》語などの単語の文字の並び。スペリング。スペル。

**つづりかた【つづり方】**『△綴り方』(名) ❶文章の作り方。作文。「—教室」 ❷文字や語を書きつづる方法。「ローマ字による—」

**つづ・る**『△綴る』(他五)〔ラ(ロ)・リ(ッ)・ル・ル・レ・レ〕 ❶布などをつなぎ合わせる。また、とじ合わせる。「破れ目を—」「書類を—」 ❷ことばをならべて文章を作る。「旅の思い出を—」 ❸アルファベットなどの文字をならべて単語を書く。

**つづれ**〘△綴れ〙（名）破れたところをつぎはぎした着物。ぼろ。

**つづれにしき【つづれ錦】**〘△綴れ錦〙（名）絹の色糸で、花・鳥・人物などの模様を織り出した美しい織物。京都の西陣《にしじん》の特産。

**つて**〘◇伝・◇伝手〙（名）❶目的を達成するために頼《たよ》ろうとする手がかり。手づる。縁故《えんこ》。「—を求める」❷人づて。

**って** ㊀（格助）単語や文につけて、「…と」「…という（のは）」の意を示す。「やめろ—言ってください」「世の中—やつはそんなものだ」㊁（副助）話題を提示して「とは」「というのは」の意を示す。「こんなこと—あるのか」㊂（終助）❶文をうけて、他人の話を引用していることを示す。「まだ独身だ—」「からだによくないんです—」❷他人のことばをくり返して、逆に問い返す意を示す。「子どもがいなくなった—」「どうした—」❸主張・強調の意を示す。「心配するな—」〈使い方〉話しことばに用いられる。㊂②では語尾が上昇《じょうしょう》するイントネーションになる。

**つと**〘△苞〙（名）❶食品をわらなどで包んだもの。わらづと。「なっとうの—」❷みやげ物。

**つと**（副）突然《とつぜん》に。急に。「—現れる」

**つど【都度】**（名）そのたびごと。「その—集まる」

**つどい【集い】**（名）集まること。集まり。会合。「クラスの—」

**つど・う【集う】**（自五）｛ワ(オ)・イ(ッ)・ウ・ウ・エ・エ｝人びとが寄り集まる。「会場に—人びと」

**つとに**〘△夙に〙（副）❶早くから。ずっと前から。「—その名を知られる」❷朝早く。

**つとま・る【務まる・勤まる】**（自五）｛ラ(ロ)・リ(ッ)・ル・ル・レ・レ｝ある仕事や役目を引きうけて、つとめることができる。「有能でないと—・らない」「会長の役が—」

**つとめ【務め・勤め】**（名）❶人が当然しなければならないことがら。役目。任務。義務。「親としての—を果たす」❷やとわれて、役所や会社などに通い、仕事をすること。また、その仕事。勤務。「—をやめる」❸僧《そう》が日課としてする修行《しゅぎょう》や読経《どきょう》など。勤行《ごんぎょう》。「本堂でお—をする」〈使い方〉③はふつう「お」をつける。

> **学習〈使い分け〉「務め」「勤め」**
>
> **務め** 当然やらなければならないこと。役目・任務・義務。「国民としての**務め**」「会長としての**務め**を果たす」
>
> **勤め** やとわれてする仕事。勤務。僧が日課とする修行。「**勤め**を休む」「会社勤《づと》**め**」「**勤め**先」「本堂でのお**勤め**」

**つとめて**（名）古語 ❶早朝。「冬は—」〈枕草子《まくらのそうし》〉訳冬は早朝（がよい）。❷（何かあった）その翌朝。「—すこし寝《ね》すぐしたまひて」〈源氏物語〉訳翌朝、少し寝過《ねす》ごしなさって。

**つとめて【努めて】**〘◇勉めて〙（副）努力して。できるだけ。「—出席するようにする」

**つとめにん【勤め人】**（名）役所・会社などに勤めている人。サラリーマン。「—の生活をやめる」

**つと・める【努める】**（自下一）｛メ・メ・メル・メル・メレ・メロ(メヨ)｝あることをするのに力をつくす。努力する。「勉強に—」「人前でなみだを見せまいと—」⇩つとめる（務める・勤める）「学習」

**つと・める【務める・勤める】**（自他下一）｛メ・メ・メル・メル・メレ・メロ(メヨ)｝❶役目・役割を受け持つ。役目をする。「案内役を—」「司会を—」❷役所や会社などに通って、仕事につく。勤務する。「事務所に—」❸仏道の修行《しゅぎょう》・勤行《ごんぎょう》をする。また、仏事をいとなむ。「三回忌《さんかいき》を—」

> **学習〈使い分け〉「努める」「務める」「勤める」**
>
> **努める** 努力する、一生けんめいがんばるの意。「技術の向上に**努める**」「しめ切りに間に合うように**努める**」「早期解決に**努める**」「早起きしようと**努める**」
>
> **務める** 多く「…を務める」の形で、役目をする意。「議長を**務める**」「代役を**務める**」
>
> **勤める** 多く「…に勤める」の形で、勤務する、働くの意。また、仏事を行うの意。「銀行に**勤める**」「役所に**勤めている**」「法事を**勤める**」

**つな【綱】**（名）❶植物の繊維《せんい》や針金などを長くより合わせた、じょうぶで太いなわ。ロープ。「—を引く」❷すがってたよりとするもの。「たのみの—」「命の—」❸すもうで、横綱の位。「—を張る（＝横綱になる）」

**ツナ**〔英 tuna〕（名）まぐろ。特に、缶詰《かんづめ》にしたまぐろの肉。「—缶《かん》」「—サラダ」

**つながり**〘△繫がり〙（名）つながること。つながったもの。関係。「血の—がある」

**つなが・る**〘△繫がる〙（自五）｛ラ(ロ)・リ(ッ)・ル・ル・レ・レ｝❶はなれていたものやとぎれていたものがひとつづきになる。「電話が—」「列が—」「道が—」❷関係がある。かかわる。結びつく。「血の—・った兄弟」「勝利に—」

**つなぎ**〘△繫ぎ〙（名）❶つなぐこと。つなぐもの。「数珠《じゅず》—（＝物事がぎっしりつながっていること）」❷あることが終わって次のことが始まるまでの間をうめるもの。「—に歌をうたう」「—の仕事」❸料理で、ねばりけのないものをまとめるためにまぜる材料。「そばの—」❹作業用の、上着とズボンがつながっている衣服。

**つな・ぐ**〘△繫ぐ〙（他五）｛ガ(ゴ)・ギ(イ)・グ・グ・ゲ・ゲ｝❶ひもや綱《つな》などで結びとめる。「船を岸に—」❷はなれているものを一つに結ぶ。また、そのようにしてひと続きにする。「手を—」「パソコンをネットに—」「たすきを—」❸とぎれないようにする。もちこたえさせる。「命を—」

**つな・げる**〘△繫げる〙（他下一）｛ゲ・ゲ・ゲル・ゲル・ゲレ・ゲロ(ゲヨ)｝つながるようにする。「経験を次に—」

**つなひき【綱引き】**〘綱△曳き〙（名）一本の綱を大勢の人が二組にわかれて両側から引き合う競技。

**つなみ【津波】**（名）地震《じしん》や海底の隆起《りゅうき》・陥没《かんぼつ》などのために、急に海岸におし寄せる高い波。

**つなわたり【綱渡り】**（名・自スル）❶空中に張った綱の上をわたり歩く曲芸。❷危険をおかして物事をすること。「―の人生」

**つね【常】**（名）❶いつも変わらないこと。「―の心」❷不変の道理。ならわし。ならい。「世の―」❸いつものこと。ふだん。「―日ごろ」「朝の散歩を―とする」❹ありふれていること。なみ。平凡《へいぼん》。「―の人」

**つねづね【常常】**（名・副）ふだん。いつも。「自動車事故には―注意している」

**つねに【常に】**（副）いつも。たえず。「―努力する」

**つねひごろ【常日頃】**（名・副）ふだん。いつも。「―心がけていること」

**つね・る【〖△抓る〗】**（他五）｛ラ(ロ)・リ(ツ)・ル・ル・レ・レ｝つめや指先でひふをつまんで強くねじる。「ほっぺたを―」

**つの【角】**（名）❶動物の頭部などにかたくつき出た骨状の突起《とっき》。「鹿《しか》の―」❷物の表面や頭の部分につき出たもの。

**角突《つ》き合《あ》わせる** 仲が悪くてたがいに衝突《しょうとつ》したりけんかしたりする。

**角を出《だ》す** 女性が、やきもちをやく。

**角を矯《た》めて牛《うし》を殺《ころ》す** わずかな欠点をむりになおそうとして、かえって全体をだめにしてしまうたとえ。

**つのかくし【角隠し】**（名）日本式の婚礼《こんれい》のとき、花嫁《はなよめ》が頭のまわりに巻く白い布。

（つのかくし）

**つのぶえ【角笛】**（名）動物の角で作った笛。

**つの・る【募る】**｛ラ(ロ)・リ(ツ)・ル・ル・レ・レ｝■一（他五）広い範囲《はんい》に呼びかけて集める。募集《ぼしゅう》する。「会員を―」■二（自五）ますますひどくなる。こうじる。「思いが―」

**つば【唾】**（名）口の中の唾液腺《だえきせん》から出る、無色のねばねばした液体。消化を助ける。つばき。唾液。

**唾をつける** ほかの人に取られないように、前もって声をかけたり手をつけたりする。

**つば【〖△鍔・△鐔〗】**（名）❶刀剣《とうけん》の柄《つか》と刃《は》の間にはさむひらたい金具。「刀の―」❷帽子《ぼうし》のまわり、または前部にひさしのようにさし出た部分。「―の広い帽子」❸釜《かま》の胴《どう》のまわりにうすくつき出た部分。

**つばき【唾】**（名）→つば（唾）

**つばき【〖△椿・×山茶〗】**（名）〘植〙ツバキ科の常緑高木。葉は卵形で厚くつやがあり、春、紅・白色などの花が咲《さ》く。種子からつばき油をとる。

**つばきひめ〔椿姫〕**［作品名］フランスの作家デュマ＝フィス（小デュマ）の小説。椿姫と呼ばれる女性マルグリットの悲恋《ひれん》物語。一八四八年に発表。のちに戯曲《ぎきょく》として上演され、さらにイタリアの作曲家ベルディが「ラ＝トラビアータ」の題名で歌劇化した。

**つばくらめ【〖△燕〗】**（名）〘動〙→つばめ

**つばさ【翼】**（名）❶鳥が空を飛ぶための器官で、前足の変形したもの。はね。翼《よく》。❷航空機の胴《どう》から両側に大きくつき出ているもの。

**つば・する【唾する】**（自サ変）｛シ(セ・サ)・シ・スル・スル・スレ・シロ(セヨ)｝つばを吐《は》く。「天に―」

**つばぜりあい【つばぜり合い】【〖△鍔◇迫り合い〗】**（名・自スル）❶たがいに相手の刀をつばのところで受け止めたまま押《お》し合うこと。❷ほぼ互角《ごかく》の力ではげしく争うこと。「ゴール前で―を演じる」

**つばな【〖△茅花〗】**（名）〘植〙ちがやの花。また、ちがや。

**つばめ【〖△燕〗】**（名）〘動〙ツバメ科の小鳥。羽や背中は紫黒《しこく》色。尾《お》は二またに分かれている。日本には春にわたってきて、軒先《のきさき》などに巣を作り、秋に南方に去る。害虫を食う益鳥《えきちょう》。つばくら。つばくらめ。

**ツバル**〔Tuvalu〕［地名］南太平洋上のエリス諸島からなる立憲君主国。首都はフナフティ。

**つぶ【粒】**■一（名）❶丸くて小さいもの。「大―の雨」「米の―」「―の大きいぶどう」❷集まった物や人の、質や大きさ。「―をそろえる」■二（接尾）丸くて小さいものを数える語。「丸薬《がんやく》一―」

**粒がそろう** 集まった人や物がどれも質がよく、すぐれている。

**つぶあん【〖粒△餡〗】**（名）小豆《あずき》を煮《に》て、皮ごと練ったあん。潰《つぶ》しあん。㊜こしあん

**つぶさに【〖◇具に・◇備に・△悉に〗】**（副）❶細かに。くわしく。「―調べる」❷もれなく。ことごとく。

**つぶし【潰し】**（名）❶押《お》しつぶすこと。「―あん」❷金属製品を溶《と》かして地金《じがね》にすること。❸何かをしてあいた時間をうめること。「ひま―」

**潰しが利《き》く** 今の仕事以外のことをしても、技能を生かしてやりこなす能力がある。

**つぶ・す【潰す】**（他五）｛サ(ソ)・シ・ス・ス・セ・セ｝❶押《お》しつけて形をくずす。「箱を―」❷だめにする。役に立たないようにする。「のこぎりの目を―」「声を―」「チャンスを―・される」❸なくしたり、たちゆかなくしたりする。「身代を―」「会社を―」❹体面をそこなう。「顔を―（＝面目を失わせる）」❺別の物に変えるために、前の形をなくす。「庭を―・して車庫にする」❻金属製品を溶《と》かして地金《じがね》にする。いつぶす。「金の指輪を―」❼家畜《かちく》などを料理するために殺す。「にわとりを―」❽あいているところをうめてふさぐ。「穴を―」「ひまを―」

**つぶぞろい【粒ぞろい】【〖粒△揃い〗】**（名）集まった人や物の質がすぐれていてそろっていること。また、大きさがそろっていること。「―の選手たち」「―のりんご」

**つぶて【〖△礫・×飛礫〗】**（名）投げつける小石。また、小さくて丸くかたいもの。「雪―」「なしの―（＝便りをしても返事のないこと）」

**つぶや・く【〖△呟く〗】**（自五）｛カ(コ)・キ(イ)・ク・ク・ケ・ケ｝口の中でひとりごとを言う。小声で言う。「―ように言う」

**つぶより【〖粒◇選り〗】**（名）多くの中からすぐれたものを選びぬくこと。また、選びぬいたもの。「―の選手」

**つぶら【〖◇円ら〗】**（形動ダ）｛ダロ・ダッ(デ・ニ)・ダ・ナ・ナラ・○｝丸くて愛らしいこと。「―なひとみ」

**つぶ・る【〖△瞑る〗】**（他五）｛ラ(ロ)・リ(ツ)・ル・ル・レ・レ｝まぶたを閉じる。つむる。「目を―」

**つぶ・れる【潰れる】**（自下一）｛レ・レ・レル・レル・レレ・レロ(レヨ)｝❶押《お》されて形がくずれる。「箱が―」❷なくなる。ほろびる。「声が―」❸だめになる。役に立たなくなる。「会社が―」❹時間や機会が使えなくなる。「一日―」「チャ

ンスがー」❺体面がそこなわれる。「面目がー」

**つべこべ**（副）文句や屁理屈《へりくつ》をあれこれ言うようす。「ー言わずに用意をしなさい」

**ツベルクリン**〔ドイツ Tuberkulin〕（名）〘医〙結核菌《けっかくきん》を培養《ばいよう》して作った注射液。結核に感染《かんせん》しているかどうかを検査するときに使う。

**つぼ【坪】** 8画 土5 訓つぼ 十 土 圹 圻 坵 坪
つぼ。面積の単位。◆建坪《たてつぼ》

**つぼ【坪】**（名）尺貫《しゃっかん》法で、土地の面積の単位。一坪は一間《いっけん》（＝六尺）平方。約三・三平方メートル。「五〇ー」

**つぼ**〖△壺〗（名）❶口が小さく、胴《どう》がふくらんだ形の入れ物。「砂糖ー」❷くぼんで深くなった所。「滝《たき》ー」❸ねらいをつけた所。「思うー」❹物事の大事な点。急所。要点。「ーを心得る」❺灸《きゅう》をすえたり指圧をしたりしてききめのある所。「ーを押《お》す」

**つぼにはまる** ❶ねらいどおりの結果になる。「作戦がー」❷要点をおさえている。急所をついている。

**-っぽい**（接尾）（名詞や動詞の連用形について形容詞をつくる）その傾向《けいこう》が強い。その性質がいちじるしい。「子どもー」「湿《しめ》ー」「飽《あ》きー」「忘れー」

**つぼうちしょうよう**〔坪内逍遥〕〔人名〕（一八五九～一九三五）明治・大正時代の小説家・劇作家・評論家・教育家。評論「小説神髄《しんずい》」を発表して写実主義の文学理論を説き、近代小説への道を開いた。のち新劇運動などでも活躍《かつやく》した。小説「当世書生気質《とうせいしょせいかたぎ》」、戯曲《ぎきょく》「桐一葉《きりひとは》」、翻訳《ほんやく》「シェークスピア全集」など。

**つぼね**〔局〕（名）古語 宮中や貴人の屋敷《やしき》内のしきった部屋。また、それを持っている女官。

**つぼま・る**〖△窄まる〗（自五）〔ラ(ロ)・リ(イ)・ル・ル・レ・レ〕だんだんつぼんだ状態になる。「口のー・ったびん」

**つぼみ**〖△蕾・△莟〗（名）❶花の、開く前の状態のもの。「ーがほころぶ」❷まだ一人前でない年ごろの者。

**つぼ・む**〖△窄む〗（自五）〔マ(モ)・ミ(ン)・ム・ム・メ・メ〕せまく、小さくなる。すぼむ。「花がー」

**つぼ・む**〖△蕾む〗（自五）〔マ(モ)・ミ(ン)・ム・ム・メ・メ〕つぼみを持つ。つぼみになる。「桜がー・みはじめる」

**つぼ・める**〖△窄める〗（他下一）〔メ・メ・メル・メル・メレ・メロ(メヨ)〕開いているものを小さくせまくする。すぼめる。「傘《かさ》をー」

**つぼやき**【つぼ焼き】〖△壺焼き〗（名）❶つぼに入れて焼くこと。また、そのもの。❷さざえの肉をきざんでその殻《から》に入れ、調味料を加えてむし焼きにしたもの。さざえのつぼ焼き。

**つま**（名）さしみなどにそえる野菜や海藻《かいそう》。重要でないもののたとえにも用いられる。「さしみのー」

**つま【妻】**（名）結婚《けっこん》した男女のうち、女性のほう。「ーをめとる」対夫《おっと》

| 敬称《けいしょう》（相手側） | 謙称《けんしょう》（自分側） |
|---|---|
| 奥様　奥方様《おくがたさま》 | 妻《さい》　細君《さいくん》 |
| （御《ご》）令室《れいしつ》 | 家内《かない》　愚妻《ぐさい》 |
| （御《ご》）令閨《れいけい》 | 荊妻《けいさい》　山妻《さんさい》 |
| 御内室《ごないしつ》 | |

**つま**〖△褄〗（名）着物のえり下のへりの部分。たてづま。「ーを取る」

**つま**〖◇端〗（名）物のはしの部分。ふち。へり。

**つまさき【爪先】**（名）足の指の先。足の先。「ーで立つ」

**つまさきあがり【爪先上がり】**（名）しだいに上り坂になること。また、その坂道。

**つまさきだ・つ【爪先立つ】**（自五）〔タ(ト)・チ(ツ)・ツ・ツ・テ・テ〕→つまだつ

**つまさ・れる**（自下一）〔レ・レ・レル・レル・レレ・レロ(レヨ)〕❶情にひかれて心が動かされる。「母の愛にー」❷他人の不幸や苦労などが自分に起こったことのように思われて深く同情する。「身にー苦労話」

**つまし・い**〖◇倹しい〗（形）〔カロ・カッ(ク)・イ・イ・ケレ・○〕じみでぜいたくをしない。質素であるようす。「ー暮らし」

**つまず・く**〖△躓く〗（自五）〔カ(コ)・キ(イ)・ク・ク・ケ・ケ〕❶歩いているとき、つま先が物に当たってよろける。けつまずく。「石にー」❷進めていた物事の途中《とちゅう》で障害にあって失敗する。「事業にー」

**つまだ・つ【爪立つ】**（自五）〔タ(ト)・チ(ツ)・ツ・ツ・テ・テ〕つま先で立つ。つまさきだつ。「ー・って身をのり出す」

**つまど【妻戸】**（名）❶家のはしのほうにある開き戸。❷寝殿《しんでん》造りの四すみにある両開きの戸。

**つまはじき【爪はじき】**〖爪◇弾き〗（名・他スル）きらってのけものにすること。仲間に入れないこと。「ーにあう」

**つまび・く【爪弾く】**（他五）〔カ(コ)・キ(イ)・ク・ク・ケ・ケ〕三味線《しゃみせん》・ギターなどの弦楽器《げんがっき》を、指先ではじいてならす。

**つまびらか**〖◇詳らか・◇審らか〗（形動ダ）〔ダロ・ダッ(デ・ニ)・ダ・ナ・ナラ・○〕細かいところまでくわしく明らかなようす。「真相をーにする」

**つまみ**〖◇摘まみ・◇撮み〗（名）❶つまむこと。また、その量。「塩ひとー」❷器具などのつまんで持つ部分。「なべぶたのー」❸酒のさかなとして出す簡単な食べ物。おつまみ。つまみもの。「ビールのー」

**つまみぐい【つまみ食い】**〖◇摘まみ食い〗（名・他スル）❶箸《はし》などを使わずに、指先でつまんで食べること。❷かくれてこっそり食べること。ぬすみ食い。

**つまみだ・す【つまみ出す】**〖◇摘まみ出す〗（他五）〔サ(ソ)・シ・ス・ス・セ・セ〕❶指先などでつまんで外に出す。「米粒《こめつぶ》の中のごみをー」❷人を手あらに追い出す。「さわいで会場からー・される」

**つまみもの【つまみ物】**〖◇摘まみ物〗（名）酒のさかなとして出す簡単な食べもの。おつまみ。

**つま・む**〖◇摘まむ・◇撮む〗（他五）〔マ(モ)・ミ(ン)・ム・ム・メ・メ〕❶指先などではさんで持つ。「鼻をー」❷指先やはしで取って食べる。「菓子《かし》をー」❸要点をぬき出す。かいつまむ。「要点をー・んで話す」❹（「つままれる」の形で）ばかされる。だまされる。「きつねにー・まれたみたいだ」

**つまようじ**〖爪△楊枝〗（名）歯の間にはさまったものを取ったり、食べ物をさしたりするようじ。小ようじ。

**つまらな・い**（形）〔カロ・カッ(ク)・イ・イ・ケレ・○〕❶おもしろくない。「ーまんが」❷とるにたりない。ねうちがない。くだらない。「ー人間」「ーまちがいをする」❸はりあいがない。「こう観客が少なくてはー」

**つまり**『詰まり』■一■(名)❶つまること。「鼻—《づま》り」「寸—《づま》り」❷果て。終わり。「とどの—」■二■(副)前に話したことを要約したり、言いかえたりするときに用いることば。結局。要するに。「—こういうことだ」

**つま・る**【詰まる】(自五){ラ(ロ)・リ(ッ)・ル・ル・レ・レ}❶すきまなく物が入る。いっぱいになる。「たんすに服が—・っている」「予定が—」❷途中《とちゅう》に物がつかえて通らなくなる。「のどが—」「雨どいが—」❸行きづまって身動きできなくなる。「答えに—」❹短くなる。ちぢまる。「丈《たけ》が—」

**つまるところ**『詰まる所』(副)要するに。結局。つまり。「—どうなんだ」

**つみ**【罪】■一■(名)❶道徳・法律・宗教の教えなどにそむく行い。「—を犯《おか》す」「—のむくい」❷犯罪に対しての刑罰《けいばつ》。「—に服する」❸正しくない行いをした責任。「—をかぶる」■二■(形動ダ){ダロ・ダッ(デ・ニ)・ダ・ナ・ナラ・○}思いやりがないようす。無慈悲《じひ》なようす。「—なことをしたものだ」

**罪が無《な》い** むじゃきである。悪気《わるぎ》がない。「—いたずら」

**罪を憎《にく》んで人《ひと》を憎《にく》まず** 犯《おか》した罪そのものは憎むべきだが、罪を犯した人まで憎むべきではない。

**つみ**【詰み】(名)将棋《しょうぎ》で、王将が逃《に》げきれなくなり、負けが決まること。

**つみあ・げる**【積み上げる】(他下一){ゲ・ゲ・ゲル・ゲル・ゲレ・ゲロ(ゲヨ)}❶物を高く重ねる。「荷物を—」❷物事を重ねていく。「実績を—」

**つみかさな・る**【積み重なる】(自五){ラ(ロ)・リ(ッ)・ル・ル・レ・レ}いくえにも重なって高くなる。次々と重なる。「本が—」「疲労《ひろう》が—」

**つみかさ・ねる**【積み重ねる】(他下一){ネ・ネ・ネル・ネル・ネレ・ネロ(ネヨ)}いくえにも重ねる。「箱を—」「努力を—」

**つみき**【積み木】(名)❶材木を積むこと。また、積んだ材木。❷いろいろの形をした木片《もくへん》を積み重ねて、さまざまな物の形を作る遊び。また、そのおもちゃ。

**つみくさ**【摘み草】(名)春の野山に出て若菜や草花をつむこと。

**つみこ・む**【積み込む】(他五){マ(モ)・ミ(ン)・ム・ム・メ・メ}船や車などに荷物を積み入れる。「トラックに荷を—」

**つみだ・す**【積み出す】(他五){サ(ソ)・シ・ス・ス・セ・セ}船や車などに荷物を積んで送り出す。「米を—」

**つみた・てる**【積み立てる】(他下一){テ・テ・テル・テル・テレ・テロ(テヨ)}(ある目的のために)金銭を少しずつ何回かにわけてたくわえていく。「旅行の費用を—」

**つみつくり**【罪作り】(名・形動ダ)思いやりのない行いや罪深い行いをすること。純真な人や無知な人をだますような行為《こうい》をすること。「—な奴《やつ》だ」

**つみとが**【罪とが】『罪◇科』(名)おかした悪い行いやあやまち。罪悪。

**つみとばつ**〔罪と罰〕〔作品名〕ロシアの小説家ドストエフスキーの長編小説。一八六六年発表。かね貸しの老婆《ろうば》を殺した貧しい学生ラスコーリニコフの、精神の苦悩《くのう》と救済をえがいている。

**つみに**【積み荷】(名)船や車などに積んで運ぶ荷物。また、積みこんである荷物。「—を降ろす」

**つみぶか・い**【罪深い】(形){カロ・カッ(ク)・イ・イ・ケレ・○}罪が重い。人の道にそむいている。「—おこない」

**つみほろぼし**【罪滅ぼし】(名)よいおこないをして、おかした罪をつぐなうこと。「せめてもの—」

**つみれ**『◇摘◇入』(名)いわしなどの魚のすり身を一口大につみとり丸めてゆでたもの。汁物《しるもの》や鍋物《なべもの》に入れる。「—汁」参考「つみいれ」の転。

**つむ**『△錘・×紡錘』(名)糸をつむぐ機械の付属道具。綿をひき出してよりをかけ、糸にして巻き取る鉄の棒。

**つ・む**【詰む】(自五){マ(モ)・ミ(ン)・ム・ム・メ・メ}❶すきまがなくなるほどつまる。「編み目の—・んだセーター」❷将棋《しょうぎ》で、王将の逃《に》げ道がなくなる。「あと一手で—」

**つ・む**【摘む】(他五){マ(モ)・ミ(ン)・ム・ム・メ・メ}❶指でつまみ取る。「茶を—」❷はさみで先を切り取る。「枝を—」

**つ・む**【積む】(他五){マ(モ)・ミ(ン)・ム・ム・メ・メ}❶物の上に物を重ねる。「石を—」「れんがを—」❷荷物を車や船などにのせる。「土砂《どしゃ》を—・んだトラック」「コンテナを—」❸物事をたびかさねて行う。「経験を—」❹たくわえる。「巨万《きょまん》の富を—」

**つむぎ**『△紬』(名)くずまゆや真綿をつむいでよりをかけた糸で織った絹布。「大島—」

**つむ・ぐ**【紡ぐ】(他五){ガ(ゴ)・ギ(イ)・グ・グ・ゲ・ゲ}綿やまゆから繊維《せんい》を引き出し、よりをかけて糸にする。「糸を—」

**つむじ**『×旋毛』(名)髪《かみ》の毛が渦《うず》のように巻いて生えている所。

**つむじを曲《ま》げる** 気分をそこねて、わざと反対したり、意地悪をしたりする。「ここでつむじを曲げられてはこまる」類へそを曲げる

**つむじかぜ**【つむじ風】『×旋風』(名)渦《うず》のように巻いてはげしく吹《ふ》く風。せんぷう。つじ風。

**つむじまがり**【つむじ曲がり】『×旋毛‐曲がり』(名・形動ダ)性質がひねくれていてすなおでないこと。また、そのような人。類あまのじゃく・へそまがり

**つむり**『◇頭』(名)あたま。かしら。

**つむ・る**『△瞑る』(他五){ラ(ロ)・リ(ッ)・ル・ル・レ・レ}→つぶる

**つめ【爪】** 4画 爪0 訓つめ・つま

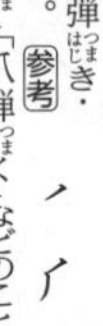

つめ。◆爪先《つまさき》・爪弾《つまはじ》き・爪弾《つまび》き・爪痕《つめあと》。参考「つま」の訓は「爪先《つまさき》」「爪弾《つまび》く」などのことばに使われる特殊《とくしゅ》な読み方。

**つめ**【爪】(名)❶手や足の指先に生える角質の部分。「—を研《と》ぐ」❷琴《こと》をひくときに、指先につける①の形をしたもの。琴づめ。❸物をひっかけたりつったりするもの。こはぜや鉤《かぎ》など。

**爪に火《ひ》をともす** ひじょうにけちなことのたとえ。極端《きょくたん》に倹約《けんやく》する。「—ようにしてためた金」

**爪の垢《あか》ほど** 物事がたいへん少ないことのたとえ。「—も疑っていない」

**爪の垢《あか》を煎《せん》じて飲《の》む** すぐれた人を見習ってその人に少しでもあやかろうとする。

**つめ**【詰め】(名)❶詰めること。また、詰めるもの。❷はし。たもと。きわ。「橋の—」❸将棋《しょうぎ》で、勝負を決める最終の局面。また、物事の決着が近くなっている段階。「—をあやまる」「—が甘い」

**-づめ**【詰め】（接尾）❶詰めてある状態を表す。「箱—」「びん—」❷ある場所にいつもいて勤務することを示す。「警視庁—の記者」「支店—」❸そればかりをおし通す意を表す。「理—でせめる」❹同じ状態や動作が続く意を示す。「立ち—の作業」注意①〜③は名詞に、④は動詞の連用形につく。

**つめあと**【爪痕】（名）❶つめでひっかいたあと。❷天災や争いなどが残した被害《ひがい》のあと。「台風の—」

**つめあわせ**【詰め合わせ】（名）二種類以上の品物を、一つの入れ物に詰めこむこと。また、そうしてある物。「缶詰《かんづめ》の—」

**つめいん**【爪印】（名）親指の腹の先に墨《すみ》や印肉をつけておすこと。また、おした印。拇印《ぼいん》。

**つめえり**【詰め襟】（名）学生服のように洋服の襟が折り返されずに立っているもの。また、その洋服。

**つめか・ける**【詰めかける】『詰め掛ける』（自下一）〔ケ・ケ・ケル・ケル・ケレ・ケロ（ケヨ）〕大ぜいの人がいっせいにおし寄せる。「ファンが—」

**つめこみしゅぎ**【詰め込み主義】（名）理解できるかどうかなど考えずに、むやみに知識をおぼえさせる教育のやり方。

**つめこ・む**【詰め込む】（他五）〔マ（モ）・ミ（ン）・ム・ム・メ・メ〕❶はいるだけたくさんつめて入れる。「乗客を—」❷たくさんの知識をつぎつぎにおぼえさせる。「知識を—」

**つめしょ**【詰め所】（名）係の人が、出向いてひかえている所。「警備員の—」

**つめしょうぎ**【詰め将棋】（名）与《あた》えられた条件の中で、王手を続けてかけ、どのようにして王将を詰めるかを考える将棋。「五手詰めの—」

**つめた・い**【冷たい】（形）〔カロ・カッ（ク）・イ・イ・ケレ・○〕❶触《ふ》れて、温度が低いと感じられる。「—水」「風が—」対熱い ❷思いやりがない。不親切である。冷淡《れいたん》だ。「—人」「—・くあたる」対温かい

**つめばら**【詰め腹】（名）強制されて切腹すること。転じて、責任をとって強制的に職をやめさせられること。「—を切らされる」

**つめよ・る**【詰め寄る】（自五）〔ラ（ロ）・リ（ッ）・ル・ル・レ・レ〕抗議《こうぎ》したり返答を求めたりして、はげしい態度で相手にせまる。「決定に抗議して議長に—」

**つ・める**【詰める】〔メ・メ・メル・メル・メレ・メロ（メヨ）〕□一（他下一）❶あいている所にいっぱいに物を入れる。また、物を入れてふさぐ。「弁当を—」「穴にセメントを—」❷通じないようにする。「息を—」❸短くする。間をちぢめる。「寸法を—」「席を—」❹節約する。きりつめる。「暮らしを—」❺そのことばかり続ける。「根《こん》を—」❻最終のところに達するようにする。「話を—」「細部を—」❼将棋《しょうぎ》で、敵の王将を逃《に》げられなくする。□二（自下一）その場所にいつづける。「病院に—」

**つもり**『積もり・×心算』（名）❶こうしようと思っていること。前もって持っている考え。意図《いと》。「日曜は山へ行く—だ」「だます—はなかった」❷実際にはそうではないが、そうであるような気持ち。「買った—で貯金する」「死んだ—で働く」❸前もっての計算。見積もり。

**つも・る**【積もる】（自五）〔ラ（ロ）・リ（ッ）・ル・ル・レ・レ〕重なって高くなる。たくさんたまる。「ちりも—・れば山となる」「雪が—」「不満が—」「—思い」「—話」

**つや**【艶】（名）❶物の表面の、なめらかで美しい光。光沢《こうたく》。「—のある髪《かみ》」❷物事にそえられたおもしろみ。「—のない話」

**つや**【通夜】（名）〔仏〕❶寺にこもって夜通し祈願《きがん》すること。❷死者をほうむる前に親類や知人が集まり、遺体を守って、そばで一夜を過ごすこと。おつや。

**つやけし**【艶消し】□一（名）つやをなくすこと。「—の写真」□二（名・形動ダ）せっかくのおもしろみをなくすこと。また、そのようなことばやしぐさ。「—な話」

**つやっぽ・い**【艶っぽい】（形）〔カロ・カッ（ク）・イ・イ・ケレ・○〕❶なまめかしいようす。「—しぐさ」❷情事に関するようす。「—話」

**つやつや**【艶艶】（副・自スル）美しくて、つやのあるようす。「赤ちゃんの肌《はだ》は—（と）している」

**つややか**【艶やか】（形動ダ）〔ダロ・ダッ（デ・ニ）・ダ・ナ・ナラ・○〕なめらかに光っていて、美しいようす。「—な黒髪《くろかみ》」

**つゆ**『◇液・◇汁』（名）❶汁《しる》。水気。「くだものの—」❷吸い物。「まつたけのお—」❸そば・うどんなどにつける汁。「そば—」

**つゆ**【露】□一（名）❶空気中の水蒸気が冷えて小さいしずくとなって物についたもの。「夜—」「—を置く」❷はかないもの。わずかなことのたとえ。「—の命」「断頭台の—と消える（=処刑《しょけい》される）」□二（副）（あとに打ち消しのことばをともなって）少しも。ちっとも。「そんなこととは—知らず待ち続けた」

**つゆ**【◦梅雨】（名）六月から七月にかけて降り続く長雨。ばいう。さみだれ。また、そのころの季節。「—入り」

**つゆあけ**【◦梅雨明け】（名）梅雨の季節が終わること。対梅雨入り

**つゆいり**【◦梅雨入り】（名）梅雨の季節に入ること。入梅《にゅうばい》。対梅雨明け

**つゆくさ**【露草】（名）〔植〕ツユクサ科の一年草。道ばたなどに生える。葉は楕円《だえん》形。夏、あい色の花が咲《さ》く。つきくさ。ほたるぐさ。

（つゆくさ）

**つゆばかり**『露◇許り』（副）ほんの少し。ごくわずか。「そんなことは—も思わなかった」

**つゆはらい**【露払い】（名）❶貴人の先に立って導くこと。転じて、先に立って道を開くこと。また、その人。「主君の—を務める」❷未熟な芸人が主演者に先立って芸を演じること。また、その人。❸すもうで、横綱《よこづな》の土俵入りのとき、横綱を先導する力士。

**つゆばれ**【◦梅雨晴れ】（名）❶梅雨があけて晴れること。❷梅雨の期間中の晴れ間。

**つよ・い**【強い】（形）〔カロ・カッ（ク）・イ・イ・ケレ・○〕❶力・能力などがすぐれている。他にまさる力を持っている。「うでっぷしが—」「将棋《しょうぎ》が—」「—チーム」❷その分野についてすぐれた知識や能力を持っている。「数字に—」「機械に—」❸たえる力がじゅうぶんにそなわっている。じょうぶである。

「寒さに—」「—からだ」「—きずな」❹気持ちがしっかりしている。「意志が—」「—信念」❺勢いや程度がはなはだしい。はげしい。「風が—」「—におい」「—印象を受ける」「—・く非難する」(対弱い)

**つよがり【強がり】**(名)強そうに見せかけること。また、そのようなことばや態度。「—を言う」

**つよが・る【強がる】**(自五)｛ラ(ロ)・リ(ツ)・ル・ル・レ・レ｝弱さを隠《かく》して、強いふりをする。「注射はこわくないと—」

**つよき【強気】**(名・形動ダ)うまくいくと信じて、物事を積極的または高圧的に進めていこうとすること。また、そのような気持ちや態度。「—な発言」「—に出る」対弱気

**つよごし【強腰】**(名・形動ダ)強い態度で相手にゆずらないこと。「—に出る」対弱腰

**つよび【強火】**(名)料理で、火力の強い火。「—で焼く」対弱火《よわび》

**つよま・る【強まる】**(自五)｛ラ(ロ)・リ(ツ)・ル・ル・レ・レ｝だんだん強くなる。力や勢いが増してくる。「雨が—」対弱まる

**つよみ【強み】**(名)❶強さの度合い。❷他にまさって強いところ。頼《たよ》りにできる点。「彼《かれ》はスペイン語ができるのが—だ」対弱み

**つよ・める【強める】**(他下一)｛メ・メ・メル・メル・メレ・メロ(メヨ)｝勢い・程度などを強くする。「語気を—」対弱める

**つら【面】**(名)❶(ぞんざいな言い方で)顔。「泣きっ—」「—を貸せ」❷物の表面。うわべ。「うわっ—」

**-づら【面】**(接尾)「…の(ような)顔」のぞんざいな、また、さげすんだ言い方。「ひげ—」「うま—」「紳士—」

**つらあて【面当て】**(名)快く思っていない人の前で、わざと意地悪な言動をすること。あてこすり。あてつけ。「—を言う」

**つら・い【◇辛い】**(形)｛カロ・カッ(ク)・イ・イ・ケレ・○｝❶がまんできないくらい苦しい。「—労働」❷無情である。つれない。思いやりがない。「—仕打ち」「—・く当たる」

**-づら・い【◇辛い】**(接尾)(動詞の連用形の下について)その行為《こうい》をすることが難しい。しにくい。「言い出し—」「書き—」

**つらがまえ【面構え】**(名)(強そうな)顔つき。「ふてぶてしい—」

**つらだましい【面魂】**(名)強い精神や気性《きしょう》がうかがえる顔つき。「不敵な—」

**つらつら【◇熟・△倩】**(副)念を入れて。つくづく。よくよく。「—考えるに」

**つらな・る【連なる】【◇列なる】**(自五)｛ラ(ロ)・リ(ツ)・ル・ル・レ・レ｝❶一列にならび続く。「商店が—」❷つながる。続き合う。「本筋《ほんすじ》に—話」❸会合などに参加する。また、団体などに加わる。「末席に—」

**つらにく・い【面憎い】**(形)｛カロ・カッ(ク)・イ・イ・ケレ・○｝顔を見るだけでも憎らしい。「—ほど落ちつきはらっている」

**つらぬ・く【貫く】**(他五)｛カ(コ)・キ(イ)・ク・ク・ケ・ケ｝❶一方の側から反対側までつき通す。「壁《かべ》を—・いた弾丸《だんがん》」❷最後までやり通す。果たす。「志を—」

**つら・ねる【連ねる】【◇列ねる】**(他下一)｛ネ・ネ・ネル・ネル・ネレ・ネロ(ネヨ)｝❶一列になるように続けてならべる。「軒《のき》を—」❷つぎつぎにならべたてる。「美辞麗句《れいく》を—」❸団体や組織などに、その一員として加わる。「発起人として名を—」

**つらのかわ【面の皮】**(名)顔の表皮。「いい—だ(=とんだ恥《はじ》さらしだ)」

**面の皮が厚《あつ》い** 厚かましい。ずうずうしい。

**面の皮をはぐ** ずうずうしい人の正体《しょうたい》を明らかにして恥《はじ》をかかせる。

**つらよごし【面汚し】**(名)所属する集団の名誉《めいよ》を傷つけること。また、その人。「仲間の—」

**つらら【×氷柱】**(名)水のしずくがこおって棒のようにたれ下がったもの。「軒先《のきさき》に—がさがる」

**つり【釣り】**(名)❶つり針に魚をかけてとること。魚つり。❷つり銭。おつり。「—を受け取る」

**つりあい【釣り合い】**(名)つり合うこと。調和。バランス。「—がとれる」「—を保つ」

**つりあ・う【釣り合う】**(自五)｛ワ(オ)・イ(ツ)・ウ・ウ・エ・エ｝❶二つのものの力・重み・性質などの程度が等しく、一方にかたむかない状態である。つり合いがとれる。「収支が—」❷よく調和する。「上着とズボンの色が—」

**つりあ・げる【つり上げる】【△吊り上げる・釣り上げる】**(他下一)｛ゲ・ゲ・ゲル・ゲル・ゲレ・ゲロ(ゲヨ)｝❶魚をつり、水面より上に上げてとらえる。「鮒《ふな》を—」❷つって上に上げる。「クレーンで—」❸値段などを高くする。「価格を—」❹ひきつったように上に上げる。「目を—」注意①は、「釣り上げる」と書く。

**つりいと【釣り糸】**(名)魚つりに使う糸。「—をたれる」

**つりがき【釣り書き】【△吊り書き】**(名)❶系図。❷縁談《えんだん》にあたって取り交《か》わす、経歴、家族構成、趣味《しゅみ》などを書いた書類。身上《しんじょう》書。

**つりがね【釣り鐘】**(名)寺などにつるしてある大きな鐘。「—をつく」

**つりかわ【つり革】【△吊り革】**(名)電車やバスなどで、立っている客がつかまるための、つりさげられた輪。

**つりこま・れる【釣り込まれる】**(自下一)｛レ・レ・レル・レル・レレ・レロ(レヨ)｝ひき入れられる。さそいこまれる。「話に—」

**つりざお【釣りざお】【釣り△竿】**(名)魚つりに使うさお。

**つりせん【釣り銭】**(名)代金よりも多い金額を払《はら》ったときにもどされる差額のおかね。つり。

**つりどの【釣り殿】**(名)むかし、寝殿《しんでん》造りの池に面した建物。

**つりばし【つり橋】【△吊り橋・釣り橋】**(名)柱で下から支えるのでなく、両岸に張り渡《わた》した綱《つな》で橋板をつり下げた橋。

**つりばり【釣り針】**(名)魚つり用の先が曲がった針。

**つりぶね【釣り船】**(名)❶魚つりに使う小舟《こぶね》。❷つるして使う船の形をした花器。

**つりぼり【釣り堀】**(名)池や堀に魚を飼っておいて、入場料を取ってつらせる所。

**つりわ【つり輪】【△吊り輪】**(名)男子体操競技の種目の一つ。また、それに使う、天井

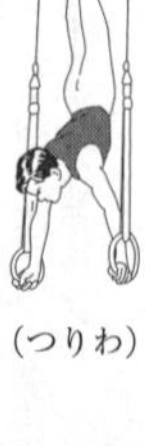

(つりわ)

つ

《てんじょう》から下げた二本の綱《つな》の先に輪をつけた用具。

**つる【鶴】** 21画 鳥10 訓つる ㇀ 夺 隺 鸖 鶴 鶴
つる。鳥の名前。◆鶴亀《つるかめ》 ◆千羽鶴《せんばづる》 ⇩付録「漢字の筆順(32)隹」

**つる【鶴】**（名）《動》ツル科の鳥の総称《そうしょう》。大形で足・くちばし・首が長い。水辺にすみ、さかなや貝を食べ、地上に巣を作る。丹頂《たんちょう》づる・なべづる・まなづるなど種類が多い。長寿《ちょうじゅ》の象徴《しょうちょう》としてめでたいものとされる。

（鶴）

**鶴の一声《ひとこえ》** 多くの人のことばを圧倒《あっとう》する権力のある人のひとこと。「社長の―で決定する」

**鶴は千年《せんねん》亀《かめ》は万年《まんねん》** （鶴・亀は長寿《ちょうじゅ》ということから）長生きをしてめでたいという意。

**つる【弦】**（名）弓に張る糸。弓づる。

**つる【△蔓】**（名）❶つる草の茎《くき》やまきひげの総称《そうしょう》。細く長くのびて物にからみつき、または地をはう。「朝顔の―」❷てがかり。てづる。「かね―《づる》」❸めがねの、耳にかける部分。

**つ・る【△吊る】**〔ラ(ロ)・リ(ッ)・ル・ル・レ・レ〕 一（自五）❶一方に引っぱられたように上がる。「目の―・った人」❷筋肉が急にかたくなり、一方に引きつけられたようになる。「足が―」 二（他五）❶ひっかけて下げたり、かけわたしたりする。「ズボンを―」「たなを―」❷すもうで、相手のまわしをつかんで高く持ち上げる。「高々と―・り出す」参考一②は「攣る」とも書く。

**つ・る【釣る】**（他五）〔ラ(ロ)・リ(ッ)・ル・ル・レ・レ〕❶針をつけた糸をたらして魚をとる。「魚を―」❷相手の気をひくようにして誘《さそ》う。「甘《あま》いことばで―」

**つるぎ【剣】**（名）❶両側に刃《は》のある刀。❷刀。たち。

**つるくさ【つる草】【△蔓草】**（名）《植》茎《くき》がつる状で、他のものにからみついて生長する草の総称《そうしょう》。つた・朝顔など。

**ツルゲーネフ**〔Ivan Sergeevich Turgenev〕【人名】（一八一八～一八八三）ロシアの小説家。ドストエフスキー・トルストイとともに近代ロシアの代表作家のひとり。一九世紀後半のロシアの不安な現実を、美しい文章でみごとにえがいた。作品「猟人《りょうじん》日記」「父と子」など。

**つるし【△吊し】**（名）❶既製服《きせいふく》。また、古着。店先につるして売られる服。❷「つるし柿《がき》」の略。

**つるしあ・げる【つるし上げる】【△吊るし上げる】**（他下一）〔ゲ・ゲ・ゲル・ゲル・ゲレ・ゲロ(ゲヨ)〕❶つるして上のほうへ上げる。「空中に―」❷大勢の者が、ある人をはげしく問いつめ責めたてる。「よってたかって―」

**つるしがき【つるし柿】【△吊るし柿】**（名）しぶがきの皮をむき、つるして甘《あま》くなるまで日に干したもの。干しがき。

**つる・す【△吊るす】**（他五）〔サ(ソ)・シ・ス・ス・セ・セ〕物を上からつって垂れ下げる。つり下げる。「木に―」

**つるつる** 一（副・形動ダ・自スル）❶表面につやがあってなめらかなようす。「―にみがく」❷よくすべるようす。「道が凍《こお》って―(と)すべる」 二（副）めん類などをなめらかにすするようす。また、その音の形容。

**つるはし【鶴△嘴】**（名）土砂《どしゃ》・岩石などをほりおこすのに使う鉄製の道具。つるのくちばしのように両端《りょうたん》または片方がとがり、中央に柄《え》のついたもの。

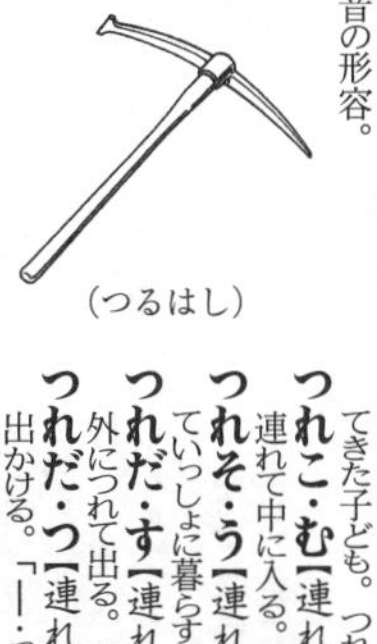
（つるはし）

**つるばみ【△橡】**（名）❶《植》くぬぎの古名。また、その種子であるどんぐりの古名。❷どんぐりのかさを煮《に》た汁《しる》で染めた色。こいねずみ色。にびいろ。

**つるべ【釣◇瓶】**（名）縄《なわ》またはさおをつけて、井戸《いど》の水をくみ上げるおけ。

（つるべ）

**つるべうち【つるべ打ち】【釣◇瓶打ち】**（名）鉄砲《てっぽう》のうち手がならんでつぎつぎに続けてうつこと。また、野球で連続ヒットを打つこと。「敵を―にする」

**つるべおとし【つるべ落とし】【釣◇瓶落とし】**（名）井戸《いど》につるべを落とすように、急速に落ちること。「秋の日は―」

**つる・む【◇連む】**（自五）〔マ(モ)・ミ(ン)・ム・ム・メ・メ〕《俗語》連れ立つ。いっしょに行動する。「三人で―・んで悪さをする」

**つれ【連れ】**（名）❶いっしょに行動する人。仲間。「―が三人いる」❷能楽や狂言《きょうげん》で、シテ・ワキを助けて効果をあげる役。参考②はふつう「ツレ」と書く。

**-づれ【連れ】**（接尾）❶人を連れていること、いっしょに行動していることを表す。「家族―」「三人―」❷相手をさげすんで、職業や地位によってひとまとめにいう語。「文士―」

**つれあい【連れ合い】**（名）❶つれになった者。❷連れそう相手。夫婦がたがいに相手をさしていう。「―に先だたれる」

**つれこ【連れ子】**（名）再婚《さいこん》する人が、前の夫または妻との間にできた子どもをつれてくること。また、そのつれてきた子ども。つれご。

**つれこ・む【連れ込む】**（他五）〔マ(モ)・ミ(ン)・ム・ム・メ・メ〕いっしょに連れて中に入る。ひっぱりこむ。「路地裏に―・まれる」

**つれそ・う【連れ添う】**（自五）〔ワ(オ)・イ(ッ)・ウ・ウ・エ・エ〕夫婦としていっしょに暮らす。「長年―・った夫」

**つれだ・す【連れ出す】**（他五）〔サ(ソ)・シ・ス・ス・セ・セ〕誘《さそ》って外につれて出る。「買い物に―」

**つれだ・つ【連れ立つ】**（自五）〔タ(ト)・チ(ッ)・ツ・ツ・テ・テ〕いっしょに出かける。「―・って旅に出る」

**つれづれ**〔徒然〕（名・形動ナリ）古語❶何もすることがなくてたいくつなこと。手持ちぶさたな状態。「―なぐさむもの、碁《ご》。双六《すごろく》。物語」〈枕草子《まくらのそうし》〉訳たいくつがまぎれるもの、碁。双六。物語。❷しんみりとしてさびしいこと。つくづくと物思いにしずむようす。「いと―に思ひて屈《くっ》し侍《はべ》れば」〈源氏物語〉訳たいそうしんみりとして気力を失っておりますので。

**つれづれぐさ**〔徒然草〕【作品名】鎌倉《かまくら》時代末期の随筆《ずいひつ》集。兼好《けんこう》法師の作。一三三一（元弘《げんこう》元）年ごろ完成。自然・人生のさまざまなことがら

を、豊かな教養をもとに自由にしるし、人間味にあふれる。「枕草子《まくらのそうし》」とならぶ随筆文学の傑作《けっさく》。冒頭文 つれづれなるままに、日暮らし、硯《すずり》にむかひて、心にうつりゆくよしなしごとを、そこはかとなく書きつくれば、あやしうこそものぐるほしけれ。

**つれて**〖連れて〗→つれる㊁

**つれな・い**（形）{カロ・カツ(ク)・イ・イ・ケレ・○} ❶思いやりがなく、つめたい。「一仕打ち」❷よそよそしい。そしらぬ顔をしている。「声をかけても一・く行ってしまう」

**つ・れる**【連れる】{レ・レ・レル・レル・レレ・レロ(レヨ)} ㊀（他下一）いっしょについて来させる。ともなう。「子どもを一・れて散歩する」㊁（自下一）（「…につれて」の形で）そうなるにしたがって。それに応じて。「日がたつに一・れて悲しみがうすれる」

**つわぶき**〖◇石△蕗〗（名）〔植〕キク科の多年草。暖かい地方の海辺に自生し、秋から初冬にかけて黄色の花を房状《ふさじょう》につける。おもに観賞用。

**つわもの**〖◇兵〗（名）❶武士。兵士。❷その方面にすぐれた腕前《うでまえ》をもつ人。「その道では一だ」

**つわり**〖×悪阻〗（名）〔医〕妊娠《にんしん》の初期に、はきけ・食欲不振《しょくふしん》・食べ物の好みの変化などをおこす状態。

**つんけん**（副・自スル）ふきげん・ぶあいそうで、態度がとげとげしいさま。「一した言い方」「一とした応対」

**つんざ・く**〖△劈く〗（他五）{カ(コ)・キ(イ)・ク・ク・ケ・ケ} はげしい勢いでつき破る。「耳を一ような音」

**つんつるてん**（名・形動ダ）❶衣服の丈《たけ》が短くて、手足がよけいに出てしまうこと。ちんちくりん。「一のズボン」❷頭髪《とうはつ》がすっかりないこと。

**つんつん**（副・自スル）❶とりすまして、愛想が悪いようす。「一した受けこたえ」❷においが鼻を強く刺激《しげき》するようす。「異臭《いしゅう》が一（と）鼻をさす」

**つんと**（副・自スル）❶とりすましたようす。つんつん。「一した態度」❷においが鼻を刺激《しげき》するようす。「鼻に一くるにおい」❸とがって突《つ》き出ているようす。「一した鼻」

**ツンドラ**〔ロシア tundra〕（名）〔地〕一年の大部分はこおっており、夏だけ地表の一部がとけ、湿地《しっち》となるような土地。シベリア北部・カナダ北部の平原など。

**つんのめ・る**（自五）{ラ(ロ)・リ(ッ)・ル・ル・レ・レ} 勢いよく前のほうに倒《たお》れそうになる。「足をとられて一」

**つんぼ**〖△聾〗（名）耳が聞こえないこと。参考 差別的な意があり、用いないようにする。

**つんぼさじき**【つんぼ◦桟敷】〖△聾◦桟敷〗（名）❶劇場で、舞台《ぶたい》に遠くて役者のせりふがよく聞こえない観客席。❷事情を知らされない状態や立場。「一におく」

## て テ

**て**【手】㊀（名）❶人間のからだで、両肩《りょうかた》から左右に出ている部分。㋐腕《うで》やてのひら、指などの全体。「一をのばす」「一を挙げる」㋑てのひら。「一を合わせる」㋒指先。「一でつまむ」❷器物の、つかんでもつようにできている部分。取っ手。にぎり。「ひしゃくの一」「カップの一」❸（手のもつはたらきからいろいろの意味にたとえてつかわれる）㋐仕事をする人。労働力。「一がたりない」㋑めんどう。手数。「一がぬけない」「一の込《こ》んだいたずら」㋒方法。手段。「いい一がある」「ずるい一を使う」㋓腕前《うでまえ》。実力。「一が上がる」「一におえない」㋔方向。「行く一」「下《しも》一」㋕作ること。「彼《かれ》の一になった絵」㋖文字。筆跡《ひっせき》。「能書家の一」㋗傷。負傷。「一負いのいのしし」㋘種類。「この一の品物がよい」㋙交際。関係。「一を切る」「一を結ぶ」㋚勢い。「火の一が上がる」㋛修正。処置。「原稿《げんこう》に一を入れる」㋜トランプ・将棋《しょうぎ》などで、手にもっているふだ・こま。「一が悪い」㋝（動詞の連用形について）その動作をする人。「話し一」「買い一」㊁（接頭）❶（名詞の上について）「手でもてるくらいの」「身のまわりの」の意を表す。「一鏡」「一みやげ」❷「自分の手でこしらえた」の意を表す。「一料理」❸（形容詞の上について）意味を強める。「一きびしい批評」「一あついもてなし」

**手が空《あ》く** 仕事や用事が終わって、ひまができる。手がすく。

**手がかかる** めんどうを見なければならないことがいろいろある。世話がやける。「子どもに一」

**手が込《こ》む** 細工《さいく》が複雑である。手間がかかっている。「手が込んでいる料理」

**手が空《す》く** →てがあく

**手が足《た》りない** 働く人の数が足りない。人手《ひとで》が不足している。「仕事が多すぎて一」

**手がつけられない** 度が過ぎていて、対処する手段や方法がない。「彼《かれ》が怒《おこ》ると一」

**手が出《で》ない** ❶難しくてどうすることもできない。「構造が複雑すぎて一」❷値段が高くて買うことができない。「ダイヤの指輪には一」

**手が届《とど》く** ❶自分の力がおよぶ範囲《はんい》にある。「手が届かない値段」❷細かいところまで注意がゆきとどく。❸もう少しでそうなる。「八〇歳《さい》に一老人」

**手が長《なが》い** ぬすむくせがある。手癖《てくせ》が悪い。

**手が離《はな》せない** 今していることがあって、他のことをする余裕《よゆう》がない。「一から代わりに対応して」

**手が早《はや》い** ❶てきぱきと物事を処理する。手早い。❷すぐ女性に手を出す。❸すぐに暴力をふるう。

**手が塞《ふさ》がる** 今していることがあって、他のことをする余裕《よゆう》がない。「手がふさがっていて電話に出られない」

**手が回《まわ》る** ❶世話や準備などがゆきとどく。「細かいところまで手が回らない」❷犯人をつかまえるために、警察などの手配がゆきとどく。「警察の一」

**手に汗《あせ》を握《にぎ》る** きわどい物事をわきから見てはらはらする。ひやひやする。「一好ゲーム」

**手に余《あま》る** 自分の力では処理しきれない。もてあます。「この問題はむずかしくて一」

**手に入《い》れる** 自分のものにする。入手する。手にする。「ずっと探していた品を一」

**手に負《お》えない** 自分の力では処理できない。「一仕事」「一子ども」類 始末に負えない

**手にかける** ❶自分で行う。手がける。「長年手にかけた仕事」❷世話をして育てる。手塩にかける。

「手にかけて育てた梅の木」❸自分の手で人を殺す。

**手にする** ❶自分のものにする。手に入れる。「勝利を―」❷手に持つ。「本を―」

**手につかない** ほかのことに気をとられてそのことに身がはいらない。「勉強が―」「心配で仕事が―」

**手に取《と》るよう** 目の前に見えるように、はっきりとわかるようす。「皆《みな》のあわてぶりが―にわかる」

**手に乗《の》る** うまくだまされる。相手の思うままになる。「そんな手には乗らない」

**手も足《あし》も出《で》ない** 自分の力ではどうにもできない。「この問題には―」

**手もなく** 簡単に。たやすく。「―負けた」

**手を上《あ》げる** ❶手を振《ふ》り上げる。なぐる。❷困って投げ出す。あきらめる。「むずかしい問題に―」❸技術が上達する。腕前《うでまえ》が上がる。「習字の―」

**手を入《い》れる** できあがったものを直したり補ったりする。手を加える。「作品に―」

**手を打《う》つ** ❶左右のてのひらを打ち合わせて鳴らす。「手を打ってよろこぶ」❷話し合いに決着をつける。ゆずって解決をつける。「このへんで手を打とう」❸必要な処置・手段をとる。「早めに―」

**手を替《か》え品《しな》を替《か》え** いろいろな方法を使って目的をなしとげようとするようす。「―気を引く」

**手をかける** 手間や手数をかける。「料理に―」

**手を貸《か》す** 手伝う。助力する。援助《えんじょ》する。「だれか手を貸してくれ」

**手を切《き》る** 関係をなくする。縁《えん》を切る。「悪い仲間と―」

**手を下《くだ》す** 自分で直接する。自分で処理する。「自分では手を下さず部下にやらせる」

**手を加《くわ》える** できあがった物事を修正したり補足したりする。手を入れる。「作品に―」

**手を拱《こまぬ》く** 腕組《うでぐ》みをする。転じて、何もしないで、ただ、人のなすにまかせている。何もしないで見過ごす。手をこまねく。「手をこまぬいて見ている」

**手を染《そ》める** 物事をしはじめる。手をつける。また、関係する。「悪に―」「金融《きんゆう》業に―」

**手を出《だ》す** ❶物事に関係する。「株に―」❷暴力をふるう。「かっとなって―」❸物をこっそりと盗《ぬす》む。「店の商品に―」

**手をつかねる** ❶そばで見ているだけで何もしない。「眼前の事態に手をつかねている」❷腕組《うでぐ》みをする。

**手を尽《つ》くす** あらゆる手段や方法をとって、物事が実現・解決するように努力する。「手を尽くして探す」

**手をつける** ❶とりかかる。しはじめる。「準備に―」❷おかねなど物の一部を使いはじめる。使いこむ。「公金に―」❸出されたものを食べる。「料理に―」

**手を握《にぎ》る** 協力関係を結ぶ。また、仲直りする。「両国が―」

**手を抜《ぬ》く** しなければいけないことをしないではぶく。いいかげんに行う。「作業の―」

**手を延《の》ばす** 今までしなかったことにまで関係を広げていく。「新しい分野に―」

**手を引《ひ》く** ❶手を取って導く。「老人の―」❷関係をたつ。関係するのをやめる。「その事業から―」

**手を広《ひろ》げる** 今までしなかったことにまで仕事などの範囲《はんい》を広げる。「商売の―」

**手を回《まわ》す** ❶手配をじゅうぶんにする。「立ち寄りそうな場所に―」❷ひそかに働きかける。「裏から―」

**手を焼《や》く** 取りあつかいに困ってもてあます。てこずる。「いたずらっ子に―」

**手を汚《よご》す** 自ら手を下して悪いことをする。「自分は手を汚さずあぶないことは人にやらせる」

**手を煩《わずら》わす** 人に世話をかける。やっかいをかける。「親の―」

**て** ［一］（接助）❶あとのことばとの接続を表す。「手を洗っ―ご飯を食べる」❷原因・理由を示す。「暗く―見えない」❸方法・手段を示す。「車に乗っ―行く」❹並列《へいれつ》・添加《てんか》・対比などを表す。「おもしろく―ためになる」「広く―明るい」❺逆接的に用いる。…のに。「知ってい―知らない顔をする」❻上の動詞を補助する動詞につなげる。「持っ―いる」「着―みる」［文法］ガ・ナ・バ・マ行の五段活用動詞につくときは「で」とにごる。「りんごをもいでかじる」「雨がやんで日がさしてきた」「飛んでいく」［二］（終助）❶依頼《いらい》や軽い命令を表す。「それを持って来―」❷質問の意を表す。「ねえ、これでよく―」❸念を押《お》す意を表す。「とてもよくっ―よ」［使い方］［二］②③はおもに女性が用いる。

**で**【弟】→てい(弟)

**で**【出】（名）❶日や月が出ること。「日の―」［対］入り。❷出るぐあいや状態。「人の―」「水の―が悪い」❸出た場所。出身。産地。「大学―」「九州の―」❹舞台《ぶたい》などに登場すること。「―を待つ」❺（動詞の連用形について、下に「ある」「ない」を伴《ともな》って）分量や、それにかかる時間・労力などが多いことを表す。「乗り―がある」「読み―がない本」

**で**（接）❶前のことがらの結果、あとのことがらが生じることを示す。そういうわけで。だから。「とても寒かった。―、かぜをひいた」❷それで。そこで。「久しぶりだね。―、どこへ行こう」［使い方］話しことばに用いられる。

**で** ［一］（格助）❶方法・手段などを表す。「筆―書く」「電車―行く」❷場所・期限・数量・ねだんなどを表す。「家―勉強する」「三日―終わる」「一〇〇〇円―買う」❸理由・原因を表す。「かぜ―休む」❹そのことが行われるさいのようす・状態を表す。「二人―出かける」「ものすごい顔―にらむ」［二］（接助）助詞「て」の変化した形。⇒て(接助)［文法］

**てあい**【手合い】（名）❶（少し見下した呼び方で）仲間。連中。「あんな―にかかわっていてはいけない」❷種類。「同じ―の品物」❸囲碁《いご》・将棋《しょうぎ》などで、勝負をすること。対局。手合わせ。「大―」

**であいがしら**【出会い頭・出合い頭】（名）行きあったとたん。出会ったとたん。「―にぶつかった」

**であ・う**【出会う・出合う】（自五）(ワ(オ)・イ(ッ)・ウ・ウ・エ・エ) ❶人や出来事などに偶然《ぐうぜん》に行きあう。「友人に―」「大事件に―」❷ある場所でいっしょになる。「二本の川が―ところ」❸出てきて争いの相手になる。おちあう。「ものども、―・え」

**てあか**【手△垢】（名）❶手のあか。❷しばしば人の手で触《ふ》れたためについたよごれ。「―のついた本」

**手垢に塗《まみ》れる** ❶多くの人が手を触《ふ》れたためによ

ごれている。❷多くの人によって使い古される。新鮮味《しんせんみ》がなくなる。「てあかにまみれた手法」

**てあし【手足】**（名）❶手と足。「—をのばす」❷ある人の指示どおりに動く人。「師の—となって働く」

**であし【出足】**（名）❶出だしのはやさ。「あの車は—がするどい」❷人出の度合い。「客の—がにぶい」❸物事の始まり。「—は順調だ」

**てあたりしだい【手当たり次第】**（副）手にさわるものはなんでも。かたっぱしから。「—に食べる」

**てあつ・い【手厚い】**（形）{カロ・カッ(ク)・イ・イ・ケレ・○}人に対する態度に心がこもっているようす。丁重《ていちょう》なようす。「—看護《かんご》」「—・くもてなす」

**てあて【手当て】**㊀（名・他スル）❶病気・けがなどに処置をほどこすこと。また、その処置。「応急—」❷前もってする、必要な用意や処置。「欠員の—をする」㊁（名）働いたことに対して支払《しはら》われるおかね。また、基本給以外に、必要に応じて支払われるおかね。「家族—」注意㊁は「手当」と書く。

**てあら【手荒】**（形動ダ）{ダロ・ダッ(デ・ニ)・ダ・ナ・ナラ・○}取りあつかい方や動作が乱暴なようす。「—なことはするな」

**てあらい【手洗い】**（名）❶手を洗うこと。❷手を洗う水・湯。また、それを入れる器。❸衣服などを手で洗うこと。❹便所。「—に立つ」「お—」

**てあら・い【手荒い】**（形）{カロ・カッ(ク)・イ・イ・ケレ・○}物のあつかい方などが乱暴である。あらあらしい。「—歓迎」

**である・く【出歩く】**（自五）{カ(コ)・キ(イ)・ク・ク・ケ・ケ}家を出て、あちこち歩きまわる。「しじゅう—・いている」

**てあわせ【手合わせ】**（名・自スル）❶勝負をすること。「将棋《しょうぎ》の—」❷取り引きの約束をすること。

**てい【丁】**→ちょう(丁)

**てい【丁】**（名）❶十干《じっかん》の第四。ひのと。❷順序や等級の四番目。「甲乙丙《こうおつへい》—」

**てい【体】**→たい(体)

**てい【体】**（名）❶外から見たようすや態度。「ほうほうの—で逃《に》げ出す」❷体裁。「—よく断る」

**てい【低】** 7画 イ5 小4 音 テイ 訓 ひくい・ひくめる・ひくまる

❶位置がひくい。程度が下のほう。◆低音・低温・低額・低気圧・低級・低空・低周波・低俗《ていぞく》・低地・低調・低迷《ていめい》・低劣《ていれつ》◆高低・最低。対高。❷ひくくなる。ひくくする。◆低下・低減・低落

**てい【呈】** 7画 口4 音 テイ

❶さし出す。さしあげる。◆呈上◆謹呈《きんてい》・献呈《けんてい》・進呈・贈呈《ぞうてい》。❷あらわす。しめす。◆呈示◆露呈《ろてい》⇩付録「漢字の筆順(2)王〔王〕」

**てい【廷】** 7画 廴4 音 テイ

❶天子がまつりごとを行う所。◆廷臣◆宮廷・朝廷。❷裁判を行う所。◆廷吏《ていり》◆開廷・出廷・閉廷・法廷

**てい【弟】** 7画 弓4 小2 音 テイ㊥・ダイ・デ㊥ 訓 おとうと

❶年下の男のきょうだい。おとうと。◆弟妹《ていまい》◆義弟・兄弟《きょうだい》・《けいてい》・愚弟《ぐてい》・賢弟《けんてい》・実弟・舎弟。対兄《けい》。❷年少者。◆子弟。❸先生について学問や技術を習っている人。門人。◆弟子《でし》◆高弟・師弟・徒弟・門弟。参考「ダイ」「デ」の音は「兄弟《きょうだい》」「弟子《でし》」などのことばに使われる特殊《とくしゅ》な読み方。

**てい【弟】**（名）おとうと。「兄《けい》たり難《がた》く—たり難し（=優劣《ゆうれつ》をつけにくい）」対兄

**てい【定】** 8画 宀5 小3 音 テイ・ジョウ 訓 さだめる・さだまる・さだか㊫

❶さだめる。決まる。きまり。◆定員・定価・定期・定義・定休・定刻・定数・定説・定例◆改定・確定・協定・決定・裁定・指定・推定・制定・断定・認定・判定・未定・予定。❷変わらない。◆定規《じょうぎ》・定石《じょうせき》・定温◆一定・固定・必定《ひつじょう》。❸おさめる。しずまる。◆安定・鎮定《ちんてい》・平定

**てい【底】** 8画 广5 小4 音 テイ 訓 そこ

❶そこ。いちばん下の部分。◆底辺・底面・底流◆海底・眼底・心底・水底・船底・地底。❷もと。土台になるもの。◆底本◆基底・根底。❸物事のきわみ。◆徹底《てってい》・到底《とうてい》・払底《ふってい》

**てい【抵】** 8画 扌5 音 テイ

❶はりあう。さからう。◆抵抗《ていこう》。❷あたる。ぶつかる。◆抵触《ていしょく》。❸相当する。◆抵当。❹おおよそ。◆大抵

**てい【邸】** 8画 阝5 音 テイ

やしき。大きくてりっぱなすまい。◆邸宅・邸内◆官邸・旧邸・公邸・豪邸《ごうてい》・私邸・別邸

**てい【亭】** 9画 亠7 音 テイ

❶庭の中につくった建物。あずまや。◆池亭《ちてい》。❷旅館・料理屋などの建物。◆亭主◆料亭・旅亭

**-てい【亭】**（接尾）❶旅館・料理屋・寄席《よせ》などの名につけることば。「末広—」❷文人・芸人などの号につけることば。「三遊—」

**てい【貞】** 9画 貝2 音 テイ

かたく心をまもって変えない。みさおを守る。◆貞潔・貞淑《ていしゅく》・貞臣《ていしん》・貞節・貞操◆不貞

**てい【帝】** 9画 巾6 音 テイ

❶天子。みかど。◆帝位・帝王・帝国・帝室・帝都◆皇帝・女帝・先帝・大帝。❷天の神。◆天帝

**てい【訂】** 9画 言2 音 テイ

あらためる。あやまりをなおす。◆訂正◆改訂・校訂・修訂・重訂・補訂

**てい【庭】** 10画 广7 小3 音 テイ 訓 にわ

❶にわ。◆庭園・庭球・庭前◆校庭・石庭・前庭。

❷家。家の中。◆庭訓《ていきん》◆家庭

**てい【逓】** 10画 辶7 〔遞〕 音テイ
❶つぎつぎとつたえ送ること。◆逓次・逓信・逓送 ◆駅逓。❷だんだんと。◆逓減・逓増

**てい【停】** 11画 亻9 小5 音テイ
❶とどまる。とまる。とめる。◆停止・停車・停滞《ていたい》・停電・停泊《ていはく》・停留。❷やめる。とちゅうでやめさせる。◆停学・停職・停戦・停年 ◆調停

**てい【偵】** 11画 亻9 音テイ
❶うかがう。ようすをさぐる。◆偵察 ◆内偵。❷まわしもの。こっそりさぐる人。◆探偵・密偵

**てい【堤】** 12画 土9 音テイ 訓つつみ
つつみ。どて。◆堤防 ◆堰堤《えんてい》・突堤《とってい》・防波堤

**てい【提】** 12画 扌9 小5 音テイ 訓さげる 中
❶さげる。手にもつ。◆提灯《ちょうちん》・提琴《ていきん》。❷もち出す。さし出す。◆提案・提起・提議・提供・提言・提示・提出・提唱・提要 ◆前提。❸手を取り合って助ける。◆提携《ていけい》。❹ひきつれる。◆提督《ていとく》

**てい【程】** 12画 禾7 小5 音テイ 訓ほど 中
❶物事の度合い。ほど。◆程度 ◆音程。❷物事のきまり。◆規程。❸きめられた順序・進みぐあい。◆過程・課程・工程・日程。❹みちのり。◆行程・射程・道程・里程・旅程 ⇩付録「漢字の筆順(2)王〔王〕」

**てい【艇】** 13画 舟7 音テイ
ふね。こぶね。ボート。◆艇庫・艇身・艇長 ◆艦艇《かんてい》・競艇・魚雷艇《ぎょらいてい》・舟艇《しゅうてい》・短艇

**てい【締】** 15画 糸9 音テイ 訓しまる・しめる
しめてまとめる。とりきめる。◆締結・締盟・締約

**てい【諦】** 16画 言9 音テイ 訓あきらめる
物事をあきらかにする。また、あきらめる。◆諦観・諦念 ◆要諦

**でい【泥】** 8画 氵5 音デイ 高 訓どろ
❶水分を多くふくんだ土。どろ。◆泥水・泥土・泥濘《でいねい》 ◆雲泥・汚泥《おでい》。❷どろ状のもの。◆泥炭。❸こだわる。◆拘泥《こうでい》

**ていあつ【低圧】**（名）❶低い圧力。❷低い電圧。《対高圧》

**ていあん【提案】**（名・他スル）話し合いや会議をするときに議案や考えを出すこと。また、その議案や考え。「―理由」類発案

**ティー**〔英 tea〕（名）茶。特に、紅茶。「ミルク―」

**ディー-エヌ-エー【DNA】**（名）《生》〔英 deoxyribonucleic acid の略〕デオキシリボ核酸。細胞《さいぼう》の核内に多くふくまれ、生物の遺伝情報を構成する。「―鑑定《かんてい》（＝DNAで個人の識別を行うこと）」

**ディー-エム【DM】**（名）↓ダイレクトメール

**ディー-ケー【DK】**（名）↓ダイニングキッチン

**ティー-ケー-オー【TKO】**（名）↓テクニカルノックアウト

**ディー-ジェー【DJ】**（名）↓ディスクジョッキー

**ティー-シャツ【Tシャツ】**〔英 T-shirt〕（名）（広げた形がT字形になることから）木綿《もめん》・化繊《かせん》などの布で作った、丸首の半そでシャツ。

**ティー-じょうぎ【T定規】**（名）T字形をした製図用の定規。おもに、平行線を引くのに用いる。

**ティー-じろ【T字路】**（名）↓ていじろ

**ディーゼル**（名）（「ディーゼルエンジン」の略）ドイツ人ディーゼル（Diesel）が発明したエンジン。圧縮した空気に燃料（重油や軽油）をふきつけ爆発《ばくはつ》させてピストンを動かすしかけのもの。

**ティーチイン**〔英 teach-in〕（名）学内討論集会。教師を囲んでの討論会。一般《いっぱん》の討論会にもいう。

**ティーチング-マシン**〔英 teaching machine〕（名）教育機器の一つ。コンピューターにより、生徒が自分の学力に応じて学習できる。

**ディー-ディー-ティー【DDT】**（名）〔英 dichlorodiphenyltrichloroethane の略〕無色の結晶《けっしょう》で、強力な殺虫剤《さっちゅうざい》。現在は使用禁止。

**ディー-ティー-ピー【DTP】**（名）〔英 desktop publishing の略〕コンピューターを用いて、原稿《げんこう》の作成から編集・レイアウト・印刷までの一連の作業を行うこと。

**ティー-バッグ**〔英 tea bag〕（名）熱湯をそいですぐ飲めるように、紅茶や緑茶などの葉をうすい紙の小さな袋に一回分ずつつめたもの。

**ディー-ピー-イー【DPE】**〔和製英語〕（名）（development, printing, enlargement の略）写真の現像・焼きつけ・引き伸《の》ばしをすること。

**ティー-ピー-オー【TPO】**〔和製英語〕（名）（time, place, occasion の略）時・場所・場合に応じて、ことばや服装を使い分けること。「―をわきまえる」

**ディー-ブイ【DV】**（名）↓ドメスティックバイオレンス

**ディー-ブイ-ディー【DVD】**（名）〔英 digital versatile disc の略〕デジタル方式による記録媒体《ばいたい》の一つ。CDと同じサイズの光ディスクで、記録容量が大きく、映像やパソコン用データの記録に用いる。

**ディーラー**〔英 dealer〕（名）❶商品を販売《はんばい》する業者。「自動車―」❷トランプのカードの配り手。

**ていいん【定員】**（名）一定の数に決められた人員。「―オーバー」「―に満たない」

**ティーンエージャー**〔英 teenager〕（名）一〇代の少年少女。英語では一三歳《さい》から一九歳まで。

**ていえん【低塩】**（名）塩分を少なくしてあること。「―食品」「―しょうゆ」
**ていえん【庭園】**（名）手をかけてととのえた広い庭。
**ていおう【帝王】**（名）❶君主国の元首。皇帝。❷ある分野・社会で絶対的な力や権威《けんい》をもつ者。「暗黒街の―」
**ていおうせっかい【帝王切開】**（名）〘医〙妊婦《にんぷ》の腹部および子宮を切開して胎児《たいじ》を取り出す手術。自然な出産が困難な場合に多く行われる。
**ディオニソス**〔Dionysos〕（名）ギリシャ神話の酒の神。ローマ神話のバッカスにあたる。
**ていおん【低音】**（名）❶低い音・声。❷〘音〙男性の声の最も低い音域。バス。（対高音）
**ていおん【低温】**（名）低い温度。「―殺菌《さっきん》」対高温
**ていおんどうぶつ【定温動物】**（名）〘動〙→こうおんどうぶつ
**ていか【低下】**（名・自スル）❶物事の度合いや位置などが低くなること。「圧力の―」対上昇《じょうしょう》。❷程度が悪くなること。「学力が―する」対向上
**ていか【定価】**（名）品物を売るときに、製造した会社がつける一定の価格。「―の一割引き」
**ていか**〔定家〕［人名］→ふじわらのていか
**ていかい【低回】**〘△低△徊〙（名・自スル）思いにふけりながら、行ったり来たりすること。「―趣味《しゅみ》（＝俗世間《ぞくせけん》をはなれ、ゆとりをもって人生を見つめる態度）」
**ていがく【低額】**（名）少ない金額。「―所得者」対高額
**ていがく【定額】**（名）一定の金額。決まったねだん。「毎月―を貯金する」
**ていがく【停学】**（名）学校が、規則に違反《いはん》した学生や生徒の登校を、一定の期間停止する処分。
**ていがくねん【低学年】**（名）おもに小学校で、下級の学年。小学校一・二年生。対高学年
**ていかん【定款】**（名）〘法〙会社・公益法人・協同組合などの目的・組織・事業についての基本的な規則。また、それを書いた文書。

**ていかん【諦観】**（名・他スル）❶物事の本質を見きわめること。「時代を―する」❷世俗《せぞく》的な欲望をあきらめて、悟《さと》りきったような態度でいること。「人生を―する」
**ていかんし【定冠詞】**（名）〘文法〙西洋語の冠詞の一つ。名詞の前に置いて特定のものであることを示す語。英語の the など。対不定冠詞
**ていき【定期】**（名）❶いつからいつまでと決められている一定の期間や期限。ある決まった時間や期日ごとに行われること。「―便」「―公演」「不―」…的「定期的な会合」❷「定期預金」の略。「―をくずす」❸「定期乗車券」の略。「―入れ」
**ていき【提起】**（名・他スル）問題を持ち出すこと。また、訴訟《そしょう》を起こすこと。「問題―」
**ていぎ【定義】**（名・他スル）ある概念《がいねん》やことばの意味・内容を、正しくはっきり決めること。また、決めたもの。「―を下す」「三角形の―」
**ていぎ【提議】**（名・他スル）会議などに議案を出すこと。また、その議案。「条例改正を―する」
**ていきあつ【低気圧】**（名）❶〘天〙ほかの地域に比べて、気圧が低くなっているところ。ふつう、天気は悪い。対高気圧。❷人のきげんの悪いことや、事がおこる前の不気味な状態のたとえ。「きょうの父は―だ」
**ていきかんこうぶつ【定期刊行物】**（名）ある決まった期日ごとに出版されるもの。新聞・雑誌など。
**ていきけん【定期券】**（名）「定期乗車券」の略。
**ていきじょうしゃけん【定期乗車券】**（名）一定の区間を一定期間、何回でも往復できる通学・通勤のための割引乗車券。定期券。定期。
**ていきゅう【低級】**（名・形動ダ）等級が低いこと。品質・程度が低いこと。「―な趣味《しゅみ》」対高級
**ていきゅう【定休】**（名）会社や商店などで、毎月または毎週日を決めて休むこと。また、その日。定休日。「日曜を―とする」
**ていきゅう【庭球】**（名）→テニス
**ていきゅうび【定休日】**（名）定休となる日。定休。

**ていきょう【提供】**（名・他スル）他の人の役にたつようにさし出すこと。「資料を―する」
**ていきよきん【定期預金】**（名）銀行などの金融《きんゆう》機関に、一定の期限まで引き出さない約束で預け入れるおかね。定期。「ボーナスを―にする」
**ていきん**〘庭◇訓〙（名）家庭での教育。
故事 孔子《こうし》の子の伯魚《はくぎょ》が庭を通ったとき、孔子が呼びとめて詩と礼を学ぶようさとしたということから出たことば。〈論語〉
**ていきん【提琴】**（名）〘音〙→バイオリン
**テイクアウト**（名）→テークアウト
**ていくう【低空】**（名）空の低いところ。「―飛行」
**デイケア**〔英 daycare〕（名）心身に障害のある人や高齢者《こうれいしゃ》を昼間だけあずかって、リハビリテーションや食事の世話などを行うこと。
**ていけい【定形】**（名）決まった形。「―郵便物」
**ていけい【定型】**（名）決まったかた。「―詩」
**ていけい**〘△梯形〙（名）→だいけい
**ていけい【提携】**（名・自スル）たがいに助け合い、協力して仕事をすること。「技術―」
**ていけいし【定型詩】**（名）〘文〙音数・句数、またその配列の順序が決まっている詩。漢詩や五・七・五・七・七の和歌、五・七・五の俳句など。対自由詩
**ていけつ【締結】**（名・他スル）条約や協定などを結ぶこと。「条約を―する」
**ていけつあつ【低血圧】**（名）〘医〙血圧が標準よりも低いこと。対高血圧
**ていけん【定見】**（名）自分なりのしっかりした考え。「―のない人間」「無―」
**ていげん【低減】**（名・自他スル）❶減ること。減らすこと。「生産力が―する」❷ねだんが安くなること。ねだんを安くすること。「価格を―する」
**ていげん【逓減】**（名・自他スル）しだいに減ること。しだいに減らすこと。「人口が―する」対逓増
**ていげん【提言】**（名・他スル）考えや意見を出すこと。また、その考えや意見。「解決策を―する」
**ディケンズ**〔Charles Dickens〕［人名］（一八一二〜一八七〇）イ

ギリスの小説家。社会の暗い面をえがきながらもユーモアのある明るい作風で、広く親しまれた。作品「オリバー=ツイスト」「クリスマスキャロル」「二都物語」など。

**ていこう【抵抗】** [一] (名・自スル) 外からの力や権力などにさからうこと。「むだなーはやめろ」「無ー」 [二] (名) ❶反発を感じること。「そのやり方にはーを感じる」 ❷〘物〙力に対して反対の方向に作用する力。「空気ー」 ❸〘物〙電気の流れをさまたげる作用。電気抵抗。 素直《すなお》に受け入れがたい気持ち。

**ていこうりょく【抵抗力】** (名) 外部からの力を押《お》しかえそうとする力。特に病気や病原体をくいとめ、はね返す力。「からだにーをつける」

**ていこく【定刻】** (名) 一定の時刻。決められた時刻。「バスはーに着いた」 類 定時

**ていこく【帝国】** (名) 皇帝の治める国。「ローマー」

**ていこくしゅぎ【帝国主義】** (名) 自国の勢力の拡大のため、軍事力・経済力によって他国を植民地や領土にしようとするやり方・考え方。

**デイ-サービス** 〔和製英語〕 (名) 介護《かいご》を必要とする高齢者《こうれいしゃ》などを昼間だけあずかって世話をすること。▽day と service から。

**ていさい【体裁】** (名) ❶外から見える物の姿やありさま。見かけ。「ーよく包む」「不ー」 ❷人から見られたときの自分の姿やありさま。世間体《せけんてい》。「ーが悪い」 ❸そのものに必要な一定の形式。「論文のーを備える」 ❹うわべだけとりつくろったことば。「おーを言う」

**ていさつ【偵察】** (名・他スル) 敵や相手のようすをひそかにさぐること。「ー飛行」

**ていし【停止】** (名・自他スル) ❶途中《とちゅう》で止まること。止めること。「一時ー」 ❷途中で一時的にやめること。やめさせること。「営業ー」「出場ー」

**ていじ【丁字】** (名) 漢字の「丁」の形。「ー路」

**ていじ【呈示】** (名・他スル) 書類や品物などをさし出してみせること。「免許証《めんきょしょう》をーする」

**ていじ【定時】** (名) 一定の時刻・時期。「ーに発車する」 類 定刻

**ていじ【提示】** (名・他スル) 問題となることがらを特に取り出して示すこと。「条件をーする」

**ていしせい【低姿勢】** (名) 相手に対して下手《したて》に出ること。「ーに終始する」 対 高姿勢

**ていじせい【定時制】** (名) おもに高校で、夜間や特別な時間・時期に授業が行われる学習の課程。「ー高校」 対 全日制

**ていしつ【低湿】** (名・形動ダ) 土地が低く、しめりけが多いこと。「ー地帯」 対 高燥《こうそう》

**ていしゃ【停車】** (名・自スル) 電車・自動車などが止まること。「急ー」 対 発車

**ていしゃじょう【停車場】** (名) 電車などが発着し、乗客の乗り降りや、貨物の積み降ろしなどをする施設《しせつ》。駅。ていしゃば。

**ていしゃば【停車場】** (名) →ていしゃじょう

**ていしゅ【亭主】** (名) ❶一家の主人。店の主人。「旅館のー」 ❷夫。「ー関白」

**ていじゅう【定住】** (名・自スル) 生活する場所と決めて、一定の場所に住みつくこと。「地方にーする」

**ていしゅうは【低周波】** (名) 〘物〙周波数(振動数《しんどうすう》)がわりあい小さい電流・電波。 対 高周波

**ていしゅかんぱく【亭主関白】** (名) 夫が家庭で権力を持ち、いばっていること。 対 かかあ天下

**ていしゅく【貞淑】** (名・形動ダ) 女性が、みさおをかたく守り、しとやかなこと。「ーな妻」

**ていしゅつ【提出】** (名・他スル) 書類・議案・証拠《しょうこ》などをさし出すこと。「答案をーする」

**ていじょ【貞女】** (名) みさおのかたい女性。

**ていしょう【提唱】** (名・他スル) 自分の考えや意見などを説き示し、広く人びとに呼びかけること。「両者の会談をーする」「ー者」

**ていじょう【呈上】** (名・他スル) 贈《おく》り物などをさしあげること。贈呈《ぞうてい》。「記念品をーする」

**ていしょく【定食】** (名) 食堂などで、あらかじめ献立《こんだて》の決まっている食事。「さしみー」

**ていしょく【抵触】** 『△牴触・△觝触』 (名・自スル) 法令や規則にふれること。「憲法にーする」

**ていしょく【定職】** (名) 一定の収入が得られるような決まった職業。「ーにつく」

**ていしょく【停職】** (名) 罰《ばっ》として、決められた期間仕事につくことをさしとめ、給料も支払《しはら》わない処分。公務員に対して行われる。「一か月のー処分」

**ていじろ【丁字路】** (名) 丁の字の形に交わっている道路。T字路。

**ていしん** 『△挺身』 (名・自スル) 自分から身を投げ出して物事をすること。「ー隊」

**ていしん【逓信】** (名) ❶郵便・電信などをつぎつぎに送り伝えること。 ❷郵便・電信などの事務。

**ていしん【艇身】** (名) ボートの長さ。「一ーの差」

**でいすい【泥酔】** (名・自スル) 意識がなくなるくらいひどく酒に酔《よ》うこと。酩酊《めいてい》。「ーして道で寝《ね》る」

**ていすう【定数】** (名) ❶定められている数。「議員のー」 ❷〘数〙ある問題を考えるときに、常に決まったあたいをとる数。常数。 対 変数。 ❸定まった運命。

**ディスカウント** 〔英 discount〕 (名・自他スル) 割引すること。安売り。「ーセール」「ーショップ」

**ディスカッション** 〔英 discussion〕 (名・自他スル) いろいろな意見を出して、話し合うこと。討論。「自由にーする」

**ディスク** 〔英 disk, disc〕 (名) (円盤《えんばん》の意) ❶レコード。 ❷円盤状の、デジタルデータの記憶媒体《きおくばいたい》。「コンパクトー」

**ディスク-ジョッキー** 〔英 disk jockey〕 (名) ❶ラジオなどで、音楽をかけながら、間に軽い話などを入れて番組を進行する人。また、その番組。 ❷ディスコやクラブなどで、音楽を選曲してかける人。DJ。

**ディスコ** (名) レコードなどで流す音楽に合わせて大勢の人が踊《おど》れる店。▽フランス discothèque から。

**テイスト** (名) →テースト

**ディスプレー** 〔英 display〕 (名) ❶陳列《ちんれつ》。展示。 ❷コンピューターなどの文字・画像を映し出す装置。〘≒ディスプレイ〙

**てい・する【呈する】** (他サ変) 〔シ(セ・サ)・シ・スル・スル・スレ・シロ(セヨ)〕 ❶さしあげる。さし出す。「疑問をー」 ❷ある状態をしめす。

「活況《かっきょう》を―」

**てい・する**〘△挺する〙（他サ変）｛シ(セ・サ)・シ・スル・スル・スレ・シロ(セヨ)｝他よりも先に進み出る。進んでさし出す。「身を―」

**ていせい**【低声】（名）低い声。小声。対高声

**ていせい**【訂正】（名・他スル）ことばや文章などのあやまりを正すこと。「―箇所《かしょ》」「発言を―する」

**ていせい**【帝政】（名）帝王が国を治める政治形態。

**ていせいぶんせき**【定性分析】（名）〘化〙物質の中に、どのような成分がふくまれているかを調べる化学分析。対定量分析

**ていせつ**【定説】（名）一般《いっぱん》に正しいと認められている説。「―をくつがえす」類定論。対異説

**ていせつ**【貞節】（名・形動ダ）女性がみさおをかたく守ること。

**ていせん**【停船】（名・自スル）船が進むのを止めること。船が止まること。「―を命じる」

**ていせん**【停戦】（名・自スル）双方《そうほう》の合意の上で戦闘《せんとう》を一時的にやめること。「―協定」類休戦

**ていぜん**【庭前】（名）にわさき。

**ていそ**【定礎】（名）建築の工事をはじめる際に、土台となる石を置くこと。建築の工事をはじめること。

**ていそ**【提訴】（名・自スル）争い事などをうったえ出ること。訴訟《そしょう》を起こすこと。「裁判所に―する」

**ていそう**【貞操】（名）男女の関係で、たがいに性の純潔を保つこと。「―観念」

**ていそう**【逓送】（名・他スル）郵便物や荷物などをある場所から次の場所へ順々に送ること。

**ていぞう**【逓増】（名・自他スル）しだいに増えること。しだいに増やすこと。対逓減

**ていそく**【低速】（名）速度のおそいこと。対高速

**ていそく**【定則】（名）一定の規則。

**ていぞく**【低俗】（名・形動ダ）下品でいやしいこと。低級で俗っぽいこと。「―な番組」対高尚《こうしょう》

**ていそくすう**【定足数】（名）会議を開いて議事を進め、議決するのに必要な最小限の出席者数。

**ていたい**【停滞】（名・自スル）物事が同じところにとどまっていて先に進まないこと。「景気が―する」「梅雨《ばいう》前線が―する」類沈滞《ちんたい》

**ていた・い**【手痛い】（形）｛カロ・カッ(ク)・イ・イ・ケレ・○｝受けた痛手《いたで》の程度がひどい。手きびしい。「―打撃《だげき》を受ける」

**ていたいぜんせん**【停滞前線】（名）〘天〙あたたかい空気と冷たい空気の勢力が同じくらいであるため、一か所にとどまっている前線。この付近では天気が悪い。梅雨《ばいう》前線、秋雨《あきさめ》前線など。

**ていたく**【邸宅】（名）大きくてりっぱな家。やしき。

**ていたらく**【体たらく】〘×為体〙（名）人の、ぶかっこうでみっともないありさま・状態。「なんという―だ」

**ていだん**〘△鼎談〙（名・自スル）三人で向かい合って話をすること。また、その話。

**でいたん**【泥炭】（名）〘地質〙石炭の一種。しめった土地で、植物が長い間につもってできたもの。炭化がふじゅうぶんで土状のため熱量が少ない。

**ていち**【低地】（名）低い所にある土地。対高地

**ていちゃく**【定着】（名・自他スル）❶ある所・物にしっかりついてはなれないこと。また、そうすること。「その土地に―する」「知識の―」❷ある考えや風習などが、世間に広まってなじんだものになること。「欧米《おうべい》風の食文化の―」❸写真で、現像したフィルムなどを、ふたたび感光しないように薬品で処理すること。「―液」

**ていちょう**【丁重】〘△鄭重〙（名・形動ダ）丁寧《ていねい》で礼儀《れいぎ》正しいこと。手あついこと。ねんごろ。「―なあいさつ」「―にお断りする」

**ていちょう**【低調】（名・形動ダ）❶調子がじゅうぶんに出ず、勢いやもりあがりのないようす。「売れゆきは―だ」「―な試合」❷水準の低いようす。

**ていちょうご**【丁重語】（名）〘文法〙敬語の一種。「いたす」「参る」「申《もう》す」など、自分側の動作や物事を改まって言い表すことで、相手に対する敬意を表すことば。ふつう「ます」をともなう。「電車が参ります」のように、事物にも用いられる。⇒けんじょうご「参考」

**ティッシュ-ペーパー**〔英 tissue paper〕（名）鼻をかむときなどに使う、やわらかな紙。ティッシュ。

**ていっぱい**【手一杯】（名・形動ダ）しなければならないことがいっぱいで、もうこれ以上できないようす。「自分の仕事で―だから手伝えない」

**ディテール**〔英 detail〕（名）細部。詳細《しょうさい》。「―に凝《こ》った小説」

**ていてつ**〘△蹄鉄〙（名）馬のひづめに打ちつけ、ひづめがすり減るのをふせぐ、U字形の鉄の金具。

**ていてん**【定点】（名）一定の点。位置の決まっている点。「―観測」

**ていでん**【停電】（名・自スル）送電が一時的にとまること。また、そのために電灯が消えること。

**ていと**【帝都】（名）皇居のある都市。

**ていど**【程度】㊀（名）❶物事の大小・多少・強弱・優劣《ゆうれつ》などの度合い。「被害《ひがい》の―」「―の高い本」「ある―はっきり言うほうがいい」❷ちょうど適当な度合い。「―をこえる」㊁（接尾）時間や年齢《ねんれい》、数量などを表すことばにつけて、「だいたいそのくらい」という意を表す。「二〇分―」「三〇枚―」

**でいど**【泥土】（名）❶水にとけた土。どろ。❷つまらないもの。価値のないもの。

**ていとう**【抵当】（名）おかねなどを借りる人が、返せなかったら自由に処分してよいという約束で、貸し手にさし出す財産や権利。担保《たんぽ》。「家を―に入れる」

**ていとく**【提督】（名）艦隊《かんたい》の司令官。海軍の将官。

**ていとん**【停頓】（名・自スル）物事が行きづまって進まなくなること。とどこおること。「事業が―する」

**ディナー**〔英 dinner〕（名）❶正式の食事。正餐《せいさん》。❷晩餐《ばんさん》。晩餐会。

**ていない**【邸内】（名）やしきの中。

**ていねい**【丁寧】〘△叮△嚀〙（名・形動ダ）❶礼儀《れいぎ》正しく心がゆきとどいているようす。「―なあいさつ」「―なことばづかい」類丁重《ていちょう》❷注意ぶかく、念入りにするようす。たいせつにあつかうようす。「―に楽器をみがく」「―に書く」

**でいねい**〘泥△濘〙（名）ぬかるみ。

**ていねいご**【丁寧語】（名）〘文法〙敬語の一種。動作・状態・物事を丁寧に言い表すことで、相手に対する敬意を表すことば。「山田です」「読みます」の「で

す」「ます」など。

**ていねん【丁年】**（名）一人前の年齢《ねんれい》。満二〇歳《さい》。また、一人前の男子。

**ていねん【定年・停年】**（名）会社や官庁などで、退職することになっている一定の年齢《ねんれい》。「一退職」

**ていねん【諦念】**（名）❶物事を見きわめる心。❷あきらめの心。

**ていのう【低能】**（名・形動ダ）知能の発育がふつうよりおくれていること。また、その人。

**ディバイダー**〔英 dividers〕（名）線を等分にしたり寸法をうつしとったりするのに用いる製図用具。さきに針のついた、開閉式の二本の脚《あし》をもつ。分割器。

**ていはく【停泊】**『△碇泊』（名・自スル）船がいかりをおろしてとまること。「五日間港に一する」

**ていはつ**『△剃髪』（名・自スル）髪《かみ》をそり落とすこと。髪をそり落として仏門に入ること。

**デイ-パック**〔英 day pack〕（名）日帰りのハイキングなどに用いる小型のリュックサック。

**ていばん【定番】**（名）流行に左右されず、いつでも一定の人気のあるもの。「一商品」

**ていひょう【定評】**（名）一般《いっぱん》に認められている、変わることのない評判・評価。「一のある辞書」

**ディフェンス**〔英 defense〕（名）スポーツで、防御《ぼうぎょ》・守り。「一がかたい」対オフェンス

**ディベート**〔英 debate〕（名）❶討論。討議。❷あるテーマについて、賛成と反対の二組に分かれて行う討論会。

**ていへん【底辺】**（名）❶〘数〙三角形の頂点に向き合っている辺。また、台形で平行な二つの辺。❷社会の下層部。「一の人びと」

**ていぼう【堤防】**（名）水害をふせぐために川岸や海岸に石・土・コンクリートなどできずいた土手。つつみ。

**ていぼく【低木】**（名）〘植〙たけの低い木。一般《いっぱん》に約二～三《メートル》以下で、幹は細く根もと近くで枝分かれして生える木。つつじ・やつでなど。灌木《かんぼく》。対高木

**ていほん【定本】**（名）古典などで、その作品のいろいろな種類の本を比較《ひかく》して誤り・脱落《だつらく》などを正した、標準となる本。

**ていほん【底本】**（名）本文の誤りを正したり翻訳《ほんやく》したりする場合に、もとにする本。「初版本を一とする」参考「定本」と区別するために「そこほん」ともいう。

**ていまい【弟妹】**（名）弟と妹。対兄姉《けいし》

**ていめい【低迷】**（名・自スル）❶雲が低くたれこめてただようこと。❷悪い状態からぬけ出せないでいること。「下位に一する」「景気が一する」

**ていめん【底面】**（名）❶底の面。❷〘数〙立体の底になっている面。

**ていよう【提要】**（名）要点を取り出して示すこと。また、それを示した本。「化学一」

**ていよく【体よく】**『体良く』（副）うわべをうまくつくろって。ていさいよく。「一断られる」

**ていらく【低落】**（名・自スル）下がること。特に、物価や人気・評判などが下がること。「長期一傾向《けいこう》」

**ていり【低利】**（名）安い利子。金利の低いこと。「一で借りる」対高利

**ていり【定理】**（名）〘数〙公理や定義によって正しいと証明されている一定の理論。「ピタゴラスの一」

**でいり【出入り】**━（名・自スル）❶出たりはいったりすること。出はいり。「人の一がはげしい」❷商売上の得意先として、よくおとずれること。「一の業者」━（名）❶支出と収入。「おかねの一」❷数量が多かったり少なかったりすること。「入場者は時期によって一がある」❸つきでたり入りこんだりしていること。「一の多い海岸線」❹もめごと。特に、やくざなどのけんか。

**ていりつ【低率】**（名・形動ダ）比率が低いこと。また、その比率。対高率

**ていりつ**『△鼎立』（名・自スル）三人、または三つの勢力が対立すること。

**ていりゅう【底流】**（名）❶海または川の底のほうの流れ。❷表面には現れないが、根底で動いている勢いや感情。「事件の一には大衆の不満がある」

**ていりゅうじょ【停留所】**（名）路面電車やバスなどが客の乗り降りのためにとまる一定の場所。

**ていりょう【定量】**（名）一定の分量。

**ていりょうぶんせき【定量分析】**（名）〘化〙物質中の成分の量を調べる化学分析。対定性分析

**ていれ【手入れ】**（名・他スル）❶よい状態を保つために、世話をしたり修理したりすること。「草花の一」「自転車の一」❷〘俗語〙犯人の逮捕《たいほ》や犯罪の捜査《そうさ》などのために疑わしい場所に警察がふみこむこと。

**ていれい【定例】**（名）いつも決まっていること。しきたり。「一閣議」…化「集まりが定例化する」

**ディレクター**〔英 director〕（名）❶映画やテレビ番組の監督《かんとく》・演出者。❷楽長。指揮者。

**ていれつ【低劣】**（名・形動ダ）程度が低くくだらないこと。「一な品性」「一な映画」

**ディレッタント**〔英 dilettante〕（名）文学や美術などを趣味《しゅみ》として楽しむ人。好事家《こうずか》。

**ていれん【低廉】**（名・形動ダ）ねだんが安いこと。安価。「一な価格」

**ていろん【定論】**（名）多くの人が正しいと認めている論。類定説

**ティンパニー**〔イタリア timpani〕（名）〘音〙打楽器の一つ。オーケストラに使う半球形の太鼓《たいこ》。チンパニー。ティンパニ。

（ティンパニー）

**てうす【手薄】**（名・形動ダ）❶手もとにある品物やおかねが少ないこと。「在庫が一になる」❷人手が不十分であること。「警備の一に乗じる」

**てうち【手打ち】**（名）❶うどんやそばなどを、機械を使わず手で打って作ること。「一そば」❷契約《けいやく》や和解などの成立したしるしに、関係者が手を打ち鳴らすこと。「一式」❸むかし、武士が家来や町人をみずから切り殺したこと。参考③は「手討ち」とも書く。

**デー**〔英 day〕（名）❶昼間。「一ゲーム」❷特別な催《もよお》しが行われる日。「レディースー」（=デイ）

**テークアウト**〔英 takeout〕（名）ファーストフード店

などで、飲食物を店内で食べずに持ち帰ること。また、その飲食物。テイクアウト。

**デーケア**（名）→デイケア

**デー-ゲーム**〔英 day game〕（名）野球などで、昼間行う試合。㊜ナイトゲーム・ナイター

**デー-サービス**（名）→デイサービス

**テースト**〔英 taste〕（名）❶味。風味《ふうみ》。食感。❷好み。趣味《しゅみ》。（＝テイスト）

**テーゼ**〔ドイツ These〕（名）❶哲学《てつがく》で、論証などの第一段階としてたてる命題。定立。㊜アンチテーゼ。❷政治綱領《こうりょう》。❸議論するときの論題や提案。

**データ**〔英 data〕（名）❶推理・判断のよりどころとなる事実や数値などの資料。「―を集める」❷コンピューターで処理される、文字や数値で構成された情報。「画像―」

**データベース**〔英 database〕（名）コンピューターであつかうデータや情報を収集・蓄積《ちくせき》して、いつでも利用できるようにしたもの。

**デート**〔英 date〕㊀（名）日づけ。年月日。㊁（名・自スル）男女が日時を約束して会うこと。

**デー-パック**（名）→デイパック

**テープ**〔英 tape〕（名）❶紙・布・ゴムなどのうすく細長いひも。❷陸上競技の競走で、決勝点にはる長いひも。「―を切る」❸録音や録画用に磁気加工した細くひらたいひも。「ビデオ―」「―に吹《ふ》きこむ」

**テープ-デッキ**〔英 tape deck〕（名）アンプ、スピーカーなどと接続して使う、高性能のテープレコーダー。

**テーブル**〔英 table〕（名）❶会議や食事のときなどに使う脚《あし》の長い机。❷一覧表。「タイム―」

**テーブルクロス**〔英 tablecloth〕（名）テーブルにかける布。テーブルかけ。

**テーブル-スピーチ**〔和製英語〕（名）結婚披露宴《けっこんひろうえん》や祝賀会などの会食の席で行う、短い簡単なあいさつ。▽table と speech から。

**テーブル-マナー**〔英 table manners〕（名）西洋式の、食事をするときの作法。

**テープ-レコーダー**〔英 tape recorder〕（名）録音機の一種。磁気を利用して音をテープに録音し、これを再生する装置。

**テーマ**〔ドイツ Thema〕（名）❶作品・研究などの主題。題目。「論文の―」「―ソング」❷曲の主旋律《せんりつ》。

**テーマ-パーク**〔和製語〕（名）特定のテーマにもとづいてつくられた大型レジャー施設。▽ドイツ Thema と英 park から。

**テールライト**〔英 taillight〕（名）自動車や電車などのうしろにつけてあるあかり。尾灯《びとう》。テールランプ。㊜ヘッドライト

**テール-ランプ**〔英 tail lamp〕（名）→テールライト

**ておい【手負い】**（名）傷を受けていること。また、傷を受けた人や動物。「―の獅子《しし》」

**ておくれ【手遅れ・手後れ】**（名）物事の処置や病気などの手あてがおくれて、なんの効果も上げられない状態であること。「もう―だ」「手術をしたが―だった」

**ておけ【手おけ】**〖手△桶〗（名）取っ手のついたおけ。

**ておし【手押し】**（名）人間の手で押すこと。また、手で押しかけのもの。「―車」

**ておち【手落ち】**（名）手続きやり方に、過失や不十分な点があること。手ぬかり。

**デオドラント**〔英 deodorant〕（名）いやなにおいを止めるもの。におい消し。防臭剤《ぼうしゅうざい》。「―効果」

**ており【手織り】**（名）手で操作する簡単な器械を使って、布を織ること。また、その織物。

**デカ**〔フランス déca〕（名）メートル法で、基本単位の一〇倍の意を表す語。記号 da「―リットル」

**でか・い**（形）｛カロ・カッ(ク)・イ・イ・ケレ・○｝《俗語》ひじょうに大きい。でっかい。「―まんじゅう」「態度が―」

**てかがみ【手鏡】**（名）柄《え》のついた小形の鏡。

**てがかり【手がかり】**〖手掛かり・手懸かり〗（名）❶よじのぼったりするとき、手をかけるところ。❷物事を進めていくいとぐち。きっかけ。「犯人捜査《そうさ》の―をつかむ」

**てがき【手書き】**（名）印刷などに対して、手で書くこと。また、書いたもの。「―の年賀状」

**でがけ【出がけ】**〖出掛け〗（名）❶出かけようとしたその時。「―に宅配便が届いた」❷出かけてすぐ。また、出かけていく途中《とちゅう》。「―に図書館に寄る」

**てが・ける【手がける】**〖手掛ける・手懸ける〗（他下一）｛ケ・ケ・ケル・ケル・ケレ・ケロ(ケヨ)｝❶自分で手をくだす。自分で実際に行う。「みずから―・けて育てた選手」❷めんどうをみる。

**でか・ける【出かける】**〖出掛ける〗（自下一）｛ケ・ケ・ケル・ケル・ケレ・ケロ(ケヨ)｝❶家などを出てある場所へ行く。「買い物に―」❷出ようとする。出かかる。「玄関《げんかん》を―と客が来た」

**てかげん【手加減】**（名・自他スル）❶手に感じる重さやにぎったぐあいで分量や程度などをはかること。❷物事のあつかい方をその場や相手に合わせて調節すること。手ごころ。「―を加える」

**でかした**〖出◇来した〗→でかす②

**てかず【手数】**（名）→てすう

**でか・す**〖出◇来す〗（他五）｛サ(ソ)・シ・ス・ス・セ・セ｝❶こしらえる。また、してしまう。「大失敗を―」❷（「でかした」の形で）みごとになしとげる。はたす。「よくぞ、―・した」

**てかせ【手かせ】**〖手△枷〗（名）❶むかし、囚人《しゅうじん》などの手にはめて自由に動かせないようにした道具。❷自由な行動を束縛《そくばく》するもの。

**でかせぎ【出稼ぎ】**（名・自スル）家族とはなれて、ある期間よその土地に行って働くこと。また、その人。

**てがた【手形】**（名）❶《経》一定の金額を、決められた日時・場所で払《はら》うことを約束した証券。為替《かわせ》手形・約束手形の総称《そうしょう》。❷手に墨《すみ》をぬって白紙におしつけたもの。「赤んぼうの―をとる」❸むかし、関所を通るときに必要とした書きつけ。「通行―」

**でかた【出方】**（名）その物事への対処のしかたや態度。「相手の―しだいだ」

**てがた・い【手堅い】**（形）｛カロ・カッ(ク)・イ・イ・ケレ・○｝確実で、あぶないところがない。堅実《けんじつ》だ。「―作戦」

**てがたわりびき【手形割引】**（名）《経》手形をもっている人が支払《しはら》い期日より前に現金にしようとするとき、銀行が手形に記入された金額から支払い期日までの利子を引いた金額で手形を買い取ること。

**デカダン**〔フランス décadent〕（名・形動ダ）道徳に反して不健全なようす。退廃《たいはい》的。また、そうした生活をする人。

**デカダンス**〔フランス décadence〕（名）一九世紀末にフランスでおこった文学・芸術の一派。虚無《きょむ》的・退廃《たいはい》的な傾向《けいこう》をもつもの。ボードレールやベルレーヌなどに代表される。

**てかてか**（副・形動ダ・自スル）つやがあって光っているようす。「油で—(と)光る」

**てがみ【手紙】**（名）用事などを書いて、相手に送る文書。特に、はがきに対して封書《ふうしょ》。書状。書簡。

**てがら【手柄】**（名）人にほめられるようなりっぱな働き・仕事。「—をたてる」「お—」

**でがらし【出がらし】**『出△涸らし』（名）何度も入れて、お茶などの味・香《かお》りがうすくなること。また、そのお茶。

**てがる【手軽】**（形動ダ）〔ダロ・ダッ(デ・ニ)・ダ・ナ・ナラ・○〕手のかからないようす。簡単で、たやすいようす。「—な食事」

**てき【的】** 8画 白3 小4 音 テキ 訓 まと 亻 白 白 的 的
❶まと。めあて。◆的中 ◆金的・射的・標的・目的。
❷はっきりしている。たしかな。◆的確 ◆端的《たんてき》

**-てき【的】**（接尾）「…のような」「…らしい」「…に関する」などの意を表す。「理想—な環境《かんきょう》」「健康—な生活」「個人—体験」

**てき【笛】** 11画 竹5 小3 音 テキ 訓 ふえ ⺮ ⺮ 竺 笛 笛
❶ふえ。口でふき鳴らす楽器。◆鼓笛《こてき》。❷ふえのように空気をふき送って音を出すもの。◆汽笛・警笛・牧笛・霧笛《むてき》 ⇩付録「漢字の筆順⑭由〔由〕」

**てき【摘】** 14画 扌11 音 テキ 訓 つむ 扌 扌 扚 揥 摘
つまみ出す。えらびとる。◆摘出・摘発・摘要 ◆指摘

**てき【滴】** 14画 氵11 音 テキ 訓 しずく・したたる 高 氵 汁 汸 渧 滴 滴
しずく。しずく。したたり。◆滴下 ◆雨滴・水滴・点滴・余滴

**-てき【滴】**（接尾）液体のしずくを数えることば。「酒は一—も飲めない」

**てき【適】** 14画 辶11 小5 音 テキ 亠 产 啇 商 適 適
❶ほどよい。あてはまる。ふさわしい。◆適応・適温・適宜《てきぎ》・適合・適材適所・適切・適中・適度・適当・適任・適否・適法・適役・適用・適量・適例 ◆好適・最適。❷心にかなう。◆快適・清適・悠悠《ゆうゆう》自適

**てき【敵】** 15画 攵11 小6 音 テキ 訓 かたき 中 亠 产 啇 商 敵 敵
❶うらむ相手。かたき。◆敵意・敵愾心《てきがいしん》・敵視 ◆怨敵《おんてき》・仇敵《きゅうてき》・宿敵。❷戦いの相手。◆敵軍・敵国・敵失・敵襲《てきしゅう》・敵将・敵情・敵陣《てきじん》・敵勢《てきぜい》・敵前・敵対・敵地・敵兵 ◆強敵。❸争って力が同じぐらいである。◆好敵手・匹敵《ひってき》・無敵

**てき【敵】**（名）❶戦い・競争・試合などの相手。「—にうしろを見せる」「友人を—にまわす」 対 味方
❷害をあたえるもの。「ぜいたくは—だ」「民衆の—」

**敵は本能寺《ほんのうじ》にあり** めざす敵は今戦っている相手ではなく別にある。また、ほんとうの目的は別にあるということ。参考 明智光秀《あけちみつひで》が中国地方を攻《せ》めると見せて途中《とちゅう》で進路を変え、京都の本能寺にいた主君織田信長《おだのぶなが》を討ったことから出たことば。

**でき【溺】** 13画 氵10 音 デキ 訓 おぼれる 氵 氵 汈 汈 溺 溺
❶水におぼれる。◆溺死 ◆沈溺《ちんでき》。❷物事に深入りして、ぬけ出せない。◆溺愛 ◆耽溺《たんでき》・惑溺《わくでき》

**でき【出来】**（名）❶できあがること。また、できばえ。できぐあい。「稲《いね》の—がよい」「不—」❷成績。「数学の—が悪い」❸取り引きの成立。「—高」

**できあい【溺愛】**（名・他スル）限度をこえてやたらにかわいがること。「息子を—する」

**できあい【出来合い】**（名）すでにできていること。また、そのもの。既製《きせい》品。「—の洋服」 対 あつらえ

**できあがり【出来上がり】**（名）❶すっかり作り終わること。完成すること。「この写真の—は三日後です」❷できばえ。できぐあい。「—がすばらしい」

**できあが・る【出来上がる】**（自五）〔ラ(ロ)・リ(ッ)・ル・ル・レ・レ〕❶すっかり作り終わる。完成する。「プラモデルが—」❷〔俗語〕酒を飲んで酔《よ》っていいきげんになる。

**てきい【敵意】**（名）相手を敵と感じ、にくむ気持ち。敵対感情。「—をいだく」

**テキーラ**〔スペイン tequila〕（名）竜舌蘭《りゅうぜつらん》の茎《くき》のしるで作るアルコール度の高いメキシコ産の蒸留酒。

**てきおう【適応】**（名・自スル）❶ある状態などによく合うこと。また、合うような行動をとること。「現代社会に—する」「—能力」 …性「社会に対する適応性のない人」❷生物が、まわりの環境《かんきょう》にうまく合うように形や性質を変えること。「気候の変化に—する」

**てきおん【適温】**（名）ちょうどよい温度。

**てきがいしん**『敵△愾心』（名）敵をにくみどこまでも戦おうとする心。「—を燃やす」

**てきかく【的確】**（名・形動ダ）的《まと》をはずれないで、確かなこと。「—な判断をくだす」「—な答え」 参考「てっかく」とも読む。

**てきかく【適格】**（名・形動ダ）その役目によくあてはまること。必要な資格を備えていること。「彼《かれ》は会計として—だ」「不—」 参考「てっかく」とも読む。

**てきかく【適確】**（名・形動ダ）よくあてはまって確かなこと。「—な措置《そち》」 参考「てっかく」とも読む。

**てきぎ【適宜】** ■一（名・形動ダ）その場にちょうど適当なようす。「—な処置」 ■二（副）各自が、その時々でよいと思うようにするようす。「—食事をとってくれ」

**てきごう【適合】**（名・自スル）ある条件にうまくあてはまること。「安全基準に—した商品」「不—」

**できごころ【出来心】**（名）ふと起こったよくない考え。「—からぬすみをする」「ほんの—」

**できごと【出来事】**（名）世の中や身のまわりで起こ

るいろいろなことがらや事件。「あっという間の―」

**てきざい**【適材】(名) その仕事に適した能力をもつ人。

**てきざいてきしょ**【適材適所】(名) 人を、その能力に最も合った役目につけること。「―の配置」

**てきし**【敵視】(名・他スル) 相手を敵とみなしにくむこと。「よそ者を―する」

**てきじ**【適時】(名) ちょうどよい時機。「―打(＝タイムリーヒット)」

**できし**【溺死】(名・自スル) 水におぼれて死ぬこと。類水死

**てきしゃせいぞん**【適者生存】(名) 生存競争の結果、環境《かんきょう》に最も適したものだけが生き残ること。

**てきしゅう**【敵襲】(名) 敵が攻《せ》めてくること。「―に備える」

**てきしゅつ**【摘出】(名・他スル) ❶手術をして、からだの悪い部分やからだにはいった異物をとり出すこと。「体内の弾丸《だんがん》を―する」 ❷抜《ぬ》き出すこと。「問題点を―する」 ❸あばき出すこと。「不正を―する」

**てきしょ**【適所】(名) その人に適した地位や仕事。「適材―」

**てきじょう**【敵情・敵状】(名) 敵のようす。「―をさぐる」

**てきしょく**【適職】(名) その人の能力や性格に合った職業。「―につく」

**てきじん**【敵陣】(名) 敵の陣地。「―を包囲する」

**てきず**【手傷】〖手◇創〗(名) 戦いで受けた傷。

**テキスト**〔英 text〕(名) ❶書物の本文。また、もとになる本。原典。原本。 ❷(「テキストブック」の略)教科書。また、教材に用いる本。「ラジオ講座の―」 ❸コンピューターなどであつかう文字情報。「―ファイル」

**てき・する**【適する】(自サ変) {シ(セ・サ)・シ・スル・スル・スレ・シロ(セヨ)} ❶あるものによく合う。うまくあてはまる。ふさわしい性質をもつ。「中学生に―・した本」 ❷あることをするのにふさわしい能力や資格がある。「教師に―・した人」

**てきせい**【適正】(名・形動ダ) 適切で正しいこと。「―な価格」

**てきせい**【適性】(名) あることをするのに向いている性格や素質。「―をみる」「―がない」

**てきせいけんさ**【適性検査】(名) その人の性格や才能がどんな方面に向いているかを調べる検査。

**てきせつ**【適切】(名・形動ダ) ぴったりあてはまること。その場にふさわしいこと。「―な処置」「不―」

**できそこない**【出来損ない】(名) ❶できあがりが完全でないもの。不良品。「―の製品」 ❷能力が劣《おと》っている人をののしっていうことば。

**てきたい**【敵対】(名・自スル) 相手を敵とみなして対すること。「―行為《こうい》」 …的「敵対的な関係」

**できだか**【出来高】(名) ❶品物などができあがった全部の量。「―払《ばら》い」 ❷作物などの取り入れのすべての量。収穫《しゅうかく》量。取れ高。「米の―」 ❸〖経〗売買取り引きの成立した全部の額。

**できたて**【出来立て】(名) できたばかりであること。「―のほやほや」

**てきち**【敵地】(名) 敵の領地。敵の支配下の土地。「―に乗り込《こ》む」

**てきちゅう**【的中】(名・自スル) ❶的《まと》に当たること。類命中。 ❷予想や推測《すいそく》などがうまく当たること。「予言が―する」 参考②は「適中」とも書く。

**てきど**【適度】(名・形動ダ) ちょうどいい程度。やりすぎないで、ほどよいこと。「―の運動」

**てきとう**【適当】(名・自スル・形動ダ) ❶ある状態や要求などに、むりなくよくあてはまること。「―な場所が見つからない」「不―」 ❷程度などがほどよいこと。「―な温度に保つ」 ❸悪くならない程度に事をすますこと。いいかげんなこと。「―にあいづちを打つ」「―な返事」

**てきにん**【適任】(名・形動ダ) その仕事をするのにぴったり合っていること。また、その人に適した任務。「委員長には彼女《かのじょ》が―だ」「不―」

**できばえ**【出来栄え・出来映え】(名) できあがったもののようす。できぐあい。「みごとな―」

**てきぱき** (副・自スル) 物事をつぎつぎと手ぎわよく処理するようす。「―(と)仕事をこなす」

**てきはつ**【摘発】(名・他スル) かくされている悪いことを見つけ出して、公表すること。「汚職《おしょく》を―する」

**てきひ**【適否】(名) ふさわしいかどうか。向き不向き。「―を調べる」

**てきびし・い**【手厳しい】(形) {カロ・カッ(ク)・イ・イ・ケレ・○} 遠慮《えんりょ》がなく、ひじょうにきびしい。「―批評」 対手ぬるい

**てきほう**【適法】(名) 法律にかなっていること。類合法。 対違法《いほう》

**てきめん**〖△覿面〗(名・形動ダ) ききめがすぐはっきりとあらわれること。「天罰《てんばつ》―」「効果―」

**できもの**〖出来物〗(名) ひふが、うみをもってはれあがったもの。はれもの。おでき。

**てきや**【的屋】(名) →やし(香具師)

**てきやく**【適役】(名) その役に適していること。また、その人にぴったりの役がら。「―を配する」

**てきやく**【適訳】(名) 原文にうまく合った訳。

**てきよう**【適用】(名・他スル) 法律や規則などを物事にあてはめて用いること。「同一の基準を―する」「保険の―範囲外《はんいがい》」

**てきよう**【摘要】(名) 要点をぬき出して書くこと。また、書いたもの。

**てきりょう**【適量】(名) ちょうどよい分量。「―の水を加える」

**で・きる**【出来る】(自上一) {キ・キ・キル・キル・キレ・キロ(キヨ)} ❶それまでなかった物事があらたに生じる。また、生まれる。「しみが―」「用事が―」「赤ちゃんが―」 ❷形づくられる。作られる。「橋が―」「よい米が―」 ❸しあがる。完成・完了《かんりょう》する。「宿題が―」「準備が―」 ❹ある物事をする能力がある。また、そうすることが許される。可能である。「英会話が―」「関係者以外立ち入ることが―・きない」「なんとか生活―だけの給料」 ❺能力や人物がすぐれている。「あの生徒は数学が―」「なかなか―・きた人だ」 ❻(俗語)ひそかに男女が結ばれる。「あの二人は―・きている」

**てぎれ**【手切れ】(名) ❶それまでのたがいの関係をた

ちきること。❷①のしるしにわたすおかね。手切れ金。

**てきれい【適例】**（名）適切な例。よくあてはまる例。「―を示す」

**てきれい【適齢】**（名）ある規定や条件にちょうどあてはまる年齢。「結婚《けっこん》の―期」

**できレース【出来レース】**（名）《俗語》あらかじめ示しあわせて結果が決まっている、形ばかりの競争。▽レースは、英 race

**てぎわ【手際】**（名）物事を処理するやり方や腕前《うでまえ》。「―よく仕事をかたづける」「不―」

**てきん【手金】**（名）→てつけ

**でく【『×木偶』】**（名）❶木彫《きぼ》りの人形。❷あやつり人形。❸→でくのぼう②

**てぐす【『×天蚕糸』】**（名）てぐす蚕《さん》という蛾《が》の幼虫からとって作った強い糸。釣《つ》り糸などに用いる。現在は合成繊維《せんい》のものもいう。

**てぐすねひ・く【手ぐすね引く】**（自五）{カ(コ)・キ(イ)・ク・ク・ケ・ケ}（「くすね」は弓づるを強くするための薬）じゅうぶんに用意をして機会を待ち受ける。「―・いて敵を待ちかまえる」

**てくせ【手癖】**（名）❶手のくせ。❷ぬすみをするくせ。

**手癖が悪《わる》い**　ぬすみをするくせがある。

**てくだ【手管】**（名）人をだまし、うまくあやつる手ぎわ。「手練《てれん》―」

**てぐち【手口】**（名）犯罪のやり方。「盗《ぬす》みの―」

**でぐち【出口】**（名）外へ出る所。対入り口

**でぐちちょうさ【出口調査】**（名）選挙結果を予測するため、投票所の出口から出てきた投票者に対して報道機関が行う聞き取り調査。

**てくてく**（副）同じ調子で歩き続けるようす。

**テクニカラー**〔Technicolor〕（名）天然色映画の一方式。また、天然色映画。（商標名）

**テクニカル-ノックアウト**〔英 technical knockout〕（名）ボクシングの試合で、力の差や負傷により競技を中止したほうがよいと判断された場合に、試合を中止して勝敗を決めること。ＴＫＯ。

**テクニシャン**〔英 technician〕（名）技術・技巧《ぎこう》にすぐれた人。「あの選手はかなりの―だ」

**テクニック**〔英 technique〕（名）技術。技巧《ぎこう》。「すばらしい演奏の―」「たいした―はいらない」

**でくのぼう【でくの坊】『×木偶の坊』**（名）❶人形。❷（人形のようにそこにいるだけであることから）気がきかず役にたたない人をののしっていうことば。でく。

**テクノロジー**〔英 technology〕（名）科学技術。「最新の―を取り入れる」

**てくばり【手配り】**（名・自スル）人をそれぞれの方面に分けるなどして準備すること。手配《てはい》。

**てくび【手首】**（名）腕《うで》とてのひらのつながる部分。

**てくらがり【手暗がり】**（名）自分の手で光がさえぎられて、手もとが暗くなること。また、その位置。

**てぐるま【手車】**（名）❶あそびの一つ。二人が両手を差しちがえて組み、その上に人を乗せること。人を乗せたまま、競走などをして遊ぶ。❷土砂《どしゃ》や荷を運ぶための、柄《え》がついた手押《てお》しの一輪車。❸むかしの貴族の乗りもの。牛をつけず、手で引いた二輪車。

**デクレッシェンド**〔イタリア decrescendo〕（名）《音》「だんだん弱く」演奏または発声するように指示するもの。記号は ＞ で示す。対クレッシェンド

**でくわ・す【出くわす】**（自五）{サ(ソ)・シ・ス・ス・セ・セ}思ってもいなかった人や物事に出あう。でっくわす。「旅先で知り合いに―」「難問に―」

**てこ【『△梃子・△梃』】**（名）❶《物》棒を利用して、小さい力を大きい力にかえるしかけ。❷重い物の下にさしこんでおしあげる棒。

（てこ①）

**てこでも動《うご》かない**　どんな方法を用いても動かない。また、どう働きかけても決心や信念を変えない。

**てこいれ【てこ入れ】『△梃入れ』**（名・自スル）❶《経》株式市場で、相場の上がり下がり、特に下落をくいとめて安定させること。❷悪い状態になるのをくいとめてよい状態になるように、強力に援助《えんじょ》すること。「子会社の―を図《はか》る」

**てごころ【手心】**（名）相手の事情に合わせてほどよく取りあつかうこと。手加減。「―を加える」

**てこず・る『×手古摺る』**（自五）{ラ(ロ)・リ(ッ)・ル・ル・レ・レ}もてあます。取りあつかいに苦労する。「妹のわがままにはいつも―」

**てごたえ【手ごたえ】『手応え・手答え』**（名）❶物を打ったり切ったりなどするときの手に受ける感じ。「確かな―がある」❷こちらのはたらきかけに対する相手の反応。「話しかけても―がない」

**でこぼこ【『○凸凹』】**（名・自スル・形動ダ）❶物の表面に高低のあること。「―のグラウンド」❷ふぞろいでつり合いがとれていないこと。「背の高さが―だ」

**てごめ【手込め】『手◇籠め』**（名）暴力で女性の自由をうばって、危害を加えること。

**デコレーション**〔英 decoration〕（名）かざり。装飾《そうしょく》。「―ケーキ」

**てごろ【手頃】**（名・形動ダ）❶手であつかうのにちょうどよい重さや大きさであること。「―な石をひろう」❷自分の力や望む条件などにふさわしいこと。「―な参考書」「―なねだん」

**てごわ・い【手ごわい】『手◇強い』**（形）{カロ・カッ(ク)・イ・イ・ケレ・○}自分の実力ではなかなか勝てないほど強い。あなどりがたい。「―相手だ」

**デザート**〔英 dessert〕（名）食後に出される菓子《かし》・くだものなど。

**デザイナー**〔英 designer〕（名）洋服・工業製品・商業美術などのデザインを職業としている人。「工業―」「インテリア―」

**デザイン**〔英 design〕（名・自他スル）❶服飾《ふくしょく》品や工業製品などの色や模様・形といった外観について工夫《くふう》すること。また、その意匠《いしょう》。図案。「ドレスを―する」❷建築物などの企画《きかく》・設計をすること。「都市―」

**てさき【手先】**（名）❶手のさき。指さき。「―が器用な人」❷手下となって使われる者。「盗人《ぬすびと》の―」

**でさき【出先】**（名）外出先。「―から電話する」

**でさききかん【出先機関】**（名）中央の官庁や

会社が地方や外国に作った支部・出張所。

**てさぐり【手探り】**（名・他スル）❶見えないところを手先でさぐること。「暗やみを―で歩く」❷はっきりした見通しや方針がないまま、勘《かん》などをたよりに物事を進めること。「研究はまだ―の状態だ」

**てさげ【手提げ】**（名）手にさげてもつ袋《ふくろ》やかばんなど。「―金庫」

**てさばき【手さばき】**〘手△捌き〙（名）手で物をあつかうこと。また、そのやり方。「あざやかな―」

**てざわり【手触り】**（名）手でさわったときの感じ。「この布は―がいい」

**でし【弟子】**（名）師について教えを受ける人。類門人・門下。対師匠《ししょう》

**デシ**〔フランス déci〕（名）メートル法で、基本単位の一〇分の一倍の意を表す語。記号 d「―リットル」

**てしおにかける【手塩にかける】**自分でめんどうを見てたいせつに育て上げる。

**てしごと【手仕事】**（名）手先を使ってする仕事。「―のぬくもりを感じる」

**てした【手下】**（名）人の下で、その人の思うままに使われる者。配下。子分。「―を引き連れる」

**デジタル**〔英 digital〕（名）数量の変化を数字で段階的に示す方式。「―時計」対アナログ

**デジタル-カメラ**〔英 digital camera〕（名）撮った写真の画像を電気信号として記録するカメラ。

**てじな【手品】**（名）人にわからないようにしかけをし、手先をうまく使ってふしぎなことをして見せる芸。奇術《きじゅつ》。マジック。「―の種明かし」「―師」

**デシベル**〔英 decibel〕（名）音の強さの単位。記号 dB

**てじめ【手締め】**（名）物事の成功や決着を祝って、関係者が掛《か》け声とともに拍子《ひょうし》を合わせて手を打つこと。

**てじゃく【手酌】**（名）自分で酒をついで飲むこと。

**でしゃば・る**（自五）｛ラ(ロ)・リ(ッ)・ル・ル・レ・レ｝自分に関係のないことにまで口を出す。他人を押《お》しのけて自分がする。ですぎる。「何にでも―人」

**デジャビュ**〔フランス déjà-vu〕（名）一度も経験したことがないのに、以前にどこかで経験したかのように感じること。既視感《きしかん》。

**てじゅん【手順】**（名）物事をするときの順序。段どり。手続き。「―をふむ」「―がくるう」

**てじょう【手錠】**（名）犯人などが逃《に》げないように、その手首にはめるかぎのかかる輪。「―をかける」

**てしょく【手職】**（名）手先でする仕事・職業。

**です**（助動）｛デシヨ・デシ・デス・(デス)・○・○｝断定の助動詞「だ」の丁寧《ていねい》な言い方。「これがきょうの新聞―」「この本はぼくの―」文法体言や助詞につく。

**でずいらず【出ず入らず】**❶出入りのないこと。❷損得や増減のないこと。❸過不足のないこと。

**てすう【手数】**（名）❶物事をするのに必要な労力や時間。てかず。「―をかけた仕事」類手間。❷その仕事にかかる他人のほねおり。めんどう。てかず。「お―をかけます」

**てすうりょう【手数料】**（名）手数をかけた行為《こうい》の報酬《ほうしゅう》として払《はら》われるおかね。

**てずから【手ずから】**（副）自分の手で。みずから。

**てすき【手すき】**〘手透き・手隙〙（名）用事もなく手のあいていること。「お―なら手伝ってください」

**です・ぎる【出過ぎる】**（自上一）｛ギ・ギ・ギル・ギル・ギレ・ギロ(ギヨ)｝❶ほどよい程度をこえて出る。余分に出る。「インクが―」「前に―・ぎてはいけない」❷でしゃばる。さしでがましいことをする。「―・ぎたまねをするな」

**デスク**〔英 desk〕（名）❶仕事をするのに使う机。❷新聞社などで、編集責任者。

**デスクトップ**〔英 desktop〕（名）卓上《たくじょう》用。特に、机上《きじょう》で使用するパソコンなどの機器。

**デスク-ワーク**〔英 desk work〕（名）事務や文筆活動など、机に向かって行う仕事。

**でずっぱり【出ずっぱり】**（名）❶役者が芝居《しばい》のどの場面にも出演すること。❷ある期間、ずっとその場に出つづけたり外出していたりすること。「―で連絡《れんらく》が取れない」

**テスト**〔英 test〕（名・他スル）❶試験。考査。「―を受ける」「期末―」❷物の性質やはたらきなどをためすこと。「新商品の―」「エンジンを―する」

**デス-マスク**〔英 death mask〕（名）死んだ人の顔を石膏《せっこう》で型にとって作った仮面。死面。

**てすり【手すり】**〘手△摺り〙（名）階段や橋などのわきにつけてある、手でつかまるための横木。

**てずり【手刷り】**（名）動力などを使わないで、手で機械を動かして印刷すること。また、印刷したもの。

**てせい【手製】**（名）自分の手で作ること。てづくり。「―のケーキ」

**てぜい【手勢】**（名）その人が直接に指揮をとる兵。「―を引きつれて攻撃《こうげき》する」

**てぜま【手狭】**（名・形動ダ）家や部屋などが、使うにせまいこと。「事務所が―になる」

**てそう【手相】**（名）運勢が反映するという、てのひらのすじのようす。「―を見る」

**でぞめしき【出初め式】**（名）正月に消防士が出そろって、消火演習やはしご乗りなどのわざを行う式。

**でそろ・う【出そろう】**〘出△揃う〙（自五）｛ワ(オ)・イ(ッ)・ウ・ウ・エ・エ｝その場に残らず全部出る。「意見が―」

**でだい【手代】**（名）むかし、商店で番頭の下、でっちの上の使用人。

**てだし【手出し】**（名・自スル）❶自分のほうから争いをしかけること。「先に―したほうが悪い」❷はたから必要以上の世話をやくこと。「よけいな―をやめる」❸ある物事に自分からかかわること。「株に―する」

**でだし【出だし】**〘出出し〙（名）物事の始まり。「曲の―」「―でつまずく」

**てだすけ【手助け】**（名・他スル）人の仕事の手伝いをすること。また、その人。手伝い。「母の―をする」

**てだて【手だて】**〘手立て〙（名）物事をなしとげるための方法。やり方。「あらゆる―をつくす」

**でたとこしょうぶ【出たとこ勝負】**（名）あらかじめ計画などを立てず、その場のなりゆきで何かを行うこと。ゆきあたりばったり。「こうなったら―だ」

**てだま【手玉】**（名）おてだま。

**手玉に取《と》る**（お手玉のように自由にあやつることか

ら）人を思うままにあやつる。

**でたらめ**『×出鱈目』（名・形動ダ）言動がいいかげんで筋の通らないこと。「—を言う」

**てだれ**【手だれ】『手◇足れ・手◇練』（名）技芸・武術などの腕前《うでまえ》がすぐれていること。また、その人。手足《だ》り。

**てぢか**【手近】（名・形動ダ）❶手がとどくほどすぐそば。「—な棚《たな》に辞書を置く」❷身近で、ありふれていること。「—な例をひく」

**てちがい**【手違い】（名）物事の段どりをまちがうこと。「とんだ—をしでかした」

**てちょう**【手帳】『手△帖』（名）予定や物事を忘れないようにちょっと書きつけておく小さい帳面。

**てつ**【迭】 8画 辶5 音テツ ⺈ 牛 失 失 迭 迭
かわる。かわりあう。◆更迭《こうてつ》

**てつ**【哲】 10画 口7 音テツ 十 才 扩 扩 折 哲
❶物事の道理に通じている。◆哲学・哲理 ◇明哲。❷すぐれたかしこい人。◆哲人 ◇賢哲《けんてつ》・十哲・西哲・先哲

**てつ**【鉄】 13画 金5 小3 〔鐵〕 音テツ ノ 𠆢 牟 金 釒 鉄
❶金属の一つ。てつ。くろがね。◆鉄管・鉄器・鉄橋・鉄筋・鉄鉱・鉄鋼・鉄骨・鉄製・鉄道・鉄板・鉄瓶《てつびん》・鉄砲《てっぽう》 ◇鋼鉄・砂鉄・製鉄・銑鉄《せんてつ》・鋳鉄《ちゅうてつ》。❷はもの。◇寸鉄。❸鉄のようにかたくて動かしがたい。◆鉄拳《てっけん》・鉄人・鉄則・鉄壁《てっぺき》・鉄面皮《てつめんぴ》。❹「鉄道」の略。◇私鉄・地下鉄・電鉄

**てつ**【鉄】（名）❶〔化〕金属元素の一つ。かたくじょうぶで用途《ようと》が広い。くろがね。元素記号 Fe ❷非常にかたく、おかしがたいことのたとえ。「—の意志」

**鉄のカーテン** 第二次世界大戦後、ソ連・東欧《とうおう》の社会主義諸国《しょこく》が、西欧の自由主義諸国に対してとった閉鎖《へいさ》的・秘密主義的な態度をいうことば。

**鉄は熱《あつ》いうちに打《う》て** （鉄は熱いうちに打ちきたえることから）人は若いうちにきたえることがたいせつである。物事には時機がたいせつであるという教え。

**てつ**【徹】 15画 彳12 音テツ ノ 彳 彳 彳 徇 徹
つらぬきとおす。とおして最後まで行う。◆徹底《てってい》・徹頭徹尾《てっとうてつび》・徹夜 ◇一徹・貫徹《かんてつ》・透徹《とうてつ》・冷徹

**てつ**【撤】 15画 扌12 音テツ 才 扌 扌 揹 撤 撤
とりのぞく。とりさげる。◆撤回・撤去・撤収・撤退・撤廃《てっぱい》・撤兵

**てつ**『△轍』（名）車の通った車輪のあと。わだち。「前車の—を踏《ふ》む（=前の人の失敗をくり返す）」

**てつあれい**【鉄亜鈴】（名）鉄製の亜鈴。ダンベル。腕の筋肉などを鍛《きた》えるためのトレーニング器具。

**てっか**【鉄火】㊀（名）❶鉄をまっかに焼いたもの。❷刀と鉄砲《てっぽう》。❸まぐろのさしみを使ったすし料理。「—巻き」❹（「鉄火打ち」の略）ばくち打ち。「—場《ば》」㊁（名・形動ダ）（女性の）気性《きしょう》がはげしく威勢《いせい》のいいこと。「—肌《はだ》」

**てっかい**【撤回】（名・他スル）一度出した意見・要求などをとりさげること。「発言を—する」

**てっかく**【的確】（名・形動ダ）→てきかく(的確)

**てっかく**【適格】（名・形動ダ）→てきかく(適格)

**てっかく**【適確】（名・形動ダ）→てきかく(適確)

**てつがく**【哲学】（名）❶世界や人生の根本原理を理性によって探究する学問。「—者」❷経験からつくられた人生観や考え方。「独自の—をもつ」

**てつかず**【手つかず】『手付かず』（名・形動ダ）まだ手をつけていないこと。使っていないこと。「—の遺跡《いせき》」「—の預金」

**てつかぶと**【鉄かぶと】『鉄△兜』（名）戦場などで頭を守るためにかぶる鋼鉄製の帽子《ぼうし》。ヘルメット。

**てづかみ**【手づかみ】『手△掴み』（名）直接手でつかむこと。「魚を—にする」

**てっかん**【鉄管】（名）鉄でできたくだ。鉄パイプ。

**てつき**【手つき】『手付き』（名）❶物事を行うときの手のかっこうや動かし方。「慣《な》れた—」❷→おてつき

**てっき**【鉄器】（名）鉄でできた道具。

**デッキ**〔英 deck〕（名）❶船の甲板《かんぱん》。❷列車の、乗り降りする所の床《ゆか》。❸録音・録画テープの記録・再生装置。テープデッキ、ビデオデッキなど。

**てっきじだい**【鉄器時代】（名）〔歴〕人類の文化のうえで、石器時代・青銅器時代につぐ時代。鉄製の武器や道具を使った。日本では古墳《こふん》時代以後。

**てっきょ**【撤去】（名・他スル）建物や物などを取り去ること。取り除くこと。「危険物を—する」

**てっきょう**【鉄橋】（名）鉄を材料として造った橋。

**てっきり**（副）まちがってそうだと信じ込《こ》むようす。まちがいなく。きっと。「—休みだと思った」

**てっきん**【鉄琴】（名）〔音〕長さの異なる鉄板を音階順にならべ、ばちでたたいて演奏する打楽器。

**てっきん**【鉄筋】（名）❶コンクリート建築のしんに入れる鉄の棒。❷「鉄筋コンクリート」の略。

**てっきんコンクリート**【鉄筋コンクリート】（名）鉄筋を骨組みとし、まわりをコンクリートでかためたもの。▽コンクリートは、英 concrete

**テックス**〔和製英語〕（名）❶パルプのかすなどを押《お》しかためて作った板。天井《てんじょう》・壁《かべ》などに用いる。❷織物。生地《きじ》。▽英 texture から。

**てづくり**【手作り】（名）自分で作ること。（機械などによってではなく）手で作ること。また、そのようにして作ったもの。手製。「—の菓子《かし》」

**てつけ**【手付け】（名）契約《けいやく》するとき、その実行の保証として代金の一部を前もってわたすこと。手付け金。手金《てきん》。

**てっけん**【鉄拳】（名）にぎりこぶし。げんこつ。「—制裁（=罰《ばっ》として、げんこつでなぐること）」「—を打つ」

**てっこう**【手っ甲】（名）農作業などのときに使われる、手の甲をおおうもの。布や革《かわ》などで作られる。

**てっこう**【鉄鉱】（名）〔地質〕鉄の原料となる鉱石。磁鉄鉱・赤鉄鉱・菱鉄鉱《りょうてっこう》など。

**てっこう**【鉄鋼】（名）鋼鉄。はがね。

**てつごうし**【鉄格子】（名）❶鉄製の格子。❷刑務所《けいむしょ》。牢獄《ろうごく》。

**てっこつ【鉄骨】**（名）建物の骨組みに使う鉄材。

**てっさ【鉄鎖】**（名）❶鉄製のくさり。「―につながれる」❷きびしい束縛《そくばく》のたとえ。

**てつざい【鉄材】**（名）工業や建築などの材料として使われる鉄。

**てっさく【鉄索】**（名）鉄の太い針金をより合わせて作った綱《つな》。ケーブル。

**デッサン**〔フランス dessin〕（名・他スル）〘美〙絵や彫刻《ちょうこく》などの、だいたいの形や明暗をかいた下絵。素描《そびょう》。「静物を―する」

**てっしゅう【撤収】**㊀（名・他スル）取り払《はら》うこと。「テントを―する」㊁（名・自スル）軍隊が陣地《じんち》などを取り払って引きあげること。類撤退

**てっしょう【徹宵】**（名・自スル）一晩中寝《ね》ないで起きていること。徹夜。

**てつじょうもう【鉄条網】**（名）通りぬけられないように、とげのついた太い針金を張りめぐらした障害物。

**てつじん【哲人】**（名）❶哲学者。大思想家。❷知恵《ちえ》や学問が深く、りっぱな考えをもっている人。

**てつじん【鉄人】**（名）鉄のようにからだも力も強い人。

**てっ・する【徹する】**（自サ変）{シ(セ・サ)・シ・スル・スル・スレ・シロ(セヨ)}❶終わりまでとおす。ずっとすごす。「夜を―・して看病する」❷態度や役割などを最後までつらぬきとおす。徹底する。「役がらに―」❸深くしみとおる。つきささる。「寒さが骨身に―」

**てっ・する【撤する】**（他サ変）{シ(セ・サ)・シ・スル・スル・スレ・シロ(セヨ)}取り除く。取り払《はら》う。「施設《しせつ》を―」

**てっせき【鉄石】**（名）❶鉄と石。❷心などのひじょうに堅固《ごけん》なこと。「―心（=鉄や石のようにかたい意志）」

**てっせん【鉄線】**（名）❶鉄の針金。❷〘植〙キンポウゲ科のつる性多年草。夏に白または青紫《あおむらさき》色の大きな花をつける。クレマチス。

**てっそく【鉄則】**（名）変えることのできないきびしい規則。「商売を行う上での―」

**てったい【撤退】**（名・自スル）軍隊が陣地《じんち》などをすててしりぞくこと。「占領《せんりょう》地から―する」類撤収

**てつだい【手伝い】**（名）ほかの人の仕事をてつだうこと。また、その人。「引っ越《こ》しの―をする」「お―さん」

**てつだ・う【◦手伝う】**{ワ(オ)・イ(ッ)・ウ・ウ・エ・エ}㊀（他五）他人の仕事を助ける。手助けする。「家事を―」㊁（自五）ある原因の上にさらに他の要因も加わる。「暑さも―・って病気が重くなる」

**でっち【◦丁稚】**（名）むかし、商売をしている家などに奉公《ほうこう》した少年。「―奉公」

**でっちあ・げる【◦捏ち上げる】**（他下一）{ゲ・ゲ・ゲル・ゲル・ゲレ・ゲロ(ゲヨ)}〘俗語〙❶事実でないことを事実のように作りあげる。捏造《ねつぞう》する。「証拠《しょうこ》を―」❷なんとかかっこうがつくようにしあげる。「宿題の作文を―」

**てっつい【鉄◬槌】**（名）❶大きなかなづち。ハンマー。❷きびしいこらしめ。

**鉄槌を下《くだ》す**　きびしく罰《ばっ》する。

**てつづき【手続き】**（名）物事を行う順序・方法。また、あることを行うのに踏《ふ》まなければならない事務上の処置。「入学の―をとる」「入国―」

**てってい【徹底】**（名・自スル）❶すみずみまでゆきわたること。「命令が―する」「不―」❷行いや態度が、中途《とちゅう》はんぱでなく、一つの考えでつらぬかれていること。「―した倹約《けんやく》家」

**てっていてき【徹底的】**（形動ダ）{ダロ・ダッ(デ・ニ)・ダ・ナ・ナラ・〇}中途《とちゅう》はんぱでなく、じゅうぶんにするようす。徹底して行うようす。「―に研究する」

**てっとう【鉄塔】**（名）送電線などを支える、鉄材を組み上げて作った塔。

**てつどう【鉄道】**（名）レールの上に客車・貨車などを走らせて、人や荷物を運ぶ交通機関。

**てっとうてつび【徹頭徹尾】**（副）はじめから終わりまでとおして方針・やり方をかえないようす。あくまでも。「―反対する」

**デッド-スペース**〔英 dead space〕（名）建物の中でうまく利用できていない無駄《むだ》な空間。「―を物置として活用する」

**デッド-ヒート**〔英 dead heat〕（名）競走・競泳などで、抜《ぬ》きつ抜かれつのはげしい争い。「―を演じる」

**デッド-ボール**〔和製英語〕（名）野球で、投手の投げた球が打者のからだや衣服に当たること。死球。▽dead と ball から。

**デッドライン**〔英 deadline〕（名）❶越《こ》えてはならない線。限界線。「水位が―に達する」❷最終期限。原稿《げんこう》のしめきり時間などにいう。

**てっとりばや・い【手っ取り早い】**（形）{カロ・カッ(ク)・イ・イ・ケレ・〇}❶やり方がすばやい。「仕事を―・くかたづける」❷物事をするのに手間がかからない。「―手段」

**デッドロック**〔英 deadlock〕（名）❶会議などが、ゆきづまってどうにもならない状態。❷（lock を岩の意の rock と混同して）暗礁《あんしょう》。「―に乗り上げる」

**てっぱい【撤廃】**（名・他スル）それまでの制度や規則などを取り除いてやめること。「身分差別を―する」

**でっぱ・る【出っ張る】**（自五）{ラ(ロ)・リ(ッ)・ル・ル・レ・レ}その部分がつき出る。「腹が―」

**てっぱん【鉄板】**（名）鉄の板。「―焼き」

**てっぴつ【鉄筆】**（名）謄写版《とうしゃばん》の原紙に字を書くときなどに使う、先のとがった鉄のペン。

**てつびん【鉄瓶】**（名）やかん形の、鉄製の湯わかし。

**てつぶん【鉄分】**（名）物質の成分としての鉄。

**てっぺい【撤兵】**（名・自スル）派遣《はけん》してある軍隊を引きあげること。

**てっぺき【鉄壁】**（名）（鉄でできた壁《かべ》の意から）ひじょうに堅固《ごけん》な城壁や守備のたとえ。「―の守り」

**てっぺん【◦天辺】**（名）いただき。頂上。「頭の―」

**てつぼう【鉄棒】**（名）❶鉄で作った棒。❷二本の柱に鉄の棒をわたした運動用具。❸②を使って行う男子体操競技の種目の一つ。

**てっぽう【鉄砲】**（名）火薬の力で弾丸《だんがん》を撃《う》つ小型の兵器。小銃《しょうじゅう》。銃。「―玉」

**てっぽうみず【鉄砲水】**（名）豪雨《ごうう》で増えた川水が、土砂《どしゃ》などをふくんで一気に流れ下るもの。

**てづまり【手詰まり】**（名）手段や方法が尽《つ》きること。打つ手がないこと。「―の状態を打開する」

**てつめんぴ【鉄面皮】**（名・形動ダ）（鉄でできた面

《つら》の皮の意から)あつかましく恥《はじ》しらずなこと。また、そのような人。類厚顔《こうがん》

**てつや【徹夜】**(名・自スル) 夜どおし寝《ね》ないこと。夜あかし。「―で勉強する」

**てつり【哲理】**(名) 哲学上の原理。深い道理。

**てづる【手づる】**『手△蔓』(名) ❶てがかり。❷何かをしたいときたよりにできる人と人との関係。縁故《えんこ》。つて。「―を求める」

**てつろ【鉄路】**(名) ❶鉄道の線路。❷鉄道。

**てつわん【鉄腕】**(名) じょうぶで力の強い腕《うで》。

**でどころ【出所】**『出◇処』(名) ❶物事が出てきたもとのところ。しゅっしょ。「うわさの―」「かねの―」❷出てゆくべき場合や場所。「いよいよ君の―だ」❸出口。

**デトックス**〔英 detox〕(名) 体内にたまった老廃物《ろうはいぶつ》や有毒物質を排出《はいしゅつ》すること。「―効果がある食材」

**テトラポッド**〔Tetrapod〕(名) 四本の突起《とっき》のあるコンクリート製の防波用ブロック。(商標名)

**てどり【手取り】**(名) 税金や社会保険料などをさし引いた実際の収入。手取り金。

**てとりあしとり【手取り足取り】**一つ一つていねいに教えること。「―して教える」

**テナー**〔英 tenor〕(名)〘音〙男性の声の中でいちばん高い音域。また、その声の歌手。テノール。

**てないしょく【手内職】**(名) 家庭内で、手先を使ってする内職。

**てなおし【手直し】**(名・他スル) 不完全なところをつくりなおすこと。修正。「原案の―」

**でなお・す【出直す】**(自五)〔サ(ソ)・シ・ス・ス・セ・セ〕❶一度帰ってあらためて出てくる。「日をあらためて―」❷はじめからまたやりなおす。「一から―」

**てなぐさみ【手慰み】**(名) ❶退屈《たいくつ》まぎれに物を手に持って遊んだり、ちょっとした作業をしたりすること。「―に絵を描《か》く」❷ばくち。

**てなず・ける【手なずける】**『手◇懐ける』(他下一)〔ケ・ケ・ケル・ケル・ケレ・ケロ(ケヨ)〕❶動物などをなつかせる。「猛獣《もうじゅう》を―」❷うまくあつかって、言うことを聞くようにさせる。「部下を―」

**てなべ【手鍋】**(名) つるのついているなべ。「―さげても(=すきな男と夫婦《ふうふ》になれるならば、どんな貧乏《びんぼう》ぐらしでもがまんすることをいう)」

**てなみ【手並み】**(名) 腕前《うでまえ》。技量。「お―拝見」

**てならい【手習い】**(名・自スル) ❶習字。❷芸事や学問の修業・けいこ。「六〇の―」

**てな・れる【手慣れる】**『手△馴れる』(自下一)〔レ・レ・レル・レル・レレ・レロ(レヨ)〕❶使いなれる。「―・れた機械」❷長い間しつづけてうまくできる。熟練する。「―・れた仕事」

**テナント**〔英 tenant〕(名) ビルなどの建物の一部を借りる借り主。また、その借りて設けた店や事務所。「―募集《ぼしゅう》」

**テニス**〔英 tennis〕(名) 長方形のコートの中央をネットで仕切り、二人または四人で向かい合って、球をラケットで打ち合う競技。庭球《ていきゅう》。

**デニム**〔英 denim〕(名) あや織りにしたもめんのじょうぶな布。ジーンズの生地《きじ》などに使われる。

**てにもつ【手荷物】**(名) 手で持ち運ぶ荷物。

**てにをは**(名) 助詞の古い呼び名。また、助詞・助動詞などをまとめていうことば。「―が合わない(=話のつじつまが合わない)」

**てぬかり【手抜かり】**(名) 不注意で、しなければならないことをしないままにしてしまうこと。「―がないよう注意せよ」

**てぬき【手抜き】**(名・自他スル) しなければならない手数をはぶくこと。「―工事」

**てぬぐい【手拭い】**(名) 手や顔などをふくのに使うもめんの布。

**てぬる・い【手ぬるい】**『手◇緩い』(形)〔カロ・カツ(ク)・イ・イ・ケレ・〇〕やり方が厳しくない。取りしまりや監督《かんとく》が寛大《かんだい》すぎる。「そんな処罰《しょばつ》では―」対手厳しい

**てのうち【手の内】**(名) ❶腕前《うでまえ》。手なみ。「―拝見」❷ひそかに心の中にもっている、はかりごとや考え。「―を見すかされる」「―をさらす」❸自分の思うようにできる範囲《はんい》内。「彼《かれ》は私の―にある」

**てのうらをかえす【手の裏を返す】**→てのひらをかえす

**テノール**〔ドイツ Tenor〕(名)〘音〙→テナー

**てのひら【手のひら】**『◇掌』(名) 手首から先の、にぎったとき内側になる面。たなごころ。

**手のひらを返《かえ》す** それまでと態度や言うことをがらりと変える。手の裏を返す。「手のひらを返したように冷淡《れいたん》な態度をとる」

**デノミネーション**〔英 denomination〕(名)〘経〙通貨の単位の呼び方を切り下げること。たとえば一〇〇円を新しく一円と呼ぶようにするなど。デノミ。

**てのもの【手の者】**(名) 手下。部下。配下。

**てば【手羽】**(名) 鶏肉《けいにく》で、つばさのつけ根の部分。

**では**(接) 新しいことを持ち出すときや話題を変えるきっかけを示すときに使うことば。それでは。それならば。「―始めましょう」「―つぎに移ります」

**デパート**(名) 多種類の商品を売る大規模な小売店。百貨店。▽英 department store から。

**てはい【手配】**(名・他スル) ❶手順を決めて準備すること。手配《てくばり》。「会場の―をする」❷犯人や容疑者を逮捕《たいほ》するために、必要な指令を出したり人員を配置したりすること。「指名―」

**デはい【デ杯】**(名) →デビスカップ

**デバイス**〔英 device〕(名) コンピューターを構成する装置や周辺機器の総称《そうしょう》。ハードディスクやプリンターなど。

**ではいり【出入り】**(名・自スル) ❶出ることとはいること。でいり。「―自由」「かねの―」❷人数や数量が多かったり少なかったりすること。増減。でいり。

**てばこ【手箱】**(名) 身のまわりの小物を入れる箱。

**てはじめ【手始め・手初め】**(名) 物事にとりかかるはじめ。しはじめ。「―に準備運動をする」

**ではじめ【出始め】**(名) 物の出まわるはじめ。「―のりんご」

**てはず【手はず】**『手△筈』(名) 物事を行うのに前もって決めておく順序。また、その準備。「ここまでは―ど

おりだ」「—をととのえる」

**てばたしんごう【手旗信号】**（名）赤、白の小旗をあるきまりに従ってふり、遠くの人に通信する合図。

**デバッグ**〔英 debug〕（名）コンピューターのプログラムの誤り（=バグ）を見つけて、修正すること。

**ではな【出はな】**〖出◇端・出鼻〗（名）❶出ようとしたとき。出たとたん。出ぎわ。❷物事をしようとするとき。しはじめ。（=でばな）

**出はなを挫**《くじ》**く** 相手がやりはじめようとするところをじゃまする。出はなを折る。

**でばな【出花】**（名）葉茶に湯をついで出したばかりの、かおりのよい茶。「鬼《おに》も十八、番茶も—（=どんな娘《むすめ》でも年ごろには美しく見える）」

**てばなし【手放し】**（名）❶手をはなすこと。「自転車に—で乗る」❷遠慮《えんりょ》や気がねをせず、感情をそのまま表すこと。「—でほめる」

**てばな・す【手放す】**（他五）{サ(ソ)・シ・ス・ス・セ・セ}❶手からはなす。「風船をうっかり—」❷自分のものを人手にわたす。「土地を—」❸手もとにいた者を遠くへやる。「娘《むすめ》を—」

**でばぼうちょう【出刃包丁】**〖出刃◬庖丁〗（名）魚をおろしたりするのに使う、刃《は》のみねがあつく先のとがった、幅《はば》の広いほうちょう。出刃。

（でばぼうちょう）

**てばや・い【手早い】**（形）{カロ・カツ(ク)・イ・イ・ケレ・〇}物事をするのがすばやい。「—・くかたづける」

**でばやし【出ばやし】**〖出◬囃子〗（名）寄席《よせ》で、落語家や芸人が高座《こうざ》に上がる際に演奏される音楽。

**ではら・う【出払う】**（自五）{ワ(オ)・イ(ッ)・ウ・ウ・エ・エ}人や物が全部出てしまう。「家の者は—・っている」「その品は全部—・いました」

**でばん【出番】**（名）❶勤めや舞台《ぶたい》などに出る番。❷その人が出て活躍《かつやく》する機会。「—がない」

**てびかえ【手控え】**（名・他スル）❶忘れないように書きとめておくこと。また、その書いたもの。メモ。❷ひかえめにすること。

**てびき【手引き】**（名・他スル）❶人の手を引いてつれていくこと。案内すること。また、その人。❷初心者が理解するよう教え導くこと。また、その書物。「学習の—」❸てづる。つて。「先輩《せんぱい》の—で就職する」

**デビス-カップ**〔英 Davis Cup〕（名）アメリカ人のデビスが寄贈《きそう》した、国際テニス選手権試合の勝者にあたえられる銀杯《ぎんぱい》。また、それを争う試合。デ杯。

**てひど・い【手ひどい】**〖手◇酷い〗（形）{カロ・カツ(ク)・イ・イ・ケレ・〇}とてもきびしい。むごい。「—罰《ばつ》を受ける」

**デビュー**〔フランス début〕（名・自スル）芸能界やスポーツ界・文壇《ぶんだん》などに、新人としてはじめて出ること。初舞台《はつぶたい》。初登場。「はなばなしい—をかざる」「—戦」

**てびょうし【手拍子】**（名）手を打って拍子をとること。また、その拍子。「—をとる」

**てびろ・い【手広い】**（形）{カロ・カツ(ク)・イ・イ・ケレ・〇}❶場所が広い。「—敷地《しきち》」❷関係する範囲《はんい》や規模が大きい。「—・く商売をする」

**でぶ**（名・形動ダ）〖俗語〗太っていること。また、その人。

**てふうきん【手風琴】**（名）〖音〗→アコーディオン

**デフォー**〔Daniel Defoe〕【人名】（一六六〇？～一七三一）イギリスの小説家。イギリス近代小説の先駆者《せんくしゃ》。豊かな空想にするどい風刺《ふうし》をまじえた名作「ロビンソン=クルーソー」を書いて人気を得た。

**デフォルト**〔英 default〕（名）❶債務《さいむ》を期日までに返済できないこと。債務不履行《りこう》。❷コンピューターで、あらかじめ設定された動作条件。初期設定。

**デフォルメ**〔フランス déformer〕（名・他スル）絵画・彫刻《ちょうこく》などで、作者が自分の主観にあうように対象を変形したり誇張《こちょう》したりして表現すること。また、一般《いっぱん》に誇張して表すこと。

**てぶくろ【手袋】**（名）寒さや傷からの保護・装飾《そうしょく》などのために手にはめるもの。革《かわ》・毛糸・布などでつくる。

**でぶしょう【出不精・出無精】**（名・形動ダ）外出をめんどうがるようす。また、そのような人。

**てぶそく【手不足】**（名）人手がたりないこと。

**てふだ【手札】**（名）❶トランプなどで、各自が手にもっている札。❷名刺《めいし》。❸「手札型《てふだがた》」の略。

**てふだがた【手札型】**（名）写真判の大きさで、縦約一一センチメートル、横約八センチメートルの大きさのもの。

**てふてふの**《チョウチョウノ》…俳句

〔蝶々の　もの食《く》ふ音《おと》の　静《しず》かさよ〕〈高浜虚子《たかはまきょし》〉訳蝶々が花にとまり蜜《みつ》を吸っている。まるで何か食っているようなその音のなんとひっそりと静かなことよ。（季語「蝶々」春）

**でふね【出船】**（名）船が港を出ること。また、その船。対入り船

**てぶら【手ぶら】**（名）手に何も持たないこと。からて。素手《すで》。「—で出かける」

**てぶり【手振り】**（名）手やうでを動かして自分の意志や感情を表そうとすること。手つき。「身ぶり—」

**てぶれ【手ぶれ】**（名・自スル）写真や動画の撮影《さつえい》時に、カメラを持つ手がわずかに動いてしまうこと。また、そのために画像がぼやけること。「—補正機能」

**デフレ**（名）〖経〗（「デフレーション」の略）商品の供給量にくらべて、需要《じゅよう》が少なかったり、通貨の量が不足していたりして、物価が下がり続ける現象。▽英 deflation から。対インフレ

**テフロン**〔Teflon〕（名）〖化〗ふっ素樹脂《じゅし》の一つ。耐熱《たいねつ》性にすぐれ、食材がこげつきにくいためフライパンなどに使われる。（商標名）

**てぶんこ【手文庫】**（名）手もとに置いて、手紙・書類などを入れておく小箱。

**テヘラン**〔Teheran〕【地名】イランの首都。エルブールズ山脈山麓《さんろく》の高原にある。

**てへん【手偏】**（名）漢字の部首の一つ。「折」「持」などの左側にある「扌」の部分。

**てべんとう【手弁当】**（名）❶自分で弁当を持って働きに行くこと。❷報酬《ほうしゅう》を受けず、自分の負担で人のために働くこと。「—で友人の事業を手つだう」

**でほうだい【出放題】**（名・形動ダ）口から出るままに好きかってなことをしゃべること。でまかせ。「—のことを言う」

**デポジット**〔英 deposit〕(名) 預かり金。保証金。「―方式(＝びん入り飲料などで、預かり金を上乗せした額で販売《はんばい》し、空きびんを返却《へんきゃく》するとおかねが払《はら》い戻《もど》される方式)」

**てほどき【手ほどき】**〖手◇解き〗(名・他スル) 学問やスポーツなどの習い始めの人に、初歩から教えること。「スキーの―をする」

**てほん【手本】**(名) ❶模範《もはん》となる文字や絵などをかいた本。「習字の―」 ❷見習うべきもの。模範。「―となる演奏《えんそう》」

**てま【手間】**(名) ❶ある仕事をするのにかかる時間や労力。「―がかかる」「―をはぶく」 類 手数《てすう》。❷「手間賃」の略。「大工《だいく》の―」

**デマ**(名) ❶政治的な目的で流すうその情報・宣伝。「―を流す」 ❷いいかげんなうわさ話。「―をとばす」▽ドイツ Demagogie から。

**てまえ【手前】** 一 (名) ❶自分の前。ある場所より自分に近いほう。「―の料理からはしをつける」「終点の一つ―で降りる」 ❷他に対する体裁《ていさい》。「世間の―」「弟の―泣くわけにもいかない」 ❸茶の湯の作法・様式。「けっこうなお―」 ❹腕前《うでまえ》。技量。「お―拝見」 二 (代) ❶(自分をへりくだって)わたくし。「―どもの店」 ❷(けいべつ的に用いて)おまえ。てめえ。参考 一③は多く「点前」と書く。

**でまえ【出前】**(名) 注文を受けて料理を配達すること。仕出し。「そばの―を頼《たの》む」

**てまえがって【手前勝手】**(名・形動ダ) 自分のつごうのいいように考えたり行動したりすること。自分勝手。わがまま。「―な言い分」

**てまえみそ【手前みそ】**〖手前味△噌〗(名) 自分で自分のことをほめること。「―をならべる」

**でまかせ【出任せ】**(名・形動ダ) 口から出るままにでたらめを言うこと。でほうだい。「口から―を言う」

**てまちん【手間賃】**(名) かけた手間に応じて相手に払《はら》うおかね。

**でまど【出窓】**(名) 建物の壁《かべ》の面より外側へつき出ている窓。はりだし窓。

**てまど・る【手間取る】**(自五)｛ラ(ロ)・リ(ッ)・ル・ル・レ・レ｝ 物事をするのに思っていたより時間がかかる。「準備に―」

**てまね【手まね】**〖手真◇似〗(名) 手を動かしてある物事のまねをすること。「―で話す」

**てまねき【手招き】**(名・他スル) こちらへ来るように と手をふって合図をすること。

**てまひま【手間暇】**(名) 労力と時間。「―かけて作った本」

**てまめ【手まめ】**(名・形動ダ) めんどうがらないできちんとやっていくようす。「―に働く」

**てまり【手まり】**〖手△鞠・手△毬〗(名) ❶綿をしんにして、色糸でまるくかがったまり。また、ゴムまり。❷手でまりをついて遊ぶ遊戯《ゆうぎ》。

**てまわし【手回し】**(名) ❶手で回すこと。❷前もって準備しておくこと。手配。手はず。「―がよい」

**てまわり【手回り】**(名) 身のまわり。手ぢか。また、手ぢかに置いて使う品物。「―品」

**でまわ・る【出回る】**(自五)｛ラ(ロ)・リ(ッ)・ル・ル・レ・レ｝ ❶商品があちこちの店などに出る。「にせものが―」 ❷品物が生産地から大量に市場に出る。「みかんが―」

**てみじか【手短】**(形動ダ)｛ダロ・ダッ(デ・ニ)・ダ・ナ・ナラ・○｝ 短く簡単であるようす。「大事な点だけ―に話す」

**でみず【出水】**(名) 大雨などで、川の水がひじょうにふえること。また、あふれること。おおみず。洪水《こうずい》。

**でみせ【出店】**(名) ❶本店から分かれて、よそに出した店。類 支店。❷道ばたに一時的に出した店。露店《ろてん》。「祭りの―」 注意「しゅってん」と読むと別の意味になる。

**てみやげ【手みやげ】**【手◦土産】(名) 他人の家へ行くときに手に持って行く、ちょっとしたみやげ。

**てむかい【手向かい】**(名・自スル) 相手に向かっていって、力で争うこと。抵抗《ていこう》すること。

**てむか・う【手向かう】**(自五)｛ワ(オ)・イ(ッ)・ウ・ウ・エ・エ｝ 力で相手に反抗《はんこう》する。抵抗《ていこう》する。「上級生に―」

**でむかえ【出迎え】**(名) 出て行って迎えること。また、出迎える人。「空港で―を受ける」

**でむか・える【出迎える】**(他下一)｛エ・エ・エル・エル・エレ・エロ(エヨ)｝ ある所まで出て行って迎える。「友人を門の外で―」

**でむ・く【出向く】**(自五)｛カ(コ)・キ(イ)・ク・ク・ケ・ケ｝ ある場所へ自分のほうから出かけて行く。「役所へ―」

**でめきん【出目金】**(名) 〘動〙金魚の一品種。目玉が大きくとび出ているもの。

**デメリット**〔英 demerit〕(名) 欠点。不利な点。対 メリット

**ても**(接助) ❶逆接の仮定を表す。たとえ…にしても。「雨が降っ―行く」 ❷逆接の確定を表す。…たけれど。「考え―わからなかった」 文法 活用語の連用形につく。音便《おんびん》形に続くときは、「いくら読んでもわからない」「急いでも間に合わない」のように「でも」となる場合がある。

**でも** 一 (副助) ❶極端《きょくたん》な例をあげてほかをおしはからせる。…でさえ。「子ども―できる」 ❷軽く例としてあげる。「お茶―飲もうか」 ❸(「どれ」「どこ」「だれ」「いつ」など不定のものをさす語について)すべてにあてはまることを示す。「だれ―いい」「どこへ―いく」 二 (接助) 助詞「ても」の変化した形。⇨ても 文法 三 (接) けれども。しかし。「試してみた。―できなかった」

**デモ**(名) (「デモンストレーション」の略) ❶政治や社会についての要求を通すために、多数の人が行う行進や集会。示威《じい》運動。「―行進」 ❷→デモンストレーション①。「―テープ」

**デモクラシー**〔英 democracy〕(名) 民主主義。民主政治。民主政体。

**てもち【手持ち】**(名) 手もとに持っていること。また、そのもの。「―の品」「―のかね」

**てもちぶさた【手持ちぶさた】**【手持ち無沙汰】(名・形動ダ) 何もすることがなくてたいくつなこと。

**てもと【手元】**〖手◇許〗(名) ❶自分のそば。手のとどく範囲《はんい》。「―に置く」 ❷手さばき。手の動かしぐあい。「―がくるう」 ❸持っているおかね。生計。「―が不如意《ふにょい》だ(＝生計が苦しい)」

**でもどり【出戻り】**(名) ❶女性が、離婚《りこん》して実家に戻ること。また、その女性。❷一度離《はな》れた職場などに再び戻ること。また、その人。

**でもの【出物】**（名）❶手ごろな値段で売りに出されたもの。「いい—がある」❷できもの。はれもの。

**てもり【手盛り】**（名）❶自分で食べ物などをもること。❷（ふつう「おてもり」の形で）自分につごうのよいようにかってにきめること。「お—予算」

**デモンストレーション**〔英 demonstration〕（名）❶人の注目を集めたり宣伝したりするために何かを実演すること。❷スポーツ大会などで正式の競技以外に行われる模範《もはん》演技や競技。❸↓デモ①

**デュエット**〔英 duet〕（名）〔音〕二重唱。二重奏。

**デュマ**〔Dumas〕【人名】❶大デュマ（Alexandre D. père）（一八〇二 一八七〇）フランスの小説家・劇作家。すじのおもしろさと雄大《ゆうだい》な構想の作品で、多くの読者を得た。小説「三銃士《さんじゅうし》」「モンテ＝クリスト伯《はく》」など。❷小デュマ（Alexandre D. fils）（一八二四 一八九五）フランスの小説家・劇作家。大デュマの子。代表作は「椿姫《つばきひめ》」。

**でよう【出様】**（名）出方。とる態度。「先方の—によってはこちらにも考えがある」

**てら【寺】**（名）仏像をおさめ、僧《そう》が住んで仏事を行う所。寺院。「—の住職」「お—さん（＝坊《ぼう》さん）」

**テラ**〔英 tera〕（名）国際単位系で、基本単位の一兆倍の意を表す語。記号T「一—バイト」

**てらい**『△衒い』（名）すぐれた知識や才能があるかのようにみせること。「—のない文章」

**てら・う**『△衒う』（他五）{ワ(オ)・イ(ッ)・ウ・ウ・エ・エ}自分にすぐれた知識や才能があるかのようにみせびらかす。気どってほこらしげにふるまう。「学才を—」「奇《き》を—」

**テラコッタ**〔イタリア terracotta〕（名）素焼きの像や器。

**てらこや【寺子屋】**（名）江戸《えど》時代、庶民《しょみん》の子どもに読み・書き・そろばんを教えた所。

**てらしあわ・せる【照らし合わせる】**（他下一）{セ・セ・セル・セル・セレ・セロ(セヨ)}二つ以上のものを比較《ひかく》して、異同を調べたり照合したりする。「本文と—」

**てら・す【照らす】**（他五）{サ(ソ)・シ・ス・ス・セ・セ}❶光を当てて明るくする。「暗やみを—」❷基準になるものとひきくらべて調べる。「法に—・して処置する」

**テラス**〔英 terrace〕（名）西洋風の建物で、庭のほうへはり出した、コンクリート・タイル・石などで作った床《ゆか》。

**てらせん【寺銭】**（名）ばくちなどの場所代。

**てらだとらひこ**〔寺田寅彦〕【人名】（一八七八 一九三五）大正・昭和前期の物理学者・随筆《ずいひつ》家。ペンネームは吉村冬彦《よしむらふゆひこ》、俳号は藪柑子《やぶこうじ》。夏目漱石《なつめそうせき》の門下で、すぐれた科学随筆を書いた。おもな著書に「冬彦集」「藪柑子集」などがある。

**デラックス**〔英 deluxe〕（形動ダ）{ダロ・ダッ(デ・ニ)・ダ・ナ・ナラ・〇}豪華《ごうか》でぜいたくなようす。高級。「—な建物」

**てり【照り】**（名）❶つや。光沢《こうたく》。「煮物《にもの》に—を出す」❷照ること。晴れあがること。「—が続く」

**テリア**〔英 terrier〕（名）〔動〕イギリス原産の、愛玩《あいがん》用・狩猟《しゅりょう》用の犬。おもに小形犬で、種類が多い。

**てりかえし【照り返し】**（名）❶光が照り返すこと。反射。また、反射した光。「—が強い」❷光源の背面につけて光を反射させ、光度を強くする鏡。

**てりかえ・す【照り返す】**（自五）{サ(ソ)・シ・ス・ス・セ・セ}光線が反射する。「西日が—」

**デリカシー**〔英 delicacy〕（名）心配りや感情の細やかさ。繊細《せんさい》さ。敏感《びんかん》さ。「—に欠ける」

**デリケート**〔英 delicate〕（形動ダ）{ダロ・ダッ(デ・ニ)・ダ・ナ・ナラ・〇}❶感情が繊細《せんさい》なようす。敏感《びんかん》。「—な神経」❷微妙《びみょう》なところがあって、とりあつかいがむずかしいようす。「—な問題」

**テリトリー**〔英 territory〕（名）❶領土。領域。❷（動物の）なわばり。「—を荒《あ》らす」

**てりは・える【照り映える】**（自下一）{エ・エ・エル・エル・エレ・エロ(エヨ)}光に当たって美しくかがやく。「夕日に—もみじ」

**デリバティブ**〔英 derivative〕（名）株式・債券《さいけん》など本来の金融《きんゆう》商品の価格変動を対象にした金融取引。先物《さきもの》取引、オプション取引、スワップ取引など。金融派生商品。

**デリバリー**〔英 delivery〕（名）配達。配送。「—のピザ」

**てりやき【照り焼き】**（名）魚や肉の調理法の一つ。みりんとしょうゆを混ぜた汁《しる》をつけ、つやが出るように焼くこと。また、その焼いたもの。「ぶりの—」

**てりょうり【手料理】**（名）自分でつくった料理。手づくりの料理。「—でもてなす」

**デリンジャーげんしょう【デリンジャー現象】**（名）〔物〕太陽面の爆発《ばくはつ》によって地球の電離層《でんりそう》に異常がおこり、短波の無線通信に障害のおこる現象。アメリカのデリンジャー（Dellinger）により発見。

**て・る【照る】**（自五）{ラ(ロ)・リ(ッ)・ル・ル・レ・レ}❶太陽や月がかがやく。ひかる。「日が—」❷天気が晴れる。

**でる【出る】**（自下一）{デ・デ・デル・デル・デレ・デロ(デヨ)}❶うちから外に行く。「部屋から—」対はいる
❷どこかへ行くために、そこをはなれる。出発する。進み出る。「列車が—」「旅に—」「一歩前に—」
❸それまで所属していた所をはなれる。卒業する。「就職して家を—」「大学を—」
❹ある基準や範囲《はんい》をこえる。「三〇人を少し—」「足が—（＝予算をこえて、赤字になる）」
❺行きつく。通じる。「この道を行けば駅に—」
❻ある場にのぞむ。ある分野にのり出す。出席・参加する。「政界に—」「授業に—」「選挙に—」「電話に—」
❼ある態度をとる。「相手がどう—かわからない」
❽おもてにあらわれる。「月が—」「疲労《ひろう》が顔に—」「ぼろが—」「涙《なみだ》が—」「症状《しょうじょう》が—」
❾発生する。生じる。わく。「温泉が—」「芽が—」「火が—」「欲が—」
❿人目にふれるようにされる。発表される。出版される。「雑誌に—」「新刊書が—」
⓫とれる。産出する。「銀が—」
⓬売れる。「この品はよく—」
⓭結果としてそうなる。「答えが—」「あまりが—」
⓮数や量や価値などが加わる。「スピードが—」
⓯あたえられる。「お許しが—」「給料が—」
⓰そこを源《みなもと》とする。系統を引く。「この語はイタリア語からでたものだ」「私の郷里からでた首相《しゅしょう》」
⓱水があふれる。「長雨で水が—」

**出る杭《くい》は打《う》たれる** ❶すぐれている人は、とかく周囲からねたまれたり妨害《ぼうがい》されたりすることのたとえ。❷

でしゃばると、人からにくまれ非難されることのたとえ。

**仕組みの解明「出る」**

**Q 部屋から出る？ 部屋を出る？**

| | | から | を | |
|---|---|---|---|---|
| A | 人が部屋 | ○ | ○ | 出る |
| B | 人が部屋 | ○ | × | 外に出る |
| C | 煙《けむり》が部屋 | ○ | × | 出る |

**A**・「から」は移動の出発点を表し、行き先までを取り上げることができる。
・「を」は離《はな》れる対象だけを表し、Bのように行き先を取り上げる時には使えない。また、意志がある場合にだけ使えるので、Cのような時には使えない。

**デルタ**〔英 delta〕（名）《地質》→さんかくす

**てるてるぼうず【照る照る坊主】**（名）晴れるようにいのって軒下《のきした》などにつるす、紙や布製の人形。

**てれかくし【照れ隠し】**（名）人前ではずかしさや気まずさをかくそうとすること。「—に笑う」

**てれくさ・い【照れ臭い】**（形）〔カロ・カッ(ク)・イ・イ・ケレ・○〕はずかしくて気がひける。きまりが悪い。「ほめられて—」

**テレタイプ**〔Teletype〕（名）タイプライターを打つと、それが遠くはなれた土地に電信で送られ、同じようにタイプライターで打ち出される電信機。（商標名）

**テレックス**〔英 telex〕（名）電信装置の一種。電話回線で相手を呼び出しテレタイプで交信するもの。

**でれでれ**（副・自スル）態度や行動にしまりがなく、だらしがないようす。特に、異性にだらしなくふるまうようす。

**テレパシー**〔英 telepathy〕（名）言葉や表情・態度などをとおしてでなく、気持ちや考えを直接伝達すること。精神感応《かんのう》。

**テレビ**（名）「テレビジョン」の略。また、その放送や番組。「—をつける」「—に出る」

**テレビジョン**〔英 television〕（名）映像を電波で遠方に送り、受信機で画面に映し出すシステム。また、その受信機。テレビ。

**テレホン**〔英 telephone〕（名）電話。テレフォン。

**テレホン-カード**〔英 telephone card〕（名）公衆電話をかけるとき、電話器に差し込《こ》むと通話ができる料金先払《さきばら》い式の磁気カード。テレフォンカード。

**て・れる【照れる】**（自下一）〔レ・レ・レル・レル・レレ・レロ(レヨ)〕人前でなんとなくはにかむ。きまり悪がる。「ほめられて—」

**テレ-ワーク**〔和製英語〕（名）インターネットなどの通信技術を使い、職場から離《はな》れた自宅などで仕事をすること。▽tele（離れた）と work から。

**てれんてくだ【手練手管】**（名）あの手この手と人をだましたりまるめこんだりする手段。「—を使う」

**テロ**（名）❶「テロリズム」の略。「爆弾《ばくだん》—」❷「テロリスト」の略。

**テロップ**〔英 telop〕（名）テレビの画面に文字や絵を重ねて映し出す装置。また、その文字や絵。

**テロリスト**〔英 terrorist〕（名）暴力や暗殺などによって、政治上の目的を実現しようとする人。テロ。

**テロリズム**〔英 terrorism〕（名）政治上の主張や立場のちがう相手を、暴力や暗殺などの手段で倒《たお》そうとする考え方。また、その行為《こうい》。テロ。

**でわ**〔出羽〕【地名】羽前《うぜん》・羽後《うご》を合わせたむかしの地名。今の山形・秋田の両県にあたる。羽州。

**てわけ【手分け】**（名・自スル）何人かが一つの仕事を分けて受け持つこと。分担。「仕事を—してする」

**てわた・す【手渡す】**（他五）〔サ(ソ)・シ・ス・ス・セ・セ〕自分の手から相手の手へと直接渡す。「卒業証書を—」

**てん【天】** 4画 大1 小1 音 テン 訓 あめ 高・あま　一 ニ チ 天
❶そら。大空。◆天空・天上・天体・天地 ◆青天・中天・満天。対 地。❷そらの上にあるとされる、神の住む世界。また、その神。◆天国・天使・天帝《てんてい》・天罰《てんばつ》 ◆昇天《しょうてん》。❸天子。また、天子に関することばにつけて敬意を表す。◆天顔・天覧。❹気候。空模様。◆天気・天候 ◆雨天・好天・荒天《こうてん》・晴天・曇天《どんてん》。❺自然。◆天災・天敵・天然・天理。❻うまれつき。◆天才・天性・天賦《てんぷ》・天分。❼めぐりあわせ。境遇《きょうぐう》。◆天運 ◆楽天。参考「あま」の訓は「天《あま》の川《がわ》」「天下《あまくだ》り」ということばに使われる特殊《とくしゅ》な読み方。

**てん【天】**（名）❶地上をおおう、はるか高く遠くまで広がっている空間。そら。「—を仰《あお》ぐ」「—にも昇《のぼ》る心地」「—と地ほどの差」対 地 ❷天地万物の支配者。天帝。また、人の力ではどうすることもできない自然の力。「—の助けを待つ」「運を—にまかせる」❸キリスト教で、神の国。天国。❹書物・荷物などの上部。「—地無用」対 地

**天高《たか》く馬《うま》肥《こ》ゆる秋《あき》** 空が高く澄《す》み、馬もたくましく太る、すばらしく気持ちのよい秋。

**天に唾《つば》する** （空に向かってつばを吐《は》くと、そのまま自分の顔に落ちてくることから）他人に悪いことをしようとして、かえって自分に災《わざわ》いを招きよせるたとえ。

**天にも昇《のぼ》る心地《ここち》** ひじょうにうれしくて舞《ま》い上がっている気持ちのたとえ。「合格して—がした」

**天は二物《にぶつ》を与《あた》えず** 一人の人間に才能や長所がいくつも与えられるものではない。

**天は自《みずか》ら助《たす》くる者《もの》を助《たす》く** 天は、人にたよらず自分で努力する者を助け、幸福をあたえるものだ。

**天を衝《つ》く** 天に届くほど高い。また、ひじょうに勢いがよいことのたとえ。「意気—」

**てん【典】** 8画 八6 小4 音 テン　冂 巾 曲 曲 典 典
❶書物。◆典籍《てんせき》 ◆教典・経典《けいてん・きょうてん》・原典・古典・辞典・聖典・仏典・宝典。❷きまり。規則。◆典型・典範《てんぱん》・典例。❸てほん。基準。◆楽典・法典。❹儀式《ぎしき》。◆典礼 ◆祭典・式典・祝典・大典。❺よりどころとなるもの。◆典雅《てんが》・典拠《てんきょ》・

典故 ◆出典。❻あつかい。とりはからい。◆恩典・特典 ⇩付録「漢字の筆順㉔曲」

**てん【店】** 8画 广5 小2 音テン 訓みせ

みせ。品物を売る所。◆店員・店主・店頭・店舗《てんぽ》 ◆飲食店・開店・支店・商店・書店・代理店・取次店・売店・分店・閉店・弊店《へいてん》・本店・来店・露店《ろてん》

**てん【点】** 9画 灬5 小2 〔點〕 音テン

❶小さなしるし。ぽち。◆点在・点字・点線・点描《てんびょう》 ◆黒点・斑点《はんてん》。❷文の区切りなどを示す符号《ふごう》。◆句読点《くとうてん》・訓点。❸ある特定の箇所《かしょ》。場所。◆汚点《おてん》・観点・拠点《きょてん》・欠点・時点・弱点・終点・出発点・頂点・難点・美点・氷点・沸点《ふってん》・盲点《もうてん》・要点・力点・利点・論点。❹優劣《ゆうれつ》の程度を数字で表したもの。◆点差・点数 ◆減点・採点・同点・得点・平均点・満点。❺一つ一つしらべる。◆点検・点呼。❻火をつける。◆点火・点灯・点滅《てんめつ》。❼つぐ。さす。◆点眼・点茶・点滴《てんてき》

**てん【点】** ■一 (名) ❶目じるしなどとして書く、小さなしるし。また、そのように見えるもの。「遠くからだと―にしか見えない」

❷文の区切りなどを示す符号《ふごう》。特に、読点《とうてん》。

❸漢字の字画で、①に似たもの。「犬」の「、」など。

❹成績などを表す評点。また、試合などの得点。「テストの―が悪い」「―がはいる」

❺問題となることがらや箇所《かしょ》。「両者の異なる―をあげる」「その―については問題ない」

❻〔数〕大きさがなく位置だけを示すもの。二直線の交わる部分。

■二 (接尾) ❶評点・得点を表す数につけることば。「一〇〇―満点」

❷品物を数えることば。「衣類三―」

**てん【展】** 10画 尸7 小6 音テン

❶ひろげる。ひろがる。◆展開・展性 ◆伸展《しんてん》・進展・親展・発展。❷ならべる。つらねる。◆展示・展覧。❸ながめる。◆展望。❹「展覧会」の略。◆写真展・美術展

**てん【添】** 11画 氵8 音テン 訓そえる・そう

そえる。つけ加える。◆添加・添削《てんさく》・添書・添付

**てん【転】** 11画 車4 小3 〔轉〕 音テン 訓ころがる・ころげる・ころがす・ころぶ

❶ぐるぐるまわる。ころがる。ころがす。◆転回 ◆運転・回転・空転・公転・自転。❷ころぶ。ひっくりかえる。◆転倒《てんとう》・転落 ◆横転・逆転・反転。❸ほかの所へうつる。方向・ようすなどがかわる。◆転移・転化・転換《てんかん》・転居・転勤・転向・転校・転出・転職・転身・転地・転入・転任・転売・転変・転用 ◆暗転・一転・移転・栄転・急転・変転・流転《るてん》

**てん【塡】** 13画 土10 音テン

ふさぐ。うめる。みたす。◆塡字・塡墨《てんぼく》 ◆充塡《じゅうてん》・装塡・補塡

**てん【殿】** →でん(殿)

**てん【『貂』】** (名) 〔動〕イタチ科の哺乳《ほにゅう》動物。胴《どう》が長くて足が短い。鳥や小さなけものを食べる。毛皮は防寒具やかざりに使われる。

（貂）

**でん【田】** 5画 田0 小1 音デン 訓た

❶た。たんぼ。◆田地・田圃《でんぽ》 ◆湿田《しつでん》・新田・水田・美田・良田。❷野外。いなか。◆田園・田野。❸ある産物のとれる広い地域。◆塩田・炭田・油田。

参考 特別に、「田舎」は「いなか」と読む。

**でん【伝】** 6画 イ4 小4 〔傳〕 音デン 訓つたわる・つたえる・つたう

❶人から人へとつたわる。つたえる。◆伝言・伝授・伝承・伝誦《でんしょう》・伝達・伝統・伝法《でんぼう》・伝来・伝令 ◆遺伝・奥伝《おくでん》・皆伝《かいでん》・家伝・口伝《くでん》・直伝《じきでん》・相伝・秘伝。❷世間にひろめる。◆伝染・伝道・伝播《でんぱ》 ◆宣伝。❸言いつたえ。◆伝奇《でんき》・伝説。❹人の一生のことをかいたもの。◆伝記 ◆史伝・自伝・列伝。

参考 特別に、「手伝う」は「てつだう」、「伝馬船」は「てんません」と読む。

**でん【伝】** (名) ❶やりかた。方法。「いつもの―でいこう」❷そう言い伝えられていること。「―雪舟《せっしゅう》」

**でん【殿】** 13画 殳9 音デン・テン 訓との・どの

❶りっぱな建物。◆殿舎・殿上《てんじょう》・殿中・殿堂 ◆宮殿・御殿《ごてん》・昇殿《しょうでん》・神殿・寝殿《しんでん》・正殿・清涼殿《せいりょうでん》・大仏殿・拝殿・仏殿・本殿。❷身分の高い人、また、ひろく人に対する敬称《けいしょう》。◆殿下 ◆貴殿

**でん【電】** 13画 雨5 小2 音デン

❶いなびかり。◆電光・電閃《でんせん》 ◆紫電《しでん》・雷電《らいでん》。❷でんき。◆電圧・電荷・電極・電源・電子・電信・電線・電池・電柱・電灯・電波・電流・電力 ◆感電・充電《じゅうでん》・送電・停電・発電・放電・漏電《ろうでん》。❸速いようす。◆電撃《でんげき》 ◆逐電《ちくでん》。❹「電信」「電報」の略。◆外電・祝電・打電・弔電《ちょうでん》・特電・入電。❺「電車」の略。◆市電・始電・終電

**でんあつ【電圧】** (名) 〔物〕ある点からある点へ電気が流れるときの、両方の点の電位の差。単位はボルト(V)で表される。電位差。「―計」

**てんい【転移】** (名・自他スル) 場所が移ること。また、場所を移すこと。「がんの―をくいとめる」

**でんい【電位】** (名) 〔物〕基準となる点からある点の間に、ある決まった量の電気をはこぶときに必要なエネル

ギーの量。電流は電位の高い所から低い所へ流れる。

**でんいさ【電位差】**（名）〔物〕→でんあつ

**てんいむほう【天衣無縫】**（名・形動ダ）❶詩文などで、技巧《ぎこう》をこらしたあとがなく、しぜんでありながら完成されていること。❷かざりけがなく純真なこと。天真爛漫《てんしんらんまん》なこと。「―な人がら」

故事 中国の郭翰《かくかん》という人が天人の着物を見たところ、縫《ぬ》い目など人工的なあとがなかったという話から出たことば。〈霊怪録《れいかいろく》〉

**てんいん【店員】**（名）商店に勤めている人。

**てんうん【天運】**（名）❶天体の運行。❷人間の力ではどうにもならない自然のめぐりあわせ。類運命・天命

**でんえん【田園】**（名）田や畑。また、田畑や野原などが広がっている所。郊外《こうがい》。「―風景」「―地帯」

**てんか【天下】**（名）❶世界じゅう。また、全国。「―に知れわたる」❷世間。この世。「かねは―のまわりもの」❸思いのままにふるまうこと。「かかあ―《でんか》」

**天下晴《は》れて** おおっぴらに。公然と。「―夫婦となる」

**天下を取《と》る** 国を支配する。政権をにぎる。

**てんか【点火】**（名・自スル）火をつけること。「ストーブに―する」

**てんか【転化】**（名・自スル）変化して別のものになること。「経済問題が政治問題に―する」

**てんか【添加】**（名・自他スル）ある物に何かをつけ加えること。また、何かがつけ加わること。「食品―物」

**てんか【転△訛】**（名・自スル）ことばの発音がなまって、別の音に変化すること。

**てんか【転嫁】**（名・他スル）責任や罪を他人になすりつけること。「責任を―する」

**てんが【典雅】**（形動ダ）〔ダロ・ダッ(デ・ニ)・ダ・ナ・ナラ・○〕きちんとしていて上品なようす。「―な調べ」「―な儀式《ぎしき》」

**でんか【伝家】**（名）家に代々伝わること。

**伝家の宝刀《ほうとう》** ❶家に代々伝わるたいせつな刀。❷ふだんは使わないで、いざというときにだけ使う手段。

**でんか【殿下】**（名）天皇・皇后・上皇などをのぞく皇族や王族をうやまっていうことば。「皇太子―」

**でんか【電化】**（名・自他スル）社会生活に必要なエネルギーに電力を利用すること。特に、鉄道に電力を利用したり、家庭生活に電気器具をとりいれたりすること。「―製品」

**でんか【電荷】**（名）〔物〕物体のおびている電気の量。荷電。

**てんかい【展開】**（名・自他スル）❶目の前に広がること。「美しい景色が―する」❷つぎつぎと物事が行われ状況《じょうきょう》が進んでいくこと。また、そのように進めること。「議論を―する」「事件の―」❸軍隊で、部隊を散開すること。また、そのように広く散らばるようにすること。「支店を全国に―する」❹〔数〕立体を切り開いて一平面上にひろげること。「―図」❺〔数〕多項式《たこうしき》の積を和の形にすること。たとえば、$(a+b)^2$ を $a^2+2ab+b^2$ にするなど。

**てんかい【転回】**（名・自他スル）くるりと回って方向を変えること。方向が変わること。「空中で―する」

**てんがい【天涯】**（名）❶空のはて。❷故郷をはなれたひじょうに遠い所。「―孤独《こどく》」

**てんがい【天蓋】**（名）❶仏像などの上にかざす笠《かさ》の形をした装飾《そうしょく》。❷虚無僧《こむそう》のかぶる編み笠。❸玉座や寝台《しんだい》などの上につける覆《おお》い。

**でんかい【電界】**（名）〔物〕電気力の作用のおよぶ場所。電場《でんば》。

**でんかい【電解】**（名・他スル）〔化〕「電気分解」の略。

**てんがいこどく【天涯孤独】**（名）広い世の中に身内が一人もなく、一人ぼっちなこと。「―の身の上」

**でんかいしつ【電解質】**（名）〔化〕水にとかすとイオンを生じ、電流を通すようになる物質。酸や塩など。

**てんかいず【展開図】**（名）〔数〕立体を切り開いて、平面上にひろげた図形。

**てんかいっぴん【天下一品】**（名）この世に一つしかないほどすぐれていること。「この店のおすしは―だ」

**てんかく【点画】**（名）漢字を形づくる点と線。

**てんがく【転学】**（名・自スル）学生・生徒が他の学校・学部へ移ること。類転校

**でんがく【田楽】**（名）❶平安時代から行われた田植え祭りのおどりの一種。また、それから発達した音楽をともなう芸術的なおどり。❷（「田楽豆腐《どうふ》」の略）豆腐をくしざしにし、みそをぬって焼いた食べ物。

**てんかん【転換】**（名・自他スル）それまでの方向・方針・傾向《けいこう》などが別のものに変わること。また、変えること。「戦術を―する」「気分の―をはかる」「場面―」

**てんかん【△癲△癇】**（名）〔医〕発作《ほっさ》的にけいれんや意識障害などをおこす病気。

**てんがん【点眼】**（名・自他スル）目に目薬をさすこと。「―薬」

**てんがんきょう【天眼鏡】**（名）柄《え》がついた、大形の凸《とつ》レンズ。占《うらな》い師や人相見がよく使う。

**てんき【天気】**（名）❶空のようす。空模様。「―がいい」「―予報」類天候。❷空が晴れていること。「―が続く」❸人のきげんのたとえ。「お―屋」

**ことばの移り変わり**

**「中性からプラスまたはマイナスへの変化」**

意味変化のパターンの一つに、中性からプラスまたはマイナスへの変化というものがある。「天気」「評判」は「―がいい・悪い」のどちらでも使うという点で中性だが、「今日は天気だ」「世間で評判の映画」と言えば、「いい天気」「いい評判」というプラスの意味になる。

一方、「言語道断」は古くは「（良くも悪くも）言葉では言い表せないほどであること」という意であったが、今日では「言葉で言い表せないほど悪いこと」の意味でしか使わない。「差別」も本来は単に「区別」の意味だったが、今日では「人種差別」「性差別」など「正当な理由のない区別」というマイナスの意味で使う。ただ、「差別化」という派生語の場合はそのような要素がなく、本来の意味で使われている。

**てんき【転記】**（名・他スル）書いてあることを別のところに書き写すこと。「―ミス」

**てんき【転機】**（名）物事が大きく変わる機会・きっかけ。変わりめ。「人生の―」「これを―として」

**てんぎ【転義】**（名）もとの意味から転じた別の意味。

**でんき【伝奇】**(名) めずらしく、ふしぎな話。ふつうにはありそうもない怪奇《かいき》な物語。「—小説」

**でんき【伝記】**(名) ある人の一生のことがらを述べた記録。「エジソンの—」

**でんき【電気】**(名) ❶〔物〕電荷の移動などによって生じるいろいろな物理現象のもととなるもの。たとえば、ガラス棒を絹でこすると紙など軽いものを引きつけるが、このような現象を起こさせるもと。❷「電灯」のこと。「—を消す」

**でんき【電器】**(名) 電気で動く器具。電気器具。「—店」

**でんき【電機】**(名) 電力で動かす機械。電気機械。「—メーカー」

**てんきあめ【天気雨】**(名) 日がさしているのに降る雨。きつねの嫁《よめ》入り。

**テン-キー**〔和製英語〕(名) コンピューターのキーボードのうち、0から9までの数字と＋や－などの記号を入力するために並べられたキー。▽ten と key から。

**でんきじどうしゃ【電気自動車】**(名) 電池を動力源にした自動車。EV。

**てんきず【天気図】**(名)〔天〕ある時刻の各地の気圧・風力などを線や記号で地図の上に示したもの。

**でんきスタンド【電気スタンド】**(名) 机の上などに置く、台つきの電灯。▽スタンドは、英 stand

**でんきていこう【電気抵抗】**(名)〔物〕電流の流れにくさの度合いを示すあたい。単位はオーム(Ω)。

**でんきぶんかい【電気分解】**(名・他スル)〔化〕電流を通して、物質の成分を分けること。電解。

**てんきゅう【天球】**(名)〔天〕地球上の観測者を中心として、天空を想像の上で球面として表したもの。

**でんきゅう【電球】**(名) 電流を通すと発光するものを入れた、真空のガラスのたま。電灯のたま。

**てんきょ【典拠】**(名) ある表現のたしかなよりどころ。正しい根拠《こんきょ》。「—を示す」類出典《しゅってん》

**てんきょ【転居】**(名・自スル) 住居を変えること。ひっこし。「—の通知を出す」「—先」類転宅

**てんぎょう【転業】**(名・自スル) 職業・商売を変えること。類転職

**でんきょく【電極】**(名)〔物〕電流を流すとき、電気が出たりはいったりする部分。陽極と陰極《いんきょく》。

**てんきよほう【天気予報】**(名) 天気図などにもとづいて天気の変化を予想し、前もって知らせること。

**でんきろ【電気炉】**(名) 電気の熱を利用し、高温で金属をとかす炉。製鉄などに用いる。

**てんきん【転勤】**(名・自スル) 同じ会社・官庁などで、勤務地が変わること。「大阪に—する」類転任

**てんく【転句】**(名) 漢詩で、絶句の第三句。⇒きしょうてんけつ

**てんぐ【天△狗】**(名) ❶想像上の怪物《かいぶつ》。山の奥《おく》にすみ、鼻が高く顔が赤く、羽うちわを持ち、空中を飛ぶという。❷得意になること。また、その人。

(てんぐ①)

**天狗になる** 得意になる。いい気になる。「ちょっと頭がいいと思って天狗になっている」

**てんくう【天空】**(名) 果てしなく広がっている空。大空。「—をあおぎみる」

**てんぐさ【天草】**(名) テングサ科の紅藻《こうそう》。浅い海の岩石につく。ところてん・寒天の原料。ところてんぐさ。まくさ。

(てんぐさ)

**でんぐりがえし【でんぐり返し】**(名) ❶地面に手をついて、前またはうしろに一回転して起きること。❷ものの位置や状態がさかさまになること。

**てんけい【天恵】**(名) 天からあたえられるめぐみや助け。「豊かな—」

**てんけい【天啓】**(名) 神が人間に真理を教え示すこと。神の啓示。「—を受ける」

**てんけい【典型】**(名) 同類のものの中で、その特色を最もよく表しているもの。…的「典型的な学者」

**てんけい【点景・添景】**(名) 風景画・写真などで、趣《おもむき》を出すためにそえられる人・動物など。

**でんげき【電撃】**(名) ❶電流をからだに通したときに受けるはげしい衝撃《しょうげき》。❷いなずまのように突然《とつぜん》はげしく攻撃《こうげき》や行動をすること。「—作戦」「—結婚《けっこん》」…的「電撃的なデビュー」

**てんけん【点検】**(名・他スル) 異常や誤りがないか一つ一つ検査すること。「電気器具の—をする」

**でんげん【電源】**(名) ❶電力を起こし供給するみなもと。発電所など。「—開発」❷電気を取り入れる口。電気コードのさしこみ口など。「—を切る」

**てんこ【点呼】**(名・他スル) 一人一人名を呼んで、人員がそろっているかを確かめること。「—をとる」

**てんこう【天候】**(名) ある期間の天気の状態。空模様。「—にめぐまれる」「—不順」類天気

**てんこう【転向】**(名・自スル) ❶方向や立場などをそれまでと変えること。「投手から外野手に—する」類転身。❷権力機関の強制などにより、共産主義者・社会主義者などが、その思想を放棄《ほうき》すること。

**てんこう【転校】**(名・自スル) 児童・生徒が、ある学校からよその学校へ移ること。「—生」類転学

**でんこう【電光】**(名) ❶いなずま。いなびかり。❷電灯の光。「—掲示板《けいじばん》」

**でんこうせっか【電光石火】**(名) ❶ひじょうに短い時間。❷すばやい行動のたとえ。「—の早わざ」

**でんこうニュース【電光ニュース】**(名) たくさんの電球の点滅《てんめつ》によって文字を表して、通行人などにニュースを知らせる装置。▽ニュースは、英 news

**てんこく【△篆刻】**(名) 木・石・金などはんこの材料に、文字を彫《ほ》ること。参考主として篆書体《てんしょたい》を用いることからいう。

**てんごく【天国】**(名) ❶天上にあって人の死後に魂《たましい》が行くとされる神の世界。❷心配や苦しみのない理想的な環境《かんきょう》。楽園。「あの国は芸術家の—だ」「歩行者—」(対地獄《じごく》)

**てんこもり【てんこ盛り】**(名) 食べ物を器《うつわ》にたくさん盛ること。「ご飯を丼《どんぶり》に—にする」類山盛り

**でんごん【伝言】**（名・他スル）人にたのんで用事を伝えること。また、そのことば。ことづて。ことづけ。「おじの—を母に伝える」
**でんごんばん【伝言板】**（名）駅などにある、ことづけを書く黒板。
**てんさい【天才】**（名）生まれつき備わっている、人よりとびぬけてすぐれた才能。また、その才能をもった人。「—画家」…的「天才的な歌唱力《かしょうりょく》」
**てんさい【天災】**（名）自然の力によっておこる災害。台風・地震《じしん》・落雷《らくらい》など。「—は忘れたころにやってくる」対人災
**てんさい【転載】**（名・他スル）書物などですでに発表された文章や絵、写真などを、そのまま別の印刷物にのせること。「無断—を禁じる」
**てんさい【てん菜】**『△甜菜』（名）《植》ヒユ科の越年草《えつねんそう》。寒い地方に作られ、根の液から砂糖をとる。さとうだいこん。ビート。
**てんざい【点在】**（名・自スル）あちらこちらに散らばってあること。「農家が—している」類散在
**てんさく【添削】**（名・他スル）他人の詩歌《しいか》・文章・答案などを、けずったり書き加えたりしてなおすこと。「英作文を—する」「通信—」
**でんさんき【電算機】**（名）「電子計算機」の略。
**てんし【天子】**（名）皇帝《こうてい》や天皇をさす古いことば。
**てんし【天使】**（名）❶キリスト教などで、神の使いとして人間界につかわされたもの。エンゼル。❷やさしくいたわってくれる人。「白衣の—（=女性看護師のこと）」
**てんし**『展△翅』（名・他スル）昆虫《こんちゅう》などの標本を作るとき、その羽を広げて固定すること。「—板」
**てんじ【点字】**（名）目の見えない人が指先でさわりながら読めるように、紙の表面にうき出した六つの点を組み合わせて文字としたもの。
**てんじ【展示】**（名・他スル）商品や作品などを数多くならべて人びとに見せること。「—会場」
**でんし【電子】**（名）❶《物》原子をつくっている素粒子《そりゅうし》の一つ。原子核《げんしかく》のまわりを回っていて、負の電気をもつひじょうに軽く小さいつぶ。エレクトロン。❷電子工学やコンピューター技術を利用していることを表す語。「—音《おん》」「—機器」
**でんじ【田地】**（名）→でんち（田地）
**でんじ【電磁】**（名）《物》電気・磁気がともに作用すること。「—気」
**でんしオルガン【電子オルガン】**（名）《音》電気回路を使って、いろいろな音色を出すことのできるオルガン。▽オルガンは、ポルトガル orgão、英 organ
**でんしか【電子化】**（名・自スル）文書や画像などをデジタルデータに変えること。「書類を—する」
**てんじく**『天△竺』（名）❶インドのことを、中国や日本で呼んだ古い言い方。❷（「天竺木綿《てんじくもめん》」の略）シーツや裏地に使う、地の厚いもめん。
**てんじくねずみ**『天△竺△鼠』（名）《動》→モルモット①
**でんしけいさんき【電子計算機】**（名）→コンピューター
**でんしけんびきょう【電子顕微鏡】**（名）《物》光線のかわりに電子線を使った顕微鏡。ひじょうに小さいものを見るときに使い、数十万倍に拡大することができる。
**でんしこうがく【電子工学】**（名）電子についての研究とその応用に関する学問。半導体などを用いるテレビ・コンピューターなど多方面に応用される。エレクトロニクス。
**でんしじしょ【電子辞書】**（名）複数の辞書・事典の内容を収録した携帯《けいたい》用のコンピューター機器。
**でんじしゃく【電磁石】**（名）《物》軟鉄《なんてつ》にコイルをまいたもの。電流を流すと、軟鉄は磁石とまったく同じ働きをする。発電機・スピーカーなどに利用される。
**でんししょせき【電子書籍】**（名）書籍の内容をデジタルデータに変換《へんかん》して、コンピューターや携帯端末《けいたいたんまつ》で読めるようにしたもの。
**でんしずのう【電子頭脳】**（名）コンピューターによる記憶《きおく》装置。また、コンピューターのこと。
**でんじは【電磁波】**（名）《物》電界と磁界の変化が空間を波動として伝わっていくもの。電波・光・エックス線・ガンマ線など。
**てんじブロック【点字ブロック】**（名）目の不自由な人が安全に歩けるよう、歩道や駅のプラットホームなどに敷《し》いた点状や線状の突起《とっき》がついたブロック。▽ブロックは、英 block
**でんしマネー【電子マネー】**（名）デジタルデータ化された通貨。ICカードやインターネット上に情報を記録して、決済を行う。▽マネーは、英 money
**でんしメール【電子メール】**（名）コンピューターのネットワークを利用して情報を伝達する通信システム。Eメール。▽メールは、英 mail
**てんしゃ【転写】**（名・他スル）文字や図形などをほかのものから写し取ること。コピー。「原本を—する」
**てんじゃ【点者】**（名）和歌・俳句・川柳《せんりゅう》などで、批評して点をつけ、その優劣《ゆうれつ》を決める人。判者《はんじゃ》。
**でんしゃ【電車】**（名）電力によって線路の上を走り、客や貨物を運ぶ乗り物。
**てんじゃう**〔殿上《テンジョウ》〕（名）古語❶（「殿上の間《ま》」の略）宮中の清涼殿《せいりょうでん》にあった、殿上人《てんじょうびと》の詰め所。「『いざいざ、これまづ—に行きて語らむ』とて」〈枕草子《まくらのそうし》〉訳「さあさあ、これをまず殿上の間に行って話そう」と言って。❷殿上の間や紫宸殿《ししんでん》にのぼることを許されること。❸「殿上人《てんじゃうびと》」の略。
**てんじゃうびと**〔殿上人《テンジョウビト》〕（名）古語清涼殿《せいりょうでん》の殿上の間《ま》にのぼることを許された人。「—、地下《ちげ》なるも陣《ぢん》に立ちそひて見るも、いとねたし」〈枕草子《まくらのそうし》〉訳殿上人も、昇殿《しょうでん》の許されない人までも陣屋《じんや》のそばに立って見ているのもひどくいまいましい。
**てんしゅ【天主】**（名）キリスト教で、天にいる神。
**てんじゅ【天寿】**（名）人が天からさずかった寿命。「—をまっとうする（=長生きをして死ぬ）」類天命
**てんじゅ【天授】**（名）天からさずかること。さずかったもの。また、生まれつきそなわっているもの。「—の才」
**でんじゅ【伝授】**（名・他スル）その道のわざや教えなどを伝えさずけること。「秘伝を—する」
**でんしゅう【伝習】**（名・他スル）学問・技術などを、学び習うこと。また、それを伝え教えること。

**てんしゅかく【天守閣】**（名）城の中心部に、ほかよりも特に高く築かれた物見やぐら。天守。

（てんしゅかく）

**てんしゅきょう【天主教】**（名）カトリックの古い言い方。

**てんしゅつ【転出】**（名・自スル）❶ほかの地方に住むため、いままで住んでいた所を去ること。「―届」対転入。❷ほかの地方や職場へ転任すること。「本社から支社へ―する」

**てんしょ【添書】**（名）❶使いの者に持たせたり、贈《おく》り物などに添《そ》えたりする手紙。添え状。❷紹介《しょうかい》状。

**てんしょ【△篆書】**（名）漢字の書体の一つ。楷書《かいしょ》・隷書《れいしょ》のもとになった形。⇩書体〈図〉

**てんしょう【転生】**（名・自スル）→てんせい（転生）

**てんじょう【天上】**（名）❶空。❷空の上にあるという世界。天上界。「―の神々」

**てんじょう【天井】**（名）❶屋根裏をかくしたり、部屋を保温したりするために、部屋の上部に張った板。対床《ゆか》。❷物の内部のいちばん高い所。「―桟敷《さじき》（＝劇場後方の高い位置にある安い席）」❸相場や物価などの最高の値段。

**天井知《し》らず** 物価などが上がり続けて、どこまで上がるかわからないこと。

**てんじょう【天壌】**（名）天地。あめつち。「―無窮《むきゅう》（＝天地と同じように永久に続くこと）」

**てんじょう【添乗】**（名・自スル）旅行会社などの人が旅行につきそい、世話や案内をすること。「―員」

**でんしょう【伝承】**（名・他スル）古くからの信仰《しんこう》・風習・物語・言い伝えなどを、受けついで伝えてゆくこと。また、伝えられたことがら。「民間―」

**てんじょうがわ【天井川】**（名）《地》堆積《たいせき》作用のため、川底が両側の土地よりも高くなっている川。

**てんじょうてんげゆいがどくそん【天上天下唯我独尊】**→ゆいがどくそん

**てんじょうびと【殿上人】**古語→てんじゃうびと

**てんしょく【天職】**（名）天からさずかった仕事。自分の生まれつきの能力・性質にふさわしい職業。

**てんしょく【転職】**（名・自スル）職業を変えること。「―の機会」類転業

**でんしょく【電飾】**（名）→イルミネーション

**でんしょばと【伝書ばと】**〖伝書△鳩〗（名）（もとの巣《す》に帰るはとの性質を利用して）はなれた土地から通信文を運ばせるように訓練したはと。

**テンション**〔英 tension〕（名）❶精神的な緊張《きんちょう》感。高揚《こうよう》した状態。転じて、士気。「試合に向けて―が高まる」❷《物》力学で、張力。引っ張る力。

**てん・じる【転じる】**（自他上一）｛ジ・ジ・ジル・ジル・ジレ・ジロ（ジヨ）｝方向・ありさまなどを変える。また、変わる。「強気に―」「話題を―」

**てん・じる【点じる】**（他上一）｛ジ・ジ・ジル・ジル・ジレ・ジロ（ジヨ）｝❶火をともす。あかりをつける。「電灯を―」❷しずくをたらす。「目薬を―」❸茶をたてる。「茶を―」❹点を打つ。特に、漢文に訓点をつける。

**でんしレンジ【電子レンジ】**（名）マイクロウエーブを利用した加熱調理器具。▽レンジは、英 range

**てんしん【天心】**（名）空のまん中。中天。「月が―にのぼる」

**てんしん【天真】**（名）生まれつきのまま自然でかざりけがなく、むじゃきなこと。「―爛漫《らんまん》」

**てんしん【点心】**（名）❶中華料理で、軽い食べ物や菓子《かし》。❷茶うけの菓子。おやつ。

**てんしん【転身】**（名・自スル）身分・職業を変えること。また、考え方や生活の方針を変えること。「政治家に―する」類転向

**てんしん【転進】**（名・自スル）進む方向を変えること。

**てんじん【天神】**（名）❶天の神。❷菅原道真《すがわらのみちざね》を祭った天満宮《てんまんぐう》。また、菅原道真のこと。

**でんしん【電信】**（名）電流・電波を利用した通信。文字や写真などを電気信号に変えて送り、受け取り側で復元する。

**でんしんき【電信機】**（名）電信に使われる機械。

**でんしんばしら【電信柱】**（名）空中に張られた電気・電話などの送電線をささえる柱。電柱。

**てんしんらんまん【天真△爛漫】**（名・形動ダ）ことばや行いにいつわりやかざりけがなく、自然でむじゃきなこと。「―な性格」

**テンス**〔英 tense〕（名）《文法》→じせい（時制）

**てんすい【天水】**（名）天から降った水。雨水《あまみず》。「―おけ」

**てんすう【点数】**（名）❶試験などで、どのくらいできたかを表す得点の数。「―をつける」「―が上がる」❷品物の数。「出品―」

**点数を稼《かせ》ぐ** 相手に気に入られるようにして自分の評価を上げる。

**てん・ずる【転ずる】**（自他サ変）｛ジ（ゼ）・ジ・ズル・ズル・ズレ・ジロ（ゼヨ）｝→てんじる（転じる）

**てん・ずる【点ずる】**（他サ変）｛ジ（ゼ）・ジ・ズル・ズル・ズレ・ジロ（ゼヨ）｝→てんじる（点じる）

**てんせい【天成】**（名）❶物事の状態が、人の力によらないで自然にできあがっていること。「地形が―の要害になっている」❷生まれつきのものであること。「―の詩人」⇩てんせい（天性）「学習」

**てんせい【天性】**（名）天からさずかった性質。生まれつきの性質。「―のおおらかさ」類資質

> **学習 使い分け**　「天成」「天性」
>
> **天成**　人力を加えずに自然にそうなっていること。「天成のとりで」「天成の景観」「天成の画家」
>
> **天性**　生まれつき備わっている性質。「天性の器用さ」「天性の楽天家」「天性を生かす」
>
> ◆「生まれつき」という意味ではどちらも使われるが、「性質」の意味がはいると「天性」しか使わない。

**てんせい【展性】**（名）《物》たたいたりなどして圧力を

加えるとうすく広がる金属の性質。金・銀・銅などはこの性質が強い。⇩えんせい(延性)

**てんせい【転生】**(名・自スル)次の世で別の形に生まれ変わること。輪廻《りんね》。てんしょう。

**てんせい【転成】**(名・自スル)❶性質の違《ちが》う他のものに変化すること。❷〘文法〙語の意味・用法が転じて、他の品詞に変化すること。動詞「泳ぐ」から名詞「泳ぎ」への変化など。

**てんせき【典籍】**(名)書籍。書物。本。

**てんせき【転籍】**(名・自スル)本籍や学籍をほかに移すこと。「―届」類移籍

**でんせつ【伝説】**(名)むかしから言い伝えられてきた話。言い伝え。「―上の人物」「人魚―」…的「伝説的な英雄《えいゆう》」

**てんせん【点線】**(名)点が線のようにつながっているもの。

**てんせん【転戦】**(名・自スル)戦争やスポーツの試合などで、あちこちと場所を変えて戦うこと。

**でんせん【伝染】**(名・自スル)❶病原体が、病人からほかの人の体内に侵入《しんにゅう》して、同じ病気になること。…性「伝染性のある病気」❷ある状態や傾向《けいこう》などがほかにうつって、同じようになること。「あくびが―する」

**でんせん【伝線】**(名・自スル)女性のストッキングなどが線状に長くほころびること。

**でんせん【電線】**(名)電気を通すための金属の線。

**でんせんびょう【伝染病】**(名)〘医〙病原体が人から人へとうつりやすい病気。

**てんそう【転送】**(名・他スル)送られてきたものを、そのままほかへ送ること。「電話を―する」

**でんそう【伝送】**(名・他スル)順ぐりに伝え送ること。「命令を―する」

**でんそう【電送】**(名・他スル)写真・文字などを電波・電流を使って遠くへ送ること。

**でんそうしゃしん【電送写真】**(名)写真や絵を電気信号に変えて遠くに送る方法。

**てんそく【天測】**(名)今いる場所の経度・緯度《いど》を知るために、六分儀《ろくぶんぎ》などで天体の位置をはかること。

**てんそく【纏足】**(名)むかしの中国の風習で、幼女の足に布を固くまきつけ、足が大きくならないようにしたこと。また、その足。

**てんぞく【転属】**(名・自他スル)所属が変わること。また、所属を変えること。

**てんたい【天体】**(名)〘天〙太陽・月・星・地球など宇宙にある物体をまとめていう呼び名。「―観測」

**てんだいしゅう【天台宗】**(名)〘仏〙仏教の宗派の一つ。平安時代の初期、最澄《さいちょう》(伝教大師《でんぎょうだいし》)によって日本に広められた。

**てんだいのふで【椽大の筆】**(名)たるき(=棟《むね》から軒《のき》にわたす木)のように大きな筆。転じて、堂々としてすぐれた大文章。

故事 晋《しん》の王珣《おうじゅん》が、たるきのように大きな筆を人からもらった夢を見て、「これは大いに筆をふるうことがあるにちがいない」と思っていたら、はたして武帝《ぶてい》が死去したので、その弔辞《ちょうじ》や贈《おく》り名などを書くことになったことからいう。〈晋書《しんじょ》〉

**てんたいぼうえんきょう【天体望遠鏡】**(名)星や月など、天体を観測するための望遠鏡。

**てんたく【転宅】**(名・自スル)ひっこし。類転居

**でんたく【電卓】**(名)(「電子式卓上計算機」の略)電子回路を使った小型の計算機。

**でんたつ【伝達】**(名・他スル)命令や連絡《れんらく》などを伝えること。「きょうの―事項《じこう》」「意思―」

**デンタル**〔英 dental〕(名)「歯の」「歯科の」という意を表す。「―クリニック(=歯科医院)」

**てんたん【恬淡】**(トタル)欲がなく物事にこだわらないようす。「無欲―」「―とした態度」

**てんち【天地】**(名)❶天と地。❷宇宙。「―創造」❸人間が生きる場所。世の中。「新―を求める」❹本や荷物などの上下。「―無用」

**てんち【転地】**(名・自スル)病気などをなおすため、よその土地に移り住むこと。「―療養《りょうよう》」

**でんち【田地】**(名)田となっている土地。田。「―田畑《でんばた》」参考「でんじ」とも読む。

**でんち【電池】**(名)化学反応を利用して、電流をおこすようにした装置。乾電池《かんでんち》・蓄電池《ちくでんち》など。

**てんちかいびゃく【天地開闢】**(名)世界のできはじめ。天地の開けはじめ。「―以来の大事件」

**でんちく【電蓄】**(名)(「電気蓄音機」の略)レコードの回転や音の増幅《ぞうふく》などを電気の力によって行う蓄音機。

**てんちむよう【天地無用】**(名)荷物などの上下をさかさまにするな、という意味の注意書き。

**てんちゃ【点茶】**(名)抹茶《まっちゃ》をたてること。

**てんちゅう【天誅】**(名)天のくだす罰《ばつ》。また、天に代わって悪人をこらしめること。「―をくだす」類天罰

**てんちゅう【転注】**(名)漢字の六書《りくしょ》の一つ。漢字の本来の意味をほかの意味に変えて用いること。たとえば、「悪《あく》(=わるい)」はだれでもにくみきらうので「にくむ」の意に用いて、「お」と読むたぐい。

**でんちゅう【殿中】**(名)御殿《ごてん》の中。特に、江戸《えど》時代、将軍のいる所をいう。

**でんちゅう【電柱】**(名)空中にはった電線をささえる柱。電信柱《でんしんばしら》。

**てんちょう【天頂】**(名)❶てっぺん。いただき。❷〘天〙観測する人のまうえの天球上の点。天文天頂。

**てんちょう【転調】**(名・自他スル)〘音〙曲の進行中、調子を他の調子に変えること。また、変わること。

**てんで**(副)はじめから問題にならない意を表す。ぜんぜん。まるっきり。まるで。「―なってない」使い方 あとに「ない」「ません」などの打ち消しのことばがくる。

**てんてい【天帝】**(名)ユダヤ教やキリスト教などで、天地を支配する神。造化の神。ヤハウェ。

**てんてい【点綴】**(名・自他スル)❶散らばっているものをうまく結びつけること。❷ほどよく散らばっていること。「湖畔《こはん》に―する家」参考「てんてつ」ともいう。

**てんてき【天敵】**(名)ある生物にとって、害敵となる生物。たとえば、昆虫《こんちゅう》に対する小鳥などの類。

**てんてき【点滴】**(名)❶しずく。特に、あまだれ。❷〘医〙静脈注射の一種。つるした容器にはいった薬

液や血液などを、注射針を通して少しずつ病人のからだに送りこむもの。

**点滴石《いし》を穿《うが》つ** 一滴《いってき》ずつ落ちるしずくでも、長い間には石に穴をあけてしまうように、どんな小さな力でも根気よく努力すれば、成功をおさめることができるというたとえ。類雨垂《あまだ》れ石を穿《うが》つ

**てんてこまい【てんてこ舞】**〘×天手古・舞〙(名・自スル) ひじょうにいそがしくて落ち着くひまのないこと。「―のいそがしさ」「仕事がたてこんで―する」

**てんてつき**〘転△轍機〙(名) 鉄道で、線路を切りかえて車両をほかの線路に移すために、線路の分かれ目にとりつけてある装置。ポイント。

**てんでに** (副)(「手に手に」の変化したもの)めいめいが思い思いに。各自。「―かってを言う」

**てんてん【点点】** 一 (名) 散らばっている点。斑点《はんてん》。二 (副)(多く「てんてんと」の形で)点を打ったようにあちこちに散らばっているようす。「家が―とある」

**てんてん【転転】** (副・自スル) ❶つぎつぎと移ってゆくようす。「―(と)住居を変える」❷ころがってゆくようす。「球が外野を―(と)する」

**でんでんだいこ【でんでん太鼓】** (名) 柄《え》のついた張り子の小太鼓の左右に鈴《すず》や玉のついた糸をたらし、振《ふ》ると鳴るようにしたおもちゃ。

**てんでんばらばら** (形動ダ)〔ダロ・ダッ(デ・ニ)・ダ・ナ・ナラ・○〕 各人が自分かってに行動するようす。「―な発言」

**てんてんはんそく**〘△輾転反側〙(名・自スル) 悩《なや》み事などでねむれず、何度も寝返《ねがえ》りをうつこと。

**でんでんむし【でんでん虫】** (名)〘動〙→かたつむり

**テント**〔英 tent〕(名) 屋外で日光・雨・風・寒さなどをふせぐために、支柱をたて、厚い布で家の形につくったもの。また、その布。天幕。「―を張る」

**でんと** (副) 人が腰《こし》をすえて動かないようす。「―かまえる」

**てんとう【天道】** (名) ❶天地を支配する神。❷太陽。「お―さま」

**てんとう【店頭】** (名) 店の前のほう。みせさき。「新製品が―に並《なら》ぶ」

**てんとう【点灯】** (名・自スル) あかりをつけること。対消灯

**てんとう【転倒】**〘△顛倒〙一 (名・自他スル) 位置や順序などがさかさになること。さかさにすること。「主客―」二 (名・自スル) ❶ころんでたおれること。ひっくりかえること。「つまずいて―する」❷あわてうろたえること。「気が―する」

**てんどう【天道】** (名) ❶天地自然の道理。❷〘天〙星や月など天体の動いていく道すじ。

**でんとう【伝統】** (名) ある社会や集団で代々伝えられ形作られてきた独特の風習・傾向《けいこう》・様式・しきたりなど。「―ある学校」「―行事」「野球部の―」

**でんとう【電灯】** (名) 電球に電流を通すなどして、電気によって光を出させるもの。「―をつける」

**でんどう【伝道】** (名・自スル) おもにキリスト教で、教えを人びとに伝えひろめること。布教。「―師」

**でんどう【伝導】** (名・自他スル)〘物〙物体内を熱や電気が伝わっていくこと。また、その現象。「―体」

**でんどう【殿堂】** (名) ❶大きくてりっぱな建物。「白亜《はくあ》の―」「美の―」また、ある分野のすぐれたものが集められる建物。「―入り」❷神仏をまつる建物。

**でんどう【電動】** (名)〘物〙電気で動かすこと。電気を動力とすること。「―ミシン」「―式」

**でんどうき【電動機】** (名) 電力によって回転をおこし、動力を出す機械。モーター。

**てんどうせつ【天動説】** (名)〘天〙地球は宇宙の中心にあり、月や星がその周囲を回るという考え。天文学の発達により否定された。対地動説

**でんとうてき【伝統的】** (形動ダ)〔ダロ・ダッ(デ・ニ)・ダ・ナ・ナラ・○〕 様式や傾向《けいこう》・風習・しきたりなどが、むかしからずっと伝えられてきているようす。「―な工芸品」

**てんとうむし**〘天道虫〙(名)〘動〙テントウムシ科の昆虫《こんちゅう》の一群の総称《そうしょう》。背中が半球形の甲虫《こうちゅう》で、背面に赤や黒や黄色のまるいもようがある。

(てんとうむし)

**てんどん【天丼】** (名)(「天ぷら丼《どんぶり》」の略)ご飯の上に天ぷらを具としてのせた丼。

**てんにゅう【転入】** (名・自スル) ❶よその土地から移ってきて、その土地に住むこと。対転出。❷他校から移ってきて、その学校に入学すること。転入学。

**てんにょ【天女】** (名) 天上に住むといわれる美しい女性。また、すばらしい女性のたとえ。てんじょ。

**てんにん【天人】** (名) 天上に住み、人間にはない力をもつといわれる人。ふつう、天女をさす。

**てんにん【転任】** (名・自スル) 一つの組織内で、職務や勤務の場所が変わること。類転勤

**でんねつ【電熱】** (名) 電流が電気抵抗《ていこう》のあるところを流れるときにおこる熱。

**でんねつき【電熱器】** (名) ニクロム線などに電流を通したときに発する熱を利用した器具。電気こんろ・電気がま・電気ごたつなどがある。

**てんねん【天然】** (名) 人の手が加わらない自然のままの状態。自然。「―の資源」「―林」対人造

**てんねんガス【天然ガス】** (名) 地下からふき出す燃える気体。燃料などに利用する。▽ガスは、オランダ・英 gas

**てんねんきねんぶつ【天然記念物】** (名) 貴重な動物・植物・鉱物などで、それが絶えてしまうのをふせぐため、法律によって保護されているもの。

**てんねんしょく【天然色】** (名) ❶すべてのものにそなわっている自然のままの色。❷映画などで、自然のままの色を再現したもの。「総―」

**てんねんとう【天然痘】** (名)〘医〙感染症《かんせんしょう》の一つ。高い熱が出てひふにふきでものができ、あとがあばたになって残る。ウイルスが病原体。種痘《しゅとう》によって予防できる。現在は絶滅《ぜつめつ》。痘瘡《とうそう》。疱瘡《ほうそう》。

**てんのう【天皇】** (名) ❶日本国と日本国民統合の象徴《しょうちょう》としての地位。憲法の定める国事行為《こうい》を行い、国政に関する権能《けんのう》はもたない。❷その世界で絶対的な権力をもつ人。「映画界の―」

**でんのう【電脳】** (名) 中国語で「コンピューター」のこ

と。「―空間」

**てんのうざん【天王山】**（名）勝敗や運命の分かれ目となる大事なとき。「優勝争いの―」〔参考〕明智《あけち》光秀《みつひで》と戦った豊臣《とよとみ》秀吉《ひでよし》が、京都の西にある天王山を占領《せんりょう》したことによって勝利を決めたことから出たことば。

**てんのうせい【天王星】**（名）《天》太陽系の惑星《わくせい》の一つ。太陽から数えて七番目。

**てんのうせい【天皇制】**（名）天皇が君主として存在し、国を統治《とうち》する体制。

**てんのうたんじょうび【天皇誕生日】**（名）国民の祝日の一つ。天皇の誕生を祝う日。二月二三日。

**てんば【天馬】**（名）天上界にいてつばさをもち、空をかけるという馬。ギリシャ神話のペガサス。

**天馬空《くう》を行《ゆ》く**　自由自在に活躍《かつやく》する。何物にもじゃまされないで思うままに進んでゆくことのたとえ。

**でんば【電場】**（名）《物》→でんかい

**でんぱ【伝△播】**（名・自スル）❶伝わり広まっていくこと。「文明の―」❷《物》波の動きが広がること。

**でんぱ【電波】**（名）《物》電磁波のうち赤外線より波長が長いもの。特に電気通信に使われるもの。

**てんばい【転売】**（名・他スル）買った物をまた他に売ること。またうり。「土地を―する」

**テンパイ**〔中国 聴牌〕（名）麻雀《マージャン》で、あと一つ必要なパイ（ゲームのこま）がくれば上がりとなる状態。

**でんぱた【田畑】**（名）田とはたけ。たはた。

**でんぱたんちき【電波探知機】**（名）→レーダー

**てんばつ【天罰】**（名）天の神から受ける罰。悪事の結果としてしぜんに身に受けるもの。「―てきめん（＝悪いことをすると、天罰がすぐにあらわれること）」

**てんぴ【天日】**（名）太陽の光・熱。「―に干す」

**てんぴ【天火】**（名）電気やガスの熱を上下から加えて、食品をむし焼きにする調理用の器具。オーブン。

**てんびき【天引き】**（名・他スル）人に支払《しはら》うおかねの中から、前もって決まった金額だけさし引くこと。「給料から前借り分を―する」

**てんびょう【点描】**（名・他スル）❶《美》線を使わず、細かい点で風景や人物などをえがくこと。また、その画法。「―画」❷物事や人物の特徴《とくちょう》をとらえて、簡単にえがき出すこと。「人物―」

**でんぴょう【伝票】**（名）会社・銀行・商店などで、おかねの出し入れや取り引きの内容を簡単に書きこみ、責任の所在などを明らかにする紙きれ。「発注―」

**てんびん【天△秤】**（名）❶《物》棒のまん中をささえ、両はしに皿をつるして、一方にはかる物を、他方におもりをのせて、重さをはかる器具。❷「てんびん棒」の略。

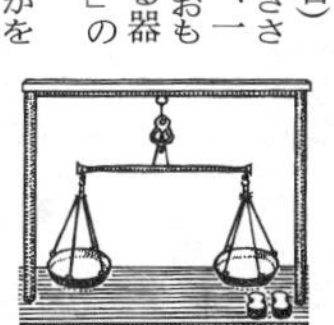
（てんびん①）

**天秤にかける**　どちらかを選ぼうとするとき、優劣《ゆうれつ》や損得などを比べる。

**てんぴん【天△稟】**（名）生まれつきの性質・才能。天分。

**てんびんぼう【てんびん棒】**『天△秤棒』（名）両はしに荷物をかけて、中央を肩《かた》にかつぐ棒。

**てんぶ【転部】**（名・自スル）自分の所属する部から、他の部へ移ること。

**てんぷ【天賦】**（名）天からさずかったもの。生まれつきそなわっていること。もちまえ。「―の才」〔類〕天与《てんよ》

**てんぷ【添付】**（名・他スル）関連する書類や資料などをそえること。「資料を―する」「―ファイル」

**てんぷ【貼付】**（名・他スル）→ちょうふ

**でんぶ【田△麩】**（名）魚肉を細かくほぐし、醬油《しょうゆ》やみりんなどで甘《あま》からく味をつけて煎《い》った食べ物。

**でんぶ【△臀部】**（名）人間や動物のしりの部分。

**てんぷく【転覆】**『△顚覆』（名・自他スル）❶車や船などがひっくり返ること。ひっくり返すこと。「脱線《だっせん》―」❷政府その他の大きな組織などがほろびること。また、ほろぼすこと。「政権の―をはかる」

**てんぶくろ【天袋】**（名）押《お》し入れや床《とこ》の間《ま》のわきの上部にある戸棚《とだな》。〔対〕地袋《じぶくろ》

**てんぷら**『×天婦羅・×天麩羅』（名）魚貝・野菜などに、小麦粉のころもをつけて、油であげた食べ物。

**テンプレート**〔英 template〕（名）❶図形や文字などがくり抜かれた製図用の定規《じょうぎ》。❷コンピューターのソフトで、文書作成などに使用するひな型。

**てんぶん【天分】**（名）生まれつきもっているりっぱな才能や性質。天稟《てんぴん》。「―をのばす」

**でんぶん【伝聞】**（名・他スル）人づてに伝え聞くこと。聞き伝え。「―するところでは」

**でんぶん【電文】**（名）電報の文句・文章。

**でんぷん【△澱粉】**（名）植物の根・茎《くき》・葉などにふくまれている炭水化物の一種。味もにおいもない白いこな。重要な栄養素で、米・いもなどに多い。

**テンペラ**〔英 tempera〕（名）顔料をにかわ・のりなどでねった絵の具。また、それでえがいた絵。水彩画と油絵の中間のもの。

**てんぺん【転変】**（名・自スル）物事の状態が移り変わること。「有為《うい》―」

**てんぺんちい【天変地異】**（名）天空と地におこる自然の異変。台風・地震《じしん》など。

**てんぽ【店舗】**（名）商売をするための建物。みせ。

**テンポ**〔イタリア tempo〕（名）❶物事が進むはやさ。調子。「はやい―で物語が進む」❷《音》リズムの速度。演奏のはやさ。

**てんぼう【展望】**（名・他スル）❶遠くまで広く見わたすこと。見晴らし。「―台」❷世の中のできごとや動きなどを広く見わたすこと。「政界―」

**でんぽう【伝法】**〔一〕（名・自スル）《仏》仏法（＝仏の教え）を受けつぎ教え伝えること。〔二〕（名・形動ダ）❶あらっぽいこと。また、その人。❷（女性が）勇み肌《はだ》であること。また、その人。〔参考〕「でんぼう」とも読む。

**でんぽう【電報】**（名）電信によって文字や文章を伝える通信。「―を打つ」

**デンマーク**〔Denmark〕〔地名〕北海につき出たユトランド半島と、その付近の群島からなる立憲君主国。首都はコペンハーゲン。

**てんまく【天幕】**（名）→テント

**てんません【○伝馬船】**（名）岸と本船の間を往復

して荷物を運ぶ木造の小船。船底は浅く、ふなべりが広い。

（てんません）

**てんまつ**『△顚末』（名）物事のはじめから終わりまでのいきさつ。一部始終。「事件の―を語る」

**てんまど**【天窓】（名）光を入れたり煙《けむり》を出したりするために屋根にあけた窓。

**てんめい**【天命】（名）❶天からあたえられた命《いのち》。「―が尽《つ》きる」類天寿《てんじゅ》。❷最初からきめられた運命。「人事を尽くして―を待つ」類宿命・天運

**てんめつ**【点滅】（名・自他スル）あかりをつけたり消したりすること。あかりがついたり消えたりすること。「警告ランプが―する」類明滅

**てんもうかいかいそにしてもらさず**『天網△恢△恢疎にして漏らさず』天が張りめぐらした網《あみ》は大きく、その目はあらいが、悪人をもらすことなくとらえる。悪いことをすれば、天罰《てんばつ》は必ずくだるというたとえ。（老子のことば）

**てんもん**【天文】（名）天体におこる現象。「―学」

**てんもんだい**【天文台】（名）天体の観測・研究を行う施設《しせつ》。

**でんや**【田野】（名）❶田と野。田畑と野原。のら。❷いなか。

**てんやく**【点訳】（名・他スル）ふつうの文字や文章を点字になおすこと。

**てんやもの**【店屋物】（名）飲食店に注文をして取りよせる食べ物。

**てんやわんや**（名・形動ダ）大勢の人がさわぎたててひじょうに混乱すること。「―の大さわぎ」

**てんゆう**『天△祐・天△佑』（名）天の助け。天助。

**てんよ**【天与】（名）天からあたえられたもの。生まれながらに持っているもの。「―の才能」類天賦《てんぷ》

**てんよう**【転用】（名・他スル）もとの目的とはちがったほかの用途《ようと》に使うこと。「資金を―する」

**てんらい**【天来】（名）天から来ること。人間にはできそうもないようなすばらしいこと。「―の妙音《みょうおん》」

**でんらい**【伝来】（名・自スル）❶先祖からずっと伝えられていること。「先祖―の宝物」❷外国から伝わってきたこと。「仏教の―」

**てんらく**【転落】（名・自スル）❶ころげおちること。「窓から―する」❷おちぶれること。「―の人生」❸堕落《だらく》すること。「悪の道に―する」

**てんらん**【天覧】（名）天皇がご覧になること。「―試合《じあい》」

**てんらんかい**【展覧会】（名）作品・制作物などをならべて、人びとに見せるもよおし。「美術―」

**でんり**【電離】（名・自スル）〔物〕（「電気解離」の略）❶原子や分子が電子を出したりとりいれたりしてイオンになること。❷酸・塩類などが水にとけたとき、その分子の一部分が陰《いん》と陽のイオンに分かれること。

**でんりそう**【電離層】（名）〔天〕地球をとりまいて、地球からの電波を反射する層。地球の表面から約六〇～数百《キロメートル》上空にある。電離圏《けん》。

**でんりゅう**【電流】（名）〔物〕電気の流れ。単位はアンペア（A）で表される。

**てんりょう**【天領】（名）❶天皇・朝廷《ちょうてい》の領地。❷江戸《えど》時代に幕府が直接おさめた領地。

**でんりょく**【電力】（名）〔物〕電流が決められた時間内にする仕事の量。単位はワット（W）で表される。

**てんれい**【典礼】（名）定まった儀式《ぎしき》。また、儀式をつかさどる役。

**でんれい**【伝令】（名）軍隊などで命令を伝えること。また、その役の人。「―を出す」

**てんれい**【典例】（名）よりどころとなる先例。

**でんれい**【電鈴】（名）電流で鳴る鈴《りん》。ベル。

**でんわ**【電話】㊀（名・自スル）相手と話をするために電話機を使うこと。また、そうして通話すること。「―をかける」㊁（名）（「電話機」の略）音波を電波・電流に変えてはなれた土地に送り、ふたたび音波にもどして話せるようにした装置。「携帯《けいたい》―」

**でんわこうかん**【電話交換】（名）話をしようとする人の電話線を相手の電話線につなぐこと。

## と　ト

**と**【土】→ど（土）

**と**【斗】 4画 斗0 音ト
、 ⺀ 三 斗
❶ひしゃく。ひしゃくの形をしたもの。◆北斗七星。❷容積の単位。一〇升《しょう》。◆斗酒◆四斗樽《しとだる》

**と**【斗】（名）尺貫《しゃっかん》法の容積の単位。升《しょう》の一〇倍。約一八《リットル》。「米一―」

**と**【吐】 6画 口3 音ト 訓はく
丨 口 口 口一 叶 吐
はく。口からはきだす。◆吐息・吐血・吐瀉《としゃ》・吐露《とろ》◆嘔吐《おうと》・反吐《へど》

**と**【図】→ず（図）

**と**【妬】 8画 女5 音ト 訓ねたむ
く 女 女一 女丆 妬 妬
ねたむ。やきもちをやく。◆妬心◆嫉妬《しっと》

**と**【度】→ど（度）

**と**【徒】 10画 彳7 小4 音ト
彳 彳十 彳土 彳牛 徉 徒
❶歩いて行く。◆徒行・徒歩。❷弟子《でし》。門人。学生。◆徒弟◆学徒・使徒・信徒・生徒・門徒。❸仲間。◆徒党◆逆徒・凶徒《きょうと》・博徒《ばくと》・暴徒。❹手に何も持たない。◆徒手。❺むだに。役に立たない。◆徒死・徒食・徒然・徒労

**と**【徒】（名）仲間。同類の人。「無頼《ぶらい》の―」

**と**【途】 10画 辶7 音ト
亼 今 佘 余 涂 途
みち。物事を行うすじみち。◆途上・途中・途方◆帰途・前途・中途・別途・方途・用途

**と**【途】（名）みち。みちすじ。「帰国の―につく」

**と**【都】 11画 阝8 小3 〔都〕 音ト・ツ 訓みやこ
一 土 耂 者 都 都
❶みやこ。◆旧都・古都・首都・遷都《せんと》・帝都《ていと》。❷大

きな町。◆都会・都市・都心。❸「東京都」の略。❹すべて。◆都合《つごう》・都度《つど》

**と【都】**（名）道・府・県とならぶ地方公共団体の一つ。東京都。「―の予算」

**と【渡】** 12画 氵9 音 ト 訓 わたる・わたす
❶わたる。川や海をこえて向こうへ行く。◆渡欧《とおう》・渡河・渡航・渡船・渡米・渡来。❷通りすぎる。すごす。◆渡世◆過渡期。❸他人の手へ移す。さずける。◆譲渡《じょうと》

**と【登】**→とう(登)

**と【塗】** 13画 土10 音 ト 訓 ぬる
❶ぬる。ぬりつける。◆塗装・塗布・塗料◆糊塗《こと》。❷どろにまみれる。◆塗炭◆泥塗《でいと》

**と【賭】** 16画 貝9 音 ト 高 訓 かける
かける。かけ。かけごと。ばくち。◆賭場《とば》・賭博《とばく》

**と【頭】**→とう(頭)

**と【戸】**（名）建物・部屋の出入り口や窓などにとりつけ、閉じたり開いたりする建具《たてぐ》。「―を開ける」

**と**『△砥』（名）刃物《はもの》をとぐために使う、といし。

**と** ㊀（格助）❶動作の相手・共同者を表す。…とともに。「母―出かける」❷比べる基準を表す。「音―同じ速度」❸たとえとなるものを表す。「手足―頼《たの》む弟子《でし》」❹結果を表す。…に。「詩人―なる」❺ようすを表す。「がみがみ―おこる」❻引用を表す。「ぼくは正しい―主張する」❼物事を並べる意を表す。「石―砂」㊁（接助）❶あることと同時に、また、あいついで次のことが起こる意を表す。「外へ出る―雨が降ってきた」「声をかける―逃《に》げ出した」❷いろいろな条件を表す。「早くしない―遅刻《ちこく》する」「風が吹《ふ》く―波が立つ」「降ろう―照ろう―かまわない」❸そのことによって、次に示すことがらがわかったことを表す。「目がさめる―日が高く昇《のぼ》っていた」

> **学習 比較《ひかく》 「と」「や」**
> **と** 組み合わせることに意味の中心がある。「老人と海」のように本来別のものでも並べることができる。
> **や** 「海や湖」など、同類のものからいくつかを例で示す意味があるので、「老人や海」のようにはふつう言えない。また、「コーヒーや紅茶が自由に飲める」のように、(コーヒー・紅茶の)他にもあるという意も表す。

**ど【土】** 3画 土0 小1 音 ド・ト 訓 つち
❶つち。どろ。◆土塊《どかい》・土器・土質・土砂《どしゃ》・土壌《どじょう》・土蔵・土足・土塀《どべい》・土木・土間◆黄土《おうど・こうど》・客土《きゃくど・かくど》・泥土《でいど》・粘土《ねんど》・沃土《よくど》。❷人の住んでいる所。土地。くに。地方。◆土着◆郷土・荒土《こうど》・国土・焦土《しょうど》・寸土・風土・辺土・本土・楽土・領土。❸七曜の一つ。「土曜日」の略。
参考 特別に、「土産」は「みやげ」と読む。

**ど【奴】** 5画 女2 音 ド
❶めしつかい。人に使われる男女。◆奴隷《どれい》。❷他人をいやしめて呼ぶことば。◆守銭奴・売国奴

**ど【努】** 7画 力5 小4 音 ド 訓 つとめる
つとめる。はげむ。力をつくす。◆努力

**ど【度】** 9画 广6 小3 音 ド・ト高・タク中 訓 たび中
❶きまり。◆度外◆制度・法度《はっと》。❷ほどあい。◆過度・極度・限度・重度・程度。❸めもり。めもりで表されるどあい。◆緯度《いど》・温度・角度・感度・強度・経度・光度・高度・硬度《こうど》・湿度《しつど》・純度・震度《しんど》・精度・鮮度《せんど》・速度・濃度《のうど》・密度。❹心の大きさ。気持ちのあらわれ。◆度胸・度量◆襟度《きんど》・態度。❺回数を表す。たび。◆度数◆今度・再度・年度・頻度《ひんど》・毎度。❻仏の道に入らせる。救う。◆済度・得度。
参考「ト」「タク」の音は「法度《はっと》」「支度《したく》」などのことばに使われる特殊《とくしゅ》な読み方。

**ど【度】** ㊀（名）❶物事の程度。また、限度。「―が過ぎる」❷回数。「―を重ねる」❸めがねのレンズの強さ。「―の強いめがね」㊁（接尾）❶温度・湿度・角度などの単位を表す。「氷点下五―」「北緯《ほくい》四〇―」❷回数を表す。「三―目の正直」

**度を失《うしな》う** うろたえてとり乱す。「突然《とつぜん》の出来事に―」

**ど【怒】** 9画 心5 音 ド 訓 いかる・おこる
いかる。あれくるう。◆怒気・怒号・怒声・怒濤《どとう》・怒髪《どはつ》◆赫怒《かくど》・激怒・憤怒《ふんぬ・ふんど》

**ドア**〔英 door〕（名）洋風の戸。とびら。

**どあい【度合い】**（名）物事のわりあい。ほどあい。程度。「緊張《きんちょう》の―が増す」

**とあみ【○投網】**（名）上部に手でもつ綱《つな》、下部に鉛《なまり》がつけてあり、水中に広がるように投げ入れて魚をとる、円錐《えんすい》形の網。「―を打つ」

**とある**（連体）たまたまさしかかった場所やそうなった時を示す。ある。「―村にさしかかる」「―夕方」

**とい**『△樋』（名）❶軒《のき》さきに取りつけ、屋根に降る雨水を集めて地上に流すしかけ。雨どい。とよ。❷水や湯をはなれた所に送るしかけ。樋《ひ》。

**とい【問い】**（名）❶たずねること。聞くこと。質問。「―を発する」❷答えさせるための問題。設問。「次の―に答えよ」（対 答え）

**といあわ・せる【問い合わせる】**（他下一）〔セ・セ・セル・セル・セレ・セロ(セヨ)〕知りたいことを、関係者に聞いてたしかめる。「電話で集合時刻を―」

**という**『と言う』❶そう人が呼んでいる。「山田さん―人」❷その数にあたる。「何万―おかね」❸特に取り立てて話題にする意を表す。「いざ―時」

**といえども**〖と△雖も〗↓いえども

**といかえ・す**【問い返す】（他五）〔サ(ソ)・シ・ス・ス・セ・セ〕❶相手の質問や答えに対して、もう一度たずねる。聞きなおす。「よく聞きとれなくてー」❷相手の質問に答えないで、こちらから逆に質問する。「君はどうなのかとー」

**といか・ける**【問いかける】〖問い掛ける〗（他下一）〔ケ・ケ・ケル・ケル・ケレ・ケロ(ケヨ)〕質問をする。声をかけてたずねる。「自分自身にー」

**といき**【吐息】（名）がっかりしたときや、ほっとしたときなどにはく、大きな息。ためいき。「ーをもらす」

**といし**〖△砥石〗（名）刃物《はもの》をとぐための石。

**といた**【戸板】（名）雨戸《あまど》の板。特に、人や物などを運ぶ場合に、はずして使われる雨戸。

**といただ・す**【問いただす】〖問い◇質す〗（他五）〔サ(ソ)・シ・ス・ス・セ・セ〕❶わからないことをたずねて、はっきりさせる。「疑問点をー」❷ほんとうのことを言わせるために、きびしく質問する。「犯人をー」

**どいつ**（代）❶はっきり特定できない人をさす、ぞんざいな言い方。「どこのーがやったんだ」❷はっきり決められないことがらをさす、ぞんざいな言い方。「ーを買おうか」

**ドイツ**〔オランダ Duits〕【地名】ヨーロッパの中央部にある連邦《れんぽう》共和国。第二次世界大戦後、ドイツ連邦共和国（西ドイツ）とドイツ民主共和国（東ドイツ）に分裂《ぶんれつ》したが、一九九〇年、ドイツ連邦共和国に統合された。首都ベルリン。

**どいっき**〖土一△揆〗（名）《歴》室町《むろまち》時代、年貢《ねんぐ》や労役《ろうえき》に苦しむ農民がおこした暴動。つちいっき。

**といつ・める**【問い詰める】（他下一）〔メ・メ・メル・メル・メレ・メロ(メヨ)〕ほんとうのことや納得《なっとく》できることを言うまで、きびしく質問する。「ー・めて自白させる」

**どいばんすい**〔土井晩翠〕【人名】（一八七一〜一九五二）明治・大正時代の詩人・英文学者。本姓《ほんせい》は「つちい」。明治新体詩の代表的詩人で、漢文調の「荒城の月」の詩は名高い。詩集「天地有情《てんちうじょう》」など。

**といや**【問屋】（名）↓とんや

**トイレ**（名）（「トイレット」の略）化粧室《けしょうしつ》。洗面所。手洗い。便所。▽英 toilet から。



**とう**【刀】 2画 刀0 小2 音 トウ 訓 かたな　フ 刀

かたな。はもの。◆刀剣《とうけん》・刀工・刀匠《とうしょう》・刀身◆快刀・軍刀・執刀《しっとう》・帯刀・大刀・短刀・彫刻刀《ちょうこくとう》・日本刀・抜刀《ばっとう》・宝刀・木刀・名刀。参考 特別に、「竹刀」は「しない」、「太刀」は「たち」と読む。

**とう**【冬】 5画 ⺀3 小2 音 トウ 訓 ふゆ　ノ ク 夂 冬 冬

ふゆ。四季の一つ。◆冬季・冬期・冬至《とうじ》・冬眠《とうみん》◆冬越冬《えっとう》・旧冬・厳冬・初冬・仲冬・晩冬・立冬

**とう**【灯】 6画 火2 小4 〔燈〕 音 トウ 訓 ひ 高　丶 ソ 火 火一 灯

ともしび。あかり。◆灯火・灯心・灯台・灯明《とうみょう》・灯油・灯籠《とうろう》◆街灯・軒灯《けんとう》・献灯《けんとう》・幻灯《げんとう》・消灯・走馬灯《そうまとう》・点灯・電灯・法灯

**とう**【当】 6画 ⺍3 小2 〔當〕 音 トウ 訓 あたる・あてる　丨 丨丨 ⺍ 当 当 当

❶あてはまる。道理にかなう。◆当選・当然・当否◆穏当《おんとう》・該当《がいとう》・見当・至当・順当・正当・相当・妥当《だとう》・適当・不当。❷仕事をうけもつ。◆当局・当直・当番◆担当。❸わりあてる。◆充当《じゅうとう》・抵当《ていとう》・日当・配当。❹面と向かいあう。◆当面・当惑《とうわく》。❺さしあたっての。◆当座・当分・当用。❻ちょうどその。この。◆当該《とうがい》・当家・当校・当時・当日・当社・当所・当地・当人・当年・当方

**とう**【当】（名）❶道理にかなっていること。「ーを得た受け答え」❷（「当の」の形で）問題の対象になっていること。「ーの本人」❸（名詞の上について）「この」「その」の意を表す。「ー書籍《しょせき》」「ーグループの事業」

**とう**【投】 7画 扌4 小3 音 トウ 訓 なげる　一 十 扌 扌ノ 扔 投

❶なげる。◆投下・投球・投手・投石・投擲《とうてき》。❷なげだす。あきらめる。◆投降・投身・投了《とうりょう》。❸送りこむ。さし出す。◆投函《とうかん》・投獄《とうごく》・投資・投書・投票。❹合う。◆意気投合。❺あてこむ。◆投機。❻泊《と》まる。◆投宿。❼野球で、「投手」「投球」の略。◆完投・好投・暴投・力投・連投。参考 特別に、「投網」は「とあみ」と読む。

**とう**【豆】 7画 豆0 小3 音 トウ・ズ 訓 まめ　一 丆 ㄇ 戸 豆 豆

まめ。だいず。◆豆乳・豆腐《とうふ》◆大豆《だいず》・納豆《なっとう》。参考「ズ」の音は「大豆」などのことばに使われる特殊《とくしゅ》な読み方。特別に、「小豆」は「あずき」とも読む。

**とう**【東】 8画 木4 小2 音 トウ 訓 ひがし　一 戸 百 申 東 東

❶ひがし。太陽の出る方角。◆東海・東経・東国・東上・東征《とうせい》・東都・東方・東洋◆以東・関東・極東・近東。対 西。❷「東京」の略。◆東大・東名

**とう**【到】 8画 刂6 音 トウ　一 エ ム 至 到 到

❶目的の場所へゆきつく。いたる。◆到達・到着・到来◆殺到・前人未到。❷心がゆきとどく。◆周到

⇩付録「漢字の筆順(20)至」

**とう**【逃】 9画 ⻌6 音 トウ 訓 にげる・にがす・のがす・のがれる　丿 ｣ 兆 兆 逃 逃

にげる。のがれる。さける。◆逃走・逃避《とうひ》・逃亡 ⇩付録「漢字の筆順(26)兆」

**とう**【倒】 10画 亻8 音 トウ 訓 たおれる・たおす　亻 亻 仁 伾 侄 倒

❶たおれる。たおす。◆倒壊《とうかい》・倒閣・倒産・倒幕◆圧倒・昏倒《こんとう》・卒倒・打倒。❷さかさまになる。◆倒錯《とうさく》・倒置・倒立◆転倒。❸はなはだしいことを表す。◆罵倒《ばとう》◆傾倒《けいとう》・一辺倒 ⇩付録「漢字の筆順(20)至」

**とう**【凍】 10画 冫8 音 トウ 訓 こおる・こごえる

❶こおる。◆凍結・凍原・凍土◆解凍・冷凍。❷こごえる。◆凍死・凍傷・凍瘡《とうそう》

**とう【唐】** 10画 口7 音トウ 訓**から**
❶中国の王朝の名。◆唐詩・唐代◆遣唐使《けんとうし》・入唐《にっとう》。❷中国や外国のこと。◆唐人・唐土・唐風・唐物・唐本◆毛唐《けとう》。❸とつぜん。◆唐突《とうとつ》。❹ほら。うそ。◆荒唐無稽《こうとうむけい》

**とう〔唐〕**（名）〔歴〕中国の王朝の名。隋《ずい》のあとに成立し、六一八年から九〇七年まで二〇代続いた。

**とう【島】** 10画 山7 小3 音トウ 訓**しま**
しま。海や湖の中の陸地。◆島民◆遠島・群島・孤島《ことう》・諸島・全島・半島・無人島・離島《りとう》・列島

**とう【桃】** 10画 木6 音トウ 訓**もも**
もも。ももの木。◆桃花・桃源郷・桃李《とうり》◆桜桃《おうとう》・白桃

**とう【納】**→のう（納）

**とう【討】** 10画 言3 小6 音トウ 訓**うつ** 中
❶敵をうつ。せめる。◆討賊《とうぞく》・討幕・討伐《とうばつ》・討滅《とうめつ》◆征討《せいとう》・掃討《そうとう》・追討。❷たずねる。しらべる。◆討議・討論◆検討

**とう【透】** 10画 辶7 音トウ 訓**すく・すかす・すける**
❶すく。すきとおる。◆透過・透視・透写・透徹《とうてつ》・透明。❷とおる。つらぬきとおす。◆浸透《しんとう》

**とう【党】** 10画 ⺌7 小6 〔黨〕 音トウ
❶仲間。◆党類◆一党・残党・族党・徒党・郎党《ろうとう》。❷同じ考えをもつ人の集まり。◆党員・党議・党首・党人・党籍《とうせき》・党派◆政党・脱党《だっとう》・入党・野党・与党《よとう》・立党・離党《りとう》

**とう【党】**（名）❶同じ目的・考えなどを持つ人びとの集まり。「—を組んで行動する」「甘《あま》—」❷政治について同じ考え・主張を持つ人びとの集まり。政党。「—の方針に従う」

**とう【悼】** 11画 忄8 音トウ 訓**いたむ** 高
人の死を悲しむ。◆悼詞・悼辞◆哀悼《あいとう》・追悼

**とう【盗】** 11画 皿6 〔盜〕 音トウ 訓**ぬすむ**
人のものをとる。ぬすびと。◆盗賊《とうぞく》・盗難・盗品・盗癖《とうへき》・盗用◆怪盗《かいとう》・群盗・強盗《ごうとう》・窃盗《せっとう》・夜盗

**とう【陶】** 11画 阝8 音トウ
❶やきもの。◆陶器・陶芸・陶工・陶磁器・陶製・陶土・陶窯《とうよう》◆製陶。❷教えみちびく。◆陶冶《とうや》◆薫陶《くんとう》。❸気持ちがよくなる。◆陶酔《とうすい》・陶然

**とう【塔】** 12画 土9 音トウ
❶仏骨を納めたり、死者をとむらったりするためにたてる高い建物。◆塔頭《たっちゅう》・塔婆《とうば》◆五輪塔・石塔・多宝塔・仏塔。❷高くそびえ立つ建造物。◆管制塔・尖塔《せんとう》・鉄塔・無線塔

**とう【塔】**（名）❶高くそびえ立つ細長い建造物。「教会の—にのぼる」「テレビ—」❷〔仏〕納骨や供養《くよう》などのために建てた高い建物。「五重の—」

**とう【搭】** 12画 扌9 音トウ
のる。のせる。つみこむ。◆搭載《とうさい》・搭乗

**とう【棟】** 12画 木8 音トウ 訓**むね・むな** 高
❶屋根のいちばん高い所。また、そこにわたす木。◆棟梁《とうりょう》◆上棟。❷長いむねをもった建物。◆病棟。
参考「むな」の訓は「棟木《むなぎ》」などのことばに使われる特殊《とくしゅ》な読み方。

**とう【棟】** 一（名）むねの長い大きな建物。「同じ—の住人」二（接尾）大きな建物を数えることば。「二—のマンション」

**とう【湯】** 12画 氵9 小3 音トウ 訓**ゆ**
❶ゆ。水をわかしたもの。◆金城湯池・熱湯。❷ふろ。◆湯治◆銭湯

**とう【痘】** 12画 疒7 音トウ
水ぶくれのできる病気。ほうそう。◆痘痕《とうこん》・痘瘡《とうそう》・痘苗《とうびょう》◆牛痘・種痘・水痘・天然痘

**とう【登】** 12画 癶7 小3 音トウ・ト 訓**のぼる**
❶高い所へ上る。◆登高・登場・登壇《とうだん》・登頂・登攀・登板《とうばん》・登山《とざん》。❷参上する。でかける。◆登院・登校・登庁。❸高い地位につく。◆登用・登竜門《とうりゅうもん》。❹公式の書面に記す。◆登記・登載《とうさい》・登録 ⇩付録「漢字の筆順⑯癶」

**とう【答】** 12画 竹6 小2 音トウ 訓**こたえる・こたえ**
こたえる。応じる。返事。こたえ。◆答案・答辞・答申《とうしん》・答弁・答礼◆応答・回答・解答・確答・口答・正答・即答《そくとう》・返答・名答・問答《もんどう》。対問

**とう【等】** 12画 竹6 小3 音トウ 訓**ひとしい**
❶ひとしい。おなじ。◆等圧・等価・等式・等身大・等分・等辺◆均等・対等・同等・平等《びょうどう》・不等。❷順序などをわけたもの。◆等級◆下等・高等・上等・初等・特等・優等・劣等《れっとう》

**-とう【等】**（接尾）❶（名詞について）同類のものの代表例をあげ、他のものをはぶくのに用いることば。など。

ら。たち。「東京・大阪—の都市」❷等級や順位を表すことば。「一—のあたりくじ」

**とう【筒】** 12画 竹6 音 トウ 訓 つつ
つつ。円柱状で中がうつろになったもの。◆円筒・水筒・封筒《ふうとう》

**とう【統】** 12画 糸6 小5 音 トウ 訓 すべる 高
❶すじ。ひとつづきになっているもの。◆系統・血統・皇統・正統・伝統。❷一つにまとめる。おさめる。◆統一・統括《とうかつ》・統轄《とうかつ》・統御《とうぎょ》・統計・統合・統帥《とうすい》・統制・統率《とうそつ》・統治・統領 ◆総統

**とう【道】**→どう(道)

**とう【稲】** 14画 禾9 〔稻〕 音 トウ 訓 いね・いな
いね。◆水稲・晩稲・陸稲。
参考「いな」の訓は「稲作《いなさく》」「稲穂《いなほ》」などのことばに使われる特殊《とくしゅ》な読み方。

**とう【読】**→どく(読)

**とう【踏】** 15画 足8 音 トウ 訓 ふむ・ふまえる
❶ふむ。ふみつける。足ぶみする。◆踏歌 ◆舞踏《ぶとう》。❷ふみ進む。あるく。◆踏査・踏破 ◆未踏

**とう【糖】** 16画 米10 小6 音 トウ
❶さとう。◆糖蜜《とうみつ》 ◆砂糖・精糖・製糖・粗糖《そとう》。❷あまみのあるもの。◆糖分・糖類 ◆果糖・血糖・蔗糖《しょとう》・乳糖・葡萄糖《ぶどうとう》

**とう【糖】**(名) 水にとけやすくあまみのある炭水化物。糖分。

**とう【頭】** 16画 頁7 小2 音 トウ・ズ・ト 高 訓 あたま・かしら 中
❶あたま。◆頭巾《ずきん》・頭上《ずじょう》・頭痛《ずつう》・頭脳《ずのう》・頭髪《とうはつ》・頭部 ◆低頭・没頭《ぼっとう》。❷いちばん上のところ。◆頭書・頭注 ◆弾頭《だんとう》。❸はじめ。◆巻頭・初頭・陣頭《じんとう》・先頭・年頭・冒頭《ぼうとう》。❹上に立って多くの人をおさめる人。かしら。◆頭取《とうどり》・頭目・頭領 ◆巨頭《きょとう》・船頭《せんどう》・番頭。❺ほとり。付近。◆駅頭・街頭・店頭・路頭。参考「ト」の音は「音頭《おんど》」ということばに使われる特殊《とくしゅ》な読み方。

**-とう【頭】**(接尾) 牛や馬、犬などの動物を数えることば。「五—の馬」

**とう【謄】** 17画 言10 音 トウ
書きうつす。うつしとる。うつし。◆謄写・謄本

**とう【藤】** 18画 艹15 音 トウ 訓 ふじ
❶つるをのばす植物の総称《そうしょう》。かずら。◆葛藤《かっとう》。❷ふじ。植物の名。◆藤花

**とう【闘】** 18画 門10 〔鬪〕 音 トウ 訓 たたかう
たたかう。あらそう。たたかわせる。たたかい。◆闘牛・闘士・闘志・闘争 ◆格闘・敢闘《かんとう》・苦闘・決闘・拳闘・健闘《けんとう》・死闘・戦闘・争闘・奮闘・力闘

**とう【騰】** 20画 馬10 音 トウ
はねあがる。あげる。のぼる。◆騰貴 ◆急騰・高騰・沸騰《ふっとう》・暴騰 ⇩付録「漢字の筆順㊳馬」

**とう『△薹』**(名) あぶらな・ふきなどの、花をつけるじく。
**とうが立《た》つ** さかりの時期をすぎる。

**とう『△籐』**(名)《植》ヤシ科のつる性植物。アジアの熱帯地方に生える。夏、黄緑色の小花を開く。茎《くき》を編んで、いすなどの家具・細工ものに使う。

**と・う【問う】**(他五){ワ(オ)・イ(ウ)・ウ・ウ・エ・エ} ❶わからないことをたずねる。聞く。「名前を—」❷責任や罪などを明らかにするために調べる。追及《ついきゅう》する。「責任を—」「殺人罪に—・われる」❸人の能力などを調べる。「真価が—・われる」❹資格や条件として問題にする。「年齢《ねんれい》は—・わない」使い方 ④は、多くあとに「ない」「ません」などの打ち消しのことばがくる。

**と・う『◇訪う』**(他五){ワ(オ)・イ(ウ)・ウ・ウ・エ・エ} おとずれる。たずねる。訪問する。「—人もいない」

**どう【同】** 6画 口3 小2 音 ドウ 訓 おなじ
❶おなじ。◆同一・同期・同級・同郷・同業・同権・同時・同日・同種・同数・同性・同窓・同様・同類 ◆大同小異・不同。対 異。❷おなじくする。ともにする。◆同意・同感・同慶《どうけい》・同行・同志・同乗・同情 ◆会同・共同・合同・混同・賛同。❸仲間。◆同士・同僚《どうりょう》 ◆一同。

**どう-【同】**(接頭) ❶同じであることを表す。「—世代」「—性能」「—レベル」❷前に述べたものと同じ、の意を表す。その。当の。「—大学」

**どう【洞】** 9画 氵6 音 ドウ 訓 ほら
❶ほら。木の幹や岩の、うつろになった所。◆洞窟《どうくつ》・洞穴《どうけつ》・洞門 ◆空洞・鍾乳洞《しょうにゅうどう》・風洞。❷つき通す。中まで見ぬく。◆洞察

**どう【胴】** 10画 月6 音 ドウ
どう。からだの中心の部分。◆胴着《どうぎ》・胴体

**どう【胴】**(名) ❶手足・頭をのぞいたからだの中心部分。胴体。また、腹部のあたり。「—が細い」❷物の中心となる、太く、特に中空になった部分。「三味線《しゃみせん》の—」❸剣道《けんどう》で、胸・腹部にあてる防具。また、そこへ打ち込《こ》むわざ。「—を一本とる」

**どう【動】** 11画 力9 小3 音 ドウ 訓 うごく・うごかす
❶うごく。うごかす。うごき。◆動員・動悸《どうき》・動機・動向・動静・動物・動脈・動揺《どうよう》・動力 ◆移動・運動・活動・激動・自動・震動《しんどう》・発動・反動・微動《びどう》・不動・浮動《ふどう》・鳴動・流動。対 静。❷かわる。かえる。みだれる。◆動転・動乱 ◆騒動《そうどう》・変動・暴動。❸ふるまう。ふるまい。◆動作《どうさ》 ◆挙動・言動・行

動⇩付録「漢字の筆順㉘里」

**どう【動】**(名) 動くこと。動き。「静と—」対静

**どう【堂】** 11画 土8 小5 音ドウ

❶神仏をまつる建物。◆堂塔《どうとう》◆金堂《こんどう》・聖堂・廟堂《びょうどう》・本堂。❷多くの人を集める大きな建物。◆議事堂・公会堂・講堂・食堂・殿堂《でんどう》・礼拝堂。❸りっぱでさかんなこと。◆堂堂。❹他人の母を敬っていうことば。◆母堂

**どう【堂】**(名) 神仏をまつる建物。「お—に参る」「堂に入る」

**堂に入る** すっかり慣れて、堂々としている。「堂に入った態度」

**どう【童】** 12画 立7 小3 音ドウ 訓わらべ 中

子ども。◆童顔・童子《どうじ》・童女・童心・童謡《どうよう》・童話 ◆悪童・学童・児童・神童・牧童 ⇩付録「漢字の筆順㉘里」

**どう【道】** 12画 辶9 小2 音ドウ・トウ 高 訓みち

❶みち。とおりみち。◆道中・道程・道路 ◆沿道・街道《かいどう》・軌道《きどう》・国道・車道・食道・水道・赤道・鉄道・歩道。❷人のふみ行うべきみち。◆道義・道徳・道理 ◆人道・正道。❸方法。手段。◆王道・邪道《じゃどう》・覇道《はどう》。❹専門の学問・技芸。◆道場 ◆弓道《きゅうどう》・芸道・剣道《けんどう》・茶道《さどう・ちゃどう》・柔道《じゅうどう》・武道。❺言う。◆道破 ◆唱道・報道。❻「北海道」の略。◆道産・道庁・道立。参考「トウ」の音は「神道《しんとう》」などのことばに使われる特殊《とくしゅ》な読み方。

**どう【道】**(名) 都・府・県とならぶ地方公共団体の一つ。北海道。

**どう【働】** 13画 亻11 小4 音ドウ 訓はたらく

はたらく。仕事をする。◆稼働《かどう》・労働。参考「働」は日本で作った国字。⇩付録「漢字の筆順㉘里」

**どう【銅】** 14画 金6 小5 音ドウ

赤い色をした金属の一つ。どう。あかがね。◆銅貨・銅山・銅像 ◆赤銅《しゃくどう》・青銅・分銅《ふんどう》

**どう【銅】**(名)〖化〗赤い色をした金属元素の一つ。あかがね。熱や電気をよく伝える。元素記号 Cu

**どう【導】** 15画 寸12 小5 音ドウ 訓みちびく

❶みちびく。案内する。教えみちびく。◆導師・導入 ◆引導・指導・先導・補導・誘導《ゆうどう》。❷とおす。熱や電気などをつたえる。◆導火線・導体 ◆伝導

**どう【瞳】** 17画 目12 音ドウ 訓ひとみ

ひとみ。目の中心の黒い部分。◆瞳孔《どうこう》⇩付録「漢字の筆順㉘里」

**どう**(副) ❶どのように。いかに。㋐物事の状態や内容などについて疑問の気持ちを表す。「あの件は—なりましたか」㋑考えられるあらゆる場合を表す。「—やってもできない」❷考えをたずねたり相手に物をすすめたりする意を表す。いかが。「—、もう一杯《いっぱい》」

**どうあく**〖△獰悪〗(形動ダ){ダロ・ダッ(デ・ニ)・ダ・ナ・ナラ・○} 性質があらあらしく、ひじょうに悪いようす。「—な男」

**どうあげ【胴上げ】**(名・他スル) 試合に勝ったときなど、喜びの気持ちをあらわすため、大勢で、一人のからだを横にして、何度も空中に投げ上げること。「監督《かんとく》を—する」

**とうあつせん【等圧線】**(名)〖天〗天気図で、気圧の等しい点をつないだ線。

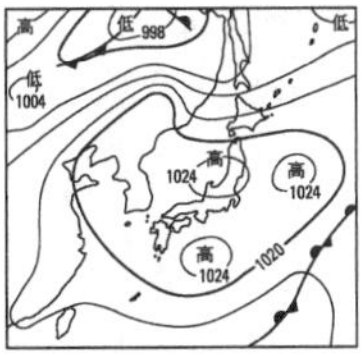


(とうあつせん)

**とうあん【答案】**(名) 出された問題に対する答え。また、それを書いた紙。「—用紙」

**とうい【当為】**(名) 哲学《てつがく》で、当然そうすべきこと。そうあるべきこと。対存在

**とうい【糖衣】**(名) 薬などを飲みやすくするために、外側を糖製品で包んだもの。「—錠《じょう》」

**どうい【同位】**(名) 同じ位置・地位・順位。

**どうい【同意】** ━(名) 同じ意味。「—語」類同義。 ━(名・自スル) ある意見や考えなどに対して賛成すること。「その案に—する」「不—」

**どういかく【同位角】**(名)〖数〗一つの直線が他の二つの直線とまじわるときにできる八つの角のうち、それぞれの直線の同じ側にある四組の角。

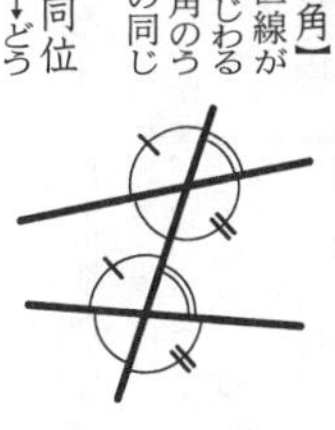

(どういかく)

**どういげんそ【同位元素】**(名)〖化〗→どういたい

**どういご【同意語】**(名) →どうぎご

**とういそくみょう【当意即妙】**(名・形動ダ) その場にふさわしいようにすばやく機転をきかせること。すぐに気のきいた応答をすること。「—の返事」

**どういたい【同位体】**(名)〖化〗化学的性質においては同じ元素だが、原子量がちがうもの。水素と重水素など。同位元素。アイソトープ。「放射性—」

**どういたしまして**〖どう致しまして〗相手のお礼やおわびなどのことばに対して、「気にしないでよいですよ」の気持ちをこめて返すあいさつのことば。「『ありがとうございました』『—』」

**とういつ【統一】**(名・他スル) ばらばらのものを一つにまとめること。また、そのまとまり。「—がとれる」「不—」…性「統一性のないデザイン」…的「統一的に試験を実施《じっし》する」類統合

**どういつ【同一】**(名・形動ダ) ❶同じであること。「—人物」❷差がなく等しいこと。「—にあつかう」

**どういつし【同一視】**(名・他スル) 同じものとみなす

こと。「小説の主人公と作者を―する」
**とういん【党員】**（名）ある党にはいっている人。
**とういん【頭韻】**（名）詩などで、語や句のはじめに同じ音《おん》をもつ語をくり返し用いること。対脚韻《きゃくいん》
**どういん【動因】**（名）そのことを引き起こした直接の原因。動機。「事件の―」
**どういん【動員】**（名・他スル）ある目的のために人を集めること。「荷物運びに若手を―する」「観客―」「学徒―」
**とうえい【灯影】**（名）ともしびの光。ほかげ。
**とうえい【投影】**（名・他スル）❶かげをうつすこと。また、そのかげ。❷ある物事の影響《えいきょう》がほかの物事にあらわれること。「主人公に作者の姿が―されている」❸〘数〙物体に一方向から光をあてて、その形やかげを平面上にうつすこと。また、そのうつったもの。
**とうえいず【投影図】**（名）〘数〙物体をある一方向から見て、それぞれの位置・形を正しく一つの平面上に書き表した図。

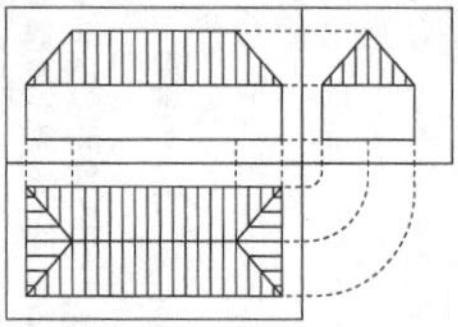
（とうえいず）

**とうえんめい**〔陶淵明〕〔人名〕（三六五〜四二七）中国、東晋《とうしん》の詩人。名は潜《せん》。はじめ役人になったが、のちやめて故郷に帰り、田園詩人として自然を楽しんだ。作品「帰去来《ききょらいの》辞《じ》」「桃花源《とうかげんの》記《き》」など。
**とうおう**〔東欧〕〔地名〕ヨーロッパの東部。東ヨーロッパ。対西欧
**どうおや【胴親】**『◇筒親』（名）→どうもと
**とうおん【唐音】**（名）漢字の音《おん》の一つ。呉音《ごおん》・漢音におくれて、宋《そう》以後の中国音が禅僧《ぜんそう》や商人などによって日本に伝えられたもの。「明」の音「ミン」（明朝《みんちょう》）、「行」の音「アン」（行灯《あんどん》）など。
**どうおん【同音】**（名）❶音が同じであること。発音が同じこと。「同《どう》・動《どう》・道《どう》は―異字」❷同じ高さの音。❸声をそろえて言うこと。「異口《いく》―」
**どうおんいぎご【同音異義語】**（名）「飴《あめ》」と「雨《あめ》」、「鼻《はな》」と「花《はな》」、「自信《じしん》」と「地震《じしん》」などのように、発音が同じで意味のちがう語。
**どうおんご【同音語】**（名）→どうおんいぎご
**とうおんせん【等温線】**（名）〘天〙地図上で気温の等しい点をつないだ線。

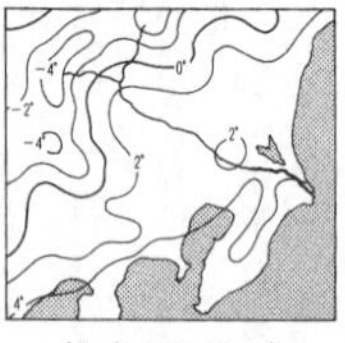
（とうおんせん）

**とうか【灯下】**（名）ともしびの下。
**とうか【灯火】**（名）ともしび。あかり。
**灯火親《した》しむべき候《こう》** あかりの下で勉強や読書をするのに適した、夜が長くさわやかな秋の季節。
**とうか【投下】**（名・他スル）❶高い所から投げて落とすこと。「救援《きゅうえん》物資を―する」❷事業などにもとでとなるおかねを出すこと。「資本を―する」
**とうか【透過】**（名・自スル）❶すきとおること。…性「レンズの透過性を増す」❷光や放射線が物体の内部を通りぬけること。
**とうか【等価】**（名）価値または価格の等しいこと。「―交換《こうかん》」
**とうか【糖化】**（名・自他スル）〘化〙でんぷんなどの炭水化物が糖分に変わること。また、変えること。
**どうか【同化】**（名・自他スル）❶性質や考えなどのちがうものがまわりと同じものに変わること。また、変えること。とけこむこと。「チームに―する」❷知識などを完全に自分のものにすること。❸生物が外からとった栄養を自分のからだに必要な成分にすること。
**どうか【銅貨】**（名）銅でつくったおかね。銅銭。
**どうか**（副）❶丁寧《ていねい》にたのむ気持ちを表す。なにとぞ。どうぞ。「―許してください」❷少なくともあることが実現されるのを望む気持ちを表す。なんとか。どうにか。「もう少し―ならないか」❸ふつうでないようす。
**どうかしている** ふつうでない。まともでなく、変だ。「こんなこともわからないとは―」
**どうかすると** ❶ときによっては。「―冬のような寒い日もある」❷ともすると。ややもすると。「―なまける傾向《けいこう》がある」
**どうかと思《おも》う** あまり感心しない。
**どうが【動画】**（名）❶動いてみえる画像。ひとつづきの静止画像からなる。❷アニメーション。
**とうかい【倒壊・倒潰】**（名・自スル）建物などがたおれてつぶれること。「ビルが―する」
**とうかい**『△韜△晦』（名・自スル）自分の本心や才能などをつつみかくすこと。「自己―」
**とうがい【凍害】**（名）農作物などが寒さ・霜《しも》などで害を受けること。また、それによる損害。
**とうがい【等外】**（名）決められた等級や順位にはいらないこと。また、はいらないもの。類選外
**とうがい【当該】**（連体）❶それについての。その。それにあたる。「―事項《じこう》」❷それを受け持っている。「―官庁」
**とうかいちほう**〔東海地方〕〔地名〕本州の太平洋側にある、静岡・愛知・三重の三県に岐阜県南部を含《ふく》めた地域。
**とうかいどう**〔東海道〕❶〔地名〕むかし政治をするうえで分けた地域の一つで、今の茨城県から三重県にいたる一五か国をさした。❷（名）五街道《ごかいどう》の一つ。江戸《えど》（=東京）の日本橋《にほんばし》から京都の三条大橋にいたる道で、五三の宿駅があった。
**とうかいどうちゅうひざくりげ**〔東海道中膝栗毛〕〔作品名〕江戸《えど》時代後期の滑稽《こっけい》本。十返舎一九《じっぺんしゃいっく》作。一八〇二（享和《きょうわ》二）年〜一八〇九（文化六）年刊。弥次郎兵衛《やじろべえ》と喜多八《きたはち》の二人が、東海道旅行中に演じる滑稽な行状をえがいたもの。
**とうかいの…** 短歌
〔東海の　小島《こじま》の磯《いそ》の　白砂《しらすな》に　われ泣《な》きぬれて　蟹《かに》とたはむる〕〈石川啄木《いしかわたくぼく》〉訳東の海にある小さい島の海辺の白砂の上で、私は悲しみ涙《なみだ》にぬれながら、蟹と遊びたわむれていることだ。
**とうかく【当確】**（名）（「当選確実」の略）選挙の

開票がすべて終わる前に、当選が確実と見なされること。

**とうかく【倒閣】**(名・自スル) 内閣をたおすこと。「―運動」

**とうかく【頭角】**(名) 頭の先。頭。

**頭角を現《あら》わす** 学問・才能などが、ほかの人よりすぐれて目立つようになる。「めきめきと―」

**どうかく【同格】**(名) 資格・地位などが同じであること。

**どうがく【同学】**(名) 同じ学校、または同じ先生について学ぶこと。「―の友」

**どうがく【同額】**(名) 同じ金額。

**どうがく【道学】**(名) ❶道徳を説く学問。❷儒学《じゅがく》。特に、宋学《そうがく》。❸江戸《えど》時代の心学。❹道家の学問。道教。

**どうがくてき【道学的】**(形動ダ) {ダロ・ダッ(デ・ニ)・ダ・ナ・ナラ・○} 道徳を説きすぎて、ゆうずうのきかないようす。

**どうかせん【導火線】**(名) ❶爆薬《ばくやく》に点火するための線。❷事件の直接の原因。「戦争の―」

**とうかつ【統括】**(名・他スル) ばらばらになっているものを一つにまとめること。「意見を―する」 類総括

**とうかつ【統轄】**(名・他スル) 多くの人や組織の上に立ってとりまとめること。「市政を―する」 類統御《とうぎょ》

**どうかつ【△恫喝】**(名・他スル) おどしつけること。

**とうから【◇疾うから】**(副) 早くから。ずっと前から。「それは―決まっていることだよ」

**とうがらし【唐辛子】**(名)〘植〙ナス科の一年草。夏、白い花が咲《さ》く。実は細長く、熟すと赤くなり、香《こう》辛《しん》料として用いる。

### ことばの移り変わり

「再命名」

薬味の「とうがらし」に他の香料を混ぜた「七味とうがらし」ができると、もとのものを「一味とうがらし」と呼ぶようになる。このように同種の新たなものが現れたときに旧来のほうを新たな見地から命名し直すことを「再命名」という。「カラーテレビ」に対する「白黒テレビ」、外来の「洋酒」等に対する「日本酒」、比較的《ひかくてき》最近には「携帯《けいたい》電話」の普及《ふきゅう》とともに旧来の「電話」を「固定電話」と呼ぶようになったケースなど、身の回りを探せば多くの例が存在する。

**とうかん【投△函】**(名・他スル) はがきや手紙などをポストに入れること。「はがきを―する」

**とうかん【等閑】**(名) 物事をいいかげんにすること。なおざり。「―に付する(=いいかげんにしてしまう)」

**とうがん【冬△瓜】**(名)〘植〙ウリ科のつる性一年草。夏、黄色の花が咲《さ》く。実は大きな楕円《だえん》形で食用。

**どうかん【同感】**(名・自スル) 人の意見や提案に、同じように感じること。「その意見に―だ」 類共感

**どうかん【導管】**(名) ❶物をみちびいて送るくだ。❷〘植〙被子《ひし》植物で、根から吸収した水分を上部に送る管状のもの。参考②は「道管」とも書く。

**どうがん【童顔】**(名) ❶子どもの顔。❷子どものような顔つき。

**とうかんし【等閑視】**(名・他スル) いいかげんにあつかい、無視すること。

**とうき【冬季】**(名) 冬の季節。「―オリンピック」 ⇩かき(夏季)「学習」

**とうき【冬期】**(名) 冬の期間。「―休暇《きゅうか》」 ⇩かき(夏期)「学習」

**とうき【投棄】**(名・他スル) 投げすてること。また、不用なものとしてすてること。「不法―」

**とうき【投機】**(名) ❶確かではないが、当たれば利益の大きいことをねらってする行為《こうい》。…的「投機的な資本投入」 ❷〘経〙市価の短期間での変動による差益をねらって行う売買取引。相場《そうば》。

**とうき【陶器】**(名) ❶粘土《ねんど》や石の粉末《ふんまつ》などをこねて形を作り、うわぐすりをかけて焼いたうつわ。❷せともの。陶磁器《とうじき》の総称《そうしょう》。

**とうき【登記】**(名・他スル)〘法〙一定のことがらを役所の帳簿《ちょうぼ》に書いて、権利や事実関係をはっきりさせておくこと。「不動産の―」

**とうき【騰貴】**(名・自スル) 物の値段がひじょうに上がること。「物価が―する」 類高騰。 対下落《げらく》

**とうぎ【討議】**(名・自他スル) あることがらについて意見などをたたかわせること。「―を重ねる」 類討論

**とうぎ【党議】**(名) ある一つの政党内での討議。また、それによって決まった意見。「―に従う」

**どうき【同期】** ━ (名) ❶同じ時期。「―に発表された文学作品」 ❷入学・卒業や就職した年度が同じであること。「―生」「会社の―」 ━ (名・自他スル) 複数の機器の動作の時間をそろえること。また、複数のコンピューター上のデータ内容をそろえて同じものにすること。

**どうき【動△悸】**(名) 心臓の鼓動《こどう》が特にはげしいこと。胸がどきどきすること。「走ると―がする」

**どうき【動機】**(名) ❶ある考えを決めたり、あることをする気になったりした直接の原因。きっかけ。「研究を始めた―」 ❷〘音〙モチーフ。

**どうき【銅器】**(名) 銅や青銅で作った器具。

**どうぎ【同義】**(名) 同じ意味。 類同意。 対異義

**どうぎ【動議】**(名) 会議中に、出席者が予定以外の議題を出すこと。また、その議題。「緊急《きんきゅう》―」

**どうぎ【道義】**(名) 人として守らなければならない正しい道。「―にもとる(=道理にそむく)行為《こうい》」 …的「道義的な責任を追及《ついきゅう》する」

**どうぎご【同義語】**(名) ほぼ同じ意味のことば。「去年」と「昨年」など。同意語。 対対義語・反意語・反義語・反対語

**とうきゅう【投球】**(名・自スル) 野球で、投手が打者に対してたまを投げること。また、投げたたま。

**とうきゅう【等級】**(名) 上下の区別を示す段階。

**とうぎゅう【闘牛】**(名) ❶人と牛がたたかう競技。「―士」 ❷牛と牛をたたかわせる競技。牛合わせ。

**どうきゅう【同級】**(名) ❶同じ等級。同じ階級。「―の商品」 ❷学校で同じ学級。同じ組。

**どうきゅう【△撞球】**(名) →ビリヤード

**どうきゅうせい【同級生】**(名) 同じ学級の生徒。クラスメート。

**とうぎょ【統御】**(名・他スル) 全体をまとめ、思うままにすること。 類統轄《とうかつ》

**どうきょ【同居】**(名・自スル) ❶同じ家にいっしょに

住むこと。「両親と—する」対別居。❷家族でない人が、ある家族といっしょに住むこと。「—人」

**とうきょう**〔東京〕【地名】日本の首都。旧称《きゅうしょう》は江戸《えど》。一八六八（明治元）年に東京と改め、市から府へと発展し、一九四三（昭和一八）年に都制がしかれた。日本の政治・文化・経済・交通の中心地。

**どうきょう【同郷】**（名）故郷が同じであること。「—のよしみ」

**どうきょう【道教】**（名）人間は自然のままに暮らすのがよいという老子の教えに、不老長生・現世利益《げんせりやく》などの考え方が加えられて生じた中国の宗教。

**どうぎょう【同行】**（名）❶ともに信仰《しんこう》・修行《しゅぎょう》などをする仲間。❷巡礼《じゅんれい》・寺参りなどの道づれ。注意「どうこう」と読むと別の意味になる。

**どうぎょう【同業】**（名）職種・職業が同じであること。また、その人。「—者」「—他社」

**とうきょく【当局】**（名）❶その仕事・任務を担当している所。「大学—の見解」❷行政上の責任・任務を負う機関や役所。その筋。「警察—の発表」

**どうきん**〘同^△衾〙（名・自スル）同じ夜具でいっしょに寝《ね》ること。おもに男女間にいう。共寝《ともね》。

**どうぐ【道具】**（名）❶物をつくったり仕事をしたりするのに使う器具。また、日常使う品。「家財—」❷他の目的に利用されるものや人。「出世の—」

**とうぐう【東宮】**〘◇春宮〙（名）皇太子。もとは、皇太子がすむ宮殿のこと。「—御所《ごしょ》」

**どうぐだて【道具立て】**（名）必要な道具をととのえておくこと。また、準備すること。「—がそろう」

**とうくつ【盗掘】**（名・他スル）遺跡《いせき》にうまった品、または鉱物などを許可なく掘《ほ》り出してぬすむこと。「—を逃《のが》れた古墳《こふん》」

**どうくつ【洞窟】**（名）ほら。ほらあな。

**どうくん【同訓】**（名）異なる漢字の訓が同じであること。また、その訓。「暑《あつ》い」と「熱《あつ》い」、「皮《かわ》」と「革《かわ》」など。「—異字」

**どうくんいじ【同訓異字】**（名）→いじどうくん

**とうけ【当家】**（名）この家。わが家。「—の主人」使い方相手の家に対しては、「ご当家の奥様《おくさま》」のようにご」をつけていう。

**とうげ【峠】** 9画 山6 訓 とうげ

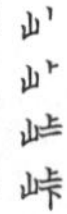

とうげ。◆峠道。参考「峠」は日本で作った国字。

**とうげ【峠】**（名）❶山道をのぼりつめた所。「—の茶屋」❷物事の最もさかんなとき。「暑さも今が—だ」

**峠を越こす** 最もさかんなときやいちばん重大な時期が過ぎる。「あの歌手の人気も峠を越した」「病気が—」

**どうけ【道化】**（名）こっけいな身ぶりやことばで人を笑わせること。また、その人。「—者《もの》」「—師」

**とうけい【東経】**（名）イギリスの旧グリニッジ天文台を通る0度の子午線から東方一八〇度までの経度。対西経。⇩けいど（経度）・いど（緯度）〈図〉

**とうけい【統計】**（名・他スル）《数》同じ種類のものを集めて分布を調べ、その性質・状態などを数値で表すこと。また、表したもの。「—をとる」「—資料」…的「統計的にみて、高齢《こうれい》化はますます進む」

**とうけい【闘鶏】**（名）にわとりとにわとりをたたかわせる競技。また、それに使うにわとり。鶏《とり》合わせ。

**とうげい【陶芸】**（名）美術・工芸としての陶磁器。また、陶磁器をつくる技術。「—展」「—家《か》」

**どうけい【同形】**（名）形が同じであること。形が同じであるもの。

**どうけい【同系】**（名）物事のつながりが同じであること。同じ系統・系列。「—色」

**どうけい【同型】**（名）型が同じであること。型が同じであるもの。「—の飛行機」

**どうけい【同慶】**（名）たがいにめでたくよろこばしいこと。「ご—の至り」使い方多く手紙文に用いる。

**どうけい【憧憬】**（名・自スル）→しょうけい（憧憬）

**とうけつ【凍結】**㊀（名・自スル）こおりつくこと。「路面の—」類氷結。㊁（名・他スル）❶資金などの移動や使用を一時禁じること。「資産の—」❷進行中のことがらを停止すること。「計画を—する」

**どうけつ【洞穴】**（名）ほら。ほらあな。どうくつ。

**どう・ける【道化る】**（自下一）{ケ・ケ・ケル・ケル・ケレ・ケロ(ケヨ)}こっけいなことをする。おどける。「—・けたしぐさ」

**とうけん【刀剣】**（名）かたなとつるぎの総称《そうしょう》。

**とうけん【闘犬】**（名）犬と犬をたたかわせる競技。また、それに使う犬。

**どうけん【同権】**（名）たがいに同じ権利を持つこと。「男女—」

**とうげんきょう【桃源郷】**（名）苦しみやわずらわしいことの多い俗世間《ぞくせけん》をはなれた、すばらしい別世界。桃源。理想郷。参考中国の詩人、陶淵明《とうえんめい》の作品「桃花源記《とうかげんのき》」から出たことば。

**とうご【頭語】**（名）手紙で、最初に書くことば。「拝啓《はいけい》」「前略」など。

●頭語と結語

| | | 頭語（書き出し） | 結語（結び） |
|---|---|---|---|
| 往信 | 一般《いっぱん》 | 拝啓・拝呈《はいてい》・一筆申し上げます・はがきで失礼いたします | 敬具・拝具・敬白【女性】かしこ |
| 往信 | 丁重《ていちょう》 | 謹啓《きんけい》・恭啓《きょうけい》・謹《つつし》んで申し上げます | 敬白・頓首《とんしゅ》・謹言【女性】あなかしこ |
| 往信 | 急ぎの場合 | 急啓・急呈・急白・取り急ぎ申し上げます | 草々・匆々《そうそう》・不一【女性】かしこ |
| 往信 | 前文を省略する場合 | 前略・冠省《かんしょう》・略啓・前文ごめんください・前文お許しください | 草々・匆々・不一・不尽《ふじん》・不備【女性】かしこ |
| 返信 | 一般 | 拝復・復啓・お手紙ありがとうございました・お手紙拝見いたしました | 敬具・拝具・敬白・御返事まで【女性】かしこ |
| 返信 | 丁重 | 御芳書《ごほうしょ》拝誦《はいしょう》・謹復・お手紙謹んで拝見いたしました | 貴酬《きしゅう》・謹酬・敬答・拝答【女性】あなかしこ |

**とうこう【刀工】**（名）刀を作る人。刀かじ。

**とうこう【投降】**（名・自スル）敵に降参すること。「武器を捨てて—する」

**とうこう**【投稿】（名・自他スル）❶新聞や雑誌に原稿《げんこう》を送ること。また、その原稿。「短歌を―する」❷インターネット上のサービスを利用して文章や画像などを公開すること。

**とうこう**【陶工】（名）陶器を作ることを職業にしている人。焼き物師。

**とうこう**【登校】（名・自スル）授業を受けるために学校に行くこと。「夏休みの―日」対下校《げこう》

**とうごう**【投合】（名・自スル）たがいの心がよく合うこと。気持ちが一致《いっち》すること。「意気―」

**とうごう**【等号】（名）《数》両方の数や式が等しいことを表す記号。イコール。「＝」対不等号

**とうごう**【統合】（名・他スル）二つ以上のものを一つにまとめ合わせること。「二学部を―する」類統一

**どうこう**【同好】（名）趣味《しゅみ》や好みが同じであること。「―会」「―者」

**どうこう**【同行】（名・自スル）つれだって行くこと。また、その人。「―を求める」注意「どうぎょう」と読むと別の意味になる。

**どうこう**【動向】（名）人や世の中の動き。また、その動いて行く方向。「経済の―」

**どうこう**【瞳孔】（名）《生》眼球の中心にある虹彩《こうさい》に囲まれた小さな穴。目にはいる光の量を加減する。ひとみ。

**どうこういきょく**【同工異曲】（名）ちょっと見るとちがうようだが、実は、だいたい同じであること。似たりよったり。「どれもこれも―の作品ばかりだ」

**とうごうしっちょうしょう**【統合失調症】（名）《医》精神の障害の一つ。青年期に発症することが多く、幻覚《げんかく》や妄想《もうそう》などがみられ、感情や行動に異常をきたす。かつては「精神分裂《ぶんれつ》病」と呼ばれた。

**とうこうせん**【等高線】（名）《地》地図で、海面から同じ高さの点を結んだ線。

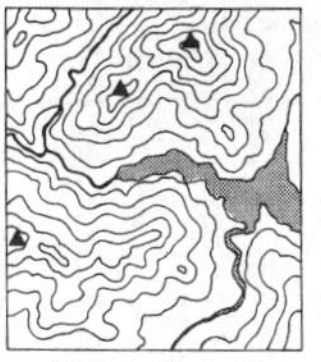
（とうこうせん）

**とうごく**【投獄】（名・他スル）ろうやに入れること。

**とうごく**【東国】（名）❶東のほうの国。❷むかし、今の関東地方をさしていったことば。

**どうこく**【▵慟▵哭】（名・自スル）悲しみのあまり、大声をあげて泣きさけぶこと。類号泣《ごうきゅう》

**とうこん**【当今】（名）このごろ。近ごろ。現今。「―の世相」

**とうこん**【闘魂】（名）あくまでたたかおうとするはげしい意気ごみ。「―のかたまり」類闘志

**とうさ**【等差】（名）❶等級のちがい。❷《数》等しい差。「―級数」

**とうさ**【踏査】（名・他スル）実際にその場所へ行って調べること。「実地―」

**とうざ**【当座】（名）❶物事に直面した、そのとき。その場。「―の機転」❷しばらくの間。さしあたり。「―のすまい」❸「当座預金」の略。

**どうさ**【動作】（名）❶何かをするときの、からだ・手足の動き。「すばやい―」「―がにぶい」❷機械などが動くこと。作動。「―環境《かんきょう》」

**どうざ**【同座】（名・自スル）❶同じ座席や集まりにいあわせること。同席。❷かかわり合いになること。連座。

**とうさい**【当歳】（名）❶当年。本年。「―とって一九歳」❷その年の生まれであること。「―馬《ば》」

**とうさい**【搭載】（名・他スル）❶飛行機・船・汽車などに、荷物を積みこむこと。❷機械などに新たな部品・機能をとりつけること。「ジェットエンジンを―する」

**とうざい**【東西】（名）❶東と西。対南北。❷東洋と西洋。「古今―」❸（「東西東西」の形で）芝居《しばい》やすもうで、観客をしずめ、口上《こうじょう》を言うときのことば。

**どうざい**【同罪】（名）同じつみ。同じ責任。「二人とも―だ」

**とうさきゅうすう**【等差級数】（名）《数》等差数列のそれぞれの数をプラス記号で結んだもの。算術級数。

**とうさく**【倒錯】（名・自他スル）さかさになること。さかさにすること。特に、本能や感情が、ふつうとは異なる、ゆがんだ形をとってあらわれること。「―した愛情表現」…的「倒錯的な快楽」

**とうさく**【盗作】（名・他スル）他人が創作した作品の内容や構想を、無断で自分の作品の中で使うこと。また、その作品。類剽窃《ひょうせつ》

**とうざしのぎ**【当座しのぎ】〖当座▵凌ぎ〗（名）その場だけの間に合わせ。一時しのぎ。

**とうさすうれつ**【等差数列】（名）《数》となり合う二つの項《こう》の差が一定である数列。

**どうさつ**【洞察】（名・他スル）物事を見ぬくこと。見とおすこと。「真理をするどく―する」「―力」

**とうざよきん**【当座預金】（名）預金の引き出しを小切手・手形で行う、利子のつかない銀行預金。

**とうさん**【○父さん】（名）父親を呼ぶ、「お父さん」より少しくだけた言い方。対母さん

**とうさん**【倒産】（名・自スル）会社などが、経営のいきづまりでつぶれること。⇒はさん「学習」

**どうさん**【動産】（名）土地・建物以外のもので、持ち運びのできる財産。現金・商品など。対不動産

**どうざん**【銅山】（名）銅をふくむ石をほり出す山。

**とうし**【投資】（名・自スル）もうけを見こんで事業に資本を出すこと。「―家」

**とうし**【凍死】（名・自スル）寒さのためにこごえ死ぬこと。「冬山で―する」「―者」

**とうし**【透視】（名・他スル）物の中や向こう側をすかして見ること。「レントゲンで―する」「―術」

**とうし**【唐詩】（名）❶中国の唐時代の詩。❷漢詩。

**とうし**【闘士】（名）❶たたかう兵士。❷主義・主張のために、からだをはって活動する人。「労働運動の―」

**とうし**【闘志】（名）たたかおうとする強い気持ち。「―がわく」類闘魂《とうこん》

**とうじ**【冬▵至】（名）《天》二十四節気の一つ。太陽が最も南にかたより、北半球では一年中で夜がいちばん

長い日。太陽暦《たいようれき》の一二月二二日ごろ。[対]夏至《げし》

**とうじ【当時】**（名）過去のあるとき。そのころ。「―をふりかえる」

**とうじ**『△杜氏』（名）酒造りの職人。特に、その長にあたる人。[参考]「とじ」ともいう。

**とうじ【悼辞】**（名）人の死を悲しんで述べることば。弔辞《ちょうじ》。

**とうじ【湯治】**（名・自スル）温泉にはいって病気やけがをなおすこと。「―客」「―場《ば》」

**とうじ【答辞】**（名）式で、お祝いのことばなどに対して述べるお礼のことば。「卒業生代表の―」[対]送辞《そうじ》

**どうし【同士】**（名）性質や種類・関係をたがいに同じくする人。名詞の下について接尾語的にも用いる。「いとこ―」「かたき―」⇒どうし(同志)「学習」

**どうし【同志】**（名）同じ考えや目的をもつ仲間。

> **学習** 〈使い分け〉「同士」「同志」
>
> **同士** 性質や関係が同じである人。「気の合った同士」「好いた同士」「恋人《こいびと》同士」
>
> **同志** 考えや目的が同じである人。「同志をつのる」「同志諸君」「革命運動の同志」

**どうし【同視】**（名・他スル）いくつかのものを同じに見なすこと。差別なく同じにあつかうこと。同一視。

**どうし【動詞】**（名）《文法》品詞の一種。自立語で活用があり、単独で述語となれるもの(用言)のうち、言い切り(終止形)が五十音図のウ段の音で終わることば。事物の動作・存在・状態を表す。「読む」「着る」「助ける」など。

**どうし【導師】**（名）《仏》❶人びとに信仰《しんこう》心をもたせ、仏道にはいらせる人。❷法会《ほうえ》や葬儀《そうぎ》のとき、中心になってとり行う僧《そう》。

**どうじ【同時】**（名）❶二つ以上のことが同じときに行われること。「―上映」「―通訳」❷(「…とどうじに」の形で)㋐時をおかずひき続いて行われる意を表す。…とすぐ。「布団《ふとん》にはいると―に眠《ねむ》りにおちた」㋑二つの性質をかねそなえている意を表す。…とともに。「この本はおもしろいと―にためになる」

**どうじ【童子・童児】**（名）子ども。児童。

**どうしうち【同士討ち・同士打ち】**（名）仲間どうしの争い。「意見のちがいから―となる」

**とうしき【等式】**（名）《数》二つ以上の式や数を等号(＝)で結びつけたもの。[対]不等式

**とうじき【陶磁器】**（名）陶器と磁器。やきもの。

**とうじしゃ【当事者】**（名）そのことがらに直接関係のある人。「―に確認する」[対]第三者

**とうししんたく【投資信託】**（名）《経》投資家から集めたおかねを運用し、得られた利益を還元《かんげん》するしくみ。投信。ファンド。

**とうしせん**〔唐詩選〕〔作品名〕中国、唐《とう》の時代の詩人一二八人の作品を選んだ詩集。選者は不明。日本には江戸《えど》時代初期に伝来した。

**とうしつ【等質】**（名・形動ダ）性質・成分が等しいこと。「―な化合物」[類]均質

**とうじつ【当日】**（名）その日。「卒業式の―」

**どうしつ【同質】**（名・形動ダ）二つ以上のものの質が同じであること。「―の犯罪」[対]異質

**どうじつ【同日】**（名）❶同じ日。❷その日。

**同日の論《ろん》ではない** (日を同じくして論じることができないの意)まったくちがっていて比べられない。

**どうして**［一］（副）❶どのようにして。「―川を渡《わた》ろうか」❷どういうわけで。なぜ。「―本を忘れたのか」❸予想とは違《ちが》って。それどころか。「弱そうに見えるが、―試合になると強い」［二］（感）❶(多くは重ねて用いて)相手のことばを強く打ち消すことば。いやいや。「―、―、それどころではない」❷ひじょうに感心して言うことば。いやはや。「―、たいした人気だ」

**どうしても**（副）❶どのようにしても。どうやっても。「この問題は―解けない」❷なんとしてでも。かならず。ぜひとも。「―行ってみたい」〈使い方〉①はあとに「ない」「ません」などの打ち消しのことばがくる。

**とうしゃ【投射】**（名・他スル）光などを当てること。投影《とうえい》。「―図」

**とうしゃ【透写】**（名・他スル）絵や図などを、上にうすい紙を置いてなぞって写しとること。すき写しにすること。すき写し。トレース。「地図帳から―する」

**とうしゃ【謄写】**（名・他スル）書き写すこと。

**とうしゃばん【謄写版】**（名）原紙に鉄筆などで字や絵を書き、インクをつけて刷る印刷機。ガリ版。

**とうしゅ【当主】**（名）その家の今の主人。

**とうしゅ【投手】**（名）野球で、打者に対してボールを投げる人。ピッチャー。「先発―」

**とうしゅ【党首】**（名）政党の最高責任者。

**とうしゅ【頭首】**（名）団体のかしら。首領。

**どうしゅ【同種】**（名）種類が同じであること。また、同じ種類のもの。[対]異種

**とうしゅう【踏襲】**（名・他スル）いままでのやり方を受けついで、そのとおりにやること。「前例を―する」

**とうしゅく【投宿】**（名・自スル）旅館にとまること。宿をとること。

**どうしゅく【同宿】**（名・自スル）同じ宿にいっしょにとまること。同じ下宿にいること。また、その人。

**とうしょ【当初】**（名）そのことのはじめ。最初。「―の予定を変える」

**とうしょ【投書】**（名・自他スル）意見・苦情・要求などを書いて新聞社や公共機関などに送ること。また、その手紙。「新聞の―欄《らん》」

**とうしょ**〔島△嶼〕（名）大小さまざまの島。「太平洋―国」[参考]「嶼」は小さな島の意。

**とうしょ【頭書】**［一］（名・他スル）本文の上の欄《らん》に書き入れること。また、その文字。［二］（名）文書のはじめに書かれたことがら。「―の件」「―のとおり」

**どうじょ【童女】**（名）幼い女の子。どうにょ。

**とうしょう【凍傷】**（名）《医》ひどい寒さのために、からだの一部分または全身におこる傷害。

**とうしょう【闘将】**（名）❶先頭にたってたたかう大将・主将。❷闘争などで、すぐれた力をもつ指導者。

**とうじょう【東上】**（名・自スル）西の地方から東の首都(東京)へ行くこと。[対]西下《さいか》

**とうじょう【搭乗】**（名・自スル）飛行機・船などに乗りこむこと。「宇宙船に―する」「―員」
**とうじょう【登場】**（名・自スル）❶舞台《ぶたい》や映画、文学作品などの場面に現れること。「主役の―」❷新しいものが世の中に現れること。「新製品の―」
**どうじょう【同上】**（名）上に書いたことや、すぐ前に述べたことがらと同じであること。
**どうじょう【同乗】**（名・自スル）同じ乗り物にいっしょに乗ること。「タクシーに―する」
**どうじょう【同情】**（名・自スル）相手の悲しみや苦しみなどを、自分のことのように思いやること。「―を寄せる」[…的]「同情的な意見を述べる」
**どうじょう【道場】**（名）❶《仏》仏法を修行《しゅぎょう》したり、師が仏の道を話して聞かせたりする場所。❷武芸を学び練習する場所。「剣道《けんどう》の―」
**どうしょういむ【同床異夢】**（名）いっしょにいたり同じ行動をとったりしていながら、考えや目的が異なること。
**とうじょうじんぶつ【登場人物】**（名）物語・劇・事件などに現れる人物。
**とう・じる【投じる】**{ジ・ジ・ジル・ジル・ジレ・ジロ(ジヨ)} [一]（他上一）❶投げる。「一石を―（=新たな問題を持ち出す）」❷投げ出す。あきらめる。「筆を―（=書くのをやめる）」❸投げこむ。投げ入れる。「海に身を―」❹投げかける。「光を―」❺自分から進んで身をおく。「社会事業に身を―」❻つぎこむ。「私財を―」❼投票する。「一票を―」❽あたえる。投与《とうよ》する。「薬を―」[二]（自上一）❶つけ入る。「機に―」❷宿屋にとまる。「宿舎に―」❸降参する。「敵陣《てきじん》に―」❹合う。一致《いっち》する。「意気相《あい》―」
**どう・じる【同じる】**（自上一）{ジ・ジ・ジル・ジル・ジレ・ジロ(ジヨ)} 賛成する。同意する。「断じて―・じない」
**どう・じる【動じる】**（自上一）{ジ・ジ・ジル・ジル・ジレ・ジロ(ジヨ)} おどろいて心が動く。あわてる。「物に―・じない」
**とうしん【刀身】**（名）刀のさやにはいっている部分。
**とうしん【灯心】**（名）あんどんやランプのしん。灯油にひたしてあかりをともすのに使う細いひも。
**とうしん【投身】**（名・自スル）死のうとして、高所から飛びおりたり、水に飛びこんだりすること。「―自殺」
**とうしん【答申】**（名・自他スル）上級官庁や上役《うわやく》の質問に答えて意見を述べること。「―案」
**とうしん【等身】**（名）人間の身長と同じくらいの高さ。「―の仏像」「―大」
**とうじん【〔△蕩尽〕】**（名・他スル）すっかり使いはたすこと。「財産を―する」
**どうしん【同心】**（名）❶心・意見などが同じであること。心を同じくすること。❷江戸《えど》時代、与力《よりき》の下で警察の仕事をした下級役人。❸中心が同じであること。「―円」
**どうしん【童心】**（名）子どもごころ。おさなごころ。また、子どものような無邪気《むじゃき》な心。「―に返る」
**どうしん【道心】**（名）❶人として正しいことを行おうとする心。道徳心。❷《仏》仏教を信じる心。❸《仏》一三歳《さい》または一五歳以上で出家した人。
**どうじん【同人】**（名）❶同一の人物。❷同じ志や好みをもつ仲間。「―誌」[参考]「どうにん」とも読む。
**どうしんえん【同心円】**（名）《数》中心が同じで半径が異なる二つ以上の円。
**どうじんざっし【同人雑誌】**（名）文学・芸術などで、考えや好みを同じくする人びとが集まり、おかねを出し合って発行する雑誌。どうにんざっし。同人誌。
**とうしんせん【等深線】**（名）《地》地図で、海や湖の深さを表すために、深さの等しい点をつないだ線。
**とうしんだい【等身大】**（名）❶人の身長と同じくらいの高さ。「―の人形」❷飾《かざ》らないありのままの姿。「―の自分を見せる」
**とうすい【陶酔】**（名・自スル）❶酒などを飲んで気持ちよく酔《よ》うこと。❷自然や芸術の美に心をうばわれて、うっとりすること。「すばらしい演技に―する」
**とうすい【統帥】**（名・他スル）軍隊をまとめひきいること。「―権」
**とう・ずる【投ずる】**（自他サ変）{ジ(ゼ)・ジ・ズル・ズル・ズレ・ジロ(ゼヨ)} →とうじる
**どう・ずる【同ずる】**（自サ変）{ジ(ゼ)・ジ・ズル・ズル・ズレ・ジロ(ゼヨ)} →どうじる（同じる）
**どう・ずる【動ずる】**（自サ変）{ジ(ゼ)・ジ・ズル・ズル・ズレ・ジロ(ゼヨ)} →どうじる（動じる）
**どうせ**（副）どのようにしたところで。いずれにしても。どっちみち。「―こっちが勝ちだ。あせることはない」「―だめにきまっている」[使い方]すでに結果は明らかだという気持ちや、あきらめ・すてばちの気持ちを表す。
**とうせい【当世】**（名）現代。今。現在の世の中。「―風（=今の世の流行。また、それにそっているさま）」
**とうせい【統制】**（名・他スル）❶ばらばらにならないように取りまとめること。「チームの―をとる」❷（国家などが）一定の計画や考えのもとにきまりをつくって取りしまること。「言論―」「輸入品を―する」
**どうせい【同姓】**（名）同じ姓。みょうじが同じであること。「―同名」
**どうせい【同性】**（名）男女・雌雄《しゆう》の性が同じであること。[対]異性
**どうせい【〔同△棲〕】**（名・自スル）同じ家に住むこと。特に、結婚《けっこん》していない男女がいっしょに生活すること。
**どうせい【動静】**（名）世の中や人などの動きやようす。「敵の―をさぐる」
**どうぜい【同勢】**（名）いっしょに行動する人びと。また、その人数。「―一〇人で新しい仕事を始める」
**どうせいあい【同性愛】**（名）同性の者どうしの恋愛《れんあい》。
**とうせいけいざい【統制経済】**（名）《経》国が、経済活動に対してなんらかの制限を加える経済のしくみ。[対]自由経済
**とうせき【投石】**（名・自スル）石を投げること。
**とうせき【透析】**（名）《医》（「人工透析」の略）腎臓《じんぞう》の機能が低下した人の血液を、装置を用いて浄化《じょうか》すること。
**どうせき【同席】**[一]（名）同じ座席や地位。[二]（名・自スル）同じ席にいること。同じ集まりに出席すること。「先輩《せんぱい》と―する」
**とうせつ【当節】**（名）ちかごろ。このごろ。「―の若者はことばづかいを知らない」

**とうせん【当選】**（名・自スル）選び出されること。選挙で選ばれること。「—作品」「—確実」対落選

**とうせん【当籤】**（名・自スル）くじに当たること。

**とうぜん【当然】**（名・副・形動ダ）どう考えてもそうであること。言うまでもなく、わかりきったこと。あたりまえ。「—の権利」「老人に席をゆずるのは—だ」

**とうぜん【陶然】**（トタル）気持ちよく酔《よ》うようす。うっとりとなるようす。「笛の音《ね》に—となる」

**どうせん【同船】**一（名）同じ船。その船。二（名・自スル）同じ船に乗り合わせること。

**どうせん【動線】**（名）建物内や都市の空間で、人や物の動く経路を表した線。「客の—を考慮《こうりょ》した店づくり」

**どうせん【銅線】**（名）銅で作った針金。

**どうせん【導線】**（名）電流を通すための針金。

**どうぜん【同前】**（名）前に述べたことや、すぐ上に書いたことと同じであること。

**どうぜん【同然】**（名・形動ダ）ほとんど同じであること。「ただ—の値段」「新品—の服」

**どうぞ**（副）❶丁寧《ていねい》に願いや希望の気持ちを表すことば。なにとぞ。どうか。「—よろしくお願いします」「—合格しますように」❷相手に丁寧に許可をあたえたり、何かをすすめたりする意を表すことば。「—使ってください」「まあ—食べてみてください」

**とうそう【刀創】**（名）刀で切られたきず。刀きず。

**とうそう【逃走】**（名・自スル）にげること。のがれること。「その場から—する」「—手段」「—経路」

**とうそう【痘瘡】**（名）《医》→てんねんとう

**とうそう【闘争】**（名・自スル）❶たたかい争うこと。「—心」「—本能」❷労働運動などで、要求を通すためにたたかうこと。「要求貫徹《かんてつ》をかかげて—する」

**どうそう【同窓】**（名）同じ学校で、または、同じ先生について学んだこと。また、学んだ人。「—会」

**どうぞう【銅像】**（名）青銅で作った像。ブロンズ。

**とうそく【等速】**（名）速度が等しいこと。

**とうぞく【盗賊】**（名）ぬすびと。どろぼう。

**どうぞく【同族】**（名）❶同じ血筋でつながっているもの。一族。「—意識」❷同じ種族。

**どうそじん【道祖神】**（名）道ばたにあり、悪霊《あくりょう》をふせいで通行する人びとを守る神。さえの神。たむけの神。

（どうそじん）

**とうそつ【統率】**（名・他スル）集団をまとめてひきいること。「—力」「—がとれる」

**とうた【淘汰】**（名・他スル）❶よいものを残し、悪いものを捨てること。❷生存競争の結果、環境《かんきょう》に合わないものがほろび、合うものが残ること。「自然—」

**とうだい【当代】**（名）❶現代。今の時代。「—第一の画家」❷その時代。❸今の主人。当主。

**とうだい【灯台】**（名）❶岬《みさき》や港の入り口などに建て、夜、強い光を出して航行の安全をはかる設備。❷むかし、屋内で、ともし火をのせた台。灯明台《とうみょうだい》。❸燭台《しょくだい》。

**灯台下《もと》暗《くら》し**（灯明台の下は光が当たらないで暗いことから）身近なことはかえってわかりにくいたとえ。

**どうたい【同体】**（名）❶同じからだ。一体。「一心—」❷すもうで、両力士が同時に倒《たお》れたり土俵の外に出たりすること。

**どうたい【胴体】**（名）❶胴。からだの、手足・頭をのぞいた中央部。❷飛行機の翼《つばさ》を除いた部分や船の本体部分。「—着陸」

**どうたい【動態】**（名）動いている状態。活動し変わっていく状態。「人口の—調査」対静態

**どうたい【導体】**（名）《物》熱・電気をよく伝える物質。銀・銅・アルミニウムなど。良導体。対不導体

**どうたいしりょく【動体視力】**（名）動いているものを見分ける能力。

**とうだいもり【灯台守】**（名）「灯台①」の番人。

**どうたく【銅鐸】**（名）《歴》弥生《やよい》時代に作られた青銅器の一種。つりがねのような形で、表面には模様や絵がかかれている。近畿《きんき》地方を中心に多く出土し、祭りの道具、あるいは楽器として使ったものといわれる。

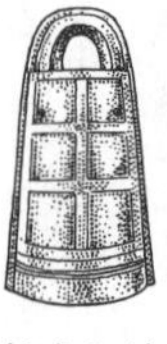
（どうたく）

**とうたつ【到達】**（名・自スル）行きつくこと。「目的地に—する」「ある結論に—する」

**とうだん【登壇】**（名・自スル）演説などをするために、壇の上にあがること。対降壇《こうだん》

**どうだん【同断】**（名・形動ダ）前と同じであること。ほかと同じであること。「この場合も事情は—である」

**とうち【当地】**（名）この土地。自分が今いる土地。「—では桜が見ごろです」使い方〉相手の住む土地をいうときには、「ご当地」を用いる。

**とうち【倒置】**（名・他スル）❶位置をひっくり返すこと。❷《文法》語の順序を逆にすること。

**とうち【統治】**（名・他スル）主権者が国土や国民を治めること。「—権」

**とうちほう【倒置法】**（名）《文法》文の意味を強めたり、ことばの調子をととのえたりするために、語順をふつうとは逆にする表現のしかた。「見ろ、あれを」「寒いね、きょうは」「降るぞ、雨が」など。

**とうちゃく【到着】**（名・自スル）目的の場所に着くこと。また、とどくこと。「列車が—する」

**どうちゃく【撞着】**（名・自スル）前後がくいちがってつじつまの合わないこと。「自家《じか》—」類矛盾《むじゅん》

**とうちゅう【頭注】【頭註】**（名）本などで、本文の上につけた注釈《ちゅうしゃく》。対脚注《きゃくちゅう》

**どうちゅう【道中】**（名）旅行のとちゅう。旅路。「—お気をつけて」

**とうちょう【盗聴】**（名・他スル）他人の話や電話の内容などをこっそり聞くこと。ぬすみ聞き。

**とうちょう【登庁】**（名・自スル）役所に出勤すること。対退庁

**とうちょう【登頂】**（名・自スル）山の頂上にのぼること。「—に成功する」参考「とちょう」とも読む。

**どうちょう【同調】**（名・自スル）❶他と調子を合わせること。ほかの人と意見・態度を同じくすること。

「ー者」❷テレビ・ラジオなどで、受信機が目的の周波数の電波を受信できるように調節すること。
**とうちょく【当直】**（名・自スル）当番で、日直や宿直をすること。また、その人。「ー日誌」
**とうつう〖△疼痛〗**（名）ずきずきとうずくように痛むこと。また、その痛み。
**とうてい〖到底〗**（副）どのようにしても。とても。「あすの試合はー勝てるみこみがない」〈使い方〉あとに「ない」「ません」などの打ち消しのことばがくる。
**どうてい【同定】**（名・他スル）❶同一であると見定めること。❷生物の分類上の所属を定めること。「採取した昆虫《こんちゅう》のー」❸〘化〙対象となる物質の種類が何であるかを決定すること。
**どうてい【童貞】**（名）男性で、まだ女性と性的関係のないこと。また、その男性。
**どうてい【道程】**（名）❶道の距離《きょり》。みちのり。「全部で八キロのーだ」❷仕事などが、ある状態まで行きつくとちゅう。過程。
**どうてい**〔道程〕〔作品名〕高村光太郎の最初の詩集。一九一四（大正三）年刊。自己の人間性を高めようとする情熱にあふれた力強い作品が多い。口語自由詩はこの詩集によって完成された。
**とうてき〖投△擲〗**━（名・他スル）物を投げること。なげうつこと。━（名）陸上競技で、砲丸《ほうがん》投げ・円盤《えんばん》投げ・槍《やり》投げ・ハンマー投げの総称《そうしょう》。
**どうてき【動的】**（形動ダ）｛ダロ・ダッ(デ・ニ)・ダ・ナ・ナラ・○｝いきいきしているようす。動きのあるようす。「ーな美」〈対〉静的
**とうてつ【透徹】**（名・自スル）❶すきとおること。すみきっていること。「ーした大気」❷筋道がよくとおってはっきりしていること。「ーした理論」
**とうてん【読点】**（名）文章中の意味の切れ目につける点。「、」⇩くとうてん
**とうでん【盗電】**（名・自スル）正しい契約《けいやく》をしないで電力をこっそり使うこと。
**どうてん【同点】**（名）点数が同じであること。同じ点数。「ー決勝」
**どうてん【動転】**（名・自スル）ひどくおどろいてあわてること。「気がーする」
**とうど【凍土】**（名）寒さのためにこおった土・土地。
**とうど【唐土】**（名）むかし、中国をさして呼んだことば。もろこし。
**とうど【陶土】**（名）焼き物の原料となる、質のよい白色の粘土《ねんど》。
**とうと・い【尊い・貴い】**（形）｛カロ・カッ(ク)・イ・イ・ケレ・○｝❶他のなにものにもかえがたく、敬うべきである。「ー神」❷地位や身分が高い。高貴である。「ーお方」❸すぐれた価値がある。「ー宝」「ー経験をいかす」

> **学習〈使い分け〉「尊い」「貴い」**
> 尊い　敬いたいせつにすべきものとして特別の気持ちをもつようす。「尊い教え」「尊い犠牲《ぎせい》」「平和の尊さ」
> 貴い　それ自身のもつ価値や身分がきわだって高いようす。「貴い位」「貴い資料」

**-とうとう【等等】**（接尾）ならべあげた例のほかにもまだあるという意を表す。などなど。「詩・小説・戯曲《ぎきょく》ーの作品」
**とうとう〖到頭〗**（副）いろいろなことがあったあげくに。ついに。「ー卒業の日がきた」「彼はー来なかった」
**とうとう〖△滔△滔〗**（ト タル）❶水がさかんに流れるようす。「ーたる大河」❷すらすらとよどみなく話をするようす。「ーと語る」
**どうとう【同等】**（名・形動ダ）等級や価値・程度などが同じであること。「ーの権利」「ーにあつかう」
**どうどう【同道】**（名・自他スル）つれだって行くこと。同伴《どうはん》。「両親とーする」「部下をーする」
**どうどう【堂堂】**（ト タル）❶大きくてりっぱなようす。「ーたる体格の男」❷包みかくしのないようす。悪びれないようす。「ーと意見を述べる」
**どうどうめぐり【堂堂巡り】**（名・自スル）❶会議・話し合いなどで、同じような内容がくり返されて少しも先へ進まないこと。「ーの議論」❷議会の採決で、議員が順番に進み出て投票すること。
**どうとく【道徳】**（名）社会生活を営むうえで、人として守るべき行動の規範《きはん》。「公衆ー」「不ー」
**どうとくてき【道徳的】**（形動ダ）｛ダロ・ダッ(デ・ニ)・ダ・ナ・ナラ・○｝道徳に関するようす。また、道徳にかなっているようす。「ーな見地」「ーに許されない」
**とうとつ【唐突】**（形動ダ）｛ダロ・ダッ(デ・ニ)・ダ・ナ・ナラ・○｝とつぜんでその場にそぐわないようす。だしぬけ。「ーな質問」
**とうと・ぶ【尊ぶ・貴ぶ】**（他五）｛バ(ボ)・ビ(ン)・ブ・ブ・ベ・ベ｝❶敬う。尊敬する。「神仏をー」❷だいじにする。尊重する。「公共の精神をー」⇩とうとい「学習」
**とうどり【頭取】**（名）❶銀行などの代表者。❷劇場で、楽屋を取りしまる人。
**とうなす〖唐×茄子〗**（名）〘植〙「カボチャ」の別名。
**とうなん【盗難】**（名）おかねや品物をぬすまれること。「ー事件」
**とうなんアジア**〔東南アジア〕〔地名〕アジアの東南の地方と、それに近い太平洋の諸島。インドシナ半島の国々と、フィリピン・マレーシア・インドネシアなどの国々をふくむ地域。▽アジアは、Asia
**とうに〖◇疾うに〗**（副）早くに。ずっと前に。とっくに。「会議はー終わった」〈文法〉「とくに」の音便。
**どうにか**（副）❶かろうじて。やっと。「ー山頂へたどりつく」❷なんとか。「開かない戸をーしてください」
**どうにかこうにか**（副）「どうにか」を強めたことば。「ー完成にこぎつけた」
**どうにも**（副）❶（打ち消しの語をともなって）どのようにも。どうやっても。「ーならない」「ー決められない」❷なんとも。まったく。「ー困《こま》ってしまう」
**とうにゅう【投入】**（名・他スル）❶投げ入れること。また、そのようにして入れること。「自動販売《はんばい》機にコインをーする」❷おかねや労力などをつぎこむこと。「資本をーする」
**とうにゅう【豆乳】**（名）くだいた大豆《だいず》を煮《に》て、布でこした白い汁《しる》。とうふの原料、また飲料とする。
**どうにゅう【導入】**━（名・他スル）みちびき入れること。引き入れること。「外国から資本をーする」━

(名) 音楽や文学作品などで、本題を引き出すはじめの部分。「話の―部」

**とうにょうびょう【糖尿病】** (名) 《医》糖分をふくむ尿が続けて出る病気。疲《つか》れやすく、のどがかわく。おもに膵《すい》臓《ぞう》の障害によっておこる。

**とうにん【当人】** (名) 当の人。その人。本人。「―から直接話を聞く」

**どうにん【同人】** (名) →どうじん

**とうねん【当年】** (名) ❶ことし。本年。「―とって五五歳《さい》になる」❷その年。その時代。

**どうねん【同年】** (名) ❶同じ年。また、先に述べた年と同じ年。「彼《かれ》はぼくと―の生まれだ」「―四月、高校に入学」❷同じ年齢《ねんれい》。おないどし。

**とうの【当の】** (連体) 話題になっている。その。「―本人」

**とうは【党派】** (名) 主義・主張などを同じくする人びとの集団。党。また、党内の派閥《はばつ》。「―をこえて話し合う」

**とうは【踏破】** (名・他スル) 長く困難な道のりを歩き通すこと。「南極大陸を―する」

**とうば【塔婆】** (名) →そとば

**どうは【道破】** (名・他スル) 物事の核心《かくしん》をはっきりと言ってのけること。「問題の本質を―する」

**どうはい【同輩】** (名) 同じ学校や職場などに同時期にはいった仲間。「会社の―」「―のよしみ」

**とうはいごう【統廃合】** (名・他スル) 組織や区分を統合したり廃止《はいし》したりしながらまとめ直すこと。「小中学校の―が進む」

**とうばく【倒幕】** (名・自スル) 幕府をたおすこと。

**とうはつ【頭髪】** (名) 頭の毛。髪《かみ》の毛。

**とうばつ【討伐】** (名・他スル) 兵を出して、従わない者をせめうつこと。「反乱軍を―する」

**とうばつ【党閥】** (名) 同じ党派の人びとが自分たちの利益をはかって結びついた排他《はいた》的な集団。

**とうはん【登坂】** (名・自スル) 車両が坂を上ること。「―車線」参考「とはん」とも読む。

**とうはん〖登△攀〗** (名・自スル) 山や岩壁《がんぺき》などをよじのぼること。「絶壁を―する」

**とうばん【当番】** (名) 順番に受け持つ仕事の番にあたること。また、その人。「掃除《そうじ》―」対非番

**とうばん【登板】** (名・自スル) 野球で、投手が試合に出て、マウンドに立つこと。投手として試合に出ること。対降板《こうばん》

**どうはん【同伴】** (名・自他スル) つれだって行くこと。つれて行くこと。「保護者―」

**どうばん【銅版】** (名) 銅の板に絵図・文字などをきざんだ印刷用の原版。

**とうひ【当否】** (名) ❶当たることと当たらないこと。当たりはずれ。❷正当であるか正当でないか。また、適当であるか適当でないか。よしあし。「事の―はさておき」

**とうひ【逃避】** (名・自スル) 責任や困難からのがれること。にげてさけること。「世間のわずらわしさから―する」「現実からの―」…的「逃避的な生活態度」

**とうひ【等比】** (名) 《数》二つの比が等しいこと。

**とうび〖△掉尾〗** (名) 終わりになって勢いを出すこと。転じて、終わり。おしまい。「大会の―をかざる」参考もとの読みは「ちょうび」。「とうび」は慣用読み。

**とうひきゅうすう【等比級数】** (名) 《数》となり合った二つの数の比がいつも等しい級数。幾何《きか》級数。

**とうひこう【逃避行】** (名) 世間の目をさけながら各地を移り歩いたり、かくれ住んだりすること。「―を続ける」

**とうひょう【投票】** (名・自スル) 選挙や採決などのときに、選びたい人の名や賛成・反対などを、決められた紙に書いて出すこと。「―用紙」「無―」

**とうびょう〖投△錨〗** (名・自スル) 船がいかりをおろすこと。船が港にとまること。停泊《ていはく》。対抜錨《ばつびょう》

**とうびょう【闘病】** (名・自スル) 病気とたたかうこと。病気をなおそうと努力すること。「―生活」

**どうひょう【道標】** (名) その道の行き先や距離《きょり》などを書いて、道ばたに立ててある石柱など。道しるべ。

**どうびょう【同病】** (名) 同じ病気。また、同じ病気をわずらっている人。

**同病相《あい》憐《あわ》れむ** 同じ病気やなやみをもつ人どうしは、たがいに同情し合う。

**とうひん【盗品】** (名) ぬすんだ品物。

**とうふ【豆腐】** (名) 水につけた大豆《だいず》をひきくだいて煮《に》た汁《しる》を布でこし、にがりを加えてかためた食品。

**豆腐にかすがい** いくら言ってもまったく手ごたえがなく、ききめのないことのたとえ。類糠《ぬか》に釘《くぎ》・暖簾《のれん》に腕押《うでお》し

**とうぶ【東部】** (名) 地域や国など、特定の場所の東の部分。対西部

**とうぶ【頭部】** (名) 人間や動物の頭の部分。

**とうふう【東風】** (名) ❶ひがしかぜ。❷はるかぜ。

**どうふう【同封】** (名・他スル) 封筒《ふうとう》の中に手紙といっしょに入れること。「写真を―する」

**どうふく【同腹】** (名) ❶同じ母から生まれたこと。また、その子どもたち。❷心を合わせること。同じ考えをもつこと。また、その人。

**どうぶつ【動物】** (名) ❶一般《いっぱん》に、生物を大きく分けた場合の、植物に対する一群の生物の総称《そうしょう》。ふつう、自分で運動し、ほかの動物や植物を栄養としてとる。対植物 ❷人間以外の哺乳《ほにゅう》類。特に、けもの。「肉食―」

**どうぶつえん【動物園】** (名) いろいろな動物を集めて飼い、人びとに見物させる施設《しせつ》。

**どうぶつせい【動物性】** (名) ❶動物がもっている性質。❷動物からとったものであること。「―蛋白《たんぱく》質」(対植物性)

**どうぶつてき【動物的】** (形動ダ) 〔ダロ・ダッ(デ・ニ)・ダ・ナ・ナラ・○〕動物の性質をもっているようす。また、動物のように本能のままに行動するようす。「―な勘《かん》がはたらく」

**どうぶるい【胴震い】** (名・自スル) おそろしさや寒さなどのために、からだがふるえること。

**とうぶん【等分】** (名・他スル) 等しい数や分量に分けること。また、同じ分量。「二―」

**とうぶん【糖分】** (名) ある物にふくまれている糖類の成分。また、単に甘《あま》み。「―が多い食品」

**とうぶん【当分】**（副）しばらくの間。さしあたり。「改築のため―店を休みます」

**どうぶん【同文】**（名）❶同じ文章。「以下―」❷同じ文字。特に、異なる国家や民族の間で使う文字が同じであること。たとえば、日本と中国など。

**とうへき【盗癖】**（名）ぬすみをするくせ。ぬすみぐせ。

**とうへん【等辺】**（名）〘数〙多角形の辺の長さが等しいこと。「二―三角形」

**とうべん【答弁】**（名・自スル）質問に答えて説明すること。また、その答え。「首相の―を求める」

**とうへんぼく**〘×唐変木〙（名）気のきかない人やわからずやをののしっていうことば。

**とうほう【当方】**（名）こちら。自分のほう。「―はみな元気です」対先方《せんぽう》

**とうほう【東方】**（名）東の方角・方面。対西方《せいほう》

**とうぼう【逃亡】**（名・自スル）にげてかくれること。「犯人が―する」「―者」

**どうほう【同胞】**（名）❶同じ母から生まれた兄弟姉妹。はらから。❷同じ国民・民族。「―愛」

**とうほく【東北】**❶（名）東と北との中間の方角。ひがしきた。❷〔地名〕「東北地方」の略。

**とうぼく【倒木】**（名）たおれた木。たおれている木。

**とうほくちほう**〔東北地方〕〔地名〕本州の東北部の地方。青森・秋田・岩手・山形・宮城・福島の六県。奥羽《おうう》地方。

**どうほこ【銅矛】**〘銅△鉾〙（名）〘歴〙弥生《やよい》時代に広まった青銅製のほこ。青銅はやわらかく実用性に欠けるため、儀礼《ぎれい》用と考えられている。

（銅矛）

**とうほん【謄本】**（名）原本をすべて写しとった書類。特に、戸籍《こせき》謄本。対抄本《しょうほん》

**とうほんせいそう【東奔西走】**（名・自スル）目的をとげるために、あちらこちらをいそがしく走りまわること。「―して資金を調達する」

**どうまき【胴巻き】**（名）おかねなどを入れて、腹に巻きつける帯状のふくろ。

**どうまごえ【胴間声】**（名）調子のはずれた、太くにごった声。「―を上げる」

**どうまわり【胴回り】**（名）胴のまわり。また、その長さ。ウエスト。

**どうみゃく【動脈】**（名）❶〘生〙血液を心臓からからだじゅうに運ぶ血管。対静脈《じょうみゃく》。❷主要な交通路。「東京と大阪を結ぶ大―」

**どうみゃくこうかしょう【動脈硬化症】**（名）〘医〙動脈がかたくなり、弾力《だんりょく》がなくなる病気。

**とうみょう【灯明】**（名）神仏にそなえるともしび。みあかし。「神棚《かみだな》に―をあげる」

**とうみん【冬眠】**（名・自スル）❶〘動〙くま・へび・かえるなどの動物が、活動をやめて眠《ねむ》ったような状態で土や穴の中で冬をこすこと。対夏眠。❷組織などが活動をほとんどしていないこと。「―状態の会社」

**とうめい【透明】**（名・形動ダ）❶すきとおっていること。物体がよく光をとおすこと。「無色―」「不―」❷内部の実状がよく見てとれること。…性「行政の透明性を高める」

**どうめい【同名】**（名）同じ名前。「同姓《どうせい》―」

**どうめい【同盟】**（名・自スル）国家・団体・個人などが、共通の目的のために同じ行動をとることを約束すること。また、それによって生じる関係。「―を結ぶ」

**どうめいいじん【同名異人】**（名）名前が同じで人物がちがうこと。また、その人。

**どうめいひぎょう【同盟罷業】**（名）→ストライキ①

**とうめつ【討滅】**（名・他スル）うちほろぼすこと。

**とうめん【当面】**㊀（名・自スル）現在直面していること。じかに向き合うこと。「―の問題」㊁（副）今のところ。さしあたり。「―静観する」

**どうも**（副）❶どうしても。どんなふうにしても。「―答えがわからない」❷まったく。ほんとうに。「―困ったことになった」❸なんだか。どことなく。「調子が―変だ」❹「ありがとう」「すみません」などの上につけて、その気持ちを強めることば。下につくことばを省略することも多い。「昨日は―」使い方①は、あとに「ない」「ません」などの打ち消しのことばがくる。

**どうもう**〘△獰猛〙（形動ダ）｛ダロ・ダッ（デ・ニ）・ダ・ナ・ナラ・〇｝性質が乱暴でたけだけしいようす。「―な犬」

**とうもく【頭目】**（名）親分。かしら。「山賊《さんぞく》の―」

**どうもく**〘△瞠目〙（名・自スル）驚《おどろ》いたり感心したりして、目をみはること。「―すべき意見」

**どうもと【胴元】**〘◇筒元〙（名）ばくちの席を貸して、出来高に応じて歩合《ぶあい》をとる人。胴親《どうおや》。

**とうもろこし**〘×玉蜀黍〙（名）〘植〙イネ科の一年草。夏に、葉のわきに円柱状の軸《じく》ができ、小粒《こつぶ》の実をたくさんつける。食用・飼料用。とうきび。

**どうもん【同門】**（名）同じ先生について学ぶこと。また、同じ流派に属すること。「―の弟子《でし》」

**とうや【陶冶】**（名・他スル）（陶器《とうき》を焼くことと鋳物《いもの》をいることの意から）才能・性格をきたえ、すぐれたものにすること。「人格の―」

**とうやく【投薬】**（名・自スル）医者が病気に適した薬を患者《かんじゃ》にあたえること。類投与《とうよ》

**どうやら**（副）❶どうにか。やっと。「―都会の生活にもなれたようだ」「―こうやら（＝どうにかこうにか）」❷なんだか。なんとなく。「―風邪《かぜ》をひいたようだ」

**とうゆ【灯油】**（名）❶灯火用の油。ともしあぶら。❷石油の原油を蒸留するときに揮発油に続いて出る油。燃料などに用いる。

**とうよ【投与】**（名・他スル）医者が患者《かんじゃ》に薬をあたえること。「解熱剤《げねつざい》を―する」類投薬

**とうよう【当用】**（名）さしあたって用いること。ふだん用いること。「―日記」

**とうよう【東洋】**（名）アジアの東部と南部の地方をいうことば。日本・中国・インドなど。対西洋

**とうよう【盗用】**（名・他スル）他人のものを、許可を得ずにこっそり使うこと。「他人のアイデアを―する」

**とうよう【登用・登庸】**（名・他スル）人をこれまでよりも高い地位につかせて使うこと。「人材―」

**どうよう【同様】**（名・形動ダ）ようす・状態が同じであること。「君と―の考えだ」「わが子―に育てる」

**どうよう**【動揺】(名・自スル) ❶ゆれ動くこと。「車体が―する」❷心の落ち着きを失って不安になること。「―の色をかくせない」

**どうよう**【童謡】(名) 子どもがうたうための歌。

**どうよく**【胴欲】〘胴△慾〙(名・形動ダ) 欲が深くて人情にうすいこと。「―な人」

**とうらい**【到来】(名・自スル) ❶贈《おく》り物が届くこと。❷時節・時機がくること。「チャンスが―する」

**とうらいもの**【到来物】(名) よそからのもらい物。

**とうらく**【当落】(名) 当選と落選。当選か落選か。「―は予想がつかない」

**とうらく**【騰落】(名) 物価などの上がり下がり。騰貴と下落。

**どうらく**【道楽】(名・自スル) ❶本職以外のことで、楽しみとしてすること。趣味《しゅみ》。「絵を―にしている」❷悪い遊びにふけること。放蕩《ほうとう》。「―息子《むすこ》」

**どうらん**【胴乱】(名) 採集した植物を入れ、肩《かた》から下げる容器。ブリキ・トタンなどで作る。

( 胴乱 )

**どうらん**【動乱】(名) 暴動や紛争《ふんそう》で、世の中がさわぎ乱れること。「―が起こる」

**とうり**〘桃△李〙(名) ももとすもも。

**桃李もの言《い》わざれども下《した》自《おの》ずから蹊《けい》を成《な》す** ももやすももは何も言わないが、花や実をしたって人が集まり、その木の下には自然に道ができる。同様に、徳のある人のもとには自然に人が集まるものである。

**どうり**【道理】(名) 物事の正しいすじみち。人として行うべき正しい道。「―にかなう」

**とうりつ**【倒立】(名・自スル) さかだちすること。さかだち。「マットの上で―する」

**どうりつ**【同率】(名) 同じわりあい。「―首位」

**どうりつ**【道立】(名) 北海道が設立し、維持《いじ》すること。「―図書館」

**どうりで**〘道理で〙(副) 原因・理由がわかったとき、なるほどそれで、と納得《なっとく》する意で使うことば。「子どものころからピアノを習っていたのか、―うまいはずだ」

**とうりゅう**〘△逗留〙(名・自スル) 旅先でしばらくとどまること。「山の温泉に―する」類滞在《たいざい》

**とうりゅうもん**【登竜門】(名) 困難だが、そこを通れば出世ができるとされる所。「新人作家の―」

故事 竜門は黄河《こうが》上流の急流で、大きな鯉《こい》といえどもなかなか登ることができなかったが、この難所をこえることのできた鯉は竜になるといわれたことから出たことば。〈後漢書《ごかんじょ》〉

**とうりょう**【投了】(名・自スル) 将棋《しょうぎ》や碁《ご》で、一方が負けたことを認めて、勝負を終えること。

**とうりょう**〘棟△梁〙(名) 大工《だいく》のかしら。

**とうりょう**【等量】(名) 等しい分量。「水と―のしょうゆを加える」

**とうりょう**【統領】(名・他スル) 多くの人をまとめ治めること。また、その人。かしら。首領。

**どうりょう**【同僚】(名) 同じ職場で働いている人。特に、同じ役目・地位にある人。「職場の―」

**どうりょく**【動力】(名) 水力・電力・原子力など、機械を動かすもとになる力。原動力。

**どうりん**【動輪】(名) ピストンやモーターから直接動力をうけて回転し、車・機関車などを動かす車輪。

**とうるい**【盗塁】(名・自スル) 野球で、走者がすきをみてすばやく次の塁へ進むこと。「―に成功する」

**どうるい**【同類】(名) ❶同じ種類。「―の商品」❷仲間。「彼《かれ》らと―と見られたら困る」

**どうるいこう**【同類項】(名) ❶〘数〙多項式で、係数を除いた文字の部分が同じである二つ以上の項。❷同じ類の者。仲間。

**とうれい**【答礼】(名・自スル) 相手の礼に対して礼をかえすこと。また、その礼。返礼。「―訪問」

**どうれつ**【同列】(名) ❶ならぶ列が同じであること。❷地位・程度などが同じであること。「―にあつかう」

**どうろ**【道路】(名) 人や車が通行するために設けられた、整備された道。「―を横断する」

**とうろう**【灯籠】(名) 木・竹・石・金属などで作った、中に灯火をともす宗教や装飾《そうしょく》用の照明用具。

**とうろう**〘△蟷△螂〙(名)〘動〙→かまきり

**蟷螂の斧《おの》** 力の弱いものが、自分の力も考えないで強い敵に向かっていくこと。はかない抵抗《ていこう》のたとえ。

**とうろうながし**【灯籠流し】(名) お盆《ぼん》の最後の日に、灯籠に火をともして川や海に流す行事。

**とうろく**【登録】(名・他スル) 役所や機関に届け出て、帳簿《ちょうぼ》に正式に記載《きさい》すること。「住民―」

**とうろくしょうひょう**【登録商標】(名) 他の商品と区別し一定の権利を守るために、特許庁に登録された文字・図形・記号など。トレードマーク。

**どうろひょうしき**【道路標識】(名) 交通の安全や便利をはかるために道路に設けられているしるし。

**とうろん**【討論】(名・自他スル) ある問題について、たがいに意見を述べ合って議論すること。ディスカッション。「―会」類討議

**どうわ**【童話】(名) 子どものための物語。

**どうわ**【道話】(名) 道徳をわかりやすく説いた話。

**とうわく**【当惑】(名・自スル) どうしたらよいのかわからなくなってとまどうこと。「ぶしつけな質問に―する」

**とえい**【都営】(名) 東京都が経営し、管理すること。「―住宅」「―バス」

**とえい**【渡英】(名・自スル) イギリスに行くこと。

**とえはたえ**【◦十重二十重】(名) ぐるぐると、何重にもとりまくこと。「―にとりかこむ」

**どえら・い** (形) {カロ・カツ(ク)・イ・イ・ケレ・○}〘俗語〙けたはずれである。とんでもない。「―男」「―ことをしてくれたものだ」文法「ど」は接頭語で、意味を強める働きをする。

**とお**【十】(名) ❶一の一〇倍。じゅう。❷一〇個。❸一〇歳《さい》。

**とおあさ**【遠浅】(名) 岸から遠い沖のほうまで海が浅いこと。また、そのような所。「―の海岸」

**とお・い**【遠い】(形) {カロ・カツ(ク)・イ・イ・ケレ・○} ❶距離《きょり》・時間などのへだたりが大きい。「―国」「―むかし」対近い ❷内容・性質・数量などのちがいが大きい。「賢者《けんじゃ》というには―人物」対近い ❸関係がうすい。親しくない。「―しんせき」対近い

❹ぼんやりしている。にぶい。「気が一・くなる」❺よく聞こえない。「耳が一」❻遠視である。「目が一」対近い

**とおう【渡欧】**（名・自スル）ヨーロッパに行くこと。

**とおえん【遠縁】**（名）血のつながりがうすいこと。遠い血縁。「彼《かれ》は一にあたる」

**とおからず【遠から・ず】**（副）近いうちに。ほどなく。「給水制限も一緩和《かんわ》されるでしょう」

**トーキー**〔英 talkie〕（名）無声映画に対し、画面とともに音や声が聞こえる映画。発声映画。対サイレント

**トーク**〔英 talk〕（名）話をすること。おしゃべり。

**とおくのしんるいよりちかくのたにん【遠くの親類より近くの他人】**いざ何かあったときにたよることができ助けになるのは、遠くにはなれて住んでいる親類よりも、近所に住んでいる他人である。

**トーゴ**〔Togo〕〔地名〕アフリカ大陸西部、ギニア湾岸《わんがん》にある共和国。首都はロメ。

**とおざか・る【遠ざかる】**（自五）｛ラ(ロ)・リ(ッ)・ル・ル・レ・レ｝❶遠くはなれていく。「足音が一」「危険が一」❷疎遠《そえん》になる。親しくなくなる。「仲間から一」（対近付く）

**とおざ・ける【遠ざける】**（他下一）｛ケ・ケ・ケル・ケル・ケレ・ケロ(ケヨ)｝❶遠くにはなれさせる。「群衆を一」❷親しまないようにする。うとんじる。「悪友を一」

**とおし【通し】**（名）❶はじめから終わりまで続いていること。「終点までの一の切符《きっぷ》」❷（「お通し」の形で）料理屋で最初に出す簡単な酒のさかな。つきだし。

**-どおし【通し】**（接尾）（動詞の連用形について）物事をずっと続けてする意を表す。…っぱなし。…づめ。「しゃべり一」「座《すわ》り一」「立ち一」

**とおしばんごう【通し番号】**（名）はじめから終わりまで連続している番号。「一をつける」

**トーシューズ**〔英 toe shoes〕（名）バレエを踊《おど》るときにはく、つま先が固く平らになっている靴《くつ》。

**とお・す【通す】**（他五）｛サ(ソ)・シ・ス・ス・セ・セ｝❶ある場所から別の場所までとどかせる。「鉄道を一」❷向こう側へつきぬけさせる。「トンネルを一」「ガラスは光を一」「水を一・さない生地《きじ》」❸通過させる。通行を許す。「身をよけて車を一」❹ある場所へみちびき入れる。「客を応接間へ一」❺会議などでよいと認めて次に進ませる。「議案を一」❻考えなどをつらぬく。「筋を一」「独身を一」❼はじめから終わりまで続ける。「新聞に目を一」「全巻を一・して読む」❽（多く、「…をとおす」の形で）…を仲立ちとする。「友だちを一・してたのむ」❾（動詞の連用形について）終わりまでし続ける。「朝から夜まで働き一」「本を読み一」「やり一」

**トースター**〔英 toaster〕（名）トーストにするパンを焼く電熱器具。

**トースト**〔英 toast〕（名）食パンをうすく切って軽くきつね色に焼いたもの。

**とおせんぼう【通せん坊】**（名）❶子どもの遊びで、両手を広げて相手を通さないようにすること。❷通路をふさいで交通をさえぎること。（=とおせんぼ）

**トータル**〔英 total〕■一（名・他スル）合計すること。また、合計。総計。「経費を一する」■二（形動ダ）｛ダロ・ダッ(デ・ニ)・ダ・ナ・ナラ・○｝全体としてとらえるようす。総体的。「一に見て判断する」

**とおで【遠出】**（名・自スル）遠くへ行くこと。遠くへ旅行すること。「車で一する」

**トーテム-ポール**〔英 totem pole〕（名）ある集団と特別な関係をもつものとして神聖視される動植物などを彫《ほ》った柱。住居の前に立てられる。

（トーテムポール）

**とおとうみ**〔遠江〕〔地名〕むかしの国名の一つ。今の静岡県の西部。遠州《えんしゅう》。

**トートバッグ**〔英 tote bag〕（名）口が大きく開き、肩《かた》からかけられる持ち手がついた大型の手提《てさ》げバッグ。参考 tote は「運ぶ」の意。

（トートバッグ）

**ドーナツ**〔英 doughnut〕（名）小麦粉に砂糖・たまご・ベーキングパウダーなどをまぜてこね、輪の形などにして油で揚《あ》げた菓子《かし》。ドーナッツ。

**ドーナツかげんしょう【ドーナツ化現象】**（名）都市の中心部の人口が減り、周辺の人口が増える現象。都市部の地価上昇《じょうしょう》や環境《かんきょう》悪化が原因とされる。▽ドーナツは、英 doughnut

**トーナメント**〔英 tournament〕（名）組み合わせ式で戦い、順々に勝ちぬいていって優勝をきめる競技方法。また、その試合。対リーグ戦

**とおの・く【遠のく】**〖遠◇退く〗（自五）｛カ(コ)・キ(イ)・ク・ク・ケ・ケ｝❶遠くなる。「かみなりが一」対近寄る。❷間遠《まどお》になる。関係がうすくなる。「たよりが一」「足が一」

**とおのり【遠乗り】**（名・自スル）馬や自動車・自転車などに乗って遠くへ行くこと。

**ドーピング**〔英 doping〕（名）スポーツ選手が運動能力を高めるために、興奮剤《こうふんざい》や筋肉増強剤などの禁止されている薬物を使用すること。「一検査」

**とおぼえ【遠ぼえ】**〖遠△吠え〗（名・自スル）犬やおおかみなどが、遠くまで聞こえるような声で長く尾《お》をひいてほえること。また、その声。「犬の一」

**とおまき【遠巻き】**（名）あまり近よらず、遠くからとりかこむこと。「けんかを一にして見る」

**とおまわし【遠回し】**（名・形動ダ）はっきり言わないで、それとなくわかるように言うこと。「一に言う」

**とおまわり【遠回り】**（名・自スル）❶遠いほうの道を回って行くこと。「がけくずれで一する」❷手数の多くかかること。「一の方法」

**とおみ【遠見】**（名・自スル）遠くを見ること。遠くから見ること。「一がきく場所」

**とおみち【遠道】**（名）❶長い距離《きょり》の道のり。❷遠まわりになる道。対近道

**ドーム**〔英 dome〕（名）まるい屋根。まる天井《てんじょう》。

**とおめ【遠目】**（名）❶遠くから見ること。「一にも、君だとすぐわかった」❷遠くまで見える目。遠視眼。対近目。❸やや遠いほう。「一のボール」対近目。

参考③はふつう「遠め」と書く。

**とおめがね【遠◦眼鏡】**（名）遠くのものを見るための望遠鏡や双眼鏡《そうがんきょう》の古い言い方。

**とおやまに…** 俳句 →とほやまに…

**ドーラン**〔ドイツ Dohran〕（名）俳優などが、化粧《けしょう》に使う油性の顔料。「―化粧」

**とおり【通り】** 一（名）❶人や車の通る道。「おもての―」❷人や車のゆきき。往来。「車の―がはげしい」❸通りぬけること。「風の―がよい」❹声や音などがとどくこと。「声の―が悪い」❺人びとに通用すること。「芸名のほうが―がよい」❻（「…したとおり」などの形で）それと同じであること。「言った―にしなさい」二（接尾）種類や組み合わせの数を表す。「ふた―の方法」「配列は六―考えられる」

**-どおり【通り】**（接尾）❶道路の名を表す。「銀座―」❷その程度、そのくらいの意を表す。「八分《はちぶ》―できた」❸それと同じ状態であることを表す。「予定―進む」「今まで―のやり方」

**とおりあめ【通り雨】**（名）さっと降りすぐやむ雨。

**とおりいっぺん【通り一遍】**（名・形動ダ）ただ形式的に物事をするようす。形だけで心がこもっていないようす。「―のあいさつ」

**とおりがかり【通りがかり】**『通り掛かり』（名）どこかへ行くとちゅう、偶然《ぐうぜん》にそこを通ること。通りすがり。「―の人に道をきく」

**とおりかか・る【通りかかる】**『通り掛かる』（自五）{ラ(ロ)・リ(ッ)・ル・ル・レ・レ}ちょうどそこを通る。「店先を―」

**とおりがけ【通りがけ】**『通り掛け』（名）ある所へ行くとちゅう。通るついで。「―に寄ってみる」

**とおりことば【通り言葉】**（名）ある特定の仲間だけで通じることば。また、世間一般《いっぱん》に通用していることば。「自分たちの―で話す」

**とおりすがり【通りすがり】**（名）❶たまたま通りかかること。「―の人に声をかける」❷通るついで。通りがけ。「―に立ち寄る」

**とおりす・ぎる【通り過ぎる】**（自上一）{ギ・ギ・ギル・ギル・ギレ・ギロ(ギヨ)}ある地点を通って先へ行く。「目の前をバスが―」

**とおりそうば【通り相場】**（名）世間で通用しているふつうの値段・値打ち。「―より高く買う」

**とおりな【通り名】**（名）世間に通用している名。通称《つうしょう》。

**とおりま【通り魔】**（名）通行人にふいに危害を加え、そのまま逃走《とうそう》する者。「―に襲《おそ》われる」

**とお・る【通る】**（自五）{ラ(ロ)・リ(ッ)・ル・ル・レ・レ}❶行き過ぎる。通過する。「汽車が鉄橋を―」「毎朝―道」❷ある所を過ぎてゆききする。「表を人が―」❸ある地点までとどくようになる。通じた状態になる。「電話が―」「先方に話が―」❹つらぬく。つきぬける。「針が―」❺声や音などがすみずみまでとどく。「よく―声」❻光などが物の中や裏側にまでとどく。すいて見える。すきとおる。「底まで―・って見える湖」❼認められる。合格する。「そんな言いわけは―・らない」「試験に―」❽知れわたる。「名の―・った人」❾筋道が整っている。よくわかる。「意味がよく―」❿部屋にはいる。「奥《おく》までお―・りください」参考④⑤は「徹る」、⑥は「透る」とも書く。

**トーン**〔英 tone〕（名）音や色の調子。音色。色調。「落ち着いた―の背広」

**とか【都下】**（名）東京都内で、二三区を除く地域。

**とか【渡河】**（名・自スル）川をわたること。

**とか**（副助）❶思いつくままに、いくつかの物事を例として並べる。「休日はテニス―水泳―のスポーツをする」❷不確かな事実であることを表す。「山田―いう人」

**とが**『△咎・◇科』（名）❶あやまち。「だれの―でもない」❷つみ。「―多き人間」

**とかい【都会】**（名）人口が多く文化活動や商工業がさかんでにぎやかなところ。都市。対田舎《いなか》

**とかい【渡海】**（名・自スル）船で海をわたること。

**どがい【度外】**（名）❶範囲外《はんいがい》。❷考えの外。

**どがいし【度外視】**（名・他スル）問題にしないこと。考えに入れず無視すること。「もうけを―する」

**とがき【ト書き】**（名）脚本《きゃくほん》で、俳優の動作や演出を指示した部分。参考歌舞伎《かぶき》の脚本で、せりふのあとに「ト立腹《りっぷく》の思い入れ」などと書いたことによる。

**とかく**『×兎角』 一（副・自スル）あれこれ。かれこれ。「彼《かれ》には―うわさがたえない」「―するうちに」二（副）❶ともすれば。ややもすると。「人は―初心を忘れがちだ」❷とにかく。何にせよ。「―この世はままならぬ」

**とかげ**『×蜥蜴』（名）《動》トカゲ科の爬虫《はちゅう》類。足が短く、からだは暗褐色《あんかっしょく》でつやがある。敵に襲《おそ》われると長い尾《お》を自ら切って逃《に》げる。

**とか・す**『△梳かす』（他五）{サ(ソ)・シ・ス・ス・セ・セ}くしなどで髪《かみ》のもつれをなおしととのえる。「髪を―」

**とか・す【溶かす・解かす】**『◇融かす』（他五）{サ(ソ)・シ・ス・ス・セ・セ}❶液体の中にほかの物質を入れて、まぜ合わせる。「水に薬を―」❷固体を液状にする。「氷を―」「鉄を―」参考②で、金属の場合は、「熔かす」「鎔かす」とも書く。

**どか・す**『◇退かす』（他五）{サ(ソ)・シ・ス・ス・セ・セ}物や人をほかの場所に移して、その場所をあける。どける。「つくえの上の物を―」

**どかた【土方】**（名）土木工事で働く労働者の古い言い方。土工。

**とがにん**『◇科人・△咎人』（名）罪を犯《おか》した人。

**とがめ**『△咎め』（名）あやまちや罪などを責めること。非難《ひなん》すること。そしり。「―を受ける」「お―なし」

**とがめだて【とがめ立て】**『△咎め立て』（名・他スル）あやまちや罪を、必要以上に強く責めること。「小さなことを―したらきりがない」

**とが・める**『△咎める』（他下一）{メ・メ・メル・メル・メレ・メロ(メヨ)}一（他下一）❶あやまちや罪を責める。非難《ひなん》する。「失敗を―」❷あやしく思い、たずねる。「警官に―・められる」二（自下一）❶よくないことをしたと思い、心に痛みを感じる。「気が―」❷はれものや傷が悪くなる。「傷口が―」

**どかゆき【どか雪】**（名）《俗語》一度にたくさん降り積もる雪。

**とがらか・す**『△尖らかす』（他五）{サ(ソ)・シ・ス・ス・セ・セ}→とがらす

**とがら・す**『△尖らす』（他五）{サ(ソ)・シ・ス・ス・セ・セ}❶物の先を

細くするどくする。「鉛筆《えんぴつ》のしんを―」「口を―(=不満な顔つきをする)」❷おこったようなとげとげした言い方をする。「声を―」❸(心などを)過敏《かびん》にする。「神経を―」

**とがら・せる**『△尖らせる』(他下一){セ・セ・セル・セル・セレ・セロ(セヨ)}→とがらす

**とが・る**『△尖る』(自五){ラ(ロ)・リ(ッ)・ル・ル・レ・レ}❶物の先が細くするどくなる。「先が―・った石器」❷おこったりふきげんになったりして、とげとげした調子になる。「声が―」❸感じやすく過敏《かびん》になる。「神経が―」

**どかん【土管】**(名)粘土《ねんど》を焼いて作った管《くだ》。下水管などに使う。

**とき【時】**(名)❶時間。「―のたつのは早いものだ」❷時代。「―とともに世相も変わる」❸(「時の」の形で)そのときの。そのとき話題になっている。「―の内閣」❹季節。「秋は最も好きな―だ」「―ならぬ大雪」❺時刻。また、時刻を知らせること。「―を知らせる」「―の鐘《かね》」❻よい機会。「逆転の―をうかがう」「―を待つ」❼ある時点・時期。その当時。「駅に着いた―、雨が降ってきた」「ぼくの若い―の話だ」❽ある場合。「―にはしくじることもある」❾(「…ときは」「…ときには」の形で)…場合には。「困った―は相談に来なさい」

**時の人《ひと》**　現在世の中で話題になり、注目をあびている人。「いちやく―になる」

**時の間《ま》**　ほんのわずかな間。つかのま。

**時は金《かね》なり**　時間は金銭と同じようにたいせつなものだから、むだに使ってはいけないというたとえ。

**時を移《うつ》さず**　すぐさま。ただちに。「―反撃《はんげき》を開始する」

**時を稼《かせ》ぐ**　情勢が有利になるまで、ほかのことで時間を引き延ばす。「援軍《えんぐん》が来るまで―」

**時を作《つく》る**　おんどりが鳴いて夜明けを知らせる。

**とき**『◇斎』(名)僧《そう》の食事。また、法要・仏事のとき、寺で出す食事。

**とき**『△鴇・×朱鷺』(名)〘動〙トキ科の鳥。しらさぎに似るが、くちばしは大きく、下に曲がっている。羽はとき色とよばれる美しいうすもも色。日本では野生のものは絶滅《ぜつめつ》。特別天然記念物・国際保護鳥。

**とき**『△鬨』(名)むかし、戦場で、兵士の気持ちをたかめるために大勢で一度にあげた叫《さけ》び声。「―の声」

**とぎ**『△伽』(名)❶たいくつさせないように話相手になること。また、その人。❷むかし、寝室《しんしつ》で相手をすること。また、その人。

**どき【土器】**(名)素焼《すやき》の焼き物。かわらけ。特に、原始時代に作られた土製の器。「弥生《やよい》―」

**どき【怒気】**(名)おこった気持ち。「―をふくむ」

**ときいろ【とき色】**『△鴇色』(名)うすいもも色。

**ときおり【時折】**(副)ときどき。おりおり。たまに。「友人から―便りがくる」

**ときしも【時しも】**(副)ちょうどそのとき。おりしも。「―ひどい雪だった」文法「し」「も」は強めの助詞。

**とぎすま・す【研ぎ澄ます】**(他五){サ(ソ)・シ・ス・ス・セ・セ}❶刃物《はもの》をじゅうぶんにとぐ。鏡などをくもりのないようにする。❷心の働きをするどくする。「―・された神経」

**ときたま【時たま】**『時◇偶』(副)たまに。ときどき。「―見かける人物」

**どぎつ・い**(形){カロ・カッ(ク)・イ・イ・ケレ・〇}不快になるほど感じがきつい。色などが強烈《きょうれつ》であくどい。「―化粧《けしょう》」

**ときどき【時時】**❶(名)そのときそのとき。「―の草花」「―の話題」❷(副)いつもではないが、時間をおいてたまに。ときおり。ときたま。「―映画を見る」

**どきどき**(副・自スル)運動、緊張《きんちょう》、興奮などで鼓動《こどう》がはげしくなるようす。「―しながら手紙を読む」

**ときならぬ【時ならぬ】**(連体)時節はずれの。思いがけない。「―大雪が降る」「―訪問を受ける」

**ときに【時に】**❶(副)❶特定のときを強めていうことば。ときはまさに。「―一八六八年九月、時代は明治となった」❷たまに。どうかすると。「明るい子だが、―悲しげな顔をする」❷(接)話題をかえるときにいうことば。ところで。「―、いま何時ですか」

**ときはな・す【解き放す】**(他五){サ(ソ)・シ・ス・ス・セ・セ}→ときはなつ

**ときはな・つ【解き放つ】**(他五){タ(ト)・チ(ッ)・ツ・ツ・テ・テ}行動などの制限をといて自由にする。解き放す。「鳥を空に―」「長年の労苦から―・たれる」

**ときふ・せる【説き伏せる】**(他下一){セ・セ・セル・セル・セレ・セロ(セヨ)}いろいろ説明して自分の意見に従わせる。「しぶる相手を強引《ごういん》に―」

**ときほぐ・す【解きほぐす】**(他五){サ(ソ)・シ・ス・ス・セ・セ}❶かたくなったものやもつれたものを、やわらげたりほどいたりする。「糸を―」「肩《かた》のこりを―」❷入りくんだ物事を解明していく。「謎《なぞ》を―」

**どぎまぎ**(副・自スル)突然《とつぜん》のことにうろたえあわてるようす。「急に質問されて―する」

**ときめか・す**(他五){サ(ソ)・シ・ス・ス・セ・セ}うれしさや期待などで、胸をどきどきさせる。心をおどらせる。「胸を―」

**ときめ・く**(自五){カ(コ)・キ(イ)・ク・ク・ケ・ケ}うれしさや期待などで、胸がどきどきする。心がおどる。「心が―」

**ときめ・く【時めく】**(自五){カ(コ)・キ(イ)・ク・ク・ケ・ケ}ちょうどよい時にめぐりあって栄え、世間でもてはやされる。「今を―人気作家」

**どぎも【度肝】**『度◇胆』(名)「きも(=たましい・心・気力)」を強めていうことば。

**度肝を抜《ぬ》く**　びっくりさせる。ひじょうに驚《おどろ》かせる。「人びとの―快挙」

**ドキュメンタリー**〔英 documentary〕(名)作りごとでなく、実際にあったことをそのまま記録した映画・放送番組・文学など。「―映画」

**ドキュメント**〔英 document〕(名)記録。文書。文献《ぶんけん》。「歴史的な―」

**どきょう【度胸】**(名)どんな物事にも動じない強い心。「―がいい」

**度胸を据《す》える**　何事にも動じない覚悟《かくご》を決める。「度胸を据えて結果が出るのを待つ」

**どきょう【◯読経】**(名・自スル)声を出してお経を読むこと。「―の声がしめやかに流れる」

**ときょうそう【徒競走】**(名)人が走って速さをきそう競技。かけくらべ。かけっこ。

**どきりと** (副・自スル) 突然《とつぜん》のことに驚《おどろ》き、心臓が激しく打つようす。どきっと。「一瞬《いっしゅん》—する」

**とぎれとぎれ【途切れ途切れ】** (名・形動ダ) とちゅうで何度も切れながら続くこと。「—に話す」

**とぎ・れる【途切れる】**〘◇跡切れる〙(自下一) {レ・レ・レル・レル・レレ・レロ(レヨ)} 続いていた物事がとちゅうで切れる。「話が—」「交際が—」「列が—」

**ときわぎ【ときわ木】**〘◇常◁磐木〙(名) 一年じゅう緑色の葉をつけている木。常緑樹。松・杉《すぎ》など。

**ときわず**〘◇常◁磐津〙(名) (「ときわず節」の略) 江戸《えど》時代中期に常磐津文字太夫《もじたゆう》の始めた浄瑠璃《じょうるり》節。

**ときん【と金】** (名) 将棋《しょうぎ》で、歩《ふ》が敵陣《てきじん》に入って成ったもの。金将と同じ働きをする。参考 歩が成って裏返した面に書かれている「金」の略字がひらがなの「と」と似ていることからいう。

**ときん**〘◁鍍金〙(名・他スル) ↓めっき

**とく【匿】** 10画 匚8 音 トク 一 丆 丌 丌 若 若 匿

かくす。ひそむ。おもてに出さない。◆匿名 ◆隠匿《いんとく》・蔵匿・秘匿

**とく【特】** 10画 牛6 小4 音 トク ノ 𠂉 牛 牛 牜 特

ふつうとちがっている。とりわけすぐれている。◆特異・特技・特産・特赦《とくしゃ》・特殊《とくしゅ》・特賞・特色・特性・特徴《とくちょう》・特典・特等・特派・特別・特約・特有・特例・特急・特級・特許・特権・特効 ◆奇特《きとく・きどく》・独特

**とく【得】** 11画 彳8 小5 音 トク 訓 える・うる 中 ノ 彳 彳 袒 得 得

❶手に入れる。◆得点・得票 ◆獲得《かくとく》・拾得・取得・所得。対 失。❷じゅうぶんに理解して自分のものとする。◆得心・得道 ◆会得《えとく》・感得・自得・修得・習得・説得・体得・納得《なっとく》。❸とくをする。利益になる。もうけ。◆得策《とくさく》・得失・得分 ◆一挙両得・損得・役得・欲得・余得・利得。対 損

**とく【得】** (名・形動ダ) 利益になること。有益であること。「一文《いちもん》の—にもならない」「—な性格」対 損

**とく【督】** 13画 目8 音 トク ⺊ ⺊ 上 未 叔 叔 督

❶見はる。とりしまる。おさめる。◆家督・監督《かんとく》・総督。❷うながす。せきたてる。◆督促《とくそく》・督励《とくれい》

**とく【徳】** 14画 彳11 小4 〔德〕 音 トク ノ 彳 彳 彳 徝 徳

❶人のふむべき道。◆徳義・徳目 ◆公徳・道徳・美徳。❷身に備わった人格。りっぱな人がら。◆徳育・徳行 ◆有徳《うとく・ゆうとく》・高徳・人徳・大徳。❸めぐみ。恩恵《おんけい》。◆徳政 ◆功徳《くどく》。❹もうけ。◆徳用

**とく【徳】** (名) ❶正しい道をおさめて身に備わった、りっぱな人がらや品性。「—の高い僧《そう》」「—を積む」❷人にあたえるめぐみや恩恵《おんけい》。「—をほどこす」❸よい結果。利益。得。

**とく【読】** →どく(読)

**とく【篤】** 16画 竹10 音 トク ⺮ ⺮ 竺 竺 篤 篤

❶てあつい。人情があつい。◆篤実・篤行《とっこう》 ◆懇篤《こんとく》。❷熱心である。◆篤学・篤志・篤信・篤農。❸病気が重い。◆篤疾《とくしつ》 ◆危篤 ⇩付録「漢字の筆順(38)馬」

**と・く【解く】** (他五) {カ(コ)・キ(イ)・ク・ク・ケ・ケ} ❶結んであるものをゆるめて離《はな》す。ほどく。「ひもを—」「包みを—」❷縫《ぬ》ってあるものをほどく。「古着を—」❸禁止や制限、拘束《こうそく》された状態をなくして自由にする。「禁令を—」「包囲を—」❹約束などをとりやめにする。「契約《けいやく》を—」❺役職などをやめさせる。「任を—」❻こわばった気持ちをやわらげる。「怒《いか》りを—」❼うたがいなどをはらす。「誤解《ごかい》を—」❽(問題やなぞの)答えを出す。「問題を—」❾乱れた髪《かみ》をくしなどで整える。とかす。「髪を—」参考 ⑨は「梳く」とも書く。

**と・く【溶く・解く】**〘◇融く〙(他五) {カ(コ)・キ(イ)・ク・ク・ケ・ケ} ❶液体に固形物や粉末などをまぜて液状にする。「絵の具を—」「卵を—」❷熱して液状にする。「鉄を—・いて鋳物《いもの》をつくる」参考 ②で金属の場合は「熔く」「鎔く」とも書く。

**と・く【説く】** (他五) {カ(コ)・キ(イ)・ク・ク・ケ・ケ} ❶よくわかるように説明する。解説する。「語の意味を—」「人の道を—」❷相手を承知・納得《なっとく》させようと話して聞かせる。説得する。「命の大切さを—」

**と・ぐ【研ぐ】**〘◇磨ぐ〙(他五) {ガ(ゴ)・ギ(イ)・グ・グ・ゲ・ゲ} ❶みがいてつやを出す。「鏡を—」❷刃物《はもの》がよく切れるように、砥石《といし》などでこする。「包丁《ほうちょう》を—」❸水に入れて、こすって洗う。「米を—」

**どく【毒】** 8画 母4 小5 音 ドク 十 圭 圭 毒 毒 毒

❶生命や健康をそこなうもの。◆毒殺・毒蛇《どくじゃ・どくへび》・毒性・毒素・毒草・毒物・毒薬 ◆解毒《げどく》・消毒・中毒・病毒・服毒・猛毒《もうどく》・有毒。❷人の心をそこなうもの。ためにならないもの。◆毒舌《どくぜつ》・毒筆 ⇩付録「漢字の筆順(4)圭」

**どく【毒】** (名) ❶生命や健康に害をあたえるもの。特に、毒薬。「ふぐの—にあたる」「睡眠《すいみん》不足はからだに—だ」「—を盛る」❷人の心を傷つけるもの。ためにならないもの。「—のある言い方」「目の—」

**毒にも薬《くすり》にもならない** 害にもためにもならない。「—存在」

**毒を食《く》らわば皿《さら》まで** ひとたび悪事を犯《おか》した以上は徹底《てってい》的に悪事を働こうと考えることのたとえ。

**毒をもって毒《どく》を制《せい》す** 悪を取り除くために、ほかの悪を利用することのたとえ。

**どく【独】** 9画 犭6 小5 〔獨〕 音 ドク 訓 ひとり ノ 犭 犭 犸 独 独

❶ひとり。ただ一つ。相手がいない。◆独学・独自・独習・独唱・独身・独奏・独創・独白・独立 ◆孤独《こどく》・単独。❷自分だけで、ほかをかえりみない。◆独裁・独占《どくせん》・独善・独断。❸「ドイツ(独逸)」の略。◆独

和辞典◆日独
**どく【読】** 14画 言7 小2 〔讀〕 音ドク・トク・トウ 訓よむ
読 ニ 言 計 詁 詰 読
❶よむ。声を出してよむ。意味をよみとる。◆読者・読書・読破・読本《とくほん》・読了《どくりょう》 ◆愛読・音読・解読・熟読・精読・素読・通読・判読・味読・黙読《もくどく》・朗読。❷文章のくぎり。◆読点《とうてん》 ◆句読点《くとうてん》。参考「トウ」の音は「読点《とうてん》」などのことばに使われる特殊《とくしゅ》な読み方。特別に、「読経」は「どきょう」と読む。

**ど・く**〘◇退く〙(自五) {カ(コ)・キ(イ)・ク・ク・ケ・ケ} 動いてその場所をあける。のく。しりぞく。「そこを―・いてください」

**とくい【特異】**(名・形動ダ) ❶特にほかとちがっていること。めずらしいこと。「―体質」❷特にすぐれていること。「―な才能」…性「発想に特異性がある」

**とくい【得意】** ━(名・形動ダ) ❶思いどおりになって満足すること。「うまくできたと―になる」対失意。❷いつもじょうずにできて、自信があること。「ピアノが―だ」「不―」対苦手《にがて》。━(名) 自分の店をひいきにしてくれること。また、その人。「長年のお―さん」

**とくいがお【得意顔】**(名) 思いどおりになって誇《ほこ》らしげな顔つき。自慢《じまん》そうな顔。

**とくいく【徳育】**(名) 人格をみがき、正しい行いをする心を養い育てる教育。⇒ちいく・たいいく

**とくいさき【得意先】**(名) 商店などで、ひいきにしてくれる客。いつも取り引きする相手。「―を回る」

**とくいまんめん【得意満面】**(名) 自慢《じまん》そうなようすが顔いっぱいにあふれていること。「―に語る」

**どぐう【土偶】**(名) 土で作った人形。特に、縄文《じょうもん》時代の遺跡《いせき》から出土する、土で作った人物像。

**どくえき【毒液】**(名) 毒のはいっている液体。

**どくえん【独演】**(名・自スル) 演芸・講演などを一人だけで行うこと。「―会」

**どくが【毒牙】**(名) かみついて毒液を出すきば。転じて、悪いたくらみ。毒手。「―にかかる」

**とくがく【篤学】**(名・形動ダ) 学問に熱心なこと。「―の士」

**どくがく【独学】**(名・自他スル) 学校に行ったり先生についたりしないで、一人で学ぶこと。「―でドイツ語を修得する」

**どくガス【毒ガス】**(名) 毒性のある気体。特に、戦争で使われるものをいう。▽ガスは、オランダ・英gas

**とくがわじだい【徳川時代】**(名)〘歴〙→えどじだい

**とくがわばくふ【徳川幕府】**(名)〘歴〙→えどばくふ

**とくぎ【特技】**(名) ほかの人よりも特にうまくでき、自信のある技能。「―を披露《ひろう》する」

**とくぎ【徳義】**(名) 社会生活をするうえで守らなければならないこと。道徳上の義務。「―を重んじる」

**どくぎん【独吟】**(名・自他スル) ❶一人で詩や歌を声に出してうたうこと。❷連歌《れんが》や連句を他の人と付け合わないで一人でよむこと。

**どくけ【毒気】**(名) ❶毒となる成分。❷人の気分を害するようなようす。悪意。わるぎ。「―のある言い方」参考「どっけ」「どっき」とも読む。

**毒気に当《あ》てられる** 相手の非常識な言動にあぜんとする。

**毒気を抜《ぬ》かれる** 思いがけない相手の態度におどろいて勢いをそがれ、ぼうぜんとなる。

**どくけし【毒消し】**(名) 毒の作用を消すこと。また、その薬。解毒剤《げどくざい》。どっけし。

**どくご【独語】** ━(名・自スル) ひとりごとを言うこと。また、ひとりごと。「ぶつぶつと―する」━(名) (「独逸《ドイツ》語」の略)ドイツ語。

**どくごかん【読後感】**(名) 本などを読んだあとの感想。「―をまとめる」

**とくさ**〘×木賊〙(名)〘植〙トクサ科の常緑多年生のしだ植物。山間の湿地《しっち》に生える。

(とくさ)

**どくさい【独裁】**(名・自他スル) 自分一人だけの考えで物事を決めること。特に、特定の個人や集団が全権力をにぎって物事を支配すること。「―者」「―政治」…的「独裁的な経営」

**とくさく【得策】**(名) 自分のほうに得になる計画。よい方法。「どの方法が最も―か検討する」

**とくさつ【特撮】**(名) (「特殊撮影《とくしゅさつえい》」の略)テレビや映画で、現実ばなれした映像を、特殊な機器や手法を用いて撮影すること。

**どくさつ【毒殺】**(名・他スル) 毒を使って殺すこと。

**とくさん【特産】**(名) 特にその地方でできたり、作られたりすること。また、そのもの。「―品」

**とくし【特使】**(名) 特別の任務をあたえられて外国などにつかわされる使者。「―を派遣《はけん》する」

**とくし【篤志】**(名) 思いやりの気持ちをもって、社会事業などに熱心に協力すること。「―家」

**どくし【毒死】**(名・自スル) 毒によって死ぬこと。

**どくじ【独自】**(名・形動ダ) ほかとちがい、そのものだけに特有なこと。また、そのものだけで行うこと。「―の考え」「―に調査する」…性「独自性がきわだつ」類独特

**とくしつ【特質】**(名) そのものだけがもっている、特別の性質。特性。「日本文化の―について考える」

**とくしつ【得失】**(名) 得ることと失うこと。利益と損失。「利害―」

**とくじつ【篤実】**(名・形動ダ) 人情に厚く誠実であること。「―な人がら」

**とくしゃ【特赦】**(名・他スル)〘法〙恩赦《おんしゃ》の一種。有罪の言い渡《わた》しを受けた者のうち、特定の者に対して、刑《けい》の執行《しっこう》を免除《めんじょ》すること。「―を行う」

**どくしゃ【読者】**(名) 新聞・雑誌・本などを読む人。読み手。「―数の多い雑誌」

**どくじゃ【毒蛇】**(名)〘動〙きばから毒を出すへび。はぶ・まむし・コブラなど。どくへび。

**どくしゃく【独酌】**(名・自スル) 自分で酒をついで飲むこと。手酌《てじゃく》。また、一人で酒を飲むこと。

**とくしゅ【特殊】**(名・形動ダ) ふつうのものと特にちがっていること。限られたものにしかあてはまらないこと。「―な事情」…性「特殊性を考慮《こうりょ》する」対普遍《ふへん》・一般《いっぱん》

**とくじゅ【特需】**（名）特別の需要。おもに戦争による軍事関係の需要をいう。「—景気」

**どくしゅ【毒手】**（名）❶人を殺害しようとする手段。「敵の—にかかる」❷邪悪《じゃあく》な目的をもった人の悪だくみ。「—をのばす」

**とくしゅう【特集】**〖特△輯〗（名・他スル）新聞・雑誌や放送番組などで、ある特別の問題を中心に編集すること。また、そうしたもの。「—記事」

**どくしゅう【独習・独修】**（名・他スル）先生につかないで、一人で学習・習得すること。「ギターの—書」

**とくしゅこう【特殊鋼】**（名）鋼鉄にニッケル・クロムなどをまぜて作った、硬度《こうど》の高い合金。

**とくしゅつ【特出】**（名・自スル）ずばぬけてすぐれていること。「—した才能」

**どくしょ【読書】**（名・自スル）本を読むこと。

**読書百《ひゃっ》遍《ぺん》意《い》自《おの》ずから通《つう》ず** どんなに難解な本でも、何度もくり返し読めば自然に内容が理解できる。

**とくしょう【特賞】**（名）特別に与《あた》えられる賞品・賞金。「コンクールで—を得る」

**どくしょう【独唱】**（名・他スル）〖音〗一人で歌うこと。ソロ。「—曲」対合唱・斉唱《せいしょう》

**とくしょく【特色】**（名）ほかと特に異なっているところ。また、特にすぐれているところ。「—を出す」「それぞれの—を生かす」

**とくしょく【△瀆職】**〖△瀆職〗（名・自スル）職権を利用して不正を行うこと。汚職《おしょく》。「—の罪」

**とくしん【特進】**（名・自スル）特別なはからいで昇進《しょうしん》すること。「二階級—」

**とくしん【得心】**（名・自スル）相手の言うことをじゅうぶんに理解し、納得《なっとく》すること。「—がいく」

**とくしん【篤信】**（名）信仰《しんこう》心が深いこと。「—家」

**とくしん**〖△瀆神〗（名）神の神聖さをけがすこと。

**どくしん【独身】**（名）結婚《けっこん》していないこと。また、その人。ひとりもの。「—男性」

**どくしんじゅつ【読心術】**（名）相手の顔つきや筋肉の動きを見て、その人の心の中を知る技術。

**どくしんじゅつ【読唇術】**（名）耳の不自由な人などが、相手の唇《くちびる》の動きを見ることで何を話しているかを読みとる技術。

**とく・する【得する】**（自サ変）｛シ(セ・サ)・シ・スル・スル・スレ・シロ(セヨ)｝利益を得る。もうける。「割引の特典で—・した」対損する

**どく・する【毒する】**（他サ変）｛シ(セ・サ)・シ・スル・スル・スレ・シロ(セヨ)｝悪い影響《えいきょう》をあたえる。「環境《かんきょう》に—・される」

**とくせい【特性】**（名）そのものだけがもっている特別の性質。特質。「—を生かす」

**とくせい【特製】**（名）特別に念入りに作ること。また、その品。特別製。「—の靴《くつ》」類別製

**とくせい【徳性】**（名）道徳にかなった性質。

**とくせい【徳政】**（名）❶人民にめぐみをあたえる政治。仁政《じんせい》。❷〖歴〗鎌倉《かまくら》・室町《むろまち》時代、幕府や大名が出した、家臣や農民の売買や貸し借りの約束を破棄《はき》させる法令。徳政令。

**どくせい【毒性】**（名）からだに毒となる性質。「—の強い物質」

**とくせつ【特設】**（名・他スル）特別の目的に合わせて、そのときだけ作ること。「—会場」

**どくぜつ【毒舌】**（名）ひじょうに手きびしい皮肉や悪口。「—家」「—をふるう」

**とくせん【特選】**㊀（名・他スル）多くの中からすぐれたものを特別に選び出すこと。また、そのもの。「—品」㊁（名）審査《しんさ》の結果、特に優秀《ゆうしゅう》だと認められること。また、その作品。「—に選ばれる」

**どくせん【独占】**（名・他スル）❶ひとりじめにすること。「人気を—する」❷〖経〗ある企業《きぎょう》が、ほかの競争者をおしのけて市場を支配し、利益をひとりじめにすること。「—資本」…的「独占的な利益を得る」

**どくぜん【独善】**（名）自分だけが正しいと思いこむこと。ひとりよがり。…的「独善的なふるまい」

**どくせんきんしほう【独占禁止法】**（名）〖法〗公正で自由な競争にもとづく民主的な経済発展のために、私的独占や不公正な取り引きを禁止した法律。独禁法《どっきんほう》。

**どくせんじょう**〖独△擅場〗（名）→どくだんじょう

**どくそ【毒素】**（名）細菌《さいきん》などの生物体の働きによって作り出される毒性の強い物質。

**どくそう【毒草】**（名）毒性をもつ草。

**どくそう【独走】**（名・自スル）❶一人だけで走ること。また、ほかの人を引きはなして先頭を走ること。「首位を—する」❷ほかの人にかまわず自分勝手に行動すること。「むちゃな—は許さない」類暴走

**どくそう【独奏】**（名・他スル）〖音〗一人で演奏すること。伴奏《ばんそう》がつく場合にもいう。ソロ。対合奏

**どくそう【独創】**（名・他スル）他人のまねをしないで自分一人だけの考えで新しく物事を作り出すこと。また、そのようにして作ったもの。…性「独創性に富んだ作品」…的「独創的なプラン」

**とくそく【督促】**（名・他スル）約束をはたすようながすこと。せきたてること。「返済を—する」類催促《さいそく》

**ドクター**〔英 doctor, Dr.〕（名）❶博士。「—コース（=大学院の博士課程）」❷医者。

**ドクター-ストップ**〔和製英語〕（名）❶ボクシングで、医師の判断で試合を中止すること。❷医師によって日常生活に一定の制限が加えられること。「—がかかる」▽doctor と stop から。

**とくだい【特大】**（名）特別に大きいこと。また、特別に大きいもの。「—のサイズ」

**とくたいせい【特待生】**（名）成績が優秀《ゆうしゅう》で、授業料免除《めんじょ》などの特典をあたえられた学生・生徒。

**とくだね【特種】**（名）新聞・雑誌などの記事で、ある社だけが手に入れた情報。スクープ。「—をつかむ」

**どくだみ**〖×蕺草〗（名）〖植〗ドクダミ科の多年草。しめった土地に生える。初夏にうすい黄色の小花が穂《ほ》のように咲《さ》く。地下茎《ちかけい》・葉は薬になる。

（どくだみ）

**とくだん【特段】**（名・副）特別。格別。「—問題はない」「—の事情」

**どくだん【独断】**(名・他スル) 自分一人の考えで勝手に事を決めたり判断したりすること。ひとりぎめ。「―と偏見《へんけん》に満ちた考え」…的「独断的な態度」

**どくだんじょう【独壇場】**(名) その人だけが思うままに活躍《かつやく》でき、他の人のはいりこめない場所。独り舞台《ぶたい》。「試合は彼《かれ》の―となった」注意正しくは「独擅場《どくせんじょう》」であるが、あやまって「擅《せん》」の字を「壇《だん》」と読み、漢字があてられたもの。

**どくだんせんこう【独断専行】**(名・自スル) 自分一人の判断で勝手に物事を行うこと。「―をいましめる」

**とぐち【戸口】**(名) 家の出入り口。

**とくちゅう【特注】**(名・他スル)(「特別注文」「特別発注」の略) 特別な指定をくわえて注文すること。「靴《くつ》を―する」「―品」

**とくちょう【特長】**(名) 他とくらべて特にすぐれている点。それだけがもっている長所。「本書の―」⇩とくちょう(特徴)「学習」

**とくちょう【特徴】**(名) 他とくらべて特に目だつ点。すぐにそれとわかる、他とちがったところ。「犯人の―」…的「特徴的な語り口」

> **学習** 使い分け 「特長」「特徴」
>
> **特長** 他とくらべて特別にすぐれているところ。「この学校の**特長**」「新製品の**特長**」「各人の**特長**を生かす」
>
> **特徴** 他と異なって目だっているところ。「**特徴**のない顔」「共通の**特徴**」「日本人の**特徴**」「**特徴**がある話し方」
>
> ◆「特徴」は悪い意味で使われることもあるが、「特長」はよい意味でしか使われない。

**どくづ・く【毒づく】**(自五) {カ(コ)・キ(イ)・ク・ク・ケ・ケ} ひどくののしる。ひどく悪口を言う。「腹立ちまぎれに―」

**とくてい【特定】**(名・他スル) 特にそれと指定すること。また、特に決まっていること。「犯人を―する」「―の人とだけつきあう」「不―」

**とくてん【特典】**(名) 特別のあつかい・恩典。「会員には―が与《あた》えられる」

**とくてん【得点】**(名・自スル) 競技や試験などで、点を取ること。また、取った点数。「無―」対失点

**とくでん【特電】**(名)(「特別電報」の略) その新聞社だけに特別に送られてくる電報通信。特に、海外特派員からの通信をいう。

**とくと【篤と】**(副) 念を入れて。じっくりと。「―考える」

**とくど【得度】**(名・自スル)〘仏〙❶さとりの世界にはいること。❷仏門にはいって僧《そう》や尼僧《にそう》になること。

**とくとう【△禿頭】**(名) はげた頭。はげあたま。

**とくとう【特等】**(名) 一等より上の特別な等級。「―席」

**とくとく【得得】**(ト タル) 得意なようす。したり顔のようす。「自己の経歴を―と話す」

**どくとく【独特・独得】**(名・形動ダ) そのものだけが特別にもっていること。「―な話し方」類独自

**どくどく**(副) 液体が勢いよく流れ出るようす。「傷口から―(と)血が出る」

**どくどくし・い【毒毒しい】**(形) {カロ・カッ(ク)・イ・イ・ケレ・○} ❶毒があるように見えるほど、色などがけばけばしい。どぎつい。「―化粧《けしょう》」❷いかにも悪意をふくんでいるようで、にくらしい。「―ことばをはく」

**とくとみろか〔徳冨蘆花〕**〔人名〕(一八六八―一九二七) 明治・大正時代の小説家。蘇《そ》峰《ほう》の弟。人道主義の立場からの情熱的で清新な作風で注目された。作品「不如帰《ほととぎす》」「自然と人生」「思出《おもいで》の記」など。

**ドクトリン**〔英 doctrine〕(名) ❶政府の政策や外交の基本原則。「―を検討する」❷学問上の主義や宗教の教えの中心となるもの。教義。

**ドクトル**〔ドイツ Doktor〕(名) 医師。ドクター。

**とくに【特に】**(副) 多くのものの中からそのものだけを取り出し強調する意を表す。とりわけ。ことさら。「―注意しなければならない点」

**とくのう【篤農】**(名) 農業の研究に熱心な農家。「―家」

**どくは【読破】**(名・他スル) むずかしい本や大部の本を、全部読みとおすこと。「『源氏物語』を―する」

**とくはい【特配】**(名・他スル) ❶特別に品物をくばること。また、その配給。❷〘経〙(「特別配当」の略) 普通《ふつう》配当のほかに、特別に株主に支払《しはら》われる配当。

**とくばい【特売】**(名・他スル) 品物を特別に安く売ること。「スーパーマーケットの―日」

**とくはいん【特派員】**(名) ❶特別の役目をあたえられて、ある場所へ派遣《はけん》されている人。❷(「海外特派員」の略) 外国のニュースを取材・報道するためにその国に派遣されている新聞・放送・雑誌などの記者。

**どくはく【独白】**(名・自スル) ❶〘演〙劇で、俳優が心中の思いなどを相手なしで一人で語ること。また、そのせりふ。モノローグ。❷ひとりごと。

**とくひつ【△禿筆】**(名) ❶穂先《ほさき》がすりきれた筆。ちびふで。❷自分の書や文をけんそんしていうことば。

**とくひつ【特筆】**(名・他スル) 特に取りあげて書くこと。「―に値《あたい》する」「―すべき事件」

**とくひつたいしょ【特筆大書】**(名・他スル) 特に人目につくように大きく書きしるすこと。

**とくひょう【得票】**(名・自スル) 選挙で票を得ること。また、得た票の数。「予想外の大量―」

**どくぶつ【毒物】**(名) 毒をふくんでいる物質。

**どくぶん【独文】**(名) ❶ドイツ語で書かれた文章。❷ドイツ文学。❸(「独文学科」の略) 大学で、ドイツ文学を研究する学科。独文科。

**とくべつ【特別】**(名・形動ダ・副) ふつうのものとはちがうようす。「―な事情」「―な感情」「この夏は―暑い」対普通

**とくべつこっかい【特別国会】**(名) 衆議院が解散されたとき、議員の総選挙後三〇日以内に開かれる国会。内閣が総辞職し、新しい内閣総理大臣が指名される。⇩つうじょうこっかい・りんじこっかい

**とくべつてんねんきねんぶつ【特別天然記念物】**(名)「天然記念物」の中でも特に重要で

価値が高いとして指定されたもの。いりおもてやまねこ、おおさんしょううお、尾瀬《おぜ》など。

**どくへび【毒蛇】**(名)〖動〗→どくじゃ

**とくほう【特報】**(名・他スル) 特別に報道すること。また、その報道。「選挙―」「―を流す」

**とくぼう【徳望】**(名) 徳が高く、多くの人からしたわれること。また、その徳と人望。「―がある人」

**どくぼう【独房】**(名) 罪人を一人だけ入れておく部屋。

**とくほん【読本】**(名) ❶もと、小学校の国語教科書。❷やさしく説明した本。入門書。「文章―」

**ドグマ**〔英 dogma〕(名) 宗教や組織の固定化された教え。絶対的な教義。また、独断的な思想。「―に陥《おちい》る」[類]教条《きょうじょう》

**どくみ【毒味・毒見】**(名・自他スル) ❶人にすすめる前に、飲食物に毒がはいっていないかどうかを調べるため、ちょっと食べてみること。❷料理の味かげんをみること。

**どくむし【毒虫】**(名) 毒をもっている虫。さそり・はち・どくがなど。

**とくめい【匿名】**(名) 自分の名前をかくすこと。「―で投書する」

**とくめい【特命】**(名) 特別の命令・任命。「―が下る」「―を受ける」

**とくめいぜんけんたいし【特命全権大使】**(名) 最上級の外交使節。外国に駐在《ちゅうざい》し、外交交渉《こうしょう》や自国民の保護にあたる。全権大使。大使。

**とくやく【特約】**(名・自スル) 特別の条件や利益をともなう契約《けいやく》をすること。また、その契約。

**どくやく【毒薬】**(名) わずかな量でもはげしい作用で命に危険をおよぼす薬物。青酸カリなど。

**とくやくてん【特約店】**(名) 製造元や卸売《おろしう》り業者と特別の契約《けいやく》をして品物を売る店。

**とくゆう【特有】**(名・形動ダ) そのものだけが特別にもっていること。「ばらの花―のにおい」

**とくよう【徳用】**(名・形動ダ) それを使うと得になるようす。値段が安い割に利益の多いこと。「―品」

**とくり【徳利】**(名) →とっくり(徳利)

**どくりつ【独立】**(名・自スル) ❶ほかのものからはなれて、それだけで存在すること。「―家屋」❷ほかの助けを借りず、また支配を受けずに、自分の力だけで生きていくこと。ひとり立ち。「親から―する」[類]自立。❸他国の干渉《かんしょう》や支配を受けないで、自国の政治を自由に行える状態になること。「―戦争」

**どくりつぎょうせいほうじん【独立行政法人】**(名) 政府の事業のうち、各種研究機関や博物館・造幣局《ぞうへいきょく》などの実施《じっし》部門を、各省庁から分離《ぶんり》・独立させて運営する機関。

**どくりつご【独立語】**(名)〖文法〗文の中で、ほかの文節と直接の関係をもたず、比較《ひかく》的独立している文節や語句。感動詞や接続詞をいう。

**どくりつこく【独立国】**(名) ほかの国の支配を受けないで、完全に主権をもっている国。

**どくりつじそん【独立自尊】**(名) 人にたよらず、自己の尊厳《そんげん》を保つこと。「―の態度を貫《つらぬ》く」

**どくりつどっこう【独立独行】**(名) →どくりつどっぽ

**どくりつどっぽ【独立独歩】**(名) 他人にたよらず自分の信じるままに行うこと。独立独行。「―の精神」

**どくりょう【読了】**(名・他スル) すっかり読み終わること。「推理小説を一気に―した」

**どくりょく【独力】**(名) 自分一人の力。自力《じりき》。「―で解決する」

**とぐるま【戸車】**(名) 引き戸の上または下に取りつけて、戸がなめらかに動くようにする小さな車輪。

**とくれい【特例】**(名) 特別な例。特別に認められた例外。「―を設ける」

**とくれい【督励】**(名・他スル) 監督《かんとく》しはげますこと。「部下を―する」

**とぐろ**(名) へびなどが、からだをうずまき状に巻くこと。また、その状態。「まむしが―を巻いている」

とぐろを巻《ま》く 何人かの人が、長時間用もないのにひとところにいつづける。「たちの悪い連中が―店」

**どくろ**〖△髑△髏〗(名) 風や雨にさらされて肉の落ちた頭蓋骨《ずがいこつ》。されこうべ。しゃれこうべ。

**どくわ【独話】**(名・自スル) ❶ひとりごと。また、ひとりごとを言うこと。独語。❷大勢の人に向かって一人が話すこと。

**とげ**〖◇刺・△棘〗(名) ❶植物の茎《くき》・葉や魚のひれなどにある、先のとがった短い針のようなもの。「ばらの―」❷からだに突《つ》きささった、魚の小骨や小さなとがった木の断片《だんぺん》など。「指に―がささる」❸人の心を刺《さ》すような意地の悪さ。「―のある言い方」

**とけい【徒刑】**(名) ❶むかし、罪人を一定の労役《ろうえき》に服させた刑。❷〖法〗旧刑法で、重罪人を島に送り、重労働をさせた刑。

**とけい【○時計】**(名) 時間をはかって知らせる器械。「日―」「腕《うで》―」

**とけいだい【○時計-台】**(名) 上部に時計を取りつけた高い建物・塔《とう》。

**とけいまわり【○時計-回り】**(名) 時計の針の進む方向に回ること。右回り。

**とけこ・む【溶け込む】**(自五){マ(モ)・ミ(ン)・ム・ム・メ・メ} ❶ある物が他の物の中にとけて、一つになる。「砂糖が水に―」❷環境《かんきょう》になじむ。「新しいクラスに―」

**どげざ【土下座】**(名・自スル) 相手に心の底からあやまったり頼《たの》んだりなどするときに、地面や床《ゆか》にひざまずいて頭を下げること。「―してあやまる」

**ことばの移り変わり**

「本当の土下座？」

土下座は本来は土の上で(さらには土足で歩くような場所で)「下座」する、つまり、ひれふして相手への敬意・服従などを示すことを意味し、また土の上などに座ることをもいった。近年は、強い謝罪・懇願《こんがん》・感謝をこめて正座に近い状態で頭を下げて手を下につけるものであれば、土足の場所でなくても「土下座」と言われるようになってきている。

**とけつ【吐血】**(名・自スル) 胃や食道からの出血のために、口から血をはくこと。「激しく―する」⇒かっけつ

**とげとげし・い**〖◇刺◇刺しい〗(形)〔カロ・カッ(ク)・イ・イ・ケレ・○〕話し方や態度にやさしさややわらかさがなく、意地の悪そうなようす。「ー目つき」

**と・ける**【解ける】(自下一)〔ケ・ケ・ケル・ケル・ケレ・ケロ(ケヨ)〕❶結び目やもつれているものなどがゆるんで離《はな》れる。ほどける。「くつのひもがー」❷束縛《そくばく》していた物事がとりのぞかれる。「謹慎《きんしん》がー」「呪《のろ》いがー」❸気持ちがやわらぐ。わだかまりが消える。「怒《いか》りがー」「誤解《ごかい》がー」❹問題や疑問の答えが出る。「なぞがー」

**と・ける**【溶ける・解ける】〖◇融ける〗(自下一)〔ケ・ケ・ケル・ケル・ケレ・ケロ(ケヨ)〕❶液体の中にほかの物質がまじって一つの液体になる。「紅茶に砂糖がー」❷熱・薬品などによって固体が液状になる。「氷がー」「鉄がー」
参考 ②で、金属の場合は「熔ける」「鎔ける」とも書く。

**仕組みの解明**「溶ける」

**Q** 水に溶ける？ 水で溶ける？

| | | に | で | |
|---|---|---|---|---|
| A | 水 | ○ | ○ | 溶ける |
| B | 熱 | × | ○ | 溶ける |
| C | 闇《やみ》 | ○ | × | 溶ける |

**A**・Aのように溶かす液体を言う場合には両方使えるが、Bのように原因を言う場合は「で」で表す。
・Cのように区別がわからなくなるといった用法では「に」を使う。

**と・げる**【遂げる】(他下一)〔ゲ・ゲ・ゲル・ゲル・ゲレ・ゲロ(ゲヨ)〕❶しようと思っていたことを目的どおりになしおえる。果たす。「思いをー」❷最後にそのような結果となる。「りっぱな最期《さいご》をー(=死ぬ)」

**ど・ける**〖◇退ける〗(他下一)〔ケ・ケ・ケル・ケル・ケレ・ケロ(ケヨ)〕物や人をほかの場所へ移して、その場所をあける。どかす。「じゃまな石をー」

**どけん**【土建】(名)(「土木建築」の略)木材・鉄・石・セメントなどを使って、道路・橋・建物などをつくること。「ー業」

**とこ**【床】(名)❶ねどこ。「ーにつく(=寝《ね》る。また、病気で寝こむ)」「ーをしく」❷たたみのしん。たたみの表を取り去った厚い部分。❸川の底。「川ー《かわどこ》」❹「床の間」の略。❺苗《なえ》を育てる所。「苗ー《なえどこ》」

**とこ**〖◇所・◇処〗(名)《俗語》「ところ」を略した言い方。「そんなーで遊んではいけない」

**どこ**〖◇何◇処〗(代)はっきりとはわからない場所を示すことば。どの場所。どういう所。「会場はーですか」

**どこ吹《ふ》く風《かぜ》** 他人のことばや思いを、自分にはまったく関係がないかのように無視するようす。知らん顔。「人の非難もーと涼《すず》しい顔をしている」

**とこあげ**【床上げ】(名・自スル)病気が全快したときや出産後からだが回復したときに、寝《ね》ていた床をとりはらうこと。また、その祝い。床ばらい。

**とこう**【渡航】(名・自スル)船や飛行機で外国へ行くこと。「ー手続き」

**どこう**【土工】(名)土木工事で土をほったり土砂《どしゃ》を運んだりする作業。また、その仕事をする人。

**どごう**【怒号】(名・自スル)おこってどなること。また、その声。「やじとーがとびかう」

**どこか**〖◇何◇処か〗❶はっきりしない場所を示すことば。「ー遠い国」❷(副詞的に用いて)はっきりとは言えないが、なんとなく。「ーおかしい」

**とこしえ**(名)いつまでも変わらないこと。永遠。とこしなえ。「ーの眠《ねむ》りにつく(=死ぬ)」

**とこしなえ**(名)→とこしえ

**とこずれ**【床擦れ】(名・自スル)病気で長い間寝《ね》ているとき、からだの床に当たる部分がただれて傷になること。また、その傷。

**どことなく**〖◇何◇処となく〗(副)はっきりどこだとは言えないが、なんとなく。「ー上品な感じ」

**とことん**(副)何かを徹底《てってい》的に行うようす。最後の最後まで。「ーやりとおす」

**とこなつ**【常夏】(名)❶一年中夏のような気候であること。「ーの島」❷〔植〕「なでしこ」の古名。

**とこのま**【床の間】(名)和風建築の座敷《ざしき》で、上座《かみざ》の床《ゆか》を少し高くし、掛《か》け物・置物などをかざる所。

(とこのま)

**とこばしら**【床柱】(名)床の間の片方の端《はし》にあるかざりの柱。

**とこばらい**【床払い】(名・自スル)→とこあげ

**とこはる**【常春】(名)一年中春のような気候であること。「ーの地」

**とこや**【床屋】(名)おもに男の人の髪《かみ》の毛をかったり顔をそったりする職業。また、その店。理髪店《りはってん》。また、その職業についている人。理髪師。

**とこよ**【常世】(名)❶永久に変わらないこと。❷(「常世の国」の略)死者の国。また、不老不死の国。

**ところ**【所】〖◇処〗(名)❶場所。「日のあたるー」❷地方。地域。「米ー《どころ》」❸住む場所。住所。「ー番地」❹部分。箇所《かしょ》。「彼《かれ》にもなかなかいいーがある」❺位置。立場。「攻守《こうしゅ》ーを変える」❻おり。場合。「いまのーまにあっている」❼ちょうどそのとき。「いま帰ってきたーだ」❽程度。「これくらいのーでやめておこう」❾ようす。「見たー元気そうだ」❿ことがら。「思うーを述べる」

**所変《か》われば品《しな》変《か》わる** 土地が違《ちが》えば、それに応じて風俗《ふうぞく》・習慣やことばなども違うものである。

**所を得《え》る** その人にふさわしい地位・身分・境遇《きょうぐう》におさまる。「所を得て実力を発揮《はっき》する」

**ところ** (接助) 前を受けてあとに続けるはたらきをする。…した結果。「彼《かれ》にたずねた— 知らないそうだ」

**ところえがお【所得顔】** (名) その地位や立場に満足して、得意そうなようすをしていること。

**ところが** ㊀ (接) 予想されるのと異なることがらがあとに続く意を表す。そうであるのに。けれども。「きょうは遠足の日だった。—、雨で中止になってしまった」 ㊁ (接助) (助動詞「た」の連用形について) ❶予想と異なることがらが起こる意を表す。…したのに。「話した—むだだった」 ❷あとのことがらが起こるきっかけを表す。…したら。「友人を訪ねた—、ちょうど家にいた」

**どころか** (接助) 先にあげることがらを打ち消して、あとのことがらを強調する意を表す。「喜ぶ—、かえっておこり出してしまった」

**ところがき【所書き】** (名) 住所を書きつけたもの。また、その住所。

**ところきらわず【所嫌わず】** (副) 場所を選ばないようす。どこでもかまわず。「—さわぎたてる」

**ところで** ㊀ (接) 話題を別のものにするときに用いる語。それはそうと。「—、体調はどうですか」 ㊁ (接助) そうしても結果が好ましくないだろうという意を表す。…たとしても。「あやまった— 許してはくれまい」

> 学習 比較《ひかく》 「ところで」「さて」
>
> ところで　話題を変えることを表す。「ところで、週末は何をする予定ですか」
>
> さて　単なる話題転換《てんかん》ではなく、本題に入ることを表す。「さて、週末の予定について話し合いましょう」

**ところてん**『×心太』 (名) てんぐさの煮汁《にじる》を型に入れ、ひやして固めた食品。ところてん突《つ》っきで突き出して細いひも状にし、酢《す》・しょうゆなどで味つけして食べる。

**ところてんしき【ところてん式】**『×心太-式』 (名) ところてんを突《つ》くように、あとからつぎつぎと押《お》し出されていくこと。

**ところどころ【所所】** (名) あちらこちら。ここかしこ。「広い公園の—にベンチがある」

**とさ【土佐】**［地名］むかしの国名の一つ。今の高知県。土州《としゅう・どしゅう》。

**どざえもん**『土左◇衛門』 (名) 水におぼれて死んだ人。水死体。

**とさか**『×鶏冠』 (名) にわとりなどの頭の上にある、肉質のかんむりのようなもの。

**どさくさ** (名・自スル) 事件や用事などでごったがえしていること。とりこんでいること。「—にまぎれて逃《に》げ出す」「ひっこしで—している」

**どさくさまぎれ【どさくさ紛れ】** (名) 混雑・混乱につけこみ何かをすること。「—に盗みをはたらく」

**とざ・す【閉ざす】**『◇鎖す』 (他五) {サ(ソ)・シ・ス・ス・セ・セ} ❶戸をしめて錠《じょう》をかける。戸じまりをする。開いている所をしめる。「門を—」「口を—」 ❷外から入れなくして、他との関係をなくす。「国を—」「心を—」 ❸通れなくする。「道を—」 ❹とじこめる。「雪に—・される」

**とさつ**『△屠殺』 (名・他スル) 肉や皮などをとるために、牛・馬・ぶたなどの家畜《かちく》を殺すこと。屠畜。

**とさにっき【土佐日記】**［作品名］平安時代前期の日記文学。紀貫之《きのつらゆき》作。土佐の国司が任期を終え、京都に帰るまでの五五日の船旅の見聞などを女性の立場に身をおいてえがく。最古のかな書き日記。
冒頭文 男もすなる日記というものを、女もしてみむとてするなり。それの年の、十二月の二十日あまり一日の日の戌《いぬ》のときに門出す。そのよし、いささかにものに書きつく。

**とざま**『◇外様』 (名) ❶《歴》江戸《えど》時代、関ケ原の戦いの後に徳川氏に従った大名。外様大名。 ❷その組織の中で直系でないこと。また、その人。傍系《ぼうけい》。

**どさまわり【どさ回り】** (名) 劇団や芸人などが、地方をまわって興行すること。また、決まった劇場を持たないで地方まわりをもっぱらにする劇団など。

**とざん【登山】** (名・自スル) 山にのぼること。やまのぼり。「富士—」 対下山

**どさんこ**『◇道産子』 (名) ❶北海道で生まれ育った馬。 ❷北海道出身の人。

**とし【年】**『◇歳』 (名) ❶時の単位。地球が太陽のまわりを一周するのにかかる時間。一年。「行く—来る—」「—が明ける(=新年になる)」 ❷生まれてから経過した①の数。年齢《ねんれい》。「—をとる」「—の功」 ❸かなりの年齢。「もう—だ」「—には勝てない」

**とし【都市】** (名) 人が多く集まり、政治・経済・文化などの中心となっている所。都会。「—計画」

**とじ**『△綴じ』 (名) 物を重ねてつづり合わせること。また、つづり合わせたもの。つづり合わせ方。「和—」

**とじ**『×刀自』 (名) 中年以上の女性を尊敬していうことば。名前の下などにつけても使う。

**とじ【途次】** (名) ある所へ行くとちゅう。みちすがら。「帰郷の—に友人宅に立ち寄る」

**どじ** (名・形動ダ) 《俗語》まのぬけた失敗。へま。また、そのようなことをする人。「—なやつだ」

**どじを踏《ふ》む** まのぬけた失敗をする。へまをやる。

**としうえ【年上】** (名) 年齢《ねんれい》が上であること。また、その人。年長。 対年下

**としおとこ【年男】** (名) 生まれ年がその年の干支《えと》にあたる男の人。節分に豆まきの役などをする。

**としおんな【年女】** (名) 生まれ年がその年の干支《えと》にあたる女の人。

**としがい【年がい】**『年×甲斐』 (名) 年齢《ねんれい》にふさわしい考えや行い。「—もないふるまい」

**としかさ【年かさ】**『年△嵩』 (名) ❶年齢《ねんれい》が上のこと。年上。「いちばん—の子」 ❷高齢であること。

**としガス【都市ガス】** (名) 都市で地下のパイプを通じて送られる燃料用のガス。おもに液化天然ガスを用いる。▽ガスは、オランダ・英 gas

**どしがた・い【度し難い】** (形) {カロ・カツ(ク)・イ・イ・ケレ・○} 道理を説いても理解しない。救いようがない。「—男だ」

**としかっこう【年格好】**『年△恰好』 (名) 見かけから推測・判断した年齢《ねんれい》。「三〇歳《さい》くらいの—の男」

**としけいかく【都市計画】** (名) 都市を住みよく

するために、道路・住宅・公園などをととのえる総合的な計画。

**としご【年子】**（名）同じ母親から生まれた一つちがいの兄弟姉妹。「―の妹」

**としこし【年越し】**（名・自スル）その年を送って新年を迎《むか》えること。「―そば」

**としこっか【都市国家】**（名）《歴》都市が政治的に独立して、一つの小さな国家をつくっているもの。

**とじこ・む【とじ込む】**『△綴じ込む』（他五）{マ(モ)・ミ(ン)・ム・ム・メ・メ} 書類などを、とじてひとまとまりにする。また、あとから加えていっしょにとじる。「調査票をファイルに―」

**とじこ・める【閉じ込める】**（他下一）{メ・メ・メル・メル・メレ・メロ(メヨ)} 中に入れて外へ出られないようにする。「車に―」

**とじこ・もる【閉じ籠もる】**（自五）{ラ(ロ)・リ(ッ)・ル・ル・レ・レ} 戸をしめて中にはいったままでいる。家や部屋の中にいて外に出ないでいる。「家に―」「自分の殻《から》に―」

**としごろ【年頃】**（名）❶おおよその年齢《ねんれい》。「同じ―の子ども」❷ある傾向《けいこう》をもちやすい年齢。「遊びたい―」「感じやすい―」❸結婚《けっこん》をするのにちょうどよい年齢。「―の女性」

**としした【年下】**（名）年齢《ねんれい》が下であること。また、その人。年少。対年上

**としたけて**…和歌
〔年たけて　また越《こ》ゆべしと　思《おも》ひきや　命《いのち》なりけり　さ夜《や》の中山《なかやま》〕〈新古今集《しんこきんしゅう》・西行《さいぎょう》〉訳年老いて、ふたたび越えるだろうとあの時思っただろうか。いや思いもしなかった。命あってのことなのだなあ、こうして今小夜の中山を越えるのも。

**どしつ【土質】**（名）土の性質。土を構成する物質。

**としつき【年月】**（名）年と月。積み重なった月日。歳月《さいげつ》。「多くの―を重ねる」

**どしどし**（副）❶つぎからつぎへと切れ目なく続くようす。「―参加してください」❷あらあらしく足音を立てるようす。「廊下《ろうか》を―(と)歩く」

**としと・る【年取る】**（自五）{ラ(ロ)・リ(ッ)・ル・ル・レ・レ} 年齢《ねんれい》を重ねる。老いる。「―・っても変わらない」

**としなみ【年波】**（名）年をとることを、波が打ち寄せることにたとえていうことば。「寄る―には勝てない」

**としのいち【年の市】**（名）年の暮れに、新年に使う品物を売り出す市。「―が立つ」

**としのくれ【年の暮れ】**（名）年の終わり。年末。

**としのこう【年の功】**（名）年をとって経験が豊かであること。また、その経験によって物事の是非《ぜひ》善悪がよくわかること。「亀《かめ》の甲《こう》より―」

**としのせ【年の瀬】**（名）年の暮れ。一年の終わり。「―を迎《むか》えてなにかとあわただしい」

**としは【年端】**（名）年の程度。年齢《ねんれい》。「―もゆかない子ども」参考ふつう、幼い年齢についていう。

**としま**『年◇増』（名）娘《むすめ》ざかりをすぎて、少し年をとった女性。

**とじまり【戸締まり】**（名・自他スル）戸や門をしめ、かぎなどをかけること。「―して出かける」

**としまわり【年回り】**（名）まわってくる年齢《ねんれい》によって運勢のよしあしがあるということ。また、その運勢。

**としゃ**『吐△瀉』（名・自スル）吐《は》いたりくだしたりすること。嘔吐《おうと》と下痢《げり》。「―物」

**どしゃ【土砂】**（名）土とすな。「―くずれ」

**どしゃぶり【どしゃ降り】**『土砂降り』（名）雨がはげしく降ること。また、その雨。

**としゅ【斗酒】**（名）一斗の酒。転じて、多量の酒。

**としゅ【徒手】**（名）手に何も持たないこと。素手《すで》。「―空拳《くうけん》（＝徒手を強めた言い方）」

**としゅたいそう【徒手体操】**（名）道具・器械などを使わないで行う体操。対器械体操

**としょ【図書】**（名）書物。本。「―室」

**とじょう【途上】**（名）目的の場所・状態などに向かう途中。「通学の―」「発展の―にある」

**とじょう【登城】**（名・自スル）武士が城へ参上すること。対下城《げじょう》

**どじょう【土壌】**（名）❶土。特に、農作物を生育するための土。「―が肥《こ》えている」❷ある物事が生じる基盤《きばん》となるもの。「文化の―」

**どじょう**『×泥鰌』（名）《動》ドジョウ科の魚。池・川や田などの泥《どろ》の中にすむ。からだは細長く、うなぎに似ている。口のまわりに一〇本のひげがある。

**どしょうぼね【土性骨】**（名）生まれつきの性質。性根《しょうね》。「―をたたきなおす」

**としょかん【図書館】**（名）本・雑誌・新聞などを集めて保管し、広く読んだり借りたりできるようにした施設《しせつ》。

**としょく【徒食】**（名・自スル）働かないで、ぶらぶら遊び暮らすこと。座食。「無為《むい》―」

**としより【年寄り】**（名）❶年をとった人。老人。❷すもうで、力士を引退して日本相撲《すもう》協会の運営に当たる人。参考②は「年寄」と書く。

**年寄りの冷《ひ》や水《みず》**　老人が年齢《ねんれい》にふさわしくないふるまいや危険な行動をするのを、冷やかしたり警告したりすることば。

**と・じる【閉じる】**{ジ・ジ・ジル・ジル・ジレ・ジロ(ジョ)} ■一■（自上一）❶ひらいていたものがしまる。ふさがる。「門が―」「幕《まく》が―」❷行われていた物事が終わりになる。「会が―」対開《あ》く・開《ひら》く ■二■（他上一）❶ひらいていたものをしめる。ふさぐ。「口を―」「窓を―」「かさを―」対開《あ》ける・開《ひら》く ❷終わりにする。商売などをやめる。「店を―」

**と・じる**『△綴じる』（他上一）{ジ・ジ・ジル・ジル・ジレ・ジロ(ジョ)} 紙などを重ねて、糸などでつづり合わせる。「書類を―」

**としん【都心】**（名）都会の中心部。「―に出る」

**とじん**『都△塵』（名）（都会のちりの意から）都会のごみごみしたようすやわずらわしさ。「―をさける」

**トス**〔英 toss〕（名・自他スル）❶野球で、近くの味方に球を下から軽く投げて送ること。❷バレーボールで、味方に攻撃《こうげき》させるために軽く球を上げること。❸コインなどを投げ、出た面によって物事を決めること。

**どす**（名）《俗語》❶ふところに入るくらいの、短い刀《かたな》。「―を呑《の》む（＝短刀《たんとう》をふところにかくし持つ）」❷すごみ。「―のきいた声」

**どすう【度数】**（名）❶回数。また、物事の度合い。❷温度・角度などを表す数値。「アルコールの―」

**ドスキン**〔英 doeskin〕（名）鹿皮《しかがわ》に似せた、つやのある毛織物。男性の礼服などに多く用いられる。

**どすぐろ・い**【どす黒い】（形）〔カロ・カッ(ク)・イ・イ・ケレ・○〕にごったように黒い。よごれて黒ずんでいる。「—血」

**どすごえ**【どす声】（名）にごった声。すごみをきかせた声。

**ドストエフスキー**〔Fyodor Mikhailovich Dostoevskii〕【人名】（一八二一〜一八八一）ロシアの小説家。革命運動に加わったとしてシベリア流刑《るけい》にあい、出獄《しゅつごく》後、人間の心理を深くえがいた多くの名作を書いた。作品に「罪と罰《ばつ》」「白痴《はくち》」「カラマーゾフの兄弟」など。

**と・する**【賭する】（他サ変）〔シ(セ・サ)・シ・スル・スル・スレ・シロ(セヨ)〕ある目的のために、たいせつなものを犠牲《ぎせい》にする覚悟《かくご》をもつ。かける。「身命を—・して戦う」

**‐とせ**〖◇年・◇歳〗（接尾）年数を数えることば。「三《み》—」「千《ち》—」

**とせい**【渡世】（名）暮らしをたてること。世わたり。また、暮らしてゆくための職業。

**どせい**【土星】（名）〖天〗太陽系の惑星《わくせい》の一つ。内側から数えて六番目に位置する。木星について大きく、まわりに平たい輪があり、多くの衛星をもつ。

**どせい**【怒声】（名）おこってどなる声。「—をあびせる」「—を発する」

**とせいにん**【渡世人】（名）ばくち打ち。

**どせきりゅう**【土石流】（名）土や石が雨水などとまじりあって斜面《しゃめん》などを流れ下る現象。

**とぜつ**【途絶】〖△杜絶〗（名・自スル）続いていた物事が途中《とちゅう》で切れること。とだえること。「大雪で交通が—する」

**とせん**【渡船】（名）わたし船。

**とせんば**【渡船場】（名）わたし船の発着所。わたしば。

**とそ**〖△屠△蘇〗（名）❶（「とそ散」の略）さんしょう・ききょう・にっけいなどの薬草を調合した一種の薬。❷①をひたしたみりんや酒。邪気《じゃき》をはらうとして、新年に飲む。おとそ。

**とそう**【塗装】（名・他スル）ペンキ・エナメルなどの塗料をぬること。「かべを—する」

**どそう**【土葬】（名・他スル）死体を焼かずにそのまま土の中にほうむること。「遺体《いたい》を—にする」

**どぞう**【土蔵】（名）まわりを土でぬりかためた蔵《くら》。

**どそく**【土足】（名）屋外ではくはきものをはいたままの足。また、土でよごれた足。「—厳禁」

**どぞく**【土俗】（名）その土地の風俗・習慣。

**とそさん**〖△屠△蘇散〗（名）→とそ①

**どだい**【土台】■一（名）❶家や橋などのいちばん下にあって、上部を支える部分。「—石」❷物事が成り立つもとになるもの。基礎《きそ》。「考え方の—がしっかりしている」■二（副）はじめから。もともと。「それは—むりだ」参考■二は、ふつうかな書き。

**とだ・える**【途絶える】〖◇跡絶える〗（自下一）〔エ・エ・エル・エル・エレ・エロ(エヨ)〕それまで続いていたものがとぎれてなくなる。「便り《たより》が—」

**どたキャン**（名）《俗語》直前になって約束や予約を取り消すこと。参考「どた」は「土壇場《どたんば》」、「キャン」は「キャンセル」の略。

**とだな**【戸棚】（名）前に戸をつけ、中に棚を作って、物を入れられるようにした箱形の家具。「食器—」

**どたばた**■一（副・自スル）❶走りまわったりして、さわがしいようす。「子どもたちが家じゅうを—（と）かけまわる」❷あわてふためくようす。「準備がおくれて—する」■二（名）（「どたばた喜劇」の略）こっけいなせりふやおおげさな動きで客を笑わせる喜劇。

**とたん**〖途端〗（名）ちょうどそのとき。また、その直後。「家を出た—に、雨が降り出した」

**トタン**（名）亜鉛《あえん》をめっきしたうすい鉄板。屋根・といなどに用いる。トタン板。▽ポルトガル tutanaga から。

**とたんのくるしみ**【塗炭の苦しみ】泥《どろ》にまみれ、火に焼かれるようなひどい苦しみ。「—をなめる」

**どたんば**【土壇場】（名）（むかし、首切りの刑《けい》が行われた場所の意から）せっぱつまった場合。物事が決着しようとする最後の場面。「—で逆転する」

**とち**【栃】 9画 木5 小4 訓 とち

とちのき。参考「栃木」県は「とちぎ」県と読む。「栃」は日本で作った国字。

**とち**【栃】〖△橡〗（名）〖植〗とちのき。「—の実」

**とち**【土地】（名）❶つち。大地。「—を耕《たがや》す」❷農地や宅地として利用する地面。地所。「—を買う」❸その地方。そのところ。「—の人に話を聞く」

**とちがら**【土地柄】（名）その地方の風俗《ふうぞく》や人びとの気風。ところがら。「人情がこまやかな—」

**とちかん**【土地勘・土地鑑】（名）その地域の、地理や道路などについての知識・感覚。「—がある」

**とちのき**〖栃の木・△橡の木〗（名）〖植〗ムクロジ科の落葉高木。山地に生える。実は食用にし、木材は建築・器具に用いる。庭木・街路樹にも使われる。

**どちゃく**【土着】（名・自スル）その土地に長く住みついていること。「—民」

**とちゅう**【途中】（名）❶目的地に着くまでの間。「旅行の—で事故にあう」「—下車」❷物事がまだ終わらないうち。中途。「話の—」

**どちら**（代）❶どの方向。どっち。「駅は—になりますか」❷どの場所。どこ。「—へお出かけですか」❸二つの物事のうちの一方。どのもの。どれ。「—でも結構です」❹どのかた。どなた。「—さまですか」参考「どっち」「どこ」「どれ」「だれ」のていねいな言い方。

**とち・る**（自他五）〔ラ(ロ)・リ(ッ)・ル・ル・レ・レ〕❶舞台《ぶたい》などで、せりふや演技をまちがえること。「せりふを—」❷あわてるなどして、物事をやりそこなう。「計算を—」

**とつ**【凸】 5画 凵3 音 トツ

中央がつき出ているようす。でこ。◆凸版・凸面鏡◆凹凸《おうとつ》。対 凹《おう》。参考特別に、「凸凹」は「でこぼこ」と読む。⇩付録「漢字の筆順⒅凸」

**とつ**【突】 8画 穴3 〔突〕 音 トツ 訓 つく

❶つく。ぶつかる。◆突撃◆突進・突入・突破《とっぱ》◆激突《げきとつ》・衝突《しょうとつ》・追突。❷つき出る。つき出たもの。◆突起・突出・突端《とったん》◆煙突《えんとつ》。❸だしぬけ

に。にわかに。◆突如《とつじょ》・突然・突風 ◆唐突《とうとつ》

**とつおいつ**（副・自スル）あれこれと迷って決心のつかないようす。「―思案をする」

**とっか**【特化】（名・他スル）あるものを特に重点的に扱《あつか》うこと。また、そのような特別なものにすること。「通話に―した携帯《けいたい》電話」

**とっか**【特価】（名）特別に安くした値段。特別価格。「―販売《はんばい》」「―品」

**とっか**【徳化】（名・他スル）徳によってよいほうに教えみちびくこと。「民衆を―する」

**どっかい**【読解】（名・他スル）文章を読んで、内容を理解すること。「―力を養う」

**とっかかり**【取っ掛かり】（名）物事のやり始めやきっかけ。「会話の―をさがす」

**どっかと**（副）重い物を下に置いたり、重々しく腰《こし》をおろしたりするようす。「―腰かける」

**どっかり**（副）↓どっかと

**とっかん**【突貫】（名・自スル）途中《とちゅう》で休まず、一気に仕上げること。「―工事」

**とっき**【突起】（名・自スル）一部分がつき出ていること。また、その部分。でっぱり。「―物」

**とっき**【特記】（名・他スル）特別にとりあげて書きしること。「―事項《じこう》」

**どっき**【毒気】（名）↓どくけ

**とっきゅう**【特急】（名）❶（「特別急行」の略）急行よりも停車駅が少なく、目的地に早く着く列車などの乗り物。❷特別に急ぐこと。「―で仕上げる」

**とっきゅう**【特級】（名）特別の等級。一級の上の等級。「―品」

**とっきょ**【特許】（名）発明者や考案者に対して、独占《どくせん》的にそれを使用する権利を政府があたえること。また、その権利。「―を取る」「―庁」

**どっきょ**【独居】（名・自スル）一人で暮らしていること。「―老人」

**とっきょけん**【特許権】（名）特許を受けた発明をその人だけが独占《どくせん》的に使用できる権利。

**ドッキング**〔英 docking〕（名・自スル）❶宇宙空間で、二つの人工衛星や宇宙船が結合すること。❷はなれていたものが結合すること。

**とつ・ぐ**【嫁ぐ】（自五）〔ガ(ゴ)・ギ(イ)・グ・グ・ゲ・ゲ〕よめに行く。よめ入りする。「商家に―」

**ドック**〔英 dock〕（名）❶船を修理したり、新しくつくったりする施設《しせつ》。❷「人間ドック」の略。

**とっくに**（副）ずっと前に。とうに。「用は―すんだ」

**とっくみあい**【取っ組み合い】（名）たがいに組みあって争うこと。つかみ合い。「―のけんか」

**とっくり**『◇徳利』（名）❶細長くて口がせまい、酒を入れる容器。銚子《ちょうし》。とくり。❷（「とっくり襟《えり》」の略）①の形に似た、筒状《つつじょう》で首にそって長いセーターなどの襟。タートルネック。

**とっくり**（副）よくよく念を入れて。時間をかけてじゅうぶんに。じっくり。「―(と)君の話を聞こう」

**とっくん**【特訓】（名・他スル）（「特別訓練」の略）能力を向上させるために、短い期間で特別に行う訓練。「試合前の―を受ける」

**どっけ**【毒気】（名）↓どくけ

**とつげき**【突撃】（名・自スル）敵に向かって勢いよくつき進んで攻撃《こうげき》すること。「―隊」

**とっけん**【特権】（名）ある特定の身分・階級の人だけにあたえられる特別の権利。「―をふりかざす」「―意識」…的「特権的な地位につく」

**とっけんかいきゅう**【特権階級】（名）社会的に特権をあたえられている階級。また、その人びと。

**とっこ**『◇独△鈷』（名）《仏》鉄や銅で作った、両はしがとがっている仏具。煩悩《ぼんのう》を打ちくだく意味を表す。どっこ。

（とっこ）

**どっこい**（感）❶重い物を持ち上げたり、腰をあげおろししたりするときのかけ声。どっこいしょ。❷相手の出ばなをさえぎるときのことば。「―その手はくわないよ」

**どっこいしょ**（感）❶↓どっこい① ❷民謡《みんよう》などの囃子《はやし》ことば。

**どっこいどっこい**（形動ダ）〔ダロ・ダッ(デ・ニ)・ダ・ナ・ナラ・○〕《俗語》力や勢いがほぼ互角《ごかく》であるようす。似たりよったり。とんとん。「どちらも実力は―だ」

**とっこう**【特効】（名）特別によく効くこと。特別なききめ。「はれものに―のある薬」

**とっこう**【徳行】（名）道徳にかなった正しい行い。

**とっこう**【篤行】（名）人情にあついまじめな行い。

**とっこうやく**【特効薬】（名）ある病気・傷などに対して特別によく効く薬。「頭痛の―」

**とっさ**『△咄△嗟』（名）ごく短い時間。瞬間《しゅんかん》。「―の出来事」「―の機転で助かる」「―にふせる」

**どっさり**（副）たくさんあるようす。「プレゼントを―(と)もらう」「宿題が―(と)ある」

**ドッジ-ボール**〔英 dodge ball〕（名）二組に分かれて、ひとつのボールをぶつけ合う球技。ドッチボール。

**とっしゅつ**【突出】（名・自スル）❶長く、または高くつき出ること。❷つき破って出ること。「海に―している半島」「炭坑《たんこう》のガス―事故」❸特に目立つこと。「成績が―している」

**とつじょ**【突如】（副）だしぬけに。突然《とつぜん》。「―大地震《じしん》に襲《おそ》われる」「―として不安になる」

**どっしり**（副・自スル）❶見るからに重そうなようす。「―(と)した荷物」❷重々しく落ち着いているようす。「―(と)した態度」

**とっしん**【突進】（名・自スル）わきめもふらず、まっしぐらにつき進むこと。「ゴールに向かって―する」

**とつぜん**【突然】（副・形動ダ）思いがけないことが、急におこるようす。だしぬけに。「―の出来事」

**とつぜんし**【突然死】（名）健康に見えた人が突然死ぬこと。急死。

**とつぜんへんい**【突然変異】（名）《生》遺伝子の変化によって親と異なった形質が子に突然現れ、それが遺伝する現象。

**とったん**【突端】（名）長くつき出たはしの部分。「半島の―」類先端《せんたん》

**どっち**（代）「どちら」のくだけた言い方。

**どっちつかず**【どっちつかず】（名・形動ダ）どちらともはっきり決まらないこと。あやふや。「―な態度」

**どっちみち**（副）どちらにしても。結局は。どのみち。

「—だめでしょう」

**とっち・める**（他下一）｛メ・メ・メル・メル・メレ・メロ(メヨ)｝きびしくしかる。やりこめる。「いたずらっ子を—」

**とっちゃんぼうや【とっちゃん坊や】**『◇父っちゃん坊や』（名）《俗語》大人でありながら、外見やしぐさに子どもっぽい面のある男性。

**とっつき**『取っ付き』（名）❶物事の最初。❷いちばん手前。「廊下《ろうか》を曲がった—の部屋」❸はじめて会ったときの感じ。「—の悪い人」

**とって【取っ手】**『◇把手』（名）道具や機械などについている、手で持って動かすところ。「ドアの—」

**とってい【突堤】**（名）岸から海や川に細長くつき出た堤防。

**とっておき【取って置き】**（名）いざというときまでだいじにしまっておくこと。また、そのもの。とっとき。「—の話」「—のぶどう酒」

**とってかえ・す【取って返す】**（自五）｛サ(ソ)・シ・ス・ス・セ・セ｝途《と》中《ちゅう》から急いでひき返す。「旅先から—」

**とってかわ・る【取って代わる】**（自五）｛ラ(ロ)・リ(ッ)・ル・ル・レ・レ｝今までのものに代わって、その地位や位置などにつく。入れ代わる。「人間に—って機械が仕事をする」

**とってつけたよう【取って付けたよう】**いかにも不自然でわざとらしいようす。「—なおせじを言う」

**どっと**（副）❶人や物が一度にたくさんあらわれ出るようす。「群衆が—押《お》し寄せる」「—疲《つか》れが出る」❷大勢の人が一度に声をあげるようす。「—歓声《かんせい》があがる」❸急に倒《たお》れるようす。「—倒れ込《こ》む」

**ドット**〔英 dot〕（名）❶小さな点。❷印刷やコンピューター画面などで文字や図形を表示するための一つ一つの点。「—が粗《あら》い写真」❸ピリオドのこと。特に、コンピューター関係でいう。

**とっとき【取っとき】**（名）→とっておき

**とつとつ**『△訥△訥・△吶△吶』（トタル）ことばにつまりながら話すようす。「—と語る」

**とっとと**（副）急いで。さっさと。「—出て行け」

**とつにゅう【突入】**（名・自スル）（ある場所やある状態に）勢いよくはいりこむこと。「ストライキに—する」

**とっぱ【突破】**（名・他スル）❶障害や困難をつき破ること。「難関を—する」「—口《こう》を開く」❷ある数量をこえること。「目標の数を—する」

**とっぱつ【突発】**（名・自スル）思いがけないことが不意におこること。「…性」「突発性難聴《なんちょう》（＝突然聞こえにくくなる原因不明の病気）」「…的」「突発的な事件」

**とっぱな**『突◇端』（名）❶つき出たものの先端。突《とっ》端《たん》。「岬《みさき》の—」❷一番はじめ。「議論の—」

**とっぱん【凸版】**（名）インクのつく部分が版面よりも上がっている印刷版。対凹版《おうはん》

**とっぴ**『×突飛』（形動ダ）｛ダロ・ダッ(デ・ニ)・ダ・ナ・ナラ・〇｝思いもよらないようす。ひどく変わっているようす。「—なことを言う」

**とっぴょうしもない【突拍子もない】**調子はずれである。常識では考えられない。「—考え」

**トッピング**〔英 topping〕（名・他スル）料理や菓子《かし》などの上に具や飾《かざ》りをのせること。また、その材料。「ピザにコーンを—する」

**トップ**〔英 top〕（名）❶最上部。頂点。❷一番目。首位。先頭。また、最上級。最高。「—を切ってゴールインする」「—クラス」「—シークレット」❸会社・団体などの最高幹部。「—会議」

**とっぷう【突風】**（名）急に吹《ふ》く強い風。「—にあおられる」類疾風《はやて》

**トップきじ【トップ記事】**（名）新聞紙面で、第一面の最上段にのせる重要記事。▽トップは、英 top

**トップダウン**〔英 top-down〕（名）組織の上層部が意思決定をし、その実行を下部へ指示するやり方。

**ドップラーこうか【ドップラー効果】**（名）《物》光や音の発生源と観測者とが近づくときと遠ざかるときとで、光や音の振動《しんどう》数が変化して観測される現象。サイレンの音が、近づくときには高く、遠ざかるときには低く聞こえるなどの現象。参考オーストリアの物理学者ドップラー（Doppler）により発見された。

**とっぷり**（副）❶すっかり日が暮れるようす。「—（と）日が暮れる」❷じゅうぶんにおおわれたり、つかったりするようす。「—（と）湯につかる」

**どっぷり**（副）❶液体をじゅうぶんふくませたり、湯水にひたったりするようす。「絵の具を—（と）つける」「風呂《ふろ》に—（と）つかる」❷よくない状態に、すっかりはまりこんでいるようす。「悪事に—（と）つかる」

**とつべん**『△訥弁』（名）ことばがつかえてすらすらしゃべれない、ぎこちない話し方。対能弁・雄弁《ゆうべん》

**どっぽ【独歩】**（名・自スル）❶一人だけで歩くこと。❷他人の助けをかりないで、自分だけの力で物事を行うこと。「独立—」❸ほかにくらべるものがないほどすぐれていること。「古今—」

**とつめんきょう【凸面鏡】**（名）《物》中央に向かってまるくもり上がっている鏡。広い範囲《はんい》がうつるので、車のバックミラーなどに使われる。対凹面鏡《おうめんきょう》

**とつレンズ【凸レンズ】**（名）《物》中央が厚く、へりに近づくにしたがってうすくなっているレンズ。光を一点に集める性質がある。虫めがね・顕微《けんび》鏡などに使う。▽レンズは、英 lens　対凹《おう》レンズ

**とて**㊀（接助）❶たとえ…としても。「きらいだ—、会わなければなるまい」❷…なので。「知らぬこと—、失礼しました」㊁（副助）…だって。…もやはり。「その場にいたら私—そう思っただろう」

**どて【土手】**（名）水があふれるのをふせぐために、川や海岸にそって土を積みあげたもの。つつみ。類堤防《ていぼう》

**とてい【徒弟】**（名）職人・職工の見習いとして親方のもとに住みこんで奉公《ほうこう》する者。「—制度」

**とてつもない**『途△轍もない』とほうもない。とんでもない。「—計画」

**とても**『△迚も』（副）❶どうしても。とうてい。「—あの人にはかなわない」❷たいへん。ひじょうに。「君に会えて—うれしい」使い方①は、あとに「ない」「ません」などの打ち消しのことばがくる。

**どてら**『×縕袍』（名）綿《わた》を入れた、そでが広くすそが長い着物。防寒具または寝具《しんぐ》にする。丹前《たんぜん》。

**どどいつ**『◇都◇都逸』（名）俗謡《ぞくよう》の一種。七・七・七・五の四句二六音からなり、おもに男女間の情愛を歌う。

**ととう【徒党】**（名）事をするために集まった仲間。「—を組む」使い方多く、悪いたくらみの場合にいう。

**どとう**『怒△濤』(名) はげしくあれくるう大波。「逆《さか》巻《ま》く—」「—のごとくおし寄せる」

**とどうふけん【都道府県】**(名) 地方公共団体の一番大きな区分の総称《そうしょう》。東京都・北海道・大阪府・京都府とそれ以外の四三県。

**とど・く【届く】**→とどける(届)

**とど・く【届く】**(自五) {カ(コ)・キ(イ)・ク・ク・ケ・ケ} ❶送ったものが目的のところに着く。「手紙が—」「電波が—」 ❷ある所まで行きつく。達する。「手が—」「年が五〇に—」 ❸こちらの気持ちが相手に伝わる。「願いが—」 ❹注意などが行きわたる。「目が—」

**とどけ【届け】**(名) 役所・勤務先・学校などに知らせること。また、その書類。「欠席の—を出す」

**とどけさき【届け先】**(名) 物を送り届ける相手。

**とどけで【届け出】**(名) 役所・勤務先・学校などに、書類や口頭で申し出ること。「欠勤の—をする」

**とどける【届ける】** 8画 戸5 小6 〔屆〕 訓 とどける・とどく
コ 尸 局 吊 届
とどける。とどく。いたる。◆届け出 ◆不届き ⇩付録「漢字の筆順⑭由〔由〕」

**とど・ける【届ける】**(他下一) {ケ・ケ・ケル・ケル・ケレ・ケロ(ケヨ)} ❶物を運んで先方に着くようにする。「手紙を—」 ❷役所・勤務先・学校などに正式に連絡する。「転居を—」

**とどこお・る【滞る】**(自五) {ラ(ロ)・リ(ッ)・ル・ル・レ・レ} ❶物事が順調に進まないでつかえる。「仕事が—」 ❷期限が過ぎても支払《しはら》いがすまないままになる。「家賃が—」

**ととの・う【整う・調う】**(自五) {ワ(オ)・イ(ッ)・ウ・ウ・エ・エ} ❶調和がとれている。きちんとした状態になる。「—・った文章」 ❷必要なものがそろう。「用意が—」 ❸相談ごとなどがまとまる。成立する。「縁談《えんだん》が—」 ⇩ととのえる「学習」

**ととの・える【整える・調える】**(他下一) {エ・エ・エル・エル・エレ・エロ(エヨ)} ❶きちんとした状態にする。調和のとれたほどよい状態にする。「室内を—」「息を—」「味を—」 ❷たりないものがないようにそろえる。「必要な書類を—」 ❸相談ごとをまとめる。成立させる。「交渉《こうしょう》を—」

> **学習** 使い分け 「整える」「調える」
> **整える** 乱れたところがないようにきちんとした状態にする。「調子を**整える**」「呼吸を**整える**」「態勢を**整える**」「服装を**整える**」「文書の体裁《ていさい》を**整える**」
> **調える** 物事がうまくいくように過不足なくそろえる。また、ほどよい状態になるようにまとめる。「材料を**調える**」「費用を**調える**」「旅行の支度《したく》を**調える**」「味を**調える**」

**とどのつまり**(副) (「ぼら」は成長するにつれて名の変わる魚で、最後の名が「とど」であることからいう) 結局のところ。「—話し合いはもの別れに終わった」 使い方 多く、結果が思わしくない場合に使う。

**とどまつ**『△椴松』(名) 《植》マツ科の常緑高木。北海道から北の山地に生える。木材は建築・器具の材料、紙・パルプの原料にする。

**とどま・る**『◇止まる・◇留まる』(自五) {ラ(ロ)・リ(ッ)・ル・ル・レ・レ} ❶ある場所・地位にいて動かないでいる。「現地に—」「現職に—」 ❷ある範囲《はんい》におさまっている。それ以上にならない。「被害《ひがい》は—ところを知らない」「参加者は五〇人に—・った」

**とどめ**『◇止め』(名) 人や動物を殺すとき、最後にのどや胸部をつき刺《さ》して確実に息の根をとめること。

**とどめを刺《さ》す** ❶息の根をとめるために、最後にのどや胸部をつき刺す。 ❷再起できないように、決定的な打撃《だげき》をあたえる。「大量点で—」 ❸それに限る。「花は吉野《よしの》に—」

**とど・める**『◇止める・◇留める』(他下一) {メ・メ・メル・メル・メレ・メロ(メヨ)} ❶動かさないで、そこにいさせる。動いているものをとめる。「滞在客《たいざいきゃく》を—」「足を—」 ❷あとに残るようにする。「記憶《きおく》に—」「原形を—・めない」 ❸ある程度・範囲《はんい》内におさえる。「出費を最小限に—」

**とどろか・す**『△轟かす』(他五) {サ(ソ)・シ・ス・ス・セ・セ} ❶大きな音を鳴りひびかす。「爆音《ばくおん》を—」 ❷広く世の中に知れわたるようにする。「その名を世界に—」 ❸胸をどきどきさせる。「胸を—」

**とどろ・く**『△轟く』(自五) {カ(コ)・キ(イ)・ク・ク・ケ・ケ} ❶大きな音がひびきわたる。「雷鳴《らいめい》が—」 ❷広く世間に知れわたる。「名声が—」 ❸胸がどきどきする。「胸が—」

**トナー**〔英 toner〕(名) コピー機やプリンターで、像を紙に写すための粉末状のインク。

**ドナー**〔英 donor〕(名) 《医》臓器やからだの組織を移植のために提供する人。対 レシピエント

**とな・える**『◇称える』(他下一) {エ・エ・エル・エル・エレ・エロ(エヨ)} 名づけて呼ぶ。称《しょう》する。「みずから天才と—」

**とな・える【唱える】**(他下一) {エ・エ・エル・エル・エレ・エロ(エヨ)} ❶決まった文句を節をつけて言う。「念仏を—」 ❷大声で言う。「万歳《ばんざい》を—」 ❸意見・主張などをまっ先に言いだす。「異議を—」「コペルニクスの—・えた地動説」

**トナカイ**〔アイヌ tonakkai〕(名) 《動》シカ科の哺《ほ》乳《にゅう》動物。北極に近い地方にすむ。雄雌《おすめす》ともにつのがあり、家畜《かちく》としてそりを引かせる。

(トナカイ)

**どなた**(代) 「だれ」の丁寧《ていねい》な言い方。「—をお待ちですか」

**どなべ【土鍋】**(名) 土製の厚手の鍋。熱を長く保つので、鍋料理や湯豆腐などに用いる。

(どなべ)

**となり【隣】**(名) 右または左にならんで接していること。また、その家や場所。「—の家」「—近所」「—の芝《しば》は青い(=他人のもののほうがよく見えること)」

**となりあ・う【隣り合う】**(自五) {ワ(オ)・イ(ッ)・ウ・ウ・エ・エ} たがいに、となりになっている。「—・ってすわる」

**どな・る**『怒鳴る』(自他五) {ラ(ロ)・リ(ッ)・ル・ル・レ・レ} ❶大きな声を出す。わめく。「そんなに—・らなくても聞こえます」❷大声でしかる。「生徒を—・りつける」

**とにかく**『×兎に角』(副) いろいろ事情はあるが、それはさておき。いずれにしても。ともかく。「—始めよう」

**とにもかくにも**『×兎にも角にも』(副) →とにかく

**とにもでよ**…[俳句]
〔外にも出よ　触《ふ》るるばかりに　春《はる》の月《つき》〕〈中村《なかむら》汀女《ていじょ》〉[訳]みなさん、外に出てごらんなさい。美しい春の月が大きく空に浮《う》かび、手をのばせばさわることさえできそうにちかぢかと見えますよ。(季語「春の月」春)

**とねりこ**『△梣』(名)〘植〙モクセイ科の落葉高木。山間の林に生える。春にうす緑色の小さな花が咲《さ》く。樹皮は薬用、材はバットやラケットの材料にする。

**との**【殿】(名) むかし、主君や身分の高い人を敬って呼んだ言い方。

**-どの**【殿】(接尾) 手紙・文書などで、職名や氏名の下につけて、敬う気持ちを表すことば。[使い方]公的な文書で多く使われ、私信では「様」とするのがふつう。

**どの**(連体) はっきりときめられないものをさすことば。いずれの。「—花を買おうか」

**どのう**『土△嚢』(名) 土をつめたふくろ。堤防《ていぼう》などの補強に用いる。「洪水《こうずい》に備えて—を積む」

**とのがた**【殿方】(名) 女性が男性をさしていう丁寧《ていねい》な言い方。「—もお呼びしましょう」

**とのこ**【との粉】『△砥の粉』(名) 砥石《といし》を粉にしたもの。また、粘土《ねんど》を焼いて作った粉。漆《うるし》ぬりの下地や板・柱などに色をつけるのに使う。

**とのさま**【殿様】(名) ❶身分の高い人や主君、また江戸《えど》時代の大名や旗本を敬って呼ぶ言い方。❷財産があり、育ちがよく、世間知らずな人。

**とのさまがえる**『殿様△蛙』(名)〘動〙アカガエル科のかえる。たんぼなどにすむ。腹は白く、背はくらい緑色か褐色《かっしょく》でしまがある。

**とのさましょうばい**【殿様商売】(名) おうようにかまえ、もうける努力や工夫をしない商売のやり方。

**どのみち**(副) いずれにしても。どっちみち。「—もう手おくれだ」

**とは** ❶「と」を強める意を表す。「知らない人—話さない」❷問題となっていることをとりたてる。…というものは。「勉強—終わりがないものだ」❸おどろきやいかりなどの気持ちを表す。「まさか犯人があの人だ—」[文法]格助詞「と」に副助詞「は」のついたもの。

**とば**【賭場】(名) ばくちをする所。ばくち場。

**どば**『△駑馬』(名) ❶歩みののろい馬。[対]駿馬《しゅんめ》。❷能力のない人のたとえ。「騏驎《きりん》も老いては—に劣《おと》る」

**駑馬に鞭《むち》打《う》つ** 能力のない者に、むりにその能力以上のことをさせるたとえ。[使い方]多く、自分が努力してつとめることをへりくだっていう。

**トパーズ**〔英 topaz〕(名) 宝石の一種。黄玉《おうぎょく》。

**とばく**【賭博】(名) おかねや品物などをかけて勝負をあらそうこと。かけごと。ばくち。

**とばくち**【とば口】(名) ❶入り口。❷物事のはじめ。「人生の—」

**どばし**【土橋】(名) 木で組んだ上に土をしいた橋。

**とば・す**【飛ばす】(他五) {サ(ソ)・シ・ス・ス・セ・セ} ❶飛ぶようにする。「紙飛行機を—」❷勢いよく空中に散らす。はねあげる。「自動車が泥水《どろみず》を—」❸はやく走らせる。「車を—」❹途中《とちゅう》をぬかす。「つまらない箇所《かしょ》を—・して読む」❺言いふらす。広める。また、ことばを発する。「デマを—」「ジョークを—」❻遠くへやる。左遷《させん》する。「地方に—」❼(動詞の連用形について)その動作を強める意を表す。「売り—」「叱《しか》り—」

**どはずれ**【度外れ】(名) ふつうの程度をはるかにはずれること。なみはずれ。けたはずれ。「—の強さ」

**とばっちり**(名) たまたまそばにいたために思わぬ災難を受けること。まきぞえ。そばづえ。「—をくう」

**どはってんをつく**『怒髪天を◇衝く』髪《かみ》が逆立つほどはげしく怒《おこ》るようす。

**とばどのへ**…[俳句]
〔鳥羽殿へ　五六《ごろく》騎《き》急《いそ》ぐ　野分《のわき》かな〕〈蕪村《ぶそん》〉[訳]秋草を激しくなびかせながら嵐《あらし》が吹《ふ》きあれている中を、鳥羽の御所《ごしょ》のほうへ五、六騎の武士が、何か変事でも起こったのか、ただならぬ気配であわただしく馬を走らせていくことだ。(「鳥羽殿」は白河天皇造営の離宮《りきゅう》。季語「野分」秋)

**とばり**『◇帳・△帷』(名) 部屋の中にたれ下げて仕切りにする布。たれぎぬ。また、ものをおおいかくすもの。「夜の—がおりる(=夜になって暗くなる)」

**とはん**【登坂】(名・自スル) →とうはん(登坂)

**とび**『△鳶』(名) ❶〘動〙タカ科の大形の鳥。茶褐色《ちゃかっしょく》で空高く円をえがいて飛ぶ。とんび。❷「とび職」の略。

**鳶が鷹《たか》を生《う》む** 平凡《へいぼん》な親からすぐれた子が生まれることのたとえ。とんびがたかをうむ。[対]瓜《うり》の蔓《つる》に茄《なす》子《び》はならぬ・蛙《かえる》の子は蛙

**鳶に油《あぶら》揚《あ》げをさらわれる** (いまにも手にはいるはずだった)たいせつな物を思いがけず横取りされてしまうことのたとえ。とんびにあぶらあげをさらわれる。

**とびあが・る**【飛び上がる】(自五) {ラ(ロ)・リ(ッ)・ル・ル・レ・レ} 飛んで高くあがる。空へまいあがる。「ヘリコプターが—」

**とびあが・る**【跳び上がる】(自五) {ラ(ロ)・リ(ッ)・ル・ル・レ・レ} ❶はずみをつけて地面から上にあがる。「岩の上に—」❷喜んだりおどろいたりして、おどりあがる。「—・って喜ぶ」[参考]①は「飛び上がる」とも書く。

**とびある・く**【飛び歩く】(自五) {カ(コ)・キ(イ)・ク・ク・ケ・ケ} いそがしくあちこちを動きまわる。「仕事で一日じゅう—」

**とびいし**【飛び石】(名) ❶庭園などに少しずつ間を置いてならべた敷石《しきいし》。「—伝いに歩く」❷連続しないで、間が飛んでいること。「—連休」

**とびいた**【飛び板】(名) 水泳の飛びこみ競技で、飛びこむときにふみつけて反動をつける板。「—飛びこみ」

**とびいり**【飛び入り】(名・自スル) 予定にはいっていなかった人が、急に参加すること。また、その人。「運動会に—で出場する」

**とびいろ**【とび色】『△鳶色』(名) (とびの羽のような色から)茶褐色《ちゃかっしょく》。

**とびうお**『飛び魚』(名)〘動〙トビウオ科の魚。大き

な胸びれをはねのかわりにして海上を滑空《かっくう》する。

**とびか・う**【飛び交う】（自五）{ワ(オ)・イ(ッ)・ウ・ウ・エ・エ}多くのものが入り乱れて飛ぶ。飛びちがう。「うわさが―」

**とびきり**〖飛び切り〗（副）他の物とくらべて、ずばぬけているようす。「―上等な品」

**とびぐち**【とび口】〖△鳶口〗（名）棒の先にとびのくちばしのような金具をつけた道具。木材をひっかけて運んだり、火消しで家をこわしたりするのに用いた。

（とびうお）

（とびぐち）

**とびこみ**【飛び込み】（名）❶からだにはずみをつけて勢いよくはいること。「―自殺」❷突然《とつぜん》入りこんだり、訪ねていったりすること。「―の取材」❸水泳競技の一つ。飛び込み台からプールに飛び込む技術や、フォームの美しさをきそう。ダイビング。

**とびこ・む**【飛び込む】（自五）{マ(モ)・ミ(ン)・ム・ム・メ・メ}❶からだにはずみをつけて勢いよく中にはいる。「海に―」❷突然《とつぜん》入りこむ。「予定外の仕事が―」❸自分から進んである世界や事件などにかかわり合う。身を投じる。「紛争《ふんそう》の渦中《かちゅう》に―」「芸能界に―」

**とびしょく**【とび職】〖△鳶職〗（名）建築・土木工事で、高い場所での仕事をする職人。とびの者。とび。

**とびだ・す**【飛び出す】（自五）{サ(ソ)・シ・ス・ス・セ・セ}❶飛んでそこから出る。「巣からみつばちが―」❷勢いよく前や外に出る。「部屋から―」❸突然《とつぜん》現れる。「新たな証言が―」❹あるべき場所からはみ出る。つき出る。「枝が道に―」

**とびた・つ**【飛び立つ】（自五）{タ(ト)・チ(ッ)・ツ・ツ・テ・テ}❶飛びあがってどこかへ向かって行く。「水鳥がいっせいに―」❷喜びや期待で胸がおどる。「―思い」

**とびち**【飛び地】（名）同じ行政区域に属しながら、主地域からはなれた、他の区域の中にある土地。

**とびつ・く**【飛びつく】〖飛び付く〗（自五）{カ(コ)・キ(イ)・ク・ク・ケ・ケ}❶勢いよくとりつく。飛びかかる。「犬が飼い主に―」❷強く興味をひかれて手を出す。「うまい話に―」

**トピック**〔英 topic〕（名）話題。「今年最大の―」

**とび・でる**【飛び出る】（自下一）{デ・デ・デル・デル・デレ・デロ(デヨ)}→とびだす

**とびどうぐ**【飛び道具】（名）遠くから飛ばして敵をうつ武器。弓矢・鉄砲《てっぽう》など。

**とびとび**【飛び飛び】（名・副）連続せず、ところどころ間があいているようす。「―に読む」

**とびぬ・ける**【飛び抜ける】（自下一）{ケ・ケ・ケル・ケル・ケレ・ケロ(ケヨ)}他のものとかけはなれている。ずば抜ける。「―・けて優秀だ」

**とびの・く**【飛びのく】〖飛び◇退く〗（自五）{カ(コ)・キ(イ)・ク・ク・ケ・ケ}すばやく身をかわしてよける。「後ろへ―」

**とびのもの**【とびの者】〖△鳶の者〗（名）→とびしょく

**とびばこ**【跳び箱】（名）器械体操の用具の一つ。木製のわくをつみ重ね、革《かわ》・布などで上部をおおった台を上にのせたもの。走ってきて、手をついて足を広げるなどの方法でとびこえる。参考「飛び箱」とも書く。

**とびは・ねる**【飛び跳ねる】（自下一）{ネ・ネ・ネル・ネル・ネレ・ネロ(ネヨ)}飛び上がるように勢いよくはねる。飛んだりはねたりする。「―・ねて喜ぶ」

**とびひ**【飛び火】㊀（名・自スル）❶火の粉《こ》が飛んで、ほかのはなれた場所に燃えうつること。また、その火の粉。❷事件などが無関係と思われていたところへ広がっていくこと。「事件が政界に―する」㊁（名）〘医〙子どもがかかりやすい伝染《でんせん》性のひふ病。水疱《すいほう》が点々とでき、のちにかさぶたとなる。

**とびまわ・る**【飛び回る】（自五）{ラ(ロ)・リ(ッ)・ル・ル・レ・レ}❶あちこち空中を飛ぶ。「はちが―」❷かけまわる。「―・って遊ぶ子ども」❸ある目的のために、いそがしくほうぼうを動きまわる。奔走《ほんそう》する。「資金集めに―」

**どひょう**【土俵】（名）❶土をつめたたわら。「―を積みあげる」❷すもうをとるために、①でまわりを円形にかこんだ場所。「横綱《よこづな》の―入り」❸議論などが行われる場。「同じ―で話し合う」

**とびら**【扉】（名）❶開き戸の戸。ドア。❷書物で本文の前にある、書名・著者名などを書いたページ。

**どびん**【土瓶】（名）湯をわかしたり、茶をいれたりするのに用いる陶製《とうせい》の器。「―蒸《む》し」

**とふ**【塗布】（名・他スル）薬や塗料などをぬりつけること。「かゆみ止めを―する」

**と・ぶ**【飛ぶ】（自五）{バ(ボ)・ビ(ン)・ブ・ブ・ベ・ベ}❶空中をうかんで移動する。飛行する。「鳥が―」❷空中にちる。はねる。飛びちる。「火花が―」❸ことばが勢いよく発せられる。また、世の中にすばやく広まる。「野次が―」「うわさが―」❹急いで行く。はやく走る。「―・んで帰る」❺間《あいだ》をぬかして先へ進む。「話が―」❻遠くへ逃《に》げる。「犯人は外国へ―・んだ」❼もとの場所から離《はな》れる。切れて続かなくなる。「首が―（=解雇《かいこ》される）」「ヒューズが―」❽消えてなくなる。「色が―」「給料が―」

**飛ぶ鳥《とり》を落《お》とす** 権力や威勢《いせい》が盛《さか》んであるようす。「―勢い」

**と・ぶ**【跳ぶ】（自五）{バ(ボ)・ビ(ン)・ブ・ブ・ベ・ベ}地面からはねあがる。跳躍《ちょうやく》する。はねあがってこえる。「跳び箱を―」「―・んだりはねたりする」参考「飛ぶ」とも書く。

**どぶ**〖◇溝〗（名）下水《げすい》や雨水などを流す細い溝《みぞ》。

**とぶくろ**【戸袋】（名）あけた雨戸をしまっておく所。ふつう、敷居《しきい》の端《はし》につくりつけてある。

**とふつ**〖渡◇仏〗（名・自スル）フランスへ行くこと。

**どぶねずみ**〖◇溝△鼠〗（名）❶〘動〙ネズミ科の哺乳《ほにゅう》動物。どぶや下水道の溝にすむ大形のねずみ。❷主人の目をぬすんで悪事を働く使用人。

**とぶらい**〖◇弔い〗（名）→とむらい

**とぶら・う**〖◇弔う〗（他五）{ワ(オ)・イ(ッ)・ウ・ウ・エ・エ}→とむらう

**どぶろく**〖×濁酒〗（名）米からつくった、かすをこさないままの白くにごった酒。にごりざけ。

**とべい**【渡米】（名・自スル）アメリカへ行くこと。

**どべい**【土塀】（名）土でぬりかためて作った塀。

**とほ**【徒歩】（名）乗り物に乗らず、歩くこと。

**とほ**〔杜甫〕【人名】（七一二～七七〇）中国、唐代《とうだい》の詩人。李白《りはく》とならび称《しょう》され詩聖といわれる。放浪《ほうろう》しながら

戦乱の世のみじめさや人生の悲しみをうたった。作品「春望」「兵車行」など。

**とほう【途方】**（名）❶取るべき手段。方法。てだて。❷物事の道理や筋道。

**途方に暮れる** どうしてよいかわからなくて困りはてる。「旅先でお金をなくしてー」

**途方もない** 道理やふつうの程度からかけはなれている。とんでもない。「ー夢をいだく」

**どぼく【土木】**（名）木・鉄・石・セメントなどを使って、道路・橋・堤防《ていぼう》などを建設する工事。

**とぼ・ける【◁恍ける・◁惚ける】**（自下一）{ケ・ケ・ケル・ケル・ケレ・ケロ(ケヨ)}❶わざと知らないふりをする。しらばくれる。「ー・けてもだめだ」❷まのぬけた、またはこっけいなことを、したり言ったりする。「ー・けた演技」

**とぼし・い【乏しい】**（形）{カロ・カツ(ク)・イ・イ・ケレ・○}❶たりない。じゅうぶんでない。「才能がー」❷まずしい。「ー生活」

**とぼ・す【◇点す】**（他五）{サ(ソ)・シ・ス・ス・セ・セ}→ともす

**とぼとぼ**（副）元気なく歩くようす。「ー(と)歩く」

**とほやまに**《トオヤマニ》…俳句

〔遠山に 日《ひ》の当《あ》たりたる 枯野《かれの》かな〕〈高浜虚子《たかはまきょし》〉訳荒涼《こうりょう》とした野のかなた、遠い山にだけぽっかりと冬の日が当たっている。眼前には冬枯れの野が一面にひろがっている。（季語「枯野」冬）

**とま【◁苫】**（名）すげ・かやなどを編んで作り、小屋や舟《ふね》の屋根などを覆《おお》い、雨露《あめつゆ》を防ぐもの。

**どま【土間】**（名）家の中で、床《ゆか》を張っていない地面のままの所。

**トマト**〔英 tomato〕（名）《植》野菜の一種。ナス科の一年草。初夏に黄色い花を開き、赤い実がなる。

**とまどい【戸惑い・途惑い】**（名・自スル）とまどうこと。「思わぬことをたずねられてーを感じる」

**とまど・う【戸惑う・途惑う】**（自五）{ワ(オ)・イ(ッ)・ウ・ウ・エ・エ}どうしたらよいのかわからなくてまごつく。「対応にー」

**トマト-ケチャップ**〔英 tomato ketchup〕（名）トマトを煮《に》つめ、調味料を加えてつくったソース。

**とまや【とま屋】【◁苫屋】**（名）とまで屋根をふいたそまつで小さな家。

**とまり【泊まり】**（名）❶自宅以外の所で宿泊《しゅくはく》すること。また、その所。❷宿直すること。「ーあけ」

**-どまり【止まり】**（接尾）物事がそこでとどまる意を表す。「三回戦ー」「当駅ー」

**とまりがけ【泊まりがけ】【泊まり掛け】**（名）その日のうちに帰らずに、よそに泊まる予定で出かけること。

**とまりぎ【止まり木・留まり木】**（名）❶鳥かご・鳥小屋の中に、鳥がつばさを休めてとまれるようにとりつけた横木《よこぎ》。❷酒場などのカウンター前にある脚《あし》の長いいす。

**とま・る【止まる・留まる】【◇停まる】**（自五）{ラ(ロ)・リ(ッ)・ル・ル・レ・レ}❶動いていたものが動かなくなる。「時計がー」「バスがー」❷続いていたものがやむ。終わる。「痛みがー」❸通じていたものが通じなくなる。「水道がー」❹鳥や虫などが、物につかまって動かなくなる。「鳥が枝にー」❺はなれないようになる。固定される。「ピンではうまくー・らない」❻はっきりと感覚に残る。意識される。「目にー」「耳にー」❼（「お高くとまる」の形で）えらぶった態度をとる。「お高くー・っているいやな感じの人」参考①②③は「停まる」とも書く。

> **学習 使い分け 「止まる」「留まる」**
>
> **止まる** とどまり動かなくなる。続いていたものがやむ。「汽車が**止まる**」「時計が**止まる**」「成長が**止まる**」「水道が**止まる**」「息の根が**止まる**」「笑いが**止まらない**」
>
> **留まる** つかまってじっとする。固定する。「小鳥が枝に**留まる**」「ボタンが**留まる**」「心に**留まる**できごと」「動く物に目が**留まる**」
>
> ◆「留まる」は、多く「止まる」とも書ける。

**とま・る【泊まる】**（自五）{ラ(ロ)・リ(ッ)・ル・ル・レ・レ}❶よその家や旅館などで夜を過ごす。宿泊《しゅくはく》する。「ホテルにー」❷船がいかりをおろす。停泊《ていはく》する。「船が港にー」❸宿直する。「社員が交替《こうたい》でー」

**とまれ**（副）→ともあれ

**とみ【富】**（名）❶豊かな財産。「巨万《きょまん》のー」❷価値のある資源や物資。「天然のーにめぐまれた国」

**とみくじ【富くじ】【富◁籤】**（名）江戸《えど》時代に行われた一種の宝くじ。

**とみこうみ【と見こう見】【◇左見◇右見】**（名・自スル）あっちを見たりこっちを見たりすること。「ーして歩く」

**とみに【◇頓に】**（副）にわかに。急に。「父の頭には最近ーしらがが増えた」

**ドミニカ**〔Dominica〕［地名］❶カリブ海の東、西インド諸島にあるイスパニョーラ島東部をしめる共和国。正式名称《めいしょう》はドミニカ共和国。首都はサントドミンゴ。❷西インド諸島の東南端《とうなんたん》近くにある島国。正式名称はドミニカ国。首都はロゾー。

**ドミノ**〔英 domino〕（名）西洋かるたの一種。さいころの目をしるした二八枚の札《ふだ》を用いる。「ー倒《たお》し（＝立ててならべたドミノの札の一つを倒すとほかもつぎつぎに倒れる遊び。将棋倒《しょうぎだお》し）」

**とみん【都民】**（名）東京都の住民。

**どみん【土民】**（名）古くからその土地に住む人たち。

**と・む【富む】**（自五）{マ(モ)・ミ(ン)・ム・ム・メ・メ}❶多くの財産を持つ。金持ちである。「ー者と貧しい者」❷（「…に富む」の形で）それが多くある。そのものが豊かである。「才能にー」「資源にー」

**とむらい【弔い】**（名）❶人の死を悲しみいたむこと。「ーのことばを述べる」❷葬式《そうしき》。「おーに参列する」❸法事。供養《くよう》。（＝とぶらい）

**とむらいがっせん【弔い合戦】**（名）死者のかたきをうってその霊《れい》をなぐさめようとする戦い。

**とむら・う【弔う】**（他五）{ワ(オ)・イ(ッ)・ウ・ウ・エ・エ}❶人の死を悲しみいたんで、おくやみを述べる。「遺族をー」❷死者のめいふくをいのって法事を営む。「菩提《ぼだい》をー」（＝とぶ

ら う)》

**ドメイン**〔英 domain〕(名) ❶範囲《はんい》。領域。❷インターネットで、コンピューターやネットワーク上の所属を表す文字列。ドメイン名《めい》。参考「https://www.obunsha.co.jp」では、「obunsha.co.jp」がドメインにあたる。

**とめお・く**【留め置く】(他五)〔カ(コ)・キ(イ)・ク・ク・ケ・ケ〕❶帰らせないで、その場に残しておく。「警察に一晩ー」❷置いたままにしておく。「郵便物を局にー」

**とめがね**【留め金】(名) 物の合わせ目などが離《はな》れないようにとめておくための金具《かなぐ》。「ーをはずす」

**ドメスティック-バイオレンス**〔英 domestic violence〕(名) 配偶者《はいぐうしゃ》や交際相手から受ける暴力。DV。

**とめそで**【留め袖】(名) 結婚《けっこん》している女性の礼装用着物。紋付《もんつ》き・裾模様《すそもよう》で、振《ふ》りそでのようにそでが長くない。

**とめど**【止めど】『止め◇処』(名) 止まる所。限り。果て。「ーなく涙《なみだ》が流れる」使い方〉多く、下に「ない」をともなって用いる。

**とめばり**【留め針】(名) 裁縫《さいほう》のとき、目じるしや布の押《お》さえとして仮にとめておく針。類待ち針

**と・める**【止める・留める】『◇停める』(他下一)〔メ・メ・メル・メル・メレ・メロ(メヨ)〕❶動いているものを動かなくする。「足をー」「車をー」❷続いていたものをおわらせる。「血をー」「痛みをー」❸通じていたものを通じなくする。「電気をー」❹やめさせる。「行くのをー」「けんかをー」❺はなれたり動いたりしないようにする。固定する。「ボタンをー」「ポスターをピンでー」❻印象に残す。心に残す。「話を心にー」参考ふつう、①から④は「止める(停める)」、⑤⑥は「留める」と書く。

**と・める**【泊める】(他下一)〔メ・メ・メル・メル・メレ・メロ(メヨ)〕❶自分の家や旅館などで夜を過ごさせる。宿泊《しゅくはく》させる。「客をー」❷停泊《ていはく》させる。「大型船をー」

**とも**【共】㊀(接頭) ❶「いっしょに」「おたがいに」の意を表す。「ー働き」❷「同類の」「同じ」の意を表す。「ーぎれ」㊁(接尾) ❶「全部」「すべて」の意を表す。「親子ー無事」❷「…をふくめて」の意を表す。「送料ー一〇〇〇円」

**とも**【友】(名) ❶親しく交わる人。ともだち。「竹馬《ちくば》のー(=子どもの時からの友だち)」❷親しんでいるもの。「音楽をーとする」❸志や行動を同じくする人。「類はーを呼ぶ(=似たものどうしはたがいに寄り合う)」

**とも**【供】(名) 目上の人につきしたがってゆくこと。また、その人。従者。「おーする」「ーをひきつれて行く」

**とも**『△艫』(名) 船のうしろのほう。船尾。対舳先《へさき》

**とも**㊀(接助) ❶「たとえ…であっても」の意を表す。「つらくー頑張《がんば》る」❷程度を表す。「おそくー年内に決めたい」㊁(終助) 意味を強める。「もちろん」の意をふくむ。「そうだー」文法㊀は動詞・動詞型活用の助動詞の終止形、形容詞・形容詞型活用の助動詞の連用形につく。㊁は活用語の終止形につく。

**-ども**『共』(接尾) ❶人を表す語について、複数であることを表す。多く、見下す気持ちを含《ふく》む。「悪人ー」❷自分を表す語について、けんそんの意を表す。「私ー」

**ども**(接助) …けれども。「行けー行けーあかりが見えない」

**ともあれ**(副) とにかく。どちらにしても。ともあれ。「何はー、無事でよかった」

**ともえ**『△巴』(名) 水がうずを巻いて外へまわる形を図案化したもの。「三つー《どもえ》」

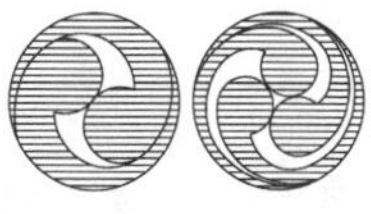
(ともえ)

**ともがき**【友垣】(名) ともだち。参考交わりを結ぶことを、垣根を結ぶことにたとえていったもの。

**ともかく**『×兎も角』(副) ❶いろいろ事情はあるにしても。いずれにせよ。とにかく。「ーやってみよう」❷そのことは別にして。「私はー、あなたは行きなさい」

**ともかせぎ**【共稼ぎ】(名・自スル) →ともばたらき

**ともがら**『◇輩』(名) 仲間の者たち。連中。

**ともぎれ**【共切れ】(名) 服地と同じ布切れ。

**ともぐい**【共食い】(名・自スル) ❶同類の動物がたがいに食い合うこと。「かまきりのー」❷同じ商売や仲間の人などがたがいに利益を争って、ともに損をしたり不利になったりすること。「ーになる」

**ともしび**【ともし火】『◇灯し火・◇灯』(名) ともした火。あかり。「風前のー」

**とも・す**『◇点す・◇灯す』(他五)〔サ(ソ)・シ・ス・ス・セ・セ〕あかりをつける。とぼす。「灯《ひ》をー」

**ともすると**(副) どうかすると。ややもすると。ともすれば。「ー努力を怠《おこた》りがちだ」

**ともすれば**(副) →ともすると

**ともだおれ**【共倒れ】(名・自スル) たがいにむりな競争や助け合いをしたために、両方ともやってゆけなくなること。「安売り競争でーになる」

**ともだち**【○友達・友だち】(名) 親しくつき合っている人。友人。「仲のよいー」

**ともづな**『△纜』(名) 船尾《せんび》にあって船をつなぎとめる綱。

**ともづなを解《と》く** 船出《ふなで》する。出帆《しゅっぱん》する。

**ともづり**【友釣り】(名) おとりとして生きている鮎《あゆ》を糸につないで水中にはなし、攻撃《こうげき》してくるほかの鮎を、糸につけた針にかけてつる釣り方。

**ともども**『共共』(副) いっしょに。もろともに。「親子ー休日を楽しむ」

**ともな・う**【伴う】(自他五)〔ワ(オ)・イ(ッ)・ウ・ウ・エ・エ〕❶いっしょにつれて行く。また、ついて行く。「生徒をーって山に登る」❷ついてまわる。いっしょにおこる。いっしょに生じる。「成功には苦労がー」「危険をー仕事」

**ともに**『共に』(副) ❶いっしょに。そろって。「友人とー学ぶ」「寝《ね》起きをーする(=いっしょに暮らす)」❷同時に。「ありがたいとーすまないとも思う」

**ともに天《てん》を戴《いただ》かず** →ふぐたいてん

**ともばたらき**【共働き】(名・自スル) 夫婦がともに働いて暮らしをたてること。共かせぎ。

**ともびき【友引】**（名）陰陽道《おんようどう》で、勝負が引き分けで、よくも悪くもないとされる日。俗《ぞく》に、「友を引く」として、この日に葬式《そうしき》を行うのをさける。

**どもり**〖△吃り〗（名）どもること。吃音《きつおん》。

**とも・る**〖◇点る・◇灯る〗（自五）｛ラ(ロ)・リ(ッ)・ル・ル・レ・レ｝あかりがつく。ともる。「窓に灯《ひ》が―」

**ども・る**〖△吃る〗（自五）｛ラ(ロ)・リ(ッ)・ル・ル・レ・レ｝ことばをなめらかに発音することができず、つかえたり同じ音をくり返したりしてすらすら話せない。「緊張《きんちょう》のあまり―」

**とや**〖◇鳥屋・△塒〗（名）❶鳥を飼っておく小屋。鳥小屋。❷たかの羽が季節によってぬけかわること。

**どやがい【どや街】**（名）《俗語》（「どや」は宿《やど》を逆にいったもの）日雇《ひやとい》い労働者などの利用する簡易宿泊所が立ち並ぶ区域の俗称《ぞくしょう》。

**とやかく**〖×兎や角〗（副）あれやこれやと。なんのかのと。「人に―言われるすじあいはない」

**どや・す**（他五）｛サ(ソ)・シ・ス・ス・セ・セ｝《俗語》❶なぐる。❷どなりつける。「父親に―・しつけられる」

**とゆう**〖都△邑〗（名）都会と村。また、都会。まち。

**とよあしはら**〖◇豊△葦原〗（名）日本国の美称《びしょう》。「―の瑞穂《みずほ》（＝みずみずしい稲穂）の国」

**どよう【土用】**（名）立春・立夏・立秋・立冬の前のそれぞれ一八日間。ふつうは立秋の前の最も暑いさかりの夏の土用をさす。「―の丑《うし》の日」

**どよう【土曜】**（名）一週の七番目の日。土曜日。

**どようなみ【土用波】**（名）夏の土用のころ海岸にうち寄せる、うねりの大きい波。「―がたつ」

**どようぼし【土用干し】**（名）夏の土用のころ、衣類や本などを日に干したり風にあてたりして、虫やかびをふせぐこと。虫干し。

**どよ・む**（自五）｛マ(モ)・ミ(ン)・ム・ム・メ・メ｝音がとどろく。ひびく。「海鳴りが―」

**どよめ・く**（自五）｛カ(コ)・キ(イ)・ク・ク・ケ・ケ｝❶音が鳴りひびく。とどろく。「―砲声《ほうせい》」❷おおぜいの人がざわざわとさわぐ。「観衆が―」

**とら【虎】**（名）❶〘動〙ネコ科の哺乳《ほにゅう》動物。アジアにいる肉食性の猛獣《もうじゅう》。全身が黄色で黒い横じまがある。タイガー。❷《俗語》酔っぱらい。「―になる」

**虎の威《い》を借《か》る狐《きつね》** 他人の強い力をかさに着てからいばりする人のたとえ。

**虎の尾《お》を踏《ふ》む** ひじょうに危険なことをするたとえ。

**虎を野《の》に放《はな》つ** 害やわざわいをもたらす危険な人物を野放しにするたとえ。

**とら**〖△寅〗（名）❶十二支の第三。❷むかしの時刻の名。今の午前四時ごろ、およびその前後約二時間。（一説にはその後約二時間）。❸方角の名。東北東。

**どら**〖◇銅△鑼〗（名）青銅で作った、ぼんのような形の打楽器。ひもでつるし、ばちでたたいて鳴らす。

（どら）

**とらい【渡来】**（名・自スル）海外からわたってくること。「南蛮《なんばん》―の酒」

**トライ**〔英 try〕（名・自スル）❶試みること。「新しいことに―する」❷ラグビーで、相手チームのゴールラインの内側にボールをつけて得点すること。

**ドライ**〔英 dry〕（名・形動ダ）❶水気がないこと。かわいていること。「―フラワー」❷人情にとらわれず、合理的にわりきるようす。「―な性格」（対ウエット）

**ドライアイス**〔英 dry ice〕（名）炭酸ガスをひやし、それを圧縮して固体にしたもの。物をひやすのに使われる。（もと商標名）

**トライアスロン**〔英 triathlon〕（名）遠泳・自転車・マラソン競技を一人の選手が連続して行い、総合時間を競《きそ》う競技。鉄人レース。

**トライアル**〔英 trial〕（名）❶試しに行うこと。「無料―期間」❷スポーツの試技や予選。

**トライアングル**〔英 triangle〕（名）〘音〙鋼鉄の棒を三角形に曲げて作った打楽器。ひもでつるし、金属の棒でたたいて音を出す。

（トライアングル）

**ドライクリーニング**〔英 dry cleaning〕（名）水を使わないで、揮発《きはつ》性の溶剤《ようざい》を使って行う洗濯《せんたく》。

**ドライバー**〔英 driver〕（名）❶自動車などを運転する人。運転手。「テスト―」❷ねじまわし。❸コンピューターで、周辺機器を使うためのプログラム。

**ドライブ**〔英 drive〕■一（名・自スル）❶自動車などを運転すること。遠乗りをすること。❷テニス・卓球《たっきゅう》などで、ボールに回転を与《あた》えるように打つこと。「―のかかったサーブ」■二（名）コンピューターで、データを読み書きする装置。

**ドライブイン**〔英 drive-in〕（名）道路沿いにあり、自動車を止めて食事や買い物などができる施設《しせつ》。

**ドライブウエー**〔英 driveway〕（名）ドライブに適するようにつくられた道路。

**ドライミルク**（名）粉ミルク。▽英 dried milk から。

**ドライヤー**〔英 dryer〕（名）物をかわかす道具。乾燥器《かんそうき》。「ヘア―」

**トラウマ**〔英 trauma〕（名）影響《えいきょう》がのちのちまで残る精神的な衝撃《しょうげき》。心的外傷。精神的外傷。

**とらえどころ【捉え所】**（名）判断する手がかり。これだという特徴《とくちょう》。つかみどころ。「―のない人」
使い方 ふつう、「とらえどころの（が）ない」という形で使われる。

**とら・える【捕らえる・捉える】**（他下一）｛エ・エ・エル・エル・エレ・エロ(エヨ)｝❶つかまえる。とりおさえる。「犯人を―」❷しっかりつかんで放さないようにする。「腕《うで》を―」「ファンの心を―」❸理解する。把握《はあく》する。「要点を―」
注意 ①は「捕らえる」、③は「捉える」と書く。

**とらがり【虎刈り】**（名）刈《か》り方がへたなために、髪《かみ》が、とらのしま模様のようにまだらになっていること。

**トラクター**〔英 tractor〕（名）重いものや農業用の機械などを引っぱるのに使う、作業用自動車。

**どらごえ【どら声】**（名）太くて低くにごった声。

**トラコーマ**〔英 trachoma〕（名）〘医〙細菌《さいきん》の感染《かんせん》による目の病気。結膜《けつまく》にぶつぶつができる。放

置すれば失明することもある。トラホーム。

**ドラスティック**〔英 drastic〕(形動ダ){ダロ・ダッ(デ・ニ)・ダ・ナ・ナラ・○}思い切ったようす。はげしく徹底《てってい》的なようす。「—な展開」

**トラスト**〔英 trust〕(名)《経》同じ種類の事業をしているいくつかの企業《きぎょう》が、市場を独占《どくせん》して高い利益を得るために、合同して一つになる形態。企業合同。カルテルよりも結合の度合いが高い。⇩カルテル

**トラック**〔英 track〕(名)❶陸上競技などで競走するときに走る道。また、そこで行われる競技。㊥フィールド。❷CDやDVDなどの、記録するための部分。

**トラック**〔英 truck〕(名)荷物を運ぶための大きな荷台をもった自動車。貨物自動車。

**ドラッグ**〔英 drag〕(名)コンピューターで、マウスのボタンを押《お》したままマウスを移動させる操作。

**ドラッグ**〔英 drug〕(名)薬。薬品。

**ドラッグストア**〔英 drugstore〕(名)薬や日用雑貨を売る店。

**トラッド**〔英 trad〕(名・形動ダ)(traditional の略)伝統的であること。特に、流行に左右されないファッションをいう。

**トラップ**〔英 trap〕(名)❶わな。❷排水《はいすい》管からのにおいの逆流を防ぐ、S字型やP字型の管。❸クレー射撃《しゃげき》で標的の皿を発射する装置。❹サッカーなどで、ボールを受け止める動作。トラッピング。

**トラディショナル**〔英 traditional〕(形動ダ){ダロ・ダッ(デ・ニ)・ダ・ナ・ナラ・○}むかしからの伝統にのっとっているようす。「—なスタイル」

**とらぬたぬきのかわざんよう**〖捕らぬ△狸の皮算用〗(まだ捕らえてもいない狸の毛皮を売ってもうける計算をする意から)不確かなことに期待をかけ、あれこれ計画を立てることのたとえ。

**とらのこ【虎の子】**(名)(虎が子どもを大事に育てることから)たいせつにして手ばなそうとしないおかねや品物。「—のへそくり」

**とらのまき【虎の巻】**(名)❶兵法の秘伝を記した書物。❷教科書の内容を解説した、生徒向きの自習書。あんちょこ。

**トラピスト**〔英 Trappist〕(名)キリスト教の修道会の一派の名。また、その派の修道士。

**ドラフト**〔英 draft〕(名)❶「ドラフト制」の略。「—会議」❷下書き。たたき台。「—を作成する」

**ドラフトせい【ドラフト制】**(名)プロ野球で、新人を採用するさいの交渉《こうしょう》権を全球団の代表者会議で決める制度。▽ドラフトは、英 draft

**トラブル**〔英 trouble〕(名)❶いざこざ。やっかいな問題。「—にまきこまれる」❷故障。「エンジン—」

**トラベラーズ-チェック**〔英 traveler's check〕(名)海外旅行者用の小切手。現地の銀行で現金化できる。TC。

**トラホーム**〔ドイツ Trachom〕(名)《医》→トラコーマ

**ドラマ**〔英 drama〕(名)❶演劇。芝居《しばい》。「テレビ—」❷芝居の脚本《きゃくほん》。戯曲《ぎきょく》。「—を書く」

**ドラマチック**〔英 dramatic〕(形動ダ){ダロ・ダッ(デ・ニ)・ダ・ナ・ナラ・○}まるで劇を見ているように心が動かされるようす。劇的。「—な人生」

**ドラム**〔英 drum〕(名)❶《音》洋楽で使う太鼓《たいこ》類の総称《そうしょう》。❷円筒《えんとう》形の機械部品。

**ドラムかん【ドラム缶】**(名)ガソリン・重油などを入れる、金属で作られた、円筒《えんとう》形の大きな容器。▽ドラムは、英 drum

**どらむすこ【どら○息子】**(名)なまけ者で品行のよくない息子。「資産家の—」

**どらやき【どら焼き】**〖◇銅△鑼焼き〗(名)小麦粉・卵などを材料として焼いた円形の二枚の皮で、あんをはさんだ和菓子《わがし》。

**とらわ・れる【捕らわれる】**〖◇囚われる〗(自下一){レ・レ・レル・レル・レレ・レロ(レヨ)}❶つかまえられる。とりこになる。「敵に—」❷ある物事や考え方にしばられる。「先入観に—」

**トランキライザー**〔英 tranquilizer〕(名)いらいらした気分や不安感を除く薬。精神安定剤《ざい》。

**トランク**〔英 trunk〕(名)❶旅行用の、長方形の大型かばん。❷乗用車の後ろにある、荷物を入れる所。

**トランクス**〔英 trunks〕(名)また下の短い半ズボン状の衣類。ボクシング・水泳などの競技用パンツ、また、そのような男性用の下着。

**トランシーバー**〔英 transceiver〕(名)近距離《きんきょり》で使う携帯《けいたい》用の無線通話機。

**トランジスター**〔英 transistor〕(名)ゲルマニウムやシリコンなどの半導体で作った、真空管と同じ働きをする増幅素子《ぞうふくそし》。ラジオ・テレビやコンピューターなどに広く用いられている。「—ラジオ」

**トランス**(名)変圧器。▽英 transformer から。

**トランスジェンダー**〔英 transgender〕(名)肉体的な性と本人が自覚する性とが一致《いっち》しないこと。また、その人。

**トランプ**〔英 trump〕(名)ハート・ダイヤ・クラブ・スペード各一三枚ずつと、ジョーカー一枚の計五三枚からなるゲーム用のカード。また、そのゲーム。西洋かるた。

**トランペット**〔英 trumpet〕(名)《音》金管楽器の一つ。三個の弁があり、強くするどい高音が出る。

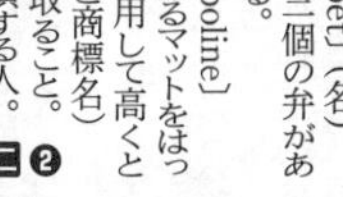

(トランペット)

**トランポリン**〔英 trampoline〕(名)強い弾力《だんりょく》性のあるマットをはった体操用具。反動を利用して高くとびあがることができる。(もと商標名)

**とり【取り】**㊀(名)❶取ること。❷寄席《よせ》などで、最後に出演する人。㊁(接頭)動詞の上につけて、語調を整えるのに用いる。「—乱す」「—こわす」

**とり**〖△酉〗(名)❶十二支の第一〇。❷むかしの時刻の名。今の午後六時ごろ、およびその前後約二時間。(一説にはその後約二時間)。❸方角の名。西。

**とり【鳥】**(名)❶鳥類全体の呼び名。脊椎《せきつい》動物の一種で羽《はね》を持ち、ほとんどが空中を飛ぶ。卵をうむことで繁殖《はんしょく》する。❷にわとり。また、その肉。参考②は「鶏」とも書く。

**鳥なき里《さと》の蝙蝠《こうもり》** すぐれた者がいない所では、つま

らない者がいばることのたとえ。

**とりあい【取り合い】**（名）うばい合うこと。

**とりあ・う【取り合う】**（他五）{ワ(オ)・イ(ッ)・ウ・ウ・エ・エ} ❶たがいに自分のものにしようとして争う。うばい合う。「おもちゃを—」❷たがいに取る。「手を—・って喜ぶ」❸相手になる。かかわり合う。「まともに—・ってくれない」

**とりあえず**『取り◇敢えず』（副）何はさておき。さしあたり。まず。「—応急処置をする」

**とりあ・げる【取り上げる】**（他下一）{ゲ・ゲ・ゲル・ゲル・ゲレ・ゲロ(ゲヨ)} ❶置いてある物を手に取る。「受話器を—」❷相手のもっている物をうばい取る。「犯人の手からナイフを—」❸意見などを受け入れる。採用する。また、問題としてあつかう。「部下の提案を—」「環境《かんきょう》問題を議題に—」❹出産の手助けをして産ませる。「子どもを—」

**とりあつか・う【取り扱う】**（他五）{ワ(オ)・イ(ッ)・ウ・ウ・エ・エ} ❶道具や機械を使ったり動かしたりする。「精密機器を慎重に—」❷仕事として処理する。取り上げて適当な処理をする。「家庭裁判所で—事件」「刑事《けいじ》事件として—」❸もてなす。「来賓《らいひん》として—」

**とりあわせ【取り合わせ】**（名）いくつかのものをほどよく組み合わせること。配合。「色の—がよくない」

**とりあわ・せる【取り合わせる】**（他下一）{セ・セ・セル・セル・セレ・セロ(セヨ)} いくつかのものをほどよく組み合わせる。適当に配合する。「季節のくだものを—」

**とりい【鳥居】**（名）神社の入り口の門。左右二本の柱の上に笠木《かさぎ》（=上の横木）を渡《わた》し、その下に貫《ぬき》（=下の横木）を入れたもの。神域であることを示す。

**トリートメント**〔英 treatment〕（名）髪《かみ》の毛の手入れをすること。また、そのための薬剤。

**ドリーム**〔英 dream〕（名）夢。空想。「—チーム（=精鋭《せいえい》を集めたスポーツのチーム）」

**とりい・る【取り入る】**（自五）{ラ(ロ)・リ(ッ)・ル・ル・レ・レ} 目上の人に気に入られるようにきげんをとる。「社長に—」

**とりい・れる【取り入れる】**（他下一）{レ・レ・レル・レル・レレ・レロ(レヨ)} ❶取って中に入れる。「洗濯《せんたく》物を—」❷農作物を収穫《しゅうかく》する。「稲《いね》を—」❸よいものとして受け入れる。採用する。「意見を—」「最新技術を—」

**とりうちぼう【鳥打ち帽】**（名）平たくまるい、ひさしつきの帽子。ハンチング。

（とりうちぼう）

**とりえ【取り柄】**（名）取り上げて役立たせることのできるいい点。長所。「何一つ—がない」

**トリオ**〔イタリア trio〕（名）❶〘音〙三重奏。三重唱。❷三人が一組になること。三人組。「なかよし—」

**とりおこな・う【執り行う】**（他五）{ワ(オ)・イ(ッ)・ウ・ウ・エ・エ} 式典や催《もよお》しなどを改まって行う。「卒業式を—」

**とりおさ・える【取り押さえる】**（他下一）{エ・エ・エル・エル・エレ・エロ(エヨ)} ❶おさえつけて動けないようにする。「あばれる人をみんなで—」❷つかまえる。「犯人を—」

**とりかえし【取り返し】**（名）取りもどすこと。もとの状態にもどすこと。「一度口に出して言ったことは—がつかない」

**とりかえ・す【取り返す】**（他五）{サ(ソ)・シ・ス・ス・セ・セ} ❶人に取られたものを、ふたたび自分のものにする。「優勝旗を—」❷ふたたびもとの状態にする。「おくれを—」

**とりか・える【取り替える・取り換える】**（他下一）{エ・エ・エル・エル・エレ・エロ(エヨ)} ❶今までのものを、新しいものやほかのものとかえる。「電池を—」❷たがいに相手のものとかえる。交換《こうかん》する。「姉とセーターを—・えて着る」

**とりかか・る【取りかかる】**『取り掛かる』（自五）{ラ(ロ)・リ(ッ)・ル・ル・レ・レ} やりはじめる。着手する。「宿題に—」

**とりかじ【取りかじ】**『取り△舵』（名）船を左へ進めるときの、かじの取り方。「—いっぱい」対面舵《おもかじ》

**とりかぶと**『鳥△兜』（名）〘植〙キンポウゲ科の多年草。山野に生え、秋に紫《むらさき》色の花が咲《さ》く。根には猛毒《もうどく》があるが、かわかして鎮痛剤《ちんつうざい》などにする。

**とりかわ・す【取り交わす】**（他五）{サ(ソ)・シ・ス・ス・セ・セ} たがいに交換《こうかん》する。やりとりする。「契約《けいやく》書を—」

**とりき【取り木】**（名）苗木《なえぎ》を作る方法の一つ。枝を曲げて一部を土にうめるなどし、根を生えさせたのち、親木から切り離《はな》すもの。

**とりきめ【取り決め】**（名）とりきめること。決定。約束。「—を守る」「—を結ぶ」

**とりき・める【取り決める】**（他下一）{メ・メ・メル・メル・メレ・メロ(メヨ)} 相手と話し合って物事を決定する。約束する。「結婚《けっこん》式の日時を—」「売買の条件を—」

**とりくず・す【取り崩す】**（他五）{サ(ソ)・シ・ス・ス・セ・セ} ❶くずして取り去る。取りこわす。「壁《かべ》を—」❷ためていたものを少しずつ使ってなくしてゆく。「貯金を—」

**とりくち【取り口】**（名）すもうの取り方。また、そのわざ。「するどい—」

**とりくみ【取り組み】**（名）❶物事を処理・解決しようと、とりくむこと。「仕事への—が早い」❷すもうで、勝負をする力士の組み合わせ。「初日の—」「好—」注意②は「取組」と書く。

**とりく・む【取り組む】**（自五）{マ(モ)・ミ(ン)・ム・ム・メ・メ} ❶たがいに組みついて争う。❷すもうなどで、ある相手と勝負する。「苦手《にがて》な力士と—」❸物事を処理・解決しようと熱心にそのことにあたる。「難問に—」

**とりけ・す【取り消す】**（他五）{サ(ソ)・シ・ス・ス・セ・セ} 前に言ったりしたりしたことを、なかったことにする。「前言を—」

**とりこ**『◇虜』（名）❶敵にとらえられた人。捕虜《ほりょ》。「—にする」❷何かに心をうばわれ、そこからのがれられないこと。また、そのような人。「恋《こい》の—になる」

**とりこしくろう【取り越し苦労】**（名・自スル）先のことをあれこれ考えてよけいな心配をすること。とりこしぐろう。

**とりこぼ・す【取りこぼす】**『取り◇零す』（他五）{サ(ソ)・シ・ス・ス・セ・セ} 勝負ごとで、負けるはずのない相手に負ける。「あそこで—・したのが痛い」

**とりこみ【取り込み】**（名）❶不意の出来事で、家の中などがごたごたすること。「お—中失礼ですが」❷（「取り込み詐欺《さぎ》」の略）注文して入手した商品を、代金を支払《しはら》わずにだまし取る詐欺。

**とりこ・む【取り込む】**{マ(モ)・ミ(ン)・ム・ム・メ・メ} ■一（自五）急な出来事で家の中などが混乱する。ごたごたする。「とつぜんの不幸で—」■二（他五）❶取って中へ入れる。

「洗濯《せんたく》物を―」❷自分のものにする。「先端《せんたん》技術を―」❸人のきげんをとって味方にする。「上役をうまく―」

**とりころ・す**【取り殺す】(他五){サ(ソ)・シ・ス・ス・セ・セ}死霊《しりょう》や生き霊《りょう》などが取りついて人の命をうばう。

**とりこわ・す**【取り壊す】(他五){サ(ソ)・シ・ス・ス・セ・セ}建物などをこわす。「建て替えのために古い家を―」

**とりさ・げる**【取り下げる】(他下一){ゲ・ゲ・ゲル・ゲル・ゲレ・ゲロ(ゲヨ)}一度申し出た要求や提案を取り消す。「訴《うった》えを―」

**とりざた**【取り沙汰】(名・自スル)世間であれこれとうわさし、話題にすること。「さまざまに―される」

**とりさ・る**【取り去る】(他五){ラ(ロ)・リ(ツ)・ル・ル・レ・レ}取り除いてその場からなくす。「痛みを―」

**とりしき・る**【取り仕切る】(他五){ラ(ロ)・リ(ツ)・ル・ル・レ・レ}ある物事について、すべてに責任をもって処理する。「経理は彼女《かのじょ》が―・っている」

**とりしまり**【取り締まり】(名)❶取り締まること。「―を強化する」❷「取締役」の略。注意②は「取締」と書く。

**とりしまりやく**【取締役】(名)株式会社で会社の運営に参加し、その責任を負う人。また、その役職。「代表―」

**とりしま・る**【取り締まる】(他五){ラ(ロ)・リ(ツ)・ル・ル・レ・レ}不正や違反《いはん》のないように監督《かんとく》する。また、不正や違反を見つけ出し、きびしく処置する。「密輸を―」

**とりしら・べる**【取り調べる】(他下一){ベ・ベ・ベル・ベル・ベレ・ベロ(ベヨ)}くわしく調べる。容疑者などから事情をじゅうぶんに聞きとる。「被疑者《ひぎしゃ》を―」

**とりすが・る**『取り△縋る』(自五){ラ(ロ)・リ(ツ)・ル・ル・レ・レ}❶物や人のからだなどにしっかりつかまって離《はな》れないようにする。「柱に―」❷願いや頼《たの》みを聞き入れてもらおうと、けんめいにすがる。「助けてくれと―」

**とりすま・す**【取り澄ます】(自五){サ(ソ)・シ・ス・ス・セ・セ}いかにもまじめくさった顔をする。きどったようすをする。「―・した態度」

**とりだ・す**【取り出す】(他五){サ(ソ)・シ・ス・ス・セ・セ}中から取って外に出す。また、多くの中から選び出す。「ファイルから必要なデータを―」

**とりた・てる**【取り立てる】(他下一){テ・テ・テル・テル・テレ・テロ(テヨ)}❶強制的に徴収《ちょうしゅう》する。「税金を―」❷特別のものとして取りあげる。「―・て言うこともない」❸特別に目をかけていい地位につかせる。「支配人に―」

**とりちが・える**【取り違える】(他下一){エ・エ・エル・エル・エレ・エロ(エヨ)}❶まちがって別のものをとる。「靴《くつ》を―・えては」❷まちがって解釈《かいしゃく》する。誤って理解する。「問題の意味を―」

**とりちらか・す**【取り散らかす】(他五){サ(ソ)・シ・ス・ス・セ・セ}→とりちらす

**とりちら・す**【取り散らす】(他五){サ(ソ)・シ・ス・ス・セ・セ}物をあちこちに散らかす。取り散らかす。「室内を―」

**とりつ**【都立】(名)東京都が設立し、維持《いじ》すること。また、その施設《しせつ》。「―高校」

**とりつぎ**【取り次ぎ】(名)とりつぐこと。また、その人。「来客の―をする」注意「取次店」などは送りがなをつけない。

**とりつ・く**【取りつく】『取り付く』(自五){カ(コ)・キ(イ)・ク・ク・ケ・ケ}❶離《はな》れまいとすがりつく。たよりにする。「裾《すそ》に―」❷物事にとりかかる。着手する。「難しい仕事に―」❸たたる。のりうつる。「きつねに―・かれる」❹ある考えが頭から離れなくなる。「恐怖《きょうふ》に―・かれる」参考③④は「取り憑く」とも書く。

**取りつく島《しま》もない** たよりにしてすがるところがない。ぶあいそうで近寄る手がかりがない。「―態度」

**トリック**〔英 trick〕(名)❶ほんとうでないことをほんとうのように見せかけたたくらみや手段。「―にひっかかる」❷映画で、いろいろなしかけを使って現実には不可能なことをほんとうらしく表現する技術。

**とりつ・ぐ**【取り次ぐ】(他五){ガ(ゴ)・ギ(イ)・グ・グ・ゲ・ゲ}❶間にたって一方の考えを他方に伝える。「先方の意向を―」❷来客があることや電話がかかっていることを伝える。「電話を―」❸商品の売買のなかだちをする。「書籍《しょせき》を書店に―業務」

**とりつくろ・う**【取り繕う】(他五){ワ(オ)・イ(ッ)・ウ・ウ・エ・エ}❶失敗などを隠《かく》すため、その場をうまくとりはからう。「冗談《じょうだん》にまぎらわして―」❷うわべをかざって体裁《ていさい》よく見せる。「人前を―・ってにこやかにふるまう」

**とりつ・ける**【取り付ける】(他下一){ケ・ケ・ケル・ケル・ケレ・ケロ(ケヨ)}❶機器や部品などをある場所に設置する。「クーラーを―」❷自分の意向に沿うように、約束を成立させたり了解《りょうかい》を得たりする。「契約《けいやく》を―」「各国の支持を―」❸いつもその店から買う。

**とりで**『△砦』(名)本城の外につくった小さな城。

**とりとめ**【取り留め】(名)しまり。まとまり。

**取り留めがない** つかみどころがない。「―話」

**とりと・める**【取り留める】(他下一){メ・メ・メル・メル・メレ・メロ(メヨ)}失いそうになった命を失わずにすむ。「一命を―」

**とりどり**『取り取り』(名・形動ダ)さまざま。思い思い。「―の服装」「色―の風船」

**とりなお・す**【取り直す】(他五){サ(ソ)・シ・ス・ス・セ・セ}❶気持ちや気分をもとの元気な状態にもどす。「気を―」❷すもうで、勝負をやりなおす。「物言いがついて―」❸持ちかえる。また、改めて持つ。「筆を―」

**とりな・す**『取り成す・執り成す』(他五){サ(ソ)・シ・ス・ス・セ・セ}❶争っている人をなだめて仲なおりさせる。「夫婦の仲を―」❷気まずくなった場を、また、その場が気まずくならないように、うまくとりはからう。「座を―」

**とりにが・す**【取り逃がす】(他五){サ(ソ)・シ・ス・ス・セ・セ}つかまえかけたもの、また、一度つかまえたものに逃げられる。「獲物《えもの》を―」「チャンスを―」

**トリニダード・トバゴ**〔Trinidad and Tobago〕[地名]カリブ海の東、西インド諸島の東南端にある共和国。首都はポートオブスペイン。

**とりのいち**『△酉の市』(名)毎年一一月の酉の日に、鷲《おおとり》神社で行われる祭礼。また、そのとき立つ市。熊手《くまで》などの縁起物《えんぎもの》が売られる。おとりさま。

**とりのぞ・く**【取り除く】(他五){カ(コ)・キ(イ)・ク・ク・ケ・ケ}そこからとってなくしてしまう。とりさる。「不純物を―」

**とりはから・う**【取り計らう】(他五){ワ(オ)・イ(ッ)・ウ・ウ・エ・エ}物事がうまく運ぶように処理する。「しかるべく―」

**とりはず・す**【取り外す】(他五){サ(ソ)・シ・ス・ス・セ・セ}取りつ

けてあるものを外す。「バッテリーをー」

**とりはだ【鳥肌】**『鳥◇膚』（名）寒さやおそろしさなどのため、皮膚《ひふ》が鳥の羽をむしったあとのようにぶつぶつになること。「怪談《かいだん》を聞いてーが立った」

**とりひき【取り引き】**（名・自他スル）❶商売として、品物などを売り買いすること。「古くからーのある会社」❷たがいに自分の利益となるよう、条件などを示してかけひきすること。「犯人とーする」注意「取引所」などは送りがなをつけない。

**とりふだ【取り札】**（名）かるたで、取るほうの札。「百人一首のー」対 読み札

**トリプル**〔英 triple〕（名）三重。三倍。三連続。「ークラウン（＝三冠《さんかん》・三冠王）」参考 多く複合語の形で使われる。

**ドリブル**〔英 dribble〕（名・他スル）❶バスケットボールで、ボールを手でつきながら進むこと。❷サッカー・ラグビーで、ボールを小さくけりながら進むこと。❸バレーボールで、同一選手が二度以上続けてボールに触《ふ》れること。反則の一つ。

**とりぶん【取り分】**（名）何人かで分けるときの、自分の取るべき分。分け前。「ーを決める」

**とりまき【取り巻き】**（名）権力や財力のある人につき従ってきげんをとる人。「彼《かれ》にはーが大勢いる」

**とりまぎ・れる【取り紛れる】**（自下一）{レ・レ・レル・レル・レレ・レロ(レヨ)} ある事に心をうばわれて、他の事にまで注意が行きとどかなくなる。「雑事にー・れてごぶさたしています」

**とりま・く【取り巻く】**（他五）{カ(コ)・キ(イ)・ク・ク・ケ・ケ} ❶まわりをかこむ。「警官隊が犯人の隠《かく》れ家をー」❷権力や財力のある人のそばにいてきげんをとる。「子分たちにー・かれて悦《えつ》に入《い》っている」

**とりまと・める【取りまとめる】**『取り△纏める』（他下一）{メ・メ・メル・メル・メレ・メロ(メヨ)} ❶多くのものを整理して一つにまとめる。「意見をー」❷調整してうまくおさまるようにする。「紛争《ふんそう》をー」

**とりみだ・す【取り乱す】**{サ(ソ)・シ・ス・ス・セ・セ} 一（他五）とりちらす。二（自五）心の落ち着きを失って、見苦しいふるまいをする。「かっとなってー」

**トリミング**〔英 trimming〕（名・他スル）❶写真で、画面の不要なところを切り取ること。❷犬などの毛を切って整えること。❸帽子《ぼうし》のふちや衣類の裾《すそ》・袖口《そでぐち》にレースなどの飾《かざ》りを付けること。

**とりめ【鳥目】**（名）《医》ビタミンAの不足によって起こる、夜になると目が見えなくなる病気。夜盲症《やもうしょう》。

**とりもち【鳥もち】**『鳥△黐』（名）もちの木などの皮からとったねばりけの強い物質。棒の先などにぬりつけて、小鳥や昆虫《こんちゅう》をとらえるのに使う。

**とりも・つ【取り持つ】**（他五）{タ(ト)・チ(ッ)・ツ・ツ・テ・テ} ❶うまく人をもてなす。「座をー」❷両方の間にはいってうまくいくように世話をする。「二人の仲をー」

**とりもど・す【取り戻す】**（他五）{サ(ソ)・シ・ス・ス・セ・セ} 一度失ったものを、ふたたび自分のものにする。「意識をー」

**とりもなおさず**『取りも直さず』（副）すなわち。つまり。言いかえると。「この試合に勝つこと、それはー全国大会出場ということだ」

**とりもの【捕り物】**（名）罪人をとりおさえること。「ー帳《ちょう》（＝江戸《えど》時代の捕り物をあつかう小説）」

**とりや・める【取りやめる】**『取り◇止める』（他下一）{メ・メ・メル・メル・メレ・メロ(メヨ)} 予定していたことを中止する。「旅行をー」

**トリュフ**〔フランス truffe〕（名）❶《植》セイヨウショウロ科のきのこ。独特の香《かお》りがあり、珍味《ちんみ》とされる。❷①の形につくったチョコレート。

**とりょう【塗料】**（名）くさるのを防いだり、美しく見せたりするために物の表面に塗《ぬ》るもの。ペンキ・ニスなど。

**どりょう【度量】**（名）（長さと容積、また、それをはかるものさしとますの意から）他人の言動を受け入れる心の広さ。「ーが大きい」「ーが狭《せま》い」

**どりょうこう【度量衡】**（名）長さと容積と重さ。また、それをはかるものさし・ます・はかり。

**どりょく【努力】**（名・自スル）ある目標を実現させるために一生けんめいにつとめはげむこと。「ー家」「ーが実を結ぶ」「期待にこたえるようーする」

**とりよ・せる【取り寄せる】**（他下一）{セ・セ・セル・セル・セレ・セロ(セヨ)} 注文してとどけさせる。「くわしい資料をー」

**ドリル**〔英 drill〕（名）❶刃《は》を回転させて、穴をあける道具。穿孔機《せんこうき》。❷くり返して学習するための教材。「漢字ー」

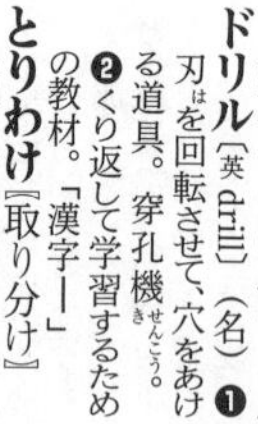
（ドリル①）

**とりわけ**『取り分け』（副）多くのものの中でも特に。ことに。「あの二人はー仲がいい」

**とりわ・ける【取り分ける】**（他下一）{ケ・ケ・ケル・ケル・ケレ・ケロ(ケヨ)} ❶めいめいに取って分ける。「サラダをー」❷取って他と別にしておく。「不良品をー」

**ドリンク**〔英 drink〕（名）飲料。「ソフトー」

**と・る【取る・執る・採る・捕る】**（他五）{ラ(ロ)・リ(ッ)・ル・ル・レ・レ}
❶手で持つ。つかむ。「手にー・って見る」
❷手に持って使う。あつかう。また、物事を処理する。「ペンをー」「教鞭《きょうべん》をー」「事務をー」
❸自分のものにする。「休暇《きゅうか》をー」「天下をー」
❹食べる。からだの中にとりいれる。「栄養をー」
❺人の物を奪《うば》う。盗《ぬす》む。「財布《さいふ》のかねをー」
❻つかまえる。とらえる。「ねずみをー」
❼収穫《しゅうかく》する。採集する。「きのこをー」
❽相手にお金を出させる。「税金をー」「入場料をー」
❾注文して持ってこさせる。「新聞をー」
❿必要でないものをのぞく。とりのぞく。「雑草をー」「ごみをー」
⓫身につけているものをはずす。「帽子《ぼうし》をー」
⓬何かに書き留めたり写したりする。「ノートにメモをー」「コピーをー」「記録をー」
⓭いくつかの中から選び出す。選んでそれを用いる。「最初の案をー」「新入社員をー」
⓮自分の身に引き受ける。「責任をー」
⓯解釈《かいしゃく》する。「善意にー」
⓰数えたりはかったりする。「脈をー」「出欠をー」
⓱うまくあわせる。「バランスをー」「きげんをー」
⓲時間を要する。空間を占《し》める。「作業に時間を

ー・られる」「場所をー」 ⑲時間や場所を確保する。「時間をー・って話し合う」「車間距離《きょり》をー」 ⑳(「…にとって」の形で)…の身として。…の立場からは。「ぼくにー・ってはめいわくな話だ」 参考 ④は「摂る」、⑤は「盗る」とも書く。

学習 使い分け 「取る」「執る」「採る」「捕る」

取る 手に持って自分のほうに近づける、自分のものにする意。広く一般《いっぱん》的に使われる。「箸《はし》を取る」「資格を取る」「記録を取る」「会費を取る」「悪意に取る」「場所を取る」

執る 物事をしっかりつかんでとり行う意。仕事をする、つかさどる意も表す。「事務を執る」「指揮を執る」「筆を執る」

採る ひろいあげる、選びとるの意。「新人を採る」「山菜を採る」「決を採る」

捕る 動物など生き物をつかまえる意。「魚を捕って生活する」「捕らぬたぬきの皮算用」「獲物《えもの》を捕る」

**取るに足《た》りない** 取りたてて言うだけのねうちがない。問題にもならない。「ー小事」

**取る物《もの》も取《と》り敢《あ》えず** 大急ぎで。あわてて。「父危篤《きとく》の知らせにー帰郷する」

**と・る【撮る】**(他五){ラ(ロ)・リ(ッ)・ル・ル・レ・レ}カメラなどで、姿・形をうつしとる。撮影《さつえい》する。「写真をー」

**ドル** (名)アメリカ合衆国などの通貨の単位。一ドルは一〇〇《セント》。記号 $ ▽英 dollar から。 参考 「弗」と漢字を当てて書くこともある。

**どるい【土塁】**(名) 土を盛り上げて造った堤防《ていぼう》状の壁《かべ》。「ーを築く」

**トルクメニスタン**〔Turkmenistan〕【地名】中央アジアの南西部にあり、カスピ海に臨む共和国。首都はアシガバット。

**トルコ**〔ポルトガル〕Turco〕【地名】アジアの西部、小アジア半島とバルカン半島の一部をしめる共和国。首都はアンカラ。

**トルコぼう【トルコ帽】**(名) トルコ人が多くかぶる、まるいつつ形の帽子。▽トルコは、ポルトガル Turco

**トルストイ**〔Lev Nikolaevich Tolstoi〕【人名】(一八二八〜一九一〇)ロシアの小説家・思想家。「戦争と平和」「アンナ=カレーニナ」「復活」などの大作を書き、また人道主義的思想家として、その求道者としての姿は世界の人びとに大きな影響《えいきょう》をあたえた。

**トルソー**〔イタリア torso〕(名)《美》頭や手足のない、胴体《どうたい》だけの彫像《ちょうぞう》。トルソ。

**ドルばこ【ドル箱】**(名)(金銭を入れる箱の意から)大きな利益をあげさせてくれる人や商品。「ースター」▽ドルは、英 dollar から。

**どれ** ㊀(代) いくつかある中で、はっきりこれと決められないものをさすことば。どのもの。「ーにしようか迷《まよ》う」「ーでもいい」㊁(感) 思い立って何かをするときや、相手に動作をうながすときに言うことば。「ー、出かけるか」「ー、見せてごらん」

**どれい【土鈴】**(名) 土を焼いて作った鈴《すず》。

**どれい【奴隷】**(名) ❶むかし、人間としての自由や権利を認められず、所有者の財産として売り買いされ、労働にしたがった人。「ー制度」❷あるもののとりこになり、それにしばられている人。「金銭のーになる」

**トレー**〔英 tray〕(名) 浅い盆《ぼん》。トレイ。

**トレース**〔英 trace〕(名・他スル) 原図の上に半透明《はんとうめい》の薄《うす》い紙を置き、そのとおりに上からなぞること。透写。「設計図をーする」

**トレーダー**〔英 trader〕(名) ❶証券などの売買を行う人や業者。❷貿易業者。

**トレード**〔英 trade〕(名・他スル)(取り引きの意)プロ野球などで、選手の籍《せき》を他のチームに移したり、選手を交換《こうかん》したりすること。「ーに出される」

**トレードマーク**〔英 trademark〕(名) ❶商標。登録商標。❷その人を特徴《とくちょう》づけているもの。「まじめさが彼《かれ》のーだ」

**トレーナー**〔英 trainer〕(名) ❶運動選手の訓練に当たったり、体調を整えたりする人。❷運動用の、厚手で吸水性のよいシャツ。

**トレーニング**〔英 training〕(名・自スル) 練習。訓練。鍛練《たんれん》。「きびしいーを積む」「筋力ー」「イメージー」

**トレーラー**〔英 trailer〕(名) 動力を備えた車にひっぱられて荷物や人を運ぶ車。

**ドレス**〔英 dress〕(名) 女性の洋服。特に礼装用の服。「イブニングー」「ウエディングー」

**ドレス-アップ**〔英 dress up〕(名・自スル) 着飾《きかざ》ること。正装すること。

**ドレス-コード**〔英 dress code〕(名) 特定の場面や場所などに応じた服装の規定。「ーのある店」

**ドレスメーカー**〔英 dressmaker〕(名) おもに婦人服を仕立てる人、または店。

**とれだか【取れ高】**(名) 穀物などのとれた量。収穫《しゅうかく》量《りょう》。「不作でーが少ない」

**トレッキング**〔英 trekking〕(名) 山頂を目指すのではなく、楽しみとして行う山歩き。

**ドレッサー**〔英 dresser〕(名) ❶服をうまく着こなす人。「ベストー」❷鏡のついた化粧《けしょう》台《だい》。

**ドレッシー**〔英 dressy〕(形動ダ){ダロ・ダッ(デ・ニ)・ダ・ナ・ナラ・○}洋服の形や線などが優美であるようす。「ーなよそおい」

**ドレッシング**〔英 dressing〕(名) サラダなどにかけるソース。「フレンチー」

**トレ-パン** (名)(「トレーニングパンツ」の略)体操用の長ズボン。

**トレモロ**〔イタリア tremolo〕(名)《音》同一音または高さの異なる二音を急速にくりかえす演奏法。ふるえるように聞こえる。

**と・れる【取れる】**(自下一){レ・レ・レル・レル・レレ・レロ(レヨ)}❶ついていたものがはなれ落ちる。「服のボタンがー」❷好ましくない状態が消え去る。「疲《つか》れがー」❸収穫《しゅうかく》・捕獲《ほかく》ができる。「米がー」「魚がー」❹解釈《かいしゃく》できる。

「そういう意味にも—」❺ある状態がたもたれる。「調和が—」参考③で植物の場合は「採れる」、動物の場合は「捕れる」とも書く。

**トレンチ-コート**〔英 trench coat〕（名）ダブルの合わせでベルトつきのコート。大きめの襟《えり》や肩布が特徴《とくちょう》。トレンチ。参考もとイギリス軍の防風・防水のコート。第一次大戦時に塹壕《ざんごう》（トレンチ）で着たことから。

**トレンディ**〔英 trendy〕（形動ダ）｛ダロ・ダッ(デ・ニ)・ダ・ナ・ナラ・○｝流行の先端《せんたん》をいくようす。トレンディー。「—な服装」

**トレンド**〔英 trend〕（名）動向。傾向《けいこう》。転じて、流行。時代の風潮。「今年の—を読む」

**とろ**（名）❶まぐろの肉のあぶらみの多い部分。「中《ちゅう》—」❷「とろろ」の略。「麦—」

**とろ**〖△瀞〗（名）川の、水が深くて流れが静かなところ。

**とろ**【吐露】（名・他スル）自分の心の中にあるものを隠《かく》さないで述べること。「真情を—する」

**どろ**【泥】（名）❶水がまじってやわらかくなった土。「—だらけになる」❷「どろぼう」の略。「こそ—」

**泥を被《かぶ》る** 他人の失敗の責任を負う。

**泥を塗《ぬ》る** 人の面目《めんぼく》を失わせる。恥《はじ》をかかせる。「親の顔に—」

**泥を吐《は》く** 隠《かく》していた悪事などを白状する。

**どろあし**【泥足】（名）どろでよごれた足。

**とろ・い**（形）｛カロ・カッ(ク)・イ・イ・ケレ・○｝❶〘俗語〙反応がのろく機転がきかない。にぶい。「動作が—」❷火力が弱い。

**トロイカ**〔ロシア troika〕（名）三頭の馬でひくロシアの馬車または馬そり。

**とろう**【徒労】（名）むだな骨折り。「—に終わる」

**ドロー**〔英 draw〕（名）スポーツの試合で、引き分け。

**トローリング**〔英 trolling〕（名）船を走らせながら後ろに釣《つ》り糸をたらしてまぐろなど大きな魚をねらう釣り。引き釣り。

**トロール**〔英 trawl〕（名）長さ二五メートル《メートル》ぐらいの三角形のふくろのようになった底びき網《あみ》。トロール網。また、その網を使って魚をとる漁法《ぎょほう》。「—漁業」

**トロールせん**【トロール船】（名）底びき網《あみ》を引きまわして魚をとる漁船。▽トロールは、英 trawl

**ドローン**〔英 drone〕（名）遠隔操作《えんかくそうさ》や自動操縦で飛ぶ小型の無人飛行機。軍事・撮影《さつえい》・運送などに用いられる。

**どろくさ・い**【泥臭い】（形）｛カロ・カッ(ク)・イ・イ・ケレ・○｝❶どろのにおいがする。「—水」❷あかぬけしない。やぼったい。「—服装」「—演技」

**とろ・ける**〖△蕩ける〗（自下一）｛ケ・ケ・ケル・ケル・ケレ・ケロ(ケヨ)｝❶固体がとけて形がくずれたり、液状になったりする。「チーズが—」❷うっとりとしてしまりがなくなる。「心が—ような音色」

**どろじあい**【泥仕合】（名）たがいに相手の悪いところや秘密などをあばき合ってみにくく争うこと。また、その争い。「—を演じる」

**トロッコ**（名）土や石などをのせて、レールの上を走らせる手押《お》し車。▽英 truck から。

（トロッコ）

**ドロップ**〔英 drop〕❶（名）砂糖に水あめと香料《こうりょう》をまぜて固めた西洋風のあめ。ドロップス。❷（名・自スル）野球で、ピッチャーの投げた球がバッターの近くで急に曲がりながら落ちること。また、その球。

**ドロップアウト**〔英 dropout〕（名・自スル）❶社会や組織から脱落《だつらく》すること。学校を中途《ちゅうと》退学すること。「高校を—する」❷ラグビーで、防御《ぼうぎょ》側が自陣《じじん》からドロップキックによって試合を再開すること。

**ドロップキック**〔英 dropkick〕（名）❶ラグビーなどで、地面に落としたボールがはねあがった瞬間《しゅんかん》に蹴《け》ること。❷プロレスなどで、ジャンプして両足の裏で相手を蹴る技。

**とろとろ** ❶（副・形動ダ・自スル）液状でねばりけがあるようす。「—になるまで煮《に》こむ」❷（副・自スル）❶浅く眠《ねむ》るようす。「つい—（と）する」❷勢いの弱いようす。「—（と）歩く」

**どろどろ**（副・形動ダ・自スル）❶濃《こ》い液状でかなりねばりけがあるようす。「—の液体」❷どろまみれ。「—の服」❸利害や感情が複雑にからみあっているようす。「—（と）した人間関係」

**どろなわ**【泥縄】（名）（「どろぼうを見て縄をなう」ということわざから出たことば）何か事が起こってからあわててその対策をたてること。「—式の試験勉強」

**どろぬま**【泥沼】（名）❶どろ深い沼。❷はいりこむと、なかなかぬけ出せない悪い状態。「—の争い」

**とろび**【とろ火】（名）とろとろと燃える勢いの弱い火。「—で煮《に》つめる」

**トロピカル**〔英 tropical〕（形動ダ）｛ダロ・ダッ(デ・ニ)・ダ・ナ・ナラ・○｝熱帯地方の。熱帯的な。「—フルーツ」

**トロフィー**〔英 trophy〕（名）優勝した人などにあたえられる賞杯《しょうはい》。

**どろぼう**【泥棒】〖泥坊〗（名・他スル）他人の物をぬすむこと。また、ぬすむ人。ぬすびと。「—に入られる」

**泥棒に追《お》い銭《せん》** 損をしたうえに、さらに損をすることのたとえ。盗人《ぬすびと》に追い銭。

**泥棒を見《み》て縄《なわ》をなう** 何か事が起こってからあわててその対策をたてることのたとえ。どろなわ。

**どろまみれ**【泥まみれ】〖泥◇塗れ〗（名・形動ダ）どろだらけになること。「—になって働く」

**どろよけ**【泥よけ】〖泥◇除け〗（名）車輪の上やうしろにつけて、どろがはね上がるのを防ぐもの。

**トロリー-バス**〔英 trolley bus〕（名）空中にはった電線から電力を得て道路を走るバス。レールはない。

**とろりと**（副・自スル）❶ねばりけがあるようす。「—したソース」❷浅く眠《ねむ》るようす。「つい—する」

**とろろ**〖×薯蕷〗（名）ながいもなどをすりおろして、すまし汁《じる》などを加えた料理。とろろ汁。

**とろろいも**【とろろ芋】〖×薯蕷・芋〗（名）とろろに使ういも。ながいも・つくねいも・やまのいもなど。

**どろん**（名・自スル）急に姿をくらますこと。「—を決めこむ」

**ドロン-ゲーム**〔英 drawn game〕（名）引き分けの試合。ドローンゲーム。タイゲーム。

**どろんこ**【泥んこ】（名）どろ。また、どろまみれ。「—になる」

**とろんと**（副・自スル）目つきがぼんやりして、生き生きしていないようす。「―した目」

**どろんと**（副・自スル）重くにごっているようす。「―した沼《ぬま》」

**トロンボーン**〔英 trombone〕（名）《音》金管楽器の一つ。二本のU字形の管をのびちぢみさせて音の高さを変える、細長いらっぱ。

（トロンボーン）

**とわ**〖×永久〗（名）いつまでも変わらないこと。永遠。「―のちかい」

**とわずがたり**【問わず語り】（名）人に聞かれもしないのに自分から話し出すこと。「―に語る」

**どわすれ**【度忘れ】（名・他スル）よく知っているはずのことをふと忘れてしまって、どうしても思い出せないこと。「幼なじみの名前を―する」

**とん【屯】** 4画 中1 音トン
あつまる。たむろする。◆屯所・屯田《とんでん》◆駐屯《ちゅうとん》

**とん**【団】→だん(団)

**とん【豚】** 11画 豕4 音トン 訓ぶた
❶ぶた。◆豚舎◆養豚。❷自分の子どもをへりくだっていうことば。◆豚児

**とん【頓】** 13画 頁4 音トン
❶頭を地につけておじぎする。ぬかずく。◆頓首《とんしゅ》。❷行きづまる。くじける。◆頓挫《とんざ》◆停頓。❸おちつける。かたづける。◆頓着《とんちゃく・とんじゃく》◆整頓。❹にわかに。たちどころに。◆頓狂《とんきょう》・頓才・頓死・頓知《とんち》・頓智《とんち》。❺一度に。◆頓服《とんぷく》

**トン**〔英 ton〕（名）重さの単位。メートル法では、一トンは一〇〇〇《キログラム》。記号t

**どん【貪】** 11画 貝4 音ドン 訓むさぼる
むさぼる。欲が深い。◆貪欲・貪婪《どんらん》◆慳貪《けんどん》

**どん【鈍】** 12画 金4 音ドン 訓にぶい・にぶる
❶刃物《はもの》の切れあじがわるい。◆鈍器・鈍刀。❷動作や頭のはたらきがのろい。◆鈍感・鈍才・鈍重・鈍物◆愚鈍《ぐどん》。❸とがっていない。◆鈍角。対鋭

**どん**【鈍】（名・形動ダ）頭のはたらきや動作のにぶいこと。「―な男」

**どん【曇】** 16画 日12 音ドン 訓くもる
くもり。くもる。雲が空にひろがる。◆曇天◆晴曇

**ドン**〔スペイン don〕（名）❶スペイン・イタリアなどで男性の名の前につける敬称《けいしょう》。「―キホーテ」❷首領《しゅりょう》。親分。ボス。「政界の―」

**とんえい**【屯営】（名・自スル）兵士がたむろすること。また、たむろする所。「―地」

**どんか**【鈍化】（名・自スル）にぶくなること。「経済成長が―する」

**トンガ**〔Tonga〕〘地名〙南太平洋ポリネシア南西部の島々からなる立憲君主国。首都はヌクアロファ。

**どんかく**【鈍角】（名）《数》直角(=九〇度)より大きく、二直角(=一八〇度)より小さい角。対鋭角《えいかく》

**とんカツ**【豚カツ】（名）ぶた肉にパン粉をまぶして油であげた料理。ポークカツレツ。

**とんが・る**〖△尖る〗（自五）〔ラ(ロ)・リ(ッ)・ル・ル・レ・レ〕「とがる」のくだけた言い方。

**どんかん**【鈍感】（名・形動ダ）物事に対する感じ方や感覚がにぶいこと。「―な人」対敏感《びんかん》

**どんき**【鈍器】（名）❶よく切れない刃物《はもの》。❷凶器《きよう》としての、こん棒・かなづち・石など。

**ドン＝キホーテ**〔スペイン Don Quijote〕〘作品名〙スペインの作家セルバンテスの風刺《ふうし》小説。一六一五年完成。騎士道《きしどう》物語を読みすぎたドン＝キホーテが、従者のサンチョ＝パンサをつれて遍歴《へんれき》に出かけた先でくり広げる、さまざまな冒険《ぼうけん》と失敗を描《えが》く。

**とんきょう**【頓狂】（名・形動ダ）だしぬけに調子はずれの言動をすること。「―な声を上げる」

**トング**〔英 tongs〕（名）食品などをはさんでつかむ、V字形の道具。

**どんくさ・い**【鈍臭い】（形）〔カロ・カツ(ク)・イ・イ・ケレ・○〕《俗語》見ていていらいらするほど、動作や頭のはたらきがにぶい。また、見た目や行動がやぼったい。

**どんぐり**〖◇団△栗〗（名）《植》くぬぎ・なら・かしなどの実の総称《そうしょう》。特に、くぬぎの実をさしていう。

**どんぐりの背比《せいくら》べ** どれもみな同じようで、飛びぬけてすぐれたものがないことのたとえ。似たり寄ったり。

**どんぐりまなこ**【どんぐり眼】〖◇団△栗眼〗（名）まるくてくりくりした目。

**どんこう**【鈍行】（名）各駅に停車する普通《ふつう》列車・電車など。「―で行く」

**とんざ**【頓挫】（名・自スル）事業などが、とちゅうで急にだめになること。「研究が―する」

**とんさい**【頓才】（名）時と場合に応じてよくはたらく知恵《ちえ》。頓知《とんち》の才。

**どんさい**【鈍才】（名）頭のはたらきがにぶいこと。また、その人。対秀才《しゅうさい》

**とんし**【頓死】（名・自スル）急に死ぬこと。あっけなく死ぬこと。「心臓発作《ほっさ》で―する」

**とんじ**【豚児】（名）おろかな子ども。自分の子どもをへりくだって言うことば。

**とんじゃく**【頓着】（名・自スル）→とんちゃく

**とんしゅ**【頓首】（名）（頭を地につけるまで下げる古代中国の礼法から）手紙文の終わりにつけて敬意を表す語。「―再拝」

**どんじゅう**【鈍重】（名・形動ダ）動作や反応がにぶくてのろいこと。「―な身のこなし」

**とんしょ**【屯所】（名）❶たむろする所。詰っめ所。❷警察署の古い呼び名。

**どんしょく**【貪食】（名・他スル）むさぼり食うこと。

**どんじり**〖どん尻〗（名）《俗語》いちばん最後。

**どんす**〖△緞子〗（名）練り糸で織った地の厚いつやのある絹織物。「金襴《きんらん》―」

**どん・する**【鈍する】（自サ変）〔シ(セ・サ)・シ・スル・スル・スレ・シロ(セヨ)〕頭のは

たらきなどがにぶくなる。ぼける。「貧すれば—(=貧乏になると、その苦労で頭のはたらきまでにぶくなる)」

**とんせい**〘△遁世〙(名・自スル) ❶俗世間《ぞくせけん》のわずらわしさから離《はな》れ、静かな生活を送ること。❷俗世を捨てて仏門にはいること。「出家《しゅっけ》—する」

**とんそう**〘△遁走〙(名・自スル) 逃《に》げ出すこと。「一目散に—する」

**どんそく**【鈍足】(名) 足がおそいこと。対 駿足《しゅんそく》

**どんぞこ**【どん底】(名) 物事のいちばん悪い状態。「悲しみの—に沈《しず》む」「不幸の—」

**とんだ**(連体) 思いもかけない。とんでもない。とりかえしがつかないほどの。「—ことになってしまった」

**とんち**【頓知】〘頓△智〙(名) 時と場合に応じてうまくはたらく知恵《ちえ》。機知。「—をはたらかせる」

**とんちゃく**【頓着】(名・自スル) 物事を深く気にかけること。気づかい。とんじゃく。「世間のうわさなどには—しない」「無—」使い方〉多く、あとに「ない」「ません」などの打ち消しのことばがくる。

**どんちょう**〘△緞帳〙(名) 劇場の舞台《ぶたい》の正面などに下げる、模様などを織り出した厚い幕。「—が上がる(=開演になる)」

**とんちんかん**〘×頓珍漢〙(名・形動ダ) 言動が見当違《ちが》いで、ちぐはぐなこと。「—な返事」

**どんつう**【鈍痛】(名) にぶく重苦しい痛み。「腹部に—を覚える」

**とんでひにいるなつのむし**【飛んで火に入る夏の虫】自分から進んで危険や災難の中に飛びこみ、身を滅《ほろ》ぼすことのたとえ。「けんかの仲裁《ちゅうさい》を買って出るとは—だね」

**とんでもな・い**(形) {カロ・カツ(ク)・イ・イ・ケレ・○} ❶思いもよらない。とほうもない。もってのほかである。「—誤解を受ける」❷相手のことばを強く否定する意を表す。決してそんなことはない。「—、私はうそなど言っていない」

**どんてん**【曇天】(名) くもりぞら。くもった天気。

**どんでんがえし**【どんでん返し】(名) 物事が一変して正反対にひっくり返ること。まったく逆の結果になること。「—をくう」「—の判決」

**とんでんへい**【屯田兵】(名) 明治時代に、旧士族の救済と北海道の開拓《かいたく》・警備のために置かれた兵。ふだんは農業を行い、戦時には兵隊となる。

**とんと**(副) ❶すっかり。まったく。「—わからない」「—忘れていた」❷少しも。使い方〉②は、あとに「ない」「ません」などの打ち消しのことばがくる。

**どんとう**【鈍刀】(名) 切れ味の悪い刀。なまくらな刀。

**どんどやき**【どんど焼き】(名) 一月一五日に、門松《かどまつ》やしめなわなどを集めて焼く行事。どんど。

**とんとん** 一 (副) ❶続けて軽くたたく音を表す語。「—(と)釘《くぎ》を打つ」❷物事が調子よくはかどるようす。「話が—(と)進む」 二 (形動ダ) {ダロ・ダッ(デ・ニ)・ダ・ナ・ナラ・○} 二つのものに差がほとんどないようす。「収支が—になる」

**どんどん**(副) ❶続けて強く打つ音や、続けざまに鳴る太鼓《たいこ》や大砲《たいほう》などの音を表す語。「戸を—(と)たたく」「太鼓が—(と)鳴る」❷物事が勢いよく進むようすや、あとからあとから続くようす。「製品が—(と)仕上がる」「申し込《こ》みが—(と)来る」

**とんとんびょうし**【とんとん拍子】(名・形動ダ) 物事が調子よく進行すること。「—の出世」

**どんな**(形動ダ) {ダロ・ダッ(デ・ニ)・ダ・△・ナラ・○} どのような。どういう。「—人か、よく知らない」「—相談にも応じる」⇩活用形については「おなじ」文法

**トンネル**〔英 tunnel〕 一 (名) 山の横腹や地下などをくりぬいて人や電車・自動車などが通れるようにした道。隧道《すいどう》。「長い—」 二 (名・他スル) 野球で、野手が捕球《ほきゅう》できず、またの間をボールが抜《ぬ》けること。

**とんび**〘△鳶〙(名) ❶〘動〙→とび① ❷和服の上に着る男子用の外套《がいとう》。

(とんび②)

**ドン＝ファン**〔スペイン Don Juan〕(名) (好色で有名であったスペインの伝説的人物の名から)好色漢。女たらし。

**とんぷく**【頓服】(名・他スル) 薬を、決まった時間にではなく、必要なときに一回だけ飲むこと。また、その薬。「—薬」

**どんぶり**【丼】 5画 丶4 訓 どんぶり・どん

一 二 ナ 井 丼

どんぶり。小型のはち。◆丼 飯《どんぶりめし》。参考「どん」の訓は「牛丼《ぎゅうどん》」「天丼《てんどん》」などのことばに使われる特殊《とくしゅ》な読み方。

**どんぶり**【丼】(名) ❶(「どんぶりばち」の略)深くて厚みのある陶製《とうせい》のはち。❷(「どんぶりもの」の略)①に飯を盛ってその上に具をのせた一品料理。「うなぎ—」

**どんぶりかんじょう**【丼勘定】(名) 細かい計算をしないで、大ざっぱにおかねを出し入れすること。大まかな収支決算。「—ですませる」

**とんぼ**〘×蜻蛉・×蜻蜓〙(名)〘動〙トンボ目の昆虫《こんちゅう》の総称《そうしょう》。からだは細長く、すきとおった四枚の羽を持ち、複眼が大きい。幼虫は「やご」と呼ばれ水中にすむ。しおからとんぼ・おにやんまなど種類が多い。

**とんぼを切《き》る** とんぼ返りをすること。

**とんぼがえり**【とんぼ返り】〘×蜻蛉返り〙(名・自スル) ❶手を地面につかないで宙返りをすること。❷目的地についてすぐに引き返すこと。「—で東京に戻る」

**とんま**〘×頓馬〙(名・形動ダ) まぬけな言動をすること。また、その人。「—なやつ」

**ドンマイ**(感) スポーツで、失敗した味方をはげますかけ声。「気にするな」の意。▽英 don't mind から。

**とんや**【問屋】(名) 商品のおろし売りをする人。また、その店。といや。「呉服《ごふく》—《どんや》」

**どんよく**【貪欲】〘貪△慾〙(名・形動ダ) ひじょうに欲が深いこと。「知識を—に吸収する」対 無欲

**どんより**(副・自スル) ❶空がくもってうす暗いようす。「—(と)した空」❷目つきや色合いなどが、にごっていて輝《かがや》きがないようす。「—(と)した目」

**どんらん**〘貪△婪〙(名・形動ダ) ひじょうに欲が深いこと。「—な人」

# な ナ

**な【那】** 7画 阝4 音ナ　フ ヨ 月 月 那 那 那
なんぞ。いかんぞ。どの。◆那辺。参考「刹《せつ》那《な》」「旦《だん》那《な》」は、梵語《ぼんご》の音訳。

**な【奈】** 8画 大5 小4 音ナ　一 ナ 大 夲 夲 奈 奈
いかん。いかんせん。いかんぞ。参考「奈《な》落《らく》」は、梵語《ぼんご》の音訳。

**な【南】**→なん(南)

**な【納】**→のう(納)

**な【名】**(名) ❶他の物事と区別するためにつけられた呼び方。名前。名称《めいしょう》。「—も知らぬ花」❷人の姓名《せいめい》。また、姓に対して名前。「赤ん坊《ぼう》に—をつける」❸評判。名声。「—をあげる」「—の通った店」❹中身のないうわべだけのもの。名目。「—ばかりの会長」❺ある事を理由にすること。口実。「自由の—のもとに勝手《かって》なことばかりする」

**名に背《そむ》かない** 評判どおりである。

**名は体《たい》を表《あらわ》す** 名前は、そのものの本来の性質や状態を表すものである。

**名もない** 無名の。名前を知られていない。「—人びと」「—花」

**名を汚《けが》す** 評判を悪くする。「母校の—」

**名を捨《す》てて実《じつ》を取《と》る** 表面的な名声よりも実際の利益を選ぶ。

**名を成《な》す** 有名になる。「小説家として—」

**名を残《のこ》す** のちの世まで名をとどめる。「歴史に—」

**名をはせる** 広く世間に名が知られる。

**な【菜】**(名) 葉やくきを食べる野菜。なっぱ。「青—」

**な**(感) 同意を求めたり、呼びかけたりするときのことば。「—、そうだろう」使い方多く、親しい相手に用いる。「なあ」とのばして使うことも多い。

**な**(終助) ❶禁止を表す。「行く—」❷やわらかい感じの命令を表す。「早く行き—」❸感動を表す。「きれいだ—」❹承認を求めたり、念をおしたりする意を表す。「これでいい—」「わかった—」

**なあ**(感)→な(感)

**なあ**(終助) ❶感動・詠嘆《えいたん》を表す。「よかった—」❷自分の考えについて、自身で確認する、または相手の同意を求める意を表す。「うまくいくといい—」

**ナース**〔英 nurse〕(名) 看護師。「—ステーション(=病院内の看護師の控《ひか》え室)」

**なあて【名宛】**(名) 手紙や小包《こづつみ》などに書く、相手の住所と名前。あて名。「—人」

**なあなあ**(名)《俗語》(感動詞「なあ」を重ねたもの)いいかげんな形で折り合いをつけること。なれあい。「—ですませる」

**ナーバス**〔英 nervous〕(形動ダ)〔ダロ・ダッ(デ・ニ)・ダ・ナ・ナラ・○〕神経質なようす。ちょっとしたことが気になるようす。「試合前で—になる」

**ない【内】** 4画 冂2 小2 音ナイ・ダイ中 訓うち　丨 冂 内 内
❶なか。うちがわ。あいだ。◆内科・内外・内在・内省・内装・内臓・内地・内部・内面・内野・内容◆以内・境内《けいだい》・国内・室内・車内・体内・年内。対外《がい》。❷宮中。◆内裏《だいり》◆参内《さんだい》・入内《じゅだい》。❸なかまうち。◆内紛《ないふん》・内乱。❹表向きでない。ひそかに。◆内意・内縁《ないえん》・内規・内緒《ないしょ》・内申《ないしん》・内通・内定・内聞・内密。❺いれる。おさめる。◆内服。
参考「ダイ」の音は「内裏」「境内」「参内」などのことばに使われる特殊《とくしゅ》な読み方。

**な・い【亡い】**(形)〔カロ・カッ(ク)・イ・イ・ケレ・○〕すでに死んでこの世にいない。使い方「亡き友」「今は亡き…」のように文語の形で使うことが多い。

**な・い【無い】**(形)〔カロ・カッ(ク)・イ・イ・ケレ・○〕❶存在しない。「二つと—品」対ある ❷持っていない。「おかねが—」対ある ❸時間や数量がたりない。「あと五分も—」❹(形容詞・形容動詞型活用の語の連用形などについて)打ち消しを表す。「おもしろく—」「あまりきれいでは—」「食べたく—」
注意④はかな書きがふつう。

**ない**(助動)〔ナカロ・ナカッ(ナク)・ナイ・ナイ・ナケレ・○〕❶打ち消しを表す。「雨が降ら—」「行かせ—」「仕事をし—」❷(打ち消しの疑問として)呼びかけやさそいなどを表す。「遠足に行か—か」「コーヒーを飲ま—」
文法動詞および一部の助動詞の未然形につく。ただし、動詞の「ある」にはつかない。

**ないい【内意】**(名) 正式に公表していない考え。内々の意向。「—を受ける」

**ナイーブ**〔英 naive〕(形動ダ)〔ダロ・ダッ(デ・ニ)・ダ・ナ・ナラ・○〕性格や感じ方などが純真で素朴《そぼく》なようす。すなおで傷つきやすいようす。「—な感性の持ち主」

**ないえん【内△苑】**(名) 皇居や神社の敷地《しきち》の内側の庭。「御所《ごしょ》の—」対外苑

**ないえん【内縁】**(名) 法律上の届け出をしていない夫婦関係。「—の妻」

**ないおう【内応】**(名・自スル) 内部の者がひそかに敵と通じること。内通。「敵に—する」

**ないか【内科】**(名)《医》内臓の病気を、手術せずに治療《ちりょう》する医学の一分野。対外科《げか》

**ないかい【内海】**(名) まわりをほとんど陸地でかこまれている海。うちうみ。「瀬戸《せと》—」対外海《がいかい》

**ないかい【内界】**(名) 心の中の世界。対外界

**ないがい【内外】**一(名) ❶うちとそと。物の内部と外部。「校舎の—の美化につとめる」❷国内と国外。「—の情勢に注目する」二(接尾) おおよその見当を表す。前後。「一〇〇〇人—の観客」

**ないかく【内角】**(名) ❶《数》多角形のそれぞれの頂点の内側の角。❷野球で、本塁《ほんるい》に立つ打者に近いほうの側。インコーナー。「—をつく

( 内角① )

投球」（対外角）

**ないかく【内閣】**（名）国の行政を行う最高機関。内閣総理大臣と他の国務大臣とで組織される。

**ないかくそうりだいじん【内閣総理大臣】**（名）内閣の長である国務大臣。国会議員の中から国会で指名され、天皇が任命する。首相。総理。

**ないかくふ【内閣府】**（名）中央行政官庁の一つ。内閣の政策に関する基本的な方針の審議《しんぎ》と発議を行う。

**ないがしろ**『◇蔑ろ』（名・形動ダ）人や物を軽んじておろそかに扱《あつか》うこと。「親を―にする」

**ないかん【内患】**（名）内部におこる心配。国内の心配ごと。類内憂《ないゆう》。対外患

**ないき【内規】**（名）ある団体や組織の内部だけで通用する規定。うちわのきまり。「―を定める」

**ないぎ【内儀】**（名）他人の妻の敬称《けいしょう》。「お―」

**ないきょく【内局】**（名）中央官庁の内部機関。対外局

**ないきん【内勤】**（名・自スル）会社や役所など勤め先の建物の中で仕事をすること。対外勤

**ないくう【内宮】**『内◇宮』（名）三重県伊勢《いせ》市にある伊勢神宮《じんぐう》の皇大神宮。天照大神《あまてらすおおみかみ》をまつる。対外宮《げくう》

**ないけい【内径】**（名）厚みのある円筒《えんとう》や管などの内側の直径。対外径

**ないこう【内向】**（名・自スル）心のはたらきが自分にばかり向けられること。内気で自分の中に閉じこもりがちなこと。…的「内向的な性格」対外向

**ないこう【内攻】**（名・自スル）病気がからだの表面に現れないで内部で広がり、いっそう悪くなること。また、精神的な痛手や不満が、外に現れずに心の中にたまること。「不満が―する」

**ないごうがいじゅう【内剛外柔】**（名）心は強くしっかりしているが、外に現れた態度はものやわらかでやさしいこと。外柔内剛。対内柔外剛

**ないさい【内済】**（名・他スル）争いなどを表ざたにしないですますこと。示談《じだん》の古い言い方。

**ないさい【内債】**（名）《経》国内で募集する公債や社債。内国債。対外債

**ないざい【内在】**（名・自スル）ある性質や問題などがそのものの中にもともとふくまれていること。内部にあること。「組織に―する問題」対外在

**ないし**『△乃至』（接）❶…から…までの間。「一か月―三か月」❷または。あるいは。「ペン―筆で書く」

**ないじ【内示】**（名・他スル）正式に示す前に、内々に示すこと。「転勤の―を受ける」

**ないじ【内耳】**（名）《生》耳のいちばん奥《おく》の部分。からだのバランスを保ち、また、音を感じる器官がある。⇩がいじ・ちゅうじ

**ナイジェリア**〔Nigeria〕［地名］アフリカ西部のギニア湾岸《わんがん》にある連邦《れんぽう》共和国。首都はアブジャ。

**ないしきょう【内視鏡】**（名）《医》胃や腸など、内臓の内部を見るために先にレンズとライトをつけた管状の医療《いりょう》器具。

**ないしつ【内室】**（名）他人の妻の敬称《けいしょう》。おくがた。「ご―」

**ないじつ【内実】**❶（名）内部の事情。実情。「職場の―を聞く」❷（副）ほんとうのところ。実際。「―困っている」

**ないじゅ【内需】**（名）国内での需要。国内での、商品に対する購買《こうばい》欲。「―の拡大をはかる」対外需

**ないしゅう【内周】**（名）場所や物の内側のまわり。また、その長さ。対外周

**ないじゅうがいごう【内柔外剛】**（名）実際は気が弱いのに、見かけは強くしっかりしているように見えること。対内剛外柔

**ないしゅっけつ【内出血】**（名・自スル）強く打ったときなど、からだの内部で血管が破れて血が出ること。

**ないしょ【内緒】**『内◇証』（名）❶ほかの人には知らせない内々のこと。秘密にしておくこと。「―の話」❷→ないしょう②

**ないじょ【内助】**（名・他スル）内部から援助《えんじょ》すること。特に、夫が外で仕事がしやすいように妻が家庭内から手助けをすること。「―の功」

**ないしょう【内証】**（名）❶《仏》心のうちに仏法の真理を悟《さと》ること。❷暮らし向き。家計。

**ないじょう【内情】**（名）人には知られたくない、または表に出ない内部の事情。「会社の―を話す」

**ないしょく【内職】**（名・自スル）本職のほかにする仕事。また、主婦などが家事の合間にする賃仕事。

**ないしん【内心】**（名）❶外には出さないほんとうの気持ち。心の中。副詞的にも用いる。「―を打ち明ける」「―ひやひやした」❷《数》三角形の各内角の二等分線の交点。三角形の内接円の中心。対外心

**ないしん【内申】**（名・他スル）そのことに関係のある人に、内々に申し述べること。内々の報告。

**ないしんしょ【内申書】**（名）進学や就職のとき、学業成績や人物評価などを書いて出身学校からその生徒・学生の志望する学校や就職先へ送る書類。

**ないしんのう【内親王】**（名）天皇の娘《むすめ》と女の孫の称号《しょうごう》。皇女。参考男子は親王という。

**ナイス**〔英 nice〕（感・形動ダ）すばらしい。じょうず。みごと。「―キャッチ」

**ないせい【内政】**（名）国内の政治。

**ないせい【内省】**（名・他スル）自分の行いや考え方などについて深く考え、かえりみること。反省。「日ごろの言動を―する」

**ないせいかんしょう【内政干渉】**（名）ある国の政治に他国が干渉すること。

**ないせつ【内接】**（名・自スル）《数》ある図形が、他の図形とその内側で接すること。対外接

**ないせん【内戦】**（名）国内で行われる、同じ国民どうしの戦争。類内乱

**ないせん【内線】**（名）会社や官庁などで、内部だけに通じている電話線。対外線

**ないそう【内装】**（名）建物や車などの内部の設備や装飾《そうしょく》。「―工事」対外装

**ないぞう【内蔵】**（名・他スル）内部に持っていること。「ストロボを―したカメラ」

**ないぞう【内臓】**（名）《生》動物の胸や腹の中にあるいろいろの器官。肺・心臓・胃など。臓器。臓物《ぞうもつ》。

**ないそではふれない**【無《な》い袖は振れない】実際に持ち合わせていないものはどうにもできない。「費用を負担したくても—」

**ナイター**〔和製英語〕（名）野球などの、夜行われる試合。ナイトゲーム。▽night に er をつけたもの。対デーゲーム

**ないだく**【内諾】（名・他スル）正式な承諾の前に、承知するという意向を内々に示すこと。「—を得る」

**ないち**【内地】（名）❶国内。一国の領土内。❷植民地や島に対して、本国。本土。《対外地》

**ナイチンゲール**〔英 nightingale〕（名）《動》ヒタキ科の小鳥。ヨーロッパにすみ、アフリカで越冬《えっとう》する渡《わた》り鳥。声が美しい。さよなきどり。夜鳴きうぐいす。

**ないつう**【内通】（名・自スル）内部の者がひそかに敵に通じること。裏切り。内応。「敵に—する」

**ないで**（動詞の未然形について）❶打ち消しの意を伴って下に続く。…ず(に)。「あいさつも言わ—帰ってしまう」「おこら—ほしい」「おかねを払《はら》わ—すむ」❷文末に使って、禁止の意を表す。「そんなことし—」文法 打ち消しの助動詞「ない」に接続助詞「で」、または断定の助動詞「だ」の連用形「で」のついたものとされる。

> **学習 比較《ひかく》 「ないで」「なくて」**
>
> **ないで** 後ろへのつながりが強いニュアンス。「手を洗わ**ないで**食べる」のように後ろのようすを修飾《しゅうしょく》したり、「走ら**ないで**歩く」のように前後を並列《へいれつ》したりするのに使われる。また、「し**ないで**くれ」「忘れ**ないで**ほしい」など補助用言にもつながる。
>
> **なくて** 後ろへのつながりがやや弱いニュアンス。「わから**なくて**困る」のように前後を因果関係などでつなぐのに使われる。また、「寒く**なくて**よかった」のように動詞以外の語の下にもつく。

**ないてい**【内定】（名・自他スル）正式の発表の前に内々に決めること。また、決まること。「就職が—する」

**ないてい**【内偵】（名・他スル）相手に気づかれないようにひそかにさぐること。「素行《そこう》を—する」

**ないてき**【内的】（形動ダ）{ダロ・ダッ(デ・ニ)・ダ・ナ・ナラ・○} ❶物事の内部に関するようす。精神的。「—生活(=精神生活)」❷精神に関するようす。「—な要因」《対外的》

**ないてばしょくをきる**【泣いて馬謖を斬る】全体の規律を守るためには、たとえ愛する者でも私的感情を捨ててきびしく罰《ばっ》することのたとえ。

故事 蜀《しょく》の諸葛孔明《しょかつこうめい》が、信頼《しんらい》していた部下の馬謖が軍の規律にそむき大敗した責任を追及《ついきゅう》し、涙《なみだ》をふりはらって斬ったという話から出たことば。〈蜀志〉

**ないてもわらっても**【泣いても笑っても】どうやってみても。「—これが最後の機会だ」

**ナイト**〔英 knight〕（名）❶ヨーロッパ中世の騎士《きし》。❷イギリスで、王室や国家のためにつくした者にあたえられる爵位《しゃくい》。

**ナイト**〔英 night〕（名）夜。夜間。「オール—」「—クラブ」

**ナイト-ゲーム**〔英 night game〕（名）野球などの、夜に行われる試合。ナイター。対デーゲーム

**ないない**【内内】（名・副）こっそり行うこと。ひそかに。うちうち。「—の話」「—案じていた」

**ないねんきかん**【内燃機関】（名）シリンダーの中で燃料を爆発《ばくはつ》・燃焼させ、その力を動力として利用する装置。ガソリン機関・ディーゼル機関などがある。

**ナイフ**〔英 knife〕（名）❶小さい刃物《はもの》。西洋式の小刀。❷洋食用の小刀。

**ないぶ**【内部】（名）❶物の内側の部分。「建物の—」❷団体や組織の内側。「—資料」「—告発」《対外部》

**ないふく**【内服】（名・他スル）薬を飲むこと。内用。「—薬」

**ないふん**【内紛】（名）組織などの、内部の者どうしのもめごと。うちわもめ。「—が絶えない」

**ないぶん**【内分】〓一〓（名）表ざたにしないこと。内々にしておくこと。「このことは、ご—に願います」〓二〓（名・他スル）《数》一つの線分をその線上の一点で二つに分けること。対外分。参考〓一〓は「内聞」とも書く。

**ないぶんぴ**【内分泌】（名）《生》→ないぶんぴつ

**ないぶんぴつ**【内分泌】（名）《生》からだの内部の内分泌腺《せん》で作られたホルモンが、直接血液やリンパ液の中に送り出されること。ないぶんぴ。

**ないへき**【内壁】（名）内側の壁《かべ》。また、壁の内側の面。「胃の—」対外壁

**ないほう**【内包】〓一〓（名）一つの概念《がいねん》にふくまれるすべての属性(意味や性質)。たとえば、「文学」という概念の内包は「言語によって表現される」「芸術である」など、文学を特徴《とくちょう》づけるいろいろな性質をいう。対外延。〓二〓（名・他スル）内部にふくみもっていること。「矛盾《むじゅん》を—する」

**ないまぜ**【ない交ぜ】〖△綯い交ぜ〗（名）いろいろなものが一つにまぜ合わさっていること。「期待と不安が—になる」

**ないまぜる**【ない交ぜる】〖△綯い交ぜる〗（他下一）{ゼ・ゼ・ゼル・ゼル・ゼレ・ゼロ(ゼヨ)} 性質の異なるいろいろなものをまぜ合わせて一つにする。「虚実《きょじつ》を—ぜた話」

**ないみつ**【内密】（名・形動ダ）表向きにしないこと。秘密にすること。ないしょ。「—の話」

**ないめい**【内命】（名・他スル）内々の命令。秘密に命令すること。「—を受ける」

**ないめん**【内面】（名）❶ものの内側に向いた面。内部。「箱の—」❷精神や心理に関する方面。「—描写《びょうしゃ》」…的「内面的な葛藤《かっとう》」《対外面》

**ないものねだり**【無い物ねだり】（名）ないもの、手にはいる可能性のないものを欲しがること。できないことを無理に要求すること。「—されても困る」

**ないや**【内野】（名）野球で、本塁《ほんるい》・一塁・二塁・三塁を結ぶ直線の内側。インフィールド。ダイヤモンド。また、そこを守る選手。内野手。対外野

**ないゆう**【内憂】（名）内部の心配ごと。特に、国内の心配ごと。類内患。対外患

**ないゆうがいかん**【内憂外患】（名）国内の心

配事と対外的な心配事。

**ないよう【内容】**（名）❶中にはいっているもの。中身。「胃の―物」❷ある物事をなりたたせている実質や意味。「仕事―」「―のない話」…的「内容的には問題ない」

**ないようしょうめい【内容証明】**（名）（「内容証明郵便」の略）いつ、どのような物を送ったかを証明できるように、郵便局がその写しを保管する郵便。

**ないらん【内乱】**（名）政府を倒《たお》し政権を得ることなどを目的として、国内で起こる武力的な争い。「―を鎮圧《ちんあつ》する」類内戦

**ないりく【内陸】**（名）陸地の、海岸から遠くはなれている地方。「―国」

**ナイロビ**〔Nairobi〕〔地名〕アフリカ東部、ケニア共和国の首都。東アフリカの政治・経済・文化の中心地。

**ナイロン**〔英 nylon〕（名）石炭・石油などを原料とする合成繊維《せんい》。絹に似ていて軽く、じょうぶで、衣料品やロープなどに広く使われている。

**ナイン**〔英 nine〕（名）❶九。❷（一チームが九人で構成されることから）野球のチーム。また、そのメンバー。

**な・う**『△綯う』（他五）{ワ(オ)・イ(ッ)・ウ・ウ・エ・エ}多数の糸・ひもなどをより合わせて一本にする。「なわを―」

**なうて【名うて】**（名）（「名うての」の形で）有名なこと。評判が高いこと。「―の乱暴者」

**ナウル**〔Nauru〕〔地名〕南太平洋、赤道直下の共和国。国土はさんご礁《しょう》からなる。首都はヤレン。

**なえ【苗】**（名）❶芽を出したばかりの、移植用の（草本性）植物。「あさがおの―」❷田に植えるまでの小さい稲《いね》。

**なえぎ【苗木】**（名）移植用の若い小さな木。

**なえどこ【苗床】**（名）苗を育てる所。

**な・える【萎える】**（自下一）{エ・エ・エル・エル・エレ・エロ(エヨ)}❶気力がなくなったりからだがおとろえ弱ったりして、ぐったりする。「手足が―」❷植物がしおれる。しなびる。「草花も―ほどの暑さ」

**なお**『◇猶・◇尚』■一（副）❶以前と同じ状態が続くようす。やはり。まだ。「今も―後遺症《こういしょう》に苦しむ」❷以前よりさらに程度が進むようす。いっそう。「早ければ―よい」❸（文語的用法）ちょうど。まるで。「過ぎたるは―およばざるがごとし」■二（接）一つのことを述べたあと、さらにつけ加える意を表す。「始業式を終わります。―、宿題は明日までに提出すること」

**なおかつ**『◇尚且つ』（副）さらにそのうえに。「彼《かれ》の仕事は早く、―ていねいだ」

**なおきしょう【直木賞】**（名）〔文〕小説家直木三十五《なおきさんじゅうご》の功績を記念して、一九三五（昭和一〇）年に設けられた文学賞。毎年二回、大衆文学の新進・中堅《ちゅうけん》作家の最優秀作に贈《おく》られる。

**なおさら**『◇尚更』（副）ますます。いっそう。「ただでさえ難しい話が―難しくなった」

**なおざり**『×等閑』（名・形動ダ）物事をいいかげんにしておくこと。おろそか。「仕事を―にする」

**なお・す【直す】**（他五）{サ(ソ)・シ・ス・ス・セ・セ}❶誤りなどを正しくあらためる。「誤字を―」「文章を―」❷こわれたり悪くなったりしたものを、もとのようなのぞましい状態にする。「古い家を―」「きげんを―」❸悪いくせや習慣をあらためる。「人に頼《たよ》るくせを―」「短所を―」❹別の形式におきかえる。あらためる。「英語を日本語に―」❺（動詞の連用形の下について）もう一度…する。「やり―」「書き―」
⇒なおす（治す）「学習」

**なお・す【治す】**（他五）{サ(ソ)・シ・ス・ス・セ・セ}病気やけがの手当てをしてよくする。「かぜを―」

> **学習** 使い分け 「直す」「治す」
> **直す** 悪いところを正しくすること。また、別のものにあらためること。「まちがいを**直す**」「故障を**直す**」「かなを漢字に**直す**」
> **治す** 病気やけがの手当てをして健康にすること。「からだを**治す**」「傷を**治す**」

**なお・る【直る】**（自五）{ラ(ロ)・リ(ッ)・ル・ル・レ・レ}❶誤りが正しくなる。「誤字が―・っている」❷こわれたり悪くなったりしたものが、もとどおりになる。「故障が―」「寝癖《ねぐせ》が―」❸悪いくせや習慣があらためられてよくなる。「人見知りの性格が―・らない」❹姿勢を正しくして座る。「そこへ―・れ」

**なお・る【治る】**（自五）{ラ(ロ)・リ(ッ)・ル・ル・レ・レ}病気やけががよくなる。「かぜが―」

**なおれ【名折れ】**（名）名誉《めいよ》が傷つけられること。恥《はじ》になること。「一族の―だ」類不名誉

**なか【中】**（名）❶区切られたものの内側。内部。うち。「家の―」「コップの―の嵐《あらし》（＝限られた範囲《はんい》でのもめごと）」対外《そと》❷あるかぎられた範囲《はんい》のうち。「クラスの―から選ぶ」「記憶《きおく》の―からよみがえる」対外《そと》❸ある状態がつづいているあいだ。最中《さいちゅう》。さなか。「雨の―をくる」「いそがしい―時間をつくる」❹二つのものの間。中間。「両者の言い分の―をとる」❺三つの物のうちの、二番目。「―の兄」❻間隔《かんかく》。「―三日の先発投手」

**中に立《た》つ** 両者の間にはいってとりもつ。仲介《ちゅうかい》する。「中に立って話をまとめる」

**なか【仲】**（名）人と人との間がら。「―がよい」

**ながあめ【長雨】**（名）何日も降り続く雨。

**なかい【仲居】**（名）旅館や料理屋などで、客を接待する女性。

**ながい【長居】**（名・自スル）人の家などを訪《おとず》れ、長時間いること。「―は無用」

**なが・い【長い・永い】**（形）{カロ・カッ(ク)・イ・イ・ケレ・○}❶はしからはしまでのへだたりが大きい。「―糸」「象は鼻が―」❷時間のへだたりが大きい。久《ひさ》しい。「―年月」（対短い）

**長い目《め》で見《み》る** 今の状態だけで判断せず、将来まで考えに入れて見る。「長い目で見れば得《とく》だ」

**長い物《もの》には巻《ま》かれろ** 権力や勢力のあるものに

は、さからわずに従ったほうが得であるということわざ。

> **学習 使い分け**「長い」「永い」
> **長い** 距離《きょり》のへだたりや時間の経過する程度が大きいようす。「短い」と対をなす。「長い鉛筆《えんぴつ》」「長い橋」「長い行列」「長い月日」「長い旅」「気が長い」
> **永い** 時間が、いつまでも続くようす。「永い眠《ねむ》りにつく」「永くその名が残る」「末永くお幸せに」

**ながいかふう**〔永井荷風〕【人名】（一八七九〜一九五九）明治・大正・昭和時代の小説家。耽美《たんび》派の代表作家として、詩情あふれる作品を書いた。作品「あめりか物語」「腕《うで》くらべ」「濹東綺譚《ぼくとうきたん》」など。

**ながいき【長生き】**（名・自スル）長く生きること。

**ながいす【長椅子】**（名）数人が座れるように横に長く作ったいす。ソファーやベンチ。

**ながいも【長芋】**（名）〘植〙ヤマノイモ科のつる性多年草。円筒《えんとう》形の根茎《こんけい》をとろろなどにして食べる。

**なかいり【中入り】**（名）すもう・芝居《しばい》などの興行の途中《とちゅう》でしばらく休憩《きゅうけい》すること。また、その時間。「―後の取組」

**ながうた【長唄】**（名）江戸《えど》時代に発達した、三味線《しゃみせん》に合わせてうたう音曲《おんぎょく》の一つ。

**なかえとうじゅ**〔中江藤樹〕【人名】（一六〇八〜一六四八）江戸《えど》時代前期の儒者《じゅしゃ》。近江《おうみ》（＝滋賀県）の人。日本陽明《ようめい》学の祖。熊沢蕃山《くまざわばんざん》などの高弟を育て、また、郷里の人びとを教えみちびいて「近江聖人」と呼ばれた。著書に「翁《おきな》問答」がある。

**なかがい【仲買】**（名）品物を売り買いするとき、なかだちをして手数料を得ること。また、それを職業とする人。ブローカー。「―人」

**ながきながき…** 俳句

〔長き長き 春暁《しゅんぎょう》の貨車《かしゃ》 なつかしき〕〈加藤楸邨《かとうしゅうそん》〉訳春の夜明け方、ふと目をさますと貨物列車の通り過ぎる音が聞こえる。ながくつづくその音に鉄道官舎で過ごした幼少期が思い出され、なつかしいことだ。（季語「春暁」春）

**ながぐつ【長靴】**（名）ひざ近くまであるゴムや革《かわ》製の長い靴。雨天時などにはく。対短靴《たんぐつ》

**なかぐろ【中黒】**（名）文章のくぎり符号《ふごう》の一つ。語を並列《へいれつ》するときに使う。中点《なかてん》。「・」

**なかごろ【中頃】**（名）ある期間などのなかほど。なかば。「一月の―に完成の予定」

**ながさ【長さ】**（名）長いこと。また、その程度。

**ながし【流し】**（名）❶流すこと。「灯籠《とうろう》―」❷台所・浴室などで、洗ったり、その水を流したりするところ。❸芸人などが、客を求めてあちこち移動すること。❹タクシーが客を求めながら走ること。

**なかじまあつし**〔中島敦〕【人名】（一九〇九〜一九四二）昭和時代の小説家。漢学の素養を生かして、中国の古典に材をとった作品を書いた。作品に「山月記」「李陵《りりょう》」など。

**ながしめ【流し目】**（名）顔は動かさないで目だけをそのほうに向けて見ること。また、その目つき。特に、相手の気をひこうとして送る視線。「―を使う」

**ながじゅばん【長じゅばん】**〘長×襦袢〙（名）着物の着たけの長さと同じに作った長いじゅばん。

**ながじり【長尻】**（名・形動ダ）訪問先に長くすわりこんでなかなか帰らないこと。また、その人。ながっちり。

**なかす【中州】**〘中△洲〙（名）川の中に土砂《どしゃ》が積もって、島のように水面から出ている所。

**なが・す【流す】**（他五）｛サ(ソ)・シ・ス・ス・セ・セ｝❶液体を低いほうへ移動させる。「水を―」❷したたらせる。「汗《あせ》を―」「涙《なみだ》を―」❸液体などの移動する力で、他の物を移動させる。「いかだを川に―」「大雨で橋が―・される」「風船が風に―・される」❹（「ながされる」の形で）周りの状況《じょうきょう》や感情に行動が左右される。「他人の意見に―・される」❺伝わるようにする。世の中に伝え広める。放送する。「音楽を―」「うわさを―」「テレビで海外のニュースが―・される」❻品物や情報などを表立たないところで他にわたす。「機密情報を敵に―」❼芸人やタクシーなどが、客を求めてあちこち移動する。「タクシーが通りを―」❽罪人を罰《ばっ》として遠くへやる。「離《はな》れ小島に―」❾物事を成立しないようにする。「総会を―」❿深く心にとめないようにする。「過去を水に―」⓫（動詞の連用形について）心にとめずに…する。「聞き―」「読み―」

**なかずとばず【鳴かず飛ばず】**これといった活躍《かつやく》もしないでいること。「あの歌手もこのところ―だ」

**なか・せる【泣かせる】**（他下一）｛セ・セ・セル・セル・セレ・セロ(セヨ)｝❶泣くようにする。「弟を―」❷ひどく困らせる。「親を―」❸涙《なみだ》が出るほど感動させる。「―話」

**なかせんどう**〔中山道・中仙道〕（名）江戸《えど》時代の五街道《ごかいどう》の一つ。木曽《きそ》街道ともいう。江戸から信濃《しなの》・美濃《みの》を通って、近江《おうみ》の草津《くさつ》で東海道と合流し京都に至る。

**ながそで【長袖】**（名）長い袖。または、長い袖のついた衣服。

**なかぞら【中空】**（名）空の中ほど。

**なかたがい【仲たがい】**〘仲◇違い〙（名・自スル）人と人との仲が悪くなること。「友人と―する」

**なかだち【仲立ち】**（名・他スル）両方の間にたって物事をまとめたり、世話をしたりすること。また、その人。「結婚《けっこん》の―をする」

**ながたらし・い【長たらしい】**（形）｛カロ・カッ(ク)・イ・イ・ケレ・○｝いやになるほど長い。ながったらしい。「―挨拶《あいさつ》」

**なかだるみ【中だるみ】**〘中△弛み〙（名・自スル）（張り渡《わた》した綱《つな》などが中ほどでゆるむことから）物事の途中《とちゅう》で気がゆるんだり、あきていやになったりすること。「受験勉強が―する時期」

**ながだんぎ【長談義】**（名）長たらしくてまとまりのない話。「へたの―」

**ながちょうば【長丁場】**（名）長い道のり。また、物事が一段落するまで時間がかかること。「―をのりき

る」

**ながつかたかし**〔長塚節〕【人名】(一八七九 一九一五)明治時代の歌人・小説家。アララギ派の代表歌人のひとり。正岡子規《まさおかしき》に師事して、気品のあるすみきった歌風を示した。代表作は小説「土」。

**なかつぎ**【中継ぎ】(名・他スル)途中《ちゅうと》で受けつぎ、ほかに渡《わた》すこと。「仕事を—する」「—投手」

**ながつき**【長月】(名)陰暦《いんれき》九月の異名。

**ながったらし・い**【長ったらしい】(形){カロ・カッ(ク)・イ・イ・ケレ・○}→ながたらしい

**ながっちり**【長っちり】『長っ◇尻』(名・形動ダ)→ながじり

**なかづり**【中づり】『中△吊り』(名)電車などで、天井《てんじょう》からつり下げる広告。中づり広告。

**なかて**【中手】(名)農作物で、早生《わせ》と晩生《おくて》との中間にとれる種類。特に、稲《いね》についていう。参考 稲の場合は、多く「中稲」と書く。

**なかてん**【中点】(名)→なかぐろ

**ながと**〔長門〕〔地名〕むかしの国名の一つ。今の山口県の西北部。長州《ちょうしゅう》。

**なかなおり**【仲直り】(名・自スル)仲が悪くなっていたものどうしがふたたび仲よくなること。和解。

**なかなか**(副)❶予想を上回る程度であるようす。ずいぶん。かなり。「—いい店だ」❷予想したように事がはこばないようす。簡単には。「仕事が—進まない」使い方 ②は、あとに「ない」「ません」などの打ち消しのことばがくる。

**なかなかどうして** 相手のことばや自分の予想を打ち消して、事実や結果がそれと反する意を表す。「—、たいしたものだ」

**なかなか** 古語 ㊀(形動ナリ)中途《ちゅうと》はんぱなようす。なまじっかである。「はかばかしう後ろ見思ふ人なきまじらひは、—なるべきことと思う給《たま》へながら」〈源氏物語〉訳しっかりとした世話をしてくれる人のいない宮仕えは、かえってしないほうがよいようなことと存じながらも。㊁(副)かえって。むしろ。「むなしう帰り参りたらんは、—参らざらんより悪《あ》しかるべし」〈平家物語〉訳(使いが)何のかいもなく帰参するとしたらそれは、かえって帰参しないよりも不都合だろう。㊂(感)はい。いかにも。「『ただいま申したことの』『—』」〈狂言・末広がり〉訳「今申していたこと(をおたずねです)か」「はい」

**ながなが**【長長】(副)ひじょうに長く感じられるようす。「—お世話になりました」「—と寝《ね》そべる」

**なかにわ**【中庭】(名)建物に囲まれた所にある庭。

**ながねん**【長年】(名)長い年月の間。「—の努力がみのる」

**なかば**【半ば】㊀(名)❶全体のほぼ半分。「反対意見が—に達する」❷まんなかのあたり。「四月—」❸物事の途中《ちゅうと》。「道—にして倒《たお》れる」㊁(副)半分ほど。ある程度。「—趣味《しゅみ》でしていること」

**なかび**【中日】(名)すもう・芝居《しばい》などの興行期間のまんなかの日。「—で勝ち越《こ》しを決める」

**ながび・く**【長引く】(自五){カ(コ)・キ(イ)・ク・ク・ケ・ケ}予想または予定した以上に長い時間がかかる。「交渉《こうしょう》が—」

**ながびつ**【長びつ】『長△櫃』(名)衣服などを入れる長方形のひつ。

**ながひばち**【長火鉢】(名)長方形で箱形をした木製の火鉢。居間などに置く。

**なかほど**【中程】(名)まんなかのあたり。半《なか》ば。「橋の—で立ちどまる」

**なかま**【仲間】(名)❶いっしょに物事をする人。「—になる」❷同じ種類に属するもの。「きつねは犬の—だ」

**なかまいり**【仲間入り】(名・自スル)仲間にはいること。「大人の—をする」

**なかまはずれ**【仲間外れ】(名)仲間からのけものにされること。また、その人。「—にされる」

**なかまわれ**【仲間割れ】(名・自スル)仲間の中であらそいが起こって分裂《ぶんれつ》すること。「—が起こる」

**なかみ**【中身・中味】(名)中にはいっているもの。中にふくまれた内容。「箱の—」「話の—」

**なかみせ**【仲店】『仲見世』(名)神社や寺の境内《けいだい》で、みやげ物などを売る店の立ちならんだ所。

**ながめ**【眺め】(名)見わたした景色。「—がよい」

**なが・める**【眺める】(他下一){メ・メ・メル・メル・メレ・メロ(メヨ)}❶遠くのほうを見わたす。「屋上から富士山を—」❷何かの思いにふけりながらじっと見つめる。「星を—」「相手の顔を—」❸わきからなりゆきを見る。「世の中を—」

**ながもち**【長持ち】㊀(名・自スル)長い間役にたつこと。「じょうぶで—」㊁(名)衣類などを入れておく、ふたのついた長方形の木箱。注意 ㊁は「長持」と書く。

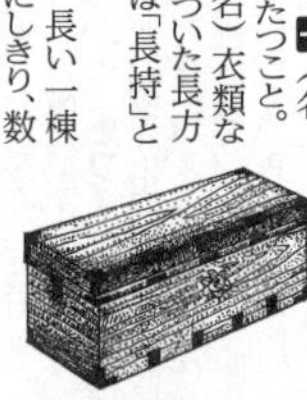

(ながもち㊁)

**ながや**【長屋】(名)長い一棟《ひとむね》の建物をいくつかにしきり、数世帯が住めるようにしたもの。「—ずまい」

**なかやすみ**【中休み】(名・自スル)仕事などの途中《ちゅうと》でしばらく休むこと。「—をとる」

**なかゆび**【中指】(名)五本の指の、まんなかの指。

**なかよし**【仲良し】『仲◇好し』(名)仲がよいこと。また、仲のよい人。「転校生と—になる」

**ながら**(接助)❶二つの動作が並行《へいこう》して行われることを表す。…と同時に。…しつつ。「笑い—話す」❷二つのことがらがくいちがう意を表す。…けれども。…のに。「まずしい—も楽しいわが家」

**ながら・える**【長らえる・永らえる】(自下一){エ・エ・エル・エル・エレ・エロ(エヨ)}長く生き続ける。「命を—」

**ながらく**【長らく】(副)長い間。久しく。「—お世話になりました」

**ながらぞく**【ながら族】(名)《俗語》二つ以上のことを同時にする習慣をもつ人をいうことば。たとえば、音楽を聞きながら勉強する人など。

**ながれ**【流れ】(名)❶川などの水の流れる状態。また、その川。「—をさかのぼる」❷水が流れるような動き。「空気の—」「雲の—」「車の—」❸時間の経過や物事のうつりかわり。「時の—」「歴史の—」❹血筋や学芸などの流派の系統。「源氏の—」「自然主義の—をくむ小説」❺(多く「お流れ」の形で)とりやめになること。中止。「雨で花見がお—になる」

**流れに棹《さお》さす**(流れにのって棹で舟《ふね》を進めることから)物事が順調に進む。

**ながれさぎょう**【流れ作業】(名) 仕事の内容をいくつかに分け、各人がそれぞれの分担作業を行い、順送りして能率をあげる作業のやり方。

**ながれだま**【流れ弾】(名) 目標からそれて飛ぶ弾丸《だんがん》。「—に当たる」

**ながれぼし**【流れ星】(名)〘天〙→りゅうせい(流星)

**ながれや**【流れ矢】(名) ねらいがはずれてとぶ矢。

**ながれる**【流れる】(自下一) {レ・レ・レル・レル・レレ・レロ(レヨ)} ❶液体が低いほうへ移動する。「水が—」「川が—」❷したたる。たれる。「鼻から血が—」❸液体などの移動する力によって他の物が移動する。「木の葉が—」「台風で橋が—」❹移り伝わる。世の中に伝わり広まる。放送される。「電気が—」「うわさが—」「映像が—」❺時が過ぎていく。「月日が—」❻水のようになめらかに動く。「車が順調に—」❼あてもなくさまよう。「外国を—・れ歩く」❽それる。はずれる。「矢が—」❾よくないほうへかたむく。「ぜいたくに—」❿物事が成立しなくなる。とりやめになる。「雨で遠足が—」「会議が—」⓫質《しち》に入れた物の所有権がなくなる。「質が—」⓬流産する。「おなかの子が—」

**ながわずらい**【長患い】(名・自スル) 長い間、病気をすること。また、その病気。「父が—する」

**なかんずく**〘×就中〙(副) 多くの中でも特に。とりわけ。「—この件については早急に処置すべきだ」

**なき**【亡き】(連体) もう生きていない。「今は—父」

**なぎ**〘△凪〙(名) 風がやんで、海面が静かになること。「朝—」「夕—」「—になる」

**なきあか・す**【泣き明かす】(自五) {サ(ソ)・シ・ス・ス・セ・セ} 一晩じゅう泣いて過ごす。泣き続けて夜を明かす。「愛犬が死んで一晩—」

**なきおとし**【泣き落とし】(名) 泣いて頼《たの》んだり、相手の同情をひくようなことを言ったりして、自分の頼みを承知させること。「—戦術」

**なきがお**【泣き顔】(名) 泣いた顔。また、泣きだしそうな顔。

**なきがら**〘亡◇骸〙(名) 死んでしまった人間のからだ。しかばね。遺体。「—を安置する」

**なきくず・れる**【泣き崩れる】(自下一) {レ・レ・レル・レル・レレ・レロ(レヨ)} なりふりかまわずはげしく泣く。取り乱して泣く。「人目もはばからず—」

**なきごえ**【泣き声】(名) ❶泣く声。「赤ちゃんの—がする」❷泣きそうな声。「—になる」

**なきごえ**【鳴き声】(名) 鳥・けもの・虫などの鳴く声。「ねこの—」

**なきごと**【泣き言】(名) つらいことや苦しいことをくどくどと嘆《なげ》いて言うことば。ぐち。「—をならべる」

**なぎさ**〘△渚・△汀〙(名) 波のうち寄せるところ。波うちぎわ。「—に寄せる波」

**なきさけ・ぶ**【泣き叫ぶ】(自五) {バ(ボ)・ビ(ン)・ブ・ブ・ベ・ベ} 大声をあげて泣く。「—・んで助けを求める」

**なきしき・る**【鳴きしきる】〘鳴き◇頻る〙(自五) {ラ(ロ)・リ(ッ)・ル・ル・レ・レ} 鳥や虫などがしきりに鳴く。「せみが—」

**なきしず・む**【泣き沈む】(自五) {マ(モ)・ミ(ン)・ム・ム・メ・メ} ひどく泣き悲しんでしずみこむ。「悲しみに—」

**なきじゃく・る**【泣きじゃくる】(自五) {ラ(ロ)・リ(ッ)・ル・ル・レ・レ} しゃくり上げながら泣く。「子どもが—」

**なきじょうご**【泣き上戸】(名) 酒に酔《よ》うと泣きだすくせ。また、そのくせのある人。対 笑い上戸

**なぎたお・す**【なぎ倒す】〘△薙ぎ倒す〙(他五) {サ(ソ)・シ・ス・ス・セ・セ} ❶立っているものを横にはらって倒す。「土石流に—・された木々」❷大勢の敵をつぎつぎに負かす。「なみいる強敵を—」

**なきた・てる**【泣き立てる】(自下一) {テ・テ・テル・テル・テレ・テロ(テヨ)} 大声で泣く。「赤ん坊が—」

**なきつ・く**【泣きつく】〘泣き付く〙(自五) {カ(コ)・キ(イ)・ク・ク・ケ・ケ} 泣きながらすがりつく。また、今にも泣きださんばかりにして相手の同情をひき、助けを求める。「親戚《しんせき》に—・いて借金する」

**なきつら**【泣き面】(名) 泣いている顔。なきっつら。

**泣き面に蜂**《はち》 (泣いている顔をさらに蜂がさすということから)悪いことの上にさらに悪いことが重なるたとえ。類 弱り目にたたり目

**なきどころ**【泣き所】(名) 弱点。よわみ。「弁慶《べんけい》の—」「相手の—をつく」

**なぎなた**〘×長刀・×薙刀〙(名) 長い柄《え》の先にはばの広いそった刃《は》のついた武器。

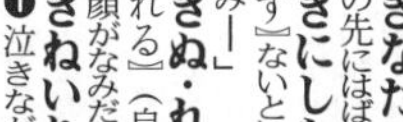
(なぎなた)

**なきにしもあらず**〘無きにしも◇非ず〙ないというわけでもない。少しはある。「望み—」

**なきぬ・れる**【泣きぬれる】〘泣き△濡れる〙(自下一) {レ・レ・レル・レル・レレ・レロ(レヨ)} ひどく泣いて、顔がなみだでぬれる。「—・れた頰《ほお》」

**なきねいり**【泣き寝入り】(名・自スル) ❶泣きながらねむってしまうこと。「子どもが—する」❷ひどい目にあわされながらどうにもできず、そのままあきらめること。「暴力に—してはいけない」

**なきのなみだ**【泣きの涙】涙を流して泣くこと。また、とても悲しくつらい状態。「—で別れる」

**なぎはら・う**【なぎ払う】〘△薙ぎ払う〙(他五) {ワ(オ)・イ(ッ)・ウ・ウ・エ・エ} 刀などで勢いよく横に打ち払う。「草を—」

**なきひと**【亡き人】(名) 死んだ人。故人。

**なきべそ**【泣きべそ】(名) 今にも泣きそうな顔。「—をかく」

**なきみそ**【泣きみそ】〘泣き味△噌〙(名) →なきむし

**なきむし**【泣き虫】(名) ちょっとしたことでもすぐ泣くこと。また、その人。泣きみそ。「この子は—で困る」

**なきもの**【亡き者】(名) 死んだ人。死者。

**亡き者にする** 殺す。「仇敵《きゅうてき》を—」

**なぎょうへんかくかつよう**【ナ行変格活用】(名)〘文法〙文語動詞の活用の一種。語尾が「な・に・ぬ・ぬる・ぬれ・ね」と活用する。「死ぬ」「往《い》ぬ」の二語。ナ変。⇩付録「動詞活用表」

**なきわらい**【泣き笑い】(名・自スル) ❶泣いているときに、おかしいことが起きたりして、つい笑ってしまうこと。❷喜びと悲しみがまじり合うこと。「—の人生」

**なきをいれる**【泣きを入れる】泣きついてわびを言う。泣いて許しを求める。「—・れて許してもらう」

**なきをみる【泣きを見る】** 泣くようなつらいことになる。「今やっておかないとあとで―ことになる」

**な・く【泣く】**（自五）{カ(コ)・キ(イ)・ク・ク・ケ・ケ} ❶悲しみや苦しみ、感動などのために、声をあげなみだを流す。「大声で―」「人前もはばからずに―」 ❷つらい目にあって嘆《なげ》く。「一球に―」「不運に―」 ❸損と知りながら相手のいうことを聞く。「ここはひとつ君に―・いてもらいたい」 ❹(「…の名が泣く」などの形で)その名前で呼ぶのにふさわしくない。「名人の名が―」

**泣く子《こ》と地頭《じとう》には勝《か》てぬ** （泣く子の聞きわけのなさと、鎌倉《かまくら》時代の地頭の横暴さには勝てないということから）道理の通じない者といくら争ってもむだであることのたとえ。

**泣く子《こ》も黙《だま》る** 泣いている子どももだまってしまうほど、勢力があったりおそろしかったりすることのたとえ。

表現 涙ぐむ・むせぶ・涙する・すすり上げる・しゃくり上げる・泣きじゃくる・むせぶ・嗚咽《おえつ》する・号泣《ごうきゅう》する・慟哭《どうこく》する・涕泣《ていきゅう》する ◆めそめそ・しくしく・さめざめ・おいおい・わんわん・よよと ◆目頭が熱くなる・目が潤《うる》む・べそをかく・袖《そで》を濡《ぬ》らす・袖を絞《しぼ》る・枕《まくら》を濡らす

**な・く【鳴く】**（自五）{カ(コ)・キ(イ)・ク・ク・ケ・ケ} 鳥・けもの・虫などが声を出す。「犬が―」

**な・ぐ【△凪ぐ】**（自五）{ガ(ゴ)・ギ(イ)・グ・グ・ゲ・ゲ} 風がやんで、海面が静かになる。「海が―」

**な・ぐ【△薙ぐ】**（他五）{ガ(ゴ)・ギ(イ)・グ・グ・ゲ・ゲ} 刃物《はもの》などを横に払《はら》って切る。「かまで草を―」

**なぐさみ【慰み】**（名）一時《いちじ》の気ばらしになるもの。「―に絵をかく」

**なぐさ・む【慰む】**{マ(モ)・ミ(ン)・ム・ム・メ・メ} **一**（自五）悲しみや苦しみが忘れられて心が晴れる。気がまぎれる。「母からの便りに心が―」 **二**（他五）もてあそぶ。

**なぐさめ【慰め】**（名）気をまぎらせること。また、そのもの。「せめてもの―にする」

**なぐさ・める【慰める】**（他下一）{メ・メ・メル・メル・メレ・メロ(メヨ)} ❶相手の悲しみ・苦しみ・さびしさなどを忘れさせ、心をなごませる。「失意の友を―」 ❷気持ちをおだやかにさせる。なだめる。「戦没者《せんぼっしゃ》の霊《れい》を―」

**なく・す【亡くす】**（他五）{サ(ソ)・シ・ス・ス・セ・セ} 死なれる。死に別れる。なくする。「父を―」

**なく・す【無くす】**（他五）{サ(ソ)・シ・ス・ス・セ・セ} ❶それまであったもの、持っていたものを失う。「自信を―」「車のかぎを―」 ❷なくなるようにする。「事故を―」

**なくて** **一**（動詞の未然形について）ある動作を打ち消して下に続く。「あせって買わ―よかった」 **二**（形容詞などの連用形などについて）ある状態を打ち消して下に続く。「暑く―過ごしやすい」 文法 一は打ち消しの助動詞「ない」の連用形に接続助詞「て」、二は補助形容詞「ない」の連用形に接続助詞「て」のついたもの。⇒ないで「学習」

**なくてななくせ【無くて七癖】** 人はだれでもいくつかくせを持っているものだ、ということ。

**なくなく【泣く泣く】**（副）泣きたいほどのつらい気持ちで。泣き泣き。「―あきらめる」

**なくな・る【亡くなる】**（自五）{ラ(ロ)・リ(ッ)・ル・ル・レ・レ}「死ぬ」を遠まわしに言ったことば。「偉大《いだい》な人が―・られた」

**なくな・る【無くなる】**（自五）{ラ(ロ)・リ(ッ)・ル・ル・レ・レ} ❶それまであったものが、見られなくなったり、感じられなくなったりする。失《う》せる。「さいふが―」「痛みが―」「自信が―」 ❷使ってしまって残らなくなる。「おかねが―」

**なくもがな【無くもがな】** ないほうがよい。不要。「―の説明」 文法 文語の形容詞「なし」の連用形「なく」に文語の願望の終助詞「もがな」のついたもの。

**なぐりがき【殴り書き】**（名・他スル）絵や文字などをひどく乱暴にかくこと。また、そのようにかいたもの。「ノートに―する」

**なぐりこみ【殴り込み】**（名）❶相手のところに行って暴力をふるうなど乱暴をすること。「大勢で―をかける」 ❷商売で新しい分野などに進出して競争相手に勝負をしかけること。「旅行業界に―をかける」

**なぐ・る【殴る】**【◇撲る】（他五）{ラ(ロ)・リ(ッ)・ル・ル・レ・レ} げんこつや手にもった固い物などで相手を強く打つ。「頭を―」

**なげ【無げ】**（形動ダ）{ダロ・ダッ(デ・ニ)・ダ・ナ・ナラ・○} なさそうなようす。「事も―に言う」「自信―な態度」

**なげいれ【投げ入れ】**（名）生け花で、自然のままの形を生かそうとして、投げ入れたようにさす生け方。

**なげう・つ【△擲つ・△抛つ】**（他五）{タ(ト)・チ(ッ)・ツ・ツ・テ・テ} おしげもなくさし出す。捨ててかえりみない。「私財を―」

**なげうり【投げ売り】**（名・他スル）利益を無視して安く売ること。捨て売り。「在庫品の―」

**なげか・ける【投げかける】**【投げ掛ける】（他下一）{ケ・ケ・ケル・ケル・ケレ・ケロ(ケヨ)} ❶視線やことばを相手に向けて送る。「熱いまなざしを―」 ❷光や影を遠くへ届かせる。「月が海面に光を―」 ❸問題などを提示する。「疑問を―」

**なげかわし・い【嘆かわしい】**【△歎かわしい】（形）{カロ・カッ(ク)・イ・イ・ケレ・○} 嘆かずにいられないほど情けない。「―行い」

**なげき【嘆き】**【△歎き】（名）嘆くこと。また、その気持ちをうったえること。「―の種(=悲しみの原因)」

**なげきあか・す【嘆き明かす】**【△歎き明かす】（自五）{サ(ソ)・シ・ス・ス・セ・セ} 夜どおし嘆いて過ごす。嘆いて月日を送る。「息子に先立たれて―」

**なげ・く【嘆く】**【△歎く】（自他五）{カ(コ)・キ(イ)・ク・ク・ケ・ケ} ひどく悲しむ。また、現状に不満を感じ、情けなく思う。その悲しみや不満をことばに出して言う。「身の不運を―」「日本語の乱れを―」

**なげこ・む【投げ込む】**（他五）{マ(モ)・ミ(ン)・ム・ム・メ・メ} 投げて入れる。ほうりこむ。「新聞を―」

**なげし【◇長◇押】**（名）日本建築で、柱と柱の間にわたして鴨居《かもい》の上にとりつけるかざりの横木。

（なげし）

**なげす・てる【投げ捨てる】**（他下一）{テ・テ・テル・テル・テレ・テロ(テヨ)} ❶物をほうって捨てる。「あき缶《かん》を―」 ❷仕事などを、ほったらかしにする。「長年の研究を―・てて旅に出る」

**なげだ・す【投げ出す】**（他五）{サ(ソ)・シ・ス・ス・セ・セ} ❶投げて

な

外へ出す。また、投げるようにして前に出す。「足を—」❷やりかけたことを途中《とちゅう》であきらめる。「研究を—」❸たいせつなものをさし出す。「全財産を—」

**なげつ・ける**【投げつける】〖投げ付ける〗（他下一）{ケ・ケ・ケル・ケル・ケレ・ケロ(ケヨ)}投げてぶつける。乱暴に投げる。「ボールを—」

**なけなし**（名）ほとんどないこと。ほんのわずかしかないこと。「—のかねをはたく」

**なげやり**【投げやり】〖投げ◇遣り〗（名・形動ダ）ある事に対して、あとはどうなってもかまわないという態度をとること。不まじめでいいかげんなこと。「—な態度」

**な・ける**【泣ける】（自下一）{ケ・ケ・ケル・ケル・ケレ・○}自然に泣いてしまう。また、涙《なみだ》が出るほど感動する。「自分の情けなさに—・けてくる」「—映画」

**な・げる**【投げる】（他下一）{ゲ・ゲ・ゲル・ゲル・ゲレ・ゲロ(ゲヨ)}❶手に持った物を遠くへ飛ばす。ほうる。「石を—」❷すもうや柔道《じゅうどう》などで、かかえたりつかんだりした相手を倒《たお》す。「まわしをつかんで相手を—」❸からだをほうり出す。身なげする。「海に身を—」❹途中《とちゅう》であきらめる。「さじを—」「試合を—」❺遠くまで届くようにする。「視線を—」❻それとわかるように出して示す。「疑問を—」

**なこうど**【◦仲人】（名）結婚《けっこん》のなかだちをする人。媒酌人《ばいしゃくにん》。「—を立てる」

**なこうどぐち**【◦仲人-口】（名）仲人が縁談をまとめるために、双方《そうほう》のいいところばかりを伝えること。転じて、あてにならないことばのたとえ。

**なご・む**【和む】（自五）{マ(モ)・ミ(ン)・ム・ム・メ・メ}心や表情などがなごやかになる。おだやかになる。「心が—」

**なごやか**【和やか】（形動ダ）{ダロ・ダッ(デ・ニ)・ダ・ナ・ナラ・○}おだやかで、気分がやわらいでいるようす。「—な雰囲気《ふんいき》」

**なごり**【◦名残】（名）❶物事が過ぎ去ったあと、まだその気配や影響《えいきょう》が残っていること。「むかしの—をとどめる町並み」❷人と別れるのを惜《お》しむ気持ち。「—がつきない」

**なごりおし・い**【◦名残-惜しい】（形）{カロ・カッ(ク)・イ・イ・ケレ・○}心がひかれて別れるのがつらい。「—が、ここで別れよう」

**ナサ**【NASA】（名）〔英 National Aeronautics and Space Administration の略〕アメリカ航空宇宙局。軍事的でない宇宙開発を目的とする。

**なさい**「なさる」の命令形。やさしく命令する意を表す。「そろそろ起き—」

**なさけ**【情け】（名）他人を思いやるやさしい心。「—をかける」

**情けは人《ひと》のためならず** 人に親切にしておけば、それがめぐりめぐって、必ず自分によい報《むく》いがある。

**なさけしらず**【情け知らず】（名・形動ダ）思いやりの心がないこと。また、その人。「—な仕打ち」

**なさけな・い**【情けない】（形）{カロ・カッ(ク)・イ・イ・ケレ・○}❶あまりにふがいなくて、なげかわしい。「—顔をする」「—状態になる」❷思いやりがない。つれない。「—仕打ち」

**なさけぶか・い**【情け深い】（形）{カロ・カッ(ク)・イ・イ・ケレ・○}思いやりの心が深い。「—人」

**なさけようしゃ**【情け容赦】（名）思いやりや手かげんを加えること。「—もなくあつかう」使い方〉あとに「ない」などの打ち消しのことばがくる。

**なざし**【名指し】（名・他スル）はっきりと相手の名前をあげてさし示すこと。「—で非難する」

**なさぬなか**【なさぬ仲】〖◦生さぬ仲〗血のつながっていない親子の間がら。まま親とまま子の間がら。

**なさ・る**〖◦為さる〗（他五）{ラ(ロ)・リ(ツ・イ)・ル・ル・レ・レ(イ)}❶「する」の尊敬語。「なにに—・いますか」❷（動詞の連用形について）尊敬の意を表す。「お出かけ—」

**なし**【梨】 11画 木7 小4 訓 なし

果樹の名。◆山梨・なし。

ニ 禾 利 利 梨 梨

**なし**【梨】（名）〖植〗バラ科の落葉高木。四月ごろ白い花が咲《さ》き、秋、水分が多く甘《あま》くて丸い実がなる。洋梨

**なし**【無し】（名）❶ないこと。存在しないこと。「あの計画は—にする」「一文《いちもん》—」❷《俗語》あるべきでないこと。認められないこと。「そんな言い方は—だ」

**な・し**〔無し〕（形ク）古語 ない。存在しない。

**なしくずし**【なし崩し】〖◦済し崩し〗（名）物事を少しずつすませたり、すすめたりしていくこと。「当初の方針が—に変更《へんこう》される」

**なしと・げる**【成し遂げる】〖◦為し遂げる〗（他下一）{ゲ・ゲ・ゲル・ゲル・ゲレ・ゲロ(ゲヨ)}物事を最後までやりぬいて完成させる。「困難な研究を—」

**なしのつぶて**〖梨の△礫〗便りをしても返事がないこと。「いくら手紙を出しても—だ」参考「梨」を同音の「無し」にかけて語呂《ごろ》を合わせたことば。

**なじみ**〖△馴染み〗（名）なれて親しくなること。また、そういう人や物。「—の店」「顔—」

**なじ・む**〖△馴染む〗（自五）{マ(モ)・ミ(ン)・ム・ム・メ・メ}なれ親しむ。しっくりした感じになる。「職場に—」「手に—」

**ナショナリズム**〔英 nationalism〕（名）自国や自民族の統一・独立・発展を進めようとする思想や運動。国家主義。民族主義。国民主義。

**なじ・る**〖◦詰る〗（他五）{ラ(ロ)・リ(ツ)・ル・ル・レ・レ}相手の悪い点などを問いつめてせめる。非難する。「あやまちを—」

**なす**〖×茄子〗（名）〖植〗野菜の一種。ナス科の一年草。夏から秋にかけ紫《むらさき》色の花が咲《さ》く。実は食用。なすび。

**な・す**【成す】（他五）{サ(ソ)・シ・ス・ス・セ・セ}❶作りあげる。また、やりとげる。「産を—」「大事を—」❷ある形や状態を作り出す。「鳥が群れを—」「意味を—・さない文」

**な・す**〖◦為す〗（他五）{サ(ソ)・シ・ス・ス・セ・セ}（文語的な言い方）ある事を行う。する。「—すべがない」

**ナスダック**【NASDAQ】（名）〔英 National Association of Securities Dealers Automated Quotations の略〕全米証券業者協会が管理・運営する情報システム。また、このシステムを用いたコンピューターによる店頭株式市場。

**なずな**〖△薺〗（名）〖植〗アブラナ科の越年草。道ばたなどに生え、春に小さな白い花が咲《さ》く。若葉は食用。春の七草の一つ。ぺんぺんぐさ。

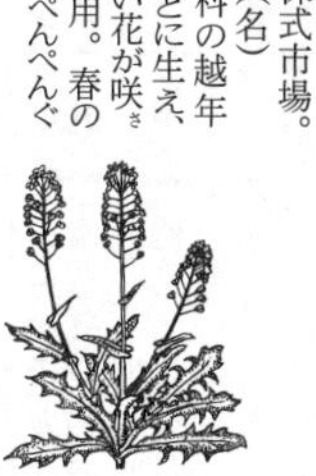

（なずな）

**なすび**『×茄子』(名)〔植〕→なす(茄子)

**なず・む**『◇泥む』(自五){マ(モ)・ミ(ン)・ム・ム・メ・メ} ❶物事がなかなか進行・変化しないでとどこおる。「暮れ―」❷なじんだことにこだわる。「旧習に―」

**なずら・える**『◇準える』(他下一){エ・エ・エル・エル・エレ・エロ(エヨ)}→なぞらえる

**なすりあい**【なすり合い】『◇擦り合い』(名) 罪や責任などをたがいに押《お》しつけあうこと。

**なす・る**『◇擦る』(他五){ラ(ロ)・リ(ッ)・ル・ル・レ・レ} ❶物の表面にあててこする。すりつける。「絵の具を指先で―」❷罪や責任を人に負わせる。なすりつける。「罪を人に―」

**なぜ**『×何故』(副) どうして。どういうわけで。「君は―こんなことをするのか」

**な・ぜる**『△撫ぜる』(他下一){ゼ・ゼ・ゼル・ゼル・ゼレ・ゼロ(ゼヨ)}→なでる

**なぞ【謎】** 16画 言10 訓 なぞ
言 言 訁 詸 謎 謎
なぞ。なぞなぞ。◆謎掛《なぞか》け・謎解き。参考 常用漢字表には「謎(17画)」と「謎(許容字体)」とが示されている。

**なぞ**【謎】(名) ❶意味や正体がわからないふしぎなこと。「―に包まれた事件」❷それとなくわからせるように、遠回しに言うこと。また、そのことば。「―をかける」❸なぞなぞ。

**なぞなぞ**『謎謎』(名) ことばの中に意外な意味をかくして問いかけ、それが何かをあてさせる遊び。なぞ。

**なぞめ・く**【謎めく】(自五){カ(コ)・キ(イ)・ク・ク・ケ・ケ} なぞのようでよくわからないようすである。「―・いた微笑《びしょう》」

**なぞら・える**『◇準える』(他下一){エ・エ・エル・エル・エレ・エロ(エヨ)} ❶あるものを、ほかのものにたとえる。「人生を旅に―」❷似せる。まねる。「磯《いそ》に―・えて岩を配置した庭」参考「なずらえる」ともいう。

**なぞ・る**(他五){ラ(ロ)・リ(ッ)・ル・ル・レ・レ} すでに書いてある文字や絵の上をたどって書く。「お手本を―」

**なた**『△鉈』(名) 柄《え》が短く刃《は》が厚くてはばの広い刃物。まき割りなどに使う。「大《おお》―をふるう(=思いきった処置をする)」

(なた)

**なだ**『△灘』(名) 波が荒《あら》く航海が困難な海。「鹿島《かしま》―」

**なだい**【名代】(名) 有名なこと。世間にその名がよく知られていること。「―の店」注意「みょうだい」と読むと別の意味になる。

**なだいかんばん**【名題看板】(名) 歌舞伎《かぶき》の表看板。

**なだいやくしゃ**【名題役者】(名) 一座の中で名題看板に名を書かれる資格のあるすぐれた役者。

**なだか・い**【名高い】(形){カロ・カッ(ク)・イ・イ・ケレ・○} 名が広く世間に知られている。有名である。「世界的に―学者」

**なだたる**【名だたる】(連体) 有名な。名の通った。「―山」「―芸術家」

**なたね**【菜種】(名) あぶらなの種。「―油」

**なたねづゆ**【菜種◦梅雨】(名) 三月下旬《げじゅん》から四月はじめの、菜の花が咲《さ》くころに降り続く雨。

**なたまめ**【なた豆】『△鉈豆』(名)〔植〕マメ科のつる性一年草。夏、薄紅《うすべに》色や白の花が咲《さ》く。なたに似た大きいさやをつける。若いさやや中の種は食用。

**なだめすか・す**『△宥め△賺す』(他五){サ(ソ)・シ・ス・ス・セ・セ} きげんをとったりおだてたりする。「泣く子を―」

**なだ・める**『△宥める』(他下一){メ・メ・メル・メル・メレ・メロ(メヨ)} 泣いたりおこったりしている人の気持ちをやわらげ、おだやかにする。「―のに苦労する」

**なだらか**(形動ダ){ダロ・ダッ(デ・ニ)・ダ・ナ・ナラ・○} ❶傾斜《けいしゃ》がゆるやかなようす。また、でこぼこの少ないようす。「―な山」❷とどこおることなく進むようす。「―に話す」

**なだれ**【◦雪崩】(名) 積もっていた大量の雪が山の斜面《しゃめん》を一時にくずれ落ちること。雪《ゆき》雪崩《なだれ》。

**雪崩を打《う》って** いっせいにどっと。「客は―出口に殺到《さっとう》した」

**なだれこ・む**【なだれ込む】(自五){マ(モ)・ミ(ン)・ム・ム・メ・メ} 大勢の人が一度にどっとはいる。「開場と同時に―」

**ナチ**〔ドイツ Nazi〕(名)→ナチス

**ナチス**〔ドイツ Nazis〕(名) 国家社会主義ドイツ労働者党。また、その党員。ヒトラーを党首としたファシスト政党で、反個人主義・反共産主義・反ユダヤ民族主義をかかげて独裁政治を行ったが、第二次世界大戦をひきおこし、その敗戦により解体した。ナチ。



**ナチュラル**〔英 natural〕■一(形動ダ){ダロ・ダッ(デ・ニ)・ダ・ナ・ナラ・○} 人工的でなく、自然なようす。「―な色」■二(名)〔音〕シャープやフラットによって半音上げたり下げたりした音を、もとの高さにもどす記号。本位記号。記号 ♮

**なつ**【夏】(名) 四季の一つ。年間で最も気温が高い季節。ふつう六・七・八月の三か月。暦《こよみ》のうえでは立夏から立秋の前日まで。陰暦《いんれき》では四・五・六月。

**なっ**【納】→のう(納)

**なついん**『△捺印』(名・自スル) 判をおすこと。また、そのおした印。押印《おういん》。「署名―する」

**なつかし・い**【懐かしい】(形){カロ・カッ(ク)・イ・イ・ケレ・○} 昔のことや別れた人などが思い出されてしたわしい。「―故郷」

**なつかし・む**【懐かしむ】(他五){マ(モ)・ミ(ン)・ム・ム・メ・メ} なつかしく思う。なつかしがる。「少年のころを―」

**なつかはを**《ナツカワヲ》…俳句
〔**夏河を　越《こ》すうれしさよ　手《て》に草履《ぞうり》**〕〈蕪村《ぶそん》〉訳 暑い中を歩いてきた身には、つめたい夏の川をあしでじゃぶじゃぶ渡《わた》ってゆくのがうれしいことだよ。手には脱いだぞうりを持って。(季語「夏河」夏)

**なつがれ**【夏枯れ】(名) 夏の間、商店などの売り上げが落ちること。対 冬枯れ

**なつかわを**…俳句→なつかはを…

**なつぎ**【夏着】(名) 夏に着る衣服。類 夏物。対 冬着

**なつ・く**【懐く】(自五){カ(コ)・キ(イ)・ク・ク・ケ・ケ} 子どもが大人に、また動物が人間に安心してなれ親しむ。「子犬が―」

**なつくさに**…俳句
〔**夏草に　汽罐車《きかんしゃ》の車輪《しゃりん》　来《き》て止《と》まる**〕〈山口誓子《やまぐちせいし》〉訳 駅構内の引きこみ線のレールに機関車が走って来て、黒くたくましい車輪が夏草にふれるばかりのところでゆっくりと止まった。(季語「夏草」夏)

**なつくさや**…俳句
〔**夏草や　兵《つわもの》どもが　夢《ゆめ》の跡《あと》**〕〈芭蕉《ばしょう》〉

訳いま高館《たかだち》の跡《あと》に来てみると、ぼうぼうと夏草がしげるばかりでむかしの面影《おもかげ》はない。しかし、ここはかつて武士たちが栄華《えいが》の夢を見たその跡なのだ。（季語「夏草」夏）

**なづけおや【名づけ親】**『名付け親』（名）親以外で、生まれた子の名前をつける人。名親。

**なづ・ける【名づける】**『名付ける』（他下一）〔ケ・ケ・ケル・ケル・ケレ・ケロ(ケヨ)〕人や物に名前をつける。「太郎《たろう》と━」

**なつご**『夏◇蚕』（名）夏、卵からかえって飼われるかいこ。秋蚕、春蚕に対していう。

**なつこだち【夏木立】**（名）夏、青々と葉をしげらせた、まとまって生えている木々。

**なつじかん【夏時間】**（名）→サマータイム

**ナッツ**〔英 nuts〕（名）くるみ・アーモンドなど、かたい木の実の総称《そうしょう》。「━入りチョコレート」

**ナット**〔英 nut〕（名）ボルトと組み合わせて物をしめつける金具。とめねじ。

（ナット）

**なっとう【納豆】**（名）蒸《む》した大豆《だいず》に納豆菌《きん》をつけ、発酵《はっこう》させた食べ物。

**なっとく【納得】**（名・他スル）人の考えや行動などを理解し、もっともなことと認めること。「━がいく（＝納得する）」

**なっとくずく【納得ずく】**（名）納得したうえであること。「━で引き受ける」

**なつどり【夏鳥】**（名）《動》春に日本に渡《わた》って来て繁殖《はんしょく》し、秋にはまた暖かい南方へ帰っていく渡り鳥。ほととぎす・つばめなど。対冬鳥

**なつのかぜ**…短歌

〔夏のかぜ　山《やま》よりきたり　三百《さんびゃく》の　牧《まき》の若馬《わかうま》　耳《みみ》ふかれけり〕〈与謝野晶子《よさのあきこ》〉訳さわやかな夏の風が、山から吹《ふ》きおろしてきた。牧場のあちこちにいる三百頭ほどの若馬たちのぴんと張った耳は、気持ちよさそうに風に吹かれたことだ。

**なつのかは《ナツノカワ》**…俳句

〔夏の河　赤《あか》き鉄鎖《てっさ》の　はし浸《ひた》る〕〈山口誓子《やまぐちせいし》〉訳どんよりと水をたたえた夏の都会の川。コンクリートの岸から、赤くさびた鉄のくさりが重そうに垂れて、端《はし》が水にひたっている。（季語「夏の河」夏）

**なつのよは**…和歌

〔夏の夜は　まだ宵《よい》ながら　明《あ》けぬるを　雲《くも》のいづこに　月《つき》やどるらむ〕〈古今集《こきんしゅう》・清原深養父《きよはらのふかやぶ》〉訳夏の夜は短いので、まだ宵だと思っているうちに明けてしまったが、月は西の山に行きつくひまもあるまい、いったい雲のどこらあたりに泊《と》まっているのだろう。（小倉《おぐら》百人一首の一つ）

**なつば【夏場】**（名）夏の間。夏のころ。「━によく売れる商品」対冬場

**なっぱ【菜っ葉】**（名）葉の部分を食べる野菜。また、その葉。

**なつばて【夏ばて】**（名・自スル）夏の暑さのためにからだが弱ること。夏まけ。「━を防ぐ」

**なっぱふく【菜っ葉服】**（名）青色の作業服。

**なつび【夏日】**（名）❶夏の暑い日。夏の強い日ざし。❷最高気温がセ氏二五度以上になった日。類真夏日・猛暑《もうしょ》日。対冬日

**ナップザック**〔英 knapsack〕（名）リュックサックを小形で簡単なつくりにしたもの。ナップサック。

**なつまけ【夏負け】**（名・自スル）→なつばて

**なつみかん【夏みかん】**『夏◇蜜△柑』（名）《植》ミカン科の常緑低木。暖地で栽培《さいばい》する。初夏に白色の花が咲《さ》き、実は大形で水分が多く酸味が強い。なつだいだい。

**なつめ**『△棗』（名）《植》クロウメモドキ科の落葉小高木。夏、薄黄《うすき》色の花が咲《さ》く。実は楕円《だえん》形で食用・薬用にする。

（なつめ）

**なつめそうせき**〔夏目漱石〕【人名】（一八六七〜一九一六）明治・大正時代の小説家・英文学者。森鷗外《もりおうがい》とならぶ近代日本文学の代表的作家。反自然主義の立場に立ち、自己をみつめその心理を深くほりさげて独自の作風を示した。作品「吾輩《わがはい》は猫《ねこ》である」「坊《ぼっ》ちゃん」「草枕《くさまくら》」「こころ」「明暗」など。

**なつもの【夏物】**（名）夏に使うもの。特に、夏に着る衣服。「━を出す」類夏着。対冬物

**なつやすみ【夏休み】**（名）学校や会社などの、夏の暑さを避《さ》けるための休み。夏期休暇《きゅうか》。暑中休暇。対冬休み

**なつやせ【夏痩せ】**（名・自スル）夏、暑さのために食欲が落ちたりからだが弱ったりしてやせること。

**なでおろ・す【なで下ろす】**『△撫で下ろす』（他五）〔サ(ソ)・シ・ス・ス・セ・セ〕上から下へなでる。「胸を━（＝ほっとする）」

**なでがた【なで肩】**『△撫で肩』（名）なだらかにさがっている肩。対怒《いか》り肩

**なでぎり【なで切り】**『△撫で斬り』（名）手あたりしだいに敵を切ること。また、なでるように刀で切ること。「多くの敵を━にする」

**なでしこ**『×撫子』（名）《植》ナデシコ科の多年草。山野に多い。八、九月ごろ薄桃《うすもも》色の花が咲《さ》く。秋の七草の一つ。かわらなでしこ。やまとなでしこ。

（なでしこ）

**な・でる**『△撫でる』（他下一）〔デ・デ・デル・デル・デレ・デロ(デヨ)〕❶てのひらなどで軽くさする。「子どもの頭を━」❷物が軽くふれる。「ほおを━風」❸櫛《くし》や手でととのえる。とかす。「髪《かみ》を━・でつける」

**など**『◇等』（副助）❶例として示す。「和歌や俳句━の韻文《いんぶん》」❷（例として示すことで）表現をやわらげる。「コーヒー━いかがですか」❸（多く打ち消しの語をともなって）あることがらを強調する。「雨━一滴《いってき》も降らなかった」❹けんそんの気持ちを表す。「私━にはむりだ」❺けいべつの気持ちを表す。「おまえ━にわかるものか」（＝なんか）

**などころ【名所】**（名）❶有名な所。めいしょ。❷氏名と住所。❸道具・器物の各部分の名称《めいしょう》。

**なとり【名取り】**（名）琴《こと》・三味線《しゃみせん》・舞踊《ぶよう》などの芸が上達し、師匠《ししょう》から芸名をなのることを許され

ること。また、その人。「日本舞踊の―」

**ナトリウム**〔ドイツ Natrium〕(名)〘化〙金属元素の一つ。銀白色で軽くやわらかい。元素記号 Na

**なな【七】**(名) なな。しち。「―色」

**なないろ【七色】**(名) ❶七つの色。❷七種類。また、多くの種類。「―の声」

**なないろとうがらし【七色唐辛子】**(名) ↓しちみ

**ななえ【七重】**(名) 七つ重ねたもの。七つ重ね。転じて、多く重ねたもの。

**七重の膝《ひざ》を八重《やえ》に折《お》る** ていねいな上にもていねいな態度で、頼《たの》みごとをしたりわびたりする。

**ななくさ【七草】**〘七◇種〙(名) ❶春の代表的な七種の植物。⇩はるのななくさ。❷秋の代表的な七種の植物。⇩あきのななくさ

**ななくさがゆ【七草がゆ】**〘七草◇粥・七◇種◇粥〙(名) 春の七草を入れて作るかゆ。正月七日の朝、その年の健康を祈《い》のって食べる。

**ななころびやおき【七転び八起き】**何度失敗してもくじけずにがんばること。また、人生の浮《う》き沈《しず》みがはげしいことのたとえ。「―の人生」

**ななつ【七つ】**(名) ❶一の七倍。なな。しち。❷七個。❸七歳《さい》。

**ななつどうぐ【七つ道具】**(名) (むかし、武士が戦場に出るとき身につけた七種類の武具の意から)仕事をするのに欠かせない一そろいの道具。

**ななひかり【七光】**(名) 親や主人などの威光《いこう》で恩恵《おんけい》を受けること。「親の―」

**ななめ【斜め】**(名・形動ダ) ❶かたむいていること。「棒を―に立てる」❷正面ではなく、すこし横にずれていること。はすかい。「―に横切る」❸気分などが普通《ふつう》ではないこと。「ごきげん―(=きげんが悪いこと)」

**斜めならず** きげんや喜びなどがなみたいていでない。

**ななめよみ【斜め読み】**(名) 文章を軽く目を通す程度に読むこと。流し読み。「新聞を―する」

**なに【何】**[一](代) ❶はっきりせずよくわからない物事をさすことば。「―をして遊ぼうか」❷その名前を言わなくても相手にわかるはずの物事をさすことば。「そこの―を取ってくれ」[二](副) (下に打ち消しの語をともなって)すこしも。まったく。「―不自由なく暮らす」[三](感) ❶驚《おどろ》いて聞き返すときのことば。「―、どうしたって」❷たいしたことではないと、相手のことばを打ち消すときに言うことば。「―、かまうもんか」

**なにおう【名に負う】**↓なにしおう

**なにか【何か】**[一]はっきり決まっていない物事をさすことば。「―あげよう」[二](副) なんとなく。どことなく。「―変だ」

**なにがし**〘◇某〙(代) ❶名前がわからないときや、わざとはっきり言わないときに使うことば。「中村―」❷数や量がはっきりわからないときや、わざとはっきり言わないときに使うことば。「―かのかねを持たせる」

**なにかと【何かと】**〘何◇彼と〙(副) いろいろと。あれこれと。「―めんどうをみる」

**なにがなし【何がなし】**(副) 何がどうだからというのではなく。なんとなく。「―もの足りない気がする」

**なにがなんでも【何が何でも】**何があっても。絶対に。「―負けられない」

**なにかにつけ【何かにつけ】**〘何◇彼につけ〙いろいろな機会に同じことをするようす。機会あるごとに。「―、小言を言う」

**なにからなにまで【何から何まで】**何もかもすべて。「―世話になる」

**なにくれとなく【何くれとなく】**(副) あれやこれやと。いろいろと。「―世話を焼く」

**なにくわぬかお【何食わぬ顔】**何も知らないような顔つきをするようす。そしらぬ顔。「―で聞く」

**なにげな・い【何気ない】**(形)〔カロ・カッ(ク)・イ・イ・ケレ・○〕❶なんという考えもないようす。「―しぐさ」❷人が見ても特に気にならないようにふるまうようす。「―態度をとる」

**なにごと【何事】**(名) ❶どんなこと。「―がおきたのか」❷すべてのこと。万事。「―も努力が必要だ」❸非難する意を表す。どうしたこと。「これは―だ」

**なにしおう【名にし負う】**❶名として持つ。名に負う。❷有名な。名高い。名に負う。「―富士の山」文法「し」は意味を強める助詞。

**なにしおはば**ナニシオワバ…和歌

〔名にし負はば いざこととはむ 都鳥《みやこどり》 わが思《おも》ふ人《ひと》は ありやなしやと〕〈古今集《こきんしゅう》・在原業平《ありわらのなりひら》〉訳 都鳥という名をもっているならば、さあたずねよう。都鳥よ、私の恋《こい》しく思う人は今も京の都で無事に暮らしているかどうかと。

**なにしろ【何しろ】**(副) ほかのことはさておいて、そのことを強調する意を表す。とにかく。なににせよ。なにせ。「―どこもたいへんな人出だ」

**なにとぞ**〘何◇卒〙(副) 相手に強く願う気持ちを表す。どうぞ。どうか。「―よろしくお願い申しあげます」

**なにはがた**ナニワガタ…和歌

〔難波潟 短《みじか》き葦《あし》の ふしのまも 会《あ》はでこの世《よ》を 過《す》ぐしてよとや〕〈新古今集《しんこきんしゅう》・伊勢《いせ》〉訳 難波潟に生えている葦の節と節との間ほどの短い期間さえも、あなたにお会いしないでこの世を過ごせとおっしゃるのでしょうか。

**なにはさておき【何はさておき】**ほかのことはあとまわしにしても、まず第一に。「―かけつける」

**なにはともあれ【何はともあれ】**ほかのことはどうあろうとも、それはそれとして。「―助かってよかった」

**なにはなくとも【何は無くとも】**特別なものはないが。ほかはさしおいても。「―まず一杯《いっぱい》」

**なにぶん【何分】**[一](名) いくらか。「―のご援助《えんじょ》をお願いいたします」[二](副) ❶なんといっても。とにかく。「―子どものことですから」❷なにとぞ。どうか。「―よろしくお伝えください」

**なにほど【何程】**(名) どれほど。どのくらい。「―のこともできない」

**なにも【何も】**(副) (下に打ち消しの語をともなって) ❶何一つ。まったく。「―しないで寝《ね》てばかりいる」❷取りたてて。特別に。「―あわてることはない」

**なにもかも【何もかも】**〘何も◇彼も〙すべて。あれもこれもみな。「時には―いやになることもある」

**なにもの【何物】**（名）どういう物。また、いかなる物。なに。「―にも代えがたい宝」

**なにもの【何者】**（名）どういう人。また、いかなる人。だれ。「彼《かれ》は―だ」「―も及《およ》ばない力」

**なにやかや【何やかや】**『何や◇彼や』あれやこれや。いろいろ。「―といそがしい毎日をすごす」

**なにゆえ【何故】**（副）なぜ。どういうわけで。どうして。「―あの人は姿を現さないのか」

**なにより【何より】**（副・形動ダ）この上ないようす。ほかのどんな物事よりもまさっているようす。「―うれしいプレゼント」「健康が―です」

**なにわ**〔難波・浪速・浪花〕［地名］大阪地方の古い呼び名。

**なにわがた**…［和歌］→なにはがた…

**なにわぶし**『×浪花-節』（名）三味線《しゃみせん》に合わせて語る、義理人情を主題にした大衆的な語り物。浪曲《ろうきょく》。

**なぬし【名主】**（名）《歴》江戸《えど》時代に、代官の下で村の年貢《ねんぐ》の取りたてやとりしまりなどにあたった人。［参考］おもに関東でいい、関西では庄屋《しょうや》といった。

**ナノテクノロジー**〔英 nanotechnology〕（名）一〇億分の一メートル《メートル》（ナノメートル）単位の物質を扱《あつか》う技術。半導体、医療《いりょう》などの分野で応用される。ナノテク。

**なのに**（接）それなのに。そうであるが。「九時に約束した。―三〇分待っても来ない」

**なのはな【菜の花】**（名）《植》あぶらなの花。また、あぶらな。「―畑」

**なのはなや**…［俳句］
〔菜の花や　月《つき》は東《ひがし》に　日《ひ》は西《にし》に〕〈蕪村《ぶそん》〉［訳］一面に広がっている菜の花畑。ふと東の空を見上げるとほのかな夕月がのぼり、ふり返ると西には日がしずもうとしている。（季語「菜の花」春）

**なのり【名乗り】**（名）自分の名前を相手に告げること。また、その名前。特に、武士が戦場で自分の名をさけんだこと。

**名乗りを上《あ》げる**　参加または立候補を表明する。

**なの・る【名乗る】**（自他五）｛ラ(ロ)・リ(ッ)・ル・ル・レ・レ｝❶自分の名前や身分などを相手に告げる。「画家と―男」「―ほどの者ではない」❷自分がそのことの当人であると申し出る。「ガラスを割ったのは僕《ぼく》だと―って出る」

**ナビ**（名・自他スル）❶（英 navigation の略）自動車ラリーなどで、助手が運転手に進路や速度などを指示すること。目的地までの経路を案内すること。❷→カーナビ❸「ナビゲーター」の略。

**なび・く**『△靡く』（自五）｛カ(コ)・キ(イ)・ク・ク・ケ・ケ｝❶風や水の力におされて、横に向かってのびるように動いたり、かたむいたりする。「旗が―」「水草が―」❷相手の力にひきよせられて言うことに従う。「権威《けんい》に―」

**ナビゲーター**〔英 navigator〕（名）❶自動車ラリーで、運転者を補佐《ほさ》して方向や速度を指示する人。❷航海士。❸航空機などの進路を自動で調整する装置。❹補佐役。案内役。「番組の―」

**ナプキン**〔英 napkin〕（名）❶食事のとき衣服をよごさないように、胸やひざにかける布や紙。ナフキン。「紙―」❷生理用品の一種。

**ナフサ**〔英 naphtha〕（名）石油の成分中でガソリンと灯油の中間にある成分。ガソリンの原料、また、エチレンやプロピレンなどの石油化学製品の原料となる。

**なふだ【名札】**（名）名前を書いたふだ。

**ナフタリン**〔ドイツ Naphthalin〕（名）コールタールから作る、水にとけない白い板状の結晶《けっしょう》。防臭剤《ぼうしゅうざい》・防虫剤や合成樹脂《じゅし》の原料などに使われる。

**なぶ・る**『△嬲る』（他五）｛ラ(ロ)・リ(ッ)・ル・ル・レ・レ｝❶弱い者をおもしろがってからかいいじめる。「新入社員を―」❷手などでもてあそぶ。いじりまわす。「風が髪《かみ》を―」

**なべ【鍋】** 17画 金9 ［訓］なべ　亼 金 釦 釦 鍋 鍋
なべ。◆鍋物 ◆鉄鍋 ⇩付録「漢字の筆順(7)円」

**なべ【鍋】**（名）❶食べ物を煮《に》るときに使ううつわ。金属や陶器《とうき》製で、底が浅く取っ手・つるのついたもの。❷（「なべ料理」の略）なべで煮ながら食べる料理。鍋物《なべもの》。「ちゃんこ―」「寄せ―」

**なべずみ【鍋墨】**（名）なべやかまなどの底に黒くついたすす。

**なべて**『◇並べて』（副）一般《いっぱん》に。概《がい》して。「―最近の若者は体格がいい」

**なべて**〔並べて〕（副）［古語］❶一般《いっぱん》に。総じて。「―心柔《やわ》らかに、情けある故《ゆえ》に」〈徒然草《つれづれぐさ》〉［訳］（都の人は）一般に気持ちがおだやかで、人情があるので。❷一面に。一帯に。「あまぎる雪の―降れれば」〈古今集〉［訳］空がくもって雪が一面に降っているので。❸ひととおり。ふつう。「木立《こだち》・前栽《せんざい》など、―の所に似ず、いとのどかに、心にくく住みなし給《たま》へり」〈源氏物語〉［訳］（六条御息所《みやすんどころ》の邸《やしき》は）庭の木々や植え込《こ》みなども、ふつうの邸とはちがって、たいそうゆったりとして、奥《おく》ゆかしい感じにして住んでいらっしゃった。

**なべぶた【鍋蓋】**（名）漢字の部首の一つ。「京」「亭」などの上部の「亠」の部分。けいさんかんむり。

**なへん【ナ変】**（名）《文法》「ナ行変格活用」の略。

**なへん【那辺・奈辺】**（代）特定できない場所をさすことば。どのへん。どこ。「彼《かれ》の意図は―にあるか」

**なほし**〔直衣《ノウシ》〕（名）［古語］→のうし（直衣）

**なま【生】** ㊀（名・形動ダ）❶肉・魚・野菜などを、煮《に》たり焼いたり干したりしていないこと。「―のまま食べる」❷殺菌《さっきん》や熱処理などの加工をしていないこと。「―の牛乳」❸手が加えられず直接そのままであること。「―の声」「―放送」㊁（接頭）❶物事がじゅうぶんでない意を表す。「―煮え」「―返事」❷「少し」「なんとなく」という意を表す。「―ぬるい」

**なまあくび【生あくび】**『生×欠伸』（名・自スル）じゅうぶんに出ない小さなあくび。「―をかみころす」

**なまあたたか・い【生暖かい】**（形）｛カロ・カッ(ク)・イ・イ・ケレ・○｝なんとなくあたたかい。「―風が吹《ふ》く」

**なまいき【生意気】**（名・形動ダ）年齢《ねんれい》や身分・経験などにふさわしくない、えらそうな言動をすること。「―なことを言うな」「―な態度」

**なまえ【名前】**（名）❶ほかのものと区別するために人や物、場所などにつける呼び方。名。名称《めいしょう》。❷姓《せい》に対する名。「母親が子どもの―を呼ぶ」

**なまがし【生菓子】**（名）❶おもにあんを使った水分

の多い和菓子。餅《もち》菓子・饅頭《まんじゅう》など。対干菓子《ひがし》。❷クリームやくだものなどを使った洋風の菓子。シュークリームやショートケーキなど。

**なまかじり**【生かじり】〖生△齧り〗（名・他スル）物事の一部分を知っているだけで、本質をじゅうぶんに理解していないこと。「―の知識」

**なまがわき**【生乾き】（名）じゅうぶんに乾ききっていないこと。「―の作業着」

**なまき**【生木】（名）❶地に生えて生きている木。❷切ったばかりで、まだじゅうぶんに乾《かわ》いていない木。

**生木を裂《さ》く** 愛しあっている男女や夫婦《ふうふ》をむりやり別れさせる。「―ようなしうち」

**なまきず**【生傷】〖生△疵〗（名）新しい傷。「―が絶えない」対古傷《ふるきず》

**なまぐさ**【生臭】〖△腥〗（名）なまぐさいこと。また、そのもの。

**なまぐさ・い**【生臭い】〖△腥い〗（形）〔カロ・カツ(ク)・イ・イ・ケレ・○〕❶なまの魚や肉のにおいがする。「魚をさばいたので、まな板が―」❷血のにおいがする。「戦陣《せんじん》の―風」❸なまなましく俗《ぞく》っぽい。「―話」

**なまぐさもの**【生臭物】〖△腥物〗（名）なまぐさいもの。魚・肉など。

**なまくび**【生首】（名）切り落としたばかりの首。

**なまくら**〖◇鈍〗（名・形動ダ）❶よく切れない刃物《はもの》。「―な包丁《ほうちょう》」❷いくじがなかったり、なまけ者であったりすること。

**なまクリーム**【生クリーム】（名）牛乳から取り出した脂肪分《しぼうぶん》。洋菓子《ようがし》などに使う。▽クリームは、英 cream

**なまけもの**〖×樹懶〗（名）《動》ナマケモノ科の哺乳《ほにゅう》動物。南アメリカの森林にすむ。猿《さる》に似るが、日中は長いつめで木にぶらさがっていて、あまり動かない。

**なまけもの**【怠け者】（名）なまけてばかりいる人。

**怠け者の節句《せっく》働《ばたら》き** ふだんなまけている人にかぎって、人の休むときに働くものだということ。

**なま・ける**【怠ける】（自下一）〔ケ・ケ・ケル・ケル・ケレ・ケロ(ケヨ)〕すべきことをまじめにやらないでいる。おこたる。「仕事を―」

**なまこ**〖×海鼠〗（名）《動》棘皮《きょくひ》動物の一種。海底にすむ。からだは細長く、背中にたくさんのいぼがある。

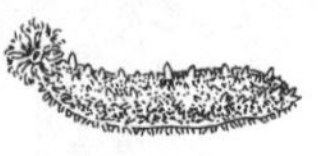

（なまこ）

**なまこいた**【生子板】〖×海鼠板〗（名）亜鉛板《あえんばん》・鉄板・ビニール板などを波形に曲げたもの。屋根・壁《かべ》・へいなどに用いる。波板《なみいた》。

**なまごみ**【生ごみ】（名）台所から出る食事の残りや食品のくずなど、水気のあるごみ。

**なまゴム**【生ゴム】（名）ゴムの木からとった液をかためたねばりのある物質。ゴム製品の原料になる。▽ゴムは、オランダ gom

**なまごろし**【生殺し】（名）❶殺しかけて途中《とちゅう》でやめ、そのままにして苦しませること。半殺し。「蛇《へび》の―」❷物事の決着をつけないで中途はんぱにしておき、相手を困らせること。

**なまじ**（副・形動ダ）❶中途《ちゅうと》はんぱなようす。いいかげん。「―知っているからかえって困る」❷むしろしないほうがよいという意を表す。「―手を出すから失敗するのだ」

**なまじい**（副・形動ダ）→なまじ

**なまじっか**（副・形動ダ）→なまじ

**なます**〖△膾・△鱠〗（名）なまの魚や貝、またはだいこんやにんじんを細かく切って酢《す》にひたした食べ物。

**なまず**〖△鯰〗（名）《動》ナマズ科の魚。川や池などのどろの底にすむ。うろこはなく、四本のひげを持つ。

**なまたまご**【生卵】（名）ゆでたり焼いたりしていない、なまの卵。特に、にわとりの卵。

**なまつば**【生唾】（名）すっぱいものやおいしそうなものを見たり想像したりしたときなどに、口の中に自然に出てくるつば。「―を飲みこむ」

**なまづめ**【生爪】（名）指に生えているままのつめ。「―をはがす」

**なまなか**【生なか】〖生◇半〗（副・形動ダ）どっちつかずで中途《ちゅうと》はんぱなようす。「―な同情はよせ」

**なまなまし・い**【生生しい】（形）〔カロ・カツ(ク)・イ・イ・ケレ・○〕❶今起こったばかりのことのように新しい。「―血のあと」❷現実味をおびていて、目の前に見えるようである。「―描写《びょうしゃ》」

**なまにえ**【生煮え】（名・形動ダ）❶食べ物がじゅうぶん煮えていないこと。また、そのもの。❷態度がどっちつかずであるようす。「―な返答ばかりしている」

**なまぬる・い**【生ぬるい】〖生◇温い〗（形）〔カロ・カツ(ク)・イ・イ・ケレ・○〕❶あたたかさや冷たさが中途《ちゅうと》はんぱである。「―みそ汁《しる》」「―ビール」❷てぬるい。きびしくない。「―処置」

**なまはんか**【生半可】（名・形動ダ）物事がどっちつかずで中途《ちゅうと》はんぱなこと。「―な覚悟《かくご》ではやり通せない」

**なまビール**【生ビール】（名）殺菌《さっきん》のための熱を加えていないビール。▽ビールは、オランダ bier

**なまびょうほう**【生兵法】（名）（少しばかり兵法や武術を知っている意から）中途《ちゅうと》はんぱな知識や技術を身につけていること。

**生兵法は大怪我《おおけが》のもと** 中途《ちゅうと》はんぱな知識や技術があるとかえって大きな失敗をするというたとえ。

**なまへんじ**【生返事】（名・自スル）気のない返事。いいかげんな受け答え。「話しかけても―しかしない」

**なまほうそう**【生放送】（名）テレビ・ラジオなどで、録画・録音などによらず、収録現場から同時刻に直接放送すること。

**なまぼし**【生干し】〖生◇乾し〗（名・他スル）じゅうぶんに干していないこと。また、そのもの。

**なまみ**【生身】（名）生きているからだ。「―の人間」

**なまみず**【生水】（名）わかしていない水。

**なまめか・し**〔艶めかし〕（形シク）古語❶若々しい。みずみずしい。「人の親にて、重き位と見え給《たま》はず、若う、―・しき御さまなり」〈源氏物語〉訳（源氏は）子もあって高い位とはお見えにならず、若く、みずみずしいごようすである。❷優美だ。上品だ。「神楽《かぐら》こそ、―・しくおもしろけれ」〈徒然草《つれづれぐさ》〉訳神楽は、優雅《ゆうが》で興味深い。❸色っぽい。つやっぽい。「けさうなどのたゆみなく、―・しき人にて」〈紫式部《むらさきしきぶ》日記〉訳化粧《けしょう》などおこたりなくして、色っぽい人で。

**なまめかし・い**『◇艶めかしい』(形) {カロ・カッ(ク)・イ・イ・ケレ・○} しぐさや姿があでやかで美しい。いろっぽい。「—目つき」

**なまもの【生物】**(名) 煮《に》たり焼いたり干したりしていない、なまのままの食べ物。多く、魚類や生菓子《なまがし》のことをいう。注意「せいぶつ」と読むと別の意味になる。

**なまやさし・い【生易しい】**(形) {カロ・カッ(ク)・イ・イ・ケレ・○} たやすい。簡単にできる。「初志を貫《つらぬ》くのは—ことではない」使い方 あとに「ない」「ません」などの打ち消しのことばがくる。

**なまり【鉛】**(名)《化》金属元素の一つ。青灰色で重くやわらかい。低い温度でとけ、加工が容易なので、はんだにするなど用途《ようと》が広い。有毒。元素記号 Pb

**なまり**『△訛り』(名) ある地方独特の発音やアクセント。「—のある話し方」

**なま・る**『△訛る』(自五) {ラ(ロ)・リ(ッ)・ル・ル・レ・レ} 標準語とはちがった、ある地方独特の発音やアクセントになる。「『しつこい』が—・って『ひつこい』となる」

**なま・る**『◇鈍る』(自五) {ラ(ロ)・リ(ッ)・ル・ル・レ・レ} ❶刃物《はもの》の切れ味が悪くなる。「刀が—」❷力や勢い、技量などが落ちる。にぶる。「うでが—」

**なまワクチン【生ワクチン】**(名)《医》感染症《かんせんしょう》に対する免疫《めんえき》を人工的につくるために用いる、生きた菌《きん》・ウイルスの毒性を弱めてつくった薬。小児まひのポリオ生ワクチンなど。▽ワクチンは、ドイツ Vakzin

**なみ【並・並み】**一(名) よくも悪くもないこと。ふつう。「—の人間」二(接尾) ❶同じものがいくつもならんでいることを表す。「軒《のき》—」❷同じ程度であることを表す。「人—に勉強する」「平年—」

**なみ【波】**(名) ❶風などのために水の表面に起こる起伏《きふく》運動。「—が立つ」「—が高い」
❷《物》振動《しんどう》がつぎつぎに伝わっていく現象。波動。「光の—」
❸物事に、変化や起伏があること。「成績に—がある」「感情の—」
❹流れるように次々とおしよせるもの。「時代の—」「人の—」

**波に乗《の》る** 時代の動きにうまく合って栄える。また、勢いにのる。「時代の—」「調子の—」

表現 さざ波・白波《しらなみ》・小波・大波・荒波《あらなみ》・逆波《さかなみ》・波浪《はろう》・波濤《はとう》・怒濤《どとう》・波の花・金波銀波 ◆波立つ・波打つ・うねる・逆巻く

**なみあし【並足】**(名) ❶ふつうの速さの足なみ・歩き方。「駅から、—で五分」❷馬のあゆみで、もっともゆるやかなもの。

**なみ・いる【並み居る】**(自上一) {イ・イ・イル・イル・イレ・イロ(イヨ)} その場にならんでいる。ならんですわっている。「—人びと」

**なみうちぎわ【波打ち際】**(名) 波が寄せたり、引いたりする所。なぎさ。みぎわ。「—で遊ぶ」

**なみう・つ【波打つ】**(自五) {タ(ト)・チ(ッ)・ツ・ツ・テ・テ} ❶波がうち寄せる。「—岸辺」❷波のように起伏《きふく》が生じる。波の形にうねる。「稲穂《いなほ》が—」

**なみがしら【波頭】**(名) 波が高くもり上がったいちばん先のところ。波頭《はとう》。波の穂《ほ》。

**なみかぜ【波風】**(名) ❶風が強く吹《ふ》いて波が立つこと。❷争いごと。もめごと。「—が絶えない」

**波風が立《た》つ** 争いやもめごとがおこる。「家中に—」

**なみき【並木】**(名) 道路に沿って植えてある木。街路樹《がいろじゅ》。「ポプラ—」

**なみじ【波路】**(名) 船のかよう道すじ。航路。

**なみせい【並製】**(名) 大きさや品質などがふつうに作ってあること。また、そのもの。「—の本」対 上製

**なみだ【涙】**(名) ❶悲しみ・苦しみ・喜びなどを感じたり、痛みなどの刺激《しげき》を受けたりしたとき、涙腺《るいせん》から出る液体。「—を浮《う》かべる」「喜びの—」
❷人間的な感情。思いやり。「血も—もない人」

**涙を呑《の》む** 涙が出そうなのをこらえる。また、くやしさをじっとがまんする。「涙を呑んで引きさがる」

**なみだあめ【涙雨】**(名) ❶悲しみの涙が雨となって降ってくるのかと思われるような雨。悲しい思いの時に降る雨。「別離《べつり》を—がぬらす」❷少しだけ降る雨。

**なみたいてい【並大抵】**(名・形動ダ) ふつうの程度であること。ひととおり。「—の苦労ではなかった」使い方 多く、あとに「ない」「ません」などの打ち消しのことばがくる。

**なみだきん【涙金】**(名) 今までの関係を断《た》つときなどにあたえるわずかの金。「—をもらって退職する」

**なみだぐまし・い【涙ぐましい】**(形) {カロ・カッ(ク)・イ・イ・ケレ・○} 同情や感心のあまり涙が出るほどだ。「—努力」

**なみだぐ・む【涙ぐむ】**(自五) {マ(モ)・ミ(ン)・ム・ム・メ・メ} 目に涙を浮《う》かべる。「しかられて—」

**なみだごえ【涙声】**(名) 涙ぐんで泣きそうな声。泣きながら話す声。「話しているうちに—になる」

**なみだ・つ【波立つ】**(自五) {タ(ト)・チ(ッ)・ツ・ツ・テ・テ} ❶波がおこる。「湖面が—」❷心が動揺《どうよう》する。「胸が—」❸おだやかでなくなる。もめごとがおこる。「家の中が—」

**なみだながら【涙ながら】**(副) 泣きながら。「—(に)訴《うった》える」

**なみだめ【涙目】**(名) ❶涙ぐんだ目。「—で訴《うった》える」❷眼病のため、異常に涙の出る目。

**なみだもろ・い【涙もろい】**『涙△脆い』(形) {カロ・カッ(ク)・イ・イ・ケレ・○} ちょっとしたことにも感動して涙を流しやすい。「—性格」

**なみなみ**(副) 液体が、容器からあふれてこぼれそうなほどいっぱいあるようす。たっぷり。「—(と)酒をつぐ」

**なみなみならぬ【並並ならぬ】**ひととおりではない。ふつうではない。「—努力」

**なみのはな【波の花】**(名) ❶波がくだけて白く見えるところを花にたとえたことば。「—が咲《さ》く」❷塩。

**なみのほ【波の穂】**(名) →なみがしら

**なみのり【波乗り】**(名) →サーフィン

**なみはず・れる【並外れる】**(自下一) {レ・レ・レル・レル・レレ・レロ(レヨ)} 程度がふつうのものとは大きくかけはなれている。けたはずれだ。「—・れた記憶《きおく》力を持つ少年」

**ナミビア**〔Namibia〕[地名]アフリカ大陸南西部の大西洋に臨む共和国。首都はウィントフック。

**なみひととおり【並一通り】**(名・形動ダ) ふつうであること。ありきたりであること。「この作品のできばえは—ではない」

**なみま【波間】**(名) 波と波との間。「—にただよう」

**なみまくら【波枕】**(名) ❶(波をまくらに寝《ね》るということから)船の中で寝ること。船の旅。❷まくらもと

に波の音が聞こえてくること。

**なむあみだぶつ**『南無△阿◇弥△陀仏』(名)〘仏〙浄土《じょうど》宗、浄土真宗などで阿弥陀如来《あみだにょらい》を拝むときに唱えることば。

**なむさん**【南無三】(感)「南無三宝《なむさんぼう》㊁」の略。「—、しくじった」

**なむさんぼう**【南無三宝】㊀(名)〘仏〙仏・法・僧《そう》の三宝を信じて教えに従う意を表すことば。㊁(感)驚《おどろ》いたり失敗したりしたときなどに発することば。しまった。なむさん。

**なめくじ**『×蛞蝓』(名)〘動〙ナメクジ科の軟体《なんたい》動物。しめった所にすみ、くだものや野菜などを食べる。塩をかけるとからだがしぼむ。なめくじら。

**なめこ**『◇滑子』(名)モエギタケ科のきのこ。茶色でぬるぬるし、腐《くさ》ったぶな・えのきなどに群がり生える。風味があり、食用に栽培《さいばい》する。

**なめしがわ**【なめし革】『△鞣し革』(名)動物の毛皮から毛と脂肪《しぼう》を取り去ってやわらかくしたもの。「—の財布《さいふ》」

**なめ・す**『△鞣す』(他五){サ(ソ)・シ・ス・ス・セ・セ}動物の毛皮から毛と脂肪《しぼう》を取り去ってやわらかくする。「皮を—」

**なめらか**【滑らか】(形動ダ){ダロ・ダッ(デ・ニ)・ダ・ナ・ナラ・○}❶表面がすべすべしているようす。「—な手ざわり」❷物事がつかえたり、とどこおったりせずに、すらすらと進むようす。「話し合いが—に進む」

**な・める**『△嘗める・△舐める』(他下一){メ・メ・メル・メル・メレ・メロ(メヨ)}❶なでるように舌の先で物の面にふれる。「犬が顔を—」❷かまずに舌で味わう。「あめを—」❸つらいことや苦しいことを経験する。「辛酸《しんさん》を—・めつくす」❹たいしたことはないと思って相手をばかにする。あまく見る。「子どもを—・めてはいけない」

**なや**【納屋】(名)農家などの物置小屋。

**なやまし・い**【悩ましい】(形){カロ・カッ(ク)・イ・イ・ケレ・○}❶すぐには結論が出せず悩まされる。「—問題」❷気分や健康がすぐれなくて苦しい。「—日々が続く」❸性的な感覚が刺激《しげき》されて心が乱される。「—声」

**なやま・す**【悩ます】(他五){サ(ソ)・シ・ス・ス・セ・セ}苦しめる。こまらせる。「問題が解決できず頭を—」

**なやみ**【悩み】(名)悩むこと。「—の種」

**なや・む**【悩む】(自五){マ(モ)・ミ(ン)・ム・ム・メ・メ}❶どうしたらいいのかとあれこれ思い苦しむ。「恋《こい》に—」❷肉体的に苦しむ。病気や痛みで苦しむ。「頭痛に—」

**仕組みの解明**「悩む」

**Q** 頭痛を悩む？ 頭痛に悩む？ 頭痛で悩む？

| | | を | に | で | |
|---|---|---|---|---|---|
| A | 速く走れないこと | ○ | ○ | ○ | 悩む |
| B | 頭痛 | × | ○ | ○ | 悩む |

**A**・「を」は内容を、「に」「で」は原因を表す。

・Bのように悩む内容を表す名詞には「を」が使えない。

・「頭痛に悩む」のように長期間にわたることがらでは「に」が、「先日失敗したことで悩む」のように一時的な原因には「で」が使われることが多い。

**なよなよ**(副・自スル)弱々しくたよりなさそうなようす。「—(と)した男」

**なよやか**(形動ダ){ダロ・ダッ(デ・ニ)・ダ・ナ・ナラ・○}細くしなやかで弱々しいようす。「—なからだつき」

**なら**『△楢』(名)〘植〙ブナ科の落葉高木のうち、こなら、みずならなどの総称《そうしょう》。山野に生え、五月ごろ小さな黄色の花がひも状につく。実を「どんぐり」という。材は家具や炭として使われる。

**なら**㊀(接)そういうことなら。それなら。「そうか。—、それでよい」㊁断定の助動詞「だ」の仮定形。❶(体言や用言の終止形について)仮定の条件を表す。…ならば。「遊んでいる—手伝え」❷(体言について)問題とすることがらをとりあげて示す。「彼女《かのじょ》—さっき帰った」

**ならい**【習い】(名)❶習慣。しきたり。ならわし。「この土地の—に従う」❷それがあたりまえであること。つね。「世の—」

**習い性《せい》となる**　習慣は、くり返すうちにその人の生まれつきの性質のようになる。

**ならいごと**【習い事】(名)芸事などを先生について教わり習うこと。稽古事《けいこごと》。「—を始める」

**なら・う**【倣う】(他五){ワ(オ)・イ(ッ)・ウ・ウ・エ・エ}すでにある物事を手本にして同じようにする。まねる。「前例に—」

**なら・う**【習う】(他五){ワ(オ)・イ(ッ)・ウ・ウ・エ・エ}❶教えてもらう。「外国人に言葉を—」「親から料理を—」❷くり返し練習して覚える。「字を—」

**習うより慣《な》れろ**　人から教わるよりも、自分で何度もやってみるほうが、しぜんに物事は身につくものだ。

**仕組みの解明**「習う」

**Q** 先生に習う？ 先生から習う？

| | | に | から | |
|---|---|---|---|---|
| A | 小学校ではあの先生 | ○ | × | 習った |
| B | あの先生 | ○ | ○ | 数学を習った |

**A**・教えられた内容を言わずに受け持ってもらったことを表す場合は「から」が使えない。

・内容を示す場合はどちらも言えるが、「から」は習った内容が知識として移動することに、「に」は教え手と習い手の関係に重点がある。

**ならく【奈落】**（名）（仏教で地獄《じごく》の意から）❶物事のどん底。絶望的な状況《じょうきょう》。「―につき落とされる」❷劇場で、舞台《ぶたい》の床下《ゆかした》に造った地下室。

**奈落の底《そこ》**（地獄《じごく》の底の意から）どうやっても抜《ぬ》け出せそうにない、絶望的な状態。「―に落ちる」

**ならし**『◇均し』（名）❶ならすこと。「地《じ》―」❷平均すること。でこぼこをなくして平らにすること。

**ならじだい【奈良時代】**（名）〘歴〙奈良に都のあった時代。七一〇年に元明天皇《げんめいてんのう》が藤原《ふじわら》京から奈良に都を移してから、七八四年に桓武《かんむ》天皇が長岡《ながおか》京に都を移すまでであるが、広い意味では平安京に都を移した七九四年までをいう。

**なら・す**『◇均す』（他五）{サ(ソ)・シ・ス・ス・セ・セ}❶でこぼこをなくして平らにする。「土地を―」❷数や量などを平均する。「仕事を―・して分担する」

**なら・す【鳴らす】**（他五）{サ(ソ)・シ・ス・ス・セ・セ}❶音を出すようにする。「鈴《すず》を―」❷有名になる。評判をとる。「学生時代、駿足《しゅんそく》で―・した男」❸言い立てて相手をせめる。「不平を―」

**なら・す【慣らす】**『△馴らす』（他五）{サ(ソ)・シ・ス・ス・セ・セ}❶動物を人間になつくようにする。てなずける。「小犬を―」❷新しい環境《かんきょう》などになれるようにする。なじませる。「足を―」

**ならずもの【ならず者】**（名）決まった職業もなく、ぶらぶらしていて悪いことをする者。ごろつき。

**ならづけ【奈良漬け】**（名）しろうりなどを酒かすにつけたもの。

**ならでは** …でなくては。…だけに可能な。「その土地―の心あたたまる情景」「専門家―の意見」

**ならない** ❶禁止を表す。…してはいけない。「行っては―」❷（打ち消しの語の下について）そうする義務・必要があることを表す。…しないといけない。「宿題をやらなければ―」❸（打ち消しの語の下について）強い断言を表す。…なくてはすまない。「わが社になくては―人」❹…でしかたがない。「さみしくて―」❺…できない。「がまん―」

**ならび【並び】**（名）❶並ぶこと。並んだもの。また、並んだようす。「歯の―が悪い」❷道路の同じ側。「銀行の―にある本屋」❸比べるべきもの。たぐい。「この世に―もない美しさ」

**ならびな・い【並び無い】**（形）{カロ・カッ(ク)・イ・イ・ケレ・○}他に比べるものがない。たぐいない。「世に―科学者」

**ならびに【並びに】**（接）同種のものや似たものを並べていうときのことば。また。および。「氏名―生年月日を言いなさい」

**なら・ぶ【並ぶ】**（自五）{バ(ボ)・ビ(ン)・ブ・ブ・ベ・ベ}❶隣《とな》りあうように位置する。「―・んで歩く」❷列をつくる。「番号順に―」❸向きをそろえるなどして、ある一定の基準で配置される。「めずらしい品物が―店」「テーブルに料理が―」❹程度が同じものとしてある。匹敵《ひってき》する。「―者がない腕前《うでまえ》」「―・び称《しょう》される」

**なら・べる【並べる】**（他下一）{ベ・ベ・ベル・ベル・ベレ・ベロ(ベヨ)}❶隣《とな》りあうように置く。「机を―」❷列をつくるように置く。また、向きをそろえるなどして、ある一定の基準で配置する。「机の上にカードを―」「大きい順に―」❸いっしょにして比べる。また、匹敵《ひってき》させる。「肩《かた》を―」❹つぎつぎに言う。「不平を―」

**ならわし【習わし】**『◇慣わし』（名）古くから行われてきたやり方。しきたり。習慣。「世間の―」

**-なり**（接尾）❶それに似た形・ようすである意を表す。「弓―になる」❷それにふさわしい程度である意を表す。「私―の考え方」❸そっくりそれに従う意を表す。「親の言い―になる」

**なり**『◇形』（名）❶かたち。からだつき。「―が小さい」❷みなり。服装。「しゃれた―をしている」

**なり【鳴り】**（名）鳴ること。また、その音。

**鳴りを静《しず》める** →なりをひそめる

**鳴りを潜《ひそ》める** 物音をさせずに静かにしている。また、はなばなしく活動していた者がじっとしている。

**なり** ㊀（副助）そのなか、または他の同様のものから一つを選ぶように例を示す意を表す。「鉛筆《えんぴつ》―万年筆―書きやすいものでお書きください」㊁（接助）❶二つの動作が続けておこる意を表す。…するとすぐ。「出かける―雨になる」❷同じ状態が続いている意を表す。…のまま。「建材が置かれた―になっている」

**なりあが・る【成り上がる】**（自五）{ラ(ロ)・リ(ッ)・ル・ル・レ・レ}身分の低い者が急に出世する。また、貧しい者が急に金持ちになる。「一代で―」対成り下がる

**なりかつよう【ナリ活用】**（名）〘文法〙文語形容動詞の活用の一種で、終止形の活用語尾が「なり」となるもの。「なり」は、「に」に「あり」がついて変化したもので、「なら・なり(に)・なり・なる・なれ・なれ」と活用する。「静かなり」「明らかなり」など。

**なりかわ・る【成り代わる】**（自五）{ラ(ロ)・リ(ッ)・ル・ル・レ・レ}その人のかわりとなる。代理を務める。「本人に―・ってお礼を申しあげます」

**なりきん【成金】**（名）❶将棋《しょうぎ》で、敵陣《てきじん》にはいって金将と同等になった駒《こま》。❷貧乏《びんぼう》だった人が急に金持ちになること。また、その人。「土地―」

**なりさが・る【成り下がる】**（自五）{ラ(ロ)・リ(ッ)・ル・ル・レ・レ}落ちぶれる。転落する。「犯罪者に―」対成り上がる

**なりすま・す【成りすます】**『成り済ます』（自五）{サ(ソ)・シ・ス・ス・セ・セ}いかにもそのものらしく見せかけてふるまう。「客に―」

**なりたち【成り立ち】**（名）❶物事ができあがること。また、できあがるまでの順序や経過。「教育制度の―」❷できあがったものの仕組み。「漢字の―」

**なりた・つ【成り立つ】**（自五）{タ(ト)・チ(ッ)・ツ・ツ・テ・テ}❶いくつかのものが集まって一つのものができあがる。「さまざまな人びとによって社会は―・っている」❷条件などが満たされてしっかりしたものとしてまとまる。「解釈《かいしゃく》が―」「会話が―・たない」❸経済的に続けられる。「商売が―」「生活が―」

**なりは・てる【成り果てる】**（自下一）{テ・テ・テル・テル・テレ・テロ(テヨ)}すっかり落ちぶれた状態になってしまう。「みじめな姿に―」

**なりひび・く【鳴り響く】**（自五）{カ(コ)・キ(イ)・ク・ク・ケ・ケ}❶音が四方に広く伝わる。「サイレンの音が―」❷名声や評判などが広く知れわたる。「その名が天下に―」

**なりひら**〔業平〕〔人名〕→ありわらのなりひら

**なりふり**『◇形振り』(名) 身なりとそぶり。服装と態度。「—かまわず働く」

**なりもの**【なり物】『◇生り物』(名) ❶実のなるもの。特に、くだもの。❷田畑の収穫《しゅうかく》。

**なりもの**【鳴り物】(名) ❶楽器。❷歌舞伎《かぶき》や芝居《しばい》などのおはやし。

**なりものいり**【鳴り物入り】(名) ❶芝居《しばい》などで、笛《ふえ》・太鼓《たいこ》・三味線《しゃみせん》などの楽器を用いてにぎやかにはやしたてること。「—の派手《はで》な応援《おうえん》」❷おおげさな宣伝をすること。「—でタレントを売り出す」

**なりゆき**【成り行き】(名) 物事が自然に変化していくようす。また、その過程や結果。「—を見守る」

**なりわい**『×生業』(名) 生きていくための仕事。家業。「日々の—に精を出す」

**な・る**『◇生る』(自五) ｛ラ(ロ)・リ(ッ)・ル・ル・レ・レ｝ 植物の実ができる。みのる。「りんごが—」

**な・る**【成る】(自五) ｛ラ(ロ)・リ(ッ)・ル・ル・レ・レ｝ ❶できあがる。しあがる。実現する。「研究が—」「全国制覇《せいは》が—」❷いくつかのものが集まって一つのものが作りあげられている。「前編と後編から—小説」❸将棋《しょうぎ》で、王将・金将以外の駒《こま》が敵陣《てきじん》に進み裏返しになって、金将またはそれ以上の力を持つ。

**な・る**『◇為る』(自五) ｛ラ(ロ)・リ(ッ)・ル・ル・レ・レ｝ ❶あるものが、前とちがった形やようすにかわる。「中学生に—」「やる気に—」「値段が安く—」❷ある時や数値に達する。「春に—」「合計で一万円に—」❸ある働きをする。「ために—」「使いものに—・らない」❹(多く「ならない」の形で)禁止を表す。「見ては—・らない」⇒ならない ❺(「お(ご)…になる」の形で)相手の動作に対する尊敬の意を表す。「お出かけに—」

**な・る**【鳴る】(自五) ｛ラ(ロ)・リ(ッ)・ル・ル・レ・レ｝ ❶音がする。音が出る。「鐘《かね》が—」「電話が—」「おなかが—」❷広く世間に知られる。「頭脳明《めい》晰《せき》をもって—」

**なるこ**【鳴子】(名) 小さな竹筒《たけづつ》を板にかけならべて縄《なわ》につるし、縄を引くとからからと鳴るように作った道具。田畑で鳥を追いはらうのに使う。

(なるこ)

**ナルシシズム**〔英 narcissism〕(名) 自分の美しさに自分でうっとりすること。自己陶酔《とうすい》。ナルシズム。

**なるたけ**『成る丈』(副) できるだけ。なるべく。「—早く行くようにします」

**なるべく**『成る◇可く』(副) できるだけ。できるかぎり。なるたけ。「—むだ遣《づか》いしないように」

**なるほど**『成る程』 ━ (副) 前から聞いていたとおりだと確認・納得《なっとく》する意を表す。ほんとうに。「—りっぱな人だ」 ━ (感) 相手のことばにあいづちを打ったり同意したりする意を表す。「—、それももっともだ」

**なれあ・う**【なれ合う】『△馴れ合う』(自五) ｛ワ(オ)・イ(ッ)・ウ・ウ・エ・エ｝ ❶おたがいの利益になるようにうまく事を運ぶため、ひそかに示し合わせる。ぐるになる。「役人と業者が—」❷おたがいに親しみあう。「気が合って—」

**ナレーション**〔英 narration〕(名) 映画やテレビ・ラジオなどで、画面や場面についての、語り手による説明。

**ナレーター**〔英 narrator〕(名) 映画やテレビ・ラジオなどで、物語の筋や進行を説明する人。語り手。

**なれそめ**『△馴れ初め』(名) 恋愛《れんあい》関係が生じたきっかけ。「二人の—を聞きだす」

**なれっこ**【慣れっこ】(名) すっかりなれてしまって平気なこと。「おこられることに—になる」

**なれなれし・い**『△馴れ△馴れしい』(形) ｛カロ・カッ(ク)・イ・イ・ケレ・○｝ (それほど親しいわけでもないのに)遠慮《えんりょ》がなさすぎると思われるほど、親しげにふるまうようす。「—態度」

**なれのはて**【なれの果て】『成れの果て』 おちぶれた結果。また、その姿。「人気者の—」

**な・れる**『△馴れる』(自下一) ｛レ・レ・レル・レル・レレ・レロ(レヨ)｝ 親しくなってなつく。「よく人に—・れた犬」

**な・れる**【慣れる】(自下一) ｛レ・レ・レル・レル・レレ・レロ(レヨ)｝ ❶何度も経験したり、長くその状態にあったりして、特別なことと思わないようになる。「雪国の寒さに—」「新しい環境《かんきょう》に—」❷経験を重ねて、そのことが身につく。「—・れた手つき」「運転に—」❸(動詞の連用形や名詞について)何度もそうして、よいぐあいになる。また、当然のようになる。「使い—」「聞き—」「旅—・れた人」

**な・れる**『◇熟れる』(自下一) ｛レ・レ・レル・レル・レレ・レロ(レヨ)｝ 時間がたって材料の状態が変化し、味がよくなる。「鮨《すし》が—」

**なわ**【縄】(名) わら・麻《あさ》などの植物繊維《せんい》や化学繊維をより合わせて作ったひも状のもの。ロープ。

**なわしろ**【苗代】(名) 稲《いね》の種をまいて、苗《なえ》を育てる田。「—を作る」

**なわつき**【縄付き】(名) 罪人が縄でしばられること。また、その罪人。

**なわとび**【縄跳び】(名) 縄の両《りょう》端《はし》を持って回しながら、縄の上を越《こ》すようにとびはねる遊び・運動。

**なわのれん**【縄のれん】『縄◇暖△簾』(名) ❶縄を何本もたらしてのれんにしたもの。❷(①を店先にかけていることから)居酒屋。飲み屋。

**なわばしご**【縄ばしご】『縄△梯子』(名) 二本の縄に横木をわたし、一方のはしをひっかけて使うはしご。

**なわばり**【縄張り】(名) ❶縄を張って土地をしきったり建物の位置を決めたりすること。「—をして立ち入り禁止にする」❷暴力団などの勢力範囲《はんい》。転じて、ある人の勢力範囲。「—を争う」❸動物が、他の侵入《しんにゅう》を許さない領域。テリトリー。

**なわめ**【縄目】(名) ❶縄の結び目。❷罪人として縄でしばられること。「—の恥《はじ》を受ける」

**なん**【男】→だん(男)

**なん**【南】 9画 十7 小2 音 ナン・ナ| 高 訓 みなみ　一 十 冂 冇 南
みなみ。みなみの方角。◆南《なん》緯《い》・南欧《なんおう》・南下・南極・南国・南端《なんたん》・南部・南方・南北・南面・南洋 ◆西南・東南。対北。参考「ナ」の音は「南無《なむ》」ということばに使われる特殊《とくしゅ》な読み方。

**なん**【納】→のう(納)

**なん【軟】** 11画 車4 音ナン 訓やわらか・やわらかい
やわらか。弱くてやわらかい。
◆軟化・軟球・軟禁・軟膏《なんこう》・軟骨・軟弱 ◆硬軟《こうなん》・柔軟《じゅうなん》。 対硬《こう》
一 亘 亘 車 軟 軟

**なん【難】** 18画 隹10 小6 〔難〕 音ナン 訓かたい 高・むずかしい
廾 甘 苩 菓 歎 難
❶たやすくできない。むずかしい。◆難易・難解・難関・難儀《なんぎ》・難局・難渋《なんじゅう》・難所・難題・難問 ◆困難・至難。対易《い》。❷くるしみ。わざわい。◆難破 ◆海難・艱難《かんなん》・危難・苦難・災難・受難・遭難《そうなん》・盗難《とうなん》・避難《ひなん》。❸せめる。なじる。◆難詰《なんきつ》・難点 ◆非難・論難。参考「むつかしい」とも読む。⇩付録「漢字の筆順㉜隹」

**なん【難】**（名）❶災難。わざわい。「―をのがれる」❷非難すべきところ。欠点。「これと言った―はない」「―を言えば」❸むずかしいこと。困難。「―を避《さ》け、易《い》に流れる」

**ナン**〔ヒンディー naan〕（名）インドや中近東の平焼きパン。カレーなどとともに食べる。

**なんい【南緯】**（名）赤道から南の緯度。赤道を0度として、南極まで九〇度ある。対北緯。⇩いど(緯度)

**なんい【難易】**（名）むずかしいこととやさしいこと。「問題の―度」

**なんおう**〔南欧〕【地名】ヨーロッパの南部。ポルトガル・スペイン・フランスの南部・イタリアなどの地域。対北欧

**なんか【南下】**（名・自スル）南へ向かって進むこと。「寒気団が―する」対北上

**なんか【軟化】**（名・自スル）❶固い物がやわらかくなること。❷強硬《きょうこう》だった主張や態度などがおだやかになること。「態度を―させる」（対硬化）

**なんか**（副助）❶例として示す。「入学祝いに時計―どうだろう」❷(例として示すことで)表現をやわらげる。「映画―が好きです」❸(多く打ち消しの語をともなって)あることがらを強調する。「夢―ではない」❹けんそんやけいべつの気持ちを表す。「私―にはとてもできません」「子ども―にわかるものか」(＝など)

**なんが【南画】**（名）〔美〕(「南宗《なんしゅう》画」の略)中国でおこった絵の一派。水墨《すいぼく》や淡彩《たんさい》で、多く山水をえがく。日本では江戸《えど》中期以後盛んになった。対北画《ほくが》

**なんかい【難解】**（名・形動ダ）わかりにくいこと。むずかしいこと。「―な文章」対平易

**なんかん【難関】**（名）❶通りぬけるのがむずかしい所。「あの峠《とうげ》が最後の―だ」❷切りぬけるのがむずかしいことがら。「入試の―を突破《とっぱ》する」

**なんぎ【難儀】**（名・形動ダ・自スル）❶苦しいこと。苦労すること。「人の―を救う」「山越《ご》えに―する」❷むずかしく、めんどうなこと。「―な仕事」

**なんきつ【難詰】**（名・他スル）相手の欠点をあげて非難し、問いつめること。「独断専行を―する」

**なんきゅう【軟球】**（名）テニス・野球などで使うゴム製のやわらかいボール。対硬球《こうきゅう》

**なんぎょう【難行】**（名）ひじょうに苦しい修行。

**なんぎょうくぎょう【難行苦行】**（名・自スル）❶多くの苦しみや困難にたえて行う修行《しゅぎょう》。「―をする」❷苦労に苦労を重ねること。

**なんきょく【南極】**（名）❶地軸《ちじく》の南のはし。広くは、南極大陸をさす。❷磁石《じしゃく》の針が南をさすほうの極。S極。❸〔天〕地軸の延長が南方で天球と交わる点。（対北極）

**なんきょく【難曲】**（名）演奏したり歌ったりするのがむずかしい曲。「―をひきこなす」

**なんきょく【難局】**（名）対処《たいしょ》するのがむずかしい場面や出来事。「―を切りぬける」

**なんきょくかい**〔南極海〕（名）南極大陸のまわりの海。南氷洋《なんぴょうよう》。

**なんきょくたいりく**〔南極大陸〕【地名】南極点を中心に広がる大陸。一年じゅう氷におおわれる。

**なんきん【軟禁】**（名・他スル）ある場所へ閉じこめ、一定の自由は許すが外出や外部との連絡《れんらく》を禁止・制限すること。「自宅に―される」類監禁《かんきん》

**ナンキン**〔南京〕【地名】中国チャンスー(江蘇)省の省都。揚子江《ようすこう》の南岸にあり、鉄道・水運の要地。

**なんきんじょう**〖南◇京錠〗（名）きんちゃく形の簡単な錠。えび錠。

**なんきんまめ【なんきん豆】**〖南◇京豆〗（名）〔植〕らっかせい。中国から渡来《とらい》したのでいう。

**なんきんむし**〖南◇京虫〗（名）〔動〕トコジラミ科の昆虫《こんちゅう》。からだはひらたい楕円《だえん》形で、人間や家畜《かちく》の血を吸う。とこじらみ。

**なんくせ【難癖】**（名）非難すべき点。悪い点。
**難癖をつける** ことさら悪い点をみつけ出して、けちをつけたりけなしたりする。「提案に―」

**なんくん【難訓】**（名）漢字の訓読みがむずかしいもの。

**なんこう**〖軟◇膏〗（名）ワセリン・脂肪《しぼう》などに薬をまぜ合わせて作ったやわらかいぬり薬。

**なんこう【難航】**（名・自スル）❶船などが悪条件のためにうまく進めないこと。❷さまざまな困難があって、物事が思うように進まないこと。「交渉《こうしょう》が―する」

**なんこうふらく【難攻不落】**（名）攻《せ》めにくくて、簡単に陥落《かんらく》しないこと。「―の城」

**なんごく【南国】**（名）南のほうのあたたかい国や地方。対北国《ほっこく》

**なんこつ【軟骨】**（名）〔生〕やわらかい弾力《だんりょく》のある骨。対硬骨《こうこつ》

**なんざん【難産】**（名・自スル）❶出産のとき、なかなか赤んぼうが生まれないこと。対安産。❷物事が困難ののち成立すること。「―の末の組閣」

**なんじ【難事】**（名）処理・解決のむずかしいことがら。

**なんじ【難治】**（名）病気がなおりにくいこと。なんち。

**なんじ**〖△汝・△爾〗（代）おまえ。「―自身を知れ」

**なんしき【軟式】**（名）テニス・野球などで、軟球を使って競技をする方式。「―野球」対硬式《こうしき》

**なんしつ【軟質】**（名）物の質がやわらかいこと。「―のゴム」対硬質《こうしつ》

**なんじゃく【軟弱】**（名・形動ダ）❶やわらかくよわよわしいこと。「―な地盤《じばん》」❷態度などがしっかりし

ていなくて、相手の言いなりになりやすいこと。弱腰《よわごし》であること。「―な性格」「―外交」対強硬《きょうこう》

**なんじゅう【難渋】**(名・自スル) 事がすらすらとはかどらないこと。思いどおりにはこばず苦しむこと。「話し合いが―している」「大雪で―する」

**なんしょ【難所】**(名) けわしくて、通るのが困難な所。「交通の―」

**なんしょく【難色】**(名) 賛成・承知をしぶる顔つきやようす。「―を示す」

**なん・じる【難じる】**(他上一)〔ジ・ジ・ジル・ジル・ジレ・ジロ(ジヨ)〕人の欠点などをとがめる。非難する。「失敗を―」

**なんすい【軟水】**(名)〘化〙カルシウムやマグネシウムなどの塩類をあまりふくまない水。飲料水や洗濯《せんたく》に適している。対硬水《こうすい》

**なん・ずる【難ずる】**(他サ変)〔ジ(ゼ)・ジ・ズル・ズル・ズレ・ジロ(ゼヨ)〕→なんじる

**なんせい【南西】**(名) 南と西との間の方角。対北東

**なんせん【難船】**(名・自スル) 船があらしなどのためにこわれたりしずんだりすること。また、その船。

**ナンセンス**〔英 nonsense〕(名・形動ダ) 無意味なこと。ばかげたこと。ノンセンス。「―な話」

**なんせんほくば【南船北馬】**(名)(中国の南部は川が多いために船を利用し、北部は山や平野が多いので馬で行くことから)あちこちを旅行すること。

**なんそうさとみはっけんでん**〔南総里見八犬伝〕〔作品名〕江戸《えど》時代後期の読本《よみほん》。全一〇六冊。滝沢馬琴《たきざわばきん》作。一八一四(文化一一)年から二八年間かかって完成した長編小説。南総(〃千葉県)の里見家につかえる八犬士の活躍《かつやく》をえがき、全体を勧善懲悪《かんぜんちょうあく》の思想で統一している。

**なんだい【難題】**(名) ❶むずかしい問題や課題。また、詩や文を作るのにむずかしい題。「―に取り組む」❷できそうもないむりな要求。「―をふっかける」

**なんたいどうぶつ【軟体動物】**(名)〘動〙貝類やいか・たこなど、からだのやわらかい動物の一群。

**なんだか【何だか】**(副) ❶なんであるか。どんなものか。「―わからない」❷なんとなく。どうしてだかわからないが。「―つまらない」

**なんだかんだ【何だかんだ】**あれやこれや。ああだこうだ。「―でうまくいった」「―文句をつけてくる」

**なんたる【何たる】**[一](連体) なんという。話にならない。「―ありさまだ」[二](「何たるか」の形で)どういうものであるか。「人生の―かを知る」

**なんち【難治】**(名) →なんじ(難治)

**なんちゃくりく【軟着陸】**(名・自スル) 宇宙船などが月・火星などの天体に静かに着陸すること。ソフトランディング。

**なんちゅう【南中】**(名・自スル)〘天〙天体が子午線《しごせん》を通りすぎること。

**なんちょう【南朝】**(名)〘歴〙日本の南北朝時代(一三三六年～一三九二年)、奈良県の吉野《よしの》におかれた朝廷《ちょうてい》。吉野朝。対北朝

**なんちょう【難聴】**(名) ❶耳がよく聞こえないこと。❷ラジオなどが聴《き》きとりにくいこと。「―地域」

**なんて【何て】**(副) ❶驚《おどろ》きや感嘆《かんたん》を表す。なんという。なんと。「―きれいな景色でしょう」❷どのように。どう。「―言えばいいかわからない」

**なんて**(副助) ❶そのことを無視、あるいは軽視する気持ちを表す。…なんか。…など。「今は遊んで―いられない」❷意外であるという気持ちを表す。…とは、まあ。「旅行に行ける―うれしい」

**なんで【何で】**(副) どうして。なぜ。なんのために。「―そんなことになったのだろう」

**なんてき【難敵】**(名) 勝つのが容易でない敵。

**なんてつ【軟鉄】**(名) 炭素が少ししかふくまれない鉄。やわらかくうすくのびるので鉄板などに使われる。

**なんでも【何でも】**(副) ❶どんなことでも。どんなものでも。「―希望を言ってください」❷どんなことがあろうとも。「なにが―やります」❸よくはわからないが。たぶん。「―二、三日留守《るす》にするそうです」

**何でもない** べつにたいしたことではない。「これぐらいの仕事は―ことだ」

**なんでもや【何でも屋】**(名)(「なんでも売っている店」の意から)❶どんなことでもある程度はできる人。❷なんにでも手を出す人。

**なんてん【南天】**〘南天〙(名)〘植〙メギ科の常緑低木。六月ごろ白い小さな花がふさ状に咲《さ》き、真冬に、赤くて小さい実がなる。庭木や生け花の材料にする。

**なんてん【難点】**(名) ❶欠点。「―のない人物」❷むずかしいところ。「―を克服《こくふく》する」

**なんと【何と】**(副) ❶強い驚《おどろ》きや感動を表す。なんという。なんて。「―青い空だろう」❷どのように。どう。「―言えばよいか」

**なんど【何度】**(名) いくたび。いくど。「―も試みる」「―聞いてもわからない」

**なんど【納戸】**(名) 衣服や道具をしまっておく部屋。

**なんど【難度】**(名) むずかしさの度合い。「―の高い技《わざ》」

**なんとう【南東】**(名) 南と東との間の方角。対北西

**なんとか【何とか】**[一](副) ❶うまくいくようにいろいろやってみるようす。「―してくれ」❷じゅうぶんではないが、納得《なっとく》できる結果になるようす。「試験に―合格した」「人手を増やせば―なる」[二]名称《めいしょう》や事物が不確かなことを表す。「―いう人からの電話」「用だとか―で来ない」

**なんどく【難読】**(名) 読みがむずかしいこと。また、むずかしい読み。「―語」

**なんとなく【何となく】**(副) ❶はっきりとは言えないが。どことなく。「―好きになれない」❷特にはっきりした目的や考えもなく。「―その場所に行く」

**なんとなれば【何となれば】**(接) なぜならば。「成功はむずかしい。―、時間がないからだ」

**なんとも【何とも】**(副) ❶ほんとうに。まったく。「―困った」❷(下に打ち消しの語をともなって)どのようにも。どうとも。「まだ―言えない」

**なんなく【難なく】**(副) たやすく。簡単に。「―解決する」

**なんなら【何なら】**(副) ❶事によっては。「―おともします」❷不つごうであれば。「肉が―魚はどうだい」

**なんなりと**【何なりと】(副) なんでも。どれでも。「―おっしゃってください」

**なんなんと・する**『◇垂んとする』(自サ変)〔シ(セ・サ)・シ・スル・スル・スレ・○〕もう少しでなろうとしている。「四時間に―試合」文法「なりなむとす」の音便。

**なんの**【何の】一 ❶どういう。どのような。「それは―本ですか」❷どれほどの。少しの。たいした。「―心配もない」❸(「…のなんの」の形で)なんとも言いようがない、という意を表す。「うれしいの―って」❹(「…のなんの」の形で)そのほかあれこれと。「疲《つか》れたの―と言って何もしない」二(感) 少しも気にしていない、たいしたことではないという気持ちを表す。いやなに。「―これしき」使い方 一②はあとに「ない」「ません」などの打ち消しのことばがくる。

**なんぱ**【軟派】一(名) ❶積極的に意見をおし通さない党派。❷異性とのつき合いやはでな服装を好む人たち。❸新聞・雑誌で、社会・文化面などを担当する部署や人。《対硬派》二(名・他スル)《俗語》遊びを目的に異性を誘《さそ》うこと。

**なんぱ**【難破】(名・自スル) あらしなどのために、船がこわれたりしずんだりすること。「沖《おき》で―する」

**ナンバー**〔英 number〕(名) ❶数。数字。番号。順位。「―プレート」❷(雑誌などの)号数。「バック―」❸軽音楽などで、曲目。「スタンダード―」参考 No. とも書く。No. はラテン numero の略。

**ナンバー-ワン**〔英 number one〕(名) 第一人者。いちばんすぐれている人。「実力―の選手」

**なんぱせん**【難破船】(名) 難破した船。

**ナンバリング**〔英 numbering〕(名) ❶順に番号をふること。❷(「ナンバリングマシン」の略)押《お》すたびに自動的に次の数字がしるされるようなしかけの事務用の器具。番号印字器。

**なんばん**【南蛮】(名) ❶むかし、中国で南のほうの国の異民族をさしていったことば。❷室町《むろまち》時代末期から江戸《えど》時代にかけて、東南アジア、またはそこに植民地をもっていたスペインやポルトガルをさしていったことば。「―人」「―貿易」❸②から渡来《とらい》した物につけていったことば。「―鉄」「―物《もの》」

**なんばんせん**【南蛮船】(名) 室町《むろまち》時代から江戸《えど》時代にかけて、東南アジアの国をへて日本にわたって来たスペインやポルトガルなどの外国船。

**なんびょう**【難病】(名) なおりにくい病気。

**なんぴょうよう**〔南氷洋〕(名) ↓なんきょくかい

**なんぶ**【南部】❶(名) 南のほうの部分・地方。対北部。❷〔地名〕もと南部氏の領地。今の岩手県の盛岡《もりおか》を中心とする地方。「―鉄」

**なんぷう**【軟風】(名) こころよく感じる風。そよ風。

**なんぶつ**【難物】(名) あつかいにくいものや人。「あの人はかなりの―だ」

**ナン-プラー**〔タイ num pla〕(名) タイの代表的な調味料の一つ。小魚を塩づけにして発酵《はっこう》させたもの。醤油《しょうゆ》に似るが独特の香りがある。

**なんべい**〔南米〕〔地名〕南アメリカ。対北米

**なんぼく**【南北】(名) 南と北。対東西

**なんぼくせんそう**【南北戦争】(名)《歴》一八六一年から一八六五年、奴隷《どれい》解放問題などをめぐりアメリカ合衆国の北部と南部との間におこった戦い。

**なんぼくちょうじだい**【南北朝時代】(名)《歴》❶奈良県の吉野《よしの》にできた南朝と京都にできた北朝との二つの朝廷《ちょうてい》があらそった、一三三六年から一三九二年までの時代。❷中国で、五世紀から六世紀にかけて、漢民族の南朝と北方民族の北朝が対立した時代。

**なんみん**【難民】(名) 戦争・災害・政治的迫害《はくがい》などで生活に苦しみ、よその土地へ逃《に》げてきた人びと。

**なんめん**【南面】(名・自スル) ❶南のほうに面していること。南向き。対北面。❷(中国で君主が南に向かって座ったことから)君主の位につくこと。

**なんもん**【難問】(名) むずかしい質問や問題。

**なんよう**【南洋】(名) 太平洋南西部の赤道付近の海洋とそこに散らばる島々の総称《そうしょう》。「―諸島」

**なんら**『何◇等』(副) 少しも。なにも。「―関係はない」使い方 あとに「ない」「ません」などの打ち消しのことばがくる。

**なんろ**【難路】(名) 通るのにけわしく歩きにくい道。

# に　ニ

**に**【二】2画 二0 小1 音ニ 訓ふた・ふたつ 一 二

❶ふたつ。◆二回・二個・二者択一《にしゃたくいつ》・二度・二倍◆無二。❷つぎ。二番目。◆二次・二世・二流。参考 特別に、「十重二十重」は「とえはたえ」と読む。「二十」「二十歳」は「はたち」、「二十日」は「はつか」、「二人」は「ふたり」、「二日」は「ふつか」とも読む。

**に**【二】(名) 一に一を加えた数。ふたつ。

**に**【仁】↓じん(仁)

**に**【尼】5画 尸2 音ニ高 訓あま フ コ 尸 尸 尼

あま。女の僧《そう》。◆尼僧◆禅尼《ぜんに》

**に**【弍】6画 弋3 〔貳〕 音ニ 一 二 三 弍 弍

文字の書きかえをふせぐため、「二」のかわりに領収書や証書などに用いる字。参考「一・三・十」の場合は、「壱・参・拾」を用いる。

**に**【児】↓じ(児)

**に**『◇丹』(名) 赤い色の土。また、赤い色。朱《しゅ》色。

**に**【荷】(名) ❶運ばれる品物。荷物。❷責任。負担。「肩《かた》の―をおろす」❸やっかいなもの。仕事や行動などのじゃまになるもの。「子どもが―になる」

**荷が勝《か》つ** 責任や負担が重すぎる。「この仕事は私には少々荷が勝ちすぎる」

**に**(格助) ❶場所・方向などを表す。「大阪―住む」「前―進む」❷時を表す。「八時―行く」❸原因・理由を表す。「頭痛―なやむ」❹相手・目標を表す。「友だち―話す」❺移動の目的を表す。「見―行く」❻結果を表す。「医者―なる」❼動作・作用のもとを表す。「親―おこられる」❽状態を表す。「知らず―いる」「思う―まかせない」「鋭角―交わる」❾比

較《ひかく》や割合の基準を表す。「父ー似る」「年ー一度」⑩ならべあげることを表す。「パンー牛乳」⑪（同じ動詞の間にはさんで）意味を強める。「走りー走る」「待ちー待った遠足」

**にあ・う**【似合う】（自五）｛ワ(オ)・イ(ッ)・ウ・ウ・エ・エ｝それにちょうどよくつり合う。「自分にー・った服装」

**にあげ**【荷揚げ】（名・他スル）船の積み荷を陸にあげること。また、その作業員。陸揚げ。「ー作業」

**ニアーミス**〔英 near miss〕（名）空中で航空機どうしが異常に接近すること。「ーを起こす」

**にあわし・い**【似合わしい】（形）｛カロ・カッ(ク)・イ・イ・ケレ・○｝ふさわしい。ちょうどよく合っている。「風景にー建物」

**にいー**【新】（接頭）（名詞につけて）「新しい」「初めての」の意を表す。「ー妻《づま》」「ー盆《ぼん》」

**にいさん**【○兄さん】（名）❶兄を敬い、親しみをこめて呼ぶことば。❷若い男性を親しんで呼ぶことば。

**ニーズ**〔英 needs〕（名）要求。要望。需要。「消費者のーを探る」

**ニート**【NEET】（名）〔英 not in education, employment or training の略〕学校に通わず、就職もせず、職業訓練も受けていない若者。

**ことばの移り変わり**

「新語②」

新語の中には、それまで特定の名称《めいしょう》がなかったことがらに、一般《いっぱん》化や、社会的関心の高まりなどにより、名称が新たについてできるパターンがある。

今日「通学も仕事もせず職業訓練も受けていない若者」を「ニート」、「従業員の人権を無視するような体質の企業《きぎょう》」を「ブラック企業」と呼ぶことが定着したが、そのような人や企業はずっと以前から存在していた。しかし「ニート」「ブラック企業」という特定の名称が定着したことで、これらが今日の社会における重要な問題として明確に認識されるようになったのである。

**にいにいぜみ**『にいにい△蟬』（名）《動》セミ科の昆虫《こんちゅう》。体長約三・五《センチメートル》で、透明な羽に黒いまだらがある。日本各地でみられ、ジイジイと鳴く。

**にいぼん**【新盆】（名）その人の死後、はじめて迎《むか》える盆。初盆《はつぼん》。あらぼん。「祖父のー」

**にいん**【二院】（名）衆議院と参議院。また、上院と下院。「ー制議会」

**にいんせい**【二院制】（名）国会が衆議院・参議院、または上院・下院のように二院からなる議会制度。両院制。⇩いちいんせい

**ニウエ**〔Niue〕〔地名〕南太平洋、トンガの東にある立憲君主国。首都はアロフィ。

**にえ**『△贄』（名）神や朝廷《ちょうてい》にたてまつる産物。特に、さかなや鳥など。

**にえきらな・い**【煮え切らない】（形）｛カロ・カッ(ク)・イ・イ・ケレ・○｝考えや態度がはっきりしない。「ー返事」

**にえくりかえ・る**【煮え繰り返る】（自五）｛ラ(ロ)・リ(ッ)・ル・ル・レ・レ｝❶ぐらぐらわきたつ。「湯がー」❷ひじょうに腹がたつ。「はらわたがー」

**にえたぎ・る**【煮えたぎる】『煮え△滾る』（自五）｛ラ(ロ)・リ(ッ)・ル・ル・レ・レ｝煮えたってわきあがる。「湯がー」

**にえゆ**【煮え湯】（名）煮えたった湯。熱湯。

**煮え湯を飲《の》まされる** 信用していた者にうらぎられて、ひどいめにあわされる。

**に・える**【煮える】（自下一）｛エ・エ・エル・エル・エレ・エロ(エヨ)｝❶汁《しる》などといっしょに加熱した食物に熱がとおって食べられるようになる。「豆がー」❷水がわいて湯になる。

**におい**【匂い】（名）❶鼻で感じられる刺激《しげき》。かおり。「香水《こうすい》のー」❷それとなく感じられるおもむき。「生活のー」❸美しいいろつや。「ーめでたき桜花《さくらばな》」⇩におい（臭い）「学習」

**におい**【臭い】（名）❶くさいと感じられるいやな刺激《しげき》。くさみ。「なまぐさいー」❷物事の好ましくない気配・感じ。「犯罪のー」

> **学習 比較《ひかく》** 「におい」「かおり」
>
> **におい** 古語では、嗅覚《きゅうかく》よりも、「色彩《しきさい》的な美しさ」といった視覚的な面が意味の中心だった。現代では、もっぱら嗅覚に関してよい意味にも悪い意味にも使われる。ただし「犯罪のにおいがする」のような場合の「におい」はマイナスのイメージが強い。
>
> **かおり** 「嫌なかおり」とは言わないように、「かおり」はよい意味に使われる。したがって「残り香《が》」「移り香《が》」といった場合、それらは「よいかおり」を前提とした表現である。

**におう**【仁王・二王】（名）《仏》仏を守る神として寺の門の両側にならべておかれる一対の像。金剛力士《こんごうりきし》ともいう。「ー門」

（仁王）

**におう**【匂う】 4画 勹2 訓 におう

ノ勹勺匂

におう。におい。参考「匂」は日本で作った国字。

**にお・う**【匂う】（自五）｛ワ(オ)・イ(ッ)・ウ・ウ・エ・エ｝❶鼻ににおいが感じられる。よいにおいがする。かおる。「梅の香《か》がー」❷色が美しくはえる。「朝日にー桜花《さくらばな》」⇩にほふ

**にお・う**【臭う】（自五）｛ワ(オ)・イ(ッ)・ウ・ウ・エ・エ｝❶いやなにおいがする。「ごみがー」❷よくないことの気配が感じられる。「不正がー」

**にお・う**〔匂う〕古語→にほふ

**におうだち**【仁王立ち】（名）仁王像のように力強く気迫《きはく》をもって立つこと。「ーになる」

**におわ・せる**【匂わせる】（他下一）｛セ・セ・セル・セル・セレ・セロ(セヨ)｝❶においようにする。「香水《こうすい》をー」❷はっきり言わずにそれとなくわからせる。ほのめかす。「辞職の意向をー」

**にかい**【二階】（名）❶家が二層になっていること。また、その上のほうの階。「ー建ての家」❷高層建築で、下から二番目の階。

**二階から目薬《めぐすり》** まわりくどくて効果がないこと。ま

た、思うようにならないことのたとえ。

**にが・い【苦い】**（形）〔カロ・カッ(ク)・イ・イ・ケレ・○〕❶濃《こ》く出すぎたお茶などを口に含《ふく》んだときのような、不快な感じの味がする。「―薬」「―コーヒー」❷不快だ。おもしろくない。「―顔をする」❸いやでつらい。苦しい。「―経験をする」

**にがうり**〖苦△瓜〗（名）〖植〗ウリ科のつる性一年草。果実は全面にこぶ状の突起《とっき》があり、若いものを食用にする。果皮は苦い。つるれいし。ごおや。

**にがおえ【似顔絵】**（名）ある人の顔に似せてかいた絵。似顔。

**にがしたさかなはおおきい【逃がした魚は大きい】**一度手に入れかけて逃がしたものは、なんでも実際よりすばらしかったように思えて惜《お》しまれるものだ。

**にが・す【逃がす】**（他五）〔サ(ソ)・シ・ス・ス・セ・セ〕❶捕《と》らえていたものをはなす。また、誤ってはなしてしまう。「鳥をかごから―」❷つかまえそこなう。とりにがす。「犯人を―」「好機を―」

**にがつ【二月】**（名）一年の二番目の月。如月《きさらぎ》。

**にがて【苦手】**（名・形動ダ）❶どこかあつかいにくいと感じるいやなもの。また、そのように感じるようす。「彼《かれ》はどうも―だ」❷得意でないこと。「数学は―な科目だ」対得手《えて》・得意

**にがにがし・い【苦苦しい】**（形）〔カロ・カッ(ク)・イ・イ・ケレ・○〕ひじょうに不愉快《ふゆかい》だと思うようす。「―思いをする」

**ニカブ**〔アラビア niqab〕（名）イスラム教徒の女性が着用する、目以外の部分をすべておおい隠《かく》すベール。

**にがみ【苦み】**〖苦味〗（名）にがい味。「―が強い」

**にがみばし・る【苦み走る】**（自五）〔ラ(ロ)・リ(ッ)・ル・ル・レ・レ〕顔つきがひきしまってきりっとしている。「―・ったいい男」

**にがむしをかみつぶしたよう【苦虫をかみつぶしたよう】**ひどく不愉快《ふゆかい》な顔つきのたとえ。

**にかよ・う【似通う】**（自五）〔ワ(オ)・イ(ッ)・ウ・ウ・エ・エ〕たがいによく似ている。「―・った運命をたどる」

**ニカラグア**〔Nicaragua〕〖地名〗中央アメリカにある共和国。首都はマナグア。

**にがり**〖×苦汁・×苦塩〗（名）海水を煮《に》つめて食塩を製造したあとに残るにがい液。豆腐《とうふ》をつくるのに使う。にがしお。

**にがりき・る【苦り切る】**（自五）〔ラ(ロ)・リ(ッ)・ル・ル・レ・レ〕ひじょうに不愉快《ふゆかい》そうな顔をする。「―・った顔つき」

**にかわ**〖△膠〗（名）動物の皮・骨などを煮《に》た液を冷ましかためたもの。接着剤《ざい》などに使う。

**にがわらい【苦笑い】**（名・自スル）心の中では不快《ふかい》なのに、むりに笑うこと。また、その笑い。類苦笑《くしょう》

**にきさく【二期作】**（名）同じ田に、一年に二回稲《いね》を植えて、米を作ること。「―地帯」⇨にもうさく

**にきたつに…** 和歌

〔熟田津に　船乗《ふなの》りせむと　月《つき》待《ま》てば　潮《しほ》もかなひぬ　今《いま》はこぎ出《い》でな〕〈万葉集《まんようしゅう》・額田王《ぬかたのおおきみ》〉訳熟田津（＝愛媛県にあった港）で、船出しようと月の出を待っていると、やがて月がのぼり潮も満ちてきた。さあ、今こそこぎ出そうよ。

**にぎてき【二義的】**（形動ダ）〔ダロ・ダッ(デ・ニ)・ダ・ナ・ナラ・○〕根本的でないようす。あまり重要でないようす。二次的。「それは―な問題だ」対一義的

**にぎにぎし・い**〖△賑△賑しい〗（形）〔カロ・カッ(ク)・イ・イ・ケレ・○〕ひじょうににぎやかである。「―ご来場を感謝いたします」

**にきび**〖×面皰〗（名）顔などの毛穴に脂肪《しぼう》がたまってできる小さなふきでもの。若い人の顔に多くできる。

**にぎやか**〖△賑やか〗（形動ダ）〔ダロ・ダッ(デ・ニ)・ダ・ナ・ナラ・○〕❶人や物が多く集まり活気のあるようす。「―な街」❷声や物音がさかんに聞こえるようす。また、さわがしいほど陽気なようす。「―な笑い声」「―な人」

**にきょくか【二極化】**（名・自スル）大きく二つに分かれた状態になること。二極分化。「価格帯が―する」

**にぎり【握り】**（名）❶にぎること。「―こぶし」❷手でにぎり持つ部分。「バットの―」❸手でにぎった長さ・太さ・量。「ひと―の米」❹「にぎりずし」の略。「―三人前」❺「にぎりめし」の略。「お―」

**にぎりこぶし【握り拳】**（名）かたくにぎりしめた手。げんこつ。「―を振《ふ》り上げる」

**にぎりし・める【握り締める】**（他下一）〔メ・メ・メル・メル・メレ・メロ(メヨ)〕力を入れて強くにぎる。「ボールを―」

**にぎりずし【握りずし】**〖握り△鮨〗（名）小さくにぎった酢飯《すめし》にさかなや貝などをのせたすし。にぎり。

**にぎりつぶ・す【握り潰す】**（他五）〔サ(ソ)・シ・ス・ス・セ・セ〕❶強くにぎってつぶす。「卵を―」❷処理すべき書類や提案などを、手もとにとめたままほうっておき、うやむやにしてしまう。「改革案を―」

**にぎりめし【握り飯】**（名）にぎりかためた飯。おにぎり。おむすび。

**にぎ・る【握る】**（他五）〔ラ(ロ)・リ(ッ)・ル・ル・レ・レ〕❶手の指をすべて内側へ曲げる。また、そのようにしてつかむ。「こぶしを―」「ハンドルを―」❷手に入れて、自分の意のままにする。「実権を―」「秘密を―」「弱みを―」❸握りずし・握り飯などを作る。「すしを―」

**にぎわ・う**〖△賑わう〗（自五）〔ワ(オ)・イ(ッ)・ウ・ウ・エ・エ〕❶人出が多くにぎやかになる。「見物客で―」対さびれる。❷富み栄える。繁盛《はんじょう》する。「商売が―」

**にぎわ・す**〖△賑わす〗（他五）〔サ(ソ)・シ・ス・ス・セ・セ〕にぎやかにする。「新聞紙上を―」「食卓《しょくたく》を―」

**にく【肉】** 6画 肉0 小2 音ニク

❶にく。◆肉食・肉片《にくへん》◆ ❷筋肉・骨肉・贅肉《ぜいにく》。❸人のからだ。生身《なまみ》。◆肉眼・肉声・肉体・肉筆。❹くだものの皮と種の間のやわらかな部分。◆果肉。❺物のあつみ・ふとさ。◆肉太《にくぶと》。❻印をおすときにつけるもの。◆肉池《にくち》◆朱肉《しゅにく》

丨 冂 内 内 肉 肉

**にく【肉】**（名）❶動物のからだの骨をつつむ、ひふの下のやわらかな部分。「おなかに―がつく」「―を切らせて骨を断《た》つ（＝自分も傷つくかわりに、相手により大きな損害をあたえる）」❷食用にする、鳥やけもののひふの下にあるやわらかい部分。「偏食《へんしょく》で―しか食べない」❸くだものの、皮と種の間のやわらかい部分。果肉。❹ものの厚み。また、もととなる部分にくわえられ、厚みや

豊かさとなる部分。「話に—をつける」

-にく・い〘◇難い・◇悪い〙（接尾）（動詞の連用形について、形容詞をつくる）…するのがむずかしい。「書き—」「読み—」対易《やす》い

にく・い【憎い】（形）{カロ・カッ(ク)・イ・イ・ケレ・○}❶できれば仕返ししたいほど、相手が許しがたい。「犯人が—」❷（反語的に用いて）感心してしまうほどだ。みごとだ。「—ことを言う」「—できばえ」

にくいろ【肉色】（名）人のはだのような色。はだ色。

にくかい【肉界】（名）肉体にかかわる世界。対霊界《れいかい》

にくがん【肉眼】（名）めがね・望遠鏡・顕微鏡《けんびきょう》などを用いない人間の視力。「—で見える星」

にくぎゅう【肉牛】（名）食肉にするために飼う牛。対役牛《えきぎゅう》

にくぎれ【二句切れ】（名）〘文〙和歌で、第二句で意味が切れるもの。たとえば、「春過ぎて夏きたるらし白栲《しろたへ》の衣干《ほ》したり天《あめ》の香具山《かぐやま》」〈万葉集《まんようしゅう》〉など。

にく・し【憎し】（形ク）古語❶いやだ。気にくわない。「みぞれは—・けれど白き雪のまじりて降る、をかし」〈枕草子《まくらのそうし》〉訳みぞれはいやだが白い雪がまじって降るのは趣《おもむき》深い。❷みにくい。みっともない。「—・き顔を、鼻などうち赤めつつ」〈源氏物語〉訳みにくい顔を、鼻などを赤くしながら。

にくしつ【肉質】（名）❶肉の多い性質。❷肉の性質や品質。「—が柔《やわ》らかい」

にくしみ【憎しみ】（名）人をにくむ気持ち。「—をいだく」

にくしゅ【肉腫】（名）〘医〙筋肉・骨・血管など、上皮組織以外にできる、悪性のはれもの。

にくじゅう【肉汁】（名）肉を煮《に》たり、焼いたり、しぼったりしたときに出る汁《しる》。

にくしょく【肉食】（名・自スル）❶人が動物の肉を食べること。対菜食。❷動物が他の動物を食物とすること。「—獣《じゅう》」…性「肉食性の動物」対草食

にくしん【肉親】（名）親子・兄弟など血のつながる間がら。また、その関係にある人。「—の情」対他人

にくせい【肉声】（名）マイクなどを通さない、人の口から出るそのままの声。

にくたい【肉体】（名）人のからだ。「—美」対精神

にくたいてき【肉体的】（形動ダ）{ダロ・ダッ(デ・ニ)・ダ・ナ・ナラ・○}からだに関するようす。「—な疲労《ひろう》」対精神的

にくたいろうどう【肉体労働】（名）からだを使ってする仕事。「—者」類力仕事・力業《ちからわざ》。対精神労働・頭脳労働

にくたらし・い【憎たらしい】（形）{カロ・カッ(ク)・イ・イ・ケレ・○}いかにもにくらしい。「—顔」

にくだん【肉弾】（名）からだを弾丸のかわりにして敵陣《てきじん》につっこむこと。また、そのからだ。「—戦」

にくづき【肉月】（名）漢字の部首の一つ。「胸」「育」などの、左側または下にある「月」の部分。

にくづき【肉付き】（名）からだの肉のつきぐあい。ふとりぐあい。「—がいい」

にくづ・く【肉付く】（自五）{カ(コ)・キ(イ)・ク・ク・ケ・ケ}肉がついてふとる。

にくづけ【肉付け】（名・自スル）ひととおりできあがっているものに、さらに手を加えて内容を豊かにすること。「原案に—をする」

にくにくし・い【憎憎しい】（形）{カロ・カッ(ク)・イ・イ・ケレ・○}いかにもにくらしい感じである。かわいげがなくしゃくにさわる。「—ほど落ち着いている」

にくはく【肉薄・肉迫】（名・自スル）❶目標とするものや相手などに、身をもってせまること。「敵陣《てきじん》に—する」❷きびしく問いつめること。「—した議論」

にくばなれ【肉離れ】（名・自スル）急激な運動などで筋肉が切れたり傷ついたりすること。「—を起こす」

にくひつ【肉筆】（名）印刷などをしたものでなく、直接その人の手で書いたもの。「—の原稿《げんこう》」

にくぶと【肉太】（名・形動ダ）文字の線や点などの書きぐあいが太いこと。「—の字」対肉細

にくぼそ【肉細】（名・形動ダ）文字の線や点などの書きぐあいが細いこと。「—に書く」対肉太

にくまれぐち【憎まれ口】（名）人ににくまれるような口のきき方。また、そのことば。「—をたたく」

にくまれっこ【憎まれっ子】（名）人にかわいがられない、なまいきな子ども。

憎まれっ子世《よ》に憚《はばか》る 人からにくまれるような人間のほうが、世間ではかえってはばをきかせている。

にくまれやく【憎まれ役】（名）人ににくまれてしまう損な役割や役目。「—を買ってでる」

にく・む【憎む】（他五）{マ(モ)・ミ(ン)・ム・ム・メ・メ}にくいと思う。きらう。「罪を—・んで人を—・まず」

にぐら【荷ぐら】〘荷△鞍〙（名）荷を積むために馬の背におく鞍《くら》。

にくらし・い【憎らしい】（形）{カロ・カッ(ク)・イ・イ・ケレ・○}にくいと思わせる感じだ。「心から—」「—ほど冷静だ」

にぐるま【荷車】（名）人または牛馬が引いて、荷物をのせて運ぶ車。

ニグロ〔英 Negro〕（名）黒色人種。黒人。参考差別的な語。

ニクロムせん【ニクロム線】（名）ニッケル・クロム・鉄などで作った合金の線。電気を通すと熱を出すので、電熱線として用いる。▽ニクロムは、英 Nichrome

にぐん【二軍】（名）スポーツで、正選手以外の選手によるチーム。対一軍

にげあし【逃げ足】（名）逃げようとすること。また、そのようすや足どり。「—になる」「—が速い」

にげう・せる【逃げうせる】〘逃げ◇失せる〙（自下一）{セ・セ・セル・セル・セレ・セロ(セヨ)}逃げてゆくえがわからなくなる。「まんまと—」

にげかくれ【逃げ隠れ】（名・自スル）逃げたり姿をかくしたりすること。「どこにも—しない」

にげこうじょう【逃げ口上】（名）言いのがれのことば。「—を使う」

にげごし【逃げ腰】（名）今にも逃げだしそうな態度・ようす。困難や責任などからのがれようとする態度。「—になる」

にげの・びる【逃げ延びる】（自上一）{ビ・ビ・ビル・ビル・ビレ・ビロ(ビヨ)}つかまらずに安全な所まで逃げる。「追跡《ついせき》から—」

にげまど・う【逃げ惑う】（自五）{ワ(オ)・イ(ッ)・ウ・ウ・エ・エ}どち

に

らに逃げようかとうろうろする。「火事で人びとが―」

**にげみず【逃げ水】**（名）野原や道路で見られる蜃気楼《しんきろう》の一種。遠くに水があるように見え、近づくとそれが遠のいて見える現象。

**にげみち【逃げ道】**〘逃げ◇路〙（名）❶逃げ出す道。「―を断《た》つ」❷責任などをさける方法。

**に・げる【逃げる】**（自下一）{ゲ・ゲ・ゲル・ゲル・ゲレ・ゲロ(ゲヨ)}❶つかまらないようにその場から遠く離《はな》れる。「犯人が―」❷つかまっている場所や危ない場所から抜《ぬ》け出す。「かごから鳥が―」「命からがら―」❸めんどうな物事に近づかないようにする。「いやな任務から―」❹とどまらずに出ていってしまう。「熱が―」

**にげをうつ【逃げを打つ】**❶逃げようとする。❷責任をのがれる準備をしておく。

**にげん【二元】**（名）❶たがいに対立し合う二つの原理。二つの要素。❷放送で、二つの場所を使って同時に放送すること。「―中継《ちゅうけい》」❸〘数〙未知数が二つあること。「―方程式」

**にげんろん【二元論】**（名）たがいに対《つい》となる二つの原理をたてて、物事を説明しようとする方法。

**にこげ**〘◇和毛〙（名）やわらかな毛。産毛《うぶげ》。

**にこごり【煮こごり】**〘煮◇凝り〙（名）魚などを煮た汁《しる》がさめてかたまったもの。「かれいの―」

**にご・す【濁す】**（他五）{サ(ソ)・シ・ス・ス・セ・セ}❶にごらせる。「池の水を―」❷あいまいにする。「ことばを―」

**ニコチン**〔英 nicotine〕（名）〘化〙たばこの葉にふくまれる化合物。毒性が強い。「―中毒」

**にこにこ**（副・自スル）うれしそうに顔に笑みをうかべるようす。「いつも―している」

**にこみ【煮込み】**（名）いろいろな材料をいっしょにして、ゆっくり煮た料理。「―うどん」

**にこ・む【煮込む】**（他五）{マ(モ)・ミ(ン)・ム・ム・メ・メ}❶じゅうぶんに煮る。「おでんを―」❷いろいろなものをいっしょに煮る。

**にこやか**（形動ダ）{ダロ・ダッ(デ・ニ)・ダ・ナ・ナラ・○}にこにことおだやかなようす。ものやわらかであいそのよいようす。「―に話す」

**にこり**（副）ちょっとうれしそうに笑うようす。「―ともしない」

**にごり【濁り】**（名）❶にごること。また、にごったもの。「水の―」「心の―」❷けがれ。よごれ。❸「が・ざ」の「゛」のように、かな文字の右上につける濁点《だくてん》。

**にごりざけ【濁り酒】**（名）かすをこさない白く濁った酒。濁酒《だくしゅ》。どぶろく。

**にご・る【濁る】**（自五）{ラ(ロ)・リ(ッ)・ル・ル・レ・レ}❶液体や気体に、まじりものがはいって、すき通らなくなる。「水が―」❷心・性質などの清らかさがなくなる。けがれる。「―・った心」❸色や音が、きれいでなくなる。「―・った目」❹濁音《だくおん》になる。濁点をつけて読む。《対澄《す》む》

**にごん【二言】**（名）前に言ったこととちがったことを言うこと。「武士に―はない」

**にさんかいおう【二酸化◦硫黄】**（名）〘化〙→ありゅうさんガス

**にさんかたんそ【二酸化炭素】**（名）〘化〙炭素と酸素の化合物。炭素が完全に燃えたときや生物の呼吸などによって生じる無色・無臭《むしゅう》の気体。ドライアイスや清涼《せいりょう》飲料に使う。炭酸ガス。

**にし【西】**（名）❶方角の一つ。太陽のしずむ方角。❷①から吹《ふ》く風。（対東）

**西も東《ひがし》も分《わ》からない** ❶その付近の地理がわからない。「この町は初めてなので―」❷何も知らない。物事の判断がつかない。「年が若く―」

**にじ【虹】** 9画 虫3 訓にじ　口 中 虫 虫 虹 虹

にじ。にじのようなもの。◆虹色・虹鱒《にじます》

**にじ【虹】**（名）雨上がりに太陽と反対の方向に見える、七色で円弧《えんこ》形の帯状《おびじょう》のもの。空中の細かい水滴《すいてき》に太陽の光線が当たってできる。「―がかかる」

**にじ【二次】**（名）❶二番目。二回目。「―会」❷中心にある物事に付属していて直接には重大でないこと。…的「二次的な問題」

**ニジェール**〔Niger〕〘地名〙アフリカ大陸北部の内陸にある共和国。首都はニアメ。

**にじかい【二次会】**（名）宴会《えんかい》などが終わったあと、場所をかえてあらためて開く会。

**にしかぜ【西風】**（名）西の方から吹《ふ》く風。対東風《ひがしかぜ》

**にしき【錦】**（名）❶金銀やその他の色のついた糸できれいな模様を織り出した厚地の絹織物。❷色や模様の美しいもの。「もみじの―」

**錦の御旗《みはた》**（錦の旗が官軍の旗じるしであったことから）自分の主張・行動などを有利にする大義名分。「民主化という―をかかげる」

**錦を飾《かざ》る**（りっぱに着飾るという意から）成功してりっぱな姿を見せる。「故郷に―」

**にしきえ【錦絵】**（名）木版ですった多色ずりの美しい浮世絵《うきよえ》。

**にしきぎ**〘錦木〙（名）〘植〙ニシキギ科の落葉低木。秋、美しく紅葉する。観賞用、材は細工用。

**にじげん【二次元】**（名）平面上の、長さと幅《はば》だけのひろがり。「―の世界」⇩じげん(次元)①

**にしじん【西陣】**（名）（「西陣織」の略）京都の西陣で作られる、美しく精巧《せいこう》な絹織物。

**にじっせいき【二十世紀】**（名）❶西暦《せいれき》一九〇一年から二〇〇〇年までの一〇〇年間。❷〘植〙なしの一品種。果実はうすい黄緑色で、水分が多くあまい。参考「にじゅっせいき」ともいう。

**にしドイツ**〔西ドイツ〕（名）〘歴〙旧ドイツ連邦共和国の通称《つうしょう》。⇩ドイツ

**にしにほん【西日本】**（名）日本の西側半分。近畿《きんき》・中国・四国・九州をさしていうことが多い。にしにっぽん。対東日本

**にしはんきゅう【西半球】**（名）地球を東西に分けたときの西半分。南北アメリカ大陸があるほうの半球。対東半球

**にしび【西日】**（名）西からさす日の光。夕日の光。

**にじます**〘虹△鱒〙（名）〘動〙サケ科の淡水《たんすい》魚。からだにそって虹のような美しい模様がある。北アメリカ原産だが、日本では各地で養殖《ようしょく》されている。

**にじみ・でる【にじみ出る】**〘△滲み出る〙（自下一）{デ・デ・デル・デル・デレ・デロ(デヨ)}❶水分・油・色などがしみでてくる。「汗《あせ》が―」❷自然とおもてにあらわれてくる。「話し

ぶりに人ががー」

**にじ・む**【〖△滲む〗】（自五）〔マ(モ)・ミ(ン)・ム・ム・メ・メ〕❶液体がしみて広がりちる。輪郭《りんかく》がぼやけて見える。「墨《すみ》がー」❷なみだや汗《あせ》などがうっすらと出る。「なみだがー」

**にしめ**【煮しめ】〖煮◇染め〗（名）肉や野菜を、しょうゆ・砂糖などで味つけした汁《しる》の味がよくしみこむように煮た料理。

**にし・める**【煮しめる】〖煮◇染める〗（他下一）〔メ・メ・メル・メル・メレ・メロ(メヨ)〕煮汁《にじる》の味がしみこむようによく煮る。「さといもをー」「しょうゆでー・めたような手ぬぐい」

**にしゃたくいつ**【二者択一】（名）二つのうちどちらか一つを選ぶこと。二者選一《せんいつ》。

**にしやまそういん**〔西山宗因〕【人名】（一六〇五〜一六八二）江戸《えど》時代前期の連歌師《れんがし》・俳人。談林俳諧《だんりんはいかい》の祖。自由で新鮮《しんせん》な俳風をおこし、俳句の革新につくした。作品「西翁十百韻《さいおうとっぴゃくいん》」など。

**にじゅう**【二重】（名）❶二つ重なること。「ー窓」❷同じことがらが重なること。重複して起こること。「ーの苦しみ」「ー衝突《しょうとつ》」

**にじゅううつし**【二重写し】（名）↓オーバーラップ

**にじゅうしき**【二十四気】（名）↓にじゅうしせっき

**にじゅうしせっき**【二十四節気】（名）陰暦《いんれき》で、太陽の黄道《こうどう》上の位置に従って一年を二四に分け、季節を区分する基準としたもの。立春・春分・夏至《げし》・秋分・冬至《とうじ》・大寒《だいかん》など。二十四気。⇩せっき（節気）

**にじゅうしょう**【二重唱】（名）〖音〗声域のちがう二人の合唱。デュエット。「ーで歌う」

**にじゅうじんかく**【二重人格】（名）同じ人が二つのまったくちがう性格をもっていること。また、同じ人が場合によって別の人のような言動をとること。

**にじゅうそう**【二重奏】（名）〖音〗二種または二個の楽器でする合奏。デュエット。「バイオリンー」

**にじゅうひてい**【二重否定】（名）打ち消しのことばを二つ重ねて、強い肯定《こうてい》の意を表す表現。「話さずにはいられない」など。

**にじょう**【二乗】（名）〖数〗ある数・式にそれと同じ数・式をかけ合わせること。自乗。平方。

**にじりよ・る**【にじり寄る】〖△躙り寄る〗（自五）〔ラ(ロ)・リ(ッ)・ル・ル・レ・レ〕すわったままの姿勢で近寄る。じりじりと近寄る。「そばへー」

**にしん**〖△鰊・△鯡〗（名）〖動〗ニシン科の魚。北太平洋・北大西洋に分布する。かつて北海道近海でたくさんとれた。卵は、数《かず》の子と呼ばれる。

**にしん**【二伸】（名）手紙で、本文のあとに文をつけたして書くとき、その文のはじめに書くことば。類追伸《ついしん》

**にしんとう**【二親等】（名）〖法〗親等の一つ。親族関係の近さが二番目であること。本人からみると、祖父母・孫・兄弟姉妹との関係。二等親。⇩しんとう（親等）「参考」・しんぞく〈図〉

**にしんほう**【二進法】（名）〖数〗0と1ですべての数を表す方法。たとえば2、3、4は10, 11, 100となる。コンピューターなどに用いられている。

**ニス**（名）「ワニス」の略。「ーを塗《ぬ》る」

**にすい**【二水】（名）漢字の部首の一つ。「次」「冷」などの左側にある「冫」の部分。

**にせ**【偽】〖△贋〗（名）本物に似せて作ること。また、そうして作ったもの。「ーの紙幣《しへい》」

**にせ**【二世】（名）この世と死後の世。いまの世とあの世。注意「にせい」と読むと別の意味になる。

**二世の契《ちぎ》り**　永久に心がわりしない夫婦の約束。

**にせい**【二世】（名）❶同じ名前で、家や王位を二番目についだ人。二代目。「ヘンリーー」❷移民の子で、移住先の国で生まれ、その国の市民権をもつ人。「日系ー」❸その人の子ども。「ー誕生《たんじょう》」注意「にせ」と読むと別の意味になる。

**にせがね**【偽金】〖△贋金〗（名）にせのおかね。

**にせさつ**【偽札】〖△贋札〗（名）にせの紙幣《しへい》。

**にせもの**【偽物】〖△贋物〗（名）本物らしく似せて作ったもの。まがいもの。「ーの書画」対本物

**にせもの**【偽者】〖△贋者〗（名）その人らしくみせかけて、他人をだます別人。「ーが出没《しゅつぼつ》する」

**に・せる**【似せる】（他下一）〔セ・セ・セル・セル・セレ・セロ(セヨ)〕あるものに似るようにする。「本物にー」

**にそう**【尼僧】（名）仏教寺院やキリスト教の修道院で、宗教活動をする女性。尼《あま》。

**にそくさんもん**【二束三文】（名）ただ同然の安いねだんであること。また、そのねだん。「ーの品」

**にそくのわらじをはく**〖二足の×草鞋を履く〗まったく種類のちがう二つの職業をかねる。「作家と会社員のー」

**にだい**【荷台】（名）自転車・オートバイ・トラックなどの、荷物をのせるところ。

**にたき**【煮炊き】（名・自他スル）食物を煮たり炊いたりして食事を作ること。炊事《すいじ》。

**にた・つ**【煮立つ】（自五）〔タ(ト)・チ(ッ)・ツ・ツ・テ・テ〕ぐらぐらと煮えてふっとうする。煮え立つ。「ー・った湯」

**にたものふうふ**【似た者夫婦】（名）夫婦はたがいに性質や趣味《しゅみ》などが似てくるということ。また、そのような夫婦。

**にたりよったり**【似たり寄ったり】たがいに優劣《ゆうれつ》の差やちがいがあまりなく、同じようであること。大同小異。「みんなの点数はーだ」

**にだんがまえ**【二段構え】（名）一つめの方法がうまくいかなかった場合にそなえて、あらかじめ二通りのやり方を用意しておくこと。「ーの作戦を立てる」

**にち**【日】　4画 日0　小1　音ニチ・ジツ　訓ひ・か

丨 冂 日 日

❶太陽。ひの光。◆日月《じつげつ》・日没《にちぼつ》・日輪・日光・日射・日照・日食◆旭日《きょくじつ》・落日。❷ひる。ひるま。◆日夜・日中。❸昼と夜を合わせた二四時間。いちにち。◆日時・日課・日給・日誌・日程◆隔日《かくじつ》・昨日《さくじつ》・終日《しゅうじつ》・半日・毎日・連日。❹七曜の一つ。「日曜日」の略。❺「日本」の略。◆日米・日系・日中◆親日・駐日《ちゅうにち》・来日。参考特別に、「日和」は「ひより」と読む。「明日」は「あす」、「昨日」は「きのう」、「今日」は「きょう」、「一日」は「ついたち」、「二十日」は「はつか」、「二日」は「ふつか」とも読む。

-**にち**【日】（接尾）❶日数を数えることば。「試験まであと三〇―」❷月の中の何番目の日《ひ》かを表すことば。「九月一五―」

**にちげん**【日限】（名）前もっていつまでと決められた日。「―がせまる」類期日・期限

**にちじ**【日時】（名）❶日づけと時刻。「出発の―」❷日数と時間。「かなりの―を要する」

**にちじょう**【日常】（名）ふだん。つねひごろ。平生《へいぜい》。「―の生活」

**にちじょうご**【日常語】（名）ふだん使うことば。

**にちじょうさはんじ**【日常茶飯事】（名）ふつうのごくありふれたこと。日常茶飯。「そんなことは―だ」参考「日常茶飯」は、もと「毎日の食事」の意。

**にちぶ**【日舞】（名）「日本舞踊《ぶよう》」の略。日本の伝統的な舞踊の総称《そうしょう》。

**にちぼつ**【日没】（名）太陽がしずむこと。日の入り。また、その時刻。「―が早くなる」対日出《にっしゅつ》

**にちや**【日夜】■一（名）昼と夜。■二（副）昼も夜も。いつも。しじゅう。「―勉強にはげむ」類昼夜《ちゅうや》

**にちよう**【日用】（名）日常使うこと。

**にちよう**【日曜】（名）一週の一番目の日。日曜日。

**にちようがっこう**【日曜学校】（名）キリスト教の教会で、子どもに宗教の教育をするために、日曜ごとに開かれる学校。

**にちようだいく**【日曜大工】（名）日曜などの休日に、趣味《しゅみ》で大工仕事をすること。また、その人。

**にちようひん**【日用品】（名）毎日の生活に用いるこまごましたもの。「―を買いそろえる」

**にちりん**【日輪】（名）太陽。

**にちれんしゅう**〖日△蓮宗〗（名）《仏》仏教の宗派の一つ。鎌倉《かまくら》時代に日蓮が始めた仏教の教え。法華経《ほけきょう》を教えの基本にする。

**にちろせんそう**【日露戦争】（名）《歴》一九〇四（明治三七）年から翌年にかけて日本とロシアとの間で行われた戦争。日本は奉天《ほうてん》会戦や日本海海戦で勝利をおさめ、アメリカの仲介《ちゅうかい》により、ポーツマスで講和条約が結ばれた。

**にっか**【日課】（名）毎日決まってする仕事。

**につかわし・い**【似つかわしい】（形）{カロ・カッ(ク)・イ・イ・ケレ・〇}よく似合っている。ふさわしい。「君には―役だ」

**にっかん**【日刊】（名）毎日発行すること。「―紙」

**にっき**【日記】（名）❶毎日のできごとや感想などを書きしるした個人の記録。「―をつける」類日誌。❷（「日記帳」の略）①をつける帳面。ダイアリー。

**にっきゅう**【日給】（名）一日働いていくら、と決められた給料。類日当《にっとう》

**ニックネーム**〔英 nickname〕（名）あだな。愛称《あいしょう》。「―をつける」

**にづくり**【荷造り】（名・自スル）運んだり送ったりするために、品物をたばね包むこと。「引っ越《こ》しの―」

**につけ**【煮付け】（名）味がしみるようによく煮た食べ物。「魚の―」

**にっけい**【日系】（名）日本人の血すじをひくこと。「―アメリカ人」

**ニッケル**〔英 nickel〕（名）《化》金属元素の一つ。銀白色でつやがあり、鉄などをすいつける性質がある。めっきや、合金を作るのに使われる。元素記号 Ni

**にっこう**【日光】（名）太陽の光線。日のひかり。類陽光

**にっこうよく**【日光浴】（名）健康のためにからだに直接日光をあびること。「―をする」

**にっこり**（副・自スル）声を出さずにうれしそうにほほえむようす。「―（と）笑う」

**にっさん**【日参】（名・自スル）❶毎日、神社や寺などにおまいりすること。❷たのみごとなどのために、毎日かようこと。「弟子《でし》にしてもらおうと―する」

**にっさん**【日産】（名）一日あたりの生産量・産出量。「―一〇〇〇台」

**にっし**【日子】（名）日かず。日数。

**にっし**【日誌】（名）団体・組織などでの、毎日のできごとや行動をしるした記録。「学級―」類日記

**にっしゃ**【日射】（名）太陽が照りつけること。地上に照りつける太陽の光熱。日ざし。参考「日照」が時間に関係するのに対し、「日射」は熱量に関係する。

**にっしゃびょう**【日射病】（名）《医》熱中症《ねっちゅうしょう》の一種。暑いとき、長時間強い日光を受けているとおこる病気。頭痛・めまいなどがする。

**にっしゅう**【日収】（名）一日の収入。「―の多い仕事」

**にっしゅつ**【日出】（名）太陽がのぼること。日の出。対日没《にちぼつ》

**にっしょう**【日照】（名）太陽が地上を照らすこと。「―時間」⇒にっしゃ「参考」

**にっしょうき**【日章旗】（名）日の丸の旗。

**にっしょうけん**【日照権】（名）健康な生活を営むために太陽光線を確保する権利。「―の侵害《しんがい》」

**にっしょく**【日食】〖日△蝕〗（名）《天》月が太陽と地球の間に来て、地球から見える太陽面の全部または一部をかくす現象。皆既食《かいきしょく》・金環食《きんかんしょく》・部分食《しょく》がある。

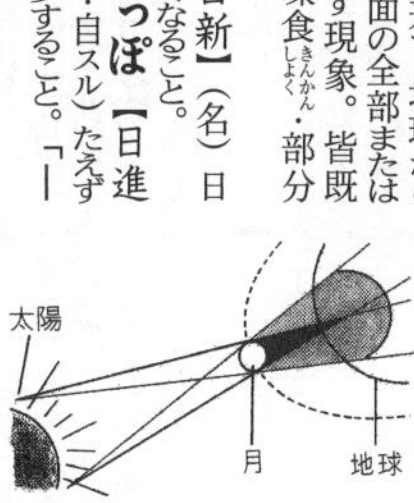

（にっしょく）

**にっしん**【日新】（名）日に日に新しくなること。

**にっしんげっぽ**【日進月歩】（名・自スル）たえずどんどん進歩すること。「―の世の中」

**にっしんせんそう**〖日◇清戦争〗（名）《歴》一八九四（明治二七）年から翌年にかけて日本と清国（≒中国）との間で行われた戦争。日本が勝ち、下関《しものせき》で講和条約が結ばれた。

**にっすう**【日数】（名）日かず。「―がかかる」

**にっせき**【日赤】（名）「日本赤十字社」の略。

**ニッチ**〔英 niche〕（名）❶西洋建築で、小物などを置くために壁《かべ》にもうけたくぼみ。❷《動・植》それぞれの生物種が生態系の中で占《し》める位置や役割。❸他社が進出していない、市場のすきま。「―産業」

**にっちもさっちも**〖二◇進も三◇進も〗（下に打ち消しの語をともなって）物事がゆきづまって、どうにも動

きがとれないようす。どうにもこうにも。「―いかない」

**にっちゅう【日中】**（名）❶ひるま。日の出ている間。「―の気温」❷日本と中国。「―友好」

**にっちょく【日直】**（名）❶その日の当番。❷ひるまの当番。対宿直

**にってい【日程】**（名）議事・仕事・旅行などの、その日その日の予定。「旅行の―を立てる」

**ニット**〔英 knit〕（名）編んで作った生地。「―ウエア」

**にっとう【日当】**（名）一日あたりの手当。類日給

**にっぽう【日報】**（名）❶毎日行う報告。また、その報告書。「業務―」❷毎日発行する新聞。

**にっぽん**〔日本〕〔地名〕→にほん

**にっぽんえいたいぐら**〔日本永代蔵〕〔作品名〕江戸《えど》時代前期の浮世草子《うきよぞうし》。井原西鶴《いはらさいかく》作。一六八八（元禄《げんろく》元）年刊。町人の成功談を中心にして、おかねと欲に生きる人びとの姿をえがいた。

**にっぽんぎんこう【日本銀行】**（名）日本の中央銀行。紙幣《しへい》を発行したり、ふつうの銀行におかねを貸したり、通貨の量を調節したりする。日銀。

**にっぽんばれ【日本晴れ】**（名）→にほんばれ

**につま・る【煮詰まる】**（自五）（ラ(ロ)・リ(ッ)・ル・ル・レ・レ）❶よく煮えて水分がなくなる。「汁《しる》が―」❷物事がじゅうぶんに検討され、結論に近づく。「話が―」❸《俗語》ゆきづまる。

**につ・める【煮詰める】**（他下一）（メ・メ・メル・メル・メレ・メロ(メヨ)）❶水分がなくなるまで煮る。「豆を―」❷物事をじゅうぶんに検討し、結論が出せる段階にする。「計画を―」

**にて**（格助）❶場所・期限・数量などを表す。「社―行う」「五時―閉館」❷手段・方法を表す。「新幹線―上京する」❸原因・理由を表す。「かぜ―欠席」使い方文章で用いる語。会話では「で」を用いる。

**にてひなる【似て非なる】**一見似ているが実際はまったく異なる。「両者の主張は―ものだ」

**にてもにつかない【似ても似つかない】**ちっとも似ていない。「親とは―顔」

**にどあることはさんどある【二度あることは三度ある】**二度あることは三度目もおこる。物事はくり返しておこりがちだというたとえ。

**にとうぶん【二等分】**（名・他スル）等しく二つに分けること。「お菓子《かし》を―してわたす」

**にとうへんさんかくけい【二等辺三角形】**（名）《数》二つの辺が同じ長さの三角形。

**にとうりゅう【二刀流】**（名）❶両手に一本ずつの刀を持ってたたかう剣術《けんじゅつ》の流儀《りゅうぎ》。❷酒もあまいものも両方好きなこと。

**にどと【二度と】**（副）ふたたび。決して。「同じあやまちは―しない」使い方あとに「ない」「ません」などの打ち消しのことばがくる。

**ニトログリセリン**〔英 nitroglycerin(e)〕（名）《化》硝酸《しょうさん》・硫酸《りゅうさん》・グリセリンをまぜ合わせて作る無色の液体。強い爆発力をもち、火薬の原料となる。また、狭心症《きょうしんしょう》の薬としても使われる。

**にとをおうものはいっとをもえず**『二△兎を追う者は一△兎をも得ず』同時に二つのことをしようとすると、どちらも成功しない。類虻蜂《あぶはち》取らず

**にないて【担い手】**（名）❶荷物などをかつぐ人。❷あることがらを中心となって進めていく人。「つぎの世代の―」

**にな・う【担う】**（他五）（ワ(オ)・イ(ッ)・ウ・ウ・エ・エ）❶物を肩《かた》にのせてもち運ぶ。かつぐ。「大きな荷を―」❷身に引き受ける。「責任の一端《いったん》を―」

**ににんさんきゃく【二人三脚】**（名）❶二人ならんで、たがいの内側の足首をひもで結び合わせ、三本足のようにして走る競技。❷二人が助け合って、仕事をしたり生活したりすること。

**ににんしょう【二人称】**（名）《文法》→たいしょう（対称）③

**にぬし【荷主】**（名）荷物の持ち主。または送り主。

**にぬり**『◇丹塗り』（名）赤色や朱色《しゅいろ》でぬること。また、ぬったもの。「―の鳥居《とりい》」

**にねんせいそうほん【二年生草本】**（名）《植》発芽してから開花し枯《か》れるまで、まる二年近くかかる草本植物。まつよいぐさなど。二年生植物。二年草。参考越年生《えつねんせい》草本をいうこともある。

**にねんそう【二年草】**（名）《植》「二年生草本」の略。

**にのあしをふむ【二の足を踏む】**つぎの段階に進むのをためらう。しりごみする。「ねだんが高くて―」

**にのうで【二の腕】**（名）腕の、肩《かた》とひじの間の部分。

**にのく【二の句】**（名）つぎのことば。あとのことば。

**―二の句が継《つ》げない** あきれたり驚《おどろ》いたりして、あとのことばが出ない。「あきれて―」

**にのつぎ【二の次】**（名）二番目。そのつぎ。あとまわし。「勉強を―にする」

**にのまい【二の舞】**（名）他人のした失敗と同じ失敗をもう一度くり返すこと。「―を演じる」

**にばしゃ【荷馬車】**（名）荷物をのせて運ぶ馬車。

**にばんせんじ【二番煎じ】**（名）❶一度せんじたものを再びせんじて出した茶や薬。❷前にやったことのくり返しで新鮮味《しんせんみ》のないこと。「―の趣向《しゅこう》」

**にびいろ【にび色】**『◇鈍色』（名）こいねずみ色。にぶいろ。

**にひゃくとおか【二百十日】**（名）立春から数えて二一〇日目の日。九月一日ごろ。このころは台風が多い。

**にひゃくはつか【二百◦二十日】**（名）立春から数えて二二〇日目の日。九月一〇日ごろ。二百十日と同じように台風がくることが多い。

**ニヒリスト**〔英 nihilist〕（名）虚無《きょむ》主義者。権威《けんい》・道徳などをいっさい認めず、希望ももたない人。

**ニヒリズム**〔英 nihilism〕（名）虚無《きょむ》主義。

**ニヒル**〔ラテン nihil〕（名・形動ダ）虚無《きょむ》。虚無的。「―な男」

**にぶ・い【鈍い】**（形）（カロ・カツ(ク)・イ・イ・ケレ・○）❶よく切れない。「切れ味が―」対鋭い。❷動作や反応などがのろい。また、頭や感覚のはたらきがおそい。「動きが―」対鋭い。❸色・光・音などが、はっきりしない。「―光」

**にぶいろ【鈍色】**（名）→にびいろ

**にふだ【荷札】**（名）荷物を送るとき、差し出し人や受け取り人の住所・氏名を書いて荷物につける札。

**にぶ・る【鈍る】**（自五）〔ラ(ロ)・リ(ッ)・ル・ル・レ・レ〕❶するどさがなくなる。「ナイフの切れ味が━」❷力や勢いが弱くなる。動作や反応がおとろえる。「決心が━」「腕《うで》が━」

**にぶん【二分】**（名・他スル）全体を二つに分けること。「天下を━する戦い」

**にべもない** 冷淡《れいたん》で、とりつきようもない。そっけない。「━あいさつ」

**にぼし【煮干し】**（名）かたくちいわしなどを煮て干したもの。だしをとるのに使う。「━のだし汁《じる》」

**にほ・ふ**〔匂《ニオ》ふ《ウ》〕（自四）古語 ❶つやがあって美しい。照り輝《かがや》く。「紫草《むらさき》の━・へる妹《いも》を憎《にく》くあらば人妻ゆゑにわれ恋《こ》ひめやも」〈万葉集《まんようしゅう》〉訳紫草のように美しいあなたを憎く思うなら、人妻だというのに私が恋するだろうか。❷よいかおりがする。「人はいさ心も知らずふるさとは花ぞ昔の香《か》に━・ひける」〈古今集《こきんしゅう》〉訳人は、さあどうか、心の中はわからない。昔なじんだこの土地では梅の花だけは昔のままのかおりでかおっているなあ。❸色にそまる。「手に取れば袖《そで》さへ━女郎花《をみなへし》」〈万葉集〉訳手に取ると袖までもそまるおみなえし。

**にほん**〔日本〕〔地名〕アジア大陸の東のはしと太平洋との間に横たわる島国。立憲君主国。首都は東京。象徴《しょうちょう》としての天皇をもつ国民主権の国。にっぽん。

**にほんが【日本画】**（名）〔美〕日本独特の絵画。墨《すみ》や岩絵の具(=鉱物から作られた絵の具の一種)を使って、筆で紙や絹などにかく。類邦画。対洋画

**にほんかい**〔日本海〕（名）日本列島とアジア大陸の間の海。

**にほんかいりゅう【日本海流】**（名）〔地〕→くろしお

**にほんがみ【日本髪】**（名）日本独特の婦人の髪形。丸まげ・島田まげ・桃割《ももわ》れなど。対洋髪《ようはつ》

**にほんぎんこう【日本銀行】**（名）→にっぽんぎんこう

**にほんご【日本語】**（名）日本の国語で、むかしから日本人が使ってきた言語。にっぽんご。

**にほんこうぎょうきかく【日本工業規格】**（名）「日本産業規格」の旧称《きゅうしょう》。ジス。

**にほんこくけんぽう【日本国憲法】**（名）〔法〕日本の現在の憲法。第二次大戦後、大日本帝国《ていこく》憲法を全面的に改正し、一九四七(昭和二二)年五月三日から施行《しこう》された。特色は、第一に主権が天皇から国民に移されたこと、第二に戦争を放棄《ほうき》し、平和主義に徹《てっ》していること、第三に基本的人権を保障していることなどである。新憲法。平和憲法。

**にほんさんぎょうきかく【日本産業規格】**（名）→ジス

**にほんさんけい【日本三景】**（名）日本で最も景色が美しいといわれる三つの場所。宮城県の松島、京都府の天《あま》の橋立《はしだて》、広島県の厳島《いつくしま》。

**にほんし【日本紙】**（名）→わし(和紙)

**にほんしゅ【日本酒】**（名）日本古来の製造法により、米からつくった酒。多くは清酒をさす。対洋酒

**にほんしょき**〔日本書紀〕〔作品名〕奈良時代にできた日本最古の勅撰《ちょくせん》歴史書。三〇巻。七二〇(養老四)年、舎人親王《とねりしんのう》、太安万侶《おおのやすまろ》らが完成した。神代から持統天皇《じとうてんのう》までの歴史が漢文でしるされている。「日本紀《にほんぎ》」とも。

**にほんせきじゅうじしゃ【日本赤十字社】**（名）赤十字社の精神にのっとり、国内外において、戦争や災害、病気で苦しむ人びとの支援《しえん》を行っている日本の団体。日赤。⇩せきじゅうじ②

**にほんのうえん【日本脳炎】**（名）〔医〕感染症《かんせんしょう》の一つ。蚊《か》が運ぶウイルスによっておこる。夏に多く、高熱が出て死亡率が高い。

**にほんばれ【日本晴れ】**（名）雲一つなく晴れわたること。にっぽんばれ。

**にほんま【日本間】**（名）たたみをしき、ふすまなどで仕切ってある、日本風の部屋。和室。対洋間

**にまいがい【二枚貝】**（名）〔動〕軟体《なんたい》動物の一種で二枚の貝がらをもつもの。はまぐり・あさりなど。

**にまいじた【二枚舌】**（名）前後でくいちがったことを言うこと。うそを言うこと。「━を使う」

**にまいめ【二枚目】**（名）❶劇や映画などで、美男の役。また、美男の役者。❷美男子。

**にまめ【煮豆】**（名）大豆や黒豆を、砂糖・しょうゆなどで味つけし、やわらかく煮たもの。

**にもうさく【二毛作】**（名）同じ田や畑で一年に二回、ちがった農作物を作ること。表作《おもてさく》に稲《いね》を、裏作《うらさく》に小麦を栽培《さいばい》するなど。⇩にきさく

**にもつ【荷物】**（名）❶持ち運んだり、送ったりする品物。荷。❷(多く「おにもつ」の形で)負担《ふたん》になるもの。やっかいなもの。「みんなのお━になる」

**にもの【煮物】**（名）食物を煮ること。また、煮た食物。

**にやく【荷役】**（名）船の荷の積みおろしをすること。また、その仕事をする人。

**にゃく【若】**→じゃく(若)

**にや・ける**（自下一）〔ケ・ケ・ケル・ケル・ケレ・ケロ(ケヨ)〕❶男がなよなよと女のようにふるまう。「━・けた男」❷にやにやする。

**にやにや**（副・自スル）❶意味ありげにうす笑いをするようす。❷ひとりでふくみ笑いをするようす。

**ニュアンス**〔フランス nuance〕（名）色合い・調子・音色・意味・感情などの微妙《びみょう》な感じ。「ことばの━」

**にゅう【入】** 2画 入0 小1 音ニュウ 訓いる・いれる・はいる

ノ 入

❶はいる。◆入院・入学・入国・入室・入門・入浴 ◆介入《かいにゅう》・加入・侵入《しんにゅう》・潜入《せんにゅう》・突入《とつにゅう》。対出《しゅつ》。❷いれる。おさめる。◆入金・入札《にゅうさつ》・入手・入籍《にゅうせき》・入念 ◆記入・吸入・購入《こうにゅう》・収入・納入・輸入。❸必要とする。◆入費・入用

**にゅう【乳】** 8画 乚7 小6 音ニュウ 訓ちち・ち中

ノ ⺈ ⺤ 孚 孚 乳

❶ちち。◆乳牛 ◆牛乳・授乳・母乳・離乳《りにゅう》。❷ちちのように白くにごった液体。◆乳液 ◆豆乳《とうにゅう》。❸ちぶさ。◆乳腺《にゅうせん》。❹ちちを飲む時期。◆乳歯・乳児。参考特別に、「乳母」は「うば」と読む。

**にゅう【柔】**→じゅう(柔)

**ニュー**〔英 new〕（名）❶新しいこと。「お━の服」❷

（他の語について）「新しい」の意を表す。「―フェース」

**にゅういん【入院】**（名・自スル）病気・けがの治療《ちりょう》や検査のために一時病院にはいること。対退院

**にゅうえき【乳液】**（名）❶乳色の液体。❷乳のような状態の化粧《けしょう》用クリーム。

**にゅうえん【入園】**（名・自スル）❶幼稚園・保育園などに園児としてはいること。「―式」❷動物園・公園などにはいること。「―料」

**にゅうか【入荷】**（名・自スル）品物が商店や市場などにはいること。「商品が―する」対出荷

**にゅうか【乳化】**（名・自他スル）乳のようにねばりのある液になること。また、そのような液にすること。

**にゅうかい【入会】**（名・自スル）ある会にはいってその会員となること。「―金」対退会《たいかい》・脱会《だっかい》

**にゅうかく【入閣】**（名・自スル）大臣となって内閣にはいること。「―が確実視される」

**にゅうがく【入学】**（名・自スル）児童・生徒・学生として、その学校にはいること。「―試験」対卒業

**にゅうがん【乳がん】**〖乳△癌〗（名）〘医〙乳腺《にゅうせん》にできるがん。

**にゅうぎゅう【乳牛】**（名）乳をとるために飼う牛。ちちうし。対役牛《えきぎゅう》

**にゅうきょ【入居】**（名・自スル）新しく住居にはいってそこに住むこと。「―者募集《ぼしゅう》」

**にゅうきょう【入京】**（名・自スル）みやこにはいること。

**にゅうぎょう【乳業】**（名）牛乳・乳製品を生産・販売《はんばい》する仕事。

**にゅうきん【入金】**（名・自他スル）❶おかねを受け取ること。また、そのおかね。「―通知」対出金。❷おかねをはらいこむこと。「月末に―する」

**にゅうこ【入庫】**（名・自他スル）❶品物が倉庫にはいること。また、入れること。❷電車やバスなどが車庫にはいること。また、入れること。（対出庫）

**にゅうこう【入貢】**（名・自スル）外国からみつぎものを持って来ること。

**にゅうこう【入港】**（名・自スル）船が港にはいること。対出港

**にゅうこく【入国】**（名・自スル）外国人としてある国へはいること。「―手続き」対出国

**にゅうごく【入獄】**（名・自スル）刑務所《けいむしょ》や牢《ろう》に入れられること。対出獄

**にゅうこん【入魂】**（名）物事に全精神をそそぎこむこと。一心に打ちこむこと。「―の作品」

**にゅうざい【乳剤】**（名）乳のような色をした薬液。殺虫・消毒用などの薬液がある。

**にゅうさつ【入札】**（名・自スル）工事の請負《うけおい》や物品の売買などで、いちばん有利な条件を出した者と契約《けいやく》するという取り決めに従って、複数の希望者に見積もりのねだんを書いて出させること。いれふだ。

**にゅうさん【乳酸】**（名）〘化〙発酵《はっこう》した牛乳などに見られる酸味の強いねばねばした液体。また、筋肉中で糖が分解されることでもでき、疲労《ひろう》の原因となる。

**にゅうさんきん【乳酸菌】**（名）糖分を分解して乳酸に変えるはたらきのあるバクテリア。ヨーグルトやチーズなどをつくるのに利用される。

**にゅうし【入試】**（名）（「入学試験」の略）入学志願者の中から入学者を選ぶための試験。

**にゅうし【乳歯】**（名）生まれてから半年ぐらいではえはじめ、一〇歳《さい》前後に永久歯とぬけかわる歯。

**にゅうじ【乳児】**（名）生まれてから一年ぐらいまでの、乳を飲んでいる赤んぼう。ちのみご。

**ニュージーランド**〔New Zealand〕〘地名〙オーストラリア東方の南太平洋上の立憲君主国。首都はウェリントン。

**にゅうしつ【入室】**（名・自スル）部屋に入ること。対退室

**にゅうしゃ【入社】**（名・自スル）会社に採用されて社員になること。「―試験」対退社

**にゅうじゃく【柔弱】**（名・形動ダ）性格や体質が弱々しいこと。「―なからだ」

**にゅうしゅ【入手】**（名・他スル）手に入れること。自分のものにすること。「めずらしい本を―する」

**にゅうしょう【入賞】**（名・自スル）展覧会・競技会などで、よいできばえやよい成績をおさめ、賞にはいること。「―作品」

**にゅうじょう【入場】**（名・自スル）会場・競技場などの場内にはいること。「―券」対退場・出場

**にゅうしょく【入植】**（名・自スル）開拓《かいたく》地や植民地にはいって開墾《かいこん》し、生活すること。「―地」

**にゅうしん【入信】**（名・自スル）信仰《しんこう》の道にはいること。信者になること。「キリスト教に―する」

**ニュース**〔英 news〕（名）❶新しい、また、めずらしいできごと。また、その知らせ。「―がはいる」❷新聞・ラジオ・テレビなどの報道。「―番組」

**にゅうすい【入水】**（名・自スル）❶水の中にはいること。❷→じゅすい

**ニュースキャスター**〔英 newscaster〕（名）テレビなどでニュースを伝えたり解説をしたりする人。

**ニュース-ソース**〔英 news source〕（名）ニュースの出所。また、ニュースの提供者。「―をさぐる」

**ニュース-バリュー**〔英 news value〕（名）ニュースとしての新しさ・重要さなどのねうち。報道価値。

**にゅうせいひん【乳製品】**（名）動物の乳、特に牛乳を加工した食品。バター・チーズなど。

**にゅうせき【入籍】**（名・自他スル）結婚《けっこん》や養子縁組《えんぐみ》などで、ある家の戸籍《こせき》にはいること。また、籍を入れること。

**ことばの移り変わり**
「入籍の今むかし」
「入籍」は、もとは「戸籍《こせき》にはいる」の意味で、家を単位に作られていた戸籍の中にはいることであり、養子縁組《えんぐみ》などもあるが、主に婚姻《こんいん》の際に行われたことであった。戦後、新戸籍制度となり、夫婦だけで新たに戸籍を作るようになると、婚姻は本来の意味での「入籍」ではなくなったのだが、その言葉は残り、「役所に婚姻届を提出する（そして、受理される）」の意味と考えられるようになっていった。

**にゅうせん【入選】**（名・自スル）提出した作品が審査《しんさ》に合格すること。「展覧会に―する」対落選

**にゅうせん【乳腺】**（名）〘生〙哺乳《ほにゅう》動物のちぶ

さの中にあって、出産すると乳を出す腺。

**にゅうたい【入隊】**（名・自スル）軍隊など、隊と名のつく団体にはいって、その一員になること。㊊除隊

**ニュータウン**〔英 new town〕（名）都市計画にそって、郊《こう》外《がい》に新たにつくられた大規模な団地。

**にゅうだん【入団】**（名・自スル）団と名のつく団体にはいって、その一員になること。㊊退団

**にゅうちょう【入超】**（名）「輸入超過」の略。「―となる」㊊出超

**にゅうてい【入廷】**（名・自スル）法廷にはいること。㊊退廷

**ニューデリー**〔New Delhi〕【地名】インドの首都。一九一二年からデリーの南西方に都市計画に基づいてつくられた近代的な政治の中心都市。

**にゅうでん【入電】**（名・自スル）よそから電報・電話・電信で知らせがはいること。また、その知らせ。

**にゅうとう【入党】**（名・自スル）党にはいってその一員となること。㊊離《り》党《とう》・脱《だつ》党《とう》

**にゅうとう【乳糖】**（名）哺《ほ》乳《にゅう》動物の乳の中にふくまれている糖分。

**にゅうどう【入道】**㊀（名・自スル）《仏》仏道にはいって修《しゅ》行《ぎょう》すること。また、その人。㊁（名）❶むかし、身分の高い人で仏の道にはいった人。❷坊主頭《ぼうずあたま》の人。❸坊主頭の怪物《かいぶつ》。「たこ―」

**にゅうどうぐも【入道雲】**（名）夏空にもりあがり、坊主頭《ぼうずあたま》の怪物《かいぶつ》のように見える雲。積乱雲。

**ニュートラル**〔英 neutral〕（名・形動ダ）❶中立であるようす。どちらにもかたよらないようす。中間的。「―な見方」❷自動車などで、エンジンの動力が車輪に伝わらないギアの状態。

**ニュートリノ**〔英 neutrino〕（名）《物》素《そ》粒子《りゅうし》の一つ。電気的に中性で、質量は限りなくゼロに近い。中性微子《びし》。

**ニュートロン**〔英 neutron〕（名）《物》→ちゅうせいし

**ニュートン**〔英 newton〕（名）《物》力の単位。質量一《キログラム》の物体に毎秒毎秒一《メートル》の加速度を与《あた》える力。記号 N

**にゅうねん【入念】**（名・形動ダ）細かいところまで注意がはらわれていること。念いり。「―な仕上げ」

**にゅうばい【入梅】**（名）梅雨《つゆ》の季節にはいること。梅雨入り。

**にゅうはくしょく【乳白色】**（名）乳の色のような白い色。

**にゅうばち【乳鉢】**（名）薬などを乳棒ですって細かくしたり、ねり合わせたりするためのはち。

（にゅうばち）

**にゅうひ【入費】**（名）あることにかかるおかね。費用。

**にゅうぶ【入部】**（名・自スル）部と名のつく団体にはいって、その一員となること。㊊退部

**ニューフェース**〔英 new face〕（名）映画俳優などの新人。また、一般《いっぱん》に、新顔。「期待の―」

**にゅうまく【入幕】**（名・自スル）すもうで、十両の力士が位が上がって幕内《まくうち》にはいること。「新―」

**にゅうめつ【入滅】**（名・自スル）《仏》聖者・高僧《こうそう》が死ぬこと。入寂《にゅうじゃく》。入定《にゅうじょう》。

**ニューメディア**〔英 new media〕（名）新しい情報伝達手段の総称《そうしょう》。衛星放送・ケーブルテレビ・インターネットなど。

**にゅうもん【入門】**㊀（名・自スル）❶寺や城などの門の中にはいること。❷弟子《でし》入りすること。「すもう部屋に―する」㊁（名）（「入門書」の略）はじめて学ぶ人の手引きとなる書物。「ドイツ語―」

**にゅうよう【入用】**（名・形動ダ）あることをするのに必要なこと。いりよう。「―の品」

**にゅうようじ【乳幼児】**（名）乳児と幼児。小学校へはいる前の子ども。

**ニューヨーク**〔New York〕【地名】アメリカ合衆国の大西洋側にあるアメリカ第一の大都市。ハドソン川の河口にあり、経済・交通・文化の中心地。

**にゅうよく【入浴】**（名・自スル）ふろにはいること。

**にゅうらく**〖入△洛〗（名・自スル）京都にはいること。じゅらく。参考「洛」は古代中国の都「洛陽」のことで、これを京都にあてはめて使ったことば。

**にゅうらく【乳酪】**（名）牛や羊の乳から作った食品。バターやチーズなど。「―製品」

**にゅうりょく【入力】**（名・他スル）❶機械に動力をあたえること。❷コンピューターなどに処理するデータを入れること。インプット。（㊊出力）

**ニュールック**〔英 new look〕（名）いちばん新しい流行の型。新型。「―の洋服」

**にゅうろう**〖入△牢〗（名・自スル）ろうやにはいること。

**ニューロン**〔英 neuron〕（名）《生》神経組織を構成する細胞《さいぼう》。刺激《しげき》を受けて信号を伝達する機能を持つ。神経細胞。

**にゅうわ【柔和】**（名・形動ダ）性質や表情などがやさしくおだやかなこと。「―な人がら」

**にょ【女】**→じょ（女）

**にょ【如】**→じょ（如）

**にょう【二様】**（名）ふたとおり。「―の考え方」

**にょう【女】**→じょ（女）

**にょう【尿】** 7画 尸4 音 ニョウ

㇕ ㇕ 尸 尿 尿 尿

にょう。しょうべん。◆尿意・尿酸・尿素・尿道 ◆検尿・排尿《はいにょう》・泌尿《ひにょう》・利尿

**にょう【尿】**（名）《生》腎臓《じんぞう》から尿道を通って、体外に排泄《はいせつ》される透明淡黄《とうめいたんおう》の液。小便。

**にょう**〖△繞〗（名）漢字の部首の一つ。「儿《にんにょう》」「廴《えんにょう・いんにょう》」「辶(辶)《しんにょう・しんにゅう》」などがある。

**にょうい【尿意】**（名）小便をしたい感じ。「―をもよおす」

**にょうご【女御】**（名）むかし、天皇《てんのう》のそば近くに仕えた女官。皇后《こうごう》・中宮《ちゅうぐう》のつぎに位が高かった。

**にょうそ【尿素】**（名）《化》尿の中にふくまれる有機化合物。動物の体内で蛋白《たんぱく》質が分解してできる最後の生成物。

**にょうどう【尿道】**（名）《生》尿を膀胱《ぼうこう》から体外に排泄《はいせつ》する管。「―炎《えん》」

**にょうぼう【女房】**（名）❶妻のくだけた呼び方。❷宮中に一室をもらって仕えた身分の高い女官。
**にょうぼうことば【女房ことば】**『女房◇詞』（名）かって宮中に仕えた女官たちが使った独特のことば。だんごを「いしいし」、髪《かみ》を「かもじ」というなど。
**にょじつ【如実】**（名）実際とちがわないこと。事実そのままであること。「戦いの激しさを一に物語る写真」
**にょしょう【女性】**（名）おんな。女性《じょせい》。
**にょにんきんせい【女人禁制】**（名）女性が特定の寺や霊場《れいじょう》にはいるのを禁じたこと。「一の山」
**にょらい【如来】**（名）〔仏〕仏を敬っていうことば。
**にら**『△韮』（名）〔植〕ヒガンバナ科の多年草。葉は平らで細長く強いにおいをもつ。食用とする。
**にらみ**『△睨み』（名）❶にらむこと。❷他を威圧《いあつ》する力。「一がきく」「一をきかせる」
**にらみあわ・せる【にらみ合わせる】**『△睨み合わせる』（他下一）〔セ・セ・セル・セル・セレ・セロ(セヨ)〕あれこれ比べて考え合わせる。「費用と一・せて旅先を決める」
**にら・む**『△睨む』（他五）〔マ(モ)・ミ(ン)・ム・ム・メ・メ〕❶鋭《するど》い目つきでじっと見る。「こわい目で一」❷集中してじっと見つめる。観察する。「画面を一」「市場の動向を一」❸見当をつける。「犯人は彼《かれ》だと一・んでいた」❹考慮《こうりょ》に入れる。「選挙を一・んだかけひき」❺（多く「にらまれる」の形で）好ましくない者として、特に目をつける。「先生に一・まれている」
**にらめっこ**『△睨めっこ』（名）二人がおかしな表情をしてにらみ合い、相手を先に笑わせようとする遊び。
**にりつはいはん【二律背反】**（名）論理学で、たがいに矛盾《むじゅん》し対立する二つの命題が、同じように妥当《だとう》性をもって主張されること。
**にりゅう【二流】**（名）質や程度が一流のものよりやや劣《おと》ること。「一の選手」
**にる【似る】**（自上一）〔ニ・ニ・ニル・ニル・ニレ・ニロ(ニヨ)〕❶形や性質などが、たがいに同じように見える。「顔立ちが母親に一」❷（「…に似ず」の形で）つりあわない。「きゃしゃなからだににず力が強い」

**仕組みの解明**「似る」
**Q** ヒラメに似る？ ヒラメと似る？

| | A | B |
|---|---|---|
| | カレイはヒラメ | 怒《いか》り |
| に | ○ | ○ |
| と | ○ | × |
| | 似ている | 似た感情 |

**A**・Aのように、両方使える場合が多いが、Bのように性質の近いもので説明する場合には多く「に」が使われる。

**にる【煮る】**（他上一）〔ニ・ニ・ニル・ニル・ニレ・ニロ(ニヨ)〕食品などを水や調味料とともに火にかけて熱をとおす。「豆を一」
**にれ**『△楡』（名）〔植〕ニレ科の落葉高木。はるにれ・あきにれ・おひょうなどの総称《そうしょう》。一般《いっぱん》に、はるにれをさす。山地に自生する。材は建築・器具用。エルム。

（にれ）

**にろくじちゅう【二六時中】**（副）（むかし、一日を昼六つ、夜六つの時に分けたことから）一日じゅう。終日。「一雨が降る」
**にわ【庭】**（名）❶家の敷地《しきち》の中に、草木を植えたり池などを設けたりした所。庭園。❷あることを行う場所。「学びの一（=学校）」
**にわか**『△俄』（名・形動ダ）❶物事が急におこるようす。だしぬけ。とつぜん。「一に変化する」❷すぐさま。即座。「一には信じられない」
**にわかあめ【にわか雨】**『△俄雨』（名）急にはげしく降って、すぐやんでしまう雨。通り雨。「一にあう」
**にわき【庭木】**（名）庭に植える木。庭に植えてある木。「一の手入れ」
**にわきど【庭木戸】**（名）庭の出入り口に作った簡単な門やとびら。
**にわさき【庭先】**（名）庭の、縁側《えんがわ》に近い所。また、庭。「一で失礼をする」
**にわし【庭師】**（名）庭の手入れをしたり、石・池・草木の配置などをして庭をつくる人。にわつくり。
**にわとこ**『庭常・×接骨木』（名）〔植〕レンプクソウ科の落葉低木。山野に自生する。春に白色の小花を開く。葉・茎《くき》・花は薬用。
**にわとり【鶏】**（名）〔動〕キジ科の鳥。むかしから人に飼われていて品種が多い。頭に赤いとさかがある。飛ぶ力は弱い。肉や卵は食用。
**にん【人】**→じん(人)

**にん【任】** 6画 亻4 小5 音ニン 訓まかせる・まかす
ノ イ 仁 仟 任
❶つとめや役目をまかせる。◆任官・任期・任地・任務・任命 ◆委任・再任・信任。❷つとめ。役目。◆解任・辞任・就任・責任・専任・担任・適任。❸思うままにさせる。◆任意 ◆一任・放任
**にん【任】**（名）まかされた役目。つとめ。任務。「使者の一を果たす」「一にたえない」

**にん【妊】** 7画 女4 音ニン
女 女 女 奸 妊 妊
子どもをやどす。みごもる。◆妊娠《にんしん》・妊婦 ◆懐妊《かいにん》・避妊《ひにん》

**にん【忍】** 7画 心3 音ニン 訓しのぶ・しのばせる
フ 刀 刃 刃 忍 忍
❶しのぶ。がまんする。◆忍従・忍耐《にんたい》 ◆隠忍《いんにん》・堪忍《かんにん》。❷ひそかに行動する。◆忍者・忍術。❸むごい。◆残忍

**にん【認】** 14画 言7 小6 音ニン 中 訓みとめる
ニ 言 訂 訒 認 認
❶みとめる。ゆるす。◆認可・認証・認知・認定 ◆公認・自認・承認・是認《ぜにん》・追認・否認・黙認《もくにん》・容

認。❷はっきりと見わける。◆認識 ◆確認・視認

**にんい**【任意】（名・形動ダ）その人の思うとおりにまかせること。心のままに決めること。「参加は―です」

**にんか**【認可】（名・他スル）申し出を認めて許可すること。「―がおりる」「バス路線の新設を―する」

**にんかん**【任官】（名・自スル）ある官職に任命されること。

**にんき**【人気】（名）世間の人びとから好意をもって受けいれられるどあい。「―のある歌手」「―商売（＝人びとから人気を得ることが必要な商売）」

**にんき**【任期】（名）その職務についていられる一定の期間。「―満了《まんりょう》」

**にんきとり**【人気取り】（名）世間の評判をあげようとすること。また、その手段。「―の政策」

**にんぎょ**【人魚】（名）上半身は人間の女性で、腰《こし》から下は魚の形をした想像上の動物。マーメード。

**にんきょう**『任▵侠・◇仁▵侠』（名）弱い者を助け、強い者をくじく気風。おとこぎ。また、そのような人。

**にんぎょう**【人形】（名）❶木・布・プラスチックなどで、人の形をまねてつくったもの。「ゆび―」❷自分の意志で行動できず、人にあやつられるがままの人。

**にんぎょうじょうるり**【人形浄瑠璃】（名）三味線《しゃみせん》と浄瑠璃に合わせて人形をあやつり、劇を演じる日本の古典芸能。

**にんぎょうのいえ**〔人形の家〕〔作品名〕ノルウェーの作家イプセンの戯曲《ぎきょく》。一八七九年作。夫から人形のようにしか愛されていないと気づいたノラが、一人の人間として目ざめていく過程をえがいている。

**にんく**【忍苦】（名・自スル）苦しみをたえしのぶこと。

**にんげん**【人間】（名）❶ひと。人類。「―関係」❷人がら。人物。「―ができている」

**人間到《いた》る所《ところ》青山《せいざん》あり**（故郷でなくても骨をうめる墓地はどこにでもあるという意から）大望《たいもう》を持ち、故郷を出て大いに活動すべきだということ。参考「人間」は「じんかん」とも読む。

**にんげんこくほう**【人間国宝】（名）重要無形文化財保持者の通称《つうしょう》。政府が指定した芸能・工芸などで、すぐれた技術を認められた人。

**にんげんせい**【人間性】（名）人間だけがもつ人間らしい性質。「―を疑う」

**にんげんぞう**【人間像】（名）性格・考え・行動・顔つきなどを通して得られるその人の全体的な姿。

**にんげんてき**【人間的】（形動ダ）〔ダロ・ダッ(デ・ニ)・ダ・ナ・ナラ・○〕人間らしいようす。人間らしい性質・気持ちのあるようす。「―な生活を送る」

**にんげんドック**【人間ドック】（名）おもに生活習慣病の早期発見のために、短期間入院して全身の精密検査を受けること。▽ドックは、英 dock

**にんげんみ**【人間味】（名）人間らしい温かい気持ち。「―のあることば」

**にんげんわざ**【人間業】（名）人のすること。人ができる範囲《はんい》のこと。「とても―とは思えない」

**にんさんぷ**【妊産婦】（名）妊婦と産婦。

**にんしき**【認識】（名・他スル）物事をはっきりと見分け、その意義・内容などを理解すること。また、その心の働き。「事の重大性を―する」「共通の―をもつ」「―不足」

**にんじゃ**【忍者】（名）忍術を使う者。しのびの者。

**にんじゅう**【忍従】（名・自スル）つらいことや苦しいことを、じっとがまんして従うこと。「―を強《し》いる」

**にんじゅつ**【忍術】（名）人の目をあざむいて気づかれないように行動する術。しのびの術。「―使い」

**にんしょう**【人称】（名）〔文法〕代名詞で、話し手をさす語を自称（第一人称）、相手をさす語を対称（第二人称）、それ以外の人や物事をさす語を他称（第三人称）という、その区別。「―代名詞」

**にんしょう**【認証】（名・他スル）❶〔法〕公的な機関が、ある物事が正式であることを認めて証明すること。❷〔法〕天皇の行う国事の一つで、内閣の行ったことを正式の手続きを通したものと認めること。「―式」❸コンピューターで、本人確認。「指紋《しもん》―」

**にんじょう**【人情】（名）人にしぜんにそなわっている人間らしい心。特に、愛情やなさけ。「―を解さぬ人」「不―」「非―」

**にんじょう**『◇刃傷』（名・他スル）刃物《はもの》で人を傷つけること。「―沙汰《ざた》」

**にんしょうだいめいし**【人称代名詞】（名）〔文法〕代名詞の中で人をさすもの。「わたくし・あなた・かれ・だれ」など。人《じん》代名詞。

**にんじょうぼん**【人情本】（名）〔文〕江戸《えど》時代後期に流行した、町人の恋愛《れんあい》や人情を写実的にえがいた小説。為永春水《ためながしゅんすい》の「春色梅児誉美《しゅんしょくうめごよみ》」など。

**にん・じる**【任じる】〔ジ・ジ・ジル・ジル・ジレ・ジロ(ジヨ)〕一（他上一）❶職務につかせる。任命する。「所長に―」❷まかせる。受け持たせる。「調査を―」二（自上一）引き受けて自分の役目とする。自任する。「学者をもって―」

**にんしん**【妊娠】（名・自スル）おなかの中に子どもをやどすこと。みごもること。懐妊《かいにん》。

**にんじん**『人◇参』（名）〔植〕野菜の一種。セリ科の一年草または越年草《えつねんそう》。根は赤く、食用にする。

**にんじん**〔作品名〕フランスの小説家ルナールの作品。一八九四年作。「にんじん」と呼ばれる少年の日常を通して、子どもの真実の姿や人間の孤独《こどく》をえがく。

**にんずう**【人数】（名）❶人の数。「―を数える」❷多くの人。「―をくり出す」参考「にんず」ともいう。

**にん・ずる**【任ずる】（自他サ変）〔ジ(ゼ)・ジ・ズル・ズル・ズレ・ジロ(ゼヨ)〕→にんじる

**にんそう**【人相】（名）❶顔つき。「―が悪い」「―書き」❷顔つきに表れた、その人の運命。「―見」

**にんそく**【人足】（名）力仕事をする労働者の古い言い方。

**にんたい**【忍耐】（名・自他スル）苦しみやつらさなどをじっとたえしのぶこと。「―にも限度がある」

**にんち**【任地】（名）つとめをするために滞在《たいざい》する土地。「―に赴《おもむ》く」

**にんち**【認知】（名・他スル）❶ある物事をはっきりと認めること。「現状を―する」❷〔法〕夫婦でない者の間に生まれた子を、その父または母が自分の子であると認めること。「子を―する」

**にんちしょう**【認知症】（名）〔医〕脳の障害によ

り記憶《おく》や認識などの能力が低下し、日常生活が困難になる病気。

**にんてい【人体】**（名）ひとがら。顔つきや身なりなど、人の外見上のようす。「いやしからぬ—」

**にんてい【認定】**（名・他スル）一定の範囲《はんい》や条件にあてはまるものと認めること。「卒業を—される」

**にんにく【×大蒜】**（名）〔植〕ヒガンバナ科の多年草。全体が強いにおいをもち、地下のふくらんだ茎《くき》を食用・薬用とする。おおびる。ガーリック。

（にんにく）

**にんぴ【認否】**（名）認めるか認めないかということ。「罪状の—」

**にんぴにん【人非人】**（名）人の道にはずれたことをする人。人でなし。

**ニンフ**〔英 nymph〕（名）ギリシャ神話で、山・川・泉・森などにすむといわれる若い女性の姿をした精霊《せいれい》。

**にんぷ【人夫】**（名）力仕事をする労働者の古い言い方。

**にんぷ【妊婦】**（名）妊娠《にんしん》している女性。

**にんべん【人偏】**（名）漢字の部首の一つ。「他」「仕」などの左側にある「亻」の部分。

**にんまり**（副・自スル）予想どおりに物事が運んで、思わず満足そうな笑顔になるようす。「一人で—する」

**にんむ【任務】**（名）責任をもってはたさなければならない役目。つとめ。「—を負う」

**にんめい【任命】**（名・他スル）その職務や役につくように命じること。「大使に—する」㊣解任

**にんめん【任免】**（名・他スル）職務につけることと職務をやめさせること。任官と免官。「—権」

**にんめんじゅうしん【人面獣心】**（名）→じんめんじゅうしん

**にんよう【任用】**（名・他スル）ある職務につかせて用いること。「経験者を—する」

**にんよう【認容】**（名・他スル）認めてゆるすこと。容認。「—の条件」

# ぬ ヌ

**ぬ**（助動）｛○・ズ・ヌ(ン)・ヌ(ン)・ネ・○｝打ち消し・禁止・義務などの意を表す。…ない。「知ら—存《ぞん》ぜ—」「言ってはなら—」「行かねばなら—」〔参考〕文語の打ち消しの助動詞「ず」の連体形が口語に残ったもの。〔文法〕動詞・助動詞の未然形につく。

**ぬいいと【縫い糸】**（名）物をぬうための糸。

**ぬいぐるみ【縫いぐるみ】**（名）❶綿などをきれでくるんでぬい合わせ、動物などの形に作ったもの。❷芝居《しばい》などで、動物の役をする人が着る衣装《いしょう》。

**ぬいしろ【縫い代】**（名）きれをぬい合わせるとき、中にぬいこんでしまう、はしの部分。「—を一センチメートルとる」

**ぬいとり【縫い取り】**（名）きれに色のついた糸で模様をぬいつけること。また、その模様。ししゅう。

**ぬいばり【縫い針】**（名）物をぬうときに使う針。

**ぬいめ【縫い目】**（名）❶ぬい合わせたさかい目。「—がほつれる」❷ぬった一針一針の跡《あと》。「—があらい」

**ぬいもの【縫い物】**（名）物をぬうこと。また、ぬったもの。裁縫《さいほう》。「縁側《えんがわ》で—をする」

**ぬ・う【縫う】**（他五）｛ワ(オ)・イ(ッ)・ウ・ウ・エ・エ｝❶布などを、糸を通した針でくり返し刺《さ》してつなぎあわせる。「着物を—」「傷口を—」❷人や物にぶつからないように、間を抜《ぬ》けて進む。「人の流れを—」

**ヌード**〔英 nude〕（名）はだか。裸体《らたい》。

**ヌードル**〔英 noodle〕（名）小麦粉などで作っためん。

**ぬえ【△鵺・△鵼】**（名）❶想像上の怪獣《かいじゅう》。頭は猿《さる》、胴はたぬき、手足はとら、尾は蛇《へび》に似るとされ、源頼政《みなもとのよりまさ》が退治したという。❷正体不明の人物。

**ぬか【△糠】**（名）❶玄米《げんまい》・麦などを精白するとき、はがれた皮が粉になったもの。こぬか。「米—」「—漬《づ》け」❷（接頭語的に用いて）細かいこと、また、むだであること、はかないことなどの意を表す。「—雨」「—喜び」

**ぬかに釘《くぎ》** 手ごたえのないことのたとえ。「何を言っても—だ」〔類〕豆腐《とうふ》に鎹《かすがい》・暖簾《のれん》に腕押《うでお》し

**ヌガー**〔フランス nougat〕（名）砂糖と水あめを煮《に》つめて、ナッツやドライフルーツをまぜ、ひやし固めた菓子《かし》。

**ぬかあめ【ぬか雨】【△糠雨】**（名）ひじょうに細かい雨。きりさめ。こぬかあめ。

**ぬか・す【抜かす】**（他五）｛サ(ソ)・シ・ス・ス・セ・セ｝❶入れもらす。それだけをはずす。間をとばす。「一行—・して読む」❷〔俗語〕「言う」のぞんざいな言い方。ほざく。「よくも—・したな」〔参考〕②は「吐かす」とも書く。

**ぬかず・く【◇額ずく】**（自五）｛カ(コ)・キ(イ)・ク・ク・ケ・ケ｝ひたいを地にすりつけて拝む。「神前に—」

**ぬかづけ【ぬか漬け】【△糠漬け】**（名）野菜などをぬかみそにつけた漬物。ぬかみそづけ。「きゅうりの—」

**ぬかみそ【△糠味△噌】**（名）ぬかに塩と水をまぜて発酵《はっこう》させたもの。野菜をつけるのに使う。「—くさい（＝所帯じみている）」

**ぬかよろこび【ぬか喜び】【△糠喜び】**（名・自スル）喜んで、あとであてがはずれること。「—に終わる」

**ぬかり【抜かり】**（名）ゆだん。不注意による失敗。手ぬかり。「—ないように準備する」

**ぬか・る**（自五）｛ラ(ロ)・リ(ッ)・ル・ル・レ・レ｝雨や雪どけなどで地面がどろどろになる。ぬかるむ。「道が—」

**ぬか・る【抜かる】**（自五）｛ラ(ロ)・リ(ッ)・ル・ル・レ・レ｝ゆだんしてやりそこなう。「いよいよ試合だ。みんな—なよ」

**ぬかるみ【×泥濘】**（名）雨や雪どけなどでどろどろになった地面。「—に足をとられる」

**ぬき【◇貫】**（名）柱と柱の間に横に通してある材木。ぬきぎ。「—を渡《わた》す」

**ぬきあし【抜き足】**（名）音をたてないようにそっと足を上げて歩くこと。「—で近づく」

**ぬきあしさしあし【抜き足差し足】**（名）音をたてないようにそっと歩くこと。「—忍《しの》び足」

**ぬきうち【抜き打ち】**（名）❶刀をぬくと同時に切りつけること。❷前もって知らせないで、とつぜん行うこと。「—検査」

**ぬきがき【抜き書き】**（名・他スル）文章の中の必要な部分を書きぬくこと。また、その書きぬいたもの。

**ぬきさし【抜き差し】**（名）❶ぬき取ることと、差し

こむこと。❷やりくり。なんとかすること。「—ならない(=どうにも処置ができない)」

**ぬぎす・てる**【脱ぎ捨てる】(他下一){テ・テ・テル・テル・テレ・テロ(テヨ)}ぬいでそのままにしておく。「靴《くつ》を—」

**ぬきだ・す**【抜き出す】(他五){サ(ソ)・シ・ス・ス・セ・セ}ひきぬいて取り出す。また、選び出す。「使えるものだけを—」

**ぬきて**【抜き手】(名)水泳で、腕《うで》をかわるがわる水面上にぬきだして泳ぐ方法。「—をきって泳ぐ」

**ぬきと・る**【抜き取る】(他五){ラ(ロ)・リ(ッ)・ル・ル・レ・レ}❶ひきぬいて取る。「庭の雑草を—」❷なかみをぬいて、ぬすみ取る。「封筒《ふうとう》から現金だけを—」

**ぬきみ**【抜き身】(名)さやからぬいた刀。

**ぬきん・でる**【抜きんでる】〘◇抽んでる・△擢んでる〙(自下一){デ・デ・デル・デル・デレ・デロ(デヨ)}ほかのものよりとびぬけてすぐれている。「—・でた成績をとる」

**ぬ・く**【抜く】(他五){カ(コ)・キ(イ)・ク・ク・ケ・ケ}❶中に入っている細長いものなどを、ひっぱりだす。「くぎを—」「刀を—」❷中にみちているものを外に出す。「タイヤの空気を—」「池の水を—」「肩《かた》の力を—」「気を—」❸いらないものを取り除く。「しみを—」「あくを—」❹なしですませる。はぶく。「手を—」「朝食を—」❺他のものより先に出る。追いこす。「前の車を—」❻向こう側に出す。つき破る。「三遊間を—ヒット」「型を—」❼ぬすみ取る。「ポケットからさいふを—」❽(動詞の連用形について)終わりまでやりとおす。すっかり…する。「最後までがんばり—」「困り—」

**ぬ・ぐ**【脱ぐ】(他五){ガ(ゴ)・ギ(イ)・グ・グ・ゲ・ゲ}(衣服・はき物など)身につけているものを取り去る。「服を—」対着る

**ぬく・い**〘◇温い〙(形){カロ・カッ(ク)・イ・イ・ケレ・○}あたたかい。「—ふとん」

**ぬぐ・う**【拭う】(他五){ワ(オ)・イ(ッ)・ウ・ウ・エ・エ}❶ふき取る。ふく。「あせを—」「口を—(=知っていて知らないふりをする)」❷汚点《おてん》や恥《はじ》などを取り除く。「不安を—」

**ぬくぬく**〘◇温◇温〙(副)❶あたたかいようす。「—(と)育つ」❷なんの不自由も苦労もないようす。

**ぬくま・る**〘◇温まる〙(自五){ラ(ロ)・リ(ッ)・ル・ル・レ・レ}あたたまる。ぬくもる。「からだが—」

**ぬくみ**〘◇温み〙(名)あたたかみ。ぬくもり。

**ぬく・める**〘◇温める〙(他下一){メ・メ・メル・メル・メレ・メロ(メヨ)}あたためる。「からだを—」

**ぬくもり**〘◇温もり〙(名)あたたかみ。ぬくみ。「ふとんの—」

**ぬくも・る**〘◇温もる〙(自五){ラ(ロ)・リ(ッ)・ル・ル・レ・レ}→ぬくまる

**ぬけあな**【抜け穴】(名)❶通りぬけられる穴。「煙《けむ》りの—」❷こっそり逃《に》げるための穴。「裏庭に通じる—」❸逃げる方法。ぬけみち。「法の—」

**ぬけがけ**【抜け駆け】(名・自スル)こっそりと、他の人をだしぬいて物事をすること。「—の功名」

**ぬけがら**【抜け殻】(名)❶せみや蛇《へび》などが脱皮《だっぴ》したあとの殻。「せみの—」❷(「たましいのぬけがら」の意で)気がぬけてぼんやりした人。

**ぬけだ・す**【抜け出す】(自五){サ(ソ)・シ・ス・ス・セ・セ}❶ある場所・状況《じょうきょう》などからのがれ出る。抜け出る。「夜中に宿を—」「不況を—」❷抜け始める。

**ぬけ・でる**【抜け出る】(自下一){デ・デ・デル・デル・デレ・デロ(デヨ)}❶外へのがれ出る。そっと出る。「会場から—」❷ほかの人よりもすぐれている。抜きんでる。「—・でた成績」

**ぬけぬけ**(副)あつかましいことを平気でするようす。ずうずうしいようす。「—(と)うそをつく」

**ぬけみち**【抜け道】(名)❶うらみち。ちかみち。❷逃《に》げるための道や通路。逃げみち。「地下の—」❸なんとかごまかしてのがれる方法。「法律の—」

**ぬけめ**【抜け目】(名)ぬけたところ。手ぬかり。ゆだん。「—なく事を運ぶ」「—なく目を配る」

**抜け目がない** 要領がよく手ぬかりがない。「—人」

**ぬ・ける**【抜ける】(自下一){ケ・ケ・ケル・ケル・ケレ・ケロ(ケヨ)}❶くっついていたりはまっていたりしたものが、はなれてとれる。「髪《かみ》の毛が—」「床《ゆか》が—」❷中にみちていたものが外に出る。「ガスが—」❸それまであったものがなくなる。「あくが—」「力が—」「腰《こし》が—(=足腰が立たなくなる)」❹あるべきものがもれる。落ちる。「ページが—」❺それまでいた場所からはなれる。離脱《りだつ》する。「会議を—」「組織を—」❻ちえや注意力が足りない。「少し—・けた人」❼むこうまで通る。「トンネルを—」「裏門へ—道」❽すきとおったようにきれいである。「—ような青空」

**ぬ・げる**【脱げる】(自下一){ゲ・ゲ・ゲル・ゲル・ゲレ・ゲロ(ゲヨ)}からだにつけている服や靴《くつ》などがひとりでにとれる。「靴が—」

**ぬさ**〘◇幣〙(名)神に祈《いの》るときに供えるもの。布や紙でつくる。

**ぬし**【主】(名)❶主人。「一家の—」❷持ち主。「家《や》—」❸あることをした当人。「送り—」❹森・山・沼《ぬま》などに古くからすみ、そこを支配するとされる動物。「この池の—は大きなまずだ」❺その場所に古くからいる人。「学校の—」

**ぬすっと**〘盗っ◇人〙(名)ぬすびと。

**盗っ人たけだけしい** →ぬすびとたけだけしい

**ぬすびと**【盗人】(名)他人の持ち物をぬすみ取る人。ぬすっと。どろぼう。盗賊《とうぞく》。「—を捕《と》らえる」

**盗人たけだけしい** 悪いことをしながら、ずうずうしく平気でいるようす。ぬすっとたけだけしい。

**盗人に追《お》い銭《せん》** 損をした上に、また損をすることのたとえ。泥棒《どろぼう》に追い銭。

**ぬすみ**【盗み】(名)他人の物をこっそり取ること。ぬすむこと。「—をはたらく」

**ぬすみあし**【盗み足】(名)足音をたてないで、そっと歩くこと。しのびあし。「—で歩く」

**ぬすみぎき**【盗み聞き】(名・他スル)他人の話をこっそり聞くこと。

**ぬすみぐい**【盗み食い】(名・他スル)ぬすんで食べること。また、かくれてこっそり食べること。

**ぬすみみ**【盗み見】(名・他スル)こっそり見ること。

**ぬすみよみ**【盗み読み】(名・他スル)他人の手紙や日記などを気づかれないようにこっそりと読むこと。

**ぬす・む**【盗む】(他五){マ(モ)・ミ(ン)・ム・ム・メ・メ}❶他人のおかねや物をこっそり取る。「でき心で—」❷他人の技や考えなどをひそかにまねたり、学びとったりする。「アイデアを—」「師匠《ししょう》の技を—」❸人に知られないように、何かをする。「人目を—」

❹わずかな時間をやりくりして、何かを行う。「ひまを―・んで読書する」

**ぬた**（名）貝や野菜などを、酢《す》みそであえた食べ物。

**ぬたく・る**{ラ(ロ)・リ(ッ)・ル・ル・レ・レ}❶（自五）からだをくねらせてはいまわる。「へびが―」❷（他五）ごてごて塗《ぬ》りつける。「おしろいを―」また、字や絵などを、へたに書きつける。

**ぬっと**（副）とつぜん出てくるようす。「―現れる」

**ぬの【布】**（名）糸で織ったものすべてをさすことば。古くはあさ・くずなどの植物のせんいで織った織物。

**ぬのこ【布子】**（名）もめんの綿入れ。

**ぬのじ【布地】**（名）衣服にしたてる材料としてのきれ。「洋服の―」

**ぬのめ【布目】**（名）布の織り目。また、その模様。

**ぬばたまの**…和歌

〔ぬばたまの　夜《よ》の更《ふ》けゆけば　久木《ひさぎ》生《お》ふる　清《きよ》き川原《かはら》に　千鳥《ちどり》しば鳴《な》く〕〈万葉集《まんようしゅう》・山部赤人《やまべのあかひと》〉訳夜がふけてゆくと、久木の生えている清らかな川原で、千鳥がしきりに鳴いている。（「ぬばたまの」は「夜」の枕詞《まくらことば》）

**ぬひ**『◇奴△婢』（名）下男と下女。召使《めしつかい》。

**ぬま【沼】**（名）天然の、泥《どろ》の底が深く、水が浅くたまった所。⇩いけ（池）「学習」

**ぬまち【沼地】**（名）じめじめした泥《どろ》深い地域。

**ぬめり**『◇滑り』（名）ぬるぬるすること。また、そのもの。「魚の―をとる」

**ぬらくら**（副・自スル）❶ぬれていてすべり、おさえにくいようす。❷なまけてしまりのないようす。のらくら。

**ぬら・す**『△濡らす』（他五）{サ(ソ)・シ・ス・ス・セ・セ}ぬれるようにする。しめらす。「谷川の水でハンカチを―」

**ぬらりくらり**（副・自スル）態度がはっきりせず、とらえどころのないようす。のらりくらり。「追及《ついきゅう》を―（と）かわす」

**ぬり【塗り】**（名）❶ぬること。ぬったもの。ぬり方。「―がはげる」❷うるしぬり。注意「春慶《しゅんけい》塗」など、工芸品の名に用いるときは送りがなをつけない。

**ぬりあ・げる【塗り上げる】**（他下一）{ゲ・ゲ・ゲル・ゲル・ゲレ・ゲロ(ゲヨ)}すっかりぬりつくす。ぬり終える。「壁《かべ》を―」

**ぬりえ【塗り絵】**（名）絵が線だけでかいてあり、これに色をぬって遊ぶもの。

**ぬりぐすり【塗り薬】**（名）ひふにぬりつける薬。

**ぬりたく・る【塗りたくる】**（他五）{ラ(ロ)・リ(ッ)・ル・ル・レ・レ}必要以上にごてごてとぬる。「絵の具を―」

**ぬりたて【塗り立て】**（名）ぬったばかりであること。「ペンキ―」

**ぬりた・てる【塗り立てる】**（他下一）{テ・テ・テル・テル・テレ・テロ(テヨ)}❶ぬって、きれいに見えるようにする。「美しく―・てた壁《かべ》」❷やたらにぬりつける。「おしろいを顔に―」

**ぬりつ・ける【塗りつける】**『塗り付ける』（他下一）{ケ・ケ・ケル・ケル・ケレ・ケロ(ケヨ)}❶ぬってつける。また、おしつけるようにぬる。「ペンキを―」❷罪や責任を他人におしつける。なすりつける。「人に罪を―」

**ぬりもの【塗り物】**（名）うるしぬりのうつわ。漆器《しっき》。「―の盆《ぼん》や箸《はし》」

**ぬ・る【塗る】**（他五）{ラ(ロ)・リ(ッ)・ル・ル・レ・レ}❶液体や塗料《とりょう》などを表面になすりつける。「絵の具で色を―」「パンにバターを―」❷化粧《けしょう》をする。「口紅を―」❸罪や責任を他人に負わせる。「人の顔にどろを―」

仕組みの解明「塗る」

Q ペンキを塗る？ ペンキで塗る？

A 壁にペンキを塗る

B 壁をペンキで塗る

A・Aでは塗る面積は少しでもいいが、Bの場合では「壁全体が塗り替えられた状態」にすることを表す。

・「を」の対象になる名詞が中心に取り上げられる。

**ぬる・い**『◇温い』（形）{カロ・カッ(ク)・イ・イ・ケレ・○}❶適した温度より低い。また、冷たさが足りない。「―おふろ」「ビールが―・くなった」❷きびしくない。手ぬるい。

**ぬるで**『×白膠木』（名）《植》ウルシ科の落葉小高木。山野に自生する。木の皮や葉にできた五倍子《ふし》はタンニンを多くふくみ、染料に使う。木は炭になる。

**ぬるぬる**（副・自スル）ねばりけのある液体におおわれるなどして、すべりやすいようす。「床《ゆか》が―する」

**ぬるまゆ【ぬるま湯】**『×微温-湯』（名）ぬるい湯。なまあたたかい湯。「―につかる（＝刺激《しげき》のない現状にあまんじて、のんきに過ごしているようす）」

**ぬる・む**『◇温む』（自五）{マ(モ)・ミ(ン)・ム・ム・メ・メ}❶冷たかった水などの温度が少しあがる。「小川の水も―・んできた」❷熱かったものの温度がやや下がる。「お茶が―」

**ぬるりと**（副・自スル）ぬるぬるしてすべりやすいようす。「苔《こけ》がついて―した岩」

**ぬれえん【ぬれ縁】**『△濡れ縁』（名）雨戸の外側にあるせまい縁側。「―に腰掛《こしか》ける」

**ぬれぎぬ**『△濡れ◇衣』（名）自分がやったおぼえのない罪や悪いこと。「―を着せられる」

**ぬれそぼ・つ**『△濡れそぼつ』（自五）{タ(ト)・チ(ッ)・ツ・ツ・テ・テ}（「そぼつ」はぬれる意）びっしょりぬれる。「雨に―」

**ぬれて【ぬれ手】**『△濡れ手』（名）水にぬれた手。

**濡れ手で粟《あわ》**（ぬれた手で粟をつかむと、粟粒《あわつぶ》が手にいっぱいついてくることから）苦労しないでやすやすと大もうけをすること。「―の商法」

**ぬれねずみ**『△濡れ△鼠』（名）衣服を着たまま全身びしょぬれになること。「―になる」

**ぬれば【ぬれ場】**『△濡れ場』（名）《演》芝居《しばい》で、男女の色事を演じる場面。

**ぬればいろ【ぬれ羽色】**『△濡れ羽色』（名）水にぬれたからすの羽のような、つやのある黒色。「―の髪《かみ》」

**ぬ・れる**『△濡れる』（自下一）{レ・レ・レル・レル・レレ・レロ(レヨ)}水などがたっぷりつく。「なみだに―・れた目」「雨に―」

表現 そぼ濡れる・しょぼ濡れる・湿《しめ》る・じめつく・潤《うる》おう◆じめじめ・じとじと・しっとり・じっとり・ぐしょぐしょ・ぐっしょり・びちゃびちゃ・びしょびしょ・びっしょり

# ね ネ

**ね**〘◇子〙（名）❶十二支の第一。ねずみ。❷むかしの時刻の名。今の夜一二時ごろ、およびその前後約二時間。（一説にはその後約二時間）。❸方角の名。北。

**ね**【音】（名）❶おと。こえ。多く、美しい音や声をいう。「笛の—」「虫の—」❷泣く声。「忍《しの》び—」

**音を上《あ》げる** 苦しさにこらえきれず弱音をはく。すっかり困ってしまう。降参する。「とうとう音を上げた」

**ね**【値】（名）ねだん。あたい。ねうち。「—をつける」

**値が張《は》る** ねだんが高い。

**ね**【根】（名）❶植物の地中にある部分。養分や水分をとり入れ、幹・茎《くき》をささえる。ねっこ。「—を張る」❷ものをささえているもとの部分。「歯の—」❸ことがらのもと。原因。「悪の—をたち切る」❹生まれつきの性質。「—は正直だ」

**根に持《も》つ** うらみに思っていつまでも忘れないでいる。「ちょっとしたことをずっと根に持っている」

**根も葉《は》もない** 何の根拠《こんきょ》もない。「—うわさ」

**根を下《お》ろす** その場所に定着する。「地域に根を下ろした生活」

**ね**【寝】（名）寝ること。眠《ねむ》り。「早—早起き」

**ね** ■一（終助）❶念をおす意を表す。「これでいいか—」❷同意を求め、または親しみを表す。「遊びましょう—」❸感嘆《かんたん》の気持ちを表す。「すばらしいです—」❹調子をととのえる。「それで—、ぼく—、行くのをやめたの」■二（感）❶念をおすことば。「—、いいだろう」❷呼びかけのことば。「—、君」使い方「ねえ」とのばして使うことも多い。

**ねあがり**【値上がり】（名・自スル）ねだんや料金が高くなること。「物価の—」対値下がり

**ねあげ**【値上げ】（名・他スル）ねだんや料金を高くすること。「食料品の—」対値下げ

**ねあせ**【寝汗】（名）眠《ねむ》っているときに出る汗。

**ねい【寧】** 14画 宀11 音ネイ 丶 宀 宓 宓 寍 寧
❶おだやか。やすらかにする。◆丁寧《ていねい》 ❷ねんごろ。◆寧日《ねいじつ》◆安寧。

**ねいき**【寝息】（名）眠《ねむ》っているときの呼吸。「安らかな—をたてる」

**ねいじつ**【寧日】（名）安らかで無事な日。

**ネイティブ**〔英 native〕（名）❶その土地で生まれ育った人。❷「ネイティブスピーカー」の略。「—並みの発音」〘=ネーティブ〙

**ネイティブ-アメリカン**〔英 Native American〕（名）アメリカ大陸の先住民。「アメリカインディアン」にかわって用いられる呼称《こしょう》。

**ネイティブ-スピーカー**〔英 native speaker〕（名）その言語を母国語として話す人。ネイティブ。

**ねいりばな**【寝入りばな】〘寝入り◇端〙（名）寝ついて間もないとき。「—を起こされる」

**ねい・る**【寝入る】（自五）{ラ(ロ)・リ(ッ)・ル・ル・レ・レ}❶ぐっすりと眠《ねむ》る。深い眠りにはいる。「—・っていて起きない」❷眠りにつく。眠りはじめる。「いつの間にか—」

**ネイル**〔英 nail〕（名）つめ。ネール。「—アート」

**ねいろ**【音色】（名）他と区別される、その音独特の感じ。「琴《こと》の—」参考「おんしょく」とも読む。

**ねうち**【値打ち】（名）そのものがもっている尊さや役にたつ程度。価値。「なんの—もない」「—が上がる」

**ねえ**（終助・感）→ね（終助・感）

**ねえさん**【◦姉さん】（名）❶姉を敬い、親しみをこめて呼ぶことば。❷若い女性を親しんで呼ぶことば。

**ねえさんかぶり**【◦姉さんかぶり】〘◦姉さん◇被り〙（名）→あねさんかぶり

**ネーブル**（名）〘植〙ミカン科の常緑果樹。みかんよりひとまわり大きく、あまくてにおいのよい実をつける。ネーブルは「へそ」という意味で、実の上部にへそのような部分がある。▽英 navel orange から。

**ネーミング**〔英 naming〕（名）名前をつけること。命名。特に、新製品への命名についていう。

**ネーム**〔英 name〕（名）名前。「—プレート」

**ネーム-バリュー**〔和製英語〕（名）その人・会社・商品などの名前のもつ世間的信用・ねうち・評判。「—がある」▽name と value から。

**ねおき**【寝起き】■一（名・自スル）寝ることと起きること。生活すること。「—を共にする」■二（名）目がさめたとき。また、そのときの気分・状態。「—が悪い」

**ねおし**【寝押し】（名・他スル）ズボンなどをふとんの下にしいて寝て、しわをのばし折り目をつけること。

**ネオン**〔英 neon〕（名）❶〘化〙空気中にわずかにふくまれている気体の元素。色・味・においがない。ネオンサインに使う。元素記号 Ne ❷「ネオンサイン」の略。

**ネオン-サイン**〔英 neon sign〕（名）細いガラス管にネオンやアルゴンを入れ、それに電気を通して美しい光を出すもの。広告や装飾《そうしょく》に使われる。ネオン。

**ネガ**（名）〘「ネガティブ」の略〙フィルムを現像したもの。明暗が実物と反対になっている。陰画《いんが》。対ポジ

**ねがい**【願い】（名）❶願うこと。「ささやかな—」「一生のお—」❷希望することを書きしるした文書。「休学—」❸神仏に願うこと。願《がん》。「神に—をかける」

**ねがいごと**【願い事】（名）願っていることがら。望んでいることがら。「—がかなう」

**ねがいさげ**【願い下げ】（名）❶願い出たことをとりやめること。❷たのまれても断ること。「そんな仕事はこっちから—だ」

**ねがい・でる**【願い出る】（他下一）{デ・デ・デル・デル・デレ・デロ(デヨ)}願いごとを申し出る。「休職を—」

**ねが・う**【願う】（他五）{ワ(オ)・イ(ッ)・ウ・ウ・エ・エ}❶望みがかなうことを心の中で強くもとめる。「成功することを—」❷神仏に祈《いの》り頼《たの》む。「ご利益《りやく》を—」❸自分がしてほしいことを相手に頼む。「よろしく—・います」

**ねがえり**【寝返り】（名）❶寝たままからだの向きをかえること。「—を打つ」❷味方をうらぎって敵方につくこと。うらぎり。「敵に—を打つ」

**ねがえ・る**【寝返る】（自五）{ラ(ロ)・リ(ッ)・ル・ル・レ・レ}❶寝たままからだの向きをかえる。❷味方をうらぎって敵方につく。「腹心の部下が—」

**ねがお【寝顔】**（名）眠《ねむ》っているときの顔。「あどけない—」

**ねか・す【寝かす】**（他五）{サ(ソ)・シ・ス・ス・セ・セ} ❶寝るようにさせる。「赤んぼうを—」❷横にたおす。「材木を—」対立てる。❸品物やおかねなどを使わずに手もとにおいたままにする。「資金を—」❹こうじ・酒などを室《むろ》に入れて発《はっ》酵《こう》・熟成させる。「ワインを—」

**ねかた【根方】**（名）ねもと。下のほう。「木の—」

**ねがったりかなったり**【願ったりかなったり】相手方の申しこみや条件が自分にとってつごうのいいこと。好つごう。「—の条件だ」

**ねがってもない【願ってもない】**望んでも簡単にはかないそうにないことが実現するのを喜んでいうことば。「—お話です」

**ネガティブ**〔英 negative〕一（形動ダ）{ダロ・ダッ(デ・ニ)・ダ・ナ・ナラ・○} 消極的。否定的。「—な考え方」二（名）写真のネガ。（対ポジティブ）

**ねかぶ【根株】**（名）木を切ったあとに残っている根の部分。切り株。

**ねから【根から】**（副）→ねっから

**ねがわくは【願わくは】**（副）願うところは。どうか。「—我を助けたまえ」

**ねぎ**〖△葱〗（名）〖植〗野菜の一種。ヒガンバナ科の多年草。葉は中空の筒状《つつじょう》で先がとがる。初夏に、「ねぎぼうず」という、白緑色の小さな花が球状に集まって咲《さ》く。食用。ひともじ。ねぶか。

**ねぎ**〖△禰宜〗（名）神社で、宮司《ぐうじ》に次ぐ職。また、神職の総称《そうしょう》。

**ねぎら・う**〖◇労う・△犒う〗（他五）{ワ(オ)・イ(ッ)・ウ・ウ・エ・エ}（目下の人の）ほねおりや苦労を感謝したりいたわったりする。「労を—」

**ねぎ・る【値切る】**（他五）{ラ(ロ)・リ(ッ)・ル・ル・レ・レ} 品物のねだんを安くさせる。まけさせる。「—・って買う」

**ねくずれ【値崩れ】**（名・自スル）商品などの価格が急激に下がること。「生産過多で—を起こす」

**ねぐせ【寝癖】**（名）❶寝ている間に髪《かみ》の毛についたくせ。「—を直す」❷寝ている間にからだを無意識に動かすくせ。「—が悪い」

**ネクタイ**〔英 necktie〕（名）ワイシャツなどのえりの前で結び、かざりにする細長い布。タイ。

**ねくびをかく【寝首をかく】**〖寝首を△掻く〗❶眠《ねむ》っている人の首を切り落とす。❷油断している相手を、卑《ひ》劣《れつ》な手段でおとしいれる。

**ねくら【根暗】**（名・形動ダ）〘俗語〙生まれつき性格が暗いこと。また、その人。

**ねぐら**〖△塒〗（名）❶鳥の寝《ね》る所。巣。とや。❷人の寝る所。自分の家。「—に帰ろう」

**ネグリジェ**〔フランス négligé〕（名）上下が続いた、ゆったりした婦人用の寝《ね》まき。

**ねぐるし・い【寝苦しい】**（形）{カロ・カッ(ク)・イ・イ・ケレ・○} 暑さや苦しさなどのために熟睡《じゅくすい》できない。「—夏の夜」

**ネグレクト**〔英 neglect〕（名・他スル）❶無視すること。❷養育者が子どもに十分な世話をしないで、ほうっておくこと。育児放棄《ほうき》。

**ねこ【猫】**（名）〖動〗ネコ科の哺乳《ほにゅう》動物。むかしから家で飼われ、ねずみを捕《と》る。

**猫に鰹節《かつおぶし》** 好物を近くに置いては油断がならないということ。過《あやま》ちが起こりやすいたとえ。

**猫に小判《こばん》** どんなに貴重なものも、ねうちのわからないものには何の役にもたたないこと。類豚《ぶた》に真珠《しんじゅ》

**猫の手《て》も借《か》りたい** ひじょうにいそがしくて、人手がほしいようす。「—ほどのいそがしさ」

**猫の額《ひたい》** 面積がひどくせまいこと。「—ほどの庭」

**猫の目《め》** 物事の変わりやすいこと。「意見が—のように変わる」

**猫も杓子《しゃくし》も** だれもかれもみな。「—流行を追いかける」

**猫をかぶる** ほんとうの性質をかくして、人の前でおとなしくしている。また、知っているのに、知らないふりをする。

**ねこいらず【猫いらず】**（名）黄燐《おうりん》・亜砒《あひ》酸などをおもな成分とした、ねずみを殺す薬。（商標名）

**ねこかぶり【猫かぶり】**〖猫◇被り〗（名）自分のほんとうの性質をかくしておとなしそうにすること。知らないふりをすること。また、その人。ねこっかぶり。

**ねこかわいがり【猫かわいがり】**〖猫×可愛がり〗（名・他スル）猫をかわいがるように、むやみにかわいがって甘《あま》やかすこと。「孫《まご》を—する」

**ねこぎ【根こぎ】**〖根◇扱ぎ〗（名）木や草を根のついたままひきぬくこと。「大木を—にする」

**ねごこち【寝◦心地】**（名）寝たときの気分。寝ぐあい。「—のよいベッド」

**ねこじた【猫舌】**（名）（猫は熱い食べ物をきらうことから）熱いものを飲み食いできないこと。また、その人。

**ねこぜ【猫背】**（名）首が前のほうに出て背中がまるく曲がっていること。また、そのような人。

**ねこそぎ【根こそぎ】**一（名）草木を根まで全部ぬきとること。転じて、すべて取ること。二（副）残らず。全部。そっくり。「所持金を—奪《うば》われる」

**ねごと【寝言】**（名）❶眠《ねむ》っているときに無意識に発することば。「夜中に—を言う」❷わけのわからないことば。くだらないこと。「—にはとりあわない」

**ねこなでごえ【猫なで声】**〖猫△撫で声〗（名）やさしく人のきげんをとるような声。「—で甘《あま》える」

**ねこばば**〖猫△糞〗（名・他スル）（猫は自分のばば（＝ふん）に砂をかけてかくすことから）ひろったものなどをこっそり自分のものにすること。「—をきめこむ」

**ねこみ【寝込み】**（名）よく眠《ねむ》っているさいちゅう。「—をおそう」

**ねこ・む【寝込む】**（自五）{マ(モ)・ミ(ン)・ム・ム・メ・メ} ❶ぐっすり眠《ねむ》る。❷病気になって床《とこ》につく。「かぜで—」

**ねこやなぎ**〖猫柳〗（名）〖植〗ヤナギ科の落葉低木。川岸に自生。初春、葉の出る前に毛におおわれた緑白色の花をつける。

（ねこやなぎ）

**ねごろ【値頃】**（名）買うのにちょうどよいねだん。「—の商品」

**ねころ・ぶ【寝転ぶ】**（自五）{バ(ボ)・ビ(ン)・ブ・ブ・ベ・ベ} ごろりと横になる。「芝生《しばふ》に—」

**ねさがり【値下がり】**（名・自スル）ねだんや料金が下がること。「—を見込《みこ》む」対値上がり

**ねさげ【値下げ】**（名・他スル）ねだんや料金を下げること。「輸入品の―」㊥値上げ

**ねざ・す【根差す】**（自五）{サ(ソ)・シ・ス・ス・セ・セ}❶植物の根がつく。❷原因する。もとづく。「生活に―・した考え」

**ねざめ【寝覚め】**（名）眠《ねむ》りからさめること。めざめ。

**寝覚めが悪《わる》い** ❶眠りからさめたときの気分がよくない。❷過去のよくない行いを思い出して良心に責められる。

**ねざや【値ざや】**『値△鞘』（名）相場と相場との間にできるねだんの差。「―をかせぐ」

**ねじ**『×螺子・×捻子・×捩子』（名）❶物をしめつけるための、らせん状の溝《みぞ》のある用具。雄《お》ねじと雌《め》ねじがある。❷おもちゃ・時計などのぜんまいをまくもの。

**ねじを巻《ま》く** たるんだ気持ちや態度を引きしめさせる。「練習にはげむよう部員に―」

**ねじ・ける**『△拗ける』（自下一）{ケ・ケ・ケル・ケル・ケレ・ケロ(ケヨ)}❶ねじれて曲がりくねる。「―・けた木」❷性質がすなおでなくなる。ひねくれる。「心が―」

**ねじこ・む【ねじ込む】**『△捩じ込む』{マ(モ)・ミ(ン)・ム・ム・メ・メ}㊀（他五）ねじって入れる。むりにおし入れる。「穴に―」㊁（自五）相手のしたことや言ったことについて強く非難や抗議《こうぎ》をする。文句を言いに押《お》しかける。「子どものいたずらのことで―・まれる」

**ねしずま・る【寝静まる】**（自五）{ラ(ロ)・リ(ッ)・ル・ル・レ・レ}人びとが眠《ねむ》ってあたりが静かになる。「―・った夜ふけ」

**ねしな【寝しな】**（名）寝ようとするとき。また、寝て間もないとき。

**ねじふ・せる【ねじ伏せる】**『△捩じ伏せる』（他下一）{セ・セ・セル・セル・セレ・セロ(セヨ)}❶相手の腕《うで》をねじって倒《たお》し、下におさえつける。❷強引《ごういん》に相手を従わせる。「反対意見を―」

**ねじま・げる【ねじ曲げる】**『△捩じ曲げる』（他下一）{ゲ・ゲ・ゲル・ゲル・ゲレ・ゲロ(ゲヨ)}❶ねじって曲げる。「針金を―」❷わざとゆがめる。「事実を―・げて伝える」

**ねじまわし【ねじ回し】**『×螺子-回し』（名）ねじの頭の溝《みぞ》にあてがい、ねじを回してはめこんだり、ぬいたりする道具。ドライバー。

**ねじめ【音締め】**（名）三味線《しゃみせん》などの糸を巻きしめて調子を合わせること。また、ととのえた音の調子。

**ねしょうべん【寝小便】**（名）睡眠《すいみん》中に無意識に小便をもらすこと。おねしょ。

**ねじりはちまき【ねじり鉢巻き】**『△捩じり鉢巻き』（名）手ぬぐいをねじって頭に巻き、ひたいのところで結んだもの。「―でがんばる」

**ねじ・る**『△捩じる・◇捻じる』（他五）{ラ(ロ)・リ(ッ)・ル・ル・レ・レ}❶細長いものの両端《りょうたん》をたがいに逆の方向に回す。また、一端が固定されたものに力を加えて回す。「手ぬぐいを―」「腕《うで》を―」❷栓《せん》などを右または左に回す。

**ねじ・れる**『△捩じれる・◇捻じれる』（自下一）{レ・レ・レル・レル・レレ・レロ(レヨ)}❶よじれて曲がる。「ネクタイが―・れる」❷性質がひねくれる。「根性《こんじょう》が―・れている」

**ねじろ【根城】**（名）❶本拠《ほんきょ》とする城。❷仕事などの活動の中心となる場所。本拠。根拠地。

**ねすご・す【寝過ごす】**（自五）{サ(ソ)・シ・ス・ス・セ・セ}起きるべき時刻をすぎるまで寝る。「うっかり―」

**ねずのばん【寝ずの番】**（名）一晩じゅう寝ないで番をすること。また、その人。不寝番《ふしんばん》。

**ねずみ**『△鼠』（名）〔動〕ネズミ科の哺乳《ほにゅう》動物。家にすむものと、野山にすむものとがある。歯が発達し農作物や食料品などを食いあらす。

**ねずみいろ【ねずみ色】**『△鼠色』（名）ねずみの毛の色のようなうすい黒色。灰色。グレー。

**ねずみこう【ねずみ講】**『△鼠講』（名）会員がねずみ算式に会員を増やすことで利益が得られるとして出資者をつのる金融《きんゆう》組織。法律で禁じられている。

**ねずみざん【ねずみ算】**『△鼠算』（名）ねずみがたくさんの子をうみ、その子がまた同じ数の子をうんでどんどん増えていくとした場合の計算法。また、そのように増えていくことのたとえ。「―式に収入が増える」

**ねずみとり【ねずみ捕り】**『△鼠捕り』（名）❶ねずみをとらえるための道具や薬。❷《俗語》警察の交通速度違反《いはん》の取り締《し》まり。

**ねぞう【寝相】**（名）寝ているときのからだのかっこう。「―が悪い」

**ねそび・れる【寝そびれる】**（自下一）{レ・レ・レル・レル・レレ・レロ(レヨ)}眠《ねむ》る時機を失って、眠れなくなる。

**ねそべ・る【寝そべる】**（自五）{ラ(ロ)・リ(ッ)・ル・ル・レ・レ}腹ばいになったり、横になったりする。「―・って本を読む」

**ねた**（名）《俗語》（「たね」のさかさ読み）❶たね。材料。「寿司《すし》の―」「漫才《まんざい》の―」❷物事をはっきりさせるしるし。証拠《しょうこ》。「―があがる」❸手品などのしかけ。「―を明かす」

**ねだ【根太】**（名）床板《ゆかいた》をささえるために床下にわたす横木。「―がゆるむ」

**ねたきり【寝たきり】**（名）病気や老いなどで床《とこ》についたままでいること。「―の状態から回復する」

**ねたこをおこす【寝た子を起こす】**すでにおさまっている問題をとりあげて、めんどうをおこす。「そんなことをしたら―ようなものだ」

**ねた・し**〔妬し〕（形ク）古語 ❶にくらしい。いまいましい。しゃくにさわる。「―・き。言はざらましものを」〈土佐《とさ》日記〉訳にくらしい。言わなければよかったのに。❷ねたましいほどすばらしい。「心にくく―・き音《ね》ぞまされる」〈源氏物語〉訳奥《おく》ゆかしく、ねたましくなるくらいの音色《ねいろ》がすぐれている。

**ねたば【ねた刃】**『◇寝刃』（名）切れ味のにぶくなった刀の刃。

**ねた刃を合《あ》わす** ❶刀の刃《は》がよく切れるようにとぐ。❷こっそりと悪いことを計画する。ねたばをとぐ。

**ねたまし・い【妬ましい】**（形）{カロ・カッ(ク)・イ・イ・ケレ・○}うらやましく、にくらしい。「人の幸福が―」

**ねた・む【妬む】**（他五）{マ(モ)・ミ(ン)・ム・ム・メ・メ}他人の長所・幸運などをうらやみにくむ。「人の成功を―」

**ねだやし【根絶やし】**（名）❶草や木を根からすっかりぬき取って、絶やすこと。「雑草を―にする」❷すっかりなくしてしまうこと。根絶。「暴力団を―にする」

**ねだ・る**（他五）{ラ(ロ)・リ(ッ)・ル・ル・レ・レ}甘《あま》えたりむりを言ったりしてほしがる。せびる。せがむ。「おもちゃを―」

**ねだん【値段】**（名）品物の価格。「―が高い」

**ねちが・える【寝違える】**（自下一）{エ・エ・エル・エル・エレ・エロ(エヨ)}寝かたが悪く、からだの筋を痛める。「首を―」

**ねちねち**（副・自スル）態度や言動がしつこくて、さっぱりしていないようす。「―（と）からむ」「―（と）言う」

**ねつ【熱】** 15画 灬11 小4 音 ネツ 訓 あつい
＋ 圥 坴 埶 埶 熱
❶あつい。物をあたためる力。◆熱気・熱帯・熱湯・熱風・熱量 ◆炎熱《えんねつ》・加熱・過熱・気化熱・灼熱《しゃくねつ》・焦熱《しょうねつ》・耐熱《たいねつ》・地熱。対 冷。❷体温の高さ。高い体温。◆熱病 ◆解熱《げねつ》・高熱・発熱・微熱《びねつ》・平熱。❸全力で打ち込《こ》む。強くはげしい。◆熱愛・熱意・熱演・熱狂《ねっきょう》・熱情・熱心・熱戦・熱中・熱弁・熱望・熱烈《ねつれつ》 ◆情熱・白熱

**ねつ【熱】**（名）❶〘物〙エネルギーの一形態。物体の温度を変化させるはたらきをするもの。「―を加える」❷病気などによって平常より高くなった体温。「―が出る」「せきが出ているが―はない」❸物事に打ち込《こ》むこと。「仕事に―が入る」❹夢中になること。また、そののぼせた状態。「片思いの相手への―が冷める」

**熱に浮《う》かされる** ❶病気で高い熱のためうわごとを言う。❷むちゅうになる。

**熱を上《あ》げる** のぼせてむちゅうになる。人や物事に熱中する。「野球に―」

**ねつあい【熱愛】**（名・他スル）熱烈《ねつれつ》に愛すること。

**ねつい【熱意】**（名）熱心で真剣《しんけん》な気持ち。熱烈《ねつれつ》な意気ごみ。「―を見せる」

**ねつえん【熱演】**（名・他スル）いっしょうけんめいに演じたり演奏したりすること。「大役を―する」

**ネッカチーフ**〔英 neckerchief〕（名）首にまいたり洋服のえりに結んだりしてかざりにするうすいきれ。

**ねっから【根っから】**（副）❶もとから。はじめから。「―の正直者」❷すこしも。まったく。「―わからない」
参考「根から」ともいう。使い方 ②はあとに「ない」「ません」などの打ち消しのことばがくる。

**ねつがん【熱願】**（名・他スル）熱心に願うこと。

**ねつき【寝つき】**〖寝付き〗（名）眠《ねむ》りにつくこと。「―のよい子」

**ねっき【熱気】**（名）❶あつい空気。「―がたちこめる」❷ふつうより高い体温。❸あることがらに対して高まってくる気持ち。「議論が―をおびる」

**ねっききゅう【熱気球】**（名）熱して軽くした空気を入れて空にあげる球形のふくろ。

**ねっきょう【熱狂】**（名・自スル）物事にむちゅうになり興奮すること。「人びとを―させる」…的「野球の熱狂的なファン」

**ねつ・く【寝つく】**〖寝付く〗（自五）{カ(コ)・キ(イ)・ク・ク・ケ・ケ} ❶眠《ねむ》りにつく。寝いる。「すぐ―子」❷病気になって床《とこ》につく。寝こむ。「肺炎《はいえん》で―」

**ネック**〔英 neck〕（名）❶首。また、えりぐり。❷物事を進めていくうえでさまたげとなるもの。「―になる」

**ねづ・く【根付く】**（自五）{カ(コ)・キ(イ)・ク・ク・ケ・ケ} ❶移し植えた木や草花などが根を張って育つ。「植木が―」❷物事が定着する。「民主主義が―」

**ネックレス**〔英 necklace〕（名）首かざり。

**ねつけ【熱気】**（名）体温がふつうより高い感じがすること。「―がある」

**ねっけつ【熱血】**（名）血がたぎるようなはげしい意気・情熱。「―先生」

**ねっけつかん【熱血漢】**（名）はげしくさかんな意気にもえている男。「不正を認めない―」

**ねつげん【熱源】**（名）熱をつくり出すもとになっているもの。「太陽光線を―として利用する」

**ねっこ【根っこ】**（名）根。また、木の切り株。

**ねっさ【熱砂】**（名）日に焼けたあつい砂。

**ねっしゃびょう【熱射病】**（名）〘医〙熱中症《ねっちゅうしょう》の一種。高温多湿《たしつ》の場所に長時間いるとき、体温の調節が困難になって頭痛やめまいなどがおこる。

**ねつじょう【熱情】**（名）いちずで強くはげしい思い。情熱。「仕事への―」

**ねっしょり【熱処理】**（名）〘物〙金属材料を加熱・冷却《れいきゃく》し、その性質を変えること。焼き入れ・焼きもどしなど。

**ねっしん【熱心】**（名・形動ダ）物事に情熱をそそいで、深く心をうちこむこと。「―に読書する」「勉強―」

**ねっ・する【熱する】**{シ(セ・サ)・シ・スル・スル・スレ・シロ(セヨ)} 一（自サ変）❶熱を加えられたためにあつくなる。❷そのことにむちゅうになる。熱中する。「―・しやすく、さめやすい性質」二（他サ変）熱を加えてあつくする。「鉄を―」

**ねっせい【熱誠】**（名）相手のことを心から思う気持ち。あついまごころ。

**ねっせん【熱戦】**（名）力のこもったはげしい勝負・試合。「―を展開する」

**ねつぞう【捏造】**〖△捏造〗（名・他スル）事実でないことを事実のようにいつわってつくりあげること。でっちあげ。「データの―」注意 もとの読みは「でつぞう」であるが、「ねつぞう」と読みならわされている。

**ねったい【熱帯】**（名）〘地〙赤道を中心とした緯度《いど》の低い地域。年間を通じて気温が高い。対 寒帯

**ねったいぎょ【熱帯魚】**（名）〘動〙熱帯地方にすむ魚の総称《そうしょう》。色の美しいものが多く、観賞《かんしょう》用に飼育される。エンゼルフィッシュ・グッピーなど。

**ねったいしょくぶつ【熱帯植物】**（名）〘植〙熱帯に生える植物。葉や花が変わった形をしたものや色彩《しきさい》の美しいものが多い。らん・やし・バナナ・パイナップルなど。

**ねったいていきあつ【熱帯低気圧】**（名）〘天〙熱帯地方に発生する低気圧。参考 特に、中心付近の最大風速一七《メートル》以上の強い低気圧を台風という。

**ねったいや【熱帯夜】**（名）夜間の最低気温がセ氏二五度以上の夜。「―が続く」

**ねっちゅう【熱中】**（名・自スル）ある物事に心を集中してうちこむこと。「サッカーに―する」

**ねっちゅうしょう【熱中症】**（名）〘医〙高温の下《もと》で活動することで体温調節などに異常が生じた状態の総称《そうしょう》。頭痛や脱水《だっすい》症状などが起こる。

**ねつっぽ・い【熱っぽい】**（形）{カロ・カッ(ク)・イ・イ・ケレ・○} ❶熱があるようす。「顔が―」❷情熱的なようす。「―口調」

**ネット**〔英 net〕（名）❶網《あみ》。網状のもの。「危険防止の―を張《は》る」❷球技で、コートの中央やゴールの後ろなどにはる網。「―プレー」❸「ネットワーク」の略。「全国―」❹「インターネット」の略。「―オークション」

❺正味。「―五〇《グラム》」

**ねつど【熱度】**（名）❶熱の程度。❷熱心さの程度。

**ねっとう【熱湯】**（名）煮《に》えたった湯。煮え湯。

**ネット-サーフィン**〔英 net surfing〕（名）インターネット上のウェブサイトを、リンクをたどってつぎつぎに見ていくこと。

**ネットワーク**〔英 network〕（名）網《あみ》の目のようになっているしくみ。特に、ラジオ・テレビなどの放送網《ほうそうもう》のこと。ネット。

**ねつびょう【熱病】**（名）《医》高い熱の出る病気。猩紅熱《しょうこうねつ》・肺炎《はいえん》・チフス・マラリアなど。

**ねっぷう【熱風】**（名）熱気をふくんだ風。

**ねつべん【熱弁】**（名）情熱的で力のこもった話しぶり。「―をふるう」

**ねつぼう【熱望】**（名・他スル）熱心に望むこと。切に望むこと。また、その望み。「平和を―する」

**ねづよ・い【根強い】**（形）{カロ・カツ(ク)・イ・イ・ケレ・○}もとがしっかりしていてゆるがない。「―人気」

**ねつりょう【熱量】**（名）❶《物》熱を量として表した呼び方。単位はカロリー、またはジュール。❷体内で生じるエネルギーの量。単位はキロカロリー。

**ねつるい【熱涙】**（名）感激《かんげき》して流すあついなみだ。「―にむせぶ」

**ねつれつ【熱烈】**（名・形動ダ）感情が高ぶってはげしいこと。「―な応援《おうえん》」

**ねてもさめても【寝ても覚めても】**たえず。いつも。しょっちゅう。「―病気の母が案じられる」

**ねどこ【寝床】**（名）寝る場所。寝るためにふとんなどをしいた所。「―にはいる」

**ねとぼ・ける【寝とぼける】**『寝△惚ける』（自下一）{ケ・ケ・ケル・ケル・ケレ・ケロ(ケヨ)}→ねぼける

**ねとまり【寝泊まり】**（名・自スル）そこに泊まって寝ること。宿泊《しゅくはく》。「友人の家に―する」

**ねなしかずら**『根無し◇葛』（名）《植》ヒルガオ科のつる性一年草。葉はうろこ状で小さく黄色。他の植物にまきついて栄養をとる。夏、白い小花をつける。

**ねなしぐさ【根無し草】**（名）❶根が地中についていない浮《う》き草。❷住所や職業が定まらず、よりどころのないこと。また、そのような状態の人。「―の生活」

**ねなしごと【根無し言】**（名）つくりごと。よりどころのないことば。「―を言いふらす」

**ネパール**〔Nepal〕［地名］インドの北に接している連邦共和国《れんぽう》。首都はカトマンズ。

**ねば・い【粘い】**（形）{カロ・カツ(ク)・イ・イ・ケレ・○}ねばり気が強い。

**ねばつ・く【粘つく】**（自五）{カ(コ)・キ(イ)・ク・ク・ケ・ケ}ねばねばする。ねばってくっつく。「手にのりが―」

**ねばっこ・い【粘っこい】**（形）{カロ・カツ(ク)・イ・イ・ケレ・○}❶ねばり気がある。「―食べ物」❷根気がある。しつこい。「―・く交渉《こうしょう》する」

**ねばねば**㊀（副・自スル）ねばり気があってくっつきやすいようす。「―(と)したのり」㊁（名）よくねばり気のあるもの。「表面が―でおおわれた物体」

**ねはば【値幅】**（名）❶同じ商品に対するねだんの差。高値と安値の差。「店によって―が大きい」❷売値と買値との差額。「―に開きがある」

**ねばり【粘り】**（名）ねばること。ねばる性質。根気強いこと。「―が出るまでかき回す」「―勝ち」

**ねばりけ【粘り気】**（名）ねばる力。ねばりつく性質。「―の強い液体」

**ねばりづよ・い【粘り強い】**（形）{カロ・カツ(ク)・イ・イ・ケレ・○}やりとげようとして、根気強く続けるようす。「―・く戦う」

**ねば・る【粘る】**（自五）{ラ(ロ)・リ(ッ)・ル・ル・レ・レ}❶やわらかで、自在に伸《の》び、よく物にくっつく。「もちが―」❷根気強くがんばる。「最後まで―・って勝った」

**ねはん**『△涅△槃』（名）《仏》❶すべてのなやみをなくした、さとりの境地。❷死ぬこと。特に、釈迦《しゃか》の死。入滅《にゅうめつ》。

**ねはんえ**『△涅△槃会』（名）《仏》釈迦《しゃか》が入滅《にゅうめつ》した陰暦《いんれき》二月一五日に行う法会《ほうえ》。

**ねびえ【寝冷え】**（名・自スル）寝ている間にからだがひえて、かぜをひいたり腹痛をおこしたりすること。

**ねびき【値引き】**（名・他スル）ねだんを定価より安くして売ること。「―商品」

**ねぶ**『×合歓』（名）《植》→ねむのき

**ねぶか・い【根深い】**（形）{カロ・カツ(ク)・イ・イ・ケレ・○}❶木や草の根が地中に深くはっている。❷物事の原因がこみいっていて、とりのけることがむずかしい。「因習が―・く残る」

**ねぶくろ【寝袋】**（名）首だけ出るようにして、中にはいって寝るふくろ。登山などで使う。シュラーフザック。

**ねぶそく【寝不足】**（名）睡眠《すいみん》をじゅうぶんにとっていないこと。眠《ねむ》りが足りないこと。

**ねふだ【値札】**（名）値段を書いて商品につけるふだ。

**ねぶみ【値踏み】**（名・他スル）物のねだんをおおよその見当でつけること。また、人格や物の価値などをおしはかること。「家の―をする」「身なりで相手を―する」

**ねぼう【寝坊】**（名・自スル・形動ダ）朝おそくまで寝ていること。また、その人。「―して遅刻《ちこく》する」

**ねぼ・ける【寝ぼける】**『寝△惚ける』（自下一）{ケ・ケ・ケル・ケル・ケレ・ケロ(ケヨ)}❶目がさめてもまだ頭がぼんやりしている。「―・けた顔」❷眠《ねむ》っている状態で急に起きあがり、わけのわからない言動をする。寝とぼける。

**ねぼすけ**『寝◇坊助』（名）朝寝坊《あさねぼう》の人をからかったりあざけったりしていうことば。

**ねほりはほり【根掘り葉掘り】**（副）細かい点まで何もかも残らず。何から何まで。「―尋《たず》ねる」

**ねま【寝間】**（名）寝る部屋。寝室《しんしつ》。

**ねまき【寝巻き・寝間着】**（名）寝るときに着る衣服。

**ねまわし【根回し】**（名・自スル）❶木の移植がうまくいくように、木のまわりをほって広がった根の先を切り落としておくこと。❷交渉《こうしょう》・会議などがうまく運ぶように、前もって関係者に話をつけておくこと。「関係各所に―をする」

**ねみみにみず【寝耳に水】**あまりにも急な出来事におどろくことのたとえ。「―の知らせ」類藪《やぶ》から棒

**ねむ**『×合歓』（名）《植》→ねむのき

**ねむ・い【眠い】**（形）{カロ・カツ(ク)・イ・イ・ケレ・○}眠りたい気持ちだ。ねむたい。「―・くてたまらない」

**ねむけ【眠気】**（名）眠たい感じ。「―をもよおす」

**ねむけざまし【眠気覚まし】**（名）眠気を取り

除くこと。また、そのための方法。「―にお茶を飲む」

**ねむた・い**【眠たい】(形){カロ・カッ(ク)・イ・イ・ケレ・○}眠い。「いくら寝《ね》てもまだ―」

**ねむのき**〘×合歓の木〙(名)〘植〙マメ科の落葉高木。山野に自生し、夏、長いおしべが房《ふさ》状に集まったうす紅色の美しい花を多数つける。夜、左右の小葉を閉じ合わせる。ねむ。ねぶ。ねぶのき。

(ねむのき)

**ねむり**【眠り】(名)眠ること。睡眠《すいみん》。「―が浅い」「―に落ちる」

**ねむりぐすり**【眠り薬】(名)ぐっすり眠るようにさせる薬。睡眠薬《すいみんやく》。

**ねむりこ・ける**【眠りこける】(自下一){ケ・ケ・ケル・ケル・ケレ・ケロ(ケヨ)}ぐっすりと正体なく眠る。「疲《つか》れて―」

**ねむ・る**【眠る】(自五){ラ(ロ)・リ(ッ)・ル・ル・レ・レ}❶目を閉じて心やからだの活動を一時休ませ、無意識の状態になる。❷死ぬ。また、死んで葬《ほうむ》られている。「故郷に―」❸活用されていない状態にある。「倉庫に―品物」「海底に―資源」

表現 寝《ね》る・寝つく・寝入る・眠りこける・熟睡《じゅくすい》する・まどろむ・うたた寝する・舟《ふね》をこぐ◆うつらうつら・うとうと・すやすや・ぐうぐう・ぐっすり◆正体もなく・泥《どろ》のように・死んだように・昏昏《こんこん》と・枕《まくら》を高くして

**ねめつ・ける**〘△睨め付ける〙(他下一){ケ・ケ・ケル・ケル・ケレ・ケロ(ケヨ)}強くにらむ。にらみつける。「相手を―」

**ねもと**【根元・根本】(名)❶木などの根のところ。また、物のつけ根の部分。「桜の木の―を掘《ほ》る」❷物事のいちばんのもと。こんぽん。

**ねものがたり**【寝物語】(名)寝ながらする話。

**ねや**〘△閨〙(名)夜寝《ね》る部屋。寝間。寝室《しんしつ》。

**ねゆき**【根雪】(名)降り積もって、春までとけないで残っている雪。

**ねらい**【狙い】(名)❶ねらうこと。「的《まと》に―をつける」❷物事をするときの目標。「―を決める」

**ねらいうち**【狙い撃ち】(名・他スル)❶ねらいを定めて撃つこと。❷目標を定めて攻撃《こうげき》すること。

**ねら・う**【狙う】(他五){ワ(オ)・イ(ッ)・ウ・ウ・エ・エ}❶目標を決めて弾《たま》や矢などを命中させようとする。「的《まと》を―」❷ある物を手に入れようと機会をうかがう。「すきを―」「優勝を―」「命を―」

**ねりある・く**【練り歩く】(自五){カ(コ)・キ(イ)・ク・ク・ケ・ケ}列をつくってゆっくり調子をそろえて歩く。「大通りを―」

**ねりあわ・せる**【練り合わせる】〘△煉り合わせる〙(他下一){セ・セ・セル・セル・セレ・セロ(セヨ)}ねってまぜ合わせる。こねまぜて一つにする。「セメントと砂とを―」

**ねりいと**【練り糸】(名)せっけん・ソーダなどの溶液《ようえき》で煮《に》て、やわらかくした絹糸。白くてつやがある。

**ねりえ**【練り餌】〘△煉り餌〙(名)❶ぬか・魚粉・青菜などをまぜてねった、小鳥のえさ。❷小麦粉・麩《ふ》・魚粉などをねりかためた、魚つりのえさ。

**ねりかた・める**【練り固める】〘△煉り固める〙(他下一){メ・メ・メル・メル・メレ・メロ(メヨ)}ねってかためる。「粘土《ねんど》を―」

**ねりぎぬ**【練り絹】(名)煮《に》てやわらかくした絹織物。

**ねりぐすり**【練り薬】〘△煉り薬〙(名)薬をはちみつ・水あめなどでねり合わせたもの。また、ねって作った膏薬《こうやく》。

**ねりなお・す**【練り直す】(他五){サ(ソ)・シ・ス・ス・セ・セ}❶もう一度ねる。❷もう一度考えなおす。「計画を―」

**ねりもの**【練り物】(名)❶ねりかためてこしらえたもの。かまぼこなどの加工食品や人造の宝石など。❷祭りのときにねり歩く行列や山車《だし》。参考①は「煉り物」とも書く。

**ねりようかん**【練りようかん】〘△煉り羊△羹〙(名)寒天を湯でとかしたものに、あん・砂糖を加えて煮《に》つめ、ねりかためた菓子《かし》。

**ねる**【寝る】(自下一){ネ・ネ・ネル・ネル・ネレ・ネロ(ネヨ)}❶眠《ねむ》る。「―子は育つ」「ぐっすり―」❷横になる。「たたみの上にごろんと―」❸病気になって床《とこ》につく。「風邪《かぜ》で―」❹品物・資金が活用されない状態にある。「倉庫にねている商品」

**ね・る**【練る】{ラ(ロ)・リ(ッ)・ル・ル・レ・レ}□一(他五)❶液体をまぜたり火にかけたりして、こねてねばらせる。「小麦粉を水で―」「あんを―」❷よりよいものにするために検討や修正をかさねる。「よく―・られた計画」「文章を―」❸精神・学問・技芸などの向上につとめる。「芸を―」「人格を―」❹絹を灰汁《あく》などで煮《に》てやわらかくする。□二(自五)行列をつくってゆっくり進む。「町を―・って歩く」参考①は「煉る」とも書く。

**ネル**(名)「フランネル」の略。「―の寝《ね》まき」

**ね・れる**【練れる】(自下一){レ・レ・レル・レル・レレ・レロ(レヨ)}経験や修行《しゅぎょう》をつんで人がらがおだやかになる。「―・れた人」

**ねわけ**【根分け】(名・他スル)〘植〙根を切り分けて移し植えること。「―した苗《なえ》」

**ねわざ**【寝技・寝業】(名)❶柔道《じゅうどう》・レスリングなどで、寝た姿勢で行うわざ。「―に持ち込《こ》む」対立ちわざ。❷表面に出ない裏面でのかけひき。

**ねん**【年】6画 干3 小1 音ネン 訓とし
丿 𠂉 㐅 𠂒 丘 年
❶とし。一年。一二か月。◆年賀・年間・年鑑《ねんかん》・年月・年号・年始・年度・年内・年末《ねんまつ》◆去年・今年・昨年・新年・先年・豊年・明年・翌年・来年。❷とき。時代。◆年代・年表・年譜《ねんぷ》◆往年・近年。❸生まれてからのとし。◆年功・年少・年長・年配《ねんぱい》・年輩《ねんぱい》・年齢《ねんれい》◆享年《きょうねん》・少年・青年・中年・晩年・幼年・老年。参考特別に、「今年」は「ことし」とも読む。

**ねん**【年】□一(名)❶とし。地球が太陽のまわりを一周する期間。「―に一度の大掃除《おおそうじ》」❷年季。「―が明ける」□二(接尾)年数・学年などを表すことば。「令和元―」「中学一―」

**ねん**【念】8画 心4 小4 音ネン

❶深く思う。心にとめた思い。◆念願・念頭◆一念・怨念《おんねん》・観念・記念・疑念・雑念・情念・信念・専念・俗念《ぞくねん》・断念・通念・無念。❷注意深くする。◆念書◆丹念《たんねん》・入念。❸となえる。◆念誦《ねんじゅ》・念仏

**ねん【念】**（名）❶心の奥底《おくそこ》から感じる強い思い。「尊敬の—」「望郷の—にかられる」❷間違《まちが》いのないように、よく注意すること。「—を入れる」

**念には念《ねん》を入《い》れる** よく注意した上になお注意する。細かい点までじゅうぶんに注意する。

**念を押《お》す** まちがいないかもう一度相手に確かめる。

**ねん【捻】** 11画 扌8 音 ネン
ひねる。ねじる。◆捻挫《ねんざ》・捻出

**ねん【粘】** 11画 米5 音 ネン 訓 ねばる
ねばる。ねばねばする。◆粘液・粘着・粘土・粘膜《ねんまく》

**ねん【然】**→ぜん(然)

**ねん【燃】** 16画 火12 小5 音 ネン 訓 もえる・もやす・もす
もえる。もやす。◆燃焼・燃料◆可燃性・再燃・不燃

**ねんいり【念入り】**（名・形動ダ）じゅうぶんに注意して、ていねいにすること。入念《にゅうねん》。「—に調べる」

**ねんえき【粘液】**（名）ねばりのある液。

**ねんえきしつ【粘液質】**（名）気質の型の一つ。感じ方がにぶく活気にとぼしいが、意志は強くがまん強い性質。

**ねんが【年賀】**（名）新年の祝い。「—のあいさつ」

**ねんがく【年額】**（名）収入・生産高などの一年分を合計した額。「—一億円にのぼる経費」

**ねんがじょう【年賀状】**（名）新年を祝うことばを書いた手紙やはがき。賀状。

**ねんがらねんじゅう【年がら年中】**（副）一年じゅう。いつも。「—忙《いそが》しい」

**ねんかん【年刊】**（名）一年に一度刊行すること。また、その出版物。

**ねんかん【年間】**（名）❶一年間。「—計画」❷ある年代の期間。「大正—」

**ねんかん【年鑑】**（名）一年間の出来事・統計などをまとめて一年に一回発行する出版物。「統計—」

**ねんがん【念願】**（名・他スル）一心に願っていること。願いごと。のぞみ。「—がかなう」

**ねんき【年忌】**（名）毎年めぐってくる、その人が死んだ月日と同じ月日。類回忌《かいき》

**ねんき【年季】**（名）❶奉公人《ほうこうにん》などをやとう約束の年限。「—が明ける」❷「年季奉公」の略。❸長い間つとめて、得たわざ。「—のはいった腕前《うでまえ》」

**ねんき【年期】**（名）一年を単位として定めた期間。

**ねんきぼうこう【年季奉公】**（名）前もって年限を決めて、その家に住みこんで働くこと。

**ねんきゅう【年休】**（名）（「年次有給休暇《きゅうか》」の略）労働者がその年度に取得できる有給の休暇。

**ねんきん【年金】**（名）ある一定の期間、または生きている間毎年支給されるおかね。「厚生—」

**ねんぐ【年貢】**（名）❶むかし、田畑や土地にかけられた税。米や絹などで納めた。❷田畑や土地を借りている人が地主に払《はら》うおかねや米。小作料。

**年貢の納《おさ》め時《どき》** 悪事をはたらいていた者が、とらえられて、刑《けい》を受けるべき時。「いよいよ—だ」

**ねんげつ【年月】**（名）としつき。「—を経《へ》る」

**ねんげん【年限】**（名）年を単位として決めた期限。「修業—」

**ねんこう【年功】**（名）❶長くつとめたてがら。❷長年きたえた技術。「—を積む」

**ねんごう【年号】**（名）昭和・平成・令和などのように、年につける呼び名。元号。「—を改める」

**ねんこうじょれつ【年功序列】**（名）勤続年数や年齢《ねんれい》に応じて地位や賃金が決まること。

**ねんごろ【懇ろ】**（形動ダ）{ダロ・ダッ(デ・ニ)・ダ・ナ・ナラ・○}❶親切なようす。ていねいなようす。「—にもてなす」❷人と人とが親しいようす。じっこん。懇意《こんい》。「—に交際する」

**ねんざ【捻挫】**（名・他スル）《医》手や足の関節をくじくこと。「足首を—する」

**ねんさん【年産】**（名）一年間に生産する品物の分量。「—五〇〇〇台」

**ねんし【年始】**（名）❶年のはじめ。類年初・年頭。対年末。❷年のはじめを祝うこと。また、そのあいさつ。「—回り」

**ねんし【年歯】**（名）年齢《ねんれい》。

**ねんじ【年次】**（名）❶毎年。一年ごと。年度。「—予算」❷年の順序。「—」「卒業—」

**ねんじゅ【念珠】**（名）数珠《じゅず》。ずず。ねんず。

**ねんじゅ【念△誦】**（名・他スル）《仏》心で念じながら、仏の名や経文《きょうもん》を唱えること。ねんず。

**ねんしゅう【年収】**（名）一年間にはいったおかね。一年間の収入。「—が増える」

**ねんじゅう【年中】**㊀（名）一年の間。㊁（副）しじゅう。たえず。いつも。「—いっしょにいる」

**ねんじゅうぎょうじ【年中行事】**（名）→ねんちゅうぎょうじ

**ねんしゅつ【捻出】**『△拈出』（名・他スル）❶ひねりだすこと。考えだすこと。「よい案を—する」❷やりくりして、おかねをそろえること。「費用を—する」

**ねんしょ【年初】**（名）年のはじめ。「—の計画」類年頭・年始。対年末

**ねんしょ【念書】**（名）後日の証拠《しょうこ》のために、念のために書いて相手にわたす文書。「—をとる」

**ねんしょう【年少】**（名・形動ダ）年の若いこと。年下であること。また、その人。「—者」対年長

**ねんしょう【年商】**（名）商店・企業《きぎょう》などの一年間の売上高《うりあげだか》。

**ねんしょう【燃焼】**（名・自スル）❶物が燃えること。「不完全—」❷力を出しきって、なにかをすること。

**ねん・じる【念じる】**（他上一）{ジ・ジ・ジル・ジル・ジレ・ジロ(ジヨ)}❶心の中で願う。祈《いの》る。「成功を—」❷心の中で経文《きょうもん》などを唱える。「お経を—」

**ねんず【念◇珠】**（名）→ねんじゅ(念珠)

**ねんすう【年数】**（名）年のかず。「経験—」

**ねん・ずる【念ずる】**（他サ変）〔ジ(ゼ)・ジ・ズル・ズル・ズレ・ジロ(ゼヨ)〕↓ねんじる

**ねんせい【粘性】**（名）❶ねばりけ。❷〘物〙気体や液体が流れ動くとき、部分部分の速度が異なる場合に生じる、それぞれの部分がたがいに抵抗《ていこう》しあう性質。

**ねんだい【年代】**（名）❶過ぎてきた時代。「一順」❷時の流れを区切った一定の期間。時代。「明治の一」❸年齢《ねんれい》層。世代。「同一の人」

**ねんだいき【年代記】**（名）過去の出来事を年代順に書きしるした本。

**ねんだいもの【年代物】**（名）長い年月を経《へ》ることで、価値が高まったもの。「一の家具」

**ねんちゃく【粘着】**（名・自スル）ねばりつくこと。「一力」「一テープ」

**ねんちゅうぎょうじ【年中行事】**（名）毎年決まった時期に行われる行事。ねんじゅうぎょうじ。

**ねんちょう【年長】**（名・形動ダ）年上であること。また、その人。「一者」㊊年少

**ねんど【年度】**（名）（仕事をするうえで）便利なように区分した一年の期間。多く四月から三月まで。「会計一」

**ねんど【粘土】**（名）〘地質〙岩石が風化作用で分解してできた、つぶの小さいねばりけのある土。耕作には適さず、陶磁器《とうじき》などの原料となる。ねばつち。

**ねんとう【年頭】**（名）年のはじめ。「一所感」㊍年始・年初。㊊年末

**ねんとう【念頭】**（名）胸のうち。考え。「一におく（＝いつも心の中に覚えている）」

**ねんどがわり【年度替わり】**（名）年度のかわる時期。

**ねんない【年内】**（名）その年のうち。「一無休」

**ねんね** ㊀（名・自スル）寝《ね》ることの意の幼児語。「そろそろ一しましょうね」㊁（名）年のわりに幼稚《ようち》で世間知らずなこと。「あの子はまだ一だ」

**ねんねこ**（名）子どもをせおうとき着る綿入りのはんてん。ねんねこばんてん。

**ねんねん【年年】**（副）毎年毎年。年がたつにつれて。「一人口が増加する」

**ねんねんさいさい【年年歳歳】**（副）としどし。毎年毎年。「一くり返す」

**ねんのため【念のため】**〘念の◇為〙いっそう注意をうながすため。確かなものとするため。「一くり返す」

**ねんぱい【年配・年輩】**（名）❶おおよその年齢《ねんれい》。としのころ。「四〇一」❷いろいろなことを経験し、世間のことによく通じたとしごろ。「一者」❸年上。

**ねんばんがん【粘板岩】**（名）〘地質〙粘土が石英《せきえい》などとまじってかたまった黒色の水成岩《すいせいがん》。うすい板状にはがれやすい。石碑《せきひ》・すずりなどに使われる。

**ねんぴ【燃費】**（名）機械がある仕事をするのに必要な燃料の量。特に、自動車が一《リットル》の燃料で走ることができる距離《きょり》。「一が良い車」

**ねんびゃくねんじゅう【年百年中】**（副）一年じゅう。年がら年じゅう。

**ねんぴょう【年表】**（名）歴史上のおもな出来事を、年代順にならべて書いたもの。「文化史一」

**ねんぷ【年賦】**（名）納めたり返したりするおかねを毎年いくらと割り当てて払《はら》うこと。年払い。「一金」

**ねんぷ【年譜】**（名）ある人の一生の間の出来事を年を追ってしるしたもの。「作家の一」

**ねんぶつ【念仏】**（名・自スル）〘仏〙仏の名、特に阿弥陀仏《あみだぶつ》の名を唱えること。「南無阿弥陀仏《なむあみだぶつ》」を唱えること。

**ねんぶつしゅう【念仏宗】**（名）「南無阿弥陀仏《なむあみだぶつ》」と唱えて、死後極楽《ごくらく》へ行くことを願う仏教の宗派。浄土宗《じょうどしゅう》・浄土真宗・時宗《じしゅう》など。

**ねんぽう【年俸】**（名）一年を単位として決めた給料。「野球選手の一」

**ねんぽう【年報】**（名）一年間におこったことがらについて出す報告。また、その報告書。「貿易一」

**ねんまく【粘膜】**（名）〘生〙消化管・泌尿器《ひにょうき》などの内面をおおっている、しめったやわらかい膜。

**ねんまつ【年末】**（名）年のすえ。年の暮れ。「一大売り出し」㊍歳末《さいまつ》。㊊年始・年初・年頭

**ねんらい【年来】**（名・副）何年も前から。長年。「一の夢」

**ねんり【年利】**（名）一年を単位としていくらと決めた利息。また、その割合。年利率。「一六《パーセント》」

**ねんりき【念力】**（名）一心に思いを集中することによって生じる精神力。「思う一岩をも通す」

**ねんりょう【燃料】**（名）燃やして熱をおこす材料。ガスや石油・石炭など。「一が切れる」

**ねんりつ【年利率】**（名）↓ねんり

**ねんりん【年輪】**（名）❶木の幹を横に切ったとき、その面にあらわれる輪の形をした木目《もくめ》。毎年一つずつこの木目はふえるので、木の年齢《ねんれい》がわかる。「切り株の一」❷人の経験や技能の積み重ね。「一を重ねる」

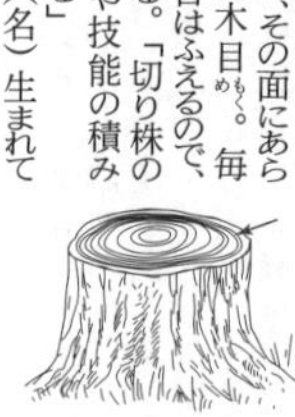

（ねんりん①）

**ねんれい【年齢】**（名）生まれてから今までの年数。とし。「一不詳《ふしょう》」

# の ノ

**の【野】** ㊀（名）自然のままの広い平地。のはら。「荒《あ》れ一」「一に咲《さ》く花」㊁（接頭）野生の意を表す。「一ばら」「一いちご」「一うさぎ」

**の** ㊀（格助）❶所有・所属を表す。「私一かばん」❷所在を表す。「銀座一支店」❸材料・性質を表す。「金一首かざり」❹同格の関係であることを表す。…という。…である。「富士《ふじ》一山」❺関係・範囲《はんい》などを表す。「天体一研究」❻たとえを示す。…のような。「血一涙《なみだ》」❼主格を表す。…が。「花一咲《さ》くころ」❽「もの」「こと」など、名詞の代用をする。「それは彼《かれ》一です」「言う一はやさしい」「投げる一は彼だ」❾「だ」「です」に結びついて説明や断定の意を表す。「うれしい一だ」❿並列《へいれつ》を表す。「大きい一小さい一と不平を言う」㊁（終助）❶疑問を表す。「どこへ行く一」❷命令を表す。「もう、いい一」❸断定をやわらげる。「そんなことはしない一」

**ノア**〔Noah〕（名）「旧約聖書・創世記」に出てくる人物。神が人間を罰《ばっ》するために大洪水《こうずい》をおこしたとき、ノアと家族が動物とともに方舟《はこぶね》に乗って逃《に》げたので、人類はほろびなかったという。

**のあそび【野遊び】**（名）野に出て草花をながめて遊んだり、猟《りょう》をしたりして楽しむこと。

**のあらし【野荒らし】**（名）田畑の作物を荒らしたり、ぬすんだりすること。また、そういう人や動物。

**ノイズ**〔英 noise〕（名）雑音。騒音《そうおん》。

**のいばら【野茨】**（名）〔植〕バラ科の落葉低木。原野に自生。茎《くき》にとげがあり、初夏、白い花が咲《さ》く。花は香料《こうりょう》の原料となる。はないばら。のばら。

**ノイローゼ**〔ドイツ Neurose〕（名）〔医〕不安や緊張《きんちょう》が続くことによっていらいらしたり、思いつめたりする神経の病気。神経症《しんけいしょう》。

**のう【悩】** 10画 忄7 〔惱〕 音 ノウ 訓 なやむ・なやます 丷 忄 忄丷 忄ツ 忄㐅 悩
なやむ。なやます。◆悩殺 ◆懊悩《おうのう》・苦悩・煩悩《ぼんのう》

**のう【納】** 10画 糸4 小6 音 ノウ・ナッ中・ナ高・ナン高・トウ中 訓 おさめる・おさまる ㄥ 幺 糸 糹 紉 納
❶受け入れる。しまう。◆納受 ◆格納・収納・受納・笑納。❷おさめ入れる。さしだす。◆納期・納税・納入・納品・納付 ◆完納・献納《けんのう》・前納・滞納《たいのう》・返納・奉納《ほうのう》・未納。❸終わりにする。◆納会。参考「ナッ」「ナ」「ナン」「トウ」の音は「納豆《なっとう》」「納得《なっとく》」「納屋《なや》」「納戸《なんど》」「出納《すいとう》」などのことばに使われる特殊《とくしゅ》な読み方。

**のう【能】** 10画 月6 小5 音 ノウ ム 台 育 育 能 能
❶物事をなしとげる力。はたらき。◆能率・能力 ◆機能・技能・才能・性能・知能・有能。❷ききめ。◆効能。❸よくできる。◆能筆・能弁 ◆可能・堪能《たんのう・かんのう》・不能。❹能楽《のうがく》のこと。◆能面 ◆演能

**のう【能】**（名）❶物事をなしとげる力。能力。また、とりえ。「運動以外に―がない」❷ききめ。効能。「―書き」❸「能楽《のうがく》」のこと。「―舞台《ぶたい》」

**能ある鷹《たか》は爪《つめ》を隠《かく》す** ほんとうに実力のあるものはやたらにそれを人前で表さない。

**のう【脳】** 11画 月7 小6 〔腦〕 音 ノウ 丿 刀 月 月丷 肞 脳
❶のうみそ。◆脳溢血《のういっけつ》・脳炎《のうえん》・脳漿《のうしょう》・脳髄《のうずい》 ◆間脳・小脳・大脳。❷あたま。◆脳天。❸考えたりおぼえたりする頭のはたらき。◆脳裏《のうり》 ◆頭脳・洗脳。❹中心となるもの。◆首脳

**のう【脳】**（名）❶〔生〕頭蓋骨《ずがいこつ》の中にある、神経系の大もとをなし、意識・思考などの精神活動を行う部分。「―の手術」❷頭のはたらき。「―が弱い」

**のう【農】** 13画 辰6 小3 音 ノウ 曲 曲 严 農 農 農
田畑を耕して作物を作る。また、その人。◆農家・農閑期《のうかんき》・農業・農具・農耕・農作・農場・農村・農繁期《のうはんき》・農民 ◆帰農・豪農《ごうのう》・篤農《とくのう》・酪農《らくのう》 ⇩付録「漢字の筆順㉔曲」

**のう【濃】** 16画 氵13 音 ノウ 訓 こい 氵 沖 沣 濃 濃 濃
密度が大きい。こい。◆濃厚《のうこう》・濃縮・濃淡《のうたん》・濃度・濃霧《のうむ》。対 淡《たん》 ⇩付録「漢字の筆順㉔曲」

**のう**〖△膿〗（名）〔医〕はれもの・傷口などが化膿《かのう》して、そこから出るうみ。大部分は白血球が死んだもの。

**のういっけつ**〖脳△溢血〗（名）〔医〕↓のうしゅっけつ

**のうえん【脳炎】**（名）〔医〕脳におこる炎症《えんしょう》性の病気。日本脳炎・嗜眠《しみん》性脳炎などがある。

**のうえん【農園】**（名）野菜・くだもの・草花などを作り育てる大きな農場。「果樹―」

**のうえん【濃艶】**（形動ダ）{ダロ・ダッ(デ・ニ)・ダ・ナ・ナラ・○} あでやかで美しいようす。「―な姿」

**のうか【農家】**（名）❶農業を営んで暮らしをたてている家。❷農民の住んでいる家。

**のうかい【納会】**（名）❶一年、またはある行事の最後に行う、慰労《いろう》や反省の会。おさめ会。❷〔経〕取引市場《しじょう》で、毎月の最後の立ち会い。対 発会

**のうがき【能書き】**（名）❶薬などのききめを書きしるしたもの。また、その文句。効能書き。❷自分の長所などを大げさに言いふらすことば。「―を並べる」

**のうがく【能楽】**（名）古典芸能の一つ。はやしに合わせて、謡曲《ようきょく》をうたいながら演じる舞楽《ぶがく》。室町《むろまち》時代に、田楽《でんがく》や猿楽《さるがく》などから生まれた。能。

**のうがく【農学】**（名）農業について研究する学問。

**のうかすいたい【脳下垂体】**（名）〔生〕大脳の下側についている小さな器官。さまざまなホルモンを分泌《ぶんぴつ》する。発育や生殖《せいしょく》に関係が深い。下垂体。

**のうかん【納棺】**（名・他スル）死体をひつぎにおさめること。

**のうかんき【農閑期】**（名）一年のうちで農作業のひまな時期。対 農繁期《のうはんき》

**のうき【納期】**（名）商品・税金などを納める期限。「―を過ぎる」「―に遅《おく》れる」

**のうきぐ【農機具】**（名）農作業に使う機械や器具。

**のうきょう【農協】**（名）↓のうぎょうきょうどうくみあい

**のうぎょう【農業】**（名）土地を利用して、作物を作ったり家畜《かちく》を飼ったりする生産業。

**のうぎょうきょうどうくみあい【農業協同組合】**（名）農民の経済的・社会的地位の向上を目的としてつくられた協同組合。農協。ＪＡ。

**のうきょうげん【能狂言】**（名）❶能楽と狂言。❷能楽の間に演じられる、軽いこっけいな劇。

**のうきん【納金】**（名・自スル）金銭をはらい納めること。また、その金銭。「会に―する」

**のうぐ【農具】**（名）農作業に用いる器具。くわ・かまなどがある。

**のうげい【農芸】**（名）❶農業と園芸。❷農作物を育てること。また、その技術。「―化学」

**のうこう【農工】**（名）❶農業と工業。❷農夫と工員。

**のうこう【農耕】**(名) 田畑を耕して作物を作ること。「―民族」「―社会」類農作

**のうこう【濃厚】**(形動ダ){ダロ・ダッ(デ・ニ)・ダ・ナ・ナラ・○} ❶色・味・においなどの濃《こ》いようす。「―な味」対淡泊《たんぱく》。❷気配・可能性が強いようす。「敗色が―だ」

**のうこうそく【脳梗塞】**(名)〔医〕脳の血管がつまるなどして酸素や栄養分が行きわたらなくなり、脳細胞《のうさいぼう》が死んでしまう病気。手足のまひや意識障害などのさまざまな症状《しょうじょう》を示す。

**のうこつ【納骨】**(名・自他スル) 火葬《かそう》した遺骨を拾って骨つぼに入れること。また、その骨つぼを墓・納骨堂などに納めること。

**のうこつどう【納骨堂】**(名) 遺骨を納める堂。

**のうこん【濃紺】**(名) 濃《こ》い紺色。「―の背広」

**のうさく【農作】**(名) 田畑を耕して作物を育て作ること。類農耕

**のうさくぶつ【農作物】**(名) 田畑で作り育てられるもの。参考「のうさくもつ」ともいう。

**のうさつ【悩殺】**(名・他スル) ひどくなやますこと。特に、女性がその美しさで男性をひきつけ、なやますこと。

**のうさんぶつ【農産物】**(名) 農業によって作られる生産物。穀物《こくもつ》・野菜・果実など。

**のうし**〖×直衣〗(名) むかし、貴族がふだん着た衣服。

( 直衣 )

**のうし【脳死】**(名) 脳の活動が完全に停止し、もとにもどらない状態。死の判定の基準ともされる。

**のうじ【能事】**(名) しなければならないこと。なすべきこと。「―終われり(=なすべきことはすべてした)」

**のうじ【農事】**(名) 農業についての仕事やことがら。種まき・除草・取り入れなど。「―暦《れき》」

**のうじゅ【納受】**(名・他スル) ❶受け入れること。「物品の―」❷神や仏などが願いを聞き入れること。

**のうじゅう**〖△膿汁〗(名)〔医〕うみ。うみ汁《じる》。

**のうしゅく【濃縮】**(名・他スル) 液体などを煮《に》つめるなどして濃《こ》くすること。「―液」

**のうしゅっけつ【脳出血】**(名)〔医〕脳の中の血管が破れて脳内で出血する病気。急に意識を失ってたおれ、死亡するか、半身がきかなくなることが多い。血圧の高い老人に多くみられる。脳溢血《のういっけつ》。

**のうしゅよう【脳腫瘍】**(名)〔医〕脳や脳膜《のうまく》にできる腫瘍。

**のうしょ【能書】**(名) 文字をじょうずに書くこと。また、その人。「―家」類能筆

**のうじょう【農場】**(名) 農地・建物・農具など、農業をするのに必要な設備をそなえた一定の場所。

**のうしんとう**〖脳震△盪〗(名)〔医〕頭を強く打ったために一時的に意識を失うこと。

**のうずい【脳髄】**(名)〔生〕→のう(脳)①

**のうぜい【納税】**(名・自スル) 税金を納めること。「―の義務」対徴税《ちょうぜい》

**のうせきずいまくえん【脳脊髄膜炎】**(名)〔医〕脳と脊髄を包む膜におこる炎症《えんしょう》。髄膜炎。脳膜炎。

**のうそっちゅう【脳卒中】**(名)〔医〕脳の中の血管が破れたり、つまったりしておこる症状《しょうじょう》。急に意識を失ってたおれ、からだのまひや言語の障害などが残る。脳出血・くも膜下出血・脳梗塞《こうそく》などによって起こる。

**のうそん【農村】**(名) 住民の多くが農業によって生活をしている村。「―地帯」

**のうたん【濃淡】**(名) 色・味などの濃《こ》いことと、うすいこと。「色の―」

**のうち【農地】**(名) 作物を作り育てるための土地。

**のうちかいかく【農地改革】**(名)〔歴〕第二次世界大戦後の民主的改革の一つ。地主の土地を政府が強制的に買いあげて小作農に売り渡《わた》すなどして、自作農創設をめざした処置。

**のうちゅうのきり**〖△嚢中の△錐〗才能のある人物は、大勢の人の中にまじっていてもたちまちその才能を現して目立つということのたとえ。

故事「錐《きり》をふくろの中に入れると、その先がたちどころに外に現れるように、かしこい人が世にいればすぐにわかるものだ」と、古代中国の趙《ちょう》の平原君が言ったことから出たことば。〈史記〉

**のうてん【脳天】**(名) 頭のてっぺん。

**のうてんき【能天気・能転気・脳天気】**(名・形動ダ) 深く物事を考えず、のんきなこと。また、そのような人。「なんて―な人なんだ」

**のうど【農奴】**(名)〔歴〕中世ヨーロッパなどの封建《ほうけん》社会で、領主に隷属《れいぞく》し、貸与《たいよ》された土地を耕作した農民。奴隷《どれい》とはちがって人格は認められたが、移転・転業の自由などはなかった。

**のうど【濃度】**(名) 溶液《ようえき》や混合気体などの濃《こ》さの度合い。「食塩水の―」

**のうどう【能動】**(名) 自分から他に働きかけること。作用を他におよぼすこと。対受動

**のうどうたい【能動態】**(名)〔文法〕動作を行うものを主語にしたときの動詞の形。対受動態

**のうどうてき【能動的】**(形動ダ){ダロ・ダッ(デ・ニ)・ダ・ナ・ナラ・○} 自分から進んで他に働きかけるようす。「―な態度」対受動的

**のうなし【能無し】**(名) なんの能力もなく、役に立たないこと。また、そういう人。無能。

**のうにゅう【納入】**(名・他スル) 物やおかねを納め入れること。「授業料を―する」「―品」

**のうのうと**(副) 何の心配もなく過ごしているようす。「―暮らす」

**のうは【脳波】**(名)〔医〕脳の神経細胞《さいぼう》から出る弱い電流。また、それを記録した波形。「―の検査」

**ノウハウ**〔英 know-how〕(名) 事業や仕事を行ううえで必要な技術や知識。物事のやり方。ノーハウ。

**のうはんき【農繁期】**(名) 一年のうちで、農作業のいそがしい時期。対農閑期《のうかんき》

**のうひつ【能筆】**(名) 文字をじょうずに書くこと。また、その人。「―の誉《ほま》れ」類能書・達筆

**のうひん【納品】**(名・自他スル) 品物を納めること。また、その品物。「―書」

**のうひんけつ【脳貧血】**(名)〔医〕脳の血液の量がへるためにおこる症状《しょうじょう》。顔色が青くなり、頭痛・め

まいなどがおきて、ひどいときは気を失ってたおれる。

**のうふ【納付】**（名・他スル）役所などに税金などを納めること。「ー金」

**のうふ【農夫】**（名）農業に従事する男性。農民。

**のうふ【農婦】**（名）農業に従事する女性。

**のうぶたい【能舞台】**（名）能楽《のうがく》や狂言《きょうげん》を演じる舞台。

（のうぶたい）

**のうべん【能弁】**（名・形動ダ）話がうまく、よくしゃべること。「ー家」類雄弁《ゆうべん》。対訥弁《とつべん》

**のうほん【納本】**（名・自他スル）でき上がった出版物を注文した所に納めること。「学校にーする」

**のうまく【脳膜】**（名）〔生〕脳の表面をおおううすい膜。

**のうまくえん【脳膜炎】**（名）〔医〕→のうせきずいまくえん

**のうみそ【脳みそ】〖脳味△噌〗**（名）「脳」のこと。転じて、知力。「ーをしぼる(=できるだけの知恵《ちえ》をめぐらす)」

**のうみつ【濃密】**（形動ダ）〔ダロ・ダッ(デ・ニ)・ダ・ナ・ナラ・○〕濃《こ》くて密度が高いようす。「ーな関係」

**のうみん【農民】**（名）農業をして生活している人。

**のうむ【濃霧】**（名）濃《こ》く深いきり。

**のうめん【能面】**（名）能楽を演じる人がつける面。小面《こおもて》・般若《はんにゃ》などがある。おもて。「ーのような(=無表情な)顔」

（のうめん）

**のうやく【農薬】**（名）殺虫・殺菌《さっきん》・除草などに用いる農作物用の薬。「ーを散布する」

**のうり【能吏】**（名）有能な役人。

**のうり【脳裏】〖脳△裡〗**（名）頭の中。「ーに焼きつく」「ーをかすめる」

**のうりつ【能率】**（名）一定の時間内にできる仕事の割合。また、あることをするのに費《つい》やした力や時間に対する効果。「ーが上がる」「ー給」

**のうりつてき【能率的】**（形動ダ）〔ダロ・ダッ(デ・ニ)・ダ・ナ・ナラ・○〕仕事をすばやく、しかも効果が上がるように行うようす。「ーに仕事をする」

**のうりょう【納涼】**（名・自スル）夏の暑さをさけて、すずしさを味わうこと。すずみ。「ー船」

**のうりょく【能力】**（名）ある物事をなしとげることができる力。「ーを発揮する」「身体ー」…的「それは能力的に無理がある」

**のうりんすいさんしょう【農林水産省】**（名）中央行政官庁の一つ。農業・林業・水産業などについての仕事を取りあつかう。農水省。

**ノー**〔英 no〕[一]（名）否定すること。反対すること。「採決の結果はーだ」対イエス。[二]（感）否定・反対の気持ちを表すことば。いいえ。「ーと答える」対イエス。[三]（接頭）「…がない」「不要の」「禁止されている」などの意を表す。「ーマーク」「ーネクタイ」「ースモーキング」

**ノーカウント**〔和製英語〕（名）ゲーム・競技などで、点数や得点に入れないこと。▽noとcountから。

**ノーコメント**〔英 no comment〕（名）「何も言うことはない」「いっさい説明や意見を言わない」という意味。「その件についてはーだ」

**ノーサイド**〔英 no side〕（名）ラグビーで試合終了を意味することば。「敵も味方もない」という意味。

**ノースリーブ**〔和製英語〕（名）袖《そで》のない洋服。袖なし。スリーブレス。▽noとsleeveから。

**ノータッチ**〔和製英語〕（名）❶さわらないこと。触《ふ》れないこと。❷その物事に関係しないこと。「その問題にはーだ」▽noとtouchから。

**ノート**〔英 note〕[一]（名）❶覚え書き。「フットー(=脚注《きゃくちゅう》)」❷(「ノートブック」の略)筆記帳。帳面。「ーに書く」[二]（名・他スル）書きとめること。筆記。「ーをとる」

**ノートパソコン**（名）本体、キーボード、ディスプレーがひとつになった持ち運び可能な小型のパソコン。▽英notebook personal computerから。

**ノートブック**〔英 notebook〕（名）→ノート[一]②

**ノーハウ**（名）→ノウハウ

**ノーブル**〔英 noble〕（形動ダ）〔ダロ・ダッ(デ・ニ)・ダ・ナ・ナラ・○〕けだかいようす。高貴だ。高尚《こうしょう》だ。「ーな顔だち」

**ノーベルしょう【ノーベル賞】**（名）スウェーデンの化学者アルフレッド=ノーベル(Nobel)の遺志により、その遺産をもとに一八九六年に設けられた賞。物理学、化学、生理学・医学、文学、平和、経済学の六部門に分かれ、毎年、すぐれた仕事をした人に贈《おく》られる。

**ノーマル**〔英 normal〕（形動ダ）〔ダロ・ダッ(デ・ニ)・ダ・ナ・ナラ・○〕正常なようす。ふつうであるようす。「ーな考え」対アブノーマル

**のが・す【逃す】**（他五）〔サ(ソ)・シ・ス・ス・セ・セ〕❶にがす。とらえそこなう。「絶好のチャンスをー」「犯人をー」❷(動詞の連用形について)…しないで終わる。…しそこなう。「見ー」「聞きー」

**のが・れる【逃れる】**（自下一）〔レ・レ・レル・レル・レレ・レロ(レヨ)〕❶つかまらないようににげる。「追っ手からー」❷自分にとって好ましくない場所・立場などからうまくにげ、離《はな》れる。「罪をー」「難をー」類まぬかれる

**のき【軒】**（名）屋根のはしの、壁面《へきめん》より外部に張り出した部分。「ーを並べる(=家が立ち並ぶ)」

**のぎ〖△芒〗**（名）〔植〕イネ科植物の実の外側の先にあるかたい毛。

**のぎく【野菊】**（名）〔植〕山野に咲《さ》く菊の総称《そうしょう》。のじぎく・りゅうのうぎく・よめな・のこんぎくなど。

**のきさき【軒先】**（名）軒のはしのほう。軒に近い所。「ーで雨やどりをする」類軒端《のきば》

**のきした【軒下】**（名）軒の下になる所。

**のきしのぶ【軒忍】**（名）〔植〕ウラボシ科の常緑のし

だ植物。岩石・樹皮などに自生する。葉は線形で、裏面に胞子《ほうし》を生じるふくろをつける。まつふうらん・やつめらんなどの別名がある。

（のきしのぶ）

**ノギス**（名）はさんで物の厚さや直径などをはかるのに使う、金属で作られた工具。▽ドイツ Nonius から。

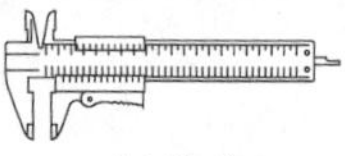
（ノギス）

**のきなみ【軒並み】** ■一（名）家々の軒が並び続いていること。家々が立ち並んでいること。「美しい―」■二（副）どれもこれも。どこも。「―値上げだ」

**のきば【軒端】**（名）軒のはし。また、軒に近い所。類軒先

**のぎへん**〖△禾偏〗（名）漢字の部首の一つ。「秋」「私」などの左側にある「禾」の部分。

**の・く**〖◇退く〗（自五）{カ(コ)・キ(イ)・ク・ク・ケ・ケ} ❶その場所を離《はな》れて、ほかに移る。「立ち―」❷地位・組織などから離れる。しりぞく。「会長職を―」

**ノクターン**〔英 nocturne〕（名）〘音〙夜の静かな気分を表した、ゆるやかな楽曲。夜想曲。

**のけぞ・る【のけ反る】**〖◇仰け反る〗（自五）{ラ(ロ)・リ(ッ)・ル・ル・レ・レ} あおむけにそり返る。「―・ってたおれる」

**のけもの【のけ者】**〖◇除け者〗（名）仲間に入れてもらえない人。「―にされる」類仲間外《はず》れ

**の・ける**〖◇退ける・◇除ける〗（他下一）{ケ・ケ・ケル・ケル・ケレ・ケロ(ケヨ)} ❶そこにあるものをほかの場所に移す。どける。「人を押《お》し―」❷取り除く。取って別にする。「不要なものを―」❸（動詞の連用形に「て」のついた形の下について）㋐やりとげる。果たす。「やって―」㋑ためらわずしてしまう。あえてする。「言って―」

**のこぎり**〖△鋸〗（名）材木・金属などを切る道具。ぎざぎざの歯があるうすいはがねの板に柄《え》をつけたもの。

**のこ・す【残す】**（他五）{サ(ソ)・シ・ス・ス・セ・セ} ❶物事をそのままの状態でとどめておく。「昔の面影《おもかげ》を―史跡《しせき》」「数人の生徒を教室に―」❷全部がなくならないようにする。余らせる。余す。「おかずを―」「大会はあと二日を―のみ」❸去ったあとに、何かを置いたままにしておく。「証拠《しょうこ》を―」「子どもに財産を―」❹後世に伝える。「名を―」❺すもうで、相手のかけたわざにたえてもちこたえる。「体《たい》を―」

参考③④は、「遺す」とも書く。

**のこのこ**（副）つごうの悪いところに平気で現れるようす。「今さら―(と)顔を出せた義理ではない」

**のこらず【残らず】**（副）全部。みんな。余すところなくすべて。「―食べる」

**のこり【残り】**（名）残ること。また、残ったもの。「―が少ない」

**のこりおし・い【残り惜しい】**（形）{カロ・カツ(ク)・イ・イ・ケレ・○} 残念である。心残りだ。「実験を中断するとは―」

**のこりものにはふくがある【残り物には福がある】**人が残したもののなかに思わぬよいものがある。

**のこ・る【残る】**（自五）{ラ(ロ)・リ(ッ)・ル・ル・レ・レ} ❶物事が消えないでありつづける。また、そのままそこにいつづける。「傷あとが―」「記憶《きおく》に―」「放課後も―・って勉強する」❷使われたり処理されたりせずに、一部分がありつづける。余る。「おこづかいが―」「まだ仕事が―・っている」❸後世に伝わる。「記録に―」❹すもうで、相手のかけたわざをふみこらえてもちこたえる。「体《たい》が―」

**のさば・る**（自五）{ラ(ロ)・リ(ッ)・ル・ル・レ・レ} いばって好き勝手なふるまいをする。「町に悪者が―」

**のざらし【野ざらし】**〖野△晒し〗（名）❶野外で雨風にさらすこと。また、さらされたままのもの。❷されこうべ。どくろ。

**のざらしを…** 俳句

**野ざらしを 心《こころ》に風《かぜ》の しむ身《み》かな**〈芭蕉《ばしょう》〉訳旅先で行き倒《だお》れ、白骨となるかもしれぬ自分の姿を心に描《えが》き旅に出ようとすると、折から吹《ふ》く秋風が、身にしみることである。（貞享《じょうきょう》元年、「野ざらし紀行」の旅立ちの句。季語「身にしむ」秋）

**のし**〖△熨・×熨斗〗（名）❶↓ひのし ❷↓のしあわび ❸四角い紙を細長い六角形に折ったもの。贈《おく》り物にそえる。もと、中にのしあわびを包んだことからいう。

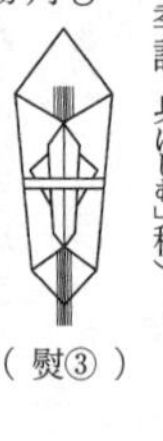
（ 熨③ ）

**のしをつける** 喜んで人に与《あた》える。

**のし**〖◇伸し〗（名）水泳の型の一つ。からだを横にして、あおり足（=両足をはさみのように動かすもの）で泳ぐ。

**のしあが・る【のし上がる】**〖◇伸し上がる〗（自五）{ラ(ロ)・リ(ッ)・ル・ル・レ・レ} ほかをおしのけて急に高い地位や順位にあがる。「社長に―」

**のしある・く【のし歩く】**〖◇伸し歩く〗（自五）{カ(コ)・キ(イ)・ク・ク・ケ・ケ} いばった態度で歩く。「街中《まちなか》を―」

**のしあわび**〖×熨斗△鮑〗（名）あわびの肉をうすくはぎ、のばして干したもの。贈《おく》り物などにそえる。のし。

**のしかか・る【のしかかる】**〖◇伸し掛かる〗（自五）{ラ(ロ)・リ(ッ)・ル・ル・レ・レ} ❶からだを広げて相手におおいかぶさる。「倒《たお》した相手に―」❷責任・負担などが重くおおいかぶさる。「プレッシャーが―」

**のしがみ【のし紙】**〖×熨斗-紙〗（名）のしや水引《みずひき》が印刷してある紙。贈《おく》り物にかけて用いる。

**のしのし**（副）↓のっしのっし

**のしもち【のし餅】**〖◇伸し餅〗（名）平らに引きのばしたもち。

**のじゅく【野宿】**（名・自スル）野山に寝《ね》ること。

**の・す**〖◇伸す〗{サ(ソ)・シ・ス・ス・セ・セ} ■一（自五）❶地位・成績などがのびる。「上位に―・してくる」❷遠くに出かける。「ついでに京都まで―」■二（他五）❶押《お》すようにしてのばし広げる。「もちを―」❷しわなどをのばす。「アイロンで―」❸《俗語》なぐりたおす。「一発で相手を―」

**のずえ【野末】**（名）野のはし。野の果て。

**ノスタルジア**〔英 nostalgia〕（名）ふるさとや昔を思い、なつかしむ気持ち。郷愁《きょうしゅう》。ノスタルジー。

**ノズル**〔英 nozzle〕（名）気体や液体を噴出《ふんしゅつ》させる、筒形《つつがた》の吹《ふ》き出し口。

**の・せる**【乗せる・載せる】（他下一）{セ・セ・セル・セル・セレ・セロ(セヨ)} ❶物や人を何かの上にあげておく。「棚《たな》に—」「子どもをひざの上に—」 ❷乗り物に人を入れる。物を積む。「人を船に—」「荷物を車に—」 ❸仲間に入れる。「一口—」 ❹相手に自分の思いどおりの行動をさせる。だます。「まんまと—・せられた」 ❺調子にうまくあわせる。「リズムに—」 ❻事がうまく運ぶようにする。「スケジュールに—」 ❼目的の所へ運ぶために、流れなどにそって移動させる。「電波に—」「午後の便に—」「販路《はんろ》に—」 ❽記事として出す。記載《きさい》する。「新聞に—」 参考 ①②はふつう、人の場合には「乗せる」、物の場合には「載せる」と書く。また、ふつう③④⑤は「乗せる」、⑧は「載せる」と書く。

**のぞきみ**【のぞき見】『△覗き見』（名・他スル）こっそりとのぞいて見ること。「ドアのすきまから—する」

**のぞ・く**【除く】（他五）{カ(コ)・キ(イ)・ク・ク・ケ・ケ} ❶取り去る。のける。「障害物を—」「不安を—」 ❷ある範《はん》囲《い》の中に加えない。別にする。「私を—・いて五人です」「年末年始を—毎日」 ❸殺す。「邪魔者《じゃまもの》を—」

**のぞ・く**『△覗く・△覘く』{カ(コ)・キ(イ)・ク・ク・ケ・ケ} [一]（他五）❶小さいすきまから見る。「鍵穴《かぎあな》から—」 ❷高い所から身をのりだして見おろす。「谷底を—」 ❸相手に気づかれないように、少しだけ見る。「他人の私生活を—」 ❹ちょっと立ち寄る。「書店を—」 ❺少しだけ知る。「未知の世界を—」 [二]（自五）物の一部が外に現れる。「ポケットからハンカチが—・いている」「自信を—・かせる表情」

**のそだち**【野育ち】（名）野に育つこと。転じて、しつけなどされず放任されて育つこと。また、その人。

**のそのそ**（副）動きがにぶく、ゆっくりであるようす。「—(と)歩く」

**のぞまし・い**【望ましい】（形）{カロ・カツ(ク)・イ・イ・ケレ・○} そうあってほしい。願わしい。「自主性にまかせるのが—」

**のぞみ**【望み】（名）❶望むこと。願い。希望。期待。「—がかなう」 ❷よくなりそうな見込《みこ》み。前途《ぜんと》への期待。「成功の—がある」

**のぞ・む**【臨む】（自五）{マ(モ)・ミ(ン)・ム・ム・メ・メ} ❶面する。向かい合う。「海に—客室」 ❷ある場面に直面する。「別れに—・んで言う」 ❸集まりなどに出席する。「開会式に—」 ❹ある態度で人に対する。「厳しい態度で学生に—」

**のぞ・む**【望む】（他五）{マ(モ)・ミ(ン)・ム・ム・メ・メ} ❶そうなってほしいと願う。そうありたいと思う。希望する。「合格することを—」 ❷遠くからながめる。「屋上から富士《ふじ》山を—」

**のたう・つ**（自五）{タ(ト)・チ(ツ)・ツ・ツ・テ・テ} 苦しみもがく。苦しんでころげまわる。「苦痛に—・ちまわる」

**のだて**【野◇点】（名）野外で茶をたてること。野外で行う茶会。

**のたま・ふ**〔宣ふ〕《ノタマ(モ)ウ》（他四）古語「言う」の意の尊敬語。おっしゃる。「翁《おきな》『うれしくも—ものかな』と言ふ」〈竹取物語〉 訳 翁は、「うれしくもおっしゃってくださいますね」と言う。

**のたれじに**【野垂れ死に】（名・自スル）道ばたなどにたおれてそのまま死ぬこと。行きだおれ。

**のち**【後】（名）❶ある事がすんだあと。「雨—晴れ」 対 前。 ❷将来。未来。「—のことはだれにもわからない」 類 先《さき》。 ❸死後。「—の弔《とむら》い」

**後の世**《よ》 ❶これから先の世。未来。「名を—まで残す」 ❷死後の世。来世《らいせ》。

**のちぞい**【後添い】（名）二度目の妻。後妻。

**のちのち**【後後】（名）これからあと。将来。「—のことを考える」

**のちほど**【後程】（副）少したってから。後刻《ごこく》。「—うかがいます」

**ノック**〔英 knock〕（名・他スル）❶部屋に入るとき、合図にドアをたたくこと。 ❷野球で、守備練習のために野手に向けてボールを打つこと。

**ノックアウト**〔英 knockout〕（名・他スル）❶ボクシングで、相手を打ち倒《たお》し、一〇秒以内に立ち上がれなくすること。「—で勝つ」 ❷野球で、相手投手を打ち負かして交替《こうたい》させること。 ❸相手を完全に負かすこと。 参考 略して「ＫＯ（＝ケーオー）」ともいう。

**ノックダウン**〔英 knockdown〕（名・他スル）❶ボクシングで、相手を打ち倒《たお》すこと。 ❷部品を輸出あるいは輸入し、現地で組み立てること。

**のっけ**（名）最初。はじめ。「—から失敗する」

**のっしのっし**（副）からだの重いものがゆったりと歩くようす。のしのし。「象が—(と)歩く」

**のっそり**（副・自スル）動作がにぶくのろいようす。また、ぼんやりと立っているようす。「—(と)立ち上がる」

**ノット**〔英 knot〕（名）船の速さの単位。一ノットは一時間に一海里（＝約一八五二メートル）を走る速さ。

**のっと・る**『◇則る・◇法る』（自五）{ラ(ロ)・リ(ッ)・ル・ル・レ・レ} 基準や手本として従う。「古式に—」

**のっと・る**【乗っ取る】（他五）{ラ(ロ)・リ(ッ)・ル・ル・レ・レ} うばい取って自分の支配下におく。「会社を—」「船を—」

**のっぴきならない**『◇退っ引きならない』避《さ》けることも退くこともできない。どうにもならない。「—用事」「—立場に置かれる」

**のっぺらぼう** [一]（名・形動ダ）一面になめらかでたいらなこと。また、なんの変化もないこと。 [二]（名）目や鼻や口のない化け物。

**のっぺり**（副・自スル）❶たいらでなめらかなようす。 ❷顔などが整ってはいるがしまりのないようす。「—(と)した顔」

**のっぽ**（名）背の高いこと。また、そういう人。

**のづら**【野面】（名）野原の表面。「—を渡《わた》る風」

**ので**（接助）原因・理由を表す。…のために。「あわてた—わすれた」

**のてん**【野天】（名）屋根がなく、空が見わたせる所。屋外。露天《ろてん》。「—ぶろ」

**のと**〔能登〕〔地名〕むかしの国名の一つ。今の石川県能登半島地方。能州《のうしゅう》。

**のど**【喉】『◇咽』（名）❶〔生〕口の奥《おく》の食道と気管に通じる部分。咽喉《いんこう》。「—がかわく」 ❷歌う声。

「—がいい」❸本のとじめの部分。

**喉から手《て》が出《で》る** ほしくてたまらないようす。

**のどあかき…** 短歌

〔のど赤き 玄鳥《つばくらめ》ふたつ 屋梁《はり》にゐて 足乳根《たらちね》の母《はは》は 死《し》にたまふなり〕〈斎藤茂吉《さいとうもきち》〉 訳 見上げると、のどの毛の赤いつばめが二羽、屋梁（＝屋根を支える横柱）にじっと止まっている。そのつばめにみとられるように、私の母は死んでゆかれるのだ。（母の死を迎《むか》えた連作の中の一首）

**のどか**〖×長閑〗（形動ダ）〔ダロ・ダッ(デ・ニ)・ダ・ナ・ナラ・〇〕❶のんびりしているようす。「—な気分」❷空が晴れて、おだやかなようす。「—な春の日」

**のどくび**〖喉△頸〗（名）❶首の、のどのあたり。「—にくらいつく」❷急所。「敵の—をおさえる」

**のどごし**【喉越し】（名）飲み物や食べ物がのどを通っていくこと。また、そのときの感じ。「—のよさ」

**のどじまん**【喉自慢】（名）❶声のよさや歌のうまさを自慢すること。また、その人。❷素人《しろうと》が歌のうまさを競争するもよおし。

**のどぶえ**【喉笛】（名）のどの、気管が通る部分。

**のどぼとけ**【喉仏】（名）成年の男子に見られる、のどの中ほどにつき出ている骨。

**のどもと**【喉元】（名）のどのあたり。

**喉元過《す》ぎれば熱《あつ》さを忘《わす》れる** 身にしみた苦しみや、苦しいときに受けた恩も、そのときが過ぎてしまうとけろりと忘れてしまうことのたとえ。

**のどわ**【喉輪】（名）❶のどのあたりを守るためにあてるよろいの付属具。❷すもうで、てのひらを相手ののど元にあてて押《お》す攻《せ》めわざ。

**のに**（接助）❶前のことがらと逆のことがらを結びつける。…けれども。「いる—返事もしない」❷残念だ、不満だという意を表す。「行けばよかった—」

**ののし・る**【罵る】（他五）〔ラ(ロ)・リ(ッ)・ル・ル・レ・レ〕大声でしかる。また、大声で悪口を言いたてる。「口ぎたなく—」

**のば・す**【伸ばす・延ばす】（他五）〔サ(ソ)・シ・ス・ス・セ・セ〕❶長くする。「髪《かみ》を—」❷曲がったりちぢんだりしているものを、まっすぐにする。「腰《こし》を—」「服のしわを—」❸うすく平らに広げる。「金箔《きんぱく》を—」「肌《はだ》にクリームを—」❹時間や距離《きょり》を長くする。延長する。「練習の時間を—」「走行距離を—」❺日時をおくらせる。延期する。「出発を—」「結論を—」❻能力や勢いを発展させる。さかんにする。「学力を—」「才能を—」❼水などにとかしてうすめる。「絵の具を—」❽なぐりたおすなどして、相手を立てなくする。のす。「相手を一発で—」参考 ふつう①②⑥は「伸ばす」、③④⑤は「延ばす」と書く。

**のばなし**【野放し】（名・形動ダ）❶家畜《かちく》などを放し飼いにすること。❷ほうりっぱなしにすること。「—に育てる」「違法行為《いほうこうい》を—にする」

**のはら**【野原】（名）草などが生えた広い平地。

**のばら**【野ばら】〖野×薔薇〗（名）〘植〙のいばら。また、野生のばら。

**のび**【伸び・延び】（名）❶のびること。また、のびる度合い。「成績の—がない」❷手足をのばしてあくびなどをすること。「—をする」

**のび**【野火】（名）早春に、野山のかれ草を焼く火。

**のびしろ**【伸び代】（名）のびたり、成長したりする余地《よち》。「—を感じさせる選手」

**のびちぢみ**【伸び縮み】（名・自スル）のびることとちぢむこと。伸縮《しんしゅく》。「—がきく」

**のびなや・む**【伸び悩む】（自五）〔マ(モ)・ミ(ン)・ム・ム・メ・メ〕物事が思うように進んだり、ふえたりしない。「成績が—」

**のびのび**【延び延び】（名）物事がだんだんに長びき、おくれるようす。「雨で遠足が—になる」

**のびのび**【伸び伸び】（副・自スル）上から押《お》さえつけられることがなく、おおらかで自由なようす。「—(と)した気分」「—(と)成長する」

**のびやか**【伸びやか】（形動ダ）〔ダロ・ダッ(デ・ニ)・ダ・ナ・ナラ・〇〕のびのびしているようす。ゆったりくつろぐようす。「—な姿勢」

**のびる**【野びる】〖野△蒜〗（名）〘植〙ヒガンバナ科の多年草。山野に自生。夏、茎《くき》の先に紫《むらさき》色《いろ》をおびた白い花をつける。味もにおいもねぎに似る。

**の・びる**【伸びる・延びる】（自上一）〔ビ・ビ・ビル・ビル・ビレ・ビロ(ビヨ)〕❶長くなる。また、高くなる。「背が—」「枝が—」❷曲がったりちぢんだりしているものが、まっすぐになる。「背すじが—」❸長くなったまま弾力《だんりょく》がなくなる。「そばが—」❹時間や距離《きょり》が長くなる。「寿命《じゅみょう》が—」「線路が—」❺日時がおくれる。「納期が—」❻能力や勢いが発展する。さかんになる。「実力が—」「売り上げが—」❼うすく平らによく広がる。「おしろいが—」❽ぐったりして動けなくなる。「マラソンで—」参考 ふつう①②⑥は「伸びる」、④⑤は「延びる」と書く。

**ノブ**〔英 knob〕（名）ドアなどのとって。にぎり。

**のぶし**【野武士】（名）むかし、山野にひそんで落ち武者をおそい、その持ち物をうばった武士や農民の集団。

**のぶと・い**【野太い】（形）〔カロ・カッ(ク)・イ・イ・ケレ・〇〕❶声が太い。「—声」❷神経がずぶとい。「—やつ」

**のべ**【延べ】（名）❶同一のものが何回重複していても、それぞれを一つとして数えた合計。⇒のべじんいん・のべにっすう。❷のばすこと。のばしたもの。「—棒」

**のべ**【野辺】（名）❶野原。❷火葬場《かそうば》。

**野辺の送《おく》り** 葬式《そうしき》。葬送。「—をすませる」

**野辺の煙《けむり》** 火葬《かそう》の煙。

**のべじんいん**【延べ人員】（名）ある仕事に要した人数を、仮に一日で行ったことにして計算した総人員数。三人で六日かかれば、延べ人員は一八人。

**のべつ**（副）たえず。ひっきりなしに。「—口を動かす」

**のべつ幕《まく》なし** 休むまもなく続くようす。たえまのないようす。「—にしゃべる」

**のべにっすう**【延べ日数】（名）ある仕事をするために使われた総日数を、仮に一人で行うとして計算した日数。四人で五日かかれば、延べ日数は二〇日。

**のべぼう【延べ棒】**（名）❶金属をのばして棒状にしたもの。「金《きん》の—」❷麺《めん》などの生地《きじ》を平らにのばすのに用いる棒。のし棒。麺棒。

**の・べる【延べる・伸べる】**（他下一）{ベ・ベ・ベル・ベル・ベレ・ベロ(ベヨ)}❶とどくようにのばす。差し出す。「救いの手を—」❷ひろげてしく。「床《とこ》を—」❸延期する。「日程を—」❹うすく平らに広げる。「金《きん》を—」参考ふつう①は「伸べる」、②③④は「延べる」と書く。

**の・べる【述べる】**〘◇陳べる〙（他下一）{ベ・ベ・ベル・ベル・ベレ・ベロ(ベヨ)}語る。説く。また、文章で書き表す。「意見を—」

**のほうず【野放図】**（名・形動ダ）❶しまりがなく、きちんとしていないこと。「—なやり方」❷際限がないこと。「—に広がる」

**のぼ・せる**〘×逆上せる〙（自下一）{セ・セ・セル・セル・セレ・セロ(セヨ)}❶頭に血がのぼって熱くなる。上気する。「長湯して—」❷血迷う。むちゅうになる。「映画スターに—」❸思いあがる。いい気になる。「あまり—な」

**のぼ・せる【上せる】**（他下一）{セ・セ・セル・セル・セレ・セロ(セヨ)}❶取り上げる。「議題に—」❷書いてのせる。「文書に—」

**のほほんと**（副）気をつかったり考えたりしないで、のんきにしているようす。「毎日—暮らす」

**のぼり**〘△幟〙（名）❶はたの一種。細長い布の上と片はしに小さな輪をつけ、それにさおを通して立てるもの。❷「こいのぼり」の略。

（ 幟① ）

**のぼり【上り・登り・昇り】**（名）❶のぼること。「山—」❷のぼりの道・坂。「急な—」❸地方から都に行くこと。また、その列車・路線など。「お—さん」「—車線」《対下《くだ》り》

**のぼりざか【上り坂】**（名）❶のぼりになっている坂道。❷だんだんさかんになっていくこと。「—にある選手」《対下《くだ》り坂》

**のぼりつ・める【上り詰める・登り詰める】**（自下一）{メ・メ・メル・メル・メレ・メロ(メヨ)}いちばん上までのぼる。頂点まで進む。「坂を—」「大臣の地位まで—」

**のぼ・る【上る・登る・昇る】**（自五）{ラ(ロ)・リ(ッ)・ル・ル・レ・レ}❶低い所から高い所へ移る。上のほうへ行く。物の上にあがる。「坂道を—」「頭に血が—(=のぼせる。また、逆上する)」「月が—」「屋根に—」対降りる・下《くだ》る❷地方から都に行く。「都へ—」対下る❸地位が進む。高い位につく。「大臣の位に—」❹その数量に達する。「参加者は一万人に—」❺上流に進む。さかのぼる。「川を—」対下る❻取り上げられる。「話題に—」「人の口に—」

> **学習 使い分け**　「上る」「登る」「昇る」
>
> **上る**　下から上へ移動する、ある所に達する意。「台に**上る**」「階段を**上る**」「被害《ひがい》が一億円にも**上る**」「話題に**上る**」
>
> **登る**　自分の手足などを使って高い所に行く意。「山に**登る**」「木に**登る**」「はしごを**登る**」「演壇《えんだん》に**登る**」「**登り**口」
>
> **昇る**　高く上に移動する意。「日が**昇る**」「天にも**昇る**心地」「煙《けむり》が**昇る**」

**のまれる【飲まれる】**〘△呑まれる〙❶飲みこまれる。引きこまれる。「波に—」❷相手の勢いや、その場の雰囲気《ふんいき》に圧倒《あっとう》されてしまう。「雰囲気に—」

**のみ**〘△蚤〙（名）〔動〕ノミ目の昆虫《こんちゅう》。からだは小さく赤茶色で、よく発達したあと足ではねる。人や動物の血を吸い、病原菌《びょうげんきん》をはこぶ。「—にくわれる」

**のみ**〘△鑿〙（名）木材や石材に、穴をあけたり溝《みぞ》をほったりするのに使う道具。

（ 鑿 ）

**のみ**（副助）限定の意を表す。ばかり。だけ。「ただ無事をいのる—」

**のみくい【飲み食い】**（名・自スル）飲むことと食うこと。飲食《いんしょく》。「腹いっぱい—する」

**のみぐすり【飲み薬】**（名）飲む薬。内服薬。

**のみくち【飲み口】**（名）❶飲んだときの舌ざわり。「—がまろやかだ」❷さかずきなどの口にふれる部分。❸酒の好きな人。

**のみこみ【飲み込み】**〘△呑み込み〙（名）❶飲みこむこと。❷理解すること。「—が早い」

**のみこ・む【飲み込む】**〘△呑み込む〙（他五）{マ(モ)・ミ(ン)・ム・ム・メ・メ}❶飲んでのどを通す。また、かまずにまるのみにする。「つばを—」❷理解する。「仕事のこつを—」❸言いかけてこらえる。「不満を—」

**のみしろ【飲み代】**（名）酒を飲む代金。

**のみとりまなこ【のみ取り眼】**〘△蚤取り眼〙（名）のみをとるときのように、どんな小さなものでも見のがすまいと、注意してさがす目つき。「—でさがす」

**のみならず**　…ばかりでなく。「勉強—運動もよくする」

**ノミネート**〔英 nominate〕（名・他スル）候補として指名・推薦《すいせん》すること。「賞に—される」

**のみのいち【のみの市】**〘△蚤の市〙（名）古物《ふるもの》を売る露天市《ろてんいち》。フリーマーケット。参考パリ北部の城門付近で開かれる市の名から。

**のみほ・す【飲み干す】**〘飲み◇乾す〙（他五）{サ(ソ)・シ・ス・ス・セ・セ}残さないで、すっかり飲んでしまう。「一息に—」

**のみもの【飲み物】**（名）お茶・コーヒー・ジュース・酒など、飲むためのもの。「—を用意する」

**の・む【飲む】**〘△呑む〙（他五）{マ(モ)・ミ(ン)・ム・ム・メ・メ}❶かまずに口からのどを通して胃に送りこむ。「蛇《へび》が蛙《かえる》を—」「お茶を—」❷酒を飲む。「一杯《いっぱい》—・もう」❸喫煙《きつえん》する。すう。「たばこを—」❹外に出そうになるのをおしこらえる。「涙《なみだ》を—」❺提案などをそのまま受け入れる。承知する。「要求を—」❻相手を圧倒《あっとう》する。みくびる。「敵を—・んでかかる」⇩のまれる②❼かくし持つ。「どすを—(=短刀をしのばせる)」

表現　飲み込《こ》む・飲み干す・呷《あお》る◆ごくごく・ごくりと・ぐいぐい・ぐいっと・ぐびぐび・ぐびりぐびり・がぶがぶ・ちびちび◆一気に・一息に・浴びるように

**のめのめ** (副) はずかしいとも思わないで平気でいるようす。おめおめ。「―(と)顔を出す」

**のめりこ・む【のめり込む】** (自五) {マ(モ)・ミ(ン)・ム・ム・メ・メ} ❶前に倒《たお》れるようにしてはいりこむ。❷ある状態にはまり込んで抜《ぬ》けだせなくなる。「賭《か》け事に―」

**のめ・る** (自五) {ラ(ロ)・リ(ッ)・ル・ル・レ・レ} 前に倒《たお》れる。前にかたむく。「石につまずいて―」

**のやき【野焼き】** (名・自スル) 草がよく生えるように、春のはじめに野の枯《か》れ草を焼くこと。類山焼き

**のら【◦野良】** (名) 田畑。「―着《ぎ》(=野良仕事に着る衣服)」

**のらいぬ【◦野良-犬】** (名) 飼い主のない犬。野犬。

**のらくら** (副・自スル) なまけてぶらぶら日を送るようす。「―していて少しも働かない」

**のらしごと【◦野良-仕事】** (名) 田畑に出て働く仕事。

**のらねこ【◦野良-猫】** (名) 飼い主のないねこ。

**のらりくらり** (副・自スル) ❶なまけてぶらぶらしているようす。「―の生活」❷とらえどころがなく、あいまいに追及《ついきゅう》をかわすようす。「―と言いのがれる」

**のり【◇法・◇則】** (名) ❶守らなければならないことがら。おきて。❷手本。模範《もはん》。「―を示す」❸仏の教え。「―を説く」❹さしわたしの寸法。「内―」

**のり【△糊】** (名) でんぷん質のものを煮《に》て、ねばりを出したもの。物をはりつけたり、布の形をととのえたりするのに使う。「―のきいたシャツ」

**のり【乗り】** (名) ❶のること。のるもの。「二人―」❷気分がのること。調子づくこと。「―のいい曲」「悪―」

**のり【×海苔】** (名) ❶水中の岩石についたこけのような紅藻《こうそう》類や緑藻類の総称《そうしょう》。❷あまのり(=紅藻類の一種)を紙のようにすいてほした食品。

**のりあい【乗り合い】** (名) 船や車などに、大勢がいっしょに乗ること。また、その乗り物。「―バス」

**のりあ・げる【乗り上げる】** (自下一) {ゲ・ゲ・ゲル・ゲル・ゲレ・ゲロ(ゲヨ)} 進行中の船や車が障害物の上にのる。「船が暗礁《あんしょう》に―」

**のりあわ・せる【乗り合わせる】** (自下一) {セ・セ・セル・セル・セレ・セロ(セヨ)} 偶然《ぐうぜん》同じ乗り物にいっしょに乗る。「先生とバスに―」

**のりい・れる【乗り入れる】** (他下一) {レ・レ・レル・レル・レレ・レロ(レヨ)} ❶乗り物に乗ったままある場所の中まではいる。「会場に車を―」❷電車などが他社の路線にはいりこんで運行する。「私鉄が地下鉄に―」

**のりうつ・る【乗り移る】** (自五) {ラ(ロ)・リ(ッ)・ル・ル・レ・レ} ❶ある乗り物からほかの乗り物に乗りかえる。「ボートに―」❷神霊《しんれい》などが人のからだにとりつく。「霊が―」

**のりおり【乗り降り】** (名・自スル) 乗り物に乗ったり降りたりすること。「客が大勢―する」

**のりかえ【乗り換え】** (名) ❶ある乗り物からほかの乗り物に移ること。❷予備の乗り物。注意「乗換駅」などは送りがなをつけない。

**のりか・える【乗り換える】** (自他下一) {エ・エ・エル・エル・エレ・エロ(エヨ)} ❶乗り物をかえる。ほかの乗り物に移る。「地下鉄に―」❷それまでの立場・所属やかかわりを捨て、別のものにかえる。「新思想に―」

**のりかかったふね【乗りかかった船】** いったん始めた以上、途中《とちゅう》でやめられないことのたとえ。

**のりかか・る【乗りかかる】〖乗り掛かる〗** (自五) {ラ(ロ)・リ(ッ)・ル・ル・レ・レ} ❶今にも乗ろうとする。❷物事をやり始める。「―・った以上最後までやる」❸上に乗ってからだをもたせかける。「―・っておさえる」

**のりき【乗り気】** (名・形動ダ) 進んで物事をしようとする気持ちになること。「―になる」

**のりき・る【乗り切る】** (自他五) {ラ(ロ)・リ(ッ)・ル・ル・レ・レ} 困難を切りぬける。「難局を―」

**のりくみいん【乗組員】** (名) 船・航空機に乗って仕事をする人。

**のりこ・える【乗り越える】** (他下一) {エ・エ・エル・エル・エレ・エロ(エヨ)} ❶物の上をふみこえて向こう側へ行く。「さくを―」❷困難などを切りぬける。「苦しみを―」❸業績・技量などが、上の人を抜《ぬ》いて先に進む。「先学を―」

**のりごこち【乗り◦心地】** (名) 乗り物に乗ったときの感じ。「―のいい車」

**のりこ・す【乗り越す】** (他五) {サ(ソ)・シ・ス・ス・セ・セ} ❶電車・バスなどで、目的地より先まで行ってしまう。「ねむっていて―」❷乗って物の上を越える。「塀《へい》を―」

**のりこ・む【乗り込む】** (自五) {マ(モ)・ミ(ン)・ム・ム・メ・メ} ❶乗り物の中へはいる。「バスに―」❷乗り物に乗ったまま中へはいる。「車で玄関《げんかん》先まで―」❸勢いよくある場所に行く。「敵地に―」

**のりしろ【△糊代】** (名) 紙などをはり合わせるとき、のりをつけるために残しておく部分。

**のりす・てる【乗り捨てる】** (他下一) {テ・テ・テル・テル・テレ・テロ(テヨ)} 乗り物からおりて、乗り物をその場に放置する。また、乗り物をおりて歩いていく。「駅前に自転車を―」

**のりだ・す【乗り出す】** (自他五) {サ(ソ)・シ・ス・ス・セ・セ} ❶からだを前のほうに出す。「窓から身を―」❷自分から進んで事にあたろうとする。「調停に―」❸船などに乗って出かける。「大海に―」

**のりつ・ぐ【乗り継ぐ】** (他五) {ガ(ゴ)・ギ(イ)・グ・グ・ゲ・ゲ} 別の乗り物に乗りかえて移動する。「電車とバスを―」

**のりづけ【のり付け】〖△糊付け〗** (名・他スル) ❶洗濯《せんたく》物にのりをつけて形をととのえること。❷のりではりつけること。「封筒《ふうとう》を―する」

**のりつ・ける【乗りつける】〖乗り付ける〗** (自下一) {ケ・ケ・ケル・ケル・ケレ・ケロ(ケヨ)} ❶車などに乗ったままその場まで来る。「車で会場に―」❷いつも乗ってなれている。「―・けた自転車」

**のりと【◦祝詞】** (名) 神にいのるとき、神主《かんぬし》が神前でとなえる古い文体のことば。

**のりのり【乗り乗り】** (名・形動ダ) (俗語)リズムにのったり調子づいたりして、心が浮《う》き立つこと。

**のりば【乗り場】** (名) 乗り物に乗るために設けられた場所。「タクシー―」

**のりまき【のり巻き】〖×海苔-巻き〗** (名) 芯《しん》に具を入れてすめしをのりで巻いた食べ物。まきずし。

**のりまわ・す【乗り回す】** (他五) {サ(ソ)・シ・ス・ス・セ・セ} 乗ってあちこちと回る。「車を―」

**のりめん【のり面】〖◇法面〗** (名) 地面を切りくず

したり盛《も》り土をしたりして人工的にできた斜面《しゃめん》。

**のりもの**【乗り物】（名）乗って行くもの。車や船や航空機など。「―の便が悪い」

**の・る**【乗る】（自五）｛ラ(ロ)・リ(ッ)・ル・ル・レ・レ｝❶乗り物の中にはいる。乗り物の上に身を置く。「船に―」「馬に―」対降りる ❷物の上にあがる。「机の上に―」❸仲間として加わる。相手になる。「一口―」「相談に―」❹相手の意図どおりに動かされる。だまされる。「口車に―」「おだてに―」❺調子にうまく合う。「リズムに―」❻勢いよく進む。調子づく。「好調の波に―」❼流れなどにそって運ばれる。「気流に―」「電波に―」❽じゅうぶんによくつく。「おしろいが―」

**の・る**【載る】（自五）｛ラ(ロ)・リ(ッ)・ル・ル・レ・レ｝❶新聞・雑誌などに記事として出る。記載《きさい》される。「名簿《めいぼ》に―」❷物の上に置かれる。「机に―・っている辞典」

**ノルウェー**〔Norway〕［地名］北ヨーロッパ、スカンディナビア半島西部をしめる立憲君主国。首都はオスロ。

**のるかそるか**〖◇伸るか反るか〗成功するか失敗するか。いちかばちか。運にまかせて。「―、やってみる」

**ノルディックきょうぎ**【ノルディック競技】（名）スキー競技で、距離《きょり》・ジャンプ・複合の三種目。▽ノルディックは、英 Nordic ⇨アルペンきょうぎ

**ノルマ**〔ロシア norma〕（名）わりあてられた仕事の量。「―を果たす」

**のれん**〖◇暖◇簾〗（名）❶屋号などをそめぬいて、商店などの入り口にたらす布。また、一般《いっぱん》の家庭で、部屋のしきりにたらすもの。「―をくぐる」「―をおろす（＝閉店する）」❷①にしるしてある屋号や店の信用。店の格式。「―にかかわる」

（のれん①）

**暖簾に腕《うで》押《お》し** 少しも手ごたえのないたとえ。「いくら言っても―だ」類豆腐《とうふ》に鎹《かすがい》・糠《ぬか》に釘《くぎ》

**暖簾を分《わ》ける** 長い間よくつとめた奉公人《ほうこうにん》に、別に店を出させてやり、同じ屋号を名のることを許す。

**のろい**【呪い】〖◇詛い〗（名）人をのろうこと。また、そのことばや内容。「―をかける」類呪詛《じゅそ》

**のろ・い**〖◇鈍い〗（形）｛カロ・カッ(ク)・イ・イ・ケレ・○｝❶動きがおそい。ぐずである。「仕事が―」❷頭の働きがにぶい。

**のろ・う**【呪う】〖◇詛う〗（他五）｛ワ(オ)・イ(ッ)・ウ・ウ・エ・エ｝❶うらみのある人に、わざわいがふりかかるようにと祈《いの》る。❷強くうらむ。「不幸な運命を―」

**ノロウイルス**〔ドイツ Norovirus〕（名）食中毒や急性胃腸炎の原因となるウイルスの一種。嘔吐《おうと》・下痢《げり》などの症状《しょうじょう》を引き起こす。

**のろ・ける**〖◇惚気る〗（自下一）｛ケ・ケ・ケル・ケル・ケレ・ケロ(ケヨ)｝夫・妻・恋人《こいびと》などのことを他人にうれしそうに話す。「友だちの前で―」

**のろし**〖×狼煙・×烽火〗（名）❶むかし、戦争や急な事件を知らせる合図に、火をたいて高くけむりを上げたもの。❷大事を起こすきっかけとなる行動。「反対運動の―をあげる」

**のろのろ**（副・自スル）動きがにぶく、おそいようす。「―(と)歩く」

**のろま**〖◇鈍間〗（名・形動ダ）動作のおそいこと。気のきかないこと。また、その人。

**のわき**〖野◇分〗（名）秋に吹《ふ》く強い風。台風。のわけ。

**ノン-**〔英 non〕（接頭）「ない」という意を表す。「―シュガー（＝無糖《むとう》）」「―ストップ」

**のんき**〖◇呑気・◇暢気〗（名・形動ダ）❶心配や苦労のないこと。「―な生活」❷物事を気にかけないこと。のんびりして気が長いこと。「―にかまえる」

**ノンストップ**〔英 nonstop〕（名）乗り物が、目的地までの途中《とちゅう》でとまらないこと。

**のんだくれ**【飲んだくれ】（名）ひどく酔《よ》ってだらしないこと。また、大酒飲み。

**のんびり**（副・自スル）のびのびと心がくつろぐようす。ゆったりするようす。「―(と)暮らす」

**ノンフィクション**〔英 nonfiction〕（名）虚構《きょこう》によらず、事実をもとにして書かれた読み物。歴史・実録・伝記・旅行記など。「―作家」対フィクション

**ノンブル**〔フランス nombre〕（名）書物のページごとに打った数字。ページづけ。

**ノンプロ**（名）それを職業や専門にしていないこと。「―野球」▽英 nonprofessional から。対プロ

**のんべんだらり**（副）何をするということもなく、だらだらとむだに時間を費《つい》やすようす。「―と過ごす」

**ノンポリ**（名）政治的な問題に関心のないこと。また、その人。「―学生」▽英 nonpolitical から。

**ノンレムすいみん**【ノンレム睡眠】（名）レム睡眠以外の時間の睡眠。成人の睡眠時間の七、八割をしめる。⇨レムすいみん

## は　ハ

**は**【把】 7画 扌4 音ハ

❶にぎる。つかむ。◆把握《はあく》。❷たばねたものを数えることば。参考「ハ」の音は、前にくる音によって「一把《いちわ》・三把《さんば》・十把《じっぱ》」のように「ワ・バ・パ」となる。

**は**【波】 8画 氵5 小3 音ハ 訓なみ

❶なみ。◆波頭・波濤《はとう》・波浪《はろう》◆風波・防波堤《ぼうはてい》。❷なみだつ。静かでないこと。◆波乱。❸波のようにゆれうごくもの。また、つぎつぎに伝わっていくもの。◆波及《はきゅう》・波長・波動・波紋《はもん》◆音波・寒波・周波数・電波・脳波。参考特別に、「波止場」は「はとば」と読む。

**は**【派】 9画 氵6 小6 音ハ

❶わかれる。わかれたもの。◆派生◆一派・分派・別派。❷同じ考えをもった人の集まり。◆派閥《はばつ》◆学派・硬派《こうは》・宗派・党派・軟派《なんぱ》・流派。❸つかわす。行かせる。◆派遣《はけん》・派出・派兵◆特派員

**は【派】**（名）❶同じ主義・主張や似た傾向《けいこう》をもつ人の集まり。「どの―にも属さない」「改革―」❷（接尾語的に用いて）そのような性質の人を表す。「慎重《しんちょう》―」「個性―」

**は【破】** 10画 石5 小5 音ハ 訓やぶる・やぶれる 丆 石 石 矿 矿 破
❶こわす。こわれる。◇破壊《はかい》・破棄《はき》・破砕《はさい》・破損・破竹・破片《はへん》・破滅《はめつ》・破裂《はれつ》・破・爆破《ばくは》。❷そこなう。だめになる。◇大破・突破《とっぱ》・難産・破綻《はたん》・破談。❸相手をうち負かす。◇破局・破・撃破《げきは》・打破・論破《ろんぱ》。❹型や枠《わく》をこわす。はずれる。◇破格・破調。❺しおわる。しとげる。◇看破《かんぱ》・走破・踏破《とうは》・読破

**は【覇】** 19画 西13 〔霸〕 音ハ 一 覀 覀 䨣 覇 覇
はたがしら。武力などによって天下を従えるもの。また、優勝すること。◇覇王・覇気・覇業・覇権・覇者・覇道◇制覇・争覇・連覇《れんぱ》

**は【覇】**（名）武力や実力で天下を従えること。転じて、競技などで優勝すること。「―を唱える」

**は【刃】**（名）刃物の、うすくてするどい、物を切る部分。「カミソリの―」

**は【葉】**（名）植物が呼吸したり、養分を作ったりする器官。ふつう、茎《くき》や枝につき、緑色でうすくひらたい。「―がしげる」

（葉）

**は【歯】**（名）❶〔生〕鳥類をのぞく多くの脊椎《せきつい》動物の口の中に上下にならんではえる、物をかみくだく器官。骨のようにかたく白い。「大人の―が生えてくる」❷機械や道具などのふちにある細かいきざみめ。「のこぎりの―」「くしの―」❸げたの裏につき出た、直接地面にふれるところ。「げたの―が欠ける」

**歯が浮《う》く** ❶歯の根がうずくような感じがする。❷軽薄《けいはく》できざな言動を見たり聞いたりして、不愉快《ふゆかい》になる。「―ようなおせじはよせ」

**歯が立《た》たない** ❶かたくてかめない。❷強すぎて対抗《たいこう》できない。「あのピッチャーには―」❸むずかしすぎて理解できない。「この問題には―」

**歯に衣《きぬ》を着《き》せない** 遠慮《えんりょ》しないで、思っているとおりをはっきりと言う。「―物言い」

**歯の抜《ぬ》けたよう** まばらでふぞろいなようす。まばらでさびしいようす。「―に空席がある」

**歯の根《ね》が合《あ》わない** 寒さやおそろしさで、歯ががちがちいうほどふるえるようす。「あまりのこわさに―」

**歯を食《く》いしばる** くやしさ・いかり・いたみ・苦しさなどを必死にがまんする。「歯を食いしばって耐《た》える」

**は【端】**（名）❶はし。はた。「山の―」❷はした。はんぱ。「―数」

**は**（副助）❶ほかのものと区別して、取り出していう。「きょう―休みます」❷強め、または調子をととのえる。「たまに―来なさい」❸主題を提示して、主語となる。「象―鼻が長い」

**ば【馬】** 10画 馬0 小2 音バ 訓うま・ま ｜ 厂 F 馬 馬 馬
うま。◇馬具・馬車・馬術・馬場◇愛馬・騎馬《きば》・牛馬・競馬《けいば》・乗馬・駄馬《だば》・名馬・落馬。参考「ま」の訓は「馬子《まご》」「絵馬《えま》」などのことばに使われる特殊《とくしゅ》な読み方。特別に、「伝馬船」は「てんません」と読む。⇩付録「漢字の筆順㊳馬」

**ば【婆】** 11画 女8 音バ 氵 氵 波 波 婆 婆
年をとった女性。おばあさん。◇産婆・老婆

**ば【罵】** 15画 罒10 音バ 訓ののしる 冖 罒 罒 罒 罵 罵
ののしる。大声で口ぎたなくけなす。◇罵声・罵倒《ばとう》・罵詈雑言《ばりぞうごん》◇悪罵・痛罵・面罵⇩付録「漢字の筆順㊳馬」

**ば【場】**（名）❶場所。席。❷場合。とき。「その―になってあわてるな」❸演劇の一場面。「三幕六―」

**ば**（接助）❶仮定の条件を表す。…たら。…のときは。…と。「雨が降れ―中止する」❷認識などのきっかけを表す。「よく見れ―女の子だった」❸並列《へいれつ》を表す。「遊びもすれ―勉強もする」文法活用語の仮定形につく。

**はあ**（感）❶あいづちを打つときや感心したときに用いることば。「―、そうですね」「―、なるほど」❷聞きかえすときに用いることば。「―、なんでしょうか」

**バー**〔英 bar〕（名）❶棒。横木。「ゴール―」❷高とびに使う横木。❸バレエの練習時につかまる横木。❹カウンターで洋酒を飲ませる酒場。❺飲食物を出すカウンター形式の場所。「ドリンク―」

**ぱあ**（名）❶じゃんけんで、五本の指を開いて出す、紙を表すかたち。❷《俗語》すべてなくなること。「計画が―になる」

**ばあい【場合】**（名）❶ある状況《じょうきょう》に出あったとき。おり。「雨天の―は延期する」❷それぞれの事情。状況。「それは時と―による」「あの人の―は特別だ」

**パーカッション**〔英 percussion〕（名）《音》ドラム・シンバル・タンバリンなどの打楽器の総称《そうしょう》。

**パーキング**〔英 parking〕（名）車を駐《と》めること。駐車《ちゅうしゃ》。駐車場。「―メーター」

**パーキンソンびょう【パーキンソン病】**（名）《医》脳の病気の一つ。筋肉がこわばる、手足がふるえる、動作が不自由になるなどの症状《しょうじょう》がみられる。参考英国の医者パーキンソン（Parkinson）の名から。

**はあく【把握】**（名・他スル）❶しっかりつかむこと。❷内容・事情などをしっかり理解すること。「情勢を―する」

**パーク**〔英 park〕■一（名）公園。■二（名・自スル）駐車《ちゅうしゃ》すること。

**ハーケン**（名）登山用具の一つ。岩場にうちこんで足がかりとする、金属性の大きなくぎ。▽ドイツ Mauerhaken から。

**バーゲン-セール**〔英 bargain sale〕(名) 大安売り。特売。バーゲン。

**バーコード**〔英 bar code〕(名) 商品の識別や管理のために用いる、太さの異なるたてじまの線を印刷した記号。

9784010353127
(バーコード)

**パーコレーター**〔英 percolator〕(名) 濾過《ろか》装置のあるコーヒーわかし。

**パーサー**〔英 purser〕(名) 飛行機や船などの、客室乗務員の責任者。

**バーサス**〔英 versus〕(名) 試合などで、勝敗を争う二者を並べるときにつかうことば。…対《たい》。参考「赤組 vs. 白組」のように「vs.」と略す。

**パージ**〔英 purge〕(名) 公職などから追放すること。

**バージョン**〔英 version〕(名) 本やコンピューターのプログラムなどで、内容を改めてつくり直されたり改良されたりした、それぞれのもの。版《はん》。「ーアップ」

**バージン**〔英 virgin〕(名) 処女。ヴァージン。

**バースデー**〔英 birthday〕(名) 誕生《たんじょう》日。

**パーセンテージ**〔英 percentage〕(名) パーセントで示す比率。百分比。百分率。「ーが上がる」

**パーセント**〔英 percent〕(名) 一〇〇に対しての割合を示す単位。記号 %「降水確率は三〇ー」

**パーソナリティー**〔英 personality〕(名) ❶個性。人格。その人のもっている特別の持ち味。❷ラジオのディスクジョッキー。ラジオやテレビ番組の司会者。

**パーソナル-コンピューター**〔英 personal computer〕(名) →パソコン

**バーター**〔英 barter〕(名) 貨幣《かへい》を使わず商品どうしを交換《こうかん》すること。物々交換。「ー制」

**ばあたり【場当たり】**(名) ❶演劇・集会などで、その場の機転でかっさいを得ること。❷計画性がなく、その場の思いつきで物事を行うこと。「ーの対策」…的「場当たり的な政策」

**バーチャル**〔英 virtual〕(形動ダ){ダロ・ダッ(デ・ニ)・ダ・ナ・ナラ・○} 仮想的。実体がなく、コンピューター技術でつくられたものであるようす。「ー体験」

**バーチャル-リアリティー**〔英 virtual reality〕(名) 仮想現実。コンピューターでつくる仮想空間をまるで現実であるかのように感じさせること。VR。

**パーティー**〔英 party〕(名) ❶祝いや親睦《しんぼく》などのための集まり。会合。「ダンスー」❷登山などでいっしょに行動するグループ。「ーを組む」

**パーティション**〔英 partition〕(名) ❶室内に配置する仕切り。間仕切《まじきり》。パーテーション。❷コンピューターで、記憶《きおく》装置の領域を分割《ぶんかつ》したもの。

**バーテンダー**〔英 bartender〕(名) バーなどで、カクテルなどを作って客に出す人。バーテン。

**ハート**〔英 heart〕(名) ❶心。気持ち。「ーをつかむ」❷心臓。「ーが高鳴る」❸トランプの、四種類ある図がらの一つ。赤い♥の形。

**ハード**〔英 hard〕一 (名・形動ダ) ❶かたいこと。「ーコート」対ソフト。❷きびしいこと。はげしいこと。「ーな訓練」二 (名)「ハードウエア」の略。対ソフト

**パート**〔英 part〕(名) ❶部分。「三つのーに分ける」❷役割。受け持ち。❸〔音〕合唱や楽器演奏で自分が受け持つ楽曲の部分。❹「パートタイム」の略。

**バード-ウイーク**〔和製英語〕(名) 愛鳥週間。五月一〇日からの一週間。▽bird と week から。

**ハードウエア**〔英 hardware〕(名) コンピューターの本体と、その周辺の装置。ハード。対ソフトウエア

**バード-ウォッチング**〔英 bird watching〕(名) 自然の中で鳥の姿を観察したり、鳴き声を聞いたりして楽しむこと。探鳥。

**ハードカバー**〔英 hardcover〕(名) 表紙にかたいボール紙や丈夫《じょうぶ》な布などを用いた本。

**パート-タイム**〔英 part time〕(名) 常勤ではなく、一日のある一定の時間だけ勤めること。また、その仕事。パート。対フルタイム

**ハード-ディスク**〔英 hard disk〕(名) コンピューターの記憶《きおく》装置の一つで、金属製の磁気《じき》ディスクを使ったもの。データの読み書きが高速で、大容量であることが特徴《とくちょう》。HD。

**ハード-トレーニング**〔英 hard training〕(名) きびしい訓練。特に、スポーツの猛練習《もうれんしゅう》。

**パートナー**〔英 partner〕(名) ❶仲間。相棒。❷ダンスやテニスなどで、二人で組んでやるときの相手。❸配偶者《はいぐうしゃ》。

**パートナーシップ**〔英 partnership〕(名) 協力関係。提携《ていけい》。

**ハードボイルド**〔英 hard-boiled〕(名)(「固くゆでた卵」の意) 冷酷《れいこく》・非情な現実を、感情をおさえて簡潔に描《えが》く手法。また、その小説・映画。

**ハード-ランディング**〔英 hard landing〕(名) ❶航空機などが、地面にはげしくぶつかるように着陸すること。❷(比喩《ひゆ》的に) 強硬な手段で、経済活動などを次の局面に移行させること。(対ソフトランディング)

**ハードル**〔英 hurdle〕(名) ❶障害物競走に用いる、台付きの木製または金属製の横木。❷①をとびこえて走る陸上競技。障害競走。ハードルレース。❸乗りこえなくてはならない障害・困難。「年内の着工はーが高い」

(ハードル①)

**バーナー**〔英 burner〕(名) ❶ガス・石油ランプなどの炎の出る口。❷ガスなどを高熱でもやす道具。

**ハーフ**〔英 half〕(名) ❶半分。中間。「ータイム」❷(「ハーフバック」の略) ラグビー・サッカーなどで、フォワードの後ろの位置。また、そこにいる選手。❸(「ハーフブラッド」の略) 混血の人。

**ハーブ**〔英 herb〕(名) 薬草。香草《こうそう》。風味用や薬用にされる植物の総称《そうしょう》。ミント・バジルなど。

**ハープ**〔英 harp〕(名)〔音〕弦楽器《げんがっき》の一つ。わん曲した三角形のわくに四七本の弦を張り、両手の指ではじく。たて琴《ごと》。

(ハープ)

**パーフェクト**〔英 perfect〕(名・形動ダ) 完全であること。完璧《かんぺき》であること。「―にやりとげる」

**パーフェクト-ゲーム**〔英 perfect game〕(名) →かんぜんじあい

**ハープシコード**〔英 harpsichord〕(名)〘音〙鍵盤《けんばん》楽器の一つ。鍵盤をたたくと、鍵盤の後方のつめが弦《げん》をはじいて音を出す。クラブサン。チェンバロ。

**バーベキュー**〔英 barbecue〕(名) 野外に設けた炉《ろ》で、肉や野菜を焼いて食べる料理。

**バーベル**〔英 barbell〕(名) 鉄の棒の両はしに重い鉄の輪をつけたもの。重量あげやからだをきたえるのに使う。

**パーマ**(名) →パーマネント

**パーマネント**(名) 頭髪《とうはつ》に熱・薬品などでウエーブをつけること。また、その髪《かみ》。パーマ。▽英 permanent wave から。

**パーミル**〔英 per mill〕(名) 一〇〇〇に対しての割合を示す単位。千分比。千分率。記号 ‰

**ハーモニー**〔英 harmony〕(名) ❶調和。「自然との―を保つ」❷〘音〙→わせい(和声)

**ハーモニカ**〔英 harmonica〕(名)〘音〙金属製の振動板《しんどうばん》をならべた細かい仕切りに口を当てて、息をすったりはいたりして音を出す小さな箱形の楽器。

**パーラー**〔英 parlor〕(名) コーヒー・ジュースや洋菓子《ようがし》などを出す店。喫茶室《きっさしつ》。「フルーツ―」

**ハーラー-ダービー**〔英 hurler derby〕(名) 野球のリーグ戦での、投手の勝利数の争い。

**はあり**【羽あり】〘羽△蟻〙(名)〘動〙交尾《こうび》期に羽が生えて飛ぶ、ありやしろあり。はねあり。

**バール**〔英 bar〕(名) 圧力の単位。一バールは、一〇万ニュートンの力が一平方メートルに作用するときの圧力。

**バール**(名) 先端《せんたん》がL字形で、くぎ抜《ぬ》きやてことして用いる鉄製の工具。かなてこ。▽英 crowbar から。

**パール**〔英 pearl〕(名) 真珠《しんじゅ》。「―の指輪」

**パール＝バック**〔Pearl Buck〕【人名】(一八九二―一九七三)アメリカの女性小説家。少女時代から長く中国で生活し、中国の農民生活をえがいた長編小説「大地」で名声を得た。一九三八年ノーベル文学賞受賞。

**バーレーン**〔Bahrain〕【地名】アラビア半島の東、ペルシャ湾《わん》内の島にある立憲君主国。首都はマナーマ。

**ハーレム**〔英 harem〕(名) ❶イスラム社会の王族や上流家庭が置いた、妃《きさき》や婦人専用の部屋。❷一人の男性が自分のためにたくさんの女性をひかえさせる場所。参考「ハレム」ともいう。もとはアラビア語。

**バーレル**(名) →バレル

**パーレン**(名) 丸かっこ。( )のこと。▽英 parenthesis から。

**ハーン**〔Lafcadio Hearn〕【人名】→こいずみやくも

**はい**【拝】 8画 扌5 小6 〔拜〕 音 ハイ 訓 おがむ

❶おがむ。おじぎをする。◆参拝・拝観・拝殿《はいでん》・拝礼 ◆三拝九拝・崇拝《すうはい》・遥拝《ようはい》・礼拝《らいはい・れいはい》。❷官職などをさずかる。◆拝官・拝命。❸動作を表すことばの上につけてけんそんの意を表す。◆拝謁《はいえつ》・拝啓《はいけい》・拝見・拝察・拝借・拝聴《はいちょう》・拝眉《はいび》・拝領

**はい**【拝】(名) 手紙で、最後に自分の署名の下につけて相手への敬意を表すことば。「山田一男―」

**はい**【杯】 8画 木4 音 ハイ 訓 さかずき

さかずき。賞として与《あた》えるさかずき。◆杯盤《はいばん》◆乾杯《かんぱい》・金杯・苦杯・賜杯《しはい》・祝杯・賞杯・返杯

**はい**【杯】㊀(名) さかずき。「―を重ねる」㊁(接尾) ❶うつわに入れた液体や食べ物などを数えることば。「コップ一―《いっぱい》の水」❷いか・たこなどを数えることば。「いか二―」

**はい**【背】 9画 月5 小6 音 ハイ 訓 せ・せい・そむく㊥・そむける㊥

❶せ。せなか。うしろ。◆背泳・背景・背後・背水・背部・背面 ◆光背・腹背。❷物のうらがわ。◆紙背。❸そむく。◆背信・背徳・背任・背反 ◆違背《いはい》

**はい**【肺】 9画 月5 小6 音 ハイ

❶はい。はい臓。臓器の一つ。◆肺炎・肺活量・肺臓・肺葉。❷こころのうち。◆肺肝《はいかん》・肺腑《はいふ》

**はい**【肺】(名)〘生〙むねの左右にあって呼吸の役目をになう器官。肺臓。「―を患《わずら》う」

**はい**【俳】 10画 亻8 小6 音 ハイ

❶芸をする人。◆俳優。❷こっけい。◆俳諧《はいかい》。❸「俳諧《はいかい》」「俳句」のこと。◆俳画・俳号・俳人・俳壇《はいだん》 ◆雑俳《ざっぱい》・連俳 ⇩付録「漢字の筆順㉟非」

**はい**【配】 10画 酉3 小3 音 ハイ 訓 くばる

❶ならべる。組み合わせる。◆配偶者《はいぐうしゃ》・配合・配色・配列 ◆交配。❷くばる。わりあてる。◆配給・配線・配達・配置・配当・配付・配布・配分・配役・配慮《はいりょ》 ◆欠配《けっぱい》・心配《しんぱい》・手配・分配《ぶんぱい》。❸さしずする。したがえる。◆配下 ◆軍配《ぐんばい》・差配・支配。❹ながす。島流しにする。◆配所・配流《はいる》

**はい**【排】 11画 扌8 音 ハイ

❶おしのける。おしだす。しりぞける。◆排外・排気・排出・排除・排水・排斥《はいせき》・排泄《はいせつ》・排他。❷ならべる。◆排列 ◆按排《あんばい》 ⇩付録「漢字の筆順㉟非」

**はい**【敗】 11画 攵7 小4 音 ハイ 訓 やぶれる

❶まける。◆敗因・敗軍・敗残・敗者・敗将・敗色・敗戦・敗訴《はいそ》・敗走・敗退・敗北 ◆完敗《かんぱい》・惨敗《ざんぱい》・勝敗・惜敗《せきはい》・大敗・不敗・連敗。対勝。❷こわれる。そこなわれる。だめになる。◆失敗・腐敗《ふはい》

**はい**【廃】 12画 广9 〔廢〕 音 ハイ 訓 すたれる・すたる

❶あれておとろえる。すたれる。◆廃屋・廃墟《はいきょ》・廃寺 ◆荒廃《こうはい》・興廃・退廃。対興《こう》。❷役にたたない。◆

廃品・廃物。❸すてる。やめる。◆廃案・廃刊・廃棄《はいき》・廃業・廃校・廃止・廃嫡《はいちゃく》◆改廃・全廃《ぜんぱい》・存廃《そんぱい》・撤廃《てっぱい》⇩付録「漢字の筆順⑯癶」

**はい【輩】** 15画 車8 音 ハイ
❶仲間。連中。◆軽輩・後輩・弱輩・先輩《せんぱい》・同輩・年輩《ねんぱい》・朋輩《ほうばい》。❷つらなりならぶ。◆輩出⇩付録「漢字の筆順㉟非」

**はい【灰】**（名）物が燃えたあとに残る粉。「ーになる」

**はい【〖胚〗】**（名）〘動・植〙多細胞《さいぼう》生物が発生する段階で、まだ独立して生活できないもの。動物の胎児《たいじ》や、植物の種の中にあるものなど。

**はい【〖蝿〗】**（名）〘動〙→はえ（蝿）

**はい**（感）❶呼びかけられたり話しかけられたりしたときの応答のことば。「『もしもし』『ー』」❷相手が言ったことへの肯定《こうてい》を表すことば。「ー、そうです」対いいえ。❸注意をうながすことば。「ー、あれを見て」

**ハイ-**〔英 high〕（接頭）❶物の高さや物事の程度が高い意を表す。「ーヒール」「ーレベル」対ロー。❷速度が速いの意を表す。「ースピード」

**ばい【売】** 7画 士4 小2 〔賣〕 音 バイ 訓 うる・うれる
❶うる。◆売価・売却《ばいきゃく》・売国奴《ばいこくど》・売店・売買・売文・売約・売薬◆競売・商売・専売・即売・直売・転売・特売・発売・販売《はんばい》・非売・密売・廉売《れんばい》。類販。対買。❷うりものにする。ひろめる。◆売名

**ばい【倍】** 10画 亻8 小3 音 バイ
同じ数を二回加える。同じ数を何回か加える。◆倍加・倍額・倍旧・倍数・倍増・倍率・倍量◆数倍

**ばい【倍】** ㊀（名）同じ数や量を二つ合わせたもの。二倍。「料金がーになる」㊁（接尾）同じ数や量を何回か加えることを示すことば。「五ーズーム」

**ばい【梅】** 10画 木6 小4 〔梅〕 音 バイ 訓 うめ
うめ。木の名。◆梅園・梅林◆寒梅・紅梅・松竹梅《しょうちくばい》。参考 特別に、「梅雨」は「つゆ」とも読む。

**ばい【培】** 11画 土8 音 バイ 訓 つちかう 高
やしなう。草木をやしない育てる。◆培養◆栽培《さいばい》

**ばい【陪】** 11画 阝8 音 バイ
そばにつきそう。そばから助ける。◆陪従・陪食・陪臣・陪審《ばいしん》・陪席

**ばい【媒】** 12画 女9 音 バイ
間にはいってなかだちをする。◆媒介《ばいかい》・媒質・媒酌《ばいしゃく》・媒体◆触媒《しょくばい》・風媒花・溶媒《ようばい》・霊媒《れいばい》

**ばい【買】** 12画 貝5 小2 音 バイ 訓 かう
かう。◆買価・買収◆購買《こうばい》・売買・不買。対売

**ばい【賠】** 15画 貝8 音 バイ
うめあわせをする。つぐなう。◆賠償《ばいしょう》

**パイ**（名）〘数〙円周率を表す記号。π

**パイ**〔英 pie〕（名）小麦粉とバターをこねてのばし、果物《くだもの》または肉などを包んで焼いた食品。「アップルー」

**はいあが・る【はい上がる】**〘〖這い上がる〗〙（自五）{ラ(ロ)・リ(ッ)・ル・ル・レ・レ}❶はって上がる。「陸地にー」❷悪い状態から抜《ぬ》け出す。「どん底からー」

**バイアス**〔英 bias〕（名）❶布の織り目に対して斜《なな》めに切った布。バイヤス。「ーテープ」❷かたより。偏見《へんけん》。先入観。「ーがかかる」

**バイアスロン**〔英 biathlon〕（名）スキーの距離《きょり》競技とライフル射撃《しゃげき》を組み合わせた競技。冬季オリンピックの種目の一つ。

**はいあん【廃案】**（名）議決・採用されずに廃止になった議案や法案。

**はいい【配意】**（名・自スル）こころをくばること。気を使うこと。「ーに欠ける」

**はいいろ【灰色】**（名）❶灰のような、黒みをおびた白い色。グレー。「ーの空」❷暗くみじめで希望のもてないようす。「ーの青春」対ばら色。❸犯罪などの疑いがあること。「ー高官」

**はいいん【敗因】**（名）負けた原因。「試合のー」対勝因

**ばいう【梅雨】**（名）六月から七月にかけて降り続く長雨。つゆ。さみだれ。「ー前線」

**ハイウエー**〔英 highway〕（名）高速自動車道路。

**ばいうぜんせん【梅雨前線】**（名）〘天〙梅雨《つゆ》の時期に日本の南方の海上にとどまっている前線。

**はいえい【背泳】**（名）あお向けになって泳ぐ泳ぎ方。せおよぎ。バックストローク。

**はいえき【廃液】**（名）工場などで使われたあと、いらなくなってすてられる液体。「ーを処理する」類廃水

**はいえつ【拝謁】**（名・自スル）君主など身分の高い人に会うことをへりくだっていうことば。「ーを願う」

**ハイエナ**〔英 hyena〕（名）❶〘動〙ハイエナ科の哺乳《ほにゅう》動物。犬に似る。アフリカやインドにすみ、死肉などを食べる。❷欲深く利益を追い求める人のたとえ。

**はいえん【肺炎】**（名）〘医〙細菌《さいきん》やウイルスが肺にはいるなどしておこる炎症《えんしょう》。高熱・せき・胸痛などをともなう。

**ばいえん【ばい煙】**〘〖煤煙〗〙（名）石炭・石油などをもやしたときに出るすすやけむり。「ーで空気がよごれる」

**バイオ**〔英 bio〕（名）❶他の語について、生命・生物などの意を表す。「ー燃料」「ーハザード（=生物災害）」❷「バイオテクノロジー」の略。「ー産業」

**はいおく【廃屋】**（名）住む人もなく荒《あ》れはてた建物。

**ハイオク**（名）（「ハイオクタン」の略）異常な燃焼《ねんしょう》をおこしにくい度合い（=オクタン価）の高いガソリン。▽英 high-octane から。⇩オクタンか

**バイオテクノロジー**〔英 biotechnology〕（名）遺伝子組み換《か》え・細胞融合《さいぼうゆうごう》などの生命科学を、

医療《いりょう》・農業などに応用する技術の総称《そうしょう》。生命工学。生物工学。バイオ。

**パイオニア**〔英 pioneer〕（名）新分野を切り開く人。開拓者《かいたくしゃ》。先駆者《せんくしゃ》。「業界の―」

**バイオマス**〔英 biomass〕（名）植物や畜産廃棄物《ちくさんはいきぶつ》などの生物由来の原料を、工業資源・エネルギー資源として利用すること。「―発電」

**バイオリズム**〔英 biorhythm〕（名）一定の周期で上下する、人間の活動のリズム。身体のリズムのほか、感情・知性のリズムについてもいわれる。

**バイオリン**〔英 violin〕（名）〔音〕代表的な弦楽器《げんがっき》。胴《どう》に四本の弦を張り、馬の尾《お》の毛を張った弓でこすって音を出す。提琴《ていきん》。ヴァイオリン。

（バイオリン）

**バイオレット**〔英 violet〕（名）❶〔植〕すみれ。❷すみれ色。

**はいか【配下】**（名）ある人の命令やさしずに従って動く者。手下。部下。「―にはいる」

**はいか【廃家】**（名）人の住んでいないあばらや。

**はいが【拝賀】**（名・自スル）目上の人にお祝いを申しあげること。「宮中―」

**はいが**〔△胚芽〕（名）種の中にあって芽になる部分。

**ばいか【売価】**（名）物を売るときのねだん。うりね。「―を決める」対買価

**ばいか【倍加】**（名・自他スル）❶二倍にふえること。また、ふやすこと。「注文が―する」類倍増。❷ひじょうにふえること。また、ふやすこと。「興味が―する」

**ばいか【買価】**（名）物を買うときのねだん。かいね。対売価

**ハイカー**〔英 hiker〕（名）ハイキングをする人。

**はいかい【俳諧】**（名）〔文〕（たわむれ、おどけの意）❶こっけい味のある、和歌や連歌《れんが》。俳諧歌。❷俳句・連句をひとまとめにしていう語。また、俳句。

**はいかい**〔△徘△徊〕（名・自スル）あてもなく歩き回ること。うろつくこと。「あやしい男が―している」

**はいがい【排外】**（名）外国人や外国の思想・生活様式などをしりぞけること。「―主義」…的「排外的な行動」類排他

**ばいかい【媒介】**（名・他スル）二つのものの間にたってとりもつこと。なかだち。「蚊《か》が病原体を―する」

**ばいがく【倍額】**（名）二倍の金額。

**はいかぐら【灰◦神楽】**（名）火の気のある灰に、湯・水などをこぼしたときにまいあがる灰けむり。

**はいかつりょう【肺活量】**（名）できるだけ息をすいこんで、すっかりはきだしたときの空気の量。

**はいがまい**〔△胚芽米〕（名）すっかり精白しないで、胚芽が残してある米。ビタミン$B_1$をふくむ。

**ハイ-カラ**（名・形動ダ）西洋風を好むようす。流行を追ってしゃれているようす。また、その人。「―な服」▽英 high collar（=高いえり）から。

**はいかん【拝観】**（名・他スル）神社仏閣や仏像・宝物などを見ることのへりくだった言い方。「―料」

**はいかん【配管】**（名・自スル）ガス・水道などを通すために管をとりつけること。「―工事」

**はいかん【廃刊】**（名・他スル）発行していた新聞・雑誌などの刊行をとりやめること。対発刊・創刊

**はいがん【拝顔】**（名・自スル）「会うこと」の謙譲《けんじょう》語。おめにかかること。「―の栄に浴する」類拝眉《はいび》

**はいがん【肺がん】**〔肺△癌〕（名）〔医〕肺にできる悪性の腫瘍《しゅよう》。

**はいき【排気】**（名・自スル）❶中の空気などを外に出して除き去ること。「―口」❷エンジンなどからガス・蒸気をはき出すこと。また、そのガス・蒸気。対吸気

**はいき【廃棄】**（名・他スル）不用なものとしてすてること。「―処分」

**はいきガス【排気ガス】**（名）エンジンからはき出されるガス。排ガス。「車の―」▽ガスは、オランダ・英 gas

**ばいきゃく【売却】**（名・他スル）売りはらうこと。「家屋の―」

**はいきゅう【配給】**（名・他スル）数量に限りがあるものを、わりあてて配ること。「食料品の―」

**はいきゅう【排球】**（名）→バレーボール

**ばいきゅう【倍旧】**（名）前よりもさらに程度が増すこと。「―のお引き立てを願います」

**はいきょ**〔廃△墟〕（名）住む人もなく荒《あ》れはてた町・建物・城などのあと。「―と化す」

**はいぎょ【肺魚】**（名）〔動〕えらのほかに、うきぶくろによって空気呼吸をするさかなの総称《そうしょう》。背びれ・尾びれ・しりびれの区別がない。熱帯の川や沼《ぬま》にすむ。

**はいぎょう【廃業】**（名・自他スル）今までしていた職業や商売をやめること。「医者を―する」

**はいきん【背筋】**（名）〔生〕背中にある筋肉。「―を鍛《きた》える」注意「せすじ」と読むと別の意味になる。

**ばいきん【ばい菌】**〔△黴菌〕（名）人や動物に有害な細菌。「―がつく」

**ハイキング**〔英 hiking〕（名・自スル）山や野を歩いて楽しむこと。ハイク。「―コース」

**バイキング**〔英 viking〕（名）❶八世紀から一一世紀にかけて海からヨーロッパ各地を襲《おそ》いあばれまわった北欧《ほくおう》のノルマン人の別称《べっしょう》。❷（「バイキング料理」の略）一定の料金で、並べられた多種類の料理を自由にとって食べる形式の食事。《=ヴァイキング》

**はいきんしゅぎ【拝金主義】**（名）金銭や金銭的価値を何よりも重視する考え方。

**はいく【俳句】**（名）〔文〕俳諧連歌《はいかいれんが》の発句《ほっく》が独立したもの。五・七・五の一七音からなり、季題をよみ入れる短い詩。発句。

**バイク**〔英 bike〕（名）❶小型のオートバイ。モーターバイク。また、広くオートバイのこと。❷自転車。

**はいぐうしゃ【配偶者】**（名）夫が妻を、妻が夫をさしていうことば。つれあい。「よい―に恵《めぐ》まれる」

**ハイクラス**〔英 high-class〕（名）一流。高級。

**はいぐん【敗軍】**（名）戦いに負けること。また、戦いに負けた軍隊。

**敗軍の将《しょう》は兵《へい》を語《かた》らず** 失敗した者は、そのことについて言いわけや、意見を言う資格がない。

**はいけい【拝啓】**（名）「つつしんで申しあげます」の意で、手紙のはじめに書くことば。これに対する結びには

「敬具」「敬白」などを使う。

**はいけい【背景】**(名)❶絵や写真で、中心となるもののうしろの部分。❷舞台《ぶたい》の奥《おく》などにかいた景色。また、舞台装置。❸物事の表面に現れない、背後にある事情。「時代―」「事件の―」❹物事を背後からささえる力。「経済力を―にした政策」

**はいげき【排撃】**(名・他スル)しりぞけようとして非難・攻撃《こうげき》すること。「よそ者を―する」

**はいけっかく【肺結核】**(名)〘医〙結核菌《けっかくきん》が肺にはいっておこる病気。肺病。

**はいけつしょう【敗血症】**(名)〘医〙化膿菌《かのうきん》が血管の中にはいっておこる、全身にわたる病気。

**はいけん【拝見】**(名・他スル)「見ること」の謙譲《けんじょう》語。「お手紙を―いたしました」

**はいご【背後】**(名)❶うしろ。背のほう。「敵の―をつく」❷物事の表に現れないかげの部分。「―関係」

**はいご【廃語】**(名)現在では使われなくなったことば。死語。

**はいこう【廃坑】**(名)ほることをやめた鉱山や炭坑。また、その坑道。

**はいこう【廃校】**(名・他スル)学校を廃止すること。また、廃止された学校。「過疎《かそ》で―になる」

**はいごう【俳号】**(名)俳人として用いる名。俳名。

**はいごう【配合】**(名・他スル)とり合わせること。いろいろな物を組み合わせること。「色の―がいい」

**はいこうせい【背光性】**(名)→はいじつせい。対向光性

**ばいこく【売国】**(名)自分の利益のために、自国に不利益をおよぼし、他国の利益になることをすること。

**ばいこくど【売国奴】**(名)売国の行いをした者をののしっていうことば。

**バイコロジー**〔英 bicology〕(名)公害の原因とされる自動車に乗らず、自転車に乗ることで自然に親しみ、環境《かんきょう》を守ろうという運動。

**はいざい【配剤】**(名・他スル)❶薬を調合すること。❷適切にとり合わせること。「天の―」

**はいざい【廃材】**(名)不必要になった材木や材料。使わなくなった材木。「―置き場」

**はいさつ【拝察】**(名・他スル)「推察」の謙譲《けんじょう》語。「お元気のことと―いたします」〈使い方〉手紙などに用いる。

**はいざら【灰皿】**(名)たばこの灰やすいがらを入れる器。

**はいざん【敗残】**(名)戦いに敗れて生き残ること。「―兵」

**はいし【廃止】**(名・他スル)今までの制度・習慣などをやめること。「赤字路線の―」対存置《そんち》・存続

**はいじ【拝辞】**(名・他スル)「辞退すること」また、「いとまごいすること」の謙譲《けんじょう》語。「入閣を―する」

**はいしつ【廃疾】**(名)なおすことのできない病気。

**ばいしつ【媒質】**(名)〘物〙ある作用を、一つの場所からほかの場所へ伝えるなかだちをする物質や空間。たとえば、音波を伝える媒質は空気である。

**はいじつせい【背日性】**(名)植物の根などが光のさしてくる方向と反対向きにのびる性質。背光性。対向日性

**はいしゃ【配車】**(名・自スル)車を必要な場所に割り当てて行かせること。「―係」

**はいしゃ【敗者】**(名)負けた人。敗北者。「―復活戦」対勝者

**はいしゃ【歯医者】**(名)歯の病気を治療《ちりょう》する医師。歯科医。

**はいしゃく【拝借】**(名・他スル)「借りること」の謙譲《けんじょう》語。つつしんでお借りすること。「本を―します」

**ばいしゃく【媒酌】**(名・他スル)結婚《けっこん》をとりもつこと。また、その人。仲人《なこうど》。「―人」

**ハイジャック**〔英 hijack〕(名・他スル)亡命やテロなどの目的で、運航中の航空機などを乗っ取ること。

**はいしゅ**〖△胚珠〗(名)〘植〙植物の、受精後に発育して種子になる部分。⇩花〈図〉

**はいじゅ【拝受】**(名・他スル)「受けとること」の謙譲《けんじょう》語。つつしんでいただくこと。「勲章《くんしょう》を―する」

**ばいしゅう【買収】**(名・他スル)❶買い取ること。「住宅用地を―する」❷ひそかにおかねや品物などをあたえて自分の味方にすること。「有権者を―する」

**はいしゅつ【排出】**(名・他スル)❶中にたまっている不要なものを外へおし出すこと。❷〘生〙→はいせつ

**はいしゅつ【輩出】**(名・自他スル)すぐれた人がつぎつぎと世に出ること。また、つぎつぎに世に送り出すこと。「有名人が―する名門校」

**ばいしゅん【売春】**(名・自スル)女性が不特定の男性と性的な関係をもち、おかねを得ること。

**ばいしゅん【買春】**(名・自スル)男性がおかねをはらって女性と性的な関係をもつこと。かいしゅん。

**はいしょ【配所】**(名)むかし、罪人が流された土地。

**はいじょ【排除】**(名・他スル)じゃまなものなどを取り除くこと。おしのけること。「バリケードを―する」

**はいしょう【敗将】**(名)戦いに負けた軍のかしら。

**ばいしょう【賠償】**(名・他スル)他人や外国などにあたえた損害をつぐなうこと。「損害―」類補償《ほしょう》

**はいしょく【配色】**(名・他スル)いくつかの色をとり合わせること。色の配合。「―がいい」

**はいしょく【敗色】**(名)負けそうなようす。負ける気配。「―が濃《こ》い試合」

**ばいしょく【陪食】**(名・自スル)身分の高い人と食事をいっしょにすること。「―の栄に浴する」

**はいしん【背信】**(名)約束や信頼《しんらい》にそむくこと。うらぎり。「―行為《こうい》」

**はいしん【配信】**(名・他スル)❶通信社・新聞社などが情報やニュースを関係する報道機関に送ること。❷インターネットを通じて情報や作品を提供すること。「動画をネット―する」

**はいじん【俳人】**(名)俳句を作る人。

**はいじん【廃人】**(名)重病や重い障害などのため、通常の社会生活ができない人。

**ばいしん【陪臣】**(名)家来の家来。

**ばいしん【陪審】**(名)〘法〙裁判で、一般《いっぱん》市民から選ばれた人びとが審理《しんり》に参加する制度。現在、英米などで実施《じっし》。「―員」⇩さいばんいんせいど

**はいしんじゅん【肺浸潤】**(名)〘医〙肺にはいった結核菌《けっかくきん》により組織に病巣《びょうそう》が生じた状態。

**はいすい【配水】**（名・自スル）水道などの水をほうぼうに配ること。「—管」類給水

**はいすい【排水】**（名・自スル）❶不要の水をほかの場所に流すこと。「—装置」❷物体が水に浮《う》かんだとき、その物体の重さだけ水をおしのけること。「—量」

**はいすい【廃水】**（名）工場などで、使用後に捨てられる水。「—の処理」類廃液

**はいすいのじん【背水の陣】**決死の覚悟《かくご》で事にあたるたとえ。「—を敷《し》く」

故事 漢の韓信《かんしん》が趙《ちょう》と戦ったとき、退くことのできない川を背にして陣をしき、決死の覚悟で戦って大勝したという話から出たことば。〈史記〉

**はいすいりょう【排水量】**（名）水上に浮《う》かんだ船がおしのける水の量。その重さが船の重さに等しい。

**ばいすう【倍数】**（名）〘数〙整数Aが0以外の整数Bで割り切れるとき、Bに対するAのこと。対約数

**ハイ-スクール**〔英 high school〕（名）高等学校。

**はい・する【拝する】**（他サ変）｛シ(セ・サ)・シ・スル・スル・スレ・シロ(セヨ)｝❶頭を下げておじぎをする。おがむ。「仏像を—」❷「受ける」の謙譲《けんじょう》語。ありがたく受ける。「命令を—」❸「見る」の謙譲語。つつしんで見る。拝見する。「お姿を—」

**はい・する【配する】**（他サ変）｛シ(セ・サ)・シ・スル・スル・スレ・シロ(セヨ)｝❶人や物を適当な場所・位置に置く。「石を—・した庭」❷取り合わせる。組み合わせる。「桃《もも》に菜の花を—」❸夫婦にする。そわせる。❹罪人を島流しにする。

**はい・する【排する】**（他サ変）｛シ(セ・サ)・シ・スル・スル・スレ・シロ(セヨ)｝❶おしのける。しりぞける。「万難《ばんなん》を—」❷おし開く。「門を—」❸順序よく並べる。配列する。

**はい・する【廃する】**（他サ変）｛シ(セ・サ)・シ・スル・スル・スレ・シロ(セヨ)｝❶今までしてきたことをやめる。「委員会制度を—」❷その地位からしりぞかせる。「皇帝《こうてい》を—」

**ばい・する【倍する】**（自他サ変）｛シ(セ・サ)・シ・スル・スル・スレ・シロ(セヨ)｝倍になる。倍にする。また、大いにふえる。加える。「旧に—ご愛顧《あいこ》をお願いします」

**はいせき【排斥】**（名・他スル）よくないものとして、おしのけ、しりぞけること。「—運動」

**ばいせき【陪席】**（名・自スル）身分の高い人と同席すること。「—の栄をたまわる」

**はいせつ【排△泄】**（名・他スル）〘生〙動物がその栄養をとった残りの不要な物を大小便として体外に出すこと。排出。「—物」

**はいぜつ【廃絶】**（名・自他スル）絶えてなくなること。また、廃止してなくすこと。「核兵器の—運動」

**はいせん【配線】**（名・自スル）❶電力・電話を使うために電線をひいて取りつけること。「—工事」❷電気機械の各部分を電線で結ぶこと。「ステレオの—」

**はいせん【敗戦】**（名・自スル）戦いや試合に負けること。「—投手」

**はいぜん【配膳】**（名・自スル）料理の膳を人の前に配ること。また、食膳に料理をならべること。「—台」

**はいぜん【△沛然】**（トタル）雨が激しく降るようす。「—たる豪雨《ごうう》」

**ばいせん【△焙煎】**（名・他スル）コーヒー豆などを火で熱して煎《い》ること。「炭火《すみび》—」

**はいそ【敗訴】**（名・自スル）訴訟《そしょう》に負けること。「原告側の—となる」対勝訴

**はいそう【配送】**（名・他スル）荷物や郵便物を配り届けること。「—係」

**はいそう【敗走】**（名・自スル）戦いに負けて逃《に》げること。「—する敵を追う」

**ばいぞう【倍増】**（名・自他スル）二倍にふえること。また、二倍にふやすこと。「所得—」類倍加

**はいぞく【配属】**（名・他スル）人を割り当てて、それぞれの役割につかせること。「新入社員の—」

**ハイ-ソックス**〔和製英語〕（名）ひざの下ぐらいまである長めの靴下《くつした》。▽high と socks から。

**はいそん【廃村】**（名）❶過疎《かそ》などで、住む人がいなくなった村。❷市町村の合併《がっぺい》などで、行政区画として存在しなくなった村。

**バイソン**〔英 bison〕（名）〘動〙ウシ科の哺乳《ほにゅう》動物。頭部・肩《かた》周辺に長くてあらい毛が生えている野生の牛の総称《そうしょう》。アメリカバイソン（バッファロー）とヨーロッパバイソンの二種がいる。

**はいた【排他】**（名）自分以外または仲間以外の人をしりぞけること。…的「排他的な思想」類排外

**はいたい【△胚胎】**（名・自スル）（身ごもるの意から）ある物事の起こる原因をふくみもつこと。何かが起こるきざすこと。「現代社会が—する危機」

**はいたい【敗退】**（名・自スル）戦いや試合などに負けてしりぞくこと。「一回戦で—する」

**ばいたい【媒体】**（名）❶仲介物となる物質。❷情報を伝達するなかだちとなるもの。メディア。「広告—」

**はいたつ【配達】**（名・他スル）物を配り届けること。また、その人。「郵便—」「新聞—」

**ハイ-タッチ**〔和製英語〕（名）手をあげてたがいのてのひらを打ち合わせること。親愛や喜び、称賛《しょうさん》の意を表す。▽high と touch から。

**バイタリティー**〔英 vitality〕（名）活力。元気のよさ。「—にあふれる行動」

**はいだん【俳壇】**（名）俳句を作る人たちの社会。

**はいち【配置】**（名・他スル）人や物を適当な所に割り当てて置くこと。また、その持ち場。「—につく」

**ハイチ**〔Haiti〕［地名］カリブ海の東、イスパニョーラ島の西部をしめる共和国。首都はポルトープランス。

**はいちょう【拝聴】**（名・他スル）「聞くこと」の謙譲《けんじょう》語。お聞きすること。「先生のお話を—する」

**はいちょう【はい帳】**『△蠅帳』（名）→はえちょう

**ハイツ**〔英 heights〕（名）高台にある住宅地、または集合住宅。

**はいつくば・う**『△這い△蹲う』（自五）｛ワ(オ)・イ(ッ)・ウ・ウ・エ・エ｝はうようにしてうずくまる。また、両ひざ・両手をつき、頭を低く下げる。はいつくばる。「—・って塀《へい》をくぐる」

**ハイ-ティーン**〔和製英語〕（名）一六～一九歳《さい》くらいまでの年ごろ。また、そのころの少年や少女。▽high と teen から。対ローティーン

**ハイ-テク**（名）（「ハイテクノロジー」の略）高度の先端《せんたん》的な科学技術。「—産業」▽英 high technology から。

**はい・でる【はい出る】**『△這い出る』（自下一）｛デ・デ・｝

デル・デル・デレ・デロ(デヨ)〕腹ばいになって出る。はって出る。「穴から―」

**はいてん【配点】**（名）試験で、問題や科目ごとにわりふられた点数。「―の高い問題」

**はいてん【配転】**（名・他スル）（「配置転換《てんかん》」の略）従業員の勤務場所や職種を変えること。

**はいでん【拝殿】**（名）神社で、おがむために建てられた建物。本殿の前にある。「―に額《ぬか》ずく」

**はいでん【配電】**（名・自スル）電力をほうぼうに配ること。「―盤《ばん》」

**ばいてん【売店】**（名）物を売る店。特に、駅・病院などにある小さな店。

**バイト**（名・自スル）「アルバイト」の略。「―先」

**バイト**〔英 byte〕（名）コンピューターの情報量を表す単位。一バイトは八ビット。「メガー」

**はいとう【配当】**（名・他スル）❶割り当てること。配り分けること。「―予算」❷《経》株式会社などが、もうけたおかねをもとでを出した人（=株主など）に分けること。また、そのおかね。利益配当。「―金」

**はいとく【背徳】**（名）道徳に反すること。「―者」

**はいどく【拝読】**（名・他スル）「読むこと」の謙譲《けんじょう》語。つつしんで読むこと。「お手紙―いたしました」

**ばいどく【梅毒】**（名）《医》性感染症《せいかんせんしょう》の一つ。トレポネーマパリズム菌《きん》によっておこる慢性感染疾患《まんせいかんせんしっかん》。

**パイナップル**〔英 pineapple〕（名）《植》パイナップル科の多年草。熱帯地方で栽培《さいばい》される。果実は松かさのような形で、よいかおりがして甘《あま》い。パイン。

**はいにゅう【胚乳】**〖△胚乳〗（名）《植》種子の中にあり、胚が生育するとき養分となる組織。

**はいにん【背任】**（名・自スル）任務にそむくこと。特に、会社員・公務員などが地位を悪用して自分の利益をはかり、属している組織に損害を与《あた》えること。

**ばいにん【売人】**（名）おもに麻薬《まやく》など違法《いほう》な物を売りさばく人。

**ハイネ**〔Heinrich Heine〕【人名】（一七九七〜一八五六）ドイツの詩人。叙情《じょじょう》詩は平易で美しく、多くのドイツ歌曲の詞にとられている。作品「歌の本」「ドイツ冬物語」など。

**はいのう**〖背△嚢〗（名）（兵などが身の回りの品を入れて）背中におう四角いふくろ。革《かわ》やズックで作る。

**ばいばい【売買】**（名・他スル）売ることと買うこと。売り買い。あきない。「物品の―」

**バイバイ**〔英 bye-bye〕（感・自スル）別れるときのあいさつのことば。また、別れること。さようなら。使い方〉子どもや親しい間がらの人に使う。

**バイパス**〔英 bypass〕（名）交通の混雑を少なくするために作ったまわり道。補助道路。迂回路《うかいろ》。

**はいはん【背反】**（名・自スル）❶そむくこと。「規律に―する」❷二つの事柄《ことがら》が相反して、ともには成り立たないこと。「二律―」

**はいはんちけん【廃藩置県】**（名）《歴》一八七一（明治四）年、明治政府がそれまでの藩をやめて、全国に府と県を置いたこと。

**はいび【拝眉】**（名・自スル）「会うこと」の謙譲《けんじょう》語。おめにかかること。「―の上、申しあげます」類拝顔

**はいび【配備】**（名・他スル）ある事に備えて、あらかじめ人や物を配置しておくこと。「警官を―する」

**ハイ-ヒール**（名）女性用の、かかとの高い靴《くつ》。▽英 high-heeled shoes から。

**ハイ-ビジョン**〔和製英語 Hi-Vision〕（名）日本で開発された高画質・高音質のテレビ方式。参考国際的にはHDTV（英 high-definition television）という。

**はいびょう【肺病】**（名）《医》肺結核《けっかく》。また、肺の病気。

**はいひん【廃品】**（名）使えなくなった品物。不用になった品物。「―回収」類廃物

**はいふ**〖肺△腑〗（名）❶肺臓。肺。❷心のおく底。

**肺腑をえぐる** 苦しさ・悲しさなどを強く心に感じさせる。「―ことば」

**肺腑を突っく** 感動させる。心の底をつき動かす。「―出来事」

**はいふ【配付】**（名・他スル）物をめいめいに配りわたすこと。「試験問題を―する」

**はいふ【配布】**（名・他スル）大勢の人に配って行きわたらせること。広く配ること。「パンフレットを―する」

**はいぶ【背部】**（名）せなか。うしろのほう。

**はいぶ【廃部】**（名・他スル）部を廃止すること。

**パイプ**〔英 pipe〕（名）❶ガス・液体などを送るための管。❷西洋風のきせる。または、まきたばこをさしてすう用具。❸間に立って双方を結びつける役割の人や組織。「両者の―役」

**ハイファイ**〔英 hi-fi〕（名）放送やレコードなどで、低音から高音までのすべてを忠実に録音・再生すること。

**はいふう【俳風】**（名）俳句に表れている作者の特徴《とくちょう》。「芭蕉《ばしょう》の―」

**パイプ-オルガン**〔英 pipe organ〕（名）《音》木製・金属製の大小・長短さまざまの管を並べて空気を送りこみ、鍵盤《けんばん》をおして音を出す大きなオルガン。

**はいふく【拝復】**（名）返事の手紙のいちばんはじめに書くことば。「つつしんでお返事申しあげます」の意。

**はいぶつ【廃物】**（名）役に立たなくなったもの。「―利用」類廃品

**パイプライン**〔英 pipeline〕（名）石油・天然ガスなどを遠くへ送るために長くしかれたパイプ。

**ハイブリッド**〔英 hybrid〕（名）❶動植物の雑種。❷異質のものどうしを組み合わせること。

**ハイブリッド-カー**〔英 hybrid car〕（名）ガソリンエンジンと電気モーターなどの動力源を組み合わせて走る自動車。燃費がよく排出《はいしゅつ》ガスが低減できる。

**バイブル**〔英 Bible〕（名）❶→せいしょ（聖書）❷ある分野において基本的かつ大切なことが書かれた、最も権威《けんい》のある本。「歴史学の―」

**バイ-プレーヤー**〔和製英語〕（名）劇や映画で主役を助けるわき役。助演者。▽by と player から。

**ハイフン**〔英 hyphen〕（名）英語などで、単語と単語をつなぐときや、一つの単語が次の行に続くときに使われる、短い線の符号《ふごう》。「-」

**はいぶん【俳文】**（名）俳句と同じような味わいをもっている文章。芭蕉《ばしょう》の「おくのほそ道」などをいう。

**はいぶん【配分】**（名・他スル）配り分けること。分

配。「利益を―する」

**はいべん【排便】**（名・自スル）大便をすること。

**はいほう【肺胞】**（名）《生》肺の中の、空気のはいっている小さいふくろで、血液中の二酸化炭素が酸素と交換されるところ。

**はいぼく【敗北】**（名・自スル）戦争や試合などに負けること。負けて逃《に》げること。「―を喫《きっ》する」対勝利。参考「北」は、「逃げる」の意味。

**はいほん【配本】**（名・自他スル）本を購読者や小売店に配ること。また、その本。

**はいまつ【△這松】**（名）《植》マツ科の常緑低木。高山に自生し、幹《みき》が地をはうようにのびる。

**はいみ【俳味】**（名）俳諧《はいかい》がもっている、さっぱりとしたおもしろみ。

**はいめい【拝命】**（名・他スル）❶「命令を受けること」の謙譲《けんじょう》語。❷「任命されること」の謙譲語。「大使を―する」

**はいめい【俳名】**（名）俳人としての名前。俳号。

**ばいめい【売名】**（名）利益や名誉《めいよ》のために自分の名前を世間に広めようとすること。「―行為《こうい》」

**バイメタル**〔英 bimetal〕（名）熱によって膨張《ぼうちょう》する度合いがちがう二種類の金属板をはり合わせたもの。温度の変化によって、そり返ったりもとにもどったりするので、サーモスタット（自動温度調節装置）に用いられる。

**はいめん【背面】**（名）うしろ。うしろの面。対正面

**はいもん【肺門】**（名）《生》肺の内側中央の部分。気管支や血管などのはいりこむ所。

**ハイヤー**〔英 hire〕（名）営業所にいて、客の注文に応じてやとわれる乗用車。

**バイヤー**〔英 buyer〕（名）買い手。特に、商品を買い付ける外国の貿易商。また、商品の仕入れ担当。

**はいやく【配役】**（名）演劇・映画などで、役を出演者に割り当てること。また、その役。キャスト。

**ばいやく【売約】**（名・自スル）売る約束をすること。

**ばいやく【売薬】**（名）薬屋で売っている薬。

**バイヤス**（名）→バイアス

**ばいやくずみ【売約済み】**（名）売る約束ができていること。「―の商品」

**はいゆう【俳優】**（名）演劇・映画などに出て演技をすることを職業とする人。役者。「映画―」

**ばいよう【培養】**（名・他スル）❶草木をやしない育てること。「―土」❷研究のために細菌《さいきん》や細胞《さいぼう》などをやしない育ててふやすこと。「―液」「菌を―する」

**ハイライト**〔英 highlight〕（名）❶絵画・写真などで、強い光を受けた最も明るい部分。❷演劇・映画・スポーツなどで、最も興味をそそる場面。

**はいらん【排卵】**（名・自スル）《生》卵巣《らんそう》から成熟《せいじゅく》した卵子を排出すること。「―日」

**はいり【背理】**（名）道理や論理に反すること。

**はいりこ・む【入り込む】**（自五）〔マ(モ)・ミ(ン)・ム・ム・メ・メ〕中に深くはいる。「他人が―余地はない」

**ばいりつ【倍率】**（名）❶《物》望遠鏡・顕微鏡《けんびきょう》などで見た像の大きさと実物の大きさとの割合。❷募集《ぼしゅう》人数と応募人数との割合。「入学試験の―が高い」

**はいりょ【配慮】**（名・自他スル）手ぬかりがないようにいろいろと心をくばること。心づかい。「―に欠ける」

**はいりょう【拝領】**（名・他スル）主君または目上の人から物をいただくこと。「刀を―する」

**ばいりん【梅林】**（名）梅の木を一面に植えた林。

**バイリンガル**〔英 bilingual〕（名）❶二か国語で書かれたり、話されたりすること。❷二か国語を自在に使いこなせること。また、その人。

**はいる【配流】**（名・他スル）罪人を都《みやこ》から遠い土地に送ること。島流し。

**はい・る【入る】**（自五）〔ラ(ロ)・リ(ッ)・ル・ル・レ・レ〕❶外から中へ移る。また、内側に移っておさまる。「家に―」「プールに水が―」「ごみが目に―」対出る ❷組織・団体などに新しく加わる。「サッカー部に―」「大学に―」❸中におさめることができる。「一リットル《リッ トル》―びん」「五〇〇人―会場」❹自分の手もとにとどけられる。自分の物になる。「大金が―」「連絡《れんらく》が―」❺ある時期やある状態に移る。「雨季に―」「終盤《しゅうばん》に―」「ストライキに―」❻知覚する。「評判が耳に―」「視野に―」❼ある範囲《はんい》の中にふくまれる。「五指に―」「休んだうちに―・らない」❽ある物事に別の物や作用が加わる。「アルコールの―・った飲み物」「ガラスにひびが―」「じゃまが―」❾気持ちや力がこもる。「気合いが―」「身が―・らない」

**パイル**〔英 pile〕（名）❶タオル地など、織物の地から輪状の糸がとびだしていたり、けばだったりしている布。❷建築の基礎《きそ》工事で打つくい。

**はいれい【拝礼】**（名・自スル）頭を下げて拝むこと。ていねいにおじぎをすること。「神前に―する」

**はいれつ【配列・排列】**（名・他スル）順序よく並べること。また、その並べ方。「五十音順に―する」

**はいろ【廃炉】**（名・他スル）原子炉の運転を終了させ、施設《しせつ》を解体すること。

**パイロット**〔英 pilot〕（名）❶大きな船がぶじに港などにはいれるように水路の案内をする人。水先《みずさき》案内人。❷飛行機の操縦士。❸（他の語の上について）試験的である意を表す。「―版（=試作品）」

**パイロット-ファーム**〔英 pilot farm〕（名）近代的な経営を行う実験農場。

**バイロン**〔George Gordon Byron〕【人名】（一七八八〜一八二四）イギリスのロマン派の代表的な詩人。反逆精神にとむ情熱家で、自由を求めてヨーロッパ諸国をめぐり歩き、ギリシャで病死した。作品「ドン=ジュアン」など。

**パイン**〔英 pine〕（名）→パイナップル

**バインダー**〔英 binder〕（名）❶新聞・書類などをとじておく用具。❷稲《いね》・麦などを自動的に刈《か》り取って束ねる、農業用の機械。

**は・う【△這う】**（自五）〔ワ(オ)・イ(ッ)・ウ・ウ・エ・エ〕❶手足やからだを地につけて進む。「赤ん坊《ぼう》が―」「地を―くも」❷植物などが地面・壁《かべ》などにそってのびる。「つたが壁を―」❸四つんばいになる。「土俵に―」

**ハウス**〔英 house〕（名）❶家。建物。「セカンド―」

❷(「ビニールハウス」の略)ビニールでおおった、野菜や花を育てる温室。「ー野菜」

**ハウスさいばい【ハウス栽培】**(名) ビニールハウスの中で温度を上げて行う、野菜や花の促成《そくせい》栽培。

▽ハウスは、英 house

**パウダー**〔英 powder〕(名) ❶粉。「ースノー(=粉雪)」❷粉おしろい。「ールーム」

**ハウツー**〔英 how-to〕(名) 方法。やり方。どのようにするかということ。「営業のーを教える」

**バウムクーヘン**〔ドイツ Baumkuchen〕(名) 切り口が木の年輪のような模様をした洋菓子《ようがし》。

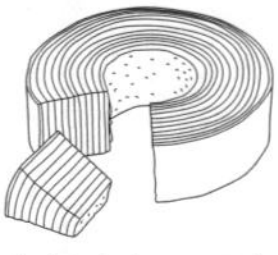
(バウムクーヘン)

**バウンド**〔英 bound〕(名・自スル) ボールなどが物に当たってはね返ること。はずむこと。「ワンー」

**はえ**〖△蠅〗(名)〘動〙双翅目《そうしもく》の小形の昆虫《こんちゅう》の総称《そうしょう》。きたない物に止まった足で食べ物にたかり、病原菌《きん》を媒介《ばいかい》する。種類が多い。はい。はえ類

**はえ【映え】**(名) 映えること。引き立って見えること。

**はえ【栄え】**(名) ほまれ。光栄。「ーある優勝」

目にぱっとうつる美しさ。「夕ー《ゆうばえ》」

**はえぎわ【生え際】**(名) 襟首《えりくび》やひたいなどの、髪《かみ》の生えているところと生えていないところとの境目。

**はえちょう【はえ帳】**〖△蠅帳〗(名) はえなどの虫を防いだり風通しをよくするために、細かい金網《かなあみ》などを張った食品を入れる小さな戸棚《とだな》。はいちょう。

**はえなわ【はえ縄】**〖◇延縄〗(名) 漁具の一種。一本のなわに、針をつけたつり糸をたくさんつけて水中に流し、時機をみて引き上げるもの。

(はえなわ)

**はえぬき【生え抜き】**(名) ❶その土地に生まれ、その土地に育ったこと。きっすい。「ーの江戸っ子《えどっこ》」❷その団体や組織に最初から所属している人。「ーの社員」

**パエリア**〔スペイン paella〕(名) スペインの炊《た》き込《こ》みご飯。米、魚介《ぎょかい》類、とり肉、野菜をオリーブ油で炒《いた》め、サフランを加えて炊いたもの。パエリヤ。パエーリャ。

**は・える【生える】**(自下一)〔エ・エ・エル・エル・エレ・エロ(エヨ)〕❶植物の芽などが出てくる。根づいて生長する。「雑草がー」❷動物の毛・角・歯などが出る。「乳歯がー」

**は・える【映える】**(自下一)〔エ・エ・エル・エル・エレ・エロ(エヨ)〕❶光に照らされて美しくかがやく。「夕日にーもみじ」❷まわりと調和していっそう美しく見える。「服にーブローチ」❸りっぱに感じられる。「ー・えない役回り」参考③は「栄える」とも書く。

**はおと【羽音】**(名) ❶鳥や虫が飛ぶときの羽の音。❷矢の羽が風を切って飛ぶ音。

**はおり【羽織】**(名) 着物の上に着る丈《たけ》の短い上着。⇩はかま〈図〉

**はお・る【羽織る】**(他五)〔ラ(ロ)・リ(ッ)・ル・ル・レ・レ〕着物や上着の上にかけて着る。「コートをー」

**はか**(名) 仕事の進む程度。すませた仕事の分量。

**はかが行《い》く** 仕事がはかどる。

**はか【墓】**(名) 死体や遺骨《いこつ》をほうむってある所。

**ばか**〖×馬鹿〗(名・形動ダ) ❶頭の働きがにぶいこと。知恵《ちえ》のないこと。また、その人。❷つまらないこと。くだらないこと。「ーなことを言う」❸程度をこえていること。「ーに暑い」「ー正直」❹本来の働きを失うこと。ききめがなくなること。「ねじがーになる」

**ばかと鋏《はさみ》は使《つか》いよう** 切れないはさみでも使い方しだいで切れるように、ばかな者でも使い方によっては役に立つものだ。

**ばかにする** 人をかろんずる。

**ばかにならない** 軽視できない。「食費もー」

**ばかの一《ひと》つ覚《おぼ》え** どんな場合にも何か一つのことを得意げにふりまわす人をあざけって言うことば。

**ばかを見《み》る** 損をする。つまらない目にあう。

**はかい【破戒】**(名) 僧《そう》が、守らなければならないいきまりを破ること。「ー僧」

**はかい**〔破戒〕〔作品名〕島崎藤村《しまざきとうそん》の小説。一九〇六(明治三九)年刊。被差別《ひさべつ》部落出身の小学校教師瀬川丑松《せがわうしまつ》が、周囲の偏見《へんけん》とたたかい、その出身を告白するまでの苦悩をえがいた作品。日本の自然主義文学のさきがけとなった。

**はかい【破壊】**(名・自他スル) こわすこと。こわれること。「建物をーする」「自然ーがすすむ」対建設

**はがい【羽交い】**(名) ❶鳥の左右のつばさの重なる所。❷つばさ。はね。

**はがいじめ【羽交い締め】**(名) 人のうしろからわきの下に両腕《りょううで》をさし入れ、首のうしろでその手を組み合わせて強くしめつけること。「ーにする」

**はかいてき【破壊的】**(形動ダ)〔ダロ・ダッ(デ・ニ)・ダ・ナ・ナラ・○〕物事をうちこわそうとするようす。「ーな思想」対建設的

**はがき**〖葉書〗(名)「郵便《ゆうびん》はがき」の略。

**はかく【破格】**(名・形動ダ) ❶しきたりや基準にはずれていること。特別。「ーのもてなし」「ーの出世」❷詩や文章が一般《いっぱん》のきまりからはずれていること。

**はかげ【葉陰】**(名) 草・木などの葉のかげ。

**ばかげた**〖×馬鹿げた〗(連体) つまらない。くだらない。「ーことはやめなさい」

**ばかしょうじき【ばか正直】**〖×馬鹿-正直〗(名・形動ダ) あまりに正直すぎて気がきかないこと。また、そのような人。「ーにもほどがある」

**は・が・す【剝がす】**(他五)〔サ(ソ)・シ・ス・ス・セ・セ〕表面にはりついているものをひっぱって取る。はぎとる。「切手をー」

**ばか・す【化かす】**(他五)〔サ(ソ)・シ・ス・ス・セ・セ〕人の心をあざむき迷わせる。「狐《きつね》にー・される」

**ばかず【場数】**(名) 経験した回数。

**場数を踏《ふ》む** 多くの経験をする。経験を重ねる。「場数を踏んでいるだけあって手ぎわがよい」

**はかせ【博士】**〖◦博士〗(名) ❶あることにたいへんくわしい人。「もの知りー」❷「博士《はくし》」の別の言い方。

**はかぜ【羽風】**(名) 鳥や虫が飛ぶときに、その羽によっておこる風。

**はかぜ【葉風】**(名) 草木の葉を吹《ふ》き動かす風。

「—が立つ」

**ばかぢから**〖×馬鹿‐力〗(名) なみはずれた強い力。「火事場の—」

**ばかていねい【ばか丁寧】**〖×馬鹿‐丁寧〗(名・形動ダ) 度を越《こ》して丁寧なこと。「—なあいさつ」

**はかど・る**〖◇捗る〗(自五) {ラ(ロ)・リ(ッ)・ル・ル・レ・レ} 物事がすらすらと進む。「仕事が—」

**はかな・い**〖×果敢ない・△儚い〗(形) {カロ・カッ(ク)・イ・イ・ケレ・○} ❶たよりない。たしかでない。「—希望」❷あっけない。むなしい。「人の命は—ものだ」

**はかな・し**〔果無し・果敢無し〕(形ク) 古語 ❶安定しない。長くもたない。たよりない。「世のありさま、あはれに—・く移りかはる事のみ多かり」〈源氏物語〉訳 世の中のようすはしみじみとたよりなく移りかわることばかりが多い。❷ちょっとした。つまらない。深い考えのない。「梨《なし》の花、世にすさまじきものにして、近うもてなさず、—・き文つけなどだにせず」〈枕草子《まくらのそうし》〉訳 梨の花は、世間では興ざめなものとして、身近な所で観賞することもせず、ちょっとした手紙を結びつけたりなどさえしない。❸とりとめがない。「—・きことを、うち解けのたまひかはしたる気配ども」〈源氏物語〉訳 とりとめのないことを、気を許して言い交わしなさっているようす。

**はかな・む**〖×果敢なむ・△儚む〗(他五) {マ(モ)・ミ(ン)・ム・ム・メ・メ} はかないと思う。「世を—」

**ばかに**〖×馬鹿に〗(副) ひどく。ひじょうに。「帰りが—おそい」

**はがね【鋼】**(名) 炭素をふくむかたい鉄。刃物《はもの》・ばね・レールなど使いみちが広い。鋼鉄。

**はかば【墓場】**(名) 墓のある所。墓地。

**はかばかし・い**〖◇捗◇捗しい〗(形) {カロ・カッ(ク)・イ・イ・ケレ・○} ❶物事がうまく進んでいくようす。「売れ行きが—・くない」❷物事がよい方向に進むようす。「病気が—・くない」使い方〉ふつう、あとに「ない」「ません」などの打ち消しのことばがくる。

**ばかばかし・い**〖×馬鹿馬鹿しい〗(形) {カロ・カッ(ク)・イ・イ・ケレ・○} ひじょうにくだらない。ばかげている。程度がひどい。「—話」

**はかま**〖△袴〗(名) ❶着物の上につけ、腰《こし》から下をおおうように作られた、縦にひだのあるゆるやかな衣服。❷草の茎《くき》などをとりまいている皮。「つくしの—」❸酒のとっくりを入れておぜんの上などにおく小さいうつわ。

(はかま①)

**はかまいり【墓参り】**(名・自スル) 墓にまいって拝むこと。墓参《ぼさん》。

**はがみ【歯がみ】**〖歯△噛み〗(名・自スル) 怒《おこ》ったとき、くやしいときなどに、上下の歯を強くかみ合わせること。「—してくやしがる」類 歯ぎしり

**はがゆ・い【歯がゆい】**〖歯△痒い〗(形) {カロ・カッ(ク)・イ・イ・ケレ・○} 思うようにならなくていらだたしい。もどかしい。「見ていて—」

**はからい【計らい】**(名) はからうこと。取りあつかうこと。処置。「親切な—」

**はから・う【計らう】**(他五) {ワ(オ)・イ(ッ)・ウ・ウ・エ・エ} ❶よく考えて適切に処理する。さばく。「いいように—」❷相談する。「親に—・って決める」

**ばからし・い**〖×馬鹿らしい〗(形) {カロ・カッ(ク)・イ・イ・ケレ・○} ばかげている。つまらない。「むだにお金を使うのも—」

**はからずも【図らずも】**(副) 思いもよらず。意外にも。「—受賞の栄に浴する」

**はかり**〖△秤〗(名) 物の重さをはかる道具。さおばかり・ばねばかり・台ばかりなど。

秤にかける ❶はかりで重さをはかる。❷両方を比べてどちらが得か、どちらが損かなどを考えて判断する。

**ばかり**(副助) ❶それだけであるという意を表す。「泣く—ではわからない」❷程度・範囲《はんい》を表す。…ほど。…くらい。「二人—来てください」❸完了して間がないという意を表す。「今帰った—だ」❹いまにも…しそうであるという意を表す。「ちぎれん—にひっぱる」❺原因を表す。ために。「休んだ—にチャンスをのがす」❻強意を表す。「どしんと—にたおれた」

**はかりごと**〖◇謀〗(名) 計略。もくろみ。「—をめぐらす」

**はかりしれない【計り知れない】**想像もできない。おしはかることもできない。「与える影響《えいきょう》は—」

**はか・る【計る・量る・測る・図る・謀る・諮る】**(他五) {ラ(ロ)・リ(ッ)・ル・ル・レ・レ} ❶時間や物の量・重さ・長さなどを調べる。「直径を—」「ラップタイムを—」❷心でおしはかる。予測する。「本当の気持ちを—」❸あることの実現をくわだてる。計画する。うまくゆくようくふうする。「再起を—」「コミュニケーションを—」❹だます。計略にはめる。「まんまと—・られた」❺ある物事について意見を求める。相談する。「委員会に—」

学習〈使い分け〉 「計る」「量る」「測る」「図る」「謀る」「諮る」

| | |
|---|---|
| 計る | 物の数量を調べる意。転じて、見当をつける意。「時間を**計る**」「体温を**計る**」「数量を**計る**」「タイミングを**計る**」 |
| 量る | 重さや、かさを調べる意。「体重を**量る**」「容積を**量る**」「分量を**量る**」 |
| 測る | 長さや高さなどを調べる意。「距離《きょり》を**測る**」「標高を**測る**」「面積を**測る**」 |
| 図る | 物事が実現するように努める意。「問題の解決を**図る**」「経営の合理化を**図る**」「促進を**図る**」「便宜《べんぎ》を**図る**」 |
| 謀る | よくないことを計画する意。「暗殺を**謀る**」「密入国を**謀る**」 |
| 諮る | 人に意見を求める意。「審議会に**諮る**」「総会に**諮る**」 |

**はが・れる【剝がれる】**(自下一) {レ・レ・レル・レル・レレ・レロ(レヨ)} 表面にはりついている物がとれてはなれる。「ポスターが—」

**はがんいっしょう【破顔一笑】**(名・自スル) 顔をほころばせてにっこり笑うこと。

**バカンス**〔フランス vacances〕（名）長い休暇《きゅうか》。

**はき【破棄・破毀】**（名・他スル）❶破りすてること。「書類を—する」❷取り決めを一方的に取り消すこと。「条約を—する」❸〔法〕上級裁判所が前の裁判所の判決を取り消すこと。「一審の判決を—する」

**はき【覇気】**（名）進んで物事にとりくもうとする意気ごみや気構え。「—に欠ける」「—のある若者」

**はぎ【△脛】**（名）ひざからくるぶしまでの部分。すね。

**はぎ【△萩】**（名）〔植〕マメ科の落葉低木。山野に自生する。秋、多数の赤紫《あかむらさき》または白い花が咲《さ》く。秋の七草の一つ。

（萩）

**はぎあわ・せる【はぎ合わせる】【◇接ぎ合わせる】**（他下一）{セ・セ・セル・セル・セレ・セロ(セヨ)}布・板などをつぎ合わせる。「二枚の板を—」

**はきけ【吐き気】**（名）胃の中の物を吐きたくなる気持ち。むかつき。「—をもよおす」

**はぎしり【歯ぎしり】【歯△軋り】**（名・自スル）眠《ねむ》っているときや、くやしいときなどに歯を強くかみ合わせて、音をたてること。「—してくやしがる」〔類〕歯がみ

**パキスタン**〔Pakistan〕〔地名〕パキスタン・イスラム共和国。インド半島の北西部にあり、インドに接する共和国。首都はイスラマバード。

**はきす・てる【吐き捨てる】**（他下一）{テ・テ・テル・テル・テレ・テロ(テヨ)}口から吐き出して捨てる。「—ように言う」

**はきだ・す【吐き出す】**（他五）{サ(ソ)・シ・ス・ス・セ・セ}❶口や胃の中の物を吐いて外へ出す。「つばを—」❷中にあるものを外へ出す。「煙突《えんとつ》から煙《けむり》を—」❸たまっている思いを口に出して言う。「胸のうちを—」❹ためたおかねや品物を出す。「金目《かねめ》のものを—・させる」

**はきだ・す【掃き出す】**（他五）{サ(ソ)・シ・ス・ス・セ・セ}ごみなどをほうきで掃いて外へ出す。「庭の落ち葉を—」

**はきだめ【掃きだめ】【掃き△溜め】**（名）ごみ捨て場。ごみため。

**掃きだめに鶴**《つる》　きたない所に美しいものがあること。

また、つまらない所にすぐれた人がいること。

**はきちが・える【履き違える】**（他下一）{エ・エ・エル・エル・エレ・エロ(エヨ)}❶履物《はきもの》をまちがってはく。「スリッパの左右を—」❷考え違いをする。意味をとり違える。「わがままと自由を—」

**はきはき**（副・自スル）話し方や態度がきびきびしているようす。「—(と)答える」

**はきもの【履物】**（名）足にはいて歩く、靴《くつ》・げた・ぞうりなどの総称《そうしょう》。

**ばきゃくをあらわす【馬脚を現す】**かくしていたことや本性が表に出る。ばけの皮がはがれる。

**はきゅう【波及】**（名・自スル）物事の影響《えいきょう》がだんだんと広がっていくこと。「新しい考えが—する」

**バキューム-カー**〔和製英語〕（名）真空ポンプとタンクをとりつけた自動車。特に、糞尿《ふんにょう》のくみとりなどに用いられる。▽vacuum と car から。

**はぎょう【覇業】**（名）力でおさえつけ、天下を統一する事業。「—を成し遂《と》げる」

**はきょく【破局】**（名）物事が、悲しく、みじめな結果になること。悲惨《ひさん》な結末。「—を迎《むか》える」

**はぎれ【歯切れ】**（名）ものを言うときの、ことばの調子や発音。「—のいい話し方」「—の悪い返事」

**はぎれ【端切れ】**（名）布のきれはし。はんぱな布。

**はぎわらさくたろう【萩原朔太郎】**〔人名〕（一八八六～一九四二）大正・昭和初期の詩人。するどい感覚とすぐれた表現力による独自の詩風で、口語自由詩を完成に導いた。詩集「月に吠《ほ》える」「青猫《あおねこ》」など。

**ばきん【馬琴】**〔人名〕→たきざわばきん

**はく【白】** 5画 白0 小1 〔音〕ハク・ビャク高 〔訓〕しろ・しら・しろい

ノ 亻 白 白 白

❶しろ。しろい。◆白衣《はくい》・白雲・白砂《はくしゃ・はくさ》・白髪《はくはつ・びゃくえ》 ◆紅白・純白・蒼白《そうはく》・卵白《らんぱく》。〔対〕黒。❷けがれていない。◆潔白《けっぱく》。〔対〕黒。❸何も書かれていない。何もない。◆白紙 ◆空白・余白。❹あかるい。◆白日・白昼・白夜《はくや・びゃくや》。❺あきらか。◆明白。❻はっきりと言う。申しあげる。◆白状 ◆敬白・告白・自白・独白。〔参考〕「しら」の訓は「白壁《しらかべ》」「白《しら》む」「白《しら》ける」などのことばに使われる特殊《とくしゅ》な読み方。特別に、「白髪」は「しらが」とも読む。

**はく【伯】** 7画 亻5 〔音〕ハク

亻 亻 伯 伯 伯

❶兄弟・姉妹の中で年上の者。父母の兄、または姉。◆伯仲・伯父・伯母。❷一つの芸にすぐれている人。◆画伯。❸五等爵《ごしゃく》の第三。◆伯爵。〔参考〕特別に、「伯父」は「おじ」、「伯母」は「おば」とも読む。

**はく【拍】** 8画 扌5 〔音〕ハク・ヒョウ

一 十 扌 扌 拍 拍

❶うつ。手をたたく。◆拍車・拍手。❷音楽のひょうし。◆拍子《ひょうし》。〔参考〕「ヒョウ」の音は「拍子《ひょうし》」ということばに使われる特殊《とくしゅ》な読み方。

**-はく【拍】**（接尾）ひょうしをとる回数を数えることば。「三—《ぱく》」

**はく【泊】** 8画 氵5 〔音〕ハク 〔訓〕とまる・とめる

丶 氵 氵 汁 泊 泊

❶とまる。宿をとる。◆外泊・宿泊・漂泊《ひょうはく》・旅泊。❷船を港などにとめる。◆泊地 ◆仮泊・停泊・夜泊。❸あっさりしている。◆淡泊《たんぱく》。

**-はく【泊】**（接尾）宿泊する回数を数えることば。「二—三日の旅行」

**はく【迫】** 8画 辶5 〔音〕ハク 〔訓〕せまる

亻 白 白 泊 迫

❶せまる。ちかづく。おしつまる。◆迫撃《はくげき》・迫真・迫力 ◆急迫・強迫・窮迫《きゅうはく》・緊迫《きんぱく》・切迫・逼迫《ひっぱく》。❷くるしめる。◆迫害 ◆圧迫《あっぱく》・脅迫《きょうはく》。

**はく【剝】** 10画 刂8 〔音〕ハク 〔訓〕はがす・はぐ・はがれる・はげる

彑 彑 肀 录 剝

はぐ。はがれる。◆剝製・剝奪《はくだつ》・剝落・剝離《はくり》。

**はく【舶】** 11画 舟5 〔音〕ハク

丿 月 舟 舟 舶 舶

大きなふね。◆船載《はくさい》・船来◆巨船《きょはく》・船舶《せんぱく》

**はく【博】** 12画 十10 小4 音ハク・バク高

❶ゆたか。ひろくゆきわたる。◆博愛・博学・博識・博聞・博覧◆該博《がいはく》・広博。❷「博士」の略。◆医博・文博。❸かけごと。◆博打《ばくち》・博徒《ばくと》◆賭博《とばく》。❹「博覧会《はくらんかい》」「博物館」の略。◆万国博。参考「バク」の音は「博徒《ばくと》」「博労《ばくろう》」などのことばに使われる特殊《とくしゅ》な読み方。特別に、「博士」は「はかせ」とも読む。⇩付録「漢字の筆順㉕甫〔甫〕」

**はく【薄】** 16画 艹13 音ハク 訓うすい・うすめる・うすまる・うすらぐ・うすれる

❶うすい。◆薄氷・薄片《はくへん》。対厚。❷すくない。わずか。◆薄志・薄謝・薄命・薄利・薄給◆希薄。❸心のこもっていない。かるがるしい。◆薄情◆軽薄・酷薄《こくはく》・浅薄《せんぱく》・浮薄《ふはく》。❹せまる。近づく。◆薄暮《はくぼ》◆肉薄 ⇩付録「漢字の筆順㉕甫〔甫〕」

**はく『△箔』**（名）❶金・銀・銅・錫《すず》などの金属をたたき、うすくのばしたもの。❷表面を飾るもの。

**箔がつく** 値打ちが高まる。貫禄《かんろく》がつく。

**は・く【吐く】**（他五）〔カ(コ)・キ(イ)・ク・ク・ケ・ケ〕❶口や胃の中などの物を口から外に出す。「つばを—」対吸う。❷心にあることばを出す。言う。「暴言《ぼうげん》を—」❸内にあるものを外に出す。「汽車が煙《けむ》りを—」

**は・く『△佩く』**（他五）〔カ(コ)・キ(イ)・ク・ク・ケ・ケ〕腰《こし》につける。腰におびる。「刀を—」

**は・く『△穿く』**（他五）〔カ(コ)・キ(イ)・ク・ク・ケ・ケ〕衣服などを腰《こし》から下につける。「はかまを—」

**は・く【掃く】**（他五）〔カ(コ)・キ(イ)・ク・ク・ケ・ケ〕❶ほうきでごみをはらい除く。「落ち葉を—」❷はけなどを使って軽くぬる。「頬紅《ほおべに》を—」

**は・く【履く】**（他五）〔カ(コ)・キ(イ)・ク・ク・ケ・ケ〕はき物を足につける。「靴《くつ》を—」

**は・ぐ【剝ぐ】**（他五）〔ガ(ゴ)・ギ(イ)・グ・グ・ゲ・ゲ〕❶表面をおおっているものや着ているものをとりさる。「皮を—」「着物を—」❷取り上げる。うばう。「官位を—」

**ハグ**〔英hug〕（名・他スル）抱きしめること。抱き合うこと。

**ばく【麦】** 7画 麦0 小2 〔麥〕 音バク中 訓むぎ

むぎ。おおむぎ・こむぎ・はだかむぎなど。◆麦芽・麦秋◆燕麦《えんばく》・精麦 ⇩付録「漢字の筆順⑷圭」

**ばく【博】**→はく（博）

**ばく【幕】**→まく（幕）

**ばく【漠】** 13画 氵10 音バク

❶ひろびろとした砂原。◆砂漠。❷ひろびろとして果てしない。◆空漠・広漠・茫漠《ぼうばく》。❸はっきりしない。とりとめのない。◆漠然

**ばく【漠】**（トタル）とりとめがなくはっきりしないようす。「—とした不安」

**ばく【暴】**→ぼう（暴）

**ばく【縛】** 16画 糸10 音バク 訓しばる

しばる。くくりつけて自由にさせない。◆緊縛《きんばく》・自縄自縛《じじょうじばく》・束縛《そくばく》 ⇩付録「漢字の筆順㉕甫〔甫〕」

**ばく【縛】**（名）罪人などをなわでしばること。「—につく（=罪人としてしばられる）」

**ばく【爆】** 19画 火15 音バク

❶はじける。はれつする。◆爆音・爆笑《ばくしょう》・爆竹・爆破・爆発・爆薬・爆裂《ばくれつ》◆起爆・自爆・被爆《ひばく》。❷爆弾《ばくだん》のこと。◆爆撃《ばくげき》◆原爆・水爆

**ばく『△貘・△獏』**（名）❶《動》バク科の哺乳《ほにゅう》動物。夜行性で、マレー地方や中南米にすむ。❷中国の想像上の動物。からだは、くま、鼻は象、目はさい、足はとら、尾は牛に似るとされ、人の夢を食うという。

（貘①）

**ばぐ【馬具】**（名）馬につける道具。くら・たづななど。

**バグ**〔英bug〕（名）（虫の意）コンピューターのプログラムにおける欠陥《けっかん》。

**はくあ【白亜】**『白△堊』（名）❶白い壁《かべ》。「—の殿堂《でんどう》」❷《地質》石灰質の岩石。白墨《はくぼく》などの材料になる。

（馬具）

**はくあい【博愛】**（名）すべての人を、広く平等に愛すること。「—の精神」

**はくい【白衣】**（名）白い衣服。特に、医師や看護師などの着る白い上っぱり。びゃくい。びゃくえ。

**白衣の天使《てんし》** 女性の看護師。その白衣の姿を天使のように気高いものとしてほめていうことば。

**はくいんぼうしょう**『博引△旁証』（名・他スル）多くの例を引き、証拠《しょうこ》をあげて説明すること。

**はくえん【白煙】**（名）白いけむり。

**ばくおん【爆音】**（名）❶火薬・火山などが爆発するときに出る音。爆発音。❷飛行機・トラック・オートバイなどのエンジンが発する大きな音。

**ばくが【麦芽】**（名）大麦の芽。また、それをかわかしたもの。ビール・水あめなどの原料にする。

**はくがい【迫害】**（名・他スル）害を加えて苦しめること。「いわれなき—を受ける」

**はくがく【博学】**（名・形動ダ）広くいろいろの学問に通じていること。「—な人」類博識

**はくがくたさい【博学多才】**（名・形動ダ）さまざまな学問に通じ、多方面にわたる才能があること。

**ばくがとう【麦芽糖】**（名）麦の芽にふくまれている酵素《こうそ》がでんぷんに働いてできる糖分。

**はくがんし【白眼視】**（名・他スル）ひややかな目で見ること。人をつめたくあつかうこと。

故事 むかし、中国で竹林《ちくりん》の七賢《しちけん》といわれた中のひとり阮籍《げんせき》が、気の合った客は青い眼(=歓迎の目つき)でむかえ、きらいな客は白い眼でむかえたという話から出たことば。〈晋書《しんじょ》〉

**はぐき【歯茎】**(名)歯の根もとを包んでいる肉。

**はくきょい**〔白居易〕【人名】(七七二〜八四六)中国、唐代《とうだい》の詩人。平易で美しい調子の詩を作り、多くの人に好まれた。日本の平安朝文学にも大きな影響《えいきょう》をあたえた。「長恨歌《ちょうごんか》」は特に名高い。詩文集に「白氏文集《はくしもんじゅう》」がある。白楽天《はくらくてん》。

**はくぎん【白銀】**(名)❶しろがね。銀。❷降り積もって白くかがやく雪をたとえていう語。「―の世界」

**はくぐう【薄遇】**(名・他スル)人をつめたくもてなすこと。不親切にあつかうこと。冷遇。対 厚遇

**はぐく・む【育む】**(他五){マ(モ)・ミ(ン)・ム・ム・メ・メ}❶親鳥がひなを羽でだいて育てる。「ひなを―」❷たいせつに守り育てる。育て伸《の》ばしていく。「両親に―・まれる」「愛校心を―」

**ばくげき【爆撃】**(名・他スル)飛行機から爆弾《ばくだん》などを落として敵をせめること。「―機」

**はくさい【白菜】**(名)〘植〙野菜の一種。アブラナ科の一年草または越年草《えつねんそう》。葉はうすい緑色で一面にしわがある。漬物《つけもの》などにする。

**はくさい【舶載】**(名・他スル)船にのせて運ぶこと。特に、外国から船で運んでくること。類 舶来

**ばくさい【爆砕】**(名・他スル)爆撃《ばくげき》・爆発でこなごなにくだくこと。「岩石を―する」

**はくし【白紙】**(名)❶白い紙。❷何も書いてない紙。「―の答案」❸前もって自分の意見をもたないこと。「―の態度」❹もとの何もなかったときの状態。「―にもどす」「―撤回《てっかい》」

**はくし【博士】**(名)ある学問を専門に研究し、その結果をまとめた論文が認められた者に対してあたえられる最高の学位。はかせ。「医学―」

**はくじ【白磁】**(名)白い生地《きじ》に透明なうわぐすりをかけて焼いた磁器。「―の皿」

**ばくし【爆死】**(名・自スル)爆撃《ばくげき》や爆発にあって死ぬこと。

**はくしき【博識】**(名・形動ダ)広く物事を知っていること。もの知り。「―家《か》」「―をほこる」類 博学

**はくしじゃっこう【薄志弱行】**(名)意志が弱くて物事を実行していく気力がとぼしいこと。

**はくじつ【白日】**(名)❶かがやく太陽。「青天―」❷ひるま。白昼《はくちゅう》。

**白日の下《もと》にさらす** かくすところなくすべてを人びとに知らせる。

**はくじつむ【白日夢】**(名)→はくちゅうむ

**はくしゃ【拍車】**(名)乗馬のときにはく靴《くつ》のかかとに取りつける金具。先のほうに歯車があり、馬の腹を打って馬を御《ぎょ》するために使う。

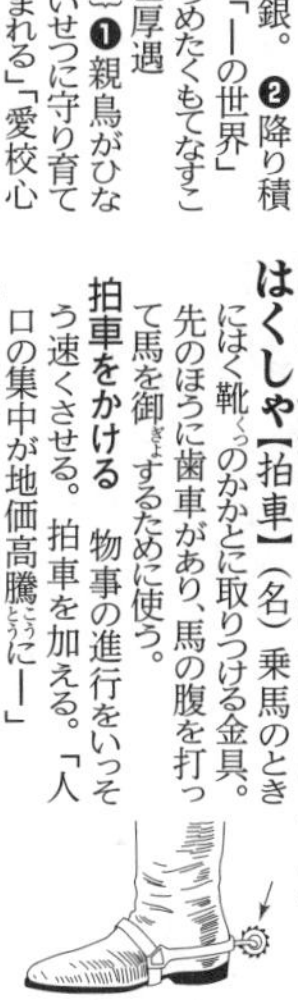
(拍車)

**拍車をかける** 物事の進行をいっそう速くさせる。拍車を加える。「人口の集中が地価高騰《こうとう》に―」

**はくしゃ【薄謝】**(名)「お礼」の謙譲《けんじょう》語。わずかばかりのお礼。「―を差しあげます」

**はくしゃく【伯爵】**(名)もと、貴族の段階を示す五等の爵位(公・侯《こう》・伯《はく》・子・男)の第三。

**はくじゃく【薄弱】**(名・形動ダ)❶意志やからだが弱いこと。「意志―」❷よりどころが弱くて確かでないこと。「根拠《こんきょ》が―だ」

**はくしゃせいしょう【白砂青松】**(名)白い砂と青い松。海岸の美しい景色のことをいう。

**はくしゅ【拍手】**(名・自スル)両方のてのひらを打ち合わせて音を出すこと。「―で迎《むか》える」

**はくじゅ【白寿】**(名)(白の字が百から一を除《のぞ》いた形であることから)九九歳《さい》。また、九九歳の祝い。

**ばくしゅう【麦秋】**(名)麦の刈《か》り入れの季節。初夏のころ。むぎあき。

**はくしゅかっさい【拍手喝采】**(名・自スル)手をたたいてほめそやすこと。「―を受ける」

**はくしょ【白書】**(名)政府が、外交・経済などの実情や展望について毎年発表する報告書。「環境《かんきょう》―」参考 もと、イギリス政府の公式報告書が白表紙を用いたのでいう。

**はくじょう【白状】**(名・他スル)自分の罪や、かくしていることをありのままにうちあけること。「自分のしわざだと―する」

**はくじょう【薄情】**(名・形動ダ)人を思いやる心がうすく冷たいこと。愛情の少ないこと。「―な男」

**ばくしょう【爆笑】**(名・自スル)大勢の人びとがどっと大声で笑うこと。「―の渦《うず》」「一同―する」

**はくしょくじんしゅ【白色人種】**(名)ひふの色によって分けた人種の一つ。ひふの色は白色で、ヨーロッパの諸民族は多くこれに属する。

**はくしん【迫真】**(名)表現や表情などが真に迫《せま》っていること。本物のように見えること。「―の演技」

**はくじん【白人】**(名)白色人種に属する人。

**はくじん【白刃】**(名)さやからぬいた刀。しらは。

**ばくしん【爆心】**(名)爆撃《ばくげき》・爆発の中心にあたる所。「―地」

**ばくしん〖△驀進〗**(名・自スル)ひじょうな勢いでまっしぐらに進むこと。「―する機関車」「目標に―する」

**はく・する【博する】**(他サ変){シ(セ・サ)・シ・スル・スル・スレ・シロ(セヨ)}名誉《めいよ》や利益を大いに得る。「好評を―」「巨利《きょり》を―」

**ばく・する【縛する】**(他サ変){シ(セ・サ)・シ・スル・スル・スレ・シロ(セヨ)}しばる。くくる。「盗人《ぬすびと》を―」

**はくせい【剝製】**(名)動物の内臓や肉をとり、中に綿などをつめてぬい合わせ、全体を、生きていたときの形に作り上げたもの。

**はくせん〖白△癬〗**(名)かびが原因で生じるみずむし・たむしなどのひふ病。

**ばくぜん【漠然】**(ト タル)あいまいでまとまりのないようす。はっきりしないようす。「―とした計画」

**ばくだい〖△莫大〗**(名・形動ダ)程度・数量などが、ひじょうに大きいこと。「―な費用」類 膨大《ぼうだい》

**はくだく【白濁】**(名・自スル)白くにごること。「澄《す》んだ水が―する」

**はくだつ【剝奪】**(名・他スル)はぎとること。地位・資格などをむりにとりあげること。「タイトルの―」

**バグダッド**〔Baghdad〕【地名】イラクの首都。チグリ

ス川に臨み、石油工業・商業がさかん。バグダード。

**ばくだん【爆弾】**（名）爆薬を中につめ、空中から投げ落としたり、地上で投げつけたりして爆発させる兵器。「━をかかえる（=危険な物事をもつ）」「━発言（=人びとを驚《おどろ》かすような突然《とつぜん》の声明）」

**はくち【白痴】**（名）脳の障害などにより、知能の発達がひじょうにおくれている状態をさしていった語。注意 差別的な語。

**ばくち**〖博◇打・博△奕〗（名）❶金品をかけて、花札・さいころなどで勝負を争うこと。とばく。❷結果を運にまかせて行うこと。「一か八《ばち》かの大━」

**ばくちく【爆竹】**（名）短く切った細い竹筒《たけづつ》や紙筒に火薬をつめたものをつなぎ、その端《はし》に火をつけて、順に破裂《はれつ》させて鳴らすもの。

**はくちず【白地図】**（名）国や大陸などのりんかくが線で書いてあるだけで、地名や記号などが書かれていない地図。地理を学ぶときの記入用などに使う。

**はくちゅう【白昼】**（名）ひるひなか。まひる。

**はくちゅう【伯仲】**（名・自スル）（「伯」は長兄、「仲」は次兄の意）ともにすぐれていて力の差のないこと。「実力━」

**はくちゅうむ【白昼夢】**（名）まひるに見る夢《ゆめ》。非現実的な空想。白日夢《はくじつむ》。

**はくちょう【白鳥】**（名）〖動〗カモ科の大形の水鳥。全身まっ白で首が長い。冬、シベリアから日本にわたってくる。しらとり。スワン。

（はくちょう）

**ばくちん【爆沈】**（名・自他スル）船を爆弾《ばくだん》や魚雷《ぎょらい》などで爆破してしずめること。また、船が爆破されてしずむこと。

**バクテリア**〔英 bacteria〕（名）細菌《さいきん》。

**はくとう【白桃】**（名）〖植〗バラ科の落葉高木で桃《もも》の一種。果肉が白く、甘《あま》みが強い。

**はくどう【拍動】**〖△搏動〗（名・自スル）心臓がどきどきと規則的に脈を打つこと。

**はくないしょう【白内障】**（名）〖医〗眼球《がんきゅう》の水晶体《すいしょうたい》が白くにごり、視力がおとろえたり、目が見えなくなったりする病気。しろそこひ。

**はくねつ【白熱】**（名・自スル）❶物体が高い温度で熱せられて白い光を出すこと。「━光」❷物事のようすが熱を帯びてはげしくなること。「━した議論」

**はくねつせん【白熱戦】**（名）戦い・試合などがどちらが勝つかわからないほどはげしい状態であること。

**はくねつでんきゅう【白熱電球】**（名）空気をぬいてアルゴンなどをつめたガラス球の中に、タングステン線が入れてある電球。

**ばくは【爆破】**（名・他スル）爆薬を使ってこわすこと。

**バグパイプ**〔英 bagpipe〕（名）〖音〗革ぶくろに吹《ふ》き口と笛《ふえ》を取りつけたスコットランドの民族楽器。

**ばくばく【漠漠】**（ト｜タル）❶遠くはるかなようす。「━たる草原」❷ぼんやりとしてとりとめのないようす。「━とした印象」

**はくはつ【白髪】**（名）白くなった髪《かみ》の毛。しらが。

**白髪三千丈《さんぜんじょう》** 多年の嘆《なげ》きなどのために、しらがが長くのびたことを誇張《こちょう》した表現。

**ばくはつ【爆発】**（名・自スル）❶急激な化学反応で、熱・光・音を出し、はげしい勢いで破裂《はれつ》すること。「ガス━」❷おさえていた気持ちなどが、どっとあふれ出ること。「不満が━する」…的「爆発的な売れゆき」

**はくび【白眉】**（名）多くの中でいちばんすぐれたもの。

故事 むかし、蜀《しょく》の馬氏には頭のよい五人兄弟がいた。その中でも特にすぐれていた長兄の馬良《ばりょう》のまゆに、白い毛があったことから出たことば。〈蜀志《しょくし》〉

**はくひょう【白票】**（名）❶国会で記名投票をするとき、議案に賛成の意を表す議員が投じる白色の票。しろひょう。対 青票《せいひょう》。❷何も記入しない白紙のままでされた投票。

**はくひょう【薄氷】**（名）うすいこおり。

**薄氷を踏《ふ》む思《おも》い** ひじょうに危険な場面にのぞんで、ひやひやする気持ち。

**ばくふ【幕府】**（名）武家時代、将軍が政治を行った所。また、鎌倉《かまくら》・室町《むろまち》・江戸《えど》の武家政権。

**ばくふ**〖△瀑布〗（名）大きな滝《たき》。「ナイアガラ━」

**ばくふう【爆風】**（名）爆弾《ばくだん》や爆薬などの爆発によっておこる強い風。

**はくぶつがく【博物学】**（名）動物学・植物学・鉱物学・地質学などをまとめていうことば。

**はくぶつかん【博物館】**（名）むかしから今までのいろいろなめずらしいものや、学術研究の資料となるものを集めてならべ、多くの人に見せる施設《しせつ》。

**はくぶん【白文】**（名）句読点《くとうてん》・返り点・送りがなのついていない漢文。

**はくぶん【博聞】**（名）物事を広く聞いてよく知っていること。見聞が広いこと。

**はくへいせん【白兵戦】**（名）敵と味方が入り乱れて刀や剣《けん》などを持って戦う接近戦。

**はくへん【薄片】**（名）うすいきれはし。うすいかけら。

**はくぼ【薄暮】**（名）たそがれ。夕ぐれ。「━ゲーム」

**はくぼく【白墨】**（名）焼石膏《せっこう》や白亜《はくあ》の粉を棒状に固めたもの。黒板に書くのに使う。チョーク。

**はくまい【白米】**（名）玄米《げんまい》（=もみをとっただけの米）をついて白くした米。精米。対 玄米

**ばくまつ【幕末】**（名）江戸《えど》幕府の終わりごろ。

**はくめい【薄命】**（名）❶命が短いこと。「佳人《かじん》━」❷不運。ふしあわせ。

**はくめい【薄明】**（名）明け方や夕方のうすあかり。

**はくめん【白面】**（名）❶素顔《すがお》。❷色の白い顔。❸年が若くて経験が少ないこと。「━の書生」

**はくや【白夜】**（名）北極や南極に近い地方で、夏、日没《にちぼつ》から日の出まで、太陽の光を反映して空がうすあかるいこと。また、その夜。参考「びゃくや」ともいう。

**ばくやく【爆薬】**（名）物体の破壊《はかい》に用いられる火薬類。ダイナマイトなど。

**はくらい【舶来】**（名）外国から船で運んでくること。また、その品物。「━品」類 舶載《はくさい》。対 国産

**はぐらか・す**（他五）｛サ(ソ)・シ・ス・ス・セ・セ｝❶質問にまともに答えず、ほかのことを話して、話題をそらす。「話を━」❷いっしょにいる人からうまくはなれ去る。

**はくらく【伯楽】**（名）（良馬を見分けたという古代

中国の人の名から〕素質のある人を見つけ出し育てるのがうまい指導者。「名—」

**はくらく【剝落】**（名・自スル）はがれ落ちること。「ペンキが—する」

**はくらくてん**〔白楽天〕【人名】→はくきょい

**はくらん【博覧】**（名）❶広く本を読み、物事をよく知っていること。博識。❷多くの人びとが見ること。

**はくらんかい【博覧会】**（名）いろいろの産物や製品を広く集めてならべ、多くの人びとに見せて文化・産業の発展をはかる催《もよお》し。「万国—」

**はくらんきょうき【博覧強記】**（名）広く本を読んで、よく物事をおぼえていること。

**はくり【剝離】**（名・自他スル）はがれて離《はな》れること。はがして離すこと。「網膜《もうまく》—」

**はくり【薄利】**（名）すこしの利益。わずかなもうけ。

**ぱくり** ㊀（副）❶大きな口をあけて食べるようす。「—と飲みこむ」❷割れ目や破れ目などが大きく開いているようす。ぱっくり。「—と開いた傷口」㊁（名）《俗語》盗《ぬす》むこと。盗用《とうよう》すること。

**はくりきこ【薄力粉】**（名）てんぷらの衣《ころも》やケーキに使う、たんぱく質の少ない小麦粉。㊈強力《きょうりき》粉

**はくりたばい【薄利多売】**（名）一つ一つの商品からの利益を少なくし、たくさん売ることによって全体で利益をあげること。

**ばくりょう【幕僚】**（名）軍隊で、長官につきしたがって、作戦などの計画に加わる将校。

**はくりょく【迫力】**（名）人の心に強くせまる力。「—のある演技」

**ぱく・る**（他五）〔ラ(ロ)・リ(ッ)・ル・ル・レ・レ〕《俗語》（ぱくりと食べる意から）❶かすめ取る。盗《ぬす》む。盗用《とうよう》する。「アイデアを—」❷犯人などを逮捕《たいほ》する。

**はぐるま【歯車】**（名）❶まわりに一定の大きさの歯をつけた車。二つ以上の歯車の歯と歯をかみ合わせて、回転を伝える。ギア。❷社会や組織を構成し動かしている一つ一つの要素。

**歯車が狂《くる》う** うまく進んでいたことの調子が悪くなる。

**ばくれつ【爆裂】**（名・自スル）爆発して破裂すること。

**はぐ・れる**（自下一）〔レ・レ・レル・レル・レレ・レロ(レヨ)〕❶つれの人を見失って、離《はな》れ離れになる。「友達と—」❷（動詞の連用形について）…しそこなう。「食い—」「言い—」

**はくろ【白露】**（名）二十四節気の一つ。太陽暦《たいようれき》では、九月八日ごろ。

**ばくろ【暴露】**『△曝露』（名・自他スル）人に知られたくない悪い事や秘密があかるみに出ること。また、それをあばき出すこと。「現実を—する」「秘密が—される」

**ばくろう**『×博労・×馬喰』（名）牛馬の仲買《なかがい》人。

**ばくろん**『△駁論』（名・他スル）相手の意見を非難・攻撃《こうげき》するための議論。「—を加える」

**はけ**『×刷毛』（名）塗料《とりょう》・液体などをぬったり、ちりなどをはらったりするのに使う道具。毛をたばにして柄《え》をつけたもの。

**はげ**『△禿』（名）❶頭の毛がぬけ落ちたあと。はげ頭。また、はげ頭の人。❷山などに木がないこと。「—山」

**はげいとう【葉鶏頭】**（名）《植》ヒユ科の一年草。葉に赤・紫《むらさき》・黄などのまだらがあって美しく、観賞用。がんらいこう。

**バケーション**〔英 vacation〕（名）長い休暇《きゅうか》。

**ばけがく【化学】**（名）「化学《かがく》」を同じ音の「科学」と区別するための呼び方。

**はけぐち【はけ口】**『△捌け口』（名）❶水などが流れ出る口。「排水《はいすい》の—」❷心にもっているわだかまりなどを発散させるところ。「不満の—」❸品物などが売れていく先。売れ口。「在庫商品の—」

**はげし・い【激しい】**『◇烈しい』（形）〔カロ・カツ(ク)・イ・イ・ケレ・○〕❶勢いがたいへん強い。荒々《あらあら》しい。「風が—・く吹《ふ》く」「—戦闘《せんとう》」「気性が—」❷程度がはなはだしい。「—暑さ」「好き嫌いが—」

**はげたか**『△禿△鷹』（名）《動》コンドルやはげわしの俗称《ぞくしょう》。

**バケツ**〔英 bucket〕（名）水をくんだり運んだりするための、合成樹脂《じゅし》やブリキで作った、桶《おけ》の形の容器。

**バゲット**〔フランス baguette〕（名）皮をかたく焼いた棒状のパン。フランスパン。

**パケット**〔英 packet〕（名）（小包の意）コンピューター通信で、情報伝達の単位。送受信されるデータを細かく分割《ぶんかつ》したもの。

**ばけのかわ【化けの皮】**（名）ほんとうの姿を包みかくした、見せかけのようす。「—がはがれる（=かくしていた正体が現れる）」

**はげま・す【励ます】**（他五）〔サ(ソ)・シ・ス・ス・セ・セ〕❶力づける。元気づける。「味方を—」❷強くする。「声を—・して応援《おうえん》する」

**はげ・む【励む】**（自五）〔マ(モ)・ミ(ン)・ム・ム・メ・メ〕いっしょうけんめいにがんばる。精を出す。「練習に—」

**ばけもの【化け物】**（名）もとの形を変えて、あやしくおそろしい姿に化けたもの。お化け。へんげ。妖怪《ようかい》。

**はげやま【はげ山】**『△禿山』（名）草木の生えていない山。

**は・ける**『△捌ける』（自下一）〔ケ・ケ・ケル・ケル・ケレ・ケロ(ケヨ)〕❶水などがたまらないでよく流れる。「水が—」❷商品が残らないでよく売れていく。「仕入れた商品が全部—・けた」

**は・げる**『△禿げる』（自下一）〔ゲ・ゲ・ゲル・ゲル・ゲレ・ゲロ(ゲヨ)〕❶髪《かみ》の毛がぬけ落ちてなくなる。「頭が—」❷山などに草木がなくなる。「伐採《ばっさい》で山が—」

**は・げる【剝げる】**（自下一）〔ゲ・ゲ・ゲル・ゲル・ゲレ・ゲロ(ゲヨ)〕ぬったものやはったものがとれて落ちる。「ペンキが—」

**ば・ける【化ける】**（自下一）〔ケ・ケ・ケル・ケル・ケレ・ケロ(ケヨ)〕❶本来の姿を変えて別のものになる。「たぬきが—」❷素性《すじょう》をかくして別人になりすます。「医者に—」

**はげわし**『△禿△鷲』（名）《動》タカ科の大形の鳥。アフリカ北部や地中海周辺などにすみ、動物の死肉を食べる。はげたか。

**はけん【派遣】** ㊀（名・他スル）任務をあたえて、ある所に人を行かせること。「救助隊を—する」㊁（名）「派遣社員」の略。

**はけん【覇権】**（名）❶戦いに勝って手に入れた権力。「—を奪《うば》う」❷競技や試合などで優勝して得たほまれ。「—をにぎる」

**ばけん【馬券】**（名）競馬《けいば》で、勝ち馬を予想して買う券。正式名称《めいしょう》は勝馬《かちうま》投票券。

**はけんしゃいん【派遣社員】**（名）その会社の正社員ではなく、雇《やと》われている人材派遣会社などから派遣されて働く人。派遣労働者。派遣。

**はこ【箱】** 15画 竹9 小3 訓 はこ

ノ ⺈ ⺮ 笋 箱 箱

はこ。◆箱庭 ◆空箱《からばこ》・筆箱・宝石箱・本箱

**はこ【箱】**（名）❶物を入れておいたり運んだりするための、木・紙・金属などで作った入れ物。❷列車や電車の車両。

**はごいた【羽子板】**（名）羽根つきの羽根をつくための、柄《え》のついた板。表には絵や押《お》し絵がついている。

**はこいり【箱入り】**（名）❶箱にはいっていること。また、そのもの。❷「箱入り娘《むすめ》」の略。

**はこいりむすめ【箱入り娘】**（名）ほとんど外へ出さないほど、たいせつに育てられた娘。

**はこがまえ**〖△匚構え〗（名）漢字の部首の一つ。「匡《きょう》」「匠《しょう》」などの「匚」の部分。⇩かくしがまえ

**ばこそ** ❶（仮定形について）多く、原因・理由を示す条件を強調するのに使う。「証拠《しょうこ》があればこそ言うのだ」❷（未然形について）強く否定する意を表す。「同情する人などあらばこそ（＝同情する人などがあるものか）」文法 接続助詞「ば」に副助詞「こそ」のついたもの。

**はごたえ【歯ごたえ】**〖歯応え〗（名）❶物をかんだときに歯に受ける感じ。❷ある対象から受ける手ごたえや反応。「―のある相手」

**はこにわ【箱庭】**（名）箱や浅い器に土や砂を入れ、木・岩・家・橋などの模型を置いて、庭や山川などの景色をかたどったもの。

**はこねぢを**《ハコネジヲ》… 和歌

〔箱根路を　わが越《こ》え来《く》れば　伊豆《いづ》の海《うみ》や　沖《おき》の小島《こじま》に　波《なみ》の寄《よ》る見《み》ゆ〕〈金槐集《きんかいしゅう》・源実朝《みなもとのさねとも》〉訳箱根から伊豆に向かう山道を私が越えてくると、目の前に伊豆の海がひらけ、沖の小島に波が白く寄せるのが見えることだ。

**はこび【運び】**（名）❶物を運ぶこと。「荷物―」❷歩き方。「足の―」❸物事の進め方。仕事などの進みぐあい。「会の―がまずい」「筆の―が遅《おそ》い」❹物事が進んだある段階。「完成の―となる」❺（「お運び」の形で）行くこと、来ることの尊敬語。「わざわざお―いただき恐縮《きょうしゅく》です」

**はこ・ぶ【運ぶ】**〔バ(ボ)・ビ(ン)・ブ・ブ・ベ・ベ〕一（他五）❶物をほかの所に持って行く。「荷物を―」❷物事を進める。「試合をうまく―」❸道具などを動かし進めて何かをする。「筆を―（＝文章を書く）」「針を―（＝縫《ぬ》う）」❹（「足を運ぶ」の形で）歩く。そこまで行く。
二（自五）物事が予定どおりに進められる。はかどる。「仕事がうまく―」

**はこぶね【箱船】**〖◇方舟〗（名）四角い船。「ノアの―」

**はこべ**（名）〖植〗ナデシコ科の越年草《えつねんそう》。道ばた・畑に見られる雑草。春に白い花が咲《さ》く。春の七草の一つ。はこべら。

（はこべ）

**はこぼれ【刃こぼれ】**〖刃◇毀れ〗（名・自スル）刀・包丁などの刃がかけること。また、かけたところ。

**はごろも【羽衣】**（名）天人《てんにん》が着て空を飛ぶという、羽で作ったうすくて軽い着物。

**バザー**〔英 bazaar〕（名）慈善《じぜん》事業や社会事業などのおかねを集めるために、不用品や作ったものを持ちよって売る会。慈善市。

**ハザード-マップ**〔英 hazard map〕（名）洪水《こうずい》・地震《じしん》・火山噴火《ふんか》などの自然災害による被害を予測し、その範囲《はんい》や程度などを避難経路とともに示した地図。災害予測地図。

**ハザード-ランプ**〔和製英語〕（名）自動車の非常点滅《てんめつ》表示灯。故障などで緊急停車するときに、他の車両に注意をうながすために用いる。ハザード。▽hazard と lamp から。

**はさい【破砕】**（名・自他スル）くだけこわれること。くだきこわすこと。「岩盤《がんばん》を―する」

**はざかいき【端境期】**（名）新米が出まわり始める直前の、前の年の古米が少なくなっている時期。九月・一〇月ごろ。野菜・くだものや商品などにもいう。

**はざくら【葉桜】**（名）花が散って、若葉が出はじめたころの桜。

**はざま**〖◇狭間〗（名）❶物と物とのせまいすきま。❷谷間。谷あい。❸矢や鉄砲《てっぽう》を打ち出すために、城壁《じょうへき》に作った穴。銃眼《じゅうがん》。

**はさま・る【挟まる】**（自五）〔ラ(ロ)・リ(ッ)・ル・ル・レ・レ〕❶物と物との間にはいる。「ドアに手が―」❷対立する人と人との間に立つ。「二人の間に―・って苦しむ」

**はさみ**〖△鋏〗（名）❶二枚の刃《は》ではさむようにして物を切る道具。❷切符《きっぷ》などに穴をあける道具。パンチ。❸じゃんけんで、指を二本のばした形。ちょき。

**はさみうち【挟み撃ち】**（名・他スル）敵を中にして、両側からはさむようにして攻《せ》めること。

**はさみしょうぎ【挟み将棋】**（名）たがいに将棋《しょうぎ》の駒《こま》を動かして、相手の駒を左右または前後からはさんで取る遊び。

**はさみばこ【挟み箱】**（名）むかし、衣服や用具を入れ、棒を通して供の者にかつがせた箱。

（はさみばこ）

**はさ・む【挟む】**（他五）〔マ(モ)・ミ(ン)・ム・ム・メ・メ〕❶物と物の間にさし入れる。「しおりを―」❷間に入れた物が落ちないように、両側からおさえる。「はしで―」❸間に物を置いて位置する。「机を―・んで話す」❹とちゅうに別のことがらを入れる。「話に口を―」「休憩《きゅうけい》を―」❺（「耳にはさむ」などの形で）話などを聞きこむ。「うわさを小耳に―」

**はさ・む**〖△鋏む〗（他五）〔マ(モ)・ミ(ン)・ム・ム・メ・メ〕はさみで切る。はさみでつみとる。「枝を―」

**はざわり【歯触り】**(名) 歯でかんだときの感触《かんしょく》。

**はさん【破産】**(名・自スル) ❶財産を全部なくすこと。❷〔法〕借金した人がおかねを返せないとき、その人の全財産を、おかねを貸したすべての人たちに公平に分配しようとする裁判上の手続き。「自己—」

> **学習 比較《ひかく》** 「破産」「倒産」
> **破産** 財産を使いはたしてしまうこと。個人についても会社など法人についても使う。「破産宣告」「事業に失敗し破産する」
> **倒産** 財産を失ったり資金が不足したりして、企業《きぎょう》がつぶれること。「黒字倒産」「中小企業がつぎつぎと倒産する」

**はし【箸】** 15画 竹9 訓 はし

はし。◆菜箸《さいばし》・火箸《ひばし》

**はし【箸】**(名) 食べ物をはさむ、二本の細い棒。

**箸にも棒《ぼう》にもかからない** ひどすぎて取りあつかうべき方法がない。どうしようもない。

**箸を付《つ》ける** 料理を食べはじめる。

**はし【端】**(名) ❶ものの中央から最も遠い部分。また、もののへり。ふち。「ひもの—」「道の—」❷物事のはじめの部分。「仕事を—からかたづける」❸一部分。きれはし。「ことばの—」「木の—」

**はし【橋】**(名) 川・谷・道路などでへだてられた土地と土地の間にかけわたして、行き来できるようにしたもの。

**橋を渡《わた》す** ❶橋をかける。❷両者の間にはいってなかだちをする。とりもつ。橋わたしをする。

**はじ【恥】**(名) ❶はずかしい思いをすること。面目《めんぼく》を失うこと。「—をかく」「—をしのぶ」❷はずべきことを知ること。名誉《めいよ》や体面を重んじる心。「—を知らない」

**恥の上塗《うわぬ》り** 恥をかいた上にさらに恥をかくこと。

**恥も外聞《がいぶん》もない** はずかしいとか、人にどう見られるかなどを気にしていられない。

**恥をさらす** 大勢の人の前ではずかしい思いをする。

**恥を雪《すす》ぐ** 失った名誉《めいよ》をとりもどす。

**はじ【『◇端』】**(名) 「はし(端)」の変化した語。

**はしい【端居】**(名・自スル) 涼《すず》しさなどを求めて、縁側《えんがわ》など家の端のほうに座っていること。

**はじい・る【恥じ入る】**(自五) ｛ラ(ロ)・リ(ッ)・ル・ル・レ・レ｝ ひじょうにはずかしく思う。「あやまちを深く—」

**はしか【『×麻疹』】**(名) 〔医〕子どもに多い急性の感染症《かんせんしょう》。熱が出て、全身に赤色のぶつぶつができる。一度かかると免疫《めんえき》ができ、その後かからない。ましん。

**はしがき【端書き】**(名) ❶本の最初に、その本の内容に関することや著者のあいさつなどを書いた文。序文。前書き。❷手紙の終わりにつけたして書きそえる文章。おってがき。追伸《ついしん》。

**はじき【『◇弾き』】**(名) 《俗語》拳銃《けんじゅう》。

**はじきだ・す【はじき出す】**『◇弾き出す』(他五) ｛サ(ソ)・シ・ス・ス・セ・セ｝ ❶はじいて外へ出す。❷のけものにする。「仲間から—・される」❸(そろばんをはじいて計算することから)算出する。また、やりくりして費用をつくり出す。「コストを—」「旅費を—」

**はじ・く【『◇弾く』】**(他五) ｛カ(コ)・キ(イ)・ク・ク・ケ・ケ｝ ❶急に強い力を加えて、はねとばす。はねかえす。「つめで弦《げん》を—」❷受けつけない。寄せつけない。「水を—布」❸計算する。「そろばんを—」

**はしくれ【端くれ】**(名) ❶きれはし。「木の—」❷取るにたりない存在だが、一応それに属しているもの。「これでも教師の—だ」使い方②は、多くけんそんや自嘲《じちょう》の意で用いる。

**はしけ【『△艀』】**(名) 船着き場と大きな船との間をゆき来して荷物・旅客などを運ぶ小舟《こぶね》。

**はしげた【橋桁】**(名) 橋をささえる柱の上にわたして、橋板をささえている部分。

**はじ・ける【『◇弾ける』】**(自下一) ｛ケ・ケ・ケル・ケル・ケレ・ケロ(ケヨ)｝ ❶中のものがふくらんでわれる。転じて、勢いよく飛び散る。「花の種子が—」❷(比喩《ひゆ》的に)勢いよくわき起こる。「笑い声が—」❸《俗語》調子にのってはめをはずす。

**はしご【『△梯子』】**(名) ❶立てかけたりつるしたりして高い所に登るための道具。二本の長い材木や縄《なわ》に、足をかける多くの横木をとりつけたもの。❷(「はしござけ」の略)つぎつぎと場所を変えて酒を飲み歩くこと。

**はしごを外《はず》される** (高い所に上ったあとにはしごを外されることから)行動を起こしたあとに、仲間が態度を翻《ひるがえ》し、苦境に立たされる。

**はしこ・い**(形) ｛カロ・カッ(ク)・イ・イ・ケレ・○｝ 動作がすばやく、機転がきく。はしっこい。すばしこい。

**はしごのり【はしご乗り】**『△梯子乗り』(名) 立てたはしごの上で曲芸をすること。また、その人。

**はじさらし【恥さらし】**『恥△曝し』(名・形動ダ) 恥を世間にさらすこと。また、その人。

**はじしらず【恥知らず】**(名・形動ダ) はずべきことをはずかしいとも思わないこと。また、そのような人。

**はした【『◇端』】**(名) ちょうどの数や量にそろわず、不足や余分があること。端数《はすう》。「—が出る」

**はしたがね【はした金】**『◇端金』(名) わずかなおかね。はんぱなおかね。

**はしたな・い**『◇端ない』(形) ｛カロ・カッ(ク)・イ・イ・ケレ・○｝ つつしみがない。ぎょうぎが悪い。下品だ。「—まねをするな」

**はしたな・し**(形ク) 古語 ❶中途《ちゅうと》はんぱだ。不つりあいだ。「ふるさとにいと—・くてありければ」〈伊勢《いせ》物語〉訳(美しい女が、さびれた)古都にはたいそう不つりあいなようすで住んでいたので。❷体裁《ていさい》が悪い。みっともない。「—・きもの、こと人を呼ぶに、われぞとてさし出《い》でたる」〈枕草子《まくらのそうし》〉訳体裁の悪いもの、別の人を呼んでいるのに、自分だと思って出ていったの。❸そっけない。ぶあいそうだ。「心にもかなはねば、かく—・きなるべし」〈源氏物語〉訳意にそわないので、このようにそっけない(仕打ちをなさる)のだろう。

**はしぢか【端近】**(名・形動ダ) へやの出入り口や縁側《えんがわ》などに近い場所。あがりはな。「—にすわる」「—に居る」

**はしっこ【端っこ】**(名) 《俗語》はし。

**はしっこ・い**(形) ｛カロ・カッ(ク)・イ・イ・ケレ・○｝ 《俗語》→はしこい

**ばじとうふう【馬耳東風】**(名) (耳に春風をうけても馬は感動しないということから)人の意見・批評などを気にとめず聞き流すこと。類馬の耳に念仏《ねんぶつ》

**はしなくも**〖端なくも〗(副) はからずも。思いがけなく。「—参加させていただき光栄です」

**はしばし**【端端】(名) あちらこちら。ちょっとした部分。「ことばの—に悪意がある」

**はしばみ**〖△榛〗(名)〔植〕カバノキ科の落葉低木。山野に自生し、春に小花をつけ、秋にはどんぐりに似た実をつける。実は食用。

**はじまらない**【始まらない】むだである。しかたがない。なんの役にも立たない。「いまさら後悔《こうかい》しても—」 使い方「…しても」の下について使われる。

**はじま・る**【始まる】(自五) {ラ(ロ)・リ(ッ)・ル・ル・レ・レ} ❶新しい状態が生じる。新たに物事が行われるようになる。開始する。「新しい時代が—」「授業が—」対終わる ❷いつものくせが出る。「また母のお説教が—・った」

**はじめ**【初め・始め】(名) ❶始めること。「仕事—」 ❷物事の起こり。もと。「国の—」 ❸物事が始まったとき。始まるところ。最初。当初。冒頭《ぼうとう》。発端《ほったん》。「—が大事だ」「—から承知している」「—から読む」対終わり ❹(「…をはじめ」の形で)…を代表として。…をおもなものとして。「日本を—とするアジアの国々」 ❺(接尾語的に用いて)…しはじめること。「花の咲《さ》き—」

> **学習** 使い分け 「初め」「始め」
>
> 初め　時間について用いる。「年の初め」「初めのうち」「夏の初め」「初めに」
>
> 始め　ことがらについて用いる。「始めと終わり」「手始め」「御用《ごよう》始め」「物事は始めが肝心《かんじん》だ」

**はじめて**【初めて】(副) そのときがそうすることの最初であるようす。「—聞いた話」「—お目にかかる」

**はじ・める**【始める】(他下一) {メ・メ・メル・メル・メレ・メロ(メヨ)} ❶新しく物事を行う。開始する。「事業を—」「試合を—」 ❷いつものくせを出す。「自慢《じまん》話をまた—・めた」 ❸(動作を表すことばの下について)その動作をしだす。「読み—」

**はしゃ**【覇者】(名) ❶武力で他に勝って、天下を治めるようになった人。❷競技などで優勝した人・チーム。「昨年の大会の—」

**ばしゃ**【馬車】(名) 人や荷物をのせ、馬にひかせる車。

**ばしゃうま**【馬車馬】(名) ❶馬車をひく馬。❷わきめもふらず、がむしゃらに働くことのたとえ。「—のように働く」

**はしゃ・ぐ** (自五) {ガ(ゴ)・ギ(イ)・グ・グ・ゲ・ゲ} 調子にのってふざけさわぐ。「子どもが—」

**はしやすめ**【箸休め】(名) 主となる料理を食べる間につまむ、ちょっとしたおかず。

**パジャマ**〔英 pajamas〕(名) 西洋風のゆったり作ってあるねまき。上着とズボンに分かれている。

**はしゅ**〖△播種〗(名・自他スル) 作物のたねをまくこと。たねまき。「—に適した時期」

**はしゅつ**【派出】(名・他スル) 仕事をさせるために、人をその場所に行かせること。「看護師を—する」

**ばじゅつ**【馬術】(名) 馬を乗りこなすわざ。

**はしゅつじょ**【派出所】(名) 派出された人がつめている所。特に、交番。

**はしゅつふ**【派出婦】(名) 出かけていって、臨時に家事の手伝いなどをすることを職業にしている女性。

**ばしょ**【場所】(名) ❶何かがあったり行われたりする空間。ところ。位置。「話をするには—が悪い」「すわる—」「—を取る」 ❷すもうが行われる決まった期間。「春—」

**はじょう**【波状】(名) ❶波のようにうねった形。❷波のように一定間隔《かんかく》でくり返すこと。「—攻撃《こうげき》」

**ばしょう**〖△芭△蕉〗(名)〔植〕バショウ科の多年草。観賞用。葉は長い楕円《だえん》形で、二㍍《メートル》ぐらいになる。実はバナナに似るが日本ではなりにくい。

(ばしょう)

**ばしょう**〔芭蕉〕〔人名〕→まつおばしょう

**ばしょうのわきして**…〔俳句〕→ばせうのわきして…

**はしょうふう**【破傷風】(名)〔医〕土のなかの破傷風菌《きん》がからだの傷口からはいっておこる急性の病気。高い熱が出たり、けいれんをおこしたりする。

**ばしょがら**【場所柄】(名) その場所特有のようす・状況《じょうきょう》。「—をわきまえない行為《こうい》」

**はしょ・る**〖◇端◇折る〗(他五) {ラ(ロ)・リ(ッ)・ル・ル・レ・レ} ❶着物のすそを折って帯などにはさむ。からげる。「すそを—」 ❷はぶいて短くする。「むだな作業を—」

**はしら**【柱】■一(名) ❶土台の上にまっすぐ立てて建物の屋根や梁《はり》をささえる長い材。また、ほそ長くまっすぐに立てたもの。「門の—」「電信—《ばしら》」 ❷中心となってささえるもの。たよりとなるもの。「チームの—となる選手」「事業の—」 ■二(接尾)(数を表すことばの下について)神や遺骨を数える語。「二《ふた》—の神」

**はじら・う**【恥じらう】(自五) {ワ(オ)・イ(ッ)・ウ・ウ・エ・エ} はずかしそうにする。「花も—年ごろ」

**はしり**【走り】(名) ❶走ること。「快適な—の車」 ❷なめらかに動くこと。「筆の—」 ❸季節に先だって出る魚・野菜・くだものなど。はつもの。「—のたけのこ」 ❹あることがらの始めとなること。「梅雨《つゆ》の—」

**はしりがき**【走り書き】(名・他スル) いそいで文字を書くこと。また、書いたもの。「—のメモ」

**バジリコ**〔イタリア basilico〕(名)〔植〕→バジル

**はしりたかとび**【走り高跳び】(名) 陸上競技の種目の一つ。助走して、かけ渡《わた》してあるバーをとびこえ、そのとんだ高さを競うもの。ハイジャンプ。

**はしりづかい**【走り使い】(名) 言いつけられて、あちこちを走り回って雑用をすること。また、その人。

**はしりはばとび**【走り幅跳び】(名) 陸上競技の種目の一つ。助走して、片足でふみきってとび、そのとんだ距離《きょり》を競うもの。

**はしりよみ**【走り読み】(名・他スル) 文章などをお

おまかに速く読むこと。「新聞を―する」

**はし・る【走る】**（自五）｛ラ(ロ)・リ(ッ)・ル・ル・レ・レ｝❶かけて行く。「全力で―」
❷速い速度で物が動く。「ハイウエーを―車」「いなずまが―」
❸目的をはたすために急いで行動する。「金策に―」
❹他の所へ逃《に》げる。「敵に―（＝敵につく）」
❺早く流れる。ほとばしる。「汗《あせ》が―」
❻すべるように動く。「筆が―（＝すらすら書ける）」
❼ある方向に通じる。「南北に―道」「血管が―」
❽ある方向にかたむく。「悪い遊びに―」
❾ある感情や感覚がいっしゅん現れる。「痛みが―」

**仕組みの解明「走る」**

**Q** コースを走る？ コースで走る？

A マラソンコースを走る
B ランニングマシンで走る

**A**
・「を」は通過する場所を表し、移動の距離《きょり》が長いというニュアンスになる。
・「で」は動きが発生する場所や道具を表し、移動距離にはかかわりがない。

**は・じる【恥じる】**（自上一）｛ジ・ジ・ジル・ジル・ジレ・ジロ(ジヨ)｝❶自分のしたことや欠点を恥ずかしく思う。「裏切りを―」❷（「…に恥じない」の形で）…にひけをとらない。「横綱《よこづな》の名に―・じない成績」

**バジル**〔英 basil〕（名）〘植〙シソ科の一年草。イタリア料理などに香草として使う。バジリコ。めぼうき。

**はしわたし【橋渡し】**（名・他スル）❶橋をかけること。❷両方の間にたって、話をとりついだり世話をしたりすること。また、その人。「国際交流の―をする」

**はす**『◇斜』（名）ななめ。すじかい。「ねぎを―に切る」

**はす**『△蓮』（名）〘植〙ハス科の多年生の水草。夏に白・うすい紅色などの大きく美しい花が咲《さ》く。地下茎《ちかけい》はれんこんと呼ばれ、食用。はちす。

（蓮）

**はず**『△筈』（名）❶弓の、弦《つる》をかける両はしの部分。弓《ゆ》はず。❷矢の、弓につがえるときに弦にかける部分。矢《や》はず。❸当然そうなるわけ。道理。また、予定や確信を表す。「失敗する―だ」「明日行く―だ」「知っている―だ」

**バス**〔英 bass〕（名）〘音〙❶男性の声の中でいちばん低い音域。また、その声の歌手。❷同種の楽器の中で低い音を出すもの。❸「コントラバス」の略。

**バス**〔英 bath〕（名）洋風のふろ。浴室。「―ルーム」

**バス**〔英 bus〕（名）大型の乗り合い自動車。「観光―」

**パス**〔英 pass〕■一（名・自他スル）❶通過すること。また、試験に合格すること。及第《きゅうだい》。「審査《しんさ》に―する」❷自分の順番を休んで次の番にまわすこと。❸球技で、味方にボールを送りわたすこと。■二（名）無料の入場券・乗車券。また、定期券。「―ケース」

**はすう【端数】**（名）はんぱな数。「―を切り捨てる」

**バスーン**〔英 bassoon〕（名）〘音〙→ファゴット

**はずえ【葉末】**（名）葉の先。

**ばすえ【場末】**（名）町はずれ。町の中心からはずれた人通りも少ない所。「―の映画館」

**はすかい**『◇斜交い』（名）ななめに交わっていること。ななめ。「―にわたす」

**バス-ガイド**〔和製英語〕（名）観光バスで、客の世話や観光案内をする乗務員。▽bus と guide から。

**はずかし・い【恥ずかしい】**（形）｛カロ・カッ(ク)・イ・イ・ケレ・○｝❶自分が劣《おと》っていると感じられて、人前に出られないような気持ちであるようす。「―・くて人に言えない」❷きまりが悪い。てれくさい。「あまりほめられると―」

**はずかし・める【辱める】**（他下一）｛メ・メ・メル・メル・メレ・メロ(メヨ)｝❶恥《はじ》をかかせる。はずかしい思いをさせる。侮辱《ぶじょく》する。「大勢の前で―・められた」❷地位・名誉《めいよ》などに傷をつける。「会長の名を―」

**パスカル**〔英 pascal〕（名）圧力を表す国際単位。一パスカルは一平方メートルに一ニュートンの力がはたらくときの圧力。記号 Pa

**ハスキー**〔英 husky〕（形動ダ）｛ダロ・ダッ(デ・ニ)・ダ・ナ・ナラ・○｝声がかすれているようす。「―な声で歌う」「―ボイス」

**バスケット**〔英 basket〕（名）❶かご。特に、手にさげるかご。❷バスケットボールのゴールに使う、金属の輪にさげた底のない網《あみ》。❸「バスケットボール」の略。

**バスケットボール**〔英 basketball〕（名）五人ずつ二組に分かれ、一定時間に相手方のバスケットにボールを入れた得点によって勝負を争う競技。籠球《ろうきゅう》。

**はず・す【外す】**（他五）｛サ(ソ)・シ・ス・ス・セ・セ｝❶はまっているものや、かけてあるものなどを取って離《はな》す。「かけてある絵を―」「ボタンを―」「めがねを―」❷あるまとまりや範囲《はんい》から除く。「一軍から―」「予定から―」❸その場所から一時的に離《はな》れる。「席を―」❹わざと合わないように避《さ》ける。「視線を―」「混む時間を―」「敵のマークを―」❺ねらいをとらえそこなう。「的《まと》を―」「音程を―」

**バズ-セッション**〔英 buzz session〕（名）いくつかのグループで出し合った意見を全員で討論する方法。

**パスタ**〔イタリア pasta〕（名）スパゲッティやマカロニなど、イタリアのめん類の総称《そうしょう》。

**バスタブ**〔英 bathtub〕（名）湯ぶね。浴槽《よくそう》。

**はすっぱ**『△蓮っ葉』（名・形動ダ）〘俗語〙女性の言動が軽はずみで下品なこと。また、そういう女性。

**パステル**〔英 pastel〕（名）粉末の顔料を棒の形にかためた絵の具。やわらかくて折れやすい。「―画」

**バスト**〔英 bust〕（名）胸。特に、女性の胸まわり。

**ハズバンド**〔英 husband〕（名）夫。ハズ。対ワイフ

**パスポート**〔英 passport〕（名）政府が外国への旅行者に与《あた》える許可証。旅券。

**はずみ【弾み】**（名）❶はずむこと。「ボールの―」❷調子。勢い。「―がつく」❸その場のなりゆき。偶然

《ぐうぜん》のきっかけ。「ものの—」❹そのとたん。「ころんだ—に手をつく」

**はず・む**【弾む】{マ(モ)・ミ(ン)・ム・ム・メ・メ} 一 (自五) ❶はね返る。「—ボール」❷気持ちがうきうきする。勢いが出る。「声が—」「話が—」❸呼吸があらくなる。「息が—」 二 (他五) 思い切っておかねをたくさん出す。「お礼を—」

**はすむかい**〖◇斜向かい〗(名) 向かい側の正面からはずれた位置。ななめ前。「—に座る」

**パズル**〔英 puzzle〕(名) 考え、楽しみながら解くように作られた問題の総称《そうしょう》。「クロスワード—」

**はずれ**【外れ】(名) ❶はずれること。当たらないこと。「期待—」「—のくじ」❷中心からはなれた、はしの部分。はて。「村の—」

**はずれ**【葉擦れ】(名) 草や木の葉がすれ合うこと。

**はず・れる**【外れる】(自下一) {レ・レ・レル・レル・レレ・レロ(レヨ)} ❶かけたものやはめたものが取れて離《はな》れる。「ボタンが—」「自転車のチェーンが—」❷あるまとまりや範囲《はんい》から除かれた状態になる。「捜査《そうさ》対象から—」「日本代表から—」❸ある基準や道筋からそれる。「音程が—」「コースを—」「人の道に—・れた行い」❹ねらいとは異なるところへ行く。ねらいや予想と異なる結果となる。「くじが—」「シュートが—」「あてが—」

**パスワード**〔英 password〕(名) コンピューターなどのシステムを利用する際、本人であることを確認するための符号《ふごう》。暗証番号など。

> **学習 比較《ひかく》** 「パスワード」「暗証番号」
>
> **パスワード** コンピューターシステムにログインするときなどに、使用者の確認のためにＩＤとともに入力する文字列。
>
> **暗証番号** パスワードのうち、金融《きんゆう》機関のキャッシュカードやクレジットカードなどに利用される、通常四けたの数字。

**はぜ**〖×沙魚〗(名)〘動〙ハゼ科の魚の総称《そうしょう》。体長は一五《センチメートル》くらいで、沿岸・河口《かこう》に多くすむ。

**はせい**【派生】(名・自スル) もとになるものから、別のものが分かれてできること。「もとの意味から—した語義」 …的「派生的な問題」

**ばせい**【罵声】(名) 口ぎたなくののしる声。「—を浴びせる」

**はせいご**【派生語】(名) 一つの単語に接頭語や接尾語がついたり、音が変わったりして、新しくできた語。「弱い」から「弱々しい」「か弱い」ができるなど。

**ばせうのわきして**《バシヨウノワキシテ》 **盥《たらひ》に雨《あめ》を 聞《き》く夜《よ》かな** 俳句〔芭蕉野分して 盥に雨を 聞く夜かな〕〈芭蕉《ばしょう》〉訳秋の暴風が吹《ふ》き荒《あ》れて、軒先《のきさき》の芭蕉ははげしい葉音をたてて破れ、庵《いおり》(=江戸《えど》深川の芭蕉庵《あん》)の中では、たらいに落ちる雨もりの音を、ひとりわびしく聞いている夜だなあ。(季語「野分」秋)

**はせさん・じる**【はせ参じる】〖△馳せ参じる〗(自上一) {ジ・ジ・ジル・ジル・ジレ・ジロ(ジヨ)} 目上の人のところへ大急ぎで駆けつける。はせ参ずる。

**はせつ・ける**〖△馳せ付ける〗(自下一) {ケ・ケ・ケル・ケル・ケレ・ケロ(ケヨ)} 大いそぎでかけつける。「急病と知って—」

**バセドーびょう**【バセドー病】(名)〘医〙甲状腺《せん》のはたらきが異常に強まることでおこる病気。甲状腺がはれ、目がつき出る。バセドー氏病。参考ドイツの医者バセドー(Basedow)が発見・報告したことから。

**パセリ**〔英 parsley〕(名)〘植〙セリ科の越年草《えつねんそう》。葉はちぢれて、特有のにおいがある。ヨーロッパでは古くから料理のそえものに利用。オランダぜり。

**は・せる**〖△馳せる〗{セ・セ・セル・セル・セレ・セロ(セヨ)} 一 (他下一) ❶車や馬などを走らせる。「馬を—」❷遠くまでとどかせる。「悪名を—」「思いを—」 二 (自下一) かけて行く。走る。

**は・ぜる**〖◇爆ぜる〗(自下一) {ゼ・ゼ・ゼル・ゼル・ゼレ・ゼロ(ゼヨ)} さけて開く。はじける。「豆が—」

**はせん**【波線】(名) 波のようにうねった線。「〰」

**はせん**【破線】(名) 切れめのある線。「------」

**パソコン** (名) (「パーソナルコンピューター」の略) 個人や家庭での使用を目的とした、小型のコンピューター。PC。▽英 personal computer から。

**はそん**【破損】(名・自他スル) こわし傷つけること。こわれ傷つくこと。「機体の一部が—する」

# はた【畑】

9画 田4 小3 訓 はた・はたけ

丶 火 灯 灯 畑 畑

はた。はたけ。◆畑作 ◆田畑《たはた》・段段畑《だんだんばたけ》。

参考「畑」は日本で作った国字。

**はた**【畑】〖△畠〗(名) はたけ。「—仕事」

**はた**〖◇側・◇傍〗(名) わき。かたわら。また、まわりにいる人。「—から口をだす」「—が迷惑《めいわく》する」

**はた**【旗】(名) 布・紙などで作り、さおなどにつけて空中にひるがえし、かざりや団体の目じるしなどに使うもの。

**旗を揚《あ》げる** ❶兵をあげる。戦争を始める。❷新しく事業をおこす。

**旗を振《ふ》る** 人々の先頭に立って指揮《しき》をとる。

**旗を巻《ま》く** ❶計画を中止し、とちゅうでやめる。❷戦いに負ける。降参《こうさん》する。

**はた**【端】(名) はし。へり。ほとり。「池の—」

**はた**【機】(名) 布地を織る機械。「—を織る」

# はだ【肌】

6画 月2 訓 はだ

丿 刀 月 月 刖 肌

はだ。ひふ。◆肌着・肌身 ◆片肌・地肌・素肌

**はだ**【肌】〖◇膚〗(名) ❶からだの表面。ひふ。「—がかさかさする」❷物の表面。「山—」❸気質。気性。「—が合わない」「天才—」

**バター**〔英 butter〕(名) 牛乳の脂肪《しぼう》をかためて作った食品。パンにつけたり、料理に使ったりする。

**はだあい**【肌合い】(名) 性質。きだて。相手の性格などから受ける感じ。「—のちがう人」

**はたあげ**【旗揚げ】(名・自スル) ❶兵を集めて戦いをおこすこと。挙兵《きょへい》。❷新しく事業を始めること。「—興行」

**ばたあし**【ばた足】(名) 水泳の基本の型の一つ。足をのばし、交互《こうご》に上下させて水に打ちつけること。

**パターン**〔英 pattern〕(名) ❶型。類型。様式。

「行動の—」❷図案。がら。模様《もよう》。「テスト—」❸洋裁で用いる型紙。《=パタン》

**はたいろ【旗色】**(名) 戦争・試合などの勝ち負けのようす。形勢。「—が悪い(=負けそうである)」

**はだいろ【肌色】**(名) ❶人の肌の色・色つや。❷人の肌のような色。❸器物などの地肌の色合い。

**はたおり【機織り】**(名) ❶機を使って布を織ること。また、その人。❷《動》(「はたおりむし」の略)きりぎりすの古い呼び名。

**はだか【裸】**(名) ❶からだに衣服をつけていないこと。❷むき出しになっていること。「—電球」❸財産のないこと。無一物《むいちもつ》。「—で出直す」❹隠《かく》しごとやかざりのない、ありのままの気持ちのこと。「—のつき合い」

**はだかいっかん【裸一貫】**(名) 自分のからだのほかには、何も持っていないこと。「—でやり直す」

**はだかうま【裸馬】**(名) くらを置いていない馬。

**はたがしら【旗頭】**(名) その勢力のうちでいちばん上にたつ者。かしら。リーダー。「推進派の—」

**はだかむぎ【裸麦】**(名)《植》イネ科の一年草。大麦の一種。もみがらがはなれやすいのでいう。食用。

**はだか・る**(自五) {ラ(ロ)・リ(ッ)・ル・ル・レ・レ} ❶着物の胸もとやすそが乱れて広がり開く。「胸が—」 類はだける。❷手足を広げて人の前をふさぐように立つ。「行く手に—」

**はたき**『△叩き』(名) 棒の先に、細くさいた布や羽毛をつけた、ほこりをはらうそうじ道具。「—をかける」

**はだぎ【肌着】**『◇膚着』(名) 肌に直接着る衣類。シャツ・パンツなど。類下着

**はたきこみ【はたき込み】**『△叩き込み』(名) すもうで、低く出てくる相手の肩《かた》や背をはたいて前にたおすわざ。

**はた・く**『△叩く』(他五) {カ(コ)・キ(イ)・ク・ク・ケ・ケ} ❶たたく。ぶつ。「平手で頬《ほお》を—」❷たたいてほこりなどをはらいのける。「ちりを—」❸財産・おかねなどを全部使う。「あり金《がね》を—」

**バタくさ・い【バタ臭い】**(形) {カロ・カッ(ク)・イ・イ・ケレ・○} 西洋風である。「—顔だち」参考「バタ」は、「バター」のこと。

**はたけ【畑】**『△畠』(名) ❶野菜・穀物《こくもつ》などを作る土地。はた。❷専門の分野・領域。「—がちがう」

**はたけ**『△疥』(名)《医》ひふ病の一つ。顔に白色のまだらができ、それが乾燥《かんそう》してかさかさになるもの。

**はたけちがい【畑違い】**(名) その人の専門とする分野とちがうこと。「—の道に進む」

**はだ・ける**(自他下一) {ケ・ケ・ケル・ケル・ケレ・ケロ(ケヨ)} 着物の前などを広げる。また、着物の前などが乱れ開く。「胸もとが—」「着物の前を—」類はだかる

**はたご**『×旅籠』(名)(「はたご屋」の略)旅館・宿屋の古い呼び名。

**はたざお【旗ざお】**『旗△竿』(名) 旗をつけて立てるさお。

**はたさく【畑作】**(名) 畑に作物を作ること。また、その作るもの。

**はださむ・い【肌寒い】**『◇膚寒い』(形) {カロ・カッ(ク)・イ・イ・ケレ・○} ❶肌に少し寒さを感じる。「—天気」❷ぞっとするような気持ちである。「あの冷酷《れいこく》さを—・く感じる」《=はだざむい》

**はだざわり【肌触り】**『◇膚触り』(名) ❶ひふにふれたときの感じ。「—のよいシャツ」❷相手にあたえる感じ。「—のやわらかい人(=人あたりがいい人)」

**はだし**『×裸足・△跣』(名) ❶足に何もはいていないこと。すあし。❷(はだしで逃《に》げ出す意から)その道の専門家でもかなわないほどであること。「玄人《くろうと》—の歌唱力」類顔負け

**はたしあい【果たし合い】**(名) 争いの決着をつけるために、たがいに死を覚悟《かくご》して戦うこと。決闘《けっとう》。

**はたしじょう【果たし状】**(名) 果たし合いを申しこむ書状。

**はたして【果たして】**(副) ❶思ったとおり。やはり。「—大成功だった」❷ほんとうに。まちがいなく。「—当日は晴れるだろうか」使い方②はあとに疑問や仮定を表すことばがくる。

**はだじゅばん【肌じゅばん】**『肌×襦袢・◇膚×襦袢』(名) 肌に直接着るじゅばん。はだじばん。

**はたじるし【旗印】**(名) ❶むかし、旗にかいていくさでの目じるしにした紋《もん》・文字など。❷行動の目標としてかかげる主義や主張。「自然保護を—にする」

**はた・す【果たす】**(他五) {サ(ソ)・シ・ス・ス・セ・セ} ❶物事をなしとげる。「役目を—」「約束を—」❷(動詞の連用形について)すっかり…してしまう。「おかねを使い—」

**はたせるかな【果たせるかな】**思ったとおり。やはり。「—実験は失敗に終わった」

**はたち【◦二十・◦二十歳】**(名) 二〇歳《さい》。

**はたち【畑地】**(名) 畑になっている土地。

**はたと**(副) ❶物が強く打ち当たって音をたてるようす。「—ひざをたたく」❷とつぜん。急に。「—思いあたる」「—ことばにつまる」❸急に強くにらむようす。はったと。「—にらみつける」

**はたはた**『△鱩・△鰰』(名)《動》ハタハタ科の魚。日本海および北太平洋にすむ。うろこがなく胸びれが大きい。体長一五《センチメートル》ぐらいになる。

**ばたばた**(副・自スル) ❶手足や羽などを続けて動かすときの音のようす。「—と走り回る」❷布などが風にはためく音のようす。「旗が—と風になびく」❸続けて倒《たお》れるようす。「暑さで人が—倒れる」❹あわただしいようす。「先月までは—していた」

**はたび【旗日】**(名) 国民が国旗をかかげて祝う日。国民の祝日。

**バタフライ**〔英 butterfly〕(名) ❶《動》蝶《ちょう》。❷泳ぎ方の一種。両手をいっしょに水からぬき、前に回して水をかき、両足をそろえて水をける泳ぎ方。

**はだみ【肌身】**『◇膚身』(名) からだ。はだ。

**肌身離《はな》さず** いつも大切に身につけているようす。

**はため【はた目】**『◇傍目』(名) その事に関係のない人から見た感じ。「—にも気の毒だ」

**はためいわく【はた迷惑】**『◇傍迷惑』(名・形動ダ) まわりの人が迷惑をうけること。「—な話」

**はため・く**(自五) {カ(コ)・キ(イ)・ク・ク・ケ・ケ} 旗などが風を受けてはたはたとゆれ動く。「国旗が—」

**はたもと【旗本】**(名)《歴》江戸《えど》時代、徳川将軍直属の家来のうち、禄高《ろくだか》一万石《ごく》未満で、将軍に直接会う資格のあった者。⇨ごけにん②

**はたらか・す【働かす】**(他五) {サ(ソ)・シ・ス・ス・セ・セ} ❶仕事を

させる。「休日に—」❷使う。機能させる。「頭を—」

**はたらか・せる**【働かせる】（他下一）{セ・セ・セル・セル・セレ・セロ(セヨ)} ➡はたらかす

**はたらき**【働き】（名）❶はたらくこと。仕事。「外へ—に出る」❷活躍。てがら。「めざましい—をみせる」❸ききめ。作用。機能。「引力の—」

**はたらきか・ける**【働きかける】『働き掛ける』（自下一）{ケ・ケ・ケル・ケル・ケレ・ケロ(ケヨ)} 自分から他に対して動作をしかける。「協力してくれるように—」

**はたらきざかり**【働き盛り】（名）一生のうちで、いちばんさかんに仕事のできる年ごろ。

**はたらきづめ**【働き詰め】（名）休まずに働きつづけること。

**はたらきて**【働き手】（名）❶働く人。❷いつもよく働く人。働き者。「村一番の—」❸一家の暮らしをささえる人。「—を失う」

**はたらきばち**【働き蜂】（名）《動》みつばちなど、社会生活を営み、労働をするはち。雌《めす》であるが産卵しない。参考せっせとよく働く人をたとえてもいう。

**はたらきもの**【働き者】（名）いっしょうけんめいによく働く人。

**はたら・く**【働く】{カ(コ)・キ(イ)・ク・ク・ケ・ケ} ━（自五）❶仕事をする。「夜も—」「海外で—」❷心や脳が活動する。「頭が—」「悪知恵が—」❸他のものに影響《えいきょう》をおよぼす。作用する。機能する。「重力が—」「薬が—」「安全装置が—」
━（他五）よくないことをする。「盗《ぬす》みを—」
表現 きびきび・てきぱき・せっせと・ばりばり◆汗水《あせみず》たらして・額《ひたい》に汗して・身を粉《こ》にして・骨身を惜しまず・かいがいしく・馬車馬のように

**はたらけど**…短歌

〔はたらけど　はたらけど猶《なほ》　わが生活《くらし》楽《らく》にならざり　ぢっと手《て》を見《み》る〕〈石川啄木《いしかわたくぼく》〉訳働いても、働いても、やはり私の生活は楽にならない。働き疲《つか》れた私は、ため息の出るような思いで自分の手をじっと見つめるばかりだ。

**はたん**【破綻】（名・自スル）物事がうまくいかず、だめになること。「財政に—をきたす」

**はだん**【破談】（名）いちど決まった約束や相談・縁談《えんだん》を取り消すこと。「—になる」

**はたんきょう**『巴旦杏』（名）《植》❶すももの一種。実は肉が厚く、甘《あま》い。❷➡アーモンド

**はち**【八】 2画 八0 小1 音ハチ 訓や・やっ・やっつ・よう

ノ　八

❶やっつ。◆八景。◆四方八方。❷数の多いこと。
参考「よう」の訓は、「八日《ようか》」などのことばに使われる特殊《とくしゅ》な読み方。特別に、「八百長」は「やおちょう」、「八百屋」は「やおや」と読む。

**はち**【八】（名）七に一を加えた数。やっつ。「額に—の字をよせる（=むずかしい顔をする）」

**はち**【鉢】 13画 金5 音ハチ・ハツ 高

亼　亼　金　針　鉢　鉢

僧侶《そうりょ》の食器。皿より深く、口の開いた器。◆植木鉢・金魚鉢・乳鉢。◆鉢物《はちもの》。参考「ハツ」の音は、「衣鉢《いはつ》」などのことばに使われる特殊《とくしゅ》な読み方。

**はち**【鉢】（名）❶皿より深く口が開いた、食べ物・水などを入れる器。❷草花を植える入れ物。植木鉢。「—に植えた花」❸頭蓋骨《ずがいこつ》。また、頭の横のまわり。「—の大きい人」❹かぶとの、頭をおおう部分。

**はち**【蜂】（名）《動》膜翅目《まくしもく》の昆虫《こんちゅう》で、アリ科を除いたものの総称《そうしょう》。みつばち・くまばちなど。雌《めす》には毒針があってさす。巣を作って幼虫を育てる。

**ばち**【罰】➡ばつ(罰)

**ばち**【罰】（名）神仏が悪事をこらしめること。悪事の報い。「—があたる」

**ばち**『桴・枹』（名）太鼓《たいこ》・銅鑼《どら》などを打ち鳴らす棒。

**ばち**『撥』（名）びわ・三味線《しゃみせん》などの糸をかき鳴らす道具。

**ばちあたり**【罰当たり】（名・形動ダ）悪いことをして、報いがくるのが当然と思われるようす。また、悪いことをした人をののしって言うことば。「この—め」

**はちあわせ**【鉢合わせ】（名・自スル）❶頭と頭をぶつけ合うこと。❷人とばったり出会うこと。「とんだ所で—する」

**はちうえ**【鉢植え】（名）植木鉢に植えてある草木。また、植木鉢に植えること。

**ばちがい**【場違い】（名・形動ダ）その場にふさわしくないこと。「—な質問」

**はちがつ**【八月】（名）一年の八番目の月。葉月。

**バチカン**〔Vatican〕［地名］世界でいちばん小さい独立国。ローマ市内の一区画をしめ、ローマ教皇が治めている。カトリック教会の中心地。面積〇・四四平方キロメートル。人口約八〇〇人。バチカン市国。

**はちき・れる**（自下一）{レ・レ・レル・レル・レレ・レロ(レヨ)} なかみがいっぱいになって破れ、外にあふれる。「おなかが—・れそうだ」「—・れんばかりの若さ」

**はちく**【破竹】（名）竹を割ること。

**破竹の勢《いきお》い**（竹は最初の節を割ると、あとはたやすく割れていくことから）ふせぐことができないほどのさかんな勢い。「—で勝ち進む」

**はちじゅうはちや**【八十八夜】（名）立春から八八日目の夜。五月一、二日ごろ。農家では種まきの時節。

**はちす**『蓮』（名）《植》➡はす(蓮)

**はちだいしゅう**【八代集】（名）《文》勅撰《ちょくせん》和歌集の最初から八番目までをいう。九〇五(延喜《えんぎ》五)年から一二〇五(元久二)年までに編纂《へんさん》された古今《こきん》集・後撰《ごせん》集・拾遺《しゅうい》集・後拾遺集・金葉《きんよう》集・詞花《しか》集・千載《せんざい》集・新古今集。

**はちのす**【蜂の巣】（名）❶はちが幼虫を育てたり、花の蜜《みつ》をたくわえたりするために作る巣。多く、六角形の多数の巣穴を持つ。❷小さな穴が多数あいていることのたとえ。「機銃掃射《そうしゃ》で—になった壁《かべ》」

**蜂の巣をつついたよう**　大騒《おおさわ》ぎになって手のつけようがないようす。

**はちぶどおり**【八分通り】（副）一〇分の八くらい。だいたい。ほぼ。「—できあがる」

**はちまき【鉢巻き】**（名）頭を手ぬぐいや布切れで巻くこと。また、その布。「ねじり―」

**はちみつ【蜂蜜】**（名）みつばちが花からとって巣にたくわえたみつ。栄養価が高く、食用や薬用にする。

**はちミリ【八ミリ】**（名）幅《はば》が八《ミリ》《メートル》のフィルムを用いる映画や撮影《さつえい》機。

**はちめんろっぴ**『八面六△臂』（名）（八つの顔と六つのひじをもった仏像の意から）一人であらゆる方面にわたる活躍《かつやく》をするようす。「―の大活躍」

**はちゃめちゃ**（名・形動ダ）《俗語》めちゃくちゃ。「―な人」

**はちゅうるい**『△爬虫類』（名）《動》脊椎《せきつい》動物の一種。多くは卵からかえり、陸上生活をし、変温動物で、肺で呼吸する。からだはうろこ、または甲羅《こうら》でおおわれている。蛇《へび》・とかげ・かめ・わになど。

**はちょう【波長】**（名）❶《物》電波・音波などで、波の山と山との間、または谷と谷との間の長さ。❷人との気持ちの通じぐあい。「あの人とは―が合わない」

**はちょう【破調】**（名）調子がはずれること。調子をはずすこと。

**ぱちんこ**（名）❶Y字形の木や金具にゴムひもを張り、石などをとばすおもちゃ。❷釘《くぎ》をたくさん打った垂直の板面に鉄の玉をはじき上げて穴に入れる遊び。

**はつ【発】** [9画 癶4] ㊛小3 〔發〕 音ハツ・ホツ㊥

❶弾丸《だんがん》などをうつ。◆発射・発砲《はっぽう》◆不発・暴発。❷おこる。生じる。おこす。始める。◆発火・発光・発行・発生・発電・発動・発病・発起《ほっき》・発作《ほっさ》・発足《ほっそく》・発端《ほったん》◆偶発《ぐうはつ》・再発・蒸発・突発《とっぱつ》・爆発《ばくはつ》・誘発《ゆうはつ》。❸表に出る。明らかにする。◆発覚・発揮・発見・発表・発明・発露《はつろ》◆開発・啓発《けいはつ》・告発・摘発《てきはつ》。❹さかんになる。◆発育・発達・発展◆活発。❺出かける。◆発車・発着◆始発・終発・出発。対着。❻おくり出す。◆発信・発送・発注 ⇩付録「漢字の筆順⑯癶」

**はつ【発】** ■一（名）出発すること。「六時―の飛行機」対着。■二（接尾）弾丸《だんがん》など、発射したり、うったりするものを数えることば。「一万―《ぱつ》の花火」

**はつ【鉢】**→はち（鉢）

**はつ【髪】** [14画 髟4] 〔髮〕 音ハツ 訓かみ

かみの毛。毛。◆遺髪・金髪・散髪・整髪・長髪・剃髪《ていはつ》・頭髪・白髪・毛髪・理髪。参考特別に、「白髪」は「しらが」とも読む。⇩付録「漢字の筆順⑮镸」

**はつ【初】** ■一（名）はじめてであること。「―の受賞」■二（接頭）「初めての」の意味を表す。「―出場」

**はっ【法】**→ほう（法）

**ばつ【末】**→まつ（末）

**ばつ【伐】** [6画 亻4] 音バツ

❶木を切る。◆伐採◆間伐・盗伐《とうばつ》・乱伐。❷敵や悪者をうつ。◆征伐《せいばつ》・誅伐《ちゅうばつ》・討伐《とうばつ》 ⇩付録「漢字の筆順⑴戈〔戈〕」

**ばつ【抜】** [7画 扌4] 〔拔〕 音バツ 訓ぬく・ぬける・ぬかす・ぬかる

❶ひきだす。とりだす。◆抜剣《ばっけん》・抜糸・抜歯・抜粋《ばっすい》・抜擢《ばってき》・抜刀◆選抜・不抜。❷おいこす。ぬきん出る。◆抜群◆奇抜《きばつ》・秀抜《しゅうばつ》・卓抜《たくばつ》

**ばつ【罰】** [14画 罒9] 音バツ・バチ

悪い行いに対するこらしめ。◆罰金・罰則・罰点◆刑罰《けいばつ》・厳罰・賞罰・処罰・体罰・懲罰《ちょうばつ》・天罰

**ばつ【罰】**（名）悪い行いに対するこらしめ。しおき。「―をあたえる」

**ばつ【閥】** [14画 門6] 音バツ

❶いえがら。◆名閥・門閥。❷出身や利害関係を同じくする者の集まり。◆学閥・軍閥・財閥・党閥・派閥・藩閥《はんばつ》 ⇩付録「漢字の筆順⑴戈〔戈〕」

**ばつ【閥】**（名）出身や利害を同じくする者がつくる排他《はいた》的な集まり。「―をつくる」

**ばつ**（名）❶その場の調子。ぐあい。「―が悪い（＝きまりが悪い）」❷つじつま。「―を合わせる」

**ばつ**（名）→ばってん

**ばつ**『△跋』（名）本の終わりに書きそえる文。あとがき。跋文《ばつぶん》。対序

**はつあき【初秋】**（名）秋のはじめ。しょしゅう。

**はつあん【発案】**（名・自他スル）❶新しく考え出すこと。「新事業の―者」❷会議で話し合う問題を出すこと。類提案

**はつい【発意】**（名・自他スル）計画などを思いつくこと。参考「ほつい」とも読む。

**はついく【発育】**（名・自スル）生物がしだいに育つこと。「稲《いね》の―が悪い」類生長・成長

**ばついち**（名）《俗語》一度の離婚《りこん》経験があること。また、その人。

**はつうま**『初◇午』（名）二月のはじめの午《うま》の日。また、その日に行われる稲荷《いなり》神社の祭り。

**はつえき【発駅】**（名）列車や電車の出発する駅。始発駅。対着駅

**はつおん【発音】**（名・他スル）ことばを表す音を出すこと。また、その出し方。「英語の―」「―記号」

**はつおん**『△撥音』（名）日本語で、はねるように発音する音。「みかん」「とんぼ」のように「ん」で表す。

**はつおんきごう【発音記号】**（名）ことばの発音を示すための記号。音声記号・音標《おんぴょう》文字ともい い、ローマ字をもとにしてつくられたものが多く使われる。

**はつおんびん**『△撥音便』（名）《文法》音便の一種。語中・語尾の「に」「び」「み」などが撥音「ん」に変化すること。「飛びて」が「飛んで」、「飲みて」が「飲んで」になるたぐい。⇩おんびん（音便）

**はっか【発火】**（名・自スル）火を出すこと。燃え出すこと。「―の原因」「自然―」

**はっか**『薄荷』（名）《植》シソ科の多年草。山野に自生。また、栽培《さいばい》もする。葉・茎《くき》ともによいにおいがある。はっか油をとる。

**はつが【発芽】**（名・自スル）草木や種子が芽を出すこ

と。「ーがおくれる」類出芽

**ハッカー**〔英 hacker〕（名）コンピューターに精通した人。特に、他人のコンピューターに侵入《しんにゅう》し、システムを破壊《はかい》したり、情報を盗んだりする者。

**はっかい【発会】**（名・自スル）❶会をはじめて開くこと。また、その会。「ー式」❷《経》取引所における毎月最初の立ち会い。対納会

**はつかおあわせ【初顔合わせ】**（名）❶関係者がはじめて集まること。❷すもうなどで、はじめて対戦すること。❸映画や演劇などで、はじめて共演すること。

**はっかく【発覚】**（名・自スル）かくしていた事や悪い事などがばれること。「不正がーする」類露見《ろけん》

**はづか・し**〔恥づかし《ハズカシ》〕（形シク）古語❶気がひける。きまりが悪い。「隔《へだ》てなく慣れぬる人も、ほど経て見るは、ー・しからぬかは」〈徒然草《つれづれぐさ》〉訳隔てることなく慣れ親しんだ人でも、久しぶりに会うのは、気がねを感じないことがあろうか（いや、感じるにちがいない）。❷こちらが恥ずかしくなるほど、むこうがすぐれている。

**バッカス**〔Bacchus〕（名）→ディオニソス

**はつかだいこん【◦二十日・大根】**（名）《植》野菜の一種。種をまいて三週間ぐらいで食べられる小形の大根。

**はつがつお【初がつお】**『初△鰹』（名）初夏にとれる、その年はじめて市場にでるかつお。特に、初物《はつもの》を好む江戸《えど》っ子に珍重《ちんちょう》された。

**はっかてん【発火点】**（名）❶《物》空気中で物が自然に燃え始める最低の温度。❷事件などのおこるきっかけ。「争いのーとなる」

**はつかねずみ**『◦二十日△鼠』（名）《動》ネズミ科の哺乳《ほにゅう》動物。からだは八《センチメートル》ぐらいで、白色または灰黒色。家の中、または人家に近い所にすむ。

**はっかん【発刊】**（名・他スル）新聞・本・雑誌などを新たに世の中に出すこと。「ー記念」対廃刊《はいかん》

**はっかん【発汗】**（名・自スル）あせが出ること。

**はつがん【発がん】**『発△癌』（名・自他スル）《医》生体組織に癌が発生すること。また、発生させること。…性「発癌性物質」

**はっき【発揮】**（名・他スル）持っている力をじゅうぶん出すこと。ふるいおこすこと。「実力をーする」

**はつぎ【発議】**（名・自他スル）会議などで、最初に議案や意見を出すこと。参考「ほつぎ」とも読む。

**はづき【葉月】**（名）陰暦《いんれき》八月の異名。

**はっきゅう【発給】**（名・他スル）役所が書類などを発行して与《あた》えること。「パスポートをーする」

**はっきゅう【薄給】**（名）安い給料。対高給

**はっきょう【発狂】**（名・自スル）気が狂《くる》うこと。「恐《おそ》ろしさのあまりーする」

**はっきり**（副・自スル）❶他との区別があきらかなようす。「ー（と）見える」❷あいまいでなく明確なようす。「態度がーしている」❸すっきりしてさわやかなようす。「頭がー（と）する」

**はっきん【白金】**（名）《化》金属元素の一つ。銀白色で重く、つやがあり、高い熱や酸性の薬品（硫酸《りゅうさん》など）におかされにくい。理化学器械・かざり物に使われる。プラチナ。元素記号 Pt

**はっきん【発禁】**（名）（「発売禁止」の略）出版物の発売・発行を禁止すること。「ー本」

**ばっきん【罰金】**（名）❶罰として出させるおかね。❷《法》法律をおかした者から、罰としてとりたてる金銭。

**ハッキング**〔英 hacking〕（名・他スル）不正に他人のコンピューターに侵入《しんにゅう》し、情報を盗んだり書き換《か》えたりすること。クラッキング。

**パッキング**〔英 packing〕[一]（名・他スル）荷造り。[二]（名）❶荷造りで、中の物がこわれないように、外箱との間につめる物。❷管などのつなぎ目や、蛇口《じゃぐち》の中にとりつけて、気体や液体のもれをふせぐもの。パッキン。

**バック**〔英 back〕[一]（名）❶背後。また、背景。「写真のー」❷うしろだて。後援《こうえん》者。「強力なーがある」❸サッカー・ラグビーなどで、うしろを守る選手。後衛。バックス。対フォワード。❹（「バックストローク」の略）背泳。[二]（名・自スル）うしろにさがること。後退。「車がーする」

**バック**〔Buck〕［人名］→パール=バック

**バッグ**〔英 bag〕（名）かばん。「ショルダーー」

**パック**〔英 pack〕（名・他スル）❶品物を包装したり、容器につめたりすること。また、そのもの。「真空ー」❷いろいろな種類のものを一つにまとめること。また、そのもの。「ー旅行」❸肌《はだ》の美容法の一つ。ひふを美容液などで膜《まく》のようにおおうもの。

**バックアップ**〔英 backup〕（名・他スル）❶野球で、野手がボールを取ろうとするとき、失敗に備えて、うしろでさらに守ること。❷うしろだてをすること。あとおし。後援《こうえん》。「仕事をーする」❸コンピューターで、事故に備えてデータなどのコピーを取っておくこと。

**バックグラウンド**〔英 background〕（名）事件などの背景になる事情やことがら。

**バックグラウンド-ミュージック**〔英 background music〕（名）映画などで、背景として流す音楽。また、店や職場などで、雰囲気《ふんいき》をやわらげるために流す音楽。BGM《ビージーエム》。

**バックストローク**〔英 backstroke〕（名）背泳。背泳ぎ。バック。

**はっくつ【発掘】**（名・他スル）❶地中にうずもれているものをほり出すこと。「古墳《こふん》をーする」❷世の中にまだ知られていない、すぐれた物や人を見つけ出すこと。「人材をーする」

**バック-ナンバー**〔英 back number〕（名）❶今までに出された雑誌の各号。「雑誌のーをそろえる」❷自動車などの後部につけた登録番号。

**バック-ネット**〔和製英語〕（名）野球場で、本塁《ほんるい》の後方にはった、ボールを止める網《あみ》。▽back と net から。

**バックハンド**〔英 backhand〕（名）テニスや卓球《たっきゅう》、バドミントンなどで、ラケットを持った腕《うで》の反対側にきた球やシャトルを打つこと。対フォアハンド

**バックボーン**〔英 backbone〕（名）（背骨の意）しっかりした信念。気骨。「ーがしっかりしている」

**バック-ミラー**〔和製英語〕（名）自動車の運転台などに取りつけた、後方を見る鏡《かがみ》。▽back と mirror から。

**バックル**〔英 buckle〕（名）ベルトなどのとめがね。しめ

金具。
**ばつぐん【抜群】**(名・形動ダ) 多くのものの中で、とびぬけてすぐれていること。「—の成績」
**はっけ『八△卦』**(名) ❶易《えき》の算木《さんぎ》にあらわれる八つの形。❷易。うらない。「当たるも—当たらぬも—」
**パッケージ**〔英 package〕(名) ❶包装。荷造り。また、包装用の容器。❷いくつかのものを一つに組み合わせた商品。パック。「—ツアー」
**はっけっきゅう【白血球】**(名)〘生〙血液中にある無色の血球。病原体やがん細胞《さいぼう》などの異物を食い、害をふせぐはたらきをする。対赤血球
**はっけつびょう【白血病】**(名)〘医〙造血細胞《さいぼう》が変異して、血液中の白血球が異常にふえる病気。
**はっけん【発見】**(名・他スル) 今まで知られていなかったものや所在がわからなかったものを、見つけ出すこと。「新星を—する」
**はつげん【発言】**(名・自スル) 意見を述べること。また、その意見。「—を許す」「—権」「—力が増す」「凶器《きょうき》を—する」
**はつげん【発現】**(名・自他スル) 精神や力などが、実際に現れ出ること。また、現すこと。「人格の—」
**はつご【発語】**(名) ❶ことばを言い出すこと。❷話や文章のはじめにおくことば。「さて」「さあ」など。
**ばっこ『△跋△扈』**(名・自スル) 思うままにふるまうこと。のさばること。「無法者が—する」「跳梁《ちょうりょう》—」
**はつこい【初恋】**(名) その人にとってはじめての恋。
**はっこう【発光】**(名・自スル) 光を出すこと。「—体」
**はっこう【発行】**(名・他スル) ❶本・新聞・紙幣《しへい》などを印刷して世の中に出すこと。❷証明書・入場券・定期券などを作って出すこと。
**はっこう【発効】**(名・自スル) 法律や権利などが効力をもつようになること。「条約が—する」対失効
**はっこう【発酵】『△醱酵』**(名・自スル) 酵母《こうぼ》・細菌《さいきん》などのはたらきで、糖類などの有機化合物が分解する現象。酒・しょうゆ・みそなどを造るのに利用する。
**はっこう【薄幸】『薄△倖』**(名・形動ダ) しあわせにめぐまれないこと。不幸。「—の生涯《しょうがい》」対多幸
**はっこうダイオード【発光ダイオード】**(名) 一定方向に電流を流すと発光する半導体部品。低い電力で高輝度《きど》を得られ寿命《じゅみょう》が長い。LED。▽ダイオードは、英 diode
**はっこつ【白骨】**(名) 風や雨にさらされて白くなった骨。「—死体」…化「白骨化した遺体」
**ばっさい【伐採】**(名・他スル) 木などを切りたおすこと。木材として切り出すこと。「森林—」
**はっさく『八△朔』**(名) ❶陰暦《いんれき》の八月一日。❷〘植〙みかんの一種。実は夏みかんに似たくだもので、適度な酸味と甘《あま》みがある。
**はっさん【発散】**(名・自他スル) 中にこもるものが外部へ出て散ること。また、出して散らすこと。「若さを—させる」「ストレスを—する」「においが—する」
**ばっし【末子】**(名) 兄弟《きょうだい》・姉妹《しまい》のいちばん下の子。末《すえ》っ子。対長子。参考「まっし」とも読む。
**ばっし【抜糸】**(名・自スル)〘医〙傷口を縫《ぬ》い合わせた糸を、傷口がふさがってから取ること。
**ばっし【抜歯】**(名・自スル) 歯を抜《ぬ》きとること。
**バッジ**〔英 badge〕(名) 襟《えり》や胸などにつける記章。
**はつしぐれ【初◦時雨】**(名) その年はじめて降るしぐれ。
**はつしぐれ…** 俳句
〔初しぐれ　猿《さる》も小蓑《こみの》を　ほしげなり〕〈芭蕉《ばしょう》〉訳冷たい初しぐれが降る山道を蓑をつけて歩いて行くと、木の枝に猿が一匹《いっぴき》寒そうにうずくまって雨にぬれている。猿も小さい蓑がほしそうなようすだ。(季語「初しぐれ」冬)
**はっしと**(副) 勢いよく打ったり受けとめたりするようす。「木刀で—打つ」「—受け止める」
**はつしも【初霜】**(名) その年の冬、はじめておりた霜。
**はっしゃ【発車】**(名・自スル) 電車・自動車などが出発すること。「—時間」対停車
**はっしゃ【発射】**(名・他スル) 弾丸《だんがん》やロケットなどを打ち出すこと。「ピストルを—する」
**はっしょう【発症】**(名・自他スル) 病気の症状が出ること。「—率」
**はっしょう【発祥】**(名・自スル) 物事がおこり始まること。「インカ文明—の地」
**はつじょう【発情】**(名・自スル) 情欲のおこること。動物にさかりがつくこと。「—期」
**はっしょく【発色】**(名) 色を出すこと。染めものやカラーフィルムなどの色のしあがりぐあい。「—がいい」
**パッション**〔英 passion〕(名) ❶はげしい感情。情熱。❷キリストの受難。
**はっしん【発信】**(名・他スル) ❶通信のための電波を出すこと。❷郵便・電報を相手におくること。「—人」(類送信。対受信・着信)
**はっしん『発△疹』**(名・自スル) ひふに小さいふきでものができること。また、そのふきでもの。ほっしん。
**はっしん【発進】**(名・自スル) 自動車・船・飛行機などが出発すること。「緊急《きんきゅう》—」
**バッシング**〔英 bashing〕(名) てきびしく非難・攻撃《こうげき》すること。「マスコミから—を受ける」
**はっしんチフス『発△疹チフス』**(名)〘医〙感染症《かんせんしょう》の一つ。しらみによってうつされ、全身に小さいふきでものができ、高熱を出す。ほっしんチフス。▽チフスは、ドイツ Typhus
**ばっすい【抜粋】『抜△萃』**(名・他スル) 書物・作品などから、必要な所や大事な部分をぬき出すこと。また、ぬき出したもの。「要点を—する」類抄出《しょうしゅつ》
**はつすがた【初姿】**(名) ❶きれいに着かざった正月の姿。❷はじめてそのよそおいをした姿。
**はっ・する【発する】**〔シ(セ・サ)・シ・スル・スル・スレ・シロ(セヨ)〕 一(自サ変) ❶出発する。「四時に—」❷生じる。おこる。「誤解から—・した事件」 二(他サ変) ❶おこす。「小さなめごとに端《たん》を—」❷外へ向かって出す。「においを—」「奇声《きせい》を—」❸発表する。「声明を—」❹そちらに行かせる。「使いを—」
**ハッスル**〔英 hustle〕(名・自スル) 元気よく、はりきって活動すること。「—プレー」
**ばっ・する【罰する】**(他サ変)〔シ(セ・サ)・シ・スル・スル・スレ・シロ(セヨ)〕 罰《ばつ》をあたえる。「条例によって—」

**はっせい【発生】**（名・自スル）❶物事が起こること。「事件が―する」❷生まれ出ること。「蚊《か》が―する」❸《生》生物が卵からしだいに成体になる初期の過程。

**はっせい【発声】**（名・自スル）❶声を出すこと。「―練習」❷大勢で声を合わせて何かを言うとき、最初に音頭《おんど》をとること。「会長の―で乾杯《かんぱい》する」

**はっせいきかん【発声器官】**（名）《生》声を出すのに必要な器官。声帯《せいたい》・口・鼻・のどなど。

**ばっせき【末席】**（名）→まっせき

**はっそう【発送】**（名・他スル）品物を送り出すこと。

**はっそう【発想】**（名・自他スル）❶考えつくこと。思いつき。また、その考え方。「自由な―」「―の転換《てんかん》」❷もととなる考えを作品などに表し出すこと。「奇抜《きばつ》な―の作品」❸《音》その曲の気分・速さ・強さなどを演奏によって表すこと。「―記号」

**はっそく【発足】**（名・自スル）→ほっそく

**ばっそく【罰則】**（名）きまりを守らない者を罰するための規則。「―に照らし合わせる」

**ばっそん【末孫】**（名）遠い血筋の子孫。参考「まっそん」とも読む。

**ばった**（名）《動》バッタ科の昆虫《こんちゅう》の総称《そうしょう》。草の間などにすみ、よくとびはねる。

**バッター**〔英 batter〕（名）野球で、ボールを打つ人。打者。「四番―」

**バッター-ボックス**〔英 batter's box〕（名）野球で、バッターが立って、ピッチャーの投げるボールを打つ所。本塁《ほんるい》の左右両側にある。打席。

**はつたけ**『初△茸』（名）ベニタケ科の食用きのこ。うすい赤褐色《せっかっしょく》で、傷がつくと青緑色になる。

**はったつ【発達】**（名・自スル）❶成長して、完全な状態になっていくこと。「心身の―」「未―」❷物事が進歩・発展すること。「文明の―」類発展 ❸規模《きぼ》が大きくなること。「―した低気圧」

**はったつしょうがい【発達障害】**（名）《医》幼少期にあらわれる、脳機能の発達にかかわる障害。

**はったり**（名）自分を実際以上に見せようとしたり、相手の気勢をそいだりするために、大げさにふるまったり話したりすること。「―をきかせる」

**ハッチ**〔英 hatch〕（名）船の甲板《かんぱん》の昇降口《しょうこうぐち》。

**はっちゃく【発着】**（名・自スル）（交通機関の）出発と到着《とうちゃく》。「バスの―時刻」

**はっちゅう【発注】**（名・他スル）商品などを注文すること。「―書」対受注

**はっちょう【八丁】**『八△挺』（名）達者なこと。じょうずなこと。「口も―手も―」

**ばっちり**（副）《俗語》物事がうまくいくようす。完璧《かんぺき》なようす。「今日のテストは―だった」

**パッチワーク**〔英 patchwork〕（名）色や形のちがう小さな布をつぎ合わせて作る手芸品。

**ばってい【末弟】**（名）兄弟で、いちばん下の弟。対長兄《ちょうけい》。参考「まってい」とも読む。

**バッティング**〔英 batting〕（名）野球で、ピッチャーの投げたボールをバッターがバットで打つこと。打撃《だげき》。

**バッティング**〔英 butting〕（名・自スル）❶ボクシングで、頭などを相手にぶつけること。反則になる。❷時間や日程がかち合うこと。「予定が―する」

**ばってき【抜△擢】**（名・他スル）大勢の中から特にひきぬいて重要な地位につけること。「主役に―される」

**バッテリー**〔英 battery〕（名）❶電池。特に充電《じゅうでん》して、くりかえし使える蓄電池《ちくでんち》。「車の―があがる」❷野球で、ピッチャーとキャッチャーの組み合わせ。「息の合う―」「―を組む」

**はってん【発展】**（名・自スル）❶勢いや力がのびひろがること。栄えること。「町の―」「話が思わぬ方向へ―する」…的「発展的解消」…性「発展性のある会社」❷より高度に進むこと。「文化の―」（類発達）

**はつでん【発電】**（名・自スル）電気をおこすこと。水力発電・火力発電・原子力発電などがある。

**ばってん【罰点】**（名）❶否定・誤り・消去などの意味を表すしるし。「×」。ばつ。❷試合などで、反則に対する減点。

**はつでんき【発電機】**（名）電気をおこす機械。

**はつでんしょ【発電所】**（名）発電機を回転させて電気をおこし、電流を各地に送る所。水力発電所・火力発電所・原子力発電所などがある。

**はってんとじょうこく【発展途上国】**（名）産業・文化などが発展しつつある国。対先進国

**はっと【法度】**（名）❶おきて。武家時代の法律。「武家諸―」❷きまりとして、してはならないこと。禁制。「無断欠席はご―だ」

**はっと**（副・自スル）思いがけないことにおどろくようす。また、急に気づくようす。「突然《とつぜん》名を呼ばれて―する」「―われに返る」

**バット**〔英 bat〕（名）野球で、ボールを打つのに使う棒。

**ぱっと**（副・自スル）❶すばやく動くようす。急に起こるようす。「電気が―つく」「良い考えが―ひらめく」❷またたく間に広がるようす。「悪いうわさが―広がる」❸はなやかで目立つようす。「成績が―しない」

**パッド**〔英 pad〕（名）❶体形がよく見えるように洋服の肩《かた》や胸などにあてる詰めもの。「肩―」❷衝撃《しょうげき》や摩擦《まさつ》を軽くするためにあてるもの。「マウス―」❸はぎ取って使うメモ用紙や便せん。「メモ―」

**はつどう【発動】**（名・自他スル）❶権力を行使すること。「強権―」❷動力をおこすこと。「―機」

**ばっとう【抜刀】**（名・自スル）刀をさやからぬくこと。また、ぬいた刀。

**はつどうき【発動機】**（名）ガソリン・軽油・重油などを用いて動力をおこす機械。内燃機関。エンジン。

**はっとうしん【八頭身】**（名）身長が頭の長さの八倍あること。理想的スタイルとされる。

**ハット-トリック**〔英 hat trick〕（名）サッカーなどで一人の選手が一試合に三得点以上を挙げること。

**はつに【初荷】**（名）その年はじめて商品としての荷を送りだすこと。また、その荷。

**はつね【初音】**（名）うぐいす・ほととぎすなどの、その年はじめての鳴き声。「うぐいすの―を聞く」

**はつねつ【発熱】**（名・自スル）熱を出すこと。体温がふだんよりも高くなること。「かぜによる―」

**はつのり【初乗り】**（名）❶新しい乗り物にはじめて乗ること。❷電車・タクシーなどで、最低料金で行ける区間・距離《きょり》。

**はっぱ【発破】**(名) 火薬をしかけて岩石などを爆破《ばくは》すること。また、その火薬。

**発破をかける** ❶火薬をしかけて爆破《ばくは》する。❷強く注意したり、はげましたりする。気合いをかける。

**はっぱ【葉っぱ】**(名) 木や草の葉。

**はつばい【発売】**(名・他スル) 物を売りだすこと。「―日」

**はつはる【初春】**(名) ❶春のはじめ。❷新年。正月。《=しょしゅん》

**はつひ【初日】**(名) 元日の朝の太陽。「―を拝む」 注意「しょにち」と読むと別の意味になる。

**はっぴ【法被】**(名) 襟《えり》や背中に名前や屋号などを入れたはんてん。職人などが着る。しるしばんてん。

**ハッピー-エンド**〔和製英語〕(名) 映画・小説・演劇などで、最後の場面が幸福に終わること。めでたい結末になること。▽英 happy ending から。

**はつびょう【発病】**(名・自スル) 病気になること。症状《しょうじょう》があらわれること。「外出先で―する」

**はっぴょう【発表】**(名・他スル) 広く世間に知らせること。また、多くの人前で何かをして見せること。「結果を―する」「合格―」「ピアノの―会」

**ばつびょう**『抜△錨』(名・自スル) 船がいかりをあげて出航すること。対投錨

**はっぷ【発布】**(名・他スル) 新しい法律などを世の中に広く告げ知らせること。「憲法を―する」

**バッファロー**〔英 buffalo〕(名) アメリカバイソンのこと。⇒バイソン

**はつぶたい【初舞台】**(名) 俳優や芸人として、はじめて舞台で演技すること。デビュー。「―をふむ」

**はっぷん【発憤・発奮】**(名・自スル) 心をふるいはげますこと。「失敗して―する」

**ばつぶん**『△跋文』(名) 本の終わりに書く文章。あとがき。跋《ばつ》。対序文

**はつほ【初穂】**(名) ❶その年、最初にみのった稲《いね》の穂。また、その年最初にできた穀物《こくもつ》や果実。❷その年にとり入れた農作物で、最初に神仏に供えるもの。転じて、神仏に供える食物や金銭など。「―料」

**はっぽう【八方】**(名) ❶東・西・南・北と北東・北西・南東・南西の八つの方角。❷あらゆる方角・方面。方々。「四方《しほう》―」

**はっぽう【発泡】**(名・自スル) あわが出ること。「―酒」

**はっぽう【発砲】**(名・自スル) 大砲や鉄砲などから、たまを発射すること。

**はっぽうスチロール【発泡スチロール】**(名) 合成樹脂《じゅし》の一種。白色で、無数の気泡《きほう》をふくみ、ひじょうに軽い。こわれやすいものの梱包《こんぽう》や、断熱材として用いる。▽スチロールは、ドイツ《ドイツ》 Styrol

**はっぽうびじん【八方美人】**(名) だれからもよく思われるよう、要領よくつき合う人。使い方ふつう、非難・軽べつの意味をこめて使われる。

**はっぽうふさがり【八方塞がり】**(名) あらゆる方面にさしさわりがあって、なすすべがないこと。

**はっぽうやぶれ【八方破れ】**(名) どこもかしこもすきだらけであること。転じて、やぶれかぶれで居直った態度であること。「―の生き方」

**はつぼん【初盆】**(名) →にいぼん

**ばっぽんてき【抜本的】**(形動ダ)〔ダロ・ダッ(デ・ニ)・ダ・ナ・ナラ・○〕物事の根本の原因を正しくとらえるようす。「―な対策を必要とする」

**はつまご【初孫】**(名) 初めての孫。ういまご。

**はつみみ【初耳】**(名) 初めて聞くこと。また、そのことがら。「その話は―だ」

**はつめい【発明】**一(名・他スル) それまでだれも考えつかなかったものを新しく作り出すこと。「―家」二(形動ダ)〔ダロ・ダッ(デ・ニ)・ダ・ナ・ナラ・○〕かしこいようす。「―な子」

**はつもうで【初詣】**(名・自スル) 新年になって、初めて神社や寺にお参りすること。はつまいり。

**はつもの【初物】**(名) その季節になって、初めてとれた穀物《こくもつ》・野菜・くだもの・魚介《ぎょかい》など。また、その季節になって初めて食べる物。「―食《ぐ》い」

**はつもん【発問】**(名・自スル) 相手に質問や問題を出すこと。

**はつゆき【初雪】**(名) その年の冬、または新年になって初めてふる雪。「例年より早い―を見る」

**はつゆめ【初夢】**(名) 新年になってはじめて見る夢。

**はつよう【発揚】**(名・他スル) さかんにすること。精神をふるいたたせること。「国威《こくい》を―する」

**はつらつ**『△潑△剌』(トタル) 動作や表情に、元気のあふれているようす。「元気―」「―とした少年」

**はつれい【発令】**(名・自他スル) 法令・辞令・警報などを出すこと。「火災警報が―される」

**はつろ【発露】**(名・自スル) 気持ちや感情が、自然と表面に現れ出ること。「友情の―」類流露

**はつわ【発話】**(名・自他スル) ことばを音声として発すること。また、その発せられた音声。「―行為《こうい》」

**はて【果て】**(名) ❶しまい。終わり。「欲には―がない」「あげくの―」❷いちばんはしの所。「地の―」

**はて**(感) あやしく思ったり、考えこんだりするときに出す声。「―、あれはなんだろう」「―、どうしよう」

**はで【派手】**(名・形動ダ) 彩《いろどり》りや行動などがはなやかで、人目をひくこと。「―な服装」対地味《じみ》

**パテ**〔フランス pâté〕(名) 肉や内臓などを細かく刻み、パイ生地《きじ》や型に入れてオーブンなどで火を入れた料理。

**パテ**〔英 putty〕(名) 接合剤《せつごうざい》の一つ。窓ガラスの固定や、すきま・つぎめをうめるのに使う。

**ばてい【馬丁】**(名) 馬の世話をしたり、くつわを取って引いたりする人。古い言い方。

**ばてい**『馬△蹄』(名) 馬のひづめ。「―形」

**パティシエ**〔フランス pâtissier〕(名) フランス料理でデザートを担当する料理人。洋菓子《ようがし》職人。

**はてしな・い【果てしない】**(形)〔カロ・カッ(ク)・イ・イ・ケレ・○〕かぎりがない。終わりがない。「―・く続く地平線」

**はてな**(感) あやしんだり考えこんだりするときに言うことば。「―、いったい何の話だろう」

**は・てる【果てる】**(自下一)〔テ・テ・テル・テル・テレ・テロ(テヨ)〕❶物事が終わる。すっかりなくなる。つきる。「宴《えん》が―」❷死ぬ。「戦場で―」❸(動詞の連用形について)すっかり…する。「困り―」「あきれ―」

**ば・てる**(自下一)〔テ・テ・テル・テル・テレ・テロ(テヨ)〕《俗語》すっかりつかれて動けなくなる。ぐったりする。「暑さで―」

**バテレン**（名）❶室町《むろまち》時代の末、日本にキリスト教を伝えるためにやってきた宣教師の呼び名。❷↓キリシタン。▽《ポルトガル》padre から。

**はてんこう【破天荒】**（名・形動ダ）今までだれもしなかったような、驚嘆《きょうたん》すべきことをすること。「―な大事業」

故事 唐の荊州《けいしゅう》からは官吏《かんり》登用試験の合格者が一人も出ないので、天荒（＝天地が開けない状態）の地といわれていたが、ついに合格者が出たのでこれを「破天荒」といったという話から出たことば。〈北夢瑣言《ほくぼうさげん》〉

**パテント**〔英 patent〕（名）特許。特許権。

**はと【△鳩】**（名）《動》ハト科の鳥の総称《そうしょう》。中形で胸が高い。穀類《こくるい》などを食べる。人に飼われることも多く、よくなつく。種類が多い。平和のしるしとされる。

**鳩が豆鉄砲《まめでっぽう》を食《く》ったよう** 思いもしない出来事に驚《おどろ》いて、目をまるくするようす。

**はとう【波頭】**（名）波の先端《せんたん》の、白くあわだっているところ。なみがしら。

**はとう【波△濤】**（名）大きな波。大波。「―を越《こ》えて進む」

**はどう【波動】**（名）❶波のうねり。❷《物》一点におこった変化が、ある周期をもって、つぎつぎに物質内、または空間を伝わる現象。水面の波、音波・光波など。

**はどう【覇道】**（名）武力や策略《さくりゃく》で天下を治めること。対 王道

**ばとう【罵倒】**（名・他スル）口ぎたなくののしること。「大声で―される」

**パトカー**（名）「パトロールカー」の略。

**はとこ【×再従兄弟・×再従姉妹】**（名）↓またいとこ

**パドック**〔英 paddock〕（名）競馬場で、レースの前に出走馬を下見する所。

**はとは【はと派】【△鳩派】**（名）物事をおだやかに解決しようとする穏健《おんけん》な考え方の人びと。対 たか派

**はとば【○波止場】**（名）港の、海に細長く突《つ》き出した所。船を接岸して、船客の乗り降り・荷物のあげおろしなどを行う。埠頭《ふとう》。

**はとぶえ【はと笛】【△鳩笛】**（名）はとの鳴き声に似た音を出すふえ。

**バドミントン**〔英 badminton〕（名）ラケットで、シャトルコック（羽根の形をした球）をネットごしに打ち合う競技。バトミントン。

**はとむぎ【はと麦】【△鳩麦】**（名）《植》イネ科の一年草。葉は細長く先がとがり、夏、じゅずだまに似た花が咲《さ》く。種子は食用・薬用。

**はとむね【はと胸】【△鳩胸】**（名）はとの胸のように前につき出ている胸。

**はどめ【歯止め】**（名）❶止めた自動車が動かないように、車輪にあてがっておくもの。また、車輪の回転を止める装置。ブレーキ。❷物事がある限度を越《こ》えて悪化するのをおさえ止めること。また、そのための手段。「土地の値上がりに―をかける」

**バトル**〔英 battle〕（名）たたかい。戦闘《せんとう》。闘争。

**パトロール**〔英 patrol〕（名・自他スル）警官などが、犯罪や事故をふせぐために見回りをすること。

**パトロール-カー**〔英 patrol car〕（名）事件現場への急行や見回りに使う警察の自動車。パトカー。

**パトロン**〔英 patron〕（名）経済上の援助《えんじょ》をしたり、生活のめんどうをみたりして、うしろだてとなる人。

**ハトロンし【ハトロン紙】**（名）茶褐色《ちゃかっしょく》のじょうぶな西洋紙。封筒《ふうとう》・包装紙などに用いる。

**バトン**〔英 baton〕（名）❶陸上競技のリレーで、走者がつぎの走者にわたす短い棒。「―タッチ」❷《音》指揮棒。タクト。❸パレード・応援《おうえん》などで、振《ふ》ったり回したりする棒。

**バトンを渡《わた》す** 仕事や役目をつぎの人に引きつぐ。

**バトン-ガール**〔和製英語〕（名）音楽隊などの先頭でバトンをあやつりながら指揮をする少女。▽baton と girl から。

**バトン-タッチ**〔和製英語〕（名・自スル）❶リレー競技で、走者がつぎの走者にバトンを手渡《てわた》すこと。❷地位・仕事・責任などを、つぎの人に引きつぐこと。「後輩《こうはい》に―する」▽baton と touch から。

**はな【花・華】**（名）❶植物が仲間をふやすために咲《さ》かせるもの。ふつう、花弁（＝花びら）・おしべ・めしべなどからなり、形や色の美しいものが多い。❷さくらの花。「お―見」❸美しいこと。はなやかなもの。「―の都」「両手に―」❹はなやかで、最も楽しいころ。さかんな時期。「わかいうちが人生の―だ」❺そのものがもっている最もすぐれた点。「武士道の―」❻名誉《めいよ》。ほまれ。「―を持たせる」❼芸人などに、ほうびとしてその場であたえるおかねや物。「―をはずむ」❽生け花。「お―の先生」❾花ふだ。「―を引く」

（ 花① ）

**花が咲《さ》く** ❶草木の花が開く。❷にぎやかに盛り上がる。「昔話に―」❸時機に合って栄える。

**花と散《ち》る** わかくして死ぬ。いさぎよく死ぬ。

**花も恥《は》じらう** 美しい花でさえ、その人の前に出るのを恥ずかしく思うほど、その人が若々しく美しい。「―一八歳《さい》」参考 若い女性の美しさを表現することば。

**花も実《み》もある** 外見も実際の内容も、ともに充実《じゅうじつ》している。「―人生」

**花より団子《だんご》** 見て美しいものよりも、実際に役にたつもののほうがいいというたとえ。

**花を持《も》たせる** 相手に名誉《めいよ》やてがらをゆずって相手の面目が立つようにする。「先輩《せんぱい》に―」

**はな【△洟】**（名）鼻の穴から出る液。鼻じる。鼻みず。「―をかむ」

**洟も引《ひ》っかけない** ばかにしてまったく相手にしない。

**はな【◇端】**（名）❶物事のはじめ。最初。「―から相手にしない」❷物のつき出た所。はし。「岬《みさき》の―」

**はな【鼻】**(名) 顔のまん中につき出ていて、息をし、においをかぎ、発声を助ける働きをする器官。「—があぐらをかく(=小鼻が横にはっているさま)」「目と—の先」
**鼻が利《き》く** ❶においをよくかぎわける。❷自分の利益になることを、すばやくさぐりあてる。
**鼻が高《たか》い** 得意である。「ほめられて—」
**鼻であしらう** 話しかけられてもろくに返事もしないで、冷たくあつかう。鼻の先であしらう。
**鼻で笑《わら》う** 相手を小ばかにして笑う。
**鼻にかける** じまんする。うぬぼれる。「教養を—」
**鼻につく** あきあきして、いやになる。いやみな感じがする。「なれなれしい言い方が—」
**鼻の下《した》が長《なが》い** 男性が女性に対してあまい。
**鼻を明《あ》かす** 相手をだしぬいて、あっと言わせる。
**鼻を折《お》る** 相手の得意になっている気持ちをくじく。
**鼻を高《たか》くする** じまんできることで、得意になる。
**鼻を突《つ》き合《あ》わせる** ひじょうに近くで向かい合う。
**鼻を突《つ》く** 強いにおいや悪臭《あくしゅう》が鼻を刺激《しげき》する。鼻を刺《さ》す。
**鼻を鳴《な》らす** 鼻にかかったあまえ声を出す。
**はな【鼻】**[作品名] 芥川龍之介《あくたがわりゅうのすけ》の小説。一九一六(大正五)年作。「今昔《こんじゃく》物語集」の中の話をもとにしたもので、長い鼻に悩《なや》む禅智内供《ぜんちないぐ》の行為《こうい》や心理をえがいている。作者の出世作。
**-ばな**『◇端』(接尾) 物事をしようとしているときや、し始めたときを表す。「寝入《ねい》り—をたたきおこされる」
**バナー**〔英 banner〕(名) (横断幕、垂れ幕の意)ウェブ上で、おもに広告・宣伝に使われる帯状の画像。
**はないき【鼻息】**(名) ❶鼻でする息。❷人のきげん。「—をうかがう」❸意気ごみ。「ものすごい—だ」
**鼻息が荒《あら》い** 気負っていて、意気ごみがはげしい。
**はなうた【鼻歌・鼻唄】**(名) 気分がいいときに、鼻にかかった小さい声で歌の節だけを歌うこと。また、その歌。「—まじり」
**はなお【鼻緒】**(名) げたやぞうりの、足の指をかけるひも。「—をすげる」
**はながさ【花がさ】**『花△笠』(名) おどりや祭りのときに使う、花や造花などでかざった美しいかさ。
**はなかぜ【鼻◦風邪】**(名) 鼻がつまり、鼻みずが出る程度の軽い風邪。
**はながた【花形】**(名) ❶花をかたどった形。花もよう。❷世間の注目を集め、人気がある人やことがら。「チームの—」「—産業」
**はながみ【鼻紙】**(名) 鼻をかむときなどに使う紙。ちりがみ。ティッシュペーパー。
**はなぐすり【鼻薬】**(名) ❶鼻の病気をなおす薬。❷自分につごうよく行動してもらうためにわたす小額のわいろ。袖《そで》の下。「—をかがせる」「—をきかせる」
**はなぐもり【花曇り】**(名) 桜の花が咲《さ》くころ、空がうすぼんやりとくもっていること。また、そういう天気。
**はなごえ【鼻声】**(名) ❶かぜをひいたり泣いたりしたときの、鼻がつまったような声。「かぜで—になる」❷あまえるときに出す、鼻にかかった声。
**はなことば【花言葉】**『花◇詞』(名) 花の特質に合わせて、それぞれの花にふさわしい意味をもたせたもの。バラは愛情、オリーブは平和、クローバーは幸福など。
**はなごよみ【花暦】**(名) むかし、花の咲《さ》く時節を四季の順に記し、その花の名所をあげた暦。
**はなざかり【花盛り】**(名) ❶花がさかんに咲《さ》くこと。また、その時期。❷女性の最も美しい年ごろ。❸物事がさかんであること。「海外旅行は今が—」
**はなさき【鼻先】**(名) ❶鼻の先端《せんたん》。「—であしらう」❷すぐ目の前。「ピストルを—に突《つ》きつける」
**はなし【話】**(名) ❶話すこと。会話。「—がはずむ」❷ことばで告げることがら・内容。「—がちがう」「ためになる—」❸うわさ。世間で言われていること。「おばけが出るという—だ」「ただの—にすぎない」❹話しあうこと。相談。「—をつける」「—にのる」❺物事の道理や事情。わけ。「—のわかる人」❻物語。「人情—《ばなし》」❼落語。おとしばなし。
参考 ⑦はふつう「咄」「噺」と書く。
**話が合《あ》う** たがいの性格・好みなどが一致《いっち》して、楽しく話ができる。
**話がつく** 相談をした結果、問題が解決する。交渉《こうしょう》の決着がつく。「やっと話がついた」
**話にならない** 問題にするほどの価値がない。あきれてものが言えない。「その回答では—」
**話に花《はな》が咲《さ》く** つぎつぎといろいろな話題が出て、話がはずむ。「むかしの—」
**話に実《み》が入《はい》る** 気分がのってきて、熱中して話す。
**話の腰《こし》を折《お》る** 相手の話をとちゅうでさえぎり、続きを話す気をなくさせる。
**はなしあ・う【話し合う】**(自五)〔ワ(オ)・イ(ッ)・ウ・ウ・エ・エ〕❶おたがいに相手の話を聞き、話をする。「静かに—」❷相談する。「善後策を—」
**はなしか**『△咄家・△噺家』(名) 落語・人情話などを人に話して聞かせる職業の人。落語家。
**はなしがい【放し飼い】**(名) 家畜《かちく》を、つないだりかこいの中に入れたりしないで、はなしたまま飼うこと。
**はなしか・ける【話しかける】**『話し掛ける』(自下一)〔ケ・ケ・ケル・ケル・ケレ・ケロ(ケヨ)〕❶相手に話をしかける。「見知らぬ人に—」❷話しはじめる。「—・けてやめる」
**はなしことば【話し言葉】**(名) ふだんの会話に使うことば。類口語。対書き言葉
**はなしこ・む【話し込む】**(自五)〔マ(モ)・ミ(ン)・ム・ム・メ・メ〕話にむちゅうになる。「朝まで—」
**はなして【話し手】**(名) ❶話す人。話すほうの人。対聞き手。❷話のじょうずな人。
**はなしはんぶん【話半分】**(名) 誇張《こちょう》やうそがまじっていて、事実は話の半分ぐらいでしかないこと。
**はなしぶり【話しぶり】**『話し振り』(名) 話のしかた。話をするときのようす。「ユーモラスな—」
**はなしょうぶ【花しょうぶ】**『花△菖△蒲』(名) 〔植〕アヤメ科の多年草。初夏、紫《むらさき》・白・しぼりなどの花が咲《さ》く。日あたりのよい水辺に栽培《さいばい》される。
**はなじろ・む【鼻白む】**(自五)〔マ(モ)・ミ(ン)・ム・ム・メ・メ〕相手の言動などが気にいらず、不満・不快の表情になる。興ざめしてしらける。「作品をけなされて—」

**はな・す【放す】**（他五）〔サ(ソ)・シ・ス・ス・セ・セ〕❶とじこめたり、つないだりしていたものを、自由に動けるようにしてやる。ときはなつ。解放する。「金魚を池に—」❷手に持ったり、にぎったりすることをやめる。「風船を—」㊊つかむ ❸（動詞の連用形の下について）そのままにしておく。「窓を開け—」

**はな・す【話す】**（他五）〔サ(ソ)・シ・ス・ス・セ・セ〕❶声に出して、ことがらや自分の考えを人に言う。ことばで告げる。「理由を—」「時事問題について—」❷たがいにことばをかわす。話し合う。相談する。「友人と電話で—」❸ある言語を使う。「英語を—国」

参考 ②は「離す」とも書く。

表現 言う・しゃべる・口をきく・話し合う・会話する◆はきはき・べらべら・ぺらぺら・ぺちゃくちゃ・ぼそっと・ぼそぼそ・ひそひそ・しんみり◆訥々《とつとつ》と・おもしろおかしく・かいつまんで・洗いざらい・膝《ひざ》を交えて・腹を割って

**はな・す【離す】**（他五）〔サ(ソ)・シ・ス・ス・セ・セ〕❶くっついているものをはなればなれにする。間をおく。「アクセルから足を—」❷関心をほかへ移す。「荷物から目を—・さない」「いすを—・してならべる」

**はなすじ【鼻筋】**（名）まゆとまゆの間から鼻の先までの線。鼻柱。「—が通っている」

**はな・せる【話せる】**（自下一）〔セ・セ・セル・セル・セレ・セロ(セヨ)〕❶話すことができる。「あの人には何でも—」❷こちらの気持ちや立場をよく理解してくれる。話がわかる。「—人」

**はなぞの【花園】**（名）花の咲《さ》く草花がたくさん植えられている庭。

**はなたかだか【鼻高高】**（副・形動ダ）ひじょうに得意になっているようす。「合格して—だ」

**はなたて【花立て】**（名）❶花をさすための容器。花いけ。❷仏壇《ぶつだん》や墓の前に供える花をさす筒《つつ》。

**はなたば【花束】**（名）草花をいろどりよくたばねたもの。ブーケ。

**はなだより【花便り】**（名）花がどのくらい咲《さ》いたかなどを知らせる便り。特に、桜の花の場合にいう。

**はなたれ**『△洟垂れ』（名）❶しじゅうはなを垂らしていること。また、その人。❷わかい人や経験の浅い人をばかにしていうことば。「まだ—だ」

**はなぢ【鼻血】**（名）鼻の穴から出る血。

**はな・つ【放つ】**（他五）〔タ(ト)・チ(ッ)・ツ・ツ・テ・テ〕❶とじこめたり、つないだりしていた動物を、自由に動けるようにする。にがしてやる。「小鳥を森に—」❷光・音・においなどを出す。発する。「青い光を—」「悪臭《あくしゅう》を—」❸射る。うつ。「矢を—」❹火をつける。放火する。「火を—」❺派遣《はけん》する。送り出す。「スパイを—」

**はなっぱしら【鼻っ柱】**（名）人に負けまいとする意気ごみ。負けん気。鼻っぱし。「—が強い」

**鼻っ柱をへし折《お》る** 負けん気の強い人をやりこめる。

**はなつまみ【鼻つまみ】**『鼻◇摘まみ』（名）（くさいものは、鼻をつまんでいやがられることから）人からひどくきらわれること。また、その人。「町じゅうの—者」

**はなづら【鼻面】**（名）鼻の先。「馬の—をなでる」

**はなどき【花時】**（名）花のさかりのころ。おもに、桜の花ざかりのころをいう。

**バナナ**〔英 banana〕（名）〘植〙バショウ科の多年草。葉の形はばしょうに似て大形。果実は弓形で細長く、房《ふさ》状につく。熟すと黄色になり、食用とする。

**はなのいろは…** 和歌

〔**花の色は　移《うつ》りにけりな　いたづらに　我《わ》が身《み》世《よ》にふる　ながめせし間《ま》に**〕〈古今集《こきんしゅう》・小野小町《おののこまち》〉訳 桜の花の色は長雨のためにむなしく色あせてしまったことだなあ。ちょうどそのように、私の容姿もこの世にあってむなしく物思いにふけっているうちにおとろえてしまったことだなあ。（「花の色」は女性の容色を暗示している。また、「ふる」は、「経る」と「降る」、「ながめ」は、物思いにふける意の「ながめ」と「長雨」の掛詞《かけことば》。小倉《おぐら》百人一首の一つ）

**はなばしら【鼻柱】**（名）❶鼻をもりあげている骨。❷鼻の左右の穴をへだてる肉。

**はなはずかし・い【花恥ずかしい】**（形）〔カロ・カッ(ク)・イ・イ・ケレ・○〕花もはじらうほど美しい。「—乙女《おとめ》」

**はなはだ【甚だ】**（副）ひじょうに。たいへん。大いに。「—遺憾《いかん》だ」

**はなばたけ【花畑】**『花△畠』（名）❶草花を栽培《さいばい》する畑。草花がたくさん咲《さ》いている所。❷→おはなばたけ

**はなはだし・い【甚だしい】**（形）〔カロ・カッ(ク)・イ・イ・ケレ・○〕程度がはげしい。ひどい。「—誤解だ」

**はなばなし・い【華華しい】**（形）〔カロ・カッ(ク)・イ・イ・ケレ・○〕活気がありはなやかなようす。みごとなようす。「—活躍《かつやく》」

**はなび【花火】**（名）発色剤《はっしょくざい》を入れた火薬を筒《つつ》に入れたり紙などによりこんだりしたもの。火をつけて光や色・音を出して楽しむ。「庭で—をする」

**はなびえ【花冷え】**（名）春、桜の花が咲《さ》くころ、一時的にもどってくる寒さ。

**はなびら【花びら】**（名）〘植〙おしべやめしべのまわりをかこんで花を組み立てている、多くは美しい色をしたうすいもの。花弁。

**はなぶさ【花房】**（名）小さな花がたくさん集まって咲《さ》き、ふさのようになったもの。「藤《ふじ》の—」

**はなふだ【花札】**（名）かるたの一種で、季節の草木一二種の絵が各四枚、計四八枚で一組となっているもの。花がるた。

**はなふぶき【花◦吹雪】**（名）花がふぶきのように乱れちること。特に、桜の花が乱れちることをいう。

**パナマ** ❶〔Panama〕［地名］中央アメリカにある共和国。中央部にパナマ運河《うんが》がある。首都はパナマシティ。❷〔英 panama〕（名）（「パナマ帽《ぼう》」の略）パナマ草（=やしに似た多年草）の若葉を白くさらしたものであんだ、夏にかぶる帽子。

**はなまつり【花祭り】**（名）〘仏〙毎年四月八日に釈迦《しゃか》の誕生を祝う行事。灌仏会《かんぶつえ》。

**はなみ【花見】**（名）花を見て楽しむこと。おもに桜の花を見ることをいう。「—客」

**はなみ【歯並み】**（名）歯のならび方。歯ならび。

**はなみず【鼻水】**（名）鼻の穴から出る水気《みずけ》の多い粘液《ねんえき》。鼻じる。はな。

**はなみずき**『花水木』（名）〘植〙ミズキ科の落葉高木。北アメリカ原産。五月ごろに白色または淡紅色

《たんこうしょく》の花をつける。

**はなみち【花道】**（名）❶劇場で、俳優が観客席のほうから舞台《ぶたい》に出入りするための細長い通路。❷すもう場で、力士が土俵《どひょう》に出入りする道。❸活躍《かつやく》した人が惜《お》しまれて引退する時期。「引退のーをかざる」

（はなみち①）

**はなむけ**『△餞・△贐』（名）旅行に行く人や、別れて行く人に、おかねや品物、またはことばなどをおくること。また、そのおくるもの。餞別《せんべつ》。「ーのことば」

**はなむこ【花婿】**（名）結婚式《けっこんしき》当日の、婿となる男性。また、結婚したばかりの男性。類新郎《しんろう》。対花嫁《はなよめ》

**はなもじ【花文字】**（名）❶ローマ字など西洋の文字の、文や固有名詞のはじめに使う模様のようにかざった大文字。❷草花を文字の形に並べ植えたもの。

（はなもじ①）

**はなもちならない【鼻持ちならない】**❶いやなにおいがして、がまんできない。❷言動が不愉快《ふゆかい》でがまんできない。「ー態度」

**はなやか【華やか】**（形動ダ）{ダロ・ダツ(デ・ニ)・ダ・ナ・ナラ・○}❶きらびやかで美しいようす。「ーな舞台《ぶたい》」❷勢いがありひときわ目立つようす。「新人選手のーな活躍《かつやく》」

**はなや・ぐ【華やぐ】**（自五）{ガ(ゴ)・ギ(イ)・グ・グ・ゲ・ゲ}はなやかになる。ぱっと明るくなる。「ー・いだ雰囲気《ふんいき》」

**はなよめ【花嫁】**（名）結婚式《けっこんしき》当日の、嫁となる女性。また、結婚したばかりの女性。類新婦《しんぷ》。対花婿《はなむこ》

**はなれ【離れ】**（名）❶「離れ座敷《ざしき》」の略。❷（名詞について「…ばなれ」の形で）離れること。また、かけ離れていること。「親ー」「日本人ーのした顔」

**ばなれ【場慣れ】**『場△馴れ』（名・自スル）経験を積んで、その雰囲気《ふんいき》になれること。「ーした態度」

**はなれざしき【離れ座敷】**（名）母屋《おもや》から離れて別むねに造られた座敷。はなれ。

**はなればなれ【離れ離れ】**（名）たがいに離れた状態になること。わかれわかれ。「ーの生活」

**はな・れる【放れる】**（自下一）{レ・レ・レル・レル・レレ・レロ(レヨ)}つながれていたものや、とどめられていたものが、自由になる。束縛《そくばく》から解放される。「犬がくさりからー」

**はな・れる【離れる】**（自下一）{レ・レ・レル・レル・レレ・レロ(レヨ)}❶くっついていたものやつながっていたものがわかれる。別々になる。「床《ゆか》から足がー」「親子がー・れて暮らす」❷時間・距離《きょり》がへだたる。間があく。「駅からー・れた住宅地」「年のー・れた妹」❸もといた場所から遠ざかる。関係がなくなる。「故郷をー」「職をー」「子どもが手をー」

仕組みの解明　「離れる」

Q　席から離れる？　席を離れる？

A　椅子《いす》から離れて立つ
B　ちょっとの間、席を離れる
C　明日日本を離れる

A・「から」はAのように位置関係を示す際の出発点を表し、「を」はBのように離れるという動きの対象を表す。
・Cのように人などが出発する意では「を」を使うことが多い。

**はなれわざ【離れ技・離れ業】**（名）ふつうの人にはできそうもない、だいたんなわざ・やり方。

**はなわ【花輪】**『花◇環』（名）造花や生花を輪のようにまるくしたもの。お祝いや葬式《そうしき》などに使う。

**はなわ【鼻輪】**（名）牛の鼻に通す輪。

**はなわほきいち**〔塙保己一〕【人名】（一七四六～一八二一）江戸《えど》時代後期の国学者。幼くして失明したが、賀茂真淵《かものまぶち》について国学を学んだ。江戸に和学講談所を設けて門人を育てるかたわら古書の編纂《へんさん》にあたり、四〇年がかりで「群書類従《ぐんしょるいじゅう》」を完成した。

**はにかみや【はにかみ屋】**（名）はずかしがりの人。「生来のー」

**はにか・む**（自五）{マ(モ)・ミ(ン)・ム・ム・メ・メ}はずかしそうな表情や態度をする。「ちょっとー・んで話す」

**パニック**〔英 panic〕（名）❶《経》→きょうこう(恐慌)②　❷災害《さいがい》や事件などに直面して、人びとが混乱すること。「ーにおちいる」「ー状態」

**はにゅうのやど**『△埴◇生の宿』土で壁《かべ》をぬりかためただけの粗末《そまつ》な家。参考自宅をけんそんしていうときにも使う。

**バニラ**〔英 vanilla〕（名）《植》ラン科のつる性多年草。熱帯地方で広く栽培《さいばい》され、実からアイスクリームなどに使う香料《こうりょう》をとる。「ーエッセンス」

**はにわ【はに輪】**『△埴輪』（名）《歴》古墳《こふん》時代、古墳の上やまわりにならべた、ねんどの焼き物。人・家・動物・船などいろいろな形がある。

（はにわ）

**バヌアツ**〔Vanuatu〕【地名】オーストラリアの北東海上、南太平洋にある共和国。首都はポートビラ。

**はね【羽】**（名）❶鳥の全身にはえている毛。羽毛。❷鳥や昆虫《こんちゅう》などのつばさ。❸つばさの形をしたもの。「飛行機のー」

**羽が生《は》えたよう**　商品などがひじょうによく売れることのたとえ。

**羽を伸《の》ばす**　束縛《そくばく》から解放されて自由にのびのびとふるまう。「両親のるすにー」

**はね【跳ね】**（名）❶はねること。❷足・車輪などの動

きで飛びちる水や泥《どろ》。「—があがる」❸その日の興行が終わること。終演。「—は午後一〇時の予定」

**はね【羽根】**（名）❶小さな玉に鳥のはねをつけて、羽子板《はごいた》でつくもの。❷風をおこす機械などについている、つばさの形をしたうすい板。「扇風機《せんぷうき》の—」

**ばね**『×発条』（名）❶はがねを曲げたりまいたりしたもの。おさえるとちぢみ、はなすと勢いよくもとにもどる。スプリング。「—じかけのおもちゃ」❷足腰《あしこし》などの弾力《だんりょく》。「—をきかせた投げ方」

**はねあがり【跳ね上がり】**（名）❶値段や位置などが急に上がること。「物価の—」❷行きすぎた行動をとること。また、その人。「—をおさえる」

**はねあが・る【跳ね上がる】**（自五）｛ラ(ロ)・リ(ッ)・ル・ル・レ・レ｝❶勢いがついてとび上がる。「泥《どろ》が—」❷値段や位置などが急に上がる。「地価が—」❸行きすぎた行動をとる。「—・った行動をとる」

**はねあ・げる【はね上げる】**『△撥ね上げる』（他下一）｛ゲ・ゲ・ゲル・ゲル・ゲレ・ゲロ(ゲヨ)｝はねて上へあげる。「泥《どろ》を—」

**はねあり【羽あり】**『羽△蟻』（名）《動》→はあり

**はねお・きる【跳ね起きる】**（自上一）｛キ・キ・キル・キル・キレ・キロ(キヨ)｝勢いよくとび起きる。「目覚まし時計の音で—」

**はねかえ・す【跳ね返す】**（他五）｛サ(ソ)・シ・ス・ス・セ・セ｝❶ぶつかってきたものを、勢いよくもとのほうへもどす。「攻撃《こうげき》を—」「雨水を—素材」❷自分に加えられる圧力などを押《お》し返す。はねつける。「要求を—」「重圧を—」

**はねかえり【跳ね返り】**（名）❶はね返ること。❷他にあたえた影響《えいきょう》がもどってくること。「物価上昇の—」❸つつしみなくさわぎまわる女。はねっ返り。

**はねかえ・る【跳ね返る】**（自五）｛ラ(ロ)・リ(ッ)・ル・ル・レ・レ｝❶はねてもとの方向にもどる。「ボールが—」❷ある物事の影響《えいきょう》が他に及《およ》んだのち、もどってくる。「勉強不足が学校の成績に—」❸勢いよくはねる。「泥水《どろみず》が—」❹元気にとび回る。「子どもが—」

**はねっかえり【跳ねっ返り】**（名）→はねかえり③

**はねつき【羽根突き】**（名）羽子板《はごいた》で羽根を地面に落とさないようにつきあう、正月の遊び。

**はねつ・ける**『△撥ね付ける』（他下一）｛ケ・ケ・ケル・ケル・ケレ・ケロ(ケヨ)｝相手の申しこみ・要求などをはっきり断る。受けつけない。つっぱねる。「申し出を—」

**はねつるべ**『△撥ね釣◇瓶』（名）柱にわたした横木の一方のはしにつるべをつるし、他方のはしに石などのおもりをつけて、その重みでつるべをはねあげて水をくむようにしたもの。

（はねつるべ）

**はねとば・す【はね飛ばす】**『△撥ね飛ばす』（他五）｛サ(ソ)・シ・ス・ス・セ・セ｝強い力で勢いよく飛ばす。「車が泥水《どろみず》を—」「あやうく人を—ところだった」

**はねの・ける**『△撥ね◇除ける』（他下一）｛ケ・ケ・ケル・ケル・ケレ・ケロ(ケヨ)｝❶勢いよくおしのける。「ふとんを—」❷選び出して取り除く。除去する。「不良品を—」

**ばねばかり**『×発条△秤』（名）らせん形のばねののびぐあいで、それにかけた物体の重さをはかるはかり。

**はねばし【跳ね橋】**（名）❶城などで、ふだんはつなで巻きあげておき、必要なときにおろして使う橋。❷船が通りぬけるとき、つりあげて開くように作った橋。

**はねぶとん【羽布団】**『羽△蒲団』（名）鳥の羽毛《うもう》をつめてつくった軽いふとん。

**ハネムーン**〔英 honeymoon〕（名）新婚《しんこん》旅行。

**パネラー**〔和製英語〕（名）→パネリスト

**パネリスト**〔英 panelist〕（名）公開討論会の参加者。問題を提起し、議論にも参加する。パネラー。

**は・ねる【跳ねる】**（自下一）｛ネ・ネ・ネル・ネル・ネレ・ネロ(ネヨ)｝❶はずみをつけてとびあがる。「うさぎが—」❷飛びちる。また、はじけて飛ぶ。「水が—」「焼いている豆が—」❸その日の映画や芝居《しばい》などが終わる。「寄席《よせ》が—」

**は・ねる**『△撥ねる』（他下一）｛ネ・ネ・ネル・ネル・ネレ・ネロ(ネヨ)｝❶ぶつかってはじきとばす。「車が人を—」❷文字の字画の一部を、筆の先をはらい上げるようにして書く。「『飛』は一画目を—」❸条件や基準に合わないものを除く。「試験で—・ねられる」❹人にわたすべきものの一部をかすめとる。「うわまえを—」❺横にはらうように切る。「草の穂《ほ》を—」「首を—」参考⑤は「刎《は》ねる」とも書く。

**パネル**〔英 panel〕（名）❶羽目板。❷絵で、カンバスとして使う板。画板。❸写真や図などをはって展示するための板。

**パネル-ディスカッション**〔英 panel discussion〕（名）討論会の形式の一種。異なる意見を持った数人の専門家が、聴衆《ちょうしゅう》の前でそれぞれの考えを述べ合い、質問を通じて聴衆も討論に加わるもの。

**ハノイ**〔Hanoi〕［地名］ベトナムの首都。ホン川に臨《のぞ》み、商業の中心地。

**パノラマ**〔英 panorama〕（名）❶半円形の壁《かべ》に風景をかき、前面に模型を置いて、高い所から見わたすのと同じように見せるしかけ。❷ひろびろとした景色。全景。「—展望台」

**はは【母】**（名）❶女親。母親。対父 ❷物事を生み出すもと。「必要は発明の—」

**はば【幅】**『◇巾』（名）❶物の横のはしからはしまでの長さ。「橋の—」「肩《かた》—」❷ゆとり。余裕《よゆう》。「時間に—をもたせる」「—のある考え方」❸二つの数量などの間の差。ひらき。「値段の—」

**幅をきかせる** 勢力をふるう。「業界で—」

**ばば**『◇婆』（名）女性の老人。老女。おばあさん。対爺《じじ》

**ばば【馬場】**（名）乗馬の練習や競馬《けいば》をする所。

**パパ**〔英 papa〕（名）お父さん。対ママ

**パパイヤ**〔英 papaya〕（名）《植》パパイヤ科の常緑高木。熱帯地方で栽培《さいばい》される。果実は楕円《だえん》形で、黄色く熟し、甘《あま》くていいにおいがする。パパイア。

**ははうえ【母上】**（名）母を敬っていうことば。対父上

**ははおや【母親】**（名）母。女親。対父親

**ははかた【母方】**（名）母親のほうの血筋に属していること。「—の祖父」対父方

**はばかり**『△憚り』（名）❶遠慮《えんりょ》しなければいけないこと。「—があって言えない」❷便所。

**はばかりながら**『△憚りながら』（副）❶おそれお

おいことですが。「―申しあげます」❷出すぎた言い分だが。なまいきのようであるが。「―私も教師です」

**はばか・る**【△憚る】{ラ(ロ)・リ(ッ)・ル・ル・レ・レ} ■一■（他五）遠慮《えんりょ》する。気がねする。「人前を―」■二■（自五）はばをきかす。大きな顔をする。「にくまれっ子、世に―（=人ににくまれる人はかえって世間でいばっている）」

**ははこぐさ**『母子草』（名）『植』キク科の越年草《えつねんそう》。春から夏に、黄色の小さい花が、茎《くき》の先に集まって咲《さ》く。春の七草の一つ。ごぎょう。

**はばた・く**【羽ばたく】（自五）{カ(コ)・キ(イ)・ク・ク・ケ・ケ} ❶鳥がつばさを広げて上下に勢いよく動かす。「つるが―」❷社会に出て広く活躍《かつやく》する。「世界に―若者」

**はばつ**【派閥】（名）組織などの中で、出身・所属・利害関係などで結びつき、それ以外の人を退けようとする傾向《けいこう》をもつ集団。「政党内の―争い」

**はばとび**【幅跳び】（名）陸上競技の一つで、どのくらい遠くまでとべるか、その距離《きょり》を争うもの。「走り幅とび」と「立ち幅とび」がある。

**ははのひ**【母の日】（名）母親の愛や労苦に感謝するための日。毎年五月の第二日曜日。

**はばひろ・い**【幅広い】（形）{カロ・カッ(ク)・イ・イ・ケレ・○} 物事の範囲《はんい》が広い。「―教養」「―く活動する」

**バハマ**〔Bahamas〕【地名】フロリダ半島の東方の海上にある群島からなる立憲君主国。首都はナッソー。

**はば・む**【阻む】（他五）{マ(モ)・ミ(ン)・ム・ム・メ・メ} 進もうとする動きをふせぎとめる。じゃまをする。「行く手を―」

**パパラッチ**〔イタリア paparazzi〕（名）有名人の私生活の写真を撮《と》るためにしつこく追い回すカメラマン。

**ババロア**〔フランス bavarois〕（名）洋菓子《ようがし》の一種。牛乳・砂糖・卵・ゼラチンなどをまぜあわせ、生クリームなどを加えて冷やして固めたもの。

**はびこ・る**『×蔓延る』（自五）{ラ(ロ)・リ(ッ)・ル・ル・レ・レ} ❶草や木などがよくのび広がってしげる。「雑草が―」❷悪いものの勢いがさかんになってはばをきかす。「暴力団が―」

**パビリオン**〔英 pavilion〕（名）博覧会・展示会などのために設ける、大型テント・仮設建築物。「万国博覧会の―」

**パピルス**〔ラテン papyrus〕（名）❶『植』カヤツリグサ科の多年草。かみがやつり。❷むかし、エジプト・ギリシャ・ローマなどで、①から作った紙。

**バビロニアおうこく**〔バビロニア王国〕（名）『歴』紀元前一七〇〇年ごろ、メソポタミアに栄えた王国。高い文明をもち、文字・法律・芸術が発達していた。現在のイラクがその中心にあたる。▽バビロニアは、Babylonia

**はふ**【破風】（名）日本建築で、切り妻屋根の端《はし》につけて、かざりや風雨をしのぐものとする山形の板。

**はぶ**『×波布』（名）『動』クサリヘビ科の毒へび。体長二《に》メートルに達する。奄美《あまみ》大島や沖縄《おきなわ》などにすむ。

**ハブ**〔英 hub〕（名）❶車輪などの中心部分。❷交通などの中心となるもの。拠点《きょてん》。「―空港」❸コンピューターで、複数の機器を接続するときに中心となる中継《ちゅうけい》装置。

**パフ**〔英 puff〕（名）化粧《けしょう》道具の一つ。粉おしろいをたたいてつけるときに使う。

**パブ**〔英 pub〕（名）西洋風の大衆的な酒場。

**パプアニューギニア**〔Papua New Guinea〕【地名】南太平洋、ニューギニア島の東半分とその東方の島々からなる立憲君主国。首都はポートモレスビー。

**パフェ**〔フランス parfait〕（名）アイスクリーム・くだもの・生クリームなどをもり合わせた食べ物。「フルーツ―」

**パフォーマンス**〔英 performance〕（名）❶上演。演技。パントマイムのように、直接肉体を使っておこなう表現。「街頭での―」❷人目をひくための行動・ふるまい。❸能力。性能。「コスト―」

**はぶ・く**【省く】（他五）{カ(コ)・キ(イ)・ク・ク・ケ・ケ} 必要のない部分を取り除く。省略する。「むだを―」「説明を―」

**はぶたえ**【羽二重】（名）うすくなめらかで、つやのある白色の絹織物。

**ハプニング**〔英 happening〕（名）突然《とつぜん》起こる予想外の出来事。

**はぶり**【羽振り】（名）勢力や人望など、世間に対する勢い。「―をきかせる」「―がいい」

**バブル**〔英 bubble〕（名）❶泡《あわ》。気泡《きほう》。❷株や土地への投機が過剰《かじょう》になり、景気が経済の実態をこえて泡のようにふくれ上がった状態。「―経済」

**ばふん**『馬△糞』（名）馬のくそ。まぐそ。

**はへい**【派兵】（名・自スル）軍隊をさし向けること。「海外に―する」

**はべら・せる**『◇侍らせる』（他下一）{セ・セ・セル・セル・セレ・セロ(セヨ)} そばにつき従わせる。そばにひかえさせる。はべらす。「取り巻きを―」

**はべ・り**〔侍り〕（自ラ変）古語 ❶身分の高い人のそばにつかえる。「人一人や―・るべき」〈源氏物語〉訳だれか一人おともしてはどうか。❷「ある」の意を表す丁寧《ていねい》語。あります。ございます。「なにがし寺といふ所に、かしこき行ひ人―・る」〈源氏物語〉訳何々寺という所に、すぐれた行者がおります。❸（動詞・助動詞などについて）丁寧の意を表す。…です。…ます。…ございます。「夜ふけ―・りぬべし」〈源氏物語〉訳夜もふけてしまうでしょう。

**はべ・る**『◇侍る』（自五）{ラ(ロ)・リ(ッ)・ル・ル・レ・レ} 目上の人のそば近くにつかえる。また、つつしんでひかえる。「殿《との》のおそばに―」

**はへん**【破片】（名）こわれたもののかけら。「鏡の―」

**はぼたん**【葉ぼたん】『葉△牡丹』（名）『植』アブラナ科の越年草《えつねんそう》。キャベツと同じ種類。葉は白・黄・紫《むらさき》・赤などに変色し、観賞用にする。

**はほん**【端本】（名）ひとそろいになっている本で、その中の何冊かが欠けている本。欠本。対完本

**はま**【浜】（名）海や湖の水ぎわにそった平らな所。

**はまき**【葉巻】（名）（「葉巻たばこ」の略）たばこの葉をきざまずに、巻いて作ったたばこ。シガー。

**はまぐり**『△蛤』（名）『動』マルスダレガイ科の二枚貝。浅い海の砂底にすむ。殻《から》の表面はつやがあり、いろいろな模様がある。肉は食用。

**はまぐりの**…俳句

〔**蛤の　ふたみに別《わか》れ　行《ゆ》く秋《あき》ぞ**〕〈芭蕉《ばしょう》〉訳はまぐりが、ふたと身にさかれるのを悲しむように、別れがたい人びとと別れを惜《お》しみながら、伊勢《いせ》の二見に向かって行く晩秋であることよ。（大垣《おおがき》での「おくの

ほそ道」最後の句。「ふたみ」に「蓋身《ふたみ》」と「二見」を、「行く」に、別れて行くと、季節が過ぎて行く意をかけている。季語「行く秋」秋）

**はまだらか**『羽◇斑蚊』（名）〘動〙カ科の昆虫《こんちゅう》。羽のまん中に黒茶色のまだらのある蚊で、マラリア病原虫を媒介《ばいかい》する。

（はまだらか）

**はまち**『△鰒』（名）〘動〙ぶりの幼魚。参考 おもに関西でいい、関東では「いなだ」という。⇩ぶり（鰤）

**はまなす**『浜×茄子』（名）〘植〙（「はまなし」の変化したもの）バラ科の落葉低木。関東以北や北陸・山陰《さんいん》地方の海岸の砂地に生え、幹と枝にとげがある。根の皮は色ぞめに、花は香水《こうすい》に用いられる。

**はまべ【浜辺】**（名）浜のあたり。

**はまや【破魔矢】**（名）❶破魔弓（＝悪鬼《あっき》をはらうとされる弓）につがえて射る矢。むかしは子どもが正月にこれで遊び、今は正月のえんぎ物として使われる。❷新築の棟《むね》上げのときに屋根にかざる二本の矢。

**はまゆう**『浜×木綿』（名）〘植〙ヒガンバナ科の多年草。暖地の海岸の砂地に生える。真夏、白いにおいのよい花が咲《さ》く。はまおもと。

**はまりやく【はまり役】**『△嵌まり役』（名）その人にちょうどよく合った役目。適役。

**はま・る**『△嵌まる・◇塡まる』（自五）｛ラ(ロ)・リ(ッ)・ル・ル・レ・レ｝❶物がうまく収まってぴったり合う。「ボタンがー」「型にー（＝きまりきっていて新しみに欠ける）」❷ちょうどよく合う。あてはまる。「役にー」「条件にー」❸穴や深みに落ちこむ。「川にー」❹してやられる。だまされる。「わなにー」「敵の術中にー」❺〘俗語〙そのことに夢中になる。「ゴルフにー」

**はみだ・す【はみ出す】**『◇食み出す』（自五）｛サ(ソ)・シ・ス・ス・セ・セ｝いっぱいになって、すきまから外へふくれ出る。一定の範囲《はんい》から外へ出る。はみ出る。「箱からー」

**はみ・でる【はみ出る】**『◇食み出る』（自下一）｛デ・デ・デル・デル・デレ・デロ(デヨ)｝↓はみだす

**ハミング**〔英 humming〕（名・自スル）口を閉じ、声を鼻へぬけさせて、メロディーだけを歌うこと。

**は・む**『◇食む』（他五）｛マ(モ)・ミ(ン)・ム・ム・メ・メ｝❶（牛・馬などが）食べる。かんで食う。「馬が草をー」❷給料などを受け取る。「高給をー」

**ハム**〔英 ham〕（名）❶豚肉《ぶたにく》を塩づけにし、さらにいぶして作った食品。「ロースー」❷アマチュア無線家。

**-ば・む**（接尾）（名詞などについて）そのようなようすを帯びる意を表す。「汗《あせ》ー」「気色《けしき》ー」「黄ー」

**ハム-エッグ**（名）うすく切ったハムに卵を落として焼いた料理。▽英 ham and eggs から。

**はむか・う【歯向かう・刃向かう】**（自五）｛ワ(オ)・イ(ッ)・ウ・ウ・エ・エ｝（歯をむき出したり、刃物《はもの》を持ったりして手向かう意から）さからって、敵対する。「権力にー」

**はむし【羽虫】**（名）〘動〙羽のある小虫のこと。

**はむし【葉虫】**（名）〘動〙ハムシ科の昆虫《こんちゅう》。小形の甲虫《こうちゅう》で植物の葉を食う。害虫。

**ハムスター**〔英 hamster〕（名）〘動〙ネズミ科の哺乳《ほにゅう》動物。小形で発育が早く、ペットや実験用に飼育される。

**ハムレット**〔Hamlet〕〔作品名〕イギリスの作家シェークスピアの四大悲劇の一つ。一六〇一年ごろの作。デンマークの王子ハムレットが父の亡霊《ぼうれい》に教えられて、父を毒殺したのが現在の王である自分のおじだと知り、苦しみ悩《なや》んだのち、ついに復讐《ふくしゅう》をとげるというすじ。

**はめ**『×羽目』（名）❶板を並べて張った壁《かべ》。❷困った状態。苦しい立場。「二度も作り直すーになった」参考 ②は「破目」とも書く。

**はめを外《はず》す** 調子づいて、度を過ごす。

**はめいた**『×羽目・板』（名）壁《かべ》の上に張った板。

**はめえ【はめ絵】**『△嵌め絵』（名）↓ジグソーパズル

**はめころし【はめ殺し】**『△嵌め殺し』（名）障子《しょうじ》やガラス窓などを、はじめから開閉できないように作りつけること。また、そのもの。はめごろし。「ーの天窓《てんまど》」

**はめつ【破滅】**（名・自スル）やぶれほろびること。すっかりだめになり二度と立ち直れないようになること。「身のー」…的「破滅的な行動」

**は・める**『△嵌める・◇塡める』（他下一）｛メ・メ・メル・メル・メレ・メロ(メヨ)｝❶形のあるものの中にぴったりと入れこむ。「枠《わく》にー」「指輪をー」❷だまして、おとしいれる。「計略にー」

**ばめん【場面】**（名）❶あることが起こっているその場のようす。また、その場。光景。「心のあたたまるー」❷演劇・映画などの一つ一つの情景。シーン。

**はも**『△鱧』（名）〘動〙ハモ科の魚。本州中部以南の海にすみ、全長約二《メー》《トル》で細長い。食用。

**はもの【刃物】**（名）刃のついているもの。刀・包丁・ナイフなど。

**はもの【端物】**（名）そろっていないはんぱな物。

**はもん【波紋】**（名）❶物を水に投げたとき、水面に広がる波の模様。❷じょじょに周囲に及《およ》んでいく影響《えいきょう》。「ーを投げかける」

**はもん【破門】**（名・他スル）❶先生が弟子《でし》との師弟関係を切ること。❷宗教で、信者を除名すること。

**ハモンド-オルガン**〔英 Hammond organ〕（名）〘音〙（ハモンドは発明者の名）真空管の電気振動《しんどう》によってパイプオルガンのような音を出す電気オルガン。

**はや**『△鮠』（名）〘動〙川にすむコイ科の魚。地方によっていろいろな魚をさすが、「うぐい」「おいかわ」をさすことが多い。はえ。

**はや【早】**（副）早くも。もう。すでに。「卒業してー一〇年です」

**はやあし【早足・速足】**（名）❶ふつうより速く歩くこと。急ぎ足。「暗がりでついーになる」❷馬術で、並足と駆《か》け足の中間の駆け方。トロット。

**はや・い【早い】**（形）｛カロ・カッ(ク)・イ・イ・ケレ・○｝❶時刻や時期がふつうよりも前である。「ー・く出発する」「ー者勝ち」対 遅《おそ》い
❷まだその時期・時刻になっていない。「喜ぶのはまだー」対 遅い
❸時間が短くてすむ。てっとりばやい。「直接聞いたほうがー」
⇩はやい（速い）「学習」

**はや・い【速い】**『◇疾い』（形）｛カロ・カッ(ク)・イ・イ・ケレ・○｝ある動きをするのにかかる時間がふつうよりも短い。進む程度が大き

い。すみやかだ。「流れがー」「呼吸がー」「頭の回転がー」対遅《おそ》い

> **学習 使い分け 「早い」「速い」**
> 早い　時刻や時期がある基準より前であるようす。「朝が早い」「あきらめるのは早い」「のみこみが早い」「気が早い」
> 速い　ある時間内に、たくさん動くようす。「足が速い」「テンポが速い」「流れが速い」「判断が速い」「火の回りが速い」

**はやうま【早馬】**（名）むかし、急を知らせる使いの者が乗って走らせた馬。「ーを出す」

**はやうまれ【早生まれ】**（名）一月一日から四月一日までの間に生まれること。また、その時期に生まれた人。対遅《おそ》生まれ。参考同じ年の四月二日以降に生まれた人よりも小学校入学が一年早いことから。

**はやおき【早起き】**（名・自スル）朝早く起きること。朝起き。

**早起きは三文《さんもん》の徳《とく》**　朝早く起きることはからだのためにもよいし、また何かとよいことがあるものだ。朝起きは三文の徳。

**はやかご**〖早△駕◇籠〗（名）むかし、急を知らせる使いの者が乗って走らせたかご。

**はやがてん【早合点】**（名・自スル）人の話をよく聞きもしないで、勝手にわかったつもりになること。はやがってん。「ーして道をまちがえる」類早のみこみ

**はやがね【早鐘】**（名）（火事・事件など）急な出来事を知らせるために、早く激しく打ち鳴らす鐘。「胸がーのように鳴る（＝不安のため、心臓《しんぞう》がどきどきする）」

**はやがわり【早変わり】**（名・自スル）❶歌舞伎《かぶき》や芝居《しばい》で、一人の役者がすばやく姿を変えて別の役を演じること。❷すばやく変身や転身をすること。

**はやく【破約】**（名・他スル）❶約束を取り消すこと。❷約束をやぶること。類違約《いやく》

**はやく【端役】**（名）映画や芝居《しばい》などで、あまり重要でない、ちょっとした役。また、その役の人。対主役

**はやく【早く】**一（副）ずっと以前に。早い時期に。「ー両親をなくす」二（名）早い時期。早い時間。「ーから起きて働く」

**はやくち【早口】**（名）しゃべり方がはやいこと。

**はやくちことば【早口言葉】**（名）言いにくいことばを、早口でまちがえないように言う遊び。また、そのことば。「なまむぎ、なまごめ、なまたまご」など。

**はやざき【早咲き】**（名）同じ種類の花の開花期より早く咲くこと。また、その花。対遅咲《おそざ》き

**はやし【林】**（名）❶木がたくさん生えている所。❷同種の物が集まり立っていること。「煙突《えんとつ》のー」

**はやし**〖△囃子〗（名）能や歌舞伎《かぶき》などで、笛《ふえ》・たいこなどを使って、拍子《ひょうし》をとったり気分をそえたりするために行う音楽。「ー方《かた》（＝はやしの演奏をする人）」

**はやしことば**〖△囃子◇詞〗（名）調子をとるために、民謡《みんよう》などの歌の合間に入れる「コリャコリャ」「ハイハイ」などのことば。

**はやした・てる【はやし立てる】**〖△囃し立てる〗（他下一）{テ・テ・テル・テル・テレ・テロ(テヨ)}声をあげて騒《さわ》ぎ立てながら、さかんにほめたりひやかしたりする。「手を打ってー」

**はやじに【早死に】**（名・自スル）まだ若いうちに死んでしまうこと。若死に。夭折《ようせつ》。早世《そうせい》。

**はやじも【早霜】**（名）秋の早い時期におりる霜。対遅霜《おそじも》

**ハヤシ-ライス**〔和製英語〕（名）牛肉・玉ねぎなどをいため、小麦粉・バター・だしじるなどで作ったソースで煮《に》こんでご飯にかけた料理。▽hash と rice から。

**はや・す**〖△囃す〗（他五）{サ(ソ)・シ・ス・ス・セ・セ}❶かけ声をかけたり、両手を打ち鳴らしたりして歌の調子をとる。❷囃子《はやし》を演奏する。❸声をあげて、ひやかしたりほめたたえたりする。「他人の失敗をー」

**はや・す【生やす】**（他五）{サ(ソ)・シ・ス・ス・セ・セ}生えるようにする。成長させる。のばす。「芝《しば》をー」「ひげをー」

**はやせ【早瀬】**（名）水の流れのはやい所。急流。

**はやて**〖×疾風〗（名）急に激しくふく風。類突風《とっぷう》

**はやてまわし【早手回し】**（名）先を見こして早くから準備や手配をしておくこと。「ーに連絡《れんらく》する」

**はやと**〖△隼◇人〗（名）むかし、九州南部の薩摩《さつま》・大隅《おおすみ》地方に住んでいた種族。「薩摩ー」

**はやとちり【早とちり】**（名・自スル）早合点《はやがてん》して、まちがえたり失敗したりすること。

**はやね【早寝】**（名・自スル）夜、早く寝ること。

**はやのみこみ【早のみ込み】**〖早△呑み込み〗（名・自スル）人の話をよく聞かないうちに、わかったと思いこむこと。「いつもーで失敗する」類早合点《はやがてん》

**はやばまい【早場米】**（名）とり入れの早い地方でできる米。

**はやばや【早早】**（副）ずいぶん早く。ふつうよりずっと早く。「ー（と）店を閉める」

**はやびけ【早引け】**（名・自スル）（学校や会社などを）定刻より早く出て帰ること。早退。はやびき。

**はやぶさ**〖△隼〗（名）〔動〕ハヤブサ科の中形の鳥。飛ぶのがひじょうに速く、性質は勇猛《ゆうもう》。小動物・昆虫《こんちゅう》などをとって食べる。

（はやぶさ）

**はやま・る【早まる】**（自五）{ラ(ロ)・リ(ッ)・ル・ル・レ・レ}❶時刻・時期が早くなる。「出発時刻がー」❷あわてて、判断をあやまる。「ー・ったことをしてくれた」

**はやま・る【速まる】**（自五）{ラ(ロ)・リ(ッ)・ル・ル・レ・レ}速度が速くなる。「脈拍《みゃくはく》がー」

**はやみち【早道】**（名）❶ちかみち。❷物事を早く、簡単に達成する方法。「合格へのー」

**はやみみ【早耳】**（名）物事を聞きつけるのが早いこと。また、その人。「ーの人」

**はやめ【早め】**（名・形動ダ）時刻・時期がふつうよりも少し早いこと。「ーに申し込《こ》む」「ーの対応」

**はやめ【速め】**（名・形動ダ）速度がふつうより少し速いこと。「ーのテンポ」

**はや・める【早める】**（他下一）{メ・メ・メル・メル・メレ・メロ(メヨ)}時刻・時期を早くする。「出発をー」

**はや・める【速める】**（他下一）{メ・メ・メル・メル・メレ・メロ(メヨ)}速度を

速くする。「足を—」

**はやり**『×流行』（名）はやること。その時々の人びとに好まれ、人気のあること。流行《りゅうこう》。「—の服装」

**はやりうた**【はやり歌】『×流行-歌』（名）その時々の人びとに広く歌われる歌。流行歌《りゅうこうか》。

**はやりぎ**【はやり気】『◇逸り気』（名）はやる意気。いさみたつ気持ち。「—をおさえる」

**はやりすたり**『×流行り廃り』（名）はやることと、はやりが過ぎてすたれること。「—の激しい分野」

**はやりめ**【はやり目】『×流行-目』（名）〔医〕流行性の目の病気。流行性結膜炎《けつまくえん》のこと。

**はや・る**『◇逸る』（自五）〔ラ(ロ)・リ(ッ)・ル・ル・レ・レ〕早く行動したくておいたつ。「血気に—」「—心をおさえる」

**はや・る**『×流行る』（自五）〔ラ(ロ)・リ(ッ)・ル・ル・レ・レ〕❶人気があって、世間に広まる。「—っている服装」対廃《すた》れる。❷商売などがはんじょうする。「よく—っている店」❸病気などが広がる。「風邪《かぜ》が—」

**はやわかり**【早分かり】（名）❶簡単にわかること。すぐに理解できること。❷簡単にわかるように書いた本など。「日本史—」

**はやわざ**【早業・早技】（名）すばやくてたくみなわざ。「目にもとまらぬ—」

**はら**【原】（名）雑草などの生えた、平らで広い土地。耕作されていない平地。

**はら**【腹】（名）❶動物の、胃や腸を包んでいる部分。また、胃や腸。おなか。「—が痛い」「—がへる」対背
❷母親のからだの、子どもが宿る所。「—ちがいの兄」
❸本心。心中。本音《ほんね》。「相手の—を読む」
❹度胸。きもったま。覚悟《かくご》。「—のすわった人」
❺物のまん中のふくらんだ部分。「指の—」
参考③④は「肚」とも書く。

**腹が黒《くろ》い** →はらぐろい

**腹が据《す》わる** 度胸があって物事に動じない。

**腹が立《た》つ** 怒《いか》りの気持ちがわきおこる。

**腹が減《へ》っては戦《いくさ》はできぬ** 空腹では何事をするにもじゅうぶんに活動できない。

**腹に一物《いちもつ》** 心の中に何かたくらみのあること。

**腹に収《おさ》める** 見聞きしたことを他の人に言わずに、自分の心の中にとどめておく。「自分一人の—」

**腹に据《す》えかねる** 怒《いか》りをがまんできない。

**腹の皮《かわ》をよじる** おかしくて大笑いする。

**腹も身《み》の内《うち》** 腹もからだの一部であるから、飲み食いに気をつけよという いましめのことば。

**腹を合《あ》わせる** 考えや気持ちを同じにして協力する。共謀《きょうぼう》する。

**腹を抱《かか》える** おかしくて大笑いする。「腹を抱えて笑う」

**腹を決《き》める** 決心する。

**腹を括《く》る** 覚悟《かく》を決める。決心をかためる。腹をすえる。「腹を括って勝負に挑《いど》む」

**腹を肥《こ》やす** →しふくをこやす

**腹を探《さぐ》る** 相手の考えをそれとなく知ろうとする。

**腹を据《す》える** 覚悟《かく》を決める。腹をくくる。

**腹を立《た》てる** おこる。立腹する。

**腹を割《わ》る** 思っていることを全部さらけだす。「腹を割って話す」

**ばら**（名）❶本来ひとまとまりであるものをばらばらにした状態。「—売り」❷（「ばら銭」の略）小銭《こぜに》。

**ばら**『×薔薇』（名）〔植〕バラ科の落葉低木。幹や枝にとげがあり、かおりのよい美しい花が咲《さ》く。観賞用に古くから栽培《さいばい》され、品種が多い。そうび。

**はらあ・し**〔腹悪し〕（形シク）古語おこりっぽい。気が短い。「良覚僧正《そうじょう》と聞こえしはきはめて—・しき人なりけり」〈徒然草《つれづれぐさ》〉訳良覚僧正《そうじょう》と申し上げた方は、大変おこりっぽい人であった。

**バラード**〔フランス ballade〕（名）❶自由な形式の物語のような詩。❷〔音〕物語風の歌曲。また、そのような内容を器楽曲に移したもの。

**ハラール**〔アラビア halāl〕（名）イスラムの教えで許されたもの。特に、イスラム教徒が食べてもよいとされる規定にのっとった食品をいう。ハラル。

**はらい**【払い】（名）品物の代金や賃金などを支払うこと。また、支払う代金や賃金など。「—がたまる」「前—《ばらい》」「不—《ばらい》」類勘定《かんじょう》

**はらい**『△祓い』（名）神に祈《いの》って、罪・けがれ・わざわいなどを除くこと。また、その祈りのことば。はらえ。

**はらいきよ・める**【はらい清める】『△祓い清める』（他下一）〔メ・メ・メル・メル・メレ・メロ(メヨ)〕はらいをして、罪・けがれ・わざわいなどを除き清める。「身を—」

**はらいこ・む**【払い込む】（他五）〔マ(モ)・ミ(ン)・ム・ム・メ・メ〕おかねを払い納める。「水道料金を—」

**はらいさ・げる**【払い下げる】（他下一）〔ゲ・ゲ・ゲル・ゲル・ゲレ・ゲロ(ゲヨ)〕国や都道府県などの所有物を、民間に売りわたす。「国有地を—」

**はらいせ**【腹いせ】『腹◇癒せ』（名）いかり・うらみなどを、何かをしてはらそうとすること。「しかられた—にいたずらをする」

**はらいた**【腹痛】（名）腹が痛むこと。ふくつう。

**はらいの・ける**【払いのける】『払い◇除ける』（他下一）〔ケ・ケ・ケル・ケル・ケレ・ケロ(ケヨ)〕ふり払ってどける。ふり払うようにして取り除く。「さし出した手を—」「不安を—」

**はらいもど・す**【払い戻す】（他五）〔サ(ソ)・シ・ス・ス・セ・セ〕❶精算して余分のおかねを返す。「特急料金を—」❷貯金を預けた人にその貯金を払いわたす。

**ばらいろ**【ばら色】『×薔薇-色』（名）❶ばらの花のような薄桃《うすもも》色。白みがかった赤い色。❷喜びや希望にみちあふれているようす。「—の人生」対灰色

**はら・う**【払う】（他五）〔ワ(オ)・イ(ッ)・ウ・ウ・エ・エ〕❶はたくようにして取り除く。「服のほこりを—」
❷追いやる。しりぞける。「悪魔《あくま》を—」「人を—」
❸横に打ったり切ったりする。「足を—」「下草を—」
❹代金や料金をわたす。支払う。「交通費を—」
❺いらなくなったものを売る。「古新聞を—」
❻意識を向ける。「敬意を—」「注意を—」
❼目的のために、あるものを費《つい》やす。「犠牲《ぎせい》を—」

**はら・う**『△祓う』（他五）〔ワ(オ)・イ(ッ)・ウ・ウ・エ・エ〕神に祈《いの》って、罪・けがれ・わざわいなどを除く。「厄《やく》を—」

**はらえ**『△祓え』（名）→はらい（祓い）

**バラエティー**〔英 variety〕（名）❶変化があること。多様性。「—に富む」❷歌謡《かよう》・舞踊《ぶよう》・寸劇などをいろいろとりまぜた演芸。「—ショー」

**パラオ**〔Palau〕〔地名〕北太平洋南西部、インドネシアの北方にある島からなる共和国。首都はマルキョク。

**はらから**〖×同胞〗（名）❶同じ母から生まれた兄弟姉妹。❷同じ国の国民。どうほう。

**はらぐあい**【腹具合】（名）胃腸の調子。

**パラグアイ**〔Paraguay〕〔地名〕南アメリカ大陸中央部の共和国。農牧業が盛ん。首都はアスンシオン。

**パラグライダー**〔英 paraglider〕（名）長方形のパラシュートを使って、山上から斜面《しゃめん》をかけおりて浮上《ふじょう》し、空中遊泳・降下するスポーツ。

（パラグライダー）

**パラグラフ**〔英 paragraph〕（名）文章の段落・節。

**はらぐろ・い**【腹黒い】（形）{カロ・カツ(ク)・イ・イ・ケレ・○}心の中に悪い考えをもっているようす。腹が黒い。「――人」

**はらげい**【腹芸】（名）❶〖演〗役者がせりふやしぐさ以外の思い入れなどで、人物の気持ちを表すこと。❷ことばや行動によらず、度胸や経験で自分の意志を通していくこと。「――の得意な政治家」❸あおむけに寝《ね》た人の腹の上でいろいろな芸をする軽わざ。

**ばら・ける**（自下一）{ケ・ケ・ケル・ケル・ケレ・ケロ(ケヨ)}まとまっていたものがばらばらになる。「集団が――」

**はらごしらえ**【腹ごしらえ】〖腹△拵え〗（名・自スル）物事を始める前に食事をして備えておくこと。

**はらごなし**【腹ごなし】（名）軽い運動などをして食べたものの消化を助けること。「――に散歩する」

**パラサイト**〔英 parasite〕（名）❶寄生生物。寄生虫。❷居候《いそうろう》。「パラサイト・シングル（=経済的に自立せず、生活を親に依存《いぞん》する独身者）」

**パラシュート**〔英 parachute〕（名）→らっかさん

**はら・す**【晴らす】〖△霽らす〗（他五）{サ(ソ)・シ・ス・ス・セ・セ}心の中のわだかまりや、身に受けた疑いなどを取り除いてすっきりさせる。「気を――」「うらみを――」「疑惑《ぎわく》を――」

**はら・す**【腫らす】（他五）{サ(ソ)・シ・ス・ス・セ・セ}はれた状態にする。「睡眠《すいみん》不足でまぶたを――」

**ばら・す**（他五）{サ(ソ)・シ・ス・ス・セ・セ}❶ばらばらにする。分解する。「腕時計《うでどけい》を――」❷〖俗語〗ある人の秘密をほかの人に教える。暴露《ばくろ》する。「悪事を――」❸〖俗語〗人を殺す。

**バラスト**〔英 ballast〕（名）❶線路や道路に敷《し》く小石や砂。バラス。❷船の安定を保つために船底に積む小石や砂・水・油などの重い荷物、荷足《あしに》。

**ハラスメント**〔英 harassment〕（名）嫌《いや》がらせ。「セクシャル――」

**パラソル**〔英 parasol〕（名）女性用の洋風の日がさ。また、屋外に立てる大きな洋風の日がさ。

**パラダイス**〔英 paradise〕（名）❶旧約聖書で、アダムとイブの住んでいたというエデンの園。楽園。❷天国。❸悩《なや》みや苦しみがまったくない幸福な世界。

**パラダイム**〔英 paradigm〕（名）ある時代や社会、学問において規範《きはん》であったり支配的であったりする、ものの見方や考え方。「――の転換《てんかん》が起こる」

**はらだたし・い**【腹立たしい】（形）{カロ・カツ(ク)・イ・イ・ケレ・○}しゃくにさわってしかたがない。「――話だ」

**はらだ・つ**【腹立つ】（自五）{タ(ト)・チ(ツ)・ツ・ツ・テ・テ}おこる。いきどおりを感じる。立腹する。「近ごろ――ことが多い」

**はらちがい**【腹違い】（名）兄弟姉妹で、父親が同じで母親が違うこと。「――の兄弟」

**パラチフス**〔ドイツ Paratyphus〕（名）〖医〗パラチフス菌《きん》によっておこる感染症《かんせんしょう》の一種。腸がおかされ、高い熱が出てげりをおこすが、腸チフスほどひどくはない。

**ばらつき**（名）❶ふぞろいなこと。均質・均一でないこと。「品質に――がある」❷測定した数値などが不規則にちらばること。「実験データに――がある」

**ばらつ・く**（自五）{カ(コ)・キ(イ)・ク・ク・ケ・ケ}❶乱れてばらばらになる。「髪《かみ》が――」❷数値が不規則にちらばる。「測定値が――」❸大つぶの雨やあられなどがばらばら降る。

**バラック**〔英 barrack〕（名）一時のまにあわせに建てた、そまつな家。かり小屋。「――建築」

**ぱらつ・く**（自五）{カ(コ)・キ(イ)・ク・ク・ケ・ケ}雨やあられなどがほんの少し降る。「小雨《こさめ》が――」

**はらつづみ**【腹鼓】（名）❶ふくれた腹を鼓のように打ち鳴らすこと。❷十分食べて満足すること。「――をうつ」参考「はらづつみ」とも読みならわされている。

**はらっぱ**【原っぱ】（名）原。野原。雑草などの生えた広い空き地。「――で野球をする」

**はらづもり**【腹積もり】（名）心の中に持っている大まかな考えや計画。「おおよその――ができる」

**はらどけい**【腹○時計】（名）腹の減りぐあいからだいたいの時刻を感じとること。

**パラドックス**〔英 paradox〕（名）→ぎゃくせつ（逆説）

**ばらにく**【ばら肉】（名）牛やぶたの、肋骨《ろっこつ》につく腹側の肉。三枚肉。ばら。

**パラノイア**〔英 paranoia〕（名）〖医〗妄想《もうそう》にとらわれ、特定の物事に強くこだわる精神の病気。偏執《へんしゅう》病。妄想症。

**はらのむし**【腹の虫】（名）❶腹に寄生する虫。回虫など。❷くやしい、腹立たしいなどの気持ちを、腹の中の虫にたとえていったことば。「――がおさまらない」

**はらばい**【腹ばい】〖腹△這い〗（名）腹を地につけてはうこと。また、腹を下にしてねそべること。

**はらば・う**【腹ばう】〖腹△這う〗（自五）{ワ(オ)・イ(ッ)・ウ・ウ・エ・エ}腹ばいになる。「地面に――」

**はらはちぶ**【腹八分】（名）おなかがいっぱいになるまで食べないで、八分目《はちぶんめ》くらいでやめること。

**はらはら** ㊀（副）❶木の葉や花びらなどが散るようす。「桜が――（と）散る」❷なみだなどがこぼれるようす。「――（と）なみだを流す」㊁（副・自スル）どうなるのかと気をもむようす。「――する場面」

**ばらばら** ㊀（副）❶大つぶの雨やあられなどが降るようす。「あられが――（と）降る」❷弾丸《だんがん》などが激しく飛んでくるようす。「小石が――（と）飛んでくる」❸人などがまとまりなく動くようす。「――（と）何人かかけ寄ってくる」㊁（形動ダ）{ダロ・ダッ(デ・ニ)・ダ・ナ・ナラ・○}❶散らばっていてまとまりのないようす。「――の意見」❷一つのものが、細かく切りはなされているようす。「家族が――になる」

**ぱらぱら**（副）❶雨やあられなどが、まばらに少し降る

ようす。「小雨《こさめ》が—(と)降る」❷まばらにふりまくようす。「魚に—(と)塩をふる」❸まばらに点在するようす。「客が—(と)座っている」❹本などをなんとなくめくるようす。「ページを—(と)めくる」

**パラフィン**〔英 paraffin〕(名)《化》石油から分離《ぶんり》される白色、半透明《はんとうめい》のろうのようなもの。ろうそく・パラフィン紙・マッチ・薬などを作る。

**パラボラ-アンテナ**(名) 衛星放送やマイクロ波(マイクロウエーブ)中継《ちゅうけい》などに用いる、おわん形のアンテナ。▽英 parabolic antenna から。

**はらまき【腹巻き】**(名) 腹が冷えるのを防ぐために、腹に巻く布や、腹を包むよう筒型《つつがた》に編んだもの。

**ばらま・く**『ばら△蒔く・ばら△撒く』(他五)〔カ(コ)・キ(イ)・ク・ク・ケ・ケ〕❶あちこちにまきちらす。「豆を—」「うわさを—」❷金品などを見さかいなく人びとに配る。「ビラを—」「大金を—」

**はら・む**『△孕む』〔マ(モ)・ミ(ン)・ム・ム・メ・メ〕**一**(自他五) 腹の中に子どもができる。妊娠《にんしん》する。**二**(他五) 中にふくみもつ。「危機を—」「風を—・んだ帆《ほ》」

**バラライカ**〔ロシア balalaika〕(名)《音》弦楽器《げんがっき》の一つ。ロシアの民俗《みんぞく》楽器で、三角形の胴《どう》に三本の弦を張ったもの。指ではじいて演奏する。

**パラリンピック**〔英 Paralympics〕(名) 身体障害者による国際的なスポーツ大会。オリンピックと同じ場所で、四年に一度開催《かいさい》される。

**パラレル**〔英 parallel〕(名・形動ダ)❶平行なこと。❷二つの物事がたがいに似たようなありかたで対応していること。「—な関係」

**はらわた**『◇腸』(名)❶大腸と小腸。❷内臓。❸瓜《うり》などの、内部の種子をふくんだ綿のような やわらかい部分。「魚の—」❹精神。心。

**はらわたが腐《くさ》る** 精神がだらくする。

**はらわたがちぎれる** 悲しみにたえられない。「—思い」

**はらわたが煮《に》え繰《く》り返《かえ》る** あまりのくやしさやいかりのために、腹が立ってがまんができない。

**はらん【波乱】**『波△瀾』(名)❶いろいろなさわぎやごたごたした出来事。もめごと。「—をひき起こす」❷物事に変化の多いこと。「—に富んだ人生」

**はらんばんじょう【波乱万丈】**『波△瀾万丈』(名) 事件が多く変化がはげしいこと。「—の人生」

**バランス**〔英 balance〕(名) つり合い。平均。均衡《きんこう》。「—がくずれる」

**はり【針】**(名)❶細長く先のとがったもの。縫《ぬ》い針・注射針・つり針・時計の針など。❷人の心をきずつけようとする気持ち。悪意。「—のあることば」

**針の筵《むしろ》** 責めたてられるようで、気の休まらないつらい境遇《きょうぐう》や立場。「—に座る気持ち」

**はり**『△梁』(名) 柱の上に横にわたして、屋根の重みをささえる木。うつばり。

**はり**『△鍼』(名) からだに、縫《ぬ》い針に似た針をさして病気をなおす治療《ちりょう》法。また、その治療に使う器具。

**はり【張り】一**(名)❶張ること。ひっぱる強さの度合い。「弓の—が強い」❷力強いこと。引きしまって生き生きしていること。「—のある声」❸張り合い。やりがいのあること。「心の—」「—のある仕事」**二**(接尾) 弓・ちょうちん・幕などを数えることば。「弓一—」

**はり**『△玻璃』(名)❶水晶《すいしょう》。❷ガラスの別名。

**-ばり【張り】**(接尾)❶弓のつるを張る人数で示す、弓の強さ。「三人—の弓」❷よく似ていること。「ピカソーの筆づかい」❸張ってあること。「ガラス—」

**ばり**『罵△詈』(名・他スル) ののしること。悪口を言うこと。「—雑言《ぞうごん》」

**パリ**〔Paris〕【地名】フランスの首都。文化・芸術の世界的中心地。フランスの北部にあり、セーヌ川中流の両岸にまたがる。

**バリア**〔英 barrier〕(名)❶柵《さく》。防護壁《へき》。❷障壁。障害物。「—フリー」(=バリアー・バリヤー)

**はりあい【張り合い】**(名)❶張り合うこと。競争。対立。「意地の—」❷やりがいを感じること。張り。「—のある仕事」

**はりあ・う【張り合う】**(自他五)〔ワ(オ)・イ(ッ)・ウ・ウ・エ・エ〕たがいにきそい合う。競争する。「社長の座を—」

**はりあ・げる【張り上げる】**(他下一)〔ゲ・ゲ・ゲル・ゲル・ゲレ・ゲロ(ゲヨ)〕声を高く強く出す。「大声を—」

**バリアフリー**〔英 barrier-free〕(名) 高齢《こうれい》者や障害者の自立した生活のじゃまになるものを取り除くこと。建築で段差をなくすことなど。「—住宅」

**バリウム**〔ドイツ Barium〕(名)❶《化》金属元素の一つ。銀白色で延性(=延びる性質)に富み、酸化しやすく、熱すると緑色の炎《ほのお》をあげて燃える。元素記号 Ba ❷胃のレントゲン検査で使う硫酸《りゅうさん》バリウムの俗称。

**バリエーション**〔英 variation〕(名)❶変化。変形。変種。❷《音》変奏曲。

**はりかえ【張り替え】**(名)❶古いものを取り去って新しいものをはること。「畳表《たたみおもて》の—」❷着物をといて洗い張りすること。

**はりがね【針金】**(名) 金属を細長くのばしてひものようにしたもの。

**はりがみ【張り紙・貼り紙】**(名)❶物に紙をはりつけること。また、その紙。❷知らせたいことを書いて、人目につく所にはった紙。ポスター。「—禁止」

**バリカン**(名) 髪《かみ》を刈《か》る金属製の道具。▽Bariquand et Marre(=フランスの製造所名)から。

**ばりき【馬力】**(名)❶《物》仕事率の単位。七五キログラム《キロ グラム》のものを一秒間に一メートル《メー トル》動かす力を一馬力という。❷物事をやりぬく体力や精力。「—をかける」

**はりき・る【張り切る】**(自五)〔ラ(ロ)・リ(ッ)・ル・ル・レ・レ〕❶ゆるみなく張る。❷がんばろうと意気ごむ。「—・っていこう」

**バリケード**〔英 barricade〕(名) 相手の攻撃《こうげき》や侵入《しんにゅう》をふせぐため、道路や建物の入り口などに作る急ごしらえのさく。「—を築く」

**ハリケーン**〔英 hurricane〕(名)《天》西インド諸島・メキシコ湾《わん》に発生する強い熱帯低気圧。

**はりこ【張り子】**(名)❶木の型に紙を重ねてはり、かわいてから型をぬき去って作ったもの。はりぬき。❷→はりぼて

**張り子の虎《とら》** ❶張り子で首が動くように作った虎のおもちゃ。❷見かけばかり強そうで実際は弱い人。

**はりこみ【張り込み】**(名) 相手の動きを調べるために、その場所に待機して見張ること。

**はりこ・む**【張り込む】（自他五）〔マ(モ)・ミ(ン)・ム・ム・メ・メ〕❶見張りをする。特に、警察官が犯人などをつかまえたりするために、現れそうな所で見張る。「刑事《けいじ》が一晩中ー・んでいる」❷思い切って高いねだんのものを買ったり、たくさんのおかねを出したりする。「祝儀《しゅうぎ》をー」

**バリコン**（名）一方の電極を動かすことで電気の容量をかげんすることのできる蓄電器《ちくでんき》。ラジオなどに利用される。▽英 variable condenser から。

**パリさい**【パリ祭】（名）フランスの革命記念日（七月一四日）の日本での呼び名。▽パリは、Paris

**はりさ・ける**【張り裂ける】（自下一）〔ケ・ケ・ケル・ケル・ケレ・ケロ(ケヨ)〕❶ふくらみすぎて破れる。❷悲しみや怒《いか》りなどの感情で胸がさけるかのようにいっぱいになる。「悲しくて胸がー・けそうだ」

**はりしごと**【針仕事】（名）針で衣服などを縫《ぬ》う仕事。裁縫《さいほう》。

**ばりぞうごん**〘罵△詈雑言〙（名）悪口の限りをつくしてけなすこと。口ぎたなくののしること。また、そのことば。「ーをあびせる」

**はりたお・す**【張り倒す】（他五）〔サ(ソ)・シ・ス・ス・セ・セ〕平手で打ちたおす。「怒《いか》りのあまりー・した」

**はりだし**【張り出し】（名）❶人に見せるためにはり出すこと。また、はり出したもの。❷建物で、壁《かべ》などから出っ張った部分。「ー窓」❸すもうで、番付の欄外《がいらん》に書き出すこと。「ー横綱《よこづな》」参考①は「貼り出し」とも書く。

**はりだ・す**【張り出す】〔サ(ソ)・シ・ス・ス・セ・セ〕□一（自五）外へ出っ張る。「半島がー」「高気圧がー」□二（他五）❶外へ出っ張らせる。外へ広げて出す。「出窓をー」❷紙などに書いたものを人目につく所にかかげて示す。「合格者をー」参考□二②は「貼り出す」とも書く。

**はりつけ**〘△磔〙（名）むかしの刑罰《けいばつ》の一つ。罪人を板や柱にしばりつけ、やりなどで突《つ》き殺す刑。

**はりつ・ける**【張り付ける・貼り付ける】（他下一）〔ケ・ケ・ケル・ケル・ケレ・ケロ(ケヨ)〕紙などをのりや画びょうなどで、ほかのものの面にくっつける。「掲示板《けいじばん》にポスターをー」

**はりつ・める**【張り詰める】（自他下一）〔メ・メ・メル・メル・メレ・メロ(メヨ)〕❶全面いっぱいに張る。「湖に氷がー」❷心を極度にひきしめる。緊張《きんちょう》する。「ー・めた表情」

**はりて**【張り手】（名）すもうで、相手の顔を平手で打つわざ。

**バリトン**〔英 baritone〕（名）〘音〙男性の声の中で中くらいの高さの音域。テノールとバスの中間。また、その声の歌手やその高さの音を出す管楽器。

**はりねずみ**【針ねずみ】〘針△鼠〙（名）〘動〙ハリネズミ科の小形の哺乳《ほにゅう》動物。腹部を除いて針のような毛でおおわれている。アジア・アフリカ・ヨーロッパにすんでいる。

（はりねずみ）

**はりばこ**【針箱】（名）裁縫《さいほう》用具を入れておく箱。裁縫箱。

**ばりばり**□一（副）❶固いものをかみくだいたり、ものを破ったりこわしたりするときの音のようす。「せんべいをー食べる」❷元気で勢いよく活動するようす。「ー仕事をこなす」□二（名・形動ダ）❶ものがこわばり固いようす。「糊《のり》がきいてーのシーツ」❷元気で勢いがあるようす。「ーの現役大リーガー」

**はりばん**【張り番】（名・自スル）見張りの番をすること。また、その人。番人。

**はりぼて**【張りぼて】（名）竹かごなどに紙をはって作った芝居《しばい》の小道具。張り子。転じて、見かけだけりっぱで中身や本質がつり合わないもののたとえ。

**はりま**〔播磨〕〔地名〕むかしの国名の一つ。今の兵庫県の南西部。播州《ばんしゅう》。

**はりめぐら・す**【張り巡らす】（他五）〔サ(ソ)・シ・ス・ス・セ・セ〕まわり一面にぐるりと張る。「縄《なわ》をー」

**はる**【春】（名）❶四季の一つ。ふつう三・四・五月の三か月。暦《こよみ》の上では立春から立夏の前日まで。陰暦《いんれき》では一・二・三月。「うららかなーの日ざし」❷新年。正月。新春。「初ー《はつはる》」❸勢いの最もさかんな時。最盛期。「わが世のー」❹若いとき。青春期。「人生のー」❺性の意識。「ーのめざめ」

**は・る**【張る】〔ラ(ロ)・リ(ッ)・ル・ル・レ・レ〕□一（自五）❶のびてひろがる。「根がー」「くもの巣がー」❷一面にひろがっておおう。「池に氷がー」❸ゆるみなくひきしまる。いっぱいになってふくれる。「腹がー」「肩《かた》がー（＝こって固くなる）」❹気持ちがひきしまる。「気がー」❺ある感情がさかんになる。「食い意地がー」❻目につくようにからだの一部が左右に突《つ》き出る。「あごがー」「えらのー・った顔」❼ねだんや大きさがふつう以上に大きくなる。「値がー」「かさがー」

□二（他五）❶四方八方にいっぱいにひろげる。「大地に根をー」❷水などをいっぱいに満たす。「ふろおけに水をー」❸ゆるみなくぴんとさせる。「ロープをー」「テントをー」❹気持ちをひきしめる。「気をー」❺からだの一部を突き出す。「ひじをー」「胸をー」❻自分の意志や態度などを強く表に出す。「強情《ごうじょう》をー」「みえをー」❼さかんにする。「勢力をー」❽つくりかまえる。「店をー（＝店を出す）」❾薄《うす》く平らなものをはりつける。くっつける。「切手をー」「ポスターをー」❿見張りをする。「出口を刑事《けいじ》がー」⓫てのひらで打つ。「ほっぺたをー」⓬おかねを賭《か》ける。「一万円ー」参考□二⑨は「貼る」とも書く。

**-ば・る**（接尾）（名詞について）…のようになる。また、程度がはなはだしい意を表す。「四角ー」「形式ー」「かさー」「欲ー」

**はるいちばん**【春一番】（名）春のはじめに吹《ふ》く、その年最初の強い南風。はるいち。

**はるか**〘△遥か〙（副・形動ダ）❶時間・距離《きょり》の遠く離《はな》れているようす。「ー遠いむかし」「ーな山」❷ちがいの大きいようす。「馬よりーに速い」類ずっと

**はるがすみ**【春がすみ】〘春△霞〙（名）春に立ちこめるかすみ。

**はるかぜ**【春風】（名）春に吹《ふ》くおだやかであたたかい

風。しゅんぷう。

**はるかぜや　闘志《とうし》いだきて　丘《をか》に立《た》つ**…俳句
〔春風や　闘志いだきて　丘に立つ〕〈高浜虚子《たかはまきよし》〉訳希望がわくさわやかな春風、あらたなものに立ち向かう闘志を胸にいだいて、丘に立つことだ。(俳句の伝統を守ろうと俳壇《はいだん》に復帰したときの句。季語「春風」春)

**バルカン**〔Balkan〕〔地名〕ヨーロッパ南東部、地中海と黒海の間につき出た半島とその一帯。ギリシャや旧ユーゴスラビア諸国などがある。

**はるご**〖春◇蚕〗(名) 春に育つ蚕《かいこ》。

**バルコニー**〔英 balcony〕(名) 洋風の建築で、部屋の外に広く張り出した、屋根のない、手すりのついた台。露台《ろだい》。バルコン。類ベランダ

**バルコン**〔フランス balcon〕(名) →バルコニー

**はるさき**【春先】(名) 春のはじめ。早春。

**バルザック**〔Honoré de Balzac〕〔人名〕(一七九九〜一八五〇) フランスの小説家。近代写実主義の父といわれる。小説作品群「人間喜劇」で、あらゆる階層の人びとの姿を生き生きとえがきだした。作品「ゴリオ爺《じい》さん」「従妹《いとこ》ベット」など。

**はるさめ**【春雨】(名) ❶春、静かにしとしとと降る雨。❷いも類や緑豆《りょくとう》のでんぷんから作る、すきとおった糸のような食品。まめそうめん。

**はるさめや　小磯《こいそ》の小貝《こがひ》　ぬるるほど**…俳句
〔春雨や　小磯の小貝　ぬるるほど〕〈蕪村《ぶそん》〉訳こまかい霧《きり》のように春雨が降っている。小さな磯《いそ》の砂にまじった小貝が、しっとりぬれて光るくらいのかすかな雨である。(季語「春雨」春)

**はるすぎて　夏《なつ》きたるらし　白栲《しろたへ》の　衣《ころも》干《ほ》したり　天《あめ》の香具山《かぐやま》**…和歌
〔春過ぎて　夏きたるらし　白栲の　衣干したり　天の香具山〕〈万葉集《まんようしゅう》・持統天皇《じとうてんのう》〉訳春が過ぎて、もう夏がやって来たらしい。まっ白な夏の着物がほしてある、天の香具山に。(新古今集《しんこきんしゅう》・小倉《おぐら》百人一首では第二句を「夏来にけらし」、第四句を「衣ほすてふ」とする)

**パルチザン**〔フランス partisan〕(名) 侵入《しんにゅう》軍に対して、土地の住民のなかから立ち上がり、武装してゲリラ戦を展開する部隊。

**はるつげどり**【春告げ鳥】(名)〔動〕「うぐいす」の別の呼び名。

**はるのうみ　終日《ひねもす》のたり　のたりかな**…俳句
〔春の海　終日のたり　のたりかな〕〈蕪村《ぶそん》〉訳明るい日ざしのおだやかな春の海。波は一日じゅうものうげにのたりのたりと、うねり続けているよ。(季語「春の海」春)

**はるのその　紅《くれなゐ》にほふ　桃《もも》の花《はな》　した照《て》る道《みち》に　出《い》で立《た》つ少女《をとめ》**…和歌
〔春の苑　紅にほふ　桃の花　した照る道に　出で立つ少女〕〈万葉集《まんようしゅう》・大伴家持《おおとものやかもち》〉訳春の庭園にまっ赤に咲《さ》き映《は》えている桃の花、その木の下の道まで照りかがやいて、そこに出て立っている美しい少女よ。

**はるのとり　な鳴《な》きそ鳴《な》きそ　あかあかと　外《と》の面《も》の草《くさ》に　日《ひ》の入《い》る夕《ゆふべ》**…短歌
〔春の鳥　な鳴きそ鳴きそ　あかあかと　外の面の草に　日の入る夕〕〈北原白秋《きたはらはくしゅう》〉訳春の鳥よ、鳴くな。そんなにせつなく鳴くな。あかあかと窓の外の草原を染めて夕日がしずむ夕方に。

**はるのななくさ**【春の七草】(名) 春の代表的な七種の植物。せり・なずな・ごぎょう(ははこぐさ)・はこべ・ほとけのざ(たびらこ)・すずな(かぶ)・すずしろ(だいこん)の七つをいう。七草がゆに入れる。対秋の七草

**はるのよの　やみはあやなし　梅《うめ》の花《はな》　色《いろ》こそ見《み》えね　香《か》やはかくるる**…和歌
〔春の夜の　やみはあやなし　梅の花　色こそ見えね　香やはかくるる〕〈古今集《こきんしゅう》・凡河内躬恒《おおしこうちのみつね》〉訳春の夜のやみは、どうもわけがわからない。たとえ闇夜《やみよ》で梅の花の色は見えなくても、かおりまでかくすことができようか。いや、できはしない。

**はるのよの　夢《ゆめ》の浮橋《うきはし》　とだえして　嶺《みね》にわかるる　横雲《よこぐも》の空《そら》**…和歌
〔春の夜の　夢の浮橋　とだえして　嶺にわかるる　横雲の空〕〈新古今集《しんこきんしゅう》・藤原定家《ふじわらのていか》〉訳春の夜の、浮橋のようにはかない夢がとぎれて、ふと外を見ると、たなびく雲が今まさに峰《みね》からはなれてゆこうとしている明けがたの空である。

**バルバドス**〔Barbados〕〔地名〕カリブ海の東端にある島からなる立憲君主国。首都はブリッジタウン。

**はるばる**〖◇遥◇遥〗(副) ❶距離《きょり》が遠くはなれているようす。「―(と)見わたす」❷遠くから来るようす。また、遠くへ行くようす。「―(と)海を渡《わた》って来た」

**バルブ**〔英 valve〕(名) 管を通る液体や気体の出入りを開閉によって調節する器具。弁。

**パルプ**〔英 pulp〕(名) 木のくずをすりつぶしたり薬を加えたりして、繊維《せんい》をとりだしたもの。紙・人絹《じんけん》などの原料に使われる。「古紙―」

**はるまき**【春巻き】(名) ひき肉や刻んだ野菜を小麦粉で作った薄皮《うすかわ》で巻き、油で揚《あ》げた中国料理。

**はるまひる　ここの港《みなと》に　寄《よ》りもせず　岬《みさき》を過《す》ぎて　行《ゆ》く船《ふね》のあり**…短歌
〔春真昼　ここの港に　寄りもせず　岬を過ぎて　行く船のあり〕〈若山牧水《わかやまぼくすい》〉訳おだやかな春のま昼時、海を眺《なが》めていると、ここの港に寄りもしないで、岬《みさき》をゆっくりと通り過ぎて行く船が見える。

**はるめ・く**【春めく】(自五)〔カ(コ)・キ(イ)・ク・ク・ケ・ケ〕春らしくなる。「めっきり―・いてきた」

**はるやすみ**【春休み】(名) 学校で、三月後半から四月はじめにかけての休みの期間。

**はれ**【晴れ】(名) ❶空が晴れること。晴天。「―のちくもり」❷表だっていて、はれやかであること。「―の舞台《ぶたい》」❸疑いがとけること。「―の身となる」

**はれ**【腫れ】(名) 打ち身や炎症《えんしょう》などによる、からだの一部のふくらみ。「のどの―がひく」

**ばれい**【馬齢】(名) 自分の年齢《ねんれい》をへりくだっていうことば。「―を重ねる(＝むだに年をとる)」

**ばれいしょ**〖馬鈴◇薯〗(名)〔植〕→じゃがいも

**バレエ**〔フランス ballet〕(名) 音楽に合わせた踊《おど》りによって物語が進行する、西洋の舞踊《ぶよう》劇。バレー。

**バレー**(名)「バレーボール」の略。

**ハレーション**〔英 halation〕(名) 写真で、光が強すぎたために、うつしたもののまわりがぼやけること。

**ハレーすいせい**〖ハレー◇彗星〗(名)〔天〕太陽のまわりを約七六年の周期でめぐっている彗星。イギリスの天文学者ハレー(Halley)がはじめてその軌道《きどう》を明

らかにした。ハリー彗星。

**パレード**〔英 parade〕（名・自スル）大勢の人が、集団ではなやかに行進すること。「優勝祝賀―」

**バレーボール**〔英 volleyball〕（名）コートの中央にネットを張り、六人または九人ずつの二組に分かれて、ボールを地面に落とさないように手で打ち合って得点をきそう競技。排球《はいきゅう》。バレー。

**はれがまし・い【晴れがましい】**（形）〔カロ・カッ(ク)・イ・イ・ケレ・○〕表だってはなやかである。また、あまりにも表だっていておもはゆい気持ちである。「―気持ち」「―席に出る」

**はれぎ【晴れ着】**（名）改まった場所に出るときに着る衣服。よそ行きの着物。「お正月の―」

**はれすがた【晴れ姿】**（名）❶特別な晴れの場での姿。「表彰《ひょうしょう》式での―」❷晴れ着を着た姿。

**はれつ【破裂】**（名・自スル）❶突然《とつぜん》さけて破れること。勢いよく破れてくだけること。「水道管の―」❷相談などがまとまらないこと。決裂。

**はれつおん【破裂音】**（名）❶くちびるを閉じたり、舌《した》を歯ぐきにつけたりして呼気をとめたあとで、瞬間《しゅんかん》的に息をはきだして出す音。p・t・k・b・d・gなどの音。❷物が破裂《はれつ》したときに出る音。

**パレット**〔フランス palette〕（名）絵の具をまぜ合わせたり、とかしたりするための板。

**はれて【晴れて】**（副）正式に。だれにも遠慮《えんりょ》することなく。「―夫婦になる」

**はればれ【晴れ晴れ】**（副・自スル）❶空が晴れわたっているようす。「―（と）した空」❷心にわだかまりがなく、気持ちがすっきりするようす。「―（と）した顔」

**はれぼった・い【腫れぼったい】**（形）〔カロ・カッ(ク)・イ・イ・ケレ・○〕はれて重そうに感じられる。「寝不足《ねぶそく》で―目」

**はれま【晴れ間】**（名）❶雨・雪などのやんだ合間。「梅雨《つゆ》の―」❷雲の切れ間から見える青空。「―がのぞく」

**ハレム**（名）→ハーレム

**はれもの【腫れ物】**（名）内部の炎症《えんしょう》によって膿《うみ》などができ、ひふのはれたところ。できもの。

**腫れ物に触《さわ》る**　おそるおそる取りあつかうようす。

**はれやか【晴れやか】**（形動ダ）〔ダロ・ダッ(デ・ニ)・ダ・ナ・ナラ・○〕❶空が晴れわたったようす。❷心が晴れ晴れとして明るいようす。「―な空」「―な顔つき」❸はなやかなようす。「―な着物」

**バレリーナ**〔イタリア ballerina〕（名）バレエで、女性の踊《おど》り手。特に、主役の踊り手。

**は・れる【晴れる】**（自下一）〔レ・レ・レル・レル・レレ・レロ(レヨ)〕❶雲や霧《きり》が消えたり、雨や雪がやんだりして天気がよくなる。「空が―」❷わだかまりがなくなり心が明るくなる。「気が―」[対]曇《くも》る。❸疑いがなくなる。「疑惑《ぎわく》が―」

**は・れる【腫れる】**（自下一）〔レ・レ・レル・レル・レレ・レロ(レヨ)〕病気や炎症《えんしょう》などで、からだの一部がふくれあがる。「のどが―」

**ば・れる**（自下一）〔レ・レ・レル・レル・レレ・レロ(レヨ)〕《俗語》うそや秘密が、ほかの人にわかってしまう。露見《ろけん》する。「悪事が―」

**バレル**〔英 barrel〕（名）ヤードポンド法で、石油など液体の容積の単位。一バレルの石油は約一五九リットル。バーレル。記号 bbl

**ハレルヤ**〔ヘブライ hallelujah〕（名）（「神をほめたたえよ」の意から）キリスト教で、神への感謝や喜びを表すことば。また、それを歌詞とした賛美歌。

**はれわた・る【晴れ渡る】**（自五）〔ラ(ロ)・リ(ッ)・ル・ル・レ・レ〕空が雲一つなくよく晴れる。「―った秋の空」

**バレンタイン-デー**〔英 Saint Valentine's Day〕（名）殉教《じゅんきょう》死した聖バレンタインを記念するカトリックの祭日。二月一四日。男女がたがいに愛を告白し、おくり物をする。

**はれんち【破廉恥】**（名・形動ダ）はずかしいことをしながらも、平気でいること。はじしらず。「―罪」

**はろう【波浪】**（名）なみ。「―注意報」

**ハロウィーン**〔英 Halloween〕（名）キリスト教で、諸聖人の祝日（万聖節《ばんせいせつ》）の前夜祭。一〇月三一日に行われ、アメリカではかぼちゃをくりぬいたランタンを飾《かざ》り仮装した子どもたちが家々を回る。ハロウイン。

**ハローワーク**〔和製英語〕（名）公共職業安定所の愛称《あいしょう》。▽hello と work から。

**ハロゲン**〔ドイツ Halogen〕（名）《化》弗素《ふっそ》・塩素・臭素《しゅうそ》・沃素《ようそ》・アスタチンの五元素。

**バロック**〔フランス baroque〕（名）一七世紀の初めごろイタリアに始まり、ヨーロッパ各国で流行した芸術様式。複雑華美な表現が特色。

**パロディー**〔英 parody〕（名）有名な作品の文章・文句・曲などをまねて、こっけいに作りかえたもの。

**バロメーター**〔英 barometer〕（名）❶《物》晴雨計。気圧計。❷物事の状態や程度をおしはかる基準になるもの。目安。「食欲は健康の―だ」

**パワー**〔英 power〕（名）❶力。「―あふれるバッティング」❷社会や政治にあたえる力。勢力。また、権力。「ウーマン―」「―ハラスメント（=組織内での、権力を利用したいじめ。パワハラ）」

**ハワイ**〔Hawaii〕[地名]太平洋の中央にある群島で、アメリカ合衆国の州の一つ。大小多数の島からなる。気候は一年じゅう夏のようで、常夏《とこなつ》の島といわれる。州都はオアフ島のホノルル。

**はわたり【刃渡り】**（名）❶刃物の刃の長さ。「一五センチのナイフ」❷刃の上を素足で渡《わた》る芸。

**パワフル**〔英 powerful〕（形動ダ）〔ダロ・ダッ(デ・ニ)・ダ・ナ・ナラ・○〕力強いようす。「―な演技」

**はん【凡】**→ぼん（凡）

**はん【反】** [4画 文2] (小3) [音]ハン・ホン(高)・タン(中) [訓]そる・そらす　一 厂 万 反

❶もとへもどる。かえす。くりかえす。◆反映・反響《はんきょう》・反射・反省・反転・反動・反応《はんのう》・反復。❷そむく。さからう。◆反感・反旗・反逆・反抗《はんこう》・反戦・反則・反対・反発・反目・反乱 ◆違反《いはん》・造反・背反・謀反《むほん》・離反《りはん》。❸（「タン」と読んで）㋐田畑・山林などの面積を示す単位。㋑織物の長さの単位。[参考]「ホン」「タン」の音は「謀反《むほん》」「反物《たんもの》」などのことばに使われる特殊《とくしゅ》な読み方。

**はん-【反】**（接頭）反対の意を表す。「―作用」「―体制」

**はん【半】** [5画 十3] (小2) [音]ハン [訓]なかば

❶なかば。二分の一。◆半額・半径・半月・半減・半死半生・半身・半数・半年・半日・半分◆後半・折半《せっぱん》・前半・大半。❷完全でない。◆半熟・半端《はんぱ》◆一知半解。❸少し。◆一言半句。❹さいころの目の奇数《きすう》。◆丁半《ちょうはん》。対丁

**はん【半】**（名）（ばくちで）さいころの目の奇数《きすう》。「丁《ちょう》が出るか—が出るか」対丁

**はん【氾】** 5画 氵2 音ハン

水があふれひろがる。◆氾濫《はんらん》

**はん【犯】** 5画 犭2 小5 音ハン 訓おかす 中

❶してはならないことをする。法律やきまりをおかす。◆犯意・犯行・犯罪◆初犯・侵犯《しんぱん》・防犯。❷つみをおかした人。◆犯人◆殺人犯・主犯・戦犯

**はん【帆】** 6画 巾3 音ハン 訓ほ

ほ。ほかけぶね。◆帆影・帆船・帆走・帆布◆帰帆・孤帆《こはん》・出帆《しゅっぱん》

**はん【汎】** 6画 氵3 音ハン

ひろい。あまねくゆきわたる。◆汎用・汎論◆広汎

**はん-【汎】**（接頭）広く全体にわたる意を表す。「—アラブ主義」参考英語のpan-にあてたことば。

**はん【伴】** 7画 亻5 音ハン・バン 訓ともなう

❶（ハンと読んで）つれだつ。つれていく。◆伴侶《はんりょ》◆随伴《ずいはん》・同伴。❷（バンと読んで）そばにつきそって助ける。相手をする。◆伴食・伴走・伴奏◆相伴《しょうばん》

**はん【判】** 7画 刂5 小5 音ハン・バン

❶見わける。見きわめて、けじめをつける。◆判決・判断・判定・判読・判別◆裁判《さいばん》・審判《しんぱん》・談判《だんぱん》・批判。❷はっきりする。◆判然・判明。❸はん。はんこ。◆印判《いんばん》・三文判《さんもんばん》。❹むかしの金貨。◆大判《おおばん》・小判《こばん》

**はん【判】**（名）❶はんこ。印判《いんばん》。❷紙や書籍《しょせき》などの大きさを表す。「B5—」

**判で押《お》したよう** いつもおなじであるたとえ。

**はん【坂】** 7画 土4 小3 音ハン 訓さか 高

さか。さかみち。◆急坂・登坂

**はん【阪】** 7画 阝4 小4 音ハン 中

❶さか。❷「大阪《おおさか》」の略。◆阪神◆京阪《けいはん》。参考「大阪」府は「おおさか」府と読む。

**はん【板】** 8画 木4 小3 音ハン・バン 訓いた

❶木材などをうすく平らにしたもの。いた。◆回覧板・甲板《かんぱん》《こうはん》・看板・掲示板《けいじばん》・合板《ごうはん》・黒板・鉄板・銅板。❷平らで変化がない。◆平板

**はん【版】** 8画 片4 小5 音ハン

❶印刷するために、ほったり、活字を組んだりしたもの。◆版画・版木◆鉛版《えんばん》・活版・凸版《とっぱん》・木版。❷印刷して書物を発行すること。◆版権◆重版・出版・初版・新版・絶版

**はん【版】**（名）❶印刷するために、表面に文字や図などを凹凸《おうとつ》で表した板状のもの。❷①を用いて書物を印刷・発行すること。「—を重ねる」「初—本」❸（他の語について「ばん」とにごり）㋐ある対象に向けて作られた印刷物・出版物であることを表す。「地方—」㋑ある様式で作り変えや再現がされたことを表す。「現代—」「実写—」「劇場—アニメ」

**はん【班】** 10画 王6 小6 音ハン

❶分ける。◆班田収授《はんでんしゅうじゅ》。❷分けられた組。◆班長・班別⇩付録「漢字の筆順(2)王〔王〕」

**はん【班】**（名）ある集団を、何人かずつひとまとめにしたもの。グループ。「三つの—に分ける」「救護—」

**はん【畔】** 10画 田5 音ハン

❶田などのあぜ。❷水ぎわ。◆河畔・湖畔・池畔

**はん【般】** 10画 舟4 音ハン

物事のようすや種類などを表すことば。◆一般・過般・今般・諸般・先般・全般・万般《ばんぱん》

**はん【販】** 11画 貝4 音ハン

売る。◆販価・販売・販路◆市販。類売

**はん【斑】** 12画 文8 音ハン

色が入りまじっていること。まだら。◆斑点・斑紋《はんもん》◆死斑・蒙古斑《もうこはん》⇩付録「漢字の筆順(2)王〔王〕」

**はん【飯】** 12画 食4 小4 音ハン 訓めし

めし。ごはん。食事。◆飯盒《はんごう》・飯台◆一宿一飯・御飯《ごはん》・残飯・炊飯《すいはん》・赤飯・昼飯・米飯《べいはん》・夕飯

**はん【搬】** 13画 扌10 音ハン

はこぶ。うつす。◆搬出・搬送・搬入◆運搬《うんぱん》

**はん【煩】** 13画 火9 音ハン・ボン 訓わずらう・わずらわす 高

❶うるさい。わずらわしい。◆煩瑣《はんさ》・煩雑・煩多・煩忙《はんぼう》・煩累《はんるい》・煩労。❷思い悩《なや》む。◆煩悶《はんもん》。参考「ボン」の音は「煩悩《ぼんのう》」ということばに使われる特殊《とくしゅ》な読み方。

**はん【煩】**（名）わずらわしいこと。「—をいとわない」

**はん【頒】** 13画 頁4 音ハン

広くくばる。わけあたえる。◆頒価・頒布《はんぷ》

**はん【範】** 15画 竹9 音ハン

❶てほん。◆範例◆規範・師範・垂範・典範《てんぱん》・模範《もはん》。❷一定の区域。◆範囲・範疇《はんちゅう》◆広範

**はん【範】**（名）手本。模範《もはん》。「―を示す」「―を垂れる」

**はん【繁】** 16画 糸10 〔繁〕音ハン

❶しげる。◆繁殖《はんしょく》・繁茂《はんも》 ❷さかん。にぎやか。◆繁栄・繁華・繁盛《はんじょう》。❸多い。多くてこみいる。いそがしい。◆繁雑・繁多・繁忙《はんぼう》・繁用◆農繁期・頻繁《ひんぱん》

**はん【藩】** 18画 艹15 音ハン

大名のおさめていた領地。◆小藩・親藩・大藩《たいはん》・廃藩《はいはん》置県◆藩学・藩士・藩主・藩邸《はんてい》

**はん【藩】**（名）江戸《えど》時代、大名のおさめていた領地。また、その政治機構。「薩摩《さつま》―」

**ばん【万】**→まん(万)

**ばん【万】**（副）❶万に一つでも。「―遺漏《いろう》なきよう」❷どうしても。「―やむを得ず」

**ばん【伴】**→はん(伴)

**ばん【判】**→はん(判)

**-ばん【判】**（接尾）紙・本などの大きさを表す。「B―」「ポケット―」「四六《しろく》―」

**ばん【板】**→はん(板)

**ばん【晩】** 12画 日8 小6 〔晩〕音バン

❶日ぐれ。よる。◆晩餐《ばんさん》・晩酌《ばんしゃく》・晩鐘《ばんしょう》◆朝晩・今晩・昨晩・毎晩・明晩。対朝。❷時期がおそい。◆晩夏・晩学・晩婚《ばんこん》・晩秋・晩春・晩節・晩年◆早晩・大器晩成。対早

**ばん【晩】**（名）日が暮れて暗くなるころ。また、夜。「朝から―まで」「明日の―」対朝

**ばん【番】** 12画 田7 小2 音バン

❶交替で順に事にあたること。◆交番・週番・当番・非番・輪番。❷きめられた順序。◆番外・番組・番号・番地◆順番。❸見はり。◆番犬・番小屋・番台・番人・番兵◆下足番《げそくばん》・不寝番《ふしんばん》・門番・留守番

**ばん【番】** ■一（名）❶順番。「自分の―になる」❷見張り。「荷物の―をする」「寝《ね》ずの―」■二（接尾）❶順位・番号を表すことば。「一―の成績」「三―目」❷勝負の組み合わせを数えることば。「結びの一―」「三―勝負」

**ばん【蛮】** 12画 虫6 〔蠻〕音バン

❶文化の開けていない人びと。◆蛮夷《ばんい》・蛮人・蛮族・蛮地・蛮民◆南蛮。❷道理をわきまえず乱暴である。◆蛮行・蛮声・蛮風・蛮勇・蛮力◆野蛮

**ばん【盤】** 15画 皿10 音バン

❶大きなさらの形をしたうつわ。◆盤台◆水盤。❷大きな岩。◆盤石《ばんじゃく》◆岩盤・落盤。❸土台になるもの。◆基盤・地盤。❹平らな表面を使う器具。◆鍵盤《けんばん》・碁盤《ごばん》・旋盤《せんばん》・配電盤。❺平たくまるい形のもの。レコード。◆円盤・音盤・原盤

**ばん【盤】**（名）❶碁《ご》や将棋《しょうぎ》などに用いる台。「将棋の―」❷食べ物などを盛る大きく平たい皿。❸レコードやCD。音盤。「LP―」

**パン**〔英 Pan〕（名）ギリシャ神話の森林・狩猟《しゅりょう》・牧畜《ぼくちく》の神。胴体《どうたい》は人間で、やぎの角・耳・足をもち、音楽をこのむ。牧羊神。牧神。

**パン**〔ポルトガル pão〕（名）小麦粉にイーストや食塩などを加え、水でこねて発酵《はっこう》させて焼いた食品。

**はんい【犯意】**（名）罪をおかそうとする意思。「―を否認する」

**はんい【範囲】**（名）一定のかぎられた場所・領域。「テストの―」「交際―」「行動―」

**はんいご【反意語】**（名）→たいぎご

**はんえい【反映】**（名・自他スル）❶光や色が反射してうつること。また、うつすこと。「夕日が湖に―する」❷ある物事の影響《えいきょう》がおよんで現れること。「時代を―した作品」「市民の意見を政策に―する」

**はんえい【繁栄】**（名・自スル）さかえること。「国家の―」対衰退《すいたい》

**はんえいきゅう【半永久】**（名）ほとんど永久といってもよいほどの長い年月。…的「半永久的に使える」

**はんえり【半襟】**（名）じゅばんのえりにかける、かざりの布。

**はんえん【半円】**（名）〔数〕円を直径で二等分した、その一方。

**はんおん【半音】**（名）〔音〕一オクターブの一二分の一の音程。ハ調のミとファ、シとドなどの間。対全音

**はんか【反歌】**（名）〔文〕長歌のあとによみそえた短歌。長歌の意味をまとめたり、補ったりする。返し歌。

**はんか【頒価】**（名）会員に売ったり、特別に分けて売ったりするときの、品物の値段。

**はんか【繁華】**（名・形動ダ）人がたくさん集まりたいへんにぎやかなこと。「―な大通り」「―街」

**はんが【版画】**（名）木版・銅版・石版などに絵や字をほり、すみや絵の具をぬって、紙や布に刷りうつした絵。

**ばんか**〔△挽歌〕（名）〔文〕❶人の死を悲しみなげく詩歌《しいか》。哀悼歌《あいとうか》。❷「万葉集」での和歌の分け方の一つ。人の死を悲しむ歌。

**ばんか【晩夏】**（名）❶夏の終わりのころ。対初夏。❷陰暦《いんれき》の六月。

**ハンガー**〔英 hanger〕（名）洋服かけ。

**ハンガーストライキ**〔英 hunger strike〕（名）抗議《こうぎ》の意思などを示す手段として絶食すること。ハンスト。

**はんかい【半開】**（名）半分開いていること。半開《はんびら》き。対全開

**はんかい【半壊】**（名・自スル）建物などが半分ほどこわれること。「―した家屋」対全壊

**ばんかい**〔△挽回〕（名・他スル）失ったものを取り返す

こと。「名誉《めいよ》―」「遅《おく》れを―する」

**ばんがい【番外】**（名）❶決まっている番組・順番などのほか。「―編」❷ふつうとはちがっている特別のもの。「彼《かれ》は―だ」

**はんかがい【繁華街】**（名）商店や飲食店が立ちならぶにぎやかな地域。

**はんかく【半角】**（名）活字一字が標準（全角）の半分である大きさ。㊀全角

**はんがく【半額】**（名）決まっている金額の半分。「子どもの料金は―になる」

**ばんがく【晩学】**（名）年をとってから学問を始めること。

**ばんがさ【番傘】**（名）竹で作った骨に油をひいた紙をはってじょうぶに作った雨がさ。

（ばんがさ）

**はんがた【判型】**（名）→はんけい（判型）

**ばんがた【晩方】**（名）夕方よりおそい、夜になるころの時間。

**ハンカチ**（名）→ハンカチーフ

**ハンカチーフ**〔英 handkerchief〕（名）手ふきとして使う小さな四角の布。ハンカチ。ハンケチ。

**はんかつう【半可通】**（名・形動ダ）物事をよく知らないのに知っているふりをすること。また、そのような人。知ったかぶり。

**ばんカラ【蛮カラ】**（名・形動ダ）（「ハイカラ」をもじっていうことばで）ことばや動作があらっぽく野蛮で、身なりもきたなくしていること。また、その人。

**ハンガリー**〔Hungary〕［地名］ヨーロッパ中央部にある共和国。首都はブダペスト。

**バンガロー**〔英 bungalow〕（名）❶屋根の傾斜《けいしゃ》がゆるく、ベランダのある簡単な家。❷山にのぼる人や、キャンプをする人などがとまる簡単な小屋。

**はんかん【反感】**（名）相手の言動や考え方などに反発し、さからったり、にくんだりする感情。「―をもつ」「―を買う」

**はんかん【繁閑】**（名）いそがしいこととひまなこと。

**はんかん【繁簡】**（名）こみいっていることと簡単なこと。「―よろしきを得る（＝ちょうどいいぐあいである）」

**はんがん【判官】**（名）〔歴〕→ほうがん（判官）

**ばんかん【万感】**（名）心に浮《う》かんでくるさまざまな思い。いろいろな感情。「―胸にせまる」

**はんかんはんみん【半官半民】**（名）政府と民間とが、共同で資本を出して運営する事業のやり方。

**はんがんびいき**〖判官△贔△屓〗（名）→ほうがんびいき

**はんき【反旗】**〖△叛旗〗（名）謀反《むほん》をおこした人がたてる旗。

**反旗を翻《ひるがえ》す** 謀反《むほん》をおこす。公然と反対する。

**はんき【半期】**（名）❶ある決められた期間の半分。❷一年の半分。「―に一度の大安売り」「上《かみ》―」

**はんき【半旗】**（名）死者に対していたみ悲しむ気持ちを表すために、国旗などをさおの頂上から三分の一ほどさげてかかげること。また、その旗。「―をかかげる」

**はんぎ【版木・板木】**（名）印刷するために文字や絵をほった板。木版。

**ばんき【晩期】**（名）❶その時代の末。「平安時代の―」❷晩年のころ。「この作家の―の作品」

**はんぎご【反義語】**（名）→たいぎご

**ばんきしゃ【番記者】**（名）特定の政治家や組織に密着して取材する、新聞社や放送局の記者。

**はんぎゃく【反逆】**〖△叛逆〗（名・自スル）国や権力などにそむくこと。謀反《むほん》。「―罪」「―児」

**はんきゅう【半球】**（名）❶〔数〕球をその中心を通る平面で二等分した、その一方。❷〔地〕地球を中央から東西または南北に二等分した、その一方。「北―」「西―」

**はんぎょ【半漁】**（名）ほかの仕事をしながら、だいたい半分くらいは漁業をすること。「半農―」

**はんきょう【反共】**（名）共産主義に反対であること。㊀容共

**はんきょう【反響】**㊀（名・自スル）〔物〕音が壁《かべ》などにあたってはね返り、ふたたび聞こえること。こだま。「足音が壁に―する」㊁（名）ある物事に対して出てくる世間の反応。「大きな―を呼ぶ出来事」

**はんきょうらん【半狂乱】**（名）落ち着きを失い、ひどく取り乱すこと。「恐怖《きょうふ》のあまり―になる」

**はんきん【半金】**（名）全体の金額の半分。

**ばんきん【板金】**（名）❶金属を板のようにうすく打ちのばしたもの。いたがね。❷金属板を加工すること。

**バンク**〔英 bank〕（名）❶銀行。❷特定のものや情報を保管し供給する機関。「データ―」「骨髄《こつずい》―」

**パンク**（名・自スル）❶タイヤに穴があいて中の空気がぬけること。転じて、物がふくらんで破れること。「おなかが―しそうだ」❷物事が集中しすぎてはたらかなくなること。「電話回線が―する」▽英 puncture から。

**ハング-グライダー**〔英 hang glider〕（名）金属枠《わく》に布を張った三角形の翼《よく》に人がぶらさがり、気流を利用して空を飛ぶスポーツ。

**ばんぐみ【番組】**（名）❶演芸や放送などの出し物の組み合わせ。また、その順番を書いたもの。プログラム。❷①を構成する一つ一つ。「娯楽《ごらく》―」

**バングラデシュ**〔Bangladesh〕［地名］インド半島の北東部にある人民共和国。もとの東パキスタンが独立してできた国。首都はダッカ。

**ハングル**（名）（「ハン」は大いなる、「グル」は文字の意）朝鮮《ちょうせん》半島で使われている表音文字。李《り》朝第四代世宗《せいそう》が公布した。現在は母音字一〇、子音字一四が用いられている。

**ばんくるわせ【番狂わせ】**（名）（順番が狂うことから）勝負が意外な結果になること。「―が起こる」

**はんけい【半径】**（名）〔数〕円・球の中心から、円周・球面までの長さ。直径の半分。

**はんけい【判型】**（名）紙や本などの面の大きさを示すことば。はんがた。

**パンケーキ**〔英 pancake〕（名）❶小麦粉に卵・牛乳などを加えてフライパンで円形に焼いた洋菓子《ようがし》。ホットケーキ。❷固形のファンデーション。（商標名）

**はんげき【反撃】**（名・自スル）せめてくる敵に対して逆にせめ返すこと。「―のチャンスを待つ」

**ハンケチ**（名）→ハンカチーフ

**はんけつ【判決】**（名・他スル）《法》裁判所が法律によって訴《うった》えを判断し、決定すること。「無罪—」

**はんげつ【半月】**（名）半円形の月。弓張《ゆみは》り月。弦月《げんげつ》。

**はんけん【半券】**（名）料金や品物などを受け取ったしるしに渡《わた》さず、券の一部を切り取った残りの部分。

**はんけん【版権】**（名）ある人が書きあらわしたものを印刷したり、売ったりすることのできる権利。出版権。

**はんげん【半減】**（名・自他スル）半分に減ること。半分に減らすこと。「収入が—する」「役員を—する」

**ばんけん【番犬】**（名）家の見張りとして飼う犬。

**はんげんき【半減期】**（名）❶《物》放射性物質が放出する放射線の量が、半分になるまでの時間。❷《生》体内に取り込《こ》まれた物質の量が、代謝や排泄《はいせつ》により半分に減るまでの時間。生物学的半減期。

**はんこ【判子】**（名）木・ゴムなどに文字をほり、朱肉《しゅにく》をつけて書類などに押《お》すもの。判《はん》。印鑑《いんかん》。

**はんご【反語】**（名）❶《文法》疑問の形で問いかけながら、実はその逆の気持ちを強く表す言い方。たとえば、「決してそんなことはない」というのを、「どうしてそんなことがあろうか」という言い方。❷ことばの本来の意味とは反対の意味をもたせた言い方。たとえば、仕事をなまける人に対して「よく働くね」という言い方など。

**パンこ【パン粉】**（名）❶パンを乾燥《かんそう》させて粉状にしたもの。フライの衣《ころも》にする。❷パンの原料の小麦粉《こむぎこ》。▽パンは、ポルトガル pão

**はんこう【反抗】**（名・自スル）目上の者や権力などに従わず、はむかうこと。…的「反抗的な態度」対服従

**はんこう【反攻】**（名・自スル）せめられていたものが、反対に相手をせめること。「—に転ずる」

**はんこう【犯行】**（名）法律にそむいて行う行為《こうい》。「—を否定する」

**はんごう【飯△盒】**（名）キャンプなどで飯をたくためのアルミニウム製などの携帯《けいたい》容器。「—炊爨《すいさん》（＝飯盒を使って飯をたくこと）」

**ばんこう【蛮行】**（名）野蛮《やばん》で、乱暴な行い。「—におよぶ」

**ばんごう【番号】**（名）順番を示す数字・符号《ふごう》。「電話—」「出席—」

**はんこうき【反抗期】**（名）子どもの成長の過程で、親やまわりの人の言うことに反発する時期。「第二—（＝反抗期のうち一三、四歳《さい》ごろに起こるもの）」

**ばんこく【万国】**（名）世界のすべての国。「—共通」

**バンコク**〔Bangkok〕【地名】タイの首都。宮殿や寺院の多い河港都市。

**ばんこくき【万国旗】**（名）世界各国の国旗。参考「ばんこっき」とも読む。

**ばんこくはくらんかい【万国博覧会】**（名）世界各国の文化と産業の発展のために開かれる国際的な展覧会。万博《ばんぱく》。エキスポ。

**はんこつ【反骨】**（名）時の権力や世間一般《いっぱん》の風潮に従わないで、反抗《はんこう》しようとする気力。「—精神」

**ばんこふえき【万古不易】**（名）永久に変わらないこと。千古不易。「—の真理」

**はんごろし【半殺し】**（名）死ぬほどのひどいめにあわせること。「—にする」

**ばんこん【晩婚】**（名）ふつうより年をとってから結婚すること。対早婚

**はんさ【煩△瑣】**（名・形動ダ）こまごましていてわずらわしいこと。「—な手続き」類煩雑《はんざつ》

**はんざい【犯罪】**（名）法律に違反《いはん》していて罪となる行為《こうい》。「—者」「—を犯《おか》す」…的「犯罪的な行為」…性「犯罪性の有無」

**ばんざい【万歳】**一（名）❶いつまでも生きて栄えること。❷たいへんめでたいこと。祝うべきこと。二（名・自スル）どうにもならない状態になること。お手上げ。三（感）お祝いのときに、両手を上にあげて唱えることば。「—三唱」注意「まんざい」と読むと別の意味になる。

**ばんさく【万策】**（名）ありとあらゆる手段。「—尽《つ》きる」

**はんざつ【煩雑】**（名・形動ダ）こみ入っていてわずらわしいこと。⇨はんざつ（繁雑）「学習」

**はんざつ【繁雑】**（名・形動ダ）物事の数や種類が多くて、ごたごたしていること。

> **学習** 使い分け 「煩雑」「繁雑」
>
> 煩雑　こみ入って、わずらわしいようす。めんどうであると感じられるようす。「煩雑な規則」「煩雑な事務手続き」
>
> 繁雑　やるべきことがごたごたといろいろあって、たいへんなようす。「毎日の繁雑な仕事」「繁雑な業務」

**ハンサム**〔英 handsome〕（名・形動ダ）男性の顔だちが美しいようす。美男子。「—な青年」

**はんさよう【反作用】**（名）《物》ある物体Aから他の物体Bに力がはたらくとき、その力と同じ大きさでBからAに返っていく力。対作用

**ばんさん【晩△餐】**（名）夕食。特に、改まった席での豪華《ごうか》な夕食。「—会」

**はんし【半紙】**（名）縦《たて》約二五《センチメートル》、横約三五《センチメートル》の大きさの和紙。習字などに使う。

**はんし【藩士】**（名）藩に属する武士。

**はんじ【判事】**（名）《法》高等裁判所・地方裁判所・家庭裁判所で裁判にあたる裁判官の官名。

**ばんし【万死】**（名）❶とうてい命の助からないこと。❷命を投げだすこと。何度も死ぬこと。「罪—に値する（＝何度死んでもつぐなえないほど罪が重い）」

**万死に一生《いっしょう》を得《え》る**　とうてい助かる見こみのない命が助かる。類九死に一生を得《え》る

**ばんじ【万事】**（名）すべての事。「—まかせなさい」

**万事休《きゅう》す**　なすべき方法がなくなって、どうしようもなくなる。万策がつきる。

**パンジー**〔英 pansy〕（名）《植》→さんしきすみれ

**バンジージャンプ**（名）伸縮《しんしゅく》する綱《つな》を足などに結びつけ、数十メートルの高所からさかさまに飛び降りる遊び。▽英 bungee jumping から。

**はんじえ【判じ絵】**（名）絵の中に何かの意味をかく

して、その意味を考えさせるもの。はんじものの絵。

**はんした【版下】**（名）❶木版にはって彫《ほ》るための下書き。❷製版用の図や絵の原稿《げんこう》。

**はんしはんしょう【半死半生】**（名）今にも死にそうなこと。「ーの目にあう」

**はんじもの【判じ物】**（名）絵や文字の中にかくしてある意味を人に当てさせるもの。また、その遊び。

**はんしゃ【反射】**（名・自他スル）❶〔物〕光・熱・音・電波などが物体の面にあたってはね返ること。❷〔生〕神経に何かの刺激《しげき》を受けたとき、ひとりでに動いたり、緊張《きんちょう》したりすること。また、その反応。「ー神経」「条件ー」…的「反射的に身をかわす」

**はんしゃうんどう【反射運動】**（名）〔生〕意志とは関係なく反射機能によっておこる無意識の運動。強い光にあうとまばたきをするなど。

**はんしゃきょう【反射鏡】**（名）光線を反射させるのに使う鏡。

**ばんしゃく【晩酌】**（名・自スル）家で、夕食のときに酒を飲むこと。また、その酒。「毎晩ーする」

**ばんじゃく【盤石】**『△磐石』（名）❶大きな岩。❷たいそうかたくてしっかりしていること。「ーの守り」

**はんしゃろ【反射炉】**（名）炎を炉の天井《てんじょう》にふきあげて加熱し、反射熱で原料をとかす溶鉱炉《ようこうろ》。

**はんしゅ【藩主】**（名）藩の領主。

**はんしゅう【半周】**（名・自スル）周囲の半分。また、周囲を半分だけ回ること。「地球をーする」

**ばんしゅう【晩秋】**（名）❶秋の終わりのころ。対初秋。❷陰暦《いんれき》の九月。

**はんじゅく【半熟】**（名）❶じゅうぶんに熟していないこと。❷食べ物、特に卵がじゅうぶんにゆでられていないこと。「ーの卵」

**ばんじゅく【晩熟】**（名・形動ダ）ふつうよりおそく成熟すること。対早熟《そうじゅく》

**はんしゅつ【搬出】**（名・他スル）運び出すこと。持ち出すこと。「展示作品をーする」対搬入

**はんしゅりゅう【反主流】**（名）団体などの集団の中で、全体の中心となっている考え方と反対の考え方。また、反対の考え方の仲間。「ー派」

**ばんしゅん【晩春】**（名）❶春の終わりのころ。対初春・早春。❷陰暦《いんれき》の三月。

**ばんしょ【板書】**（名・自他スル）黒板に書くこと。

**はんしょう【反証】**（名・他スル）相手の言うことや証拠《しょうこ》をうち消すための反対の証拠。また、そのような証拠をあげて反対すること。「ーをあげる」

**はんしょう【半焼】**（名・自スル）火事で、建物などが半分くらい焼けること。「住宅がーする」対全焼

**はんしょう【半鐘】**（名）火の見やぐらなどの上につけて、火事などを知らせるために打ち鳴らすつりがね。

**はんじょう【半畳】**（名）❶一畳の半分。❷むかしの芝居《しばい》小屋で、見物人が敷《し》いた小さな敷き物。

**半畳を入《い》れる**（むかし、見物人が役者の芝居《しばい》に不満なとき、「半畳②」を舞台に投げ入れたことから）ほかの人のことばや行いをからかったりやじったりする。

**はんじょう【繁盛】**『繁△昌』（名・自スル）店や仕事がにぎわい栄えること。「商売がーする」

**ばんしょう【万象】**（名）この世の中にあるすべてのもの。ありとあらゆる物事や現象。「森羅《しんら》ー」

**ばんしょう【万障】**（名）いろいろなさしつかえ。「ーお繰《く》り合わせのうえご出席ください」

**ばんしょう【晩鐘】**（名）寺や教会などで、夕ぐれにつく鐘《かね》の音。入相《いりあい》の鐘。

**ばんじょう【万丈】**（名）❶ひじょうに高いこと。「ーの山」「波乱ー」❷勢いのさかんなこと。「ーの気をはく」

**バンジョー**〔英 banjo〕（名）〔音〕弦楽器《げんがっき》の一つ。まるい胴《どう》のおもてに羊の皮がはってあり、ふつう四、五本の弦を指さきまたは爪《つめ》（＝ピック）ではじいて演奏する。

（バンジョー）

**はんしょく【繁殖】**（名・自スル）動物や植物がどんどんふえること。「野ねずみがーする」

**ばんしょく【伴食】**（名・自スル）❶お客のおともをしてごちそうになること。相伴《しょうばん》。❷その職や地位についても実力・実権がともなっていないこと。「ー大臣（＝実力・実権のない大臣をあざけっていう語）」

**はん・じる【判じる】**（他上一）〔ジ・ジ・ジル・ジル・ジレ・ジロ（ジヨ）〕よく考えて意味を解く。見分ける。判断する。「善悪をー」

**はんしん【半身】**（名）からだの半分。「上ー」

**ばんじん【蛮人】**（名）野蛮人。未開の人。

**はんしん【阪神】**〔地名〕大阪市と神戸《こうべ》市を中心とする大阪湾《おおさかわん》沿岸地帯。阪神地方。

**はんしんあわじだいしんさい【阪神淡路大震災】**（名）一九九五（平成七）年一月一七日、兵庫県南部地域を中心に発生した大地震と、それにともなう大規模な災害。

**はんしんはんぎ【半信半疑】**（名）半分は信じ、半分はうたがうこと。ほんとうかどうか迷うこと。「ーで話を聞く」

**はんしんふずい【半身不随】**（名）〔医〕脳出血などのため運動神経がおかされ、からだの右半身、または左半身が思うように動かせなくなってしまうこと。

**はんすう【反すう】**『反△芻』（名・他スル）❶いったん飲みこんだ食べ物を再び口にもどして、さらにかんで飲みこむこと。牛・羊・きりんなどが行う。「ー動物」❷心の中でくり返し考えたり味わったりすること。「教えをーする」

**はんすう【半数】**（名）全体の半分にあたる数。「住民のーが賛成した」

**ハン-スト**（名）「ハンガーストライキ」の略。

**はん・する【反する】**（自サ変）〔シ（セ・サ）・シ・スル・スル・スレ・シロ（セヨ）〕❶反対になる。逆になる。「意にー結果」「期待にー」❷そむく。違反《いはん》する。「教えにー」「校則にー」

**はん・ずる【判ずる】**（他サ変）〔ジ（ゼ）・ジ・ズル・ズル・ズレ・ジロ（ゼヨ）〕→はんじる

**はんせい【反省】**（名・他スル）自分の言動をあとからふり返り、それでよかったかどうかをよく考えてみること。「心からーする」「ーの色が見えない」

**はんせい【半生】**（名）一生の半分。また、生まれてからそのときまでの生涯《しょうがい》。「悔《く》いのないーだった」

は

**ばんせい【万世】**（名）永遠。永久。よろずよ。万世不易《ふえき》 永遠にかわらないこと。

**ばんせい【晩成】**（名・自スル）年をとってから成功すること。「大器―」

**はんせきほうかん【版籍奉還】**（名）〘歴〙一八六九（明治二）年、各藩主《はんしゅ》が、領地と領民を朝廷《ちょうてい》に返したこと。

**はんせつ【半切】〘半△截〙**（名）❶半分に切ること。また、切ったもの。❷画仙紙《がせんし》（＝書画の用紙）などを縦に半分に切った大きさの紙。

**ばんせつ【晩節】**（名）❶年をとってからの時期。晩年。❷晩年の節操。「―をけがす」

**はんせん【反戦】**（名）戦争に反対すること。「―思想」

**はんせん【帆船】**（名）帆《ほ》をかけて風の力で走る船。ほまえせん。帆かけぶね。

**はんぜん【判然】**（トタル）はっきりしていてよくわかるようす。「理由が―としない」

**ばんぜん【万全】**（名）手ぬかりがなく、完全なこと。「―の準備」「―を期する」

**ハンセンびょう【ハンセン病】**（名）〘医〙らい菌《きん》によっておこる病気。皮膚《ひふ》や末梢《まっしょう》神経をおかされる病気。ハンセン氏病。レプラ。参考ノルウェーの医師ハンセン（Hansen）がらい菌を発見したことから。

**はんそう【帆走】**（名・自スル）船が帆《ほ》をはって走ること。

**はんそう【搬送】**（名・他スル）大きい物を運び送ること。「トラックで―する」

**ばんそう【伴走】**（名・自スル）マラソンなどで、選手のわきについていっしょに走ること。「―車」

**ばんそう【伴奏】**（名・自スル）〘音〙中心になっている歌や楽器の演奏を助けるために、それに合わせてほかの楽器を演奏すること。「ギターの―」

**ばんそう【晩霜】**（名）春の終わりごろにおりるしも。

**ばんそうこう【絆創膏】**〘△絆創△膏〙（名）傷口をおおったり、ほうたいやガーゼが動かないようにはる、粘着剤《ねんちゃくざい》をぬった布や紙。

**はんそく【反則】**（名・自スル）規則に反すること。「―をおかす」

**はんそく【販促】**（名）（「販売促進《はんばいそくしん》」の略）広告や営業活動など、販売を拡大するために行う活動。セールスプロモーション。「―月間」

**ばんぞく【蛮族】**〘△蕃族〙（名）文明の開けていない種族。未開の民族。

**はんそで【半袖】**（名）ひじまでしかない短いそで。また、その衣服。「―のシャツ」

**はんた【繁多】**（名・形動ダ）用事がひじょうに多いこと。また、そのためにいそがしいこと。「ご用―の折」

**はんだ**〘半田〙（名）ブリキやトタン板などをつなぎ合わせるときに使う、なまりとすずをとかし合わせた合金。「―づけ」

**パンダ**〔英 panda〕（名）〘動〙❶ヒマラヤから中国西部にかけてすむクマ科の哺乳《ほにゅう》動物。目のまわり・耳・肩《かた》・足などは黒く、あとは白い。竹を主食とする。ジャイアントパンダ。❷ネパール付近にすむアライグマ科の哺乳動物。レッサーパンダ。

**ハンター**〔英 hunter〕（名）狩《か》りをする人。猟師《りょうし》。また、何かをあさり歩く人のたとえ。

**はんたい【反対】**㊀（名・形動ダ）物事の位置・方向・順序などが逆であること。あべこべ。さかさま。「流れと―の方向」「―側」「上と下を―にする」㊁（名・自スル）ある意見や提案、またやり方などにさからうこと。同意しないこと。「提案に―する」対賛成

**ばんだい【番台】**（名）ふろ屋などの入り口にあり、見張りをしたり、入場料金を受け取ったりする人のすわる台。また、そこにすわる人。

**はんたいご【反対語】**（名）→たいぎご

**はんたいせい【反体制】**（名）従来の政治・社会の体制に反対し、これをくつがえしたり改革したりしようとする立場。「―運動」

**はんだくおん【半濁音】**（名）日本語で、パ・ピ・プ・ペ・ポの五音、および、ピャ・ピュ・ピョの音。かなの右肩《みぎかた》に「゜」の符号《ふごう》をつけて表す。⇩せいおん（清音）・だくおん

**はんだくてん【半濁点】**（名）ひらがな・かたかなの右上につけて半濁音を示すしるし。「ぱ」「ぴ」などの「゜」

**パンタグラフ**〔英 pantograph〕（名）電車や電気機関車などの屋根についている、架線《かせん》から電気を取り入れるためのひし形をした装置。

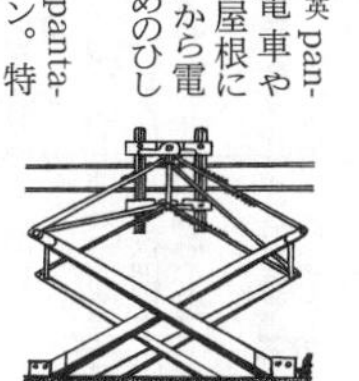

（パンタグラフ）

**パンタロン**〔フランス pantalon〕（名）長ズボン。特に、すそがひろがった形をした女性用のものをいう。

**はんだん【判断】**（名・他スル）❶物事の、よいわるい、うそかほんとうかなどを見分けて決めること。また、その考え。「―を誤る」「公正に―する」❷うらない。うらなって決めること。「姓名《せいめい》―」

**ばんたん【万端】**（名）それにかかわるあらゆることがらや方法。「準備―ととのえる」

**ばんち【番地】**（名）その場所を示すために、細かく区分してつけた土地の番号。

**ばんち【蛮地】**〘△蕃地〙（名）蛮人の住む土地。まだ文明の開けていない土地。

**パンチ**〔英 punch〕（名・他スル）❶切符《きっぷ》やカードなどに穴をあけること。また、そのはさみ。❷ボクシングなどで、相手を打つこと。なぐりつけること。「カウンター―」❸相手に強烈《きょうれつ》な感動・印象を与《あた》えること。また、その力・勢い。「―のきいた音楽」

**ばんちゃ【番茶】**（名）よいところをつみとったあとのかたい葉で作った等級の低い茶。

**番茶も出花《でばな》**（安い番茶でも、いれたては味がよいの意から）どんなむすめでも、年ごろになるときれいに見えるというたとえ。⇩鬼《おに》も十八番茶も出花

**はんちゅう**〘範△疇〙（名）同類のものがすべて含《ふく》まれる部類。部門。基本的区分のそれぞれの範囲《はんい》。カテゴリー。「別の―に属する」

**はんちょう【班長】**（名）班の代表者。

**ばんちょう【番長】**（名）非行少年グループの長。

**ハンチング**（名）鳥打ち帽《ぼう》。▽英 hunting cap から。

**パンツ**〔英 pants〕（名）❶ズボン。「トレーニングー」「ースーツ」❷はだ着用のみじかい下ばき。

**はんつきまい【半つき米】**『半△搗き米』（名）玄米《げんまい》を半分くらい白くなる程度についたもの。白米より脂肪《しぼう》・蛋白《たんぱく》質・ビタミン$B_1$などが多い。

**ばんづけ【番付】**（名）すもうや演芸などで、出る人の名を、位や出てくる順序などにしたがって書いたもの。また、それにならった順位表。「すもうのー」「長者ー」

**ハンデ**（名）「ハンディキャップ」の略。ハンディ。「ーをつける」

**ばんて【番手】**（名）❶糸の太さを表す番号。番号が大きいほど細い。❷隊列の順序、または競技などに登場する順番を表すことば。「二ーにひかえる」

**はんてい【判定】**（名・他スル）物事を判断してどちらかに決めること。「ーを下す」「写真ー」「ー勝ち」

**ハンディー**〔英 handy〕（形動ダ）｛ダロ・ダッ（デ・ニ）・ダ・ナ・ナラ・○｝手軽で便利なようす。手ごろなようす。「ーな辞典」

**パンティー**〔英 panties〕（名）女性のはく短い下着。

**パンティーストッキング**〔和製英語〕（名）腰《こし》までひと続きにした、女性用のうすでのストッキング。パンスト。▽panty と stocking から。

**ハンディキャップ**〔英 handicap〕（名）❶競技で、弱いものと強いもののつり合いをとるために、すぐれたほうにつける不利な条件。「ーをつける」❷一般《いっぱん》に、不利な条件。また、障害。「ーを負う」「ーを乗りこえる」参考略して「ハンデ」「ハンディ」ともいう。

**パンテオン**〔英 Pantheon〕（名）❶ローマにある神殿。古代ローマの代表的建築物。❷パリにある丸屋根の寺院。フランスの偉人《いじん》を祭る。

**パンデミック**〔英 pandemic〕（名）感染症《かんせんしょう》の世界的流行。

**はんてん【反転】**（名・自他スル）❶ひっくり返ること。ひっくり返すこと。❷位置・方向・順序などを反対に変えること。反対に変わること。「船がーする」

**はんてん【半天】**（名）❶空の半分。❷空の中ほど。中空《なかぞら》。中天。「ーの月」

**はんてん【半纏】**『半△纏』（名）❶羽織に似た、えりをおり返さず胸ひもをつけない、たけの短い和服の上着。❷↓しるしばんてん

**はんてん【斑点】**（名）ものの表面に散らばっている点。点々。まだら。

**はんでんしゅうじゅのほう【班田収授の法】**（名）〔歴〕律令《りつりょう》時代に行われた土地制度。六年ごとに六歳《さい》以上の男子に二反《たん》、女子にはその三分の二をあたえ、死後は国に返させる。

**はんと【反徒】**『△叛徒』（名）謀反《むほん》をくわだてた人びと。謀反人。

**はんと【版図】**（名）（戸籍《こせき》と地図の意から）国の領土。「ーを広げる」

**バント**〔英 bunt〕（名・自他スル）野球で、バットを振らずに軽くボールに当ててころがすこと。「送りー」

**バンド**〔英 band〕（名）❶物をたばねる帯状のひも。「ヘアー」「ブックー」❷洋服の腰《こし》の部分をしめる革《かわ》や布などの帯。ベルト。❸〔音〕器楽の合奏団。おもに軽音楽や吹奏楽《すいそうがく》の楽団。「ブラスー」

**はんとう【半島】**（名）陸地が海または湖につき出ているところ。岬《みさき》よりも大きい。

**はんどう【反動】**（名）❶〔物〕一つの力に対して反対の方向へはたらく力。反作用。「ばねのーを利用する」❷ある動きや力に対抗《たいこう》して起こる動きや力。「抑圧《よくあつ》へのー」❸世の中の進歩をはばもうとするような動きや勢力。…的「反動的な政策」

**ばんとう【晩冬】**（名）❶冬の終わりのころ。対初冬。❷陰暦《いんれき》の十二月。

**ばんとう【晩稲】**（名）おそく実る稲《いね》。おくて。

**ばんとう【番頭】**（名）商店や旅館などの、使用人のかしら。

**ばんどう〔坂東〕**〔地名〕（足柄峠《あしがらとうげ》・碓氷《うすい》峠の坂の東の意から）関東のこと。「ー太郎（=利根川《とねがわ》の別名）」

**はんどうたい【半導体】**（名）〔物〕電気の通りやすさが良導体と絶縁体の中間になっている物質。低温ではほとんど電流を通さないが、温度が上がるにつれて電流を通すようになる。シリコーン・ゲルマニウムなど。

**はんとうめい【半透明】**（名・形動ダ）なかばすきとおっていること。「ーのグラス」

**はんとき【半時】**（名）❶むかしの一時《いっとき》の半分。今の一時間。❷少しの時間。「ーを争う」

**はんどく【判読】**（名・他スル）よく読めない字や意味のよくわからない文を、だいたいこうだろうとおしはかって読むこと。「ーに苦しむ」

**はんとし【半年】**（名）一年の半分。六か月間。

**ハンドバッグ**〔英 handbag〕（名）女性が化粧《けしょう》品や手回り品を入れて持つ小形の手さげかばん。

**ハンドブック**〔英 handbook〕（名）手びき書。便覧《びんらん》。案内書。「海外旅行のー」

**ハンドボール**〔英 handball〕（名）七人ずつ二組に分かれて、パスやドリブルをしながら進み、ボールを相手のゴールへ投げ入れて得点を競う球技。送球。

**パントマイム**〔英 pantomime〕（名）ことばをしゃべらず、身ぶりと表情だけでする劇。無言劇。黙劇《もくげき》。

**ハンドル**〔英 handle〕（名）❶機械や乗り物を運転したり動かしたりするための手でにぎる部分。「自動車のー」「ー操作」❷ドアなどのとっ手。ノブ。

**ハンドルネーム**〔和製英語〕（名）インターネット上で使うニックネーム。▽handle と name から。

**はんドン【半ドン】**（名）（「ドン」はオランダ語の「ドンタク（=日曜日）」の略）半日勤務の日。

**ばんなん【万難】**（名）多くの困難。さまざまの障害。「ーを排《はい》してやりとげる」

**はんにち【反日】**（名）日本や日本人に対して反感や悪意をもつこと。「ー運動」「ー感情」対親日《しんにち》。

**はんにち【半日】**（名）一日の半分。半日《はんじつ》。

**はんにゃ**『般◇若』（名）おそろしい顔つきをした鬼女《きじょ》。また、その面。⇩能面〈図〉

**はんにゅう【搬入】**（名・他スル）運び入れること。持ちこむこと。「会場に作品をーする」対搬出

**はんにん【犯人】**（名）罪を犯した人。犯罪者。

**ばんにん【万人】**（名）すべての人。多くの人。ばんじん。「—が認める」「—向き」

**ばんにん【番人】**（名）見張りの番をする人。「山小屋の—」

**はんにんまえ【半人前】**（名）❶一人分の量の半分。❷技量・能力が未熟で、一人前の働きができないこと。「—のくせに口だけは一人前だ」

**はんね【半値】**（名）定価の、または高値のときの半分のねだん。「—で売る」

**ばんねん【晩年】**（名）年をとってからの時期。人の一生の終わりのころ。「幸せな—を過ごす」

**はんのう【反応】**（名・自スル）❶外からの刺激《しげき》に応じて生体がおこす動きや変化。「拒絶《きょぜつ》—」❷てごたえ。応答。「呼びかけても—がない」❸〘化〙物質と物質との間におこる化学変化。「酸に—する」

**はんのう【半農】**（名）ほかの仕事をしながら、だいたい半分くらいは農業をすること。「—半漁《はんぎょ》」

**ばんのう【万能】**（名）❶何にでもききめがあること。何にでも役立つこと。「—薬」❷なんでもよくできること。「—選手」

**はんのき【はんの木】**〘△榛の木〙（名）〘植〙カバノキ科の落葉高木。二、三月ごろ、葉の開く前に球状の雌花《めばな》と長くたれさがる雄花《おばな》をつける。

**はんば【飯場】**（名）鉱山や建築工事の現場で働く人びとのために設けた宿泊所。

**はんぱ【半端】**（名・形動ダ）❶全体の数量がそろわないこと。はした。「—物」❷どちらともつかないこと。「中途《ちゅうと》—」❸一人前でないこと。「—者」

**バンパー**〔英 bumper〕（名）自動車の前後にとりつけ、衝突《しょうとつ》の衝撃《しょうげき》を吸収し、やわらげる装置。緩衝器《かんしょうき》。

**ハンバーガー**〔英 hamburger〕（名）まるいパンを横に二つに切ってハンバーグをはさんだ食べ物。

**ハンバーグ**（名）ひき肉に玉ねぎやパン粉などをまぜ、小判《こばん》形にして焼いた料理。ハンバーグステーキ。▽英 hamburg steak から。

**はんばい【販売】**（名・他スル）商品を売ること。「—価格」「食料品を—する」対購入

**はんばく【反△駁】**（名・自他スル）ほかから受けた非難や意見に対し、逆に論じ返すこと。「—を加える」

**はんぱく【半白】**（名）しらがまじりの髪《かみ》の毛。ごましおあたま。「—の紳士《しんし》」

**はんばつ【藩閥】**（名）〘歴〙明治維新《いしん》のときに、政府部内に同じ藩の出身者でつくられた派閥。

**はんぱつ【反発】**〘反△撥〙（名・自他スル）❶はね返ること。はね返すこと。「—力」❷さからって受け入れないこと。「親の意見に—する」

**はんはん【半半】**（名）半分ずつ。「—に分ける」

**ばんばん【万万】**（副）❶じゅうぶんに。よくよく。「—承知のうえだ」❷万が一にも。決して。「—まちがうことはないだろう」使い方②はあとに「ない」「ません」などの打ち消しのことばがくる。

**ばんぱん【万般】**（名）いろいろの方面のことがら。すべてのことがら。「—の準備」

**はんびらき【半開き】**（名）半分ほど開いていること。半開《はんかい》。「—のドア」

**はんぴれい【反比例】**（名・自スル）〘数〙二つの変数で一方が二倍、三倍になれば、他方は二分の一、三分の一になる関係。逆比例。対比例・正比例

**はんぷ【頒布】**（名・他スル）広く分け配ること。「資料を—する」

**パンフ**（名）「パンフレット」の略。

**はんぷく【反復】**（名・他スル）なんどもくり返すこと。「—練習」

**ばんぶつ【万物】**（名）宇宙に存在するすべてのもの。類万有

**万物の霊長《れいちょう》**（最もすぐれていて、すべてのもののかしらになるという意から）人間のこと。

**パンフレット**〔英 pamphlet〕（名）説明や宣伝のための、簡単にとじたうすい本。小冊子《しょうさっし》。パンフ。

**はんぶん【半分】**一（名）❶二つに等分したものの一つ。二分の一の量。「—に分ける」❷（副詞的に用いて）ある程度までその状態であること。なかば。「—あきらめている」二（接尾）なかばその気持ちであるということを表す。「冗談《じょうだん》—」

**ばんぺい【番兵】**（名）見張り番をする兵士。

**はんべつ【判別】**（名・他スル）見分けること。区別を明らかにすること。「暗くて顔が—できない」類識別

**はんぼう【繁忙】**（名・形動ダ）用事が多くていそがしいこと。多忙。「—期」

**はんぽん【版本】**（名）版木にほって印刷した書物。木版本。対写本

**ハンマー**〔英 hammer〕（名）❶大形のかなづち。❷陸上競技のハンマー投げの用具。鉄のたまにピアノ線をつけ、その先にとっ手をつけたもの。

**ハンマーなげ【ハンマー投げ】**（名）陸上競技の種目の一つ。「ハンマー②」をふりまわして投げ、その距離《きょり》をきそうもの。▽ハンマーは、英 hammer

**はんまい【飯米】**（名）めしとしてたくための米。

**はんみ【半身】**（名）❶相手に対してからだをななめにかまえる姿勢。「—にかまえる」❷一匹《いっぴき》のさかなを二枚に開いたときの片方。「ぶりの—」

**はんみち【半道】**（名）❶一里の半分。約二キロメートル。❷全部の道のりの半分。

**はんみょう**〘斑◇猫〙（名）〘動〙ハンミョウ科の昆虫《こんちゅう》。金属のようなつやがあり、羽に美しい模様がある甲虫《こうちゅう》。夏の山道などで人の歩く前をとぶので「みちしるべ」「みちおしえ」の名がある。

**ばんみん【万民】**（名）すべての人びと。多くの民。

**はんめい【判明】**（名・自スル）はっきりわかること。あきらかになること。「身元が—する」

**ばんめし【晩飯】**（名）晩の食事。夕食。

**はんめん【反面】**一（名）反対側の面。もう一方の面。別の面。二（副）他の面から見た場合。「彼《かれ》はぶっきらぼうだが、—じつにやさしいところがある」

**はんめん【半面】**（名）❶顔を左右に分けた半分。「右—」❷物事の一方の面。「—の真理」

**はんめんきょうし【反面教師】**（名）悪い見本として、かえって教訓となるような人やことがら。

**はんも【繁茂】**（名・自スル）草木がおいしげること。

**はんもく【反目】**（名・自スル）仲が悪く、たがいに対

立すること。「兄弟が―し合っている」

**ハンモック**〔英 hammock〕(名)じょうぶなひもで編《あ》んだ網《あみ》や麻布《あさぬの》で作り、二本の柱や木の間につるして、寝床《ねどこ》にするもの。つり床。

(ハンモック)

**はんもと【版元】**(名)その本を出版した所。出版もと。

**はんもん【反問】**(名・自スル)何かをたずねた人に、逆にたずね返すこと。問い返すこと。「鋭《するど》く―する」

**はんもん【斑紋】**(名)まだらの模様。斑点。

**はんもん【煩悶】**(名・自スル)なやみ苦しむこと。「事の重大さに―する」

**パンヤ**〔ポルトガル panha〕(名)アオイ科の落葉高木パンヤノキの種子についている白いやわらかい毛。綿のかわりにふとんに入れたりクッション・まくらなどに用いたりする。

**ばんゆう【万有】**(名)宇宙に存在するすべてのもの。「天地―」類万物

**ばんゆう【蛮勇】**(名)物事を深く考えず、むやみに発揮する勇気。むてっぽうな勇気。「―をふるう」

**ばんゆういんりょく【万有引力】**(名)〔物〕宇宙にあるあらゆるものがたがいに引き合っている力。ニュートンによって発見された。「―の法則」

**はんよう【汎用】**(名・他スル)一つのものを広くいろいろな方面で用いること。「―コンピューター」…性「汎用性の高い技術」

**はんら【半裸】**(名)なかばはだかであること。

**ばんらい【万雷】**(名)多くのかみなり。また、そのようなはげしい音。「―の拍手《はくしゅ》をあびる」

**はんらん【反乱】**〖叛乱〗(名・自スル)支配者や政府に反抗《はんこう》して、たたかいをおこすこと。「―軍」

**はんらん【氾濫】**(名・自スル)❶河川などの水があふれ出ること。「川が―する」❷あふれるようにその物が出まわること。「悪書が―する」

**ばんり【万里】**(名)きわめて遠い距離《きょり》。

**ばんりのちょうじょう**〔万里の長城〕(名)中国で、北方民族をふせぐために築かれた長い城壁《じょうへき》。秦《しん》の始皇帝《しこうてい》が完成させた。現在のものは明《みん》代に築かれたもの。長さは約二四〇〇《キロメートル》。長城。

**はんりょ【伴侶】**(名)いっしょにつれだつもの。つれ。「人生の―(=夫または妻)」

**ばんりょく【万緑】**(名)一面緑色であること。

**万緑叢中《そうちゅう》紅一点《こういってん》**(一面の緑の中にあるただ一つの赤い花の意で)多くの男性の中に女性が一人いること。紅一点。

**ばんりょくの…** 俳句
〔万緑の　中《なか》や吾子《あこ》の歯《は》　生《は》え初《そ》むる〕
〈中村草田男《なかむらくさたお》〉訳木も草もすべてみどり一色に包まれた夏のまっさかりのなか、この一月に生まれたわが子に白い歯が、小さく生えはじめたことだ。(「万緑」を季語として定着させた句。季語「万緑」夏)

**はんれい【凡例】**(名)本の初めに、その本の編集方針・読み方・使い方などを説明したもの。

**はんれい【判例】**(名)裁判の判決の実例。「―に照らす」

**はんれい【範例】**(名)手本となる例。「―を示す」

**はんろ【販路】**(名)品物を売りさばく方面。商品のはけぐち。売れくち。「―を広げる」

**はんろん【反論】**(名・自他スル)相手の意見に対して反対の考えを述べること。「堂々と―する」

**はんろん【汎論】**(名)全体についての議論。また、全体にわたって論じること。

# ひ　ヒ

**ひ【比】** 4画 比0 小5 音ヒ 訓くらべる
❶ならぶ。ならべる。◆比肩《ひけん》・比翼《ひよく》。❷くらべる。◆比較《ひかく》・比況《ひきょう》◆対比。❸同類のもの。仲間。◆比倫《ひりん》・比類◆無比。❹割合。◆比重・比率・比例

**ひ【比】**(名)❶同類としてくらべることができるもの。「他に―を見ない」❷〔数〕同じ種類の数量AとBがあるとき、AがBの何倍に当たるかという関係。

**比ではない** 他のあるものと、くらべられないほど差がある。「中国の人口は日本の人口の―」

**ひ【皮】** 5画 皮0 小3 音ヒ 訓かわ
❶動植物のかわ。◆皮革・皮膚《ひふ》◆外皮・果皮・種皮・樹皮・表皮・面皮《めんぴ》。❷うわべ。◆皮相

**ひ【妃】** 6画 女3 音ヒ
きさき。皇后《こうごう》。また、皇族のつま。◆妃殿下《ひでんか》◆王妃・皇太子妃・后妃《こうひ》

**ひ【否】** 7画 口4 小6 音ヒ 訓いな 高
❶うちけす。◆否決・否定・否認《ひにん》◆拒否《きょひ》。❷上の語の反対の意を表す。◆安否《あんぴ》・可否・合否・採否・賛否《さんぴ》・正否・成否・適否・当否・認否・良否

**ひ【批】** 7画 扌4 小6 音ヒ
❶よい悪いを決める。◆批正・批点・批判・批評。❷提出された案を主権者が認めること。◆批准《ひじゅん》

**ひ【彼】** 8画 彳5 音ヒ 訓かれ・かの
❶あの人。◆彼我《ひが》。❷あれ。あの。◆彼此《ひし》。❸あそこ。向こう。◆彼岸。参考「かの」の訓は「彼女《かのじょ》」ということばに使われる特殊《とくしゅ》な読み方。

**ひ【披】** 8画 扌5 音ヒ
❶ひろげる。ひらく。◆披見◆直披《じきひ・ちょくひ》。❷ひろめる。人前に見せる。◆披瀝《ひれき》・披露《ひろう》

**ひ【泌】**→ひつ(泌)

**ひ【肥】** 8画 月4 小5 音ヒ 訓こえる・こえ・こやす・こやし

❶肉がつく。からだがふとる。◆肥育・肥厚・肥大・肥満。❷土地がこえる。◆肥沃《ひよく》。❸こやし。◆肥料◆基肥・施肥《せひ》・堆肥《たいひ》・追肥

ひ【非】8画 非0 小5 音ヒ
❶あとにつづく語を打ち消す。…でない。…がない。◆非運・非業《ひごう》・非常・非情・非常識・非道・非番・非凡《ひぼん》・非力。❷悪い。正しくない。悪いこと。◆非行・非望◆是非《ぜひ》・前非《ぜんぴ》・理非。対是。❸とがめる。◆非難⇩付録「漢字の筆順(35)非」

ひ【非】━(名)❶道理にあわないこと。正しくないこと。❷あやまち。また、欠点。「━をあばく」「是《ぜ》か━か」対是。━(接頭)(漢語の上について)否定の意味を表す。「━現実的」

非の打《う》ちどころがない　完璧《かんぺき》で非難する余地がない。少しも欠点がない。「━できばえ」

非を鳴《な》らす　さかんに非難する。「野党が政府の対応に━」

ひ【卑】9画 十7 〔卑〕 音ヒ 訓いやしい高・いやしむ高・いやしめる高
❶地位や程度がひくい。いやしい。◆卑怯《ひきょう》・卑屈《ひくつ》・卑賤《ひせん》・卑俗《ひぞく》・卑劣《ひれつ》。◆野卑。対尊。❷軽んじる。◆男尊女卑。対尊。❸へりくだる。◆卑下・卑見。❹身近な。◆卑近

ひ【飛】9画 飛0 小4 音ヒ 訓とぶ・とばす
❶空をとぶ。とびはねる。◆飛行・飛翔《ひしょう》・飛躍《ひやく》・飛揚《ひよう》・飛報。◆雄飛《ゆうひ》。❷とぶようにはやい。◆飛脚《ひきゃく》・飛報。❸よりどころのない。◆飛語

ひ【疲】10画 疒5 音ヒ 訓つかれる
つかれて、力が弱る。◆疲弊《ひへい》・疲労

ひ【秘】10画 禾5 小6 〔祕〕 音ヒ 訓ひめる中
❶人にかくして知らせない。ひめる。◆秘曲・秘訣《ひけつ》・秘策・秘術・秘書・秘蔵・秘伝・秘仏・秘宝・秘密・秘薬・秘話◆極秘《ごくひ》・部外秘・黙秘《もくひ》。❷人の知恵ではかりしれない。◆神秘。❸通じがわるい。◆秘結◆便秘⇩付録「漢字の筆順(17)必」

ひ【秘】(名)秘密。「━中の━」

ひ【被】10画 衤5 音ヒ 訓こうむる
❶おおう。かぶせる。◆被服・被覆《ひふく》・被膜《ひまく》。❷こうむる。うける。◆被害・被告・被災・被爆《ひばく》。❸受け身を表す。…される。◆被写体・被選挙権

ひ【悲】12画 心8 小3 音ヒ 訓かなしい・かなしむ
❶かなしい。かなしむ。かなしみ。◆悲哀《ひあい》・悲運・悲歌・悲観・悲喜・悲劇・悲惨《ひさん》・悲壮《ひそう》・悲痛・悲憤《ひふん》・悲報・悲恋《ひれん》。対喜。❷めぐみ深い。あわれみ。◆悲願・悲母◆慈悲《じひ》・大悲⇩付録「漢字の筆順(35)非」

ひ【扉】12画 戸8 音ヒ高 訓とびら
とびら。ひらき戸。◆開扉・鉄扉《てっぴ》・門扉《もんぴ》⇩付録「漢字の筆順(35)非」

ひ【費】12画 貝5 小5 音ヒ 訓ついやす中・ついえる中
❶ついやす。金品を使いへらす。◆費途《ひと》◆空費・消費・乱費・浪費《ろうひ》。❷物事をするのに使われるおかね。◆費用◆会費・学費・経費・国費・歳費《さいひ》・雑費・実費・私費・出費・食費・人件費・旅費

ひ【碑】14画 石9 〔碑〕 音ヒ
立て石。いしぶみ。◆碑文・碑銘《ひめい》◆歌碑・石碑・墓碑

ひ【碑】(名)記念として、石に文字をほりつけて建てたもの。いしぶみ。石碑。「━を建てる」「記念━」

ひ【罷】15画 罒10 音ヒ
❶仕事をしない。◆罷業。❷職をやめさせる。◆罷免《ひめん》

ひ【避】16画 辶13 音ヒ 訓さける
さける。よける。にげる。◆避暑・避難・避雷針《ひらいしん》◆回避・忌避《きひ》・待避・退避・逃避《とうひ》・不可避

ひ-【◇曽】(接頭)祖父母の親、孫の子など、三代離《はな》れた血縁関係であることを表す。ひい。「━孫」

ひ【日】(名)❶太陽。「━がのぼる」「━が沈《しず》む」❷太陽の光や熱。「━にやける」「━がさす」❸太陽が出てから沈むまでの間。ひる。「━が長くなる」「━が暮れる」❹一日。「静かな━」❺ある特定の日。また、期限。「━を延ばす」❻日数。月日。「━を数える」「━がたつ」❼時代。時。「少年の━の思い出」❽(多く「…た日には」の形で)場合。「失敗した━には大ごとだ」❾日がら。「━が悪い」❿空もよう。天気。「うららかなよい━」参考①②は「陽」とも書く。

日が浅《あさ》い　なにかをはじめてから、あまり日数がたっていない。「習いはじめてから、まだ━」

日暮《く》れて道《みち》遠《とお》し　❶年老いたのに、まだなすべきことが多く残っていることのたとえ。❷期限がせまっているのに、まだ物事がはかどっていないことのたとえ。

日を改《あらた》める　その日ではなく、別の日にする。「日を改めて参ります」

ひ【火】(名)❶物が熱や光をともなって燃えている状態。また、そのときに出る熱・光。炎《ほのお》。「ろうそくに━をつける」「なべを━にかける」「━にあたる」❷火事。「━の用心」「━を出す(=火元となる)」

火がつく　❶物が燃え出す。❷あるきっかけから事件や騒ぎが起こる。「人気に━」

火に油《あぶら》を注《そそ》ぐ　勢いの強いものに、さらに勢いを加

える。「かえって―結果となる」

**火の消《き》えたよう** 急に活気がなくなり、ひっそりしてものさびしいようす。「子どもたちが独立して、家の中は―だ」

**火のついたよう** ❶あわただしいようす。❷赤ん坊《ぼう》などの泣《な》き声がはげしいようす。「―に泣く」

**火のない所《ところ》に煙《けむり》は立《た》たぬ** うわさというのはもとになる事実がまったくなければ立つものではない。

**火を通《とお》す** 食べものを焼いたり煮《に》たりして加熱する。「中までよく火を通してください」

**火を見《み》るよりも明《あき》らか** 疑う余地もなくはっきりしているようす。「彼《かれ》らが反対するのは―だ」

**ひ【灯】**(名) あかり。ともしび。「―をともす」

**ひ**『△杼・△梭』(名) 機織《はたお》りで、横糸を縦糸の間にくぐらせるのに用いる、ふねの形をした小さな道具。

**ひ**『△婢』(名) めしつかいの女。

**ひ**『△緋』(名) 火のようにこく明るい赤色。朱色《しゅいろ》。

**ひ**『△樋』(名) 水をひくためにかけわたす、木や竹などで作った長い管。とい。

**び【尾】** 7画 戸4 音ビ 訓お

❶お。動物のしっぽ。◆燕尾《えんび》・竜頭蛇尾《りゅうとうだび》。❷うしろ。おしまい。◆尾行・尾翼《びよく》◆後尾・語尾・首尾・船尾・追尾・徹頭徹尾《てっとうてつび》・掉尾《とうび・ちょうび》・末尾。参考特別に、「尻尾」は「しっぽ」と読む。

**-び【尾】**(接尾) さかなやえびを数えることば。「たい三―」

**び【眉】** 9画 目4 音ビ高・ミ 訓まゆ

まゆ。まゆげ。◆眉目秀麗《びもくしゅうれい》◆愁眉《しゅうび》・焦眉《しょうび》・拝眉《はいび》・白眉《はくび》・柳眉《りゅうび》。参考「ミ」の音は「眉間《みけん》」ということばに使われる特殊《とくしゅ》な読み方。

**び【美】** 9画 羊3 小3 音ビ 訓うつくしい

❶うつくしい。うつくしさ。◆美化・美観・美形・美醜《びしゅう》・美術・美人・美貌《びぼう》・美容・美麗《びれい》◆華美《かび》・優美。対醜《しゅう》。❷よい。りっぱな。みごとな。◆美談・美点・美田・美徳・美風◆善美。❸ほめる。◆賛美・賞美。❹おいしい。うまい。◆美酒・美食・美味⇩付録「漢字の筆順㉓⺷」

**び【美】**(名) ❶見た目がうつくしいこと。きれいなこと。「自然の―」「様式―」❷内容がすばらしいこと。りっぱなこと。「有終の―を飾る」

**び【備】** 12画 亻10 小5 音ビ 訓そなえる・そなわる

❶そなえる。用意する。◆備考・備蓄《びちく》・備品◆警備・守備・準備・整備・設備・装備・配備・防備・予備。❷そなわる。そろっている。◆完備・兼備《けんび》

**び【微】** 13画 亻10 音ビ

❶かすか。わずか。◆微温・微罪・微弱・微笑・微動・微風・微妙《びみょう》・微量◆隠微《いんび》・軽微。❷ひじょうに細かい。◆微細・微小◆機微・極微《きょくび・ごくび》・顕微鏡《けんびきょう》・細微・精微。❸けんそんの意を表す。◆微意・微衷《びちゅう》・微力

**び【微】**(名) ひじょうに細かいこと。

**微に入《い》り細《さい》を穿《うが》つ** ひじょうに細かい点にまでおよんでいる。「―質問」

**び【鼻】** 14画 鼻0 小3 音ビ中 訓はな

はな。◆鼻音・鼻孔《びこう》・鼻梁《びりょう》◆耳鼻・隆鼻《りゅうび》

**ひあい【悲哀】**(名) しみじみと悲しいこと。かなしくあわれなこと。「人生の―」

**ひあが・る【干上がる】**『◇乾上がる』(自五)〔ラ(ロ)・リ(ッ)・ル・ル・レ・レ〕❶たまっていた水がすっかりかわく。「池が―」❷まずしくて、生活ができなくなる。「口が―」

**ひあし【日足・日脚】**(名) 太陽が空を過ぎてゆく動き。太陽がのぼっている昼の時間。「―が長くなる」

**ひあし【火足・火脚】**(名) 火のもえひろがる速さ。「―がはやい」

**ピアス**(名) 耳たぶなどに穴をあけ、その穴に通してつける飾《かざ》り。▽英 pierced earrings から。

**ひあそび【火遊び】**(名) ❶火をおもちゃにして遊ぶこと。「子どもの―」❷遊び半分の恋愛《れんあい》。

**ひあたり【日当たり】**『◇陽当たり』(名) 日光が当たること。また、その当たりぐあい。「―がよい」

**ピアニシモ**〔イタリア pianissimo〕(名)《音》強弱記号の一つ。「きわめて弱く」の意。ピアニッシモ。記号 *pp* 対フォルティシモ

**ピアニスト**〔英 pianist〕(名) ピアノの演奏家。

**ピアノ**〔イタリア piano〕(名)《音》❶鍵盤楽器《けんばんがっき》の一つ。箱の中に金属の弦《げん》をはり、鍵盤を指でたたくと、つちが弦をたたいて音を出すしかけの楽器。❷強弱記号の一つ。「弱く」の意。記号 *p* 対フォルテ

**ひあぶり【火あぶり】**『火△炙り』(名) むかし、罪人を柱にしばりつけ、焼き殺した刑罰《けいばつ》。「―の刑」

**ヒアリング**〔英 hearing〕(名) ❶聞き取り調査。公聴会《こうちょうかい》。意見聴取。❷→リスニング。参考「ヒヤリング」ともいう。

**ひい-**『◇曽』(接頭) →ひ(曽)

**びい【微意】**(名) (ほんのわずかな気持ちの意で)自分の気持ちをへりくだって言うことば。「―を表す」

**ピーアール【PR】**(名・他スル)〔英 public relations の略〕品物のねうち、活動の内容などを多くの人に知ってもらうために宣伝すること。「―誌」

**ビーエス【BS】**(名)〔英 broadcasting satellite の略〕放送衛星。また、衛星放送のこと。

**ビーエスイー【BSE】**(名)《医》〔英 bovine spongiform encephalopathy の略〕牛海綿状脳症《うしかいめんじょうのうしょう》。牛の脳がスポンジのようになり死に至る病気。狂牛病《きょうぎゅうびょう》。

**ピーエッチ【pH】**(名)《化》→ペーハー

**ピーエム【p.m.・P.M.】**(名)〔ラテン post meridiem の略〕午後。対a.m.

**ピーエムにてんご【PM2・5】**(名)(PMは、英 particulate matter の略)大気中に浮遊《ふゆう》する直径二・五《マイクロメートル》以下の小さな粒子状《りゅうしじょう》物質。肺の奥《おく》まで入り呼吸器や循環器《じゅんかんき》に悪影響

《えいきょう》を及《およ》ぼす。微小《びしょう》粒子状物質。

**ビーカー**〔英 beaker〕(名) 化学実験に使う、口の広い円筒《えんとう》形のガラス製容器。

**ひいき**【△贔△屓】■一 (名・他スル) 自分の気に入ったものに特別に力をそえて、引き立てたりかわいがったりすること。「えこ—」「—にする」■二 (名) 特に目をかけ、力をそえてくれる人。後援者《こうえんしゃ》。「—すじ」

**ひいきの引《ひ》き倒《たお》し** ひいきしすぎて、かえって相手に迷惑《めいわく》をかけること。

**ひいきめ**【ひいき目】【△贔△屓目】(名) 実際よりよく見たてる好意的な見方。「—に見る」

**ビーきゅう**【B級】(名) ❶集団の中で第二位の等級。Bクラス。二流。❷一流ではなくてもそれなりのよさや味わいがあるもの。「—グルメ」「—映画」

**ピーク**〔英 peak〕(名) ❶山頂。いただき。❷物事のまっさかりの時。絶頂。「暑さが—に達する」

**ピー-ケー**【PK】(名) 〔英 penalty kick の略〕「ペナルティーキック」の略。「—戦」

**ピー-ケー-オー**【PKO】(名) 〔英 Peace-keeping Operations から〕国連平和維持《へいわいじ》活動。国連が部隊や人員を紛争《ふんそう》地域に派遣《はけん》し、停戦の監視や治安維持などにあたること。

**ビー-シー**【B.C.】(名) 〔英 before Christ の略〕西暦《せいれき》紀元前。対A.D.

**ピー-シー**【PC】(名) 〔英 personal computer の略〕→パソコン

**ビー-ジー-エム**【BGM】(名) →バックグラウンドミュージック

**ビー-シー-ジー**【BCG】(名)〘医〙〔フランス bacille de Calmette et Guérin の略〕牛の結核菌《けっかくきん》から作った、結核予防ワクチン。

**ピー-シー-ビー**【PCB】(名) 〔英 polychlorinated biphenyl の略〕ポリ塩化ビフェニール。工業製品に広く使われていたが、毒性があり、公害物質として現在は製造使用禁止。

**びいしき**【美意識】(名) 美しさを感じとる心のはたらき。美に関する意識。「—にうったえる」

**ビーズ**〔英 beads〕(名) 糸をとおしてつなぎ、洋服のかざりや手芸品などに使う小さな玉。多くは、ガラス製。

**ピース**〔英 peace〕(名) 平和。

**ピース**〔英 piece〕(名) 一片《いっぺん》。一そろいの中の一品。「千—のジグソーパズル」

**ヒーター**〔英 heater〕(名) ❶電熱器。❷部屋や車の中などをあたためるための暖房《だんぼう》装置。

**ビーだま**【ビー玉】(名) 子どもの遊び道具のガラス玉。参考「ビー」は、「ビードロ」から。

**ビーチ**〔英 beach〕(名) 浜辺《はまべ》。海辺。砂浜。海浜《かいひん》。「—サンダル」「—バレー」

**ビーチ-パラソル**〔和製英語〕(名) 海水浴場などで立てる大きな日傘《ひがさ》。▽beach と parasol から。

**ピー-ティー-エー**【PTA】(名) 〔英 Parent-Teacher Association の略〕児童・生徒の父母と教師が学校ごとにつくる組織。家庭と学校とで協力して教育効果をあげようとするもの。「—総会」

**ピー-ティー-エス-ディー**【PTSD】(名)〘医〙〔英 post-traumatic stress disorder の略〕心的外傷後ストレス障害。事故や災害などおそろしい体験をしたあとに生じるさまざまな心身の障害。

**ひいては**【◇延いては】(副) さらに進んで。それがもとで。「一人一人の親切が—人類の平和につながる」

**ひい・でる**【秀でる】(自下一) {デ・デ・デル・デル・デレ・デロ(デヨ)} ほかよりずばぬけてすぐれる。「文章に—」「一芸に—」

**ビート**〔英 beat〕(名) ❶〘音〙拍子《ひょうし》の一打ち。特に、強いアクセントのついたリズム。「—のきいた演奏」❷水泳で、ばた足。「—板《ばん》(=水泳で、ばた足の練習に用いる板)」

**ビート**〔英 beet〕(名)〘植〙→てんさい(甜菜)

**ヒート-アイランド**〔英 heat island〕(名) 都市部の気温が周辺部より高くなる現象。等温線を引くと都市部が島状に浮《う》き上がることからいう。

**ビードロ**〔ポルトガル vidro〕(名)「ガラス」の古い呼び名。

**ビーナス**〔英 Venus〕(名) ローマ神話の美と愛の女神。ギリシャ神話ではアフロディテ。ヴィーナス。

**ピーナッツ**〔英 peanuts〕(名) らっかせい。また、その実。なんきん豆。ピーナツ。「—バター」

**ピーは**【P波】(名) 地震《じしん》の際、最初に到達《とうたつ》する縦波《たてなみ》。初期微動《びどう》を起こす。⇩エスは ▽ラテン undae primae (第一の波)から。

**ビーバー**〔英 beaver〕(名)〘動〙ビーバー科の哺乳《ほにゅう》動物。ヨーロッパ・北アメリカの川辺にすみ、木をかじり倒《たお》して水をせきとめ、巣《す》をつくる。

(ビーバー)

**ピー-ピー-エム**【ppm】(名) 〔英 parts per million の略〕気体・液体中にわずかにふくまれる物質の濃度《のうど》を一〇〇万分の一で表す単位。一ppmは一立方メートル中の一立方センチメートル。

**ビーフ**〔英 beef〕(名) 牛肉。「—シチュー」

**ビーフステーキ**〔英 beefsteak〕(名) 厚切りの牛肉を鉄板で焼いた料理。ビフテキ。ステーキ。

**ひいまご**【ひい孫】【◇曽孫】(名) →ひまご

**ピーマン**〔フランス piment〕(名)〘植〙とうがらしの変種。果実は太く短く、辛《から》みはない。

**ひいらぎ**【△柊】(名)〘植〙モクセイ科の常緑低木。山地に自生する。秋にかおりのよい小さな白い花をつける。

(ひいらぎ)

**ヒーリング**〔英 healing〕(名) 心身の疲《つか》れをいやすこと。いやし。「—ミュージック」「—アート」

**ヒール**〔英 heel〕(名) ❶かかと。また、靴《くつ》のかかとの部分。「ハイ—」❷プロレスなどで、悪役。

**ビール**〔オランダ bier〕(名) 大麦の麦芽《ばくが》にホップを加えて造る、すこしにがみのあるアルコール飲料。「生《なま》—」

**ビールス**〔ドイツ Virus〕(名)〘医〙→ウイルス

**ひいれ**【火入れ】(名) ❶酒や醤油《しょうゆ》などを造るとき、くさるのをふせぐために熱を加えること。❷完成した

原子《げんし》炉《ろ》・溶鉱《ようこう》炉《ろ》にはじめて火を入れること。「―式」❸焼き物や炭焼きのかまに火を入れること。

**ヒーロー**〔英 hero〕(名) ❶英雄《えいゆう》。勇士。❷小説やドラマなどの男の主人公。対ヒロイン。❸めだって活躍《かつやく》した人。「今日の試合の―」

**ひうお**【氷魚】(名)〔動〕あゆの稚魚《ちぎょ》。からだは白くすきとおる。琵琶湖《びわこ》でとれるものが有名。ひお。

**ひうちいし**【火打ち石】〖△燧石〗(名) 火打ち金《がね》と打ち合わせて火を出す石。石英《せきえい》の一種。

**ひうん**【非運】(名) 運が悪いこと。ふしあわせ。不運。「―を嘆《なげ》く」対幸運

**ひうん**【悲運】(名) 悲しい運命。不幸な運命。「―に見舞《みま》われる」「―に泣《な》く」

**ひえ**〖△稗〗(名)〔植〕イネ科の一年草。夏、房《ふさ》になった穂《ほ》を出す。実は食用および飼料《しりょう》用。

(ひえ)

**ひえき**〖△裨益〗(名・自他スル) 役にたつこと。助けとなること。「社会に―する事業」

**ひえき・る**【冷え切る】(自五)〔ラ(ロ)・リ(ッ)・ル・ル・レ・レ〕すっかり冷える。「―・った山の空気」「からだのしんまで―」

**ひえこ・む**【冷え込む】(自五)〔マ(モ)・ミ(ン)・ム・ム・メ・メ〕❶急に気温がさがり、寒さがきびしくなる。「今夜は―」❷寒さで、からだのしんまでつめたくなる。「―・んだからだ」❸(勢いや関係などが)非常に悪くなる。「景気が―」

**ひえしょう**【冷え性】(名) 血液のめぐりが悪く、手足などが冷えやすい体質。

**ひえびえ**【冷え冷え】(副・自スル) ❶風などがつめたく感じられるようす。「―(と)した朝の空気」❷空虚《くうきょ》で心がさびしいようす。「―(と)した気持ち」

**ヒエラルキー**〔ドイツ Hierarchie〕(名) 上位になるほど人の数が少なくなるピラミッド型の階層組織。ヒエラルヒー。

**ひ・える**【冷える】(自下一)〔エ・エ・エル・エル・エレ・エロ(エヨ)〕❶温度が下がってつめたくなる。「朝夕は―」「よく―・えたジュース」❷熱意・興味・愛情などがさめる。「仲が―」

**ピエロ**〔フランス pierrot〕(名) サーカスなどで、おどけたしぐさで人を笑わせる芸人。道化役。道化師。

**びえん**【鼻炎】(名)〔医〕鼻の粘膜《ねんまく》の炎症《えんしょう》。「アレルギー性―」

**ひお**〖氷◇魚〗(名)〔動〕→ひうお

**ひおうぎ**〖△檜扇〗(名) ❶ひのきのうすい板を糸でとじて作ったおうぎ。公卿《くぎょう》が衣冠《いかん》や直衣《のうし》などの服装のときに持った。❷〔植〕アヤメ科の多年草。葉は剣形《つるぎがた》で扇状に並ぶ。山野に自生し、観賞用に栽培《さいばい》される。

**ひおおい**【日覆い】(名) 強い日ざしをさえぎるためのおおい。ひよけ。

**ひおけ**【火おけ】〖火△桶〗(名) 木をくりぬいて作ったまるい火ばち。「―に炭をつぐ」

**ビオトープ**〔ドイツ Biotop〕(名) 野生の生物が、たがいにかかわりをもちながら生息する空間。動植物がすみやすいよう復元・整備された環境《かんきょう》をさすこともある。

**ビオラ**〔イタリア viola〕(名)〔音〕バイオリンよりも少し大形の弦楽器《げんがっき》。バイオリンより音が低い。ヴィオラ。

**びおん**【美音】(名) 美しいねいろ。また、美しい声。

**びおん**【微温】(名) かすかに温かいこと。なまぬるいこと。

**びおん**【鼻音】(名) 息を鼻に通して出す発音。マ行の「m」、ナ行の「n」などの子音《しいん》。

**びおんてき**【微温的】(形動ダ)〔ダロ・ダッ(デ・ニ)・ダ・ナ・ナラ・○〕やり方がちゅうとはんぱで、てぬるいようす。「―な対策」

**ひか**【皮下】(名) ひふの下。「―脂肪《しぼう》」「―注射」

**ひか**【悲歌】(名) 悲しみを歌った詩や歌。エレジー。類哀歌《あいか》

**ひが**【彼我】(名) 相手と自分。「―の力の差」

**びか**【美化】(名・他スル) ❶美しく変えること。「町を―する」❷実際より美しいもの・すばらしいものとして考えたり表現したりすること。「思い出を―する」

**ひがい**【被害】(名) 損害や危害を受けること。また、受けた害。「―甚大《じんだい》」「―者」対加害

**ひがいしゃ**【被害者】(名) 損害や危害を受けた人。「交通事故の―」対加害者

**ぴかいち**【ぴか一】(名)〔俗語〕多くの中できわだってすぐれていること。また、その人。「―の腕前《うでまえ》」

**ひがいもうそう**【被害妄想】(名) 自分がいつも害を加えられているという思いこみ。「―をいだく」

**ひかえ**【控え】(名) ❶順番や出番などが来るのを待っていること。また、その場所・部屋。「―の力士」「―室」❷必要なときのためにそなえて別に用意しておくものや人。「―の選手」❸のちのために書きとめておくこと。また、そのもの。「―をとる」

**ひかえめ**【控え目】(名・形動ダ) ❶遠慮《えんりょ》がちであること。「―な態度」❷少なめにとどめること。「食事を―にする」

**ひがえり**【日帰り】(名・自スル) その日に出発して、その日のうちに帰ること。「―旅行」

**ひか・える**【控える】〔エ・エ・エル・エル・エレ・エロ(エヨ)〕㊀(自下一) ❶順番や時間などがくるまで、その場所で待つ。「別室に―」❷そばにつき従う。「父のうしろに―」❸(時間的・距離《きょり》的に)すぐ近くにある。「来年には選挙が―・えている」㊁(他下一) ❶度をこさないように、少なめにする。「塩分を―」❷何かをするのをみあわせる。「出発を―」❸のちのために書きとめておく。「要点をノートに―」❹(時間的・距離的に)近くにおく。「試験を明日に―」「後ろに山を―」

**ひかく**【比較】(名・他スル) ちがいを見るために他のものとくらべ合わせること。「―にならない」「―検討」

**ひかく**【皮革】(名) 毛のついたなま皮となめした革《かわ》。加工した動物の皮の総称《そうしょう》。レザー。

**びがく**【美学】(名) ❶自然・芸術作品のもつ美しさを研究する学問。❷美しさについての、その人独自の価値観。「男の―」

**ひかくてき**【比較的】(副) 一般《いっぱん》の基準とくらべてみて。わりあいに。「―簡単な問題」

**ひかげ**【日陰】〖日△蔭〗(名) ❶物にさえぎられて日光の当たらない所。「―にはいって休む」対日なた。❷おもてだっては世間に出られないこと。「―の生活」⇩ひかげ(日影)「学習」

**ひかげ**【日影】(名) ❶日の光。日ざし。陽光。❷

日あし。「—が長くなった」

**学習 使い分け**　「日陰」「日影」

日陰　物のかげになって、日の当たらない所。「日陰は涼《すず》しい」「日陰の身」

日影　日の光そのもの。「夏の強い日影」「日影が消えて、たちまち暗くなる」

**ひがけ**【日掛け】(名) 毎日決まった額のおかねを積み立てること。また、その積み立てるおかね。

**ひかげもの**【日陰者】(名) 身の上にひけめを感じることがあって、おおっぴらに世間に出られない人。

**びかご**【美化語】(名)〘文法〙敬語の一種。物事を上品・丁寧《ていねい》に表現するときに使うことば。「お酒」「お料理」「ごちそう」など。

**ひがさ**【日傘】(名) 強い日ざしをさえぎるためにさす傘。パラソル。対雨傘

**ひがし**【東】(名) ❶方角の一つ。日がのぼる方角。❷①から吹《ふ》く風。《対西》

**ひがし**【干菓子】〘◇乾菓子〙(名) 水分の少ない和菓子。らくがんなど。対生菓子《なまがし》

**ひがしかぜ**【東風】(名) 東のほうから吹《ふ》く風。こち。対西風

**ひがしティモール**〔東ティモール〕〔地名〕東南アジア、ティモール島の東半分をしめる共和国。首都はディリ。▽ティモールは、Timor

**ひがしドイツ**〔東ドイツ〕(名)〘歴〙旧ドイツ民主共和国の通称《つうしょう》。⇨ドイツ

**ひがしにほん**【東日本】(名) 日本の東半分。ふつう、北海道・東北・関東に中部地方の一部を含《ふく》めた地域をいうが、範囲《はんい》は明確に定まってはいない。ひがしにっぽん。対西日本

**ひがしにほんだいしんさい**【東日本大震災】(名) 二〇一一(平成二三)年三月一一日、東北地方太平洋沖に発生した大地震、また、それにともなう津波による大規模な災害。

**ひがしはんきゅう**【東半球】(名) 地球を東西に分けたときの東半分。アジア・ヨーロッパ・アフリカ・オセアニアがはいるほうの半球。対西半球

**ひかず**【日数】(名) ひにちのかず。にっすう。「—を重ねる」

**ひがた**【干潟】(名) 遠浅の海で潮がひいて現れた所。

**ひがないちにち**【日がな一日】朝から晩まで。一日じゅう。終日。「—歩きまわる」

**ぴかぴか** ■一 (副・自スル) 鏡・金属など光を反射しやすいものがくり返し光りかがやくようす。また、電灯などが点滅しているようす。「鏡を—光らせて合図する」■二 (形動ダ)｛ダロ・ダッ(デ・ニ)・ダ・ナ・ナラ・○｝表面につやがあって光りかがやいているようす。「くつを—に磨《みが》く」

**ひがひが・し**〔僻僻し〕(形シク) 古語 ひねくれている。ひがんでいる。もののわきまえがない。情趣《じょうしゅ》を解さない。「—・しからん人」〈徒然草《つれづれぐさ》〉訳無風流《ぶふうりゅう》である人。

**ひが・む**〘◁僻む〙(自五)｛マ(モ)・ミ(ン)・ム・ム・メ・メ｝物事をすなおにとらずに、自分が不当に扱《あつか》われているとひねくれて考える。「すぐに—性格」

**ひがめ**【ひが目】〘◁僻目〙(名) ❶見まちがい。❷かたよった考え方。偏見《へんけん》。「それは君の—だ」

**ひがら**【日柄】(名) その日の縁起《えんぎ》のよしあし。「本日はお—もよく」

**ひから・す**【光らす】(他五)｛サ(ソ)・シ・ス・ス・セ・セ｝光るようにする。光らせる。「目を—(=厳重に監視《かんし》する)」

**ひから・びる**【干からびる】〘干◁涸びる・◇乾◁涸びる〙(自上一)｛ビ・ビ・ビル・ビル・ビレ・ビロ(ビヨ)｝すっかりかわいて水分がなくなる。「—・びたパン」

**ひかり**【光】(名) ❶あかるくかがやくと目が感じるもの。「ほたるの—」「—を失う(=目が見えなくなる)」❷人の心を明るくするもの。「前途《ぜんと》に—を見いだす」❸威光《いこう》。勢い。「親の—で世に出る」

**ひかりつうしん**【光通信】(名) 電気信号を光信号に変え、光ファイバーを使って送る通信方法。一度に大量の情報を送ることができる。

**ひかりディスク**【光ディスク】(名) レーザー光を使ってデータの読み書きをする円盤《えんばん》状の記録媒体《ばいたい》。DVD・CDなど。▽ディスクは、英 disc

**ひかりファイバー**【光ファイバー】(名) 曲がりくねったところや遠いところに光を送るための、プラスチックやガラス繊維《せんい》でつくられたケーブル。光通信や胃カメラなどに利用される。▽ファイバーは、英 fiber

**ひか・る**【光る】(自五)｛ラ(ロ)・リ(ッ)・ル・ル・レ・レ｝❶光を発する。また、光をはね返してかがやく。「星が—」❷他をぬいてすぐれていて目だつ。「ひときわ—プレー」

**表現** 輝く・きらめく・ぎらつく・閃《ひらめ》く・瞬《またた》く◆きらきら・きらりと・ぎらぎら・ぴかぴか・ちかちか・てかてか・てらてら◆煌々《こうこう》・皓々《こうこう》・燦々《さんさん》・燦然・爛々《らんらん》

**ひかれもの**【引かれ者】(名) 捕《と》らえられて刑場《けいじょう》などへつれていかれる罪人。

**引かれ者の小唄《こうた》**(刑場《けいじょう》へつれていかれる罪人がわざと平気だというようすをして小唄をうたうことから)負けおしみで強がりを言うたとえ。

**ひか・れる**【引かれる】〘◁惹かれる〙(自下一)｛レ・レ・レル・レル・レレ・レロ(レヨ)｝魅力《みりょく》を感じて心がひきつけられる。「彼《か》れの情熱に—」

**ひかれるうしが**…俳句

〔曳かれる牛が　辻《つじ》でずっと見廻《みまわ》した　秋空《あきぞら》だ〕〈河東碧梧桐《かわひがしへきごとう》〉訳牛が悲しそうな目をして、鼻づらを引っぱられていく。四辻で立ちどまったとき、首をあげてずっと見回した。その上に澄《す》んだ秋空がひろがっている。(自由律の句。季語「秋空」秋)

**ひかん**【悲観】(名・自他スル) ❶物事のなりゆきがよくならないと考え、悲しんで失望すること。「将来を—する」…的「悲観的になる」❷この世の中は苦しみや悪いことばかりだと考えること。「—主義」《対楽観》

**ひかん**【避寒】(名・自スル) 寒さをさけるために、一時あたたかい土地にうつって過ごすこと。対避暑

**ひがん**【彼岸】(名) ❶春分・秋分の日を中心に、前後三日ずつの七日間。「—の入り」❷〘仏〙迷いを脱《だっ》し、悟《さと》りにゆきつくこと。悟りの境地。対此岸《しがん》

**ひがん**【悲願】(名) ❶〘仏〙すべての生き物を苦しみから救おうという、仏のなさけ深い願い。❷なんとしてもな

しとげたいと思い続けている願い。「ーを達成する」

**びかん【美感】**（名）ものの美しさを感じる気持ち。美的な感覚。「ーに訴《うった》える」

**びかん【美観】**（名）美しいながめ。「ーをそこなう」

**ひがんえ【彼岸会】**（名）〖仏〗彼岸に行う法事。

**ひがんざくら【彼岸桜】**（名）〖植〗バラ科の落葉高木。桜の一種。春の彼岸のころ、うす紅色の花が咲《さ》く。

**ひがんばな【彼岸花】**（名）〖植〗ヒガンバナ科の多年草。野原やあぜ道などにむらがって生える。有毒植物。秋の彼岸のころ、赤い花が咲《さ》き、あとで葉が出る。まんじゅしゃげ。

（ひがんばな）

**-ひき【匹】**〖▵疋〗（接尾）❶けもの・昆虫《こんちゅう》・魚などを数える語。「子犬三ー《びき》」❷和服にする織物の長さの単位。一匹は二反《たん》で、約二一・二メートル。参考 前にくる語によって、「ぴき」「びき」と発音する。

**ひき**〖▵蟇〗（名）〖動〗→ひきがえる

**ひき【引き】**［一］（名）❶引くこと。また、その力。「魚のーが強い」❷特に目をかけてひき立てること。ひいき。「おじのーで入社する」［二］（接頭）（動詞の上について）下のことばの意味を強める。「ーかえる」［三］（接尾）（「…びき」の形で）その率や額だけねだんを割り引くこと。「三割ー」「一〇〇円ー」

**ひき【悲喜】**（名）かなしみとよろこび。「ーこもごも（＝かなしいこととうれしいことが交互《こうご》にくりかえされること）」

**びぎ【美技】**（名）みごとなわざ。ファインプレー。

**ひきあい【引き合い】**（名）❶例・参考などとして引くこと。「ーに出す」❷売買の注文。商取り引きに関する問い合わせ。「ーの多い商品」

**ひきあ・う【引き合う】**（自五）｛ワ(オ)・イ(ッ)・ウ・ウ・エ・エ｝❶たがいにひっぱり合う。「綱《つな》をー」❷努力しただけのことがある。割《わり》に合う。「ー・わない仕事」

**ひきあ・げる【引き上げる・引き揚げる】**（他下一）｛ゲ・ゲ・ゲル・ゲル・ゲレ・ゲロ(ゲヨ)｝［一］（他下一）❶ひっぱって上にあげる。「沈没船《ちんぼっせん》をー」❷地位やねだんなどを高くする。「課長にー」「家賃をー」対 引き下げる。❸出していた人・物をもとのところへもどす。「出向《しゅっこう》社員をー」［二］（自下一）でむいていた先から帰る。「外地からー」

**ひきあ・てる【引き当てる】**（他下一）｛テ・テ・テル・テル・テレ・テロ(テヨ)｝❶基準となるものにあてはめ、くらべる。「自分にー・て考える」❷くじを引いて当たりくじを手に入れる。「一等賞をー」

**ひきあみ【引き網】**〖▵曳き網〗（名）水の中を引きまわし、浜《はま》・船に引き上げてさかなをとる網。地引き網・沖網《おきあみ》・トロール網などがある。

**ひきあわせ【引き合わせ】**（名）❶知らない人どうしをとりもって会わせること。❷くらべ合わせること。照合。「帳簿《ちょうぼ》とのーをする」

**ひきあわ・せる【引き合わせる】**（他下一）｛セ・セ・セル・セル・セレ・セロ(セヨ)｝❶知らない人どうしをとりもって会わせる。紹介《しょうかい》する。「妹を友人にー」❷くらべ合わせる。照らし合わせる。「原本とー」

**ひき・いる【率いる】**（他上一）｛イ・イ・イル・イル・イレ・イロ(イヨ)｝❶引きつれていく。「生徒をー・いて遠足に行く」❷多くの人をさしずして動かす。「大軍をー」

**ひきい・れる【引き入れる】**（他下一）｛レ・レ・レル・レル・レレ・レロ(レヨ)｝❶引いて中に入れる。「荷車を門内にー」❷さそって仲間にする。「味方にー」

**ひきう・ける【引き受ける】**（他下一）｛ケ・ケ・ケル・ケル・ケレ・ケロ(ケヨ)｝❶責任をもってそのことをすると承諾《しょうだく》する。「役員をー」❷だいじょうぶだと保証する。「身元をー」

**ひきうす【ひき臼】**〖▵碾き臼・▵挽き臼〗（名）二つのひらたくまるい石を上下に重ね、上の石の穴から穀物を二つの石の間に落とし、上の石を回して粉にする道具。

（ひきうす）

**ひきおこ・す【引き起こす】**（他五）｛サ(ソ)・シ・ス・ス・セ・セ｝❶倒《たお》れているものなどをひっぱっておこす。「負傷者をー」❷事件や混乱などをおこす。「さわぎをー」参考 ②は「惹き起こす」とも書く。

**ひきかえ【引き換え・引き替え】**（名）ひきかえること。「当たり券とーに賞品を渡《わた》す」

**ひきかえ・す【引き返す】**（自五）｛サ(ソ)・シ・ス・ス・セ・セ｝ある所まで行き、もとの所へもどる。「家へー」

**ひきか・える【引き換える・引き替える】**（他下一）｛エ・エ・エル・エル・エレ・エロ(エヨ)｝❶物と物とをとりかえる。「賞品とー」❷（「…に(と)引きかえ」の形で）…にくらべると。その逆に。「きのうの雪にー・え、今日は快晴だ」

**ひきがえる**〖▵蟇▵蛙〗（名）〖動〗ヒキガエル科のかえる。からだは土色でいぼがたくさんあり、大きい。いぼから毒液を出す。いぼがえる。がま。ひき。

**ひきがし【引き菓子】**（名）お祝いや法事などで、客に引き出物として配る菓子。

**ひきがたり【弾き語り】**（名）❶三味線《しゃみせん》を弾きながら浄瑠璃《じょうるり》を語ること。❷自分で楽器を演奏しながら歌を歌うこと。「ギターのー」

**ひきがね【引き金】**（名）❶小銃《しょうじゅう》・ピストルなどの、弾丸《だんがん》を発射させるために指で引く金具。「ーを引く」❷物事が起こる直接的な原因。きっかけ。「暗殺事件がーとなって戦争が起こる」

**ひきぎわ【引き際】**〖◇退き際〗（名）現在ついている地位や立場からしりぞくとき。また、そのときのしりぞきかた。引け際。「ーがたいせつだ」「ーをこころえる」

**ひきげき【悲喜劇】**（名）❶悲劇・喜劇の特色がまざっている劇。❷悲しいこととうれしいことが重なって起こること。悲しくもあるがこっけいでもあること。「人生のー」

**ひきこ・む【引き込む】**（他五）｛マ(モ)・ミ(ン)・ム・ム・メ・メ｝❶引いて中に入れる。「池の水を田にー」❷仲間などにさそい入れる。「サークルにー」❸人の心を強く引きよせる。「話にー・まれる」

**ひきこもり【引き籠もり】**（名）ひきこもること。特に、学校に行くことも働くこともせずに長い間自宅や自室に閉じこもり、外の社会との接点を持たないこと。

**ひきこも・る【引き籠もる】**（自五）｛ラ(ロ)・リ(ッ)・ル・ル・レ・レ｝❶外に出ないで、家や部屋などの中に閉じこもる。「家にじ

っと―」❷おもてだった所に出ないで、ひっそり暮らす。「田舎《いなか》に―」

**ひきさが・る**【引き下がる】(自五) ｛ラ(ロ)・リ(ッ)・ル・ル・レ・レ｝❶今までいたところから去る。「その場から―」❷それまでの主張などをとりやめる。「反論できずに―」

**ひきさ・く**【引き裂く】(他五) ｛カ(コ)・キ(イ)・ク・ク・ケ・ケ｝❶強くひっぱってさく。ひきやぶる。「布を―」❷仲のいい者どうしを、むりにはなれさせる。「二人の仲を―」

**ひきさ・げる**【引き下げる】(他下一) ｛ゲ・ゲ・ゲル・ゲル・ゲレ・ゲロ(ゲヨ)｝❶ねだん・地位などを低くする。「料金を―」㊟引き上げる。❷要求や主張などをひっこめる。とりさげる。「提案を―」❸うしろへさがらせる。「隊を一時―」

**ひきざん**【引き算】(名)《数》ある数からほかの数を引いて、差を求める計算。減法。減算。㊟足し算

**ひきしお**【引き潮】(名) 沖《おき》のほうに海の水が引いて、海面が下がること。下げ潮。干潮《かんちょう》。㊟満ち潮・差し潮

**ひきしぼ・る**【引き絞る】(他五) ｛ラ(ロ)・リ(ッ)・ル・ル・レ・レ｝❶弓に矢をつがえて弦《つる》をじゅうぶんに引っぱる。「弓を―」❷声などをむりに出す。「声を―・って歌う」

**ひきしま・る**【引き締まる】(自五) ｛ラ(ロ)・リ(ッ)・ル・ル・レ・レ｝❶からだなどがかたくしまる。「―・ったからだつき」❷心がぴんとはりつめる。緊張《きんちょう》する。「身の―思い」

**ひきし・める**【引き締める】(他下一) ｛メ・メ・メル・メル・メレ・メロ(メヨ)｝❶たるんだものを強く引っぱってしめる。「手綱《たづな》を―」❷しめつけてむだやゆるみをなくす。心のゆるみをなくす。「財政を―」「気を―」

**ひぎしゃ**【被疑者】(名)《法》罪を犯したと疑われているが、まだ起訴《きそ》されていない人。容疑者。

**ひきずりおろ・す**【引きずり下ろす】〔引き△摺り下ろす〕(他五) ｛サ(ソ)・シ・ス・ス・セ・セ｝❶強く引っぱってむりやりおろす。❷上の立場にあるものを、その地位から強引に退かせる。「政権の座から―」

**ひきず・る**【引きずる】〔引き△摺る〕(他五) ｛ラ(ロ)・リ(ッ)・ル・ル・レ・レ｝❶地面をすって引いていく。「足を―・って歩く」❷むりにつれていく。「泣く子を―・って帰る」❸解決できないままで長引かせる。「問題を―」

**ひきだし**【引き出し】(名)❶引き出すこと。特に、銀行などに預けてあるおかねをおろすこと。「預金《よきん》の―」❷机・たんすなどにとりつけ、引き出せるようにした、物を入れる箱。参考②は「抽出し」「抽斗」とも書く。

**ひきだ・す**【引き出す】(他五) ｛サ(ソ)・シ・ス・ス・セ・セ｝❶隠《かく》れているものや中にあるものをひっぱってとり出す。ひっぱり出す。「馬小屋から馬を―」「才能を―」❷銀行などに預けてあるおかねをおろす。「預金《よきん》を―」

**ひきた・つ**【引き立つ】(自五) ｛タ(ト)・チ(ッ)・ツ・ツ・テ・テ｝❶きわだって目立つようになる。「まわりの緑色で赤が―」「味が―」❷盛んになる。元気になる。「気分が―」

**ひきたて**【引き立て】(名) 特に目をかけること。ひいきにして世話をすること。「お―をたまわる」

**ひきたてやく**【引き立て役】(名) 相手が目立つようにふるまう役。また、その人。「主演女優の―」

**ひきた・てる**【引き立てる】(他下一) ｛テ・テ・テル・テル・テレ・テロ(テヨ)｝❶引いて閉める。「雨戸を―」❷はげます。元気を出させる。「気を―」❸かわいがって世話をしてやる。目をかけて重く用いる。「後輩《こうはい》を―」「重役に―」❹むりにつれていく。「罪人を牢屋《ろうや》に―」❺特にきわだって見えるようにする。「脇役《わきやく》が主役を―」

**ひきつ・ぐ**【引き継ぐ】(他五) ｛ガ(ゴ)・ギ(イ)・グ・グ・ゲ・ゲ｝あとをうけつぐ。また、あとの人にうけつがせる。「事務を―」

**ひきつけ**〔引き付け〕(名) 幼児に多い発作的《ほっさてき》な全身のけいれん。「―を起こす」

**ひきつ・ける**【引きつける】〔引き付ける〕｛ケ・ケ・ケル・ケル・ケレ・ケロ(ケヨ)｝■一(他下一)❶そばへ引きよせる。「球を―・けて打つ」❷魅力《みりょく》などで人の心をとらえる。「女性の心を―」■二(自下一) ひきつけをおこす。「赤ん坊《ぼう》が―」参考㊀②は「惹き付ける」とも書く。

**ひきつづき**【引き続き】■一(名) 前から続いていること。「前回からの―」■二(副)❶すぐあとに続いて。「講演後、―会議にはいる」❷続けてそのまま。「―生徒会長をつとめる」

**ひきつづ・く**【引き続く】(自五) ｛カ(コ)・キ(イ)・ク・ク・ケ・ケ｝❶終わらずにそのまま続く。「戦乱が―」❷あとに他の物事がすぐ続く。「―・いて次の議題にうつる」

**ひきつ・る**〔引き△攣る〕(自五) ｛ラ(ロ)・リ(ッ)・ル・ル・レ・レ｝筋肉がひっぱられたようにつっぱる。また、表情・声などがこわばる。「足が―」「恐怖《きょうふ》で顔が―」

**ひきつ・れる**【引き連れる】(他下一) ｛レ・レ・レル・レル・レレ・レロ(レヨ)｝目下の者をつれて行く。引率する。「子分を―」

**ひきて**【引き手】(名)❶戸・ふすまなどをあけたてするため、手をかけるところ。また、その金具《かなぐ》。❷引く人。引っぱる人。「荷車の―」

**ひきて**【弾き手】(名) バイオリン・ピアノなどの楽器をひく人。

**ひきでもの**【引き出物】(名) お祝いや宴会《えんかい》のとき、客にくばる贈《おく》り物。引き物。「結婚《けっこん》式の―」

**ひきど**【引き戸】(名) 上下を溝《みぞ》にはめて、左右に引いてあけたてする戸。「玄関《げんかん》の―」

**ひきと・める**【引き止める】(他下一) ｛メ・メ・メル・メル・メレ・メロ(メヨ)｝人のある動作・行動をむりにやめさせる。特に、帰ろうとする人をとどめる。引きとどめる。「客を―」

**ひきと・る**【引き取る】｛ラ(ロ)・リ(ッ)・ル・ル・レ・レ｝■一(他五)❶相手の手もとにあるものを受け取る。引き受けて自分のもとに置く。「子ねこを―」㊟引き渡《わた》す。❷(「息を引き取る」の形で)息がたえる。死ぬ。■二(自五) その場からしりぞく。ひきあげる。「どうぞお―・りください」

**ビギナー**〔英 beginner〕(名) なにかを始めてまだ間《ま》もない人。初心者。「―コース」

**ビキニ**〔英 bikini〕(名) セパレート型の女性用水着。肌《はだ》の露出《ろしゅつ》が多いのが特徴《とくちょう》。

**ひきにく**【ひき肉】〔△挽き肉〕(名) 器械で、細かくひいた肉。ミンチ。「―料理」

**ひきにげ**【ひき逃げ】〔△轢き逃げ〕(名・自スル) 自動車などで人をひき、そのまま現場から逃げ去ること。

**ひきぬき**【引き抜き】(名) ひきぬくこと。「選手の―合戦」

**ひきぬ・く**【引き抜く】(他五) ｛カ(コ)・キ(イ)・ク・ク・ケ・ケ｝❶ひっぱってぬく。「くいを―」❷ほかのところに属している者を仲間に引き入れる。「他チームのエースを―」

**ひきのばし**【引き伸ばし】(名)❶ひっぱってのばす

こと。❷写真を原版の大きさより大きくすること。また、その写真。

**ひきのばし**【引き延ばし】（名）時間や期限を長びかせること。「会議の—をはかる」

**ひきのば・す**【引き伸ばす】（他五）{サ(ソ)・シ・ス・ス・セ・セ}❶ひっぱってのばす。「ゴムひもを—」❷写真を原版の大きさよりも大きくする。「写真を—」

**ひきのば・す**【引き延ばす】（他五）{サ(ソ)・シ・ス・ス・セ・セ}時間や期限を長びかせる。「審議《しんぎ》を—」

**ひきはな・す**【引き離す】（他五）{サ(ソ)・シ・ス・ス・セ・セ}❶ひっぱってはなす。むりにはなして分ける。「親と子を—」❷うしろの者に差をつけ、距離《きょり》をあける。「二位を—・してゴールインする」

**ひきはら・う**【引き払う】（自五）{ワ(オ)・イ(ッ)・ウ・ウ・エ・エ}あとをかたづけて、よそへ移る。たちのく。「下宿を—」

**ひきまく**【引き幕】（名）舞台《ぶたい》で、横に引いてあけしめする幕。

**ひきまわし**【引き回し】（名）❶世話や指導をすること。「よろしくお—願います」❷江戸《えど》時代、処刑前の罪人をしばって馬に乗せて町中を引っ張りまわしたこと。使い方 ①はふつう「お」をつけて用いる。

**ひきまわ・す**【引き回す】（他五）{サ(ソ)・シ・ス・ス・セ・セ}❶ほうぼうをつれて歩く。「町中を—」❷目をかけて世話や指導をする。「先輩《せんぱい》に—・してもらう」❸幕などをまわりにはりめぐらす。「幕を—」

**ひきもきらず**【引きも切らず】ひっきりなしに。たえまなく。「—電話が鳴る」

**ひきもの**【引き物】（名）お祝いや法事などで、みやげのために出す料理・菓子《かし》など。引き出物。

**ひきゃく**【飛脚】（名）❶むかし、急ぎの知らせを遠くに届けた使いの人。❷江戸《えど》時代、手紙・おかねなどを送り届けることを仕事とした人。

**ひぎゃく**【被虐】（名）他人からひどい扱《あつか》いを受けること。

**びきょ**【美挙】（名）ほめるねうちのあるふるまい。美しい行い。りっぱな行い。

**ひきょう**【比況】（名）❶くらべたとえること。❷〘文法〙助動詞「ようだ」「ごとし」の表す意味の一つ。動作・状態をほかのものとくらべ、たとえる表現。

**ひきょう**〘卑△怯〙（名・形動ダ）勇気がなく、こそこそしていて、ずるいこと。「—な人」「—なふるまい」

**ひきょう**【秘境】（名）ほとんど人が行ったことがなく、まだ人びとに知られていない場所。「世界の—」

**ひきょう**【悲境】（名）悲しい境遇《きょうぐう》。

**ひぎょう**【罷業】（名）労働者が、要求を通すために団結して、仕事をしないこと。ストライキ。

**ひきょく**【秘曲】（名）秘密にして特別な人にだけしか伝えない音楽の曲。

**ひきょく**【悲曲】（名）悲しい音楽。悲しい曲。

**ひきよ・せる**【引き寄せる】（他下一）{セ・セ・セル・セル・セレ・セロ(セヨ)}ひっぱって手もとに寄せる。「あかりを—」

**ひきわけ**【引き分け】（名）勝負がつかないまま終わること。「試合が—に終わる」

**ひきわた・す**【引き渡す】（他五）{サ(ソ)・シ・ス・ス・セ・セ}❶幕・縄《なわ》などをはりわたす。「ロープを—」❷自分の手もとにあるものを他人にわたす。「犯人を—」対引き取る

**ひきん**【卑近】（名・形動ダ）手近であること。俗《ぞく》っぽくわかりやすいこと。「—な例」「—な話」

**ひきんぞく**【卑金属】（名）〘化〙水分・二酸化炭素・酸素などに簡単におかされる金属。対貴金属

**ひきんぞくげんそ**【非金属元素】（名）〘化〙金属の性質をもたない元素。酸素・炭素・水素など。

**ひ・く**【引く】〘△曳く・△牽く・◇退く〙{カ(コ)・キ(イ)・ク・ク・ケ・ケ}一（他五）❶人や物に力を加えて、自分のほうへ寄せる。「いすを—」「ロープを—」「引き金を—」「あごを—」❷うしろの人や物に力を加えて、いっしょに前に進む。「リヤカーを—」対押《お》す ❸線を書く。「直線を—」「図面を—」❹のばして長く続ける。「語尾《ごび》を—・いて話す」「失敗が尾を—」「納豆《なっとう》が糸を—」❺うすくぬりひろげる。「フライパンに油を—」❻関心を自分のほうへ向けさせる。また、誘《さそ》う。「注意を—」「気を—」「客を—」❼電気・水道などの設備を入れる。「電話を—」❽血筋・系統を受けつぐ。「芸術家の血を—」❾からだの中にいれる。「風邪《かぜ》を—」❿たくさんあるものの中から一つを選び取る。「くじを—」「カードを一枚—」⓫もとの数から、ある数だけへらす。引き算をする。また、金額などの一部をへらす。「五から四を—」「定価から一割—」対足す ⓬例としてあげる。他人のことばや文章を引用する。「自分の失敗を例に—」「先人の名言を—」⓭辞書で、必要な項目をさがして調べる。「辞書を—」「わからないことばを—」⓮しりぞかせる。後退させる。「兵を—」「身を—」二（自五）❶うしろのほうにさがる。しりぞく。「潮が—」「敵が—」❷引退する。職をやめる。「定年で会社を—」❸少なくなる。なくなる。「血の気が—」「痛みが—」参考 一①は「曳く」、一②は「曳く」「牽く」、一⑭と二①②は「退く」とも書く。

**ひ・く**〘△挽く〙（他五）{カ(コ)・キ(イ)・ク・ク・ケ・ケ}❶のこぎりで切る。「木を—」❷ろくろを回して道具を作る。❸肉を器械で細かくする。「牛肉と豚肉《ぶたにく》をまぜて—」

**ひ・く**【弾く】（他五）{カ(コ)・キ(イ)・ク・ク・ケ・ケ}弦《げん》楽器や鍵盤《けんばん》楽器を演奏する。「ギターを—」

**ひ・く**〘△碾く〙（他五）{カ(コ)・キ(イ)・ク・ク・ケ・ケ}うすなどで穀物などを細かくすってくだく。「コーヒー豆を—」

**ひ・く**〘△轢く〙（他五）{カ(コ)・キ(イ)・ク・ク・ケ・ケ}車両が物や人などを車輪の下じきにして通る。「車に—・かれる」

**びく**〘◇比◇丘〙（名）〘仏〙出家した男性。僧《そう》。対比丘尼《びくに》

**びく**〘×魚籠〙（名）つったさかなを入れるかご。

（魚籠）

**ひく・い**【低い】（形）{カロ・カツ(ク)・イ・イ・ケレ・○}❶高さ・背たけなどが基準よりも下のほうである。「背が—」「—山」「天井《てんじょう》が—」❷等級・水準・価値などがほかのものより下のほうである。「地位が—」「レベルの—話」

❸声や音の振動数《しんどうすう》が少ない。また、声や音が小さい。「一オクターブー音」「ー声で話す」❹数値・程度などが小さい。「体温がー」「利率がー」(対高い)

**びくう**『鼻△腔』(名)《生》↓びこう(鼻腔)

**びくしょう**【微苦笑】(名・自スル) かるいにが笑い。わずかにする苦笑。「ーを浮《う》かべる」

**ひぐちいちよう**〔樋口一葉〕【人名】(一八七二〜一八九六) 明治時代の女性小説家。まずしい下町の庶民《しょみん》生活を舞台《ぶたい》に、女の悲しみを叙情的《じょじょうてき》に描《えが》いた。作品「たけくらべ」「にごりえ」「十三夜」など。

**ひくつ**【卑屈】(名・形動ダ) 自信がなく、自分をいやしめて、相手にへつらうこと。「ーな態度」

**ひくて**【引く手】(名) 自分のほうに来るようにと、さそいかける人。「ーあまた(=さそいかける人が多いこと)」

**ピクトグラム**〔英 pictogram〕(名) 公共の場所などで、物の場所や案内をことばを使わずに単純な絵や記号で示したもの。絵文字。ピクトグラフ。

**びくともしない** ❶力を加えても少しも動かない。「押《お》しても引いてもー」❷気持ちがしっかりしていて動じない。「私の決心はそれくらいのことではー」❸さしさわりがない。影響《えいきょう》がない。「不況《ふきょう》でもー会社」

**びくに**『◇比◇丘尼』(名)《仏》出家した女性。尼《あま》。尼僧《にそう》。(対比丘《びく》)

**ピクニック**〔英 picnic〕(名) 野や山に遊びに出かけること。遠足。行楽。

**びくびく**(副・自スル) おびえて気持ちが落ち着かないようす。「なにもーすることはない」

**ひぐま**『△羆』(名)《動》クマ科の哺乳《ほにゅう》動物。北海道や千島などにすむ、赤褐色《せっかっしょく》・灰褐色の大形のくまで、性質があらく人や家畜《かちく》をおそうこともある。

**ひく・める**【低める】(他下一){メ・メ・メル・メル・メレ・メロ(メヨ)} 低くする。下げる。「声をー」(対高める)

**ひぐらし**『△蜩・×茅蜩』(名)《動》セミ科の昆虫《こんちゅう》。夏の夕方や早朝に、カナカナと鳴く。かなかな。

**ひぐらし**【日暮らし】(副) 朝から晩まで。一日じゅう。「ー本を読んで過ごす」

**ピクルス**〔英 pickles〕(名) 西洋風のつけもの。野菜を塩と酢《す》などにつけた食べ物。

**ひぐれ**【日暮れ】(名) 日の暮れるころ。夕暮れ。夕方。

**びくん**『微△醺』(名) 少し酒によっていること。ほろよい。「ーをおびる」

**ひけ**【引け】(名) ❶一日の勤務などが終わって退出すること。「ーどき」❷ほかの人におくれること。負けること。「ーをとる」(参考)①は「退け」とも書く。

**ひげ**『△髭・△髯・△鬚』(名) ❶人の口・ほお・あごのあたりに生える毛。❷動物の口のまわりに生える長い毛や、毛のようなもの。「ねこのー」「なまずのー」(参考)「髭」はくちひげ、「髯」はほおひげ、「鬚」はあごひげ。

**ひげの塵《ちり》を払《はら》う** 上役や権力者などにこびへつらうことのたとえ。

**ひげ**【卑下】(名・自他スル) 自分をおとっているものとしてへりくだること。「ーする必要はない」

**ピケ**(名)「ピケット」の略。「ーを張る」

**びけい**【美形】(名) 美しい形。特に容貌《ようぼう》が美しく整っていること。また、その人。

**ひげき**【悲劇】(名) ❶悲しい結果に終わる劇。「ギリシャー」(…的)「悲劇的な運命をたどる」❷世の中のみじめであわれな出来事。「戦争のー」(対喜劇)

**ひけぎわ**【引け際】『◇退け際』(名) ❶一日の仕事が終わって退出するまぎわ。「会社のーに来客がある」❷地位や職務からしりぞくまぎわ。引き際。

**ひけし**【火消し】(名) ❶火を消すこと。消火。消防。❷火を消す人。特に、江戸《えど》時代の消防組織。❸騒《さわ》ぎをしずめること。「ー役」

**ひけつ**【否決】(名・他スル) 会議で、出された案を承認しないと決めること。「不信任案をーする」(対可決)

**ひけつ**『秘△訣』(名) 人が知らない、特別なよいやり方。奥《おく》の手。こつ。「合格のー」

**ピケット**〔英 picket〕(名) ストライキ破りを防ぐために事業所の出入り口などを見張ること。また、その見張る人。ピケ。

**ひけどき**【引け時】『◇退け時』(名) 一日の勤務などが終わり退出する時刻。「会社のーで混雑する」

**ひけめ**【引け目】(名) ほかの人よりもおとっていると感じること。また、その気持ち。「相手にーを感じる」

**ひけらか・す**(他五){サ(ソ)・シ・ス・ス・セ・セ} 得意になって見せびらかす。「自分の知識をー」

**ひ・ける**【引ける】(自下一){ケ・ケ・ケル・ケル・ケレ・ケロ(ケヨ)} ❶一日の仕事などが終わる。仕事などが終わって退出する。「役所は五時にー」❷気がすすまず気おくれする。「気がー」(参考)①は「退ける」とも書く。

**ひけん**【比肩】(名・自スル) 肩をならべること。匹敵《ひってき》すること。「ーする者がない」(類匹敵)

**ひけん**【披見】(名・他スル) 手紙や文書をひらいて見ること。「原稿《げんこう》をごーください」

**ひけん**【卑見】(名) つまらない考え。自分の意見をけんそんしていうことば。「ーによれば」

**ひけんしゃ**【被験者】(名) 試験や実験の対象となる人。「臨床《りんしょう》研究のーを募集《ぼしゅう》する」

**ひこ**『×曽孫』(名) まごの子。ひこまご。ひまご。

**ひご**『△庇護』(名・他スル) 弱いものなどをかばい守ること。「ーを受ける」

**ひご**【飛語】『△蜚語』(名) 根拠《こんきょ》のない無責任なうわさ。「流言《りゅうげん》ー」

**ひご**【卑語】(名) いやしいことば。下品なことば。

**ひご**〔肥後〕【地名】むかしの国名の一つ。今の熊本県。肥州《ひしゅう》。

**ひごい**『△緋△鯉』(名)《動》こいの変種。からだの赤いもの、赤・黒・白のまだらのものなどがある。観賞用。

**ひこう**【非行】(名) してはならないよくない行い。道にはずれた行い。「ー少年」

**ひこう**【飛行】(名・自スル) 空中を飛んでゆくこと。「ー機」「低空ー」

**ひごう**【非業】(名)《仏》前世の報《むく》いでないこと。現世の災難などによること。「ーの死」

**非業の最期《さいご》** 思いがけない災難にあって死ぬこと。

**びこう**【尾行】(名・自他スル) 人のあとを気づかれないようにこっそりつけてゆくこと。「ーをまく」

**びこう**【備考】(名) 参考にするために書きつけること。

また、書きそえたもの。「―欄《らん》」

**びこう**【微光】（名）かすかな光。

**びこう**【微行】（名・自スル）身分の高い人などが人目につかないようにこっそり出歩くこと。しのび歩き。

**びこう**【鼻孔】（名）鼻のあな。

**びこう**〖鼻△腔〗（名）〔生〕すった空気をあたため、しめらせる、鼻の奥《おく》のにおいを感じるところ。使い方〉医学では、「びくう」という。

**ひこうかい**【非公開】（名）一般《いっぱん》の人に見せたり、聞かせたりしないこと。「―で審議《しんぎ》する」

**ひこうき**【飛行機】（名）プロペラの回転やガスのふき出す力などによって、空中を飛ぶ航空機。

**ひこうきぐも**【飛行機雲】（名）飛行機が高い空を飛んだあとに、尾《お》のようにできる細長い雲。

**ひこうしき**【非公式】（名・形動ダ）おもて向きでないこと。おおやけでないこと。「―の会見」

**ひこうじょう**【飛行場】（名）航空機が発着できるように設備を整えた場所。類空港

**ひこうせん**【飛行船】（名）流線形で袋《ふくろ》状の胴体《どうたい》に空気より軽いヘリウムなどのガスをつめて空中に浮《う》かび、プロペラを回して飛ぶ航空機。

**ひごうほう**【非合法】（名・形動ダ）法律に合わないこと。法に違反《いはん》していること。「―活動」

**ひごうり**【非合理】（名・形動ダ）すじみちに合わないこと。道理や理屈《りくつ》に合わないこと。「―な考え」…的「非合理的な方法」類不合理

**ひこく**【被告】（名）〔法〕民事事件で、起訴《きそ》された者。対原告

**ひこくにん**【被告人】（名）〔法〕刑事事件で、起訴《きそ》されてまだ裁判の判決が確定していない者。

**ひこくみん**【非国民】（名）国民としてのつとめを守らない人。自分の国の害となるようなことをする人。

**びこつ**【尾骨】（名）〔生〕脊柱《せきちゅう》のいちばん下の骨。びていこつ。

**ひごと**【日ごと】〖日◇毎〗（名）毎日。一日ごと。一日一日。「―に春めく」

**ひこぼし**【ひこ星】〖△彦星〗（名）たなばた伝説の、牽牛《けんぎゅう》星の別名。⇩けんぎゅうせい

**ひこまご**〖◇曽孫〗（名）まごの子。ひまご。

**ひごろ**【日頃】（名）ふだん。平生《へいぜい》。「―の練習の成果が出る」

## ひざ【膝】 15画 月11 訓ひざ

月 肣 脥 膝 膝 膝

ひざ。ひざがしら。◆膝枕《ひざまくら》・膝元《ひざもと》◆片膝

**ひざ**【膝】（名）❶ももとすねとをつないでいる関節の部分。特に、その前側。「地面に―をつく」❷ももの前側。「猫《ねこ》が―にのる」

**膝が笑《わら》う** ひざの力が抜《ぬ》けてがくがくする。「長い山道を下り、最後は膝が笑った」

**膝を打《う》つ** はっと思いあたったり、感心したりしたときなどの動作。「思わず―」

**膝を崩《くず》す** きちんとした姿勢をくずして楽にすわる。

**膝を屈《くっ》する** ひざを曲げてすわる。転じて、屈服する。

**膝を進《すす》める** ❶すわったまま前へにじり出る。❷その話に乗り気になる。

**膝を正《ただ》す** きちんとすわりなおす。

**膝を交《まじ》える** たがいにうちとけて親しく話し合う。「膝を交えて語り合う」

**ビザ**〔英 visa〕（名）外国旅行などで、入国先の領事館などがパスポート（旅券）や身もとを調べて発行する入国許可証。査証。「―がおりる」

**ピザ**〔イタリア pizza〕（名）ねった小麦粉の上にチーズ・サラミ・野菜などをのせて焼いたパイ。ピザパイ。ピッツァ。

**ひさい**【非才】〖△菲才〗（名）才能がないこと。また、自分の才能をけんそんしていうことば。「浅学―」

**ひさい**【被災】（名・自スル）大きな災害にあうこと。「―者」類罹災《りさい》

**びさい**【微細】（形動ダ）{ダロ・ダッ(デ・ニ)・ダ・ナ・ナラ・○}ひじょうに小さいようす。ごくこまかなようす。「―にわたる説明」

**びざい**【微罪】（名）ごく軽い罪。

**ひざがしら**【膝頭】（名）ひざの関節のところの前面。ひざこぞう。

**ひさかたの**…和歌

光《ひかり》のどけき　春《はる》の日《ひ》に　しづ心《ごころ》なく　花《はな》の散《ち》るらむ〕〈古今集《こきんしゅう》・紀友則《きのとものり》〉訳日の光ののどかなこんな春の日に、どうして落ち着いた心もなく、あわただしく桜は散っていくのであろう。（「ひさかたの」は「光」の枕詞《まくらことば》。小倉《おぐら》百人一首の一つ）

〔ひさかたの　光のどけき　春の日に　しづ心なく　花の散るらむ〕

**ひさかたぶり**【久方ぶり】〖久方振り〗（名・形動ダ）久しぶり。「―の再会」

**ひざかり**【日盛り】（名）一日のうちで日光がいちばん強く照りつける時刻。「夏の―に外出する」

**ひさく**【秘策】（名）人の知らない、また、人に気づかれないようにねったはかりごと。「―をさずける」

**ひさ・ぐ**〖△鬻ぐ〗（他五）{ガ(ゴ)・ギ(イ)・グ・グ・ゲ・ゲ}売る。商《あきな》う。「道ばたで干物を―」

**ひざくりげ**〖膝△栗毛〗（名）（ひざを栗毛の馬のかわりにする意から）歩いて旅をすること。

**ひさご**〖△瓠・△瓢〗（名）❶〔植〕ゆうがお・ひょうたん・ふくべなどの総称《そうしょう》。❷熟したひょうたんの実のなかみを取り去ってかわかし、酒などを入れるようにしたもの。

**ひざこぞう**【膝小僧】（名）→ひざがしら

**ひさし**〖△庇・△廂〗（名）❶建物の窓や縁側《えんがわ》などの上につき出した、日の光や雨をふせぐための小さい屋根。❷帽子《ぼうし》の前やまわりにつき出たつば。

**庇を貸《か》して母屋《おもや》を取《と》られる** 一部を貸しただけなのに、やがて全部をうばい取られる。

**ひざし**【日差し】〖◇陽◇射し〗（名）さしてくる太陽の光。日の照りぐあい。「―が強い」

**ひさし・い**【久しい】（形）{カロ・カッ(ク)・イ・イ・ケレ・○}長い時間がたっている。「―・く会わない友人」

**ひさしぶり**【久しぶり】〖久し振り〗（名・形動ダ）前にそのことがあってから長い期間をおいていること。久方ぶり。「―に会う」「―の雨」「お―です」

**ひざづめ**【膝詰め】（名）ひざをつき合わせて、きびしく相手にせまること。「―の交渉《こうしょう》」

**ひざづめだんぱん**【膝詰め談判】（名）きびしい態度でつめ寄って、相手と交渉《こうしょう》すること。

**ひさびさ**【久久】（名・形動ダ）久しぶり。「―に会う」

ひ

**ひざまくら【膝枕】**（名）人のひざをまくらにして寝《ね》ること。

**ひざまず・く**『△跪く』（自五）〔カ(コ)・キ(イ)・ク・ク・ケ・ケ〕ひざをついてかがむ。深い敬意やおそれ従う意を表す動作。「神前に—」

**ひさめ【氷雨】**（名）❶あられ。ひょう。❷冷たい雨。

**ひざもと【膝元・膝下】**（名）❶ひざのそば。「—に食い込《こ》むような球《たま》」❷父母など、庇護《ひご》してくれる者のそば。膝《しっ》下《か》。「親の—を離《はな》れる」❸皇居・政府・幕府などのある所。「将軍のお—」

**ひさん【飛散】**（名・自スル）あちこちにとびちること。「杉《すぎ》の花粉が—する」

**ひさん【悲惨】**（名・形動ダ）悲しくいたましいようす。いたいたしくみじめなようす。「—な姿」「—な生活」

**ひし**『△菱』（名）《植》ミソハギ科の一年草。池・沼《ぬま》に生え、葉を水に浮《う》かべる。夏、白い小花を開き、とげのあるひし形の堅《かた》い実を結ぶ。

（菱）

**ひし【皮脂】**（名）皮脂腺《せん》から分泌《ぶんぴつ》される油状の物質。肌《はだ》や髪《かみ》の表面をおおい、乾燥《かんそう》を防ぐ。

**ひし【秘史】**（名）人に知られていない、かくれた歴史。

**ひじ【肘】** 7画 月3 訓 ひじ　丿 刀 月 月一 肘 肘
ひじ。◆肘当て・肘掛《ひじか》け・肘鉄砲《ひじでっぽう》

**ひじ【肘】**『△肱』（名）腕《うで》の中間にある関節。特に、その外側の部分。「—をつく」

**ひじ【秘事】**（名）秘密のことがら。「—をあばく」

**ひしがき【ひし垣】**『△菱垣』（名）割った竹でひし形に組んだ垣根《かきね》。

**ひじかけ【肘掛け】**（名）❶ひじを寄りかからせるところ。「—いす」❷脇息《きょうそく》。

**ひしがた【ひし形】**『△菱形』（名）❶ひしの実のような形。❷《数》四つの辺の長さが同じ四辺形。一般《いっぱん》には正方形でないものをいう。

**ひじき**『×鹿尾菜』（名）褐藻《かっそう》類ホンダワラ科の海藻。海中の岩につき、まるい茎《くき》・枝が細長く分かれる。なまのときは黄褐色で、かわかすと黒くなる。

**ひし・ぐ**『◇拉ぐ』（他五）〔ガ(ゴ)・ギ(イ)・グ・グ・ゲ・ゲ〕❶強い力でおしつぶす。「鬼《おに》をも—力」❷勢いをくじく。「敵の気勢を—」

**ひし・げる**『◇拉げる』（自下一）〔ゲ・ゲ・ゲル・ゲル・ゲレ・ゲロ(ゲヨ)〕おしつぶされて形がゆがむ。ひしゃげる。「家が—」

**ひししょくぶつ【被子植物】**（名）《植》種子植物の中で胚珠《はいしゅ》が子房《しぼう》に包まれる植物。単子葉植物と双子葉《そうしよう》植物に分けられる。最も進化した植物とされ、種類が多い。対 裸子《らし》植物

**ビジター**〔英 visitor〕（名）❶野球などで、その試合会場を本拠地《ほんきょち》としない来訪チーム。❷会員制スポーツクラブなどにおける、会員でない臨時の利用者。

**ひしつ【皮質】**（名）《生》腎臓《じんぞう》・副腎などの表層や脳の表層をつくる灰白質の部分。対 髄質《ずいしつ》

**びしてき【微視的】**（形動ダ）〔ダロ・ダッ(デ・ニ)・ダ・ナ・ナラ・○〕❶人の目で見分けられないほど小さいようす。「—世界」❷物事を細かく分析《ぶんせき》・観察するようす。「—にとらえる」対 巨視的《きょしてき》

**ひじてつ【肘鉄】**（名）「ひじでっぽう」の略。「—をくらう」

**ひじでっぽう【肘鉄砲】**（名）ひじの先で突《つ》っくこと。転じて、誘《さそ》いや要求をはねのけること。

**肘鉄砲を食《く》わせる** 相手の誘《さそ》いや要求を強くことわる。

**ひしと**（副）❶からだを密着させるようにして、強く確実に相手をとらえるようす。「—抱《だ》きつく」❷心やからだに強く感じるようす。「思いやりが—身にしみる」

**ビジネス**〔英 business〕（名）❶仕事。事務。「—ホテル（=社用で出張した人などが泊《と》まる手軽なホテル）」❷営業。商売。「—としてわりきる」

**ビジネス-クラス**〔英 business class〕（名）旅客機の座席で、最上級のファーストクラスと標準のエコノミークラスの間の等級。

**ビジネスマン**〔英 businessman〕（名）❶実業家。実務家。❷会社員。事務員。

**ビジネスライク**〔英 businesslike〕（形動ダ）〔ダロ・ダッ(デ・ニ)・ダ・ナ・ナラ・○〕感情をまじえず、事務的に仕事を処理するようす。「—に応対する」

**ひしひし**（副）❶すきまなくせまってくるようす。「—と敵がせまる」❷強くからだや心に感じるようす。「責任の重さを—と感じる」

**びしびし**（副）遠慮《えんりょ》や手かげんなどしないで、厳《きび》しく指導したり発言したりするようす。「—鍛《きた》える」

**ひじまくら【肘枕】**（名）自分のひじを曲げてまくらの代わりにすること。

**ひしめ・く**『△犇めく』（自五）〔カ(コ)・キ(イ)・ク・ク・ケ・ケ〕大勢の人が集まっておし合う。ひしめき合う。「観衆が—」

**ひしもち【ひし餅】**『△菱餅』（名）ひな祭りに供える、ひし形に切ったもち。赤・白・緑の三色に重ねる。

**ひしゃく**『◇柄△杓』（名）筒《つつ》やわんの形をした容器に長い柄《え》のついた、水などをくむ道具。「—で水をくむ」

（ひしゃく）

**びじゃく【微弱】**（名・形動ダ）かすかで弱いこと。「—な振動《しんどう》」

**ひしゃ・げる**（自下一）〔ゲ・ゲ・ゲル・ゲル・ゲレ・ゲロ(ゲヨ)〕→ひしげる

**ひしゃたい【被写体】**（名）写真に写されるもの。

**ヒジャブ**〔アラビア hijāb〕（名）イスラム教徒の女性が公共の場で髪《かみ》やからだをおおい隠《かく》すために用いる布。ヒジャーブ。ヘジャブ。

**びしゃもんてん**『△毘◇沙門天』（名）《仏》四天王の一。怒《いか》りの形相でよろい・かぶとをつけ、仏法を守る神。多聞天《たもんてん》。日本では七福神の一とする。

**ぴしゃりと**（副）❶戸・障子《しょうじ》などを勢いよく閉《し》める音を表すことば。❷てのひらで強く打つ音を表すことば。「—頬《ほお》をたたく」❸相手をおさえつけるようにはっきりした態度を示すようす。「要求を—はねつける」❹ぴったり合うようす。「正解を—言いあてる」

**びしゅ【美酒】**（名）味のよい酒。「―に酔《よ》う」

**ビジュアル**〔英 visual〕（形動ダ）〔ダロ・ダッ(デ・ニ)・ダ・ナ・ナラ・○〕目に見えるようす。視覚的。「―な効果をねらう」

**ひじゅう【比重】**（名）❶〔物〕ある物質一立方《センチメートル》の質量と、セ氏四度の蒸留水一立方《センチメートル》の質量との比。❷他のものと比べたときの、重点の置き方やしめる大きさの割合。「海外市場に―を置く」

**びしゅう【美醜】**（名）美しいことと、みにくいこと。

**ひしゅうしょくご【被修飾語】**（名）〔文法〕文や句の中で、他の語に修飾される語。「広い海」では「海」。

**ひじゅつ【秘術】**（名）みだりに人に教えないわざ。とっておきのすぐれたわざ。奥《おく》の手。「―をつくす」

**びじゅつ【美術】**（名）色や形で美を表そうとするもの。絵画・彫刻《ちょうこく》・建築・工芸など。「―品」

**びじゅつかん【美術館】**（名）美術品を陳列《ちんれつ》して、一般《いっぱん》の人が鑑賞《かんしょう》できるようにした施設《しせつ》。

**びじゅつひん【美術品】**（名）美術のすぐれた創作作品。絵画・彫刻《ちょうこく》・工芸品など。

**ひじゅん【批准】**（名・他スル）〔法〕外国と結ぶ条約を、国が最終的に確認してよいと認めること。また、その手続き。「条約の―」

**ひしょ【秘書】**（名）❶重職にある人のそばで、大事な事務をとったり、雑務を代行したりする役。また、その人。「社長―」❷かくして見せない重要な書物。

**ひしょ【避暑】**（名・自スル）すずしい土地に一時移って、暑さをさけること。「―地」「―客」[対]避寒

**びじょ【美女】**（名）容姿《ようし》の美しい女性。「絶世の―」

**ひしょう**〘飛△翔〙（名・自スル）空中を飛ぶこと。「大空を―する」

**ひしょう【費消】**（名・他スル）おかねなどを全部使ってしまうこと。「公金―」

**ひしょう【悲傷】**（名・自他スル）心から悲しむこと。悲しくいたましいこと。

**ひしょう【卑小】**（形動ダ）〔ダロ・ダッ(デ・ニ)・ダ・ナ・ナラ・○〕価値がなく、とるにたりないようす。「―な存在」

**ひじょう【非常】**[一]（名）ふだんとちがう状態。ふつうとちがうさしせまった状態。「―の場合」「―事態」[二]（形動ダ）〔ダロ・ダッ(デ・ニ)・ダ・ナ・ナラ・○〕はなはだしいようす。なみなみでないようす。「―に暑い」

**ひじょう【非情】**[一]（名・形動ダ）人間らしい感情をもたないこと。思いやりやさしさなどのないようす。「―な男」「―にも見殺しにする」[二]（名）〔仏〕木や石などのように、感情のないもの。[対]有情《うじょう》

**びしょう【美称】**（名）ほめたたえて呼ぶ言い方。

**びしょう【微小】**（名・形動ダ）ひじょうに小さいこと。たいそう細かいこと。微細。「―な生物」[対]巨大《きょだい》。⇩びしょう（微少）「学習」

**びしょう【微少】**（名・形動ダ）ひじょうに少ないこと。ほんの少し。「―な金額」

> **学習 使い分け**「微小」「微少」
>
> 微小　とても細かくて小さいようす。「微小な粒子《りゅうし》」「微小な動きも見のがさない」
>
> 微少　とても少ないようす。「微少な誤差《ごさ》」「微少な量」「損害は微少にとどまった」

**びしょう【微笑】**（名・自スル）ほほえむこと。ほほえみ。「―を浮《う》かべる」

**びじょう【尾錠】**（名）ベルトなどのはしにつけ、もう一方をさしこんで引きしめる金具。しめがね。バックル。

**ひじょうきん【非常勤】**（名）毎日ではなく、決まった日数・時間数だけ勤めること。「―講師」[対]常勤

**ひじょうぐち【非常口】**（名）火事や地震《じしん》や事故などのときに逃《に》げだすための出口。「ホテルの―」

**ひじょうじ【非常時】**（名）国家がたいへんな危機に直面したとき。「―に備える」[対]平時

**ひじょうしき【非常識】**（名・形動ダ）常識にはずれていること。「―な考え」

**ひじょうじたい【非常事態】**（名）戦争や災害などの、大きな危機に直面した状態。「―宣言」

**ひじょうしゅだん【非常手段】**（名）さしせまった事態において、ほかにやり方がないと考えてやむをえず行う方法。「―にうったえる」

**ひじょうしょく【非常食】**（名）災害などの非常時に備えて用意しておく保存食。

**ひじょうすう【被乗数】**（名）〔数〕かけ算で、かけられるほうの数。[対]乗数

**ひじょうせん【非常線】**（名）大事件が発生したり予想される場合、その場所を中心に区域を限って警戒《けいかい》にあたること。また、その警戒線。「―をはる」

**ひじょうり【非条理】**（名・形動ダ）ものの道理にかなっていないこと。

**びしょく【美食】**（名・自スル）うまいものを食べること。また、うまい食べ物。「―家」[対]粗食《そしょく》

**ひじょすう【被除数】**（名）〔数〕割り算で、割られるほうの数。[対]除数

**びしょぬれ**〘びしょ△濡れ〙（名）しずくがたれるほどひどくぬれていること。「雨で―になる」[類]ぐしょぬれ

**びしょびしょ**[一]（副）たえまなく雨のふり続くようす。[二]（形動ダ）〔ダロ・ダッ(デ・ニ)・ダ・ナ・ナラ・○〕しずくがたれるほど、ひどくぬれているようす。「雨で服が―だ」[類]ぐしょぐしょ

**ビジョン**〔英 vision〕（名）将来の構想や展望。未来像。「福祉《ふくし》国家の―をえがく」

**ひじり**〘◇聖〙（名）徳の高い僧《そう》。

**びじれいく【美辞麗句】**（名）うわべだけを飾《かざ》った美しい語句や文句。「―をならべる」

**びじん【美人】**（名）容姿《ようし》の美しい女性。美女。麗人《れいじん》。「―薄命《はくめい》」

**ビス**〔フランス vis〕（名）小さいねじ。雄《お》ねじ。

**ひすい**〘△翡△翠〙（名）❶青緑色のかたくて美しい宝石。❷〔動〕→かわせみ

**ビスケット**〔英 biscuit〕（名）小麦粉に砂糖・バター・卵などをまぜて焼いた小形の菓子《かし》。

**ヒスタミン**〔英 histamine〕（名）〔医〕蛋白《たんぱく》質が分解してできる物質。これがからだの中にたまると、アレルギー性の病気がおこるといわれる。

**ヒステリー**〔ドイツ Hysterie〕（名）〔医〕不満やショックなどでひどく興奮し、激しく泣いたり怒《おこ》ったり、感情を

大げさに表す神経症《しんけいしょう》の一つ。また、一般《いっぱん》にそのような状態や性格。ヒス。「—を起こす」

**ヒステリック**〔英 hysteric〕（形動ダ）{ダロ・ダッ(デ・ニ)・ダ・ナ・ナラ・○}ヒステリーのようなようす。病的に興奮したり神経質であったりするようす。「—な笑い」

**ピストル**〔英 pistol〕（名）片手に持ってうつことのできる小さな銃《じゅう》。拳銃《けんじゅう》。短銃。

**ピストン**〔英 piston〕（名）エンジン・ポンプなどの筒《つつ》（＝シリンダー）の中を密着して往復運動するようにした栓《せん》状の部品。「—輸送（＝休みなく二つの地点を往復して人や物を輸送すること）」

**ヒスパニック**〔英 Hispanic〕（名）スペイン語を母語とする、中南米からアメリカ合衆国に移住してきた人びととその子孫。

**ひずみ**〖△歪み〗（名）❶形がゆがむこと。ゆがみ。「—が生じる」❷《物》物体に外から力が加わったときにおこる形や体積などの変化。❸あることの結果として生じた悪い影響《えいきょう》や欠陥《けっかん》。「経済政策の—」

**ひず・む**〖△歪む〗（自五）{マ(モ)・ミ(ン)・ム・ム・メ・メ}形がゆがむ。いびつになる。「地震《じしん》で窓わくが—」

**ひ・する**【比する】（他サ変）{シ(セ・サ)・シ・スル・スル・スレ・シロ(セヨ)}比べる。比較《ひかく》する。「前年に—・して二割増しとなる」

**ひ・する**【秘する】（他サ変）{シ(セ・サ)・シ・スル・スル・スレ・シロ(セヨ)}秘密にする。かくす。秘める。「名を—・して寄付をする」

**びせい**【美声】（名）美しい声。「—にききほれる」[対]悪声

**びせいぶつ**【微生物】（名）顕微鏡《けんびきょう》でなければ見えないほどの、ごく小さい生物。かび・酵母《こうぼ》・細菌《さいきん》など。

**びせきぶん**【微積分】（名）《数》微分と積分。

**ひぜに**【日銭】（名）毎日収入としてはいってくる現金。「—のはいる商売」

**ひぜめ**【火攻め】（名）敵がたてこもっている所に火をつけて、攻めたてること。焼き討《う》ち。「城を—にする」

**ひぜめ**【火責め】（名）火を使ってする拷問《ごうもん》。

**ひせん**〖卑△賤〗（名・形動ダ）身分・地位が低くいやしいこと。「—の身」

**ひぜん**【肥前】〔地名〕むかしの国名の一つ。今の長崎県（壱岐《いき》・対馬《つしま》を除く）と佐賀県。肥州。

**びぜん**【備前】〔地名〕むかしの国名の一つ。今の岡山県の東南部。備州。

**ひせんきょけん**【被選挙権】（名）選挙される権利。特に、選挙されて、公職につくことのできる権利。[対]選挙権

**ひせんきょにん**【被選挙人】（名）選挙される権利をもつ人。[対]選挙人

**ひせんろん**【非戦論】（名）戦争をすることに反対する意見や主張。「—者」

**ひそ**【ひ素】〖△砒素〗（名）《化》非金属元素の一つ。灰白《かいはく》色でつやがあり、毒性が強い。元素記号 As

**ひそう**【皮相】❶（名）物事の表面。うわべ。❷（名・形動ダ）物事の見方・考え方などが浅くて、不十分なこと。「—な見解」[…的]「皮相的な見方」

**ひそう**【悲壮】（名・形動ダ）悲しさの中にも勇ましさのあること。「—な決意」

**ひそう**〖悲△愴〗（名・形動ダ）悲しくていたましいこと。「—感がただよう」

**ひぞう**【秘蔵】（名・他スル）❶たいせつにしまっておくこと。また、そのもの。「—の品」❷たいせつなものとして、かわいがり育てること。「—の弟子《でし》」

**ひぞう**〖△脾臓〗（名）《生》胃の左うしろにある内臓。古い赤血球をこわしたり、リンパ球をつくったりする。

**びそう**【美装】（名）美しくよそおうこと。また、そのよそおい。「—をこらす」

**ひぞうっこ**【秘蔵っ子】（名）→ひぞっこ

**ひそか**〖◇密か〗（形動ダ）{ダロ・ダッ(デ・ニ)・ダ・ナ・ナラ・○}人に知られないようにこっそりするようす。「—に人と会う」

**ひぞく**【卑俗】（名・形動ダ）態度・ことばづかいなどがいやしいこと。下品なこと。低俗。「—な歌」

**ひぞく**【卑属】（名）親族の中で、自分より世代があとになる人。子・孫・甥《おい》・姪《めい》など。「直系—」[対]尊属

**ひぞく**〖△匪賊〗（名）集団で人を殺したり品物などをうばいとったりする盗賊《とうぞく》。群盗。

**びぞく**【美俗】（名）古くから伝わる美しい風俗やしきたり。よい風習。「良風—」

**ひぞっこ**〖秘◇蔵っ子〗（名）特にたいせつにしてかわいがっている子。また、特に目をかけて大事にしている弟子《でし》や部下。ひぞうっこ。

**ひそひそ**（副）ほかの人に聞かれないように、小さな声で話すようす。「—（と）話す」

**ひそみにならう**〖△顰に倣う〗よしあしを考えず、むやみに人のまねをすること。また、自分が他の人の言動をみならうことをけんそんしていうことば。

[故事]むかし中国で、美女の西施《せいし》が病気のために顔をしかめているのを見て、美しいと思った他の女性たちがみな顔をしかめたという話にもとづく。〈荘子《そうし》〉

**ひそ・む**【潜む】（自五）{マ(モ)・ミ(ン)・ム・ム・メ・メ}人目につかないようにそっとかくれている。外に出ないで中にこもっている。「ものかげに—」「心に—思い」

**ひそ・める**【潜める】（他下一）{メ・メ・メル・メル・メレ・メロ(メヨ)}姿・気配《けはい》などが外にあらわれないようにかくす。声・音などを立てないようにする。「ものかげに身を—」「声を—」

**ひそ・める**〖△顰める〗（他下一）{メ・メ・メル・メル・メレ・メロ(メヨ)}不快なときや心配なときなどに、まゆの間にしわを寄せる。顔をしかめる。「まゆを—・めたくなるような事件」

**ひそやか**〖◇密やか〗（形動ダ）{ダロ・ダッ(デ・ニ)・ダ・ナ・ナラ・○}❶人に知られないようにそっとあることを行うようす。ひそか。「—に計画する」❷もの静かなようす。「—な街」

**ひだ**〖△襞〗（名）はかま・スカートなどに細長くつけた折り目。また、そのように見えるもの。「山—」

**ひだ**〔飛驒〕〔地名〕むかしの国名の一つ。今の岐阜県北部。飛州。

**ひたい**【額】（名）髪《かみ》のはえぎわからまゆまでの間。おでこ。

**額に汗《あせ》する** 一生懸命《いっしょうけんめい》働く。

**額を集《あつ》める** 大勢寄り集まって相談する。

**ひだい**【肥大】（名・自スル）太って大きくなること。特に、からだの器官が正常な大きさより大きくなること。「心臓—」[…化]「組織が肥大化する」

**びたい**〖△媚態〗（名）❶なまめかしい姿。しな。❷人

**びたいちもん**【びた一文】『鐚《△》一文』（名）ひじょうにわずかなおかね。「—出さない」

**ひたおし**【ひた押し】『◇直押し』（名）少しも力をゆるめずにひたすら押すこと。一つのことだけをしゃにむにすること。「—にせめる」

**ひたかくし**【ひた隠し】『◇直隠し』（名）ひたすら隠すこと。「事故を—にする」

**びだくおん**【鼻濁音】（名）ガ行の発音で、息を少し鼻にぬいたやわらかい感じの音。ガ行音の中で語中・語尾に用いられるものや助詞の「が」などで発音される。

**ピタゴラスのていり**【ピタゴラスの定理】（名）《数》古代ギリシャの数学者ピタゴラス（Pythagoras）の発見した定理。直角三角形の斜辺《しゃへん》を一辺とする正方形の面積は、他の辺を一辺とする二つの正方形の面積の和に等しい。三平方の定理。

**ひた・す**【浸す】（他五）〔サ(ソ)・シ・ス・ス・セ・セ〕水や液体につける。ぐっしょりとぬらす。「タオルを水に—」

**ひたすら**（副）そのことだけに打ちこんでいるようす。いちずに。「—神に祈《いの》る」

**ひたたれ**『◇直垂』（名）むかしの衣服の一つ。もと、平民の服だったが、のち、武家の礼服となった。角襟《かくえり》・無紋《むもん》で、そでくくりがあり、胸ひもを結ぶようにできている。

（ひたたれ）

**ひたち**〔常陸〕【地名】むかしの国名の一つ。今の茨城県。常州《じょうしゅう》。

**ひだち**【肥立ち】（名）❶一日ごとに元気に育つこと。「—のよい赤ん坊《ぼう》」❷お産のあと、母親が日ごとに元気をとりもどすこと。「産後の—がいい」

**ひだね**【火種】（名）❶たきぎ・炭などに燃え移らせるもとの火。「—をたやさない」❷比喩《ひゆ》的に、争いや騒《さわ》ぎの原因となるもの。「紛争《ふんそう》の—」

**ひたはしり**【ひた走り】『◇直走り』（名）休まずにひたすら走り続けること。ひたばしり。「—に走る」

**ひだまり**【日だまり】『日△溜まり』（名）風の通らない、日光がよく当たる暖かいところ。使い方〉冬など、気候の寒いときに用いることば。

**ビタミン**〔ドイツ Vitamin〕（名）《医》栄養素の一つ。動物の発育と健康を保つのに必要不可欠な有機化合物の総称《そうしょう》。体内では合成されず、食物からとる。A・B・C・D・Eなどの種類がある。

**ひたむき**『◇直向き』（形動ダ）〔ダロ・ダッ(デ・ニ)・ダ・ナ・ナラ・○〕一つのことに熱中するようす。いちず。「—に勉強する」

**ひだり**【左】（名）❶東を向いたとき、北にあたるほう。「—きき」対右 ❷酒を飲むのが好きなこと。また、その人。❸革新的な、または急進的な考え方。左翼《さよく》。「—がかった思想」対右

**ぴたり**（副）❶急に止まるようす。「痛みが—とおさまる」❷よくくっついているようす。すきまのないようす。「—(と)寄りそって歩く」❸よく合うようす。よく当たるようす。「予想が—と当たる」

**ひだりうちわ**【左うちわ】『左×団扇』（名）働かないでも安楽に暮らせること。「—の生活」

**ひだりがわ**【左側】（名）左に寄ったほう。「—通行」対右側

**ひだりきき**【左利き】（名）❶左手のほうが右手よりうまく使えること。また、その人。左ぎっちょ。対右利き。❷酒の好きなこと。また、その人。

**ひだりて**【左手】（名）❶左の手。❷左のほう。左側。「—に見える建物」（対右手）

**ひだりまえ**【左前】（名）❶着物の向かって左がわが外になるように着ること。ふつうの着方とは反対。「—に着る」❷商売などが、うまくいかなくなること。落ち目。「事業が—になる」

**ひだりまき**【左巻き】（名）❶植物のつるやうずなどが左まわりに巻いていること。対右巻き。❷頭のはたらきが正常でないこと。また、その人。

**ひた・る**【浸る】（自五）〔ラ(ロ)・リ(ッ)・ル・ル・レ・レ〕❶水・湯などにつかる。「温泉に—」❷ある境地や状態にはいりきる。「喜びに—」

**ひだる・い**『△饑い』（形）〔カロ・カッ(ク)・イ・イ・ケレ・○〕腹がすいている。ひもじい。「—腹をかかえる」

**ひだるま**【火だるま】『火◇達磨』（名）全身が火に包まれた状態。「—になる」

**ひたん**【悲嘆】『悲△歎』（名・自スル）悲しみなげくこと。「母親を亡《な》くして—に暮れる」

**びだん**【美談】（名）人を感心させるりっぱな行いの話。人の心をうつ美しい話。

**ピチカート**〔イタリア pizzicato〕（名）《音》バイオリン・チェロなど弦楽器《げんがっき》の弦を指ではじいて音を出す演奏方法。ピッチカート。

**びちく**【備蓄】（名・他スル）万一のときに備えて蓄《たく》わえておくこと。「—食糧《しょくりょう》」

**ひちしゃ**【被治者】（名）統治される人。対治者

**ぴちぴち**（副・自スル）❶魚などが勢いよくはねるようす。「—(と)はねる魚」❷若々しく元気のよいようす。「—(と)した娘《むすめ》」

**びちゅう**【微衷】（名）自分の心をけんそんして言うことば。微意《びい》。「—をお察しください」

**ひちゅうのひ**【秘中の秘】（名）秘密の中でもいちばん秘密のもの。絶対の秘密。極秘《ごくひ》。

**ひちょう**【飛鳥】（名）空をとぶ鳥。「—の早わざ」

**ひちょう**『秘△帖』（名）秘密のことがらを書いた手帳や文書。

**びちょうせい**【微調整】（名・他スル）大まかな調整のあとに行う、わずかな調整。「テレビ画面の—」

**ひちりき**『△篳△篥』（名）《音》雅楽《ががく》の管楽器の一つ。長さ一八《センチメートル》ほどの竹製の笛で、表に七つ、裏に二つ穴があり、縦にして吹《ふ》く。中国から伝来したもので、音は高音でものがなしい感じをあたえる。

（ひちりき）

**ひっ**【匹】 4画 匚2 音ヒッ 訓ひき

一 丆 兀 匹

❶たぐい。対《つい》になるもの。つりあうこと。◆匹儔《ひっちゅう》・匹敵。❷ひとりの。身分の低い。◆匹夫《ひっぷ》

**ひつ【必】** 5画 心1 小4 音 ヒツ 訓 かならず 、ソ义必必
❶まちがいなく。きっと。◆必死・必至・必勝・必定《ひつじょう》・必然・必中・必要。❷かならずしなければならない。◆必携《ひっけい》・必見・必需《ひつじゅ》・必修・必読・必罰《ひつばつ》
⇩付録「漢字の筆順⑰必」

**ひつ【泌】** 8画 氵5 音 ヒツ・ヒ 高 氵氵汈沁泌泌
液体がしみ出る。◆泌尿《ひにょう》・分泌《ぶんぴつ・ぶんぴ》器 ⇩付録「漢字の筆順⑰必」

**ひつ【筆】** 12画 竹6 小3 音 ヒツ 訓 ふで ⺮⺮竺笙筀筆
❶ふで。◆筆硯《ひっけん》・筆紙◆運筆・鉛筆《えんぴつ》・擱筆《かくひつ》・起筆・執筆《しっぴつ》・万年筆・毛筆。❷字・絵や文章をかくこと。また、かいたもの。◆筆禍《ひっか》・筆記・筆写・筆者・筆跡《ひっせき》・筆舌・筆致《ひっち》◆悪筆・一筆・加筆・直筆《じきひつ》・随筆《ずいひつ》・絶筆・代筆・達筆・特筆・文筆

**ひつ**『△櫃』(名)❶ふたのついた大形の箱。道具・米などをしまう。❷(「お」をつけて)めしびつ。おはち。

**ひつあつ【筆圧】**(名)文字を書くときに、ペンや筆を通して紙面にかかる力。「―が強い」

**ひつい【筆意】**(名)❶筆づかい。筆の運び方。❷書画などに表れたおもむき。

**ひつう【悲痛】**(名・形動ダ)悲しくいたましいこと。「―な叫《さけ》び」「―なおももち」

**ひっか【筆禍】**(名)自分が書いて発表した文章がもとになって受ける制裁や災難。「―をこうむる」

**ひっかか・る【引っかかる】**『引っ掛かる』(自五)｛ラ(ロ)・リ(ツ)・ル・ル・レ・レ｝❶物にかかって止まる。「たこが電線に―」❷さまたげられて止められる。「検問に―」❸かかわり合う。「面倒《めんどう》な事件に―」❹だまされる。「詐欺《さぎ》に―」❺納得《なっとく》できず、気になる。「どうも、彼女《かのじょ》の言ったことが―」❻液体などがかかる。

**ひっかきまわ・す【ひっかき回す】**『引っ△掻き回す』(他五)｛サ(ソ)・シ・ス・ス・セ・セ｝❶荒々《あらあら》しくかき回す。中のものを動かして乱雑にする。「かばんの中を―」❷身勝手なことをしてその場を混乱させる。「会議を―」

**ひっか・く**『引っ△掻く』(他五)｛カ(コ)・キ(イ)・ク・ク・ケ・ケ｝つめなどで強くかく。「顔を―」

**ひっか・ける【引っかける】**『引っ掛ける』(他下一)｛ケ・ケ・ケル・ケル・ケレ・ケロ(ケヨ)｝❶物の先にちょっとかける。かけてつるす。「肩《かた》にタオルを―」❷突《つ》き出たものなどにふれる。「足を―・けてころぶ」「くぎに―・けて服を破る」❸だます。計略にかける。「悪だくみに―」❹からだの上にかける。無造作に着る。「コートを―」❺液状のものをかける。「つばを―」❻酒などをちょっと飲む。「一杯《いっぱい》―」

**ひっかぶ・る**『引っ◇被る』(他五)｛ラ(ロ)・リ(ツ)・ル・ル・レ・レ｝❶勢いよく上にかぶる。「ふとんを―・って寝《ね》る」❷他人の仕事・責任・罪などを背負いこむ。「仲間の罪を―」

**ひっき【筆記】**(名・他スル)筆・ペン・鉛筆《えんぴつ》などで、書きしるすこと。また、書かれたもの。「―試験」

**ひつぎ**『◇棺・△柩』(名)遺体を入れる箱。かんおけ。

**ひっきょう**『△畢△竟』(副・自スル)つまり。ゆきつくところ。結局。「―おなじことだ」

**ひっきりなし**『引っ切り無し』(形動ダ)｛ダロ・ダッ(デ・ニ)・ダ・ナ・ナラ・○｝たえまなく続くようす。「―に車が通る」

**ビッグ**〔英 big〕(形動ダ)｛ダロ・ダッ(デ・ニ)・ダ・ナ・ナラ・○｝大きいようす。重要なようす。「―イベント」

**ピックアップ** ■一〔英 pick up〕(名・他スル)多くの中からひろいあげること。えりぬくこと。「要点を―する」■二〔英 pickup〕(名)レコードプレーヤーで、針《はり》の振動《しんどう》を電気信号にかえ、音声を再生する装置。

**ビッグデータ**〔英 big data〕(名)インターネットなどの情報通信技術を介《かい》して集められる、膨大《ぼうだい》で多様なデータ。

**ビッグニュース**〔英 big news〕(名)重大ニュース。特だね。「―が飛びこむ」

**ビッグバン**〔英 big bang〕(名)宇宙が誕生したときに起こったとされる大爆発《だいばくはつ》。

**びっくり**『×吃驚・×喫驚』(名・自スル)とつぜん思いがけないことに出あって驚《おどろ》くこと。「―箱《ばこ》」

**ひっくりかえ・す【引っ繰り返す】**(他五)｛サ(ソ)・シ・ス・ス・セ・セ｝❶上と下とを反対にする。さかさまにする。「ホットケーキを―」❷それまでの状態を逆転させる。「形勢を―」「決定を―」❸立っているものなどをたおす。横転させる。「植木鉢《ばち》を―」

**ひっくりかえ・る【引っ繰り返る】**(自五)｛ラ(ロ)・リ(ツ)・ル・ル・レ・レ｝❶上と下とが反対になる。さかさまになる。「ボートが―」❷それまでの状態が逆転する。「試合が―」❸立っているものなどがたおれる。横転する。「コップが―」

**びっくりぎょうてん【びっくり仰天】**『×吃驚-仰天』(名・自スル)ひじょうに驚《おどろ》くこと。「あまりにもとつぜんのことで―する」

**ひっくる・める**『引っ◇括める』(他下一)｛メ・メ・メル・メル・メレ・メロ(メヨ)｝一つにまとめる。一括《いっかつ》する。「―・めて言えば」

**ひづけ【日付】**(名)❶書類などに作成・提出などの年月日を記すこと。また、その年月日。「手紙に―をいれる」❷暦《こよみ》の上での年月日。「―が変わる」

**ひっけい【必携】**(名)必ず持っていなければならないこと。また、そのもの。「―の書」

**ひづけへんこうせん【日付変更線】**(名)それを越《こ》えるときに日付を変えることに定めてある線。東経一八〇度の経線を標準とし、東に向かってこの線を越えるときは日付を一日おくらせ、西に向かって越えるときは一日進ませる。

**ピッケル**〔ドイツ Pickel〕(名)登山に使う、小さなつるはしのような道具。

(ピッケル)

**ひっけん【必見】**(名)必ず見なければならないもの。見るべき価値があるもの。「―の書」

**びっこ**『△跛』(名)❶片足が不自由なこと。❷二つでひとそろいのものが、そろっていないこと。また、そのもの。
参考 差別的な語で、現在は用いない。

**ひっこう【筆耕】**（名）おかねをもらって文章や文字を書き写すこと。また、それを仕事とする人。「ー料」

**ひっこし【引っ越し】**（名・自スル）住まいや仕事場を移すこと。

**ひっこ・す【引っ越す】**（自五）｛サ(ソ)・シ・ス・ス・セ・セ｝住まいや仕事場を移す。「新居にー」

**ひっこみがつかない【引っ込みがつかない】**行きがかり上、途中《とちゅう》で身を引くことができない。

**ひっこみじあん【引っ込み思案】**（名・形動ダ）自分から進んで人前に出たり物事をしたりするのが苦手なこと。また、そうした性質。「ーな子」

**ひっこ・む【引っ込む】**（自五）｛マ(モ)・ミ(ン)・ム・ム・メ・メ｝❶しりぞいて人目につかないところにこもる。「郷里にー」❷つき出ていたものが、もとの状態にもどる。また、表面よりくぼむ。「こぶがー」「目がー」❸表からは見えない内側や奥《おく》へはいる。「表通りからー・んだ家」

**ひっこ・める【引っ込める】**（他下一）｛メ・メ・メル・メル・メレ・メロ(メヨ)｝出ているものを中に入れたり、一度出したものをもとへもどしたりする。「首をー」「提案をー」

**ピッコロ**〔イタリア piccolo〕（名）〘音〙フルートより一オクターブ高い音を出す管楽器。

（ピッコロ）

**ひっさ・げる【引っ提げる】**（他下一）｛ゲ・ゲ・ゲル・ゲル・ゲレ・ゲロ(ゲヨ)｝❶手に下げて持つ。❷引きつれる。「数万の兵をー・げて出陣《しゅつじん》する」❸かかげる。「新曲をー・げてツアーを行う」

**ひっさつ【必殺】**（名）相手を必ず殺す、または倒《たお》すこと。「ーの技《わざ》」

**ひっさん【筆算】**（名・他スル）（暗算や珠算《しゅざん》などに対して）数字を紙などに書いて計算すること。

**ひっし【必死】**■一■（名）必ず死ぬこと。「ーの覚悟《かくご》」■二■（名・形動ダ）死にものぐるいで全力をつくすこと。「ーにがんばる」「ーの抵抗《ていこう》」

**ひっし【必至】**（名）必ずそうなること。さけることができないこと。「赤字になるのはーだ」類必然・必定《ひつじょう》

**ひっし【筆紙】**（名）❶筆と紙。❷文章に書き表すこと。

**筆紙に尽っくし難《がた》い**　文章ではなんとも言い表すことがむずかしい。じゅうぶんに言い表せない。

**ひつじ**〖◇未〗（名）❶十二支の第八。❷むかしの時刻の名。今の午後二時ごろ、およびその前後約二時間。（一説にはその後約二時間）。❸方角の名。南南西。

**ひつじ【羊】**（名）〘動〙ウシ科の哺乳《ほにゅう》動物。性質はおとなしい。毛はやわらかくちぢれ、全身に密生する。重要な家畜《かちく》として古くから飼われている。綿羊《めんよう》。

**ひつじさる**〖◇未◇申・△坤〗（名）方角の名。南西。

**ひっしゃ【筆写】**（名・他スル）書きうつすこと。「文献《ぶんけん》をーする」

**ひっしゃ【筆者】**（名）その本や文章を書いた人。

**ひっしゅう【必修】**（名）必ず学ばなければならないこと。「ー科目」

**ひつじゅひん【必需品】**（名）物事を行うのになくてはならない品物。「生活ー」

**ひつじゅん【筆順】**（名）文字、特に漢字を書くときの点や線を書いていく順序。書き順。

**ひっしょう【必勝】**（名）必ず勝つこと。「ーを期する」

**ひつじょう【必定】**（名）必ずそうなるに決まっていること。「味方の負けるのはーであった」類必然・必至

**ひっしょく【筆触】**（名）絵画で、筆づかい。タッチ。

**びっしょり**（副）ひどくぬれているようす。「ー(と)汗《あせ》をかく」

**びっしり**（副）少しのすきまもなく、いっぱいにつまっているようす。「スケジュールがー(と)つまっている」「家がー(と)立ち並んでいる」

**ひっす【必須】**（名）どうしても必要なこと。「ーの条件」

**ひっせい**〖△畢生〗（名）生まれてから死ぬまでの間。一生。終生。「ーの大作」

**ひっせい【筆勢】**（名）かかれた文字や絵にあらわれた筆の勢い。「荒々《あらあら》しいー」

**ひっせき【筆跡】**〖筆△蹟〗（名）書き残した文字。また、個人個人の文字の書きぐせ。「ー鑑定《かんてい》」

**ひつぜつ【筆舌】**（名）（筆と舌の意から）書くことと話すこと。文章とことば。

**筆舌に尽っくし難《がた》い**　書いても話しても表現できない。なんとも言い表しようがない。「ー苦労をする」

**ひっせん【筆洗】**（名）筆さきを洗う器。筆洗い。

**ひつぜん【必然】**（名）必ずそうなるに決まっていること。「ーの結果」類必至・必定《ひつじょう》。対偶然《ぐうぜん》

**ひつぜんせい【必然性】**（名）必ずそうなるべき性質。「ーがない」対偶然性《ぐうぜんせい》

**ひつぜんてき【必然的】**（形動ダ）｛ダロ・ダッ(デ・ニ)・ダ・ナ・ナラ・〇｝必ずそうなるに決まっているようす。「ーな結果」

**ひっそく**〖△逼塞〗（名・自スル）❶落ちぶれて人目につかないようにかくれ暮らすこと。「田舎《いなか》にーする」❷八方がふさがっていてどうにもならないこと。「ーした経済状況《じょうきょう》」❸江戸《えど》時代、武士や僧《そう》に対する刑罰《けいばつ》の一つ。門をしめて昼間の外出を禁じたもの。

**ひっそり**（副・自スル）❶さびしく感じるほど静かなようす。「ー(と)した家」❷人に気づかれないように、そっと行うようす。「ー(と)暮らす」

**ひっそりかん【ひっそり閑】**（副）人のけはいがなく、静まりかえっているようす。「ーとした駅前」

**ひったく・る**（他五）｛ラ(ロ)・リ(ッ)・ル・ル・レ・レ｝人の持っているものを、ひっぱってむりにうばいとる。「かばんをー・られる」

**ぴったり**（副・自スル）❶すきまなくくっつくようす。「ー(と)張りつく」❷物事がよくあてはまるようす。「予想がー(と)当たる」❸物事がよく合っていてふさわしいようす。「君にーの仕事」❹急に、または、完全に止まるようす。「風がー(と)やむ」

**ひつだん【筆談】**（名・自スル）話さずに文字を書いておたがいに意思を伝え合うこと。「病人とーする」

**ひっち【筆致】**（名）文字・文章や絵の書きぶり。ふでづかい。「軽妙《けいみょう》なー」

**ピッチ**〔英 pitch〕（名）❶決まった時間内に同じ、もし

くは似た動作をくり返す回数や調子。「速い―で漕《こ》ぐ」「仕事の―をあげる」❷音の高さ。「―が高い」❸サッカーなどのグラウンド。「―に立つ」❹〔化〕コールタールや石油を蒸留したあとに残ったかす。黒色の、ねばねばした物質で、塗料《とりょう》・道路の舗装《ほそう》に使う。

**ヒッチハイク**〔英 hitchhike〕（名）通りがかりの自動車などにただで乗せてもらいながらする旅行。

**ピッチャー**〔英 pitcher〕（名）❶野球の投手。❷水差し。

**ひっちゃく【必着】**（名・自スル）郵便物などが日限までに必ず着くこと。また、着くようにすること。

**ひっちゅう【必中】**（名・自スル）必ず当たること。必ず命中すること。「一発―」

**びっちゅう【備中】**〔地名〕むかしの国名の一つ。今の岡山県西部。備州《びしゅう》。

**ピッチング**〔英 pitching〕（名）❶船や飛行機が縦にゆれること。対ローリング。❷野球で、投手が打者に向かってボールを投げること。「―マシン」

**ひっつか・む**『引っ▵摑む』（他五）{マ(モ)・ミ(ン)・ム・ム・メ・メ}手荒《てあら》くつかむ。「髪《かみ》の毛を―」

**ひっつ・く**『引っ付く』（自五）{カ(コ)・キ(イ)・ク・ク・ケ・ケ}ぴったりとつく。ねばりつく。「服にガムが―」

**ひってき【匹敵】**（名・自スル）力・わざ・地位などが比べるものと同じくらいであること。「あの人に―する者はいない」類比肩《ひけん》

**ヒット**〔英 hit〕（名・自スル）❶野球で、塁《るい》に出ることのできる当たり。安打。❷大当たりすること。大成功すること。「―曲」❸命中すること。

**ビット**〔英 bit〕（名）コンピューターの情報量を表す最小の単位。八ビットが一《バイト》。

**ひっとう【筆答】**（名・自スル）文字に書いて問いに答えること。「―試験」対口答

**ひっとう【筆頭】**（名）人の名を書きならべた中の一番目。また、一番目の人。「番付《ばんづけ》の―」

**ひっとうしゃ【筆頭者】**（名）戸籍《こせき》の最初に名が書かれている人。むかしの戸主《こしゅ》にあたる。

**ひつどく【必読】**（名・他スル）必ず読まなければならないこと。「―書」

**ひっぱく**『▵逼迫』（名・自スル）さしせまること。ゆとりがなく、苦しくなること。「―した事態」「国の財政が―してきた」

**ひっぱた・く**『引っ▵叩く』（他五）{カ(コ)・キ(イ)・ク・ク・ケ・ケ}強くたたく。「はたく」を強めていう語。「頭を―」

**ひっぱりだこ【引っ張りだこ】**『引っ張り▵凧』（名）人気があって多くの人から望まれ、ほしがられること。また、そのような物や人。「―になる」

**ひっぱ・る【引っ張る】**（他五）{ラ(ロ)・リ(ッ)・ル・ル・レ・レ}❶引いてぴんとはる。「ひもを―」❷力を入れて自分のほうへ引く。「荷車を―」❸さそって引き入れる。「仲間に―」❹むりにつれて行く。「犯人が警察に―・られる」❺発音を長くのばす。「語尾《ごび》を―」

**ひっぱれる**…俳句

〔ひっぱれる　糸《いと》まっすぐや　甲虫《かぶとむし》〕〈高野素十《たかのすじゅう》〉訳糸で角をしばられた甲虫が、どこかへ逃《に》げようとしている。引っぱられた糸は、ぴんと一直線になって、その一端《いったん》は男の子の手に握《にぎ》られている。（季語「甲虫」夏）

**ヒッピー**〔英 hippie〕（名）一九六〇年代後半に現れ、社会の一般《いっぱん》的な価値観や制度などを否定した若者たち。「―族」

**ひっぷ【匹夫】**（名）身分の低い男。教養のない、つまらない男。対匹婦《ひっぷ》

**匹夫の勇《ゆう》**　深く考えないで、元気にまかせて物事を行うだけの勇気。

**ひっぷ【匹婦】**（名）身分の低い女。教養のない、つまらない女。対匹夫《ひっぷ》

**ヒップ**〔英 hip〕（名）しり。また、腰《こし》まわりの寸法。

**ビップ【VIP】**（名）→ブイアイピー

**ヒップホップ**〔英 hip-hop〕（名）一九七〇年代にニューヨークの黒人たちの間で生まれた、独特な音楽やダンスなどの文化。

**ひっぽう【筆法】**（名）❶筆の運び方。書き方。❷表現のしかた。文章の書き方。「あの人一流の―」❸物事のやり方。「例の―で事を運ぶ」

**ひっぽう**『筆▵鋒』（名）文字・文章の勢い。「―鋭《するど》く批判する」

**ひつぼく【筆墨】**（名）筆とすみ。また、それで書いたもの。

**ひづめ**『▵蹄』（名）牛や馬の足の先にあるかたいつめ。

**ひつめい【筆名】**（名）文章などを書いて発表するときに用いる、本名でない名前。ペンネーム。

**ひつめつ【必滅】**（名・自スル）必ずほろびること。「生者《しょうじゃ》―」

**ひつよう【必要】**（名・形動ダ）あることをするために、絶対なくてはならないこと。どうしてもいること。「社会で―な知識」「不―」…性「必要性がない」対不要

**必要は発明《はつめい》の母《はは》**　人間は、必要にせまられてこそ、くふうして新しいものを作り出すものだ、ということ。

**ひつようあく【必要悪】**（名）悪いことではあるが、社会や組織を維持《いじ》するうえで必要な物事。

**ひつりょく【筆力】**（名）❶文字や文章から感じる勢いや力。「―雄渾《ゆうこん》」❷文章を表現する力。

**ひてい【否定】**（名・他スル）うちけすこと。認めないこと。「うわさを強く―する」…的「否定的な意見」対肯定《こうてい》

**びていこつ**『尾▵骶骨』（名）〔生〕→びこつ

**ビデオ**〔英 video〕（名）❶テレビの音声に対して、映像の部分。❷「ビデオテープ」「ビデオテープレコーダー」などの略。

**ビデオテープ**〔英 videotape〕（名）音声と映像を記録する磁気テープ。録画テープ。

**ビデオテープ-レコーダー**〔英 videotape recorder〕（名）→ブイティーアール

**びてき【美的】**（形動ダ）{ダロ・ダッ(デ・ニ)・ダ・ナ・ナラ・〇}美に関係のあるようす。「―感覚」

**ひてつきんぞく【非鉄金属】**（名）鉄以外の金属をまとめて呼ぶ呼び名。亜鉛《あえん》・銅《どう》・すずなど。

**ひでり【日照り】**『▵旱』（名）❶日が照ること。❷夏などに雨の降らない日が続くこと。かんばつ。❸必要なものやほしいものが不足すること。「嫁《よめ》―」

**ひでん【飛電】**（名）❶いなずま。❷急ぎの電報。

**ひでん【秘伝】**（名）秘密にしていて、特別な人にしか伝えない方法や術。「—の妙薬《みょうやく》」

**びてん【美点】**（名）すぐれた所。長所。対欠点

**びでん【美田】**（名）よく肥えた田。「児孫《じそん》のために—を買わず（=子孫に財を残すことはためにならない）」

**ひでんか【妃殿下】**（名）皇族のきさきの名前につける尊敬の呼称《こしょう》。

**ひと【人】**（名）❶ヒト科の哺乳《ほにゅう》動物。立って歩き、脳が発達し、ことばや道具を使う。人間。人類。❷ある特定の一人一人。個人。「—それぞれの考え」❸世間一般《いっぱん》の人。「—のうわさ」「—の世の常」❹自分以外の人。他人。「—の意見をきく」❺人がら。性質。「—がいい」「—が変わる」❻有能な人。人材。「—を得る」❼おとな。「いろいろ苦労して—となる」❽自分。私。「—の気も知らないで」

**人の噂《うわさ》も七十五日《しちじゅうごにち》** 世間のうわさはそう長くは続かないものだ。

**人の口《くち》に戸《と》は立《た》てられぬ** 人びとがするうわさや批評はふせぎようがない。

**人のふり見《み》てわがふり直《なお》せ** 他人の行動を見て、自分の行いを改めよ。

**人のふんどしで相撲《すもう》を取《と》る** 他人のものを利用して自分の利益をはかる。

**人を食《く》う** 人をばかにしてあなどる。「人を食った話」

**人を呪《のろ》わば穴《あな》二《ふた》つ** 他人に悪いことをすると、自分もまた害を受けることのたとえ。

**ひとあし【人足】**（名）人のゆきき。人通り。往来。「—が繁《しげ》くなる」

**ひとあしちがい【一足違い】**（名）ほんのわずかな時間のずれで人と会えなかったり、間にあわなかったりすること。「—で電車に乗りおくれる」

**ひとあじちがう【一味違う】**他の同様のものと比較《ひかく》して一段すぐれていること。「彼《かれ》の作品は—」

**ひとあせ【一汗】**（名）ひとしきり汗をかくこと。「—かく」「—流す」

**ひとあたり【人当たり】**（名）人に応対するときの態度。また、それが相手にあたえる感じ。「—がいい」

**ひとあめ【一雨】**（名）❶一回の降雨《こうう》。「—きそうだ」❷ひとしきり降る雨。「—ごとに暖かくなる」

**ひとあわふかせる【一泡吹かせる】**相手の予想外のことをして驚《おどろ》かせ、あわてさせる。「敵に—」

**ひとあんしん【一安心】**（名・自スル）ひとまず安心すること。「筆記試験に合格して—だ」

**ひど・い【◇酷い】**（形）｛カロ・カッ(ク)・イ・イ・ケレ・○｝❶残酷《ざんこく》である。むごい。「—しうち」❷程度がはなはだしい。「—・くしかられる」❸程度がはなはだしく悪い。「—内容」

**ひといき【一息】**（名）❶一度の呼吸。❷物事を、休まずに続けてやってしまうこと。一気《いっき》。「—に仕上げる」❸あと少しのがんばり。「もう—だ」❹ひと休み。「—入れる」

**一息つく** ❶ほっとして、ひと休みする。❷苦しい状態をのりこえて、ほっとする。「急坂を上りきって—」

**ひといきれ【人いきれ】**（名）多くの人から発散して立ちこめた熱気やにおい。「—でむっとする」

**ひといちばい【人一倍】**（名）人なみ以上であること。「—努力する」

**ひといろ【一色】**（名）❶一つの色。❷一種類。

**ひどう【非道】**（名・形動ダ）人間として守らなければならない道をはずれていること。「極悪《ごくあく》—」

**びどう【微動】**（名・自スル）かすかに動くこと。「—だにしない」「地震《じしん》の初期—」

**ひとえ【◇単】**（名）裏地のないうすい着物。対給《あわせ》

**ひとえ【一重】**（名）❶重ならないで一枚であること。「—まぶた」❷花びらが重なり合っていないこと。

**ひとえに【◇偏に】**（副）❶ただそのことだけをするようす。ひたすら。「—おわび申しあげます」❷ただそのことだけが理由であるようす。まったく。「—みなさまのおかげです」

**ひとおじ【人おじ】**〘人◇怖じ〙（名・自スル）子どもなどが見知らぬ人を見てこわがり、いやがること。人見知り。「—しない子ども」

**ひとおもいに【一思いに】**（副）一気に思いきって。「—白状してしまえ」

**ひとかい【人買い】**（名）女性や子どもを買い取ったりだましてさそい出したりして、これを売る人。

**ひとがき【人垣】**（名）まわりを垣根のようにとり囲んだ人のむれ。「—ができる」

**ひとかげ【人影】**（名）❶人の影。「窓に映るあやしい—」❷人の姿。「—が絶える」

**ひとかたならず**〘一方ならず〙なみなみでなく。ひととおりでなく。ひじょうに。「—世話になった」

**ひとかど**〘一◇廉〙（名）❶きわだってすぐれていること。「—の人物になる」❷一人前。「—の働き」

**ひとがら【人柄】**（名）❶その人に備わっている性質。人間としての持ち味・特色。人品。人格。「—がよい」❷①のよいこと。「あの人のお—で話がまとまる」使い方②は「お」をつけて用いることが多い。

**ひとからげ**〘一◇絡げ〙（名）ものを一つに束《たば》ねたりまとめたりすること。「十把《じっぱ》—」

**ひとかわ【一皮】**（名）❶一枚の表皮。❷とりつくろった表面。うわべ。

**一皮むく** うわべを取り去って、本当のすがたをあらわにする。「一皮むけばペテン師だ」

**一皮むける** 人間的・能力的に一段階成長して見ちがえるほどになる。

**ひとぎき【人聞き】**（名）他人が聞いた時に受ける感じ。外聞。「—が悪い」

**ひときわ**〘一際〙（副）多くの中ではっきり目立つようす。「—高い建物」類ひとしお

**ひとく【秘匿】**（名・他スル）こっそりかくしておくこと。「事件の真相を—する」

**びとく【美徳】**（名）りっぱな心がけ。りっぱな行い。よい行い。「謙譲《けんじょう》の—（=人をたてて、自分は出しゃばらないという美しい行い）」対悪徳

**ひとくさり【一くさり】**〘一△齣り〙（名）（語り物・謡曲《ようきょく》の一段落の意から）話の一区切り。「自慢話《じまんばなし》を—ぶつ」

**ひとくせ【一癖】**（名）どことなくふつうとちがって気のゆるせないところ・性格。「—ありそうな人」

**一癖も二癖《ふたくせ》もある** どこか人とちがったところがあって、少しもゆだんができない。「—男」

**ひとくち【一口】**（名）❶一度に口に入れること。「—に食べる」❷少し飲食すること。「—いかがですか」❸まとめて簡単に言うこと。「—には言えない」❹寄付などの一単位。「—五〇〇円」❺一人分のわりあて。「—乗る」

**ひとくちばなし【一口話】**（名）短くておもしろい話。

**ひとけ【人け】**『人気』（名）人のいるけはい。「—のない山の中」

**ひどけい【日◦時計】**（名）目もり板に棒や針をたて、日光によるその影《かげ》の長さや方向によって時刻を計る装置。

（ひどけい）

**ひとゲノム**（名）〘生〙人間の遺伝子情報の総体。▽ゲノムは、Genom《ドイツ》⇒ゲノム

**ひとこいし・い【人恋しい】**（形）｛カロ・カツ（ク）・イ・イ・ケレ・○｝さびしくて人に会いたい気がする。「わけもなく—」

**ひとごえ【人声】**（名）人の話し声。「—がする」

**ひとごこち【人◦心地】**（名）苦しい状況《じょうきょう》を脱《だつ》して、生き返ったという感じ・気持ち。「—がつく」

**ひとごころ【人心】**（名）❶人の心。思いやりの心。❷ふだんの感覚。正気。人ごこち。「—がつく」

**ひとこと【一言】**（名）❶ひとつのことば。「—も聞きもらさない」「—多い（=よけいなことを言う）」❷わずかなことば。「—言わせてほしい」

**ひとごと【人事】**『×他人-事』（名）自分にかかわりのない、ほかの人のこと。「—ではない」〔注意〕「人事」は「じんじ」と読むと別の意味になる。

**ひとこま【一こま】**『一△齣』（名）劇や映画、また出来事などの一つの場面。「歴史の—」

**ひとごみ【人混み・人込み】**（名）人が大勢いて、こみ合っていること。また、そういう場所。雑踏《ざっとう》。

**ひところ【一頃】**（名）以前のある時期。あまり遠くないむかし。「—は走るのも速かった」

**ひとごろし【人殺し】**（名）人を殺すこと。また、人を殺した人。

**ひとさしゆび【人差し指・人指し指】**（名）手の、親指と中指の間にある指。食指《しょくし》。

**ひとざと【人里】**（名）人の住んでいる村里。「—はなれた山の中」

**ひとさま【人様】**（名）他人のことを敬っていうことば。「—の迷惑《めいわく》も考えなさい」

**ひとさわがせ【人騒がせ】**（名・形動ダ）わけもなく、また、つまらないことで人びとを驚《おどろ》かせて迷惑《めいわく》をかけたり、さわがせたりすること。「—なデマをとばす」

**ひとし・い【等しい】**（形）｛カロ・カツ（ク）・イ・イ・ケレ・○｝❶二つ以上のものの数量・程度などが同じである。「長さが—」❷同じといっていいほどの状態だ。「ないに—」

**仕組みの解明**「等しい」

**Q** ないに等しい？ ないと等しい？

| | | に | と | |
|---|---|---|---|---|
| A | Xの長さはYの長さ | ○ | ○ | 等しい |
| B | 成果はない | ○ | × | 等しい |

**A**・Aのように両方言える場合があるが、「と」は二つの数値を同じ比重で言う場合などによく使い、名詞だけにつく。
・Bのように性質の近さを言う場合などは「に」が使われ、名詞以外にもつく。

**ひとしお【一入】**『一◇入』（副）他に比べて、いっそう。「今年の紅葉は—美しい」「喜びも—だ」〔類〕ひときわ

**ひとしきり【一頻り】**『一◇頻り』（副）しばらくの間、さかんに続くようす。「雨は—はげしく降った」「—せみが鳴く」

**ひとじち【人質】**（名）❶要求を通したり、交渉《こうしょう》を有利にするためにとらえておく、相手側の人。「—にとる」❷約束《やくそく》を守るしるしとして、相手側に預けられた人。「—を差し出す」

**ひとしなみ【等し並み】**（名・形動ダ）二つ以上のものを、区別することなく同等にあつかうこと。同列。同様。「全生徒を—にあつかう」

**ひとしれず【人知れず】**（副）人に知られないように。ひそかに。こっそり。「—悩《なや》む」

**ひとずき【人好き】**（名）人に好かれること。「—のする顔」

**ひとすじ【一筋】**〈一〉（名）細長く続いている一本のもの。「—の光」〈二〉（名・形動ダ）一つのことにいちずに打ちこむこと。「学問の道—に生きる」

**ひとすじなわではいかない【一筋縄ではいかない】**ふつうのやり方では思うようにあつかえないことのたとえ。「頑固者《がんこもの》なので—」

**ひとずれ【人擦れ】**（名・自スル）多くの人に接して人に慣れ、ぬけめがなくなっていること。「—している」

**ひとだかり【人だかり】**（名・自スル）人が大勢寄り集まっていること。「—がしている」「黒山の—」

**ひとだすけ【人助け】**（名）困っている人を助けること。「—だと思って手を貸す」

**ひとたび【一度】**（名・副）いちど。いっぺん。「今—お会いしたい」

**ひとだま【人魂】**『人◇魂』（名）夜、空中を飛ぶ青白い火の玉。死人のからだから離《はな》れたたましいと思われていた。

**ひとたまりもない**『一△溜まりもない』ほんのちょっとの間ももちこたえられない。「強敵の前には—」

**ひとちがい【人違い】**（名・他スル）別の人をその人と勘《かん》ちがいすること。

**ひとつ【一つ】**〈一〉（名）❶自然数のはじめ。いち。❷一個。「問題があと—残っている」❸一歳《さい》。「—年下の友人」❹同じこと。また、分割《ぶんかつ》できないひとまとまりのもの。「—屋根の下で暮らす」「世界は—」❺一例として取り上げられるもの。「塵《ちり》—ない」❻それ以外にないこと。「君の決心—にかかっている」

❼そのうちの一種。「それも—の方法だ」
▣(副) ちょっと。ためしに。まあ。「—やってみよう」
**—つ穴《あな》のむじな** 仲間となって悪事をたくらむ者。同じ穴のむじな。
**—つ釜《かま》の飯《めし》を食《く》った仲《なか》** 毎日いっしょに食事をしたほどの親しい間がら。
**—つ間違《まちが》えば** 少しでも間違うと。「—大《だい》惨事《さんじ》になるところだ」
**ひとつおぼえ【一つ覚え】**(名) 一つのことだけを覚えていて何かと口にすること。「ばかの—」
**ひとづかい【人使い】**(名) 人の使い方。「—が荒《あら》い」
**ひとづきあい【人付き合い】**(名) 人とのつき合い。つき合い方。交際。「—が悪い」
**ひとづて【人づて】**『人◇伝』(名) ❶直接にではなく、ほかの人を通して伝わること。「—に聞く」❷ほかの人にたのんで伝えること。「—に伝える」
**ひとつばなし【一つ話】**(名) ❶いつもきまって出るじまんばなし。「おじいさんの—」❷あとあとまで伝えられるめずらしい話。
**ひとつひとつ【一つ一つ】**(名・副) いちいち。一つずつ。「—確かめる」
**ひとつぶだね【一粒種】**(名) かわいがって育てている、その人のただ一人の子ども。
**ひとづま【人妻】**(名) ❶結婚《けっこん》している女性。❷他人の妻。
**ひとで【人手】**(名) ❶他人の手。「—にかかる(=殺される)」「家が—に渡《わた》る」❷働く人。働き手。「—がたりない」❸他人の手助け。「—を借りる」
**ひとで【人出】**(名) ある場所に人がたくさん出かけて集まること。「海はたいへんな—だった」
**ひとで**『×海星・人手』(名) 〔動〕棘皮《きょくひ》動物の一種。海底にすみ、貝などを食べる。からだは平たく、多くは星形で五本のうでを持つ。種類が多い。

( 海星 )

**ひとでなし【人でなし】**(名) 人間らしい恩義やあたたかい思いやりの気持ちをもたない人。人非人《にんぴにん》。
**ひとどおり【一通り】**(名) ❶ふつう。なみなみのこと。「—の喜び方ではない」❷はじめから終わりまでざっと。だいたい。「—の手順を学ぶ」「—わけを話す」
**ひとどおり【人通り】**(名) 人のゆきき。人の通行。「—の少ない道」
使い方 ①は多く、あとに打ち消しのことばがくる。
**ひととき【一時】**(名) ❶しばらくの間。いちじ。「ほんの—」❷以前のあるとき。「—流行した歌」
**ひととせ**『一◇年』(名) ❶一年間。❷過去の、ある年。
**ひととなり【人となり】**(名) 生まれつきの人がら。もちまえの性質。「—を知る」
**ひとなか【人中】**(名) ❶多くの人のいる中。「—で恥《はじ》をかく」❷人びとの生活する世間。「—に出る」
**ひとなつこ・い【人懐こい】**(形) {カロ・カッ(ク)・イ・イ・ケレ・○} 人にすぐなつきやすい。人に親しみやすい。ひとなつっこい。「—顔」
**ひとなぬか【一七日】**(名) ➡しょなのか
**ひとなみ【人波】**(名) 大勢の人びとがおし合って動くようす。人の波。「—にもまれる」
**ひとなみ【人並み】**(名・形動ダ) ふつうの人と同じくらいであるようす。世間なみのようす。「—の生活」
**ひとにぎり【一握り】**(名) 片手で握《にぎ》れるくらいの量。ほんのわずかの量。「—の幸運な人たち」
**ひとねいり【一寝入り】**(名・自スル) ➡ひとねむり
**ひとねむり【一眠り】**(名・自スル) ちょっとの間眠ること。ひとねいり。「—してから出かける」
**ひとはいさ…** 和歌
〔人はいさ 心《こころ》も知《し》らず ふるさとは 花《はな》ぞ昔《むかし》の 香《か》ににほひける〕〈古今集《こきんしゅう》・紀貫之《きのつらゆき》〉訳 あなたの心はさあ、むかしのままかどうかわかりませんが、むかし泊《と》めていただいた里のこの家では、梅《うめ》の花だけはそのままにかおって美しく咲《さ》いていることです。(小倉《おぐら》百人一首の一つ)
**ひとばしら【人柱】**(名) ❶むかし、橋や堤防《ていぼう》などのむずかしい工事を完成させるために、神へのいけにえとして、生きた人を水底・地中にうずめたこと。また、うずめられた人。❷ある目的のために、犠牲《ぎせい》になった人。
**ひとはしり【一走り】**(名・自スル) ちょっと走ること。短い時間で用をたすこと。ひとっぱしり。「そこまで—行ってくる」
**ひとはだ【人肌】**『人◇膚』(名) ❶人間の肌。❷人間の肌くらいのあたたかみ。「—にあたためたミルク」
**ひとはたあげる【一旗揚げる】**新しく事業などをおこす。「都会へ出て—」
**ひとはだぬぐ【一肌脱ぐ】**本気になって力を貸し、世話をしてやる。「友人のために—」
**ひとはたらき【一働き】**(名・自スル) しばらく気力をふるって働くこと。「チームのために—してほしい」
**ひとはなさかせる【一花咲かせる】**一時期、成功してはなやかに栄える。「もう一花咲かせたい」
**ひとばらい【人払い】**(名・自スル) 秘密の話をするため、他の人をその場から遠ざけること。
**ひとひねり**『一◇捻り』(名・他スル) ❶一度ひねること。❷かんたんに相手を負かすこと。「敵を—にする」❸少し変わった工夫《くふう》や趣向《しゅこう》をこらすこと。「傑作《けっさく》と呼ぶにはあと—足りない」
**ひとふで【一筆】**(名) ❶とちゅうで筆に墨《すみ》をつけないで一気に書くこと。「—書き」❷簡単な文を書きつけること。いっぴつ。「—書きそえる」
**ひとまえ【人前】**(名) ❶他人が見ている前。また、その所。「—もはばからず言い争う」❷体裁《ていさい》。世間体《せけんてい》。「—をつくろう」
**ひとまかせ【人任せ】**(名) 自分のことや自分でしなければならないことを、ほかの人にまかせておくこと。「仕事を—にする」
**ひとまく【一幕】**(名) ❶演劇の一区切り。幕が上がってからおりるまでの間。「—物」❷一つの出来事での一場面。「双方《そうほう》がにらみ合う—もあった」
**ひとまず**『一◇先ず』(副) あとのことはともかく、さしあたって。何はともあれ。「これで—安心だ」
**ひとまちがお【人待ち顔】**(名・形動ダ) 人を待

っているらしい顔つきやようす。「―で立っている」

**ひとまね【人まね】**『人真◇似』(名・自スル)❶他人のまねをすること。❷動物が人間のまねをすること。「―をするおうむ」

**ひとまろ**〔人麻呂〕〔人名〕→かきのもとのひとまろ

**ひとまわり【一回り】**㊀(名・自スル)まわりを一度回ること。一周。「地球を―する時間」㊁(名)❶(十二支の一回りという意で)一二年。「年が―ちがう」❷ものの大きさや人物の度量の広さなどの一段階。「スケールが―大きい」

**ひとみ【瞳】**(名)目の中心の黒い部分。黒目。瞳孔《どうこう》。「つぶらな―」

**瞳を凝《こ》らす** じっと見つめる。

**ひとみごくう**『人身御◇供』(名)人のからだを神へのいけにえとすること。また、その人。転じて、他の人の欲望の犠牲《ぎせい》となること。また、その人。

**ひとみしり【人見知り】**(名・自スル)子どもなどが見知らぬ人を見て、はずかしがったりきらったりすること。「―しない子」

**ひとむかし【一昔】**(名)もうむかしと感じられるほどの過去。ふつう、一〇年くらい前をいう。「―前の話」

**ひとむれ【一群れ】**(名)一つの群れ。一団。

**ひとめ【一目】**(名)❶一度だけ見ること。ちょっと見ること。「―で好きになる」❷一度に全部見わたせること。「湖を―で見おろす」

**ひとめ【人目】**(名)世間の人びとの見る目。他人が見ること。「―がある」「―をさける」

**人目につく** 目だつ。人の注目をひく。「―姿」

**人目を忍《しの》ぶ** 人の目をさける。人に見られないように気をつける。「人目を忍んで暮らす」

**人目を盗《ぬす》む** 人に見られないように、隠《かく》れてこっそりとする。「人目を盗んで会いに出かける」

**人目を憚《はばか》る** 人に見られないように気を配る。

**人目を引《ひ》く** ようすや態度がめだって、人びとの注目を集める。「―身なり」

**ひとめぼれ【一目ぼれ】**『一目△惚れ』(名・自スル)一目見た瞬間《しゅんかん》にほれること。

**ひともじ【人文字】**(名)大勢の人がならんで、上から見ると文字の形に見えるようにしたもの。

**ひともしごろ【火ともし頃】**『火◇点し頃』(名)日暮れになってあかりをつけるころ。夕方。

**ひともと**『一本』(名)木や草のいっぽん。「―の梅」

**ひとやく【一役】**(名)一つの役割。「―買う(=一つの役割をすすんで引き受ける)」

**ひとやま【人山】**(名)大勢の人びとが一か所により集まること。「―をきずく」

**ひとやまあてる【一山当てる】**(「山」は鉱山の意で)一つの鉱山をほり当てる。転じて、投機的な方法などで、万に一つをねらって大もうけをする。

**ひとよせ【人寄せ】**(名・自スル)人を呼び集めること。また、そのために行われる芸・口上など。客寄せ。

**ひとり【◦一人・独り】**㊀(名)❶人の数が一であること。いちにん。「―に五個ずつ配る」❷その人だけであること。「―で旅行する」❸独身。「一生―で暮らす」㊁(副)❶単に。ただ。「―君だけの問題ではない」❷単独で。「―悩《なや》む」

参考 ㊀①は「一人」と書く。 使い方 ㊁①はあとに「ない」「ません」などの打ち消しのことばがくる。

**ひどり【日取り】**(名)ある物事を行う日を決めること。また、決めた日。「旅行の―を決める」

**ひとりあるき【◦一人歩き・独り歩き】**(名・自スル)❶つれの人もなく一人で歩くこと。「夜道の―は危険だ」❷人の助けを借りずに自分一人で歩くこと。「赤ちゃんの―」❸自分だけで物事を処理したり生活したりすること。ひとりだち。「経済的に―できない」❹物事が当事者の意思に関係なく、勝手に進んでいくこと。「人気が―する」

**ひとりがてん【独り合点】**(名・自スル)自分だけの考えでわかったつもりになること。ひとりがってん。「あの人は―が多い」

**ひとりぎめ【独り決め】**(名・他スル)❶自分だけの考えで一方的に決めること。独断。❷かってに自分だけで思いこむこと。「それは君の―にすぎない」

**ひとりごと【独り言】**(名)聞く相手がいないのに、一人でものを言うこと。また、そのことば。「―を言う」

**ひとりじめ【独り占め】**(名・他スル)自分一人だけのものとすること。独占《どくせん》。「利益を―する」

**ひとりずもう【独り◦相撲】**(名)自分一人で、かってに勢いこんですること。「―に終わる」

**ひとりだち【独り立ち】**(名・自スル)自分の力だけで生活していくこと。独立。「―して店を出す」

**ひとりっこ【◦一人っ子・独りっ子】**(名)兄弟姉妹のいない子。ひとりご。

**ひとりでに**『独りでに』(副)他からの力によらず、おのずから。しぜんに。「ドアが―開いた」

**ひとりぶたい【独り舞台】**(名)❶一人だけの役者が舞台で演技すること。❷多くの中で一人だけきわだっていること。また、競争相手がなく、思うままにふるまうこと。独壇場《どくだんじょう》。「試合は弟の―だった」

**ひとりぼっち【◦一人ぼっち・独りぼっち】**(名)身寄りや仲間がなく、たった一人でいること。ひとりぽっち。「―になる」

**ひとりみ【独り身】**(名)❶結婚《けっこん》していないこと。また、結婚していない人。独身《どくしん》。❷身寄りがなく、ひとりで暮らしていること。

**ひとりもの【独り者】**(名)自分一人で家族のいない人。成人してまだ結婚《けっこん》していない人。独身者。

**ひとりよがり【独りよがり】**(名・形動ダ)自分だけでよいと思いこみ、他人の考えを聞き入れないこと。「―の考え」

**ひとわたり**『一◇渉り・一◇応り』(副)始めから終わりまでざっと。ひととおり。「―話を聞こう」

**ひな**『△鄙』(名)都からはなれた土地。いなか。「―にはまれな美人」

**ひな**『△雛』(名)❶卵からかえったばかりの鳥の子。ひよこ。「―がかえる」❷ひな人形。❸(名詞の上について)小さい、かわいらしいという意を表す。「―菊《ぎく》」

**ひなか【日中】**(名)日のある間。ひるま。にっちゅう。「昼―から眠《ねむ》っている」

**ひなが【日長・日永】**(名)春になって昼間が長く感

じられること。「春の—」対夜長

**ひながた**【ひな形・ひな型】〘△雛形・△雛型〙(名) ❶本物に似せて小さく作ったもの。模型。「船の—をかざる」❷見本。手本。「—を見て書く」

**ひなぎく**【ひな菊】〘△雛菊〙(名)〘植〙キク科の多年草。春、白またはうすい赤色などの花が咲《さ》き、秋まで咲き続ける。デージー。

**ひなげし**〘△雛×罌粟〙(名)〘植〙ケシ科の越年草《えつねんそう》。茎《くき》と葉にあらい毛があり、五月ごろ赤・白色などの四弁の花が咲《さ》く。虞美人草《ぐびじんそう》。ポピー。

(ひなげし)

**ひなた**〘日◇向〙(名) 日光の当たる所。対日陰《ひかげ》

**ひなたぼっこ**〘日◇向ぼっこ〙(名) 冬などの寒いときに、日の当たる所に出てのんびりと暖まること。

**ひなだん**【ひな壇】〘△雛壇〙(名) ❶ひな祭りで、ひな人形をかざる階段状の壇。❷議場・会場などで、ひな人形の壇のように階段状に作った席。

**ひなどり**【ひな鳥】〘△雛鳥〙(名) 卵からかえったばかりの鳥の子。ひな。

**ひなにんぎょう**【ひな人形】〘△雛人形〙(名) ひな祭りにかざる人形。おひなさま。

**ひな・びる**〘△鄙びる〙(自上一) {ビ・ビ・ビル・ビル・ビレ・ビロ(ビヨ)} いなかびる。いなか風の感じになる。「—・びた温泉」

**ひなまつり**【ひな祭り】〘△雛祭り〙(名) 三月三日の節句にひな人形をかざり、女の子のしあわせをいのる行事。ひな遊び。

**ひならずして**【日ならずして】(副) 何日もたたずに。近いうちに。まもなく。「—回復するだろう」

**ひなわじゅう**【火縄銃】(名) 硝石《しょうせき》をしみこませた縄につけた火を火薬にうつしてたまを発射するしかけの、むかしの銃。

**ひなん**【非難・批難】(名・他スル) 悪いところやあやまちなどをせめとがめること。「—をあびる」「—のまと」

**ひなん**【避難】(名・自スル) 災難をさけて、安全な場所へにげること。「大水で学校に—する」「—訓練」

**びなん**【美男】(名) 顔かたちの整った美しい男。美男子《びだんし・びなんし》。

**びなんし**【美男子】(名) →びなん

**ひなんみん**【避難民】(名) 戦争・災害などの災難をさけて、安全な場所ににげてきた人びと。

**ビニール**〔英 vinyl〕(名) アセチレンをおもな原料とした合成樹脂《じゅし》。水に対して強く、色つけや加工がしやすいので、多方面に使われる。ビニル。「—ハウス」

**ひにく**【皮肉】(名・形動ダ) ❶遠まわしに意地悪く非難すること。あてこすり。「—を言う」❷物事の結果が期待に反するようす。あいにくなようす。「—な運命」⇒ふうし(風刺)「学習」

**ひにくのたん**〘△髀肉の嘆〙(「髀肉」はももの肉の意) 才能や力を発揮する機会がないのをなげくこと。

故事 むかし、蜀《しょく》の劉備《りゅうび》が、戦争がないために長い間戦場で馬に乗らないので、ももに肉がついてきたと言ってなげいたという話から出たことば。〈三国志〉

**ひにく・る**【皮肉る】(他五) {ラ(ロ)・リ(ッ)・ル・ル・レ・レ} 遠まわしに非難する。皮肉を言う。「痛烈《つうれつ》に—」

**ひにち**【日にち】〘日日〙(名) ❶日を重ねたその数。日数《にっすう・ひかず》。❷行事・期限などが予定されている日。期日《きじつ》。「送別会の—を決める」「—がたつ」

**ひにひに**【日に日に】(副) 日ごとに。日がたつにつれて。「—子どもが大きくなる」

**ひにょうき**【泌尿器】(名)〘生〙尿を作り、またこれをからだの外に出すはたらきをしている器官。腎臓《じんぞう》・尿管・膀胱《ぼうこう》・尿道など。「—科」

**ビニロン**〔和製英語〕(名) 合成せんいの一種。日本の発明品で、まさつに強く、性質はもめんに似ている。▽ vinyl と nylon から。

**ひにん**【否認】(名・他スル) 事実ではない、そうではないとして認めないこと。「犯行を—する」対是認《ぜにん》

**ひにん**【避妊】(名・自スル) 妊娠《にんしん》しないようにすること。「—薬」

**ひにんじょう**【非人情】(名・形動ダ) ❶人を思いやる心がないこと。冷淡《れいたん》。不人情。「—な人」❷世間の人情や義理にとらわれないようす。

**ひねく・る**〘◇捻くる〙(他五) {ラ(ロ)・リ(ッ)・ル・ル・レ・レ} ❶手先でいじりまわす。「知恵《ちえ》の輪を—」❷いろいろと理屈《りくつ》をつけたり、変にあれこれと考えをめぐらしたりする。「—・った表現」「俳句を—」

**ひねく・れる**(自下一) {レ・レ・レル・レル・レレ・レロ(レヨ)} 性質がねじけてすなおでなくなる。「—・れた根性《こんじょう》」

**ひねつ**【比熱】(名)〘物〙ある物質一グラムの温度をセ氏一度高めるのに必要な熱量。水一グラムの温度をセ氏一度高めるのに必要な熱量を一とする。

**びねつ**【微熱】(名) ❶すこしの熱。❷平熱よりすこし高い体温。「—が続く」

**ひねもす**〘×終日〙(副) 朝から晩まで。一日じゅう。「—家にこもる」対夜もすがら

**ひねり**〘◇捻り〙(名) ❶指先でつまんでまわすこと。また、からだなどをねじること。❷ふつうとはすこしちがったくふうや趣向《しゅこう》をこらすこと。「—のきいたコメント」❸すもうで、腕《うで》で相手をねじるようにして倒《たお》す技。「上手《うわて》—」❹(「おひねり」の形で) 祝儀《しゅうぎ》などにするためにお金を紙に包んでひねったもの。

**ひねりだ・す**【ひねり出す】〘◇捻り出す〙(他五) {サ(ソ)・シ・ス・ス・セ・セ} ❶いろいろくふうして考え出す。「名案を—」❷むりをして金銭をつくり出す。「旅費を—」

**ひねりつぶ・す**【ひねり潰す】〘◇捻り潰す〙(他五) {サ(ソ)・シ・ス・ス・セ・セ} ❶指先でひねってつぶす。❷相手を簡単にうち負かす。「敵を—」

**ひねりまわ・す**【ひねり回す】〘◇捻り回す〙(他五) {サ(ソ)・シ・ス・ス・セ・セ} ❶手でいろいろといじる。「粘土《ねんど》を—」❷あれこれ考えて趣向《しゅこう》をこらす。「文章を—」

**ひ・ねる**〘◇陳ねる〙(自下一) {ネ・ネ・ネル・ネル・ネレ・ネロ(ネヨ)} ❶古くなる。「—・ねた大根」❷年のわりに大人びる。「—・ねた子ども」

**ひね・る**〘◇捻る〙(他五) {ラ(ロ)・リ(ッ)・ル・ル・レ・レ} ❶指先でつまんで軽くまわすようにする。ねじる。「スイッチを—」❷からだの一部をねじって向きを変える。「上体を—」「足首を—」❸考えをめぐらす。短歌や俳句を作る。「頭を—・っ

て考え出す」「一句―」❹簡単に負かす。「軽く―・られる」❺わざと変わったおもむきにする。「―・った問題」

**ひのいり【日の入り】**（名）太陽が西へしずむこと。また、その時刻。日没《にちぼつ》。対日の出

**ひのえ**『◇丙』（名）火の兄《え》の意。十干の第三。

**ひのき**『△檜』（名）『植』ヒノキ科の常緑高木。材は木目が美しい。用途《ようと》が広く、特に建築材として最良。樹皮を「ひわだ」という。

**ひのきぶたい【ひのき舞台】**『△檜舞台』（名）❶ひのきの板を張った劇場などの舞台。❷うでまえを見せる晴れの場所。「孫の―」

**ひのくるま【火の車】**（名）❶『仏』地獄《じごく》で罪人をのせて運ぶという、火の燃えている車。火車《かしゃ》。❷経済状態がたいへん苦しいこと。「家計が―だ」

**ひのけ【火の気】**（名）❶火のあたたかみ。「―のない部屋《へや》」❷火。火気。「―のない所から出火する」

**ひのこ【火の粉】**（名）火が燃えあがるとき、粉のように飛び散る小さな火。「―をかぶる」

**ひのし【火のし】**『火×熨斗』（名）中に炭火を入れて、着物のしわのばしなどに使うひしゃく形の金属製器具。電気アイロンの普及《ふきゅう》以前に用いられた。

**ひのしたかいさん【日の下開山】**（名）（「日の下」は天下、「開山」は開祖、第一人者の意）武芸やすもうなどで、天下にくらべる者がないほど強いこと。

**ひのて【火の手】**（名）❶火事などで、燃えあがる火。また、火の勢い。「―があがる」❷非難や攻撃《こうげき》のはげしい動きや勢い。「攻撃の―をあげる」

**ひので【日の出】**（名）太陽が東の空にのぼり出ること。また、その時刻。「―の勢い（＝朝日がのぼるように勢いのさかんなこと）」対日の入り

**ひのと**『◇丁』（名）火の弟《と》の意。十干の第四。

**ひのべ【日延べ】**（名・自スル）❶決められた期日を先にのばすこと。「雨で遠足は―になった」❷予定した期間をのばすこと。「国会の会期を三日間―する」

**ひのまる【日の丸】**（名）❶日本の国旗。日章旗。❷太陽をかたどった赤い丸形。白い長方形の中に赤い丸がえがいてある。

**ひのみやぐら【火の見やぐら】**『火の見△櫓』（名）火事の見張りをするための高い建物。火の見。

**ひのめ【日の目】**（名）日の光。

**日の目を見《み》る**　今まで世にうもれていたものが、世の中に知られるようになる。「地道な仕事が―」

**ひのもと【日の本】**（名）（日の出る所の意で）日本の美称《びしょう》。

**ひのようじん【火の用心】**（名）火事にならないように火もとに注意すること。また、夜番《よばん》が火のもとの注意を呼びかけることば。

**ひば**『△檜葉』（名）『植』❶ひのきの葉。❷ヒノキ科の植物の総称《そうしょう》。❸「あすなろ」の別名。

**ひばいひん【非売品】**（名）見本の品・特別注文の品など、一般《いっぱん》の人びとには売らない品物。

**ビハインド**〔英 behind〕（名）後《おく》れをとること。試合で、得点をリードされていること。「二点の―」

**ひばく【被爆】**（名・自スル）爆撃《ばくげき》、特に、原水爆を受けること。また、その放射線のために被害《ひがい》を受けること。「―者」

**ひばく【被ばく】**『被△曝』（名・自スル）放射線にさらされること。「内部―」

**びはく【美白】**（名）白く美しい肌《はだ》にすること。「―化粧品《けしょうひん》」

**ひばし【火箸】**（名）炭火をはさむ、金属製のはし。

**ひばしら【火柱】**（名）ものすごい勢いで、柱のように空中に高く燃えあがる火。「―が立つ」

**ひばち【火鉢】**（名）灰を入れ、その上に炭火を置いて室内の暖房《だんぼう》・湯わかしなどに用いる道具。「―にあたる」

（ひばち）

**ひばな【火花】**（名）❶かたい物がぶつかるとき、とびって出る火。❷『物』放電するとき、電極から出る光。スパーク。

**火花を散《ち》らす**　たがいにはげしく争う。

**ひばり**『×雲雀』（名）『動』ヒバリ科の小鳥。すずめよりやや大きい。草原にすみ、春、美しい声で鳴きながら空高くまいあがる。

（ひばり）

**ひはん【批判】**（名・他スル）人の言動や、物事のよい・悪いを考えて、その価値を判断すること。おもに、欠点や誤りを指摘《してき》する場合にいう。「自己―」「無―」

> **学習　比較《ひかく》**　「批判」「批評」
>
> **批判**　まちがいをただそうとして、物事の欠点などを指摘《してき》すること。「政府の対応を批判する」「まわりの人から**批判**を浴びる」
>
> **批評**　ある物事について、その評価を論じること。「作品を**批評**する」「専門家のきびしい**批評**」「**批評**家」「**批評**眼」

**ひばん【非番】**（名）当番でないこと。また、その人。「―の日」対当番

**ひはんてき【批判的】**（形動ダ）〔ダロ・ダッ(デ・ニ)・ダ・ナ・ナラ・○〕否定的に評価・判断する態度や立場をとるようす。「会長の方針に―だ」

**ひひ**『△狒△狒』（名）『動』オナガザル科の哺乳《ほにゅう》動物。アフリカにすむ。顔は犬に似ていて、一般《いっぱん》に性質はあらい。マントヒヒ・マンドリルなど。

**ひび**『△皹』（名）寒さのために手や足のひふがあれてできる細かい裂《さ》け目。「―がきれる」

**ひび**『△罅』（名）瀬戸物《せともの》やガラス、壁《かべ》などにできた細かい割れ目。

**ひびが入《はい》る**　❶細かい裂《さ》け目ができる。「茶碗《ちゃわん》に―」❷これまでうまくいっていた人間関係に支障がおこる。「友情に―」

**ひび【日日】**（名）まいにち。ひごと。「―の生活」

**びび【微微】**（タルト）かすかなようす。ほんの少しで、とるにたりないようす。「損害は―たるものだった」

**ひびき【響き】**（名）❶音が伝わってくること。音が広

がって聞こえてくること。「汽笛《きてき》の—」❷物にぶつかりはね返って聞こえる音。反響《はんきょう》。「山びこの—」❸からだに感じる震動《しんどう》。「地《じ》—」❹聞いたときの感じ。「—のいいことば」

**ひび・く【響く】**(自五) {カ(コ)・キ(イ)・ク・ク・ケ・ケ} ❶音や振動《しんどう》が広がり伝わる。「サイレンが—」「足音が下の階に—」❷音がはね返ってくる。こだまする。反響《はんきょう》する。「会場内に笑い声が—」❸音が余韻《よいん》をもって長く残る。「鐘《かね》の音が—」❹世の中に広く知れわたる。「彼《かれ》の名は世界じゅうに—・きわたった」類轟《とどろ》く ❺悪い影響《えいきょう》をあたえる。「過労はからだに—」❻強く感じる。心にしみる。「母の教えが胸に—」

**ビビッド**〔英 vivid〕(形動ダ) {ダロ・ダッ(デ・ニ)・ダ・ナ・ナラ・○} 生き生きしたようす。鮮《あざ》やか。ヴィヴィッド。「—な描写《びょうしゃ》」

**ひひょう【批評】**(名・他スル) 物事のよい・悪い、じょうず・へたなどについて意見を述べること。「作品を—する」⇒ひはん「学習」

**ひびょういん【避病院】**(名) むかし、伝染病《でんせんびょう》にかかった人をほかの人からはなして収容した病院。

**びび・る** (自五) {ラ(ロ)・リ(ッ)・ル・ル・レ・レ}〖俗語〗気後《きおく》れする。おじけづく。しり込《ご》みする。「おどされて—」

**ひびわ・れる【ひび割れる】**〖△罅割れる〗(自下一) {レ・レ・レル・レル・レレ・レロ(レヨ)} ひびがはいって割れ目ができる。「—・れた花瓶《かびん》」

**びひん【備品】**(名) 建物や施設《しせつ》などにそなえつけておく品。机やいすなど。「学校の—」

**ひふ【皮膚】**(名) 動物のからだの外側をおおって、内部を保護しているもの。肌《はだ》。「—呼吸」

**ひぶ【日歩】**(名) 元金一〇〇円に対する一日の利息。「—五銭」

**びふう【美風】**(名) 美しくてりっぱな風習。よいならわし。対悪風

**びふう【微風】**(名) かすかに吹《ふ》く風。そよかぜ。

**ひふく【被服】**(名) 着物。衣服類。「—費」

**ひふく【被覆】**(名・他スル) 包むように、表面におおいかぶせること。「電線をビニールで—する」

**ひぶくれ【火膨れ】**〖火△脹れ〗(名・自スル) やけどでひふがはれあがること。また、その部分。「—ができる」

**ひぶた【火蓋】**(名) 火縄銃《ひなわじゅう》の火皿《ひざら》(=火薬を入れる所)をおおうふた。

**火蓋を切《き》る** 戦いや試合などを開始する。「熱戦の—」

**ひぶつ【秘仏】**(名) たいせつにしまっていて、特定のとき以外は公開しない仏像。「—を開帳する」

**ビフテキ**〔フランス bifteck〕(名) →ビーフステーキ

**ひふびょう【皮膚病】**(名)〖医〗ひふに生じる病気。湿疹《しっしん》・しもやけ・いぼ・水虫・たむしなどの類。

**ビブラート**〔イタリア vibrato〕(名)〖音〗歌唱や楽器の演奏で、音程を細かく上下に震《ふる》わせる技法。ヴィブラート。「—をかける」

**ひふん【悲憤】**(名・自スル) 政治や社会のことに対して、悲しみいきどおること。「—の涙《なみだ》を流す」

**ひぶん【碑文】**(名) 石碑にほった文章。

**びぶん【美文】**(名) 美しいことばをならべたてかざった文章。「—調」

**びぶん【微分】**(名・他スル)〖数〗ある変数の限りなく0に近い変化に対する、関数の値のわずかな変化の割合(=微分係数)を求めること。

**ひふんこうがい**〖悲憤△慷慨〗(名・自スル) 世のありさまや自分の運命などについて、悲しみいきどおってなげくこと。「不幸な運命を—する」

**ひへい【疲弊】**(名・自スル) ❶つかれてすっかり弱ること。「心身ともに—する」❷経済的に苦しくなり勢いがおとろえること。「国力が—する」

**ピペット**〔英 pipette〕(名)〖化〗化学実験器具の一つ。液体の一定量を正確にふやしたり、へらしたりするために使う、先が細くまん中のふくれたガラス管。

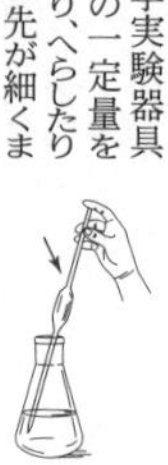

(ピペット)

**ひへん【日偏】**(名) 漢字の部首の一つ。「明」「昭」などの左側にある「日」の部分。

**ひへん【火偏】**(名) 漢字の部首の一つ。「焼」「炉」などの左側にある「火」の部分。

**ひほう【飛報】**(名) 急ぎの知らせ。急報。

**ひほう【秘法】**(名) ❶秘密の方法やわざ。「—をさずける」❷〖仏〗真言《しんごん》宗で行う秘密の祈《いの》り。

**ひほう【悲報】**(名) 悲しい知らせ。「—が流れる」対朗報

**ひぼう【非望】**(名) 身のほど知らずの大きなのぞみ。

**ひぼう**〖△誹△謗〗(名・他スル) 悪口を言うこと。そしりけなすこと。「—中傷」「仲間を—する」

**びぼう【美貌】**(名) 顔かたちの美しいこと。美しい容貌。「—を誇《ほこ》る」

**びぼう【備忘】**(名) 忘れたときのために用意すること。

**びぼうろく【備忘録】**(名) 忘れたときのためにそなえて、書きつけておくノート。メモ。

**ひほけんしゃ【被保険者】**(名) ❶生命保険で、その生死が保険の対象となっている人。❷損害保険で、損害のあったとき保険金を受け取る人。❸健康保険・年金保険などで、保険給付の対象となる人。

**ひぼし【干ぼし】**〖干◇乾し〗(名) 食べ物がなくて飢《う》え、やせおとろえること。

**ひぼし【日干し】**〖日◇乾し〗(名) 日光に当ててほすこと。また、ほしたもの。「—の魚」対陰干《かげぼ》し

**ひぼん【非凡】**(名・形動ダ) 平凡ではないこと。ずばぬけてすぐれていること。「—な才能」対平凡・凡庸《ぼんよう》

**ひま【暇】**[一] (名) ❶何かをするのに使えるちょっとした時間。「食べる—がない」❷手があいている時間。仕事のないとき。「—をもてあます」❸休み。休暇《きゅうか》。「—をもらう」[二] (形動ダ) {ダロ・ダッ(デ・ニ)・ダ・ナ・ナラ・○} 自由に使える時間があるようす。「—な一日」「—になる」

**暇に飽《あ》かす** ひまがあるのにまかせて、時間のかかるのにもかまわず物事を行う。「ひまに飽かして本を読む」

**暇を出《だ》す** ❶休みを与《あた》える。❷雇《やと》い人などをやめさせる。「親方から暇を出される」

**暇を潰《つぶ》す** ひまなとき、何かをしてたいくつをまぎらす。「テレビを見て—」

**暇を取《と》る** ❶休みをとる。❷勤め先をやめる。❸時間がかかる。「下調べに―」

**暇を盗《ぬす》む** いそがしい中で、なんとかして必要な時間をつくる。「ひまを盗んで映画を見る」

**ひまく【皮膜】**（名）❶ひふと粘膜《ねんまく》。❷皮のような膜。

**ひま**『◇隙』（名）すきま。あいだ。

**ひまく【被膜】**（名）表面をおおい包むうすい膜。

**ひまご【ひ孫】**『◇曽孫』（名）まごの子。ひいまご。

**ひましに【日増しに】**（副）日がたつにつれてますます。日を追って。「―あたたかくなる」

**ひましゆ【ひまし油】**『△蓖麻子油』（名）とうごまの種をしぼってとった油。工業用・下剤《げざい》用。

**ひまじん【暇人】**『◇閑人』（名）することもなく、ひまをもてあましている人。

**ひまつ**『飛△沫』（名）細かくとび散る水滴《すいてき》。しぶき。「―をあげる」

**ひまつぶし【暇潰し】**（名）❶ひまな時間を何かしてすごすこと。「―に映画でも見よう」❷時間をむだなことに使うこと。「とんだ―だった」

**ひまつり【火祭り】**（名）❶火災のないように祈《いの》る祭り。❷火をたいて神をまつる行事。

**ひまど・る【暇取る】**（自五）｛ラ(ロ)・リ(ッ)・ル・ル・レ・レ｝考えていた以上に時間が長くかかる。てまどる。「準備に―」

**ひまはりは《ヒマワリハ》…** 短歌
〔向日葵は　**金《きん》の油《あぶら》を　身《み》にあびて　ゆらりと高《たか》し　日《ひ》のちひささよ**〕〈前田夕暮《まえだゆうぐれ》〉訳ひまわりは、夏の光をいっぱいに受け、金の油をあびたようにゆらりと高く咲《さ》いている。その大きな花の上の太陽の、なんと小さく見えることよ。

**ヒマラヤすぎ【ヒマラヤ杉】**（名）『植』マツ科の常緑針葉樹。ヒマラヤ地方原産。幹は直立し、公園などに植えられる。▽ヒマラヤは、Himalaya

**ひまわり**『×向日葵』（名）『植』キク科の一年草。夏、大きな黄色の花が咲《さ》く。種子は食用としたり、また油を採ったりする。観賞用にも栽培《さいばい》される。

**ひまわりは…** 短歌 →ひまはりは…

**ひまん【肥満】**（名・自スル）からだがこえ太ること。

**びまん**『△瀰漫』（名・自スル）よくない風潮《ふうちょう》や気分が世の中にひろがること。「退廃《たいはい》の気風が―する」

**びみ【美味】**（名・形動ダ）味がよいこと。また、おいしい食べ物。「この魚は―だ」

**ひみつ【秘密】**（名・形動ダ）ほかの人に知られないようにかくすこと。また、かくしていることがら。「―をもらす」「公然の―」「―兵器」「―交渉《こうしょう》」

**びみょう【微妙】**（名・形動ダ）細かいところに複雑でたいせつな意味があって、簡単にわりきったり、言い表したりできないこと。「―な違《ちが》い」

**ひむがしの《ヒンガシノ》…** 和歌
〔東の　**野《の》にかぎろひの　立《た》つ見《み》えて　かへりみすれば　月《つき》かたぶきぬ**〕〈万葉集《まんようしゅう》・柿本人麻呂《かきのもとのひとまろ》〉訳広々とした東のほうの野に、あけぼのの光がさし始めるのが見え、西の空をふり返ってみると、月が落ちかかっている。

**ひむろ【氷室】**（名）天然の氷を夏までたくわえておくための部屋《へや》や穴。

**ひめ【姫】** 10画 女7　訓ひめ
女 如 妒 姫 姫 姫
ひめ。また、女子の美称《びしょう》。◆姫君 ◆歌姫・舞姫《まいひめ》 ⇩付録「漢字の筆順⑾巨〔臣〕」

**ひめ【姫】**（名）❶身分の高い人のむすめ。❷（接頭語的に用いて）小さくてかわいらしいという意を表す。「―小松《ひめこまつ》」「―百合《ひめゆり》」

**ひめい【悲鳴】**（名）❶恐怖《きょうふ》や苦痛などであげるさけび声。「耳をつんざく―」❷苦しいとき、困ったときのなきごと。弱音。「忙《いそが》しくて―をあげる」

**ひめい【碑銘】**（名）石碑にほりきざんだ文章。

**びめい【美名】**（名）❶いい評判。名声。❷体裁《ていさい》のいい名目。「―にかくれて悪事をはたらく」

**ひめくり【日めくり】**『日△捲り』（名）毎日一枚ずつはぎとって使うこよみ。

**ひめごと【秘め事】**（名）かくして他に知らせないことがら。ないしょごと。かくしごと。

**ひめゆり**『姫×百合』（名）『植』ユリ科の多年草。日本南部の山地に自生。夏、赤または黄に黒い斑点《はんてん》のある花が咲《さ》く。また、観賞用に栽培《さいばい》。

**ひ・める【秘める】**（他下一）｛メ・メ・メル・メル・メレ・メロ(メヨ)｝考えや気持ちをかくして人に知られないようにする。「胸に―」

**ひめん【罷免】**（名・他スル）仕事や役目をやめさせること。免職。解職。「大臣を―する」

**ひも**『△紐』（名）❶物をくくったりたばねたりするのに用いる、革《かわ》・麻《あさ》・ビニール・布などでできた細長いもの。「―でしばる」「―をかける」❷背後にあって自由をうばっている条件など。「―付き予算」

**びもく【眉目】**（名）❶眉《まゆ》と目。❷顔形。

**びもくしゅうれい【眉目秀麗】**（名）顔かたちがととのっていて、美しいこと。

**ひもじ・い**（形）｛カロ・カッ(ク)・イ・イ・ケレ・○｝おなかがすいて食べ物がほしい。「―思いをする」

**ひもち【日持ち】**『日◇保ち』（名・自スル）食べ物がくさったりしないで、何日か食べられる状態にあること。また、その期間。「―がいい」「―のする菓子《かし》」

**ひもつき【ひも付き】**『△紐付き』（名）❶ひもがついていること。また、ひものついたもの。❷条件つき。「―融資《ゆうし》」

**ひもと【火元】**（名）❶火を使う所。ひのもと。「―を確かめて寝《ね》る」❷出火した所。火事を出した家。「火事の―を調べる」❸さわぎや事件のもと。

**ひもと・く**『△繙く・△紐解く』（他五）｛カ(コ)・キ(イ)・ク・ク・ケ・ケ｝（ひもをといて巻物を読むという意から）書物を開いて読む。ひもどく。「史書を―」

**ひもの【干物】**『◇乾物』（名）魚や貝類を干《ほ》した食品。「あじの―」

**ひや【冷や】**（名）❶「冷や水」の略。「お―」❷（「冷や酒」の略）燗《かん》をしていない酒。「―で飲む」

**ひやあせ【冷や汗】**（名）はずかしい思いをしたり気をもんだりするときに出る、つめたく感じられる汗。「―をかく」「―ものだった」

**びゃうがんの《ビョウガンノ》…** 俳句
〔病雁の　**夜寒《よさむ》に落《お》ちて　旅寝《たびね》かな**〕〈芭蕉《ばしょう》〉訳秋の夜、身にしみる寒さに病んで旅寝をしている

と、病気の雁であろうか、群れを離《はな》れた一羽が湖上に降りてきて鳴いている。(季語「雁・夜寒」秋)

**ひやか・す【冷やかす】**(他五)(サ(ソ)・シ・ス・ス・セ・セ)❶買う気がないのに商品を見たり値段を聞いたりする。「夜店を―」❷軽いじょうだんなどでからかう。「友だちを―」

**ひやく【飛躍】**(名・自スル)❶高くとびあがること。❷急に進歩・発展すること。「―の年」…的「成績が飛躍的にのびる」❸正しい順序・段階をふまないで飛び進むこと。「論理に―がある」

**ひやく【秘薬】**(名)❶ききめのすばらしい薬。❷秘密の方法で作った薬。

**ひゃく【百】** 6画 白1 小1 音 ヒャク 一ㄒ了百百百

❶数のひゃく。◆百個・百人一首・百本◆数百。❷数の多いことを表す。◆百害・百獣《ひゃくじゅう》・百出・百戦錬磨《ひゃくせんれんま》・百聞・百花・百科・百貨店・百発百中・百般《ひゃっぱん》◆凡百《ぼんぴゃく・ぼんびゃく》。参考 特別に、「八百長」は「やおちょう」、「八百屋」は「やおや」と読む。

**ひゃく【百】**(名)一〇を一〇倍した数。

**百も承知《しょうち》** じゅうぶん知っていること。「そんなことぐらい―だ」

**びやく【**『△媚薬』**】**(名)恋愛《れんあい》感情や性欲をおこさせる薬。

**びゃく【白】**→はく(白)

**びゃくい【白衣】**(名)→はくい

**びゃくえ**『白◇衣』(名)→はくい

**ひゃくがい【百害】**(名)多くの害。

**百害あって一利《いちり》なし** 悪いことばかりでいいことは一つもない。

**ひゃくじつこう【百日紅】**(名)《植》→さるすべり

**ひゃくしゃくかんとういっぽをすすめる**『百尺△竿頭一歩を進める』(百尺のさおの先からさらに一歩進む意から)努力してたどりついたところから、さらに向上しようとすること。

**ひゃくじゅう【百獣】**(名)多くのけもの。すべてのけもの。「―の王」

**ひゃくしゅつ【百出】**(名・自スル)たくさんのことがらが出ること。「議論―」

**ひゃくしょう【百姓】**(名)農業をして生活している人をいう古風な言い方。農民。

**ひゃくしょういっき**『百姓一△揆』(名)《歴》江戸《えど》時代、支配者に苦しめられた農民たちが集まっておこした反抗《はんこう》運動。

**ひゃくせんれんま【百戦錬磨】**(名)数多くの戦いや経験によって、鍛《きた》えぬかれていること。

**ひゃくだい【百代】**(名)長い年月。永久。はくたい。「名を―に残す」

**びゃくだん**『白△檀』(名)《植》ビャクダン科の常緑高木。南アジアに自生し、インドを中心に栽培《さいばい》。材は堅《かた》くよいかおりがして光沢《こうたく》がある。香料《こうりょう》、彫刻《ちょうこく》、細工物などに使われる。栴檀《せんだん》。

**ひゃくどまいり【百度参り】**(名)(上に「お」をつけて)❶神社や寺に行き、一定の距離《きょり》を一〇〇回往復して、願いごとがかなうよう神や仏に祈《いの》ること。❷何度も出かけていってお願いすること。

**ひゃくにちぜき【百日ぜき】**『百日△咳』(名)《医》子どもに多い感染症《かんせんしょう》の一つ。発熱してせきが続く。一度かかると免疫《めんえき》ができる。

**ひゃくにちそう【百日草】**(名)《植》キク科の一年草。花壇《かだん》などに植えられ、花は夏から秋にかけて咲《さ》き続ける。さまざまな花色があり、品種も多い。

**ひゃくにんいっしゅ【百人一首】**(名)《文》→おぐらひゃくにんいっしゅ

**ひゃくねん【百年】**(名)❶一年の一〇〇倍。❷長い年数。

**百年河清《かせい》を待《ま》つ** (常に濁《にご》っている黄河《こうが》の水が澄《す》むのを一〇〇年も待つの意で)いくら待っても実現のあてのないこと。

**百年の計《けい》** 遠い将来までも考えた計画。「国家―」

**百年の不作《ふさく》** 一生の失敗。

**ひゃくねんめ【百年目】**(名)のっぴきならない場合にいう語。運のつき。「ここで会ったが―」

**ひゃくパーセント【百パーセント】**(名)❶一〇〇あるうちの一〇〇。そこにある全部。一〇割。「出席率―」❷完全なこと。申し分ないこと。「―のでき」▽パーセントは、英 percent

**ひゃくぶん【百聞】**(名)何回も聞くこと。

**百聞は一見《いっけん》にしかず** 人から何回も聞くよりは一度自分の目で見たほうが確かである。

**ひゃくぶんひ【百分比】**(名)→パーセンテージ

**ひゃくぶんりつ【百分率】**(名)→パーセンテージ

**ひゃくまんちょうじゃ【百万長者】**(名)大金持ち。大富豪《だいふごう》。

**ひゃくめんそう【百面相】**(名)顔の表情をいろいろかえてみせること。また、その顔。

**びゃくや【白夜】**(名)→はくや

**ひゃくやくのちょう【百薬の長】**(名)❶たくさんの薬の中で最もよい薬。「酒は―」❷酒のこと。

**ひゃくようばこ【百葉箱】**(名)《天》気象観測のために、野外に設置された白いよろい戸の箱。中に温度計・湿度計《しつどけい》などをそなえる。ひゃくようそう。

(ひゃくようばこ)

**ひゃくらい【百雷】**(名)❶たくさんのかみなり。❷大きな音をたとえていうことば。

**ひやけ【日焼け】**(名・自スル)❶日光に直接あたって、ひふが黒くなること。「―止め」❷日光に照らされて物の表面が変色すること。「―したたたみ」

**ヒヤシンス**〔英 hyacinth〕(名)《植》キジカクシ科の多年草。春に、紅・白・青紫《あおむらさき》色などの小さな花が房状《ふさじょう》に咲《さ》く。球根で、水栽培《みずさいばい》にも適する。

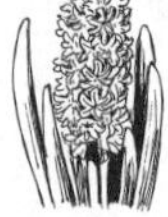
(ヒヤシンス)

**ヒヤシンス**… 短歌
〔ヒヤシンス 薄紫《うすむらさき》に 咲《さ》きにけり はじめて心《こころ》 顫《ふる》ひそめし日《ひ》〕〈北原白秋《きたはらはくしゅう》〉

訳ヒヤシンスが薄紫のかれんな色に咲いたことだ。それははじめて私の心が恋《こい》にふるえた日であったよ。

**ひや・す**【冷やす】(他五) {サ(ソ)・シ・ス・ス・セ・セ} ❶つめたくする。「ビールをー」 対温める。❷気持ちを落ち着ける。冷静にする。「頭をー」❸ぞっとする。「きもをー」

**ビヤだる**〘ビヤ▵樽〙(名) ビールをつめる、まん中がふくらんだたる。転じて、太って腹の出た人のたとえ。▽ビヤは、英 beer

**ひゃっかじてん**【百科事典・百科辞典】(名) 学術・文化・社会など、あらゆる分野のことがらを選んで項目《こうもく》順に並べ、説明をした本。

**ひゃっかそうめい**【百家争鳴】(名) 多くの学者などが自由に論争をし合うこと。

**ひゃっかてん**【百貨店】(名) 多種類の商品を売る大規模な小売店。デパート。

**ひゃっかりょうらん**〘百花▵繚乱〙(名) ❶いろいろな花がいっぱいに咲《さ》き乱れていること。❷さまざまなすぐれた人材や業績などがそろうこと。

**ひゃっきやこう**【百鬼夜行】(名) ❶いろいろな化け物が夜中に列をつくって歩くこと。❷多くの人がいろいろ悪い行いをすること。参考「ひゃっきやぎょう」とも読む。

**ひやっと**(副・自スル) →ひやりと

**ひゃっぱつひゃくちゅう**【百発百中】(名) ❶発射したたまや矢がすべて命中すること。❷予想が全部あたること。ねらいや計画がすべて思いどおりになること。

**ひゃっぱん**【百般】(名) いろいろな方面。「武芸ーに通じる」

**ひゃっぽう**【百方】❶(名) ほうぼう。あらゆる方向・方法。❷(副) あれこれと。「ー手をつくす」

**ひやとい**【日雇い】〘日▵傭い〙(名) 一日かぎりの約束で人をやとうこと。また、やとわれる人。

**ひやひや**【冷や冷や】(副・自スル) ❶つめたい感じがするようす。「ー(と)した霧《きり》」❷不安や危険を感じて、気が気でないようす。「危なっかしくてーする」

**ビヤ-ホール**〔英 beer hall〕(名) 生ビールを主として飲ませる飲食店。

**ひやみず**【冷や水】(名) つめたい水。「年寄りのー(=老人の年に似合わないむりをいましめていうことば)」

**ひやむぎ**【冷や麦】(名) ふつうのうどんより細く作ったためんをゆでてつめたい水でひやし、つゆにつけて食べるもの。

**ひやめし**【冷や飯】(名) つめたくなった飯。

**冷や飯を食《く》う** つめたいあつかいを受ける。冷遇《れいぐう》される。「長い間、冷や飯を食わされてきた」

**ひややか**【冷ややか】(形動ダ) {ダロ・ダッ(デ・ニ)・ダ・ナ・ナラ・○} ❶からだにつめたく感じるようす。「ーな風」❷つめたく思いやりのないようす。「ーな目」「ーな態度」

**ひややっこ**〘冷や◇奴〙(名) 冷やしたとうふを、しょうゆや薬味で食べる食べ物。やっこどうふ。やっこ。

**ひやりと**(副・自スル) 冷たさや恐怖《きょうふ》・危険を瞬間《しゅんかん》的に感じるようす。ひやっと。「自転車がとび出してきてーする」

**ヒヤリング**(名) →ヒアリング

**ひゆ**【比喩】〘▵譬喩〙(名) たとえること。あることがらをわかりやすく説明するために、似ているほかのことがらで表す言い方。たとえば、「緑のじゅうたんをしいたようなしばふ」といった言い方。…的「比喩的に言う」

**ピュア**〔英 pure〕(形動ダ) {ダロ・ダッ(デ・ニ)・ダ・ナ・ナラ・○} 純粋《じゅんすい》な。清らかな。まじりけのない。「ーな心」「ーホワイト」

**ひゅうが**【日向】[地名] むかしの国名の一つ。今の宮崎県。日州《にっしゅう》。向州《こうしゅう》。

**ヒューズ**〔英 fuse〕(名) 危険を防ぐために電気の回路に使う、鉛《なまり》とすずの合金でできた細い線。強すぎる電流が流れるととけて切れる。「ーがとぶ」

**ピューマ**〔英 puma〕(名)〘動〙ネコ科の哺乳《ほにゅう》動物。ひょうぐらいの大きさの肉食動物で、木登りがうまい。南北アメリカ大陸の森林や草原にすむ。

**ヒューマニスト**〔英 humanist〕(名) ヒューマニズムの考えをもつ人。人道主義者。

**ヒューマニズム**〔英 humanism〕(名) ❶一五、六世紀のイタリアにおこり、ルネサンスの中心となった思想。それまでの神中心の考え方に対して人間性を解放しようとする考え方。人文主義。人本主義。❷→じんどうしゅぎ

**ヒューマニティー**〔英 humanity〕(名) 人間味。人間らしさ。

**ピューリタン**(名) ❶〔英 Puritan〕〘歴〙→せいきょうと❷〔英 puritan〕自分にきびしく潔癖《けっぺき》な人。

**ヒュッテ**〔ドイツ Hütte〕(名) 登山者やスキーヤーのための山小屋。類ロッジ

**ビュッフェ**〔フランス buffet〕(名) ❶駅や列車内などの、立食形式の軽食堂。❷立食形式の食事。

**ピュリッツァーしょう**【ピュリッツァー賞】(名) アメリカの新聞人ジョセフ=ピュリッツァー(Pulitzer)の遺志によって一九一七年に設けられた賞。毎年、ジャーナリズム・文学・音楽の各部門ですぐれた業績を示した人に贈《おく》られる。

**ひょいと**(副) ❶思いがけず。とつぜんに。「友だちがーたずねて来た」❷なんの苦労もなく簡単に物事をするようす。楽々と。身軽に。「ー溝《みぞ》をとびこえる」

**ひよう**【飛揚】(名・自スル) 高く飛びあがること。また、空高くひるがえること。「国旗が風にーする」

**ひよう**【費用】(名) 物を買ったり、物事を行ったりするのにかかるおかね。「旅行のー」

**ひょう**【氷】 5画 水1 小3 音ヒョウ 訓こおり・ひ 高 亅 亅 ⺘ 氺 氷

こおり。こおる。◆氷雨《ひさめ》・氷河・氷解・氷結・氷山・氷雪・氷点 ◆樹氷・薄氷《はくひょう》・霧氷《むひょう》・流氷

**ひょう**【兵】→へい(兵)

**ひょう**【拍】→はく(拍)

**ひょう**【表】 8画 衣2 小3 音ヒョウ 訓おもて・あらわす・あらわれる 一 十 丰 丰 耒 表

❶おもて。◆表記・表紙・表皮・表面 ◆地表。対裏《り》。❷おもてに出す。あらわす。◆表現・表示・表出・表彰《ひょうしょう》・表情・表題・表明 ◆公表・代表・発表。❸こみ入ったものを一目でわかるように書いたもの。◆図表・年表・付表。❹役所などに出す文書。◆辞表・上表 ⇩付録「漢字の筆順(4) 圭」

**ひょう【表】**（名）複雑なことがらを分類・整理し、縦横の列に配して書き表したもの。「―にまとめる」

**ひょう【俵】** 10画 亻8 小6 音 ヒョウ 訓 たわら
たわら。◆米俵《こめだわら》・土俵 ⇩付録「漢字の筆順(4)圭」

**-ひょう【俵】**（接尾）たわらに入れたものを数えることば。「米五―」

**ひょう【票】** 11画 示6 小4 音 ヒョウ
❶数量や用件などを書き入れるふだ。◆調査票・伝票《でんぴょう》。❷選挙や採決に用いるふだ。◆票決・票数◆開票・投票・得票・白票・浮動《ふどう》票

**ひょう【票】** ━ （名）選挙や採決に用いる紙片《しへん》・ふだ。「―を読む」 ━ （接尾）投票の数を数えることば。「一―《いっぴょう》の差で勝つ」

**ひょう【評】** 12画 言5 小5 音 ヒョウ
物事のよい悪いを論じたり、判定したりする。◆評価・評議・評決・評語・評定《ひょうてい・ひょうじょう》・評点・評判・評論◆悪評・下馬評・好評・講評・酷評《こくひょう》・時評・書評・寸評《すんぴょう》・世評・定評・批評・品評《ひんぴょう》・不評

**ひょう【評】**（名）物事のよしあしを論じたもの。「展覧会の―を書く」「映画―」

**ひょう【漂】** 14画 氵11 音 ヒョウ 訓 ただよう
❶ただよう。さすらう。◆漂着・漂泊《ひょうはく》・漂流。❷さらす。水や薬品につけて白くする。◆漂白

**ひょう【標】** 15画 木11 小4 音 ヒョウ
❶目じるし。めあて。基準。◆標高・標識・標準・標題・標的◆座標・指標・商標・道標・浮標《ふひょう》・墓標・目標。❷目につくように示す。◆標示・標榜《ひょうぼう》

**ひょう【△豹】**（名）〔動〕ネコ科の哺乳《ほにゅう》動物。アフリカ・アジアにすむ猛獣《もうじゅう》。からだは黄色で、一面に黒の斑点《はんてん》がある。黒一色のものもいる。夜行性。

**ひょう【△雹】**（名）積乱雲の中から降ってくる氷のかたまり。あずきぐらいから卵ぐらいまでの大きさがある。⇩あられ「学習」

**びよう【美容】**（名）❶美しい顔かたち。❷顔や姿、髪《かみ》などを美しくととのえること。「―院」

**びょう【平】** →へい(平)

**びょう【苗】** 8画 艹5 音 ビョウ高 訓 なえ・なわ
なえ。芽を出したばかりの植物。◆種苗。参考「なわ」の訓は「苗代《なわしろ》」などのことばに使われる特殊《とくしゅ》な読み方。特別に、「早苗」は「さなえ」と読む。

**びょう【秒】** 9画 禾4 小3 音 ビョウ
❶きわめてわずかな時間。◆寸秒。❷時間・角度・経緯度《けいいど》の単位。一分の六〇分の一。◆秒針・秒速

**びょう【秒】**（名）❶時間の単位。一分の六〇分の一。「―刻みのスケジュール」❷角度・経緯度《けいいど》の単位。一分の六〇分の一。「北緯…度…分…―」

**びょう【病】** 10画 疒5 小3 音 ビョウ・ヘイ高 訓 やむ中・やまい
やまい。やむ。◆病院・病気・病弱・病床《びょうしょう》・病状・病人・病魔《びょうま》◆看病・急病・仮病《けびょう》・持病・重病・大病・闘病《とうびょう》・無病息災。参考「ヘイ」の音は「疾病《しっぺい》」ということばに使われる特殊《とくしゅ》な読み方。

**びょう【描】** 11画 扌8 音 ビョウ 訓 えがく・かく
えがく。かきうつす。◆描画・描写・描出◆寸描・線描・素描・点描

**びょう【猫】** 11画 犭8 音 ビョウ高 訓 ねこ
ねこ。動物の名。◆猫額《びょうがく》◆愛猫・怪猫《かいびょう》

**びょう【△廟】**（名）❶祖先や身分の高い人のたましいをまつる所。みたまや。❷ほこら。やしろ。

**びょう【△鋲】**（名）❶頭が丸く大きいくぎ。❷画びょう。

**ひょうい【△憑依】**（名・自スル）霊《れい》などが人にのりうつること。

**ひょういつ【△飄逸】**（名・形動ダ）世の中のわずらわしいことを気にせずのんきにしていること。「―な人がら」

**ひょういもじ【表意文字】**（名）漢字のように一字一字がまとまった意味を表す文字。対表音文字

**びょういん【病因】**（名）病気の原因。

**びょういん【病院】**（名）病人やけが人の診察《しんさつ》や治療《ちりょう》をする施設《しせつ》。「救急―」

**ひょうおんもじ【表音文字】**（名）一字一字が特別な意味をもたず、音だけを表す文字。ローマ字・かななど。対表意文字

**ひょうか【評価】**（名・他スル）❶品物の値段を決めること。ねぶみ。「農産物の―」❷物事の価値を決めること。「過大―」「人物を―する」❸その物事の高い価値を認めること。「チャレンジ精神を―する」

**ひょうが【氷河】**（名）〔地質〕高山に積もった雪が氷のかたまりとなり、低地へ少しずつ流れくだるもの。

**びょうが【病△臥】**（名・自スル）病気で寝《ね》つくこと。

**ひょうかい【氷海】**（名）一面に氷のはった海。また、氷山や氷のかたまりがたくさん浮《う》かぶ海。

**ひょうかい【氷塊】**（名）氷のかたまり。

**ひょうかい【氷解】**（名・自スル）疑いや誤解などが、氷がとけるようになくなること。「わだかまりが―する」

**びょうがい【病害】**（名）病気による農作物の被害《ひがい》。「―を防ぐ」

**ひょうがじだい【氷河時代】**（名）〔地質〕大むかし、地球上の気候が寒冷で、地表の大部分が氷河でおおわれていた時代。氷河期。

**ひょうがため【票固め】**（名）選挙の候補者が、自分の得票をふやすために前もって手をうつこと。

**ひょうかん**『△剽△悍』(名・形動ダ) すばやくて、強く勇ましいこと。「―な戦士」

**びょうがんの…** 俳句 →びゃうがんの…

**ひょうき【表記】**(名・他スル) ❶おもてに書き表すこと。また、その書かれたもの。おもてがき。「―の住所」❷ことばを、文字や記号で書き表すこと。「国語の―法」⇒ひょうき(標記)「学習」

**ひょうき【標記】**(名・他スル) ❶目じるしとして書き記すこと。また、書いたもの。❷題として書き記すこと。また、書いたもの。

学習 使い分け 「表記」「標記」

表記 ものの表面に書き記すこと。文字や記号を使って表すこと。「**表記**の金額」「伝票に**表記**する」「漢字とかなを使って**表記**する」「**表記**法」

標記 題として書き記すこと。印をつけること。「**標記**の件につき依頼《らい》申しあげる」「題目を**標記**する」「貨物の**標記**」

**ひょうぎ【評議】**(名・他スル) 多数の人がいろいろの意見をかわして相談すること。「―会」

**びょうき【病気】**(名・自スル) ❶からだのぐあいが悪いこと。やまい。❷悪いくせ。「いつもの―がでる」

**ひょうぎいん【評議員】**(名) 団体の中で、相談ごとがあるとき、集まって検討するために選ばれた人。

**ひょうきほう【表記法】**(名) ことばを文字で書き表すときの約束。書き表し方。「現代仮名遣《かなづか》い」「送り仮名の付け方」などのきまりがある。

**ひょうきん**『△剽◇軽』(名・形動ダ) 気軽でこっけいなこと。おどけたようす。「―なことを言う」

**びょうきん【病菌】**(名) →びょうげんきん

**ひょうぐ【表具】**(名) 紙や布をはって、かけ軸《じく》やふすまなどに仕立てること。「―師」類 表装

**びょうく【病苦】**(名) 病気による苦しみ。「―にうちかつ」

**びょうく**『病△軀』(名) 病気にかかっているからだ。「―をおして参加する」

**ひょうぐし【表具師】**(名) 紙や布をはって、巻物・びょうぶ・ふすまなどを作りあげる人。類 経師屋《きょうじや》

**ひょうけい【表敬】**(名) 相手に敬っている気持ちを表すこと。「―訪問」

**ひょうけつ【氷結】**(名・自スル) 水が氷になること。こおりつくこと。「湖が―する」類 凍結《とうけつ》

**ひょうけつ【表決】**(名・他スル) 議案に対して、出席者全員が意思を表明して可否を決定すること。類 採決。⇒ひょうけつ(票決)「参考」

**ひょうけつ【票決】**(名・他スル) 投票によって決めること。参考「票決」は会議における「表決」の一つの方法。「表決」には挙手・起立・投票などいろいろな方法がある。

**ひょうけつ【評決】**(名・他スル) 評議して決定すること。相談して決めること。

**びょうけつ【病欠】**(名・自スル) 病気による欠席や欠勤。「かぜで―する」

**ひょうげん【氷原】**(名) 氷におおわれた原野。

**ひょうげん【表現】**(名・他スル) 物事の感じやようす、自分の気持ちや考えなどを身ぶり・ことば・文字・色・形などで表すこと。「―力」

**ひょうげん【評言】**(名) 批評のことば。評語。「―を加える」

**びょうげん【病原】**(名) 病気の原因。「―をつきとめる」類 病根

**びょうげんきん【病原菌】**(名) 病気をひきおこすもとになる細菌《さいきん》。病菌。

**びょうげんたい【病原体】**(名) 病気をひきおこす細菌《さいきん》・原生動物・ウイルスなどの総称《そうしょう》。

**ひょうご【評語】**(名) 批評のことば。評言。

**ひょうご【標語】**(名) 主義や主張、行動の指針などを簡潔に表したことば。モットー。スローガン。「交通安全の―」

**びょうご【病後】**(名) 病気のなおったすぐあと。やみあがり。「―の身」

**ひょうこう【標高】**(名) 海面からの高さ。海抜《かいばつ》。「―三〇〇〇《メートル》」

**びょうこん【病根】**(名) ❶病気のもと。類 病原。❷悪い習慣のもと。「―を絶《た》つ」

**ひょうさつ【表札】**(名) 居住者の名をしるして、戸口や門などにかかげるふだ。

**ひょうざん【氷山】**(名) 氷河のはしが分離《ぶんり》して海にはいり、巨大な氷のかたまりとなって浮《う》かんでいるもの。

**氷山の一角《いっかく》** (氷山の海面より上に出ている部分は全体の一部にすぎないという意から)表面に現れているものは、大きなもののほんの一部分にすぎないことのたとえ。「この事件は―にすぎない」

**ひょうし【拍子】**(名) ❶〘音〙リズムのもとになる音の強弱の規則的な組み合わせ。「三―《びょうし》」❷音楽・歌舞《かぶ》の調子をとること。「手―《びょうし》、足―《びょうし》」「―をとる」❸能楽のはやし。❹はずみ。とたん。「立ち上がった―にコーヒーをこぼした」

**ひょうし【表紙】**(名) 本などの外側についている紙・革《かわ》・布などのおおい。

**ひょうじ【表示】**(名・他スル) ❶はっきりと外に現れた形で示すこと。「意思―」「住居―」「画面に―する」❷表を作って示すこと。⇒ひょうじ(標示)「学習」

**ひょうじ【標示】**(名・他スル) 目じるしとして示すこと。「―板」

学習 使い分け 「表示」「標示」

表示 はっきりとした形で表し示すこと。また、表《ひょう》にして示すこと。「調査結果を**表示**する」「**表示**価格」「品質を**表示**する」

標示 しるしや文字で示して、それとわかるようにすること。「道路**標示**」「標識を立てて危険な場所を**標示**する」

**びょうし【病死】**(名・自スル) 病気で死ぬこと。「外国で―する」類 病没《びょうぼつ》

**ひょうしき【標識】**（名）目じるしとしてとりつけたもの。「交通―」

**ひょうしぎ【拍子木】**（名）手で打ち合わせて鳴らす、二つの角柱形の木。芝居《しばい》や夜回りなどに使う。

**びょうしつ【病室】**（名）病人のいる部屋。病院で、患者《かんじゃ》が入院する部屋。

**ひょうしぬけ【拍子抜け】**（名・自スル）勢いこんでいたのに、あてがはずれて気持ちが急にゆるむこと。はりあいがなくなること。「相手が弱すぎて―した」

**びょうしゃ【描写】**（名・他スル）物事のようすや感じ、人の感情などを絵・文章・音楽などにえがきうつすこと。「心理―」

**ひょうしゃく【評釈】**（名・他スル）文章や詩歌《しいか》を、批評を加えながら解釈すること。「万葉集の―」

**びょうじゃく【病弱】**（名・形動ダ）からだが弱く病気にかかりやすいこと。また、病気でからだが弱っていること。「―なたち」

**ひょうしゅつ【表出】**（名・他スル）心の中の動きなどをおもてに表すこと。「感情の―」

**ひょうじゅん【標準】**（名）❶物事の程度を判断したり比較《ひかく》したりするときの目安。よりどころや目標となるもの。「世界―」「―記録」「―に達する」❷平均的な度合い。また、ごくふつうであること。「―サイズ」「―装備」…的「標準的な治療《ちりょう》法」

**ひょうじゅんご【標準語】**（名）その国で標準として認められている言語。対方言

**ひょうじゅんじ【標準時】**（名）その国またはその地方で、もとになるものとして決められている時刻。参考日本では東経一三五度の子午線の時刻を標準時としている。

**ひょうしょう【表象】**（名）❶表れた形。❷記憶《きおく》や想像などによって心の中にえがかれる形。イメージ。

**ひょうしょう【表彰】**（名・他スル）よい行いや功労などをたたえて、広く人びとに知らせること。「―状」

**ひょうしょう【標章】**（名）ある職業・団体・階級・商号や商品などを表すための、しるしとなるもの。

**ひょうじょう【氷上】**（名）氷の上。「―競技」

**ひょうじょう【表情】**（名）❶心に思っていることが顔や動作に表れること。また、その顔つき。「―が豊かな人」「―がくもる」「無―」❷ようすや雰囲気《ふんいき》。「現地の―を伝える」

**ひょうじょう【評定】**（名・他スル）相談して決めること。「小田原《おだわら》―」注意「ひょうてい」と読むと別の意味になる。

**びょうしょう【病床】**（名）病人がねている床《とこ》。病人のねどこ。「―につく」「―を見舞《みま》う」

**びょうじょう【病状】**（名）病気のようす。「―が悪化する」類病勢《びょうせい》

**びょうしん【秒針】**（名）時計の秒をさす針。

**びょうしん【病身】**（名）病気にかかっているからだ。病気がちのからだ。

**ひょう・する【表する】**（他サ変）｛シ(セ・サ)・シ・スル・スル・スレ・シロ(セヨ)｝心の中の動きなどをおもてに出す。「敬意を―」

**ひょう・する【評する】**（他サ変）｛シ(セ・サ)・シ・スル・スル・スレ・シロ(セヨ)｝意見を出してねうちを決める。批評する。「人物を―」

**びょうせい【病勢】**（名）病気の進みぐあい。病気の勢い。「―が革《あらた》まる」類病状

**ひょうせつ【氷雪】**（名）こおりとゆき。

**ひょうせつ【剽窃】**（名・他スル）他人の文章や説などをぬすんで、自分のものとして使うこと。類盗作《とうさく》

**ひょうぜん【飄然】**（トタル）気のむくままに、ふらりとやってきたり立ち去ったりするようす。「―と去る」

**ひょうそ【瘭疽】**（名）〔医〕指先に細菌《さいきん》がはいって、うむこと。激しい痛みをともなう。ひょうそう。

**ひょうそう【表装】**（名・他スル）書画などの裏に紙や布をはって、かけ軸《じく》やびょうぶなどに仕上げること。類表具

**ひょうそう【表層】**（名）表面にある層。いちばん外側の層。「―なだれ」対深層

**びょうそう【病巣】**（名）病気におかされている部分。「―を取り除く」

**ひょうそく【平仄】**（名）漢字の声調の分類である四声《しせい》を、二つに分けていう語。漢字の四声のうち、平声《ひょうしょう》の字を平字《ひょうじ》といい、上声《じょうしょう》・去声《きょしょう》・入声《にっしょう》の三つにあてはまる字は、仄字《そくじ》という。「―が合わない（=話のつじつまが合わない）」⇒しせい（四声）

**びょうそく【秒速】**（名）一秒間に進む距離《きょり》で示される、ものの速さ。「―三四〇メートル」

**ひょうだい【表題・標題】**（名）❶書物の表紙などにしるした題。❷演説・芸術作品・演劇などの題。

**ひょうたん【瓢箪】**（名）❶〔植〕ウリ科のつる性一年草。巻きひげで物にまきつき、夏の夕方、白い花が咲《さ》く。長くて、とちゅうがくびれた形の実を結ぶ。❷熟した①の実のなかみを取り除き、かわかして酒などを入れるうつわとしたもの。

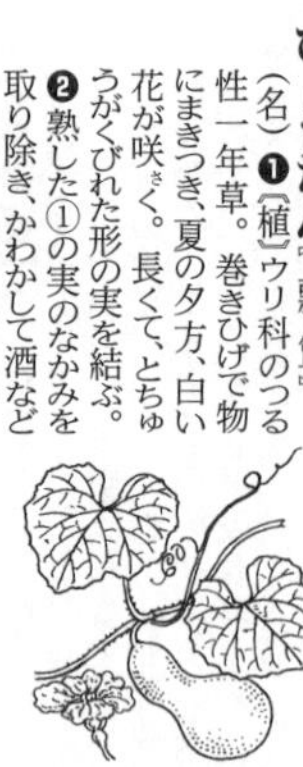

（ひょうたん①）

**瓢箪から駒《こま》** 思いがけない所から思いがけないものが出ること。特に、じょうだんがほんとうになること。類嘘《うそ》から出た実《まこと》

**ひょうたんなまず【瓢箪鯰】**（名）（ひょうたんでなまずをおさえる意で）要領を得ないことのたとえ。

**ひょうちゃく【漂着】**（名・自スル）流れただよって岸につくこと。「海岸に―する」

**ひょうちゅう【氷柱】**（名）❶つらら。❷夏、室内をすずしくするために立てる氷の柱。

**ひょうちゅう【評注】【評註】**（名）批評しながら注釈《ちゅうしゃく》を加えること。また、その批評・注釈。

**びょうちゅうがい【病虫害】**（名）病気や害虫によって作物の受ける害。「―が広がる」

**ひょうちょう【表徴】**（名）❶外部に表されているしるし。❷象徴《しょうちょう》。しるし。

**ひょうちょう【漂鳥】**（名）あるかぎられた地域の中を、季節によって移動する鳥。もず・うぐいすなど。

**ひょうてい【評定】**（名・他スル）あるもののねうちや、よい悪いなどを評価して決めること。「勤務―」注意「ひょうじょう」と読むと別の意味になる。

**ひょうてき【標的】**（名）射撃《しゃげき》や弓のまと。また、ねらいをつける相手やもの。「攻撃の―となる」

**びょうてき【病的】**（形動ダ）〔ダロ・ダッ(デ・ニ)・ダ・ナ・ナラ・○〕心身の状態が健全でないようす。「言動が一である」

**ひょうてん【氷点】**（名）水がこおりはじめるときの温度。ふつうセ氏０度。

**ひょうてん【評点】**（名）❶批評してつけた点。「俳句の一」❷成績を示す点数。

**ひょうでん【票田】**（名）選挙で、多くの得票が期待できる地域や組織などを田にたとえていう語。

**ひょうでん【評伝】**（名）批評を交えて書かれた伝記。「文豪《ぶんごう》の一を執筆する」

**ひょうてんか【氷点下】**（名）セ氏０度以下。

**びょうとう【病棟】**（名）病院などで、多くの病室が並んでいる建物。「小児《しょうに》一」

**びょうどう【平等】**（名・形動ダ）差別がなく、みんなが同じであること。「男女一」「一に配る」「不一」

**びょうどういん【平等院】**（名）京都府宇治《うじ》市にある仏教寺院。藤原道長《ふじわらのみちなが》(＝平安時代の政治家)の子頼通《よりみち》が建立《こんりゅう》。鳳凰《ほうおう》堂は有名。

**びょうどく【病毒】**（名）病気の原因となる毒。「一におかされる」

**びょうにん【病人】**（名）病気にかかっている人。

**ひょうのう【氷△嚢】**（名）氷や水を入れて患部《かんぶ》をひやすふくろ。「額《ひたい》に一をあてる」

**ひょうはく【漂白】**（名・他スル）日光や水にさらしたり薬を使ったりして白くすること。「衣類を一する」

**ひょうはく【漂泊】**（名・自スル）❶居所を定めず、どこへ行くとも決めないで歩き回ること。さすらい。「一の旅に出る」❷水の上をただようこと。

**ひょうはくざい【漂白剤】**（名）色素を分解して無色にする薬剤。さらし粉など。

**ひょうばん【評判】**（名）❶もののよしあしや、ねうちなどについての人びとのうわさ。風評。「一が立つ」❷名高いこと。有名なこと。「近所で一の美人」

**ひょうひ【表皮】**（名）動植物の表面をおおう皮。

**ひょうひょう**『△飄△飄』（ト・タル）❶物が風に吹《ふ》かれてひるがえるようす。「枯《か》れ葉が一と舞《ま》う」❷人の性質などが、物事にこだわらずゆうゆうとしているようす。

「一たる人物」

**ひょうびょう**『△縹△渺』（ト・タル）❶かすかではっきりわからないようす。「神韻《しんいん》一とした(＝何とも言えないすぐれたおもむきのある)一文」❷どこまでも広く続くようす。「一たる大海」

**びょうぶ**『△屏風』（名）部屋に立てて、風をさえぎったり、しきりやかざりにしたりする折りたたみ式の家具。

**びょうぶえ【びょうぶ絵】**『△屏風絵』（名）びょうぶにかいた絵。

**びょうへき【病癖】**（名）病的なくせ。悪いくせ。

**ひょうへん**『△豹変』（名・自スル）（豹の毛は季節によって抜《ぬ》け変わり、もようもあざやかになることから）態度や意見が急に変わること。「態度が一する」〈使い方〉もとはよい意味に使われたが、今は悪い意味で使われることが多い。⇒くんしはひょうへんす

**ひょうぼう**『標△榜』（名・他スル）主張などをはっきりと示すこと。「民主主義を一する」

**びょうぼつ【病没】**『病△歿』（名・自スル）病気で死ぬこと。「八二歳《さい》で一する」類病死

**ひょうほん【標本】**（名）❶教育や研究のために集めた動物・植物・鉱物などの実物見本。「昆虫《こんちゅう》の一」❷統計で、調査の対象として全体の中から抜《ぬ》き取った部分。サンプル。

**びょうま【病魔】**（名）難病や大病を悪魔にたとえたことば。「一にとりつかれる」

**ひょうめい【表明】**（名・他スル）考え・決意などを人の前にはっきりと表すこと。「意見を一する」

**びょうめい【病名】**（名）病気の名前。

**ひょうめん【表面】**（名）❶物の外側または上になる部分。おもて。「水の一」❷外から見えるようす。うわべ。また、表だったところ。「一をかざる」…的「表面的なものの見方」（対裏面《りめん》）

**ひょうめんか【表面化】**（名・自スル）物事が表面に現れてくること。世間の人びとに広く知られるようになること。「問題が一する」

**ひょうめんせき【表面積】**（名）立体の表面の面積。

**ひょうめんちょうりょく【表面張力】**（名）〔物〕液体の表面にはたらく、最小の面積になろうとする力。水滴《すいてき》が球状になるのは、この力による。

**ひょうよみ【票読み】**（名）❶得票数を予想すること。❷投票された票を読みあげること。

**びょうよみ【秒読み】**（名）❶残りの短い時間を、秒単位にして読みあげること。❷期日や期限がさしせまっていること。「完成まで一の段階にはいる」

**ひょうり【表裏】**（名）❶おもてとうら。「一一体」❷外面と本心が一致《いっち》しないこと。「一のある人」

**びょうり【病理】**（名）病気の原因や経過についての理論。「一学」

**ひょうりゅう【漂流】**（名・自スル）海上をただよいながら流れること。「ヨットが一する」

**びょうれき【病歴】**（名）今までにかかった病気の経歴。

**ひょうろう【兵糧】**（名）軍隊の食糧《しょくりょう》。転じて、一般《いっぱん》に食糧。「一が尽《つ》きる」

**ひょうろうぜめ【兵糧攻め】**（名）食糧《しょくりょう》の補給ができないようにして敵を降参させる攻め方。

**ひょうろん【評論】**（名・他スル）物事のよしあしやねうちなどについて考えを述べること。また、その文章。「一家」「文芸一」

**ひよく【比翼】**（名）❶二羽の鳥がつばさをならべること。❷（「比翼の鳥」の略）雌雄《しゆう》とも一目一翼でつねに一体となって飛ぶという、中国の想像上の鳥。男女のちぎりの深いことのたとえ。❸（「比翼仕立て」の略）着物のそで口・すそや洋服のボタンがけのところなどを二重にして、二枚重ねたように見せる仕立て方。

**ひよく【肥沃】**（形動ダ）〔ダロ・ダッ(デ・ニ)・ダ・ナ・ナラ・○〕土地がこえているようす。「一な土地」

**びよく【尾翼】**（名）飛行機の胴体《どうたい》の後方にとりつけた、つばさ。

**ひよくれんり【比翼連理】**（名）（比翼の鳥と連理の枝の意から）男女のちぎりの深いことのたとえ。

**ひよけ【日よけ】**『日◇除け』（名）日光をさえぎるためのおおい。ひおおい。

**ひよこ**〖△雛〗（名）❶鳥、特に、にわとりのひな。ひよっこ。❷まだ一人前として認められない未熟な人間。ひよっこ。「口はたっしゃでもまだーだ」

**ひょっこり**（副）思いがけないときに出会ったり、現れたりするようす。「道でー会う」「店にー顔を出す」

**ひょっと**（副）❶不意に。突然《とつぜん》に。「ー思い出す」❷もしも。万が一にも。

**ひょっとしたら** もしかしたら。「ー休むかもしれない」

**ひょっとして** 何かのはずみで。もしかして。「ー当選するかもしれない」

**ひょっとこ**（名）❶片目が小さく口のとがった、こっけいな男の面。❷男をののしっていうことば。「ー野郎」

**ひよどり**〖△鵯〗（名）《動》ヒヨドリ科の中形の鳥。秋に群れをなして、ピーヨピーヨと鳴く。ひよ。

**ひより**【○日和】（名）❶天気。空もよう。「よいー」❷おだやかに晴れたいい天気。「小春ー《びより》」

**ひよりみ**【○日和-見】（名）（天気のようすを見るという意から）自分に有利なほうへつこうとして、周囲をうかがい、なかなか態度を決めないこと。「ー主義」

**ひょろなが・い**【ひょろ長い】（形）〔カロ・カッ(ク)・イ・イ・ケレ・○〕細長くいかにも弱々しい。「ー・くのびた枝」

**ひょろひょろ**（副・自スル）❶足もとがふらついて倒《たお》れそうなようす。「ー(と)歩く」❷細長く、弱々しげにのびているようす。「ー(と)のびた草」

**ひよわ・い**【ひ弱い】（形）〔カロ・カッ(ク)・イ・イ・ケレ・○〕いかにも弱々しい。か弱い。「ーからだ」

**ひょんな**（連体）《俗語》思ってもいない。意外な。妙《みょう》な。「ーところから秘密がもれた」

**ピョンヤン**〔平壌〕【地名】朝鮮民主主義人民共和国の首都。大同江《だいどうこう》にのぞむ地に位置する。

**ひら**【平】（名）❶たいらなこと。たいらなもの。「ー屋根」❷会社などで、役職についていないこと。また、その人。「ーの社員」

**びら**（名）広告や宣伝のために、その内容を印刷して、はったり配ったりする紙。ちらし。「ーを配る」

**ひらあやまり**【平謝り】（名）弁解することなく、ただいっしょうけんめいにあやまること。「ーにあやまる」

**ひらい**【飛来】（名・自スル）飛んでくること。「敵機がーする」「白鳥のー地」

**ひらいしん**【避雷針】（名）かみなりの被害《ひがい》を避《さ》けるため、屋上などにたてる金属の棒。地下にうめた金属板につなぎ、落雷による電流を地中に放電する。

**ひらおよぎ**【平泳ぎ】（名）泳ぎ方の一つ。両手と両足をかえるのように伸《の》ばしたり縮めたりして進む泳ぎ。ブレストストローク。

**ひらおり**【平織り】（名）たて糸とよこ糸をたがいに一本ずつ交差させて織る、織物の最もかんたんな織り方。また、そうして織った織物。

**ひらがな**【平○仮名】（名）かなの一種。漢字の草書体から日本でつくられた文字。音だけを表す。「あ・い・う」など。「ーで書く」⇩かたかな

**ひらき**【開き】（名）❶あくこと。また、あけること。「扉《とびら》のーが悪い」❷（「おひらき」の形で）宴会《えんかい》などを閉じること。「これでおーにしよう」❸へだたり。差。「実力にーがある」❹魚の身を切り開いてほしたもの。「さんまのー」❺「開き戸」の略。

**ひらきど**【開き戸】（名）一方にちょうつがいがついていて、他方を開閉するようになっている戸。

**ひらきなお・る**【開き直る】（自五）〔ラ(ロ)・リ(ッ)・ル・ル・レ・レ〕急に態度を変えて、強気になったりふてくされたりする。「ー・った態度をとる」

**ひらきふう**【開き封】（名）全部封をしないで少しあけてある郵便物。かいふう。

**ひら・く**【開く】〔カ(コ)・キ(イ)・ク・ク・ケ・ケ〕━（自他五）❶閉じていたものやふさがっていたものが、あく。また、あける。「窓がー」「封をー」「心をー」対閉じる ❷すぼんだものが広がる。また、広げる。「花がー」「かさをー」❸物事が始まる。また、始める。「店がー」「会議をー」❹へだたりや差が大きくなる。また、大きくする。「距離《きょり》がー」「差をー」
━（他五）❶新たに切り開く。開拓《かいたく》する。開発する。「あれ地をー」「運命をー」❷《数》平方根を求める。

参考 ━①は「拓く」とも書く。

**ひら・ける**【開ける】（自下一）〔ケ・ケ・ケル・ケル・ケレ・ケロ(ケヨ)〕❶目の前が広がる。見はらしがきく。「視界がー」❷人びとの知識が進む。文化が進む。「ー・けた国」❸土地が開発されて、にぎやかになる。「この辺もー・けてきた」❹ものわかりがいい。人情に通じる。「ー・けた親」❺これから先の見とおしが明るくなる。「運がー」

**ひらぞこ**【平底】（名）容器などの底がたいらなこと。

**ひらたあつたね**〔平田篤胤〕【人名】（一七七六―一八四三）江戸《えど》時代後期の国学者。号は、気吹舎《いぶきのや》。日本古来の神道《しんとう》思想を重んじ本居宣長《もとおりのりなが》の復古神道を大成、幕末の思想界に大きな影響《えいきょう》をあたえた。

**ひらた・い**【平たい】（形）〔カロ・カッ(ク)・イ・イ・ケレ・○〕❶横に広くてうすい。でこぼこがなく平らなようす。ひらべったい。「ー土地」❷わかりやすい。平易だ。「ー・く言えば」

**ひらて**【平手】（名）開いたてのひら。「ー打ち」

**ひらに**【平に】（副）（あやまるときに使うことば）どうぞ。どうか。むりにも。「ーお許しください」

**ひらひら**（副・自スル）紙や旗などが風でなびくようす。蝶《ちょう》や花びらや木の葉などが空中をひるがえるようす。「木の葉がー(と)舞《ま》い落ちる」

**ピラフ**〔フランス pilaf〕（名）米をバターでいため、肉・貝・野菜などを加えて、スープで炊《た》いた洋風のご飯。

**ひらべった・い**【平べったい】（形）〔カロ・カッ(ク)・イ・イ・ケレ・○〕《俗語》平らだ。平たい。「ひらめはー」

**ひらまく**【平幕】（名）すもうで、横綱《よこづな》・大関《おおぜき》・関脇《せきわけ》・小結《こむすび》以外の幕内《まくうち》の力士。

**ピラミッド**〔英 pyramid〕（名）❶古代エジプトの王や王族の墓とされる、石やれんがを積み上げた巨大な四角錐《しかくすい》の建造物。紀元前二七〇〇～二五〇〇年代に建てられた。金字塔《きんじとう》。❷①のように上部がとがり、下にいくほど広がっている構造。「ー形の組織」

（ピラミッド）

**ひらめ**〘平目・×比目魚〙（名）〘動〙ヒラメ科の魚。海の砂底にすむ。からだはひらたく、両方の目が左側にある。

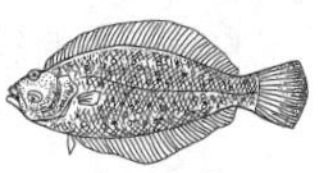
（ひらめ）

**ひらめか・す**〘△閃かす〙（他五）｛サ(ソ)・シ・ス・ス・セ・セ｝❶きらりと光らせる。「白刃《はくじん》を—」❷すぐれた才能などをきらりと見せる。「才知を—」

**ひらめき**〘△閃き〙（名）❶ぴかっと一瞬《いっしゅん》光ること。また、よい考えなどが、さっと頭にうかぶこと。「—をみせる」「いなずまの—」❷するどい頭のはたらき。

**ひらめ・く**〘△閃く〙（自五）｛カ(コ)・キ(イ)・ク・ク・ケ・ケ｝❶ぴかっと一瞬《いっしゅん》光る。きらめく。「いなずまが—」❷よい考えなどがさっと頭にうかぶ。「名案が—」❸旗などがひらひらする。「日章旗が—」

**ひらや【平屋】**（名）一階建ての家。

**ひらりと**（副）❶身軽にすばやくからだを動かすようす。「—身をかわす」❷物が軽くひるがえるようす。「落ち葉が—舞《ま》う」

**びり**（名）〘俗語〙順位がいちばん下であること。最下位。「—に近い成績」

**ピリオド**〔英 period〕（名）欧文《おうぶん》で、文の終わりに打つ点。終止符《しゅうしふ》。「.」。

**ピリオドを打《う》つ**　物事の決着をつける。

**ひりき【非力】**（名・形動ダ）力の弱いこと。力量のないこと。「—な男」

**ひりつ【比率】**（名）二つ以上の数や量をくらべてみた割合。比。「クラスの男女の—は三対二です」

**ビリヤード**〔英 billiards〕（名）長い棒を使って台の上の玉をついて得点を争うゲーム。玉つき。撞球《どうきゅう》。

**びりゅうし【微粒子】**（名）ひじょうに小さいつぶ。

**ひりょう【肥料】**（名）植物がよく育つように土にほどこす栄養分。堆肥《たいひ》・魚粉などの有機肥料と硫安《りゅうあん》などの無機肥料がある。こやし。

**びりょう【微量】**（名）ひじょうにわずかな量。

**びりょう**〘鼻△梁〙（名）はなばしら。はなすじ。

**びりょく【微力】**（名・形動ダ）力の少ないこと。力量のたりないこと。「—ながら応援《おうえん》します」〈使い方〉自分の力量をけんそんしていうときに使うことが多い。

**ひる【昼】**（名）❶太陽が出て沈《しず》むまでの間。日中《にっちゅう》。対夜

❷一日のうちでいちばん明るい間。午前一〇時ごろから午後四時ごろまで。日中《にっちゅう》。昼間。

❸正午。「—休み」「—過ぎ」

❹昼めし。「—にする」

**昼を欺《あざむ》く**　昼かと思うほど明るい。「—月夜」

**ひる**〘△蛭〙（名）〘動〙環形《かんけい》動物の一種。からだは細長く口と尾に吸盤《きゅうばん》があり、他の動物に吸いついて血を吸う。池・沼《ぬま》などにすむ。

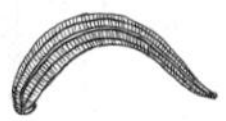
（蛭）

**ひる【干る】**（自上一）｛ヒ・ヒ・ヒル・ヒル・ヒレ・ヒロ(ヒヨ)｝❶蒸発して水分がなくなる。かわく。❷海水がひいて、海底が出る。対満ちる

**ひ・る**〘◇放る〙（他五）｛ラ(ロ)・リ(ッ)・ル・ル・レ・レ｝おならなど、からだの中のものを勢いよく外に出す。「屁《へ》を—」

**-びる**（接尾）（名詞などの下について）「それらしくなる」「そのようになる」の意を表す。「おとな—」「いなか—」

**ビル**（名）「ビルディング」の略。「—街」

**ピル**〔英 pill〕（名）女性用の飲む避妊《ひにん》薬。

**ひるあんどん【昼あんどん】**〘昼行◇灯〙（名）（昼間ともっているあんどんの意から）ぼんやりした人、または役に立たない人をあざけっていうことば。

**ひるい【比類】**（名）くらべるもの。たぐい。「—のない美しさ」

**ひるがえ・す【翻す】**（他五）｛サ(ソ)・シ・ス・ス・セ・セ｝❶裏がえしにする。「てのひらを—」❷考えや態度を反対のほうへ変える。「説を—」「前言を—」❸身をおどらせる。「身を—」❹風にひらひらさせる。「旗を—」

**ひるがえって**〘翻って〙（副）これに反して。反対に。べつのほうから見て。「—考えると」

**ひるがえ・る【翻る】**（自五）｛ラ(ロ)・リ(ッ)・ル・ル・レ・レ｝裏がえしになる。また、風にひらひらとなびく。「旗が風に—」「コートの裾《すそ》が風に—」

**ひるがお【昼顔】**（名）〘植〙ヒルガオ科のつる性多年草。夏の昼間、あさがおに似たもも色の花を開く。

**ひるげ【昼げ】**〘昼△餉〙（名）昼ごはん。

**ひるさがり【昼下がり】**（名）正午を少し過ぎたころ。午後二時ごろ。

**ひるすぎ【昼過ぎ】**（名）正午より少しあと。また、午後。対昼前

**ビルディング**〔英 building〕（名）西洋風の（鉄筋コンクリート造りの）高層建築物。ビル。

**ひるなか【昼中】**（名）昼間。真昼。

**ひるながら…**〈短歌〉

**昼ながら　幽《かす》かに光《ひか》る　螢《ほた》る　一《ひと》つ　孟宗《もうそう》の藪《やぶ》を　出《い》でて　消《き》えたり**〈北原白秋《きたはらはくしゅう》〉訳昼間ではあるが、かすかに光っている螢が一匹《いっぴき》、うす暗い孟宗竹のやぶをぬけ出て外に出たと思うと、たちまち日の光にまぎれて見えなくなった。

**ひるね【昼寝】**（名・自スル）昼間しばらく眠《ねむ》ること。午睡《ごすい》。「疲《つか》れて—をする」

**ひるひなか【昼日中】**（名）昼間。真っ昼間。

**ひるま【昼間】**（名）朝から夕方までの間。昼。ひなか。日中《にっちゅう》。

**ビルマ**〔Burma〕〔地名〕「ミャンマー」の旧称《きゅうしょう》。

**ひるまえ【昼前】**（名）正午に近い午前の時刻。また、午前。対昼過ぎ

**ひる・む**〘△怯む〙（自五）｛マ(モ)・ミ(ン)・ム・ム・メ・メ｝威圧《いあつ》を感じて気力がくじける。「—ことなく敵に向かう」

**ひるめし【昼飯】**（名）昼の食事。昼ごはん。

**ひるやすみ【昼休み】**（名）昼食時の休み。また、その休み時間。

**ひれ**〘△鰭〙（名）〘動〙魚やくじらなどのからだからつき出ている平たい膜《まく》状の運動器官。おびれ・しりびれ・せびれ・むなびれ・はらびれなど。

**ヒレ**〔フランス filet〕（名）牛やぶたの背中から腰《こし》にかけての、最も上等とされる肉。「—カツ」

**ひれい【比例】**（名・自スル）❶〘数〙二つの数量がたがいに関係して、同じ割合で増加したり、減少したりする関係。正比例。対反比例。❷二つのものがたがいに関係して変化すること。

**ひれい【非礼】**（名）礼儀《れいぎ》にはずれていること。また、そのような行い。「—をわびる」類失礼・無礼

**びれい【美麗】**（名・形動ダ）美しく整っていること。きれいなようす。「—な建物」

**ひれいだいひょうせい【比例代表制】**（名）選挙制度の一つ。得票数に比例して、それぞれの政党に議席数をあたえる選挙方法。

**ひれいはいぶん【比例配分】**（名・他スル）〘数〙物を分けるとき、決められた比によって分けること。

**ひれき**〘披△瀝〙（名・他スル）思っていることをかくさず打ち明けること。「心中《しんちゅう》を—する」

**ひれつ【卑劣】**（名・形動ダ）性質や行いがずるくていやしいこと。「—な手段をとる」

**ひれふ・す【ひれ伏す】**〘◇平伏す〙（自五）〔サ(ソ)・シ・ス・ス・セ・セ〕両手と額《ひたい》を地につけ、からだを平たくしてかしこまる。平伏《へいふく》する。「神前に—」

**ひれん【悲恋】**（名）悲しい結果に終わる恋《こい》。

**ひろ**〘◇尋〙（名）両手を左右に広げた長さ。一ひろは約一・八メートル。縄《なわ》や水深をはかる単位として用いる。

**ひろ・い【広い】**（形）〔カロ・カッ(ク)・イ・イ・ケレ・〇〕❶面積やはば、間隔《かんかく》などが大きい。「—運動場」「—道路」❷範囲《はんい》が限定されない。すみずみまでゆきわたっている。「—・く世に知れわたる」「—知識」❸気持ちがゆったりと大きい。「心が—」《対狭《せま》い》

**ヒロイズム**〔英 heroism〕（名）英雄主義。英雄《えいゆう》を尊敬し、英雄のような行いを愛する考え方。

**ひろいもの【拾い物】**（名）❶拾ったもの。❷思いがけずに得たもうけや幸運。「相手の失策で—の一点をあげる」

**ひろいよみ【拾い読み】**（名・他スル）❶文章の全部を読まないで、たいせつな部分や興味のあるところだけを拾って読むこと。「雑誌を—する」❷読める文字だけを一字ずつたどって読むこと。

**ヒロイン**〔英 heroine〕（名）物語や劇の中心になっている女性。女主人公。「悲劇の—」対ヒーロー

**ひろう【披露】**（名・他スル）人前で見せたり、発表したりすること。「得意の歌を—する」「—宴《えん》」

**ひろう【疲労】**（名・自スル）つかれること。くたびれること。「—がたまる」

**ひろ・う【拾う】**（他五）〔ワ(オ)・イ(ッ)・ウ・ウ・エ・エ〕❶落ちているものを取りあげる。「ごみを—」対捨てる ❷たくさんの中から選びとる。「同じような事例を—」❸あきらめかけていたものなどを、思いがけなく手に入れる。「命を—」「勝ちを—」❹タクシーをつかまえて利用する。また、乗り物が途中《とちゅう》で人を乗せる。「車を—」「駅前で友人を—」❺不遇《ふぐう》な人などを取り立てる。「自分を—・ってくれた恩人」

**びろう【尾籠】**（名・形動ダ）話の内容が大小便のことなどにかかわって、人前をはばかること。「—な話」

**ひろうこんぱい**〘疲労困△憊〙（名・自スル）つかれはてること。「残業が続き—する」

**ひろえん【広縁】**（名）はばの広い縁側。

**ビロード**〘×天鵞絨〙〔ポルトガル veludo〕（名）綿・絹・毛などで織って毛を立てたやわらかくてなめらかな織物。ベルベット。

**ひろが・る【広がる】**（自五）〔ラ(ロ)・リ(ッ)・ル・ル・レ・レ〕❶面積やはばなどが広くなる。「道幅《みちはば》が—」「視界が—」対狭《せば》まる ❷包んだものやたたんだものがひらく。「すその—・ったスカート」❸物事が広い範囲《はんい》に及《およ》ぶ。広くゆきわたる。「被害《ひがい》が—」「うわさが—」❹規模が大きくなる。「夢が—」「事業が—」

**ひろく【秘録】**（名）秘密の記録。一般《いっぱん》に公開されない記録。「大戦—」

**ひろ・げる【広げる】**（他下一）〔ゲ・ゲ・ゲル・ゲル・ゲレ・ゲロ(ゲヨ)〕❶面積やはばなどを広くする。「領土を—」「道路を—」対狭《せば》める ❷包んだものやたたんだものを開く。「ふろしきを—」「羽を—」❸物事の及《およ》ぶ範囲《はんい》を広くする。「知識を—」「調査対象を—」❹たくさんの物を一面に置く。「部屋中におもちゃを—」「机に資料を—」❺規模を大きくする。「事業を—」

**ピロシキ**〔ロシア pirozhki〕（名）いためたひき肉・野菜などをパン生地《きじ》やパイ生地で包み、油で揚《あ》げたりオーブンで焼いたりしたロシア料理。

**ひろっぱ【広っぱ】**（名）広々とした平らな土地。

**ひろば【広場】**（名）❶広くあいている場所。「駅前—」❷大勢が集まって意思を通じ合う場。「共通の—」

**ひろびろ【広広】**（副・自スル）ゆったりと大きく広がっているようす。「—(と)した大平原」

**ひろま【広間】**（名）広い座敷《ざしき》。広い部屋。

**ひろま・る【広まる】**（自五）〔ラ(ロ)・リ(ッ)・ル・ル・レ・レ〕❶広く伝わる。「うわさが—」❷広く行われるようになる。「スポーツが—」❸範囲《はんい》が広くなる。「見聞が—」

**ひろ・める【広める】**（他下一）〔メ・メ・メル・メル・メレ・メロ(メヨ)〕❶広くする。広げる。「見聞を—」❷たくさんの人が行うようにする。「仏教を—」❸広く知らせる。宣伝する。「うわさを—」

**ピロリきん【ピロリ菌】**（名）人間の胃などに生息する細菌。胃潰瘍《いかいよう》や胃がんなどの原因の一つとされる。ヘリコバクターピロリ。▽ピロリは、英 pylori

**ひわ**〘△鶸〙（名）〘動〙アトリ科の小鳥。すずめより小さく、黄緑色で頭が黒い。秋に群れをなしてやってきて、美しい声で鳴く。まひわ。

**ひわ【秘話】**（名）世に知られていない話。かくされた話。「終戦—」

**ひわ【悲話】**（名）悲しい物語。類哀話《あいわ》

**びわ**〘△枇△杷〙（名）〘植〙バラ科の常緑高木。初冬ににおいのよい白い花が咲《さ》き、翌年の六月ごろ、だいだい色の実がなる。種子が大きい。食用。

**びわ**〘△琵△琶〙（名）〘音〙東洋の弦楽器《げんがっき》の一種。木製の胴《どう》に、四本または五本の糸がはってある。ばちで鳴らす。

（ 琵琶 ）

**ひわい**『卑・猥・鄙・猥』（名・形動ダ）下品でみだらなこと。

**ひわだ**『檜皮』（名）❶ひのきの皮。❷「ひわだぶき」の略。

**ひわだぶき**『檜皮葺き』（名）ひのきの皮で屋根をふくこと。また、その屋根。

**びわほうし**『琵琶法師』（名）むかし、お経《きょう》や「平家物語」などをびわでひき語りした盲目《もうもく》の僧《そう》。

**ひわり**【日割り】（名）❶給料・家賃などを一日いくらとして計算すること。「―計算」❷仕事の予定を日ごとに割り当てること。「工事の―」

**ひわ・れる**【干割れる】（自下一）〔レ・レ・レル・レル・レレ・レロ(レヨ)〕かわいてひびや割れ目ができる。「晴天続きで田が―」

**ひん【品】** 9画 口6 小3 音ヒン 訓しな
❶しなもの。◆品質・品種・品名・品目 ◆逸品《いっぴん》・遺品・金品・景品・作品・小品・商品・食品・製品・絶品・盗品《とうひん》・納品・廃品《はいひん》・備品・物品・薬品。❷人や物にそなわった性質やねうち。◆品位・品格・品行・品性 ◆気品・下品・上品・人品《じんぴん》

**ひん**【品】■一（名）人や物にそなわった性質で、その良さが自然と外にあらわれた感じ。「どことなく―の良さが感じられる」「―のない話し方」■二（接尾）料理などの数を表すことば。「一―《ぴん》料理」

**ひん【浜】** 10画 氵7 〔濱〕 音ヒン 訓はま
はま。海や湖にそっている平地。◆海浜

**ひん【貧】** 11画 貝4 小5 音ヒン㊥・ビン 訓まずしい
❶まずしい。財産がとぼしい。◆貧窮《ひんきゅう》・貧苦・貧困・貧者・貧相・貧富・貧乏《びんぼう》 ◆極貧《ごくひん》・清貧・赤貧。対富《ふ》。❷すくない。不十分である。◆貧血・貧弱

**ひん【賓】** 15画 貝8 〔賓〕 音ヒン
うやまいもてなす客。◆賓客 ◆貴賓・国賓・主賓・来賓

**ひん【頻】** 17画 頁8 〔頻〕 音ヒン
しきりに。くり返し。◆頻出・頻度・頻発・頻繁《ひんぱん》・頻頻《ひんぴん》 ⇩付録「漢字の筆順(5)止」

**びん**【便】→べん(便)

**びん**【便】■一（名）人や荷物・手紙などを運ぶこと。また、それらを運ぶ手段。「次の―で帰る」「空の―で送る」■二（接尾）交通機関の運行の回数を表す。「一日に三―ある」

**びん【敏】** 10画 攵6 〔敏〕 音ビン
動作がすばやい。頭の回転がはやい。するどい。◆敏感・敏捷《びんしょう》・敏速・敏腕《びんわん》 ◆鋭敏《えいびん》・機敏

**びん**【敏】（名・形動ダ）頭のはたらきや動作のすばやいようす。「機を見るに―な人」

**びん【瓶】** 11画 瓦6 〔瓶〕 音ビン
液体を入れる、ガラスやせともので作った器。びん。◆花瓶・鉄瓶・土瓶 ⇩付録「漢字の筆順(19)瓦」

**びん**【瓶】（名）液体を入れる、ガラスなどでできた口の細い容器。

**びん**【貧】→ひん(貧)

**びん**『鬢』（名）頭の左右、耳の前の髪《かみ》。「―のほつれ」

**ピン**〔英 pin〕（名）❶物をとめるための細い針。「虫―」❷（「ヘアピン」の略）髪《かみ》をとめる道具。❸ボウリングで、ボールを当ててたおす、とっくり形の標的。

**ひんい**【品位】（名）❶その人や物にそなわっている品格。気品。「―を保つ」❷金銀の地金《じがね》または金銀貨の中にふくまれる金銀の割合。❸鉱石中にふくまれる金属などの割合。

**ピンイン**〔中国 拼音〕（名）中国語の音をローマ字で表したもの。

**ひんか**【貧家】（名）貧乏《びんぼう》な家。

**ひんかく**【品格】（名）人や作品などにそなわっている品位。「―のある人」

**ひんかく**【賓客】（名）大事な客。ひんきゃく。

**ひんがしの**…和歌→ひむがしの…

**びんかつ**【敏活】（名・形動ダ）きびきびしていてすばやいこと。「―な動き」

**ピンからキリまで** 最もよいもの（ピン）から最も悪いもの（キリ）まで。「カメラにも―ある」

**びんかん**【敏感】（名・形動ダ）感覚がするどく、細かいことも感じとること。「―に反応する」対鈍感《どんかん》

**びんぎ**【便宜】（名・形動ダ）→べんぎ

**ひんきゃく**【賓客】（名）→ひんかく(賓客)

**ひんきゅう**【貧窮】（名・自スル）貧乏《びんぼう》で生活に苦しむこと。「―のなかに育つ」類貧困・貧苦

**ひんく**【貧苦】（名）貧乏《びんぼう》で生活が苦しいこと。「―にあえぐ」類貧困・貧窮《ひんきゅう》

**ピンク**〔英 pink〕（名）もも色。

**ひんけつ**【貧血】（名・自スル）血液の中の赤血球やヘモグロビンが少なくなること。「―症《しょう》」

**びんご**〔備後〕［地名］むかしの国名の一つ。今の広島県東部。備州《びしゅう》。

**ビンゴ**〔英 bingo〕（名）数字合わせゲームの一種。数字の書かれたボールを取り出すなどして、その数字が手元のカードのます目にあれば消してゆき、たて・横・ななめの列を早く消すことを競う。

**ひんこう**【品行】（名）ふだんの行い。身持ち。「―がよい」「不―」

**ひんこうほうせい**【品行方正】（名・形動ダ）ふだんの行いが正しいこと。「―な青年」

**ひんこん**【貧困】（名・形動ダ）❶貧乏《びんぼう》で生活に困っていること。「―層」類貧窮《ひんきゅう》・貧苦。❷知識・方策・内容などが乏《とぼ》しいこと。「政治の―」

**ぴんさつ**【ぴん札】（名）《俗語》一度も使われたことがなく、しわや折り目がまったくない紙幣《しへい》。新札。

**ひんし**【品詞】（名）〘文法〙単語を文法上の性質

(はたらき・形態など)によって分けた種類。参考国語の品詞は、ふつう、名詞(代名詞を含《ふく》む)・副詞・連体詞・接続詞・感動詞・動詞・形容詞・形容動詞・助動詞・助詞の一〇に分ける。

**ひんし**『△瀕死』(名) 今にも死にそうなこと。「—の重傷を負う」

**ひんしつ【品質】**(名) 品物のよしあし。品物の質。「—管理」「—がいい」

**ひんじゃ【貧者】**(名) 貧しい人。

**貧者の一灯《いっとう》** 貧しい人の、わずかだがまごころのこもった贈《おく》り物。まごころの尊いことのたとえ。

**ひんじゃく【貧弱】**(名・形動ダ) ❶みすぼらしく弱々しいこと。「—な体格」❷内容がとぼしく不十分なこと。「—な知識」

**ひんしゅ【品種】**(名) ❶品物の種類。「豊富な—」❷同じ農作物や家畜《かちく》の中での種類。たとえば、スピッツ・ブルドッグなどは犬の品種。

**ひんしゅかいりょう【品種改良】**(名) 遺伝学を利用して交配などを行い、農作物や家畜《かちく》のよりよい品種を作り出していくこと。

**ひんしゅく**『△顰△蹙』(名・自スル) 顔をしかめて不快な気持ちを表すこと。

**顰蹙を買《か》う** 人にいやがられ、さげすまれる。「世間の—発言」

**ひんしゅつ【頻出】**(名・自スル) 同じことが何度も現れること。「—度」「入試に—する単語」

**ひんしょう【貧小】**(名・形動ダ) 小さくみすぼらしいこと。「—な内容」

**びんしょう**『敏△捷』(名・形動ダ) 動作がすばやいこと。すばしこいこと。「—な動き」

**びんしょう**『△憫笑』(名・他スル) あわれなことだとけいべつして笑うこと。「—を買う」

**びんじょう【便乗】**(名・自スル) ❶ほかの人が乗り物に乗るついでに、自分も乗せてもらうこと。「友人の車に—する」❷自分につごうのよい機会をうまく利用すること。「ブームに—する」「—値上げ」

**ヒンズーきょう【ヒンズー教】**(名) インドを中心に南アジアに広がっている宗教。バラモン教がいろいろな民間信仰《しんこう》を吸収しながら成立したもの。ヒンドゥー教。▽ヒンズーは、英 Hindu

**ひん・する【貧する】**(自サ変) {シ(セ・サ)・シ・スル・スル・スレ・シロ(セヨ)} 貧乏《びんぼう》する。貧乏になる。

**貧すれば鈍《どん》する** 貧乏をすると、その苦労で頭もにぶり、品性もいやしくなりがちである。

**ひん・する**『△瀕する』(自サ変) {シ(セ・サ)・シ・スル・スル・スレ・シロ(セヨ)} 重大な事態にさしかかる。「死に—」「危機に—」

**ひんせい【品性】**(名) その人の身についている性質。人がら。人格。「—下劣《げれつ》な人」

**ピンセット**〔オランダ pincet〕(名) 金属でできている、小さい物をつまむためのV字形の道具。

**ひんせん**『貧△賤』(名・形動ダ) 貧乏《びんぼう》で身分の低いこと。「—の身」対富貴《ふうき》

**びんせん【便船】**(名) 乗るのにつごうよく出る船。

**びんせん【便箋】**(名) 手紙を書くための用紙。

**ひんそう【貧相】**(名・形動ダ) 貧弱でぱっとしない顔や姿。みすぼらしいようす。「—な男」

**びんそく【敏速】**(名・形動ダ) 動作や仕事ぶりなどがすばやいこと。「—に処理する」

**びんた**(名) 他人のほおを平手で打つこと。「—をくらう」「往復—」

**ピンチ**〔英 pinch〕(名) あぶない場面。「—に立つ」

**ピンチ-ヒッター**〔英 pinch hitter〕(名) ❶野球で、それまで出ていた選手に代わって出る打者。代打。❷ある人に代わってその仕事をする人。代役。

**ピンチ-ランナー**〔英 pinch runner〕(名) 野球で、塁《るい》に出た選手に代わって出る走者。代走。

**びんづめ【瓶詰】**(名) 食品などを瓶に詰めること。また、瓶に詰めたもの。「—のケチャップ」

**ビンテージ**〔英 vintage〕(名) ❶ぶどうの収穫《しゅうかく》年。❷ぶどうの当たり年につくられた極上《ごくじょう》のぶどう酒。ビンテージワイン。❸年代物の良質な製品。製造時期などが限定され、希少価値のあること。「—カー」(=ヴィンテージ)

**ヒント**〔英 hint〕(名) 問題を解いたり解答したりする手がかり。暗示。「—を与《あた》える」「—を得る」

**ひんど【頻度】**(名) 同じことがくり返しおこる度数。「—が高い」

**ピント**(名) ❶カメラのレンズの焦点《しょうてん》。「—を合わせる」❷物事の急所となる点。肝心《かんじん》な点。「—はずれの質問」▽オランダ brandpunt から。

**ひんとう【品等】**(名) 品物のねうちの等級。

**ヒンドゥーきょう【ヒンドゥー教】**(名) →ヒンズーきょう

**ぴんとくる** 物事が直観的にわかる。頭にひらめく。「彼《かれ》の態度でぴんときた」

**ひんのう【貧農】**(名) 貧乏《びんぼう》な農民や農家。

**ひんば**『△牝馬』(名) めすの馬。

**ひんぱつ【頻発】**(名・自スル) つぎつぎとくり返しおこること。「事故が—する」類続発

**ピンはね**(名・他スル) ほかの人の分けまえの一部を自分のものにしてしまうこと。うわまえをはねること。

**ひんぱん【頻繁】**(名・形動ダ) たびたびおこること。「事故が—におこる」「—に会う」

**ひんぴょう【品評】**(名・他スル) 作品・産物などのよしあしを批評して決めること。しなさだめ。「—会」

**ひんぴん【頻頻】**(トタル) よくない物事がつぎつぎに続いておこるようす。「火事が—とおこる」

**ひんぷ【貧富】**(名) 貧乏《びんぼう》なこととおかねのたくさんあること。貧乏人と金持ち。「—の差がはげしい」

**ピンポイント**〔英 pinpoint〕(名) ❶針の先ほどの、ごく小さな点。特定の狭《せま》い地点。❷目標を正確にさだめること。「—ランディング(=航空機が正確な地点に着陸すること)」

**びんぼう【貧乏】**(名・自スル・形動ダ) 収入や財産が少なくて、生活が苦しいこと。「—に耐《た》える」

**貧乏暇《ひま》なし** まずしさのために生活に追われ、少しも休んだり遊んだりする時間がない。

**びんぼうくじ【貧乏くじ】**『貧乏△籤』(名) (「いちばん損なくじ」の意から)いちばん損な役割。不運なめぐりあわせ。「—をひく」

**びんぼうしょう【貧乏性】**(名) 何ごとにつけて

も、ゆとりのある気分になれない性質。「―がぬけない」

**びんぼうゆすり【貧乏揺すり】**（名）ひざをたえず細かくゆり動かすくせ。びんぼうゆるぎ。

**ピンぼけ**（名・形動ダ・自スル）（「ピン」は「ピント」の略）❶写真で、ピントが合わないで画面がぼやけること。「―写真」❷問題の急所からはずれていること。「―な質問」

**ピンポン**〔英 ping-pong〕（名）→たっきゅう

**ひんみん【貧民】**（名）貧乏《びんぼう》で、生活に苦しんでいる人びと。「―の救済策」

**ひんめい【品名】**（名）品物の名前。

**ひんもく【品目】**（名）品物の種類・目録。「輸入―」

**ひんやり**（副・自スル）冷たさや涼《すず》しさを感じるようす。「―(と)した朝の空気」

**びんらん【便覧】**（名）→べんらん

**びんらん【紊乱】**〘△紊乱〙（名・自他スル）道徳や秩序《ちつじょ》がみだれること。また、みだすこと。「風紀―」参考 もとの読みは「ぶんらん」。「びんらん」は慣用読み。

**びんわん【敏腕】**（名・形動ダ）物事をてきぱきとかたづける能力があること。うできき。「―をふるう」

## ふ　フ

**ふ【不】** 4画 一3 小4 音 フ・ブ 　一ア不不

下のことばを打ち消す意を表す。◆不可・不格好《ぶかっこう》・不吉・不遇《ふぐう》・不孝・不在・不作法《ぶさほう》・不始末・不首尾《ふしゅび》・不純・不正・不都合・不貞《ふてい》・不当・不如意《ふにょい》・不人情・不評・不便・不眠《ふみん》不休・不明・不用心《ぶようじん》・不利・不和。類 無《む》・《ぶ》

**ふ-【不】**（接頭）「…でない」「…しない」「…がわるい」などの意を表す。「―まじめ」「―慣れ」「―参加」「―景気」

**ふ【夫】** 4画 大1 小4 音 フ・フウ 中 訓 おっと 　一ニ夫夫

❶おっと。◆夫君・夫妻・夫人・亡夫。対 妻。❷おとこ。一人まえの男子。◆夫子《ふうし》◆偉丈夫《いじょうふ》・大夫・匹夫《ひっぷ》・凡夫《ぼんぷ》。❸労働にたずさわる男の人。◆漁夫《ぎょふ》・水夫・農夫。参考「フウ」の音は「夫婦《ふうふ》」「工夫《くふう》」などのことばに使われる特殊《とくしゅ》な読み方。

**ふ【父】** 4画 父0 小2 音 フ 訓 ちち 　ノハク父

ちち。男親。◆父君・父兄・父子・父祖・父母・岳父《がくふ》・義父《ぎふ》・厳父《げんぷ》・慈父《じふ》・祖父・老父。対 母。参考 特別に、「叔父」「伯父」は「おじ」とも読む。「父さん」は「とうさん」と読む。

**ふ【付】** 5画 亻3 小4 音 フ 訓 つける・つく 　ノイ仁付付

❶くっつく。つける。◆付加・付記・付言・付属・付着・付録 ◆添付《てんぷ》。❷あたえる。わたす。◆付与《ふよ》◆下付・還付《かんぷ》・給付・交付・送付・納付・配付

**ふ【布】** 5画 巾2 小5 音 フ 訓 ぬの 　ノナ才右布

❶ぬの。おりもの。◆布巾《ふきん》・布団《ふとん》・布帛《ふはく》◆絹布《けんぷ》・敷布《しきふ》・綿布《めんぷ》・毛布。❷ひろげる。広くゆきわたらせる。◆布教・布告・布陣《ふじん》・布石◆公布・散布《さんぷ》・配布・発布《はっぷ》・頒布《はんぷ》・分布《ぶんぷ》・流布《るふ》

**ふ【扶】** 7画 扌4 音 フ 　一十扌扌扌扶扶

たすける。力をかす。せわをする。◆扶育・扶助・扶持《ふち》・扶養◆家扶

**ふ【府】** 8画 广5 小4 音 フ 　广广庁府府府

❶役所。◆政府・内閣府・幕府。❷みやこ。◆首府・城府。❸地方公共団体の一つ。◆府下・府立

**ふ【府】**（名）❶地方公共団体の一つ。都・道・県と同等のもの。大阪府と京都府の二つがある。❷物事の中心となる所。「学問の―」

**ふ【怖】** 8画 忄5 音 フ 訓 こわい 　丶忄忄忄怖怖

おそれる。こわがる。◆畏怖《いふ》・恐怖《きょうふ》

**ふ【歩】**→ほ(歩)

**ふ【歩】**（名）将棋《しょうぎ》のこまの一つ。歩兵《ふひょう》。

**ふ【阜】** 8画 阜0 小4 音 フ| 　ノ广户自自阜阜

❶おか。石のない土山。❷大きい。さかんな。参考「フ」の音は「岐阜《ぎふ》」県などの限られたことばに使われる。

**ふ【附】** 8画 阝5 音 フ 　了阝阝阝附附

❶つく。つける。◆附則・附属。❷わたす。あたえる。◆寄附。参考 現在では多く、「付」を用いる。

**ふ【訃】** 9画 言2 音 フ 　丶言言言訃

人の死を知らせる。死の知らせ。◆訃音《ふいん》・訃報《ふほう》

**ふ【訃】**（名）人が死んだという知らせ。訃報。「―に接する」

**ふ【負】** 9画 貝2 小3 音 フ 訓 まける・まかす・おう 　ノ⺈⺈⺈負負

❶せおう。になう。◆負荷・負担。❷身にうける。こうむる。◆負債《ふさい》・負傷。❸たよりとする。たのむ。◆自負・抱負《ほうふ》。❹まける。まけ。◆勝負《しょうぶ》。対 勝

**ふ【負】**（名）❶〘数〙実数の値《あたい》がゼロより小さいこと。マイナス。「―の数」❷〘物〙陰《いん》電気の性質。「―の電荷《でんか》」（対 正）

**ふ【赴】** 9画 走2 音 フ 訓 おもむく 　土キ丰丰走赴

出かけていく。むかう。◆赴任

**ふ【風】**→ふう(風)

**ふ【浮】** 10画 氵7 音 フ 訓 うく・うかれる・うかぶ・うかべる 　氵氵氵浮浮

❶うかぶ。うく。◆浮雲・浮上・浮沈《ふちん》・浮氷・浮標・浮木・浮遊・浮揚《ふよう》・浮力。対 沈。❷よりどころがない。◆浮言・浮世《ふせい》・浮説・浮動・浮浪《ふろう》。❸うわ

ついているようす。◆浮薄《ふはく》。参考 特別に、「浮気」は「うわき」、「浮つく」は「うわつく」と読む。

ふ【婦】11画 女8 小5 音 フ
❶おんな。女子。◆婦女・婦人 ◆家政婦・裸婦《らふ》・烈婦《れっぷ》。❷よめ。つま。よめいりした女。◆婦道・婦徳 ◆寡婦《かふ》・主婦・新婦《しんぷ》・夫婦《ふうふ》

ふ【符】11画 竹5 音 フ
❶しるしとなるふだ。わりふ。◆符合・符節 ◆切符《きっぷ》。❷神仏の守りふだ。◆護符《ごふ》・免罪符《めんざいふ》。❸しるし。記号。◆符号・符丁・符牒《ふちょう》 ◆音符《おんぷ》・疑問符・終止符

ふ【富】12画 宀9 小4 音 フ・フウ 高 訓 とむ・とみ
❶とむ。財産を多く持つ。◆富貴《ふうき・ふっき》・富豪《ふごう》・富国・富裕《ふゆう》 ◆貧富《ひんぷ》。対 貧《ひん》。❷とみ。財産。◆富力 ◆国富。❸ゆたか。多い。◆豊富。参考 「フウ」の音は「富貴《ふうき》」ということばに使われる特殊《とくしゅ》な読み方。なお、「富貴《ふっき》」のように「フッ」と読むこともある。「富山」県は「とやま」県と読む。

ふ【普】12画 日8 音 フ
❶ひろくゆきわたる。◆普及・普遍《ふへん》。❷なみ。ふつう。◆普段・普通

ふ【腐】14画 肉8 音 フ 訓 くさる・くされる・くさらす
❶ものがくさる。くちる。◆腐朽《ふきゅう》・腐食・腐敗・腐乱 ◆防腐剤《ぼうふざい》。❷ふるくさくなる。役にたたない。◆陳腐《ちんぷ》。❸心を苦しめる。頭をなやます。◆腐心

ふ【敷】15画 攵11 音 フ 高 訓 しく
しきならべる。◆敷衍《ふえん》・敷設。参考 特別に、「桟敷」は「さじき」と読む。⇩付録「漢字の筆順(25)甫〔甫〕」

ふ【膚】15画 月11 音 フ
はだ。からだの表面の皮。◆完膚《かんぷ》・皮膚 ⇩付録「漢字の筆順(3)虍」

ふ【賦】15画 貝8 音 フ
❶みつぎ物。ねんぐ。◆賦役《ふえき》。❷わけて取り立てる。◆月賦《げっぷ》。❸わりあて。わけあたえる。授ける。◆賦課・賦与《ふよ》 ◆天賦《てんぷ》。❹詩歌《しいか》。◆早春賦

ふ【譜】19画 言12 音 フ
❶物事を順序だててしるしたもの。◆棋譜《きふ》・系譜・図譜・年譜《ねんぷ》。❷代々うけつぐ。つづいているもの。◆譜代。❸音楽の曲を符号《ふごう》でしるしたもの。◆譜面 ◆暗譜《あんぷ》・音譜《おんぷ》・楽譜・曲譜・採譜

ふ【譜】(名) 音楽の曲を符号《ふごう》で書き表したもの。楽譜。「—を読む」

ふ【◇斑】(名) まだら。ぶち。斑点《はんてん》。「虎《とら》—」

ふ【△腑】(名) ❶はらわた。内臓。「胃の—」「五臓六—《ごぞうろっぷ》」❷こころ。考え。「—ぬけ」

**腑に落《お》ちない** なっとくがゆかない。どうしてなのか、よく理解できない。「この結果はどうも—」

ふ【△麸】(名) 小麦粉からでんぷんをのぞいたあとのたんぱく質でつくった食品。なまふ・やきふなど。

ぶ【不】→ふ(不)

ぶ【分】→ぶん(分)

ぶ【分】(名) ❶長さや温度や割合の単位。一寸・一度・一割などの一〇分の一。「一寸五—」「三六度四—」「三割三—」❷江戸《えど》時代の貨幣《かへい》の単位。一両の四分の一。❸〔音〕全音を等分したときの音の長さ。「四—音符《しぶおんぷ》」❹優劣《ゆうれつ》・利益などの度合い。「—が悪い」❺全体の一〇分の一。「三—咲《ざ》き」参考 ④は「歩」とも書く。

ぶ【侮】8画 亻6 〔侮〕 音 ブ 訓 あなどる 高
あなどる。ばかにする。◆侮辱《ぶじょく》・侮蔑《ぶべつ》 ◆軽侮

ぶ【奉】→ほう(奉)

ぶ【武】8画 止4 小5 音 ブ・ム
❶つよい。たけだけしい。◆武名・武勇。❷たたかい。いくさ。軍事。◆武官・武器・武具・武芸・武士・武術・武人・武装・武道・武力・武者《むしゃ》 ◆演武・文武

ぶ【歩】→ほ(歩)

ぶ【歩】(名) ❶土地の広さの単位。一歩は六尺平方で、約三・三平方《へいほう》メートル。❷利益やもうけの割合。歩合《ぶあい》。また、金利や利息。「—がいい」

ぶ【部】11画 阝8 小3 音 ブ
❶全体をいくつかに分けたうちの一つ。◆部位・部品・部分・部門・部類 ◆一部・外部・下部・幹部・胸部・局部・細部・上部・全部・内部。❷役所・会社などの組織上の区分。◆部員・部局・部隊・部長 ◆学部・支部・本部。❸同類の人びとの集まり。◆部活・部族。参考 特別に、「部屋」は「へや」と読む。

ぶ【部】一 (名) ❶全体をある基準で分けたうちの一つ。「午後の—」❷会社や役所などの組織で、仕事の内容による区分。局の下で、課の上。「人事—」❸学校などで、趣味《しゅみ》やスポーツなどをともにするグループ。「サッカー—」二 (接尾) 書物や書類、新聞などを数えることば。「コピーを三—とる」

ぶ【無】→む(無)

ぶ【舞】15画 舛8 音 ブ 訓 まう・まい
❶おどる。まい。◆舞楽・舞曲・舞台・舞踏《ぶとう》・舞踊《ぶよう》 ◆円舞・歌舞・群舞・剣舞《けんぶ》・乱舞。❷ふるいおこす。はげます。◆鼓舞《こぶ》 ⇩付録「漢字の筆順(36)無」

**ファー**〔英 fur〕(名) 毛皮。毛皮製品。

**ファースト**〔英 first〕(名) ❶第一。最初。「レディー—」❷野球で、一塁《るい》。また、一塁手。

**ファースト-クラス**〔英 first class〕(名) 旅客機《りょかくき》・客船などで、設備やサービスが最もよい座席。

**ファースト-フード**〔英 fast food〕(名) ハンバーガーやフライドチキンなど、注文するとすぐに提供される手軽な食品。ファストフード。

**ファーブル**〔Jean Henri Fabre〕【人名】(一八二三〜一九一五) フランスの昆虫《こんちゅう》学者。昆虫の生態を研究し、三〇年かかって「昆虫記」一〇巻を著《あらわ》した。

**ぶあい【歩合】**(名) ❶ある数の、もとの数に対する割合。❷仕事量や取り引きの金額に応じた報酬《ほうしゅう》・手数料。「―制」

**ぶあいそう【無愛想】**(名・形動ダ) あいそがなくて人あたりの悪いこと。そっけないこと。「―な返事」

**ファイト**〔英 fight〕(名) ❶戦おうとする気力。闘志《とうし》。「―を燃やす」❷戦い。試合。「―マネー」

**ファイナル**〔英 final〕(名) ❶決勝戦。「セミ―(=準決勝)」❷おもに外来語の上について「最後の、最終の」という意味を表す。「―セット」

**ファイバースコープ**〔英 fiberscope〕(名) 細いガラス繊維《せんい》をたばねて先にレンズをつけたもの。内視鏡検査に用いる器具。

**ファイリング**〔英 filing〕(名・他スル) 書類や新聞・雑誌の記事などを分類・整理してとじこむこと。

**ファイル**〔英 file〕[一](名) ❶書類ばさみ。❷コンピューターで、ひとつにまとめられたデータ。[二](名・他スル) 新聞・書類などを整理・分類してとじこむこと。また、とじこんだもの。

**ファインダー**〔英 finder〕(名) カメラで、写すものの構図を決めたり、焦点《しょうてん》を合わせたりする、のぞきまど。

**ファイン-プレー**〔英 fine play〕(名) スポーツなどで、見ていて胸のすくようなすばらしいわざ。球技についていうことが多い。美技。「―を演ずる」

**ファウスト**〔Faust〕【作品名】ドイツの作家ゲーテの戯曲《ぎきょく》。一八三一年に完成。主人公のファウスト博士が、悪魔《あくま》メフィストフェレスにさそわれいろいろな経験をする過程を通して、人間完成の理想をえがく。

**ファウル**〔英 foul〕(名) ❶競技などで、反則。「―をとられる」❷野球で、打った球が内野・外野の規定の線外へ落ちること。ファウルボール。[対]フェア

**ファウンデーション**(名) →ファンデーション

**ファクシミリ**〔英 facsimile〕(名) 文書・図版・写真などを、通信回線を使って遠隔《えんかく》地へ電送する装置。ファックス。

**ファクター**〔英 factor〕(名) ❶要素。要因。「重要な―」❷〔数〕因数。

**ファゴット**〔イタリア fagotto〕(名)〔音〕低い音を出す、長いつつ形の木管楽器。バスーン。

(ファゴット)

**ファジー**〔英 fuzzy〕(名・形動ダ) あいまいなこと。はっきりしないこと。また、柔軟《じゅうなん》で適応性があること。

**ファシスト**〔英 fascist〕(名) ファシズムの信奉《しんぽう》者。

**ファシズム**〔英 fascism〕(名) 第一次世界大戦後に、イタリアにおこり、ドイツなどに広まった独裁的な政治形態。支配者が絶対的な権威《けんい》をもち、個人の尊厳《そんげん》と議会政治を認めない。徹底《てってい》した国粋《こくすい》主義をとり、対外的には侵略《しんりゃく》政策をとる。

**ファスナー**〔英 fastener〕(名) 二列の細かい歯を、引き手をすべらせて開閉できるようにしたとめ具。服やかばんの口などにつける。チャック。ジッパー。

**ぶあつ・い【分厚い・部厚い】**(形) {カロ・カッ(ク)・イ・イ・ケレ・○} 厚みがあるようす。「―本」

**ファックス**〔英 fax〕(名・自他スル) ファクシミリ。また、ファクシミリで送ること。

**ファッショ**〔イタリア fascio〕(名) ❶ファシズム。❷国粋《こくすい》主義者。国家主義団体。

**ファッション**〔英 fashion〕(名) 服装。特に服装などの流行。

**ファッション-ショー**〔英 fashion show〕(名) 最新の服などを、モデルに着せて見せるもよおし。

**ファミリー**〔英 family〕(名) ❶家族。❷家族のように結びつきが固い集団。

**ファミリー-レストラン**〔和製英語〕(名) 家族で気軽に利用できるレストラン。ファミレス。▽family と restaurant から。

**ふあん【不安】**(名・形動ダ) 悪い事態になりはしないかと、安心できないこと。気がかりなこと。心配なこと。「―な日々を送る」「―になる」

**ファン**〔英 fan〕(名) ❶スポーツや芸能などの熱心な愛好者。また、あるチームや個人を熱烈《ねつれつ》に応援《おうえん》する人。ファン。「クラシック音楽の―」❷扇風機《せんぷうき》・換気扇《かんきせん》など、風を送る装置。「―ヒーター」

**ファンタジー**〔英 fantasy〕(名) ❶空想。幻想《げんそう》。❷〔音〕幻想曲。ファンタジア。

**ふあんてい【不安定】**(名・形動ダ) 安定していないこと。落ち着かないこと。「―な天候」

**ファンデーション**〔英 foundation〕(名) ❶下地を整えるのに使う化粧品《けしょうひん》。❷体形を整えるための女性用の下着。(=ファウンデーション)

**ファンド**〔英 fund〕(名) ❶基金。資金。特に、金融《きんゆう》会社などが、投資家から集めて運用する資金。❷投資信託《しんたく》。

**ふあんない【不案内】**(名・形動ダ) ようすや事情がよくわからないこと。「このへんの土地は―です」

**ファンファーレ**〔ドイツ Fanfare〕(名) 祝典や競技会などで、金管楽器、特にトランペットを主として演奏される、はなやかな短い曲。「―が鳴りひびく」

**ふい**(名) 努力がむだになること。手にしかけた幸運がむなしく失われること。「せっかくの機会を―にする」[使い方]多く、「ふいにする」「ふいになる」の形で使う。

**ふい【不意】**(名・形動ダ) 思いがけないこと。とつぜん。だしぬけ。「―をつく」「―にとび出す」

**不意をくう** だしぬけに思いがけない目にあう。

**ぶい【武威】**(名) 武力による勢い。「―をほこる」

**ぶい【部位】**(名) 全体に対して、その部分が占《し》める位置。「治療《ちりょう》―」「牛肉の希少―」

**ブイ**〔英 buoy〕(名) ❶航路などの目じるしに、水にうかべる、うき。浮標《ふひょう》。❷うきぶくろ。救命ぶくろ。

**ブイ-アイ-ピー【VIP】**(名)〔英 very im-

portant person の略）国家元首、皇族、王族など、国家にとって重要な人物。要人。ビップ。

**フィアンセ**〔フランス fiancé（男）・fiancée（女）〕（名）結婚《けっこん》を約束した相手。婚約者。いいなずけ。

**フィーチャー**〔英 feature〕（名・他スル）❶新聞・雑誌などで、特別に取り上げること。また、特集記事。❷ある楽器・奏者を際立《きわだ》たせて演奏すること。

**フィート**〔英 feet〕（名）ヤードポンド法で、長さの単位。一フィートは一二《インチ》。約三〇・四八《センチメートル》。

**フィードバック**〔英 feedback〕（名・他スル）❶電気回路で、出力したものの一部を入力の側にもどして、出力を調整すること。❷得られた結果を原因に反映させること。「消費者の声を生産者に―する」

**フィーバー**〔英 fever〕（名・自スル）人びとが興奮して、熱狂的《ねっきょうてき》な状態になること。

**フィーリング**〔英 feeling〕（名）ものを感覚的にとらえたときの感じ方。「―が合う」

**フィールド**〔英 field〕（名）❶のはら。野外。❷陸上競技場で、トラックの内側。また、そこで行われる競技。対トラック。❸学問研究などの、領域・分野。

**フィールド-アスレチック**〔Field Athletic〕（名）野外に設けられた、いろいろな障害物を通過して行く、運動をかねた遊び。また、その設備。（商標名）

**フィールドワーク**〔英 fieldwork〕（名）研究室の外で行う研究。実地調査・野外実習など。

**ふいうち【不意打ち】**（名）❶いきなりおそいかかること。とつぜん攻《せ》めること。「―をかける」❷予告なしに、とつぜん何かをすること。「―の試験」

**ブイ-エス【vs.】**（名）→バーサス

**ブイ-エッチ-エフ【VHF】**（名）〘物〙（英 very high frequency の略）→ちょうたんぱ

**フィギュア**〔英 figure〕（名）❶（「フィギュアスケーティング」の略）アイススケートで、音楽に合わせて演技をしたり、氷にいろいろの図形をえがいたりしながらすべること。❷アニメ・まんがなどの登場人物をかたどった人形。

**ふいく【扶育】**（名・他スル）育て養うこと。類養育

**フィクション**〔英 fiction〕（名）❶作りごと。作り話。虚構《きょこう》。❷創作。小説。対ノンフィクション

**ふいご**【◁鞴】（名）（「ふいごう」の略）かじ屋などが火をおこすのに使う送風器。長方形の箱の中のピストンを動かして人力で風を送る。

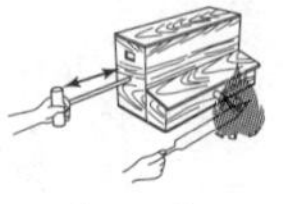

（ふいご）

**フィジー**〔Fiji〕〔地名〕南太平洋上にある、フィジー諸島からなる共和国。首都はスバ。

**フィジカル**〔英 physical〕（形動ダ）〔ダロ・ダッ(デ・ニ)・ダ・ナ・ナラ・○〕物質的。また、肉体的。身体的。「―トレーニング」対メンタル

**ふいちょう**【◇吹聴】（名・他スル）言いふらすこと。言い広めること。「てがらを―する」

**ふいつ【不一】**（名）「まだ十分気持ちを表せない」の意で、手紙の終わりに書くことば。類不尽《ふじん》・不備。
使い方〉「前略」「冠省《かんしょう》」などに対して使う。

**フィット**〔英 fit〕（名・自スル）うまく合っていること。特に、衣類がからだにぴったり合うこと。「足に―した靴《くつ》をはく」

**フィットネス**〔英 fitness〕（名）健康や体力向上のために運動をすること。また、その運動。「―クラブ」

**ブイ-ティー-アール【VTR】**（名）（英 video-tape recorder の略）❶ビデオテープに映像と音声を記録し、再生する装置。ビデオテープレコーダー。❷テレビ番組などで、録画された映像。

**ふいと**（副）動作や行動が思いがけなく急であるようす。とつぜん。にわかに。「―姿を消す」

**ぷいと**（副）急にきげんが悪くなって、ぶあいそうな態度をとるようす。「―横を向く」「―席を立つ」

**ブイ-トール【VTOL】**（名）（英 vertical takeoff and landing aircraft の略）垂直に離着陸《りちゃくりく》できる飛行機。

**フィナーレ**〔イタリア finale〕（名）❶〘音〙交響曲《こうきょうきょく》などの終わりの部分。終曲。❷オペラや演劇などの最後の場面。終幕。❸行事や式典などの最終の場面。「―をかざる」

**フィニッシュ**〔英 finish〕（名）❶終わり。仕上げ。❷スポーツなどで、最後の動作。特に、体操競技で最終の技《わざ》から着地までの動作。「―をきめる」

**フイフイきょう【フイフイ教《きょう》】**（名）→イスラム

**フィヨルド**〔ノルウェー fjord〕（名）〘地〙氷河《ひょうが》によってできた谷に海水がはいりこんでできた湾《わん》。峡湾《きょうわん》。

**ブイヨン**〔フランス bouillon〕（名）肉や骨のうまみを煮《に》出した汁《しる》。スープの素《もと》にする。

**フィラメント**〔英 filament〕（名）電球・真空管などの中にあって、電流を通すと強く光る細い線。

**ふいり【不入り】**（名）映画・すもう・芝居《しばい》などの興行で、客があまりはいらないこと。対大入り

**フィリピン**〔Philippines〕〔地名〕太平洋西部にある共和国。七〇〇〇あまりの島からできている。首都はマニラ。

**フィルター**〔英 filter〕（名）❶濾過《ろか》器。❷カメラのレンズの前につけて使う、色つきのガラス。❸紙まきたばこの吸い口につける、ニコチンやタールをとり除く部分。

**フィルム**〔英 film〕（名）❶合成樹脂《じゅし》の薄膜《うすまく》に光を感じる薬品をぬった、写真・映画用の材料。また、それを現像した陰画《いんが》。❷映画。❸合成樹脂でつくった薄くすきとおった膜。「―包装」（＝フイルム）

**フィロソフィー**〔英 philosophy〕（名）哲学《てつがく》。

**ふいん【訃音】**（名）人の死去の知らせ。類訃報《ふほう》

**ぶいん【部員】**（名）その部にはいっている人。その部に属している人。「野球―」

**ぶいん【無音】**（名）長い間なんのたよりもしないこと。無沙汰《ぶさた》。

**フィンガー**〔英 finger〕（名）❶指。「―ボウル」❷空港の送迎《そうげい》デッキ。

**フィンランド**〔Finland〕〔地名〕北ヨーロッパ、バルト海にのぞむ共和国。首都はヘルシンキ。

**ふう【夫】**→ふ(夫)

**ふう【封】** 9画 寸6 音 フウ・ホウ
一 十 土 圭 封 封
❶（フウと読んで）ふさぐ。しめる。閉じあわせる。◆封

印・封緘《ふうかん》・封鎖《ふうさ》・封書・封筒《ふうとう》・封入 ◆開封・金一封《きんいっぷう》・同封・密封《みっぷう》。❷（ホウと読んで）領地をあたえて領主とする。◆封建 ◆素封家

**ふう【封】**（名）封筒《ふうとう》やふくろなどを閉じてふさぐこと。また、その閉じ目。「―をする」「手紙の―を切る」

**ふう【風】** 9画 風0 小2 音 フウ・フ 高 訓 かぜ・かざ 丿 几 凡 凧 凬 風

❶かぜ。◆風雨・風雲・風車・風雪・風力 ◆逆風・強風・薫風《くんぷう》・疾風《しっぷう》・春風・順風・台風・暴風・涼風《りょうふう》。❷なびかせる。おしえる。◆風靡《ふうび》。❸ならわし。しきたり。様式。◆風紀・風習・風俗《ふうぞく》・風潮 ◆遺風・家風・校風・古風・洋風。❹ほのめかす。◆風刺《ふうし》・風喩《ふうゆ》。❺うわさ。◆風説・風評・風聞。❻ようす。すがた。おもむき。◆風雅《ふうが》・風格・風景・風光・風采《ふうさい》・風土・風物・風味・風流・風情《ふぜい》 ◆威風《いふう》。❼病気。◆風邪《ふうじゃ・かぜ》。参考「フ」の音、「かざ」の訓は「風情《ふぜい》」、「中風《ちゅうぶ》」、「風上《かざかみ》」「風車《かざぐるま》」などのことばに使われる特殊《とくしゅ》な読み方。特別に、「風邪」は「かぜ」とも読む。

**ふう【風】** [一]（名）❶生活上の様式やならわし。風習。「都会の―をまねる」❷それらしくみせかけるようす。ふり。「利《き》いた―な口をきくな」❸やり方。ぐあい。「そういう―には考えない」[二]（接尾）いかにもそれらしい、その傾向《けいこう》をよく表している、などの意味を示す。「今―の若者」「北欧《ほくおう》―デザイン」

**ふう【富】**→ふ（富）

**ふうあつ【風圧】**（名）風が物体をおしつける力。

**ふうい【風位】**（名）風のふいてくる方向。かざむき。

**ふういん【封印】**（名・自スル）❶封をしたところに印をおすこと。また、おした印。「―のない手紙」❷（比喩《ひゆ》的に）表に出さないようにしまっておくこと。「過去を―する」

**ブーイング**〔英 booing〕（名）観客や聴衆《ちょうしゅう》がブーブーという声を出して不満を表すこと。

**ふうう【風雨】**（名）❶風と雨。「―にさらされる」❷強い風とともに降る雨。ふきぶり。「―をつく」

**ふううん【風雲】**（名）❶風と雲。❷大きなことのおこりそうな世の中のなりゆき。

**風雲急《きゅう》を告《つ》げる** 今にも事件がおこりそうなようすである。

**ふううんじ【風雲児】**（名）世の中が大きく変わろうとするときに現れて活躍《かつやく》する人。「時代の―」

**ふうか【風化】**（名・自スル）❶〘地質〙長いあいだ空気中にさらされた岩や石が、気温の変化や雨風のためにしだいにくずれていくこと。「―作用」❷強烈《きょうれつ》な記憶《きおく》や印象がしだいにうすれること。「戦争体験が―する」❸〘化〙→ふうかい

**ふうが【風雅】** [一]（名・形動ダ）上品でおもむきのあること。「―な庭」類風流。[二]（名）詩歌《しいか》や文芸などの道。

**フーガ**〔イタリア fuga〕（名）〘音〙前に出た主題や旋律《せんりつ》を追うようにして展開していく曲。遁走曲《とんそうきょく》。

**ふうかい【風解】**（名・自スル）〘化〙結晶水をふくむ結晶が、空気中で水分を失い粉になること。風化。

**ふうがい【風害】**（名）強風による被害《ひがい》。風災。

**ふうかく【風格】**（名）❶その人にそなわった独特な味わい。りっぱな人がら。人品。「―のある人」❷詩や文章にみられる品格。「―のにじみ出た文章」

**ふうがわり【風変わり】**（名・形動ダ）ようす・性格などがふつうとちがっていること。「―な服装《ふくそう》」

**ふうかん【封緘】**『封△緘』（名・他スル）手紙などに封をすること。

**ふうき【風紀】**（名）社会で生活していくうえで必要な、道徳上の規律。特に、男女間の交際の節度をいう。「―が乱れる」「―委員」

**ふうき【富貴】**（名・形動ダ）金持ちで身分・地位が高いこと。対貧賤《ひんせん》。参考「ふっき」とも読む。

**ふうぎ【風儀】**（名）❶しきたり。風習。❷行儀作法。

**ふうきり【封切り】**（名・他スル）❶封を切ること。❷新しい映画をはじめて上映すること。ふうぎり。「―館」

**ブーケ**〔フランス bouquet〕（名）花束《はなたば》。

**ふうけい【風景】**（名）❶自然のながめ。景色。「森林―」❷その場のようす。ありさま。「受験―」

**ふうけいが【風景画】**（名）自然の景色をかいた絵。

**ふうげつ【風月】**（名）すがすがしい風と美しい月。自然の美しい景色。「花鳥―」「―を友とする」

**ふうこう【風光】**（名）美しい自然の景色。

**ふうこう【風向】**（名）風の吹《ふ》いてくる方向。かざむき。

**ふうこうけい【風向計】**（名）風の吹《ふ》いてくる方向をはかる器械。

**ふうこうめいび**『風光明△媚』（名・形動ダ）自然のながめが清らかで美しいこと。「―な地」

**ふうさ【封鎖】**（名・他スル）❶出入りができないように閉ざすこと。「道路を一部―する」「海上―」❷経済活動をとめること。「預金―」

**ふうさい【風采】**（名）身なりや容貌《ようぼう》など、みかけの姿。外見。「―のあがらぬ男」類風貌《ふうぼう》

**ふうし【夫子】**（名）❶賢者《けんじゃ》・長者・先生などを尊敬していう呼び名。❷「孔子《こうし》」の敬称《けいしょう》。

**ふうし【風刺】**『△諷刺』（名・他スル）それとなく皮肉をこめること。社会や人物の欠点などを遠まわしにおもしろく批評すること。「―劇」…的「風刺的な内容」

学習 比較《ひかく》「風刺」「皮肉」

風刺 ある人物や社会について、遠まわしにおもしろく批評すること。「風刺小説」「世相を風刺する」「風刺のきいたエッセイ」

皮肉 ある人物の欠点や弱点を遠まわしに意地悪く言うこと。「皮肉屋」「皮肉をこめて言う」「皮肉な笑いを浮かべる」

**ふうし【風姿】**（名）（好ましく感じられる）人のみなり・すがた。

**ふうしかでん**〔風姿花伝〕〔作品名〕→かでんしょ

**ふうじこ・める【封じ込める】**（他下一）〔メ・メ・メル・メル・メレ・

{メロ(メヨ)}中に入れて、出たり活動したりできないようにする。「怨霊《おんりょう》を―」「反論を―」

**ふうじて【封じ手】**(名) ❶碁《ご》・将棋《しょうぎ》で、その日に勝負がつかないとき、次に打つ(指す)番の人が次の手を紙に書いて密封しておくこと。また、その手。❷すもうなどで、使ってはならないわざ。

**ふうじめ【封じ目】**(名) 封をしたところ。

**ふうしゃ【風車】**(名) 風の力で回転する羽根車。得た動力で米をついたり粉をひいたりする。かざぐるま。

**ふうじゃ【風邪】**(名) かぜ。感冒《かんぼう》。

**ふうしゅ【風趣】**(名) おもむき。あじわい。ふぜい。

**ふうしゅう【風習】**(名) その土地で、古くから行われているしきたり。ならわし。[類]風俗《ふうぞく》・慣習

**ふうじゅのたん【風樹の嘆】** 孝行をしようと思ったときには親は死んでいて、それができないというなげき。[参考]古い中国の詩「樹《き》静かならんと欲《ほっ》すれども風止《や》まず、子養《やしな》わん(=子が親孝行をしよう)と欲すれども親待たず」〈韓詩外伝《かんしがいでん》〉から出たことば。

**ふうしょ【封書】**(名) 封をした手紙。

**ふうしょく【風食】**『風△蝕』(名・他スル) 風による侵食《しんしょく》。風が土砂を吹《ふ》きつけて岩石をけずること。

**ふう・じる【封じる】**(他上一) {ジ・ジ・ジル・ジル・ジレ・ジロ(ジヨ)} ❶封をする。「親書を―・じて届ける」❷出入り口をふさぐ。「空港への道を―」❸自由に活動できないようにする。「敵の動きを―」「批判の声を―」

**ふうしん【風△疹】**(名)〔医〕はしかによく似た感染症《かんせんしょう》。子どもが多くかかる。三日ばしか。

**ブース**〔英 booth〕(名) 展示会場・事務所などで、間仕切《まじき》りをした小さな空間。「投票用の―」

**ふうすい【風水】**(名) ❶風と水。風雨。❷まわりの地形や水の流れなどから占《うらな》って、家や墓を建てるのに向いた土地かどうかを判断する術。

**ふうすいがい【風水害】**(名) 大風や大水による被害《ひがい》。

**ふう・する**『△諷する』(他サ変) {シ(セ・サ)・シ・スル・スル・スレ・シロ(セヨ)} それとなく遠まわしに批判する。風刺《ふうし》する。「時世を―」

**ふう・ずる【封ずる】**(他サ変) {ジ(ゼ)・ジ・ズル・ズル・ズレ・ジロ(ゼヨ)} →ふうじる

**ふうせつ【風雪】**(名) ❶風と雪。また、風が吹《ふ》いて雪が降ること。ふぶき。❷世の中であじわうきびしい苦しみや難儀《なんぎ》。「―に耐《た》える」「―五〇年」

**ふうせつ【風説】**(名) 世間のうわさ。「―にまどわされる」[類]風評・風聞

**ふうせん【風船】**(名) ❶空気や水素などを入れてふくらませる、ゴムや紙で作ったおもちゃ。❷軽気球。

**ふうぜんのともしび【風前のともしび】**『風前の◇灯』風の吹《ふ》く所にある灯火がすぐ消えてしまうように、危険がせまって、今にもだめになりそうなこと。

**ふうそう【風葬】**(名) 死体を風雨にさらして、しぜんに消滅《しょうめつ》させるほうむり方。

**ふうそく【風速】**(名) 風の速さ。風の速度。ふつう、一秒間の速さで表す。「―二〇《メートル》」

**ふうぞく【風俗】**(名) その時代や地域の、生活上のならわしやしきたり。「平安時代の―」[類]風習

**ふうそくけい【風速計】**(名) 風の速さをはかる器械。風速とともに風向もはかれるものが多い。風力計。

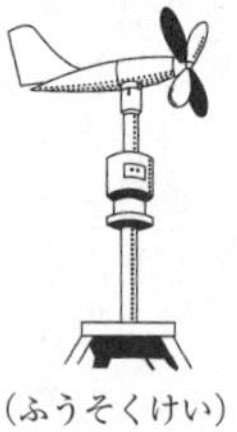
(ふうそくけい)

**ふうぞくしょうせつ【風俗小説】**(名) その時代の世の中のようすや風俗を中心にえがいた小説。

**ふうたい【風体】**(名) →ふうてい

**ふうたい【風袋】**(名) はかりで物の重さをはかるときのその入れ物や外づつみなど。また、その重さ。

**ふうたく**『風△鐸』(名) 仏堂や塔《とう》などの四すみにつるしておく、青銅で作ったつりがね形のすず。

**ブータン**〔Bhutan〕[地名]インド北東、ヒマラヤ山脈東部にある立憲君主国。首都はティンプー。

**ふうち【風致】**(名) 自然の景色などのおもむきやあじわい。「―林」

**ふうちちく【風致地区】**(名) 自然の美しいおもむきを残すため、都市計画法により特に指定された地区。

**ふうちょう【風潮】**(名) 時代とともに移り変わる世の中の傾向《けいこう》。世のなりゆき。「世の―」[類]時流

**ブーツ**〔英 boots〕(名) 革《かわ》などで作られた長靴《ながぐつ》。

**ふうてい【風体】**(名) みなり。姿かたち。ふうたい。「あやしげな―の男」

**ふうてん**『△瘋△癲』(名) 定職もなく盛《さか》り場などにたむろしている人。

**ふうど【風土】**(名) その土地の気候や地質・地形などのようす。「日本の―を愛する」「―になじむ」

**フード**〔英 food〕(名) 食料。食べ物。「ドッグ―」

**フード**〔英 hood〕(名) ❶(オーバーなどについている)ずきん風のかぶりもの。❷(カメラのレンズなどの)おおい。

**ふうとう【封筒】**(名) 手紙や文書などを入れる紙のふくろ。「―に入れて送る」

**ふうどう【風洞】**(名) 人工的に空気の流れをおこす、トンネル形の装置。模型の飛行機などが風を受けるようすなどを調べる。「―実験」

**ふうどびょう【風土病】**(名)〔医〕気候や地質などの関係で、その土地だけに発生する病気。地方病。

**ふうにゅう【封入】**(名・他スル) 中に入れて封をすること。封じこめること。「ガスを―する」

**ふうは【風波】**(名) ❶風と波。また、強風でたつ波。❷あらそい。もめごと。なみかぜ。「―がたえない」

**ふうばいか【風媒花】**(名)〔植〕風によって花粉がめしべに運ばれて受粉する花。まつ・いねなど。

**ふうばぎゅう【風馬牛】**(名) たがいにへだたって関係のないこと。また、そういう態度をとること。

**ふうび**『風△靡』(名・他スル) 風が草をなびかせるように、多くの人を従わせること。「一世を―する」

**ブービー**〔英 booby〕(名) 競技などで最下位から二番目の順位。英語では「最下位」の意。「―賞」

**ふうひょう【風評】**(名) 世間のうわさ。評判。多くよくないものにいう。「―が立つ」「―被害《ひがい》」[類]風説・風聞

**ふうふ【夫婦】**(名) 結婚《けっこん》した男女の一組。夫と妻。「―となる」「―円満」

**ふうぶつ【風物】**(名) ❶目にふれる風景や、風景を形づくるさまざまなもの。「自然の―」❷その季節を特

徴《とくちょう》づけるもの。「ぶどうは秋の―だ」

**ふうぶつし【風物詩】**（名）❶景色や季節をうたった詩。❷季節の感じをよく表しているもの。「風鈴《ふうりん》は夏の―だ」

**ふうぶん【風聞】**（名）どこからともなく聞くこと。うわさ。「よからぬ―がある」類風説・風評

**ふうぼう【風貌】〖風△丰〗**（名）身なりや顔かたち。容姿。「おそろしい―」類風采《ふうさい》

**ふうみ【風味】**（名）その食べ物がもっている独特のよいあじわい。「―をいかした料理」

**ブーム**〔英 boom〕（名）一時的に、ひじょうな勢いではやること。「―が去る」「海外旅行―」

**ブーメラン**〔英 boomerang〕（名）オーストラリア先住民が狩《か》りをするのに使った「く」の字形の木製武器。投げると弧《こ》をえがき、回転しながらもどってくる。

**ふうもん【風紋】**（名）風によって、砂漠《さばく》や砂丘《さきゅう》の表面にできる波形の模様。

**ふうらいぼう【風来坊】**（名）どこからともなくやって来た人。一つ所にとどまらない、気まぐれな人。

**フーリガン**〔英 hooligan〕（名）スポーツ、特にサッカーで、乱闘《らんとう》や騒動《そうどう》を起こす熱狂的《ねっきょうてき》なファン。参考本来は「ごろつき、ならず者」の意味。

**ふうりゅう【風流】**（名・形動ダ）❶上品で、おもむきがあること。味わいのあること。「―な門がまえ」類風雅《ふうが》。❷俗事《ぞくじ》をはなれて、和歌や俳句などの優雅《ゆうが》な趣味《しゅみ》に親しむこと。「―な人」

**ふうりょく【風力】**（名）❶風の力。「―発電」❷〖天〗風の強さ。一三段階の階級によって示す。

**ふうりん【風鈴】**（名）夏 にのき下などにつるし、風が吹《ふ》くとゆれてすずしげに鳴る小さいつりがね形のすず。

（ふうりん）

**プール**〔英 pool〕■一（名）❶水泳用にまわりをコンクリートなどで囲って水をためて作った施設《しせつ》。❷置いておく場所。たまり場。「モーター―（＝駐車場《ちゅうしゃじょう》）」■二（名・他スル）ためておくこと。たくわえること。「残金を―する」

**ふうろう【風浪】**（名）風と波。また、風が吹《ふ》いてたつ波。風波。

**ふうん【不運】**（名・形動ダ）運が悪いこと。悲運。「―をなげく」類不遇《ふぐう》。対幸運

**ぶうん【武運】**（名）戦いでの、勝ち負けの運。「―つたなく敗れる」

**ふえ【笛】**（名）❶〖音〗管楽器の一つ。金属や竹・木の管の穴に息を吹《ふ》きこんで鳴らす。たて笛とよこ笛がある。❷吹き鳴らして合図にするもの。呼び子。

**笛吹《ふ》けども踊《おど》らず** 先に立ってさまざまにさそっても、人がそれにこたえて動き出さないことのたとえ。

**フェア**〔英 fair〕■一（名・形動ダ）公平で正しいこと。「―なやり方」対アンフェア。■二（名）❶野球などで、打った球が規定の線内に落ち、有効なこと。対ファウル。❷市《いち》。品評会。見本市。「ブック―」

**フェア-プレー**〔英 fair play〕（名）規則を守って、正々堂々と試合や競技を行うこと。「―の精神」

**ふえい【府営】**（名）府が経営し管理すること。

**フェイク**〔英 fake〕（名）にせもの。模造品《もぞうひん》。フェーク。「―ファー（＝模造毛皮）」

**フェイク-ニュース**〔英 fake news〕（名）おもにインターネット上で発信・拡散される、事実とは異なるうその情報や報道。

**フェイント**〔英 feint〕（名）スポーツで、相手のタイミングをはずすためにする見せかけの動作。「―をかける」

**フェードアウト**〔英 fade-out〕（名・自スル）❶映画、舞台《ぶたい》作品などで、余韻《よいん》を残しながら少しずつ照明を落として暗くすること。❷音楽の音量が少しずつ小さくなって消えていくこと。

**フェーンげんしょう【フェーン現象】**（名）〖天〗山脈をこえて、高温で乾燥《かんそう》した風が吹《ふ》きおろしてくる現象。日本海沿岸や山間の盆地《ぼんち》に多く、火災を起こすこともある。▽フェーンは、ドイツ Föhn

**ふえき【不易】**（名・形動ダ）長い年月がたっても変わらないこと。不変。「万古《ばんこ》―」「―流行」

**ふえき【賦役】**（名）むかし、支配者が住民に課した税。特に、住民を強制的に働かせたこと。

**フェスティバル**〔英 festival〕（名）お祭り。祭典。

**ふえて【不得手】**（名・形動ダ）じょうずにできないこと。不得意。にがて。「英語は―です」

**フェティシズム**〔英 fetishism〕（名）❶石や木などの特定の物に超自然的な力があると考えて崇拝《すうはい》すること。物神崇拝。呪物《じゅぶつ》崇拝。❷他人のからだの一部や身につけた物などを性的対象と見て執着《しゅうちゃく》すること。フェチ。

**フェニックス**〔英 phoenix〕（名）❶エジプト神話に伝わる鳥。五〇〇年ごとに祭壇《さいだん》の火にとびこんで死に、その灰の中からまた生き返るという。不死鳥。❷〖植〗ヤシ科の観葉植物。幹が発達し、頂から羽状の葉が四方に出る。

**ブエノスアイレス**〔Buenos Aires〕〔地名〕アルゼンチンの首都。南アメリカの重要な貿易港。

**フェミニスト**〔英 feminist〕（名）❶男女同権を唱える人。❷俗《ぞく》に、女性にあまい男性。

**フェミニズム**〔英 feminism〕（名）女性の権利を男性と同じにし、その地位を高めようとする思想や運動の総称《そうしょう》。

**フェリーボート**〔英 ferryboat〕（名）人だけでなく、自動車も同時に運ぶ大形の渡《わた》し船。フェリー。

**ふ・える【増える・殖える】**（自下一）{エ・エ・エル・エル・エレ・エロ(エヨ)}数や量が多くなる。増加する。「貯金が―」対減る

> **学習 使い分け**　「増える」「殖える」
>
> **増える**　同じものが他から加わることによって、全体の数量が多くなる。「人口が**増える**」「事故が**増える**」「水かさが**増える**」「体重が**増える**」「需要《じゅよう》が**増える**」
>
> **殖える**　それ自身の力によって、動植物などの数量が多くなる。また、財産が多くなる。「ねずみが**殖える**」「菌《きん》が**殖える**」「利息で財産が**殖える**」

**フェルト**〔英 felt〕（名）羊毛などにしめりけや熱を加

え、圧縮してつくった布。 敷物《しきもの》・帽子《ぼうし》などに使う。フエルト。

**フェルマータ**〔イタリア fermata〕（名）〔音〕音符《おんぷ》や休符につけて、その部分を長く演奏する記号。記号 𝄐

**フェロモン**〔英 pheromone〕（名）動物の体内で作られて体外に放出され、同種の他の個体の行動や生理作用に影響《えいきょう》を及《およ》ぼす物質の総称《そうしょう》。

**ふえん【不縁】**（名）❶夫婦・養子などの関係が切れること。離縁《りえん》。❷結婚《けっこん》などがまとまらないこと。

**ふえん**『敷△衍』（名・他スル）文章や語句の意味・趣旨《しゅし》などのわかりにくいところを、ことばをつけ加えてくわしく説明すること。「―して解説する」

**フェンシング**〔英 fencing〕（名）細長い剣《けん》でたたかう西洋の剣術。また、その競技。

**フェンス**〔英 fence〕（名）柵《さく》。塀《へい》。また、運動競技場の周囲にめぐらした囲い。「外野の―」

**ぶえんりょ【無遠慮】**（名・形動ダ）遠慮や気がねをしないこと。あつかましく思うままにふるまうこと。

**フォアーグラ**〔フランス foie gras〕（名）餌《えさ》を必要以上に多く与《あた》えることによって、特別に肥大《ひだい》させたがちょうまたはあひるの肝臓《かんぞう》。高級な料理材料とされる。

**フォアハンド**〔英 forehand〕（名）テニスや卓球《たっきゅう》・バドミントンなどで、ラケットを持つ腕《うで》の側でボールやシャトルを打つこと。対バックハンド

**フォアーボール**〔和製英語〕（名）野球で、投手が一人の打者にストライクでない球を四回投げること。打者は一塁《るい》へ出られる。四球。▽four と ball から。

**フォーカス**〔英 focus〕（名・自スル）焦点《しょうてん》。ピント。焦点を当てること。

**フォーク**〔英 fork〕（名）洋食で、料理を切るときにおさえたり、料理をさして口に運んだりする食器。

**フォークーソング**〔英 folk song〕（名）アメリカで発生した、民衆の生活や感情などを素朴《そぼく》に歌った、民謡《みんよう》風の歌。

**フォークーダンス**〔英 folk dance〕（名）レクリエーションとして、多くの人が音楽に合わせておどるダンス。

**フォークーボール**〔英 fork ball〕（名）野球で、投手の球種の一つ。人さし指と中指にはさんで投げるもの。回転が少なく、打者のそばで急に落ちる。

**フォークリフト**〔英 forklift〕（名）荷物の積みおろしや運搬《うんぱん》に使う一種の自動車。前部につけた二本の腕《うで》を物の下にさしこみ、持ち上げて運ぶ。

**フォービスム**〔フランス fauvisme〕（名）〔美〕二〇世紀初めにフランスでマチスらがおこした絵画の一派。強い色と太い線の大胆《だいたん》な表現が特色。野獣《やじゅう》派。

**フォーマット**〔英 format〕㊀（名）体裁。型式。書式。㊁（名・他スル）コンピューターで、記憶媒体《きおくばいたい》にデータを記載《きさい》するときの形式。また、その形式に合うようハードディスクなどを初期化すること。

**フォーマル**〔英 formal〕（形動ダ）〔ダロ・ダッ(デ・ニ)・ダ・ナ・ナラ・〇〕正式・公式であるようす。格式ばったようす。「―ウエア」

**フォーム**〔英 form〕（名）形。型。特に、スポーツをするときのからだのかっこう。「バッティングー」

**フォーメーション**〔英 formation〕（名）スポーツで、攻撃《こうげき》・守備の選手の配置や、そこからの展開。

**フォーラム**〔英 forum〕（名）❶公開討論会。❷古代ローマにあった広場。転じて、集会所。

**フォール**〔英 fall〕（名・自スル）レスリングで、相手の両肩《りょうかた》を同時にマットにつけること。フォールされた選手は負けになる。「―勝ち」

**フォッサーマグナ**〔ラテン Fossa Magna〕（名）〔地質〕日本の本州中部を南北に走る大きな地溝帯《ちこうたい》。西側の縁《ふち》は、糸魚《いとい》川―静岡構造線とされるが、東側の縁は不明。地質学上、日本列島を西南日本と東北日本とに分ける。⇒ちこう

**フォト**〔英 photo〕（名）写真。

**ぶおとこ【ぶ男】**『◇醜男』（名）みにくい顔の男。

**フォルダー**〔英 folder〕（名）❶二つ折りの紙ばさみ。書類ばさみ。❷コンピューターで、データやプログラムなどのファイルを保管する場所。フォルダ。

**フォルテ**〔イタリア forte〕（名）〔音〕強弱記号の一つで、「強く」の意味。記号 *f* 対ピアノ

**フォルティシモ**〔イタリア fortissimo〕（名）〔音〕強弱記号の一つで、「できるだけ強く」の意味。フォルティッシモ。記号 *ff* 対ピアニシモ

**フォロー**〔英 follow〕（名・他スル）❶あとを追うこと。経過などを追うこと。「市場の動きを―する」❷補い助けること。「説明不足の部分を―する」

**フォワード**〔英 forward〕（名）サッカー・ラグビーなどで、前方に位置しておもに攻撃《こうげき》を受け持つ選手。前衛《ぜんえい》。FW。対バック

**ふおん【不穏】**（名・形動ダ）なにか悪いことがおこりそうで、不安を感じさせること。「―な空気」対平穏

**フォント**〔英 font〕（名）同一の書体・大きさの活字のひとそろい。また、あるデザインで統一された印刷用文字の一式。

**ふおんとう【不穏当】**（名・形動ダ）適切でなく、さしさわりがあること。「―な表現を改める」

**ぶおんな【ぶ女】**『◇醜女』（名）みにくい顔の女。

**ふか**『△鱶』（名）〔動〕サメ類の中で大きなもの。参考関西・四国・九州地方では、さめの総称《そうしょう》。

**ふか【不可】**（名）❶よくないこと。また、してはいけないこと。「可もなく―もない」「持ちこみ―」❷成績でいちばん下の評価。不合格。

**ふか【付加】**（名・他スル）つけ加えること。「―価値」

**ふか【負荷】**（名）〔物〕機械を動かしたとき、発生するエネルギーを消費するもの。また、その消費量。

**ふか**『△孵化』（名・自他スル）卵がかえること。卵をかえすこと。「人工―」

**ふか【賦課】**（名・他スル）税金や労働などをわりあてること。また、わりあてられた負担。

**ぶか【部下】**（名）組織において、ある人の下でその命令やさしずを受けて行動する人。類配下

**ふかい【不快】**（名・形動ダ）いやな気持ちになること。おもしろくないこと。不愉快《ふゆかい》。「―な顔」対愉快

**ふかい【付会】**（名・他スル）むりにこじつけること。「牽強《けんきょう》―（＝自分につごうよくむりにこじつけること）」

**ふか・い【深い】**（形）〔カロ・カッ(ク)・イ・イ・ケレ・〇〕❶表面から底まで（外から奥《おく》まで）の長さが長い。「―海」「いすに―・く腰《こし》かける」対浅い ❷程度が大きい。「欲が―」「かかわりが―」

❸ゆきとどいて、じゅうぶんである。「ー考え」対浅い ❹色がこい。「ーみどり」対浅い ❺時が経過し、そのさかりである。「秋もー」対浅い ❻草木などがたくさん茂《しげ》っている。密である。「草ー」「霧《きり》がー」

**ぶがい【部外】**（名）その組織・団体の外にいて関係のないこと。「ー者」「ー秘の資料」

**ふかいしすう【不快指数】**（名）気温と湿度《しつど》によって人間の感じる不快な気分を、数字で表したもの。八〇以上は全員が不快に感じるという。

**ふがいな・い**〖×腑甲斐・無い・×不甲斐・無い〗（形）{カロ・カツ(ク)・イ・イ・ケレ・〇}いくじがなくて歯がゆい。「ー成績」

**ふかいり【深入り】**（名・自スル）必要以上に深くはいりこむこと。深く関係すること。「事件にーする」

**ふかおい【深追い】**（名・他スル）必要以上にしつこく追うこと。「ーは危険だ」

**ふかかい【不可解】**（名・形動ダ）いろいろ考えてもわけがわからないこと。「ーな出来事」

**ふかかち【付加価値】**（名）❶〘経〙商品の売上高から原材料費・減価償却《しょうきゃく》費などを差し引いた価値の総称《そうしょう》。❷新たに加えられた価値のあるもの。

**ふかぎゃく【不可逆】**（名）ある状態に変化したものが、もとの状態にもどれないこと。「ー反応」

**ふかく【不覚】**（名・形動ダ）❶ゆだんしていて失敗すること。「ーを取る」❷思わずそうなること。「ーの涙《なみだ》」❸意識がはっきりしないこと。「前後ーにおちいる」

**ふかく**〖△俯角〗（名）〘数〙目の高さより低い所にあるものを見る視線と、目の高さを通る水平面とのなす角。対仰角《ぎょうかく》

**ふがく【富岳】**〖富△嶽〗（名）富士山の別の呼び名。

**ぶがく【舞楽】**（名）舞《まい》をともなう雅楽《ががく》。

**ふかくじつ【不確実】**（名・形動ダ）確かでないこと。確実でないこと。「ーなデータ」

**ふかくてい【不確定】**（名・形動ダ）はっきりときまっていないこと。「ー要素」

**ふかけつ【不可欠】**（名・形動ダ）ぜひともなくてはならないこと。欠くことのできないこと。「ーの条件」

**ふかこうりょく【不可抗力】**（名）人の力ではどうすることもできないこと。「ーの事故」

**ふかざけ【深酒】**（名）度をこして酒を飲むこと。

**ふかし【不可視】**（名）肉眼では見ることができないこと。「ー光線」

**ふかしぎ【不可思議】**（名・形動ダ）人間の知識や常識では想像もつかないこと。「ーな現象」類不思議

**ふかしん【不可侵】**（名）侵害《しんがい》を許さないこと。「相互《そうご》ー条約」

**ふか・す【吹かす】**（他五）{サ(ソ)・シ・ス・ス・セ・セ}❶たばこをすって、煙《けむり》をはき出す。「葉巻をー」❷（「…風《かぜ》を吹かす」の形で）それらしい態度をとっていばる。「先輩《せんぱい》風をー」❸自動車のアクセルをふんでエンジンの回転数を上げる。「あまりーと燃費が悪くなる」

**ふか・す【更かす】**（他五）{サ(ソ)・シ・ス・ス・セ・セ}（「夜をふかす」の形で）おそくまで寝《ね》ないで起きている。

**ふか・す**〖◇蒸かす〗（他五）{サ(ソ)・シ・ス・ス・セ・セ}食べ物を蒸気で熱して、やわらかくする。「いもをー」類蒸《む》す

**ふかそく【不可測】**（名・形動ダ）予測できないこと。どうなるか前もってわからないこと。「ーな事態」

**ふかち【不可知】**（名）知ることができないこと。

**ぶかつ【部活】**（名）（「部活動」の略）運動部・文化部など、生徒・学生が任意で参加する課外活動。

**ぶかっこう【不格好】**〖不△恰好〗（名・形動ダ）かっこうの悪いこと。「ーな形」

**ふかづめ【深爪】**（名・自スル）手足のつめを、肉のきわまで深く切りこむこと。

**ふかで【深手】**（名）戦いなどで受けた大けが。重傷。「ーを負う」対浅手《あさで》

**ふかのう【不可能】**（名・形動ダ）できないこと。「実現ー」「ーを可能にする」

**ふかひ【不可避】**（名・形動ダ）どうしてもさけることができないこと。「このままいけば衝突《しょうとつ》はーだ」

**ふかふか**（副・形動ダ・自スル）布団《ふとん》やソファー、パンやまんじゅうなどが、やわらかくて弾力《だんりょく》のあるようす。

**ぶかぶか**（副・形動ダ・自スル）服・帽子《ぼうし》・靴《くつ》など、身につける物が大きすぎて、からだとのあいだのすきまが大きいようす。「ーのセーター」類だぶだぶ

**ふかぶかと【深深と】**（副）いかにも深いと感じられるようす。たいそう深いようす。「ーおじぎをする」

**ふかぶん【不可分】**（名・形動ダ）分けることができないこと。切りはなすことができないこと。「ーの関係」

**ふかま・る【深まる】**（自五）{ラ(ロ)・リ(ッ)・ル・ル・レ・レ}深くなる。物事の程度が進む。「秋がー」「理解がー」

**ふかみ【深み】**（名）❶川・池などの深い所。「川のーにはまる」❷おくぶかい味わい。「ーのある芸」❸関係しすぎてぬけられない状態。「悪のーに落ちこむ」

**ふかみどり【深緑】**（名）こい緑色。

**ふか・める【深める】**（他下一）{メ・メ・メル・メル・メレ・メロ(メヨ)}物事の程度を進める。深くする。「友情をー」「理解をー」

**ふかよみ【深読み】**（名・他スル）文章や、人の言動、その場の状況《じょうきょう》などについて、その意味を必要以上に深く考えること。「ーのしすぎだ」

**ふかん**〖△俯△瞰〗（名・他スル）高い所から広く見わたすこと。「山頂からーする」「ー図」

**ぶかん【武官】**（名）❶軍事にたずさわる役人。対文官。❷もと、陸軍・海軍で、下士官以上の軍人。

**ふかんしへい【不換紙幣】**（名）〘経〙金貨や銀貨などの正貨と引きかえられない紙幣。対兌換《だかん》紙幣

**ふかんぜん【不完全】**（名・形動ダ）完全でないこと。まだ足りないところがあること。「ーな計画」

**ふかんぜんねんしょう【不完全燃焼】**（名・自スル）❶酸素《さんそ》が不足した状態で物質が燃焼すること。❷持っている力を発揮できずに、不本意な結果に終わること。「きのうの試合はーだった」

**ふき**〖△蕗〗（名）〘植〙キク科の多年草。山野に自生。葉はまるく、大きい。早春に「ふきのとう」と呼ぶ花茎《かけい》が出る。

（蕗）

**ふき【不帰】**（名）❶二度と帰らないこと。❷死ぬこと。

**不帰の客《きゃく》** 死んだ人。「―となる」

**ふき【不△羈】**(名・形動ダ) しばられないで自由なこと。束縛《そくばく》されないこと。「独立―の精神」

**ふき【付記】**(名・他スル) つけたして書きそえること。また、つけたして書いたもの。「注意事項《じこう》を―する」

**ふぎ【不義】**(名) 人としての道にはずれること。特に、男女の、道にはずれた関係。「―をなす」[類]不倫《ふりん》

**ふぎ【付議】**(名・他スル) 会議にかけること。「―事項《じこう》」

**ぶき【武器】**(名) ❶戦争や戦闘《せんとう》で、敵を攻撃《こうげき》したり自分や味方を守ったりするための道具。[類]兵器。❷何かを行うのに有効な手段。「あの投手の―は直球だ」

**ぶぎ【武技】**(名) 武道に関するわざ。武芸。武術。

**ふきあ・げる【吹き上げる】**{ケ・ケ・ケル・ケル・ケレ・ケロ(ケヨ)} **一**(自下一) 風が上のほうに向かって吹く。「地下道から風が―」**二**(他下一) ❶風がものを高く舞《ま》い上がらせる。「風がほこりを―」❷上のほうへ勢いよく出す。「くじらが潮《しお》を―」[参考]㊁②は「噴き上げる」とも書く。

**ふきあ・れる【吹き荒れる】**(自下一){レ・レ・レル・レル・レレ・レロ(レヨ)} 風や嵐《あらし》が、はげしく吹く。「台風が一晩中―」

**ふきおろ・す【吹き下ろす】**(自五){サ(ソ)・シ・ス・ス・セ・セ} 風が低いほうに向かって吹く。「山から―風」

**ふきかえ【吹き替え】**(名) ❶映画・演劇などで、観客にわからないように代役を演じること。また、その人。❷外国の映画・テレビのせりふを日本語で吹き込《こ》むこと。

**ふきかえ・す【吹き返す】**{サ(ソ)・シ・ス・ス・セ・セ} **一**(自五) 風がそれまでと反対の方向に吹く。**二**(他五) ❶風が吹いて物を裏返しにする。❷一度止まった呼吸をふたたびはじめる。生き返る。「息を―」

**ふきか・ける【吹きかける】**『吹き掛ける』(他下一){ケ・ケ・ケル・ケル・ケレ・ケロ(ケヨ)} ❶強く吹きつける。吹いてかける。「手に息を―」❷しかける。ふっかける。❸値段などを高く言う。ふっかける。

**ふきげん【不機嫌】**(名・形動ダ) きげんが悪いこと。「―な顔」[対]上機嫌

**ふきこぼ・れる【吹きこぼれる】**『吹き◇零れる』(自下一){レ・レ・レル・レル・レレ・レロ(レヨ)} 煮汁《にじる》や湯が沸騰《ふっとう》して、なべなどからあふれ出る。「スープが―」

**ふきこ・む【吹き込む】**{マ(モ)・ミ(ン)・ム・ム・メ・メ} **一**(自五) 風や、風に吹かれた雪・雨などがはいってくる。「すきまから雪が―」**二**(他五) ❶吹いて中に入れる。「新風を―」❷前もって教えこむ。「悪知恵《わるぢえ》を―」❸CDやテープなどに録音する。「新曲を―」

**ふきさらし【吹きさらし】**『吹き△曝し』(名) さえぎるものがなく、風の吹きつけるままになっていること。また、そういう所。吹きっさらし。「―の山頂」

**ふきすさ・ぶ【吹きすさぶ】**『吹き◇荒ぶ』(自五){バ(ボ)・ビ(ン)・ブ・ブ・ベ・ベ} 風がひどく吹き荒《あ》れる。「北風が―」

**ふきそ【不起訴】**(名)〔法〕捜査《そうさ》の結果、訴訟《そしょう》条件がそろわないなどで検察官が起訴をしないこと。

**ふきそうじ【拭き掃除】**(名・自スル) ぞうきんなどでふいてそうじをすること。

**ふきそく【不規則】**(名・形動ダ) 規則的でないこと。一定のきまりがなく、まちまちなこと。「―な生活」

**ふきそくどうし【不規則動詞】**(名)〔文法〕動詞の活用形の変化のしかたが規則的でないもの。

**ふきだし【吹き出し】**(名) 漫画《まんが》で、せりふを書きこむために、口から吹き出した形に曲線でかこんだ部分。

**ふきだ・す【吹き出す】**{サ(ソ)・シ・ス・ス・セ・セ} **一**(自五) ❶風が吹きはじめる。「そよ風が―」❷こらえかねて笑いだす。「思わず―」**二**(他五) ❶吹いて外へ出す。「ほこりを―」❷笛などを吹きはじめる。**三**(自他五) 芽が勢いよく出てくる。また、芽を出す。「若芽が―」㊀②は「噴き出す」とも書く。

**ふきだ・す【噴き出す】**(自他五){サ(ソ)・シ・ス・ス・セ・セ} 水・原油・温泉など、液体・気体が勢いよく出てくる。勢いよく外へ出す。「汗《あせ》が―」

**ふきだまり【吹きだまり】**『吹き△溜まり』(名) ❶風に吹きつけられた雪や落ち葉などがたまっている所。❷落ちぶれた人や行き場のない人が集まる所のたとえ。

**ふきつ【不吉】**(名・形動ダ) 何か悪いことがおこりそうなようす。えんぎが悪いこと。「―な予感」

**ふきつ・ける【吹きつける】**『吹き付ける』{ケ・ケ・ケル・ケル・ケレ・ケロ(ケヨ)} **一**(自下一) 風が強く吹きあたる。「北風が雨戸に―」**二**(他下一) ❶息などを吹きあてる。「てのひらに息を―」❷液体を霧状《きりじょう》にして吹いてくっつける。「車に塗料《とりょう》を―」

**ぶきっちょ**(名・形動ダ)(「ぶきよう」の変化したもの) 器用でないこと。「―な手つき」

**ふきでもの【吹き出物】**(名) ひふにできたできもの。はれもの。おでき。「顔に―ができる」

**ふきとば・す【吹き飛ばす】**(他五){サ(ソ)・シ・ス・ス・セ・セ} ❶風が吹いて物をとばす。「帽子《ぼうし》を―」❷いっぺんにはらいのける。「不景気を―」

**ふきながし【吹き流し】**(名) ❶旗の一種で、数本の長い布を輪にとりつけ、さおの先に結んで風になびかせるもの。むかし、軍陣《ぐんじん》などで用いた。❷①の形に似た端午《たんご》の節句ののぼり。

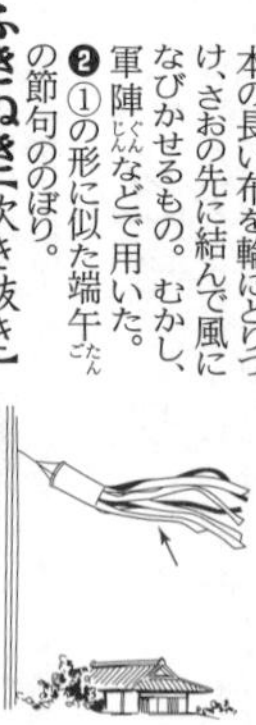
(ふきながし②)

**ふきぬき【吹き抜き】**『吹き◇貫き』(名) ❶風が吹きぬけること。また、その所。❷切りさいた数本の布を輪に取りつけた、吹き流しに似たもの。❸二階以上の建物で、とちゅうに天井《てんじょう》をつくらず、上までひと続きにした所。また、家屋の柱と柱の間に壁《かべ》のない建て方。吹き抜け。

**ふきぬけ【吹き抜け】**(名) →ふきぬき③

**ふきぬ・ける【吹き抜ける】**(自下一){ケ・ケ・ケル・ケル・ケレ・ケロ(ケヨ)} 風が吹いて通りすぎる。「林の中を―風」

**ふきのとう**『△蕗の△薹』(名)〔植〕早春、葉の出る前に出るふきの花茎《かけい》。香《かお》りとにがみがあり、食用。

**ふきぶり【吹き降り】**(名) 強い風といっしょにひどく雨が降ること。

**ふきまく・る【吹きまくる】**『吹き△捲る』{ラ(ロ)・リ(ッ)・ル・ル・レ・レ} **一**(自五) 風がはげしくさかんに吹く。「寒風が―」**二**(他五) さかんにおおげさなことを言う。「ほらを―」

**ふきまわし【吹き回し】**(名) ❶風が吹いてくるぐ

あい。❷そのときの気分や調子。「どういう風の—か、きげんがいい」

**ぶきみ【不気味・無気味】**(名・形動ダ) なんとなく気味が悪いこと。「—な気配」

**ふきや【吹き矢】**(名) 短い矢をつつに入れ、息を吹いてとばすもの。また、その矢。

**ふきゅう【不休】**(名) 少しも休まないこと。「不眠《ふみん》—」

**ふきゅう【不朽】**(名) 長い年月がたっても、その価値が失われないこと。「—の名作」類不滅《ふめつ》

**ふきゅう【不急】**(名・形動ダ) さしせまっていないこと。急がないこと。「—の用件」「不要—」

**ふきゅう【普及】**(名・自スル) 広くゆきわたること。「電気自動車が—する」「—率」

**ふきゅう【腐朽】**(名・自スル) くさってくずれること。

**ふきょう【不況】**(名) 景気が悪いこと。不景気。「—にあえぐ」対好況

**ふきょう【不興】**(名) ❶おもしろくないこと。❷きげんをそこねること。「上役の—を買う」

**ふきょう【布教】**(名・他スル) 宗教を広めること。

**ふきょう【富強】**(名・形動ダ) 国の、経済力が豊かで、勢いが強いこと。

**ふぎょう【[△]俯仰】**(名・自スル) うつむくことと、あおぎみること。「—天地に愧《は》じず(=自分には少しもやましいところがない)」

**ぶきよう【不器用・無器用】**(名・形動ダ) ❶手先などでする作業がへたなこと。「—な手つき」❷物事を要領よくすすめられないこと。「—な生き方」

**ぶぎょう【奉行】**(名)〔歴〕武家時代の職名。おもに行政事務の一部局の長官。江戸《えど》時代の寺社奉行・町奉行・勘定《かんじょう》奉行など。

**ふぎょうじょう【不行状】**(名・形動ダ) →ふぎょうせき

**ふぎょうせき【不行跡】**(名・形動ダ) 行いが悪いこと。身持ちが悪いこと。不行状。

**ふきょうわおん【不協和音】**(名) ❶〔音〕高さのちがう二つ以上の音を同時に出したとき、とけ合わず、落ち着きのない感じをあたえる和音。対協和音。❷人や団体の間が調和しない状態にあること。「双方《そうほう》の間に—が生じる」

**ふきょく【負極】**(名)〔物〕→いんきょく

**ぶきょく【舞曲】**(名)〔音〕舞踏《ぶとう》のための楽曲。また、その形式をとった楽曲。

**ふきよせ【吹き寄せ】**(名) ❶笛などを吹いて動物などを寄せ集めること。❷種々の物を少しずつ寄せ集めたもの。煮物《にもの》や干菓子《ひがし》などを色よく盛り合わせたもの。

**ふぎり【不義理】**(名・形動ダ) ❶人とのつき合いのうえで、しなければならないことをしないこと。義理を欠くこと。「—を重ねる」❷借りたおかねを返さないこと。

**ぶきりょう【不器量・無器量】**(名・形動ダ) 顔かたちがととのっていないこと。類不細工

**ふきん【布巾】**(名) 食器などをふく、小さい布。

**ふきん【付近・附近】**(名) 近辺。そのあたり。「駅の—」

**ふきんこう【不均衡】**(名・形動ダ) つり合いがとれていないこと。アンバランス。「貿易収支の—を是正《ぜせい》する」

**ふきんしん【不謹慎】**(名・形動ダ) つつしみがないこと。ふまじめ。「—な態度」

**ふく【伏】** 6画 亻4 訓 音 **フク** 訓 **ふせる・ふす**

ノ亻仁什伏伏

❶ふす。ふせる。うつぶす。◆伏臥《ふくが》◆起伏・平伏。❷かくれる。かくす。◆伏在・伏線・伏兵◆潜伏《せんぷく》。❸したがう。◆帰伏・屈伏《くっぷく》・降伏・説伏・調伏《ちょうぶく》

**ふく【服】** 8画 月4 小3 音 **フク**

月月月了肌肌服服

❶きもの。身につけるもの。◆服飾《ふくしょく》・服装◆衣服・呉服《ごふく》・私服・制服・洋服・和服。❷自分のものとする。◆着服。❸したがう。従事する。◆服役《ふくえき》・服従・服務◆感服・屈服《くっぷく》・敬服・承服・心服・征服《せいふく》・不服。❹薬や茶などを飲む。◆服薬・服用◆頓服《とんぷく》・内服 ⇩付録「漢字の筆順(8)艮」

**ふく【服】** ━(名) 下着の上に着るもの。衣服。特に、洋服をいう。「脱いだ—をたたむ」━(接尾) ❶粉薬などの包みを数えることば。「一日二—」❷茶・たばこを飲む回数を表すことば。「食後の一—《いっぷく》」

**ふく【副】** 11画 刂9 小4 音 **フク**

一 ㄇ 戸 戸 畐 畐 副

❶主となるもののはたらきをたすけるもの。つきそうもの。◆副会長・副官・副業・副将・副賞・副食・副読本。❷ひかえ。うつし。◆副本。❸つけくわわるもの。◆副因・副作用・副産物・副次的

**ふく【副】**(名) 主となるものに対して、その助け・予備となるもの。「正—二通の書類」対正

**ふく【幅】** 12画 巾9 訓 音 **フク** 訓 **はば**

巾巾巾巾幅幅幅

❶はば。横の長さ。◆幅員◆恰幅《かっぷく》・振幅《しんぷく》・全幅・増幅。❷かけじく。◆書幅

**-ふく【幅】**(接尾) かけじくなどを数えることば。「一幅《いっぷく》の絵」

**ふく【復】** 12画 彳9 小5 音 **フク**

彳彳彳彳復復

❶行った道をひき返す。◆復路◆往復。対往。❷もとにもどる。もどす。くり返す。◆復員・復縁《ふくえん》・復元・復習・復唱・復職・復活・復帰・復旧・復古・復興◆回復・修復・反復・本復《ほんぷく》。❸むくいる。しかえしする。◆復讐《ふくしゅう》・復仇《ふっきゅう》◆報復

**ふく【福】** 13画 ネ9 小3 〔福〕 音 **フク**

ネネネ衤福福

しあわせ。さいわい。◆福音《ふくいん》・福祉《ふくし》・福利◆禍福《かふく》・幸福・至福・祝福・冥福《めいふく》・裕福《ゆうふく》。

**ふく【福】**(名) 幸運なめぐりあわせ。さいわい。対禍《か》「—の神」「残り物には—がある」

**ふく【腹】** 13画 月9 小6 訓 音 **フク** 訓 **はら**

**ふく【腹】** 13画 月9 小6 音 フク

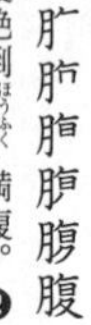

❶はら。おなか。◆腹腔《ふくこう》・腹痛・腹部・腹膜《ふくまく》・腹筋 ◆割腹《かっぷく》・空腹・切腹・抱腹絶倒《ほうふくぜっとう》・満腹。❷物のなかほど・中心にあたる部分。◆山腹・船腹・中腹。❸こころ。考え。◆腹案・腹蔵・腹中 ◆立腹

**ふく【複】** 14画 ネ9 小5 音 フク

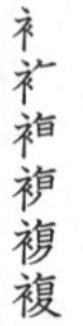

❶二つ以上かさなる。◆複眼・複合・複雑・複数・複線・複葉 ◆重複《ちょうふく・じゅうふく》。対単。❷かさねておこなう。ふたたび。◆複写・複製

**ふく【複】**（名）テニス・卓球《たっきゅう》などで、二人一組で戦う形式の試合。ダブルス。対単

**ふく【覆】** 18画 西12 音 フク 訓 おおう・くつがえす高・くつがえる高

❶おおいかぶせる。つつむ。◆覆土・覆面 ◆被覆《ひふく》。❷くつがえる。ひっくりかえす。◆覆水 ◆転覆

**ふ・く【吹く】**〔カ(コ)・キ(イ)・ク・ク・ケ・ケ〕 ■一（自五）風がおこる。風が流れて通る。「春風が―」 ■二（他五）❶口をすぼめて息を出す。「お茶を―・いてさます」「火を―・いて消す」❷息を出して笛などを鳴らす。「サックスを―」❸中から勢いよく外に出す。「くじらが潮を―」❹口から出まかせに、大げさに言う。「ほらを―」❺金属を鋳造《ちゅうぞう》する。「鐘《かね》を―」 ■三（自他五）粉・かび・芽などが出てくる。または、出す。「粉が―・いた干しがき」「芽を―」 参考 ■二③は「噴く」とも書く。

**ふ・く【噴く】**（自他五）〔カ(コ)・キ(イ)・ク・ク・ケ・ケ〕 水・火・煙《けむり》などが勢いよく出る。また、勢いよく出す。「火を―火山」「汗《あせ》が―・いて出る」

**ふ・く【拭く】**（他五）〔カ(コ)・キ(イ)・ク・ク・ケ・ケ〕 布や紙などでよごれ・水気などをとりさる。「汗《あせ》を―」類 拭《ぬぐ》う

**ふ・く【△葺く】**（他五）〔カ(コ)・キ(イ)・ク・ク・ケ・ケ〕 かわら・板・かやなどで屋根をつくる。「屋根を―」

**ふぐ【不具】**（名）からだの一部に障害があること。参考 差別的な語で、現在は用いない。

**ふぐ【×河豚】**（名）《動》フグ科の魚の総称《そうしょう》。多く海にすむ。口が小さく、腹が大きい。敵にあうと腹をふくらませる。はらわたなどに強い毒のあるものが多い。

**ぶぐ【武具】**（名）よろい・かぶと・刀・やりなど、いくさに使う道具。

**ふぐあい【不具合】**（名・形動ダ）物事の状態や調子がよくないこと。多く、機器やシステムの故障・欠陥《けっかん》をいう。「エンジンに―が見つかる」

**ふくあん【腹案】**（名）心の中にもっている考え。まだ発表していない計画。「―をねる」

**ふくい【復位】**（名・自スル）もとの地位や位置にもどること。「国王が―する」

**ふくいく【△馥△郁】**（トタル）よいかおりがただようようす。「―たる菊《きく》のかおり」

**ふくいん【幅員】**（名）道路や船などのはば。

**ふくいん【復員】**（名・自スル）戦争が終わって兵隊たちが軍務を解かれ、家に帰ること。「―兵」

**ふくいん【福音】**（名）❶うれしい知らせ。❷キリストにより人類が救われるという教え。「―書（＝新約聖書の、キリストの一生と教えを記したマタイ・マルコ・ルカ・ヨハネの四書）」

**ふぐう【不遇】**（名・形動ダ）才能や力量をもちながら、ふさわしい地位や評価を得られないこと。「身の―をかこつ（＝なげく）」類 不運

**ふくうん【福運】**（名）しあわせとよい運。

**ふくえき【服役】**（名・自スル）❶罪をおかした人が刑《けい》に服すること。❷兵役《へいえき》に服すること。

**ふくえん【復縁】**（名・自スル）離縁《りえん》した者どうしが、またもとの関係になること。「―をせまる」

**ふくが【伏△臥】**（名・自スル）うつぶせに寝《ね》ること。対 仰臥《ぎょうが》

**ふくがく【復学】**（名・自スル）停学・休学中の学生・生徒が、またその学校へもどること。

**ふくからに…** 和歌

〔吹くからに　秋《あき》の草木《くさき》の　しをるれば　むべ山風《やまかぜ》を　あらしといふらむ〕〈古今集《こきんしゅう》・文屋康秀《ふんやのやすひで》〉訳 吹くとたちまち、秋の草や木がしおれるので、なるほどそれで山風を、「あらし」と言うのだろう。（「あらし」は、「荒らし」と「嵐」の掛詞《かけことば》。「山風」は、「嵐」という字を「山」と「風」に分けたことばの遊び。小倉《おぐら》百人一首の一つ）

**ふくがん【複眼】**（名）《動》たくさんの小さな目が集まってできた一つの大きな目。昆虫《こんちゅう》・えび・かになどに見られる。対 単眼

**ふくぎょう【副業】**（名）本業のほかにする仕事。類 内職・アルバイト。対 本業

**ふくくう【腹△腔】**（名）《生》→ふくこう

**ふくげん【復元・復原】**（名・自他スル）もとの状態や位置にもどること。また、もどすこと。「データを―する」「遺跡《いせき》の―図」

**ふくこう【腹△腔】**（名）《生》脊椎《せきつい》動物の腹部で、内臓がはいっているところ。使い方〉医学では「ふくくう」という。

**ふくごう【複合】**（名・自他スル）二つ以上のものが合わさって一つになること。また、一つにすること。「―競技」

**ふくこうかんしんけい【副交感神経】**（名）《生》自律神経の一つ。交感神経とバランスをたもちながら、からだの臓器のはたらきを調節する。

**ふくごうご【複合語】**（名）《文法》二つ以上の単語が合わさって別の一つの単語となったもの。「吹《ふ》く」と「込《こ》む」で「吹き込む」、「朝」と「日」で「朝日」など。

**ふくごうどうし【複合動詞】**（名）《文法》二つ以上の単語が組み合わさって一つの動詞となったもの。「話し合う」「近づく」「名づける」など。

**ふくさ【△袱△紗・服△紗】**（名）❶絹・ちりめんなどの布で作った小形のふろしき。贈り物などを包むのに用いる。❷茶の湯で、茶器のちりをはらい、茶碗《ちゃわん》を受けるのに使う絹の布。

**ふくざい【伏在】**（名・自スル）表面には現れずにひそんでかくれていること。潜在《せんざい》。「―する問題」

**ふくざい【服罪】**（名・自スル）罪をおかした者が刑《けい》に服すること。

**ふくざつ【複雑】**（名・形動ダ）いろいろなことが入り組んでいること。こみいってごたごたしていること。「―な気持ち」「―な事情」「―な構造」「―怪奇《かいき》」…化「手続きが複雑化する」対単純・簡単

**ふくさよう【副作用】**（名）《医》薬が、病気をなおす本来のはたらき以外にひきおこす、害となるはたらき。

**ふくざわゆきち**〔福沢諭吉〕〔人名〕（一八三四〜一九〇一）明治の思想家・教育家。蘭学《らんがく》・英学を勉強し、文明開化の時代に、西洋文化の輸入、新思想の宣伝につとめて、日本の近代化に大きな役割をはたした。また、慶応義塾《けいおうぎじゅく》を開いて、多くの人材を育てた。著書「西洋事情」「学問のすゝめ」「福翁《ふくおう》自伝」など。

**ふくさんぶつ【副産物】**（名）❶ある物を作る途中《とちゅう》でうみ出される、目的の物以外の産物。❷ある物事を行うとき、それにともなっておこる物事。

**ふくし【副使】**（名）正式の使いにつきそって、その人を助ける使者。

**ふくし【副詞】**（名）《文法》品詞の一種。自立語で活用がなく、それだけでおもに動詞・形容詞・形容動詞、および他の副詞を修飾《しゅうしょく》することば。「いっそう」「もっと」「ゆっくり」など。

**ふくし【福祉】**（名）人びとが満足するような生活上の環境《かんきょう》。「社会―事業」「―施設《しせつ》」

**ふくじ【服地】**（名）服を作るのに使う布地。

**ふくしき【複式】**（名）二つまたはそれ以上のものが組み合わされている方式や形式。対単式

**ふくしきかざん【複式火山】**（名）《地質》一つの火口内にあらたに小規模の火山を生じた、二重式や三重式の火山。阿蘇山《あそさん》・箱根山など。

**ふくじてき【副次的】**（形動ダ）〔ダロ・ダッ(デ・ニ)・ダ・ナ・ナラ・○〕主となるものに付随《ふずい》しているようす。「―な問題」

**ふくしゃ【複写】**（名・他スル）❶紙を二枚以上重ねて同じものを一度に書き写すこと。「カーボン紙で―する」❷機械を使って、もとの書類や図面など同じものを写しとること。コピー。「―機」「資料を―する」

**ふくしゃ**『△輻射』（名・他スル）《物》物体が熱や光などを四方に放出すること。放射。

**ふくしゃねつ**『△輻射熱』（名）《物》輻射によって伝えられる熱。放射熱。

**ふくしゅ【副手】**（名）❶主となって仕事をする人を助ける人。❷旧制大学で、助手の下にいる職員。

**ふくしゅう【復習】**（名・他スル）一度ならったことを、くり返して勉強すること。おさらい。「英語を―する」対予習

**ふくしゅう**『復△讐』（名・自スル）仕返しすること。かたきをうつこと。「―をちかう」類報復

**ふくじゅう【服従】**（名・自スル）ほかの人の意志や命令に従うこと。「命令に―する」対反抗《はんこう》

**ふくじゅそう【福寿草】**（名）《植》キンポウゲ科の多年草。山地に自生するが、よく栽培《さいばい》される。早春に黄色い花が咲《さ》き、正月向きの鉢植《はちう》えにする。品種が多い。

（ふくじゅそう）

**ふくしょ【副書】**（名）原本の写し。副本。

**ふくしょう【副将】**（名）主将のつぎに位する人。

**ふくしょう【副賞】**（名）正式の賞にそえて、おくられる賞金や賞品。

**ふくしょう【復唱】**『復△誦』（名・他スル）言われた命令や伝達などをくり返して言うこと。

**ふくしょく【服飾】**（名）衣服と、身につけるかざり。また、衣服のかざり。「―品（≒アクセサリー）」

**ふくしょく【副食】**（名）毎日の食事で、主食にそえて食べるもの。おかず。対主食

**ふくしょく【復職】**（名・自スル）やめたり休んだりしていた人が、もとの仕事にふたたびかえること。

**ふくじょし【副助詞】**（名）《文法》助詞の一種。体言や用言そのほかいろいろなことばについて、細かな意味をそえる。口語の「こそ・さえ・まで」、文語の「だに・すら・のみ」など。

**ふくしん【副審】**（名）（「副審判」の略）競技・試合で主審を助けて競技を進行させ、助言をする審判。対主審

**ふくしん【腹心】**（名）心の底から信用できる人。「―の部下」使い方自分と同等以下の人に使う。

**ふくじん【副腎】**（名）《生》左右両側の腎臓の上にある、黄白色の内分泌《ないぶんぴつ》器官。皮質《ひしつ》と髄質《ずいしつ》からなり、ホルモンを分泌する。

**ふくじんづけ【福神漬け】**（名）漬物《つけもの》の一種。だいこん・なす・れんこんなどの野菜を細かく切り、しょうゆ・みりん・砂糖などを煮《に》つめた液に漬けたもの。

**ふく・す【服す】**（自他五）〔サ(ソ)・シ・ス・ス・セ・セ〕→ふくする（服する）

**ふく・す【復す】**（自他五）〔サ(ソ)・シ・ス・ス・セ・セ〕→ふくする（復する）

**ふくすい【覆水】**（名）入れ物がひっくり返ってこぼれた水。

**覆水盆《ぼん》に返《かえ》らず** こぼれた水が盆に返らないように、別れた夫婦は元通りにはならない。転じて、いっぺんやってしまったことは取り返しがつかないというたとえ。

故事 むかし、周の呂尚《りょしょう》（太公望《たいこうぼう》）の妻はまずしいのをきらって別れたが、彼《かれ》が立身したので復縁《ふくえん》を求めたところ、呂尚は盆の水をこぼして「この水が元にもどせたら希望どおりになろう」と言ったという話から出たことば。〈拾遺記《しゅういき》〉

**ふくすう【複数】**（名）❶二つ以上の数。「―の人から言われる」❷《文法》英語など西洋語で、二つ以上のものや二人以上の人を表すことばの形。《対単数》

**ふくすけ【福助】**（名）背が低く頭が大きく、ちょんまげをつけ、裃《かみしも》を着てすわっている男の人形。この人形をかざっておくと、幸福がやってくるという。

**ふく・する【服する】**〔シ(セ・サ)・シ・スル・スル・スレ・シロ(セヨ)〕㊀（自サ変）定められたとおりにする。従う。「命令に―」「喪《も》に―」「任務に―」㊁（他サ変）薬・茶などを飲む。「解毒剤《げどくざい》を―」

**ふく・する【復する】**（自他サ変）〔シ(セ・サ)・シ・スル・スル・スレ・シロ(セヨ)〕もとの状態にもどる。また、もどおりにする。「正常に―」

**ふくせい【複製】**（名・他スル）もとの物とそっくり同じような物を作ること。また、その物。「モナリザの―」

**ふくせき【復籍】**（名・自スル）離縁《りえん》・退学などをした者が、以前の戸籍・学籍などにもどること。

**ふくせん【伏線】**（名）小説などで、あとのすじに関連

したことを、前もってそれとなくほのめかしておくこと。「—を張る」

**ふくせん【複線】**（名）二本以上の並行している線。特に、上りと下りが平行にしかれている線路。対単線

**ふくそう【服装】**（名）身につけている衣服。また、そのようす。みなり。よそおい。「—をととのえる」

**ふくそう【副葬】**（名・他スル）死んだ人が生きているとき使っていた品物などを、遺体のそばにいっしょに埋葬《まいそう》すること。「—品」

**ふくそう『△輻△輳・△輻△湊』**（名・自スル）物事が集中してこみあうこと。「事務が—する」

**ふくぞう【腹蔵】**（名）心の中に思っていることをつつみかくして、外にあらわさないこと。「—のない意見」

**ふくぞうな・い【腹蔵ない】**（形）{カロ・カッ(ク)・イ・イ・ケレ・○}考えを率直《そっちょく》にあらわして、かくさない。「—・く話す」

**ふくぞく【服属】**（名・自スル）服従し従属すること。部下になってつき従うこと。「隣国《りんごく》に—する」

**ふくだい【副題】**（名）→サブタイトル

**ふぐたいてん『不△倶戴天』**（名）どうしても相手を倒《たお》さずにはいられないほど、うらむこと。「—の敵」参考「倶《とも》に天を戴《いただ》かず（＝いっしょにこの世に生きていることはできない）」という意。

**ふくちょう【復調】**（名・自スル）からだの調子などがもとにもどること。調子をとりもどすこと。「—のきざしがみえる」

**ふくつ【不屈】**（名・形動ダ）どんなことにもくじけないで、自分の思ったことをやり通すこと。「—の精神」

**ふくつう【腹痛】**（名）腹がいたむこと。はらいた。

**ふくとく【福徳】**（名）❶幸福と利益。類福利。❷よい行いをしたためにつかんだ幸運。「—円満」

**ふくどく【服毒】**（名・自スル）毒を飲むこと。「—自殺」

**ふくどくほん【副読本】**（名）教科書などにそえて、その本の内容をおぎなう本。ふくとくほん。

**ふくのかみ【福の神】**（名）人びとにしあわせをもたらす神。対厄病《やくびょう》神

**ふくはい【腹背】**（名）腹と背中。まえとうしろ。

「—に敵を受ける」

**ふくびき【福引き】**（名）くじ引きで人びとにいろいろな景品をあたえること。また、そのくじ。

**ふくぶ【腹部】**（名）腹の部分。腹のあたり。

**ふくぶくし・い【福福しい】**（形）{カロ・カッ(ク)・イ・イ・ケレ・○}顔がふっくらしていかにも福徳がありそうなようす。「—顔」

**ふくふくせん【複複線】**（名）複線が二つならんでいる線路。

**ふくぶくろ【福袋】**（名）正月の初売りなどで、いろいろな品物をひとつの袋に入れて安く売り出すもの。

**ふくぶん【複文】**（名）〔文法〕主語と述語を備えた句が、さらに文全体の主語や述語・修飾《しゅうしょく》語になっている文。「星の出た夜空は美しい」など。⇒たんぶん（単文）・じゅうぶん（重文）①

**ふくべ『△瓠・△匏・△瓢』**（名）❶〔植〕ウリ科のつる性一年草。「ゆうがお①」の変種で、果実からかんぴょうを作る。果皮からは花器などを作る。❷〔植〕「ひょうたん①」の別称《べっしょう》。❸→ひょうたん②

**ふくへい【伏兵】**（名）❶敵に不意におそいかかるために、待ちぶせしている兵。❷予期していなかった競争相手やじゃまもの。「—に優勝をさらわれる」

**ふくまく【腹膜】**（名）〔生〕内臓を包んでいる、うすい膜。「—炎《えん》」

**ふくまでん【伏魔殿】**（名）悪人が集まって、たえず陰謀《いんぼう》や悪事をたくらんでいるところ。

**ふくみ【含み】**（名）表面にあらわれた意味以外の、かくれた意味や内容。「—を持たせた言い方」

**ふくみごえ【含み声】**（名）口の中にこもっているように聞こえる声。

**ふくみみ【福耳】**（名）耳たぶの大きい耳。幸福になるしるしといわれる。

**ふくみわらい【含み笑い】**（名）口を閉じたまま、声を出さずに笑うこと。また、そういう笑い方。

**ふくむ【服務】**（名・自スル）職場で仕事につくこと。「—規程《きてい》」

**ふく・む【含む】**（他五）{マ(モ)・ミ(ン)・ム・ム・メ・メ}❶あるものの中に別のものを持っている。内に入れている。「水分を—」「消費税を—金額」❷口の中に入れている。「水を口に—」「あめ玉を—」❸恨《うら》みや不満などを心の中に持っている。「悪意を—・んだ態度」❹事情をよくのみこんで、心にとめておく。「その点をお—・みおきください」

**含むところがある** 心の中に恨みなどをいだいている。

**ふくめい【復命】**（名・他スル）命令を受けて仕事をしたあと、その結果を命令した人に報告すること。

**ふくめつ【覆滅】**（名・自他スル）完全にほろびること。また、ほろぼすこと。「敵を—するまで戦う」

**ふく・める【含める】**（他下一）{メ・メ・メル・メル・メレ・メロ(メヨ)}❶中に入れて扱《あつか》う。「私を—・めて八人です」❷文章などに、ある意味や内容をおりこむ。「言外の意味を—」❸言い聞かせる。納得《なっとく》させる。「かんで—ように話す」

**ふくめん【覆面】**（名・自スル）❶顔を布などで包んでかくすこと。また、その布。❷名前や正体をかくすこと。「—記者」「—パトカー」

**ふくも【服喪】**（名・自スル）近親者がなくなったとき、ある期間、祝い事や行事をさけて身をつつしむこと。喪に服すること。

**ふくやく【服薬】**（名・自スル）薬を飲むこと。「就寝《しゅうしん》前に—する」類服用

**ふくよう【服用】**（名・他スル）薬を飲むこと。「かぜ薬を—する」類服薬

**ふくよう【複葉】**（名）❶〔植〕一つの葉が二枚以上の小さい葉からなるもの。麻《あさ》の葉など。❷飛行機の主翼《しゅよく》が上下二枚あるもの。「—機」《対単葉》

**ふくよか**（形動ダ）{ダロ・ダッ(デ・ニ)・ダ・ナ・ナラ・○}やわらかそうにふくらんでいるようす。ふっくらしているようす。「—な顔」

**ふくらしこ【膨らし粉】**（名）→ベーキングパウダー

**ふくらはぎ『△脹ら△脛』**（名）すねのうしろの、肉のふくらんだところ。腓《こむら》。

**ふくらま・す【膨らます】『△脹らます』**（他五）{サ(ソ)・シ・ス・ス・セ・セ}ふくらむようにする。「希望に胸を—」

**ふくら・む【膨らむ】『△脹らむ』**（自五）{マ(モ)・ミ(ン)・ム・ム・メ・メ}ふくれて大きくなる。「風船が—」「つぼみが—」「夢が

ー」類ふくれる。対しぼむ

**ふくり【福利】**（名）しあわせと利益《りえき》。さいわい。「ー厚生に力をつくす」

**ふくり【複利】**（名）《経》一定の期間ごとに利息を元金にくり入れ、それを次の元金として利息を計算する方法。また、その利息。対単利

**ふくりゅうえん【副流煙】**（名）火をつけたたばこの先から出る煙《けむり》。喫煙者《きつえんしゃ》が吸う主流煙より有害物質が多いとされる。

**ふくれっつら【膨れっ面】**〖△脹れっ面〗（名）不平や不満で、頬《ほお》をふくらませた顔。むっとした顔つき。「しかられてーをする」

**ふく・れる【膨れる】**〖△脹れる〗（自下一）{レ・レ・レル・レル・レレ・レロ(レヨ)}❶内から外へもりあがって大きくなる。「もちがー」類ふくらむ。❷不平や不満の気持ちを顔に表す。むっとした顔つきをする。「しかられてー」

**ふくろ【袋】**〖△嚢〗（名）❶布・紙・皮などで作って、中に物を入れ、口を閉じるようにしたもの。「ーにつめる」❷みかん・ほおずきなどの、中の実をつつんでいるうすい皮。❸袋に似ているもの。「胃ー《ぶくろ》」「戸ー《ぶくろ》」

**袋の鼠《ねずみ》** 袋の中に入れられたねずみのように、逃《に》げ場のないもののたとえ。「犯人はもはやーだ」

**ふくろ【復路】**（名）帰り道。帰り。対往路

**ふくろう**〖△梟〗（名）《動》フクロウ科の鳥。からだは灰褐《はいかつ》色で、するどいくちばしをもつ。夜に活動し、野ねずみ・もぐらなどをつかまえて食う。

（ふくろう）

**ふくろくじゅ**〖福△禄寿〗（名）七福神の一。背が低くて頭が長く、長いひげをはやしている神。

**ふくろこうじ【袋小路】**（名）❶行きどまりになっていて他に抜《ぬ》けられない小道。❷物事がいきづまってどうにもならなくなった状態。「捜査《そうさ》がーにはいる」

**ふくろだたき【袋だたき】**〖袋△叩き〗（名）大勢でとり囲み、さんざんになぐること。また、大勢から非難されたり、攻撃《こうげき》されたりすること。「ーにあう」

**ふくろとだな【袋戸棚】**（名）❶床《とこ》の間《ま》のわきの、上部や下部にあるたな。❷茶道で使うたなの一つ。

**ふくろもの【袋物】**（名）紙入れ・手さげなどのように、身辺のこまごましたものを入れる袋状の入れ物。

**ふくわじゅつ【腹話術】**（名）人形を使いながら、口をほとんど動かさずに声を出し、まるで人形が話しているように思わせる芸。

**ふくん【夫君】**（名）他人の夫をうやまっていうことば。

**ぶくん【武勲】**（名）いくさでたてたてがら。類武功

**ふけ**〖×雲脂・×頭垢〗（名）頭のひふの脂《あぶら》などがかわいてできる、白くてうすいうろこのような形をしたもの。

**ぶけ【武家】**（名）武士の家がら。さむらい。「ー政治」「ーの出身」対公家《くげ》

**ふけい【父兄】**（名）父や兄。子どもの保護者。

**ふけい【父系】**（名）❶父方の血筋。❷家系が父方の血筋で続いていること。（対母系）

**ふけい【不敬】**（名・形動ダ）うやまう気持ちがなく、失礼な言動をすること。「ーな行為《こうい》」

**ふけい【婦警】**（名）（「婦人警察官」の略）女性警察官。婦人警官。

**ぶげい【武芸】**（名）刀・弓・やり・乗馬など、武道に関する技術。武術。武技。「ーの達人」

**ふけいき【不景気】**（名・形動ダ）❶《経》商品がよく売れず失業者がふえ、産業界がふるわない状態。不況《ふきょう》。対好景気。❷商売がうまくいかないこと。❸元気のないこと。「ーな顔をしている」

**ふけいざい【不経済】**（名・形動ダ）むだが多いこと。「水の流しっぱなしはーだ」

**ふけこ・む【老け込む】**（自五）{マ(モ)・ミ(ン)・ム・ム・メ・メ}いかにも年をとったというようすになる。年寄りじみる。「まだー年ではない」

**ふけつ【不潔】**（名・形動ダ）きたないこと。よごれていること。「ーな服」「ーな考え」対清潔

**ぶけづくり【武家造り】**（名）鎌倉《かまくら》時代におこった、武家の住宅の様式。

**ふけ・る**〖△耽る〗（自五）{ラ(ロ)・リ(ッ)・ル・ル・レ・レ}物事にむちゅうになる。没頭《ぼっとう》する。熱中する。「読書にー」

**ふ・ける【老ける】**（自下一）{ケ・ケ・ケル・ケル・ケレ・ケロ(ケヨ)}年をとる。年寄りじみる。「年よりー・けてみえる」

**ふ・ける【更ける】**（自下一）{ケ・ケ・ケル・ケル・ケレ・ケロ(ケヨ)}❶夜が深くなる。「夜がー」❷秋が深くなる。「秋もー・けて紅葉が美しい」

**ふ・ける**〖◇蒸ける〗（自下一）{ケ・ケ・ケル・ケル・ケレ・ケロ(ケヨ)}むされて熱が通り、やわらかくなる。「いもがー」

**ふけん【府県】**（名）府と県。「都道ー」

**ふげん【不言】**（名）ものを言わないこと。無言《むごん》。

**ふげん【付言】**（名・他スル）つけくわえて言うこと。また、そのことば。

**ぶげん【分限】**（名）❶身分。分際《ぶんざい》。身のほど。❷かね持ち。「ー者《しゃ》」参考「ぶんげん」とも読む。

**ふけんこう【不健康】**（名・形動ダ）❶からだのぐあいがよくないこと。また、からだのためによくないこと。「生気のないーな顔つき」❷生活態度や考え方などが、健康的でないこと。「ーな考え」

**ふけんしき【不見識】**（名・形動ダ）物事の本質を理解して正しく判断する力がないこと。「ーな人」

**ふげんじっこう【不言実行】**（名）あれこれ言わずに、だまって実行すること。「ーの人」

**ふけんぜん【不健全】**（名・形動ダ）考え方や生活態度、物事の状態などがかたよっていてまともではないこと。「ーな考え方」「ーな財政」

**ふげんぼさつ**〖普賢△菩△薩〗（名）《仏》釈迦《しゃか》の右に従い立っている仏。白い象に乗り、宝冠《ほうかん》をかぶり、正しい知恵《ちえ》や思いやりの心を取りあつかうという。

**ふこう【不孝】**（名・形動ダ）子として親を大事にしないこと。「親ー」「ー者《もの》」対孝行

**ふこう【不幸】**[一]（名・形動ダ）しあわせでないこと。ふしあわせ。「ーな人生」対幸福。[二]（名）家族や親類の人などが死ぬこと。「身内にーがあった」

**不幸中《ちゅう》の幸《さいわ》い** 悪いできごとの中で、ただ一つ心の慰《なぐさ》めとなることがら。「けががなかったのはーだ」

**ふごう【負号】**（名）《数》負数を表す記号。マイナスのしるし。「－」対正号《せいごう》

**ふごう【符号】**（名）しるし。記号。

**ふごう【符合】**（名・自スル）二つ以上のものがぴったり

合うこと。「二人の言うことが—している」

**ふごう【富豪】**（名）大金持ち。財産家。

**ぶこう【武功】**（名）いくさでたてたてがら。類武勲《ぶくん》

**ふごうかく【不合格】**（名）合格しないこと。試験や検査に受からないこと。「試験で—となる」

**ふこうへい【不公平】**（名・形動ダ）あつかいがかたよっていて、公平でないこと。「—なあつかい」類不平等

**ふごうり【不合理】**（名・形動ダ）理屈《りくつ》に合わないこと。筋が通らないこと。「—を改める」類非合理

**ふこく【布告】**一（名・他スル）広く人びとに告げ知らせること。特に、国家の方針を告げ知らせること。「宣戦—」二（名）明治初期、政府が発した法律や命令。「太政官《だじょうかん》—」

**ふこく【富国】**（名）❶国を豊かにすること。「—政策」❷豊かな国。

**ふこくきょうへい【富国強兵】**（名）国を豊かにし、兵力を強めること。

**ぶこくざい〖△誣告罪〗**（名）〔法〕他人を罪におとしいれる目的で、うその申し立てをしたことによる罪。現在は虚偽告訴《きょぎこくそ》罪という。

**ふこころえ【不心得】**（名・形動ダ）心がけの悪いこと。「—なふるまい」

**ぶこつ【無骨・武骨】**（名・形動ダ）風流を解さなかったり、洗練された作法などを心得ていないこと。「—な男」

**ふさ【房】〖◇総〗**（名）❶糸や毛をたばねて先をばらばらにしたもの。❷一本の茎《くき》に花や実がたくさんついてたれさがっているもの。「ぶどうの—」❸みかんなど、果実の中のひとつひとつの袋《ふくろ》。

**ブザー**〔英 buzzer〕（名）電磁石《でんじしゃく》で振動《しんどう》板を振動させ音を出す器具。呼び鈴《りん》や警報に使う。

**ふさい【夫妻】**（名）夫と妻。夫婦《ふうふ》。

**ふさい【負債】**（名）他人からおかねや物を借りていること。また、その借金や借りている物。「—を負う」

**ふざい【不在】**（名）その場所にいないこと。特に、家にいないこと。るす。「母は—です」

**ぶさいく【不細工・無細工】**（名・形動ダ）❶細工のてぎわが悪いこと。できあがりの悪いこと。「—なつくり」❷顔かたちの悪いこと。類不器量

**ふざいじぬし【不在地主】**（名）農地などの土地を持っていながら、その土地に住んでいない地主。

**ふざいしゃとうひょう【不在者投票】**（名）郵便によって、また所定の投票所以外の場所で投票日前に行う投票。

**ふさが・る【塞がる】**（自五）{ラ(ロ)・リ(ッ)・ル・ル・レ・レ}❶いっぱいにつまっていて通じなくなる。「道が車で—」「大雪でトンネルが—」対空《あ》く ❷あいていたものが、閉じる。「穴が—」「傷口が—」対空く ❸ほかのことに使われていて使えなくなる。「荷物で両手が—」「その日はあいにく—・っています」対空く ❹ある感情で心がいっぱいになる。「悲しみで胸が—」

**ふさぎこ・む【塞ぎ込む】**（自五）{マ(モ)・ミ(ン)・ム・ム・メ・メ}気分が晴れないでしずんでいる。「朝から—・んでいる」

**ふさく【不作】**（名）❶農作物のできが悪いこと。「今年は米が—だ」類凶作《きょうさく》。対豊作。❷作品などのできが悪いこと。よい人材が得られないこと。

**ふさ・ぐ【塞ぐ】**{ガ(ゴ)・ギ(イ)・グ・グ・ゲ・ゲ}一（他五）❶じゃまをして通れなくする。「出入り口を—」「倒木《とうぼく》が道を—」❷あいているところにふたやつめ物をして、穴やすきまをなくす。「耳を—」「穴を—」❸場所を占《し》めて、使えないようにする。「荷物で座席を—」❹役目などをどうにかはたす。「責めを—（＝責任をはたす）」二（自五）気分がすぐれず、ゆううつである。「—・いだ顔をする」類沈《しず》む

**ふざ・ける**（自下一）{ケ・ケ・ケル・ケル・ケレ・ケロ(ケヨ)}❶たわむれる。じょうだんを言う。「—・けて人を笑わせる」❷子どもなどが遊びさわぐ。「—・けていないでもう寝《ね》なさい」❸人をばかにする。「—・けたまねをするな」

**ぶさた【無沙汰】**（名・自スル）長い間たよりを出さなかったり、訪問しなかったりすること。「ご—しております」

**ぶさほう【不作法・無作法】**（名・形動ダ）礼儀《れいぎ》作法にはずれていること。行儀の悪いこと。「—をわびる」「—なことばづかい」

**ぶざま〖無様・不様〗**（名・形動ダ）姿・ようすなどが、みっともなく見苦しいこと。「—な負け方」

**ふさわし・い〖×相応しい〗**（形）{カロ・カッ(ク)・イ・イ・ケレ・○}あるものがあるものによくつり合っている。「生徒会長に—人」

**ふさん【不参】**（名・自スル）参加しないこと。出席しないこと。不参加。

**ふし【節】**（名）❶竹などの茎《くき》にある、区切りのような部分。「竹の—」❷木の幹から枝の出たあと。「—の多い板」❸動物・人体の関節。「からだの—が痛む」❹目につくところ。部分。「彼《かれ》の行動には納得《なっとく》のいかない—がある」❺歌の調子。また、そのひとくぎり。メロディー。「—をつけて歌う」

**ふし【父子】**（名）父親とその子ども。

**ふし【不死】**（名）永遠に死なないこと。「不老—」

**ふじ【藤】**（名）〖植〗マメ科のつる性落葉低木。山野に自生、また観賞用に栽培《さいばい》。五月ごろ、穂《ほ》のような花ぶさを下げ、うす紫《むらさき》色・白色の花を多数つける。

**ふじ【不治】**（名）病気のなおらないこと。ふち。「—の病」

**ふじ【不時】**（名）予定していない時。思いがけない時。「—の出費」「—着《ちゃく》」

**ふじ〔富士〕**（名）「富士山《ふじさん》」の略。

**ぶし【武士】**（名）むかし、武芸を習って戦《いくさ》にかかわった階級の人。さむらい。武者。

**武士は食《く》わねど高楊枝《たかようじ》**（武士は何も食べていなくても、たくさん食べたようによそおって、ようじを使うという意から）どんなに貧乏《びんぼう》であっても、それを気にしないで、気位を高くもっていることのたとえ。

**ぶじ【無事】**（名・形動ダ）事故や失敗、病気などがなく、平穏《へいおん》なこと。「—に旅から帰る」

**ふしあな【節穴】**（名）❶板などの節がとれたあとの穴。❷物事を見ぬく力のないこと。「君の目は—か」

**ふしあわせ【不幸せ】〖不仕合わせ〗**（名・形動ダ）幸福でないこと。運の悪いこと。不幸。

**ふしおが・む【伏し拝む】**（他五）{マ(モ)・ミ(ン)・ム・ム・メ・メ}座っ

て両手をつき、頭やからだを低くして拝む。「仏を―」

**ふしぎ**【不思議】（名・形動ダ）ふつうでは考えられない、想像もつかないこと。わけのわからないこと。奇怪《きかい》。「―な事件」「―とよく当たる」類不可思議

**ふしくれだ・つ**【節くれ立つ】（自五）〔タ(ト)・チ(ツ)・ツ・ツ・テ・テ〕❶木に節が多く、でこぼこしている。❷人の手・指などが骨ばってごつごつしている。「―・った手」

**ふじさん**【富士山】（名）静岡と山梨の県境にある日本一高い（三七七六メートル）山。富士。

**ふしぜん**【不自然】（名・形動ダ）自然でないこと。わざとらしいこと。「―な笑い顔」

**ふしだら**（名・形動ダ）だらしがないこと。しまりがないこと。また、行いが道徳的でないこと。「―な生活」

**ふじちゃく**【不時着】（名・自スル）航空機が飛行中、故障や燃料不足などのために、目的地でない所に臨時に着陸すること。不時着陸。

**ふしちょう**【不死鳥】（名）→フェニックス①

**ふじつ**【不実】［一］（名・形動ダ）誠実でないこと。不誠実。「―な男」［二］（名）事実でないこと。

**ふしづけ**【節付け】（名・自スル）歌詞に節をつけること。

**ぶしつけ**『不△躾』（名・形動ダ）礼儀《れいぎ》作法などにあっていないこと。不作法で、遠慮《えんりょ》のないこと。「―な男」「―に言う」

**ぶしどう**【武士道】（名）むかし、武士の間に重んじられた道徳。忠誠・武勇・名誉《めいよ》などを重んじた。

**ふじばかま**『藤△袴』（名）〔植〕キク科の多年草。山野に自生する。秋の七草の一つで、秋にうす紫《むらさき》色の小さい花をたくさんつける。

**ふじびたい**【富士額】（名）髪《かみ》の生《は》え際《ぎわ》が、富士山の形に似ているひたい。

**ふしぶし**【節節】（名）❶からだのあちこちの関節。「―が痛む」❷あれこれの点。「思いあたる―がある」

**ふしまつ**【不始末】（名・形動ダ）❶あとしまつをよくしないこと。だらしなくほうっておくこと。「火の―」❷人にめいわくをかけるような失敗。「―をしでかす」

**ふしまわし**【節回し】（名）歌曲や謡物《うたいもの》などの節の上げ下げや調子。

**ふじみ**【不死身】（名）どんなにいためつけられても弱らない強いからだ。また、どんな苦しいことに出あってもくじけないこと。「―のからだ」

**ふしめ**【節目】（名）❶竹や木の節のあるところ。❷物事のくぎり。「人生の―を迎《むか》える」「―をつける」

**ふしめ**【伏し目】（名）うつむきかげんに、目を下へ向けること。「―になる」

**ふしめがち**【伏し目がち】（名・形動ダ）うつむきかげんに、目を下に向けがちであるようす。「―に話す」

**ふしゅ**【浮腫】（名）〔医〕ひふや粘膜《ねんまく》の下に、リンパ液や組織液が多量にたまる症状《しょうじょう》。むくみ。

**ぶしゅ**【部首】（名）漢字の辞典で、漢字を分類し配列するうえで基準となる構成部分。漢字をさがすときの目印となる、へん・つくり・たれなど。

**ふしゅう**『△俘囚』（名）とりこ。捕虜《ほりょ》。

**ふしゅう**【腐臭】（名）もののくさったにおい。「―がただよう」

**ふじゆう**【不自由】（名・形動ダ・自スル）自由でないこと。思うとおりにならないこと。「おかねに―する」

**ぶしゅうぎ**【不祝儀】（名）人の死などのように、めでたくないできごと。不吉《ふきつ》なこと。

**ふじゅうぶん**【不十分・不充分】（名・形動ダ）足りないところがあり満足でないこと。じゅうぶんでないこと。「証拠《しょうこ》―」「―な解説」

**ぶじゅつ**【武術】（名）刀・やり・弓・乗馬など、武道に関する技術。武芸。

**ふしゅび**【不首尾】（名・形動ダ）物事がうまくいかないで、結果が悪いこと。「―に終わる」対上首尾《じょうしゅび》

**ふじゅん**【不純】（名・形動ダ）純粋《じゅんすい》・純真でないこと。「―物」「―な動機」

**ふじゅん**【不順】（名・形動ダ）いつもの調子でないこと。順調でないこと。「天候―」

**ふじょ**【扶助】（名・他スル）力を貸して助けること。特に、金銭面などの援助《えんじょ》。「生活―を受ける」

**ふじょ**【婦女】（名）女性。婦人。

**ぶしょ**【部署】（名）ある組織の中で、それぞれがわりあてられた受け持ちの役目や持ち場。「―につく」

**ふしょう**【不肖】（名・形動ダ）❶親に似ないでおろかなこと。「―の子」❷自分のことをけんそんした言い方。「―ながら私がつとめます」

**ふしょう**【不祥】（名・形動ダ）よくないこと。めでたくないこと。縁起《えんぎ》の悪いこと。「―事」

**ふしょう**【不詳】（名）くわしくわからないこと。はっきりしないこと。「身元―の女性」類不明・未詳

**ふしょう**【負傷】（名・自スル）けがをすること。「―者」「事故で―する」

**ふじょう**【不浄】［一］（名・形動ダ）よごれていること。けがれていること。「―なかね」対清浄。［二］（名）→ごふじょう

**ふじょう**【浮上】（名・自スル）❶水の中から浮《う》かび上がること。「潜水艦《せんすいかん》が―する」❷表面に出ていなかったものが出てくること。「新しい案が―する」❸上位などのよい状態に上がってくること。「三位に―する」

**ぶしょう**【武将】（名）武士の大将。武士のかしら。「戦国―」

**ぶしょう**【無精・不精】（名・形動ダ・自スル）物事をめんどうがること。ほねおしみ。ものぐさ。「―をきめこむ」「筆―」「出―」

**ふしょうか**【不消化】（名・形動ダ）❶食べたものが胃や腸の中でじゅうぶんに消化されないこと。❷学んだ知識などがじゅうぶん自分のものになっていないこと。

**ふしょうじ**【不祥事】（名）名誉《めいよ》を汚《けが》すような困った事件。「―を招く」「―を起こす」

**ふしょうじき**【不正直】（名・形動ダ）正直でないこと。うそつき。「―な人」

**ふしょうち**【不承知】（名・形動ダ）承知しないこと。聞き入れないこと。賛成しないこと。

**ぶしょうひげ**【無精ひげ】『不精△髭』（名）そるのをめんどうがって、のびたままになっているひげ。

**ふしょうぶしょう**【不承不承】（副）気が進まないがしかたなしに。しぶしぶ。「―指示に従う」

**ふしょうふずい**【夫唱婦随】（名）夫が言いだし、妻がそれに従うこと。

**ふじょうり【不条理】**（名・形動ダ）物事の筋道の通らないこと。道理に合わないこと。「ーな世の中」

**ふしょく【扶植】**（名・他スル）勢力・思想などを植えつけ育てること。「勢力をーする」

**ふしょく【腐食】『腐△蝕』**（名・自他スル）くさって形がくずれること。また、くさらせて形をくずすこと。「柱がーする」

**ふしょく【腐植】**（名）動植物が土の中でくさってできた暗黒色のもの。「ー土（＝植物の生育によい、腐植を多く含《ふく》む土）」

**ぶじょく【侮辱】**（名・他スル）ばかにしてはじをかかせること。「人前でーされる」

**ふしょくふ【不織布】**（名）織ったり編んだりせず、繊維《せんい》をさまざまな方法で結合させて布にしたもの。「ーマスク」

**ふじょし【婦女子】**（名）女性。また、女性や子ども。

**ふしょぞん【不所存】**（名・形動ダ）考えの正しくないこと。心がけのよくないこと。不《ふ》心得《こころえ》。

**ふじわらのさだいえ**〔藤原定家〕【人名】→ふじわらのていか

**ふじわらのしゅんぜい**〔藤原俊成〕【人名】（一一一四〜一二〇四）平安時代末期・鎌倉《かまくら》時代初期の歌人。俊成は「としなり」とも。定家《ていか》の父。「千載《せんざい》集」の撰者《せんじゃ》。奥深《おくぶか》い静けさをたたえた幽玄体《ゆうげんたい》の歌風を唱えた。

**ふじわらのていか**〔藤原定家〕【人名】（一一六二〜一二四一）鎌倉《かまくら》時代前期の歌人。定家は「さだいえ」とも。「新古今集《しんこきんしゅう》」の撰者《せんじゃ》の一人。また、「新勅撰《しんちょくせん》集」を単独で選んだ。父、俊成《しゅんぜい》の唱えた幽玄《ゆうげん》体《たい》に、はなやかさを加えた歌風をつくりだし、新古今調の大成者とされる。歌論書も多い。

**ふじわらのとしなり**〔藤原俊成〕【人名】→ふじわらのしゅんぜい

**ふしん【不信】**（名）❶信用できないこと。信用しないこと。「政治ーを招く」「ー感」❷誠実さがないこと。「友のーを責める」

**ふしん【不振】**（名・形動ダ）さかんでないこと。勢いや調子がよくないこと。「食欲ー」「業績ー」

**ふしん【不審】**（名・形動ダ）はっきりしないで、疑わしいこと。「ーな点を調べる」「ー尋問《じんもん》」

**ふしん【普請】**（名・他スル）家や橋などをつくること。また、土木工事。「安《やす》ー《ぶしん》」「大がかりなー」

**ふしん【腐心】**（名・自スル）心をなやますこと。あれこれと苦心すること。「金策にーする」

**ふじん【夫人】**（名）他人の妻を敬っていうことば。おくさま。「社長ー」

**ふじん【不尽】**（名）「じゅうぶんに述べつくせない」の意で、手紙の終わりに書くことば。[類]不一《ふいつ》・不備。
[使い方]「前略」「冠省《かんしょう》」などに対して使う。

**ふじん【布陣】**（名・自スル）❶戦いの陣をしくこと。また、その陣。「敵のーをさぐる」❷争いごとなどで、自分側の態勢をととのえること。

**ふじん【婦人】**（名）大人の女性。「ー服」

**ぶじん【武人】**（名）武士。軍人。[対]文人

**ふしんじん【不信心】**（名・形動ダ）神仏を信じないこと。「ーな人」

**ふしんせつ【不親切】**（名・形動ダ）思いやりがなく親切でないこと。「ーな態度」

**ふしんにん【不信任】**（名）信任しないこと。信用してまかせることができないこと。「内閣ー案」

**ふしんばん【不寝番】**（名）一晩じゅう寝《ね》ないで見張りをすること。また、その人。寝ずの番。

**ふ・す【付す】**（自他五）〔サ(ソ)・シ・ス・ス・セ・セ〕→ふする

**ふ・す【伏す】**（自五）〔サ(ソ)・シ・ス・ス・セ・セ〕顔を下に向け、からだを低くする。また、はらばいになる。うつぶす。「ー・して泣く」「地にー」

**ふ・す『△臥す』**（自五）〔サ(ソ)・シ・ス・ス・セ・セ〕横になる。また、病気などで床《とこ》につく。「病《やまい》にー」

**ふず【付図】**（名）付録としてつけた図・地図。

**ふずい【不随】**（名）からだが思うように動かないこと。「半身ー」

**ふずい【付随】**（名・自スル）おもなことがらにつき従うこと。関連すること。「ーしておこった事件」

**ぶすい【無粋・不粋】**（名・形動ダ）人情や風流がわからないこと。やぼなこと。「ーな人」

**ふずいいきん【不随意筋】**（名）〘生〙意志と関係なく自動的・反射的に運動をおこす筋肉。平滑筋《へいかつきん》・心筋など。[対]随意筋

**ふすう【負数】**（名）〘数〙0より小さい数。マイナスの符号《ふごう》「−」をつけて表す。[対]正数《せいすう》

**ぶすう【部数】**（名）書物・新聞などの数。冊数。「発行ー」

**ふすま『△麩・△麬』**（名）小麦を粉にひいたときに出る皮のくず。家畜《かちく》のえさなどに使う。

**ふすま『△襖』**（名）細い木で骨を組み、両面に紙または布を張った建具。和室の仕切りに使う。からかみ。

**ふ・する【付する】**〔シ(セ・サ)・シ・スル・スル・スレ・シロ(セヨ)〕[一]（他サ変）❶つけ加える。そえる。「条件をー」❷渡《わた》す。交付する。「許可証をー」❸扱《あつか》いを任せる。そのようにとりはからう。「審議《しんぎ》にー」「不問にー」[二]（自サ変）従う。つく。「驥尾《きび》にー・して行う（＝すぐれた人のあとに従って事をする）」

**ふせ【布施】**（名）（ふつう、「お布施」の形で）法事その他のお礼などとして、僧《そう》に渡《わた》す金銭や品物。

**ふせい【不正】**（名・形動ダ）正しくないこと。よくないこと。「ーをはたらく」「ー事件」「ー行為《こうい》」

**ふせい【父性】**（名）父としての性質。[対]母性

**ふぜい【風情】**[一]（名）❶おもむき。風流な味わい。「ーのある庭園」❷ようす。ありさま。「悲しげなー」[二]（接尾）体言の下について、いやしめたりへりくだったりする気持ちを表す。…のようなもの。「町人ー」「私ー」

**ふぜい【賦税】**（名）税をわりあてて、払《はら》わせること。

**ぶぜい【無勢】**（名）人数が少ないこと。「多勢にーではかなわない」[対]多勢

**ふせいあい【父性愛】**（名）子どもに対する、父としての愛情。[対]母性愛

**ふせいかく【不正確】**（名・形動ダ）正確でないこと。「ーなデータ」「説明がーだ」

**ふせいこう【不成功】**（名・形動ダ）成功しないこ

と。うまくいかないこと。失敗。「—に終わる」

**ふせいしゅつ【不世出】**（名）めったに世に現れないほどすぐれていること。「—の天才」

**ふせいせき【不成績】**（名・形動ダ）成績の悪いこと。「—に終わる」

**ふせいみゃく【不整脈】**（名）〘医〙心臓が血液を送り出すリズムが乱れること。また、その脈拍《みゃくはく》。

**ふせいりつ【不成立】**（名）成り立たないこと。まとまらないこと。「交渉《こうしょう》は—に終わった」

**ふせき【布石】**（名）❶囲碁《いご》で、対局のはじめにそれからの展開を考えて置く石の並べ方。❷将来を考えて前もってする用意。「事業をおこすための—」

**ふせ・ぐ【防ぐ】**（他五）{ガ(ゴ)・ギ(イ)・グ・グ・ゲ・ゲ} ❶害を与《あた》えるものがはいりこまないようにする。侵《おか》されないように守る。「敵の侵入《しんにゅう》を—」「攻撃《こうげき》を—」❷好ましくないことが起こらないように手だてを講じる。「感染《かんせん》を—」「事故を—」「被害《ひがい》の拡大を—」

**ふせじ【伏せ字】**（名）文章の中で、そのまま表してはぐあいが悪いことばを○や×などで伏せて印刷したもの。また、その箇所《かしょ》。

**ふせつ【符節】**（名）木片《もくへん》に文字を書き、中央に割り印をおして、二つに分けたもの。あとで合わせて証拠《しょうこ》とする。割り符。

**符節を合《あ》わせる** 両方がぴったり一致《いっち》する。

**ふせつ【敷設・布設】**（名・他スル）鉄道・ガス管・水道などを敷《し》くこと。「鉄道を—する」

**ふせっせい【不摂生】**（名・形動ダ）健康に注意しない生活をすること。「—がたたる」類不養生《ふようじょう》

**ふせ・る**『△臥せる』（自五）{ラ(ロ)・リ(ッ)・ル・ル・レ・レ} 横になって寝《ね》る。（病気で）床《とこ》につく。「病《やまい》に—」

**ふ・せる【伏せる】**{セ・セ・セル・セル・セレ・セロ(セヨ)} ㊀（他下一）❶うつむかせる。下へ向かせる。「顔を—」「目を—」❷からだを下に向ける。はらばいになる。「身を—」❸表面や上部を下に向けて置く。「書類を—」「茶碗《ちゃわん》を—」❹かくす。知られないようにする。「名前を—」㊁（自下一）うつぶせになる。「地面に—」

**ふせん【不戦】**（名）戦わないこと。戦争をしないこと。「—勝」「—の誓《ちか》い」

**ふせん【付箋】**（名）疑問点・注意事項《じこう》などを書いて、または目印として、本や書類などにはる小さい紙。

**ふぜん【不全】**（名・形動ダ）物事の活動や、からだのはたらきなどが完全でないこと。「機能—」「発育—」

**ふぜん【不善】**（名）道徳にそむくこと。よくないこと。

**ぶぜん【豊前】**〔地名〕むかしの国名の一つ。今の福岡県東部と大分県北部。豊州《ほうしゅう》。

**ぶぜん**『△憮然』（トタル）❶失望してぼんやりするようす。❷不満や怒《いか》りなどを感じながら、おしだまっているようす。「—とした表情」

**ふせんしょう【不戦勝】**（名）相手の棄権《きけん》・休場、または組み合わせの関係などによって、試合をしないで勝ちになること。対不戦敗

**ふせんぱい【不戦敗】**（名）試合を棄権《きけん》・休場したため、負けとなること。対不戦勝

**ふせんめい【不鮮明】**（名・形動ダ）はっきりしないこと。「—な印刷」「—な記憶《きおく》」

**ふそ【父祖】**（名）❶父と祖父。❷先祖。祖先。

**ぶそう【武装】**（名・自スル）戦うために武器を身につけること。戦闘《せんとう》のための装備。「—を解く」

**ふそうおう【不相応】**（名・形動ダ）ふさわしくないこと。つり合いがとれないこと。「身分—な暮らしぶり」

**ふそく【不足】**㊀（名・形動ダ・自スル）たりないこと。必要なだけないこと。「—をおぎなう」「資金が—する」類不十分。㊁（名）満足しないこと。不満。「—を言う」「相手に—はない」

**ふそく【不測】**（名）前もってはかり知ることができないこと。予測できないこと。「—の事態がおこる」

**ふそく【付則・附則】**（名）ある規則をおぎなうためにつけ加える規則。対本則

**ふぞく【付属・附属】**（名・自スル）主となるものにつき従っていること。また、そのもの。「—病院」

**ぶぞく【部族】**（名）同じ地域に住んで、共通のことばや文化、宗教などをもっている人びとの集団。

**ふぞくご【付属語】**（名）〘文法〙つねにほかの語に付属して、文節の一部となる単語。助動詞・助詞をさす。対自立語

**ふそくふり【不即不離】**（名）二つのものがつきもせず離《はな》れもしないこと。つかず離れず。「—の関係」

**ふそでんらい【父祖伝来】**（名）父や祖父の代から、また先祖の代から受けついできたもの。「—の土地」

**ふぞろい**『不△揃い』（名・形動ダ）形・数・調子などがばらばらでそろっていないこと。「—な靴下《くつした》」

**ふそん【不遜】**（名・形動ダ）人をばかにしておごっていること。思いあがっていること。「—な態度」

**ぶそん**〔蕪村〕〔人名〕→よさぶそん

**ふた【蓋】**（名）入れ物の口や穴を上からおおいふさぐもの。「なべの—」

**蓋を開《あ》ける** ❶物事を始める。❷物事の実情や結果などをみる。「合否は—までわからない」

**ふだ【札】**（名）❶文字や記号を書きつける小さな紙や布や木ぎれなど。❷神社などの出すお守り。おふだ。❸かるた・トランプ・花札などのカード。

**ぶた【豚】**（名）〘動〙イノシシ科の哺乳《ほにゅう》動物。いのししを家畜《かちく》に改良したもので、肉は食用にする。

**豚に真珠《しんじゅ》** どんなに貴重なものも、ねうちのわからないものには何の役にもたたないこと。類猫《ねこ》に小判

**ふたあけ【蓋開け・蓋明け】**（名）物事を始めること。特に、劇場などでの初日の公演。

**ふたい【付帯・附帯】**（名・自スル）おもなことにつけ加えられていること。ともなうこと。「—事項《じこう》」

**ふだい【譜代】**（名）❶代々同じ主家につかえること。また、つかえてきた家臣。❷江戸《えど》時代、関ケ原の戦いの前から徳川《とくがわ》氏につかえてきた大名。譜代大名。

**ぶたい【部隊】**（名）❶全軍隊の中の一つの集団。❷同じ目的をもって集団的に行動する一群の人びと。「買い出し—」

**ぶたい【舞台】**（名）❶劇場で、演劇・演奏などを行うための、観客席より少し高くなっている所。ステージ。また、そこで行う演技。「—げいこ」❷うでまえや活動ぶりを見せる場所。「世界を—に活躍《かつやく》する」

**ぶたいうら【舞台裏】**（名）❶観客からは見えない舞台の裏側。❷物事の表面に現れない場所。調整

や根回《ねまわ》しなどが行われるところ。「首脳会談の—」

**ぶたいかんとく【舞台監督】**（名）〘演〙演劇で、上演・進行のすべてを指導・監督する人。

**ぶたいげき【舞台劇】**（名）〘演〙舞台で行う演劇。

**ぶたいそうち【舞台装置】**（名）〘演〙舞台上に作られる大道具・小道具・照明などのいっさいの装置。

**ふたいてん【不退転】**（名）❶〘仏〙おこたることなく仏道修行《しゅぎょう》にはげむこと。❷かたく信念をつらぬき、どんなものにも屈《くっ》しないこと。「—の決意」

**ふたえ【二重】**（名）物が二つ重なっていること。また、そのもの。にじゅう。「—に折る」「—まぶた」

**ふたおや【二親】**（名）父と母。両親。対片親《かたおや》

**ふたく【付託】**（名・他スル）たのみまかせること。「委員会に—した議案」類委任

**ふたご【双子】**〖二子〗（名）同じ母親から一度に生まれた二人の子ども。双生児《そうせいじ》。

**ふたごころ【二心】**（名）主人や味方にそむく心。裏切りの心。「—をいだく」

**ふたことめ【二言目】**（名）何か言いはじめると、口ぐせのように続けて口に出すことば。「—には勉強しなさいと言う」

**ふたしか【不確か】**（形動ダ）{ダロ・ダッ(デ・ニ)・ダ・ナ・ナラ・○}確かでないようす。あやふや。「記憶《きおく》が—だ」

**ふだしょ【札所】**（名）巡礼《じゅんれい》者が参拝のしるしに、札を受けたり、また、納めたりする所。三三か所の観音《かんのん》・八八か所の弘法大師《こうぼうだいし》の霊場《れいじょう》など。

**ふたたび【再び】**（副）もう一度。二度。重ねて。「—当選した」「二度と—帰らない」

**ふたつ【二つ】**（名）❶一の二倍。に。❷二個。両方。「—の方法」「—とも気に入らない」❸二歳《さい》。

**ふだつき【札付き】**（名）❶商品に正当な値札がついていること。また、その品。❷悪いという評判が広まっていること。また、その人。「—の不良」

**ふたつへんじ【二つ返事】**（名）すぐに気持ちよく返事をして引き受けること。「—で承知する」

**ぶだて【部立て】**（名・他スル）部門・部類に分けること。「古今和歌集の—」

**ふだどめ【札止め】**（名）劇場や映画館などで、満員のため入場券の発売をやめること。「—の盛況《せいきょう》」

**ふたば【双葉・二葉】**（名）草木の、芽を出したばかりの小さい二枚の葉。転じて、物事のはじめのころ。「栴檀《せんだん》は—よりかんばし（＝えらくなる人は小さいときからすぐれている）」

**ぶたばこ【豚箱】**（名）《俗語》警察署の留置場。

**ふたばていしめい〔二葉亭四迷〕**【人名】（一八六四〜一九〇九）明治時代の小説家。日本最初の言文一致《げんぶんいっち》体による写実主義の小説「浮雲《うきぐも》」を発表。また、ロシアのツルゲーネフの小説「あひびき」「めぐりあひ」を新鮮《しんせん》な文章で翻訳《ほんやく》するなど、日本の近代文学の先駆者《せんくしゃ》となった。

**ブダペスト**〔Budapest〕【地名】ハンガリーの首都。ドナウ川にのぞみ、経済・交通の中心地。

**ふたまた【二股】**（名）もとが一つで先が二つに分かれていること。また、そのもの。「道が—に分かれる」

**二股を掛《か》ける** どちらになってもいいように、両方にはたらきかける。「進学と就職の—」

**ふため【二目】**（名）二度見ること。

**二目と見《み》られぬ** あまりに悲惨《ひさん》で、また、みにくくて、二度と見る気にならない。

**ふたん【負担】** ㊀（名・他スル）義務や仕事を引き受けること。また、その仕事や義務・責任。「—が重い」「費用を—する」㊁（名）重すぎる仕事や責任。重荷。「—をかける」「—になる」

**ふだん【不断】** ㊀（名）❶たえまなく続くこと。「—の努力を重ねる」❷決断できずにぐずぐずすること。「優柔《ゆうじゅう》—」㊁（名・副）つねひごろ。へいぜい。「—と変わらないようす」参考㊁は「普段」と書くことが多い。

**ブタン**〔ドイツ Butan〕（名）〘化〙石油系天然ガスや石油分解ガスの中にふくまれる無色の気体。燃料や化学工業用原料になる。ブタンガス。

**ふだんぎ【普段着】**（名）日常、ふつうに着る衣服。

**ふち**〖淵〗（名）❶川などで、水が流れないで深くたまっている所。対瀬《せ》。❷たやすくぬけ出せないような、苦しい境遇《きょうぐう》・心境。「悲しみの—にしずむ」

**ふち【縁】**（名）❶物のはし。「がけの—」類へり。❷物のまわりの部分。また、物のまわりにそった細い部分。めぐり。「めがねの—」

**ふち【不治】**（名）→ふじ（不治）

**ふち**〖扶持〗（名・他スル）❶生活を助けること。❷むかし、武士に米であたえられた給料。扶持米《ふちまい》。

**ぶち**〖斑〗（名）地色と異なる毛色がまじって、まだらになっていること。また、その毛色のもの。「—の猫《ねこ》」

**プチ-**〔フランス petit〕（接頭）小さくてかわいらしい、程度が軽いなどの意を表す。「—トマト」

**ぶちこ・む【ぶち込む】**〖打ち込む〗（他五）{マ(モ)・ミ(ン)・ム・ム・メ・メ}❶杭《くい》・くさび・弾丸《だんがん》などを強くうちこむ。「敵地に大砲《たいほう》を—」❷乱暴に、または無理に、中に入れたり閉《と》じこめたりする。「刑務所《けいむしょ》に—」

**ぶちこわ・す【ぶち壊す】**〖打ち壊す〗（他五）{サ(ソ)・シ・ス・ス・セ・セ}❶物を打ったりたたいたりして、めちゃめちゃにこわす。「箱を—」❷物事をだめにする。台なしにする。「縁談《えんだん》を—」参考「ぶっこわす」ともいう。

**ふちせ**〖淵瀬〗（名）❶川の、水の深い所と浅い所。❷世の中がたえず移り変わり定まらないことのたとえ。

**ふちど・る【縁取る】**（他五）{ラ(ロ)・リ(ッ)・ル・ル・レ・レ}物のまわりにふちをつける。「レースで—・ったハンカチ」

**ぶちのめ・す**〖打ちのめす〗（他五）{サ(ソ)・シ・ス・ス・セ・セ}二度と立ち上がれないように、相手をひどく痛めつける。

**プチ-ブル**（名）資本家と労働者との中間階層の人びと。中産階級。小市民。多く軽蔑《けいべつ》の意をこめていう。「—根性《こんじょう》」▽フランス petit bourgeois から。

**ぶちま・ける**（他下一）{ケ・ケ・ケル・ケル・ケレ・ケロ(ケヨ)}❶ひっくり返して中身を勢いよく全部外に出す。「ごみ箱のごみを—」❷それまでかくしたり、おさえたりしていた感情を、すっかりことばに出して言う。「本心を—」

**ふちゃく【付着】**（名・自スル）物が他の物にくっつくこと。「服に油が—する」

**ふちゅうい【不注意】**（名・形動ダ）注意がたりないこと。「—からおきた事故」

**ふちょう**【不調】（名・形動ダ）❶相談事がうまくまとまらないこと。「交渉《こうしょう》は―に終わった」❷調子が悪いこと。「からだの―をうったえる」対好調

**ふちょう**【符丁】『符△牒』（名）❶仲間にだけわかるように作ったしるしやことば。あいことば。❷商品につける、ねだんを示す記号やしるし。

**ぶちょう**【部長】（名）一つの部のかしら。部の長。「会社の―」「野球部の―」

**ぶちょうほう**【不調法・無調法】（名・形動ダ）❶細かいところまでゆきとどかないこと。また、そのために相手に不快感をあたえること。「とんだ―をいたしました」❷酒・たばこ・芸ごとなどをたしなまないこと。

**ふちょうわ**【不調和】（名・形動ダ）調和しないこと。まわりとのつりあいが悪いこと。ふつりあい。

**ふちん**【浮沈】（名）浮《う》くことと、沈《しず》むこと。さかんになることと、おとろえること。「会社の―にかかわる」

**ふつ**【払】 5画 扌2 〔拂〕 音フッ 高 訓はらう
はらいのける。ぬぐいさる。◆払拭《ふっしょく》・払底

**ふつ**【沸】 8画 氵5 音フッ 訓わく・わかす
わく。にえたつ。◆沸点・沸騰《ふっとう》◆煮沸《しゃふつ》

**ふつ**『◇仏』（名）「フランス（仏蘭西）」の略。「―語」「―領」「日―」

**ぶつ**【仏】 4画 亻2 小5 〔佛〕 音ブッ 訓ほとけ
ほとけ。◆仏教・仏事・仏像・仏壇《ぶつだん》・仏典・仏道・仏法・仏門◆成仏《じょうぶつ》・神仏・石仏・大仏・念仏・秘仏

**ぶつ**【物】 8画 牛4 小3 音ブツ・モツ 訓もの
❶もの。◆物価・物件・物質・物体・物品《ぶっぴん》◆異物・貨物・供物《くもつ》・鉱物・作物・実物・植物・食物・書物・人物・動物・荷物・万物・宝物《ほうもつ》。❷ことがら。ものごと。◆禁物・事物・文物。❸世の中。◆物議・物情。❹見る。◆物色《ぶっしょく》。❺死ぬ。◆物故。参考特別に、「果物」は「くだもの」と読む。

**ぶつ**【物】（名）《俗語》品物や現金のこと。現物。「証拠《しょうこ》の―が見つかる」

**ぶ・つ**『◇打つ』（他五）{タ(ト)・チ(ッ)・ツ・ツ・テ・テ}❶強くたたく。なぐる。「人を―」❷演説などをする。「一席―」

**ぶっ‐**（接頭）（動詞の上について）動作をあらあらしく行うときにそえることば。ことばの調子や意味を強めることば。「―こわす」「―とばす」文法下にナ行の音で始まる動詞がつく場合は「ぶん」となる。「ぶんなぐる」「ぶんなげる」など。

**ふつう**【不通】（名）❶通信機関がとだえること。交通機関が止まってしまうこと。「列車が―になる」❷手紙などのやりとりがないこと。「音信―」

**ふつう**【普通】■一（名・形動ダ）ほかと特にちがっていないこと。あたりまえでありふれていること。なみ。通常。「―の人」「ごく―な考え方」対特別
■二（副）たいてい。一般《いっぱん》に。「―そうはしない」

**ふつうせんきょ**【普通選挙】（名）財産・身分・性別などに関係なく、ある年齢《ねんれい》に達した人すべてに選挙権を認める制度。また、それによる選挙。

**ふつうめいし**【普通名詞】（名）〔文法〕川・山・花・鳥などのように、同種類のものに共通して使われる名詞。対固有名詞

**ぶっか**【物価】（名）個々のものでなく、総合的・一般《いっぱん》的にみた品物の価格。物のねだん。「―が上がる」

**ぶつが**【仏画】（名）仏教に関する絵画。仏などの像をかいた絵。

**ぶっかく**【仏閣】（名）寺の建物。寺院。「神社―」

**ふっか・ける**【吹っかける】（他下一）{ケ・ケ・ケル・ケル・ケレ・ケロ(ケヨ)}❶困らせるようなことをしかける。「けんかを―」❷法外な値段などを要求する。「高値を―」

**ぶっかしすう**【物価指数】（名）《経》物価の動きを示す数字。ある時点・地点の物価を一〇〇とし、その後のある時における物価を一〇〇に対する比率で表したもの。「消費者―」

**ふっかつ**【復活】■一（名・自他スル）一度とぎれたり、すたれたりしたものがふたたびもとの状態になること。また、もとの状態にすること。「祭りが―する」■二（名・自スル）生き返ること。よみがえること。

**ふっかつ**〔復活〕〔作品名〕ロシアの作家トルストイの長編小説。一八九九年完成。貴族ネフリュードフを通して人間の精神の復活をえがいた名作。

**ふっかつさい**【復活祭】（名）キリストの復活を記念して、春分後、最初の満月のあとの日曜日に行う祭り。イースター。

**ふつかよい**【◦二日‐酔い】（名）酒を飲みすぎ、次の日にも酔いが残って気分が悪い状態。

**ぶつか・る**（自五）{ラ(ロ)・リ(ッ)・ル・ル・レ・レ}❶強くつきあたる。衝突《しょうとつ》する。「柱に―」❷直接会って交渉《こうしょう》する。「先方に―・ってみよう」❸相手と対立する。あらそう。「父と意見が―」❹思いがけない事態に出あう。「難問に―」❺かち合う。「日曜日と祝日が―」

> **仕組みの解明**
> **Q** 壁《かべ》とぶつかる？　壁にぶつかる？　「ぶつかる」
>
> A　暗闇《くらやみ》で誰《だれ》かとぶつかる
> B　暗闇で壁にぶつかる
>
> **A**・「と」にはたがいに対等な、「に」には一方的なニュアンスがある。
> ・相手が人なら対等な関係とみなしてAのように言えるが、Bの例や「困難にぶつかる」のように対等でない場合には「に」を使う。

**ふっかん**【復刊】（名・他スル）やめたり、休んだりしていた出版物を、ふたたび刊行すること。

**ふっき【復帰】**（名・自スル）ふたたびもとの地位・状態などにもどること。「社会—」

**ふっき【富貴】**（名・形動ダ）→ふうき（富貴）

**ふづき【◇文月】**（名）→ふみづき

**ぶつぎ【物議】**（名）人びとのさわがしい論議・とりざた。「—をかもす（=世間の論議を引きおこす）」

**ふっきゅう【復旧】**（名・自他スル）もとの状態にもどること。もとどおりにすること。「—作業」

**ふつぎょう【払暁】**（名）明け方。あかつき。「—に出発する」類未明

**ぶっきょう【仏教】**（名）紀元前五世紀ごろ、釈迦《しゃか》がインドで始めた宗教。さとりを開いて仏になることを目的とする。日本には六世紀なかばに伝えられた。

**ぶっきらぼう**（名・形動ダ）口のきき方や態度がぞんざいであいそうのないこと。「—なあいさつ」

**ぶつぎり【ぶつ切り】**（名）肉・魚などを、形にとらわれず、おおまかに切ること。また、そのように切ったもの。

**ふっき・れる【吹っ切れる】**（自下一）{レ・レ・レル・レル・レレ・レロ(レヨ)} 迷いやわだかまりから解放される。「—・れた表情」

**ふっきん【腹筋】**（名）〘生〙腹の部分の筋肉。

**ブッキング**〔英 booking〕（名）❶帳簿《ちょうぼ》をつけること。❷乗り物の席やホテルの部屋を予約すること。「ダブル—」

**フック**〔英 hook〕■一（名）❶ものをかける鉤《かぎ》。また、鉤状のもの。❷ボクシングで、ひじを曲げて相手を側面から打つパンチ。■二（名・自スル）ゴルフで、打球が利《き》き腕《うで》の反対方向にそれていくこと。対スライス

**ぶつぐ【仏具】**（名）仏事に用いる道具。

**ふづくえ【◇文机】**（名）ものを読んだり書いたりするのに用いる和風の机。参考「ふみづくえ」ともいう。

**ブックエンド**〔英 bookends〕（名）立てて並べた本などがたおれないように、両端《りょうはし》に立てて支えるもの。

**ブック-カバー**〔和製英語〕（名）本の表紙にかぶせるおおい。▽book と cover から。

**ぶつくさ**（副）不平や小言《こごと》をつぶやくようす。「—文句を言う」類ぶつぶつ

**ブックマーク**〔英 bookmark〕（名）❶本にはさむしおり。❷コンピューターで、ウェブサイトを登録して簡単に参照できる状態にしておく機能。

**ふっくら**（副・自スル）やわらかくふくらんでいるようす。「—（と）したふとん」「ごはんを—（と）たく」

**ぶつ・ける**（他下一）{ケ・ケ・ケル・ケル・ケレ・ケロ(ケヨ)} ❶強くうちあてる。「頭を天井《てんじょう》に—」「塀《へい》にボールを—」❷自分の気持ちを相手に激しくつきつける。「いかりを—」

**ふっけん【復権】**（名・自他スル）❶〘法〙有罪判決や破産の宣告で失った権利や資格を取りもどすこと。❷失った権利や権力を回復すること。「—をはたす」

**ぶっけん【物件】**（名）品物・土地・建物など。「証拠《しょうこ》—」

**ふっこ【復古】**（名・自他スル）むかしの状態にかえすこと。また、かえること。「王政—」

**ぶっこ【物故】**（名・自スル）人が死ぬこと。「—者」「—会員」類死去

**ふっこう【復興】**（名・自他スル）一度おとろえたものが、ふたたびさかんになること。また、ふたたびさかんにすること。「文芸—」「被災《ひさい》地の—支援《しえん》」

**ふつごう【不都合】**（名・形動ダ）❶つごうが悪いこと。対好都合。❷ぐあいが悪いこと。ふとどき。「—千万《せんばん》」

**ふっこく【復刻・覆刻】**（名・他スル）木版本や初版本などを、もとの形のとおりにして新たに出版すること。

**ぶっこわ・す【ぶっ壊す】**（他五）{サ(ソ)・シ・ス・ス・セ・セ}〘俗語〙→ぶちこわす

**ぶっさん【物産】**（名）その土地の産物。「—展」

**ぶっし【仏師】**（名）仏像を作る職人。仏工。

**ぶっし【物資】**（名）食べ物や衣料など、生活のために必要な物。「救援《きゅうえん》—」

**ぶつじ【仏事】**（名）〘仏〙仏教に関する行事や儀式《ぎしき》。法事。法要。

**ふっしき【払拭】**（名・他スル）→ふっしょく

**ぶっしき【仏式】**（名）仏教による儀式《ぎしき》のやり方。

**ぶっしつ【物質】**（名）❶見たりさわったりして、その存在がわかるもの。形のあるもの。特に、精神に対しての物や金銭をいう。❷物体を作りあげている実質。「あれとこれでは—の成分が異なる」

**ぶっしつてき【物質的】**（形動ダ）{ダロ・ダッ(デ・ニ)・ダ・ナ・ナラ・○} ❶物質としての性質をもつようす。「—存在」❷金銭や物などに関係するようす。「—には恵《めぐ》まれている」対精神的

**ぶっしつぶんめい【物質文明】**（名）物質の力によって築かれた文明。

**ぶっしゃり【仏舎利】**（名）〘仏〙釈迦《しゃか》の遺骨。

**プッシュ**〔英 push〕（名・他スル）❶押《お》すこと。❷働きかけること。強くすすめること。「新作を—する」

**プッシュ-ホン**〔和製英語〕（名）押《お》しボタン式の電話機。プッシュフォン。▽push と phone から。

**ぶっしょう【物証】**（名）品物による証拠《しょうこ》。物的証拠。

**ぶっしょう【物象】**（名）事物がしめす形や現象。

**ぶつじょう【物情】**（名）世間のようす。世の中の人びとの心。「—騒然《そうぜん》とした世の中」

**ぶっしょうえ【仏生会】**（名）〘仏〙→かんぶつえ

**ふっしょく【払拭】**（名・他スル）すっかりぬぐいさること。きれいにはらいのけること。ふっしき。「古くさいイメージを—する」

**ぶっしょく【物色】**（名・他スル）多くの中から適当な人や物をさがし出すこと。「てごろな家を—する」

**ぶっしん【仏心】**（名）❶仏の慈悲《じひ》深い心。❷人がもっている、仏となれる性質・可能性。仏性《ぶっしょう》。

**ぶっしん【物心】**（名）物質と精神。物と心。「—両面を満たす」

**ぶつぜん【仏前】**（名）❶仏壇《ぶつだん》の前。仏の前。❷仏に供えるもの。「御《ご》—」

**ふっそ【◬弗素】**（名）〘化〙元素の一つ。うすい黄緑色で刺激臭《しげきしゅう》があり、化合しやすい。元素記号 F

**ぶっそう【物騒】**（名・形動ダ）何がおこるかわからない、危険な感じがすること。「—な世の中」「—な男」

**ぶつぞう【仏像】**（名）彫刻《ちょうこく》にほったり、絵画にかいたりした仏の姿。仏教で礼拝《らいはい》の対象となる。

**ぶっだ【仏◬陀】**（名）〘仏〙修行《しゅぎょう》を積み、さとりを開いた人。特に、釈迦牟尼《しゃかむに》。ほとけ。ぶつだ。

**ぶったい**【物体】（名）決まった形と大きさを持っていて、見たりさわったりしてその存在のわかるもの。

**ぶったぎ・る**【ぶった切る】（他五）〔ラ(ロ)・リ(ッ)・ル・ル・レ・レ〕《俗語》勢いよく切断する。「まっぷたつに―」

**ぶつだん**【仏壇】（名）仏像や位牌《いはい》などを祭る壇。

**ぶっちぎり**『ぶっ千切り』（名）《俗語》競走・競技などで、大差をつけて勝つこと。「―の優勝」

**ぶっちゃ・ける**（他下一）〔ケ・ケ・ケル・ケル・ケレ・ケロ(ケヨ)〕《俗語》❶中のものを全部出してしまう。❷隠《かく》さずすべて話す。「―・けた話」参考「ぶちあける」から変化した語。

**ぶっちょうづら**【仏頂面】（名）きげんの悪そうな、あいそのない顔つき。ふくれっつら。「―をする」

**ふつつか**『不◇束』（名・形動ダ）能力や修養が不十分で、ゆきとどかないこと。「―者ですがよろしくお願いします」使い方〉ふつう、自分や身内の者をへりくだっていうときに用いる。

**ぶっつけ**（名）❶いきなり物事にとりかかること。「―でやってみる」❷物事のやりはじめ。「―からつまずく」

**ぶっつけほんばん**【ぶっつけ本番】（名）映画や演劇などで、けいこや下準備をしないでいきなり撮影《さつえい》・上演を行うこと。転じて、何の準備もなくいきなり事にあたること。

**ぶっつづけ**【ぶっ続け】（名）《俗語》休まないで続けること。「三時間―で歩く」

**ふっつり**（副）なんのまえぶれもなく突然《とつぜん》とぎれてしまうようす。ぷっつり。「―(と)消息を断《た》つ」

**ぷっつり**（副）→ふっつり

**ふってい**【払底】（名・自スル）すっかりなくなること。必要な物がひどく欠乏《けつぼう》すること。「原料が―する」

**ぶってき**【物的】（形動ダ）〔ダロ・ダッ(デ・ニ)・ダ・ナ・ナラ・○〕物に関するようす。物質的。「―損害」「―証拠《しょうこ》」対心的

**ふってわいたよう**【降って湧いたよう】思いがけない物事が突然《とつぜん》おこるようす。「―な災難《さいなん》」

**ふってん**【沸点】（名）《物》液体が煮《に》えたぎる温度。沸騰点《ふっとうてん》。一気圧のときの水の沸点はセ氏九九・九七四度。

**ふっと**（副）❶なにかのひょうしに。ふいに。ふと。「―亡《な》き母を思い出す」❷息を吹《ふ》きかけるようす。ぷっと。「ろうそくの火を―吹き消す」

**ふっとう**【沸騰】（名・自スル）❶液体が煮《に》えたぎること。「湯が―する」❷はげしいさわぎになるほど盛《さか》んになること。「議論が―する」「人気―」

**ぶつどう**【仏道】（名）仏の説いた教え。仏教。

**ふっとうてん**【沸騰点】（名）《物》→ふってん

**ぶっとおし**【ぶっ通し】（名）《俗語》初めから終わりまで休むことなく続けること。「昼夜―で働く」

**フットサル**〔英 futsal〕（名）小規模《しょうきぼ》な五人制のサッカー。

**ぶっとば・す**【ぶっ飛ばす】（他五）〔サ(ソ)・シ・ス・ス・セ・セ〕《俗語》❶勢いよく飛ばす。なぐりとばす。❷車などを速く走らせる。

**ぶっと・ぶ**【吹っ飛ぶ】（自五）〔バ(ボ)・ビ(ン)・ブ・ブ・ベ・ベ〕《俗語》❶勢いよく飛ぶ。「看板《かんばん》が風で―」❷一時にすっかりなくなる。「疲《つか》れが―」

**フットボール**〔英 football〕（名）→しゅうきゅう（蹴球）

**フットライト**〔英 footlights〕（名）舞台《ぶたい》の床《ゆか》の前のはしに取りつけて、出演者を下から照らす照明。脚光《きゃっこう》。

**フットワーク**〔英 footwork〕（名）❶運動するときの足さばき。「軽快な―」❷機動性。「―が軽い」

**ぶつのう**【物納】（名・自他スル）税などを、おかねの代わりに物品で納めること。

**ぶっぱな・す**【ぶっ放す】（他五）〔サ(ソ)・シ・ス・ス・セ・セ〕《俗語》勢いよく放つ。発射する。「猟銃《りょうじゅう》を―」

**ぶっぴん**【物品】（名）品物。物。「―税」

**ふつふつ**【沸沸】（副）❶盛《さか》んに煮《に》えたぎるようす。「―(と)煮える」❷水などが湧《わ》き出るようす。❸感情がこみ上げるようす。「―(と)疑念が湧く」

**ぶつぶつ** 一（副）❶ひとりごとを言うようす。不平・不満を小声で言うようす。「―不平をこぼす」❷物が煮《に》えたぎるようす。二（名・副）表面に小さい粒《つぶ》が多くあるようす。また、その粒。「顔に―ができる」

**ぶつぶつこうかん**【物物交換】（名・自スル）おかねを使わないで、物と物とを直接とりかえ合うこと。

**ふつぶん**『◇仏文』（名）❶フランス語の文章。❷フランス文学。❸（「仏文学科」の略）大学で、フランス文学を研究する学科。仏文科。

**ぶっぽう**【仏法】（名）仏の教え。仏教。

**ぶっぽうそう**【仏法僧】（名）❶《仏》仏と法(=仏の教え)とそれを伝える僧。三宝《さんぼう》。❷《動》ブッポウソウ科の小鳥。山にすみ、からだは青緑色で、くちばしと足が赤い。❸《動》フクロウ科の「このはずく」の別名。鳴き声が「ブッポウソウ」と聞こえることから名づけられた。

**ぶつま**【仏間】（名）仏壇《ぶつだん》のある部屋。

**ぶつめつ**【仏滅】（名）❶仏の入滅《にゅうめつ》。釈迦《しゃか》の死。❷（「仏滅日《ぶつめつにち》」の略）陰陽《おんよう》道で、何をするのにも不吉《ふきつ》であるとされる日。

**ぶつもん**【仏門】（名）仏が説いたみち。仏道。「―に入る(=出家する)」

**ぶつよく**【物欲】『物△慾』（名）金銭や物をほしいと思う心。欲心。「―にとらわれる」

**ぶつり**【物理】（名）「物理学」の略。

**ふつりあい**【不釣り合い】（名・形動ダ）つり合わないこと。似合わないこと。不調和。「―な相手」

**ぶつりがく**【物理学】（名）自然科学の一部門。物質の運動や構造、また、熱・電磁気・音・光などの作用を研究する学問。

**ぶつりてき**【物理的】（形動ダ）〔ダロ・ダッ(デ・ニ)・ダ・ナ・ナラ・○〕❶物理学の立場でとらえるようす。「―変化」❷物事を、時間・空間・重量など数量化した立場でとらえるようす。「その時間に家に帰ることは―に不可能だ」

**ぶつりへんか**【物理変化】（名）《物》物質の成分は変わらないが、のびる・落ちる・広がるなど、その状態だけが変わる現象。対化学変化

**ぶつりゅう**【物流】（名）生産者から消費者までの商品の流れ。物的流通。「―システム」「―センター」

**ぶつりょう**【物量】（名）❶物の分量。❷物資の多さ。「―にものをいわせる」「―作戦」

**ぶつりりょうほう**【物理療法】（名）《医》太陽・温泉・空気などの自然のエネルギーや、電気・光線・

機械などの物理的なはたらきを利用して行う治療法。

**ふで【筆】**（名）❶柄《え》のさきに毛のたばをつけて、それに墨《すみ》や絵の具をふくませ、文字や絵をかくのに用いる道具。毛筆。広く筆記具をさすこともある。❷①を使ってかくこと。また、かいたもの。「―を起こす」「―がさえる」「―不精《ぶしょう》」「弘法《こうぼう》も―の誤り」

**筆が滑《すべ》る** 書かなくてよいことや書くべきでないことをうっかり書いてしまう。

**筆が立《た》つ** 文章を書くことがじょうずである。

**筆の遊《すさ》び** たいくつをまぎらすために、気のむくままに書くこと。

**筆を入《い》れる** 文章などをなおす。添削《てんさく》する。

**筆を置《お》く** 文章を終わりにする。書き終わる。

**筆を折《お》る** →ふでをたつ

**筆を加《くわ》える** 書き加える。文章などをなおす。

**筆を断《た》つ** 書くことをやめる。創作するのをやめる。筆を折る。

**筆を執《と》る** 文章や書画をかく。また、かき始める。

**ふてい【不定】**（名）定まらないこと。「住所―」

**ふてい【不貞】**（名・形動ダ）行いが清くないこと。みさおを守らないこと。「―をはたらく」

**ふてい**『不△逞』（名・形動ダ）勝手気ままにふるまい、道理にはずれてふどきなこと。「―のやから」

**ふていかんし【不定冠詞】**（名）『文法』英語などの西洋語にみられる冠詞の一つ。英語の「a」のように、名詞の前におかれて、その名詞が不特定のものであることを表す。対定冠詞

**ふていき【不定期】**（名・形動ダ）時期・期間が定まっていないこと。「―便」

**ふていさい【不体裁】**（名・形動ダ）体裁の悪いこと。外見や外聞の悪いこと。ぶていさい。「―な話」

**ふていしょう【不定称】**（名）『文法』代名詞の一種で、人や物などのはっきりしないものをさすことば。「だれ・どれ・どこ・どちら」など。

**ブティック**〔フランス boutique〕（名）（小売店の意）しゃれた感じの服・アクセサリー・洋装小物などを売る店。

**ふでいれ【筆入れ】**（名）筆を入れる箱《はこ》や筒《つつ》。また、鉛筆《えんぴつ》などの筆記用具を入れるケース。筆箱。

**プディング**〔英 pudding〕（名）牛乳・卵・砂糖などをまぜてむした、やわらかい洋風の菓子《かし》。プリン。

**ふてき【不適】**（名・形動ダ）適さないこと。向いていないこと。「この仕事に―な人」「適―」類不向き

**ふてき【不敵】**（名・形動ダ）敵をまったく恐《おそ》れないようす。「大胆《だいたん》―」

**ふでき【不出来】**（名・形動ダ）できの悪いこと。へたで見かけや内容が悪いこと。「―な絵」対上出来

**ふてきせつ【不適切】**（名・形動ダ）その場の状況や常識から考えて、ふさわしくないこと。「―な表現」「―な行為《こうい》」

**ふてきとう【不適当】**（名・形動ダ）その場や条件などによくあてはまらないこと。「―な用法」

**ふてきにん【不適任】**（名・形動ダ）その仕事にむいていないこと。「彼《かれ》はその役には―だ」

**ふてぎわ【不手際】**（名・形動ダ）手ぎわの悪いこと。やり方やその結果が悪いこと。「―を責める」

**ふてくさ・る**『不◇貞腐る』（自五）{ラ(ロ)・リ(ッ)・ル・ル・レ・レ}→ふてくされる

**ふてくさ・れる**『不◇貞腐れる』（自下一）{レ・レ・レル・レル・レレ・レロ(レヨ)}不平・不満をいだいて態度がなげやりになったり、反抗《はんこう》的になったりする。「―・れた態度」

**ふでさき【筆先】**（名）❶筆の先。❷筆の運び。「自在な―」❸筆で書く文字・文章。

**ふでづかい【筆遣い】**（名）筆のつかい方。「―でかせぐ」文字・絵や文章のかきぶり。筆法。「荒《あら》っぽい―」

**ふてってい【不徹底】**（名・形動ダ）完全にはゆきとどかないで中途半端《ちゅうとはんぱ》なこと。「連絡《れんらく》が―だった」

**ふてね【ふて寝】**『不◇貞寝』（名・自スル）ふてくされて寝てしまうこと。「親方にしかられて―する」

**ふでばこ【筆箱】**（名）鉛筆《えんぴつ》・消しゴムなどを入れておく箱。また、筆を入れておく箱。筆入れ。

**ふでぶしょう【筆不精・筆無精】**（名・形動ダ）手紙や文章を書くことをめんどうがって、なかなか書かないこと。また、そういう人。対筆まめ

**ふてぶてし・い**『◇太◇太しい』（形）{カロ・カッ(ク)・イ・イ・ケレ・○}ずぶとくてずうずうしい。「―態度」

**ふでまめ【筆まめ】**（名・形動ダ）手紙や文章を、めんどうがらずによく書くこと。また、そういう人。対筆不精《ふでぶしょう》

**ふと**（副）ちょっとしたひょうしに。思いがけずに。偶然《ぐうぜん》。なにげなく。「―空を見上げる」「―思い出す」

**ふとい**『太△藺』（名）『植』カヤツリグサ科の多年草。池や沼《ぬま》に自生するが、観賞のため庭園に植えることもある。茎《くき》でむしろなどの敷物《しきもの》を作る。

**ふと・い【太い】**（形）{カロ・カッ(ク)・イ・イ・ケレ・○}❶棒状のもののまわりや線状のものの幅《はば》が大きい。「―柱」「―眉《まゆ》」対細い ❷声が低音でよくひびく。「―声」対細い ❸小さいことを気にせず、心が強い。弱々しさがなく力強い。「肝《きも》が―」「腹が―」対細い ❹ふてぶてしい。ずうずうしい。「―野郎《やろう》だ」

**ふとう【不当】**（名・形動ダ）正しくないこと。りくつに合わないこと。「―な利益」「―なあつかい」対正当

**ふとう【不等】**（名・形動ダ）ひとしくないこと。

**ふとう**『△埠頭』（名）→はとば

**ふどう【不同】**（名・形動ダ）同じでないこと。ばらばらでそろっていないこと。「順―」

**ふどう【不動】**（名）❶動かないこと。ほかの物によって乱されないこと。「―の信念」❷「不動明王」の略。

**ふどう【浮動】**（名・自スル）一つのところにとどまらず、ただよい動くこと。「―票」

**ぶとう【舞踏】**（名・自スル）まい、おどること。踊《おど》り。ダンス。「―会」

**ぶどう【武道】**（名）❶武士の守るべき道。武士道。❷刀・弓・やりなどの武芸。武術。「―大会」

**ぶどう**『△葡△萄』（名）『植』ブドウ科のつる性の落葉樹。広く世界じゅうで栽培《さいばい》される。実は球形で房状《ふさじょう》につく。食用、またジュースやぶどう酒用とする。

**ふとういつ【不統一】**（名・形動ダ）まとまりがなくばらばらなこと。「意見の―が目立つ」

**ふとうこう【不凍港】**（名）寒い地方にあっても、暖流《だんりゅう》の影響《えいきょう》で一年じゅう海面がこおらない港。

**ふとうこう【不登校】**（名）主として心理的な理由から、児童・生徒が登校しないこと。登校拒否《きょひ》。

**ふとうごう【不等号】**（名）〘数〙二つの数や式の大小関係を表す記号。また、二つの数や式が等しくないことを表す記号。＜＞など。対等号

**ふどうさん【不動産】**（名）土地・建物などの、簡単に動かすことのできない財産。対動産

**ふとうしき【不等式】**（名）〘数〙不等号を使った式。対等式

**ぶどうしゅ【ぶどう酒】**『△葡△萄酒』（名）ぶどうの実の汁《しる》を発酵《はっこう》させて作った酒。ワイン。

**ふどうたい【不導体】**（名）〘物〙熱や電気を伝えにくい物体。絶縁体《ぜつえんたい》。不良導体。対導体

**ぶどうとう【ぶどう糖】**『△葡△萄糖』（名）くだものや蜂蜜《はちみつ》、また人の血液の中にふくまれる糖分。

**ふどうとく【不道徳】**（名・形動ダ）人の道にそむくこと。道徳的でないこと。不徳。「―な行い」

**ふどうひょう【浮動票】**（名）選挙で、どの政党・候補者に投票されるか予測できない票。対固定票

**ふとうふくつ【不撓不屈】**『不△撓不屈』（名）意志が強く、心がくじけたりひるんだりしないこと。「―の精神」

**ふどうみょうおう【不動明王】**（名）〘仏〙五大明王の一。いかりを顔に現し、右手に剣《けん》、左手に縄《なわ》を持ち、炎《ほのお》を背にしてすわっている、仏教を守る神。

（ふどうみょうおう）

**ふとうめい【不透明】**（名・形動ダ）❶すき通っていないこと。光を通さないこと。「―なガラス」❷物事の内容や先行きが見通せないこと。「―な経理」「業績の見通しが―だ」

**ふどき【風土記】**（名）❶地方別に風土・産物・文化などを書きしるしたもの。❷奈良時代の地理の書物。地名のおこり・土地の状態・産物・伝説などが書かれていて、現在は出雲《いずも》・常陸《ひたち》・播磨《はりま》・豊後《ぶんご》・肥前《ひぜん》の五つが残っている。完本は出雲国のみ。

**ふとく【不徳】**（名・形動ダ）❶人として行うべき正しい道にそむくこと。不道徳。「―漢」❷徳の足りないこと。「私の―のいたすところ」

**ふとくい【不得意】**（名・形動ダ）得意でないこと。じょうずでないこと。不得手《ふえて》。「―な科目」

**ふとくさく【不得策】**（名・形動ダ）方法が適切でなく、ためにならないこと。また、その方法。

**ふとくてい【不特定】**（名・形動ダ）特にそれと決まっていないこと。「―多数」

**ふとくようりょう【不得要領】**（名・形動ダ）要領を得ないこと。あいまいでよくわからないこと。「―な文章」

**ふところ【懐】**（名）❶着ている着物と胸との間。懐中《かいちゅう》。「―に手を入れる」❷ぐるりとまわりを囲まれた所。「山の―」❸持っているおかね。「―がさびしい」❹心の中。腹の底。「―をみすかされる」

**懐が暖《あたた》かい** おかねをたくさん持っている。

**懐が寒《さむ》い** 所持金が少ない。懐がさびしい。

**懐が深《ふか》い** 他人を理解して受け入れる心が大きい。

**懐を痛《いた》める** 自分のおかねを使う。身ぜにを切る。

**懐を肥《こ》やす** 不正なことをして利益を得る。

**ふところがたな【懐刀】**（名）❶ふところに入れて持ち歩く小さい守り刀。❷心から信頼《しんらい》できる部下。「社長の―」

**ふところで【懐手】**（名）❶両手をふところに入れること。❷他人にやらせて自分は何もしないこと。「―でおかねをもうける」

**ふとじ【太字】**（名）太い字。対細字《ほそじ》

**ふとした**（連体）思いがけない。ちょっとした。「―はずみ」「―ことがきっかけとなる」

**ふとっぱら【太っ腹】**（名・形動ダ）心が広くて、小さなことにこだわらないこと。「―な人物」

**ふとどき【不届き】**（名・形動ダ）❶相手に対して注意の行き届かないこと。不行き届き。「―があっては失礼だ」❷人の道に外れているようす。けしからぬこと。ふつごう。「―千万《せんばん》なやつだ」

**ぶどまり【歩留まり・歩止まり】**（名）加工する際、原料に対する製品の出来高の比率。

**ふとめ【太め】**（名）やや太いと思われる程度。「―のバット」対細め

**ふともも【太もも】**『太◇股』（名）ももの上部のふくらんだ部分。

**ふと・る【太る】**『◇肥る』（自五）〔ラ(ロ)・リ(ッ)・ル・ル・レ・レ〕❶脂肪《しぼう》や肉がついて肥える。「食べすぎで―」対痩《や》せる。❷持っているおかねや物がふえる。「身代《しんだい》が―」

**ふとん【布団】**『△蒲団』（名）ふくろ状の布の中に綿などを入れて、寝《ね》るときなどに使うもの。「―をしく」

**ふとんきて**…俳句

**蒲団着て　寝《ね》たる姿《すがた》や　東山《ひがしやま》**〈嵐雪《らんせつ》〉

訳ふとんを着て人が寝ているようなかっこうで、京の東山はやわらかな稜線《りょうせん》をえがいて連なっている。（季語「蒲団」冬）

**ふな**『△鮒』（名）〘動〙コイ科の魚。川や沼《ぬま》にすむ。こいに似ているが、小形でひげがない。

**ぶな**『△橅・×山毛欅』（名）〘植〙ブナ科の落葉高木。温帯北部の森林をつくる代表種。材は細工物・パルプ材などとして利用される。

**ふなあし【船足・船脚】**（名）❶船の進む速さ。「―が速い」❷船の水面の下にしずんでいる部分。喫水《きっすい》。「―が深い」

**ふなあそび【船遊び】**（名・自スル）船に乗って水上で遊ぶこと。

**ふなうた【船歌・舟唄】**（名）船頭などが船をこぎながら歌う歌。

**ふなか【不仲】**（名）仲がよくないこと。「―になる」

**ふなかた【船方】**（名）船乗り。また、船頭。

**ふなこ【船子】**（名）船をあやつる人。水夫《かこ》。

**ふなじ【船路】**（名）❶船の行き来する道。類航路。❷船に乗っての旅。船旅。「―を楽しむ」

**ふなぞこ【船底】**（名）❶船の底。❷船の底のように弓形に曲がっているもの。「―天井《てんじょう》」

**ふなたび【船旅】**（名）船に乗ってする旅行。

**ふなちん【船賃】**（名）船をやとったり、船に乗ったりす

るときに払《はら》うおかね。

**ふなつきば**【船着き場】（名）船が着いてとまる所。参考 ふつうは、小規模のものをいう。

**ふなで**【船出】（名・自スル）船が航海のために港を出発すること。出港。出帆《しゅっぱん》。「人生の―（＝新しい生活のはじまり）」

**ふなに**【船荷】（名）船に積んで運ぶ荷物。

**ふなぬし**【船主】（名）船の持ち主。船主《せんしゅ》。

**ふなのり**【船乗り】（名）船に乗って船内での仕事をする人。船員。

**ふなばた**【船端】『◇舷』（名）船のふち。ふなべり。

**ふなびと**【船人】（名）❶船に乗っている人。船客。❷ふなのり。船頭。

**ふなびん**【船便】（名）人や荷物の移動に船を使うこと。「―で送る」

**ふなべり**【船べり】『船◇縁』（名）船のふち。ふなばた。

**ふなやど**【船宿】（名）船遊びや魚つりの船を貸すことを仕事とする家。

**ふなよい**【船酔い】（名・自スル）船に乗った人が、船がゆれるために気分が悪くなること。

**ふなれ**【不慣れ】『不△馴れ』（名・形動ダ）なれていないこと。「―な仕事」

**ぶなん**【無難】（名・形動ダ）特によくはないが、これといった欠点もないこと。「―にこなす」「―な出来だ」

**ふにあい**【不似合い】（名・形動ダ）似合わないこと。ふさわしくないこと。「―なかっこう」

**ふにく**【腐肉】（名）くさった肉。

**ふにょい**【不如意】（名・形動ダ）思うようにならないこと。特に、おかねに不自由すること。「手もと―」

**ふにん**【不妊】（名）妊娠《にんしん》しないこと。

**ふにん**【赴任】（名・自スル）任地に行くこと。「大阪に―する」「単身―」類着任

**ぶにん**【無人】（名・形動ダ）人数の少ないこと。人手のたりないこと。注意「むじん」と読むと別の意味になる。

**ふにんじょう**【不人情】（名・形動ダ）思いやりのないこと。薄情《はくじょう》なこと。「―な人」

**ふぬけ**『△腑抜け』（名・形動ダ）気持ちや態度にしっかりした点がないこと。いくじのないこと。

**ふね**【船・舟】（名）❶人や荷物をのせて水上を移動する乗り物。「―が出る」❷水などを入れる、箱形のうつわ。「湯―《ゆぶね》」❸さしみなどを盛《も》る底の浅い容器。

参考 ふつう、「船」はおおぶね、「舟」はこぶねを表す。

**舟を漕《こ》ぐ**（ろをこぐ動作から）いねむりをする。

**ふねへん**【舟偏】（名）漢字の部首の一つ。「船」「般」などの左側にある「舟」の部分。

**ふねん**【不燃】（名）燃えないこと。また、燃えにくいこと。「―物」…性「不燃性の物質」

**ふのう**【不能】（名・形動ダ）❶できないこと。不可能。「再起―」❷才能・能力のないこと。無能。

**ふのり**『布×海苔』（名）❶紅藻《こうそう》類フノリ科の海藻。海中の岩につく。あずき色でつやがある。❷①を煮《に》出してつくったのり。布の洗い張りに使う。

**プノンペン**〔Phnom Penh〕〔地名〕カンボジアの首都。メコン川とトンレサップ川との合流点に位置する。

**ふはい**【不敗】（名）敗れないこと。負けないこと。

**ふはい**【腐敗】（名・自スル）❶物がくさること。❷転じて、堕落《だらく》すること。「―した政治」

**ふばい**【不買】（名）物やサービスを買わないこと。「―運動」「―同盟」

**ふはく**【浮薄】（名・形動ダ）考えが浅く軽々しいこと。うわついていること。軽薄《けいはく》。「軽佻《けいちょう》―」

**ふばこ**『◇文箱』（名）手紙などを入れる小箱。また、手紙などを入れて持ち歩く箱。ふみばこ。状箱。

**ふはつ**【不発】（名）❶弾丸《だんがん》が発射されないこと。また、爆薬が破裂《はれつ》しないこと。「―弾」❷やろうとしたことが、できずに終わること。「計画が―に終わる」

**ふばらい**【不払い】（名）払わなければいけない代金・賃金を払わないこと。

**ふび**【不備】━（名・形動ダ）完全に整っていないこと。「書類の―」対完備。━（名）「文意が整わない」の意で、手紙の終わりに書くことば。類不一《ふいつ》・不尽《ふじん》。

使い方「前略」「冠省《かんしょう》」などに対して使う。

**ぶびき**【分引き・歩引き】（名・自他スル）ねだんをいくらか安くすること。割引。

**ふひつよう**【不必要】（名・形動ダ）必要でないこと。不要。「―な品」

**ふひょう**【不評】（名）評判がよくないこと。不人気。「―をかう」対好評

**ふひょう**【付表・附表】（名）参考や補足などのためにつけ加えた表。

**ふひょう**【浮氷】（名）水に浮《う》いている氷。

**ふひょう**【浮標】（名）水路・航路・遊泳場などの目じるしに、水面に浮《う》かべておくしるし。ブイ。

**ふひょう**【譜表】（名）〔音〕楽譜をしるすための五本の平行線。

**ふびょうどう**【不平等】（名・形動ダ）平等でないこと。「―なあつかいを受ける」類不公平

**ふびん**『不△憫・不△愍』（名・形動ダ）かわいそうなこと。あわれに思うこと。「―に思う」

**ぶひん**【部品】（名）機械や道具を組み立てている一つ一つの部分。部分品。パーツ。「車の―」

**ふひんこう**【不品行】（名・形動ダ）行いや態度の悪いこと。身持ちのよくないこと。

**ぶふうりゅう**【無風流・不風流】（名・形動ダ）風流でないこと。風流がわからないこと。「―な人」

**ふぶき**『◦吹雪』（名）はげしい風とともに雪が乱れ降ること。また、その雪。「―でバスが運休になる」

**ふふく**【不服】（名・形動ダ）納得《なっとく》できないで不満に思うこと。「―を申し立てる」

**ふぶ・く**『◇吹◇雪く』（自五）〔カ(コ)・キ(イ)・ク・ク・ケ・ケ〕強い風とともに雪が乱れ降る。「はげしく―」

**ふぶん**【不文】（名）文字・文章に書き表していないこと。「―法」

**ぶぶん**【部分】（名）全体をいくつかに分けた一つ。「共通する―」「必要な―だけ残す」…的「部分的に新しくする」対全体

**ぶぶんしょく**【部分食】『部分△蝕』（名）〔天〕日食・月食で、太陽や月の一部分が欠けて見えるも

の。図皆既食《かいきしょく》

**ふぶんほう【不文法】**（名）〔法〕文書の形式をとっていない法。慣習法や判例法など。不文律。図成文法

**ふぶんりつ【不文律】**（名）❶→ふぶんほう ❷暗黙《あんもく》のうちに了解されているきまり。「家庭内の—」

**ふへい【不平】**（名・形動ダ）思いどおりにならずおもしろくないと感じること。不服。「—を言う」「—不満を並べる」「—を鳴らす（=不平を言いたてる）」

**ぶべつ【侮蔑】**（名・他スル）人をばかにして見下すこと。…的「侮蔑的な態度をとる」

**ふへん【不変】**（名）いつまでも変わらないこと。「—の真理」

**ふへん【不偏】**（名）かたよらないこと。中立。

**ふへん【普遍】**（名）広くゆきわたること。すべてに共通して存在すること。…的「普遍的な真理」類一般《いっぱん》。図特殊《とくしゅ》

**ふべん【不便】**（名・形動ダ）便利がよくないこと。「交通の—な所」図便利

**ふべんきょう【不勉強】**（名・形動ダ）勉強をしないこと。知っているべきことを学ばないままでいること。

**ふへんせい【普遍性】**（名）すべてのものに通じてあてはまる性質。「—を持つ作品」

**ふへんだとうせい【普遍妥当性】**（名）哲学《てつがく》で、どんな場合にもあてはまる性質。

**ふへんふとう【不偏不党】**（名）どちらにも味方しないで、公正中立を守ること。「—の立場」

**ふぼ【父母】**（名）父と母。両親。

**ふほう【不法】**（名・形動ダ）❶法や規則にそむくこと。「—侵入《しんにゅう》」類違法《いほう》。❷道理にそむくこと。無法。「—な言いがかり」

**ふほう【訃報】**（名）人がなくなった知らせ。「—に接する」類訃音《ふいん》

**ふほんい【不本意】**（名・形動ダ）自分の望むところではないこと。「—ながら承知する」

**ふほんせん【富本銭】**（名）七世紀後半、和同開珎《わどうかいほう》より前に作られたとされる貨幣《かへい》。

**ふま・える【踏まえる】**（他下一）{エ・エ・エル・エル・エレ・エロ(エヨ)} ❶足でおさえる。ふみつける。「大地を—」❷ある考え方や事実をよりどころにする。「現実を—・えて考える」

**ふまじめ【不◦真面目】**（名・形動ダ）本気でないこと。真心のこもっていないこと。「—な態度をとる」

**ふまん【不満】**（名・形動ダ）満足しないこと。思いどおりにならず、もの足りなく感じること。「欲求—」「—に思う」「—をいだく」「—が残る」

**ふまんぞく【不満足】**（名・形動ダ）満足できないこと。「自分でも—な成績」

**ふみ【文】**『◦書』（名）書きしるしたもの。書物・文書・手紙、また、学問・文学・漢詩など。

**ふみあら・す【踏み荒らす】**（他五）{サ(ソ)・シ・ス・ス・セ・セ} 足でふんでめちゃくちゃにする。「花壇《かだん》を—」

**ふみいし【踏み石】**（名）❶玄関《げんかん》のあがり口に置く石。くつぬぎ。❷庭に飛び飛びに置いた伝い歩き用の石。飛び石。

**ふみえ【踏み絵】**（名）❶江戸《えど》時代、禁止されていたキリスト教の信徒であるかどうかを見分けるために人びとにふませた、キリストやマリアの像をほりつけた板。また、その板をふませたこと。❷転じて、ある人の思想や立場をためして調べる手段。

（ふみえ①）

**ふみきり【踏み切り】**（名）❶跳躍《ちょうやく》競技などで、とぶときに強く地面をけること。また、その場所。「—板」❷すもうで、足を土俵の外へ出すこと。❸決心。ふんぎり。❹道路と鉄道線路とが同じ平面でまじわる所。「—をわたる」注意④は「踏切」と書く。

**ふみき・る【踏み切る】**（自五）{ラ(ロ)・リ(ッ)・ル・ル・レ・レ} ❶陸上競技や体操競技などで、跳躍《ちょうやく》するため地面を強くふむ。「利《き》き足で—」❷すもうで、土俵の外へ足をふみ出す。❸思い切ってする。「計画の実行に—」

**ふみこた・える【踏みこたえる】**『踏み◦堪える』（自下一）{エ・エ・エル・エル・エレ・エロ(エヨ)} ❶足をふんばってがまんする。「土俵ぎわで—」❷ぐっとがまんしてもちこたえる。「倒産《とうさん》の危機を—」

**ふみこ・む【踏み込む】**{マ(モ)・ミ(ン)・ム・ム・メ・メ} ■一（自五）❶力を入れて足をふみ出す。「—・んで打つ」❷ふんで足が下に落ちこむ。「ぬかるみに—」❸とつぜんその場所に断りなくはいりこむ。「刑事《けいじ》が—」❹物事の奥深《おくふか》くまでせまる。「核心《かくしん》に—」「—・んだ答弁」■二（他五）ふんで押《お》しこむ。「アクセルを—」

**ふみしだ・く【踏みしだく】**『踏み◦拉く』（他五）{カ(コ)・キ(イ)・ク・ク・ケ・ケ} ふんで押《お》しつぶす。踏み荒《あ》らす。「—・かれた草花」

**ふみし・める【踏み締める】**（他下一）{メ・メ・メル・メル・メレ・メロ(メヨ)} ❶しっかりふむ。「一歩一歩—・めて登る」❷ふんでかためる。「—・められた道」

**ふみだい【踏み台】**（名）❶手や足が高い所にとどくように足場にする台。足つぎ。❷ある目的のために、一時的に利用するもの。「出世の—とする」

**ふみたお・す【踏み倒す】**（他五）{サ(ソ)・シ・ス・ス・セ・セ} 代金・借金を払《はら》わないままにしてしまう。「借金を—」

**ふみだ・す【踏み出す】**（自他五）{サ(ソ)・シ・ス・ス・セ・セ} ❶地面をふんで片足を前に出す。「右足を—」❷新しい仕事や生活などを始める。「社会人としての一歩を—」

**ふみづき【文月】**（名）陰暦《いんれき》七月の異名。ふづき。

**ふみづくえ【文机】**（名）→ふづくえ

**ふみつ・ける【踏みつける】**『踏み付ける』（他下一）{ケ・ケ・ケル・ケル・ケレ・ケロ(ケヨ)} ❶足で強くふんでおさえつける。「猫《ねこ》のしっぽをうっかり—」❷人の誇《ほこ》りや面目を無視してないがしろにする。「人を—・けたやり方」

**ふみとどま・る【踏みとどまる】**『踏み◦止まる』（自五）{ラ(ロ)・リ(ッ)・ル・ル・レ・レ} ❶足に力を入れてとまる。「土俵際《どひょうぎわ》で—」❷人の去ったあとまで残ってがんばる。「最後まで—」❸しようとしたことをがまんしてやめる。思いとどまる。「辞職も考えたが—」

**ふみにじ・る【踏みにじる】**『踏み▵躙る』（他五）{ラ(ロ)・リ(ッ)・ル・ル・レ・レ} ❶ふみつけてめちゃくちゃにする。❷人の気持ちや面目などをひどく傷つける。「善意を—」

**ふみぬ・く【踏み抜く】**（他五）{カ(コ)・キ(イ)・ク・ク・ケ・ケ} ❶足でふんで物に穴をあける。「床《ゆか》を—」❷くぎなどをふんで

足の裏につきさす。「くぎを―」

**ふみはず・す**【踏み外す】（他五）〔サ(ソ)・シ・ス・ス・セ・セ〕❶ふみどころをまちがえて、足をそらす。「階段を―」❷進むべき道からそれる。「人の道を―」

**ふみわ・ける**【踏み分ける】（他下一）〔ケ・ケ・ケル・ケル・ケレ・ケロ(ケヨ)〕足でかきわけながら進んでいく。「草を―・けて進む」

**ふみん**【不眠】（名）ねむらないこと。また、ねむれないこと。「―になやまされる」

**ふみんしょう**【不眠症】（名）《医》精神の興奮・ストレス・病気・過労などのため、しっかりねむることのできない症状。

**ふみんふきゅう**【不眠不休】（名）（ねむらず休まずという意で）少しの休む間も惜《お》しんで物事を続けるようす。「―の努力をつづける」

**ふ・む**【踏む】（他五）〔マ(モ)・ミ(ン)・ム・ム・メ・メ〕❶足でおしつける。足を上からおろす。「アクセルを―」「じだんだを―」❷その土地に行く。その場所に立つ。「はじめて異国の地を―」「初舞台《はつぶたい》を―」❸決められたやり方に従って行う。「手続きを―」❹実際にやってみる。経験する。「場数《ばかず》を―」❺ねだんなどのだいたいの見当をつける。見つもる。「一台一〇万円と―・んだ」❻詩などで同じ韻《いん》を使う。「韻を―」

**ふむき**【不向き】（名・形動ダ）向いていないこと。適していないこと。「接客には―な人だ」類不適

**ふめい**【不明】（名・形動ダ）❶はっきりしないこと。「原因―の火事」類不詳《ふしょう》。❷物事を見通す力がたりないこと。才知のたりないこと。「―を恥《は》じる」

**ぶめい**【武名】（名）武士や軍人としての名声。

**ふめいよ**【不名誉】（名・形動ダ）名誉をけがすこと。評判を落とすこと。「―な記録」類名折れ

**ふめいりょう**【不明瞭】（名・形動ダ）はっきりしないこと。「―な発音」

**ふめいろう**【不明朗】（名・形動ダ）❶性格が、暗くてほがらかでないこと。❷ごまかしたり、かくしたりしていそうなこと。「―な会計」

**ふめつ**【不滅】（名）いつまでもほろびないこと。「永久―」「―の業績」類不朽《ふきゅう》

**ふめん**【譜面】（名）《音》楽譜。楽譜の紙面。

**ふめんぼく**【不面目】（名・形動ダ）面目を失うこと。世間に顔向けができないこと。「―な結果」

**ふもう**【不毛】（名・形動ダ）❶土地がやせて作物が実らないこと。草木が生え育たないこと。「―の地」❷何の発展や成果も得られないこと。「―な議論」

**ふもと**【麓】（名）山の下のほう。山のすそ。

**ふもん**【不問】（名）問いたださないこと。とりたてて問題にしないこと。「学歴―」

**不問に付《ふ》す** 問題にしないでそのままにしておく。

**ぶもん**【武門】（名）武士の家がらや血筋。武家。

**ぶもん**【部門】（名）全体を大きくいくつかに分けた、それぞれの部類。「芸術―」

**ふや・ける**（自下一）〔ケ・ケ・ケル・ケル・ケレ・ケロ(ケヨ)〕❶水や湯につかってやわらかくなり、ふくれる。「手が―」❷気持ちにしまりがなく、だらける。「―・けた男」

**ふやじょう**【不夜城】（名）灯火・ネオンなどがかがやいて、夜でも昼のように明るくにぎやかな所。

**ふや・す**【増やす・殖やす】（他五）〔サ(ソ)・シ・ス・ス・セ・セ〕数や量をいままでより多くする。ふえるようにする。「人数を―」「財産を―」対減らす。⇒ふえる「学習」

**ふゆ**【冬】（名）四季の一つ。年間で最も気温が低い季節。ふつう一二・一・二月の三か月。暦《こよみ》の上では立冬から立春の前日まで。陰暦《いんれき》では、一〇・一一・一二月。

**ぶゆ**【蚋】（名）《動》→ぶよ

**ふゆう**【浮遊】【浮游】（名・自スル）水面や空中に浮《う》かびただようこと。「―物」

**ふゆう**【富裕】（名・形動ダ）財産にめぐまれて、生活が豊かなこと。「―な家」「―層」類裕福《ゆうふく》

**ぶゆう**【武勇】（名）武芸にすぐれていて勇気のあること。強く勇ましいこと。「―伝」

**ふゆうせいぶつ**【浮遊生物】【浮游生物】（名）→プランクトン

**ふゆかい**【不愉快】（名・形動ダ）いやな気持ちでおもしろくないこと。「―な思いをする」「―になる」

**ふゆがれ**【冬枯れ】（名）❶冬、草木や葉がかれること。また、冬のさびしいながめ。❷商店などで、冬に客が減って景気が悪くなること。対夏枯れ

**ふゆぎ**【冬着】（名）冬に着る衣服。類冬物。対夏着

**ふゆこだち**【冬木立】（名）冬になって葉がかれ落ちた木々。

**ふゆきとどき**【不行き届き】（名・形動ダ）じゅうぶんに注意やせわが行き届かないこと。「監督《かんとく》―」

**ふゆげしょう**【冬化粧】（名・自スル）冬になって、山などに雪が積もって美しく見えること。

**ふゆごもり**【冬籠もり】（名・自スル）冬の間、人や動物が家や巣などに閉じこもって外に出ないこと。

**ふゆしょうぐん**【冬将軍】（名）（ロシアに侵攻《しんこう》したナポレオンが、きびしい寒さにあって大敗したことから）寒さのきびしい冬のこと。「―の到来《とうらい》」

**ふゆどり**【冬鳥】（名）《動》秋に日本に渡《わた》ってきて冬を越《こ》し、春になると北へ帰っていく鳥。かも・がん・はくちょうなど。対夏鳥

**ふゆのみづ**《フユノミズ》…俳句

〔冬の水　一枝《いっし》の影《かげ》も　欺《あざむ》かず〕〈中村草田男《なかむらくさたお》〉訳澄《す》んで静まりかえった冬の水、その水面が、こまかい冬木の枝の一つ一つまで一点のごまかしもなくくっきりとうつしだしている。（季語「冬の水」冬）

**ふゆば**【冬場】（名）冬の間。冬のころ。対夏場

**ふゆばちの**…俳句

〔冬蜂の　死《し》にどころなく　歩《ある》きけり〕〈村上鬼城《むらかみきじょう》〉訳冬まで生き残った蜂が、弱って飛べなくなり、死に場所をさがしあぐねているように、うろうろ歩きまわっている。（季語「冬蜂」冬）

**ふゆび**【冬日】（名）❶冬の弱い日ざし。❷最低気温がセ氏0度未満の日。対夏日

**ふゆもの**【冬物】（名）冬に使うもの。特に、冬に着る衣服。類冬着。対夏物

**ふゆやすみ**【冬休み】（名）学校や会社などの、年末から正月にかけての休み。対夏休み

**ふよ**【付与・附与】（名・他スル）さずけること。あたえ

ること。⇩ふよ(賦与)「学習」

**ふよ【賦与】**(名・他スル) 割り当ててあたえること。配りあたえること。

> **学習** 使い分け 「付与」「賦与」
> 付与　さずけあたえること。「権利を付与する」「専門知識を付与する」
> 賦与　(天や神が)配りあたえること。「才能を賦与される」「貧者《ひんじゃ》に賦与する」

**ぶよ**〖蚋〗(名)《動》ブユ科の昆虫《こんちゅう》。体長は二〜三《ミリメートル》。水ぎわや山野に多くすむ。雌《めす》は人や動物の血を吸う。ぶゆ。ぶと。

**ふよう【不用】**(名・形動ダ) 使わないこと。役にたたないこと。⇩ふよう(不要)「学習」

**ふよう【不要】**(名・形動ダ) 必要でないこと。いらないこと。不必要。「—不急」対必要

> **学習** 使い分け 「不用」「不要」
> 不用　使わないこと。「不用品の回収」「不用の建物」「出張費の不用分を返す」
> 不要　「必要」の反対で、必要としないこと。「不要の買い物」「不要な外出はひかえる」「その部分の説明は不要だ」

**ふよう**〖芙蓉〗(名)《植》❶アオイ科の落葉低木。夏や秋に大形のうす赤色または白色の花が咲《さ》く。もくふよう。❷蓮《はす》の花。

**ふよう【扶養】**(名・他スル) 世話をし、養うこと。「—家族」

**ふよう【浮揚】**(名・自他スル) しずんでいたものが浮《う》かびあがること。浮かびあがらせること。「景気—策」

**ぶよう【舞踊】**(名) おどり。舞《まい》。「日本—」

**ふようい【不用意】**(名・形動ダ) 用心や心づかいが足りないこと。準備していないこと。うっかりしていること。「—な発言」

**ふようかぞく【扶養家族】**(名) その人が自分の収入で養っている家族。

**ふようじょう【不養生】**(名・形動ダ) 健康に気をつけないこと。「医者の—」類不摂生《ふせっせい》

**ぶようじん【不用心・無用心】**(名・形動ダ) 用心の悪いこと。警戒《けいかい》をおこたること。「—な家」

**ふようど【腐葉土】**(名) 落ち葉が腐《くさ》ってできた土。養分が豊富で、植物の栽培《さいばい》に用いる。

**ふよく【扶翼】**(名・他スル) うまくゆくように力をそえて助けること。扶助《ふじょ》。

**フライ**〔英 fly〕(名) 野球で、バッターが高く打ち上げたボール。飛球。「ライト—」

**フライ**〔英 fry〕(名) さかな・肉・野菜などに小麦粉・とき卵・パン粉をまぶし、油であげた食べ物。「えび—」

**ぶらい【無頼】**(名・形動ダ) 決まった職業がなく、行いが悪いこと。また、そういう人。「—の徒」

**プライオリティー**〔英 priority〕(名) 優先順位。優先度。優先権。

**ぶらいかん【無頼漢】**(名) 決まった職業がなく、ぶらぶらして悪いことをする男。ならず者。ごろつき。

**プライス**〔英 price〕(名) 価格。また、相場。

**ブライダル**〔英 bridal〕(名) 結婚式《けっこんしき》。また、婚礼に関すること。「—産業」

**フライト**〔英 flight〕(名) ❶飛ぶこと。特に、航空機の飛行。❷スキーのジャンプ競技での空中飛行。

**プライド**〔英 pride〕(名) 自分の人格・才能・品位などを誇《ほこ》る気持ち。誇り。自尊心。「—が高い」

**フライト-レコーダー**〔英 flight recorder〕(名) 航空機にとりつけて、高度・速度・方位などの飛行データを自動的に記録する装置。

**プライバシー**〔英 privacy〕(名) 他人に知られたり干渉《かんしょう》されたりしたくない私生活。また、その私生活を守る権利。「—の尊重」「—を侵害《しんがい》する」

**フライ-パン**(名) 柄《え》のついた浅いなべ。食物を焼いたりいためたりするのに使う。▽英 frying pan から。

**プライベート**〔英 private〕(形動ダ) {ダロ・ダッ(デ・ニ)・ダ・ナ・ナラ・〇} 個人的。私的。「—な問題」

**フライング**〔英 flying〕(名・自スル) 競走や競泳のスタートで、出発の合図より先にとび出すこと。

**ブラインド**〔英 blind〕(名) 窓にとりつける日よけ。ふつう、細長い板を何枚もひもで連ねたものをいう。

**ブラインド-タッチ**〔和製英語〕(名) コンピューターで、キーボードを見ずに画面を見ながらキーを打つこと。タッチタイピング。▽blind と touch から。

**ブラウザ**〔英 browser〕(名) インターネット上のウェブサイトの情報を画面に表示するためのソフトウエア。

**ブラウス**〔英 blouse〕(名) 女性用の、上半身に着るシャツのような衣服。

**ブラウンかん【ブラウン管】**(名)《物》真空管の一種で、電気信号を蛍光《けいこう》面の上に画像として表すもの。テレビ放送の受像などに使われる。ドイツの物理学者ブラウン(Braun)が発明した。

**プラカード**〔英 placard〕(名) デモや宣伝などで、主張・要求・広告などのことばを書いて持って歩く板。

**ぶらく【部落】**(名) 少数の民家がひとかたまりになっている所。「集落」の古い言い方。

**プラグ**〔英 plug〕(名) 電気を流したり切ったりするためのさしこみ。ふつうコードの先にあり、コンセントにさす。

**プラグマティズム**〔英 pragmatism〕(名) 哲学《てつがく》で、人間の思考や活動の意味や価値を、それが実際に役に立つかどうかで判断しようとする考え方。実用主義。プラグマチズム。

**プラグマティック**〔英 pragmatic〕(形動ダ) {ダロ・ダッ(デ・ニ)・ダ・ナ・ナラ・〇} 実際的。実利的。実用主義的。プラグマチック。

**プラザ**〔英 plaza〕(名) 広場。

**ぶらさが・る【ぶら下がる】**(自五) {ラ(ロ)・リ(ッ)・ル・ル・レ・レ} ❶ぶらんとたれ下がる。「鉄棒に—」❷ほしいものがすぐ手にはいりそうな状態にある。「優勝が目の前に—」

**ぶらさ・げる【ぶら下げる】**(他下一) {ゲ・ゲ・ゲル・ゲル・ゲレ・ゲロ(ゲヨ)} 上の部分をとめてぶらんと下げる。また、手に下げて持つ。「腰《こし》に手ぬぐいを—」

**ブラシ**〔英 brush〕(名) 柄《え》の先に、動物の毛などをた

ばねて植えこんだはけ。「―をかける」「ヘアー」

**プラシーボ**〔英 placebo〕(名)〘医〙→ぎやく

**ブラジャー**〔英 brassiere〕(名) 女性用の下着の一つ。乳房《ちぶさ》をおおい、形を整えるもの。ブラ。

**ブラジリア**〔Brasilia〕［地名］ブラジルの首都。ブラジル高原に計画的に建設された近代的都市。

**ブラジル**〔Brazil〕［地名］南アメリカ大陸東部にある連邦《れんぽう》共和国。首都はブラジリア。

**プラス**〔英 plus〕**一**(名・他スル)〘数〙たすこと。また、その記号。「＋」**二**(名) ❶〘数〙正数の記号。「＋」❷〘物〙電気の陽極。また、その記号。「＋」❸差し引いた残り。利益。黒字。「収支が―になる」❹前よりよくなること。有利。「学習に―になる」❺よいこと。「―のイメージ」(対マイナス)

**プラス-アルファ**〔和製英語〕(名) ある数量などにさらに少しつけ加えること。また、そのつけ加えたもの。「―の価値がつく」▽plus と alpha から。

**フラスコ**〔ポルトガル frasco〕(名) 首の長い、とっくりに似た形のガラス容器。化学の実験に使う。

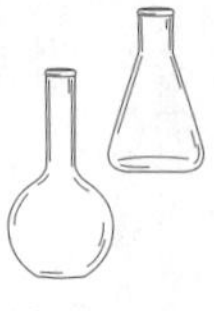

(フラスコ)

**プラスチック**〔英 plastics〕(名) 熱や圧力を加えて思いのままの形に作れるような化合物。特に、ポリエチレン・ビニール・アクリル樹脂《じゅし》などの合成樹脂。

**フラストレーション**〔英 frustration〕(名) 欲求不満。「―を起こす」

**ブラス-バンド**〔英 brass band〕(名)〘音〙管楽器を主として組まれた楽団。吹奏《すいそう》楽団。

**プラズマ**〔英 plasma〕(名) ❶〘物〙電離《でんり》した陽イオンと電子とが混在した状態。オーロラ、コロナに見られる。❷〘医〙血漿《けっしょう》。

**プラタナス**〔英 platanus〕(名)〘植〙→すずかけのき

**プラタナス**…俳句〔プラタナス　夜《よ》もみどりなる　夏《なつ》は来《き》ぬ〕〈石田波郷《いしだはきょう》〉訳街路樹のしげったプラタナスの葉が、夜になってもみどりに見える明るい都会の夏がやってきたことだ。(季語「夏」夏)

**フラ-ダンス**〔和製英語〕(名) ハワイで、女性が音楽のリズムに合わせて腰《こし》をふっておどる伝統的なダンス。▽hula と dance から。

**ふらち**〖不△埒〗(名・形動ダ) けしからぬこと。ふとどき。「―なやつだ」「―者《もの》」

**プラチナ**〔スペイン platina〕(名) 白金《はっきん》。

**ふらつ・く**(自五)｛カ(コ)・キ(イ)・ク・ク・ケ・ケ｝❶足や腰《こし》がしっかりしないでからだがふらふらする。「熱のためにからだが―」❷考え方や態度が決まらないでゆれ動く。「考えが―」❸目的もなくうろつく。ぶらつく。「近所を―」

**ぶらつ・く**(自五)｛カ(コ)・キ(イ)・ク・ク・ケ・ケ｝これといった目的もなく歩き回る。散歩する。「商店街を―」

**ブラック**〔英 black〕(名) ❶黒色。黒。❷ミルクやクリーム・砂糖を入れないコーヒー。

**ブラック-バス**〔英 black bass〕(名)〘動〙サンフィッシュ科の魚。北アメリカ原産。背は黒褐色《こっかっしょく》で、湖や川にすむ。

**ブラック-ホール**〔英 black hole〕(名)〘天〙質量の大きな星が、自らの重力で収縮して高密度になった状態。重力がひじょうに強く、光さえも外部に出られない。

**ブラック-ボックス**〔英 black box〕(名) ❶電子回路などで、機能はわかっているが、内部のしくみが明らかでない装置。❷航空機のフライトレコーダーとボイスレコーダーをおさめた頑丈《がんじょう》な箱。

**ブラックリスト**〔英 blacklist〕(名) 要注意人物の名前などを書いた表。「―にのる」

**フラッシュ**〔英 flash〕(名) ❶暗い所などで写真をとるときに使う、瞬間《しゅんかん》的な強い光。「―をたく」❷映画で、瞬間的な場面。❸速報。「―ニュース」

**ブラッシング**〔英 brushing〕(名・他スル) ブラシをかけること。「髪《かみ》を―する」

**ふらっと**(副)→ふらりと

**フラット**〔英 flat〕**一**(名・形動ダ) 平らなこと。**二**(名) ❶〘音〙半音下げるしるし。変記号。記号♭ 対シャープ。❷競走・競泳などで、タイムに秒以下の端数《はすう》がつかないこと。かっきり。「一二〇秒―」

**プラットホーム**〔英 platform〕(名) 駅で、電車などの乗りおりをする所。ホーム。

**プラトニック**〔英 platonic〕(形動ダ)｛ダロ・ダッ(デ・ニ)・ダ・ナ・ナラ・○｝純粋《じゅんすい》に精神的なようす。特に、恋愛で、肉欲を離《はな》れて相手を思うさまをいう。「―ラブ」参考古代ギリシャの哲学《てつがく》者プラトンのような、の意。

**プラネタリウム**〔ドイツ Planetarium〕(名) まるい天井《てんじょう》に映写機で天体の動きを映し出して示す装置。

**プラハ**〔Praha〕［地名］チェコの首都。ボヘミア盆地《ぼんち》の中央にあって交通や文化の中心地。プラーグ。

**ふらふら**(副・自スル) ❶足どりがしっかりしないでゆれ動くようす。「つかれて―する」❷考えがさだまらないようす。しっかりとした考えや目当てもなく行動するようす。「―した態度」「つい―とついてゆく」❸あてもなく歩き回るようす。

**ぶらぶら**(副・自スル) ❶ぶら下がってゆれ動くようす。❷あてもなく歩き回るようす。「近所を―(と)歩き回る」「町を―する」❸職がなく仕事をしないで暮らしているようす。何もすることのないようす。「退職して家で―している」

**ブラボー**〔イタリア bravo〕(感)(感動・称賛《しょうさん》・喜びの気持ちで)うまいぞ。すてきだ。ばんざい。

**フラミンゴ**〔英 flamingo〕(名)〘動〙フラミンゴ科の鳥の総称《そうしょう》。大形で羽は淡《あわ》い紅色。首と足が長く、曲がったくちばしをもつ。アフリカ、中南米などで湖沼《こしょう》付近に棲息《せいそく》し、群れで行動する。

**フラメンコ**〔スペイン flamenco〕(名) スペイン南部に伝わる、ギターの伴奏《ばんそう》にあわせた情熱的な歌と踊《おど》り。

**プラモデル**(名) プラスチック製の、飛行機・自動車・船などの組み立て式模型。(商標名)

**ふらりと**(副) ❶特別な目的もなく気軽に行動するようす。ふらっと。「―母校に立ち寄る」❷急によろめくようす。不安定にゆれ動くようす。

**ふらん**〖△孵卵〗(名・自他スル) 卵がかえってひなになること。卵をひなにすること。「―器」

**ふらん**【腐乱】〖腐△爛〗(名・自スル) くさってくずれること。「―死体」

**フラン**〔フランス franc〕(名) スイスなどの通貨の単位。ま

た、ユーロ導入前のフランス・ベルギーなどの通貨の単位。

**プラン**〔英 plan〕(名) ❶計画。設計。「夏休み中の―をたてる」「旅行―」❷設計図。

**フランク**〔英 frank〕(形動ダ)｛ダロ・ダッ(デ・ニ)・ダ・ナ・ナラ・○｝率直《そっちょく》なようす。ざっくばらん。「―に話し合う」

**ブランク**〔英 blank〕(名) ❶何も書いてない部分。空白。余白。❷仕事などからはなれている期間。空白期間。「病気で一年間の―がある」

**プランクトン**〔英 plankton〕(名) 海水・淡水《たんすい》などの水面または水中にただよって生活する生物の総称《そうしょう》。魚類のえさとして重要。浮遊《ふゆう》生物。

**ぶらんこ**(名) つり下げた二本の綱《つな》・くさりなどに横木をわたし、乗って前後にゆり動かして遊ぶもの。

**フランス**〔France〕【地名】ヨーロッパ西部にある共和国。首都はパリ。農業・工業とも盛《さか》んな、観光国。

**フランスかくめい**【フランス革命】(名)〘歴〙一七八九年から一七九九年にかけてフランスにおこった市民革命。自由・平等の理念をかかげて王政と封建《ほうけん》制度をたおし、近代社会の成立をもたらした。▽フランスは、France

**プランター**〔英 planter〕(名) 草花などを栽培《さいばい》する容器の一つ。プラスチック製で、箱型のものが多い。

**ブランチ**〔英 brunch〕(名) 昼食を兼《か》ねた遅《おそ》めの朝食。参考 breakfast と lunch との合成語。

**フランチャイズ**〔英 franchise〕(名) ❶プロ野球で、球団が本拠地《ほんきょち》としている球場。ホームグラウンド。❷チェーンストアの本部が加盟店に認める、ある区域での独占販売《どくせんはんばい》の権利。

**ブランデー**〔英 brandy〕(名) ぶどう酒を蒸留して作ったアルコール分の強い洋酒。

**プランテーション**〔英 plantation〕(名) 熱帯や亜熱帯《あねったい》地方の植民地で経営された大農園。現地住民の安い労働力を使って、大規模にゴム・コーヒー・さとうきびなどを栽培《さいばい》した。

**ブランド**〔英 brand〕(名) 商標。銘柄《めいがら》。「一流の―」「―品」

**プラント**〔英 plant〕(名) 工場の建物・機械・器具などの設備一式。「―輸出」

**フランネル**〔英 flannel〕(名) 毛織物の一つ。つむぎ毛糸であらく織ったやわらかい織物。ネル。

**ふり**【振り】━(名) ❶振ること。「バットの―がにぶい」❷その人が外に表しているようす。態度や挙動。「人の―見てわが―なおせ」「見ない―をする」❸おどりのしぐさ。「―をつける」❹料理屋や旅館などで、紹介《しょうかい》やなじみがなく突然《とつぜん》の客であること。「―の客」
━(接尾) 刀剣《とうけん》を数えることば。「刀一《ひと》―」

**ふり**【不利】(名・形動ダ) 条件などが相手より悪く、うまくいく見こみの少ないこと。状況《じょうきょう》が悪いこと。「―な立場」「形勢が―だ」対 有利

**-ぶり**〘振り〙(接尾) ❶状態やようすを表す。「熱心な仕事―」❷ふたたび同じ状態になるまでに、それだけの時が過ぎさったことを表す。「三年―に会う」

**ぶり**〘△鰤〙(名)〘動〙アジ科の魚。沿岸を回遊する。からだは紡錘《ぼうすい》形で大きさは一《メートル》にもなる。参考 成長につれて、東京では、「わかし」→「いなだ」→「わらさ」→「ぶり」、大阪では、「つばす」→「はまち」→「めじろ」→「ぶり」と呼び名が変わる。出世魚《しゅっせうお》の一つ。

**ふりあい**【振り合い】(名) ほかのものと比べたときのつり合い。ぐあい。あんばい。

**ふりあ・げる**【振り上げる】(他下一)｛ゲ・ゲ・ゲル・ゲル・ゲレ・ゲロ(ゲヨ)｝手や、にぎったものを勢いよく高く上げる。「刀を―」

**ふりあて**【振り当て】(名) 割り当てること。

**ふりあ・てる**【振り当てる】(他下一)｛テ・テ・テル・テル・テレ・テロ(テヨ)｝いくつかに分けて割り当てる。割りふる。「それぞれに役を―」「余った時間を読書に―」

**フリー**〔英 free〕(名・形動ダ) ❶束縛《そくばく》や制限のないこと。自由なこと。❷無料。「―パス」❸「フリーランサー」「フリーランス」の略。「―のカメラマン」

**フリーウエア**〔英 freeware〕(名) コンピューターで、無料で公開されているソフトウエア。

**フリー-エージェント**〔英 free agent〕(名) プロ野球で、一定期間ある球団でプレーした後、どの球団とも自由に契約《けいやく》する資格を得た選手。FA。

**フリーザー**〔英 freezer〕(名) 冷凍《れいとう》装置。また、冷蔵庫などの冷凍室。冷凍庫。冷却《れいきゃく》器。

(フリージア)

**フリージア**〔英 freesia〕(名)〘植〙アヤメ科の多年草。春、かおりのよい白や黄色のつつ形の花が咲《さ》く。

**フリース**〔英 fleece〕(名) ポリエステルの繊維《せんい》でできた、起毛仕上げの軽量な布地。「―ジャケット」

**フリーズ**〔英 freeze〕(名・自他スル) ❶凍《こお》ること。凍らせること。❷コンピューターで、ソフトウエアなどが突然《とつぜん》動かなくなること。

**フリー-スクール**〔英 free school〕(名) 子どもの自主性を重視し、自由な教育を行う施設《しせつ》。不登校の子どもを受け入れる施設もあわせていう。

**フリー-スケーティング**〔英 free skating〕(名) フィギュアスケートの競技種目の一つ。ジャンプやスピンなどの技を決められた条件内で自由に組み合わせて演技する。FS。⇩ショートプログラム

**フリースタイル**〔英 freestyle〕(名) ❶水泳の自由形。❷レスリングで、相手の腰《こし》から下を攻撃《こうげき》したり、足を使ったりしてもよい種目。❸(「フリースタイルスキー」の略)スキー競技の一つで、宙返りやジャンプなどの技を競うもの。エアリアル・モーグルなどがある。

**フリーズドライ**(名) 物を急速に冷凍《れいとう》してから真空状態に置き、水分をとり除く乾燥《かんそう》法。食品などの長期保存に適する。凍結乾燥。▽英 freeze-drying から。

**フリーター**〔和製語〕(名)(「フリーアルバイター」の略)定職に就《つ》かず、アルバイトで生計を立てる人。▽英 free と《ドイツ》Arbeiter から。

**フリー-ダイヤル**〔和製英語〕(名) 受信者が通話料を支払《しはら》う電話のシステム。企業《きぎょう》などが顧客《こきゃく》対応のために設置する。▽free と dial から。

**フリー-トーキング**〔和製英語〕(名) 自由に討論しあう、話し合いの形式。▽free と talking から。

**フリー-パス**〔英 free pass〕(名) ❶無料で乗車や入場などができること。無料乗車券。無料入場券。

❷試験、税関などを無条件で通過すること。

**フリー-バッティング**〔和製英語〕（名）野球で、投手に打ちよいたまを投げさせ、思うままに打つ練習をすること。▽free と batting から。

**ブリーフ**〔英 briefs〕（名）男性用の下ばきで、からだにぴったりした、丈《たけ》の短いパンツ。

**ブリーフケース**〔英 briefcase〕（名）書類を入れるうすいかばん。

**フリー-ペーパー**〔英 free paper〕（名）無料配布される新聞や雑誌。広告収入によって発行される。

**フリー-マーケット**〔英 flea market〕（名）不用品や中古品を持ち寄って売買する市場。蚤《のみ》の市。

**フリーランサー**〔英 freelancer〕（名）自由契約《けいやく》者。会社などに所属していない俳優や記者など。フリーランス。フリー。

**フリーランス**〔英 freelance〕（名）→フリーランサー

**ふりえき【不利益】**（名・形動ダ）利益にならないこと。損なこと。「—をこうむる」

**ふりかえ【振替】**（名）❶一時的にそれに代えてほかのものを用いること。「—休日」❷簿記《ぼき》で、現金をうごかさず、帳簿上のつけかえによって支払《しはら》いを行うこと。❸（「郵便振替」の略）おかねの受け取りや支払いを、郵便局を通じて帳簿上の「振替②」によって行う制度。

**ぶりかえ・す【ぶり返す】**（自五）{サ(ソ)・シ・ス・ス・セ・セ} いったんよくなりかけていた状態がまたもとへもどる。「かぜが—」「暑さが—」

**ふりかえ・る【振り返る】**（他五）{ラ(ロ)・リ(ッ)・ル・ル・レ・レ} ❶うしろをふりむく。「峠《とうげ》から道を—」❷過去のことを思い返す。回想する。かえりみる。「当時を—」

**ふりか・える【振り替える】**（他下一）{エ・エ・エル・エル・エレ・エロ(エヨ)} ❶一時ほかのものを代用する。「休日を—」❷簿記《ぼき》で、帳簿上のつけかえで支払《しはら》いを行う。

**ふりかか・る【降りかかる】**『降り懸かる』（自五）{ラ(ロ)・リ(ッ)・ル・ル・レ・レ} ❶上から降ってきてかかる。「火の粉が—」❷よくないことが身におこる。「災難が—」

**ふりかけ【振り掛け】**『振り掛け』（名）ご飯の上にふりかけて食べるもの。海苔《のり》・かつおぶし・ごまなどをまぜた食品。

**ふりか・ける【振りかける】**『振り掛ける』（他下一）{ケ・ケ・ケル・ケル・ケレ・ケロ(ケヨ)} 振るようにしてかける。上にまきちらす。「野菜に塩を—」

**ふりかざ・す【振りかざす】**『振り△翳す』（他五）{サ(ソ)・シ・ス・ス・セ・セ} ❶頭の上にふり上げる。「刀を—」❷主義・主張などをことさら強くおし出す。「正義を—」

**ふりかた【振り方】**（名）❶振る方法。「バットの—」❷処置のしかた。「身の—を考える」

**ふりがな【振り○仮名】**（名）漢字のそばに小さくつけて、その漢字の読みを示すひらがなやかたかな。ルビ。

**ブリキ**〔オランダ blik〕（名）錫《すず》をめっきしたうすい鉄板。「—のおもちゃ」

**ふりき・る【振り切る】**（他五）{ラ(ロ)・リ(ッ)・ル・ル・レ・レ} ❶強くふりはなす。はねのける。「相手の手を—・ってにげる」❷追いつこうとする者を最後まで追いつかせない。「最後の一周で—」❸人が強くひきとめたり、たのんだりするのを、きっぱりことわる。「誘《さそ》いを—・って帰る」

**ふりこ【振り子】**（名）おもりが一定の周期で左右にゆれ動くようになっているもの。「—時計」

**ふりこう【不履行】**（名）約束《やくそく》したことを実行しないこと。「契約《けいやく》—」

**ふりこ・む【降り込む】**（自五）{マ(モ)・ミ(ン)・ム・ム・メ・メ} 雨・雪などがふきつけて家の中へはいってくる。「雨が—」

**ふりこ・む【振り込む】**（他五）{マ(モ)・ミ(ン)・ム・ム・メ・メ} 銀行預金口座などにおかねをはらいこむ。「電気代を—」

**ふりこ・める【降りこめる】**『降り◇籠める』（他下一）{メ・メ・メル・メル・メレ・メロ(メヨ)} 雨や雪がひどく降って人が外へ出られないようにする。「大雪に—・められる」使い方》多く「降りこめられる」の形で用いられる。

**ふりしき・る【降りしきる】**『降り◇頻る』（自五）{ラ(ロ)・リ(ッ)・ル・ル・レ・レ} 勢いよくひっきりなしに降る。「雨が—」

**ふりしぼ・る【振り絞る】**（他五）{ラ(ロ)・リ(ッ)・ル・ル・レ・レ} 物をしぼり出すように、むりをしてありったけの力や声などを出す。「声を—・って助けを呼ぶ」「ない知恵《ちえ》を—」

**ふりす・てる【振り捨てる】**（他下一）{テ・テ・テル・テル・テレ・テロ(テヨ)} 思い切って捨ててしまう。捨て去る。「未練を—」

**プリズム**〔英 prism〕（名）《物》光線の方向をかえたり、光線をいろいろな色に分けたりするのに使う、すき通った三角形の柱。ガラスや水晶《すいしょう》などで作られる。

**ふりそそ・ぐ【降り注ぐ】**（自五）{ガ(ゴ)・ギ(イ)・グ・グ・ゲ・ゲ} 雨や光などがしきりに降りかかる。「陽光がさんさんと—」

**ふりそで【振り袖】**（名）未婚《みこん》の女性が礼装用に着る、そでの長い着物。また、そのそで。

**ふりだし【振り出し】**（名）❶すごろくの出発点。❷物事の出発点。「捜査《そうさ》が—にもどる」❸為替《かわせ》・手形・小切手などを発行すること。注意「振出人」などは送りがなをつけない。

**ふりだ・す【振り出す】**（他五）{サ(ソ)・シ・ス・ス・セ・セ} ❶振って中から物を出す。❷為替《かわせ》・手形・小切手などを発行する。「手形を—」

**ふりつ【府立】**（名）府が設立し、維持《いじ》すること。また、その施設《しせつ》。「—高校」

**ふりつけ【振り付け】**（名）おどりの動きなどを考案し、演じる人に教えること。また、その人。「—師」

**ブリッジ**〔英 bridge〕（名）❶橋。特に、線路の上にまたがってかけた橋。陸橋。❷船の甲板《かんぱん》の上に設けた見張りやぐら。船橋。艦橋《かんきょう》。❸トランプの遊び方の一つ。❹レスリングで、フォールをふせぐため、あおむけのからだを弓形にそらせ、足と頭でささえること。

**ふりつの・る【降り募る】**（自五）{ラ(ロ)・リ(ッ)・ル・ル・レ・レ} いよいよはげしく降る。「雨がはげしく—」

**フリップ**（名）テレビなどで説明に使う、要点や図表をかいた大型のカード。▽英 flip chart から。

**ふりつも・る【降り積もる】**（自五）{ラ(ロ)・リ(ッ)・ル・ル・レ・レ} 雪などが降って積もる。「火山灰が—」

**ふりはな・す【振り放す】**（他五）{サ(ソ)・シ・ス・ス・セ・セ} くっついている物を振ってはなす。「—・して逃《に》げる」

**ふりはば【振り幅】**（名）《物》→しんぷく（振幅）

**ふりはら・う【振り払う】**（他五）{ワ(オ)・イ(ッ)・ウ・ウ・エ・エ} 勢いよく振るようにして、取り除く。払いのける。「服のほこりを—」「悲しみを—」

**ぶりぶり**（副・自スル）おこってきげんの悪いようす。

**ぷりぷり**（副・自スル）❶おこってきげんの悪いようす。「—して口もきかない」❷肉などの、みずみずしく張りがあ

り、弾力《だんりょく》に富むようす。

**プリペイド-カード**〔英 prepaid card〕（名）料金を前払《まえばら》いして購入《こうにゅう》し、現金がわりに利用する磁気《じき》カード。

**ふりほど・く【振りほどく】**〖振り◇解く〗（他五）〔カ(コ)・キ(イ)・ク・ク・ケ・ケ〕振るようにして、まとわりついているものや、からみついているものを離《はな》れさせる。「相手の手を—」

**ふりま・く【振りまく】**〖振り△撒く〗（他五）〔カ(コ)・キ(イ)・ク・ク・ケ・ケ〕❶あたりにまきちらす。「塩を—」❷大勢の人におしみなく示す。「愛敬《あいきょう》を—」

**プリマ-ドンナ**〔イタリア prima donna〕（名）❶歌劇中の主役をつとめる女性歌手。❷（女性の）花形。

**ふりまわ・す【振り回す】**（他五）〔サ(ソ)・シ・ス・ス・セ・セ〕❶物を振り動かしたり回したりする。「刀を—」❷むやみに使う。「権力を—」❸見せびらかす。ひけらかす。「知識を—」❹ほんろうする。「うわさに—・される」

**ふりみだ・す【振り乱す】**（他五）〔サ(ソ)・シ・ス・ス・セ・セ〕はげしく動いて乱れた状態にする。「髪《かみ》を—」

**ふりむ・く【振り向く】**（自五）〔カ(コ)・キ(イ)・ク・ク・ケ・ケ〕顔や上体を向けてそちらを見る。「うしろを—」

**ふりむ・ける【振り向ける】**（他下一）〔ケ・ケ・ケル・ケル・ケレ・ケロ(ケヨ)〕❶顔や上体をその方向へ向ける。「顔を—」❷別の必要な方面にまわして使う。「支店に人手を—」

**ブリュッセル**〔Bruxelles〕〔地名〕ベルギーの首都。鉄道交通の要地。EUの本部がある。

**ふりょ【不慮】**（名）思いがけないこと。「—の事故」類不測・意外

**ふりょ**〖△俘虜〗（名）とりこ。捕虜《ほりょ》。

**ふりょう【不良】**（名・形動ダ）❶品質や状態がよくないこと。「—品」❷行いの悪いこと。また、その人。

**ふりょう【不猟】**（名）猟に出て獲物《えもの》が少ないこと。対大猟

**ふりょう【不漁】**（名）漁に出て、魚などの獲物《えもの》が少ないこと。対大漁・豊漁

**ぶりょう**〖無△聊〗（名・形動ダ）何もすることがなくて、たいくつなこと。「—をかこつ」

**ふりょうさいけん【不良債権】**（名）金融《きんゆう》機関が貸した債権のうち、借りた側の倒産《とうさん》などによって返済されずにいるもの。

**ふりょうどうたい【不良導体】**（名）〔物〕電気・熱が伝わりにくい物質。木・石・ガラス・絹・ゴムなど。不導体。対良導体

**ふりょく【浮力】**（名）〔物〕流体（＝液体または気体）の中にある物体に対して、その物体をおし上げようとする流体の力。

**ぶりょく【武力】**（名）軍隊の力。兵力。戦力。「—を行使する」

**フリル**〔英 frill〕（名）幅《はば》の細い布やレースの片側をぬいちぢめてひだを寄せたもの。洋服の襟《えり》や袖口《そでぐち》のかざりとする。「—のついたブラウス」

**ふりわけ【振り分け】**（名）❶ふり分けること。❷（「振り分け髪《がみ》」の略）むかしの子どもの髪形。髪を左右に分けてそのまま垂らしたもの。❸「振り分け荷物」の略。

**ふりわけにもつ【振り分け荷物】**（名）ひもでつなぎ、前とうしろに分けてかつぐようにした荷物。

**ふりわ・ける【振り分ける】**（他下一）〔ケ・ケ・ケル・ケル・ケレ・ケロ(ケヨ)〕❶二つに分ける。❷割り当てる。「予算を—」

**ふりん【不倫】**（名・形動ダ）男女の関係で、道徳にはずれること。類不義

**プリン**（名）→プディング

**プリンス**〔英 prince〕（名）皇太子《こうたいし》。皇子。王子。対プリンセス

**プリンセス**〔英 princess〕（名）王女。皇女。王子・皇太子《こうたいし》のきさき。対プリンス

**プリンター**〔英 printer〕（名）印刷機。印字機。また、コンピューターで、印刷用の出力装置。

**プリント**〔英 print〕（名・他スル）❶印刷すること。また、印刷物。❷布などに型をおして模様《もよう》を染め出すこと。また、染め出した布。「—のブラウス」❸写真や映画で、陰画《いんが》から陽画を焼きつけること。

**ふる【古】**（名）使い古したもの。「姉のお—」

**ふ・る【降る】**（自五）〔ラ(ロ)・リ(ッ)・ル・ル・レ・レ〕❶雨・雪や細かいものが空から落ちてくる。「雨が—」「火山灰が—」❷思いがけないことが起こる。「災難が—・ってわく」

**降るほど** ひじょうにたくさん。「就職口なら—ある」

**ふ・る【振る】**（他五）〔ラ(ロ)・リ(ッ)・ル・ル・レ・レ〕❶からだの一部や手に持ったものを、上下・前後・左右になんどもゆり動かす。「手を—」「旗を—」❷動かして方向を変える。「機首を右に—」❸手に持ったものをゆり動かしながら、まくように下に落とす。「塩を—」「さいころを—」❹役割や位置を割り当てる。「役目を—」「話を—」「ルビを—」❺相手にせずにはねつける。「恋人《こいびと》に—・られる」❻むだにする。失う。「午前中を棒に—」

**フル**〔英 full〕（名）限度いっぱい。すべて。「—に活用する」「—スピード」「—操業」

**ぶ・る** ㊀（自五）〔ラ(ロ)・リ(ッ)・ル・ル・レ・レ〕きどる。もったいぶる。「あまり—な」㊁（接尾）（名詞や形容詞・形容動詞の語幹について）それらしいようすをする。「学者—」「上品—」

**ふるい**〖△篩〗（名）粉などを入れてふり動かし、細かいものとあらいものを分ける道具。わくの底に網《あみ》をはってある。

（ 篩 ）

**ふるいにかける** より分けてよいものだけを選ぶ。

**ふる・い【古い】**〖◇旧い〗（形）〔カロ・カッ(ク)・イ・イ・ケレ・○〕❶長い年月がたっている。「—机」「—話」❷新鮮《しんせん》でない。「—牛乳」❸今までと変わらない。時代おくれだ。旧式だ。「その手は—」「頭が—」「—型の服」《対新しい》

**ぶるい【部類】**（名）種類によって分けた、その一つ一つのまとまり。「そのレポートはましな—だ」

**ふるいおこ・す【奮い起こす】**（他五）〔サ(ソ)・シ・ス・ス・セ・セ〕自分の気持ちをはげまし、ひきたてる。「勇気を—」

**ふるいおと・す【ふるい落とす】**〖△篩い落とす〗（他五）〔サ(ソ)・シ・ス・ス・セ・セ〕❶ふるいにかけてふり落とす。「砂を—」❷多くの中から、一定の基準に達しないものを除く。ふるう。「試験で—・される」

**ふるいけや**…俳句
〔古池や　蛙《かはづ》飛《と》びこむ　水《みづ》の音《おと》〕〈芭蕉《ばしょう》〉訳水が静かによどんでいる古い池。かえるが小さな音をたてて水にとびこんだが、また前にもましてものさびた静けさがあたりをつつんでいる。（季語「蛙」春）

**ふるいた・つ【奮い立つ】**（自五）{タ(ト)・チ(ツ)・ツ・ツ・テ・テ}気力が高まって勇みたつ。奮起する。「さあ、決戦だと―」

**ふる・う【振るう・奮う】**{ワ(オ)・イ(ツ)・ウ・ウ・エ・エ}㊀（自五）❶充実《じゅうじつ》していて勢いがさかんである。「成績が―・わない」「士気が大いに―」❷かわっていておもしろい。奇抜《きばつ》である。「理由が―・っている」㊁（他五）❶大きく振り動かす。「刀を―」「大なたを―（=大胆《だいたん》な整理をする）」❷持っている力や気力をじゅうぶんに示す。「権力を―」「腕《うで》を―」「猛威《もうい》を―」「勇気を―」参考㊀①・㊁②で気力があふれる意のときには多く「奮う」と書く。

**ふる・う**『△篩う』（他五）{ワ(オ)・イ(ツ)・ウ・ウ・エ・エ}❶ふるいにかけて物をより分ける。「砂を―」❷基準に達しないものを除く。選抜《せんばつ》する。ふるい落とす。「試験で―」

**ブルー**〔英 blue〕（名）青色。

**ブルーカラー**（名）（青色の作業衣を着ることから）工場で働く労働者。肉体労働者。▽英 blue-collar worker から。対ホワイトカラー

**ブルース**〔英 blues〕（名）〔音〕一九世紀の終わりごろ、アメリカの黒人の間に生まれた歌曲。哀調《あいちょう》をおびたものが多い。

**フルーツ**〔英 fruits〕（名）くだもの。果実。

**フルーツ-パーラー**〔和製英語〕（名）くだもの店で開いている喫茶《きっさ》室。▽fruits と parlor から。

**フルート**〔英 flute〕（名）〔音〕木管楽器の一つ。澄《す》んだやわらかい音を出す。現在はほとんど金属製。フリュート。

（フルート）

**ブルーレイ-ディスク**〔英 Blu-ray Disc〕（名）光ディスクの一つ。青紫《あおむらさき》色レーザーを使ってデータを記録する。DVDの後継《こうけい》として開発された。BD（商標名）

**ふる・える【震える】**（自下一）{エ・エ・エル・エル・エレ・エロ(エヨ)}細かくゆれ動く。震動《しんどう》する。特に、おそろしさや寒さで、からだなどがこきざみに動く。「足が―」「声が―」

**ブルカ**〔英 burka〕（名）イスラム教徒の女性が着用する、頭からかぶって全身をおおうベール。外が見えるように目の部分だけが網状《あみじょう》になっている。

**ふるがお【古顔】**（名）その職場や集団に古くからいる人。古株。古参。「会社の―」対新顔・新米

**ふるかぶ【古株】**（名）❶古い切り株。❷古顔。古参。「―の会員」

**ブルガリア**〔Bulgaria〕〔地名〕バルカン半島の南東部にある共和国。首都はソフィア。

**ふるぎ【古着】**（名）着て古くなった衣服。

**ふるきず【古傷】**（名）❶古くなった傷。古い傷あと。「―が痛む」対生傷《なまきず》。❷以前におかした罪や過失。旧悪。「―をあばく」

**ブルキナファソ**〔Burkina Faso〕〔地名〕アフリカ大陸西部にある共和国。首都はワガドゥグ。

**ふるくさ・い【古臭い】**（形）{カロ・カッ(ク)・イ・イ・ケレ・○}古びている。古くなって時代おくれだ。「―考え」

**フル-コース**〔英 full course〕（名）西洋料理の正式な献立《こんだて》の食事において、オードブル、スープ、魚・肉料理、デザートなどの順に提供《ていきょう》される一連の料理。

**ふるさと**『古里・◇故◇郷』（名）生まれた土地。生まれ育った土地。故郷《こきょう》。「―をしのぶ」「心の―」

**ふるさとの**…短歌
〔ふるさとの　訛《なまり》なつかし　停車場《ていしゃば》の　人《ひと》ごみの中《なか》に　そを聴《き》きにゆく〕〈石川啄木《いしかわたくぼく》〉訳ふるさと（=岩手県）のことばのお国なまりがなつかしい。なつかしさのあまり駅の人ごみの中へ、それをわざわざききにゆくことだ。

**ブルジョア**〔フランス bourgeois〕（名）❶資本家。有産者。対プロレタリア。❷金持ちの俗称《ぞくしょう》。❸中世ヨーロッパの都市で、僧《そう》・貴族と下層の人民との中間にいて商工業を営み、経済力をもっていた市民。

**ブルジョアジー**〔フランス bourgeoisie〕（名）有産階級。資本家階級。対プロレタリアート

**ふるす【古巣】**（名）❶古い巣。もとの巣。❷以前、住んでいた所。もと、所属していた所。「―へ帰る」

**フル-スピード**〔英 full speed〕（名）全速力。

**ブルゾン**〔フランス blouson〕（名）すそのしまった上着。ジャンパー。

**フル-タイム**〔英 full time〕（名）一日の勤務時間すべてを勤めること。常勤。対パートタイム

（ブルゾン）

**ふるだぬき【古だぬき】**『古△狸』（名）経験を積んで悪知恵《わるぢえ》のある人。腹黒い人。

**ふるって【奮って】**（副）すすんで。積極的に。「―ご応募《おうぼ》ください」

**ふるつわもの【古つわもの】**『古◇兵』（名）❶戦争の経験の豊かな武士・兵士。❷多くの経験を積んで技術やかけひきのたくみな人。ベテラン。

**ふるて【古手】**（名）その仕事を長くやっている人。「―の役人」対新手《あらて》

**ふるどうぐ【古道具】**（名）長い間使っていて、古くなった道具。中古の道具・調度品など。

**ブルドーザー**〔英 bulldozer〕（名）キャタピラ式のトラクターの前に鉄板をつけ、土をほって運んだり、地ならしをしたりする機械。

**ブルドッグ**〔英 bulldog〕（名）〔動〕犬の一品種。がんじょうで、闘争《とうそう》心が強い。頭が大きく、口はばが広い。おもに番犬として飼われる。

**プルトニウム**〔英 plutonium〕（名）〔化〕人工放射性元素の一つ。核燃料《かくねんりょう》として用いられる。元素記号 Pu

**ふるとり**『△隹』（名）漢字の部首の一つ。「集」「雄」「雑」などの「隹」の部分。

**ふるなじみ【古なじみ】**〖古△馴染み〗(名) むかしから親しくつき合ってきた人。むかしなじみ。

**ブルネイ・ダルサラーム**〔Brunei Darussalam〕〔地名〕東南アジア、カリマンタン(ボルネオ)島北部にある立憲君主国。首都はバンダル・スリ・ブガワン。

**フル-ネーム**〔英 full name〕(名) 人の名字と名前のすべて。まったく省略されていない正式名。

**ふる・びる【古びる】**(自上一) {ビ・ビ・ビル・ビル・ビレ・ビロ(ビヨ)} 古くなる。古くさくなる。「ー・びた校舎」

**ぶるぶる**(副・自スル) こきざみにふるえるようす。「緊張《きんちょう》のあまり手がー(と)ふるえる」

**フル-ベース**〔和製英語〕(名) 野球で、満塁《まんるい》のこと。▽full と base から。

**ブルペン**〔英 bullpen〕(名) 野球場内に設けられた投球練習用の場所。

**ふるぼ・ける【古ぼける】**〖古△呆ける・古△惚ける〗(自下一) {ケ・ケ・ケル・ケル・ケレ・ケロ(ケヨ)} 古くなってきたならしくなる。古くなって色あせる。「ー・けた家」

**ふるほん【古本】**(名) 読みふるした本。一度人の手に渡《わた》った本。対新本

**ブルマー**〔英 bloomers〕(名) 女性用の下着・運動着で、ゆったりしたパンツ。すそ口はしぼってある。

**ふるまい【振る舞い】**(名) ❶動作や態度。行い。「かってなー」❷人にごちそうすること。「ー酒《ざけ》」

**ふるま・う【振る舞う】**{ワ(オ)・イ(ッ)・ウ・ウ・エ・エ} 一(自五)(人の見る前で)ある行動・動作を行う。「学生らしくー」「気丈《きじょう》にー」二(他五) 食べ物などをごちそうする。もてなす。「茶菓子《ちゃがし》をー」

**ふるめかし・い【古めかしい】**(形) {カロ・カッ(ク)・イ・イ・ケレ・○} いかにも古いように見える。古くさい。「ー型の洋服」

**ふるもの【古物】**(名) 道具・衣服などで、長く使って古くなったもの。「ー市《いち》」

**ふるわ・す【震わす】**(他五) {サ(ソ)・シ・ス・ス・セ・セ} ふるえるようにする。ふるわせる。「身をー」「声をー」

**ふるわ・せる【震わせる】**(他下一) {セ・セ・セル・セル・セレ・セロ(セヨ)} →ふるわす

**ブルンジ**〔Burundi〕〔地名〕アフリカ大陸中央部にある共和国。首都はギテガ。

**ふれ【触れ】**〖触れ・布◇令〗(名) 役所などから広く一般《いっぱん》に知らせること。また、その知らせ。「おーが出る」

**ぶれ**(名) ❶写真を撮《と》るとき、カメラが動いてぼけた写真になってしまうこと。「手ー」❷言動が一貫《いっかん》せずにゆれ動くこと。「発言にーがある」

**プレ-**〔英 pre〕(接頭)(名詞について)「前の」「あらかじめの」などの意を表す。「ーオリンピック」

**ふれあ・う【触れ合う】**(自五) {ワ(オ)・イ(ッ)・ウ・ウ・エ・エ} 二つのものがたがいに触れる。「肩《かた》がー」「心と心がー」

**ふれある・く【触れ歩く】**(自五) {カ(コ)・キ(イ)・ク・ク・ケ・ケ} あちこちへ知らせてまわる。触れまわる。「うわさをー」

**ぶれい【無礼】**(名・形動ダ) 礼儀《れいぎ》にはずれていること。失礼なこと。「ー者《もの》」類失礼・非礼

**プレイ**(名・自他スル) →プレー

**ぶれいこう【無礼講】**(名) 身分や年齢《ねんれい》などの上下の区別なく、礼儀《れいぎ》をぬきにしてする宴会《えんかい》。

**フレー**〔英 hurray〕(感) 激励《げきれい》や応援《おうえん》などのためにさけぶかけ声。

**プレー**〔英 play〕(名・自他スル) ❶遊ぶこと。「ールーム」❷競技すること。また、そのわざ。「ファインー」❸演奏すること。❹演劇などの催《もよお》し。芝居《しばい》。❺「プレーボール」の略。

**プレーオフ**〔英 playoff〕(名) ❶スポーツで同点や引き分けの場合に行う延長戦・再試合。❷成績の上位者どうしによる優勝決定戦や挑戦者決定戦。

**ブレーカー**〔英 breaker〕(名) 電気回路に規定以上の電流が流れたとき、自動的に回路を切って、電流を遮断《しゃだん》する安全装置。

**プレー-ガイド**〔和製英語〕(名) 催《もよお》しの案内や、入場券の前売りを行う所。▽play と guide から。

**ブレーキ**〔英 brake〕(名) ❶車輪の回転を止めたり調節したりする装置。制動機。「急ー」❷物事の進行を止めたり調節したりすること。抑制《よくせい》すること。「熱中するとーがきかない」「独走にーをかける」

**ブレーク**〔英 break〕一(名・自スル) ❶小休止。休憩《きゅうけい》。「コーヒーー」❷テニスで、相手のサービスゲームに勝つこと。❸急に人気が出ること。「映画がきっかけで大ーする」二(名) ボクシングで、レフェリーがクリンチを解《と》くことを命じることば。(=ブレイク)

**フレーズ**〔英 phrase〕(名) 《文法》ひとまとまりになった単語の集まり。句。成句。「キャッチー」

**プレート**〔英 plate〕(名) ❶板。金属板。「ネームー」❷皿。「ランチー」❸《物》ラジオ用の真空管の内部にある陽極。❹野球で、投手がボールを投げるときにふむ板。ピッチャーズプレート。❺野球で、本塁《ほんるい》。ホームプレート。❻《地質》地球の表面を覆《おお》う厚さ一〇〇キロメートルほどの板状の岩。

**プレー-ボール**〔英 play ball〕(名) 野球・テニスなどの球技で、試合開始。また、その合図。

**フレーム**〔英 frame〕(名) ❶枠《わく》。骨組み。額縁《がくぶち》。「めがねのー」❷カメラなどの撮影《さつえい》される画面の枠。木などの枠で作った温床《おんしょう》。「ー栽培《さいばい》」

**プレーヤー**〔英 player〕(名) ❶運動競技をする人。選手。❷演奏者。❸レコード、また、CD・DVDなどの再生装置。

**ブレーン**(名) 政府や会社などの相談相手になる学者や専門家のグループ。▽英 brain trust から。

**プレーン**〔英 plain〕(形動ダ) {ダロ・ダッ(デ・ニ)・ダ・ナ・ナラ・○} かざらないようす。何も加えていないようす。「ーオムレツ」

**ブレーンストーミング**〔英 brainstorming〕(名) 自由に討論することで創造的なアイデアを生み出そうとする集団思考法。また、そうした会議の進め方。

**ふれがき【触れ書き】**(名) 人びとに告げ知らせる文書。「おー」

**フレキシブル**〔英 flexible〕(形動ダ) {ダロ・ダッ(デ・ニ)・ダ・ナ・ナラ・○} 柔軟性《じゅうなんせい》があるようす。また、融通《ゆうずう》がきくようす。「ーな発想」「ーな働き方」

**ふれこみ【触れ込み】**(名) 前もって宣伝をすること。前宣伝。「腕《うで》が立つというーで入社する」

**ふれこ・む【触れ込む】**(他五) {マ(モ)・ミ(ン)・ム・ム・メ・メ} 前もって宣伝をする。「今年一番の映画だとー」

**ブレザー**〔英 blazer〕(名) フランネルなどの布地でつくった、背広のかたちをした上着。ブレザーコート。

**プレジデント**〔英 president〕(名) ❶大統領。❷組織の最高職。会長、長官、学長など。

**プレス**〔英 press〕■一(名・他スル) ❶押《お》しつけること。❷アイロンをかけること。「ズボンを―する」■二(名) ❶板金に型を押して穴をうちぬいたり模様をつけたりする機械。❷印刷物。❸新聞。新聞社。また、報道機関。「―リリース(=報道機関向けの発表)」

**フレスコ**〔イタリア fresco〕(名)〘美〙西洋の壁画《へきが》の技法。下地にしっくいをぬって、かわききらないうちに水彩《すいさい》絵の具で絵をかくもの。また、その壁画。

**プレゼンテーション**〔英 presentation〕(名) 会議などで企画《きかく》や計画を示し、内容を説明すること。プレゼン。

**プレゼント**〔英 present〕(名・他スル) 贈《おく》り物をすること。また、贈り物。「花を―する」

**ふれだいこ【触れ太鼓】**(名) すもうの始まる前日、太鼓をたたきながら町を回って取組を知らせること。また、その太鼓。

**プレタポルテ**〔フランス prêt-à-porter〕(名) 女性用の高級既製《きせい》服。

**フレックスタイム**〔英 flextime〕(名) 勤務時間を自由に選択《せんたく》する制度。決められた総労働時間数を勤務すれば、出勤や退勤の時刻を自由にできる。全員がそろう時間帯(コアタイム)を設ける場合もある。

**プレッシャー**〔英 pressure〕(名) 圧力。特に、精神的な圧迫《あっぱく》。「―をかける」

**フレッシュ**〔英 fresh〕(形動ダ)〔ダロ・ダッ(デ・ニ)・ダ・ナ・ナラ・○〕新鮮《しんせん》なようす。さわやかなようす。「―なくだもの」

**フレッシュマン**〔英 freshman〕(名) 新入生。新人。

**プレハブ**〔英 prefab〕(名) 工場で量産した建築部品を現場で組み立てる方法。また、その建築物。

**プレパラート**〔ドイツ Präparat〕(名) 顕微鏡《けんびきょう》で観察するためにうすいガラス板にはさんだ標本。

**ふれまわ・る【触れ回る】**(他五)〔ラ(ロ)・リ(ッ)・ル・ル・レ・レ〕知らせて歩く。言いふらしてまわる。「合格したと―」

**プレミア**(名)「プレミアム①」の略。「―価格」

**プレミアム**〔英 premium〕(名) ❶入場券などの割り増し金。プレミア。❷商品につける景品。

**プレリュード**〔英 prelude〕(名)〘音〙前奏曲。

**ふ・れる【振れる】**(自下一)〔レ・レ・レル・レル・レレ・レロ(レヨ)〕❶ゆれ動く。「上体が―」❷方向がかたよる。「磁石《じしゃく》の針が南に―」

**ふ・れる【触れる】**〔レ・レ・レル・レル・レレ・レロ(レヨ)〕■一(自下一) ❶軽くさわる。あたる。接触《せっしょく》する。「肩《かた》が―」「空気に―と変色する」❷規則・法律などに違反《いはん》する。「法に―」❸機会・物事などに出あう。「折に―・れて忠告する」「すぐれた芸術に―」❹しぜんに目や耳に入る。「目に―景色」❺あることがらを話題としてあつかう。言いおよぶ。「その事件には―・れたくない」❻心に強く感じる。「心に―ことば」■二(他下一) 広く知らせる。言いふらす。「人の悪口を―・れてまわる」
⇒さわる(触る)「学習」

**ぶ・れる**(自下一)〔レ・レ・レル・レル・レレ・レロ(レヨ)〕❶動いてずれる。「からだの軸《じく》が―」❷写真をとるとき、カメラが動いたために画面がぼける。「画面が―・れている」❸言動が一貫《いっかん》しないでゆれ動く。「発言が―」

**ふれんぞくせん【不連続線】**(名)〘天〙大気中で、温度や湿度などのちがう二つの気団のさかいめが地表面と交わる線。この付近は天気が悪くなる。前線は不連続線の一種。

**フレンチ**〔英 French〕(名) ❶フランス語。フランス人。❷フランス料理。❸フランス風。フランス式の。「―ドレッシング」

**ブレンド**〔英 blend〕(名・他スル) 混ぜ合わせること。洋酒やコーヒーなどで、数種類のものを調合すること。

**ふろ【風呂】**(名) 湯の中にはいって、からだをあたためたり、洗ったりする設備。また、その湯。「―をわかす」

**プロ**(名) ❶「プロダクション」の略。「芸能―」❷「プロフェッショナル」の略。「―野球」対アマ・ノンプロ

**フロア**〔英 floor〕(名) ❶ゆか。❷建物の階。

**ブロイラー**〔英 broiler〕(名) 食肉用に特別の方法で育てた若鶏《わかどり》。

**ふろう【不老】**(名) いつまでも年をとらず、若さを保つこと。「―不死」

**ふろう【浮浪】**(名・自スル) 決まった住居や職業がなく、ほうぼうをさまよい歩いて暮らすこと。「―者」

**ふろうしょとく【不労所得】**(名) 働かないで得る収入。配当金・利子・地代など。対勤労所得

**ブローカー**〔英 broker〕(名) 品物・権利などの売り買いのなかだちを職業とする者。仲買人。

**ブロークン**〔英 broken〕(形動ダ)〔ダロ・ダッ(デ・ニ)・ダ・ナ・ナラ・○〕外国語を話すとき、文法・語法にはずれているようす。

**ブローチ**〔英 brooch〕(名) 婦人服の襟《えり》や胸などにピンでとめるかざり。

**ブロードバンド**〔英 broadband〕(名) 高速で大容量のデータを送受信する通信網《つうしんもう》。

**フローベール**〔Gustave Flaubert〕【人名】(一八二一～一八八〇)フランスの小説家。客観的な描写《びょうしゃ》と美しい文体でフランス写実主義を完成させた。作品「ボバリー夫人」「感情教育」「サランボー」など。

**フローリング**〔英 flooring〕(名) ❶床《ゆか》を板張りにすること。❷木質の床材の総称《そうしょう》。

**ふろく【付録・附録】**(名) ❶本文のあとに参考として付け加えた記録・記事。❷雑誌などにおまけとして添《そ》えられているもの。「別冊―」

**ブログ**〔英 blog〕(名)(英 weblog の略)日記形式のウェブサイト。

**プログラマー**〔英 programmer〕(名) コンピューターのプログラムを作成する人。

**プログラミング**〔英 programming〕(名・自他スル) コンピューターのプログラムを作ること。

**プログラム**〔英 program〕■一(名) ❶催《もよお》し物などで、出し物の組み合わせや順序。番組。また、番組の内容などを書いたもの。❷予定。計画。■二(名・他スル) コンピューターに処理させる仕事の手順を専用の言語で指示したもの。また、それを作ること。

**プロジェクター**〔英 projector〕(名) 映写機。特

に、パソコンの画面やビデオ映像などをスクリーンに拡大して映し出す装置。

**プロジェクト**〔英 project〕（名）研究・事業などの計画。研究課題。「—チーム」「大型—」

**ふろしき【風呂敷】**（名）物を包むのに使う四角の布。「—包み」

**風呂敷を広《ひろ》げる**　物事を実際よりもおおげさに言う。

**プロセス**〔英 process〕（名）物事を進めてゆく方法。手順。また、物事の進んでゆく過程。経過。

**プロダクション**〔英 production〕（名）❶映画・テレビなどの制作所。プロ。「独立—」❷所属タレントの売り出しなどをする事務所。プロ。「芸能—」

**フロック**〔英 fluke〕（名）まぐれ当たり。ぐうぜんに成功すること。

**フロック**〔英 frock〕（名）「フロックコート」の略。

**ブロック**〔英 bloc〕（名）政治・経済上の利益をはかって、二つ以上の国家や団体が結合したもの。

**ブロック**〔英 block〕**一**（名）❶コンクリートを四角くかためてつくった建築資材。コンクリートブロック。「—建築」❷市街などの一区画。**二**（名・他スル）球技やボクシングなどで相手の攻撃《こうげき》を防ぐこと。

**フロック-コート**〔英 frock coat〕（名）男子の礼服の一つ。黒らしゃで上着はダブル、丈《たけ》がひざまであり、ズボンは縦じまのものをあわせる。

（フロックコート）

**プロット**〔英 plot〕（名）小説・脚本《きゃくほん》などの筋。

**フロッピー-ディスク**〔英 floppy disk〕（名）磁気ディスク記憶《きおく》装置の一つ。プラスチックでできた円盤《えんばん》を四角いケースに収めたもの。

**プロテイン**〔英 protein〕（名）たんぱく質。また、たんぱく質を主成分とした栄養補助食品。

**プロテクター**〔英 protector〕（名）スポーツでからだを守るための防具。野球の捕手《ほしゅ》が用いるマスクや胸当て、ボクシングのヘッドギアなど。

**プロテスタント**〔英 Protestant〕（名）一六世紀の宗教改革で、ローマカトリックに反対しておこった新しいキリスト教の一派。新教。新教徒。対カトリック

**プロデューサー**〔英 producer〕（名）映画・演劇などの制作責任者。

**プロデュース**〔英 produce〕（名・他スル）映画・演劇・音楽作品などを企画《きかく》・制作すること。

**ふろば【風呂場】**（名）ふろのある部屋。浴室。湯殿《ゆどの》。

**プロパー**〔英 proper〕（名）❶そのことに特有であること。固有。「哲学《てつがく》—の問題」❷その方面を専門にしていること。また、はえぬきであること。「営業—」「外務省—」

**プロバイダー**〔英 provider〕（名）インターネットに接続するとき、回線などのサービスを提供する業者。

**プロパガンダ**〔英 propaganda〕（名）政治的な宣伝。

**プロパティ**〔英 property〕（名）❶所有物。財産。❷コンピューターで、ファイルやシステムの設定や属性などについての情報。

**プロパン-ガス**〔英 propane gas〕（名）家庭用燃料や内燃機関用に使われるメタン系の炭化水素ガス。色もにおいもない。液化しやすいのでボンベにつめて使う。

**プロフィール**〔英 profile〕（名）❶横から見た顔。横顔。❷簡単な人物紹介。「作家の—」

**プロフェッショナル**〔英 professional〕（名・形動ダ）〔ダロ・ダッ(デ・ニ)・ダ・ナ・ナラ・○〕職業として専門的に行うこと。また、その人。プロ。「—としての誇《ほこ》り」対アマチュア

**ふろふき【風呂吹き】**（名）大根やかぶなどをゆで、熱いうちにみそをつけて食べる料理。「—大根」

**プロペラ**〔英 propeller〕（名）軸《じく》のまわりの数枚の羽根を回転させて航空機や船を進ませる装置。

**プロポーション**〔英 proportion〕（名）からだつきなどの全体のつり合い。均整。「—がいい」

**プロポーズ**〔英 propose〕（名・自スル）結婚《けっこん》を申しこむこと。求婚。「恋人《こいびと》に—する」

**ブロマイド**〔英 bromide〕（名）俳優や歌手やスポーツ選手などの写真。参考あやまって「プロマイド」とも。

**プロムナード**〔フランス promenade〕（名）散歩。散歩道。遊歩道。

**プロモーション**〔英 promotion〕（名）宣伝・広告などによって、販売《はんばい》を促進《そくしん》すること。「—ビデオ」

**プロモーター**〔英 promoter〕（名）主催《しゅさい》者。興行師。発起人《ほっきにん》。

**プロやきゅう【プロ野球】**（名）試合を人びとに見せ、おかねをもうけることを目的として行う野球。職業野球。▽プロは、英 professional から。

**フロリダ**〔Florida〕【地名】アメリカ合衆国南東にある半島。また、それを中心とする州。

**プロレス**（名）（「プロフェッショナルレスリング」の略）興行として行われるレスリング。

**プロレタリア**〔ドイツ Proletarier〕（名）資本主義社会で、生産手段をもたず、労働力を売ることによって生活する賃金労働者。また、その階級。対ブルジョア

**プロレタリアート**〔ドイツ Proletariat〕（名）無産階級。労働者階級。対ブルジョアジー

**プロローグ**〔英 prologue〕（名）❶前おきの部分。序章・序幕・序詞など。❷物事のはじめ。（対エピローグ）

**フロン**〔英 flon〕（名）《化》スプレーや、冷蔵庫などの冷却媒体《れいきゃくばいたい》として使われてきた化合物。オゾン層を破壊するとして規制の対象となっている。

**ブロンズ**〔英 bronze〕（名）青銅。青銅で作った像。

**ブロンテ**〔Brontë〕【人名】❶シャーロット（Charlotte）（一八一六—一八五五）イギリスの女性小説家。牧師の家に生まれ、まずしい生活を送ったが、長編小説「ジェーン=エア」でいちやく有名になった。❷エミリー（Emily）（一八一八—一八四八）イギリスの女性小説家。シャーロットの妹。人間の激しい愛憎《あいぞう》を描《えが》いた小説「嵐《あらし》が丘《おか》」で知られる。

**フロンティア**〔英 frontier〕（名）国境。辺境地方。特に、アメリカ西部の開拓《かいたく》史で、開拓地の最前線。「—スピリット（=開拓者精神）」

**フロント**〔英 front〕（名）❶前のほう。前面。正

面。「—ガラス」❷（「フロントデスク」の略）ホテルなどで正面玄関《げんかん》にある受付。

**ブロンド**〔英 blonde〕（名）金髪《きんぱつ》。金髪の女性。

**ふわ【不和】**（名・形動ダ）仲が悪いこと。「家庭—」

**ふわく【不惑】**（名）四〇歳《さい》のこと。参考「論語」の「四十にして惑《まど》わず」から出たことば。

**ふわけ**『△腑分け』（名・他スル）「解剖《かいぼう》」の古い言い方。

**ふわたり【不渡り】**（名）《経》手形や小切手の所持者が、それを発行した人の預金不足などの理由で、支払《しはら》い日に支払いを受けられないこと。「—を出す」

**ふわふわ**（副・自スル）❶軽く浮《う》きただようようす。また、軽くゆれ動くようす。「風船が—（と）飛んでいる」❷心や行動が落ち着かないようす。「—した気分」❸やわらかくふくらんでいるようす。「—のふとん」

**ふわらいどう【付和雷同・附和雷同】**（名・自スル）自分にしっかりとした考えがなく、軽々しく他人の考えに従うこと。「人の意見にすぐ—する」

**ふわりと**（副）❶軽いものが浮《う》かんでただようようす。「—雲が浮かぶ」❷からだやものが静かに軽々と動くようす。「—飛びおりる」❸軽くやわらかいものをそっと何かの上にかけるようす。「スカーフを—巻く」

**ふん【分】**→ぶん（分）

**ふん【分】**（名）❶角度の単位。一度の六〇分の一。❷時間の単位。一時間の六〇分の一。❸目方の単位。一匁《もんめ》の一〇分の一。

**ふん【粉】** 10画 米4 小5 音フン 訓こ・こな 丶 丷 半 米 粁 粉

❶こな。こまかなもの。◆粉剤・粉状・粉食・粉炭・粉乳・粉末 ◆花粉・魚粉・銀粉・製粉・鉄粉・澱粉《でんぷん》。❷こなごなにくだく。◆粉骨・粉砕《ふんさい》。❸おしろい。うわべをかざる。◆粉飾《ふんしょく》 ◆脂粉《しふん》

**ふん【紛】** 10画 糸4 音フン 訓まぎれる・まぎらす・まぎらわす・まぎらわしい く 幺 糸 紒 紛 紛

❶みだれる。もつれる。◆紛議・紛糾《ふんきゅう》・紛擾《ふんじょう》・紛争 ◆内紛。❷まぎれてわからなくなる。◆紛失

**ふん【雰】** 12画 雨4 音フン 一 ⼆ 干 雫 雰 雰

大気。空気。気分。◆雰囲気

**ふん【噴】** 15画 口12 音フン 訓ふく 口 口十 吐 吽 噌 噴

はく。勢いよくふき出す。◆噴煙《ふんえん》・噴火・噴気・噴射・噴出・噴水・噴飯《ふんぱん》・噴霧器《ふんむき》・噴流

**ふん【墳】** 15画 土12 音フン 扌 扌十 圡 坢 墳 墳

土を高くもりあげた墓。◆墳墓 ◆円墳・古墳

**ふん【憤】** 15画 忄12 音フン 訓いきどおる 高 丨 忄 忄十 忰 恃 憤

❶いきどおる。いかりもだえる。◆憤慨《ふんがい》・憤激・憤死・憤然・憤怒《ふんぬ/ふんど》・憤懣《ふんまん》 ◆鬱憤《うっぷん》・義憤・公憤・私憤・痛憤・悲憤・憂憤《ゆうふん》。❷ふるいたつ。◆発憤

**ふん【奮】** 16画 大13 小6 音フン 訓ふるう 大 木 夲 奞 奮 奮

ふるいたつ。いさみたつ。◆奮起・奮戦・奮然・奮闘《ふんとう》・奮発・奮励《ふんれい》 ◆興奮・発奮 ⇩「漢字の筆順(32)隹」

**ふん**『△糞』（名）動物が体外に出す食物のかす。くそ。大便。

**ぶん【分】** 4画 刀2 小2 音ブン・フン・ブ 訓わける・わかれる・わかる・わかつ 丿 八 分 分

❶わける。わかれる。わけたもの。◆分解・分割・分家・分散・分数・分配・分布・分野・分類・分裂《ぶんれつ》 ◆区分・細分・等分・配分。❷全体の中でしめているもの。◆水分・成分・半分・部分・領分。❸身のほど。地位。◆分際《ぶんざい》 ◆応分・過分。❹もちまえ。性質。◆性分《しょうぶん》・天分。❺つとめ。◆職分・本分・名分。❻ようす。物事のていど。◆気分。❼割合・時間・温度・角度などの単位。◆分針《ふんしん》・分角《ふんかく》 ◆五分《ごぶ》。参考「大分」県は「おおいた」県と読む。

**ぶん【分】**（名）❶全体の中で、それにあてはまる部分。「あまった—をもらう」❷分け前。取り分。「他人の—まで用意する」❸物事のようす・状態・程度。「この—なら問題ない」❹立場や身分。身のほど。分際《ぶんざい》。「—をわきまえる」「兄貴—」

**ぶん【文】** 4画 文0 小1 音ブン・モン 訓ふみ 中 丶 亠 ナ 文

❶あや。もよう。かざり。◆文様《もんよう》 ◆縄文《じょうもん》。❷もじ。字。◆文字《もじ/もんじ》 ◆甲骨文《こうこつぶん》。❸ことばを書きつづったもの。◆文学・文芸・文献《ぶんけん》・文庫・文書・文章・文通・文筆 ◆悪文・韻文《いんぶん》・漢文・経文《きょうもん》・作文・散文・詩文・名文・論文。❹学問。人のちえで生み出されたもの。◆文化・文武・文明 ◆人文《じんぶん/じんもん》。

**ぶん【文】**（名）ことばを連ねてまとまった内容を表したもの。文章。「—をつづる」「—を練る」参考「文字」は「モジ」と読むこともある。

**ぶん【聞】** 14画 耳8 小2 音ブン・モン 高 訓きく・きこえる 丨 ㄏ 門 門 聞 聞

❶きく。きこえる。耳にする。◆外聞・寡聞《かぶん》・旧聞・見聞・前代未聞《ぜんだいみもん》・他聞・聴聞《ちょうもん》・伝聞・内聞・百聞。❷ひょうばん。うわさ。◆異聞・艶聞《えんぶん》・醜聞《しゅうぶん》・風聞 ⇩付録「漢字の筆順(22)耳」

**ぶんあん【文案】**（名）文書の下書き。「—をねる」

**ぶんい【文意】**（名）文章の表す内容。「—が通る」

**ふんいき【雰囲気】**（名）その場の気分やその人のもっている感じ。ムード。「なごやかな—」

**ぶんうん【文運】**（名）学問や芸術がさかんになる勢い。「—隆盛《りゅうせい》」

**ふんえん【噴煙】**（名）火山などからふき出すけむり。

**ぶんえん【分煙】**（名）たばこを吸わない人に害がおよばぬよう、喫煙《きつえん》できる場所や時間を限定すること。

**ふんか【噴火】**（名・自スル）火山が爆発《ばくはつ》して、溶岩《ようがん》や水蒸気などをふき出すこと。「火山が—する」

**ぶんか【分化】**（名・自スル）一つのものからほかのものが分かれて発達すること。「未—」

**ぶんか【文化】**（名）❶世の中が開けて進歩すること。

生活が便利になること。「―生活」❷学問・芸術・宗教・法律・習慣・技術・知識など、人類によって作り出されたもの。狭義《きょうぎ》には、精神的価値をもつ成果をいう。「―遺産」「日本―」

学習 比較《ひかく》 「文化」「文明」
文化 人間が作り出した学問・芸術・宗教など精神的な産物。「大陸の文化が伝わる」「独自の文化を築く」「祖国の文化を継承《けいしょう》する」「文化の交流をはかる」
文明 人間の生活を豊かにする物質的な産物。「高度な文明をもつ民族」「文明の進んだ国」「文明の利器」「物質文明」

**ぶんか【分科】**（名）学科や仕事を専門的にわけた、一つ一つの科。「―会」

**ぶんか【文科】**（名）人文科学・社会科学の学問の分野。また、大学でそれを研究する学科。「―系」対理科

**ふんがい【憤慨】**（名・自他スル）ひどく腹をたてること。いきどおりなげくこと。「いばった態度に―する」

**ぶんかい【分解】**（名・自他スル）❶一つにまとまっているものが細かい部分に分かれること。また、分けること。「時計を―する」「空中―」❷《化》化合物が化学変化によって二種類以上の物質に分かれること。また、分けること。「電気―」

**ぶんかいさん【文化遺産】**（名）現代まで伝えられてきた、むかしの文化や文化財。

**ぶんがく【文学】**（名）❶感情や思想などを言語で表した作品。詩歌《しいか》・小説・戯曲《ぎきょく》・随筆《ずいひつ》など。…的「文学的な表現」類文芸。❷①を研究する学問。❸②や哲学《てつがく》・歴史学・言語学をまとめていう言い方。「―部」「―博士」

**ぶんがくし【文学史】**（名）文学の移り変わりや発展の歴史。また、それを研究する学問。

**ぶんがくしゃ【文学者】**（名）❶文学作品を作る人。小説家・詩人など。❷文学を研究する人。

**ぶんかくんしょう【文化勲章】**（名）文化の発展に力をつくした人におくられる勲章。

**ぶんかけん【文化圏】**（名）言語・宗教・民俗《みんぞく》などの文化的要素の類似《るいじ》によってその性質・範囲《はんい》が決定される地域的なまとまり。

**ふんかこう【噴火口】**（名）《地質》火山の噴火する口。火口。

**ぶんかこっか【文化国家】**（名）文化を栄えさせ、その向上を最高の目的としている国家。

**ぶんかざい【文化財】**（名）文化によってうみだされた、価値のあるもの。学問や芸術など。「重要―」

**ふんかざん【噴火山】**（名）噴火している山。

**ぶんかし【文化史】**（名）人間の精神的、または社会的な文化活動の歴史。

**ぶんかしせつ【文化施設】**（名）文化の発達をはかり、知識を広めるために作られた設備。美術館・図書館・博物館・公民館など。

**ぶんかじん【文化人】**（名）学問・芸術などの高い教養を身につけた人。

**ぶんかせいかつ【文化生活】**（名）現代の物質文明を合理的に取り入れた進歩的な生活のしかた。

**ぶんかつ【分割】**（名・他スル）いくつかに分けること。「土地を―する」

**ぶんかてき【文化的】**（形動ダ）（ダロ・ダッ(デ・ニ)・ダ・ナ・ナラ・〇）❶文化に関係のあるようす。「―功績が大きい」❷文化を取り入れているようす。「―な生活」

**ぶんかのひ【文化の日】**（名）国民の祝日の一つ。文化国家としての発展をねがう日。一一月三日。

**ぶんかん【文官】**（名）軍事以外の、行政・司法の仕事をする役人。対武官

**ふんき【奮起】**（名・自スル）張り切って心がふるいたつこと。「ここぞとばかり―する」

**ぶんき【分岐】**（名・自スル）道・線路などがそこからいくつかの方向に分かれること。

**ふんきこう【噴気孔】**（名）火山地帯にある、ガスや蒸気などを噴出する穴や割れ目。

**ぶんきてん【分岐点】**（名）❶道や線路がふたまたに分かれる所。❷物事の分かれ目。「人生の―」

**ふんきゅう【紛糾】**（名・自スル）意見が対立し、物事がもめてまとまらないこと。「会議が―する」

**ぶんきょう【文教】**（名）学問・教育によって人を教えみちびくこと。教育。「―政策」

**ぶんぎょう【分業】**（名・自他スル）❶仕事を手分けして受け持つこと。「医薬―」❷仕事をいくつかの工程に分け、それぞれをちがう人が受け持って完成すること。…化「仕事の分業化をはかる」

**ぶんきょうじょう【分教場】**（名）「分校」の古い言い方。

**ふんぎり【踏ん切り】**（名）思いきって心を決めること。決心。決断。「―をつける」「―が悪い」

**ぶんぐ【文具】**（名）文房具《ぶんぼうぐ》。

**ぶんけ【分家】**（名・自スル）家族の一部が分かれて、新しく一家を作ること。また、その家。対本家

**ぶんけい【文系】**（名）文科の系統。文科系。対理系

**ぶんけい【文型】**（名）《文法》文をその組み立て方（構造）、表現法などによって分けたもの。「基本―」

**ぶんげい【文芸】**（名）❶学問と芸術。「―復興」❷ことばによって表される芸術。詩歌《しいか》・小説・戯曲《ぎきょく》・随筆《ずいひつ》など。「―評論」「大衆―」類文学

**ふんけいのまじわり【刎頸の交わり】**『△刎△頸の交わり』（「刎頸」は首をはねる意）その友人のためなら首をはねられても悔《く》いないというほどのひじょうに深い交際。類管鮑《かんぽう》の交わり・水魚の交わり

故事 中国の春秋時代、趙《ちょう》の将軍廉頗《れんぱ》は藺相如《りんしょうじょ》をねたみうらんでいたが、相如は争えばどちらかが倒《たお》れ、趙国の不利となると考えて争いをさけた。廉頗はこれを聞き、相如にわびて生死をともにする親交を結んだという話から出たことば。〈史記〉

**ぶんげいふっこう【文芸復興】**（名）《歴》→ルネサンス

**ふんげき【憤激】**（名・自スル）はげしくおこること。「―をかう（＝人をひどくおこらせる）」

**ぶんけん【文献】**（名）❶むかしのことがらを知る手がかりとなる記録。「—学」❷研究を進めるうえでの資料となる書物や文書。「参考—」

**ぶんけん【分権】**（名）権力や権限をいくつかに分散すること。「地方—」㊟集権

**ぶんげん【分限】**（名）❶身分。分際《ぶんざい》。身のほど。❷法律上の地位や資格。❸かね持ち。「—者」[参考]①③は「ぶげん」とも読む。

**ぶんけんがく【文献学】**（名）文献を通して古い時代の文化を調べる学問。

**ぶんこ【文庫】**（名）❶本を入れておく書庫。また、そこに集められた本。「学級—」❷書類やはんこなどを入れて手もとにおく箱。「手—」❸一つの出版元から同じ型や装丁《そうてい》で続いて発行される、読みやすくねだんもやすい小型の本。文庫本。「—判」

**ぶんご【文語】**（名）❶話しことばに対して、文章を書くときに使われることば。書きことば。文章語。❷平安時代のことばを中心とした、日本の古典に使われていることば。「—文法」（㊟口語）

**ぶんご〔豊後〕〔地名〕**むかしの国名の一つ。今の大分県の大部分。豊州《ほうしゅう》。

**ぶんこう【分校】**（名）本校とは別に、離《はな》れた所に作られた学校。㊟本校

**ぶんごう【文豪】**（名）文学に偉大《いだい》な成果を残した人。文芸の大家。「—トルストイ」

**ぶんこうき【分光器】**（名）〘物〙光をスペクトルに分ける器械。プリズム分光器・格子《こうし》分光器など。

**ぶんごたい【文語体】**（名）平安時代のことばをもとにした古典語で書かれた文章の形。㊟口語体

**ぶんこつ【分骨】**（名・自他スル）死んだ人の骨を二か所以上に分けて納めること。

**ふんこつさいしん【粉骨砕身】**（名・自スル）骨を粉にし、身をくだくほどのひじょうな努力をすること。力のかぎり働くこと。「—して国民のためにつくす」

**ぶんごぶん【文語文】**（名）文語体で書かれた文章。㊟口語文

**ふんさい【粉砕】**（名・他スル）❶こなごなにくだくこと。❷完全にうち負かすこと。「敵を—する」

**ぶんさい【文才】**（名）すぐれた文章をつくる才能。文学的才能。「—のある人」

**ぶんざい【分際】**（名）身分。身のほど。「小僧《こぞう》の—でなまいきだ」「—をわきまえる」

**ぶんさつ【分冊】**（名・他スル）一冊の書物を幾冊《いくさつ》かに分けること。また、その分けた書物。

**ぶんさん【分散】**（名・自他スル）❶ばらばらに分かれて散らばること。分け散らすこと。「勢力が—する」「人口の—をはかる」❷〘物〙光がプリズムなどを通るとき、それぞれの波長の光に分かれる現象。

**ふんし【憤死】**（名・自スル）❶いきどおりなげいて死ぬこと。「世にいれられず—する」❷野球で、走者がおしいところでアウトになること。「本塁《ほんるい》で—する」

**ぶんし【分子】**（名）❶〘化〙物質がその性質を失わないで分けられる最も小さな粒子《りゅうし》で、いくつかの原子の集まったもの。❷集団の中の一部の者。「過激《かげき》—」❸〘数〙分数または分数式で横線の上に記される数や式。たとえば3/5の3。㊟分母

**ぶんし【文士】**（名）詩歌《しいか》や文章を作ることを職業とする人。多く、小説家をいう。㊫文人

**ぶんし【分詞】**（名）〘文法〙西洋語にみられる、動詞の変化した形の一つ。動詞と形容詞の働きをかねたもの。英語では現在分詞と過去分詞の二つがある。

**ぶんじ【文治】**（名）→ぶんち

**ぶんじ【文辞】**（名）文章のことば。文章。

**ぶんしき【分子式】**（名）〘化〙分子の構造を元素記号で表した化学式。たとえば、水の$H_2O$など。

**ふんしつ【紛失】**（名・自他スル）品物がまぎれてなくなること。なくすこと。「—届」「さいふを—する」

**ぶんしつ【分室】**（名）❶いくつにも分けられた小部屋。❷本部などと分けて別の場所に作った事務所。

**ふんしゃ【噴射】**（名・他スル）勢いよくふき出させること。特に、圧力を加えて、筒《つつ》の口から液体や気体を勢いよくふき出させること。「ガスを—する」

**ぶんしゅう【文集】**（名）文章や詩歌《しいか》などを集めて本のかたちにまとめたもの。「卒業—」

**ぶんしゅく【分宿】**（名・自スル）一団の人びとがいくつかに分かれて宿をとること。「三旅館に—する」

**ふんしゅつ【噴出】**（名・自他スル）勢いよくふき出すこと。また、ふき出させること。「蒸気が—する」

**ふんしょ【△焚書】**（名）書物を焼き捨てること。

**ぶんしょ【文書】**（名）文字で書き記したもの。書類。「—で回答する」「極秘《ごくひ》—」

**ぶんしょう【文章】**（名）いくつかの文をつらねて思想や感情を表したもの。「—を書く」

**ぶんしょう【分掌】**（名・他スル）仕事を分けて受け持つこと。「業務を—する」㊫分担

**ぶんじょう【分乗】**（名・自スル）一団の人びとが別々の乗り物に分かれて乗ること。「二台のタクシーに—する」

**ぶんじょう【分譲】**（名・他スル）土地・建物などをいくつかに分けて売りわたすこと。「—住宅」

**ふんしょく【粉食】**（名）パン・うどんなどのように穀物《こくもつ》の粉を原料にした食物を食べること。

**ふんしょく【粉飾】**（名・他スル）（化粧《けしょう》をする意から）うわべをとりつくろうこと。「—決算」

**ふんしょこうじゅ【△焚書坑儒】**（名）書物を焼き、学者を生き埋《う》めにすること。言論の弾圧《だんあつ》。

故事 中国、秦《しん》の始皇帝《しこうてい》が、権力につごうの悪い書物を焼き捨て、孔子《こうし》の教えを説く学者を生き埋めにした話から出たことば。〈古文尚書・序〉

**ぶんしりょう【分子量】**（名）〘化〙炭素原子の質量を一二としたときの、各分子の質量を表した数。

**ふんじん【粉△塵】**（名）粉のようなちり。

**ふんじん【奮迅】**（名）はげしい勢いでふるいたつこと。「獅子《しし》—の働き」

**ぶんしん【分身】**（名）❶一つのからだから分かれ出たもの。「自分の—ともいえる作品」❷〘仏〙仏がすべての人や動物を救うため、いろいろな姿でこの世に現れること。

**ぶんじん【文人】**（名）詩文などをかくことを仕事としたり、それを楽しむ風流な人。㊟武人

**ぶんじんが【文人画】**（名）〘美〙（文人が余技にか

いた絵の意)風流な味わいを重んじる東洋風の墨絵《すみえ》。淡彩《たんさい》のものもある。

**ぶんじんぼっかく【文人墨客】**(名)詩文や書画などの風雅《ふうが》の道にたずさわる人。

**ふんすい【噴水】**(名)❶ふき出る水。❷水がふき出るようにしたしかけ。「公園の—」

**ぶんすいれい『分水△嶺』**(名)《地》地表に降った雨水を、二つ以上の流れに分ける山の尾根《おね》。

**ぶんすう【分数】**(名)《数》ある整数を0でないほかの整数で割るとき、横線の上に割られる数、下に割る数を記して表したもの。たとえば、$\frac{4}{5}$など。

**ふん・する『△扮する』**(自サ変)〔シ(セ・サ)・シ・スル・スル・スレ・シロ(セヨ)〕身なりを変える。扮装《ふんそう》する。特に、俳優がその役の姿になる。「ハムレットに—」

**ぶんせき【分析】**(名・他スル)❶《化》化合物や混合物などを分解してその成り立ちを明らかにすること。❷複雑な物事をいくつかの要素に分け、その成り立ちや性質を明らかにすること。「原因を—する」対総合

**ぶんせき【文責】**(名)書いた文章についての責任。

**ぶんせつ【分節】**(名・他スル)まとまりのある全体をいくつかに分けること。また、分けたもの。

**ぶんせつ【文節】**(名)《文法》文が発音と意味のうえからしぜんに区切れる最も短い一区切りのことば。

**ふんせん【奮戦】**(名・自スル)力のかぎり戦うこと。奮闘《ふんとう》。「強敵を相手に—する」

**ふんぜん【憤然】**(トタル)腹をたてておこるようす。「—として席を立つ」⇒ふんぜん(奮然)「学習」

**ふんぜん【奮然】**(トタル)ふるいたつようす。気力をふるいおこすようす。「—と敵に体当たりする」

> **学習 使い分け**「憤然」「奮然」
>
> **憤然** はげしくおこるようす。「憤然とした面持ち」「憤然として抗議《こうぎ》する」
>
> **奮然** 気力や勇気をふるいおこすようす。「奮然とたちむかう」

**ぶんせん【文選】**(名・他スル)活版印刷で原稿《げんこう》に従って活字を拾うこと。また、その仕事をする人。

**ブンゼンとう【ブンゼン灯】**(名)《化》空気をとり入れながら石炭ガスをもやす装置。高熱を得られ、化学実験などに用いられる。ドイツの化学者ブンゼン(Bunsen)が考案。ブンゼンバーナー。

**ふんそう『△扮装』**(名・自スル)身なりを変えること。特に、俳優が役のとおりの身なりをすること。また、その姿。「侍《さむらい》の—をする」

**ふんそう【紛争】**(名・自スル)事がもつれて争うこと。争い。「国際間の—」「—地」「労使—」

**ぶんそう【文藻】**(名)❶文章の言いまわし。❷詩や文を作る才能。文才。「豊かな—」

**ぶんそうおう【分相応】**(名・形動ダ)その人の身分や能力にちょうど合っているようす。「—の暮らし」

**ふんぞりかえ・る【ふんぞり返る】**(自五)〔ラ(ロ)・リ(ッ)・ル・ル・レ・レ〕上体をうしろへそり返らす。腹をつき出してえらそうな態度をとる。「いすに—・ってすわる」

**ぶんたい【文体】**(名)❶文章の書き方や体裁《ていさい》。文語体や口語体、ですます体など。❷その作者だけがもっている文章にあらわれた特色。スタイル。

**ふんだく・る**(他五)〔ラ(ロ)・リ(ッ)・ル・ル・レ・レ〕《俗語》乱暴に奪《うば》い取る。また、不当に高い金を取る。「法外な料金を—・られる」

**ふんだりけったり【踏んだり蹴ったり】**何度も続けてひどい目にあうこと。不運なできごとが重なること。「ころんだ上にさいふをなくして—だ」

**ぶんたん【分担】**(名・他スル)全体をそれぞれに分けて受け持つこと。「仕事の—を決める」類分掌《ぶんしょう》

**ぶんだん【分断】**(名・他スル)いくつかにたち切ること。分けて別々にすること。「東西に—する」

**ぶんだん【文壇】**(名)作家や文芸批評家たちの社会。文学界。文芸界。「—に出る」

**ふんだんに**(副)ありあまるほどたくさんあるようす。「料理を—ふるまう」

**ぶんち【文治】**(名)武力を使わないで教化や法令によって世を治めること。参考「ぶんじ」とも読む。

**ぶんちょう【文鳥】**(名)《動》カエデチョウ科の小鳥。頭は黒く背は灰色で、ほおに白い紋《もん》があり、くちばしと足は赤い。種類は多く、人によくなれる。

**ぶんちん【文鎮】**(名)書物や紙などがめくれたりとんだりしないように重しとしてのせる文房具《ぶんぼうぐ》。

**ぶんつう【文通】**(名・自スル)手紙のやりとりをすること。「外国の友人と—する」

**ふんづ・ける【踏んづける】『踏ん付ける』**(他下一)〔ケ・ケ・ケル・ケル・ケレ・ケロ(ケヨ)〕足でふんでおさえつける。「人の足を—」

**ぶんてん【文典】**(名)文法を説明した本。文法書。

**ふんど【憤怒】『△忿怒』**(名)→ふんぬ

**ふんとう【奮闘】**(名・自スル)力のかぎり戦うこと。力いっぱいに努力すること。「孤軍《こぐん》—」

**ふんどう【分銅】**(名)さおばかりやてんびんで物の重さをはかるときに使う金属製のおもり。

**ぶんとう【文頭】**(名)文や文章のはじめの部分。対文末

**ぶんどき【分度器】**(名)角度をはかるための器具。

**ふんどし『△褌』**(名)男子が陰部《いんぶ》をおおうために使う細長い布。下帯《したおび》。「ひとの—ですもうをとる(=他人のものを利用して自分の用に役だてる)」

**ふんどしを締《し》めてかかる** じゅうぶんに決意を固めて、ことにあたる。

**ぶんど・る【分捕る】**(他五)〔ラ(ロ)・リ(ッ)・ル・ル・レ・レ〕❶敵の武器などをうばい取る。「戦車を—」❷他人のものを強引に自分のものにする。「予算を—」

**ぶんなぐ・る【ぶん殴る】**(他五)〔ラ(ロ)・リ(ッ)・ル・ル・レ・レ〕強くなぐる。強くうつ。「けんかで相手を—」

**ふんにゅう【粉乳】**(名)水分を蒸発させて粉にした牛乳。粉ミルク。「脱脂《だっし》—」

**ふんにょう『△糞尿』**(名)大便と小便。

**ふんぬ『憤◇怒・△忿◇怒』**(名)はげしいいかり。「—の形相《ぎょうそう》」参考「ふんど」とも読む。

**ぶんのう【分納】**(名・他スル)おかねなどを何回かに分けて納めること。「授業料を—する」対全納

**ぶんぱ【分派】**（名・自スル）もとのものから分かれること。また、その分かれ出たもの。特に、流派や学派や団体などの主流から分かれて独立したもの。「一活動」

**ぶんぱい【分配】**（名・他スル）分けてくばること。配分。「利益を一する」

**ぶんぱく【文博】**（名）文学博士。

**ふんぱつ【奮発】**（名・自他スル）❶気持ちをふるいおこして何かをすること。❷思いきっておかねをたくさん出すこと。「おこづかいを一しよう」

**ふんば・る【踏ん張る】**（自五）〔ラ(ロ)・リ(ッ)・ル・ル・レ・レ〕❶倒《たお》れないように足をひらき、力を入れてふみしめる。「土俵際《どひょうぎわ》で一」❷負けまいとがんばる。せいいっぱいこらえる。「不景気の中で一」

**ふんぱん【噴飯】**（名）（口の中のごはんを思わず吹《ふ》きだしてしまうほど）あまりにばかげていて、おかしいこと。「その話は一ものだ」

**ぶんぴ【分泌】**（名・自他スル）《生》→ぶんぴつ（分泌）

**ぶんぴつ【分泌】**（名・自他スル）《生》細胞《さいぼう》が特殊《とくしゅ》な液を作り出してそれを外へ出すこと。外分泌（汗《あせ》・消化液など）と内分泌（ホルモンなど）がある。参考「ぶんぴ」とも読む。

**ぶんぴつ【文筆】**（名）小説や評論などの文章を書くこと。「一家」「一活動」

**ふんびょう【分秒】**（名）分と秒。ごく短い時間。「一を争う（＝ぐずぐずしていられない）」

**ぶんぶ【文武】**（名）学問と武芸。「一両道」

**ぶんぷ【分布】**（名・自スル）あちこちに分かれて広くあること。「方言の一」「寒冷地に一する植物」

**ぶんぷず【分布図】**（名）人口・産物・動物・植物などが分かれて広がっているようすが一目でわかるように表した図。「高山植物の一」

**ぶんぶつ【文物】**（名）学問・宗教・芸術など、文化がうみだしたもの。「西洋の一」

**ふんぷん【〔△芬△芬〕】**〔ト・タル〕においのさかんなようす。「じんちょうげが一と香《かお》る」

**ふんぷん【紛紛】**〔ト・タル〕さまざまなものが入り乱れてまとまりのつかないようす。「諸説一として定まらない」

**ぷんぷん**（副・自スル）❶おこってきげんが悪いようす。❷さかんににおうようす。「香水《こうすい》が一する」

**ふんべつ【分別】**（名・他スル）物事のよしあしを考える力のあること。わきまえ。「一のある行動」「一がつく」「無一」注意「ぶんべつ」と読むと別の意味になる。

**ぶんべつ【分別】**（名・他スル）種類によって分けること。類別。区分。「ごみの一作業」注意「ふんべつ」と読むと別の意味になる。

**ふんべつくさ・い【分別臭い】**（形）〔カロ・カッ(ク)・イ・イ・ケレ・○〕見たところいかにも分別がありそうなようす。「一顔つき」

**ふんべつざかり【分別盛り】**（名）経験を積み、ものの道理のよくわかる年ごろ。また、その年ごろの人。

**ぶんべん【〔分△娩〕】**（名・他スル）《医》子どもをうむこと。出産。「男子を一する」

**ふんぼ【墳墓】**（名）人をほうむった所。はか。

**墳墓の地《ち》** 先祖代々の墓のある所。故郷。

**ぶんぼ【分母】**（名）《数》分数または分数式で横線の下に記される数や式。たとえば3/5の5。対分子

**ぶんぽう【文法】**（名）ことばのしくみやはたらきのきまり。また、それを研究する学問。「口語一」…的「文法的に正しくない言いまわし」

**ぶんぼうぐ【文房具】**（名）紙やノート、鉛筆《えんぴつ》や消しゴムなど、文字や絵をかくのに使う道具。文具。

**ふんまつ【粉末】**（名）こな状のもの。「一ジュース」

**ぶんまつ【文末】**（名）文や文章の終わりの部分。対文頭

**ふんまん【〔憤△懣・△忿△懣〕】**（名）怒《いか》りもだえる気持ち。がまんできない怒り。「一やるかたない（＝怒りを発散しきれないでどうしようもない）」

**ぶんまわし**（名）円をかくのに使う器具。コンパス。

**ぶんみゃく【文脈】**（名）❶文章の筋道。文章の続きぐあい。「一をたどる」❷一般《いっぱん》に、あることがらの筋道や背景。「現代社会を歴史的な一でとらえる」

**ぶんみん【文民】**（名）軍人でない一般《いっぱん》の人。

**ぶんみんとうせい【文民統制】**（名）→シビリアンコントロール

**ふんむき【噴霧器】**（名）液体を霧《きり》のようにふき出す道具。きりふき。スプレー。

**ぶんめい【文名】**（名）詩や文にすぐれているという評判。文筆家としての名声。「一があがる」

**ぶんめい【分明】**（名・形動ダ）一点のくもりもなく、明らかなこと。「事実は一だ」

**ぶんめい【文明】**（名）人間のちえが進んで文化が高くなり、人びとの生活が豊かで便利になった状態。「一が進む」「古代一」⇒ぶんか（文化）「学習」

**文明の利器《りき》** 電話・テレビ・コンピューターなどのように、文明社会の便利な器械・器具。

**ぶんめいかいか【文明開化】**（名）人間のちえや技術が進み、世の中がひらけ、生活が便利になること。特に、明治初期の近代化・西洋化の風潮をいう。

**ぶんめいこく【文明国】**（名）人間のちえが進み、生活や文化が豊かにひらけた国。

**ぶんめん【文面】**（名）文章、特に、手紙に書き表されている考えやことがら。「一から相手の心を読みとる」

**ぶんや【分野】**（名）物事をある基準で分けたそれぞれの範囲《はんい》・領域。「専門一」「新しい一を学ぶ」

**ぶんゆう【分有】**（名・他スル）一つのものを分けて持つこと。「土地を一する」

**ぶんらく【文楽】**（名）《演》義太夫《ぎだゆう》節の語りに合わせて演じる人形浄瑠璃《じょうるり》。

**ぶんり【分離】**（名・自他スル）❶一つであったものが分かれること。分けはなすこと。「政教（＝政治と宗教）一」❷《物》ある物質から、それをつくっている特定の物質をとり出すこと。「混合物を一する」

**ぶんりつ【分立】**（名・自他スル）別々に立てること。分かれて独立すること。「三権一」

**ふんりゅう【噴流】**（名）ふき出すような強い流れ。ぶんりゅう。

**ぶんりゅう【分流】**■一■（名・自スル）川がもとの流れから分かれて流れること。また、その流れ。■二■（名）主流となる流派などから分かれでた一派。類支流。

**ぶんりゅう【分留】**〔分△溜〕（名・他スル）《化》いくつかの成分からなる液体を熱し、蒸留の温度を変えて、その沸点《ふってん》の低いものからつぎつぎに分けること。

**ぶんりょう**【分量】(名) 重さや容積・割合などの、大小の程度。「―をへらす」「仕事の―」

**ぶんるい**【分類】(名・他スル) ある基準によって種類別に系統だてて分けること。「図書を―する」類 類別

**ふんれい**【奮励】(名・自スル) 心をふるいたたせて物事にはげむこと。「―努力する」

**ぶんれい**【文例】(名) 文章の書き方や形式などの例。文章の見本。「―を示す」

**ぶんれつ**【分列】(名・自他スル) 分かれてならぶこと。分けてならべること。「―行進」

**ぶんれつ**【分裂】(名・自スル) 一つのものがいくつかに分かれること。「細胞《さいぼう》―」「組織が―する」

**ふんわり** (副・自スル) 「ふわりと」を強めたことば。「―(と)した卵焼き」

# へ へ

**へ**【〖△屁〗】(名) ❶肛門《こうもん》から出る、腸内のガス。おなら。❷つまらないもの。とるにたりないもの。「―でもない」

**屁とも思《おも》わない** 軽く見て問題にしない。平気である。なんとも思わない。

**へ** (格助) ❶動作の方向を表す。…のほうへ。「東―進む」❷動作の帰着点を表す。…に。「頂上―着く」❸対象を表す。…に。…に対して。「友だち―電話をかける」

**-べ**【辺】(接尾) あたり・そばの意を表す。「窓―」「岸―」「海―」

**ヘア**〔英 hair〕(名) 髪《かみ》の毛。頭髪《とうはつ》。「―スタイル」「―ケア」

**ベア** (名) 「ベースアップ」の略。

**ペア**〔英 pair〕(名) 二人で一組になること。二つでひとそろいになること。対《つい》。「男女で―を組む」

**ヘアートニック**〔英 hair tonic〕(名) 髪《かみ》の毛の発育をよくする液。養毛剤《ようもうざい》。

**ヘアピン**〔英 hairpin〕(名) 髪《かみ》をとめるためのピン。

**ヘアピン-カーブ**〔英 hairpin curve〕(名) ヘアピンのように、U字形にするどく曲がっている道路。

**ベアリング**〔英 bearing〕(名) 軸《じく》受け。ベヤリング。「ボール―」

**へい**【丙】 5画 一4 音 ヘイ

❶十干《じっかん》の第三。ひのえ。◆丙午《へいご》。❷物事の三番目。◆丙種 ◆甲乙丙丁《こうおつへいてい》

**へい**【丙】(名) 物事の等級で、三番目。乙の下。

**へい**【平】 5画 干2 小3 音 ヘイ・ビョウ 訓 たいら・ひら

❶たいら。ひらたい。◆平原・平坦《へいたん》・平地・平面・平野 ◆水平・地平・偏平《へんぺい》。❷たいらげる。◆平定。❸やすらか。おだやか。◆平安・平穏《へいおん》・平静・平和 ◆泰平《たいへい》・不平・和平。❹かたよりがない。ひとしい。◆平等《びょうどう》・平均 ◆公平。❺ふつう。なみ。ふだん。◆平時・平日・平常・平素・平服・平凡《へいぼん》・平民。❻わかりやすい。やさしい。◆平易・平明

**へい**【兵】 7画 八5 小4 音 ヘイ・ヒョウ

❶はもの。武器。◆兵器・兵刃《へいじん》 ◆短兵《たんぺい》・白兵戦。❷武器をもってたたかう者。軍隊。◆兵役《へいえき》・兵士・兵卒・兵隊 ◆衛兵・騎兵《きへい》・挙兵・出兵・将兵・雑兵《ぞうひょう》・徴兵《ちょうへい》・派兵・伏兵《ふくへい》・歩兵。❸いくさ。たたかい。◆兵火・兵術・兵書・兵法・兵乱・兵略

**へい**【兵】(名) 兵士。軍隊。「―を集める」

**へい**【併】 8画 亻6 〔倂〕 音 ヘイ 訓 あわせる

❶ならぶ。ならべる。◆併記・併行・併発。❷合わせる。いっしょにする。◆併合・併設・併呑《へいどん》・併有・併用 ◆合併《がっぺい》

**へい**【並】 8画 䒑5 小6 〔竝〕 音 ヘイ 中 訓 なみ・ならべる・ならぶ・ならびに

ならぶ。ならべる。つれだつ。◆並行・並称《へいしょう》・並走・並置・並立・並列

**へい**【柄】 9画 木5 音 ヘイ 高 訓 がら・え

❶器物のとって。え。◆葉柄。❷ちから。いきおい。◆横柄・権柄《けんぺい》

**へい**【病】→びょう(病)

**へい**【陛】 10画 阝7 小6 音 ヘイ

階段。きざはし。天子のすむ宮殿《きゅうでん》の階段の意から、天子を敬っていう呼び名。◆陛下

**へい**【閉】 11画 門3 小6 音 ヘイ 訓 とじる・とざす 中・しめる・しまる

❶とじる。しめる。ふさぐ。◆閉口・閉鎖《へいさ》・閉塞《へいそく》・閉店・閉門 ◆開閉・密閉《みっぺい》。対 開。❷とじこめる。◆幽閉《ゆうへい》。❸おえる。◆閉会。対 開

**へい**【塀】 12画 土9 〔塀〕 音 ヘイ

家の周囲や敷地《しきち》などの境界にたてるしきり。◆板塀《いたべい》。参考「塀」は日本で作った国字。

**へい**【塀】(名) 家の周囲や敷地《しきち》などの境界に、板・ブロックなどで作るしきり。「―をめぐらす」

**へい**【幣】 15画 巾12 音 ヘイ

❶神にささげる絹。◆幣帛《へいはく》 ◆御幣《ごへい》・奉幣《ほうへい》。❷ぜに。おかね。◆幣制 ◆貨幣・紙幣・造幣

**へい**【弊】 15画 廾12 音 ヘイ

❶古くなって役にたたなくなる。やぶれる。◆弊衣・弊履《へいり》。❷つかれる。◆疲弊《ひへい》。❸害のある。わるい影響《えいきょう》。◆弊害・弊習 ◆旧弊・語弊・通弊。❹自分に関することをけんそんしていう語。◆弊社

**へい**【蔽】 15画 艹12 音 ヘイ

**へい【餅】** 15画 食6 〔餠〕 音 ヘイ 訓 もち

小麦粉などをこねて、むしたり焼いたりした食べ物。◆画餅《がべい》・月餅《げっぺい》・煎餅《せんべい》。参考 常用漢字表には「餅」と「餠(許容字体)」とが示されている。

今 令 食 食 餅 餅

**べい【米】** 6画 米0 小2 音 ベイ・マイ 訓 こめ

、 丷 䒑 半 米 米

❶こめ。いねの実。◆米価・米穀《べいこく》・米作・米食・米飯、◆玄米《げんまい》・新米・精米・白米。❷「アメリカ(亜米利加)」の略。◆米国 ◆英米・欧米《おうべい》・親米・渡米《とべい》・南米。❸メートル。◆平米

**ペイ**〔英 pay〕 ❶(名) 賃金。「—のいい仕事」 ❷(名・自スル) 採算がとれること。元がとれること。「こんな金額ではとても—できない」

**へいあん【平安】**(名・形動ダ) 安らかなこと。無事でおだやかなこと。「—な世の中」類 平穏《へいおん》

**へいあんきょう【平安京】**(名)《歴》今の京都におかれた日本の都。桓武《かんむ》天皇の命によって七九四(延暦《えんりゃく》一三)年に定められ、一八六九(明治二)年に東京に移るまでの都。

**へいあんじだい【平安時代】**(名)《歴》七九四(延暦《えんりゃく》一三)年に桓武《かんむ》天皇が京都に都を定めてから、源頼朝《みなもとのよりとも》が鎌倉《かまくら》に武家政権を成立させるまでの約四〇〇年間。藤原《ふじわら》氏の栄えた時代で、上品で優美な芸術・文化を生み出した。

**へいい【平易】**(名・形動ダ) やさしいこと。わかりやすいこと。たやすいこと。「—なことばで話す」対 難解

**へいいはぼう【弊衣破帽】**(名) ぼろぼろに破れた衣服と帽子《ぼうし》。旧制高校の生徒が好んだ蛮《ばん》カラな服装をいうことば。

**へいいん【兵員】**(名) 兵隊。兵の数。

**へいいん【閉院】**(名・自他スル) 病院など、院と名のつくところが業務をやめること。また、その日の業務を終えること。対 開院

**へいえい【兵営】**(名) 兵隊が生活する建物。また、その建物のある場所。

**へいえき【兵役】**(名) 兵隊として、ある期間軍務につくこと。「—に服する」

**ペイオフ**〔英 payoff〕(名) 金融《きんゆう》機関が経営破綻《はたん》したとき、預金保険機構が預金者に対して一定の金額を払《はら》い戻《もど》すこと。また、その制度。

**へいおん【平温】**(名) いつもの温度。平年なみの気温。

**へいおん【平穏】**(名・形動ダ) 何事もなくおだやかなこと。「—無事に暮らす」類 平安。対 不穏

**へいか【平価】**(名)《経》❶ある国の通貨のねうちを他の通貨や金《きん》で表したもの。❷有価証券の価格が額面の金額と同じであること。

**へいか【兵火】**(名) 戦争によっておこる火災。また、戦争。「—をのがれる」

**へいか【陛下】**(名) 天皇・皇后・皇太后・太皇太后を敬っていうことば。

**へいか【閉架】**(名) 図書館で、利用者が請求《せいきゅう》して読みたい本を書庫から取り出してもらうしくみのこと。対 開架

**べいか【米価】**(名) 米の値段。「—が下がる」

**へいかい【閉会】**(名・自他スル) 会議・集会などが終わること。また、終えること。「—の辞」対 開会

**へいがい【弊害】**(名) あることがらにともなっておこる悪い影響《えいきょう》。「農薬使用の—が生じる」

**へいかつ【平滑】**(名・形動ダ) 平らでなめらかなこと。

**へいかつきん【平滑筋】**(名)《生》内臓や血管などの壁《かべ》を形作っている筋肉。意志に関係なく運動する。不随意筋《ふずいいきん》。

**へいかん【閉館】**(名・自他スル) 図書館・博物館・映画館など、館と名のつくところが閉じて業務をやめること。また、その日の業務を終えること。対 開館

**へいがん【併願】**(名・他スル) 入学試験で、第一志望校とともに他の学校・学科などを志願すること。対 単願

**へいき【平気】**(名・形動ダ) 落ち着いていて、物事に動じないこと。「—な顔をする」「—をよそおう」

平気の平左《へいざ》 少しも気にかけないこと。

**へいき【兵器】**(名) 戦争に使う器具。武器。

**へいき【併記】**(名・他スル) いっしょに並べて書くこと。「西暦《せいれき》と和暦とを—する」「両論—」

**へいきょ【閉居】**(名・自スル) 家に閉じこもること。

**へいきょく【平曲】**(名) →へいけびわ

**へいきん【平均】**(名・自他スル) ❶かたよらないように数量や質などをならすこと。「一年中—して雨が降る」…的「平均的な大きさ」❷《数》大小のちがいのある数や量をならした最も中間的な数値。「—を出す」「—点」❸つりあいがとれていること。「—を保つ」類 平衡《へいこう》

**へいきんだい【平均台】**(名) 女子体操競技の種目の一つ。また、それに使う、細長い角柱形の用具。

(へいきんだい)

**へいきんち【平均値】**(名)《数》平均して得られた数や値《あたい》。「—を求める」

**へいきんてん【平均点】**(名) 点数を全部たして、そのたしたものの数で割って得た値。「クラスの—」

**へいけ【平家】**(名) ❶平《たいら》の姓《せい》を名のる一族。源氏とならび称される。平氏。❷「平家物語」の略。

**へいけい【閉経】**(名)《生》女性が更年期《こうねんき》にはいり、月経が止まること。

**へいげい【睥睨】**〔△睥△睨〕(名・他スル) ❶横目でにらむこと。❷にらんであたりを威圧《いあつ》すること。「天下を—する」

**へいけがに【平家がに】**〔平家△蟹〕(名)《動》ヘイケガニ科の節足動物。瀬戸内海一帯に多くすむ。足が長く甲羅《こうら》の表面の凹凸《おうとつ》は人の顔に似る。

**へいけびわ【平家びわ】**〔平家△琵△琶〕(名)「平家物語」を琵琶に合わせて語るもの。平曲。

**へいけものがたり**〔平家物語〕[作品名]鎌倉《かまくら》時代の軍記物語。作者は信濃前司行長《しなののぜんじゆきなが》ともいわれるが不明。平家一門の栄華《えいが》と没落《ぼつらく》を仏教の無常観《むじょうかん》を基調としてえがいたもので、琵琶《びわ》に合わせて琵琶法師によって語られた。のちの文学に大きな影響《えいきょう》をあたえた。

[冒頭文]祇園精舎《ぎをんしやうじや》の鐘の声《こゑ》、諸行無常《しよぎやうむじやう》の響きあり。娑羅双樹《しやらさうじゆ》の花の色、盛者必衰《じやうしやひつすい》の理《ことわり》をあらはす。おごれる人も久しからず、ただ春の夜の夢のごとし。たけき者もつひには滅びぬ、ひとへに風の前の塵《ちり》に同じ。

**へいげん**【平原】(名) 広々とした平らな野原。[類]平野

**べいご**【米語】(名) アメリカで使われている英語。

**へいこう**【平行】(名・自スル)《数》同じ平面上の二つの直線、または同じ空間内の二つの平面などが、どこまでのばしても交わらないこと。「―線」⇩へいこう(並行)「学習」

**へいこう**【並行】(名・自スル) ❶並んで行くこと。「在来線に―した新幹線」❷同時に行われること。「二つの調査を―して行う」「―輸入(=正規の代理店以外の業者が商品を輸入すること)」

学習〈使い分け〉「平行」「並行」

平行　二つ以上のものが、交わらないこと。主として、数学の用語として使う。「平行移動」「平行四辺形」「二辺が平行する」「議論が平行線をたどる」

並行　二つ以上のものが並んで行くこと。同時に物事が行われること。「二つの私鉄が並行して走る」「二案を並行して審議《しんぎ》する」

**へいこう**【平衡】(名) つり合いがとれていること。均衡《きんこう》。バランス。「―感覚」「―を保つ」

**へいこう**【閉口】(名・自スル) どうにもならなくて困ってしまうこと。「あのがんこさには―する」[類]辟易《へきえき》

**へいこう**【閉校】(名・自他スル) 学校を閉じること。[対]開校

**へいこう**【閉講】(名・自他スル) 講義や講習会などを終えること。また、終わること。[対]開講

**へいごう**【併合】(名・自他スル) 二つ以上の組織体を合わせて一つにすること。また、まとまって一つになること。「二つの村を―して町にした」[類]合併《がっぺい》

**へいこうしへんけい**【平行四辺形】(名)《数》二組の向かい合った辺が、平行になっている四辺形。

**へいこうせん**【平行線】(名) どこまでのばしても交わらない二本の直線。

**平行線をたどる** おたがいの意見や考えが対立して、いつまでも話し合いがつかない。「議論は―ばかりだ」

**へいこうぼう**【平行棒】(名) 男子体操競技の種目の一つ。また、それに使う、二本の棒を平行にわたした用具。

(へいこうぼう)

**べいこく**【米穀】(名) 米。または、穀物。

**べいこく**〔米国〕[地名]↓アメリカがっしゅうこく

**べいこくねんど**【米穀年度】(名) 米穀の収穫《しゅうかく》期をもとにした年度。前年の一一月からその年の一〇月まで。

**へいさ**【閉鎖】(名・自他スル) ❶入り口などを閉じること。閉ざすこと。「公園の門を―する」[…的]「閉鎖的な人間関係」[対]開放。❷集団・組織などが活動をやめること。「工場を―する」「学級―」

**べいさく**【米作】(名) ❶稲《いね》を植えて育て、米を作ること。「―農家」❷稲の実りぐあい。《[類]稲作《いなさく》》

**へいさつ**【併殺】(名・他スル) ↓ダブルプレー

**へいざん**【閉山】(名・自他スル) ❶その年の登山の期間を終えること。❷鉱山・炭鉱を閉鎖《へいさ》すること。

**へいし**【平氏】(名) ↓へいけ①

**へいし**【兵士】(名) 兵。兵卒。兵隊。

**へいじ**【平時】(名) ❶ふだん。平常のとき。❷戦争などのない平和なとき。[対]戦時・非常時

**べいしきしゅうきゅう**【米式蹴球】(名) ↓アメリカンフットボール

**へいじつ**【平日】(名) 一週間のうち土曜・日曜・祝日以外の日。土曜日も含むことがある。ウイークデー。

**へいじものがたり**〔平治物語〕[作品名]鎌倉《かまくら》時代前期の軍記物語。三巻。作者不明。一一五九(平治元)年におこった平治の乱をえがいたもの。

**へいしゃ**【兵舎】(名) 兵士が寝《ね》起きする建物。

**へいしゃ**【弊社】(名) 自分の会社をけんそんしていうことば。[類]小社

**べいじゅ**【米寿】(名)(「米」の字を分けると八十八になることから)八八歳《さい》。また、八八歳になった祝い。

**へいしゅう**【弊習】(名) よくない習慣。悪習。

**へいじゅん**【平準】(名) ❶水準器ではかって水平にすること。❷物のねだんなどを均一になるようにならすこと。[…化]「物価の平準化をはかる」

**へいしょう**【併称・並称】(名・他スル) ❶並べて呼ぶこと。❷ほかのものと並べてほめること。

**へいじょう**【平常】(名) ふつうの状態。特別なできごとがなく、いつもの生活がくりかえされるときの状態。ふだん。いつも。「―心」[類]平生《へいぜい》・平素

**へいじょうきょう**【平城京】(名)《歴》今の奈良におかれた日本の都。元明《げんめい》天皇の命によって七一〇(和銅《わどう》三)年に藤原《ふじわら》京から移され定められた。「へいぜいきょう」ともいう。

**べいしょく**【米食】(名・自スル) 米を主食とすること。

**へいじょぶん**【平叙文】(名)《文法》文をその性質の上から四つ(平叙文・疑問文・命令文・感動文)に分けた一種で、ことがらをありのままに述べた文。

**へいしんていとう**【平身低頭】(名・自スル) からだをかがめ頭を深く下げ、おそれ入ること。「―して許しを乞《こ》う」

**へい・する**〖△聘する〗(他サ変){シ(セ・サ)・シ・スル・スル・スレ・シロ(セヨ)} 礼をつくしてていねいに迎《むか》える。「使節を―」

**へいせい【平成】**（名）一九八九年一月八日から二〇一九年四月三〇日までの年号。昭和の後、令和の前。

**へいせい【平静】**（名・形動ダ）ふだんと変わりなく、おだやかで静かなこと。「心のーを失う」「ーをよそおう」

**へいせい【幣制】**（名）貨幣に関する制度。貨幣制度。

**へいぜい【平生】**（名）ごくふつうに生活しているとき。ふだん。「ーの努力がたいせつだ」類平常・平素

**へいせつ【併設】**（名・他スル）ほかのものをいっしょに設置すること。「ー校」

**へいぜん【平然】**（ト・タル）あわてずに、落ち着いているようす。「何を言われてもーとしている」「ーたる態度」

**へいそ【平素】**（名）つね。ふだん。いつも。「ーのごぶさたをおわびします」類平常・平生《へいぜい》

**へいそう【並走・併走】**（名・自スル）二つ以上のものが、隣《となり》あうようにしていっしょに走ること。

**へいそく【閉塞】**（名・自他スル）閉じてふさがること。また、閉じてふさぐこと。「腸ー」

**へいそつ【兵卒】**（名）最下級の軍人。類兵士

**へいそん【併存・並存】**（名・自スル）二つ以上のものが同時に存在すること。「新旧の制度がーする」

**へいたい【兵隊】**（名）❶軍隊。❷兵士。兵卒。

**へいたん【平△坦】**（名・形動ダ）土地が平らなこと。参考「へいぞん」とも読む。「ーな道」

**へいたん【平淡】**（名・形動ダ）特に変わったところもなく、あっさりしていること。「ーな文章」

**へいち【平地】**（名）平らな土地。対山地

**へいち【併置】**（名・他スル）二つ以上のものを同じ所に設置すること。「二つの研究所をーする」

**へいちゃら**（形動ダ）{ダロ・ダッ(デ・ニ)・ダ・ナ・ナラ・○}〔俗語〕少しも気にかけないようす。平気。へっちゃら。「寒くてもーだ」

**へいてい【平定】**（名・他スル）敵や反乱者を討ちたいらげて、世の中をしずめること。「天下をーする」

**へいてい【閉廷】**（名・自スル）裁判が終わって法廷を閉じること。対開廷

**へいてん【閉店】**㊀（名・自他スル）店を閉じて商売をやめること。「ー大安売り」㊁（名・自スル）その日の商売を終えて店を閉じること。（対開店）

**へいてん【弊店】**（名）自分の店をけんそんしていうことば。

**ヘイト**〔英 hate〕（名）ひどくにくむこと。憎悪《ぞうお》。

**へいどく【併読】**（名・他スル）同じ時期に二種類以上のものを読むこと。「新聞を二紙ーする」

**ヘイト-スピーチ**〔英 hate speech〕（名）特定の民族や人種などに対する、憎悪《ぞうお》をむき出しにした発言や差別的な発言。

**へいどん【併△呑】**（名・他スル）一つに合わせて従えること。他を吸収して自分の勢力下に入れること。「隣国《りんごく》をーする」

**へいねつ【平熱】**（名）健康な人のふだんの体温。ふつうセ氏三六・五度前後。「ーにもどる」

**へいねん【平年】**（名）❶天候や農作物のできぐあいなどがふつうである年。例年。「ーなみの雨量」「ー作」❷一年が三六五日の年。対うるう年

**へいねんさく【平年作】**（名）農作物のできぐあいがいつもの年と同じくらいであること。

**へいば【兵馬】**（名）兵士と軍馬。また、軍備。軍隊。「ーを動かす」

**へいはつ【併発】**（名・自他スル）同時に二つのことがらがおこること。また、同時におこすこと。「かぜから肺炎《はいえん》をーする」

**へいはん【平版】**（名）印刷の版の一つ。版面は平らで、水と油がはじきあう性質を利用して印刷する。

**へいばん【平板】**（名・形動ダ）内容に変化がなく、おもしろみがないこと。「ーな文章」「ーな歌い方」

**べいはん【米飯】**（名）米のめし。

**へいふう【弊風】**（名）悪い習慣や風俗《ふうぞく》。「ーを改める」類悪風

**へいふく【平伏】**（名・自スル）両手をつき、頭を地につけておじぎすること。ひれふすこと。「大地にーする」

**へいふく【平服】**（名）ふだん着る衣服。ふだんぎ。「ーでご出席ください」対礼服・式服

**へいべい【平米】**（名）平方メートル。

**ぺいぺい**（名）〔俗語〕地位の低い者や未熟な者を軽んじていう語。ぺえぺえ。「ーの社員」

**へいへいぼんぼん【平平凡凡】**（名・形動ダ・ト・タル）きわめて平凡なようす。「ーと暮らす」「ーたる人生」

**へいほう【平方】**㊀（名・他スル）〔数〕同じ数・式を二つかけ合わせること。また、かけ合わせた数・式。二乗。自乗。㊁（名）〔数〕❶長さの単位の前につけて、面積の単位を表すことば。「一ーメートル」❷長さの単位のあとにつけて、その長さを一辺とする正方形の面積を表すことば。「三メートルー」

**へいほう【兵法】**（名）❶いくさのしかた。類戦術。❷剣術《けんじゅつ》などの武術。参考「ひょうほう」とも読む。

**へいほうこん【平方根】**（名）〔数〕ある数を平方して得た数に対して、もとの数。9の平方根は3と-3。

**へいぼん【平凡】**（名・形動ダ）ごくありふれていて、特にすぐれたところや変わったところがないこと。「ーな生活」類凡庸《ぼんよう》。対非凡

**へいまく【閉幕】**（名・自他スル）❶演劇などが終わって舞台《ぶたい》の幕が閉じられること。また、幕が閉じること。❷催《もよお》し物などが終わること。また、終えること。「オリンピックがーする」（対開幕）

**へいみん【平民】**（名）❶ふつうの人民。庶民《しょみん》。❷一九四七（昭和二二）年まであった戸籍《こせき》上の身分制度で、華族《かぞく》・士族のつぎ。

**へいめい【平明】**（名・形動ダ）わかりやすくはっきりしていること。「ーな解説文」

**へいめん【平面】**（名）平らな面。対立体

**へいめんず【平面図】**（名）〔数〕物の形を平面に投影して書き表した図。真上から見た形になる。

**へいめんてき【平面的】**（形動ダ）{ダロ・ダッ(デ・ニ)・ダ・ナ・ナラ・○}❶物事に厚さ・深さなどの感じられないようす。「ーな絵」❷物事のうわべだけを見て、深みのないようす。「ーな見方」（対立体的）

**へいもつ【幣物】**（名）❶神に祈《いの》るときにそなえるもの。ごへい。ぬさ。❷おくりもの。進物。

**へいもん【閉門】**（名・自スル）門を閉じること。「ー

時間」対開門

**へいや【平野】**(名) 平らで広々とした野。平原。「関東—」

**へいゆ【平癒】**(名・自スル) 病気がなおること。

**へいゆう【併有】**(名・他スル) 二つ以上のものを合わせ持つこと。「資格の—」

**へいよう【併用】**(名・他スル) 二つ以上のものをいっしょに用いること。「二つの方式を—する」

**へいらん【兵乱】**(名) 戦争で世の中が乱れること。

**へいり【弊履】**(名) 破れたはきもの。破れぞうり。

**弊履を棄《す》つるが如《ごと》し** おしげもなく捨てるようす。

**へいりつ【並立】**(名・自スル) 二つ以上のものが同等に並び立つこと。「両者は—できない」

**へいりつご【並立語】**(名)〘文法〙二つ以上並んで、文法上対等の関係にある文節。たとえば、「貝や魚がたくさんとれた」の「貝や」と「魚が」など。

**へいりつじょし【並立助詞】**(名)〘文法〙助詞の一種。いくつかの語をあげて、文法上対等の関係で並べるときに用いる。「と・や・か・とか・だの・の・やら」など。参考ふつう格助詞や副助詞などに分類される。

**へいりょく【兵力】**(名) 軍隊の勢力。兵隊・武器などの総合力。「—を増強する」

**ベイルート**〔Beirut〕[地名]レバノンの首都。地中海に面した貿易港のある、交通上の要地。

**へいれつ【並列】**一(名・自他スル) 横にならぶこと。また、ならべること。二(名)〘物〙電池などの正電極どうし、負電極どうしをつなぐこと。パラレル。対直列

**へいわ【平和】**(名・形動ダ) 戦争や災害・いさかい・心配ごとなどがなく、おだやかなこと。「—な時代」「世界—」「—運動」…的「平和的に解決する」

**へいわしゅぎ【平和主義】**(名) 戦争に反対し、世界を平和な世の中にしようとする考え方。「—者」

**ペイント**〔英 paint〕(名) ❶油などに顔料《がんりょう》をまぜたもの。ペンキ。❷絵の具。

**ベーカリー**〔英 bakery〕(名) パンや洋菓子《ようがし》を作って売る店。パン屋。

**ベーキング-パウダー**〔英 baking powder〕(名) パンやケーキを作るとき、生地《きじ》をふくらませるために入れる粉。ふくらし粉。

**ベークライト**〔英 bakelite〕(名)〘化〙石炭酸とホルマリンからつくった合成樹脂《じゅし》。電気絶縁《ぜつえん》物・日用器具などに使う。(商標名)

**ベーコン**〔英 bacon〕(名) ぶたの背中や腹の肉を塩づけにして煙《けむ》りでいぶした食品。

**ページ**〘△頁〙〔英 page〕(名) ❶本・ノートなどの紙の片面。また、それを数えることば。「—をめくる」❷ウェブサイトの一画面。

**ページェント**〔英 pageant〕(名) ❶野外で行われる劇。❷祭りなどで行われるショーや仮装行列。

**ベーシック**〔英 basic〕(形動ダ){ダロ・ダッ(デ・ニ)・ダ・ナ・ナラ・○} 基礎《きそ》や基本となるようす。「—なデザインの服」

**ベージュ**〔フランス beige〕(名) 明るいうす茶色。

**ベース**〔英 base〕(名) ❶基礎《きそ》。土台。基本。「賃金—」❷基地。「—キャンプ」❸野球で、塁《るい》。

**ベース**〔英 bass〕(名)〘音〙❶男声の低音部。バス。❷コントラバスのこと。❸ロックなどで、低音部を受けもつベースギターなどの楽器。

**ペース**〔英 pace〕(名) 歩くとき、仕事をするとき、走るときなどの調子・速度。「マイ—」「—をくずす」

**ベース-アップ**〔和製英語〕(名・自スル) 賃金の基準を引き上げること。ベア。▽base と up から。

**ベース-キャンプ**〔英 base camp〕(名) 登山や探検などで根拠地《こんきょち》とするところ。基地。

**ペースト**〔英 paste〕一(名) ❶肉・野菜などをすりつぶして練った食品。「トマト—」❷はんだづけで補助的に使うのり状のもの。二(名・他スル) コンピューターで、一時的に保存したデータを他の場所にはりつけること。

**ベースボール**〔英 baseball〕(名) 野球。

**ペースメーカー**〔英 pacemaker〕(名) ❶陸上競技の中・長距離《きょり》走などで、先頭を走って目標のペースを示す選手。❷〘医〙一定のリズムで心筋に電気刺激《しげき》を与《あた》え、正常な心臓の拍動《はくどう》を維持《いじ》する装置。心臓ペースメーカー。

**ペーソス**〔英 pathos〕(名) なんとなくものがなしい感じ。哀感《あいかん》。悲哀。哀愁《あいしゅう》。「—がただよう」

**ベータせん【ベータ線・β線】**(名)〘物〙放射線の一種。放射性元素が出す、高速度の電子の流れ。

**ペーハー**〔ドイツ pH〕(名)〘化〙溶液《ようえき》中の水素イオン濃度《のうど》を示す指数。7を中性とし、それより小さい場合は酸性、大きい場合はアルカリ性。ピーエイチ。

**ペーパー**〔英 paper〕(名) ❶紙。洋紙。❷書類。「—ドライバー(=免許《めんきょ》はもっているがほとんど運転しない人)」❸新聞。「ニュース—」

**ペーパークラフト**〔英 papercraft〕(名) 紙をおもな素材とした工芸。

**ペーパー-ナイフ**〔英 paper knife〕(名) 紙を切るナイフ。竹・木・金属などで作られる。

**ペーブメント**〔英 pavement〕(名) 石・コンクリートなどでつくられた道。舗装《ほそう》道路。

**ぺえぺえ**(名)〘俗語〙→ぺいぺい

**ベール**〔英 veil〕(名) ❶婦人の髪《かみ》や顔をおおう、うすいきれ。❷おおいかくすもの。とばり。「なぞの—につつまれる」(=ヴェール)

**ベオグラード**〔Beograd〕[地名]セルビアの首都。ドナウ川とサーバ川との合流点にあり、交通の要地。

**ペガサス**〔英 Pegasus〕(名) ギリシャ神話で、翼《つばさ》を持ち天空をかける馬。天馬。

**べからず** 禁止・制止の意を表す。…てはいけない。すべきではない。「はいる—」文法助動詞「べし」の未然形「べから」に打ち消しの助動詞「ず」のついたもの。

**へき【壁】** 16画 土13 音ヘキ 訓かべ

❶かべ。土でつくった垣《かき》。城壁。❷かべのようになっている所。◆壁画・壁面 ◆外壁・絶壁・氷壁 ◆胃壁・岸壁・

**へき【璧】** 18画 玉13 音ヘキ

たま。宝玉《ほうぎょく》。また、玉のように美しくりっぱなもの。◆完璧《かんぺき》・双璧《そうへき》 ⇩付録「漢字の筆順(2)王〔玉〕」

**へき【癖】** 18画 疒13 音ヘキ 訓くせ

くせ。かたよった習性・傾向《けいこう》。◆悪癖・潔癖・習癖・酒癖・性癖・盗癖《とうへき》

**へき【癖】**（名）かたよった好み・考え方などが習慣となったもの。くせ。「大言壮語《たいげんそうご》の―がある」

**べき**〘^△^冪・^△^羃〙（名）《数》同じ数・式を何回かかけ合わせたもの。累乗《るいじょう》。乗冪。

**へきえき**〘^△^辟易〙（名・自スル）❶勢いにおされてしりごみすること。❷うんざりして、困りはてること。「彼《かれ》のおしゃべりには―する」類閉口《へいこう》

**へきえん**〘^△^僻遠〙（名）文化の中心から遠いこと。また、その場所。「―の地」

**へきが【壁画】**（名）建物や洞窟《どうくつ》などの天井《てんじょう》や壁《かべ》にえがかれた絵。

**へきけん**〘^△^僻見〙（名）ひがんだ見方。かたよった意見。「そう思うのはあなたの―だ」類偏見《へんけん》

**へきそん**〘^△^僻村〙（名）都会から遠くはなれた村。

**へきち**〘^△^僻地〙（名）都会から遠くはなれた不便な土地。片田舎《かたいなか》。「山間の―」類辺境・辺地・辺土

**へきとう**〘^△^劈頭〙（名）まっさき。最初。一番目。「開会―から混乱におちいる」類冒頭《ぼうとう》

**へきめん【壁面】**（名）かべや岩壁の表面。

**へきれき**〘^△^霹^△^靂〙（名）かみなり。急に鳴りだす雷鳴。「青天の―（=突然《とつぜん》の思いがけない出来事）」

**ペキン**〔北京〕〔地名〕中華人民共和国の首都。中央人民政府の所在地で、政治・文化・交通の中心。

**ペキンげんじん【ペキン原人】**〘^◇^北^◇^京原人〙（名）化石人類の一種。中国北京郊外《こうがい》の周口店から骨が発掘《はっくつ》された。ホモエレクトスペキネンシス。

**へ・ぐ**〘^◇^剝ぐ〙（他五）{ガ(ゴ)・ギ(イ)・グ・グ・ゲ・ゲ}うすくけずり取る。はぐ。むく。そぐ。「杉板《すぎいた》を―」

**ヘクタール**〔フランス hectare〕（名）メートル法の面積の単位。一ヘクタールは一〇〇アール《アール》で一万平方メートル《メートル》。記号 ha

**ヘクトパスカル**〔英 hectopascal〕（名）《天》大気の圧力を表す単位。一気圧は一〇一三ヘクトパスカル《ヘクトパスカル》。また、一ヘクトパスカルは一ミリバール《ミリバール》。記号 hPa

**ベクトル**〔ドイツ Vektor〕（名）《数》方向と大きさをもつ量。速さや力などを表す。「運動の―」

**ベクレル**〔英 becquerel〕（名）《物》放射能の強さを表す単位。一ベクレルは原子核《かく》が一秒間に一個崩壊《ほうかい》して出す放射線の量をいう。記号 Bq ⇨シーベルト

**ペケ**（名）《俗語》❶だめ。役に立たないこと。❷ばつじるし。「×」

**ヘゲモニー**〔ドイツ Hegemonie〕（名）他を支配できる優位な立場。覇権《はけん》。主導権。「―をにぎる」

**へこおび【へこ帯】**〘^◇^兵^◇^児帯〙（名）男性や子どもが和服を着たときにつけるしごき帯。

**へこた・れる**（自下一）{レ・レ・レル・レル・レレ・レロ(レヨ)}つらさにたえられず気力をなくす。くじけて弱る。へたばる。「登山で―」

**ぺこぺこ**■一（副・自スル）❶しきりに頭を下げてこびへつらうようす。「上司に―する」❷うすい板などがへこむようす。■二（形動ダ）{ダロ・ダッ(デ・ニ)・ダ・ナ・ナラ・〇}ひどく腹がすいているようす。「おなかが―だ」

**へこま・す**〘^◇^凹ます〙（他五）{サ(ソ)・シ・ス・ス・セ・セ}❶へこむようにする。くぼませる。「おなかを―」❷相手をやりこめる。「先輩《せんぱい》を―」

**へこ・む**〘^◇^凹む〙（自五）{マ(モ)・ミ(ン)・ム・ム・メ・メ}❶くぼむ。落ちこむ。「ぶつけられて車のドアが―」❷やりこめられて弱る。また、気分が落ちこむ。「反論に―」

**へさき**〘^△^舳先〙（名）船の前のほう。船首。対艫《とも》

**べし**〘^◇^可し〙（助動）{ベカラ・ベク・ベ・シ・ベキ・〇・〇}❶当然・適当の意を表す。…しなければならない。…するのがよい。「一読すべき書物」「恐《おそ》るべき事態」❷その実現を期している意を表す。…のために。「まにあわすべく努力する」❸命令を表す。…せよ。（打ち消しの場合は禁止の意味になる）。「六時に集まる―」「はいるべからず」❹強い意志を表す。きっと…しよう。❺推量を表す。きっと…だろう。❻可能を表す。…できる。❼予定を表す。…ことになっている。ただし、文語のラ変の場合には連体形につく。文法活用語の終止形につく。④～⑦は古い用法。文語では連用形「べかり」、連体形「べかる」、已然《いぜん》形「べけれ」がある。

**へしあ・う【へし合う】**（自五）{ワ(オ)・イ(ッ)・ウ・ウ・エ・エ}たがいに強くおし合う。「押《お》し合い―」

**へしお・る【へし折る】**（他五）{ラ(ロ)・リ(ッ)・ル・ル・レ・レ}力を入れて一気に折る。おしつけて折る。「鼻っぱしらを―（=いばっている人をやりこめる）」

**ベジタリアン**〔英 vegetarian〕（名）肉類をさけ、穀物《こくもつ》・野菜などを食べる人。菜食《さいしょく》主義者。

**ペシミスト**〔英 pessimist〕（名）悲観論者。厭世《えんせい》家。対オプチミスト

**ペシミズム**〔英 pessimism〕（名）人生は苦しいもの、つまらないものであり、生きる価値がないとする考え方。悲観主義。厭世《えんせい》主義。対オプチミズム

**ぺしゃんこ**（形動ダ）{ダロ・ダッ(デ・ニ)・ダ・ナ・ナラ・〇}→ぺちゃんこ

**ベスト**〔英 best〕（名）❶最良。最上。「―メンバー」対ワースト。❷最善。全力。「―をつくす」

**ベスト**〔英 vest〕（名）チョッキ。

**ペスト**〔ドイツ Pest〕（名）《医》ペスト菌《きん》による急性の感染症《かんせんしょう》。高い熱を出し、死亡率が高い。ねずみののみによって媒介《ばいかい》される。黒死病。

**ベストセラー**〔英 best seller〕（名）ある期間にいちばんよく売れた本。

**ベストテン**〔和製英語〕（名）最もすぐれた一〇人、または一〇種。「歌謡《かよう》―」▷best と ten から。

**へそ**〘^△^臍〙（名）❶腹のまん中にあって、へその緒《お》の取れたあと。ほぞ。❷物のまん中あたりにある、小さいくぼみやでっぱり。「みかんを―からむく」

**へそで茶《ちゃ》を沸《わ》かす**　おかしくてたまらない、ひじょうにばかばかしいようすのたとえ。

**へそを曲《ま》げる**　きげんを悪くして、言うことをきかない。類つむじを曲げる

**べそ**（名）泣きだしそうな顔になること。「―をかく」

**へそくり**（名）やりくりしてこっそりためたおかね。

**へそのお【へその緒】**〘^△^臍の緒〙（名）《生》母親の腹の中にいる子どものへそと、母親の胎盤《たいばん》とを結ぶ管。酸素や栄養を補給する役割をする。臍帯《さいたい》。

**へそまがり【へそ曲がり】**〘^△^臍曲がり〙（名・形動ダ）わざと人にさからうなど、性質がすなおでないこと。また、そのような人。類あまのじゃく・つむじまがり

**へた**〖△蔕〗(名) かき・なすなどの実についているがく。

**へた**【○下手】(名・形動ダ) ❶技術・技量などがおとっていること。また、その人。「歌が―だ」対上手《じょうず》 ❷不用意なこと。「―に口を出さないほうがよい」 ❸中途半端《ちゅうとはんぱ》なこと。「―なことは言うものではない」「―な努力ならしないほうがいい」

**下手な鉄砲《てっぽう》も数《かず》撃《う》てば当《あ》たる** たとえへたでも、数多くやっているうちには、うまくいくこともある。

**下手の考《かんが》え休《やす》むに似《に》たり** 名案の浮《う》かぶはずのない人は、いくら考えても時間がむだになるばかりだ。

**下手の横好《よこず》き** へたなくせに、そのことが好きで熱心なこと。

**下手をすると** 悪くすると。運が悪い場合には。「―命取りになる」

**べた** ㊀(名・形動ダ) ❶一面にすきまなくひろがっていること。「壁《かべ》にペンキを―に塗《ぬ》る」 ❷《俗語》表現などがありきたりで、意外性に欠けること。「―なギャグ」 ㊁(接頭)(他の語の上に付いて)「すっかり」「すきまなく」などの意味を表す。「―ぼめ」

**へだた・る**【隔たる】(自五) {ラ(ロ)・リ(ッ)・ル・ル・レ・レ} ❶距離《きょり》が遠くはなれる。「町から―」 ❷月日や時間がはなれる。「時代が―」 ❸物事に差ができる。「実力が―」 ❹さえぎられる。「隣村《となりむら》とは山で―・っている」

**へだて**【隔て】(名) ❶さかい。しきり。「―を作る」 ❷うちとけないこと。「心の―ができる」 ❸区別してあつかうこと。差別。「―なくつき合う」「分け―」

**へだ・てる**【隔てる】(他下一) {テ・テ・テル・テル・テレ・テロ(テヨ)} ❶間に置く。しきる。「川を―・てて家が向き合う」 ❷さえぎる。「カーテンで―」 ❸間をひきはなす。遠ざける。「きらいな人を―」 ❹長い時間をおく。「五年を―」

**へたば・る**(自五) {ラ(ロ)・リ(ッ)・ル・ル・レ・レ} 《俗語》つかれきって動けなくなる。へとへとに弱る。「マラソンで―」類くたばる

**へたへた**(副) からだの力がぬけて、急にその場に座りこむようす。「無事の知らせに―(と)座りこんだ」

**べたべた**(副・形動ダ・自スル) ❶物がねばりつくようす。「汗《あせ》が―する」 ❷度をこしてまといつくようす。「―した人間関係」 ❸数多く、または一面にはったりぬったりするようす。「ビラを―(と)はる」

**べたぼめ**【べた褒め】(名・他スル) 何から何まですべてほめること。「先生は私の作文を―した」

**べたぼれ**〖べた△惚れ〗(名・自スル) 相手のあらゆることにほれこむこと。「彼《かれ》は親友の妹に―だ」

**へた・る**(自五) {ラ(ロ)・リ(ッ)・ル・ル・レ・レ} ❶つかれて弱る。 ❷尻《しり》をつけて座りこむ。「地面に―・りこむ」 ❸古くなってだめになる。「クッションが―」

**ペダル**〔英 pedal〕(名) 自転車・ピアノ・ミシンなどの、足でふむ板状のもの。「―をふむ」

**ペダンチック**〔英 pedantic〕(形動ダ) {ダロ・ダッ(デ・ニ)・ダ・ナ・ナラ・○} 学問や教養があるのをひけらかすようす。衒学《げんがく》的。

**ペチカ**〔ロシア pechka〕(名) れんが・粘土《ねんど》などでかまを作って壁《かべ》にくみこんだロシア式の暖房《だんぼう》装置。

**ペチコート**〔英 petticoat〕(名) スカートの下につけるスカート状の婦人用下着。

**へちま**〖×糸瓜〗(名) ❶〖植〗ウリ科のつる性一年草。茎《くき》はつる状で、夏から秋にかけて長く大きな実がなる。実の繊維《せんい》はあかすり用、茎の液は薬用・化粧《けしょう》用に使われる。 ❷つまらないもの、役にたたないもののたとえに用いることば。「仕事も―もあるか」

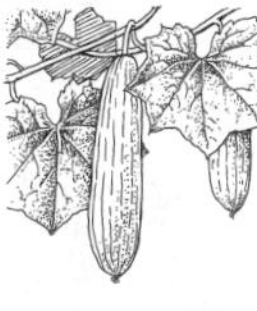

(へちま①)

**へちまさいて…** 俳句
**〔糸瓜咲いて 痰《たん》のつまりし 仏《ほとけ》かな〕**〈正岡子規《まさおかしき》〉訳へちまの花が庭に咲いた。へちま水はせきの薬にするというが、それもまにあわず、たんのつまった私は、もはや仏同然の身であることだ。(死の前日の九月一八日の作。季語「へちまの花」夏)

**ぺちゃんこ**(形動ダ) {ダロ・ダッ(デ・ニ)・ダ・ナ・ナラ・○} ❶押《お》しつぶされて平らになったようす。「タイヤが―だ」 ❷言い負かされて、手も足も出なくなっているようす。「おこられて―になる」参考「ぺしゃんこ」ともいう。

**べつ【別】** 7画 リ5 小4 音 ベツ 訓 わかれる

❶わかれる。はなれる。◆別居・別離《べつり》◆訣別《けつべつ》・告別・死別・生別・惜別《せきべつ》・餞別《せんべつ》・送別・離別。 ❷わける。◆鑑別《かんべつ》・区別・差別・識別・種別・選別・判別・分別《ふんべつ・ぶんべつ》・弁別。 ❸ほかの。ちがっている。◆別人・別荘・別段・別途《べっと》・別名◆格別・特別

丶 ロ 口ワ 另 别 別

**べつ**【別】(名・形動ダ) ❶同じでないこと。それぞれちがっていること。「―の方法を探す」「―の次元」 ❷区別して分けること。「男女の―を問わない」

**べつ【蔑】** 14画 ⺾11 音 ベツ 訓 さげすむ

さげすむ。ばかにする。◆蔑視《べっし》◆軽蔑・侮蔑《ぶべつ》 ⇩付録「漢字の筆順(1)戈〔戊〕」

艹 苎 芦 茜 蔑 蔑

**べつあつらえ**【別あつらえ】〖別△誂え〗(名・他スル) 特別に注文して作らせること。また、そのもの。「―の服」

**べついん**【別院】(名)〖仏〗❶本山・本寺のほかに、それらに準ずるものとして設けられた、別の寺。 ❷僧《そう》のすまいとして寺のおもな建物のほかにつくった建物。

**べっかく**【別格】(名) 例外として、特別な扱《あつか》いを受けること。「あの人は―だ」

**べっかん**【別館】(名) 本館とは別に建てた建物。対本館

**べっき**【別記】(名・他スル) 本文とは別にそえて書きしるすこと。また、その記録。「注を―する」

**べっきょ**【別居】(名・自スル) 夫婦・親子などがわかれて住むこと。「―生活」対同居

**べつくち**【別口】(名) それまでのものとは別の部類。別の方面。「―の注文」

**べっけん**【別件】(名) 別の事件。別の用件。「―逮捕《たいほ》」

**べっけん**〖△瞥見〗(名・他スル) ちらっと見ること。

**べっこ**【別個】(名・形動ダ) ❶別なこと。「―の問題」 ❷それぞれを切りはなして別にすること。「―に取りあつかう」

**べっこう**【別項】(名) 別の項目。別の条項。

**べっこう**『△鼈甲』(名)うみがめの一種である「たいまい」の甲羅《こうら》を加工して作ったもの。くし・めがねのふち・帯止め・カフスボタンなどの材料に使われる。

**べっこん【別懇】**(名・形動ダ)特に親しいこと。じっこん。「今後、ご―に願います」

**べっさつ【別冊】**(名)雑誌・全集などの付録として、別に作った本。「―付録」

**ヘッジ**〔英 hedge〕(名)〘経〙株式・商品・外国為替《かわせ》などの取引で、相場の変動による損失を、先物《さきもの》取引などで売買することにより回避《かいひ》すること。

**べっし【蔑視】**(名・他スル)ばかにして軽くみること。見さげること。さげすむこと。「相手を―する」

**べつじ【別事】**(名)❶ほかのこと。❷ふつうと変わったこと。「―なく過ごす」

**べっしつ【別室】**(名)❶ほかの部屋。「―で話し合う」❷特別の部屋。

**べっして【別して】**(副)とりわけ。ことに。特に。「このたびは―お世話になりました」

**ヘッジ-ファンド**〔英 hedge fund〕(名)投資家や個人から資金を集め、投機的な投資を行うなどして高い運用利回りをめざす組織・基金。

**べっしゅ【別種】**(名)別の種類。「―の問題」

**べっしょう【別称】**(名)別の呼び方。別名。「―で呼ぶ」類異称

**べっしょう【蔑称】**(名)人やその物事などをさげすみの気持ちをこめて呼ぶ呼び方。

**べつじょう【別条】**(名)別のことがら。変わったことがら。「―なく暮らす」

**べつじょう【別状】**(名)ふつうと変わったようす。「命に―はない」類異状

**べつじん【別人】**(名)本人とは異なる、ほかの人。「やせて―のように見える」

**ヘッセ**〔Hermann Hesse〕【人名】(一八七七〜一九六二)ドイツの小説家・詩人。ロマン主義の詩人として美しい叙情《じょじょう》詩を書くいっぽう、人間性への深い探究に裏打ちされた小説を書いた。小説「車輪の下」「デミアン」など。

**べっせい【別姓】**(名)姓が異なること。特に、夫婦がそれぞれ結婚前の姓を名乗ること。「夫婦―」

**べっせい【別製】**(名)特に念を入れて作ること。また、その作ったもの。類特製

**べっせかい【別世界】**(名)❶人間世界とは別の世界。地球外の世界。❷自分のいるところとはまるでちがう社会や環境《かんきょう》。「彼《かれ》は―の人間だ」❸現実とかけはなれた理想的な世界。別天地。

**べっそう【別荘】**(名)いつも住む家とは別に、景色や気候がよい土地などに建てた家。別邸《べってい》。「―を構える」対本宅

**べったく【別宅】**(名)いつも住んでいる家とは別に設けてある家。「―地」

**べったり**(副・形動ダ・自スル)❶ねばりつくようす。「泥《どろ》が―(と)つく」❷度をこして密接な関係にあるようす。「妹は母親に―だ」❸一面にすきまなくくっつくようす。「―(と)のりをつける」

**べつだん【別段】**㊀(名)ふつうとは違《ちが》うこと。特別。格別。「―の扱《あつか》い」㊁(副)(下に打ち消しの語をともなって)とりわけ。別に。「―変わりはない」

**へっちゃら**(形動ダ)〔ダロ・ダッ(デ・ニ)・ダ・ナ・ナラ・○〕《俗語》→へいちゃら

**へっつい**『△竈』(名)かまど。

**ヘッディング**(名・自他スル)→ヘディング

**べってんち【別天地】**(名)現実からかけはなれた理想的な世界。別世界。

**ヘット**〔オランダ vet〕(名)牛の脂肪《しぼう》から取った、料理用のあぶら。牛脂《ぎゅうし》。

**ヘッド**〔英 head〕(名)❶頭。頭部。また、物の先端《せんたん》の部分。「バットの―」❷チームやグループの責任者。「―コーチ」❸テープレコーダーやビデオレコーダーなどのテープ面に触《ふ》れる部分。

**べっと【別途】**(名)別のやり方。ほかの方法。副詞的にも用いる。「―会計」「―に考える」

**ベッド**〔英 bed〕(名)寝台《しんだい》。ねどこ。「―ルーム」

**ペット**〔英 pet〕(名)❶飼ってかわいがる動物。愛玩《あいがん》動物。❷ある人に、特にかわいがられている人。

**ベッド-タウン**〔和製英語〕(名)(住民の多くが昼間は大都市へ通勤・通学し、夜寝《ね》るために帰ってくることから)大都市のまわりの住宅都市。▽bed と town から。

**ペット-ボトル**〔英 PET bottle〕(名)ポリエチレンテレフタレート(PET)でつくられた透明《とうめい》なびん。軽くてじょうぶで、飲み物などの容器に用いる。

**ヘッドホン**〔英 headphone〕(名)頭にかけるなどして両耳につけて用いる小型スピーカー。ヘッドフォン。

**ヘッドライト**〔英 headlight〕(名)自動車や電車などの前にとりつけてあるあかり。対テールライト

**べっとり**(副)ねばりけのあるものが一面につくようす。「手が油で―(と)する」

**べつに【別に】**(副)(下に打ち消しの語をともなって)とりたてて。特に。「―用はない」

**べつのう【別納】**(名・他スル)おかねや品物を別に納めること。「料金―郵便」

**ペッパー**〔英 pepper〕(名)胡椒《こしょう》。

**べつばら【別腹】**(名)❶父は同じで、母がちがうこと。腹違《はらちが》い。別腹《べつぷく》。❷《俗語》満腹になっても、好きなものなら食べられるということ。「甘いものは―だ」

**べっぴょう【別表】**(名)本文とは別にそえた表。「―を参照のこと」

**へっぴりごし【へっぴり腰】**(名)《俗語》❶からだを曲げ、しりをうしろへつき出した不安定な腰つき。及《およ》び腰。❷自信がないようす。「―で立ち向かう」

**べつびん【別便】**(名)別のたより。別に出す郵便や宅配便。「―で送る」

**べっぴん**『別△嬪』(名)特別に美しい女性。美人。

**べつべつ【別別】**(名・形動ダ)❶それぞれちがうこと。❷わかれわかれ。「―に帰る」「―の道を歩む」

**べつま【別間】**(名)ほかの部屋。別室。「―に案内される」

**べつみょう【別名】**(名)→べつめい(別名)

**べつめい【別名】**(名)本名以外の名前。類異名。参考「べつみょう」とも読む。

**べつめい【別命】**(名)特別の命令。また、別に与《あた》える命令。「―を待て」

**べつもの【別物】**(名)❶ちがったもの。「注文品とはーだ」❷例外。特別なもの。「―としてあつかう」

**へつら・う**『△諂う』（自五）｛ワ(オ)・イ(ツ)・ウ・ウ・エ・エ｝相手に気に入られようとして、おせじを言ったり機嫌《きげん》をとるようにふるまったりする。「上司に—」類おもねる・こびる

**べつり【別離】**（名）人と別れてはなればなれになること。離別。「—の涙《なみだ》を流す」

**ヘディング**〔英 heading〕（名・自他スル）サッカーで、ボールを頭で打つこと。ヘッディング。

**ベテラン**〔英 veteran〕（名）長い経験をつんで、そのことによくなれてじょうずな人。老練者。「—選手」

**ぺてん**（名）うまく人をだますこと。詐欺《さぎ》。「—にかける」

**へど**『◇反吐』（名）いったんのみ下したものをはき出すこと。また、そのはき出したもの。「—をはく」

**反吐が出《で》る** いやでたまらない気持ちになる。気分が悪い。「あいつの顔を見ると—」

**ベトナム**〔Viet Nam〕【地名】インドシナ半島東部にあり、南シナ海に面する社会主義共和国。一九七六年、南北二つのベトナムが統一された。首都はハノイ。

**へとへと**（形動ダ）｛ダロ・ダッ(デ・ニ)・ダ・ナ・ナラ・○｝ひどく疲《つか》れてからだの力が抜《ぬ》けたようす。「—になるまで働く」

**べとべと**（副・形動ダ・自スル）物がねばるようす。ねばりつくようす。「汗《あせ》でからだが—する」

**へどろ**（名）下水や工場廃液《はいえき》が川や海に流れこんでできた泥土質《でいどしつ》のもの。水質汚染《おせん》の原因になる。

**へなちょこ**（名）未熟《みじゅく》者やとるにたりない者をあざけっていうことば。「—でたよりにならない」

**へなへな**（副・形動ダ・自スル）❶手ごたえがなく、すぐに曲がるようす。「—な板」❷気力がなく弱々しいようす。力を失ったようす。「—(と)すわりこむ」

**ペナルティー**〔英 penalty〕（名）❶刑罰《けいばつ》。処罰。罰金。「—を科す」❷スポーツで、反則に対する罰則。「—をとられる」

**ペナルティー-キック**〔英 penalty kick〕（名）サッカーなどで、相手チームに反則があったときに与《あた》えられるキック。ＰＫ。

**ベナン**〔Benin〕【地名】アフリカ大陸西部、ギニア湾岸《わんがん》に位置する共和国。首都はポルトノボ。

**ペナント**〔英 pennant〕（名）❶細長い三角形の旗。❷優勝旗。また、優勝。「—を争う」「—レース」

**ペナント-レース**〔英 pennant race〕（名）野球で、優勝をめざして勝敗を争う公式リーグ戦。

**べに【紅】**（名）❶キク科の越年草《えつねんそう》べにばなの花びらなどを材料に作った顔料。❷口べに。ほおべに。「—をさす」❸べにいろ。くれない。「—しょうが」

**ペニシリン**〔英 penicillin〕（名）『医』青かびの一種からつくる抗生《こうせい》物質。肺炎《はいえん》や化膿《かのう》性疾患《しっかん》などにきく。一九二八年イギリスのフレミングが発見。

**ベニスのしょうにん**〔ベニスの商人〕【作品名】イギリスの作家シェークスピアの喜劇。一五九六年ごろの作。金貸しシャイロックに責められるアントニオを、友人とそのいいなずけポーシャが機知で救ういきさつをえがく。

**ベニヤいた【ベニヤ板】**（名）うすくはいだ板を木目をたがいちがいに数枚張り合わせたもの。天井《てんじょう》・壁《かべ》・家具などに使う。合板《ごうはん》。▽ベニヤは、英 veneer

**ベネズエラ**〔Venezuela〕【地名】ベネズエラ・ボリバル共和国。南アメリカ大陸北部に位置する国。気候は熱帯的。首都はカラカス。

**ベネルクス**〔Benelux〕【地名】ベルギー・オランダ・ルクセンブルクの三国をまとめた呼び名。

**ペパーミント**〔英 peppermint〕（名）❶『植』シソ科の多年草。西洋はっか。❷はっかのはいった洋酒。

**へばりつ・く**（自五）｛カ(コ)・キ(イ)・ク・ク・ケ・ケ｝『俗語』ぴったりくっついてはなれない。「一日じゅうテレビに—」

**へば・る**（自五）｛ラ(ロ)・リ(ツ)・ル・ル・レ・レ｝『俗語』動けなくなるほどひどく疲《つか》れる。へたばる。「この暑さに—ってしまった」

**へび【蛇】**（名）『動』爬虫《はちゅう》類ヘビ亜目《あもく》に属する動物の総称《そうしょう》。足がなく、からだはうろこでおおわれ細長い。毒をもつものもある。

**蛇に見込《みこ》まれた蛙《かえる》** おそろしさのあまり、身動きができないようす。蛇ににらまれた蛙。

**蛇の生殺《なまごろ》し** 半死半生の目にあわせ、そのままにすること。また、物事をどっちつかずの状態のままにすること。

**ヘビー**〔英 heavy〕（名・形動ダ）❶重いこと。「—級(＝ボクシングなどで最も重い体重の階級)」❷程度がはなはだしいこと。「—スモーカー」「—リスナー」

**ベビー**〔英 baby〕（名）❶赤んぼう。❷小さいものを表すことば。「—ゴルフ」

**ベビーシッター**〔英 babysitter〕（名）雇《やと》われて、親の代わりに乳幼児の世話をする人。子守《こもり》。

**へびいちご【蛇いちご】**『蛇△苺』（名）『植』バラ科の多年草。原野に自生し、春、黄色い小花をつける。茎《くき》は地上をはう。実は紅色の球状で毒はない。

**ペプシン**〔英 pepsin〕（名）『化』胃液の中にあって、蛋白《たんぱく》質を分解する酵素《こうそ》。

**ヘブライズム**〔英 Hebraism〕（名）古代イスラエルの宗教思想。ヘレニズムとともに西洋思想の大きな流れの一つ。ユダヤ教的・キリスト教的精神を尊ぶ思想。

**へべれけ**（形動ダ）｛ダロ・ダッ(デ・ニ)・ダ・ナ・ナラ・○｝『俗語』ひどく酒によってしっかりしていないようす。「—になるまで飲む」

**へぼ**（名・形動ダ）『俗語』❶へた。「—将棋《しょうぎ》」❷野菜やくだものの形やできが悪いこと。「—きゅうり」

**ヘボンしき【ヘボン式】**（名）ローマ字のつづり方の一種。アメリカ人ヘボン(Hepburn)が和英辞典で採用して広まった。参考「シ」を「shi」、「ジ」を「ji」、「チ」を「chi」とつづる。⇒くんれいしき

**へま**（名・形動ダ）『俗語』❶気がきかないこと。「—なやつ」❷ばかばかしい失敗。「—をやる」

**ヘミングウェイ**〔Ernest Miller Hemingway〕【人名】（一八九九～一九六一）アメリカの小説家。簡潔な文体と感情をおさえた表現で、虚無的《きょむてき》な現代人の生活と心理をえがいた。作品「日はまた昇《のぼ》る」「武器よさらば」「誰《た》がために鐘《かね》は鳴る」「老人と海」など。

**ヘモグロビン**〔ドイツ Hämoglobin〕（名）『生』蛋白《たんぱく》質と鉄分をふくむ色素体の化合物。赤血球中にふくまれ、酸素を運ぶはたらきをする。血色素。

**へや【○部屋】**（名）❶家の中の、壁《かべ》やふすまなどでいくつかにしきられた所。間《ま》。室。「子ども用の—」❷すもうの親方が弟子《でし》を指導・育成する道場。

**へら**『△篦』（名）竹・木・金属・プラスチックなどでつくった、細長くてうすい板状の道具。布にしるしをつけたり、物を練ったり、塗《ぬ》ったりするのに使う。

**へら・す【減らす】**（他五）{サ(ソ)・シ・ス・ス・セ・セ}量・数・程度を少なくする。減ずる。「体重を—」対増やす

**へらずぐち【減らず口】**（名）負け惜《お》しみを言うこと。にくまれぐちを言うこと。「—をたたく」

**べらべら**（副）❶よくしゃべるようす。「—(と)まくしたてる」❷ものがうすく弱いようす。「—の布地」

**ぺらぺら** ■一（副）❶軽々しくよくしゃべるようす。「秘密を—(と)しゃべってしまう」❷本のページを続けてめくるようす。■二（副・形動ダ）外国語を自由にしゃべるようす。「英語が—だ」■三（副・形動ダ・自スル）布や紙がうすくて弱いようす。「—した生地《きじ》」

**べらぼう**（名・形動ダ）《俗語》❶人をののしることば。ばか。「—め」❷ばかげていること。でたらめ。「—な話」❸はなはだしいこと。「—に暑い」

**ベラルーシ**〔Belarus〕［地名］ヨーロッパ東部にある、ロシア・ポーランドなどに接する共和国。首都はミンスク。

**ベランダ**〔英 veranda〕（名）西洋風建築の外に張り出した、広い縁《えん》。類バルコニー

**べらんめえ**（名）《俗語》江戸《えど》っ子が、人をののしるときのことば。ばかめ。

**べらんめえことば【べらんめえ言葉】**（名）江戸《えど》っ子が用いた、威勢《いせい》がよくあらっぽいことば。

**へり**〖◇縁〗（名）物のふち。はし。「たたみの—」

**ベリーズ**〔Belize〕［地名］中央アメリカ、ユカタン半島南部に位置する立憲君主国。首都はベルモパン。

**ヘリウム**〔英 helium〕（名）〖化〗色・においがなく、ほかの元素とは化合しないガス体の元素。水素のつぎに軽い。飛行船・気球のガスに用いる。元素記号 He

**ペリカン**〔英 pelican〕（名）〖動〗ペリカン科の大形の水鳥。暑い地方にすむ。下くちばしに大きな袋《ふくろ》があり捕《と》らえた魚を入れる。

（ペリカン）

**へりくだ・る**〖◇遜る〗（自五）{ラ(ロ)・リ(ッ)・ル・ル・レ・レ}けんそんする。相手を敬って、自分を低くあつかう。卑下《ひげ》する。「—・った態度」

**へりくつ【へ理屈】**〖△屁理屈〗（名）筋の通らない理屈。むりにつけた理屈。「—をこねる」

**ヘリコプター**〔英 helicopter〕（名）機体の上についている大きな回転翼《かいてんよく》を回転させて、まっすぐ上がったり、空中にとどまったりすることのできる航空機。

**ヘリポート**〔英 heliport〕（名）ヘリコプターの発着所。

**へる【経る】**（自下一）{ヘ・ヘ・ヘル・ヘル・ヘレ・ヘロ(ヘヨ)}❶年月が過ぎる。時間がたつ。「三年をへてもどってきた」❷あるところを過ぎてゆく。通りこす。「山をへて海に出る」❸ある過程を通る。「困難をへて成功にいたる」

**へ・る【減る】**（自五）{ラ(ロ)・リ(ッ)・ル・ル・レ・レ}量・数・程度が少なくなる。「人口が—」「事故が—」対増える

**ベル**〔英 bell〕（名）❶りん。鐘《かね》。「ウエディング—」❷呼びりん。電鈴《でんれい》。「電話の—」

**ペルー**〔Peru〕［地名］南アメリカ中部、太平洋に面した共和国。首都はリマ。インカ帝国の中心地だった。

**ベルギー**〔オランダ België〕［地名］ヨーロッパ西部の立憲君主国。首都はブリュッセル。

**ヘルシー**〔英 healthy〕（形動ダ）{ダロ・ダッ(デ・ニ)・ダ・ナ・ナラ・○}健康的であるようす。健康に役立つようす。「—な食品」

**ペルシャ**〔Persia〕［地名］イランの旧称《きゅうしょう》。

**ヘルシンキ**〔Helsinki〕［地名］フィンランドの首都。バルト海に面する重要な貿易港。

**ヘルツ**〔ドイツ Hertz〕（名）〖物〗周波数の単位。電波や音波の一秒間の振動《しんどう》数。記号 Hz

**ベルト**〔英 belt〕（名）❶革《かわ》などで作り腰《こし》まわりにしめる帯。バンド。帯革《おびかわ》。「—をしめる」「シート—」❷機械で、二つの軸《じく》にかけ、一方の動きをほかの軸に伝える帯状のもの。❸帯状になっている細長い地帯。「グリーン—」

**ベルト-コンベヤー**〔英 belt conveyor〕（名）はばの広いベルトを回転させ、その上に物をのせて運ぶ装置。土木工事・工場などで使う。ベルトコンベア。

**ヘルニア**〔ラテン hernia〕（名）〖医〗内臓や脊椎《せきつい》の一部が、あるべき位置から外にとび出す病気。脱腸《だっちょう》や椎間板《ついかんばん》ヘルニアなど。

**ベルヌ**〔Jules Verne〕［人名］（一八二八～一九〇五）フランスの小説家。豊かな空想力にもとづき、多くの科学冒険《ぼうけん》小説を書いた。作品「八十日間世界一周」など。

**ヘルパー**〔英 helper〕（名）❶手助けをする人。助手。❷「ホームヘルパー」の略。

**ヘルプ**〔英 help〕（名）❶救助。手助け。手伝い。❷コンピューターで、ソフトウエアの扱《あつか》い方を画面上で使用者に説明する機能。

**ヘルペス**〔英 herpes〕（名）〖医〗ウイルス感染《かんせん》により、水疱《すいほう》が群《むら》がって生じる皮膚病《ひふびょう》。疱疹《ほうしん》。

**ベルベット**〔英 velvet〕（名）→ビロード

**ヘルメット**〔英 helmet〕（名）頭部を保護するためにかぶる、金属やプラスチック製の帽子《ぼうし》。

**ベルリン**〔Berlin〕［地名］ドイツ東部にある都市。第二次世界大戦のあと東西に分けられた。一九九〇年、東西ドイツが統一され、統一ドイツ（ドイツ連邦《れんぽう》共和国）の首都となった。

**ベレー**〔フランス béret〕（名）まるくて平らな、つばのない帽子《ぼうし》。ベレー帽。

（ベレー）

**ペレストロイカ**〔ロシア perestroika〕（名）（立て直しの意）一九八〇年代後半、ソビエト連邦《れんぽう》の国家基本政策として推進された改革。

**ヘレニズム**〔英 Hellenism〕（名）❶古代ギリシャの文化や思想。西洋思想の源流の一つ。❷アレクサンドロス大王の東方遠征《えんせい》後、東方の文化ととけあった紀元前四世紀以降の新しいギリシャ風の文化。

**べろ**（名）「舌」のくだけた言い方。また、舌に似た形のもの。「—を出す」「靴《くつ》の—」

**ヘロイン**〔ドイツ Heroin〕（名）モルヒネからつくる習慣性の強い麻薬《まやく》の一種。

**べろべろ** ■一（副）舌でものをなめるようす。「—(と)なめる」■二（形動ダ）{ダロ・ダッ(デ・ニ)・ダ・ナ・ナラ・○}ひどく酒に酔《よ》ってだらしないようす。べろんべろん。「—になるまで飲む」

**ぺろぺろ**（副）❶舌でものをしきりになめるようす。「あ

めをー(と)なめる」❷舌をしきりに出すようす。

**へん【片】** 4画 片0 小6 音 ヘン㊥ 訓 **かた**
❶かたほう。きれはし。かけら。◆片雲・片鱗《へんりん》◆一片・紙片・切片・断片・肉片・薄片《はくへん》・破片・木片。❷わずか。すこし。◆片言《へんげん》・片時《へんじ・かたとき》

**へん【辺】** 5画 辶2 小4 〔邊〕 音 ヘン 訓 **あたり・べ**
❶ほとり。そば。あたり。◆海辺・近辺・周辺・身辺・水辺・炉辺《ろへん》・路辺。❷はずれ。くにざかい。はて。◆辺境・辺際・辺地・辺土・辺鄙《へんぴ》◆無辺。❸多角形の一つ一つの直線。◆斜辺《しゃへん》・底辺

**へん【辺】**(名)❶おおよその場所・程度などを示すことば。「あのーは静かな界隈《かいわい》だ」❷〔数〕多角形を構成する一つ一つの直線。「ーの長さ」

**へん【返】** 7画 辶4 小3 音 ヘン 訓 **かえす・かえる**
かえす。もどす。かえる。◆返歌・返還《へんかん》・返却《へんきゃく》・返金・返済・返事・返上・返信・返送・返本・返礼

**へん【変】** 9画 夊6 小4 〔變〕 音 ヘン 訓 **かわる・かえる**
❶かわる。かえる。うつりかわる。◆変移・変化・変革・変更《へんこう》・変色・変心・変身・変節・変遷《へんせん》・変動・変貌《へんぼう》◆一変・改変・激変・転変・豹変《ひょうへん》・不変。❷かわったできごと。◆変事◆異変・凶変《きょうへん》・事変・政変・天変。❸ふつうでない。◆変死・変人

**へん【変】**━(名)突然《とつぜん》起こった変わった出来事。「桜田門外のー」━(形動ダ){ダロ・ダッ(デ・ニ)・ダ・ナ・ナラ・〇}ふつうでないようす。「ーな気分がする」

**へん【偏】** 11画 亻9 音 ヘン 訓 **かたよる**
❶かたよる。公平でない。◆偏愛・偏狭《へんきょう》・偏見・偏向・偏差・偏食・偏重《へんちょう》・偏頗《へんぱ》◆不偏。❷漢字の左がわの部分。◆偏旁《へんぼう》◆人偏《にんべん》

**へん【偏】**(名)漢字を構成する左がわの部分。「偏」の「亻」、「話」の「言」など。対旁《つくり》

**へん【遍】** 12画 辶9 音 ヘン
ひろく行きわたる。◆遍在・遍歴・遍路◆普遍《ふへん》

**-へん【遍】**(接尾)回数を数えることば。「読書百ー《ぺん》」「百万ー《べん》」

**へん【編】** 15画 糸9 小5 音 ヘン 訓 **あむ**
❶まとめる。順序をつけてくみたてる。◆編曲・編成・編制・編隊・編入◆改編。❷文章をまとめて書物などをつくる。また、そのつくられたもの。◆編纂《へんさん》・編修・編集・編著◆共編・新編・続編・短編・長編

**へん【編】**━(名)❶書物の内容の大きなひとまとまりを示すことば。「入門ー」類章・節。❷編集。編纂《へんさん》。「専門家らのーによる書籍《しょせき》」━(接尾)詩文を数えることば。「一ー《ぺん》の詩」

**べん【弁】** 5画 廾2 小5 〔辨〕〔辯〕〔瓣〕 音 ベン
━〖辨〗❶わきまえる。はっきり区別する。◆弁証・弁別。❷用にあてる。◆弁済・弁償《べんしょう》◆自弁。━〖辯〗❶口で言う。言い争う。◆弁解・弁護・弁舌《べんぜつ》・弁論◆詭弁《きべん》・強弁・代弁・多弁・答弁・熱弁・雄弁《ゆうべん》。❷その地方のことばづかい。◆関西弁。━〖瓣〗❶花びら。◆花弁。❷空気や液体の出入りを調節するもの。◆弁膜《べんまく》◆安全弁

**べん【弁】**(名)❶容器や管の中で、液体や気体の出入りを調整する器具。バルブ。「ーをひらく」❷話すこと。また、話しぶり。「ーが立つ(=話し方がうまい)」

**べん【便】** 9画 亻7 小4 音 ベン・ビン 訓 **たより**
❶㋐つごうがよい。◆便乗《びんじょう》・便船《びんせん》・便宜《べんぎ》・便法・便覧《べんらん・びんらん》・便利◆簡便・軽便。㋑大小のはいせつ物。◆便意・便器・便所◆小便・大便。❷(ビンと読んで)㋐たより。手紙。◆便箋《びんせん》◆郵便。㋑物を運ぶてだて。◆航空便・船便

**べん【便】**(名)❶大便。❷つごうがよいこと。「交通のーがよい」「ーをはかる」

**べん【勉】** 10画 力8 小3 〔勉〕 音 ベン
つとめる。はげむ。◆勉学・勉強・勉励《べんれい》◆勤勉

**ペン**〔英 pen〕(名)❶インクをつけて書く筆記用具。❷文筆活動。「ーで身をたてる」

**ペンを折《お》る** 中途《ちゅうと》で書くことをやめる。また、文筆活動をやめる。筆を折る。

**へんあい【偏愛】**(名・他スル)特定の人や物だけを愛すること。「末っ子をーする」「ーする作品」

**へんあつき【変圧器】**(名)〔物〕交流電流の電圧を高くしたり、低くしたりする装置。トランス。

**へんい【変異】**(名・自スル)❶通常と変わった状態になること。異変。「ーがおこる」❷同じ種類の生物の間で、形・性質の相違《そうい》が現れること。「突然《とつぜん》ー」

**へんい【変移】**(名・自スル)移り変わること。「世の中のー」

**べんい【便意】**(名)大小便、特に大便をしたい気持ち。「ーをもよおす」

**べんえき【便益】**(名)便利でためになること。「ーを供する」「ーをはかる」

**へんおんどうぶつ【変温動物】**(名)〔動〕外界の温度の変化によって体温が変わる動物。哺乳《ほにゅう》類と鳥類以外の動物。冷血動物。対恒温《こうおん》動物

**へんか【返歌】**(名)〔文〕おくられた歌に対する返事の歌。かえしうた。「ーをよむ」

**へんか【変化】**(名・自スル)ある性質・状態などから別の性質・状態などに変わること。「気温のー」「環境《かんきょう》がーする」注意「へんげ」と読むと別の意味になる。

**へんかい【変改】**(名・自他スル)変わり改まること。変え改めること。「組織のー」

**べんかい**【弁解】（名・自スル）自分のおちどを責められたとき、そうなった理由を説明すること。言いわけ。申しひらき。「―の余地がない」類弁明・釈明《しゃくめい》

**べんかいがまし・い**【弁解がましい】（形）{カロ・カツ(ク)・イ・イ・ケレ・○}弁解らしいことを口にするようす。「―言い方」

**へんかきごう**【変化記号】（名）〘音〙音の高さを半音高く、または低くすることを示す記号。嬰《えい》記号♯（シャープ）、変記号♭（フラット）などがある。

**へんかきゅう**【変化球】（名）野球で、投手が投げるボールのうち、打者の近くで急に曲がったり落ちたりする球。対直球

**へんかく**【変革】（名・自他スル）政治や社会のしくみなどを大きく変え改めること。変わり改まること。「意識の―」「社会の―」

**へんかく**【変格】（名）❶本来のきまりに合っていないこと。❷〘文法〙「変格活用」の略。

**へんがく**【◁扁額】（名）門などにかける横に長い額。

**べんがく**【勉学】（名・自スル）学問にはげむこと。勉強。「―にいそしむ」「―につとめる」

**へんかくかつよう**【変格活用】（名）〘文法〙動詞の活用中、不規則な活用をするもの。参考文語ではカ変（「来《く》」など）・サ変（「す」など）・ナ変（「死ぬ」「往《い》ぬ」）・ラ変（「あり」など）があり、口語ではカ変（「来る」など）・サ変（「する」など）がある。

**ベンガラ**〔オランダ Bengala〕（名）赤色顔料《がんりょう》の一種。おもな成分は酸化第二鉄。さびどめ・みがき剤《ざい》や、ゴム・セメント・かわらなどの着色に使われる。紅殻《べにがら》。

**へんかん**【返還】（名・他スル）もとへ返すこと。持ち主の手へもどすこと。「優勝旗の―」

**へんかん**【変換】（名・自他スル）ほかのものに変えること。また、変わること。「かなを漢字に―する」

**べんき**【便器】（名）大小便をする器。おまる。

**べんぎ**【便宜】（名・形動ダ）つごうのよいこと。また、その場に合った処置。便宜《びん》。「―をはかる」

**ペンキ**（名）塗料《とりょう》の一種。顔料を油などにといたもの。色をつけたり、くさらないようにしたりするために、物の表面にぬる。ペイント。▽オランダ pek から。

**へんきごう**【変記号】（名）〘音〙音を半音低くすることを表す記号。フラット。記号♭ 対嬰《えい》記号

**べんぎてき**【便宜的】（形動ダ）{ダロ・ダッ(デ・ニ)・ダ・ナ・ナラ・○}根本的でなく、とりあえず、まにあわせに物事を処理するようす。「―な処置」

**へんきゃく**【返却】（名・他スル）借りたものを返すこと。「図書を―する」

**へんきょう**【辺境】〘辺◁疆〙（名）遠くはなれた国ざかいの地。片田舎《かたいなか》。「―の地」

**へんきょう**【偏狭】（名・形動ダ）心がせまく小さいこと。狭量。「考え方が―に過ぎる」

**べんきょう**【勉強】（名・自他スル）❶仕事や学問をいっしょうけんめいにすること。「受験―」「不―」❷将来のためになる経験。「いい―になる」❸品物を安く売ること。「特別に―しますよ」

**へんきょく**【編曲】（名・他スル）もとの曲を別の演奏形態用に作り変えること。また、その曲。

**へんきん**【返金】（名・自スル）借りたおかねやあずかったおかねを返すこと。また、そのおかね。

**ペンギン**〔英 penguin〕（名）〘動〙ペンギン科の鳥。おもに南極に近い海にすむ。翼《つばさ》はひれのようになっていて飛べず、陸上では直立して歩く。泳ぎがうまい。

（ペンギン）

**へんくつ**【偏屈】（名・形動ダ）性質がすなおでなくがんこなこと。「―なおやじ」

**ペンクラブ**【P.E.N.Club】（名）〔英 International Association of Poets, Playwrights, Editors, Essayists and Novelists から〕詩人・劇作家・編集者・評論家・小説家が集まってつくっている国際的文化団体。一九二一年につくられた。

**へんげ**【変化】（名・自スル）❶動物などが姿を変えて現れること。ばけもの。「妖怪《ようかい》―」❷神や仏が仮に人間の姿になって現れること。また、そのもの。注意「へんか」と読むと別の意味になる。

**へんけい**【変形】（名・自他スル）形が変わること。形を変えること。また、その形。「熱で―する」

**べんけい**〔弁慶〕❶【人名】平安時代末期・鎌倉《かまくら》時代初期の伝説的な僧《そう》。号は武蔵坊《むさしぼう》。源義経《みなもとのよしつね》の家来で豪傑《ごうけつ》といわれた。❷（名）強い者。強がる者。「内《うち》―」

**弁慶の泣《な》き所《どころ》**（弁慶でもここを打たれれば痛くて泣くということから）向こうずねのこと。また、強い者のただ一つの弱点。

**べんけいじま**【弁慶じま】〘弁慶◁縞〙（名）二色の糸をたてよこに織って作った大柄《おおがら》なこうしじま。

**へんけいどうぶつ**【◁扁形動物】（名）〘動〙無脊椎《むせきつい》動物の一門。からだが平たくてやわらかく、節のない動物の一群。他の生物に寄生するものが多い。さなだむし・肝臓《かんぞう》ジストマなど。

**へんけん**【偏見】（名）かたよった見方。不公平なものの考え方。「―にとらわれる」類僻見《へきけん》

**へんげん**【変幻】（名）現れたり消えたりするのがすばやいこと。変化のひじょうにはやいこと。

**へんげんじざい**【変幻自在】（名・形動ダ）思いのままにすばやく現れたり消えたりできること。

**へんげんせきご**【片言隻語】（名）ほんのちょっとした短いことば。「―も聞きもらすまいとする」

**べんご**【弁護】（名・他スル）その人のために申し開きをして、その立場などを守ること。「友だちを―する」

**へんこう**【変更】（名・他スル）変え改めること。「時間―」「予定を―する」

**へんこう**【偏向】（名・自スル）一方にかたよること。物事や考え方などが公正さを失うこと。「―教育」

**へんこうせい**【変光星】（名）〘天〙明るさが時によって変化する恒星《こうせい》。

**べんごし**【弁護士】（名）依頼《いらい》人や裁判所からたのまれて、その人の弁護や法律事務などを行う、法律上の資格のある人。

**べんごにん**【弁護人】（名）刑事事件で、被疑者や被告人《ひこくにん》を弁護する人。原則として弁護士がなる。

**へんさ**【偏差】（名）〘数〙統計で、標準となる数値・位置・方向からのずれ。また、その度合い。「―値」

**へんさい【返済】**（名・他スル）借りたおかねや物を返すこと。「借金の一」

**へんざい【偏在】**（名・自スル）ある所にだけかたよって存在すること。「富の一」

**へんざい【遍在】**（名・自スル）広く存在すること。広く全体にゆきわたってあること。「全国に一する」

**べんさい【弁才】**（名）話がじょうずで人を説得する才能。口が達者なこと。「一がある」

**べんさい【弁済】**（名・他スル）借りたものを返すこと。特に、法律で債務《さいむ》を実行すること。

**べんざいてん【弁財天・弁才天】**（名）七福神の一。美しい顔をもち、びわをひき、音楽・弁才・財宝・福徳・知恵《ちえ》をさずける女神。弁天。

（べんざいてん）

**へんさち【偏差値】**（名）学力試験などの結果が、全体の中でどの程度の水準にあるかを示す数値。

**へんさん【編△纂】**〘名・他スル〙ある方針のもとに材料を集めて本を作ること。「辞書の一」類編集

**へんし【変死】**（名・自スル）病死や老衰《ろうすい》死ではなく、自殺や他殺、災難・事故などで死ぬこと。「一体」

**へんじ【返事】**（名・自スル）呼びかけや質問などに答えること。また、そのことばや手紙。返答。「一を出す」「二つ一」「色よい一」「大きな声で一する」

**へんじ【変事】**（名）変わった出来事。よくない出来事。「一が続く」類異変

**べんし【弁士】**（名）❶演説や講演をする人。❷話のうまい人。❸無声映画の説明者。活弁。

**へんしつ【変質】**㊀（名・自スル）物の性質が変わること。「油が一する」㊁（名）ふつうの人とはちがった病的な性格。「一者」

**へんしつ【偏執】**（名）→へんしゅう（偏執）

**へんしゃ【編者】**（名）本を編集する人。編集者。編纂《へんさん》者。「全集の一」参考「へんじゃ」とも読む。

**へんしゅ【変種】**（名）〘動・植〙同種であるが、ふつうと性質や形がちがうもの。「メロンの一」

**へんしゅう【偏執】**（名）かたよった考えに固執《こしつ》して他人の意見を受け入れないこと。…的「偏執的な性格」参考「へんしつ」とも読む。

**へんしゅう【編修】**（名・他スル）資料を集めて書物にまとめること。特に、歴史の本などを作ることをいう。

**へんしゅう【編集】**〘編△輯〙（名・他スル）❶一定の方針のもとに資料を集め整理して、本・雑誌・新聞などを作ること。類編纂《へんさん》。❷フィルムやテープなどの素材を整理して、映像作品などをつくること。

**へんしゅうこうき【編集後記】**（名）本・雑誌などで、編集者が書くあとがき。

**へんしょ【返書】**（名）返事の手紙。返信。

**べんじょ【便所】**（名）大小便をする場所。トイレ。

**へんじょう【返上】**（名・他スル）もらったものを返すこと。「休みを一して働く」「汚名《おめい》を一する」

**へんじょう〔遍昭・遍照〕**【人名】（八一六〜八九〇）平安時代初期の僧《そう》・歌人。六歌仙《ろっかせん》、三十六歌仙の一人。和歌にすぐれ、作品は「古今《こきん》集」「後撰《ごせん》集」などに多い。

**べんしょう【弁償】**（名・他スル）相手にあたえた損害を、おかねや物でつぐなうこと。「修理代を一する」

**べんしょうほう【弁証法】**（名）矛盾《むじゅん》・対立する概念《がいねん》を統一し、さらに高度な新しい結論や境地に到達《とうたつ》しようとする思考法。また、その理論。

**へんしょく【変色】**（名・自他スル）色が変わること。色を変えること。「布地が一する」

**へんしょく【偏食】**（名・自スル）食べ物をかたよってとること。食べ物に好ききらいがあること。「一家」

**ペンション**〔英 pension〕（名）家族的なムードのある小さなホテル。洋風の民宿。

**へん・じる【変じる】**（自他上一）｛ジ・ジ・ジル・ジル・ジレ・ジロ(ジヨ)｝変わる。ちがうものになる。また、変える。「雪は水に一」

**べん・じる【弁じる】**〘△辨じる〙｛ジ・ジ・ジル・ジル・ジレ・ジロ(ジヨ)｝㊀（自上一）用がすむ。「用が一」㊁（他上一）❶すませる。処理する。「用を一」❷わきまえる。見わける。「善悪を一」❸話す。述べる。「一席一」❹言いわけをする。弁解する。「友人のために一」

**へんしん【返信】**（名・自他スル）返事の手紙・通信。返書。また、返事を出すこと。「メールに一する」対往信

**へんしん【変心】**（名・自スル）心が変わること。考えがほかへ移ること。心変わり。「一して敵方につく」

**へんしん【変身】**（名・自スル）姿をほかのものに変えること。また、変えた姿。「華麗《かれい》な一をとげる」

**へんじん【変人】**（名）ふつうの人とようすや性質などがだいぶ変わっている人。変わり者。奇人《きじん》。

**ベンジン**〔英 benzine〕（名）〘化〙石油からとった液体。無色透明《とうめい》で、特有のにおいをもつ。火がつきやすい。燃料・しみぬきなどに使われる。揮発《きはつ》油。

**へんすう【変数】**（名）〘数〙いろいろの値をとることができる数を表す文字。$x$・$y$などで表す。対定数

**へんずつう【偏頭痛・片頭痛】**（名）〘医〙頭の片側《かたがわ》だけにおこる発作《ほっさ》的な頭痛。

**へん・する【偏する】**（自サ変）｛シ(セ・サ)・シ・スル・スル・スレ・シロ(セヨ)｝かたよる。一方にかたむく。「見方が一・している」

**へん・ずる【変ずる】**（自他サ変）｛ジ(ゼ)・ジ・ズル・ズル・ズレ・ジロ(ゼヨ)｝→へんじる

**べん・ずる【弁ずる】**〘△辨ずる〙（自他サ変）｛ジ(ゼ)・ジ・ズル・ズル・ズレ・ジロ(ゼヨ)｝→べんじる

**へんせい【変成】**（名・自他スル）形が変わってできること。形を変えて作ること。

**へんせい【編成】**（名・他スル）個々のものを集めて一つのまとまりにすること。「八両一の電車」

**へんせい【編制】**（名・他スル）いくつかのまとまりを組み立てて一つの組織とすること。「軍隊の一」

**へんせいがん【変成岩】**（名）〘地質〙火成岩・水成岩などが地球内部で圧力・熱などの作用を受け、成分や組織が変わってできた岩石。大理石など。

**へんせいき【変声期】**（名）思春期の、声変わりがおこる時期。声帯の変化によって声が低く変わる。

**へんせいふう【偏西風】**（名）〘天〙地球の南北両半球の緯度《いど》三〇度から六〇度あたりの上空をいつ

も西から東へ吹《ふ》いている強い風。

**へんせつ【変節】**(名・自スル) それまで守ってきた態度や主義・主張を変えること。「—漢」

**べんぜつ【弁舌】**(名) ものの言い方。話しぶり。「—さわやか」「—をふるう」

**へんせん【変遷】**(名・自スル) 時代の流れとともに移り変わること。「社会の—」類 移り変わり・推移《すいい》

**ベンゼン**〔英 benzene〕(名)〔化〕コールタールを熱するなどして作った揮発《きはつ》性の無色の液体。化学薬品・医薬・染料《せんりょう》・火薬の原料。ベンゾール。

**へんそう【返送】**(名・他スル) 送られてきたものを送り返すこと。「荷物を—する」

**へんそう【変装】**(名・自スル) 本人であることがわからないように、顔かたちや服装を変えること。また、その変えた姿。「—を見破る」

**へんぞう【変造】**(名・他スル) おかねや文書などに手を加えて、形や内容を変えること。「—紙幣《しへい》」

**へんそうきょく【変奏曲】**(名)〔音〕一つの主題になる曲をもとにして、その旋律《せんりつ》やリズム、ハーモニーなどを変えながらひとつながりにした曲。バリエーション。

**ベンゾール**〔ドイツ Benzol〕(名)〔化〕→ベンゼン

**へんそく【変則】**(名・形動ダ) ふつうの規則・方法からはずれていること。…的「変則的な打法」

**へんそく【変速】**(名・自スル) 速さを変えること。「—ギア」

**へんたい【変態】**(名) ❶正常でない状態。また、性行動が異常な状態。❷〔動〕動物が育つ過程で形を変えること。おたまじゃくしがかえるになる、昆虫《こんちゅう》のさなぎが成虫になるなど。

**へんたい【編隊】**(名) 何機かの飛行機が隊形を組むこと。また、その隊形。「—飛行」

**へんたいがな【変体。仮名】**(名) 現在使われているひらがなとはちがった字体のひらがな。平安時代の初めごろに、万葉仮名の草書体から生まれた。

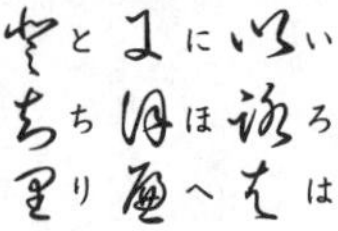

(へんたいがな)

**べんたつ『△鞭△撻』**(名・他スル) (むち打ってこらしめる意から)いましめはげますこと。「ご—をお願い申しあげます」

**ペンダント**〔英 pendant〕(名) くさりやひもなどで首から胸にさげる装身具《そうしんぐ》。

**へんち【辺地】**(名) 都会から遠くはなれ、交通も不便な田舎《いなか》。片田舎。類 僻地《へきち》・辺土

**ベンチ**〔英 bench〕(名) ❶公園や駅などにある、横に長い簡素な腰《こし》かけ。❷野球場などで、監督《かんとく》や選手のひかえている席。ダッグアウト。「—をあたためる(=補欠でベンチにいる)」

**ペンチ**(名) 針金を曲げたり切ったりするときに使うはさみ状の工具。▽英 pinchers から。

**ベンチャー**〔英 venture〕(名) 冒険《ぼうけん》。また、だれもやったことのない冒険的な試み。「—企業《きぎょう》」

**ベンチャー-ビジネス**〔英 venture business〕(名) 高度な専門技術や創造的な着想をいかし、成長性の高い分野に進出する小規模《しょうきぼ》な企業《きぎょう》。

**へんちょ【編著】**(名) 書物の編集と著作をすること。また、その書物。

**へんちょう【変調】**(名・自他スル) ❶もとの調子を変えること。また、その調子。対 正調。❷からだや物事の調子がおかしくなること。「からだの—を訴《うった》える」❸〔音〕→いちょう(移調)

**へんちょう【偏重】**(名・他スル) あるものだけをかたよって重んじること。「学歴—」

**べんつう【便通】**(名) 大便が出ること。通じ。

**ペンディング**〔英 pending〕(名) 物事が未解決のままであること。保留。懸案《けんあん》。「—になっている案件」

**へんてこ**(形動ダ){ダロ・ダッ(テ・ニ)・ダ・ナ・ナラ・○}〔俗語〕変わっているようす。奇妙《きみょう》なようす。「—なかっこう」

**へんてつ【変哲】**(名) 変わっていること。「なんの—もない(=ありふれていて、特に変わったところもない)」

**へんてん【変転】**(名・自スル) 状態が移り変わること。「—きわまりない社会」

**へんでん【返電】**(名) 返事の電報。

**べんてん【弁天】**(名) →べんざいてん

**へんでんしょ【変電所】**(名) 発電所から送られてくる高圧の電流を、用途《ようと》に応じて低圧にきりかえて消費者に配電する所。

**へんど【辺土】**(名) 片田舎《かたいなか》。奥地《おくち》。「—におもむく」類 僻地《へきち》・辺地

**へんとう【返答】**(名・自スル) 聞かれたことに答えること。返事。「—に窮《きゅう》する」

**へんどう【変動】**(名・自スル) 状態が変わり動くこと。「物価の—」「地殻《ちかく》の—」

**べんとう【弁当】**(名) 外出先で食べるために持っていく簡単な食事。仕出し屋などからとる容器入りの食事をいうこともある。「—箱」「幕の内—」

**へんとうせん『△扁桃腺』**(名)〔生〕口の奥《おく》の両側にある小さな円形のリンパ節。「—がはれる」

**へんにゅう【編入】**(名・他スル) あとから組織や団体などの中に組み入れること。「—試験」

**ペン-ネーム**〔英 pen name〕(名) 作家などが、文章を発表するときに使う、本名とは別の名前。筆名。

**へんねんし【編年史】**(名) 年代順に書かれた歴史。

**へんねんたい【編年体】**(名) 歴史の書き方の形式の一つで、年代順に事実を記録していく方法。⇒きでんたい

**へんのう【返納】**(名・他スル) 所有者やもとの場所に返し納めること。「免許《めんきょ》を—する」

**へんぱ『偏△頗』**(名・形動ダ) かたよっていて不公平なこと。えこひいき。「—な処置」

**へんぱい【返杯】『返△盃』**(名・自スル) さされた杯《さかずき》の酒を飲みほし、相手にさし返すこと。

**べんぱつ【弁髪】『△辮髪』**(名) 頭のまわりをそり、中央の髪《かみ》を長く編んでうしろにたらした男子の髪形。満州族の風俗《ふうぞく》で、清《しん》代には中国全土で行われた。

**ペン-パル**〔英 pen pal〕(名) →ペンフレンド

**へんぴ『辺△鄙』**(名・形動ダ) 都会からはなれていて不便なこと。「山奥《やまおく》の—な所」

**べんぴ【便秘】**(名・自スル) 大便の出が悪いこと。

**へんぴん【返品】**（名・自他スル）仕入れたり買ったりした品物を返すこと。また、その品物。「不良品を—する」

**へんぶつ【変物・偏物】**（名）ようすや性格などに変わったところのある人。変わり者。変人。

**ペン-フレンド**〔英 pen friend〕（名）手紙のやりとりをしあう友人。ペンパル。

**へんぺい**『△扁平』（名・形動ダ）平たいこと。「—な顔」

**へんぺいそく**『△扁平足』（名）土ふまずがほとんどない、足の裏の平たい足。

**べんべつ【弁別】**（名・他スル）よく違《ちが》いを見分けて区別すること。「善悪を—する」

**ベンベルグ**〔ドイツ Bemberg〕（名）ドイツのベンベルグ社で作ったすべりのよい人絹《じんけん》の布地。（商標名）

**へんぺん【片片】**（タル）❶小さくきれぎれであるようす。また、きれぎれのものがひるがえるようす。「—と散る花びら」❷とるに足りないようす。「—たる小事」

**ぺんぺんぐさ【ぺんぺん草】**（名）〔植〕→なずな

**ぺんぺん草が生《は》える** 家などの荒《あ》れはてているたとえ。「住む人もなく—」

**へんぼう【変貌】**（名・自スル）姿やようすがすっかり変わること。「—をとげる」類変容

**へんぽう【返報】**（名・自スル）❶人から受けた厚意に対して、お礼をすること。返礼。❷人から受けた仕打ちに対してしかえしをすること。類報復

**べんぽう【便法】**（名）便利な方法。また、その場をきりぬけるつごうのよい方法。「—を講ずる」

**へんぼうかんきゃく**『偏△旁冠脚』（名）漢字を構成する「偏《へん》」「旁《つくり》」「冠《かんむり》」「脚《あし》」のこと。

**へんぽん【返本】**（名・自他スル）書店が、仕入れた本の売れ残りを出版元などへ返すこと。また、その本。

**へんぽん**『△翩翻』（タル）旗などが、風にひらひらとひるがえるようす。「—とひるがえる旗」

**べんまく【弁膜】**（名）〔生〕心臓や静脈・リンパ管の内部にあって、血液やリンパ液が逆流するのをふせぐ膜。

**へんめい【変名】**（名・自スル）本名をかくして別の名を使うこと。また、その名前。「—を使う」

**べんめい【弁明】**（名・他スル）自分のとった行動や立場の正しさを説明し、相手の理解を求めること。申しひらき。「—の機会を求める」類弁解・釈明《しゃくめい》

**べんもう**『△鞭毛』（名）〔生〕原生動物などに生えている、毛のような運動器官。

**へんよう【変容】**（名・自他スル）姿・形・ようすが変わること。また、変えること。「街が—する」類変貌《へんぼう》

**へんらん【変乱】**（名）事変によっておこる世の乱れ。

**べんらん【便覧】**（名）ある物事について一見してわかるように便利にまとめられた本。「国語—」「用字用語—」参考「びんらん」とも読む。

**べんり【便利】**（名・形動ダ）あることをするのにつごうのよいこと。手軽に役に立つこと。重宝《ちょうほう》。「—な道具」「駅が近くて—がよい」対不便

**べんりし【弁理士】**（名）特許・実用新案・意匠《いしょう》・商標などについて、特許庁への申請《しんせい》・出願の代理や鑑定《かんてい》をする人。

**へんりん**『片△鱗』（名）（一片のうろこの意から）全体のうちのほんの一部。一端《いったん》。「才能の—を示す（＝すぐれた才能の一部をちらりと見せる）」

**へんれい【返礼】**（名・自スル）人から受けた親切や贈《おく》り物に対して、あいさつや品物でお礼をすること。また、そのあいさつや品物。お返し。

**へんれい【返戻】**（名・他スル）返すこと。もどすこと。返却《へんきゃく》。「—金」

**べんれい【勉励】**（名・自スル）つとめはげむこと。「刻苦—」

**へんれき【遍歴】**（名・自スル）❶あちこちをめぐり歩くこと。「諸国—」❷いろいろな経験をすること。

**へんろ【遍路】**（名）祈願《きがん》のため、弘法《こうぼう》大師が修行《しゅぎょう》した、四国の八八か所の霊場《れいじょう》をめぐること。また、その人。「お—さん」類巡礼《じゅんれい》

**べんろん【弁論】**（名・自スル）❶大勢の人の前で意見を述べたてること。「—大会」❷〔法〕検察官や被告《ひこく》人・弁護士などが、法廷《ほうてい》で意見や主張を述べること。「最終—」

# ほ　ホ

**ほ【歩】** 8画 止4 小2 〔歩〕 音ホ・ブ中・フ高 訓あるく・あゆむ

丨 ト 止 止 歩 歩

❶（ホと読んで）㋐あるく。あゆむ。あゆみ。◆歩行・歩調・歩道 ◆闊歩《かっぽ》・散歩・譲歩《じょうほ》・徒歩・漫歩《まんぽ》。㋑物事のなりゆきの程度。◆初歩・進歩。❷（ブと読んで）わりあい。◆歩合 ◆日歩《ひぶ》。参考「フ」の音は将棋《しょうぎ》の駒《こま》の「歩《ふ》」に使われる特殊《とくしゅ》な読み方。⇩付録「漢字の筆順(5)止」

**ほ【歩】** 一（名）歩み。足取り。「—を進める」二（接尾）歩くときの、足を踏《ふ》み出す回数をかぞえることば。「五—前進」

**ほ【保】** 9画 亻7 小5 音ホ 訓たもつ

亻 亻 仁 伻 保

❶せわをする。まもる。◆保育・保護・保身・保全。❷たもつ。もちつづける。◆保安・保温・保管・保健・保持・保守・保存・保有・保養 ◆確保・留保。❸うけあう。ひきうける。◆保険・保証・保障 ◆担保

**ほ【哺】** 10画 口7 音ホ

口 叮 叮 哺 哺

口にふくむ。食べ物をあたえてはぐくむ。◆哺育・哺乳

**ほ【捕】** 10画 扌7 音ホ 訓とらえる・とらわれる・とる・つかまえる・つかまる

扌 扌 扪 捐 捕 捕

とらえる。追いかけてつかまえる。◆捕獲《ほかく》・捕鯨《ほげい》・捕手・捕捉《ほそく》・捕縛《ほばく》・捕虜《ほりょ》 ◆逮捕《たいほ》・拿捕《だほ》

**ほ【補】** 12画 衤7 小6 音ホ 訓おぎなう

ラ ネ 衤 袻 補 補

❶おぎなう。うめあわせる。◆補給・補強・補欠・補修・補習・補充《ほじゅう》・補償《ほしょう》・補正・補足・補注・補塡《ほてん》・補筆 ◆増補。❷たすける。◆補佐《ほさ》・補助。❸あ

る位につく前の状態。◆候補

-ほ【補】(接尾) ある地位につく前の資格であることを表す。「警部—」

ほ【舗】 15画 人13 音 ホ
❶しく。しきつめる。◆舗装・舗道。❷みせ。◆店舗《てんぽ》・本舗《ほんぽ》・老舗《ろうほ》。参考 特別に、「老舗」は「しにせ」とも読む。

ほ【帆】(名) 帆柱に張り、風を受けて船を進める布。

ほ【穂】(名) ❶長い茎《くき》や枝に花や実が群がりついたもの。「稲《いね》の—」❷とがったものの先。「筆の—」

ぼ【母】 5画 母0 (小2) 音 ボ 訓 はは
❶はは。ははおや。女親。◆母子・母性・母胎《ぼたい》・母堂・母乳 ◆継母《けいぼ》・賢母《けんぼ》・実母・慈母《じぼ》・叔母《しゅくぼ》・生母・聖母・祖母・伯母《はくぼ》・老母。対 父。❷物が生まれるもとになるもの。◆母型 ◆酵母《こうぼ》・字母。❸ねじろ。根拠《こんきょ》地。◆母艦《ぼかん》・母港・母船。❹出身地。◆母校・母国。参考 特別に、「乳母」は「うば」、「母さん」は「かあさん」、「母屋」「母家」は「おもや」と読む。「叔母」「伯母」は「おば」とも読む。

ぼ【募】 12画 力10 音 ボ 訓 つのる
よびあつめる。広くもとめる。◆募金・募債《ぼさい》・募集・募兵 ◆応募・急募・公募・徴募《ちょうぼ》

ぼ【墓】 13画 土10 (小5) 音 ボ 訓 はか
はか。死んだ人をほうむる所。◆墓穴《ぼけつ》・墓参・墓所・墓石・墓前・墓地・墓標 ◆墳墓《ふんぼ》・陵墓《りょうぼ》

ぼ【慕】 14画 小10 音 ボ 訓 したう
❶こいしく思う。なつかしく思う。❷心からしたう。◆慕情 ◆愛慕・思慕・追慕・恋慕《れんぼ》。◆敬慕

ぼ【暮】 14画 日10 (小6) 音 ボ㊥ 訓 くれる・くらす
❶日がくれる。夕方。◆暮色・暮夜 ◆朝暮・薄暮《はくぼ》。❷年や季節のおわりごろ。◆暮秋・暮春 ◆歳暮《せいぼ》

ぼ【模】→も(模)

ぼ【簿】 19画 竹13 音 ボ
ちょうめん。物事をかきしるすために紙をとじたもの。◆簿記 ◆家計簿・原簿・出納簿《すいとうぼ》・帳簿・通信簿・名簿 ⇩付録「漢字の筆順(25)甫〔甫〕」

ほあん【保安】(名) 社会の秩序《ちつじょ》や安全をたもつこと。「—要員」

ほあんりん【保安林】(名) 風水害をふせぎ、水源を守り、美しい風景をたもつために、法令によって木を切ることを禁止または制限して、国が保護している森林。

ほい【補遺】(名) 書きもらしたことがらなどをおぎなうこと。また、おぎなったもの。「論文の—」

-ぽい (接尾) →っぽい

ホイール〔英 wheel〕(名) タイヤをとりつける金属製の車輪。「アルミ—」

ほいく【保育】(名・他スル) 子どもを保護し、育てること。「—園」「—所」「三歳《さんさい》児を—する」

ほいく【哺育】(名・他スル) 乳や食べ物をあたえて子どもを養い育てること。

ほいくし【保育士】(名) 保育所や養護施設《しせつ》などで、児童の保育をする人。その法令上の名称《めいしょう》。

ボイコット〔英 boycott〕(名・他スル) ❶団結して、ある特定の商品を買わないこと。不買同盟。「外国製品の—」❷団結して、特定の人やことがらをしりぞけたり拒絶《きょぜつ》したりすること。「授業を—する」

ボイス-レコーダー〔英 voice recorder〕(名) 音声を録音する機械。特に、航空機で、操縦室内の会話や管制塔との交信を記録するもの。

ホイッスル〔英 whistle〕(名) ❶合図の笛。警笛《けいてき》。❷競技で、審判《しんぱん》の鳴らす笛。

ホイットマン〔Walt Whitman〕【人名】(一八一九〜一八九二)アメリカの詩人。民衆の喜びと悲しみを自由な形式でうたい、民衆詩のさきがけとなった。詩集「草の葉」など。

ほいほい (副) 誘《さそ》いや頼《たの》みに軽々しく応じるようす。「呼ばれて—ついて行く」

ボイラー〔英 boiler〕(名) ❶機械を動かしたり部屋を暖めたりするために、水を熱して圧力の高い蒸気を発生させるかま。汽缶《きかん》。❷湯沸《わ》かし装置。

ボイル〔英 boil〕(名・他スル) ゆでること。「—した卵」

ぼいん【母音】(名) 声帯の振動《しんどう》によって出てきた声が、口の中でさまたげられないで発せられる音。現代日本語では、「あ・い・う・え・お」の五音。対 子音《しいん》

ぼいん【『拇印』】(名) 親指の先に、墨《すみ》や印肉をつけて押《お》すこと。また、押した印。つめ印。「—を押す」

ポイント〔英 point〕(名) ❶点。地点。箇所《かしょ》。❷要点。「—をつかむ」❸得点。点数。❹小数点。❺電車などを別の線路に入れるとき使うしかけ。転轍《てんてつ》機。「—を切り替《か》える」❻活字の大きさの単位。「本文を九—で組む」❼百分率で表した二つの数値の差をいう語。「支持率が五—上がった」

ほう【方】 4画 方0 (小2) 音 ホウ 訓 かた
❶むき。かた。◆方位・方角・方向・方面 ◆快方・下方・後方・四方八方・上方・先方・前方・双方《そうほう》・他方・当方・東方・北方・両方。❷ところ。場所。◆方言 ◆遠方・地方。❸てだて。やりかた。◆方策・方式・方針・方便・方法 ◆処方・途方《とほう》。❹四角。◆方円・方眼紙・方形・方丈《ほうじょう》 ◆正方形・平方・立方。対 円。❺ただしい。◆方正。参考 特別に、「行方」は「ゆくえ」と読む。

ほう【方】(名) ❶おおまかな方向・分野を示すことば。「南の—を旅する」「運動の—ならまかせてくれ」❷いくつかあるうちの一つを示すことば。「大きい—を取る」「君の—がまちがっている」❸どちらかというとそれに属する意を表すことば。「それぐらいなら、まだましな—だ」

ほう【包】 5画 勹3 (小4) 音 ホウ 訓 つつむ
つつむ。おおいくるむ。つつみ。◆包囲・包括《ほうかつ》・包含《ほうがん》・包装・包蔵・包容 ◆梱包《こんぽう》・内包

ほう【芳】 7画 艹4 音 ホウ 訓 かんばしい㊫

❶かおりがよい。⬘芳香《ほうこう》・芳醇《ほうじゅん》。❷ほかのことばの上につけて相手への敬意を表す。⬘芳志・芳名　一 艹 艹 芏 芦 芳

**ほう【邦】** 7画 阝4　音 ホウ
❶くに。国家。⬙異邦・本邦・盟邦・友邦・隣邦《りんぽう》・連邦。❷日本の。⬘邦楽・邦字・邦人・邦訳　一 三 丰 丰 邦 邦

**ほう【奉】** 8画 大5　音 ホウ・ブ　訓 たてまつる 高
❶たてまつる。さしあげる。ささげる。⬘奉献《ほうけん》・奉呈《ほうてい》・奉納・奉幣《ほうへい》。❷うけたまわる。つかえる。⬘奉公・奉仕 ⬙供奉《ぐぶ》・信奉。参考「ブ」の音は「奉行《ぶぎょう》」などのことばに使われる特殊《とくしゅ》な読み方。　一 三 夫 夫 叁 奉

**ほう【宝】** 8画 宀5　小6〔寶〕　音 ホウ　訓 たから
❶たから。金・銀・玉のような、めずらしくとうといもの。⬘宝冠《ほうかん》・宝珠《ほうじゅ》・宝石・宝物 ⬙家宝・国宝・財宝・七宝《しっぽう》・至宝・秘宝。❷たっとい。すぐれた。⬘宝典 ⬙重宝《ちょうほう》 ⇩付録「漢字の筆順⑵王〔玉〕」　丶 宀 宀 宁 宝 宝

**ほう【抱】** 8画 扌5　音 ホウ　訓 だく・いだく・かかえる
❶だく。両手でかかえもつ。⬘抱腹《ほうふく》・抱擁《ほうよう》 ⬙介抱《かいほう》。❷心にもつ。思う。⬘抱懐《ほうかい》・抱負 ⬙辛抱《しんぼう》　扌 扌 扚 抅 抱

**ほう【放】** 8画 攵4　小3　音 ホウ　訓 はなす・はなつ・はなれる・ほうる
❶はなす。ときはなす。⬘放心・放念・放牧・放免《ほうめん》・放流 ⬙開放・解放・釈放《しゃくほう》。❷かまわずにおく。⬘放棄《ほうき》・放置・放擲《ほうてき》・放任。❸おいやる。しりぞける。⬘放逐《ほうちく》 ⬙追放。❹はなつ。発する。⬘放火・放射・放出・放送。❺ほしいまま。気まま。⬘放逸《ほういつ》・放恣《ほうし》・放埒《ほうらつ》・放浪《ほうろう》 ⬙奔放《ほんぽう》　亠 亠 方 方 扩 放

**ほう【法】** 8画 氵5　小4　音 ホウ・ハッ 高・ホッ 高
❶おきて。きまり。⬘法度《はっと》・法案・法規・法則・法廷《ほうてい》・法典・法律・法令 ⬙刑法《けいほう》・憲法・国際法・司法・文法・民法・立法・六法。❷てほん。しきたり。やりかた。⬙作法・手法・製法・戦法・方法・用法・療法《りょうほう》・礼法・論法。❸ほとけの教え。⬙説法・仏法。⬘法会《ほうえ》・法師・法事・法要・法主《ほっす・ほうしゅ・ほっしゅ》。参考「ハッ」「ホッ」の音は「法度《はっと》」「法主《ほっす》」などのことばに使われる特殊《とくしゅ》な読み方。　丶 氵 氵 汁 汢 法

**ほう【法】**（名）❶きまり。特に、法律。「―に触《ふ》れる」❷しきたり。作法。「―にかなった応対」❸手段。やりかた。「他に―はない」❹《仏》ほとけの教え。仏法。「―を説く」

**法を曲《ま》げる**　自分につごうのよいように、法律をわざとゆがめて解釈《かいしゃく》して用いる。

**ほう【泡】** 8画 氵5　音 ホウ　訓 あわ
あわ。液体が空気を包んでできる丸いつぶ。⬘泡沫《ほうまつ》 ⬙気泡・水泡・発泡　丶 氵 氵 汋 泃 泡

**ほう【封】**→ふう(封)

**ほう【胞】** 9画 月5　音 ホウ
❶胎児《たいじ》をつつむ膜《まく》。胞衣《えな》。❷母の胎内《たいない》。はら。⬙同胞。❸生物体をつくり上げている原形質の小さいつぶ。⬘胞子 ⬙細胞　丿 刀 月 肑 朐 胞

**ほう【俸】** 10画 亻8　音 ホウ
給料。手当。⬘俸給・俸禄《ほうろく》 ⬙加俸・月俸・減俸・増俸・年俸・本俸　亻 仨 伕 佅 倭 俸

**ほう【倣】** 10画 亻8　音 ホウ　訓 ならう 高
まねをする。まねる。ならう。⬙模倣　亻 𠆢 仿 仿 俲 倣

**ほう【峰】** 10画 山7　音 ホウ　訓 みね
みね。山のいただき。高い山。⬙高峰・最高峰・秀峰《しゅうほう》・主峰・霊峰《れいほう》・連峰　山 山 山ク 岅 峰 峰

**ほう【砲】** 10画 石5　音 ホウ
火薬で弾丸《だんがん》を発射する武器。⬘砲煙《ほうえん》・砲火・砲撃《ほうげき》・砲手・砲術・砲弾《ほうだん》・砲兵 ⬙巨砲《きょほう》・空砲・高射砲・号砲・銃砲《じゅうほう》・大砲・鉄砲・発砲　一 ア 石 矿 砲 砲

**ほう【崩】** 11画 山8　音 ホウ　訓 くずれる・くずす
❶くずれる。くずす。⬘崩壊《ほうかい》・崩落。❷天子が死ぬ。⬘崩御《ほうぎょ》。参考 特別に、「雪崩」は「なだれ」と読む。　丨 山 屵 岸 崩 崩

**ほう【訪】** 11画 言4　小6　音 ホウ　訓 おとずれる 中・たずねる
おとずれる。人のところをたずねる。たずね求める。⬘訪問 ⬙往訪・採訪・探訪《たんぼう》・来訪・歴訪　丶 亠 言 訁 訪 訪

**ほう【報】** 12画 土9　小5　音 ホウ　訓 むくいる 中
❶むくいる。しかえし。⬘報恩・報酬《ほうしゅう》・報奨《ほうしょう》・報償《ほうしょう》・報復 ⬙応報・果報。❷知らせる。知らせ。⬘報告・報知・報道 ⬙官報・吉報《きっぽう》・凶報《きょうほう》・警報・広報・誤報・時報・情報・速報・通報・電報・訃報《ふほう》・予報・朗報 ⇩付録「漢字の筆順⑻𠬝」　十 土 幸 幸 郣 報

**ほう【報】**（名）しらせ。「死去の―に接する」

**ほう【蜂】** 13画 虫7　音 ホウ　訓 はち
❶はち。⬙養蜂《ようほう》。❷むらがるさま。⬘蜂起《ほうき》　口 虫 虫 蚁 蜂 蜂

**ほう【豊】** 13画 豆6　小5〔豐〕　音 ホウ　訓 ゆたか
❶ゆたか。たくさん。たっぷりある。⬘豊潤《ほうじゅん》・豊富・豊満。❷作物がよくみのる。⬘豊作・豊穣《ほうじょう》・豊饒《ほうじょう》・豊年。対 凶《きょう》 ⇩付録「漢字の筆順㉔曲」　冂 曲 曲 曹 曹 豊

**ほう【飽】** 13画 食5　音 ホウ　訓 あきる・あかす
あきる。いっぱいになる。⬘飽食・飽満・飽和　𠆢 今 食 飣 飽 飽

**ほう【褒】** 15画 衣9 〔襃〕 音 ホウ 高 訓 ほめる
ほめる。ほめたたえる。◆褒賞・褒美◆過褒

**ほう【縫】** 16画 糸10 音 ホウ 訓 ぬう
ぬう。ぬい合わせる。◆縫合・縫製◆裁縫・天衣無縫《てんいむほう》

**ほう【△苞】**（名）〔植〕芽やつぼみを包み、保護する葉。

**ほう【△袍】**（名）公家《くげ》の男子が着用した束帯《そくたい》の上着。位階によって色をちがえる。

**ぼう【亡】** 3画 亠1 小6 音 ボウ・モウ 高 訓 ない 高
❶ほろびる。ほろぼす。◆亡国◆興亡・衰亡《すいぼう》・存亡・滅亡《めつぼう》。対存《そん》。❷死ぬ。◆亡君・亡魂《ぼうこん》・亡妻・亡児・亡夫・亡父・亡霊《ぼうれい》◆死亡。❸にげる。◆亡命◆逃亡《とうぼう》・敗亡。参考「モウ」の音は「亡者《もうじゃ》」ということばに使われる特殊《とくしゅ》な読み方。

**ぼう【乏】** 4画 ノ3 音 ボウ 訓 とぼしい
すくない。たりない。◆窮乏《きゅうぼう》・欠乏・耐乏《たいぼう》・貧乏

**ぼう【妄】**→もう（妄）

**ぼう【忙】** 6画 忄3 音 ボウ 訓 いそがしい
いそがしい。せわしい。◆忙殺◆多忙・繁忙《はんぼう》。対閑《かん》

**ぼう【坊】** 7画 土4 音 ボウ・ボッ
僧《そう》のすまい。また、僧。◆坊主《ぼうず》◆宿坊・僧坊。参考「ボッ」の音は「坊ちゃん」ということばに使われる特殊《とくしゅ》な読み方。

**ぼう【坊】**（名）❶僧《そう》の住まい。僧坊。「―に泊まる」❷僧侶《そうりょ》。「お―さん」「武蔵《むさし》―」❸（状態を表す語について）人を親しんだりあざけったりしていうことば。「あまえん―」「けちん―」❹男の子。また、子どもの名の下につけて親しみを表す語。「―はよい子だ」

**ぼう【妨】** 7画 女4 音 ボウ 訓 さまたげる
さまたげる。じゃまをする。◆妨害

**ぼう【忘】** 7画 心3 小6 音 ボウ 中 訓 わすれる
わすれる。記憶《きおく》がなくなる。◆忘恩・忘我《ぼうが》・忘却《ぼうきゃく》・忘失・忘年◆健忘症・備忘

**ぼう【防】** 7画 阝4 小5 音 ボウ 訓 ふせぐ
❶土手《どて》。◆堤防《ていぼう》。❷ふせぐ。そなえる。◆防衛・防疫《ぼうえき》・防火・防寒・防御《ぼうぎょ》・防空・防災・防止・防臭《ぼうしゅう》・防水・防戦・防毒・防犯・防備・防風◆海防・警防・国防・砂防・消防・水防・予防

**ぼう【房】** 8画 戸4 音 ボウ 訓 ふさ
❶部屋《へや》。◆監房《かんぼう》・工房・暖房・厨房《ちゅうぼう》・独房・冷房。❷すまい。小さい家。◆僧房《そうぼう》。❸小さい部屋のように区切られたもの。◆子房・心房

**ぼう【肪】** 8画 月4 音 ボウ
あぶら。動物のからだの中にたまったあぶら。◆脂肪《しぼう》

**ぼう【某】** 9画 木5 音 ボウ
なにがし。ある。名前や時・場所などをはっきりさせずに示すときに用いる。◆某氏・某所・某年某月◆何某

**ぼう【某】**（名）名前・時・場所などがはっきりしないか、わざとはっきりさせないときに用いることば。なにがし。「小説家―の作品」「―有名大学」

**ぼう【冒】** 9画 目4 音 ボウ 訓 おかす
❶おかす。おしきってする。◆冒険・冒瀆《ぼうとく》◆感冒。❷はじめ。◆冒頭

**ぼう【剖】** 10画 刂8 音 ボウ
さく。刀で切りわける。◆解剖

**ぼう【紡】** 10画 糸4 音 ボウ 訓 つむぐ 高
繊維《せんい》をより合わせて糸にする。つむいだ糸。◆紡織・紡錘《ぼうすい》・紡績・紡毛◆混紡

**ぼう【望】** 11画 月7 小4 音 ボウ・モウ 中 訓 のぞむ
❶遠くを見る。◆望遠・望郷・望見・望楼《ぼうろう》◆一望・遠望・眺望《ちょうぼう》・展望。❷ねがう。のぞみ。ねがい。◆望外◆渇望《かつぼう》・願望・希望・失望・志望・所望《しょもう》・切望・絶望・待望・大望《たいもう》・熱望・本望《ほんもう》・野望・有望・要望・欲望。❸人気。ほまれ。◆衆望・信望・人望・声望。❹陰暦《いんれき》一五日の月。満月。◆望月《ぼうげつ》⇩付録「漢字の筆順(2)王〔王〕」

**ぼう【傍】** 12画 亻10 音 ボウ 訓 かたわら 高
そば。かたわら。わき。◆傍観・傍系・傍若無人《ぼうじゃくぶじん》・傍証・傍線・傍聴《ぼうちょう》・傍点◆近傍・路傍

**ぼう【帽】** 12画 巾9 音 ボウ
ぼうし。頭にかぶるもの。◆帽子・帽章◆角帽・学帽・制帽・脱帽《だつぼう》・礼帽

**ぼう【棒】** 12画 木8 小6 音 ボウ
❶ぼう。まっすぐで細長い木・竹・金属など。◆棒杭《ぼうぐい》◆金棒・棍棒《こんぼう》・鉄棒・天秤棒《てんびんぼう》・麺棒《めんぼう》。❷すじ。直線。◆棒線◆横棒。❸ぼうのようにまっすぐで単純な。◆棒暗記

**ぼう【棒】**（名）手に持てるくらいの太さの、細長い木・金属など。「―でたたく」

**棒に振《ふ》る** それまでの努力や苦心をすべてむだにしてしまう。「一生を―」

**ぼう【貿】** 12画 貝5 小5 音 **ボウ**
品物を交換《こうかん》する。売り買いをする。◆貿易

**ぼう【貌】** 14画 豸7 音 **ボウ**
❶顔かたち。物のかたち。すがた。◆全貌・相貌《そうぼう》・美貌・風貌・変貌・面貌・容貌。❷ようす。見かけ。外見。◆外貌

**ぼう【暴】** 15画 日11 小5 音 **ボウ・バク**中 訓 **あばく**高・**あばれる**
❶(ボウと読んで)㋐あらあらしい。はげしい。はなはだしい。◆暴飲暴食・暴漢・暴虐《ぼうぎゃく》・暴挙・暴君・暴言・暴行・暴政・暴走・暴徒・暴動・暴風・暴力◆横暴・凶暴《きょうぼう》・粗暴《そぼう》・乱暴。㋑とつぜん。にわかに。◆暴騰《ぼうとう》・暴発・暴落。❷(バクと読んで)さらし出す。◆暴露《ばくろ》。参考「バク」の音は「暴露」などのことばに使われる特殊《とくしゅ》な読み方。

**ぼう【膨】** 16画 月12 音 **ボウ** 訓 **ふくらむ・ふくれる**
ふくれる。はれる。大きくなる。◆膨大・膨張

**ぼう【謀】** 16画 言9 音 **ボウ・ム**高 訓 **はかる**高
❶考えをめぐらす。計画する。はかりごと。◆謀議・謀略◆遠謀・参謀・深謀・無謀。❷悪事をたくらむ。◆謀殺◆陰謀《いんぼう》・共謀。参考「ム」の音は「謀反《むほん》」などのことばに使われる特殊《とくしゅ》な読み方。

**ほうあん【奉安】**(名・他スル) 神仏・位牌《いはい》などをつつしんで安置すること。「―殿《でん》」

**ほうあん【法案】**(名) 法律として承認される前の案文。法律の原案。「議会に―を提出する」

**ぼうあんき【棒暗記】**(名・他スル) 文章の意味や内容をよく理解しないで、そのまま暗記すること。丸暗記。

**ほうい【方位】**(名) 東西南北などのむき。類方角・方向

**ほうい【包囲】**(名・他スル) 逃《に》げられないように、まわりをとり囲むこと。「城を―する」「―をとく」

**ほうい【法衣】**(名) →ほうえ(法衣)

**ぼうい【暴威】**(名) あらあらしい勢い。乱暴な勢い。「台風が―をふるう」

**ほういがく【法医学】**(名) 法律上問題となる医学的なことがらを研究・解釈《かいしゃく》・鑑定《かんてい》する学問。

**ほういつ【放逸】**(名・形動ダ) 自分かってで、気ままなこと。「―なふるまい」類放縦《ほうじゅう》

**ほういん【法印】**(名) ❶《仏》僧《そう》の最高の位。❷山伏《やまぶし》。❸むかし、医者・儒者《じゅしゃ》・絵師・連歌《れんが》師などにあたえられた称号《しょうごう》。

**ぼういん【暴飲】**(名・自スル) 酒などをやたらにたくさん飲むこと。「―暴食」

**ほうえ【法会】**(名)《仏》❶人を集めて仏の道をとき聞かせること。❷死者の追善供養《くよう》をすること。また、その集まり。「三回忌《さんかいき》の―を営む」

**ほうえ【法◇衣】**(名) 僧《そう》や尼《あま》の着る衣服。僧衣。参考「ほうい」とも読む。

**ほうえい【放映】**(名・他スル) テレビで放送すること。特に、映画を放送すること。「名画を―する」

**ほうえい【訪英】**(名・自スル) イギリスを訪れること。

**ぼうえい【防衛】**(名・他スル) ふせぎ守ること。「正当―」「国の―」「タイトルを―する」類防御《ぼうぎょ》

**ぼうえいしょう【防衛省】**(名) 中央行政官庁の一つ。自衛隊の管理・運営をする役所。

**ぼうえき【防疫】**(名・他スル) 感染症《かんせんしょう》の発生や、広がりをふせぐこと。「コレラの―に努める」

**ぼうえき【貿易】**(名・自スル) 外国と品物を売り買いすること。通商。「―自由化」「―商」類交易

**ぼうえきこう【貿易港】**(名) 外国と取り引きする品物の積み出しや積み入れをする港。

**ぼうえきふう【貿易風】**(名)《天》地球の南北両半球の緯度《いど》二〇度付近の海上におこり、赤道に向かって一年中吹《ふ》く風。北半球では北東、南半球では南東から吹く。参考むかし、貿易船がこの風を利用して航海したので、この名がある。

**ほうえつ【法悦】**(名) 仏の教えを聞き、心の底から感じる喜び。転じて、うっとりするような喜び。「―にひたる」

**ほうえん【方円】**(名) 四角と丸。「水は―の器《うつわ》に従う(=人は環境《かんきょう》しだいでよくもなり悪くもなる)」

**ほうえん【砲煙】**(名) 大砲を発射したときに出る煙《けむり》。「―弾雨《だんう》(=戦闘《せんとう》のはげしいようす)」

**ぼうえんきょう【望遠鏡】**(名) つつの先にレンズまたは反射鏡をはめ、遠くのものを拡大して見るのに使う装置。とおめがね。

**ほうおう【法王】**(名) →きょうこう(教皇)

**ほうおう【法皇】**(名) むかし、位をゆずって仏門にはいった天皇の呼び名。「後白河《ごしらかわ》―」

**ほうおう【訪欧】**(名・自スル) ヨーロッパをおとずれること。

**ほうおう【◇鳳◇凰】**(名) むかし、中国でめでたいものとされた、くじゃくに似た想像上の鳥。

（鳳凰）

**ぼうおく【◇茅屋】**(名) ❶かやぶき・わらぶきの屋根。また、その家。❷あばらや。また、自分の家をけんそんしていうことば。

**ほうおん【報恩】**(名) 恩にむくいること。対忘恩

**ぼうおん【防音】**(名) 外部の騒音《そうおん》が室内にはいるのをふせいだり、室内の音が外にもれないようにしたりすること。「―装置」

**ぼうおん【忘恩】**(名) 恩を忘れること。恩知らず。「―の徒」対報恩

**ほうか【邦貨】**(名) 日本の貨幣《かへい》。「―に換算《かんさん》する」対外貨

**ほうか【放火】**(名・自スル) 火事をおこそうと家などにわざと火をつけること。火つけ。「―事件」

**ほうか【法科】**（名）❶法律に関する学科。❷大学の法学部。「—の出身」

**ほうか【放歌】**（名・自スル）あたりかまわず、大声で歌うこと。「—高吟《こうぎん》」

**ほうか【放課】**（名）学校などで、その日の授業が終わること。「—後」

**ほうか【砲火】**（名）大砲を発射したときに出る火。

**砲火を交《まじ》える**　戦争をする。

**ほうが【邦画】**（名）❶日本画。❷日本の映画。（対洋画）

**ほうが【奉加】**（名・他スル）社寺へ寄付すること。

**ほうが【◁萌芽】**（名・自スル）❶芽のもえ出ること。めばえ。❷物事の始まり。きざし。「文明の—」

**ぼうか【防火】**（名）火事が出たり、もえひろがったりするのをふせぐこと。「—シャッター」「—用水」

**ぼうが【忘我】**（名）物事にむちゅうになってわれを忘れること。「—の境《きょう》」類無我・没我《ぼつが》

**ほうかい【崩壊・崩潰】**（名・自スル）建物や組織・計画などがくずれこわれること。「地震《じしん》で建物が—する」「家庭の—」

**ほうがい【法外】**（名・形動ダ）なみはずれていること。また、道理にはずれること。「—な高値」「—な要求」

**ぼうがい【妨害】**【妨◁碍】（名・他スル）じゃまするこ と。「営業—」「公務執行《しっこう》—」

**ぼうがい【望外】**（名）望んでいた以上の結果であること。思いのほかによいこと。期待以上。「—の喜び」

**ほうかいせき【方解石】**（名）《地質》炭酸カルシウムの天然結晶《けっしょう》。純粋《じゅんすい》のものは色がなく、すきとおっている。光学器械の材料に使う。

**ほうがく【方角】**（名）東西南北などのむき。「北の—にある山」「—ちがい（=見当ちがい）の話」類方位・方向

**ほうがく【邦楽】**（名）❶日本国有の伝統的な音楽。❷日本のポピュラー音楽。（対洋楽）

**ほうがく【法学】**（名）法律を研究する学問。

**ほうかご【放課後】**（名）学校でその日の授業が終わったあと。

**ほうかだいがくいん【法科大学院】**（名）裁判官、検察官、弁護士などを養成するための専門職大学院。ロースクール。

**ほうがちょう【奉加帳】**（名）社寺に寄付したおかねや品物、寄付者の名前などを書きこむ帳簿《ちょうぼ》。

**ほうかつ【包括】**（名・他スル）全体を一つにまとめること。「問題点を—する」…的「包括的に述べる」

**ぼうかとびら【防火扉】**（名）火事の拡大をふせぐために建物の出入り口などにつける鉄製の戸。

**ほうかん【砲艦】**（名）おもに海岸や河川の警備に当たる喫水《きっすい》の浅い小型の軍艦《ぐんかん》。

**ほうかん【◁幇間】**（名）宴会《えんかい》をもり上げることを職業とする男性。たいこもち。

**ほうがん【包含】**（名・他スル）中にふくむこと。「多くの問題を—する」使い方ふつう、抽象《ちゅうしょう》的なことがらについて用いる。

**ほうがん【◇判官】**（名）《歴》❶律令《りつりょう》制で、四等官（=上級の四官位）の第三位。特に、検非違使《けびいし》の尉《じょう》。❷（検非違使の尉であったことから）源義経《みなもとのよしつね》のこと。参考「はんがん」とも読む。

**ぼうかん【防寒】**（名）寒さをふせぐこと。「—具」

**ぼうかん【傍観】**（名・他スル）何もしないで、ただ、そばで見ていること。「—者」「事態を—する」…的「傍観的な態度」

**ぼうかん【暴漢】**（名）乱暴をはたらく男。

**ほうがんし【方眼紙】**（名）直角に交わる縦横の線を等《とう》間隔《かんかく》に引いた用紙。設計図・統計・グラフなどを書くのに用いる。セクションペーパー。

**ほうがんなげ【砲丸投げ】**（名）陸上競技の一つ。きめられた円内から、一定の重さの金属製の球を片手で投げて、とんだ距離《きょり》を競うもの。

**ほうがんびいき【◇判官◁贔◁屓】**（名）（「判官」は源義経《みなもとのよしつね》のこと）不幸な英雄《えいゆう》や不運な人・力の弱い人に同情し、ひいきすること。はんがんびいき。

**ほうき【◁帚・◁箒】**（名）ちりやごみをはいて除く道具。

**ほうき【芳紀】**（名）（「芳」は美しい人、「紀」は年の意）若い女性の年齢《ねんれい》。「—まさに一八歳《さい》」

**ほうき【法規】**（名）法律や規則。「交通—」

**ほうき【放棄】**（名・他スル）自分から捨ててしまうこと。投げ捨てること。「試合を—する」「戦争—」

**ほうき【蜂起】**（名・自スル）はちが巣を飛び立つように、いっせいにある目的のために立ちあがること。大勢の人がいっせいに暴動などをおこすこと。「武装—」

**ほうき**〔伯耆〕〔地名〕むかしの国名の一つ。今の鳥取県の中西部。伯州《はくしゅう》。

**ぼうぎ【謀議】**（名・自他スル）はかりごとや犯罪の計画などを相談すること。「共同—」類共謀

**ほうきぐさ【ほうき草】**【◁箒草】（名）《植》ヒユ科の一年草。たくさんの枝をもち、細い葉をつける。茎《くき》・枝を干して草ぼうきを作る。ほうき木。

**ほうきぼし【ほうき星】**【◁箒星】（名）《天》→すいせい（彗星）

**ぼうきゃく【忘却】**（名・他スル）すっかり忘れてしまうこと。「—のかなたに消え去る」

**ぼうぎゃく【暴虐】**（名・形動ダ）むごい仕打ちでいじめ苦しめること。「—な行い」「—の限りをつくす」

**ほうきゅう【俸給】**（名）公務員や会社員などに、報酬《ほうしゅう》として定期的に支払《しはら》われるおかね。サラリー。類給与・給料

**ほうぎょ【崩御】**（名・自スル）天皇・皇后などの死をうやまって言うことば。

**ぼうきょ【暴挙】**（名）乱暴なくわだて。むちゃな行い。「—をくわだてる」「—に出る」

**ぼうぎょ【防御】**【防◁禦】（名・他スル）敵の攻撃《こうげき》をふせぐこと。「—を固める」類防衛。対攻撃

**ぼうきょう【望郷】**（名）ふるさとをなつかしく思うこと。「—の念にかられる」

**ほうぎょく【宝玉】**（名）たからとする貴重な玉。宝石。

**ぼうぐ【防具】**（名）剣道《けんどう》などで、顔やからだにつけて危険をふせぐ道具。「—をつける」

**ぼうくう【防空】**（名）空からの攻撃《こうげき》をふせぐこと。

**ぼうくうごう【防空壕】**【防空◁壕】（名）空襲《くうしゅう》のときに避難《ひなん》するためにつくった、あなや地下室。

**ぼうくうずきん【防空頭巾】**（名）空襲《くうしゅう》のときに頭部をまもるためにかぶったずきん。

**ぼうグラフ【棒グラフ】**（名）数量の大小を、棒線の長さで表したグラフ。▽グラフは、英 graph

**ぼうくん【暴君】**（名）❶乱暴で人びとを苦しめる君主。❷勝手気ままで横暴な人。「わが家の一」

**ほうけい【方形】**（名）四角形。「長一」

**ぼうけい【傍系】**（名）もとになるものから分かれたり、主流からはずれている系統。「一の会社」対直系

**ぼうけい【謀計】**（名）はかりごと。「一をめぐらす」

**ほうげき【砲撃】**（名・他スル）大砲によって攻撃《こうげき》すること。「敵陣《てきじん》を一する」

**ほう・ける**『△惚ける』（自下一）〔ケ・ケ・ケル・ケル・ケレ・ケロ(ケヨ)〕❶頭がぼける。ぼんやりする。「一・けた顔」❷夢中になる。「遊び一」

**ほうげん【方言】**（名）ある地方だけで使われている特有のことば。「関西一」対標準語・共通語

**ほうげん【放言】**（名・自他スル）思うままに言うこと。無責任に発言すること。また、そのことば。「一してはばからない」

**ぼうけん【冒険】**（名・自スル）危険をおかして行うこと。成功しにくいことをあえて行うこと。「一者」

**ぼうけん【望見】**（名・他スル）遠くのほうからながめ見ること。「山頂から一する」

**ぼうげん【妄言】**（名）→もうげん

**ぼうげん【暴言】**（名）乱暴なことば。「一をはく」

**ほうけんじだい【封建時代】**（名）《歴》封建制度の時代。日本では鎌倉《かまくら》時代から江戸《えど》時代。

**ほうけんしゅぎ【封建主義】**（名）身分・階級の区別がきびしく、権力を持つ者がほかの者の自由や権利を認めずに力でおさえつけるやり方や考え方。

**ほうけんせいど【封建制度】**（名）土地をなかだちとして、君主と家臣の間に、主従関係が結ばれる社会や政治のしくみ。

**ほうけんてき【封建的】**（形動ダ）〔ダロ・ダッ(デ・ニ)・ダ・ナ・ナラ・○〕身分や階級などの上下の区別を重んじて、個人の権利や自由を軽んじるようす。「一な考え方」

**ほうげんものがたり**〔保元物語〕［作品名］鎌倉《かま》《くら》時代前期の軍記物語。三巻。作者・成立年代不明。一一五六(保元元)年の保元の乱のいきさつを、源為朝《みなもとのためとも》を中心に記したもの。

**ほうこ【宝庫】**（名）❶たからを入れておく、くら。❷よい産物や貴重なものが多く出たり、満ちたりしている土地・場所。「資源の一」「民話の一」

**ぼうご【防護】**（名・他スル）危害などからふせぎ守ること。「マスクと手袋《てぶくろ》で一する」「一壁《へき》」

**ほうこう【方向】**（名）❶前後・左右・上下などのむき。「逆一に歩く」「一転換《てんかん》」類方位・方角。❷どちらへ進んでいくかの目当て。方針。…性「将来の方向性を定める」

**ほうこう【芳香】**（名）よいかおり。「一をはなつ」「一剤《ざい》」類香気《こうき》

**ほうこう**『△彷△徨』（名・自スル）あてもなくさまよい歩くこと。「街を一する」

**ほうこう【奉公】**（名・自スル）主人につかえること。また、やとわれて働くこと。「一に出る」「一人《にん》」

**ほうこう**『△咆△哮』（名・自スル）けものがほえること。また、その声。「とらの一」

**ほうこう【放校】**（名・他スル）校則に違反《いはん》した学生・生徒を学校から追放すること。「一処分」

**ほうごう【法号】**（名）《仏》❶仏門にはいる者が戒律《かいりつ》を受けるとき、師が門弟にさずける呼び名。法名《ほうみょう》。❷死者へのおくり名。法名。類戒名《かいみょう》

**ほうごう【縫合】**（名・他スル）《医》手術や外傷による傷口をぬい合わせること。「患部《かんぶ》を一する」

**ぼうこう**『△膀△胱』（名）《生》腎臓《じんぞう》から送られてくる尿《にょう》を一時たくわえておく、ふくろ状の器官。

**ぼうこう【暴行】**（名・自スル）❶乱暴なふるまい。また、他人に暴力をふるうこと。「一を加える」❷暴力で女性を犯《おか》すこと。「婦女一」

**ほうこく【報告】**（名・他スル）つげ知らせること。特に、命じられた仕事の経過や結果を知らせること。また、その内容。「試験の結果を一する」「出張一」

**ほうこく【報国】**（名）国のためにつくして、国の恩にむくいること。

**ぼうこく【亡国】**（名）❶国をほろぼすこと。「一論」❷ほろびた国。「一の民」

**ぼうさい【亡妻】**（名）死んだ妻。対亡夫

**ぼうさい【防災】**（名）災害を防ぐこと。「一訓練」

**ぼうさい【防塞】**（名）敵を防ぐとりで。

**ほうさく【方策】**（名）困ったことや問題を解決するための手段・方法。「一をたてる」

**ほうさく【豊作】**（名）農作物がよく実ること。「一を祝う」類豊穣《ほうじょう》。対凶作《きょうさく》・不作

**ぼうさつ【忙殺】**（名・他スル）ひじょうにいそがしいこと。「仕事に一される」使い方〉動詞の場合は、ふつう「忙殺される」と受け身の形で用いられる。

**ぼうさつ【謀殺】**（名・他スル）計画的に人を殺すこと。

**ほうさん【放散】**（名・自他スル）あたりに広がること。外に散らすこと。「熱を一する」

**ほうさん**『△硼酸』（名）《化》無色でにおいがなく、つやのあるうろこ状の結晶《けっしょう》。うがい・消毒などに使う。

**ぼうさん【坊さん】**（名）僧《そう》を親しんでいう語。

**ほうし【芳志】**（名）相手の心づかいを敬っていうことば。芳情。「ご一かたじけなく存じます」

**ほうし【奉仕】**（名・自スル）❶国・社会・人などのために力をつくすこと。「勤労一」❷品物を安く売ること。「一品」

**ほうし【放恣】**『放△肆』（名・形動ダ）勝手きままで、だらしないこと。ほしいまま。「一な生活態度」

**ほうし【法師】**[一]（名）僧《そう》。[二]（接尾）「人」の意を表す。「影一《かげぼうし》」「一寸一《いっすんぼうし》」

**ほうし【胞子】**（名）しだ・きのこ・こけなどにできる、繁殖《はんしょく》のための細胞《さいぼう》。

**ほうじ【邦字】**（名）日本の文字。漢字とかな。「一新聞」

**ほうじ【法事】**（名）《仏》死んだ人の霊《れい》をなぐさめるために行う儀式《ぎしき》。法要。

**ぼうし【防止】**（名・他スル）よくないことが起こらないように、ふせぎとめること。「事故の一」

**ぼうし【某氏】**（名）ある人。名前がわからない場合や、知られたくない場合に用いる。「—の談によれば」

**ぼうし【帽子】**（名）❶頭にかぶって暑さ・寒さやほこりなどをふせいだり、身なりをととのえたりするもの。「麦わら—」❷物の上部にかぶせるもの。「綿《わた》—」

**ほうしき【方式】**（名）一定の形式や手続き。「—に従う」「トーナメント—」

**ほうじちゃ【ほうじ茶】**『△焙じ茶』（名）火であぶり独特の香《かお》りをつけた茶。番茶の一種。

**ぼうしつ【亡失】**（名・自他スル）なくなること。なくすこと。「証明書を—する」

**ぼうしつ【防湿】**（名）湿気をふせぐこと。「—剤《ざい》」「—ケース」

**ほうしゃ【放射】**（名・他スル）❶〘物〙光・熱・電波などを外に放出すること。輻射《ふくしゃ》。「—熱」❷一点から四方八方へ出すこと。「—状」

**ほうしゃ**『△硼砂』（名）〘化〙硼酸《ほうさん》ナトリウムの白色の結晶《けっしょう》。防腐剤《ぼうふざい》・ガラス原料などに用いる。

**ぼうじゃくぶじん【傍若無人】**（名・形動ダ）まわりに人がいないかのように、自分勝手にふるまうこと。「—な態度」

**ほうしゃじょう【放射状】**（名）一点から四方八方に出ているようす。「—の道路」

**ほうしゃせいげんそ【放射性元素】**（名）〘化〙放射線を放出する元素。ウランなどの天然放射性元素と、プルトニウムなどの人工放射性元素とがある。

**ほうしゃせん【放射線】**（名）〘物〙放射性元素がこわれるときに放出されるα《アルファ》線・β《ベータ》線・γ《ガンマ》線の総称《そうしょう》。

**ほうしゃのう【放射能】**（名）❶〘物〙ウランやラジウムなどの元素がほかの元素に変わるとき、放射線を出す性質・作用。❷俗《ぞく》に、放射線のこと。

**ほうしゃれいきゃく【放射冷却】**（名）放射によって温度が下がること。特に、地表面から熱が放出されることで気温が低下する現象。

**ほうしゅ【砲手】**（名）大砲の発射を受け持つ兵。

**ぼうしゅ**『△芒種』（名）二十四節気の一つ。太陽暦《たいようれき》では、六月六日ごろ。

**ぼうじゅ【傍受】**（名・他スル）他人の間でやりとりされている電話や無線通信を、故意または偶然《ぐうぜん》に受信すること。「暗号を—する」

**ほうしゅう【報酬】**（名）労働などに対する見返りとして給付されるおかねや品物。「アルバイトの—」

**ほうじゅう【放縦】**（名・形動ダ）勝手きままなこと。「—な生活」類放逸《ほういつ》。参考もとの読みは「ほうしょう」であるが、「ほうじゅう」と読みならわされている。

**ぼうしゅう【防臭】**（名）いやなにおいを消したり、ふせぎとめたりすること。「—剤《ざい》」

**ぼうしゅく【防縮】**（名・他スル）布地や毛織物などがちぢむのをふせぐこと。「—加工」

**ほうしゅつ【放出】**[一]（名・自他スル）勢いよく出すこと。ほとばしり出ること。「エネルギーを—する」「水が—する」[二]（名・他スル）たくわえていたものを一度に出すこと。「—物資」

**ほうじゅん**『芳△醇』（名・形動ダ）かおりが高く味のよいこと。「—な酒」

**ほうじゅん【豊潤】**（名・形動ダ）豊かでうるおいのあること。「—な土地」

**ほうしょ【奉書】**（名）❶（「奉書紙《ほうしょがみ》」の略）こうぞの繊維《せんい》で作った、上質の和紙。❷武家時代、将軍の意向や命令を伝達するために家臣の書いた文書。

**ほうじょ**『△幇助』（名・他スル）❶手助けすること。類援助《えんじょ》。❷〘法〙他人の行為《こうい》の実行を助けること。「自殺—罪」

**ぼうしょ【某所】**（名）ある所。わからない場所や、はっきりさせたくない場所をさして使う。「市内—」

**ほうしょう【法相】**（名）法務大臣。

**ほうしょう**『放◇縦』（名・形動ダ）→ほうじゅう

**ほうしょう【報奨】**（名・他スル）勤労や努力にむくいて、おかねや品物をあたえてはげますこと。「—金」

**ほうしょう【報償】**（名・自スル）損害をつぐなうこと。「—金」「国家が—する」

**ほうしょう【褒章】**（名）社会や文化のためにすぐれた活動をした人に国からあたえられる記章。紅綬《こうじゅ》・緑綬・藍綬《らんじゅ》・紺綬《こんじゅ》・黄綬《おうじゅ》・紫綬《しじゅ》の六種。

**ほうしょう【褒賞】**（名・他スル）すぐれた行為《こうい》などをほめること。また、ほめてあたえるもの。「—金」

**ほうじょう【方丈】**（名）❶一丈（＝約三・〇三《メートル》）四方。また、その広さの部屋。❷寺の住職の居間。また、寺の住職。

**ほうじょう【芳情】**（名）相手の心づかいなどを敬っていうことば。芳志。「ご—に感謝いたします」

**ほうじょう**『豊△穣』（名・形動ダ）穀物の実りの豊かなこと。「—の秋」「五穀—」類豊作

**ほうじょう**『豊△饒』（名・形動ダ）土地がよくこえて、作物がよく実ること。また、豊かで多いようす。「—な土地」

**ぼうしょう【帽章】**（名）帽子につける記章。

**ぼうしょう【傍証】**（名）事実の証明に役立つ間接的な証拠《しょうこ》。「—を得る」

**ほうじょうき**〔方丈記〕［作品名］鎌倉《かまくら》時代初期の随筆《ずいひつ》。鴨長明《かものちょうめい》の作。一二一二（建暦《けんりゃく》二）年成立。隠遁《いんとん》した作者の心境を述べながら、この世ははかないという仏教の無常観《むじょうかん》を語ったもの。冒頭文ゆく河の流れは絶えずして、しかも、もとの水にあらず。淀《よど》みに浮《う》かぶうたかたは、かつ消えかつ結びて、ひさしくとどまりたる例《ため》しなし。

**ほうしょく【奉職】**（名・自スル）学校・役所などのおおやけのつとめにつくこと。「小学校に—する」

**ほうしょく【飽食】**（名・自スル）あきるほどじゅうぶんに食べること。

**飽食暖衣《だんい》**なんの不足もなく満ち足りた生活のたとえ。暖衣飽食。

**ぼうしょく【防食】**『防△蝕』（名）金属の表面がさびるのをふせぐこと。「—剤《ざい》」

**ぼうしょく【紡織】**（名）糸をつむぐことと、布を織ること。「—工場」

**ぼうしょく【暴食】**（名・自スル）むやみに食べること。「暴飲—」

**ほう・じる【報じる】**{ジ・ジ・ジル・ジル・ジレ・ジロ(ジヨ)}[一]（自他上一）人から受けた行為《こうい》などに、むくいる。「恩に—」「うらみを

―」**二**（他上一）知らせる。「事件を―記事」

**ほう・じる【奉じる】**（他上一）{ジ・ジ・ジル・ジル・ジレ・ジロ(ジョ)} ❶たてまつる。さしあげる。「供え物を―」❷つつしんでうけたまわる。おおせを受ける。「命《めい》を―」❸主君としていただく。「天皇を―」❹うやうやしくささげ持つ。「国旗を―」❺つつしんでつとめる。「職を―」

**ほう・じる**〖△焙じる〗（他上一）{ジ・ジ・ジル・ジル・ジレ・ジロ(ジョ)} 火であぶってしめりけをとる。「茶を―」

**ほうしん【方針】**（名）物事を進める方向。めざす方向。進路。「将来の―を立てる」「教育―」

**ほうしん【放心】**（名・自スル）❶気がぬけた状態でぼんやりすること。「―状態になる」❷（手紙などに用いて）気にかけたり心配したりするのをやめること。「どうぞご―ください」類放念

**ほうしん【砲身】**（名）大砲の筒形《つつがた》の部分。

**ほうじん【邦人】**（名）自分の国の人。特に、外国にいる日本人をいう。「在留―」

**ほうじん【法人】**（名）〔法〕人間と同じように権利・義務の主体となることのできる組織体。財団法人、社団法人など。「―税」…化「店を法人化する」

**ぼうず【坊主】**（名）❶寺の住職。僧《そう》。また、僧のぞんざいな言い方。❷髪《かみ》の毛をそったり短く刈《か》ったりした頭。また、その人。「―頭」❸表面をおおっているものがないこと。「乱伐《らんばつ》で山が―になる」❹男の子を親しんで呼ぶことば。「うちの―」❺（他の語につけて）人を親しんで、また、あざけっていうことば。「三日―」「いたずら―」

**坊主憎《にく》けりゃ袈裟《けさ》まで憎《にく》い** その人を憎むあまり、その人に関係したすべてのものが憎らしい。

**ほうすい【放水】**（名・自スル）❶水をみちびき流すこと。「―路」類放流。❷消火などのために、ホースで水をかけること。「―車」

**ぼうすい【防水】**（名・他スル）水がしみこまないようにすること。「―加工」

**ぼうすい**〖紡△錘〗（名）糸をつむいで巻き取る道具。

**ぼうすいけい**〖紡△錘形〗（名）紡錘に似た、円柱の両はしが細くとがった形。

**ほうすいろ【放水路】**（名）❶大水をふせぐため、本流から分けて流すようにした人工の水路。❷水力発電に使った水を流すために設けた水路。

**ほう・ずる【崩ずる】**（自サ変）{ジ(ゼ)・ジ・ズル・ズル・ズレ・ジロ(ゼヨ)} 天皇・皇后・皇太后などが死ぬことを敬っていうことば。おかくれになる。

**ほう・ずる【報ずる】**（自他サ変）{ジ(ゼ)・ジ・ズル・ズル・ズレ・ジロ(ゼヨ)} →ほうじる(報じる)

**ほう・ずる【奉ずる】**（他サ変）{ジ(ゼ)・ジ・ズル・ズル・ズレ・ジロ(ゼヨ)} →ほうじる(奉じる)

**ほう・ずる【封ずる】**（他サ変）{ジ(ゼ)・ジ・ズル・ズル・ズレ・ジロ(ゼヨ)} 封建時代に、主君が家来に領土をあたえてそこの領主とする。「大名に―」

**ほうせい【方正】**（名・形動ダ）行動や心が正しいこと。「品行―」

**ほうせい【法制】**（名）❶法律と制度。❷法律で定めた制度。…化「法制化してとりしまる」

**ほうせい【砲声】**（名）大砲の音。「―がとどろく」

**ほうせい【縫製】**（名・他スル）針やミシンで縫《ぬ》って洋服などを作ること。「―工場」

**ぼうせい【暴政】**（名）人民を苦しめるひどい政治。「―にあえぐ」類悪政

**ほうせき【宝石】**（名）〔地質〕非金属の鉱石で、質がかたく、色つやが美しく、産出量が少ないもの。かざりなどに使われる。ダイヤモンド・エメラルドなど。「―箱」

**ぼうせき【紡績】**（名）❶綿や毛などの繊維《せんい》類をつむぎ、より合わせて糸にすること。「―機械」❷（「紡績糸」の略）繊維類をつむいで作った糸。「―絹糸」

**ほうせつ【包摂】**（名・他スル）論理学で、ある概念がより一般《いっぱん》的な概念に包み入れられる関係。また、ある概念《がいねん》が他の概念を自己の一部に含《ふく》むこと。

**ぼうせつ【防雪】**（名）ふぶきやなだれなどの、雪の害をふせぐこと。「―林」

**ぼうせつりん【防雪林】**（名）ふぶきやなだれで交通機関などが害を受けないように植えられた森林。

**ぼうせん【防戦】**（名・自スル）相手のせめてくるのをふせいで戦うこと。また、その戦い。「―一方」

**ぼうせん【傍線】**（名）注意や強調のため、たて書きの文字や文章のわきに引いた線。サイドライン。

**ぼうせん【棒線】**（名）まっすぐに引いた線。直線。

**ぼうぜん**〖△呆然〗（ト タル）あまりのことに、あっけにとられるようす。また、気がぬけてぼんやりするようす。茫然《ぼうぜん》。「しばし―とする」「―と立ちつくす」

**ぼうぜん**〖△茫然〗（ト タル）❶広く、遠く、とりとめのないようす。❷気がぬけてぼんやりするようす。呆然《ぼうぜん》。「―自失」

**ほうせんか**〖△鳳仙花〗（名）〔植〕ツリフネソウ科の一年草。夏、葉のかげに赤・白などの花をつけ、実が熟すとさけて種子をはじき出す。つまべに。

**ぼうぜんじしつ**〖△茫然自失〗（名・自スル）思いもかけないことに出あったおどろきや悲しみで、ぼんやりしてわれを忘れること。「―の体《てい》」

**ほうそう【包装】**（名・他スル）❶品物をつつむこと。また、その上包み。「―紙」❷荷づくりをすること。

**ほうそう【放送】**（名・他スル）テレビやラジオなどの電波によって、多くの人びとが見たり聞いたりできるようにニュースやさまざまな番組を送ること。有線で限られた区域に送るものにもいう。「実況《じっきょう》―」「校内―」

**ほうそう【法曹】**（名）法律関係の仕事をしている人の総称。特に、裁判官・検察官・弁護士など。

**ほうそう**〖△疱△瘡〗（名）〔医〕→てんねんとう

**ほうぞう【包蔵】**（名・他スル）内にもっていること。内部に包みかくすこと。「矛盾《むじゅん》を―する」

**ぼうそう【暴走】**（名・自スル）❶規則を無視して、乱暴に走ること。「―族」❷運転する人なしに車がひとりでに走り出すこと。❸他の人にかまわず自分勝手に物事をおしすすめること。類独走

**ぼうそう〔房総〕**〔地名〕❶房総半島。関東地方の南東部に突き出している半島。❷むかしの国名の安房《あわ》・上総《かずさ》・下総《しもうさ》の総称《そうしょう》。

**ほうそうえいせい【放送衛星】**（名）放送用に打ち上げられた静止衛星。地上放送局からの電波を受信・増幅《ぞうふく》して、地上に送信する。BS。

**ほうそうかい【法曹界】**（名）裁判官・検察官・

弁護士など、法律関係の仕事をしている人の社会。

**ほうそうきょく**【放送局】(名) ラジオやテレビなどの放送をする所。また、その機関。

**ぼうそうぞく**【暴走族】(名) オートバイや自動車を乗りまわし、騒音《そうおん》や危ない走行で周囲に迷惑《めいわく》をかける若者の集団。

**ほうそうだいがく**【放送大学】(名) テレビやラジオの放送を通じて教育を行う大学。日本では放送大学学園法により設置される。

**ほうそく**【法則】(名) ❶守らなければならないきまり。❷一定の条件のもとでつねに成立する関係。「慣性の―」 …性「一定の法則性がみられる配列」

**ほうたい**【包帯】『△繃帯』(名) 傷口・はれものなどの部分を保護するためにまく細長い布やガーゼ。

**-ほうだい**【放題】(接尾)(動詞の連用形や助動詞「たい」などについて) 思うぞんぶんにするようすを表す。「遊び―」「言いたい―」「好き―」

**ほうだい**【砲台】(名) 大砲をすえつけて砲弾《ほうだん》を発射するために築いた所。

**ぼうだい**【膨大】『△厖大』 一 (形動ダ) 〔ダロ・ダッ(デ・ニ)・ダ・ナ・ナラ・○〕 数や量、規模などがひじょうに大きいようす。「―な費用」「―な計画」 類莫大《ばくだい》。 二 (名・自スル) ふくれて大きくなること。「予算が年々―する」 参考二は「膨大」と書く。

**ぼうたかとび**【棒高跳び】(名) 陸上競技の種目の一つ。助走して手に持った棒を地面に突《つ》き立ててバーをとびこし、その高さを競う。

**ぼうだち**【棒立ち】(名) あまりのおどろきや緊張《きんちょう》で棒のようにからだがこわばり、立ったまま動けなくなること。「その場に―になる」

**ほうたん**【放胆】(名・形動ダ) ひじょうに大胆なこと。「―なふるまい」

**ほうだん**【放談】(名・自スル) 思うことを遠慮《えんりょ》なく話すこと。また、その話。「時事―」

**ほうだん**【砲弾】(名) 大砲のたま。「―を受ける」

**ぼうだん**【防弾】(名) 弾丸がつきぬけるのをふせぐこと。「―チョッキ」

**ほうち**【放置】(名・他スル) かまわずにほうっておくこと。「問題を―する」「―自転車」

**ほうち**【報知】(名・他スル) 告げ知らせること。また、その知らせ。「火災―機」

**ほうちく**【放逐】(名・他スル) その場所や組織などから追いはらうこと。「国外へ―する」 類追放

**ほうちこっか**【法治国家】(名) 国民の意思によって制定された法律に基づいて政治が行われる国家。

**ほうちゃく**【△逢着】(名・自スル) ある事態や場面にであうこと。でくわすこと。「困難に―する」

**ほうちゅう**【△庖△厨】(名) 台所。くりや。

**ぼうちゅう**【忙中】(名) いそがしいさなか。

忙中閑《かん》あり　いそがしい中にも、わずかなひまはあるものだ。

**ぼうちゅう**【傍注】『△旁△註』(名) 本文のわきに書きそえた注釈《ちゅうしゃく》。「―をつける」

**ぼうちゅうざい**【防虫剤】(名) 衣類・書物などの害虫を防ぐための薬品。しょうのう・ナフタリンなど。

**ほうちょう**【包丁】『△庖丁』(名) 料理をするときに使ううすい刃物《はもの》。菜切り包丁・出刃《でば》包丁・さしみ包丁など。「切れあじのよい―」

**ぼうちょう**【傍聴】(名・他スル) 当事者以外の人が許可を得て、会議・演説・公判などをそばできくこと。「裁判を―する」「―席」

**ぼうちょう**【膨張】『膨△脹』(名・自スル) ❶ふくれて大きくなること。数量がふえること。また、発展して大きく広がること。「人口が―する」 ❷物体が熱などによって体積を増すこと。「気体の―」 対収縮

**ぼうっと**(副・自スル) ❶ぼんやりとするようす。「頭が―する」 ❷かすんで見えるようす。「山が―見える」

**ほうてい**【法廷】(名) 裁判官が裁判を行う所。「―で争う」

**ほうてい**【法定】(名) 法令で定められていること。「―速度」「―労働時間」

**ほうていしき**【方程式】(名)〘数〙式の中の未知数が、特定の数値のときだけ成り立つ等式。

**ほうてき**『放△擲』(名・他スル) なげすてること。うちすててほうっておくこと。「仕事を―する」

**ほうてき**【法的】(形動ダ) 〔ダロ・ダッ(デ・ニ)・ダ・ナ・ナラ・○〕 法律の立場から考え、見るようす。法律的。「―な根拠《こんきょ》」

**ほうてん**【宝典】(名) ❶貴重な書物。「仏教の―」 ❷日常に役立つ便利な本。「育児―」

**ほうてん**【法典】(名) ❶おきて。さだめ。法律。❷同じ種類の法律を体系的にまとめた書物。

**ほうでん**【放電】(名・自スル)〘物〙❶蓄電池《ちくでんち》や蓄電器がためた電気を放出すること。 対充電《じゅうでん》。❷電圧を強めた二電極間に電流が流れること。

**ぼうてん**【傍点】(名) 文章の中で、たいせつな部分や注意すべき箇所《かしょ》などのわきにつける点。「―をうつ」

**ほうと**【方途】(名) 物事のやり方や進むべき道。とるべき方法。「―を失う」

**ぼうと**【暴徒】(名) 暴動を起こした者たち。「群集が―と化す」

**ほうとう**【宝刀】(名) 宝物として、たいせつにしている刀。「伝家《でんか》の―」

**ほうとう**【宝塔】(名) 寺の塔の美称《びしょう》。

**ほうとう**『放△蕩』(名・自スル) まじめに働かずに、酒や女遊びにふけること。「―息子《むすこ》」 類放埒《ほうらつ》・遊蕩

**ほうどう**【報道】(名・他スル) 新聞・テレビ・ラジオなどを通して、人びとにできごとを広く告げ知らせること。また、その知らせ・ニュース。「―写真」「―番組」

**ぼうとう**【冒頭】(名) 物事のはじめの部分。特に、文章・談話などの最初の部分。「会議の―から活発に議論する」「―にかかげる」 類劈頭《へきとう》

**ぼうとう**【暴投】(名・自スル) 野球で、投手が捕手《ほしゅ》のとれないようなボールを投げること。ワイルドピッチ。また、野手の悪送球。

**ぼうとう**【暴騰】(名・自スル) 物価や相場が急に大幅《おおはば》に上がること。「株価が―する」 類急騰。 対暴落

**ぼうどう**【暴動】(名) 多くの者たちが集まってさわぎをおこし、社会の秩序《ちつじょ》を乱すこと。「―をおこす」

**ほうどうきかん**【報道機関】(名) ニュースなどを取材し知らせる組織。新聞社や放送局など。

**ほうどうじん【報道陣】**（名）取材のために集まった記者・カメラマンなど報道関係者の集団。

**ほうとく【報徳】**（名）恩やめぐみにむくいること。

**ぼうとく【冒△瀆】**（名・他スル）神聖なもの、清らかなもの、権威《けんい》あるものをけがすこと。「神を―する」

**ぼうどく【防毒】**（名）毒や毒ガスをふせぐこと。「―マスク」

**ほうにち【訪日】**（名・自スル）外国人が日本をおとずれること。類来日・来朝

**ほうにょう【放尿】**（名・自スル）小便をすること。

**ほうにん【放任】**（名・他スル）かまわないで、ほうっておくこと。したいようにさせておくこと。「―主義」

**ほうねつ【放熱】**（名・自スル）熱を放散すること。特に、機械などの熱を発散して冷やすこと。

**ほうねつき【放熱器】**（名）❶暖房《だんぼう》装置。ヒーター。❷熱をちらして機械を冷やすもの。ラジエーター。

**ほうねん【放念】**（名・自スル）（手紙などに用いて）気にかけるのをやめること。心配しないこと。「ご―ください」類放心

**ほうねん【豊年】**（名）農作物のできがよい年。豊作の年。「―満作」対凶年《きょうねん》

**ぼうねん【忘年】**（名）❶その年の苦労を忘れること。年忘れ。「―会」❷年齢《ねんれい》のちがいを忘れること。「―の友」

**忘年の交《まじ》わり** 年齢《ねんれい》のへだたりを忘れて親しくつき合うこと。

**ぼうねんかい【忘年会】**（名）年の暮れに仲間が集まり、その年の苦労を忘れて楽しむ宴会《えんかい》。

**ほうのう【奉納】**（名・他スル）神仏にそなえ物をしたり、技芸を演じささげたりすること。「―試合」

**ほうはい【△澎△湃】**（ト タル）❶水が勢いよくあふれ波立つようす。❷物事がさかんな勢いで起こるようす。「社会運動が―として起こる」

**ほうばい【△朋輩・◇傍輩】**（名）同じ先生に習ったり、同じ主人につかえたりしている者どうし。転じて、仲間。友だち。参考本来は「傍輩」で、「朋」は当て字。現在では古風な言い方。

**ぼうはく【傍白】**（名）《演》舞台《ぶたい》上で、ほかの役者には聞こえないことにして、観客にだけ自分の心の内などを語り知らせるせりふ。わきぜりふ。

**ぼうばく【△茫漠】**（ト タル）広くてとりとめのないようす。また、とらえどころのないようす。「―たる草原」「―とした話」

**ぼうはつ【暴発】**（名・自スル）❶不注意で、ピストルなどのたまが不意に飛び出すこと。「―事故」❷事件が急におこること。

**ぼうはてい【防波堤】**（名）外海からの荒波《あらなみ》をふせぐために港の外側に造られた堤防。

**ぼうばり【棒針】**（名）まっすぐで先がとがった編み物用の針。

**ぼうはん【防犯】**（名）犯罪がおこるのをふせぐこと。「―ベル」

**ほうび【褒美】**（名）ほめてあたえるおかねや品物。「―をもらう」

**ぼうび【防備】**（名・他スル）敵の侵入《しんにゅう》や災害をふせぐためにそなえること。また、そのそなえ。「―を固める」「無―」

**ぼうびき【棒引き】**（名・他スル）（帳簿《ちょうぼ》に棒線を引いて文字や数字を消すことから）おかねの貸し借りをなしにすること。帳消し。「借金を―にする」

**ぼうひょう【妄評】**（名・他スル）→もうひょう

**ほうふ【抱負】**（名）心の中にえがいている計画や希望。「新年の―を語る」

**ほうふ【豊富】**（名・形動ダ）豊かにあること。たくさんあること。「―な知識」

**ぼうふ【亡夫】**（名）死んだ夫。対亡妻

**ぼうふ【亡父】**（名）死んだ父。対亡母

**ぼうふう【防風】**（名）風があたらないようにさえぎること。風をふせぐこと。「―林」

**ぼうふう【暴風】**（名）被害《ひがい》をもたらすようなはげしい風。「台風の―圏《けん》」

**ぼうふうう【暴風雨】**（名）はげしい風雨。あらし。

**ぼうふうりん【防風林】**（名）風をさえぎりふせぐために海岸や家のまわりなどに植えてつくった林。

**ほうふく【法服】**（名）❶裁判官が法廷《ほうてい》に出るときに着る制服。❷僧《そう》が着る服。法衣《ほうえ》。

**ほうふく【報復】**（名・自スル）仕返しをすること。「―手段」類復讐《ふくしゅう》

**ほうふくぜっとう【抱腹絶倒】**〖△捧腹絶倒〗（名・自スル）腹をかかえてころげまわるほど大笑いすること。「―のコメディー」

**ぼうふざい【防腐剤】**（名）物がくさったり変質したりするのをふせぐための薬品。

**ほうふつ【△彷△彿・△髣△髴】**（ト タル・自スル）❶よく似ているようす。また、ありありと目の前に思い浮《う》かぶようす。「父のありし日の姿が―としてくる」「故国を―させる風景」❷かすかに見えるようす。ほのか。「島が―として見える」

**ほうぶつせん【放物線】**〖△抛物線〗（名）《数》定点（焦点）と定直線（準線）からひとしい距離《きょり》にある点を結んでできる曲線。物を斜《なな》めに投げ上げたときにえがく線。

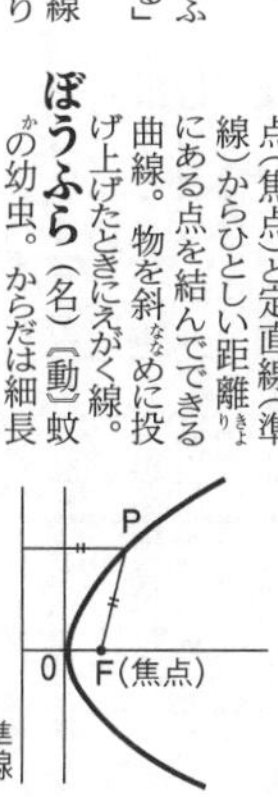


（ほうぶつせん）

**ぼうふら**（名）《動》蚊《か》の幼虫。からだは細長く、五ミリメートル《ミリメートル》ぐらい。水たまりにすみ、尾《お》を水面に出して呼吸する。ぼうふり。

**ほうぶん【邦文】**（名）日本語の文字・文章。「―タイプライター」類和文。対欧文《おうぶん》

**ほうぶん【法文】**（名）❶法令の文章。❷大学で、法学部と文学部をまとめた略称《りゃくしょう》。

**ほうへい【砲兵】**（名）大砲を使って戦う兵隊。

**ほうべい【訪米】**（名・自スル）アメリカをおとずれること。「首相が―する」

**ぼうへき【防壁】**（名）外敵や火災・水害などをふせぐための壁《かべ》やとりで。「―をきずく」

**ほうべん【方便】**（名）ある目的をとげるために一時的にとる、その場かぎりの手段。「うそも―」参考もとは、人びとを正しく導くための仏の手だてのことをいう。

**ぼうぼ【亡母】**（名）死んだ母。ぼうも。対亡父

**ほうほう【方法】**（名）目的をとげるためのやり方。てだて。「予約の―」「安易な―をとる」類手段

**ほうぼう【方方】**（名）あちらこちら。いろいろな場所。「―捜《さが》しまわる」

**ほうぼう【△魴△鮄】**（名）〔動〕ホウボウ科の魚。海にすみ、からだは赤色で胸びれが大きく、左右の胸びれの下に三本ずつあるとげで海底をはって歩く。

（魴鮄）

**ぼうぼう**（副）火がはげしく燃えるようす。「火が―（と）燃える」

**ぼうぼう【△茫△茫】**（ト・タル）❶広くてはるかなようす。果てしのないようす。「―たる大草原」❷はっきりしないようす。「―たる往時」❸草や髪《かみ》の毛などがのびほうだいであるようす。「ひげ―の顔」

**ほうほうのてい【△這う△這うの体】**さんざんなめにあってやっと逃《に》げ出すようす。「―で逃げる」

**ほうぼく【放牧】**（名・他スル）牛や馬・羊などを放し飼いにすること。「馬を―する」

**ほうまつ【泡△沫】**（名）❶水のあわ。あぶく。❷あわのようにはかないもののたとえ。「―会社」「―候補」

**ほうまん【放漫】**（名・形動ダ）やりっぱなしでだらしのないこと。気ままでいいかげんなこと。「―経営」

**ほうまん【豊満】**（名・形動ダ）❶豊かでたくさんあること。❷女性のからだの肉づきがいいようす。

**ほうまん【飽満】**（名・自スル）あきるほど食べて、腹がいっぱいになること。じゅうぶんに満ち足りること。

**ほうみょう【法名】**（名）〔仏〕❶仏門にはいった人につける名。❷死者につける名。類戒名《かいみょう》。（対俗名《ぞくみょう》）

**ほうむしょう【法務省】**（名）中央行政官庁の一つ。検察や刑務所《けいむしょ》、出入国の管理、戸籍《こせき》や、国民の権利を守る仕事を取りあつかう役所。

**ほうむ・る【葬る】**（他五）｛ラ(ロ)・リ(ッ)・ル・ル・レ・レ｝❶死体や遺骨《いこつ》を墓などにおさめる。埋葬《まいそう》する。「手厚く―」❷世間に知られないように始末する。「事件をやみに―」❸地位や名声を失わせるなどして、二度と世間で活動できないようにする。「社会から―・り去る」

**ほうめい【芳名】**（名）相手の名前を敬っていうことば。お名前。「―録」

**ぼうめい【亡命】**（名・自スル）政治的な理由などで、本国を脱出《だっしゅつ》して外国へ逃《に》げること。「―者」

**ほうめん【方面】**（名）❶そのあたり。そちらの地域。「関西―」❷ある分野・領域。「彼《かれ》はその―の権威《けんい》だ」「多―で活躍《かつやく》する」

**ほうめん【放免】**（名・他スル）心身の束縛《そくばく》を解き、自由にしてやること。また、被疑者《ひぎしゃ》や刑期《けいき》を終えた者を釈放《しゃくほう》すること。「仕事から―される」「無罪―」

**ぼうも【亡◇母】**（名）→ぼうぼ

**ほうもう【法網】**（名）罪をおかした者をとりしまる法律を、張りめぐらして魚をとる網《あみ》にたとえたことば。「―をくぐる（＝法律のすきをついて悪いことをする）」

**ほうもつ【宝物】**（名）たからもの。「―殿《でん》」

**ほうもん【訪問】**（名・他スル）人をおとずれること。人をたずねて行くこと。「―客」

**ほうもんぎ【訪問着】**（名）女性の和装で、略式の礼服。よその家を訪問するときなどに着る。

**ぼうや【坊や】**（名）❶男の子を親しんで呼ぶことば。❷世間なれしていない若い男。「彼《かれ》はまだまだ―だ」

**ほうやく【邦訳】**（名・他スル）外国語の文章を日本語の文章に訳すこと。また、訳したもの。類和訳

**ほうゆう【△朋友】**（名）友だち。友人。

**ほうよう【包容】**（名・他スル）包み入れること。特に、心が広く、他人のあやまちや欠点などをゆるし、受け入れること。「―力のある人」

**ほうよう【法要】**（名）〔仏〕死者を供養《くよう》するために行う儀式《ぎしき》。法事。

**ほうよう【抱擁】**（名・他スル）だきしめること。だき合って愛撫《あいぶ》したり、あいさつをしたりすること。

**ぼうよう【△茫洋・△芒洋】**（ト・タル）広々として果てしのないようす。広くて見当がつかないようす。「―とした大海原《うなばら》」「―たる前途《ぜんと》」「―とした人物」

**ぼうようのたん【亡羊の嘆】**『亡羊の△歎』（逃《に》げた羊をさがすのに、別れ道が多くてさがしかねて嘆《なげ》く意から）学問の道がいろいろありすぎて、真理がつかめないという嘆き。また、どうしてよいかわからず、とほうにくれること。多岐亡羊《たきぼうよう》。

**ほうよく【豊沃】**（名・形動ダ）土地が肥えていて、農作物がよく実ること。「―の地」類肥沃《ひよく》

**ぼうよみ【棒読み】**（名・他スル）文章の意味を考えず、区切りや抑揚《よくよう》を無視して、一本調子で読むこと。

**ほうらい【△蓬△萊】**（名）❶中国の伝説で、東海にあって仙人《せんにん》が住むという霊山《れいざん》。蓬萊山。❷①をかたどり縁起《えんぎ》のよいものをかざった台。婚礼《こんれい》などに用いる。❸台湾《たいわん》の別称《べっしょう》。

**ほうらく【崩落】**（名・自スル）❶くずれ落ちること。「岩石の―」❷相場が急に下がること。「株価の―」

**ぼうらく【暴落】**（名・自スル）物価や相場が急に大幅《おおはば》に下がること。「株価が―する」対暴騰《ぼうとう》

**ほうらつ【放△埒】**（名・形動ダ）行いや生活がきままなこと。酒や女遊びにふけってばかりいてだらしがないこと。「―な生活」類放蕩《ほうとう》・遊蕩《ゆうとう》

**ぼうり【暴利】**（名）通常の利益をはるかにこえた不当な利益。「―をむさぼる」

**ほうりだ・す【放り出す】**（他五）｛サ(ソ)・シ・ス・ス・セ・セ｝❶乱暴に外に投げ出す。また、投げるようにして置く。「荷物を―」❷やるべきことを途中《とちゅう》でやめてしまう。「仕事を―」❸かまわずに追い出す。世話などをしないで、知らんぷりをする。「世の荒波《あらなみ》に―・される」

**ほうりつ【法律】**（名）社会生活を保つため、国民の守るべきこととして国家で定めたきまり。「―を犯《おか》す」…的「法律的には問題がない」

**ぼうりゃく【謀略】**（名）人をだましたり、おとしいれたりするはかりごと。「―をめぐらす」

**ほうりゅう【放流】**（名・他スル）❶せきとめた水を流すこと。「ダムの―」類放水。❷魚を増やすために、稚魚《ちぎょ》を川や湖にはなすこと。「あゆの―」

**ぼうりゅう【傍流】**（名）❶川の本流から分かれた流れ。分流。支流。❷主流からはずれた系列。傍系。「―に属する派閥《はばつ》」（対主流・本流）

**ほうりょう【豊漁】**(名) 魚類がたくさんとれること。「さんまの―」類大漁。対不漁

**ぼうりょく【暴力】**(名) 力ずくの乱暴な行い。無法な力。「―をふるう」「―行為《こうい》」「非―主義」 …的「暴力的な手段にうったえる」

**ぼうりょくざた【暴力沙汰】**(名) 力ずくで物事を解決しようとすること。また、その行為《こうい》。

**ぼうりょくだん【暴力団】**(名) 暴力をふるって悪事をはたらく反社会的な集団。

**ボウリング**〔英 bowling〕(名) 直径約二二《センチメートル》の重いボールをころがし、約一八《メートル》先にあるとっくり形の一〇本のピンをたおして得点を競う室内競技。

**ほう・る【放る】**〖△抛る〗(他五) 〔ラ(ロ)・リ(ッ)・ル・ル・レ・レ〕 ❶投げる。遠くへ投げる。投げて捨てる。「ボールを―」「ごみを―」 ❷仕事などを中途《ちゅうと》でやめる。「勉強を―・って外出する」 ❸うちすててかまわないでおく。「その傷は―・っておいてもなおる」「困っている人を―・っておけない」

**ボウル**〔英 bowl〕(名) 料理などに使う半球形の深い鉢《はち》。ボール。「サラダ―」

**ほうれい【法令】**(名) 法律と命令。参考国会で制定公布される法律と、行政機関が定める命令とをあわせた呼び名。

**ぼうれい【亡霊】**(名) ❶死者のたましい。「―を鎮《しず》める」 ❷ゆうれい。「―が出る」

**ほうれつ【放列】**(名) ❶大砲《たいほう》を横に並べた隊形。砲列。「―をしく」 ❷カメラなどがずらりとならんだ形。「カメラの―にさらされる」

**ほうれんそう**〖△菠△薐草〗(名)《植》野菜の一種。ヒユ科の一年草または越年草《えつねんそう》。茎《くき》・葉を食用とする。ビタミンA・Cや鉄分などを多く含《ふく》む。

**ほうろう【放浪】**(名・自スル) 一か所に定住せず、あてもなくさまよい歩くこと。「―の旅」類流浪《るろう》

**ほうろう**〖△琺△瑯〗(名) 金属器や陶磁器《とうじき》の表面に焼きつけて、つやを出すガラス質のうわぐすり。また、それを焼きつけた器。防水・防食・耐熱《たいねつ》などにすぐれている。せとびき。エナメル。「―のなべ」「―びき」

**ぼうろう【望楼】**(名) 遠くを見渡《みわた》すための高い建物。ものみやぐら。

**ほうろうしつ【ほうろう質】**〖△琺△瑯質〗(名)〔生〕歯の表面をおおっているかたい物質。エナメル質。

**ほうろく【俸△禄】**(名) 江戸《えど》時代、大名につかえた武士に支給された給料。

**ほうろく**〖△焙△烙〗(名) 豆《まめ》などを炒《い》ったりするときに使うふちの浅い素焼きの土なべ。

**ぼうろん【暴論】**(名) 理屈《りくつ》に合わない乱暴な議論。「―を吐《は》く」

**ほうわ【法話】**(名) 仏の教えに関する話。法談。

**ほうわ【飽和】**(名・自スル) ❶《物・化》一定条件のもとで、それ以上の量をふくむことができない状態。「―溶液《ようえき》」 ❷ふくむことのできる最大限まで満たされた状態。「人口が―状態になる」

**ポエジー**〔フランス poésie〕(名) ❶詩。詩文。また、詩学。 ❷詩情。詩想。

**ほえづら【ほえ面】**〖△吠え面〗(名) (争い・勝負事に負けたときなどの)泣きがお。泣きつら。

**ほえ面をかく** 泣きがおをする。悔やし泣きをする。

**ポエム**〔英 poem〕(名) 詩。韻文《いんぶん》。

**ほ・える**〖△吠える・△吼える〗(自下一) 〔エ・エ・エル・エル・エレ・エロ(エヨ)〕 ❶犬やけものなどがはげしく鳴く。「虎《とら》が―」 ❷《俗語》どなる。わめく。「落ち着け。そう―な」

**ほお【頰】** 16画 頁7 訓ほお 丆 夾 夾 頰 頰 頰

ほお。ほほ。◆頰杖《ほおづえ》・頰張る・頰紅《ほおべに》。参考「ほほ」とも読む。

**ほお【頰】**(名) 顔の両わきのやわらかい部分。ほほ。ほっぺた。「りんごのような―」「―がこける」

**頰が落《お》ちそう** おいしくてたまらないようす。

**頰がゆるむ** うれしくてにこにこする。

**頰を染《そ》める** はずかしくて顔を赤くする。

**頰を膨《ふく》らます** 不平・不満の顔つきをする。「しかられて―」

**ほお**〖◇朴〗(名)《植》モクレン科の落葉高木。山地に自生する。大形の葉をもち、初夏、かおりのよい白色の花が咲《さ》く。材は家具・器具・版木・下駄《げた》・ピアノのキーなどに広く利用される。ほおのき。

**ポー**〔Edgar Allan Poe〕【人名】(一八〇九～一八四九)アメリカの詩人・小説家。調べの高い音楽的な詩は、フランスの象徴《しょうちょう》派に影響《えいきょう》をあたえた。また、探偵《たんてい》小説の祖といわれる。作品「黒猫《くろねこ》」「黄金虫《こがねむし》」など。

**ボーイ**〔英 boy〕(名) ❶男の子。少年。対ガール。 ❷ホテルやレストランなどで、サービスをする男性。

**ボーイスカウト**〔英 Boy Scouts〕(名) 少年の心身をきたえて社会に役立つ人間になるように訓練する少年団。対ガールスカウト

**ボーイフレンド**〔英 boyfriend〕(名) 男の友だち。特に、女性にとっての男性の友だち。対ガールフレンド

**ポーカー**〔英 poker〕(名) トランプの遊び方の一つ。五枚のカードの組み合わせを競《きそ》い合うもの。

**ポーカーフェース**〔英 poker face〕(名) 心の動きをかくした無表情な顔。

**ほおかぶり【頰かぶり】**〖頰◇被り〗(名・自スル) ❶頭からあごへかけて手ぬぐいなどをかぶること。 ❷知らないふりをすること。「―をきめこむ」「―で通す」《=ほおかむり・ほっかむり》

**ボーカル**〔英 vocal〕(名) 声楽。歌唱。また、バンドで歌を担当する人。「ジャズ―」

**ボーキサイト**〔英 bauxite〕(名)《地質》アルミニウムの原料となる鉱石。褐色《かっしょく》・赤色などのかたまり、または粘土《ねんど》状で産出される。

**ホーク** (名) →フォーク

**ボーク**〔英 balk〕(名) 野球で、走者があるときに投手がおかす、反則になる動作。これによって走者はつぎの塁《るい》へ進むことができる。

**ポーク**〔英 pork〕(名) ぶた肉。「―カレー」

**ほおじろ**〖頰白〗(名)《動》ホオジロ科の小鳥。からだは赤茶色で、ほおに白い線がある。

**ホース**〔オランダ hoos〕(名) ゴム・防水布・ビニールなどで作ったガスや水などを送る細長いくだ。

**ポーズ**〔英 pause〕(名) 休止。間《ま》。

**ポーズ**〔英 pose〕(名) ❶姿勢。きまった体勢。「―をとる」❷気どったようす。見せかけの態度。「―をつくる」

**ほおずき**〖×酸漿・×鬼灯〗(名)〘植〙ナス科の多年草。夏から秋にかけて赤い実をつける。実は種を取り除くと、口で鳴らすおもちゃになる。根は薬用にする。

**ほおずり【頰擦り】**(名・自スル) 自分のほおを相手のほおなどにすりつけること。かわいがるときの動作。

**ホーソン**〔Nathaniel Hawthorne〕【人名】(一八〇四～一八六四) アメリカの小説家。清教徒精神を主題とするロマンチックな作風の小説を書いた。作品「緋文字《ひもんじ》」など。

**ボーダー**〔英 border〕(名) ❶境界。国境。❷横じま模様。「紺《こん》と白の―シャツ」

**ボーダーライン**〔英 borderline〕(名) ❶境界線。❷正否・当落・合否などの境目にあって、どちらとも決めにくいところ。「当落の―」

**ボーダーレス**〔英 borderless〕(名・形動ダ) ❶境目がないこと。❷国境に関係なく、ものやおかねや人が自由に行き来する状態。

**ポータブル**〔英 portable〕(名) 持ち運びのできること。携帯《けいたい》用。「―プレーヤー」

**ポータル-サイト**〔英 portal site〕(名) インターネットを利用する際、その入り口に相当するウェブサイト。検索機能をそなえ、さまざまな情報やサービスをあつかう。

**ポーチ**〔英 porch〕(名) 西洋風の建築で、玄関《げんかん》先に屋根を張り出した所。車寄せ。

**ポーチ**〔英 pouch〕(名) 小物を入れる小さな袋《ふくろ》。「化粧《けしょう》―」

**ほおづえ【頰づえ】**〖頰△杖〗(名) 机などの上にひじをたてて、手をほおにあて、ささえること。「―をつく」

**ボート**〔英 boat〕(名) 西洋風の小舟。「―をこぐ」

**ボード**〔英 board〕(名) 板や板状の建材の総称《そうしょう》。

**ボート-レース**〔英 boat race〕(名) ボートで一定の距離《きょり》をこいで、その速さを競う競技。競漕《きょうそう》。レガッタ。

**ポートレート**〔英 portrait〕(名) 肖像《しょうぞう》。肖像画。肖像写真。

**ボードレール**〔Charles Baudelaire〕【人名】(一八二一～一八六七) フランスの詩人。詩集「悪の華《はな》」を著し、象徴《しょうちょう》派のさきがけとして、世界の近代詩に大きな影響《えいきょう》をあたえた。

**ボーナス**〔英 bonus〕(名) ふだんの給料のほかに特別に支給されるおかね。賞与《しょうよ》。一時金。ほかに「パリの憂鬱《ゆううつ》」など。

**ほおのき**〖◇朴の木〗(名)〘植〙→ほお(朴)

**ホバークラフト**(名) →ホバークラフト

**ほおばる【頰張る】**(他五) {ラ(ロ)・リ(ッ)・ル・ル・レ・レ} 口いっぱいに食べ物を入れる。「おにぎりを―」

**ホープ**〔英 hope〕(名) 希望。望み。その分野で期待されている人。「わが社の―」

**ほおぼね【頰骨】**(名)〘生〙ほおの上のほうに少し高く出ている骨。ほおげた。

**ホーマー**〔英 homer〕(名) →ホームラン

**ホーマー**〔Homer〕【人名】→ホメロス

**ホーム**〔英 home〕(名) ❶家庭。故郷。「スイート―」「―メイド(=自家製)」❷療養《りょうよう》所。養護施設《しせつ》。「老人―」❸野球で、本塁《ほんるい》。❹(「ホームゲーム」の略)サッカーなどで、自分たちの本拠《ほんきょ》地で行う試合。㊟アウェー

**ホーム**(名)「プラットホーム」の略。

**ホーム-グラウンド**〔英 home ground〕(名) ❶自分の故郷。また、その人がふだん根城としている所。「ここは私の―だ」❷多く野球で、そのチームが本拠《ほんきょ》地としている球場。「―での試合」

**ホームシック**〔英 homesick〕(名) 遠く離《はな》れた土地にいて自分の家や故郷が恋《こい》しくなること。郷愁《きょうしゅう》。懐郷病《かいきょうびょう》。「―にかかる」

**ホームステイ**〔英 homestay〕(名) 外国の一般《いっぱん》の家庭に一定期間住まわせてもらい、その家族と生活をともにしながら習慣や文化、言語などを学ぶこと。

**ホーム-センター**〔和製英語〕(名) 日曜大工、園芸、自動車の用品や生活雑貨など、幅広《はばひろ》い商品をあつかう大型の小売店。▽home と center から。

**ホーム-ソング**〔和製英語〕(名) 家庭で、みんながそろって歌うことのできるような健康的で明るい歌。▽home と song から。

**ホーム-ドラマ**〔和製英語〕(名) 家庭での日常生活をあつかった劇や芝居《しばい》。▽home と drama から。

**ホーム-プレート**〔英 home plate〕(名) →ホームベース

**ホーム-ページ**〔英 home page〕(名) インターネット上で情報公開を行うウェブサイトの、はじめの画面。また、そのサイト全体をいう。H P。

**ホーム-ベース**〔英 home base〕(名) 野球で、本塁《ほんるい》。ホームプレート。

**ホーム-ヘルパー**〔和製英語〕(名) 日常生活に困難がある老人や病人の家庭で、介護《かいご》や家事の手伝いを行う職業。訪問介護員。ヘルパー。▽home と helper から。

**ホーム-ラン**〔英 home run〕(名) 野球で、本塁《ほんるい》打。ホーマー。「満塁《まんるい》―」

**ホームルーム**〔英 homeroom〕(名) 中学校・高等学校で、特定の時間、担任の先生とその学級の生徒が話し合いをすること。また、その時間。

**ホームレス**〔英 homeless〕(名) 住む家がなく、公園や路上などで生活する人。

**ポーランド**〔Poland〕【地名】ヨーロッパ中央部にある共和国。首都はワルシャワ。

**ボーリング**〔英 boring〕(名・自スル) ❶穴をあけること。「―マシン」❷地質調査や油田・温泉などの開発のために、地面に細くて深い穴をほること。

**ホール**〔英 hall〕(名) ❶大広間。また、入り口の広間。❷会館。集会所。「市民―」

**ボール**〔英 ball〕(名) ❶まり。たま。「―投げ」❷野球で、ピッチャーが投げる球で、ストライクにならない球。㊟ストライク

**ボール**(名) →ボウル

**ポール**〔英 pole〕(名) 細長い棒・さお。電車の屋根の上にある電気を引くための棒、棒高跳《と》びの棒など。

**ボールがみ【ボール紙】**(名) わらなどを原料にしたかたい厚紙。▽ボールは、英 board から。

**ボール-ベアリング**〔英 ball bearing〕（名）機械の回転する部分に鋼鉄の玉を入れ、摩擦《まさつ》を少なくし、回転をよくした軸《じく》受け。ボールベヤリング。

**ボール-ペン**（名）ペンの先にはめられた小さな玉が回転し、軸《じく》の中からインクが出て字が書けるペン。▽英ball-point pen から。

**ほおん【保温】**（名・自スル）一定の温度を保つこと。特に、温かさを保つこと。「―装置」…性「保温性の高い毛布」

**ほか【外・他】**㊀（名）❶それと異なるもの・こと・人。「―の人に聞く」「―に方法がない」❷それ以外のところ。「本箱を―へうつす」❸ある範囲《はんい》をこえたところにあること。「思いの―」㊁（副助）（打ち消しのことばをともなって）それ以外ではないという気持ちを強める。…しか。「待つ―ない」「やる―ない」参考ふつう㊀①②は「他」、㊀③は「外」、㊁はかな書きとする。

**ほかでもない** それ以外のことではない。それ以外は問題でなく、まさにそのものである。「頼《たの》みというのは―」

**ほかならない** ❶ほかのだれでもない。ほかとはちがって特別な。ほかならぬ。「―君の頼《たの》みだから」❷それ以外のものではない。それに決まっている。「成功は努力の結果に―」

**ほかく【捕獲】**（名・他スル）❶生き物をとらえること。❷戦時に、敵国の船などをとらえること。

**ほかく【補角】**（名）《数》二つの角の和が二直角（＝一八〇度）のとき、二角のそれぞれの関係をいう呼び名。

**ほかげ【火影】**『◇灯影』（名）❶ともしびの光。❷あかりにうつし出された影や姿。「―がゆれる」

**ほかげ【帆影】**（名）遠くに見える船の帆。帆の形。

**ほかけぶね【帆掛け船】**（名）張った帆に風を受けて走る船。帆船《はんせん》。

**ぼか・す**『△暈す』（他五）{サ(ソ)・シ・ス・ス・セ・セ}❶色のこい所とうすい所の境目などを、ぼんやりさせる。「輪郭《りんかく》を―」「墨《すみ》を―」❷話やことばの意味をはっきりさせずあいまいにする。「説明を―」

**ほかほか**（副・自スル・形動ダ）あたたかみを感じるようす。「―のごはん」

**ぽかぽか**㊀（副・自スル）あたたかく感じるようす。「―した日ざし」㊁（副）頭などを続けてたたくようす。また、その音。「頭を―たたく」

**ほがらか【朗らか】**（形動ダ）{ダロ・ダッ(デ・ニ)・ダ・ナ・ナラ・○}❶快活で明るいようす。「―な青年」❷雲ひとつなく、よく晴れたようす。「空が―に晴れる」

**ほかん【保管】**（名・他スル）他人のおかね・物などを預かってたいせつにしまっておくこと。「書類を―する」

**ぼかん【母艦】**（名）他の航空機や艦船の働きを助け、基地となる軍艦。航空母艦・潜水《せんすい》母艦など。

**ぽかんと**㊀（副）頭などをたたくようす。また、その音。「―なぐる」㊁（副・自スル）口を大きく開けているようす。また、ぼんやりしているようす。「あっけにとられて―する」

**ぼき【簿記】**（名）役所・会社などで、おかねの出し入れを一定の方式で整理し、書きとめておく方法。

**ボキャブラリー**〔英 vocabulary〕（名）用語の数。語彙《ごい》。「―が豊富だ」

**ほきゅう【捕球】**（名・自他スル）野球などで、球をとること。

**ほきゅう【補給】**（名・他スル）足りなくなったものを補うこと。「―路」「ガソリンを―する」

**ほきょう【補強】**（名・他スル）足りないところや弱いところを補って強くすること。「チームの―」「―工事」

**ぼきん【募金】**（名・自スル）大勢の人びとから寄付金を集めること。「共同―」

**ほきんしゃ【保菌者】**（名）《医》発病はしていないが、からだに病原菌をもっている人。「コレラ菌の―」

**ほく【北】** 5画 匕3 小2 音ホク 訓きた

一 ｜ ｷ ｷ' 北

❶きた。きたの方角。◆北緯《ほくい》・北限・北上・北部・北面・北陸・北極・北国◆朔北《さくほく》・西北・東北・南北・洛北《らくほく》。対南。❷にげる。まけてにげる。◆敗北

**ほぐ**『◇反◇故・◇反◇古』（名）→ほご(反故)

**ぼく【木】** 4画 木0 小1 音ボク・モク 訓き・こ

一 十 オ 木

❶生えている木。立ち木。◆木石◆灌木《かんぼく》・巨木《きょぼく》・高木・古木《こぼく》・樹木・神木・草木・大木・低木・名木。❷材料として使う木。◆木刀・木履《ぼくり》・木《ぼっ》剣《けん》・木魚・木材・木造・木像・木彫《もくちょう》・木馬・木版・木管◆坑木《こうぼく》・材木・土木・肋木《ろくぼく》。❸七曜の一つ。「木曜日」の略。参考「こ」の訓は「木立《こだち》」「木陰《こかげ》」などのことばに使われる特殊《とくしゅ》な読み方。特別に、「木綿」は「もめん」とも読む。

**ぼく【目】**→もく(目)

**ぼく【朴】** 6画 木2 音ボク

一 十 オ 木 木' 朴

自然のままでかざりけがないこと。すなお。◆朴直・朴訥《ぼくとつ》◆質朴・純朴・素朴

**ぼく【牧】** 8画 牛4 小4 音ボク 訓まき 中

ノ 十 牛 牛' 牧 牧

❶家畜類《かちくるい》を放し飼いにする。◆牧牛・牧舎・牧者・牧場・牧草・牧畜《ぼくちく》・牧笛・牧童・牧野《ぼくや》・牧羊・牧歌◆放牧・遊牧。❷おしえみちびく。◆牧師

**ぼく【睦】** 13画 目8 音ボク

目 目+ 目土 目夫 睦 睦

仲がよい。むつまじい。◆親睦《しんぼく》・和睦《わぼく》

**ぼく【僕】** 14画 イ12 音ボク

イ イ" イ业 僕 僕 僕

めしつかい。しもべ。◆家僕・下僕・公僕・従僕

**ぼく【僕】**（代）男性が、自分をさしていう語。対君

**ぼく【墨】** 14画 土11 〔墨〕 音ボク 訓すみ

冂 日 甲 里 黒 墨

字や絵をかくときに使うすみ。◆墨汁《ぼくじゅう》・墨跡《ぼくせき》・墨痕《ぼっこん》◆水墨画・筆墨⇩付録「漢字の筆順㉘里」

**ぼく【撲】** 15画 扌12 音ボク

扌 扌" 扌业 扌业 撲 撲

❶うつ。たたく。なぐる。◆撲殺◆打撲。❷うちほ

ろぼす。◆撲滅《ぼくめつ》。 参考 特別に、「相撲」は「すもう」と読む。

**ほくい【北緯】**(名) 赤道から北の緯度。 赤道を0度として、北極まで九〇度ある。 対南緯。 ⇩いど(緯度)

**ほくおう**〔北欧〕【地名】ヨーロッパの北部。 特に、スウェーデン・ノルウェー・フィンランド・デンマーク・アイスランドの五か国をさすことが多い。 対南欧

**ほくが【北画】**(名)《美》(「北宗《ほくしゅう》画」の略)中国でおこった水墨画《すいぼくが》の一派。 強くするどい線が特徴《とくちょう》。 鎌倉《かまくら》時代に日本に伝わった。 対南画

**ぼくぎゅう【牧牛】**(名) 牛を放し飼いにすること。また、放し飼いの牛。

**ほくげん【北限】**(名) 北の限界。 特に、生物のある種が分布する、最も北の地。「—の猿《さる》」

**ボクサー**〔英 boxer〕(名) ボクシングの選手。

**ぼくさつ【撲殺】**(名・他スル) なぐり殺すこと。

**ぼくし【牧師】**(名) キリスト教のプロテスタントで、教会・教区を管理したり、信者を教え導く人。

**ぼくしゃ【牧舎】**(名) 牧場で、飼っている牛・馬・羊などを入れる建物。

**ぼくしゅ【墨守】**(名・他スル) 古い習慣や自分の考えなどをかたく守って変えないこと。「旧習を—する」

故事 宋《そう》と楚《そ》の戦いで、宋の墨子《ぼくし》が楚軍を九回も撃退《げきたい》して城を守り通したことから出たことば。〈墨子〉

**ぼくじゅう【墨汁】**(名) すみをすった汁《しる》。 また、筆につけて、すぐに書けるように作ってあるすみ色の液。

**ほくじょう【北上】**(名・自スル) 北へ向かって進むこと。 北進。「台風が—してくる」 対南下《なんか》

**ぼくじょう【牧場】**(名) 牛や馬などの家畜《かちく》を放し飼いにする設備をそなえた所。 まきば。

**ぼくしん【牧神】**(名) ギリシャ神話のパン、ローマ神話のファウヌス。 森林・狩《か》り・牧畜《ぼくちく》をつかさどる半獣《はんじゅう》半人の神。 牧羊神。

**ぼくじん【牧人】**(名) 牧場で、牛・馬・羊などの世話をする人。 牧者。

**ボクシング**〔英 boxing〕(名) リングの上で二人が革《かわ》のグローブを両手にはめて、相手を打ち合うスポーツ。体重によって階級が分けられている。 拳闘《けんとう》。

**ほぐ・す**『◇解す』(他五)〔サ(ソ)・シ・ス・ス・セ・セ〕❶編んだりもつれたりしたものなどをほどく。 かたまっているものをばらばらにする。「糸のもつれを—」「さかなの身を—」❷固くなった筋肉や緊張《きんちょう》した気持ちなどをやわらかくする。 ときほぐす。「からだを—」「緊張を—」

**ほくせい【北西】**(名) 北と西との間の方角。 対南東

**ぼくせき【木石】**(名) ❶木と石。 ❷(木や石のように)人間らしい感情をもたない人のたとえ。「—漢」

**ぼくせき【墨跡】**『墨△蹟』(名) 筆で書いたあと。筆跡。「名僧《めいそう》の—」

**ぼくそう【牧草】**(名) 家畜《かちく》に食べさせる草。

**ほくそえ・む【ほくそ笑む】**『×北叟-笑む』(自五)〔マ(モ)・ミ(ン)・ム・ム・メ・メ〕物事がつごうよくいったとき、一人でにんまり笑う。「かげで—」

**ぼくたく**『木△鐸』(名) (むかし、中国で法令などを人民に示すときに鳴らした木の鈴《すず》の意から)世間の人びとを教え導く人。「社会の—となる」

**ぼくちく【牧畜】**(名) 牧場で、馬・牛・羊などの家畜《かちく》を飼って、その肉・乳・毛などを利用すること。 また、その産業。「—業」

**ほくちょう【北朝】**(名)《歴》日本の南北朝時代(一三三六年～一三九二年)、足利《あしかが》氏が吉野《よしの》の南朝に対抗《たいこう》して、京都に五代にわたって守《も》りたてた朝廷《ちょうてい》の名。 対南朝

**ぼくてき【牧笛】**(名) 牧童などが家畜《かちく》を呼び集めたりするときに吹《ふ》く笛。

**ほくと【北斗】**(名)「北斗七星」の略。

**ほくとう【北東】**(名) 北と東との間の方角。 対南西

**ぼくとう【木刀】**(名) 木で作った刀。 木剣《ぼっけん》。

**ぼくどう【牧童】**(名) 牧場で、家畜《かちく》の世話をする少年、または男。

**ほくとしちせい【北斗七星】**(名)《天》北の空に見えるおぐま座のひしゃく形にならんでいる七つの星。むかしから北極星を発見するのに利用される。

**ぼくとつ**『木△訥・朴△訥』(名・形動ダ) かざりけがなく無口なこと。 無骨《ぶこつ》で実直なこと。「—な人」

**ぼくねんじん**『×朴念仁』(名) ❶むっつりとしてぶあいそうな人。 ❷人情や道理のわからない人。

**ほくぶ【北部】**(名) 北のほうの部分・地方。「県の—」 対南部

**ほくべい**〔北米〕【地名】北アメリカ。 対南米

**ほくへん【北辺】**(名) 北のはて。

**ほくほく**(副・自スル) ❶(得をして)うれしさをかくしきれないようす。「—顔」❷水っぽくなくやわらかで、温かくおいしそうなようす。「—したいも」

**ぼくめつ【撲滅】**(名・他スル) すっかりうちほろぼして、なくしてしまうこと。「害虫の—運動」

**ほくめん【北面】**(名・自スル) 北のほうに面していること。 北向き。 対南面

**ほくめんのぶし【北面の武士】**(名)《歴》法皇《ほうおう》・上皇《じょうこう》のいる院の御所《ごしょ》を守り、仕えた武士。院の御所の北面に詰《つ》め所があったのでいう。

**ほくよう【北洋】**(名) 北のほうの海。「—漁業」

**ほくりくちほう**〔北陸地方〕【地名】中部地方の日本海に面する、新潟・富山・石川・福井の四県の地方。 北陸。

**ほぐ・れる**『◇解れる』(自下一)〔レ・レ・レル・レル・レレ・レロ(レヨ)〕❶もつれたものやかたまったものがほどける。「もつれた糸が—」❷固くなった筋肉や緊張《きんちょう》した気持ちなどがやわらぐ。「こりが—」「気分が—」

**ほくろ**『×黒子』(名) ひふにある黒い小さな斑点《はんてん》。

**ぼけ**『△惚け・△呆け』(名) ❶ぼんやりすること。 ぼけること。 また、その人。「時差—」❷漫才《まんざい》などで、とぼけたことを言うこと。 また、その役の人。 対突っ込《こ》み

**ぼけ**『◇木△瓜』(名)《植》バラ科の落葉低木。 庭園または鉢《はち》に植える。 枝にとげがあり、春に白・紅色などの花が咲《さ》き、球状の実をつける。

**ほげい【捕鯨】**(名) くじらをとること。「—船」

**ぼけい【母系】**(名) ❶母方の血筋。 ❷母方の血

筋をもとにして、相続なども、母からむすめへと行われるしくみ。「—社会」(対父系)

**ぼけい【母型】**(名) 活字をつくるもとになる鋳型《いがた》。

**ほけきょう【法華経】**『◇法華経』(名)『仏』(「妙法蓮華経《みょうほうれんげきょう》」の略)仏教の経典の一つで、天台宗・日蓮宗《にちれんしゅう》の中心となるもの。

**ほげた【帆桁】**(名) 帆を張るために、帆柱に水平にわたした材。

**ほけつ【補欠】**『補△闕』(名) ❶欠けた人員をおぎなうこと。「—選挙」❷欠員のときのためにそなえておく人。「—選手」

**ぼけつ【墓穴】**(名) はかあな。

**墓穴を掘《ほ》る** 自分のしたことで自分の身をほろぼす。

**ポケッタブル**〔英 pocketable〕(形動ダ){ダロ・ダッ(デ・ニ)・ダ・ナ・ナラ・○} ポケットにはいるくらい小さいようす。「—ラジオ」

**ぼけっと**(副・自スル) 何もしないでぼんやりしているようす。「—座っている」

**ポケット**〔英 pocket〕(名) 洋服などについている、小さな袋《ふくろ》状の物入れ。

**ポケット-マネー**〔英 pocket money〕(名) 自由に使える手持ちのおかね。こづかい銭。

**ポケベル**(名)(「ポケットベル」を省略したことば) 人を呼び出すための携帯《けいたい》用小型受信器。

**ぼ・ける**『△惚ける』(自下一){ケ・ケ・ケル・ケル・ケレ・ケロ(ケヨ)} ❶頭のはたらきがにぶくなる。「暑さで頭が—」「年をとって—」❷漫才《まんざい》などで、わざととぼけたことを言う。対突っ込《こ》む

**ぼ・ける**『△暈ける』(自下一){ケ・ケ・ケル・ケル・ケレ・ケロ(ケヨ)} 形や色がはっきりしなくなる。「—・けた写真」

**ほけん【保健】**(名) 健康を保つこと。「—衛生」

**ほけん【保険】**(名) 契約《けいやく》しておかねをはらい込《こ》み、将来、火事・死亡などの災難にあったとき、まとまった金額を受けとるしくみ。「火災—」

**ほけんきん【保険金】**(名) 契約《けいやく》によって保険会社が被《ひ》保険者にはらうおかね。

**ほけんし【保健師】**(名) 一定の資格を持ち、受け持ち地域内で公衆衛生などの指導にあたる人。

**ほけんじょ【保健所】**(名) 都道府県などが、地域の保健衛生の指導や監督《かんとく》のために置く公的機関。

**ほけんしょう【保険証】**(名)「健康保険被保険者証」の通称《つうしょう》。健康保険の加入者であることの証明書。健康保険証。

**ほけんりょう【保険料】**(名) 保険に加入した人が保険会社にはらうおかね。

**ほこ【矛】**『△鉾・△戈』(名) やりに似て長い柄《え》の先に両刃《りょうば》の剣《けん》をつけた、むかしの武器。

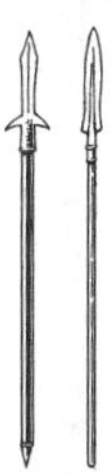

(ほこ)

**矛を収《おさ》める** 戦いをやめる。

**ほご**『◇反◇故・◇反◇古』(名) ❶書きそこなったり使い終わったりしていらなくなった紙。ほうご。ほぐ。❷役にたたなくなった物事。むだなこと。「約束を—にする(=約束を実行しない)」

**ほご【保護】**(名・他スル) 危険や破損などからかばい守ること。「自然—」「親の—を受ける」「過—」

**ほご【補語】**(名)『文法』述語の意味をおぎなうことば。「犬が庭にいる」「学者となる」の「庭に」「学者と」など。参考ふつう、国文法では連用修飾《しゅうしょく》語にふくめる。

**ぼご【母語】**(名) ❶幼児の時期に母親など周囲の人がしゃべるのを聞いて自然に身につけた言語。❷同じ系統に属するいくつかの言語の起源とみられる言語。フランス語やイタリア語にとってのラテン語など。

**ほこう【歩行】**(名・自スル) 歩くこと。「—訓練」

**ほこう【補講】**(名) 決まった時間の講義のほかに、おぎないとして行われる講義。類補習

**ぼこう【母校】**(名) 自分の学んでいる学校。また、卒業した学校。出身学校。

**ぼこう【母港】**(名) その船が根拠《こんきょ》地としている港。

**ほこうしゃてんごく【歩行者天国】**(名) 一定の期間、ある区間の車の通行を禁止して、歩行者が自由に車道も歩けるようにすること。また、その場所。

**ぼこく【母国】**(名) 自分の生まれ育った国。祖国。故国。

**ぼこくご【母国語】**(名) 自分が生まれ育った国のことば。また、幼い時に自然に身につけたことば。

**ほこさき【矛先】**『△鋒』(名) ❶矛の先。❷(議論・非難などの)攻撃《こうげき》の方向やその勢い。「怒《いか》りの—を向ける」「批判の—が鈍《にぶ》る」

**ほごしゃ【保護者】**(名) 成人前の子どもなどを保護する義務のある人。親、または、親にかわる人。

**ほごしょく【保護色】**(名)『動』動物の体色で、身を守るために周囲の色とまぎれやすくなっている色。あまがえる・らいちょうなどに見られる。⇨けいかいしょく

**ほごぼうえき【保護貿易】**(名)『経』自国の産業を保護し、育成するために、外国製品の輸入に国が制限を加える貿易。対自由貿易

**ほこら**『△祠』(名) 神をまつった小さなやしろ。

**ほこらし・い【誇らしい】**(形){カロ・カッ(ク)・イ・イ・ケレ・○} 得意でじまんしたい気分である。「—気持ち」

**ほこり**『△埃』(名) 飛び散っていたり、物にたまっていたりする、ごく細かいごみ。「—が舞《ま》う」「—をかぶる」

**ほこり【誇り】**(名) 得意に思うこと。名誉《めいよ》と考えること。また、その心。「—をもつ」「—に思う」「—高い」類プライド

**ほこ・る【誇る】**(自他五){ラ(ロ)・リ(ッ)・ル・ル・レ・レ} ❶得意になる。じまんする。「伝統を—」❷みずからそれを名誉《めいよ》とする。「腕前《うでまえ》を—」

**ほころ・びる【綻びる】**(自上一){ビ・ビ・ビル・ビル・ビレ・ビロ(ビヨ)} ❶ぬいめがとける。「ズボンが—」❷つぼみが少し開く。「梅の花が—」❸表情がおだやかになる。にっこりする。「顔が—」(=ほころぶ)

**ほころ・ぶ【綻ぶ】**(自五){バ(ボ)・ビ(ン)・ブ・ブ・ベ・ベ} ➡ほころびる

**ほさ【補佐】**『△輔佐』(名・他スル) 主となる人の仕事を助けること。また、その人。「課長—」

**ぼさい【募債】**(名・自スル) 公債・社債をつのること。

**ほさき【穂先】**(名) 植物の穂の先端《せんたん》。また、槍《やり》や筆など、とがったものの先。

**ほざ・く**(他五){カ(コ)・キ(イ)・ク・ク・ケ・ケ}《俗語》他人がものを言うのをののしっていう語。ぬかす。「何を—か」

**ほさつ【捕殺】**(名・他スル) 動物をとらえて殺すこと。

**ぼさつ**『△菩△薩』（名）❶《仏》仏の次の位のもの。さとりを求め、あわれみの心をもって人びとを導く行者《ぎょうじゃ》。「観音《かんのん》—」❷仏になぞらえて用いた神の尊号。「八幡《はちまん》大—」

**ぼさっと**（副・自スル）ぼんやりして何もしないでいるようす。「—していないで手伝ってくれ」

**ボサ-ノバ**〔ポルトガル bossa nova〕（名）《音》ブラジルでおこった、サンバにジャズの要素を取り入れた音楽。

**ぼさぼさ** ㊀（副・自スル・形動ダ）髪《かみ》の毛がのびて乱れているようす。「—の頭」㊁（副・自スル）ぼんやりとしているようす。ぼやぼや。「—してるとおいていくぞ」

**ぼさん**【墓参】（名・自スル）はかまいり。

**ほし**【星】（名）❶夜空にかがやいて見える月以外の天体。「満天の—」「—を戴《いただ》く(=星のみえる朝早くから夜おそくまで働く)」❷その人の生まれ年にあたる星。運勢。「よい—のもとに生まれる」❸①をかたどった「☆」などの形。また、小さくてまるい点。「碁盤《ごばん》の—」❹すもうなどで、勝ち負けにつける白黒のまるい点。また、勝ち負けの成績。「—を落とす(=負ける)」❺まとの中心。また、ねらうところ。「—を射る」「—をつける」❻犯人。「—をあげる(=犯人を検挙する)」❼注目にあたいする人物。目立つ存在。「期待の—」

**ほじ**【保持】（名・他スル）持ち続けること。また、持つこと。「世界記録を—する」

**ぼし**【母子】（名）母と子。「—手帳」

**ポジ**（名）（「ポジティブ」の略）ネガを焼きつけた写真。実物と色相・明暗が同じに見える。陽画。㊇ネガ

**ほしあかり**【星明かり】（名）星の光。星の光による明るさ。「—をたよりに歩く」

**ほしい**『△糒』（名）たくわえておけるように、飯をほしてかわかしたもの。ほしいい。

**ほし・い**【欲しい】（形）{カロ・カッ(ク)・イ・イ・ケレ・○} ❶自分のものにしたい。手に入れたい。「これが—」「—ものがある」❷（「…てほしい」の形で）そうすることを相手に望むようす。「…してもらいたい。「話を聞いて—」

**ほしいい**『干し◇飯・△糒』（名）→ほしい(糒)

**ほしいまま**『◇縦・◇恣』（名・形動ダ）自分の思いのままにふるまうこと。「権力を—にする」

**ほしうらない**【星占い】（名）星座や星の動きによって運勢をうらなうこと。

**ポシェット**〔フランス pochette〕（名）長い肩《かた》ひものついた小物用かばん。

**ほしかげ**【星影】（名）星の光。星あかり。

**ほしが・る**【欲しがる】（他五）{ラ(ロ)・リ(ッ)・ル・ル・レ・レ} 欲しいと思う。欲しいという思いを態度にあらわす。「水を—」

**ほしくさ**【干し草】『◇乾し草』（名）刈《か》り取って日にほした草。家畜《かちく》のえさにする。

**ほじく・る**『△穿る』（他五）{ラ(ロ)・リ(ッ)・ル・ル・レ・レ} ❶つついて穴をあけたりかきまわしたりして、中のものを出す。「耳を—」❷秘密などをさぐりもとめる。「人のあらを—」

**ポジション**〔英 position〕（名）位置。場所。また、地位。特に、スポーツで、選手の守備位置や定位置。「—につく」

**ほしぞら**【星空】（名）晴れて星が多く見える夜空。「—を見上げる」

**ほしづきよ**【星月夜】（名）星の光が月のように明るい夜。㊟「ほしづくよ」とも読む。

**ポジティブ**〔英 positive〕㊀（形動ダ）{ダロ・ダッ(デ・ニ)・ダ・ナ・ナラ・○} 積極的。肯定《こうてい》的。「—な態度をとる」㊁（名）写真の陽画。ポジ。ポジチブ。（㊇ネガティブ）

**ぼしてちょう**【母子手帳】（名）（「母子健康手帳」の略）妊娠《にんしん》の届け出をすると市区町村から交付される手帳。妊娠・出産・産後の母と子どもの健康状態を記録しておくもの。

**ほしまつり**【星祭り】（名）→たなばた

**ぼしめい**【墓誌銘】（名）墓誌(=死者の事績などを墓石にしるした文)の末尾に加える短い文句。

**ほしゃく**【保釈】（名・他スル）《法》一定の保証金を納めさせて、未決勾留《こうりゅう》中の被告《ひこく》人をいったん釈放《しゃくほう》すること。「—金」

**ポシャ・る**（自五）{ラ(ロ)・リ(ッ)・ル・ル・レ・レ}《俗語》事業・計画などが途中でつぶれてだめになる。「資金不足で計画が—」

**ほしゅ**【保守】㊀（名）急激な改革を好まず、古くからの習慣・伝統・制度などを重んじ守ること。また、その立場や態度。「—政党」㊕「保守的な考え方」㊖守旧。㊇革新。㊁（名・他スル）正常な状態を保つようにすること。「機械の—」「—点検」

**ほしゅ**【捕手】（名）野球で、投手の投げた球を打者のうしろで受けとめる人。キャッチャー。

**ほしゅう**【補修】（名・他スル）こわれたところをおぎないつくろうこと。「—工事」

**ほしゅう**【補習】（名・他スル）正規の授業の不足をおぎなうために学習すること。「—授業」㊖補講

**ほじゅう**【補充】（名・他スル）不足の分をおぎない満たすこと。「欠員を—する」

**ぼしゅう**【募集】（名・他スル）一般《いっぱん》からつのって集めること。「生徒を—する」

**ぼしゅう**【暮秋】（名）秋の終わりごろ。晩秋。

**ぼしゅうだん**【母集団】（名）統計の調査の対象となる集団の全体。標本（サンプル）を抽出《ちゅうしゅつ》するときのもとの集団。

**ほしゅしゅぎ**【保守主義】（名）これまでの習慣・伝統・制度などを守っていこうとする考え方。

**ほしゅせいとう**【保守政党】（名）政治のうえで、保守主義の立場をとる政党。㊇革新政党

**ぼしゅん**【暮春】（名）春の終わりごろ。晩春。

**ほじょ**【補助】（名・他スル）不足するところや不十分なところをおぎない助けること。「国の—金」「栄養—食品」㊕「補助的な働きをする」

**ぼしょ**【墓所】（名）はかば。㊖墓地

**ほしょう**『歩△哨』（名）警戒《けいかい》や見張りをする役目。また、その役目の兵士。「—に立つ」

**ほしょう**【保証】（名・他スル）❶その人や物事が確かだと、責任をもってうけあうこと。「人物を—する」❷《法》他人の債務《さいむ》を履行《りこう》する責任を負うこと。⇨ほしょう(保障)「学習」

**ほしょう**【保障】（名・他スル）不安や危害がないよう

にうけあって守ること。「生活の—」「安全—」

**学習 使い分け** 「保証」「保障」

保証 確かでまちがいがないとうけあうこと。「保証人」「保証書」「身元保証」「味の保証はない」「品質を保証する」

保障 保護して、危険がないようにすること。「社会保障」「身分の保障」「言論の自由を保障する」「最低賃金保障」

**ほしょう【補償】**（名・他スル）相手にあたえた損害をおかねなどでつぐなうこと。「災害—金」類賠償《ばいしょう》

**ぼじょう【慕情】**（名）恋《こ》いしたう心。

**ほしょうにん【保証人】**（名）確かだとうけあって、責任を負う人。「身元—」「連帯—」

**ほしょく【捕食】**（名・他スル）生物がほかの生物をつかまえて食べること。

**ほしょく【補色】**（名）二つの色の光をまぜ合わせて白色になるとき、一方の色に対するもう一方の色。たとえば、赤と青緑、青と橙《だいだい》など。余色《よしょく》。

**ぼしょく【暮色】**（名）夕方のうす暗い景色。また、そのころの感じ。「—が迫《せま》る」

**ほじょどうし【補助動詞】**（名）〘文法〙動詞としての本来の意味を失い、助動詞のように用いられる動詞。「とがっている」「やってみる」の「いる」「みる」など。

**ほじょようげん【補助用言】**（名）〘文法〙本来の意味や用法が薄《うす》れて、補助的に用いられる用言。補助動詞と補助形容詞がある。たとえば、「笑っている」の「いる」、「冬である(ない)」の「ある(ない)」など。

**ぼしりょう【母子寮】**（名）児童福祉施設《ふくししせつ》の一つ。夫のいない女性と、その子を住まわせる施設。現在は母子生活支援施設と改称《かいしょう》。

**ほじ・る【▵穿る】**（他五）{ラ(ロ)・リ・(ッ)・ル・ル・レ・レ}穴などせまいところから中のものをかき出す。「耳の穴を—」

**ほしん【保身】**（名）自分の地位・身分・名誉《めいよ》などを守ること。「—の術」「自己—」

**ほ・す【干す】**〘◇乾す〙（他五）{サ(ソ)・シ・ス・ス・セ・セ}❶水分を取り去るために日や風などにあてる。「ふとんを—」❷中の水をすっかりとりのぞく。「池の水を—」❸すっかり飲んでしまう。「杯《さかずき》を—」❹仕事をあたえないでおく。「仕事を—・される」⇨かわかす「学習」

**ボス**〔英 boss〕（名）親分。首領。顔役。また、職場の責任者である上司。「政界の—」

**ほすう【歩数】**（名）歩くとき、足でふむ回数。

**ポスター**〔英 poster〕（名）文字や絵をかいた広告・宣伝用のはりがみ。「選挙の—」

**ホステス**〔英 hostess〕（名）❶来客をもてなす女主人。❷バーやクラブなどで、客の相手をする女性。（対ホスト）

**ホスト**〔英 host〕（名）❶来客をもてなす男主人。「—役」対ホステス。❷バーやクラブなどで、客の相手をする男性。対ホステス。❸放送番組などで、司会役の男性。

**ポスト**〔英 post〕■一（名）❶郵便物を投入するため、街頭に設置された箱。郵便箱。また、各家庭の郵便受け。❷地位。持ち場。「重要な—につく」■二（接頭）…以後。「—冷戦」

**ボストンバッグ**〔英 Boston bag〕（名）底は長方形で、中ほどがふくらんだ革《かわ》や布製の旅行かばん。

**ボスニア・ヘルツェゴビナ**〔Bosnia and Herzegovina〕〔地名〕バルカン半島北西部にある共和国。ユーゴスラビアから分離《ぶんり》・独立した。首都はサラエボ。

**ホスピス**〔英 hospice〕（名）死期のせまった末期がんなどの患者《かんじゃ》を対象に、心身の安らぎをあたえることを重点的に行う医療施設《いりょうしせつ》。

**ほせい【補正】**（名・他スル）足りないところをおぎなったり、誤りを正したりすること。「—予算」

**ぼせい【母性】**（名）母としての性質。「—本能」対父性

**ぼせいあい【母性愛】**（名）子どもに対する、母としての愛情。「—にめざめる」対父性愛

**ぼせき【墓石】**（名）墓に立てる石。はかいし。

**ほせつ【補説】**（名・他スル）説明をおぎなうこと。また、その説明。

**ほせん【保線】**（名）鉄道線路の安全を保つこと。

**ほぜん【保全】**（名・他スル）安全であるように保護すること。「文化財の—」「森林の—」「環境《かんきょう》—」

**ぼせん【母船】**（名）遠洋漁業の船団で、他の漁船がとった魚を加工・保存する設備をもった船。おやぶね。

**ぼぜん【墓前】**（名）墓の前。「—に花を供える」

**ほぞ【▵臍】**（名）❶へそ。❷果実のへた。

**ほぞを固《かた》める** 決心する。覚悟《かくご》をきめる。

**ほぞを噛《か》む** 後悔《こうかい》する。

**ほそ・い【細い】**（形）{カロ・カッ(ク)・イ・イ・ケレ・○}❶棒状のもののまわりや線状のものの幅《はば》が小さい。また、やせている。「—指」「—ひも」「—道」「—線」対太い ❷声が小さく弱々しい。「—声」対太い ❸量が少なく勢いが弱い。「食が—」❹力がなくて弱々しい。「神経が—」対太い

**ほそう【舗装】**〘▵鋪装〙（名・他スル）道路の表面を、アスファルトやコンクリートなどでかためること。

**ほそうで【細腕】**（名）❶やせて細い腕。❷経済力のとぼしいこと。「女の—で一家を養う」

**ほそおもて【細面】**（名）ほっそりした顔。「—の美人」

**ほそく【歩測】**（名・他スル）同じ歩調で歩き、その歩数で、だいたいの距離《きょり》をはかること。

**ほそく【捕捉】**（名・他スル）とらえること。つかまえること。「敵を—する」

**ほそく【補足】**（名・他スル）足りないものをおぎなうこと。つけ足すこと。「説明を—する」

**ほそく【補則】**（名）法令をおぎなうために加えた規則。

**ほそじ【細字】**（名）細い字。対太字

**ほそなが・い【細長い】**（形）{カロ・カッ(ク)・イ・イ・ケレ・○}細くて長い。幅《はば》がせまくて、長い。「—箱」

**ほそのお【ほぞの緒】**〘▵臍の緒〙（名）へそのお。

**ほそびき【細引き】**（名）麻などをよった細い縄《なわ》。

**ほそぼそ【細細】**（副）❶ひどく細いようす。❷かろ

うじて続いているようす。「—(と)暮らす」

**ぼそぼそ**(副・自スル) ❶小さく低い声で話すようす。「—(と)話す」❷食べ物などの水分が少なくかわいているようす。「—したそば」

**ほそみ【細身】**(名) ❶幅《はば》のせまいつくりであること。「—の刀」「—のズボン」❷やせてほっそりしているからだ。

**ほそめ【細め】**(名・形動ダ) やや細いと思われる程度。「—のズボン」「とびらを—に開ける」対太め

**ほそめ【細目】**(名) ❶細く開いた目。「—を開けて見る」❷細い織り目、または編み目。

**ほそ・める【細める】**(他下一) {メ・メ・メル・メル・メレ・メロ(メヨ)} 細くする。細めにする。「目を—・めて喜ぶ」

**ほそ・る【細る】**(自五) {ラ(ロ)・リ(ッ)・ル・ル・レ・レ} だんだん細くなる。やせる。「食が—」「身も—思い」

**ほぞん【保存】**(名・他スル) そのままの状態を保って失わないようにすること。「—食品」「長期間—する」

**ポタージュ**〔フランス potage〕(名) どろっとしたとろみのあるスープ。

**ぼたい【母体】**(名) ❶(出産をする)母親のからだ。「—の健康」❷分かれ出てきたものの、もとになっているもの。⇒ぼたい(母胎)「学習」

**ぼたい【母胎】**(名) ❶母親の胎内《たいない》。❷物事を生み出すもとになるもの。

> **学習 使い分け** 「母体」「母胎」
>
> **母体** 子どもをうむ母親のからだ。比喩《ひゆ》的に、分かれ出たもとになるものをいう。「母体の保護」「党の支持**母体**」
>
> **母胎** 母親の胎内。比喩的に、ある物事のもとになるものをいう。「**母胎**での発育状況《じょうきょう》」「文明の**母胎**」「犯罪の**母胎**」

**ぼだい**〖△菩◇提〗(名)〘仏〙❶なやみや欲望をこえた無上のさとり。❷極楽往生《ごくらくおうじょう》すること。

**菩提を弔《とむら》う** 死んだ人のめいふくをいのる。

**ぼだいじ**〖△菩◇提寺〗(名) 先祖代々の墓・位牌《いはい》をまつる寺。檀那寺《だんなでら》。

**ぼだいじゅ**〖△菩◇提樹〗(名)〘植〙❶アオイ科の落葉高木。葉はハート形で、夏、淡黄色の花が咲《さ》き、球形の実を結ぶ。寺院などに植えられる。❷クワ科の常緑高木。インド原産。葉はハート形で、いちじくに似た実をつける。インドぼだいじゅ。釈迦《しゃか》はこの木の下でさとりを開いたといわれる。

**ほださ・れる**〖△絆される〗(自下一) {レ・レ・レル・レル・レレ・レロ(レヨ)} 相手の態度や気持ちに心が動かされて、身動きができない気持ちになる。「情に—」

**ほたてがい【帆立貝】**(名)〘動〙イタヤガイ科の大形の二枚貝。浅い海にすむ。殻《から》は開いた扇《おうぎ》形で、多数の放射状のでこぼこがある。貝柱は食用。

**ぽたぽた**(副) しずくやなみだなどが続けて落ちるようす。「大つぶのなみだが—(と)落ちた」

**ぼたもち【ぼた餅】**〖△牡◇丹餅〗(名) おはぎ。⇩おはぎ「学習」

**ぼたやま【ぼた山】**(名) 炭鉱で、石炭をより分けたあとの不良炭や石ころ(=ぼた)を積みあげてできた山。

**ほたる【蛍】**(名)〘動〙ホタル科の昆虫《こんちゅう》。多く水辺のくさむらにすみ、からだが黒い小さな甲虫。多く、腹部に発光器があり、夏の夜、青白い光を放つ。

**ほたるがり【蛍狩り】**(名) ほたるが飛んでいるのをながめたり、つかまえたりする遊び。ほたるとり。

**ほたるび【蛍火】**(名) ❶夜、ほたるの放つかすかな光。❷うもれ火の小さく残ったもの。

**ぼたん**〖△牡丹〗(名)〘植〙ボタン科の落葉低木。庭園に栽培《さいばい》する。四、五月ごろ赤・白・紫《むらさき》色などの大形の美しい花が咲《さ》く。

(ぼたん)

**ボタン**〔ポルトガル botão〕(名) ❶洋服などの、丸く平らな形などをした留め具。合わせ目につけ、片方の穴にはめてとめる。❷ベルや機械などで、押《お》すと作動するしかけになっている突起《とっき》状のもの。「呼びりんの—」

**ぼたんくゎは**《ボタンカハ》…短歌 〔牡丹花は　咲《さ》き定《さだ》まりて　静《しづ》かなり　花《はな》の占《し》めたる　位置《いち》のたしかさ〕〈木下利玄《きのしたりげん》〉訳大きなぼたんはすっかり花を開ききって静かに動かない。花のしめている位置の、いかにも落ち着いてたしかなことよ。

**ぼたんちりて**…俳句 〔ぼたん散りて　打《う》ちかさなりぬ　二三片《にさんぺん》〕〈蕪村《ぶそん》〉訳庭に咲《さ》いたぼたんの花が、風もないのにはらはらと地面に散って、二枚三枚と厚い花びらが重なりあったことだ。(季語「ぼたん」夏)

**ぼたんゆき【ぼたん雪】**〖△牡丹雪〗(名) ふっくらと大きなかたまりになって降ってくる雪。ぼた雪。

**ぼち【墓地】**(名) 墓がある所。墓場。類墓所

**ホチキス**〔Hotchkiss〕(名) コの字形の金属製の針をはめこんで、紙をとじる事務用具。ホッチキス。ステープラー。(商標名)

**ぼちぼち**(副) 少しずつ物事を進めるようす。また、ゆっくりと物事にとりかかるようす。「—はじめよう」

**ぽちゃぽちゃ** ━(副) 水が動いたりはねたりするようす。また、その音。━(副・自スル) 顔やからだつきがふっくらして愛らしいようす。「—(と)した手」

**ほちゅう【補注】**〖補△註〗(名) 本文のあとにくわしくおぎない足した注釈《ちゅうしゃく》。「巻末に—をつける」

**ほちゅうあみ【捕虫網】**(名) 昆虫《こんちゅう》をとるためのあみ。

**ほちょう【歩調】**(名) ❶歩くときの調子。足並《あしな》み。「—をとる」❷大勢で行動するときの調子。「仕事の—を合わせる」

**ほちょうき【補聴器】**(名) 耳のよく聞こえない人が、聞こえるようにするために、耳につけて使う器具。

**ほつ【発】**→はつ(発)

**ほっ【法】**→ほう(法)

**ぼつ【没】** 7画 氵4 音ボツ

丶 冫 氵 氵 沪 沙 没

❶しずむ。うずまる。かくれる。◆出没・神出鬼没《しんしゅつきぼつ》・水没・沈没《ちんぼつ》・日没・埋没《まいぼつ》。❷はまりこむ。

深くはいりこむ。◆没頭・没入。❸なくす。なくなる。◆没我・没却《ぼっきゃく》。❹死ぬ。◆没後・没年 ◆死没・戦没。❺ほろびる。おちぶれる。◆没落。❻取りあげる。◆没収。

**ぼつ【没】** ━(名) ❶原稿《げんこう》などを採用しないこと。「あたためていた企画《きかく》が━になる」❷死ぬこと。「一九〇〇年━」〓(接頭) 名詞について、「…がない」の意を表す。「━交渉《こうしょう》」「━個性」 参考 ④は「歿」とも書く。

**ぼつ【勃】** 9画 力7 音 ボツ 一 十 土 孛 孛 勃
にわかに起こる。さかんになる。◆勃興《ぼっこう》・勃発《ぼっぱつ》

**ぼっ【坊】**→ぼう(坊)

**ほつい【発意】**(名・自他スル)→はつい

**ぼっか【牧歌】**(名) ❶牛飼いなどが家畜《かちく》の番をしながらうたう歌。❷牧人・農夫などの生活を主題とし、田園ののどかな感じを表した詩歌。「━調」

**ぼつが【没我】**(名) 我《われ》を忘れて物事にうちこむこと。「━の境地」 類 忘我・無我

**ほっかいどう**〔北海道〕【地名】日本列島北端《ほくたん》の大きな島。南北に山脈が走り、平野部では農業・牧畜《ぼくちく》がさかん。沿海は世界的な漁場。道庁所在地は札幌《さっぽろ》市。

**ぼっかく【墨客】**(名) 書や絵をかく風流人。「文人━」 参考「ぼっきゃく」とも読む。

**ボッカチオ**〔Giovanni Boccaccio〕【人名】(一三一三〜一三七五)ルネサンス時代のイタリアの小説家・詩人。ヨーロッパ近代小説の先がけとなる「デカメロン」を書いた。

**ぼっかてき【牧歌的】**(形動ダ)〔ダロ・ダッ(デ・ニ)・ダ・ナ・ナラ・○〕牧歌のようにそぼくで情緒《じょうちょ》が豊かなようす。「━風景」

**ほっかむり**〖◇頰っ◇被り〗(名・自スル)→ほおかぶり

**ぽっかり**(副) ❶口や目、あるいは穴などが大きくあいているようす。「屋根に━(と)穴があく」❷空や水面に軽々と浮《う》かぶようす。「水面に━(と)浮かぶ」

**ほつがん【発願】**(名・自スル) ❶神仏にいのって願をかけること。❷仏事に関する願いを起こすこと。

**ほっき【発起】** ━(名・他スル) 計画して始めること。〓(名・自スル) 信心を起こすこと。「一念━」

**ほつぎ【発議】**(名・自他スル)→はつぎ

**ほっきにん【発起人】**(名) 物事を計画して始める人。「会の━となる」

**ぼっきゃく【没却】**(名・他スル) なくすこと。問題にしないこと。忘れ去ること。「自我を━する」

**ぼっきゃく【墨客】**(名)→ぼっかく

**ほっきょく【北極】**(名) ❶地軸《ちじく》の北のはし。広くは、北極圏《ほっきょくけん》をさす。❷磁石《じしゃく》の針が北をさすほうの極。N極。❸〖天〗地軸の延長が北方で天球と交わる点。(対 南極)

**ほっきょくかい**〔北極海〕(名) ユーラシア・北アメリカの二つの大陸にかこまれた北極を中心とした大海。北氷洋。

**ほっきょくぐま【北極熊】**(名)〖動〗→しろくまさけ・あざらしなどがいる。

**ほっきょくけん【北極圏】**(名) 地球上で、北緯《ほくい》六六度三三分から北の地域。夏は太陽が沈《しず》まない白夜《はくや》となり、冬は太陽が現れない日がつづく。

**ほっきょくせい【北極星】**(名)〖天〗天の北極に最も近い星。こぐま座のアルファ星のこと。ほとんど位置を変えないので、北の方角を知る目じるしにされる。

**ほっく【発句】**(名) ❶連歌《れんが》・連句で五・七・五からなる最初の句。対 挙《あ》げ句。❷和歌のはじめの五文字。❸俳句。

**ホック**〔オランダ hoek〕(名) 洋服の合わせ目などをひっかけてとめる、かぎ状の小さな一対の金具。類 スナップ

**ボックス**〔英 box〕(名) ❶箱。❷箱形の建物。「電話━」❸仕切り席。「━シート」❹野球で、打者・コーチなどが立つ所。「バッター━」

**ぽっくり**〖◇木履〗(名) 厚い台の底をくりぬき、うしろを丸くした歯のない下駄《げた》。漆《うるし》ぬりで、少女がはく。

**ぽっくり**(副) 物が、もろくこわれるようす。また、元気だった人が突然《とつぜん》死ぬようす。「━(と)いった」

**ホッケー**〔英 hockey〕(名) 一一人ずつ二組に分かれ、先の曲がった棒(スティック)で、ボールを相手方のゴールに打ち入れて得点を争う競技。

**ぼっけん【木剣】**(名) 木でつくった刀。木刀《ぼくとう》。

**ぼつご【没後】**〖△歿後〗(名) 死んだのち。死後。

**ぼっこう【勃興】**(名・自スル) 急に勢いを得てさかんになること。「新勢力が━する」類 興隆《こうりゅう》

**ぼっこうしょう【没交渉】**(名・形動ダ) 交渉がなく、関係のないこと。参考「ぼつこうしょう」とも読む。

**ほっこく【北国】**(名) 北の国や地方。対 南国

**ぼっこん【墨痕】**(名) 墨《すみ》で書いた筆のあと。「━あざやか」

**ほっさ【発作】**(名) 病気の症状《しょうじょう》が急におこること。「心臓の━」「━をおこす」

**ほっさてき【発作的】**(形動ダ)〔ダロ・ダッ(デ・ニ)・ダ・ナ・ナラ・○〕感情のまま、突然《とつぜん》ある行動にでるようす。「━な犯行」

**ぼっしゅう【没収】**(名・他スル) ❶むりやりにとりあげること。❷〖法〗国家が個人の所有物、また、所有権をとりあげること。「財産を━する」

**ぼっしょ【没書】**(名) 投書を採用しないこと。また、採用されない投書。没。

**ほっしん【発心】**(名・自スル) ❶思いたつこと。「━して勉強を始める」❷〖仏〗信仰《しんこう》心を起こすこと。僧《そう》になること。

**ほっしん**〖発△疹〗(名・自スル)→はっしん(発疹)

**ほっ・する【欲する】**(他サ変)〔シ(セ・サ)・シ・スル・スル・スレ・シロ(セヨ)〕ほしいと思う。のぞむ。ねがう。「平和を━」

**ぼっ・する【没する】**〔シ(セ・サ)・シ・スル・スル・スレ・シロ(セヨ)〕━(自サ変) ❶しずむ。「海中に━」❷死ぬ。ほろびる。「事故で━」〓(他サ変) ❶しずめて見えなくする。かくす。「姿を━」❷とりあげる。うばう。「財産を━」参考 ━②は「歿する」とも書く。

**ほっそく【発足】**(名・自スル) 団体や会などが設立され、活動を始めること。参考「はっそく」とも読む。

**ほっそり**(副・自スル) 細いようす。やせているようす。「━(と)したからだつき」

**ぼったくり**(名)《俗語》不当に高い料金を取ること。「━にあう」

**ぼったく・る**(他五)〔ラ(ロ)・リ(ッ)・ル・ル・レ・レ〕《俗語》不当に高い料金をとる。ふんだくる。「外国の観光地で━・られる」

**ほったてごや【掘っ建て小屋】**(名) 土台なしに、

柱を直接土の中にさしこんで建てたそまつな小屋。

**ほったん【発端】**（名）物事の始まり。「事件の―」

**-ぽっち**（接尾）ほかのことばについて、数の少ないことを表す。ぽっち。ぽち。「一人―」「これっ―」

**ホッチキス**（名）→ホチキス

**ぼっちゃん**〔坊っちゃん〕［作品名］夏目漱石《なつめそうせき》の小説。一九〇六（明治三九）年作。若くて正義感の強い「坊っちゃん」の教師生活をユーモラスにえがく。

冒頭文 親ゆずりの無鉄砲《むてっぽう》で子どもの時から損ばかりしている。小学校にいる時分、学校の二階から飛び降りて一週間ほど腰《こし》を抜《ぬ》かしたことがある。

**ほっと**（副・自スル）❶ため息をつくようす。「―息をつく」❷ひと安心するようす。「無事と聞き―する」

**ホット**〔英 hot〕❶（形動ダ）〔ダロ・ダッ(デ・ニ)・ダ・ナ・ナラ・〇〕熱いようす。「―コーヒー」❷激しいようす。「―な議論」❸最も新しいようす。「―な話題」「―ニュース」

**ポット**〔英 pot〕（名）丸く深く、多くふたつきの容器。食物を保存したり、湯を沸かしたり飲み物を注いだりするのに用いる。「シュガー―」「ティー―」「電気―」

**ぼっとう【没頭】**（名・自スル）物事に熱中すること。むちゅうになること。「研究に―する」類没入

**ホット-ケーキ**〔英 hot cake〕（名）小麦粉・牛乳・卵などをまぜて、円形にひらたく焼いた菓子《かし》。

**ホット-ドッグ**〔英 hot dog〕（名）細長いパンにバターとからしをぬり、ソーセージなどをはさんだ食べ物。

**ぼつにゅう【没入】**（名・自スル）一つのことにむちゅうになること。「仕事に―する」類没頭

**ぼつねん【没年】**〖△歿年〗（名）❶死んだ年。対生年《せいねん》。❷死んだときの年齢《ねんれい》。享年《きょうねん》。

**ぽつねんと**（副・自スル）ひとりだけさびしそうにいるようす。「―ひとりたたずむ」

**ぼっぱつ【勃発】**（名・自スル）事件などが急におこること。「戦闘《せんとう》が―する」

**ほっぴょうよう**〔北氷洋〕（名）→ほっきょくかい

**ホップ**〔オランダ hop〕（名）《植》アサ科のつる性多年草。寒い地方で作られ、実はビールのにがみやかおりをつけるのに使う。

**ホップ**〔英 hop〕（名・自スル）❶片足でとぶこと。特に、陸上競技の三段跳《と》びで、最初の跳躍《ちょうやく》。「―・ステップ・ジャンプ」❷野球で、投手の投げたボールが、打者の手もとでうき上がること。「―する球」

**ポップ**〔英 pop〕（名・形動ダ）❶大衆向きなこと。また、現代的でしゃれていること。「―カルチャー」「―な色使い」❷ポピュラー音楽。ポップス。「―ソング」

**ポップス**〔英 pops〕（名）洋風の親しみやすいリズムをもった軽音楽。ポピュラー。

**ほっぺた**〖◇頰っぺた〗（名）《俗語》ほお。

**ほっぺたが落《お》ちる** とてもおいしいことのたとえ。

**ぼつぼつ** 一（副）❶少しずつ物事をするようす。そろそろ。「―出かける」❷小さな点や穴などが、いくつもできるようす。 二（名）たくさんの小さな点や突起《とっき》。

**ぼつぼつ【勃勃】**〔トタル〕さかんに起こりたつようす。「闘志《とうし》が―とわき起こる」

**ぽつぽつ**（副）❶雨などが少しずつ降るようす。❷小さな点や穴などが、いくつもちらばってあるようす。

**ぼつらく【没落】**（名・自スル）いままで栄えていたものが、おとろえおちぶれること。「平家の―」

**ぽつりぽつり**（副）❶間があいているようす。少しずつ。「―(と)客が来る」「―(と)話す」❷雨やしずくなどが少しずつ落ちるようす。「雨が―と落ちてくる」

**ほつ・れる**〖◇解れる〗（自下一）〔レ・レ・レル・レル・レレ・レロ(レヨ)〕結んだり編んだりしたものの先のほうがほどける。「セーターが―」「髪《かみ》の毛が―」

**ボツワナ**〔Botswana〕［地名］アフリカ大陸南部の内陸にある共和国。首都はハボローネ。

**ほてい**〖◇布◇袋〗（名）七福神の一。ぼうず頭で大きな腹をつき出し、ふくろをせおっている神。

（ほてい）

**ボディー**〔英 body〕（名）❶からだ。「―スーツ」❷ボクシングで、胴《どう》の部分。「―を打つ」❸機械・器具などの中心部分。車体。機体。船体。「車の―」❹人間の胴体をまねて実物大に作ったもの。洋裁に使う。（=ボデー）

**ボディーガード**〔英 bodyguard〕（名）重要人物などにつきそっている護衛。「大臣の―」

**ボディービル**（名）（「ボディービルディング」の略）バーベルなどの器具を用いて、筋肉のたくましいからだをつくりあげること。▽英 bodybuilding から。

**ほていばら【ほてい腹】**〖◇布◇袋腹〗（名）七福神のほていのように、太ってつき出た腹。たいこ腹。

**ポテト**〔英 potato〕（名）じゃがいも。「マッシュ―」

**ポテト-チップ**〔英 potato chip〕（名）じゃがいもをうすく切って油であげ、塩味などをつけた食品。

**ほてり【火照り】**（名）顔やからだが熱くなったり、熱く感じたりすること。「顔の―をさます」

**ほて・る【火照る】**（自五）〔ラ(ロ)・リ(ッ)・ル・ル・レ・レ〕顔やからだが熱くなる。熱く感じる。「顔が―」

**ホテル**〔英 hotel〕（名）洋風の旅館。「ビジネス―」

**ほてん【補塡】**（名・他スル）不足をうめあわせること。「赤字を―する」

**ポテンシャル**〔英 potential〕（名）可能性としてもつ力。潜在《せんざい》能力。「―が高い選手」

**ほど【程】**（名）❶物事や数の程度。「年の―は二二、三」❷物事の限度。「冗談《じょうだん》にも―がある」❸ようす。ぐあい。「真偽《しんぎ》の―はわからない」❹へだたり。距離《きょり》。「道の―(=道のり)」❺時間。「待つ―もなく帰ってきた」❻身分。分際。「身の―」

**ほど**（副助）❶程度を表す。…ぐらい。…ばかり。「せみがうるさい―鳴く」❷いよいよ、ますますの意を表す。「考えれば考える―むずかしい」「出世する―いそがしくなる」❸おおよその時間・場所・数量を表す。「二日―待った」「半分―書いた」❹比較《ひかく》のための基準を示す。または、最高の意を表す。「例年―寒くない」「彼《かれ》―の努力家はいない」使い方 ④はあとに「ない」「ません」などの打ち消しのことばがくる。

**ほどあい【程合い】**（名）ちょうどよい程度。ころあい。「―を見計《みはか》らう」

**ほどう【歩道】**（名）道路で、歩行者のために車道と

区切って設けた所。人道。「横断―」対車道

**ほどう【補導】**(名・他スル) 青少年の非行を防ぎ、健全な方向にみちびくこと。「非行少年の―」

**ほどう【舗道】**『△鋪道』(名) 舗装した道路。舗装道路。

**ぼどう【母堂】**(名) 他人の母に対する敬称《けいしょう》。

**ほどうきょう【歩道橋】**(名) 交通量の多い道路を歩行者が安全に渡《わた》れるように架《か》け渡した橋。

**ほど・く**『◇解く』(他五) {カ(コ)・キ(イ)・ク・ク・ケ・ケ} 結んだもの・縫《ぬ》ったもの・もつれたものなどをときはなす。「帯を―」

**ほとけ【仏】**(名) ❶仏教で、さとりを開いた人。仏陀《ぶっだ》。特に、仏教の開祖である釈迦《しゃか》。また、その教え。「―につかえる」「―にすがる」「―の道」 ❷仏像。「―をおがむ」 ❸仏式によりほうむった死者。「―になる」 ❹善良ですなおな人や慈悲《じひ》深い人をたとえていう。

**仏作《つく》って魂《たましい》入《い》れず** 形はほとんどできあがっているが、最も大事な点を落としていることのたとえ。

**仏の顔《かお》も三度《さんど》** どんなにやさしくなさけ深い人でもたびたびひどいことをされれば、しまいにはおこり出す。我慢《がまん》にも限度があるということ。

**ほとけごころ【仏心】**(名) 仏のような、なさけ深い心。「―を起こす」

**ほとけのざ【仏の座】**(名)《植》❶シソ科の越年草《えつねんそう》。道ばたに自生する。春、赤紫《あかむらさき》色のくちびる形の花をつける。❷→たびらこ

**ほど・ける**『◇解ける』(自下一) {ケ・ケ・ケル・ケル・ケレ・ケロ(ケヨ)} 結んだもの・もつれたものなどがとけてはなれる。「ひもが―」

**ほどこし【施し】**(名) めぐみ与《あた》えること。また、その金品。「―をする」

**ほどこ・す【施す】**(他五) {サ(ソ)・シ・ス・ス・セ・セ} ❶めぐみとして与《あた》える。「金銭を―」 ❷影響《えいきょう》や効果を与えるために、ことを行う。「策を―」 ❸よりよい状態にするためにつけくわえる。「彩色《さいしょく》を―」「肥料を―」 ❹広く示す。「面目《めんぼく》を―」

**ほどちか・い【程近い】**(形) {カロ・カッ(ク)・イ・イ・ケレ・○} 道のりや時間のへだたりが少ない。「駅に―店」対程遠い

**ほどとお・い【程遠い】**(形) {カロ・カッ(ク)・イ・イ・ケレ・○} 道のりや時間のへだたりがかなりある。「成功には―」対程近い

**ほととぎす**『×時鳥・×杜鵑・×子規・×不如帰』(名)《動》ホトトギス科の鳥。かっこうに似ているが少し小さい。初夏のころ日本に来て、多く山地にすむ。うぐいすなどの巣に卵をうむ。

(時鳥)

**ほととぎす【不如帰】**[作品名] 徳冨蘆花《とくとみろか》の小説。一八九八(明治三一)年から翌年にかけて発表。日清《にっしん》戦争を背景に、海軍士官川島武男《たけお》と妻浪子《なみこ》の二人が、古い家族制度のために愛情をひきさかれるという物語。

**ほととぎす**…和歌

〔**ほととぎす 鳴《な》きつるかたを 眺《なが》むれば ただありあけの 月《つき》ぞ残《のこ》れる**〕〈千載《せんざい》集・藤原実定《ふじわらのさねさだ》〉訳 待ちかねていたほととぎすが鳴いたほうをながめると、姿はなくて、ただ明け方の月が西の空に白く残っている。(小倉《おぐら》百人一首の一つ)

**ほととぎす**…和歌

〔**ほととぎす なくや五月《さつき》の あやめ草《ぐさ》 あやめも知《し》らぬ 恋《こい》もするかな**〕〈古今集《こきんしゅう》・よみ人しらず〉訳 ほととぎすが鳴いているよ、五月に咲《さ》くあやめ草も家々の軒《のき》にさしてある。そのあやめではないが、ものの文目《あやめ》(=筋道)もわからないような恋を私はすることよ。(「あやめ草」までが「あやめ(文目)」を導く序詞《じょし》)

**ほどなく【程なく】**(副) あまり時間をおかないで。まもなく。やがて。「―到着《とうちゃく》する」

**ほとばし・る**『◇迸る』(自五) {ラ(ロ)・リ(ッ)・ル・ル・レ・レ} 水などが勢いよく出て飛び散る。「血が―」「情熱が―」

**ほと・びる**『◇潤びる』(自上一) {ビ・ビ・ビル・ビル・ビレ・ビロ(ビヨ)} 水分をふくんでふくれる。ふやける。「豆が―」

**ほとほと**(副) 身にしみて強く感じるようす。どうしようもないほど。まったく。「―いやになる」

**ほどほど【程程】**(名) 度をこさないくらいの程度。適度。「ふざけるのも―にしなさい」「何事も―がよい」

**ほとぼり**(名) ❶残っている熱。 ❷感情の高まりのなごり。また、事件などのあとにしばらく残る人びとの関心。「―が冷める」

**ほどよ・い【程よい】**『程◇好い』(形) {カロ・カッ(ク)・イ・イ・ケレ・○} ぐあいがよい。ちょうどよい。「―音量」

**ほとり**『◇辺』(名) そのあたり。近い所。「泉の―」

**ボトル**〔英 bottle〕(名) 洋酒などのびん。

**ほとんど**『△殆ど』■一(副) ❶すべてとはいえないが、大部分。おおかた。「―ねむれなかった」 ❷もう少しのところで。「―泣きそうだった」■二(名) 大部分。「参加者の―が帰った」

**ほなみ【穂波】**(名) 稲《いね》などの穂が、風にゆらいで波のように見えるようす。「―が立つ」

**ボナンザグラム**〔英 bonanzagram〕(名) 文字のぬけているところをうめて、文章を完成させる遊び。

**ほにゅう【哺乳】**(名・自スル) 赤んぼうに乳を飲ませること。「―びん」「―動物」

**ぼにゅう【母乳】**(名) 母親の乳。「―で育てる」

**ほにゅうるい【哺乳類】**(名)《動》脊椎《せきつい》動物の一種。体温が温かく、肺で呼吸をし、子をうみ母乳で育てる。ひと・さる・いぬなど。

**ほぬの【帆布】**(名) 船の帆に使う厚い布。はんぷ。

**ほね【骨】**(名) ❶人やけもの・鳥・さかななどのからだの中にある、かたくてカルシウム分の多い組織。からだをささえたり、器官を保護したりする。「腰《こし》の―」 ❷建造物・器具などの中心となって、全体をささえる金属・木などの部分。「傘《かさ》の―」「障子の―」 ❸物事の中心。「計画の―の部分」 ❹物事にたえる気力。しっかりした気持ち。「―のある人物」 ❺むずかしいこと。苦労。「完走するのは―だ」

**骨が折《お》れる** むずかしくて苦労する。めんどうである。

**骨と皮《かわ》** ひじょうにやせているようす。

**骨に刻《きざ》む** 深く心に刻みこんで忘れない。

**骨までしゃぶる** 人から利益をしぼりとるために、とことん利用する。「弱みにつけこんで―」

**骨を埋《うず》める** ❶その土地に死ぬまでいる。❷その

事に一生をかけてとりくむ。

**骨を惜《お》しむ**　苦労をいやがる。なまける。

**骨を折《お》る**　物事をなしとげるため精を出して働く。めんどうがらずに努力する。「友人の就職のために—」

**骨を拾《ひろ》う**　❶火葬《かそう》にした死者の遺骨を拾いおさめる。❷仕事のとちゅうでたおれた人のあとを継《つ》ぐ。

**ほねおしみ【骨惜しみ】**（名・自スル）苦労をいやがって、なまけること。「—せずに働く」

**ほねおりぞんのくたびれもうけ**〖骨折り損のくたびれ△儲け〗せっかく苦労したのに、その苦労がむだになること。「—に終わる」

**ほねお・る【骨折る】**（自五）{ラ(ロ)・リ(ッ)・ル・ル・レ・レ}物事をなしとげるため、一生けんめい働く。苦労する。骨を折る。

**ほねぐみ【骨組み】**（名）❶からだの骨の組み合わせ。骨格《こっかく》。「がっちりした—」❷建物・器具などのおもな材料の組み立て。❸物事の中心になっているしくみ。「文章の—」「会社の再建に—」

**ほねつぎ【骨接ぎ】**（名）からだの骨が折れたり関節がはずれたりしたのをなおすこと。接骨。また、接骨医。

**ほねっぽ・い【骨っぽい】**（形）{カロ・カッ(ク)・イ・イ・ケレ・○}❶魚などの骨が多いようす。「—小魚」❷やせていて骨がめだつようす。「—顔」❸自分の意志をしっかりと持っているようす。「—青年」

**ほねなし【骨なし】**〖骨無し〗（名）しっかりした気持ち・信念のないこと。また、その人。

**ほねぬき【骨抜き】**（名）❶さかな・鳥などの料理で、その骨をとりのぞくこと。❷主義・計画・案などの大事な部分をぬき去ること。また、ぬき去ったもの。「法案を—にする」❸人から、しっかりした心がまえや信念などをとり去ること。「すっかり—にされた男」

**ほねぶと【骨太】**（名・形動ダ）❶骨が太いこと。骨格がしっかりとしていること。❷信念がかたく、主張が明確なこと。「—の作風」

**ほねみ【骨身】**（名）骨と肉。からだ。

**骨身にこたえる**　痛さや苦しさ・つらさをからだや心に強く感じる。「貧乏《びんぼう》が—」

**骨身を惜《お》しまない**　苦しい仕事をいやがったりなまけたりしない。「—で働く」

**骨身を削《けず》る**　身がひどくやせるほど努力する。「骨身を削って働く」類身を削る

**ほねやすめ【骨休め】**（名・自スル）つかれたからだを休めること。休養。「—に温泉へ行く」

**ほの-**〖△仄〗（接頭）（多く動詞・形容詞について）「かすかに」「わずかに」「ほのかに」の意を表す。「—暗い」「—見える」

**ほのお【炎】**〖△焰〗（名）❶物が燃えるとき熱と光を発している部分。「ろうそくの—」「—につつまれる」❷心の中に燃えたつ感情。「怒《いか》りの—」

**ほのか**〖△仄か〗（形動ダ）{ダロ・ダッ(デ・ニ)・ダ・ナ・ナラ・○}わずかに感じられるようす。かすかにそれとわかるようす。「—な梅のかおり」「—なぬくもり」類かすか

**ほのぐら・い【ほの暗い】**〖△仄暗い〗（形）{カロ・カッ(ク)・イ・イ・ケレ・○}ほのかに暗い。「—ランプの光」類うす暗い

**ほのぼの**（副・自スル）❶かすかに明るくなるようす。「—と夜が明ける」❷ほんのりと人情の温かさが感じられるようす。「—(と)した話」

**ほのぼのと…**和歌

〔ほのぼのと　春《はる》こそ空《そら》に　来《き》にけらし　天《あま》の香具山《かぐやま》　霞《かすみ》たなびく〕〈新古今集《しんこきんしゅう》・後鳥羽上皇《ごとばじょうこう》〉訳ほんのりと春はまず空にやって来たらしい。天の香具山にはあのように霞がたなびいているよ。

**ほのめか・す**〖△仄めかす〗（他五）{サ(ソ)・シ・ス・ス・セ・セ}それとなく言い方やようすに表す。「辞意を—」

**ほのめ・く**〖△仄めく〗（自五）{カ(コ)・キ(イ)・ク・ク・ケ・ケ}ほのかに見える。「人影《ひとかげ》が—」

**ホバークラフト**〔Hovercraft〕（名）船体を、下部から噴出《ふんしゅつ》させた圧縮空気で浮《う》かせて水面すれすれを走る船。ホーバークラフト。（商標名）

**ほばく【捕縛】**（名・他スル）つかまえてしばること。「犯人を—する」

**ほばしら【帆柱】**（名）船の帆を張る柱。マスト。

**ほはば【歩幅】**（名）歩くときの一歩の長さ。コンパス。「—が広い」「—をはかる」

**ぼひ【墓碑】**（名）墓石。

**ほひつ【補筆】**（名・自スル）文章や書画にあとから筆を加えておぎなうこと。「素案に—する」

**ぼひめい【墓碑銘】**（名）墓石に死者の経歴などをほった文句。「—を刻む」

**ポピュラー**〔英 popular〕■一（形動ダ）{ダロ・ダッ(デ・ニ)・ダ・ナ・ナラ・○}広く知られて親しまれている。一般《いっぱん》向きの。人気のある。「アメリカで—な食材」「—ソング」■二（名）（「ポピュラーミュージック」の略）軽音楽。ポップス。

**ポピュリズム**〔英 populism〕（名）大衆の願望や不満を利用することで支持を得て、既存《きそん》の体制と対決しようとする政治姿勢。大衆迎合《げいごう》主義。

**ぼひょう【墓標】**（名）墓であるしるしに木・石などを立てたもの。墓じるし。「—を立てる」

**ほふく**〖△匍△匐〗（名・自スル）腹ばいになること。「—前進」

**ボブスレー**〔英 bobsleigh〕（名）ブレーキと操縦《そうじゅう》装置のついた鋼鉄製のそり。また、それを使って氷のコースをすべりおりる競技。ボッブスレー。

**ポプラ**〔英 poplar〕（名）〖植〗ヤナギ科の落葉高木。幹や枝が直立する。庭・街路《がいろ》などに植える。

**ほふ・る**〖△屠る〗（他五）{ラ(ロ)・リ(ッ)・ル・ル・レ・レ}❶鳥やけもののからだを切りさく。「牛を—」❷試合で相手をやぶる。敵をうちまかす。「優勝候補を—」

**ほへい【歩兵】**（名）徒歩で戦う兵隊。

**ボヘミアン**〔英 Bohemian〕（名）世間のならわしを無視して、自由気ままな生活をする人。

**ほほ【頰】**（名）→ほお(頰)

**ほぼ【保母】**〖保△姆〗（名）保育所などで幼児の保育にあたる女性。現在は「保育士」という。

**ほぼ**〖◇略〗（副）完全・正確ではないが、それに近いようす。おおかた。だいたい。ほとんど。「—完成する」

**ほほえまし・い**〖◇微笑ましい〗（形）{カロ・カッ(ク)・イ・イ・ケレ・○}思わずにっこり笑いたくなるような感じだ。「—光景」

**ほほえ・む**〖◇微笑む〗（自五）{マ(モ)・ミ(ン)・ム・ム・メ・メ}❶声を立てずににっこり笑う。「かすかに—」❷花が開きかける。

**ポマード**〔英 pomade〕(名) 髪《かみ》の毛を整えるためにつける、かための油。おもに男性用。

**ほまえせん【帆前船】**(名) 帆に風を受けて走る大型船。帆船《はんせん》。

**ほまれ【誉れ】**(名) よい評判。名誉《めいよ》。ほめられて光栄なこと。「家の―」「名人の―が高い」

**ほむら**〘◇炎・△焰〙(名) 「ほのお」の古い言い方。「嫉妬《しっと》の―」

**ほめそや・す【褒めそやす】**〘◇誉めそやす〙(他五) ｛サ(ソ)・シ・ス・ス・セ・セ｝ さかんにほめる。「口々に―」

**ほめたた・える【褒めたたえる】**〘◇誉め◇称える〙(他下一) ｛エ・エ・エル・エル・エレ・エロ(エヨ)｝ 敬意をこめて心からほめる。称賛《しょうさん》する。「勝利を―」

**ほめちぎ・る【褒めちぎる】**〘◇誉めちぎる〙(他五) ｛ラ(ロ)・リ(ッ)・ル・ル・レ・レ｝ これ以上言いようがないほどさかんにほめる。「口をそろえて―」

**ほ・める【褒める】**〘◇誉める〙(他下一) ｛メ・メ・メル・メル・メレ・メロ(メヨ)｝ 物事のすぐれているところを認め、それをよく言う。称賛《しょうさん》する。「善行を―」「子どもを―」

**ホメロス**〔Homeros〕【人名】(生没年不明)古代ギリシャの詩人。紀元前九世紀ごろの人か。盲目《もうもく》の吟遊《ぎんゆう》詩人で、叙事《じょじ》詩「イリアス」「オデュッセイア」の作者といわれる。ホーマー。

**ホモ**(名) ❶〔ラテン homo〕人。人類。❷「ホモセクシュアル」の略。

**ホモ-サピエンス**〔ラテン Homo sapiens〕(名)〘動〙動物学のうえからいった現在の人類の学名。参考 ラテン語で「知性のある人」の意。

**ホモセクシュアル**〔英 homosexual〕(名) (おもに男性の)同性愛。同性愛者。

**ほや【火屋】**(名) ❶ランプ・ガス灯などの火をおおい包むガラス製の筒《つつ》。❷香炉《こうろ》などの上をおおうふた。

**ぼや**〘×小火〙(名) 大事にいたらないうちに消し止めた火事。小さい火事。「―を出す」

**ぼやか・す**(他五) ｛サ(ソ)・シ・ス・ス・セ・セ｝ はっきりしないようにする。ぼんやりさせる。「問題点を―」

**ぼや・く**(自五) ｛カ(コ)・キ(イ)・ク・ク・ケ・ケ｝ ぶつぶつと不平を言う。「給料が低いと―」

**ぼや・ける**(自下一) ｛ケ・ケ・ケル・ケル・ケレ・ケロ(ケヨ)｝ はっきりしなくなる。ぼんやりする。ぼける。「焦点《しょうてん》が―」「色が―」「記憶《きおく》が―」

**ほやほや**(名・形動ダ) ❶食べ物ができたばかりで、あたたかく、やわらかいようす。「できたての―」❷その状態になったばかりのようす。「卒業したての―」

**ぼやぼや**(副・自スル) 気がつかないで、またはどうしてよいかわからないで、ぼんやりしているようす。「―するな」

**ほゆう【保有】**(名・他スル) 手もとに持ち続けること。「核《かく》の―国」類 所有

**ほよう【保養】**(名・自スル) ❶からだを休ませて健康をたもつこと。「―地」類 養生。❷なぐさめ楽しませること。「目の―」

**ほら【洞】**(名) 岩やがけ、大木などにできた、中がうつろな穴。ほら穴。洞窟《どうくつ》。

**ほら**〘◇法△螺〙(名) ❶ほらがい。❷物事を大げさに言うこと。でたらめ。「―をふく」

**ぼら**〘△鯔〙(名)〘動〙ボラ科の魚。河口に近い海にすむ。参考「おぼこ」→「いな」→「ぼら」→「とど」と成長するごとに呼び名がかわる、いわゆる出世魚《しゅっせうお》の一つ。

**ホラー**〔英 horror〕(名) 恐怖《きょうふ》。おそろしさ。戦慄《せんりつ》。「―映画」

**ほらあな【洞穴】**(名) →ほら(洞)

**ほらがい【ほら貝】**〘◇法△螺貝〙(名) ❶〘動〙フジツガイ科の巻き貝。あたたかい海の岩の間にすむ。殻《から》は大形で美しい。ほら。❷①の貝殻の頭部に穴をあけてふき鳴らすようにしたもの。ほら。軍陣《ぐんじん》での合図や、修験《しゅげん》者の山中でのけものよけなどに用いた。

**ほらがとうげ【洞が峠】**(名) 形勢の有利なほうにつこうとして、なりゆきを見まもること。「―をきめこむ」参考 京都府と大阪府の境にある峠。山崎《やまざき》の合戦のとき、筒井順慶《つついじゅんけい》がそこに陣《じん》どって形勢をうかがい、勝ちそうなほうに味方したという故事からでたことば。

**ほらふき【ほら吹き】**〘◇法△螺吹き〙(名) 物事を大げさに言う人。でたらめを言う人。うそつき。

**ポラロイド-カメラ**(名) 撮影から現像・焼きつけまで一分たらずの時間で自動的に処理できるカメラ。(商標名)▽Polaroid Land Camera から。

**ボランティア**〔英 volunteer〕(名) 社会福祉《ふくし》事業などに参加し、奉仕《ほうし》活動をする人。

**ほり【堀】** 11画 土8 訓 ほり

◆内堀《うちぼり》・外堀《そとぼり》・釣《つ》り堀《ぼり》 ほり。ほりわり。

**ほり【堀】**(名) ❶地面を長くほってつくった水路。ほりわり。❷城のまわりをほって水をためた所。「―をめぐらす」

**ポリープ**〔英 polyp〕(名)〘医〙皮膚《ひふ》や粘膜《ねんまく》などからもりあがった茎《くき》状の部分をもつはれもの。

**ポリエステル**〔英 polyester〕(名)〘化〙合成樹脂《じゅし》の一種。耐《たい》薬品性・耐熱性などにすぐれ、衣料・建築材料・家具などに広く使われる。

**ポリエチレン**〔英 polyethylene〕(名)〘化〙合成樹脂《じゅし》の一種。空気・水・電気などを通さず変質しにくい。包装・各種容器などに広く使われる。

**ほりおこ・す【掘り起こす】**(他五) ｛サ(ソ)・シ・ス・ス・セ・セ｝ ❶掘って、下の土を上にする。「田畑を―」❷うもれているものを掘り出す。「木の根を―」「新事実を―」

**ほりさ・げる【掘り下げる】**(他下一) ｛ゲ・ゲ・ゲル・ゲル・ゲレ・ゲロ(ゲヨ)｝ ❶下に深く掘る。「地面を―」❷深くつっこんで考える。深くきわめる。「問題点を―」

**ポリシー**〔英 policy〕(名) 政策。方針。「―がない」

**ポリス**〔英 police〕(名) ❶警察。❷警察官。

**ポリス**〔ギリシャ polis〕(名)〘歴〙古代ギリシャの都市国家。都市の守護神の神殿をもったアクロポリスと、政治や経済の行われるアゴラ(広場)を中心に市民生活がいとなまれた。アテネやスパルタなどが有名。

**ほりだしもの【掘り出し物】**(名) 思いがけず手に入れためずらしい品物や安い品物。「―を見つける」

**ほりだ・す【掘り出す】**(他五) ｛サ(ソ)・シ・ス・ス・セ・セ｝ ❶掘って出す。「根を―」❷めずらしい品物を手に入れる。品物を安く手に入れる。「珍品《ちんぴん》を―」

**ほりたつお**〔堀辰雄〕【人名】(一九〇四―一九五三) 昭和前期の

小説家。近代的な知性と感受性に富む清新な作風で知られた。作品「風立ちぬ」「菜穂子《なおこ》」など。

**ホリデー**〔英 holiday〕(名)休日。祭日。

**ほりぬきいど【掘り抜き井戸】**(名)地面を深く掘って地下水をわき出させる井戸。掘り抜き。

**ボリビア**〔Bolivia〕〔地名〕南アメリカ大陸の中央部にある共和国。正式名称《めいしょう》はボリビア多民族国。首都はラパス。

**ほりもの【彫り物】**(名)❶彫刻《ちょうこく》をすること。❷いれずみ。

**ほりゅう【保留】**(名・他スル)すぐに決めないで、しばらくそのままにしておくこと。「決定を—する」

**ボリューム**〔英 volume〕(名)❶分量。体積。かさ。「—のある食事」❷音量。声量。「—を上げる」❸書物の巻。冊《さつ》。

**ほりょ【捕虜】**(名)戦争で敵につかまった人。俘虜《ふりょ》。とりこ。

**ほりわり【掘り割り】**(名)地面を掘って水が流れるようにした水路。堀《ほり》。

**ほ・る【彫る】**(他五){ラ(ロ)・リ(ッ)・ル・ル・レ・レ}木や石・金属などをきざんで、いろいろな形をつくる。彫刻《ちょうこく》する。「仏像を—」

**ほ・る【掘る】**(他五){ラ(ロ)・リ(ッ)・ル・ル・レ・レ}❶地面に穴をあける。「土を—」「トンネルを—」❷地中にうまっているものを取り出す。「いもを—」

**ぼ・る**(他五){ラ(ロ)・リ(ッ)・ル・ル・レ・レ}〘俗語〙とんでもない高いねだんを要求する。不当な利益をしめる。参考「暴利《ぼうり》」を動詞化した語。

**ポルカ**〔英 polka〕(名)〘音〙四分の二拍子《びょうし》の軽快な踊《おど》り。また、その舞曲《ぶきょく》。

**ホルスタイン**〔ドイツ Holstein〕(名)〘動〙牛の一品種。オランダ原産。白地に黒のまだらがある。乳牛として飼われる。

**ボルダリング**〔英 bouldering〕(名)用具を使わずに、岩壁《がんぺき》や、足場の取りつけられた壁《かべ》を登ること。また、その速さや技を競う競技。

**ボルテージ**〔英 voltage〕(名)❶電圧。❷熱意や興奮など、人の内側にこもる力の強さ。「議論の—が上がる」

**ボルト**〔英 bolt〕(名)一方のはしに頭があり、他方のはしにみぞを刻《きざ》んだ太いねじ。ナットにはめこんでとめ具とする。

**ボルト**〔英 volt〕(名)〘物〙電圧の実用単位。一ボルトは、一アンペアの電流を一オームの抵抗《ていこう》に流したときの電圧。記号 V

**ボルドーえき【ボルドー液】**(名)農薬の一種。硫酸《りゅうさん》銅と生石灰と水をまぜた液。殺菌《さっきん》に使う。▽ボルドーは、フランス Bordeaux

**ポルトガル**〔Portugal〕〔地名〕ヨーロッパ南西部、イベリア半島の西部にある共和国。首都はリスボン。

**ポルノ**(名)性をあからさまに表現した文学・映画・写真など。▽英 pornography から。

**ホルマリン**〔ドイツ Formalin〕(名)〘化〙メチルアルコールを酸化させたホルムアルデヒドの溶液の商品名。殺菌《さっきん》・防腐《ぼうふ》・消毒用に使われる。

**ホルモン**〔ドイツ Hormon〕(名)〘生〙内分泌腺《ないぶんぴつせん》から出される物質。血液とともに体内をめぐって、各部分のはたらきをさかんにしたりおさえたりする。

**ホルン**〔ドイツ Horn〕(名)❶角笛《つのぶえ》。❷〘音〙金管楽器の一つ。やわらかでゆたかな音が出る。

(ホルン②)

**ボレー**〔英 volley〕(名)テニスやサッカーで、飛んできた球が地面につく前に、空中で打ち返したり、蹴《け》ったりすること。「—シュート」

**ほれこ・む【ほれ込む】**〖△惚れ込む〗(自五){マ(モ)・ミ(ン)・ム・ム・メ・メ}心から好きになる。気に入って夢中になる。「人がらに—」

**ほれぼれ**〖△惚れ△惚れ〗(副・自スル)よさや美しさに心をひかれ、うっとりするようす。「—するような声」

**ほ・れる**〖△惚れる〗(自下一){レ・レ・レル・レル・レレ・レロ(レヨ)}❶恋《こ》いしたう。「あの人に—」❷感心して心ひかれる。「仕事ぶりに—」❸(動詞の連用形について)うっとりする。「夢中になる。「音楽に聞き—」

**ボレロ**〔スペイン bolero〕(名)❶ボタンのない短い上着。❷〘音〙四分の三拍子《びょうし》のスペインのダンス曲の一種。

**ほろ**〖△幌〗(名)雨・風・日光などをふせぐために、車などにかけるおおい。「—をかける」

**ぼろ**〖×襤褸〗(名)❶使い古して役に立たないきれ。ぼろぎれ。❷破れてつぎはぎだらけの衣服。「—をまとう」❸こわれ、破れているもの。役に立たないもの。「—靴《ぐつ》」❹欠点。「—が出る」

**ぼろ・い**(形){カロ・カッ(ク)・イ・イ・ケレ・○}〘俗語〙❶元手や労力のわりに、利益がひじょうに多い。「—商売」❷つくり方が粗末《そまつ》で安っぽい。また、古くてきたない。「—建物」

**ほろう【歩廊】**(名)❶二列の柱の間に設けた廊下。回廊。❷プラットホーム。

**ぼろくそ**〖×襤褸△糞〗(名・形動ダ)相手をさんざん悪く言うようす。くそみそ。「—にけなす」

**ホロコースト**〔英 holocaust〕(名)大虐殺《だいぎゃくさつ》。特に、ナチスによるユダヤ人の大量虐殺をいう。

**ポロ-シャツ**〔英 polo shirt〕(名)半そでで襟《えり》のあるスポーツシャツ。

**ほろっと**(副・自スル)→ほろりと

**ほろにが・い【ほろ苦い】**(形){カロ・カッ(ク)・イ・イ・ケレ・○}ちょっとにがい。少しにがみがある。「—味」「—思い出」

**ポロネーズ**〔フランス polonaise〕(名)〘音〙四分の三拍子《びょうし》のゆるやかなポーランドの舞曲。また、その踊《おど》り。

**ほろばしゃ【ほろ馬車】**〖△幌馬車〗(名)ほろをかけた馬車。

**ほろ・びる【滅びる】**〖◇亡びる〗(自上一){ビ・ビ・ビル・ビル・ビレ・ビロ(ビヨ)}絶えてなくなる。滅亡《めつぼう》する。「文明が—」「国が—」

**ほろ・ぶ【滅ぶ】**〖◇亡ぶ〗(自五){バ(ボ)・ビ(ン)・ブ・ブ・ベ・ベ}→ほろびる

**ほろぼ・す【滅ぼす】**〖◇亡ぼす〗(他五){サ(ソ)・シ・ス・ス・セ・セ}絶えてなくなるようにする。滅亡《めつぼう》させる。「国を—」「身を—(=人生をだめにする)」

**ぼろぼろ** ━ (副)❶粒状《つぶじょう》のものがこぼれ落ちるようす。「なみだが—(と)こぼれる」❷隠《かく》されていたもの

がつぎつぎと出てくるようす。「ミスがー(と)見つかる」 ■二■ (形動ダ) 〔ダロ・ダッ(デ・ニ)・ダ・ナ・ナラ・○〕 ❶使いこんだり古くなったりして、破れたり、いたんだりしているようす。「ーに破れた服」 ❷食べ物などの水分がなくなって、ばらばらになっているようす。「さめてーになったご飯」 ❸からだや心がひどく疲《つか》れているようす。「身も心もーだ」

**ぽろぽろ** (副) →ぼろぼろ㊀①

**ぼろもうけ**〖ぼろ△儲け〗 (名・自スル) 元手や労力が少ないわりに、ひじょうに多くの利益を得ること。

**ほろよい**【ほろ酔い】 (名) 酒に少し酔って、いい気分になること。「ーきげん」

**ほろりと** (副・自スル) 思わず涙《なみだ》がこぼれるようす。感傷的になるようす。ほろっと。「けなげな姿にーする」

**ホワイト**〔英 white〕 (名) ❶白色。 ❷白色の絵の具。また、白色の修正液。

**ホワイトカラー** (名) (白い襟《えり》の意で) 肉体労働者に対し、事務の仕事をする労働者。 ▽英 white-collar worker から。 図ブルーカラー

**ホワイト-ハウス**〔英 White House〕 (名) アメリカのワシントンにある大統領の官邸《かんてい》。白亜《はくあ》館。

**ほん**【反】→はん(反)

**ほん【本】** 5画 木1 小1 音 ホン 訓 もと
一 十 才 木 本

❶物のもととなる部分。もとづくところ。◆本位・本拠《ほんきょ》・本源・本質・本末 ◆根本・資本。 ❷もとからある。◆本性《ほんしょう》・本能・本来。 ❸主となる。中心となる。◆本業・本家・本社・本尊・本題・本部・本分・本文《ほんぶん・ほんもん》・本論。 ❹まことの。正しい。◆本意・本気・本式・本心・本番・本名・本物《ほんもの》。 ❺書物。◆本屋 ◆絵本・写本・古本。 ❻植物のくき。◆草本・木本。 ❼この。当の。◆本件・本人

**ほん**【本】 ■一■ (名) 文章や絵・写真などを印刷して綴《と》じたもの。書物。「ーを読む」 ■二■ (接尾) ❶細長いものをかぞえることば。「筆一ー」「二ー《ぼん》の木」 ❷映画などの作品をかぞえることば。「二ー立て」 ❸柔道《じゅうどう》・剣道《けんどう》などで、技《わざ》の数をかぞえることば。「三ー《ぼん》勝負」

**ほん【奔】** 8画 大5 音 ホン
一 大 太 本 夲 奔

❶はしる。はしりまわる。◆奔走・奔騰《ほんとう》・奔馬・奔放《ほんぽう》・奔流 ◆狂奔《きょうほん》。 ❷にげる。◆出奔《しゅっぽん》

**ほん【翻】** 18画 羽12 〔飜〕 音 ホン 訓 ひるがえる㊀・ひるがえす㊀
㇒ 釆 番 翻 翻

❶ひるがえる。ひるがえす。ひつくりかえす。◆翩翻《へんぽん》。 ◆翻意・翻然・翻弄《ほんろう》 ❷つくりかえる。◆翻案・翻訳

**ホン**〔英 phon〕 (名) 騒音《そうおん》の大きさを測定する単位。フォン。 参考 現在はデシベルを用いる。

**ぼん【凡】** 3画 几1 音 ボン・ハン㊀
丿 几 凡

❶およそ。すべての。◆凡例《はんれい》・凡百《ぼんぴゃく》。 ❷なみ。ありふれた。つまらない。◆凡愚《ぼんぐ》・凡才・凡人・凡俗《ぼんぞく》・凡打・凡夫《ぼんぷ》・凡庸《ぼんよう》 ◆非凡・平凡。 参考「ハン」の音は「凡例」ということばに使われる特殊《とくしゅ》な読み方。

**ぼん【盆】** 9画 皿4 音 ボン
八 分 分 分 盆 盆

❶ひらたくてふちの浅いうつわ。◆盆景・盆栽《ぼんさい》・盆地。 ❷「盂蘭盆《うらぼん》」の略。◆旧盆・新盆《にいぼん・あらぼん》

**ぼん**【盆】 (名) ❶食器などをのせて運ぶ、ひらたくてふちの浅いうつわ。「木のおー」 ❷〘仏〙「うらぼん(盂蘭盆)」の略。七月一五日、または八月一五日に行われる仏事。おぼん。「ー休み」

**ぼん**【煩】→はん(煩)

**ほんあん**【翻案】 (名・他スル) ほかの人が書いた小説・戯曲《ぎきょく》などの中心となる筋をもとに、細かい部分を変えて改作すること。また、その作品。

**ほんい**【本位】 (名) ❶考え方や行動の基準となるもの。「利益ー」「興味ー」 ❷もとの位置。

**ほんい**【本意】 (名) ❶ほんとうの心。「不ー」 ❷もとからの考え。「ーにかなう」 ❸ほんとうの意義。

**ほんい**【翻意】 (名・自スル) 決心を変えること。「ーをうながす」

**ほんいかへい**【本位貨幣】 (名) 〘経〙その国の貨幣制度の基礎《きそ》となる貨幣。

**ほんいきごう**【本位記号】 (名) 〘音〙→ナチュラル㊁

**ほんいんぼう**【本因坊】 (名) 碁《ご》の優勝者にあたえられる称号《しょうごう》の一つ。

**ぼんおどり**【盆踊り】 (名) 盂蘭盆《うらぼん》の夜に、音頭《おんど》や歌に合わせて輪になっておどる踊り。

**ほんか**【本科】 (名) その学校の本体をなす課程。

**ほんか**【本歌】 (名) 和歌・連歌《れんが》などで、古歌をふまえてよんだ場合、そのもとになっている歌。もとうた。

**ほんかい**【本懐】 (名) もとからの願い。「ーをとげる」 類本望《ほんもう》

**ほんかいぎ**【本会議】 (名) ❶部会・分会などに対して、みなが参加する本式の会議。 ❷国会で、全議員が出席して行う会議。

**ほんかくてき**【本格的】 (形動ダ) 〔ダロ・ダッ(デ・ニ)・ダ・ナ・ナラ・○〕 ❶本来の正しいやり方や手順に従っているようす。本式。正式。「ーな研究」「ーな作法」 ❷すっかりそのようになるようす。「ーな寒さ」「ーな水不足」

**ほんかどり**【本歌取り】 (名) 〘文〙和歌・連歌《れんが》などで、以前によまれた歌の趣向《しゅこう》や語句をとり入れて新しく歌を作ること。

**ほんかん**【本館】 (名) ❶中心になる建物。 対別館。 ❷この建物。当館。

**ほんがん**【本願】 (名) ❶本来のねがい。 ❷〘仏〙仏が、広く多くの人を救うためにたてた根本になるねがい。

**ほんき**【本気】 (名・形動ダ) 冗談《じょうだん》ではない真剣《しんけん》な気持ち。また、そのような気持ちであること。「ーをだす」

**本気にする** ほんとうだと信じる。真《ま》に受ける。

**本気になる** 真剣《しんけん》な気持ちになる。

**ほんぎ**【本義】 (名) ❶文字やことばの本来の意義。正しい意味。「ことばのーを調べる」 ❷根本の意義。

**ほんぎまり**【本決まり】〖本◇極まり〗 (名) 正式に決まること。「ーになる」

**ほんきゅう【本給】**（名）手当などを加えない、基本となる給料。本俸《ほんぽう》。

**ほんきょ【本拠】**（名）おもなよりどころ。生活・活動の中心となるところ。「―地」

**ほんぎょう【本業】**（名）その人の主とする職業。本職。対副業

**ほんきょく【本局】**（名）❶局を持つ組織の中心となる局。対支局。❷この局。当局。

**ぼんぐ【凡愚】**（名・形動ダ）なんのとりえもなく、おろかなこと。また、その人。「―の及《およ》ぶところでない」

**ぼんくら**（名・形動ダ）《俗語》頭のはたらきがにぶく、ぼんやりしていること。また、そのような人。

**ぼんくれ【盆暮れ】**（名）盆と年末。「―のあいさつを欠かさない」

**ほんけ【本家】**（名）一門のもとになる家筋。また、分かれ出た流派や商家などのもととなる家。対分家

**ほんげん【本源】**（名）みなもと。おおもと。もと。「―にさかのぼる」

**ぼんご【『△梵語』】**（名）古代インドで使われた文章語。サンスクリット。

**ほんこう【本校】**（名）❶分校に対して本体となる学校。対分校。❷この学校。「―の生徒」

**ほんこく【翻刻】**（名・他スル）写本や前に出版された本を、もとのままに版を組んで新たに出版すること。

**ほんごく【本国】**（名）❶その人の生まれた国。また、国籍《こくせき》のある国。「―へ送還《そうかん》する」❷植民地に対して、もとからの国土。

**ほんごし【本腰】**（名）真剣《しんけん》な心がまえ。本気。

**本腰を入《い》れる** 真剣《しんけん》になって物事に取り組む。

**ぼんこつ【凡骨】**（名）平凡な素質や能力の人。

**ぽんこつ**（名）《俗語》使い古して役に立たなくなったもの。「―車」

**ホンコン〔香港〕**〔地名〕中国本土の南にある、半島と島からなる中国の特別行政区。国際貿易・金融《きんゆう》がさかん。一九九七年イギリスから返還《へんかん》された。

**ぼんさい【凡才】**（名）特にすぐれたところのない才能。平凡な才能。また、その人。

**ぼんさい【盆栽】**（名）鉢《はち》植えなどにして育て、観賞する草木。「―をいじる」

**ぼんさく【凡作】**（名）平凡でおもしろみのない作品。

**ほんざん【本山】**（名）❶一宗・一派の寺をまとめる大きな寺。対末寺。❷この寺。当山。❸物事の総もとじめとなるところ。「財界《ざいかい》の―」

**ほんし【本旨】**（名）本来の趣旨《しゅし》。

**ほんし【本紙】**（名）❶新聞などの本体となる紙面。❷この新聞。「―の特色」

**ほんし【本誌】**（名）❶別冊付録などに対して、雑誌の本体となる部分。❷この雑誌。

**ほんじ【本字】**（名）❶かなに対して漢字。❷略字や俗字《ぞくじ》に対して、字画の正しい漢字。

**ほんしき【本式】**（名）きちんとした正しいやり方。「―に習う」類正式

**ほんじすいじゃくせつ【『本地垂△迹説』】**（名）〔仏〕仏が仮に神の姿となって、すべての人や動物を救いに現れるという説。神仏混合思想。

**ほんしつ【本質】**（名）そのもの本来の性質。根本の性質。「問題の―に触《ふ》れる」

**ほんじつ【本日】**（名）きょう。この日。「―休業」

**ほんしつてき【本質的】**（形動ダ）{ダロ・ダッ(デ・ニ)・ダ・ナ・ナラ・○}根本の性質にかかわり、重要なようす。「―な問題」

**ほんしゃ【本社】**（名）❶その会社で中心となる事業所。「東京―」対支社。❷この会社。❸おおもととなる神社。対末社。❹この神社。

**ほんしゅう〔本州〕**〔地名〕日本列島の中心部にある最大の島。東北から西南に弓形にのび、東北・関東・中部・近畿《きんき》・中国の五地方からなる。

**ほんしゅつ【奔出】**（名・自スル）はげしい勢いでふき出すこと。ほとばしり出ること。「地下水が―する」

**ホンジュラス〔Honduras〕**〔地名〕中央アメリカにある、カリブ海に面する共和国。首都はテグシガルパ。

**ほんしょ【本初】**（名）もののはじめ。もと。

**ほんしょう【本性】**（名）❶（ふだんはかくれていて見えない）生まれついた本来の性質。ほんせい。「―を現す」❷正常な精神状態。正気。「―を失う」

**ぼんしょう【『△梵鐘』】**（名）寺にある大きなつりがね。

**ほんしょく【本職】** 一（名）❶主とする職業。本業。❷専門家。くろうと。「―の板前」 二（代）役人が仕事のうえで自分をさしていうことば。本官。

**ほんしん【本心】**（名）❶本来あるべき正しい心。「―に立ち返る」❷いつわりかざらない真実の心。「―を打ち明ける」

**ほんじん【本陣】**（名）❶いくさのとき、大将のいる陣営《じんえい》。本営。❷江戸《えど》時代、宿駅で大名が泊《と》まった公認の旅館。

**ぼんじん【凡人】**（名）ふつうの人。ありふれた人。「われわれ―には分からない」類凡夫《ぼんぷ》

**ポンず【ポン酢】**（名）❶だいだいなど柑橘《かんきつ》類のしぼり汁《じる》。❷（「ポン酢しょうゆ」の略）しょうゆに柑橘類のしぼり汁などを加えた調味料。参考オランダ《オランダ》pons から。「酢《す》」は当て字。

**ほんすじ【本筋】**（名）議論や話などの、中心となる筋道。本来の筋道。「話が―からそれる」

**ほんせい【本姓】**（名）❶生家の姓。旧姓。❷偽名《ぎめい》や芸名・筆名ではない、ほんとうの姓。

**ほんせき【本籍】**（名）〔法〕その人の戸籍のある所。

**ほんせん【本線】**（名）鉄道や道路などで、主要な線。「東海道―」類幹線。対支線

**ほんぜん【本然】**（名）もともとそうであること。生まれつき。ほんねん。「―の姿」

**ほんぜん【翻然】**（ト・タル）❶物がひるがえるようす。❷急に心を改めるようす。「―と悔《く》い改める」

**ぼんせん【凡戦】**（名）つまらない試合。みどころや迫力《はくりょく》にとぼしい試合。「―に終わる」

**ほんそう【本葬】**（名）本式の葬式。対密葬

**ほんそう【奔走】**（名・自スル）あちこちを走りまわって、物事がうまくいくように努力したり、世話をやいたりすること。「資金集めに―する」

**ほんそく【本則】**（名）法令・規則の本体となる部分。対付則

**ぼんぞく【凡俗】**（名・形動ダ）平凡でこれといったと

りえのないこと。また、その人。凡人。俗人。
**ほんぞん【本尊】**（名）❶〔仏〕寺で、信仰《しんこう》の中心となる仏像。❷（多く「ご本尊」の形で）事件・話題などの中心となる人。当事者自身。本人。
**ぼんだ【凡打】**（名・自他スル）野球で、ヒットにならない平凡な打撃《だげき》。「ーに終わる」
**ほんたい【本体】**（名）❶そのものの、ほんとうのすがた。正体。実体。「ーをさぐる」❷機械などの中心となる部分。「パソコンのー」
**ほんだい【本題】**（名）❶中心となる題目。「講演のーにはいる」❷この題目。
**ほんたく【本宅】**（名）ふだん住んでいて、生活の中心となっている家。対別宅
**ほんたて【本立て】**（名）書物を立ててささえておくもの。ブックエンド。
**ほんだな【本棚】**（名）書物をのせてならべておく棚。書棚。類本箱
**ほんだわら**（名）褐藻《かっそう》類ホンダワラ科の海藻。海中の岩石につき、茎《くき》から枝葉を出す。まるい気胞《きほう》がある。新年のかざりや肥料に使う。

（ほんだわら）

**ぼんち【盆地】**（名）まわりを山にかこまれた平地。
**ポンチ**（名）❶〔英 punch〕ブランデーなどに、果汁《かじゅう》や砂糖・香料《こうりょう》などをまぜた飲み物。ポンス。パンチ。「フルーツー」❷〔英 punch〕工作物の中心に目印をつけるための工具。❸（「ポンチ絵」の略。Punch（＝雑誌名）から）風刺《ふうし》をふくんだこっけいな絵。
**ポンチョ**〔スペイン poncho〕（名）❶南アメリカの民族衣装の一つ。四角い布の中央に頭を出す穴をあけたもの。❷登山用のそでのない雨ガッパ。

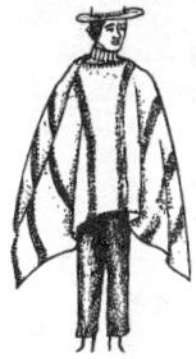
（ポンチョ①）

**ほんちょう【本庁】**（名）❶主となる中央官庁。対支庁。❷この官庁。当庁。
**ほんちょう【本朝】**（名）わが国。
**ほんちょうし【本調子】**（名・形動ダ）❶本来の調子。また、本来の調子が出ること。「ーを取りもどす」❷〔音〕三味線《しゃみせん》で基本となる調子。
**ほんてん【本店】**（名）❶営業の中心となる店。本舗《ほんぽ》。対支店。❷この店。当店。
**ほんでん【本殿】**（名）神社で、神霊《しんれい》をまつってある、中心となる社殿。
**ほんと【本◇当】**（名・形動ダ）「ほんとう」の転。
**ほんど【本土】**（名）❶自分の生まれ育った国。本国。❷その国のおもな国土。離島《りとう》などに対していう。「島からーに渡《わた》る」
**ポンド**〔オランダ pond〕（名）❶ヤードポンド法で、重さの単位。一ポンドは約四五四グラム。❷イギリスの通貨の単位。記号 £
**ほんとう【本当】**（名・形動ダ）❶うそ・にせもの・見せかけなどではないこと。まこと。真実。「ーの理由をあかす」「ーをいえば」❷本来ならそうあるべきこと。「ーならもう来ているはずだ」❸（「ほんとうに」の形で）心からそう思っていることを表す。「ーにありがとう」参考「ほんと」ともいう。
**ほんどう【本堂】**（名）寺で本尊をまつる建物。
**ほんどう【本道】**（名）❶交通の中心となる大きな道路。本街道。対間道。❷人間としてのりっぱな正しい道。「ーをふみはずす」「ーを歩む」
**ほんにん【本人】**（名）その人自身。当人。
**ほんね【本音】**（名）（ほんとうの音色の意から）ふだんは口に出さないでかくしているほんとうの気持ち。また、本心から出たことば。「ーを吐《は》く」対建て前
**ボンネット**〔英 bonnet〕（名）❶後頭部をおおうようにかぶる、あごひものついた女性や子ども用の帽子《ぼうし》。❷自動車の前部のエンジンをおおう部分。
**ほんねん【本年】**（名）「ことし」のあらたまった言い方。「ーもよろしくお願いいたします」
**ほんねん【本然】**（名）→ほんぜん（本然）
**ほんの**『本の』（連体）ただその程度にすぎない意を表す。まったくの。ごくごく。「ー名ばかり」「ー少し」
**ほんのう【本能】**（名）人・動物が生まれながらにもっている性質や能力。「動物的なー」
**ぼんのう【煩悩】**（名）〔仏〕からだや心をなやませまどわせるいっさいの心のはたらき。「ーを断つ」
**ほんのうてき【本能的】**（形動ダ）〔ダロ・ダッ（デ・ニ）・ダ・ナ・ナラ・○〕考えや経験によらず、ひとりでにそう反応するようす。「ーに危険を察知する」
**ぼんのくぼ**『盆の△窪』（名）首のうしろのくぼんだところ。
**ほんのり**（副・自スル）色・香《かお》りなどがかすかにあらわれるようす。ほのかに。「ほおにー（と）赤みがさす」
**ほんば【本場】**（名）❶その物事が本格的に行われている場所。「ーの野球はすごい」❷主となる産地。もとからの産地。「お茶のー」
**ほんばこ【本箱】**（名）本を整理して収納する、棚《たな》などのついた箱状の家具。類本棚《ほんだな》
**ほんばしょ【本場所】**（名）力士の成績によって番付《ばんづけ》や給料が決まる大ずもうの正式の興行《こうぎょう》。現在は一場所一五日で、年六場所制になっている。
**ほんばん【本番】**（名）テレビ・映画・演劇などで、練習ではなく本式にやる演技など。「ぶっつけー」
**ぼんぴゃく【凡百】**（名）いろいろなもの。もろもろ。ぼんびゃく。
**ほんぶ【本部】**（名）事業や組織などで、その中心となる所。「災害対策ー」対支部
**ぼんぷ【凡夫】**（名）❶ふつうの人。類凡人。❷〔仏〕煩悩《ぼんのう》にとらわれて自分の力ではさとりの開けない人。「ーの身」
**ポンプ**〔オランダ pomp〕（名）圧力の作用によって液体や気体をすい上げておし出す機械。「消防ー」
**ほんぷく【本復】**（名・自スル）病気がすっかりなおること。「病がーする」類全快
**ほんぶり【本降り】**（名）しばらくはやみそうもないような、雨や雪のはげしい降り方。「ーになる」類大降り
**ほんぶん【本分】**（名）その人が本来しなければならないつとめ。「学生のーをつくす」類本務

**ほんぶん**【本文】（名）→ほんもん

**ボンベ**〔ドイ Bombe〕（名）強い圧力を加えた気体や液体を入れておく、鋼鉄製のつつ形の入れ物。「ガス―」「酸素―」

（ボンベ）

**ほんぽ**【本舗】（名）特定の商品を製造・販売《はんばい》するおおもとの店。本店。

**ほんぽう**【本邦】（名）わが国。「―初演」

**ほんぽう**【本俸】（名）→ほんきゅう

**ほんぽう**【奔放】（名・形動ダ）常識やしきたりにしばられず、自分の思うままにふるまうこと。「自由―」

**ぼんぼり**【×雪洞】（名）❶あんどんの小さいもの。❷紙をはったおおいのある、手に持てる燭台《しょくだい》。

（ぼんぼり①）

**ぼんぼん**（副）❶物が続けざまに鳴るようす。また、その音。「―時計」❷勢いよく続けざまにするようす。「荷台から荷物を―ほうり投げる」

**ぼんぼん**【凡凡】〔(ト)タル〕ごく平凡なようす。「平々―と生きる」

**ぽんぽん**（副）❶ことばがつぎつぎに出てくるようす。「―(と)ものを言う」❷物がつぎつぎに破裂《はれつ》したりはじけたりするようす。また、その音。「花火が―(と)あがる」❸鼓《つづみ》や手などを続けざまに軽くたたくようす。また、その音。「肩《かた》を―(と)たたく」❹つぎつぎと出たり行ったりするようす。「アイデアが―(と)浮《う》かぶ」

**ほんまつ**【本末】（名）もととすえ。物事のたいせつなこととつまらないこと。

**ほんまつてんとう**【本末転倒】（名）たいせつなこととそうでないことを取りちがえること。「―の議論」

**ほんまる**【本丸】（名）城の中心となる部分。ふつう、中央に天守閣《てんしゅかく》、周囲にほりをめぐらす。本城。

**ほんみょう**【本名】（名）筆名・芸名・偽名《ぎめい》などに対し、戸籍《こせき》上のほんとうの名前。類実名

**ほんむ**【本務】（名）❶当然しなければならないつとめ。類本分。❷かけもちで勤務する場合の、主となるつとめ。

**ほんめい**【本命】（名）競馬・競輪などで優勝候補の筆頭。また、一般《いっぱん》にいちばん有力であると見込《みこ》まれている人。「―が勝つ」「次期総裁の―」

**ほんめい**【奔命】（名）命令・指示に従って、いそがしく動きまわること。

**ほんもう**【本望】（名）❶前々からののぞみ。本懐《ほんかい》。「―をとげる」❷悔《く》いがなく満足であること。「参加できただけで―だ」

**ほんもと**【本元】（名）ほんとうのもと。おおもと。「本家―」

**ほんもの**【本物】（名）❶ほんとうのもの。実物。「―のダイヤ」対偽物《にせもの》。❷本格的なこと。いいかげんでないこと。「彼《かれ》の研究は―だ」

**ほんもん**【本文】（名）❶文書や書物の中の主要な部分。ほんぶん。❷注釈《ちゅうしゃく》文や引用文などに対して、そのもととなる文。ほんぶん。

**ほんや**【本屋】（名）❶本を売っている店。書店。❷中心となる建物。母屋《おもや》。

**ほんやく**【翻訳】（名・他スル）ある言語で著《あらわ》されたものをほかの言語になおすこと。「―家」

**ぼんやり**（副・自スル）❶ものの形や色、記憶《きおく》などがはっきりしないようす。「月が―(と)見える」❷気がきかず、まがぬけているようす。「―している人」❸ほかに心が奪《うば》われたり、気がぬけたりしているようす。「―(と)過ごす」

**ぼんよう**【凡庸】（名・形動ダ）特にすぐれた点がないこと。「―な作品」「―な人物」類平凡。対非凡

**ほんよみ**【本読み】（名）❶本をよく読む人。❷演劇などで、稽古《けいこ》にはいる前に作家や演出家が役者などに脚本《きゃくほん》を読み聞かせること。また、役者たちが声に出して脚本を読み合わせること。

**ほんらい**【本来】㊀（名・副）もともと。はじめから。「人間が―持っている性質」類元来。㊁（名）道理や規則などからいってそうあるべきこと。「―なら厳重に注意するところだ」

**ほんりゅう**【本流】（名）❶川の本筋の流れ。類主流。対支流。❷中心となる流派・流儀《りゅうぎ》。類主流。対傍流《ぼうりゅう》。

**ほんりゅう**【奔流】（名）はげしい水の流れ。「―にのみこまれる」類激流・急流

**ほんりょう**【本領】（名）❶もちまえの特色や力量。「―を発揮する」❷もとからの領地。

**ほんるい**【本塁】（名）❶本拠《ほんきょ》とするとりで。❷野球で、キャッチャーの前のベース。ホームベース。

**ほんるいだ**【本塁打】（名）野球で、打者が自分の打った球で本塁まで帰って来られる安打。ホームラン。

**ほんろう**【翻弄】（名・他スル）思うままにもてあそぶこと。てだまにとること。「波に―される小舟《こぶね》」「運命に―される」

**ほんろん**【本論】（名）❶議論や論文などで中心になる部分。「―にはいる」❷この論。

## ま マ

**ま【麻】** 11画 麻0 音マ 訓あさ　广 广 庁 床 麻 麻

❶あさ。草の名前。◆亜麻《あま》・大麻・乱麻。❷しびれる。しびれ。◆麻酔《ますい》・麻痺《まひ》・麻薬◆鈍麻《どんま》。❸ごま。◆胡麻《ごま》

**ま【摩】** 15画 手11 音マ　广 庐 麻 麻 麿 摩

❶する。こする。なでる。◆摩擦《まさつ》・摩滅《まめつ》・摩耗《まもう》◆按摩《あんま》。❷せまる。近づく。◆摩天楼《まてんろう》

**ま【磨】** 16画 石11 音マ 訓みがく　亠 广 麻 麻 麽 磨

❶とぐ。みがく。物事にはげむ。◆研磨・切磋琢磨《せっさたくま》・錬磨《れんま》。❷すりへる。すりへらす。◆磨滅《まめつ》

**ま【魔】** 21画 鬼11 音マ　麻 麻 磨 魔 魔

❶まもの。人に害をあたえる悪神。◆魔王◆悪魔・

邪魔《じゃま》。❷ふしぎな力で人を迷わせるもの。◆魔術・魔女・魔性《ましょう》・魔法・魔力。❸人に害をあたえるおそろしいもの。◆魔手 ◆睡魔《すいま》・病魔

**ま【魔】** ■一 (名) ❶人の心をまどわし、災《わざわ》いをもたらすもの。「—の手がのびる」❷しばしば悪いことがおこること。「—の踏切《ふみきり》」「好事—多し」■二 (接尾) あることに異常なほど執着《しゅうちゃく》する人。「電話—」

**魔が差《さ》す** ふと悪い考えをおこす。

**ま【真】** ■一 (名) まこと。ほんとう。■二 (接頭) (名詞・形容詞などについて) ❶「正しい」「まじめな」の意を表す。「—心」「—人間」❷「純粋《じゅんすい》でまじりけのない」「正確な」の意を表す。「—水」「—っ白」「—新しい」「—四角」「—正面」❸「その種で標準的な」の意を表す。「—竹《まだけ》」「—いわし」❹「美しい」の意を表す。「—清水」

**真に受《う》ける** 言われたことなどをそのままほんとうだと思って受けとる。「冗談《じょうだん》を—」

**ま【間】** ■一 (名) ❶物と物とのあいだ。また、間隔《かんかく》。「木《こ》の—」「—をあけて置く」❷物事と物事とのあいだの時間。ひま。「出発までまだ—がある」❸何かをするための機会。ころあい。おり。「—をみて発言する」❹ひとつの動作や状態が続いているあいだ。「知らぬ—に着く」「鬼《おに》のいぬ—」❺音楽・演劇・舞踊《ぶよう》などで、音・せりふ・動作のあいだの時間。「—のとり方」「—があきすぎる」❻ざしき。部屋。「茶の—」■二 (接尾) 部屋の数を数えることば。「二《ふた》—」

**間が抜《ぬ》ける** ❶調子がはずれて、ばかげて見える。❷肝心《かんじん》な点が欠けている。「間が抜けた質問」

**間が持《も》てない** ❶あき時間をもてあます。❷会話がとぎれた時間をうまくあつかえない。

**間が悪《わる》い** ❶きまりが悪い。「—思いをする」❷運が悪い。「—ことに不在だった」

**まあ** ■一 (副) ❶とりあえず相手をうながすときにいうことば。「—おかけなさい」❷相手や自分の気持ちをなだめたりするときにいうことば。「—そんなにあわてないで」「—よしとしよう」❸じゅうぶんではないが一応がまんできるようす。まずまず。「—よくできたほうだ」■二 (感) 驚《おどろ》いたり感嘆《かんたん》したりしたときに発することば。おもに女性が用いる。「—、びっくりした」「—、かわいい」

**まあい【間合い】** (名) ❶適当なへだたり。「—をとる」❷ちょうどよいころ。ころあい。「—を見計らう」

**マーガリン**〔英 margarine〕(名) 植物性・動物性の油を原料として、バターに似た味をつけた食品。

**マーガレット**〔英 marguerite〕(名)〘植〙キク科の多年草。春から初夏にかけて、茎《くき》から多くの枝が出て、まわりが白く中央が黄色の花が咲《さ》く。

**マーキュロクロム**〔英 mercurochrome〕(名)〘医〙水銀をふくむ赤茶色の消毒剤《しょうどくざい》。マーキロ。現在は製造が規制されている。赤チン。

**マーク**〔英 mark〕(名・自他スル) ❶記号。しるし。また、しるしをつけること。「ロゴ—」❷スポーツなどで、ある記録を出すこと。「一〇〇《メートル》競走で一〇秒台を—した」❸ある人の行動にたえず注意をすること。「あの選手を—しよう」

**マーク-シート**〔和製英語〕(名) あてはまる箇所《かしょ》をぬりつぶして答えをしるす用紙。試験やアンケートなどに使用する。「—方式」▽mark と sheet から。

**マーク=トウェイン**〔Mark Twain〕【人名】(一八三五～一九一〇)アメリカの小説家。「トム=ソーヤーの冒険《ぼうけん》」「ハックルベリー=フィンの冒険」などのユーモアと風刺《ふうし》に満ちた作品で有名。

**マーケット**〔英 market〕(名) ❶日用品を売る市場《いちば》。「スーパー—」❷市場《しじょう》。「—を広げる」

**マーケティング**〔英 marketing〕(名) 市場調査や広告などを通じて、商品の販売《はんばい》を円滑《えんかつ》にする企業《きぎょう》活動。「—リサーチ(=市場調査)」

**マーシャルしょとう**〔マーシャル諸島〕〔Marshall Islands〕【地名】太平洋中西部、ミクロネシア東部の島々からなる共和国。首都はマジュロ。

**マージャン**〔中国 麻雀〕(名) 中国から伝わった室内ゲーム。一三六個の牌《パイ》を使って四人で行う。

**マージン**〔英 margin〕(名) ❶商売で、売る人の利益となる分。利ざや。もうけ。「—を取る」❷印刷で、ページの余白。

**まあたらし・い【真新しい】** (形)〔カロ・カッ(ク)・イ・イ・ケレ・○〕まったく新しい。いかにも新しい。「—制服」

**マーチ**〔英 march〕(名) ❶行進。❷行進曲。

**まあまあ** ■一 (副) ❶まずまず。どうやら。「この予算なら—やれる」❷相手をうながしたり、なだめたりするときにいうことば。「—おすわりください」「—気を静めて」■二 (形動ダ)〔ダロ・ダッ(デ・ニ)・ダ・ナ・ナラ・○〕よくも悪くもないようす。何とかよいと言えるくらいであるようす。「—の成績」「結果は—だ」■三 (感) 驚《おどろ》いたり感嘆《かんたん》したりしたときにいうことば。「—、こんなに散らかして」

**マーマレード**〔英 marmalade〕(名) オレンジ・夏みかんなどの皮で作ったジャム。ママレード。

**マーメード**〔英 mermaid〕(名) →にんぎょ

**まい【毎】** 6画 毋2 小2 〔毎〕 音 マイ

そのたびごとに。そのつど。◆毎朝・毎回・毎月《まいげつ・まいつき》・毎時・毎週・毎度・毎年《まいとし・まいねん》・毎日・毎晩・毎夜《まいよ》

**まい-【毎】** (接頭) 「…のたびごとに」の意を表す。「—試合」

**まい【米】** →べい(米)

**まい【妹】** 8画 女5 小2 音 マイ 中 訓 いもうと

年下の女のきょうだい。いもうと。◆義妹・愚妹《ぐまい》・実妹・姉妹・弟妹・令妹。対 姉

**まい【枚】** 8画 木4 小6 音 マイ

一つ一つかぞえあげる。◆枚挙・枚数

**-まい【枚】** (接尾) ❶うすくて平たいものを数えることば。「半紙一—」「大皿二—」❷田や畑の一区画を数えることば。「田一—」

**まい【昧】** 9画 日5 音 マイ

❶はっきりしない。◆曖昧《あいまい》。❷道理にくらい。◆愚昧《ぐまい》・蒙昧《もうまい》。参考「三昧《さんまい》」は、梵語《ぼんご》の音訳。

**まい【埋】** 10画 土7 音 マイ 訓 うめる・うまる・うもれる

うめる。うずまる。◆埋骨・埋設・埋葬《まいそう》・埋蔵・埋没《まいぼつ》⇩付録「漢字の筆順㉘里」

**まい【舞】**（名）音楽や歌などに合わせてからだや手足を静かに美しく動かす芸。「―を舞《ま》う」

**まい**（助動）〔〇・〇・マイ・(マイ)・〇・〇〕❶打ち消しの推量を表す。…ないだろう。「今夜は雨にはなる―」❷（「…では(でも)あるまいに(し)」などの形で）想定が不適切なことを表す。…でもないだろうに。「子どもでもある―に」❸打ち消しの意志を表す。…ないつもりだ。「もう何も言う―」注意「まい」がカ変・サ変につくとき、「来《こ》まい」「しまい」となるのがふつうであるが、「来《く》るまい」「来《く》まい」「するまい」「すまい」という言い方もされる。文法五段活用の動詞・助動詞「ます」の終止形、上一・下一・カ変・サ変の動詞および動詞型の助動詞の未然形につく。

**まいあが・る【舞い上がる】**（自五）〔ラ(ロ)・リ(ツ)・ル・ル・レ・レ〕❶（風などによって）舞うようにして上がる。「砂ぼこりが―」❷調子にのってうかれる。「ほめられて―」

**まいあさ【毎朝】**（名）毎日の朝。朝ごと。

**マイ-カー**〔和製英語〕（名）自分の自動車。自家用乗用車。「―族」▽my と car から。

**まいかい【毎回】**（名）そのたびごと。「―ちがうことをする」

**まいきょ【枚挙】**（名・他スル）一つ一つ数えあげること。

**枚挙にいとまがない** 多すぎて一つ一つ数えきれない。

**マイク**（名）「マイクロホン」の略。

**マイクロ**〔英 micro〕（名）❶一〇〇万分の一を表すことば。ミクロ。記号 μ ❷他の語につけて、「微小《びしょう》な」の意を表す。「―トマト」

**マイクロウエーブ**〔英 microwave〕（名）《物》波長が一～一〇センチメートルの電波。レーダーや衛星放送などに利用される。マイクロ波《は》。

**マイクロバス**〔英 microbus〕（名）小型のバス。

**マイクロフィルム**〔英 microfilm〕（名）新聞・本などを記録・保存するために縮小して複写したフィルム。

**マイクロホン**〔英 microphone〕（名）声や音を電流に変える装置。放送・録音などに使う。マイクロフォン。マイク。

**マイクロメーター**〔英 micrometer〕（名）ひじょうにうすいものや小さいものの厚さや長さをはかる精密な測定器具。

（マイクロメーター）

**マイクロメートル**〔英 micrometer〕（名）メートル法の長さの単位。一マイクロメートルは一〇〇〇分の一ミリメートル。ミクロン。記号 μm

**まいげつ【毎月】**（名）→まいつき

**まいこ【舞子】【舞△妓】**（名）京都の祇園《ぎおん》などの宴席《えんせき》で、舞《まい》を舞《ま》って客をもてなす少女。

**まいご【○迷子】**（名）いっしょに行った人とはぐれたり、道に迷ったりした子ども。「―になる」

**まいこ・む【舞い込む】**（自五）〔マ(モ)・ミ(ン)・ム・ム・メ・メ〕❶舞いながらはいる。「窓から雪が―」❷予想もしなかった物事が急にやってくる。「変な手紙が―」「幸運が―」

**まいじ【毎時】**（名）一時間につき。一時間ごと。「―七〇キロメートルの速さ」

**まいしゅう【毎週】**（名）一週間ごと。

**まいしん【『△邁進』】**（名・自スル）目的に向かって、ひるまずにつき進むこと。「研究に―する」「勇往《ゆうおう》―」

**まいせつ【埋設】**（名・他スル）水道管・ケーブル線・排水管《はいすいかん》などを地下にうめて設備すること。

**まいそう【埋葬】**（名・他スル）死体を土の中にほうむること。遺骨を墓におさめること。「遺体を―する」

**まいぞう【埋蔵】**（名・他スル）❶地中にうずめてかくすこと。「―金」❷鉱物などが、地中にうまっていること。「石炭の―量」

**まいちもんじ【真一文字】**（名）「一」の字のようにまっすぐなこと。一直線。「―に口を結ぶ」

**まいつき【毎月】**（名）月ごと。つきづき。まいげつ。

**まいど【毎度】**（名）❶そのたびごと。❷いつも。「―ありがとうございます」「―のことながら」

**まいとし【毎年】**（名）年ごと。くる年もくる年も。まいねん。

**マイナー**〔英 minor〕■一（名・形動ダ）規模・重要度・知名度などが小さいこと。「―な作品」「―チェンジ」「―リーグ」■二（名）《音》短調。短音階。（対メジャー）

**まいない【『△賂』】**（名）「わいろ」の古い言い方。

**マイナス**〔英 minus〕■一（名・他スル）《数》引くこと。また、その記号。「－」■二（名）❶《数》負数の記号。「－」❷《物》電気の陰極《いんきょく》。また、その記号。「－」❸差し引いてたりないこと。損。赤字。「家計はいつも―だ」❹前よりも悪くなること。不利。「その発言は君にとって―だ」❺悪いこと。「―の評価」「―イメージをなくす」（対プラス）

**まいにち【毎日】**（名）ひごと。くる日もくる日も。

**まいねん【毎年】**（名）→まいとし

**マイノリティー**〔英 minority〕（名）少数。少数派。少数民族。対マジョリティー

**まいばん【毎晩】**（名）毎日の夜。夜ごと。毎夜。

**まいひめ【舞姫】**（名）舞《まい》を舞《ま》う女性。おどり子。

**まいひめ**〔舞姫〕［作品名］森鷗外《もりおうがい》の小説。一八九〇（明治二三）年発表。ドイツに留学した若い役人と踊《おど》り子との悲恋《ひれん》を描《えが》く。冒頭文 石炭をば早《は》や積み果てつ。中等室の卓《つくえ》のほとりはいと静《しづ》かにて、熾熱灯《しねつとう》の光の晴れがましきも徒《いたづ》らなり。

**マイ-ペース**〔和製英語〕（名）周囲や他人を気にせずに自分なりの速度や調子で物事を進めること。「―で勉強する」▽my と pace から。

**マイ-ホーム**〔和製英語〕（名）自分の家庭。わが家。また、自分の持ち家。「―主義」「念願の―を建てる」▽my と home から。

**まいぼつ【埋没】**（名・自スル）❶うずもれて見えなくなること。「史跡が土砂《どしゃ》に―する」❷他のものにまぎれて外から気づかれなくなること。「個が集団に―する」❸（比喩《ひゆ》的に）ある状況《じょうきょう》にひたりきること。「研究に―する」

**まいまい【毎毎】**（名・副）いつも。つねに。毎度。

**まいまいつぶり**〘舞い舞い^△螺〙（名）〘動〙→かたつむり

**まいもど・る【舞い戻る】**（自五）{ラ(ロ)・リ(ッ)・ル・ル・レ・レ}一度出ていったものが、またもとの所へもどる。「故郷へ―」

**まいよ【毎夜】**（名）毎日の夜。夜ごと。まいばん。

**まい・る【参る】**（自五）{ラ(ロ)・リ(ッ)・ル・ル・レ・レ}❶「行く」「来る」の謙譲《けんじょう》語。また、あらたまった言い方。「ご自宅までお迎えに―・ります」「見て―・ります」❷「行く」「来る」の丁寧《ていねい》語。「そろそろ―・りましょうか」「電車が―・ります」❸社寺に参拝する。おまいりする。「お宮に―」❹負ける。降参する。「どうだ、―・ったか」❺困る。弱る。「この暑さには―・った」❻心をうばわれる。ほれこむ。「彼女《かのじょ》に―・っている」

**マイル**〔英 mile〕（名）ヤードポンド法で、長さの単位。一マイルは約一・六《キロメートル》。参考「哩」と漢字を当てて書くこともある。

**マイルド**〔英 mild〕（形動ダ）{ダロ・ダッ(デ・ニ)・ダ・ナ・ナラ・○}刺激《しげき》が少なく、口当たりや印象などが柔《やわ》らかいようす。「―な味」「―な語り口」

**マイレージ**〔英 mileage〕（名）❶走行距離《きょり》や飛行距離の総マイル数。❷（「マイレージサービス」の略）航空会社のサービスの一つで、自社便での搭乗《とうじょう》距離に応じて乗客に特典を与《あた》えるもの。

**マインド-コントロール**〔和製英語〕（名）他人の心を支配して思うままに操ること。▽mind と control から。

**ま・う【舞う】**（自五）{ワ(オ)・イ(ッ)・ウ・ウ・エ・エ}❶舞《まい》を演じる。からだや手足を美しく動かしておどる。「一さし―」❷空中をまわるように軽くとぶ。「花びらが風に―」

**まうえ【真上】**（名）まっすぐ上。対真下

**まう・す【申す】**《モウス》（他四）古語❶「言う」「告げる」の意の謙譲《けんじょう》語。申しあげる。「翁《おきな》、皇子《みこ》に―やう…」〈竹取物語〉訳翁が皇子に申しあげることには…。❷「請《こ》う」「願う」の意の謙譲語。お願いする。「母君の御行方《ゆくへ》を知らむと、よろづの神仏に―・して」〈源氏物語〉訳母君のお行方を知りたいと思って、あらゆる神仏にお願いして。❸「言う」の意の丁寧《ていねい》語。言います。「夏山となむ―」〈大鏡〉訳（私の姓《せい》は）夏山と言います。❹（動詞の連用形について）けんそんの意を表す。「いけずきをば、梶原源太景季《かぢはらげんだかげすゑ》しきりに望み―・しけれども」〈平家物語〉訳いけずき（という名馬）を（いただきたいと）梶原源太景季は切にお望みしたけれども。

**マウス**〔英 mouse〕（名）❶実験用のはつかねずみ。❷コンピューターの入力装置の一つ。つくえの上を移動させることで画面上のカーソルをあやつる。形がねずみに似ることからいう。

**マウスピース**〔英 mouthpiece〕（名）❶ボクシングやラグビーなどの選手が、歯や舌を傷つけないように口に入れるゴム製の道具。❷管楽器で、口にあてて息を吹《ふ》きこむ部分。

**まう・づ**《モウズ》（自下二）古語❶「来る」「行く」の意の謙譲《けんじょう》語。参上する。「子は京に宮づかへしければ―としけれど」〈伊勢《いせ》物語〉訳子は京の宮廷《きゅうてい》にお仕えしていたので、（母のもとに）参上しようとしたけれど。❷神仏を拝みに行く。「初瀬《はつせ》に―・づるごとに」〈古今集〉訳初瀬（＝長谷《はせ》寺）にお参りするたびに。

**マウンド**〔英 mound〕（名）野球で、投手が打者に投球するときに立つ、土を盛って少し高くした所。

**まえ【前】**㊀（名）❶顔・からだの向いているほう。物や人の正面にあたるほう。「目の―」「―を向く」「駅の―」「聴衆《ちょうしゅう》の―へ出る」対後ろ・後《あと》❷物事のはじめの部分。順序が先のほう。「―書き」「列の―の方」対後ろ・後《あと》❸現在およびある時点よりさかのぼった時点・時期。時間的に早いほう。以前。「―から知っている」「五年―」「生まれる―」対後《あと》・後《のち》
㊁（接尾）❶人数を表すことばについて、その分量を表す。「すしを三人―注文する」❷それ相当の価値や内容をもつ意を表す。「一人前《いちにんまえ》の男」「男―」

**まえあし【前足・前脚】**（名）けものや昆虫《こんちゅう》の前のほうの足。対後足《あとあし》・後《うし》ろ足

**まえいわい【前祝い】**（名・自スル）物事が成立・成功するものとして、前もって祝うこと。「合格の―」

**まえうり【前売り】**（名・他スル）入場券や乗車券などを、当日より前に売ること。「コンサートの―券」

**まえおき【前置き】**（名・自スル）本題にはいる前に述べること。また、そのことばや文章。「―を省く」

**まえかがみ【前かがみ】**〘前^◇屈み〙（名）上半身を前方に傾《かたむ》けること。また、その姿勢。前こごみ。「―になる」

**まえがき【前書き】**（名・自スル）本文の前にそえて書く文。はしがき。対後書き

**まえかけ【前掛け】**（名）からだの前にかけて、服のよごれをふせぐための布。まえだれ。エプロン。

**まえがし【前貸し】**（名・他スル）給料などを、期日よりも前にわたすこと。さきがし。対前借り

**まえがしら【前頭】**（名）すもうの位の一つで、小結《こむすび》の下、十両の上。また、その力士。「―筆頭」

**まえがみ【前髪】**（名）❶ひたいにたらした髪。❷むかし、まだ元服《げんぷく》していない男の子をさしたことば。

**まえがり【前借り】**（名・他スル）給料などを、期日よりも前に借りること。さきがり。対前貸し

**まえかんじょう【前勘定】**（名）品物などを受け取る前に代金を払《はら》っておくこと。代金先払い。

**まえきん【前金】**（名）品物などを受け取る前に代金を支払《しはら》うこと。また、そのおかね。「―で払う」

**まえく【前句】**（名）連歌《れんが》や俳諧《はいかい》で、先に出された句。対付け句

**まえげいき【前景気】**（名）催《もよお》し物や売り出しなどの始まる前の景気。「―は上々です」

**まえこうじょう【前口上】**（名）本題にはいる前のあいさつ。「―が長い」

**まえだおし【前倒し】**（名・他スル）予定より早く行うこと。特に、予算を使う時期や施策《しさく》の実施を繰《く》り上げること。

**まえだれ【前垂れ】**（名）→まえかけ

**まえづけ【前付け】**（名）書籍《しょせき》の本文の前にそえ

る序文・目次などの総称《そうしょう》。対後付け

**まえのめり**【前のめり】（名）前のほうにたおれるようにかたむいた姿勢。「急ブレーキでーになる」

**まえのりょうたく**〔前野良沢〕【人名】（一七二三～一八〇三）江戸《えど》時代中期の蘭学《らんがく》者・医者。オランダ語を青木昆陽《あおきこんよう》に学んだ。杉田玄白《すぎたげんぱく》らとオランダ語の医学書を翻訳《ほんやく》し「解体新書」を刊行した。

**まえば**【前歯】（名）❶口の前のほうにある上下各四本の歯。門歯《もんし》。対奥歯《おくば》。❷げたの前の歯。

**まえばらい**【前払い】（名・他スル）代金・賃金などを、前もって支払《しはら》うこと。類先払い。対後払い

**まえぶれ**【前触れ】（名）❶前もって知らせること。また、その知らせ。予告。先触れ。「なんのーもなく訪れる」❷何かがおこる前に、そのきざしが現れること。「地震《じしん》のー」類前兆

**まえまえ**【前前】（名）以前。ずっと前。「ーからの知り合い」

**まえむき**【前向き】（名）❶前を向いていること。❷物事に進んで取り組んでいくこと。積極的な態度。「ーに検討《けんとう》します」「ーに生きる」《対後ろ向き》

**まえもって**【前もって】『前◇以て』（副）あることがおこる前に。「ー知らせる」類あらかじめ・かねて

**まえわたし**【前渡し】㊀（名・他スル）おかねや品物を期日より前にわたすこと。㊁（名）手付け。手付け金。

**まおう**【魔王】（名）悪魔《あくま》の王。

**まおとこ**【間男】（名・自スル）夫のある女性が他の男性とひそかに関係を結ぶこと。また、その相手の男。

**まがい**『◇紛い』（名）区別のつかないほど似せてあること。また、似ていること。「ーの真珠《しんじゅ》」「ビールーの酒」「詐欺《さぎ》ー」

**まがいもの**【まがい物】『◇紛い物』（名）本物によく似せてあるもの。にせもの。「ーをつかまされる」

**まが・う**『◇紛う』（自五）｛ワ(オ)・イ(ッ)・ウ・ウ・エ・エ｝よく似ていてまちがえたり区別がつかなかったりする。「雪かとー桜花」「ーかたなき本物」参考現在は主に連体形が用いられ、「まごう」と発音されることが多い。

**まがお**【真顔】（名）まじめな顔。しんけんな顔つき。「ーで言う」

**まがき**『△籬』（名）しば・竹などで、目を粗《あら》く組んでつくった垣《かき》。

**まがし**【間貸し】（名・他スル）自分の家の部屋を貸しておかねをとること。対間借り

**マガジン**〔英 magazine〕（名）❶雑誌。「ーラック」❷フィルムの巻き取り枠《わく》。

**まか・す**【任す】（他五）｛サ(ソ)・シ・ス・ス・セ・セ｝→まかせる

**まか・す**【負かす】（他五）｛サ(ソ)・シ・ス・ス・セ・セ｝相手を負けさせる。「すもうで兄をー」

**まかず**【間数】（名）部屋の数。「ーの多い家」

**まか・せる**【任せる】（他下一）｛セ・セ・セル・セル・セレ・セロ(セヨ)｝❶他の人や物事のなすがままにさせる。なりゆきのままにする。「運を天にー」「想像にー」❷仕事などを他の人にゆだねて全面的にやらせる。「仕事をー」❸そのものの力や勢いをじゅうぶんに使う。「体力にー・せてむちゃをする」

**まがたま**【まが玉】『◇勾玉・◇曲玉』（名）大むかし、日本人が装身具に使った曲がった玉。

（まがたま）

**まかない**【賄い】（名）食事を用意すること。また、その食事。「ーつきの下宿」

**まかな・う**【賄う】（他五）｛ワ(オ)・イ(ッ)・ウ・ウ・エ・エ｝❶限られたおかねや物などをやりくりして、必要な用をすませる。「アルバイトをして学費をー」❷食事を用意して出す。「三食とも宿でー・ってもらう」

**まかぬたねははえぬ**『△蒔かぬ種は生えぬ』原因がなければ結果は現れない。転じて、なんの努力もしなければよい結果は得られない。

**まかふしぎ**【まか不思議】『摩△訶不思議』（名・形動ダ）常識では考えられないような、きわめてふしぎなこと。「ーなことが起こる」

**まがまがし・い**『◇禍◇禍しい』（形）｛カロ・カッ(ク)・イ・イ・ケレ・○｝悪いことが起こりそうである。不吉である。「ーできごと」

**まがり**【間借り】（名・自他スル）おかねを払《はら》って、よその家の部屋を借りること。「ー人」対間貸し

**まがりかど**【曲がり角】（名）❶道の折れ曲がるかど。「ーまで友人を送る」❷物事の大きな変わり目。転機《てんき》。「人生のー」「歴史のー」

**まかり・でる**【まかり出る】『◇罷り出る』（自下一）｛デ・デ・デル・デル・デレ・デロ(デヨ)｝❶「退いて出る」の謙譲《けんじょう》語。「宮中をー」❷参上する。進み出る。「御前にー」

**まかりとお・る**【まかり通る】『◇罷り通る』（自五）｛ラ(ロ)・リ(ッ)・ル・ル・レ・レ｝❶堂々といばって通る。❷よくないものがはばをきかせて通用する。「不正がー」

**まかりならぬ**『◇罷り成らぬ』「ならぬ」を強めていうことば。決してしてはならない。「口出しはー」

**まがりなりにも**『曲がりなりにも』完全とはいえないが。不十分ではあるが。「ー人なみの生活を送る」

**まかりまちが・う**【まかり間違う】『◇罷り間違う』（自五）｛ワ(オ)・イ(ッ)・ウ・ウ・エ・エ｝万が一まちがう。まちがう。「ーと命とりになる」使い方〉まちがうと最悪の事態になる時に使う。

**まか・る**〔罷る〕（自四）古語❶「退き去る」の意の謙譲《けんじょう》語。退出する。さがる。「憶良《おくら》らは今はー・らむ子泣くらむそを負ふ母も吾《わ》を待つらむそ」〈万葉集《まんようしゅう》〉訳私、憶良は今こそ(この宴席《えんせき》を)退出しよう。今ごろ子どもが泣いているだろうし、その子を背負う母も私を待っているだろう。❷「行く」「来る」の意の謙譲語。「さはる事ありてー・らで」〈徒然草《つれづれぐさ》〉訳さしつかえることがあって(花見に)参らないで。❸死ぬ。❹(動詞の上について)けんそんを表す。「木曽《きそ》殿の御《おん》めのと子、今井四郎兼平《かねひら》、生年《しやうねん》三十三にー・りなる」〈平家物語〉訳木曽義仲《よしなか》様の乳《ち》兄弟、今井の四郎兼平、年齢《ねんれい》は三十三になります。

**まが・る**【曲がる】（自五）｛ラ(ロ)・リ(ッ)・ル・ル・レ・レ｝❶まっすぐなものが弓形やくの字形になる。たわむ。「腰《こし》がー」❷進む向きを変える。「左へー」❸正しい向きとずれる。かたむく。「柱がー」「ネクタイがー」❹心や行いが正しい道からはずれる。「ー・ったことは大

きらいだ」

**仕組みの解明　「曲がる」**

**Q 角を曲がる？　角で曲がる？**

| | | を | で | |
|---|---|---|---|---|
| A | 廊下《かろう》の角 | ○ | ○ | 曲がる |
| B | 最終コーナー | ○ | × | 曲がる |
| C | ボールが手元 | × | ○ | 曲がる |

**A**
・「を」は通過する場所を、「で」は動きが起こる場所を表す。
・Bのように、もともと曲がるようになっている場合は「を」を使う。
・Cのように、ふつうは曲がることになっていない場合は「で」しか使えない。

**マカロニ**〔イタリア maccheroni〕（名）パスタの一種。短い管状でグラタンやサラダに使われる。

**まき**〖◇薪〗（名）燃料用の木材。たきぎ。「―割り」

**まき【真木】**〖△槇〗（名）〘植〙マキ科の常緑高木。暖地に自生するが、庭木としても植える。湿気《しっけ》に強いので、天井《てんじょう》板・箱・桶《おけ》などに使われる。

**まきあ・げる【巻き上げる】**〖△捲き上げる〗（他下一）｛ゲ・ゲ・ゲル・ゲル・ゲレ・ゲロ(ゲヨ)｝❶ぐるぐる巻きながら上げる。「すだれを―」❷風が砂《すな》などを吹《ふ》き上げる。❸おどしたりだましたりして金品をうばい取る。「おかねを―」

**まきえ**〖△蒔き絵〗（名）うるしで絵や模様をかき、上に金粉・銀粉をちらしてみがいた日本独特の美術工芸。

**まきおこ・す【巻き起こす】**（他五）｛サ(ソ)・シ・ス・ス・セ・セ｝突然《とつぜん》、ある出来事をひきおこす。「論争を―」

**まきがい【巻き貝】**（名）〘動〙殻《から》が、らせん状に巻いている貝類の総称《そうしょう》。さざえ・あわび・ほらがいなど。

**まきかえし【巻き返し】**（名）❶巻いてもとにもどすこと。❷不利な状態から、逆に攻勢《こうせい》に出ること。「―をはかる」

**まきかえ・す【巻き返す】**（他五）｛サ(ソ)・シ・ス・ス・セ・セ｝❶巻いてもとへもどす。❷負けそうな状態や不利な状態から、勢いをもり返して逆に攻《せ》めかける。「後半で―」

**まきがみ【巻紙】**（名）和紙を横に長くつぎ合わせて巻いたもの。毛筆で書く手紙用の紙。

**まきがり【巻き狩り】**（名）狩りで、狩り場を四方から遠まきにかこんで獲物《えもの》をとる方法。

**まきこ・む【巻き込む】**（他五）｛マ(モ)・ミ(ン)・ム・ム・メ・メ｝❶巻いて中に入れる。「車輪に―・まれる」❷本人が望まないのに、ある物事の中に引き入れる。「事件に―・まれる」

**まきじた【巻き舌】**（名）舌を巻くようにして勢いよく早口で言う言い方。「―でまくしたてる」

**マキシマム**〔英 maximum〕（名）❶最大限。最大。最高。❷〘数〙極大。〘対ミニマム〙

**まきじゃく【巻き尺】**（名）入れ物の中に巻いておいて、使うときに引き出すテープ状のものさし。

**まきぞえ【巻き添え】**（名）関係のないことにまきこまれて、めいわくすること。「―をくう」〘類〙とばっちり

**まきたばこ【巻きたばこ】**〖巻き×煙草〗（名）❶きざんだたばこの葉を紙で巻いたもの。紙巻きたばこ。❷たばこの葉をきざまずに巻いたもの。葉巻《はまき》。

**まきちら・す【まき散らす】**〖△撒き散らす〗（他五）｛サ(ソ)・シ・ス・ス・セ・セ｝あたり一面にまく。あちこちにふりまく。「ごみを―」「金を―」「デマを―」

**まきつ・く【巻き付く】**（自五）｛カ(コ)・キ(イ)・ク・ク・ケ・ケ｝巻いてほかのものにからまりつく。「朝顔のつるが支柱に―」

**まきば【牧場】**（名）牛・馬・羊などをかこいの中で放し飼いにしておく所。ぼくじょう。

**まきひげ【巻きひげ】**〖巻き△鬚〗（名）〘植〙枝や葉が変形して糸状になり、他のものに巻きつくようになったもの。きゅうり・えんどうなどに見られる。

**まきもど・す【巻き戻す】**（他五）｛サ(ソ)・シ・ス・ス・セ・セ｝もとの状態にもどすように巻く。「フィルムを―」

**まきもの【巻き物】**（名）❶書画を表装して軸《じく》に巻いたもの。「絵―」❷反物《たんもの》を巻いたもの。

**まぎゃく【真逆】**（名・形動ダ）〘俗語〙まったく逆であること。正反対。「予想とは―の結果だ」

**まぎら・す【紛らす】**（他五）｛サ(ソ)・シ・ス・ス・セ・セ｝❶他のものと入りまじらせてわからないようにする。「話を―」❷他のことに心を向けて気分をごまかす。「退屈《たいくつ》を―」

**まぎらわし・い【紛らわしい】**（形）｛カロ・カッ(ク)・イ・イ・ケレ・○｝よく似ていて、まちがいやすい。「―色」「―名前」

**まぎらわ・す【紛らわす】**（他五）｛サ(ソ)・シ・ス・ス・セ・セ｝→まぎらす

**まぎれこ・む【紛れ込む】**（自五）｛マ(モ)・ミ(ン)・ム・ム・メ・メ｝たくさんのものの中にはいりこんで、行方《ゆくえ》やありかがわからなくなる。また、知らないうちに他のものの中にはいりこむ。「群衆に―」「隣家《りんか》の郵便物が―」

**まぎれもない【紛れもない】**まちがえようもなく、はっきりしたようす。確かな。「―事実」

**まぎ・れる【紛れる】**（自下一）｛レ・レ・レル・レル・レレ・レロ(レヨ)｝❶他のものと入りまじってわからなくなる。「人ごみに―」❷他のことに気をとられて好ましくないことを一時的に忘れる。「気が―」

**まぎわ【間際】**（名）あることがまさに行われようとするとき。直前。寸前。「発車―にかけつけた」

**まく【幕】** 13画 巾10 小6 音 マク・バク

艹 芇 苩 莒 莫 幕

❶（マクと読んで）㋐しきりのためにたらす布。◆暗幕・銀幕・除幕・天幕・幔幕《まんまく》。㋑劇場で、舞台《ぶたい》の前にたらす布。また、芝居《しばい》などの一くぎり。◆幕間《まくあい》◆開幕・終幕・序幕。㋒すもうで、まくうちの位。◆幕内・幕下◆入幕。❷（バクと読んで）将軍が政治をとる所。◆幕府・幕末◆佐幕《さばく》・倒幕《とうばく》

**まく【幕】**（名）❶しきりのためにたらす大きな布。「紅白の―」❷劇場で、舞台《ぶたい》と客席をしきる布。「芝居《しばい》の―が開く」❸演劇で、②をあげてからおろすまでの一場面。転じて、物事の場面・状況《じょうきょう》。「君の出る―ではない」❹すもうで、幕内。

**幕が開《あ》く** ❶芝居《しばい》などが始まる。❷新しい物事が始まる。

**幕になる** ❶芝居などが終わって幕が閉められる。❷物事が終わる。

**幕を切**《き》**って落**《お》**とす** ❶芝居などを終えて、幕を閉める。❷はなばなしく物事を始める。

**幕を閉**《と》**じる** ❶芝居などを終えて、幕を閉める。❷物事を終わりにする。（類幕を引く）

**まく【膜】** 14画 月10 音 マク

臓器を包むうすい皮。物の表面をおおうすい皮。◆角膜・鼓膜《こまく》・粘膜《ねんまく》・被膜《ひまく》・網膜《もうまく》

**まく【膜】**（名）物の表面をおおううすい皮。「牛乳の表面に―ができる」

**ま・く【巻く】**『△捲く』{カ(コ)・キ(イ)・ク・ク・ケ・ケ} ━（他五）❶紙や布などをくるくると筒《つつ》状にまるめる。「紙を―」❷中心になるもののまわりにからみつける。また、取り囲む。「包帯を―」「霧《きり》に―・かれる」❸うずまき状にする。「へびがとぐろを―」❹ねじってまわす。「ぜんまいを―」 ━（自五）うず・らせん状の動きをする。「うずが―」

**ま・く**『△蒔く・△播く』{カ(コ)・キ(イ)・ク・ク・ケ・ケ}（他五）❶種を土などの上に散らしたり、うめたりする。「大根の種を―」❷蒔き絵を作る。漆器《しっき》に金銀で絵もようをつける。

**ま・く**『△撒く』{カ(コ)・キ(イ)・ク・ク・ケ・ケ}（他五）❶あたり一面に投げ散らしたり配ったりする。「豆を―」「びらを―」❷いっしょにいる者、または、あとをつけてくる者の目をごまかして、とちゅうではぐれさせる。「尾行《びこう》を―」 注意②は、「蒔く」と書く。

**まくあい【幕あい】**『幕◇間』（名）芝居《しばい》で、ひと幕が終わって、つぎの幕があくまでの間。「―が長い」

**まくあき【幕開き】**（名）❶幕があいて、芝居《しばい》が始まること。❷物事が始まること。また、そのとき。「事件の―」（対幕切れ）。参考「まくあけ」ともいう。

**まくあけ【幕開け】**（名）→まくあき

**まくうち【幕内】**（名）すもうの番付《ばんづけ》で、前頭《まえがしら》以上の位。また、その階級の力士。まくのうち。

**マグ-カップ**（和製英語）（名）取っ手のついた円筒《えんとう》形のコップ。マグ。▽mug と cup から。

**まくぎれ【幕切れ】**（名）❶芝居《しばい》のひと幕の終わり。❷物事の終わり。「事件の―」（対幕開《あ》き）

**まぐさ**『△秣』（名）牛や馬のえさにする草。かいば。

**まくした【幕下】**（名）すもうの番付《ばんづけ》で、十両の下、三段目の上の位。また、その階級の力士。

**まくした・てる**『△捲し立てる』（他下一）{テ・テ・テル・テレ・テロ(テヨ)} 続けざまにはげしくしゃべる。「息もつかずに―」

**まぐち【間口】**（名）❶土地や建物などの正面のはば。「―のせまい店」対奥行《おくゆ》き。❷知識や仕事・活動範囲《はんい》の広さ。「研究分野の―を広げる」

**まくつ【魔窟】**（名）悪魔のすむ所。また、悪者がねじろとして集まっている所。「―に乗り込《こ》む」

**マグナ-カルタ**〔ラテン Magna Carta〕（名）〔歴〕一二一五年にイギリスの貴族がジョン王に署名させた憲章。イギリス立憲政治のもととなった。大憲章。

**マグニチュード**〔英 magnitude〕（名）〔地質〕地震《じしん》の規模の大小を表す単位。記号 M

**マグネシウム**〔英 magnesium〕（名）〔化〕銀白色の軽い金属元素。白い光を出して燃える。花火・合金などに使われる。元素記号 Mg

**マグネット**〔英 magnet〕（名）磁石《じしゃく》。

**まくのうち【幕の内】**（名）❶→まくうち ❷（「幕の内弁当」の略）たわらの形をしたにぎり飯にごまをかけたものと、おかずをつめ合わせた弁当。

**まくひき【幕引き】**（名）❶幕を閉じて芝居《しばい》を終えること。❷物事を終わりにすること。「事件の―をはかる」

**マグマ**〔英 magma〕（名）〔地質〕地球の内部の深い所で、高温のためどろどろにとけている物質。これが冷えて固まると火成岩になる。岩漿《がんしょう》。

**まくら【枕】** 8画 木4 訓 まくら

まくら。寝具《しんぐ》の一つ。◆枕元◆膝枕《ひざまくら》・水枕

**まくら【枕】**（名）❶寝《ね》るとき頭をのせてささえるもの。❷長い物の下に置いてささえるもの。「―木」❸前置きにする、ちょっとした話。「落語の―」

**枕を高**《たか》**くして寝**《ね》**る** 安心して眠《ねむ》る。何の不安もなく暮らす。

**まくらがみ【枕上】**（名）寝《ね》ている人のまくらのすぐそば。まくらもと。

**まくらぎ【枕木】**（名）鉄道のレールの下に横にしく木やコンクリート材。

**まくらことば**『枕◇詞』（名）〔文〕和歌などで、ある特定の語句の上につけて、調子をととのえたり意味をかざったりすることば。「光」の上につく「ひさかたの」、「山」の上につく「あしひきの」など。五音のものが多い。⇨じょし（序詞）「参考」

**まくらのそうし**〔枕草子〕作品名 清少納言《せいしょうなごん》の随筆《ずいひつ》。「源氏《げんじ》物語」とならぶ平安女流文学の代表作。一一世紀初めごろの作。宮中生活の体験を中心に、約三〇〇段からなる。冒頭文 春はあけぼの。やうやう白くなりゆく山ぎはすこしあかりて、紫《むらさき》だちたる雲のほそくたなびきたる。

**まくらもと【枕元】**『枕◇許』（名）寝《ね》ている人のまくらのそば。まくらがみ。

**まく・る**『△捲る』{ラ(ロ)・リ(ッ)・ル・ル・レ・レ}（他五）❶おおっているものを、端《はし》からまくなどして上にあげる。「すそを―」「腕《うで》を―」❷（動詞の連用形について）激しく…する。…しつづける。「書き―」⇨めくる「学習」

**まぐれ**（名）はっきりと意図しなかったのに思いがけずいい結果になること。「―で勝てた」

**まぐれあたり【まぐれ当たり】**（名）偶然《ぐうぜん》にいい結果になること。偶然に当たること。

**マクロ**〔英 macro〕（名）❶ひじょうに大きいこと。全体を大きくとらえること。「経済現象を―でとらえる」対ミクロ。❷コンピューターで、一連の命令を登録・保存しておき、きまった手順どおりに動かす機能。

**まぐろ**『△鮪』（名）〔動〕サバ科の大形の魚。海にすみ、群れをなす。背は青黒く腹は銀白色。

**まぐわ**『馬△鍬』（名）牛や馬に引かせて田畑をならすのに使うくわ。万能《まんのう》。

（まぐわ）

**まくわうり**『真桑△瓜』（名）〘植〙ウリ科のつる性一年草。夏、黄色の花が咲《さ》き、楕円《だえん》形の果実をつける。

**まけ**【負け】（名）❶負けること。「勝ちー」「ーが込《こ》む」対勝ち。❷→おまけ

**まげ**『△髷』（名）髪《かみ》の毛をたばねてゆい、いろいろな形にしたもの。「ちょんー」「島田ー」

**まけいぬ**【負け犬】（名）（けんかに負けて、しっぽを巻いて逃《に》げる犬のことから）争いに負けてすごすごと逃げる人。「ーの遠吠《とおぼ》え」

**まけおしみ**【負け惜しみ】（名）負けや失敗を認めず、言いわけや強がりを言い張ること。「ーが強い」

**まけこ・す**【負け越す】（自五）｛サ(ソ)・シ・ス・ス・セ・セ｝負けた回数が勝った回数より多くなる。対勝ち越す

**まけじだましい**【負けじ魂】（名）他人や困難な状況《じょうきょう》に負けないようにがんばる強い心。

**まけずおとらず**【負けず劣らず】たがいに力が同程度で、優劣《ゆうれつ》がつけられないようす。「ーの力量」

**まけずぎらい**【負けず嫌い】（名・形動ダ）負けることをひどくいやがり、がんばろうとする勝ち気な性格。また、その人。まけぎらい。「ーな人」

**まげて**『△枉げて』（副）むりに。たって。しいて。「ーお願いしたい」

**マケドニア**〔Macedonia〕［地名］❶ヨーロッパ南東部、バルカン半島中部の地域。❷「北マケドニア」の旧称《きゅうしょう》。

**まけぼし**【負け星】（名）すもうなどで、負けたしるしにつける黒い丸。「ーを重ねる」類黒星。対勝ち星

**ま・ける**【負ける】｛ケ・ケ・ケル・ケル・ケレ・ケロ(ケヨ)｝■一（自下一）❶戦いや争いごとで、力や能力などが劣《おと》っていて抵抗《ていこう》できなくなる。やぶれる。「試合にー」対勝つ
❷見劣りがする。ひけをとる。「他社の製品にもー・けていない」
❸他からのはたらきかけや欲望に対して、がまんや抵抗ができなくなる。「暑さにー」「誘惑《ゆうわく》にー」対勝つ
❹強い刺激《しげき》で、皮膚《ひふ》がかぶれる。「うるしにー」
■二（他下一）ねだんを安くする。また、余分《よぶん》の品物などをつける。おまけする。「一〇〇円を九〇円にー」「みかんを一つー・けてもらう」

**負けるが勝《か》ち** その場では勝ちをゆずることが、結局は勝つことになるということ。

**ま・げる**【曲げる】（他下一）｛ゲ・ゲ・ゲル・ゲル・ゲレ・ゲロ(ゲヨ)｝❶曲がった状態にする。「針金をー」「背をー」「ひざをー」❷道理や真実などをゆがめる。「事実をー・げて話す」❸自分のこころざしなどを変える。「信念をー」

**まけんき**【負けん気】（名）人に負けたくないという気性。「ーが強い」類勝ち気

**まご**【孫】（名）❶子どもの子ども。「内《うち》ー」❷間を一つへだてた間がら。「ー弟子《でし》」「ー会社」

**まご**【馬子】（名）むかし、馬に客や荷物を乗せて運ぶ仕事をしていた人。「ー唄《うた》」類馬方《うまかた》

**馬子にも衣装《いしょう》** どんな人でも、いい着物を着て身なりをととのえればりっぱに見えるということのたとえ。

**まごい**『真△鯉』（名）〘動〙黒い色をしたふつうのこい。

**まごうけ**【孫請け】（名）下請けの仕事を、さらにほかの人や会社が下請けすること。

**まごこ**【孫子】（名）❶孫と子。「ーが集まる」❷子孫。「ーの代まで」

**まごころ**【真心】（名）親身になって相手のことを思う、うそやかざりのない純粋《じゅんすい》な心。「ーをこめる」

**まごつ・く**（自五）｛カ(コ)・キ(イ)・ク・ク・ケ・ケ｝どうすればよいのかわからなくて迷う。まごまごする。「初めてなのでー」

**まこと**【誠】『◇真・◇実』（名）❶ほんとうのこと。真実。「ーの話」❷いつわりのない心。いっしょうけんめいにつくそうとする気持ち。誠意。「ーをつくす」

**まことしやか**『◇真しやか・◇実しやか』（形動ダ）｛ダロ・ダッ(デ・ニ)・ダ・ナ・ナラ・○｝いかにもほんとうらしいようす。「ーにうそをつく」

**まことに**『誠に・◇真に・◇実に』（副）ほんとうに。いつわりでなく。「ー残念だ」

**まごのて**【孫の手】（名）背中などをかく道具。竹や木の柄《え》の先を、指を曲げた手の形につくったもの。

**まごびき**【孫引き】（名・他スル）ある文句をもとの本からでなく、その文句を引用した本からさらに引用すること。「他人の論文からーする」

**まごまご**（副・自スル）どうしてよいかわからず、うろうろするようす。まごつくようす。「人ごみの中でーする」

**まこも**『真△菰』（名）〘植〙イネ科の多年草。池などにむらがって生え、秋、穂《ほ》を出す。葉でむしろを織る。

**マザーーコンプレックス**〔和製英語〕（名）母親に対しての愛着が強く、いつまでも母親から気持ちがはなれない心理傾向《けいこう》。マザコン。▽mother と complex から。

**まさおかしき**〔正岡子規〕［人名］（一八六七〜一九〇二）明治時代の俳人・歌人。写生を重んじて、俳句・短歌の革新につとめ、「ホトトギス」派の俳句、「アララギ」派の短歌の祖となった。評論「歌よみに与《あた》ふる書」、随筆《ずいひつ》「病牀六尺《びょうしょうろくしゃく》」など。

**まさおなる**…俳句→まさをなる…

**まさか** ■一（副）ありそうもない、できそうもないという気持ちを表す。いくらなんでも。「ーそんなはずはあるまい」
■二（名）予想もしていない悪い事態におちいること。万一。「ーの場合」使い方〉■一は、あとに「まい」「ないだろう」などの打ち消しの推量を表すことばがくる。

**まさかの時《とき》** 万一の場合。「ーに備える」

**まさかり**『△鉞』（名）木を切るのに使う、大きなおの。

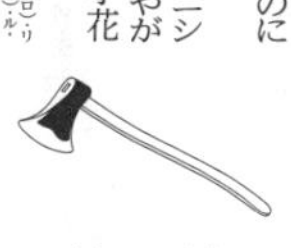

（まさかり）

**まさき**『正木・△柾』（名）〘植〙ニシキギ科の常緑低木。葉は厚くつやがあり、楕円《だえん》形。夏、緑白色の小花が咲《さ》く。庭木・生け垣《がき》にする。

**まさぐ・る**『◇弄る』（他五）｛ラ(ロ)・リ(ッ)・ル・ル・レ・レ｝指先でいじる。手先でさがす。

**まさご**『真◇砂』（名）細かいすな。「浜《はま》のー」

**マザーコン**（名）「マザーコンプレックス」の略。

**まさしく**『正しく』（副）確かに。まちがいなく。まさに。「にげていったのはー彼《かれ》だ」

**まさつ**【摩擦】■一（名・自他スル）❶物と物とがたがいにすれ合うこと。こすること。「乾布《かんぷ》ー」
❷〘物〙ある物体が他の物体に接したまま運動するとき、その接触《せっしょく》面で運動をさまたげようとする力が働く現

象。また、その力。「ー電気」「ー熱」
**二**(名)たがいの関係がうまくいかないこと。不和。「感情的なーが生じる」「貿易ー」

**まさつおん【摩擦音】**(名)くちびる、舌、歯、歯ぐきの間、のどなど、息の通るところをせばめることによって出す音。f・v・s・zなど。

**まさに**〖正に〗(副)❶確かに。ほんとうに。「ーそのとおり」❷ちょうど。今にも。「飛行機がー飛び立とうとしている」❸(あとに「べき」「べく」「べし」などの語をともなって)当然であるようす。「ー決断すべき時だ」

**まざまざ**(副)まるで目の前に見ているように、はっきり。「あの日のことがー(と)目に浮《う》かぶ」類ありあり

**まさめ【正目】**〖△柾目〗(名)まっすぐに通った木目《もくめ》。「ーの下駄《げた》」対板目

**まさゆめ【正夢】**(名)のちにそれが現実となっておこる夢。対逆夢《さかゆめ》

**まさ・る【勝る】**〖◇優る〗(自五)｛ラ(ロ)・リ(ッ)・ル・ル・レ・レ｝ほかとくらべて程度が上である。すぐれている。ひいでる。「これにー喜びはない」「聞きしにー絶景」対劣《おと》る

**勝るとも劣《おと》らない**　同等以上である。ひけをとらない。「プロにーうでまえ」

**まざ・る【交ざる・混ざる】**〖◇雑ざる〗(自五)｛ラ(ロ)・リ(ッ)・ル・ル・レ・レ｝二種類以上の異なるものがいっしょになる。あるものの中に質の異なるものがはいっていっしょに存在する。まじる。「酒に水がー」⇩まじる「参考」

**まさをなる**《マサオナル》……俳句
〔まさをなる　空《そら》より　しだれざくらかな〕〈富安風生《とみやすふうせい》〉訳いっぱいに花をつけた枝垂《しだ》れ桜の大樹。仰《あお》いで見ると、まっさおな、よく晴れた空の高い所から垂れさがるようにして、大きな枝をいくつも垂らしている。(季語「しだれざくら」春)

**まし【増し】一**(名)ますこと。ふえること。「五割ー」「水ー」**二**(形動ダ)｛ダロ・ダッ(デ・ニ)・ダ・ナ・ナラ・○｝どちらかといえばそのほうがまだいいというようす。「ないよりはーだ」参考二はふつうかな書きにする。

**まじ**(名・形動ダ)(俗語)(「まじめ」の略)真剣《しんけん》なこと。本気・本当であること。「ーで頑張《がんば》ろう」

**まじ・える【交える】**(他下一)｛エ・エ・エル・エル・エレ・エロ(エヨ)｝❶加え入れていっしょにする。「関係者をー・えて話し合う」「私情をー」❷交差させる。「ひざをー・えて話す(=親しく打ちとけて話す)」「刀をー」❸やりとりする。「一戦をー」「ことばをー」

**ました【真下】**(名)まっすぐ下。直下《ちょっか》。「ーに落ちる」対真上《まうえ》

**マジック**〔英 magic〕(名)❶魔法《まほう》。手品。❷(「マジックインキ」の略)何にでも書けてすぐ乾き、水に消えないインキ。(商標名)❸「マジックナンバー」の略。「優勝へのーが出る」

**マジック-ナンバー**〔英 magic number〕(名)プロ野球で、他チームの勝敗に関係なく、自チームの優勝が決定するのに必要な勝ち試合の数。マジック。

**まして**〖◇況して〗(副)前の場合ですらそうなのだから、後の場合はなおさら。「おとなでさえ持てないのに、ー子どもに持てるはずがない」

**まじない**〖◇呪い〗(名)災難をのがれるよう、または願いごとがかなうよう神や仏に祈ること。また、そのことば。

**まじまじ**(副)じっと見つめるようす。「人の顔をー(と)みる」

**まします【坐します】**(自四)古語「いる」の尊敬語。いらっしゃる。「天にー我らが神よ」

**まじめ【◦真面目】**(名・形動ダ)❶本気なこと。しんけんなこと。「ーな顔」「ーに働く」「不ーな態度」❷性格などが誠実であるようす。「ーな人」

**ましゃくにあわない【間尺に合わない】**割に合わない。損になる。「こんな仕事はー」

**ましゅ【魔手】**(名)(悪魔の手という意から)人に害をあたえたり悪に誘《さそ》ったりするもの。「ーをのがれる」

**まじゅつ【魔術】**(名)❶人の心をまどわすふしぎな術。類魔法。❷大がかりな手品。「ー団」

**マシュマロ**〔英 marshmallow〕(名)ふわりとした弾力《だんりょく》のある洋菓子《ようがし》。ゼラチンに、卵白《らんぱく》・砂糖・香料《こうりょう》をまぜて固めたもの。マシマロ。

**まじょ【魔女】**(名)女の魔法使い。ふしぎな力をもつ女の悪魔。

**ましょう【魔性】**(名)(悪魔の性質という意から)人をだましたり、まどわすような性質。

**ましょうめん【真正面】**(名)ちょうど正面。まむかい。まっしょうめん。「ーから立ち向かう」

**マジョリティー**〔英 majority〕(名)大多数。多数派。対マイノリティー

**ましら**〖◇猿〗(名)「さる」の古称《こしょう》。

**まじりけ【交じり気・混じり気】**(名)あるものの中に、ほかのものがまじっていること。「ーのない水」

**まじ・る【交じる・混じる】**〖◇雑じる〗(自五)｛ラ(ロ)・リ(ッ)・ル・ル・レ・レ｝あるものの中に別のものがはいっていっしょに存在する。二種類以上の異なるものがいっしょになる。まざる。「おとなにー・って働く」参考「交」はとけあわないまじり方、「混」はとけあうまじり方に使う。

**まじろ・ぐ**〖◇瞬ぐ〗(自五)｛ガ(ゴ)・ギ(イ)・グ・グ・ゲ・ゲ｝目をぱちぱちさせる。まばたきをする。「一瞬《いっしゅん》ー」

**まじわり【交わり】**(名)つきあい。交際。交流。

**まじわ・る【交わる】**(自五)｛ラ(ロ)・リ(ッ)・ル・ル・レ・レ｝❶交差する。「二直線がー」❷人とつきあう。「友とー」

**ましん**〖麻△疹〗(名)〖医〗↓はしか

**マシン**〔英 machine〕(名)❶機械。「ーガン(=機関銃《きかんじゅう》)」❷競走用の自動車・オートバイ。

**ます【升】**〖△枡〗(名)❶米・油・しょうゆ・酒などの量を計るうつわ。「一升《いっしょう》ー」❷①ではかった量。❸↓ますせき

**ます**〖△鱒〗(名)〖動〗サケ科の魚で「ます」と名のつくもの。

**ま・す【増す】**(自他五)｛サ(ソ)・シ・ス・ス・セ・セ｝数や量などがふえる。また、ふやす。「体重がー」「速度をー」

**ます**(助動)｛マセ(マショ)・マシ・マス・マス・マスレ・マシ(マセ)｝言い方をていねいにする働きをする。「行きー」「知り**ません**」文法動詞、動詞型活用の助動詞の連用形につく。

**マス**〔英 mass〕(名)❶集まり。集団。「ーゲーム」❷大衆。「ーコミ」❸多数。大量。「ープロ」

**まず**〖◇先ず〗(副)❶最初に。第一に。「ー英語を話してみよう」❷とにかく。いちおう。「ーは乾杯《かんぱい》」❸おおよそ。だいたい。まあまあ。「ー心配はない」

**ますい【麻酔】**（名）〘医〙手術をするときなどの痛みをなくすため、薬を使ってからだの一部や全身の感覚を一時失わせること。「―をかける」「全身―」「―薬」

**まず・い**〘×不味い〙（形）{カロ・カッ(ク)・イ・イ・ケレ・○}❶味が悪い。「―お菓子《かし》」対うまい・おいしい ❷技量がおとっている。へたである。「―絵」対うまい・上手《じょうず》 ❸ぐあいやつごうがわるい。「―ことになる」対うまい

**ますかがみ**〔増鏡〕【作品名】南北朝時代の歴史物語。作者・成立年代不明。鎌倉《かまくら》時代約一世紀半の朝廷《ちょうてい》と武家の争いを中心にえがいたもの。

**マスク**〔英 mask〕（名）❶面。仮面。❷布やガーゼなどでできた鼻・口をおおうもの。病原体やほこりを防ぐ。❸毒ガスや煙《けむり》を防ぐ用具。ガスマスク。防毒マスク。❹野球で、捕手《ほしゅ》や審判《しんぱん》がかぶる面。❺かお。かおだち。「あまい―」

**マス-ゲーム**〔英 mass game〕（名）大勢の人が一団となって行う体操やダンス。集団体操。

**マスコット**〔英 mascot〕（名）幸運をもたらすものとして身近におき、たいせつにする人形や動物など。

**マス-コミ**（名）「マスコミュニケーション」の略。また、その媒体《ばいたい》のマスメディア。

**マス-コミュニケーション**〔英 mass communication〕（名）新聞・雑誌・ラジオ・テレビなどを使って、情報を一度に多くの人びとに伝えること。マスコミ。

**まずし・い【貧しい】**（形）{カロ・カッ(ク)・イ・イ・ケレ・○}❶おかねや物が不足して生活が苦しい。びんぼうである。「家が―」❷内容がとぼしくておとっている。「心の―人」「発想が―」

**ますせき【升席】**〘△枡席〙（名）芝居《しばい》やすもうなどで、四角にくぎった見物席。ます。

**マスター**〔英 master〕■一（名）❶長。指導的立場の人。「コンサート―」❷（喫茶店《きっさてん》や酒場などの）男主人。❸学位の一つ。修士。❹複製のもととなるもの。「―キー」■二（名・他スル）知識や技術をすっかり身につけて、意のままに使えるようになること。「英語を―する」

**マスタード**〔英 mustard〕（名）西洋からし。

**マスト**〔英 mast〕（名）船のほばしら。

**マス-プロ**（名）「マスプロダクション」の略。

**マス-プロダクション**〔英 mass production〕（名）大量生産。マスプロ。「―の弊害《へいがい》」

**ますます**〘◇益・◇益◇益〙（副）物事の程度が前よりふえていくようす。いよいよ。いっそう。「―速くなる」

**まずまず**〘◇先ず◇先ず〙（副）不満はあるがいちおうよしとするようす。まあまあ。「―の成績」

**ますめ【升目】**〘△枡目〙（名）❶升ではかった量。❷升のように四角くぎってあるもの。「原稿《げんこう》用紙の―」

**マス-メディア**〔英 mass media〕（名）マスコミュニケーションの媒体《ばいたい》。新聞・ラジオ・テレビなど。

**ますらお**〘×丈夫・◇益◇荒◇男〙（名）たけだけしく勇ましい男性。対手弱女《たおやめ》

**ますらおぶり**〘×丈夫-振り・◇益◇荒◇男振り〙（名）❶元気がよく男らしいこと。❷「万葉集」の歌が典型とされる、男性的でおおらかな歌風。

**マズルカ**〔ポーランド mazurka〕（名）〘音〙三拍子《ひょうし》で軽快な調子のポーランドの踊《おど》り。また、その曲。

**ませいせっき【磨製石器】**（名）石をみがいて作った石器。日本では縄文《じょうもん》時代から弥生《やよい》時代にさかんに作られた。⇩だせいせっき

**まぜかえ・す【混ぜ返す】**〘交ぜ返す〙（他五）{サ(ソ)・シ・ス・ス・セ・セ}❶何度もかきまぜる。❷冗談《じょうだん》を言ったり人の話の細かいところにけちをつけたりして話を混乱させる。まぜっかえす。「人の話を―」

**まぜがき【交ぜ書き】**（名・自スル）漢字とかなを交ぜ合わせて熟語を書くこと。「混とん」「憂《ゆう》うつ」などの書き方。

**まぜこぜ**（名・形動ダ）いろいろなものがまざっているようす。「味が―になる」

**マゼラン**〔Ferdinand Magellan〕【人名】（一四八〇?～一五二一）ポルトガルの探検家。一五一九年にスペイン王の命で出航、南米マゼラン海峡《かいきょう》を発見、太平洋に出てフィリピンに達したが、先住民に殺された。残った部下が一五二二年帰国し、初の世界周航が実現した。

**ま・せる**〘×老成る〙（自下一）{セ・セ・セル・セル・セレ・セロ(セヨ)}年齢《ねんれい》のわりにおとなびている。「―・せたことを言う」

**ま・ぜる【交ぜる・混ぜる】**〘◇雑ぜる〙（他下一）{ゼ・ゼ・ゼル・ゼル・ゼレ・ゼロ(ゼヨ)}あるものに別のものを加えていっしょにする。また、均質になるようかきまぜる。「米に麦を―」「ふって―」⇩まじる「参考」

**仕組みの解明**「混ぜる」

**Q** スープに混ぜる？
スープと混ぜる？

| | | に | と | |
|---|---|---|---|---|
| A | 小麦粉 | ○ | ○ | 卵を混ぜる |
| B | スープ | ○ | × | 塩を混ぜる |

**A**・Aのように、混ぜるものが対等であればどちらも使える。
・Bのように、混ぜ加えるものが少量の場合には「と」は使いにくい。

**マゼンタ**〔英 magenta〕（名）赤むらさき色。

**マゾ**（名）❶「マゾヒスト」の略。❷「マゾヒズム」の略。

**マゾヒスト**〔英 masochist〕（名）苦痛を受けることで性的な快感を得る人。マゾ。対サディスト

**マゾヒズム**〔英 masochism〕（名）苦痛を受けることで快感を感じる異常な性欲。マゾ。対サディズム

**また【又】** 2画 又0 訓 また
フ ヌ
また。そのうえ。ふたたび。◆又聞き◆将又《はたまた》

**また**〘又〙■一（副）❶同じことがもう一度くり返されるようす。ふたたび。「―ぜひ行きたい」「―の機会」❷他と同じであるようす。同じく。「これも―名作だ」■二（接）❶その上に。「学者であり、―政治家でもある」❷あるいは。「バスでも、―電車でも行ける」■三（接

頭）間接的である意を表す。「—聞き」「—貸し」

**またとない** 二つとない。二度とない。「—チャンス」

**また【股】**（名）❶両足のつけね。またぐら。❷一つのものから二つ以上に分かれている所。「木の—」

**股にかける** ひじょうに広い地域を歩き回る。あちこちに行く。「世界を—」

**まだ**『◇未だ』（副）❶一定の段階や状態に達していないようす。「彼《かれ》は—来ない」「—完成していない」❷前と同じ状態が続いているようす。いまだに。「—雨が降っている」❸時間がいくらもたっていないようす。「帰国してから—二日目だ」❹同じものがほかにも残っているようす。「おかねは—ある」❺どちらかというと。「—このほうがましだ」

**まだい**『真△鯛』（名）《動》タイ科の魚。海にすみ、からだは桜色で緑色の斑点《はんてん》がある。めでたい魚として、祝いごとの料理に使われる。

**まだい【間代】**（名）借りる部屋の料金。部屋代。

**またいとこ**『又×従兄弟・又×従姉妹』（名）親どうしがいとこにあたる子どもどうしの関係。はとこ。

**またがし【また貸し】**『又貸し』（名・他スル）人から借りたものを、さらによそへ貸すこと。対また借り

**マダガスカル**〔Madagascar〕［地名］アフリカ大陸の南東、インド洋上の共和国。首都はアンタナナリボ。

**またがり【また借り】**『又借り』（名・他スル）人が借りたものをその人からさらに借りること。対また貸し

**またが・る**『△跨がる』（自五）〔ラ(ロ)・リ(ッ)・ル・ル・レ・レ〕❶またを広げて乗る。「馬に—」❷一方から他方にかかる。わたる。「両県に—山地」「両国に—問題」

**またぎき【また聞き】**『又聞き』（名・他スル）直接にではなく、話を聞いた人から、さらにその話を聞くこと。人づてに聞くこと。

**また・ぐ**『△跨ぐ』（他五）〔ガ(ゴ)・ギ(イ)・グ・グ・ゲ・ゲ〕またを広げて物をこえる。「しきいを—」「みぞを—」

**またぐら【股ぐら】**『股◇座』（名）両ももの間。また。「—をけりあげる」

**まだけ【真竹】**（名）《植》イネ科のタケ類の一種。最も一般《いっぱん》的にみられる。幹は竹細工に利用され、たけのこは食用。にがたけ。くれたけ。からたけ。

**またしても**『又しても』（副）一度だけでなく、また。またもや。「—同じ所で事故があった」

**まだしも**『◇未だしも』（副）どちらも不満ではあるが、それでもまだそのほうがよいようす。「子どもなら—、大人のすることではない」

**またぞろ**『又◇候』（副）（「また」を強めたことば）また。またしても。「—その話か」

**またたき【瞬き】**（名）→まばたき

**またた・く【瞬く】**（自五）〔カ(コ)・キ(イ)・ク・ク・ケ・ケ〕❶目をぱちぱちさせる。まばたく。❷光がちらちらする。「星が—」

**瞬く間《ま》** わずかの間。あっという間。「—に着く」

**またたび**（名）《植》マタタビ科のつる性の落葉低木。山地に自生する。夏に梅に似た白い花が咲《さ》く。細長い実は食用で、猫《ねこ》の好物でもある。

**またたび【股旅】**（名）江戸《えど》時代、ばくちうちなどが旅をして歩くこと。「—物《もの》（＝旅をするばくちうちに義理人情をからませた映画・読み物など）」

**マタニティー**〔英 maternity〕（名）❶妊婦《にんぷ》。また、妊娠《にんしん》期間。「—体操」「—ドレス（＝妊婦用のゆったりつくられた服）」❷「マタニティードレス」の略。

**またの**『又の』別の。次の。「—機会」「—名」

**またのひ【またの日】**『又の日』別の日。別の機会。「続きは—にしよう」

**または**『又は』（接）二つのうちどちらでもよいこと。それでなければ。あるいは。「黒—紺《こん》の服装」

**またまた**『又又』（副）（「また」を強めたことば）またしても。またもや。「—ヒットを打つ」

**まだまだ**『◇未だ◇未だ』（副）（「まだ」を強めたことば）❶じゅうぶんそこまで達していないというようす。「合格するには—勉強不足だ」❷同じ状態がこれまでと変わらずに続くようす。「—暑い日が続く」「—間《ま》に合う」❸ほかにももっとあるようす。「食料は—ある」

**マダム**〔フランス madame〕（名）❶夫人。奥様《おくさま》。❷（喫茶店《きっさてん》や酒場などの）女主人。ママ。

**またもや**『又もや』（副）同じようなことがくり返されるようす。またまた。またしても。「—同じ失敗をする」

**まだら**『◇斑』（名）地の色とちがう色があちこちにいりまじっていること。「—雪」「—の犬」類ぶち

**まだるっこ・い**『間◇怠っこい』（形）〔カロ・カッ(ク)・イ・イ・ケレ・○〕見ていられないほどのろくてもどかしい。まだるっこしい。まどろっこしい。「あの人の動作は—・くて見てられない」

**まだれ**『麻垂れ』（名）漢字の部首の一つ。「店」「広」などの「广」の部分。

**まち【町・街】**（名）❶人家がたくさん集まっている所。「—に出て働く」❷地方公共団体の一つで、市より小さく村より大きいもの。町《ちょう》。❸市や区の中を分けた一つ。町《ちょう》。❹たくさんの店がならんでいるにぎやかな通り。市街《しがい》。「買い物がてら—をぶらつく」

注意②③は「町」と書く。

**まち**『△襠』（名）❶衣服や袋物《ふくろもの》で、布のはばや厚みの足りない部分に補ってそえる布。❷かばんなどの厚みをなす部分。

**まちあい【待ち合い】**（名）❶待ち合わせること。人や車、順番などを待つこと。❷（「待合茶屋」の略）客が芸者などを呼んで遊ぶ茶屋。注意「待合室」などの語や②は送りがなをつけない。

**まちあいしつ【待合室】**（名）駅や病院などで、列車や人を待ったり、順番のくるのを待ったりする部屋。

**まちあぐ・ねる【待ちあぐねる】**『待ち△倦ねる』（自下一）〔ネ・ネ・ネル・ネル・ネレ・ネロ(ネヨ)〕→まちあぐむ

**まちあぐ・む【待ちあぐむ】**『待ち△倦む』（他五）〔マ(モ)・ミ(ン)・ム・ム・メ・メ〕うんざりするほど長く待つ。まちあぐねる。「返事を—」

**まちあわ・せる【待ち合わせる】**（他下一）〔セ・セ・セル・セル・セレ・セロ(セヨ)〕あらかじめ場所と時間を決めておいて、そこで会うようにする。「友と—」「—・せて映画に行く」

**まちいしゃ【町医者】**（名）個人で開業している医者。開業医。

**まちう・ける【待ち受ける】**（他下一）〔ケ・ケ・ケル・ケル・ケレ・ケロ(ケヨ)〕

来るのを用意して待つ。「相手がやってくるのを—」

**まぢか**【間近】（名・形動ダ）ある場所やある時がすぐ近いこと。目前《もくぜん》。「修学旅行が—にせまる」

**まちがい**【間違い】（名）❶正しくないこと。あやまり。「計算—」❷よくない出来事。事故。「—がなければいいが」❸失敗。あやまち。「—をおかす」

**まぢか・い**【間近い】（形）{カロ・カツ(ク)・イ・イ・ケレ・○}ある場所や時がすぐ近い。ほどちかい。「夏休みも—」「終点も—」

**まちが・う**【間違う】{ワ(オ)・イ(ッ)・ウ・ウ・エ・エ}　㊀（自五）正しいものとちがった状態になる。「字が—・っている」「—・った考え方」㊁（他五）まちがえる。「計算を—」「犯人と—・われる」

**まちが・える**【間違える】（他下一）{エ・エ・エル・エル・エレ・エロ(エヨ)}❶正しくない判断ややり方をする。誤る。やりそこなう。「答えを—」「操作を—」❷ほかのものと、とりちがえる。「弟と—・えられる」

> **仕組みの解明**　「間違える」
>
> **Q** 犯人を間違える？　犯人と間違える？　犯人に間違える？
>
> A　答えを間違える
> B　ヒラメをカレイと間違える
> C　犯人に間違えられる
>
> **A**・Aのように、正しいか間違いかがある名詞の場合には「を」を使う。
> ・取り違えることを表す場合は、Bのように「と」を使うが、間違えられた結果そのようになってしまうというニュアンスの場合は、Cのように「に」も使われる。

**まちかど**【町角・街角】（名）町の通りの曲がりかど。また、街頭。

**まちか・ねる**【待ちかねる】『待ち兼ねる』（他下一）{ネ・ネ・ネル・ネル・ネレ・○}それ以上待ちきれなくなる。「—・ねて迎《むか》えに行く」

**まちかま・える**【待ち構える】（他下一）{エ・エ・エル・エル・エレ・エロ(エヨ)}用意や心の準備をして待つ。「敵を—」

**まちくたび・れる**【待ちくたびれる】『待ち×草臥れる』（自下一）{レ・レ・レル・レル・レレ・レロ(レヨ)}長い間待っていていやになる。待ちすぎてつかれる。「—・れて帰る」

**まちこが・れる**【待ち焦がれる】（他下一）{レ・レ・レル・レル・レレ・レロ(レヨ)}まだかまだかと楽しみにして待つ。落ち着かない気持ちで待つ。「再会を—」

**まちすじ**【町筋】（名）町の道筋。町の通り。

**まちどおし・い**【待ち遠しい】（形）{カロ・カツ(ク)・イ・イ・ケレ・○}早く来ないかと待っているために、時間のたつのがおそく感じられるようす。「手紙の返事が—」

**まちなか**【町中】（名）町の中で、家や商店のならんでいるにぎやかな所。「白昼の—での事件」

**まちなみ**【町並み】（名）町の、家などがたくさんならんでいるようす。また、その家々。「美しい—」

**マチネー**〔フランス matinée〕（名）昼間に行われる演劇や音楽会などの興行《こうぎょう》。

**まちはずれ**【町外れ】（名）町の中心からはなれ、家並みがまばらでさびしい所。「—の一軒家《いっけんや》」

**まちばり**【待ち針】（名）裁縫《さいほう》で、目じるしや布の押《お》さえとして、仮にとめておく針。類留め針

**まちぶぎょう**【町奉行】（名）〔歴〕江戸《えど》時代、江戸・京都・大坂・駿府《すんぷ》（=静岡市）などにおかれた、市中の行政・司法・警察をとりあつかった職。

**まちぶせ**【待ち伏せ】（名・他スル）不意をつこうとかくれて相手の来るのを待つこと。「敵を—する」

**まちぼうけ**【待ちぼうけ】『待ち△惚け』（名）待っていた人がとうとう来ないこと。「—をくう」

**まちまち**（名・形動ダ）それぞれ異なっていて、そろわないこと。「参加者の服装は—だ」

**まちもう・ける**【待ち設ける】（他下一）{ケ・ケ・ケル・ケル・ケレ・ケロ(ケヨ)}用意して待つ。期待して待つ。待ちかまえる。「客を—」

**まちわ・びる**【待ちわびる】『待ち△侘びる』（他上一）{ビ・ビ・ビル・ビル・ビレ・ビロ(ビヨ)}来るはずのものがなかなか来ないので、気をもみながら待つ。「母の帰りを—」

**まちをゆき**…短歌
〔まちをゆき　子《こ》どものそばを　通《とほ》るとき　みかんの香《か》せり　冬《ふゆ》がまたくる〕〈木下利玄《きのしたりげん》〉訳まちを歩いてゆき、子どものそばを通りすぎるとき、みかんのかおりがした。ああ、また冬がくるのだ。

**まつ【末】** 5画 木1　小4　音マツ・バツ高　訓すえ
一 ＝ キ 才 末
❶もとから遠いほう。はし。◆末社・末梢《まっしょう》・末席《まっせき・ばっせき》・末端《まったん》　◇端末《たんまつ》・本末。❷始まりから遠くはなれたもの。すえ。おわり。◆末期《まっき・まつご》・末子《まっし・ばっし》・末日《まつじつ》・末世・末代・末尾《まつび》・末路　◇結末・月末・始末・終末・週末・顛末《てんまつ》・年末。❸重要でないもの。◆末節　◇瑣末《さまつ》・粗末《そまつ》。❹こな。◇粉末

**まつ【抹】** 8画 扌5　音マツ
扌 扌 扌 抖 抹 抹
❶なでる。こする。◇一抹。❷ぬって見えなくする。◆抹殺・抹消　◇塗抹《とまつ》。❸こな。◆抹香《まっこう》・抹茶

**まつ**【松】（名）❶〔植〕マツ科の常緑針葉樹、マツ類の総称《そうしょう》。葉は針状で、球果はまつかさという。種類が多く、材は建築用。❷かどまつ。「—を立てる」

**ま・つ**【待つ】（他五）{タ(ト)・チ(ッ)・ツ・ツ・テ・テ}❶来るのを望んで時をすごす。実現を望んで時をすごす。「父の帰りを—」「完成が—・たれる」❷様子をうかがって行動を起こすのをひかえる。また、何かをすることを、いったんやめる。「相手の出方を—」「ちょっと—・って」❸期限をのばす。「三日だけ—・とう」❹たのみとする。「君の努力に—ところが大きい」

参考④は「俟つ」とも書く。

表現 控《ひか》える・待機する・待ち構える・待ち受ける・待ち望む・待ち焦《こ》がれる・待ちわびる・待ちあぐむ・待ちくたびれる ◆そわそわ・いそいそ・やきもき・じりじり・いらいら

◆今か今かと・今や遅《おそ》しと・首を長くして・指折り数えて・一日千秋《いちじつせんしゅう》の思いで・手ぐすね引いて

**まっ-【真っ】**（接頭）（「ま（真）」を強めた言い方）あることばの上について、その状態を強調する。ほんとうの。ほんとうに。「—最中」「—黒」

**まつえい**『末△裔』（名）子孫。「平家の—」

**まつおばしょう**〔松尾芭蕉〕【人名】（一六四四〜一六九四）江戸《えど》時代前期の俳人。「わび」「さび」を重んじる独自の俳風（蕉風《しょうふう》）を開き、俳諧《はいかい》を真の芸術にまで高めた。各地を旅し、名句と紀行文を残した。句文集「俳諧七部集」、紀行文「野ざらし紀行」「おくのほそ道」など。

**まっか【◦真っ赤】**（名・形動ダ）❶まったく赤いこと。❷まったく。まるっきり。「—なうそ」

**まつかさ【松かさ】**『松△毬』（名）松の実。まつぼっくり。

**まつかざり【松飾り】**（名）正月に門や玄関《げんかん》にかざる松。門松《かどまつ》。「—がとれる」

**まつかぜ【松風】**（名）❶松に吹《ふ》く風。また、その音。❷茶の湯で、茶がまの湯の煮《に》えたつ音。

**まつき【末期】**（名）物事の終わりのころ。「江戸《えど》時代の—」…的「末期的症状《しょうじょう》」対初期。注意「まつご」と読むと別の意味になる。

**まっくら【真っ暗】**（名・形動ダ）❶まったく暗くて何も見えないようす。「—な部屋」❷まったく希望がもてないようす。「お先—だ」「目の前が—になる」

**まっくろ【真っ黒】**（名・形動ダ）まったく黒いこと。

**まつげ**『△睫・△睫毛』（名）（目《ま》つ（=目の）毛の意）まぶたのふちにはえている毛。「さかさ—」

**まつご【末期】**（名）一生の終わり。死にぎわ。「—をむかえる」注意「まっき」と読むと別の意味になる。

**末期の水**《みず》　人の死にぎわにその口中にふくませる水。死に水。「—をとる」

**まっこう【抹香】**（名）しきみの葉や皮を粉にした香。仏前でたく。

**まっこう【真っ向】**（名）❶ひたいのまん中。「—に打ちこむ」❷まっ正面。「風が—から吹《ふ》きつける」「—から立ち向かう」

**まっこうくさ・い【抹香臭い】**（形）〔カロ・カッ(ク)・イ・イ・ケレ・○〕（仏前でたく抹香のにおいがするという意から）仏教的な感じがする。説教じみている。「—話」

**まつざ【末座】**（名）一座の中で、位のいちばん低い人がすわる戸口に近い席。下座《しもざ》。末席《まっせき》。

**マッサージ**〔英 massage〕（名・他スル）からだをもんだりさすったりして血のめぐりをよくすること。「—師」

**まっさいちゅう【真っ最中】**（名）今まさにそのことを行っているとき。そのことが最もさかんに行われているとき。「試合の—」

**まっさお【◦真っ青】**（名・形動ダ）❶まったく青いこと。「—な海」❷顔に血の気がまったくないようす。「—な顔」

**まっさかさま【真っ逆さま】**『真っ逆様』（名・形動ダ）物の上下がまったく逆になっていること。「—に落ちる」

**まっさかり【真っ盛り】**（名）最もさかんなとき。勢いの最もよいとき。「桜の花が—だ」

**まっさき【真っ先】**（名）いちばん先。いちばんはじめ。先頭。「—にかけつける」「—にできあがる」

**まっさつ【抹殺】**（名・他スル）（こすって消す意から）存在を認めず、ないものにすること。「記録から—する」「社会的に—される」

**まっさら**『真っ◇新』（名・形動ダ）一度も使用したことがなく、真新しいこと。「—なシャツ」

**まっし【末子】**（名）兄弟《きょうだい》・姉妹《しまい》のいちばん下の子。末っ子。対長子。参考「ばっし」とも読む。

**まつじ【末寺】**（名）『仏』本山に従う寺。対本山

**まっしぐら**（副）その目標だけをめざし勢いよく進むようす。「ゴールをめざして—に走る」

**まつじつ【末日】**（名）最後の日。「四月—完成」

**まっしゃ【末社】**（名）ある神社に付属している神社。対本社

**マッシュ-ポテト**（名）ゆでたじゃがいもを裏ごしして、味つけをしたもの。▽英 mashed potatoes から。

**マッシュルーム**〔英 mushroom〕（名）ハラタケ科のきのこ。白または褐色《かっしょく》。食用に栽培《さいばい》する。西洋まつたけ。つくりたけ。

**まっしょう**『末△梢』（名）（枝の先の意から）物のはし。すえ。また、さいなこと。

**まっしょう【抹消】**（名・他スル）文字などを、消しなくすこと。「戸籍《こせき》を—する」「登録—」

**まっしょうしんけい**『末△梢神経』（名）『生』脳・脊髄《せきずい》から分かれて、からだのすみずみまでゆきわたっている神経繊維《せんい》。対中枢《ちゅうすう》神経

**まっしょうてき**『末△梢的』（形動ダ）〔ダロ・ダッ(デ・ニ)・ダ・ナ・ナラ・○〕問題の本筋からはずれていてそれほど重要でないようす。

**まっしょうめん【真っ正面】**（名）→ましょうめん

**まっしろ【真っ白】**（名・形動ダ）まったく白いこと。

**まっすぐ**『真っ◇直ぐ』（名・形動ダ）❶少しも曲がっていないこと。「—な線」❷ずるいところがなく、正しくすなおなこと。「—な気性」❸寄り道をしないこと。直接。「—帰る」

**まっせ【末世】**（名）❶『仏』仏法のすたれた世。末法の世。❷道徳がおとろえ乱れた時代。末《すえ》の世。

**まっせき【末席】**（名）会合などで、地位の下の者がすわる出入り口に近い席。末座。下座《しもざ》。「—に連なる」対上席。参考「ばっせき」とも読む。

**末席を汚**《けが》**す**　その場に同席することや会の仲間にいることをけんそんしていうことば。

**まっせつ【末節】**（名）本筋をはなれたささいなことがら。小さな取るにたりないこと。「枝葉《しよう》—の問題」

**まっそん【末孫】**（名）その血筋のずっとのちの子孫。参考「ばっそん」とも読む。

**まった【待った】**（名・感）❶すもうや囲碁《いご》・将棋《しょうぎ》などで、相手に待ってもらうときに発することば。❷進行中のものを一時的にとめること。「—をかける」

**待ったなし**　❶すもうや囲碁《いご》・将棋《しょうぎ》などで、「待った」を認めないこと。❷一刻もはやく行動しなければならない状況《じょうきょう》にあること。「対策は—だ」

**まつだい【末代】**（名）のちのちの世。死んだのちの世。「—までの恥《はじ》」

**まったく【全く】**（副）❶（あとに打ち消しのことばを

ともなって)全面的に否定する意を表す。全然。「—知らない」❷全面的にそうである意を表す。また、そのことを強調する気持ちを表す。じつに。ほんとうに。「—新しい体験」「—もって同じ意見だ」

**まつたけ**【松たけ】〖松△茸〗(名)キシメジ科のきのこ。秋、赤松の根もとに生える。味・かおりがよく珍重《ちんちょう》される。

(まつたけ)

**まっただなか**【真っただ中】〖真っ△只中・真っ◇直中〗(名)❶まんなか。中心。「人ごみの—にいる」❷物事が行われているまさにそのとき。「試合の—」

**まったり**(副・自スル)こくがあって、口の中でゆっくりやわらかく味が広がるようす。「—した味わい」

**まったん**【末端】(名)❶はし。さき。先端。「神経の—」❷いろいろなしくみの中心から最も遠い部分。「流通機構の—」

**マッチ**〔英 match〕㊀(名)試合。「タイトル—」㊁(名・自スル)調和がとれて似合うこと。「服装に—した帽子《ぼうし》」

**マッチ**〖×燐寸〗〔英 match〕(名)軸木《じくぎ》の先に薬剤《やくざい》をつけた、こすって発火させる用具。「—をする」

**マッチ-ポンプ**〔和製語〕(名)(マッチで火をつけてポンプで消火することから)みずからやっかい事を起こしておいて、沈静化《ちんせいか》するように働きかけ、不当な利益を得ること。▽英 match とオランダ pomp から。

**まっちゃ**【抹茶】(名)上等の緑茶をうすでひいて粉にしたもの。主として茶の湯に使う。ひき茶。

**マッチョ**〔英 macho〕(名・形動ダ)筋骨隆々《りゅうりゅう》として、たくましく男らしいこと。また、そのような人。

**まってい**【末弟】(名)兄弟で、いちばん下の弟。対長兄《ちょうけい》。参考「ばってい」とも読む。

**マット**〔英 mat〕(名)❶玄関などに置く、くつのどろをぬぐうためのしきもの。❷床《ゆか》やろうかなどにしくしきもの。「バス—」❸体操のとき床にしく厚いしきもの。また、ボクシングなどで、リングの床。「—に沈《しず》む」

**マット**〔英 matte〕(形動ダ){ダロ・ダッ(デ・ニ)・ダ・ナ・ナラ・○}光沢《こうたく》がないようす。つや消しにしたようす。「—な質感」

**まっとう**【真っ当】(形動ダ){ダロ・ダッ(デ・ニ)・ダ・ナ・ナラ・○}まともであるようす。まじめなようす。「—な生活」

**まっとう・する**【全うする】(他サ変){シ(セ・サ)・シ・スル・スル・スレ・シロ(セヨ)}完全に果たす。最後までりっぱにやりとげる。「任務を—」「天寿《てんじゅ》を—」文法「全くする」の音便。

**マットレス**〔英 mattress〕(名)弾力《だんりょく》のある厚いしきもの。ふとんの下やベッドにしく。

**まつながていとく**【松永貞徳】〔人名〕(一五七一～一六五三)江戸《えど》時代初期の俳人・歌人。はじめ和歌・連歌を学び、のち俳諧《はいかい》に移り、規則を定めて近世俳諧の祖といわれた。貞徳を中心にした一派を貞門《ていもん》という。

**まつのうち**【松の内】(名)正月の松かざりのある間。元日から七日まで。

**マッハ**〔ドイツ Mach〕(名)飛行機やロケットなどの速度を表す単位。マッハ1は音の速さと同じ。記号 M

**まつばづえ**【松葉づえ】〖松葉△杖〗(名)足の不自由な人が使うつえ。松葉のように上部が二またに分かれ、わきの下に当ててからだを支えて歩く。

**まつばぼたん**〖松葉△牡丹〗(名)〖植〗スベリヒユ科の一年草。葉は多肉質で松葉状。夏から秋、赤・黄・白などの美しい花が咲《さ》く。

**まつび**【末尾】(名)ひと続きのものの終わりの部分。「—二けたの数字」

**まっぴつ**【末筆】(名)手紙の終わりのほうに書くことば。「—ながら皆様によろしく」

**まっぴら**〖真っ平〗(副)〔俗語〕どんなことがあってもぜったいにいやだ、というようす。「—ごめんだ」

**マップ**〔英 map〕(名)地図。特に、一枚刷《ず》りのもの。

**まっぷたつ**【真っ二つ】(名)まん中から二つに割ること。ちょうど半分に割れること。「意見が—に分かれる」

**まっぽう**【末法】(名)〖仏〗釈迦《しゃか》の死後一五〇〇年から後の一万年間。仏教の教えがおとろえるとされる世。末《すえ》の世。乱れきった世。末世。

**まつぼっくり**【松ぼっくり】(名)→まつかさ

**まつむし**【松虫】(名)〖動〗コオロギ科の昆虫《こんちゅう》。からだは二センチメートルあまりでうす茶色。長い触角《しょっかく》をもつ。秋、雄《おす》はチンチロリンと鳴く。

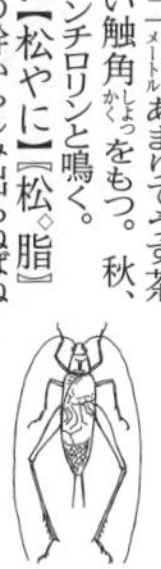
(まつむし)

**まつやに**【松やに】〖松◇脂〗(名)松の幹からしみ出るねばばした液。加工したものは印刷《いんさつ》インクや紙の製造《せいぞう》に使われる。

**まつよう**【末葉】(名)❶ある時代の終わりごろ。「昭和の—」対初葉。❷子孫。ばつよう。

**まつり**【祭り】(名)❶神をまつること。神をまつる儀式《ぎしき》。「神社の秋—」❷祝い・宣伝などのために行うにぎやかなもよおし。「お—さわぎ」「港—」「桜—」

**まつりあ・げる**【祭り上げる】(他下一){ゲ・ゲ・ゲル・ゲル・ゲレ・ゲロ(ゲヨ)}大勢の人でおだてたりたのんだりして、高い地位につかせる。「責任者に—」

**まつりごと**【政】(名)国を治めること。政治。「—をつかさどる」

**まつりゅう**【末流】(名)(川の下流の意から)❶血筋の末。子孫。❷芸能・宗教などの、すえの流派。参考「ばつりゅう」とも読む。

**まつ・る**【祭る】〖△祀る〗(他五){ラ(ロ)・リ(ッ)・ル・ル・レ・レ}❶神霊《しんれい》をなぐさめる儀式《ぎしき》を行う。「神を—」❷ある場所に置いて神としてうやまう。「ご神体を—」

**まつ・る**〖△纏る〗(他五){ラ(ロ)・リ(ッ)・ル・ル・レ・レ}着物のすそや袖口《そでぐち》などがほつれないように、布の端《はし》を折り返して、裏側の布と表側の布を交互《こうご》に針ですくってぬいつける。

**まつ・る**【奉る】(他四)古語❶たてまつる。さしあげる。❷(動詞の連用形について)謙譲《けんじょう》の気持ちを表す。…申しあげる。「仕《つか》へ—」

**まつろ**【末路】(名)❶一生の終わり。晩年。❷人や物事のおとろえはてた終わり。なれの果て。「犯罪者のあわれな—」

**まつわりつ・く**〖△纏わり付く〗(自五){カ(コ)・キ(イ)・ク・ク・ケ・ケ}→まとわりつく

**まつわ・る**〖△纏わる〗(自五){ラ(ロ)・リ(ッ)・ル・ル・レ・レ}❶からみつく。「つる草が垣根《かきね》に—」❷つきまとう。❸関連する。「彼《かれ》に—黒いうわさ」

**まで**〘△迄〙（副助）❶時間・距離《きょり》の限界や動作の及ぶ範囲《はんい》を示す。「六時―待つ」「日帰りで京都―行く」「納得《なっとく》する―説明する」「下着―ずぶぬれだ」❷極端な程度を示す。「そこ―する必要はない」「君―疑うのか」❸それ以上におよばない意を表す。「断られたらあきらめる―だ」❹（「までもない」の形で）そうする必要がない意を表す。「考える―もないことだ」

**までどくらせど**【待てど暮らせど】いくら待っても。「―返事がない」〔使い方〕あとに「ない」「ません」などの打ち消しのことばがくる。

**まてばかいろのひよりあり**【待てば海路の○日和あり】じっと待っていればそのうちいいこともやってくる。

**まてんろう**【摩天楼】（名）天にとどくかのような高い建物。特に、ニューヨークの超高層建築をいう。

**まと**【的】（名）❶鉄砲《てっぽう》をうったり、弓を射《い》たりするときの目標。標的。「―をねらう」❷ねらうべき目当て。目標。「―はずれの答え」「―をしぼる」❸集中するところ。関心の対象となるもの。「羨望《せんぼう》の―」「注目の―」

**的を射《い》る** うまく的に当たる。転じて、たくみに要点をつかむ。「的を射た発言」

**まど**【窓】（名）部屋に光や空気を入れるためにかべや屋根に穴をあけ、ガラス戸などをとりつけた部分。

**まとい**〘△纏〙（名）❶むかしの戦場で、大将のそばに立てためじるし。❷江戸《えど》時代以後、火消し（＝消防士）が火事場で使用した、それぞれの組のめじるし。

（まとい②）

**まどい**〘◇団居・◇円居〙（名・自スル）❶人が輪になってすわること。車座。「―して語り合う」❷なごやかな集まり。〔類〕団欒《だんらん》

**まと・う**〘△纏う〙｛ワ(オ)・イ(ツ)・ウ・ウ・エ・エ｝■一（自五）まきつく。「つたが木に―・いつく」■二（他五）まきつかせるようにして身につける。着る。「ぼろを―」

**まど・う**【惑う】（自五）｛ワ(オ)・イ(ツ)・ウ・ウ・エ・エ｝❶どうしてよいかわからなくなってしまう。思いまよう。「判断に―」❷（よくない方面に）心をうばわれる。「欲に―」

**まどお**【間遠】（形動ダ）｛ダロ・ダッ(デ・ニ)・ダ・ナ・ナラ・○｝時間や空間の間があいているようす。「鐘《かね》の音がだんだん―になる」

**まどか**〘◇円か〙（形動ダ）｛ダロ・ダッ(デ・ニ)・ダ・ナ・ナラ・○｝❶まるいようす。「―な月」❷円満なようす。「―な人がら」〔参考〕「まるい」の古い言い方。

**まどぎわぞく**【窓際族】（名）会社で、重要な仕事をあたえられず、窓際に席があるような中高年のサラリーマン。

**まどぐち**【窓口】（名）❶窓のある所。❷会社・銀行・役所などで、おかねの出し入れや受付をするところ。また、その係。❸外部との交渉《こうしょう》や応対をするところ。また、その役。「―を一本化する」

**まとはずれ**【的外れ】（名・形動ダ）ねらいがはずれていること。見当ちがい。「―の質問」

**まとま・る**〘△纏まる〙（自五）｛ラ(ロ)・リ(ツ)・ル・ル・レ・レ｝❶ばらばらなものが一つになる。整った一つのものとなる。「チームが―」「考えが―」❷きまりがつく。まるくおさまる。「話が―」「縁談《えんだん》が―」

**まと・める**〘△纏める〙（他下一）｛メ・メ・メル・メル・メレ・メロ(メヨ)｝❶ばらばらなものを一つに合わせる。整った一つのものとする。「荷物を―」「全員―・めてめんどうを見る」「要点を―」「考えを文章に―」❷きまりをつける。まるくおさめる。「間に立って話を―」

**まとも**（名・形動ダ）❶正面から向きあうこと。「―にぶつかる」❷正常であること。まじめ。「―な商売」「彼の神経は―だ」

**まどり**【間取り】（名）家の中の部屋の配置。

**マドリード**〔Madrid〕〔地名〕スペインの首都。海抜《かいばつ》六五〇メートルの高原にあり、政治・交通・文化の中心。

**マトリックス**〔英 matrix〕（名）❶何かを生み出す母体。基盤《きばん》。❷〔数〕多くの数字や文字を長方形にならべたもの。

**マドロス**〔オランダ matroos〕（名）船員。ふなのり。

**マドロス-パイプ**〔和製語〕（名）火皿の大きい木製のパイプ。▽オランダ matroos と英 pipe から。

**まどろっこし・い**（形）｛カロ・カッ(ク)・イ・イ・ケレ・○｝→まだるっこい

**まどろ・む**（自五）｛マ(モ)・ミ(ン)・ム・ム・メ・メ｝少しの間、うとうと眠《ねむ》る。「こたつで―」

**まどわ・す**【惑わす】（他五）｛サ(ソ)・シ・ス・ス・セ・セ｝❶考えを混乱させる。心を乱す。「人心を―」❷あやまった道にさそいこむ。「若者を―映画」❸だます。あざむく。「外見に―・される」

**まとわりつ・く**〘△纏わり付く〙（自五）｛カ(コ)・キ(イ)・ク・ク・ケ・ケ｝離《はな》れずに巻きつく。また、からまるようにつきまとう。まつわりつく。「スカートのすそが―」「子どもが母親に―」

**マトン**〔英 mutton〕（名）羊の肉。〔参考〕子羊の肉はラムという。

**マドンナ**〔イタリア Madonna〕（名）❶イエス＝キリストの母。聖母マリア。また、その像。❷尊敬や思慕《しぼ》の対象になる女性のたとえ。

**まな**【真名】（名）漢字。まんな。〔対〕仮名

**マナー**〔英 manner (s)〕（名）作法にかなった態度。行儀《ぎょうぎ》。「観客の―が悪い」「テーブル―」

**まないた**【まな板】〘△俎・△俎板〙（名）野菜・魚などを包丁《ほうちょう》で切るときに使う厚い板。

**まな板に載《の》せる** 議論や批判の対象にする。とりあげて話題にする。

**まな板の鯉《こい》** 相手のなすがままになるより仕方がない状態のたとえ。

**まなこ**【眼】（名）目。目だま。眼球。「ねぼけ―」

**まなざし**〘◇眼差し〙（名）ものを見るときの、目のようす。「澄《す》んだ―」

**まなじり**〘△眦〙（名）目の外側のはし。目じり。

**まなじりを決《けっ》する** 目を大きく見開く。おこったり決意したりするときのようす。

**まなつ**【真夏】（名）夏の暑いさかり。盛夏《せいか》。〔対〕真冬

**まなつのよのゆめ**〔真夏の夜の夢〕〔作品名〕イギリスの作家シェークスピアの書いた喜劇。夏のある夜、ギリシャのアテネの森で展開される恋人《こいびと》たちの物語。

**まなつび【真夏日】**（名）一日の最高気温がセ氏三〇度以上の日。類夏日。猛暑《もうしょ》日。対真冬日

**まなでし【まな弟子】**〖◇愛弟子〗（名）特に期待をかけて、かわいがっている教え子。

**まなびや【学びや】**〖学び◇舎〗（名）学校。校舎。「遠き―」

**まな・ぶ【学ぶ】**（他五）｛バ(ボ)・ビ(ン)・ブ・ブ・ベ・ベ｝❶教えを受けておぼえる。「先輩《せんぱい》から―」❷勉強する。「英語を―」❸経験しておぼえる。「失敗に―」❹まねをする。見ならう。「外国人のいいところを―」

**まなむすめ【まな娘】**〖◇愛娘〗（名）親がひじょうにかわいがっている娘。

**マニア**〔英 mania〕（名）ある物事に夢中になること。熱狂《ねっきょう》すること。また、その人。「鉄道―」

**まにあ・う【間に合う】**（自五）｛ワ(オ)・イ(ッ)・ウ・ウ・エ・エ｝❶時間におくれないですむ。「納期に―」❷それでたりる。じゅうぶんである。「手紙で―」「一万円あれば―」

**マニアック**〔英 maniac〕（形動ダ）｛ダロ・ダッ(デ・ニ)・ダ・ナ・ナラ・○｝ある物事が好きで、並外れて熱中しているようす。あまりにもこりすぎているようす。「―な知識」

**まにあわせ【間に合わせ】**（名）とりあえずその場だけの役に立たせること。一時しのぎ。「―の勉強」

**マニキュア**〔英 manicure〕（名）手のつめの化粧《けしょう》。また、その化粧品。みがいてつやを出したり、エナメルなどをつけたりする。

**マニフェスト**〔英 manifesto〕（名）宣言。声明。特に、政党や候補者が選挙前に示す約束。政権公約《せいけんこうやく》。

**まにまに**〖◇随に・間に間に〗（副）なりゆきにまかせて。…にしたがって。…のままに。「波の―ただよう」「―を守る」

**マニュアル**〔英 manual〕（名）❶取りあつかい方ややり方をしるしたもの。取りあつかい説明書。教本。手引き書。❷機械などが手動であること。「―車」

**マニュファクチュア**〔英 manufacture〕（名）工場制手工業。労働者が工場で行う手工業。手工業が大規模工業に発展するまでの工業の形態。

**マニラ**〔Manila〕〔地名〕フィリピンの首都。ルソン島のマニラ湾《わん》に臨む港湾都市。

**まにんげん【真人間】**（名）まじめな人間。道徳的に正しく生きている人。「―に生まれかわる」

**まぬか・れる【免れる】**（他下一）｛レ・レ・レル・レル・レレ・レロ(レヨ)｝困ったことや災い、責任などからうまくのがれる。まぬがれる。「罪を―」

**まぬけ【間抜け】**（名・形動ダ）頭の働きや、することにぼんやりしたところがあること。また、その人。とんま。

**まね**〖真◇似〗□一（名・自他スル）ほかのものに似せて同じようにすること。「先生の―をする」□二（名）（望ましくない）ふるまい。「ばかな―はよせ」

**マネー**〔英 money〕（名）おかね。「ポケット―」「タイムイズ―（＝時は金なり）」

**マネージメント**〔英 management〕（名・他スル）企業《きぎょう》の経営上の管理。また、経営者。

**マネージャー**〔英 manager〕（名）❶ホテルなどの支配人。❷スポーツチーム・芸能人などの世話をしたり、外部との交渉《こうしょう》をしたりする人。

**マネーロンダリング**〔英 money laundering〕（名）犯罪や不正取引で得た資金を、口座を転々と移動させるなどして、出所をわからなくすること。資金洗浄《せんじょう》。

**まねき【招き】**（名）まねくこと。招待。「先方の―に応じる」

**まねきねこ【招き猫】**（名）あと足で座って片方の前足をあげ、人を招くかっこうをした猫の置物。客を招くというので、商店などの店頭に飾《かざ》られる。

**マネキン**〔英 mannequin〕（名）❶見本の衣服を着せて、店の中にかざっておく等身大の人形。マネキン人形。❷デパートなどで、商品を自分で使いながら宣伝したり、売ったりする女性。マヌカン。

**まね・く【招く】**（他五）｛カ(コ)・キ(イ)・ク・ク・ケ・ケ｝❶手をふるなどして呼びよせる。「部下を―・き寄せて耳うちする」❷客として呼ぶ。招待する。「自宅に―」「客を―」❸ある仕事や役割についてもらうために、たのんで来てもらう。「講師を―」「コーチに―」❹好ましくない事態をひきおこす。もたらす。「不注意が事故を―」「誤解を―言い方」

**ま・ねる**〖真◇似る〗（他下一）｛ネ・ネ・ネル・ネル・ネレ・ネロ(ネヨ)｝ほかのものに似せて同じように行う。模倣《もほう》する。「人のしぐさを―」「デザインを―」

**まのあたり【目の当たり】**（名）すぐ目の前。じかに。「事故を―にする」「―に見る」

**まのび【間延び】**（名・自スル）間が長すぎて、だらけていること。しまりがないこと。「―した話」「―した顔」

**まばたき**〖◇瞬き〗（名・自スル）（「目《ま》はたき」の意で）目をぱちぱちとあけたりとじたりすること。またたき。

**まばた・く**〖◇瞬く〗（自五）｛カ(コ)・キ(イ)・ク・ク・ケ・ケ｝目をぱちぱちとあけたりとじたりする。またたく。

**まばゆ・い**〖目◇映い・△眩い〗（形）｛カロ・カッ(ク)・イ・イ・ケレ・○｝❶光が強くて、目をあけていられない。まぶしい。「―夏の太陽」❷光りかがやくように美しい。「―ほどの美しさ」

**まばら**〖◇疎ら〗（形動ダ）｛ダロ・ダッ(デ・ニ)・ダ・ナ・ナラ・○｝数が少なくて、間がすいているようす。「人影《ひとかげ》も―になる」

**まひ**〖麻△痺〗（名・自スル）❶〘医〙神経の障害によって感覚や運動の機能が停止すること。❷しびれて感覚がなくなること。❸正常の働きができなくなってしまうこと。「交通が―する」「良心が―する」

**まび・く【間引く】**（他五）｛カ(コ)・キ(イ)・ク・ク・ケ・ケ｝❶びっしりと生えている野菜や苗木《なえぎ》などを、よく育つようにとびとびに引きぬいて間をあける。「野菜を―」❷間にあるものをはぶく。「バスの本数を―」

**まひる【真昼】**（名）昼のさかり。日中。まっぴるま。類白昼《はくちゅう》。対真夜中

**マフィア**〔英 Mafia〕（名）アメリカなどで大きな勢力をもつ秘密犯罪組織。

**まぶか【目深】**（形動ダ）｛ダロ・ダッ(デ・ニ)・ダ・ナ・ナラ・○｝帽子《ぼうし》などを目がかくれるほど深くかぶるようす。「―にかぶる」

**まぶし・い**〖◇△眩しい〗（形）｛カロ・カッ(ク)・イ・イ・ケレ・○｝光が強くて目をあけていられない。まばゆい。「太陽が―」

**まぶ・す**〖◇塗す〗（他五）｛サ(ソ)・シ・ス・ス・セ・セ｝粉などを物の表面全体につける。「小麦粉を―」

**まぶた**〖△瞼・目蓋〗（名）目の上をおおう皮。

**まふゆ【真冬】**（名）冬の寒いさかり。対真夏

**まふゆび【真冬日】**（名）一日の最高気温がセ氏0度よりも低い日。類冬日。対真夏日

**マフラー**〔英 muffler〕（名）❶毛糸などで作った、えりまき。❷オートバイ・自動車などの消音装置。

**まほ【真帆】**（名）帆いっぱいに追い風を受けること。また、その帆。対片帆《かたほ》

**まほう【魔法】**（名）ふしぎなことをおこさせる術。「—使い」「—をかける」類魔術

**まほうじん【魔方陣】**（名）数字が縦横《たてよこ》同じ数ずつ入る格子《こうし》を作り、縦・横・ななめの各行の和が等しくなるようにしたもの。

**まほうびん【魔法瓶】**（名）中に入れたものの温度を長時間保たせる容器。二層のガラスの間を真空にして、中と外で熱が伝わらないようにしてある。

**マホガニー**〔英 mahogany〕（名）〘植〙センダン科の常緑高木。材は暗い茶色で、かたくて木目が美しく、燃えにくいため、家具やはめ板を作るのに最良とされる。

**マホメット**〔Mahomet〕［人名］→ムハンマド

**マホメットきょう【マホメット教】**（名）→イスラムきょう

**まぼろし【幻】**（名）❶実際にはないものがあるように見えること。幻影《げんえい》。「祖先の—を見る」❷たちまち消えるもの。はかないもの。「夢—」❸あると言われていながら、存在が確認されないもの。「—の名画」

**まま**『△儘』（名）❶その状態を変えていないこと。そのとおり。「元の—にする」「ありの—」「見た—を話す」❷思うとおり。「—にならない世の中」「意の—」❸なりゆきにまかせること。「足の向く—散策する」「なすが—」

**まま**『間間』（副）いつもというわけではないが、時には。「そういう誤りは—ある」

**ママ**〔英 ma(m)ma〕（名）❶おかあさん。対パパ。❷酒場《さかば》などの女主人。マダム。

**ままこ【まま子】**『◇継子』（名）❶血のつながりのない子。けいし。❷じゃま者。のけ者。「—あつかい」

**ままごと**『◇飯事』（名）おもちゃなどで家庭生活のまねをする、子どもの遊び。

**ままちち【まま父】**『◇継父』（名）血のつながりのない父。母の再婚《さいこん》によって父となった人。けいふ。

**ままならぬ**『△儘ならぬ』思うようにならない。「—世の中」

**ままはは【まま母】**『◇継母』（名）血のつながりのない母。父の再婚《さいこん》によって母となった人。けいぼ。

**ままよ**『△儘よ』（感）なりゆきにまかせるほかないときに発することば。どうにでもなれ。

**まみ・える**『◇見える』（自下一）{エ・エ・エル・エル・エレ・エロ(エヨ)}❶目上の人におめにかかる。「貴人に—」❷顔を合わせる。「敵と相《あい》—(=対戦する)」

**まみず【真水】**（名）塩分のないふつうの水。淡水《たんすい》。「釣った魚を—で洗う」

**まみ・れる**『◇塗れる』（自下一）{レ・レ・レル・レル・レレ・レロ(レヨ)}一面についてよごれる。「汗《あせ》に—・れて働く」

**まむかい【真向かい】**（名）たがいに向き合った位置。真正面《ましょうめん》。「—の家」「—の席」

**まむし**『△蝮』（名）〘動〙クサリヘビ科の毒へび。日本各地にいる。もようは黒茶色で円形、頭は三角形。

**まめ【豆】** ━（名）〘植〙だいずやあずきなどのマメ科植物の種子の総称《そうしょう》。特に、だいず。━（接頭）形や規模が小さいことを表す。「—本」「—電球」「—知識」

**まめ**『×肉刺』（名）物にすれて手足にできる小さなまるい水ぶくれ。

**まめ**『×忠実』（名・形動ダ）❶きちんと仕事などを行うこと。まじめ。おっくうがらないですること。「—に働く」「足—」「筆—」❷健康なこと。「—に暮らす」

**まめかす【豆かす】**『豆△粕』（名）だいずから油をしぼりとった残りかす。飼料・肥料の原料などにする。

**まめしぼり【豆絞り】**（名）染め物で、豆つぶくらいの小さい円を一面に染め出したもの。また、その布。

**まめたん【豆炭】**（名）無煙炭《むえんたん》の粉に木炭の粉をまぜて、たまご形などに固めてかわかした燃料。

**まめつ【磨滅・摩滅】**（名・自スル）すりへること。すりへってなくなること。「タイヤのみぞが—する」

**まめでっぽう【豆鉄砲】**（名）豆をたまにした、竹製のおもちゃの鉄砲。「鳩《はと》が—を食ったよう」

**まめほん【豆本】**（名）ひじょうに小さく作った本。

**まめまき【豆まき】**『豆△撒き』（名）節分の夜、「福は内、鬼《おに》は外」と唱えながら、豆をまく行事。おにやらい。

**まめまめし・い**（形）{カロ・カッ(ク)・イ・イ・ケレ・○}まじめによく働くようす。「—・くたち働く」

**まめいげつ【豆名月】**（名）陰暦《いんれき》九月一三夜の月。枝豆《えだまめ》を供えるところからいう。栗《くり》名月。⇩いもめいげつ

**まめやか**（形動ダ）{ダロ・ダッ(デ・ニ)・ダ・ナ・ナラ・○}きちょうめんで、労力をおしまないようす。まめなようす。「—に働く」

**まもう【磨耗・摩耗】**（名・自スル）すりへること。

**まもなく【間もなく】**（副）あまり時間が経過しないうちに。やがて。ほどなく。「—開演」

**まもの【魔物】**（名）ふしぎな力をもって人に害をあたえるもの。

**まもり【守り】**『◇護り』（名）❶守ること。守備。「固い—」❷→おまもり

**まもりがみ【守り神】**『◇護り神』（名）自分の身を守ってくれる神。災難よけの神。守護《しゅご》神。

**まもりほんぞん【守り本尊】**『◇護り本尊』（名）身を守ってくれるものとして敬う仏。

**まも・る【守る】**『◇護る』（他五）{ラ(ロ)・リ(ッ)・ル・ル・レ・レ}❶他からおかされたり、害を受けたりしないようにする。「身を—」「暮らしを—」「国境を—」❷きまりや約束に従う。「教えを—」対破る 対攻《せ》める

**まやかし**（名）ほんものらしく見せること。また、見せかけたもの。ごまかし。にせもの。「—物の宝石」

**まやか・す**（他五）{サ(ソ)・シ・ス・ス・セ・セ}あざむく。ごまかす。「観客の目を—」

**まやく【麻薬】**（名）神経をしびれさせ、ものを感じる力をなくさせる薬。モルヒネ・あへん・大麻《たいま》など。乱用すると中毒をおこすので、法律で規制されている。

**まゆ【眉】**（名）目の上に横に連なって生えている毛。まゆげ。

**眉に唾《つば》を塗《ぬ》る** だまされないように用心する。

**眉に火《ひ》がつく** 危険がさしせまっている。

**眉をひそめる** (まゆのあたりにしわをよせて)不快だという顔をする。また、心配そうな顔をする。

**まゆ【繭】**(名) ❶《動》完全変態をする昆虫《こんちゅう》の幼虫が、さなぎになるときに口から出す糸でつくる、自分のからだを包む殻《から》。❷かいこの①。生糸《きいと》の原料になる。

**まゆげ【眉毛】**(名) →まゆ(眉)

**まゆずみ【眉墨】**『△黛』(名) 化粧《けしょう》品の一つ。まゆをかくための特別なすみ。

**まゆだま【繭玉】**(名) 正月のかざり物の一種。柳《やなぎ》・竹などの枝に、まゆの形をしたもちや、いなほ・小判などの縁起《えんぎ》物をつけて、戸口や室内にかざる。

(まゆだま)

**まゆつばもの【眉唾物】**(名) (まゆにつばをぬれば、きつねにだまされないという俗信《ぞくしん》から)だまされないように用心しなければならないもの。信用できないもの。まゆつば。「あの人の話は―だ」

**まよい【迷い】**(名) ❶どうしてよいかわからない、心の状態。「―を生じる」❷《仏》悟《さと》りきれないこと。

**まよ・う【迷う】**(自五) 〔ワ(オ)・イ(ッ)・ウ・ウ・エ・エ〕 ❶どの方向に行けばよいのかわからなくなる。「道に―」❷どうしたらよいか決断できないでいる。「どれを買おうか―」❸正常な心を失う。「恋《こい》に―」❹死者の霊《れい》が成仏《じょうぶつ》できずにいる。

**まよけ【魔よけ】**『魔◇除け』(名) 悪魔をさけるためのお守りやまじない。「―のふだ」

**まよなか【真夜中】**(名) 夜ふけ。深夜。[対]真昼

**マヨネーズ**〔フランス mayonnaise〕(名) たまごの黄身・サラダ油・酢《す》・食塩などで作ったクリーム色のソース。サラダなどにかけて食べる。マヨネーズソース。

**まよわ・す【迷わす】**(他五) 〔サ(ソ)・シ・ス・ス・セ・セ〕 どうしてよいのかわからないようにさせる。「人の心を―」

**マラウイ**〔Malawi〕[地名]アフリカ大陸南東部の内陸部にある共和国。首都はリロングウェ。

**マラソン**〔英 marathon〕(名) 陸上競技の一つ。四二・一九五《キロメートル》の距離《きょり》を走る長距離競走。[参考]むかし、アテネ軍がペルシャ軍を破ったとき、ギリシャの勇士が戦場のマラトンからアテネまで走って戦勝を報告したという故事にならった。

**マラリア**〔英 malaria〕(名) 《医》熱帯・亜熱帯《あねったい》地方におこる高い熱を出す感染症《かんせんしょう》。はまだら蚊《か》によってマラリア病原虫が運ばれ感染する。

**まり**『△毬・△鞠』(名) 手でついたり投げたりして遊ぶ、丸いたま。ボール。「―を投げる」「手―」

**マリ**〔Mali〕[地名]アフリカ大陸西部の内陸部にある共和国。首都はバマコ。

**マリア**〔Maria〕[人名] イエス=キリストの母の名。聖母。マドンナ。

**マリオネット**〔フランス marionnette〕(名) 上から糸でつってあやつる人形劇の人形。また、その人形劇。

**マリネ**〔フランス mariné〕(名) 香味《こうみ》野菜《やさい》や香辛料《こうしんりょう》を加えた酢《す》・ワイン・油などに、魚・肉・野菜などを漬《つ》ける調理法。また、その料理。

**マリファナ**〔スペイン marijuana〕(名) 大麻《たいま》の葉・穂《ほ》・花をかわかして粉末《ふんまつ》にした麻薬。

**まりも**『△毬藻』(名) 緑藻《りょくそう》類シオグサ科の藻。糸状の藻が集まって直径二～一六《センチメートル》ぐらいの球状になる。北海道の阿寒湖《あかんこ》のものは特別天然記念物。

(まりも)

**まりょく【魔力】**(名) ❶ふしぎなことをおこす力。魔法の力。❷人の心をまよわす力。「おかねの―」

**マリン-スポーツ**〔英 marine sports〕(名) 海で楽しむスポーツ。スキューバダイビングやサーフィンなど。

**まる【丸】**[一](名) ❶まるい形。円形や球形のもの。「―テーブル」❷欠けたところがないこと。「―のまま食べる」❸城の内部。「二の―」❹正しいというしるし。「○」❺句点。また、半濁点《はんだくてん》。[二](接頭) 状態や期間などに欠けたところがないことを表す。「―損《ぞん》」「―三日」[三](接尾) 人・船・刀などの名につけることば。「牛若―」

**まるあんき【丸暗記】**(名・他スル) 意味や内容にかまわず、そのまま暗記すること。「教科書を―する」

**まる・い【丸い・円い】**(形) 〔カロ・カツ(ク)・イ・イ・ケレ・○〕 ❶円や球などの形をしている。「―皿」「―石」❷角ばらないで、曲線をえがいている。「かどを―・く削《けず》る」「おなかが―・くふくらむ」❸物事や人の性格がおだやかだ。円満なようす。「―・くおさめる」「人間が―・くなる」

> **学習 使い分け** 「丸い」「円い」
> 
> 丸い　主として、球のように立体的なものについて使われるが、平面的なものにも使う。「丸い顔」「丸い月」「背中を丸くする」
> 
> 円い　平面的な円形のものについて使われる。「円い穴」「円く輪になる」

**まるがかえ【丸抱え】**(名) 他人のために、生活費などの費用を全部出してやること。

**まるがり【丸刈り】**(名) 頭髪《とうはつ》全体をごく短く刈る髪形《かみがた》。坊主《ぼうず》刈り。

**マルキシズム**〔英 Marxism〕(名) →マルクスしゅぎ

**まるきばし【丸木橋】**(名) 丸太を渡《わた》して橋としたもの。

**まるきぶね【丸木舟】**(名) 太い一本の木の幹をくりぬいてつくった舟。

**まるきり**(副) →まるっきり

**マルクスしゅぎ【マルクス主義】**(名) 一九世紀の中ごろ、ドイツのマルクス(Marx)とエンゲルスによって考えられた科学的社会主義。資本主義社会に対抗《たいこう》し、無産階級の力によって社会主義社会を実現させようとするもの。マルキシズム。

**まるくび【丸首】**(名) シャツやセーターの襟首《えりくび》がま

るくりぬいた形であること。また、そのシャツやセーター。

**まるごし【丸腰】**（名）❶武士などが刀を腰《こし》にさしていないこと。❷武器を身につけていないこと。

**まるごと【丸ごと】**（副）分けたり変形させたりしないで、そっくりそのまま。「りんごを－食べる」

**マルコ＝ポーロ**〔Marco Polo〕〔人名〕（一二五四/一三二四）イタリアの商人・旅行家。一二七四年、中国へ渡《わた》り、元《げん》のフビライに厚遇《こうぐう》されて仕え、広く中国国内を旅した。一二九五年、海路帰国したがジェノバ軍に捕《と》らえられ、獄中《ごくちゅう》で「東方見聞録」を筆記させた。

**まるざい【丸材】**（名）皮をはいだだけの丸い木材。丸太。

**まるぞん【丸損】**（名）すっかり損をすること。「株で－をする」対丸もうけ

**まるた【丸太】**（名）切りたおして、外側の皮をむいただけの木。丸材。まるたんぼう。「－小屋」

**マルタ**〔Malta〕〔地名〕地中海のほぼ中央にある島々からなる共和国。首都はバレッタ。

**まるだし【丸出し】**（名）包みかくさずにすっかり出すこと。「ばか－」類むき出し

**まるたんぼう【丸太ん棒】**（名）《俗語》→まるた

**マルチ－**〔英 multi〕（接頭）多数の、複合的な、多方面の、などの意を表す。「－メディア」「－タレント」

**マルチしょうほう【マルチ商法】**（名）販売《はんばい》会社に加盟する販売員が、新しい販売員をねずみ算式に増やしながら商品を販売する方法。法律で規制されている。▽英 multi-level marketing plan の訳語。

**マルチメディア**〔英 multimedia〕（名）デジタル化された映像・音声・文字データなど多様な伝達手段を複合的に用いる情報媒体《ばいたい》。

**まるっきり**（副）まったく。まるで。全然。まるきり。「－わからない」「－見当たりません」使い方 あとに「ない」「ません」などの打ち消しのことばがくる。

**まるつぶれ【丸潰れ】**（名）すっかりつぶれること。「めんぼく－」

**まるで**（副）❶全面的な否定を表す。まったく。全然。「－話にならない」❷よく似ていることを表す。ちょうど。「－夢のような話だ」「－本物のようだ」

**まるてんじょう【円天井・丸天井】**（名）❶半球のような形の天井。ドーム。❷大空。青空。

**まるなげ【丸投げ】**（名・他スル）本来自分が行うはずの仕事を、他の会社や人にまるごと請《う》け負わせること。「下《した》請《う》け会社に－する」

**まるのみ【丸飲み】**『丸△呑み』（名・他スル）❶かまないで一口に飲みこむこと。❷人の言うことなどを、そのまま信じたり受け入れたりすること。「話を－する」

**まるはだか【丸裸】**（名・形動ダ）❶何も身につけていないこと。まっぱだか。すっぱだか。全裸《ぜんら》。❷財産を全部なくすこと。無一文。「倒産《とうさん》で－になる」

**まるぼうず【丸坊主】**（名）❶髪《かみ》をすべてそったり、短くかったりした頭。❷山に木がまったくないこと。また、木に葉がまったくないこと。

**まるまげ【丸まげ】**『丸△髷』（名）日本髪《にほんがみ》の一種。頭上に平たい楕円《だえん》形のまげをつけたもの。むかし、結婚《けっこん》した女の人がゆった。

（まるまげ）

**まるまる【丸丸】**■一（副）全部。すべて。「－もうかる」「－一週間の休み」■二（副・自スル）よく太っているようす。「－（と）した赤んぼう」

**まるみ【丸み・円み】**（名）❶まるいようす。「－をおびる」❷人がらが円満であるようす。「－が出る」

**まるみえ【丸見え】**（名）あらゆるところがすっかり見えること。「内部が－だ」「魂胆《こんたん》が－だ」

**まるめこ・む【丸め込む】**（他五）｛マ(モ)・ミ(ン)・ム・ム・メ・メ｝❶丸めて中に入れる。❷うまいことを言って、相手をこちらの思うとおりにする。言いくるめる。「反対派を－」

**まる・める【丸める】**（他下一）｛メ・メ・メル・メル・メレ・メロ(メヨ)｝❶まるくする。「背を－」❷相手を自分の思いどおりにする。❸（「頭を丸める」の形で）頭をそる。僧《そう》になる。❹端数《はすう》を四捨五入などできりのいい数にする。

**まるもうけ【丸もうけ】**『丸△儲け』（名）収入の全部がもうけとなること。対丸損

**まるやき【丸焼き】**（名）材料を切らずに丸ごと焼くこと。また、焼いたもの。「いかの－」

**まるやけ【丸焼け】**（名）火事ですっかり焼けてしまうこと。全焼。

**まれ**『◇希・△稀』（形動ダ）｛ダロ・ダッ(デ・ニ)・ダ・ナ・ナラ・○｝めずらしいようす。めったにないようす。「－にみるすぐれた才能」

**マレーシア**〔Malaysia〕〔地名〕マレー半島南部とカリマンタン（ボルネオ）島北部とからなる立憲君主制の連邦《れんぽう》国。首都はクアラルンプール。

**マロニエ**〔フランス marronnier〕（名）〔植〕ムクロジ科の落葉高木。葉はてのひらの形をし、果実はとげがある。街路樹などにする。せいようとちのき。うまぐり。

**まろやか**『◇円やか』（形動ダ）｛ダロ・ダッ(デ・ニ)・ダ・ナ・ナラ・○｝味わいがどぎつくなくて、口あたりのよいようす。「－な味」

**マロン**〔フランス marron〕（名）栗《くり》。また、栗色。

**まわし【回し】**『△廻し』（名）❶回すこと。「－読み」「たらい－」「来月－にする」❷すもうで、力士のつけるふんどし。また、化粧《けしょう》まわし。「－をしめる」

**まわしもの【回し者】**『△廻し者』（名）スパイ。「敵の－」

**まわ・す【回す】**『△廻す』（他五）｛サ(ソ)・シ・ス・ス・セ・セ｝❶ぐるぐると円をえがくように動かす。「腕《うで》を－」「ねじを－」❷周囲をとりまくようにする。「ひもを－・してしばる」❸順々につぎに送る。つぎにわたす。「ボールを－」「説明をあとに－」❹必要なところへ行かせる。さし向ける。また、ある用にあてる。「車を－」「こづかいを本代に－」❺別の持ち場・立場に移す。「裏方に－」「敵に－」❻はたらきをゆきとどかせる。「気を－」「手を－」❼おかねを運用する。「うまく－・してもうける」❽（動詞の連用形について）あたり一面に…する。しきりに…する。「追いかけ－」「こねくり－」

**まわた【真綿】**（名）くずまゆを引きのばして作った綿。やわらかくて保温性にすぐれ、切れにくい。

**真綿で首《くび》を締《し》める** 遠まわしにじわじわと責めたり痛めつけたりするたとえ。

**まわり【回り】**『△廻り』■一（名）❶円をえがくように

動くこと。回転。「モーターの―ぐあい」❷順々にたずねて行くこと。「あいさつ―」「年始―」❸ある地点を通っていくこと。経由すること。「大阪―で帰る」❹だんだんにゆきわたること。「火の―が速い」❺へり。外側。周囲。「家の―を掃除《そうじ》する」「胴《どう》―」「―の目を気にする」□二(接尾)❶まわる回数を数えることば。「グラウンドを―する」❷大きさなどを比べるときに使うことば。「―大きい」❸(十二支をもとにして)年齢《ねんれい》の差を、十二年を一単位として数えることば。「―年上だ」参考□一⑤は「周り」とも書く。

**まわりあわせ【回り合わせ】**(名)しぜんにそうなってしまう運命。めぐりあわせ。「ふしぎな―」

**まわりくど・い【回りくどい】**(形){カロ・カツ(ク)・イ・イ・ケレ・○}話などがなかなか核心《かくしん》にふれず、じれったい。「説明が―」

**まわりどうろう【回り灯籠】**(名)内わくにはった切り絵の影絵《かげえ》が、外わくの紙または布に動いてうつるしかけのとうろう。内わくの上部に風車がとりつけてあり、ろうそくの火をともすと、風で回るしかけになっている。走馬灯《そうまとう》。

(まわりどうろう)

**まわりぶたい【回り舞台】**(名)舞台のまん中を円形に切りぬき、回るようにしたしかけ。幕をおろさないで場面を変えることができる。

**まわりみち【回り道】**(名・自スル)遠まわりの道。また、その道を行くこと。「―して帰る」対近道

**まわりもち【回り持ち】**(名)みんなで順番に受け持つこと。「掃除《そうじ》当番は―にしよう」

**まわ・る【回る】**『△廻る』(自五){ラ(ロ)・リ(ッ)・ル・ル・レ・レ}❶円をえがくようにぐるぐる動く。回転する。「歯車が―」❷物のまわりにそって動く。「池を―」「月は地球のまわりを―」❸順々に移動する。また、役割などが順々に移る。「あいさつに―」「当番が―・ってくる」「つけが―」❹別の位置・立場に移る。「後ろに―」「反対に―」❺寄り道して立ち寄る。また、遠まわりをする。「友だちの家へ―・って帰る」「急がば―・れ」❻はたらきや作用が全体にゆきとどく。「いそがしくて、手が―・らない」「全身に毒が―」❼ある時刻を過ぎる。「もう三時を―・った」❽よく動いて機能する。「よく口が―」「知恵《ちえ》が―」❾(動詞の連用形について)あちこち…する。「逃げ―」「暴れ―」

**まゐら・す【参らす】**マイラス(他下二)古語❶「与《あた》える」の意の謙譲《けんじょう》語。さしあげる。「薬の壺《つぼ》に御文《ふみ》添《そ》へ―」〈竹取物語〉訳(不老不死の)薬のつぼに(かぐや姫の)お手紙をつけて(帝《みかど》に)さしあげる。❷(動詞や助動詞の下について)謙譲の意を表す。…てさしあげる。お…申し上げる。「あれは大将軍とこそ見―・せ候《さうら》へ」〈平家物語〉訳あれは大将軍だとお見受け申しました。

**まゐ・る【参る】**マイル 古語□一(自四)「行く」「来る」の意の謙譲《けんじょう》語。㋐参上する。「内裏《だいり》へ―・られたりけるを」〈徒然草《つれづれぐさ》〉訳宮中へ参上なさったのを。㋑参拝する。おまいりする。「神へ―こそ本意《ほい》なれ」〈徒然草〉訳神社へおまいりすることこそ本来の目的だ。㋒出仕する。奉公《ほうこう》する。「しはすになりて、また―」〈更級《さらしな》日記〉訳十二月になって、ふたたび宮仕えする。□二(他四)❶「与《あた》える」「やる」の意の謙譲語。さしあげる。「親王《みこ》に馬の頭《かみ》、大御酒《おほみき》―」〈伊勢《いせ》物語〉訳親王に馬の頭が、お酒をさしあげる。❷「食う」「飲む」などの意の尊敬語。めしあがる。「干し瓜《うり》三切ればかり食ひ切りて、五つ六つばかり―・りぬ」〈宇治拾遺《しゅうい》物語〉訳干し瓜を三切れほど食い切って、五口六口ほどめしあがった。

**まん【万】** 3画 一2 小2 〔萬〕 音マン・バン 中

一 丆 万

❶千の一〇倍。◆万年。❷ひじょうにたくさん。すべて。あらゆる。◆万感・万国・万策・万事・万全・万端《ばんたん》・万難・万人・万能・万物・万有・万雷《ばんらい》・万里・万病・万遍《まんべん》◆巨万《きょまん》

**まん【万】**(名)千の一〇倍。また、数の多いこと。「―に一つもない」

**まん【満】** 12画 氵9 小4 〔滿〕 音マン 訓みちる・みたす

氵 汁 洪 満 満 満

❶いっぱいになる。みちる。◆満員・満載《まんさい》・満室・満場・満席・満腹◆充満《じゅうまん》・飽満《ほうまん》。❷じゅうぶんにゆきわたる。不足がない。◆満悦《まんえつ》・満喫《まんきつ》・満月・満身・満足・満天・満点◆円満・肥満・不満・豊満・未満。❸海水の水位が高くなる。◆満潮◆干満

**まん【満】**(名)❶年や月が、ちょうどその数に達することを表す。「―五年」❷「満年齢《まんねんれい》」の略。「―一八歳《さい》以上」「―で数える」

**満を持《じ》する** じゅうぶんに用意して待ち受ける。「満を持して、試験にのぞむ」

**まん【慢】** 14画 忄11 音マン

忄 忄 悍 慢 慢 慢

❶おこたる。なまける。◆怠慢《たいまん》。❷進み方や動きがおそい。◆慢性◆緩慢《かんまん》。❸あなどる。おごりたかぶる。◆慢心◆驕慢《きょうまん》・高慢・傲慢《ごうまん》・自慢

**まん【漫】** 14画 氵11 音マン

氵 沪 浔 温 漫 漫

❶しまりがない。気のむくまま。◆散漫・冗漫《じょうまん》・放漫。❷なんとなしに。◆漫然・漫筆・漫評・漫歩・漫遊。❸とりとめのない。こっけいな。◆漫画・漫談

**マン**〔英 man〕(名)❶男性。また、人。対ウーマン。❷ある職業や分野にたずさわる人。「カメラ―」

**まんいち【万一】**(名・副)(万に一つという意から)まれにしかないことが起こること。もしも。まんがいち。「―の場合」「―何かあったら」

**まんいん【満員】**(名)決められた人数、またはそれ以上に人がいっぱいはいること。「―御礼《おんれい》」「―電車」

**まんえつ【満悦】**(名・自スル)満足して喜ぶこと。「ご―の体《てい》」

**まんえん**『△蔓延』(名・自スル)病気や好ましくないことがどんどんひろがること。「インフルエンザが―する」

**まんが【漫画】**(名)❶こっけいさや風刺《ふうし》をふくめて

おもしろくかいた絵。「一《ひと》こまー」❷会話を加えた絵を続けて、ある物語を表現するもの。コミック。「少女ー」…化「小説の漫画化」…的「漫画的な場面」

**まんかい**【満開】（名）花がすっかり開くこと。花ざかり。「ーの桜の花」

**まんがいち**【万が一】（名・副）↓まんいち

**まんがく**【満額】（名）予定していた金額、あるいは要求した金額のとおりであること。「ー回答」

**まんかん**【満干】（名）潮のみちることとひくこと。満潮と干潮。みちひ。干満。

**まんがん**【満願】（名）日数を限って神や仏に願いをかけた、その期間が終わること。

**マンガン**〔ドイツ Mangan〕（名）《化》金属元素の一つ。赤みをおびた銀白色で、合金に使う。元素記号 Mn

**まんかんしょく**【満艦飾】（名）❶儀式《ぎしき》のときに、祝意を表して軍艦を国旗・電灯などでかざること。❷《俗語》女性がはでに着かざること。❸《俗語》洗濯《せんたく》物をいっぱい広げて干すこと。「ーのベランダ」

**まんき**【満期】（名）決められた期間が終わること。「定期預金がーになる」

**まんきつ**【満喫】（名・他スル）❶じゅうぶんに飲んだり食べたりすること。「秋の味覚をーする」❷じゅうぶんに楽しんで満足すること。「スキーをーする」

**まんげきょう**【万華鏡】（名）筒《つつ》の中に鏡を三角柱の形に向かい合わせて立て、色紙の小片などを入れ、回しながらのぞいて模様の変化を楽しむおもちゃ。

**まんげつ**【満月】（名）まんまるな月。十五夜の月。

**マンゴー**〔英 mango〕（名）《植》ウルシ科の常緑高木。熱帯アジアの原産。葉は厚く黄色の花が咲《さ》く。実は黄色で食用。

**まんざ**【満座】（名）その場所に集まっている人全部。「ーの中で恥《はじ》をかく」

**まんさい**【満載】（名・他スル）❶車や船などに物をいっぱい積みこむこと。「じゃりをーしたトラック」❷新聞や雑誌などに、記事をいっぱいのせること。「情報ー」

**まんざい**【万歳】（名）正月に、えぼし姿で家々を回って祝いの歌をうたったりおどったりする芸人。「三河《みかわ》ー」注意「ばんざい」と読むと別の意味になる。

**まんざい**【漫才】（名）二人の芸人がこっけいなことを言い合って客を笑わせる演芸。

**まんさく**【満作】（名）農作物がよくみのること。豊作。「豊年ー」

**まんざら**〘満更〙（副）完全にそうだとは限らない意を表す。必ずしも。「ーうそでもなさそうだ」使い方あとに「ない」「ません」などの打ち消しのことばがくる。

**まんざらでもない** ❶それほど悪くない。「ーできばえ」❷それほどいやではない。「ー口ぶり」

**まんざん**【満山】（名）山全体。「ー紅葉する」

**まんじ**〘卍〙（名）❶インドから伝わった記号で、仏の徳を表し、めでたいしるしとされる。❷①の形（卍）をした模様や紋章《もんしょう》。

**まんしつ**【満室】（名）ホテル・アパートなどで、すべての部屋がふさがっていること。

**まんじどもえ**〘卍巴〙（名）入り乱れるようす。「ーと切り結ぶ」参考「まんじともえ」とも読む。

**まんしゃ**【満車】（名）駐車《ちゅうしゃ》場がいっぱいで、さらに駐車する余裕《よゆう》がないこと。対空車

**まんじゅう**〘饅頭〙（名）小麦粉をこね、中にあん・肉などを入れてむした菓子《かし》。

**まんじゅしゃげ**〘曼珠沙華〙（名）《植》↓ひがんばな

**まんじゅしゃげ**…短歌
〔曼珠沙華　一《ひと》むら燃《も》えて　秋陽《あきび》つよし　そこ過《す》ぎてゐる　しづかなる径《みち》〕〈木下利玄《きのしたりげん》〉訳まんじゅしゃげがひとかたまり、燃えたつように赤く咲《さ》いて、それを秋の日が強く照らしている。そのそばを一本の細い道がひっそりと通っている。

**まんじょう**【満場】（名）❶人でいっぱいの会場。「ーの皆さま」❷会場にいる人全員。「ー一致《いっち》」

**マンション**〔英 mansion〕（名）中高層の集合住宅。多く、鉄筋コンクリート造りのものをいう。

**まんじり**（副）うとうとと少し眠《ねむ》るようす。「一晩じゅうーともしない（＝一睡《いっすい》もしない）」使い方多く、あとに打ち消しのことばがくる。

**まんしん**【満身】（名）からだじゅう。全身。「ーの力をこめる」

**まんしん**【慢心】（名・自スル）自分を実際以上にえらいと思っていい気になること。また、その心。「ーをいましめる」

**まんしんそうい**〘満身創痍〙（名）からだじゅう傷だらけであること。また、ひどく非難され精神的にいためつけられた状態であること。「ーで戦う」

**まんすい**【満水】（名・自スル）水がいっぱいになること。「タンクがーになる」

**マンスリー**〔英 monthly〕（名）❶毎月一回発行される新聞・雑誌。月刊誌。❷月ごとのこと。毎月のもの。「ーマンション」

**まんせい**【慢性】（名）❶いつまでもなおらないで長引く病気の性質。「ー盲腸炎《もうちょうえん》」対急性。❷よくない状態が長引くこと。…的「慢性的な混雑が続く」…化「インフレが慢性化する」

**まんせき**【満席】（名）席が全部ふさがっていること。

**まんぜん**【漫然】（ト・タル）特に目的や考えもなく、ぼんやりしているようす。「ーと過ごす」

**まんぞく**【満足】（名・自スル・形動ダ）❶望みが満たされて、不平不満がないこと。「現在の生活にーしている」「ーな結果を得る」「不ー」❷ある条件や規格などを満たしていて、足りないところがないこと。じゅうぶんであること。「あいさつもーにできない」

**まんだら**〘曼陀羅・曼荼羅〙（名）《仏》仏・菩薩《ぼさつ》のさとりの世界を模様のようにえがいた絵。

**まんタン**【満タン】（名）（「タン」は「タンク」の略）燃料や水などがタンクいっぱいにはいった状態。「ガソリンをーにする」

**まんだん**【漫談】（名・自スル）❶世相風俗《せそうふうぞく》などを題材におもしろおかしく話して客を笑わせる演芸。❷とりとめもない話。また、それをすること。

**まんちょう**【満潮】（名）潮が満ちて一日のうちでいちばん海面が高くなった状態。満ち潮。対干潮

**マンツーマン**〔英 man-to-man〕（名）一人に対して一人がつくこと。一対一。「ーの指導」

**まんてん【満天】**（名）空いちめん。「―の星」

**まんてん【満点】**（名）❶試験などで、決められた最高の点。「一〇〇点―」「―をとる」❷申し分のないこと。「サービス―」

**まんてんか【満天下】**（名）世の中全体。全世界。「―に知らしめる」

**マント**〔フランス manteau〕（名）オーバーコートの一種で、そでのないもの。

**まんどころ**〖◇政所〗（名）❶〖歴〗鎌倉《かまくら》・室町《むろまち》幕府の、政治機関。❷むかし、位の高い人の妻。

**マンドリン**〔英 mandolin〕（名）〖音〗弦楽器《げんがっき》の一種。半球状の胴《どう》に張った四対《つい》（八本）の弦を、ピック（＝つめ）ではじいて鳴らす。

（マンドリン）

**マントル**〔英 mantle〕（名）〖地質〗地球の地殻《ちかく》の下から深さ約二九〇〇《キロメートル》までの岩石でできた部分。

**マントルピース**〔英 mantelpiece〕（名）かべにつくりつけになった西洋風の装飾《そうしょく》的な暖炉《だんろ》。また、その暖炉の上の飾《かざ》りだな。

**まんなか【真ん中】**（名）もののちょうど中央。中心。「髪《かみ》を―で分ける」「町の―」「三姉妹の―」

**マンネリ**（名）「マンネリズム」の略。

**マンネリズム**〔英 mannerism〕（名）やり方がいつも同じで新鮮さがないこと。マンネリ。「―におちいる」

**まんねん【万年】**（名）長い年月。また、名詞について、ずっとその状態である意を表す。「―最下位」

**まんねんどこ【万年床】**（名）いつもしきっぱなしの寝床《ねどこ》。

**まんねんひつ【万年筆】**（名）ペン軸《じく》の中のインクが、書くにしたがってペン先に出るように作られたペン。

**まんねんゆき【万年雪】**（名）高い山の上などで、一年じゅう消えないで残っている雪。

**まんねんれい【満年齢】**（名）満で数える年齢。

**まんのう【万能】**（名）➡まぐわ

誕生日がくると一歳《さい》を加える数え方。対数え年

**まんぱい【満杯】**（名）入れ物や場所がこれ以上はいらないほど、いっぱいになること。「―の駐車場《ちゅうしゃじょう》」

**まんびき【万引き】**（名・他スル）買い物客のふりをして店の品物をこっそりぬすむこと。また、その人。

**まんびょう【万病】**（名）あらゆる病気。「かぜは―のもと」

**まんぴょう【満票】**（名）選挙で、投票数のすべてを一人が得ること。「―で選出する」

**まんぷく【満腹】**（名・自スル・形動ダ）おなかがいっぱいになること。対空腹

**まんべんなく**〖万遍なく・満遍なく〗（副）全体にゆきわたるようす。くまなく。「―調べる」

**マンボ**〔スペイン mambo〕（名）〖音〗キューバにおこった、リズムの激しいダンス音楽。また、その踊《おど》り。

**まんぽ【漫歩】**（名・自スル）目的もなく、ぶらぶらと歩くこと。そぞろあるき。

**マンホール**〔英 manhole〕（名）地下の下水管などの検査や掃除《そうじ》のために設けた、人が出はいりする穴。

**まんまく**〖△幔幕〗（名）式場などでまわりにはりめぐらす幕。「紅白の―」

**まんまと**（副）計略などがうまく行くようす。「―手に入れる」参考「うまうまと」の変化した語。

**まんまん【満満】**（トタル）満ちあふれているようす。みなぎっているようす。「自信―」「―たる水」

**まんめん【満面】**（名）顔じゅう。顔全体。「―の笑み」「得意―」

**満面朱《しゅ》を注《そそ》ぐ**　怒《いか》りで顔全体をまっかにする。

**マンモス**〔英 mammoth〕（名）❶〖動〗更新世《こうしんせい》に、地球上にすんでいた大きな象の一種。きばの長さは三～五《メートル》で、全身が長い毛でおおわれている。「―の化石」❷ひじょうに大きいことを表すたとえ。「―団地」

**まんゆう【漫遊】**（名・自スル）あちらこちらの土地を気の向くままに旅行すること。「諸国を―する」

**まんようがな【万葉◦仮名】**（名）漢字を日本語の音を表す文字として用いたもの。たとえば、「大和《やまと》」を「八間跡」と表すなど。特に「万葉集」に多く使われたので、こう呼ばれる。

**まんようしゅう**〔万葉集〕〖作品名〗現存する日本最古の歌集。二〇巻。奈良《なら》時代末ごろ成立。歌の数は約四五〇〇首。代表的な歌人は天智《てんじ》天皇・柿本人麻呂《かきのもとのひとまろ》・山上憶良《やまのうえのおくら》・大伴家持《おおとものやかもち》が編集したとされる。主として大伴家持《おおとものやかもち》・大伴旅人《おおとものたびと》・山部赤人《やまべのあかひと》など。感動を率直《そっちょく》に表現し力強い歌が多い。まんにょうしゅう。

**まんりき【万力】**（名）工作物や材料をはさんでしめつけ、動かないようにする道具。バイス。

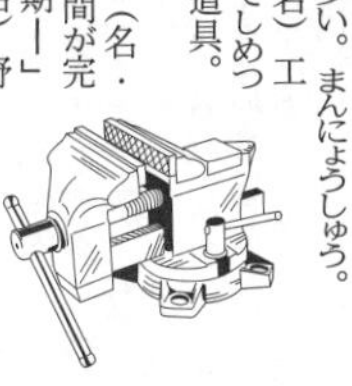
（まんりき）

**まんりょう【満了】**（名・自スル）決められた期間が完全に終わること。「任期―」

**まんるい【満塁】**（名）野球で、一塁・二塁・三塁のすべてに走者がいること。フルベース。「無死―のチャンス」

## み　ミ

**み【未】** 5画 木1 小4 音ミ　一 二 キ 未 未

❶まだ実現していないことを表す。まだ…しない。◆未開・未完・未決・未婚《みこん》・未熟・未詳《みしょう》・未遂《みすい》・未然・未曽有《みぞう》・未知・未定・未到《みとう》・未踏《みとう》・未納・未満・未明・未聞《みもん》・未来・未了《みりょう》。対既《き》。❷十二支の第八。ひつじ。

**み-【未】**（接頭）「まだ…しない」「まだ…でない」の意を表す。「―確認」「―成年」

**み【味】** 8画 口5 小3 音ミ 訓あじ・あじわう　口 口一 口二 口キ 口未 味

❶あじ。◆味覚◆甘味《あまみ》《かんみ》・酸味・滋味《じみ》・調味・珍味《ちんみ》・美味・風味。❷あじわう。じゅうぶんに知り分

ける。◆味得《みとく》・味読 ◆含味《がんみ》・吟味《ぎんみ》・賞味。❸おもむき。あじわい。◆気味・興味・趣味《しゅみ》・情味・妙味《みょうみ》・無味乾燥《むみかんそう》。❹うちわけ。なかみ。◆意味・正味《しょうみ》。❺なかま。◆味方◆一味。参考特別に、「三味線」は「しゃみせん」とも読む。

**み**【眉】→び(眉)

**み**【魅】15画 鬼5 音ミ

人の心をひきつける。◆魅了《みりょう》・魅力・魅惑《みわく》

**み-**『◇深』(接頭) 名詞の上につけて、語調をととのえたり、また、そのものを美しく表したりする。「—雪」

**み-**『◇御』(接頭) 名詞の上につけて、尊敬の気持ちを表す。「—子」「—仏」「—心」「—世」

**-み** (接尾) (形容詞または形容動詞の語幹について名詞をつくる) ❶そう感じられる状態・程度を表す。「赤—」「ありがた—」「真剣《しんけん》—」 ❷そのような状態の場所・部分である意を表す。「深—にはまる」「弱—」

**み**『△巳』(名) ❶十二支の第六。へび。❷むかしの時刻の名。今の午前一〇時ごろ、およびその前後約二時間。(一説にはその後約二時間)。❸方角の名。南南東。

**み**【身】(名) ❶からだ。「服を—につける」 ❷自分自身。「—から出たさび」「芸は—を助ける」 ❸まごころ。熱意。「仕事に—を入れる」 ❹社会的な立場。身分。地位。「—のほど」 ❺その人の立場。「私の—にもなってくれ」 ❻(骨や皮に対して)肉。「—が厚い魚」 ❼(刀のさやに対して)刃《は》。やいば。❽(入れ物のふたに対して)物を入れるほう。

**身が入《はい》る** 気持ちを集中していっしょうけんめいにうちこむ。「勉強に—」「仕事に身が入らない」

**身が持《も》たない** 仕事や負担《ふたん》などに心身が耐《た》えられない。「こう忙《いそが》しくては—」

**身から出《で》た錆《さび》** 自分のしたことが原因で、自分自身が苦しむこと。自業自得《じごうじとく》。

**身に余《あま》る** 自分の能力・ねうち以上である。身分不相応だ。「—光栄」「—ほめことば」

**身に覚《おぼ》えがある** そのことを自分がしたという自覚がある。「その件は—」

**身に染《し》みる** 心の底から感じる。「忠告が—」

**身に付《つ》く** 知識・技能などが自分のものになる。しっかりとおぼえる。「技術が—」

**身につまされる** 他人の不幸などが、自分の境遇《きょうぐう》と思いあわせて、ひとごとでなく感じられる。「—話」

**身になる** ❶からだのためになる。のちの役にたつ。❷その人の立場に立って考える。「受験生の身になって相談に乗る」

**身の置《お》き所《どころ》がない** 恥ずかしさなどのため、その場にいたたまれない気持ちである。

**身の振《ふ》り方《かた》** これからの自分の立場・態度・職業などをどうするかの方針。「—を決める」

**身二《ふた》つになる** 子を産む。出産する。

**身も蓋《ふた》もない** ろこつすぎて、なんの情味もない。「そう言ってしまっては—」

**身も世《よ》もない** 自分のことも世間の目も考えられないくらいに、心に余裕《よゆう》がない。何も考えられないほど取り乱している。「身も世もなく泣きくずれる」

**身を誤《あやま》る** 生き方をまちがえる。正しい道をふみはずす。「悪い仲間にそそのかされて—」

**身を入《い》れる** いっしょうけんめいになる。熱心にする。「勉強に—」

**身を起《お》こす** (ある地位から)出世する。「アルバイトから身を起こして社長になる」

**身を固《かた》める** ❶しっかりと身じたくをする。「よろいかぶとに—」 ❷自立して定職につく。また、結婚《けっこん》して家庭を持つ。「彼《かれ》もやっと—気になった」

**身をかわす** ❶身をひるがえして人や物をよける。❷物事に真正面から向かうのをさける。「彼《かれ》はその話題になると身をかわした」

**身を切《き》られるよう** 寒さやつらさなどがはなはだしいようす。「—な寒さ」「—な思いで手ばなす」

**身を削《けず》る** とても苦労する。やせるくらいに苦労や心配をする。「身を削って働く」類骨身《ほねみ》を削《けず》る

**身を焦《こ》がす** 恋《こ》いこがれて苦しむ。

**身を粉《こ》にする** いっしょうけんめいに働く。

**身を捨《す》ててこそ浮《う》かぶ瀬《せ》もあれ** 命を捨てる覚悟《かくご》があってこそ、物事をなしとげることができる。

**身を立《た》てる** ❶一定の職業をもち、生活していけるようになる。「大工で—」 ❷社会で成功する。立身出世する。「身を立てて名をあげる」

**身を挺《てい》する** ❶危険をかえりみずに自分のからだを投げだす。❷自分のすべてをある物事にささげる。

**身を投《とう》じる** 物事にうちこむ。「平和活動に—」

**身を乗《の》り出《だ》す** 話などに興味をそそられて、からだを前にぐっと出す。「話のおもしろさに思わず—」

**身を引《ひ》く** ❶からだをうしろに下げる。うしろにしりぞく。❷今まで関係してきたことからしりぞく。関係をたつ。「政治から—」「こちらから—」

**身を潜《ひそ》める** 人に知られないようにそっと隠《かく》れる。身を隠《かく》す。「世間から身を潜めて暮らす」

**身を持《も》ち崩《くず》す** 悪い習慣によって健全な生活を保てなくなる。「ギャンブルで—」

**身をもって** 直接自分で。みずから。「—経験する」

**身をやつす** 目立たないようにわざとみすぼらしい姿になる。「托鉢《たくはつ》の僧《そう》に—」

**身を寄《よ》せる** 人の家に同居させてもらいせわになる。

**み**【実】(名) ❶植物の果実。または種。「うめの—」 ❷ものの内容。なかみ。「—のあることば」 ❸汁《しる》の中に入れる肉や野菜など。具。

**実を結《むす》ぶ** ❶植物の実がなる。❷努力や苦労などがよい結果となってあらわれる。「努力が—」

**み**『△箕』(名) 穀類を入れてふるい、から・くずなどをより分ける道具。竹やふじづるなどで編んで作る。

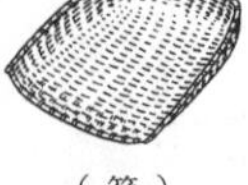

( 箕 )

**みあい**【見合い】(名・自スル) 結婚《けっこん》しようとする男女が他人のなかだちで、たがいに相手を知るために会うこと。「—結婚」「お—」

**みあ・う**【見合う】〔ワ(オ)・イ(ツ)・ウ・ウ・エ・エ〕 ㊀(自五) つり合う。ちょうど適当である。「学力に—・った勉強をする」 ㊁(他五) おたがいに相手を見る。「じっと顔を—」

**みあかし**『◇御◇灯』（名）神や仏にそなえるあかり。おとうみょう。

**みあ・げる**【見上げる】（他下一）{ゲ・ゲ・ゲル・ゲル・ゲレ・ゲロ(ゲヨ)} ❶下から上のほうを見る。「大空を―」対見下ろす。❷（「見上げた」の形で）人がら・力量などがすぐれていると感心する。「―・げた態度だ」対見下げる

**みあた・る**【見当たる】（自五）{ラ(ロ)・リ(ッ)・ル・ル・レ・レ} さがしていたものが見つかる。「どこにも―・らない」使い方 多く、あとに打ち消しのことばがくる。

**みあやま・る**【見誤る】（他五）{ラ(ロ)・リ(ッ)・ル・ル・レ・レ} ❶他のものと見まちがえる。「友達と―」「信号を―」❷誤った判断をする。「本質を―」

**みあわ・せる**【見合わせる】（他下一）{セ・セ・セル・セル・セレ・セロ(セヨ)} ❶たがいに見る。「顔を―」「目を―」❷くらべて見る。「原文と―」❸しようとしていたことをとりあえずやめる。「出発を―」

**みいだ・す**【見いだす】『見◇出す』（他五）{サ(ソ)・シ・ス・ス・セ・セ} 見つけ出す。発見する。「長所を―」

**ミーティング**〔英 meeting〕（名）連絡《れんらく》や打ち合わせなどの会合。「試合後の―」

**ミート**〔英 meat〕（名）牛・豚《ぶた》などの食用肉。

**ミート**〔英 meet〕（名・自他スル）野球で、打者がボールをバットでうまくとらえること。「ジャスト―」

**みいはあ**（名）《俗語》（「みいちゃんはあちゃん」の略）流行に左右されやすく、軽薄《けいはく》なこと。また、その人。参考 ふつう、「ミーハー」とかく。

**ミイラ**『×木乃伊』〔ポルトガル mirra〕（名）死体が、原形をとどめたままかわいて固まったもの。

**ミイラ取《と》りがミイラになる** 人を連れもどしに行った人がそのままそこにとどまって帰ってこないことのたとえ。また相手を自分の側に引き入れようとした人が、反対に相手の側に引き入れられてしまうことのたとえ。

**みいり**【実入り】（名）❶植物の実がみのること。また、そのぐあい。❷もうけ。収入。「―のいい商売」

**みい・る**【見入る】（自他五）{ラ(ロ)・リ(ッ)・ル・ル・レ・レ} 熱心にじっと見る。心を引きつけられてじっと見る。「名画に―」

**みい・る**【魅入る】（自五）{ラ(ロ)・リ(ッ)・ル・ル・レ・レ}（多く「みいられる」の形で）とりつく。「魔物《まもの》に―・られる」

**みうけ**【身請け】（名・他スル）むかし、芸者や遊女の前借金を払《はら》って、その商売から身を引かせること。

**みう・ける**【見受ける】（他下一）{ケ・ケ・ケル・ケル・ケレ・ケロ(ケヨ)} ❶見かける。目にとめる。「しばしば―」❷見てとる。見て判断する。「土地の者ではないと―」

**みうごき**【身動き】（名・自スル）からだを動かすこと。また、思いどおりに行動すること。「―ができない」「いったん契約《けいやく》すると―がとれない」使い方 あとに打ち消しのことばがくることが多い。

**みうしな・う**【見失う】（他五）{ワ(オ)・イ(ッ)・ウ・ウ・エ・エ} 今まで見えていたもののありかがわからなくなる。「姿を―」「目標を―」

**みうち**【身内】（名）❶からだの内部。また、からだじゅう。「―がひきしまる思い」❷家族や親類。みより。「―だけの集まり」❸同じ親分に属する子分たち。

**みうり**【身売り】（名・自他スル）❶さきにおかねをもらい、約束の年月の間、自分のからだを預けて働くこと。❷経営難のために、会社などを売りに出すこと。

**みえ**【見え】（名）❶他人の目を気にして、自分をよく見せようとすること。「―で高い品を買う」❷歌舞伎《かぶき》で、役者が動きをとめ、目立つしぐさや表情をする演技の様式。参考 ❶歌舞伎《かぶき》で、見えの動作をする。参考①は「見栄」、②は「見得」とも書く。

**見えを切《き》る** ❶歌舞伎《かぶき》で、見えの動作をする。❷相手に対し、ことさらおおげさな自信のある態度をとる。「すべて一人でやると―」

**見えを張《は》る** 自分をよく見せようとうわべをかざる。

**みえがくれ**【見え隠れ】（名・自スル）見えたり見えなくなったりすること。みえかくれ。「―にあとをつける」

**みえす・く**【見え透く】（自五）{カ(コ)・キ(イ)・ク・ク・ケ・ケ} うそであることや何かたくらみがあることなどが、簡単にわかる。「ふもとに人家が―する」「―・いたうそを言う」

**みえっぱり**【見えっ張り】『見◇栄っ張り』（名・形動ダ）何かにつけて他人に自分をよく見せようと、うわべをかざること。また、その人。見え坊《ぼう》。

**みえぼう**【見え坊】『見◇栄坊』（名）みえっぱり。

**みえみえ**【見え見え】（名・形動ダ）《俗語》かくしていることや意図が見えすいていること。「下心が―だ」

**み・える**【見える】（自下一）{エ・エ・エル・エル・エレ・エロ(エヨ)} ❶自然と目に感じられる。目にうつる。「遠くに山が―」❷見ることができる。「小さな字でも―」❸ある物事の存在や重要な点がみてとれる。「変化のきざしが―」「話が―・えてこない」❹見たところ、そう感じられる。判断できる。思われる。「観念したと―」「若く―」❺「来る」の尊敬語。「先生が―」

**みお**『◇水◇脈・△澪』（名）川・海で、深くなっていて船の通行に適した水路。

**みおく・る**【見送る】（他五）{ラ(ロ)・リ(ッ)・ル・ル・レ・レ} ❶去っていくものをその場所から目で追い続ける。出発する人を送る。「父の乗った車を―」「友だちを駅まで―」❷人が死ぬまで世話をする。「父を―」❸手を出さないで見ている。やりすごす。「ストライクを―」❹そのことを実行しないでおく。見合わせる。「値上げを―」

**みおさめ**【見収め・見納め】（名）二度と見られないこと。最後に見ること。「今年の桜も今日で―だ」

**みおつくし**『△澪◇標』（名）船に水路（＝みお）を知らせるために目印として立てる杭《くい》。

**みおと・す**【見落とす】（他五）{サ(ソ)・シ・ス・ス・セ・セ} 見たのに、うっかりして気づかずにいる。見過ごす。「誤りを―」

**みおとり**【見劣り】（名・自スル）ほかのものとくらべたとき、おとって見えること。「並べると―する」

**みおぼえ**【見覚え】（名）前に見て知っていること。以前に見た記憶《きおく》があること。「―のある顔」

**みおも**【身重】（名・形動ダ）妊娠《にんしん》していること。

**みおろ・す**【見下ろす】（他五）{サ(ソ)・シ・ス・ス・セ・セ} ❶高いところから下を見る。「港を―丘《おか》」対見上げる。❷人を劣《おと》ったものとして見る。見くだす。

**みかい**【未開】（名）❶文明・文化がまだ開けないこと。「原始時代の―の種族」❷土地などがまだ開拓《かいたく》されていないこと。「―の原野」

**みかいけつ**【未解決】（名・形動ダ）まだ解きあかされないこと。まだ解決していないこと。「―の事件」

**みかえし【見返し】**(名)❶洋裁で、前《まえ》身《み》ごろやそで口などにつけるともぎれ。❷本の表・裏の表紙の内側。また、そこにはる二ページ分の大きさの紙。

**みかえ・す【見返す】**(他五)〔サ(ソ)・シ・ス・ス・セ・セ〕❶ふりかえって見る。❷自分を見た相手をこちらからも見る。「負けずに―」❸確かめるためにもう一度見る。見直す。「答案を―」❹成功して、以前に自分をばかにした人に見せつける。「えらくなって皆《みな》を―」

**みかえり【見返り】**(名)❶ふりむいて見ること。❷相手がしてくれたことにこたえて、自分からもなにかをすること。特に、あることへの代償《だいしょう》や、借金の担保などとしてさしだすもの。「―を要求する」「―物資」

**みかえ・る【見返る】**(他五)〔ラ(ロ)・リ(ッ)・ル・ル・レ・レ〕うしろをふりむいて見る。「友かと思って―」

**みがきた・てる【磨き立てる】**(他下一)〔テ・テ・テル・テル・テレ・テロ(テヨ)〕❶きれいにみがく。「廊下《ろうか》を―」❷念入りに身なりをかざる。

**みかぎ・る【見限る】**(他五)〔ラ(ロ)・リ(ッ)・ル・ル・レ・レ〕見こみがないと思ってあきらめる。あいそをつかして見切りをつける。「進歩がなくてコーチに―・られる」

**みかく【味覚】**(名)五感の一つ。食べ物の味を、あまいとか、からいとか感じとる舌の感覚。「―をそそる」

**みが・く【磨く】**『◇研く』(他五)〔カ(コ)・キ(イ)・ク・ク・ケ・ケ〕❶こすってつやを出す。きれいにする。「ゆかを―」「歯を―」❷美しく見えるようにする。「肌《はだ》を―」❸学問や技術などの上達につとめる。「芸を―」「腕《うで》を―」

**みかけ【見かけ】**『見掛け』(名)外から見たところ。外見。うわべ。「―と中身のちがい」

**見かけによらない** 人や物事は外見からだけでは判断できない。「人は―」

**みかげいし【みかげ石】**『◇御影石』(名)〔地質〕→かこうがん

**みかけだおし【見かけ倒し】**『見掛け倒し』(名・形動ダ)外見ばかりよくて、内容がおとっていること。「―の品物」

**みか・ける【見かける】**『見掛ける』(他下一)〔ケ・ケ・ケル・ケル・ケレ・ケロ(ケヨ)〕たまたま目にする。目にとめる。ちらっと姿を見る。「あの人を町でよく―」

**みかた【見方】**(名)❶見る方法。「地図の―」❷物事に対する考え方。見解。「―を改める」

**みかた【味方】**『身方』[一](名)自分のほうの仲間。「―にひき入れる」「―につく」対敵。[二](名・自スル)仲間として力ぞえすること。「弱い者に―する」

**みかづき【三日月】**(名)❶陰暦《いんれき》の三日ごろに出る細い月。❷①のような形。「―眉《まゆ》」

**みがって【身勝手】**(名・形動ダ)他人のことなど考えず、自分につごうのいいようにだけふるまうこと。自分かって。わがまま。「―な人」

**みかど**『◇帝・◇御門』(名)天皇。

**みか・ねる【見かねる】**『見兼ねる』(他下一)〔ネ・ネ・ネル・ネル・ネレ・○〕平気で見ていられなくなる。「見るに―・ねて手伝う」

**みがまえ【身構え】**(名)せまってくるものに対してとるからだの姿勢。「攻撃《こうげき》の―をとる」

**みがま・える【身構える】**(自下一)〔エ・エ・エル・エル・エレ・エロ(エヨ)〕❶むかってくるものに対して体勢を整える。❷相手に対して警戒《けいかい》した態度をとる。「何を言い出すのかと―」

**みがら【身柄】**(名)当人のからだ。「―をひきとる」

**みがる【身軽】**(名・形動ダ)❶からだや服装などが軽くて動作が軽快であること。「―な動き」❷足手まといな存在や責任などがなく気楽なこと。「―な立場」

**みかわ**〔三河〕〔地名〕むかしの国名の一つ。今の愛知県東部。三州《さんしゅう》。

**みかわ・す【見交わす】**(他五)〔サ(ソ)・シ・ス・ス・セ・セ〕たがいに相手を見る。見合う。「たがいに―顔と顔」

**みがわり【身代わり】**(名)他人のかわりになってその人の役割をすること。また、その人。「―を立てる」

**みかん【未刊】**(名)本や雑誌がまだ刊行されていないこと。対既刊《きかん》

**みかん【未完】**(名)まだできあがっていないこと。未完成。「―の大器」

**みかん**『◇蜜◇柑』(名)〔植〕❶ミカン科のミカン類の総称《そうしょう》。柑橘《かんきつ》類。❷温州《うんしゅう》みかん。日本の代表的なみかんで、暖地で栽培《さいばい》される常緑果樹。夏によいかおりの白い花を開き、晩秋に黄色い実をつける。

**みかんせい【未完成】**(名・形動ダ)まだ全部できあがっていないこと。「―の絵」

**みき【幹】**(名)❶木で、枝や葉をつけるもとの太い部分。❷物事の中心となる重要な部分。

**みき【神酒】**『◇御◇酒』(名)神に供える酒。転じて、酒。「お―」

**みぎ【右】**(名)❶東を向いたとき南にあたるほう。「向かって―」「―手」対左 ❷すぐれたほう。「彼《かれ》の―に出る者はない」❸たて書きの文書で、前に述べたこと。「―のとおり」❹保守的な傾向《けいこう》・思想。「―寄りの考え」対左

**右から左《ひだり》へ** 受け取ったものをすぐに他人にわたしてしまうこと。「金を―使ってしまう」

**右と言《い》えば左《ひだり》** なんにでもことさらにさからうこと。「―と言うあまのじゃく」

**みぎうで【右腕】**(名)❶右の腕。❷いちばんたよりになる部下。「―となって働く」

**みぎかたあがり【右肩上がり】**(名)時を追うごとに業績や景気などが上昇すること。参考数値を示す折れ線グラフの線が、右にゆくほど上がることから。

**みぎがわ【右側】**(名)右に寄ったほう。「―通行」対左側

**みきき【見聞き】**(名・他スル)見たり聞いたりすること。「―したことを話す」

**みぎきき【右利き】**(名)左の手より右の手のほうがうまく使えること。また、その人。「―の人」対左利き

**ミキサー**〔英 mixer〕(名)❶セメント・砂・砂利《じゃり》をまぜて生コンクリートを作る機械。「―車」❷くだものや野菜をこまかくして、ジュースなどを作る電気器具。❸放送などで、音量や音の調子・映像などを調整する装置。また、その技師。

**みぎて【右手】**(名)❶右の手。❷右のほう。右側。「―に見えるのが日本海だ」(対左手)

**みぎまき【右巻き】**(名)ねじや植物のつるなどが右まわり(=時計の針の回り方)にまくこと。対左巻き

**みきり【見切り】**(名)ここまでと見かぎること。あき

らめて見捨てること。「ーをつける」「ー品(=定価では売れないとあきらめて特別に安く売る商品)」

**みぎり**『△砌』(名) ころ。とき。おり。「幼少のー」「酷暑《こくしょ》のー」

**みきりはっしゃ**【見切り発車】(名・自スル) ❶電車やバスが、乗ろうとする客を残したまま発車すること。❷議論や準備がじゅうぶんにされないうちに、物事を決定したり実行したりしてしまうこと。

**みき・る**【見切る】(他五) {ラ(ロ)・リ(ッ)・ル・ル・レ・レ} ❶終わりまで見る。「試合を最後までー」❷見こみがないと思って、あきらめる。見かぎる。「医者にー・られる」❸その商品を見かぎって安く売る。「在庫品をー」

**みぎれい**【身ぎれい】『身奇麗・身△綺麗』(形動ダ) {ダロ・ダッ(デ・ニ)・ダ・ナ・ナラ・○} 身なりや身のまわりがこざっぱりして、手入れがゆきとどいているようす。

**みぎわ**『△汀・△渚』(名) 海・湖などの、陸地と水との境のところ。水ぎわ。

**みきわ・める**【見極める】(他下一) {メ・メ・メル・メル・メレ・メロ(メヨ)} ❶物事のなりゆきを終わりまで見とどける。「結果をー」❷物事の奥底《おくそこ》まで知りつくす。物事の真偽《しんぎ》を確かめる。「本質をー」「真相をー」

**みくだ・す**【見下す】(他五) {サ(ソ)・シ・ス・ス・セ・セ} 相手が自分よりおとっていると見てばかにする。「人をー・したような態度」

**みくだりはん**【三下り半】『三◇行半』(名) 江戸《えど》時代、夫から妻へわたした離縁《りえん》状。

**みくび・る**【見くびる】『見△縊る』(他五) {ラ(ロ)・リ(ッ)・ル・ル・レ・レ} 相手の力や物事の程度をたいしたことはないと軽く考える。「相手をー・って失敗する」

**みくら・べる**【見比べる】(他下一) {ベ・ベ・ベル・ベル・ベレ・ベロ(ベヨ)} 二つ以上のものを見てくらべる。「二人の顔をー」

**みぐるし・い**【見苦しい】(形) {カロ・カッ(ク)・イ・イ・ケレ・○} 見た目に不愉快《ふゆかい》であるようす。みっともない。みにくい。「ー態度」

**みぐるみ**【身ぐるみ】(名) 着ているもの全部。からだにつけているもの全部。「ーはがれる」

**ミクロ**〔英 micro〕(名) ❶ひじょうに小さいこと。微小《びしょう》。「ーの世界」対マクロ。❷→マイクロ

**ミクロネシア**〔Micronesia〕〔地名〕太平洋中西部の島々からなる連邦《れんぽう》共和国。首都はパリキール。

**ミクロン**〔フランス micron〕(名) →マイクロメートル

**みけ**【三毛】(名) 白・黒・茶の三色がまじった毛。また、その毛色の猫《ねこ》。「ー猫」

**みけいけん**【未経験】(名・形動ダ) 実際に経験したことのないこと。「ーの仕事」

**みけつ**【未決】(名) ❶まだ決まっていないこと。「ーの書類」❷〔法〕刑事上の被告人《ひこくにん》の有罪か無罪かが、まだ決まらないこと。「ー囚《しゅう》」《対既決《きけつ》》

**みけん**【未見】(名) まだ見ていないこと。まだ会っていないこと。「その書類はーです」

**みけん**【眉間】(名) 顔のまゆとまゆの間。ひたいのまんなか。「ーにしわをよせる」

**みこ**『×巫女・×神子』(名) 神につかえてかぐらを舞《ま》ったり、祈禱《きとう》を行ったりする未婚《みこん》の女性。

**みこ**【御子】(名) 古語 天皇の子。皇子・皇女。

**みこし**『◇御△輿・×神輿』(名) 祭りのとき、神体をのせてかつぐ輿。おみこし。

**みこしを上《あ》げる** 立ちあがる。また、仕事に取りかかる。「ようやくー」

**みこしを担《かつ》ぐ** 他人をおだてて高い地位につかせる。

**みこしを据《す》える** 腰《こし》を落ち着けて動こうとしない。

**みごしらえ**【身ごしらえ】『身△拵え』(名・自スル) 何かをするのにふさわしいようにみなりをととのえること。「きちんとーする」

**みこ・す**【見越す】(他五) {サ(ソ)・シ・ス・ス・セ・セ} 将来のことを予測する。これから先のことを見とおす。「先をー・して計画する」

**みごたえ**【見応え】(名) 見るだけのおもしろさ・ねうちのあること。「ーのある試合」

**みごと**【見事】(形動ダ) {ダロ・ダッ(デ・ニ)・ダ・ナ・ナラ・○} ❶すばらしくてりっぱなようす。ひじょうにうまいようす。「ーなプレー」「ーなできばえ」❷(反語的に用いて)失敗や負けなどが、徹底的《てってい》なようす。「ーに失敗する」

**みことのり**【詔】『◇勅』(名) 天皇のことば。宣旨《せんじ》・勅語《ちょくご》・詔勅《しょうちょく》など。

**みごなし**【身ごなし】(名) からだの動かし方。物腰《ものごし》。身のこなし。「ーが優雅《ゆうが》だ」

**みこみ**【見込み】(名) ❶たぶんこうなるだろうという予想。見当。「ーちがい」❷将来、期待どおりになると、あてにできるところ。「ーのある学生」

**みこ・む**【見込む】(他五) {マ(モ)・ミ(ン)・ム・ム・メ・メ} ❶予想する。考えに入れる。「電車のおくれをー・んで家を出る」❷のぞみをかける。有望だとあてにする。「男とー・んでたのむ」❸しつこく取りつく。「蛇《へび》にー・まれたかえる」

**みごも・る**【身籠もる】(自他五) {ラ(ロ)・リ(ッ)・ル・ル・レ・レ} 妊娠《にんしん》する。「妻がー」

**みごろ**【見頃】(名) 花などの、見るのにちょうどいい時期。見どき。「桜は今がーだ」

**みごろ**【身頃】『△裑』(名) 衣服の、えりやそで以外の、からだの前と後ろをおおう部分。

**みごろし**【見殺し】(名) 人が死にかけていたり、また、ひどく困ったりしているのを見ていながら助けないこと。「苦境におちいった友人をーにはできない」

**みこん**【未婚】(名) まだ結婚していないこと。「ーの女性」対既婚《きこん》

**ミサ**〔ラテン missa〕(名) ❶ローマカトリック教会の最大の礼拝儀式《ぎしき》。❷①のための曲。ミサ曲。

**みさい**【未済】(名) 必要な手続きなどがまだすまないこと。特に、借りたおかねをまだ返さないこと。「ーの書類」「ーの借金」対既済《きさい》

**ミサイル**〔英 missile〕(名) ロケットやジェットエンジンの力で飛ぶ爆弾《ばくだん》。多くは誘導《ゆうどう》装置によって目標物を目指して飛ぶ。誘導弾。「核《かく》ー」

**みさお**【操】(名) ❶自分の志を守って変えないこと。類節操《せっそう》。❷女性の貞操《ていそう》。「ーを守る」

**みさかい**【見境】(名) 物の見分け。区別。判別。「ーがつかない」「前後のーもなく行動する」

**みさき**【岬】 8画 山5 訓みさき

みさき。また、山と山の間。やまあい。

丨 山 岬

**みさき【岬】**（名）陸地が、海または湖につき出たところ。「—の灯台」

**みさ・げる【見下げる】**（他下一）{ゲ・ゲ・ゲル・ゲル・ゲレ・ゲロ(ゲヨ)}相手を人格や能力のおとった人間だとみなす。けいべつする。「—・げたやつだ」[対]見上げる

**みささぎ【陵】**（名）天皇・皇后などの墓。御陵《ごりょう》。

**みさだ・める【見定める】**（他下一）{メ・メ・メル・メル・メレ・メロ(メヨ)}よく見てはっきりと確認する。しっかりと見きわめる。「人物を—」

**みざるきかざるいわざる【見ざる聞かざる言わざる】**それぞれ両手で目・耳・口をおおった三匹《さんびき》の猿《さる》。自分に直接関係のないことやつごうの悪いことは、見たり聞いたり言ったりしないということを表す。

**みじか・い【短い】**（形）{カロ・カッ(ク)・イ・イ・ケレ・○}❶はしからはしまでの長さが少ない。「丈《たけ》が—」「—ひも」❷その時間が少ししかない。「冬は日が—」「—休憩《きゅうけい》をはさむ」（[対]長い）

**みじたく【身支度・身仕度】**（名・自スル）外出などのために服装を整えること。みごしらえ。「—を整える」「旅の—」[類]身づくろい

**みじまい【身じまい】**『身仕舞い』（名・自スル）服装や化粧《けしょう》を整えること。衣服の乱れなどをなおすこと。「—を正す」

**みしまゆきお**〔三島由紀夫〕【人名】（一九二五 一九七〇）小説家・劇作家。とぎすまされた心理描写《びょうしゃ》と華麗《かれい》でちみつな文体にもとづく作風を築いた。作品「仮面の告白」「金閣寺《きんかくじ》」など。

**みじめ【惨め】**（名・形動ダ）❶見るのがつらいほどいたいたしいこと。いかにもあわれなこと。「—な人生」❷劣等《れっとう》感や屈辱《くつじょく》感を味わうこと。「—な思い」

**みじゅく【未熟】**（名・形動ダ）❶果物・作物がまだ熟さないこと。❷学業・技芸などがまだじゅうぶんなものになっていないこと。「—者《もの》」「—な踊《おど》り」

**みじゅくじ【未熟児】**（名）生まれたときに発育がじゅうぶんでない赤んぼう。一般《いっぱん》に、体重二五〇〇《グラム》未満で生まれた子をいう。

**みしょう【未詳】**（名）まだくわしくわかっていないこと。「作者および制作年代—」[類]不詳

**みしょう【実生】**（名）つぎ木やさし木によらず、種から芽が出て生長すること。また、その植物。

**みしらず【身知らず】**（名・形動ダ）❶自分の身分や能力の程度をわきまえないこと。身のほど知らず。「—の発言」❷自分のからだをたいせつにしないこと。

**みしり【見知り】**（名）❶見てすぐわかること。見分けること。「以後お—おきください」❷前に会っていること。知り合い。「顔—」

**みしりごし【見知り越し】**（名）前から知り合いであること。

**みし・る【見知る】**（他五）{ラ(ロ)・リ(ッ)・ル・ル・レ・レ}前に見て知っている。見おぼえている。「—・らぬ人」

**みじろぎ【身じろぎ】**（名）からだを少し動かすこと。身動き。「—一つしないで聞く」

**ミシン**（名）布・革《かわ》などを縫《ぬ》ったり、ししゅうしたりするのに用いる機械。▽英 sewing machine から。

**みじん**〖◇微△塵〗（名）❶細かいちりやほこり。❷くだけて細かくなること。ひじょうに細かいもの。「こっぱ—」「—切り」❸ごくわずかな程度・分量。

**微塵もない** 少しもない。まったくない。「うそは—」

**みじんこ**〖◇微△塵子〗（名）〘動〙ミジンコ科の甲殻《こうかく》類。体長約二《ミリメートル》の小さい動物。卵形で、池・沼《ぬま》などにすむ。魚のえさとなる。

**みす**〖◇御△簾〗（名）❶すだれの敬称《けいしょう》。❷神殿《しんでん》・宮殿などで使う目の細かいすだれ。

**ミス**〔英 miss〕（名・自他スル）しくじること。まちがい。誤り。失敗。「重大な—をおかす」「ケアレス—」

**ミス**〔英 Miss〕（名）❶未婚《みこん》女性の名前の上につけることば。転じて、未婚の女性。[対]ミセス。❷美人コンテストなどの第一位の女性。「—ユニバース」

**みず【水】**（名）❶水素と酸素の化合物で、色もにおいもないすきとおった液体。飲用をはじめ、生物に欠かせないもの。「花に—をやる」「—不足」「湯—」❷「湯」に対して、①の温度の高くないもの。❸大水。洪水《こうずい》。「—がでる」「—がひく」❹すもうで、組み合ったまま勝ち負けが決まらないで長びくとき、途中《とちゅう》で力士をひと休みさせること。「—がはいる」「—入り」

**水が合《あ》わない** その土地の風土や新しい環境《かんきょう》が自分に合わない。「この土地は—」

**水清《きよ》ければ魚《うお》棲《す》まず** 人もあまり潔白すぎると、かえって人に親しまれないものだ、というたとえ。

**水と油《あぶら》** しっくり調和しないこと。合わないもののたとえ。「あの二人は—だ」

**水に流《なが》す** 今までのいやないきさつなどをきれいになかったことにする。「過去のことは—」

**水に慣《な》れる** その土地に住みなれる。「都会の—」

**水のしたたるよう** みずみずしくうるわしい。美男・美女の形容に使われる。「—ないい女」

**水は方円《ほうえん》の器《うつわ》に随《したが》う** 水が入れ物の形のままになるように、人は環境《かんきょう》しだいで、よくも悪くもなる。

**水も漏《も》らさぬ** ほんの少しのすきもなく、しっかりとかためること。「—警備」

**水をあける** ボートレースや競泳などで大きく差をつける。ほかの競争にもいう。「二位との間に—」

**水を打《う》ったよう** 大勢の人びとがしんと静かになるようす。「—に静まる」

**水を得《え》た魚《うお》のよう** 自分に合った活躍《かつやく》の場を与《あた》えられ、生き生きしているようす。

**水をさす** ❶親しい関係をひきさく。「二人の仲に—」❷物事のじゃまをする。「話に—」

**水を向《む》ける** 相手の興味をひくようにさそいかける。

**ミズ**〔英 Ms.〕（名）女性の名前の前につけることば。未婚《みこん》・既婚《きこん》を区別しない。

**みずあか【水あか】**〖水△垢〗（名）水中にとけた物質が、よごれたあかのように器《うつわ》の底などについたもの。

**みずあげ【水揚げ】**■一■（名・他スル）船の荷を陸にあげること。陸揚げ。■二■（名）❶漁獲《ぎょかく》高。❷生け花で、草木の水のすい上げをよくさせて長もちさせる方法。❸水商売やタクシーのかせぎ高。売り上げ。

**みずあび【水浴び】**（名・自スル）❶からだに水をかけること。水浴《すいよく》。❷水泳。

**みずあめ【水あめ】**『水△飴』(名) でんぷんから作る、どろどろしてねばりけのあるあめ。

**みずあらい【水洗い】**(名・他スル) 洗剤《せんざい》などを使わずに、水だけであらうこと。

**みすい【未遂】**(名) 計画だけでまだなしとげないこと。また、実行しようとしたが失敗したこと。「自殺―」「殺人―」対既遂《きすい》

**みずいらず【水入らず】**(名) 身内の親しい者だけで他人をまぜないこと。「親子―の夕食」

**みずいり【水入り】**(名) すもうで、組み合ったまま長く動かず勝ち負けが決まらないとき、途中《とちゅう》で力士を分け、ひと休みさせること。

**みずいろ【水色】**(名) うすい青色。水。「―の大ずもう」「―の空」

**みずうみ【湖】**(名) 陸地にかこまれたくぼ地に水をたたえた所。池や沼《ぬま》よりも大きく深い。⇩いけ(池)「学習」

**みずうみの…**短歌→みづうみの…

**みずえ【水絵】**(名) 水彩画《すいさいが》。

**みずえのぐ【水絵の具】**(名) 水でといて使う絵の具。水彩画《すいさいが》用の絵の具。

**みす・える【見据える】**(他下一)〔エ・エ・エル・エル・エレ・エロ(エヨ)〕❶じっと見つめる。「相手を―」❷物事の本質などをとらえようとしてしっかり見つめる。「現実を―」

**みずおち**『×鳩尾』(名)〔生〕→みぞおち

**みずかがみ【水鏡】**(名) 水面に物かげがうつること。姿を水面にうつすこと。また、その水面。

**みずかき【水かき】**『水△掻き・△蹼』(名) 水鳥・かえるなどの足の指と指との間にあるうすい膜《まく》。

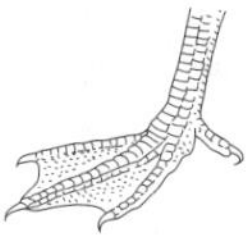

(みずかき)

**みずかけろん【水掛け論】**(名) たがいに自分につごうのよい理屈《りくつ》を言い合うだけで、いつまでも発展しない議論。「―に終わる」

**みずかさ【水かさ】**『水△嵩』(名) 川や湖などの水の分量。水量。「大雨で―が増す」

**みずがし【水菓子】**(名) 果物《くだもの》の古風な言い方。

**みすか・す【見透かす】**(他五)〔サ(ソ)・シ・ス・ス・セ・セ〕人の気持ちや考えを見ぬく。見とおす。「魂胆《こんたん》を―・される」

**みずがめ【水がめ】**『水◇瓶・水△甕』(名) ❶水を入れておく、底の深いせとものの容器。❷貯水池。ダム。「東京都の―」

**みずから【自ら】**一(名) 自分。自身。「―の力」二(副) 自分で。自分自身で。「―行う」

**みずガラス【水ガラス】**『水×硝子』(名)〔化〕珪酸《けいさん》ナトリウムを水にとかしたもの。水飴《みずあめ》状で、接着剤《せっちゃくざい》などに使う。▽ガラスは、オランダ glas

**みずがれ【水がれ】**『水△涸れ』(名) 長く雨が降らず、井戸《いど》・田・川・池などがひあがり水がなくなること。

**みすぎ【身過ぎ】**(名) 生活していくこと。また、その手段。「―世過ぎ」

**みずぎ【水着】**(名) 泳ぐときに着るもの。海水着。

**みずききん【水ききん】**『水飢△饉・水△饑△饉』(名) 長く雨が降らず、飲み水や田畑の水が足りなくなること。

**ミスキャスト**〔英 miscast〕(名) 演劇や映画などで、役がらと俳優が合っていないこと。不適切な配役。

**みずぎわ【水際】**(名) 川・湖・海などの、陸地と水の接する所。岸。みぎわ。「―で遊ぶ」

**みずぎわさくせん【水際作戦】**(名) ❶上陸しようとする敵を水際でたたく作戦。❷病原体や害虫など有害なものが海外から国内にはいりこむのを港や空港で阻止《そし》すること。

**みずぎわだ・つ【水際立つ】**(自五)〔タ(ト)・チ(ツ)・ツ・ツ・テ・テ〕ひときわ目立ってあざやかなこと。「―・ったプレー」

**みずくさ【水草】**(名) 水の中や水辺に生える草。

**みずくさ・い【水臭い】**(形)〔カロ・カツ(ク)・イ・イ・ケレ・○〕❶水っぽい。「―酒」❷親しい間がらなのによそよそしいようす。「―ことを言うな」

**みずぐすり【水薬】**(名) 水にとかした飲み薬。

**みずぐるま【水車】**(名) 水の力を利用して回し、その動力で機械を動かすようにした車。すいしゃ。

**みずけ【水気】**(名) ものに含《ふく》まれている水分。「―の多いオレンジ」

**みずけむり【水煙】**(名) 水が飛び散って煙のように見えるもの。「―を上げて落ちる滝《たき》」

**みずごけ**『水△苔・水△蘚』(名)〔植〕ミズゴケ科のこけ植物。湿地《しっち》に生え、葉はうす緑色。水分をよく吸収するので植物の根を包むのに使う。

**みすご・す【見過ごす】**(他五)〔サ(ソ)・シ・ス・ス・セ・セ〕❶見ていながら、そのままにしておく。見のがす。「不正を―」❷見ながら、気がつかないですぎてしまう。見落とす。「道標を―・して道をまちがえる」

**みずごり【水ごり】**『水△垢離』(名) 神や仏に祈《いの》るとき、水を浴びて身を清めること。「―をとる」

**みずさいばい【水栽培】**(名) 土を使わないで、必要な養分をとかした水で植物を栽培すること。水中培養。水耕《すいこう》。

**みずさかずき【水杯】**(名) 二度と会えないかもしれない別れのときに、酒の代わりに水を杯についで飲みかわすこと。「―をかわす」

**みずさきあんない【水先案内】**(名) 港などで、船の通る道を案内すること。また、その人。パイロット。

**みずさし【水差し】**(名) 他の器に水をそそぐために、水をくんで入れておく容器。

**みずしごと【水仕事】**(名) 洗濯《せんたく》や台所仕事など、水を使ってする仕事。

**みずしぶき【水しぶき】**『水×飛沫』(名) はげしい勢いで空中に飛び散る細かい水の玉。しぶき。「―を浴びる」

**みずしょうばい【水商売】**(名) 経営が客の人気によって左右される商売。料理屋・バーなど。参考水のように収入が流動的で不安定なことからいう。

**みずしらず【見ず知らず】**(名) 会ったことがなく、まるっきり知らないこと。また、その人。「―の人」

**みずすまし**『水澄まし』(名)〔動〕ミズスマシ科の昆虫《こんちゅう》。小形の黒い甲虫《こうちゅう》で、水面を泳ぎ回る。

**みずぜめ【水攻め】**(名) 城などを攻めるとき、給水路をたちきったり、城を水びたしにしたりすること。

**みずた【水田】**(名) 稲《いね》を作るために水をたたえた田。すいでん。

**ミスター**〔英 Mister, Mr.〕(名) ❶男性の名前の上につけることば。様。氏。君。❷(ある社会・団体などの名につけて)それを代表する男性の意を表す。

**みずたま【水玉】**(名) ❶水のしずくが玉のようになったもの。水しぶきや、木の葉などにたまる丸い水滴《すいてき》など。❷(「水玉模様」の略)小さな玉をちらした模様。

**みずたまり【水たまり】**『水△溜まり』(名) 雨のあとなどにできる、地面のくぼみに水のたまったもの。

**みずっぱな【水っぱな】**『水っ△洟』(名) 水のようにうすい鼻水。水ばな。

**みずっぽ・い【水っぽい】**(形) {カロ・カッ(ク)・イ・イ・ケレ・○} 水分が多くて味がうすい。「―酒」

**みずでっぽう【水鉄砲】**(名) 細長い筒《つつ》の先の穴から水をおし出して飛ばすおもちゃ。

**ミステリアス**〔英 mysterious〕(形動ダ) {ダロ・ダッ(デ・ニ)・ダ・ナ・ナラ・○} 神秘的なようす。ふしぎなようす。なぞめいている。「―な微笑《びしょう》」「―な雰囲気《ふんいき》」

**ミステリー**〔英 mystery〕(名) ❶神秘。ふしぎなこと。❷推理小説。「―作家」

**みす・てる【見捨てる】**(他下一) {テ・テ・テル・テル・テレ・テロ(テヨ)} 困ったり苦しんだりしている人などを捨ててかえりみない。見かぎる。見はなす。「けが人を―・てて逃《に》げる」「親兄弟に―・てられる」

**みずどけい【水◦時計】**(名) むかしの時計の一つ。水がもれ出る量によって、時刻をはかった。

**みずどり【水鳥】**(名) 水辺に生息する鳥の総称《そうしょう》。がん・かも・はくちょうなど。みずとり。

**みずのあわ【水の泡】**(名) ❶水面にうかぶあわ。また、それがすぐ消えることから、はかない物事のたとえ。❷今までの苦労や努力がむだになることのたとえ。「長年の苦労が―になる」

**みずのえ**『△壬』(名) 水の兄《え》の意。十干の第九。

**みずのと**『△癸』(名) 水の弟《と》の意。十干の第一〇。

**みずのみ【水飲み】**『水△呑み』(名) ❶水を飲むためのうつわ。❷水を飲む場所。みずのみば。

**みずのみびゃくしょう【水飲み百姓】**『水△呑み百姓』(名) むかし、自分の田畑を持たずに小作に従事した貧しい農民。また、貧しい農民を見くだしていったことば。

**みずはけ【水はけ】**『水△捌け』(名) 水が、流れたりしみこんだりしてひいていくぐあい。「―が悪い」

**みずばしょう**『水△芭△蕉』(名) 〔植〕サトイモ科の多年草。中部以北の湿原《しつげん》に自生し、初夏、大形の白い苞《ほう》をもったうす緑色の花が咲《さ》く。その後のびる葉は一《メートル》にもなり、ばしょうの葉に似る。

**みずばしら【水柱】**(名) 水が勢いよく高く上がって、柱のように見えるもの。「―が立つ」

**みずばな【水ばな】**『水△洟』(名) 水のようにうすい鼻水。みずっぱな。「―をたらす」

**みずばら【水腹】**(名) ❶水を飲みすぎたときの腹ぐあい。みずっぱら。❷水を飲んで空腹をしのぐこと。

**みずひき【水引】**(名) ❶こよりに水のりをひいてかわかしたもの。数本合わせておくり物の包み紙にかける。紅白・金銀をお祝いごとに、黒白をおくやみに使う。❷〔植〕タデ科の多年草。夏から秋、紅白のがくを持った花を、細長い穂《ほ》にまばらにつける。みずひきぐさ。

**みずびたし【水浸し】**(名) すっかり水につかること。びしょびしょにぬれること。「台風で家が―になる」

**みずぶくれ【水膨れ】**『水△脹れ』(名・自スル) ひふの下に水分がたまって、その一部がふくれること。また、そのふくれたもの。水疱《すいほう》。「やけどで―ができる」

**ミスプリント**〔英 misprint〕(名) 印刷で、文字などがまちがっているもの。誤植《ごしょく》。ミスプリ。

**みずべ【水辺】**(名) 海や川のすぐそば。水のほとり。

**みずほ**『△瑞穂』(名) みずみずしい稲の穂。「―の国(=日本の美称《びしょう》)」

**みずぼうそう【水ぼうそう】**『水△疱△瘡』(名) 〔医〕→すいとう(水痘)

**みすぼらし・い**(形) {カロ・カッ(ク)・イ・イ・ケレ・○} みなりやようすがそまつで、見苦しい。貧しそうに見える。「―姿」

**みずまくら【水枕】**(名) 熱が出たとき、中に水や氷を入れて頭を冷やすゴム製のまくら。

**みずまし【水増し】**(名・他スル) ❶水をまぜて量をふやすこと。❷実際よりも数量が多いように見せかけたり、定められた量にいくらか加えて全体の数量を多くしたりすること。「―請求《せいきゅう》」「合格者を―する」

**ミスマッチ**〔英 mismatch〕(名) 組み合わせとして合わないこと。調和していないこと。「雇用《こよう》の―」

**みずまわり【水回り】**(名) 台所・浴室・洗面所などの、家屋の中で水を使うところ。

**みすみす**『見す見す』(副) 見ていながら、また知っていながら、どうにもならないようす。「―損をする」「―取り逃《の》がす」

**みずみずし・い**『△瑞△瑞しい』(形) {カロ・カッ(ク)・イ・イ・ケレ・○} 新鮮《しんせん》でいきいきしている。つやつやして美しい。「―果物《くだもの》」「―感性」

**みずむし【水虫】**(名) 〔医〕足のうらや、指の間などに小さい水ぶくれができて、ひじょうにかゆくなるひふ病。

**みずもの【水物】**(名) ❶飲み物や、水分の多い食べ物。❷そのときの状況《じょうきょう》や運で変わりやすく、結果を予想しにくいもの。「勝負は―」「選挙は―」

**みずや【水屋】**(名) ❶神社や寺で、お参りに来た人が手や口を洗い清める所。❷茶室のすみにあって茶道具を洗う所。❸茶器・食器を入れておく戸棚《とだな》。

**みずようかん【水ようかん】**『水羊△羹』(名) 水分が多く、冷やして食べるようかん。

**み・する【魅する】**(他サ変) {シ(セ・サ)・シ・スル・スル・スレ・シロ(セヨ)} ふしぎな力で人の心をとらえる。「スピードに―・せられる」

**みずわり【水割り】**(名) ウイスキーなどを水でうすめること。また、そのもの。

**みせ【店】**(名) 品物を売るなどして商売をする所。商店。店舗《てんぽ》。「―を開く」「地方に―を出す」

**店を畳《たた》む** 商売をやめる。「経営不振《ふしん》で―」

**店を張《は》る** 店を出して商売する。

**みせいねん【未成年】**(名) まだ成年になっていないこと。また、その人。「―者」㊥成年

**みせかけ【見せかけ】**『見せ掛け』(名) うわべ。外見。「豪華《ごうか》さは―にすぎない」「―の幸福」

**みせか・ける【見せかける】**『見せ掛ける』(他下一) {ケ・ケ・ケル・ケル・ケレ・ケロ(ケヨ)} うわべだけをつくろってよく見せる。本

当のように思わせる。「一流品のように—」

**みせがね【見せ金】**（名）商売の取り引きなどで、相手の信用を得るために見せるおかね。

**みせがまえ【店構え】**（名）商店のつくりぐあい。商店の規模《きぼ》。「大きい—」

**みせさき【店先】**（名）店の前。類店頭《てんとう》

**みせじまい【店じまい】〘店仕舞い〙**（名・自他スル）❶その日の商売を終えて店をしめること。❷商売をやめて店を閉じること。《類閉店。対店開き》

**みせしめ【見せしめ】**（名）ほかの人へのいましめとするために、悪いことをした人をこらしめて見せること。「—に罰《ばっ》する」

**ミセス**〔英 Mrs.〕（名）結婚《けっこん》している女性の名前の上につけることば。転じて、結婚している女性。対ミス

**みせつ【未設】**（名）まだ設置されていないこと。「—の路線」対既設《きせつ》

**みせつ・ける【見せつける】〘見せ付ける〙**（他下一）{ケ・ケ・ケル・ケル・ケレ・ケロ(ケヨ)} わざと人の目につくようにする。得意そうに見せる。「仲のよさを—」「実力を—」

**みぜに【身銭】**（名）自分のおかね。

**身銭を切《き》る** （必ずしも払《はら》う必要のない費用を）自分のおかねで支払う。自腹を切る。

**みせば【見せ場】**（名）芝居《しばい》などで、役者が特に力を入れて演じる重要な場面。観客に見せるねうちのある場面。「—をつくる」「コンサートの—」

**みせばん【店番】**（名）店の番をすること。また、その人。「—をする」

**みせびらか・す【見せびらかす】**（他五）{サ(ソ)・シ・ス・ス・セ・セ} 自分の持っている物などをじまんそうに人に見せる。「身につけた宝石を—」

**みせびらき【店開き】**（名・自他スル）❶その日の商売を始めるために店を開けること。❷新しく店を出して、商売を始めること。《類開店。対店じまい》

**みせもの【見せ物】〘見世物〙**（名）❶入場料を取って、めずらしい物や曲芸などを見せる興行。「—小屋」❷大勢の人からおもしろ半分に見られること。「—になる」

**み・せる【見せる】**（他下一）{セ・セ・セル・セル・セレ・セロ(セヨ)} ❶人に見えるようにする。見るようにさせる。「免許《めんきょ》証を—」「姿を—」「病人を医者に—」❷態度や表情などで、外にわかるように表し出す。「誠意を—」「落ち着きを—」❸表面上そう見えるようにする。見せかける。「本物のように—」「自分をよく—」❹ある傾向《けいこう》やきざしを示す。「人気がかげりを—」❺身をもってわからせる。「目にもの—・せてやる」❻（「…てみせる」の形で）㋐人にわからせるように何かを行う。「試しにやって—」㋑話し手の強い意志を表す。きっと…する。「やりとげて—」「完成して—」

**みぜん【未然】**（名）まだそうならないこと。まだ、そのことが起こらないこと。「病気を—にふせぐ」

**みぜんけい【未然形】**（名）〘文法〙用言・助動詞の活用形の一種。助動詞「ない」「ぬ」「う」などをそえて打ち消し・意志・推量などの意味を表す。

**みそ〘味△噌〙**（名）❶調味料の一つ。大豆《だいず》をむしてくだき、こうじと塩をまぜて発酵《はっこう》させたもの。❷①に似たもの。「かにの—」❸得意に思っているところ。特に力を入れた点。「手前—」「そこが—だ」

**味噌も糞《くそ》も一緒《いっしょ》** よい悪いの区別をしないでいっしょにあつかうことのたとえ。「—にする」

**味噌を擂《す》る** へつらう。おせじを言う。ごまをする。

**味噌をつける** 失敗する。しくじる。「大事なところで—」

**みぞ【溝】**（名）❶地面を細長く掘《ほ》って水を通す所。下水。どぶ。❷細長いくぼみ。「レコードの—」❸人と人との気持ちのへだたり。「二人の間に—ができる」

**みぞう【未曽有】**（名・形動ダ）今までに一度もなかったこと。「古今—の出来事」

**みぞおち〘×鳩尾〙**（名）〘生〙胸骨（=胸の前中央の骨）の下のまんなかのくぼみ。急所の一つ。みずおち。

**みそか〘三◇十日・△晦日〙**（名）（月の三〇日目の意）月のいちばん終わりの日。類晦《つごもり》。対一日《ついたち》

**みそぎ〘△禊〙**（名）神に祈《いの》る前などに、きれいな水を浴びて身のけがれを清めること。「—を受ける」

**みそこな・う【見損なう】**（他五）{ワ(オ)・イ(ッ)・ウ・ウ・エ・エ} ❶見る機会をのがす。見ないままにしてしまう。「見たい番組を—」❷それほどでもない人をすばらしいと見あやまる。人に対する評価を誤る。「あいつを—・った」

**みそさざい〘×鷦鷯〙**（名）〘動〙ミソサザイ科の小鳥。日本で最も小さい鳥の一つ。こげ茶色で鳴き声が美しい。

**みそじ〘三◇十路〙**（名）数の三〇。また、三〇歳《さい》、三〇年。

**みそしる【みそ汁】〘味△噌汁〙**（名）だし汁に野菜・豆腐《とうふ》などを入れて煮《に》て、みそをとかした汁。おみおつけ。

**みそすり〘味△噌△擂り〙**（名）❶すり鉢《ばち》などでみそをすること。❷目上の人にへつらっておべっかを言うこと。また、その人。ごますり。

**みそすりぼうず【みそすり坊主】〘味△噌△擂り坊主〙**（名）❶寺で、炊事《すいじ》などの雑用にあたる僧《そう》。❷僧を悪くいうことば。

**みそっかす〘味△噌っ△滓〙**（名）❶みそをこしたかす。価値のないもののたとえ。❷子どもの遊びなどで、一人前にあつかってもらえない子ども。

**みそっぱ【みそっ歯】〘味△噌っ歯〙**（名）子どもの歯で、虫歯のために欠けて黒くなったもの。

**みそひともじ〘三◇十一文字〙**（名）和歌・短歌のこと。参考一首がかなで三一文字からなるのでいう。

**みそ・める【見初める】**（他下一）{メ・メ・メル・メル・メレ・メロ(メヨ)}（はじめて見る意から）相手をひと目見て恋心《こいごころ》をいだく。「パーティーで—・めた女性」

**みそら【身空】**（名）身の上。「若い—で苦労する」

**みぞれ〘△霙〙**（名）雪の一部が空中でとけて、雨まじりに降るもの。「—が雪になる」⇒あられ「学習」

**みだ〘◇弥△陀〙**（名）〘仏〙「阿弥陀《あみだ》①」の略。

**-みたい**（接尾）（他にたとえたり、例にあげたり、不確かな断定などの意で）「…のよう」「…らしい」の意を表す。「綿—な雲」「けんかをした—だ」

**みだし【見出し】**（名）❶新聞や雑誌などで、記事の内容がひと目でわかるように、文章の前に簡単に書いた

ことばや文。標題。タイトル。❷本などの目次や索引《さくいん》。❸辞書の項目《こうもく》として立てられたことば。見出し語。

**みだしなみ【身だしなみ】**『身△嗜み』(名)❶態度や身なりをきちんとすること。「―がいい」❷教養として身につけるもの。「紳士《しんし》としての―」

**みた・す【満たす】**『◇充たす』(他五){サ(ソ)・シ・ス・ス・セ・セ}❶いっぱいにする。「ふろに水を―」❷望みなどを満足させる。充足《じゅうそく》させる。「条件を―」「―・されない思い」

**みだ・す【乱す】**(他五){サ(ソ)・シ・ス・ス・セ・セ}整っているものや、定まっているものを乱れた状態にする。また、さわぎを起こす。「規律を―」「気持ちを―・される」

**みたて【見立て】**(名)見立てること。「医師の―」

**みた・てる【見立てる】**(他下一){テ・テ・テル・テル・テレ・テロ(テヨ)}❶いくつも見て、その中からよいものを決める。「着物を―」❷病気を診断《しんだん》する。「肝炎《かんえん》と―」❸あるものを仮にそれと見なす。なぞらえる。「雪を散る花に―」

**みたま**『◇御霊』(名)死んだ人のたましいの敬称《けいしょう》。

**みたまや**『◇御霊屋』(名)身分の高い人の霊《れい》を祭ってある所。おたまや。

**みため【見た目】**(名)他人が見たようす。見た感じ。外見。外観。姿。「―がよい」

**みだら【淫ら】**『△猥ら』(形動ダ){ダロ・ダッ(デ・ニ)・ダ・ナ・ナラ・○}男女のつきあいが乱れてつつしみがないようす。「―な関係」

**みだりに**『◇妄りに』(副)むやみやたらに。正しい理由もなく。秩序《ちつじょ》なく。「―はいるべからず」

**みだ・る**〔乱る〕古語 ■一■(自下二)❶入りまじる。ばらばらになる。「冬の木の葉の風に―・るるがごとし」〈方丈記《ほうじょうき》〉訳冬の木の葉が風に散って、ばらばらになるようだ。❷思い悩《なや》む。「草枕《くさまくら》旅にしをれば刈薦《かりこも》の―・れて妹《いも》に恋《こ》ひぬ日はなし」〈万葉集〉訳旅に出ているので思い悩んで、妻を恋しく思わない日はない。❸礼儀《れいぎ》がくずれる。だらしなくなる。「やむごとなきも、けふはみな―・れてかしこまりなし」〈枕草子《まくらのそうし》〉訳身分の高い方たちも、今日はみな礼儀がくずれ遠慮《えんりょ》がない。❹騒動《そうどう》が起こる。落ち着かなくなる。「かかる事の起こりにこそ、世も―・れ悪《あ》しかりけれ」〈源氏物語〉訳こんなことがもとになって、世の中も落ち着かなくなり悪くなった。■二■(他ラ四)❶乱れさせる。ばらばらにする。「天下を―・らむとする企《くわだ》てあり」〈平家物語〉訳世の中を混乱させようとする計画がある。❷思い悩ませる。「今更《いまさら》に心を―も、いといとほしげなり」〈源氏物語〉訳いまさら心を思い悩ませるのも、たいへん気の毒なようすである。

**みだれ【乱れ】**(名)整っていたものが乱れること。秩序《ちつじょ》が失われること。「衣服の―」「ことばの―」

**みだれがみ**〔みだれ髪〕〔作品名〕与謝野晶子《よさのあきこ》の歌集。一九〇一(明治三四)年刊。自由奔放《じゆうほんぽう》なうたいぶりで当時の歌壇《かだん》に強い影響《えいきょう》をあたえた。

**みだ・れる【乱れる】**(自下一){レ・レ・レル・レル・レレ・レロ(レヨ)}❶整っていた状態が失われる。ばらばらになる。「髪《かみ》が―」「部屋が―」❷平和でなくなりさわぎが起こる。「世の中が―」❸規則や秩序《ちつじょ》がくずれる。「列が―」「風紀が―」❹落ち着きを失い思い悩《なや》む。「心が―」

**みち【道】**『◇路・◇途・◇径』(名)❶人や車が通る所。道路。「―の右側」「―が混む」❷目的地までの経路。「―を聞く」「―に迷《まよ》う」❸距離《きょり》。みちのり。「三キロほどの―」「―が遠い」❹ある状態に至る過程。「いばらの―」「勝利への―」❺人として守らなくてはならない道すじ。道徳。「人の―にはずれた行い」❻方法。やり方。「救い出す―はないか」❼専門の分野。「学問の―」「その―の専門家」

**道が開《ひら》ける** 進路をさまたげるものがなくなる。見通しがつく。

**道をつける** 糸口をつくる。きっかけをつかむ。「製品化に―」

**みち【未知】**(名)まだわからないこと。まだ知られていないこと。「―の世界」対既知《きち》

**みちあんない【道案内】** ■一■(名)道の方向や距離《きょり》などを書いて立ててあるもの。みちしるべ。道標。■二■(名・自スル)進んでいく道を、先に立って教えること。また、その人。ガイド。「―をたのむ」

**みぢか【身近】**(名・形動ダ)❶自分のすぐそばにあること。「―な所に本を置く」❷関係の深いこと。「―な問題」

**みちが・える【見違える】**(他下一){エ・エ・エル・エル・エレ・エロ(エヨ)}(前とあまりに変わっていて)見まちがえる。「―ほどりっぱになる」

**みちかけ【満ち欠け】**(名)月がまるくなることと細くなること。「月の―」

**みちくさ【道草】** ■一■(名)道ばたの草。■二■(名・自スル)途中《とちゅう》でほかのことをして時間をとること。「―をして遅《おく》れる」

**道草を食《く》う** 途中《とちゅう》でよけいなことをしていて時間をついやす。「下校途中で―」

**みちしお【満ち潮】**(名)海水が満ちてきて海面が高くなること。上げ潮。満潮《まんちょう》。対引き潮

**みちじゅん【道順】**(名)目的地までの道の順序。道すじ。「―を教える」

**みちしるべ【道しるべ】**『道◇標』(名)❶道の方向や距離《きょり》などを書いて道ばたに立ててあるもの。道標《どうひょう》。❷案内となるもの。「学習の―」

**みちすう【未知数】**(名)❶〔数〕方程式の中で値《あたい》がわかっていない数。対既知数《きちすう》。❷どうであるかまだわかっていないもの。「実力は―だ」

**みちすがら【道すがら】**(副)道を行く途中《とちゅう》で。道を歩きながら。みちみち。「―話し合う」

**みちすじ【道筋】**(名)❶通って行く道。「街道《かいどう》の―」❷すじみち。物の道理。「論理の―」

**みちた・りる【満ち足りる】**(自上一){リ・リ・リル・リル・リレ・リロ(リヨ)}じゅうぶんに満足する。「―・りた気分になる」

**みちづれ【道連れ】**(名)いっしょに行く人。同行者。「旅は―、世は情け」「―になる」

**みちなり【道なり】**『道◇形』(名)道路に沿うこと。道のまま。「―に行くと駅に着く」

**みちのえき【道の駅】**(名)国道などの道路沿いにある休憩施設《きゅうけいしせつ》。特産品の販売《はんばい》なども行う。

**みちのく**〔陸奥〕〔地名〕❶磐城《いわき》・岩代《いわしろ》・陸前《りくぜん》・陸中・陸奥《むつ》の五か国を合わせた呼び名。およそ今の

福島・宮城・岩手・青森の四県にあたる。むつ。❷広く、東北地方のこと。

**みちのくの**…短歌
〔みちのくの　母《はは》のいのちを　一目《ひとめ》見《み》ん　一目《ひとめ》みんとぞ　ただにいそげる〕〈斎藤茂吉《さいとうもきち》〉訳みちのく（＝東北地方）の山形で病む母の命があるうちに、ひと目会いたいひと目会いたいと思いつつ、ひたすらふるさとに向《むか》かって急いだことだ。（母の死を迎えた連作のなかの一首）

**みちのべに**…和歌
〔道のべに　清水《しみず》流るる　柳《やなぎ》かげ　しばしとてこそ　立《た》ちどまりつれ〕〈新古今集《しんこきんしゅう》・西行《さいぎょう》〉訳私が旅をしてゆく道のほとりに、つめたい清水が流れ、柳の木陰《こかげ》がある。少しのあいだ休んでいこうと思って、そこに立ち止まったのだが、あまりのすずしさについ長居をしてしまったよ。

**みちのり**【道のり】〖道◇程〗（名）目的地までの道の長さ。行程。「長い―」

**みちばた**【道端】（名）道のわき。路傍《ろぼう》。

**みちひ**【満ち干】（名）海の潮が満ちたりひいたりすること。満潮《まんちょう》と干潮《かんちょう》。干満《かんまん》。「潮の―」

**みちびき**【導き】（名）みちびくこと。案内。指導。

**みちび・く**【導く】（他五）〔カ(コ)・キ(イ)・ク・ク・ケ・ケ〕❶案内をする。「応接室へ―」❷指導する。目的のところへつれて行く。「生徒を―」❸ある状態になるようにもっていく。「成功に―」❹答えや結論などを筋道だてて引き出す。「結論を―」

**みちぶしん**【道普請】（名）道路工事。

**みちみち**【道道】（副）道を行く途中《とちゅう》で。道を歩きながら。道すがら。「―話をする」

**みちゃく**【未着】（名）まだ着かないこと。まだ届かないこと。「―の郵便物《ゆうびんぶつ》」

**みちゆき**【道行き】（名）❶謡曲《ようきょく》や浄瑠璃《じょうるり》などで、旅の道中の景色や旅情を述べた七五調の文章。道行き文。❷歌舞伎《かぶき》や浄瑠璃などで、かけおちや心中をするために、男女が連れ立って行く場面。❸女性の和装用のコート。

**み・ちる**【満ちる】（自上一）〔チ・チ・チル・チル・チレ・チロ(チヨ)〕❶いっぱいになる。「香《かお》りが―」「好意に―・ちたことば」❷満月になる。対欠ける。❸決まった期限になる。「任期が―」❹潮がさしてくる。「潮が―」対干《ひ》る

**みつ**【密】11画 宀8 小6 音ミツ
❶こっそり。ひそかにする。◆密航・密告・密談・密約・密輸・密漁 ◆機密・内密・秘密。❷こまかい。すきまがない。ゆきとどいた。◆密集・密接・密着・密度・密閉 ◆過密・厳密・細密・親密・緻密《ちみつ》・濃密《のうみつ》・綿密。対疎《そ》・粗《そ》 ⇩付録「漢字の筆順⒄必」

**みつ**【密】（名・形動ダ）❶すきまがなく、ぎっしりとつまっていること。「人口が―だ」❷つながりが強く、ゆきとどいていること。「連絡《れんらく》を―にする」

**みつ**【蜜】14画 虫8 音ミツ
❶みつ。はちみつ。◆蜜蜂《みつばち》・蜜豆《みつまめ》 ◆餡蜜《あんみつ》・水蜜桃《すいみつとう》・糖蜜。❷みつのようにあまいもの。◆蜜月《みつげつ》 ⇩付録「漢字の筆順⒄必」

**みつ**【蜜】（名）❶植物の分泌《ぶんぴつ》する、ねばりけのあるあまい液。また、はちみつ。「花の―を集める」❷砂糖《さとう》を煮《に》とかしてつくる液。

**みづうみの**《ミズウミノ》…短歌
〔みづうみの　氷《こほり》は解《と》けて　なほ寒《さむ》し　三日月《みかづき》の影《かげ》　波《なみ》にうつろふ〕〈島木赤彦《しまぎあかひこ》〉訳諏訪湖《すわこ》に張りつめていた氷がとけて春が来たとはいえ、まだ寒さはきびしい。三日月のひかりが、さむざむと波にただよい動いている。

**みつうん**【密雲】（名）厚く重なっている雲。

**みっかい**【密会】（名・自スル）ひそかに会うこと。特に、男女がこっそり会うこと。「―を重ねる」

**みっかてんか**【三日天下】（名）ごく短い期間、権力や地位を得ること。みっかでんか。「―に終わる」

**みっかにあげず**【三日にあげず】間をあけず、毎日のように。しょっちゅう。「―会う」

**みっかぼうず**【三日坊主】（名）物事にあきやすく、何をしても長続きしないこと。また、そのような人。

**みつか・る**【見つかる】〖見付かる〗（自五）〔ラ(ロ)・リ(ッ)・ル・ル・レ・レ〕❶人に見つけられる。人の目にとまる。「つまみぐいが―」「敵に―」❷さがしていたものやほしかったものを見つけることができる。「方法が―」「仕事が―」

**みつぎ**【密議】（名）秘密の相談。「―をこらす」

**みつぎもの**【貢ぎ物】（名）支配されている国や人民が支配者にさしあげるもの。

**みっきょう**【密教】（名）〘仏〙大日如来《だいにちにょらい》が説いた秘密の教え。仏教の奥深《おくぶか》い教えとされる。日本では真言《しんごん》宗系と天台《てんだい》宗系がある。

**みつ・ぐ**【貢ぐ】（他五）〔ガ(ゴ)・ギ(イ)・グ・グ・ゲ・ゲ〕❶君主など、権力のある者に租税《そぜい》・産物などを献上《けんじょう》する。❷ある人に気に入られようとして金や品物を贈《おく》る。

**ミックス**〔英 mix〕（名・他スル）二つ以上のものをまぜること。また、まぜたもの。「―サンド」

**みづくろい**【身繕い】（名・自スル）身なりをととのえること。身じたく。「―して出かける」

**みつくろ・う**【見繕う】（他五）〔ワ(オ)・イ(ッ)・ウ・ウ・エ・エ〕品物を適当に選びととのえる。「酒のつまみを―」

**みつげつ**【蜜月】（名）結婚《けっこん》したばかりのころ。ハネムーン。「―旅行」

**みつ・ける**【見つける】〖見付ける〗（他下一）〔ケ・ケ・ケル・ケル・ケレ・ケロ(ケヨ)〕❶さがしていたものやほしかったものを見いだす。発見する。「気に入った品を―」「生きがいを―」❷見なれている。「いつも―・けた情景」

**みつご**【三つ子】（名）❶一度の出産で生まれた三人の子。❷三歳《さい》の子。転じて、幼い子。

**三つ子の魂《たましい》百《ひゃく》まで**　幼いときの性質は年をとっても変わらない。類雀《すずめ》百まで踊《おど》り忘れず

**みっこう**【密行】（名・自スル）❶人目につかないようこっそり出歩くこと。❷こっそりと行くこと。

**みっこう**【密航】（名・自スル）❶正式な手続きをしないで、船や飛行機にもぐりこんで、外国に渡《わた》ること。「―者」❷規則を破って航海すること。「―船」

**みっこく**【密告】（名・他スル）警察や関係組織に、人の悪事や秘密をこっそり告げ知らせること。

**みっし【密使】**（名）秘密の使命を帯びてひそかに派遣《はけん》される使者。

**みっしつ【密室】**（名）❶閉めきってあり、外からはいることができない部屋《へや》。「―殺人事件」❷秘密の部屋。

**みっしゅう【密集】**（名・自スル）すきまなく集まること。「人家が―している」

**みっしゅっこく【密出国】**（名・自スル）正式の手続きをとらずに、不法に国外へ出ること。対密入国

**みっしょ【密書】**（名）秘密の文書・手紙。

**ミッション**〔英 mission〕（名）❶伝道。また、それを行う団体。❷「ミッションスクール」の略。❸任務。使命。

**ミッション-スクール**〔英 mission school〕（名）キリスト教の団体が布教のために設立し、キリスト教の精神を基本とした教育を行う学校。

**みっせい【密生】**（名・自スル）すきまもなく草木などがはえしげること。「雑草の―した土地」

**みっせつ【密接】**一（名・自スル）すきまなくぴったりと隣《とな》り合うこと。「―して立ち並ぶ住宅」二（名・形動ダ）関係がひじょうに深いこと。「―な関係」

**みっせん【密栓】**（名・自スル）かたく瓶《びん》の栓をしめること。また、その栓。

**みっそう【密葬】**（名・他スル）内輪《うちわ》だけで葬儀《そうぎ》を行うこと。また、その葬儀。対本葬

**みつぞう【密造】**（名・他スル）法律で禁じられているものを、こっそりと造ること。「―酒」

**みつぞろい【三つぞろい】**〖三つ揃い〗（名）三つでひとそろいになった洋服。特に、上着・チョッキ・ズボンがそろった背広《せびろ》。

**みつだん【密談】**（名・自スル）人目をさけてこっそり相談すること。また、その相談。「―を交わす」

**みっちゃく【密着】**（名・自スル）❶ぴったりとくっつくこと。また、ある人にずっとついていること。「からだを―させる」「―取材」❷写真を引きのばさないでフィルムと同じ大きさに焼きつけること。べた焼き。

**みっちり**（副）手ぬきをせず、じゅうぶんに行うようす。「―（と）勉強する」

**みっつ【三つ】**（名）❶一の三倍。さん。❷三個。❸三歳《さい》。

**みっつう【密通】**（名・自スル）❶ひそかに通じ合うこと。「敵に―する」❷男女がひそかに情を通じること。

**みってい【密偵】**（名）ひそかに相手の秘密や内情を調べること。また、その人。スパイ。「―をはなつ」

**ミット**〔英 mitt〕（名）野球で、捕手《ほしゅ》と一塁手《いちるいしゅ》が使う親指だけが分かれている革《かわ》製の手ぶくろ。

**みつど【密度】**（名）❶ある決まった面積や体積の中にふくまれる、ある量の割合。「人口―が高い」❷物事の内容が充実《じゅうじつ》している度合い。「話の―がこい」❸〖物〗物質の単位容積当たりの質量。

**みつどもえ【三つどもえ】**〖三つ巴〗（名）❶ともえを三つ組み合わせた模様。❷三つのものがたがいに入り乱れて争うこと。「―の争い」

（みつどもえ①）

**みっともな・い**（形）〔カロ・カッ(ク)・イ・イ・ケレ・○〕人に見られるとはずかしいようす。ていさいが悪い。見苦しい。「―まねはするな」

**みつにゅうこく【密入国】**（名・自スル）正式な手続きをとらず、不法にその国へはいること。対密出国

**みつば【三つ葉】**（名）❶三枚の葉。❷〖植〗セリ科の多年草。葉が三つに分かれ、かおりが強く、吸《す》い物などに入れて食べる。みつばぜり。

**みつばい【密売】**（名・他スル）法律で取り引きを禁じられている品物をこっそり売ること。「麻薬《まやく》の―」

**みつばち【蜜蜂】**（名）〖動〗ミツバチ科の昆虫《こんちゅう》。体長約一センチメートル。一家族は一匹《いっぴき》の女王ばちと数百の雄《おす》ばち、数万の働きばちからなる。花粉とみつを集めて巣にためる性質があり、はちみつをとるために飼われる。

**みっぷう【密封】**（名・他スル）ぴったりと封をして閉じること。「缶《かん》を―する」

**みっぺい【密閉】**（名・他スル）すきまなく閉じること。「―容器」

**みつぼうえき【密貿易】**（名）法律を破って行う貿易。

**みつまた**〖三椏〗（名）〖植〗ジンチョウゲ科の落葉低木。暖地に栽培《さいばい》され、春、黄色の花が咲《さ》く。枝が三本ずつに分かれるところからこの名がある。内側の皮の繊維《せんい》で和紙を作る。

（みつまた）

**みつまめ【蜜豆】**（名）さいの目に切った寒天にゆでた赤えんどう豆や果物《くだもの》をまぜ、みつをかけた食べ物。

**みつ・める【見つめる】**〖見詰める〗（他下一）〔メ・メ・メル・メル・メレ・メロ(メヨ)〕目をそらさずにじっと見る。凝視《ぎょうし》する。「穴のあくほど―」「現実をするどく―・めた本」

**みつもり【見積もり】**（名・他スル）見積もること。また、その金額を書いたもの。「―を出す」注意「見積書」などは送りがなをつけない。

**みつも・る【見積もる】**（他五）〔ラ(ロ)・リ(ッ)・ル・ル・レ・レ〕目で見てだいたいの分量をおしはかる。また、前もって仕事の量や費用などのだいたいの計算をする。「建築費を―」

**みつやく【密約】**（名・他スル）こっそりと約束すること。秘密の契約《けいやく》。「―を交わす」

**みつゆ【密輸】**（名・他スル）「密輸入」「密輸出」の略。「―船」「―品」

**みつゆしゅつ【密輸出】**（名・他スル）法律を破ってこっそりと輸出すること。対密輸入

**みつゆにゅう【密輸入】**（名・他スル）法律を破ってこっそりと輸入すること。対密輸出

**みつゆび【三つ指】**（名）親指・人さし指・中指の三本の指。また、その指を床《ゆか》についてする、ていねいな礼。

**みづら**〖鬟・角髪〗《ミズラ》（名）古語 上代の成人した男子の髪形《かみがた》。髪をまんなかから左右に分けて、耳のそばで結んだもの。平安時代には、少年の髪形となった。

（みづら）

**みつりょう【密猟】**（名・他スル）法律を破って、こっそりと鳥やけものなどを

とること。「—者《しゃ》」

**みつりょう【密漁】**（名・他スル）法律を破って、こっそりと魚や貝などをとること。「—船」

**みつりん【密林】**（名）すきまなく木のおいしげった林。特に、熱帯地方のものをいう。ジャングル。㊟疎林《そりん》

**みつろう**『蜜△蠟』（名）みつばちの巣を熱し、おしつぶすなどしてとるろう。ろうそく・ワックスなどの原料。

**みてい【未定】**（名）まだ決まっていないこと。「日取りは—だ」㊟既定《きてい》

**ミディアム**〔英 medium〕（名）❶中間。中ほど。「—サイズ」❷ステーキの焼き方の一つ。ウェルダン（=よく焼くこと）とレアの中間。

**みてくれ【見てくれ】**『見て◇呉れ』（名）ちょっと見たうわべの感じ。外観。みかけ。「—はよい」

**みてと・る【見て取る】**（他五）{ラ(ロ)・リ(ッ)・ル・ル・レ・レ}見てそれと知る。察知する。「相手の目的を—」

**みとう【未到】**（名）だれもまだ行きつかないこと。「前人—の記録」

**みとう【未踏】**（名）だれもまだ足をふみ入れていないこと。「人跡《じんせき》—の地」

**みどう**『◇御堂』（名）本尊をまつってあるお堂。

**みとおし【見通し】**（名）❶遠くまでよく見えること。「—がきく」❷隠《かく》していることや人の気持ちなどを見ぬくこと。「すべてお—だ」❸将来の予測。「これからの—をつける」

**みとお・す【見通す】**（他五）{サ(ソ)・シ・ス・ス・セ・セ}❶終わりまで見続ける。「昼夜興行を—」❷遠くまでひと目で見る。見わたす。「地平線まで—」❸隠《かく》れていることや人の気持ちなどを見ぬく。「人の心を—」❹将来のことを予測する。「先を—」

**みとが・める【見とがめる】**『見△咎める』（他下一）{メ・メ・メル・メル・メレ・メロ(メヨ)}許されない行為《こうい》や怪《あや》しい行為を見たときに、問いただす。「不審《ふしん》な動きを—」

**みとく【味得】**（名・他スル）じゅうぶんに味わって、内容をよく理解すること。「芸の本質を—する」

**みどく【味読】**（名・他スル）本の内容をよく味わいながら読むこと。「名作を—する」

**みどころ【見所】**『見◇処』（名）❶見るねうちのあるところ。「そこがこの芝居《しばい》の—だ」❷将来有望な素質。「この子は—がある」

**ミトコンドリア**〔英 mitochondria〕（名）生物のほとんどすべての細胞質《さいぼうしつ》中に存在する、糸状またはつぶ状の細胞小器官。呼吸やエネルギー生成を行う。

**みとど・ける【見届ける】**（他下一）{ケ・ケ・ケル・ケル・ケレ・ケロ(ケヨ)}物事のなりゆきを最後までよく見る。「結果を—」

**みとめ【認め】**（名）「認め印」の略。

**みとめいん【認め印】**（名）ふだん使う略式のはんこ。みとめ。㊟実印

**みと・める【認める】**（他下一）{メ・メ・メル・メル・メレ・メロ(メヨ)}❶見てその存在を知る。目にとめる。「人かげを—」❷実際に見たり、考えたりしてそのとおりだと判断する。「正解と—」「その説も一理あると—」❸申し出や願いなどを適当なものとして受け入れる。許す。「入場を—」「表現の自由を—」❹物事をそのとおりだと受け入れる。「犯行を—」「自分の間違《まちが》いを—」❺能力や価値があると評価する。「才能を—」

**みども**〔身共〕（代）㊍自称《じしょう》の人称代名詞。われ。むかし、武士などが同輩《どうはい》や目下に使った。

**みどり【緑】**（名）❶青と黄の中間の色。草や木の葉のような色。緑色。グリーン。❷黒くつやのある色。「—の黒髪《くろかみ》」❸深い藍色《あいいろ》。「—の海」❹草木などの植物。「—豊かな公園」

**みどりご**『△嬰◇児』（名）二、三歳《さい》ぐらいまでの子ども。えいじ。

**みとりず【見取り図】**（名）土地・建物などの形や配置などをわかりやすくかいた略図。「—をかく」

**みどりのひ【みどりの日】**（名）国民の祝日の一つ。自然に親しみ、感謝する日。五月四日。

**みと・る【見取る】**（他五）{ラ(ロ)・リ(ッ)・ル・ル・レ・レ}❶見て知る。見てとる。「一目でようすを—」❷見て写し取る。

**みと・る**『◇看取る』（他五）{ラ(ロ)・リ(ッ)・ル・ル・レ・レ}病人の世話をする。また、死期を見守る。「母の最期《さいご》を—」

**みと・れる【見とれる】**『見△蕩れる・見△惚れる』（自下一）{レ・レ・レル・レル・レレ・レロ(レヨ)}うっとりとわれを忘れて見る。みほれる。「けしきに—」

**-みどろ**（接尾）（名詞の下について）それにまみれる意を表す。「汗《あせ》—」「血—」

**ミトン**〔英 mitten〕（名）親指だけが分かれて、他の四本の指が一つになった形の手袋《てぶくろ》。

**みな【皆】**㊀（副）残らず。すべて。みんな。「—食べてしまう」㊁（名）全部の人・もの。みんな。一同。

**みなお・す【見直す】**（他五）{サ(ソ)・シ・ス・ス・セ・セ}❶改めてしっかりと見る。ふたたび検討する。「答えを—」「計画を—」❷気がつかなかった価値を見いだし、評価を改める。「彼《かれ》を—・した」

**みなかみ**『◇水上』（名）川の上流。川上。

**みなぎ・る**『△漲る』（自五）{ラ(ロ)・リ(ッ)・ル・ル・レ・レ}❶水などがいっぱいに満ちあふれる。❷力や感情などが広がっていっぱいになる。「希望が—」「闘志《とうし》が—」

**みなげ【身投げ】**（名・自スル）川や海などに飛びこんで、または高い所から飛びおりて死ぬこと。投身。

**みなさま【皆様】**（名）大勢の人を敬っていう語。呼びかけのことばとしても用いる。「—よくいらっしゃいました」「—方」

**みなしご**『◇孤◇児』（名）親のない子ども。こじ。

**みな・す【見なす】**『見△做す』（他五）{サ(ソ)・シ・ス・ス・セ・セ}見てそれと決める。それとして扱《あつか》う。「大人と—」

**みなづき**『◇水無月』（名）陰暦《いんれき》六月の異名。

**みなと【港】**『△湊』（名）船が安全に出入りしたり停泊《ていはく》したりできるようにつくった所。「—にはいる」

**みなとまち【港町】**（名）港を中心に開けた町。

**みなぬか【三七日】**（名）人が死んで二十一日目。また、その法事。みなのか。さんしちにち。

**みなまたびょう**『◇水△俣病』（名）〔医〕公害病の一つ。一九五三（昭和二八）年ごろから、熊本県水俣市の工場から出た廃液《はいえき》が原因でおこった、有機水銀による中毒疾患《しっかん》。

**みなみ【南】**（名）方角の一つ。日の出るほうに向かって右の方角。「—の島の楽園」㊟北

**みなみアフリカ**〔南アフリカ〕〔地名〕アフリカ大陸の南のはしにある共和国。首都はプレトリア。▽アフリカは、Africa

**みなみアメリカ**〔南アメリカ〕〔地名〕六大州の一つ。アメリカ大陸の南部で、ブラジルなど一二の独立国がある。東側は大西洋、西側は太平洋にのぞみ、パナマで中央アメリカに続く。南米。▽アメリカは、America

**みなみかいきせん【南回帰線】**（名）〘地〙南緯《なんい》二三度二六分の緯線。対北回帰線。⇩かいきせん〈図〉

**みなみかぜ【南風】**（名）南のほうから吹《ふ》いてくるあたたかい風。対北風

**みなみじゅうじせい【南十字星】**（名）〘天〙南半球の夜空に見える星。ケンタウルス座の南にあって四つの星が十字の形にならんでいる。

**みなみスーダン**〔南スーダン〕〔地名〕アフリカ大陸中央部にある共和国。首都はジュバ。▽スーダンは、Sudan

**みなみはんきゅう【南半球】**（名）〘地〙地球の赤道より南の半分。北半球にくらべると陸が少なく、海が多い。対北半球

**みなも**〘◇水◇面〙（名）海・湖・川などの水の表面。すいめん。

**みなもと【源】**（名）❶川の水の流れ出るもと。水源。❷物事のおこるもと。起源。「諸悪の—」

**みなもとのさねとも**〔源実朝〕〔人名〕（一一九二～一二一九）鎌倉《かまくら》幕府の第三代将軍・歌人。頼朝《よりとも》の子。一二歳《さい》で将軍となり、右大臣に進んだが、兄頼家《よりいえ》の子公暁《くぎょう》に暗殺された。和歌にすぐれ、万葉調の名歌を多く残した。歌集に「金槐《きんかい》和歌集」がある。

**みならい【見習い】**（名）❶見習うこと。「行儀《ぎょうぎ》—」❷仕事などを身につけるため、実地にその仕事などをならうこと。また、その人。「—期間」

**みなら・う【見習う】**（他五）{ワ(オ)・イ(ッ)・ウ・ウ・エ・エ}見ておぼえる。見てまねをする。「先輩《せんぱい》を—」

**みなり【身なり】**〘身◇形〙（名）衣服を着たようす。よそおい。服装。「質素な—」

**みな・れる【見慣れる】**〘見△馴れる〙（自下一）{レ・レ・レル・レル・レレ・レロ(レヨ)}いつも見ていてよく知っている。見つけていてめずらしくない。「—・れた風景」

**ミニ**〔英 mini〕（名）❶小さいこと。小さいもの。「—カー」❷（「ミニスカート」の略）丈《たけ》の短いスカート。

**みにく・い【醜い】**（形）{カロ・カッ(ク)・イ・イ・ケレ・〇}❶姿や形が美しくなく、見ていやな感じがする。見苦しい。「—姿」❷行いなどがいやしく、見ていやな感じがする。「—争い」

**みにく・い【見にくい】**〘見◇悪い・見◇難い〙（形）{カロ・カッ(ク)・イ・イ・ケレ・〇}見るのがむずかしい。はっきり見えない。「—文字」対見やすい

**ミニチュア**〔英 miniature〕（名）❶細かい部分までていねいにかいた小さな絵。細密画。ミニアチュール。ミニアチュア。❷小型。小型模型。「—家具」

**ミニーディスク**〔Mini Disc〕（名）→エムディー

**ミニマム**〔英 minimum〕（名）❶最小限。最小。❷〘数〙最小値。極小。（対マキシマム）

**みぬ・く【見抜く】**（他五）{カ(コ)・キ(イ)・ク・ク・ケ・ケ}表面に表れていない本質や真相などをそれと推測して知る。「うそを—」

**みね【峰】**〘△峯・△嶺〙（名）❶山のいちばん高い所。いただき。❷刀の刃《は》の背の部分。

**みねうち【峰打ち】**（名）刀の、峰（＝刃《は》の反対側）で相手を打つこと。

**ミネラル**〔英 mineral〕（名）人間のからだにたいせつな鉱物質の栄養素。カルシウム・ナトリウム・鉄など。

**ミネラル-ウォーター**〔英 mineral water〕（名）ミネラルを多くふくんだ水。多く、天然の鉱泉水を用いて飲料水とする。

**みの**〘△蓑〙（名）かや・すげなどの茎《くき》や葉を編んで作った、むかしの雨具。

（蓑）

**みの**〔美濃〕〔地名〕むかしの国名の一つ。今の岐阜県の南部。濃州《のうしゅう》。

**みのう【未納】**（名）納めるべきおかねを、期限が過ぎているのにまだ納めていないこと。「会費が—だ」

**みのうえ【身の上】**（名）その人の置かれている現在の境遇《きょうぐう》。また、人の運命。「—ばなし」「—相談」

**みのかさ**〘△蓑△笠〙（名）みのとかさ。むかしの雨具。

**みのが・す【見逃す】**（他五）{サ(ソ)・シ・ス・ス・セ・セ}❶見る機会をのがす。見ないますごす。「その番組は—・した」❷見ていながら、気がつかずにいる。わかっていながら何もしないでいる。「チャンスを—」「絶好球を—」❸気がついていながらとがめないでおく。「今度だけは—・してやる」

**みのがみ**〘◇美◇濃紙〙（名）和紙の一種。半紙より大きくて厚く、紙の質は強い。むかし岐阜県（＝美濃）で多く作り出されたので、この名がある。

**みのけがよだつ【身の毛がよだつ】**からだの毛が立つほど恐《おそ》ろしく感じるようす。「恐怖《きょうふ》で—」

**みのしろきん【身の代金】**（名）人身売買の代金。人質などを無事に取り返すのに必要なおかね。

**みのたけ【身の丈】**（名）人の背の高さ。身長。

**みのほど【身の程】**（名）自分の身分や能力などの程度。分際《ぶんざい》。「—をわきまえる」

**身の程知《し》らず**　自分の身分や能力の程度などをわきまえないこと。また、その人。「—の行為《こうい》だ」

**みのまわり【身の回り】**（名）❶日常生活をするのに必要なさまざまなもの。「—品」❷毎日の生活のこまごました用事。「—の世話をする」

**みのむし**〘△蓑虫〙（名）〘動〙ミノガ科の蛾《が》の幼虫。からだのまわりに木の枝や葉で、みのとよばれる巣を作り、木の枝などにぶらさがってその中にすむ。

**みのり【実り】**〘△稔り〙（名）❶植物が実を結ぶこと。「—の秋」❷努力して成果があがること。「—多い一年」

**みの・る【実る】**〘△稔る〙（自五）{ラ(ロ)・リ(ッ)・ル・ル・レ・レ}❶実がなる。実を結ぶ。「りんごが—」「稲《いね》が—」❷努力や苦労がよい結果となって現れる。「研究が—」

**みばえ【見栄え・見映え】**（名）見た目がりっぱなこと。外見がいいこと。「この服は—がする」

**みはから・う【見計らう】**（他五）{ワ(オ)・イ(ッ)・ウ・ウ・エ・エ}❶見て適当な品物を選ぶ。見つくろう。❷適当な時だと見当をつける。「時間を—・って出かける」

**みはな・す【見放す・見離す】**（他五）{サ(ソ)・シ・ス・ス・セ・セ}だめだと判断して捨ててしまう。あきらめて相手にしない。見限る。「医者に―・される」

**みはらい【未払い】**（名）払うべきおかねを、まだ払っていないこと。みばらい。「電気代が―のままだ」

**みはらし【見晴らし】**（名）遠くまで見わたすこと。また、そのながめ。「展望台からの―はすばらしい」

**みはら・す【見晴らす】**（他五）{サ(ソ)・シ・ス・ス・セ・セ}遠くまで見わたす。「山頂から―」

**みはり【見張り】**（名）注意深く目をくばり、番をすること。また、その人。監視《かんし》。「―番」「―に立つ」

**みは・る【見張る】**（他五）{ラ(ロ)・リ(ツ)・ル・ル・レ・レ}❶目を大きく見開く。「驚《おどろ》いて目を―」「目を―ような進歩」❷注意深く目をくばり、番をする。「敵の動きを―」

**みびいき【身びいき】**〘身△贔△屓〙（名・他スル）自分に関係のある人を特別にひいきすること。

**みひつのこい【未必の故意】**〘法〙積極的に意図したわけではないが、犯罪となるような結果が生じるかもしれないと思いながら、あえてその行為《こうい》をする心理状態。

**みびょう【未病】**（名）まだはっきりとした病気の症状《しょうじょう》があらわれていないが、健康ともいえない状態。

**みひらき【見開き】**（名）本や雑誌などで、開いたときの左右二ページ。

**みぶり【身振り】**（名）からだを動かして意志や感情を表し、相手に伝えること。また、その動作。ジェスチャー。「―手ぶりで話をする」

**みぶるい【身震い】**（名・自スル）寒さや恐《おそ》ろしさなどでからだがふるえ動くこと。「恐怖《きょうふ》に―する」

**みぶん【身分】**（名）❶社会的な地位。「―の高い人」「―をあかす」「―を証明する」❷身の上や境遇《きょうぐう》。「気楽なご―」

**みぶんそうおう【身分相応】**（名・形動ダ）その人の身分にちょうど合っていること。「―な暮らし」

**みぼうじん【未亡人】**（名）夫に死なれてひとりでいる女性。後家。寡婦《かふ》。

**みほ・れる【見ほれる】**〘見△惚れる〙（自下一）{レ・レ・レル・レル・レレ・レロ(レヨ)}うっとりとみとれる。「美しい姿に―」

**みほん【見本】**（名）❶買う人に全体の品質・状態などがわかるように、見せる商品。サンプル。「―を取り寄せる」❷見習うべき例。手本。「―を示す」

**みまい【見舞い】**（名）病人や災害にあった人などをたずねて、なぐさめたり元気づけたりすること。また、そのための贈《おく》り物。「火事―」「お―を持っていく」

**みま・う【見舞う】**（他五）{ワ(オ)・イ(ツ)・ウ・ウ・エ・エ}❶無事かどうかをたずねる。「郷里《きょうり》の父母を―」❷災難にあった人や病気の人などを訪ねたり、手紙や品物を贈《おく》ったりしてなぐさめる。「病院に―」❸災難などがおそう。「火事に―・われる」❹相手に打撃《だげき》をあたえる。「げんこつを―」

**みまが・う【見まがう】**〘見◇紛う〙（他五）{ワ(オ)・イ(ツ)・ウ・ウ・エ・エ}見まちがえる。見てとりちがえる。みまごう。「雪と―うめの花」⇩まがう「参考」

**みまか・る【身まかる】**〘身◇罷る〙（自五）{ラ(ロ)・リ(ツ)・ル・ル・レ・レ}「死ぬ」のていねいな言い方。「眠《ねむ》るがごとく―」

**みまさか【美作】**〔地名〕むかしの国名の一つ。今の岡山県の北東部。作州《さくしゅう》。

**みまも・る【見守る】**（他五）{ラ(ロ)・リ(ツ)・ル・ル・レ・レ}❶まちがいがないよう気をつけて見ている。「温かく―」❷物事のなりゆきを注意してじっと見つめる。「交渉《こうしょう》を―」

**みまわ・す【見回す】**（他五）{サ(ソ)・シ・ス・ス・セ・セ}あたりをぐるっと見る。「周囲《しゅうい》を―」

**みまわり【見回り】**（名）見て回ること。巡視《じゅんし》。また、その人。「―当番」「校舎内の―」

**みまわ・る【見回る】**（他五）{ラ(ロ)・リ(ツ)・ル・ル・レ・レ}監視《かんし》などのために、あちこちを歩いて回る。「警備員が―」

**みまん【未満】**（名）ある一定の数量に達しないこと。「二〇歳《さい》―の男子」⇩いか(以下)「学習」

**みみ【耳】**（名）❶〘生〙脊椎《せきつい》動物の頭部に左右一対《つい》ある、音を聞き平衡《へいこう》感覚をつかさどる器官。哺乳類《ほにゅうるい》と鳥類では外耳《がいじ》・中耳・内耳からなる。また特に、頭の両側に突《つ》き出た貝殻状の部分(耳介《じかい》)をさしてもいう。「―をふさぐ」「―をひっぱる」❷聞くこと。聞く能力。聴力《ちょうりょく》。「―がいい」❸耳のように、物の左右に付いた取っ手。「なべの―」❹紙・織物などひらたいもののはし。「パンの―」

**耳が痛《いた》い** 他人の言うことが自分の弱点をついているので、聞いていてつらく感じる。「―忠告」

**耳が遠《とお》い** 聴《き》く力が弱くて耳がよく聞こえない。

**耳が早《はや》い** 情報やうわさを、すばやく聞き知っている。耳ざとい。「新聞記者はさすがに―」

**耳にする** それとなく聞く。「よくないうわさを―」

**耳にたこができる** 同じことを何度も聞かされて聞きあきることのたとえ。「―ほど聞かされる」

**耳につく** ❶聞いたことがいつまでも忘れられないで耳に残っている。「彼《かれ》のことばが耳について眠《ねむ》れない」❷耳ざわりでうるさく聞こえる。「小言が―」

**耳に挟《はさ》む** ちらりと聞く。聞くともなしに偶然《ぐうぜん》聞く。「悪いうわさを―」類小耳にはさむ

**耳を疑《うたが》う** 聞いたことが信じられなくて、驚《おどろ》きとまどう。「突然《とつぜん》の訃報《ふほう》に―」

**耳を貸《か》す** 人の話や意見を聞く。「人の話に耳を貸そうとしない」

**耳を傾《かたむ》ける** 注意して聞く。熱心に聞く。「人の話に―」「演奏《えんそう》に―」

**耳を澄《す》ます** 聞こうとして注意を集中する。注意して聞く。「虫の音に―」

**耳をそばだてる** よく聞きとろうと注意する。

**耳を揃《そろ》える** 金額や数量を不足なくとりそろえる。「三〇万円耳をそろえて返す」

**耳をつんざく** 耳をはげしい勢いで突《つ》き破るような、大きな物音が聞こえる。「―ような悲鳴」

**みみあか【耳あか】**〘耳△垢〙（名）耳の中にたまるあか。耳くそ。

**みみあたらし・い【耳新しい】**（形）{カロ・カッ(ク)・イ・イ・ケレ・○}聞いてめずらしく思う。はじめて聞くようす。「―話」

**みみうち【耳打ち】**（名・自他スル）相手の耳もとに口を寄せてささやくこと。「そっと―する」

**みみかき【耳かき】**〘耳△掻き〙（名）耳の穴をかいたり、耳あかをかき取ったりすること。また、そのための棒状の道具。

**みみがくもん【耳学問】**（名）人の話を聞きかじっ

ておぼえた知識。苦労しないで得た浅い知識。

**みみかざり【耳飾り】**（名）耳たぶにつける飾り。耳輪。イヤリング。

**みみざと・い【耳ざとい】**『耳△聡い』（形）{カロ・カッ(ク)・イ・イ・ケレ・○}❶聴覚《ちょうかく》がするどい。❷うわさや情報を聞きつけるのが早い。「母は近所のことには—」

**みみざわり【耳障り】**（名・形動ダ）聞いてうるさく、または不快に思うこと。「まわりの話し声が—だ」

**みみず**『×蚯蚓』（名）《動》環形《かんけい》動物の一種。からだは細長く淡紅《たんこう》色で、多くの節《ふし》がある。土の中にすみ腐植《ふしょく》土を食べる。

**みみずく**『×木菟』（名）《動》フクロウ科の鳥。頭部に耳のような羽毛をもつ。昼間は木の穴などにひそんでいて、夜に活動する。このはずく・おおこのはずくなど。

**みみずばれ【みみず腫れ】**『×蚯蚓‐腫れ』（名）ひふが、みみずの形のように長く赤くはれること。

**みみたぶ【耳たぶ】**『耳△朶』（名）耳の下のたれさがっているやわらかい肉。耳たぼ。「厚い—」

**みみっち・い**（形）{カロ・カッ(ク)・イ・イ・ケレ・○}《俗語》こまかいことにこだわってけちくさい。しみったれている。「やり方が—」

**みみどしま【耳年◇増】**（名）若いのに、聞きかじりの大人びた知識を持っていること。また、その人。

**みみなり【耳鳴り】**（名）耳の中で小さい音が続いて鳴っているように感じられる状態。「—がする」

**みみな・れる【耳慣れる】**『耳△馴れる』（自下一）{レ・レ・レル・レル・レレ・レロ(レヨ)}たびたび聞いて聞きなれる。「—・れないことば」

**みみへん【耳偏】**（名）漢字の部首の一つ。「職」「聴」などの左側にある「耳」の部分。

**みみもと【耳元】**『耳◇許』（名）耳のすぐそば。「—でどなる」

**みみより【耳寄り】**（名・形動ダ）聞くねうちがあるようす。聞いて興味をそそられること。「—な話」

**みみわ【耳輪】**『耳◇環』（名）耳につけてかざりにする輪。耳かざり。イヤリング。

**みむき【見向き】**（名）関心をもってそのほうを向いて見ること。「ほかの物には—もしない」

**みむ・く【見向く】**（自五）{カ(コ)・キ(イ)・ク・ク・ケ・ケ}そのほうを向いて見る。「—・こうともしない」

**みめ【見目】**（名）目に見えるようす。特に、顔かたち。容貌《ようぼう》。「—うるわしい」

**みめい【未明】**（名）夜がまだすっかり明けきらないとき。明け方。「—の火事」類払暁《ふつぎょう》

**みめかたち【見目形】**（名）顔と姿。容姿。「—が美しい」

**みめよ・い【見目よい】**『見目◇好い』（形）{カロ・カッ(ク)・イ・イ・ケレ・○}顔かたちが美しい。「—花嫁《はなよめ》」

**みもだえ【身もだえ】**『身△悶え』（名・自スル）苦しさや悲しみのあまり、からだをよじるように動かすこと。

**みもち【身持ち】**（名）❶おこない。品行。「—が悪い」❷女性がおなかに子をやどすこと。妊娠《にんしん》。

**みもと【身元】**『身◇許』（名）❶その人の生まれや育ち。素姓《すじょう》。「—不明」❷身の上に関すること。「—保証人」

**みもの【見物】**（名）見るねうちのあるもの。「つぎの試合は—だ」注意「けんぶつ」と読むと別の意味になる。

**みもん【未聞】**（名）これまでまだ聞いたことのないこと。「前代《ぜんだい》—」

**みや【宮】**（名）❶天皇や皇族のすまい。❷天皇の子どもやきょうだい。❸神社。「お—まいり」類社《やしろ》

**みゃく【脈】** 10画 月6 小5 音ミャク

丿 月 月' 肵 脈 脈

❶血管。血のながれ。◆脈動・脈拍《みゃくはく》◆気脈・血脈《けつみゃく》・静脈《じょうみゃく》・動脈。❷すじになって長く続いているもの。すじみち。◆脈脈・脈絡《みゃくらく》◆金脈・鉱脈・山脈・支脈・人脈・水脈・文脈・葉脈

**みゃく【脈】**（名）❶脈拍《みゃくはく》。「—をとる（=脈拍を調べる）」「—が乱れる」❷さきの見こみ。「—がない」

**脈がある** ❶脈拍《みゃくはく》が絶えないでいる。生きている。❷見こみがある。さきに望みが残されている。「あの話しぶりでは、まだ脈がありそうだ」

**みゃくう・つ【脈打つ】**（自五）{タ(ト)・チ(ッ)・ツ・ツ・テ・テ}❶心臓の鼓動《こどう》により動脈がどきどきと規則的な動きをくり返す。「血が—」❷内部でいきいきと流れている。「建学の精神が今も—・っている」

**みゃくどう【脈動】**（名・自スル）❶脈をうつように、たえずいきいきと動いていること。「—する世の中」❷《地質》地震《じしん》ではなくて、地面がたえずかすかにふるえ動く現象。「地殻《ちかく》の—」

**みゃくはく【脈拍】**『脈△搏』（名）心臓のはたらきによって血液が押《お》し出され、そのたびに動脈が波うつこと。みゃく。「—をはかる」

**みゃくみゃく【脈脈】**（{ト・タル}）物事のとだえることなく続いているようす。「伝統は—と続いている」

**みゃくらく【脈絡】**（名）❶血管。❷物事のつながり。論理的なすじみち。「—がない文章」

**みやげ【○土産】**（名）❶旅先などから持って帰って家族や知人に配る、その土地の産物。❷よその家を訪問するときに持って行く贈《おく》り物。手みやげ。

**みやげばなし【○土産‐話】**（名）旅先で見聞きしたり、経験したりしたことの話。

**みやこ【都】**（名）❶首都。その国の政府または皇居のある所。❷経済・文化の中心で、人口が多くにぎやかな土地。都会。「花の—」

**みやこおおじ【都大路】**（名）都の大通り。人の行き来のはげしい都の大道。

**みやこおち【都落ち】**（名・自スル）都を去って地方に移り住むこと。また、都を去って地方へのがれて行くこと。

**みやこどり【都鳥】**（名）《動》❶ミヤコドリ科の鳥。くちばしが長く、足は赤い。❷「ゆりかもめ」の別名。

**みやこをば…** 和歌

〔都をば　かすみとともに　たちしかど　秋風《あきかぜ》ぞふく　白河《しらかは》の関《せき》〕〈後拾遺集《ごしゅうい しゅう》・能因《のういん》〉訳京の都を春霞《はるがすみ》が立つのといっしょに出発したが、もう秋風が吹いていることだ。この白河の関に来てみると。

**みやざわけんじ**〔宮沢賢治〕【人名】（一八九六～一九三三）大正・昭和時代の詩人・童話作家。岩手県の人。農学校で農業指導をしながら、詩や童話を多く作った。

詩「雨ニモマケズ」、童話「風の又三郎《またさぶろう》」など。

**みやす・い**【見やすい】『見◇易い』(形) {カロ・カツ(ク)・イ・イ・ケレ・○} ❶見るのにぐあいがいい。見よい。「―席」対見にくい。❷わかりやすい。「―道理」

**みやづかえ**【宮仕え】(名・自スル) ❶宮中や貴人に仕えること。❷《俗語》役所や会社に勤めること。「すまじきものは―(=人に仕えたり勤めたりするのはつらいから、しないほうがよい)」

**みやび**『◇雅』(名・形動ダ) 優雅《ゆうが》で気品があり、洗練されていること。「―なふるまい」

**みやびやか**『◇雅やか』(形動ダ) {ダロ・ダッ(デ・ニ)・ダ・ナ・ナラ・○} 上品で風流なようす。優雅《ゆうが》なようす。「―なよそおい」

**みやぶ・る**【見破る】(他五) {ラ(ロ)・リ(ッ)・ル・ル・レ・レ} かくされている秘密や策略を見抜《みぬ》く。「トリックを―」

**みやま**『◇深山』(名) 奥深《おくぶか》い山。奥山。

**みやまいり**【宮参り】(名・自スル) ❶子どもが生まれてはじめて氏神《うじがみ》におまいりすること。❷七五三の祝いに氏神におまいりすること。

**みや・る**【見やる】『見◇遣る』(他五) {ラ(ロ)・リ(ッ)・ル・ル・レ・レ} ❶遠くのほうを見る。「はるかかなたを―」❷目をそちらへ向ける。そのほうを見る。「ふとかたわらを―」

**ミャンマー**〔Myanmar〕【地名】インドシナ半島北西部にある連邦《れんぽう》共和国。旧称《きゅうしょう》ビルマ。首都はネーピードー。

**ミュージアム**〔英 museum〕(名) 美術館。また、博物館。

**ミュージカル**〔英 musical〕(名) 歌と音楽・舞踊《ぶよう》を中心とした劇。「―映画」

**ミュージシャン**〔英 musician〕(名) 音楽家。特にジャズ、ポップス、ロックなどの演奏家をさすことが多い。

**ミュージック**〔英 music〕(名) 音楽。「ラテン―」

**ミュート**〔英 mute〕(名) ❶楽器の音量を小さくして、音色を変える装置。弱音器。❷テレビやステレオの音を消す機能。

**みよ**『◇御代・◇御世』(名) 天皇の治世《ちせい》。「明治の―」

**みよ・い**【見よい】『見◇好い』(形) {カロ・カツ(ク)・イ・イ・ケレ・○} ❶見た感じがよい。「肉親の争いは―ものでない」❷見やすい。「―場所」

**みよう**【見様】(名) 見る方法。見方。「―によってはよくも悪くも見える」

**見様見真似《みまね》** 人のすることをいつも見ているうちに、しぜんとまねてそのことをおぼえること。「―でおぼえる」

**みよう**【名】→めい(名)

**みょう**【妙】 7画 女4 音ミョウ

❶いいようもなくすぐれている。◆妙案・妙技・妙味・妙薬 ◆軽妙・巧妙《こうみょう》・絶妙。❷若い。◆妙齢《みょうれい》。❸りくつに合わない。変な。◆奇妙《きみょう》・珍妙《ちんみょう》

**みょう**【妙】[一](名) ひじょうにすぐれていること。「造化の―」「言いえて―(=うまく言い表している)」[二](形動ダ) {ダロ・ダッ(デ・ニ)・ダ・ナ・ナラ・○} ふしぎで、変なようす。「―な話」

**みょう**【命】→めい(命)

**みょう**【明】→めい(明)

**みょう-**【明】(接頭) 今年・今月・きょうなどに対して「次の」の意を表す。「―日」「―晩」

**みょう**【冥】→めい(冥)

**みょうあん**【妙案】(名) すばらしい思いつき。うまい考え。「―が浮《う》かぶ」

**みょうが**『△茗荷』(名)《植》ショウガ科の多年草。自生するが栽培《さいばい》もされる。夏から秋に、地下茎《ちかけい》から出る花の芽には独特な香《かお》りがあり、食用にする。

**みょうが**【冥加】[一](名) 知らないうちに受けている神仏の助け。類冥利《みょうり》。[二](形動ダ) {ダロ・ダッ(デ・ニ)・ダ・ナ・ナラ・○} ひじょうに幸運なようす。「命―な男」

**冥加に尽《つ》きる** 身に過ぎた幸せでありがたい。冥加に余る。「心のこもったおもてなしで―」

**みょうぎ**【妙技】(名) ひじょうにうまいわざ。巧妙《こうみょう》な技術。「―に見とれる」「―を披露《ひろう》する」

**みょうけい**【妙計】(名) ひじょうにすぐれたはかりごと。「―を案ずる」

**みょうごう**【名号】(名)《仏》阿弥陀仏《あみだぶつ》の名。また、「南無《なむ》阿弥陀仏」のこと。「―を唱える」

**みょうごにち**【明後日】(名) あさって。

**みょうごねん**【明後年】(名) 来年のつぎの年。さらいねん。

**みょうじ**【名字】『◇苗字』(名) その家の名。姓《せい》。

**みょうじたいとう**【名字帯刀】『◇苗字帯刀』(名)《歴》江戸《えど》時代、名字を名のり、刀を腰《こし》に帯びること。特に、武士でない一部の農民や町人がそれを許されたこと。

**みょうしゅ**【妙手】(名) ❶すぐれたうでまえ。また、それを持つ人。名手。❷碁《ご》・将棋《しょうぎ》などで、すぐれてよい手。「―と悪手《あくしゅ》」「―を打つ」

**みょうしゅん**【明春】(名) ❶来年の春。❷来年の正月。

**みょうしょ**【妙所】(名) ひじょうにすぐれたところ。ひじょうにあじわいの深い点。

**みょうじょう**【明星】(名) ❶明け方と夕方に見える金星。⇩明けの明星・宵《よい》の明星。❷その社会でもてはやされる人。スター。「歌謡《かよう》界の―」

**みょうせき**【名跡】(名) 代々受け継《つ》いできた家名や称号《しょうごう》。「―を継ぐ」

**みょうだい**【名代】(名) 目上の人の代わりをつとめること。また、その人。「父の―として行く」注意「なだい」と読むと別の意味になる。

**みょうちきりん**【妙ちきりん】(形動ダ) {ダロ・ダッ(デ・ニ)・ダ・ナ・ナラ・○} 《俗語》奇妙《きみょう》で一風かわったようす。「―な姿」

**みょうちょう**【明朝】(名) あすのあさ。あくる朝。

**みょうに**【妙に】(副) ふしぎに。奇妙《きみょう》に。変に。「―親切な態度」「―はしゃいでいる」

**みょうにち**【明日】(名) あす。あした。

**みょうねん**【明年】(名) ことしのつぎの年。来年。

**みょうばん**【明晩】(名) あすの晩。あしたの晩。

**みょうばん**『明△礬』(名)《化》無色透明《とうめい》で正八面体の結晶《けっしょう》。ふつう硫酸《りゅうさん》カリウムと硫酸アルミニウムの化合物。染色・製紙など用途《ようと》が広い。

**みょうみ**【妙味】(名) すぐれた味わいやおもむき。おもしろみ。「人生の―を味わう」

**みょうもく**【名目】(名) →めいもく(名目)

**みょうやく【妙薬】**（名）ふしぎによくきく薬。

**みょうり【名利】**（名）↓めいり

**みょうり【冥利】**（名）❶知らないうちに神や仏があたえてくれる恩恵《おんけい》。ご利益《りやく》。類冥加《みょうが》。❷〔仏〕よい行いのむくいとしての幸福。❸ある境遇《きょうぐう》にいるために受ける幸福・恩恵。

**冥利に尽っきる** ある立場・境遇《きょうぐう》にいるために受ける恩恵《おんけい》が、もったいないほどありがたい。「男—」

**みょうれい【妙齢】**（名）女性の若く美しい年ごろ。「—の婦人」

**みよし**〔×船首〕（名）船の先。へさき。

**みよしたつじ**〔三好達治〕【人名】（一九〇〇〜一九六四）昭和時代の詩人・随筆《ずいひつ》家。堀辰雄《ほりたつお》らと「四季」を創刊し、自然な感情をすなおにうたう新鮮《しんせん》な叙情《じょじょう》詩をつくりあげた。詩集「測量船」「南窗《なんそう》集」など。

**みよしのの…**和歌

〔み吉野の **象山《きさやま》の際《ま》の 木末《こぬれ》には ここだもさわく 鳥《とり》の声《こゑ》かも**〕〈万葉集《まんようしゅう》・山部赤人《やまべのあかひと》〉訳美しい吉野の象山の山あいの木々のこずえには、なんとまあ、たくさんの鳥がしきりに鳴きさわいでいることだろう。

**みより【身寄り】**（名）親・きょうだいや親類。「—がない」「—をたよる」類身内《みうち》

**ミラー**〔英 mirror〕（名）鏡。「バック—」

**みらい【未来】**（名）❶これから先の時。「ばら色の—」類将来。対過去。❷〔仏〕死後の世。来世《らいせ》。❸〔文法〕時制の一つ。これから起こる動作・状態を表す言い方。⇩しょうらい(将来)「学習」

**ミラクル**〔英 miracle〕（名）奇跡《きせき》。

**ミリ**〔フランス milli〕（名）❶メートル法で、各単位の前につけて、その一〇〇〇分の一の意を表す。記号 m ❷「ミリメートル」「ミリグラム」などの略。

**ミリオン**〔英 million〕（名）一〇〇万。「—セラー（＝一〇〇万以上売れた本やCD）」

**ミリグラム**〔フランス milligramme〕（名）メートル法で、重さを表す単位。一ミリグラムは、一〇〇〇分の一グラム。記号 mg

**ミリバール**〔フランス millibar〕（名）〔天〕大気の圧力を表す単位。一ミリバールは一ヘクトパスカル。記号 mb 参考現在はヘクトパスカルを用いる。

**ミリメートル**〔フランス millimètre〕（名）メートル法で、長さを表す単位。一ミリメートルは、一〇〇〇分の一メートル。記号 mm

**みりょう【未了】**（名）まだ終わっていないこと。「審議《しんぎ》—」

**みりょう【魅了】**（名・他スル）人の心を強くひきつけ、むちゅうにさせること。「観客を—する」類魅惑《みわく》

**みりょく【魅力】**（名）人の心をひきつける力。「—が感じられない」…的「魅力的な商品」

**ミリリットル**〔フランス millilitre〕（名）メートル法で、容積を表す単位。一ミリリットルは一〇〇〇分の一リットル。記号 ml

**みりん**〔味△醂〕（名）しょうちゅう・こうじ・むしたもち米などから作った酒。甘《あま》く、多く調味料に用いる。

**みる【見る】**（他上一）{ミ・ミ・ミル・ミル・ミレ・ミロ(ミヨ)}❶目でものの存在やようすを感じとる。見物・観賞する。「景色を—」「テレビを—」❷調べたり観察したりする。また、それをもとに判断・評価する。「相手の反応を—」「味を—」「人を—目がある」「手相を—」「大目に—」❸文字などを読みとる。目を通す。「新聞を—」「地図を—」❹経験する。身に受ける。「痛い目を—」「ばかを—」❺世話をする。「めんどうを—」「子どもの勉強を—」❻(「…てみる」の形で)ためしに…する。「食べて—」❼(「…てみると」「…てみれば」「…てみたら」などの形で)…したところ。「やって—と簡単だった」

**見る限《かぎ》り** 見たところ。見わたすかぎり。

**見る影《かげ》もない** すっかりおちぶれてみすぼらしくなり、以前のりっぱだった面影《おもかげ》がどこにもない。「—姿」

**見るからに** ちょっと見ただけで。「—強そうな男」

**見るともなく** 見ようと思うわけでもないのに。「—見てしまう」

**見るに忍《しの》びない** 気の毒で見ていられない。

**見るに見《み》かねて** 何もせずに、だまって見ていることができないで。「—手伝う」

**見る間《ま》に** ちょっと見ているうちに。「—通りすぎた」

表現 見入る・見つめる・眺《なが》める・うかがう・のぞく・にらむ・凝視《ぎょうし》する・注視する・一瞥《いちべつ》する ◆じっと・じろじろ・しげしげ・まじまじ・ちらっと・ちらちら・きょろきょろ ◆目を凝《こ》らして・目をそばめて・目を皿のようにして・穴のあくほど・ためつすがめつ

| 尊敬語 | 謙譲《けんじょう》語 | 丁寧《ていねい》語 |
| --- | --- | --- |
| ご覧になる<br>見られる<br>目になさる<br>目にされる | 拝見する | 見ます<br>目に(いた)します |

**みる【診る】**（他上一）{ミ・ミ・ミル・ミル・ミレ・ミロ(ミヨ)}診察《しんさつ》する。「患者《かんじゃ》を—」

**ミルク**〔英 milk〕（名）❶牛乳。「—ティー」❷「コンデンスミルク」の略。

**みるみる**〔見る見る〕（副）ちょっと見ているうちに。見るまに。「—遠ざかっていく」

**ミレニアム**〔英 millennium〕（名）一〇〇〇年をひと区切りとして数える時代区分。千年紀。

**みれん【未練】**（名・形動ダ）あきらめきれないこと。心残り。「—が残る」「—を残す」

**みれんがまし・い【未練がましい】**（形）{カロ・カツ(ク)・イ・イ・ケレ・○}心をひかれ、いかにもあきらめきれないようす。思いきりの悪いようす。「—態度」

**みろくぼさつ**〔◇弥△勒△菩△薩〕（名）〔仏〕釈迦《しゃか》の死後五六億七〇〇〇万年ののちに、天からこの世にくだってきて、人びとを救うというぼさつ。みろく。

**みわく【魅惑】**（名・他スル）ふしぎな力で人をひきつけ心をまどわすこと。…的「魅惑的な声」類魅了《みりょう》

**みわけ【見分け】**（名）見て区別すること。識別。「よい悪いの—がつかない」

**みわ・ける【見分ける】**（他下一）{ケ・ケ・ケル・ケル・ケレ・ケロ(ケヨ)}見て区別する。識別する。「本物とにせ物とを—」

**みわす・れる【見忘れる】**（他下一）〔レ・レ・レル・レル・レレ・レロ(レヨ)〕前に見て知っていたものを忘れる。「旧友の顔を—」

**みわた・す【見渡す】**（他五）〔サ(ソ)・シ・ス・ス・セ・セ〕遠くのほうまで広く見る。「全体を—」「—限りの銀世界」

**みわたせば**…和歌

〔見わたせば 花《はな》も紅葉《もみぢ》も なかりけり 浦《うら》の苫屋《とまや》の 秋《あき》の夕暮《ゆふぐ》れ〕〈新古今集《しんこきんしゅう》・藤原定家《ふじわらのていか》〉訳見わたすと、美しい色の花ももみじもないことだ。苫で屋根をふいた漁師の粗末《そまつ》な小屋があるだけのわびしい海辺《うみべ》の秋の夕暮れである。（新古今集の「三夕《さんせき》の歌」の一つ）

**みわたせば**…和歌

〔見わたせば 山《やま》もと霞《かす》む 水無瀬川《みなせがは》 夕《ゆふ》べは秋《あき》と なにおもひけむ〕〈新古今集《しんこきんしゅう》・後鳥羽上皇《ごとばじょうこう》〉訳遠く見わたすと、山のふもとに春霞《はるがすみ》がかかり、そこを水無瀬川が流れている。夕暮れの景色は秋にかぎると、今までなぜ思っていたのだろう（春もすばらしいではないか）。

**みん【民】** 5画 氏1 小4 音ミン 訓たみ 中

❶たみ。国や社会を構成する人びと。一般《いっぱん》の人びと。◆民意・民家・民芸・民権・民事・民主・民衆・民心・民族・民法・民話 ◆公民・国民・庶民《しょみん》・人民・農民・万民。❷「民間」の略。◆民営・民有

**みん【眠】** 10画 目5 音ミン 訓ねむる・ねむい

ねむる。ねむり。◆安眠・永眠・快眠・仮眠・就眠・春眠・睡眠《すいみん》・惰眠《だみん》・冬眠・不眠

**みん【明】**（名）〔歴〕中国の王朝の名。一三六八年、元《げん》のあとにおこり、漢民族の王朝を再興して栄えたが、一六四四年、清《しん》に滅《ほろ》ぼされた。

**みんい【民意】**（名）一般《いっぱん》の人びとの気持ち。国民の意思。人心。「—を反映した政治」

**みんえい【民営】**（名）民間で経営すること。…化「国鉄の民営化」類私営。対官営・国営・公営

**みんか【民家】**（名）一般《いっぱん》の人が住んでいる家。人びとの家。「—の密集地」

**みんかん【民間】**（名）❶一般《いっぱん》の人びとの社会。「—に伝わる説話」❷おおやけの機関に属していないこと。「—放送」

**ミンク**〔英 mink〕（名）〔動〕イタチ科の哺乳《ほにゅう》動物。いたちに似るがやや大きく、毛皮は光沢《こうたく》があって美しい。

（ミンク）

**みんげい【民芸】**（名）民衆の生活の中に伝えられた、そぼくで郷土色豊かな工芸など。「—品」

**みんけん【民権】**（名）〔法〕人民が自分のからだや財産を守り、政治に参加する権利。「自由—運動」

**みんじ【民事】**（名）〔法〕民法・商法など私法上の法律関係におこることがら。人と人との争いによる事件。「—裁判」対刑事《けいじ》

**みんじそしょう【民事訴訟】**（名）〔法〕個人の身分や財産など、生活に関する私法上の争いを解決するための訴訟。「—法」対刑事《けいじ》訴訟

**みんしゅ【民主】**（名）国の政治のもととなる最も強い権力（=主権）が国民にあること。

**みんしゅう【民衆】**（名）世間一般《いっぱん》の、多くのふつうの人びと。「—の声を聞く」類大衆・庶民《しょみん》

**みんしゅか【民主化】**（名・他スル）❶民主主義の考えにのっとって国の政治を行うようにすること。❷多数の意見で物事を決めていくようにすること。「組織の—を図《はか》る」

**みんしゅく【民宿】**（名）観光地などの一般《いっぱん》民家が、副業的に安い料金で旅行者を泊《と》める宿。

**みんしゅこっか【民主国家】**（名）国のあらゆる統治権が国民にある国家。民主政治を行う国家。

**みんしゅしゅぎ【民主主義】**（名）自由と平等を尊重し、国民によって国民全体の利益のために政治を行う考え方。デモクラシー。「—の思想」

**みんしゅせいじ【民主政治】**（名）民主主義に基づく政治。

**みんしゅてき【民主的】**（形動ダ）〔ダロ・ダッ(デ・ニ)・ダ・ナ・ナラ・○〕多数の意見によって物事を決めるようす。民主主義にかなっているようす。「—な政治」

**みんじょう【民情】**（名）一般《いっぱん》の人びとの気持ちや、生活の実際のありさま。「—を視察する」

**みんしん【民心】**（名）一般《いっぱん》の人びとの気持ちや考え。「—が離《はな》れる」

**みんせい【民生】**（名）一般《いっぱん》の人びとの生活。

**みんせいいいん【民生委員】**（名）市区町村におかれ、生活に困っている人の相談にのったり、その世話をしたりする役目の人。児童委員をかねる。

**みんせん【民選】**（名・他スル）国民が投票で選ぶこと。「—議員」対官選

**みんぞく【民俗】**（名）民間に古くからうけつがれている風俗・習慣など。

**みんぞく【民族】**（名）同じ地域、同じ祖先からおこって、同じ言語・歴史・生活様式・文化をもつ人間の集団。「少数—」

**みんぞくがく【民俗学】**（名）古くから民間に伝わっている風俗・習慣・伝説・信仰《しんこう》などを調査し、民衆の生活を研究する学問。フォークロア。「—者」

**みんぞくがく【民族学】**（名）諸民族の文化・習慣・信仰《しんこう》・歴史などを研究する学問。エスノロジー。

**みんぞくしゅぎ【民族主義】**（名）民族としての立場を最高のものとして、その統一・独立・発展をめざす考え方。ナショナリズム。「—運動」

**みんぞくせい【民族性】**（名）その民族がもつ独特の性質。

**みんちょうたい**〖◇明朝体〗（名）中国の明時代にできた字をもとにした活字の書体の一つ。現在、最もふつうに使われる。明朝活字。明朝。参考この辞書で、語義を解説している書体は明朝体。

**ミント**〔英 mint〕（名）〔植〕シソ科ハッカ属の植物の総称《そうしょう》。清涼感《せいりょうかん》のある香料《こうりょう》として広く利用される。薄荷《はっか》。

**みんど【民度】**（名）人民の生活や文化の程度。「—が高い」

**みんな**〖◇皆〗（名・副）「みな」のくだけた言い方。「―で遊ぶ」「―ほしい」

**みんぱく**【民泊】（名）民家に宿泊《しゅくはく》すること。特に、個人の所有する一軒家《いっけんや》や部屋を宿泊施設《しせつ》として利用すること。

**みんぺい**【民兵】（名）一般《いっぱん》の住民などの民間人によって編制された軍隊。また、その兵。

**みんぽう**【民放】（名）（「民間放送」の略）民間の資本によって創設・運営されるテレビやラジオ等の放送。また、その事業。商業放送。

**みんぽう**【民法】（名）〔法〕財産についての権利・義務、親族、相続に関することがらを定めた法律。⇩けいほう（刑法）

**みんぽんしゅぎ**【民本主義】（名）デモクラシー（民主主義）の訳語。大正時代、吉野作造《よしのさくぞう》が提唱した民主主義の思想。

**みんゆう**【民有】（名）民間人が所有すること。「―林」「―地」対官有・国有

**みんよう**【民謡】（名）民衆の間からしぜんに生まれ、その土地特有の人びとの生活感情をうたった歌謡。

**みんわ**【民話】（名）土地の人びとに、語り伝えられてきた話。伝説やむかし話をまとめていう言い方。

## む　ム

**む【矛】** 5画 矛0 音ム 訓ほこ

ほこ。長い柄《え》の先に両刃《りょうば》の剣《けん》をつけた武器。◆矛盾《むじゅん》

**む**【武】→ぶ（武）

**む【務】** 11画 力9 小5 音ム 訓つとめる・つとまる

つとめる。つとめ。仕事。◆義務・教務・業務・勤務・激務・兼務《けんむ》・公務・執務《しつむ》・実務・事務・職務・庶務《しょむ》・政務・責務・総務・任務・服務・本務

**む【無】** 12画 灬8 小4 音ム・ブ 訓ない

❶ない。◆有無《うむ》・皆無《かいむ》・虚無《きょむ》・絶無。対有。❷下のことばを打ち消す。◆無事《ぶじ》・無粋《ぶすい》・無難《ぶなん》・無礼《ぶれい》・無益《むえき・むやく》・無学・無期・無休・無言・無視・無情・無職・無心・無人・無数・無断・無二・無名・無理・無料 ◆傍若無人《ぼうじゃくぶじん》。類不 ⇩付録「漢字の筆順㊱無」

**む**【無】[一]（名）❶なにもないこと。存在しないこと。「―に等しい」対有。❷むだ。むなしいこと。「今までの苦労が―になる」[二]（接頭）「…がない」「…しない」の意を表す。「―関係」「―届け」

**無に帰《き》する** なにもない状態にもどる。また、むだになる。「努力が―」

**無にする** むだにする。無意味なものにする。だいなしにする。「友人の好意を―」

**む【夢】** 13画 夕10 小5 音ム 訓ゆめ

ゆめ。ゆめみる。また、はかないもの。◆夢幻《むげん》・夢想・夢中・夢魔《むま》・夢遊病 ◆悪夢・酔生夢死《すいせいむし》・白昼夢《はくちゅうむ》・霊夢《れいむ》

**む**【謀】→ぼう（謀）

**む【霧】** 19画 雨11 音ム 訓きり

きり。◆霧笛《むてき》・霧氷 ◆雲霧・煙霧《えんむ》・濃霧《のうむ》

**むい**【無為】（名）❶自然のままにしておくこと。「―自然」❷何もしないでぶらぶらしていること。「―に日を送る」❸〔仏〕因縁《いんねん》によって生成・消滅《しょうめつ》したり変化したりしないもの。対有為《うい》

**むいかのあやめとおかのきく**〖六日の×菖蒲-十日の菊〗（あやめ（＝「しょうぶ」の古名）は五月五日の端午《たんご》の節句に、菊は九月九日の重陽《ちょうよう》の節句に欠かせないものであったことから）いちばんよい時に遅《おく》れて役に立たないことのたとえ。

**むいぎ**【無意義】（名・形動ダ）しても意味がないこと。無意味。対有意義

**むいしき**【無意識】（名・形動ダ）❶意識を失うこと。「―状態」❷自分で自分のやることに気がついていないようす。「―にひとり言を言う」

**むいそん**【無医村】（名）医者のいない村。

**むいちもつ**【無一物】（名）何一つ自分の物を持っていないこと。むいちぶつ。「火事にあって―となる」

**むいちもん**【無一文】（名）おかねを全然持っていないこと。いちもんなし。類すっからかん・すってんてん

**むいとしょく**【無為徒食】（名）働きもせずに、ただぶらぶらと暮らすこと。「―の日々を送る」

**むいみ**【無意味】（名・形動ダ）するだけの意味やねうちがないこと。無意義。「―な努力」

**むいむかん**【無位無冠】（名）位のないこと。

**ムース**〔フランス mousse〕（名）❶あわだてた卵白や生クリームを用いた、口当たりのふんわりとした料理や菓子《かし》。❷あわ状の洗顔料や整髪《せいはつ》料。

**ムード**〔英 mood〕（名）その場の気分。ふんいき。「―がよい」「―作り」

**ムービー**〔英 movie〕（名）映画。また、動画。

**むえき**【無益】（名・形動ダ）なんの役にも立たないこと。むだ。「有害―」対有益

**むえん**【無煙】（名）燃やしても煙《けむり》の出ないこと。

**むえん**【無縁】[一]（名・形動ダ）縁がないこと。関係がないこと。「おかねとは―だ」対有縁《うえん》。[二]（名）死後、とむらってくれる身寄りのないこと。「―仏」

**むえんたん**【無煙炭】（名）〔地質〕質がよく火力の強い石炭。燃えるときにほとんど煙《けむり》が出ない。

**むが**【無我】（名）❶自分の利益などを考えないこと。無私。❷我《われ》を忘れること。「―の境《きょう》」類忘我《ぼうが》・没我《ぼつが》

**むかい**【向かい】（名）向かい合う位置にあること。正面。「―の席」

**むがい**【無害】（名・形動ダ）害がないこと。「人畜《じんちく》―」対有害

**むがい**【無蓋】（名）ふたやおおいなどのないこと。「―貨車」対有蓋

**むかいあ・う**【向かい合う】（自五）〔ワ(オ)・イ(ッ)・ウ・ウ・エ・エ〕た

がいに正面を向いた位置で対する。向き合う。「道をへだてて―店」

**むかいかぜ**【向かい風】（名）進んで行くほうから吹《ふ》いてくる風。「―をうける」類逆風。対追い風

**むかいきょらい**〔向井去来〕【人名】（一六五一～一七〇四）江戸《えど》時代前期の俳人。蕉門十哲《しょうもんじってつ》の一人。格調高い作風で、蕉風を守った。俳論集「去来抄《きょらいしょう》」など。

**むか・う**【向かう】（自五）｛ワ(オ)・イ(ッ)・ウ・ウ・エ・エ｝❶そのほうへ正面を向ける。「机に―」「面と―」
❷ある人を相手とする。「親に―・って口ごたえする」
❸ある場所を目指して行く。「京都に―」
❹ある時期・状態に近づく。「春に―」「回復に―」
❺はむかう。対抗《たいこう》する。「敵に―・っていく」

**むかえ**【迎え】（名）❶人が来るのを、出て待ち受けること。また、その人。「―の車を呼ぶ」❷呼びにいくこと。また、その人。「医者を―にやる」

**むかえう・つ**【迎え撃つ】（他五）｛タ(ト)・チ(ッ)・ツ・ツ・テ・テ｝攻《せ》めよせてくる敵を、待ちかまえて戦う。「敵を―」

**むかえざけ**【迎え酒】（名）二日酔《よ》いの気分の悪さをなくすために少し酒を飲むこと。また、その酒。

**むかえび**【迎え火】（名）《仏》盂蘭盆《うらぼん》初日（陰暦《いんれき》七月一三日）の夕方、死んだ人の霊《れい》を迎えるために門前でたく火。「―をたく」対送り火

**むか・える**【迎える】（他下一）｛エ・エ・エル・エル・エレ・エロ(エヨ)｝❶人が来るのを待ち受ける。「駅で客を―」対送る
❷たのんで来てもらう。まねいてある地位につける。「講師を―・えて研修を行う」「学長に―」
❸家族や仲間に加える。「養子に―」「新入生を―会」
❹しぜんにめぐり来るものを待つ。また、ある時期や状態にのぞむ。「誕生日を―」「重大局面を―」

**むがく**【無学】（名・形動ダ）学問や知識がないこと。

**むがくもんもう**【無学文盲】（名・形動ダ）学問や知識がなくて、文字が読めないこと。

**むかし**【昔】（名）❶遠い過去。ずっと以前。「―話」対今。❷過去の一〇年を単位として呼ぶことば。「ふた―（＝二〇年ほど）も前」

昔とった杵柄《きねづか》　以前にきたえたうでまえ。

**むかしかたぎ**【昔かたぎ】『昔×気質』（名・形動ダ）昔ふうで律儀《りちぎ》・頑固《がんこ》なこと。「―の父」

**むかしがたり**【昔語り】（名）ずっと以前にあったことがらを話すこと。若いときの思い出話。昔話。

**むかしながら**【昔ながら】（副）昔のままで、少しも変わっていないようす。「―のしきたり」

**むかしなじみ**【昔なじみ】『昔△馴染み』（名）ずっと以前に仲のよかったこと。また、ずっと以前から仲のよいこと。また、その人。旧友。

**むかしばなし**【昔話】（名）❶古くから言い伝えられた、子どもに語り聞かせる物語。「桃太郎《ももたろう》」「かちかち山」など。❷ずっと以前に経験したことがらなどを話すこと。また、その話。「―に花を咲《さ》かせる」

**むかしふう**【昔風】（名・形動ダ）考え方や様式が、昔のものであること。古風。「―な人」

**むかしむかし**【昔昔】（名）（「昔」を強めて言うことば）はるか昔。大昔。昔話のはじめなどに使われる。

**むかつ・く**（自五）｛カ(コ)・キ(イ)・ク・ク・ケ・ケ｝❶はきけがする。「食べすぎて―」❷しゃくにさわる。「なまいきな態度に―」

**むかっぱら**【向かっ腹】（名）《俗語》わけもなく、やたらと腹立たしく思う気持ち。「―が立つ」

**むかで**『×百足・×蜈蚣』（名）《動》節足動物の一種。からだは平たくて細長く、多数の節《ふし》があり、節に一対《いっつい》ずつ足がある。口に強い毒を持っている。

（むかで）

**むかむか**（副・自スル）❶気分が悪く、はきけをもよおすようす。「胸が―する」
❷怒《いか》りがおさえられないようす。「考えるだけで―する」

**むがむちゅう**【無我夢中】（名・形動ダ）あることに心をうばわれ、われを忘れること。「―で走る」

**むかん**【無冠】（名）位や肩書《かたが》きがないこと。「―の帝王《ていおう》（＝重要な肩書きや地位はないが、力のある人。特に、権力に屈《くっ》しない者の意で、新聞記者）」

**むかんかく**【無感覚】（名・形動ダ）❶感覚がまひして何も感じないこと。「寒さで指先が―になる」❷周囲の人びとに配慮《はいりょ》のないこと。無神経。「人の痛みに―な発言」

**むかんけい**【無関係】（名・形動ダ）その事に関係のないこと。かかわりのないこと。「弟は事件とは―だ」

**むかんしん**【無関心】（名・形動ダ）気にかけないこと。興味をもたないこと。「政治に―な態度」

**むき**【向き】（名）❶向くこと。向いている方向。「北―の部屋」❷適すること。「子ども―」「不―」❸傾向《けいこう》。「物事をなげやりにする―がある」❹趣旨《しゅし》。「ご用の―をうかがいます」❺そのような人。「ご希望の―には差し上げます」

**むきになる**　ささいなことにも本気になる。また、怒《おこ》る。「言い返されるとすぐ―」

**むき**【無期】（名）❶決まった期限のないこと。期限を定めないこと。「―延期」❷（「無期懲役《ちょうえき》」の略）期間の定めがない終身懲役。「―の刑《けい》」

**むき**【無機】（名）❶石や空気などのように、生活機能をもっていないこと。また、そのもの。❷「無機物」の略。
❸《化》「無機化学」の略。（対有機）

**むぎ**【麦】（名）《植》イネ科のムギ類の総称《そうしょう》。大麦・小麦・裸麦《はだかむぎ》・ライ麦・からす麦などがある。

**むきあ・う**【向き合う】（自五）｛ワ(オ)・イ(ッ)・ウ・ウ・エ・エ｝相手と向かい合う。相対する。「―・って立つ」

**むぎうち**【麦打ち】（名・自スル）麦の穂《ほ》を棒で打って実を落とすこと、また、その仕事。「―作業」

**むきかがく**【無機化学】（名）《化》元素や単体、無機化合物を研究する化学。対有機化学

**むきかごうぶつ**【無機化合物】（名）《化》有機化合物以外のすべての化合物。主として炭素をふくまない。無機物。対有機化合物

**むぎかり**【麦刈り】（名）みのった麦をかり取ること。

**むきげん**【無期限】（名）いつまでと期限を定めないこと。無期。「―スト」「―延長」

**むぎこがし**【麦焦がし】（名）大麦をいってこがし、ひいて粉にしたもの。砂糖・塩を加えて食べる。

**むぎさく**【麦作】（名）❶麦を栽培《さいばい》すること。❷

麦のみのりぐあい。麦の収穫《しゅうかく》量。

**むきしつ【無機質】** 〔一〕（名）栄養素の一つ。骨や歯・血液などに含《ふく》まれているカルシウム・マグネシウム・燐酸《りんさん》・鉄分など。ミネラル。〔二〕（名・形動ダ）生命のあたたかみが感じられないこと。「―な音」

**むきず【無傷】**〘無△疵〙（名・形動ダ）❶傷がないこと。また、そのもの。❷欠点・失敗・敗北などのないこと。「―で勝ち残っている」

**むきだし【むき出し】**〘◇剝き出し〙（名・形動ダ）❶おおったりかくしたりせず、あらわなこと。「―の肌《はだ》」類丸出し。❷気持ちをはっきりと表面に出すようす。「感情を―にする」

**むきだ・す【むき出す】**〘◇剝き出す〙（他五）{サ(ソ)・シ・ス・ス・セ・セ}おおいかくさないであらわに出す。むき出しにする。「きばを―」

**むぎちゃ【麦茶】**（名）大麦をいってこがし、それを煮出《にだ》した飲み物。ふつう、夏に冷やして飲む。麦湯。

**むきどう【無軌道】** 〔一〕（名）レールがないこと。〔二〕（名・形動ダ）考えや行いが常識はずれなこと。でためで。「―な生活」

**むぎぶえ【麦笛】**（名）麦の茎《くき》で作った、笛のように吹《ふ》き鳴らすもの。

**むきぶつ【無機物】**（名）鉱物・水・空気など、有機物以外のすべての物質。無機化合物。対有機物

**むぎふみ【麦踏み】**（名）麦を強く育てるため、春のはじめに麦の若芽を踏むこと。

**むきみ【むき身】**〘◇剝き身〙（名）殻《から》を取り除いた貝やえびの肉。「あさりの―」

**むきめい【無記名】**（名）自分の名前を書かないこと。「―で投票する」「―アンケート」

**むきめいとうひょう【無記名投票】**（名）投票用紙に自分の名前を書かないで投票すること。

**むぎめし【麦飯】**（名）麦をたいた飯。または米に大麦をまぜてたいた飯。

**むきゅう【無休】**（名）休まないこと。休業しないこと。「年中―」「―で勤める」

**むきゅう【無給】**（名）給料を支給されないこと。「―で奉仕《ほうし》する」対有給

**むきゅう【無窮】**（名）きわまりのないこと。果てしないこと。無限。「天壌《てんじょう》(=天と地)―」

**むきりょく【無気力】**（名・形動ダ）積極的に物事にとりくむ意欲がないこと。「―な態度」

**むぎわら【麦わら】**〘麦△藁〙（名）麦の実を取ったあとの茎《くき》。「―帽子《ぼうし》」

**むく【無垢】**〘無△垢〙（名・形動ダ）❶全体が無地で、ほかの色のまじらない衣服。特に、白一色。「白―」❷まじりけのないこと。❸純真で潔白なこと。「―な心」

**む・く【向く】**（自五）{カ(コ)・キ(イ)・ク・ク・ケ・ケ}❶ある方向に正面が位置するようになる。また、ある方向を指す。「右を―」「針が北を―」❷その状態に進む。「病気が快方に―」「運が―」❸適する。「これはぼくに―・いた仕事だ」

仕組みの解明「向く」

Q 外を向く？ 外に向く？

A 全員が外を向く。
B 関心が外に向く。
C 旅行に向くかばん。

A・「を」は、正面をそちらの方向にするという意味で用いる。
・Bのように注意を向ける対象・方向や、Cのように「適する」対象を示す場合では「に」を使う。

**む・く**〘◇剝く〙（他五）{カ(コ)・キ(イ)・ク・ク・ケ・ケ}表面をおおうものをはがし取る。はがして中をあらわにする。「りんごの皮を―」「きばを―」

**むくい【報い】**（名）❶自分がしたことの結果として、自分の身に受けるもの。「悪の―」❷〘仏〙自分の行ったことに対して必ず受ける結果。「前世の―」

**むく・いる【報いる】**（他上一）{イ・イ・イル・イル・イレ・イロ(イヨ)}他人から受けた物事に対して、それにふさわしいことをして返す。「恩に―」「一矢《いっし》を―(=反撃《はんげき》する)」

**むくげ**〘×木槿〙（名）〘植〙アオイ科の落葉低木。夏から秋に、紅紫《こうし》・白などの花が咲《さ》き、一日でしぼむ。庭木や生け垣《がき》にする。もくげ。はちす。

**むくげ【むく毛】**〘△尨毛〙（名）けものの、ふさふさと長くたれさがった毛。「―の犬」

**むくち【無口】**（名・形動ダ）あまり人としゃべらないこと。口数の少ないこと。寡黙《かもく》。「―な人」

**むくつけき**（連体）無骨《ぶこつ》であらあらしい。「―大男」文法文語の形容詞「むくつけし」の連体形から。

**むくどり**〘△椋鳥〙（名）〘動〙ムクドリ科の中形の鳥。からだは黒茶色で、頰《ほお》と腰《こし》が白い。群《む》れをつくり、鳴き声がやかましい。害虫をよく取る。

**むくみ**〘×浮腫〙（名）むくむこと。むくんだ箇所《かしょ》。

**むく・む**〘×浮腫む〙（自五）{マ(モ)・ミ(ン)・ム・ム・メ・メ}からだやひふの内部に水分がたまってその部分が全体的にふくれる。

**むく・れる**（自下一）{レ・レ・レル・レル・レレ・レロ(レヨ)}❶皮がはがれて、中のものがあらわれ出る。むける。❷〘俗語〙腹をたててふくれる。不きげんになる。「何かというとすぐ―」

**むくろ**〘△軀・◇骸〙（名）からだ。特に、死体。なきがら。「戦場に―をさらす」

**むくわれる【報われる】**努力や労力に対して、それに見合うだけのものが返ってくる。「長年の苦労が―」

**-むけ【向け】**（接尾）行き先・あて先、また対象を示すことば。「外国―の荷物」「若者―の商品」

**むけい【無形】**（名・形動ダ）形のないこと。また、形のないもの。「―文化財」対有形

**むげい【無芸】**（名）身につけた芸がないこと。「―大食」対多芸

**むけいざいさん【無形財産】**（名）具体的な形がない財産。著作権・特許権など。

**むけいぶんかざい【無形文化財】**（名）演劇・音楽・工芸技術など、形はないが、歴史的・文化的に

価値の高いもの。

**むけつ**【無欠】（名）欠けたところのないこと。欠点のないこと。「完全—」

**むけつ**【無血】（名）血を流さないこと。殺したり傷つけたりしないこと。戦いをしないこと。「—革命」

**むげに**〖無下に〗（副）冷たくつきはなす気持ちを表す。そっけなく。「—断れない」

**む・ける**〖◇剝ける〗（自下一）{ケ・ケ・ケル・ケル・ケレ・ケロ(ケヨ)}表面がはがれる。皮が取れる。「日焼けしたひふが—」

**む・ける**【向ける】（他下一）{ケ・ケ・ケル・ケル・ケレ・ケロ(ケヨ)}❶ある方向に向くようにする。「目を—」❷意識や目標をある対象に置く。「注意を—」「大会に—・けて練習する」❸あるところへ行かせる。「使者を—」「追っ手を—」❹ある用にあてる。ふりあてる。「予算の一部を調査費用に—」

**むげん**【無限】（名・形動ダ）時間的・空間的に、また、数量などにかぎりのないこと。「—に広がる夢」㊤有限

**むげん**【夢幻】（名）❶ゆめとまぼろし。❷はかないことのたとえ。

**むげんきどう**【無限軌道】（名）→キャタピラ

**むげんじごく**【無間地獄】（名）〖仏〗地獄の一つ。大きな罪をおかした者が落ち、休みなく苦しめられる。阿鼻《あび》地獄。参考「むげんじごく」とも読む。

**むげんだい**【無限大】（名）かぎりなく大きいこと。「—の宇宙」

**むこ**【婿】〖△聟・△壻〗（名）❶娘《むすめ》の夫。「娘—」❷結婚《けっこん》の相手である男性。また、結婚して相手の女性の籍《せき》に入った男性。（㊤嫁《よめ》）

**むこ**〖無△辜〗（名）（「辜」は「罪」の意）罪がないこと。また、その人。「—の民《たみ》」

**むご・い**〖◇惨い・◇酷い〗（形）{カロ・カッ(ク)・イ・イ・ケレ・○}❶見ることができないほどひどい。いたましい。「—事故現場」❷残酷《ざんこく》である。思いやりがない。「—仕打ち」

**むこいり**【婿入り】（名・自スル）結婚《けっこん》して、妻の家にはいること。㊤嫁《よめ》入り

**むこう**【無効】（名・形動ダ）効力・効果がないこと。役に立たないこと。「—票」㊤有効

**むこう**【向こう】（名）❶向かっている先のほう。「—に見えるビル」❷ものをへだてた反対側。「川の—岸」❸相手方。先方。「—の出方をみる」❹遠く離《はな》れたある場所。特に、外国。あちら。「—での生活が長い」❺それから先。今後。「—三日」

**向こう三軒《さんげん》両隣《りょうどなり》** 自分の家の向かい側にある三軒と左右両側にある二軒。日頃《ひごろ》から親しくする隣近所の家。

**向こうに回《まわ》す** 相手として張り合う。「強敵を向こうにまわして五分《ごぶ》にたたかう」

**向こうを張《は》る** 対抗《たいこう》する。「商売がたきの—」

**むこういき**【向こう意気】（名）相手に負けまいと張り合う気持ち。向こうっ気。「—の強い人」

**むこうきず**【向こう傷】（名）（敵に向かっていって）からだの前面に受けた傷。

**むこうずね**【向こうずね】〖向こう△脛〗（名）すねの前面。「—をいやというほど打つ」

**むこうはちまき**【向こう鉢巻き】（名）額《ひたい》の上で結んだはちまき。「—でがんばる」

**むこうみず**【向こう見ず】（名・形動ダ）先のことを考えずに行動すること。むてっぽう。「—な行動」

**むごたらし・い**〖◇惨たらしい・◇酷たらしい〗（形）{カロ・カッ(ク)・イ・イ・ケレ・○}見ていられないほどひどく、いたましいようす。残酷《ざんこく》である。むごい。「—戦争」

**むこようし**【婿養子】（名）娘《むすめ》の婿として家にはいった養子。「—をとる」

**むこん**【無根】（名）根拠《こんきょ》のないこと。根も葉もないこと。「事実—」

**むごん**【無言】（名）口をきかないこと。何も言わないこと。「—でにらみ合う」

**むごんげき**【無言劇】（名）せりふが全然なく、動作・表情だけで演じる劇。黙劇《もくげき》。パントマイム。

**むざい**【無罪】（名）❶何の罪も犯していないこと。❷〖法〗裁判の判定によって、罪がないと認められること。「—放免《ほうめん》」「—の判決」㊤有罪

**むさく**【無策】（名）適切な対策がたてられないこと。「無為《むい》—」

**むさくい**【無作為】（名・形動ダ）自分の考えを入れないで、偶然《ぐうぜん》にまかせて行うこと。「—に選ぶ」

**むさくるし・い**（形）{カロ・カッ(ク)・イ・イ・ケレ・○}ごたごたしていて、きたならしい。「—所ですが、どうぞおいでください」

**むささび**〖×鼯鼠〗（名）〖動〗リス科の哺乳《ほにゅう》動物。山林にすみ、夜にから だの側面の皮膜《ひまく》をひろげ木々の間を飛ぶ。木の芽、実などを食べる。

（むささび）

**むさし**〔武蔵〕〔地名〕むかしの国名の一つ。今の東京都・埼玉県全部と神奈川県東部。武州《ぶしゅう》。

**むさしの**〔武蔵野〕〔作品名〕国木田独歩《くにきだどっぽ》の短編小説集。一九〇一（明治三四）年刊。武蔵野の自然と人びとの生活を詩情豊かにえがく。冒頭文「武蔵野の俤《おもかげ》は今わづかに入間《いるま》郡に残れり」と自分は文政年間にできた地図で見たことがある。

**むさつ**【無札】（名）入場券や乗車券を持っていないこと。「—乗車」

**むさべつ**【無差別】（名・形動ダ）差別のないこと。区別をしないこと。「—攻撃《こうげき》」

**むさぼ・る**【貪る】（他五）{ラ(ロ)・リ(ッ)・ル・ル・レ・レ}❶満足しないでいくらでもほしがる。「財を—」❷飽《あ》きずにいくらでもし続ける。「本を—・り読む」

**むざむざ**（副）なんの対処《たいしょ》もせず、よくない結果にあまんじるようす。なすところなく。「—（と）負けるわけにはいかない」

**むさん**【無産】（名）❶財産のないこと。「—階級」㊤有産。❷職のないこと。無職。

**むざん**【無残・無惨】〖無△慚・無△慙〗（名・形動ダ）あまりにもひどくて目をそむけたくなるようす。むごたらしいようす。「—な最期《さいご》をとげる」

**むさんかいきゅう**【無産階級】（名）財産がなく、労働で得た賃金で生活する階級。プロレタリアー

ト。㊎有産階級

**むし【虫】**(名) ❶人・けもの・鳥・魚介以外の小さな動物をまとめた呼び名。特に、昆虫《こんちゅう》。「―をとる」❷秋に美しい声で鳴く虫。「―の声」❸回虫などの寄生虫。のみ・しらみなどの人に害をおよぼす虫。「―くだし」「―にくわれる」「―がわく」❹子どもの癇《かん》が強いこと。「―がおこる」❺人間の体内にあって、意識や感情を左右すると考えられているもの。「―の知らせ」「腹の―がおさまらない」❻一つのことに熱中する人。「勉強の―」❼(接尾語的に用いて)ある性質の人をばかにして言うことば。「弱―」「泣き―」

**虫がいい** 自分かってだ。「虫のいいことを言う」

**虫が知《し》らせる** なんとなくいやな予感がする。

**虫が好《す》かない** なんとなく気にくわない。

**虫がつく** ❶衣服や書画などを害虫が食う。❷未婚《みこん》の女性に、好ましくない恋人《こいびと》ができる。

**虫の息《いき》** 呼吸が弱々しくて今にも絶えそうなこと。また、その息。「―で横たわっている」

**虫の居所《いどころ》が悪《わる》い** きげんが悪く、わずかの物事でも気にさわるようす。

**虫も殺《ころ》さぬ** やさしくおだやかなようすの形容。「―顔をして悪事をはたらく」

**むし【無死】**(名) 野球で、一人もアウトになっていない状態。ノーダウン。ノーアウト。「―満塁《まんるい》」

**むし【無私】**(名・形動ダ) 自分の利益を考えないこと。私心のないこと。「公平―」

**むし【無視】**(名・他スル) あってもないものと同じに扱《あつか》うこと。問題にしないこと。存在を認めないこと。「信号―」「敵を―する」

**むじ【無地】**(名) 生地《きじ》などで、全体が同じ色で、模様がないこと。「―の着物」

**むしあつ・い【蒸し暑い】**(形)〔カロ・カッ(ク)・イ・イ・ケレ・○〕 風がなく、湿気《しっけ》があって蒸すように暑い。「―夜」

**むしかえ・す【蒸し返す】**(他五)〔サ(ソ)・シ・ス・ス・セ・セ〕 ❶一度蒸したものを、もう一度蒸す。蒸し直す。「ちまきを―」❷すんだことを再び問題にする。「話を―」

**むしかく【無資格】**(名・形動ダ) 何かをするために必要な資格がないこと。「―で参加する」

**むじかく【無自覚】**(名・形動ダ) 自分のしていることの責任や価値がよくわかっていないこと。

**むしかご【虫籠】**(名) 虫を飼うかご。

**むしくい【虫食い】**(名) 虫が食うこと。虫が食ったあと。「―のセーター」

**むしくだし【虫下し】**(名) 腹の中の回虫・蟯虫《ぎょうちゅう》などを外へ出すために飲む薬。駆虫剤《くちゅうざい》。

**むしけら【虫けら】**〖虫△螻〗(名) ❶虫をいやしめていうことば。❷人をいやしめていうことば。虫のように、役に立たない人。「―どもがなにを言うか」

**むしけん【無試験】**(名) 試験がないこと。試験を受けないでよいこと。「―入学」

**むしず**〖虫◇酸・虫◇唾〗(名) 胸がむかつくときなどに、胃から口に出るすっぱい液。

**虫酸が走《はし》る** いやでたまらない。「顔を見ると―」

**むじつ【無実】**(名・形動ダ) ❶犯罪を行った事実のないこと。「―を訴《うった》える」「―の罪を着せられる」❷なかみのないこと。「有名―」

**むじな**〖△狢・△貉〗(名)〘動〙たぬき・あなぐまの別称《べっしょう》。「一つ穴の―(=いっしょに悪事をたくらむ者)」

**むしば【虫歯】**(名)〘医〙細菌《さいきん》などによって、虫が食ったように穴があいたり欠けたりした歯。

**むしば・む**〖△蝕む〗(他五)〔マ(モ)・ミ(ン)・ム・ム・メ・メ〕 ❶虫が食っていためる。❷身体や精神を少しずつこわしたり、悪くしたりする。「心が―・まれる」

**むじひ【無慈悲】**(名・形動ダ) 弱いものに対するあわれみの心がないこと。慈悲のないこと。無情。残酷《ざんこく》。冷酷。「―な扱《あつか》い」

**むしピン【虫ピン】**(名) 昆虫《こんちゅう》を標本箱などにとめるための、小さい針。▽ピンは、英pin

**むしぶろ【蒸し風呂】**(名) 湯気でからだを蒸しあたためるように作ったふろ。「―のような暑さ」

**むしへん【虫偏】**(名) 漢字の部首の一つ。「蚊《か》」「蝶《ちょう》」などの漢字の左側にある「虫」の部分。

**むしぼし【虫干し】**(名・他スル) 夏のころ、衣類・本などを日に干したり風にあてたりして、虫の害やかびを防ぐこと。土用干《どようぼ》し。

**むしめがね【虫◦眼鏡】**(名) 凸《とつ》レンズで作った、小さいものを拡大して見る道具。ルーペ。

**むしゃ【武者】**(名) 武士。さむらい。「―人形」

**むしやき【蒸し焼き】**(名) 材料を容器に入れて密閉し、熱を加えて焼くこと。また、その料理。

**むじゃき【無邪気】**(名・形動ダ) ❶心に悪気《わるぎ》や意地の悪さが少しもなく、すなおなこと。「―な性格」❷あどけなくてかわいいこと。「―に遊ぶ子ども」

**むしゃくしゃ**(副・自スル) 気持ちがみだれ、いらいらしてすっきりしないようす。「朝から気分が―している」

**むしゃしゅぎょう【武者修行】**(名・自スル) ❶武士が国々を回って武術をみがくこと。❷他の土地に行って修行すること。

**むしゃにんぎょう【武者人形】**(名) 五月五日の節句にかざる、武者の姿をした人形。五月人形。

**むしゃのこうじさねあつ**〔武者小路実篤〕【人名】(一八八五～一九七六) 小説家・劇作家。志賀直哉《しがなおや》らと「白樺《しらかば》」を創刊。人道主義の文学をとなえ、文壇《ぶんだん》に大きな影響《えいきょう》をあたえた。小説「お目出たき人」「友情」、戯曲「その妹」など。

**むしゃぶりつ・く**(自五)〔カ(コ)・キ(イ)・ク・ク・ケ・ケ〕 はげしくすがりつく。「母親に―幼児」㊜「貪《むさぼ》り付《つ》く」が変化した語。「武者振り付く」は当て字。

**むしゃぶるい【武者震い】**(名・自スル) 試合などのときに、心が勇みたつあまり、からだが震《ふる》えること。

**むしゅう【無臭】**(名) においがないこと。「無味―」

**むじゅうりょく【無重力】**(名) 重力のないこと。また、遠心力などと重力がつり合って重さが感じられないこと。無重量。「―状態」

**むしゅく【無宿】**(名) ❶住む家のないこと。また、その人。❷江戸《えど》時代、戸籍《こせき》から名前をのぞかれること。また、その人。

**むしゅくもの【無宿者】**(名) 住む家のない人。

**むじゅん【矛盾】**(名・自スル) つじつまの合わないこと。話や、物事の前後の論理が一致《いっち》しないこと。

「—した話」類撞着《どうちゃく》

故事楚《そ》の国で矛《ほこ》と盾《たて》とを売る者が、「わたしの盾は堅《かた》くて突《つ》き通せるものはなく、矛はするどくてどんなものでも突き通す」と言ったところ、「その矛でその盾を突いたらどうなるか」とやりこめられたという話から出たことば。〈韓非子《かんぴし》〉

**むしょ**（名）《俗語》「刑務所《けいむしょ》」を略した言い方。「—帰り」

**むしょう【無償】**（名）ある行いに対して、報酬《ほうしゅう》のないこと。ただ。無料。「—で奉仕《ほうし》する」「—の行為《こうい》」「—配布」対有償

**むじょう【無上】**（名）この上ないこと。最上。「—の幸福」「—の喜び」

**むじょう【無常】**（名・形動ダ）❶《仏》この世のいっさいのものは、生じたりなくなったりして、永遠に変わらないものはないということ。「—観」対常住。❷この世のはかないこと。特に、命のはかないこと。「—の世」

**無常の風《かぜ》**　風が花を散らすように、無常が人の命をうばい去ること。「—に吹《ふ》かれる」

**むじょう【無情】**（名・形動ダ）❶思いやりのないこと。「—なやり方」「—の雨」❷感情がないこと。非情。「—の木石《ぼくせき》」対有情《うじょう・ゆうじょう》

**むじょうけん【無条件】**（名）なんの条件もないこと。なんの条件もつけないこと。「—で賛成です」

**むしょうに【無性に】**（副）ある気持ちが高まって抑《おさ》えきれないようす。むやみに。やたらに。「—うれしい」

**むしょく【無色】**（名）色のついていないこと。「—透明《とうめい》」

**むしょく【無職】**（名）職業をもっていないこと。

**むしょぞく【無所属】**（名）どの政党や会派にも所属していないこと。「—の代議士」

**むし・る**（他五）〔ラ(ロ)・リ(ッ)・ル・ル・レ・レ〕❶つかんで引き抜《ぬ》く。「毛を—」❷ちぎりとる。「パンを—」

**むしろ**【△筵・△蓆】（名）藺《い》・蒲《がま》・藁《わら》・竹などを編んでつくった敷物《しきもの》。「針の—（=つらい立場や境遇《きょうぐう》のたとえ）」

（筵）

**むしろ**【◇寧ろ】（副）二つのもののうち、こちらを選ぶという気持ちを表す。どちらかといえば。いっそ。「—言わないほうがいい」

**むしん【無心】**㊀（名・形動ダ）他のことを考えず、何かにむちゅうになっているようす。「—に遊ぶ子ども」㊁（名・他スル）あつかましく、おかねや品物をねだること。「おかねを—する」

**むじん【無人】**（名）人が住んでいないこと。また、人がいないこと。「—島」「—駅」対有人

**むじん【無尽】**（名）❶尽《つ》きないこと。❷何人かが一定のおかねを出し合い、そのおかねを抽選《ちゅうせん》などにより順番に貸すしくみ。無尽講。頼母子講《たのもしこう》。

**むしんけい【無神経】**（名・形動ダ）感じ方がにぶいこと。また、人の感情を気にかけず、他人の迷惑《めいわく》になるようなことでも平気ですること。「—な人」「—なことばで人を傷つける」

**むじんぞう【無尽蔵】**（名・形動ダ）いくらとってもなくならないこと。「—の鉱物資源」

**むしんろん【無神論】**（名）神の存在を認めない立場に立つ考え方。対有神論

**む・す【蒸す】**〔サ(ソ)・シ・ス・ス・セ・セ〕㊀（自五）むし暑く感じられる。「きょうは—ね」㊁（他五）湯気で熱する。ふかす。「ごはんを—」

**むすい【無水】**（名）《化》❶水分をほとんどふくまないこと。「—アルコール」❷結晶《けっしょう》水のないこと。「—硫酸銅《りゅうさんどう》」

**むすう【無数】**（名・形動ダ）数えきれないほど多数。「—の星」

**むずかし・い【難しい】**（形）〔カロ・カッ(ク)・イ・イ・ケレ・○〕❶わかりにくい。簡単に理解できない。「—文章」対易《やさ》しい❷解決しにくい。なしとげにくい。「—事件」「しめ切りまでの提出は—」対易しい❸こみいっていて、対処するのに手がかかる。「手続きが—」「—立場に置かれる」❹病気が重く、なおりにくい。「—病気」❺苦情が多く、扱《あつか》いにくい。「食べ物に—人」❻きげんが悪い。「—顔つき」参考「むつかしい」ともいう。

**むずがゆ・い**【むず△痒い】（形）〔カロ・カッ(ク)・イ・イ・ケレ・○〕何かが皮膚《ひふ》をはいまわるようにむずむずしてかゆい。「なんとなく背中が—」

**むずか・る**（自五）〔ラ(ロ)・リ(ッ)・ル・ル・レ・レ〕子どもがじれて泣く。きげんが悪く、だだをこねる。「赤んぼうが—」参考「むつかる」ともいう。

**むすこ**【◦息子】（名）親からみて、男の子ども。「孝行—」対娘《むすめ》

| 敬称《けいしょう》（相手側） | 謙称《けんしょう》（自分側） |
|---|---|
| 御子息《ごしそく》　御令息<br>御愛息　（お）坊《ぼっ》ちゃん | 愚息《ぐそく》　豚児《とんじ》<br>せがれ　坊主《ぼうず》 |

**むすび【結び】**（名）❶結ぶこと。「こま—」❷おわり。しまい。「小説の—」❸にぎりめし。おむすび。❹《文法》文語で、文末の活用語の語尾の形が上の係りに対応したもの。対係り。⇩かかりむすび

**むすびつ・く【結び付く】**（自五）〔カ(コ)・キ(イ)・ク・ク・ケ・ケ〕❶もの とものが結ばれて一つになる。「やっと顔と名前が—」❷密接な関係をもつ。「友情でかたく—」「犯人逮捕《たいほ》に—証拠《しょうこ》」

**むすびつ・ける【結び付ける】**（他下一）〔ケ・ケ・ケル・ケル・ケレ・ケロ(ケヨ)〕❶物と物とを、結んでくっつける。「髪《かみ》にリボンを—」❷関係づける。「二つの事件を—」

**むすびめ【結び目】**（名）糸・ひもなどを結び合わせた所。「—をとく」

**むす・ぶ【結ぶ】**〔バ(ボ)・ビ(ン)・ブ・ブ・ベ・ベ〕㊀（他五）❶糸・ひもなどの端《はし》を組んでつなぎ合わせる。また、そのようにして一つにまとめる。「靴《くつ》のひもを—」「帯を—」❷はなれているものをつないでひとつづきにする。「二点を—直線」❸たがいにつながりを持つ。関係をつける。「条約を—」「手を—」❹まとまってある結果を生じる。「努力が実を—」

❺まとまりをつけて終わりにする。「話を一」❻かたく閉じる。「口を一」
■二(自五) まとまってある結果が生じる。ある形ができる。「実が一」「露《つゆ》が一」

**むすぼ・れる【結ぼれる】**(自下一){レ・レ・レル・レル・レレ・レロ(レヨ)} ❶結ばれてほどけなくなる。❷気がふさぐ。「心が一」

**むずむず**(副・自スル) ❶虫がはうような、くすぐったさやかゆみを感じるようす。「背中《せなか》が一とかゆい」❷自分がやりたいのにできなくて、はがゆく落ちつかないようす。「自分の発見を伝えたくて一する」

**むすめ【娘】** 10画 女7 訓むすめ

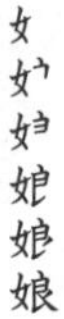

むすめ。若い女性。◆小娘・一人娘・孫娘 ◆娘心

**むすめ【娘】**(名) ❶親からみて、女の子ども。「一が二人いる」対息子《むすこ》。❷若い女性。まだ結婚《けっこん》していない女性。「親切な一さん」

**娘一人《ひとり》に婿《むこ》八人《はちにん》** 一つの物事に対して希望者がひじょうに多いこと。

| 敬称《けいしょう》(相手側) | 謙称《けんしょう》(自分側) |
|---|---|
| 御息女《ごそくじょ》 御令嬢《ごれいじょう》 御愛嬢 お嬢様 | 豚児《とんじ》 |

**むすめむこ【娘婿】**(名) 娘の夫。類女婿《じょせい》

**むせい【無声】**(名) 声や音が出ないこと。

**むせい【無性】**(名) 雄《おす》・雌《めす》の区別がないこと。

**むぜい【無税】**(名) 税金がかからないこと。対有税

**むせいえいが【無声映画】**(名) →サイレント②

**むせいおん【無声音】**(名) 発音の際、声帯を振動《しんどう》させずに出す音。k・p・s・tなど。対有声音

**むせいげん【無制限】**(名・形動ダ) 制限がないこと。「一に参加させる」「時間は一」

**むせいせいしょく【無性生殖】**(名)『動・植』雄《おす》・雌《めす》の生殖細胞《さいぼう》の結合によらないで、分裂《ぶんれつ》・出芽・胞子《ほうし》形成などにより別の新しい個体をつくること。下等生物に多い。対有性生殖

**むせいふしゅぎ【無政府主義】**(名) 政府を廃止《はいし》して、個人の完全な自由の行われる社会をうちたてようとする考え方。アナーキズム。「一者」

**むせいふじょうたい【無政府状態】**(名) 国内が混乱して政府の力が弱まり、取りしまりのできない無秩序《むちつじょ》な状態。

**むせいぶつ【無生物】**(名) 石や水などのように、生命をもたない物。生活機能のない物。対生物

**むせいらん【無精卵】**(名) 受精していない卵。対有精卵

**むせかえ・る【△噎せ返る】**(自五){ラ(ロ)・リ(ッ)・ル・ル・レ・レ} ❶煙《けむり》やほこりなどでひどくむせる。「人いきれで一」❷ひどくむせび泣く。

**むせきついどうぶつ【無脊椎動物】**(名)『動』背骨をもたない動物の総称《そうしょう》。軟体《なんたい》動物・節足動物など。

**むせきにん【無責任】**(名・形動ダ) ❶責任がないこと。❷自分の言動に責任をもとうとしないこと。責任感のないこと。いいかげん。「一な答弁」

**むせびな・く【むせび泣く】**『◇咽び泣く・△噎び泣く』(自五){カ(コ)・キ(イ)・ク・ク・ケ・ケ} 息をつまらせながら、しゃくりあげるようにして泣く。「さびしさに一」

**むせ・ぶ**『◇咽ぶ・△噎ぶ』(自五){バ(ボ)・ビ(ン)・ブ・ブ・ベ・ベ} ❶息がのどにつまって咳《せき》が出る。むせる。「煙《けむり》に一」❷感情がこみあげて声がつまる。声をつまらせて泣く。「感激の涙《なみだ》に一」

**む・せる**『△噎せる』(自下一){セ・セ・セル・セル・セレ・セロ(セヨ)} 息がのどにつまって咳《せき》が出る。むせぶ。「ほこりに一」

**むせん【無銭】**(名) おかねを持たないこと。また、払《はら》うべきおかねを払わないこと。「一旅行」「一飲食」

**むせん【無線】**(名) ❶電線を用いないこと。電線がいらないこと。「一通信」対有線。❷「無線電信」の略。❸「無線電話」の略。

**むせんそうじゅう【無線操縦】**(名) 離《はな》れた所から電波によって、船・飛行機・車などを動かすこと。

**むせんでんしん【無線電信】**(名) 電線を使わずに電波を用いて行う通信。無電。無線。

**むせんでんわ【無線電話】**(名) 無線電信を応用した電話。無線。無電。

**むそう【無双】**(名) ❶並ぶものがないほどすぐれていること。「天下一」❷衣服・器具などで、表と裏、内と外を同じ材料でこしらえること。「一羽織《はおり》」

**むそう【夢想】**(名・他スル) ❶夢の中で思うこと。「一だにしない(=思ってもみない)」❷夢のようにとりとめのないことを心に思うこと。空想。「一家」

**むぞうさ【無造作】**(名・形動ダ) 手間をかけずに、簡単に物事をやること。また、特に気をはらわずにやること。「貴重品を一に扱《あつか》う」「一に並べられた品」

**むだ【無駄】**(名・形動ダ) 役に立たないこと。効果がないこと。「一な出費」「一な抵抗《ていこう》」

**むだあし【無駄足】**(名) 出かけていったのに目的が達せられないこと。「一を踏《ふ》む」

**むたい【無体】** ■一(名・形動ダ) りくつに合わず、乱暴なこと。「無理一」類無法。■二(名) 形のないこと。「一物(=法律で、音・光など形をもたないもの)」

**むだい【無代】**(名) 代金のいらないこと。無料。

**むだい【無題】**(名) ❶詩や歌を作るとき、題を決めずによんだもの。❷作品に題のないこと。

**むだぐい【無駄食い】**(名・他スル) ❶食事と食事の間に物を食べること。間食。❷働かないでただ食べるだけであること。

**むだぐち【無駄口】**(名) つまらないおしゃべり。役に立たないことば。「一をたたく」

**むだづかい【無駄遣い】**(名・他スル) おかねや物などを役に立たないことに使うこと。「税金の一」

**むだばな【無駄花】**(名) 咲《さ》いても実を結ばない花。あだ花。「一を咲かす」

**むだばなし【無駄話】**(名) 何の役にも立たないおしゃべり。とりとめのない話、または、会話。

**むだぼね【無駄骨】**(名) 苦労したことが何の役にも立たないで終わること。徒労《とろう》。「一を折る」

**むだめし【無駄飯】**(名) 何の仕事もしないで食うめし。「一食い(=仕事もせず、ぶらぶら暮らしている人)」

**むだん**【無断】(名) ことわらないで事をすること。相手の許しを受けないこと。「—外出」「—で使用する」

**むち**『△鞭・△笞』(名) ❶馬や牛などを思うように動かすために打つ道具。竹の棒や革《かわ》ひもなどで作る。「—を打つ」❷物をさし示すための細長い棒。❸人をはげましたりしかったりすることばや行為《こうい》。「愛の—」

**むち**【無知】『無△智』(名・形動ダ) ❶その方面について知識がないこと。ものを知らないこと。「—につけこむ」「—をさらけだす」❷知恵《ちえ》がなくおろかなこと。「—蒙昧《もうまい》(=おろかで道理にくらいこと)」

**むち**【無恥】(名・形動ダ) 恥《は》ずかしいと思う気持ちがないこと。恥《はじ》知らず。「厚顔《こうがん》—」

**むちうちしょう**【むち打ち症】『△鞭打ち症』(名)『医』乗車中に他の車に追突《ついとつ》されたときなどに頭部が急激に前後にふれておこる症状。頭痛や手足のしびれなど。

**むちう・つ**【むち打つ】『△鞭打つ』(自他五) {タ(ト)・チ(ツ)・ツ・ツ・テ・テ} ❶むちでたたく。「馬に—」❷はげます。はげましふるいたたせる。「病身に—・って働く」「老骨に—」

**むちゃ**『×無茶』(名・形動ダ) ❶筋道が通らないこと。乱暴であること。「—な話」「—なまねはよしなさい」❷程度がひどすぎること。「—な飲み方はするな」

**むちゃくちゃ**『×無茶苦茶』(名・形動ダ)「むちゃ」を強めたことば。「—な運転」類めちゃくちゃ

**むちゅう**【夢中】一(名) 夢の中。二(名・形動ダ) 他のことは忘れてそのことに熱中すること。「無我《むが》—」「音楽に—になる」

**むちん**【無賃】(名) 料金を払《はら》わないこと。また、料金のいらないこと。ただ。「—乗車」

**むつ**【六つ】(名) ❶むっつ。六。❷むかしの時刻の名。今の午前六時ごろ(明け六つ)・午後六時ごろ(暮れ六つ)。

**むつ**〔陸奥〕〔地名〕❶むかしの国名の一つ。現在の福島・宮城・岩手・青森各県と秋田県の一部。奥州《おうしゅう》。❷一八六八(明治元)年に①を磐城《いわき》・岩代《いわしろ》・陸前・陸中・陸奥に分けたうちの一国。今の青森県と岩手県の一部。

**むつう**【無痛】(名) 痛みのないこと。「—分娩《ぶんべん》」

**むつか・し**〔難し〕(形シク) 古語 ❶むさくるしい。不快だ。「世の中の、腹立たしう、—・しう」〈枕草子《まくらのそうし》〉訳世の中が腹立たしく不快で。❷うるさい。めんどうだ。「久しく居たる、いと—」〈徒然草《つれづれぐさ》〉訳(用件がすんでも)客が長くいるのは、とてもめんどうだ。❸気味が悪い。恐《おそ》ろしい。「遅桜《おそざくら》、またすさまじ。虫のつきたるも—」〈徒然草《つれづれぐさ》〉訳遅咲《おそざ》きの桜もまた興ざめだ。虫がついているのも気味が悪い。

**むつかしい**【難しい】(形) {カロ・カッ(ク)・イ・イ・ケレ・○} →むずかしい

**むつか・る**(自五) {ラ(ロ)・リ(ッ)・ル・ル・レ・レ} →むずかる

**むつき**『◇睦月』(名) 陰暦《いんれき》一月の異名。正月。

**むつき**『×襁褓』(名)「おむつ」「おしめ」の古めかしい言い方。

**ムック**〔和製英語〕(名) 雑誌と書籍《しょせき》の中間的な性格をもつ出版物。参考 magazine (雑誌)と book (書籍)との合成語。

**むつごと**『◇睦言』(名) 仲よく話し合うことば。特に、男女の寝床《ねどこ》での語らい。「—をかわす」

**むっつ**【六つ】(名) ❶一の六倍。ろく。むつ。❷六個。❸六歳《さい》。

**むっつり**(副・自スル) 口数が少ないようす。ぶあいそうなようす。「—(と)した顔」「—屋」

**むっと**(副・自スル) ❶相手の言動により怒《いか》りがこみあげるようす。また、怒《おこ》っておしだまるようす。「乱暴なもの言いに—なる」「—した表情」❷熱気や、いやなにおいが満ちているようす。「—する人いきれ」

**むつまじ・い**『◇睦まじい』(形) {カロ・カッ(ク)・イ・イ・ケレ・○} 気が合って仲がいい。「仲—夫婦」

**むていけい**【無定型】(名) 一定の形式がないこと。「—短歌」

**むていけん**【無定見】(名・形動ダ) きちんとした考えや意見がなく、他人の言うことにすぐ動かされること。

**むていこう**【無抵抗】(名・形動ダ) 相手の暴力、圧力などに対して、てむかわないこと。「—主義」

**むてかつりゅう**【無手勝流】(名) ❶戦わないで勝つこと。また、その方法。❷自分だけのやり方。自己流。

**むてき**【無敵】(名・形動ダ) 相手になる敵がいないほど強いこと。「天下—」

**むてき**【霧笛】(名) 霧《きり》の深いとき、航海の安全のために灯台や船などで鳴らす合図の汽笛。きりぶえ。

**むてっぽう**『×無鉄砲』(名・形動ダ) あとさきのことを考えないで行動すること。向こう見ず。「—な男」

**むでん**【無電】(名)「無線電信」「無線電話」の略。

**むどう**【無道】(名・形動ダ) 人の道にはずれた行いをすること。「—なふるまい」

**むとうは**【無党派】(名) どの政党にも属さないこと。また、支持する特定の政党がないこと。「—層」

**むどく**【無毒】(名・形動ダ) 毒がないこと。対有毒

**むとくてん**【無得点】(名) 試合や試験などで、得点がないこと。「—に終わる」

**むとどけ**【無届け】(名) 届け出ないこと。必要な届けを出さないで、事を行うこと。「—集会」

**むとんちゃく**【無頓着】(名・形動ダ) 物事を気にかけないで平気なようす。「服装に—な男」参考「むとんじゃく」とも読む。

**むないた**【胸板】(名) ❶胸の平たい部分。「厚い—」❷よろいの胸をおおう部分。

**むなぎ**【棟木】(名) 屋根の棟《むね》に使う木。むねぎ。

**むなくそ**【胸くそ】『胸△糞』(名)《俗語》胸のぞんざいな言い方。気分。「—が悪い」

**むなぐら**【胸ぐら】『胸倉』(名) 着物の左右の襟《えり》の合わせ目のあたり。「—をつかむ」

**むなぐるし・い**【胸苦しい】(形) {カロ・カッ(ク)・イ・イ・ケレ・○} 胸が押《お》しつけられるような感じで苦しい。「—・くなって目が覚めた」

**むなげ**【胸毛】(名) 胸にはえている毛。

**むなさき**【胸先】(名) 胸のあたり。胸の前。「—三寸(=胸の内。心の内)」

**むなさわぎ**【胸騒ぎ】(名) なんとなく悪いことが起こるような感じがして、心配で胸がどきどきすること。「—がしてしかたがない」

**むなざんよう**【胸算用】(名・自他スル) もうけや

損得などを、心の中でひそかに見積もること。むねざんよう。「—がはずれる」

**むなし・い**『◇空しい・◇虚しい』（形）〔カロ・カツ(ク)・イ・イ・ケレ・○〕❶内容がなくからっぽである。「—議論」❷役に立たない。むだである。「善戦—・く敗れる」❸あっけなくはかない。「この世は—」❹（「むなしくなる」の形で）死ぬ。

**むなつきはっちょう**【胸突き八丁】（名）❶山頂近くの急でけわしい上り道。❷物事をなしとげる手前の、最も苦しいところ。「—にさしかかる」

**むなびれ**【胸びれ】『胸△鰭』（名）魚類のえらの後方についている、一対《いっつい》のひれ。

**むなもと**【胸元】（名）胸のあたり。むなさき。

**むに**【無二】（名）かけがえのないこと。二つとないこと。「—の親友」類無比・無類

**ムニエル**〔フランス meunière〕（名）魚に小麦粉をまぶし、バターで両面を焼いた料理。「したびらめの—」

**むにんしょだいじん**【無任所大臣】（名）特定の省を担当しない大臣。

**むね**【旨】（名）述べたことに含《ふく》まれている意味や考え。「その—を伝える」

**むね**『◇宗』（名）第一とすること。主とすること。「簡素を—とする」参考「旨」とも書く。

**むね**【胸】（名）❶からだの前面で、腹の上から首までの部分。「—を張る」「手を—に当てる」❷心。心中。「—に秘める」❸心臓。「—がどきどきする」❹肺。「—を病《や》む」❺胃。「—がむかむかする」

**胸が痛《いた》む** 悲しみ・心配・つらさのために苦しい思いをする。「残された子どもたちのことを思うと—」

**胸が一杯《いっぱい》になる** 喜び・感動・悲しみなどで心がみたされる。

**胸が躍《おど》る** 楽しさ・うれしさ・希望などで、心がわくわくする。心がはずむ。「明日からの旅を思うと—」

**胸が裂《さ》ける** →むねがはりさける

**胸が騒《さわ》ぐ** 悪いことが起こりそうで、心が落ち着かない。むなさわぎがする。「しきりに—」

**胸が締《し》め付《つ》けられる** 苦しいほどせつない気持ちになる。

**胸がすく** 胸のつかえがおりてすっきりする。心がさっぱりする。「—ようなホームラン」

**胸が潰《つぶ》れる** 悲しみや心配のために、心が強くしめつけられるように感じる。また、ひどく驚《おどろ》く。

**胸が詰《つ》まる** 悲しみや喜び・感動で心がたかぶる。

**胸が張《は》り裂《さ》ける** つらさ・悲しさ・くやしさなどで耐《た》えきれないような苦しい気持ちになる。

**胸が塞《ふさ》がる** 心配や悲しみで心がいっぱいになる。「旧友の死を知って—思いだ」

**胸が焼《や》ける** 胃が熱っぽく感じられて不快である。胸やけがする。「油ものを食べすぎて—」

**胸に一物《いちもつ》** 心にたくらみがあるようす。「—ある人」

**胸に描《えが》く** 想像する。「幸福な生活を—」

**胸に刻《きざ》む** 忘れないように心の中にしっかり覚えておく。「先生のことばを—」

**胸に迫《せま》る** ある思いがこみあげて強く心を動かす。「万感《ばんかん》—」

**胸に畳《たた》む** 自分の心の中だけにしまっておく。胸に納《おさ》める。「このことは私一人の胸にたたんでおこう」

**胸に手《て》を置《お》く** 落ち着いてよく考える。胸に手を当てる。「胸に手を置いて考えればわかるはずだ」

**胸のつかえが下《お》りる** 心配事がなくなり、すっきりした気分になる。

**胸を打《う》つ** 強く心に感じさせる。感動を与《あた》える。

**胸を躍《おど》らせる** 希望やうれしさなどで心をわくわくさせる。「新しい仕事に—」

**胸を借《か》りる** 自分より強い相手にけいこをつけてもらう。特に、すもうでいう。「横綱《よこづな》の—」

**胸を焦《こ》がす** 恋《こい》などの思いがつのり、苦しいほど思いなやむ。思い焦がれる。「恋に—」

**胸を突《つ》かれる** はっとさせられる。驚《おど》かされる。「一瞬《いっしゅん》—」

**胸を撫《な》で下《お》ろす** ほっとする。一安心する。「無事を知って—」

**胸を弾《はず》ませる** 期待や喜びで、うきうきする。「希望に—」

**胸を張《は》る** 胸をそらせ、得意げなようすをする。自信があり、誇《ほこ》らしげなようすをする。

**胸を膨《ふく》らませる** うれしさ・楽しさ・希望などで心がいっぱいになる。「期待に—」

**むね**【棟】 一 （名）❶屋根のいちばん高いところ。「—を競う」❷棟木《むなぎ》。 二 （接尾）建物を数えることば。「家屋二—《ふたむね》」

**むねあげ**【棟上げ】（名）家を建てるときにその骨組みができて、その上に棟木《むなぎ》を上げること。また、それを祝う儀式《ぎしき》。上棟《じょうとう》。建て前。「—式」

**むねやけ**【胸焼け】（名）みぞおちから食道にかけて感じる、焼けるような不快感や痛み。

**むねわりながや**【棟割り長屋】（名）一棟の家を壁《かべ》でしきって、何家族かが住めるようにした家。

**むねん**【無念】（名・形動ダ）❶くやしく思うこと。「—の涙《なみだ》」❷心に何も思わないこと。「—無想」

**むねんむそう**【無念無想】（名）心に何も考えないこと。「—の境地」

**むのう**【無能】（名・形動ダ）仕事などをする能力のないこと。また、その人。「—な役人」対有能

**ムハンマド**〔Muhammad〕【人名】（五七〇?～六三二）イスラム教の開祖。四〇歳《さい》のころメッカ郊外《こうがい》でアッラーの神の啓示《けいじ》を受けイスラム教を開いた。アラビアを統一し、イスラム帝国発展のもとをつくった。マホメット。

**むひ**【無比】（名・形動ダ）他に比べるものがないほどであること。「当代—」「痛快—」類無二・無類

**むひつ**【無筆】（名）読み書きができないこと。

**むひはん**【無批判】（名・形動ダ）事のよしあしを少しも考えないこと。「—に受け入れる」

**むひょう**【霧氷】（名）霧《きり》が木の枝などにこおりついたもの。樹氷など。

**むびょう**【無病】（名）病気をしないこと。

**むひょうじょう**【無表情】（名・形動ダ）物事に対する感情の動きが顔にあらわれないこと。「—な顔」

**むびょうそくさい**【無病息災】（名）病気をしないで元気なこと。

**むふう**【無風】(名) ❶風がないこと。❷混乱・波乱がなくて、おだやかなこと。「—の選挙区」

**むふうちたい**【無風地帯】(名) ❶赤道付近の一年じゅうほとんど風の吹《ふ》かない所。赤道無風帯。❷さわぎや争いのないおだやかな場所。

**むふんべつ**【無分別】(名・形動ダ) 物事のよしあしを見分ける力のないこと。前後のわきまえのないこと。「—な行動」

**むへんだい**【無辺大】(名・形動ダ) 限りなく大きいこと。はてしなく広がっていること。「—の宇宙」

**むほう**【無法】(名・形動ダ) ❶法や秩序《ちつじょ》が守られていないこと。「—地帯」❷道理に反した行動をとること。乱暴なこと。「—者《もの》」類無体

**むぼう**【無謀】(名・形動ダ) 結果をよく考えないで強引《ごういん》な行動をすること。むてっぽう。「—な計画」

**むぼうび**【無防備】(名・形動ダ) 危険や災害などに対して、そなえをしていないこと。

**むほん**【謀反】『謀△叛』(名・自スル) 家来が主人にそむいて、兵をあげること。そむくこと。「—を起こす」

**むま**【夢魔】(名) ❶夢の中にあらわれて人を苦しめるという悪魔。❷不安や恐怖《きょうふ》を感じさせる夢。

**むみ**【無味】(名・形動ダ) ❶味がないこと。「—無臭《むしゅう》」❷おもしろみがないこと。つまらないこと。

**むみかんそう**【無味乾燥】(名・形動ダ) おもしろみ・味わいなどがないこと。「—な文章」

**むめい**【無名】(名) ❶名前がないこと。❷名前を書かないこと。無記名。❸名前がわからないこと。「—戦士」❹世間に名前を知られていないこと。「—の音楽家」対有名

**むめい**【無銘】(名) 書画・刀剣《とうけん》などに作者名がしるされていないこと。また、そのもの。

**むめいし**【無名指】(名) くすりゆび。

**むやみ**『×無闇』(形動ダ)〔ダロ・ダッ(デ・ニ)・ダ・ナ・ナラ・○〕❶よく考えないで物事をするようす。「—に人を信用する」「—にこわがる」❷度を越《こ》しているようす。「—やたらにどなる」

**むゆうびょう**【夢遊病】(名)《医》眠《ねむ》っているとき、無意識に起き出して、何かをしたり歩いたりするが、目がさめてから、そのことをまったく思い出せない病気。

**むよう**【無用】(名・形動ダ) ❶必要のないこと。「心配—」❷役に立たないこと。対有用。❸してはならないこと。「天地—(=上下を逆にしてはいけない)」❹用のないこと。「—の者立ち入り禁止」

**無用の長物《ちょうぶつ》** あってもかえって邪魔《じゃま》になり、役に立たないもの。

**むよく**【無欲】『無△慾』(名・形動ダ) 欲がないこと。欲ばらないこと。「—の勝利」対貪欲《どんよく》

**むら**【村】(名) ❶いなかで、人家の集まっている地域。村落。「山間《やまあい》の—」❷地方公共団体の一つで、町より小さいもの。

**むら**『◇斑』(名) ❶色の濃《こ》い薄《うす》いがあって一様でないこと。まだら。「塗装《とそう》に—がある」❷気分などの変わりやすいこと。「気持ちに—がある」❸物事が一定しないこと。安定しないこと。「成績に—がある」

**むら**【群】『△叢』(名) たくさんむらがり集まった状態。むれ。「—雲」

**むらが・る**【群がる】(自五)〔ラ(ロ)・リ(ッ)・ル・ル・レ・レ〕たくさんの人や生き物が一つの所に集まる。「はえが食べ物に—」類群れる

**むらき**【むら気】『◇斑気』(名・形動ダ) 気持ちが変わりやすく安定していないこと。移り気なようす。むらぎ。「—な性格」

**むらくも**【群雲】『△叢雲』(名) むらがり集まった雲。ひとむれの雲。「月に—花に風」

**むらさき**【紫】(名) ❶『植』ムラサキ科の多年草。山野に自生し、夏に白い小花が咲《さ》く。根は染料にする。❷紫色。赤と青の中間色。❸しょうゆのこと。

**むらさきしきぶ**〔紫式部〕【人名】(九七八?~一〇一六?) 平安時代中期の女性文学者。「源氏《げんじ》物語」の作者。夫藤原宣孝《ふじわらののぶたか》との死別後、一条天皇の中宮《ちゅうぐう》彰子《しょうし》に仕えた。作品はほかに「紫式部日記」、家集「紫式部集」がある。

**むらさきしきぶにっき**〔紫式部日記〕【作品名】平安時代中期の日記。紫式部作。一〇一〇(寛弘《かんこう》七)年ごろ成立。作者が一条天皇の中宮《ちゅうぐう》彰子《しょうし》に仕えた当時の宮中でのいろいろな行事を中心にしるしたもの。

**むらざと**【村里】(名) いなかで、人家の集まっている所。村落。

**むらさめ**【村雨】『△叢雨』(名) ざあっと降ってすぐやむ雨。にわか雨。とおり雨。驟雨《しゅうう》。

**むらさめの…** 和歌
〔**村雨の　露《つゆ》もまだひぬ　槙《まき》の葉《は》に　霧《きり》立《た》ちのぼる　秋《あき》の夕《ゆふ》ぐれ**〕〈新古今集《しんこきんしゅう》・寂蓮《じゃくれん》〉訳さあっと降って通り過ぎたにわか雨の露もまだ乾《かわ》かない槙(=杉《すぎ》やひのきなど)の葉に、谷間から霧が立ちのぼってくる秋の夕暮れよ。(小倉《おぐら》百人一首の一つ)

**むらしぐれ**【村○時雨】『△叢○時雨』(名) 初冬のころの、何度も降ったりやんだりする雨。

**むら・す**【蒸らす】(他五)〔サ(ソ)・シ・ス・ス・セ・セ〕蒸れるようにする。たきあがったご飯などを、ふたをとらずにしばらくおき、ふっくらとさせる。「茶葉をよく—」

**むらはずれ**【村外れ】(名) 村のはしのあたり。村落のとぎれるあたり。「—の一軒家《いっけんや》」

**むらはちぶ**【村八分】(名) ❶村のしきたりや約束を守らなかった者を、村民全部がのけものにすること。❷仲間はずれにすること。

**むらむら**(副・自スル) よくない心や怒《いか》りなどが急にこみあげてくるようす。「怒りが—(と)こみ上げる」

**むり**【無理】(名・形動ダ) ❶筋道が通らないこと。「—を通す」「—を言うな」❷しいて何かをすること。「—に実行する」「—をしてからだをこわす」❸その事をするのがむずかしいこと。「—なお願い」

**無理が通《とお》れば道理《どうり》が引《ひ》っ込《こ》む** 道理にはずれたことが世間で通用すると、道理にかなったことが行われなくなる。

**無理もない** もっともだ。当然だ。「驚《おどろ》くのは—」

**むりおし**【無理押し】(名・他スル) 物事をむりやりに押し進めること。「世論に反して—する」

**むりかい**【無理解】(名・形動ダ) ものの道理や相

手の気持ちがわからないようす。「周囲の—に苦しむ」

**むりさんだん【無理算段】**（名・他スル）むりをして物事やおかねなどのやりくりをつけること。

**むりし【無利子】**（名）利子がつかないこと。無利息。

**むりじい【無理強い】**（名・他スル）いやがっていることをむりにさせようとすること。強制。「酒を—する」

**むりしんじゅう【無理心中】**（名・自スル）死ぬ気ではない相手を無理やりに殺して、自分も死ぬこと。

**むりすう【無理数】**（名）《数》分数の形で表せない実数。たとえば、√3など。対有理数

**むりなんだい【無理難題】**（名）道理にはずれたむりな要求や言いがかり。「—をふっかける」

**むりむたい【無理無体】**（名・形動ダ）相手の意向も考えずに、むりなことを強行したり強制したりするようす。「—な要求」

**むりやり【無理やり】**（副）なにがなんでもと、強引《ごういん》にするようす。「いやがる子どもを—連れて行く」

**むりょう【無料】**（名）料金がいらないこと。ただ。「入場は—です」…化「送料の無料化」対有料

**むりょう【無量】**（名）はかり知れないほど量が多いこと。「感慨《かんがい》—」

**むりょく【無力】**（名・形動ダ）あることを実行・実現するための能力・勢力・財産などのないこと。「—感にとらわれる」対有力

**むるい【無類】**（名・形動ダ）他に比べるもののないこと。「珍《ちん》—」「—のお人よし」類無二・無比

**むれ【群れ】**（名）多くの人や動物が寄り集まっていること。また、その集団。「羊の—」「—をなす」

**む・れる【群れる】**（自下一）〔レ・レ・レル・レル・レレ・レロ(レヨ)〕たくさんの人や動物が一か所に寄り集まる。「似た者どうしで—・れて行動する」類群《むら》がる

**む・れる【蒸れる】**（自下一）〔レ・レ・レル・レル・レレ・レロ(レヨ)〕❶食物に湯気や熱がじゅうぶんに通ってやわらかくなる。「ご飯が—」❷熱気や湿気《しっけ》がこもる。むし暑く不快に感じる。「人いきれで—」「足が—」

**むろ【室】**（名）❶温度や湿度《しつど》を一定に保つために壁《かべ》などで囲った所。❷土や岩をほって作った穴。

**むろうさいせい**〔室生犀星〕【人名】（一八八九〜一九六二）詩人・小説家。情熱的な感情の中にかなしみをたたえた作風で、詩集「愛の詩集」「抒情《じょじょう》小曲集」、小説「あにいもうと」「杏《あんず》っ子」などがある。

**むろざき【室咲き】**（名）温室などの中で早く花を咲かせること。また、早く咲かせた花。

**むろまちじだい【室町時代】**（名）《歴》足利《あしかが》氏が京都の室町に幕府を開いていた時代で、一三三六（延元元）年から一五七三（天正元）年までの間。足利時代。

**むろん【無論】**（副）言うまでもなく。もちろん。「—、そのとおりだ」

**むんずと**（副）激しい勢いや力をこめるようす。むずと。「うでを—つかむ」

**むんむん**（副・自スル）においや熱気などが、充満《じゅうまん》しているようす。「場内は人いきれで—（と）している」

## め　メ

**め【女】**（名）おんな。女性。

**め【目】**〔◇眼〕■一（名）❶動物の、物を見るはたらきをする器官。まなこ。「青い—」❷物を見るときの目のようす。目つき。「—で伝える」❸見ること。見えること。「よく—に触《ふ》れる」「何も—にはいらない」❹見る方向。視線。「—のやり場にこまる」❺注目。注意。「—をひく」❻見る力。視力。「—が弱い」「—が悪い」❼ものを見分ける力。また、ものを見るときの見方。「—が高い」「疑いの—で見る」「専門家の—」❽目に見える姿やようす。「見た—がよい」❾あることに出あうこと。経験。「ひどい—にあう」❿目玉の形をしているもの。「台風の—」⓫小さな穴。または、縦横に交わったもののすきまや交わった所。「網《あみ》の—」「碁盤《ごばん》の—」⓬歯の形に並んだもの。「のこぎりの—」⓭寒暖計・はかりなどの分量や程度を表す、きざんだしるし。めもり。「はかりの—」⓮さいころにつけた、数を表すしるし。「さいの—」⓯木材の切り口に出る模様。木目《もくめ》。

■二（接尾）❶数を表すことばについて、物事の順序を表す。「二番—」「三人—」❷そういう傾向《けいこう》や性質をもっていることを表す。「少な—」「濃《こ》い—」「落ち—」❸二つのものの接点や境、ある時点などを表す。「結び—」「切れ—」「季節の変わり—」

**目が利《き》く**　もののよしあしや本物かにせ物かなどを見分ける力がある。「骨董《こっとう》に—」

**目が眩《くら》む**　❶めまいがする。❷心がうばわれて正しい判断ができなくなる。「欲に—」

**目が肥《こ》える**　よいものを多く見て、ものを見分ける力が確かになる。「骨董《こっとう》品に目が肥えている」

**目が冴《さ》える**　興奮して眠《ねむ》れなくなる。

**目が覚《さ》める**　❶眠《ねむ》りからさめる。眠けが去る。❷迷いがとけて本心にたちかえる。「さとされて—」❸すばらしさにはっとする。「目の覚めるような美人」

**目が据《す》わる**　怒《おこ》ったり酔《よ》ったりして、一点を見つめて視線が動かなくなる。

**目が高《たか》い**　よいものを見分ける力がすぐれている。

**目が点《てん》になる**　《俗語》驚《おどろ》いてあっけにとられる。

**目が届《とど》く**　注意がゆきわたる。「細部にまで—」

**目がない**　❶物事を判断する力がない。「人を見る—」❷たいそう好きである。「甘《あま》いものに—」

**目が離《はな》せない**　（用心や期待のため）たえず注意・監視《かんし》していなければならない。「彼《かれ》の動きから—」

**目が回《まわ》る**　❶目まいがする。目がくらむ。❷ひじょうにいそがしいことのたとえ。

**目から鱗《うろこ》が落《お》ちる**　（「新約聖書」のことばから）あることがきっかけになって、それまでわからなかったことが、急によくわかるようになるたとえ。

**目から鼻《はな》へ抜《ぬ》ける**　きわめてかしこく、理解や対応が早い。ぬけ目なくすばしこい。「—利発さ」

**目から火《ひ》が出《で》る** 頭などを強くぶつけたときの目がくらむ感じをいうことば。
**目じゃない** 取るに足りない。相手として問題にならない。「あんなやつ―」
**目と鼻《はな》の先《さき》** ほんの少ししか離《はな》れていないこと。目と鼻の間。「―に学校がある」
**目に余《あま》る** あまりにひどすぎて、だまって見ていることができない。「―身勝手さ」
**目に角《かど》を立《た》てる** おこってするどい目つきで見る。
**目にする** 見る。見かける。「よく―看板」
**目に立《た》つ** 人の注意をひく。目につく。目だつ。
**目につく** ❶目だって見える。「観客の少なさが―」❷目先にちらついて離《はな》れない。
**目に留《と》まる** ❶たまたま見て気づく。「誤植が―」❷見て関心をひかれる。「作品が審査員の―」
**目には目《め》を歯《は》には歯《は》を** (バビロニア王国の王ハンムラビが発布した「ハンムラビ法典」のことばから)受けた害に対しては、同じような行いで仕返しをすること。
**目に触《ふ》れる** 見える。目につく。「―所に置く」
**目に見《み》えて** 見てはっきりわかるほどに。いちじるしく。「―上達する」
**目にも留《と》まらぬ** ひじょうにすばやい。「―早わざ」
**目に物《もの》見《み》せる** ひどいめにあわせて思い知らせる。
**目の色《いろ》を変《か》える** ❶おこったり驚《おどろ》いたりして、目つきを変える。❷自分のものにしようと必死になる。
**目の上《うえ》のこぶ** 自分が活動するうえでとかくじゃまになる人のたとえ。目の上のたんこぶ。
**目の敵《かたき》** 何かにつけて、にくらしく思うこと。また、その相手。「―にする」
**目の黒《くろ》いうち** 生きている間。命のあるうち。
**目の毒《どく》** ❶見ると悪い影響《えいきょう》を受けるもの。❷見るとほしくなるもの。
**目の中《なか》に入《い》れても痛《いた》くない** 子どもなどを、たいへんかわいがるようす。目に入れても痛くない。
**目の前《まえ》が暗《くら》くなる** (めまいがしたときの感じから)希望がまったく失われる。
**目は口《くち》ほどに物《もの》を言《い》う** 感情のこもった目つきは、話すのと同じくらい相手に伝わる。
**目も当《あ》てられない** あまりにひどい状態で、見るにたえない。「―惨状《さんじょう》」
**目もくれない** 見ようともしない。関心を示さない。「興味のあること以外には―」
**目を疑《うたが》う** 見たことが信じられないほどふしぎに思われる。あまりの意外さにびっくりする。「―ような光景」
**目を奪《うば》われる** すっかり見とれる。
**目を覆《おお》う** ❶目をかくす。❷ひどいありさまで、見るのにたえられない。「むごたらしさに―」
**目をかける** かわいがってめんどうをみる。
**目を配《くば》る** ぬかりのないようにあちこち注意してよく見る。「要所要所に―」
**目を晦《くら》ます** 相手の目をごまかす。「追っ手の―」
**目を凝《こ》らす** じっと注意して見つめる。
**目を皿《さら》にする** 物をさがすときや驚《おどろ》いたときなどに、目を大きく見開く。
**目を三角《さんかく》にする** おこってこわい目つきをする。
**目を白黒《しろくろ》させる** ❶もだえ苦しんで眼球をせわしなく動かす。❷驚《おどろ》いてまごつく。
**目をそらす** 今まで見ていたものから視線をはずす。また、直面する物事を見ないようにする。目をそむける。「現実から―」
**目をつける** 特に関心をもって見る。注目する。「人の気づかないところに―」
**目をつぶる** ❶まぶたを閉じる。また、死ぬ。❷見て見ぬふりをする。「不始末に―」
**目を通《とお》す** 書き物などをひととおり見る。ざっと読む。「書類に―」
**目を留《と》める** たまたまそこに注目する。
**目を盗《ぬす》む** 人に見つからないように、こっそりとする。
**目を光《ひか》らす** あやしいと思って、よく気をつけて見張る。監視《かんし》する。「出入りする人に―」
**目を引《ひ》く** 人の注意を引きつける。注目を集める。「はでな服装が―」
**目を細《ほそ》める** たいへんかわいく、また、うれしく思って目を細くしてほほえむ。
**目を丸《まる》くする** びっくりして、目を見ひらく。
**目を回《まわ》す** ❶気絶する。「頭を打って―」❷たいそういそがしく、あわてるようす。「いそがしさに―」
**目を見張《みは》る** 驚《おどろ》きや感動のために、目を大きく見開く。「―成長ぶり」「美しさに―」
**目をむく** おこって、目を大きく見開く。
**目を向《む》ける** 視線を向ける。また、今まで考えようとしなかったことを考える。「未来に―」
**目をやる** そちらのほうに視線を向ける。目を向ける。

**め【芽】**(名) ❶〘植〙植物で、生長して葉・花・枝となる部分。「―を吹《ふ》く」❷〘動〙卵の黄身の上面にあって、やがてひなとなる部分。❸新しく生じ、今後発展・成長しようとするもの。「才能の―をのばす」
**芽が出《で》る** ❶草木の芽が萌《も》え出る。❷努力してきたことが効果を現しはじめる。成功のきざしが見える。「苦労のすえやっと―」
**芽を摘《つ》む** これから進行しそうなものを、早いうちにとりのぞく。「犯罪の―」

**めあかし【目明かし】**(名) 江戸《えど》時代、同心《どうしん》の下について、犯人をとらえる仕事をした人。おかっぴき。
**めあき【目明き】**(名) ❶目の見える人。❷文字の読める人。❸物事の道理のわかる人。
**めあたらし・い【目新しい】**(形) {カロ・カッ(ク)・イ・イ・ケレ・○} 初めて目にしたような新しい感じがする。「―商品」
**めあて【目当て】**(名) ❶ねらいをつけているところ。目的。「財産―」❷よりどころになる目じるし。目標。「明かりを―に歩く」
**めあわ・せる**『△娶せる』(他下一) {セ・セ・セル・セル・セレ・セロ(セヨ)} 添《そ》わせて妻とする。結婚《けっこん》させる。めあわす。

**めい【名】** 6画 口3 小1 訓 な 音 メイ・ミョウ

ノクタタ名名

❶人や物の名前。⬘名字《みょうじ》・名跡《みょうせき・めいせき》・名義・名称《めいしょう》・名簿《めいぼ》・名目《めいもく・みょうもく》・⬙戒名《かいみょう》・改名・学名・仮名・記名・氏名・指名・襲名《しゅうめい》・署名・除名・人名・姓名《せいめい》・題名・地名・匿名《とくめい》・本名《ほんみょう》。❷

すぐれている。評判がいい。評判。◆名案・名画・名作・名士・名手・名所・名人・名声・名物・名門・名誉《めいよ》・名利《めいり・みょうり》。◆高名《こうめい・こうみょう》・声名・著名・有名・勇名。参考特別に、「仮名」は「かな」とも読む。「名残」は「なごり」と読む。

**めい【名】**［一］（名）名前。「姓と―」［二］（接頭）名高い、すぐれているの意を表す。「―場面」「―コンビ」［三］（接尾）人数を数えることば。「出席者三―」

**めい【命】** 8画 口5 小3 音 **メイ・ミョウ** 中 訓 **いのち** ノ 人 亼 合 合 命
❶いのち。◆命日・命脈 ◆救命・寿命《じゅみょう》・人命・生命・絶命・短命・長命・薄命《はくめい》・余命・落命。❷申しつける。いいつけ。◆命令 ◆使命・特命・任命・拝命。❸名づける。◆命名。❹めぐりあわせ。◆命運 ◆運命・宿命・天命。❺戸籍《こせき》。◆亡命

**めい【命】**（名）❶いのち。❷いいつけ。命令。「―にそむく」

**命旦夕《たんせき》に迫《せま》る** いのちが今夜かあすの朝までかというほどである。今にも死にそうである。

**めい【明】** 8画 日4 小2 音 **メイ・ミョウ** 訓 **あかり・あかるい・あかるむ・あからむ・あきらか・あける・あく・あくる・あかす** 丨 冂 日 日) 明 明
❶あかるい。あかり。ひかり。◆明暗・明月・明色・明眸《めいぼう》・明滅《めいめつ》・明朗 ◆光明《こうみょう》・照明・灯明《とうみょう》・透明《とうめい》・薄明《はくめい》。❷はっきりしている。あきらかにする。◆明快・明確・明記・明言・明細・明示・明白・明瞭《めいりょう》 ◆解明・簡明・自明・証明・説明・鮮明《せんめい》・不明・弁明。❸かしこい。◆明主・明哲《めいてつ》・明敏《めいびん》 ◆英明・賢明《けんめい》・聡明《そうめい》。❹あすの。つぎの。◆明後日《みょうごにち》・明朝《みょうちょう》・明日《みょうにち》・明晩《みょうばん》。参考特別に、「明日」は「あす」とも読む。

**めい【明】**（名）物事を見分ける力。「先見の―」

**めい【迷】** 9画 辶6 小5 音 **メイ** 中 訓 **まよう** 丶 丷 半 米 米 迷 迷
❶行く道がわからない。◆迷宮・迷走・迷鳥・迷路。❷どうしてよいかわからない。まよわせる。◆迷彩《めいさい》・迷信・迷惑《めいわく》 ◆頑迷《がんめい》・混迷・低迷。❸（「名」をしゃれて）とんでもない。わけのわからない。◆迷案・迷答・迷文。参考特別に、「迷子」は「まいご」と読む。

**めい【冥】** 10画 冖8 音 **メイ・ミョウ** 高 冖 冖 冐 冐 冥 冥
❶光がない。くらい。◆晦冥《かいめい》。❷死者の行く世界。あの世。◆冥界・冥土・冥途《めいど》・冥府・冥福。❸目に見えない神仏のはたらき。◆冥加《みょうが》・冥利《みょうり》

**めい【盟】** 13画 皿8 小6 音 **メイ** 日 明 明 明 盟 盟
ちかい。ちかう。約束をさだめる。◆盟主・盟邦《めいほう》・盟約 ◆加盟・血盟・結盟・同盟・連盟

**めい【盟】**（名）ちかい。同盟。「―を結ぶ」

**めい【銘】** 14画 金6 音 **メイ** 𠆢 金 金 金 金 銘
❶金属や石に名をきざむ。また、きざみつけた文。◆銘文 ◆刻銘・碑銘《ひめい》・墓碑銘《ぼひめい》・無銘。❷心にきざみつける。◆銘記 ◆感銘。❸名の知られた。◆銘菓《めいか》・銘茶・銘木

**めい【銘】**（名）❶石碑《せきひ》や器物などにきざみつけた文章。❷器物にきざみつけた製作者の名前。「刀の―」❸いましめのことば。「座右《ざゆう》の―」

**めい【鳴】** 14画 鳥3 小2 音 **メイ** 訓 **なく・なる・ならす** 口 口' 口' 口' 鳴 鳴
❶なく。なき声。◆鳴禽《めいきん》 ◆鶏鳴《けいめい》・悲鳴。❷なる。なりひびく。◆鳴弦《めいげん》・鳴動 ◆共鳴・雷鳴《らいめい》

**めい【姪】**（名）自分の兄弟・姉妹の娘《むすめ》。対甥《おい》

**めいあん【名案】**（名）よい考え。すぐれた思いつき。「それは―だ」

**めいあん【明暗】**（名）❶明るいことと暗いこと。❷対照的な二つのことがら。幸と不幸、勝利と敗北など。「人生の―」「―を分ける」❸絵や写真などで、色の濃淡《のうたん》や明るさ暗さの度合い。

**めいい【名医】**（名）すぐれた医者。

**めいう・つ【銘打つ】**（他五）{タ(ト)・チ(ツ)・ツ・ツ・テ・テ}（作者名をきざむ意から）物事に、ある名前をつけて宣伝する。「郷土名産と―・った織物」

**めいうん【命運】**（名）運命。さだめ。「会社の―をかけた事業」

**めいおうせい【冥王星】**（名）《天》海王星の外側をまわる星。かつて太陽系の第九の惑星《わくせい》とされていたが、準惑星に分類された。

**めいか【名家】**（名）❶代々すぐれた人が出ている有名な家がら。❷その道で名高い人。「書道の―」

**めいか【名菓】**（名）有名な菓子。

**めいか【名歌】**（名）有名な歌。すぐれた歌。

**めいか【銘菓】**（名）特別な名のある、有名な菓子。

**めいが【名画】**（名）すぐれた絵画や映画。「―を収集する」「―鑑賞《かんしょう》会」

**めいかい【明快】**（名・形動ダ）気持ちがよいほど、筋道がはっきりしていてわかりやすいこと。「―な解答」

**めいかい【冥界】**（名）死後の世界。冥土。

**めいかく【明確】**（名・形動ダ）はっきりしていて、疑わしい点やまぎらわしさのないこと。「態度を―にする」

**めいがら【銘柄】**（名）❶市場で、取り引きの対象となる商品や株券などの名称《めいしょう》。❷商品につけられた名称。商標。「一流の―」

**めいかん【名鑑】**（名）ある方面に関係のある人や物の名前を集めた本。名簿《めいぼ》。「美術家―」

**めいき【名器】**（名）すぐれた器物や楽器。

**めいき【明記】**（名・他スル）はっきり書くこと。「住所氏名を―する」

**めいき【銘記】**（名・他スル）深く心にとめて忘れないこと。「心に―する」

**めいぎ【名義】**（名）法的な書類などに表だってしるされる名前。「―の変更《へんこう》」

**めいきゅう【迷宮】**（名）❶中にはいると出口がわからなくなるように造った宮殿《きゅうでん》。❷犯罪事件などが、

手がかりがなくて解決できなくなること。「―入り」

**めいきょうしすい【明鏡止水】**（名）（くもりのない鏡と静かに澄《す》んだ水の意から）やましいところがなく、心が澄みきっているようす。「―の心境」

**めいきょく【名曲】**（名）有名な楽曲。すぐれた楽曲。

**めいぎん【名吟】**（名）すぐれた和歌・俳句・詩。

**めいく【名句】**（名）❶すぐれた表現で真実をついた文句。名言。「―を吐《は》く」❷すぐれた俳句。

**めいくん【名君】**（名）善政をおこなうすぐれた君主。

**めいくん【明君】**（名）かしこくすぐれた君主。対 暗君

**めいげつ【名月・明月】**（名）陰暦《いんれき》八月十五夜の月。また、陰暦九月十三夜の月。「中秋《ちゅうしゅう》の―」

**めいげつ【明月】**（名）晴れた夜にかがやく清く澄《す》んだ月。

**めいげつや…** 俳句
〔名月や　池《いけ》をめぐりて　夜《よ》もすがら〕〈芭蕉《ばしょう》〉訳 空には澄《す》んだ十五夜の月が出ている。その美しさにひきつけられて、池のまわりを一晩じゅうさまよったことだ。（季語「名月」秋）

**めいげつを…** 俳句
〔名月を　取《と》ってくれろと　泣《な》く子《こ》哉《かな》〕〈一茶《いっさ》〉訳 空にかがやく中秋《ちゅうしゅう》の名月、おんぶされながらあのきれいな月を取ってくれと泣いてねだる子のかわいらしさよ。（季語「名月」秋）

**めいげん【名言】**（名）うまく事の本質や真実を言いあてたすぐれたことば。「けだし―だ」

> **学習 比較《ひかく》**　「名言」「金言」
> **名言**　事の本質をうまく表現した気のきいたことばといったニュアンスで多く使われる。
> **金言**　人が生きていく上での教訓・手本となることばといったニュアンスで多く使われる。

**めいげん【明言】**（名・他スル）はっきり言いきること。言明。「必ず実行すると―する」

**めいこう【名工】**（名）名高い職人。すぐれた職人。

**めいさい【明細】** ■一（名・形動ダ）くわしくてはっきりしていること。「―な報告」■二（名）「明細書」の略。

**めいさい【迷彩】**（名）軍隊で、敵の目をごまかすために、戦闘《せんとう》服・戦車・建物などに周囲と区別のつきにくい色や模様《もよう》をほどこすこと。「―服」

**めいさいしょ【明細書】**（名）費用や品目などをくわしく書いたもの。明細書き。明細。

**めいさく【名作】**（名）有名な作品。すぐれた作品。

**めいさつ【名刹】**（名）名高い寺。

**めいさつ【明察】**（名・他スル）❶はっきりと事態を見ぬくこと。❷相手の推察を尊敬して言うことば。「ご―のとおりです」

**めいさん【名産】**（名）その土地でできる有名な産物。「―品」類 名物

**めいざん【名山】**（名）形の美しさなどで有名な山。

**めいし【名士】**（名）それぞれの方面で尊敬され、世間によく名を知られた人。有名人。「地方の―」

**めいし【名刺】**（名）名前・住所・職業・身分などを印刷した小形の紙のふだ。「―を交換《こうかん》する」

**めいし【名詞】**（名）〔文法〕品詞の一種。自立語で活用がなく、それだけで主語となることができる。物事の名前や呼び方などを表すことば。普通《ふつう》名詞・固有名詞・数詞・代名詞・形式名詞などが含《ふく》まれる。

**めいじ【明示】**（名・他スル）はっきり示すこと。「方針を―する」対 暗示

**めいじ【明治】**（名）日本の近代の年号。一八六八年九月八日から一九一二年七月三〇日まで。

**めいじいしん【明治維新】**（名）〔歴〕江戸《えど》幕府が倒《たお》れ、成立した明治政府によって行われた近代国家建設のための大改革。また、その過程。

**めいじつ【名実】**（名）名称《めいしょう》と実質。世間の評判と実際の中身。「―ともに第一人者だ」

**めいしゅ【名手】**（名）すぐれたうでまえの人。達人。「射撃《しゃげき》の―」

**めいしゅ【盟主】**（名）同盟を結んだ人びとや国々の、中心になる人や国。「―をもって任ずる」

**めいしゅ【銘酒】**（名）特別な名のある上等な酒。

**めいしょ【名所】**（名）景色のよさや、歴史上の事件などで有名な土地。「―旧跡《きゅうせき》」

**めいしょう【名匠】**（名）工芸などの分野で、特にすぐれたうでまえを持ち、名高い人。

**めいしょう【名将】**（名）すぐれた将軍・武将。

**めいしょう【名称】**（名）名前。呼び名。「新―を募集《ぼしゅう》する」「正式―」

**めいしょう【名勝】**（名）景色のよい有名な所。「―を訪れる」

**めいしょう【明証】**（名）はっきりした証拠《しょうこ》。

**めいじょう【名状】**（名・他スル）そのありさまを言い表すこと。「―しがたい光景だ」使い方 ふつう、あとに不可能・困難を表すことばがくる。

**めい・じる【命じる】**（他上一）〔ジ・ジ・ジル・ジル・ジレ・ジロ（ジヨ）〕❶言いつける。命令する。「退室を―」❷命令してある地位につける。任命する。「課長を―」❸名づける。

**めい・じる【銘じる】**（他上一）〔ジ・ジ・ジル・ジル・ジレ・ジロ（ジヨ）〕心にしっかりきざみつける。「肝《きも》に―」

**めいしん【迷信】**（名）人を迷わせるあやまった信仰《しんこう》。また、りくつに合わないあやまった言い伝え。「―を信じる」「―家（＝迷信にとらわれやすい人）」

**めいじん【名人】**（名）❶うでまえの特にすぐれた人。名手。達人。「弓の―」❷囲碁《いご》や将棋《しょうぎ》で最高の地位を表す称号《しょうごう》。「―戦」

**めいすい【名水】**（名）❶良質の水。名高い清水。「―百選」❷名高い川。

**めいすう【名数】**（名）❶同類のいくつかのものをまとめて、いつもきまった数をつけてとなえる呼び方。「三筆」「四天王」「七福神」など。❷〔数〕単位の名をそえて表した数。「三リットル」「五メートル」「八個」など。

**めいすう【命数】**（名）生命の長さ。寿命《じゅみょう》。いのち。また、天命。運命。「―が尽《つ》きる」

**めい・ずる【命ずる】**（他サ変）〔ジ（ゼ）・ジ・ズル・ズル・ズレ・ジロ（ゼヨ）〕→めいじる（命じる）

**めい・ずる【銘ずる】**（他サ変）〔ジ（ゼ）・ジ・ズル・ズル・ズレ・ジロ（ゼヨ）〕→めい

じる(銘じる)

**めいせい【名声】**(名) よい評判。「—を博する」

**めいせき【明△晰】**(名・形動ダ) あきらかではっきりしていること。「頭脳—」

**めいせん【銘仙】**(名) 平織りの絹織物の一種。安くじょうぶで、着物やふとん地などに使う。

**めいそう【名僧】**(名) 学識があり、徳のすぐれた僧。名高い僧。

**めいそう【迷走】**(名・自スル) どこへ行くかわからないまま不規則に進むこと。「台風が—を続ける」

**めいそう【△瞑想】**(名・自スル) 目を閉じて雑念を去り静かに深く考えること。「—にふける」類黙想《もくそう》

**めいそうじょうき【明窓浄机】**(名) 落ちついて仕事や勉強ができる部屋のこと。参考「明窓」は明るい窓、「浄机」は整理された美しい机の意。

**めいそうしんけい【迷走神経】**(名)〖生〗延髄《えんずい》から出ている神経。おもに、内臓・食道・気管支・喉頭《こうとう》などの運動・分泌《ぶんぴつ》などを調節している。

**めいだい【命題】**(名) ❶論理学や哲学《てつがく》で、あることがらについての判断内容を、「AとBは等しい」のようにことば・記号・式などで表したもの。❷課せられた問題。「困難な—に取り組む」

**めいだん【明断】**(名・他スル) はっきりとさばきをつけること。きっぱりとした判断。「—をくだす」

**めいちゃ【銘茶】**(名) 特別な名のある、上等な茶。

**めいちゅう【命中】**(名・自スル) ねらったものにぴたりと当たること。「標的に—する」類的中

**めいちょ【名著】**(名) すぐれた書物。有名な本。

**めいちょう【明澄】**(名・形動ダ) くもりなく澄《す》みわたっていること。「—な音色」

**めいっぱい【目一杯】**(副) ぎりぎりの限度まで。「—働く」

**めいてい【△酩△酊】**(名・自スル) ひどく酒に酔《よ》うこと。「すっかり—する」

**めいど【明度】**(名) 色の明るさ。また、その度合い。彩度《さいど》・色相《しきそう》とともに、色の三要素の一つとされる。

**めいど【冥土・冥途】**(名)〖仏〗死者の魂《たましい》が行くという所。あの世。冥府。「—の旅」

**メイド**(名) →メード

**めいとう【名刀】**(名) すぐれてよい刀。有名な刀。

**めいとう【名答】**(名) すぐれた答え。的確な答え。

**めいとう【明答】**(名・自スル) はっきりした答え。明確な答え。

**めいどう【鳴動】**(名・自スル) 大きなものが鳴りひびきながらゆれ動くこと。「大山《たいざん》—して鼠《ねずみ》一匹《いっぴき》」

**めいにち【命日】**(名) 毎年または毎月の、故人《こじん》が死んだ日と同じ日。「祥月《しょうつき》—」類忌日《きにち》

**めいはく【明白】**(形動ダ){ダロ・ダッ(デ・ニ)・ダ・ナ・ナラ・○} はっきりしていて疑う余地《よち》のないようす。「—な事実」類明瞭《めいりょう》

**めいび【明△媚】**(名・形動ダ) 自然の景色が清らかで美しいこと。「風光—」

**めいびん【明敏】**(名・形動ダ) かしこくて物の道理がよくわかること。「—な頭脳」

**めいふ【冥府】**(名) 冥土。あの世。

**めいふく【冥福】**(名) 来世での幸福。「ご—をお祈《いの》り申し上げます」

**めいぶつ【名物】**(名) ❶その土地の特産物。類名産。❷そこで評判になっているもの。「—男」

**めいぶん【名分】**(名) ❶身分に応じて守らなければならない道徳上のつとめ。「大義—」❷あることを行うときに示す表向きの理由。「—に欠ける」

**めいぶん【名文】**(名) 読む人をひきつけるすぐれた文章。「—家」対悪文

**めいぶん【明文】**(名) 条文としてはっきり書き表された文章。…化「規則を明文化する(=はっきり記す)」

**めいぼ【名簿】**(名) それに関係する人びとの姓名《せいめい》や住所などを列記した帳簿。「会員—」

**めいほう【盟邦】**(名) 同盟を結んでいる国。

**めいぼう【名望】**(名) 名声と人望。「—家」

**めいぼう【明△眸】**(名) 澄《す》んだ美しいひとみ。美しい目。使い方 ふつう、美しい女性について用いる。

**めいぼうこうし【明△眸△皓歯】**(名) 澄《す》んだ美しいひとみと白い歯ならび。美人をたたえて言うことば。

**めいぼく【名木】**(名) ❶いわれのある有名な木。❷すぐれた香木《こうぼく》。特に、伽羅《きゃら》をいう。

**めいぼく【銘木】**(名) 床柱《とこばしら》や天井《てんじょう》などに使う、形や材質のすぐれている木材。

**めいみゃく【命脈】**(名) いのち。いのちの続くこと。「—を保つ」

**めいめい【命名】**(名・自スル) 名前をつけること。「太郎と—する」「—式」

**めいめい【銘銘】**(名・副) おのおの。それぞれ。各自。「—意見を言う」

**めいめいざら【銘銘皿】**(名) 個々人に料理を取り分けるための皿。取り皿。

**めいめいはくはく【明明白白】**(形動ダ){ダロ・ダッ(デ・ニ)・ダ・ナ・ナラ・○}(「明白」を強めたことば)ひじょうにはっきりしていて少しも疑う余地《よち》のないようす。「—な事実」

**めいめつ【明滅】**(名・自スル) 明かりがついたり消えたりすること。「ネオンが—する」類点滅

**めいもう【迷妄】**(名) 物事の道理がわからないためにもつあやまった考え。心のまよい。

**めいもく【名目】**(名) ❶(実質をともなわない)表向きの名称《めいしょう》。「—だけの会長」❷表向きの理由。口実。「病気という—で休む」参考「みょうもく」とも読む。

**めいもく【△瞑目】**(名・自スル) ❶目を閉じること。❷安らかに死ぬこと。

**めいもくちんぎん【名目賃金】**(名)〖経〗物価の動きと関係なく、支払《しはら》われた金額で表示した賃金。対実質賃金

**めいもん【名門】**(名) 名の通った由緒《ゆいしょ》ある家がら。学校などについてもいう。「—の出」

**めいやく【名訳】**(名) すぐれた翻訳《ほんやく》。

**めいやく【盟約】**(名・他スル) かたい約束。かたくちかうこと。「—を結ぶ」

**めいゆ【明喩】**(名) →ちょくゆ

**めいゆう【名優】**(名) すぐれた俳優。有名な役者。

**めいゆう【盟友】**(名) かたくちかい合った友だち。

**めいよ【名誉】**一(名・形動ダ) りっぱなものだと世間の人から評価されること。ほまれ。「わが校の—だ」「不

ー」㊁（名）❶世間から認められて得た価値。体面。「ーを汚《けが》す」❷功績のあった人に、敬意を表して与《あた》えられる称号《しょうごう》。「ー市民」「ー会長」

**めいよきそん【名誉毀損】**（名）他人の名誉を傷つけること。「ーで訴《うった》える」

**めいよきょうじゅ【名誉教授】**（名）大学で、教授などとして勤務し功労のあった人に、退職後にその大学から贈《おく》られる称号《しょうごう》。

**めいよしょく【名誉職】**（名）手当をもらわないで従事する公職。「ーに就《つ》く」

**めいよばんかい【名誉▵挽回】**（名・自スル）一度失った名誉や低くなった評価を取りもどすこと。汚名《おめい》返上。「これはーの絶好のチャンスだ」

**めいり【名利】**（名）名誉《めいよ》と利益。「ーに超然《ちょうぜん》としている」参考「みょうり」とも読む。

**めいりゅう【名流】**（名）有名な人たち。名士。

**めいりょう【明瞭】**（名・形動ダ）はっきりしていること。明らかなこと。「簡単ー」「不ー」類明白

**めい・る【◇滅入る】**（自五）{ラ(ロ)・リ(ッ)・ル・ル・レ・レ}心がしずむ。暗い気持ちになる。「気がー」

**めいれい【命令】**（名・自他スル）上位のものが下位のものに、何かを行うように言いつけること。また、その内容。「ーに従う」「ーがくだる」

**めいれいけい【命令形】**（名）〔文法〕用言・助動詞の活用形の一種。命令・放任などの意味を表して言い切る形。「走れ」「見よ」「しろ」など。

**めいれいぶん【命令文】**（名）〔文法〕命令・禁止・強い希望などを表す文。「すぐ来い」「池で泳ぐな」「幸せであれ」など。

**めいろ【迷路】**（名）一度はいったら出られなくなるような、複雑に入りくんだ道。迷い道。

**めいろう【明朗】**（名・形動ダ）❶明るくてほがらかなこと。「ーな性格」❷うそやごまかしがなく、はっきりしていること。「ー会計」「不ー」

**めいろん【名論】**（名）すぐれた議論。

**めいろんたくせつ【名論卓説】**（名）すぐれた議論やりっぱな意見。「ーが百出する」

**めいわく【迷惑】**（名・自スル・形動ダ）他人のしたことがもとでいやな目にあったり、やっかいな思いをしたりして困ること。「人にーをかける」「ーな話だ」

**めいわくメール【迷惑メール】**（名）受信者が望まないのに、広告や勧誘《かんゆう》などの目的で送信される電子メール。スパムメール。▽メールは、英 mail

**メイン**（名）→メーン

**めうえ【目上】**（名）自分より地位や身分・年齢《ねんれい》の高いこと。また、その人。「ーの人をたてる」対目下

**めうち【目打ち】**（名）❶何枚も重ねた紙に突《っ》き刺《さ》して穴をあける道具。千枚どおし。❷切手などの切り目に、並んで小さくあけられた穴。

**めうつり【目移り】**（名・自スル）ほかの物を見て、そのほうにも心がひかれること。「ーして選べない」

**メーカー**〔英 maker〕（名）❶生産者。製造業者。「自動車ー」❷よい製品を作ることで名が通っている製造会社。「ー品」❸作りだす人・道具。「トラブルー」「コーヒーー」

**メーキャップ**〔英 make-up〕（名・自スル）化粧《けしょう》。メイクアップ。

**メーク**〔英 make〕（名・自スル）「メーキャップ」の略。化粧《けしょう》。メイク。「ナチュラルー」

**メーター**〔英 meter〕（名）❶速度・音・圧力などをはかる器具。計器。「スピードー」❷電気・ガス・水道の使用量やタクシーの料金などをはかる器具。自動計量器。「水道ー」❸→メートル

**メーデー**〔英 May Day〕（名）毎年五月一日に行われる世界的な労働者の祭典。

**メーテルリンク**〔Maurice Maeterlinck〕【人名】（一八六二〜一九四九）ベルギーの詩人・劇作家。パリに住み、神秘的・象徴《しょうちょう》的な詩や劇を書いて、現代文学に新しい面を開いた。童話劇「青い鳥」は名高い。

**メード**〔英 maid〕（名）❶家事を手伝う女性。お手伝いさん。❷ホテルの客室係の女性。（＝メイド）

**メートル**〔フランス mètre〕（名）メートル法の長さの基本単位。メーター。記号m

**メートルほう【メートル法】**（名）メートルを長さ、リットルを体積、キログラムを重さの基本単位とする、十進法にもとづいた国際的な度量衡法《どりょうこうほう》。国際単位系の基礎《きそ》。▽メートルは、フランス mètre

**メール**〔英 mail〕（名）❶郵便。郵便物。「エアー（＝航空《こうくう》郵便）」「ダイレクトー」❷「電子メール」の略。

**メール-アドレス**〔英 mail address〕（名）電子メールを送受信するときのあて先。アドレス。

**メール-マガジン**〔和製英語〕（名）登録した読者に電子メールで配信する記事や読みもの。メルマガ。▽mail と magazine から。

**メーン**〔英 main〕（名）おもなもの。主要なこと。メイン。「運動会のーは学年対抗《たいこう》リレーだ」

**メーン-イベント**〔英 main event〕（名）一連のもよおし物の中で、最も主要なもの。特に、ボクシングなどで、その日の主要な試合。「本日のー」

**メーン-スタンド**〔和製英語〕（名）競技場などの正面の観覧席。▽main と stand から。

**メーン-ストリート**〔英 main street〕（名）大通り。本通り。目抜《めぬ》き通り。

**メーン-ポール**〔和製英語〕（名）競技場などで、旗をあげる中央の最も高い柱。▽main と pole から。

**めおと【×夫婦】**（名）ふうふ。夫妻。「ー茶碗《ちゃわん》（＝男性用と女性用が一組になった茶碗）」参考「みょうと」とも読む。

**メカ**（名）「メカニズム①」の略。「ーに強い」

**メガ**〔英 mega〕（名）❶メートル法で、基本単位の一〇〇万倍の意を表すことば。記号M「ートン」❷巨大なこと。「ーバンク」

**めがお【目顔】**（名）目つき。目の表情。「ーで知らせる」

**めかくし【目隠し】**（名・自スル）❶布や手で目をおおって見えなくすること。❷家の中が外から見えないように囲うこと。また、そのへいや囲い。「窓のー」

**めかけ【▵妾】**（名）男性が、妻のほかに養って愛する女性。そばめ。

**めが・ける【目がける】【目掛ける】**（他下一）{ケ・ケ・ケル・ケル・ケレ・ケロ(ケヨ)}目標にする。ねらう。「的《まと》をー・けて射る」

**-めかし・い** （接尾）（形容詞・形容動詞の語幹などについて形容詞をつくる）…のように見える。「古—」

**めかしこ・む【めかし込む】** （自五）〔マ(モ)・ミ(ン)・ム・ム・メ・メ〕特別に身なりに気をくばっておしゃれをする。

**めがしら【目頭】** （名）目の、鼻に近いほうのはしの部分。「—を押《お》さえる」対目尻《めじり》

**目頭が熱《あつ》くなる** 感動して涙《なみだ》が出そうになる。

**-めか・す** （接尾）（名詞などについて動詞をつくる）…らしく見えるようにする。「冗談《じょうだん》—」

**めか・す** （自五）〔サ(ソ)・シ・ス・ス・セ・セ〕おしゃれをする。身なりをかざりたてる。めかしこむ。「—・して出かける」

**めかた【目方】** （名）物の重さ。「—がある(=重い)」

**メガトン** 〔英 megaton〕（名）❶重さの単位。一メガトンは一〇〇万トン。❷核爆弾《かくばくだん》の爆発力を表す単位。一メガトンはTNT火薬(=高性能の爆薬でできている火薬)一〇〇万トン分。

**メカニズム** 〔英 mechanism〕（名）❶機械の装置・構造。メカ。「オートバイの—」❷物の仕組み。組織。機構。「近代社会の—」

**めがね【◦眼鏡】** （名）❶視力を補う、または目を守るための、レンズを用いた器具。「度の強い—」❷物を見分ける力。めきき。「—がくるう(=判断を誤る)」

**めがねにかなう** 目上の人に認められ気に入られる。「上司の—」

**めがねちがい【◦眼鏡-違い】** （名）人物や品物の価値の判断をまちがえること。

**メガホン** 〔英 megaphone〕（名）声を遠くまで届《とど》かせるために、口にあてて使うらっぱ形のつつ。

**メガホンをとる** 監督《かんとく》として映画をつくる。

**めがみ【女神】** （名）女の神。女体神。

**メガロポリス** 〔英 megalopolis〕（名）いくつかの都市が帯状につらなってできあがった巨大《きょだい》な都市地帯。巨帯都市。「東海道—」

**めきき【目利き】** （名・他スル）刀剣《とうけん》・書画・器物などのよしあしや、本物かにせ物かを見分けること。また、それのうまい人。

**メキシコ** 〔Mexico〕【地名】北アメリカ大陸南部の連邦《れんぽう》共和国。メキシコ湾《わん》と太平洋にはさまれ、高地が多い。首都はメキシコシティ。

**めきめき** （副）進歩や成長がいちじるしいようす。「—(と)力をつける」

**-め・く** （接尾）（体言や副詞などについて動詞をつくる）…のように見える。…らしくなる。「春—」

**めくぎ【目くぎ】**『目◦釘』（名）刀身が柄《つか》からぬけないように、刀身と柄の穴に通すくぎ。

**めくじらをたてる【目くじらを立てる】** （「目くじら」は目のはしの意で）わずかなことをとりたてて、他人をそしり、とがめる。「—ほどのことではない」

**めぐすり【目薬】** （名）目が病気のときや、目が疲《つか》れたとき、目にさす薬。「—をさす」

**めくそはなくそをわらう**『目◦糞鼻◦糞を笑う』自分の欠点に気がつかないで、他人の欠点をあざ笑うことのたとえ。

**めくばせ【目配せ】** （名・自スル）目で合図して知らせること。目くわせ。「—して発言をうながす」

**めくばり【目配り】** （名・自スル）あちこちに目を向け、注意を行き届かせること。「—がきく」

**めぐま・れる【恵まれる】** （自下一）〔レ・レ・レル・レル・レレ・レロ(レヨ)〕必要なものをじゅうぶんに与《あた》えられて、不自由を感じない状態にある。「—・れた境遇《きょうぐう》」「天候に—」

**めぐみ【恵み】** （名）なさけをかけること。めぐむこと。また、そのめぐんだ金品。「—の雨(=神仏の助けによるものと思われるような雨)」

**めぐ・む【芽ぐむ】** （自五）〔マ(モ)・ミ(ン)・ム・ム・メ・メ〕草や木が芽を出しかける。芽ばえる。きざす。「草木が—」

**めぐ・む【恵む】** （他五）〔マ(モ)・ミ(ン)・ム・ム・メ・メ〕❶なさけをかける。あわれむ。❷あわれに思い金品をあたえる。ほどこす。

**めくら**『◦盲』（名）❶目の見えないこと。❷字の読めないこと。❸物事を見ぬく力のないこと。参考 差別的な意があり、用いないようにする。

**盲蛇《へび》に怖《お》じず** 事情を知らないと向こう見ずなことを平気でする。

**めぐら・す【巡らす】**『△廻らす』（他五）〔サ(ソ)・シ・ス・ス・セ・セ〕❶ぐるりと回す。「首《こうべ》を—」❷まわりを囲むようにする。「塀《へい》を—」❸頭や心などをはたらかせて、あれこれ考える。「思いを—」

**めくらばん**『◦盲判』（名）書類の内容をよく調べないで押《お》すはんこ。「—を押す」

**めくらめっぽう**『◦盲滅法』（名・形動ダ）見当をつけないで、むやみに物事をするようす。むやみやたら。

**めぐり【巡り】**『△廻り』（名）❶回ってもとへもどること。循環《じゅんかん》。「血の—(=頭のはたらき)が悪い」❷あちこちを順々に回って歩くこと。「お寺—」❸まわり。周囲。「池の—を歩く」

**めぐりあ・う【巡り合う】** （自五）〔ワ(オ)・イ(ッ)・ウ・ウ・エ・エ〕長い期間がたってようやく出あう。思いがけず出あう。「幸運に—」

**めぐりあひて**《メグリアイテ》…和歌
〔めぐりあひて　見《み》しやそれとも　わかぬまに　雲《くも》がくれにし　夜半《よは》の月《つき》かげ〕〈新古今集《しんこきんしゅう》・紫式部《むらさきしきぶ》〉訳久しぶりにめぐりあって、それが月かどうかもはっきりわからないうちに、雲にかくれてしまった夜中の月のように、あわただしく帰ってしまったあなたよ。（久しぶりに幼友だちに会い、別れたときのなごりおしさを詠《よ》んだ歌。小倉《おぐら》百人一首では第五句を「夜半の月かな」とする）

**めぐりあわせ【巡り合わせ】** （名）しぜんにそうなる運命。まわり合わせ。「不幸な—」

**めく・る**『△捲る』（他五）〔ラ(ロ)・リ(ッ)・ル・ル・レ・レ〕上にあるものをはがすように取って、その下のものが現れるようにする。

> **学習 比較《ひかく》** 「めくる」「まくる」
>
> **めくる** 重なっているものや上にのせてあるものをはがすように上げる。「トランプをめくる」「ページをめくる」「ふとんをめくる」
>
> **まくる** 垂れ下がっているものなどの端《はし》を下から上にまくように上げる。「シャツのそでをまくる」「うでをまくる」「しりをまくる」

**めぐ・る【巡る】**『△廻る』（自五）〔ラ(ロ)・リ(ッ)・ル・ル・レ・レ〕❶回る。

回転する。「水車が―」❷回ってもとへもどる。循環《じゅんかん》する。「血が―」「季節が―」❸まわりにそって進む。「池のほとりを―」❹あちこち順に回り歩く。「名所を―・り歩く」❺あることと、そのまわりのことに関連する。「生活環境《かんきょう》を―諸問題」

**めくるめ・く**〖目▵眩く〗(自五) ｛カ(コ)・キ(イ)・ク・ク・ケ・ケ｝ 目がくらくらする。目がくらむ。「―陽光」

**め・げる** (自下一) ｛ゲ・ゲ・ゲル・ゲル・ゲレ・ゲロ(ゲヨ)｝ 気弱になる。ひるむ。くじける。「困難にも―・げずにやり通す」

**めこぼし**【目こぼし】〖目▵溢し〗(名・他スル) 知っていて見のがすこと。とがめるべきことでも、大目に見ること。「お―にあずかる」

**めさき**【目先】(名) ❶目の前。「―にちらつく」❷目の前のこと。その場。「―の利害にとらわれる」❸近い将来の見通し。

**目先が利《き》く** 先のことが見通せる。

**目先を変《か》える** 人を飽《あ》きさせないように、いろいろと変化をつけてくふうする。「目先を変えた演出」

**めざし**【目刺し】(名) 数匹《すうひき》のいわしの目に藁《わら》・串《くし》などを通して連ねた干物《ひもの》。

**めざ・す**【目指す・目差す】(他五) ｛サ(ソ)・シ・ス・ス・セ・セ｝ 目当てとする。目標とする。「ゴールを―・して走る」

**めざと・い**【目ざとい】〖目◇敏い〗(形) ｛カロ・カッ(ク)・イ・イ・ケレ・○｝ ❶見つけるのがはやい。「―・く見つける」❷目がさめやすい。「年をとって少しの音にも―・くなる」

**めざまし**【目覚まし】(名) ❶目をさますこと。目をさまさせるもの。❷子どもが目をさましたときに与《あた》える菓子《かし》。おめざ。❸(「目ざまし時計」の略)設定した時刻にベルなどが鳴るしかけの時計。「―をかける」

**めざま・し**〔目覚まし〕(形シク) 古語 ❶気にくわない。心外だ。「初めよりわれはと思ひあがり給《たま》へる御かたがた、―・しき者におとしめ、嫉《そね》み給ふ」〈源氏物語〉訳はじめから自分こそはと思いあがっていらっしゃった御かたがたは、(桐壺《きりつぼ》の更衣《こうい》を)気にくわない者と低く見くだし、ねたみなさる。❷目がさめるくらいすばらしい。りっぱだ。「髪《かみ》のさがりば、―・しくもと見給ふ」〈源氏物語〉訳髪のたれぐあいが、目がさめるくらいすばらしいとごらんになる。

**めざまし・い**【目覚ましい】(形) ｛カロ・カッ(ク)・イ・イ・ケレ・○｝ 目がさめるくらいすばらしい。驚《おどろ》くほどりっぱだ。「―成長をとげる」「―活躍《かつやく》」

**めざめ**【目覚め】(名) ❶眠《ねむ》りからさめること。「気持ちのよい―」❷それまで気がつかなかった感情を意識すること。「恋《こい》の―」

**めざ・める**【目覚める】(自下一) ｛メ・メ・メル・メル・メレ・メロ(メヨ)｝ ❶眠《ねむ》りからさめる。「夜中に―」❷それまで気がつかなかった感情や知覚などがはたらき始める。「自我《じが》に―」❸好ましくない状態に気がついて本心に返る。「悪の道から―」

**めざわり**【目障り】(名・形動ダ) ❶物を見るのにじゃまになること。また、そのもの。❷見て不愉快《ふゆかい》になったり、気にさわったりすること。また、そのもの。「―な存在」

**めし**【飯】(名) ❶米をたいたもの。ごはん。❷食事。「―のたね」

**めじ**【目地】(名) 石材を積んだり、タイルをはったりしたときにできる継《つ》ぎ目。

**メシア**〔英 Messiah〕(名) 救世主。キリスト教ではイエスをさす。メシヤ。メサイア。

**めしあが・る**【召し上がる】(他五) ｛ラ(ロ)・リ(ッ)・ル・ル・レ・レ｝ 「食う」「飲む」の尊敬語。「何か―・りますか」

**めしあ・げる**【召し上げる】(他下一) ｛ゲ・ゲ・ゲル・ゲル・ゲレ・ゲロ(ゲヨ)｝ 政府などが所有物を取り上げる。没収《ぼっしゅう》する。

**めしかか・える**【召し抱える】(他下一) ｛エ・エ・エル・エル・エレ・エロ(エヨ)｝ 家来としてやとう。

**めした**【目下】(名) 自分より地位や身分・年齢《ねんれい》などが低いこと。また、その人。対目上

**めしつかい**【召し使い】(名) 家の中の雑用をさせるためにやとっている人。奉公人《ほうこうにん》。

**めしと・る**【召し捕る】(他五) ｛ラ(ロ)・リ(ッ)・ル・ル・レ・レ｝ 罪人をつかまえる。逮捕《たいほ》する。「下手人《げしゅにん》を―」

**めしびつ**【飯びつ】〖飯▵櫃〗(名) たいた飯を入れておく、木で作ったうつわ。おひつ。おはち。

**めしべ**【雌しべ】〖雌▵蕊〗(名) 〖植〗種子植物の花の中央にあって、種子を作る器官。柱頭・花柱・子房《しぼう》からなる。しずい。対雄《お》しべ。⇒花〈図〉

**メジャー**〔英 major〕━(名・形動ダ) 規模・重要度・知名度などが大きいこと。「―な観光地」「―デビュー(=音楽で、大手のレコード会社からのデビュー)」「―企業《きぎょう》」「―リーグ」━(名)〖音〗長調。長音階。(対マイナー)

**メジャー**〔英 measure〕(名) ❶計量。「―カップ」❷長さをはかる道具。特に、洋裁用の巻き尺。

**メジャーリーグ**〔英 major league〕(名) アメリカのプロ野球で、最上位にあるリーグ。ナショナルリーグとアメリカンリーグからなる。大リーグ。MLB。

**めじり**【目尻】(名) 目の、耳に近いほうのはしの部分。「―のしわ」対目頭《めがしら》

**目尻を下《さ》げる** うれしいときに満足そうな顔をする。女性に見とれたり、かわいい子どもを見ていたりするようすにも使う。

**めじるし**【目印】(名) 見てわかるようにつけるしるし。目当てとなるしるし。「旗を―にする」

**めじろ**〖目白〗(名)〖動〗メジロ科の小鳥。羽は黄緑色で、目のまわりが白い。鳴き声が美しい。

(めじろ)

**めじろおし**【めじろ押し】〖目白押し〗(名) (めじろは木の枝に何羽も並んでとまるところから)人や物事がこみ合ってならんでいること。「有望な選手が―だ」

**めす**【雌】〖▵牝〗(名) 動物で、卵巣《らんそう》をもち妊娠《にんしん》・産卵《さんらん》する能力をもつもの。対雄《おす》

**メス**〔オランダ mes〕(名) 手術や解剖《かいぼう》に使う小刀。

**メスを入《い》れる** ❶外科医などがメスを使って切開する。❷わざわいのもとを除くために思いきった手段をとる。「腐敗《ふはい》した政治に―」

**め・す**【召す】(他五) ｛サ(ソ)・シ・ス・ス・セ・セ｝ ❶「呼び寄せる」「取り寄せる」の尊敬語。「神に―・される(=死ぬ)」❷「食う」「飲む」「着る」「乗る」「入浴する」「かぜをひく」「年をとる」などの尊敬語。「おかぜを―」

**めずらし**〔珍し〕古語↓めづらし

**めずらし・い**【珍しい】(形) {カロ・カッ(ク)・イ・イ・ケレ・○} ❶まれである。めったにない。「—動物」「—客」「これは、お—(=久しぶりだ)」❷ふつうと違《ちが》っている。「—風習」

**メセナ**〔フランス mécénat〕(名) 企業《きぎょう》が資金を出すなどして文化・芸術活動を支援《しえん》すること。「—活動」参考古代ローマの政治家で文芸活動の保護に力を入れたマエケナス(Maecenas)に由来する。

**めせん**【目線】(名) ❶目を向けている方向。視線。「—をあわせる」❷その立場からの、物事の見方。「消費者—で考える」

**メゾ-ソプラノ**〔イタリア mezzo soprano〕(名)〔音〕女性の声の中で中ぐらいの高さの音域。ソプラノとアルトの中間。また、その声の歌手。

**メソッド**〔英 method〕(名) 研究や訓練、表現などの方法や方式。「演劇の—」

**めそめそ**(副・自スル) ❶弱々しく声をあげずに泣くようす。「—(と)泣く」❷いくじがなく、何かにつけてすぐ泣きそうになるようす。「ころんだくらいで—するな」

**めだか**〘目高〙(名)〔動〕淡水《たんすい》にすむ、メダカ科の小さな魚。田・池・小川などに群れをなしている。体長は三《センチ》《メートル》ぐらいで、目が大きい。

**メタセコイア**〔英 metasequoia〕(名)〔植〕ヒノキ科の落葉高木。化石植物と思われていたが、一九四〇年代に、中国奥地《おくち》で自生しているのが発見された。葉は線形で平べったい。あけぼのすぎ。

**めだ・つ**【目立つ】(自五) {タ(ト)・チ(ッ)・ツ・ツ・テ・テ} きわだって見える。特に目につく。「クラスでも—存在」

**めたて**【目立て】(名) のこぎり・やすりなどのにぶくなった歯をするどくすること。「のこぎりの—をする」

**メタノール**〔ドイツ Methanol〕(名)〔化〕↓メチルアルコール

**メタファー**〔英 metaphor〕(名) 隠喩《いんゆ》。暗喩。

**メタボリック-シンドローム**〔英 metabolic syndrome〕(名)〔医〕内臓脂肪症候群《ないぞうしぼうしょうこうぐん》。内臓のまわりに脂肪がたまり、血糖値や血圧などが高まった状態。動脈硬化《どうみゃくこうか》を引き起こし、心筋梗塞《しんきんこうそく》や脳卒中などになりやすいとされる。

**めだま**【目玉】(名) ❶目のたま。眼球。❷(「お目玉」「大目玉」の形で)しかられること。「お—をくう」❸人目をひくためのもの。中心となるもの。「—番組」

**目玉が飛《と》び出《で》る** ❶ひどくしかられることのたとえ。「—ほどどなられる」❷想像以上にねだんが高くて驚《おどろ》くことのたとえ。「—ようなねだん」

**目玉の黒《くろ》いうち** 生きているうち。目の黒いうち。「おれの—は許さない」

**めだましょうひん**【目玉商品】(名) 客寄せのために、特にねだんを大幅《おおはば》に下げて売る商品。

**めだまやき**【目玉焼き】(名) フライパンに生卵を割って落とし、黄身をくずさず目玉の形に焼いた料理。

**メタリック**〔英 metallic〕(形動ダ) {ダロ・ダッ(デ・ニ)・ダ・ナ・ナラ・○} 金属質であるようす。また、つやが金属のようであるようす。

**メタル**〔英 metal〕(名) 金属。金属で作ったもの。「—フレームのめがね」

**メダル**〔英 medal〕(名) 賞品や記念品として贈《おく》られる金属製の記章。文字や絵がきざんである。

**メタン**〔ドイツ Methan〕(名)〔化〕天然ガスや石炭ガスの主成分。沼《ぬま》や池などで腐《くさ》った動植物からも発生する。無色で燃えやすい気体。メタンガス。

**めちゃくちゃ**〘×滅茶苦茶・×目茶苦茶〙(名・形動ダ) ❶筋道がたたないこと。道理に合わないこと。「—な話」❷度がはずれていること。程度がはなはだしいこと。「—に安い」❸もとにもどせないほどひどくこわれたり混乱した状態になったりすること。「計画が—になる」

**めちゃめちゃ**〘×滅茶滅茶・×目茶目茶〙(名・形動ダ)↓めちゃくちゃ

**メチルアルコール**〔ドイツ Methylalkohol〕(名)〔化〕木材の乾留《かんりゅう》や、一酸化炭素と水素との合成によって作られる無色の液体。有毒。溶剤《ようざい》・燃料などに使われる。木精。メタノール。

**めつ**【滅】 13画 氵10 音 メツ 訓 ほろびる・ほろぼす

氵 氵 沪 泝 滅 滅

❶なくなる。ほろびる。ほろぼす。◆滅却《めっきゃく》・滅私・滅亡 ◆隠滅《いんめつ》・壊滅《かいめつ》・撃滅《げきめつ》・幻滅《げんめつ》・死滅・自滅・消滅・支離滅裂《しりめつれつ》・衰滅《すいめつ》・絶滅・全滅・破滅・不滅・撲滅《ぼくめつ》・摩滅《まめつ》。❷明かりや火が消える。◆点滅・明滅 ⇩付録「漢字の筆順(1)戈〔戊〕」

**め・づ**〔愛づ〕《メズ》古語 一(他下二) 愛する。かわいがる。ほめる。賞美する。「月を—・で花をながめしいにしへのやさしき人はここにありはら」〈徒然草《つれづれぐさ》〉訳月を賞美し花をながめた昔の優雅《ゆうが》な人はここにまつられている在原業平《ありわ(は)らのなりひら》だ。二(自下二) 心をひかれる。「船のにほひに—・でて出《い》でてきにけり」〈万葉集〉訳船の美しい色にひかれて参上しました。

**メッカ**〔Mecca〕(名) (サウジアラビアにあるムハンマドの生地で、イスラム教最大の聖地とされることから)中心となる所。あこがれの土地。「登山の—」

**めつき**【目つき】〘目付き〙(名) 物を見るときの目のようす。「—が悪い」

**めっき**〘×鍍金〙(名・他スル) ❶金・銀・クロムなどの薄《うす》い膜《まく》で他の金属の表面をおおうこと。また、おおったもの。「金—」❷中身の悪いものを、表面だけよく見せかけること。また、そのように見せかけたもの。

**めっきが剝《は》げる** 表面の見せかけのかざりがとれて、中身の悪い本性《ほんしょう》が現れる。地金《じがね》が出る。

**めっきゃく**【滅却】(名・自他スル) ほろびて消えてしまうこと。消しほろぼすこと。「心頭を—すれば火もまた涼《すず》し」

**めっきり**(副) 物事の変化がたいへんめだつようす。きわだって。「—(と)寒くなる」

**めっきん**【滅菌】(名・自他スル) 熱・薬品などで細菌を死滅させること。「—室」類殺菌

**めつけ**【目付】(名)〔歴〕❶武家の職名。江戸《えど》時代には、旗本《はたもと》・御家人《ごけにん》らの監督《かんとく》にあたった。❷監視役。おめつけ。

**めっし**【滅私】(名) 自分の利益を求める気持ちや欲望を捨てること。「—奉公《ほうこう》」

**メッシュ**〔フランス mèche〕(名) 髪《かみ》の毛を部分的に染《そ》

めること。また、染めた部分。「―を入れた髪」

**メッシュ**〔英 mesh〕（名）網《あみ》の目。また、網状に編んだもの。「―素材の衣料」

**めっ・する【滅する】**（自他サ変）〔シ(セ・サ)・シ・スル・スル・スレ・シロ(セヨ)〕❶ほろびる。ほろぼす。❷消える。消す。「私心を―」

**メッセ**〔ドイツ Messe〕（名）大規模な見本市や展示即売会。また、その会場。

**メッセージ**〔英 message〕（名）伝言。声明。「大統領の―を読みあげる」

**メッセンジャー**〔英 messenger〕（名）伝言などをとどける使いの人。配達人。「―ボーイ」

**めっそう【滅相】**■一（名）〘仏〙命がつきること。■二（形動ダ）〔ダロ・ダッ(デ・ニ)・ダ・ナ・ナラ・○〕ひどいようす。とんでもないようす。「―なことを言うものではない」

**滅相もない**　まったくとんでもない。

**めった**〘×滅多〙（形動ダ）〔ダロ・ダッ(デ・ニ)・ダ・ナ・ナラ・○〕❶考えが足りずいいかげんなようす。「―なことはできない」❷むやみに行うようす。「―打ち」

**めったに**〘×滅多に〙（副）ごくまれにしかない意を表す。ほとんど。「そんなことは―ない」使い方〉あとに「ない」「ません」などの打ち消しのことばがくる。

**メッチェン**〔ドイツ Mädchen〕（名）少女。おとめ。

**めつぶし【目潰し】**（名）灰や砂などを投げつけて相手の目を一時的に見えなくすること。また、その灰や砂。

**めつぼう【滅亡】**（名・自スル）ほろびること。「平家の―」

**めっぽう**〘滅法〙（副）並はずれているようす。ひじょうに。「―足が速い」

**めづら・し**〔珍し〕《メズラシ》（形シク）古語 ❶めずらしい。めったにない。「唐《から》の、大和《やまと》の、―・しく、えならぬ調度どもならべおき」〈徒然草《つれづれぐさ》〉訳 中国のや日本のや、めったにない、なんともいえずすばらしい道具などを並べて置き。❷目新しい。新鮮《しんせん》だ。「昨日《きのふ》にかはりたりとは見えねど、ひきかへ―・しき心地《ここち》ぞする」〈徒然草〉訳 きのうと変わっているとは見えないが、うってかわって目新しい感じがする。❸すばらしい。好ましい。「おのが妻《め》こそ常《つね》―・しき」〈万葉集〉訳 私の妻はいつも好ましい。

**めて**〘◇馬手・◇右手〙（名）（馬のたづなを持つほうの手の意から）右手。右。右のほう。対 弓手《ゆんで》

**メディア**〔英 media〕（名）媒体《ばいたい》。特に、テレビや新聞など、情報伝達の媒体。「マス―」

**メディア-リテラシー**〔英 media literacy〕（名）メディアの特性を理解し、情報をうのみにせず適正に判断する能力や、メディア機器を使いこなす能力。

**めでた・い**〘×目出度い・×芽出度い〙（形）〔カロ・カッ(ク)・イ・イ・ケレ・○〕❶祝うねうちがある。喜ばしい。「―結婚《けっこん》式の日」❷評価などが非常によい。「社長の覚え(=信頼《しんらい》)が―」❸→おめでたい②

**めでたさも**…俳句

〔目出度《めでた》さも　ちう位《くらゐ》也《なり》　おらが春《はる》〕〈一茶《いっさ》〉訳 新年を迎《むか》えたが、私の正月は、とても世間なみとまではいかない、まずは中ぐらいのめでたさというところである。（「ちう位」は信濃《しなの》方言でいいかげんの意ともいう。季語「春」春）

**めでた・し**（形ク）古語 ❶すぐれている。りっぱである。みごとだ。すばらしい。「丹波《たんば》に出雲《いづも》といふ所あり。大社《おほやしろ》を移して―・くつくれり」〈徒然草《つれづれぐさ》〉訳 丹波の国に出雲という所がある。出雲大社を移して、お社をすばらしく造営した。❷美しい。愛らしい。「―・う清らに見ゆる御顔」〈源氏物語〉訳 美しく清らかに見えるお顔。

**め・でる**〘◇愛でる〙（他下一）〔デ・デ・デル・デル・デレ・デロ(デヨ)〕愛してかわいがる。また、心がひかれすばらしいと思う。「花を―」

**めど**〘目◇処〙（名）めざすところ。目標。目当て。見通し。「四月を―に開始したい」「―がつく」

**めど**〘×針孔〙（名）針の、糸を通す穴。

**めどおり【目通り】**（名）身分の高い人に会うこと。「お―が許される」

**めと・る**〘△娶る〙（他五）〔ラ(ロ)・リ(ッ)・ル・ル・レ・レ〕妻にむかえる。

**メドレー**〔英 medley〕（名）❶〘音〙いくつかの曲をつなぎ合わせた曲。混合曲。❷「メドレーリレー」の略。

**メドレー-リレー**〔英 medley relay〕（名）❶陸上競技で、一チーム四人の走者がそれぞれ異なる距離《きょり》を走るリレー。❷水泳競技で、一チーム四人の泳者がそれぞれちがった泳ぎ方（ふつう、背泳・平泳ぎ・バタフライ・自由形の順）をするリレー。

**メトロ**〔フランス métro〕（名）地下鉄。

**メトロノーム**〔ドイツ Metronom〕（名）〘音〙振《ふ》り子の原理を応用した、音楽の拍子《ひょうし》を測る器械。

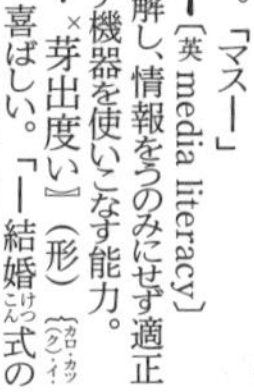

（メトロノーム）

**メトロポリス**〔英 metropolis〕（名）首都。また、大都市。

**めにはあをば**《メニハアオバ》…俳句

〔目には青葉　山《やま》ほととぎす　初鰹《はつがつを》〕〈素堂《そどう》〉訳 目にはまぶしい青葉のみどり、耳には山にこだまするほととぎすの声、口には初がつおを賞味する、まことにけっこうな初夏の季節であるよ。（鎌倉《かまくら》の初夏をよんだ句。季語「青葉・ほととぎす・初鰹」夏）

**メニュー**〔フランス menu〕（名）❶料理の献立《こんだて》。献立表。❷用意された項目《こうもく》。「トレーニング―」❸コンピューターで、操作項目の一覧。

**メヌエット**〔ドイツ Menuett〕（名）〘音〙優雅《ゆうが》なリズムのフランス舞曲《ぶきょく》。四分の三拍子《びょうし》。また、その踊《おど》り。

**めぬきどおり【目抜き通り】**（名）人通りの多いにぎやかな通り。繁華街《はんかがい》。「―を行進する」

**めのう**〘△瑪△瑙〙（名）〘地質〙石英《せきえい》・玉髄《ぎょくずい》・たんぱく石の混合物。赤・緑・白などの美しいしま模様のある宝石。印材・装身具にする。

**めのこざん【目の子算】**（名）目で見ておおよその計算をすること。概算《がいさん》。また、暗算。

**めのたま【目の玉】**（名）眼球。目玉。

**めのまえ【目の前】**（名）❶見ているすぐ前。まのあたり。「―で起きた事故」❷きわめて近い所・時。目前《もくぜん》。「大会を―にひかえる」

**めばえ【芽生え】**（名）❶植物の芽が出始めること。また、その芽。❷きざし。事のおこり始め。「恋《こい》の―」「自我《じが》の―」

**めば・える【芽生える】**（自下一）｛エ・エ・エル・エル・エレ・エロ(エヨ)｝❶植物の芽が出始める。「草木がいっせいに━」類芽吹《めぶ》く。❷物事がおこり始める。「愛情が━」

**めはし【目端】**（名）物事の動静やその時々の状況《じょうきょう》を察知する能力。「━がきく」

**めはな【目鼻】**（名）❶目と鼻。❷目鼻だち。

**目鼻をつける** 物事のだいたいのきまりや見通しをつける。「仕事の━」

**めばな【雌花】**（名）《植》めしべだけでおしべのない花。きゅうり・いちょう・まつなどにある。対雄花《おばな》

**めはなだち【目鼻だち】**〘目鼻立ち〙（名）目鼻のかっこう。顔だち。「━のととのった顔」

**めばり【目張り・目貼り】**（名）窓や障子《しょうじ》などのすきまやつなぎ目に紙などをはってふさぐこと。「━をして寒さを防ぐ」

**めぶ・く【芽吹く】**（自五）｛カ(コ)・キ(イ)・ク・ク・ケ・ケ｝草木が芽を出す。「やなぎが━」類芽生《めば》える

**めぶんりょう【目分量】**（名）目で見てはかっただいたいの分量。「水を━で入れる」

**めべり【目減り】**（名・自スル）❶品物を取り扱《あつか》っている間に、もれたり蒸発したりして目方がへること。「━を計算に入れる」❷ものの実質的な価値が下がること。「貯金が━する」

**めへん【目偏】**（名）漢字の部首の一つ。「眼」「眠」などの左側にある「目」の部分。

**めぼし【目星】**（名）目当て。おおよその見当。「仕事の━がつく」

**目星をつける** だいたいの見当をつける。「犯人の━」

**めぼし・い**（形）｛カロ・カッ(ク)・イ・イ・ケレ・○｝特に目につく。価値がありそうだ。「━作品」「━選手をひきぬく」

**めまい**〘×眩暈〙（名）目がくらむこと。「━がする」

**めまぐるし・い【目まぐるしい】**（形）｛カロ・カッ(ク)・イ・イ・ケレ・○｝つぎからつぎにいろいろなことが起こって、目がまわるようだ。「━時代の変化」

**めみえ【目見え】**（名・自スル）→おめみえ

**めめし・い【女女しい】**（形）｛カロ・カッ(ク)・イ・イ・ケレ・○｝弱々しくいくじがない。「━態度」対雄雄《おお》しい。使い方〉男性についていう。

**メモ**〔英 memo〕（名・他スル）忘れないように書きとめておくこと。また、書きとめたもの。備忘録《びぼうろく》。おぼえ書き。「━帳」「手帳に━をとる」

**めもと【目元】**〘目◇許〙（名）目のあたり。目つき。「━のすずしい少女」

**めもり【目盛り】**（名）はかり・ものさし・温度計などの計器に、数量を示すためにつけたしるし。「━を読む」

**メモリアル**〔英 memorial〕（名）人や出来事を記念するもの。「━ホール(=記念館)」

**メモリー**〔英 memory〕（名）❶記憶《きおく》。思い出。記念。回想。❷コンピューターの記憶装置。

**めやす【目安】**（名）おおよその見通し。おおよその基準。「━をたてる」

**めやすばこ【目安箱】**（名）《歴》江戸《えど》時代、庶民《しょみん》の意見を聞きとるために、評定所《ひょうじょうしょ》(=裁判を行う所)の前に設置された投書箱。

**めやに【目やに】**〘目◇脂〙（名）目から出る粘液《ねんえき》やそのかたまり。めくそ。

**メラニン**〔英 melanin〕（名）動物のひふなどに含《ふく》まれる黒や茶色の色素。日焼けやそばかすの原因となる。

**めらめら**（副）❶炎《ほのお》がものをなめるように燃えるようす。❷感情が勢いよくわいてくるようす。「怒《いか》りが━(と)燃えあがる」

**メランコリー**〔英 melancholy〕（名）気分がふさぐこと。めいること。ゆううつ。

**メリーゴーラウンド**〔英 merry-go-round〕（名）遊園地などにある、回転台に木馬やいすなどを取りつけて、ぐるぐる回るようにした乗り物。回転木馬。

**メリケンこ【メリケン粉】**（名）小麦粉。▽メリケンは、英 American から。

**めりこ・む【めり込む】**〘◇減り込む〙（自五）｛マ(モ)・ミ(ン)・ム・ム・メ・メ｝重さや力が加わり、しずんではまりこむ。くいこむ。「車輪がぬかるみに━」「荷物が肩《かた》に━」

**メリット**〔英 merit〕（名）長所。利点。価値。「━が大きい」対デメリット

**めりはり**〘◇減り張り〙（名）ゆるめることとはること。特に、音や声の上げ下げ。抑揚《よくよう》。「━をつける」

**メリヤス**〔スペイン medias〕（名）綿糸または毛糸を機械で編んだ、のびちぢみする編み物。

**メリンス**〔スペイン merinos〕（名）地のうすいやわらかな毛織物。モスリン。

**メルカトルずほう【メルカトル図法】**（名）オランダ人のメルカトル(Mercator)が考え出した地図の表し方。方角は正しく表されるが、南極・北極に近づくにつれ、面積・距離《きょり》が実際より大きくなる。正角円筒《えんとう》図法。航海図法。

**メルクマール**〔ドイツ Merkmal〕（名）指標。目印。

**メルトダウン**〔英 meltdown〕（名）《物》原子炉《げんしろ》の炉心が高温になり、核《かく》燃料が溶《と》け出す状態。炉心溶融《ようゆう》。

**メルとも【メル友】**（名）《俗語》電子メールをやりとりするあいだがらの友だち。メール友だち。

**メルヘン**〔ドイツ Märchen〕（名）童話。おとぎ話。「━の世界」

**メレンゲ**〔フランス meringue〕（名）卵白を泡立《あわだ》てて砂糖を加えたもの。洋菓子《ようがし》のかざりや生地《きじ》に使う。

**メロディー**〔英 melody〕（名）旋律《せんりつ》。ふし。「美しい━をかなでる」

**メロドラマ**〔英 melodrama〕（名）おもに恋愛《れんあい》を主題とした、少し俗《ぞく》っぽい娯楽《ごらく》的な劇。通俗劇。

**メロン**〔英 melon〕（名）《植》ウリ科のつる性一年草。特にマスクメロンをいう。果実は球形で表皮に網目《あみめ》があり、色は黄緑。味は甘《あま》く、よいかおりがする。

**めん【免】** 8画 儿6 〔免〕 音メン 訓まぬかれる高

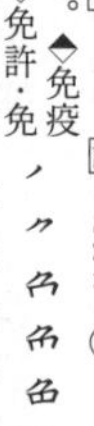

❶のがれる。さける。◆免疫《めんえき》。❷ゆるす。◆免許・免罪・免囚《めんしゅう》・免状◆御免《ごめん》・赦免《しゃめん》・放免。❸なくてすむようにする。◆免除・免税・免責◆減免。❹官職をやめさせる。◆免官・免職◆任免・罷免《ひめん》。

参考「免れる」は、「まぬがれる」とも読む。

**めん【面】** 9画 面0 小3 音メン 訓おも中・おもて中・つら高

❶かお。◆面相・面体《めんてい》・満面。❷かおにつけるかぶりもの。おめん。◆仮面・能面・面皮《めんぴ》◆顔面・赤面・満面。❸むきあう。目の前。◆面会・面接・面談◆対面・直面・当面。❹うわつら。そとがわ。◆地面・水面・表面。❺むき。◆正面・前面・側面・他面・反面・方面。❻点や線に対して、あるひろがりをもったもの。◆面積◆球面・曲面・平面。❼ひらたいものにそえることば。◆紙面・書面・図面・文面・壁面《へきめん》。

一 ア 丙 而 而 面

参考 特別に、「真面目」は「まじめ」とも読む。

**めん【面】** 一 (名) ❶かお。「—と向き合う」❷人や動物、神や鬼《おに》などの顔をかたどったかぶりもの。「きつねの—をかぶる」❸剣道《けんどう》で、顔につける防具。また、そこを打つわざ。「—で一本取る」❹物の外側の、たいらなひろがりをもった部分。「六つの—をもつ立体」❺方面。側面。「資金—で不安がある」「プラスの—とマイナスの—がある」二 (接尾) ひらたいものを数えることば。「テニスコート一—」

**面と向《む》かって** 正面から相手と向かい合って。「—抗議《こうぎ》する」

**めん【綿】** 14画 糸8 小5 音 メン 訓 わた

糸 糸 糸 絈 綿 綿

❶わた。もめん。◆綿花・綿糸・綿羊 ◆脱脂綿《だっしめん》。❷ながくつづく。◆綿綿 ◆連綿。❸きめがこまかい。◆綿密。参考 特別に、「木綿」は「もめん」とも読む。

**めん【綿】** (名) もめん。綿織物。「—のシャツ」

**めん【麺】** 16画 麦9 〔麵〕 音 メン

主 麦 麪 麺 麺 麺

❶小麦粉。❷めん類。うどん・そば・ラーメンなどの総称。◆麺棒 ◆素麺《そうめん》 ⇩付録「漢字の筆順(4)主」

**めん【麺】** (名) 小麦粉などをねり、糸状にした食品。うどん・そば・ラーメンなど。「—をすする」

**めんえき【免疫】** (名) ❶《医》病原体がからだにはいっても、以前の感染《かんせん》や予防接種などで抵抗《ていこう》する力ができていて、その病気にかかりにくくなっていること。「—ができる」❷同じ物事がたび重なるにつれて、なれてしまって平気になること。「批判《ひはん》されても—がある」

**めんおりもの【綿織物】** (名) もめん糸で織った布。汗《あせ》をよく吸《す》う。

**めんか【綿花】**『△棉花』(名) わたの種子をつつむ白色の繊維《せんい》。

**めんかい【面会】** (名・自スル) 訪ねて行って人と会うこと。また、訪ねてきた人と会うこと。「—を求める」「—謝絶」

**めんかやく【綿火薬】** (名) 綿を硝酸《しょうさん》と硫酸《りゅうさん》にひたして作った火薬。

**めんかん【免官】** (名・他スル) 官職をやめさせること。

**めんきょ【免許】** (名・他スル) ❶政府や官公庁が、ある資格を与《あた》えること。また、その許可。「運転—」「依願《いがん》—」❷師匠《ししょう》が、じゅうぶんに芸を習いおぼえた弟子《でし》に対して、ある資格を与えること。

**めんきょかいでん【免許皆伝】** (名) 武道などで、師がわざや芸のすべてを門人に授《さず》けること。

**めんきょしょう【免許証】** (名) 官公庁などが、免許を与《あた》えたしるしに発行する証明書。特に、自動車の運転免許証をいう。

**めんくい【面食い】** (名)《俗語》顔のきれいな人ばかりを好むこと。また、その人。

**めんくら・う【面食らう】**『面△喰らう』(自五) ｛ワ(オ)・イ(ツ)・ウ・ウ・エ・エ｝とつぜんのことで、どうしていいかわからなくなる。あわててどぎまぎする。「急な変化に—」

**めんこ**『面子』(名) 丸形や四角形に切ったボール紙などに、絵をはりつけた遊び道具。何人かがたがいに地面に打ちつけて相手のものを裏返すなどして遊ぶ。

**めんざい【免罪】** (名) 罪を許すこと。

**めんざいふ【免罪符】** (名) ❶ローマカトリック教会が、罪のつぐないが免除されるとして信者に発行した証書。❷罪や責任をまぬがれるための行為《こうい》や言い訳。

**めんし【綿糸】** (名) もめんの糸。

**めんしき【面識】** (名) たがいに顔を知っていること。知り合いであること。「—がある」

**めんじゅうふくはい【面従腹背】** (名・自スル) うわべはしたがうふりをして、心の中でそむいていること。

**めんじょ【免除】** (名・他スル) 義務や役目などを、しなくてもよいとすること。「授業料を—する」

**めんじょう【免状】** (名) ❶免許・資格取得などの証明書。「—の交付」❷卒業証書。

**めんしょく【免職】** (名・他スル) 職をやめさせること。「懲戒《ちょうかい》—」

**めん・じる【免じる】** (他上一) ｛ジ・ジ・ジル・ジル・ジレ・ジロ(ジヨ)｝❶果たすべき義務をしなくてもよいとする。「当番を—」❷職をやめさせる。❸(「…に免じて」の形で)罪・あやまちなどを、本人の態度・てがらや別の人の面目のために特に許す。「功績に—・じて許す」

**めんしん【免震】** (名) 地震で建物などがゆれるのを小さく抑《おさ》えること。「—工法」類 制震・耐震《たいしん》

**メンス** (名)《生》→げっけい。▽ドイツ Menstruation から。

**めん・する【面する】** (自サ変) ｛シ(セ・サ)・シ・スル・スル・スレ・シロ(セヨ)｝❶向かう。向く。対する。「道路に—・した家」❷事件などに出あう。ぶつかる。「危機に—」

**めん・ずる【免ずる】** (他サ変) ｛ジ(ゼ)・ジ・ズル・ズル・ズレ・ジロ(ゼヨ)｝→めんじる

**めんぜい【免税】** (名・自他スル) 税金の支払《しはら》いを免除すること。「—品」「—措置《そち》をとる」

**めんせき【免責】** (名・他スル) 責任を免除すること。

**めんせき【面積】** (名) 平面・曲面の広さ。

**めんせつ【面接】** (名・自スル) 能力や人柄《ひとがら》などを知るために、直接その人と会うこと。「—試験」

**めんぜん【面前】** (名) 目の前。人の見ている前。「公衆の—」

**めんそう【面相】** (名) 顔つき。人相。「すごいご—だね」「百—」

**めんたいこ**『◇明太子』(名) たらこをとうがらしなどで味つけしたもの。からしめんたいこ。参考 すけとうだらを表す朝鮮語「ミョンテ(明太)」から。

**めんたいしょう【面対称】** (名)《数》物を鏡にうつしたときの物と像との関係。あたえられた図形が、一つ

の平面をさかいにして、両側がまったく同じであること。

**メンタリティー**〔英 mentality〕（名）心理状態。考え方や性格の傾向《けいこう》。「強靭《きょうじん》なー」

**メンタル**〔英 mental〕（形動ダ）｛ダロ・ダッ(デ・ニ)・ダ・ナ・ナラ・○｝精神的。心理的。「ーな面」㊇フィジカル

**メンタル-テスト**〔英 mental test〕（名）知能検査。

**メンタル-ヘルス**〔英 mental health〕（名）→せいしんえいせい

**めんだん【面談】**（名・自スル）直接会って話をすること。「先生とーする」「委細《いさい》ー」

**めんちょう【面疔】**『面△疔』（名）《医》細菌《さいきん》の感染《かんせん》によって顔にできるはれもの。

**メンツ**〔中国 面子〕（名）❶面目《めんぼく》。体面。「ーがつぶれる」❷何かをするメンバー。「ーがそろう」

**めんてい【免停】**（名）（「免許停止」の略）自動車の運転免許など、違反行為《いはんこうい》を犯《おか》して、免許の効力を一時的に停止されること。

**メンテナンス**〔英 maintenance〕（名）機械や建物などの保守・維持《いじ》・管理。「ビルのー」

**メンデルのほうそく【メンデルの法則】**（名）オーストリアの生物学者メンデル(Mendel)が、えんどうをかけあわせて栽培《さいばい》する実験から発見した、「優性・分離《ぶんり》・独立」の遺伝の法則。

**めんどう**『×面倒』■一（名・形動ダ）手数がかかってわずらわしいこと。やっかいなこと。「ーな手続き」「次々とーを起こす」■二（名）世話。「ーをみる」「ーをかける」

**めんどうくさ・い**『×面倒-臭い』（形）｛カロ・カッ(ク)・イ・イ・ケレ・○｝ひどくわずらわしい。するのがやっかいだ。「外出はー」

**めんとおし【面通し】**（名）犯人かどうかを確かめるために、関係者に被疑《ひぎ》者の実際の顔を見せること。

**めんとり【面取り】**（名）❶木材などの角をけずって面を作ること。❷（煮《に》くずれを防ぐために）大根やいもの切り口の角をそぎ取ること。

**めんどり**『◇雌鳥』（名）めすの鳥。特に、めすのにわとり。㊇雄鳥《おんどり》

**めんば【面罵】**（名・他スル）面と向かってののしること。「痛烈《つうれつ》にーする」

**メンバー**〔英 member〕（名）団体・チームなどの一員。集まりに参加する一人一人。「会のーになる」「ベストー」

**めんぴ【面皮】**（名）❶つらの皮。「鉄ー」「ーをはぐ(=あつかましい人の悪い正体をあばく)」❷世間に対しての面目《めんぼく》。体面。「ーを欠く(=面目を失う)」

**めんぶ【面部】**（名）顔。顔の部分。

**めんぷ【綿布】**（名）綿糸で織った布。

**めんぼう【綿棒】**（名）細い棒の先に脱脂綿《だっしめん》をつけたもの。耳や鼻に薬をつけるときなどに使う。

**めんぼう【麺棒】**（名）うどん・そばなどをつくるとき、こねた粉をひらたくおしのべるのに使う棒。

**めんぼく【面目】**（名）世間から受ける評価。世間に対する体面や名誉《めいよ》。人にあわせる顔。めんもく。「ーがたたない」「ーを失う」「不ー」

**面目を施《ほどこ》す** 能力を発揮して評価を高める。

**めんぼくな・い【面目無い】**（形）｛カロ・カッ(ク)・イ・イ・ケレ・○｝恥《はず》かしくて人に合わせる顔がない。「ーことをした」

**めんぼくやくじょ【面目躍如】**（ト・タル）本来もっている能力を発揮して、いきいきと活動するようす。めんもくやくじょ。「ーたる戦いぶり」

**メンマ**〔中国 麺麻〕（名）中国で産するたけのこを加工して作る、ラーメンの具などにする食品。しなちく。

**めんみつ【綿密】**（名・形動ダ）細かくてくわしいこと。念入りなこと。「ーな計画を立てる」

**めんめん【面面】**（名）それにかかわるひとりひとり。めいめい。おのおの。「チームのー」

**めんめん【綿綿】**（ト・タル）どこまでも続いて絶えないようす。「ーとして尽《つ》きない」

**めんもく【面目】**（名）→めんぼく

**めんよう【面妖】**（名・形動ダ）あやしくてふしぎなようす。「それはまたーな話だ」

**めんよう【綿羊】**『△緬羊』（名）《動》→ひつじ(羊)

**めんるい【麺類】**（名）小麦粉・そば粉を水でこね、細長く切った食品。うどん・そば・そうめんなど。

# も　モ

**も【茂】** 8画 艹5 音 モ 訓 しげる

艹 艹 芦 芦 茂 茂 茂

草木の葉や枝などがのびひろがる。◆繁茂《はんも》 ⇩付録「漢字の筆順⑴戈〔戊〕」

**も【模】** 14画 木10 ⑥小6 音 モ・ボ

木 杧 栉 楂 模 模

❶ひながた。手本。◆模型・模範《もはん》。❷かたち。◆模様。❸にせる。かたどる。◆模擬《もぎ》・模写・模造・模倣《もほう》

**も**『◇面』（名）おもて。表面。「池のー」

**も【喪】**（名）人の死んだあと、家族や親類の人がある日数の間、家に閉じこもったり、祝い事や交際をさしひかえたりすること。忌《い》み。「ーに服する」㊌忌《き》

**も【藻】**（名）海草・水草・海藻《かいそう》など、水の中に生える植物や藻類の総称《そうしょう》。

**も** ■一（副助）❶同じようなことやものがほかにもあることを表す。…もまた。「私ー知らない」❷同じ種類の物事をならべあげる。「手ー足ーまっ黒だ」❸（「どれ」「どこ」「だれ」など不定のものをさす語について）そのすべてを肯定《こうてい》または否定する意を表す。「だれーいない」「どれーよくできている」❹（少ない数量などについて。下に打ち消しの語をともなって）全面的な否定の意を表す。「一つーない」「一回ー会えなかった」❺極端《きょくたん》なものを例にあげて、ほかは言うまでもないという意を表す。…でさえも。「猿《さる》ー木から落ちる」❻数や程度の大きさを強調する。「あまりにーひどい」「一つ一万円ーする」❼おおよその数量・程度を表す。「五分ーあればできる」「部員は一〇人ーいない」■二（接助）❶上限や下限を仮定のことがらとして示す。…ても。…とも。「少なくーこれくらいは知っておきたい」❷逆接を表す。…ものの。…けれども。「問題は残るー、ひとまず解決をみた」

**もう**【亡】→ぼう(亡)

**もう【毛】** 4画 毛0 小2 音 **モウ** 訓 **け**

❶け。人や動物のからだに生えるもの。◆毛皮・毛根・毛氈《もうせん》・毛髪《もうはつ》・毛筆・毛布 ◇羽毛《うもう》・剛毛《ごうもう》・柔毛《じゅうもう》・純毛・旋毛《せんもう》・羊毛。❷けのように細い。◆毛細管《もうさいかん》。❸植物が生える。◇二毛作・不毛。❹わずか。ごく少し。◆毛頭 ◇毫毛《ごうもう》

**もう【毛】**(名) ❶割合の単位。一割の一〇〇〇分の一。❷通貨の単位。一銭の一〇〇分の一。❸長さの単位。一寸の一〇〇〇分の一。❹重さの単位。一匁《もんめ》の一〇〇〇分の一。

**もう【妄】** 6画 女3 音 **モウ・ボウ** 高

むやみやたら。でたらめ。◆妄言《もうげん・ぼうげん》・妄語・妄執《もうしゅう》・妄信・妄想・妄動・妄念 ◇虚妄《きょもう》・迷妄《めいもう》

**もう【盲】** 8画 目3 音 **モウ**

❶目が見えない。◆盲唖《もうあ》・盲者《もうしゃ》・盲人・盲点・盲導犬・盲目 ◇夜盲症《やもうしょう》。❷よい悪いの区別をせずにむやみにする。考えなしにする。◆盲愛・盲従・盲信・盲爆《もうばく》。❸字が読めない。◇文盲《もんもう》

**もう【耗】** 10画 耒4 音 **モウ・コウ** 高

へる。へらす。なくなる。◆耗弱《こうじゃく》 ◇消耗・損耗《そんもう・そんこう》・磨耗《まもう》。参考「コウ」の音は「心神耗弱《しんしんこうじゃく》」などのことばに使われる特殊《とくしゅ》な読み方。

**もう**【望】→ぼう(望)

**もう【猛】** 11画 犭8 音 **モウ**

❶あらあらしくつよい。◆猛禽《もうきん》・猛犬・猛獣《もうじゅう》 ◇獰猛《どうもう》・勇猛。❷はげしい。◆猛威《もうい》・猛火・猛攻《もうこう》・猛襲《もうしゅう》・猛暑・猛進・猛省・猛然・猛毒・猛烈《もうれつ》。参考特別に、「猛者」は「もさ」と読む。

**もう【網】** 14画 糸8 音 **モウ** 訓 **あみ**

❶あみ。◆魚網・天網。❷あみのように縦横《じゅうおう》にはりめぐらされたもの。◆網膜《もうまく》 ◇交通網・通信網・鉄条網・放送網・法網。❸あみをうつ。残らず集め取る。◆網羅《もうら》 ◇一網打尽《いちもうだじん》。参考特別に、「投網」は「とあみ」と読む。

**もう**(副) ❶すぐにその状態になる意を表す。まもなく。「―来るでしょう」❷その物事が終わっていたりその状態になっていたりする意を表す。すでに。もはや。「―五時を過ぎた」「―だめだ」❸その上に同じものをつけ加える意を表す。さらに。「―一つ」「―少し」

**もうあ**〖盲˄唖〗(名) 目の見えないことと口のきけないこと。

**もうあい【盲愛】**(名・他スル) むやみにかわいがること。「末っ子を―する」

**もうい【猛威】**(名) はげしい威力。すさまじい勢い。「インフルエンザが―をふるう」

**もうか【猛火】**(名) はげしく燃えあがる火。「―に包まれる」

**もうがっこう【盲学校】**(名) 目の不自由な人を教育する学校。学校教育法では「特別支援《しえん》学校」に区分される。

**もうか・る**〖˄儲かる〗(自五) {ラ(ロ)・リ(ッ)・ル・ル・レ・レ} 金銭上の利益を得る。得をする。「一万円―」「―仕事」

**もうかん【毛管】**(名) ❶〘物〙細いガラス管。毛細管。「―現象」❷〘生〙動脈と静脈とをつなぐ、からだじゅうにあるごく細い血管。毛細血管。毛細管。

**もうかんげんしょう【毛管現象】**(名)〘物〙細い管を液体の中に立てたとき、管内の液が外の液の水面より高く、または低くなる現象。毛細管現象。

**もうきん**〖猛˄禽〗(名)〘動〙大形で性質があらく、肉食をする鳥。わし・たかなど。猛鳥。「―類」

**もうけ【設け】**(名) 前もって準備しておくこと。用意。「―の席」

**もうけ**〖˄儲け〗(名) 利得。利益。「ぼろい―」

**もうけぐち【もうけ口】**〖˄儲け口〗(名) 利益を得る手段・方法。「いい―がある」

**もうけもの【もうけ物】**〖˄儲け物〗(名) 思いがけなく手に入れた利益。「これは―だ」

**もう・ける【設ける】**(他下一) {ケ・ケ・ケル・ケル・ケレ・ケロ(ケヨ)} ❶あることのために前もって用意する。「来賓《らいひん》の席を―」「交流の場を―」❷建物、設備、組織、規則などをつくる。「避難所《ひなんじょ》を―」「委員会を―」「年齢《ねんれい》制限を―」「口実を―」

**もう・ける**〖˄儲ける〗(他下一) {ケ・ケ・ケル・ケル・ケレ・ケロ(ケヨ)} ❶金銭上の利益を得る。「株で―」❷思いがけず得をする。「相手のエラーで一点―」❸子どもができる。「一子《いっし》を―」

**もうけん【猛犬】**(名) 人にかみつくなど性質のあらい犬。「―に注意」

**もうげん【妄言】**(名) でまかせのことば。理屈《りくつ》に合わない発言。参考「ぼうげん」とも読む。

**もうげんたしゃ【妄言多謝】**(名) (勝手なことを述べた失礼をわびる意) 意見や考えを述べたあとに用いて、けんそんの気持ちを表すことば。ぼうげんたしゃ。

**もうこう【猛攻】**(名・他スル) 猛烈《もうれつ》に攻撃《こうげき》すること。はげしく攻《せ》めること。「―を加える」

**もうこはん**〖˄蒙古斑〗(名) 乳幼児のおしりや腰《こし》にみられる青色のあざ。特に黄色人種《おうしょくじんしゅ》にみられるもので、成長するにしたがいしぜんに消える。

**もうこん【毛根】**(名)〘生〙毛の、ひふの中にはいっている部分。毛のつけね。

**もうさいかん【毛細管】**(名)〘物・生〙→もうかん②

**もうさいけっかん【毛細血管】**(名)〘生〙→もうかん②

**もうし【孟子】** ❶[人名] (前三七二?～前二八九?) 中国、戦国時代の思想家。名は軻《か》。孔子《こうし》の教えを継承発展させ、仁義《じんぎ》と王道を説いた。❷[作品名] 四書の一つ。孟子の行いや弟子《でし》との問答を記録・編集した儒教《じゅきょう》の教典。人間は生まれつきよい心をもつという性善説を唱え、また仁《じん》に基づく王道政治の実現を説く。

**もうしあ・げる【申し上げる】**(他下一) {ゲ・ゲ・ゲル・ゲル・ゲレ・ゲロ(ゲヨ)} ❶「言う」の謙譲《けんじょう》語。「お客さまに―」❷(動

詞の連用形、または名詞に「お」「ご」のついた形について)「…する」の意の謙譲語。「ご案内ー」

**もうしあわせ**【申し合わせ】(名) 相談して決めること。また、その決めた内容。「ー事項《じこう》」

**もうしあわ・せる**【申し合わせる】(他下一) {セ・セ・セル・セル・セレ・セロ(セヨ)} 話し合って決める。相談して決める。「ー・せたようにみんな同じことを言う」

**もうしい・れる**【申し入れる】(他下一) {レ・レ・レル・レル・レレ・レロ(レヨ)} こちらの要求や意見などを正式に相手に伝える。「環境《かんきょう》改善をー」

**もうしおく・る**【申し送る】(他五) {ラ(ロ)・リ(ッ)・ル・ル・レ・レ} ❶先方へ伝える。「手紙でー」❷引き継《つ》ぐべき仕事などをつぎの人に言い伝える。「後任者にー」

**もうしか・ねる**【申しかねる】『申し兼ねる』(他下一) {ネ・ネ・ネル・ネル・ネレ・○} 「言いかねる」の謙譲《けんじょう》語。言いにくい。話しにくい。「その件については何ともー」

**もうしご**【申し子】(名) ❶神仏に祈《いの》ってさずかった子。❷ある背景・環境《かんきょう》を反映して生じてきたもの。「物質文明のー」

**もうしこし**【申し越し】(名) 手紙や使いなどを通じて言ってよこすこと。「おーの件」

**もうしこみ**【申し込み】(名) 申し込むこと。「結婚《けっこん》のーをする」「利用のーを行う」注意「申込書」などは送りがなをつけない。

**もうしこ・む**【申し込む】(他五) {マ(モ)・ミ(ン)・ム・ム・メ・メ} ❶こちらの考えや希望などを相手に伝える。「苦情をー」「試合をー」❷参加の呼びかけなどに応じる。また、それに必要な手続きをとる。「参加をー」

**もうしたて**【申し立て】(名) おおやけの機関などに対して、意見や希望などを主張すること。また、その主張。「異議のー」

**もうした・てる**【申し立てる】(他下一) {テ・テ・テル・テル・テレ・テロ(テヨ)} おおやけの機関などに対して、意見や希望などを強く主張する。「不服をー」

**もうしつ・ける**【申しつける】『申し付ける』(他下一) {ケ・ケ・ケル・ケル・ケレ・ケロ(ケヨ)} 上の人が下の人に命じる。「出張をー」

**もうしで**【申し出】(名) 考えや希望を言って出ること。また、その内容。申しいで。「ーを退ける」

**もうし・でる**【申し出る】(他下一) {デ・デ・デル・デル・デレ・デロ(デヨ)} 意見や希望などを自分から言って出る。「退部をー」

**もうしひらき**【申し開き】(名) そうなった理由、やむをえない事情などを説明して自分の正当性を主張すること。「ーが立たない」

**もうしぶん**【申し分】(名) ❶言いたいことがら。「ーがあれば聞こう」❷悪いと思われるところ。非難すべき点。「ーのないできばえ」

**もうじゃ**【亡者】(名) ❶死んだ人。死者。❷おかねや物などをひどくほしがる人。「がりがりー」

**もうしゅう**【妄執】(名)〘仏〙心の迷いからぬけきれないで、ある物事に執着すること。「ーのとりこ」

**もうしゅう**【猛襲】(名・他スル) はげしい勢いでおそうこと。「敵のーを退ける」

**もうじゅう**【盲従】(名・自スル) なんの考えもなく、人に言われるままに従うこと。「他人の意見にーする」

**もうじゅう**【猛獣】(名) 性質があらあらしい肉食のけもの。ライオン・とら・ひょうなど。「ー狩《が》り」

**もうしょ**【猛暑】(名) はげしい暑さ。「ーに見舞《みま》われる」類炎暑《えんしょ》

**もうしょび**【猛暑日】(名) 一日の最高気温がセ氏三五度以上になった日。類夏日・真夏日

**もうしわけ**【申し訳】(名) ❶言いわけ。弁解。「ーが立たない」❷みかけだけで内容がないこと。「ほんのーばかりの品を贈《おく》る」

**もうしわけな・い**【申し訳ない】(形) {カロ・カッ(ク)・イ・イ・ケレ・○} 弁解の余地がない。すまない。「まことにー」

**もうしわた・す**【申し渡す】(他五) {サ(ソ)・シ・ス・ス・セ・セ} 命令や決まったことなどを宣告する。言いわたす。「三年の実刑《じっけい》をー」

**もうしん**【妄信】(名・他スル) よく考えもしないで、むやみに信じること。「人のことばをーする」

**もうしん**【猛進】(名・自スル) はげしい勢いでつき進むこと。「猪突《ちょとつ》ー」

**もうじん**【盲人】(名) 目の見えない人。

**もう・す**【申す】(他五) {サ(ソ)・シ・ス・ス・セ・セ} ❶「言う」「告げる」の謙譲《けんじょう》語。また、「言う」のあらたまった言い方。「ーまでもなく」❷(動詞の連用形、または名詞に「お」「ご」のついた形について)「…する」の意の謙譲語。「お頼みー・します」

**もうせい**【猛省】(名・自他スル) きびしく反省すること。「ーを促《うなが》す」

**もうせん**『毛△氈』(名) 羊毛などに熱や圧力を加えて織物のようにつくったもの。敷物《しきもの》に使われる。

**もうぜん**【猛然】(ト・タル) 勢いのはげしいようす。「ーと襲《おそ》いかかる」

**もうせんごけ**『毛△氈△苔』(名)〘植〙モウセンゴケ科の多年草。湿地《しっち》に自生する食虫植物。葉の表面に粘液《ねんえき》を出す毛があり、そこにとまる虫をとらえて消化する。

(もうせんごけ)

**もうそう**【妄想】(名・他スル) ありもしないことを思いえがくこと。また、それを事実だと信じこんでしまうこと。「ーにふける」「被害《ひがい》ー」

**もうそうちく**『△孟宗竹』(名)〘植〙イネ科のタケ類の一種。日本の竹の中で最も太く、たけのこは食用、材は器具用。もうそうだけ。

**もうだ**【猛打】(名・他スル) はげしく打つこと。特に野球で続けざまに安打を打つこと。「ーを浴びる」

**もうちょう**【盲腸】(名) ❶〘生〙右下腹部の、小腸から大腸に移る最初の部分にある長さ約五〜七《センチメートル》ほどの管。下のはしにひものような突起《とっき》(=虫垂)が下がる。❷「盲腸炎《もうちょうえん》」の略。

**もうちょう**【猛鳥】(名)〘動〙→もうきん

**もうちょうえん**【盲腸炎】(名)〘医〙→ちゅうすいえん

**もうつい**【猛追】(名・他スル) ひじょうな勢いで追いかけること。「先頭のランナーをーする」

**もう・でる**【詣でる】(自下一) {デ・デ・デル・デル・デレ・デロ(デヨ)} 神社や寺などにお参りする。参拝する。参詣《さんけい》する。「墓に

ー」

**もうてん【盲点】**（名）❶《生》眼球のおくの、視神経が網膜《もうまく》にはいりこむ、光を感じない部分。❷だれもが意外に見落としやすいところ。「ーをつく」

**もうとう**『毛頭』（副）（毛の先ほどもの意から）少しも。全然。「そんなつもりはーない」使い方〉あとに「ない」「ません」などの打ち消しのことばがくる。

**もうどう【妄動】**（名・自スル）考えなしに行動すること。無分別なふるまい。「軽挙ーをつつしむ」

**もうどうけん【盲導犬】**（名）目の見えない人の歩行を助けるように訓練された犬。

**もうどく【猛毒】**（名）ひじょうに強い毒。

**もうはつ【毛髪】**（名）髪《かみ》の毛。頭髪。

**もうひつ【毛筆】**（名）けものの毛をたばにして作ったふで。墨《すみ》や墨汁《ぼくじゅう》をつけて書く。対硬筆《こうひつ》

**もうひょう【妄評】**（名・他スル）でたらめな批評。また、そのような批評をすること。自分のした批評をけんそんしてもいう。参考「ぼうひょう」とも読む。

**もうふ【毛布】**（名）地が厚く、やわらかみのある毛織物。寝具《しんぐ》やひざかけなどに使う。

**もうぼさんせんのおしえ**『△孟母三遷の教え』子どもの教育には環境《かんきょう》がたいせつだという教え。

故事 孟子《もうし》の母は、はじめ墓地の近くに住んでいたが、孟子が葬式《そうしき》のまねばかりするので市場の近くへ移った。こんどは商売のまねをするので、学校の近くに移って落ち着いた。住居を三回移して、教育の環境に心をつかったことから出たことば。〈列女伝〉

**もうぼだんきのおしえ**『△孟母断機の教え』学問は中途《ちゅうと》でやめてはいけないという教え。

故事 孟子《もうし》が勉学の途中で家へ帰ったとき、孟子の母は織っていた機《はた》の糸を切り、学問も中途でやめれば、これと同じようになんの役にもたたない、といましめたことから出たことば。〈列女伝〉

**もうまい**『△蒙昧』（名・形動ダ）知識が足りず物事の道理がわからないこと。「無知ー」

**もうまく【網膜】**（名）《生》眼球のいちばん内部にあり、光を感じるはたらきをする膜。

**もうもう**『△濛△濛・△朦△朦』(ト)(タル) 見とおしがきかないほど、煙《けむり》・ほこり・霧《きり》などがたちこめるようす。「湯気がーとたちこめる」

**もうもく【盲目】**（名）❶目の見えないこと。❷理性がはたらかないこと。「恋《こい》はー」

**もうら【網羅】**（名・他スル）そのことに関係するものを、残らず集めて取り入れること。「全作品をーする」

**もうれつ【猛烈】**（名・形動ダ）勢いなどがはげしいようす。程度のはなはだしいようす。「ーな暑さ」

**もうれんしゅう【猛練習】**（名）はげしい練習。

**もうろう**『△朦△朧』(ト)(タル) ぼんやりしていてはっきりしないようす。あいまいなようす。「意識がーとする」

**もうろく**『△耄△碌』（名・自スル）年をとって、頭やからだのはたらきがおとろえること。老いぼれること。

**もえあが・る【燃え上がる】**（自五）｛ラ(ロ)・リ(ッ)・ル・ル・レ・レ｝❶炎を高くあげて勢いよく燃える。❷感情がはげしく高まる。「嫉妬《しっと》心がー」

**もえぎ**『△萌黄・△萌△葱』（名）青と黄の中間色。黄色がかった緑色。

**もえさか・る【燃え盛る】**（自五）｛ラ(ロ)・リ(ッ)・ル・ル・レ・レ｝勢いよく燃える。さかんに燃える。「ーほのお」

**もえさし【燃えさし】**（名）燃えかけて途中《とちゅう》で消えてあとに残ったもの。燃え残り。「ーのたきぎ」

**もえた・つ【燃え立つ】**（自五）｛タ(ト)・チ(ッ)・ツ・ツ・テ・テ｝❶勢いよくほのおをあげて燃える。❷感情がたかぶる。

**もえつ・きる【燃え尽きる】**（自上一）｛キ・キ・キル・キル・キレ・キロ(キヨ)｝❶すっかり燃えてしまう。「線香がー」❷ある物事に打ちこんで、力を使い果たす。

**もえ・でる【もえ出る】**『△萌え出る』（自下一）｛デ・デ・デル・デル・デレ・デロ(デヨ)｝草木の芽が出る。「若葉がー」

**も・える**『△萌える』（自下一）｛エ・エ・エル・エル・エレ・エロ(エヨ)｝草や木の芽が出る。「若葉がー季節」

**も・える【燃える】**（自下一）｛エ・エ・エル・エル・エレ・エロ(エヨ)｝❶火がついてほのおがあがる。「紙がー」❷ほのおのようにゆらめく。「かげろうがー」❸ある感情や何かをしようとする気持ちが強くおこる。「ー思い」「向学心にー」

表現 燃え上がる・燃え盛《さか》る・焼ける・燃焼する・炎上《えんじょう》する◆ちょろちょろ・ちろちろ・ぱちぱち・めらめら・ぼうぼう

**モーグル**〔英 mogul〕（名）フリースタイルスキーの種目の一つ。凹凸《おうとつ》のある急斜面《きゅうしゃめん》をすべり降り、タイムや空中演技・回転の技術を競う。

**モーション**〔英 motion〕（名）❶動作。「投球ー」❷相手へのはたらきかけ。また、その行動。「ーをかける（=相手、特に異性にはたらきかける）」

**モーセ**〔Moses〕【人名】（生没年不明）イスラエル民族の伝説的預言者。「旧約聖書」に見られる紀元前一三世紀ごろの人。イスラエル民族を統一・指導し、シナイ山上で十誡《じっかい》を示した。モーゼ。

**モーター**〔英 motor〕（名）電気やガソリンの燃焼のエネルギーを利用して、機械・車などを動かすはたらきをする装置。電動機・発動機など。

**モーターバイク**〔英 motorbike〕（名）小型エンジンによって走る二輪車。原動機つき自転車。バイク。

**モータープール**〔英 motor pool〕（名）駐車《ちゅうしゃ》場。

**モーターボート**〔英 motorboat〕（名）発動機を使って走らせる小さな船。

**モーテル**〔英 motel〕（名）自動車旅行をする人のために作られた、ガレージつきの簡易ホテル。

**モード**〔英 mode〕（名）❶衣服などの流行の型。「ニューー」❷方式。様式。「省電力ー」

**モーニング**〔英 morning〕（名）❶朝。午前。❷（「モーニングコート」の略）男性の着る礼服。上着は黒でうしろが長くなっている。ズボンは縦縞《たてじま》のものをはく。

（モーニング②）

**モーニング-コール**〔和製英語〕（名）ホテルなどで、指定された時刻に電話をかけて客を起こすサービス。▽morning と call から。

**モーパッサン**〔Guy de Maupassant〕【人名】

（一八五〇〜一八九三）フランスの小説家。フランス自然主義の代表的作家で、短編小説形式の完成者。代表作「女の一生」「ベラミ」「ピエールとジャン」など。

**モーム**〔William Somerset Maugham〕〔人名〕（一八七四〜一九六五）イギリスの小説家・劇作家。細かい観察とユーモアにあふれた文章で、当時の社会生活をえがいた。代表作「人間の絆《きずな》」「月と六ペンス」など。

**モーメント**〔英 moment〕（名）❶ほんの短い間。瞬間《しゅんかん》。❷〘物〙物体を回転させる能力の大きさを表す量。（＝モメント）

**モーリシャス**〔Mauritius〕〔地名〕アフリカ大陸の東、インド洋マダガスカル島の東海上にある共和国。首都はポートルイス。

**モーリタニア**〔Mauritania〕〔地名〕モーリタニア・イスラム共和国。アフリカ大陸の西岸、大西洋に面する共和国。首都はヌアクショット。

**モール**〔英 mall〕（名）❶遊歩道。❷遊歩道のある大きな商店街。「ショッピングー」

**モール**〔ポルトガル mogol〕（名）❶かざりなどに使う毛の立った色つきのひも。❷金や銀のかざり糸。

**モールスしんごう**【モールス信号】（名）電信符号《ふごう》の一つ。短い音と長い音との組み合わせを文字の代わりとする。アメリカ人モールス（Morse）の発明による。モールス符号。

**もが・く**〘△踠く〙（自五）〔カ(コ)・キ(イ)・ク・ク・ケ・ケ〕❶もだえ苦しんで手足を動かす。「水中でー」❷なんとかしようとあせり苦しむ。「どん底からはい上がろうとー」

**もぎ**【模擬】〘△摸擬〙（名）本物になぞらえて作ったりやってみたりすること。「ー裁判《さいばん》」

**もぎしけん**【模擬試験】（名）入学試験などの準備のために、それと同じような形式や内容で行う試験。模試。

**もぎてん**【模擬店】（名）学園祭や運動会などで、本物の店をまねてつくった屋台形式の飲食店。

**もぎと・る**【もぎ取る】〘△捥ぎ取る〙（他五）〔ラ(ロ)・リ(ッ)・ル・ル・レ・レ〕❶木の実などを、ねじって取る。「枝からー」❷むりやりに奪《うば》い取る。「勝利をー」

**もぎ・る**〘△捥ぎる〙（他五）〔ラ(ロ)・リ(ッ)・ル・ル・レ・レ〕ねじり取る。ちぎって取る。もぐ。「入場券の半券をー」

**もく**【木】→ぼく(木)

**もく【目】** 5画 目0 小1 音 モク・ボク 中 訓 め・ま 高

丨 冂 月 目 目

❶め。まなこ。◆目前・◆耳目《じもく》・眉目《びもく》・盲目《もうもく》。❷みる。みつめる。◆目撃《もくげき》・目測◆衆目・着目・注目・瞠目《どうもく》。❹めあて。めじるし。◆目的・目標。❺こまかく分けた一つ一つ。◆科目・項目《こうもく》・細目・条目。❻みだし。名前。◆目次・目録◆曲目・種目・題目・品目。❼重要なところ。◆眼目・要目。❽主となる者。かしら。◆頭目。参考「ボク」の音は「面目《めんぼく》」、「ま」の訓は「目深《まぶか》」「目《ま》の当たり」などのことばに使われる特殊《とくしゅ》な読み方。特別に、「真面目」は「まじめ」とも読む。

**もく**【目】㊀（名）〘動・植〙生物を分類する区分の一つ。綱《こう》の下で、科の上。「霊長《れいちょう》ー」㊁（接尾）囲碁《いご》で、碁盤《ごばん》の目《め》や石を数えることば。「白五ーの勝ち」

**もく【黙】** 15画 黒4 〔默〕 音 モク 訓 だまる

口 甲 里 黙 黙 黙

だまる。ものを言わない。◆黙殺・黙想・黙禱《もくとう》・黙読・黙認・黙然《もくねん・もくぜん》・黙秘・黙黙・黙礼・黙考《もっこう》◆暗黙・寡黙《かもく》・沈黙《ちんもく》⇩付録「漢字の筆順㉘里」

**も・ぐ**〘△捥ぐ〙（他五）〔ガ(ゴ)・ギ(イ)・グ・グ・ゲ・ゲ〕→もぎる

**もくぎょ**【木魚】（名）〘仏〙経《きょう》をよむときにたたいて鳴らす木製の道具。魚のうろこのような模様がある。

（もくぎょ）

**もくげき**【目撃】（名・他スル）事件や事故のようすなどを、実際にその場に居合わせて見ること。「ー者」

**もぐさ**〘△艾〙（名）❶よもぎの葉を干して、綿のようにもんだもの。おきゅうに使う。❷「よもぎ」の異称《いしょう》。

**もぐさ**【藻草】（名）も。水草や海藻《かいそう》など。

**もくざい**【木材】（名）建築や工作などの材料にする木。材木。

**もくさつ**【黙殺】（名・他スル）だまってとりあわないこと。相手にしないで無視すること。「警告をーする」

**もくさん**【目算】（名）❶見ただけでだいたいの見当をつけること。見積もり。「ーをたてる」❷もくろみ。当てにしていた計画。「ーがはずれる」

**もくし**【目視】（名・他スル）目で見ること。目で直接見て、確認すること。「ーではわからない違《ちが》い」

**もくし**【黙視】（名・他スル）だまって見ていること。口出しをしないで見ていること。「ーするにしのびない」

**もくじ**【目次】（名）見出し・ことがらの順序。また、本の内容の見出しを順番に並べて書きしるしたもの。

**もくしつ**【木質】（名）❶木の性質。❷木のような性質。❸木の幹の内側のかたい部分。

**もくしょう**〘目△睫〙（名）（目とまつげの意から）ひじょうに近いところ。目前。「ーの間《かん》に迫《せま》る」

**もくしろく**【黙示録】（名）新約聖書の巻末の書。世界の終末と新しい世界の出現が描《えが》かれる。ヨハネの黙示録。

**もくず**〘藻△屑〙（名）海藻《かいそう》などのくず。また、水中のごみ。「海のーと消える（＝海に沈《しず》んで死ぬ）」

**もく・する**【黙する】（自サ変）〔シ(セ・サ)・シ・スル・スル・スレ・シロ(セヨ)〕だまる。「ー・して語らない」

**もく・する**【目する】（他サ変）〔シ(セ・サ)・シ・スル・スル・スレ・シロ(セヨ)〕❶見なす。認める。「第一人者とー・される」❷注目する。目をつける。「将来をー・される」

**もくせい**【木星】（名）〘天〙太陽系の惑星《わくせい》の一つ。太陽に五番目に近く、太陽系中最大の惑星。

**もくせい**〘木△犀〙（名）〘植〙モクセイ科の常緑小高木。きんもくせい・ぎんもくせい・うすぎもくせいなどの総称《そうしょう》。秋、かおりのよい茶色や白色の小さな花が咲《さ》く。狭義《きょうぎ》には、ぎん

（ 木犀 ）

もくせいをさす。

**もくせい【木製】**（名）器具などが木でつくられていること。また、木でつくったもの。「―の机」類木造

**もくぜん【目前】**（名）目の前。まのあたり。すぐ近く。「ゴールは―」「別れの日が―にきている」

**もくぜん【黙然】**（トタル）→もくねん

**もくそう【黙想】**（名・自スル）だまって静かに考えること。「―にふける」類瞑想《めいそう》・黙考《もっこう》

**もくぞう【木造】**（名）建物などが木でつくられていること。また、木でつくったもの。「―家屋《かおく》」類木製

**もくぞう【木像】**（名）木でつくった像。

**もくそく【目測】**（名・他スル）目で見ておおよその距離《きょり》や大きさなどをはかること。「―を誤る」

**もくたん【木炭】**（名）❶木をむし焼きにした燃料。すみ。❷下絵をかくのに使うやわらかな炭の棒。

**もくたんが【木炭画】**（名）木炭でかいた絵。

**もくたんし【木炭紙】**（名）木炭画をかくときに使う紙。

**もくちょう【木彫】**（名）木材に像やかざりなどをほりきざむこと。または、ほりきざんだもの。木ぼり。

**もくてき【目的】**（名）実現したり手に入れたりしようとすることがら。到達《とうたつ》しようとめざすところ。ねらい。目当て。「留学の―」「会議の―」「―の場所」

**もくてきご【目的語】**（名）『文法』動作の目的を表す語。客語。国語では、連用修飾《しゅうしょく》語の一種。「字を書く」の「字を」など。

**もくとう『黙△禱』**（名・自スル）目を閉じ、声を出さないで心の中で祈《いの》ること。「―をささげる」

**もくどく【黙読】**（名・他スル）声を出さないで読むこと。「教科書を―する」対音読

**もくにん【黙認】**（名・他スル）だまって認めること。知っていても見のがすこと。「不正使用を―する」

**もくねじ【木ねじ】**『木×螺子・木×捻子』（名）胴《どう》にらせんがきざんであり、木材などにねじこんで物をとめるのに使われるくぎ。ねじくぎ。「―でとめる」

**もくねん【黙然】**（トタル）だまったままでいるようす。「―とつっ立っている」参考「もくぜん」とも読む。

**もくば【木馬】**（名）木で馬の形につくったもの。「回転―」

**もくはん【木版】**（名）印刷するために木の板に文字や絵をほったもの。また、それで印刷したもの。

**もくひ【黙秘】**（名・自他スル）だまったままで、自分に不利なことは何も言わないこと。「―を続ける」

**もくひけん【黙秘権】**（名）『法』検察官・警察官などの取り調べや公判廷《こうはんてい》において、自分に不利なことは言わなくてもいいと認められている権利。

**もくひょう【目標】**（名）行動するにあたって、めざすところ。目当て。「―を達成する」「教育―」

**もくへん【木片】**（名）木の切れはし。

**もくほん【木本】**（名）『植』かたい木質の幹をもつ植物。木。「―植物」対草本

**もくめ【木目】**（名）木材の切り口にみられる、年輪・繊維《せんい》などのつくり出す模様《もよう》。きめ。

（もくめ）

**もくもく**（副）雲やけむりなどが、さかんにわき起こるようす。「雲が―（と）わく」

**もくもく【黙黙】**（トタル）だまって物事に集中するようす。「―と働く」

**もぐもぐ**（副・自スル）❶口を閉じて物をかむようす。「歩きながら―（と）食べる」❷口をよくあけず、不明瞭《ふめいりょう》にものを言うようす。「―言ってもわからない」

**もくよう【木曜】**（名）一週の五番目の日。木曜日。

**もくよく『△沐浴』**（名・自スル）髪《かみ》やからだを洗って清めること。湯あみ。「斎戒《さいかい》―」

**もぐら『×土竜』**（名）『動』モグラ科の哺乳《ほにゅう》動物。ねずみくらいの大きさで、地下に穴をほってすむ。みみずや昆虫《こんちゅう》を食べる。むぐら。もぐらもち。

**もぐり【潜り】**（名）❶水中にもぐること。潜水《せんすい》。「―の名人」❷法律で禁じられていることをしたり、また、正式の許可を受けないでこっそりとしたりすること。また、その人。「―の医者」❸正式な一員として認めがたいこと。「あの曲を知らないとは―だ」

**もぐ・る【潜る】**（自五）｛ラ(ロ)・リ(ッ)・ル・ル・レ・レ｝❶水中に全身をはいりこませる。「海に―」❷物の下などにはいりこむ。「ふとんに―」❸警察や世間から身をかくす。「地下に―（=身をかくしてひそかに活動する）」

**もくれい【目礼】**（名・自スル）目であいさつすること。「―をかわす」

**もくれい【黙礼】**（名・自スル）だまっておじぎをすること。「校長先生に―する」

**もくれん『木△蓮』**（名）『植』モクレン科の落葉低木。庭園に栽培《さいばい》される。春、暗紫《あんし》色の大きい花が咲《さ》く。紫《し》もくれん。

（もくれん）

**もくろく【目録】**（名）❶本の目次。❷集めた品物などの名前を整理して書きならべたもの。「図書―」「財産―」❸贈《おく》り物の品物の名を書いたもの。「結納《ゆいのう》の―」

**もくろみ『目◇論見』**（名）もくろむこと。また、その計画。くわだて。「―がはずれる」

**もくろ・む『目◇論む』**（他五）｛マ(モ)・ミ(ン)・ム・ム・メ・メ｝心の中で計画を立てる。くわだてる。「一攫千金《いっかくせんきん》を―」

**もけい【模型】**（名）実物の形に似せて小さく作ったもの。かた。ひながた。「飛行機の―」

**も・げる『△捥げる』**（自下一）｛ゲ・ゲ・ゲル・ゲル・ゲレ・ゲロ(ゲヨ)｝くっついていたものがとれる。ちぎれて落ちる。「ドアのとってが―」

**もこ『模△糊』**（トタル）ぼんやりしていてはっきりしないようす。「曖昧《あいまい》―」

**もさ【○猛者】**（名）強くて勇ましい人。つわもの。「柔道部《じゅうどうぶ》の―」

**モザイク**〔英 mosaic〕（名）ガラス・木材・貝殻《かいがら》・石・タイルなどのかけらを組み合わせてはめこみ、絵や模様を表したもの。かべやゆかのかざりに使われる。

**もさく【模作】**『△摸作』（名・他スル）ある物をまねてこしらえること。また、まねてこしらえたもの。「―品」

**もさく【模索】**『△摸索』（名・他スル）手さぐりでさがすこと。手がかりもなく物事の手段・方法などをさぐること。「暗中―」「解決法を―する」

**モザンビーク**〔Mozambique〕[地名]アフリカ大陸の南東部、インド洋に面する共和国。首都はマプト。

**もし【模試】**（名）「模擬試験《もぎしけん》」の略。

**もし**『◇若し』（副）（あとに「たら」「ならば」「すれば」などのことばをともなって）はっきりわかっていないことや、事実と反対のことなどを仮定して言う場合に用いる。かりに。万一。「—寝《ね》過ごしたらどうしよう」

**もじ【文字】**（名）ことばを表す記号。字。もんじ。

**もしか**『◇若しか』（副）自信がない推定の気持ちを表す。ひょっとして。「—したら勝てるかもしれない」

**もしかすると**『◇若しかすると』ひょっとすると。もしかしたら。

**もしくは**『若しくは』（接）前後の物事のどちらか一方を選ぶ、という意を表す。あるいは。または。「月曜—火曜日にうかがいます」

**もじどおり【文字通り】**（名・副）文字に書いてあるとおり。まったくそのことばのとおり。「比喩《ひゆ》でなく、—の意味に解釈《かいしゃく》する」「—からだ一つで上京する」

**もじばけ【文字化け】**（名）コンピューターで、表示される文字が別の文字や記号に置き換《か》わってしまうこと。

**もじばん【文字盤】**（名）時計・計器などで、数字・記号・文字などをしるしてある盤。

**もしも**『◇若しも』（副）「もし」を強めた言いかた。かりに。万一。「—の場合、あとは頼《たの》む」

**もしもし**（感）人に呼びかけるときに言うことば。特に、電話で使う。

**もじもじ**（副・自スル）遠慮《えんりょ》したりはずかしがったりして、ためらうようす。「人前で—する」

**もしや**『◇若しや』（副）可能性は少ないがあり得ると思う気持ちを示す。ひょっとして。もしかすると。「あれは—山田さんでは」

**もしゃ【模写】**『△摸写』（名・他スル）絵・書などをそっくりまねて写し取ること。「名画を—する」

**もしゅ【喪主】**（名）葬式《そうしき》を行うときに、その家の代表となる人。

**もしょう【喪章】**（名）人の死を悲しみいたむために、衣服のそでや胸などにつける黒い布。

**もじり**『△捩り』（名）もじること。もじったもの。「有名作品の—」

**もじ・る**『△捩る』（他五）{ラ(ロ)・リ(ツ)・ル・ル・レ・レ}ある言いまわしや、有名な文章・詩歌《しいか》の文言などをもとに、おもしろみを加えた言いかえをする。「古歌を—」

**も・す【燃す】**（他五）{サ(ソ)・シ・ス・ス・セ・セ}火をつけて焼く。燃やす。「紙くずを—」

**もず**『×百舌・△鵙』（名）《動》モズ科の鳥。くちばしは曲がってするどく、尾《お》が長い。昆虫《こんちゅう》やかえるなどをとらえて食う。秋にキーキーとするどい声で鳴く。

**モスク**〔英 mosque〕（名）イスラム教の礼拝堂。

**もずく**（名）褐藻《かっそう》類モズク科・ナガマツモ科の海藻。細く糸のように枝分かれしてぬめりがあり、食用にされる。

**モス-グリーン**〔英 moss green〕（名）苔《こけ》のような暗めの黄緑色。

**モスクワ**〔Moskva〕[地名]ロシア連邦《れんぽう》の首都。東ヨーロッパ平原のほぼ中央に位置する。ロシア連邦の政治・経済・交通・文化の中心地。

**もすそ**『△裳裾』（名）着物のすそ。

**モスリン**〔フランス mousseline〕（名）→メリンス

**も・する【模する】**『△摸する』（他サ変）{シ(セ・サ)・シ・スル・スル・スレ・シロ(セヨ)}まねる。似せる。「唐《とう》の長安を—・した都」

**もぞう【模造】**『△摸造』（名・他スル）まねてつくること。また、その物。「—品」

**もぞうし【模造紙】**（名）つやのある、やや厚手のじょうぶな洋紙。ポスターなどに使う。

**もぞもぞ**（副・自スル）❶落ちつかないで、からだを動かすようす。「手を—（と）動かす」❷虫のようなものが、はいずるようにうごめくようす。「みみずが—（と）動く」

**もだえ**『△悶え』（名）もだえること。煩悶《はんもん》。

**もだ・える**『△悶える』（自下一）{エ・エ・エル・エル・エレ・エロ(エヨ)}❶はげしく思いなやむ。「恋《こい》に—」❷苦しくてからだをよじる。「痛みに—」

**もた・げる**『△擡げる』（他下一）{ゲ・ゲ・ゲル・ゲル・ゲレ・ゲロ(ゲヨ)}頭や首をもちあげる。転じて、力をつけてその存在が目立ってくる。「頭を—」「勢力を—」

**もたせか・ける**『△凭せ掛ける』（他下一）{ケ・ケ・ケル・ケル・ケレ・ケロ(ケヨ)}支えとなるものによりかからせる。「柱に背を—」

**もた・せる【持たせる】**（他下一）{セ・セ・セル・セル・セレ・セロ(セヨ)}❶持つようにさせる。「自信を—」「所帯を—」❷持っていかせる。「土産《みやげ》を—」❸費用などを受け持たせる。負担させる。「会費を—」❹期待させる。「気を—」❺その状態を保たせる。「点滴《てんてき》で—」❻物によりかからせる。よせかける。もたせかける。「木に—・せておく」参考⑥は「凭せる」とも書く。

**もたつ・く**（自五）{カ(コ)・キ(イ)・ク・ク・ケ・ケ}物事が思うように進まない。なかなかはかどらない。「準備に—」

**もたもた**（副・自スル）動作や準備が、のろのろしていて進行しないようす。「—していると遅《おく》れる」

**もたら・す**『△齎す』（他五）{サ(ソ)・シ・ス・ス・セ・セ}❶持って来る。持ちこむ。「吉報《きっぽう》を—」❷ある事態や状態をひきおこす。「大雨が—・した被害《ひがい》」

**もたれかか・る**『△凭れ掛かる』（自五）{ラ(ロ)・リ(ツ)・ル・ル・レ・レ}❶からだの重みをあずけるようにしてよりかかる。「いすに—」❷他人に頼《たよ》りきりになる。

**もた・れる**『△凭れる・△靠れる』（自下一）{レ・レ・レル・レル・レレ・レロ(レヨ)}❶よりかかる。「塀《へい》に—」❷食べ物が消化されないで胃が重く感じる。「胃に—」

**モダン**〔英 modern〕（形動ダ）{ダロ・ダッ(デ・ニ)・ダ・ナ・ナラ・○}近代的。現代風。「—な建築物」「—ジャズ」

**モダン-アート**〔英 modern art〕（名）新しい傾向《けいこう》をもった現代の美術。

**もち【餅】**（名）もち米をむしてついた食べ物。

**餅は餅屋《もちや》**　仕事にはそれぞれ専門家がいて、しろうとではとてもかなわない、ということのたとえ。

**もち**『△黐』（名）→とりもち

**もち【持ち】**（名）❶長くその状態であり続けること。「—がいい」❷所有していること。「—時間」❸引き受けること。「費用は会社—にする」

**もちあが・る【持ち上がる】**（自五）{ラ(ロ)・リ(ツ)・ル・ル・レ・レ}❶物が上方へ上がる。「自動車の後部が—」❷事がおこる。「問題が—」❸生徒が上の学年に進んでも、先生が変わらずにそのまま受け持つ。

**もちあ・げる【持ち上げる】**（他下一）{ゲ・ゲ・ゲル・ゲル・ゲレ・ゲロ(ゲヨ)}

❶持って上に上げる。「荷物を―」❷おだてあげる。「―・げられていい気になる」

**もちあじ【持ち味】**（名）❶食べ物などがもとから持っている味。「材料の―をいかした料理」❷人や芸術作品などの、そのものだけが持っている本来の味わい。「彼《かれ》の―が出ている絵」

**もちあわせ【持ち合わせ】**（名）❶そのとき実際に持っていること。「―の道具でなおす」❷現在持っているおかね。また、そのもの。「あいにく―がない」

**モチーフ**〔フランス motif〕（名）❶芸術・文学などのつくられる動機となったもの。中心となる思想や主題など。❷〔音〕楽曲を組み立てている最小単位の旋律《せんりつ》。動機。

**もち・いる【用いる】**（他上一）{イ・イ・イル・イル・イレ・イロ(イヨ)}❶材料・道具・手段などとして役にたたせる。使う。「材料にアルミを―」「正確な表現を―」❷職や地位につかせる。任用する。「経験者を―」❸意見や提案をよいものとしてとりあげる。採用する。「部下の意見を―」❹（「意を用いる」「心を用いる」の形で）心を行きとどかせる。配慮《はいりよ》する。「後輩《こうはい》の指導に意を―」

**もちか・ける【持ちかける】**『持ち掛ける』（他下一）{ケ・ケ・ケル・ケル・ケレ・ケロ(ケヨ)}相手に話を持ち出す。働きかける。「相談を―」

**もちがし【餅菓子】**（名）もち・くずなどを材料としてこしらえたやわらかい和菓子。だいふくなど。

**もちきり【持ち切り】**（名）はじめから終わりまでその話題が続くこと。「優勝の話で―だ」

**もちぐさ【餅草】**（名）〔植〕「よもぎ」の別名。若葉をもちに入れて草もちにすることからいう。

**もちぐされ【持ち腐れ】**（名）持っているだけで利用することがないこと。「宝の―」

**もちこ・す【持ち越す】**（他五）{サ(ソ)・シ・ス・ス・セ・セ}物事の処理や決定を、次の機会にまわす。「結論を次回に―」

**もちこた・える【持ちこたえる】**『持ち◇堪える』（他下一）{エ・エ・エル・エル・エレ・エロ(エヨ)}今の状態をなんとか続ける。特に、物事をそれ以上悪くさせないで、その状態を続ける。「わずかな食料で―」

**もちごま【持ち駒】**（名）❶将棋《しようぎ》で、相手から取って手元に持っているこま。❷その人が必要に応じていつでも利用できる人や物。

**もちこ・む【持ち込む】**（他五）{マ(モ)・ミ(ン)・ム・ム・メ・メ}❶持って入る。運び入れる。「学校に私物を―」❷相談事・願い事・苦情などを持っていく。「縁談を―」「出版社に企画《きかく》を―」❸決着がつかない物事などを、次の段階やある状況《じようきよう》に移るようにする。「接戦に―」「有罪に―」

**もちごめ【もち米】**『△糯米』（名）ねばりけの強い種類の米。もちや赤飯などにする。㊟粳《うるち》

**もちだし【持ち出し】**（名）❶持って外に出すこと。「資料の―を禁じる」❷不足した費用を自分で出すこと。「出張費は―となった」

**もちだ・す【持ち出す】**（他五）{サ(ソ)・シ・ス・ス・セ・セ}❶持って外へ出す。「いすを庭に―」「ひそかに会社のかねを―（＝ぬすむ）」❷あることがらを言い出す。「昔の話を―」❸不足分の費用を自分で負担する。

**もちつき【餅つき】**『餅△搗き』（名）もちをつくこと。

**もちづき**『◇望月』（名）陰暦《いんれき》十五夜の月。満月。特に、中秋の名月。

**もちつもたれつ【持ちつ持たれつ】**たがいに助け合うようす。「―の間柄《あいだがら》」

**もちなお・す【持ち直す】**{サ(ソ)・シ・ス・ス・セ・セ}■一（自五）病気・天候・景気など、悪くなったものが回復してくる。「病状が―」■二（他五）持ち方や持つ手を変える。「荷物を右手に―」

**もちにげ【持ち逃げ】**（名・他スル）他人の物を持って逃げること。「公金を―する」

**もちぬし【持ち主】**（名）その物の所有者。

**もちば【持ち場】**（名）受け持ちの場所。あたえられた任務。「自分の―につく」

**もちはこ・ぶ【持ち運ぶ】**（他五）{バ(ボ)・ビ(ン)・ブ・ブ・ベ・ベ}手に持ってほかの場所へ運ぶ。「荷物を―」

**もちはだ【餅肌】**『餅◇膚』（名）色が白くてきめが細かい、なめらかなはだ。

**もちぶん【持ち分】**（名）全体のうちで各人が所有または負担している部分。「人の―までてつだう」

**モチベーション**〔英 motivation〕（名）❶ある行動への意欲を引き起こす動機を与《あた》えること。動機づけ。❷意欲ややる気。「―を高める」

**もちまえ【持ち前】**（名）その人の生まれつきの性質。天性。「―の陽気さ」

**もちまわり【持ち回り】**（名）ある物事が、関係者の間を順々に回ること。「―閣議（＝会議を開かず各大臣に案件を回して決める略式の閣議）」

**もちもの【持ち物】**（名）❶その人の身につけている物。所持品。「―の検査」❷その人の所有している物。所有物。「あの土地は祖父の―だ」

**もちゅう【喪中】**（名）人が死んだあと、その家族が喪に服している期間。㊝忌中《きちゆう》

**もちよ・る【持ち寄る】**（他五）{ラ(ロ)・リ(ッ)・ル・ル・レ・レ}おたがいに物や意見などを持って寄り集まる。「材料を―」

**もちろん**『△勿論』（副）言うまでもなく。むろん。「―ぼくも参加する」

**もつ【物】**→ぶつ(物)

**もつ**（名）「臓物《ぞうもつ》」の略。鳥や豚《ぶた》・牛などの内臓。「―の煮込《にこ》み」

**も・つ【持つ】**{タ(ト)・チ(ッ)・ツ・ツ・テ・テ}■一（他五）❶手にとってにぎる。手にとる。「かばんを右手で―」「ハンドルを―」❷物やおかねなどを身につける。携帯《けいたい》する。「今日は小銭《こぜに》しか―・っていない」❸自分のものとして保つ。所有する。「家を―」❹ある考えや感情を心にいだく。「勇気を―」「興味を―」❺ある性質・能力や状態をそなえる。「熟練《じゆくれん》の技《わざ》を―」「大きな意味を―」「事件にかかわりを―」❻受け持つ。担当する。「五年生を―」❼引き受ける。負担する。「責任を―」「費用を―」❽機会や場をもうける。「会合を―」「交渉を―」■二（自五）その状態が保たれる。「天気が―」「身が―・たない」

**もっか【目下】**（名）今。ただ今。「ー検討中」

**もっか【黙過】**（名・他スル）知らないふりをして見のがすこと。だまって通すこと。「ーできない問題」

**もっかん【木管】**（名）❶木で作った管。❷「木管楽器」の略。

**もっかん【木簡】**（名）古代、紙のかわりに文字を書きしるした小さい木の札《ふだ》。中国では漢代のものが有名で、日本でも平城宮跡《あと》などから出土している。

**もっかんがっき【木管楽器】**（名）〔音〕木製の、また、本来は木製であった管楽器。フルート・オーボエ・クラリネットなどがある。木管。⇩きんかんがっき

**もっきょ【黙許】**（名・他スル）だまって許すこと。「無断外出をーする」

**もっきん【木琴】**（名）〔音〕長さのちがう木片《もくへん》を音階順にならべ、先に丸い玉のついた棒で打って鳴らす打楽器。シロホン。

**もっけい【黙契】**（名）だまっていてもおたがいの意思が一致《いっち》してできた約束。「二人の間にはーがある」

**もっけのさいわい【もっけの幸い】**〘△勿◇怪の幸い〙思いもよらない幸運。

**もっこ**〘△畚〙（名）縄《なわ》であんだ網《あみ》の四すみにつなをつけたもの。棒を通して二人でかつぎ、土などを運ぶ。

**もっこう【木工】**（名）❶木で家具や道具などを作ること。「ー品」「ー所」❷大工《だいく》。

**もっこう【黙考】**（名・自スル）だまって考えること。「沈思《ちんし》ーする（＝一人で静かに考える）」〔類〕黙想

**もっこり**（副）まわりよりまるくもりあがっているようす。「竹の子が土をー（と）持ち上げた」

**もったい**〘△勿体〙（名）ものものしいこと。威厳《いげん》をとりつくろうこと。

**勿体をつける** わざとおもおもしくみせる。もったいぶる。「勿体をつけて、なかなか教えない」

**もったいな・い**〘△勿体ない〙（形）{カロ・カツ(ク)・イ・イ・ケレ・○}❶使わないでむだにされるのが惜《お》しい。「捨てるなんてー」❷自分の身に過ぎておそれおおい。「ーおことば」

**もったいぶ・る**〘△勿体振る〙（自五）{ラ(ロ)・リ(ッ)・ル・ル・レ・レ}わざとおもおもしくふるまう。もったいをつける。「ー・った話し方」

**もって**〘◇以て〙❶（「…をもって」の形で）㋐手段や方法などを表す。…で。…によって。「書面をー通知する」㋑原因・理由を表す。…で。…のために。「秀才《しゅうさい》をー知られる」㋒「を」のおもおもしい言い方。「彼《かれ》をー初めとする」㋓限界や区切りを表す。「本日をー閉店する」❷（「…でもって」の形で）そのうえ。かつ。「美人でー頭がいい」❸語調を強める言い方。「まったくーけしからん」❹（接続詞的に用いて）それで。それによって。「ー以上のように決めます」〔文法〕「もちて」の音便。

**もってこい**〘持って来い〙ちょうどうまく合っているようす。うってつけ。「遠足にーの天気」

**もってのほか【もっての外】**〘◇以ての外〙思いもよらないこと。また、とんでもないこと。けしからぬこと。「口答えなどーだ」

**もってまわった【持って回った】**遠まわしな言い方ややり方をするようす。「ー表現」

**もっと**（副）程度や状態がそれ以上に進む意を表す。そのうえ。さらに。「ーほしい」「ー詳しく説明する」

**モットー**〔英 motto〕（名）常に心にとめて目標とすることば。信条。「勤勉をーにする」

**もっとも**〘△尤も〙㊀（形動ダ）{ダロ・ダッ(デ・ニ)・ダ・ナ・ナラ・○}道理にかなっているようす。「ーな話」㊁（接）そうはいうものの。ただし。「出発はあすです。ー雨なら延ばします」

**もっとも【最も】**（副）他と比べて程度が一番であるようす。この上なく。「ーすぐれている」

**もっともらし・い**〘△尤もらしい〙（形）{カロ・カツ(ク)・イ・イ・ケレ・○}❶いかにもほんとうらしいようす。「ー話」❷いかにもまじめくさったようす。「ー顔」

**もっぱら【専ら】**（副）そのことだけに集中するようす。「ーのうわさ」「休日はー本を読んでいる」

**専らにする** ひたすら…する。また、ほしいままにする。もっぱらとする。「勉強をー」「権勢をー（＝ひとりじめにして思いのままにする）」

**モップ**〔英 mop〕（名）ぞうきんに長い柄《え》をつけたもの。

**もつ・れる**〘△縺れる〙（自下一）{レ・レ・レル・レル・レレ・レロ(レヨ)}❶糸・ひもなどがからみ合ってとけなくなる。「毛糸がー」❷物事がからみ合って解決しにくくなる。「話がー」❸ことばや動作が思いどおりにならなくなる。「舌がー」

**もてあそ・ぶ【弄ぶ】**〘◇玩ぶ〙（他五）{バ(ボ)・ビ(ン)・ブ・ブ・ベ・ベ}❶手に持ってあそぶ。いじくる。「刃物《はもの》をー」❷なぐさみものにする。興味半分にあつかう。「ことばをー」❸自由にあやつる。「運命の神にー・ばれる」

**もてあま・す【持て余す】**（他五）{サ(ソ)・シ・ス・ス・セ・セ}どうしたらいいかわからずに困る。取りあつかいに苦しむ。「時間をー」

**もてなし**〘持て成し〙（名）❶人をもてなすごちそう。接待。「酒肴《しゅこう》のーをする」❷人の取りあつかい方。待遇《たいぐう》。「下にも置かないーを受ける」

**もてな・す**〘持て成す〙（他五）{サ(ソ)・シ・ス・ス・セ・セ}❶ごちそうする。歓待《かんたい》する。「手料理でー」❷取りあつかう。待遇《たいぐう》する。「丁重《ていちょう》にー」

**もてはや・す**〘持て△囃す〙（他五）{サ(ソ)・シ・ス・ス・セ・セ}さかんにほめる。ほめそやす。「世間にー・される」

**モデム**〔英 modem〕（名）コンピューターのデジタル信号と電話回線のアナログ信号とを相互《そうご》に変換《へんかん》する装置。変復調装置。

**モデラート**〔イタリア moderato〕（名）〔音〕楽曲の速度を示すことば。「中ぐらいの速さで」の意。

**も・てる【持てる】**（自下一）{テ・テ・テル・テル・テレ・テロ(テヨ)}❶持つことができる。ある状態を保てる。「座がー・てない」❷ちやほやされる。人気がある。「女性にー」

**モデル**〔英 model〕（名）❶模型。❷手本。模範《もはん》。「ースクール」❸絵や彫刻《ちょうこく》・写真などの作品の題材となる人や物。「父をーにした絵」❹小説などの素材となった実在の人物や事件。❺（「ファッションモデル」の略）最新の衣服などを身につけて、それを見せることを職業としている人。❻機械・自動車などの型。型式。「ーチェンジ」❼ある現象を単純化した形で表したもの。「経済ー」

**モデル-ケース**〔英 model case〕（名）代表となるような例。標準となる例。「ーを示す」

**もと【下】**〘◇許〙（名）❶物の下。また、その周辺。

「青空の―」「灯台―暗し」
❷その支配や影響《えいきょう》のおよぶところ。「親の―を離《はな》れる」「法の―の平等」「勇将の―に弱卒なし(=大将が強いと、その部下もまた強い)」
❸(「…のもとに」の形で)一定の条件・範囲《はんい》を示す。…ということで。「この約束の―に借りる」「一言《いちごん》の―に拒絶《きょぜつ》する」

**もと【元】**(名)❶物事がはじまった最初のところ。はじめ。「―にもどる」
❷物事を生じさせたところやもの。また、そのきっかけとなったもの。「火の―」「けんかの―」
❸物事がそれによって成り立つもの。よって立つもの。「水は命の―」「体験を―に語る」
❹はじめにかけた費用。資本。もとで。「―がかかる」
❺原価。もとね。「―を割る」
❻原料。「小麦を―にしてつくる」
❼今より前のとき。むかし。以前。また、以前の状態。「―の場所にもどす」「―首相」

**元の鞘《さや》に収《おさ》まる** (特に男女関係で)いったん仲たがいや離婚《りこん》をした者が以前の状態にもどる。

**元も子《こ》もない** (利息ばかりか元金もなくなる意で)すべて失ってしまうようす。「ここで失敗をしたら―」

**もと【本】**(名)❶物事の中心となるところ。物事の根本。「―を正す」「―はと言えば」
❷木や草の根のほう。ねもと。対末《すえ》

**もと【基】**(名)物事の土台や基礎《きそ》となるもの。もとい。「農業は国の―だ」

**もとい【基】**(名)土台。基礎《きそ》。もと。「国の―」

**もとい【元い】**(感)言い直すときのことば。

**もとうた【本歌】**(名)→ほんか(本歌)

**もとおりのりなが**〔本居宣長〕【人名】(一七三〇〜一八〇一)江戸《えど》時代中期の国学者。伊勢《いせ》(=三重県)の人。賀茂真淵《かものまぶち》の教えを受けた。大著「古事記伝」を完成、国学の発展につくした。著書は、「源氏物語玉の小櫛《おぐし》」「玉勝間《たまかつま》」「うひ山ぶみ」など。

**もどかし・い**(形){カロ・カツ(ク)・イ・イ・ケレ・○}思うようにならないでじれったい。はがゆい。「そばで見ていても―」

**-もどき**『◇擬き』(接尾)(名詞について)似ること、似せて作ること、の意を表す。「芝居《しばい》―の口調《くちょう》」

**もときん【元金】**(名)❶貸し借りした、もとのおかね。がんきん。❷商売などを始めるためのおかね。もとで。資本金。「―まで失う」

**もとごえ【元肥】**(名)作物を植えたり種をまいたりする前に、その土地にまいておく肥料。対追肥《ついひ》

**もとじめ【元締め】**(名)❶会計のしめくくりをする人。❷組織や集団をまとめる人。

**もど・す【戻す】**(他五){サ(ソ)・シ・ス・ス・セ・セ}❶もとの所や状態に返す。「皿を戸棚《とだな》に―」「白紙に―」「干ししいたけを―」❷食べた物を口からはき出す。嘔吐《おうと》する。

**もとせん【元栓】**(名)ガス管や水道管などの配管元にある栓。

**もとちょう【元帳】**(名)簿記《ぼき》で、いちばんもとになる帳簿。勘定《かんじょう》科目ごとの口座《こうざ》に記入する。

**もとづ・く【基づく】**(自五){カ(コ)・キ(イ)・ク・ク・ケ・ケ}よりどころとする。もとにする。「法律に―・いて罰《ばっ》する」

**もとで【元手】**(名)❶商売を始めるためのおかね。資金。資本金。「―がかかる」❷利益を得るための元になるもの。「―はからだ一つだ」

**もとどり**『△髻』(名)むかしの髪形《かみがた》で、髪の毛を頭の上にまとめて結んだところ。たぶさ。

**もとどりを切《き》る** 出家する。仏に仕える。

**もとなり**『本◇生り・本成り』(名)植物のつるや茎《くき》のもとのほうに実がなること。また、その実。対末生《うらなり》

**もとね【元値】**(名)品物を仕入れたときのねだん。仕入れ値。「―で買う」

**もとのもくあみ**『元の木△阿◇弥』結局もとのつまらない状態にもどってしまうこと。

**もとめ【求め】**(名)注文。要求。「―に応じる」

**もと・める【求める】**(他下一){メ・メ・メル・メル・メレ・メロ(メヨ)}❶手に入れたいと心に強く思う。願う。「心から平和を―」
❷手に入れようとしてさがす。「職を―」
❸相手に、あることをしてくれるようたのむ。要求する。「協力を―」「回答を―」
❹買う。「書物を―」

**もともと**『元元・本本』㊀(名)もとの状態と変わらないこと。損得のないこと。「負けて―だ」㊁(副)初めからそうであるようす。もとから。「それは―ぼくのものだ」

**もとゆい【元結】**(名)髪《かみ》の毛を束《たば》ねてもとどりを結ぶときに使う細いひも。

**もとより**『◇固より・◇素より』(副)❶はじめから。もともと。「失敗は―覚悟《かくご》のうえだ」❷言うまでもなく。もちろん。「日本は―外国にも知られた品」

**もと・る**『△悖る』(自五){ラ(ロ)・リ(ッ)・ル・ル・レ・レ}道理などにそむく。さからう。「信義に―行い」

**もど・る【戻る】**(自五){ラ(ロ)・リ(ッ)・ル・ル・レ・レ}❶もとの所に帰る。引き返す。「家に―」「落としたさいふが―」❷もとの状態になる。「よりが―」

**もなか**『◇最中』(名)もち米の粉をこねてうすく焼いた皮と皮の間に、あんを入れた和菓子《わがし》。

**モナコ**〔Monaco〕【地名】フランス・イタリア国境に近く、地中海に面した小さな公国。気候がよく保養・観光地として知られ、カジノが有名。首都はモナコ。

**モニター**〔英 monitor〕(名)❶放送や録音などの状態を監視《かんし》すること。また、その装置。「―テレビ」❷→ディスプレー②❸依頼《いらい》を受けて、新聞・放送の内容や商品の性能などについて、感想や意見を述べる人。「消費者―」

**もぬけ**『藻抜け・△蛻』(名)蛇《へび》・せみなどが外の皮をぬぐこと。また、その皮。ぬけがら。

**もぬけの殻《から》** ❶蛇《へび》・せみなどのぬけがら。❷人がぬけ出したあとの寝床《ねどこ》・家など。「隠《かく》れ家《が》はすでに―だった」❸たましいのぬけ去ったからだ。

**もの【物】**㊀(名)❶人間の感覚でとらえ、見たりさわったりすることのできる、形のある物体。物質。物品。品物。「部屋の中が―であふれている」「なにか黒っぽい―が見える」「―を大事にする」
❷行為《こうい》の対象となる事物や、ことばでは表しにくいことがらをばくぜんと指す語。「―を思う」「なにかうまい―が食べたい」「―は言いよう」「―のはずみ」

❸価値のあることがら。とりたてて問題とするべきことがら。「役者として―になる」「批判を―ともしない」❹道理。わけ。「―のわかった人」❺恐《おそ》れや畏怖《いふ》の対象。神仏や悪霊《あくりょう》など。「―に憑っかれる」❻(「だ」「です」がついて) ㋐当然そうなる意を表す。「親の意見はよく聞く―だ」㋑感動やおどろきの意を表す。「すごい人もいる―だ」㋒過ぎ去ったことがらを思い出して言う。「よくしかられた―だ」㋓強く断定する意を表す。「見たい―です」❼まさにそれに相当することがら。「冷や汗―」「まゆつば―」

[二] (接頭) なんとなくという意をそえる。「―さびしい」

[参考] [一]⑥⑦はふつう、かな書きにする。

**物ともしない** 問題にもしない。「けがを―で戦う」

**物にする** ❶自分のものにする。❷思いどおりの結果や状態にする。よく修得する。「英会話を―」

**物になる** ❶思いどおりの結果や状態になる。「事業もまもなく―はずだ」❷すぐれたうでまえになる。ひとかどの人物になる。「彼《かれ》はきたえれば―」

**物の数《かず》ではない** 数えたてるほどのものではない。たいしたものではない。「そんな失敗など―」

**物のはずみ** その場のなりゆきや勢い。「―でしたこと」

**物の本《ほん》** ある方面のことが書いてある書物。しかるべき書物。「―にはそう書いてある」

**物の見事《みごと》に** たいへんあざやかであるようす。実に見事に。「―正解を言い当てる」

**物は相談《そうだん》** ❶自分ではどうしようもないことも、人に聞くとあんがいうまくいくことがあるものだ。❷相談したい相手に呼びかけることば。「―だが」

**物は試《ため》し** 物事は実際にやってみないとわからないので、一度はやってみることだ。

**物も言《い》いようで角《かど》が立《た》つ** 同じ内容のことでも話し方一つで、相手の感情を傷つける場合がある。

**物を言《い》う** ❶ことばに出す。話す。❷力や効果をあらわす。役に立つ。「腕力《わんりょく》が―」

**物を言《い》わせる** 力や効果をあらわすようにさせる。「金に物を言わせて手に入れる」

**もの【者】** (名) 人をさして言うことば。「となりに引っ越してきた―です」「右の―」「おまえのような―は来なくていい」〈使い方〉「人」とはちがい、卑下《ひげ》したり軽視したりする気持ちで使われることが多い。

**もの** (終助) 理由をあげて、相手に対する弁解などの気持ちを示す。「知らなかったんだ―」〈使い方〉主として女性が話しことばで使う。くだけた形は「もん」。

**ものいい【物言い】** (名) ❶ものの言い方。ことばづかい。「無礼な―」❷すもうで、行司の判定に審判《しんぱん》や控《ひか》え力士が異議をとなえること。「―がつく」

**ものいみ【物忌み】** (名) ある期間、行いや飲食をつつしみ、心身を清めて家にこもること。

**ものいり【物入り・物要り】** (名) おかねのかかること。出費。「年末は―だ」

**ものう・い【物憂い】**『△懶い』(形) {カロ・カッ(ク)・イ・イ・ケレ・○} なんとなくけだるく心が晴れない。「―春の日」

**ものおき【物置】** (名) ふだん使わない物をしまっておく建物や部屋。「―小屋」

**ものおじ【物おじ】**『物◇怖じ』(名・自スル) おじけづきしりごみすること。「―しない子」

**ものおしみ【物惜しみ】** (名・自スル) 物を惜しんでけちけちすること。「―せずなんでも人にあたえる」

**ものおと【物音】** (名) 何かがたてる音。「どこからか―がする」

**ものおぼえ【物覚え】** (名) 物事をおぼえこむこと。また、記憶《きおく》する力。「―が悪い」「―がよい」

**ものおもい【物思い】** (名) 思い悩《なや》むこと。あれこれ考えこむこと。「ぼんやりと―にふける」

**ものか** (終助) 強く否定する気持ちを表す。「見る―」[参考]くだけた形は「もんか」。

**ものかき【物書き】** (名) 文章を書くこと。また、文章を書くことを職業とする人。「―をめざす」

**ものかげ【物陰】** (名) 物のかげになって見えない部分。「―にひそむ」

**ものがたり【物語】** (名) ❶物語ること。また、その内容。❷むかしから語り伝えられた話。❸事実や想像をまじえて書いた散文の文学作品。「平家―」

**ものがた・る【物語る】** (他五) {ラ(ロ)・リ(ッ)・ル・ル・レ・レ} ❶まとまりのある話をする。「事件の経過を―」❷具体的な事実が、そのうしろにかくされている何かを表す。「顔にきざまれたしわが長年の苦労を―」

**ものがなし・い【物悲しい】** (形) {カロ・カッ(ク)・イ・イ・ケレ・○} なんとなく悲しい。「―笛の音」[類]うら悲しい

**ものかは**『物かは』平気だ。なんでもない。物の数ではない。「台風も―、出発する」

**ものぐさ**『物臭』(名・形動ダ) めんどうくさがること。また、そのような性質の人。無精《ぶしょう》。「―な男」

**ものぐるおし・い【物狂おしい】** (形) {カロ・カッ(ク)・イ・イ・ケレ・○} 頭がおかしくなりそうな気がする。「―思い」

**モノクロ** (名)「モノクローム」の略。「―映像」

**モノクローム** 〔英 monochrome〕 (名) ❶単色の絵。❷白黒の写真・映画など。モノクロ。[対]カラー

**ものごい【物乞い】** (名・自スル) 他人に金品をめぐんでくれるように頼《たの》むこと。また、その人。乞食《こじき》。

**ものごころ【物心】** (名) 人の気持ちや世の中のことがわかる心。分別。「―がつく」

**ものごし【物腰】** (名) 人に対する態度やことばつき。「やわらかな―」

**ものごと【物事】** (名) 物と事。いっさいのことがら。「―の善悪をわきまえる」⇩じぶつ(事物)「参考」

**ものさし【物差し・物指し】** (名) ❶物にあてて長さをはかる板状の道具。さし。❷物事を評価する基準。尺度。「自分の―で人をはかる」

**ものさびし・い【物寂しい】**『物△淋しい』(形) {カロ・カッ(ク)・イ・イ・ケレ・○} なんとなくさびしい。「―夜」

**ものさわがし・い【物騒がしい】** (形) {カロ・カッ(ク)・イ・イ・ケレ・○} ❶なんとなくさわがしい。「辺りが―」❷世の中がどこか落ち着かない。ぶっそうだ。「―世相」

**ものしずか【物静か】** (形動ダ) {ダロ・ダッ(デ・ニ)・ダ・ナ・ナラ・○} ❶物音もなく静かなようす。「―な住宅地」❷態度・ことばのおだやかなようす。「―に語る」

**ものしり【物知り】**『物◇識り』(名) 広くいろいろな物事を知っていること。また、その人。

**ものしりがお【物知り顔】**『物◇識り顔』（名）なんでも知っているというような顔つき。「―に話す」

**もの・す**〔物す〕古語 ■一（自サ変）❶ある。いる。「日ごろ―・しつる人、今日ぞ帰りぬる」〈蜻蛉《かげろう》日記〉訳何日もいた人が、きょう帰った。❷行く。来る。「いと忍《しの》びて―・せむ」〈源氏物語〉訳人目につかないように出かけよう。❸生まれる。「年ごろ経《ふ》るに、御子の―・し給《たま》はで」〈源氏物語〉訳何年もたつのに、お子様もお生まれにならないで。■二（他サ変）「言う」「する」など、種々の動詞の代わりに用いる。「消息《せうそこ》など―・すれど」〈宇津保《うつほ》物語〉訳手紙など書くけれど。

**ものずき【物好き】**（名・形動ダ）ふつうの人とちがって変わった物事をこのむこと。また、その人。酔狂《すいきょう》。「―にもほどがある」

**ものすご・い【物すごい】**『物◇凄い』（形）{カロ・カッ(ク)・イ・イ・ケレ・○}❶とても恐《おそ》ろしい。気味が悪い。「―顔つき」❷程度がはなはだしい。すさまじい。「―勢い」

**もの・する【物する】**（他サ変）{シ(セ・サ)・シ・スル・スル・スレ・シロ(セヨ)}まとまった文章を書く。詩歌《しいか》をつくる。「長編小説を―」

**ものだね【物種】**（名）物事のもととなるもの。「命あっての―（＝何事も命があってこそのことだ）」

**ものたりな・い【物足りない】**（形）{カロ・カッ(ク)・イ・イ・ケレ・○}なんとなく何かが欠けている感じがする。どこか満足できない。ものたらない。「説明がいまひとつ―」

**モノトーン**〔英 monotone〕（名・形動ダ）❶白・黒・灰色など、一色の濃淡《のうたん》で表されていること。❷同じ調子で変化にとぼしいこと。単調。

**ものとり【物取り】**（名）他人の物をぬすむこと。どろぼう。「―にあう」

**ものな・れる【物慣れる】**『物△馴れる』（自下一）{レ・レ・レル・レル・レレ・レロ(レヨ)}物事になれてうまくなる。経験を積んでそつがなくなる。「―・れた手つき」

**ものの**『物の』（連体）わずかであるようす。せいぜい。「―五分とかからない」

**ものの**（接助）前に述べたことがらと対立したり合わなかったりすることがらをあとに続けるのに用いる。けれども。「読んでは見た―少しもわからない」

**もののあわれ**『物の哀れ』（名）❶自然や人生など、物事に触《ふ》れて感じられるしみじみと心をうつおもむき。❷なんとなくあわれに感じること。

**もののけ**『物の◇怪』（名）人にとりついてたたりをするというたましい。生き霊《りょう》や死霊。

**もののふ**〔武士〕（名）古語武士《ぶし》。さむらい。「猛《たけ》き―の心をも慰《なぐさ》むるは歌なり」〈古今集〉訳勇猛《ゆうもう》な武士の心までやわらげるのが、和歌である。

**ものほし【物干し】**（名）洗濯物《せんたくもの》をほすこと。また、その場所や設備。「―ざお」

**ものほしげ【物欲しげ】**（形動ダ）{ダロ・ダッ(デ・ニ)・ダ・ナ・ナラ・○}いかにもなにか欲しそうなようす。ものほしそう。「―な顔」

**ものほしそう【物欲しそう】**（形動ダ）{ダロ・ダッ(デ・ニ)・ダ・ナ・ナラ・○}
↓ものほしげ

**ものまね【物まね】**『物真◇似』（名）人や動物の声・動作をまねること。また、その芸。他人のしたことをまねることにもいう。「役者の―がうまい」「外国の―」

**ものみ【物見】**（名）❶見物すること。「―遊山《ゆさん》」❷遠くを見るためのやぐら。物見やぐら。❸戦場で、敵の動きをさぐること。また、その役。

**ものみだか・い【物見高い】**（形）{カロ・カッ(ク)・イ・イ・ケレ・○}なんでもめずらしがって見たがる。「―やじうま」

**ものみゆさん【物見遊山】**（名）見物して遊びまわること。

**ものめずらし・い【物珍しい】**（形）{カロ・カッ(ク)・イ・イ・ケレ・○}なんとなくめずらしい。いかにもめずらしい。「見るもの聞くものすべてが―」

**ものもち【物持ち】**（名）❶資産をたくさん持っている人。金持ち。❷品物をそまつにしないで長く使うこと。「―がいい」

**ものものし・い【物物しい】**（形）{カロ・カッ(ク)・イ・イ・ケレ・○}いかにも厳重だ。また、おおげさだ。「―警戒《けいかい》」「―格好《かっこう》」

**ものもらい【物もらい】**『物△貰い』（名）❶こじき。ものごい。❷まぶたにできる小さなはれもの。

**ものやわらか【物柔らか】**（形動ダ）{ダロ・ダッ(デ・ニ)・ダ・ナ・ナラ・○}人に接するときのことばや態度がおだやかで落ち着いているようす。「―な口調《くちょう》」

**モノラル**〔英 monaural〕（名）立体音響《おんきょう》（ステレオ）でなく、一つのスピーカーで再生する単一の音響。また、その放送・録音など。対ステレオ

**モノレール**〔英 monorail〕（名）レールが一本の鉄道。レールに車体がまたがるものと、ぶら下がるものとがある。

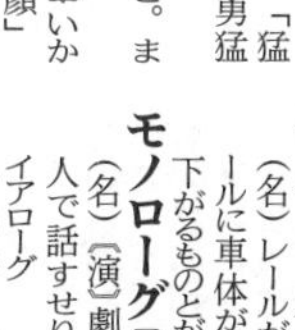
（モノレール）

**モノローグ**〔英 monologue〕（名）『演』劇で、相手なしに一人で話すせりふ。独白。対ダイアローグ

**ものわかり【物分かり】**（名）人の立場や意見、その場の状況《じょうきょう》などを理解すること。「―がよい」

**ものわかれ【物別れ】**（名）おたがいの意見や相談が合わないままで別れること。「会談は―に終わる」

**ものわすれ【物忘れ】**（名・自スル）物事をふと忘れてしまうこと。「―がはげしい」

**ものわらい【物笑い】**（名）人びとからあざけり笑われること。また、その対象。「―の種となる」

**モバイル**〔英 mobile〕（名）携帯《けいたい》できるパソコンや携帯電話などを利用して、外出先で情報の送受信を行うこと。また、それに用いる機器。「―端末《たんまつ》」

**もはや**『◇最早』（副）今となってはもう。すでに。「―手おくれだ」

**もはん【模範】**（名）見習うべき手本。「―を示す」…的「模範的な生徒」⇩きはん（規範）「学習」

**もふく【喪服】**（名）葬式《そうしき》や法事に着る礼服。

**もほう【模倣】**『◇摸倣』（名・他スル）ほかのもののまねをしたり、似せたりすること。「―して作る」対創造

**もみ**『△籾』（名）❶稲《いね》の穂《ほ》からとったままの、皮のついた米。もみごめ。❷「もみがら」の略。

**もみ**『△樅』（名）『植』マツ科の常緑高木。日本の特産で、北海道を除く山地に自生する。若木をクリスマスツリーとする。

**もみあ・う【もみ合う】**『△揉み合う』（自五）{ワ(オ)・イ(ッ)・ウ・ウ・エ・エ}たがいに入り乱れ、押《お》し合ってあらそう。

**もみあげ**〖△揉み上げ〗（名）耳の前にある髪《かみ》の毛が、耳にそって細く生え下がった部分。

**もみがら**〖△籾殻〗（名）米を包んでいる外側のかたい皮。もみぬか。もみ。

**もみくちゃ**（名）❶もまれてしわになること。「大事な書類が―になる」❷多くの人の中で、ひどくもまれること。「満員電車で―にされた」

**もみけ・す**【もみ消す】〖△揉み消す〗（他五）｛サ(ソ)・シ・ス・ス・セ・セ｝❶もんで火を消す。「煙草《たばこ》の火を―」❷手だてを講じて、自分につごうの悪いことが世間に広まらないようにする。「悪いうわさを―」

**もみじ**【○紅葉】（名）❶秋に木の葉の色が赤や黄色に変わること。また、その葉。❷〔植〕→かえで

**もみじがり**【○紅葉狩り】（名）秋に山野の紅葉を見に行って楽しむこと。「―に出かける」

**もみで**【もみ手】〖△揉み手〗（名）両手をすり合わせたり、もむような手つきをしたりすること。たのみごとやわびごとなどのときにするしぐさ。「―をして謝る」

**も・む**〖△揉む〗（他五）｛マ(モ)・ミ(ン)・ム・ム・メ・メ｝❶手や指先ではさんで何度も押《お》したりつかんだりする。「肩《かた》を―」❷両手でこすり合わせる。こすってやわらかくする。「紙を―」「よく―・んで洗う」❸両手でこすって回す。「錐《きり》を―」❹たがいに入り乱れて押し合う。また、激しく揺《ゆ》り動かす。「満員電車で―・まれる」「ボートが波に―・まれる」❺（受け身の形で）つらい経験をする。「世の荒波《あらなみ》に―・まれる」❻勝負事で相手をきたえる。「ひとつ、―・んでやろう」❼はげしく議論する。「議案について―・みに―」❽心配していらだちあせる。「気を―」

**もめごと**【もめ事】〖△揉め事〗（名）争いごと。ごたごた。いざこざ。トラブル。「内輪の―」

**も・める**〖△揉める〗（自下一）｛メ・メ・メル・メル・メレ・メロ(メヨ)｝❶争いがおこって、ごたごたする。「会議が―」❷心配でいらいらする。「気が―」

**もめん**【○木綿】（名）わたの種についている繊維《せんい》。もめんわた。また、それから作った糸・織物。

**モメント**（名）→モーメント

**もも**〖◇股・△腿〗（名）足のひざよりも上の部分。

**もも**【桃】（名）〔植〕バラ科の落葉小高木。四月ごろ淡紅《たんこう》色の花が咲《さ》く。果実は食用。

桃栗《くり》三年《さんねん》柿《かき》八年《はちねん》　桃と栗は芽が出てから三年、柿は八年たたなければ実がならないということ。

**ももいろ**【桃色】（名）うす赤い色。ピンク。

**ももとせ**〖◇百◇歳〗（名）一〇〇年。一〇〇歳《さい》。また、長い年月。

**もものせっく**【桃の節句】（名）三月三日の節句。ひなまつり。

**ももひき**〖◇股引き〗（名）からだにぴったり合った、ズボンに似た形の衣服。下着用と作業着用がある。

**ももわれ**【桃割れ】（名）若い女性の結《ゆ》う日本髪《にほんがみ》の一種。左右に毛を分け、桃を二つに分けたように、まげを開く結い方。

（ももわれ）

**もや**〖△靄〗（名）空中に、細かい水滴《すいてき》が白くたちこめている現象。霧よりも視界がきくものをいう。「―がかかる」⇒かすみ「学習」

**もや**〖◇母屋〗（名）❶家族が住まいに使う主要な建物。おもや。❷寝殿《しんでん》造りで中央にある部屋。

**もや・う**〖△舫う〗（他五）｛ワ(オ)・イ(ッ)・ウ・ウ・エ・エ｝舟と舟をつなぐ。舟を岸のくいなどにつなぎとめる。「小舟を―」

**もやし**〖△萌やし〗（名）〔植〕だいずや麦などの種子を水につけて、暗い所において芽を出させたもの。食用。

**もやしっこ**【もやしっ子】〖△萌やしっ子〗（名）ひよわで、ひょろひょろした子ども。

**もや・す**【燃やす】（他五）｛サ(ソ)・シ・ス・ス・セ・セ｝❶物に火をつけて焼く。もす。「ごみを―」❷心や感情をたかぶらせる。「闘志《とうし》を―」

**もやもや**㊀（副・自スル）❶もやがかかったように、はっきりしないようす。「湯気が―（と）立ちこめる」❷心の中にひっかかるものがあって、すっきりしないようす。「気分が―する」㊁（名）どこか納得《なっとく》がゆかず、すっきりしないこと。わだかまり。「―が残る」

**もよう**【模様】（名）❶染め物・織物・工芸品などにかざりとしてつけるいろいろな形や絵。また、ものの表面にみられる図柄《ずがら》。文様。「水玉―」❷ありさま。ようす。「その場の―を説明する」❸それらしいようす。ありさま。「雨―」「荒《あ》れ―」「明日取り調べが行われる―だ」

**もようがえ**【模様替え】（名・他スル）❶室内のかざりや家具の置き場所などをかえること。また、建物の外観などをかえること。「店の―をする」❷物事の方法・順序・形式などをかえること。

**もよおし**【催し】（名）計画して会合や行事を行うこと。催し物。「展覧会の―がある」

**もよおしもの**【催し物】（名）企画《きかく》・計画して行ういろいろな会合・行事・演芸など。「―の会場」

**もよお・す**【催す】｛サ(ソ)・シ・ス・ス・セ・セ｝㊀（他五）❶そのような気分やからだの状態をおこす。「吐《は》き気を―」❷人を集めて行事などを行う。「会合を―」㊁（自五）おこりはじめる。きざす。「興《きょう》が―」

**もより**【○最寄り】（名）そこにいちばん近いこと。「―の駅」

**もらい**〖△貰い〗（名）もらうこと。もらうもの。「―が少ない」

**もらいて**【もらい手】〖△貰い手〗（名）もらってくれる人。「子ねこの―をさがす」

**もらいなき**【もらい泣き】〖△貰い泣き〗（名・自スル）悲しみにくれて泣いている人に同情し、つられていっしょに泣くこと。「思わず―する」

**もらいび**【もらい火】〖△貰い火〗（名）❶他の家の火事が自分の家に燃え移って焼けること。類焼。❷よそから火種《ひだね》をもらうこと。

**もらいもの**【もらい物】〖△貰い物〗（名）人からもらった物。「―の菓子《かし》」

**もら・う**〖△貰う〗（他五）｛ワ(オ)・イ(ッ)・ウ・ウ・エ・エ｝❶人から与《あた》えられるものを受けとる。「みやげを―」「連絡《れんらく》を―」「許可を―」❷勝利を自分のものにする。「この試合は―・った」❸家族の一員として受け入れる。「養子を―」

❹（「…てもらう」の形で）相手の行為《こうい》によって自分が利益を受けることを表す。「行ってー」

**仕組みの解明**　「もらう」

**Q** 親からもらう？　親にもらう？

| | | から | に | |
|---|---|---|---|---|
| A | 親 | ○ | ○ | こづかいをもらう |
| B | 棚《たな》 | ○ | × | 紙を一枚もらう |

**A**・「から」は出発点を表すのに対して、「に」は頼《たの》む相手を表す。「から」は物の移動に、「に」は関係に重点を置いたとらえ方。
・Bのように、頼む相手がいない場合は「に」が使えない。

**もら・す**【漏らす】『△洩らす』（他五）{サ(ソ)・シ・ス・ス・セ・セ} ❶（液体や光・音などを）外にもれるようにする。「水もー・さぬ警備」「小便をー」 ❷秘密にしておくべきことがらを、外部に知らせる。「情報をー」 ❸心の中で思っていることや感情を声や表情に出す。「不満をー」「本音をー」 ❹（動詞の連用形について）うっかりして必要なことをしないですます。「書きー」

**モラトリアム**〔英 moratorium〕（名）❶《経》非常事態の際、法令により一定期間、借金などの返済を停止または延期すること。支払《しはら》い猶予《ゆうよ》。❷青年が社会的に成長しきるまでの、義務や責任をまだ課せられていない期間。猶予期間。

**モラル**〔英 moral〕（名）人間として守らなくてはならない正しい道。道徳。倫理《りんり》。「ーが問われる」

**モラル・ハザード**〔英 moral hazard〕（名）❶《経》保険に加入することで、事故や損害を避けようとする意識がかえって弱まる危険があること。❷企業《きぎょう》などが利益追求に走り、道徳的な節度を失うこと。
参考「モラル」は道徳、「ハザード」は危険の意。

**もり**【森】（名）大きな樹木がかたまってたくさんしげっている所。ふつう、林よりも樹木が多く密に生えている。
参考 神社の森の場合は、「杜」とも書く。

**もり**『△銛』（名）さかなやくじらなどをつきさしてとる道具。「ーでつく」

**もり**【守り】（名）❶守ること。守る人。❷子もり。「赤ん坊《ぼう》のーをする」 参考「子守」「灯台守」などは送りがなをつけない。

**もり**【盛り】（名）❶食べ物を器《うつわ》などに盛ること。また、盛った程度・分量。❷「盛りそば」の略。

**もりあが・る**【盛り上がる】（自五）{ラ(ロ)・リ(ッ)・ル・ル・レ・レ} ❶盛ったように高くなる。中からふくらむ。「筋肉がー」 ❷気持ちやふんいきが高まる。「話がー」

**もりあわせ**【盛り合わせ】（名）一つの器《うつわ》にいくつかの食品をいっしょに盛ること。また、その盛ったもの。「刺身《さしみ》のー」

**もりおうがい**〔森鷗外〕【人名】（一八六二―一九二二）小説家・劇作家・評論家・翻訳《ほんやく》家・軍医。本名は林太郎《りんたろう》。軍医としてドイツに留学し、帰国後、理想主義的、ロマン主義的作家として多方面に活躍《かつやく》した。近代文学史上、夏目漱石《なつめそうせき》とならぶ文豪《ぶんごう》。小説に「舞姫《まいひめ》」「雁《がん》」「高瀬舟《たかせぶね》」、翻訳《ほんやく》に「即興詩人《そっきょうしじん》」「ファウスト」など多数ある。

**もりかえ・す**【盛り返す】（他五）{サ(ソ)・シ・ス・ス・セ・セ} おとろえた勢いをふたたびさかんにする。「力をー」

**もりきり**【盛り切り】（名）ごはんなどを器《うつわ》に一度盛ったきりでお代わりのないこと。また、その盛ったもの。

**もりこ・む**【盛り込む】（他五）{マ(モ)・ミ(ン)・ム・ム・メ・メ} ある内容を全体の中にいっしょに入れる。「大勢の意見を計画にー」

**もりそば**【盛りそば】『盛り×蕎麦』（名）ゆでたそばを蒸籠《せいろう》などに盛って、つけ汁《じる》で食べるもの。

**もりだくさん**【盛りだくさん】『盛り×沢山』（名・形動ダ）たくさん盛りこんであること。内容が豊富なこと。「ーな企画《きかく》」

**もりた・てる**【守り立てる】（他下一）{テ・テ・テル・テル・テレ・テロ(テヨ)} まわりでいろいろな世話や援助《えんじょ》をして力を発揮させたり、勢いづけたりする。「投手をー」「家業をー」

**もりつ・ける**【盛り付ける】（他下一）{ケ・ケ・ケル・ケル・ケレ・ケロ(ケヨ)} 料理を器《うつわ》にきれいに盛る。「大皿にー」

**もりつち**【盛り土】（名）土を盛って、地面を高くすること。また、その土。

**もりばな**【盛り花】（名）生け花の形式の一つで、水盤《すいばん》・かごなどにたくさんの花を盛ったように入れること。また、そのようにいけたもの。

**モリブデン**〔ドイツ Molybdän〕（名）《化》金属元素の一つ。銀白色でかたく、とけにくい。特殊鋼《とくしゅこう》を作るときに使われる。元素記号 Mo

**も・る**【漏る】『△洩る』（自五）{ラ(ロ)・リ(ッ)・ル・ル・レ・レ} 水などがすきまから外へこぼれる。もれる。「雨がー」

**も・る**【盛る】（他五）{ラ(ロ)・リ(ッ)・ル・ル・レ・レ} ❶入れ物にうずたかく入れる。「飯をー」 ❷山の形に高く積む。「土をー」 ❸薬を調合して飲ませる。特に、毒薬を飲ませる。「一服ー」 ❹ある内容をふくめる。「新しい感覚をー・った作品」

**モルタル**〔英 mortar〕（名）セメントに砂をまぜて、水でねったもの。石やれんがの接合、外壁《がいへき》などに使う。

**モルディブ**〔Maldives〕【地名】インドの南西、インド洋上にある共和国。首都はマレ。

**モルドバ**〔Moldova〕【地名】ウクライナとルーマニアの間にある共和国。首都はキシナウ。

**モルヒネ**〔オランダ morfine〕（名）あへんにふくまれるアルカロイドの一種。無色の結晶《けっしょう》。痛み止め・麻酔《ますい》などに使われる。

**モルモット**〔オランダ marmot〕（名）❶《動》テンジクネズミ科の哺乳《ほにゅう》動物。「てんじくねずみ」の通称《つうしょう》。耳が小さく、茶色または灰色の長い毛で包まれている。医学実験に使われる。❷実験台・実験材料にされる人。

（モルモット①）

**もれ**【漏れ】『△洩れ』（名）❶液体・気体などがもれる

こと。「水ー」「ガスー」❷あるべきものがぬけ落ちること。「記入にーがある」

**もれ・き・く【漏れ聞く】**（他五）〔カ(コ)・キ(イ)・ク・ク・ケ・ケ〕人づてなど、間接的に耳にする。「関係者からー話によると」

**もれなく【漏れなく】**（副）例外なく。ことごとく。「来場者にはープレゼント」

**も・れる【漏れる】**『△洩れる』（自下一）〔レ・レ・レル・レル・レレ・レロ(レヨ)〕❶液体・気体・光・音などがすきまから外へ出る。「光線がー」「ためいきがー」❷秘密が外へ伝わる。「情報がー」❸選考などからはずれる。あるべきものがぬけ落ちる。「選にー」「リストからー」

**もろ・い**『△脆い』（形）〔カロ・カッ(ク)・イ・イ・ケレ・○〕❶くずれやすい。こわれやすい。「ー材質」❷心が動かされやすい。「情にーー」「涙《なみだ》ー」❸持ちこたえる力が弱い。「ー・くも初戦で敗れる」

**もろこし**『×唐土・◇唐』（名）むかし、日本で中国を呼んだ名。

**もろこし**『×蜀黍・×唐黍』（名）〔植〕イネ科の一年草。種子は赤褐色《せっかっしょく》で食用、飼料《しりょう》用に使われる。もろこしきび。たかきび。コーリャン。

**もろざし【もろ差し】**『◇両差し』（名）すもうで、両手を相手のわきにさし入れること。また、そのわざ。

**モロッコ**〔Morocco〕〔地名〕アフリカ大陸北西端《ほくせいたん》にある立憲君主国。ジブラルタル海峡《かいきょう》をへだててヨーロッパに対している。首都はラバト。

**もろて【もろ手】**『◇諸手』（名）両手。「ーを挙げて賛成《さんせい》する」

**もろとも**『◇諸共』（名）いっしょに行動すること。ともども。いっしょ。「死なばー」

**もろに**（副）〔俗語〕まともに。真正面から。「ーぶつかる」「ー影響《えいきょう》を受ける」

**もろは【もろ刃】**『◇諸刃』（名）刀剣《とうけん》などの両方のふちに刃のあること。また、その刀剣。

**もろ刃の剣《つるぎ》** 一方で、悪い結果をもたらす危険性もあるもののたとえ。使い方によっては、よい結果をもたらす

**もろはだ【もろ肌】**『◇諸肌・◇諸◇膚』（名）左右両肩《りょうかた》のはだ。上半身のはだ。対片肌

**もろ肌を脱《ぬ》ぐ** ❶着物の上半身をぬいで、はだを現す。❷全力を出して事にあたる。「親友のためにー」

**もろびと【もろ人】**『◇諸人』（名）多くの人。あらゆる人。

**もろみ**『◇諸味・△醪』（名）酒やしょうゆをつくるときに、材料が発酵《はっこう》して、かすまじりのどろどろの状態になったもの。かすをこして酒やしょうゆをとる。

**もろもろ**『◇諸◇諸』（名）多くのもの。すべてのもの。さまざま。いろいろ。「ーのできごと」「ーの品」

**もん【文】**→ぶん(文)

**もん【文】**（名）❶むかしのおかねの単位。一貫《いっかん》の一〇〇〇分の一。「一ー銭」❷足袋《たび》・靴《くつ》の大きさをはかる単位。一文は約二・四センチメートル。

**もん【門】** 8画 門0 小2 音モン 訓かど 中

❶家や敷地《しきち》の出入り口。◆門限・門戸《もんこ》・門前・門柱・門番・門扉《もんぴ》◆開門・鬼門《きもん》・校門・山門・正門・閉門。❷物の通過する出入り口。◆門歯◆関門・肛門《こうもん》・水門。❸家がら。◆門地・門閥《もんばつ》◆家門・武門・名門。❹教えを受ける所。同じ先生の教えを受けた仲間。◆門下・門人・門弟◆一門・蕉門《しょうもん》・入門・破門。❺分類上の区別。その道。◆門外漢◆宗門・専門・仏門・部門

**もん【門】** ━（名）❶家や敷地《しきち》の外囲いにある出入り口。また、その建造物。「ーを開ける」❷物事の出入りするところ。必ず通過しなくてはならないところ。「合格へのせまきー」❸学問や芸道などで、先生について教えを受けるところ。また、その仲間。「高名な師のーに学ぶ」❹〔動・植〕生物を分類する区分の一つ。界の下で、綱《こう》の上。「脊椎《せきつい》動物ー」

━（接尾）大砲《たいほう》を数えることば。「大砲三ー」

**門を叩《たた》く** 教えを受けるため、弟子《でし》にしてくれるようたのむ。「道場のー」

**もん【紋】** 10画 糸4 音モン

❶もよう。◆紋様◆小紋《こもん》・指紋・地紋《じもん》・声紋・波紋・斑紋《はんもん》。❷その家のしるし。◆紋章・紋所《もんどころ》・紋服◆家紋

**もん【紋】**（名）❶物の表面に表れたり、織物の地《じ》に織り出されたりした模様。あや。❷家を表すしるしとして定まっている図柄《ずがら》。紋所《もんどころ》。「羽織のー」

**もん【問】** 11画 口8 小3 音モン 訓とう・とい・とん

❶たずねる。とう。とい。◆問診《もんしん》・問責・問題・問答◆詰問《きつもん》・疑問・検問・拷問《ごうもん》・顧問《こもん》・質問・諮問《しもん》・自問・尋問《じんもん》・難問・不問。対答。❷おとずれる。◆慰問《いもん》・弔問《ちょうもん》・訪問。参考「とん」の訓は「問屋《とんや》」などのことばに使われる特殊《とくしゅ》な読み方。

**-もん【問】**（接尾）問題や質問を数えることば。「全部で五ーある」

**もん【聞】**→ぶん(聞)

**もんえい【門衛】**（名）門のそばにいて、門を開閉したり、出入りする人を調べたりする係の人。門番。

**もんか【門下】**（名）ある先生のもとで教えを受けること。また、その人。門人。弟子《でし》。「漱石《そうせき》ー」

**もんか**（終助）（「ものか」の転）→ものか

**もんがい【門外】**（名）❶門の外。❷専門外。

**もんがいかん【門外漢】**（名）❶そのことを専門としていない人。しろうと。❷そのことに直接関係のない人。

**もんがいふしゅつ【門外不出】**（名）たいせつにして、外に持ち出さないこと。「ーの秘宝」

**もんかせい【門下生】**（名）弟子《でし》。門人。

**もんがまえ【門構え】**（名）❶門をかまえること。また、門の作り方。「ーがりっぱな家」❷漢字の部首の一つ。「開」「聞」などの外側にある「門」の部分。

**モンキー**〔英 monkey〕（名）〔動〕→さる(猿)①

**もんきりがた【紋切り型】**（名）型にはまっていること。決まりきったやり方。「ーのあいさつ」

**もんく【文句】**（名）❶文章の中の語句。「名ー」「決まりー」「うたいー」❷不平や不満などの言い分。

苦情。「いつもーばかり言う」

**もんげん【門限】**（名）夜、門をしめる時刻。外出から帰らなければならない時刻。「ーに間に合う」

**もんこ【門戸】**（名）❶家の入り口。「ーを開く」❷一家。一つの流派。「ーをかまえる」

**もんこかいほう【門戸開放】**（名）❶禁制などをすっかりやめて、自由な出入りを許すこと。❷自国の市場・港を外国の経済活動に開放すること。

**モンゴル**〔Mongolia〕［地名］ロシアと中国の間にある共和国。牧畜《ぼくちく》がさかん。首都はウランバートル。

**もんごん【文言】**（名）文章や手紙の中の語句。文句。ぶんげん。

**もんさつ【門札】**（名）家の門に、その家の人の名前を書いてかけておくふだ。表札。

**もんし【門歯】**（名）《生》口のいちばん前にならんでいる歯。人間は上下各四枚ある。前歯。

**もんし**『△悶死』（名・自スル）苦しみもだえながら死ぬこと。もだえじに。

**もんじ【文字】**（名）ことばを書き表すための記号。もじ。「象形ー」

**もんじゃやき【もんじゃ焼き】**（名）小麦粉をゆるく溶《と》いた生地《きじ》とキャベツや揚《あ》げ玉などの具を、鉄板で焼き混ぜながら食べる料理。

**もんじゅ【文殊】**（名）《仏》（「文殊菩薩《ぼさつ》」の略）知恵《ちえ》をつかさどるぼさつ。「三人寄ればーの知恵」

**もんしょう【紋章】**（名）家や団体などを表すしるしとして、古くから定まっている図形。「菊《きく》の御《ご》ー」

**もんしろちょう**『紋白△蝶』（名）《動》シロチョウ科の昆虫《こんちゅう》。最もふつうに見られるちょう。羽は白く、黒い紋《もん》がある。幼虫はあおむしと呼ばれ、害虫。

**もんしん【問診】**（名・他スル）医者が患者《かんじゃ》に健康のぐあいや病状をたずねて、診断の参考にすること。

**もんじん【門人】**（名）特定の先生のもとで教えを受けている人。弟子《でし》。門下生。

**モンスーン**〔英 monsoon〕（名）《天》→きせつふう

**モンスター**〔英 monster〕（名）怪物《かいぶつ》。ばけもの。

**もんせい【門生】**（名）門人。門下生。

**もんせき【問責】**（名・他スル）問いただしてせめること。責任を問いつめること。「過失をーされる」

**もんぜき【門跡】**（名）❶《仏》一門の仏の教えを受けつぐ寺、または僧《そう》。❷皇族や貴族の子弟《してい》があとをつぐ寺。❸大きな寺、特に本願寺の長である僧。

**もんぜつ**『△悶絶』（名・自スル）苦しみもだえて気絶すること。「あまりの痛みにーする」

**もんぜん【門前】**（名）門のまえ。

**門前市《いち》をなす**　その家に出入りする者が多く、にぎわうことのたとえ。「客がー」

**門前の小僧《こぞう》習《なら》わぬ経《きょう》を読《よ》む**　いつも見たり聞いたりしていることがらは、特別に習わなくてもしぜんにおぼえてしまうというたとえ。

**もんぜんばらい【門前払い】**（名）たずねて来た人を会わないで追い返すこと。「ーをくう」

**もんぜんまち【門前町】**（名）神社・寺の門前にあってさかえてきた町。伊勢神宮《いせじんぐう》のある伊勢市、善光寺のある長野市など。

**モンタージュ**〔フランス montage〕（名）写真・映画で、いくつかの場面や部分を組み合わせて一つの写真・場面を作ること。また、そうして作ったもの。「ー写真」

**もんだい【問題】**（名）❶答えを求めて出される問い。「入試ーを解く」「クイズのー」❷解決しなければならないことがら。討議すべきことがら。「ーが山積《さんせき》する」「公害ー」❸めんどうな事件。困ったことがら。「ーをおこす」❹世間で注目されているもの。「ーの本」「ー作」

**もんち【門地】**（名）家がら。家の格。

**もんちゃく**『△悶着』（名）もめごと。争い。トラブル。「ーを起こす」「一《ひと》ーがあった」

**もんちゅう【門柱】**（名）門のはしら。

**もんちゅうじょ【問注所】**（名）《歴》鎌倉《かまくら》・室町《むろまち》幕府におかれた役所。裁判などを取りあつかった。

**もんつき【紋付き】**（名）その家の紋所《もんどころ》のついている和服。礼装として使われる。「ー袴《はかま》」

**もんてい【門弟】**（名）門人。弟子《でし》。門下生。

**モンテネグロ**〔Montenegro〕［地名］バルカン半島西部にある共和国。首都はポドゴリツァ。

**もんと【門徒】**（名）❶門下の学徒。門人。❷ある宗教の信者。信徒。特に、浄土真宗《じょうどしんしゅう》の信者。❸「門徒宗（＝浄土真宗）」の略。

**もんとう【門灯】**（名）門にとりつけたあかり。

**もんどう【問答】**（名・自スル）❶問うことと答えること。質問と応答。「禅《ぜん》ー」❷議論すること。「ー無用」

**もんどころ【紋所】**（名）その家の紋章。定紋《じょうもん》。「あおいのー」

**もんどりう・つ【もんどり打つ】**（自五）｛タ(ト)・チ(ツ)・ツ・テ・テ｝宙返りをする。とんぼ返りをする。「ー・って（＝頭から転がるように）倒《たお》れる」

**もんなし【文無し】**（名）おかねをまったく持っていないこと。一文なし。無一文。「ーになる」

**もんばつ【門閥】**（名）家がら。家がらのよい家。

**もんばん【門番】**（名）門の番をする人。門衛。

**もんぴ【門扉】**（名）門のとびら。「ーを閉ざす」

**もんぴょう【門標】**（名）門にかける名札。表札。

**もんぶかがくしょう【文部科学省】**（名）中央行政官庁の一つ。教育・学術・文化や科学技術・スポーツに関する仕事を取りあつかう。文科《もんか》省。

**もんぷく【紋服】**（名）その家の紋所《もんどころ》がついている、礼装用の着物。紋付き。

**もんぶしょう【文部省】**（名）教育・文化に関する仕事をとりあつかった国の役所。二〇〇一（平成一三）年、文部科学省に移行。

**もんぺ**（名）女性が農作業や防寒のためにはく、すその細くなったズボン形の衣服。腰《こし》まわりはゆるやかで、着物のすそを入れることができる。

（もんぺ）

**もんめ**『△匁』（名）尺貫法《しゃっかんほう》の重さの単位。一貫の一〇〇〇分の一。約三・七五グラム。

**もんもう【文盲】**（名）文字の読み書きができないこ

と。また、その人。「無学—」参考差別的な語。現在は「非識字」という。

**もんもん**『△悶△悶』(トタル) なやみごとでもだえ苦しむようす。思いなやむようす。「—と日を過ごす」

**もんよう**【文様・紋様】(名) もよう。あや。

# や ヤ

**や【冶】** 7画 冫5 音ヤ 冫 冫 冫 冶 冶 冶

❶金属をとかして器物を作る。鋳《い》る。また、鉱石をとかして金属をとり出す。◆冶金《やきん》◆鍛冶《たんや》。❷ねりあげる。◆陶冶《とうや》。❸なまめかしい。◆艶冶《えんや》。参考特別に、「鍛冶」は「かじ」とも読む。

**や【夜】** 8画 夕5 小2 音ヤ 訓よ・よる 亠 亠 广 疒 夜 夜

よる。◆夜陰《やいん》・夜雨・夜学・夜気・夜具・夜景・夜食・夜半◆暗夜・今夜・十五夜・終夜・深夜・聖夜・昼夜・徹夜《てつや》・白夜《はくや・びゃくや》・八十八夜。対昼《ちゅう》

**や【野】** 11画 里4 小2 音ヤ 訓の 日 甲 里 野 野 野

❶の。のはら。◆野営・野外・野戦◆原野・広野・荒野《こうや》・山野・平野・沃野《よくや》・林野。❷はたけ。◆野菜。❸民間。◆野党◆下野・在野・朝野。❹自然のまま。人の手が加わらない。◆野禽《やきん》・野獣《やじゅう》・野生・野草・野鳥。❺ひらけていない。みがかれていない。◆野趣《やしゅ》・野人・野性・野蛮《やばん》・野卑《やひ》◆粗野《そや》。❻身分にふさわしくない。◆野心・野望。❼地域。範囲《はんい》。◆視野・分野。❽野球で、守っている所。◆野手◆内野。参考特別に、「野良」は「のら」と読む。⇩付録「漢字の筆順㉘里」

**や【野】**(名) ❶野原。❷民間。

**野に下《くだ》る** 公職から退いて民間人になる。

**や【弥】** 8画 弓5 〔彌〕 訓や コ 弓 弘 弥 弥 弥

❶あまねく。広くゆきわたる。❷いよいよ。参考特別に、「弥生」は「やよい」と読む。

**-や** (接尾) 人を表すことばについて、そのものに対する親しみを表す。「ねえ—」「坊《ぼう》—」

**-や【屋】** (接尾) ❶商品とするものや屋号について、その商売をしている人や店を表す。「酒—」❷役者などの家の呼び名につけることば。「音羽《おとわ》—」❸そのような性格・傾向《けいこう》を持つ人であることを表す。「わからず—」「お天気—」❹仕事を表すことばについて、それを専門とする人である意を表す。「技術—」

**や【矢】**『△箭』(名) ❶竹の棒の一端《いったん》に羽を、他端にやじりをつけ、弓のつるに掛《か》けて射る武器。「—を射る」❷木や石を割るのに使うくさび。

**矢の催促《さいそく》** ひっきりなしにきびしくせかすこと。

**矢も盾《たて》もたまらない** 気がせいて、じっとしていられない。「彼女《かのじょ》のことを思うと—」

**や【家】** (名) 家。家屋。「この—のあるじ」

**や**『△輻』(名) 車輪の中心の軸《じく》と輪とをつなぐ、放射状に取りつけられた多数の細長い棒。スポーク。

**や** 一 (格助) 二つ以上の例を挙げて同類のものをならべて示す。「山—川」⇩と「学習」。二 (接助) 「…と同時に」「…とすぐ」の意を表す。「母親の顔を見る—泣き出した」三 (副助) (副詞などについて) 意味を強める。「今—水泳のシーズンだ」四 (終助) ❶呼びかけを表す。「太郎—」❷軽くうながす意を表す。「帰ろう—」❸軽く言いはなったり、なげやりであったりする気持ちを表す。「まあ、いい—」

**やあ** (感) ❶呼びかけの軽いあいさつとして発することば。「—、ひさしぶり」❷驚《おどろ》いたときや感動したときに発することば。❸気合いを入れるときに発することば。「えい、—」

**ヤード**〔英 yard〕(名) ヤードポンド法で、長さの単位。一ヤードは三《フィート》(=約九一・四四《センチメートル》)。ヤール。

**ヤードポンドほう【ヤードポンド法】**(名) ヤードを長さ、ポンドを重さの基本単位とする度量衡法《どりょうこうほう》。アメリカやイギリスなどで使用されている。▽ヤードポンドは、英 yard-pound

**ヤール**『△碼』(名) (「ヤード」のなまり) おもに布地の長さを計るのに用いる単位。「—幅《はば》」

**やあわせ【矢合わせ】**(名) むかし、開戦の合図をするために、たがいに鏑矢《かぶらや》を射合ったこと。

**やい** (感) えらそうに呼びかけるときに言う乱暴《らんぼう》なことば。「—、お前」

**やいと**『△灸』(名) 灸《きゅう》をすえるところ。また、灸。文法「焼き処《と》」の音便。

**やいなや**『や否や』→いなや

**やいのやいの** (副) うるさくせきたてるようす。「—(と)さいそくする」

**やいば**『◇刃』(名) 刀や剣《けん》などの刃物《はもの》。「—を向ける(=はむかう)」「氷の—(=するどい刃物)」

**やいん【夜陰】** (名) 夜のくらやみ。暗い夜。「—に乗じる(=夜のくらやみにまぎれて事をする)」

**やうつり【家移り】** (名・自スル) 引っこすこと。転居。転宅。

**やうやう**〔漸う〕《ヨウヨウ》 (副) 古語 ❶しだいに。だんだん。「—しろくなりゆく山ぎは少しあかりて」〈枕草子《まくらのそうし》〉訳しだいに白んでくる、山に接するあたりの空が少し明るくなって。❷かろうじて。やっとのことで。「—として、穴の口までは出《い》でたれども」〈宇治拾遺《うじしゅうい》物語〉訳やっとのことで、穴の口までは出たけれども。

**やえ【八重】** (名) 八つ、またはいくつも重なっていること。また、そのようなもの。「—歯」「—の桜」

**八重の潮路《しおじ》** はるかに遠い海路。

**やえい【夜営】** (名・自スル) 夜、陣《じん》を張ること。

**やえい【野営】** (名・自スル) ❶野外に陣《じん》を張ること。また、その陣営。❷野外に、テントなどを張って泊《と》まること。野宿。(類露営《ろえい》)

**やえざくら【八重桜】** (名)『植』桜の一品種。花弁は幾重《いくえ》にも重なって咲《さ》き、ふつうの桜よりも開花がおそい。ぼたんざくら。

**やえば【八重歯】** (名) 前後に重なって生えた歯。

**やえむぐら**『八重△葎』(名) ❶幾重《いくえ》にもしげったつる草。❷『植』アカネ科の一年草または二年草。野

原や道ばたに自生。夏、黄緑色の小さい花が咲《さ》く。

**やえん【夜宴】**（名）夜にもよおされる宴会。夜会。

**やえん【野猿】**（名）野生の猿《さる》。

**やおちょう【○八百長】**（名）勝負ごとで、はじめから勝ち負けをきめておいて、うわべだけは真剣《しんけん》に争っているように見せかけること。「—試合」

**やおもて【矢面】**（名）❶矢の飛んでくる正面。類矢先。❷質問や非難・抗議《こうぎ》などのことばをまともに受ける立場。「—に立たされる」

**やおや【○八百屋】**（名）野菜類を売る店。また、その職業の人。

**やおよろず『八◇百◇万』**（名）数がひじょうに多いこと。「—の神々」

**やおら**（副）ゆっくりと動作を始めるようす。おもむろに。「—立ちあがる」

**やかい【夜会】**（名）洋風の夜の宴会《えんかい》。「—服」

**やがい【野外】**（名）家のそと。屋外。また、野原。「—劇」「—活動」

**やがく【夜学】**（名）夜に授業をする学校。夜学校。

**やかた【館・屋形】**（名）❶むかしの、身分の貴《とうと》い人のやしき。また、その家の主人を敬って呼ぶ言い方。「お—様」❷船や牛車《ぎっしゃ》の上にこしらえた屋根の形をしたもの。「—船」参考②は「屋形」と書く。

（やかた②）

**やがて『△軈て』**（副）❶あまり時間がたたないうちにそのようになるようす。まもなく。今に。「—帰ってくるだろう」「事件から—一年になる」❷時間がたって物事が変化することを表す。「—はそうなる」

**ことばの移り変わり**

**「古語と現代語の境界」**

古語における「やがて」の意味は「すぐに」であって、現代語のように時間を置くのとは違《ちが》うといわれるが、有名な芭蕉《ばしょう》の句「面白《おもしろ》うてやがてかなしき鵜舟《うぶね》かな」の「やがて」は、現代語に近い意味であろうと推定される。現に、「時間を置いて」の意では、室町《むろまち》時代ぐらいから使われている。このように、古語と現代語ははっきりと境界線があるのではなく、時代とともに少しずつ変化してきたものなのである。

**やかまし・い『△喧しい』**（形）{カロ・カッ(ク)・イ・イ・ケレ・○}❶声や音が不快なほど大きい。さわがしい。うるさい。「テレビの音が—」❷細かいことにまできびしい。「規則が—」❸好みがうるさい。「食べ物に—人」

**やから『◇族・◇輩』**（名）❶一族。❷（このましくない）仲間。連中。「不逞《ふてい》の—」

**-やが・る**（接尾）（動詞の連用形や助詞の「て」などについて五段活用の動詞をつくる）あざけりや憎《にく》しみの気持ちを表す。「勝手にし—・れ」「何を言って—」

**やかん【夜間】**（名）夜の間。「—営業」対昼間

**やかん『◇薬缶』**（名）銅・しんちゅう・アルミニウムなどで作った、土瓶《どびん》形の湯をわかす道具。湯わかし。

**やき【焼き】**（名）❶焼くこと。また、焼けぐあい。❷刃物《はもの》などの金属を高温で焼き、すぐに水に入れ、冷やしてかたくすること。「—の甘《あま》い刀」

**焼きが回《まわ》る** ❶刀などの刃《は》を焼きすぎて、切れ味が悪くなる。❷からだや頭のはたらきがにぶくなる。「彼《かれ》もとうとう焼きが回ったか」

**焼きを入《い》れる** ❶熱した鉄を水に入れてきたえる。❷気合いを入れて気持ちをひきしめさせる。しごく。

**やき【夜気】**（名）❶夜の冷えた空気。「—にあたる」❷夜の静かなけはい。「—があたりを包む」

**やぎ『×山羊』**（名）〘動〙ウシ科の哺乳《ほにゅう》動物。多くは二本のつのを持つ。肉・毛・乳を利用する家畜《かちく》。

**やきいも【焼き芋】**（名）さつまいもを焼いたもの。

**やきいれ【焼き入れ】**（名・他スル）鉄鋼のかたさを増すために、高温で熱し急に冷やすこと。「刀の—」

**やきいん【焼き印】**（名）火で熱してから押《お》して焼きあとをつける金属製の印。また、押したあと。烙印《らくいん》。

**やきうち【焼き打ち・焼き討ち】**（名・他スル）城・建物などに火をつけて攻《せ》めること。火攻め。

**やきそば【焼きそば】『焼き×蕎麦』**（名）むした中華《ちゅうか》めんを肉や野菜といっしょにいためた食べ物。また、油であげた中華めんの上に野菜や肉などをまぜたあんをかけたもの。

**やきつ・く【焼き付く】**（自五）{カ(コ)・キ(イ)・ク・ク・ケ・ケ}❶焼けてくっつく。「なべに—」❷心に強く残る。強く印象づけられる。「目に—・いて離《はな》れない光景」

**やきつけ【焼き付け】**（名）❶陶磁器《とうじき》に顔料でかいた模様を、再びかまに入れて焼いて定着させること。❷写真で、原板に光線を当てて印画紙に写すこと。

**やきとり【焼き鳥】**（名）鳥の肉や臓物《ぞうもつ》などを小さく切って、くしにさして焼いた食べ物。

**やきなおし【焼き直し】**（名・他スル）❶もう一度焼くこと。❷すでにある作品に少しだけ手を加えて、新しい作品とすること。また、その作品。「原作を—して使う」「あの大作の—でしかない」

**やきにく【焼き肉】**（名）牛・豚《ぶた》などの肉を網《あみ》や鉄板などで焼いた料理。

**やきば【焼き場】**（名）物を焼く場所。特に、火葬場《かそうば》。

**やきはた【焼き畑】**（名）山野を焼いた跡《あと》に、その灰を肥料にして作る畑。やきばた。「—農業」

**やきはら・う【焼き払う】**（他五）{ワ(オ)・イ(ッ)・ウ・ウ・エ・エ}何も残らないようにすっかり焼いてしまう。「あたりを—」

**やきぶた【焼き豚】**（名）→チャーシュー

**やきまし【焼き増し】**（名・他スル）同じ写真を追加して焼き付けをすること。

**やきめし【焼き飯】**（名）❶チャーハン。❷にぎり飯をあぶって焼き、表面をこがした食べ物。

**やきもき**（副・自スル）あれこれと気をもんであせるようす。「遅刻《ちこく》しないかと—する」

**やきもち【焼き餅】**（名）❶焼いたもち。❷ねたみ。しっと。「—やき（=しっと深い人）」

**焼き餅を焼《や》く** ねたむ。しっとする。

**やきもどし【焼き戻し】**（名・他スル）焼き入れによってもろくなった金属を、ふたたび適当な温度まで熱してから少しずつ冷やして粘《ねば》りをもたせること。

**やきもの【焼き物】**（名）❶陶磁器《とうじき》・土器などのように、土をかまで焼いて作ったもの。❷魚や肉などを焼いた料理。

**やきゅう【野球】**（名）九人ずつ二組に分かれ、攻撃《こうげき》と守備を交互《こうご》に行って、相手投手の投げたボールをバットで打ち、得点を争うスポーツ。ベースボール。

**やぎゅう【野牛】**（名）〔動〕野生の牛。特に、バイソンのこと。

**やぎょう【夜業】**（名）夜の仕事。よなべ。

**やきょく【夜曲】**（名）〔音〕→セレナーデ

**やきん【冶金】**（名）鉱石から金属をとり出し、精製・加工したり合金を作ったりすること。「—の技術」

**やきん【夜勤】**（名・自スル）夜間に勤務をすること。

**やきん【野△禽】**（名）野生の鳥類。野鳥。対家禽

**やく【厄】** 4画 厂2 音ヤク 一 厂 厅 厄

わざわい。よくないまわりあわせ。◆厄年《やくどし》・厄難・厄日《やくび》・厄介《やっかい》 ◆災厄

**やく【厄】**（名）❶わざわい。災難。「—をはらう」❷「厄年」の略。「—が明ける」「前—《まえやく》」

**やく【役】** 7画 彳4 小3 音ヤク・エキ 中 ノ 彳 彳 役 役

❶（ヤクと読んで）㋐つとめ。しごと。地位。◆役員・役所・役職・役得・役人・役目 ◆監査《かんさ》役・重役・相談役。㋑演劇などで、受け持ってなりきる人物。◆役者 ◆悪役・主役・配役。❷（エキと読んで）㋐いくさ。たたかい。兵士。◆戦役・退役・兵役。㋑課せられたつらい仕事。◆役丁《えきてい》・役務 ◆課役・苦役・懲役《ちょうえき》・服役。㋒つかう。◆使役

**やく【役】**（名）❶受け持ちの仕事。役目。特に、責任のある地位・任務。「まとめ—」「重要な—につく」❷演劇などで、俳優《はいゆう》が演じる人物。「—になりきる」❸トランプやマージャンなどで、得点となるカードやパイの組み合わせ。「—がそろう」

**役に立《た》つ** そのはたらきをきちんとすることができる。有益である。「世の中の—」

**やく【疫】**→えき（疫）

**やく【約】** 9画 糸3 小4 音ヤク 纟 幺 糸 糸 約 約

❶しばる。ちぎる。とりきめ。◆約定《やくじょう》・約束・約款《やっかん》 ◆解約・規約・契約《けいやく》・公約・婚約《こんやく》・条約・誓約《せいやく》・予約。❷ちぢめる。短くまとめる。◆約言《やくげん》・約分 ◆簡約・集約・要約。❸きりつめる。◆倹約《けんやく》・節約。❹おおよそ。◆大約

**やく【約】**（副）（数を表す語の前について）おおよそ。だいたい。「—五万円」「—三か月」

**やく【益】**→えき（益）

**やく【訳】** 11画 言4 小6 〔譯〕 音ヤク 訓わけ 言 言 言 訁 訂 訳

別のことばに言いかえる。◆訳語・訳者・訳出・訳書・訳文 ◆意訳・英訳・誤訳・直訳・翻訳《ほんやく》

**やく【訳】**（名）外国語や古い時代のことばで表された内容を、別のことばで言いかえて表すこと。また、その言いかえたもの。「—をつける」「口語—」

**やく【薬】** 16画 ⺾13 小3 〔藥〕 音ヤク 訓くすり 艹 艹 甘 甘 莝 薬

❶くすり。◆薬剤《やくざい》・薬餌《やくじ》・薬草・薬局 ◆医薬・劇薬・膏薬《こうやく》・製薬・投薬・毒薬・百薬・良薬。❷化学変化をおこさせるための材料。◆火薬・弾薬《だんやく》・農薬・爆薬《ばくやく》・釉薬《ゆうやく》

**やく【躍】** 21画 足14 音ヤク 訓おどる 口 𧾷 𨂍 躍 躍 躍

❶おどる。勢いよくとびあがる。◆躍進・躍起《やっき》 ◆一躍・跳躍《ちょうやく》・飛躍。❷生き生きと動きまわる。◆躍如《やくじょ》・躍動 ◆暗躍・活躍 ⇩付録「漢字の筆順㉜隹」

**やく【△葯】**（名）〔植〕おしべの先にある、花粉のはいっている袋《ふくろ》。

**や・く【◇妬く】**（他五）〔カ(コ)・キ(イ)・ク・ク・ケ・ケ〕ねたむ。しっとする。やきもちを焼く。「二人の仲を—」

**や・く【焼く】**（他五）〔カ(コ)・キ(イ)・ク・ク・ケ・ケ〕❶火で燃やす。燃やして灰にする。「火事で二棟《ふたむね》を—」❷火であぶる。熱を通す。「魚を—」❸火で熱を加えて、ものを作る。「ケーキを—」❹日光に当てて、ひふを黒くする。「浜で背中を—」❺写真で、原板に光線を当てて印画紙に写す。❻あれこれとめんどうをみる。また、あつかいに苦労する。「世話を—」「いたずらっこに手を—」

**やぐ【夜具】**（名）寝《ね》るときに使うふとん・まくらなど。

**やくいん【役員】**（名）❶その役にあたる人。係の人。「大会—」❷会社や団体などで、経営や運営にかかわる責任の重い仕事をする人。「子会社の—」

**やくおん【約音】**（名）〔文法〕ことばの中の、となり合っているいくつかの音が、発音上、つまって別の短い音になること。「ともあれ」が「とまれ」になるなど。

**やくがい【薬害】**（名）薬品の副作用や誤用によって、人間や動植物が受ける害。

**やくがく【薬学】**（名）薬の性質やつくり方、ききめなどを研究する学問。「—部」

**やくがら【役柄】**（名）❶仕事や役目のもつ性質。❷映画や劇などで、俳優の演じる人物の性格や役割。「むずかしい—をこなす」

**やくぎ【役儀】**（名）役目。つとめ。「—により」

**やくご【訳語】**（名）訳したことば。「適切な—」

**やくざ** 一（名・形動ダ）役にたたないこと。とるにたらないこと。また、そのもの。「—な稼業《かぎょう》」二（名）ばくちうち・不良など、行いのよくない人。ならずもの。

**やくざい【薬剤】**（名）調合した薬。「—の散布」

**やくざいし【薬剤師】**（名）処方箋《しょほうせん》による薬の調合や医薬品の供給などを法律上許されている人。

**やくさつ【『△扼殺』】**（名・他スル）手でのどをしめて殺すこと。「—死体」

**やくし【訳詞】**（名）歌詞を翻訳《ほんやく》すること。また、翻訳したもの。

**やくし【訳詩】**（名）詩を翻訳《ほんやく》すること。また、翻訳した詩。

**やくし【薬師】**（名）〔仏〕（「薬師如来《にょらい》」の略）人の

病気やわざわいを除くという仏。

**やくしゃ**【役者】（名）❶芝居《しばい》・映画などの演技をする人。俳優。「大根―」❷世間的なちえやかけひきにすぐれている人。「彼《かれ》はなかなかの―だ」

**役者が一枚《いちまい》上《うえ》だ** 能力がいちだんとすぐれている。かけひきがうわてである。「相手のほうが―」

**役者がそろう** 何かするのに必要な顔ぶれがそろう。

**やくしゃ**【訳者】（名）文章・詩などを翻訳《ほんやく》した人。翻訳者。

**やくしゅつ**【訳出】（名・他スル）翻訳《ほんやく》すること。

**やくしょ**【役所】（名）国、都道府県、市などのおおやけの仕事をあつかう所。官公庁。

**やくしょ**【訳書】（名）翻訳《ほんやく》した書物。訳本。対原書

**やくじょ**【躍如】（ト／タル）生き生きとして目の前に見えるようす。「面目―」

**やくじょう**【約定】（名・他スル）約束して決めること。契約《けいやく》して取り決めること。「―書」

**やくしょく**【役職】（名）役目や職務。特に、組織を運営するうえで重要な地位。管理職。「―者」

**やくしん**【躍進】（名・自スル）めざましい発展をすること。すばらしい勢いで進むこと。「上位に―する」

**やく・す**【約す】（他五）{サ(ソ)・シ・ス・ス・セ・セ}→やくする（約する）

**やく・す**【訳す】（他五）{サ(ソ)・シ・ス・ス・セ・セ}→やくする（訳する）

**やくすう**【約数】（名）《数》ある整数・整式を割り切ることのできる整数・整式。「7は42の―」対倍数

**やく・する**〖△扼する〗（他サ変）{シ(セ・サ)・シ・スル・スル・スレ・シロ(セヨ)}❶にぎりしめる。おさえつける。「腕《うで》を―」❷要所をおさえる。「陣地《じんち》を築いて橋を―」

**やく・する**【約する】（他サ変）{シ(セ・サ)・シ・スル・スル・スレ・シロ(セヨ)}❶約束する。「再会を―・して別れる」❷短くちぢめる。要約する。「論旨《ろんし》を―」❸《数》分数の分子と分母をその公約数で割る。約分する。「4/8を―」

**やく・する**【訳する】（他サ変）{シ(セ・サ)・シ・スル・スル・スレ・シロ(セヨ)}❶ある言語を他の言語に直す。翻訳《ほんやく》する。「英語を日本語に―」❷むずかしいことばや文を、わかりやすく言いかえたり解釈《かいしゃく》したりする。「古典を現代語に―」

**やくせき**【薬石】（名）（薬と石針《いしばり》の意から）いろいろな薬と治療《ちりょう》法。「―効《こう》なく（＝治療のかいなく）」

**やくぜん**【薬膳】（名）健康のため、材料に漢方薬を加えた中国の料理。

**やくそう**【薬草】（名）薬になる植物。薬用植物。

**やくそく**【約束】■一（名・他スル）将来のことについて、おたがいに取り決めをすること。また、その取り決め。「―を守る」「固い―」「―を反故《ほご》にする（＝破る）」■二（名）❶前から決まっている運命。宿命。「前世からの―」❷ある集団でのきまり。ルール。「―ごと」

**やくそくてがた**【約束手形】（名）《経》振出人《ふりだしにん》が受取人に対して、一定の金額を一定の期日に支払《しはら》うことを約束して振り出す手形。

**やくたい**【益体】（名）役に立つこと。

**益体も無《な》い** 役に立たない。また、とんでもない。「―ことを考える」

**やくだ・つ**【役立つ】（自五）{タ(ト)・チ(ッ)・ツ・ツ・テ・テ}使いみちがある。役に立つ。「実生活に―品物」

**やくだ・てる**【役立てる】（他下一）{テ・テ・テル・テル・テレ・テロ(テヨ)}有効に使う。役に立てる。「技術を社会に―」

**やくちゅう**【訳注】〖訳△註〗（名）❶翻訳《ほんやく》とその注釈《ちゅうしゃく》。❷訳者が書きそえた注釈。

**やくづき**【役付き】（名）会社や団体などで、部長・課長などの特別の役や地位につくこと。役職。また、その役についている人。参考「やくつき」とも読む。

**やくどう**【躍動】（名・自スル）生き生きと活動すること。「若さが―している」「―感」

**やくとく**【役得】（名）その役目についているために得られる特別の利益や収入。「―が多い仕事」

**やくどころ**【役所】（名）❶その人に与《あた》えられた役目。「―をわきまえる」❷その人によく合った役目。「彼女《かのじょ》にぴったりの―」

**やくどし**【厄年】（名）❶陰陽道《おんようどう》で、人間の一生のうち、災難にあいやすいのでつつしまなければならないとされる年齢《ねんれい》。数え年で、男は二五、四二、六一歳《さい》。女は一九、三三、三七歳。❷災難の多い年。

**やくなん**【厄難】（名）わざわい。災難。

**やくにん**【役人】（名）官公庁でおおやけの仕事をしている人。類公務員

**やくば**【役場】（名）❶町村のおおやけの仕事をあつかう所。「村―」❷公証人などが事務をとる所。「公証人―」

**やくはらい**【厄払い】（名・自スル）神仏に祈《いの》り、災《わざわ》いをのがれようとすること。やくばらい。

**やくび**【厄日】（名）❶陰陽道《おんようどう》で、災難にあいやすいとされる日。❷農家などで、天候による損害を受けやすいとされる日。二百十日・二百二十日など。❸よくないことが重なっておこった日。「今日は―だ」

**やくびょう**【疫病】（名）悪性の流行病。えきびょう。

**やくびょうがみ**【疫病神】（名）❶疫病をはやらせるという悪い神。「―にとりつかれる」対福の神。❷だれからもきらわれる人。

**やくひん**【薬品】（名）❶薬。❷ある化学的な変化を起こさせるために使う物質。「化学―」

**やくぶそく**【役不足】（名・形動ダ）❶割りあてられた役目が、その人の能力に比べて軽いこと。「こんな仕事では―だ」❷割りあてられた役目に対して能力が足りないこと。参考①が本来の使い方。

**やくぶつ**【薬物】（名）薬となる物質。薬品。「―を混入する」「―依存《いそん》」

**やくぶん**【約分】（名・他スル）《数》分数や分数式の分母・分子を、その公約数で割って簡単にすること。

**やくぶん**【訳文】（名）❶翻訳《ほんやく》した文章。「原典に忠実な―」❷古典などを、現代のことばでわかりやすくした文章。

**やくほん**【訳本】（名）翻訳《ほんやく》した書物。訳書。

**やくまわり**【役回り】（名）割りあてられた役。「損な―」

**やくみ**【薬味】（名）食べ物にそえて、その味をひきたてるもの。わさび・とうがらし・しょうが・ねぎなど。

**やくめ**【役目】（名）責任をもってなしとげなければなら

ないつとめ。職務。任務。「―を果たす」

**やくよう【薬用】**（名）薬として使うこと。「―植物」「―せっけん」

**やくよけ【厄よけ】**『厄◇除け』（名）災難を払《はら》いよけること。また、その方法。「―のおふだ」

**やぐら**『△櫓』（名）❶城門や城壁《じょうへき》の上につくった、見はりをしたり矢を射かけたりする高い建物。❷遠くを見るためにつくった高い建物。「火の見―」❸芝居《しばい》・すもうの興行場や盆踊《ぼんおど》りの場でたいこなどを鳴らす、木材などを高く組み上げた台状のもの。❹こたつのふとんをかける台。こたつやぐら。

**やぐるま【矢車】**（名）軸《じく》のまわりに矢の形をしたものを放射状に取りつけ、風にあたるとくるくる回るようになっているもの。こいのぼりのさおの先などにつける。

**やくろう【薬籠】**（名）❶薬箱。❷印籠《いんろう》に似た丸い小型の重ね箱。薬などを入れて持ち歩いた。

**薬籠中《ちゅう》の物《もの》** 必要に応じて、思うままに使えるもの。また、そのような人。自家《じか》薬籠中の物。

**やくわり【役割】**（名）それぞれ受け持つ仕事を割りあてること。また、割りあてられた仕事。「重要な―を果たす」「―分担」

**やけ**『×自棄』（名）物事が思うようにならないために、なげやりになること。すてばち。「―をおこす」

**やけあと【焼け跡】**（名）火事で焼けた跡。

**やけい【夜景】**（名）夜の景色。「百万ドルの―」

**やけい【夜警】**（名）夜間、火事や盗難《とうなん》などがおこらないように見回ること。また、その人。夜回り。

**やけいし【焼け石】**（名）火で焼けて熱している石。

**焼け石に水《みず》** 焼けた石に少しぐらいの水をかけても冷やせないように、わずかばかりの努力や援助《えんじょ》ではまるできめのないことのたとえ。

**やけお・ちる【焼け落ちる】**（自上一）〔チ・チ・チル・チル・チレ・チロ(チヨ)〕焼けて倒《たお》れくずれる。「寺の本堂が―」

**やけくそ**『×自棄△糞』（名・形動）「やけ」を強めた語。すてばち。「―になる」類やぶれかぶれ

**やけざけ【やけ酒】**『×自棄-酒』（名）思いどおりにならなかったりいやなことがあったりしたとき、気分をまぎらすために飲む酒。「―をあおる」

**やけださ・れる【焼け出される】**（自下一）〔レ・レ・レル・レル・レレ・レロ(レヨ)〕家が焼けて住まいを失う。「大火で―」

**やけただ・れる【焼けただれる】**『焼け△爛れる』（自下一）〔レ・レ・レル・レル・レレ・レロ(レヨ)〕ひふなどが、焼けてくずれたような状態になる。「―・れたひふ」

**やけつ・く【焼け付く】**（自五）〔カ(コ)・キ(イ)・ク・ク・ケ・ケ〕焼けてくっつく。こげつく。「―ような暑さ」

**やけっぱち**『×自棄っぱち』（名・形動ダ）「やけ」を強めた語。やけくそ。

**やけど**『×火傷』（名・自スル）❶強い熱にふれて、ひふが赤くただれること。「―を負う」❷危険なことに手を出して、いたい目にあうこと。「深入りすると―するぞ」

**やけに**（副）《俗語》むやみに。やたらに。「―寒い」

**やけの【焼け野】**（名）野火で焼けた野原。

**焼け野の雉子《きぎす》夜《よる》の鶴《つる》**（巣のある野原を焼かれる雉《きじ》がわが身を忘れて子を守り、また、寒い夜に鶴が子を自分のつばさでおおって暖めるということから）子を思う親心の深いことのたとえ。

**やけのはら【焼け野原】**（名）❶野火で焼けた野原。焼け野。❷一面に焼けて何もなくなったところ。焼け野が原。「大火事で町が―となる」

**やけぼっくいにひがつく**『焼け◇棒△杭に火がつく』いったん別れたものが、もとの関係にもどることのたとえ。特に、男女の関係についていう。参考「焼け棒杭」は、焼けた木のくい。一度焼けた木にはまた火がつきやすいことからいう。

**や・ける**『◇妬ける』（自下一）〔ケ・ケ・ケル・ケル・ケレ・ケロ(ケヨ)〕ねたましく感じる。「恋人《こいびと》どうしを見て―」

**や・ける【焼ける】**（自下一）〔ケ・ケ・ケル・ケル・ケレ・ケロ(ケヨ)〕❶火がついて燃える。「家が―」❷火や日光で熱くなる。「―・けたトタン屋根」❸火が内部まで通る。「魚が―」❹原料に火で熱を加えてものができあがる。「茶碗《ちゃわん》が―」❺日光や薬品に当たって色が変わる。「小麦色に―・けた肌《はだ》」❻空や雲が赤くなる。「赤く―・けた西の空」❼食物が消化されないで胸のあたりがむかつく。「胸が―」❽手がかかる。「世話が―」

**やけん【野犬】**（名）飼い主のいない犬。のら犬。

**やご**（名）《動》とんぼの幼虫。

**やこう【夜光】**（名）夜、光を発すること。暗い中で光るようになっていること。「―塗料《とりょう》」

**やこう【夜行】**■一（名・自スル）夜、行動すること。「百鬼《ひゃっき》―」…性「夜行性の動物」■二（名）（「夜行列車」の略）夜に運行する列車。夜汽車《よぎしゃ》。

**やごう【屋号】**（名）❶商店の呼び名。❷歌舞伎《かぶき》役者の家の呼び名。音羽《おと わ》屋・成駒《なりこま》屋など。

**やごう【野合】**（名・自スル）❶正式な結婚の手続きをふまずに、男女が関係を結ぶこと。❷理念などの異なるものどうしが、しっかりした議論・手続きをふまず、打算で手を結ぶこと。「選挙目当ての政党間の―」

**やこうちゅう【夜光虫】**（名）《動》原生動物の一種。一ミリメートル《ミリメートル》ぐらいの海洋性プランクトン。夜間、波間で青白い光を出すのが見える。

**やこうとりょう【夜光塗料】**（名）暗い所で光って見える物質を入れて作った塗料。

**やさい【野菜】**（名）畑などで作る、食用にする植物。青物《あおもの》。「―サラダ」

**やさおとこ【優男】**（名）からだつきがほっそりして、性格・ふるまいなどがやさしい感じの男。

**やさがし【家捜し・家探し】**（名・自スル）❶家の中をすみずみまでさがすこと。❷住む家をさがすこと。

**やさがた【優形】**（名）姿がほっそりとして、上品な感じであること。「―の男」

**やさき【矢先】**（名）❶矢の先端《せんたん》。やじり。❷矢の飛んでくる方向。類矢面《やおもて》。❸物事がまさに始まろうとするとき。「出ようとした―に客が来た」

**やさぐ・れる**（自下一）〔レ・レ・レル・レル・レレ・レロ(レヨ)〕《俗語》投げやりになる。ふてくされる。「気持ちが―」

**やさ・し**〔優し・羞し〕（形シク）古語❶たえがたい。つらい。「世の中を憂《う》しと―と思へども飛び立ちかねつ鳥にしあらねば」〈万葉集〉訳この世の中をつらい、身も細るほどたえがたいと思うけれども、どこかへ飛んで行ってしまうこともできない。鳥ではないから。❷恥《は》ずかしい。きまりが悪い。「人聞き―」〈竹取物語〉訳世間の評

判が恥ずかしい。❸おだやかである。上品だ。優美だ。「恐《おそ》ろしき猪《ゐ》のししも、ふす猪の床《とこ》といへばー・しくなりぬ」〈徒然草《つれづれぐさ》〉訳恐ろしいいのししも、「ふす猪《ぃ》の床」と(和歌で)よめば優美になってしまう。

**やさし・い【易しい】**(形)〔カロ・カツ(ク)・イ・イ・ケレ・○〕❶簡単に理解できる。わかりやすい。「ー・く説明する」❷簡単にやることができる。たやすく解決できる。「ー仕事」「操作はー」(対難しい)

**やさし・い【優しい】**(形)〔カロ・カツ(ク)・イ・イ・ケレ・○〕❶親切で思いやりがある。「親思いのー子」「人にー・くする」❷すなおでおとなしい。「気立てがー」❸上品で美しい。おだやかである。「ー音色《ねいろ》」❹悪い作用をおよぼさない。「環境《かんきょう》にー車」「肌《はだ》にー素材」

**やし**『△椰子』(名)〔植〕ヤシ科の植物の総称《そうしょう》。熱帯に一五〇〇種類以上自生する。果実は食用、また、やし油の原料などにする。ココやし・なつめやしなど。

（ 椰子 ）

**やし**『×香具師・野師』(名)祭りや縁日《えんにち》などで、見せ物を行ったり道で品物を売ったりする人。的屋《てきや》。

**やじ**『×野次・×弥次』(名)他人の言動に対して、非難・からかい・ひやかしなどのことばをかけること。また、そのことば。「ーを飛ばす」

**やじうま【やじ馬】**『×野次-馬・×弥次-馬』(名)何かがおこると、自分には関係もないのに、おもしろがって見物したりさわぎたてたりする人。「ー根性《こんじょう》」

**やしき【屋敷】**(名)❶家の建っている一区切りの土地。敷地。「家ーを売る」❷門をかまえ、塀《へい》をめぐらした大きくてりっぱな家。邸宅《ていたく》。「ー町」

**やじきた【弥次喜多】**(名)(十返舎一九《じっぺんしゃいっく》の滑稽本《こっけいぼん》「東海道中膝栗毛《ひざくりげ》」の主人公、弥次郎兵衛《やじろべえ》と喜多八《きたはち》の名前から)❶気楽で楽しい二人連れの旅行。「ー道中」❷よく気の合った、こっけいな二人組。「ーコンビ」

**やしきまち【屋敷町】**(名)りっぱな邸宅《ていたく》が建ちならんでいる地域。

**やしな・う【養う】**(他五)〔ワ(オ)・イ(ッ)・ウ・ウ・エ・エ〕❶生活のめんどうを見る。育てる。「子どもをー」❷動物を飼って世話をする。「子犬をー」❸だんだんと身につけ、育てあげる。「読解力をー」「体力をー」類培《つちか》う。❹病気などをなおし、からだをいたわる。「病をー」

**やしゃ**『夜△叉』(名)〔仏〕恐《おそ》ろしい姿をし、強い力をもっているといわれる鬼神《きじん》。夜叉王。

**やしゃご**『×玄孫』(名)孫の孫。曽孫《ひまご》の子。げんそん。参考「やしわご」の変化したもの。

**やしゅ【野手】**(名)野球で、内野・外野を守る人。

**やしゅ【野趣】**(名)自然のままの素朴《そぼく》なおもむき。「ーに富んだ味わい」

**やしゅう【夜襲】**(名・他スル)夜、暗闇《くらやみ》を利用して敵をおそうこと。「ーをかける」類夜討《う》ち

**やじゅう【野獣】**(名)野生のけもの。

**やじゅうは【野獣派】**(名)〔美〕→フォービスム

**やしょく【夜食】**(名)❶夕食後、夜おそくなってから食べる軽い食事。❷夜の食事。夕食。夕飯。

**やじり【矢尻】**『△鏃』(名)矢がつきささるように、矢の先につけるとがったもの。矢の根。矢先。

**やじ・る**『×野次る・×弥次る』(他五)〔ラ(ロ)・リ(ッ)・ル・ル・レ・レ〕他人の言動などに対して、非難・からかい・ひやかしなどのことばを大声でなげかける。「演説をー」

**やじるし【矢印】**(名)矢の形をした符号《ふごう》。方向や順路などを示すのに使われる。「→」「⇩」など。

**やしろ【社】**(名)神をまつる建物。神社。類宮《みや》

**やじろべえ**『弥次◇郎◇兵◇衛』(名)人形の両側から弓なりの棒を一本ずつ出し、その先におもりをつけてつり合いをとり、たおれないようにしたおもちゃ。

**やしん【野心】**(名)分不相応な大きい望み。また、新しいことに挑戦《ちょうせん》しようとする気持ち。「ーをいだく」「ー家」…的「野心的な試み」類野望

**やじん【野人】**(名)❶いなかに住む人。❷礼儀《れいぎ》や身なりなどにかまわない人。❸在野の人。民間人。

**やす【安】**一(接頭)金額の少ないこと、安くてそまつな意を表す。「ー月給」「ーホテル」二(接尾)金額が低くなる意を表す。「二割ー」対高《だか》

**やすあがり【安上がり】**(名・形動ダ)安い費用ですむこと。「予想以上にーだった」

**やす・い【安い】**(形)〔カロ・カツ(ク)・イ・イ・ケレ・○〕❶同等の他のものと比べ、おかねが少ししかかからない。ねだんが低い。「ー買い物」「ー・く見られる(=軽くあつかわれる)」対高い❷心にこだわるところがなく、おだやかである。「心ー」

**やす・い**『◇易い』一(形)〔カロ・カツ(ク)・イ・イ・ケレ・○〕たやすい。簡単だ。「おーご用」

二(接尾)(動詞の連用形について形容詞をつくり)簡単にそうすることができる、そうなるという意を表す。「書きーペン」「こわれー」対難《にく》い

**やすうけあい【安請け合い】**(名・他スル)よく考えないで、軽々しく引き受けること。「仕事をーする」

**やすうり【安売り】**(名・他スル)❶安いねだんで売ること。❷気軽にあたえるなどして、そのものの価値を低めること。「親切のー」

**やすき**『◇易き』(名)(文語の形容詞「易し」の連体形から)楽なこと。たやすいこと。

**易きに就く** 楽な、また、簡単なほうを選ぶ。

**易きに流《なが》れる** 楽で簡単なほうをつい選んでしまう。

**やすっぽ・い【安っぽい】**(形)〔カロ・カツ(ク)・イ・イ・ケレ・○〕❶質が悪く、いかにも安物らしく見える。「ー洋服」❷品がなく軽々しい。「ー小説」

**やすで【安手】**(名・形動ダ)❶安っぽいようす。「ーに見える」❷ねだんが安いこと。「ーの商品」

**やすね【安値】**(名)ねだんが安いこと。安いねだん。「ーで売る」対高値

**やすぶしん【安普請】**(名)安い費用で家を建てること。また、安い費用で建てた、あまり上等でない家。

**やすま・る【休まる・安まる】**(自五)〔ラ(ロ)・リ(ッ)・ル・ル・レ・レ〕からだや心が落ち着いて楽になる。「気がー」

**やすみ【休み】**(名)❶休むこと。休息。「ー時間」❷仕事や授業などのない時間・日・期間。「春ー」「昼ー」❸欠席・欠勤。「病気で長期のーをとる」

**やす・む**【休む】（自他五）{マ(モ)・ミ(ン)・ム・ム・メ・メ} ❶仕事や活動を一時的にやめて、からだを楽にする。休息する。「歩き疲《つか》れて木かげでー」「一日中ー・まず働く」 ❷学校や勤めに行かない。欠席・欠勤する。「かぜで会社をー」 ❸続けてきたことをしばらくやめる。「店の営業をー」 ❹寝《ね》る。「早めにー」

**やすめ**【休め】（感・名）気を付けの姿勢をやめ、楽な姿勢をとらせるときの号令。また、その姿勢。

**やす・める**【休める】（他下一）{メ・メ・メル・メル・メレ・メロ(メヨ)} ❶活動を中止して休息させる。「手をー」 ❷からだや心を楽な状態にする。安らかにする。「気をー」

**やすもの**【安物】（名）ねだんの安いそまつな品物。「ーをつかまされる」

**安物買《が》いの銭《ぜに》失《うしな》い** ねだんの安いものは質も悪いから長く使えず、かえって損をするということ。

**やすやす**〖◇易◇易〗（副）苦労もなく簡単に。たやすく。「ー（と）追いつく」

**やすらか**【安らか】（形動ダ）{ダロ・ダッ(デ・ニ)・ダ・ナ・ナラ・○} おだやかでなんの心配も苦しみもないようす。「ーな日々」

**やすら・ぐ**【安らぐ】（自五）{ガ(ゴ)・ギ(イ)・グ・グ・ゲ・ゲ} 心が安らかになる。おだやかな気持ちになる。「心がー」

**やすり**〖△鑢〗（名）物の表面をなめらかにしたり、のこぎりの目立てをしたりするのに使う道具。はがねの表面に細かいみぞや突起《とっき》をつけたもの。「ーをかける」

**やすん・じる**【安んじる】{ジ・ジ・ジル・ジル・ジレ・ジロ(ジヨ)} ■一（自他上一）安心する。また、安心させる。「ー・じて任せる」 ■二（自上一）それ以上の状態を望まないで満足する。あまんじる。「現状にー」

**やすん・ずる**【安んずる】（自他サ変）{ジ(ゼ)・ジ・ズル・ズル・ズレ・ジロ(ゼヨ)} →やすんじる

**やせい**【野生】（名・自スル）動植物が山野の中で自然に育つこと。また、その動物や植物。「ーの猿《さる》」 …化「ペットが野生化する」

**やせい**【野性】（名）自然や本能のままの荒々《あらあら》しい性質。「ー味がある」 …的「野性的な魅力《みりょく》」

**やせうで**【痩せ腕】（名）やせた弱々しい腕。転じて、経済力がとぼしいことのたとえ。細腕《ほそうで》。

**やせおとろ・える**【痩せ衰える】（自下一）{エ・エ・エル・エル・エレ・エロ(エヨ)} からだがやせて、衰弱《すいじゃく》する。「病気でー」

**やせがえる**【痩せ蛙】《やせがえる》…俳句〔痩せ蛙 まけるな一茶《いっさ》 是《これ》に有《あ》り〕〈一茶〉訳雌《めす》をめぐって争っているやせがえるよ、しっかりしろ、負けるなよ。ここに一茶がついているぞ。（季語「蛙」春）

**やせがまん**【痩せ我慢】（名・自スル）むりにがまんして、なんでもないようなふりをすること。「ーを張る」

**やせぎす**【痩せぎす】（名・形動ダ）からだがやせて骨ばって見えること。また、そういう人。「ーの女性」

**やせこ・ける**【痩せこける】（自下一）{ケ・ケ・ケル・ケル・ケレ・ケロ(ケヨ)} やせてしまって肉が落ちる。ひどくやせる。「ほおがー」

**やせさらば・える**【痩せさらばえる】（自下一）{エ・エ・エル・エル・エレ・エロ(エヨ)} ひどくやせて、骨と皮ばかりのようになる。

**やせち**【痩せ地】（名）土に養分が少なくて、作物や草木の育ちにくい土地。

**やせてもかれても**【痩せても枯れても】たとえどんなに落ちぶれても。「ー一国一城の主《あるじ》だ」

**やせほそ・る**【痩せ細る】（自五）{ラ(ロ)・リ(ッ)・ル・ル・レ・レ} からだがやせて細くなる。「手足がー」「身のー思い」

**や・せる**【痩せる】〖△瘠せる〗（自下一）{セ・セ・セル・セル・セレ・セロ(セヨ)} ❶からだの肉が落ちて細くなる。「病気でからだがー」 対太る・肥える ❷土地に、作物などを生長させるための養分が少なくなる。「地味《ちみ》がー」「ー・せた土地」 対肥える

**やせん**【野戦】（名）要塞《ようさい》や市街地などでの戦闘《せんとう》に対して、山野での戦闘。また、戦地。「ー病院」

**やそう**【野草】（名）山野に自然に生える草。

**やそうきょく**【夜想曲】（名）〔音〕→ノクターン

**ヤソきょう**【ヤソ教】〖×耶蘇-教〗（名）キリスト教をいう、むかしの言い方。

**やたい**【屋台】（名）❶屋根をつけた移動できる台。また、それを使って商売をする店。「おでんのー」 ❷祭りのとき、その上で踊《おど》りなどをする屋根のついた台。

**やたいぼね**【屋台骨】（名）❶屋台・家屋の骨組み。❷家や組織をささえる人や財産。「ーがかたむく」

**やたけび**【矢たけび】〖矢◇叫び〗（名）むかし、戦闘《せんとう》を始めるときなどに、勢いよくあげた叫《さけ》び声。

**やたて**【矢立て】（名）❶矢を入れる道具。❷持ち運びに便利なようにした筆記用具。小さなすみつぼに筒《つつ》をつけ、それにすみと筆を入れて、腰《こし》にさすもの。

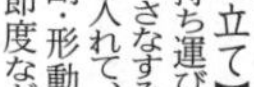

（やたて②）

**やたら**（副・形動ダ）むやみにするようす。根拠《こんきょ》・節度などのないようす。「ーにさけぶ」「ーなことは言えない」

**やちよ**【八千代】（名）ひじょうに長い年代。

**やちょう**【野鳥】（名）野生の鳥。類野禽《やきん》

**やちん**【家賃】（名）家、または部屋の借り賃。

**やつ**〖◇奴〗■一（名）人や物を乱暴に、または、親しんで言うことば。「ばかなー」「大きいーをくれ」 ■二（代）「彼《かれ》」をさして、乱暴に言うことば。「ーはどこだ」

**やつ**【八つ】（名）❶八《はち》。やっつ。❷むかしの時刻の名。今の午前または午後の二時ごろ。

**やつあたり**【八つ当たり】（名・自スル）腹をたてて、関係のない人にまであたりちらすこと。

**やっか**【薬禍】（名）薬の副作用や、まちがった使い方などにより起こる災難。類薬害

**やっかい**【厄介】■一（名）めんどうをみること。世話することと。「おばの家にーになる」 ■二（名・形動ダ）手数がかかってめんどうなようす。「ーな事件」

**やっかいばらい**【厄介払い】（名・他スル）めんどうなものやじゃまになるものを追い払うこと。

**やっか・む**（他五）{マ(モ)・ミ(ン)・ム・ム・メ・メ} うらやむ。ねたむ。「人の幸福をー」 参考おもに関東における方言。

**やっかん**【約款】（名）法令・条約・契約《けいやく》などで定められた一つ一つの条項《じょうこう》。「保険のー」

**やっき**【躍起】（名・形動ダ）あせりいらだって、むきになること。「ーになって弁解する」

**やつぎばや**【矢継ぎ早】（名・形動ダ）矢をつぎつぎと射るように、続けざまにすること。「ーの質問」

**やっきょう**【薬△莢】（名）銃砲《じゅうほう》の弾丸《だんがん》を発

射させる火薬をつめた金属製の筒《つつ》。

**やっきょく【薬局】**(名) ❶薬剤師《やくざいし》を置き、医薬品の調剤と販売《はんばい》を行う店。❷病院などで、薬の調合を専門に行うところ。

**やっきょくほう【薬局方】**(名) 薬の製法・性質などを規定した厚生労働省の告示。日本薬局方。

**ヤッケ**〔ドイツ Jacke〕(名) 登山やスキーなどのときに用いる、フードのついた防水・防風用の上着。

**やっこ**『◇奴』㊀(名) ❶江戸《えど》時代の武士の家の下男。行列のとき、やりなどを持ってお供をした。❷(「やっこ豆腐《どうふ》」の略)豆腐を四角に切り、しょうゆ・薬味をかけて食べる料理。「ひや―」㊁(代) 人をばかにしたり、親しんだりして言うことば。あいつ。「―さんとはどうもうまが合わない」

**やっこう【薬効】**(名) 薬のききめ。「―あらたか」

**やっこだこ**『◇奴△凧』(名)「奴《やっこ》㊀①」が袖《そで》を張った姿に似せてつくった紙だこ。

**やつざき【八つ裂き】**(名) ずたずたに引き裂くこと。

**やつ・す**『△窶す』(他五)｛サ(ソ)・シ・ス・ス・セ・セ｝❶わざと見すぼらしい姿に変える。「物乞《ものご》いに身を―」❷やせるほど思い悩《なや》み、心をくだく。「恋《こい》に憂《う》き身を―」

**やっつ【八つ】**(名) ❶数の八《はち》。❷八個。❸八歳《さい》。

**やっつけしごと【やっつけ仕事】**(名) 当座の間に合わせに急いでする、いいかげんな仕事。

**やっつ・ける**(他下一)｛ケ・ケ・ケル・ケル・ケレ・ケロ(ケヨ)｝❶結果を気にせず、やってしまう。「たまった仕事を一気に―」❷ひどい目にあわせる。うち負かす。「敵をさんざんに―」

**やつで**『八つ手』(名)〘植〙ウコギ科の常緑低木。暖かい地方の海ぞいの山林に自生、また庭木として栽培《さいばい》される。葉は厚く大きく、てのひらの形をしている。

**やってい・く【やって行く】**(自五)｛カ(コ)・キ(ッ)・ク・ク・ケ・ケ｝❶つきあいや仕事などを続ける。「彼《かれ》とは―・けない」❷暮らしをたてる。「仕送りなしで―」

**やって・くる【やって来る】**(自カ変)｛コ・キ・クル・クル・クレ・コイ｝❶こちらへ近づいてくる。「クリスマスが―」❷あることを続けて今にいたる。「仕事いちずに―・きた」

**やっての・ける**『◇遣って◇退ける』(他下一)｛ケ・ケ・ケル・ケル・ケレ・ケロ(ケヨ)｝ふつうの人ができないようなことを見事にやりとげる。「むずかしいことを平然と―」

**やっと**(副) 長い時間や苦労のすえ、物事が実現・成立するようす。ようやく。かろうじて。「―着いた」「食べていくのが―だ」

**やっとこ**『△鋏』(名) 針金や熱した鉄や板金《ばんきん》などを、曲げたりはさんだりするときに使う鉄製の工具。

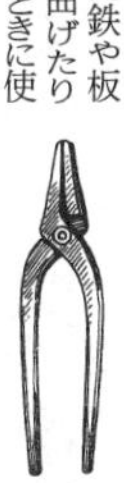
(やっとこ)

**やつはし【八つ橋】**(名) 小川や池に、幅《はば》のせまい板をいくつも折れ曲がった形に渡《わた》してかけた橋。

(やつはし)

**やっぱり**『×矢っ張り』(副)「やはり」のくだけた言い方。「―そうか」

**やつめうなぎ**『八つ目△鰻』(名)〘動〙ヤツメウナギ科の円口類。多く川にすみ、形はうなぎに似ている。目の後方にえらの穴が七つならび、目が八つあるように見える。食用や薬用にする。

**やつら**『◇奴◇等』(名・代)「やつ」の複数形。「―のしわざだ」

**やつ・れる**『△窶れる』(自下一)｛レ・レ・レル・レル・レレ・レロ(レヨ)｝病気や苦労などのために、すっかりやせおとろえる。みすぼらしいようすになる。「―・れはてた姿になる」

**やど【宿】**(名) ❶人の住む家。「埴生《はにゅう》の―」❷旅先で泊《と》まる家。宿屋。「―を取る」

**やとい【雇い】**『△傭い』(名) 人をやとうこと。また、やとわれた人。「臨時《りんじ》―」

**やといにん【雇い人】**『△傭い人』(名) 人にやとわれて働く人。㊇雇い主

**やといぬし【雇い主】**『△傭い主』(名) 人をやとって使う人。㊇雇い人

**やとう【野党】**(名) 現在、政権を担当していない政党。㊇与党《よとう》

**やと・う【雇う】**『△傭う』(他五)｛ワ(オ)・イ(ッ)・ウ・ウ・エ・エ｝❶給料を払《はら》って人を使う。「アルバイトを―」❷料金を払ってその乗り物を貸し切りで使う。「釣《つ》り船を―」

**やどかり**『宿借り』(名)〘動〙ヤドカリ科・オカヤドカリ科などの節足動物の総称《そうしょう》。えびとかにとの中間の形をし、海産の巻き貝の殻《から》の中にすみ、からだが大きくなるとほかの大きな殻に移る。

**やど・す【宿す】**(他五)｛サ(ソ)・シ・ス・ス・セ・セ｝❶内部にふくみもつ。「心に憎《にく》しみを―」❷子どもをはらむ。「子を―」❸光や影、露《つゆ》などを表面にとどめる。「月を―池」

**やどせん【宿銭】**(名) 宿の宿泊《しゅくはく》料。㊈宿賃

**やどちょう【宿帳】**(名) 宿屋で、客の名前や住所を書く帳面。

**やどちん【宿賃】**(名) 宿の宿泊《しゅくはく》料。㊈宿銭

**やどなし【宿無し】**(名) 住む家や泊《と》まる家のないこと。また、そういう人。

**やどぬし【宿主】**(名) ❶宿の主人。❷→しゅくしゅ

**やどや【宿屋】**(名) 旅人を泊《と》めるのを職業にしている家。旅館。

**やどりぎ【宿り木】**『×寄生-木』(名) ❶他の植物に寄生する植物。❷〘植〙ビャクダン科の常緑低木。えのき・さくらなどに寄生し、春に黄色の小花を開く。

**やど・る【宿る】**(自五)｛ラ(ロ)・リ(ッ)・ル・ル・レ・レ｝❶旅先で泊《と》まる。「宿坊《しゅくぼう》に―」❷ある場所に一時とどまる。「草に朝露《あさつゆ》が―」❸内部にとどまる。「子が―」❹寄生する。

**やどろく【宿六】**(名)〘俗語〙妻が、自分の夫を親しみをこめて、あるいはさげすんでいうことば。「うちの―」

**やな**『△梁・△簗』(名) 川の流れをせきとめて一か所のみ流し、そこに来る魚を簀《す》などに受けとらえるしかけ。

**やながわなべ**『◇柳川鍋』(名) どじょうとささがきごぼうを土鍋《どなべ》で煮《に》て、卵でとじた料理。やながわ。

**やなぎ【柳】**(名)〘植〙ヤナギ科ヤナギ類の総称《そうしょう》。しだれやなぎ・ねこやなぎなど種類が多い。

**柳に風《かぜ》**　柳が風になびくように、さからわずに受け流すこと。「―と聞きながす」

**柳に雪《ゆき》折《お》れなし**　弱々しく見えるしなやかでやわらかいもののほうが、かたいものよりもかえって物事にたえられるということのたとえ。

**柳の下《した》にいつも泥鰌《どじょう》はいない**　一度幸運をつかんでも、いつも同じ方法でうまくいくわけではない。

**やなぎごうり【柳ごうり】**『柳行△李』（名）こりやなぎ（＝やなぎの一種）の枝の皮をはいで干し、麻《あさ》で編んで作ったこうり。衣類を入れる。

**やなぎごし【柳腰】**（名）ほっそりして、しなやかな腰つき。女性の腰についていう。

**やなぎたくにお**〔柳田国男〕【人名】（一八七五～一九六二）民俗《みんぞく》学者。伝説・行事・風習などを調べ、むかしの人びとの生活やものの考え方などを研究する民俗学の発展につとめた。著に「遠野《とおの》物語」「雪国の春」など。

**やなみ【家並み】**（名）❶建ち並んだ家々。また、その並び方。「古い―が続く」❷家ごと。軒《のき》なみ。

**やに**『◇脂』（名）❶木から出る粘液《ねんえき》。樹脂《じゅし》。❷キセルやパイプにたまるたばこの粘液。❸目やに。

**やにさが・る**（自五）〔ラ(ロ)・リ(ッ)・ル・ル・レ・レ〕得意げに、しまりのない顔でにやにやする。「―・った顔つき」参考やにが吸い口のほうへ下がるようにキセルの頭の部分を上げてふかす、気取った格好《かっこう》からいう。

**やにょうしょう【夜尿症】**（名）〔医〕夜、寝《ね》ている間に無意識に小便をもらす症状《しょうじょう》。寝小便。

**やにわに**『×矢庭に』（副）❶即座《そくざ》に。その場ですぐに。❷いきなり。だしぬけに。「―走り出す」

**やぬし【家主】**（名）貸家の持ち主。いえぬし。

**やね【屋根】**（名）❶雨・雪・日光などをふせぐために、建物のいちばん上に造ったおおい。「瓦《かわら》―」❷物の上部をおおうもの。「車の―」

**やねうら【屋根裏】**（名）❶屋根と天井《てんじょう》の間の空間。❷屋根のすぐ下に作った天井のない部屋。

**やのあさって**『弥の×明後日』（名）❶あさっての次の日。しあさって。❷しあさっての次の日。参考「やなあさって」ともいう。地方によって、①の意味にも②の意味にも使われる。

**やば【矢場】**（名）矢を射る所。弓の練習場。

**やば・い**（形）〔カロ・カッ(ク)・イ・イ・ケレ・○〕〔俗語〕あぶない。つごうが悪い。「―仕事」「見つかると―」

**ことばの移り変わり**
「新語③」
新語には、語形自体は以前からあり、語義が変化したものもある。新しい事物・概念《がいねん》を表すのに使われる例としては、ウェブ関連で「ブログの炎上《えんじょう》」などがある。
一方、「やばい」という語は「危ない」という意の俗語として使われてきたが、「このケーキ、やばいね」のように使う「やばい」は、「（いい悪いを問わず）感情が危ないまでに高ぶり動揺《どうよう》するくらい、程度がはなはだしい」という状況《じょうきょう》を表す新語である。「プロが高校生に負けるなんて、ありえない」も、「起きるはずがない」という可能性の否定でなく「もってのほかである。許せない」という非難の意味で使っているのであれば、新語と言える。

**ヤハウェ**〔英 Yahweh〕（名）旧約聖書にある、イスラエル民族の信仰《しんこう》した最高の神。

**やはらかに**〔ヤワラカニ〕…短歌
〔やはらかに　柳《やなぎ》あをめる　北上《きたかみ》の　岸辺《きしべ》目《め》に見《み》ゆ　泣《な》けとごとくに〕〈石川啄木《いしかわたくぼく》〉
訳やわらかに柳の芽が青く色づいた故郷の北上川の岸辺が、目にありありと浮《う》かんでくることだ。懐《なつ》かしさに泣けとでも言うように。

**やはり**『×矢張り』（副）❶以前と、また、他と同じであるようす。「今回も―出席できません」❷聞いたり、予想していたとおりであるようす。「―美しい風景だ」❸いろいろな経過があって、結局はじめに予測した結論になるようす。「―一人では無理だった」参考くだけた言い方で「やっぱり」ともいう。

**やはん【夜半】**（名）夜中《よなか》。真夜中。

**やばん【野蛮】**（名・形動ダ）❶文化が開けていないこと。未開。「―な風習」❷無教養・無作法で乱暴なこと。「―なふるまい」

**やひ【野卑】**『野△鄙』（名・形動ダ）下品でいやしいこと。「―なことば」

**やぶ**『△藪』（名）❶低い木や草・竹などがむらがり生えている所。❷「やぶ医者」の略。「あの医者は―だ」

**藪から棒《ぼう》**　やぶの中から急に棒を出すように、物事をだしぬけにすることのたとえ。

**藪の中《なか》**　関係者の言い分が食いちがっていて、本当のところはだれにもわからないということ。「事件の真相は―だ」参考芥川龍之介《あくたがわりゅうのすけ》の同名の短編小説から生まれた語。

**藪をつついて蛇《へび》を出《だ》す**　→やぶへび

**やぶいしゃ【やぶ医者】**『△藪医者』（名）診察《しんさつ》・治療《ちりょう》のへたな医者。やぶ。

**やぶいり【やぶ入り】**『△藪入り』（名）住みこみで働いている人たちが正月とお盆《ぼん》に、休みをもらって実家に帰ること。また、その日。

**やぶか【やぶ蚊】**『△藪蚊』（名）〔動〕カ科の昆虫《こんちゅう》。大形で黒く、白いまだらがある。やぶにすみ、人間や家畜《かちく》の血をすう。

**やぶ・く【破く】**（他五）〔カ(コ)・キ(イ)・ク・ク・ケ・ケ〕紙や布を破って、さく。「手紙を―」参考「やぶる」と「さく」とがまじってできたことば。

**やぶ・ける【破ける】**（自下一）〔ケ・ケ・ケル・ケル・ケレ・ケロ(ケヨ)〕紙・布などがさける。「袋が―」

**やぶさか**『△吝か』（形動ダ）〔ダロ・ダッ(デ・ニ)・ダ・ナ・ナラ・○〕あることを行うのをためらうようす。思い切りの悪いようす。

**やぶさかでない**　そのことを喜んでする。そのことをする努力を惜《お》しまない。「協力することに―」

**やぶさめ**『×流鏑馬』（名）馬に乗って走りながら、かぶら矢で的を射る武芸。鎌倉《かまくら》時代にさかんに行われた。

（やぶさめ）

**やぶにらみ**『△藪△睨み』（名）❶斜視《しゃし》。❷考え方などが見当ちがいであること。

**やぶへび【やぶ蛇】**『△藪蛇』（名）（「やぶをつついて蛇を出す」から）よけいなことをしてかえってひどいめにあう

こと。「へたにお愛想《あいそ》など言うと—になる」

**やぶみ**【矢文】(名) むかし、矢に結んで射て、相手に送った手紙。

**やぶ・る**【破る】(他五)〔ラ(ロ)・リ(ッ)・ル・ル・レ・レ〕❶紙や布などをさいたり穴をあけたりする。「障子《しょうじ》を—」❷へだてているものをこわす。ふさいでいるものをつきぬける。「ひなが卵の殻《から》を—」「敵の包囲を—」❸それまで保たれていた状態を乱す。「平和を—」「沈黙《ちんもく》を—」「夢を—(=眠《ねむ》りをさます)」❹きまりごとなどにそむく。「約束を—」「常識を—発想」対守る ❺相手を負かす。「強敵を—」❻今までの記録を更新《こうしん》する。「日本記録を—」

**やぶれかぶれ**【破れかぶれ】(名・形動ダ) どうにでもなれという気持ちになるようす。「こうなったらもう—だ」類すてばち・やけくそ

**やぶ・れる**【破れる】(自下一)〔レ・レ・レル・レル・レレ・レロ(レヨ)〕❶紙や布などがさけたり穴があいたりする。「ノートが—」「鼓膜《こまく》が—」❷それまで保たれていた状態が失われる。だめになる。「均衡《きんこう》が—」「夢が—」❸約束などが成り立たなくなる。「協定が—」

**やぶ・れる**【敗れる】(自下一)〔レ・レ・レル・レル・レレ・レロ(レヨ)〕試合や勝負に負ける。「健闘《けんとう》むなしく—」

**やぶん**【夜分】(名) 夜。夜間。「—失礼します」

**やぼ**『×野暮』(名・形動ダ) 世間の事情をあまり知らず気がきかないこと。いなかくさくて洗練されていないこと。また、その人。「—な発言」類不粋《ぶすい》。対粋《いき》

**やぼう**【野望】(名) 分不相応な大きい望み。「—をいだく」類野心

**やぼった・い**『×野暮ったい』(形)〔カロ・カッ(ク)・イ・イ・ケレ・○〕行動やようすがあかぬけていない。野暮である。「—服装」

**やぼてん**『×野暮‐天』(名) ひどくやぼであること。また、そのような人。

**やぼよう**【やぼ用】『×野暮‐用』(名) つまらない用事。ちょっとした用事。

**やま**【山】(名) ❶平地よりきわだって高く盛りあがっている地形のところ。「—登り」❷うずたかく積まれたもの。また、たくさんたまったもの。「荷物の—」「宿題の—」❸鉱山。「—をほりあてる」❹万一の成功を当てにして行う冒険《ぼうけん》や予想。「—が当たった」❺物事のいちばんたいせつなところ。物事の頂点。さかんなとき。やまば。「病気はこの二、三日が—だ」

**山高《たか》きが故《ゆえ》に貴《たっと》からず** (山がとうといのは高さによるのではなく、けしきやその利用価値によるように)物事は見かけよりも実質がたいせつである。

**山をかける** 万一の成功を期待して物事をする。特に、試験に出そうなところを予想する。山をはる。

**やまあい**【山あい】『山◇間』(名) 山と山の間。谷間。「—の村」

**やまあらし**【山嵐】(名) 山に吹《ふ》くあらし。山から吹きおろす強風。

**やまあらし**『山荒らし』(名)《動》ヤマアラシ科の哺乳《ほにゅう》動物。東南アジアやアフリカなどにすむ。からだの上面に針《はり》のような毛がはえている。

**やまい**【病】(名) ❶病気。「不治の—」❷欠点。悪い癖《くせ》。「また彼《かれ》の—が出た」

**病膏肓《こうこう》に入《い》る** ❶病気が重くなって、なおる見込《みこ》みがなくなる。❷あることに熱中して、手がつけられない状態になる。

故事 晋《しん》の景公が重病の床《とこ》で、病気の精が二人の子どもとなり、膏と肓(=ともにからだの奥《おく》深い部分)の間にかくれようと話し合っている夢を見た。そこへ到着《とうちゃく》した名医が、「すでに病気が膏肓にはいってしまったので治療《ちりょう》できない」と診断《しんだん》したという話から出たことば。〈左伝〉

**病は気《き》から** 病気は心のもち方一つで、悪くもなればよくもなる。

**やまいだれ**【病垂れ】(名) 漢字の部首の一つ。「病」「痛」などの「疒」の部分。

**やまいぬ**【山犬】(名) ❶野生の犬。❷《動》むかし、日本にすんでいた小形のおおかみ。

**やまいも**【山芋】(名)《植》→やまのいも

**やまうば**【山うば】『山△姥』(名) むかし、山奥《やまおく》に住んでいると考えられた鬼《おに》のような女。やまんば。

**やまおく**【山奥】(名) 山の奥深くはいった所。

**やまおとこ**【山男】(名) ❶山の中で生活したり、働いていたりする男。❷山奥《やまおく》に住んでいるという男の怪物《かいぶつ》。❸山が好きで、登山経験の豊富な男。

**やまおろし**【山おろし】『山△颪』(名) 山から吹《ふ》きおろす強い風。

**やまが**【山家】(名) 山の中にある家。山里の家。

**山家育《そだ》ち** 山村の家で育つこと。また、その人。

**やまかがし**『×赤楝蛇・×山楝蛇』(名)《動》ナミヘビ科の蛇《へび》。背は暗黄緑色で、黒や赤色の斑点《はんてん》が散在する。おもにかえるを食べる。有毒。

**やまかけ**【山掛け】(名) まぐろの刺身《さしみ》などに、とろろをかけた料理。

**やまかげ**【山陰】(名) 山のかげになって、日のよく当たらない所。

**やまかぜ**【山風】(名) ❶山の中を吹《ふ》く風。❷夜間、山腹の空気が冷えて密度が大きくなったために、ふもとに向かって斜面《しゃめん》を吹きおろす風。対谷風

**やまがら**『山△雀』(名)《動》シジュウカラ科の小鳥。からだは茶、羽は灰色。人によくなれる。

**やまがり**【山狩り】(名・自スル) ❶山で鳥やけものをつかまえること。❷山に逃《に》げこんだ犯人などを追って、大勢で山中をさがし回ること。

**やまかん**【山勘】(名) 勘で見当をつけること。あてずっぽう。「—があたる」

**やまかんむり**【山冠】(名) 漢字の部首の一つ。「岸」「岩」などの上部にある「山」の部分。

**やまき**【山気】(名) →やまけ

**やまぎわ**【山際】(名) ❶空の、山の稜線《りょうせん》に接する境目あたり。「夕日で—が赤い」❷山のそば。

**やまくじら**【山鯨】(名) いのししの肉。

**やまくずれ**【山崩れ】(名・自スル) 大雨や地震《じしん》などで、山の斜面《しゃめん》がくずれること。

**やまぐに**【山国】(名) 山に囲まれた国・地方。

**やまけ**【山気】(名) 確実ではないが、あたれば大きな利

益を生むようなことをするのを好む心。やまき。やまっけ。「—の多い男」

**やまごや【山小屋】**(名)登山者の休息・宿泊《しゅくはく》や避難《ひなん》などのために、山に建てた小屋。ヒュッテ。

**やまざきそうかん〔山崎宗鑑〕**【人名】(生没年不明)室町《むろまち》時代後期の連歌《れんが》師・俳人。滑稽《こっけい》・機知を主とする俳諧《はいかい》の連歌をおこし、近世俳諧への道を開いた。編著「犬筑波集《いぬつくばしゅう》」。

**やまざくら【山桜】**(名)❶山に咲《さ》く桜。❷〘植〙バラ科の落葉高木。桜の一種。山地に自生し、庭園にも栽培《さいばい》される。四月ごろ、若葉とともにうす赤色または白色の花が咲く。

**やまざと【山里】**(名)山の中の小さな村。山村。

**やまし【山師】**(名)❶鉱山の採掘《さいくつ》や山林の売買を行う人。❷いちかばちかの投機的なことを好む人。❸もうけ話をもちかけるなどして人をだます人。

**やまじ【山路】**(名)山の中の道。山みち。

**やまし・い**〖△疚しい〗(形)〔カロ・カッ(ク)・イ・イ・ケレ・○〕何かよくないことをして心がとがめる感じだ。うしろめたい。「—ところがある」

**やまじきて**…俳句→やまぢきて…

**やましろ〔山城〕**【地名】むかしの国名の一つ。今の京都府の南東部。城州《じょうしゅう》。

**やますそ【山裾】**(名)山の下のなだらかに広がった部分。「雄大《ゆうだい》に広がる—」類ふもと

**やませ【山背】**(名)❶山を越《こ》えて吹《ふ》きおろすかわいた風。❷三陸地方で初夏に吹く冷たい北東の風。

**やまたいこく〔邪馬台国・耶馬台国〕**(名)〘歴〙中国の歴史書「魏志《ぎし》倭人伝《わじんでん》」に出てくる、三世紀ごろの日本にあったという国。女王卑弥呼《ひみこ》が統治していた。その位置は、北九州とも大和《やまと》(=奈良県)ともいわれる。やばたいこく。

**やまたかぼうし【山高帽子】**(名)上がまるく高くなっている、黒でふちつきの帽子。男性の礼装用。山高帽。

(やまたかぼうし)

**やまだし【山出し】**(名)❶山から木材や炭などを運び出すこと。また、その運び出されたもの。❷いなかから出てきたばかりの人。いなかもの。

**やまぢきて**《ヤマジキテ》…俳句

**〔山路きて　なにやらゆかし　すみれ草《ぐさ》〕**〈芭蕉《ばしょう》〉訳春の山路を歩いてきて、ふと道ばたに咲《さ》くかれんなすみれの花が目についた。なんとなく心ひかれる思いがすることだ。(季語「すみれ草」春)

**やまっけ【山っ気】**(名)→やまけ

**やまつなみ【山津波】**(名)地震《じしん》や大雨などのため、大量の土や砂が流れ出す大規模な山くずれ。

**やまづみ【山積み】**(名・自他スル)❶山のように高く積みあげること。「—の品物」❷やらなければいけないことがらがたくさんたまっていること。「問題が—だ」

**やまて【山手】**(名)山に近いほう。山の手。

**やまでら【山寺】**(名)山の中にある寺。

**やまと〔大和・倭〕**【地名】❶むかしの国名の一つ。今の奈良県。和州《わしゅう》。❷日本の古い呼び名。

**やまとえ【◦大和-絵】**(名)❶日本の風物・山水をえがいた絵。❷〘美〙平安時代におこった日本画の様式の一つ。

**やまとことば【◦大和-言葉】**(名)❶日本固有のことば。「山」「海」を「サン」「カイ」という漢語に対して、「やま」「うみ」ということば。和語。❷日本固有のことばでよんだ歌。和歌。

**やまとだましい【◦大和-魂】**(名)日本人固有の精神。

**やまとなでしこ【◦大和なでしこ】**〖◦大和△撫子〗(名)❶日本の女性の美しさをたたえていう語。❷〘植〙→なでしこ

**やまとは**…歌謡

**〔倭は　国《くに》のまほろば　たたなづく　青垣《あをかき》　山《やま》ごもれる　倭《やまと》しうるはし〕**〈古事記《こじき》・倭建命《やまとたけるのみこと》〉訳わたしの故郷のやまとは、国のうちでも豊かですぐれた所だ。青々とした垣根《かきね》のような山々、その山に取りかこまれたやまとは美しいことだ。

**やまどり【山鳥】**(名)❶山にすむ鳥。❷〘動〙キジ科の大形の鳥。山にすみ、からだは赤銅《しゃくどう》色で黒いまだらがあり、雄《おす》は尾羽《おばね》が長い。日本特産。

(やまどり②)

**やまなみ【山並み】**〖山◇脈〗(名)山がならび連なっていること。連山。「なだらかに続く—」

**やまなり【山なり】**〖山◇形〗(名)山のような形の曲線を描《えが》くこと。「—のボールを投げる」

**やまなり【山鳴り】**(名)噴火《ふんか》などで、山がゆれ動いて音がひびくこと。また、その音。

**やまねこ【山猫】**(名)❶山野にすむ野生の猫。❷〘動〙ネコ科の哺乳《ほにゅう》動物。野生の猫で、肉食性。日本では対馬《つしま》と沖縄《おきなわ》にいる。

**やまのいも【山の芋】**(名)〘植〙ヤマノイモ科のつる性多年草。日本特産で山野に自生。根をすりおろし「とろろ」を作って食べる。自然薯《じねんじょ》。やまいも。

**やまのうえのおくら〔山上憶良〕**【人名】(六六〇〜七三三?)奈良時代の歌人。妻や子に対する愛情、まずしい人びとに対する同情などをうたって独自の歌風を示した。「万葉集」中の「思子等歌《こらをおもううた》」「貧窮問答歌《ひんきゅうもんどうか》」などで知られる。

**やまのかみ【山の神】**(名)❶山を支配する神。❷〘俗語〙妻。女房《にょうぼう》。「うちの—」

**やまのさち【山の幸】**(名)山でとれるおいしいもの。山菜や木の実、鳥獣《ちょうじゅう》など。山幸《やまさち》。対海の幸

**やまのて【山の手】**(名)❶山に近いほう。山手。❷都会で、高台にある住宅地。対下町

**やまのは【山の端】**(名)山の、空に接して見えるところ。山のはし。稜線《りょうせん》。「—に月がかかる」

**やまのひ【山の日】**(名)国民の祝日の一つ。山に親しみ、その恵《めぐ》みに感謝する日。八月一一日。

**やまのぼり【山登り】**(名)山に登ること。登山。

**やまば【山場】**(名)物事の最も重要な場面。クライマックス。「試合の—」「—にさしかかる」

**やまはだ【山肌】**『山◇膚』(名) 山の表面。土や岩石がむきだしになっている山の地肌。

**やまびこ【山びこ】**『山△彦』(名) 山や谷で大声を出すと、その音が山にはねかえって聞こえること。こだま。

**やまひだ【山ひだ】**『山△襞』(名) 衣服のひだのように見える、山の尾根《おね》と谷とでできた凹凸《おうとつ》。

**やまびらき【山開き】**(名) その年、はじめて一般《いっぱん》の人の登山を許すこと。また、その日。

**やまふかみ**…和歌

〔山ふかみ　春《はる》ともしらぬ　松《まつ》の戸《と》に　たえだえかかる　雪《ゆき》の玉水《たまみず》〕〈新古今集《しんこきんしゅう》・式子内親王《しきしないしんのう》〉訳山が深いので、春が来たともわからず待ちわびる庵《いおり》の松の戸に、とぎれとぎれに落ちかかる美しい玉のような雪どけのしずくよ。

**やまぶき【山吹】**(名)『植』バラ科の落葉低木。山地に自生するが、庭園にも栽培《さいばい》される。茎《くき》は緑色。春、黄色い花が咲《さ》く。

**やまぶきいろ【山吹色】**(名) 山吹の花のような黄色。こがね色。また、その色から、大判や小判。

**やまぶし【山伏】**(名) 山野で修行《しゅぎょう》し、呪力《じゅりょく》を得て加持祈禱《かじきとう》をする僧《そう》。笈《おい》を背負いほら貝を吹《ふ》き、金の輪のついたつえを持つ。修験者《しゅげんじゃ》。

(やまぶし)

**やまふところ【山懐】**(名) 山々に深く囲まれた所。「―にいだかれた村」

**やまべ【山辺】**(名) 山に近いあたり。対海辺

**やまべのあかひと**〔山部赤人〕〔人名〕(生没年不明) 奈良時代の歌人。「万葉集」の代表的歌人で、自然の美しさを客観的な態度でよみ、柿本人麻呂《かきのもとのひとまろ》とならんで歌聖といわれる。

**やまへん【山偏】**(名) 漢字の部首の一つ。「峰」「峠」などの左側にある「山」の部分。

**やまめ【山女】**(名)『動』サケ科の魚。谷川のきれいな水にすむ。からだの側面に黒いまだらがある。

**やまもとゆうぞう**〔山本有三〕〔人名〕(一八八七～一九七四) 大正・昭和時代の劇作家・小説家。人道主義・理想主義の立場から人生や社会の問題をとりあげた。戯曲《ぎきょく》「同志の人々」、小説「真実一路」「路傍《ろぼう》の石」など。

**やまもり【山盛り】**(名) 山のようにうずたかく盛ること。また、そのようなもの。「茶碗《ちゃわん》に―のごはん」

**やまやき【山焼き】**(名・自スル) 新芽が出やすいように、春先に野山の枯《か》れ草を焼くこと。類野焼き

**やまやま【山山】** 一 (名) 多くの山。「日本の―」 二 (副) ❶物事の多いようす。「言いたいことは―ある」❷(「…のはやまやま」の形で) 実際はできないが、ぜひともそうしたいようす。「遊びたいのは―だが、ひまがない」

**やまわけ【山分け】**(名・他スル) 手にはいったものを、みんなで等分に分けること。「もうけを―にする」

**やまんば【山んば】**『山△姥』(名) →やまうば

**やみ【闇】** 17画 門9 訓やみ

門 門 門 閂 闇 闇

**やみ【闇】**(名) ❶光がささなくて、真っ暗なこと。夜が暗いこと。「夜の―」❷道理がわからなくなること。また、先の見通しがつかないこと。「心の―に迷う」「前途《ぜんと》は―だ」「一寸先は―」❸「闇取り引き」の略。「―市《やみいち》」「―で買う」

◆闇雲《やみくも》・闇夜《やみよ》 ◆夕闇

やみ。くらやみ。くらい。

**闇から闇《やみ》に葬《ほうむ》る** 人に知られないようにこっそり事件などを始末する。「真相を―」

**やみあがり【病み上がり】**(名) 病気がなおったばかりの状態。また、その人。「―のからだ」

**やみいち【闇市】**(名) 闇取り引きをする店が集まった市場。

**やみうち【闇討ち】**(名・他スル) ❶暗闇にまぎれて人を襲《おそ》うこと。「―をかける」❷不意うちをくわせること。「―とはひきょうだ」

**やみくも【闇雲】**(形動ダ)〔ダロ・ダッ(デ・ニ)・ダ・ナ・ナラ・○〕 前後の考えもなく、物事をむやみにするようす。「―に逃《に》げる」

**やみじ【闇路】**(名) ❶暗い道。❷思慮《しりょ》分別をなくした状態。「心の―」❸冥土《めいど》。あの世。

**やみつき【病みつき】**『病み付き』(名) (病気にかかる意から) 物事にむちゅうになり、やめられなくなること。「競馬《けいば》に―になる」

**やみとりひき【闇取り引き】**(名) ❶おおやけに定められた販売《はんばい》価格を破って売買したり、禁止されている物を売買したりすること。やみ。❷人に知られないように、かげで交渉《こうしょう》すること。

**やみね【闇値】**(名) 闇取り引きのねだん。

**やみや【闇屋】**(名) 闇取り引きを職業とする人。闇商人。

**やみよ【闇夜】**(名) 月の出ていない暗い夜。

**闇夜に烏《からす》** 物事の区別がつかないことのたとえ。

**闇夜に鉄砲《てっぽう》** 闇夜に鉄砲をうつように、あてずっぽうに物事をするたとえ。やっても意味がないたとえ。

**や・む**『◇止む・△已む』(自五)〔マ(モ)・ミ(ン)・ム・ム・メ・メ〕 それまで続いていた動作や状態などが終わりになる。「雨が―」

**や・む【病む】**〔マ(モ)・ミ(ン)・ム・ム・メ・メ〕 一 (自五) 病気にかかる。わずらう。「心が―・んでいる」 二 (他五) ❶病気におかされる。「胸を―」❷心をなやます。「気に―」

**やむごとな・し**〔ヤンゴトナシ〕(形ク) 古語 ❶捨てておかれない。やむをえない。「―・きことにより京へ人つかはしける」〈後撰集《ごせんしゅう》〉訳やむをえない事情があって京へ人をつかわした(時)。❷ひととおりでない。格別である。「まことに―・き誉《ほま》れありて人の口にある歌多し」〈徒然草《つれづれぐさ》〉訳まことに格別の名声があって多くの人に唱えられる和歌がたくさんある。❸とうとい。高貴だ。「いと―・ききはにはあらぬがすぐれて時めき給《たま》ふありけり」〈源氏物語〉訳それほど高貴な家がらの出ではない方で目立って(帝《みかど》の)寵愛《ちょうあい》をうけている方があった。

**やむな・い**『△已む無い』(形)〔カロ・カッ(ク)・イ・イ・ケレ・○〕 しかたがない。やむをえない。「―事情」「―・く承知する」

**やむにやまれぬ**『◇止むに◇止まれぬ』どうしてもそうしないではいられない。「―思いでかけつける」

**やむをえず【やむを得ず】**『△已むを得ず』しかたなく。やむなく。「雨が降り出したので―引き返した」

**やむをえない【やむを得ない】**『△已むを得ない』そうするよりしかたがない。「病気では欠席も―」

「―事情」

**や・める**【◇止める】（他下一）〔メ・メ・メル・メル・メレ・メロ(メヨ)〕続けていたことなどを終わりにする。また、しようと思っていたことをしないことにする。「たばこを―」「外出を―」

**や・める**【辞める】【◇罷める】（他下一）〔メ・メ・メル・メル・メレ・メロ(メヨ)〕勤めている会社や、役員・委員などの役目からしりぞく。「会社を―」「会長職を―」

**やめるこは**…短歌
〔**病める児は　ハモニカを吹**《ふ》**き　夜**《よ》**に入**《い》**りぬ　もろこし畑**《ばた》**の　黄**《き》**なる月**《つき》**の出**《で》〕〈北原白秋《きたはらはくしゅう》〉訳病気の子は、ものうげにハーモニカを吹いていて、やがて夜になってしまった。そばのとうもろこし畑の上に黄色の月がのぼってくる。

**やもうしょう**【夜盲症】（名）〔医〕暗くなると目が見えなくなる病気。多く、ビタミンAの不足によってかかる。鳥目《とりめ》。

**やもめ**【×寡婦】（名）夫をなくした女性。夫のいない女性。後家《ごけ》。未亡人。

**やもめ**【×鰥夫】（名）妻をなくした男性。妻のいない男性。おとこやもめ。「―暮らし」

**やもり**【×守宮】（名）〔動〕ヤモリ科の爬虫《はちゅう》類。とかげに似た動物で、手足がひらたく、人家の壁《かべ》や天井《てんじょう》裏にすいついてはいあがり、虫をとって食べる。

（やもり）

**やや**【△稍】（副）ほかのものや前の状態とくらべて、差が少しあるようす。いくらか。少し。「力が―不足している」「きのうより―寒い」

**ややこし・い**（形）〔カロ・カッ(ク)・イ・イ・ケレ・○〕こみいっていて、わかりにくい。複雑で、めんどうだ。「―話」

**ややもすると**（副）とかくそうなりがちであるようす。ともすると。「―弱気になりがちだ」

**ややもすれば**（副）→ややもすると

**やゆ**【△揶△揄】（名・他スル）皮肉を言ったりして人をからかうこと。「世相を―した漫画《まんが》」

**やよい**【○弥生】（名）陰暦《いんれき》三月の異名。

**やよいじだい**【○弥生‐時代】（名）〔歴〕日本史の時代区分の一つ。紀元前四世紀ごろから紀元三世紀ごろまで。弥生土器がつくられ、稲作《いなさく》や金属器の使用がはじまった。

**やよいどき**【○弥生‐土器】（名）〔歴〕弥生時代に、日本で使われた素焼《すや》きの土器。縄文《じょうもん》土器より進歩して形が整い、じょうぶになっている。一八八四（明治一七）年、東京の本郷《ほんごう》弥生町で発見されたことから名づけられた。弥生式土器。

（やよいどき）

**やら**（副助）❶軽い疑問、または不確かだという意を表す。「いつのこと―はっきりしない」「聞いていいもの―悪いもの―わからない」❷並列《へいれつ》の意を表す。「本―ノート―を広げる」

**やらい**【矢来】（名）竹や木を、縦横にあらく組んで作るかりの囲い。「竹―」

**やらい**【夜来】（名）昨夜以来。「―の雨」

**やらか・す**（他五）〔サ(ソ)・シ・ス・ス・セ・セ〕（俗語）とんでもないことやよくないことをしてしまう。しでかす。「試合でへまを―」

**やらせ**（名）（俗語）テレビ番組などで、事実に手を入れたつくりごとを真実であるかのように見せること。

**やり**【△槍】（名）❶長い柄《え》の先に細長い刃物《はもの》（穂《ほ》）をつけた武器。「―でつく」❷やり投げに使う、①に似た用具。❸将棋《しょうぎ》の香車《きょうしゃ》。

**やりあ・う**【やり合う】【◇遣り合う】（自五）〔ワ(オ)・イ(ッ)・ウ・ウ・エ・エ〕たがいに争う。「方針について―」

**やりがい**【◇遣り×甲斐】（名）そのことをするだけの価値やききめ。しがい。「―のある仕事」

**やりかえ・す**【やり返す】【◇遣り返す】（他五）〔サ(ソ)・シ・ス・ス・セ・セ〕❶はじめからもう一度する。「何度も―」❷相手からしかけられたことに対して、こちらからも同じようなことをする。「まけずに―」

**やりかけ**【◇遣り掛け】（名）途中《とちゅう》までやって、まだ全部すんでいないこと。「―の仕事」

**やりかた**【やり方】【◇遣り方】（名）物事をする方法。しかた。「―がちがう」

**やりきれな・い**【やり切れない】【◇遣り切れない】（形）〔カロ・カッ(ク)・イ・イ・ケレ・○〕❶なしとげることができない。「一時間ではとても―」❷がまんができない。「痛くて―」

**やりくち**【やり口】【◇遣り口】（名）やり方。方法。手段。「―がきたない」「同じ―だ」参考多く、よくないやり方についていう。

**やりくり**【やり繰り】【◇遣り繰り】（名・他スル）くふうして、どうにかつごうをつけること。「家計の―」

**やりこな・す**【◇遣りこなす】（他五）〔サ(ソ)・シ・ス・ス・セ・セ〕むずかしいことをうまくやってのける。「りっぱに―」

**やりこ・める**【やり込める】【◇遣り込める】（他下一）〔メ・メ・メル・メル・メレ・メロ(メヨ)〕言い合いで相手を負かして反論できないようにする。言いこめる。「先生を―」

**やりすご・す**【やり過ごす】【◇遣り過ごす】（他五）〔サ(ソ)・シ・ス・ス・セ・セ〕❶うしろから来たものを、前へ行き過ぎさせる。「車を何台も―」❷かかわりをもたずに、すます。「気づかぬふりで―」❸度をこえてする。「酒を―」

**やりだま**【やり玉】【△槍玉】（名）やりを手玉のように自由自在にあつかうこと。

**やり玉に上**《あ》**げる**（やりでつきさすという意から）多くの中から選びだして、非難や攻撃《こうげき》の目標にする。「低俗《ていぞく》番組として―」

**やりて**【やり手】【◇遣り手】（名）❶物事をする人。行う人。「町内会長の―がいない」❷物事を手ぎわよく進めていく才覚のある人。「なかなかの―だ」

**やりど**【やり戸】【◇遣り戸】（名）引き戸。

**やりと・げる**【やり遂げる】【◇遣り遂げる】（他下一）〔ゲ・ゲ・ゲル・ゲル・ゲレ・ゲロ(ゲヨ)〕完全に終わりまでやる。なしとげる。「仕事を最後まで―」

**やりとり**【やり取り】【◇遣り取り】（名・他スル）❶物をやったり、もらったりすること。交換《こうかん》。「手紙を―する」❷かわるがわる言い合うこと。「会話の―」

**やりなおし**【やり直し】【◇遣り直し】（名）はじめからもう一度改めてすること。「―のきかない人生」

**やりなお・す**【やり直す】【◇遣り直す】（他五）

〔サ(ソ)・シ・ス・ス・セ・セ〕改めてもう一度する。

**やりなげ【やり投げ】**〘△槍投げ〙(名) 陸上競技の一種。やりを投げてその飛ばした距離《きょり》を競うもの。

**やりば【やり場】**〘◇遣り場〙(名) 持っていくのに適当な場所。「目の—に困る」

**やり場のない** 持っていくところのない。向けるところのない。「—怒《いか》り」「目の—光景」

**やりみず【やり水】**〘◇遣り水〙(名) ❶庭の植木や草花に水をやること。❷庭の中に水を引き入れてつくった、小さな流れ。

**や・る**〘◇遣る〙(他五) 〔ラ(ロ)・リ(ッ)・ル・ル・レ・レ〕 ❶そこへ行かせる。つかわす。また、送り届ける。「子どもを学校へ—」「お使いに—」「手紙を—」 ❷車などを進ませる。「駅まで急いで—・ってくれ」 ❸目や顔をそこへ向ける。「黒板に目を—」 ❹物を他へ移す。「鉛筆《えんぴつ》をどこへ—・ったの」 ❺(目下の者や動植物などに)あたえる。「小鳥にえさを—」「植木に水を—」 ❻その動作や行為《こうい》を行う。する。「主役を—」「試合を—」「—気がない」 ❼生活する。暮らす。「安月給では—・っていけない」 ❽仕事や商売をする。「医者を—・っている」 ❾たばこや酒を口にする。「酒は—・りません」 ❿(動詞の連用形について)㋐その動作が遠くまで及《およ》ぶ意を表す。「遠くを見—」㋑すっかりその状態になる。「晴れ—・らぬ空」 ⓫(動詞の連用形に「て」のついた形の下について)㋐目下の者などに恩恵《おんけい》を与《あた》えるような行為をする。「つれていって—」㋑ことさらにする。…してみせる。「なぐって—」「必ず実現して—」

**やるかたな・い**〘◇遣る方無い〙(形) 〔カロ・カッ(ク)・イ・イ・ケレ・○〕わだかまった思いを晴らす方法がない。「無念—」

**やるせな・い**〘◇遣る瀬無い〙(形) 〔カロ・カッ(ク)・イ・イ・ケレ・○〕思いの晴らしようがない。つらくせつない。「—思い」

**やれうつな**…俳句〔やれ打つな 蠅《はえ》が手《て》を摺《す》り 足《あし》をする〕〈一茶《いっさ》〉訳ああ打ってはなりません。はえがまるで命ごいするように手をすり合わせ、足をすり合わせしているではありませんか。(季語「蠅」夏)

**やれやれ**(感) ほっとしたとき、がっかりしたとき、あきれたときなどに発することば。「—これで一段落だ」

**やろう【野郎】** 一(名) ❶男性をののしって言うことば。「この—」❷男。特に、若い男性。 二(代) 相手をいやしめて言うことば。「—、ちょっと来い」

**やろうじだい【夜郎自大】**(名・形動ダ) 自分の力量を知らずに、仲間うちでいばっていること。参考むかし、中国の南西の民族「夜郎」が漢の広大なのを知らずに、自分の勢力を誇《ほこ》ったことからいう。

**やわ【夜話】**(名) ❶夜にする談話。よばなし。❷くだけた軽い話を集めた本。

**やわ【柔】**(形動ダ) 〔ダロ・ダッ(デ・ニ)・ダ・ナ・ナラ・○〕こわれやすかったり弱々しかったりして、しっかりしていないようす。「—な作り」

**やわはだ【柔肌】**〘柔◇膚〙(名) おもに、女性のやわらかい肌。

**やわら**〘◇柔〙(名) 柔道《じゅうどう》。柔術。

**やわらか【柔らか・軟らか】**(形動ダ) 〔ダロ・ダッ(デ・ニ)・ダ・ナ・ナラ・○〕やわらかいようす。「—なはだざわり」「物腰《ものごし》—」

**やわらか・い【柔らかい・軟らかい】**(形) 〔カロ・カッ(ク)・イ・イ・ケレ・○〕 ❶力を加えるとたやすく形が変わる。ふんわりしている。「—土」「—ふとん」対かたい ❷もののはたらきがしなやかである。柔軟《じゅうなん》だ。「—からだ」「頭が—」対かたい ❸かた苦しくない。「—話」対かたい ❹おだやかだ。「—春のひざし」「—物言い」 参考③はふつう「軟らかい」と書く。

**やわらかに**…短歌→やはらかに…

**やわら・ぐ【和らぐ】**(自五) 〔ガ(ゴ)・ギ(イ)・グ・グ・ゲ・ゲ〕 ❶暑さや寒さ、風や波、苦痛や怒《いか》りなどがおさまって、おだやかになる。「寒さが—」「痛みが—」 ❷対立や緊張《きんちょう》などがとけてなごやかになる。「雰囲気《ふんいき》が—」

**やわら・げる【和らげる】**(他下一) 〔ゲ・ゲ・ゲル・ゲル・ゲレ・ゲロ(ゲヨ)〕 ❶おだやかな状態にする。「態度を—」「語気を—」 ❷わかりやすくする。くだく。「硬《かた》い表現を—」

**ヤンキー**〔英 Yankee〕(名) ❶アメリカ人の俗称《ぞくしょう》。❷《俗語》不良っぽい若者。

**ヤング**〔英 young〕(名) 若いこと。若い人。若者。

**やんごとな・い**〘◇止ん事無い〙(形) 〔カロ・カッ(ク)・イ・イ・ケレ・○〕ひじょうにとうとい。高貴である。「—身分」

**やんちゃ**(名・形動ダ) 子どもがいたずらであったり聞きわけがなかったりすること。「—坊主《ぼうず》」

**やんぬるかな** もうおしまいだ。どうしようもない。

**やんま**(名)《動》ヤンマ科・オニヤンマ科などに属する大形のとんぼの総称《そうしょう》。おにやんま・ぎんやんまなど。

**やんや**(感) ほめるときの歓声《かんせい》。ほめそやすようす。「—の喝采《かっさい》を浴びる」

**やんわり**(副) やわらかく。それとなくおだやかに。「—(と)断る」

# ゆ　ユ

**ゆ【由】** 5画 田0 小3 音ユ・ユウ・ユイ高 訓よし高

丨 冂 巾 由 由

❶わけ。◆事由《じゆう》・理由《りゆう》。いわれ。◆由緒《ゆいしょ》・由縁《ゆえん》・由来◆因由《いんゆ》。❸経る。通る。◆経由。❹よる。たよる。◆自由《じゆう》。参考「ユイ」の音は「由緒《ゆいしょ》」などのことばに使われる特殊《とくしゅ》な読み方。⇩付録「漢字の筆順⑭由〔由〕」

**ゆ【油】** 8画 氵5 小3 音ユ 訓あぶら

氵 氵 汌 沖 油 油

液体状のあぶら。◆油脂《ゆし》・油井《ゆせい》・油性・油田◆肝油《かんゆ》・給油・軽油・鯨油《げいゆ》・原油・重油・製油・石油・灯油 ⇩付録「漢字の筆順⑭由〔由〕」

**ゆ【喩】** 12画 口9 音ユ

口 吖 吟 喻 喩 喩

たとえる。たとえ。◆暗喩・引喩・隠喩《いんゆ》・直喩・比喩・譬喩《ひゆ》・明喩《めいゆ》

**ゆ【愉】** 12画 忄9 音ユ

忄 忄 怜 恰 愉 愉

たのしい。よろこぶ。◆愉悦《ゆえつ》・愉快・愉楽

**ゆ【遊】**→ゆう(遊)

**ゆ【諭】** 16画 言9 [音]ユ [訓]さとす
さとす。いいきかせる。◆諭告・諭旨《ゆし》◆教諭・説諭

**ゆ【輸】** 16画 車9 (小5) [音]ユ
おくる。はこぶ。うつす。◆輸血・輸出・輸送・輸入◆運輸・空輸・密輸

**ゆ【癒】** 18画 疒13 [音]ユ [訓]いえる・いやす
病気や傷がなおる。いやす。◆癒着◆治癒・平癒

**ゆ【湯】**(名)❶水を熱くしたもの。「―をわかす」❷ふろ。または、ふろ屋。銭湯《せんとう》。「―にはいる」❸温泉。「―の町」

**ゆあか【湯あか】**〖湯△垢〗(名)鉄瓶《てつびん》や浴槽《よくそう》の内側につくあか。水中の石灰《せっかい》などが固まったもの。

**ゆあがり【湯上がり】**(名)❶ふろから出たばかりであること。また、そのとき。❷ふろから出てからだをふく大きなタオル。湯上がりタオル。バスタオル。

**ゆあみ【湯あみ】**〖湯◇浴み〗(名・自スル)ふろにはいること。入浴。

**ゆい【由】**→ゆ(由)

**ゆい【唯】** 11画 口8 [音]ユイ・イ(高)
❶「はい」という返事。◆唯唯諾諾《いいだくだく》。❷ただそれだけ。◆唯一《ゆいいつ》・唯我独尊・唯識・唯心・唯物論。
[参考]「イ」の音は「唯唯諾諾《いいだくだく》」などのことばに使われる特殊《とくしゅ》な読み方。⇩付録「漢字の筆順(32)隹」

**ゆい【遺】**→い(遺)

**ゆいいつ【唯一】**(名)ただ一つであること。二つとないこと。ゆいつ。「―の方法」「―無二」

**ゆいがどくそん【唯我独尊】**(名)釈迦《しゃか》が生まれたときに言ったという「天上天下《てんじょうてんげ》唯我独尊」の略。転じて、自分だけがえらいとうぬぼれること。

**ゆいごん【遺言】**(名・自スル)生前に、死後の財産の処置などについて言い残しておくこと。また、そのことば。[参考]法律用語では「いごん」という。

**ゆいごんじょう【遺言状】**(名)遺言を紙に書き置いたもの。[類]遺書《いしょ》

**ゆいしょ【由緒】**(名)❶物事の起こってきた道筋。由来。「―をただす」❷むかしから伝えられてきたことがら。いわれ。また、名誉《めいよ》ある歴史。「―ある家」

**ゆいしん【唯心】**(名)❶〖仏〗人間の心が、すべてのことのもとであり、あらゆる現象は心の現れにすぎないとすること。❷心で感じるからこそ物がある、つまり、この世の中に本当にあるのは人間の心だけであると考えること。[…的]「唯心的な傾向《けいこう》」[対]唯物

**ゆいしんろん【唯心論】**(名)哲学で、世界の本体は人間の精神であるという考え方。[対]唯物論

**ゆいのう【結納】**(名)結婚《けっこん》の約束のしるしに、おかねや品物を両家や両人がとり交わすこと。また、そのおかねや品物。「―をとり交わす」

**ゆいびしゅぎ【唯美主義】**(名)美を最も価値のあるものと考え、それを求めることを生活や芸術の目的とする考え方。耽美主義《たんびしゅぎ》。

**ゆいぶつ【唯物】**(名)真の存在はただ物質だけであると考えること。[…的]「唯物的な考え方」[対]唯心

**ゆいぶつしかん【唯物史観】**(名)歴史や社会を動かす力を物質的・経済的関係に求めるマルクス主義の考え方。

**ゆいぶつべんしょうほう【唯物弁証法】**(名)真の存在は物質であり、世界はそれ自身の法則から必然的に運動するが、それは人間の実践《じっせん》によって段階的に発展しうるとするマルクス主義の考え方。

**ゆいぶつろん【唯物論】**(名)哲学で、存在の根源《こんげん》は物質で、物質がすべてのもとであり、精神のはたらきも物質によって決まるとする考え方。[対]唯心論

**ゆう【友】** 4画 文2 (小2) [音]ユウ [訓]とも
❶ともだち。◆友愛・友誼《ゆうぎ》・友好・友情・友人◆悪友・畏友《いゆう》・学友・旧友・級友・交友・親友・知友・盟友。❷味方。仲間。◆友軍・友邦《ゆうほう》◆会友・戦友。[参考]特別に、「友達」は「ともだち」と読む。

**ゆう【右】**→う(右)

**ゆう【由】**→ゆ(由)

**ゆう【有】** 6画 月2 (小3) [音]ユウ・ウ(中) [訓]ある
❶ある。存在する。◆有縁《うえん》・有情《うじょう》・有無《うむ》・有為《ゆうい》・有益・有害・有閑《ゆうかん》・有効・有罪・有事・有情《ゆうじょう》・有望・有名・有力◆希有《けう》・未曽有《みぞう》。[対]無。❷もつ。もっている。◆含有《がんゆう》・共有・国有・固有・私有・所有・占有《せんゆう》・専有・特有・保有・領有。❸さらに。その上また。◆有余◆十有余

**ゆう【有】**㊀(名)あること。存在すること。「無から―を生む」[対]無。㊁(接頭)「…がある」「…を持っている」の意を表す。「―酸素運動」「―資格者」

**ゆう【勇】** 9画 力7 (小4) [音]ユウ [訓]いさむ
❶いさましい。◆勇敢《ゆうかん》・勇気・勇姿・勇者・勇壮《ゆうそう》・勇断・勇猛《ゆうもう》・勇躍《ゆうやく》◆義勇・剛勇《ごうゆう》・蛮勇《ばんゆう》・武勇。❷いさぎよい。◆勇退

**ゆう【勇】**(名)いさましく立ち向かう心。勇気。
勇を鼓《こ》する　勇気をふるいおこす。

**ゆう【幽】** 9画 幺6 [音]ユウ
❶おくふかい。◆幽遠・幽玄《ゆうげん》・幽谷《ゆうこく》・幽寂《ゆうじゃく》・幽邃《ゆうすい》。❷おくふかくとじこめる。かくれる。ひそむ。◆幽居・幽囚《ゆうしゅう》・幽閉。❸あの世。めいど。◆幽界・幽鬼《ゆうき》・幽明・幽冥《ゆうめい》・幽霊《ゆうれい》

**ゆう【悠】** 11画 心7 [音]ユウ
❶遠くはてしない。はるか。◆悠遠・悠久。❷ゆったりしている。◆悠然・悠長・悠悠《ゆうゆう》・悠揚《ゆうよう》

**ゆう【郵】** 11画 阝8 (小6) [音]ユウ

物品や手紙などを送り届ける制度。◆郵政・郵送・郵袋《ゆうたい》・郵便 ⇩付録「漢字の筆順㉛垂」

**ゆう【湧】** 12画 氵9 音 ユウ 訓 わく
わく。水がわき出る。◆湧出・湧水

**ゆう【猶】** 12画 犭9 音 ユウ
ためらう。ぐずぐずする。◆猶予

**ゆう【裕】** 12画 衤7 音 ユウ
❶ゆたか。じゅうぶんにみたされている。◆裕福 ◆富裕。❷ゆとり。◆余裕

**ゆう【遊】** 12画 辶9 小3 音 ユウ・ユ高 訓 あそぶ
❶あそぶ。出歩きあそぶ。◆遊客《ゆうかく》・遊戯《ゆうぎ》・遊興・遊芸・遊蕩《ゆうとう》・遊楽・遊山《ゆさん》 ◆豪遊《ごうゆう》・清遊。❷旅にでる。よその土地にいく。◆遊学・遊子《ゆうし》・遊説《ゆうぜい》・遊覧 ◆回遊・外遊・周遊・漫遊《まんゆう》・歴遊。❸あちこち動きまわる。◆遊軍・遊牧 ◆浮遊《ふゆう》。❹使われていない。◆遊休施設《ゆうきゅうしせつ》・遊資。❺つきあう。◆交遊。参考「ユ」の音は「遊山《ゆさん》」などのことばに使われる特殊《とくしゅ》な読み方。

**ゆう【雄】** 12画 隹4 音 ユウ 訓 お・おす
❶おす。◆雄蕊《ゆうずい》 ◆雌雄《しゆう》。対雌《し》。❷おおしい。力強い。◆雄渾《ゆうこん》・雄姿・雄大・雄図・雄途《ゆうと》・雄飛・雄弁。❸武勇や才知にすぐれた人。◆英雄・群雄 ⇩付録「漢字の筆順㉜隹」

**ゆう【雄】**(名) その分野で、武勇や才能などがすぐれている人。「学界の—」

**ゆう【誘】** 14画 言7 音 ユウ 訓 さそう
❶みちびく。するようにすすめる。◆誘引・誘致《ゆうち》・誘導 ◆勧誘《かんゆう》。❷かどわかす。◆誘拐《ゆうかい》・誘蛾灯《ゆうがとう》・誘惑《ゆうわく》。❸ひきおこす。おびきだす。◆誘因・誘発

**ゆう【憂】** 15画 心11 音 ユウ 訓 うれえる・うれい・うい高
心配する。気がふさぐ。◆憂鬱《ゆううつ》・憂国・憂愁《ゆうしゅう》・憂色・憂慮《ゆうりょ》 ◆一喜一憂・杞憂《きゆう》

**ゆう【融】** 16画 虫10 音 ユウ
❶とける。とかす。◆融解・融合・融点 ◆溶融《ようゆう》。❷とおる。なめらかに流通する。◆融資・融通《ゆうずう》 ◆金融。❸心がうちとけあう。◆融和

**ゆう【優】** 17画 亻15 小6 音 ユウ 訓 やさしい中・すぐれる中
❶やさしい。しとやか。上品。◆優雅《ゆうが》・優美。❷すぐれる。まさる。◆優位・優越《ゆうえつ》・優者・優秀《ゆうしゅう》・優勝・優良・優劣《ゆうれつ》。対劣。❸てあつい。◆優遇《ゆうぐう》・優待。❹ぐずぐずする。◆優柔不断《ゆうじゅうふだん》。❺役者。◆女優・声優・男優・俳優・名優

**ゆう【優】**(名) 成績などのすぐれていることを表すことば。「—・良・可」

**ゆう【夕】**(名) 日の暮れがた。夕暮れ。対朝

**ゆ・う『◇言う』**(自他五) {ワ(オ)・イ(ッ)・ウ・ウ・エ・エ} →いう

**ゆ・う【結う】**(他五) {ワ(オ)・イ(ッ)・ウ・ウ・エ・エ} ❶結ぶ。しばる。「竹垣《たけがき》を—」❷髪《かみ》を形よくたばねる。「髪を—」

**ユー-アール-エル【URL】**(名)(英 uniform resource locator の略) インターネット上で、ウェブページなどがどこにあるかを特定するための文字の並び。

**ゆうあい【友愛】**(名) 友人や他者に対する愛情。「—の情」「—の精神」類友誼《ゆうぎ》・友情

**ゆうい【有為】**(名・形動ダ) 才能があり、世の中に役立つこと。「前途《ぜんと》—の少年」注意「うい」と読むと別の意味になる。

**ゆうい【有意】**(名) ❶意味のあること。「—差(=統計で、偶然《ぐうぜん》によるものとは思われない差)」❷意識のあること。

**ゆうい【優位】**(名・形動ダ) ほかとくらべて、立場や地位などがまさっていること。「—に立つ」類優勢

**ゆういぎ【有意義】**(名・形動ダ) 意味やねうちがあること。むだでないこと。有用。「—な人生」「—な使い方」対無意義

**ゆういん【誘引】**(名・他スル) さそいこむこと。ひきつけること。「ごきぶりの—剤《ざい》」

**ゆういん【誘因】**(名) あることを引き起こす原因。「設計上のミスが事故の—となる」

**ゆううつ【憂鬱】**(名・形動ダ) 気がしずんで心が晴れないこと。「—な毎日」類沈鬱《ちんうつ》

**ゆうえい【遊泳】**(名・自スル) ❶泳ぐこと。水泳。「—禁止」「宇宙—」❷世間をうまく渡《わた》ること。世渡り。「—術」

**ゆうえき【有益】**(名・形動ダ) 利益があること。役に立つこと。ためになること。「寄付金を—に使う」「—な話を聞く」対無益

**ゆうえき『誘△掖』**(名・他スル) 助け導くこと。

**ユー-エス-エー〔USA〕【地名】**(United States of America の略)アメリカ合衆国。

**ゆうえつ【優越】**(名・自スル) ほかよりすぐれていること。いちだんとまさること。「他に—する」…性「優越性をほこる」

**ゆうえつかん【優越感】**(名) 自分がほかよりすぐれていると思う気持ち。「—をいだく」対劣等感《れっとうかん》

**ユー-エッチ-エフ【UHF】**(名)(英 ultrahigh frequency の略) 極超短波《ごくちょうたんぱ》。波長が一〇《センチメートル》〜一《メートル》の電波。携帯《けいたい》電話やテレビ放送などに使われる。

**ユー-エフ-オー【UFO】**(名) →ユーフォー

**ゆうえん【幽遠】**(名・形動ダ) おく深くはるかなこと。「—の境地」

**ゆうえんち【遊園地】**(名) 乗って遊ぶものや娯楽《ごらく》の設備をそなえた施設《しせつ》。

**ゆうおうまいしん『勇往△邁進』**(名・自スル) 目的に向かって、ためらわずにつき進むこと。

**ゆうが【優雅】**(名・形動ダ) 気品があってゆったりして

いること。上品で趣《おもむき》があること。「ーなふるまい」

**ゆうかい【幽界】**（名）死後に行くと考えられている世界。あの世。

**ゆうかい【誘拐】**（名・他スル）人をだましてさそい出し、連れ去ること。かどわかすこと。「ー事件」

**ゆうかい【融解】**（名・自他スル）❶とけること。また、とかすこと。❷〘物〙固体が熱せられて液体となること。対凝固《ぎょうこ》

**ゆうがい【有害】**（名・形動ダ）害があること。「人体にーな物質」対無害

**ゆうがい【有蓋】**（名）ふたやおおいのあること。「ー車」対無蓋

**ゆうかいてん【融解点】**（名）〘物〙→ゆうてん

**ゆうがいむえき【有害無益】**（名・形動ダ）害があるだけでなんの役にも立たないこと。

**ゆうがお【夕顔】**（名）〘植〙❶ウリ科のつる性一年草。夏の夕方、白い花が咲《さ》き、翌朝しぼむ。果実でかんぴょうを作る。❷ヒルガオ科のつる性一年草。夏の夕方、白色の朝顔に似た花が咲く。よるがお。

**ゆうかく【遊郭】**『遊△廓』（名）遊女を置く店の集まっている地域。くるわ。遊里。

**ゆうがく【遊学】**（名・自スル）故郷をはなれて、よその土地や国へ行って勉強すること。類留学

**ゆうかげ【夕影】**（名）❶夕方の日ざし。夕日の光。❷夕日を受けている姿。「アルプスのー」

**ゆうかしょうけん【有価証券】**（名）〘経〙財産権を表す証券で、その財産を使ったり、他の人に渡《わた》したりする場合、証券で行わなければいけないもの。手形・小切手・株券・債券《さいけん》・倉庫証券など。

**ゆうがた【夕方】**（名）日が暮れはじめて夜になるまでの間。夕暮れどき。対朝方

**ゆうがとう【誘蛾灯】**『誘△蛾灯』（名）夜、蛾などの害虫を灯火でさそいよせて、殺すようにしたしかけ。

**ユーカラ**〔アイヌ Yukar〕（名）アイヌ人が語り伝える長編叙事詩《じょじし》。神々や英雄《えいゆう》などについての物語があり、節をつけて語られる。

**ユーカリ**（名）〘植〙フトモモ科の常緑高木。オーストラリアの原産で、種類が多く、高さは一〇〇《メートル》に達するものもある。葉からユーカリ油をとる。材は建築用。▽英 eucalyptus から。

（ユーカリ）

**ゆうかん【夕刊】**（名）毎日発行する新聞で、夕方発行するもの。対朝刊

**ゆうかん【有閑】**（名）生活にゆとりがあって自由な時間の多いこと。「ー階級」「ーマダム」

**ゆうかん【勇敢】**（名・形動ダ）勇気があり、何事もおそれずにすすんで物事を行うこと。「ーに戦う」

**ゆうかん【憂患】**（名）心配して心を痛めること。

**ゆうかんじしん【有感地震】**（名）人間がゆれを感じる地震。震度1以上の地震。

**ゆうき【有機】**（名）❶動植物などのように、生活機能をもつこと。❷〘化〙「有機化学」の略。❸「有機物」の略。（対無機）

**ゆうき【勇気】**（名）物事におそれず立ち向かう強い心。「ーを出す」「ーをふるう」

**ゆうき【幽鬼】**（名）幽霊《ゆうれい》。亡霊《ぼうれい》。

**ゆうぎ【友誼】**『友△誼』（名）友人としての親しみ。「ーにあつい」類友愛・友情

**ゆうぎ【遊技】**（名）娯楽《ごらく》としての遊び。特に、大人がする遊びとしてのパチンコ・ビリヤードなど。「ー場」

**ゆうぎ【遊戯】**（名・自スル）❶遊びたわむれること。遊び。❷幼稚園《ようちえん》や小学校などで、音楽に合わせて行うかんたんなおどりや運動。おゆうぎ。

**ゆうきイーエル【有機ＥＬ】**（名）電圧をかけることで有機化合物が発光する現象やそれを利用した技術。テレビや携帯《けいたい》電話のディスプレーなどに使われる。▽ＥＬは、英 electroluminescence の略。

**ゆうきかがく【有機化学】**（名）〘化〙有機化合物を研究する化学。対無機化学

**ゆうきかごうぶつ【有機化合物】**（名）〘化〙炭素をおもな成分とする化合物。ただし、二酸化炭素などの簡単なものはのぞく。対無機化合物

**ゆうきさいばい【有機栽培】**（名）化学肥料や農薬でなく、堆肥《たいひ》など動植物由来の有機肥料を使って作物を育てる栽培方法。

**ゆうきたい【有機体】**（名）❶生命力をもっているもの。生物体。❷ある一定の目的のために多くの部分が集まって、たがいに密接な関係を保っているもの。

**ゆうきてき【有機的】**（形動ダ）〔ダロ・ダッ（デ・ニ）・ダ・ナ・ナラ・○〕生物のからだのように、多くの部分が集まって全体を作り、それぞれたがいに密接な関係があるようす。

**ゆうきぶつ【有機物】**（名）❶生物をつくりあげている物質。対無機物。❷〘化〙有機化合物。

**ゆうきゅう【有給】**（名）給料が支払《しはら》われること。給与《きゅうよ》のあること。「ー休暇《きゅうか》」対無給

**ゆうきゅう【悠久】**（名・形動ダ）ひじょうに長い年月続いていること。久しいこと。「ーの歴史」

**ゆうきゅう【遊休】**（名）設備や資金などが使われずに、放置されていること。「ー施設《しせつ》」

**ゆうきょう【遊興】**（名・自スル）遊び楽しむこと。料理屋などで飲み食いして遊ぶこと。「ーにふける」

**ゆうぎり【夕霧】**（名）夕方にたちこめる霧。対朝霧

**ゆうぎん【遊吟】**（名・自スル）野山を歩いたり、旅をしたりしながら詩歌《しいか》・俳句などをよむこと。

**ゆうぐう【優遇】**（名・他スル）手厚くもてなすこと。よい待遇。「経験者ー」類厚遇・優待。対冷遇

**ユークリッドきかがく**【ユークリッド幾何学】（名）〘数〙古代ギリシャの数学者ユークリッド(Euclid)が始めた幾何学。五つの公理に基づいて体系化されている。一九世紀に、その公理の一つを否定して、非ユークリッド幾何学がつくられた。

**ゆうぐれ【夕暮れ】**（名）日が落ちて暮れかかるころ。日暮れ。たそがれ。「ー時」「ーが迫《せま》る」

**ゆうぐん【友軍】**（名）味方の軍隊。「ー機」

**ゆうぐん【遊軍】**（名）❶待機《たいき》していて、必要なときに出動する軍隊。❷特定の役割をもたず、必要なときに活動するために待機している人。「ー記者」

**ゆうげ【夕げ】**『夕△餉』（名）夜の食事。夕食。晩めし。対朝げ

**ゆうけい【有形】**（名）形のあること。また、形のあるもの。「―無形の援助《えんじょ》を受ける」対無形

**ゆうげい【遊芸】**（名）趣味《しゅみ》として楽しむ芸能。茶の湯・生け花・琴《こと》・三味線《しゃみせん》・舞踊《ぶよう》など。

**ゆうげき【遊撃】**[一]（名・他スル）戦列外にあって、時・所に応じて敵を襲撃《しゅうげき》し、味方を助けること。また、その軍隊。「―隊」[二]（名）「遊撃手」の略。

**ゆうげきしゅ【遊撃手】**（名）野球で、二塁《るい》と三塁の間を守る内野手。ショート。ショートストップ。

**ゆうげん【有限】**（名・形動ダ）数・量・程度・時間などにかぎりがあること。「―責任」対無限

**ゆうげん【幽玄】**（名・形動ダ）❶おくが深く、はかり知れない味わいや趣《おもむき》のあること。❷〘文〙日本の中世の和歌・能などにおける理想的な美の理念で、余韻《よいん》・余情のある深い味わい。

**ゆうげんがいしゃ【有限会社】**（名）株式会社の特色を取り入れながら、設立や組織を簡易化した企業《きぎょう》形態。二〇〇六（平成一八）年の会社法により制度が廃止。

**ゆうげんじっこう【有言実行】**（名）（「不言実行」をもじった語）口に出して言ったことを必ず行うこと。

**ゆうけんしゃ【有権者】**（名）権利をもっている人。特に、選挙権のある人。「―に訴《うった》える」

**ゆうこう【友好】**（名）友だちとして、仲よくつきあうこと。「―国」…的「友好的な態度」

**ゆうこう【有効】**（名・形動ダ）ききめのあること。効力や効果のあること。「―期間」「―な手段」…性「有効性を信じる」対無効

**ゆうごう【融合】**（名・自スル）二つ以上のものが一つにとけ合うこと。「核《かく》―」「文化の―」

**ユーゴー**〔人名〕→ユゴー

**ゆうこく【夕刻】**（名）夕方。日暮れどき。

**ゆうこく【幽谷】**（名）人里はなれた静かな谷。「深山―」

**ゆうこく【憂国】**（名）国家の現状や将来を心配すること。「―の士」

**ユーゴスラビア**〔Yugoslavia〕（名）〘歴〙バルカン半島にあった、複数の共和国で構成された国。一九九一年からの紛争により解体。

**ゆうこん【雄△渾】**（名・形動ダ）文字や文章などが、力強く勢いのいいこと。「―な筆づかい」

**ユーザー**〔英 user〕（名）商品・サービスの利用者。

**ゆうざい【有罪】**（名）〘法〙裁判の判決によって、罪があると認められること。対無罪

**ゆうされば**…和歌→ゆふされば…

**ゆうさん【有産】**（名）財産のあること。対無産

**ゆうさんかいきゅう【有産階級】**（名）資本家や地主などのように、財産があって生活が豊かな階級。ブルジョアジー。対無産階級

**ゆうし【有史】**（名）文字での記録が残されている歴史があること。「―以来のできごと」「―以前」

**ゆうし【有志】**（名）ある物事をともにしようという気持ちのあること。また、その人。「―をつのる」

**ゆうし【勇士】**（名）勇気のある人。類勇者

**ゆうし【勇姿】**（名）勇ましい姿。「開拓《かいたく》者の―」

**ゆうし【遊子】**（名）旅人。旅行者。旅客。

**ゆうし【雄姿】**（名）堂々としたりっぱな姿。「富士《ふじ》の―」

**ゆうし【融資】**（名・自スル）仕事・商売などに必要なおかねを銀行などが貸し出すこと。「―を受ける」

**ゆうじ【有事】**（名）大事件・戦争などの一大事がおこること。「一朝―の際」

**ゆうしき【有識】**（名）学問があり、すぐれた見識をもっていること。「―者」注意「ゆうそく」と読むと別の意味になる。

**ゆうしてっせん【有刺鉄線】**（名）とげをつけた鉄線。人の出入りをふせぐ場所などに使われる。

**ゆうしゃ【勇者】**（名）勇気のある人。類勇士

**ゆうじゃく【幽寂】**（名・形動ダ）おく深くて、もの静かなこと。「―な趣《おもむき》」

**ゆうしゅう【幽囚】**（名）とらえられて、ろうやにとじこめられること。また、その人。「―の身となる」

**ゆうしゅう【幽愁】**（名）深いうれい。もの思い。「―に沈《しず》む」

**ゆうしゅう【憂愁】**（名）うれえ悲しむこと。思いなげくこと。また、その気持ち。「―にとざされる」

**ゆうしゅう【優秀】**（名・形動ダ）ほかとくらべて、特にすぐれていること。「―な成績」

**ゆうじゅう【優柔】**（名・形動ダ）ぐずぐずしていること。はきはきしないようす。「―不断」

**ゆうしゅうのび【有終の美】**物事を最後までりっぱになしとげて、成果をあげること。「―を飾《かざ》る」

**ゆうじゅうふだん【優柔不断】**（名・形動ダ）ぐずぐずして、なかなか考えの決められないこと。決断力のないこと。「―な性格」

**ゆうしゅつ【湧出】**『△涌出』（名・自スル）水・温泉・石油などがわき出ること。「温泉の―量」

**ゆうじょ【遊女】**（名）むかし、遊郭《ゆうかく》にいて、客の遊び相手となることを職業としていた女性。

**ゆうしょう【有償】**（名）ある行いに対して、代価が支払《しはら》われること。対無償

**ゆうしょう【勇将】**（名）勇ましくて強い大将。勇敢《ゆうかん》な将軍。

**勇将の下《もと》に弱卒《じゃくそつ》なし** 上に立つ者がすぐれていると、部下もまたすぐれているというたとえ。

**ゆうしょう【優勝】**（名・自スル）❶競技などで勝って一位となること。「国際大会で―する」❷すぐれた者が勝つこと。

**ゆうじょう【友情】**（名）友人どうしの間の親しみや思いやりの心。「固い―で結ばれる」類友愛・友誼《ゆうぎ》

**ゆうじょう【有情】**（名）❶人情があること。❷生物として、感覚や感情をそなえていること。対無情・非情。参考「うじょう」とも読む。

**ゆうしょうれっぱい【優勝劣敗】**（名）すぐれた者が勝ち、おとった者が負けること。特に生存競争で、強い者や境遇《きょうぐう》に合ったものが栄え、弱い者や境遇に合わないものがおとろえ、脱落《だつらく》すること。

**ゆうしょく【夕食】**（名）夕方の食事。夕はん。

**ゆうしょく【有色】**（名）色がついていること。「―

野菜(=緑黄色野菜)」

**ゆうしょく**【憂色】(名) 心配そうな顔色やようす。うれいをたたえた顔つき。「―につつまれる」対喜色

**ゆうしょくじんしゅ**【有色人種】(名) 白色人種に対し、ひふの色が黄色・黒色をしている人種。

**ゆうじん**【友人】(名) 友だち。とも。

**ゆうじん**【有人】(名) 乗り物や設備などに、操作や管理を行う人がいること。「―飛行」「―改札」対無人

**ゆうしんろん**【有神論】(名) 神の存在を認める立場に立つ論や学説。対無神論

**ゆうすい**【湧水】(名) 地下からわき出る水。わき水。

**ゆうずい**『雄△蕊』(名)〘植〙→おしべ。対雌蕊《しずい》

**ゆうすう**【有数】(名・形動ダ) すぐれていて、指で数えられるほど少ないこと。指折り。屈指《くっし》。「日本でも―の音楽家」

**ゆうずう**【融通】一 (名・他スル) 金銭や物品などをおたがいの間で貸し借りしてつごうをつけること。やりくり。「―をつける」二 (名) その場その場に適した処理をすること。「―のきかない人」類機転

**ゆうずうむげ**『融通無△碍』(名・形動ダ) 考えや行動が何物にもとらわれず自由であること。

**ゆうすずみ**【夕涼み】(名) 夏の夕方、外などに出てすずしい風にあたって暑さをしのぐこと。

**ユース-ホステル**〔英 youth hostel〕(名) 青少年のための安く泊《と》まれる宿泊《しゅくはく》所。会員制のものが多く、世界各地につくられている。

**ゆう・する**【有する】(他サ変)〔シ(セ・サ)・シ・スル・スル・スレ・シロ(セヨ)〕持っている。所有する。「権利を―」

**ゆうせい**『幽△栖・幽△棲』(名・自スル) 俗世間《ぞくせけん》をはなれて静かに住むこと。また、その住まい。「山中に―する」

**ゆうせい**【遊星】(名)〘天〙→わくせい①

**ゆうせい**【優性】(名)〘生〙メンデルの法則で、一対《いっつい》の遺伝子が組み合わさったとき、次の代に必ず現れる形質。顕性《けんせい》。「―遺伝」対劣性《れっせい》

**ゆうせい**【優勢】(名・形動ダ) 相手より勢い・形勢がまさっていること。「―を保つ」類優位。対劣勢《れっせい》

**ゆうぜい**【有税】(名) 税金がかかること。対無税

**ゆうぜい**【郵税】(名) 郵便料金の旧称《きゅうしょう》。

**ゆうぜい**【遊説】(名・自スル) 政治家などが、自分の意見や主張を説いて各地を回ること。「全国―」

**ゆうせいおん**【有声音】(名) 発音するときに、声帯を振動《しんどう》させて出す音。母音やガ行・ザ行・ダ行・バ行などの子音、鼻音など。対無声音

**ゆうせいがく**【優生学】(名) 優良な性質を子孫に残すため、悪い遺伝をさけ、よい遺伝を残すことを科学的に研究する学問。

**ゆうせいしょう**【郵政省】(名) 郵便・郵便貯金・簡易保険などに関する仕事を取りあつかった国の役所。二〇〇一(平成一三)年、総務省に移行。

**ゆうせいせいしょく**【有性生殖】(名)〘動・植〙雄《おす》・雌《めす》の二つの生殖細胞《さいぼう》の結合によって、新しい個体を作りだす生殖法。対無性生殖

**ゆうせいらん**【有精卵】(名)〘生〙受精している卵。対無精卵

**ゆうせん**【有線】(名) ❶(通信に)電線を用いること。「―電話」対無線。❷「有線放送」の略。

**ゆうせん**【優先】(名・自他スル) ほかのものより先にあつかうこと。また、他に先んじて行うこと。「歩行者―」「仕事を―する」「―席」…的「子どもに優先的に与《あた》える」

**ゆうぜん**【友禅】(名)(「友禅染《ぞめ》」の略) 絹布《けんぷ》などに、花鳥・草木・山水などの模様をいろいろな色であざやかに染め出したもの。参考江戸《えど》時代の元禄《げんろく》期に画工の宮崎友禅斎《みやざきゆうぜんさい》が始めたとされる。

**ゆうぜん**【悠然】(トタル) ゆったりとかまえているようす。落ち着いて動じないようす。「―とかまえる」

**ゆうせんほうそう**【有線放送】(名) 有線による放送。商店街・同業種の店・農村など、比較《ひかく》的狭《せま》い地域で娯楽《ごらく》・連絡《れんらく》用などに使われる。

**ゆうそう**【勇壮】(名・形動ダ) 勇ましく元気がよいこと。「―な掛《か》け声」

**ゆうそう**【郵送】(名・他スル) 郵便で送ること。「本を―する」

**ゆうそく**『有◇職・有◇識』(名) ❶ある方面に明るい人。もの知り。❷朝廷《ちょうてい》や武家のしきたり・儀式《ぎしき》などに関する知識。また、それをよく知っている人。参考「ゆうしょく」とも読む。

**ゆうそくこじつ**『有◇職故実』(名) 朝廷《ちょうてい》や武家の法令・儀式《ぎしき》・風俗《ふうぞく》・服装などを研究する学問。

**ユーターン**【Uターン】〔英 U-turn〕(名・自スル) ❶自動車などが逆もどりするためにUの字形にまわること。「―禁止区域」❷もとの場所や状態にもどること。特に、地方から都会に出た人が、故郷にもどって暮らすこと。「―ラッシュ」「―現象」

**ゆうたい**【勇退】(名・自スル) あとに続く人にゆずるために、適当な時機に自分から進んで官職などをやめること。

**ゆうたい**【郵袋】(名) 郵便物を輸送する袋《ふくろ》。

**ゆうたい**【優待】(名・他スル) ほかの者よりも特別に手厚くもてなすこと。「―券」類優遇《ゆうぐう》

**ゆうだい**【雄大】(名・形動ダ) 規模が大きくて堂々としていること。「―な風景」

**ゆうたいるい**【有袋類】(名)〘動〙哺乳《ほにゅう》類の一目。生まれた子どもが母親の腹部にある育児嚢《いくじのう》と呼ばれる袋《ふくろ》の中で育つ。オーストラリア、中南米に分布。カンガルーなど。

**ゆうだち**【夕立】(名) 夏の夕方、雷《かみなり》などをともなって、急にはげしく短時間降る雨。「―にあう」

**ゆうだん**【勇断】(名・他スル) 勇気ある決断をすること。勇気をもって決めること。「―をくだす」

**ゆうだんしゃ**【有段者】(名) 剣道《けんどう》・柔道《じゅうどう》・囲碁《いご》・将棋《しょうぎ》などで、段の位をもっている人。

**ゆうち**【誘致】(名・他スル) さそい寄せること。まねき寄せること。「オリンピックの―」「工場を―する」

**ゆうちょう**【悠長】(形動ダ)〔ダロ・ダッ(デ・ニ)・ダ・ナ・ナラ・○〕ゆったりと落ち着いているようす。気が長くのんびりしているようす。「―にかまえている」「ずいぶん―な話だ」

**ゆうてん**【融点】(名)〘物〙固体がとけて液体に変わるときの温度。融解点。

**ゆうと**【雄図】(名)雄大な計画。「—むなしく挫折《ざせつ》する」類壮図《そうと》

**ゆうと**【雄途】(名)勇ましい出発。「—につく」

**ゆうとう**〘遊△蕩〙(名・自スル)だらしなく酒や遊びにふけること。「—にふける」類放蕩《ほうとう》・放埒《ほうらつ》

**ゆうとう**【優等】(名)成績などが、ほかのものにくらべて特別にすぐれていること。「—生」対劣等《れっとう》

**ゆうどう**【誘導】(名・他スル)❶目的のところへさそいみちびくこと。「非常口へ—する」❷〘物〙電気・磁気《じき》がその力のはたらく範囲《はんい》内にある物におよぼす作用。感応。

**ゆうどうえんぼく**【遊動円木】(名)丸太をくさりなどで低くつり、前後に動くようにした遊び道具。

**ゆうどうじんもん**【誘導尋問】(名)自分の望むとおりの答えを引き出すよう仕向ける尋問。

**ゆうどうだん**【誘導弾】(名)→ミサイル

**ゆうとく**【有徳】(名・形動ダ)徳のそなわっていること。また、その人。「—の士」参考「うとく」とも読む。

**ゆうどく**【有毒】(名・形動ダ)毒をふくんでいること。毒があること。「—ガス」対無毒

**ユートピア**〔英 Utopia〕(名)現実にはないような空想上の理想の世界。理想郷。参考イギリスの思想家トーマス＝モアが書いた空想的社会小説の題名から出たことば。

**ユートピアン**〔英 Utopian〕(名)空想家。夢想家。

**ゆうなぎ**【夕なぎ】〘夕△凪〙(名)夕方、海岸地方で、日中の海風から陸風にかわるときの、一時的な無風状態。対朝なぎ

**ゆうなみ**【夕波】(名)夕方に立つ波。夕方の波。

**ゆうに**【優に】(副)じゅうぶんによゆうがあるようす。「—一万人ははいるホール」

**ゆうのう**【有能】(名・形動ダ)仕事などに対するすぐれた能力のあること。「—な人材」対無能

**ゆうばえ**【夕映え】(名)夕日を受けて、空や物の色が美しく照りはえること。「—の空」類夕焼け

**ゆうはつ**【誘発】(名・他スル)あることがきっかけとなり、ほかのことをさそいおこすこと。「戦争を—する」

**-ゆうはん**【有半】(接尾)年数を表すことばについて、その上にさらに半分ある意を表す。「一年—」

**ゆうはん**【夕飯】(名)夕方の食事。夕食。対朝飯《あさはん》

**ゆうひ**【夕日】〘夕◇陽〙(名)夕方、西の空にしずもうとする太陽。また、その光。類入り日。対朝日

**ゆうひ**【雄飛】(名・自スル)勇ましくさかんに活躍《かつやく》すること。「海外に—する」対雌伏《しふく》

**ゆうび**【優美】(名・形動ダ)やさしく美しいこと。上品でみやびやかなこと。「—なおどり」

**ゆうびん**【郵便】(名)❶手紙・はがき・小包などを集めたりあて先へ届けたりする事業。「—配達」❷「郵便物」の略。

**ゆうびんきって**【郵便切手】(名)郵便料金をはらったしるしにはる証票。切手。

**ゆうびんきょく**【郵便局】(名)郵便物の集配や為替《かわせ》・郵便貯金などの仕事を取りあつかう所。

**ゆうびんちょきん**【郵便貯金】(名)民営化以前、郵便局であつかった貯金。

**ゆうびんねんきん**【郵便年金】(名)郵便局を通じて行われた国営の年金保険。一九九一(平成三)年に、簡易保険に組みこまれた。

**ゆうびんはがき**【郵便はがき】〘郵便葉書〙(名)郵便料金を受領したしるしを印刷した通信用紙。また、切手をはって送る同サイズの用紙。はがき。

**ゆうびんばんごう**【郵便番号】(名)郵便物の配達区域を数字で表したもの。

**ゆうびんぶつ**【郵便物】(名)郵便で送る手紙や物品。

**ユーブイ**【UV】(名)〔英 ultraviolet の略〕紫外線《しがいせん》。「—カットの化粧品《けしょうひん》」

**ユーフォー**【UFO】(名)〔英 unidentified flying object の略〕未確認飛行物体。空飛ぶ円盤《えんばん》の類。ユーエフオー。

**ゆうふく**【裕福】(名・形動ダ)財産があって生活が豊かなこと。「—な家族」類富裕《ふゆう》

**ゆうべ**【夕べ】(名)❶夕方。日暮れ。❷ある特別の催《もよお》し物が行われる夜。「音楽の—」

**ゆうべ**〘×昨夜〙(名)きのうの夜。昨晩。さくや。

**ゆうへい**【幽閉】(名・他スル)人をある場所に閉じこめて、外に出られないようにすること。「—の身」

**ゆうべん**【雄弁】〘雄△辯〙(名・形動ダ)力強く、すらすらとよどみなくしゃべること。また、その話しぶり。「—家」「—をふるう」「事実が—に(＝はっきりと)物語っている」類能弁。対訥弁《とつべん》

**ゆうほう**【友邦】(名)親しく交わる国。親しい国。

**ゆうぼう**【有望】(名・形動ダ)将来に見こみがあること。望みがあること。「—株」「—な事業」

**ゆうぼく**【遊牧】(名・自スル)水や牧草などのある所を求めて移り住みながら、牛・馬・羊などを飼うこと。

**ゆうぼくみんぞく**【遊牧民族】(名)ひとつの場所に定住しないで遊牧生活をする民族。中央アジア・アフリカなどの草原地帯に住む。

**ゆうほどう**【遊歩道】(名)公園・緑地帯などで、特に散歩するために設けた道。プロムナード。

**ゆうまぐれ**【夕まぐれ】〘夕間暮れ〙(名)夕方のうす暗い時。夕暮れ。たそがれ。

**ゆうみん**【遊民】(名)仕事をもたず、遊び暮らしている人。のらくらしている人。「高等—」

**ゆうめい**【有名】(名・形動ダ)広く人びとに知られていること。「—人」類知名・著名。対無名

**ゆうめい**【勇名】(名)いさましくすぐれているという評判や名声。「—をはせる」

**ゆうめい**【幽明】(名)❶暗いことと明るいこと。❷死後のあの世と今生きているこの世。冥土《めいど》と現世。

**幽明境《さかい》を異《こと》にする** 死別する。

**ゆうめいむじつ**【有名無実】(名・形動ダ)名前や評判ばかりで実質のともなわないこと。「—の制度」

**ゆうめし**【夕飯】(名)夕方の食事。夕食。晩飯《ばんめし》。対朝飯《あさめし》

**ユーモア**〔英 humor〕(名)思わず笑いがこみあげてく

るような、あたたかみのあるおもしろさ。上品なおかしみ。「ーを解する人」

**ゆうもう【勇猛】**（名・形動ダ）ひじょうに強く勇ましいこと。「ーに攻《せ》める」「ー果敢《かかん》」

**ゆうもや【夕もや】**〖夕△靄〗（名）夕方にたちこめるもや。対朝もや

**ユーモラス**〔英 humorous〕（形動ダ）〔ダロ・ダッ(デ・ニ)・ダ・ナ・ナラ・○〕上品なおかしみのあるようす。ユーモアのあるようす。ひょうきん。「ーな会話」

**ユーモレスク**〔フランス humoresque〕（名）〘音〙ゆかいな気分を主とした短い器楽曲。

**ゆうもん【幽門】**（名）〘生〙胃の出口で、十二指腸に続く部分。

**ゆうやく【勇躍】**（名・副・自スル）勇んで、ふるい立つこと。おそれないで、進んで物事をするようす。「ー世界に羽ばたく」

**ゆうやく**〖△釉薬〗（名）→うわぐすり

**ゆうやけ【夕焼け】**（名）日没のころ、日光の反射で西の空が赤く見えること。類夕映《ば》え。対朝焼け

**ゆうやけぞら**…短歌→ゆふやけぞら…

**ゆうやみ【夕闇】**（名）夕方の暗さ。また、夕方、月が出ていなくて暗いこと。宵《よい》やみ。「ーが迫《せま》る」

**ゆうゆう【悠悠】**（トタル）❶はるかに遠く広がるようす。「ーたる天地」❷ゆったりと落ち着いているようす。「ーと歩く」❸余裕《よゆう》のあるようす。「開演にー（と）間にあう」

**ゆうゆうかんかん【悠悠閑閑】**（トタル）ゆったりかまえて急がないようす。「ーとしてはいられない」

**ゆうゆうじてき【悠悠自適】**（名）思うままにのんびりと、心静かに暮らすこと。「ーの生活」

**-ゆうよ【有余】**（接尾）数を表すことばについて、「あまり」「以上」の意を表す。「一〇〇ー年」

**ゆうよ【猶予】**（名・自他スル）❶ためらって決心しないこと。ぐずぐずすること。「一刻のーも許されない」❷決まった日時をのばすこと。「執行《しっこう》ー」

**ゆうよう【有用】**（名・形動ダ）ものの役にたつこと。「ーな人物」対無用

**ゆうよう【悠揚】**（トタル）ゆったりしてこせこせしないようす。「ーせまらぬ態度」

**ゆうよく【遊△弋】**（名・自スル）艦船《かんせん》が海上をあちこちと動き回って警戒《けいかい》・待機すること。

**ユーラシア**〔Eurasia〕〔地名〕アジア・ヨーロッパ大陸の全体をいう呼び名。

**ゆうらん【遊覧】**（名・自スル）あちらこちらを見物して回ること。「ー船」

**ゆうり【有利】**（名・形動ダ）ほかとくらべて、条件やつごうのよいこと。「ーな立場にたつ」対不利

**ゆうり【遊離】**（名・自スル）❶ほかのものとつながりがなく、はなれて存在すること。「現実からーした空論」❷〘化〙単体がほかの物質と化合しないで存在すること。また、化合物中から単体が分離すること。

**ゆうりすう【有理数】**（名）〘数〙整数、または分数の形で表すことのできる数。対無理数

**ゆうりょ【憂慮】**（名・他スル）悪い結果になるのを心配すること。「ーすべき問題だ」

**ゆうりょう【有料】**（名）料金がいること。「ー道路」…化「ごみ処理費を有料化する」対無料

**ゆうりょう【優良】**（名・形動ダ）品質・性質・性格などが、ほかよりもすぐれていること。「ー品」

**ゆうりょく【有力】**（形動ダ）〔ダロ・ダッ(デ・ニ)・ダ・ナ・ナラ・○〕❶勢力・権力・財力などのあるようす。「ー者」対無力。❷確かな見こみやねうちのあるようす。「ーな手がかりをつかむ」

**ゆうれい【幽霊】**（名）❶死んだ人の霊が、生前の姿であらわれるというもの。亡霊。❷実際はないのに、あるように見せかけたもの。「ー会社」

**ゆうれつ【優劣】**（名）すぐれていることと劣《おと》っていること。「ーを争う」類甲乙《こうおつ》

**ユーロ**〔Euro〕（名）欧州《おうしゅう》連合（EU）加盟《かめい》国の共通通貨の単位。一九九九年から導入。

**ゆうわ**〖△宥和〗（名・自スル）対立する相手の態度などを大目に見て、仲よくすること。「ー政策」…的「宥和的な外交」

**ゆうわ【融和】**（名・自スル）うちとけて仲むつまじくすること。「両国のーをはかる」

**ゆうわく【誘惑】**（名・他スル）人の心を迷わせ、悪いほうにさそいこむこと。「ーに負ける」「ーに打ち勝つ」

**ゆえ【故】**（名）❶理由。わけ。事情。「ーのない非難」❷相当ないわれ。来歴。❸（接続助詞的に）原因・理由を表す。…のため。「貧しさーの苦労」

**ゆえつ【愉悦】**（名・自スル）たのしみよろこぶこと。「ーにひたる」

**ゆえに【故に】**（接）そういう理由で。したがって。「成功する可能性は低い。ー反対する」

**ゆえん**〖×所以〗（名）わけ。理由。「この計画を成功させなければならないーはそこにある」

**ゆえん【油煙】**（名）油やろうそくなどが不完全燃焼したときに出る、すすのような黒い炭素の粉。

**ゆおう**〖◇硫黄〗（名）〘化〙→いおう

**ゆか【床】**（名）❶家の中で、地面より高く水平に板などを張った所。人が生活する、建物内の底面。対天井《てんじょう》。❷〘演〙芝居《しばい》で浄瑠璃《じょうるり》を語る太夫《たゆう》と三味線《しゃみせん》ひきがすわる高座。

**ゆかい【愉快】**（名・形動ダ）楽しくて気分がよいこと。おもしろいこと。「ーな仲間」「不ー」対不快

**ゆかいた【床板】**（名）床に張る板。また、張った板。

**ゆかいはん【愉快犯】**（名）世間を騒《さわ》がせ、それを楽しむことを目的とする犯罪。また、その犯人。

**ゆかうえ【床上】**（名）家の床の上。床よりも上。「ー浸水《しんすい》」対床下

**ゆかうんどう【床運動】**（名）体操競技の種目の一つ。マットの上で、わざを組み合わせて演技する。

**ゆが・く【湯がく】**〖湯△搔く〗（他五）〔カ(コ)・キ(イ)・ク・ク・ケ・ケ〕野菜などのあくぬきをするために、さっと熱湯にとおす。「ほうれん草をー」

**ゆかげん【湯加減】**（名）湯の温度の状態。特に、風呂《ふろ》の湯のあたたかさの程度。「ーを見る」

**ゆか・し**〔床し〕（形シク）古語（心が対象物に向かってひきつけられる状態）❶見たい。聞きたい。知りたい。読みたい。「ー・しくし給《たま》ふなるものをたてまつらむ」〈更級《さらしな》日記〉訳ほしがっていらっしゃるというものをさし

上げよう。❷慕《した》わしい。なつかしい。「昔の名残《なごり》もさすがー・しくて」〈平家物語〉㊗昔の面影《おもかげ》もやはりなつかしくて。

**ゆかし・い**【床しい・◇懐しい】(形){カロ・カッ(ク)・イ・イ・ケレ・○}❶なんとなくなつかしい。「古式ー行事」❷上品で引きつけられる感じがする。おくゆかしい。「ー人」

**ゆかした**【床下】(名) 家の床の下。㊉床上

**ゆかた**【◦浴衣】(名) もめんのひとえの着物。入浴のあとや夏に着る。

**ゆがみ**【『△歪み』】(名) まっすぐでないこと。ゆがむこと。「ネクタイのー」「心のー」

**ゆが・む**『△歪む』(自五){マ(モ)・ミ(ン)・ム・ム・メ・メ}❶ねじれたり曲がったりして本来の形がくずれる。「苦痛で顔がー」❷性質や考え方などが正常でなくなる。「性格がー」

**ゆが・める**『△歪める』(他下一){メ・メ・メル・メル・メレ・メロ(メヨ)}❶曲げたりねじったりして、物の形をくずす。「口もとをー」❷正しくない状態にする。「事実をー・めて語る」

**ゆかり**『◇縁・×所縁』(名) 多少の関係があること。つながりのあること。「父のーの地」「縁《えん》もーもない」

**ゆかん**『湯△灌』(名) 遺体を棺《かん》に納める前に、湯でふき清めること。

**ゆき**『△裄』(名) 着物の背中のぬい目からそで口までの長さ。「ーを詰《つ》める」

**ゆき**【雪】(名) ❶大気の上層で冷やされた水蒸気が氷結し、純白の細かな結晶《けっしょう》となって降ってくるもの。❷白いもののたとえ。「ーの肌《はだ》」(=白くて美しい女性の肌)」「頭《かしら》にーをいただく(=白髪《しらが》になる)」

表現 粉雪・細雪《ささめゆき》・綿雪・牡丹雪《ぼたんゆき》・淡雪《あわゆき》◆ちらちら・はらはら・こんこんと・しんしんと

**ゆき**【行き】『◇往き』(名) ❶行くこと。道。「ーはバスで行く」㊉帰り。❷地名のあとについて車などの目的地を表すことば。「東京ー」(=いき)

**ゆきあ・う**【行き合う】(自五){ワ(オ)・イ(ッ)・ウ・ウ・エ・エ}出あう。出くわす。いきあう。「友人と偶然《ぐうぜん》ー」

**ゆきあかり**【雪明かり】(名) 夜、積もった雪の白さであたりがうす明るく見えること。

**ゆきあたりばったり**【行き当たりばったり】(名・形動ダ) 前もって準備しないで、なりゆきにまかせること。いきあたりばったり。「ーで計画性がない」

**ゆきあた・る**【行き当たる】(自五){ラ(ロ)・リ(ッ)・ル・ル・レ・レ}❶進んで行ってつきあたる。「障害物にー」❷困難に直面する。行きづまる。「難問にー」(=いきあたる)

**ゆきおとこ**【雪男】(名) ヒマラヤ山中にすむといわれる、人に似た正体不明の動物。

**ゆきおれ**【雪折れ】(名) 降り積もった雪の重さで、木の枝や幹などが折れること。また、その折れた枝や幹。「柳《やなぎ》にーなし」

**ゆきおろし**【雪下ろし】(名) ❶山から吹《ふ》きおろしてくる、雪のまじった冷たい風。❷屋根などに積もった雪を落とすこと。「一家総出でーをする」

**ゆきおんな**【雪女】(名) 雪国の伝説で、雪の精がばけたという白ずくめの服装をした女。雪娘《ゆきむすめ》。

**ゆきか・う**【行き交う】(自五){ワ(オ)・イ(ッ)・ウ・ウ・エ・エ}人や車などが行き来する。往来する。いきかう。「道をー人びと」

**ゆきかえり**【行き帰り】(名) ゆきとかえり。往復。いきかえり。「ーの所要時間」

**ゆきがかり**【行きがかり】『行き掛かり』(名) 物事をしはじめた勢い。いきがかり。「ー上しかたがない」

**ゆきかき**【雪かき】『雪△搔き』(名) 積もった雪をかきのけること。また、その道具。除雪。

**ゆきがけ**【行きがけ】『行き掛け』(名) 行くついで。とちゅう。いきがけ。「ーに届ける」㊫行《ゆ》きしな

**行きがけの駄賃《だちん》** あることをするついでにほかのことをすること。

**ゆきがこい**【雪囲い】(名) 霜《しも》や雪の害を防ぐために、草木や家のまわりなどをわら・むしろ・こもなどでおおい包むこと。また、そのおおい。

**ゆきかた**【行き方】(名) ❶やり方。方法。❷ある場所へ行く道順。「駅までのー」(=いきかた)

**ゆきがっせん**【雪合戦】(名) 二組に分かれ、雪をまるめてぶつけ合う遊び。雪投げ。

**ゆきき**【行き来】『◇往き来』(名・自スル) ❶行くこと来ること。行ったり来たりすること。往来《おうらい》。「車のーがはげしい」❷交際。つきあい。「彼《かれ》とはーがない」(=いきき)

**ゆきぐつ**【雪靴】『雪△沓』(名) 雪の中を歩くときにはく、わらで作ったくつ。

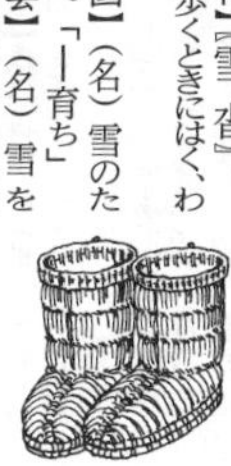
(ゆきぐつ)

**ゆきぐに**【雪国】(名) 雪のたくさん降る地方。「ー育ち」

**ゆきぐも**【雪雲】(名) 雪を降らしそうな雲。雪を降らす雲。

**ゆきく・れる**【行き暮れる】(自下一){レ・レ・レル・レル・レレ・レロ(レヨ)}目的地に向かう途中《とちゅう》で日が暮れる。「ー・れて宿を求める」

**ゆきげしき**【雪◦景色】(名) 雪が降っているときのながめ。また、雪が積もったながめ。「一面のー」

**ゆきげしょう**【雪化粧】(名) 雪で景色が白くなって、化粧をしたように見えること。

**ゆきけむり**【雪煙】(名) 風などで、雪がけむりのように舞《ま》い上がったもの。「ーをあげて滑《すべ》る」

**ゆきさき**【行き先】(名) ❶目ざす所。目的地。「ーを決める」❷行った先。「弟のーを探す」❸ゆくすえ。前途《ぜんと》。将来。「ーが不安だ」(=いきさき)

**ゆきしな**【行きしな】(名) 行くついで。いきしな。「ーにちょっと立ち寄る」㊫行《ゆ》きがけ

**ゆきす・ぎる**【行き過ぎる】(自上一){ギ・ギ・ギル・ギル・ギレ・ギロ(ギヨ)}❶通り過ぎる。「駅前をー」❷目的地より先まで行ってしまう。「ー・ぎてもどる」❸必要以上に物事をする。やりすぎる。「ー・ぎたやりかた」(=いきすぎる)

**ゆきずり**【行きずり】(名) ❶道を歩いていてすれちがうこと。通りすがり。「ーの人」❷偶然《ぐうぜん》に出会っただけで、その場限りであること。「ーの恋《こい》」

**ゆきぞら**【雪空】(名) 雪が降りそうな空模様。

**ゆきだおれ**【行き倒れ】(名) 病気・飢《う》えなどで道ばたに倒れること。倒れて死ぬこと。また、その人。いきだおれ。

**ゆきだるま**【雪だるま】『雪◇達磨』(名) 雪で丸い塊《かたまり》を大小二つ作り、それを重ねてだるまの形にしたも

の。「―式に(=雪だるまを作るとき、雪をころがしてどんどん塊が大きくなるように)借金がふえる」

**ゆきちがい**【行き違い】(名) ❶途中《とちゅう》ですれちがって出会えないこと。「迎《むか》えに行ったが―になる」❷てはずが合わないこと。考え方が通じ合わないこと。くいちがい。「連絡《れんらく》の―」(=いきちがい)

**ゆきづま・る**【行き詰まる】(自五){ラ(ロ)・リ(ッ)・ル・ル・レ・レ} ❶道が行きどまりで進めなくなる。❷物事がうまく行かなくてどうにもならなくなる。「経営が―」(=いきづまる)

**ゆきつもどりつ**【行きつ戻りつ】同じ所を行ったり来たりすること。いきつもどりつ。「―してさがす」

**ゆきどけ**【雪解け】(名) ❶暖かくなって、積もった雪がとけること。また、その時期。「―水」❷対立関係にあったものの緊張《きんちょう》がゆるむこと。「―ムード」

**ゆきとけて**…俳句
〔雪とけて　村《むら》一《いっ》ぱいの　子《こ》どもかな〕〈一茶《いっさ》〉訳長かった雪国の冬も終わり、ようやく根雪がとけはじめて地面が見え出した。今まで家に閉じこもっていた子どもたちが、いっせいに外にとび出してきて村はどこもここも子どもでいっぱいだ。(季語「雪とけて」春)

**ゆきとど・く**【行き届く】(自五){カ(コ)・キ(イ)・ク・ク・ケ・ケ}(注意・用意などが)すみずみまでゆきわたる。周到《しゅうとう》である。いきとどく。「目が―」「―・いた設備」

**ゆきどまり**【行き止まり】(名) 行く手がふさがっていて、先へ進めないこと。また、その場所。いきどまり。

**ゆきなだれ**【雪。雪崩】(名) →なだれ

**ゆきなや・む**【行き悩む】(自五){マ(モ)・ミ(ン)・ム・ム・メ・メ} ❶行くのに苦労する。「悪路に―」❷物事が思うようにはかどらない。「交渉《こうしょう》が―」

**ゆきのした**『雪の下』(名)《植》ユキノシタ科の多年草。全体が毛でおおわれ、葉は厚くハート形で、裏が赤い。五、六月ごろ羽をひろげたちょうのような白い小花が咲《さ》く。葉はせき・しもやけなどの薬とする。いわぶき。

**ゆきば**【行き場】(名) ゆくべき場所。ゆくところ。いきば。「―がなくなる」

**ゆきばな**【雪花】(名) 花の散るように降る雪。

**ゆきひら**【行平】(名) アルミなどでできた、木の柄《え》と注ぎ口のついた片手鍋《かたてなべ》。表面にこまかな打ち出し模様がある。ゆきひらなべ。

**ゆきふり**【雪降り】(名) 雪の降ること。また、その時。降雪《こうせつ》。

**ゆきみ**【雪見】(名) 雪景色をながめ楽しむこと。「―の宴《えん》」「―酒《ざけ》」

**ゆきもよう**【雪模様】(名) 雪が降り出しそうな空のようす。雪もよい。「―の空」

**ゆきやけ**【雪焼け】(名・自スル) 積もった雪に反射する日の光でひふが黒くなること。「―した顔」

**ゆきやま**【雪山】(名) ❶雪が降り積もっている山。❷雪を山のように積みあげたもの。

**ゆぎょう**【遊行】(名・自スル) 僧《そう》が諸国を歩きまわって、修行《しゅぎょう》をすること。類行脚《あんぎゃ》

**ゆきわた・る**【行き渡る】(自五){ラ(ロ)・リ(ッ)・ル・ル・レ・レ} すみずみまでもれなく届く。広い範囲《はんい》におよぶ。いきわたる。「問題用紙が―」

**ゆきわりそう**【雪割草】(名)《植》❶サクラソウ科の多年草。高山にはえ、夏、うす紅色の花が咲《さ》く。❷キンポウゲ科の多年草。山地にはえ、早春、白・紅・紫《むらさき》の花が咲く。みすみ草。

**ゆ・く**【行く】(自五){カ(コ)・キ・ク・ク・ケ・ケ} ❶その場所から遠くへ移動する。「あっちへ―・け」「電車が―・ってしまった」❷目的地に向かって進む。出かける。通う。「学校へ―」「買い物に―」❸そこを通って進む。ある場所を進む。往来する。「森の中を―道」「街道を―車馬」❹離《はな》れた所にとどく。「連絡が―」「通知が―」❺過ぎ去る。㋐時間や月日がたつ。「―春を惜《お》しむ」㋑雲や川の水が流れ去る。「雲が―」❻ある年齢《ねんれい》に達する。「年端《としは》も―・かぬ子ども」❼物事が進展する。はかどる。また、ある方法で行う。「うまく―」「にっちもさっちも―・かない」「その手で―・こう」❽満ち足りた状態になる。「納得《なっとく》が―」「心―まで味わう」❾他の人の家に入る。「よめに―」「養子に―」❿(「…てゆく」の形で)㋐物事の進行・継続《けいぞく》を表す。「生きて―」「変わって―」㋑遠ざかる意を表す。「去って―」
参考「いく」とも言う。「行って」の場合は「いって」と発音する。

| 尊敬語 | 謙譲《けんじょう》語 | 丁寧《ていねい》語 |
|---|---|---|
| いらっしゃる | 参る | 行きます |
| おいでになる | 参上する | 参る |
| お越しになる | うかがう | 参ります |
| 行かれる | あがる | |
| | おうかがいする | |

**ゆ・く**【逝く】(自五){カ(コ)・キ・ク・ク・ケ・ケ} 死ぬ。いく。「祖父は三年前の春に―・きました」

**ゆくあきの**…短歌
〔ゆく秋の　大和《やまと》の国《くに》の　薬師寺《やくしじ》の　塔《たふ》の上《うへ》なる　一《ひと》ひらの雲《くも》〕〈佐佐木信綱《ささきのぶつな》〉訳過ぎてゆく秋、大和の国(=奈良県)の薬師寺の、美しい三重の塔《とう》の上の澄《す》んだ空に、ひとひらの白い雲が浮《う》かんでいるよ。

**ゆくえ**【○行方】(名) ❶進んで行く方向。行くべき所。行く先。「―も定めず出かける」❷行った先。行った所。「―をくらます」❸これから先。行く末。「景気の―をうらなう」

**ゆくえふめい**【○行方・不明】(名) どこへ行ったかわからないこと。「―となる」

**ゆくさき**【行く先】(名) ❶行こうとする場所。目的地。「―を決める」類行方《ゆくえ》。❷今後のなりゆき。将来。前途《ぜんと》。行く末。(=いくさき)

**ゆくすえ**【行く末】(名) これから先のこと。将来。前途《ぜんと》。行く先。「―を案じる」

**ゆくて**【行く手】(名) 向かって行く前方。行く先。「―に立ちふさがる」

**ゆくとし**【行く年】暮れていく年。「―来る年」

**ゆくはる**【行く春】過ぎ去っていく春。晩春。「―を惜《お》しむ」

**ゆくはるや**…俳句〔ゆく春や　重《おも》たき琵琶《びは》の　抱《だ》き心《ごころ》〕〈蕪村《ぶそん》〉訳去り行く春のなごり惜《お》しさに、琵琶をひざにのせてかき鳴らしてみたが、けだるい晩春のきょうは、その抱き心地も重たく感じられる。(季語「ゆく春」春)

**ゆくはるや**…俳句〔行く春や　鳥《とり》啼《な》き魚《うを》の　目《め》は泪《なみだ》〕〈芭蕉《ばしょう》〉訳去り行く春を惜《お》しんで、鳥は悲しげに鳴き、魚の目には涙《なみだ》がたたえられている。(千住《せんじゅ》での、「おくのほそ道」出立の句。季語「行く春」春)

**ゆくゆく【行く行く】**(副)❶行きながら。歩きながら。❷行く末。将来。「—は医者になりたい」

**ゆくりなく**(副)思いがけなく。「—も再会した」

**ゆげ【湯気】**(名)水蒸気が冷えて細かい水のつぶになり、白く見えるもの。「—がたつ」「—があがる」

**ゆけつ【輸血】**(名・自スル)〖医〗血液型の合う健康な人の血液を、患者《かんじゃ》の静脈《じょうみゃく》の中に注入すること。

**ユゴー**〔Victor Marie Hugo〕【人名】(一八〇二〜一八八五)フランスの詩人・小説家・劇作家。ロマン主義文学の第一人者。共和主義者として帝政《ていせい》に反対し、長い亡命生活を送った。作品に詩集「東方詩集」、小説「レ-ミゼラブル」など。ユーゴー。

**ゆこく【諭告】**(名・自スル)さとし聞かせること。また、そのことば。

**ゆさぶ・る【揺さぶる】**(他五){ラ(ロ)・リ(ッ)・ル・ル・レ・レ}ゆり動かす。動揺《どうよう》させる。ゆすぶる。「木を—」「心を—」

**ゆざまし【湯冷まし】**(名)❶一度わかした湯をさましてぬるくしたもの。❷湯をさますのに用いる器。

**ゆざめ【湯冷め】**(名・自スル)ふろからあがったあと、あたたまったからだが冷えて寒くなること。

**ゆさゆさ**(副)大きいものが重そうにゆれるようす。「—(と)木がゆれる」

**ゆさゆさと**…俳句〔ゆさゆさと　大枝《おほえだ》ゆるる　桜《さくら》かな〕〈村上鬼城《むらかみきじょう》〉訳花を枝いっぱいにつけた桜の大樹。風が吹《ふ》くと大きな枝が重そうにゆさゆさと揺《ゆ》れて、いかにもみごとだ。(季語「桜」春)

**ゆさん【遊山】**(名)山や野に行って遊ぶこと。また、一般《いっぱん》に遊びに出かけること。行楽。「物見《ものみ》—」

**ゆし【油脂】**(名)油と脂肪《しぼう》。動物や植物からとったあぶらの総称《そうしょう》。

**ゆし【諭旨】**(名)そうすることのわけを言ってきかせること。「—退学」

**ゆしゅつ【輸出】**(名・他スル)自分の国の産物・製品・技術などを外国へ送り出して売ること。対輸入

**ゆしゅつちょうか【輸出超過】**(名)〖経〗ある期間における一国の輸出総額が、輸入総額を上まわること。対輸入超過

**ゆしゅつにゅう【輸出入】**(名)輸出と輸入。

**ゆず**〖△柚◇子・△柚〗(名)〖植〗ミカン科の常緑小高木。初夏、白い花が咲《さ》き、黄色でごぼごぼの多い実がなる。実はかおりがよく、料理に使われる。「—湯」

**ゆす・ぐ**〖△漱ぐ〗(他五){ガ(ゴ)・ギ(イ)・グ・グ・ゲ・ゲ}湯や水で口の中を洗い清める。すすぐ。「口を—」

**ゆす・ぐ**〖◇濯ぐ〗(他五){ガ(ゴ)・ギ(イ)・グ・グ・ゲ・ゲ}水の中でゆり動かしてよごれをおとす。すすぐ。「洗濯物《せんたくもの》を—」

**ゆすぶ・る【揺すぶる】**(他五){ラ(ロ)・リ(ッ)・ル・ル・レ・レ}→ゆさぶる

**ゆすらうめ**〖×梅桃〗(名)〖植〗バラ科の落葉低木。春、梅に似た白、またはうすい紅色の花が咲《さ》き、球形の赤い実がなる。

**ゆすり**〖×強請り〗(名)おどして金銭・物品をむりに出させること。また、それをする人。「—をはたらく」

**ゆずりう・ける【譲り受ける】**(他下一){ケ・ケ・ケル・ケル・ケレ・ケロ(ケヨ)}人から譲られて自分の物にする。「土地を—」

**ゆずりは**〖譲り葉〗(名)〖植〗ユズリハ科の常緑高木。暖かい地方の山地に自生。葉は楕円《だえん》形で葉の柄《え》が赤く、初夏、黄緑色の花が咲《さ》く。ゆずるは。

**ゆずりわた・す【譲り渡す】**(他五){サ(ソ)・シ・ス・ス・セ・セ}自分の持ち物などを人に譲りあたえる。「王位を—」

**ゆす・る【揺する】**(他五){ラ(ロ)・リ(ッ)・ル・ル・レ・レ}ゆり動かす。ゆすぶる。「上体を—」

**ゆす・る**〖×強請る〗(他五){ラ(ロ)・リ(ッ)・ル・ル・レ・レ}おどして金銭・物品をむりに出させて取る。「金品を—」

**ゆず・る【譲る】**(他五){ラ(ロ)・リ(ッ)・ル・ル・レ・レ}❶自分の持ち物や権利などをほかの人に渡《わた》す。「財産を—」❷自分をあとまわしにしてほかの人を先にする。「順番を—」「道を—」❸自分をおさえて、ほかの人の考え・主張が通るようにする。「たがいに一歩も—・らない」❹別の時・機会にまわす。「後日に—」

**ゆせい【油井】**(名)石油をくみとるための井戸。

**ゆせい【油性】**(名)油の性質をもっていること。油分をふくんでいること。「—インク」対水性

**ゆせん【湯煎】**(名・他スル)容器を湯の中に入れて、中の材料を熱すること。「—なべ」

**ゆせん【湯銭】**(名)入浴料金。ふろ銭。

**ゆそう【油槽】**(名)ガソリン・石油などをためておく大きな容器。油タンク。

**ゆそう【輸送】**(名・他スル)船・車・飛行機などで、たくさんの人や物を運ぶこと。「—船」

**ゆそうせん【油槽船・油送船】**(名)石油を運ぶための船。タンカー。

**ゆたか【豊か】**(形動ダ){ダロ・ダッ(デ・ニ)・ダ・ナ・ナラ・○}❶みちたりて不足がないようす。じゅうぶんあるようす。「—な生活」❷ゆったりしているようす。「—な心」

**ゆだ・ねる【委ねる】**(他下一){ネ・ネ・ネル・ネル・ネレ・ネロ(ネヨ)}信用してすっかりまかせる。「彼《かれ》にすべてを—」「身を—」

**ユダヤ**〔Judea〕(名)〖歴〗古代、パレスチナにあったユダヤ人の王国。また、その民族。

**ユダヤきょう【ユダヤ教】**(名)ユダヤ人の信仰《しんこう》する宗教。ヤハウェを唯一《ゆいいつ》の神として信仰し、「モーセの律法」を基礎《きそ》とする。▽ユダヤは、Judea

**ゆだ・る**〖△茹だる〗(自五){ラ(ロ)・リ(ッ)・ル・ル・レ・レ}熱い湯で煮《に》られる。ゆであがる。うだる。「たこが—」

**ゆだん【油断】**(名・自スル)気をゆるして注意をおこたること。うっかりすること。「—は禁物」

**油断大敵《たいてき》**　ちょっとした油断も大きな災難やしくじりをひきおこすもとになるから、おそろしい敵として気をつけなくてはならないということ。

**油断も隙《すき》もない**　少しの油断もできない。

**ゆたんぽ【湯たんぽ】**(名)中に湯を入れて、寝《ね》る

ときに足や腰《こし》などをあたためる道具。金属や瀬戸物《せともの》でできている。

**ゆちゃ【湯茶】**（名）湯や茶。また、飲み物。「―の接待」

**ゆちゃく【癒着】**（名・自スル）❶〘医〙本来離《はな》れていなければならないひふや粘膜《ねんまく》などが、くっついてしまうこと。「手術後の―」❷利益のために、不正なつながりをもつこと。「政界と財界との―」

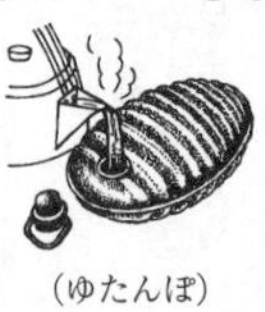
（ゆたんぽ）

**ゆっくり**（副・自スル）❶急がないようす。ゆるやかなようす。「―（と）話す」❷くつろいでいるようす。「―（と）休む」❸ゆとりがあるようす。

**ゆったり**（副・自スル）❶心が落ちついて、のんびりとしているようす。「―（と）すわれる」❷ゆとりがあり、楽なようす。「―（と）した服」

**ゆでだこ**〘△茹で△蛸〙（名）ゆでて赤くなったたこ。入浴・飲酒・怒《いか》りなどのために赤くなった人にもいう。

**ゆでたまご【ゆで卵】**〘△茹で卵・△茹で玉子〙（名）鶏卵《けいらん》を殻《から》ごとゆでたもの。うでたまご。

**ゆ・でる**〘△茹でる〙（他下一）〔デ・デ・デル・デル・デレ・デロ(デヨ)〕熱い湯で煮《に》る。うでる。「卵を―」

**ゆでん【油田】**（名）石油のとれる地域。「―地帯」

**ゆとう**〘湯△桶〙（名）食後に飲む湯を入れる、木製で注ぎ口と柄《え》のついたうるし塗《ぬ》りの器。

**ゆどうふ【湯豆腐】**（名）豆腐を湯で煮《に》て、しょうゆ・薬味（＝ねぎ・しょうがなど）をつけて食べる料理。

**ゆとうよみ**〘湯△桶読み〙（名）漢字二字でできた熟語《じゅくご》の上の字を訓で読み、下の字を音《おん》で読む読み方。「湯桶《ゆとう》」「手本《てほん》」など。㊇重箱《じゅうばこ》読み

**ゆどおし【湯通し】**（名・他スル）❶のりを落としたり、あとでちぢむのを防いだりするために、織物を湯にひたすこと。❷料理で、臭《くさ》みや油分を除くため材料を熱湯にさっとくぐらせること。

**ゆどの【湯殿】**（名）浴室。ふろ場。

**ゆとり**（名）物事によゆうがあってゆったりとしていること。「―のある生活」

**ユニーク**〔英 unique〕（形動ダ）〔ダロ・ダッ(デ・ニ)・ダ・ナ・ナラ・○〕ほかにない特色のあるようす。独特。独自。「―な意見」

**ユニオン**〔英 union〕（名）❶連合。結合。同盟。❷組合。同業組合。❸労働組合。

**ユニオン-ジャック**〔英 Union Jack〕（名）イギリスの国旗。

**ユニオン-ショップ**〔英 union shop〕（名）やとわれた労働者は一定期間内に労働組合員にならなければならず、組合を除名されれば会社もやめなければならないという制度。⇨オープンショップ・クローズドショップ

**ユニコード**〔英 Unicode〕（名）コンピューターで文字をあつかうためのコードの一つ。世界中のあらゆる文字を表示することをめざして作られたもの。

**ユニコーン**〔英 unicorn〕（名）ヨーロッパに伝わる、額の中央に一本の角が生え、馬に似た姿をしているという想像上の動物。一角獣《いっかくじゅう》。

（ユニコーン）

**ユニセフ【UNICEF】**（名）国際連合児童基金。発展途上《とじょう》国などの児童を援助する国連の補助機関。㊫もと英 United Nations International Children's Emergency Fund の略。一九五三年に改称《かいしょう》されたが略称はそのまま。

**ユニット**〔英 unit〕（名）❶全体を構成している一つの単位。「―家具（＝組み立て式の家具）」❷教育で、単元。❸集団。団体。「三人で―を組む」

**ユニバーサル**〔英 universal〕（形動ダ）〔ダロ・ダッ(デ・ニ)・ダ・ナ・ナラ・○〕❶すべてに通用するようす。一般《いっぱん》的。普遍《ふへん》的。❷全宇宙的。全世界的。「―な視野に立つ」

**ユニバーサル-デザイン**〔英 universal design〕（名）年齢《ねんれい》や障害《しょうがい》の有無などにかかわらず、すべての人が使いやすいように工夫《くふう》された施設《しせつ》や製品のデザイン。UD。

**ユニバーシアード**〔英 Universiade〕（名）国際大学スポーツ連盟が主催《しゅさい》して、一年おきに開く国際学生競技大会。夏季と冬季の大会がある。

**ユニバーシティ**〔英 university〕（名）文系・理系のいくつかの学部をもつ総合大学。㊇カレッジ

**ユニホーム**〔英 uniform〕（名）制服。特に、スポーツをするときのそろいの服装。ユニフォーム。「野球の―」

**ゆにゅう【輸入】**（名・他スル）外国から産物・製品・技術などを買い入れること。㊇輸出

**ゆにゅうちょうか【輸入超過】**（名）〘経〙ある期間における一国の輸入総額が、輸出総額を上まわること。㊇輸出超過

**ユネスコ【UNESCO】**（名）（英 United Nations Educational, Scientific and Cultural Organization の略）国際連合教育科学文化機関。教育・科学・文化を通じて世界の平和を守り、また各国相互《そうご》の文化交流を促進《そくしん》しようとするもの。

**ゆのし【湯のし】**〘湯△熨〙（名・他スル）しわのよった布に湯気などをあてて、そのしわを伸《の》ばすこと。

**ゆのはな【湯の花】**（名）❶温泉に沈殿《ちんでん》する鉱物質。湯花《ゆばな》。❷湯あか。

**ゆのみ【湯飲み】**〘湯△呑み〙（名）湯や茶を飲むときに用いる器。湯飲みぢゃわん。

**ゆば【湯葉】**（名）豆乳《とうにゅう》を煮《に》たとき、表面にできる薄《うす》い膜《まく》を集めてつくった食品。

**ゆはず**〘◇弓△筈〙（名）弓の両端《りょうたん》の弦《つる》をかける部分。ゆみはず。

**ゆばな【湯花】**（名）↓ゆのはな①

**ゆび【指】**（名）手足の先の五本に分かれ出た部分。

**指一本《いっぽん》も差《さ》させない**　他人に少しの非難も干渉《かんしょう》もさせない。「これに関しては―」

**指をくわえる**　やりたいことやほしいものがあるのに、手が出せずただながめている。

**ゆびおり【指折り】**（名）❶指を一本ずつ折って数えること。「―数えて待つ」❷多数ある中で、特に指を折って数えられるうちにはいるほどすぐれていること。また、そのもの。屈指《くっし》。「日本でも―の学者」

**ユビキタス**〔英 ubiquitous〕（名）あらゆる場所でコンピューターのネットワークを活用できる環境《かんきょう》のこと。

参考ラテン語で「あらゆるところに存在している」の意。

**ゆびきり【指切り】**(名・自スル) 約束を守るしるしに、たがいに小指をからませること。「—げんまん」

**ゆびさき【指先】**(名) 指の先端《せんたん》。

**ゆびさ・す【指差す】**(他五) ｛サ(ソ)・シ・ス・ス・セ・セ｝ 指でさし示す。「人を—のはやめなさい」

**ゆびずもう【指◦相撲】**(名) 二人がたがいに同じ側の手の四本の指を組み合わせ、親指で相手の親指を押《お》さえたほうが勝つという遊び。

**ゆびにんぎょう【指人形】**(名) 袋《ふくろ》状につくったからだに指を入れて動かす人形。⇩ギニョール〈図〉

**ゆびぬき【指ぬき】**『指◇貫』(名) ぬいものをするとき、針の頭をおすために指にはめる革《かわ》や金属の輪。

**ゆびわ【指輪】**『指◇環』(名) 指にはめてかざりにする輪。ふつう、貴金属製。リング。「婚約《こんやく》—」

**ゆふされば**《ユウサレバ》…和歌
〔夕されば 門田《かどた》の稲葉《いなば》 おとづれて あしのまろ屋《や》に 秋風《あきかぜ》ぞ吹《ふ》く〕〈金葉集《きんようしゅう》・源経信《みなもとのつねのぶ》〉訳 夕方になると家の前の田の稲葉にさやさやと音をたてて、葦《あし》でふいた仮小屋《かりごや》にさびしい秋風が吹いてくることだ。(小倉《おぐら》百人一首の一つ)

**ゆふされば**《ユウサレバ》…和歌
〔夕されば 小倉《をぐら》の山《やま》に 鳴《な》く鹿《しか》は 今夜《こよひ》は鳴《な》かず 寝《い》ねにけらしも〕〈万葉集《まんようしゅう》・舒明天皇《じょめいてんのう》〉訳 夕方になると小倉山で毎夜妻を求めて鳴く鹿は、今夜は鳴かない。寝《ね》てしまったらしいなあ。(小倉山は京都の西北にあるもみじの名所)

**ゆぶね【湯船】**『湯◇槽』(名) ふろの湯を入れる大きな入れ物。ふろおけ。浴槽《よくそう》。「—に湯をはる」

**ゆふやけぞら**《ユウヤケゾラ》…短歌
〔夕焼空 焦《こ》げきはまれる 下《した》にして 氷《こほ》らむとする 湖《うみ》の静《しづ》けさ〕〈島木赤彦《しまぎあかひこ》〉訳 夕焼けの空が焼け焦げて、いまが絶頂というその下で、凍《こお》っていこうとしている湖のなんという静けさよ。

**ゆみ【弓】**(名) ❶細長い竹・木などを曲げて弦《つる》を張り、矢をつがえて射る武器。❷弓で矢を射るわざ。弓術《きゅうじゅつ》。「—の名人」❸バイオリンやチェロなどの弦《げん》をこすって演奏するのに使う、弓の形に似たもの。

**弓折《お》れ矢《や》尽《つ》きる** 力がつきて、戦いに敗れるたとえ。力がつきはてて、どうにもならなくなるたとえ。

**弓を引《ひ》く** ❶弓で矢を射る。❷そむいて反抗《はんこう》する。「主君に—」

**ゆみがた【弓形】**(名) 弦《つる》を張った弓のように曲がった形。弓なり。

**ゆみず【湯水】**(名) ❶湯と水。湯や水。❷たくさんあるもののたとえ。

**湯水のように使《つか》う** 金銭などを惜《お》しげもなくどんどん使うたとえ。「金を—」

**ゆみとり【弓取り】**(名) ❶弓をつかうこと。また、弓をつかう人。特に、武士のことをいう。❷すもうで、結びの一番のあと、弓をもって行う儀式《ぎしき》。また、それをする力士。「—式」

**ゆみなり【弓なり】**『弓◇形』(名) 弦《つる》を張った弓のように曲がった形。弓形《ゆみがた》。「からだが—になる」

**ゆみはりづき【弓張り月】**(名) 弦《つる》を張った弓の形をした月。半月。

**ゆみひ・く【弓引く】**(自五) ｛カ(コ)・キ(イ)・ク・ク・ケ・ケ｝ ❶弓で矢を射る。❷そむいて反抗《はんこう》する。「主君に—」

**ゆみへん【弓偏】**(名) 漢字の部首の一つ。「張」「弦」などの左側にある「弓」の部分。

**ゆみや【弓矢】**(名) ❶弓と矢。❷武器。「—とる身(=武士)」❸武道。「—の道(=武士道)」

**ゆめ【夢】**(名) ❶ねむっているときに、実際のことのようにいろいろな物事を見聞きしたり、感じたりする現象。「こわい—を見てうなされる」❷はかないことやたよりにならないことのたとえ。「計画が—と消える」❸いつかは実現したいと思うのぞみ。また、実現しそうもないのぞみ。「将来の—」「成功も—ではない」

**夢の世《よ》** 夢のようにはかない世の中。

**夢を描《えが》く** 将来の希望をいろいろ頭の中で考える。

**夢を見《み》る** 夢のようにとりとめのない空想にふける。

**ゆめ**『◇努』(副) 強く禁止・否定する意を表す。決して。少しも。「—疑ってはならない」使い方 あとに「ない」「ません」などの打ち消しのことばがくる。

**ゆめうつつ【夢うつつ】**『夢◇現』(名) ❶夢と現実。「—の間をさまよう」❷夢か現実かはっきりしないぼんやりとした状態。「—の気分」

**ゆめうらない【夢占い】**(名) 夢の内容で、吉凶《きっきょう》をうらなうこと。夢あわせ。夢うら。

**ゆめごこち【夢◦心地】**(名) 夢を見ているようなぼんやりした、また、うっとりした心持ち。ゆめみごこち。

**ゆめじ【夢路】**(名) 夢。夢を見ること。「—をたどる(=夢を見る。ねむる)」

**ゆめにも【夢にも】**(副) 夢にさえも。少しも。「優勝するとは—思わなかった」使い方 あとに「ない」「ません」などの打ち消しのことばがくる。

**ゆめまくら【夢枕】**(名) 夢を見ているときのまくらもと。

**夢枕に立《た》つ** 神仏や死んだ人が夢に現れる。

**ゆめまぼろし【夢幻】**(名) 夢とまぼろし。すぐに消えてしまうようなはかないことのたとえ。「—の世」

**ゆめみ【夢見】**(名) 夢を見ること。また、見た夢。「—が悪い」

**ゆめみごこち【夢見◦心地】**(名) →ゆめごこち

**ゆめ・みる【夢見る】** ｛ミ・ミ・ミル・ミル・ミレ・ミロ(ミヨ)｝ ［一］(自上一) 夢を見る。「—ような心持ち」［二］(他上一) そうなりたいとあこがれる。空想する。「バレリーナを—」

**ゆめものがたり【夢物語】**(名) ❶夢で見たことを語ること。また、その話。「—をする」❷夢のような空想。「—が現実になる」

**ゆめゆめ**『◇努◇努』(副) (「努《ゆめ》」を強めたことば)どんなことがあっても。「—忘れてはいけない」

**ゆもと【湯元・湯本】**(名) 温泉のわき出る大もと。

**ゆゆ・し** (形シク) 古語 ❶おそれ多くてつつしまれる。「かけまくも—・しきかも」〈万葉集〉訳 心にかけて思うこともおそれ多くてつつしまれることだ。❷いまわしい。不吉《ふきつ》だ。縁起《えんぎ》が悪い。「—・しき身に侍《はべ》れば、かくておはしますも、いまいましう、かたじけなくなむ」〈源氏物語〉訳 (私は)不吉な身でございますので、こうしてここに(若君が)いらっしゃるのもはばかられて、もったいなく(思い

ます)。❸程度のはなはだしいことを表す。たいそう。「鎌倉殿《かまくらどの》に—・しき大事の人に思はれ」〈平家物語〉[訳]頼朝《よりとも》殿にたいそう大切な人だと思われて。❹すばらしい。りっぱだ。「舎人《とねり》など賜《たま》はるきはは—と見ゆ」〈徒然草《つれづれぐさ》〉[訳]舎人(=近衛府《このえふ》の官人)などを(朝廷《ちょうてい》から)いただく身分の人はすばらしいと思われる。❺ひどい。けしからぬ。「さまで—・しき所へ行くらむとこそ思はざりつれ」〈堤中納言物語《つつみちゅうなごんものがたり》〉[訳]そんなにまでひどい所へ行くだろうとは思わなかったよ。

**ゆゆし・い**『由由しい』(形)｛カロ・カツ(ク)・イ・イ・ケレ・○｝そのままほうっておけないほど重大である。「—問題」

**ゆらい【由来】**[一](名・自スル)物事がそこから起こってきたこと。物事がたどって来た筋道。いわれ。「事の—を説明する」[類]来歴。[二](副)もともと。元来。「—、彼《かれ》は正直《しょうじき》者だ」

**ゆらく【愉楽】**(名)たのしみ。[類]悦楽《えつらく》。

**ゆら・ぐ【揺らぐ】**(自五)｛ガ(ゴ)・ギ(イ)・グ・グ・ゲ・ゲ｝❶ゆらゆらとゆれる。ゆれ動く。「ボートが—」❷物事の状態や心が不安定になる。ぐらつく。「決心が—」

**ゆら・す【揺らす】**(他五)｛サ(ソ)・シ・ス・ス・セ・セ｝ゆれるようにする。ゆり動かす。「からだを—」「ぶらんこを—」

**ゆらのとを…**[和歌]〔**由良の門を　渡《わた》る舟人《ふなびと》　かぢを絶《た》え　行《ゆ》くへも知《し》らぬ　恋《こひ》の道《みち》かも**〕〈新古今集《しんこきんしゅう》・曾禰好忠《そねのよしただ》〉[訳]由良の瀬戸《せと》を渡って行く舟人が櫓《ろ》や櫂《かい》を失って漂《ただよ》っているように、どこへ行くかもわからない私の恋の道であることだ。(「小倉《おぐら》百人一首」では第五句は「恋の道かな」)

**ゆらめ・く【揺らめく】**(自五)｛カ(コ)・キ(イ)・ク・ク・ケ・ケ｝ゆらゆらとゆれ動く。ゆらぐ。「ろうそくのほのおが—」

**ゆらゆら**(副・自スル)ゆっくりとゆれ動くようす。「かげろうが—(と)ゆれる」

**ゆり**『×百合』(名)『植』ユリ科の一群の多年草の総称《そうしょう》。夏、白色・淡紅《たんこう》色などの大形の美しい花が咲《さ》く。ゆり根と呼ばれる鱗茎《りんけい》をもつ。やまゆり・ひめゆり・てっぽうゆり・おにゆりなど種類が多い。

**ゆりうごか・す【揺り動かす】**(他五)｛サ(ソ)・シ・ス・ス・セ・セ｝❶ゆすって動かす。「ゆりかごを—」❷動揺《どうよう》させる。感動させる。「心を—話」「社会を—事件」

**ゆりおこ・す【揺り起こす】**(他五)｛サ(ソ)・シ・ス・ス・セ・セ｝ゆすって目をさまさせる。「寝《ね》ている子を—」

**ゆりかえし【揺り返し】**(名)❶一度ゆれた反動でふたたびゆれること。❷地震《じしん》で大きくゆれたあとに、続いてまた小さくゆれること。余震。揺り戻《もど》し。

**ゆりかご【揺り籠】**(名)赤んぼうを入れ、ゆり動かして眠《ねむ》らせるかご。ようらん。

**ゆりかもめ**『×百合△鷗』(名)『動』カモメ科の海鳥。からだは白色で、くちばしと足が赤い。冬に海岸や川でみられる。「都鳥《みやこどり》」として和歌に詠《よ》まれた。

**ゆりもどし【揺り戻し】**(名)❶一度、ある方向に変動したものが、もとの方向に戻ること。❷→ゆりかえし②

**ゆる・い【緩い】**(形)｛カロ・カツ(ク)・イ・イ・ケレ・○｝❶しめる力が弱い。しまりや密着のぐあいがじゅうぶんでない。「ベルトが—」「ひもを—・く結ぶ」「—パーマ」[対]きつい ❷かたむきや角度が急でない。ゆるやかである。「—坂」「—カーブ」❸物事の進みぐあいや勢いがはげしくない。ゆるやかである。「流れの—川」❹規則や管理などがきびしくない。厳重でない。「取りしまりが—」「—校則」❺水分が多くてやわらかい。「—おかゆ」「おなかが—・くなる(=下痢《げり》する)」

**ゆるが・す【揺るがす】**(他五)｛サ(ソ)・シ・ス・ス・セ・セ｝ゆり動かす。ゆさぶる。「世を—大事件」「球場を—声援《せいえん》」

**ゆるがせ**『△忽せ』(名)注意をおこたり、いいかげんにすること。おろそか。「—にできない問題」

**ゆるぎな・い【揺るぎない】**(形)｛カロ・カツ(ク)・イ・イ・ケレ・○｝変わることのない。動揺《どうよう》することのない。「—地位」

**ゆる・ぐ【揺るぐ】**(自五)｛ガ(ゴ)・ギ(イ)・グ・グ・ゲ・ゲ｝❶ゆれ動く。ゆらぐ。「土台が—」❷心が動揺《どうよう》する。ぐらぐらする。ゆらぐ。「決意が—」

**ゆるし【許し】**(名)❶よいとして許すこと。許可。承認《しょうにん》。「—を得て発言する」❷罪やあやまちを許すこと。赦免《しゃめん》。「—をこう」❸茶の湯や生け花などで、弟子《でし》のわざを認めて師匠《ししょう》があたえる免許。

**ゆる・す【許す】**(他五)｛サ(ソ)・シ・ス・ス・セ・セ｝❶相手の望みやたのみを聞き入れる。許可する。「申し入れを—」❷あやまちや罪をとがめないでおく。「無礼を—」❸義務や負担などをなしにする。「税を—」❹警戒心《けいかいしん》をゆるめる。「気を—」「心を—」❺相手のしたいようにさせる。「盗塁《とうるい》を—」❻あることができる状態にする。「事情が—・せば」「予断を—・さない」❼能力や才能などを認める。「自他ともに—」

**ゆるみ【緩み】**『△弛み』(名)ゆるむこと。また、その度合い。「ベルトの—」「気の—」

**ゆる・む【緩む】**『△弛む』(自五)｛マ(モ)・ミ(ン)・ム・ム・メ・メ｝❶ゆるくなる。ぴんとしていたものがたるむ。「帯が—」❷きびしくなくなる。ゆるやかになる。「寒さが—」「警戒《けいかい》が—」❸緊張《きんちょう》がとける。油断する。「気が—」

**ゆる・める【緩める】**『△弛める』(他下一)｛メ・メ・メル・メル・メレ・メロ(メヨ)｝❶ゆるくする。「ねじを—」❷ゆるやかにする。寛大《かんだい》にする。「規則を—」❸緊張《きんちょう》の度合いを小さくする。「気を—」❹調子や速力などをおそくする。「スピードを—」

**ゆるやか【緩やか】**(形動ダ)｛ダロ・ダッ(デ・ニ)・ダ・ナ・ナラ・○｝❶かたむきや曲がり方がゆるいようす。なだらか。「—な坂道」「—なカーブ」❷動きなどがゆっくりしているようす。「—な流れ」❸きびしくないようす。「制限が—になる」

**ゆるゆる**[一](副・自スル)❶急がないようす。ゆっくり。「—と進む」❷ゆったりとくつろいでいるようす。[二](形動ダ)｛ダロ・ダッ(デ・ニ)・ダ・ナ・ナラ・○｝ゆるんでいるようす。「—のズボン」

**ゆれ【揺れ】**(名)ゆれること。また、その度合い。「船の—」「かすかな—を感じる」

**ゆ・れる【揺れる】**(自下一)｛レ・レ・レル・レル・レレ・レロ(レヨ)｝❶ある点を中心に前後・左右・上下に動く。「ふりこが—」❷不安定な状態になる。動揺《どうよう》する。「心が—」

**ゆわ・える【結わえる】**(他下一)｛エ・エ・エル・エル・エレ・エロ(エヨ)｝結ぶ。くくる。しばる。「ひもで—」

**ゆわかし**【湯沸かし】(名) 湯を沸かすための器具。「—器」

**ゆわ・く**【結わく】(他五) {カ(コ)・キ(イ)・ク・ク・ケ・ケ} 結ぶ。しばる。

**ゆんで**『◇弓手・◇左手』(名) (弓を持つほうの手の意から)左手。左。左のほう。対馬手《めて》

# よ ヨ

**よ【与】** 3画 一2 〔與〕 音ヨ 訓あたえる
❶あたえる。⬘与奪《よだつ》⬘給与・寄与・授与・賞与・贈与《ぞうよ》・貸与・天与・付与。❷仲間になる。くみする。⬘与党。❸かかわる。⬘関与・参与

**よ【予】** 4画 亅3 小3 〔豫〕 音ヨ
❶あらかじめ。かねて。前もって。⬘予感・予期・予見・予言・予告・予算・予想・予測・予知・予定・予備・予報・予防・予約。❷ぐずぐずする。⬘猶予《ゆうよ》

**よ【余】** 7画 人5 小5 〔餘〕 音ヨ 訓あまる・あます
❶使ったのこり。⬘余暇《よか》・余剰《よじょう》・余生・余熱・余波・余命・余力⬘残余。❷そのほか。それ以外。余罪・余人《よじん》・余談・余念。❸必要以上のもの。⬘余勢・余地・余分・余裕《よゆう》。❹はしたの数。⬘月余。❺われ。私。⬘余輩《よはい》

**よ【余】** 一 (名) その他。それ以外。「—の儀《ぎ》(=ほかのこと)ではない」 二 (代) 男性が自分をさして、改まっていう語。われ。わたくし。「—は満足じゃ」

**よ【誉】** 13画 言6 〔譽〕 音ヨ 訓ほまれ
❶ほめる。⬘毀誉褒貶《きよほうへん》。❷ほまれ。よい評判。⬘栄誉・名誉

**よ【預】** 13画 頁4 小6 音ヨ 訓あずける・あずかる
❶あずける。⬘預金。❷あらかじめ。前もって。⬘預言

**よ【世・代】** (名) ❶人びとが生活している場。世の中。世間。社会。「—のため人のためにつくす」 ❷ある支配者が国をおさめている期間。「徳川の—」 ❸人の生きている間。一生。一代。「わが—の春」 ❹時代。時世。「—におくれる」 ❺〔仏〕過去・現在・未来のこと。「あの—」 参考 ①④⑤は、「世」と書く。

**世が世《よ》なら** その人にとって都合のよい時代ならば。「—こんな苦労はしていない」

**世に言《い》う** 世間で言われるところの。いわゆる。「—五月病」

**世に出《で》る** ❶世の中に現れる。❷世間の人に知られるようになる。出世する。「一躍《いちやく》—」

**世に問《と》う** 世間に発表して、その評価を求める。「著書を—」

**世のためし** 世の常。世の習い。

**世の常《つね》** 世間でふつうのこと。世のためし。世の習い。「うまくいくとはかぎらないのが—だ」

**世の習《なら》い** 世間でふつうのこと。世のためし。世の常。「栄枯盛衰《えいこせいすい》は—だ」

**世も末《すえ》** 世の中の道徳・秩序《ちつじょ》の乱れていることをなげくことば。「こんな不正がまかり通るとは—だ」

**世を去《さ》る** 死ぬ。「祖母が—」

**世を忍《しの》ぶ** 人目をさけて暮らす。「—仮の姿」

**世を捨《す》てる** 俗世間《ぞくせけん》からはなれて暮らす。出家する。「世を捨てて山奥《やまおく》に隠遁《いんとん》する」

**世をはかなむ** この世のことを、頼《たよ》りなく、いかにもむなしいと思う。「世をはかなんで出家する」

**世を憚《はばか》る** 世間に遠慮《えんりょ》する。世間との交わりをひかえる。

**世を渡《わた》る** 暮らしてゆく。生活してゆく。

**よ【夜】** (名) よる。晩。「—が明ける」「—がふける」

**夜も日《ひ》も明《あ》けない** 何かに夢中になって、それがないとわずかの間も落ち着いて過ごすことができない。

**夜を徹《てっ》する** 一晩じゅう寝《ね》ないで物事を行う。徹夜する。「夜を徹して救助活動を続ける」

**夜を日《ひ》に継《つ》ぐ** 昼も夜も休みなく続ける。「夜を日に継いで働く」

**よ** (終助) ❶呼びかけを表す。「友—、語り明かそう」 ❷軽い感動を表す。「よかった—」 ❸念をおして言う。「待ってます—」 ❹希望・命令・さそいの意を表す。「早くしなさい—」「行こう—」 ❺断定・主張・強調などの意を表す。「実際そうなんだ—」「あの人はいい人—」 ❻疑問を表す語や質問文について、相手をせめる意を表す。「何だ—、文句でもあるのか—」

**よあかし**【夜明かし】(名・自スル) 寝《ね》ないで夜をすごすこと。徹夜《てつや》。「—で警備する」

**よあけ**【夜明け】(名) ❶夜が明けること。また、そのころ。明け方。「—が近い」 ❷新しい時代の始まり。「新時代の—」

**よあけまえ**〔夜明け前〕【作品名】島崎藤村《しまざきとうそん》の長編歴史小説。一九三五(昭和一〇)年完成。明治維新《めいじいしん》の父をモデルにした青山半蔵《あおやまはんぞう》の生涯《しょうがい》を通して、明治維新《めいじいしん》という激動する時代をえがいた作品。 冒頭文 木曽路《きそじ》はすべて山の中である。あるところは岨《そば》づたいに行く崖《がけ》の道であり、あるところは数十間の深さに臨む木曽川の岸であり、あるところは山の尾をめぐる谷の入り口である。

**よあそび**【夜遊び】(名・自スル) 夜、遊び歩くこと。また、その遊び。「—のくせがつく」

**よあるき**【夜歩き】(名・自スル) 夜、出歩くこと。

**よい**【宵】(名) 夜のまだおそくならないころ。夜になってまもないころ。「—の口」「—の明星《みょうじょう》」

**よい**【酔い】(名) ❶酒に酔うこと。「—が回る」 ❷乗り物に乗って気持ちが悪くなること。「船—」

**よ・い**【良い・善い】『◇好い・◇佳い』(形) {カロ・カッ(ク)・イ・イ・ケレ・○} ❶質や能力などが、ほかよりまさった状態にある。「器量が—」「腕《うで》の—医者」「評判の—映画」 対悪い ❷道理・道徳にかなっている。正しい。「—行い」 対悪い

❸ある基準にかなっている。あることに適している。「—心がけ」「運動はからだに—」「休むのに—所」対悪い ❹好ましい状態である。また、じゅうぶん満足できるほどである。「気分が—」「仲が—」「それは—・かった」対悪い ❺差しつかえない。かまわない。「帰っても—」 ❻→よく(良く) ❼(動詞の連用形について)…しやすい。「書き—」 参考 口語では終止形・連体形は「いい」ともいう。

**学習 使い分け 「良い」「善い」**

良い　物事が他よりまさった状態であるようす。また、好ましいようす。「品質が良い」「日当たりが良い」「調子が良い」「都合が良い」「良い天気」「良い習慣」

善い　道徳的に正しいようす。人の道にかなっているようす。「善い行い」「善い人」「行儀《ぎょうぎ》が善い」「善いにつけ悪いにつけ」

◆かな書きにすることも多く、「見てもよい」「住みよい社会」のような例では、ふつう、かなで書く。

**よいごし【宵越し】**(名) 一夜を越すこと。「—の金は持たない」

**よいしょ** ㊀(感) ある動作をはじめたり、力を入れて何かをしたりする際のかけ声。㊁(名・他スル)《俗語》おだてて相手の機嫌《きげん》をとること。

**よいし・れる【酔いしれる】**『酔い◇痴れる』(自下一){レ・レ・レル・レル・レレ・レロ(レヨ)} ❶ひどく酒に酔って心身が正常な状態でなくなる。❷あることに心を奪《うば》われてうっとりする。「美しい音楽に—」

**よいっぱり【宵っ張り】**(名) 夜おそくまで起きていること。それがくせになっている人。「—の朝寝坊《あさねぼう》」

**よいつぶ・れる【酔い潰れる】**(自下一){レ・レ・レル・レル・レレ・レロ(レヨ)} 酒にひどく酔って正体をなくす。

**よいどれ【酔いどれ】**(名) ひどく酒に酔った人。酔っぱらい。

**よいのくち【宵の口】**(名) 日が暮れてまもないころ。「まだ—だ」

**よいのみょうじょう【宵の明星】**(名) 日がしずんでから、西の空に見える金星。対明けの明星

**よいまつり【宵祭り】**(名) 祭日の前の夜に行う祭り。宵宮《よいみや》。よみや。

**よいやみ【宵闇】**(名) ❶日が暮れてから月が出るまでの暗い状態。❷夕やみ。「—がせまる」

**よいん【余韻】**(名) ❶(鐘《かね》をついたときなどの)あとまで残っている音のひびき。❷詩や文などで、書かれていることばには表されていないおもむき・味わい。「読後の—を味わう」類余情。❸物事がすんだあとまで心に残る味わい・おもむき。「祭りの—さめやらぬ顔」

**よう【幼】** 5画 幺2 小6 音ヨウ 訓おさない
く 幺 幺 幻 幼
おさない。年がいかない。⬘幼魚・幼君・幼児・幼時・幼女・幼少・幼稚《ようち》・幼虫・幼年 ⬙長幼・乳幼児

**よう【用】** 5画 用0 小2 音ヨウ 訓もちいる
丿 冂 月 月 用
❶もちいる。使う。⬘用意・用心《ようじん》・用途《ようと》・用法 ⬙悪用・運用・応用・活用・起用・採用・使用・専用・通用・適用・利用。❷はたらき。ききめ。⬙効用・作用・有用。❸しなければならない仕事。⬘用件・用事・用務 ⬙急用・公用・雑用・私用・所用。❹必要なおかねやもの。⬘用具・用紙・用地・用品 ⬙費用。❺大便や小便をする。⬘用便 ⬙小用

**よう【用】** ㊀(名) ❶しなければならないこと。用事。用件。「急ぎの—をすませる」「なんの—ですか」❷役に立つこと。はたらき。「—をなさない」㊁(接尾)(名詞の下について)「…のために使う」「…に役立つ」の意を表す。「家庭—」「非常—の階段」

**用を足《た》す** ❶用事をすませる。「ちょっと銀行で用を足してくる」❷大小便をする。

**よう【羊】** 6画 羊0 小3 音ヨウ 訓ひつじ
丷 䒑 兰 兰 羊
ひつじ。⬘羊腸・羊頭狗肉《ようとうくにく》・羊毛 ⬙牧羊・綿羊

**よう【妖】** 7画 女4 音ヨウ 訓あやしい
く 女 女 女 奵 妖
❶なまめかしい。⬘妖艶《ようえん》・妖婦。❷あやしい。怪異《かいい》な。ばけもの。⬘妖怪・妖気・妖術・妖精 ⬙面妖

**よう【洋】** 9画 氵6 小3 音ヨウ
氵 氵 氵 氵 氵 汸 洋
❶大きな海。⬘洋上 ⬙遠洋・海洋・外洋・大洋・南洋・北洋。❷ひろびろとしたようす。⬙茫洋《ぼうよう》。❸外国。世界を二つに分けた部分。⬘洋洋 ⬙西洋・東洋。❹西洋。⬘洋画・洋楽・洋館・洋行・洋裁・洋式・洋室・洋書・洋食・洋装・洋風・洋服。対和

**よう【洋】**(名) 東洋と西洋。

**洋の東西《とうざい》を問《と》わず** 東洋と西洋の区別なく。全世界共通に。「—だれもが平和を望む」

**よう【要】** 9画 西3 小4 音ヨウ 訓かなめ・いる㊥
一 丙 覀 覀 要 要
❶物事の中心となるたいせつなところ。かなめ。⬘要因・要項《ようこう》・要旨《ようし》・要所・要衝《ようしょう》・要職・要人・要素・要点・要領 ⬙肝要《かんよう》・重要・主要。❷まとめる。⬘要約 ⬙概要。❸もとめる。いる。⬘要求・要請《ようせい》・要望 ⬙強要・需要《じゅよう》・所要・必要・不要

**よう【要】** ㊀(名) ❶物事のたいせつなところ。要点。「—を得ない」「—はあきらめないことだ」❷なくてはならないこと。必要。「説明の—がある」㊁(接頭) 必要である意を表す。「—注意」

**よう【容】** 10画 宀7 小5 音ヨウ
宀 宂 穷 穷 容 容
❶なかに入れる。なかみ。⬘容器・容積・容量 ⬙収容・受容・内容・包容。❷かたち。すがた。ありさま。⬘容姿・容色・容体《ようだい》・容態《ようだい》・容貌《ようぼう》 ⬙威容《いよう》・温容・形容・山容・美容・変容。❸ききいれる。ゆるす。

◆容赦《ようしゃ》・容認 ◆寛容《かんよう》・許容。❹落ち着いているようす。◆従容《しょうよう》。❺たやすい。◆容易

**よう【庸】** 11画 广8 音ヨウ
かたよらない。ふつう。平凡《へいぼん》な。◆中庸・凡庸《ぼんよう》

**よう【揚】** 12画 扌9 音ヨウ 訓あげる・あがる
❶高く上にあげる。あがる。◆揚水・揚陸 ◆意気揚揚・掲揚《けいよう》・高揚・宣揚・浮揚《ふよう》・抑揚《よくよう》。❷ほめる。◆称揚《しょうよう》・賞揚

**よう【揺】** 12画 扌9〔搖〕 音ヨウ 訓ゆれる・ゆる・ゆらぐ・ゆるぐ・ゆする・ゆさぶる・ゆすぶる
ゆれうごく。ゆする。◆揺曳《ようえい》・揺籃《ようらん》 ◆動揺

**よう【葉】** 12画 艹9 小3 音ヨウ 訓は
❶草や木のは。◆葉柄《ようへい》・葉脈 ◆紅葉・枝葉《しよう》・針葉樹・単葉・複葉・落葉。❷世。時代。◆中葉・末葉。参考 特別に、「紅葉」は「もみじ」とも読む。

**-よう【葉】**(接尾) うすいものを数えることば。「写真一―」

**よう【陽】** 12画 阝9 小3 音ヨウ
❶ひ。◆陽光 ◆斜陽《しゃよう》・夕陽《せきよう・ゆうひ》・太陽・落陽。❷日のあたる所。山の南がわ。◆山陽。対陰《いん》。❸物事の明るい感じ。◆陽気・陽性。対陰。❹電気・磁気の陽極。プラス。◆陽電子。対陰

**よう【陽】**(名) 表にあらわれて見えるところ。「陰《いん》に―に」対陰

**よう【溶】** 13画 氵10 音ヨウ 訓とける・とかす・とく
とける。とかす。◆溶液・溶解・溶岩・溶鉱炉《ようこうろ》・溶剤《ようざい》・溶質・溶接・溶媒《ようばい》・溶炉《ようろ》 ◆水溶液

**よう【腰】** 13画 月9 音ヨウ 高 訓こし
こし。◆腰間・腰椎《ようつい》・腰痛・腰部 ◆細腰《さいよう》

**よう【様】** 14画 木10 小3〔樣〕 音ヨウ 訓さま
❶ありさま。◆様子《ようす》・様相・様態 ◆一様・異様・多様・同様。❷一定のかた。形式。◆様式 ◆仕様・別様。❸かざり。図がら。◆模様・文様・紋様《もんよう》

**よう【様】**(名) ❶(動詞の連用形について)しかた。方法。また、様子。「手の打ち―がない」「すごい喜び―だ」❷(名詞のあとについて)同じ種類、似た形や状態などを表す。「刃物《はもの》―の物で刺《さ》された」

**よう【瘍】** 14画 疒9 音ヨウ
できもの。ただれ。◆潰瘍《かいよう》・腫瘍《しゅよう》

**よう【踊】** 14画 足7 音ヨウ 訓おどる・おどり
おどる。おどり。ダンス。◆舞踊《ぶよう》

**よう【窯】** 15画 穴10 音ヨウ 高 訓かま
かま。かわらや陶器《とうき》をやくかまど。◆窯業 ⇩付録「漢字の筆順(23)⺷」

**よう【養】** 15画 食6 小4 音ヨウ 訓やしなう
❶育てる。せわをする。成長させる。◆養育・養護・養蚕《ようさん》・養殖《ようしょく》・養成・養分 ◆栄養・滋養《じよう》・培養《ばいよう》・扶養《ふよう》。❷心身をいたわって元気づける。◆養生《ようじょう》 ◆休養・静養・保養・療養《りょうよう》。❸心を豊かにする。◆涵養《かんよう》・教養・修養・素養。❹実子でないものを自分の子として育てる。◆養家・養子・養女・養父・養母 ⇩付録「漢字の筆順(23)⺷」

**よう【擁】** 16画 扌13 音ヨウ
❶だく。だきかかえる。◆抱擁《ほうよう》。❷たすける。まもる。◆擁護・擁立 ⇩付録「漢字の筆順(32)隹」

**よう【謡】** 16画 言9〔謠〕 音ヨウ 訓うたい 高・うたう 高
❶うた。◆歌謡・俗謡《ぞくよう》・童謡・民謡・俚謡《りよう》。❷うたい。能を舞《ま》うときにうたううた。◆謡曲

**よう【曜】** 18画 日14 小2 音ヨウ
❶ひかりかがやく。◆黒曜石。❷一週間の七日(日・月・火・水・木・金・土)のそれぞれの日を呼ぶときにつけることば。◆曜日 ◆七曜・日曜 ⇩付録「漢字の筆順(32)隹」

**よう【△癰】**(名) 〘医〙はれものの一種。背中・顔・腹などにできやすく、はげしい痛みをともなうことが多い。

**よ・う【酔う】**(自五) {ワ(オ)・イ(ッ)・ウ・ウ・エ・エ} ❶酒を飲み、そのアルコールの作用でからだや心がふつうの状態でなくなる。「酒に―」❷乗り物に乗って気分が悪くなる。「バスに―」❸心をうばわれてうっとりとなる。「名曲に―」

**よう**(助動) {○・○・ヨウ・(ヨウ)・○・○} ❶話し手の意志を表す。「今日は早く寝《ね》―と思っている」「彼《かれ》にやらせ―」❷話し手の推量を表す。「まもなく日も暮れ―」❸勧誘《かんゆう》を表す。「さあ、いっしょに勉強し―」❹(疑問を表す語について)反語を表す。「どうしてそんなことができ―」
文法 動詞(上一段・下一段・カ変・サ変)および下一段型の助動詞の未然形につく。⇩う(助動)

**ようい【用意】**(名・自他スル) 前もって必要なものなどをととのえておくこと。準備。「遠足の―をする」

**ようい【容易】**(名・形動ダ) たやすいこと。簡単なこと。「―に解決できる問題」対困難

**よういく【養育】**(名・他スル) 子どもをやしない育てること。「―費」類扶育《ふいく》

**よういしゅうとう【用意周到】**(形動ダ) {ダロ・ダッ(デ・ニ)・ダ・ナ・ナラ・○} 用意がじゅうぶんにととのって行きとどいているよう

す。手ぬかりのないようす。「―な男だ」

**よういん【要因】**（名）おもな原因。「いくつかの―が重なって起きた事故」

**よういん【要員】**（名）ある仕事をするのに必要な人員。「交代―」

**ようえき【溶液】**（名）《化》物質がとけこんだ液体。

**ようえん【妖艶】**（名・形動ダ）おもに女性が、あやしくなまめかしいようす。「―な姿」

**ようおん【△拗音】**（名）日本語で、「や・ゆ・よ・わ」を他のかなの右下に小さく書いて表す音。「きゃ・しゅ・ちょ・くゎ」など。

**ようか【養家】**（名）養子となって行った家。

**ようが【洋画】**（名）❶《美》油絵など、西洋風の手法によってかかれた絵。西洋画。「―家」対日本画。❷アメリカやヨーロッパなどの映画。（対邦画《ほうが》）

**ようが【陽画】**（名）明暗・色相が実際と同じに見えるふつうの写真。ポジティブ。ポジ。対陰画《いんが》

**ようかい【妖怪】**（名）ばけもの。「―変化《へんげ》」

**ようかい【容△喙】**（名・自スル）（喙《くちばし》を容《い》れるの意）横から口を出すこと。差し出口。「他人が―すべきでない問題」

**ようかい【溶解】**（名・自他スル）❶とけること。とかすこと。❷《化》物質が液体にとけて、完全にまじり合うこと。「―液」❸金属が熱によってとけて液状になること。参考③は「熔解」「鎔解」とも書く。

**ようがい【要害】**（名）❶土地がけわしく、敵を防ぐのによい場所。「―の地」❷とりで。「―を築く」

**ようがく【洋学】**（名）西洋の学問。おもに江戸《えど》時代にとり入れられたものにいう。対和学・漢学

**ようがく【洋楽】**（名）西洋の音楽。対邦楽《ほうがく》

**ようがさ【洋傘】**（名）西洋風のかさ。こうもりがさ。

**ようがし【洋菓子】**（名）西洋風の菓子。ケーキやクッキーなど。対和菓子

**ようかん【羊△羹】**（名）和菓子《わがし》の一種。あんに寒天をまぜ、ねったりむしたりしてかためた菓子。

**ようかん【洋館】**（名）西洋風の建物。西洋館。

**ようがん【容顔】**（名）顔。顔つき。顔だち。

**ようがん【溶岩】**『△熔岩』（名）《地質》地下の深い所にあるマグマが、噴出《ふんしゅつ》して流れ出たもの。また、それが冷えて、かたまってできた岩。「―台地」

**ようき【妖気】**（名）あやしく、ぶきみなけはい。「あたりに―がただよう」

**ようき【容器】**（名）入れ物。うつわ。「―に移す」

**ようき【陽気】**■一（名）天気。気候。「春らしい―」■二（形動ダ）｛ダロ・ダツ（デ・ニ）・ダ・ナ・ナラ・○｝性格がほがらかで明るいようす。雰囲気《ふんいき》などがにぎやかなようす。「―な性格」「―に騒《さわ》ぐ」対陰気《いんき》

**ようぎ【容疑】**（名）罪を犯《おか》した疑い。「ぬすみの―でつかまる」類嫌疑《けんぎ》

**ようきが【用器画】**（名）定規《じょうぎ》・分度器など、製図用の道具を使ってかく幾何学《きかがく》的な絵のかき方。

**ようぎしゃ【容疑者】**（名）犯罪の疑いをかけられている者。参考法律上は被疑者《ひぎしゃ》と呼ばれる。

**ようきゅう【洋弓】**（名）→アーチェリー

**ようきゅう【要求】**（名・他スル）当然だ、必要だとして強く求めること。「立ちのきを―する」「―をしりぞける」「時代の―」

**ようぎょ【幼魚】**（名）卵からかえって少し成長した魚。対成魚

**ようぎょ【養魚】**（名）魚を生け簀《す》に飼って育てふやすこと。「―場」

**ようきょう【容共】**（名）共産主義を認めること。対反共

**ようぎょう【窯業】**（名）粘土《ねんど》・鉱物などを窯《かま》で高熱で処理し、瀬戸物《せともの》・ガラス・セメント・れんがなどを製造する工業。

**ようきょく【陽極】**（名）《物》相対する電極のうち、電位が高く、電流が流れ出すほうの極。正極。プラス極。対陰極《いんきょく》

**ようきょく【謡曲】**（名）能の歌詞。また、それに節をつけてうたうこと。うたい。

**ようぎん【洋銀】**（名）銅と亜鉛《あえん》とニッケルの合金。銀白色でさびにくく、食器や装飾《そうしょく》に使われる。

**ようぐ【用具】**（名）あることをするのに使う道具。「筆記―」

**ようけい【養鶏】**（名）売るための肉や卵をとる目的でにわとりを飼うこと。「―場」

**ようけん【用件】**（名）しなければならないことがら。また、伝えなければならないことがらの内容。「―をすます」「―を伝える」類用事

**ようけん【要件】**（名）❶たいせつな用事。「―を処理する」❷必要な条件。「合格のための―」

**ようげん【用言】**（名）《文法》自立語で活用があるもの（＝それだけで意味をもつことばで、語尾が変わるもの）。動詞・形容詞・形容動詞がある。

**ようご【用語】**（名）使用することば。また、特定の分野で使うことば。術語。「難解な―」「学術―」

**ようご【要語】**（名）重要なことば。「文法―」

**ようご【養護】**（名・他スル）必要に応じた特別な保護のもとに育てること。「児童―施設《しせつ》」

**ようご【擁護】**（名・他スル）たいせつに守ること。「人権を―する」

**ようこう【洋行】**（名・自スル）ヨーロッパやアメリカへ旅行・留学すること。「―帰り」

**ようこう【要港】**（名）軍事・交通などで、たいせつな港。重要な港。「貿易の―」

**ようこう【要項】**（名）たいせつなことがら。必要な事項。「募集《ぼしゅう》―」⇒ようこう（要綱）「学習」

**ようこう【要綱】**（名）その物事の根本をなすたいせつなことがら。また、それをまとめたもの。「法学―」

> **学習** 使い分け 「要項」「要綱」
>
> **要項** ある物事が行われるのに、たいせつな事項。「学習要項」「話の要項を列挙する」「要項に明記した試験」
>
> **要綱** あることがらについてたいせつなことをまとめたもの。特に、書物や文章の題名に使う。「政策要綱」「設立要綱」「要綱に基づき行動する」「準拠《じゅんきょ》すべき要綱」

よ

**ようこう【陽光】**(名) 太陽の光。日ざし。日光。「春の―を浴びる」

**ようこうろ【溶鉱炉】**『△熔鉱炉』(名) 鉱石を熱してとかし、鉄や銅などをとるための大きな炉。

**ようこそ**(副・感) 相手の訪問を感謝し、歓迎《かんげい》の気持ちを表すことば。「―おいでくださいました」「遠い所を―」文法「よくこそ」の音便。

**ようさい【洋裁】**(名) 洋服の裁縫《さいほう》。対和裁

**ようさい【要塞】**(名) 敵を防ぐために、戦略上の重要地点に設けた施設《しせつ》。砲台《ほうだい》などを置く。

**ようざい【用材】**(名) 建築や木工などに使う木材。「建築―」

**ようざい【溶剤】**(名)《化》さまざまな物質をとかすときに使う液体。溶媒《ようばい》。アルコール・ベンゼンなど。

**ようさん【養蚕】**(名) 繭《まゆ》をとるために、かいこを飼うこと。「―農家」

**ようし【用紙】**(名) ある目的のために使う紙。「原稿《げんこう》―」

**ようし【要旨】**(名) 話や文章で、言い表そうとしている最もたいせつな部分。内容の中心。また、それを短くまとめたもの。「―を述べる」「―をまとめる」

**ようし【洋紙】**(名) パルプなどを原料とする紙。西洋から伝わった製法によるもので、本・新聞・包装紙などに使われる。西洋紙。対和紙

**ようし【容姿】**(名) 顔だちとすがた。「―端麗《たんれい》」

**ようし【陽子】**(名)《物》中性子とともに原子核《げんしかく》をつくっている素粒子《そりゅうし》の一つ。陽電気をおびる。

**ようし【養子】**(名) 養子縁組《えんぐみ》による法律上の親子関係で、子となった者。「―になる」対実子

**ようじ【用字】**(名) 文字の使い方。文字を使用すること。また、その文字。「―法」

**ようじ【幼児】**(名)(一歳《さい》から六歳くらいまでの)おさない子ども。小児《しょうに》。「―期」「―教育」…的「幼児的な発想」…性「幼児性がぬけきらない」

**ようじ【用事】**(名) しなければならないこと。「―がある」「―をすます」類用件

**ようじ【幼時】**(名) おさないころ。子どものとき。

**ようじ**『△楊枝』(名) 食べ物をさしたり、歯の間につまった物を取り除くときに使ったりする、先のとがった細い棒。つまようじ。「―を使う」

**ようしき【洋式】**(名) 西洋風のやり方・様式。西洋式。「―トイレ」対和式

**ようしき【様式】**(名) ❶長い間に自然とできあがった、一定のやり方や形式。かたち。「生活―」「書類の―」❷建築や芸術作品などを特徴《とくちょう》づける独自の表現形態。「コリント―」…化「様式化された美」

**ようしつ【洋室】**(名) 西洋風の部屋。洋間。対和室

**ようしつ【溶質】**(名)《化》溶液の中にとけている物質。⇩ようばい

**ようしゃ【用捨】**(名・他スル) ❶使うことと捨てること。取捨。❷→ようしゃ(容赦)②

**ようしゃ【容赦】**(名・他スル) ❶ゆるすこと。大目に見ること。「今度したら―しない」❷遠慮《えんりょ》すること。手加減すること。「―なく敵を攻《せ》める」「なさけ―もない」参考②は「用捨」とも書く。

**ようじゃく【幼弱】**(名・形動ダ) おさなくてか弱いこと。

**ようしゅ【洋酒】**(名) 西洋の酒。ウイスキーやブランデーなど。対日本酒

**ようじゅつ【妖術】**(名) あやしい術。魔術《まじゅつ》。

**ようしゅん【陽春】**(名) 陽気のいい暖かな春。また、陰暦《いんれき》正月の別称《べっしょう》。

**ようしょ【要所】**(名) たいせつな場所。大事な所。「―を固める」「―をおさえる」

**ようしょ【洋書】**(名) 西洋で出版された本。対和書

**ようじょ【幼女】**(名) おさない女の子。

**ようじょ【妖女】**(名) ❶あやしい術を使う女。❷顔や姿が美しく、男をまどわす女。

**ようじょ【養女】**(名) 養子縁組《えんぐみ》によって、養子となった女子。「―として育てる」

**ようしょう【幼少】**(名) 年のおさないこと。「―のころ」

**ようしょう【要衝】**(名) 交通上・軍事上などの重要な場所・地点。要所。「交通の―」

**ようじょう【洋上】**(名) 広い海の上。海上。

**ようじょう【養生】**(名・自スル) ❶からだをたいせつにして健康でいられるように注意すること。「医者の不―」類摂生《せっせい》。❷けがや病気の回復につとめること。「温泉で―する」類保養。❸建築工事などで、よごれやきずがつかないよう、作業の箇所《かしょ》をおおって保護すること。「―テープ」

**ようしょく【洋食】**(名) 西洋風の料理。対和食

**ようしょく【要職】**(名) 重要な職務・地位。「―につく」

**ようしょく【容色】**(名) 顔かたち。器量。「―がおとろえる」

**ようしょく【養殖】**(名・他スル) 魚・貝・海藻《かいそう》などを人工的に養ってふやすこと。「―真珠《しんじゅ》」

**ようじん【用心】**(名・自スル) 悪いことが起こらないように気をつけること。「火の―」「不―《ぶようじん》」

**ようじん【要人】**(名) 重要な地位についている人。「政府の―」

**ようじんぶか・い【用心深い】**(形) {カロ・カッ(ク)・イ・イ・ケレ・○} じゅうぶんに用心するようす。「―人」

**ようじんぼう【用心棒】**(名) ❶身辺を守るために雇《やと》っておく人。ボディーガード。❷戸じまりのため戸の内側にかけるつっかい棒。しんばり棒。

**ようす【様子】**『容子』(名) ❶物事のありさま。状態。状況《じょうきょう》。「現地の―を伝える」「―を見る」❷けはい。そのことがおこりそうな感じ。「雪でも降りそうな―だ」❸姿かたちや身なり。「―のいい紳士《しんし》」❹表情・動作・態度など。ふり。そぶり。「楽しげな―で歩く」「驚《おどろ》いた―を見せる」❺特別な事情。わけ。「なにやら―ありげな口ぶり」

**ようすい【用水】**(名) 飲料・防火・灌漑《かんがい》などのために、引いたりためたりした水。「―ダム」「農業―」

**ようすい【羊水】**(名)《生》子宮内で、胎児《たいじ》を包み保護する羊膜《ようまく》内を満たしている液体。

**ようすい【揚水】**（名・自スル）水を高い所にくみあげること。「―ポンプ」

**ようすみ【様子見】**（名）なりゆきがわかるまで行動せず、状況《じょうきょう》を見守ること。「当面は―に徹《てっ》する」

**よう・する【要する】**（他サ変）{シ(セ・サ)・シ・スル・スル・スレ・シロ(セヨ)}必要とする。「大勢の力を―仕事」「検討を―」

**よう・する【擁する】**（他サ変）{シ(セ・サ)・シ・スル・スル・スレ・シロ(セヨ)}❶両手でだきかかえる。いだく。❷（富・財産・地位などを）持つ。所有する。「巨万《きょまん》の富を―」「多くの有力選手を―」❸ひきいる。「大軍を―」❹もりたてる。「幼君を―」

**ようするに【要するに】**（副）以上をまとめて言うと。つまり。結局。「失敗したのは―君のせいだ」

**ようせい【〖夭逝〗】**（名・自スル）年若くして死ぬこと。夭折《ようせつ》。「―した天才」

**ようせい【幼生】**（名）《動》卵からかえった子が、親とは異なる形態をしているもの。おたまじゃくしなど。

**ようせい【妖精】**（名）西洋の伝説・童話などに出てくる森・湖・花などの精。

**ようせい【要請】**（名・他スル）そうしてほしいとたのみ求めること。「救助を―する」

**ようせい【陽性】**（名）❶陽気で明るい性質。❷《医》検査の結果、反応が現れること。陽性反応。「ツベルクリンの―反応」（対陰性《いんせい》）

**ようせい【養成】**（名・他スル）教育や訓練をして能力や技術を身につけさせること。「技術者の―」

**ようせき【容積】**（名）❶ある入れ物にはいる分量。容量。❷《数》立体がしめている空間の大きさ。体積。

**ようせきりつ【容積率】**（名）建物各階の床《ゆか》面積の合計の、敷地《しきち》面積に対する割合。

**ようせつ【〖夭折〗】**（名・自スル）年若くして死ぬこと。夭逝《ようせい》。

**ようせつ【溶接】【〖熔接〗】**（名・他スル）金属を熱でとかしてつぎ合わせること。「―工」

**ようそ【〖沃素〗】**（名）《化》元素の一つ。黒紫色《こくししょく》の結晶《けっしょう》。海藻《かいそう》やチリ硝石《しょうせき》などにふくまれ、医薬・染料《せんりょう》などに使われる。ヨード。元素記号 I

**ようそ【要素】**（名）物事を成立させている基本的なものや条件。「両者に共通の―」「危険な―」

**ようそう【洋装】** ━（名・自スル）（おもに女の人が）洋服を着ること。また、その服装。━（名）書物の西洋風の装丁《そうてい》。洋とじ。（対和装）

**ようそう【様相】**（名）外に現れた、物事のありさま・状態。「複雑な―を呈《てい》する」

**ようだ**（助動）{ヨウダロ・ヨウダッ(ヨウデ・ヨウニ)・ヨウダ・ヨウナ・ヨウナラ・○}❶ほかのものにたとえていう。「まるで花の―」❷例をあげて示す。「日本のような島国」❸状況《じょうきょう》などからの推測を表す。…らしい。「雨もやんだ―」❹（「ように」の形で）目的を表す。「めだつように太く書く」❺（「ように」の形で）実現を願う意を表す。「うまくいきますように」文法体言に助詞「の」のついた形、および活用語の連体形につく。

**ようたい【様態】**（名）物事のありかたやありさま。

**ようだい【容体・容態】**（名）病気やけがのようす。病状。「急に―が悪くなる」

**ようだいぶ・る【容体振る】**（自五）{ラ(ロ)・リ(ッ)・ル・ル・レ・レ}もったいぶる。もっともらしくふるまう。「―・って話す」

**ようたし【用足し】【〖用◇達〗】** ━（名・自スル）❶用事をすませること。「ちょっと―に出かける」❷大小便をすること。━（名）（上に「御」をつけて）官庁などに出入りして品物を納めること。また、その商人。「宮内庁《くないちょう》御《ご》―」参考━はふつう「用達」と書く。

**ようだ・てる【用立てる】**（他下一）{テ・テ・テル・テル・テレ・テロ(テヨ)}❶役にたてる。用にあてる。「いざというときに―」❷貸す。立てかえる。「金を―」

**ようだん【用談】**（名・自スル）仕事などの用件について話し合うこと。「社長と―する」

**ようだん【要談】**（名）大事な相談。重要な話し合い。

**ようち【用地】**（名）あることに使うための土地。「農業―」「―の買収」

**ようち【幼稚】**（名・形動ダ）❶年がおさないこと。「―園」❷考え方ややり方が子どもっぽいこと。「―な考え」

**ようち【要地】**（名）重要な土地・地点。「交通の―」

**ようち【夜討ち】**（名）夜の暗さを利用し、不意をついて敵を攻《せ》めること。夜襲《やしゅう》。対朝駆《あさが》け

**ようちえん【幼稚園】**（名）小学校にはいる前の幼児を集団の中で教育する施設《しせつ》。

**ようちゅう【幼虫】**（名）《動》昆虫《こんちゅう》で、卵からかえってさなぎや成虫になるまでの時期のもの。対成虫

**ようちゅうい【要注意】**（名）注意する必要があること。「―人物」

**ようちょう【羊腸】**（名・トタル）山道などが羊の腸のように曲がりくねっていること。「―たる山道」

**ようつい【腰椎】**（名）《生》背骨の一部で、腰《こし》の部分をささえる五つの骨。

**ようつう【腰痛】**（名）腰が痛むこと。

**ようてい【要諦】**（名）物事の最もたいせつなところ。ようたい。「処世《しょせい》の―」

**ようてん【要点】**（名）物事の大事なところ。「―をチェックする」「―をまとめる」

**ようてん【陽転】**（名・自スル）《医》ツベルクリン反応で、それまで陰性《いんせい》だったものが陽性に変わること。

**ようでんき【陽電気】**（名）《物》ガラス棒を絹の布でこすったとき、そのガラス棒におこる電気。また、それと同じ性質の電気。正電気。対陰電気《いんでんき》

**ようと【用途】**（名）使いみち。「―が広い」

**ようど【用度】**（名）（会社・官庁などで）事務用品などの購入《こうにゅう》・供給に関すること。「―係」

**ようとうくにく【〖羊頭〗〖狗肉〗】**（名）（「羊頭をかかげて狗肉を売る」の略）羊の頭を看板に出して犬の肉を売る意から、表面だけりっぱに見せかけるたとえ。見かけだおし。

**ようどうさくせん【陽動作戦】**（名）わざと別の所で目立つような行動をして敵の注意をそらし、ほんとうの作戦をさとられないようにすること。

**ようとじ【洋とじ】【〖洋◇綴じ〗】**（名）西洋風の本のとじ方。洋装《ようそう》。対和とじ

**ようとして**『△杳として』(副) 事情や状況《じょうきょう》がはっきりしないようす。「ーゆくえがわからない」

**ようとん【養豚】**(名) 売るための肉・皮などをとる目的で豚《ぶた》を飼うこと。「ー場」

**ようにん【容認】**(名・他スル) そのことを許して認めること。「それはーできない」

**ようねん【幼年】**(名) おさない年齢《ねんれい》。「ー時代」

**ようはい**『△遥拝』(名・他スル) 神仏などをはるかにはなれた所からおがむこと。

**ようばい【溶媒】**(名)〘化〙ある物質をとかして溶液をつくるときに用いる液体。食塩水の場合の水など。⇩ようしつ(溶質)

**ようはつ【洋髪】**(名) 西洋式にゆった髪形《かみがた》。対日本髪《にほんがみ》

**ようび【曜日】**(名) 日曜日から土曜日までの、一週間のそれぞれの日。

**ようひし【羊皮紙】**(名) 羊などの皮から作られた、文字や絵などを書くもの。紙が普及《ふきゅう》する以前の中世期までヨーロッパで使われた。

**ようひん【用品】**(名) あることに使う品物。そのことに必要な品物。「防災ー」「スポーツー」

**ようひん【洋品】**(名) 西洋風の品物。特に、衣類や装飾品《そうしょくひん》にいう。「ー店」

**ようふ【養父】**(名) 養子に行った先の父。対実父

**ようふう【洋風】**(名) 西洋風。洋式。「ー建築」対和風

**ようふく【洋服】**(名) 西洋風の衣服。対和服

**ようふぼ【養父母】**(名) 養子に行った先の父母。

**ようぶん【養分】**(名) 生物が生き、成長するための栄養となるもの。栄養分。「ーをとる」

**ようへい【用兵】**(名) 戦争のときの軍隊の動かし方。「ーを誤る」「ーの妙《みょう》」

**ようへい【葉柄】**(名)〘植〙葉の一部で、葉を茎《くき》や枝などにつけている柄《え》のような部分。⇩葉〈図〉

**ようへい**『△傭兵』(名) 給料をはらってやとう兵。

**ようへき【擁壁】**(名) 土木工事で、土などがくずれないようにするために作った壁《かべ》。「ーを築く」

**ようべん【用便】**(名・自スル) 大小便をすること。

**ようぼ【養母】**(名) 養子に行った先の母。対実母・生母

**ようほう【用法】**(名) 用い方。使用法。「ーを誤る」

**ようほう【養蜂】**(名) 蜂蜜《はちみつ》や蜜蠟《みつろう》を採る目的で、みつばちを飼うこと。「ー家」

**ようぼう【要望】**(名・他スル) そうしてほしいと強く望むこと。「ーにこたえる」

**ようぼう【容貌】**(名) 顔かたち。顔だち。「美しいー」

**ようま【洋間】**(名) 西洋風の部屋。洋室。対日本間

**ようみゃく【葉脈】**(名)〘植〙葉の面全体に走る筋。葉をささえ、養分・水分の通路となる。平行脈・網状《もうじょう》脈などがある。⇩葉〈図〉

**ようみょう【幼名】**(名) →ようめい(幼名)

**ようむ【用務】**(名) なすべき用事。つとめ。仕事。「ー員(=学校・会社などで雑用をする人)」

**ようむ【要務】**(名) 大事な任務。大事なつとめ。

**ようむき【用向き】**(名) 用件。用事の内容。「ーを伝える」

**ようめい【幼名】**(名) おさないときの名前。ようみょう。「ーを日吉丸《ひよしまる》という」

**ようめい【用命】**(名・他スル) 用を言いつけること。言いつけ。品物などを注文すること。「ごーください」
使い方〉多く、言いつけられる側からいうことば。

**ようめいがく【陽明学】**(名) 中国の明《みん》の王陽明のおこした儒学《じゅがく》の一派。理論と実践《じっせん》の一致《いっち》を主張した「知行合一《ちこうごういつ》」を説く。

**ようもう【羊毛】**(名) ひつじからとった毛。ウール。

**ようもく【要目】**(名) 重要な項目《こうもく》。

**ようやく【要約】**(名・他スル) 文章や話などの大事な点をつかんで短くまとめること。また、そのまとめたもの。「大意をーする」

**ようやく**『◇漸く』(副) ❶状況《じょうきょう》が少しずつ変化していくようす。だんだん。しだいに。「ー東の空が白んできた」❷待ち望んでいたことがやっと実現するようす。「ー希望がかなう」

**ようよう【要用】**(名) 大事な用事。重要な用件。「ーのみ申し上げます」使い方〉多く、手紙文で使う。

**ようよう**『◇漸う』(副) →ようやく(漸く)

**ようよう【洋洋】**(ト・タル) ❶水が豊富で、水面が広がっているようす。「ーたる海」❷将来が希望にあふれているようす。「ーたる未来」「前途《ぜんと》ーー」

**ようよう【揚揚】**(ト・タル) 気勢のあがるようす。得意なようす。「意気ーとして引きあげる」

**ようよう**〔漸う〕古語→やうやう

**ようらん【要覧】**(名) その物事についてのたいせつなことがらを見やすくまとめた文書。「学校ー」

**ようらん**『揺△籃』(名) ❶ゆりかご。❷物事が発展する初めの時期。「資本主義のー期」

**ようりく【揚陸】**一(名・他スル) 船で運んできた荷物などを陸へ運びあげること。陸あげ。二(名・自スル) 上陸すること。「ー艇《てい》」

**ようりつ【擁立】**(名・他スル) その人を周囲がもりたてて、位や役などにつかせること。「社長にーする」

**ようりょう【用量】**(名) 薬などを使ったり飲んだりするときの、定められた分量。「ーを誤る」

**ようりょう【要領】**(名) ❶物事の最もたいせつな点。要点。❷物事のやり方のこつ。「ーをのみこむ」
**要領がいい** ❶物事をうまく処理するこつを心得ている。❷実際は手を抜《ぬ》いて、表面をとりつくろうことがうまい。
**要領を得《え》ない** 何が言いたいのか、はっきりしない。

**ようりょう【容量】**(名) 容器の中に入れることのできる分量。容積。「ーが少ない」

**ようりょく【揚力】**(名)〘物〙飛んでいる飛行機のつばさなどにはたらく、運動方向と垂直な上の方向に作用する力。この力によって機体が押《お》し上げられる。浮揚力《ふようりょく》。

**ようりょくそ【葉緑素】**(名)〘植〙植物の葉などにふくまれている緑色の色素。光合成に重要な役割をはたす。クロロフィル。

**ようりょくたい【葉緑体】**（名）〔植〕緑色の植物の葉などの細胞《さいぼう》内に存在する細胞小器官。葉緑素をふくむ色素体で、光合成を行う。

**ようれい【用例】**（名）実際に使われている例。また、使い方の見本。「―を示す」

**ようれき【陽暦】**（名）太陽暦。対陰暦《いんれき》

**ようろ【要路】**（名）❶大事な道路。「東西交通の―」❷重要な地位。「―の大官」

**ようろう【養老】**（名）❶老人になってから安楽に暮らすこと。「―年金」❷老人をいたわって大事にすること。「―の精神」

**よえい【余栄】**（名）死んだあとまで残る名誉《めいよ》。

**ヨーグルト**〔ドイツ Yoghurt〕（名）牛・やぎの乳などを乳酸菌《きん》で発酵《はっこう》させたクリーム状の食品。

**ヨーデル**〔ドイツ Jodel〕（名）スイスやオーストリアのアルプス地方で、裏声をまぜて歌われる民謡《みんよう》。また、その歌い方。

**ヨードチンキ**（名）〔医〕沃素《ようそ》と沃化カリウムをエチルアルコールにとかした、茶色の液体。消毒などに使う。ヨーチン。▽ドイツ Jodtinktur から。

**ヨーヨー**〔英 yo-yo〕（名）❶二枚の円板をつないだ軸《じく》に巻きつけたひもを上下に動かし、円板を回転させて遊ぶもの。❷水を入れた小さなゴム風船にゴムひもをつけ、上下させて遊ぶもの。

**ヨーロッパ**〔Europe〕〔地名〕六大州の一つ。ユーラシア大陸の北西部。北は北極海、西は大西洋、南は地中海に面する。欧州《おうしゅう》。

**よか【予価】**（名）売り出す前に予定しているねだん。予定価格。

**よか【予科】**（名）本科にはいるための準備の課程。

**よか【余暇】**（名）仕事のあいまや休みなど、自分の自由に使える時間。「―の活用」「―を海外で過ごす」

**ヨガ**〔サンスクリット yoga〕（名）インドに伝わる、精神を統一して心やからだをきたえる修行《しゅぎょう》方法。ヨーガ。

**よかく【余角】**（名）〔数〕二つの角の和が直角（＝九〇度）のとき、二角のそれぞれをたがいにいう呼び名。

**よからぬ【良からぬ】**よくない。悪い。「―相談」

**よかれ【善かれ】**よい結果になってもらいたい。うまくいってほしい。「―と思ってやったことだ」

**よかれあしかれ**〘善かれ◇悪しかれ〙よいにしろ悪いにしろ。よくても悪くても。「―そうするほかない」

**よかん【予感】**（名・他スル）事がおこる前にそれをなんとなく感じること。また、その感じ。「悪い―がする」

**よかん【余寒】**（名）立春のあとまで残る寒さ。

**よき【予期】**（名・他スル）あらかじめこうなるだろうと推測すること。前もって事のおこることを考え、心の準備をすること。「―せぬ出来事」類予想・予測

**よぎ【余技】**（名）専門でなく趣味《しゅみ》として行う技芸。「―として小説を書く」

**よぎ【夜着】**（名）❶寝《ね》るときにかけるもの。夜具《やぐ》。❷着物の形に作ったかけぶとん。かい巻き。

**よぎしゃ【夜汽車】**（名）夜走る汽車。夜行列車。

**よぎな・い【余儀ない】**（形）〔カロ・カッ(ク)・イ・イ・ケレ・○〕やむをえない。しかたがない。「悪天候のため―・く中止した」

**よきょう【余興】**（名）宴会《えんかい》などをおもしろくするために行う歌やおどりなど。「―にものまねをする」

**よぎ・る**〘◇過ぎる〙（自五）〔ラ(ロ)・リ(ッ)・ル・ル・レ・レ〕ふっと通りすぎる。かすめるように横切る。「不安が胸を―」

**よきん【預金】**（名・他スル）銀行などにおかねを預《あず》けること。また、そのおかね。「―をおろす」類貯金

**よく【抑】** 7画 扌4 音ヨク 訓おさえる 一 十 才 扌 扣 抑

❶おさえる。おさえつけてとめる。◆抑圧・抑鬱《よくうつ》・抑止・抑制・抑留◆謙抑《けんよく》。❷調子をさげる。◆抑揚《よくよう》

**よく【沃】** 7画 氵4 音ヨク 丶 氵 氵 氵 沃 沃

土地がこえている。◆沃地・沃土・沃野◆肥沃

**よく【浴】** 10画 氵7 小4 音ヨク 訓あびる・あびせる 丶 氵 氵 氵 浴 浴

❶ふろにはいる。◆浴衣《よくい》・浴客・浴後・浴室・浴場・浴用◆温浴・混浴・入浴。❷水・光などをあびる。からだをひたす。◆海水浴・森林浴・日光浴・沐浴《もくよく》。参考特別に、「浴衣」は「ゆかた」とも読む。

**よく【欲】** 11画 欠7 小6 音ヨク 訓ほっする高・ほしい中 八 公 谷 谷 欲

ほしがる。…したいと思う。望む。また、その気持ち。◆欲気・欲情・欲心・欲念・欲望・欲求《よっきゅう》◆意欲・禁欲・強欲《ごうよく》・情欲・私欲・食欲・貪欲《どんよく》・無欲

**よく【欲】**（名）ほしいと思う心。「―が深い」

**欲に目《め》が眩《くら》む** 欲のために、正しい判断力を失う。「欲に目がくらんだ結果の事件」

**欲の皮《かわ》が突《つ》っぱる** ひじょうに欲が深い。

**欲を言《い》えば** 今のままでもじゅうぶんだが、さらに望むとすれば。

**よく【翌】** 11画 羽5 小6 音ヨク ヨ 羽 羽 翌 翌 翌

あけた。次の。◆翌月・翌日・翌週・翌春・翌朝・翌年

**よく-【翌】**（接頭）話題となるある時を基準にして、「その次の」の意を表す。「終戦の―一九四六年」

**よく【翼】** 17画 羽11 音ヨク 訓つばさ 羽 習 習 翼 翼 翼

❶はね。つばさ。◆羽翼・銀翼・主翼・比翼・尾翼《びよく》・鵬翼《ほうよく》。❷左右にはり出したもの。◆右翼・左翼・鼻翼《びよく》。❸たすける。◆翼賛◆扶翼《ふよく》

**よく**〘良く・善く・◇好く・◇能く〙（副）❶じゅうぶんにそうするようす。手をかけて行うようす。「昨夜は―眠《ねむ》れた」「食後には―歯をみがこう」❷じょうずに行うようす。りっぱに。「この絵は―かけている」❸感心や感謝の気持ちを表す。「―やった」「―いらっしゃいました」❹相手の行動に対する、驚《おどろ》き・非難・怒《いか》りなどを表す。よくもまあ。「―あんなことが言えたものだ」「―平気だね」❺程度がはなはだしいようす。ひじょうに。たいへん。「彼《かれ》は―働くね」「―似ている」❻そのことが行われたり起こったりすることが多いようす。しばしば。たびたび。「―間違《まちが》われる」「―ある話」文法

もとは形容詞「よい」の連用形。

**よくあさ**【翌朝】(名) →よくちょう

**よくあつ**【抑圧】(名・他スル) 人の言動や気持ちをむりにおさえつけること。「自由を—する」

**よくさん**【翼賛】(名・他スル) 力ぞえして助けること。「大政—」

**よくげつ**【翌月】(名) その次の月。あくる月。

**よくご**【浴後】(名) ふろにはいったあと。湯あがり。

**よくし**【抑止】(名・他スル) それ以上進まないように、おさえてやめさせること。「犯罪の—力」 類抑制

**よくしつ**【浴室】(名) ふろば。湯殿《ゆどの》。

**よくじつ**【翌日】(名) その次の日。あくる日。

**よくしゅう**【翌週】(名) その次の週。

**よくしゅん**【翌春】(名) その次の年の春。

**よくじょう**【浴場】(名) ❶旅館などの、一度に何人も入浴できるふろば。❷ふろ屋。「公衆—」

**よくじょう**【欲情】(名) ❶愛欲の心。性欲。❷物をほしがる心。

**よく・する**【浴する】(自サ変) {シ(セ・サ)・シ・スル・スル・スレ・シロ(セヨ)} ❶入浴する。水や光などをあびる。こうむる。「温泉に—」❷ありがたいことを身に受ける。「恩恵《おんけい》に—」

**よく・する**【善くする】〖◇能くする〗(他サ変) {シ(セ・サ)・シ・スル・スル・スレ・シロ(セヨ)} ❶じょうずにする。「絵を—」❷することができる。「凡人《ぼんじん》の—ところではない」

**よくせい**【抑制】(名・他スル) さかんになりすぎないようにおさえとどめること。「輸出を—する」 類抑止《よくし》

**よくそう**【浴槽】(名) 湯ぶね。ふろおけ。

**よくち**【沃地】(名) よくこえて作物の多くできる土地。 類沃土

**よくちょう**【翌朝】(名) あくる日の朝。よくあさ。

**よくど**【沃土】(名) よくこえた土・土地。 類沃地

**よくとく**【欲得】(名) 利益をほしがって得ようとすること。「—ぬきで協力する」

**よくとくずく**【欲得ずく】(名) すべてのことを、自分の欲や利益だけから考えること。打算的であること。「すべて—でやる」

**よくとし**【翌年】(名) →よくねん

**よくねん**【翌年】(名) その次のとし。よくとし。

**よくばり**【欲張り】(名・形動ダ) 必要以上にほしがること。また、ほしがる人。「—を言う」「—な人」

**よくば・る**【欲張る】(自五) {ラ(ロ)・リ(ッ)・ル・ル・レ・レ} 必要以上にほしがる。「—・って元も子もなくす」

**よくばん**【翌晩】(名) あくる日の晩。

**よくぼう**【欲望】(名) ほしいと思う心。「—を満たす」

**よくめ**【欲目】(名) 欲や愛情などから、自分につごうよく判断したり評価したりすること。ひいきめ。「親の—」

**よくも** (副) (「よく」を強めた形) 人の行為《こうい》に対する驚《おどろ》き・非難・怒《いか》りなどを表す。よくもまあ。「—助かったものだ」「—言ったな」

**よくや**【沃野】(名) 作物のよくできる、こえている平野。「緑の—」

**よくよう**【抑揚】(名) ことばを発するときの声のあがりさがり。イントネーション。「—をつけて読む」

**よくよう**【浴用】(名) 入浴のときに使うこと。入浴用。「—せっけん」

**よくよく** (副) ❶念には念を入れて行うようす。「—考える」❷程度がはなはだしいようす。「—運がない」❸やむをえないようす。「彼《かれ》が怒《おこ》るなんて—のことだ」 使い方〉②は、多く好ましくないことにいう。

**よくよく**【翼翼】(トタル) 慎重《しんちょう》なようす。用心深いようす。「小心—としてあたりをうかがう」

**よくりゅう**【抑留】(名・他スル) むりにある場所に引きとめておくこと。特に、外国の船や人を強制的に自国内に引きとめておくこと。「外国に—される」

**-よけ**〖◇除け〗(接尾) そのものを防ぐ意を表す。「ほこり—」「魔《ま》—」

**よけい**【余計】一(名・形動ダ) 必要とする量・程度などより余分にあるようす。むだ。「—な物を持つな」「—な心配をする」「—なお世話」二(副) 前よりなおいっそう。ますます。「—(に)悪い」

**よけい**【余慶】(名) ❶先祖のよい行いのおかげで子孫が受ける幸福。❷人の情けの敬称《けいしょう》。おかげ。余光。「—にあずかる」

**よ・ける**〖◇避ける・◇除ける〗(他下一) {ケ・ケ・ケル・ケル・ケレ・ケロ(ケヨ)} ❶わきへ寄ってさける。「水たまりを—・けて歩く」❷そのものの害を受けないようにする。「雷《かみなり》を—」❸わきへのける。別にする。「いたんだ実を—」

**よけん**【予見】(名・他スル) 物事がまだおこらないうちに、それを見通して知ること。「将来を—する」 類予知

**よげん**【予言】(名・他スル) 未来のことがらについておしはかって言うこと。また、そのことば。「—があたる」

**よげん**【預言】(名・他スル) キリスト教などで、神の霊感《れいかん》を受けた人が、神のおつげを人びとに述べること。また、そのことば。「—者」

**よこ**【横】(名) ❶左右の方向や長さ。「—になる」「—一列に並ぶ」「首を—にふる(=承知しない)」 対縦 ❷東西の方向・距離《きょり》。 対縦 ❸階級や年齢《ねんれい》が同じものどうしの関係。「—のつながりをだいじにする」 対縦 ❹わき。かたわら。「—を通る」「—から口を出す」❺物の側面。「—顔」

**横の物《もの》を縦《たて》にもしない** 面倒《めんどう》くさがって何もしない。

**横を向《む》く** 相手の言うことが気に入らないという態度をとる。そっぽを向く。「ぷいと—」

**よご**【予後】(名) 病気の経過についての見通し。また、俗《ぞく》に病気治療《ちりょう》後の経過。「—は順調だ」

**よこあい**【横合い】(名) ❶横のほう。わきのほう。「—から飛び出す」❷直接関係のない立場や人。「—から口をだす」

**よこあな**【横穴】(名) 山のふもとや中腹に、横の方向に掘《ほ》った穴。 対縦穴

**よこいっせん**【横一線】(名) 競走で、走者が横に一直線に並んで走っていること。転じて、争っている者どうしに差がほとんどないこと。

**よこいと**【横糸】〖◇緯糸〗(名) 織物で、左右の方向に通っている糸。ぬき糸。 対縦糸

**よこう**【予行】(名・他スル) 式や行事などの前に、練習のため本番どおりに行ってみること。「—演習」

**よこう【余光】**（名）❶日没《にちぼつ》後も空に残っている光。残光。「夕日の―」❷先人が残した成果のおかげ。余徳。「親の―」

**よこがお【横顔】**（名）❶横向きの顔。プロフィール。❷人物などの、他人にあまり知られていない一面。

**よこがき【横書き】**（名）文字を左右の方向へ順に書くこと。[対]縦書き

**よこがみやぶり【横紙破り】**（名）（和紙は横に破りにくいことから）世間の常識をまげても、物事を自分の思いどおりに押《お》し通そうとすること。また、その人。

**よこぎ【横木】**（名）❶横にわたした木。❷→バー①

**よこぎ・る【横切る】**（他五）｛ラ(ロ)・リ(ッ)・ル・ル・レ・レ｝道などを一方の側から他方へわたる。横に通りすぎる。「道路を―」「車が目の前を―」

**よこく【予告】**（名・他スル）前もって知らせること。「番組の―」

**よこぐみ【横組み】**（名）印刷・組み版で、活字を横の方向に組むこと。横書きに組むこと。[対]縦組み

**よこぐるまをおす【横車を押す】**（うしろから押す車を横から押して動かそうとするように）りくつに合わないことをむりやりに押し通す。

**よこしま**〖◇邪〗（名・形動ダ）考えなどが、道理にはずれて正しくないこと。ねじけていること。「―な心」

**よこ・す**〖◇寄越す〗（他五）｛サ(ソ)・シ・ス・ス・セ・セ｝❶先方から送ってくる。こちらへ来させる。こちらへわたす。「手紙を―」「人を―」❷（動詞の連用形に「て」のついた形に続いて）「こちらへ向かって…してくる」の意を表す。「言って―」

**よご・す【汚す】**（他五）｛サ(ソ)・シ・ス・ス・セ・セ｝きたなくする。「部屋を―」

**よこずき【横好き】**（名）自分の専門でも、また上手でもないものをやたらに好むこと。「へたの―」

**よこすべり【横滑り】**（名・自スル）❶前を向いたまま、横の方向へすべること。「雨で車輪が―する」❷同じ程度の別の地位・職に変わること。

**よこた・える【横たえる】**（他下一）｛エ・エ・エル・エル・エレ・エロ(エヨ)｝水平に置く。横に寝《ね》かせる。「からだをベッドに―」

**よこだおし【横倒し】**（名）立っていたものが横に倒れること。「トラックが―になる」

**よこたわ・る【横たわる】**（自五）｛ラ(ロ)・リ(ッ)・ル・ル・レ・レ｝❶横になる。横になっている。「ベッドに―」❷前をさえぎっている。たちふさがっている。「困難な問題が―」

**よこちょう【横町・横丁】**（名）表通りから横にはいった通り。また、その町なみ。

**よこづけ【横付け】**（名・他スル）乗り物の横側を、他のものにつけてとめること。「船が岸壁《がんぺき》に―される」

**よこっつら【横っ面】**（名）❶顔の側面。「―をひっぱたく」❷物の側面。[参考]「よこつら」ともいう。

**よこづな【横綱】**（名）❶すもうの階級の一つで、いちばん上の位。「―をはる」❷①の力士が土俵入りのとき、腰《こし》にまく太い綱。❸同種のものの中で最もすぐれたもの。「食べることでは彼《かれ》が―だ」

**よこっぱら【横っ腹】**（名）❶腹の側面。わき腹。❷物の側面。[参考]「よこばら」ともいう。

**よこつら【横面】**（名）→よこっつら

**よこて【横手】**（名）横のほう。「―にまわる」

**よこどり【横取り】**（名・他スル）ほかの人の得るべきものを横からうばい取ること。「弟のおやつを―する」

**よこながし【横流し】**（名・他スル）品物を、正しい手順を通さないで不正に売ること。「製品を―する」

**よこながれ【横流れ】**（名・自スル）物品が不正な方法で売られること。また、その品。

**よこなぐり【横殴り】**（名）❶横のほうからなぐりつけること。❷風雨が横のほうから強く吹《ふ》きつけること。「―の雨」

**よこなみ【横波】**（名）❶横から受ける波。「―をかぶる」❷〘物〙電波・光など、波の進行方向が振動《しんどう》方向と直角の関係にある波動。[対]縦波

**よこならび【横並び】**（名）❶横に並ぶこと。❷他との差がないこと。あるいは、差をつけずに扱《あつか》うこと。「この三人の能力は―だ」

**よこばい【横ばい】**〖横▵這い〗（名）❶横にはうこと。「かにの―」❷相場・物価などが、ほとんど変わらない状態で続くこと。「株価は―だ」

**よこばら【横腹】**（名）→よこっぱら

**よこぶえ【横笛】**（名）管を横にかまえて吹《ふ》く笛。篠笛《しのぶえ》・フルートなど。[対]縦笛

**よこみち【横道】**（名）❶本道から横にそれたせまい道。❷本筋《ほんすじ》からはずれた方向。「話が―にそれる」

**よこみつりいち**〔横光利一〕【人名】（一八九八～一九四七）大正から昭和時代前期の小説家。川端康成《かわばたやすなり》らと、大胆《だいたん》な表現技法を試みた新感覚派文学運動をおこした。作品「日輪《にちりん》」「機械」など。

**よこむき【横向き】**（名）横に向くこと。また、そのかっこう。「―に座る」

**よこめ【横目】**（名）顔の向きは変えず、目だけを横に動かして見ること。また、その目つき。「―でにらむ」

**よこもじ【横文字】**（名）横書きの文字。特に、西洋の文字や文章。西洋の言語。「―に強い」

**よこやり【横やり】**〖横▵槍〗（名）関係のない人がそばから口を出すこと。

**横やりを入《い》れる** そばから口を出して、話や仕事のじゃまをする。「人の話に―」

**よこゆれ【横揺れ】**（名・自スル）❶船や飛行機などが横に揺れること。ローリング。「―のひどい船」❷地震《じしん》で、横に揺れること。（[対]縦揺れ）

**よごれ【汚れ】**（名）よごれること。また、よごれたところ。「―をとる」

**よご・れる【汚れる】**（自下一）｛レ・レ・レル・レル・レレ・レロ(レヨ)｝きたなくなる。「運動着が―」⇩けがれる「使い方」

**よこれんぼ【横恋慕】**（名・自スル）結婚《けっこん》している人や恋人《こいびと》のいる人に対して、恋愛感情を持つこと。

**よざい【余罪】**（名）その罪のほかにおかしている罪。「―を追及《ついきゅう》する」

**よざくら【夜桜】**（名）夜に見る桜の花。「―見物」

**よさのあきこ**〔与謝野晶子〕【人名】（一八七八～一九四二）明治・大正時代の歌人・詩人。与謝野寛《ひろし》の妻。明星《みょうじょう》派を代表する浪漫《ろうまん》主義の歌人で、近代女性歌人中の第一人者。自由・情熱的な歌風で知られた。歌集「みだれ髪《がみ》」「舞姫《まいひめ》」など。

**よさのてっかん**〔与謝野鉄幹〕〔人名〕→よさのひろし

**よさのひろし**〔与謝野寛〕〔人名〕(一八七三 一九三五)明治・大正時代の歌人・詩人。号は鉄幹《てっかん》。与謝野晶子《あきこ》の夫。雑誌「明星《みょうじょう》」を創刊して短歌革新のにない手となり、浪漫《ろうまん》主義運動の中心としても活躍《かつやく》した。詩歌集「東西南北」「天地玄黄《てんちげんこう》」など。

**よさぶそん**〔与謝蕪村〕〔人名〕(一七一六 一七八三)江戸《えど》時代中期の俳人・画家。芭蕉《ばしょう》の死後衰《おとろ》えていた俳句をふたたびさかんにした。俳風は優美で絵画的。南画では池大雅《いけのたいが》と並び称《しょう》される。句文集「新花摘《しんはなつみ》」など。

**よさむ【夜寒】**(名)夜の寒いこと。特に、秋の終わりごろの夜の寒さ。「秋の―」

**よさん【予算】**(名)❶あることのために必要となるおかねを前もって見積もること。また、そのおかね。「―をたてる」「―が足りない」…的「予算的に無理がある」❷国などが、一年の収入と支出を見積もってたてる計画。「―案」「―編成」

**よし【由】**(名)❶わけ。事情。理由。「―ありげな顔」❷これまで述べてきた内容。こと。むね。「この―をお伝えください」❸手段。方法。「知る―もない」❹伝え聞いたことを表すことばで、「…とのこと」「…だそうで」の意を表す。「お元気の―うれしく思います」

**よし**『△蘆・△葦・△葭』(名)《植》→あし(蘆)

**よし**『◇縦し』(副)たとえ。かりに。「―そうだとしても」

**よし**(感)よいと認めたり、決意したりしたときなどに発することば。「―、わかった」「―、やるぞ」

**よしあし**『善し◇悪し』(名)❶よいことと悪いこと。よい悪い。善悪。「物事の―を考えて行動する」❷よくもあり、悪くもあって、いちがいには判断しかねること。「家と学校が近すぎるのも―だ」

**よしきり**『△葦切り』(名)《動》ヒタキ科の一群の小鳥。夏、日本にくる渡《わた》り鳥。

(よしきり)

川岸などのよしの中にすむ。鳴き声は大きく、ギョギョギョと鳴く。ぎょうぎょうし。

**よじげん【四次元】**(名)次元が四つあること。縦・横・高さという空間の三次元に、時間の次元を加えたもの。「―の世界」

**よしず**『△葦△簾・△葭△簀』(名)あしの茎《くき》であんだすだれ。日よけなどに使う。「―張り」

(よしず)

**よしだけんこう**〔吉田兼好〕〔人名〕→けんこうほうし

**よしだしょういん**〔吉田松陰〕〔人名〕(一八三〇 一八五九)江戸《えど》時代末期の志士・教育者。勤皇《きんのう》の志士として、郷里(山口県)で松下村塾《しょうかそんじゅく》を開き、多くのすぐれた人びとを出した。安政の大獄《たいごく》により江戸で刑死《けいし》した。

**よしな・い**『由無い』(形){カロ・カッ(ク)・イ・イ・ケレ・○}❶理由がない。いわれのない。「―しうち」❷つまらない。くだらない。「―ぐち話」❸手段・方法がない。しかたがない。「―・くあきらめる」

**よしなに**(副)よいぐあいになるように。よろしく。「―おとりはからいください」

**よしのざくら【吉野桜】**(名)❶奈良県吉野山の桜。❷《植》桜の一種。「そめいよしの」の旧名。

**よじのぼ・る【よじ登る】**『△攀じ登る』(自五){ラ(ロ)・リ(ッ)・ル・ル・レ・レ}物にとりすがって登る。「岩を―」

**よしみ**『△誼』(名)❶親しい交際。「―を結ぶ」❷何らかの縁《えん》のある間がら。縁故。ゆかり。「親友の―」「むかしの―」

**よしや**『◇縦しや』(副)たとえ。かりに。「―天地がひっくり返ろうとも」文法「や」は感動の助詞。

**よしゅう【予習】**(名・他スル)これから学ぶことを、前もって学習すること。下調べ。「明日の―」対復習

**よじょう【余剰】**(名)必要な分を取って残ったあまり。剰余。「―金」

**よじょう【余情】**(名)あとまで残っているしみじみとした味わい。詩歌などで、ことばで表されたもの以上に心に残るおもむき。「―の深い和歌」類余韻《よいん》

**よしょく【余色】**(名)→ほしょく(補色)

**よしよし**(感)目下の相手や子どもなどの言うことなどを受け入れたり、相手をなだめたりするときに言うことば。「―、わかった」

**よ・じる**『△攀じる』(自上一){ジ・ジ・ジル・ジル・ジレ・ジロ(ジョ)}登ろうとしてすがりつく。また、よじ登る。「岸壁《がんぺき》を―」

**よ・じる**『△捩る』(他五){ラ(ロ)・リ(ッ)・ル・ル・レ・レ}ひねるようにして曲げる。ねじる。「からだを―」

**よじ・れる**『△捩れる』(自下一){レ・レ・レル・レル・レレ・レロ(レヨ)}よじったようになる。ねじれる。「おなかが―ほど笑う」

**よしん【予診】**(名・他スル)診察《しんさつ》の前に、患者《かんじゃ》の症状《しょうじょう》や病歴などをあらかじめ聞いておくこと。「―票に記入する」

**よしん【余震】**(名)大きな地震のあとに、引き続いておこる小さな地震。ゆりかえし。「―を感じる」

**よじん【余人】**(名)その人以外の人。「―はいざ知らず」

**よじん**『余△燼』(名)❶もえ残りの火。もえさし。「―がくすぶる」❷物事が終わったあとに、まだ残っている問題や影響《えいきょう》。「紛争《ふんそう》の―が残る」

**よしんば**『◇縦しんば』(副)仮定を表すことば。もしも。万一。たとえ。「―雨が降っても行きます」

**よ・す**『◇止す』(他五){サ(ソ)・シ・ス・ス・セ・セ}それまで続けていたことや、しようとしていたことをやめる。中止する。「つまらないけんかは―・せ」

**よすが**『◇縁』(名)手がかりとなるもの。たよりとなるもの。「むかしを思い出す―」

**よすがら【夜すがら】**(副)一晩じゅう。夜もすがら。「―看病する」

**よすぎ【世過ぎ】**(名)生活していくこと。世渡《よわた》り。「身過ぎ―」

**よすてびと【世捨て人】**(名)❶仏教の道にはいって僧《そう》になった人。❷世間からはなれ、人びととつき合わないで暮らす人。隠者《いんじゃ》。

**よせ【◦寄席】**(名)落語・講談などを行う演芸場。

**よせあつめ**【寄せ集め】(名) あれやこれや雑多に集めたもの。「ーの材料」「ーのメンバー」

**よせい**【余生】(名) 残りの人生。年をとり、職を退いてからの生活。「ーを安楽に過ごす」

**よせい**【余勢】(名) 何かをやりとげたあとにまだ残っている勢い。「ーを駆《か》って攻《せ》める」

**よせがき**【寄せ書き】(名・自スル) 何人もの人が一枚の紙や布に、名前・ことば・絵などをかきこむこと。また、かいたもの。「ーを贈《おく》る」

**よせぎ**【寄せ木】(名) 木ぎれや木材を組み合わせて作ったもの。「ー造りの仏像」

**よせぎざいく**【寄せ木細工】(名) 色や木目《もくめ》のちがう木ぎれを寄せ合わせて模様を表した細工。

**よせざん**【寄せ算】(名)〔数〕たし算。加法。

**よせつ・ける**【寄せ付ける】(他下一){ケ・ケ・ケル・ケル・ケレ・ケロ(ケヨ)} 近寄らせる。寄りつかせる。「他人をー・けない」

**よせて**【寄せ手】(名) 攻《せ》め寄せる軍勢。

**よせなべ**【寄せ鍋】(名) 魚介や肉、野菜などを鍋に入れて煮《に》ながら食べる料理。

**よせむねづくり**【寄せ棟造り】(名) 屋根の形式の一つ。最上部の棟から四隅に棟が下りていて、左右の面は三角、前後の面は台形のつくりとなっているもの。

(よせむねづくり)

**よ・せる**【寄せる】{セ・セ・セル・セル・セレ・セロ(セヨ)} ■一 (自下一) 近づくようにくる。「波がー」「敵の軍勢がー」 ■二 (他下一) ❶近づける。「窓辺にテーブルをー」 ❷一か所に集める。「人を呼びー」「ごみをひと所にー」 ❸加える。たす。「二に三をー」 ❹興味や関心、思いなどを向ける。「期待をー」「同情をー」 ❺たよって行く。「友の家に身をー」 ❻あることに関係づける。かこつける。「花にー・せて歌をよむ」 ❼手紙・文章や意見などを送る。「書状をー」

**よせん**【予選】(名) 本大会や決勝戦に出場する選手やチームを選ぶための試合や選考。「ーを通過する」

**よそ**『余◇所・×他所』(名) ❶ほかの場所。「ーで買う」 ❷自分に直接関係のないこと。「ーの人」 図内《うち》。 ❸(多く「…をよそに」の形で) かえりみないこと。なおざりにすること。「勉強をーに遊んでばかりいる」

**よそいき**【よそ行き】『余◇所行き』(名) ⇣よそゆき

**よそう**【予想】(名・他スル) どうなるかを前もって考えること。「ーどおり」 類予測・予期

**よそ・う**『◇装う』(他五){ワ(オ)・イ(ッ)・ウ・ウ・エ・エ} 飲食物を食器に盛る。よそる。「ごはんを茶わんにー」

**よそうがい**【予想外】(名・形動ダ) 予想とは違《ちが》うこと。思いのほか。「ーの結果」「ーによいでき」

**よそおい**【装い】(名) 服装・外観などをきちんととのえること。「夏のー」「ーを新たにする」

**よそお・う**【装う】(他五){ワ(オ)・イ(ッ)・ウ・ウ・エ・エ} ❶身なりなどをととのえかざる。「美しいドレスで身をー」 ❷見せかける。ふりをする。「平気をー」

**よそく**【予測】(名・他スル) 前もって調べて、こうなるだろうと考えること。「ーがつきにくい」 類予想・予期

**よそごと**【よそ事】『余◇所事』(名) 自分に直接関係のないことがら。ひとごと。「ーながら心配だ」

**よそじ**『四◇十路』(名) 数の四〇。また、四〇歳《さい》、四〇年。

**よそながら**『余◇所△乍ら』(副) 遠く離《はな》れた所から。かげながら。それとなく。「ー心配している」

**よそみ**【よそ見】『余◇所見』(名・自スル) ほかのほうに気をとられて、そちらを見ること。類わきみ

**よそめ**【よそ目】『余◇所目』(名) 関係のない人が見る目。よそから見た感じ。「ーには幸せそうだ」

**よそもの**【よそ者】『余◇所者』(名) その土地の生まれではない、外部からはいってきた人。「ー扱《あつか》い」

**よそゆき**【よそ行き】『余◇所行き』(名) ❶外出のときに着る衣服。「ーに着かえる」 ❷ふだんとちがう改まったことばや動作。「ーの顔をする」(=よそいき)

**よそよそし・い**『余◇所余◇所しい』(形){カロ・カッ(ク)・イ・イ・ケレ・○} 他人行儀《ぎょうぎ》で親しさを見せない。「ー態度」

**よたか**『夜△鷹』(名) ❶〔動〕ヨタカ科の鳥。夏、日本にくる渡《わた》り鳥。はとよりやや小さい。夜に活動し、小さな虫を食べる。 ❷江戸《えど》時代の町の売春婦。

**よだつ**【与奪】(名) あたえることとうばうこと。⇩せいさつよだつ

**よたもの**【よた者】『与太者』(名) きまった仕事をもたず、ばくちやゆすり・たかりなどをしている者。

**よたよた**(副・自スル) 歩きかたがたよりないようす。足もとがふらつくようす。「ー(と)歩く」

**よだれ**『△涎』(名) 口から流れ出るつば。
**よだれを垂《た》らす** ❶食べ物を見て食欲をおこす。❷欲しくてたまらないようす。

**よだん**【予断】(名・他スル) 前もって判断すること。「ーをゆるさない(=予測がつかない)」

**よだん**【余談】(名) 本筋からそれた話。「ーですが」

**よだんかつよう**【四段活用】(名)〔文法〕文語動詞の活用の一種。語尾が五十音図のア・イ・ウ・エの四段にわたって活用するもの。参考口語動詞では、現代かなづかいに従って「書こう」などとオ段の音が加わり、五段活用となる。⇩付録「動詞活用表」

**よち**【予知】(名・他スル) 前もって知ること。「地震《じしん》のー」 類予見《よけん》

**よち**【余地】(名) ❶あまっている土地。また、残されている場所。「はいりこむーがない」 ❷それをすることのできるよゆう。「弁解のーはない」

**よちょう**【予兆】(名) 出来事の前ぶれ。前兆。

**よちよち**(副) 幼児が危なっかしい足取りで歩くようす。「ー(と)歩く」

**よつ**【四つ】(名) ❶よっつ。四。 ❷すもうで、両力士がたがいに一方の腕《うで》を相手の腕の内側へ、もう一方の腕を外側へさして組むこと。「右ー」

**よつかど**【四つ角】(名) 道が十文字に交わっている所。十字路。四つ辻《つじ》。

**よつぎ**【世継ぎ】(名) 家をつぐこと。また、その人。跡継《あとつ》ぎ。相続人。「将軍家のおー」

**よっきゅう**【欲求】(名・他スル) ほしがり求めること。望み求めること。「ーを満たす」

**よっきゅうふまん**【欲求不満】(名) 望むことが

みたされないで、いらいらしている状態。「―の解消」

**よつぎり【四つ切り】**（名）二五・五センチメートルに三〇・五センチメートルの大きさの写真。全紙の四分の一の大きさ。

**よっつ【四つ】**（名）❶一の四倍。し。よん。❷四個。❸四歳《さい》。

**よつつじ【四つ△辻】**（名）道が十文字に交わっている所。十字路。交差点。四つ角。

**よって**【因って・◇依って・△仍って】（接）そこで。それだから。したがって。「―これを賞す」

**よってたかって【寄ってたかって】**大勢で寄り集まって。みんなで。「―責めたてる」「―いじめる」

**ヨット**〔英 yacht〕（名）おもに三角の帆《ほ》を張って走る、遊びやスポーツ用の小型船。「―ハーバー」

**よっぱらい【酔っ払い】**（名）ひどく酒に酔った人。

**よっぴて【夜っぴて】**（副）夜どおし。一晩じゅう。「―さわぐ」

**よっぽど**（副）↓よほど

**よつめがき【四つ目垣】**（名）竹を縦横にあらく組んで、そのすきまが四角になるようにした垣根《かきね》。

**よつゆ【夜露】**（名）夜の間におりる露。夜の露。「―にぬれる」対朝露

**よつんばい【四つんばい】**『四つん△這い』（名）両手・両足を地につけてはうこと。また、そのかっこう。

**よてい【予定】**（名・他スル）これからの行動などを前もって決めること。また、その決めたもの。「四時に終わる―です」「―表」「―していたイベントを中止する」

**よど**『△淀・△澱』（名）水がよく流れずにたまっている所。

**よとう【与党】**（名）政権を担当している政党。対野党

**よどおし【夜通し】**（副）一晩じゅう。終夜。よっぴて。「―歩き続ける」

**よとく【余得】**（名）余分の収入・利益。類余禄《よろく》

**よとく【余徳】**（名）先人が死後にまで残した恵《めぐ》み。余光。

**よど・む**『△淀む・△澱む』（自五）〔マ(モ)・ミ(ン)・ム・ム・メ・メ〕❶水や空気などがよく流れないでたまったままの状態になる。「部屋の空気が―」❷底に沈《しず》んでたまる。❸活気がなくなる。「―・んだ目つき」❹すらすらと進まないでとどこおる。「―ことなく話す」

**よなおし【世直し】**（名・自スル）世の中の悪を正し、社会を改革すること。「―一揆《いっき》」

**よなか【夜中】**（名）夜がふけたころ。夜半。深夜。

**よなが【夜長】**（名）夜が長いこと。特に、秋が深まり、夜が長く感じられる時節。「秋の―」対日長

**よなき【夜泣き】**（名・自スル）赤ん坊《ぼう》が眠《ねむ》れずに夜中に泣くこと。

**よなべ【夜なべ】**（名・自スル）夜、仕事をすること。また、その仕事。夜業《やぎょう》。「―仕事」

**よなよな【夜な夜な】**（副）毎夜。よごと。「―悪夢にうなされる」

**よな・れる【世慣れる】**『世△馴れる』（自下一）〔レ・レ・レル・レル・レレ・レロ(レヨ)〕世間のことをよく知っている。人とのつき合いになれている。「―・れた人」

**よにげ【夜逃げ】**（名・自スル）そこにはいられない事情ができて、夜中にそっとよその土地へ逃げること。

**よにも【世にも】**（副）とりわけ。ひじょうに。「―ふしぎな物語」

**よねつ【予熱】**（名・他スル）エンジンやオーブンなどをすぐに使えるように、あらかじめ温めておくこと。

**よねつ【余熱】**（名）さめないで残っている熱。ほとぼり。「―の利用」「アイロンの―」

**よねん【余念】**（名）ほかの思い。雑念。

**余念がない** ほかのことを考えず、もっぱらそのことに集中するようす。「絵をかくのに―」

**よのなか【世の中】**（名）❶人びとが集まって生活している所。世間。社会。「―に出る」❷ほかのときと比べた社会のありさま・情勢。「便利な―になる」

**よのなかに…**和歌

〔**世の中に　たえて桜《さくら》の　なかりせば　春《はる》の心《こころ》は　のどけからまし**〕〈古今集《こきんしゅう》・在原業平《ありわらのなりひら》〉訳もしも世の中にまったく桜というものがなかったなら、春の人の心はさぞのどかであろうになあ。桜があるために、咲《さ》くのを待ちわびたり散るのを惜《お》しんだりして、心のやすまるひまがないのだ。

**よのなかは…**和歌

〔**世の中は　何《なに》かつねなる　飛鳥川《あすかがは》　きのふの淵《ふち》ぞ　今日《けふ》は瀬《せ》になる**〕〈古今集《こきんしゅう》・よみ人しらず〉訳この世の中は何一つとして変わらないものがあろうか。「明日《あす》」につながるあの飛鳥川でさえ、きのうまでの深いふちが、きょうはもう浅い瀬になるように、世はすべて移り変わってゆくものなのだ。（一首の中に、「きのう」「きょう」「あす」が詠《よ》みこまれている）

**よのめもねずに【夜の目も寝ずに】**夜も寝ないで。夜も休まずに。「―働く」

**よは【余波】**（名）❶風がおさまっても、まだ立っている波。「台風の―で波が高い」❷ある物事が終わったあとも、なお周囲に残る影響《えいきょう》。あおり。「不況《ふきょう》の―で需要《じゅよう》がのびない」

**よはく【余白】**（名）文字などが書かれている紙の、何も書いていない白い部分。「ページの―にメモする」

**よばなし【夜話】**（名）夜、話をすること。また、その話。夜話《やわ》。

**-よばわり【呼ばわり】**（接尾）（人を表す語について）そうと決めつけてけなす意を表す。「どろぼう―される」

**よばわ・る【呼ばわる】**『◇喚ばわる』（自五）〔ラ(ロ)・リ(ツ)・ル・ル・レ・レ〕大声で呼ぶ。さけぶ。「大音声《だいおんじょう》で―」

**よばん【夜番】**（名）夜、盗難《とうなん》や火事などが起こらないように番をすること。また、その人。夜警《やけい》。

**よび【予備】**（名）前もって用意・準備しておくこと。また、その準備したもの。「―の部品」

**よびおこ・す【呼び起こす】**（他五）〔サ(ソ)・シ・ス・ス・セ・セ〕❶眠《ねむ》っている人に声をかけて、目をさまさせる。❷思い出させる。ある感情を起こさせる。「記憶《きおく》を―」「感動を―」

**よびかえ・す【呼び返す】**（他五）〔サ(ソ)・シ・ス・ス・セ・セ〕呼んでもとへもどらせる。「帰りかけた友を―」

**よびかけ【呼びかけ】**『呼び掛け』（名）❶声をかけて呼ぶこと。❷考えなどを発表して人びとの協力・参加などを求めること。「募金の―に応じる」

**よびか・ける【呼びかける】**『呼び掛ける』（他

下一）｛ケ・ケ・ケル・ケル・ケレ・ケロ(ケヨ)｝❶相手の注意を引くために声をかける。「二階から―」❷意見や主張を述べて協力・参加などを求める。「寄付を―」

**よびかわ・す【呼び交わす】**（他五）｛サ(ソ)・シ・ス・ス・セ・セ｝たがいに呼び合う。「たがいの名を―」

**よびぐん【予備軍】**（名）❶後方にひかえている軍隊。また、予備の兵士で編制された軍隊。❷将来そうなる可能性の高い人びと。「生活習慣病―」

**よびこ【呼び子】**（名）人を呼ぶ合図に吹《ふ》き鳴らす小さな笛。よぶこ。

**よびこう【予備校】**（名）上の学校、特に大学の入学試験に合格するための勉強をする学校。

**よびごえ【呼び声】**（名）❶大きな声で呼ぶ声。❷評判。うわさ。下馬評《げばひょう》。

**呼び声が高《たか》い**　評判が高い。ある地位などにつくといううわさが高い。「優勝の―」

**よびこ・む【呼び込む】**（他五）｛マ(モ)・ミ(ン)・ム・ム・メ・メ｝呼んで中に入れる。また、引き寄せる。「客を店に―」「勝利を―」

**よびさま・す【呼び覚ます】**（他五）｛サ(ソ)・シ・ス・ス・セ・セ｝❶声をかけて目をさまさせる。❷忘れていた記憶《おく》などを思い出させる。「事件の記憶を―」

**よびすて【呼び捨て】**（名）人の名前を、「様」「さん」「君」などの敬称《けいしょう》をつけないで呼ぶこと。

**よびだし【呼び出し】**（名）❶呼び出すこと。「―がかかる」❷すもうで、取り組む力士の名を呼んで土俵に上がらせる役。また、その人。呼び出しやっこ。

**よびだ・す【呼び出す】**（他五）｛サ(ソ)・シ・ス・ス・セ・セ｝呼んで、ある場所に来させる。「友だちを―」「電話で―」

**よびちしき【予備知識】**（名）物事をする前に、知っておく必要のある知識。「―を得る」

**よびつ・ける【呼びつける】**〖呼び付ける〗（他下一）｛ケ・ケ・ケル・ケル・ケレ・ケロ(ケヨ)｝❶呼んで自分の所へ来させる。「部下を―」❷いつも呼んでなれている。「おたがいにあだ名で―・けている」

**よびな【呼び名】**（名）名前。名称《めいしょう》。特に、正式の名前でなく、ふだん呼ばれている人や物の名前。通り名。通称。

**よびね【呼び値】**（名）取引所で、売買する物の一定量に対する値段。

**よびひ【予備費】**（名）予定外の思いがけない支出のために前もって用意しておく費用。「―をあてる」

**よびみず【呼び水】**（名）❶ポンプから水が出ないとき、水を導くために水を少し入れること。また、その水。❷物事が起こるきっかけ。「暴動の―となる」

**よびもど・す【呼び戻す】**（他五）｛サ(ソ)・シ・ス・ス・セ・セ｝❶呼んでもとの所へもどらせる。「旅行先から―・される」❷物事をもとの状態に返らせる。「記憶《きおく》を―」

**よびもの【呼び物】**（名）もよおし物などで、特に人気を集めているもの。評判の高いもの。「公演の―」

**よびょう【余病】**（名）ある病気にかかっているとき、その病気がもとで起こる別の病気。「―を併発《へいはつ》する」

**よびりん【呼び鈴】**（名）人を呼ぶために鳴らすベル。「受付で―を鳴らす」

**よ・ぶ【呼ぶ】**（他五）｛バ(ボ)・ビ(ン)・ブ・ブ・ベ・ベ｝❶声をかける。注意を引くために声を出す。「名を―」「助けを―」❷声をかけて来させる。頼《たの》んで来てもらう。また、客としてまねく。「医者を―」「友人を家に―」❸引きおこす。引きよせる。「論議を―」「波乱を―」「人気を―」❹名づける。称《しょう》する。「クロと―・ばれるボス猿《ざる》」

**よふかし【夜更かし】**（名・自スル）夜おそくまで起きていること。

**よふけ【夜更け】**（名）夜がおそくなったころ。深夜。

**よぶこどり【呼ぶ子鳥】**（名）〖動〗→かっこう（郭公）

**よぶん【余分】**㊀（名）必要な量をこえた、あまり。残り。「―がない」㊁（名・形動ダ）必要以上であること。「―なおかねは持ち歩かない」

**よぶん【余聞】**（名）本筋からはずれた話。こぼれ話。

**よほう【予報】**（名・他スル）予測したことがらなどを、前もって知らせること。また、その知らせ。「天気―」

**よぼう【予防】**（名・他スル）悪いことが起こらないように前もって防ごうとすること。「火災―」「―注射」

**よぼう〖△輿望〗**（名）世間の人からかけられている期待。「―をになう」㊫衆望

**よぼうせっしゅ【予防接種】**（名）〖医〗感染症《かんせんしょう》にかからないよう、免疫《めんえき》体をつくらせるために毒性を弱めた病原体をからだに植えつけること。

**よぼうせん【予防線】**（名）あとでいろいろ言われないように、前もって手をうっておくこと。「―を張る」

**よぼうちゅうしゃ【予防注射】**（名）〖医〗感染症《かんせんしょう》を予防するための、ワクチンなどの注射。

**よほど〖余程〗**（副）❶ふつうの程度をこえているようす。かなり。相当。「―たいくつと見える」「―のことがないかぎり」❷もう少しでそのようにしそうだという気持ちを表す。「―言ってやろうかと思った」

**よぼよぼ**（副・形動ダ・自スル）年をとって体力がおとろえ、動きがしっかりしていないようす。「―(と)歩く」

**よまいごと〖世◇迷い事〗**（名）りくつのとおらない、わけのわからない不平やぐち。「―を並べる」

**よまわり【夜回り】**（名・自スル）夜、犯罪や火事などを警戒《けいかい》して見回ること。また、その人。

**よみ【読み】**（名）❶読むこと。読んで意味や内容を理解すること。「表面的な―」❷漢字の読み方。❸これから先のことをおしはかること。「―が当たる」

**よみ〖×黄泉〗**（名）死者が行くという所。冥土《めいど》。

**よみあ・げる【読み上げる】**（他下一）｛ゲ・ゲ・ゲル・ゲル・ゲレ・ゲロ(ゲヨ)｝❶声を高くして読む。「合格者の名を―」❷本などを全部読みおえる。「全巻を一週間で―」

**よみあわせ【読み合わせ】**（名）❶原稿《げんこう》と校正刷りなどを、一人が読み、一人が見ていて、そのあやまりをなおすこと。❷劇の練習のとき、出演者が集まって、脚本《きゃくほん》にある各人のせりふを読みあうこと。

**よみかえ・す【読み返す】**（他五）｛サ(ソ)・シ・ス・ス・セ・セ｝読んだものをもう一度読む。くり返して読む。「小説を―」

**よみがえ・る〖△蘇る・△甦る〗**（自五）｛ラ(ロ)・リ(ッ)・ル・ル・レ・レ｝❶一度死んだものや死にかけたものが生き返る。蘇生《そせい》する。「ひさしぶりの雨で草木が―・った」❷失われていたものや一度衰《おとろ》えたものがもとの状態にもどる。「平和が―」「記憶《きおく》が―」

**よみかき**【読み書き】(名) 文字を読んだり書いたりすること。「英語の―」「―そろばん」

**よみかた**【読み方】(名) ❶文字の発音のしかた。「―のわからない漢字」❷文章を読んでその意味・内容をつかむ方法。「古典作品の―を学ぶ」

**よみきり**【読み切り】(名) 新聞・雑誌などに載《の》せる読み物で、その号一回で完結するもの。対連載《れんさい》

**よみくだ・す**【読み下す】(他五) {サ(ソ)・シ・ス・ス・セ・セ} ❶文章を上から下へと読む。また、終わりまでざっと読む。「一気に―」❷漢文を日本文の語順になおして読む。「白文(=返り点や送りがなのない漢文)を―」

**よみごたえ**【読み応え】(名) 内容が充実していて、読む価値があると感じられること。また、むずかしかったり長かったりして、読むのに骨が折れること。「―のある小説」

**よみこな・す**【読みこなす】(他五) {サ(ソ)・シ・ス・ス・セ・セ} 読んで、内容をよく理解する。「評論文を―」

**よみこ・む**【詠み込む】(他五) {マ(モ)・ミ(ン)・ム・ム・メ・メ} 詩歌《しいか》に事物の名などを入れて詠む。詠み入れる。「俳句に季語を―」

**よみこ・む**【読み込む】(他五) {マ(モ)・ミ(ン)・ム・ム・メ・メ} ❶くり返し読む。よく読んで理解する。「教科書を―」❷コンピューターのメモリー上に外からデータファイルなどを取り込む。「データを―」

**よみさし**【読みさし】(名) 途中《とちゅう》までしか読んでいないこと。また、そのもの。読みかけ。「―の本」

**よみじ**〖×黄泉-路〗(名) 黄泉へ行く道。冥土《めいど》への道。また、黄泉。

**よみせ**【夜店】(名) 夜、道ばたなどで物を売る、屋台などの小さな店。「縁日《えんにち》には―がならぶ」

**よみち**【夜道】(名) 夜の道。また、夜の道を歩くこと。「暗い―」

**よみて**【読み手】(名) ❶文章を読む人。❷歌がるたなどで、歌を読む役の人。「百人一首の―」❸詩や和歌の作者。参考③は「詠み手」とも書く。

**よみで**【読みで】(名) 本などの読む分量が多く、読みごたえのあること。「この本は―がある」

**よみとば・す**【読み飛ばす】(他五) {サ(ソ)・シ・ス・ス・セ・セ} ❶途中《とちゅう》を飛ばして読み進む。❷速く読む。

**よみと・る**【読み取る】(他五) {ラ(ロ)・リ(ッ)・ル・ル・レ・レ} ❶読んで文章などの意味・内容を理解する。「文意を―」❷おしはかって理解する。「真意を―」「情勢を―」

**よみなが・す**【読み流す】(他五) {サ(ソ)・シ・ス・ス・セ・セ} ❶つかえないですらすら読む。❷細かい点にまで注意しないで、ざっと目を通す。「書類を―」

**よみのくに**〖×黄泉の国〗(名) →よみ(黄泉)

**よみびとしらず**【読み人知らず・詠み人知らず】(名) その和歌の作者がわからないこと。

**よみふけ・る**【読みふける】〖読み△耽る〗(自他五) {ラ(ロ)・リ(ッ)・ル・ル・レ・レ} むちゅうになって読む。一心に読み続ける。「時を忘れて―」

**よみふだ**【読み札】(名) かるたで、読むほうの札。対取り札

**よみほん**【読本】(名)《文》江戸《えど》時代に流行した小説の一種。草双紙《くさぞうし》と比べてさし絵が少なく、読むことを主としたもの。滝沢馬琴《たきざわばきん》の「南総里見八犬伝《なんそうさとみはっけんでん》」などの類。

**よみもの**【読み物】(名) 読むもの。本。書物。

**よみや**【夜宮】〖◇宵宮〗(名) →よいまつり

**よ・む**【詠む】(他五) {マ(モ)・ミ(ン)・ム・ム・メ・メ} 和歌・俳句などを作る。「月を―」

**よ・む**【読む】(他五) {マ(モ)・ミ(ン)・ム・ム・メ・メ} ❶目で見た文字を声に出して言う。「声をそろえて教科書を―」❷文章などを見て、その内容や意味を理解する。「新聞を―」「小説を―」「地図を―」❸外に表れたようすを見て判断する。察して知る。「顔色を―」「敵の作戦を―」「心を―」❹数をかぞえる。「票を―」❺碁《ご》や将棋《しょうぎ》で、先の手を考える。「十手先まで―」

**よめ**【嫁】(名) ❶むすこの妻。「うちの―」❷結婚《けっこん》の相手である女性。「先輩《せんぱい》のお―さん」(対婿《むこ》)

**よめ**【夜目】(名) 夜、暗い中で物を見ること。また、その目。「―にもあざやか」

**夜目《め》遠《とお》目笠《かさ》の内《うち》** 女性は、夜見たとき、遠くから見たとき、笠をかぶっているのを見たときのほうが、実際より美しくみえるものだ。

**よめい**【余命】(名) 残りの命。「―いくばくもない」

**よめいり**【嫁入り】(名・自スル) 結婚《けっこん》して、夫の家へ行くこと。とつぐこと。また、その儀式《ぎしき》。「―道具」「―仕度《じたく》」対婿《むこ》入り

**よめな**〖嫁菜〗(名)《植》キク科の多年草。野菊《のぎく》の一種。野原・道ばたに自生する。秋のはじめ、うす紫《むらさき》色で中央が黄色の花が咲《さ》く。若葉は食用。

**よ・める**【読める】(自下一) {メ・メ・メル・メル・メレ・メロ(メヨ)} ❶読むことができる。「ドイツ語が―」「子どもでも―小説」❷読む値打ちがある。「とても―・めた作品ではない」❸外に表れたようすからおしはかって、真意などを察することができる。「相手の気持ちが―」

**よも**〖四◇方〗(名) 東西南北。しほう。また、あちこち。まわり。「―の山々」

**よも**(副) →よもや

**よもぎ**〖△蓬・△艾〗(名)《植》キク科の多年草。野山に自生する。若葉は、草餅《くさもち》に用いる。また、かわかして繊維《せんい》から「もぐさ」をつくる。もちぐさ。

**よもすがら**【夜もすがら】(副) 一晩じゅう。よどおし。夜すがら。「―虫が鳴く」対終日《ひねもす》

**よものあから**〔四方赤良〕[人名] →おおたなんぽ

**よもや**(副) まさか。いくらなんでも。よも。「―僕《ぼく》の言ったことを忘れてはいないだろうね」使い方あとに「ないだろう」「まい」などの打ち消し推量のことばがくる。

**よもやま**〖四◇方山〗(名) とりとめもない雑多なこと。世間のいろいろなこと。「―話」

**よやく**【予約】(名・他スル) 物を買うことなどを、前もって約束すること。「―席」「旅館を―する」

**よゆう**【余裕】(名) ❶余りのあること。また、その余り。「おかねに―がある」「時間に―をもたせて出かける」❷ゆったりしていること。ゆとり。「精神的な―がない」「―綽々《しゃくしゃく》」

**よよ**【代代・世世】(名) 代を重ねること。だいだい。

**よらばたいじゅのかげ**【寄らば大樹の陰】

頼《たよ》りにするのならば、力のある人や大きな組織のほうがいい、というたとえ。

**より**【△縒り】(名) たがいにねじってからみあわせたもの。また は、からみあわせること。「糸に―をかける」

**よりを戻《もど》す** もとどおりの関係にもどす。特に、一度別れた男女がもとどおりの仲になる。

**より** (副) もっと。さらに。いっそう。「―美しく」

**より** (格助) ❶比較《ひかく》の基準を表す。「数学―英語が好きだ」 ❷(多く、あとに打ち消しの語をともなって)限定を表す。…以外は。…しか。「寝《ね》る―しかたがない」 ❸動作・作用の起点を表す。…から。「八時―始まる」「父―便りを受け取る」 参考 ③は「から」の文語的表現。 文法 体言および活用語の連体形につく。

**よりあい**【寄り合い】(名) 相談などのために集まること。会合。集会。「同業者の―」

**よりいと**【より糸】【△縒り糸】(名) よりをかけた糸。

**よりかか・る**【寄りかかる】【△凭り掛かる】(自五) {ラ(ロ)・リ(ッ)・ル・ル・レ・レ} ❶もたれかかる。「大木に―」 ❷頼《たよ》りにする。あてにする。「人に―・って生きる」

**よりき**【与力】(名) 江戸《えど》時代、奉行《ぶぎょう》などの配下にあって、部下の同心を指揮した役人。

**よりけり** (「…によりけり」の形で)…によって決まる。…次第である。「どう考えるかは人に―だ」 文法 動詞「因《よ》る」の連用形に文語の過去の助動詞「けり」のついたもの。

**よりごのみ**【より好み】【◇選り好み】(名・自スル) 多くの中から、好きなものばかりを選ぶこと。えりごのみ。「―がはげしい」

**よりすぐ・る**【◇選りすぐる】(他五) {ラ(ロ)・リ(ッ)・ル・ル・レ・レ} 多くの中から特にすぐれたものを選び出す。えりすぐる。「優秀な人材を―」

**よりそ・う**【寄り添う】(自五) {ワ(オ)・イ(ッ)・ウ・ウ・エ・エ} からだにふれるほど近くに寄る。「ぴったり―」

**よりつ・く**【寄り付く】(自五) {カ(コ)・キ(イ)・ク・ク・ケ・ケ} そばへ寄ってくる。「人の―・かない家」

**よりどころ**【より所】【◇拠り所】(名) ❶頼《たの》みにする所や物事。「生活の―を失う」 ❷物事がなりたつ根拠《こんきょ》となるもの。「何の―もない意見」

**よりどり**【より取り】【◇選り取り】(名) 多くの中から自由に選び取ること。

**よりどりみどり**【より取り見取り】【◇選り取り見取り】(名) 多くの中から、好きなものを自由に選び取ること。

**よりによって**【◇選りに◇選って】ほかにいくらでも選ぶものがあるのに、わざわざ適当でないものを選んで。「―あいつと結婚《けっこん》するとは」

**よりぬき**【より抜き】【◇選り抜き】(名) 多くの中から特にすぐれたものを選ぶこと。また、そのもの。えりぬき。「―の精鋭《せいえい》を集める」

**よりぬ・く**【より抜く】【◇選り抜く】(他五) {カ(コ)・キ(イ)・ク・ク・ケ・ケ} 多くの中から、特にすぐれたものだけを選び出す。えりぬく。「出場メンバーを―」

**よりみち**【寄り道】(名・自スル) 目的地に行くついでに、ある所に立ち寄ること。また、そのためにまわり道をすること。「本屋に―する」「―して帰る」

**よりめ**【寄り目】(名) 黒目が鼻のほうに寄った目。

**よりょく**【余力】(名) 何かをしたあとも、なおあまっている力。「―を残して勝つ」「―がある」

**よりわ・ける**【より分ける】【◇選り分ける】(他下一) {ケ・ケ・ケル・ケル・ケレ・ケロ(ケヨ)} 多くのものを程度や種類などで選んで分ける。えりわける。「大きさで―」

**よる**【夜】(名) 日没《にちぼつ》から日の出までの間。 対 昼

**夜の帳《とばり》** 夜の暗やみ。「―がおりる(=夜になる)」

**よ・る**【因る】【◇由る・◇依る】(自五) {ラ(ロ)・リ(ッ)・ル・ル・レ・レ} ❶原因となる。由来する。「不注意に―事故」 ❷物事の性質や内容に関係する。応じる。「時と場合に―」 ❸頼《たよ》る。手段とする。「新聞に―宣伝」 参考 ふつう①は「因る」、「由る」、②③は「依る」と書く。

**よ・る**【◇拠る】(自五) {ラ(ロ)・リ(ッ)・ル・ル・レ・レ} ❶よりどころとする。根拠《こんきょ》とする。「実験に―結論」 ❷活動の拠点《きょてん》として立てこもる。「城に―」

**よ・る**【寄る】(自五) {ラ(ロ)・リ(ッ)・ル・ル・レ・レ} ❶近くに移動する。近づく。「そばへ―」 ❷一か所に集まる。「三人―・れば文殊《もんじゅ》の知恵《ちえ》」 ❸一か所に重なり集まる。「年が―」「しわが―」 ❹ついでに訪ねる。立ち寄る。「帰りに書店に―」 ❺一方のはしに近づく。かたよる。「右に―」 ❻もたれかかる。「柱に―」 ❼すもうで、相手のまわしをとって押《お》し進む。 ❽頼《たよ》る。「―・らば大樹の陰《かげ》」

**寄ると触《さわ》ると** いっしょに集まるたびごとに。「―この話題だ」

**よ・る**【◇選る】(他五) {ラ(ロ)・リ(ッ)・ル・ル・レ・レ} 多くの中から選んで取り出す。「品質のよい果実を―」

**よ・る**【△縒る】(他五) {ラ(ロ)・リ(ッ)・ル・ル・レ・レ} ねじって、からみ合わせる。「糸を―」

**よるごはん**【夜御飯】(名) 夜の食事。夕ご飯。晩ご飯。

**ことばの移り変わり**

**「『よるごはん』のできるまで」**

夕食は「ゆう(ばん)ごはん」以外に「よるごはん」とも呼ばれる。古くは朝夕の二食制で、「あさけ・ゆうけ」「あさめし・ゆうめし」という呼び方がなされていた。近世に入り昼食が加わると、「あさめし・ひるめし・ゆうめし」となる。「よる」が複合語を作らないため、「よるめし」という語は用いられなかったのである。明治時代に「ごはん」や「ばん」の語も使われるようになって、「ゆうごはん」「ばんごはん」が現れ、また、「よる」が複合語を作るようになり、昭和初期の小学生による作文などに「よるごはん」という言い方がやっと見られるようになったのである。

**ヨルダン**〔Jordan〕【地名】西アジア、アラビア半島北西部にある立憲君主国。正式名はヨルダン・ハシェミット王国。首都はアンマン。

**よるべ**【寄る辺】(名) 困ったときに、頼《たよ》って身をよせることのできる親類や知人など。「―のない老人」

**よれい**【予鈴】(名) 開始を合図する正式のベルを鳴らす前に、注意をうながすためにあらかじめ鳴らすベル。

**よれよれ** (名・形動ダ) ❶衣類や紙などが使い古されて形がくずれたり、しわが寄ったりしているようす。「―の

スーツ」❷つかれきったようす。「多忙《たぼう》で—になる」

**よろい**〖△鎧〗(名) むかし、戦場でからだを守るために着た武具。

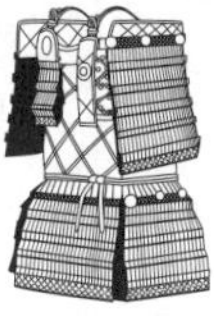

(よろい)

**よろいど**【よろい戸】〖△鎧戸〗(名) ❶細長い板を間隔《かんかく》をあけて横に打ちつけた戸。❷→シャッター①

**よろいどおし**【よろい通し】〖△鎧通し〗(名) むかし、戦場で組みあって争うときに相手を刺《さ》すのに用いた小刀。

**よろく**〖余△禄〗(名) 正規の収入以外の利益。余分のもうけ。「—の多い仕事」類余得

**よろ・ける** (自下一) {ケ・ケ・ケル・ケル・ケレ・ケロ(ケヨ)} 足もとがふらふらする。よろめく。「石につまずいて—」

**よろこばし・い**【喜ばしい】〖◇悦ばしい〗(形) {カロ・カツ(ク)・イ・イ・ケレ・○} 喜ぶべきだ。うれしい。「それはまことに—」

**よろこび**【喜び】〖◇悦び・◇慶び〗(名) ❶喜ぶこと。また、その気持ち。「優勝の—を味わう」対悲しみ。❷結婚《けっこん》や出産などのめでたいこと。「—が重なる」❸祝うこと。また、そのことば。「心からお—を申しあげます」

**よろこ・ぶ**【喜ぶ】〖◇悦ぶ・◇慶ぶ〗(自五) {バ(ボ)・ビ(ン)・ブ・ブ・ベ・ベ} ❶うれしく思う。楽しく思う。また、めでたいと思う。「受賞を—」「無事を—」対悲しむ ❷(「喜んで…」の形で)快く…する。「—んでお引き受けします」

表現 うれしがる・小躍《こおど》りする・躍り上がる・浮《う》かれる・舞《ま》い上がる・歓喜《かんき》する・欣喜雀躍《きんきじゃくやく》する・狂喜乱舞《きょうきらんぶ》する

**よろ・し**〔宜し〕(形シク) 古語 ❶かなりよい。悪くない。「—・しう詠《よ》みたると思ふ歌を人のもとに遣《や》りたるに」〈枕草子《まくらのそうし》〉訳かなりうまくよんだと思った歌を人のもとにやったところ。❷ふつうだ。平凡《へいぼん》だ。「春ごとに咲《さ》くとて、桜を—・しう思ふ人やはある」〈枕草子〉訳毎春咲くからといって、桜を平凡だと思う人があろうか(いや、あるはずはない)。❸適当だ。ふさわしい。「同じくは、—・しきほどにおはしまさましかば」〈源氏物語〉訳同じことなら、(二人が)お似合いの年齢《ねんれい》でいらっしゃったら(よかったろうに)。❹けっこうだ。好ましい。「人は古きし—・しかるべし」〈万葉集〉訳人は(年をとって)古いのが、好ましいであろう。

**よろし・い**〖◇宜しい〗(形) {カロ・カツ(ク)・イ・イ・ケレ・○} (「よい」の改まった言い方)❶けっこうだ。いい。「帰っても—」❷承知したときのことば。「—、引き受けましょう」

**よろしく**〖◇宜しく〗(副) ❶よいように。うまく。適当に。「—やっておいてくれ」❷こちらの好意を相手に伝えたり、相手の配慮《はいりょ》を望んだりするときに使うことば。「—お伝えください」「—お願いします」

**よろず**〖◇万〗■一(名) ❶一〇〇〇〇の一〇倍。万《まん》。❷数の多いこと。「—代《よ》」■二(副) なんでも。すべて。「—相談うけたまわります」

**よろずや**【よろず屋】〖◇万屋〗(名) ❶いろいろな種類の品物を売る店。❷なんでもひととおり知っていたり、できたりする人。

**よろずよ**【よろず代】〖◇万代〗(名) いつまでも続く長い年月。永久。

**よろめ・く** (自五) {カ(コ)・キ(イ)・ク・ク・ケ・ケ} ❶足がふらふらしてたおれそうになる。よろける。「足をふみはずして—」❷誘惑《ゆうわく》などにのる。浮気《うわき》をする。「若い男に—」

**よろよろ** (副・自スル) 足どりがしっかりしていなくて、たおれそうなようす。「—(と)歩く」「ぶつかって—した」

**よろん**【世論】〖△輿論〗(名) 世の中の多くの人びとが持っている考え。せろん。「—の支持を受ける」

**よろんちょうさ**【世論調査】(名) 政治的・社会的問題などについて、世の中の多くの人の意見・考えを知るための調査。

**よわ**【余話】(名) あることがらについてまだ人に知られないで残っている話。こぼればなし。余聞。余録。

**よわ**〖夜◇半〗(名) よなか。よる。やはん。「秋の—」

**よわい**〖◇齢〗(名) 年齢《ねんれい》。とし。「—を重ねる」

**よわ・い**【弱い】(形) {カロ・カツ(ク)・イ・イ・ケレ・○} ❶力・能力などが劣《おと》っている。「—チーム」❷その分野についてのじゅうぶんな知識や能力がない。「機械に—」「数字に—」❸たえる力がない。「からだが—」「暑さに—」「地震《じしん》に—地盤《じばん》」❹気持ちがしっかりしていない。「意志が—」❺勢いや程度が低い。「—光」「酸味が—」(対強い)

**よわき**【弱気】(名・形動ダ) 物事に悲観的で消極的になりがちなこと。また、そのような気持ちや態度。「自信がないのでつい—になる」対強気

**よわごし**【弱腰】(名・形動ダ) 相手に対して弱気な態度をとること。「—の交渉《こうしょう》」対強腰

**よわたり**【世渡り】(名・自スル) 世の中で生活していくこと。処世。「—がうまい」

**よわね**【弱音】(名) 気の弱い言い方。いくじのないことば。「—をはく」

**よわび**【弱火】(名) 料理で、火力を弱くした火。「—にして五分待つ」対強火《つよび》

**よわま・る**【弱まる】(自五) {ラ(ロ)・リ(ッ)・ル・ル・レ・レ} 力や勢いがしだいに弱くなる。「台風の勢力が—」対強まる

**よわみ**【弱み】(名) 弱いところ。ひけめ。弱点。「—をにぎられる」対強み

**よわむし**【弱虫】(名) 勇気のない人。いくじなし。

**よわ・める**【弱める】(他下一) {メ・メ・メル・メル・メレ・メロ(メヨ)} 勢い・程度などを弱くする。「力を—」対強める

**よわよわし・い**【弱弱しい】(形) {カロ・カツ(ク)・イ・イ・ケレ・○} いかにも弱そうなようす。「見るからに—少年」

**よわりめにたたりめ**【弱り目にたたり目】〖弱り目に△祟り目〗不運に不運が重なること。悪いことが重なって起こること。類泣き面《つら》に蜂《はち》

**よわ・る**【弱る】(自五) {ラ(ロ)・リ(ッ)・ル・ル・レ・レ} ❶衰《おとろ》える。「視力が—」❷困る。「万年筆をなくして—・った」

**よん**【四】(名) 一の四倍。よっつ。し。

**よんどころな・い**〖◇拠ん所無い〗(形) {カロ・カツ(ク)・イ・イ・ケレ・○} やむをえない。しかたがない。「—用事ができた」

**よんりんくどう**【四輪駆動】(名) 自動車で、四つの車輪すべてに動力が伝わる構造。また、そのような自動車。四駆《よんく》。4WD。

# らラ

**ら【拉】** 8画 扌5 音ラ 一 寸 扌 扩 拉
ひく。ひっぱる。むりに連れて行く。◆拉致《らち・らっち》

**ら【裸】** 13画 衤8 音ラ 訓はだか 衤 衵 袒 裸 裸
はだか。むきだし。◆裸眼・裸形・裸子植物・裸出・裸身・裸像・裸体・裸婦 ◆赤裸裸・全裸・半裸

**ら【羅】** 19画 罒14 音ラ 罒 罗 羅 羅 羅
❶あみ。あみをかけてとる。全部をくるむ。◆雀羅《じゃくら》・網羅《もうら》。❷つらねる。ならべる。◆羅針盤・羅列 ◆森羅万象《しんらばんしょう》。❸うすぎぬ。うすもの。◆綺羅《きら》・綾羅《りょうら》 ⇩付録「漢字の筆順㉜隹」

**-ら**〘◇等〙（接尾）❶人を表す語や代名詞、また指示代名詞について、複数であること、また、ほかに同類のものがあることを表す。「子ども―」「彼《かれ》―」「田中さん―」「これ―」❷指示代名詞について、場所・方向、また人や物などを漠然《ばくぜん》と示す。「あち―」「ここ―」

**ラード**〔英 lard〕（名）ぶたの脂肪《しぼう》からつくった料理用のあぶら。

**ラーメン**〔中国 拉麺〕（名）中国風の麺《めん》をゆでてスープに入れ、チャーシュー・メンマなどをそえた食べ物。中華《ちゅうか》そば。

**らい【礼】**→れい（礼）

**らい【来】** 7画 二5 小2 〔來〕 音ライ 訓くる・きたる中・きたす中 一 ㄒ 亚 平 来 来
❶やってくる。◆来意・来観・来客・来航・来日《らいにち》・来賓《らいひん》・来訪 ◆遠来・往来・外来・去来・再来・伝来・到来《とうらい》・渡来《とらい》・舶来《はくらい》。❷これからさき。◆将来・未来。❸いままで。このかた。◆来歴 ◆以来・元来・旧来・古来・従来・爾来《じらい》・生来・本来・由来。❹次の。◆来月・来週・来春・来年

**らい【来】**❶（接頭）時を表す語について、「次の」「次にくる」の意を表す。「―学期」「―シーズン」❷（接尾）その時から今までずっと続いていることを表す。このかた。「昨年―」「十年―の友人」

**らい【雷】** 13画 雨5 音ライ 訓かみなり 一 ㄏ 币 雨 雷 雷
❶かみなり。◆雷雨・雷雲・雷光・雷神・雷電・雷鳴 ◆遠雷・春雷・万雷・避雷針《ひらいしん》・落雷。❷大爆発《だいばくはつ》をおこす兵器。◆雷管 ◆魚雷・地雷・水雷

**らい【頼】** 16画 頁9 〔賴〕 音ライ 訓たのむ・たのもしい・たよる 一 ㄇ 申 束 東 頼 頼
たのみにする。あてにする。たよる。◆依頼《いらい》・信頼

**らいい【来意】**（名）訪問した理由。「―を告げる」

**らいう【雷雨】**（名）雷鳴をともなって降る雨。

**らいうん【雷雲】**（名）雷《かみなり》をともなう雲。おもに積乱雲。

**らいえん【来援】**（名・他スル）助けに来ること。

**らいえん【来演】**（名・自スル）その土地に来て、劇をしたり音楽を聞かせたりすること。

**ライオン**〔英 lion〕（名）〘動〙ネコ科の哺乳《ほにゅう》動物。アフリカの草原やインドの一部にすむ猛獣《もうじゅう》。雄《おす》にはたてがみがある。百獣の王といわれる。しし。

**らいが**〘来◬駕〙（名・自スル）他人が自分の家をおとずれることを敬っていうことば。「ご―を待つ」

**らいかい【来会】**（名・自スル）会場に集まって来ること。会に出席すること。「―者」

**らいかん【来観】**（名・他スル）来て見物すること。

**らいかん【雷管】**（名）発火しやすい薬を金属の筒《つつ》に入れたもの。火薬に点火するのに使う。

**らいきゃく【来客】**（名）たずねて来た客。また、客がたずねて来ること。「―がある」「―中」

**らいぎょ【雷魚】**（名）〘動〙タイワンドジョウ科の魚。池や沼《ぬま》にすみ、ふなどの魚を食べる。

**らいげつ【来月】**（名）今月の次の月。

**らいこう【来光】**（名）→らいごう①

**らいこう【来校】**（名・自スル）学校へたずねて来ること。「―者」

**らいこう【来航】**（名・自スル）外国から船で来ること。「黒船―」

**らいこう【来貢】**（名・自スル）外国からの使者が贈《おく》り物を持って来ること。

**らいこう【雷光】**（名）いなびかり。いなずま。

**らいごう**〘来◇迎〙（名）❶高い山の頂上で見る日の出。来光。「ご―をおがむ」❷〘仏〙人が死ぬとき、仏や菩薩《ぼさつ》が現れて、極楽浄土《ごくらくじょうど》に導いて行くこと。

**らいさん【礼賛】**〘礼◬讚〙（名・他スル）❶ほめたたえること。❷仏をおがみ、その功徳《くどく》をたたえること。

**らいさんよう**〔頼山陽〕【人名】（一七八〇～一八三二）江戸《えど》時代後期の学者・詩人。「日本外史」などの歴史書を書いて尊皇《そんのう》思想をひろめた。また、詩にもすぐれ、漢詩集「日本楽府《がふ》」「山陽詩鈔《ししょう》」などがある。

**らいしゃ【来社】**（名・自スル）会社へたずねて来ること。「月曜日にご―ください」

**らいしゅう【来週】**（名）今週の次の週。次週。

**らいしゅう【来襲】**（名・自スル）おそって来ること。攻《せ》めて来ること。襲来。「敵機―」

**らいしゅん【来春】**（名）来年の春。らいはる。

**らいじょう【来状】**（名）よそから来た手紙。来信。来書。

**らいじょう【来場】**（名・自スル）その場所や会場にやって来ること。「多くの人が―する」

**らいしん【来信】**（名）よそから来た手紙。来状。

**らいしん【来診】**（名・他スル）医者が患者《かんじゃ》の家へ来て診察《しんさつ》すること。患者の側から言うことば。

**らいじん【雷神】**（名）雷《かみなり》をおこすという神。

**らいしんし【頼信紙】**（名）むかし、電報を打つとき、電文を書いた規定の用紙。

**ライス**〔英 rice〕（名）米。ご飯。

**ライス-カレー**〔和製英語〕（名）→カレー②。▽rice と curry から。

**らいせ【来世】**（名）〘仏〙三世《さんぜ》の一つ。死んでから生まれ変わるという世界。あの世。⇩ぜんせ・げんせ

**ライセンス**〔英 license〕(名) ❶免許《めんきょ》。免許証。❷輸出入などの取り引き許可。また、特許や商標などを他の者が使用することへの許可。「—契約《けいやく》」

**ライター**〔英 lighter〕(名) たばこに火をつける器具。

**ライター**〔英 writer〕(名) 著述家。作者。文章を書くことを仕事としている人。「シナリオ—」

**らいだん【来談】**(名・自スル) 来て話をすること。

**ライチ**(名)《植》ムクロジ科の常緑高木。中国南部原産。果実は小さく球形で、うろこのような皮は赤く熟する。白い果肉は水分を多く含《ふく》み、甘《あま》みがある。荔枝《れいし》。ライチー。参考「荔枝」の中国音から。

**らいちょう【来朝】**(名・自スル) 外国人が日本に来ること。類来日・訪日《ほうにち》

**らいちょう【来聴】**(名・自スル) 講演や音楽などを聞きに来ること。「ご—をお待ちしています」

**らいちょう【雷鳥】**(名)《動》ライチョウ科の鳥。日本アルプスにすみ、羽毛は冬は白く、夏は黄や黒のぶちになる。特別天然記念物。

(雷鳥)

**らいてん【来店】**(名・自スル) 店に来ること。

**らいでん【雷電】**(名) 雷《かみなり》といなずま。

**ライト**〔英 light〕(名) ❶光。光線。❷灯火。照明。「スポット—があたる」❸色などが明るいこと。「—ブルー」❹軽いこと。「—級のボクサー」

**ライト**〔英 right〕(名) ❶右。「—ウイング」❷野球で、外野の右のほう。また、そこを守る人。右翼《うよく》。右翼手。(対レフト)

**ライト-アップ**〔英 light up〕(名・他スル) 景観《けいかん》を楽しむために、夜間、照明を使って建造物などを明るく浮《う》かび上がらせること。

**らいどう【雷同】**(名・自スル) 自分の考えがなく、すぐに人の意見に同意すること。「付和—」

**ライト-ノベル**〔和製英語〕(名) アニメ風のイラストを用い、会話文を多用して読みやすく書かれた、若者向けの小説。▽light と novel から。

**ライト-バン**〔和製英語〕(名) 運転席と荷台とが一体となっている小型の貨客兼用車《けんようしゃ》。▽light と van から。

**ライナー**〔英 liner〕(名) ❶野球で、高く上がらずに一直線にするどく飛ぶ打球。「ピッチャー—」❷定期船。定期航空機。定期列車。❸取り外しできる、コートの裏地。

**らいにち【来日】**(名・自スル) 外国人が日本に来ること。類来朝・訪日《ほうにち》。対離日《りにち》

**らいねん【来年】**(名) 今年の次の年。明年《みょうねん》。

**来年のことを言《い》うと鬼《おに》が笑《わら》う** 将来を予測することの難しさや、甘《あま》い見通しをたてていることのおろかしさをたとえていったことば。

**らいはい【礼拝】**(名・他スル) 神仏をおがむこと。「—堂」参考主として仏教でいい、キリスト教などでは「れいはい」という。

**らいはる【来春】**(名) 来年の春。らいしゅん。

**ライバル**〔英 rival〕(名) 力量が同程度の、たがいに競いあう相手。好敵手。「—意識をもつ」

**らいひん【来賓】**(名) 式や会などに、客としてまねかれて来た人。「—の祝辞」

**ライフ**〔英 life〕(名) ❶いのち。生命。「—セーバー」❷一生。「—ワーク」❸生活。「キャンパス—」

**ライブ**〔英 live〕(名) 生《なま》放送。生演奏。「—ハウス」「—盤《ばん》」

**ライフ-サイクル**〔英 life cycle〕(名) ❶人の一生をいくつかの段階に分けてとらえたもの。❷生物が生まれてから死ぬまでの過程。❸商品が発売されてから、売れなくなるまでの過程。

**ライフスタイル**〔英 lifestyle〕(名) ❶生活様式。生活のしかた。❷その人が自分の考えに基づいて確立した生き方。人生の過ごし方。「独自の—」

**ライフセーバー**〔英 lifesaver〕(名) 海水浴場などで水難事故の救助にあたる人。水難救助員。

**ライフライン**〔英 lifeline〕(名) 生活に欠かせない電気・水・ガスの供給路、通信・輸送網《ゆそうもう》など。生命線。「都市の—を災害から守る」

**ライブラリー**〔英 library〕(名) ❶図書館。書庫。❷図書。蔵書。❸双書《そうしょ》。

**ライフル**〔英 rifle〕(名) たまに回転をあたえてまっすぐに飛びやすくするために、銃身《じゅうしん》の内側にらせん状のみぞをつけた小銃。ライフル銃。「—射撃《しゃげき》」

**ライフワーク**〔英 lifework〕(名) 人が一生をかけて行う仕事や研究。「—を完成させた」

**らいほう【来訪】**(名・自スル) 人がたずねて来ること。「—者」

**ライむぎ【ライ麦】**(名)《植》イネ科の一年草、または越年草《えつねんそう》。日本では北海道で栽培《さいばい》。種子は黒パンの原料。麦の一種。黒むぎ。▽ライは、英 rye

**らいめい【雷名】**(名) ❶世間に広く知られている高い評判・名声。「—をとどろかす」❷(「ご雷名」の形で)相手の名声を敬っていう語。「ご—はかねがね伺《うかが》っております」

**らいめい【雷鳴】**(名) 雷《かみなり》の鳴る音。

**らいらく【△磊落】**(名・形動ダ) 心が大きく、細かいことにこだわらないこと。「豪放《ごうほう》—な性格」

**ライラック**〔英 lilac〕(名)《植》モクセイ科の落葉低木。庭園に植えられる。春、赤紫《あかむらさき》色のかおりのよい花がむらがって咲《さ》く。むらさきはしどい。リラ。

**らいれき【来歴】**(名) 物事が今まで経て来た歴史。由緒《ゆいしょ》。「故事—」類由来

**ライン**〔英 line〕(名) ❶細長いすじ。線。「—を引く」「アンダー—」❷列。行。❸航路。航空路。「エアー—」❹水準。レベル。「合格—」

**ラインアップ**〔英 line-up〕(名) ❶野球で、打撃《だげき》の順序。❷顔ぶれ。ひとまとまりの品物。「役員の—」「商品—」参考「ラインナップ」ともいう。

**ライン-ダンス**〔和製英語〕(名) 大勢の踊《おど》り子が一列に並んで踊るダンス。▽line と dance から。

**ラウドスピーカー**〔英 loudspeaker〕(名) 拡声器。

**ラウンジ**〔英 lounge〕(名) ホテルなどで、くつろげるようにソファーなどの置いてある談話室。休憩《きゅうけい》室。

**ラウンド**〔英 round〕(名) ❶ボクシングなどの試合の回。「第三―」❷ゴルフで、コースを一回りすること。

**ラオス**〔Laos〕[地名]インドシナ半島中央部にある人民民主共和国。首都はビエンチャン。

**ラガー**〔英 rugger〕(名) ラグビー。また、その選手。

**らかん【羅漢】**(名)〘仏〙さとりを開き、徳のそなわった人。小乗仏教の修行者の最高の位。阿羅漢《あらかん》。

**らがん【裸眼】**(名) めがねなどをかけないときの目。「―の視力は〇・二だ」

**らぎょうへんかくかつよう**【ラ行変格活用】(名)〘文法〙文語動詞の活用の一種。語尾が「ら・り・り・る・れ・れ」と活用する。「あり」「をり」「はべり」「いまそかり」の四語。ラ変。⇩付録「動詞活用表」

**らく【絡】** 12画 糸6 音 ラク 訓 からむ高・からまる高・からめる高

❶つなぎ合わせる。つながる。◆短絡・連絡。❷からまる。まといつく。まるめこむ。◆籠絡《ろうらく》

**らく【落】** 12画 艹9 小3 音 ラク 訓 おちる・おとす

❶おちる。おとす。◆落差・落日《らくじつ》・落石・落馬・落盤《らくばん》・落雷《らくらい》・落下◆陥落《かんらく》・下落・墜落《ついらく》・転落・崩落《ほうらく》。❷おちぶれる。◆落伍《らくご》・落魄《らくはく》◆堕落《だらく》・凋落《ちょうらく》・没落《ぼつらく》・零落《れいらく》。❸ぬけおちる。もれおちる。◆落選・落第◆欠落・脱落《だつらく》。❹できあがる。きまりがつく。◆落成・落着。❺人家の集まっている所。◆群落・集落・村落

**らく【楽】**→がく(楽)

**らく【楽】** 一 (名・形動ダ) ❶つらいことがなく、心身がくつろいだ状態であること。特に、金銭的に豊かなこと。「―な姿勢」「―隠居《いんきょ》」「親に―をさせる」対苦 ❷たやすいこと。容易なこと。「―な試験」「―をして稼《かせ》ぐ」

二 (名)「千秋楽」の略。

**楽あれば苦《く》あり** 楽なことがあれば、あとには苦労がある。世の中はいいことばかりではない。

**楽は苦《く》の種《たね》苦《く》は楽《らく》の種《たね》** 楽は苦を生む種であり、苦は楽を生む種である。楽だからとゆだんをするな、また、苦しくても希望を捨てずにたえしのべばいいことがある、という教え。

**らく【酪】** 13画 酉6 音 ラク

牛・羊などの乳から作った食品。バター、チーズなど。◆酪農◆乾酪《かんらく》・牛酪・乳酪

**らくいちらくざ【楽市楽座】**(名)〘歴〙戦国・安土桃山《あづちももやま》時代、城下町の発展をはかって市や座の特権をなくし、自由に商売ができるようにしたこと。

**らくいん〘△烙印〙**(名) 火で熱く焼いて物に押《お》す、金属製の印。焼き印。

**烙印を押《お》される** ぬぐい去ることのできない悪い評判を受ける。「裏切り者の―」

**らくいん〘落△胤〙**(名) 身分の高い人が、正妻以外の女性にひそかに生ませた子。「将軍のご―」

**らくえん【楽園】**(名) 苦しみがなく、楽しみにみちあふれた場所。パラダイス。「この世の―」類楽土

**らくがい〘△洛外〙**(名) 京都の郊外《こうがい》。対洛中

**らくがき【落書き】**(名・自他スル) 書くべきではないところにいたずら書きをすること。また、その書いたもの。

**らくがん〘落△雁〙**(名) ❶連なって、空から地上におりようとするがん。❷麦こがしなどに砂糖と水あめをまぜて型に入れてかためた干菓子《ひがし》。

**らくご〘落△伍・落後〙**(名・自スル) 仲間や集団からおくれ、ついて行けなかったり、取り残されたりすること。「―者」類脱落《だつらく》

**らくご【落語】**(名) 演芸の一つ。こっけいな話で聞き手を笑わせ、最後に「落ち」のあるもの。「―家」

**らくさ【落差】**(名) ❶水が流れ落ちるときの、高低二か所の水面の高さの差。「滝《たき》の―」❷二つの物事の高低の差。へだたり。「世代による価値観の―が大きい」

**らくさつ【落札】**(名・自他スル) 入札した結果、その品物や権利を手に入れること。「名画を―する」

**らくじつ【落日】**(名) しずもうとしている太陽。入り日。夕日。「美しい―」

**らくしゅ【落手】**(名・他スル) 手紙・品物などを受けとること。手に入れること。「お便り―しました」

**らくしゅ【落首】**(名) むかし、作者の名をかくして、世の中や人物を風刺《ふうし》した狂歌《きょうか》や狂句。

**らくしょ【落書】**(名) ❶むかし、社会やある人物などを風刺《ふうし》して、ひそかに人目につきやすい所へはりつけたり、道に落としておいたりした書き物。❷らくがき。

**らくしょう【楽勝】**(名・自スル) 競技などで、苦労しないでたやすく勝つこと。対辛勝《しんしょう》

**らくじょう【落城】**(名・自スル) 敵に城を攻《せ》め落とされること。類陥落《かんらく》

**らくせい【落成】**(名・自スル) 工事が終わり、建造物ができあがること。「体育館の―式」類竣工《しゅんこう》

**らくせき【落石】**(名・自スル) 山の上やがけなどから石が落ちること。また、その石。「―注意」

**らくせん【落選】**(名・自スル) ❶展覧会などで選にもれること。「美術展に―する」対入選。❷選挙に落ちること。「次点で―した」対当選

**らくだ〘△駱△駝〙**(名) ❶〘動〙ラクダ科の哺乳《ほにゅう》動物。背中に脂肪《しぼう》をたくわえた大きなこぶがある。アジア・アフリカの砂漠《さばく》にすみ、砂漠の交通に使われる。毛は織物に使う。❷①の毛で織った織物。

**らくだい【落第】**(名・自スル) ❶試験に通らないこと。「六〇点以下は―です」対及第《きゅうだい》。❷成績などが悪くて上の学年にあがれないこと。「―生」❸一定の基準に達しないこと。「監督《かんとく》としては―だ」

**らくたん【落胆】**(名・自スル) ひじょうにがっかりすること。力を落とすこと。気おち。失望。

**らくちゃく【落着】**(名・自スル) 事件などの決着がつくこと。「一件―」類決着

**らくちゅう〘△洛中〙**(名) 京都の市内。洛内。対洛外

**らくちょう【落丁】**(名) 本のページが一部分抜《ぬ》け落ちていること。「―本」

**らくてんか【楽天家】**(名) 物事を明るくよいほうに

考えて、くよくよ心配しない人。オプチミスト。

**らくてんてき【楽天的】**（形動ダ）〔ダロ・ダッ(デ・ニ)・ダ・ナ・ナラ・○〕人生を明るくよいほうに考えて、くよくよしないようす。のんきなようす。「—な考え方」

**らくど【楽土】**（名）苦しみがなく、楽しく暮らせる所。「王道—（=理想的な政治によって治められている平和な国土）」類楽園

**らくのう【酪農】**（名）牛・羊などを飼って乳をとったり、加工してバター・チーズなどを作ったりする農業。

**らくば【落馬】**（名・自スル）乗っている馬から落ちること。「騎手《きしゅ》が—する」

**らくはく【落△魄】**（名・自スル）おちぶれること。「—の身」類零落《れいらく》

**らくばん【落盤】【落△磐】**（名・自スル）炭鉱や鉱山などの坑内《こうない》で、天井《てんじょう》やまわりの岩石がくずれ落ちること。「—事故」

**ラグビー**〔英 rugby〕（名）一五人ずつ二組に分かれ、持って走ったりけったりして敵陣《てきじん》に進めた楕円《だえん》形のボールをゴール内に手でつけるなどして、得点を争うスポーツ。ラガー。ラ式蹴球《しゅうきゅう》。七人制のものもある。

**らくめい【落命】**（名・自スル）思いがけない災難などで死ぬこと。「事故で—する」

**らくやき【楽焼き】**（名）❶手で形をつくり、低い温度で焼いた陶器《とうき》。❷素焼きに客が絵などをかいて、店先で短い時間に焼きあげるもの。

**らくよう【落葉】**（名・自スル）木の葉が落ちること。また、その葉。おちば。「—の季節」

**らくよう**〔洛陽〕❶［地名］中国、河南省の西部にある古都。❷（名）都。特に、京都のこと。

**洛陽の紙価《しか》を高《たか》める** 本の評判が高くて、売れ行きがひじょうによいことのたとえ。

故事中国の晋《しん》の時代、洛陽の左思《さし》が作った「三都の賦《ふ》」が名文だったので、その文を写すために人びとが争って紙を買い、洛陽の紙のねだんが高くなったということから出たことば。〈晋書《しんじょ》〉

**らくようじゅ【落葉樹】**（名）〘植〙秋に葉が落ち、春に新芽をふく樹木。梅・いちょうなど。対常緑樹

**らくらい【落雷】**（名・自スル）雷《かみなり》が落ちること。

**らくらく【楽楽】**（副）❶苦労がなく気楽なようす。「—（と）暮らす」❷きわめてたやすくできるようす。「—（と）解ける問題」

**らくるい【落涙】**（名・自スル）なみだを流すこと。

**ラクロス**〔英 lacrosse〕（名）先端《せんたん》にネットをつけたスティックを使ってボールを運び、相手ゴールに入れ、点数を競《きそ》う競技。二チームに分かれ、一チームあたり男子は一〇人、女子は一二人で行う。

**ラケット**〔英 racket〕（名）テニス・卓球《たっきゅう》・バドミントンなどで、球を打つ用具。

**-らし・い**（接尾）（名詞や形容詞・形容動詞の語幹などについて形容詞を作り）「…にふさわしい」「いかにも…と感じられる」の意を表す。「子ども—」「いや—」

**らしい**（助動）〔○・ラシク(ラシカッ)・ラシイ・ラシイ・(ラシケレ)・○〕ある情報や状況《じょうきょう》を根拠《こんきょ》に推定する意を表す。…のようだ。「外は雨—」文法動詞・形容詞・助動詞の終止形、形容動詞の語幹、名詞、助詞につく。

**ラジウム**〔ドイツ Radium〕（名）〘化〙金属元素の一つ。銀白色で重く、広く岩石や温泉などにふくまれ、強い放射線を出す。一八九八年キュリー夫妻が発見。医療《いりょう》や理化学の研究に使う。元素記号 Ra

**ラジエーター**〔英 radiator〕（名）❶暖房《だんぼう》装置の放熱器。❷自動車のエンジンの冷却器《れいきゃくき》。

**ラジオ**〔英 radio〕（名）❶放送局から電波で音声を送り出し、ニュース・音楽・スポーツなどを多くの人びとに伝えるもの。❷①の電波を受信する装置。

**ラジオゾンデ**〔ドイツ Radiosonde〕（名）〘物〙電波を利用して大気上層部の気圧・気温・湿度《しつど》などを測る器械。気球などにつけて飛ばして測定する。

**ラジカセ**（名）ラジオとカセットテープレコーダーがいっしょになったもの。

**ラジカル**〔英 radical〕（形動ダ）〔ダロ・ダッ(デ・ニ)・ダ・ナ・ナラ・○〕過激なようす。急進的なようす。ラディカル。「—な思想」

**ラジ-コン**（名）❶（「ラジオコントロール」の略）無線によって、離《はな》れたところから機械を操作すること。▽英 radio control から。❷自動車や飛行機の模型を、無線操縦で動かす玩具《がんぐ》。（商標名）

**らししょくぶつ【裸子植物】**（名）〘植〙種子植物のうち、めしべが子房《しぼう》をもたず、胚珠《はいしゅ》がむき出しになっているもの。いちょう・松など。対被子《ひし》植物

**ラシャ**〘×羅紗〙〔ポルトガル raxa〕（名）地《じ》が厚く、目の細かい毛織物の一種。

**らしょうもん**〔羅生門〕［作品名］芥川龍之介《あくたがわりゅうのすけ》の短編小説。一九一五（大正四）年作。「今昔《こんじゃく》物語集」に取材し、荒れ果てた都を舞台に人間の利己心をするどく追究している。

冒頭文ある日の暮方《くれがた》の事である。一人の下人が、羅生門の下で雨やみを待っていた。広い門の下には、この男のほかに誰《だれ》もいない。ただ、所々丹塗《にぬり》の剝《は》げた、大きな円柱《まるばしら》に、蟋蟀《きりぎりす》が一匹《いっぴき》とまっている。

**らしん【裸身】**（名）はだかのからだ。はだか。裸体。

**らしんばん【羅針盤】**（名）磁石が南北をさす性質を利用して、船や航空機の進む方角を測る器械。羅針儀《らしんぎ》。コンパス。

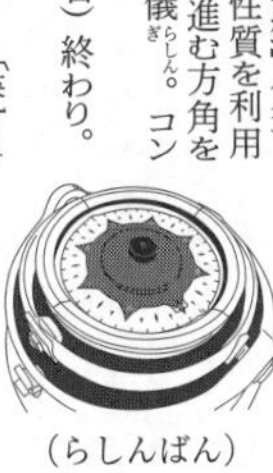

（らしんばん）

**ラスト**〔英 last〕（名）終わり。最後。「—シーン」

**ラスト-スパート**〔英 last spurt〕（名）競走・競泳などで、ゴール近くで全力を出すこと。転じて、最後のがんばり。「—をかける」

**らせん【△螺旋】**（名）❶巻き貝の殻《から》のようにぐるぐるねじれて回っていること。「—階段」❷ねじ。

**らぞう【裸像】**（名）（彫刻《ちょうこく》・絵などの）はだかの人の像。

**らたい【裸体】**（名）はだか。裸身。

**らち**〘△埒〙（名）❶馬場の周囲にめぐらした囲い。❷物事のくぎり。こえられない限度。「—をこえる」

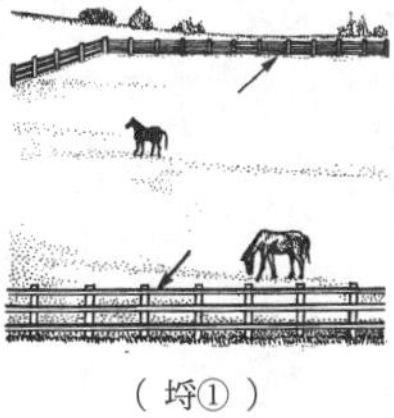

（埒①）

**らちが明《あ》かない** 物事のきまりがつかない。かたづかない。「いつまで言い合っても―」

**らちもない** とりとめがない。しまりがない。「―話」

**らち【拉致】**（名・他スル）むりやりに連れて行くこと。らっち。「犯人に―される」

**らちがい**『△埒外』（名）決まった範囲《はんい》のそと。「―の行動」

**らつ【辣】** 14画 辛7 音ラツ 辛 辣

❶からい。◆辣韮《らっきょう》。❷きびしい。はげしい。むごい。◆辣腕《らつわん》◆悪辣・辛辣《しんらつ》

**らっか【落下】**（名・自スル）高い所から落ちること。

**らっか【落花】**（名）散り落ちる花。また、散って落ちた花。「―狼藉《ろうぜき》（＝物が散り乱れたようす）」

**ラッカー**〔英 lacquer〕（名）繊維素《せんいそ》や合成樹脂《じゅし》の溶液《ようえき》に顔料《がんりょう》を加えた速乾性の塗料《とりょう》。

**らっかさん【落下傘】**（名）飛行中の航空機などから人や物資をおろすとき、かさのように開いて落下をゆるやかにする用具。パラシュート。

**らっかせい【落花生】**（名）〔植〕マメ科の一年草。夏から秋にかけて黄色い花が咲《さ》いたあと、子房《しぼう》が土の中にのび、殻《から》のついた実ができる。油を取ったり、いって食用としたりする。なんきんまめ。ピーナッツ。

**らっかん【落款】**（名）かいた書画に筆者が名前を書いたり印を押《お》したりすること。また、その署名や印。

**らっかん【楽観】**（名・他スル）すべて物事がうまくゆくと考えること。成り行きに明るい見通しをもつこと。「将来を―する」…的「楽観的な見方」対悲観

**ラッキー**〔英 lucky〕（名・形動ダ）運のよいこと。幸運。「―なめぐりあわせ」対アンラッキー

**ラッキー-セブン**（名）野球で、得点しやすいといわれる七回の攻撃《こうげき》。▽英 lucky seventh から。

**らっきょう**『辣△韮』（名）〔植〕ヒガンバナ科の多年草。秋、紅紫《こうし》色の小花が咲《さ》く。鱗茎《りんけい》は食用。

**ラック**〔英 rack〕（名）棚《たな》。物をおいたりしまったりするための台。「マガジン―」

**らっけい【落慶】**（名）神社・仏閣《ぶっかく》などの工事が完成した祝い。「―法要」

**ラッコ**『◇猟虎』〔アイヌ rakko〕（名）〔動〕イタチ科の哺乳《ほにゅう》動物。体形はかわうそに似るが、尾《お》は短く足はひれ状。北太平洋にすむ。

（ラッコ）

**ラッシュ**〔英 rush〕一（名・自スル）突進《とっしん》すること。また、ボクシングなどではげしく攻撃《こうげき》すること。二（名）❶多くの人や物事が一時に集まったり起こったりすること。殺到《さっとう》すること。「帰省―」❷「ラッシュアワー」の略。「通勤―」

**ラッシュ-アワー**〔英 rush hour〕（名）通勤・通学客などで乗り物がこみあう朝夕の時間帯。

**らっ・する**『◇拉する』（他サ変）{シ(セ・サ)・シ・スル・スル・スレ・シロ(セヨ)} むりに連れて行く。拉致《らち》する。

**ラッセルしゃ【ラッセル車】**（名）線路に積もった雪を取り除く、雪かきを前のほうにつけた機関車。参考 考案者のアメリカ人ラッセル（Russel）の名から。

**らっぱ**『△喇△叭』（名）〔音〕金管楽器の総称《そうしょう》。吹《ふ》く部分が細く、先のほうが太く開いている。

**らっぱを吹《ふ》く** 大げさなことを言う。ほらを吹く。

**らっぱのみ【らっぱ飲み】**『△喇△叭飲み』（名）びんに直接口をつけて、そのまま中の液体を飲むこと。

**ラッピング**〔英 wrapping〕（名・他スル）包むこと。特に、商品を贈答《ぞうとう》用に美しく包装すること。

**ラップ**〔英 lap〕（名）→ラップタイム

**ラップ**〔英 rap〕（名）〔音〕音楽のリズムにのせ、韻《いん》を踏《ふ》んだ歌詞を語るように歌うもの。一九七〇年代、アメリカの黒人の若者の間で生まれ、広まった。

**ラップ**〔英 wrap〕（名・他スル）❶包むこと。❷食品包装に用いる、薄《うす》く透明《とうめい》なポリエチレン製の膜《まく》。

**ラップ-タイム**〔英 lap time〕（名）競走・競泳などで、一定区間ごとにはかった所要時間。ラップ。「―をはかる」

**らつわん【辣腕】**（名）物事をてきぱきとかたづける能力。すごうで。「―家」「―をふるう」

**ラディカル**（形動ダ）{ダロ・ダッ(デ・ニ)・ダ・ナ・ナラ・○} →ラジカル

**ラテン**〔英 Latin〕（名）❶ラテン語。❷ラテン民族。おもに南ヨーロッパに住んでいる民族で、フランス人・イタリア人・スペイン人・ポルトガル人・ルーマニア人など。

**らでん**『△螺△鈿』（名）貝殻《かいがら》の真珠《しんじゅ》色に輝《かがや》く部分をさまざまな形に切り、漆器《しっき》などの表面にはめこんで装飾《そうしょく》としたもの。

**ラテン-アメリカ**〔Latin America〕［地名］メキシコから南の中央アメリカ・南アメリカ諸国をいう。ラテン系言語が使われているのでこう呼ばれる。中南米。

**ラテンおんがく【ラテン音楽】**（名）〔音〕ラテンアメリカ諸国で行われる音楽の総称《そうしょう》。タンゴ・ルンバ・マンボ・サンバなど。▽ラテンは、英 Latin

**ラテンご【ラテン語】**（名）インドヨーロッパ語族に属し、古代ローマで使われた言語。現在は学術用語などに使われる。▽ラテンは、英 Latin

**ラトビア**〔Latvia〕［地名］ヨーロッパ北部、バルト海に面する共和国。首都はリガ。

**ラ-ニーニャ**〔スペイン La Niña〕（名）〔天〕（少女の意）太平洋の日付変更線よりも東側の赤道付近で、海面水温が平年より低くなる現象。世界中で異常気象が起こる一因とされる。⇩エルニーニョ

**らぬきことば【ら抜き言葉】**（名）〔文法〕動詞に、「可能」を表す助動詞「られる」のついた「食べられる」「見られる」などのことばから、「ら」の音が抜け落ちた「食べれる」「見れる」などの言い方。⇩られる「文法」

**らば**『△騾馬』（名）〔動〕雌《めす》の馬と雄《おす》のろばとの間にできた雑種。馬より小さいが、じょうぶで力が強いので、物を運んだり、人を乗せたりするのに使われる。

**ラバ**〔英 lava〕（名）〔地質〕溶岩《ようがん》。

**らふ【裸婦】**（名）はだかの女性。「―像」

**ラフ**〔英 rough〕（形動ダ）{ダロ・ダッ(デ・ニ)・ダ・ナ・ナラ・○} ❶物の目などがあらい。物の表面がざらざらしている。「―な布」❷あらっぽい。おおざっぱである。「―プレー」「―案」❸服装などが形式ばらないようす。「―な服装」

**ラブ**〔英 love〕（名）愛情。恋愛《れんあい》。「―レター」

**ラフカディオ＝ハーン**〔Lafcadio Hearn〕［人名］→こいずみやくも

**ラブ-シーン**〔英 love scene〕(名) 映画や劇などで、キスや抱擁《ほうよう》などの愛情表現の場面。

**ラプソディー**〔英 rhapsody〕(名)〘音〙形式にとらわれない、自由ではなやかな楽曲。狂詩曲《きょうしきょく》。

**ラブ-レター**〔英 love letter〕(名) 恋《こい》する気持ちを書きつづった手紙。恋文《こいぶみ》。

**ラベル**〔英 label〕(名) 商品名や内容などを書いて品物にはりつける紙。レッテル。「―をはる」

**らへん【ラ変】**(名)〘文法〙「ラ行変格活用」の略。

**ラベンダー**〔英 lavender〕(名)〘植〙シソ科の常緑小低木。夏にいいかおりの青紫《あおむらさき》の小花が咲《さ》き、香水《こうすい》などの原料になる。地中海地方原産。

**ラボ**〔英 lab〕(名) ❶(「ラボラトリー」の略)実験室。研究室。❷写真のフィルムを現像する部屋。❸↓エルエル。参考 lab は、英 laboratory の短縮形。

**ラマ**〔英 llama〕(名)〘動〙ラクダ科の哺乳《ほにゅう》動物。南アメリカにすむ。らくだに似ているが小形でこぶはない。アメリカらくだ。

**ラマきょう【ラマ教】**〘×喇嘛-教〙(名) 七世紀、インドからチベットに伝わった仏教の一派。チベットやモンゴル地方に行われる。▽ラマは、チベット bla ma

**ラマダン**〔アラビア Ramaḍān〕(名) イスラム暦《れき》(=イスラム教諸国で使われる太陰暦)の第九月。信者はこの期間、日の出から日没まで断食《だんじき》を行う。ラマダーン。

**ラム**〔英 lamb〕(名) 子羊。また、子羊の肉や毛。

**ラムしゅ【ラム酒】**(名) さとうきびの糖蜜《とうみつ》を発酵《はっこう》させてつくる、アルコール度数の高い蒸留酒。強い芳香《ほうこう》がある。▽ラムは、英 rum

**ラムネ**(名) 炭酸ガスをとかした水に、味・香り・色をつけた飲み物。▽英 lemonade から。

**ラリー**〔英 rally〕(名) ❶テニス・卓球《たっきゅう》・バレーボールなどで、たまの打ち合いが続くこと。「―の応酬《おうしゅう》」❷自動車の耐久《たいきゅう》競走。

**ラルゴ**〔イタリア largo〕(名)〘音〙楽曲の速度を示すことば。「はば広くゆるやかに」の意。アダージョよりおそい。

**られつ【羅列】**(名・自他スル) ずらりとならべること。また、ずらりとならぶこと。「特徴《とくちょう》を―する」

**られる**(助動)〔ラレ・ラレ・ラレル・ラレル・ラレレ・ラレロ(ラレヨ)〕❶受け身を表す。「子どもに教え―」❷可能を表す。「好きなだけ食べ―」❸自発(自然にそうなる意)を表す。「家のことが案じ―」❹尊敬を表す。「先生が来《こ》―」文法 五段・サ変以外の動詞および助動詞「せる」「させる」の未然形につく。②③④の場合には命令形がない。②で、「借りれる」「来《こ》れる」「着れる」など、「ら」抜きの言い方があるが、「借りられる」「来られる」「着られる」とするのが、本来の用法。⇩れる

**ラワン**〔タガログ lauan〕(名)〘植〙フタバガキ科の常緑大高木の総称《そうしょう》。東南アジアの熱帯降雨林をつくる代表的樹木。材は建築・家具用などに広く用いる。

**らん【乱】** 7画 乚6 小6 〔亂〕 音 ラン 訓 みだれる・みだす

❶みだれる。みだす。◆乱雲・乱行《らんぎょう》・乱雑・乱心・乱世・乱戦・乱調・乱闘《らんとう》・乱暴 ◆一心不乱・狂乱《きょうらん》・混乱・錯乱《さくらん》・散乱・紊乱《びんらん》。❷世のみだれ。いくさ。◆戦乱・騒乱《そうらん》・動乱・内乱・反乱。❸むやみにする。みだりにする。◆乱射・乱造・乱読・乱売・乱伐《らんばつ》・乱発・乱用・乱立。類 濫《らん》

**らん【乱】**(名) いくさなどで世の中が乱れること。「保元《ほうげん》の―」「治《ち》にいて―を忘れず」

**らん【卵】** 7画 卩5 小6 音 ラン 中 訓 たまご

たまご。◆卵黄《らんおう》・卵殻《らんかく》・卵子・卵巣《らんそう》・卵白 ◆鶏卵《けいらん》・産卵・排卵 ⇩付録「漢字の筆順(30)卵」

**らん【卵】**(名)〘生〙↓らんし(卵子)

**らん【覧】** 17画 見10 小6 〔覽〕 音 ラン

よくみる。ひろくみる。◆一覧・閲覧《えつらん》・回覧・観覧・高覧・巡覧《じゅんらん》・笑覧・上覧・天覧・展覧会・博覧・便覧《べんらん・びんらん》・遊覧 ⇩付録「漢字の筆順(11)巨〔臣〕」

**らん【濫】** 18画 氵15 音 ラン

❶あふれる。◆氾濫《はんらん》。❷みだりに。むやみにする。◆濫獲《らんかく》・濫作・濫造・濫読・濫伐《らんばつ》・濫発・濫費・濫用。類 乱 ⇩付録「漢字の筆順(11)巨〔臣〕」

**らん【藍】** 18画 艹15 音 ラン 高 訓 あい

あい。青い染料をとる草の名。また、濃《こ》い青色。あい色。◆藍綬褒章《らんじゅほうしょう》・藍碧《らんぺき》 ◆出藍 ⇩付録「漢字の筆順(11)巨〔臣〕」

**らん【欄】** 20画 木16 〔欄〕 音 ラン

❶てすり。◆欄干《らんかん》 ◆高欄。❷かこい。紙面などで線にかこまれている部分。◆欄外 ◆空欄

**らん【欄】**(名) ❶印刷物の紙面で、罫線《けいせん》でかこまれている部分。「答えを書く―」❷新聞・雑誌などで、ある特定の記事をのせる部分。「投書―」

**らん**〘△蘭〙(名)〘植〙ラン科植物の総称《そうしょう》。種類が多く、二万種以上が知られている。美しくて香りのよい花を持つものが多く、観賞用に栽培《さいばい》される。

**ラン【LAN】**(名)(英 local area network の略)同じ建物の中や敷地《しきち》内など、限られた区域に設けられる情報通信網《もう》。「無線―」

**らんうん【乱雲】**(名) ❶速い風に吹《ふ》かれてみだれとぶ雲。❷〘天〙乱層雲《らんそううん》。

**らんおう【卵黄】**(名) 卵の黄色いところ。卵の黄身。脂肪《しぼう》・たんぱく質に富む。対 卵白

**らんがい【欄外】**(名) 本や印刷物の、本文の周囲のあいているところ。紙面の枠《わく》やしきりの外。

**らんかく【卵殻】**(名) 卵のから。

**らんかく【乱獲・濫獲】**(名・他スル) 魚・獣《けもの》・鳥などをやたらにとること。「―をとりしまる」

**らんがく**〘△蘭学〙(名) 江戸《えど》時代の中ごろから、オランダ語を通じて行われた西洋の学問。オランダ語の書物で医学・天文学などを研究した。

**らんがくことはじめ**〔蘭学事始〕〔作品名〕杉田玄白《すぎたげんぱく》の書いた蘭学に関する回想記。一八一五

（文化一一）年の作。「解体新書」を作ったときの苦心談を中心に述べられている。蘭東事始。

**らんかん【卵管】**（名）〘生〙卵巣《らんそう》から排出《はいしゅつ》された卵子を子宮に送る管《くだ》。輸卵管。

**らんかん【欄干】**（名）人が落ちないように、また、かざりのために、橋・階段などのふちに作ったてすり。

**らんぎょう【乱行】**（名）行いの乱れること。乱暴なふるまい。ふしだらな行い。「一の限りをつくす」

**らんきりゅう【乱気流】**（名）大気の不規則な流れ。航空機の飛行に悪影響《あくえいきょう》をおよぼす。

**ランキング**〔英 ranking〕（名）成績や強さの順位。「世界一第一位」

**ランク**〔英 rank〕（名・他スル）順位・等級をつけること。また、その順位・等級。「五位に一される」

**らんぐいば【乱ぐい歯】**〘乱△杭歯・乱△杙歯〙（名）歯ならびの悪い歯。

**らんけい【卵形】**（名）たまごのような形。たまごがた。

**らんご**〘△蘭語〙（名）オランダ語。

**らんこうげ【乱高下】**（名・自スル）相場などが、はげしく上がったり下がったりすること。「株価が一する」

**らんさく【乱作・濫作】**（名・他スル）作品をやたらに多く作ること。「くだらない小説を一する」

**らんざつ【乱雑】**（名・形動ダ）乱れてまとまりのないこと。「一な部屋」「文字が一だ」

**らんし【卵子】**（名）〘生〙雄《おす》と雌《めす》の二つによってふえていく動植物の、雌の生殖器《せいしょくき》内にできる細胞《さいぼう》。卵《らん》。対精子

**らんし【乱視】**（名）目の角膜《かくまく》などのゆがみのため、ものがゆがんだり二重になったりして見えること。

**ランジェリー**〔フランス lingerie〕（名）女性用の下着類や薄手《うすで》の部屋着。

**らんしゃ【乱射】**（名・他スル）ねらいをさだめないで、むやみに銃《じゅう》などをうつこと。「ピストルを一する」

**らんじゅく**〘△爛熟〙（名・自スル）❶果物などが熟し過ぎること。❷物事がじゅうぶんに発達・成熟しきってしまうこと。「一期」「一した文化」

**らんしょ**〘△蘭書〙（名）オランダ語で書かれた書物。オランダの書物。

**らんしょう**〘濫△觴〙（名）物事の始まり。起源。「写真技術の一」

**らんしん【乱心】**（名・自スル）心が乱れ正常でなくなること。

**らんすうひょう【乱数表】**（名）0から9までの数字を不規則にならべた表。統計学や暗号などに使われる。

**らんせい【乱世】**（名）乱れた世の中。戦乱の世。らんせ。「一の英雄《えいゆう》」対治世

**らんせい【卵生】**（名）〘動〙卵の形で生まれて、その卵がかえって新しい個体になること。哺乳《ほにゅう》類以外の大部分の動物にみられる。対胎生《たいせい》

**らんせん【乱戦】**（名）敵と味方が入り乱れてたたかうこと。「一がくりひろげられる」「一模様となる」

**らんそう【卵巣】**（名）〘生〙動物の雌《めす》の生殖《せいしょく》器官で、卵子をつくるもの。

**らんぞう【乱造・濫造】**（名・他スル）品質などを考えないで、むやみにつくること。「粗製《そせい》一」

**らんそううん【乱層雲】**（名）〘天〙地上二〇〇〇《メートル》ぐらいの空に発生し、空全体を暗灰《あんかい》色でおおう雲。雨や雪を降らせる。あまぐも。乱雲。

**らんだ【乱打】**（名・他スル）❶むやみに打ちたたくこと。「警鐘《けいしょう》を一する」❷野球で、相手投手の球をやたらに打つこと。「一戦」❸テニスなどで、練習のために球を打ち合うこと。

**らんたいせい【卵胎生】**（名）〘動〙卵が母親の胎内で孵化《ふか》し、幼体となって生まれること。卵には卵黄がたくわえられていて、母親から栄養をもらわずに発育する。まむし・グッピーなどにみられる。

**ランダム**〔英 random〕（名・形動ダ）無作為《むさくい》にすること。意志や感情ぬきに、であたりしだいに行うこと。「アトー」「一に数字を並べる」

**ランタン**〔英 lantern〕（名）❶ガラスばりの角形の手さげランプ。角灯。❷ちょうちん。

**ランチ**〔英 launch〕（名）小さい蒸気船。

**ランチ**〔英 lunch〕（名）❶昼食。❷かんたんな洋食。軽食。

**らんちきさわぎ【乱痴気騒ぎ】**（名）（酒に酔《よ》って）入り乱れて騒ぐこと。「一をくりひろげる」「お子さま一」

**らんちょう【乱丁】**（名）本のページの順序が乱れていること。「一本」

**らんちょう【乱調】**（名）調子が乱れること。乱れた調子。乱調子。「先発投手が一で降板する」

**ランディング**〔英 landing〕（名・自スル）❶飛行機などの着陸。❷スキーのジャンプ競技などの着地。

**ランデブー**〔フランス rendez-vous〕（名）❶恋人《こいびと》どうしが会うこと。あいびき。デート。❷二つの宇宙船が、ドッキングするために宇宙空間で接近すること。

**らんとう【乱闘】**（名・自スル）敵・味方が入り乱れてたたかうこと。「一騒《さわ》ぎ」

**らんどく【乱読・濫読】**（名・他スル）本を手当たりしだいに読むこと。対精読

**ランドセル**（名）小学生が教科書や学用品を入れて、背中にせおうかばん。▽オランダ ransel から。

**ランドマーク**〔英 landmark〕（名）その地域を特徴《とくちょう》づけ、目印となる建造物。「首都の一となる高層タワー」

**らんどり【乱取り】**（名）柔道《じゅうどう》で、二人で組んでたがいに技をかけあう練習。

**ランドリー**〔英 laundry〕（名）クリーニング店。洗濯《せんたく》屋。「コインー」

**ランナー**〔英 runner〕（名）❶陸上競技の競走で走る人。「短距離《たんきょり》一」❷野球で、塁《るい》に出た人。

**らんにゅう【乱入】**（名・自スル）乱暴に押《お》し入ること。「暴徒が一する」

**ランニング**〔英 running〕（名）❶走ること。競走。❷「ランニングシャツ」の略。

**ランニング-コスト**〔英 running costs〕（名）❶企業《きぎょう》の経営にかかる費用。運転資金。❷機械や設備の維持《いじ》にかかる費用。

**ランニング-シャツ**〔和製英語〕（名）運動着や男性の下着に用いる、そでなしでえりぐりの大きいシャツ。ランニング。▽running と shirt から。

**らんばい**【乱売】（名・他スル）むやみに安く売ること。投げ売り。「―合戦」

**らんぱく**【卵白】（名）卵の白身。対卵黄

**らんばつ**【乱伐・濫伐】（名・他スル）山林の樹木を無計画にやたらに切ること。「―による水害」

**らんぱつ**【乱発・濫発】（名・他スル）紙幣《しへい》・債券《さいけん》・法令などをむやみに出すこと。「手形を―する」

**らんはんしゃ**【乱反射】（名・自スル）〖物〗表面がなめらかでない物に光が当たって、四方にはね返ること。

**らんぴ**【乱費・濫費】（名・他スル）おかねや品物をむやみに使うこと。むだづかい。「公金を―する」

**らんぴつ**【乱筆】（名）乱暴に書くこと。また、その筆跡《ひっせき》。多く、手紙などの終わりに、自分の字をけんそんして書くことば。「―乱文お許しください」

**らんぶ**【乱舞】（名・自スル）多くの人が入り乱れてははげしくおどること。「狂喜《きょうき》―する」

**ランプ**〔英 lamp〕（名）❶石油を吸いこませた糸しんの先に火をつけて用いる照明具。灯火にガラス製のほやをかける。「―をともす」❷電灯。「テール―」

**らんぶん**【乱文】（名）乱れている文章。手紙などの最後に、自分の文章をへりくだっていうときにも用いる。「乱筆―にて、失礼いたします」

**らんぼう**【乱暴】（名・自スル・形動ダ）❶荒々《あらあら》しくふるまうこと。あばれること。「―をはたらく」「―者《もの》」❷荒っぽく粗雑《そざつ》なこと。「―な扱《あつか》い」「―な意見」

**らんま**【乱麻】（名）❶乱れもつれた麻糸《あさいと》。❷乱れて筋道のないこと。「快刀―を断《た》つ」

**らんま**【欄間】（名）日本間で、天井《てんじょう》と鴨居《かもい》の間の、格子《こうし》や透《す》かし彫《ぼ》りの板をはめた部分。

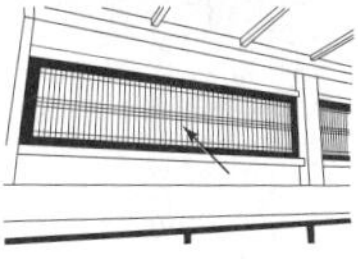

（ 欄間 ）

**らんまん**〖△爛漫〗（トタル）❶花が咲《さ》き乱れるようす。「桜花《おうか》―」❷輝《かがや》き現れ出るようす。「天真―」

**らんみゃく**【乱脈】（名・形動ダ）秩序《ちつじょ》や筋道が乱れていること。「―な経営」

**らんよう**【乱用・濫用】（名・他スル）みだりに使うこと。「権力の―」「職権―」

**らんらん**〖△爛△爛〗（トタル）光り輝《かがや》くようす。鋭《するど》く光るようす。「目を―と光らせる」

**らんりつ**【乱立】（名・自スル）❶入り乱れてたつこと。乱雑にたちならぶこと。「看板が―する」❷選挙などで、むやみに候補者がたつこと。

**らんる**〖△襤△褸〗（名）ぼろ。「身に―をまとう」

# り　リ

**り【吏】** 6画 口3 音リ

公務に従事する人。役人。◆吏員 ◆官吏・公吏・酷吏《こくり》・獄吏《ごくり》・税吏・俗吏《ぞくり》・捕吏

**り【利】** 7画 刂5 小4 音リ 訓きく高

❶刃《は》などがするどい。◆利器・利剣《りけん》 ◆鋭利《えいり》。❷すばやい。かしこい。◆利発。❸役だつ。つごうがよい。◆利己・利水・利他・利点・利用 ◆水利・不利・便利・有利。❹もうけ。◆利益・利害・利権・利潤《りじゅん》・利殖《りしょく》 ◆営利・巨利《きょり》・権利・功利・実利・私利・薄利《はくり》・福利・名利。❺利子。利息。◆利率 ◆元利《がんり》・金利・高利・年利・複利。参考特別に、「砂利」は「じゃり」と読む。

**り【利】**（名）❶有利であること。つごうがよいこと。「地の―を得る」❷利益。もうけ。「―を収める」「漁夫の―」❸利子。「―が―を生む」

**り【里】** 7画 里0 小2 音リ 訓さと

❶さと。むらざと。いなか。◆里謡《りよう》 ◆郷里。❷道のり。道のりの単位。◆里程 ◆一里塚《いちりづか》・一瀉千里《いっしゃせんり》 ⇩付録「漢字の筆順㉘里」

**り【里】**（名）尺貫法《しゃっかんほう》の距離《きょり》の単位。町《ちょう》の三六倍。約三・九三《キロメートル》。

**り【理】** 11画 王7 小2 音リ

❶すじみち。ことわり。◆理解・理性・理想・理由・理論 ◆義理・原理・公理・真理・節理・道理・論理。❷ととのえる。おさめる。◆理財・理事・理髪《りはつ》・理容 ◆管理・修理・受理・処理・整理・代理・調理・料理。❸原則。また、それを追究する学問。◆学理・心理・生理。❹自然科学系の学問。◆理科 ◆地理・物理 ⇩付録「漢字の筆順⑵王〔王〕・㉘里」

**り【理】**（名）❶物事のすじみち。道理。「―を曲げる」❷法則。原理。「自然の―」

**理に落《お》ちる** 話が理屈《りくつ》っぽくなる。

**理にかなう** 理屈《りくつ》や道理に合っている。合理的である。

**理の当然《とうぜん》** 理屈《りくつ》から確かにそうであること。

**り【痢】** 12画 疒7 音リ

はらくだし。◆疫痢《えきり》・下痢・赤痢

**り【裏】** 13画 衣7 小6 音リ中 訓うら

❶うら。うしろ。◆裏面 ◆表裏。対表。❷うち。なか。◆胸裏・禁裏・内裏《だいり》・脳裏 ⇩付録「漢字の筆順㉘里」

**-り【裏】**〖△裡〗（接尾）…のうちに。「秘密―に進める」「成功―に終わる」

**り【履】** 15画 尸12 音リ 訓はく

❶はきもの。◆草履《ぞうり》・木履《ぼくり・ぼっくり》。❷ふむ。実際に行う。◆履行・履修・履歴。参考特別に、「草履」は「ぞうり」と読む。

**り【璃】** 15画 王11 音リ

❶「瑠璃《るり》」は、七宝《しっぽう》の一つ。つやのある美しい青色の宝石。また、ガラスの古名。❷「玻璃《はり》」は、七宝の一つ。水晶。また、ガラスの古名。⇩付録「漢字の筆順

順(2)王〔王〕」

**り【離】** 19画 隹11 音 リ 訓 **はなれる・はなす**
はなれる。はなす。わかれる。 亠 文 卤 卨 离 離
◆離縁《りえん》・離郷・離合・離婚《りこん》・離散・離職・離脱《りだつ》・離島・離党・離乳・離別・離陸 ◆乖離《かいり》・隔離《かくり》・距離《きょり》・支離滅裂《しりめつれつ》・分離・別離・遊離・流離 ⇩付録「漢字の筆順(32)隹」

**リア-エンジン**〔英 rear engine〕(名) 自動車の車体の後部につけたエンジン。

**リアおう**〔リア王〕【作品名】イギリスの劇作家シェークスピアの四大悲劇の一つ。一六〇六年ごろの作。リア王は二人の娘《むすめ》に裏切られ、純情な末娘の救いもおよばず、悲しみのあまりもだえ死ぬというすじ。

**リアクション**〔英 reaction〕(名) 反応。反動。

**リアスしきかいがん【リアス式海岸】**(名)〘地〙岬《みさき》と入り江《え》が鋸《のこぎり》の歯のように入りくんでいる海岸地形。三陸海岸など。▽リアスは、英 rias

**リアリスト**〔英 realist〕(名) ❶文学・芸術などで、リアリズムを尊重する考え方の人。写実主義者。❷現実的に物事を考える人。現実主義者。「冷徹《れいてつ》な―」

**リアリズム**〔英 realism〕(名) ❶文学・芸術などで、実際のありさまをそのままえがこうとする立場。写実主義。❷理想・理念よりも現実のことがらを重くみる考え方。現実主義。

**リアリティー**〔英 reality〕(名) 現実性。現実感。真実味《み》。特に、文学・芸術などのえがき方で、現実そのままだと感じられるようす。「―を追求する」

**リアル**〔英 real〕(形動ダ)〔ダロ・ダッ(デ・ニ)・ダ・ナ・ナラ・〇〕写実的・現実的であるようす。「―な描写《びょうしゃ》」

**リアル-タイム**〔英 real time〕(名) ❶ある出来事が起こっているのと同時。即時《そくじ》。「―の映像」❷コンピューターで、入力されたデータを直ちに処理すること。実時間処理。

**リーク**〔英 leak〕(名・自他スル) 情報や秘密《ひみつ》を他にもらすこと。また、もれること。「極秘《ごくひ》情報を―する」

**リーグ**〔英 league〕(名) 同盟。連盟。特に、運動競技における参加チームの連合体。「六大学―」

**リーグせん【リーグ戦】**(名) 参加チーム、または参加者が、ほかのすべてのチームや参加者と試合をし、順位を決める競技方法。総当たり。▽リーグは、英 league 対トーナメント

**リース**〔英 lease〕(名・他スル) (機械・設備などの)長期間の賃貸し。「―業」⇩レンタル「学習」

**リーズナブル**〔英 reasonable〕(形動ダ)〔ダロ・ダッ(デ・ニ)・ダ・ナ・ナラ・〇〕道理にかなっているようす。妥当《だとう》であるようす。「―な(=手ごろな)値段」

**リーゼント**(名) 前髪《まえがみ》を高くし、横の毛をうしろへなでつける男子の髪形。▽英 regent style から。

**リーダー**〔英 leader〕(名) ❶集団や組織の指導者。「すぐれた―」❷印刷で、点線・破線。

**リーダー**〔英 reader〕(名) 英語などの授業に使われる教科書。読本。

**リーダーシップ**〔英 leadership〕(名) 指導者としての能力。また、指導者としての地位・任務。「―を発揮する」

**リーチ**〔英 reach〕(名) ボクシングなどで、伸《の》ばした腕《うで》が届く距離《きょり》。「―が長い」

**リート**〔ドイツ Lied〕(名)〘音〙ドイツの歌曲。リード。

**リード**〔英 lead〕■一(名・他スル) ❶先にたってみちびくこと。先導すること。「クラスを―する」❷競技・競争などで、多く得点したり引きはなしたりして、相手より優位に立つこと。「―を保つ」❸野球で、走者が進塁《しんるい》の機会をねらって塁からはなれること。「―を取る」■二(名) 新聞や雑誌などで、記事の内容を要約して見出しの次にのせる文章。

**リーフレット**〔英 leaflet〕(名) 宣伝・案内用の、一枚刷りの印刷物。冊子形式のこともある。ちらし。

**リール**〔英 reel〕(名) ❶つり糸・テープ・フィルム・ケーブルなどを巻き取るわく。❷映画のフィルムの一巻。

**りいん【吏員】**(名) 公共団体の職員。

**りうひょうや**《リュウヒョウヤ》…俳句〔流氷や 宗谷《そうや》の門波《となみ》 荒《あ》れやまず〕〈山口誓子《やまぐちせいし》〉訳ようやく北の海に張りつめていた氷がとけ出し、流れてきた氷塊《ひょうかい》が一日中すさまじくぶつかり合って、宗谷海峡《かいきょう》の波は荒れやまないことだ。(季語「流氷」春)

**リウマチ**(名)〘医〙↓リューマチ

**りえき【利益】**(名) ❶もうけ。利得。「―を得る」「目先の―を求める」対損失・損害 ❷そのもののためになること。「公共の―」注意「りやく」と読むと別の意味になる。

**りえきしゃかい【利益社会】**(名) 契約《けいやく》や協定などの打算によって結びついている人間の集まり。都市・会社・組合など。ゲゼルシャフト。対共同社会

**りえん**〖◇梨園〗(名) (唐《とう》の玄宗《げんそう》皇帝《こうてい》が、梨《なし》を植えた庭園で、自ら音楽を教えたことから)演劇界。俳優の社会。特に、歌舞伎《かぶき》の社会。

**りえん【離縁】**(名・自他スル) 夫婦や養子の縁組関係を絶つこと。「―状」

**りか【理科】**(名) ❶自然科学系統の学問の分野。物理学・化学・生物学など。また、大学でその研究をする部門。対文科。❷学校で、自然科学を学ぶ教科。

**りかい【理解】**(名・他スル) ❶物事の意味することやその内容がよくわかること。「―力」❷人の立場や気持ちがわかること。「―のある人」「―を求める」「無―」

**りがい【利害】**(名) 利益と損害。得と損。「たがいの―が一致《いっち》する」「―がからむ」

**りがいかんけい【利害関係】**(名) たがいに利害が影響《えいきょう》しあう間がら。「微妙《びみょう》な―にある」

**りがいとくしつ【利害得失】**(名) 利益と損失。

**りがく【理学】**(名) 自然科学。特に、物理学のこと。「―博士」

**りかにかんむりをたださず**〖△李下に冠を正さず〗(すももの木の下で冠をなおすと、すももを盗《ぬす》むのかと疑われることから)疑われるようなことはするなというたとえ。類瓜田《かでん》に履《くつ》を納《い》れず

**リカバリー**〔英 recovery〕(名・他スル) 回復・復旧すること。特にコンピューターで、破損したデータやハードウエアなどを復旧すること。「―ソフト」

**りかん**〖△罹患〗(名・自スル) 病気にかかること。罹病。「インフルエンザに―する」

**りかん**【離間】(名・他スル) 仲を引き裂《さ》くこと。仲たがいさせること。「両国の―をはかる」

**りき**【力】↓りょく(力)

**りき**【力】■一(名) ちから。馬力。「―を入れる」■二(接尾) その人数分の力がある意を表す。「百人―」

**りき**【利器】(名) ❶よく切れる刃物《はもの》。するどい武器。❷便利な器械。「文明の―」

**りきえい**【力泳】(名・自スル) 力いっぱい泳ぐこと。

**りきえん**【力演】(名・自スル) 劇などで、いっしょうけんめいに役を演じること。

**りきがく**【力学】(名)〖物〗物理学の中で、特に物の間にはたらく力と運動の関係について研究する学問。

**りきさく**【力作】(名) 力のこもった作品。苦心して作りあげた作品。「一年かけた―」類労作

**りきし**【力士】(名) すもう取り。「幕内《まくうち》―」

**りきせつ**【力説】(名・他スル) 熱心に説くこと。自分の考えを強く主張すること。「必要性を―する」

**りきせん**【力戦】(名・自スル) 力いっぱい戦うこと。力闘《りきとう》。「―むなしく敗れる」

**りきそう**【力走】(名・自スル) 力いっぱい走ること。

**リキッド**〔英 liquid〕(名) 液体。特に、液状の整髪《せいはつ》料。「ヘアー―」

**りきてん**【力点】(名) ❶特に力を入れる所。主眼とする点。「健康管理に―を置く」類重点。❷〖物〗てこで物を動かすとき、力をかける点。⇩てこ〈図〉

**りきとう**【力投】(名・自スル) 力いっぱい投げること。

**りきとう**【力闘】(名・自スル) 力いっぱいたたかうこと。力戦。「全身で―する」

**りき・む**【力む】(自五)〔マ(モ)・ミ(ン)・ム・ム・メ・メ〕❶息をつめ、全身に力を入れる。「重い物を持ち上げようと―」❷実際以上に力のありそうなふりをする。また、うまくやろうと気負う。「―・んで失敗する」

**りきゅう**【離宮】(名) 皇居・王宮以外に建てられた宮殿《きゅうでん》。

**リキュール**〔フランス liqueur〕(名) アルコールに砂糖・香料《こうりょう》などを加えてつくった洋酒。

**りきりょう**【力量】(名) 物事をなしとげる力の程度。うでまえ。「―を発揮する」

**りく**【陸】 11画 阝8 小4 音 リク

❶地球の表面で、水におおわれていない部分。◆陸運・陸上・陸生《りくせい》・陸戦・陸送・陸地・陸路・陸橋《りっきょう》◆上陸・水陸・大陸・着陸・内陸・離陸《りりく》。対海。❷つらなるようす。◆陸続

**りく**【陸】(名) 地球の表面で、水におおわれていない部分。おか。陸地。「―にあがる」対海《うみ》

**りくあげ**【陸揚げ】(名・他スル) 船の荷物を陸へあげること。荷揚げ。「積み荷の―」

**りくうん**【陸運】(名) 陸上の輸送機関で貨物や旅客を運ぶこと。対水運・海運

**リクエスト**〔英 request〕(名・他スル) 要望すること。要求。注文。「―曲」

**りくぐん**【陸軍】(名) 陸上での戦闘《せんとう》にあたる軍隊。

**りくしょ**〖◇六書〗(名) ❶漢字の組み立てや使用についての六つの種別。象形《しょうけい》・指事《しじ》・会意《かいい》・形声《けいせい》・転注《てんちゅう》・仮借《かしゃ》。❷↓りくたい

**りくじょう**【陸上】(名) ❶陸地の上。対水上・海上。❷「陸上競技」の略。「―の選手」

**りくじょうきょうぎ**【陸上競技】(名) 陸上で行われる運動競技で、おもにトラックやフィールドで行われるもの。競走・幅跳《はばと》び・やり投げなど。

**りくせい**【陸生】〖陸△棲〗(名) (動植物が)陸上で生活すること。「―動物」対水生

**りくぜん**〔陸前〕〔地名〕むかしの国名の一つ。今の宮城県の大部分と岩手県の一部。

**りくそう**【陸送】(名・他スル) 陸上を輸送すること。「自動車を―する」

**りくぞく**【陸続】(トタル) 次から次へと続くようす。引き続いて絶えないようす。「観客が―としてつめかける」

**りくたい**〖◇六体〗(名) 漢字の六種類の書体。大篆《だいてん》・小篆・八分《はっぷん》・隷書《れいしょ》・行書《ぎょうしょ》・草書《そうしょ》のこと。六書《りくしょ》。

**りくだな**【陸棚】(名) ↓たいりくだな

**りくち**【陸地】(名) 陸である土地。

**りくちゅう**〔陸中〕〔地名〕むかしの国名の一つ。今の岩手県の大部分と秋田県の一部。

**りくつ**【理屈・理窟】(名) ❶すじみちの通った考え。道理。「―に合わない」❷自分の言い分を通すために作りあげたもっともらしい理由。「―をこねる」

**りくつづき**【陸続き】(名) 陸と陸が続いていて、間に海がないこと。

**りくつっぽ・い**【理屈っぽい】(形)〔カロ・カッ(ク)・イ・イ・ケレ・○〕何かにつけて、すぐに理屈をならべたてる傾向《けいこう》が強い。「―人」

**りくつや**【理屈屋】(名) 何かにつけてすぐ理屈を言いたがる人。

**りくとう**【陸稲】(名) 畑で作る米。おかぼ。対水稲《すいとう》

**りくなんぷう**【陸軟風】(名)〖天〗↓りくふう

**りくふう**【陸風】(名)〖天〗夜間、海岸地方で、陸から海へ向かって吹《ふ》く風。陸地と海上の気温のちがいによっておこる。陸軟風《りくなんぷう》。対海風

**リクライニング-シート**〔英 reclining seat〕(名) 乗り物などで、背もたれを自由な角度でうしろにたおすことができる座席。

**リクリエーション**(名) ↓レクリエーション

**リクルート**〔英 recruit〕(名) ❶企業《きぎょう》などが人を募集《ぼしゅう》すること。求人。❷学生の就職活動。「―スーツ」

**りくろ**【陸路】(名) 陸上の道。また、陸を通って行くこと。「―を選んで行く」対海路・空路

**りけい**【理系】(名) 理科の系統。理科系。「―科目」対文系

**りけん**【利権】(名) 業者が政治家や役人と結んで

手に入れる、利益の大きい権利。「—をあさる」

**りげん**【△俚△諺】（名）世間で言われていることわざ。

**りこ**【利己】（名）自分の利益ばかりを考えて、他人のことを考えないこと。「—心」[対]利他

**りこう**【利口】【△悧巧】（名・形動ダ）❶かしこいこと。頭のよいこと。「—な犬」❷要領がいいこと。ぬけめがないこと。「—に立ち回る」❸（子どもについて）聞きわけがよくすなおなこと。「おーさん」

**りこう**【履行】（名・他スル）約束や決めたことを実際に行うこと。実行。「約束を—する」

**りごう**【離合】（名・自スル）はなれたり集まったりすること。「—集散」

**リコーダー**〔英 recorder〕（名）〔音〕縦笛の一種。木・プラスチックなどでつくられ、大きさも各種ある。日本では、初等教育で用いられる。

**リコール**〔英 recall〕（名・他スル）❶公職にある人の解職や議会の解散を、一定数以上の選挙民の意思によって請求《せいきゅう》すること。❷製品に欠陥《けっかん》があったとき、製造元が公表して製品を回収し、無料で修理すること。

**りこしゅぎ**【利己主義】（名）自分の利益や楽しみばかりを追求して、他人のことをかえりみない考え方。エゴイズム。[対]利他主義

**りこてき**【利己的】（形動ダ）{ダロ・ダッ(デ・ニ)・ダ・ナ・ナラ・〇}他人のことを考えず、自分一人だけの利益を追求するようす。「—な行動」

**りこん**【離婚】（名・自スル）夫婦が別れて、夫婦でなくなること。結婚を解消すること。「協議—」

**リサーチ**〔英 research〕（名・他スル）調査。研究。「マーケティング—（=市場調査）」

**リザーブ**〔英 reserve〕（名・他スル）席や部屋などを予約すること。「特別席を—する」

**りさい**【△罹災】（名・自スル）火事・台風・地震《じしん》などの災害にあうこと。「—者」[類]被災《ひさい》

**りざい**【理財】（名）財産やおかねをうまく運用すること。「—にたけた人」

**リサイクル**〔英 recycle〕（名・他スル）資源や不用品の再生利用・再利用。「—運動」「—ショップ」

**リサイタル**〔英 recital〕（名）〔音〕独奏会。独唱会。「ピアノ—」

**りざや**【利ざや】【利△鞘】（名）売るねだんと買うねだんの差額によって得る利益金。「—をかせぐ」

**りさん**【離散】（名・自スル）家族などがはなればなれになること。「一家—のうきめにあう」

**りし**【利子】（名）おかねを貸したり預けたりしたとき、報酬《ほうしゅう》としてその金額や期間に応じて決められた割合で支払《しはら》われるおかね。利息。「—がつく」「—をはらう」「無—」[対]元金《がんきん》

**りじ**【理事】（名）団体や法人を代表し、業務を執行《しっこう》し監督《かんとく》をする機関。また、その役。「—会」

**りしゅう**【履修】（名・他スル）定められた学科や課程をおさめること。「単位の—」

**りじゅん**【利潤】（名）もうけたおかね。利益。特に、企業《きぎょう》の総収入から経費をさしひいたのこり。「—を生む」「—があがる」

**りしょく**【利殖】（名・自スル）資金を運用して、利子や利益を得て財産をふやすこと。「—をはかる」

**りしょく**【離職】（名・自スル）退職・失業などによって、今までの職業をやめること。

**りす**【△栗△鼠】（名）〔動〕リス科の哺乳《ほにゅう》動物。森や林にすみ、毛の長い太い尾《お》をもち、動作がすばしっこい。木の皮・果実を食べる。

（りす）

**りすう**【里数】（名）道のりを里《り》で表した数。一里は約三・九三二《キロメートル》。

**りすう**【理数】（名）理科と数学。「—系」

**リスク**〔英 risk〕（名）危険。事業などにおける、損害の可能性。「—が大きい」「—がつきまとう」

**リスト**〔英 list〕（名）表。目録。一覧表。名簿《めいぼ》。「—アップ」「—からもれる」

**リストラ**（名・他スル）企業《きぎょう》が、不採算部門の整理・成長の見こめる分野への進出などをはかり、事業内容を再編すること。また、それにともない人員の削減《さくげん》を行うこと。▽英 restructuring から。

**リスナー**〔英 listener〕（名）ラジオの聴取《ちょうしゅ》者。

**リスニング**〔英 listening〕（名）おもに外国語を聞き取ること。ヒアリング。「—試験」

**リスペクト**〔英 respect〕（名・他スル）敬意をはらうこと。また、その気持ち。

**リスボン**〔Lisbon〕〔地名〕ポルトガルの首都。イベリア半島西岸にある港湾都市。

**リズミカル**〔英 rhythmical〕（形動ダ）{ダロ・ダッ(デ・ニ)・ダ・ナ・ナラ・〇}はずむように調子のよいようす。リズムに合っているようす。律動的。「—な動き」

**リズム**〔英 rhythm〕（名）音の強弱や長短の規則正しいくり返し。調子。律動。「—をとる」

**り・する**【利する】{シ(セ・サ)・シ・スル・スル・スレ・シロ(セヨ)}■一（自サ変）利益がある。得する。「—ところがない」■二（他サ変）❶利益をあたえる。ためになるようにする。「敵を—」❷利用する。「長身を—・してシュートする」

**りせい**【理性】（名）一時的な感情に左右されないで、すじみちをたてて物事を正しく判断する精神の働き。「—が感情に勝つ」

**りせいてき**【理性的】（形動ダ）{ダロ・ダッ(デ・ニ)・ダ・ナ・ナラ・〇}一時的な感情に左右されないで理性に従って考え、行動するようす。「—な言動」「—に話し合う」[対]感情的

**リセット**〔英 reset〕（名・他スル）セットし直すこと。機械などを動かす前の初期状態にもどすこと。「—ボタン」

**りそう**【理想】（名）人が望んだり考えたりすることのできる、最高・最善の状態。「—の生活」「—が高い」[…化]「現実を理想化して考える」[対]現実

**りそうきょう**【理想郷】（名）→ユートピア

**りそうしゅぎ**【理想主義】（名）今の状態に満足しないで、高い理想をめざして努力しようとする考え方。[対]現実主義

**りそうてき**【理想的】（形動ダ）{ダロ・ダッ(デ・ニ)・ダ・ナ・ナラ・〇}理想にかなっているようす。「—な環境《かんきょう》」

**リソース**〔英 resource〕（名）❶資源。資産。❷

コンピューターで、ある作業を行うのに必要な処理装置や記憶《きおく》装置の性能。

**リゾート**〔英 resort〕（名）行楽地。保養地。避暑《ひしょ》・避寒地。「―ホテル」

**りそく**【利息】（名）利子。金利。「―をつける」

**リゾット**〔イタリア risotto〕（名）イタリア料理の一つ。バターで炒《いた》めた米にスープを加え、肉・魚介《ぎょかい》・きのこなどを入れて炊《た》いた洋風の雑炊《ぞうすい》。

**りた**【利他】（名）自分のことよりも、他人の利益や幸福をはかること。「―主義」㊉利己

**リターン-マッチ**〔英 return match〕（名）復讐《ふくしゅう》戦。特にボクシングで、失ったタイトルを取り返すために、一度敗れた相手にいどむ試合。

**リタイア**〔英 retire〕（名・自スル）❶引退。退職。❷レースなどで、故障や事故のため途中《とちゅう》で離脱《りだつ》すること。棄権《きけん》。

**りたしゅぎ**【利他主義】（名）自分のことよりも、他人の利益や幸福をはかろうとする考え方。㊉利己主義

**りたつ**【利達】（名）人に認められ高い地位につくこと。立身出世をすること。栄達。「―を求める」

**りだつ**【離脱】（名・自スル）はなれぬけること。関係をたち切ってぬけ出ること。「戦線から―する」㊫脱退

**りち**【律】→りつ（律）

**りち**【理知】〖理△智〗（名）理性と知恵《ちえ》。物事の本質や道理を筋道をたてて考え判断し、理解する能力。「―に富む」…的「理知的な顔だち」

**リチウム**〔英 lithium〕（名）〖化〗金属元素の一つ。銀白色で、金属の中でもっとも軽い。元素記号 Li

**リチウムイオンでんち**【リチウムイオン電池】（名）〖化〗陽極にリチウム、陰極に炭素材料を用い、両極間のリチウムイオンの移動によって充電《じゅうでん》・放電する蓄《ちく》電池。▽リチウムイオンは、英 lithium-ion

**りちぎ**【律儀・律義】（名・形動ダ）まじめで義理がたいこと。実直。「―者」

**律儀者《もの》の子《こ》だくさん** 実直な人は家庭生活もまじめで円満なので、子どもがたくさんできるものだ。

**りちゃくりく**【離着陸】（名・自スル）離陸と着陸。飛行機などが飛び立ったりおりたりすること。

**りつ**【立】 5画 立0 小1 音 リツ・リュウ高 訓 たつ・たてる

❶まっすぐにたつ。◆立脚《りっきゃく》・立像・立体◆起立・孤立《こりつ》・自立・対立・中立・直立・独立・林立。❷なりたつ。なりたたせる。◆立憲・立証・立法◆共立・成立・擁立《ようりつ》。❸たてる。おこす。つくる。◆立案・立国・立志・立身・立腹◆確立・建立《こんりゅう》・樹立・設立・創立。❹季節のかわりめになる。◆立夏・立秋・立春・立冬。参考「リュウ」の音は「建立《こんりゅう》」などのことばに使われる特殊《とくしゅ》な読み方。特別に、「立ち退く」は「たちのく」と読む。

**-りつ**【立】（接尾）「…によって設立された」の意を表す。「県―高校」「私《し・わたくし》―」

**りつ**【律】 9画 彳6 小6 音 リツ・リチ高

❶きまり。おきて。法則。◆律令《りつりょう》◆因果律《いんがりつ》・戒律《かいりつ》・規律・軍律・不文律・法律。❷ある基準にのっとる。◆自律・他律。❸音楽の調子。◆律動◆韻律《いんりつ》・音律・旋律《せんりつ》・調律。❹漢詩の一つの型。◆律詩。参考「リチ」の音は「律儀《りちぎ》」などのことばに使われる特殊《とくしゅ》な読み方。

**りつ**【率】→そつ（率）

**りつ**【率】（名）❶全体にしめる割合。比率。「合格―」「百分―」「失敗する―が高い」❷他と比べたときの損得の程度。「―のいい仕事」

**りつ**【慄】 13画 忄10 音 リツ

おそれおののく。おそれる。ふるえる。◆慄然◆戦慄

**りつあん**【立案】（名・自他スル）計画や案をつくること。「この計画の―者」

**りっか**【立夏】（名）二十四節気の一つ。暦《こよみ》の上で夏にはいる日。太陽暦《たいようれき》の五月五日ごろ。

**りっきゃく**【立脚】（名・自スル）意見や考え方の立場、よりどころを定めること。「現実に―する」

**りっきょう**【陸橋】（名）道路・鉄道線路などの上にかけわたした橋。

**りっけん**【立件】（名・他スル）〖法〗刑事事件として取り上げること。「―が可能な事件」

**りっけん**【立憲】（名）憲法を定めること。

**りっけんくんしゅせい**【立憲君主制】（名）君主の権力が憲法によって制限されている政治体制。

**りっけんせいじ**【立憲政治】（名）憲法を定め、それをもとにして行う政治。

**りっこうほ**【立候補】（名・自スル）選挙の候補者として名乗りをあげること。「市長に―する」「―者」

**りっし**【立志】（名）こういう人になろう、またはこういうことをしようという志をたてること。

**りっし**【律師】（名）❶仏のいましめを守ってきた徳の高い僧《そう》。❷僧の位の一つで、僧都《そうず》の次の位。

**りっし**【律詩】（名）漢詩の形式の一つ。一句が五言《ごん》または七言で八句からなり、第三・四句と第五・六句がそれぞれ対句《ついく》になっている。

**りっしでん**【立志伝】（名）志をたて努力苦心して成功した人の伝記。「―中の人」

**りっしゅう**【立秋】（名）二十四節気の一つ。暦《こよみ》の上で秋にはいる日。太陽暦《たいようれき》の八月七日ごろ。

**りっしゅん**【立春】（名）二十四節気の一つ。暦《こよみ》の上で春にはいる日。太陽暦《たいようれき》の二月四日ごろ。

**りっしょう**【立証】（名・他スル）証拠《しょうこ》をあげてはっきりさせること。証明すること。「無罪を―する」

**りっしょく**【立食】（名・自スル）立ったままでする食事。特に、立ったままでテーブルをかこんで自由に取って食べる洋式の食事のしかた。「―パーティー」

**りっしん**【立身】（名・自スル）高い地位についたり、社会的に認められたりすること。「―出世」

**りっしんべん**【立心偏】（名）漢字の部首の一つ。「快」「惜」などの左側にある「忄」の部分。

**りっすいのよちもない**〖立△錐の余地もない〗（錐《きり》を立てるほどのすきまもないことから）人や物がぎっしりと集まっていることのたとえ。「会場は―」

**りっ・する【律する】**(他サ変){シ(セ・サ)・シ・スル・スル・スレ・シロ(セヨ)}あるきまりにあてはめて判断・処理する。「自分の尺度で人を―」「自分を厳しく―」

**りつぜん【慄然】**(トタル)ぞっとするようす。おそれふるえるようす。「―とする事件」

**りつぞう【立像】**(名)立った姿の像。対座像

**りったい【立体】**(名)❶〔数〕空間の一部分を占《し》め、幅《はば》・高さ・奥《おく》行《ゆ》きを持つもの。❷平面に対して、遠近やもりあがりの感じられること。「―写真」対平面

**りったいかん【立体感】**(名)厚み・奥《おく》行《ゆ》き・広がりなどがある感じ。「―のある絵画」

**りったいこうさ【立体交差】**(名)交差する二つの道路や線路の一方を陸橋や地下道などにしたもの。

**りったいてき【立体的】**(形動ダ){ダロ・ダッ(デ・ニ)・ダ・ナ・ナラ・〇}❶物事に厚み・奥《おく》行《ゆ》き・広がりなどのあるようす。「―な画像」❷物事をいろいろな面からとらえるようす。「―に考える」(対平面的)

**りったいは【立体派】**(名)〔美〕→キュービズム

**りっち【立地】**(名)❶場所を選んで工場などを設置すること。「企業《きぎょう》―の促進《そくしん》」❷建物の建っている土地。周辺環境《かんきょう》などが、そこでの活動に適しているかどうかの観点からいう。「好―」

**リッチ**〔英 rich〕(形動ダ){ダロ・ダッ(デ・ニ)・ダ・ナ・ナラ・〇}❶金銭的に豊かなようす。ぜいたくなようす。「―な気分にひたる」❷料理の味わいや香りなどが、豊かで深みのあるようす。

**りっちじょうけん【立地条件】**(名)立地の際に基準となる自然的・社会的条件。「―にめぐまれる」

**りっとう【立刀】**(名)漢字の部首の一つ。「利」「刈」などの右側にある「刂」の部分。

**りっとう【立冬】**(名)二十四節気の一つ。暦《こよみ》の上で冬にはいる日。太陽暦《たいようれき》の一一月七日ごろ。

**りつどう【律動】**(名)規則正しくくり返す動き。リズム。…的「律動的な動き」

**リットル**〔フランス litre〕(名)メートル法で、容積の単位。一リットルは、縦・横・高さがそれぞれ一〇《センチメートル》の立方体の体積。一〇〇〇立方《センチメートル》。記号 l、L

**りっぱ【立派】**(形動ダ){ダロ・ダッ(デ・ニ)・ダ・ナ・ナラ・〇}すぐれてみごとなようす。じゅうぶんに完成されているようす。「―な屋敷《やしき》」「―な人柄《ひとがら》」「君はもう―な大人だ」

**りっぷく【立腹】**(名・自スル)腹をたてること。「不親切な態度に―する」

**リップ-サービス**〔英 lip service〕(名)口先だけのほめことば。お世辞。

**りっぽう【立方】**(名)〔数〕❶同じ数を三つかけ合わせたもの。ある数の三乗。❷長さの単位の前につけて、体積の単位を表すことば。「五―《メートル》の砂」❸長さの単位のあとにつけて、その長さを一辺とする立方体の体積を表すことば。「二《メートル》―」

**りっぽう【立法】**(名)法律を定めること。「―権」「―機関」

**りっぽうたい【立方体】**(名)〔数〕六つの等しい正方形で囲まれた立体。さいころのような形。

**りづめ【理詰め】**(名)話や考えを、感情的にならず、理屈《りくつ》で押《お》しすすめること。「―の説得」

**りつりょう**『律◇令』(名)〔歴〕中国の唐《とう》にならって、奈良・平安時代に制定された法律。律は罪人を罰《ばっ》する法律、令は政治上のおきて。「―政治」

**りつろん【立論】**(名・自スル)議論の順序・趣旨《しゅし》を組み立てること。また、その議論。「―の根拠《こんきょ》」

**りてい【里程】**(名)道のり。里数。「―標」

**りてき【利敵】**(名)言動が敵の利益になること。「―行為《こうい》」

**リテラシー**〔英 literacy〕(名)❶読み書きの能力。❷必要な情報を的確に選別し、内容をよく理解して活用する能力。「メディア―」

**りてん【利点】**(名)利益のある点。すぐれた点。メリット。「―を数えたてる」

**リトアニア**〔Lithuania〕〔地名〕ヨーロッパ北部、バルト海に面する共和国。首都はビリニュス。

**りとう【離島】**一(名)陸からはなれた島。はなれ島。「海上の―」二(名・自スル)島を去ること。

**りとう【離党】**(名・自スル)所属していた政党からぬけて、党員でなくなること。類脱党。対入党

**りとく【利得】**(名)利益を得ること。もうけ。「―ぬきで世話をする」

**リトマス**〔英 litmus〕(名)〔化〕リトマスごけなどからとったむらさき色の色素。酸にあうと赤くなり、アルカリにあうと青くなる。

**リトマスしけんし【リトマス試験紙】**(名)〔化〕リトマスをしみこませた紙切れ。酸性かアルカリ性かを見分けるのに用いる。リトマス紙。▽リトマスは、英 litmus

**リニア-モーター-カー**〔和製英語〕(名)磁気の力を利用して車体を浮《う》かせ、超高速《ちょうこうそく》で走る乗り物。リニア。▽linear motor と car から。

**りにち【離日】**(名・自スル)日本に来ている外国人が日本をはなれること。対来日

**りにゅう【離乳】**(名・自スル)乳児がだんだん乳以外の食べ物を食べるようになって乳からはなれること。ちちばなれ。「―食」

**リニューアル**〔英 renewal〕(名・自他スル)手を加えて一新すること。刷新。「―オープン」

**りにょう【利尿】**(名)小便の出をよくすること。「―剤《ざい》」

**りにん【離任】**(名・自スル)今までの任務をはなれること。また、任地を去ること。対着任

**りねん【理念】**(名)物事のあるべき状態についての、基本となる考え。「民主政治の―」

**リネン**〔英 linen〕(名)❶→リンネル❷シーツ・タオル・まくらカバーなどの総称《そうしょう》。「―室」

**りのう【離農】**(名・自スル)農業をやめて、ほかの職業につくこと。

**リノベーション**〔英 renovation〕(名)❶刷新。改革。❷建物・住宅の大がかりな改修・改装。

**リノリウム**〔英 linoleum〕(名)建築材料の一つ。ゴム・コルクの粉などを樹脂《じゅし》に混ぜて練り、布にぬってかわかし板状にしたもの。床《ゆか》や壁《かべ》などに用いる。

**リハーサル**〔英 rehearsal〕(名)映画撮影《さつえい》・演劇・放送などで、本番と同様に行うけいこ。

**リバーシブル**〔英 reversible〕(名) 洋服などで、裏表ともに使用できるようになっていること。

**リバイバル**〔英 revival〕(名・自スル) むかしはやった歌や映画などが、ふたたび流行すること。また、むかしの劇や映画を再上演・再上映すること。「―上映」

**リバウンド**〔英 rebound〕(名・自スル) ❶球技で、ボールがはね返ること。また、そのボール。❷薬の使用やダイエットを中断した際、以前の状態やそれよりも悪い状態になること。

**りはく**〔李白〕【人名】(七〇一～七六二) 中国、唐代《とうだい》の詩人。字《あざな》は太白《たいはく》。杜甫《とほ》とならび称《しょう》され、詩仙《しせん》と仰《あお》がれる。酒を好み、諸国を放浪《ほうろう》した。詩は自由奔放《ほんぽう》で豪快《ごうかい》。詩文集「李太白集」がある。

**りはつ【利発】**『△悧発』(名・形動ダ) 頭の回転がはやくかしこいこと。りこう。「―な子」

**りはつ【理髪】**(名・自スル) のびた髪《かみ》をきれいに刈《か》って、形をととのえること。「―店」 類 調髪・散髪

**リハビリ**(名)「リハビリテーション」の略。

**リハビリテーション**〔英 rehabilitation〕(名) 病気や事故などでからだが不自由になった人や長期間療養《りょうよう》していた人などを、ふたたび社会生活ができるように指導・訓練すること。リハビリ。

**りはん【離反】**『離△叛』(名・自スル) つき従っていた主人や仲間などからはなれそむくこと。「人心が―する」

**りひ【理非】**(名) 道理にかなっていることと、はずれていること。「―を明らかにする」

**リビア**〔Libya〕【地名】アフリカ大陸北部の地中海沿岸《えんがん》にある共和国。首都はトリポリ。

**リピーター**〔英 repeater〕(名) くりかえす人。特に、同じ商品を何度も買う人や、同じ施設《しせつ》を何度も利用する人などをさす。

**リピート**〔英 repeat〕(名) ❶くりかえすこと。❷『音』曲の一部、または、全部をくりかえすこと。また、そのことを示す𝄆・𝄇の符号《ふごう》。反復記号。

**りひきょくちょく【理非曲直】**(名) 道理や道徳にかなうこととそうでないこと。「―を正す」

**リヒテンシュタイン**〔Liechtenstein〕【地名】ヨーロッパの中部、スイスとオーストリアとの間にある立憲公国。首都はファドーツ。

**りびょう**『△罹病』(名・自スル) 病気にかかること。「胃癌《いがん》の―率」

**リビング-キッチン**〔和製英語〕(名) 台所と食堂と居間《いま》を兼《か》ねた部屋。LK。▽living と kitchen から。

**リビング-ルーム**〔英 living room〕(名) 洋風の居間《いま》。リビング。「広い―」

**リフォーム**〔英 reform〕(名・他スル) ❶衣服の仕立て直し。❷住宅の改造・改築。

**りふじん【理不尽】**(名・形動ダ) 道理に合わないむちゃなこと。筋道の通らないこと。「―な要求」

**リフト**〔英 lift〕(名) ❶スキー場などで、人を乗せて斜面《しゃめん》の上まで運ぶいす形の装置。❷重い物を運ぶ小型のエレベーター。❸重い物を持ち上げて積み下ろしする機械。「フォークー」

**リフレイン**〔英 refrain〕(名) 詩歌《しいか》や楽曲の終わりにつく、くり返しの部分。リフレーン。

**リフレッシュ**〔英 refresh〕(名・他スル) 気分を一新すること。ゆっくり休息を取って元気・活力を取りもどすこと。「―休暇《きゅうか》」

**リベート**〔英 rebate〕(名) ❶品物の代金として支払《しはら》われたおかねの一部を支払った人にもどすこと。また、そのおかね。❷手数料。口きき料。「―をとる」

**りべつ【離別】**(名・自スル) ❶関係があった人と別れること。別離。「友との―を悲しむ」❷夫婦が別れること。離婚《りこん》。

**リベット**〔英 rivet〕(名) 鉄の板などをつなぎ合わせるのに使う、まんじゅう形の頭のついた大型のびょう。

**リベラリスト**〔英 liberalist〕(名) 自由主義者。

**リベラリズム**〔英 liberalism〕(名) →じゆうしゅぎ

**リベラル**〔英 liberal〕(形動ダ)〔ダロ・ダッ(デ・ニ)・ダ・ナ・ナラ・〇〕 ❶伝統や古い価値観にとらわれず、個人の自由を重んじるようす。また、進歩的であるようす。「―な考え方」❷政治や経済の上で自由主義の立場をとるようす。

**リベリア**〔Liberia〕【地名】アフリカ大陸西岸にある共和国。首都はモンロビア。

**りべん【利便】**(名) 便利なこと。つごうのよいこと。便宜《べんぎ》。「―をはかる」…性「利便性を追求する」

**リベンジ**〔英 revenge〕(名・自スル) 復讐《ふくしゅう》。しかえし。雪辱《せつじょく》。

**リポーター**(名) →レポーター

**リポート**(名) →レポート

**リボン**〔英 ribbon〕(名) ❶贈《おく》り物や髪《かみ》などのかざりに使う、帯のように細長い布。❷タイプライターやワープロなどの印字用のテープ。インクリボン。

**りまわり【利回り】**『利△廻り』(名)『経』利息や配当の、元金《がんきん》に対する割合。「―がいい商品」

**リミット**〔英 limit〕(名) 制限。限界。限度。「タイムー」

**リム**〔英 rim〕(名) 自転車などの車輪で、タイヤをつける鉄の輪の部分。

**リムジン**〔英 limousine〕(名) ❶運転席と客席との間にガラスの仕切りがある大型の高級乗用車。❷「リムジンバス」の略。

**リムジン-バス**〔和製英語〕(名) 空港から、または空港へ旅客を運ぶバス。▽limousine と bus から。

**リメーク**〔英 remake〕(名・他スル) 作り直すこと。改めて作ること。特に、映画を作り直すこと。また、その作品。リメイク。「名画の―」

**りめん【裏面】**(名) ❶裏側。内側。❷物事の、表面に現れない部分。内幕。「―工作」(対 表面)

**リモート**〔英 remote〕(名) 本来あるべきところからはなれた場所で、何かを動かしたり物事を行ったりすること。「―ワーク」

**リモート-コントロール**〔英 remote control〕(名) スイッチの操作によって、はなれた所にある機械などを自由に動かすこと。遠隔《えんかく》操作。リモコン。

**リモ-コン**(名)「リモートコントロール」の略。

**リヤ-カー**〔和製英語〕(名) 自転車のうしろにつないだり人が引いたりして荷物を運ぶ二輪車。リアカー。▽rear と car から。

**りやく【利益】**（名）信仰《しんこう》した人に神仏からあたえられるめぐみ。ごりやく。「神仏のご―」注意「りえき」と読むと別の意味になる。

**りやく【略】** 11画 田6 小5 音リャク

❶はかる。はかりごと。◆機略・計略・策略・政略・戦略・知略・謀略《ぼうりゃく》。❷はぶく。はぶいて簡単にする。◆略語・略号・略字・略式・略述・略称《りゃくしょう》・略図・略説・略歴・略記◆簡略・後略・省略・上略・前略・中略。❸あらまし。◆概略《がいりゃく》・大略。❹おかす。せめとる。◆略取・略奪《りゃくだつ》◆攻略《こうりゃく》・侵略《しんりゃく》

**りやく【略】**（名）全体からある部分をはぶくこと。省略。「敬称《けいしょう》―」「以下―」

**りやくが【略画】**（名）略して簡単にかいた絵。

**りやくぎ【略儀】**（名）正式なやり方ではなく簡単に略したやり方。略式。手紙文に用いる。「―ながら」

**りやくご【略語】**（名）略して簡単にしたことば。「アマチュア」を「アマ」、「国際連合」を「国連」というなど。

**りやくごう【略号】**（名）簡単に表した記号。ペナルティーキックをPKと表すなど。

**りやくじ【略字】**（名）字画を簡略にした漢字。「勞」を「労」、「學」を「学」と書くなど。対正字《せいじ》

**りやくしき【略式】**（名）正式なやり方でなく、略して簡単にした方式。「―の服装」対正式

**りやくしゅ【略取】**（名・他スル）❶力ずくで奪《うば》い取ること。❷〔法〕暴力・脅迫《きょうはく》などによって人を連れ去ること。「未成年者―」

**りやくじゅつ【略述】**（名・他スル）内容のたいせつなところだけを簡単に述べること。あらましを述べること。「要点を―する」対詳述《しょうじゅつ》

**りやくしょう【略称】**（名・他スル）名称の一部をはぶいて呼ぶこと。また、その呼び名。「東京大学」を「東大」というなど。

**りやく・す【略す】**（他五）{サ(ソ)・シ・ス・ス・セ・セ}はぶく。簡単にする。「説明を―」「漢字を―・して書く」

**りやくず【略図】**（名）細かいところをはぶき、必要なことだけを簡単にかいた図。「会場内の―」

**りやく・する【略する】**（他サ変）{シ(セ・サ)・シ・スル・スル・スレ・シロ(セヨ)}→りやくす

**りやくせつ【略説】**（名・他スル）必要なところだけを簡単に説明すること。また、その説明。対詳説《しょうせつ》

**りやくそう【略装】**（名）略式の服装。対正装

**りやくだつ【略奪】**〘△掠奪〙（名・他スル）むりにうばい取ること。「現金を―する」

**りやくでん【略伝】**（名）人の一生のおもな出来事だけをまとめた伝記。

**りやくひつ【略筆】**（名・他スル）❶他を省略して要点だけを書くこと。また、その文章。❷漢字の字画を略して書くこと。また、その漢字。

**りやくふく【略服】**（名）略式の衣服。

**りやくれき【略歴】**（名）略して簡単にまとめた経歴。「講師の―を紹介《しょうかい》する」

**りやっかい【略解】**（名・他スル）要点だけを理解し、説明すること。また、その説明。対詳解《しょうかい》・精解

**りやっき【略記】**（名・他スル）要点だけを簡略に書くこと。また、書いたもの。対詳記《しょうき》

**りゆう【理由】**（名）❶物事がそうなった事情。また、そのようにするわけ。「欠席の―を説明する」❷言いわけ。口実。「病気を―に欠席する」

**りゆう【立】**→りつ(立)

**りゆう【柳】** 9画 木5 音リュウ 訓やなぎ

やなぎ。木の名。◆柳絮《りゅうじょ》・柳眉《りゅうび》◆蒲柳《ほりゅう》

**りゆう【流】** 10画 氵7 小3 音リュウ・ル|高 訓ながれる・ながす

❶ながれる。ながす。◆流血・流出・流水・流星・流動・流入・流氷◆逆流・漂流《ひょうりゅう》・放流。❷ながれ。◆流域◆海流・寒流・急流・気流・交流・支流・清流・濁流《だくりゅう》・暖流・潮流・底流・電流・本流・奔流《ほんりゅう》。❸世間にひろまる。◆流言《りゅうげん・るげん》・流行・流説《りゅうせつ・るせつ》・流通・流布《るふ》。❹芸術や学術などの一派。また、そのやり方。◆流儀《りゅうぎ》・流派◆亜流《ありゅう》・我流《がりゅう》・他流。❺階級。等級。◆上流・中流。参考「ル」の音は「流布《るふ》」「流罪《るざい》」「流転《るてん》」などのことばに使われる特殊《とくしゅ》な読み方。

**-りゆう【流】**（接尾）❶伝統的な芸能・武術などの流派・流儀《りゅうぎ》の意を表す。「観世《かんぜ》―」❷特有のやり方・型などの意を表す。「自己―」「英国―」❸等級。階級。「二―の品」

**りゆう【留】** 10画 田5 小5 音リュウ・ル| 訓とめる・とまる

一つの所にとどまる。とめる。◆留意・留学・留置・留任・留年・留保◆慰留《いりゅう》・遺留・居留《きょりゅう》・寄留・拘留《こうりゅう》・在留・残留・滞留《たいりゅう》・駐留《ちゅうりゅう》・停留・逗留《とうりゅう》・保留・抑留《よくりゅう》。参考「ル」の音は「留守《るす》」ということばに使われる特殊《とくしゅ》な読み方。

**りゆう【竜】** 10画 竜0 〔龍〕 音リュウ 訓たつ

❶たつ。りゅう。想像上の動物。◆竜宮《りゅうぐう》・竜虎《りゅうこ》・竜神・竜頭《りゅうず》・竜頭蛇尾《りゅうとうだび》。❷大むかしにいた巨大《きょだい》な爬虫類《はちゅうるい》の一種。◆恐竜《きょうりゅう》・翼竜《よくりゅう》。❸天子に関係する物事につけることば。◆竜顔。❹すぐれているものにつけることば。◆竜馬

**りゆう【竜】**（名）想像上の動物。からだはへびに似るが二本の角と四本の足をもち、天にのぼって雲をおこし、雨をふらすといわれる。たつ。

（竜）

**りゆう【粒】** 11画 米5 音リュウ 訓つぶ

つぶ。◆粒子・粒状◆顆粒《かりゅう》・根粒・微粒子《びりゅうし》

**りゆう【隆】** 11画 阝8 〔隆〕 音リュウ

❶高くもり上がる。◆隆起。❷さかえる。◆隆盛《りゅうせい》 ◆興隆 ⇩付録「漢字の筆順⑬生」

ㇷ 阝 阞 陊 降 隆

**りゅう【硫】** 12画 石7 音 **リュウ**

鉱物の一つ。いおう。◆硫安・硫化水素・硫酸。参考 特別に、「硫黄」は「いおう」と読む。

一 ア 石 石亠 砬 硫

**りゅうあん【硫安】**（名）《化》↓りゅうさんアンモニウム

**りゅうい【留意】**（名・自スル）心にとめておくこと。気をつけること。注意。「健康に―する」類着意

**りゅういき【流域】**（名）川に沿った地域。流水区域。「利根《とね》川―」

**りゅういん【溜飲】**（名）飲食物がこなれないまま胃にたまり、すっぱい液がこみあげてくること。

**溜飲が下《さ》がる** つかえていた胸がすっとして気持ちがよくなる。不平や不満が解消して、せいせいする。

**りゅううん【隆運】**（名）勢いさかんな運勢。盛運。

**りゅうかい【流会】**（名・自スル）会が成立しなくて中止になること。「出席者少数のため―となる」

**りゅうがく【留学】**（名・自スル）外国に、ある期間滞在《たいざい》して勉強すること。「ドイツに―する」類遊学

**りゅうがくせい【留学生】**（名）外国に滞在《たいざい》して勉強している学生。

**りゅうかすいそ【硫化水素】**（名）《化》硫黄《いおう》と水素の化合物。卵のくさったようなにおいがする無色の有毒な気体。火山から噴《ふ》き出すガスや温泉の中にふくまれる。

**りゅうかん【流感】**（名）《医》「流行性感冒《かんぼう》」の略。インフルエンザ。

**りゅうき【隆起】**（名・自スル）高くもり上がること。また、もり上がった所。「地盤《じばん》が―する」対沈下《ちんか》

**りゅうぎ【流儀】**（名）❶その人や家の、独特なやり方。「自分の―でやる」❷茶道《さどう》・華道・日本舞踊《ぶよう》などの、流派ごとに伝えられているやり方。

**りゅうきゅう**〔琉球〕〔地名〕沖縄県の古いよび名。

**りゅうぐう【竜宮】**（名）深い海の底にあるという、想像上の竜神の宮殿《きゅうでん》。「―城」

**りゅうけい【流刑】**（名）↓るけい

**りゅうけつ【流血】**（名）争い・事故などで、血を流すこと。「―騒《さわ》ぎ」「―の惨事《さんじ》」

**りゅうげん【流言】**（名）根拠《こんきょ》のないうわさ。風評。デマ。るげん。「―が飛びかう」類流説《りゅうせつ・るせつ》

**りゅうげんひご【流言飛語】**〘流言蜚語〙（名）確かな根拠《こんきょ》もなく、世の中に広まるうわさ。「―が流れる」

**りゅうこ【竜虎】**（名）❶竜《たつ》と虎《とら》。❷ともにすぐれた二人の英雄《えいゆう》。

**竜虎相《あい》搏《う》つ** どちらもすぐれた強い者どうしが争う。

**りゅうこう【流行】**（名・自スル）❶服装や化粧《けしょう》、ことばや歌、思想や行動などの、ある型が一時的に世の中で広くさかんに行われること。また、そのもの。はやり。「―を追う」「―おくれ」❷病気などが一時的に世の中に広がること。「かぜが―する」

**りゅうこうか【流行歌】**（名）ある時期に人気が出て、多くの人に歌われる歌。はやり歌。

**りゅうこうご【流行語】**（名）ある時期にはやって、一時的に多くの人が口にすることば。はやりことば。

**りゅうこうせいかんぼう【流行性感冒】**（名）《医》高熱を出したり頭痛をおこしたりする、ウイルスによってうつる急性の感染症《かんせんしょう》。

**りゅうこつ【竜骨】**（名）船底を縦に背骨のように通り、船首と船尾《せんび》をつなぐ重要な材。キール。

**りゅうさん【硫酸】**（名）《化》硫黄《いおう》・酸素・水素の化合物。無色・無臭《むしゅう》のねばっこい液体で、酸性の強い劇薬。ほとんどの金属をとかすので多くの工業に使われる。

**りゅうざん【流産】**（名・自スル）❶《医》胎児《たいじ》が妊娠《にんしん》二二週にならないうちに死んで生まれること。❷計画などがとちゅうでだめになること。

**りゅうさんアンモニウム【硫酸アンモニウム】**（名）《化》アンモニアを硫酸に吸収させて作る無色透明《とうめい》の結晶《けっしょう》。重要な化学肥料の一つ。硫安《りゅうあん》。▽アンモニウムは、英 ammonium

**りゅうし【粒子】**（名）物質をつくっている細かなつぶ。「―があらい」

**りゅうしつ【流失】**（名・自スル）家・橋などが大水などで流されてなくなること。「家屋の―」

**りゅうしゅつ【流出】**（名・自スル）❶外へ流れ出ること。「大雨で土砂《どしゃ》が―する」❷多くの人やおかねなど、価値のあるものがよそへ出ていってしまうこと。「頭脳―」「人口が―する」（対流入）

**りゅうじょう【粒状】**（名）つぶ状。つぶのような状態。「―の肥料」

**りゅうじん【竜神】**（名）雨と水をつかさどる、竜の姿をしているといわれる神。竜王。

**りゅうず【竜頭】**（名）❶腕《うで》時計・懐中《かいちゅう》時計のぜんまいを巻いたり針を動かしたりするためのつまみ。「―を巻く」❷釣《つ》り鐘《がね》をつるすために、鐘の頭部につけた竜の頭の形をした部分。

**りゅうすい【流水】**（名）流れている水。「行雲―」

**りゅうせい【流星】**（名）《天》天体のかけらが地球の大気の中に突入《とつにゅう》したとき、まわりの空気とすれ合って燃え、光を出すもの。地上に落ちたものは隕石《いんせき》という。流れ星。「―群」

**りゅうせい【隆盛】**（名・形動ダ）勢いがさかんなこと。「社運が―に向かう」「―をきわめる」対衰退《すいたい》

**りゅうせつ【流説】**（名）根拠《こんきょ》のないうわさ。るせつ。「―が広がる」類流言《りゅうげん》

**りゅうぜつらん**〘竜舌蘭〙（名）《植》キジカクシ科の多年草。葉は厚く先がとがってまわりにとげがあり、大きいものは一～二《メートル》にもなる。観賞用。

（りゅうぜつらん）

**りゅうせんけい【流線型・流線形】**（名）水や空気の抵抗《ていこう》を少なくするような曲線で構成した形。

**りゅうたい【流体】**（名）〘物〙気体と液体をまとめていうことば。流動体。「―力学」

**りゅうたい【隆替】**（名）勢いが、さかんになることとおとろえること。盛衰《せいすい》。「―興亡」

**りゅうだん【流弾】**（名）目標からそれたたま。ながれだま。「―に倒《たお》れる」

**りゅうち【留置】**（名・他スル）人や物を一定の場所にとめておくこと。特に、取り調べのために、被疑者《ひぎしゃ》を一時警察署内に強制的にとどめておくこと。

**りゅうちじょう【留置場】**（名）警察署内にあり、被疑者《ひぎしゃ》を一時とどめておく所。

**りゅうちょう【留鳥】**（名）〘動〙一年じゅう、ほぼ同じ地域にすむ鳥。からす・すずめなど。対候鳥《こうちょう》

**りゅうちょう**〘流△暢〙（形動ダ）｛ダロ・ダッ(デ・ニ)・ダ・ナ・ナラ・〇｝話しことばがつまることなくなめらかなようす。すらすらとよどみなく話すようす。「―にフランス語を話す」

**りゅうつう【流通】**（名・自スル）❶水や空気などが一か所にたまらずに流れ通ること。「空気の―がよい」❷世間に広く通用すること。「手形の―」❸商品が生産者から消費者にわたること。「―機構」

**りゅうどう【流動】**（名・自スル）❶流れるように動いていくこと。「水の―」❷物事がうつりかわること。「―資本」「―する政情」…的「流動的な情勢」

**りゅうどうしょく【流動食】**（名）病人などが食べる、スープ・おもゆなどの消化しやすい液状の食物。

**りゅうどうたい【流動体】**（名）❶〘物〙→りゅうたい（流体）❷流動する性質をもつもの。

**りゅうとうだび【竜頭蛇尾】**（名）（頭は竜で尾は蛇《へび》の意から）始めは勢いがさかんだが、終わりはふるわないこと。「事件の解明は―に終わった」

**りゅうにゅう【流入】**（名・自スル）❶水などが湖や海などに流れこむこと。「工場の廃水《はいすい》が湖に―する」❷多くの人やおかねがほかからはいりこむこと。「外国資本が―する」〔対流出〕

**りゅうにん【留任】**（名・自スル）今までの官職や役目にそのままとどまること。「議長は―と決まる」

**りゅうねん【留年】**（名・自スル）学生が、卒業や進級ができず、もとの学年にとどまること。類落第

**りゅうのひげ【竜のひげ】**〘竜の△鬚〙（名）〘植〙キジカクシ科の常緑多年草。初夏、うす紫《むらさき》または白色の小さい花が咲《さ》き、濃《こ》い青色の美しい球状の実ができる。蛇《じゃ》のひげ。はずみだま。

**りゅうは【流派】**（名）学問や芸術などで、主義や方法のちがいによって分かれているそれぞれのグループ。「茶道の―」

**りゅうび【柳眉】**（名）やなぎの葉のように細くて形のいいまゆ。美人のまゆ。

**柳眉を逆立《さかだ》てる**　美人がまゆをつり上げておこるようす。

**りゅうひょう【流氷】**（名）海上に浮《う》かび流れる氷のかたまり。寒帯地方の海から流れてくる。

**りゅうひょうや**…俳句→りうひょうや…

**りゅうほ【留保】**（名・他スル）その場ですぐ決定・処理しないで、しばらくそのままにしておくこと。保留。「判断を―する」

**りゅうぼく【流木】**（名）❶川や海に浮《う》いて流れる木。❷山から切り出し、川に流して運ぶ木材。

**リューマチ**（名）〘医〙関節・筋肉などの痛む病気。リューマチス。リウマチ。▽英 rheumatism から。

**りゅうみん【流民】**（名）国や郷里をはなれてさまよい歩く人びと。流浪《るろう》の民。るみん。

**りゅうよう【流用】**（名・他スル）おかねや物を、決まっている使い道以外のことに使うこと。「資金の―」

**りゅうり【流離】**（名・自スル）故郷を遠くはなれた土地をさすらい歩くこと。流浪《るろう》。「―の旅」

**りゅうりゅう【隆隆】**（トタル）❶勢いのさかんなようす。「―たる社運」❷筋肉がたくましくもり上がっているようす。「筋骨―」

**りゅうりゅうしんく【粒粒辛苦】**（名）（米の一つぶ一つぶに、作った農民のたいへんな苦労があるという意から）長い間にわたって地道な努力や苦労を積み重ねること。「―ののち、完成する」

**りゅうりょう【流量】**（名）水や電流などが一定時間内に流れる量。「川の―を計算する」

**りゅうれい【流麗】**（名・形動ダ）詩文の表現や音楽の調べなどが、流れるようによどみなく美しいようす。「―な文章」

**りゅうろ【流露】**（名・自他スル）感情を外に表すこと。また、表れること。「真情が―した文」類発露

**リュックサック**〔ドイツ Rucksack〕（名）登山などで、必要な物を入れて背負うふくろ。リュック。

**りょ【侶】** 9画 イ7　音リョ
とも。なかま。つれ。◆僧侶《そうりょ》・伴侶《はんりょ》

**りょ【旅】** 10画 方6　小3　音リョ　訓たび
たび。たびする。◆旅客《りょかく》・旅愁《りょしゅう》・旅館・旅券・旅行・旅宿・旅情・旅人・旅装・旅程・旅費

**りょ【虜】** 13画 虍7　〔虜〕　音リョ
とりこ。とらわれた人。◆虜囚《りょしゅう》◆囚虜・俘虜《ふりょ》・捕虜⇩付録「漢字の筆順(3)虍」

**りょ【慮】** 15画 心11　音リョ
深くいろいろ考えをめぐらす。◆慮外《りょがい》◆遠慮・苦慮・考慮・顧慮《こりょ》・熟慮・焦慮《しょうりょ》・思慮・深慮・浅慮・配慮・憂慮《ゆうりょ》⇩付録「漢字の筆順(3)虍」

**りよう【利用】**（名・他スル）❶役にたつように使うこと。また、便利なものとして使うこと。「廃物《はいぶつ》―」「ホテルを―する」「―者」❷自分が利益を得るための手段としてうまく使うこと。「地位を―する」「気のいい人を―する」

**りよう【理容】**（名）理髪《りはつ》と美容。「―師」

**りょう【了】** 2画 亅0　音リョウ
❶おわる。おえる。◆完了・校了・修了・終了・読了・満了・未了。❷はっきりわかる。◆了解・了承

**りょう【了】**（名）❶よくわかること。承知すること。❷終わり。終了。「第一部―」参考①は「諒」とも

書く。

了とする　もっともだとして納得《なっとく》する。承知する。参考「諒とする」とも書く。

**りょう【両】** 6画 一5 小3〔兩〕音リョウ
対《つい》となっている二つ。◆両院・両眼《りょうがん》・両極・両軍・両者・両所・両親・両性・両端《りょうたん》・両刀・両方・両面・両雄《りょうゆう》・両翼《りょうよく》・両輪

**りょう【両】** 一（名）❶対《つい》になる二つのもの。「—の手」❷江戸《えど》時代のおかねの単位。分《ぶ》の四倍。二（接尾）電車・自動車などを数えることば。「千—箱」「八—編成」

**りょう【良】** 7画 良1 小4 音リョウ 訓よい
よい。すぐれている。好《この》ましい。◆良縁《りょうえん》・良貨・良計・良好・良質・良心・良俗《りょうぞく》・良品・良薬 ◆改良・最良・善良・不良・優良。参考特別に、「野良」は「のら」と読む。「奈良」県は「なら」県と読む。

**りょう【良】**（名）成績などを優・良・可・不可の四段階にわけた二番目。

**りょう【料】** 10画 斗6 小4 音リョウ
❶はかる。おしはかる。◆料簡《りょうけん》・料理。❷使うもの。もとになるもの。◆料紙・料地 ◆飲料・原料・材料・食料・資料・飼料・肥料。❸てあて。代金。◆料金 ◆給料・送料・損料・無料・有料

**-りょう【料】**（接尾）代金。料金。「手数—」「入場—」

**りょう【涼】** 11画 氵8 音リョウ 訓すずしい・すずむ
❶すずしい。◆涼気・涼秋・涼風・涼味 ◆新涼・清涼剤・爽涼《そうりょう》・納涼《のうりょう》。❷ものさびしい。◆荒涼《こうりょう》

**りょう【涼】**（名）すずしいこと。すずしさ。「—をとる」

**りょう【猟】** 11画 犭8〔獵〕音リョウ
❶かり。鳥やけものをとる。◆猟期・猟犬・猟師・猟銃 ◆禁猟・狩猟《しゅりょう》・密猟。❷さがし求める。あさる。◆猟奇《りょうき》 ◆渉猟《しょうりょう》

**りょう【猟】**（名）山野で鳥やけものをとること。狩《か》り。また、その獲物《えもの》。「—に出る」「—が多い」

**りょう【陵】** 11画 阝8 音リョウ 訓みささぎ 高
❶大きなおか。◆丘陵《きゅうりょう》。❷天子の墓。みささぎ。◆陵墓 ◆御陵《ごりょう》・山陵

**りょう【量】** 12画 里5 小4 音リョウ 訓はかる
❶見たり、はかったりしたときのかさ。容積・大きさ・数など。◆量感・量産 ◆雨量・軽量・重量・少量・水量・数量・大量・適量・分量・用量・容量。❷はかる。物のかさをはかる。◆量刑《りょうけい》 ◆計量・測量。❸おしはかる。◆考量・裁量・酌量《しゃくりょう》・思量・推量。❹心や能力の大きさ。◆雅量《がりょう》・狭量《きょうりょう》・器量・技量・度量 ⇩付録「漢字の筆順(28)里」

**りょう【量】**（名）ものの容積・大きさ・数など。また、その大小の程度。「—が多い」「—より質」

**りょう【僚】** 14画 亻12 音リョウ
❶とも。仲間。つれ。◆僚機・僚船・僚友 ◆同僚。❷役人。◆閣僚・下僚《かりょう》・官僚・属僚・幕僚

**りょう【漁】**→ぎょ（漁）

**りょう【漁】**（名）海・川・湖などで魚や貝をとること。また、その獲物《えもの》。「—に出る」「—が多い」

**りょう【領】** 14画 頁5 小5 音リョウ
❶大事な所。◆綱領《こうりょう》・要領。❷おさめる。とりまとめる。◆領袖《りょうしゅう》 ◆宰領《さいりょう》・首領・総領・大統領・頭領。❸自分のものにする。支配する。◆領域・領海・領空・領収・領地・領土・領分・領有 ◆横領・受領・所領・占領《せんりょう》・拝領

**りょう【寮】** 15画 宀12 音リョウ
❶寄宿舎。共同宿舎。◆寮歌・寮舎・寮生・寮費・寮母・寮友 ◆学生寮・学寮・独身寮。❷別荘《べっそう》。数寄屋《すきや》。◆茶寮《さりょう》

**りょう【寮】**（名）学生や従業員のための共同宿舎。

**りょう【霊】**→れい（霊）「—にはいる」

**りょう【療】** 17画 疒12 音リョウ
病気やけがをなおす。いやす。◆療治《りょうじ》・療病・療法・療養 ◆医療・加療・診療《しんりょう》・施療《せりょう》・治療《ちりょう》

**りょう【瞭】** 17画 目12 音リョウ
あきらか。はっきりとした。◆瞭然 ◆一目瞭然・明瞭

**りょう【糧】** 18画 米12 音リョウ・ロウ 高 訓かて 高
旅やいくさに持って歩く、食料。◆糧食・糧道・糧米・糧秣《りょうまつ》 ◆衣糧・口糧《こうりょう》・食糧・馬糧・兵糧《ひょうろう》。参考「ロウ」の音は「兵糧《ひょうろう》」などのことばに使われる特殊《とくしゅ》な読み方。⇩付録「漢字の筆順(28)里」

**りょう**『△稜』（名）〔数〕多面体のとなり合った二つの面が交わる所にできる直線。

**りょうあし【両足】**（名）左右両方の足。「—で跳《と》ぶ」

**りょういき【領域】**（名）❶国の勢力・政治のゆきわたる区域。領土・領海・領空をいう。「日本の—外」類領分。❷そのものが関係する範囲《はんい》。特に、学問や研究の専門分野。「化学の—」

**りょういん【両院】**（名）❶国会の衆議院と参議院。❷アメリカ・イギリスなどの上院と下院。

**りょういんせい【両院制】**（名）→にいんせい

**りょううで【両腕】**（名）左右両方のうで。

**りょうえん【良縁】**（名）よい縁組。たがいにふさわしくてよい縁組。「ーにめぐまれる」

**りょうえん【遼遠】**〖△遼遠〗（名・形動ダ）はるかに遠いこと。「前途《ぜんと》ーたるものがある」

**りょうか【良家】**（名）→りょうけ（良家）

**りょうか【良貨】**（名）品質のよい貨幣《かへい》。「悪貨《あっか》はーを駆逐《くちく》する」対悪貨

**りょうか【寮歌】**（名）学生寮などでともに生活している寮生たちが、いっしょに歌うように作られた寮の歌。

**りょうが**〖△凌△駕・陵△駕〗（名・他スル）ほかのものをしのいで上に出ること。「他チームをーする戦力」

**りょうかい【了解】**〖△諒解〗（名・他スル）相手の事情や言っていることの意味・内容などをよく理解して認めること。「先方にーを求める」類了承

**りょうかい【領海】**（名）一国の沿海のうち、その主権がおよぶ区域。「他国のー内にはいる」対公海

**りょうがえ【両替】**（名・他スル）ある金額の貨幣《かへい》を、同じ額のほかの種類の貨幣にかえること。「ー機」

**りょうがわ【両側】**（名）左右・表裏など、物の二つの側。「川のー」「からだをーから支える」対片側

**りょうかん【量感】**（名）重みや厚みのある感じ。「ーあふれる彫刻《ちょうこく》」

**りょうかん**〔良寛〕【人名】（一七五八〜一八三一）江戸《えど》時代後期の禅僧《ぜんそう》・歌人。純真な人がらで人びとから敬われ、多くの逸話《いつわ》が残る。歌風は万葉調で素朴《そぼく》。書道・漢詩にもすぐれる。歌集「蓮《はちす》の露《つゆ》」など。

**りょうがん【両岸】**（名）川の左右の岸。

**りょうがん【両眼】**（名）左右両方の目。

**りょうき【涼気】**（名）ひんやりとしてすずしい空気。すずしい気配。「高原のーを感じる」

**りょうき【猟奇】**（名）奇怪《きかい》なもの、異常なものに強く興味をもち、それを求めること。「ー小説」…的「猟奇的な事件」

**りょうき【猟期】**（名）❶その鳥やけものをとるのに適した時期。❷野山の鳥やけものなどをとることが許されている期間。

**りょうき【漁期】**（名）❶その魚や貝がよくとれる時期。❷その魚や貝をとることが許されている期間。

**りょうきょく【両極】**（名）❶南極と北極。❷〖物〗電気の陰極《いんきょく》（マイナス）と陽極（プラス）。❸両方の端《はし》。また、対立してかけはなれていること。両極端《きょくたん》。「意見がーに分かれる」

**りょうきょくたん【両極端】**（名）二つのものが、この上なくかけはなれていること。また、そのようなもの。「ーの考え方」

**りょうきん【料金】**（名）何かを使ったり、利用したりしたことに対して支払《しはら》うおかね。「駐車《ちゅうしゃ》ー」

**りょうくう【領空】**（名）その国の主権のおよぶ領土と領海の上の空。「ー侵犯《しんぱん》」

**りょうけ【両家】**（名）両方の家。両方の家庭。

**りょうけ【良家】**（名）家がらがよく、生活水準も高い家庭。「ーの子女」参考「りょうか」とも読む。

**りょうけい【量刑】**（名）裁判所が法の範囲《はんい》内で刑の重さの程度を決めること。「軽いーですむ」

**りょうけん【了見】**〖料◇簡・了◇簡〗（名）考え。心がけ。「ーが狭《せま》い」「悪いーをおこす」「ー違《ちが》い（＝考え方が道理にはずれていること）」

**りょうけん【猟犬】**（名）鳥やけものの猟に使う犬。

**りょうこう【良好】**（名・形動ダ）結果や状態などがすぐれてよいこと。「視界ー」「健康状態はーだ」

**りょうこう【良港】**（名）船をつけるのによい港。よい条件をそなえた港。「天然のー」

**りょうごく【領国】**（名）領地として持っている国土。「諸大名のー」

**りょうさい【良妻】**（名）よい妻。りっぱな妻。「ー賢母《けんぼ》」

**りょうざい【良材】**（名）❶よい材木。すぐれた建築材料。❷すぐれた人材。「国じゅうのーを求める」

**りょうさく【良策】**（名）物事を解決するためのよい考えやり方。うまい知恵《ちえ》。「ーを授《さず》ける」類上策

**りょうさん【量産】**（名・他スル）分業や機械などによって同じ製品をたくさん作ること。大量生産。「ー態勢」…化「製品の量産化が実現する」

**りょうざんぱく**〖△梁山泊〗（名）豪傑《ごうけつ》や野心家などが集まる所。参考中国の小説「水滸伝《すいこでん》」で、盗賊《とうぞく》の宋江《そうこう》などが集まった土地の名から。

**りょうし【猟師】**（名）鳥やけものをとることを仕事にしている人。狩人《かりゅうど》。

**りょうし【量子】**（名）〖物〗エネルギーや電気量などの物理量の、それ以上分割できない最小の量。「ー力学」

**りょうし【漁師】**（名）魚介類《ぎょかいるい》などの水産物をとることを仕事にしている人。

**りょうじ【領事】**（名）外国に駐在《ちゅうざい》して自分の国の貿易を進めたり、その国にいる自分の国の人びとの保護や世話にあたったりする公務員。「ー館」

**りょうじ【療治】**（名・他スル）病気をなおすこと。治療。「荒《あら》ー」

**りょうしき【良識】**（名）物事に対する健全な判断力。「ーある市民」「読者のーにうったえる」

**りょうしつ【良質】**（名・形動ダ）品質がすぐれていること。「ーの材料で作る」類上質。対悪質

**りょうじつ【両日】**（名）二日《ふつか》。「六日、七日のーにわたって」「ー　ーのうちにうかがいます」

**りょうしゃ【両者】**（名）両方のもの。二者。

**りょうしゅ【領主】**（名）❶領土の主。大地主。❷江戸《えど》時代、土地を所有し人民を治めていた大名や旗本。

**りょうしゅう【領収】**（名・他スル）おかねなどを受け取ること。「代金をーする」「ー書」類受領

**りょうしゅう【領袖】**（名）集団のかしら。おもだった人。「派閥《はばつ》のー」類首領

**りょうじゅう【猟銃】**（名）狩猟《しゅりょう》用の鉄砲《てっぽう》。

**りょうしゅうしょ【領収書】**（名）おかねなどを受け取ったしるしとして相手にわたす書きつけ。受取《うけとり》。領収証。「ーを添付《てんぷ》する」

**りょうしょ【良書】**（名）内容のすぐれたよい本。読んでその人のためになる本。

**りょうしょう【了承】**〖△諒承〗（名・他スル）事情などを理解して承知すること。「―を得る」類了解

**りょうじょうのくんし**〖△梁上の君子〗❶ぬすびと。盗賊《とうぞく》。❷ねずみ。

故事 後漢の陳寔《ちんしょく》が、天井《てんじょう》の梁《はり》の上にいるどろぼうを見つけ、子どもたちに「悪人はもとから悪人だったのではない。悪い習慣が身についてそうなったのだ。梁の上にいるりっぱな人がその一人だ」といましめたので、どろぼうは罪をわびたということから出たことば。〈後漢書〉

**りょうしょく【糧食】**（名）食糧。特に、たくわえたり持ち運んだりする食べ物。かて。「―がつきる」

**りょうじょく【陵辱】**〖△凌辱〗（名・他スル）❶人をはずかしめること。❷暴力で女性を犯すこと。

**りょうしん【両親】**（名）父と母。父母。ふた親。

**りょうしん【良心】**（名）自分の行いに対し、そのよしあしをみきわめ、正しいことをしようとする心のはたらき。「―がいたむ」「―に恥《は》じない」「―の呵責《かしゃく》」

**りょうしんてき【良心的】**（形動ダ）〔ダロ・ダッ(デ・ニ)・ダ・ナ・ナラ・○〕良心に従って誠実に行動するようす。正直で、まごころのこもっているようす。「―な考え方」「―な値段」

**りょうじんひしょう**〔梁塵秘抄〕［作品名］平安時代末期の歌謡《かよう》集。後白河法皇《ごしらかわほうおう》の撰《せん》。当時流行していた「今様《いまよう》」と呼ばれる歌謡などを集めたもの。人びとの生活や信仰《しんこう》などがいきいきとうたわれている。

**りょう・する【領する】**（他サ変）〔シ(セ・サ)・シ・スル・スル・スレ・シロ(セヨ)〕❶領土とする。支配する。「一国を―」❷受け取る。また、承知する。「相手の言い分を―」

**りょうせい【両性】**（名）男性と女性。雄《おす》と雌《めす》。「―花《か》」

**りょうせい【良性】**（名）病気などで、たちの悪い種類ではないこと。「―の腫瘍《しゅよう》」対悪性

**りょうせい【寮生】**（名）寮生活をしている学生・生徒。

**りょうせいか【両性花】**（名）〖植〗一つの花の中におしべとめしべがある花。さくら・きく・ぼたんなど。

**りょうせいばい【両成敗】**（名）争った両方に罪があるとして、どちらをも罰《ばっ》すること。「けんか―」

**りょうせいるい【両生類】**〖両△棲類〗（名）〖動〗脊椎《せきつい》動物の一つ。子どものころはえらがあって水中にすみ、成長後は肺で呼吸し、陸上でも生活する。かえる・いもり・さんしょううおなど。

**りょうせん**〖△稜線〗（名）山の峰《みね》から峰へと続く線。類尾根《おね》

**りょうぜん【瞭然】**（トタル）はっきりして明らかなようす。明白。明瞭。「一目《いちもく》―」

**りょうたん【両端】**（名）物の両方のはし。参考「りょうはし」とも読む。

**りょうだん【両断】**（名・他スル）まっぷたつに切ること。「一刀―」

**りょうち【領地】**（名）❶江戸《えど》時代、大名や寺などが所有した土地。❷治めている土地。類領土

**りょうて【両手】**（名）左右両方の手。対片手

**両手に花《はな》** 二つのよいもの、美しいものを同時に手に入れること。

**りょうてい【料亭】**（名）高級な日本料理屋。

**りょうてき【量的】**（形動ダ）〔ダロ・ダッ(デ・ニ)・ダ・ナ・ナラ・○〕量の面から物を見たようす。「―にはじゅうぶんだ」対質的

**りょうてんびんをかける**〖両天△秤を掛ける〗二つのものに同時に関係をつけておいて、どちらかがだめになってもさしつかえないようにする。ふたまたをかける。

**りょうど【領土】**（名）その国が所有して治めている土地。「―の拡張をはかる」類領地

**りょうとう【両刀】**（名）むかし、武士が腰《こし》にさした大小二本の刀。

**りょうどう【糧道】**（名）軍隊などへ食糧を送る道。「―を断《た》たれる」

**りょうどうたい【良導体】**（名）〖物〗熱または電気をよく伝える物体。導体。対不良導体

**りょうとうづかい【両刀使い・両刀遣い】**（名）❶両手に一本ずつ刀を持ってたたかう剣術。また、その人。二刀流。❷一人で二つのことを両立させて行うこと。また、その人。「打者と投手の―」❸酒類と菓子《かし》類の両方を好むこと。また、その人。

**りょうとうのいのこ**〖△遼東の△豕〗世間知らずで、ひとりよがりであることのたとえ。

故事 中国の遼東地方の人が、頭の白いぶたが生まれたのをめずらしいと思い、天子にさしあげようと河東《かとう》まで来ると、どのぶたもみな頭が白いので恥《は》じて帰ったという話から出たことば。〈後漢書〉

**りょうとく【両得】**（名）❶一度に二種類の利益を得ること。「一挙―」❷両者が利益を得ること。

**りょうどなり【両隣】**（名）左右両方のとなり。

**りょうば【両刃】**（名）両側に刃がついていること。また、その刃物。もろ刃。「―のかみそり」「―の剣《つるぎ》（＝使い方によって利益にも害にもなるもの）」対片刃

**りょうば【猟場】**（名）鳥やけものをとる所。かりば。

**りょうば【漁場】**（名）魚や貝をとる所。ぎょじょう。

**りょうはん【量販】**（名・他スル）特定の種類の商品を大量に販売すること。「―店」

**りょうひ【良否】**（名）よいか悪いかということ。よしあし。「仕上がりの―をみる」

**りょうひん【良品】**（名）質のよい品。優良品。

**りょうふう【涼風】**（名）すずしい風。すずかぜ。

**りょうぶん【両分】**（名・他スル）二つに分けること。二分。「天下を―する」

**りょうぶん【領分】**（名）❶所有している土地。類領域。❷なわばり。勢力範囲《はんい》。「人の―を荒《あ》らす」

**りょうぼ【陵墓】**（名）天皇・皇族の墓。参考天皇・皇后《こうごう》・皇太后・太皇太后の墓を陵といい、他の皇族のものは墓という。

**りょうほう【両方】**（名）二つのうちのどちらも。両者。双方《そうほう》。「―から話を聞く」「左右―」対片方

**りょうほう【療法】**（名）病気やけがをなおす方法。「民間―」「食事―」

**りょうまい【糧米】**（名）食糧としての米。

**りょうみ【涼味】**（名）ひんやりした感じ。すずしい感

じ。「—満点」

**りょうみん【良民】**(名) 善良で勤勉な人民。

**りょうめ【量目】**(名) はかりではかった品物の目方。ますめ。りょうもく。「—をごまかす」

**りょうめん【両面】**(名) ❶ものの二つの面。表と裏。「—コピー」❷二つの方面。「計画を物心—から援助《えんじょ》する」(対片面)

**りょうやく【良薬】**(名) 病気によくきく薬。

**良薬は口《くち》に苦《にが》し** よくきく薬が苦いように、身のためになる忠告というものは聞きづらいものである。

**りょうゆう【両雄】**(名) 二人の英雄。

**両雄並《なら》び立《た》たず** 力が同じくらいの二人の英雄が現れれば、必ず争ってどちらかが倒《たお》れることになる。

**りょうゆう【良友】**(名) よい友人。ためになる友。対悪友

**りょうゆう【僚友】**(名) いっしょに仕事をしている仲間。職場の仲間。同僚。

**りょうゆう【領有】**(名・他スル) 土地などを自分のものとして持つこと。「広大な土地を—する」

**りょうよう【両用】**(名) 両方に用いられること。二とおりに使えること。「水陸—の車」

**りょうよう【両様】**(名) 二つの様式。ふたとおり。「—の見方ができる」

**りょうよう【療養】**(名・自スル) 病気やけがの治療をし、養生すること。「自宅で—する」

**りょうよく【両翼】**(名) ❶左右両方のつばさ。双翼《そうよく》。❷隊列など、横にならんだものや左右に広がっているものの左右両方の側。「—から攻《せ》めこむ」

**りょうらん**【△繚乱・△撩乱】(トタル) 花などが咲《さ》き乱れるようす。入り乱れるようす。「百花—」

**りょうり【料理】**(名・他スル) ❶材料を煮《に》る、焼くなどして食べられるものとすること。また、調理した食べ物。「—人」「イタリア—」❷物事をうまくかたづけること。「強敵を—する」

**りょうりつ【両立】**(名・自スル) 両方ともにならび立つこと。二つのことがらが、ともに成り立つこと。「勉強と部活を—させる」

**りょうりや【料理屋】**(名) 注文された料理を作って客に食べさせる店。

**りょうりょう**【△寥△寥】(トタル) さびれてものさびしいようす。また、まばらで少ないようす。「—たる荒野《こうや》」

**りょうりょうあいまって【両両相まって】**【両両相△俟って】両方が助け合い、補い合って。「—よい結果が出ることを祈《いの》ります」

**りょうりん【両輪】**(名) ❶車の左右の車輪。❷両方そろってはじめて役に立つもののたとえ。

**りょうろん【両論】**(名) 対立する二つの議論・主張。「—を併記《へいき》する」「賛否—」

**りょがい【慮外】**(名・形動ダ) ❶思いがけないこと。「—な出来事」❷無礼。ぶしつけ。「—千万《せんばん》」

**りょかく【旅客】**(名) 旅をする人。特に、鉄道・汽船・飛行機などの乗り物で旅をする人。りょきゃく。

**りょかくき【旅客機】**(名) 旅客を乗せて運ぶのを目的としてつくられた飛行機。りょかっき。「大型—」

**りょかん【旅館】**(名) 料金をとって、旅行者をとまらせる家。洋風のホテルに対して和風のものをいう。

**りょきゃく【旅客】**(名) →りょかく

**りよく【利欲】**(名) 利益を得ようとする心。特に、自分の利益ばかりを得ようとする心。「—のみに走る」

**りょく【力】** 2画 力0 小1 音 リョク・リキ 訓 ちから フ 力

❶ちから。はたらき。いきおい。⬘力学・力士・力点・力量 ⬙握力《あくりょく》・圧力・威力《いりょく》・引力・学力・活力・火力・気力・権力・効力・実力・重力・視力・人力《じんりき・じんりょく》・迫力《はくりょく》・勢力・精力・全力・体力・電力・動力・能力・馬力・武力・暴力・腕力《わんりょく》。❷つとめる。せいを出す。⬘力演・力作・力説・力走 ⬙極力・尽力《じんりょく》・努力

**-りょく【力】**(接尾) そのことについての力・能力の意を表す。「破壊《はかい》—」「生活—」「経済—」

**りょく【緑】** 14画 糸8 小3 〔綠〕 音 リョク・ロク高 訓 みどり 幺 糸 紀 紓 緑

❶みどりいろ。⬘緑草・緑茶・緑葉・緑青《ろくしょう》 ⬙深緑・葉緑素。❷草や木。⬘緑陰《りょくいん》・緑地・緑土・緑風・緑野・緑化 ⬙新緑。参考「ロク」の音は「緑青《ろくしょう》」ということばに使われる特殊《とくしゅ》な読み方。

**りょくいん【緑陰】**(名) 青葉のしげった木のかげ。「—で読書する」

**りょくか【緑化】**(名・他スル) →りょっか

**りょくそうるい【緑藻類】**(名) あおのり・みる・あおみどろなど、葉緑素をもつ、緑色をした藻類。

**りょくち【緑地】**(名) 草木のしげっている土地。

**りょくちたい【緑地帯】**(名) 草木のしげっている地域。特に、都市で人びとの健康や防火などのために草木を植えたり、保護したりしている地域。

**りょくちゃ【緑茶】**(名) 茶の若葉をむして、もみながら乾燥《かんそう》させて作る茶。玉露《ぎょくろ》・煎茶《せんちゃ》など。

**りょくど【緑土】**(名) 草木の青々としげった土地。

**りょくないしょう【緑内障】**(名)〘医〙眼圧が高くなることで視神経が圧迫《あっぱく》され、視力が落ちる、あるいは視野が狭《せま》くなっていく病気。あおそこひ。

**りょくひ【緑肥】**(名) れんげ・うまごやしなどの草を青いまま畑にうめてくさらせ、肥料とするもの。草ごえ。

**りょくべん【緑便】**(名) 乳児が消化不良のときに出す、みどり色の大便。

**りょけん【旅券】**(名) 国が外国への旅行を許し、その身分や国籍《こくせき》などを証明する文書。パスポート。

**りょこう【旅行】**(名・自スル) 一時的によその土地へ行くこと。たび。「修学—」「海外—」

**りょしゅう【旅愁】**(名) 旅先で感じるものさびしい思い。類旅情

**りょしゅう【虜囚】**(名) とらわれた人。捕虜《ほりょ》。

**りょしゅく【旅宿】**(名) 旅先でのやど。

**りょじょう【旅情】**(名) 旅行中に感じるしみじみとした気持ち。「—をそそる」類旅愁《りょしゅう》

**りょそう【旅装】**(名) 旅行用の服装。旅じたく。

**旅装を解《と》く** 旅の服装を着かえて落ち着く。

**りょだん【旅団】**(名) 陸軍の部隊編制上の単位。師団と連隊の間に位置し、ふつう二個以上の連隊からなる。

**りょっか【緑化】**（名・他スル）草木を植えて、緑の多い土地にすること。りょくか。「—運動」

**りょてい【旅程】**（名）❶旅の道のり。行程。「五〇〇《キロメートル》の—」❷旅行の日程。「—をくりあげる」

**りょひ【旅費】**（名）旅行に必要な費用。

**りょりょく**『△膂力』（名）筋肉の力。腕力《わんりょく》。

**リラ**〔フランス lilas〕（名）〘植〙→ライラック

**リライト**〔英 rewrite〕（名・他スル）原稿《げんこう》などに手をいれて書きなおすこと。「記事を—する」

**リラクゼーション**〔英 relaxation〕（名）心身の緊張《きんちょう》をほぐしてくつろぐこと。リラクセーション。

**リラックス**〔英 relax〕（名・自スル）力をぬいて緊張《きんちょう》をほぐすこと。のんびりくつろぐこと。「試合前に—する」

**リリース**〔英 release〕（名・他スル）❶解き放つこと。特に、釣った魚を放すこと。❷ＣＤやソフトウエアなどを新たに発売すること。「新曲の—」❸政府や企業《きぎょう》などからの発表。「プレス—」

**リリーフ**〔英 relief〕一（名・他スル）野球で、それまでの投手と交代して救援《きゅうえん》すること。また、その投手。「—ピッチャー」二（名）〘美〙浮《う》き彫《ぼ》り。レリーフ。

**りりく【離陸】**（名・自スル）飛行機などが地面をはなれて飛び立つこと。対着陸

**りりし・い**『△凛△凛しい』（形）{カロ・カッ(ク)・イ・イ・ケレ・○}姿や態度がきりりとひきしまって、勇ましい。「—顔だち」

**リリシズム**〔英 lyricism〕（名）叙情《じょじょう》的な味わい。叙情主義。「—にあふれた作品」

**りりつ【利率】**（名）〘経〙預けたり貸したりしたおかねに対するその利息の割合。「預金の—」

**リレー**〔英 relay〕一（名・他スル）つぎつぎに引き続いて受けわたすこと。「バケツ—で消火する」二（名）陸上競技・水泳などで、数人が一組となって、決められた距離《きょり》を一人ずつが引きついで速さを争う競技。リレーレース。継走《けいそう》。継泳。「クラス対抗《たいこう》—」

**りれき【履歴】**（名）❶その人がこれまでに経験してきた学業や職業などのことがら。経歴。❷コンピューターで、それまでの通信の記録。「閲覧《えつらん》—を消去する」

**りれきしょ【履歴書】**（名）その人が現在までに経験した学業や職業などをしるした書類。

**りろ【理路】**（名）話や考えの筋道。議論や文章を組み立てる順序。

**りろせいぜん【理路整然】**（トタル）考え方や話などの筋道がきちんと整っているようす。「—とした文章」

**りろん【理論】**（名）いろいろな物事や現象をまとめて説明する、筋道を通して組み立てられた考え方。ある原理をもとにして推《お》し進められた考えや論。「最新の—」「—家」…的「理論的には可能だ」対実践《じっせん》

**りん【林】** 8画 木4 小1 音リン 訓はやし
一 十 木 村 材 林
❶はやし。◆林学・林間・林業・林道・林野 ◆営林・原生林・山林・樹林・植林・森林・疎林《そりん》・竹林・防風林・密林。❷多く集まっている。群がっている。◆林立 ◆翰林《かんりん》・芸林・書林・辞林

**りん【厘】** 9画 厂7 音リン
厂 厂 厂 厓 厘 厘
ごくわずかな数量。◆厘毛 ⇩付録「漢字の筆順(28)里」

**りん【厘】**（名）❶むかしのおかねの単位。一銭の一〇分の一。❷割合の単位。割《わり》の一〇〇分の一。「二割九分三—」

**りん【倫】** 10画 亻8 音リン
亻 亼 伶 倫 倫 倫
❶人の行うべき道。◆倫理 ◆五倫・人倫・破倫・不倫・乱倫。❷仲間。同類。◆絶倫・比倫

**りん【鈴】**→れい(鈴)

**りん【鈴】**（名）❶合図などに使うすず。呼びりん。ベル。❷読経《どきょう》のときにたたいて鳴らす、小さな鉢形《はちがた》の仏具。

**りん【輪】** 15画 車8 小4 音リン 訓わ
亘 車 軡 輪 輪 輪
❶わ。車のわ。◆後輪・車輪・前輪・動輪・両輪。❷車。車のついた乗り物。◆輪禍《りんか》 ◆競輪《けいりん》。❸まる。わの形をしたもの。◆月輪・光輪・五輪・大輪・日輪・年輪。❹物のまわり。◆輪郭《りんかく》 ◆外輪・内輪。❺順ぐりに回る。めぐる。◆輪作・輪唱・輪転・輪読・輪廻《りんね》・輪番・輪舞《りんぶ》

**-りん【輪】**（接尾）❶花を数えることば。「梅一—」❷車輪をかぞえることば。「三—車」

**りん【隣】** 16画 阝13 音リン 訓となる・となり
阝 阝 阝 隊 隊 隣
となり。となりあう。近い。◆隣家・隣交・隣国・隣室・隣人・隣席・隣接・隣村 ◆近隣・四隣・善隣・比隣

**りん【臨】** 18画 臣11 小6 音リン 訓のぞむ 中
丨 𠂆 臣 臣 臨 臨
❶高い所から下を見おろす。身分の高い人が出向く。◆臨御《りんぎょ》・臨幸 ◆君臨・光臨・降臨・来臨。❷目の前にする。◆臨海・臨港。❸その場・その時にあたる。◆臨機・臨月・臨時・臨終・臨床《りんしょう》・臨場・臨席・臨戦。❹手本として見る。◆臨画・臨写・臨書・臨本 ⇩付録「漢字の筆順(11)巨(臣)」

**りん**『△燐』（名）〘化〙非金属元素の一つ。黄燐《おうりん》や赤燐《せきりん》などがある。空気中で青白い光を発し、燃えやすい。薬やマッチなどに使われる。元素記号 P

**りんか【輪禍】**（名）自動車やオートバイなどにひかれたり、はねられたりする災難。「—にあう」

**りんか【隣家】**（名）となりの家。

**りんか**『△燐火』（名）→おにび

**りんかい【臨海】**（名）海に面していること。海のすぐそばにあること。「—公園」「—工業地帯」

**りんかい【臨界】**（名）❶物質が、ある状態から別の状態へと変化するさかいめ。「—温度」❷原子炉《ろ》で、核分裂《かくぶんれつ》の連鎖《れんさ》反応が持続しはじめるさかいめ。「—に達する」

**りんかいがっこう【臨海学校】**（名）夏に、海辺の土地で集団生活をしながら、子どもたちの心身をきたえるために行う教育活動。また、そのための施設《しせつ》。

**りんかく【輪郭】**『輪△廓』（名）❶物の形を表すま

わりの線。「顔の—」❷物事のだいたいのようす。概要《がいよう》。アウトライン。「計画の—を示す」

**りんかん【林間】**（名）林の中。「—の道」

**りんかんがっこう【林間学校】**（名）夏に、山や高原で集団生活をしながら、子どもたちの心身をきたえるために行う教育活動。また、そのための施設《しせつ》。

**りんき『△悋気』**（名）男女の間のやきもち。「—を起こす」[類]嫉妬《しっと》

**りんき【臨機】**（名）その場に応じて、ふさわしく対処すること。「—の処置」

**りんぎ『△稟議』**（名）官庁や会社などで、会議を開かずに案件を関係者に回覧して承認を求めること。[参考]もとの読みは「ひんぎ」。「りんぎ」は慣用読み。

**りんきおうへん【臨機応変】**（名）その場その場に応じた適切な処置をとること。「—に処理する」

**りんぎょう【林業】**（名）木を植えて森林を育て、木材・炭などを生産する産業。

**リンク**〔英 link〕[一]（名・自他スル）❶つなぐこと。❷コンピューターで、関連情報があるウェブページなどへ移動できるようにしたしくみ。「—を張る」[二]（名）《経》輸入制限の一方法として、製品の輸出を条件にその原材料の輸入を許すこと。リンク制。

**リンク**〔英 rink〕（名）スケート場。「スケート—」

**リング**〔英 ring〕（名）❶輪。輪の形をしたもの。❷指輪。「エンゲージ—を贈《おく》る」❸ボクシング・プロレスなどの試合場。「—に上がる」

**りんけい『△鱗茎』**（名）《植》たまねぎ・ゆりなど、地下茎のまわりの葉が養分をたくわえて厚くなり、重なり合って球状にふくらんだもの。

**りんげつ【臨月】**（名）出産の予定の月。産み月。

**リンゲルえき【リンゲル液】**（名）《医》出血が多いときや体力が弱っているときに、血液などの不足を補うために注射する液。食塩・塩化カリウム・塩化カルシウムなどの混合液。[参考]創製者のイギリス人リンガー(Ringer)の名から。

**りんけん【臨検】**（名・他スル）その場に行って調べること。特に、役人や警官などが工場などに立ち入って検査すること。

**りんげんあせのごとし『△綸言汗の◇如し』**一度流れた汗が体内にもどることはないように、一度発された君主のことばは取り消しができない。

**りんご『林△檎』**（名）《植》バラ科の落葉高木。果実は味と香りがよく、生で食べるほか、ジュース・ジャムなどの材料とする。日本では、青森・長野がおもな産地。

**りんこう『△燐光』**（名）❶くらやみで見られる青白い黄燐《おうりん》の光。❷《物》ある物質が光に照らされたのち、その照らした光を取り去っても、まだ光り続ける現象。

**りんこう『△燐鉱』**（名）《地質》燐酸カルシウムを多くふくんでいる鉱石。燐酸肥料の原料。

**りんこうせん【臨港線】**（名）船荷の運搬《うんばん》のために、港の船つき場まで引いた鉄道。臨港鉄道。

**りんごく【隣国】**（名）となりの国。[類]隣邦《りんぼう》

**りんざいしゅう【臨済宗】**（名）《仏》中国の僧《そう》の臨済が開いた禅宗《ぜんしゅう》の一派。日本へは鎌倉《かまくら》時代に栄西《えいさい》によって伝えられ、武家の間に栄えた。

**りんさく【輪作】**（名・他スル）同じ土地にいくつかの種類の作物を、順を決めて次々に作ること。[対]連作

**りんさん【林産】**（名）山林から木材・炭などを産出すること。また、その木材・炭など。「—物」

**りんさん『△燐酸』**（名）《化》燐の酸化物が水にとけてできる酸。無色の結晶《けっしょう》で液は酸味がある。医薬・工業に使われる。

**りんさんカルシウム『△燐酸カルシウム』**（名）《化》動物の骨や歯などの主成分。天然には燐灰石《りんかいせき》として産する。エナメル・不《ふ》透明《とうめい》ガラス・肥料などの原料。燐酸石灰。▽カルシウムは、オランダ calcium

**りんさんひりょう『△燐酸肥料』**（名）燐酸を多くふくむ肥料。過燐酸石灰《せっかい》・骨粉・米ぬかなど。

**りんし【臨死】**（名）死に直面すること。死にひんすること。「—体験」

**りんじ【臨時】**（名）❶決められたときにではなく、必要に応じて行うこと。「—休校」❷短い期間だけ行うこと。一時的であること。「夏期—ダイヤ」

**りんじきごう【臨時記号】**（名）《音》曲の途中《とちゅう》で、本来の音の高さを一時的に変えるときに使う記号。シャープ・フラット・ナチュラルなど。

**りんじこっかい【臨時国会】**（名）通常国会に対して、必要に応じて召集《しょうしゅう》される国会。⇒つうじょうこっかい・とくべつこっかい

**りんしつ【隣室】**（名）となりの部屋。

**りんしつに…**[短歌]
〔隣室に　書《ふみ》よむ子《こ》らの　声《こゑ》きけば　心《こころ》に沁《し》みて　生《い》きたかりけり〉〈島木赤彦《しまきあかひこ》〉[訳]私が病《やまい》の床《とこ》についている隣《となり》の部屋で、子どもたちが本を読んでいる声を聞くと、声が心にしみこんできて、この子らのためにも生きていたいと強く思うことだ。

**りんじゅう【臨終】**（名）人の命が終わるとき。死にぎわ。「安らかな—を迎《むか》える」

**りんしょ【臨書】**（名・他スル）書道で、手本を見て字を書くこと。

**りんしょう【輪唱】**（名・他スル）《音》同じ旋律《せんりつ》をずらして、つぎつぎに追いかけるように歌う合唱。

**りんしょう【臨床】**（名）❶病人を実際に診察《しんさつ》し治療《ちりょう》すること。「—医学」❷病人の寝床《ねどこ》のそばに行くこと。「—尋問《じんもん》」

**りんじょう【臨場】**（名・自スル）その場所に行くこと。あることの行われている場所にいること。

**りんしょうい【臨床医】**（名）病人を実際に診察《しんさつ》して治療《ちりょう》する医師。

**りんじょうかん【臨場感】**（名）実際にその場にいて見聞きしているような感じ。「—のある描写《びょうしゃ》」

**りんしょく『△吝△嗇』**（名・形動ダ）ひどくものおしみすること。けち。「—家」

**りんじん【隣人】**（名）となり近所の人。「—愛」

**リンス**〔英 rinse〕（名・他スル）髪《かみ》をしなやかにするために、洗髪《せんぱつ》後に用いる薬剤《やくざい》。また、それを使って髪をすすぐこと。

**りんせい【輪生】**（名・自スル）《植》茎《くき》の一つの節から、三枚以上の葉が輪のように生えること。やえむぐら・くるまゆりなどに見られる。⇒ごせい(互生)・たいせい(対生)

**りんせき【隣席】**（名）となりの座席。

**りんせき【臨席】**（名・自スル）会や式などに出席すること。「卒業式にご―ください」類列席

**りんせつ【隣接】**（名・自スル）となり合っていること。となり合って続いていること。「大都市に―する地域」

**りんせん【臨戦】**（名）戦いに臨《のぞ》むこと。いつでも戦えるように備えること。「―態勢に入る」

**りんぜん**『△凜然』（ト・タル）❶寒さがきびしいようす。「―たる寒気」❷態度がきりっとして、りりしいようす。「―と言い切る」

**リンチ**〔英 lynch〕（名）法律によらないで、個人的に暴力によって罰《ばっ》をあたえること。私的制裁。私刑。

**りんてんき【輪転機】**（名）まるい筒《つつ》の形の印刷版を回転させ、高速度で印刷する機械。

**りんと**『△凜と』（副・自スル）顔だちや声、動作がひきしまってきりっとしているようす。「―した態度」

**りんどう【林道】**（名）山林の中の道。特に、山から木材を運び出すために作った道。

**りんどう**『◇竜◇胆』（名）〘植〙リンドウ科の多年草。山野に自生。秋、青紫《あおむらさき》色のつりがね形の花をつける。根はにがく、胃の薬となる。

（竜胆）

**りんどく【輪読】**（名・他スル）同じ本を数人で順番に読み合い、解釈《かいしゃく》や研究をしあうこと。「『源氏《げんじ》物語』の―会」

**りんね**『輪△廻』（名・自スル）〘仏〙死者の魂《たましい》は不滅《ふめつ》で、いろいろなものに生まれ変わり続けるということ。「―転生《てんしょう》」

**リンネル**〔フランス linière〕（名）亜麻《あま》の繊維《せんい》で作ったうすい織物。ハンカチや服地に用いる。リネン。

**リンパ**〔ドイツ Lymphe〕（名）〘生〙高等動物のからだの組織の間を流れている無色の液体。老廃《ろうはい》物を送り出し、栄養分を運び、また、細菌《さいきん》などの侵入《しんにゅう》をふせぐ。「―液」

**リンパせつ【リンパ節】**（名）〘生〙リンパ管（＝リンパを輸送する管）のところどころにある米粒《こめつぶ》から大豆《だいず》ほどの大きさのかたまり。ここで細菌《さいきん》などを殺す。首・わきの下などに多い。リンパ腺。▽リンパは、ドイツ Lymphe

**リンパせん【リンパ腺】**（名）〘生〙↓リンパせつ

**りんばん【輪番】**（名）大勢の人が順番を決めて物事にあたること。まわり番。「―制」

**りんぶ【輪舞】**（名・自スル）多くの人が輪をつくって回りながらおどること。また、そのおどり。ロンド。

**りんぷん**『△鱗粉』（名）〘動〙蝶《ちょう》や蛾《が》などの羽の表面についている、うろこ状の粉。

**りんぽう【隣邦】**（名）となりの国。類隣国

**りんや【林野】**（名）林と野。森林と野原。

**りんり【倫理】**（名）❶人間として行わなければならない正しい道。道徳。「―にかなった行動」「職業―」…的「倫理的な問題」❷「倫理学《りんりがく》」の略。

**りんり**『△淋△漓』（ト・タル）❶血や汗《あせ》などが流れしたたるようす。「流汗《りゅうかん》―（＝汗がしたたり落ちるようす）」❷勢いなどがあふれ出ているようす。「墨痕《ぼっこん》―（＝筆で書いたあとが生き生きしているようす）」

**りんりがく【倫理学】**（名）人間の正しい生き方や、道徳のあり方などを研究する学問。倫理。

**りんりつ【林立】**（名・自スル）林の木のように、丈《たけ》の高いものが数多くならび立つこと。「ビルが―する」

**りんりん**『△凜△凜』（ト・タル）❶勢いがあり、勇ましいようす。りりしいようす。「勇気―」❷寒さ・威光《いこう》などが身にしみわたるようす。「―たる寒気」

## る　ル

**る【流】**↓りゅう（流）

**る【留】**↓りゅう（留）

**る【瑠】** 14画 王10 音ル

「瑠璃《るり》」は、七宝《しっぽう》の一つ。つやのある美しい青色の宝石。また、ガラスの古名。⇩付録「漢字の筆順(2)王〔王〕」

**ルアー**〔英 lure〕（名）小魚や虫などの形に作ったにせの餌《え》をつけたつり針。擬餌針《ぎじばり》。

**るい【涙】** 10画 氵7 〔淚〕 音ルイ 訓なみだ

なみだ。なみだを流す。泣く。◆涙腺《るいせん》◆暗涙・感涙・血涙・紅涙・催涙《さいるい》・涕涙《ているい》・熱涙・落涙

**るい【累】** 11画 糸5 音ルイ

❶つぎつぎとかさねる。かさねがさね。◆累加・累計・累乗・累進・累積・累増・累代・累累。❷関係をもつ。かかわりあい。◆係累・連累

**るい【累】**（名）悪いかかわりあい。迷惑《めいわく》。巻きぞえ。「一族に―を及《およ》ぼす」

**るい【塁】** 12画 土9 〔壘〕 音ルイ

❶とりで。土できずいた小さな城。◆塁壁《るいへき》◆堅塁《けんるい》・孤塁《こるい》・土塁。❷野球のベース。◆塁審《るいしん》◆残塁・出塁・進塁・盗塁《とうるい》・本塁・満塁

**るい【塁】**（名）野球で、走者が得点するために通らないといけない地点。ベース。「―に出る」

**るい【類】** 18画 頁9 小4 〔類〕 音ルイ 訓たぐい

❶似かよう。似たもの、同じ特徴《とくちょう》をもつもののあつまり。◆類型・類語・類似・類従・類書・類推・類別・類例◆衣類・魚類・種類・生類《しょうるい》・書類・人類・鳥類・同類・部類・分類。❷血がつながっている人。◆類縁《るいえん》◆遠類・縁類・親類。❸同じような目にあう。◆類火・類焼

**るい【類】**（名）❶似ていること。また、似たもののあつまり。「他に―を見ない」❷生物の分類で、綱《こう》と目《もく》にかかわる慣用上のもの。「哺乳《ほにゅう》―」

**類は友《とも》を呼《よ》ぶ** 性質や趣味《しゅみ》などの似たものは、しぜんに寄りあうものだ。

**るいえん【類縁】**（名）❶同じ血筋のもの。一族。親類。❷生物の形や性質などが似かよっていて、たがいに近い関係にあること。「―が認められる」

**るいおんご【類音語】**（名）発音の似ている語。「いち」と「しち」、「おじさん」と「おじいさん」など。

**るいか【累加】**（名・自他スル）重なって多くなること。重ねて加えること。類累積

**るいぎご【類義語】**（名）意味の似かよったことば。類語。「父母」と「両親」、「貯金」と「預金」など。

**るいく【類句】**（名）❶意味が似ている語句。また、類似している俳句。❷和歌・俳句の各句を、いろは順や五十音順にならべてさがしやすくしたもの。

**るいけい【累計】**（名・他スル）小計をつぎつぎに加え合わせていくこと。また、その合計。「得点を―する」

**るいけい【類型】**（名）❶似ているものの間に共通している型。「―によって分類する」❷ありふれていて個性のないもの。…的「類型的な図案」…化「類型化した服装」

**るいげん【累減】**（名・自他スル）だんだんにへること。だんだんにへらすこと。「輸出が―する」対累増

**るいご【類語】**（名）→るいぎご

**るいじ【類似】**（名・自スル）似かよっていること。「手法が―している」「―品」「―点」

**るいしょ【類書】**（名）同じような内容の書物。類本。「―が多い」「―にない特徴《とくちょう》をもった本」

**るいしょう【類焼】**（名・自スル）他人の家から出た火事が燃え移って焼けること。もらい火。

**るいじょう【累乗】**（名・他スル）《数》同じ数や式を何回かかけ合わせること。「2の―」

**るいしん【累進】**（名・自スル）❶官位などが、つぎつぎに上がっていくこと。❷金額や数などが増すにつれて、それに対する割合もしだいに増すこと。「―課税」

**るいしん【塁審】**（名）野球で、一・二・三の各塁のそばにいる審判。⇒きゅうしん（球審）

**るいじんえん【類人猿】**（名）《動》人類に近く、最も知能が発達しているさる類。立って歩いたり、ものを握《にぎ》ったりすることができる。ゴリラ・オランウータン・チンパンジー・てながざるなど。

**るいすい【類推】**（名・他スル）似ている点をもとにして、ほかのことを推しはかること。「経験から―する」

**るい・する【類する】**（自サ変）{(シ)(セ・サ)・シ・スル・スレ・シロ(セヨ)}似かよう。同じようである。「児戯《じぎ》に―（＝子どものいたずらのようなものである）」

**るいせき【累積】**（名・自他スル）どんどんたまっていくこと。つぎつぎにつみ重ねること。「―赤字」類累加

**るいせん【涙腺】**（名）《生》目の上まぶたのうらにあって、涙《なみだ》を出す器官。「―を刺激《しげき》する」

**るいぞう【累増】**（名・自他スル）だんだんにふえること。だんだんにふやすこと。「赤字が―する」対累減

**るいだい【累代】**（名）代を重ねること。代々。

**るいだい【類題】**（名）❶似たような問題。「―を解く」❷和歌や俳句を同じ種類の題で集めたもの。

**るいべつ【類別】**（名・他スル）種類によって分けること。「標本を―する」類分類

**るいほん【類本】**（名）同じような内容の本。類書。

**るいらんのあやうきにある【累卵の危うきにある】**卵を重ねて積みあげたような、きわめて不安定で危険な状態にある。

**るいるい【累累】**（ト・タル）あたり一面に重なり合うようす。「―たる死骸《しがい》」

**るいれい【類例】**（名）似かよった例。「―を探す」

**ルー**〔フランス roux〕（名）小麦粉をバターでいためたもの。スープ・牛乳などを加え、カレーやシチューなどのソースのもとにする。

**ルーキー**〔英 rookie〕（名）❶新兵。新参者。❷野球などで、新人選手のこと。

**ルージュ**〔フランス rouge〕（名）口紅《くちべに》。

**ルーズ**〔英 loose〕（形動ダ）{ダロ・ダッ(デ・ニ)・ダ・ナ・ナラ・○}いいかげんでしまりのないようす。だらしがないようす。「―な生活」

**ルーズリーフ**〔英 loose-leaf〕（名）ノートの紙がとじてなく、自由に取りはずしできるもの。また、その紙。

**ルーチン**〔英 routine〕（名）❶決まりきった手順。また、そのような単純に反復される仕事。「―ワーク」❷コンピューターのプログラムの中で特定のはたらきをする、一連の命令のまとまり。（＝ルーティン）

**ルーツ**〔英 roots〕（名）物事のおおもと。おこり。起源。「農耕文化の―を探る」

**ルーティン**（名）→ルーチン

**ルート**〔英 root〕（名）《数》根《こん》。特に、平方根。記号√

**ルート**〔英 route〕（名）❶道路。道筋。❷経路。手づる。「正規の―で入手する」

**ループ**〔英 loop〕一（名）輪。また、輪の形をしたもの。ひもなどで作った輪。「―アンテナ」「―タイ」二（名・自スル）輪をえがくように元の場所にもどってくること。「議論が―する」

**ループせん【ループ線】**（名）急な坂を輪をえがくように回りながらのぼって行く鉄道線路。登山鉄道などに使う。▽ループは、英 loop

**ルーブル**〔ロシア rubl'〕（名）ロシア連邦《れんぽう》などの通貨の単位。ルーブリ。

**ルーブルびじゅつかん【ルーブル美術館】**（名）フランスのパリにある世界最大級の西洋美術館。▽ルーブルは、フランス Louvre

**ルーペ**〔ドイツ Lupe〕（名）虫めがね。拡大鏡。

**ルーマニア**〔Romania〕［地名］バルカン半島北東部の共和国。首都はブカレスト。

**ルーム**〔英 room〕（名）部屋。「サン―」

**ルームサービス**〔英 room service〕（名）ホテルなどで、泊《と》まっている客が注文した飲食物を、客室までもっていくサービス。

**ルームメート**〔英 roommate〕（名）下宿・寮《りょう》などで、同じ部屋に住む仲間。ルームメイト。

**ルール**〔英 rule〕（名）規則。規約。「野球の―」「―を守る」

**ルーレット**〔フランス roulette〕（名）❶回転する円盤《えんばん》上に球を投げ入れて、どの目に止まるかで勝負する、とばく。また、その用具。❷紙や布地の上に歯車を回転させて点線をつける道具。洋裁などに使う。ルレット。

**ルクス**〔フランス lux〕（名）《物》照度の単位。一カンデラの光度の光源から一《メートル》の距離《きょり》にある、光線に垂直な面

の明るさを、一ルクスという。ルックス。記号 lx

**ルクセンブルク**〔Luxembourg〕［地名］フランス・ベルギー・ドイツの三国にかこまれた立憲大公国。首都はルクセンブルク。

**るけい【流刑】**（名）むかしの刑罰《けいばつ》の一つ。罪人を遠い土地や島に追いやること。島流し。流罪《るざい》。りゅうけい。「一地」

**るげん【流言】**（名）→りゅうげん

**ルゴールえき【ルゴール液】**（名）《医》ヨード・ヨードカリ・グリセリンなどをまぜた、扁桃腺《へんとうせん》がはれたときの患部《かんぶ》などにぬる外用液。参考 薬を作ったフランス人医師ルゴール（Lugol）の名から。

**るざい【流罪】**（名）→るけい

**ルサンチマン**〔フランス ressentiment〕（名）弱者が強者に対して抱く、憎悪《ぞうお》やねたみなどの念。

**るす【留守】**（名）❶主人または家の人がいない間、そこを守ること。また、守る人。留守番。「一をたのむ」❷外出して家にいないこと。不在。「父は一です」❸（多くは上に「お」をつけて）ほかのことに気を取られて注意がそれること。「遊んでばかりで勉強がお一になる」

**るすい【留守居】**（名）→るすばん

**るすばん【留守番】**（名）家の人がいない間、その家を守ること。また、守る人。留守居。「一をたのむ」

**るすばんでんわ【留守番電話】**（名）留守中にかかってきた電話に自動で応答し、相手からの伝言を録音することができる電話機。留守電。

**るせつ【流説】**（名）❶世間一般《いっぱん》に広まった説。❷よりどころのないうわさ。類 流言《りゅうげん》

**ルックス**〔英 looks〕（名）見た目。容姿。容貌《ようぼう》。

**ルックス**（名）《物》→ルクス

**るつぼ**『×坩堝』（名）❶物質を強く熱したりとかしたりする筒形《つつがた》の深い容器。❷大勢の人びとのはげしい感情の高まりをたとえることば。「興奮《こうふん》の一（＝熱狂《ねっきょう》した状態）と化す」❸さまざまなものが入りま

（るつぼ①）

じっている状態をたとえることば。「人種の一」

**るてん【流転】**（名・自スル）❶《仏》生と死、原因と結果が入れかわり立ちかわり続くこと。「生々《せいせい》一」❷つぎつぎと移り変わっていくこと。「万物は一する」

**ルナール**〔Jules Renard〕［人名］（一八六四〜一九一〇）フランスの小説家・劇作家。自然や田園の生活を愛し、それらをユーモアをまじえた簡潔な文章でえがいた。小説「にんじん」など。

**るにん【流人】**（名）流刑《るけい》に処せられた人。

**ルネサンス**〔フランス Renaissance〕（名）《歴》一四世紀から一六世紀にかけて、ギリシャ・ローマの古典文化を手本とし、その復興を目標としてイタリアにおこり、やがて全ヨーロッパに広がった芸術・文学・学問上の革新運動。人間性の解放をめざし、近代文化発生のいとぐちとなった。文芸復興。ルネッサンス。

**ルビ**〔英 ruby〕（名）❶ふりがなに使われる小さな活字。❷ふりがな。「一をふる」「一をつける」

**ルビー**〔英 ruby〕（名）紅色の宝石。紅玉《こうぎょく》。

**るふ【流布】**（名・自他スル）広く世にひろまること。また、ひろめること。「一般《いっぱん》に一する」「一本」

**ルポ**（名）「ルポルタージュ」の略。

**ルポルタージュ**〔フランス reportage〕（名）❶新聞・放送などの現地報告。ルポ。報告文学。記録文学。❷作者が事実をありのままにえがいた文学。

**るまた**『△殳』（名）漢字の部首の一つ。「投」「役」などの右側にある「殳」の部分。

**るみん【流民】**（名）→りゅうみん

**るり【瑠璃】**（名）❶つやのある美しい青色の宝石。❷るり色。❸ガラスの古名。

**るりいろ【瑠璃色】**（名）紫《むらさき》がかったあい色。

**るる**『△縷△縷』（副）❶こまかい点までくわしく話すようす。「一説明する」❷細く長く続くようす。「煙《けむ》りが一として昇《のぼ》る」

**るろう【流浪】**（名・自スル）あてもなくさまよい歩くこと。さすらうこと。「一の民《たみ》」「一の旅」類 放浪

**ルワンダ**〔Rwanda〕［地名］アフリカ大陸中央部にある共和国。首都はキガリ。

**ルンバ**〔スペイン rumba〕（名）《音》キューバの民族舞曲《ぶきょく》。また、これをジャズ音楽にとり入れた四分の二拍子《びょうし》の軽快なダンス音楽。また、その踊《おど》り。

**ルンペン**〔ドイツ Lumpen〕（名）浮浪《ふろう》者。

## れ レ

**レア**〔英 rare〕（名・形動ダ）❶めったにないこと。めずらしいこと。「一ケース」❷ビーフステーキの焼き方の一つ。表面だけを強火で軽く焼いたもの。生焼き。

**レア-アース**〔英 rare earth〕（名）レアメタルの一種で、化学的な性質のよく似た一七種類の元素の総称《そうしょう》。セリウム・ネオジムなど。希土類元素。

**レア-メタル**〔英 rare metal〕（名）地球上に存在する量がとても少なかったり、多くとりだせなかったりする金属。希少金属。

**れい【令】** 5画 人3 小4 音 レイ

ノ 入 亽 今 令

❶命じること。いいつけ。◆令書・令状・令達 ◆訓令・号令・司令・指令・辞令・勅令《ちょくれい》・伝令・発令・命令。❷おきて。きそく。◆禁令・条令・政令・法令。❸よい。りっぱな。◆令月・令色・令名。❹他人の親族をうやまって呼ぶことば。◆令兄・令姉《れいし》・令室・令嬢《れいじょう》・令息・令孫・令夫人

**れい【令】**（名）命令。また、法令。「一を下す」

**れい【礼】** 5画 ネ1 小3 〔禮〕 音 レイ・ライ 高

、 ラ ネ ネ 礼

❶敬意を表すこと。作法。◆礼儀《れいぎ》・礼式・礼節・礼典・礼法 ◆儀礼・欠礼・失礼・非礼・無礼。❷儀式。◆礼装・礼服 ◆婚礼《こんれい》・祭礼・葬礼《そうれい》・朝礼。❸感謝の心を表すこと。◆礼金・礼状・礼物 ◆謝礼・返礼。❹おじぎ。◆礼賛《らいさん》・礼拝《れいはい・らいはい》 ◆敬礼・答礼・拝礼・目礼・黙礼《もくれい》

**れい【礼】**（名）❶社会生活を送るために必要とされ

る、定まった作法や儀式《ぎしき》。礼儀。「—を失する」❷敬意を表して頭をさげる動作。おじぎ。「深々と—をする」❸感謝の気持ちを表すこと。また、そのことばや品。おれい。「—を述べる」「こころばかりの—をする」❹儀式。「即位《そくい》の—」

**れい【冷】** 7画 冫5 小4 音 レイ 訓 つめたい・ひえる・ひや・ひやす・ひやかす・さめる・さます

❶温度が低く、つめたい。ひえる。ひやす。◆冷暗・冷害・冷気・冷却《れいきゃく》・冷水・冷蔵・冷凍《れいとう》・冷房《れいぼう》・冷涼《れいりょう》。◆寒冷・水冷。対暖・熱。❷気持ちがつめたい。◆冷遇《れいぐう》・冷血・冷酷《れいこく》・冷笑・冷然・冷淡《れいたん》。❸おちついている。◆冷静・冷徹《れいてつ》

**れい【励】** 7画 力5 〔勵〕 音 レイ 訓 はげむ・はげます

はげむ。はげます。◆励行◆激励《げきれい》・奨励《しょうれい》・精励・督励《とくれい》・奮励・勉励

**れい【戻】** 7画 戸3 〔戾〕 音 レイ高 訓 もどす・もどる

もどる。もとにかえる。もどす。◆返戻

**れい【例】** 8画 亻6 小4 音 レイ 訓 たとえる

❶たとえ。見本。◆例解・例示・例証・例題・例文・例話◆引例・挙例・実例・事例・適例・用例。❷いつもの定まった。いつも行われていること。◆例会・例刻・例祭・例年◆月例・恒例《こうれい》・定例。❸しきたり。ならわし。◆家例・嘉例《かれい》・慣例・吉例《きちれい・きつれい》・先例・前例・通例。❹さだめ。◆条例

**れい【例】**（名）❶説明のため、同種類のものの中から引き合いに出されることがら。「—を挙げる」❷判断などのよりどころとなる、過去のことがらやり方。「—にならう」❸過去の似たようなことがら。「過去に—を見ない」❹いつも普通に行われていること。「—によって帰りがおそい」「—の話」

**れい【鈴】** 13画 金5 音 レイ・リン 訓 すず

すず。ベル。◆銀鈴・振鈴・電鈴・風鈴《ふうりん》・振鈴《しんれい》

**れい【零】** 13画 雨5 音 レイ

❶ゼロ。◆零下・零時・零点・零度。❷ごくわずか。◆零細。❸おちぶれる。◆零落

**れい【零】**（名）数字の0。正でも負でもない数。ゼロ。

**れい【霊】** 15画 雨7 〔靈〕 音 レイ・リョウ高 訓 たま高

❶たましい。死者のたましい。◆霊界・霊魂《れいこん》・霊前・霊媒《れいばい》・霊廟《れいびょう》◆悪霊《あくりょう》・英霊・怨霊《おんりょう》・精霊《しょうりょう・せいれい》・死霊《しりょう》・亡霊・幽霊《ゆうれい》。❷ふしぎな。ふしぎな力をもった。◆霊感・霊験《れいげん・れいけん》・霊泉・霊長・霊妙《れいみょう》・霊薬・霊力《れいりょく》。❸神聖な。◆霊域・霊気・霊山・霊場・霊峰《れいほう》

**れい【霊】**（名）❶肉体とは別にあると考えられている、人間の心のはたらきをするもの。たましい。「死者の—」❷目に見えないふしぎな力をもつもの。「森の—」

**れい【隷】** 16画 隶8 音 レイ

❶つきしたがう。したがう者。◆隷従・隷属《れいぞく》◆奴隷《どれい》。❷書体の名。◆隷書《れいしょ》

**れい【齢】** 17画 歯5 〔齡〕 音 レイ

とし。よわい。◆学齢・月齢・高齢・樹齢・適齢・年齢・妙齢《みょうれい》・老齢 ⇩付録「漢字の筆順(5)止」

**れい【麗】** 19画 鹿8 音 レイ 訓 うるわしい高

うるわしい。美しい。◆麗句・麗質・麗人・麗容◆華麗《かれい》・奇麗《きれい》・秀麗《しゅうれい》・鮮麗《せんれい》・壮麗《そうれい》・端麗《たんれい》・美麗・豊麗・流麗 ⇩付録「漢字の筆順(6)艹」

**レイ**〔ハワイ lei〕（名）ハワイで、歓迎《かんげい》や歓送の意を表すために、客の首にかける花輪。

**レイアウト**〔英 layout〕（名）❶印刷紙面に、文字・図版・写真などを配置すること。割りつけ。❷ある空間に物を効果的に配置すること。「部屋の—」

**れいあん【冷暗】**（名）温度が低く、くらいこと。「—所に保存する」

**れいあんしつ【霊安室】**（名）病院などで、遺体を一時的に安置しておく部屋。

**れいいき【霊域】**（名）寺や神社の境内《けいだい》。神社や墓地などのある区域。

**れいえん【霊園】**『霊▵苑』（名）公園風に整備された、大きな共同墓地。

**れいか【冷夏】**（名）ふつうの年より気温の低い夏。

**れいか【冷菓】**（名）こおらせたり冷やしたりして作った菓子《かし》。アイスクリームやシャーベット・ゼリーなど。

**れいか【零下】**（名）温度がセ氏0度以下であること。氷点下。

**れいかい【例会】**（名）日を決めて定期的に開く会合。定例会。「月一度の—」

**れいかい【例解】**（名）例をあげて説明すること。

**れいかい【霊界】**（名）❶死後の世界。あの世。❷精神の世界。対肉界

**れいがい【冷害】**（名）夏の異常低温や日照不足による農作物の被害《ひがい》。「稲《いね》が—に見舞《みま》われる」

**れいがい【例外】**（名）一般《いっぱん》の規定からはずれること。ふつうの例からはずれること。また、そういうもの。「—は認めない」…的「例外的な規則」

**れいかん【冷汗】**（名）ひやあせ。「—三斗《さんと》(=恐怖《きょうふ》や恥《は》ずかしさから、ひどくひやあせをかくようす)」

**れいかん【霊感】**（名）❶人の祈《いの》りに対する神仏の反応。また、それを感じとる心のはたらき。「—に打たれる」❷突然《とつぜん》ひらめくすばらしい考え。インスピレーション。「—がはたらく」瞬間《しゅんかん》的に浮《う》かぶ着想。

**れいがん【冷眼】**（名）人をさげすんだひややかな目つき。「—視する」

**れいき【冷気】**（名）つめたい空気。「朝の—」

**れいき【霊気】**(名) 神聖でふしぎな感じ。神秘的なけはい。「山の―にふれる」

**れいぎ【礼儀】**(名) 社会の慣習による、相手に敬意をはらった態度や作法。「―正しい人」「―作法」

**れいきゃく【冷却】**(名・自他スル) 熱がさめること。冷えること。冷やすこと。「―期間」「―器」

**れいきゅう〖霊△柩〗**(名) 遺体を入れたひつぎ。

**れいきゅうしゃ〖霊△柩車〗**(名) 遺体を入れたひつぎを運ぶ車。

**れいきん【礼金】**(名) ❶お礼として出すおかね。謝礼金。❷家や部屋を借りるとき、家主に謝礼として支払《しはら》う一時金。

**れいぐう【礼遇】**(名・他スル) 礼儀《れいぎ》をつくしてもてなすこと。

**れいぐう【冷遇】**(名・他スル) つめたくあつかうこと。冷淡《れいたん》な待遇。「―を受ける」[対]厚遇《こうぐう》・優遇

**れいけつ【冷血】**[一](名) 体温が低いこと。[二](名・形動ダ) 人間らしい思いやりがなく、心のつめたいこと。「―漢(=冷酷《れいこく》な男)」

**れいけつどうぶつ【冷血動物】**(名) ❶《動》→へんおんどうぶつ。[対]温血動物。❷比喩《ひゆ》的に、心のあたたかみのない人。冷酷《れいこく》非情な人。

**れいげん【冷厳】**(名・形動ダ) ❶冷静でおごそかなこと。「―な態度」❷感情などのはいりこむ余地もなくきびしいこと。「―な事実」

**れいげん【例言】**[一](名) 書物や辞書などのはじめに述べる注意書き。凡例《はんれい》。[二](名・自スル) 例を挙げて言うこと。また、そのことば。

**れいげん【霊験】**(名) 神仏の力の現れやしるし。ごりやく。「―あらたか」[参考]「れいけん」とも読む。

**れいこう【励行】**(名・他スル) 決めたことや規則を努力して実行すること。「早起きを―する」

**れいこく【冷酷】**(名・形動ダ) 思いやりの心のないこと。つめたくむごいこと。「―な仕打ち」「―な人間」

**れいこん【霊魂】**(名) 肉体に宿ってその心をつかさどり、死後もほろびないと考えられているもの。たましい。

**れいさい【例祭】**(名) 神社で、毎年決まった日に行う祭礼。

**れいさい【零細】**(名・形動ダ) ごくわずかなこと。規模が小さいこと。「―な資本」

**れいさいきぎょう【零細企業】**(名) わずかな資金や設備でいとなむ、ごく小規模な企業。

**れいざん【霊山】**(名) 神仏をまつった神聖な山。

**れいじ【例示】**(名・他スル) 例をあげて示すこと。「具体的に―する」

**れいじ【零時】**(名) 一二時または二四時。

**れいしき【礼式】**(名) 礼儀《れいぎ》の方式。礼儀作法。礼法。「―を重んじる」

**れいしつ【令室】**(名) 他人の妻を敬っていうことば。令夫人。「御《ご》―」[使い方]多く、手紙文で用いる。

**れいじゅう【隷従】**(名・自スル) つき従って言いなりになること。「大国に―する」

**れいしょ【隷書】**(名) 漢字の書体の一つ。篆書《てんしょ》を簡略にしたもの。⇒書体〈図〉

**れいしょう【冷笑】**(名・他スル) ひややかに笑うこと。ばかにして笑うこと。「―を浮《う》かべる」

**れいしょう【例証】**(名・他スル) 例をあげて証明すること。また、証拠《しょうこ》となる例。「―を示す」

**れいじょう【令状】**(名) ❶命令を伝える書状。「召集《しょうしゅう》―」❷《法》逮捕《たいほ》・捜索《そうさく》などの強制処分を実行するために裁判所が出す命令の書状。「逮捕―」「捜索―」

**れいじょう【礼状】**(名) お礼の手紙。感謝状。

**れいじょう【令嬢】**(名) 他人の娘《むすめ》を敬っていうことば。[対]令息

**れいじょう【礼譲】**(名) 礼儀《れいぎ》をつくしてへりくだった態度をとること。「―の精神」

**れいじょう【霊場】**(名) 神仏がまつられた所。霊地。

**れいしょく【令色】**(名) こびへつらう顔つき。「巧言《こうげん》―」

**れいじん【麗人】**(名) 美しい女性。「男装の―」

**れいすい【冷水】**(名) 冷たい水。ひやみず。

**れいせい【冷静】**(名・形動ダ) 落ち着いていて、感情に動かされないこと。「―を装う」「―な判断をくだす」

**れいせつ【礼節】**(名) 人としての正しいふるまい。礼儀《れいぎ》と節度。「衣食足りて―を知る」

**れいせん【冷戦】**(名) 武力は行使しないが、国どうしがはげしく対立した関係にあること。特に、第二次世界大戦後のアメリカとソ連の対立をさしていう。冷たい戦争。[参考]英語の cold war を訳したことば。

**れいぜん【霊前】**(名) ❶死者の霊をまつった所の前。「―に花を供える」❷(「御《ご》霊前」の形で)香典《こうでん》や供物《くもつ》の上書きに書くことば。

**れいぜん【冷然】**(トタル) 無情でひややかなようす。冷淡《れいたん》なようす。「―と構える」

**れいそう【礼装】**(名・自スル) 儀式《ぎしき》などのときに礼儀にかなった服装をすること。また、その服装。

**れいぞう【冷蔵】**(名・他スル) 飲食物などを、鮮度《せんど》を保ったり冷やしたりするため、低い温度でたくわえること。

**れいぞうこ【冷蔵庫】**(名) 食品などを低い温度でたくわえておく箱形の装置。「電気―」

**れいそく【令息】**(名) 他人のむすこを敬っていうことば。[対]令嬢《れいじょう》

**れいぞく【隷属】**(名・自スル) ほかのものに支配されていること。つきしたがうこと。「経済的に―する」[…的]「隷属的な立場」

**れいたい【冷帯】**(名)《地》→あかんたい

**れいだい【例題】**(名) 練習などのために例として出す問題。

**れいたん【冷淡】**(名・形動ダ) ❶関心を示さないこと。無関心。「この問題に対しては―だ」❷同情を示さないこと。思いやりがなく冷たいこと。無情。「友達《ともだち》がこまっているのに―な態度をとる」

**れいだんぼう【冷暖房】**(名) 冷房と暖房。「―完備」

**れいち【霊地】**(名) 神仏をまつる神聖な地。霊場。

**れいちょう【霊長】**(名) はかり知れない力をもっている、最もすぐれたもの。「人間は万物の―である」

**れいちょうるい【霊長類】**(名)《動》哺乳《ほにゅう》類の一目。最も大脳の発達した動物。人と猿《さる》の総

称《しょう》。

**れいてつ【冷徹】**（名・形動ダ）物事を冷静にするどく深く見通していること。「—な目」

**れいてん【零点】**（名）得点のないこと。

**れいとう【冷凍】**（名・他スル）食物などを長く保存するため、冷やしこおらせること。「—食品」対解凍

**れいとうこ【冷凍庫】**（名）食物などをこおらせたり、こおったまま保存したりするための装置。フリーザー。

**れいねん【例年】**（名）いつもの年。毎年。「—どおり行う」

**れいの【例の】**（連体）たがいによく知っている物事を、具体的に示さずに言うことば。いつもの。あの。「—お説教が始まる」「—事件」「—場所」

**れいはい【礼拝】**（名・他スル）神に祈《いの》りをささげること。参考キリスト教などでいい、仏教では「らいはい」という。

**れいはい【零敗】**（名・自スル）試合や勝負で一点も取れないで負けること。ゼロ敗。「—を喫《きっ》する」

**れいばい【冷媒】**（名）冷凍《れいとう》・冷房《れいぼう》装置で、温度を下げるのに用いる物質。アンモニア・フロンなど。

**れいばい【霊媒】**（名）神霊《しんれい》や死者の霊に精神的に通じて、その霊と人間とのなかだちをする人。みこ・口寄せなど。「—術」

**れいはいどう【礼拝堂】**（名）キリスト教などで、礼拝するための堂。チャペル。

**れいふく【礼服】**（名）儀式《ぎしき》のときに着る服。類式服。対平服

**れいふじん【令夫人】**（名）他人の妻を敬っていうことば。令室。

**れいぶん【例文】**（名）わかりやすくするために、例としてあげる文。「—を示す」

**れいほう【礼法】**（名）礼儀《れいぎ》作法。礼式。

**れいほう【礼砲】**（名）軍隊の礼式で、敬意を表すために打つ空砲。

**れいほう【霊峰】**（名）けだかく、すぐれている山。神聖な山。「—富士《ふじ》」

**れいぼう【冷房】**（名・他スル）室内の温度を室外の温度より低くすること。また、その装置。対暖房

**れいまいり【礼参り】**（名）→おれいまいり

**れいみょう【霊妙】**（名・形動ダ）人知では考えられないほどすぐれていること。「—な楽《がく》の音《ね》」

**れいめい【令名】**（名）よい評判。名声。「—が高い」「—を馳《は》せる」

**れいめい【▵黎明】**（名）明け方。夜明け。転じて、新しい時代や文化などの始まろうとする時期のたとえ。「近代日本の—期」

**れいもつ【礼物】**（名）謝礼として贈《おく》る品物。

**れいらく【零落】**（名・自スル）おちぶれること。「見る影《かげ》もなく—する」類落魄《らくはく》

**れいり【▵怜▵悧】**（名・形動ダ）かしこいこと。利口なこと。「—な人」

**れいりょう【冷涼】**（名・形動ダ）ひんやりとして涼《すず》しいこと。「—な気候」

**れいれいしい【麗麗しい】**（形）{カロ・カッ(ク)・イ・イ・ケレ・○}わざと人目につくようにするようす。「—く飾《かざ》り立てる」

**れいろう【▵玲▵瓏】**（トタル）❶美しく澄《す》み、またはかがやくさま。❷金属や玉などがさえた音をたてるさま。

**れいわ【令和】**（名）日本の現在の年号。二〇一九年五月一日から使用されている。

**れいわ【例話】**（名）例としてはなす話。たとえ話。

**レインコート**〔英 raincoat〕（名）雨の日に洋服がぬれないように着る外套《がいとう》。雨外套。レーンコート。

**レーサー**〔英 racer〕（名）競技用の自動車やオートバイなどに乗ってレースをする人。また、その乗り物。

**レーザー**〔英 laser〕（名）波長が一定で、ほぼ平行な光線を発射する装置。距離《きょり》測定、通信・医療《いりょう》、光ディスクの読みとりなどに用いる。「—光」

**レーシング-カー**〔英 racing car〕（名）競走用につくられた自動車。

**レース**〔英 lace〕（名）糸を編んだり織ったりして、すかし模様をあらわしたうすい布。「—のカーテン」

**レース**〔英 race〕（名）競走・競泳など、一定の距離《きょり》を競争して速さや順位を争う試合。また、何かをめざして競争すること。「耐久《たいきゅう》—」「ペナント—」

**レーズン**〔英 raisin〕（名）ほしぶどう。

**レーダー**〔英 radar〕（名）超短波《ちょうたんぱ》を発射して、目標から反射する電波がとどくまでの時間などから目標物の位置などを知る装置。電波探知機。

**レート**〔英 rate〕（名）割合。比率。特に、二国間の貨幣《かへい》の交換《こうかん》比率。「—がいい」「為替《かわせ》—」

**レーベル**〔英 label〕（名）❶ラベル。❷曲目・演奏者・レコード会社などを記してレコードの中央にはる紙。転じて、レコードの制作・販売《はんばい》会社やブランド名。

**レーヨン**〔フランス rayonne〕（名）人造絹糸《けんし》。人絹。

**レール**〔英 rail〕（名）❶軌道《きどう》。線路。「—を敷《し》く（=物事を順調に進めるための下準備をする）」❷引き戸やカーテンをなめらかに動かすための棒状のもの。

**レーン**〔英 lane〕（名）❶道路の車線。「バス専用—」❷ボウリングで、球を転がす床《ゆか》。❸陸上競技や競泳などのコース。

**レーンジャー**（名）→レンジャー

**レオタード**〔英 leotard〕（名）ダンサーや体操選手などが着る、からだにぴったりした上下一体型の衣服。

**レガッタ**〔英 regatta〕（名）ボートレース。

**れき【暦】** 14画 日10 〔暦〕 音レキ 訓こよみ

一 厂 厈 厤 麻 暦

月日を順に書き表したこよみ。◆暦日《れきじつ》・暦年・暦法 ◆陰暦《いんれき》・還暦《かんれき》・旧暦・新暦・西暦・太陽暦

**れき【歴】** 14画 止10 小5 〔歴〕 音レキ

一 厂 厈 麻 厯 歴

❶すごす。経てきたあと。◆歴史・歴年 ◆学歴・経歴・職歴・来歴・履歴《りれき》。❷順につたわる。つぎつぎと順をおっていく。◆歴世《れきせい》・歴代・歴任・歴訪《れきほう》・歴遊 ◆巡歴《じゅんれき》・遍歴《へんれき》。❸あきらかな。はっきりした。◆歴然・歴歴 ⇩付録「漢字の筆順(5)止」

**れきがん【▵礫岩】**（名）〘地質〙堆積岩《たいせきがん》の一種。小石が粘土《ねんど》や砂とともにかたまってできた岩石。

**れきさつ【▵轢殺】**（名・他スル）自動車や電車などの車輪でひきころすこと。

**れきし【歴史】**(名) ❶世の中に起こったできごとや世の中の移り変わりのようす。また、それを書きしるしたもの。「日本の―」❷①を研究する学問。歴史学。

**れきし**〖△轢死〗(名・自スル) 自動車や電車などにひかれて死ぬこと。「―体」

**れきししょうせつ【歴史小説】**(名)〖文〗歴史上の事件や人物を材料とした小説。森鷗外《おうがい》の「阿部《あべ》一族」、吉川英治《よしかわえいじ》の「新・平家物語」など。

**れきじつ【暦日】**(名) ❶年月の経過。「山中―なし(=世間からはなれて山の中で暮らしていると月日の経《た》つのを忘れる)」❷こよみ。また、こよみの上の一日。

**れきしてき【歴史的】**(形動ダ){ダロ・ダッ(デ・ニ)・ダ・ナ・ナラ・〇} ❶歴史に関するようす。「―事実」❷歴史として残っている、また残る価値のあるようす。「―瞬間《しゅんかん》」

**れきしてきかなづかい【歴史的仮名遣い】**(名) 平安時代初期の古典の表記に基づくかなづかい。旧仮名遣い。対現代仮名遣い

**れきせん【歴戦】**(名) 戦争または試合の経験が豊かなこと。「―の勇士」

**れきぜん【歴然】**(ト・タル) だれが見てもはっきりしているようす。「―たる証拠《しょうこ》」

**れきだい【歴代】**(名) 何代も続いていること。また、そのすべての代。代々。歴世。「―の首相」

**れきにん【歴任】**(名・他スル) つぎつぎにいろいろな役職に任命されてきたこと。「閣僚《かくりょう》を―する」

**れきねん【暦年】**(名) こよみの上で定めた一年。

**れきねんれい【暦年齢】**(名) こよみではかった年齢。数え年と満年齢がある。

**れきほう【暦法】**(名) 天体を観測してこよみを作る方法。こよみについての法則。

**れきほう【歴訪】**(名・他スル) いろいろな土地や人を、つぎつぎに訪問すること。「首相が各国を―する」

**れきゆう【歴遊】**(名・自スル) つぎつぎに各地を旅して回ること。遊歴。「世界の国々を―する」

**レギュラー**〔英 regular〕(名) ❶正規であること。通常のもの、決まったものであること。「―シーズン」「―コーヒー」❷(「レギュラーメンバー」の略) スポーツの正選手。また、放送番組などで毎回決まって出演する人。

**れきれき【歴歴】** 一(名) 身分・格式の高い人たち。おえらがた。「財界のお―」二(ト・タル) ありありと見えるようす。明らかなようす。「―たる事実」使い方 一は上に「お」をつけて使うことが多い。

**レクイエム**〔ラテン requiem〕(名)〖音〗なくなった人にささげるミサ曲。鎮魂《ちんこん》曲。

**レクチャー**〔英 lecture〕(名・自他スル) 講義。講演。また、説明。「機材の使い方の―を受ける」

**レクリエーション**〔英 recreation〕(名) 仕事や勉強のつかれを娯楽《ごらく》や休養によっていやすこと。また、そのための娯楽や休養。リクリエーション。

**レゲエ**〔英 reggae〕(名)〖音〗一九七〇年代初めにジャマイカから広まった新しいポピュラー音楽。

**レコーダー**〔英 recorder〕(名) 記録や録音・録画をするための機器。「タイム―」「ボイス―」

**レコーディング**〔英 recording〕(名・他スル) レコードやテープなどに音や声を吹《ふ》きこむこと。録音。

**レコード**〔英 record〕(名) ❶記録。特に、競技などの最高記録。「―を破る」❷音楽などが録音されプレーヤーで再生する円盤《えんばん》。音盤。「―をかける」

**レコード-プレーヤー**〔英 record player〕(名) レコードから音を再生するための装置。プレーヤー。

**レコード-ホルダー**〔英 record holder〕(名) 競技の最高記録保持者。

**レザー**〔英 leather〕(名) 皮革。なめしがわ。「―シューズ」「フェイク―」

**レジ** (名)「レジスター」の略。

**レシート**〔英 receipt〕(名) 領収書。特に、レジスターで、金額などを打ち出した紙。

**レシーバー**〔英 receiver〕(名) ❶(耳につけて聞く)受話器。受信機。❷テニス・卓球《たっきゅう》・バレーボールなどで、相手のサーブを受ける人。対サーバー

**レシーブ**〔英 receive〕(名・他スル) テニス・卓球《たっきゅう》・バレーボールなどで、たまを受けて相手に返すこと。対サーブ

**レジスター**〔英 register〕(名) おかねの出し入れが自動的に記録される器械。金銭登録器。レジ。

**レジスタンス**〔フランス résistance〕(名) 侵略《しんりゃく》者や権力に対する抵抗《ていこう》。特に、第二次世界大戦中、ドイツに占領《せんりょう》されたフランスなどでの対独抵抗運動。

**レシピ**〔英 recipe〕(名) 料理の作り方。調理法。

**レシピエント**〔英 recipient〕(名)〖医〗臓器・組織の移植で、臓器・組織の提供を受ける人。対ドナー

**レジャー**〔英 leisure〕(名) ひま。余暇《よか》。また、ひまを利用して行う遊び。「―施設《しせつ》」

**レジュメ**〔フランス résumé〕(名) 講演や研究報告などで、その内容を簡潔に記したもの。レジメ。

**レスキュー**〔英 rescue〕(名) 救助。救命。

**レズ** (名)「レズビアン」の略。

**レストラン**〔フランス restaurant〕(名) 西洋料理店。

**レズビアン**〔英 lesbian〕(名) 女性の同性愛・同性愛者。レスビアン。レズ。

**レスポンス**〔英 response〕(名) ❶応答。反応。❷機械などで、操作に対する反応。

**レスラー**〔英 wrestler〕(名) レスリングの競技者。

**レスリング**〔英 wrestling〕(名) 二人の競技者が組み合って、相手の両方の肩《かた》を同時にマットにつけたほうが勝ちとなる格闘《かくとう》競技。

**レセプション**〔英 reception〕(名) 客を歓迎《かんげい》して行う西洋風の正式な宴会《えんかい》。歓迎会。

**レソト**〔Lesotho〕〖地名〗アフリカ大陸南部、南アフリカ共和国にかこまれた立憲君主国。首都はマセル。

**レター**〔英 letter〕(名) ❶手紙。「ラブ―」❷文字。

**レタス**〔英 lettuce〕(名)〖植〗キャベツ状に結球する西洋野菜の一種。サラダなどに使う。たまちしゃ。

**レタリング**〔英 lettering〕(名) 文字を図案化して書くこと。また、その文字。

**れつ【列】** 6画 リ4 小3 音レツ

一 ア 歹 歹 列 列

❶つらなる。ならべる。◆列記・列挙・列強・列国・列

座・列車・列席・列伝・列島 ◆陳列《ちんれつ》・配列・並列・羅列《られつ》。❷ならび。ならんだ形。◆行列・後列・数列・整列・戦列・前列・葬列《そうれつ》・隊列・同列。❸ならんだ順序。◆列次 ◆序列

**れつ【列】**(名) ❶順に並んで長くつらなっているもの。行列。「—をつくる」❷仲間。「大臣の—に加わる」

**れつ【劣】** 6画 力4 音 レツ 訓 おとる

亅 ⺌ 小 少 劣 劣

❶おとる。力が弱い。◆劣性・劣勢・劣等・劣敗 ◆拙劣《せつれつ》・優劣。対優。❷程度が低くいやしい。◆劣悪・劣情 ◆愚劣《ぐれつ》・下劣・低劣・卑劣《ひれつ》

**れつ【烈】** 10画 灬6 音 レツ

一 ア 歹 歹 列 烈

❶はげしい。◆烈火・烈日・烈震《れっしん》・烈風・烈烈 ◆苛烈《かれつ》・強烈・激烈・酷烈《こくれつ》・熾烈《しれつ》・鮮烈《せんれつ》・痛烈・熱烈・猛烈《もうれつ》。❷気性《きしょう》が強く正しい。◆烈士・烈女・烈婦 ◆義烈・壮烈《そうれつ》・忠烈・武烈

**れつ【裂】** 12画 衣6 音 レツ 訓 さく・さける

一 歹 列 烈 裂 裂

さく。さける。ばらばらになる。◆裂傷・裂帛《れっぱく》 ◆決裂・炸裂《さくれつ》・四分五裂・支離滅裂《しりめつれつ》・破裂・分裂

**れつあく【劣悪】**(名・形動ダ) 品質・性質・状態などがひどくおとっていて悪いこと。「—な環境《かんきょう》」

**れっか【列火】**(名) 漢字の部首名の一つ。「烈」「照」などの「灬」の部分。連火《れんが》ともいう。

**れっか【劣化】**(名・自スル) 質や性能が前よりも悪くなること。「品質が—する」

**れっか【烈火】**(名) はげしく燃える火。「—のごとく怒《いか》る」

**レッカーしゃ【レッカー車】**(名) 故障した自動車や駐車違反《ちゅうしゃいはん》の自動車などを運ぶ、クレーンを装備した自動車。▽レッカーは、英 wrecker

**れっき【列記】**(名・他スル) ならべて書くこと。書きつらねること。「参加者名を—する」

**れっきと**『◇歴と』(副) ❶身分や家がらが高いようす。「—した旧家」❷出どころが明らかで確かなようす。「—した理由がある」使い方「れっきとした」の形で用いる。

**れっきょ【列挙】**(名・他スル) つぎつぎにならべあげること。数えたてること。「特色を—する」

**れっきょう【列強】**(名) 強国と見なされる国々。「世界の—」

**れっこく【列国】**(名) 多くの国。諸国。

**れつじつ【烈日】**(名) 夏のきびしく照りつける太陽。また、その太陽のような激しい勢い。「秋霜《しゅうそう》—(=態度や刑罰《けいばつ》などのひじょうにきびしいこと)」

**れっしゃ【列車】**(名) 人や貨物を輸送するために何台もつないだ鉄道車両。「急行—」

**れっしょう【裂傷】**(名) ひふなどがさけてできた傷。

**れっ・する【列する】**{シ(セ・サ)・シ・スル・スレ・シロ(セヨ)} ━(自サ変) 会や式に出席する。「卒業式に—」━(自他サ変) 並ぶ。並べる。仲間に加える。仲間に加わる。「議長団に名を—」

**レッスン**〔英 lesson〕(名) 学科。課業。けいこ。「ピアノの—に通う」

**れっせい【劣性】**(名)《生》メンデルの法則で、一対《いっつい》の遺伝子が組み合わさったとき、第一代の子にあらわれないで後代にあらわれる形質。潜性《せんせい》。「—遺伝」対優性

**れっせい【劣勢】**(名・形動ダ) 相手より勢い・形勢がおとっていること。「—をはね返す」対優勢

**れっせき【列席】**(名・自スル) 会議や式典に出席すること。「ご—のみなさま」類臨席

**レッテル**〔オランダ letter〕(名) ❶商品にはりつける紙のふだ。商標。「—がはがれる」❷人や物事に対する一方的な評価。

**レッテルを貼《は》る** 一方的な評価をつける。「不良の—」

**れつでん【列伝】**(名) たくさんの人の伝記を書き並べたもの。「日本剣豪《けんごう》—」

**れっとう【列島】**(名) 列をなすように長くつらなっている島々。「日本—」

**れっとう【劣等】**(名・形動ダ) ふつうよりおとること。「—生」「—な品質」対優等

**れっとうかん【劣等感】**(名) 自分がほかの人よりおとっていると思う気持ち。「—を克服《こくふく》する」「—にさいなまれる」対優越感《ゆうえつかん》

**レッド-カード**〔英 red card〕(名) サッカーなどで、悪質な反則を犯《おか》したり危険なプレーを行ったりした選手に退場を命じるとき、審判《しんぱん》が示す赤色のカード。

**れっぱい【劣敗】**(名) 力のおとっている者が競争に負けること。「優勝—(=すぐれた者が勝ち、おとった者が負けること)」

**れっぱく**『裂△帛』(名) 絹を引き裂《さ》くような、かん高く鋭《するど》い声。「—の気合いをかける」

**れっぷう【烈風】**(名) はげしく吹《ふ》く風。

**レディー**〔英 lady〕(名) ❶貴婦人。淑女《しゅくじょ》。❷女性。婦人。「—ファースト(=女性優先)」(対ジェントルマン)

**レディーメード**〔英 ready-made〕(名) できあいの品。洋服などの既製《きせい》品。対オーダーメード

**れてん【レ点】**(名) 漢文訓読で、一字返って読むことを示す返り点。かりがね点。「レ」

**レトリック**〔英 rhetoric〕(名) 文章などの表現効果を高めるための技術。修辞。修辞学。

**レトルトしょくひん【レトルト食品】**(名) 耐熱《たいねつ》性の袋《ふくろ》の中に調理済《ず》みの食品を入れ、加熱・滅菌《めっきん》処理したもの。そのまま熱湯につけて温めるなどして食べる。▽レトルトは、オランダ retort

**レトロ**〔フランス rétro〕(名・形動ダ) 復古調であること。懐古趣味《かいこしゅみ》。「—な雰囲気《ふんいき》」

**レバー**〔英 lever〕(名) ❶てこ。❷機械などを操作《そうさ》するための取っ手。

**レバー**〔英 liver〕(名) 肝臓《かんぞう》。特に、食用にする牛・豚《ぶた》・にわとりなどの肝臓。きも。

**レパートリー**〔英 repertory〕(名) ❶劇団や演奏家などが、つねに上演または演奏することができる演目・曲目。また、その目録。「豊富な—をもつ劇団」❷身についていて、人に自信をもって示すことのできる分野や

範囲《はんい》。「料理の—を広げる」

**レバノン**〔Lebanon〕【地名】地中海東岸にある共和国。首都はベイルート。

**レバレッジ**〔英 leverage〕(名)《経》(「てこ」の意)借入れなどを利用して自分の資金を上回る額の投資を行うこと。

**レビュー**〔英 review〕(名) 批評。評論。「ブック—」

**レビュー**〔フランス revue〕(名) 音楽と踊《おど》りを中心とした、はなやかなショー。レヴュー。

**レファレンス**〔英 reference〕(名) ❶参考。参照。また、照会。問い合わせ。「—ブック」❷(「レファレンスサービス」の略)図書館などで、利用者の問い合わせに応じて、情報提供するサービス。

**レフェリー**〔英 referee〕(名) サッカー・ボクシングなどの、審判員《しんぱんいん》。レフリー。

**レフト**〔英 left〕(名) ❶左。❷野球で、外野の左のほう。また、そこを守る人。左翼《さよく》。左翼手。《対ライト》

**レフリー**(名) →レフェリー

**レプリカ**〔英 replica〕(名) 模造品。複製品。「名画の—」「—の優勝カップ」

**レベル**〔英 level〕(名) ❶物事の価値や能力・数値などの程度。水準。「—が高い」「—が違《ちが》う」❷段階。級。「事務—での交渉《こうしょう》」

**レポーター**〔英 reporter〕(名) ❶報告者。❷新聞・テレビなどで、現地から報道する人。報道員。取材記者。「ニュース—」(=リポーター)

**レポート**〔英 report〕(名) ❶調査・研究したことがらなどを報告すること。また、その報告書。「現地—」❷学生などが提出する小論文。(=リポート)

**レ・ミゼラブル**〔Les Misérables〕【作品名】フランスの作家ユゴーの長編小説。一八六二年刊。一切れのパンを盗《ぬす》んだために投獄《とうごく》された青年ジャン=バルジャンの波乱に満ちた生涯《しょうがい》をえがく。一九〇六(明治三九)年、黒岩涙香《くろいわるいこう》により「噫無情《ああむじょう》」として訳された。

**レムすいみん【レム睡眠】**(名) 眠《ねむ》りは深いが、脳波は起きている時に近い状態の睡眠。速い眼球運動がみられ、この睡眠の間に夢を見ることが多いといわれる。▽レム(REM)は、英 rapid eye movement から。⇩ノンレムすいみん

**レモネード**〔英 lemonade〕(名) レモンの果汁《かじゅう》に砂糖・水などを加えた飲み物。

**レモン**〔英 lemon〕(名)《植》ミカン科の常緑果樹。花は紫《むらさき》をおびた白色。果実は黄色、楕円《だえん》形で両端《りょうたん》がとがり、かおりがよく酸味が強い。食用。

**レリーフ**〔英 relief〕(名)《美》浮《う》き彫《ぼ》り。リリーフ。「壁《かべ》の—」

**れる**(助動)〔レ・レ・レル・レル・レレ・レロ(レヨ)〕❶受け身を表す。「人に笑われる」❷可能を表す。…することができる。「遠くても行かれる」❸自発(自然にそうなる意)を表す。「幼いころが思い出される」❹尊敬を表す。…なさる。お…になる。「先生が話される」[文法]動詞(五段・サ変)の未然形につく。②③④には命令形がない。⇩られる

**れん【恋】** 10画 心6 〔戀〕 音 レン 訓 こう・こい・こいしい

丶 ナ ナ 亦 恋 恋

こいしく思う。思いこがれる。⬘恋愛・恋情・恋慕《れんぼ》・恋恋 ⬙哀恋《あいれん》・失恋・邪恋《じゃれん》・悲恋

**れん【連】** 10画 辶7 小4 音 レン 訓 つらなる・つらねる・つれる

一 ㄷ 亘 車 連 連

❶つらなる。つながる。つづく。⬘連歌《れんが》・連関・連休・連係・連結・連合・連鎖《れんさ》・連載《れんさい》・連作・連山・連日・連想・連続・連発・連盟・連綿 ⬙一連・関連。❷ひきつれる。⬘連行。❸なかま。⬙連座・連中 ⬙常連。❹「連合」「連盟」などの略。⬙国連

**れん【廉】** 13画 广10 音 レン

亠 广 庐 庰 廉 廉

❶心にけがれがない。⬘廉潔・廉恥《れんち》・廉直 ⬙清廉。❷値段が安い。⬘廉価・廉売 ⬙低廉

**れん【練】** 14画 糸8 小3 〔練〕 音 レン 訓 ねる

幺 糸 紅 絅 紳 練

❶こねる。⬘練炭・練乳。❷きたえる。⬘練習・練達・練磨《れんま》 ⬙教練・訓練・熟練・手練《しゅれん》・《てれん》・試練・調練・老練。❸よりよいものにしあげる。⬙精練・洗練

**れん【錬】** 16画 金8 〔鍊〕 音 レン

金 釒 鈩 錬 錬 錬

❶金属をよりよいものにしあげる。⬘錬金・錬鉄 ⬙精錬・製錬。❷きたえる。⬘錬成・錬磨《れんま》 ⬙鍛錬《たんれん》

**れんあい【恋愛】**(名・自スル) 男女がたがいに好きになり、相手を恋《こい》しく思うこと。恋。「—結婚《けっこん》」

**れんか【廉価】**(名・形動ダ) 値段が安いこと。「—な商品」[類]安価

**れんが【連歌】**(名)《文》二人以上の人が、和歌の上の句と下の句をつぎつぎによみつらねていく文芸。室町《むろまち》時代から江戸《えど》時代にさかんに行われた。

**れんが**『△煉瓦』(名) 粘土《ねんど》に砂をまぜてねり、直方体に焼いたもの。土木建築の材料として用いる。

**れんかん【連関】**『△聯関』(名・自スル) いくつかの物事が、たがいにつながりをもつこと。関連。「たがいに—した現象」

**れんき【連記】**(名・他スル)(投票などで)一枚の紙に名前などを二つ以上ならべて記入すること。「—投票」[対]単記

**れんきゅう【連休】**(名) 休日が続くこと。また、続いている休日。「飛び石—」

**れんぎょう**『連△翹』(名)《植》モクセイ科の落葉低木。枝は長くのびてたれさがり、早春、あざやかな黄色い花が群がり咲《さ》く。

**れんきんじゅつ【錬金術】**(名) むかし、ふつうの金属を精製して黄金に変化させようとした技術。

**れんく【連句】**(名)《文》五・七・五の句と七・七の句をかわるがわる長く続けて作る俳諧《はいかい》。発句《ほっく》で始まり揚句《あげく》で終わる形式のもの。三六句、五〇句、一〇〇句と続ける。

**れんげ**『△蓮華』(名) ❶はすの花。❷《植》→れんげそう ❸(「散蓮華《ちりれんげ》」の略)中華《ちゅうか》料理などに使う

陶《とう》器《き》製のさじ。

**れんけい【連係】**『連△繫』（名・自他スル）人や物事の間でたがいに密接なつながりをもつこと。また、そのつながり。「―プレー」

**れんけい【連携】**（名・自スル）同じ目的をもつ者どうしが協力し合って行動すること。「―を保つ」

**れんげそう【れんげ草】**『△蓮華草』（名）〘植〙マメ科の越年《えつねん》草《そう》。緑《りょく》肥《ひ》として田などで栽《さい》培《ばい》。春、紅《こう》紫《し》色のちょうの形をした花がさく。れんげ。げんげ。

**れんけつ【連結】**（名・他スル）つなぎ結ぶこと。「貨車を―する」

**れんけつ【廉潔】**（名・形動ダ）心も行いも清く正しいこと。清廉潔白。「―の士」「―な人物」

**れんけつき【連結器】**（名）汽車や電車などの車両をつなぎ合わせる装置。

**れんこ【連呼】**（名・他スル）何回も続けて呼ぶこと。「候補者の名前を―する」

**れんご【連語】**（名）〘文法〙二つ以上の単語が結びついて、一つの単語のようなはたらきをしたり、文の成分となったりするもの。「せざるをえない」「気がする」など。

**れんこう【連行】**（名・他スル）強制的につれて行くこと。特に、警察官が犯人や被疑《ひぎ》者《しゃ》などを警察署へつれて行くこと。「犯人を―する」

**れんごう【連合】**『△聯合』（名・自他スル）二つ以上の団体や組織が合同して協力しあうこと。「―軍」「国際―」

**れんごく【煉獄】**『△煉獄』（名）カトリックで、天国と地獄《じごく》の間にあり、死者の霊《れい》が天国にはいる前に火によって清められるという所。

**れんこん【蓮根】**『△蓮根』（名）〘植〙はすの地下茎《ちかけい》。食用。くびれた形でつながり、中に多くの穴がとおっている。

**れんさ【連鎖】**（名・自スル）くさりのように、つらなること。また、そのつながり。「―反応」〔…的〕「連鎖的に発生する事件」

**れんざ【連座】**『連△坐』（名・自スル）犯罪にかかわり合っていっしょに罰《ばっ》せられること。まきぞえをくうこと。

**れんさい【連載】**（名・他スル）新聞や雑誌などに、小説や随筆《ずいひつ》・漫画《まんが》などの作品を何回かにわたってのせること。「―小説」〔対〕読み切り

**れんさく【連作】**（名・他スル）❶同じ土地に毎年同じ作物を作ること。〔対〕輪作。❷ひとりの作者が同じ主題の一連の作品を書きあげること。また、何人かの作者が各部分を受け持って一編の作品を書きあげること。また、その作品。

**れんさはんのう【連鎖反応】**（名）❶一部でおこった反応がもとになってつぎつぎに反応をおこすこと。ウランの原子核《げんしかく》分裂《ぶんれつ》など。❷一つのできごとがきっかけとなり、同じようなことがつぎつぎにおこること。「倒産《とうさん》の―がおこる」

**れんざん【連山】**（名）つらなっている山々。「箱根《はこね》―」〔類〕連峰《れんぽう》

**れんじ【連子】**『△櫺子』（名）窓や欄間《らんま》に、細い木材を縦または横に一定間隔《かんかく》にとりつけた格子《こうし》。「―窓」

**レンジ**〔英 range〕（名）❶食物を熱するための火口《ひぐち》などのついた、金属製の料理台。「ガス―」❷数値・程度などの範囲《はんい》。「価格―」

**れんじつ【連日】**（名）同じ物事が続く日々。毎日。「―の晴天」

**レンジャー**〔英 ranger〕（名）❶奇襲攻撃《きしゅうこうげき》を専門に訓練された特殊《とくしゅ》部隊。また、その隊員。❷国境警備隊。❸国立公園などの管理員。（=レーンジャー）

**れんしゅう【練習】**（名・他スル）技術や芸事・運動などが上達するようにくり返して習うこと。よく身につくようにくり返し行うこと。けいこ。「ピアノの―」「―不足」

**れんじゅう【連中】**（名）→れんちゅう

**れんしょ【連署】**（名・他スル）二人以上の人が、一つの書類に名前をならべて書くこと。〔類〕連名

**れんしょう【連勝】**（名・自スル）続けて勝つこと。連破。「連戦―で勝ち抜《ぬ》く」〔対〕連敗

**れんじょう【連声】**（名）〘文法〙多く漢語の熟語で、m・n・tの音の次にくるア・ヤ・ワ行音が変化する現象。「因縁《いんえん》」が「いんねん」、「観音《かんおん》」が「かんのん」となるたぐい。

**レンズ**〔英 lens〕（名）ガラスやプラスチックなど透明《とうめい》な物体の、両面または片面を球面にしたもの。光を集めたり発散させたり、物を大きく見せたり小さく見せたりする。凹《おう》レンズと凸《とつ》レンズがあり、めがね・カメラなどに使われる。

**れんせい【錬成・練成】**（名・他スル）心やからだをねりきたえてりっぱにすること。「―道場」

**れんせん【連戦】**（名・自スル）何回も続けて戦うこと。「強豪《きょうごう》との―」

**れんせんれんしょう【連戦連勝】**（名・自スル）何回も戦って、そのたびに勝つこと。

**れんそう【連想】**『△聯想』（名・他スル）一つのことからそれに関係のあるほかのことを思い浮《う》かべること。「あることばから―するイメージ」

**れんぞく【連続】**（名・自他スル）切れめなく続くこと。また、続けること。「―ドラマ」「―安打」「不―」

**れんだ【連打】**（名・他スル）続けざまに打つこと。「―をあびせる」

**れんたい【連帯】**（名・自スル）二人以上の人がたがいに協力して物事にあたり、責任をともにすること。「―感」「―責任」

**れんたい【連隊】**『△聯隊』（名）陸軍の部隊編制単位の一つ。ふつう三個大隊からなる。

**れんだい【輦台】**『△輦台』（名）江戸《えど》時代、旅人を乗せて数人でかつぎ、川をわたるのに用いた乗り物。

**れんたいけい【連体形】**（名）〘文法〙用言・助動詞の活用形の一種。主として、体言につらなる。たとえば、「吹《ふ》く風」「高い山」の、「吹く」「高い」など。

（れんだい）

**れんたいし【連体詞】**（名）《文法》品詞の一種。体言だけを修飾《しゅうしょく》する。自立語で活用はなく、主語にはならない。「いわゆる」「この」「あの」「わが」など。

**れんたいしゅうしょくご【連体修飾語】**（名）《文法》体言の意味をくわしく明らかにする文節。形容詞的修飾語。「春の庭」「あらんかぎりの努力」の、「春の」「あらんかぎりの」など。

**レンタカー**〔英 rent-a-car〕（名）貸し自動車。

**れんだく【連濁】**（名・自スル）《文法》二語が結合する場合に、下にくる語の頭の清音が濁音になること。「草花《くさはな》」「谷川《たにかわ》」が、「くさばな」「たにがわ」となるたぐい。

**れんたつ【練達】**（名・自スル）そのことになれて最も高い技術・境地に達していること。「—の士」類熟達

**レンタル**〔英 rental〕（名）料金をとって貸すこと。比較《ひかく》的短期のものをいう。「—ビデオ」

> 学習 比較《ひかく》 「レンタル」「リース」
>
> レンタル　おもに個人に対して、日常生活に必要な機械・器具などを、料金をとって短期間貸し出すことをいう。ふつう返却《へんきゃく》された品物はまた次の客に貸し出される。
>
> リース　企業《きぎょう》・団体・個人などに対して、使用料をとって機械・設備などを長期間貸し出すことをいう。ふつう新品を貸し出す。

**れんたん【練炭】**〖△煉炭〗（名）石炭などのくずを粉にし、ねりかためた燃料。

**れんだん【連弾】**〖△聯弾〗（名・他スル）一台のピアノを同時に二人でひくこと。

**れんちゃく【恋着】**（名・自スル）深く恋《こ》いしたうこと。

**れんちゅう【連中】**（名）仲間の人たち。同じたぐいの人びと。「困った—」参考「れんじゅう」とも読む。

**れんちょく【廉直】**（名・形動ダ）行いが正しく、欲がなくて正直であること。「—の士」

**れんてつ【錬鉄・練鉄】**（名）❶よくきたえた鉄。❷鉄鉱石と木炭とをまぜて、半分とけた状態で何回もねり合わせて作る軟鉄《なんてつ》。くぎやはりがねなどの原料。

**れんどう【連動】**（名・自スル）ある一部分が動くと、関連する他の部分もそれに対応して動くこと。「音声と画面が—する」「—装置」

**レントゲン**〔ドイツ Röntgen〕（名）《物》❶→エックスせん ❷放射線の量を表す単位の一つ。

**れんにゅう【練乳】**〖△煉乳〗（名）牛乳から水分を蒸発させて濃《こ》くしたもの。砂糖を加えたものをコンデンスミルクという。

**れんぱ【連破】**（名・他スル）続けて相手を負かすこと。「強敵を—する」

**れんぱ【連覇】**（名・自スル）続けて優勝すること。「三—を達成する」

**れんばい【廉売】**（名・他スル）安く売ること。安売り。「産地直結の大—」

**れんぱい【連敗】**（名・自スル）続けて負けること。「—を喫《きっ》する」対連勝

**れんぱつ【連発】**❶（名・自スル）続けざまにおこること。類頻発《ひんぱつ》。❷（名・他スル）❶続けざまに放つこと。「質問を—する」❷続けざまに発射すること。「—式のピストル」対単発

**れんぱんじょう【連判状】**（名）あることをちかい合った人びとが、そのしるしに全員の名前を書き、印を押《お》した文書。「赤穂浪士《あこうろうし》の—」

**れんびん【**〖△憐△憫・△憐△愍〗（名）あわれむこと。かわいそうに思うこと。「—の情をもよおす」

**れんぶんせつ【連文節】**（名）《文法》二つ以上の連続した文節が、文の構造の上からみて、ひとまとまりの意味になって、一つの文節と同じ資格・はたらきをもつもの。「白い花が咲《さ》く」の「白い花が」など。

**れんぺい【練兵】**（名）兵隊を訓練すること。「—場」

**れんぼ【恋慕】**（名・自他スル）異性を恋《こ》いしたうこと。「—の情を抑《おさ》えきれない」

**れんぽう【連邦】**〖△聯邦〗（名）二つ以上の国または州が共通の主権のもとに結合して、成立する一国家。ロシア連邦・アメリカ合衆国など。「—国家」

**れんぽう【連峰】**（名）つらなっている山の峰《みね》。「立山《たてやま》—」類連山

**れんま【練磨・錬磨】**（名・他スル）技能や人格などをりっぱにするようにねりみがくこと。「百戦—（＝何度も戦ったり経験を積んだりして、きたえられること）」

**れんめい【連名】**（名）二人以上の人が名前を並べて書くこと。「—で申し入れる」類連署

**れんめい【連盟】**〖△聯盟〗（名）同じ目的のために行動をともにすることをちかって結成する組織。

**れんめん【連綿】**（ト タル）どこまでも続いて絶えないようす。「—とつづられた手紙」類綿綿

**れんや【連夜】**（名）毎晩続くこと。毎夜。「連日—の猛《もう》勉強」

**れんよう【連用】**（名・他スル）薬など同じものを続けて使うこと。「痛み止めを—する」

**れんようけい【連用形】**（名）《文法》用言・助動詞の活用形の一種。用言や、「ます」「たい」などの助動詞につらなる。また、文を中止するときに用いる。「悪く言う」「泣きます」の「悪く」「泣き」など。

**れんようしゅうしょくご【連用修飾語】**（名）《文法》用言の意味をくわしく明らかにする文節。副詞的修飾語。「みごとに咲《さ》く」「日曜と祝日に休む」の「みごとに」「日曜と祝日に」など。

**れんらく【連絡】**〖△聯絡〗（名・自他スル）❶ほかのものにつらなり続くこと。つながり。「—通路」「この電車は特急列車に—する」❷相手に知らせること。「—を取る」「試験の結果を—します」

**れんらくせん【連絡船】**（名）海峡《かいきょう》や湖などを往復し、両岸の交通機関に連絡する船。

**れんりつ【連立】**〖△聯立〗（名・自スル）性質のちがういくつかのものがいっしょになって成り立っていること。「—政権」

**れんりつないかく【連立内閣】**（名）（単独内

閣に対して)二つ以上の政党がいっしょにつくる内閣。

**れんりつほうていしき**【連立方程式】(名)〔数〕いくつかの未知数をふくむ二つ以上の方程式で、未知数はそれぞれの方程式を同時に満足することを要求されているもの。

**れんりのえだ**【連理の枝】❶木の枝が、別の木の枝とくっついて一本の木のようになること。❷夫婦や男女間の仲むつまじいことのたとえ。

**れんれん**【恋恋】(タル)《トタル》❶思いこがれてあきらめきれないようす。「—の情」❷未練があり、思いきれないようす。「失った地位に—とする」

# ろ ロ

**ろ**【呂】7画 口4 音ロ

古代の音楽の調子。◈呂律《ろれつ》

**ろ**【炉】8画 火4 〔爐〕 音ロ

いろり。火を入れて燃えつづけさせておく所や器具。◈炉端《ろばた》・炉辺 ◈懐炉《かいろ》・火炉・夏炉冬扇《かろとうせん》・原子炉・香炉《こうろ》・暖炉・溶鉱炉《ようこうろ》

**ろ**【炉】(名)❶床《ゆか》を四角に切り抜《ぬ》き、火をたいておくようにした所。いろり。「—を切る(=作る)」❷金属などを加熱・溶解《ようかい》したり、化学反応を起こさせたりする装置。溶鉱炉・原子炉など。

**ろ**【賂】13画 貝6 音ロ

自分の利益のために、不正に金品などをおくる。わいろ。まいない。◈賄賂《わいろ》

**ろ**【路】13画 足6 小3 音ロ 訓じ

❶人や車の行き来するみち。◈路地・路上・路線・路頭・路傍《ろぼう》・路面 ◈隘路《あいろ》・悪路・遠路・往路・海路・街路・岐路《きろ》・帰路・空路・航路・十字路・順路・針路・進路・水路・線路・通路・道路・迷路《めいろ》・陸路。❷物事のすじみち。◈経路・末路・理路

**ろ**【露】21画 雨13 音ロ・ロウ 訓つゆ

❶つゆ。◈露点 ◈雨露・甘露《かんろ》・玉露。❷あらわれる。むき出しになる。さらす。◈露悪・露見・露光・露骨・露出・露呈《ろてい》 ◈吐露《とろ》・暴露《ばくろ》・発露。❸「ロシア(露西亜)」の略。◈日露。参考「ロウ」の音は「披露《ひろう》」ということばに使われる特殊《とくしゅ》な読み方。

**ろ**【櫓・艪】(名) 櫂《かい》に似た、和船をこぐ道具。船尾《せんび》にあり、小突起《とっき》(=艪杭《ろぐい》)を支えにして、船の左右の方向におしたり引いたりしてこぎ進める。「—をこぐ」

( 櫓 )

**ろ**【艫】(名)❶船の前部。へさき。船首。❷船の後部。とも。船尾《せんび》。

**ろあく**【露悪】(名) 自分の悪いところやみにくいところを、わざとさらけだすこと。「—趣味《しゅみ》」…的「露悪的な態度」

**ロイヤリティー**〔英 royalty〕(名) 著作権や特許権、商標権などの使用料。ロイヤルティー。

**ろう**【老】6画 老0 小4 音ロウ 訓おいる・ふける 高

❶おいる。年をとる。年寄り。◈老眼・老境・老軀《ろうく》・老後・老骨・老人・老衰《ろうすい》・老体・老齢《ろうれい》 ◈敬老・古老・養老。対若。❷古くなる。おとろえる。◈老化・老朽《ろうきゅう》・老木。❸経験をつんでじょうずなこと。◈老獪《ろうかい》・老巧《ろうこう》・老成・老練。❹重要な地位にある人。◈老中《ろうじゅう》 ◈家老・元老・大老・長老。参考特別に、「老舗」は「しにせ」とも読む。

**-ろう**【老】(接尾) 老人を敬っていうことば。「鈴木—」

**ろう**【労】7画 力5 小4 〔勞〕 音ロウ

❶働く。仕事をする。◈労役《ろうえき》・労働・労務 ◈勤労。❷力を入れる。骨をおる。◈労作・労力 ◈過労・苦労・功労《こうろう》・心労・徒労・疲労《ひろう》

**ろう**【労】(名) 働きつとめること。また、その苦労。ほねおり。「—を惜《お》しまない」「—をねぎらう」

**労多**《おお》**くして功**《こう》**少**《すく》**なし** 苦労したわりには、ほとんどむくわれない。

**労をとる** 人のために骨を折って何かをしてやる。「媒酌《ばいしゃく》の—」

**ろう**【弄】7画 廾4 音ロウ 訓もてあそぶ

❶もてあそぶ。◈弄花《ろうか》 ◈玩弄《がんろう》・翻弄《ほんろう》。❷からかう。あなどる。◈愚弄《ぐろう》・嘲弄《ちょうろう》 ⇩付録「漢字の筆順(2)王〔王〕」

**ろう**【郎】9画 阝6 〔郞〕 音ロウ

❶おとこ。◈郎等《ろうとう》・郎党《ろうどう》 ◈下郎・野郎。❷おっと。◈新郎。❸男の名につけることば。◈次郎・太郎

**ろう**【朗】10画 月6 小6 〔朗〕 音ロウ 訓ほがらか 中

❶空がはれてすみわたったようす。◈晴朗。❷気持ちが明るい。ほがらか。◈朗報 ◈明朗。❸声のはっきりしたようす。◈朗詠《ろうえい》・朗吟《ろうぎん》・朗唱・朗読・朗朗

**ろう**【浪】10画 氵7 音ロウ

❶なみ。◈逆浪・激浪《げきろう》・波浪・風浪。❷さすらう。あてもなくさまよう。◈浪士・浪人・浪浪 ◈浮浪《ふろう》・放浪・流浪《るろう》。❸みだりに。むだに。◈浪費

**ろう**【廊】12画 广9 〔廊〕 音ロウ

部屋の間をつなぐ通路。ろうか。◈廊下 ◈回廊・画廊・歩廊

**ろう【楼】** 13画 木9 〔樓〕 音ロウ

❶やぐら。◆城楼・望楼。❷高い建物。◆楼閣・楼上・楼台・楼門 ◆高楼・登楼・摩天楼《まてんろう》

**ろう【楼】** ■一 (名) 高い建物。たかどの。「―に上る」 ■二 (接尾) 高い建物、料理店などの名前につけることば。「岳陽《がくよう》―」

**ろう【漏】** 14画 氵11 音ロウ 訓もる・もれる・もらす

もる。もれる。もらす。ぬけおちる。◆漏洩《ろうえい》・漏泄《ろうせつ》・漏出・漏水・漏電《ろうでん》・漏斗《ろうと》 ◆遺漏《いろう》・疎漏《そろう》・脱漏《だつろう》

**ろう【糧】** →りょう(糧)

**ろう【露】** →ろ(露)

**ろう【籠】** 22画 竹16 音ロウ 高 訓かご・こもる

❶かご。かご状の入れ物。◆籠球 ◆印籠・灯籠・薬籠。❷こもる。閉じこもる。◆籠城 ◆参籠。❸とりこむ。まるめこむ。◆籠絡《ろうらく》

**ろう**〖△牢〗(名) 罪人などを閉じこめておく所。牢屋《ろうや》。牢獄《ろうごく》。「―に入れられる」

**ろう**〖△蠟〗(名) 動物や植物からとった脂肪《しぼう》のかたまり。熱にとけやすく燃えやすい。ろうそくなどの原料。

**ろう**〖△鑞〗(名) 金属をつなぎ合わせるためにとかして使う合金。「はんだ」など。

**ろうあ**〖△聾△唖〗(名) 耳が聞こえず、また、そのため、話すことができないこと。また、その人。

**ろうえい【朗詠】** (名・他スル) 詩や和歌に節をつけて歌うこと。「漢詩を―する」 類吟詠《ぎんえい》・朗吟《ろうぎん》

**ろうえい**〖漏△洩〗(名・自他スル) 秘密などがもれること。また、もらすこと。参考もとの読みは「ろうせつ」であるが、ふつう「ろうえい」と読みならわされている。

**ろうえき【労役】** (名) 義務として課せられた肉体労働。ほねのおれる仕事。「苦しい―に従事する」

**ろうおく**〖△陋屋〗(名) ❶狭《せま》くてみすぼらしい家。あばらや。❷自分の家をへりくだっていう語。

**ろうか【老化】** (名・自スル) ❶年をとるにつれて、からだのはたらきがおとろえること。「―現象」❷時がたって物の性質が変化しておとろえること。「ゴムが―する」

**ろうか【廊下】** (名) 建物の中の部屋と部屋、または建物と建物とを結ぶ細長い通路。

**ろうかい【老△獪】** (名・形動ダ) 世間なれしていてずるいこと。経験をつんで悪がしこいこと。「―な人物」

**ろうがい**〖労△咳〗(名) 〖医〗漢方で、肺結核《けっかく》。

**ろうかく【楼閣】** (名) 高くてりっぱな建物。たかどの。「砂上の―」

**ろうがっこう**〖△聾学校〗(名) 耳の不自由な人に教育をする学校。学校教育法では「特別支援《しえん》学校」に区分される。

**ろうがん【老眼】** (名) 年をとって視力がおとろえ、近いものがよく見えなくなること。また、その目。

**ろうがんきょう【老眼鏡】** (名) 老眼の人が使う凸《とつ》レンズのめがね。近くのものがはっきり見える。

**ろうきゅう【老朽】** (名・自スル) 古くなって、役に立たなくなること。「―家屋」…化「ビルが老朽化する」

**ろうきゅう【籠球】** (名) →バスケットボール

**ろうきょう【老境】** (名) 老人の境地。老年。

**ろうきょく【浪曲】** (名) 三味線《しゃみせん》を伴奏《ばんそう》にして節をつけた語り物の一種。なにわぶし。「―にはいる」「―をむかえる」

**ろうぎん【朗吟】** (名・他スル) 詩や和歌を、節をつけて高らかにうたうこと。類朗詠《ろうえい》

**ろうく**〖老△軀〗(名) 老いの身。年をとったからだ。

**ろうく【労苦】** (名) ほねおり。苦労。「―に報いる」

**ろうくみ【労組】** (名) →ろうそ

**ろうけつ**〖△﨟△纈・△蠟△纈〗(名) 染め物の一種。ろうと樹脂《じゅし》をまぜてとかしたもので布の上に模様などをかいて染めたのち、ろうをとりのぞいてその部分だけを白くぬくもの。ろうけつぞめ。ろうけち。

**ろうこ**〖△牢△乎〗(トタル) かたく、しっかりしていてゆるぎのないようす。「―たる決意」

**ろうこ**〖△牢固〗(トタル) しっかりしていてがんじょうなようす。堅固《けんご》なこと。「―とした石垣《いしがき》」

**ろうご【老後】** (名) 年をとってからのちの時期。晩年。「―の生活に備える」

**ろうこう【老巧】** (名・形動ダ) 経験を積んで物事にたくみなこと。「―なわざ」類老練・老熟

**ろうごく**〖△牢獄〗(名) 罪人を閉じこめておく所。ろう。ろうや。「―につながれる」

**ろうこつ【老骨】** (名) 年とったからだ。類老体

**老骨にむち打《う》つ** 年をとっておとろえたからだをはげまし、ふるいたたせて努力するたとえ。

**ろうざいく【ろう細工】**〖△蠟細工〗(名) ろうを材料にして人形や模型を作ること。また、その作品。

**ろうさいほけん【労災保険】** (名) (「労働者災害補償《ほしょう》保険」の略)労働者が業務上または通勤時に、災害にあったり病気にかかったりした場合に補償する保険。労災。

**ろうさく【労作】** ■一 (名・自スル) ほねをおって働くこと。労働。■二 (名) ほねをおって作った作品。「完成まで一〇年を要した―」類力作

**ろうし【老師】** (名) 年をとった先生。また、年をとった僧《そう》。「―の教えを守る」

**ろうし**〖△牢死〗(名・自スル) ろうに入れられ、そこで死ぬこと。「―をとげる」

**ろうし【労使】** (名) 労働者と使用者。「―関係」

**ろうし【労資】** (名) 労働者と資本家。「―協調」

**ろうし【浪士】** (名) 主家をはなれた武士。または、つかえる主人をもたない武士。「赤穂《あこう》―」類浪人

**ろうし〔老子〕** ❶〔人名〕(生没年不明)中国、周の時代の思想家。紀元前五世紀ごろの人。道家《どうか》の始祖とされる。❷〔作品名〕老子の著作と伝えられる道家の根本経典。儒教《じゅきょう》に対し、あるがままに生きる「無為《むい》自然」の道を説いている。

**ろうじつ**〖△臘日〗(名) 一年の最後の日。おおみそか。

**ろうじゃく【老若】** (名) →ろうにゃく

**ろうじゅ【老樹】** (名) 長い年月をへた木。老木。

**ろうしゅう【老醜】** (名) 年をとってみにくくなるこ

と。また、そのみにくい姿。「ーをさらす」

**ろうしゅう**〖△陋習〗（名）悪い習慣。悪習。「旧来のーを打ち破る」

**ろうじゅう【老中】**（名）〖歴〗江戸《えど》幕府で、将軍に直接つかえて政治を行った最も位の高い職名。

**ろうじゅく【老熟】**（名・自スル）多くの経験を積んで物事に熟練すること。類老練・老巧《ろうこう》

**ろうじょ【老女】**（名）年をとった女性。

**ろうしょう【老少】**（名）老人と若い者。

**ろうしょう【朗唱】**〖朗△誦〗（名・他スル）詩や和歌や文章などを、声を高くあげて読むこと。

**ろうじょう【籠城】**（名・自スル）❶敵にかこまれて城にたてこもること。「ーして戦う」❷家の中などにひきこもって外に出ないこと。

**ろうしょうふじょう【老少不定】**（名）〖仏〗人の寿命《じゅみょう》は年齢《ねんれい》に関係なく、だれが先に死ぬかまったくわからないということ。

**ろうじん【老人】**（名）年をとった人。年寄り。

**ろうじんびょう【老人病】**（名）〖医〗老人に起こりやすい病気。高血圧症《こうけつあつしょう》・リューマチなど。

**ろうじんホーム【老人ホーム】**（名）老人が入所して、余生を送るようにつくられた福祉施設《ふくししせつ》。▽ホームは、英 home

**ろうすい【老衰】**（名・自スル）年をとって気力・体力がおとろえること。「ーで亡《な》くなる」

**ろうすい【漏水】**（名・自スル）水がもれること。また、その水。「ー箇所《かしょ》」

**ろう・する【労する】**{シ(セ・サ)・シ・スル・スル・スレ・シロ(セヨ)} ━ （自サ変）苦心する。ほねおる。働く。「ー・せずして勝つ」━ （他サ変）わずらわす。世話をかける。「人手をー」

**ろう・する**〖△聾する〗（自他サ変）{シ(セ・サ)・シ・スル・スル・スレ・シロ(セヨ)}耳が聞こえない状態になる。また、聞こえないようにする。「耳をー大音響《だいおんきょう》」

**ろう・する【弄する】**（他サ変）{シ(セ・サ)・シ・スル・スル・スレ・シロ(セヨ)}自分の好きなようにいろいろとあやつる。もてあそぶ。「策をー」

**ろうせい【老成】**（名・自スル）❶年のわりにおとなびること。「若いのにーした人」❷経験を積み、なれてたくみになること。「ーした画風」

**ろうせき【ろう石】**〖△蠟石〗（名）〖地質〗ろうのようになめらかでやわらかい鉱物。白・灰・うす緑色で、石筆・印材などに用いる。

**ろうぜき**〖△狼△藉〗（名）❶乱雑なこと。とりちらかっていること。「落花ー」❷乱暴なふるまい。「ー者」

**ろうそ【労組】**（名）「労働組合」の略。参考「ろうくみ」とも読む。

**ろうそう【老荘】**（名）中国の道教のもとを開いた老子と荘子。また、老子・荘子の唱えた思想や学問。

**ろうそく**〖△蠟△燭〗（名）より糸などをしんとし、まわりをろうやパラフィンで細長くかためたもの。灯火用。キャンドル。

**ろうたい【老体】**（名）❶年をとり、おとろえたからだ。類老骨。❷年寄り。老人。「ごー」

**ろうたいか【老大家】**（名）年をとり、豊かな経験とすぐれたうでまえをもっているその道の専門家。

**ろうちん【労賃】**（名）労働に対して支払《しはら》う賃金。「安いーで働く」

**ろうでん【漏電】**（名）電気器具や電線などの絶縁《ぜつえん》不良や破損のために、電気が別なところへもれること。

**ろうと【漏斗】**（名）→じょうご（漏斗）

**ろうどう【労働】**（名・自スル）賃金や利益を得るためにからだや頭を使って働くこと。「ーの対価」

**ろうどう**〖郎等・郎党〗（名）武士の家来。「家の子ー」類家人《けにん》。参考「ろうとう」とも読む。主人と血縁《けつえん》関係のある「家の子」に対し、「郎等」は主人と血縁関係のない者をいった。

**ろうどううんどう【労働運動】**（名）労働者が、自分たちの労働環境《かんきょう》や生活をよくするために、団結して行ういろいろな活動。

**ろうどうきじゅんほう【労働基準法】**（名）〖法〗労働者が人間らしい生活をするために必要な、労働条件の最低基準を定めた法律。

**ろうどうくみあい【労働組合】**（名）労働者が自分たちの労働条件や生活を守り、また、よりよくしていくために組織する団体。労組《ろうそ》。

**ろうどうしゃ【労働者】**（名）労働を提供し、それによって賃金をもらって生活する人。対資本家

**ろうどうしゃかいきゅう【労働者階級】**（名）労働を提供して得た賃金によって生活する人びとの総称《そうしょう》。プロレタリアート。

**ろうどうしょう【労働省】**（名）労働に関する仕事をあつかった国の役所。二〇〇一（平成一三）年、厚生労働省に移行。

**ろうどうじょうけん【労働条件】**（名）労働者と使用者間で結ばれる、賃金や労働時間などの雇用《こよう》条件。「ーを改善する」

**ろうどうそうぎ【労働争議】**（名）労働者と使用者との間に、労働条件や賃金などをめぐっておこるあらそい。争議。

**ろうどうりょく【労働力】**（名）物を作り出すために使われる人間の体力や知力。また、それをもつ人。「ーを提供する」「ー人口」

**ろうどく【朗読】**（名・他スル）詩や文章を、気持ちをこめて声に出して読み上げること。「物語をーする」

**ろうにゃく【老若】**（名）老人と若者。参考「ろうじゃく」とも読む。

**ろうにゃくなんにょ【老若男女】**（名）老人・若者・男性・女性の、すべての人。「ーが集《つど》う」

**ろうにん【浪人】**（名・自スル）❶つかえる主家を失った武士。また、主人のもとを去った武士。類浪士。❷入学試験や就職試験に落ち、次の機会にそなえて準備すること。また、その人。「ー生」対現役《げんえき》

**ろうねん【老年】**（名）年をとっていること。老いた年齢《ねんれい》。「ー期」類老齢

**ろうば【老婆】**（名）年をとった女性。老女。対老爺《ろうや》

**ろうはい【老廃】**（名・自スル）年をとって、または、古くなって役に立たなくなること。「ー物」

**ろうばい**〖△狼△狽〗（名・自スル）思わぬことに直面してうろたえること。あわてふためくこと。「周章ー」

**ろうばしん【老婆心】**（名）必要以上に親切に世話をやこうとする気持ち。「ーながら申し上げます」

使い方 おもに、他人に忠告するときにへりくだっていうことば。

**ろうばん**『△牢番』(名)ろうやの番人。

**ろうひ【浪費】**(名・他スル)おかね・労力・物などをむだに使うこと。むだづかい。「時間を―する」類乱費。対節約

**ろうふ【老父】**(名)年をとった父親。対老母

**ろうへい【老兵】**(名)年をとった兵士。

**ろうほ【老舗】**(名)むかしから何代も続いている有名な店。「和菓子《わがし》の―」参考「しにせ」とも読む。

**ろうぼ【老母】**(名)年をとった母親。対老父

**ろうほう【朗報】**(名)うれしい知らせ。「合格の―が入る」類吉報《きっぽう》。対悲報

**ろうぼく【老木】**(名)年数のたった立ち木。老樹。

**ろうまんしゅぎ【浪漫主義】**(名)→ロマンしゅぎ

**ろうむ【労務】**(名)❶やとわれて賃金を得て行う労働。「―の提供」❷労働に関する事務。「―管理」

**ろうもん【楼門】**(名)寺などにみられる、二階づくりの門。やぐらのある門。

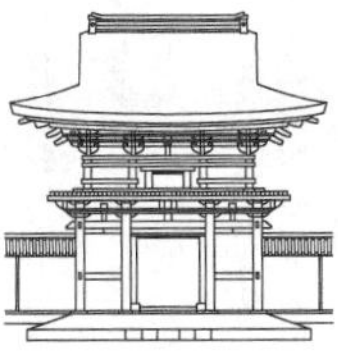
(ろうもん)

**ろうや**『老△爺』(名)年をとった男性。対老婆《ろうば》

**ろうや**『△牢屋』(名)罪人を閉じこめておく所。ろう。類牢獄《ろうごく》

**ろうやくにん**『△牢役人』(名)ろうやに入れられた囚人《しゅうじん》を監督《かんとく》し、見張る役人。

**ろうやぶり**『△牢破り』(名)囚人《しゅうじん》がろうからぬけだすこと。また、その囚人。脱獄《だつごく》。脱獄囚。

**ろうよう【老幼】**(名)老人と子ども。

**ろうらく【籠絡】**(名・他スル)他人をたくみに言いくるめて、思いのままにあやつること。「主君を―する」

**ろうりょく【労力】**(名)❶働くこと。ほねおり。「―を惜《お》しまない」❷生産に必要な人手。労働力。

**ろうれい【老齢】**(名)年をとっていること。老いた年齢。「―に達する」類老年・高齢

**ろうれつ**『△陋劣』(名・形動ダ)人間性がいやしくおとっていること。下劣《げれつ》。「―きわまる人間」

**ろうれん【老練】**(名・形動ダ)経験を多く積み、手なれていること。「―な政治家」類老巧《ろうこう》・老熟

**ろうろう【朗朗】**(トタル)声が大きく、はっきりしていてよく響《ひび》くようす。「―と響く歌声」

**ろえい【露営】**(名・自スル)野外に陣営《じんえい》を設けること。野外にテントを張って泊《と》まること。類野営

**ロー-**〔英 low〕(接頭)物の高さや物事の程度が低い意を表す。「―ヒール」「―カロリー」対ハイ

**ローカル**〔英 local〕(名・形動ダ)その地方・地域に限られていること。「―線」「―放送」「―な話題」

**ローカル-カラー**〔英 local color〕(名)地方色。その地方独特の風俗《ふうぞく》・自然など。

**ローション**〔英 lotion〕(名)アルコール分を多くふくむ化粧水《けしょうすい》。「スキン―」

**ロース**(名)牛・ぶたなどの肩《かた》から背の上等な肉。「―カツ」▽英 roast から。

**ロースト**〔英 roast〕(名・他スル)❶肉などをあぶったりむし焼きにしたりすること。また、焼いたもの。「―ビーフ」❷豆などを炒《い》ること。

**ロータリー**〔英 rotary〕(名)❶機械などで回転式になっているもの。「―エンジン」❷町の四つ角などのまん中に、交通整理のために小高く作った円形の場所。

**ローティーン**〔和製英語〕(名)一三〜一五歳《さい》ぐらいの年ごろ。また、その年ごろの少年や少女。▽low と teen から。対ハイティーン

**ローテーション**〔英 rotation〕(名)❶仕事や役目などが順を追ってくり返されるときの順序や方式。「四人で―を組む」❷野球で、先発投手の登板順序。❸バレーボールで、守備位置を移動する順序。

**ロード-ショー**〔英 road show〕(名)映画で、一般《いっぱん》公開に先だって、特定の映画館で特別に上映すること。単に初めて公開することもいう。

**ロード-マップ**〔英 road map〕(名)❶道路地図。❷目標までの道筋や作業手順を示した計画表。行程表。「和平のための―」

**ロートル**〔中国 老頭児〕(名)老人。年寄り。

**ロード-レース**〔英 road race〕(名)道路上で行う長距離《ちょうきょり》の競走。自転車のレースや陸上競技のマラソンなど。

**ロープ**〔英 rope〕(名)麻《あさ》や針金などを太くより合わせてつくったなわ。つな。

**ローファー**〔英 loafer〕(名)ひもがなく、甲《こう》の部分にベルトのついた革靴《かわぐつ》。(商標名)

**ロープウエー**〔英 rope-way〕(名)乗り物の一つ。空中にはりわたされた鋼鉄《こうてつ》のロープに箱形の車体をつるし、人や荷物を運ぶ装置。空中ケーブル。

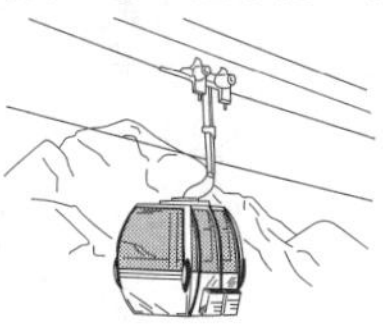
(ロープウエー)

**ローマ**〔Roma〕[地名]❶《歴》古代、イタリアを中心に地中海沿岸一帯を支配した帝国。王政から共和政をへて、帝政《ていせい》となった。❷イタリアの首都。政治・文化の中心都市で、コロセウム・パンテオンなどの遺跡《いせき》や歴史的建造物が多くある世界的観光都市。

**ローマは一日《いちにち》にして成《な》らず** 大きな事業は長い間努力しなければなしとげられないことのたとえ。

**ローマきょうこう【ローマ教皇】**(名)ローマカトリックの最高位の聖職者。ローマ法王。▽ローマは、Roma

**ローマじ【ローマ字】**(名)❶古代ローマで使われ、現在ヨーロッパやアメリカで広く使われている文字。ラテン文字。❷日本語を①を使って書き表したもの。たとえば、「サ」を sa、「タ」を ta と書くもの。▽ローマは、Roma ⇩付録「国語表記の基準」

**ローマすうじ【ローマ数字】**(名)古代ローマで使われた数字の字体。Ⅰ(一)・Ⅱ(二)・Ⅲ(三)・Ⅳ(四)・Ⅴ(五)・Ⅹ(一〇)・L(五〇)・C(一〇〇)・M(一〇〇〇)など。▽ローマは、Roma

**ローム**〔英 loam〕(名)《地質》火成岩が風化してでき

た赤茶けた土。「関東—層」

**ローラー**〔英 roller〕（名）円筒《えんとう》形をした、ころがしながら用いる機械や道具。地ならしの機械など。

**ローラー-スケート**〔英 roller skate〕（名）底に四個の小さな車輪をつけた靴《くつ》で、床《ゆか》や路上をすべって走る遊び。また、その靴。

**ローリング**〔英 rolling〕（名）船や飛行機などが左右にゆれること。横ゆれ。対ピッチング

**ロール**〔英 roll〕（名）まくこと。まいたもの。「—パン」

**ロール-プレーイング**〔英 role playing〕（名）実際の場面を想定して、役割を決めて演じさせ、問題の対処のしかたを考えさせる訓練法《くんれんほう》。

**ローン**〔英 loan〕（名）貸し付け。貸付金。「—を返済する」「住宅—」

**ろか【ろ過】**〘△濾過〙（名・他スル）水などをこしてまじりものを取り除くこと。「雨水を—する」

**ろかせいびょうげんたい**〘△濾過性病原体〙（名）〘医〙→ウイルス①

**ろかた【路肩】**（名）道路のはしの部分。特に、下ががけのようになっているところ。ろけん。「—がくずれる」

**ろぎん【路銀】**（名）旅行に必要な費用。旅費。

**ろく【六】** 4画 八2 小1 音ロク 訓む・むっ・むっつ・むい
数のろく。◆六月・六道・六歌仙《ろっかせん》・六根《ろっこん》・六腑《ろっぷ》・六法 ◆丈六《じょうろく》・第六感。参考「むい」の訓は「六日《むいか》」などのことばに使われる特殊《とくしゅ》な読み方。

**ろく【六】**（名）五に一を足した数。むっつ。

**ろく【緑】**→りょく（緑）

**ろく【録】** 16画 金8 小4 〔錄〕 音ロク
しるす。うつしとる。書きしるしたもの。◆録音・録画 ◆議事録・記録・再録・採録・実録・収録・集録・抄録・詳録《しょうろく》・登録・備忘録《びぼうろく》・秘録・付録・目録

**ろく【麓】** 19画 鹿8 音ロク 訓ふもと
ふもと。山すそ。◆山麓 ⇩付録「漢字の筆順(6)艹」

**ろく**〘△禄〙（名）武士が主君からもらった給与《きゅうよ》。

**禄を食《は》む** 禄（給与《きゅうよ》）をもらって生活する。仕官する。「徳川《とくがわ》の—」

**ログ**〔英 log〕（名）❶丸太。「—ハウス」❷コンピューターの操作内容や通信内容などの記録。

**ログアウト**〔英 logout〕（名）コンピューターをネットワークから切断し、利用を終了すること。ログオフ。サインアウト。

**ログイン**〔英 login〕（名）コンピューターをネットワークに接続して、利用を開始すること。ログオン。サインイン。

**ろくおん【録音】**（名・他スル）ディスクやテープなどに音を記録すること。また、その音。「実況《じっきょう》—」

**ろくが【録画】**（名・他スル）映像をフィルム・テープ・ディスクなどに記録すること。また、記録した画像。

**ろくがつ【六月】**（名）一年の六番目の月。みなづき。

**ろくさんせい【六三制】**（名）一九四七（昭和二二）年から実施《じっし》されている、小学校を六年、中学校を三年とする義務教育制度。

**ろくじゅうのてならい【六十の手習い】**年をとってから学問や稽古《けいこ》事を始めること。晩学。

**ろくしょう【緑青】**（名）〘化〙銅の表面にできる、緑色のさび。「—がふく」

**ろくすっぽ**（副）〘俗語〙（あとに打ち消しのことばをともなって）じゅうぶんに。満足に。「ほかのことに気をとられて—返事もしない」

**ろく・する【録する】**（他サ変）〔シ(セ・サ)・シ・スル・スル・スレ・シロ(セヨ)〕書きつける。記録する。しるす。「先生の言行を—」

**ろくだいしゅう【六大州】**（名）アジア・アフリカ・北アメリカ・南アメリカ・ヨーロッパ・オセアニアの六つの州。

**ろくだか**〘△禄高〙（名）武士が主君よりあたえられた給与《きゅうよ》の額。石《こく》を単位とする。「—一万石」

**ろくでなし**〘△碌でなし〙（名）なんの役にも立たない者。「このーめ」

**ろくでもない**〘△碌でもない〙ねうちがない。つまらない。なんの役にも立たない。「—ことを考える」

**ろくな**〘△碌な〙（連体）満足な。まともな。「—挨拶《あいさつ》もできない」使い方〉あとに「ない」「ません」などの打ち消しのことばがくる。

**ろくに**〘△碌に〙（副）じゅうぶんに。満足に。ろくろく。「—寝《ね》る時間もない」使い方〉あとに「ない」「ません」などの打ち消しのことばがくる。

**ログ-ハウス**〔英 log house〕（名）丸太小屋。丸太でつくった家・別荘《べっそう》。

**ろくはらたんだい【六波羅探題】**（名）〘歴〙鎌倉《かまくら》時代、朝廷《ちょうてい》を監視《かんし》し、尾張《おわり》（=今の愛知県北西部）以西の地方を支配するために、京都の六波羅においた鎌倉幕府の職名。

**ろくぶんぎ【六分儀】**（名）ある地点と二つの地点とを結んでできる角度や、天体の高さをはかる器械。航海や測量で使う。

**ろくぼく**〘△肋木〙（名）体操用具の一つ。数本の柱に多数の棒を横に通したもの。

（ろくぼく）

**ろくまく**〘△肋膜〙（名）❶〘生〙肺を包む二枚の膜。胸膜。❷〘医〙（「肋膜炎」の略）結核菌《けっかくきん》などによって肋膜が炎症《えんしょう》をおこす病気。熱が出て胸などが痛む。

**ろくめんたい【六面体】**（名）〘数〙六つの平面でかこまれた立体。「正—」

**ろくろ**〘△轆△轤〙（名）❶物の上げ下げなどに使われる滑車《かっしゃ》。❷傘《かさ》の柄《え》の先の、骨の集まっている部分にとりつける、傘を開閉させる装置。❸（「ろくろ台」の略）円形の陶器《とうき》を作るのに使う、木で作った回転する台。

（ろくろ③）

**ろくろく**〘△碌△碌〙（副）ろくに。満足に。じゅうぶ

んに。「うるさくて一本も読めない」「ません」などの打ち消しのことばがくる。使い方 あとに「ない」

**ろくろくび【ろくろ首】**『△轆△轤首』(名) 長い首を自在にのびちぢみさせることができるという、人の形をした化け物。ろくろっくび。

**ロケ** (名)「ロケーション①」の略。

**ロケーション**〔英 location〕(名) ❶映画・テレビの野外撮影《さつえい》。ロケ。❷場所。立地。「―がいい」

**ロケット**〔英 locket〕(名) 写真などを入れ、細いくさりで首につるす金属製の胸飾《むねかざ》り。

**ロケット**〔英 rocket〕(名) 燃料《ねんりょう》を燃焼させてガスとして噴出《ふんしゅつ》し、その反動で進む速度のはやい飛行体。また、その装置。

**ロケ-ハン**〔和製英語〕(名)(location hunting の略)野外撮影《さつえい》に適した場所をさがすこと。

**ろけん【路肩】**(名) →ろかた

**ろけん【露見・露顕】**(名・自スル) かくしていた秘密や悪事が人に知られること。「悪事が―する」類 発覚

**ロゴ**〔英 logo〕(名) 書体や配置をくふうしてデザインした文字列。企業《きぎょう》や商品を示すマークにみられる。ロゴタイプ。

**ロココしき【ロココ式】**(名)『美』一八世紀、フランスを中心としてヨーロッパに流行した、美術・建築の様式。曲線を主とする優雅《ゆうが》で華麗《かれい》な装飾《そうしょく》を特色とする。▽ロココは、〔フランス rococo〕

**ロゴス**〔ギリシャ logos〕(名) ❶ことば。❷理性。❸万物を支配する法則。

**ろこつ【露骨】**(名・形動ダ) 自分の考えや気持ちをむきだしに表すようす。あからさま。「―な表現」

**ロザリオ**〔ポルトガル rosario〕(名) キリスト教のカトリックで、聖母マリアに対する祈《いの》り。また、そのときに用いるじゅずのようなもの。

**ろし【ろ紙】**『△濾紙』(名) 液体中の物質をこすために使う紙。濾過紙。

**ろじ【路地】**(名) ❶家と家とにはさまれた、せまい道。「―裏」❷門内や庭にある通り道。

**ろじ【路次】**(名) 道すがら。道の途中《とちゅう》。ろし。

**ろじ【露地】**(名) 屋根などのおおいのない土地。「―栽培《さいばい》」

**ロシア**〔Russia〕【地名】❶ロシア連邦《れんぽう》。ヨーロッパ東部からシベリアに及《およ》ぶ、ユーラシア大陸北部をしめる共和国。首都はモスクワ。❷①をふくむ、かつてのロシア帝国《ていこく》が支配していた地域。ソビエト連邦の領土にほぼ相当する。

**ロジカル**〔英 logical〕(形動ダ)〔ダロ・ダッ(デ・ニ)・ダ・ナ・ナラ・○〕論理的なようす。「―な考え方」

**ロジスティックス**〔英 logistics〕(名) 原料入手から製品販売《はんばい》までの物の流れ。また、その管理。

**ロジック**〔英 logic〕(名) ❶論理。論法。❷論理学。

**ろしゅつ【露出】**一(名・自他スル) むき出しになること。むき出しにすること。「肩《かた》を―する」二(名・自スル) 写真の撮影《さつえい》・焼き付けなどのとき、光線を乾板《かんぱん》やフィルムにあてること。「―オーバー」

**ろじょう【路上】**(名) 道路の上。「―駐車《ちゅうしゃ》」

**ろしん【炉心】**(名) 原子炉の中心。核分裂《かくぶんれつ》が起こる所。「―溶融《ようゆう》」

**ろじん【魯迅】**【人名】(一八八一―一九三六)中国の文学者。中国最初の口語による小説を発表し、文学革命の指導者として活躍《かつやく》した。中国近代文学の父と呼ばれる。作品「狂人《きょうじん》日記」「阿Q正伝《あキューせいでん》」など。

**ろしんようゆう【炉心溶融】**(名) →メルトダウン

**ロス**〔英 loss〕(名・他スル) むだに使うこと。損失。むだ。「時間の―」

**ロス-タイム**〔和製英語〕(名) むだに使われた時間。特に、サッカーやホッケーなどで、プレーが中断されて、競技時間にはふくまれない時間。▽loss と time から。

**ロゼ**〔フランス rosé〕(名) うすい赤色のワイン。

**ろせいのゆめ**『△盧生の夢』→かんたんのゆめ

**ろせん【路線】**(名) ❶線路や道路などの道筋。「バスの―」❷団体や組織などの方針。「―争い」

**ろだい【露台】**(名) ❶バルコニー。❷屋根のない台。

**ロッカー**〔英 locker〕(名) 荷物などを入れる、かぎのかかる戸棚《とだな》。「コイン―」「―ルーム」

**ろっかせん【六歌仙】**(名)『文』平安時代初期の六人のすぐれた歌人。在原業平《ありわらのなりひら》・僧正遍昭《そうじょうへんじょう》・喜撰《きせん》法師・大友黒主《おおとものくろぬし》・文屋康秀《ふんやのやすひで》・小野小町《おののこまち》。

**ロック**〔英 lock〕(名・他スル) かぎをかけること。また、かぎ。錠《じょう》。「ドアを―する」

**ロック**〔英 rock〕(名) ❶岩石。岩壁《がんぺき》。❷「ロックンロール」の略。❸ポピュラー音楽の一つ。②から発展し、電気楽器の使用や激しいリズムを特徴《とくちょう》とする。

**ロックアウト**〔英 lockout〕(名・他スル) ❶しめ出すこと。❷労働争議で、使用者側がとる手段の一つ。工場などを閉めて労働者に仕事をさせないこと。

**ロッククライミング**〔英 rock-climbing〕(名) 登山で、けわしい岩をよじ登ること。岩登り。

**ロックンロール**〔英 rock'n'roll〕(名) 一九五〇年代にアメリカにおこり、流行したダンスとその音楽。ビートのきいた曲にあわせて熱狂《ねっきょう》的に踊《おど》る。ロック。

**ろっこつ**『△肋骨』(名)『生』背骨からからだの両側に曲がって胸骨につき、胸のまわりをかこんでいる骨。左右一二本ずつある。あばらぼね。

**ろっこんしょうじょう【六根清浄】**(名)『仏』六根(=目・耳・鼻・舌・身・意の六つの器官)の欲望をたちきって清らかな心になること。信仰《しんこう》のための寒《かん》参り・登山などのときに唱えることば。

**ロッジ**〔英 lodge〕(名) 山小屋。山などにある簡易宿泊《しゅくはく》所。類 ヒュッテ

**ろっぽう【六方】**(名) ❶東西南北と天地の、六つの方向。❷歌舞伎《かぶき》で、俳優が花道から揚《あ》げ幕にはいるとき、手を振《ふ》り、足を高くあげて足ぶみする独特の歩き方。「―を踏《ふ》む」参考 ②は「六法」とも書く。

**ろっぽう【六法】**(名)『法』❶憲法・刑法《けいほう》・民法・商法・刑事訴訟《そしょう》法・民事訴訟法の六つの重要な法律。❷「六法全書」の略。

**ろっぽうぜんしょ【六法全書】**(名)『法』「六法①」をはじめ、各種の法令を収録した書物。六法。

**ろてい【路程】**(名) 目的地までの道のり。その距離《きょり》や、かかる時間。

**ろてい【露呈】**（名・自他スル）かくれていたものが、現れ出ること。また、現し出すこと。「弱点が―する」

**ろてん【露天】**（名）屋根のないこと。あまざらし。野天《のてん》。「―ぶろ」

**ろてん【露店】**（名）道ばたに品物をならべて売る店。

**ろてん【露点】**（名）〘天〙気温が下がり、大気中の水蒸気が、露《つゆ》になり始めるときの温度。

**ろてんぼり【露天掘り】**（名）鉱石や石炭などを、坑道《こうどう》をほらず、土地の表面からじかにほり出すこと。

**ろとう【路頭】**（名）街頭。道ばた。

**路頭に迷《まよ》う**　住む家やおかねに困り、どうしていいかわからなくなる。「一家が―」

**ろは**（名）《俗語》ただ。無料。参考「只《ただ》」をかたかなのロとハとに見て分けて読んだもの。

**ろば【△驢馬】**（名）〘動〙ウマ科の哺乳《ほにゅう》動物。馬より小さく耳が長い。家畜として農耕・運搬《うんぱん》などに使う。うさぎうま。

**ろばた【炉端】**（名）いろりのそば。炉辺《ろへん》。

**ロビー**〔英 lobby〕（名）❶ホテルや劇場などで、入り口の近くにある休憩《きゅうけい》・談話用の広間。❷議院などで、議員が外部の人と面会する部屋。

**ロビーかつどう【ロビー活動】**（名）特定の団体や業界の利益をはかるため、政治家に対してはたらきかけを行うこと。ロビイング。▽ロビーは、英 lobby

**ロビンソン=クルーソー**〔Robinson Crusoe〕〔作品名〕イギリスの小説家デフォーの小説。一七一九年刊。たった一人無人島に漂着《ひょうちゃく》したロビンソン=クルーソーが、二八年間の冒険《ぼうけん》生活の末、故郷に帰るという話。

**ロブスター**〔英 lobster〕（名）〘動〙アカザエビ科の海産の大形のえび。ざりがにに似て、大きなはさみを持つ。食用。

**ロフト**〔英 loft〕（名）❶屋根裏部屋。❷倉庫などの上階。また、そのような空間を利用したアトリエやスタジオ。❸ゴルフクラブのボールを当てる面につけられた角度。

**ろへん【炉辺】**（名）いろりのそば。炉端《ろばた》。

**ろへん【路辺】**（名）道ばた。路傍《ろぼう》。

**ろぼう【路傍】**（名）道ばた。路辺。

**路傍の人《ひと》**（たまたま道で出会っただけの人ということから）自分とは何の関係もない人。「―にすぎない」

**ロボット**〔英 robot〕（名）❶複雑な機械のはたらきで人間のように動く人形。人造人間。❷目的とする作業や操作を、人間にかわって自動的に行う機械や装置。「介護―」❸他人にあやつられて動く人。「社長は会長の―だ」

**ロマ**〔英 Roma〕（名）ジプシーの自称《じしょう》の一つ。ロム。

**ロマネスク**〔フランス Romanesque〕（名）一〇～一二世紀ごろ、西ヨーロッパにおこった美術や建築の様式。古代ローマの要素に東方的な趣味《しゅみ》を加えたもの。

**ロマン**〔フランス roman〕（名）❶散文の物語。長編小説。❷夢やあこがれをいだかせることがら。冒険《ぼうけん》心をかきたてるもの。「男の―」

**ロマンしゅぎ【ロマン主義】**（名）自由な空想や感情を重んじる文学・芸術上の立場。一八世紀から一九世紀末にかけてヨーロッパで流行した。浪漫《ろうまん》主義。ロマンチシズム。▽ロマンは、フランス roman

**ロマンス**〔英 romance〕（名）❶恋愛《れんあい》物語。清純な恋《こい》。「二人の―を語る」❷〘音〙叙情《じょじょう》的な自由形式の小曲。

**ロマンチシズム**〔英 romanticism〕（名）❶→ロマンしゅぎ❷現実よりも、夢や空想の世界に向かいがちな考え方や傾向《けいこう》。

**ロマンチスト**〔英 romanticist〕（名）現実よりも、夢や空想の世界にあこがれてばかりいる人。ロマンチックな考えをもつ人。「彼《かれ》は意外に―だ」

**ロマンチック**〔英 romantic〕（形動ダ）{ダロ・ダッ(デ・ニ)・ダ・ナ・ナラ・○}現実ばなれして、甘美《かんび》で空想的なようす。また、そのような傾向《けいこう》や性質をもっているようす。「―な詩」

**ロマン=ロラン**〔Romain Rolland〕〔人名〕（一八六六～一九四四）フランスの小説家・劇作家・評論家。文学活動を通じて、平和と人類愛をうったえた。代表作は小説「ジャン=クリストフ」「魅《み》せられたる魂《たましい》」など。

**ロム【ROM】**（名）（英 read-only memory の略）データの書き換《か》えはできず、読み出しのみ可能なコンピューター用の記憶《きおく》装置。参考書き換えられるものは、RAM（英 random-access memory の略）という。

**ろめい【露命】**（名）すぐ消えてしまう露《つゆ》のようにはかない命。

**露命をつなぐ**　なんとかほそぼそと暮らす。

**ろめん【路面】**（名）道路の表面。「―電車」

**ロラン**〔人名〕→ロマン=ロラン

**ロリコン**（名）（「ロリータコンプレックス」の略）少女や幼女を性愛の対象とすること。▽和製英語 Lolita complex から。参考アメリカの作家ナボコフの小説「ロリータ」による。

**ろれつ【呂◇律】**（名）ものを言う調子。

**ろれつが回《まわ》らない**　舌がうまく回らず、ことばがはっきりしない。

**ロレンス**〔David Herbert Lawrence〕〔人名〕（一八八五～一九三〇）イギリスの小説家・詩人。性と愛の問題を大胆《だいたん》にとりあげた。小説「息子《むすこ》と恋人《こいびと》」「チャタレー夫人の恋人」など。

**ろん【論】** 15画 言8 小6 音ロン

考えを述べる。また、述べたもの。考え。意見。◆論外・論議・論拠《ろんきょ》・論旨《ろんし》・論述・論証・論陣《ろんじん》・論説・論争・論調・論点・論駁《ろんばく》・論評・論文・論理◆異論・概論《がいろん》・議論・結論・言論・持論・推論・世論・正論・総論・討論・反論・評論・本論・理論

**ろん【論】**（名）❶筋道だてて考えを述べること。また、その考え。意見。「―を立てる」❷考えを述べあうこと。議論。

**論より証拠《しょうこ》**　議論するより、実際の証拠を見せたほうが相手を納得させることができる。

**論を俟《ま》たない**　論じるまでもなく、わかりきっている。

**ろんがい【論外】**（名・形動ダ）❶その議論に関係がないこと。❷論じるにおよばないこと。問題外。「そんな要求は―である」

**ろんかく【論客】**（名）→ろんきゃく

**ろんぎ【論議】**（名・他スル）たがいに意見を述べ合うこと。じゅうぶん話し合うこと。「—を尽《つ》くす」

**ろんきゃく【論客】**（名）議論が好きな人。議論がたくみな人。ろんかく。「彼《かれ》はなかなかの—だ」

**ろんきゅう【論及】**（名・自スル）そのことがらにまで触《ふ》れて議論すること。「細部にわたって—する」

**ろんきょ【論拠】**（名）意見のよりどころになっていることがら。「—を示す」

**ロング**〔英 long〕（名）長さや距離《きょり》・時間が長いこと。「—ヘア」「—セラー」対ショート

**ロング-ラン**〔英 long run〕（名）評判のよい演劇や映画などを長い期間興行すること。

**ろんご**〔論語〕[作品名]儒教《じゅきょう》の教典。四書の一つ。孔子《こうし》の死後、弟子《でし》たちによって記録された孔子の教えを編集し、仁《じん》の道を説いたもの。紀元前四世紀ごろまでに成立。

冒頭文 子曰《い》はく、「学びて時に之《これ》を習ふ、亦《また》説《よろこ》ばしからずや。朋《とも》遠方より来たる有り、亦楽しからずや。人知らずして慍《うら》みず、亦君子ならずや」と。

**論語読《よ》みの論語《ろんご》知《し》らず**（「論語」の字句を読むだけで、その精神は理解できないということから）書物などを読んで理屈《りくつ》は知っていても、それを実際の場に応用する力がない人をあざけっていう語。

**ろんこう【論考】**（名・他スル）あることがらについて論じ考えること。また、その文章。

**ろんこうこうしょう【論功行賞】**（名）功績の程度を論じ定めて、それにふさわしい賞をあたえること。

**ろんこく【論告】**（名・他スル）《法》刑事《けいじ》裁判で、証拠《しょうこ》調べののち、検察官が被告人《ひこくにん》の罪や法律の適用について意見を述べること。

**ろんし【論旨】**（名）その論説や議論の中心となることがら。「—がはっきりしない」

**ろんしゃ【論者】**（名）議論する人。ろんじゃ。

**ろんじゅつ【論述】**（名・他スル）物事の道理や理論を筋道をたてて述べること。「—式のテスト」

**ろんしょう【論証】**（名・他スル）あることがらについて、証拠《しょうこ》をあげて結論の正しいことを証明すること。

**ろん・じる【論じる】**（他上一）（ジ・ジ・ジル・ジル・ジレ・ジロ（ジヨ））❶筋道をたてて自分の考えを述べる。「必要性を—」❷たがいに意見をたたかわせる。議論する。「是非《ぜひ》を—」❸取り上げて問題とする。「—までもないこと」

**ろんじん【論陣】**（名）議論や弁論の論旨《ろんし》の組み立て。「—を張る」

**ろん・ずる【論ずる】**（他サ変）（ジ（ゼ）・ジ・ズル・ズル・ズレ・ジロ（ゼヨ））→ろんじる

**ろんせつ【論説】**（名）自分の考えを、筋道をたてて述べること。また、その文章。特に、新聞の社説。

**ろんせん【論戦】**（名・自スル）議論をたたかわせること。「—を交える」類論争

**ろんそう【論争】**（名・自スル）ちがった意見をもつ人どうしが自分の説を強く主張し合うこと。「教育問題について—する」類論戦

**ろんだい【論題】**（名）議論や論説・論文の題目。

**ろんだん【論壇】**（名）❶批評家などの社会。評論界。言論界。「—の雄《ゆう》」❷意見を発表する場所。また、演説者や講演者などが立つ壇。

**ろんちょう【論調】**（名）議論や評論などの調子や傾向《けいこう》。「鋭《するど》い—で迫《せま》る」

**ろんてい【論定】**（名・他スル）議論してきめること。

**ろんてき【論敵】**（名）論争の相手。

**ろんてん【論点】**（名）議論の中心となっている点。「—がずれる」

**ロンド**〔フランス ronde〕（名）《音》輪になっておどること。また、その舞曲《ぶきょく》。輪舞曲。

**ロンド**〔イタリア rondo〕（名）《音》主題の旋律《せんりつ》がくり返され、間にいくつか別の旋律がはさまる楽曲の形式。

**ロンドン**〔London〕[地名]イギリスの首都。テムズ川にまたがり、政治・経済・交通・文化の中心。

**ろんなん【論難】**（名・他スル）相手の悪い点を論じて非難すること。「—にたえる」

**ろんぱ【論破】**（名・他スル）議論をして、相手の意見を言い負かすこと。「相手の説を—する」

**ろんばく**『論△駁』（名・他スル）相手の意見や説のあやまりを指摘《してき》して、論じ返すこと。「—の余地を与《あた》えない」類反論

**ろんぴょう【論評】**（名・他スル）物事や作品の内容を論じて批評すること。「—はさしひかえる」

**ろんぶん【論文】**（名）ある問題について、自分の意見や研究した結果などを、筋道をたてて述べた文章。

**ろんぽう【論法】**（名）議論のしかた。議論の進め方。「三段—」「その—でいくとこうなる」

**ろんぽう**『論△鋒』（名）❶議論をするときの攻撃《こうげき》の目標。議論のほこさき。「—を外交政策に向ける」❷相手を攻撃する議論の勢い。「—鋭《するど》く迫《せま》る」

**ろんり【論理】**（名）❶議論や考え方の筋道。「—が通っている」「—の飛躍《ひやく》」❷物事の法則的なつながり。「政治の—で動く」

**ろんりがく【論理学】**（名）物事を正しく判断するための、考え方の法則・形式を研究する学問。

**ろんりてき【論理的】**（形動ダ）（ダロ・ダッ（デ・ニ）・ダ・ナ・ナラ・○）説明や考え方がはっきりしていて、筋道が通っているようす。「—に考える」「—な人」

# わ　ワ

**わ【和】** 8画 口5 小3 音ワ・オ高 訓やわらぐ中・やわらげる中・なごむ中・なごやか中

ニ 千 禾 和 和

❶なかよくする。◆和解・和議・和平・和睦《わぼく》◆講和・親和・不和。❷おだやか。なごやか。◆和気◆温和・穏和《おんわ》・緩和《かんわ》・柔和《にゅうわ》・平和。❸調子を合わせる。◆和音・和声◆唱和・調和。❹ある数にある数を加えた合計。◆総和。❺日本。◆和歌・和語・和裁・和紙・和室・和食・和風・和服・和訳◆英和・漢和。対洋。参考「オ」の音は「和尚《おしょう》」ということばに使われる特殊《とくしゅ》な読み方。特別に、「日和」は「ひより」、「大和」は「やまと」と読む。

**わ【和】**（名）❶なかよくすること。「—を結ぶ」❷なかなおりをすること。「人の—」❸日本。日本風のもの。「—の世界」❹《数》二つ以上の数字を加えた合計の値。対差

**わ【話】** 13画 言6 小2 音 ワ 訓 はなす・はなし

❶はなす。◆話術・話法◆会話・訓話・懇話《こんわ》・対話・談話・通話。❷はなし。物語。◆話題・話柄《わへい》◆逸話《いつわ》・寓話《ぐうわ》・実話・笑話・神話・説話・童話・秘話・民話・夜話《やわ》・余話

言 言 言 訁 訐 話

**-わ【羽】**（接尾）鳥、または、うさぎを数えることば。「からすが二―」⇩う（羽）「参考」

**-わ【把】**（接尾）たばねたものを数えることば。「こまつな一―」⇩は（把）「参考」

**わ**〖倭〗（名）むかし、中国などで日本を呼んだことば。

**わ【輪】**（名）❶細長い物を曲げてまるくしたもの。また、そのような形。「―投げ」「おどりの―」❷車輪。「三輪車の―がはずれる」

**輪をかける** 物事の程度をいっそう大げさにする。はなはだしくする。「弟は兄に輪をかけて乱暴者だ」

**わ**（終助）❶感動・詠嘆《えいたん》・あきれた気持ちを表す。「まあ、いやだ―」「物置きの中に、ある―ある―、がらくたが山積みだ」「よう言う―」❷軽い決意・主張を表す。「私も手伝います―」「それはちがう―」❸強調して並べ立てる意を表す。「台風は来る―、電車は止まる―で、旅行はさんざんだった」使い方②は主として女性が使う。文法用言・助動詞の終止形につく。

**ワーカホリック**〔英 workaholic〕（名）働いていないと落ちつかない人。仕事中毒。

**ワーキング-プア**〔英 working poor〕（名）働いているが収入が少なく、低水準の生活を余儀《よぎ》なくされている労働者。

**ワーキング-ホリデー**〔英 working holiday〕（名）文化交流のために二国間で協定を結び、訪問国で働きながら休暇《きゅうか》をすごすことを認める青少年向けの制度。

**ワーク**〔英 work〕（名）❶仕事。労働。「デスク―」❷研究。「フィールド―」

**ワーク-シート**〔英 work sheet〕（名）❶解答などを書きこめるようにした学習用の問題用紙。❷コンピューターの表計算ソフトで、画面に映し出される作業用の表。

**ワークショップ**〔英 workshop〕（名）参加者が進んで議論や作業に加わり、共同で学習する形をとる集まり。講習会や研究集会、舞台《ぶたい》芸術での講習など。

**ワークブック**〔英 workbook〕（名）練習問題集。学習帳。「数学の―」

**ワークライフ-バランス**〔英 work-life balance〕（名）仕事と私生活の調和をとり両立させること。

**ワースト**〔英 worst〕（名）いちばん悪いこと。また、そのもの。最悪。「―記録」対ベスト

**ワーズワース**〔William Wordsworth〕【人名】（一七七〇〜一八五〇）イギリスの詩人。コールリッジとともに「叙情民謡《じょじょうみんよう》集」を出し、以後ロマン主義運動の中心となって活躍《かつやく》。北部の湖水地方に住んで湖畔《こはん》詩人・自然詩人と呼ばれ、自然を静かにうたう作品が多い。

**ワード-プロセッサー**〔英 word processor〕（名）→ワープロ

**ワープ**〔英 warp〕（名・自スル）SF作品で、空間のゆがみを利用して、瞬間《しゅんかん》的に移動すること。

**ワープロ**（名）（「ワードプロセッサー」の略）コンピューターで、文章の入力・編集など、文書作成に用いるソフトウエアや専用機。▽英 word processor から。

**ワールド**〔英 world〕（名）世界。「―カップ」

**ワールド-カップ**〔英 World Cup〕（名）サッカー・ラグビー・スキーなど、スポーツ競技の世界選手権大会。また、その優勝杯《ゆうしょうはい》。W杯。

**ワールド-ワイド-ウェブ**〔英 World Wide Web〕（名）→ウェブ

**わい【賄】** 13画 貝6 音 ワイ 訓 まかなう

自分の利益のために、ひそかに金品などをおくる。わいろ。◆賄賂《わいろ》◆収賄・贈賄《ぞうわい》

目 貝 貝 貝 賄 賄

**ワイ-エム-シー-エー**【YMCA】（名）〔英 Young Men's Christian Association の略〕キリスト教青年会。キリスト教精神に基づき、青年の人格の向上と奉仕《ほうし》精神の高揚《こうよう》をはかる国際団体。

**わいきょく**〖歪曲〗（名・他スル）真実などを、わざとゆがみ曲げること。「事実を―して話す」

**わいざつ**〖猥雑〗（名・形動ダ）ごたごたといりまじって下品なこと。「―な表現」

**ワイ-シャツ**（名）男性が洋服の上着の下に着る、そで口と襟《えり》のあるシャツ。▽英 white と shirt から。

**わいしょう**〖矮小〗（名・形動ダ）❶たけが低く小さいこと。「―な木」❷規模《きぼ》の小さいこと。…化「問題を矮小化する」

**わいせつ**〖猥褻〗（名・形動ダ）性に関して、下品でみだらなこと。「―行為《こうい》」

**ワイ-ダブリュー-シー-エー**【YWCA】（名）〔英 Young Women's Christian Association の略〕キリスト教女子青年会。キリスト教精神に基づき、女子青年の人格の向上と奉仕《ほうし》精神の高揚《こうよう》をはかる国際団体。

**わいだん**〖猥談〗（名）わいせつな話。

**ワイド**〔英 wide〕（名）横はばが広いこと。範囲《はんい》や規模が大きいこと。「―スクリーン」

**ワイパー**〔英 wiper〕（名）自動車や電車の窓ガラスにつけた、雨滴などをぬぐいとる装置。

**ワイフ**〔英 wife〕（名）妻。女房《にょうぼう》。対ハズバンド

**ワイヤ**〔英 wire〕（名）❶針金《はりがね》。❷電線。（＝ワイヤー）

**ワイヤレス**〔英 wireless〕（名）電線でつながっていないこと。電線を用いないこと。無線。「―マウス」

**ワイヤレス-マイク**（名）舞台《ぶたい》などで用いる、コードのないマイク。無線マイク。▽英 wireless microphone から。

**ワイヤ-ロープ**〔英 wire rope〕（名）→こうさく（鋼索）

**ワイルド**〔Oscar Wilde〕【人名】（一八五四〜一九〇〇）イギリスの劇作家・詩人・小説家。一九世紀末期、唯美《ゆいび》主義文学の代表者として活躍《かつやく》した。小説「ドリアン＝グ

レーの肖像《しょうぞう》」、童話集「幸福な王子」など。

**わいろ【賄賂】**（名）自分につごうよくとりはからってもらうため、職権のある人に内密におくる不正なおかねや品物。袖《そで》の下。「ーを受け取る」

**わいわい**（副）多くの人が大声をあげたり、口うるさく言いたてたりするようす。「ーさわぐ」

**ワイン**〔英 wine〕（名）ぶどう酒。

**わえい【和英】**（名）❶日本語と英語。❷「和英辞典」の略。

**わえいじてん【和英辞典】**（名）日本語から、それに相当する英語を引く辞典。対英和辞典

**わおん【和音】**（名）〘音〙高さのちがう二つ以上の音が、同時にひびいて合わさった音。コード。

**わか【和歌】**（名）〘文〙日本固有の五音と七音をもとにした歌の呼び名。長歌・短歌・旋頭歌《せどうか》など。特に、短歌。みそひともじ。やまとうた。

**わが【我が】**〘△吾が〙（連体）わたくしの。自分の。「ー母校」「ー国」「ー世の春（＝何でも自分の思いのままになる、いちばん得意な時期）」

**わかい【和解】**（名・自スル）争いをやめ、仲なおりすること。「ーの調停に応じる」「相手とーする」

**わか・い【若い】**（形）〔カロ・カッ(ク)・イ・イ・ケレ・○〕❶生まれてから、また、生えてからあまり時がたっていない。「ー人」「ー樹木」❷気力にあふれたようす。元気である。「年のわりにー」「気がー」❸年が下である。「彼《かれ》のほうがー」❹未熟である。経験がとぼしい。「まだ考えがー」❺番号や数が小さい。「ー番号」

**わかいしゅ【若い衆】**（名）若い男。若い使用人。わかいしゅう。「ーにまかせる」

**わがいほは**《ワガイオハ》…和歌

〔吾が庵は　都《みや》《こ》のたつみ　しかぞすむ　世《よ》を宇治山《うぢやま》と　人《ひと》はいふなり〕〈古今集《こきんしゅう》・喜撰法師《きせんほうし》〉訳私の住む草庵《そうあん》は都の東南にあって、このようにのどかに暮らしている。だが人は、ここは世を「憂《う》し（＝きらう）」と思う人が住むので宇治山と呼んでいるらしい。（「宇治」は「憂《う》し」とのかけことば。小倉《おぐら》百人一首の一つ）

**わがいをえる【我が意を得る】**自分の思うところと一致《いっち》して満足する。「予期した結果にー」

**わかがえ・る【若返る】**（自五）〔ラ(ロ)・リ(ッ)・ル・ル・レ・レ〕若さを取りもどす。若くなる。「気持ちがー」

**わかきウェルテルのなやみ**〔若きウェルテルの悩み〕〔作品名〕ドイツの作家ゲーテの小説。一七七四年作。青年ウェルテルが、友人のいいなずけロッテへの恋《こい》に悩《なや》み、体面や慣習にこだわる社会につきあたって自殺するまでを、友人にあてた手紙の形式でえがいたもの。

**わかぎみ【若君】**（名）❶年の若い主君。❷主君のおさない息子《むすこ》。

**わがく【和学】**（名）日本に古くからある学問。日本の文学・歴史・有職故実《ゆうそくこじつ》などについての学問。対漢学・洋学

**わかくさ【若草】**（名）芽を出してまもない草。

**わかげ【若気】**（名）若者の、よく考えないで事をしようとはやる気持ち。若いときの無分別。「ーの過《あやま》ち」

**若気の至《いた》り**　若さにまかせて、無分別な行動をしてしまうこと。

**わかさ**〔若狭〕〔地名〕むかしの国名の一つ。今の福井県南西部、若狭湾《わん》にのぞむ地方。若州《じゃくしゅう》。

**わかさぎ**〘×公魚・若△鷺〙（名）〘動〙キュウリウオ科の魚。沼《ぬま》や湖などにすむ。食用。

**わがし【和菓子】**（名）日本でむかしから作られている菓子。ようかん・まんじゅうなど。対洋菓子

**わかじに【若死に】**（名・自スル）年が若くて死ぬこと。早死に。早世《そうせい》。夭折《ようせつ》。

**わか・す【沸かす】**（他五）〔サ(ソ)・シ・ス・ス・セ・セ〕❶水などを沸くようにする。「湯をー」「ふろをー」❷熱狂《ねっきょう》させる。「満場をー」

**わかず【分かず】**区別しないで。「昼夜をー働く」

**わかぞう【若僧・若造】**（名）若い者。多く年の若い人や、わざなどがまだ未熟な人を見下げていうことば。

**わかだんな【若旦那】**（名）商家《しょうか》などの主人を大旦那、旦那と呼ぶのに対して、その長男を呼ぶ敬称《けいしょう》。また、金持ちや大家《たいけ》の子弟《してい》を呼ぶ敬称。

**わかちあ・う【分かち合う】**（他五）〔ワ(オ)・イ(ッ)・ウ・ウ・エ・エ〕たがいに分けあう。「喜びをー」

**わかちがき【分かち書き】**（名）主としてかなやローマ字で文字を書くときに、文節と文節、あるいは単語と単語の間をあけて書く書き方。「きょうは　ちょうしが　よい」など。

**わか・つ【分かつ】**〘◇別つ〙（他五）〔タ(ト)・チ(ッ)・ツ・ツ・テ・テ〕❶別別にしきる。区切る。「部屋を二つにー」「昼夜をー・たず勉強する」❷離《はな》して別々にする。「二人の仲をー」「袂《たもと》をー（＝縁《えん》をきる）」❸見分ける。「善悪をー」❹分けて配る。「財産をー」❺分けて持ちあう。「悲しみをー」

**わかづくり【若作り】**（名）実際の年より若く見えるような服装や化粧《けしょう》をすること。また、そのよそおい。

**わかて【若手】**（名）❶若くて働きざかりの人。❷ひとまとまりの人の中で若いほうの人。「ーの抜擢《ばってき》」

**わかどころ【和歌所】**（名）平安時代、宮中で勅撰集《ちょくせんしゅう》の編纂《へんさん》などを取りあつかった臨時の役所。

**わかどしより【若年寄り】**（名）❶〘歴〙江戸《えど》幕府の職名。老中《ろうじゅう》の次の位で、旗本《はたもと》その他の役人を取りしまった。❷若いのに年寄りじみてみえる人。参考①は「若年寄」と書く。

**わかな【若菜】**（名）春の初めに生える食用になる草。

**わかなしゅう**〔若菜集〕〔作品名〕島崎藤村《しまざきとうそん》の最初の詩集。一八九七（明治三〇）年刊。若々しい情熱を、主として七五調でうたい、新体詩を完成させるとともに、近代叙情《じょじょう》詩を確立させた詩集。

**わかのうらに**…和歌

〔若の浦に　潮《しほ》満《み》ち来《く》れば　潟《かた》を無《な》み　葦辺《あしべ》をさして　鶴《たづ》鳴《な》きわたる〕〈万葉集《まんようしゅう》・山部赤人《やまべのあかひと》〉訳和歌の浦に潮が満ちてくると干潟《ひがた》がなくなるので、そこで餌《え》をあさっていた鶴《つる》が、葦が生える岸辺に向かって、鳴きながらとんでゆく。

**わかば【若葉】**（名）生え出てまもない葉。

**わがはい【我が輩】**〘△吾が輩〙（代）男性が自分のことをさしていう古いことば。

**わがはいはねこである**〔吾輩は猫である〕〔作品

名夏目漱石《なつめそうせき》の小説。一九〇五(明治三八)年から翌年にかけて発表。猫の口をかりて、当時の世相を風刺《ふうし》した作品。漱石の第一作で出世作。冒頭文吾輩《わがはい》は猫である。名前はまだない。どこで生まれたかとんと見当がつかぬ。何でも薄暗《うすぐら》いじめじめした所でニャーニャー泣いていた事だけは記憶《きおく》している。

**わかばマーク**【若葉マーク】(名) →しょしんしゃマーク

**わがまま**『我が△儘』(名・形動ダ) 他人の迷惑《めいわく》など考えず、自分の思うようにふるまうこと。かって気ままなこと。「―を通す」「―にふるまう」

**わがみ**【我が身】(名) 自分のからだ。自分の身の上や立場。自分。「あすは―」「―にはね返る」

**我が身をつねって人《ひと》の痛《いた》さを知《し》れ** 自分の身にひきくらべて他人の立場や気持ちを理解し、同情の心をもたなければならない。

**わかみず**【若水】(名) 元日の朝早くくむ水。また、その行事。一年の邪気《じゃき》をはらうという。

**わかみどり**【若緑】(名) 松の若葉。また、若葉の緑色。

**わかみや**【若宮】(名) ❶おさない皇子。また、皇族のよつぎ。❷本宮の祭神の子を祭った神社。❸神の霊《れい》を移してあらたに祭った神社。

**わかむき**【若向き】(名) 若い人に似合うこと。「―のデザイン」

**わかめ**『若◇布・×和布』(名) 海底の岩につく褐藻《かっそう》類コンブ科の海藻。葉は羽状に裂《さ》け、食用。

**わかめ**【若芽】(名) 生え出てまもない芽。新芽。

**わかもの**【若者】(名) 年の若い人。若人《わこうど》。青年。「今時の―」

**わがものがお**【我が物顔】(名) 自分ひとりのものであるかのように、遠慮《えんりょ》のない態度をとること。「―にふるまう」

**わかや・ぐ**【若やぐ】(自五)〔ガ(ゴ)・ギ(イ)・グ・グ・ゲ・ゲ〕若々しい感じがする。若がえったような気がする。「気持ちが―」

**わがやどの…**和歌 いささ群竹《むらたけ》 吹《ふ》く風《かぜ》の 音《おと》のかそけき この夕《ゆふ》べかも〕〈万葉集《まんようしゅう》・大伴家持《おおとものやかもち》〉訳私の家のささやかな竹の林に吹く風が、さらさらと葉をゆらすその音のかすかな、静かなきょうの夕暮れであることよ。

**わかやまぼくすい**〔若山牧水〕【人名】(一八八五〜一九二八) 明治・大正時代の歌人。尾上柴舟《おのえさいしゅう》の教えを受け、旅と酒を愛し、純情ですなおな歌をうたった。歌集「海の声」「別離《べつり》」など。

**わからずや**【分からず屋】(名) いくら説き聞かせても、ものの道理のわからない人。

**わかり**【分かり】(名) ものの道理がわかること。のみこみ。会得《えとく》。「―が早い」

**わか・る**【分かる】『◇解る・◇判る』(自五)〔ラ(ロ)・リ(ッ)・ル・ル・レ・レ〕❶未知・不明のことなどが明らかになる。はっきりする。「結果が―」「犯人が―」❷物事の意味・内容や価値などがよく理解できる。「やり方が―・らない」「英語が―」「味の違《ちが》いが―」❸人の気持ちや事情などに理解がある。「ものの―・った人」「話の―人」

**わかれ**【別れ】(名) はなれて別々になること。別離《べつり》。「つらい―」「―のあいさつ」「長《なが》の―(=死別)」

**わかれじ**【別れ路】(名) わかれ道。

**わかれじも**【別れ霜】(名) 春も終わる八十八夜ごろ(=五月の初めごろ)の霜。

**わかればなし**【別れ話】(名) 夫婦《ふうふ》や恋人《こいびと》などが、相手と別れようとしてする話。

**わかれみち**【分かれ道・別れ道】(名) ❶本道から分かれていく道。枝道《えだみち》。岐路《きろ》。❷道が分かれている所。進路が分かれる所。「運命の―」

**わかれめ**【分かれ目】(名) その先どうなっていくかの境目。分かれる所。「人生の―」「勝敗の―」

**わか・れる**【分かれる・別れる】(自下一)〔レ・レ・レル・レル・レレ・レロ(レヨ)〕❶一つのものが二つ以上の部分になってはなれていく。「道が左右に―」❷全体がいくつかの部分にまとめられる。「地区ごとに―・れて下校する」「理系と文系に―」❸違《ちが》いが生じて一つにまとまらなくなる。また、はっきり違うものとなる。「意見が―」「明暗が―」❹いっしょにいたものがはなれて別々になる。「家の前でみんなと―」❺夫婦・恋人《こいびと》などがそれまでの関係を断《た》つ。また、死別する。「彼女《かのじょ》と―」

> **学習 使い分け**「分かれる」「別れる」
>
> **分かれる** 一つのものがはなれて、二つ以上になる意。「クラスごとに**分かれる**」「解釈《かいしゃく》が**分かれる**」「枝が**分かれる**」「評価が**分かれる**」「勝敗が**分かれる**」
>
> **別れる** いっしょにいた人とはなれて別々になる意。「妻と**別れる**」「家族と**別れて**暮らす」「駅で友人と**別れる**」

**わかれわかれ**【別れ別れ】(名) いっしょにいた者が、ばらばらになること。離《はな》れ離《ばな》れ。

**わかわかし・い**【若若しい】(形)〔カロ・カッ(ク)・イ・イ・ケレ・○〕元気はつらつとして、若さにあふれているようす。いかにも若い感じである。「―身なり」

**わかん**【和漢】(名) 日本と中国。国文と漢文。

**わかんこんこうぶん**【和漢混交文】『和漢混△淆文』(名) 文語の文体の一種で、和文と漢文訓読《くんどく》体がまじった文体。中世の「平家物語」や「太平記」などの軍記物語に多い。

**わかんむり**【ワ冠】(名) 漢字の部首の一つ。「冗《じょう》」「冠《かんむり》」などの上部にある「冖」の部分。

**わき【脇】** 10画 月6 訓わき

刀 月 月ﾏ 月ｶ 脇

わき。わきばら。かたわら。◆脇腹・脇道・脇目

**わき**【脇】(名) ❶胸の左右の側面で、肩《かた》の下の部分。「かばんを―に抱《かか》える」❷そば。かたわら。「つくえの―に置く」❸本筋から外れた方向。「話が―にそれる」❹能楽で、シテ(=主役)の相手役。対仕手。参考①は「腋」とも書く。④は、ふつう「ワキ」と書く。

**わき【和気】**(名) なごやかな気分・雰囲気《ふんいき》。

**わぎ【和議】**(名) 仲なおりの相談。「ーが成立する」

**わきあいあい【和気あいあい】**〖和気◁藹◁藹〗(トタル) なごやかな気分に満ちあふれているようす。「ーとした雰囲気《ふんいき》」

**わきあが・る【沸き上がる・湧き上がる】**(自五) {ラ(ロ)・リ(ッ)・ル・ル・レ・レ} ❶水などが煮《に》えたぎる。❷表面や上のほうへさかんに現れる。「雲がー」❸ある感情がはげしく起こる。また、それが外に現れる。「怒《いか》りがー」「声援《せいえん》がー」 参考 ①は「沸き上がる」と書く。

**わきおこ・る【沸き起こる・湧き起こる】**(自五) {ラ(ロ)・リ(ッ)・ル・ル・レ・レ} ❶底や中のほうから表面へさかんに現れる。「あわがー」❷ある感情が心の中から急に生じる。また、それが形になってはげしく現れ起こる。「ー喜び」「大歓声《だいかんせい》がー」

**わきが**〖◁腋◁臭〗(名)《医》わきの下にかく汗《あせ》から出るにおい。また、そのようなにおいを発する症状《しょうじょう》。

**わきかえ・る【沸き返る】**(自五) {ラ(ロ)・リ(ッ)・ル・ル・レ・レ} ❶水などが、さかんに煮《に》えたつ。❷ひじょうに腹をたてる。「腹の中がー」❸多くの人びとが熱狂《ねっきょう》してさわぎたてる。「勝利にー」

**わきげ【脇毛】**〖◁腋毛〗(名) わきの下に生える毛。

**わきざし【脇差し】**(名) むかし、武士が大刀といっしょに腰《こし》にさしていた短い刀。

**わきた・つ【沸き立つ】**(自五) {タ(ト)・チ(ッ)・ツ・ツ・テ・テ} ❶煮《に》えたつ。「湯がー」❷感情がはげしく起こってくる。また、その興奮でさわぎたてる。「大観衆がー」

**わきづけ【脇付け】**(名) 手紙のあて名の左下にしるす、うやまいのことば。机下《きか》・侍史《じし》など。

**わき・でる【湧き出る】**(自下一) {デ・デ・デル・デル・デレ・デロ(デヨ)} ❶内部から液体が出てくる。「温泉がー」❷物が次々と現れ出る。「雲がー」「虫がー」❸考えや感情などが生まれ出る。「アイデアが次々とー」「勇気がー」

**わきのした【脇の下】**〖◁腋の下〗(名) 腕《うで》のつけ根の下側のくぼんだ部分。

**わきばら【脇腹】**(名) 腹の横側の部分。横腹。

**わきまえ**〖◁弁え〗(名) 事のよしあしを見分けること。分別《ふんべつ》。「ーのある人」

**わきま・える**〖◁弁える〗(他下一) {エ・エ・エル・エル・エレ・エロ(エヨ)} ❶よく考えて事のよしあしを見分ける。「事の善悪をー」❷心得る。よく理解している。「礼儀《れいぎ》をー」「立場をー」

**わきみ【脇見】**(名・自スル) 見るべきほうを見ないで、よそを見ること。よそ見。「ー運転」

**わきみず【湧き水】**(名) 地中からわき出てくる水。

**わきみち【脇道】**(名) ❶本道からそれた道。横道。❷本筋からはずれた方向。「話がーにそれる」

**わきめ【脇目】**(名) ❶正面を見ないでよそのほうを見ること。よそ見。わき見。❷わきから見ること。はた目。よそ目。

**脇目も振《ふ》らず** ほかのことに気をとられないで、そのことをいっしょうけんめいにするようす。「ーに勉強する」

**わきやく【脇役】**〖◁傍役〗(名) 演劇や映画などで、主役を助ける役。また、それを演じる役者。「ーに徹《てっ》する」 対 主役

**わぎゅう【和牛】**(名) 日本在来の牛。また、明治時代以降にヨーロッパの牛との交配で作られた改良種もふくめていう。おもに食肉用として飼育《しいく》される。

**わぎり【輪切り】**(名) まるくて細長いものを、切り口が輪の形になるように横に切ること。「だいこんのー」

**わく【惑】** 12画 心8 音 ワク 訓 まどう　一 ｢ 戸 或 或 惑

❶判断できないで迷う。まどわせる。◆惑溺《わくでき》・惑乱《わくらん》◆疑惑《ぎわく》・幻惑《げんわく》・眩惑《げんわく》・困惑・当惑・魅惑《みわく》・迷惑・誘惑《ゆうわく》 ❷一か所にじっとしていない。◆惑星

⇩付録「漢字の筆順(1)戈〔戈〕」

**わく【枠】** 8画 木4 訓 わく　十 木 朾 朷 枠 枠

わく。かこい。◆枠外・枠内 ◆糸枠・黒枠。 参考 「枠」は日本で作った国字。

**わく【枠】**(名) ❶まわりをふちどるもの。細い木・竹・金属などでつくったかこい。「窓ー」❷かぎられた広さの中。制限。範囲《はんい》。「予算のーの中で動く」

**枠にはまる** きまりきった型の範囲《はんい》内にとどまり、新しさがない。型にはまる。「枠にはまった考え方」

**わ・く【沸く】**(自五) {カ(コ)・キ(イ)・ク・ク・ケ・ケ} ❶水が熱せられて湯になる。沸騰《ふっとう》する。「湯がー」「ふろがーいた」❷興奮してさわがしくなる。「会場をーかせる」

**わ・く【湧く】**〖◁涌く〗(自五) {カ(コ)・キ(イ)・ク・ク・ケ・ケ} ❶水などがふき出る。表面に現れ出る。「地下水がー」❷なかったものが現れ出てくる。「雲がー」❸小さな虫などが発生する。「うじがー」❹ある考えや感情が心の中におこる。「希望がー」「疑問がー」「イメージがーかない」

**わくぐみ【枠組み】**(名) ❶木や鉄などを用いて、もののだいたいの形を作ること。また、そのようにして作ったもの。「木のー」❷仕事や計画などのおおまかな組み立て。構想。「工場新設計画のーを作る」

**わくせい【惑星】**(名) ❶《天》恒星《こうせい》のまわりを回る星のうち規模の大きいもの。太陽系では水星・金星・地球・火星・木星・土星・天王星・海王星の八つ。遊星。❷うでまえや人物などがまだ知られていないが有力とみられている人。ダークホース。「政界のー」

**ワクチン**〔ドイツ Vakzin〕(名)《医》感染症《かんせんしょう》の予防のために、病原体から作って体内に接種し、抗体《こうたい》を生じさせる薬。

**わくでき【惑溺】**(名・自スル) 何かに心をうばわれて、正常な判断力を失うこと。「酒色にーする」

**わくらば【わくら葉】**〖◁病葉〗(名) ❶病気にかかったり、虫にくわれたりして変色した葉。❷夏のうちに色づいて落ちる葉。

**わくらん【惑乱】**(名・自他スル) 心が迷って乱れること。心を迷わせ乱すこと。「思わぬ事態にーする」

**わくわく**(副・自スル) 期待などで、心がはずんで落ちつかないようす。「胸がーする」

**わけ【訳】**(名) ❶ことばなど、表されたものの意味。「ーのわからない文章」❷事情。理由。「深いーがある」「ーを言え」❸物事の道理。「ーのわかった人」❹結果として当然であること。「先生が怒《おこ》るーだ」

❺特別な手間。めんどう。「その程度のことなら━はない」
❻(「…わけにはいかない」の形で)…することはできない、の意を表す。「行き先を教える━にはいかない」

**訳もなく** ❶特別な理由もなく。なんとなく。また、むしょうに。「━悲しい」❷容易に。簡単に。「そんなことは━できる」

**わけあり【訳有り】**(名)《俗語》特別な事情があること。「━の品」「━の仲」

**わけいっても…** 俳句
**分《わ》け入《い》っても　分け入っても　青《あを》い山《やま》**
〈種田山頭火《たねださんとうか》〉訳解決されない悩みをもって旅に出たが、いくら分け入っても分け入っても青い山ばかり。(「大正一五年四月、解くすべもない惑《まど》ひを背負うて、行乞《ぎやうこつ》流転《るてん》の旅に出た」と前書きにある。自由律の句)

**わけい・る【分け入る】**(自五)〔ラ(ロ)・リ(ッ)・ル・ル・レ・レ〕かき分けるようにして、奥《おく》のほうまではいる。「山深く━」

**わけぎ**『分け△葱』(名)《植》ヒガンバナ科の多年草。ねぎの変種で、ねぎより細く短い。

**わけしり【訳知り】**(名)事情やいきさつ・人情など、特に男女関係のことをよくわかっていること。また、そのような人。「━顔」

**わけても**『◇別けても』(副)とりわけ。ことさら。「語学、━英語が得意だ」

**わけへだて【分け隔て】**(名・他スル)人によって差別をすること。「━をしない」

**わけまえ【分け前】**(名)めいめいが分けてもらえる取り分。配分。「━が多い」

**わけめ【分け目】**(名)❶分けた境目。「髪《かみ》の毛の━」❷物事がどうなるかの大事な場面。分かれ目。「天下━の戦い」

**わ・ける【分ける】**(他下一)〔ケ・ケ・ケル・ケル・ケレ・ケロ(ケヨ)〕❶全体をいくつかに区切る。分割する。「一年を三学期に━」
❷ある基準によって、いくつかのまとまりにする。分類する。「色別に━」
❸区切ることではっきりと違《ちが》うものとする。「生死を━」「試合の明暗を━」
❹いくつかに割ってそれぞれにあたえる。分配する。「遺産《いさん》を━」
❺じゃまなものをおしひらく。「やぶを━・けて進む」
❻間にはいって争いをやめさせる。「けんかを━」
❼ひきわけにする。「勝負を━」

**わご【和語】**(名)日本固有のことば。やまとことば。

**わこう**『和△寇・△倭△寇』(名)《歴》鎌倉《かまくら》・室町《むろまち》時代に中国や朝鮮《ちょうせん》の沿岸を荒《あ》らした日本人の海賊《かいぞく》。中国・朝鮮側がこう呼んだ。

**わごう【和合】**(名・自スル)仲よくすること。むつまじくして親しむこと。「夫婦の━」

**わこうど【◦若人】**(名)若い人たち。若者。青年。「━のつどい」

**わこく【和国】**『△倭国』(名)古代日本の国の称《しょう》。和。

**わゴム【輪ゴム】**(名)輪の形をしたゴム。ゴムバンド。
▽ゴムは、オランダ gom

**ワゴン**〔英 wagon〕(名)❶料理などを運んだり商品をならべる台にしたりする、小型の手押《てお》し車。❷車内の後部に荷物をのせる場所のある乗用車。

**わざ【技】**(名)❶うでまえ。技術。「━をみがく」❷柔道《じゅうどう》やすもうなどで、相手を負かそうとしてしかける決まった型の動作。「━あり」

**わざ【業】**(名)❶おこない。しわざ。「神━」❷しごと。つとめ。「容易な━ではない」

**わざあり【技有り】**(名)❶柔道《じゅうどう》で、もう少しで一本になる技が決まったと認める判定。❷技術的にうまくなしとげたことをたたえることば。「━の逸品《いっぴん》」

**わさい【和裁】**(名)和服の裁縫《さいほう》。対洋裁

**わざし【業師】**(名)❶すもうや柔道《じゅうどう》などで、わざのじょうずな人。❷策略をめぐらすのがじょうずな人。

**わざと**『◇態と』(副)意識してするようす。そうなるようにむりにするようす。ことさら。「━遅《おく》れて行く」

**わざとがまし・い**『◇態とがましい』(形)〔カロ・カツ(ク)・イ・イ・ケレ・○〕いかにもわざとらしい。「━態度」

**わざとらし・い**『◇態とらしい』(形)〔カロ・カツ(ク)・イ・イ・ケレ・○〕いかにも意識してそうしているように不自然なようす。「━笑顔を浮《う》かべる」

**わさび**『×山葵』(名)《植》アブラナ科の多年草。谷あいの清流に自生するが、ふつう栽培《さいばい》する。地下茎《ちかけい》や葉は辛《から》く、わさびづけやおろしなどにして食べる。「━をきかせた(=ぴりっとしたするどい)表現」

(わさび)

**わざもの【業物】**(名)名人がつくった切れ味のよい刀。「名工の━」

**わざわい【災い】**『◇禍』(名・自スル)悪い出来事。不幸な出来事。災難。また、悪い結果を引き起こすこと。「━をまねく」「口が━する」

**災いを転《てん》じて福《ふく》となす** 身にふりかかった災難をうまく処理して、かえって幸福への足がかりとする。

**わざわざ**『◇態◇態』(副)特にそのために行うようす。「━遠くへ買いに行く」「━用事をつくる」

**わさん【和算】**(名)《数》日本で発達した数学。江戸《えど》時代に大成した。

**わし**『△鷲』(名)《動》タカ科の鳥のうち、特に大形のもの。性質はあらあらしく、ほかの鳥やけものをとって食べる。いぬわし・おおわしなど。

**わし【和紙】**(名)こうぞ・みつまたなどを原料に日本のむかしからの作り方ですいた紙。日本紙。対洋紙

**わし**『△儂』(代)男性の一人称《いちにんしょう》。自分。おれ。「━が若いころは」使い方年配《ねんぱい》の男性が目下に対して用いる場合が多い。

**わしき【和式】**(名)日本の様式。日本式。「━便所」対洋式

**わしつ【和室】**(名)たたみのしいてある日本風の部屋。日本間。対洋室

**わしづかみ**『△鷲△摑み』(名)(鷲が獲物《えもの》をつかむように)乱暴に手でつかみとること。「札束を━にする」

**わしてどうぜず【和して同ぜず】**他人と仲よくしつつも、道理に合わないことでは相手に同調しない。

**わしばな【わし鼻】**〖△鷲鼻〗(名) 鷲《わし》のくちばしのように先がとがって下にまがっている鼻。かぎ鼻。

**わしゃ【話者】**(名) 話をする人。話し手。また、ある言語を話す人。「物語の—」「日本語の—」

**わじゅつ【話術】**(名) 話のしかた。「巧《たく》みな—」

**わしょ【和書】**(名) ❶和とじの本。❷日本語で書かれている本。対洋書

**わしょく【和食】**(名) 日本風の料理。対洋食

**わじん【和人】**〖△倭人〗(名) むかし、中国人やアイヌ人が日本人を呼んだことば。

**ワシントン**〔Washington〕【地名】❶アメリカ合衆国の首都。ポトマック川東岸にある政治上の中心地。ホワイトハウス・各官庁・記念建造物などがある。ワシントンDC。❷アメリカ合衆国の州の一つ。

**わずか【僅か】**(副・形動ダ) 時間・数量・程度・価値などのきわめて少ないようす。すこし。「—な金額」「—三日で完成した」

**わずらい【患い】**(名) 病気。やまい。「長《なが》の—」

**わずらい【煩い】**(名) 心配。なやみ。「—のたね」

**わずら・う【患う】**(自五){ワ(オ)・イ(ッ)・ウ・ウ・エ・エ} 病気にかかる。病《や》む。「神経を—」

**わずら・う【煩う】**(自他五){ワ(オ)・イ(ッ)・ウ・ウ・エ・エ} なやみ苦しむ。心配する。「思い—」

**わずらわし**〔煩わし〕古語 →わずらはし

**わずらわし・い【煩わしい】**(形){カロ・カッ(ク)・イ・イ・ケレ・○} こみ入っていてめんどうだ。「手続きが—」「—人間関係」

**わずらわ・す【煩わす】**(他五){サ(ソ)・シ・ス・ス・セ・セ} ❶心配させる。なやます。「心を—」❷手数をかける。めんどうをかける。「他人の手を—」

**わ・する【和する】**(自他サ変){シ(セ・サ)・シ・スル・スル・スレ・シロ(セヨ)} ❶仲よくする。親しむ。「夫婦相《あい》—」❷声を合わせてうたう。唱和する。「歌声に—」

**わすれがたみ【忘れ形見】**(名) ❶その人を忘れないために残しておく記念のもの。かたみ。❷親が死んで、あとに残された子ども。遺児《いじ》。

**わすれっぽ・い【忘れっぽい】**(形){カロ・カッ(ク)・イ・イ・ケレ・○} 物事を忘れやすい性質である。

**わすれなぐさ**〖×勿忘-草〗(名)《植》ムラサキ科の多年草。春・夏のころ、青色の小さな花が咲《さ》く。

**わすれもの【忘れ物】**(名) 持って行くはずのものを置き忘れること。また、そのもの。「バスに—をする」

**わす・れる【忘れる】**(他下一){レ・レ・レル・レル・レレ・レロ(レヨ)} ❶覚えていたことが思い出せなくなる。「漢字を—」❷思い出さないようにする。「つらい過去を—」❸他のことに心を奪《うば》われ、気がつかないでいる。「時間のたつのを—」「我《われ》を—」❹するべきことをうっかりおこたる。「戸じまりを—」❺うっかりして物を置いてくる。「学校に本を—」

**わせ**〖×早稲・×早生〗(名) ❶早くみのるいねの品種。対晩稲《おくて》。❷野菜・果物で、早く熟すもの。対晩生《おくて》。❸ませておとなじみていること。早熟。対奥手《おくて》。参考①は、多く「早稲」、②③は「早生」と書く。

**わせい【和声】**(名)《音》高さのちがう二つ以上の音を同時に出して、それが重なり合って効果的にひびく現象。ハーモニー。「—練習」

**わせい【和製】**(名) 日本でつくられたこと。日本製。国産。「—の服地」

**わせいえいご【和製英語】**(名) 日本で英語の単語をもとにつくられた、英語風のことば。バックミラーやナイターなど。

**ワセリン**〔Vaseline〕(名) 石油を蒸留したあとに残る重油からとるあぶら。白または黄色のゼリー状で、ぬり薬・靴《くつ》ずみの原料やさびどめとなる。(商標名)

**わせん【和船】**(名) 日本で、むかしからの造り方でつくられる木造船。

**わせん【和戦】**(名) ❶平和と戦争。「—両様のかまえ」❷戦いをやめて仲なおりすること。「—条約」

**わそう【和装】** **一**(名・自スル) 和服を着ること。和服を着た姿。**二**(名) 日本風の本の装丁《そうてい》。和とじ。(対洋装)

**わた【綿】**〖△棉〗(名) ❶《植》アオイ科の一年草。繊維《せんい》作物として古くから栽培《さいばい》される。種子の表面の白く長い毛は糸・織物用となる。種子からは油をしぼる。❷①などからつくる繊維のやわらかいかたまり。もめんわた、まわたなど。「ふとんの—」

綿のように疲《つか》れる くたくたに疲れるたとえ。

**わたあめ【綿あめ】**〖綿△飴〗(名) →わたがし

**わだい【話題】**(名) 話すことがら。話のたね。「—の豊富な人」「—がなくなる」

**わたいれ【綿入れ】**(名) おもて地とうら地のあいだにうすく綿を入れた防寒用の和服。「—はんてん」

**わたがし【綿菓子】**(名) ざらめをとかして、糸のように細く噴《ふ》き出したものをわりばしにまきつけた、綿のような菓子。わたあめ。

**わだかまり**〖△蟠り〗(名) 心の中にある不信や不満の感情。しこり。こだわり。「—がとける」

**わだかま・る**〖△蟠る〗(自五){ラ(ロ)・リ(ッ)・ル・ル・レ・レ} ❶輪のようにうずくまる。とぐろをまく。❷心の中にひっかかるものがあって、さっぱりしないでいる。「心に—ものがある」

**わたくし【私】** **一**(代) 自称《じしょう》の人称代名詞。「ぼく」「わたし」などよりていねいなことば。**二**(名) ❶自分に関すること。個人的なことがら。「公《おおやけ》と—をはっきりさせる」対公。❷自分の利益だけを考えること。自分勝手。私心。「人事《じんじ》に—があってはならない」

**わたくしごと【私事】**(名) 自分だけに関する個人的なこと。また、秘密のこと。「—ですが」

**わたくししょうせつ【私小説】**(名)《文》→ししょうせつ

**わたくし・する【私する】**(他サ変){シ(セ・サ)・シ・スル・スル・スレ・シロ(セヨ)} 公《おおやけ》のものを勝手に使ったり自分だけのものにしたりする。「公共のものを—」

**わたくしりつ【私立】**(名) →しりつ(私立)

**わたぐも【綿雲】**(名) 綿のような形の白い雲。

**わたげ【綿毛】**(名) 綿のようにやわらかい毛。うぶげ。

**わたし【渡し】**(名) 船で人や物を対岸に渡すこと。また、そういう所。「矢切《やぎり》の—」

**わたし【私】**(代) 自称《じしょう》の人称代名詞。自分をさすことば。使い方「わたくし」よりややくだけた言い方。

**わたしば【渡し場】**(名) 船で人や物を対岸に渡す

場所。渡しのある所。

**わたしぶね**【渡し舟・渡し船】(名) 川などで、人や物などを対岸に渡すための船。

**わたしもり**【渡し守】(名) 渡し船の船頭。

**わた・す**【渡す】(他五)｛サ(ソ)・シ・ス・ス・セ・セ｝❶船で対岸に送りとどける。「客を向こう岸に—」❷一方から他方へまたがるようにする。「橋を—」❸一方の手から他方の手へ移す。「客に品物を—」❹(動詞の連用形について)広くその動作をおよぼす。「見—」「申し—」

**わだち**『△轍』(名) 地面に残っている車輪のあと。

**わたつみ**『×海神』(名) 海の神。また、海。海原《うなばら》。参考「わだつみ」ともいう。

**わたつみの…** 和歌〔わたつみの　豊旗雲《とよはたくも》に　入《い》り日《ひ》見《み》し　こよひの月夜《つくよ》　さやけかりこそ〕〈万葉集《まんようしゅう》・天智天皇《てんじてんのう》〉訳 海の上に旗のようにたなびいている雲にさしこむ夕日を見た、今夜の月は、清く明るくあってほしいものだ。(結句の読みには諸説ある)

**わたなべかざん**〔渡辺崋山〕【人名】(一七九三—一八四一) 江戸《えど》時代後期の画家・洋学者。三河《みかわ》(愛知県)田原藩家老。絵を谷文晁《たにぶんちょう》に学び、西洋画の技法をとりいれて独自の画風を示した。また、高野長英《たかのちょうえい》らと蘭学《らんがく》を研究する会(尚歯会《しょうしかい》)をつくって活動したが、幕府のとがめを受け自殺した。

**わたぼうし**【綿帽子】(名) ❶まわたで作った防寒用の女性のかぶりもの。現在は、婚礼《こんれい》のとき花嫁《はなよめ》がかぶる。❷山や木に積もった雪のたとえ。

**わたゆき**【綿雪】(名) 綿をちぎったような感じの、大きくてふわふわした雪。

**わたり**【渡り】(名) ❶渡ること。❷船の渡し場。❸交渉《こうしょう》などをするための手がかり。❹外国からもたらされること。渡来。「オランダ—の鉄砲《てっぽう》」❺あちこち移り歩くこと。「—の職人」

**渡りに船《ふね》** (川を渡ろうとしたところに船が来るという意で)ちょうど好都合なことがおこるたとえ。

**渡りをつける** 話し合いなどのきっかけをつくる。

**わたりあ・う**【渡り合う】(自五)｛ワ(オ)・イ(ッ)・ウ・ウ・エ・エ｝❶刀で切り合う。たたかう。「短刀で—」❷言い争う。はげしく議論する。「言論で—」

**わたりある・く**【渡り歩く】(自五)｛カ(コ)・キ(イ)・ク・ク・ケ・ケ｝ほうぼうを移動して生活する。仕事などを求めて転々とする。「世界じゅうを—」「いくつもの会社を—」

**わたりどり**【渡り鳥】(名)〔動〕毎年季節によってすむ場所をかえる鳥。候鳥《こうちょう》。参考日本では、つばめ・ほととぎす・かっこう・こまどり(夏鳥)、がん・かも・つる(冬鳥)、しぎ・ちどり(旅鳥)などがみられる。

**わたりろうか**【渡り廊下】(名) 建物と建物をつないでいる廊下。

**わた・る**【渡る】(自五)｛ラ(ロ)・リ(ッ)・ル・ル・レ・レ｝❶海や川など水の上を通って向こう側や遠くはなれた所に行く。「川を—」「島へ—」「外国から—ってきた技術」❷そこを通って向こう側に行く。「橋を—」❸風などが通りすぎる。「谷を—風」❹一方の手から他方の手に移る。「人手に—」❺ある期間引き続く。「五年に—工事」❻空間的に広くおよぶ。また、その範囲《はんい》にまでおよぶ。「被害《ひがい》は全国に—」「多岐《たき》に—」❼暮らす。生活をする。「世を—」❽(動詞の連用形について)広くおよぶ。「全国に知れ—」「晴れ—」参考⑤⑥は「亘る」「亙る」とも書く。

**渡る世間《せけん》に鬼《おに》はない** 世の中は無情のように見えるけれども、慈悲《じひ》深い人は必ずいるものだ。

**ワックス**〔英 wax〕(名) つやを出したり、すべりをよくしたり、素材を保護したりするために塗《ぬ》る蠟《ろう》の類。

**わっしょい** (感) みこしなどを大勢で担《かつ》ぐときに発するかけ声。

**ワット**〔英 watt〕(名)〔物〕電力を表す単位。一ボルトの電圧で一アンペアの電流が一秒間に行う仕事率を一ワットという。記号 W

**ワッフル**〔英 waffle〕(名) 小麦粉に卵・砂糖などをまぜ、格子《こうし》状の凹凸《おうとつ》のある型で焼いた洋菓子《ようがし》。

**ワッペン**〔ドイツ Wappen〕(名)(中世の貴族の紋章《もんしょう》のことから)ブレザーコートの胸などにつける布製のかざり。また、それに似たおもちゃ。

**わづらは・し**〔煩はし《ワズラワシ》〕(形シク) 古語 ❶複雑だ。めんどうだ。「宮仕へ仕うまつらずなりぬるも、かく—・しき身にて侍《はべ》れば」〈竹取物語〉訳 帝《みかど》にお仕え申し上げなかったのも、(私が)このような複雑な身の上でございますので。❷気づかいされる。遠慮《えんりょ》される。「大后《おほきさき》の御心もいと—・しくて」〈源氏物語〉訳 大后の御心にもまことに遠慮されて。❸うるさい。口やかましい。「大将殿のつねに—・しく聞こえ給へば」〈堤中納言《つつみちゅうなごん》物語〉訳 大将殿がいつも口やかましく(小言を)申し上げなさるので。❹病気が重い。「なほ—・しくなりて死ににけり」〈徒然草《つれづれぐさ》〉訳 いっそう病気が重くなって死んでしまった。

**わとう**【話頭】(名) 話題。話の内容。

**話頭を転《てん》じる** 話題や話の内容をかえる。

**わどうかいほう**『和同開△珎』(名) 七〇八(和銅元)年元明天皇のとき、日本で初めて本格的に作られた貨幣《かへい》。わどうかいちん。

(わどうかいほう)

**わとじ**【和とじ】『和△綴じ』(名) 日本風の本のとじ方。和紙を二つ折りにして重ねて表紙をつけ、はしを糸でとじたもの。和装。対 洋とじ

**わな**『△罠』(名) ❶鳥やけものをおびきよせてつかまえるしかけ。❷人をおとしいれるための計略。「敵を—にかける」

**わなな・く**『◇戦く』(自五)｛カ(コ)・キ(イ)・ク・ク・ケ・ケ｝おそろしさや寒さなどのために、からだがこきざみにふるえる。おののく。「恐怖《きょうふ》に—」

**わなわな** (副・自スル) 感情の高まりや寒さなどのために、からだがこきざみにふるえるようす。「いかりに—(と)ふるえる」

**わに**『△鰐』(名)〔動〕ワニ目《もく》に属する大形の爬虫《はちゅう》類の総称《そうしょう》。熱帯地方の川や沼《ぬま》にすむ。からだはとかげに似てかたいうろこにおおわれ、するどい歯をもってい

る。種類が多い。

**わに**〔王仁〕【人名】(生没年不明)大和《やまと》時代の渡来《とらい》人。「古事記」「日本書紀」によると、応神《おうじん》天皇のとき百済《くだら》から「論語」「千字文《せんじもん》」を持って日本にやってきたという。

**わにぐち【わに口】**『△鰐口』(名) 神社や寺の正面の軒《のき》につるして、綱《つな》を動かして打ち鳴らす、大きくてまるくひらたい金属製の器具。

(わにぐち)

**ワニス**〔英 varnish〕(名) 樹脂《じゅし》をアルコールやテレビン油(=松やに油)などでといた透明《とうめい》な塗料《とりょう》。ニス。

**わび**『△侘び』(名) 質素で、もの静かな趣《おもむき》。俳句・茶道における重要な理念の一つ。

**わび**『△詫び』(名) あやまること。謝罪《しゃざい》すること。また、そのことば。「―を入れる」

**わびい・る【わび入る】**『△詫び入る』(自五)｛ラ(ロ)・リ(ツ)・ル・ル・レ・レ｝ていねいにあやまる。しきりにわびる。

**わび・し**〔侘し〕(形シク) 古語 ❶心細い。さびしくてたまらない。「山里は秋こそことに―・しけれ」〈古今集〉訳山里は秋こそ特にさびしいものだ。❷つらい。苦しい。「まだかかる―・しき目見ず」〈竹取物語〉訳まだこのようにつらい目を見たことはない。❸貧しい。みすぼらしい。「身の―・しければ盗人《ぬすびと》をもし」〈今昔《こんじゃく》物語〉訳貧しかったので盗人をもして。❹つまらない。おもしろみがない。「草木まで心のままならず作りなせるは、見る目もくるしくいと―」〈徒然草《つれづれぐさ》〉訳(庭の)草木まで自然でなく手を加えてあるのは、見た感じも不愉快《ふゆかい》でまったく興ざめである。

**わびし・い**『△侘びしい』(形)｛カロ・カツ(ク)・イ・イ・ケレ・○｝❶ものさびしい。心細い。「―一人暮らし」「―けしき」❷まずしい。みすぼらしい。「雨もりのする―住まい」

**わびじょう【わび状】**『△詫び状』(名) おわびの手紙。

**わびずまい【わび住まい】**『△侘び住まい』(名) 静かにひっそり暮らすこと。まずしく心細い暮らし。また、その住まい。

**わ・びる**『△侘びる』(自上一)｛ビ・ビ・ビル・ビル・ビレ・ビロ(ビヨ)｝❶見すぼらしい感じがする。「―・びた土塀《どべい》」❷(動詞の連用形について)…する気力がなくなる。…しきれなくなる。「待ち―」「恋《こ》い―」

**わ・びる**『△詫びる』(他上一)｛ビ・ビ・ビル・ビル・ビレ・ビロ(ビヨ)｝おかした過ちや失敗などをあやまる。謝罪《しゃざい》する。「心から―」

**わ・ぶ**〔侘ぶ〕(自上二) 古語 ❶思いなやむ。つらく思う。心細く思う。「限りなく遠くも来にけるかなと―・びあへるに」〈伊勢《いせ》物語〉訳限りなく遠くまで来てしまったものだなあと、一同なげいていると。❷落ちぶれる。まずしくなる。「昨日は栄えおごりて時を失ひ世に―・び」〈古今集〉訳きのうは栄えおごっていて、(きょうは)失脚《しっきゃく》して落ちぶれ。❸(はなやかさをさけて)わびずまいを楽しむ。「この須磨《すま》の浦《うら》に心あらむ人は、わざとも―・びてこそ住むべけれ」〈謡曲《ようきょく》・松風〉訳この須磨の海岸では風雅《ふうが》の心ある人は、わざわざ進んでわびずまいを楽しんで住むはずである。

**わふう【和風】**(名) 日本のむかしからの様式。日本風。「―建築」対洋風

**わふく【和服】**(名) 日本独自のむかしからある衣服。着物。対洋服

**わぶん【和文】**(名) 日本語で書かれた文章。国文。「―英訳」類邦文《ほうぶん》

**わへい【和平】**(名) 戦争などをやめて平和になること。「―交渉《こうしょう》」

**わほう【話法】**(名) ❶話し方。「巧《たく》みな―」❷『文法』自分の話や文章の中に他人のことばを引用する形式。直接話法と間接話法とがある。

**わぼく【和睦】**(名・自スル) 国と国とが争いをやめて仲なおりすること。「―を結ぶ」

**わめい【和名】**(名) 日本での呼び名。特に、動植物の学名に対する日本での名。

**わめ・く**『◇喚く』(自五)｛カ(コ)・キ(イ)・ク・ク・ケ・ケ｝大声でさけぶ。「泣き―」

**わやく【和訳】**(名・他スル) 外国の文章やことばを日本の文章やことばになおすこと。「英文―」類邦訳《ほうやく》

**わよう【和洋】**(名) 日本と西洋。和風と洋風。

**わよう【和様】**(名) 日本でむかしから決まっているやり方。日本風。対唐様《からよう》

**わようせっちゅう【和洋折衷】**(名) 日本風と西洋風とをうまくとり合わせること。「―の建物」

**わら**『△藁』(名) 稲《いね》・麦などの茎《くき》をほしたもの。「―屋根」

**わらをもつかむ** せっぱつまったときは、たよりにならないものをもたよろうとする。「―思い」「おぼれる者は―」

**わらい【笑い】**(名) ❶笑うこと。笑う声や表情。「―をさそう」「―をうかべる」❷あざけり笑うこと。「クラスじゅうの―をかう」

**わらいぐさ【笑いぐさ】**『笑い◇種』(名) 人を笑わせる原因・材料。ものわらいのたね。「とんだお―だ」

**わらいこ・ける【笑いこける】**(自下一)｛ケ・ケ・ケル・ケル・ケレ・ケロ(ケヨ)｝おかしくてたまらず、からだをよじるようにしてひどく笑う。笑いころげる。「あまりのおかしさに―」

使い方 上に「お」をつけて使うことが多い。

**わらいごと【笑い事】**(名) 笑ってすますことができるような、かるいできごと。「―ではない」

**わらいじょうご【笑い上戸】**(名) ❶酔《よ》うとやたらに笑うくせのある人。❷ちょっとしたことにもすぐ笑う人。対泣き上戸。

**わらいと・ばす【笑い飛ばす】**(他五)｛サ(ソ)・シ・ス・ス・セ・セ｝笑ってまともにとりあわない。「悪評を―」

**わらいばなし【笑い話】**(名) こっけいな短い話。また、ばかばかしい話。気楽な話。「―ですめばよいが」

**わらいもの【笑い物】**(名) 人からあざけり笑われるもの。「人の―になる」

**わら・う【笑う】**｛ワ(オ)・イ(ツ)・ウ・ウ・エ・エ｝■一(自五) ❶楽しい、うれしい、おかしい、てれくさいなどの気持ちを顔に表し、表情をくずしたり、ほがらかな声をたてたりする。「にっこり―」「―・ってごまかす」❷(比喩《ひゆ》的に)花が咲《さ》く。つぼみが開く。❸(「ひざが笑う」の形で)ひざに力がはいらずに、がくがくする。「山道を下るときにひざが―」■二(他五) けいべつしてばかにする。ばかにして悪口を言

う。「他人の失敗を—」

**笑う門《かど》には福《ふく》来《きた》る** いつもにこやかにしている人のところには、しぜんに幸福がおとずれる。

表現 笑《え》む・微笑《ほほえ》む・にやける・目を細める・相好《そうごう》を崩《くず》す・腹を抱《かか》える・腹の皮をよじる・破顔一笑・抱腹絶倒《ほうふくぜっとう》◆にこにこ・にっこり・にやにや・にたにた・にんまり・へらへら・くすくす・けたけた・けらけら・げらげら

**わらじ**〖×草鞋〗(名) わらを編んで作ったはきもの。ひもを足に結びつけてはく。

(わらじ)

**わらじを脱《ぬ》ぐ** 旅を終える。また、旅の途中《とちゅう》で宿に泊《と》まる。

**わらしべ**〖△藁△稭〗(名) 稲のわらの芯《しん》。あるいはわらのくず。

**わらは**〔童〕《ワラワ》(名) 古語 ❶元服《げんぶく》前の子ども。男女ともに一〇歳《さい》前後をいい、髪《かみ》は肩《かた》のあたりで切りそろえている。❷召《め》し使われている子ども。❸寺の召使《めしつかい》の少年。稚児《ちご》。

**わらはべ**〔童部〕《ワラワベ》(名) 古語 ❶元服《げんぶく》前の子どもたち。また、子ども。❷子どもの召使《めしつかい》。

**わらばんし**【わら半紙】〖△藁半紙〗(名) わらの繊維《せんい》をもとにして作った質の悪い紙。ざら紙。

**わらび**〖△蕨〗(名)〘植〙ワラビ科の多年生のしだ植物。日あたりのよい乾《かわ》いた山野に自生する。若葉は食用。根からでんぷん(わらび粉)をとる。

(わらび)

**わらぶき**〖△藁△葺き〗(名) わらで屋根をふくこと。また、その屋根。

**わらべ**【童】(名)(むかしの言い方)子ども。児童。

**わらべうた**【童歌】(名) むかしから、子どもたちの間で歌われてきた歌。

**わらわ**〔童〕古語 →わらは

**わり**【割り】㊀(名) ❶割合。比率。「五人に一人の—で合格する」❷ほかの場合と比べての損得のぐあい。「—がいい」❸基準となるものと比べての程度。「年の—にしっかりしている」「時間がかかった—には進まない」❹割りふり。割り当て。「部屋—」「頭(=人数)—」❺液体などを混ぜて薄《うす》めること。「水—」 ㊁(接尾) 数量の比率を表す単位。一〇分の一を「一割」と数える。「一—引き」注意㊀①②③、㊁は「割」と書く。

**割が合《あ》わない** 努力や苦労と比べて、得るものが少ない。引き合わない。割に合わない。「—仕事」

**割を食《く》う** 人よりも損をする。不利になる。「正直者が—世の中」

**わりあい**【割合】㊀(名) ❶全体の中でそれの占《し》める分量。比率。「高齢《こうれい》者の—が高い」❷基準となるものと比べての程度をいうことば。わり。「練習量が多い—には上達しない」㊁(副) 比較《ひかく》的。また、思ったより。「—軽い」

**わりあて**【割り当て】(名) 分けてそれぞれにあてがうこと。また、そのもの。「作業の—を決める」

**わりあ・てる**【割り当てる】(他下一){テ・テ・テル・テル・テレ・テロ(テヨ)} 配分する。わりふる。「仕事を—」

**わりいん**【割り印】(名) 二枚の書類の両方にまたがって押《お》す印。割り判。「証明書に—を押す」

**わりがき**【割り書き】(名) →わりちゅう

**わりかし**【割かし】(副)(くだけた言い方)比較《ひかく》的。割に。割合に。「—うまくいった」

**わりかん**【割り勘】(名) 勘定《かんじょう》を人数で割って、めいめいが同じ額を支払《しはら》うこと。割り前勘定。頭割り。「代金を—で払う」

**わりき・る**【割り切る】(他五){ラ(ロ)・リ(ッ)・ル・ル・レ・レ} ❶割り算して余りが出ないように割る。❷一つの考え方に従って、物事をきっぱりと決める。「—・った考え方」

**わりき・れる**【割り切れる】(自下一){レ・レ・レル・レル・レレ・レロ(レヨ)} ❶割り算して余りが出ない。「九は三で—」❷じゅうぶん納得《なっとく》して心がさっぱりする。「—・れない気持ち」

**わりご**〖◇破り子・◇破り◇籠〗(名) うすくけずった白木でつくった、なかに仕切りのある弁当箱。また、それに入れた弁当。

**わりこ・む**【割り込む】(自五){マ(モ)・ミ(ン)・ム・ム・メ・メ} むりに間にはいりこむ。「列に—」「人の話に—」

**わりざん**【割り算】(名)〘数〙ある数がほかの数の何倍であるかを調べる計算。除法。対掛《か》け算

**わりした**【割り下】(名) しょうゆに砂糖・みりん・だし汁《じる》などを入れて作った汁。すき焼きなどに使う。

**わりだか**【割高】(名・形動ダ) 品質・分量などのわりには値段の高いこと。「ばらで買うと—だ」対割安

**わりだ・す**【割り出す】(他五){サ(ソ)・シ・ス・ス・セ・セ} ❶計算して数を出す。算出する。「収益の金額を—」❷いろいろな角度から検討して結論を出す。「犯人を—」

**わりちゅう**【割り注】〖割り△註〗(名) 本文中に小さい字で、本文一行のはばを二行に割って説明を書き入れること。また、その説明。割り書き。

**わりつけ**【割り付け】(名・他スル) 印刷物で、できあがりを考えて記事・図版・写真などの配分や組み方を決めること。レイアウト。

**わりと**【割と】(副) →わりに

**わりな・し**(形ク) 古語 ❶いたしかたがない。やむを得ない。「さすがに打ち捨てがたくて路次の煩《わづら》ひとなれるこそ—・けれ」〈おくのほそ道〉訳やはり(荷物は)捨てがたくて道中の苦労の種となったのはいたしかたがないことだ。❷むりだ。理不尽《ふじん》だ。「—・く見んとする人もなし」〈徒然草《つれづれぐさ》〉訳むりに見ようとする人もいない。❸たえがたい。苦しい。つらい。「腹をやみて、死ぬばかり—・きに」〈源氏物語〉訳腹のぐあいが悪くて、死ぬほどつらいのに。

**わりに**【割に】(副) 比較《ひかく》的。わりあいに。わりと。「—よくできた」

**わりばし**【割り箸】(名) 縦に割れ目がついていて、そこを二つに割って使う木のはし。

**わりびき**【割引】(名・他スル) ❶決まっている値段よりも安くすること。値引き。「—券」対割り増し。❷少なめに見積もること。「多少—した評価」

**わりび・く**【割り引く】(他五){カ(コ)・キ(イ)・ク・ク・ケ・ケ} ❶決まっている値段より安くする。「下取り分を—」❷物事を少なめに見積もる。「話を—・いて聞く」

**わりふ【割り符】**(名) 紙や木のふだに文字を書き、まん中に印を押《お》して半分に割ったもの。あとで合わせてみて本物かどうかを見分ける。割り札《ふだ》。

**わりふり【割り振り】**(名) 割り当てること。配分。「仕事の—をする」

**わりふ・る【割り振る】**(他五) {ラ(ロ)・リ(ッ)・ル・ル・レ・レ} 全体を分けてそれぞれにあてがう。割り当てる。配分する。「担当を—」

**わりまえ【割り前】**(名) 一人一人に割り当てる額、または量。「—を要求する」

**わりまし【割り増し】**(名・他スル) 決められた額にいくらかの割で額を増やすこと。「—料金」対割引

**わりもど・す【割り戻す】**(他五) {サ(ソ)・シ・ス・ス・セ・セ} 受け取った金額の一部を返す。「利益の一部を—」

**わりやす【割安】**(名・形動ダ) 品質・分量などのわりには値段の安いこと。「—な商品」対割高

**わる【悪】**(名) ❶悪いことをする人。悪者。悪人。「札《ふだ》つきの—」❷(接頭・接尾語的に用いて)悪いこと、度が過ぎることを表す。「—ふざけ」「意地—」

**わ・る【割る】**(他五) {ラ(ロ)・リ(ッ)・ル・ル・レ・レ} ❶固い物に力を加えて、いくつかに分けたり、細かくくだいたりする。「皿を—」「すいかを—」
❷まとまっていたものを分けはなす。分裂《ぶんれつ》させる。「党を—・って出る」
❸押《お》し分ける。「中に—・ってはいる」
❹液体などをまぜてうすめる。「水で—」
❺均等に分けてあてがう。「合計金額をみんなで—」
❻割り算をする。「六を二で—」対掛《か》ける
❼数量が、ある一定の基準を下まわる。「一万円の大台《おおだい》を—」「定員を—」
❽決まった枠《わく》から外へ出る。「土俵を—」「ボールがラインを—」
❾開いて中身を出す。うちあける。「腹を—・って話す」「口を—(=白状する)」

**わるあがき【悪あがき】**〘悪◇足△掻き〙(名・自スル) どうしようもない状態にありながら、むだなことを必死にやってみること。「—しても、むだだ」

**わる・い【悪い】**(形) {カロ・カッ(ク)・イ・イ・ケレ・○} ❶質や能力などが、ほかより劣《おと》った状態にある。「成績が—」「かっこうの—人」対よい
❷道理・道徳に反している。正しくない。「素行の—人」「意地が—」対よい
❸ある基準にあっていない。あることに向いていない。「健康に—」「つごうが—」対よい
❹望ましい状態・正常な状態でない。「調子が—」「相性《あいしょう》が—」「効率が—」「気味が—」対よい
❺申し訳ない。「彼《かれ》には—ことをした」

**わるがしこ・い【悪賢い】**(形) {カロ・カッ(ク)・イ・イ・ケレ・○} 悪いことやずるいことに、よく頭がはたらくようす。「—人」

**わるぎ【悪気】**(名) 相手に害をあたえようとする悪い心。悪意。「—はなかった」

**わるくち【悪口】**(名) 人を悪く言うこと。また、そのことば。わるぐち。あっこう。「—を言いふらす」

**わるさ【悪さ】**(名) ❶悪いこと。また、その程度。「思いきりの—」❷人に迷惑《めいわく》をかけるいたずら。「子どもが—をする」

**ワルシャワ**〔Warszawa〕[地名] ポーランドの首都。国の中央部にあり、商工業や交通の中心地。

**わるずれ【悪擦れ】**(名・自スル) 世の中でもまれて悪がしこくなること。「—した子ども」

**わるだくみ【悪巧み】**(名) 他人をおとしいれようとする悪い計画。「—をする」

**わるぢえ【悪知恵】**(名) 人をだますなど、悪いことについてよく考えつく才能。「—がはたらく」

**ワルツ**〔英 waltz〕(名)〔音〕四分の三拍子《びょうし》の軽快なダンス。また、その曲。円舞曲《えんぶきょく》。

**わるのり【悪乗り】**(名・自スル)〈俗語〉調子にのって度をこした口をきいたり、ふざけた行いをしたりすること。

**わるび・れる【悪びれる】**〘悪△怯れる〙(自下一) {レ・レ・レル・レル・レレ・レロ(レヨ)} 気おくれがして、おどおどする。「—・れたようすがない」使い方〉ふつう、あとに「ない」「ません」などの打ち消しのことばがくる。

**わるふざけ【悪ふざけ】**(名・自スル) ひどくふざけること。たちの悪いいたずら。「—がすぎる」

**わるもの【悪者】**(名) 悪いことをする人。悪人。悪漢。「—扱《あつか》い」「—をこらしめる」

**わるよい【悪酔い】**(名・自スル) 酒に酔って頭痛・はきけなどがして、気分が悪くなること。また、その酔い。

**われ【我】**〘△吾〙■一(名) 自身。自我。「—と思わん者は(=自分こそはと自信のある人は)」■二(代) ❶自分。わたくし。❷〈俗語〉おまえ。

**我関《かん》せず** 自分にはまったく関係がないという態度。一切《いっさい》関心を寄せず、超然《ちょうぜん》としたようす。

**我に返《かえ》る** ❶気を失った人が意識を取りもどして正気にかえる。「水をかけられて—」❷あることに気をとられていた状態から本心にたちかえる。

**我も我もと** 大勢の人が先を争うようにおしかけるようす。

**我を忘《わす》れる** そのことに夢中になる。うっとりする。「我を忘れて見入る」

**われかえ・る【割れ返る】**(自五) {ラ(ロ)・リ(ッ)・ル・ル・レ・レ} (「割れる」を強めた言い方) ひどく大きい音や声がわき起こる。「—ような歓声《かんせい》」

**われがちに【我勝ちに】**(副) 人に負けないように先を争うようす。われさきに。「—外へ飛び出す」

**われがね【割れ鐘】**〘◇破れ鐘〙(名) ひびのはいったつりがね。「—のような声(=大きくてにごった声)」

**われから【我から】**(副) 自分から。

**われさきに【我先に】**(副) 自分が先になるようにと争うようす。われがちに。「—逃《に》げ出す」

**われしらず【我知らず】**(副) 思わず。無意識に。「全勝どうしの対決に—身をのりだす」

**われときて 遊《あそ》べや親《おや》の ない雀《すずめ》** 〔俳句〕〔われと来て 遊べや親のない雀〕〈一茶《いっさ》〉訳 こちらに来て私といっしょに遊べよ、親のない雀よ。私も母をなくした身で、ひとりぼっちでさびしい。(三歳《さい》で母をなくした一茶が、幼時をふりかえってよんだ句。季語「雀」春)

**われながら【我ながら】**〘我△乍ら〙(副) 自分でも。自分のしたことではあるが。「—よくできたと思う」

**われなべにとじぶた【◇破れ鍋に△綴じ蓋】**(わ

れてひびのはいったなべでも修理したふた(=とじぶた)ならばそれにふさわしいように)どんな人にもその人にふさわしい配偶《はいぐう》者《しゃ》があるというたとえ。

**われめ**【割れ目】(名) 割れて、すきまができたところ。裂《さ》け目。「板の―」

**われもこう**〘×吾木香・×吾亦紅〙(名)〔植〕バラ科の多年草。山野に自生する。秋に紅紫《こうし》色の小さな花が丸い穂《ほ》のようにむらがって咲《さ》く。根は薬用。

(われもこう)

**われもの**【割れ物】(名) 割れやすい物。せともの・ガラス器など。「―注意」

**われら**【我ら】〘我◇等〙(代) 自分たち。われわれ。「―が母校」

**わ・れる**【割れる】(自下一) {レ・レ・レル・レル・レレ・レロ(レヨ)} ❶くだける。こわれる。また、ひびがはいる。「茶碗《ちゃわん》が―」 ❷分かれる。別々になる。「意見が―」「組が二つに―」 ❸かくされていたことが明るみに出る。「身元が―」 ❹割り算で割り切れる。「七で―数」

**われわれ**【我我】(代) 自分たち。われら。

**わん**【湾】 12画 氵9 〔灣〕 音ワン

❶いりえ。入り海。◆湾岸・湾口・湾頭・湾内 ◆港湾。 ❷弓なりにまがる。◆湾曲・湾入

**わん**【湾】(名) 海の一部が陸地へはいりこんだ所。「―の入り口」「東京―」

**わん**【腕】 12画 月8 音ワン 訓うで

❶うで。◆腕章・腕力 ◆右腕・鉄腕・扼腕《やくわん》。 ❷てなみ。うでまえ。◆怪腕《かいわん》・手腕・敏腕《びんわん》・辣腕《らつわん》

**わん**〘△椀〙 一 (名) 飲食物を盛る、木製の半球形の入れ物。 二 (接尾) わんに盛った食べ物を数える語。

**わん**〘△碗〙(名) 飲食物を盛る、せともの半球形の入れ物。

**わんがん**【湾岸】(名) 湾に沿った陸地。「―を走る道路」

**わんきょく**【湾曲】〘△彎曲〙(名・自スル) 弓のように曲がること。「背骨が―している」

**ワン-クッション**〔和製英語〕(名)(精神的な)衝《しょう》撃《げき》をやわらげるために間に入れる一段階。「―おいてから話す」▽one と cushion から。

**わんこそば**〘△椀子×蕎麦〙(名) 客が椀のそばを食べきると、つぎつぎにそばを入れてもてなすもの。岩手県の名物。

**ワンサイド-ゲーム**(名) 得点差が大きく開いた、一方的な試合。▽英 one-sided game から。

**わんしょう**【腕章】(名) 目じるしとして腕《うで》に巻く布。「記者の―をつける」

**ワンセグ**(名)(「ワンセグメント」の略)携帯《けいたい》電話など移動通信機器向けの地上デジタル放送。一三の帯域に分けた電波の、一区分を用いることからいう。

**ワンダーフォーゲル**〔ドイツ Wandervogel〕(名)(「渡り鳥」の意から)山野を歩いて自然に親しむ青年男女のスポーツ。また、その集まり。ワンゲル。

**ワンダフル**〔英 wonderful〕(形動ダ) {ダロ・ダッ(デ・ニ)・ダ・ナ・ナラ・○} 驚くほどよい。すばらしい。すてきだ。

**ワンタン**〔中国 餛飩・雲呑〕(名) 小麦粉で作ったうすい皮にひき肉を包み、スープに浮《う》かせた中華《ちゅうか》料理。

**わんにゅう**【湾入】〘△彎入〙(名・自スル) 海岸線が弓なりになって、海が陸地へはいりこんでいること。

**わんぱく**〘×腕白〙(名・形動ダ) わがままでいたずらなこと。また、そのような子ども。「―ぼうず」

**ワン-パターン**〔和製英語〕(名・形動ダ) 一つの型にはまっていて、変化にとぼしいこと。「君のやることはいつも―だ」▽one と pattern から。

**ワンピース**〔英 one-piece〕(名) 上下が一続きの婦人・子ども服。

**ワン-ポイント**〔英 one point〕(名) ❶一か所。特に、重要な点。「―アドバイス」 ❷競技における、一点。「―リードする」 ❸服などで、一か所だけデザインの特徴《とくちょう》となるようにつけた刺繍《ししゅう》や模様。

**ワンマン**〔英 one-man〕(名) ❶一人。「―ショー(=独演会)」 ❷自分の考えだけで物事をすること。また、そのような人。「―社長」

**ワンマン-カー**〔和製英語〕(名) 運転手だけで、車掌《しゃしょう》のいないバスや電車。▽one-man と car から。

**ワン-メーター**〔和製英語〕(名) タクシーの初乗り運賃。また、その運賃で移動できる距離《きょり》。▽one と meter から。

**わんりょく**【腕力】(名) ❶腕《うで》の力。「―が強い」 ❷力を使うこと。うでずく。「―に訴《うった》える」

**ワンルーム**(名) 部屋が一つであること。浴室やトイレを除いた居住空間に仕切りがなく一体となった間取り。「―マンション」▽英 one-room system から。

**わんわん** 一 (名)(幼児のことば) 犬。 二 (副) ❶犬がほえる声を表すことば。「―ほえたてる」 ❷激しく声をたてて泣くようす。「―(と)泣きわめく」

## ゐ 井

**ゐる**〔率る〕イル (他上一) 古語 ❶ひき連れる。ともなう。「旅には妻はゐたれども」〈万葉集〉 訳旅には妻もともなったけれど。 ❷たずさえる。身に持つ。「内侍所《ないしどころ》・神璽《しんじ》・宝剣《ほうけん》ばかりをぞ、忍《しの》びてゐてわたさせたまふ」〈増鏡《ますかがみ》〉 訳(三種の神器《じんぎ》の)神鏡・曲玉《まがたま》・宝剣だけを、こっそりとたずさえてお移しなさる。

## ゑ ヱ

**ゑひがさを**エヒガサヲ… 短歌 〔絵日傘を かなたの岸《きし》の 草《くさ》になげ わたる小川《をがは》よ 春《はる》の水《みづ》ぬるき〕〈与謝野晶子《よさのあきこ》〉 訳絵日傘を向こう岸の草に投げておいてから、小川の水の中をわたって行く。春の水はここちよいくらいにぬるんでいる。

**ゑ・む**〔笑む〕エム (自四) 古語 ❶笑顔になる。ほほえむ。

「花のごと—・みて立てれば」〈万葉集〉訳花のようにほほえんで立っているので。❷花が咲《さ》く。実が熟して割れる。「花の—・めるを見れば」〈曽丹集《そたんしゅう》〉訳花の咲いているのを見ると。

**ゑんそくの**《エンソクノ》…短歌
〔遠足の　小学生徒《せうがくせいと》　有頂天《うちやうてん》に　大手《おほで》ふりふり　往来《わうらい》とほる〕〈木下利玄《きのしたりげん》〉訳遠足に行く小学生たちが、うれしさいっぱいにはしゃいで、大きく手をふりながら、道をにぎやかに通っていく。

# を　ヲ

**を**（格助）❶動作の対象を示す。「本—読む」「絵—かく」❷経過する場所を示す。「空—飛ぶ」❸方向を示す。「左—むく」❹出発点を示す。「家—出る」❺時間・期間などを示す。「一日—過ごす」

**をか・し**《オカシ》（形シク）古語❶おもしろい。趣《おもむき》がある。「雁《かり》などのつらねたるが、いと小さく見ゆるはいと—」〈枕草子《まくらのそうし》〉訳雁などで列をつくっているのが、（遠くに）たいそう小さく見えるのはとても趣がある。❷美しい。すぐれている。「けづることをうるさがり給《たま》へど—の御髪《みぐし》や」〈源氏物語〉訳とかすことを嫌がりなさるが、すばらしい髪《かみ》だこと。❸こっけいである。「中将、—・しきを念じて」〈源氏物語〉訳（頭《とう》の）中将は、おかしいのをがまんして。参考「をかし」は「あはれ」とならんで平安時代の文学精神を代表することばであるが、「あはれ」より明るくはなやかな情趣《じょうしゅ》を表す。

**をぐらやま**《オグラヤマ》…和歌
〔小倉山　峰《みね》のもみぢ葉《ば》　心《こころ》あらば　今《いま》ひとたびの　みゆき待《ま》たなむ〕〈拾遺集《しゅういしゅう》・藤原忠平《ふじわらのただひら》〉訳小倉山の峰のもみじ葉よ、もしもおまえに心があるならば、もう一度の天皇のおいでまで散らずに待っていてほしいものだ。（小倉《おぐら》百人一首の一つ）

**を・し**〔愛し・惜し〕《オシ》（形シク）古語❶かわいい。いとしい。「香具山《かぐやま》は畝傍《うねび》を—・しと」〈万葉集〉訳香具山は、畝傍山がいとしいと。❷もったいない。残念だ。「夜の明けなむも、—・しう」〈更《さら》級《しな》日記〉訳夜が明けてしまうのも、残念で。注意①は「愛し」、②は「惜し」と書く。

**をのいれて**《オノイレテ》…俳句
〔斧入れて　香《か》におどろくや　冬木立《ふゆこだち》〕〈蕪村《ぶそん》〉訳葉が落ちて命も失ったような冬枯《ふゆが》れの木立に、斧をうちこむと、新鮮《しんせん》な木の香がただよって、その生命力にほっと驚《おどろ》かされたことである。（季語「冬木立」冬）

**をりとりて**《オリトリテ》…俳句
〔をりとりて　はらりとおもき　すすきかな〕〈飯田蛇笏《いいだだこつ》〉訳道を歩きながら、すすきの美しさにひかれてその一本を折り取ると、風に軽くゆれていた穂《ほ》が、私の手にはらりとしなだれかかって、思いがけぬ重みを感じることだ。（季語「すすき」秋）

# ん　ン

**ん**（格助）助詞「の」の変化したもの。「の」の意味。「行く—だ（=行くのだ）」「ぼく—ち（=ぼくのうち）」

**ん**（助動）❶打ち消しの助動詞「ぬ」の終止形の別の形。…ない。「まるでわから—」⇩ぬ。❷打ち消しの助動詞「ぬ」の連体形の別の形。…ない。「知ら—顔」⇩ぬ。❸文語の助動詞「む」の変化したもの。意志・推量などを表す。「平和をとりもどさ—とする努力」「あら—かぎりの力を出す」

〔編集部〕　鈴木雄志　吉田伊公子　黒田聡
大霜真理子　藤倉尚子　望月敬子

## 付録《ふろく》目次



## 索引《さくいん》目次

# 国語表記の基準

## (一) 現代仮名遣い

(注) この「現代仮名遣い」は、昭和六十一年七月一日内閣告示の本文で、一般の社会生活において現代の国語を書き表すための仮名遣いのよりどころを示したものである（平成二十二年十一月三十日内閣告示にて一部改正）。

〔本文〕

凡例

1 原則に基づくきまりを第1に示し、表記の慣習による特例を第2に示した。

2 例は、おおむね平仮名書きとし、適宜、括弧内に漢字を示した。常用漢字表に掲げられていない漢字及び音訓には、それぞれ*印及び△印をつけた。

第1 語を書き表すのに、現代語の音韻に従って、次の仮名を用いる。ただし、傍線を施した仮名は、第2に示す場合にだけ用いるものである。

1 直音

あ い う え お　が ぎ ぐ げ ご
か き く け こ　ざ じ ず ぜ ぞ
さ し す せ そ　だ ぢ づ で ど
た ち つ て と　ば び ぶ べ ぼ
な に ぬ ね の　ぱ ぴ ぷ ぺ ぽ
は ひ ふ へ ほ
ま み む め も
や 　 ゆ 　 よ
ら り る れ ろ
わ 　 　 　 を

例 あさひ（朝日）　きく（菊）　さくら（桜）　ついやす（費）　にわ（庭）　ふで（筆）　もみじ（紅葉）　ゆずる（譲）　れきし（歴史）　わかば（若葉）　えきか（液化）　せいがくか（声楽家）　さんぽ（散歩）

2 拗音《よう》

きゃ きゅ きょ　ぎゃ ぎゅ ぎょ
しゃ しゅ しょ　じゃ じゅ じょ
ちゃ ちゅ ちょ　ぢゃ ぢゅ ぢょ
にゃ にゅ にょ
ひゃ ひゅ ひょ　びゃ びゅ びょ
　　　　　　　ぴゃ ぴゅ ぴょ
みゃ みゅ みょ
りゃ りゅ りょ

例 しゃかい（社会）　しゅくじ（祝辞）　かいじょ（解除）　りゃくが（略画）

〔注意〕 拗音に用いる「や、ゆ、よ」は、なるべく小書きにする。

3 撥音《はつ》

ん

例 まなんで（学）　みなさん　しんねん（新年）　しゅんぶん（春分）

4 促音

っ

例 はしって（走）　かっき（活気）　がっこう（学校）　せっけん（石*鹸）

〔注意〕 促音に用いる「つ」は、なるべく小書きにする。

5 長音

(1) ア列の長音

ア列の仮名に「あ」を添える。

例 おかあさん　おばあさん

(2) イ列の長音

イ列の仮名に「い」を添える。

例 にいさん　おじいさん

(3) ウ列の長音

ウ列の仮名に「う」を添える。

例 おさむうございます（寒）　くうき（空気）　ふうふ（夫婦）　うれしゅう存じます　きゅうり　ぼくじゅう（墨汁）　ちゅうもん（注文）

(4) エ列の長音

エ列の仮名に「え」を添える。

例 ねえさん　ええ（応答の語）

(5) オ列の長音

オ列の仮名に「う」を添える。

例 おとうさん　とうだい（灯台）　わこうど（若人）　おうむ　かおう（買）　あそぼう（遊）　おはよう（早）

おうぎ（扇）　ほうる（放）　とう（塔）　よいでしょう
はっぴょう（発表）　きょう（今日）　ちょうちょう（＊蝶々）

第2　特定の語については、表記の慣習を尊重して、次のように書く。

1　助詞の「を」は、「を」と書く。
例　本を読む　岩をも通す　失礼をばいたしました
やむをえない　いわんや……をや　よせばよいものを
てにをは

2　助詞の「は」は、「は」と書く。
例　今日は日曜です　山では雪が降りました
あるいは　または　もしくは
いずれは　さては　ついては　ではさようなら　とはいえ
惜しむらくは　恐らくは　願わくは
これはこれは　こんにちは　こんばんは　悪天候もものかは
〔注意〕次のようなものは、この例にあたらないものとする。
いまわの際　すわ一大事　雨も降るわ風も吹くわ　来るわ来るわ
きれいだわ

3　助詞の「へ」は、「へ」と書く。
例　故郷へ帰る　……さんへ　母への便り　駅へは数分

4　動詞の「いう（言）」は、「いう」と書く。
例　ものをいう（言）　いうまでもない　昔々あったという
どういうふうに　人というもの　こういうわけ

5　次のような語は、「ぢ」「づ」を用いて書く。
(1)　同音の連呼によって生じた「ぢ」「づ」
例　ちぢみ（縮）　ちぢむ　ちぢれる　ちぢこまる
つづみ（鼓）　つづら　つづく（続）　つづめる（△約）
つづる（＊綴）
〔注意〕「いちじく」「いちじるしい」は、この例にあたらない。
(2)　二語の連合によって生じた「ぢ」「づ」
例　はなぢ（鼻血）　そえぢ（添乳）　もらいぢち
そこぢから（底力）　ひぢりめん　いれぢえ（入知恵）
ちゃのみぢゃわん　まぢか（間近）　こぢんまり
ちかぢか（近々）　ちりぢり　みかづき（三日月）
たけづつ（竹筒）　たづな（手綱）　ともづな　にいづま（新妻）
けづめ　ひづめ　ひげづら
おこづかい（小遣）　あいそづかし　わしづかみ
こころづくし（心尽）　てづくり（手作）　こづつみ（小包）
ことづて
はこづめ（箱詰）　はたらきづめ　みちづれ（道連）
かたづく　こづく（小突）　どくづく　もとづく　うらづける
ゆきづまる　ねばりづよい
つねづね（常々）　つくづく　つれづれ

なお、次のような語については、現代語の意識では一般に二語に分解しにくいもの等として、それぞれ「じ」「ず」を用いて書くことを本則とし、「せかいぢゅう」「いなづま」のように「ぢ」「づ」を用いて書くこともできるものとする。
例　せかいじゅう（世界中）
いなずま（稲妻）　かたず（固唾）　きずな（＊絆）　さかずき（杯）
ときわず　ほおずき　みみずく　うなずく　おとずれる（訪）
かしずく　つまずく　ぬかずく　ひざまずく　あせみずく
くんずほぐれつ　さしずめ　でずっぱり　なかんずく
うでずく　くろずくめ　ひとりずつ　ゆうずう（融通）
〔注意〕次のような語の中の「じ」「ず」は、漢字の音読みでもともと濁っているものであって、前記(1)、(2)のいずれにもあたらず、「じ」「ず」を用いて書く。
例　じめん（地面）　ぬのじ（布地）
ずが（図画）　りゃくず（略図）

6　次のような語は、オ列の仮名に「お」を添えて書く。
例　おおかみ　おおせ（仰）　おおやけ（公）　こおり（氷・△郡）
こおろぎ　ほお（頰・△朴）　ほおずき　ほのお（炎）　とお（十）
いきどおる（憤）　おおう（覆）　こおる（凍）　しおおせる
とおる（通）
とどこおる（滞）　もよおす（催）
いとおしい　おおい（多）　おおきい（大）　とおい（遠）
おおむね　おおよそ
これらは、歴史的仮名遣いでオ列の仮名に「ほ」又は「を」が続くものであって、オ列の長音として発音されるか、オ・オ、コ・オのように発音されるかにかかわらず、オ列の仮名に「お」を添えて書くものである。

付記　次のような語は、エ列の長音として発音されるか、エイ、ケイなどのように発音されるかにかかわらず、エ列の仮名に「い」を添えて書く。
例　かれい　せい（背）
かせいで（稼）　まねいて（招）　春めいて
へい（塀）　めい（銘）　れい（例）
えいが（映画）　とけい（時計）　ていねい（丁寧）

## (二) 送り仮名の付け方

〔前書き〕

〔昭和四十八年六月十八日内閣告示。同五十六年十月一日、平成二十二年十一月三十日内閣告示にて一部改正〕

一 この「送り仮名の付け方」は、法令・公用文書・新聞・雑誌・放送など、一般の社会生活において、「常用漢字表」の音訓によって現代の国語を書き表す場合の送り仮名の付け方のよりどころを示すものである。

二 この「送り仮名の付け方」は、科学・技術・芸術その他の各種専門分野や個々人の表記にまで及ぼそうとするものではない。

三 この「送り仮名の付け方」は、漢字を記号的に用いたり、表に記入したりする場合や、固有名詞を書き表す場合を対象としていない。

**〈「本文」の見方及び使い方〉**

一 この「送り仮名の付け方」の本文の構成は、次のとおりである。

単独の語

1 活用のある語

通則一 （活用語尾を送る語に関するもの）

通則二 （派生・対応の関係を考慮して、活用語尾の前の部分から送る語に関するもの）

2 活用のない語

通則三 （名詞であって、送り仮名を付けない語に関するもの）

通則四 （活用のある語から転じた名詞であって、もとの語の送り仮名の付け方によって送る語に関するもの）

通則五 （副詞・連体詞・接続詞に関するもの）

複合の語

通則六 （単独の語の送り仮名の付け方による語に関するもの）

通則七 （慣用に従って送り仮名を付けない語に関するもの）

付表の語

一 （送り仮名を付ける語に関するもの）

二 （送り仮名を付けない語に関するもの）

二 通則とは、単独の語及び複合の語の別、活用のある語及び活用のない語の別等に応じて考えた送り仮名の付け方に関する基本的な法則をいい、必要に応じ、例外的な事項又は許容的な事項を加えてある。

したがって、各通則には、本則のほか、必要に応じて例外及び許容を設けた。ただし、通則七は、通則六の例外に当たるものであるが、該当する語が多数に上るので、別の通則として立てたものである。

三 この「送り仮名の付け方」で用いた用語の意義は、次のとおりである。

単独の語・・・漢字の音又は訓を単独に用いて、漢字一字で書き表す語をいう。

複合の語・・・漢字の訓と訓、音と訓などを複合させ、漢字二字以上を用いて書き表す語をいう。

付表の語・・・「常用漢字表」の付表に掲げてある語のうち、送り仮名の付け方が問題となる語をいう。

活用のある語・・・動詞・形容詞・形容動詞をいう。

活用のない語・・・名詞・副詞・連体詞・接続詞をいう。

本　則・・・送り仮名の付け方の基本的な法則と考えられるものをいう。

例　外・・・本則には合わないが、慣用として行われていると認められるものであって、本則によらず、これによるものをいう。

許　容・・・本則による形とともに、慣用として行われていると認められるものであって、本則以外に、これによってよいものをいう。

四 単独の語及び複合の語を通じて、字音を含む語は、その字音の部分には送り仮名を要しないのであるから、必要のない限り触れていない。

五 各通則において、送り仮名の付け方が許容によることのできる語については、本則又は許容のいずれに従ってもよいが、個々の語に適用するに当たって、許容に従ってよいかどうか判断し難い場合には、本則によるものとする。

〔本文〕

**単独の語**

一 活用のある語

**〈通則 一〉**

本則 活用のある語（通則二を適用する語を除く。）は、活用語尾を送る。

例 憤る 承る 書く 実る 催す
生きる 陥れる 考える 助ける
荒い 潔い 賢い 濃い
主だ

例外 (1) 語幹が「し」で終わる形容詞は、「し」から送る。

例 著しい 惜しい 悔しい 恋しい 珍しい

(2) 活用語尾の前に「か」、「やか」、「らか」を含む形容動詞はその音節から送る。

例 暖かだ 細かだ 静かだ
穏やかだ 健やかだ 和やかだ
明らかだ 平らかだ 滑らかだ 柔らかだ

(3) 次の語は、次に示すように送る。

明らむ 味わう 哀れむ 慈しむ 教わる 脅かす（おどかす）
脅かす（おびやかす） 関わる 食らう 異なる 逆らう 捕まる

群がる　和らぐ　揺する
明るい　危ない　危うい　大きい　少ない　小さい　冷たい　平たい
新ただ　同じだ　盛んだ　平らだ　懇ろだ　惨めだ
哀れだ　幸いだ　幸せだ　巧みだ

許容　次の語は、（　）の中に示すように、活用語尾の前の音節から送ることができる。

表す（表わす）　著す（著わす）　現れる（現われる）　行う（行なう）
断る（断わる）　賜る（賜わる）

（注意）　語幹と活用語尾との区別がつかない動詞は、例えば、「着る」、「寝る」、「来る」などのように送る。

〈**通則二**〉

本則　活用語尾以外の部分に他の語を含む語は、含まれている語の送り仮名の付け方によって送る。（含まれている語を〔　〕の中に示す。）

例　(1)　動詞の活用形又はそれに準ずるものを含むもの。
動かす〔動く〕　照らす〔照る〕
語らう〔語る〕　計らう〔計る〕　向かう〔向く〕
浮かぶ〔浮く〕
生まれる〔生む〕　押さえる〔押す〕　捕らえる〔捕る〕
勇ましい〔勇む〕　輝かしい〔輝く〕　喜ばしい〔喜ぶ〕
晴れやかだ〔晴れる〕
及ぼす〔及ぶ〕　積もる〔積む〕　聞こえる〔聞く〕
頼もしい〔頼む〕
起こる〔起きる〕　落とす〔落ちる〕
暮らす〔暮れる〕　冷やす〔冷える〕
当たる〔当てる〕　終わる〔終える〕　変わる〔変える〕
集まる〔集める〕　定まる〔定める〕　連なる〔連ねる〕
交わる〔交える〕
混ざる・混じる〔混ぜる〕
恐ろしい〔恐れる〕

(2)　形容詞・形容動詞の語幹を含むもの。
重んずる〔重い〕　若やぐ〔若い〕
怪しむ〔怪しい〕　悲しむ〔悲しい〕　苦しがる〔苦しい〕
確かめる〔確かだ〕
重たい〔重い〕　憎らしい〔憎い〕　古めかしい〔古い〕
細かい〔細かだ〕　柔らかい〔柔らかだ〕
清らかだ〔清い〕　高らかだ〔高い〕　寂しげだ〔寂しい〕

(3)　名詞を含むもの。
汗ばむ〔汗〕　先んずる〔先〕　春めく〔春〕
男らしい〔男〕　後ろめたい〔後ろ〕

許容　読み間違えるおそれのない場合は、活用語尾以外の部分について、次の（　）の中に示すように、送り仮名を省くことができる。

例　浮かぶ（浮ぶ）　生まれる（生れる）　押さえる（押える）
捕らえる（捕える）　晴れやかだ（晴やかだ）
積もる（積る）　聞こえる（聞える）
起こる（起る）　落とす（落す）　暮らす（暮す）　当たる（当る）
終わる（終る）　変わる（変る）

（注意）　次の語は、それぞれ〔　〕の中に示す語を含むものとは考えず、通則一によるものとする。
明るい〔明ける〕　荒い〔荒れる〕　悔しい〔悔いる〕
恋しい〔恋う〕

二　活用のない語

〈**通則三**〉

本則　名詞（通則四を適用する語を除く。）は、送り仮名を付けない。

例　月　鳥　花　山
男　女　彼　何

例外　(1)　次の語は、最後の音節を送る。
辺り　哀れ　勢い　幾ら　後ろ　傍ら　幸い　幸せ　全て　互い　便り
半ば　情け　斜め　独り　誉れ　自ら　災い

(2)　数をかぞえる「つ」を含む名詞は、その「つ」を送る。
例　一つ　二つ　三つ　幾つ

〈**通則四**〉

本則　活用のある語から転じた名詞及び活用のある語に「さ」、「み」、「げ」などの接尾語が付いて名詞になったものは、もとの語の送り仮名の付け方によって送る。

例　(1)　活用のある語から転じたもの。
動き　仰せ　恐れ　薫り　曇り　調べ　届け　願い　晴れ
当たり　代わり　向かい
狩り　答え　問い　祭り　群れ
憩い　愁い　憂い　香り　極み　初め
近く　遠く

(2)　「さ」、「み」、「げ」などの接尾語が付いたもの。
暑さ　大きさ　正しさ　確かさ
明るみ　重み　憎しみ
惜しげ

例外　次の語は、送り仮名を付けない。

謡　虞　趣　氷　印　頂　帯　畳

卸　煙　恋　志　次　隣　富　恥　話　光　舞

折　係　掛（かかり）　組　肥　並（なみ）　巻　割

〔注意〕　ここに掲げた「組」は、「花の組」、「赤の組」などのように使った場合の「くみ」であり、例えば、「活字の組みがゆるむ。」などとして使う場合の「くみ」を意味するものではない。「光」、「折」、「係」なども、同様に動詞の意識が残っているような使い方の場合は、この例外に該当しない。したがって、本則を適用して送り仮名を付ける。

許容　読み間違えるおそれのない場合は、次の（　）の中に示すように、送り仮名を省くことができる。

例　曇り（曇）　届け（届）　願い（願）　晴れ（晴）

当たり（当り）　代わり（代り）　向かい（向い）

狩り（狩）　答え（答）　問い（問）　祭り（祭）　群れ（群）

憩い（憩）

**〈通則　五〉**

本則　副詞・連体詞・接続詞は、最後の音節を送る。

例　必ず　更に　少し　既に　再び　全く　最も

来る　去る

及び　且つ　但し

例外　(1)　次の語は、次に示すように送る。

明くる　大いに　直ちに　並びに　若しくは

(2)　次の語は、送り仮名を付けない。

又

(3)　次のように、他の語を含む語は、含まれている語の送り仮名の付け方によって送る。（含まれている語を〔　〕の中に示す。）

例　併せて〔併せる〕　至って〔至る〕　恐らく〔恐れる〕

従って〔従う〕

絶えず〔絶える〕　例えば〔例える〕　努めて〔努める〕

辛うじて〔辛い〕　少なくとも〔少ない〕

互いに〔互い〕　必ずしも〔必ず〕

## 複合の語

**〈通則　六〉**

本則　複合の語（通則七を適用する語を除く。）の送り仮名は、その複合の語を書き表す漢字の、それぞれの音訓を用いた単独の語の送り仮名の付け方による。

例　(1)　活用のある語

書き抜く　流れ込む　申し込む　打ち合わせる　向かい合わせる　長引く　若返る　裏切る　旅立つ

聞き苦しい　薄暗い　草深い　心細い　待ち遠しい　軽々しい　若々しい　女々しい

気軽だ　望み薄だ

(2)　活用のない語

石橋　竹馬　山津波　後ろ姿　斜め左　花便り　独り言　卸商　水煙　目印

田植え　封切り　物知り　落書き　雨上がり　墓参り　日当たり　夜明かし　先駆け　巣立ち　手渡し

入り江　飛び火　教え子　合わせ鏡　生き物　落ち葉　預かり金

寒空　深情け　愚か者

行き帰り　伸び縮み　乗り降り　抜け駆け　作り笑い　暮らし向き　売り上げ　取り扱い　乗り換え　引き換え　歩み寄り　申し込み　移り変わり　長生き

早起き　苦し紛れ　大写し

粘り強さ　有り難み　待ち遠しさ

乳飲み子　無理強い　立ち居振る舞い　呼び出し電話

次々　常々

近々　深々　休み休み　行く行く

許容　読み間違えるおそれのない場合は、次の（　）の中に示すように、送り仮名を省くことができる。

例　書き抜く（書抜く）　申し込む（申込む）　打ち合わせる（打ち合せる・打合せる）　向かい合わせる（向い合せる）　聞き苦しい（聞苦しい）　待ち遠しい（待遠しい）

田植え（田植）　封切り（封切）　落書き（落書）　雨上がり（雨上り）　日当たり（日当り）　夜明かし（夜明し）

入り江（入江）　飛び火（飛火）　合わせ鏡（合せ鏡）　預かり金（預り金）

抜け駆け（抜駆け）　暮らし向き（暮し向き）　売り上げ（売上げ・売上）　取り扱い（取扱い・取扱）　乗り換え（乗換え・乗換）　引き換え（引換え・引換）　申し込み（申込み・申込）　移り変わり（移り変り）

有り難み（有難み）　待ち遠しさ（待遠しさ）

立ち居振る舞い（立ち居振舞い・立ち居振舞・立居振舞）　呼び出し電話（呼出し電話・呼出電話）

〔注意〕　「こけら落とし（こけら落し）」、「さび止め」、「洗いざらし」、「打ちひも」のように、前又は後ろの部分を仮名で書く場合は、他の部分については、単独の語の送り仮名の付け方による。

〈**通則 七**〉

複合の語のうち、次のような名詞は、慣用に従って、送り仮名を付けない。

例 (1) 特定の領域の語で、慣用が固定していると認められるもの。

ア 地位・身分・役職等の名。

関取 頭取 取締役 事務取扱

イ 工芸品の名に用いられた「織」、「染」、「塗」等。

《博多》織 《型絵》染 《春慶》塗 《鎌倉》彫 《備前》焼

ウ その他。

書留 気付 切手 消印 小包 振替 切符 踏切

請負 売値 買値 仲買 歩合 両替 割引 組合 手当

倉敷料 作付面積

売上《高》 貸付《金》 借入《金》 繰越《金》 小売《商》 積立《金》 取扱《所》 取扱《注意》 取次《店》 取引《所》 乗換《駅》 乗組《員》 引受《人》 引受《時刻》 引換《券》 《代金》引換 振出《人》 待合《室》 見積《書》 申込《書》

(2) 一般に、慣用が固定していると認められるもの。

奥書 木立 子守 献立 座敷 試合 字引 場合 羽織 葉巻 番組 番付 日付 水引 物置 物語 役割 屋敷 夕立 割合 合図 合間 植木 置物 織物 貸家 敷石 敷地 敷物 立場 建物 並木 巻紙

受付 受取

浮世絵 絵巻物 仕立屋

《注意》

(1) 「《博多》織」、「売上《高》」などのようにして掲げたものは、《 》の中を他の漢字で置き換えた場合にも、この通則を適用する。

(2) 通則七を適用する語は、例として挙げたものだけで尽くしてはいない。したがって、慣用が固定していると認められる限り、類推して同類の語にも及ぼすものである。通則七を適用してよいかどうか判断し難い場合には、通則六を適用する。

**＜付表の語＞**

「常用漢字表」の「付表」に掲げてある語のうち、送り仮名の付け方が問題となる次の語は、次のようにする。

一 次の語は、次に示すように送る。

浮つく お巡りさん 差し支える 立ち退く 手伝う 最寄り

なお、次の語は、（ ）の中に示すように、送り仮名を省くことができる。

差し支える（差支える） 立ち退く（立退く）

二 次の語は、送り仮名を付けない。

息吹 桟敷 時雨 築山 名残 雪崩 吹雪 迷子 行方

## ㈢ くぎり符号の用い方

くぎり符号は、文章の構造や語句の関係を明らかにするために用いる。くぎり符号については、昭和二十一年三月文部省国語調査室編「くぎり符号の使い方（句読法）（案）」がある。

＜主として縦書きに用いるもの＞

(1) 「。」（マル）〔句点〕

①マルは文の終止にうつ。

正序・倒置・述語省略など、その他、すべての文の終止にうつ。

例 春が来た。 出た、出た、月が。 どうぞ、こちらへ。

②「 」（カギ）の中でも文の終止にはうつ。

例 「どちらへ。」 「上野まで。」

③引用語にはうたない。

例 これが有名な「月光の曲」です。

④引用語の内容が文の形式をなしていても簡単なものにはうたない。

例 「気をつけ」の姿勢でジーッと注目する。

⑤文の終止で、カッコをへだててうつことがある。

例 このことは、すでに第三章で説明した（五七頁参照）。

⑥付記的な一節を全部カッコでかこむ場合には、もちろんその中にマルが入る。

例 それには応永三年云々の識語がある。（この識語のことについては後に詳しく述べる。）

(2) 「、」（テン）〔読点〕

①テンは、第一の原則として文の中止にうつ。

例 父も喜び、母も喜んだ。

②終止の形をとっていても、その文意が続く場合にはテンをうつ。ただし他のテンとのつり合い上、この場合にマルをうつこともある。

例 父も喜んだ、母も喜んだ。

クリモキマシタ、ハチモキマシタ、ウスモキマシタ。

〔付記〕この項のテンは、言わば、半終止符ともいうべきものであるから、将来、特別の符号（例えば「。《しろてん》」のごときもの）が広く行われるようになることは望ましい。

③テンは、第二の原則として、副詞的語句の前後にうつ。その上で、口調の上から不必要のものを消すのである（例における（、）のごときもの）。

例　昨夜、帰宅以来、お尋ねの件について（、）当時の日誌を調べて見ましたところ、やはり（、）そのとき申し上げた通りでありました。

お寺の小僧になって間もない頃、ある日、おしょうさんから大そうしかられました。

ワタクシハ、オニガシマヘ、オニタイジニ、イキマスカラ、

〔付記〕この項の趣旨は、テンではさんだ語句を飛ばして読んでみても、一応、文脈が通るようにうつのである。これがテンの打ち方における最も重要な、一ばん多く使われる原則であって、この原則の範囲内でそれぞれの文に従い適当に調節するのである。なお、接続詞、感嘆詞、また、呼びかけや返事の「はい」「いいえ」など、すべて副詞的語句の中に入る。

④形容詞的語句が重なる場合にも、前項の原則に準じてテンをうつ。
例　くじゃくは、長い、美しい尾をおうぎのようにひろげました。
静かな、明るい、高原の春です。

⑤右の場合、第一の形容詞的語句の下だけにうってよいことがある。
例　まだ火のよく通らない、生のでんぷん粒《りゅう》のあるくず湯を飲んで、
村はずれにある、うちの雑木山を開墾しはじめてから、

⑥語なり、意味なりが付着して、読み誤る恐れがある場合にうつ。
例　弾き終って、ベートーベンは、つと立ちあがった。
よく晴れた夜、空を仰ぐと、
実はその、外でもありませんが、

⑦テンは読みの間《ま》をあらわす。
例　「かん、かん、かん。」

⑧提示した語の下にうつ。
例　秋祭、それは村人にとって最も楽しい日です。
香具《かぐ》山、畝火《うねび》山、耳梨《みみなし》山、これを大和の三山という。

⑨ナカテンと同じ役目に用いるが、特にテンでなくては、かえって読み誤り易い場合がある。
例　まつ、すぎ、ひのき、けやきなど
天地の公道、人倫の常経

⑩対話または引用文のカギの前にうつ。
例　さっきの槍《やり》ケ岳《たけ》が、「ここまでおいで。」というように、

⑪対話または引用文の後を「と」で受けて、その下にテンをうつのに二つの場合がある。
「といって、」「と思って、」などの「と」にはうたない。

「と、花子さんは」というように、その「と」の下に主格や、または他の語が来る場合にはうつのである。

例　「なんという貝だろう。」といって、みんなで、いろいろ貝の名前を思い出してみましたが、

「先生に聞きに行きましょう。」と、花子さんは、その貝をもって、先生のところへ走って行きました。

「おめでとう。」「おめでとう。」と、互に言葉をかわしながら……

⑫並列の「と」「も」をともなって主語が重なる場合には原則としてうつが、必要でない限りは省略する。
例　父と、母と、兄と、姉と、私との五人で、　父も、母も、兄も、姉も、
父と母と兄と姉と私との五人で、　父も母も兄も姉も、

⑬数字の位取りにうつ。
例　㋐一（円）、一二三五
㋑一、二三四、五六七、八九〇
㋒一二（億）、三四五六（万）、七八九〇

〔付記〕現行の簿記法では例㋐、㋑のごとくうつが、わが国の計数法によれば、例㋑は㋒のごとくうつのが自然である。

(3)「・」（ナカテン）

①ナカテンは、単語の並列の間にうつ。
ただし、ナカテンの代りにテンをうつこともある。
例　まつ・すぎ・ひのき・けやきなど、
むら雲・おぼろ雲は、巻雲や薄雲・いわし雲などよりも低く、
まつ、すぎ、ひのき、けやきなど、

②テンとナカテンとを併用して、その対照的効果をねらうことがある。
例　明日、東京を立って、静岡、浜松、名古屋、大阪・京都・神戸、岡山、広島を六日の予定で見て来ます。

③主格の助詞「が」を省略した場合には、ナカテンでなくテンをうつ。
例　米、英・仏と協商〔新聞の見出し例〕

④熟語的語句を成す場合にはナカテンをうたないのが普通である。
例　英仏両国　英独仏三国

⑤小数点に用いる。
例　一三・五

⑥年月日の言い表しに用いる。
例　昭和二一・三・一八　二・二六事件

⑦外来語のくぎりに用いる。
例　テーブル・スピーチ

⑧外国人名のくぎりに用いる。
例　アブラハム・リンカーン

〔付記〕外国人名の並列にはテンを用いる。

例　ジョージ・ワシントン、アブラハム・リンカーン

(4)「　」(カギ)『　』(フタエカギ)

①カギは、対話・引用語・題目、その他、特に他の文と分けたいと思う語句に用いる。

これにフタエカギを用いることもある。

例「お早う。」　国歌「君が代」

俳句で「雲の峰」というのも、この入道雲です。

この類の語には「牛耳る」「テクる」「サボる」などがある。

②カギの中にさらにカギを用いたい場合は、フタエカギを用いる。

例「さっきお出かけの途中、『なにかめずらしい本はないか』とお立寄りくださいました。」

③カギの代りに〃　〃を用いることがある。

〃　〃をノノカギと呼ぶ。

例　これが雑誌〃日本〃の生命である。

(5)（　）(カッコ)〔　〕(ヨコガッコ)

①カッコは注釈的語句をかこむ。

例　広日本文典（明治三十年刊）

②編集上の注意書きや署名などをかこむ。

例（その一）（第二回）（承前）（続き）（完）（終）（未完）（続く）（山田）

③ヨコガッコは箇条書きの場合、その番号をかこむ。

例〔一〕〔イ〕〔a〕

〔付記〕なお各種のカッコを適当に用いる。その呼び名を左に掲げる。

《　》フタエガッコ　〔　〕ソデガッコ

［　］カクガッコ　【　】カメノコガッコ

(6)「?」(疑問符)

①疑問符は、原則として普通の文には用いない。ただし必要に応じて疑問の口調を示す場合に用いる。

例「ええ?　なんですって?」

②質問や反問の言葉調子の時に用いる。

例「そういたしますと、やがて竜宮へお着きになるでしょう。」

「竜宮へ?」

③漫画などで無言で疑問の意をあらわす時に用いる。

(7)「!」(感嘆符)

①感嘆符も普通の文には原則として用いない。ただし、必要に応じて感動の気持ちをあらわした場合に用いる。

例「ちがう、ちがう、ちがうぞ!」

②強め、驚き、皮肉などの口調をあらわした場合に用いる。

例　放送のとき、しきりに紹介の「さん」づけを止して「し」にしてくれというので、よくきいてみると、なんと、それは「氏」でなくて「師」であった!

＜主として横書きに用いるもの＞

(1)「.」(ピリオド)

ピリオドは、ローマ字文では終止符として用いるが、横書きの漢字交りかな文では、普通には、ピリオドの代りにマルをうつ。

例　春が来た。　出た，出た，月が。

(2)「,」(コンマ)

(3)「:」(コロン)

(4)「;」(セミコロン)

テン又はナカテンの代りに、コンマ又はセミコロンを適当に用いる。

例　まつ・すぎ・ひのき・けやきなど，

まつ，すぎ，ひのき，けやきなど，

明日，東京を立って，静岡，浜松，名古屋，大阪・京都・神戸，岡山，広島を六日の予定で見て来ます。

静岡；浜松；名古屋；大阪，京都，神戸；岡山；広島を

## (四)　くり返し符号の用い方

くり返し符号は、「々」以外は、できるだけ使わないようにするのが望ましい。

なお昭和二十一年三月文部省国語調査室編「くり返し符号の使い方（おどり字法）(案)」がある。

(1)「ゝ」(一つ点)

①一つ点は、その上のかな一字の全字形（濁点をふくむ）を代表する。ゆえに、熟語になってにごる場合には濁点をうつが、濁点のかなを代表する場合にはうたない。

例　ちゝ　はゝ　たゞ　ほゞ　じゝ　ばゝ

②「こゝろ」「つゝみ」などを熟語にしてにごる場合には、その「ゝ」をかなに書き改める。

例　づつ　小包《こづつみ》　真心《まごころ》

案内がかり　気がかり　くまざさ

〔備考〕「ゝ」は「〻」をさらに簡略にしたものである。

(2)「〳〵」(くの字点)

「〳〵」は、二字以上のかな、またはかな交り語句を代表する。

例　いよ〳〵　ます〳〵　しみ〴〵　それ〴〵

しげ〳〵　しば〳〵　ばら〳〵　ごろ〳〵

一つ〳〵　思い〳〵　散り〴〵　代る〴〵

知らず〱 くり返し〱 ひらり〱 エッサッサ〱

〔備考〕「〱」は「ゝゝ」「ゝ〱」を経て「〱」となったものである。

(3)「々」(同の字点)

「々」は漢字一字を代表する。

例 世々《よ》、個々《こ》、日々《ひ》

我〱《われ》 近〱《きん》 近〱《ちか》 正々 堂々 年々 歳々

一歩々々 賛成々々 双葉山々々々

〔備考〕「々」は「仝」の字から転化したものと考えられている。

(4)「〻」(二の字点)

①「〻」は、手写では「々」と同価に用いられるが、活字印刷では「々」の方が用いられる。

例 草〻 草々

②活字印刷で用いる「ゝ」は「〻」の別体であるが、その働きは、上の一字を重ねて訓よみにすべきことを示すものである。(「備考」参照)

例 稍ゝ(やゝ) 略ゝ(ほゞ)

愈ゝ(いよ〱) 各ゝ(おの〱) 旁ゝ(かた〲)

交ゝ(こも〲) 屢ゝ(しば〱) 抑ゝ(そも〱)

偶ゝ(たま〱) 熟ゝ(つら〱) 熟ゝ(つく〲)

益ゝ(ます〱)

③例 唯(たゞ)

「唯《たゞ》」は「唯ゝ」と書かない。

④「各《おの》〱の」「諸《もろ》〱の」は「ゝ」がなくても読みうるが、普通には「ゝ」をつける。

例 各(おの〱)の意見 諸(もろ〱)の国

各ゝ(おの〱)意見を持ち寄って

⑤「ゝ」は「々」で代用される。殊に「多々益々」ではかならず「々」を書く。

例 各々(おの〱) 益々(ます〱)

〔備考〕「〻」は「二」の草書体から転化したものと考えられている。それを小さくして右に片寄せたものが即ち「ゝ」である。

〔付記〕②③④⑤の例の類の語は、なるべくかなで書く方がよい。

(5)「〃」(ノノ点)

「〃」は簿記にも文章にも用いる。

例 甲案を可とするもの 一二八

乙案 〃 三一九

丙案 〃 二六五

〔備考〕「〃」は外国語で用いられる「"」から転化したものであり、その意味はイタリア語の Ditto 即ち「同上」ということである。なお国によって「„」の形を用いる。

## ○外来語の表記について○

(平成三年六月二十八日 内閣告示)

**本文**

**「外来語の表記」に用いる仮名と符号の表**

1 **第1表**に示す仮名は、外来語や外国の地名・人名を書き表すのに一般的に用いる仮名とする。

2 **第2表**に示す仮名は、外来語や外国の地名・人名を原音や原つづりになるべく近く書き表そうとする場合に用いる仮名とする。

3 **第1表**・**第2表**に示す仮名では書き表せないような、特別な音の書き表し方については、ここでは取決めを行わず、自由とする。

4 **第1表**・**第2表**によって語を書き表す場合には、おおむね留意事項を適用する。

第1表

| | | | | |
|---|---|---|---|---|
| ア | イ | ウ | エ | オ |
| カ | キ | ク | ケ | コ |
| サ | シ | ス | セ | ソ |
| タ | チ | ツ | テ | ト |
| ナ | ニ | ヌ | ネ | ノ |
| ハ | ヒ | フ | ヘ | ホ |
| マ | ミ | ム | メ | モ |
| ヤ | | ユ | | ヨ |
| ラ | リ | ル | レ | ロ |
| ワ | | | | |
| ガ | ギ | グ | ゲ | ゴ |
| ザ | ジ | ズ | ゼ | ゾ |
| ダ | | | デ | ド |
| バ | ビ | ブ | ベ | ボ |
| パ | ピ | プ | ペ | ポ |
| キャ | | キュ | | キョ |
| シャ | | シュ | | ショ |
| チャ | | チュ | | チョ |
| ニャ | | ニュ | | ニョ |
| ヒャ | | ヒュ | | ヒョ |
| ミャ | | ミュ | | ミョ |
| リャ | | リュ | | リョ |
| ギャ | | ギュ | | ギョ |
| ジャ | | ジュ | | ジョ |
| ビャ | | ビュ | | ビョ |
| ピャ | | ピュ | | ピョ |

ン(撥《はつ》音)
ッ(促音)
ー(長音符号)

| | | | | |
|---|---|---|---|---|
| | | | シェ | |
| | | | チェ | |
| ツァ | | | ツェ | ツォ |
| | ティ | | | |
| ファ | フィ | | フェ | フォ |
| | | | ジェ | |
| | ディ | | | |
| | | デュ | | |

第2表

| | | | | |
|---|---|---|---|---|
| | | | イェ | |
| | ウィ | | ウェ | ウォ |
| クァ | クィ | | クェ | クォ |
| | ツィ | | | |
| | | トゥ | | |
| グァ | | | | |
| | | ドゥ | | |
| ヴァ | ヴィ | ヴ | ヴェ | ヴォ |
| | | テュ | | |
| | | フュ | | |
| | | ヴュ | | |

**留意事項その1（原則的な事項）**

1　この「外来語の表記」では、外来語や外国の地名・人名を片仮名で書き表す場合のことを扱う。

2　「ハンカチ」と「ハンケチ」、「グローブ」と「グラブ」のように、語形にゆれのあるものについて、その語形をどちらかに決めようとはしていない。

3　語形やその書き表し方については、慣用が定まっているものはそれによる。分野によって異なる慣用が定まっている場合には、それぞれの慣用によって差し支えない。

4　国語化の程度の高い語は、おおむね第1表に示す仮名で書き表すことができる。一方、国語化の程度がそれほど高くない語、ある程度外国語に近く書き表す必要のある語——特に地名・人名の場合——は、第2表に示す仮名を用いて書き表すことができる。

5　第2表に示す仮名を用いる必要がない場合は、第1表に示す仮名の範囲で書き表すことができる。

例　イェ→イエ　ウォ→ウオ　トゥ→ツ、ト　ヴァ→バ

6　特別な音の書き表し方については、取決めを行わず、自由とすることとしたが、その中には、例えば「スィ」「ズィ」「グィ」「グェ」「グォ」「キェ」「ニェ」「ヒェ」「フョ」「ヴョ」等の仮名が含まれる。

**留意事項その2（細則的な事項）**

以下の各項に示す語例は、それぞれの仮名の用法の一例として示すものであって、その語をいつもそう書かなければならないことを意味するものではない。語例のうち、地名・人名には、それぞれ（地）、（人）の文字を添えた。

**I　第1表に示す「シェ」以下の仮名に関するもの**

1　「シェ」「ジェ」は、外来音シェ、ジェに対応する仮名である。

〔例〕シェーカー　シェード　ジェットエンジン　ダイジェスト
シェフィールド（地）　アルジェリア（地）
シェークスピア（人）　ミケランジェロ（人）

注　「セ」「ゼ」と書く慣用のある場合は、それによる。

〔例〕ミルクセーキ　ゼラチン

2　「チェ」は、外来音チェに対応する仮名である。

〔例〕チェーン　チェス　チェック　マンチェスター（地）
チェーホフ（人）

3　「ツァ」「ツェ」「ツォ」は、外来音ツァ、ツェ、ツォに対応する仮名である。

〔例〕コンツェルン　シャンツェ　カンツォーネ
フィレンツェ（地）　モーツァルト（人）　ツェッペリン（人）

4　「ティ」「ディ」は、外来音ティ、ディに対応する仮名である。

〔例〕ティーパーティー　ボランティア　ディーゼルエンジン　ビルディング
アトランティックシティー（地）　ノルマンディー（地）
ドニゼッティ（人）　ディズニー（人）

注1　「チ」「ジ」と書く慣用のある場合は、それによる。

〔例〕エチケット　スチーム　プラスチック　スタジアム　スタジオ　ラジオ
チロル（地）　エジソン（人）

注2　「テ」「デ」と書く慣用のある場合は、それによる。

〔例〕ステッキ　キャンデー　デザイン

5　「ファ」「フィ」「フェ」「フォ」は、外来音ファ、フィ、フェ、フォに対応する仮名である。

〔例〕ファイル　フィート　フェンシング　フォークダンス
バッファロー（地）　フィリピン（地）　フェアバンクス（地）
カリフォルニア（地）
ファーブル（人）　マンスフィールド（人）　エッフェル（人）
フォスター（人）

注1　「ハ」「ヒ」「ヘ」「ホ」と書く慣用のある場合は、それによる。

〔例〕セロハン　モルヒネ　プラットホーム　ホルマリン　メガホン

注2　「ファン」「フィルム」「フェルト」等は、「フアン」「フイルム」「フエルト」と書く慣用もある。

6　「デュ」は、外来音デュに対応する仮名である。

〔例〕デュエット　プロデューサー　デュッセルドルフ（地）
デューイ（人）

注　「ジュ」と書く慣用のある場合は、それによる。

〔例〕ジュース（deuce）　ジュラルミン

**II　第2表に示す仮名に関するもの**

第2表に示す仮名は、原音や原つづりになるべく近く書き表そうとする場合に用いる仮名で、これらの仮名を用いる必要がない場合は、一般的に、第1表に示す仮名の範囲で書き表すことができる。

1　「イェ」は、外来音イェに対応する仮名である。

〔例〕イェルサレム（地）　イェーツ（人）

注　一般的には、「イエ」又は「エ」と書くことができる。

2　「ウィ」「ウェ」「ウォ」は、外来音ウィ、ウェ、ウォに対応する仮名である。

る。
〔例〕ウィスキー　ウェディングケーキ　ストップウォッチ
ウィーン（地）　スウェーデン（地）　ミルウォーキー（地）
ウィルソン（人）　ウェブスター（人）　ウォルポール（人）
注1　一般的には、「ウイ」「ウエ」「ウオ」と書くことができる。
〔例〕ウイスキー　ウイット　ウエディングケーキ　ウエハース
ストップウオッチ
注2　「ウ」を省いて書く慣用のある場合は、それによる。
〔例〕サンドイッチ　スイッチ　スイートピー
注3　地名・人名の場合は、「ウィ」「ウェ」「ウォ」と書く慣用が強い。

3　「クァ」「クィ」「クェ」「クォ」は、外来音クァ、クィ、クェ、クォに対応する仮名である。
〔例〕クァルテット　クィンテット　クェスチョンマーク　クォータリー
注1　一般的には、「クア」「クイ」「クエ」「クオ」又は「カ」「キ」「ケ」「コ」と書くことができる。
〔例〕クアルテット　クインテット　クエスチョンマーク　クオータリー
カルテット　レモンスカッシュ　キルティング　イコール
注2　「クァ」は、「クヮ」と書く慣用もある。

4　「グァ」は、外来音グァに対応する仮名である。
〔例〕グァテマラ（地）　パラグァイ（地）
注1　一般的には、「グア」又は「ガ」と書くことができる。
〔例〕グアテマラ（地）　パラグアイ（地）　ガテマラ（地）
注2　「グァ」は、「グヮ」と書く慣用もある。

5　「ツィ」は、外来音ツィに対応する仮名である。
〔例〕ソルジェニーツィン（人）　ティツィアーノ（人）
注　一般的には、「チ」と書くことができる。
〔例〕ライプチヒ（地）　ティチアーノ（人）

6　「トゥ」「ドゥ」は、外来音トゥ、ドゥに対応する仮名である。
〔例〕トゥールーズ（地）　ハチャトゥリヤン（人）　ヒンドゥー教
注　一般的には、「ツ」「ズ」又は「ト」「ド」と書くことができる。
〔例〕ツアー（tour）　ツーピース　ツールーズ（地）　ヒンズー教
ハチャトリヤン（人）　ドビュッシー（人）

7　「ヴァ」「ヴィ」「ヴ」「ヴェ」「ヴォ」は、外来音ヴァ、ヴィ、ヴ、ヴェ、ヴォに対応する仮名である。
〔例〕ヴァイオリン　ヴィーナス　ヴェール
ヴィクトリア（地）　ヴェルサイユ（地）　ヴォルガ（地）
ヴィヴァルディ（人）　ヴラマンク（人）　ヴォルテール（人）
注　一般的には、「バ」「ビ」「ブ」「ベ」「ボ」と書くことができる。
〔例〕バイオリン　ビーナス　ベール
ビクトリア（地）　ベルサイユ（地）　ボルガ（地）
ビバルディ（人）　ブラマンク（人）　ボルテール（人）

8　「テュ」は、外来音テュに対応する仮名である。
〔例〕テューバ（楽器）　テュニジア（地）
注　一般的には、「チュ」と書くことができる。
〔例〕コスチューム　スチュワーデス　チューバ　チューブ
チュニジア（地）

9　「フュ」は、外来音フュに対応する仮名である。
〔例〕フュージョン　フュン島（地・デンマーク）　ドレフュス（人）
注　一般的には、「ヒュ」と書くことができる。
〔例〕ヒューズ

10　「ヴュ」は、外来音ヴュに対応する仮名である。
〔例〕インタヴュー　レヴュー　ヴュイヤール（人・画家）
注　一般的には、「ビュ」と書くことができる。
〔例〕インタビュー　レビュー　ビュイヤール（人）

## Ⅲ　撥《はつ》音、促音、長音その他に関するもの

1　撥音は、「ン」を用いて書く。
〔例〕コンマ　シャンソン　トランク　メンバー　ランニング　ランプ
ロンドン（地）　レンブラント（人）
注1　撥音を入れない慣用のある場合は、それによる。
〔例〕イニング（←インニング）　サマータイム（←サンマータイム）
注2　「シンポジウム」を「シムポジウム」と書くような慣用もある。

2　促音は、小書きの「ッ」を用いて書く。
〔例〕カップ　シャッター　リュックサック　ロッテルダム（地）
バッハ（人）
注　促音を入れない慣用のある場合は、それによる。
〔例〕アクセサリー（←アクセッサリー）
フィリピン（地）（←フィリッピン）

3　長音は、原則として長音符号「ー」を用いて書く。
〔例〕エネルギー　オーバーコート　グループ　ゲーム　ショー　テーブル
パーティー　ウェールズ（地）　ポーランド（地）　ローマ（地）
ゲーテ（人）　ニュートン（人）
注1　長音符号の代わりに母音字を添えて書く慣用もある。
〔例〕バレエ（舞踊）　ミイラ

注2　「エー」「オー」と書かず、「エイ」「オウ」と書くような慣用のある場合は、それによる。
〔例〕エイト　ペイント　レイアウト　スペイン（地）　ケインズ（人）
サラダボウル　ボウリング（球技）
注3　英語の語末の-er, -or, -arなどに当たるものは、原則としてア列の長音とし長音符号「ー」を用いて書き表す。ただし、慣用に応じて「ー」を省くことができる。
〔例〕エレベーター　ギター　コンピューター　マフラー
エレベータ　コンピュータ　スリッパ
4　イ列・エ列の音の次のアの音に当たるものは、原則として「ア」と書く。
〔例〕グラビア　ピアノ　フェアプレー　アジア（地）　イタリア（地）
ミネアポリス（地）
注1　「ヤ」と書く慣用のある場合は、それによる。
〔例〕タイヤ　ダイヤモンド　ダイヤル　ベニヤ板
注2　「ギリシャ」「ペルシャ」について「ギリシア」「ペルシア」と書く慣用もある。
5　語末（特に元素名等）の-(i)umに当たるものは、原則として「-(イ)ウム」と書く。
〔例〕アルミニウム　カルシウム　ナトリウム　ラジウム
サナトリウム　シンポジウム　プラネタリウム
注　「アルミニウム」を「アルミニューム」と書くような慣用もある。
6　英語のつづりのxに当たるものを「クサ」「クシ」「クス」「クソ」と書くか、「キサ」「キシ」「キス」「キソ」と書くかは、慣用に従う。
〔例〕タクシー　ボクシング　ワックス　オックスフォード（地）
エキストラ　タキシード　ミキサー　テキサス（地）
7　拗《よう》音に用いる「ャ」「ュ」「ョ」は小書きにする。また、「ヴァ」「ヴィ」「ヴェ」「ヴォ」や「トゥ」のように組み合せて用いる場合の「ァ」「ィ」「ゥ」「ェ」「ォ」も、小書きにする。
8　複合した語であることを示すための、つなぎの符号の用い方については、それぞれの分野の慣用に従うものとし、ここでは取決めを行わない。
〔例〕ケース　バイ　ケース　ケース・バイ・ケース　ケース-バイ-ケース
マルコ・ポーロ　マルコ=ポーロ



# ○ローマ字のつづり方○

（昭和二十九年十二月九日　内閣告示）

**まえがき**

(1)　一般に国語を書き表す場合は、第1表に掲げたつづり方によるものとする。

第1表〔(　)は重出を示す〕

| | | | | | | | |
|---|---|---|---|---|---|---|---|
| a | i | u | e | o | | | |
| ka | ki | ku | ke | ko | kya | kyu | kyo |
| sa | si | su | se | so | sya | syu | syo |
| ta | ti | tu | te | to | tya | tyu | tyo |
| na | ni | nu | ne | no | nya | nyu | nyo |
| ha | hi | fu | he | ho | hya | hyu | hyo |
| ma | mi | mu | me | mo | mya | myu | myo |
| ya | (i) | yu | (e) | yo | | | |
| ra | ri | ru | re | ro | rya | ryu | ryo |
| wa | (i) | (u) | (e) | (o) | | | |
| ga | gi | gu | ge | go | gya | gyu | gyo |
| za | zi | zu | ze | zo | zya | zyu | zyo |
| da | (zi) | (zu) | de | do | (zya) | (zyu) | (zyo) |
| ba | bi | bu | be | bo | bya | byu | byo |
| pa | pi | pu | pe | po | pya | pyu | pyo |

第2表

| | | | | |
|---|---|---|---|---|
| sha | shi | shu | sho | |
| | | tsu | | |
| cha | chi | chu | cho | |
| | | fu | | |
| ja | ji | ju | jo | |
| di | du | dya | dyu | dyo |
| kwa | | | | |
| gwa | | | | |
| | | | | wo |

(2)　国際的関係その他従来の慣例をにわかに改めがたい事情にある場合に限り、第2表に掲げたつづり方によってもさしつかえない。

(3)　前二項のいずれの場合においても、おおむねそえがきを適用する。

**そえがき**

表に定めたもののほか、おおむね次の各項による。

(1)　はねる音「ン」はすべてnと書く。
(2)　はねる音を表すnと次にくる母音字またはyとを切り離す必要がある場合には、nの次に'を入れる。
(3)　つまる音は、最初の子音字を重ねて表す。
(4)　長音は母音字の上に^をつけて表す。なお、大文字の場合は、母音字を並べてもよい。
(5)　特殊音の書き表し方は自由とする。
(6)　文の書きはじめ、および固有名詞は語頭を大文字で書く。なお、固有名詞以外の名詞の語頭を大文字で書いてもよい。

〔参考〕　ローマ字については、さきに昭和十二年九月二十一日「ローマ字綴り方」が内閣訓令で公布された。これが訓令式といわれるものである。その後、いわゆる標準式・日本式が並び行われ、その統一が要望されてできたのが、ここに示した表である。第1表が訓令式、第2表の上から五行までが標準式（ヘボン式）、六行目以下が日本式である。

# 国文法の解説

## 品詞

### 1 文章・文・文節

**●文章**

**文**が集まって、全体で一つのまとまりになったものを**文章**という。文章には、小説や講演などのように長いものもあれば、はがきの文章や日常会話のように短いものもある。そして、それらは、ふつう、大小いくつかのまとまり（**段落**）からなり、それらのまとまりが、たがいにいろいろなつながりをもちながら、全体として一つのまとまりを形づくっている。なお、文章の一節も文章ということがある。

**●文**

ぼくは、きのう、駅前の本屋で、この辞書を買った。

右のように、「。」でくぎられたひと続きのことばを**文**という。文には省略があるものや短いものもあるが、完結した意味をもっている。文章は文が続けられてできている。文の終わりは、書くときには、「。」のほかに「?」や「!」などの符号《ふごう》をつけることがある。話すときには、独特のことばの調子をつけたり、大きく息を休止したりする。

**●文節**

「ぼくは、きのう、駅前の本屋で、この辞書を買った。」という文を、「ね」ということばを中にはさんで、実際のことばとしてくぎれるだけくぎってみると、次のようになる。

ぼくはね きのうね 駅前のね 本屋でね このね 辞書をね 買った。

もしもこれ以上短くくぎると、実際のことばとしてはおかしくなる。

このような一くぎりを**文節**という。文節は、文を実際のことばとしてできるだけ短くくぎった一くぎりだということができる。

なお、「寒くね ない」「買ってね いる」とはあまり言わないが、「寒くは ない」「買っても いる」のように間にことばを入れることができる。このような「寒く・ない」「買って・いる」などの関係（**補助の関係**）もそれぞれ文節として分ける。

### 2 文の成分

文は、一つまたは二つ以上の文節からできている。文節どうしは、それぞれたがいにいろいろな関係をもって一つの文を形づくっている。その場合、文構成の要素としての文節または文節群を**文の成分**という。文の成分には、主語・述語・修飾《しゅうしょく》語・接続語・独立語がある。

**●主語・述語**

風が 吹《ふ》く。　空が 美しい。

ぼくは 中学生だ。　辞書が ある。

右の文で、「風が、空が、ぼくは、辞書が、」と「吹く。美しい。中学生だ。ある。」とは、「何が—どうする、何が—どんなだ、何が—何だ、何が—ある」という関係で結びついている。

この「何が」にあたる文節を**主語**といい、「どうする（しない）、どんなだ（でない）、何々だ（でない）、ある（ない）」にあたる文節を**述語**という。なお、主語には、「何が、何は」だけでなく、「ぼくも中学生だ。」「きみこそ選手だ。」のような形もある。また、「象は鼻が長い」のように、主語が二重になった文や、「秋だなあ」のように主語のない文もある。

**●修飾《しゅうしょく》語**

強い 風が 急に 吹く。　机で 本を 読む。

小型の 辞書が ここに ある。

右の傍線《ぼうせん》のことばは、波線のことばを、くわしく述べている（対象などを示す場合もある）。このように、他の文節の内容をくわしく述べる文節を**修飾語**という。修飾語の中には、次のように、他の修飾語を修飾するものもある。

とても 強い 風が、　なかなか りっぱな 中学生だ。

この関係は意味にも関わる。たとえば次の文は、傍線がどちらの波線を修飾するかによって二つの意味にとれる。

白い　鳥の　かご

赤鬼は　こっそり　逃げた　青鬼を　追いかけた

● **接続語**

風が吹く。だから木の葉が落ちる。北または北西の風が吹く。

風が吹く。けれども枝はゆれない。強く、そして冷たい風が吹く。

右の「だから、けれども」のように、文と文とを接続する文節、「または、そして」のように、文節と文節とを接続する文節を**接続語**という。

● **独立語**

まあ、きれいな星だこと。　ほほう、これは美しい。

もしもし、中村さんですか。　はい、そうです。

右の「まあ、ほほう、もしもし、はい」のような文節は、他の文節と直接どうというはっきりした関係がなく、比較的独立している。このような文節を**独立語**という。独立語は、感動の気持ちや、呼びかけ、応答などを、じかに表す。

**語順**

文の中で、成分のならぶ順序を**語順**という。国語のふつうの語順は、およそ次のとおりである。

A 主語は、述語の前にくる。（風が吹く）

B 修飾語は、修飾される語（被修飾語）より前にくる。（冷たい風）

C 独立語や文と文をつなぐ接続語は文の初めにくる。（はい、そうです）

D 条件を表す部分は、結論を表す部分より前にくる。

疲《つか》れたから休む。　理由がわかれば許してやる。

**倒置**

きれいだなあ、星が。（星がきれいだなあ。）

休むよ、疲れたから。（疲れたから休むよ。）

右のように、ふつうの語順を逆にすることを**倒置**《とうち》という。倒置は、ある部分を特に強調したり、または、心にうかぶ順にことばをならべたりする場合に現れる。詩や会話文などに現れることが多い。

**省略**

あっ、雨が。（「降ってきた」などを省略）

花よりだんご。（「のほうがよい」などを省略）

右の例は、文脈などの助けによって、（　）の中のことばがなくても、たがいに理解できる。このように文の成分（特に述語）が欠けている場合を**省略**という。省略も、会話文や詩・ことわざなどに多く現れる。

## 3 単語

● **単語**

東から　赤い　太陽が　のぼった。

右の四つの文節のうち、「赤い」はそれ以上細かく分けることはできないが、他の三つの文節は、もっと細かく、「東・から」「太陽・が」「のぼっ・た」と分けられる。「東」は「東が、東に」などのように、「から」は「家から、町から」などのように組みたてた表現ができる。このようにして分けた一つ一つのことばを**単語**という。

● **複合語**

単語の中には、二つ以上の単語が合わさって一つの語となったものがある。そういう単語を、特に**複合語（熟語）**という。文法上のはたらきは、複合語も、それ以外の単語と同じである。

登山靴（登山・靴　クツ→グツ）／青空（青・空　ソラ→ゾラ）

名高い（名・高い　タカイ→ダカイ）／舟人（舟・人　フネ→フナ）

右の例のように、複合語になると、下の音が濁《にご》ったり（連濁《れんだく》という）、上の語の音が変わったりすることがある。また、音は変わらなくともアクセントが変わることがある。

複合語の組みたてをみると、単語と単語とがいろいろな関係で結びついていることがわかる。たとえば、「青空」は「青い空」（修飾関係）、「名高い」は「名が高い」（主語述語関係）、また、「親子」は「親と子」（対等関係）のような関係で組みたてられている。これらのほかにもさまざまな組みたて方がある。

● **接頭語（辞）・接尾《せつび》語（辞）**

単語の中には、単語と、それ自身は単語でないものとが合わさって、一つの語となったものがある。その場合にも、複合語と同じように、音が濁ったり変わったり、アクセントが変わったりすることがある。また、品詞が変わることもある。

お寺　ご苦労　まん中　こぎれい　ひんまげる　諸外国　総面積
ぼくたち　子どもらしい　長さ　春めく　涙《なみだ》ぐむ　歩き方

右の傍線《ぼうせん》の部分は、単独に使われることはなく、かならずある単語といっしょになって一つの語を作って、ある意味をつけ加えたり、調子を強めたり、語の文法上の性質を変えたりする。このうち、単語の上につくものを**接頭語（辞）**、下につくものを**接尾語（辞）**という。

### ●自立語・付属語

単語の中には、それだけで一つの文節を作ることのできるものと、それだけでは文節が作れず、いつも他の語の下について文節を作るものとがある。前者を**自立語**、後者を**付属語**という。

ぼくは　中学生です。

右の「ぼく、中学生」は自立語、「は、です」は付属語である。

### ●活用

ぼくと　妹は　庭に　朝顔の　種を　まいた。
やがて　美しい　花が　咲《さ》くだろう。

単語の中には、「ぼく、妹、庭、朝顔、種、花、やがて、と、は、に、の、を、が」のように、用いかたによってその語の形の変わらないものと、「まい（まく）、美しい、咲く、た、だろう」のように、形の変わるものとがある。

まく　（まかない、まきます、まいた、まけば）（「咲く」も同じ）
美しい　（美しかろう、美しかった、美しければ）
た　（…たろう　…たら（ば））
だ　（…だろう　…だった　…ならば）

このように形の変わることを**活用する**という。そして、形の変わる単語を**活用のある単語**、形の変わらない単語を**活用のない単語**という。したがって、「ぼく、妹、庭、朝顔、種、花、やがて」は自立語で活用のない単語、「まく、美しい、咲く」は自立語で活用のある単語、また、「と、は、に、の、を、が」は付属語で活用のない単語、「た、だ」は付属語で活用のある単語ということになる。

## 4 自立語で活用のある単語

自立語で活用のある単語は、**用言**ともいわれ、単独で述語になることができる。用言は活用のしかたによって、動詞・形容詞・形容動詞の三種類に分けられる。

### ●動詞

言い切りの形がウ段の音で終わる。おもに動作・作用を表す。「ある」「違《ちが》う」などのように存在・性質を表すこともある。

読む　話す　起きる　受ける　来る　する　いる　異なる

### ●形容詞

言い切りの形が「い」で終わる。おもに性質・状態を表す。

よい　ない　白い　正しい　楽しい

### ●形容動詞

言い切りの形が「だ」で終わり、名詞の前で「な」になる。おもに性質・状態を表す。

静かだ　朗《ほが》らかだ　きれいだ　男性的だ　スマートだ

用言は、単独で述語になるとともに、単独で、または付属語をともなって、修飾語にもなる。

A　話すことがある。　美しい花が咲く。　かれは朗らかな人だ。
B　話して聞かせる。　星が美しく見える。　かれは朗らかに話す。

右のAは体言（名詞）を修飾するから**連体修飾語**といい、Bは用言を修飾するから**連用修飾語**という。

## 5 自立語で活用のない単語

自立語で活用のない単語の中には、単独で主語になれるものと、単独では主語になれないものとがある。

単独で主語になれるものが**名詞**である。**体言**ともいう。

### ●名詞

事物の名を表すもの。名詞のうち、物やことがらの名を一般《いっぱん》的に表すものを**普通《ふつう》名詞**といい、人名・地名・書名など、同じ種類の他のものと区別するために、そのものだけに与《あた》えられた名を示すものを**固有名詞**と呼んで区別する。

人・学生・書物・万年筆・ボールペン

夏目漱石《なつめそうせき》・富士山・次郎《じろう》物語

名詞のうち、特に次のものを区別する場合もある。

**数量詞**　数量を表すもの。二つ、三人、四個、五本など。

数量詞は、「本一冊を買う」のように名詞の後に置くことができたり、「本を一冊買う」のように連用修飾語的用法をもつこともある。

**代名詞**　話し手の立場をもとにして、自分とどういう関係にあるかということから、物やことがらなどをさし示すもの。わたし、あなた、彼《かれ》、だれ、これ、そこ、あちら、どちら、どれなど。

これらのうち、人に関するものを**人称《にんしょう》代名詞**、事物・場所・方角に関するものを**指示代名詞**という。

**動名詞**　「学習、勉強」のように、「する」をつけた形（学習する・勉強する）で動詞のように使えるもの。

**性質を表す名詞**　「無料、がらあき、不治《ふち》」など、実際には意味的に主語として言いにくいものもあるが、「〜の」「〜だ」という形になることなどから便宜上《べんぎじょう》名詞としてあつかっている。

単独で主語になれない自立語には、副詞・連体詞・接続詞・感動詞の四種類がある。

● **副詞**

単独で修飾語になり、用言を修飾する。（付属語をともなって述語や連体修飾語になることもある）

(1)　状態を表す副詞

ドンドン・バタバタ・ガラガラ…　（擬声語《ぎせいご》・擬音語《ぎおんご》）

きらきら・そっと・てくてく…　（擬態語《ぎたいご》）

しばらく・ゆっくり・いきなり…

(2)　程度を表す副詞（用言を修飾するだけでなく、副詞や性質・位置関係などを表す体言を修飾する）

もっと読もう。　もっとゆっくり読め。　もっと右。

(3)　特定のとらえ方を表したり、特定の言い方と呼応したりする副詞

①たぶん・おそらく・さぞ・さだめし（推量などのとらえ方を表す）

②決して・断じて・いっこう（打ち消しの語で結ぶ）

③まさか・よもや（打ち消し推量の語で結ぶ）

④どうか・どうぞ・ぜひ（願望の語で結ぶ）

⑤もし・たとい（たとえ）（仮定の語で結ぶ）

⑥まるで・ちょうど（たとえのとらえ方を表す）

⑦とりわけ・まさに（とりたてを表す）

● **連体詞**

単独で連体修飾語になる。（主語・述語・連用修飾語にはならない）

この・その・あの・どの・ある・あらゆる・いわゆる・わが・とんだ・たいした・いろんな・ほんの・大きな

● **接続詞**

単独で接続語になる。文と文、文節と文節とを接続する。（接続詞には他の品詞から単独で、あるいは複合して転じたものが多い）

(1) 逆接の関係を表すもの…だが・が・しかし・それなのに

(2) 順接の関係を表すもの…だから・それで・それゆえ・すると

(3) 添加《てんか》・並立《へいりつ》の意を表すもの…そして・それから・そのうえ・それに・なお・かつ・および・ならびに

(4) 説明・補足の意を表すもの…つまり・なぜなら・ただし・もっとも

(5) 選択《せんたく》の意を表すもの…または・あるいは・もしくは・それとも

(6) 話題転換《てんかん》の意を表すもの…さて・ところで・では・ときに

● **感動詞**

単独で独立語になる。一つの文と同じような資格をもつ。

(1) 感動・失望・怒《いか》り・疑いなどの気持ちを表すもの…あっ・あら・まあ・ほう・やっ・へえ・おや・おやおや・やれやれ・はて

(2) 呼びかけや誘いかけの気持ちを表すもの…もしもし・おい・やい・ちょっと・ねえ・なあ・さあ

(3) 応答や反問を表すもの…ええ・はい・はあ・うん・いいえ・ううん・いや・え

(4) あいさつの気持ちを表すもの…おはよう・こんにちは・ごめん

(5) かけ声…どっこいしょ・よいさ・ほいきた・ほれ・それ

## 6 付属語で活用のある単語――助動詞

付属語で活用のある単語を**助動詞**という。助動詞は、自立語を助けていろいろな意味をつけ加える。助動詞の種類分けにはいくつかの方法があるが、一般には、その語の表す意味によって次のように分ける。

(1) 使役の助動詞…せる・させる　（書かせる・受けさせる）
(2) 受け身・可能・自発・尊敬の助動詞…れる・られる
母にしかられる（受け身）　明るい心でいられる（可能）
故郷がしのばれる（自発）　四月から来られた先生（尊敬）
(3) 丁寧《ていねい》の助動詞…ます　（書きます・受けます）
(4) 意志・推量・勧誘の助動詞…う・よう　（書こう・受けよう）
(5) 推定の助動詞…らしい　（書くらしい・受けるらしい）
(6) 打ち消しの助動詞…ない・ぬ（ん）　（書かない・受けない）
(7) 打ち消しの推量の助動詞…まい　（書くまい・受けまい）
(8) 過去・完了の助動詞…た　（書いた・受けた）
(9) 希望の助動詞…たい　（書きたい・受けたい）
(10) 断定の助動詞…だ・です　（学生だ・本です・書くのです）
(11) 推定・比喩《ひゆ》の助動詞…ようだ　（書くようだ・受けるようだ）
(12) 様態の助動詞…そうだ　（書きそうだ・受けそうだ）
(13) 伝聞の助動詞…そうだ　（書くそうだ・受けるそうだ）

## 7 付属語で活用のない単語――助詞

付属語で活用のない単語を**助詞**という。助詞は、自立語について文節を作る。また、語と語との関係を示したり、ある意味をそえたりするはたらきをもっている。助詞は、どういう意味を表すか、どういう語につくかによって、格助詞・接続助詞・副助詞・終助詞の四種類に分けられる。それぞれのおもな語には次のようなものがある。

(1) 格助詞…主として体言について、その体言が他の語に対してどんな関係に立つかを示す。
が・の・を・に・へ・と・から・より・で・や
(2) 接続助詞…活用のある語（用言または助動詞）について、上の語の意味を下の用言や用言に準ずる語に続ける。
ば・と・ても（でも）・けれど（けれども）・が・のに・ので・から・し・て（で）・ながら・たり（だり）
(3) 副助詞…いろいろな語について、その語のとりあげ方を表す意味をつけ加えたり、述語の意味を限定したりする。
は・も・こそ・さえ・でも・しか・まで・ばかり・だけ・きり・ほど・くらい（ぐらい）・など・なり・やら・か
(4) 終助詞…文の終わりにあって、いろいろな語につき、疑問・確認・禁止・感動・詠嘆《えいたん》・強意などの意を表す。
か・な・なあ・や・ぞ・とも・よ・ね・わ・の・さ

## 8 品詞とその分類

単語のもっている文法上の性質によって、すべての単語を分類することを**品詞分類**という。また、そのようにして分けられた、それぞれの種類を**品詞**という。単語のもつ文法上の性質とは、①単独で文節が作れるかどうか（自立語か付属語か）、②活用があるかないか、③単独で主語になるか、述語になるか、修飾語になるか、接続語になるか、独立語になるか、などのようなことである。このように品詞分類すると、次のようになる。

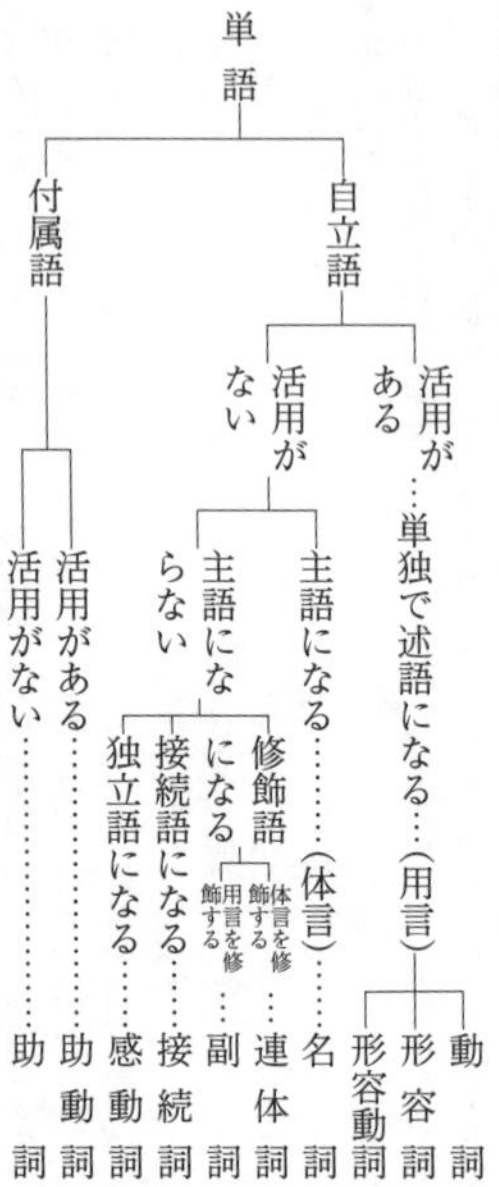


（この辞典の本文では、名詞とは別に代名詞をたてて示した）

# ◈活用◈

活用とは、単語がその用い方によって語の形を変えることをいう。単語の中では、用言（動詞・形容詞・形容動詞）と助動詞とが活用する。

## 1 用言の活用形の種類・用法

用言の活用する語形は、ふつう次の六種類に分けられる。（一二六二～六五ページ活用表を参照）

**〈未然形〉**助動詞「ない・う・よう・れる・られる・せる・させる」などについて、打ち消しその他いろいろな意味を表す。ただし、形容詞・形容動詞は「う」だけに続く。

**〈連用形〉**助動詞「た・ます・たい」、助詞「て・たり・ながら」、またほかの用言などに続いて、いろいろな意味を表す。また、単独で中止する用法（中止法）も受けもつ。動詞の連用形は、ほかの用言や体言などと結びついて複合語を作り、また、単独で名詞に転ずることがある。形容詞・形容動詞の連用形は、単独で連用修飾《しゅうしょく》語となる。

　日が沈《しず》み、月が出た。（中止法）
　歩き続ける。（複合語）
　受けがよい。（転成名詞）

**〈終止形〉**単独で文を言い切る。また、伝聞の助動詞「そうだ」、助詞「と・から・けれど（も）」などに続く。「基本の形」、また、「辞書形」ともいう。

**〈連体形〉**単独で連体修飾語になる。また、助動詞「ようだ」、助詞「の・ので・くらい」などに続く。動詞・形容詞の連体形は終止形と同形であるが、形容動詞はちがう形をとる。

**〈仮定形〉**助動詞「ば」に続いて仮定の条件を表す。形容動詞は「ば」を省くことが多い。

**〈命令形〉**単独で文を言い切り、命令や希望の意を表す。形容詞・形容動詞には、この形はない。

### ●語幹・活用語尾

書《か》：か（ナイ）　こ（ウ）　き（マス）　い（タ）　く。　く（トキ）　け（バ）　け。

高《たか》：かろ（ウ）　く（ナル）　かっ（タ）　い。　い（トキ）　けれ（バ）

静《しず》か：だろ（ウ）　に（ナル）　で（アル）　だっ（タ）　だ。　な（トキ）　なら（バ）

右の「書く」の「か」、「高い」の「たか」、「静かだ」の「しずか」の部分は、いつも形が変わらず、残りの部分だけが形が変わる。この形の変わらない部分を**語幹**、変わる部分を**活用《かつよう》語尾《ごび》**という。形容詞・形容動詞は、語幹と活用語尾との区別がはっきりしているが、動詞には、その区別のはっきりしないものがある。

## 2 動詞の活用の種類

動詞は、活用のしかたによって、次の五種類に分けられる。（一二六二～六四ページ動詞活用表を参照）

(1) 五段活用動詞…アイウエオの五段に活用する。「ない」に続く形は、ア段の音になる。「て・た」などに続くとき、形が変わることがある（音便）。語幹と語尾との区別ははっきりしている。命令形の語尾はエ段の音であるが、敬意を含む動詞「いらっしゃる・おっしゃる・くださる・なさる」の場合は「い」になる。

(2) 上一段活用動詞…イ・イル型の活用をする。「ない」に続く形は、イ段の音になる。「見る・着る・射る・似る」などは、語幹と活用語尾との区別がはっきりしない。

(3) 下一段活用動詞…エ・エル型の活用をする。「ない」に続く形は、エ段の音になる。「出る・得る・寝《ね》る・経る」などは、語幹と活用語尾との区別がはっきりしない。

(4) カ行変格活用動詞…「来る」の一語。特殊《とくしゅ》な活用をする。語幹と活用語尾との区別がはっきりしない。

(5) サ行変格活用動詞…「する」の一語。特殊な活用をする。語幹と活用語尾との区別がはっきりしない。「する」は、動名詞や副詞などと合わさって、動詞を作る。（勉強する・どきどきする）

### ●可能動詞

下一段活用の動詞の中には、「書く」に対して「書ける」、「泳ぐ」に対して「泳げる」のように、「できる」という意味を含んでいるものがある。これを**可能動詞**という。可能動詞には命令形がない。五段活用の動詞には、それに対する可能動詞のあるものがあるが、上一段活用・下一段活用・カ行変格活用の動詞に対する次のような可能動詞（らぬき言葉）は、まだ標準的な言い方とは認められない。

見る—見れる　出る—出れる　来《く》る—来《こ》れる

### ●自動詞と他動詞

動詞の中には、「を」で表される目的語に対するはたらきかけとして表すものと、そうでないものとがある。前者を**他動詞**、後者を**自動詞**という。変化をふくむ動きでは、他動詞と自動詞が同じ部分をもって対応することが多い。

{家が建つ。／家を建てる。}　{水が流れる。／水を流す。}　{火が消《き》える。／火を消《け》す。}　{戸が開く。／戸を開く。}

## 3 形容詞の活用

形容詞は動詞とちがって、その活用は一種類しかない。（一二六五ページ形容詞活用表を参照）言い切りは「い」で終わり、命令形がない。「ございます」「存じます」に連なる場合には、特別の形をとる。

## 4 形容動詞の活用

形容動詞も、形容詞と同様、その活用は一種類しかない。（一二六五ページ形容動詞活用表を参照）

言い切りは「だ」で終わる、終止形と連体形とは形がちがう、仮定形は助詞「ば」をともなわないで仮定の意味を表すことができる、語幹が形容詞よりもさらに独立して用いられる、などの特徴がある。

なお、「同じだ、こんなだ、そんなだ、あんなだ、どんなだ」は、名詞に続く場合には、連体形の活用語尾「な」を除いて語幹から続く。ただし、「のに、ので」に続く場合には、「な」から続く。

## 5 補助用言

これは本でない。　これは本である。　花が咲《さ》いている。

右の傍線《ぼうせん》の部分のように、本来の動詞・形容詞の意味からはなれて形式的に用いられ、助動詞に近くなっているものを**補助用言**という。「来る」「行く」「置く」「言う」「見る」「おく」「しまう」「もらう」「くれる」「あげる」「いらっしゃる」などの語にも補助用言としての用法がある。なお、補助用言は、ふつうかな書きで表記する。

## 6 助動詞の活用

助動詞を活用のちがいによって分けると、次の五種類に分けられる。（一二六六〜六八ページ助動詞活用表を参照）

(1) 動詞型の助動詞
れる……五段・サ変の未然形につく。

られる……上一・下一・カ変動詞・動詞型の助動詞（せる・させる）の未然形につく。

せる……五段・サ変の未然形につく。

させる……上一・下一・カ変の未然形につく。

(2) 形容詞型の助動詞
ない……動詞・動詞型の助動詞の未然形につく。

たい……動詞・動詞型の助動詞の連用形につく。

らしい……動詞・形容詞・動詞型の助動詞・形容詞型の助動詞・特殊型の助動詞（ぬ・た）の終止形につく。体言につく。形容動詞の語幹につく。体言につく。助詞（から・の）につく。

(3) 形容動詞型の助動詞
だ……体言につく。ある種の助詞につく。未然形「だろ」、仮定形「なら」は、動詞・形容詞・動詞型の助動詞・形容詞型の助動詞・特殊型の助動詞の終止形にもつく。仮定形「なら」は「ます」の終止形にもつく。

ようだ……用言・動詞型の助動詞・形容詞型の助動詞・特殊型の助動詞の連体形につく。助詞「の」、ある種の連体詞につく。

そうだ（伝聞）…動詞・形容詞・形容動詞・動詞型の助動詞・形容動詞型の助動詞・特殊型の助動詞の終止形につく。

そうだ（様態）…動詞・動詞型助動詞の連用形につく。形容詞・形容動詞・形容詞型の助動詞の語幹につく。形容詞「ない」「よい」の場合は「なさそうだ」「よさそうだ」となる。

(4) 特殊型の助動詞

ます……動詞・動詞型の助動詞の連用形につく。

です……体言・ある種の助詞につく。形容動詞・形容動詞型の助動詞の語幹につく。未然形「でしょ（う）」は、動詞・形容詞・動詞型の助動詞・形容詞型の助動詞・特殊型の助動詞の終止形にもつく。

た（だ）…動詞・形容詞・形容動詞・「う・よう・まい・ぬ」以外の助動詞の連用形につく。

ぬ（ん）…動詞・動詞型の助動詞・特殊型の助動詞「ます」の未然形につく。

(5) 語形変化のない助動詞（終止形と連体形を持つ）

う……五段動詞・形容詞・形容動詞・形容詞型の助動詞・形容動詞型の助動詞・特殊型の助動詞の未然形につく。

よう……五段以外の動詞・動詞型の助動詞の未然形につく。

まい……五段動詞・助動詞「ます」の終止形、上一・下一・カ変・サ変動詞・動詞型の助動詞の未然形につく。

## 7 文語の活用

文語の活用と口語の活用のおもなちがいはおよそ次のとおりである。

### ●動詞の活用

木より落つ（落ちる）〔上二段〕
あはれも深く見ゆ（見える）〔下二段〕
生まれ死ぬる人（死ぬ人）〔ナ行変格〕

(1) 例のように口語には見られない活用のしかたをする動詞がある。これらが口語とどうちがうかは、一二六二～六五ページ動詞活用表を参照。

(2) 口語の活用とくらべて特にめだってちがうのは次の二点である。
A 四段・上二段・下二段・ナ変・ラ変という活用の種類がある。
B 四段・上一段・下一段以外は、終止形と連体形の形がちがう。

(3) 口語の仮定形は、「ば」がついて仮定条件を表す。文語の已然形《いぜんけい》は同じ形で既定《きてい》条件を表し、「行けば」は「行ったので」の意味を表す。仮定条件は、未然形に「ば」をつけて「行かば」という。

### ●形容詞の活用

風いと強し（強い）。〔ク活〕　いやしき（いやしい）心かな。〔シク活〕

右のように口語には見られない活用がある。これらの形容詞の活用が口語とどうちがうかは、一二六五ページ形容詞活用表を参照。

### ●形容動詞の活用

月明らかなり。〔ナリ活〕　春のきたること遅々《ちち》たり。〔タリ活〕

右のように口語には見られない活用がある。文語の形容動詞の活用が口語とどうちがうかは、一二六五ページ形容動詞活用表を参照。

### ●助動詞の活用

文語の助動詞は、語そのものも活用も、口語とはかなりちがう。文語の助動詞を活用のしかたによって分けると、次の五種類に分けられる。一二六六～六八ページ助動詞活用表を参照。（カッコ内はそれにあたる口語

(1) 動詞型の助動詞…す（せる）・さす（させる）・しむ（せる）・る（れる）・らる（られる）・つ（た）〔下二段型〕／ぬ（た）〔ナ変型〕／完了の「たり」（た）・り（た）・けり（た）・めり（ようだ）〔ラ変型〕／むず（だろう・よう）〔サ変型〕／む（う）・けむ（ただろう）・らむ（だろう）〔四段型〕

(2) 形容詞型の助動詞…べし（だろう）・たし（たい）・ごとし（ようだ）〔ク活用型〕／まほし（たい）・まじ（まい）〔シク活用型〕

(3) 形容動詞型の助動詞…なり（だ・です）〔ナリ活用型〕／断定の「たり」（だ）〔タリ活用型〕

(4) 特殊型の助動詞…ず（ない）・まし（う）・き（た）

(5) 語形変化のない助動詞…らし（らしい）・じ（まい）

# ◆用言・助動詞の活用表

## (1) 動詞活用表

### 口語

| 活用の種類 | 行名 | 基本の形 | 語幹 | 未然形 | 連用形 | 終止形 | 連体形 | 仮定形 | 命令形 |
|---|---|---|---|---|---|---|---|---|---|
| 五段（四段）活用 | カ行 | 書く | 書 | か こ | き い | く | く | け | け |
| 五段（四段）活用 | ガ行 | 泳ぐ | 泳 | が ご | ぎ い | ぐ | ぐ | げ | げ |
| 五段（四段）活用 | サ行 | 話す | 話 | さ そ | し | す | す | せ | せ |
| 五段（四段）活用 | タ行 | 勝つ | 勝 | た と | ち っ | つ | つ | て | て |
| 五段（四段）活用 | バ行 | 飛ぶ | 飛 | ば ぼ | び ん | ぶ | ぶ | べ | べ |
| 五段（四段）活用 | マ行 | 読む | 読 | ま も | み ん | む | む | め | め |
| 五段（四段）活用 | ラ行 | 走る | 走 | ら ろ | り っ | る | る | れ | れ |
| 五段（四段）活用 | アワ行 | 思う | 思 | わ お | い っ | う | う | え | え |
| 五段（四段）活用 | ナ行 | 死ぬ | 死 | な の | に ん | ぬ | ぬ | ね | ね |
| 五段（四段）活用 | ラ行 | 有る | 有 | ら ろ | り っ | る | る | れ | れ |
| 五段（四段）活用 | ラ行 | 蹴《け》る | 蹴 | ら ろ | り っ | る | る | れ | れ |

### 文語

| 活用の種類 | 行名 | 基本の形 | 語幹 | 未然形 | 連用形 | 終止形 | 連体形 | 已然形 | 命令形 |
|---|---|---|---|---|---|---|---|---|---|
| 四段活用 | カ行 | 書く | 書 | か | き | く | く | け | け |
| 四段活用 | ガ行 | 泳ぐ | 泳 | が | ぎ | ぐ | ぐ | げ | げ |
| 四段活用 | サ行 | 話す | 話 | さ | し | す | す | せ | せ |
| 四段活用 | タ行 | 勝つ | 勝 | た | ち | つ | つ | て | て |
| 四段活用 | バ行 | 飛ぶ | 飛 | ば | び | ぶ | ぶ | べ | べ |
| 四段活用 | マ行 | 読む | 読 | ま | み | む | む | め | め |
| 四段活用 | ラ行 | 走る | 走 | ら | り | る | る | れ | れ |
| 四段活用 | ハ行 | 思ふ | 思 | は | ひ | ふ | ふ | へ | へ |
| ナ変 | | 死ぬ | 死 | な | に | ぬ | ぬる | ぬれ | ね |
| ラ変 | | 有り | 有 | ら | り | り | る | れ | れ |
| 下一段 | カ行 | 蹴《け》る | （蹴） | け | け | ける | ける | けれ | けよ |

語幹に（ ）のついたものは語幹と語尾の区別のないもの。

## 上一段活用

| | | | | | | | | | | | | | | | | |
|---|---|---|---|---|---|---|---|---|---|---|---|---|---|---|---|---|
| | ア行 | ア行 | カ行 | ナ行 | ハ行 | マ行 | ア行 | ア行 | カ行 | ガ行 | ザ行 | ザ行 | タ行 | バ行 | マ行 | ラ行 |
| | 射る | 居る | 着る | 似る | 干る | 見る | 強《し》いる | 報いる | 起きる | 過ぎる | 論じる | 恥じる | 落ちる | 延びる | 試みる | 下《お》りる |
| | (射) | (居) | (着) | (似) | (干) | (見) | 強 | 報 | 起 | 過 | 論 | 恥 | 落 | 延 | 試 | 下 |
| | い | い | き | に | ひ | み | い | い | き | ぎ | じ | じ | ち | び | み | り |
| | い | い | き | に | ひ | み | い | い | き | ぎ | じ | じ | ち | び | み | り |
| | いる | いる | きる | にる | ひる | みる | いる | いる | きる | ぎる | じる | じる | ちる | びる | みる | りる |
| | いる | いる | きる | にる | ひる | みる | いる | いる | きる | ぎる | じる | じる | ちる | びる | みる | りる |
| | いれ | いれ | きれ | にれ | ひれ | みれ | いれ | いれ | きれ | ぎれ | じれ | じれ | ちれ | びれ | みれ | りれ |
| | いろ いよ | いろ いよ | きろ きよ | にろ によ | ひろ ひよ | みろ みよ | いろ いよ | いろ いよ | きろ きよ | ぎろ ぎよ | じろ じよ | じろ じよ | ちろ ちよ | びろ びよ | みろ みよ | りろ りよ |

| | 上一段活用 | | | | | | 上二段活用 | | | | | | | | | |
|---|---|---|---|---|---|---|---|---|---|---|---|---|---|---|---|---|
| | ヤ行 | ワ行 | カ行 | ナ行 | ハ行 | マ行 | ハ行 | ヤ行 | カ行 | ガ行 | (文語では「論ず」で、サ行変格活用) | ダ行 | タ行 | バ行 | マ行 | ラ行 |
| | 射る | 居る | 着る | 似る | 干る | 見る | 強《し》ふ | 報ゆ | 起く | 過ぐ | | 恥づ | 落つ | 延ぶ | 試む | 下《お》る |
| | (射) | (居) | (着) | (似) | (干) | (見) | 強 | 報 | 起 | 過 | | 恥 | 落 | 延 | 試 | 下 |
| | い | ゐ | き | に | ひ | み | ひ | い | き | ぎ | | ぢ | ち | び | み | り |
| | い | ゐ | き | に | ひ | み | ひ | い | き | ぎ | | ぢ | ち | び | み | り |
| | いる | ゐる | きる | にる | ひる | みる | ふ | ゆ | く | ぐ | | づ | つ | ぶ | む | る |
| | いる | ゐる | きる | にる | ひる | みる | ふる | ゆる | くる | ぐる | | づる | つる | ぶる | むる | るる |
| | いれ | ゐれ | きれ | にれ | ひれ | みれ | ふれ | ゆれ | くれ | ぐれ | | づれ | つれ | ぶれ | むれ | るれ |
| | いよ | ゐよ | きよ | によ | ひよ | みよ | ひよ | いよ | きよ | ぎよ | | ぢよ | ちよ | びよ | みよ | りよ |

| おもな用法 | サ変 | カ変 | 下一段活用 | | | | | | | | | | | | | | |
|---|---|---|---|---|---|---|---|---|---|---|---|---|---|---|---|---|---|
| | | | ラ行 | マ行 | バ行 | ハ行 | ナ行 | ダ行 | タ行 | ザ行 | サ行 | ガ行 | カ行 | ア行 | ア行 | ア行 | ア行 |
| | 為《す》る | 来《く》る | 流れる | 改める | 調べる | 経る | 尋ねる | 出る | 育てる | 混ぜる | 寄せる | 投げる | 受ける | 教える | 植える | 越える | 得る |
| | (為) | (来) | 流 | 改 | 調 | (経) | 尋 | (出) | 育 | 混 | 寄 | 投 | 受 | 教 | 植 | 越 | (得) |
| ナイ、ウ、ヨウに連なる | させし | こ | れ | め | べ | へ | ね | で | て | ぜ | せ | げ | け | え | え | え | え |
| マス、タに連なる | し | き | れ | め | べ | へ | ね | で | て | ぜ | せ | げ | け | え | え | え | え |
| 言い切る | する | くる | れる | める | べる | へる | ねる | でる | てる | ぜる | せる | げる | ける | える | える | える | える |
| 体言に連なる | する | くる | れる | める | べる | へる | ねる | でる | てる | ぜる | せる | げる | ける | える | える | える | える |
| バに連なる | すれ | くれ | れれ | めれ | べれ | へれ | ねれ | でれ | てれ | ぜれ | せれ | げれ | けれ | えれ | えれ | えれ | えれ |
| 命令の意味で言い切る | しろ せよ | こい | れろ れよ | めろ めよ | べろ べよ | へろ へよ | ねろ ねよ | でろ でよ | てろ てよ | ぜろ ぜよ | せろ せよ | げろ げよ | けろ けよ | えろ えよ | えろ えよ | えろ えよ | えろ えよ |

| おもな用法 | サ変 | カ変 | 下二段活用 | | | | | | | | | | | | | | |
|---|---|---|---|---|---|---|---|---|---|---|---|---|---|---|---|---|---|
| | | | ラ行 | マ行 | バ行 | ハ行 | ナ行 | ダ行 | タ行 | ザ行 | サ行 | ガ行 | カ行 | ハ行 | ワ行 | ヤ行 | ア行 |
| | 為《す》 | 来《く》 | 流る | 改む | 調ぶ | 経《ふ》 | 尋ぬ | 出《い》づ | 育つ | 混ず | 寄す | 投ぐ | 受く | 教ふ | 植う | 越ゆ | 得《う》 |
| | (為) | (来) | 流 | 改 | 調 | (経) | 尋 | 出 | 育 | 混 | 寄 | 投 | 受 | 教 | 植 | 越 | (得) |
| ズに連なる | せ | こ | れ | め | べ | へ | ね | で | て | ぜ | せ | げ | け | へ | ゑ | え | え |
| テ、タリに連なる | し | き | れ | め | べ | へ | ね | で | て | ぜ | せ | げ | け | へ | ゑ | え | え |
| 言い切る | す | く | る | む | ぶ | ふ | ぬ | づ | つ | ず | す | ぐ | く | ふ | う | ゆ | う |
| 体言に連なる | する | くる | るる | むる | ぶる | ふる | ぬる | づる | つる | ずる | する | ぐる | くる | ふる | うる | ゆる | うる |
| ドモに連なる | すれ | くれ | るれ | むれ | ぶれ | ふれ | ぬれ | づれ | つれ | ずれ | すれ | ぐれ | くれ | ふれ | うれ | ゆれ | うれ |
| 命令の意味で言い切る | せよ | こ(よ) | れよ | めよ | べよ | へよ | ねよ | でよ | てよ | ぜよ | せよ | げよ | けよ | へよ | ゑよ | えよ | えよ |

## (2) 形容詞活用表

**口語**

| 基本の形 | 語幹 | 未然形 | 連用形 | 終止形 | 連体形 | 仮定形 | 命令形 |
|---|---|---|---|---|---|---|---|
| 高い | たか(高) | かろ | かっ<br>く | い | い | けれ | ○ |
| 正しい | ただし(正) | かろ | かっ<br>く | い | い | けれ | ○ |
| おもな用法 | | ウに連なる | タ、ナルに連なる | 言い切る | 体言に連なる | バに連なる | |

**文語**

| 活用の種類 | 基本の形 | 語幹 | 未然形 | 連用形 | 終止形 | 連体形 | 已然形 | 命令形 |
|---|---|---|---|---|---|---|---|---|
| ク活用 | 高し | たか(高) | から | く<br>かり | し | き<br>かる | けれ | かれ |
| シク活用 | 正し | ただ(正) | しから | しく<br>しかり | し | しき<br>しかる | しけれ | しかれ |
| おもな用法 | | | バ、ズに連なる | ナル、キに連なる | 言い切る | 時、ベシに連なる | ドモに連なる | 命令の意味で言い切る |

## (3) 形容動詞活用表

**口語**

| 基本の形 | 語幹 | 未然形 | 連用形 | 終止形 | 連体形 | 仮定形 | 命令形 |
|---|---|---|---|---|---|---|---|
| 静かだ | 静か | だろ | だっ<br>で<br>に | だ | な | なら | ○ |
| 元気だ | 元気 | だろ | だっ<br>で<br>に | だ | な | なら | ○ |
| おもな用法 | | ウに連なる | タ、アル、ナルに連なる | 言い切る | 体言に連なる | バに連なる | |

**文語**

| 活用の種類 | 基本の形 | 語幹 | 未然形 | 連用形 | 終止形 | 連体形 | 已然形 | 命令形 |
|---|---|---|---|---|---|---|---|---|
| ナリ活用 | 静かなり | 静か | なら | なり<br>に | なり | なる | なれ | なれ |
| タリ活用 | 堂々たり | 堂々 | たら | たり<br>と | たり | たる | たれ | たれ |
| おもな用法 | | | ズに連なる | キ、ナルに連なる | 言い切る | 体言に連なる | ドモに連なる | 命令の意味で言い切る |

〈**参考**〉①「同じだ」「こんなだ」「あんなだ」の連体形は語幹に同じ。
②「静かです」「じょうぶです」を形容動詞とみる説もあるが、「静か」「じょうぶ」は形容動詞の語幹、「です」は断定の助動詞とみるのがよい。

## (4) 助動詞活用表

### 口語

| 種類 | 基本の形 | 未然形 | 連用形 | 終止形 | 連体形 | 仮定形 | 命令形 | 活用の型 | 接続 |
|---|---|---|---|---|---|---|---|---|---|
| 使役 | せる | せ | せ | せる | せる | せれ | せろ<br>せよ | 下一 | 未然(五、サ変) |
| | させる | させ | させ | させる | させる | させれ | させろ<br>させよ | 下一 | 未然(右以外) |
| | しめる | しめ | しめ | しめる | しめる | しめれ | しめろ<br>しめよ | 下一 | 未然(用言、一部の助動) |
| 受け身 | れる | れ | れ | れる | れる | れれ | れろ<br>れよ | 下一 | 未然(五、サ変) |
| | られる | られ | られ | られる | られる | られれ | られろ<br>られよ | 下一 | 未然(右以外の動、一部助動) |
| 可能 | れる | れ | れ | れる | れる | れれ | ○ | 下一 | 未然(五、サ変) |
| | られる | られ | られ | られる | られる | られれ | ○ | 下一 | 未然(右以外) |
| 自発 | れる | れ | れ | れる | れる | れれ | ○ | 下一 | 未然(五、サ変) |
| | られる | られ | られ | られる | られる | られれ | ○ | 下一 | 未然(右以外) |
| 尊敬 | れる | れ | れ | れる | れる | れれ | ○ | 下一 | 未然(五、サ変) |
| | られる | られ | られ | られる | られる | られれ | ○ | 下一 | 未然(右以外) |
| 丁寧 | ます | ませ<br>(ましょ) | まし | ます | ます | ますれ | まし<br>(ませ) | 特殊 | 連用(動、一部の助動) |

### 文語

| 種類 | 基本の形 | 未然形 | 連用形 | 終止形 | 連体形 | 已然形 | 命令形 | 活用の型 | 接続 |
|---|---|---|---|---|---|---|---|---|---|
| 使役 | す | せ | せ | す | する | すれ | せよ | 下二 | 未然(四、ナ・ラ変) |
| | さす | させ | させ | さす | さする | さすれ | させよ | 下二 | 未然(右以外) |
| | しむ | しめ | しめ | しむ | しむる | しむれ | しめよ | 下二 | 未然(用言) |
| 受け身 | る | れ | れ | る | るる | るれ | れよ | 下二 | 未然(四、ナ・ラ変) |
| | らる | られ | られ | らる | らるる | らるれ | られよ | 下二 | 未然(右以外) |
| 可能 | る | れ | れ | る | るる | るれ | ○ | 下二 | 未然(四、ナ・ラ変) |
| | らる | られ | られ | らる | らるる | らるれ | ○ | 下二 | 未然(右以外) |
| 自発 | る | れ | れ | る | るる | るれ | ○ | 下二 | 未然(四、ナ・ラ変) |
| | らる | られ | られ | らる | らるる | らるれ | ○ | 下二 | 未然(右以外) |
| 尊敬 | る | れ | れ | る | るる | るれ | れよ | 下二 | 未然(四、ナ・ラ変) |
| | らる | られ | られ | らる | らるる | らるれ | られよ | 下二 | 未然(右以外) |
| | す | せ | せ | す | する | すれ | せよ | 下二 | 未然(四、ナ・ラ変) |
| | さす | させ | させ | さす | さする | さすれ | させよ | 下二 | 未然(右以外) |
| | しむ | しめ | しめ | しむ | しむる | しむれ | しめよ | 下二 | 未然(用言) |

| 時 | | 推 | | | | 量 | |
|---|---|---|---|---|---|---|---|
| 完了 | 過去 | 推量打消 | 過去推量 | 推定 | 仮想 | | |
| た〔だ〕 | た〔だ〕 | まい | | らしい | | よう | う |
| たろ〔だろ〕 | たろ〔だろ〕 | ○ | | ○ | | ○ | ○ |
| ○ | ○ | ○ | | らしかっ<br>らしく | | ○ | ○ |
| た〔だ〕 | た〔だ〕 | まい | | らしい | | よう | う |
| た〔だ〕 | た〔だ〕 | （まい） | | らしい | | （よう） | （う） |
| たら〔だら〕 | たら〔だら〕 | ○ | | （らしけれ） | | ○ | ○ |
| ○ | ○ | ○ | | ○ | | ○ | ○ |
| 特殊 | 特殊 | 特殊 | | 形容詞 | | 特殊 | 特殊 |
| 右に同じ | 連用（用言、一部の助動） | 終止（五）、未然（五以外）、一部助動終止・未然 | | 体言、終止（動、形、一部助動）、一部助、形動語幹 | | 未然（右以外の動、一部の助動） | 未然（五段、形、形動、一部の助動） |

| | | | | | | | | | | | | | | | | |
|---|---|---|---|---|---|---|---|---|---|---|---|---|---|---|---|---|
| り | たり | ぬ | つ | けり | き | じ | まじ | けむ〔けん〕 | らし（古） | らし（現） | まし | めり | らむ〔らん〕 | べし | むず〔んず〕 | む〔ん〕 |
| （ら） | たら | な | て | （けら） | （せ） | ○ | まじく | ○ | ○ | らしから | （ませ）<br>ましか | ○ | ○ | べから | ○ | ○ |
| （り） | たり | に | て | ○ | ○ | ○ | まじく<br>まじかり | ○ | ○ | らしく<br>らしかり | ○ | めり | ○ | べく<br>べかり | ○ | ○ |
| り | たり | ぬ | つ | けり | き | じ | まじ | けむ〔けん〕 | らし | らし | まし | めり | らむ〔らん〕 | べし | むず〔んず〕 | む〔ん〕 |
| る | たる | ぬる | つる | ける | し | じ | まじき<br>まじかる | けむ〔けん〕 | （らし） | らしき<br>らしかる | まし | める | らむ〔らん〕 | べき<br>べかる | むず〔んず〕 | む〔ん〕 |
| れ | たれ | ぬれ | つれ | けれ | しか | （じ） | まじけれ | けめ | （らし） | ○ | ましか | めれ | らめ | べけれ | むずれ〔んずれ〕 | め |
| （れ） | たれ | （ね） | てよ | ○ | ○ | ○ | ○ | ○ | ○ | ○ | ○ | ○ | ○ | ○ | ○ | ○ |
| ラ変 | ラ変 | ナ変 | 下二 | ラ変 | 特殊 | 特殊 | 形シク | 四段 | 特殊 | 形シク | 特殊 | ラ変 | 四段 | 形ク活 | サ変 | 四段 |
| 已然（四）<br>未然（サ変） | 連用（動詞） | 連用（動、形） | 連用（用言） | 連用（用言） | 連用（用言）カサ変には特殊接続 | 未然（用言） | 終止（ラ変以外）<br>連体（ラ、形、形動） | 連用（用言） | 連体（用言） | 体言 | 未然（用言） | 右に同じ | 右に同じ | 終止（ラ変以外）<br>連体（ラ、形、形動） | 未然（用言） | 未然（用言） |

| 意味 | おもな用法 | ナイ、ウ、ンに連なる | マス、タ、テ、アル、ナルに連なる | 言い切る | 体言、ノ、ノデ、ノニに連なる | バに連なる | 命令の意味で言い切る | (活用の型) | (接続) |
|---|---|---|---|---|---|---|---|---|---|
| 希望 | たい | たかろ | たかっ たく | たい | たい | たけれ | ○ | 形容詞 | 連用(動、助動) |
| 希望 | たがる | たがら たがろ | たがり たがっ | たがる | たがる | たがれ | ○ | 五段 | 右に同じ |
| 断定 | だ | だろ | だっ (で) | だ | な | なら | ○ | 形容動詞 | 体言 助詞「の」 |
| 断定 | です | でしょ | でし | です | (です) | ○ | ○ | 特殊 | 右に同じ |
| 打消 | ぬ[ん] | ○ | ず | ぬ[ん] | ぬ[ん] | ね | ○ | 特殊 | 未然(動、一部の助動) |
| 打消 | ない | なかろ | なかっ なく | ない | ない | なけれ | ○ | 形容詞 | 右に同じ |
| 詠嘆 | | | | | | | | | |
| 比況 | ようだ | ようだろ | ようだっ ようで ように | ようだ | ような | ようなら | ○ | 形容動詞 | 体言＋「の」、連体詞、連体(用言、一部の助動) |
| 伝聞 | そうだ | ○ | そうで | そうだ | ○ | ○ | ○ | 形容動詞 | 終止(用言、一部の助動) |
| 様態 | そうだ | そうだろ | そうだっ そうで そうに | そうだ | そうな | そうなら | ○ | 形容動詞 | 連用(動、一部の助動)、語幹(形、形動、一部の助動) |

| 意味 | おもな用法 | ズ、バ、ムに連なる | タリ、ヤ、ケリ、シテ、ナルに連なる | 言い切る | 体言に連なる | ドモに連なる | 命令の意味で言い切る | (活用の型) | (接続) |
|---|---|---|---|---|---|---|---|---|---|
| 希望 | たし | たから | たく たかり | たし | たき たかる | たけれ | ○ | 形ク活 | 連用(動詞) |
| 希望 | まほし | まほしく まほしから | まほしく まほしかり | まほし | まほしき まほしかる | まほしけれ | ○ | 形シク | 未然(動詞) |
| 断定 | なり | なら | なり に | なり | なる | なれ | なれ | 形動ナリ | 体言 連体(用言) |
| 断定 | たり | たら | たり と | たり | たる | たれ | たれ | 形動タリ | 体言 |
| 打消 | ず | ず ざら | ず ざり | ず | ぬ ざる | ね ざれ | ○ ざれ | 特殊 | 未然(用言) |
| 詠嘆 | けり | (けら) | ○ | けり | ける | けれ | ○ | ラ変 | 連用(用言) |
| 比況 | ごとし | ごとく | ごとく | ごとし | ごとき | ○ | ○ | 形ク活 | 連体(動)、連体＋「が」、体言＋「の」 |
| 伝聞 | なり | ○ | (なり) | なり | なる | なれ | ○ | ラ変 | 終止(動詞) |
| 様態 | | | | | | | | | |

## (5) 助詞一覧表

| 種類 | 口語 語 | 口語 意味・用法 | 口語 *接続 | 文語 語 | 文語 意味・用法 | 文語 *接続 |
|---|---|---|---|---|---|---|
| 第一類（格助詞）主として体言に付いて、その語の付いた語が文中の他の語に対してどんな関係に立つかを示す | が | 主語 | 体言 | が | 主語、連体修飾語（所有、限定） | 体言、用言の連体 |
| | の（ん） | 連体修飾語（所有、限定）、主語、体言代用・同格 | 体言、用言の連体 | の | 連体修飾語（所有、限定）、主語・同格 | 右に同じ |
| | を | 連用修飾語（動作の対象・経由点・起点・方向） | 体言 | を | 連用修飾語（動作の対象・経由点・起点） | 右に同じ |
| | に | 連用修飾語（場所、時、帰着、作用の結果、動作の目的、対象、比較の基準）、並列 | 体言、動詞の連用 | に | 連用修飾語（場所、時、帰着、作用の結果、動作の目的、受身の原因、使役の目的、比較の基準、添加、強意） | 体言、用言の連体、動詞の連用 |
| | へ | 連用修飾語（方向、場所、対象） | 体言 | へ | 連用修飾語（方向） | 体言 |
| | と | 連用修飾語（共同、作用の結果、動作の対象、引用文を受ける）、並列 | 体言、引用文 | と | 連用修飾語（共同、作用の結果、動作の対象、引用文を受ける）、並列 | 体言、用言の連体、引用文 |
| | から | 連用（連体）修飾語（起点、動作の起点・経由点、原因・理由、材料） | 体言、「て」「で」 | つ | 連体修飾語（所有・所属） | 体言 |
| | より | 連用修飾語（比較、限定、起点） | 体言、用言の連体 | より | 連用修飾語（比較、起点、経由点、手段、即時）、連体修飾語（限定） | 体言、用言の連体 |
| | で | 連用修飾語（手段、場所、原因・理由、時） | 体言 | ゆ | 動作・作用の起点・経由点 | 右に同じ |
| | や | 並列（対等の関係で例示） | 右に同じ | から | 連用修飾語（起点、経由点、手段・原因） | 右に同じ |
| | | | | にて | 連用修飾語（手段、場所、時、原因） | 右に同じ |
| 助詞）用言または助動詞 | ば | 順接の仮定条件、原因となる一般条件、並列 | 用言の仮定 | ば | 順接の仮定条件、順接の確定条件、原因となる一般条件 | 用言の未然（仮定）、用言の已然（既定） |
| | と（とも） | 順接の仮定条件、逆接の仮定条件、一般条件 | 用言の終止 | とも | 逆接の仮定条件 | 動・形動終止、形未然 |
| | | | | ど（ども） | 逆接の確定条件 | 用言の已然 |

＊助動詞への接続は用言に準ずる。

| | | | |
|---|---|---|---|
| 第二類（接続 に付いて、上の語の意味を下の用言または用言に準ずるものに続ける | ても(でも) | 逆接の仮定条件、逆接の確定条件 | 用言の連用 |
| | けれど(けれども) | 逆接の確定条件、対比 | 用言の終止 |
| | が | 逆接の確定条件、単なる接続、対比 | 右に同じ |
| | のに | 逆接の確定条件 | 用言の終止・連体 |
| | ので | 原因・理由 | 用言の連体 |
| | から | 原因・理由 | 用言の終止 |
| | し | 並列 | 右に同じ |
| | て(で) | 接続、原因・理由、並列 | 用言の連用 |
| | ながら | 動作の並行、「のに」の意 | 動連用、形終止、形動語幹 |
| | たり(だり) | 動作の並列、例示 | 用言の連用 |
| 第三類（副助詞） 体言用言その他種種の語に付いて、その語の取り上げ方を示す（係助詞を含む） | は | 区別、強意 | 体言、用言連用・連体 |
| | も | 他と同様を示す、強意、並列 | 右に同じ |
| | こそ | 強意 | 右に同じ |
| | さえ | 類推、限定、添加 | 右に同じ |
| | でも | 類推、軽くおおまかに言う | 右に同じ |
| | しか | 限定（下に打ち消しを伴う） | 体言、形・形動連用、動連体 |
| | まで | 所・時・程度の範囲、添加 | 体言、用言の連体 |
| | ばかり | 限定、程度、完了して間もない意 | 右に同じ |
| | だけ | 限定、程度、制限 | 右に同じ |
| | ほど | 程度、分量 | 右に同じ |
| | くらい(ぐらい) | 程度、最低の基準 | 右に同じ |
| | など | 例示 | 体言、用言連体、引用 |
| | なり | 並列選択、「なりとも」「でも」の意 | 体言、用言の終止 |
| | やら | 不確定、並列 | 体言、用言連体、「の」 |
| | か | 不確定、並列選択 | 体言、用言の終止 |

| | | |
|---|---|---|
| も | 逆接の仮定条件、逆接の確定条件 | 用言の連体 |
| が | 逆接の確定条件、単なる接続 | 右に同じ |
| に | 逆接の確定条件、場合、原因、添加 | 右に同じ |
| を | 逆接の確定条件、順接の確定条件 | 右に同じ |
| て | 接続、並列、原因・理由 | 用言の連用 |
| して | 単なる接続、原因・理由 | 形・形動の連用 |
| で | 打ち消して接続（「ずて」の意） | 用言の未然 |
| つつ | 動作の並行、反復・継続 | 動詞の連用 |
| ながら | 動作の並行、「けれども」の意 | 動・助動の連用 |
| ものから | 逆接の確定条件 | 用言の連体 |
| は | 区別、強意 | 体言、用言連用・連体 |
| も | 他と同様を示す、詠嘆、並列 | 右に同じ |
| ぞ | 強意 | 体言、用言の連体 |
| なむ(なん)(なも) | 右に同じ | 右に同じ |
| や | 疑問、反語、並列 | 体言、用言の終止 |
| か | 右に同じ | 体言、用言の連体 |
| こそ | 強意 | 右に同じ |
| だに | 軽いものを挙げて重いものを類推 | 右に同じ |
| すら | 一事を挙げて他を類推 | 右に同じ |
| さへ | 添加 | 右に同じ |
| し | 強意 | 体言 |
| のみ | 限定、強意 | 体言、用言の連体 |
| ばかり | 限定、程度 | 右に同じ |
| まで | 動作・作用の範囲・限度、添加 | 右に同じ |
| など | 例示、引用 | 右に同じ |

| 第四類（終助詞） | 助詞 | 意味 | 接続 |
|---|---|---|---|
| 主として文末において体言用言その他種々の語に付き、疑問・禁止・詠嘆・感動・強意などの意を表す | か | 疑問、反語、勧誘、感動 | 体言、用言の連体 |
| | な | 禁止 | 動・助動の終止 |
| | な(なあ) | 詠嘆・感動、念を押す | 用言の終止 |
| | や | 感動、強意、呼びかけ | 体言、用言終止・命令 |
| | ぞ | 指示、認識 | 用言の終止 |
| | とも | 強意 | 右に同じ |
| | よ | 感動、強意、呼びかけ | 体言、用言終止・命令 |
| | ぜ | 指示 | 用言の終止 |
| | ね(ねえ) | 感動、共感、確認、念を押す | 体言、用言の終止 |
| | わ | 感動、強意、詠嘆 | 用言の終止 |
| | の | 軽い断定、疑問 | 用言の連体 |
| | さ | 強意、余情 | 体言、用言の終止 |
| | な | 禁止 | ラ変連体、その他終止 |
| | な……そ | 禁止 | 動詞の連用をはさむ（カ・サ変には未然） |
| | ばや | 自己の願望 | 動・助動の未然 |
| | なむ(なん) | あつらえ | 動詞・形容詞の未然 |
| | がな(がも) | 願望 | 体言、助詞「を」 |
| | かな(かも) | 感動、詠嘆 | 体言、用言の連体 |
| | かし | 強意 | 用言の命令・終止 |
| | や | 感動、念を押す | 体言、用言終止・命令 |
| | な | 感動、詠嘆 | 右に同じ |
| | よ | 感動、呼びかけ、指示 | 体言、用言連体・命令 |
| | こそ | 他への願望 | 動詞の連用 |
| | か | 感動、詠嘆 | 体言、用言の連体 |
| | な | 願望 | 動・助動の未然 |
| | がね | 理由、目的 | 動詞の連体 |
| | に・ね | 他への願望 | 動詞の未然 |
| | を | 感動 | 体言、用言の連体・命令 |
| | し | 強意 | 体言など |

**〈参考〉**①文語で終助詞のうち詠嘆《えいたん》・感動を表すものを特に**間投助詞**ということがある。
②文語で「をして」「をもって」「について」「によって」「において」などを一語の格助詞とし、候文《そうろうぶん》の「処《ところ》」「間」などを接続助詞とする説もある。
③「な―そ」（禁止）には次の三通りの用い方がある。
(ア)「な―」 吾《あ》が背子《せこ》はものな思ほし (イ)「な―そ」 な行きそ (ウ)「―そ」 春の鳥な啼《な》きそ啼きそ

# 敬語の使い方

## 田 敬語

敬語は、人にこころよい感じを与え、人と人との関係をなめらかにするためのことばづかいである。目上の人や距離《きょり》があると認める人に対してその人を尊ぶ気持ちから用いるだけでなく、相手に対する気配りや、使い手自身の品位・わきまえを示すものとしても用いる。

## 田 敬語の種類

敬語は、敬意の対象（＝だれに対する敬意か）と、話題にしている動作・ものごとの主体・客体の関係（＝する側か、される側か）によって、「**尊敬《そんけい》語**」「**謙譲《けんじょう》語**」「**丁寧《ていねい》語**」の三つに大きく分けられる。また、平成十九年の文化審議会から文部科学大臣への答申「敬語の指針」のように、「**丁重《ていちょう》語**」「**美化《びか》語**」を加えた五つに分類することもある。

| | | | | | |
|---|---|---|---|---|---|
| 三分類 | **尊敬語** | **謙譲語** | | **丁寧語** | |
| 五分類 | **尊敬語** | **謙譲語**（謙譲語Ⅰ） | **丁重語**（謙譲語Ⅱ） | **丁寧語** | **美化語** |

## 一 尊敬《そんけい》語

話題にしている人（ふつうは主語で、その人が話の聞き手のこともある）の動作・状態・ものごとを高めて言い表すことば。

### ●動作

**A 特定の語形をとるもの**

行く・来る・いる→いらっしゃる　言う→おっしゃる
する→なさる　食べる・飲む→召し上がる　くれる→下さる

**B 広くいろいろな語に適用できる形**

※お…になる　読む→お読みになる　でかける→おでかけになる
※「お」をつけるのはおもに動詞が和語の場合
※ご…になる　利用する→御利用になる　出席する→御出席になる
※「ご」をつけるのは動詞が漢語サ変動詞の場合
…れる　読む→読まれる　利用する→利用される
…られる　始める→始められる　来る→来られる
…なさる　利用する→利用なさる
ご…なさる　利用する→御利用なさる
お…だ　読む→お読みだ
ご…だ　利用する→御利用だ
お…くださる　読む→お読みくださる
ご…くださる　指導する→御指導くださる

**C AとBとの組み合わせによるもの・慣習的なもの**

見る→御覧になる　行く・来る・いる→おいでになる・お見えになる
寝る→お休みになる　着る→お召しになる

### ●状態

お・ごをつける　忙しい→お忙しい　立派だ→御立派だ
…くていらっしゃる　（指が）細い→細くていらっしゃる
…でいらっしゃる　積極的だ→積極的でいらっしゃる

### ●ものごと（名詞）

お・ごをつける　お名前　御住所　御社《おんしゃ》
貴をつける　貴校《きこう》　貴兄《きけい》　貴社《きしゃ》
様・方・氏をつける　お客様　先生方　佐藤氏

## 二 謙譲《けんじょう》語（謙譲語Ⅰ）

話題にしている人（ふつうは主語以外で、その人が話の聞き手のこともある）に向けられる動作・ものごとを低めて言い表すことで、その動作・ものごとの向かう人に対する敬意を表すことば。

### ●動作

**A 特定の語形をとるもの**
訪ねる・尋ねる・聞く→うかがう
言う→申し上げる　知る→存じ上げる
あげる→差し上げる　もらう→いただく
会う→お目にかかる
見せる→お目にかける・御覧に入れる
見る→拝見する　借りる→拝借する

**B 広くいろいろな語に適用できる形**
お…する　届ける→お届けする
ご…する　案内する→御案内する
お…申し上げる　届ける→お届け申し上げる
ご…申し上げる　案内する→御案内申し上げる
…ていただく　読んでもらう→読んでいただく
お…いただく　読んでもらう→お読みいただく
ご…いただく　指導してもらう→御指導いただく

### ●ものごと（名詞）
お・ごをつける　（先生への）お手紙　御説明
拝をつける　拝顔《はいがん》　拝眉《はいび》

## 三 丁重語《ていちょう》（謙譲語Ⅱ）
自分側の動作・ものごとをあらたまって言い表すことで、聞き手に対する敬意を表すことば。ふつう、「ます」をともなう。

### ●動作
**A 特定の語形をとるもの**
行く・来る→参る　言う→申す　する→いたす
いる→おる　知る・思う→存じる

**B 広くいろいろな語に適用できる形**
…いたす　利用する→利用いたす

### ●ものごと（名詞）
愚・小・拙・弊をつける　愚見《ぐけん》　小社《しょうしゃ》　拙著《せっちょ》　弊社《へいしゃ》

## 四 丁寧語《ていねい》
動作・状態・ものごとをていねいにやわらげて言い表すことで、聞き手に対する敬意を表すことば。文末につける。

### ●動作
**A 特定の語形をとるもの**　ある→ございます

**B 広くいろいろな語に適用できる形**
…ます　帰る→帰ります　出発する→出発します

### ●状態
…うございます　たか（高）い→たこうございます
おいしい→おいしゅうございます
…です　おいしい→おいしいです　元気だ→元気です

### ●ものごと（名詞）
…でございます　コーヒーだ→コーヒーでございます
…です　新聞だ→新聞です

※「…なさい」「…ください」などを丁寧語とする考え方もある。

## 五 美化語《びか》
ものごとを上品に言い表すことば。
お・ごをつける　酒→お酒　菓子→お菓子　祝儀→御祝儀

## 六 敬語を正しく使うための注意
①同じ種類の敬語を重ねすぎないようにする。
×もうお話しになられました。　×お目にかかり申し上げる。
○もうお話しになりました。　○お目にかかる。
②尊敬語と謙譲語・丁重語をまちがえないようにする。
×弊社にまいりましたら、受付でこちらをお見せしてください。
○弊社においでになりましたら、受付でこちらをお見せください。
③対外的には、自分の側の者は、目上でも尊敬語を使わずに謙譲語を使う。
×お父さんは、ぼくの顔を見ると「勉強しろ」とおっしゃいます。
○父は、ぼくの顔を見ると「勉強しろ」と申します。
④助動詞の接続をまちがえないようにする。
×送らさせていただきます。　○送らせていただきます。

# 漢字の筆順

## 筆順が二通り以上ある常用漢字

◎ここでは、常用漢字のうち、広く用いられる筆順が二通り以上あるものについて、特にその点画だけをとりあげてそれぞれの筆順を示し、あてはまる漢字をすべて掲《かか》げた。また、漢字の一部が共通で、同じ筆順に分類できるものは同一番号の項目《こうもく》に収録した。なお、本文中の大見出し漢字項目の参照に示した番号と、付録における番号とは対応している。

(1) 戈〔戈〕
(ア) 一 弋 戈 戈
(イ) 一 弋 弋 戈
▽域・戒・械・戯・桟・残・浅・戦・践・銭・賊・伐・閥・惑／我・餓・幾・畿・機・義・儀・犠・議・栽・裁・載・識・織・職・箋・繊・戴

〔戊〕
(ア) 𠂆 戊 戊
(イ) 𠂆 戊 戊
▽威・越・感・憾・減・歳・城・成・盛・誠・戚・蔵・臓・蔑・滅・茂

(2) 王〔王〕
(ア) 一 丅 干 王
(イ) 一 二 三 王
▽王・旺・狂・琴・皇・潤・聖・栓・詮・全・呈・程・班・斑・望・弄／環・玩・球・現・珠・徴・懲・珍・理・璃・瑠

〔主〕
(ア) 丶 亠 亍 亍 主
(イ) 丶 亠 亖 主
▽往・主・住・注・柱・駐

〔玉〕
(ア) 一 丅 干 王 玉
(イ) 一 二 三 王 玉
▽玉・国・璽・璧・宝

(3) 虍
(ア) 丨 ⺊ 𠂆 虍
(イ) 丨 ⺊ 𠂉 虍
(ウ) 一 ⺊ 𠂆 虍
▽虞・戯・虐・虚・劇・虎・膚・虜・慮

(4) 龶
(ア) 一 十 キ 龶
(イ) 一 二 三 龶
▽害・割・轄・憲・債・情・青・清・晴・精・静・請・責・積・績・素・漬・毒・麦・表・俵・麺／喫・契・潔

(5) 止
(ア) 丨 ⺊ 卜 止
(イ) 一 ⺊ 卜 止
▽企・肯・歳・止・祉・歯・渋・渉・捗・頻・歩・齢・歴

(6) 丗
(ア) 乛 丗 丗
(イ) 乛 コ 丗
▽慶・鹿・薦・麗・麓

(7) 冎
(ア) 冂 冋 冎
(イ) 冂 冃 冎
▽渦・過・禍・骸・滑・骨・鍋

(8) 𠬝
(ア) ㇇ 𠃜 𠬝 𠬝
(イ) 丨 𠃜 𠬝 𠬝
▽服・報

(9) 𠀐
(ア) 口 中 𠀐
(イ) 口 㠯 𠀐
▽遺・潰・貴・遣

(10) 井
(ア) 一 艹 丗 井
(イ) 一 二 三 龶 井
▽寒・溝・構・講・購・塞・壌・嬢・譲・醸

(11) 巨〔巨〕
(ア) 丨 𠂆 戸 戸 巨
(イ) 一 厂 戸 戸 巨
▽巨・拒・距

〔臣〕
(ア) 丨 厂 𠂇 戶 臣 臣
(イ) 一 厂 𠂇 戶 臣 臣
▽監・艦・鑑・緊・堅・賢・臣・腎・蔵・臓・姫・覧・濫・藍・臨

(12) 冉
(ア) 冂 内 冉 冉
(イ) 冂 月 冄 冉
▽溝・構・講・購・再

(13) 生
(ア) ノ 𠂉 牛 牛 生
(イ) ノ 𠂉 仁 𠂒 生
▽産・生・姓・性・星・牲・醒・隆

(14) 由〔由〕
(ア) 丨 冂 巾 由
(イ) 丨 冂 曰 由
▽軸・袖・宙・抽・笛・届・由・油

〔画〕
(ア) 丆 而 而 画
(イ) 丆 丙 百 画
▽演・横・画・黄

(15) 镸
(ア) 丨 厂 F 镸
(イ) 一 厂 F 镸
▽長・帳・張・髪

(16) 癶
(ア) フ ヲ ヺ 癶 癶
(イ) フ ヲ ヺ 癶
(ウ) フ ヲ 癶 癶
▽澄・登・廃・発

(17) 必
(ア) 丶 ソ 义 必 必
(イ) ノ 乂 义 必 必
▽秘・必・泌・密・蜜

(18) 凸
(ア) 丨 亠 𠃍 凸
(イ) 一 亠 𠃍 凸
▽凸

(19) 瓦
(ア) 一 厂 𠃊 瓦 瓦
(イ) 一 厂 瓦 瓦 瓦
▽瓦・瓶

(20) 至
(ア) 云 𠫔 ⺷ 至
(イ) 云 𠫔 ⺷ 至
▽握・屋・至・室・窒／致・緻・到・倒

(21) 臼
(ア) ノ 亻 仃 臼 臼
(イ) ノ 亻 仃 臼 臼
▽潟・毀・臼

(22) 耳
(ア) 一 丅 𠀍 耳 耳
(イ) 一 丅 丌 耳 耳
▽敢・厳・最・撮・耳・餌・取・趣・職・聖・摂・恥・聴・聞

(23) 羊
(ア) 丷 䒑 䒑 羊
(イ) 丷 䒑 䒑 羊
▽義・儀・犠・議・差・羞・羨・着・美・窯・養

(24) 曲
(ア) 丨 冂 巾 冊 曲 曲
(イ) 丨 冂 円 曰 由 曲
▽艶・曲・典・農・濃・豊

(25) 叀〔叀〕
(ア) 一 𠀁 亩 叀
(イ) 一 𠀁 亩 叀
▽恵・穂・専

〔叀〕
(ア) 一 𠀁 亩 叀 叀
(イ) 一 𠀁 亩 叀 叀
▽博・薄・縛・敷・簿

(26) 兆
(ア) 丿 丬 兆 兆
(イ) 丿 儿 兆 兆
▽兆・挑・眺・跳・逃・桃

(27) 角
(ア) 角 角 角
(イ) 角 角 角
▽解・角・触

(28) 里
(ア) 丶 冂 曰 甲 里
(イ) 丶 冂 曰 旦 里
▽黒・憧・鐘・童・瞳・墨・埋・黙・野・里・理・裏・量・糧・厘／勲・薫・腫・種・重・衝・動・働

(29) 坐
(ア) 从 坐 坐 坐
(イ) 从 坐 坐 坐
(ウ) 从 坐 坐 坐
▽座・挫

(30) 卯
(ア) 卯 卯 卯 卯 卯
(イ) 卯 卯 卯 卯 卯
▽卯

(31) 垂
(ア) 垂 垂 垂 垂
(イ) 垂 垂 垂 垂
▽垂・睡・唾・郵

(32) 隹
(ア) 亻 仁 什 隹
(イ) 亻 仁 隹 隹
▽維・雅・確・獲・穫・携・雇・顧・護・催・雑・雌・集・准・準・焦・礁・進・推・隻・堆・濯・奪・誰・稚・椎・鶴・難・奮・躍・唯・雄・擁・曜・羅・離／勧・歓・観・権

(33) 妻
(ア) 一 ヨ 妻 妻 妻
(イ) 一 ヨ 妻 妻 妻 妻
▽妻・凄

(34) 斉
(ア) 斉 斉 斉
(イ) 斉 斉 斉
▽済・斎・剤・斉

(35) 非
(ア) 丿 非 非 非
(イ) 丿 儿 非 非
▽罪・俳・排・輩・非・悲・扉

(36) 無
(ア) 𠂉 无 無 無
(イ) 𠂉 无 無 無
▽舞・無

(37) 甚
(ア) 一 卄 甘 甚 甚 甚
(イ) 一 卄 甘 甚 甚 甚
▽勘・堪・甚

(38) 馬
(ア) 丨 厂 𠀎 馬 馬
(イ) 丨 𠀎 馬 馬 馬
▽駅・騎・驚・駆・験・駒・騒・駄・駐・騰・篤・馬・罵

(39) 菫
(ア) 菫 菫 菫 菫
(イ) 菫 菫 菫 菫
▽勤・謹

(40) 粛
(ア) 粛 粛 粛 粛 粛
(イ) 粛 粛 粛 粛 粛
(ウ) 粛 粛 粛 粛 粛
(エ) 粛 粛 粛 粛 粛
▽粛

(41) 興
(ア) 亻 興 興 興 興 興
(イ) 冂 興 興 興 興 興
▽興

# 常用漢字表「付表」

◎いわゆる当て字や熟字訓など、一字一字の音訓としてあげにくい語を示しました。

| | |
|---|---|
| あす | 明日 |
| あずき | 小豆 |
| あま | 海女・海士 |
| いおう | 硫黄 |
| いくじ | 意気地 |
| いなか | 田舎 |
| いぶき | 息吹 |
| うなばら | 海原 |
| うば | 乳母 |
| うわき | 浮気 |
| うわつく | 浮つく |
| えがお | 笑顔 |
| おじ | 叔父・伯父 |
| おとな | 大人 |
| おとめ | 乙女 |
| おば | 叔母・伯母 |
| おまわりさん | お巡りさん |
| おみき | お神酒 |
| おもや | 母屋・母家 |
| かあさん | 母さん |
| かぐら | 神楽 |
| かし | 河岸 |
| かじ | 鍛冶 |
| かぜ | 風邪 |
| かたず | 固唾 |
| かな | 仮名 |
| かや | 蚊帳 |
| かわせ | 為替 |
| かわら | 河原・川原 |
| きのう | 昨日 |
| きょう | 今日 |
| くだもの | 果物 |
| くろうと | 玄人 |
| けさ | 今朝 |
| けしき | 景色 |
| ここち | 心地 |
| こじ | 居士 |
| ことし | 今年 |
| さおとめ | 早乙女 |
| ざこ | 雑魚 |
| さじき | 桟敷 |
| さしつかえる | 差し支える |
| さつき | 五月 |
| さなえ | 早苗 |
| さみだれ | 五月雨 |
| しぐれ | 時雨 |
| しっぽ | 尻尾 |
| しない | 竹刀 |
| しにせ | 老舗 |
| しばふ | 芝生 |
| しみず | 清水 |
| しゃみせん | 三味線 |
| じゃり | 砂利 |
| じゅず | 数珠 |
| じょうず | 上手 |
| しらが | 白髪 |
| しろうと | 素人 |
| しわ(は)す | 師走 |
| すきや | 数寄屋・数奇屋 |
| すもう | 相撲 |
| ぞうり | 草履 |
| だし | 山車 |
| たち | 太刀 |
| たちのく | 立ち退く |
| たなばた | 七夕 |
| たび | 足袋 |
| ちご | 稚児 |
| ついたち | 一日 |
| つきやま | 築山 |
| つゆ | 梅雨 |
| でこぼこ | 凸凹 |
| てつだう | 手伝う |
| てんません | 伝馬船 |
| とあみ | 投網 |
| とうさん | 父さん |
| とえはたえ | 十重二十重 |
| どきょう | 読経 |
| とけい | 時計 |
| ともだち | 友達 |
| なこうど | 仲人 |
| なごり | 名残 |
| なだれ | 雪崩 |
| にいさん | 兄さん |
| ねえさん | 姉さん |
| のら | 野良 |
| のりと | 祝詞 |
| はかせ | 博士 |
| はたち | 二十・二十歳 |
| はつか | 二十日 |
| はとば | 波止場 |
| ひとり | 一人 |
| ひより | 日和 |
| ふたり | 二人 |
| ふつか | 二日 |
| ふぶき | 吹雪 |
| へた | 下手 |
| へや | 部屋 |
| まいご | 迷子 |
| まじめ | 真面目 |
| まっか | 真っ赤 |
| まっさお | 真っ青 |
| みやげ | 土産 |
| むすこ | 息子 |
| めがね | 眼鏡 |
| もさ | 猛者 |
| もみじ | 紅葉 |
| もめん | 木綿 |
| もより | 最寄り |
| やおちょう | 八百長 |
| やおや | 八百屋 |
| やまと | 大和 |
| やよい | 弥生 |
| ゆかた | 浴衣 |
| ゆくえ | 行方 |
| よせ | 寄席 |
| わこうど | 若人 |

## 12画



## 13画

### 10画



### 11画

## 8画



## 9画

# 漢字画引き索引

◎この索引は、本文に収めてある常用漢字（2136字）の読みがわからないときに、漢字の画数で引くためのものです。
◎＊のしるしは、いわゆる教育漢字（小学校から中学３年までに読み書きともに習う1026字）であることを示しています。

# 故事・ことわざ索引《さくいん》

◎本文に見出し項目《こうもく》としてとりあげられているおもな故事・ことわざ、および慣用句などを示しました。
◎配列は原則として五十音順とし、右に本文ページを示しました。また、左に＊のついているものは、本文に「故事」欄《らん》を設けて、そのことばの由来をくわしく説明してあります。

## あ



## い



## う



## え



## お



## か

## 俳句の部

### 【近世の俳句】



### 【現代の俳句】

付

# 和歌・俳句索引《さくいん》

◎この索引は、本文に収めて解説してある和歌・短歌・俳句をまとめたものです。
右の数字は、本文のページを示します。

## 和歌・短歌

## 仕組みの解明
### 項目索引



## ことばの移り変わり
### 項目索引



## 冒頭文
### 項目索引



## 参考図表
### 項目索引

## 学習―比較《ひかく》



## 表現
### 項目索引

# 索《さく》引《いん》目次



## 特設記事項目索引

### 学習 項目索引

#### 学習―使い分け

**UNF** [United Nations Forces] 国連軍。

**UNHCR** [Office of the United Nations High Commissioner for Refugees] 国連難民高等弁務官事務所。

**UNICEF** [United Nations (International) Children's (Emergency) Fund] ユニセフ 国連児童基金。⇒本文「ユニセフ」

**UR** [Urban Renaissance Agency] 独立行政法人都市再生機構。都市部で、市街地の整備、賃貸住宅の供給支援・管理などを行う組織。

**URL** [uniform resource locator] インターネット上のアドレス。⇒本文「ユーアールエル」

**USA** [United States of America] アメリカ合衆国。

**USB** [universal serial bus] 周辺機器接続規格。

**USTR** [Office of the United States Trade Representative] アメリカ合衆国通商代表部。

**UT** [universal time] 世界標準時。

**UV** [ultraviolet] 紫外線。

## V

**V** ❶ [volt] ボルト。電圧。電気を押し出す力を表す単位。❷ [victory] 勝利。

**VAR** [video assistant referee] ビデオ・アシスタント・レフェリー。サッカーの試合で、映像による判定で主審の判断を補助するシステム。

**VAT** [value-added tax] 付加価値税。

**VHF** [very high frequency] ⇒本文「超短波」

**VIP** [very important person] ビップ。最重要人物。⇒本文「ブイアイピー」

**VOA** [Voice of America] アメリカの声。アメリカ政府の海外向け放送。

**VOD** [video-on-demand] ビデオオンデマンド。視聴者の要望に応じた番組を提供するサービス。

**VR** [virtual reality] バーチャルリアリティー。仮想現実感。→ AR

**vs.** [ラテン versus] …対。⇒本文「バーサス」

**VTOL** [vertical take-off and landing aircraft] ブイトール 垂直離着陸機。

**VTR** [videotape recorder] ビデオテープレコーダー。映像と音声の録画・再生装置。

**VXガス** [venom X gas] 高致死性の神経ガス。

## W

**W** [watt] ワット。消費電力。単位時間における電流の仕事量を表す単位。

**W杯** [World Cup] スポーツなどの世界選手権大会。また、その優勝杯。ワールドカップ。

**WADA** [World Anti-Doping Agency] ワダ 世界ドーピング防止機構。

**WB** [warrant bond, bonds with warrant] ワラント債。新株引受権付き社債。新株を一定価格で買い取る権利のついた社債。

**WBA** [World Boxing Association] 世界ボクシング協会。もっとも古い歴史をもつ、プロボクシングの世界王座認定団体の一つ。

**WBC** ❶ [World Boxing Council] 世界ボクシング評議会。❷ [World Baseball Classic] ワールドベースボールクラシック。世界野球選手権大会。

**WBGT** [wet bulb globe temperature] 湿球黒球温度。暑さ指数。熱中症リスクを評価する指標。

**WC** [water closet] 水洗便所。

**Web** [World Wide Web]「ワールドワイドウェブ」の略。⇒本文「ウェブ」

**WHO** [World Health Organization] 世界保健機関。

**Wi-Fi** [wireless fidelity] ワイファイ 無線LANの規格の名称。

**WTI** [West Texas Intermediate] ニューヨーク商品先物取引所で扱う原油先物の主要銘柄。

**WTO** [World Trade Organization] 世界貿易機関。

**WWF** [World Wide Fund for Nature] 世界自然保護基金。

**WWW** ❶ [World Weather Watch] 世界気象監視計画。❷ [World Wide Web] インターネットの情報表示・検索システム。

## X

**Xゲーム** [X Games] 夏と冬の年２回開催される、エクストリームスポーツを集めた競技大会。

**Xデー** [X day] エックスデー。重大なできごとが起こると予想される日。また、計画の実行日。

**Xmas** [Christmas] クリスマス。

**XML** [extensible markup language] データのコンピューター処理を容易にする記述言語。

## Y

**YMCA** [Young Men's Christian Association] キリスト教青年会。

**YWCA** [Young Women's Christian Association] キリスト教女子青年会。

## Z

**ZD運動** [zero defects] 無欠点運動。工場の生産現場などで欠陥製品が皆無になるよう従業員を指導する品質管理法。

**ZERI** [Zero Emissions Research and Initiatives] 資源の循環再利用を促進する団体。

**SIDS** [sudden infant death syndrome] シッズ 乳幼児突然死症候群。

**SL** [steam locomotive] 蒸気機関車。

**SLBM** [sea-(submarine-)launched ballistic missile] 海洋(潜水艦)発射弾道ミサイル。

**SNS** [social networking service] ソーシャルネットワークサービス。⇒本文「エスエヌエス」

**SOGI** [sexual orientation and gender identity] **ソジ** 自分が好きになる性別(=性的志向)と、自分で認識している性別(=性自認)のこと。

**SOx** [sulfur oxide] **ソックス** 大気汚染の原因の一つとなる硫黄酸化物の総称。

**SP** ❶ [sales promotion] 販売促進。❷ [security police] 要人警護警察官。❸ [special] 特別番組。❹ [short program] ⇒本文「ショートプログラム」

**SPI** [synthetic personality inventory] 就職試験用適性検査の一つ。

**SRI** [socially responsible investment] 社会的責任投資。企業が果たしている社会的責任(=CSR)を評価し、投資判断をすること。

**STマーク** [safety toy mark] 玩具の安全基準合格マーク。

**START** [Strategic Arms Reduction Talks] **スタート** 戦略兵器削減交渉。

**STEM** [Science, Technology, Engineering and Mathematics] **ステム** 理数系の教育分野の総称。科学、技術、工学、数学の頭文字から。

**SUV** [sport utility vehicle] スポーツ用多目的車。

**SWAT** [Special Weapons and Tactics] **スワット** 特殊火器戦術部隊。アメリカの警察に設置されている。

## T

**T細胞** [Thymus-derived cell] Tリンパ細胞。免疫反応の中心を担う細胞。

**TB** [terabyte] テラバイト。情報量の単位。1テラバイトは10の12乗(=1兆)バイト。

**TC** [traveler's check] トラベラーズチェック。旅行者用小切手。

**TCP/IP** [transmission control protocol/internet protocol] 異なる機種のコンピューターを接続するための通信規約。

**TDL** [Tokyo Disneyland] 東京ディズニーランド。

**THAAD** [Terminal High Altitude Area Defense System] **サード** 弾道ミサイル攻撃に対応するための防衛システム。

**TICAD** [Tokyo International Conference on African Development] **ティカッド** アフリカ開発会議。日本政府が主導。

**TKO** [technical knockout] ⇒本文「テクニカルノックアウト」

**TNT** [trinitrotoluene] トリニトロトルエン。爆薬として広く用いられる。

**TOB** [take over bid] 株式公開買い付け。買い付け価格・数量・期間などを公開して、不特定多数の株主から株式を買い付けること。

**TOEFL** [Test of English as a Foreign Language] **トーフル** (商標名) アメリカへ留学を希望する外国人のための英語学力テスト。

**TOEIC** [Test of English for International Communication] **トーイック** (商標名) 国際コミュニケーションのための英語能力テスト。

**TOPIX** [Tokyo Stock Price Index and Average] **トピックス** 東京証券取引所株価指数。

**toto** **トト** スポーツ振興くじの愛称。サッカーのJリーグの試合結果予想で賞金が当たるもの。

**TPO** [time, place, occasion] (和製英語) 時・場所・場合。⇒本文「ティーピーオー」

**TPP** [Trans-Pacific Partnership] 環太平洋(戦略的経済)連携協定。自由貿易協定を柱に関税の撤廃など、加盟国の間での経済関係を強化する取り決め。

**TSマーク** [traffic safety mark] 自転車の安全基準合格マーク。

**TV** [television] テレビジョン。テレビ。

## U

**UAE** [United Arab Emirates] アラブ首長国連邦。

**UD** [universal design] ⇒本文「ユニバーサルデザイン」

**UEFA** [Union of European Football Association] **ウエファ** ヨーロッパサッカー連盟。

**UFO** [unidentified flying object] 未確認飛行物体。⇒本文「ユーフォー」

**UHF** [ultrahigh frequency] 極超短波。⇒本文「ユーエッチエフ」

**UK** [United Kingdom] 連合王国。イギリスのこと。

**UN** [United Nations] 国連。⇒本文「国際連合」

**UNCTAD** [United Nations Conference on Trade and Development] **アンクタッド** 国連貿易開発会議。

**UNEP** [United Nations Environment Programme] 国連環境計画。

**UNESCO** [United Nations Educational, Scientific and Cultural Organization] **ユネスコ** 国連教育科学文化機関。⇒本文「ユネスコ」

**POS** [point-of-sales] ポス　コンピューターを用いて販売時点で情報を即時に管理するシステム。
**ppm** [parts per million] 100万分率。⇒本文「ピーピーエム」
**PPP** [polluter pays principle] (環境汚染の)汚染者負担の原則。
**PR** [public relations] 広報活動。⇒本文「ピーアール」
**Prof.** [professor] 教授。プロフェッサー。
**p.s.** [postscript] (手紙の)追伸。
**PSD** [psychosomatic disease] 心身症。
**PT** ❶ [physical therapist] 理学療法士。身体が不自由な人に、リハビリテーションを行う人。❷ [project team] プロジェクトチーム。
**PTA** [Parent-Teacher Association] 親と教師の組織。⇒本文「ピーティーエー」
**PTG** [post-traumatic growth] 心的外傷後成長。
**PTSD** [post-traumatic stress disorder] 心的外傷後ストレス障害。⇒本文「ピーティーエスディー」
**PV** ❶ [promotion video] (和製英語) プロモーションビデオ。楽曲宣伝用の映像。❷ [public viewing] パブリックビューイング。競技場や広場などにスクリーンを置いてスポーツやコンサートの映像をみるイベント。❸ [page view] ページビュー。ウェブサイトやその内のページが閲覧された回数。
**PVC** [polyvinyl chloride] ポリ塩化ビニール。
**PWR** [pressurized water reactor] 加圧水型軽水炉。高温高圧の軽水を蒸気に変えて発電する原子炉。

## Q

**Q&A** [question and answer] 質問と答え。
**QC** [quality control] 品質管理。
**QOL** [quality of life] クオリティーオブライフ。生活の質。精神的に豊かに暮らすことを重んじる考え方。
**QRコード** [quick response code] 二次元コードの一種。携帯電話などに読み込ませて使う。

## R

**R&B** [rhythm and blues] リズムアンドブルース。アメリカの黒人音楽で、強烈なリズムを持ったブルースの一種。
**rad** ❶ [radian] ラジアン。角度の単位。弧度。❷ [radiation] ラド。放射線量のうち吸収線量の旧単位。現在はグレイ。
**RCEP** [Regional Comprehensive Economic Partnership] アールセップ　東アジア地域包括的経済連携。
**RDD** [random digit dialing] 無作為に抽出した番号に電話をして世論調査をする方法。
**REIT** [real estate investment trust] リート　不動産投資信託。
**Rh因子** [Rhesus factor] ヒトの血液型因子の一つ。⇒本文「アールエイチ因子」
**RNA** [ribonucleic acid] リボ核酸。DNAの遺伝情報の伝達やたんぱく質の合成を行う。
**ROM** [read-only memory] ロム　読み出し専用の記憶装置。⇒本文「ロム」
**RPG** [role playing game] コンピューターゲームの一つ。ゲームをする人間が主人公になって冒険の旅などをするもの。
**RV** [recreational vehicle] レジャー用車。
**RWD** ❶ [rear-wheel drive] 後輪駆動車。❷ [rewind] テープレコーダーなどの巻き戻し。

## S

**S極** [s-pole; south pole] 地球の南を指すほうの磁極。⇔ N極
**S波** [secondary wave] 地震でP波のあとに観測される横波。⇒本文「エス波」。⇔ P波
**SA** [service area] サービスエリア。高速道路などに設置されている休憩所。飲食店、売店、給油所などを併設。
**SARS** [Severe Acute Respiratory Syndrome] サーズ　重症急性呼吸器症候群。⇒本文「サーズ」
**SAS** [sleep apnea syndrome] 睡眠時無呼吸症候群。
**SAT** [Special Assault Team] サット　日本警察の特殊急襲部隊。凶悪事件の対処を任務とする。
**SDGs** [Sustainable Development Goals] 国連持続可能な開発目標。貧困・飢餓をなくすなど、17項目を目標とする。
**SDR** [special drawing rights] IMF特別引き出し権。
**SE** ❶ [systems engineer] システムエンジニア。情報処理技術者。❷ [sales engineer] セールスエンジニア。販売担当技術者。
**SF** [science fiction] サイエンスフィクション。空想科学小説。
**SFX** [special effects] 映画などの特殊撮影技術。特殊視覚的効果。
**SGマーク** [safe goods mark] 安全基準に合格した商品につけられるマーク。
**SI** [仏 système international d'unités] 十進法を原則とする単位系。⇒本文「国際単位系」

**no.** [ラテン numero] ノンブル。ナンバー。

**NOC** [National Olympic Committee] 各国の国内オリンピック委員会。

**NOx** [nitrogen oxide] ノックス 大気汚染の原因の一つとなる窒素酸化物の総称。

**NPB** [Nippon Professional Baseball Organization] 日本野球機構。

**NPO** [non-profit organization] 民間の非営利組織。⇒本文「エヌピーオー」

**NPT** [(Nuclear) Non-Proliferation Treaty] 核拡散防止条約。

**NSC** [National Security Council] 国家安全保障会議。国家の安全保障、外交、国防に関する意思決定を行う機関。

**NY** [New York] ニューヨーク。

**NZ** [New Zealand] ニュージーランド。

## O

**O-157** [Escherichia coli O-157] 腸管出血性大腸菌O157。病原性大腸菌の一つ。

**OA** ❶ [office automation] ⇒本文「オーエー」 ❷ [over age] オーバーエージ。スポーツ競技で規定される参加年齢の上限を超える選手。

**OB** ❶ [old boy] (和製英語) 男性の卒業生。❷ [out-of-bounds] ゴルフで、プレー禁止区域。

**OCR** [optical character reader] コンピューターの光学式文字読み取り装置。

**ODA** [official development assistance] 途上国向けの政府開発援助。

**OECD** [Organization for Economic Co-operation and Development] 経済協力開発機構。

**OEL** [organic electro-luminescence] 有機EL。電圧をかけると発光する現象。

**OEM** [original equipment manufacturing] 相手先商標製品。相手先ブランドによる生産。

**OL** [office lady] (和製英語) 女性事務員。

**OPEC** [Organization of the Petroleum Exporting Countries] オペック 石油輸出国機構。

**OS** [operating system] コンピューターの基本ソフトウエア。⇒本文「オーエス」

## P

**P波** [primary wave] 地震で最初に観測される縦波。⇒本文「ピー波」。⇔ S波

**PB** ❶ [primary balance] プライマリーバランス。基礎的な財政収支。❷ [private brand] プライベートブランド。自家商標。大手小売業者が独自に企画、販売するブランド。⇔ NB

**PC** ❶ [personal computer] パソコン。❷ [political correctness] 政治的妥当性。偏見・差別のない中立的な表現を用いること。

**PCB** [polychlorinated biphenyl] ポリ塩化ビフェニール。⇒本文「ピーシービー」

**PCR** [polymerase chain reaction] 遺伝子検査の手法。検体の遺伝子を増やして特徴を目立たせ、判定しやすくする技術。

**PDF** [portable document format] コンピューターの機種や環境に左右されず、文書の閲覧、印刷、保存などができるファイル形式。

**PET** ❶ [polyethylene terephthalate (resin)] ポリエチレンテレフタレート(樹脂)。ペットボトルの材料。❷ [positron emission tomography] 陽電子放射線断層撮影。がん細胞を早期発見するための検査に用いられる。

**PG** ❶ [propane gas] プロパンガス。❷ [parental guidance] 親の指導、助言。PG12は12歳未満の年少者の観覧には保護者の助言・指導が必要とされることを表す。❸ [penalty goal] サッカーやラグビーのペナルティーゴール。

**PGA** [Professional Golfers' Association of America] アメリカのプロゴルフ協会。

**pH** [potential Hydrogen] ペーハー。水素イオン濃度を表す単位。⇒本文「ペーハー」

**Ph.D.** [ラテン Philosophiae Doctor] 博士号。

**PHS** [personal handyphone system] ピーエッチエス。簡易型携帯電話。

**PHV** [plug-in hybrid vehicle] プラグインハイブリッド自動車。エンジンと電気モーターの2つの動力、外部電源からの充電機能をもつ。

**PK** [penalty kick] サッカーやラグビーのペナルティーキック。⇒本文「ピーケー」

**PKF** [Peacekeeping Forces] 国連平和維持軍。

**PKO** [Peacekeeping Operations] 国連平和維持活動。⇒本文「ピーケーオー」

**PL** ❶ [product liability] 製造物責任。製造者に商品の欠陥により生じた損害の賠償責任を負わせること。❷ [profit and loss statement] 損益計算書。❸ [Premier League] プレミアリーグ。イングランド最上位のサッカーリーグ。

**PLO** [Palestine Liberation Organization] パレスチナ解放機構。

**PM** ❶ [phase modulation] 位相変調。モデムなどで利用される方式。❷ [particulate matter] 粒子状物質。⇒本文「ピーエムにてんご」 ❸ [ラテン post meridiem] 午後。

**p.m.** [ラテン post meridiem] 午後。⇔ a.m.

**POP** [point-of-purchase] ポップ 購買時点。店頭。また、購買意欲を高める店頭広告。

⇒本文「エルピージー」

**LSI** [large-scale integration] 大規模集積回路。⇒本文「エルエスアイ」

**Ltd.** [Limited] 有限会社。

**LTE** [Long Term Evolution] スマートフォンやタブレットなどモバイル端末用の通信回線規格。

## M

**M** [magnitude] マグニチュード。地震の規模を表す単位。

**M&A** [mergers and acquisitions] 企業の合併・買収。

**MaaS** [Mobility as a Service] **マース** 情報通信技術(ICT)を活用して交通機関を乗り継ぎ、よどみなく目的地に移動できるサービス。

**max.** [maximum] マックス。最大。⇔ min.

**MB** [megabyte] メガバイト。情報量の単位。1メガバイトは10の6乗(≒100万)バイト。

**MBA** [Master of Business Administration] 経営学修士。

**MBO** ❶ [management buyout] 経営陣による自社株式・経営権の買い取り。❷ [management by objectives] 目標管理制度。自ら設定した目標の達成度で従業員を評価する人事制度。

**MCI** [mild cognitive impairment] 軽度認知障害。

**MD** [missile defense] ミサイル防衛。敵の弾道ミサイルが着弾する前に迎撃ミサイルで打ち落とすシステム。

**MERS** [Middle East Respiratory Syndrome] **マーズ** 中東呼吸器症候群。

**MF** ❶ [medium frequency] 中波。❷ [midfielder] ミッドフィルダー。サッカーなどで前衛と後衛の間に位置する選手。

**MHz** [megahertz] メガヘルツ。

**MICE** [Meeting, Incentive tour, Conference, Exhibition] **マイス** 企業等が大規模に行う会議、研修旅行、展示会といったイベントの総称。

**min.** [minimum] 最小。⇔ max.

**MKS単位系** [meter-kilogramme-second system] メートル、キログラム、秒を使う単位系。

**ML** [mailing list] メーリングリスト。特定のグループ内で、電子メールがメンバー全員に配信されるようにしたシステム。

**MLB** [Major League Baseball] ⇒本文「メジャーリーグ」

**MMF** [money management fund] 短期の公社債や金融商品などを運用する投資信託。

**MOX燃料** [mixed oxide fuel] 混合酸化物燃料。原子力発電所で使用したウラン燃料を処理し、ウランとプルトニウムの混合酸化物とした燃料。モックス燃料。

**MPV** [multi-purpose vehicle] 多目的乗用車。

**MRI** [magnetic resonance imaging] 磁気共鳴映像法。磁気を用いて人体の断面を撮影する方法。

**MSI** [medium-scale integration] コンピューターの中規模集積回路。

**MTB** [mountain bike] マウンテンバイク。

**MVP** [most valuable player] プロ野球などの最優秀選手。⇒本文「エムブイピー」

## N

**N極** [n-pole; north pole] 地球の北を指すほうの磁極。⇔ S極

**NAA** [Narita Airport] 成田国際空港の略称。

**NAFTA** [North American Free Trade Agreement] **ナフタ** 北米自由貿易協定。

**NASA** [National Aeronautics and Space Administration] **ナサ** アメリカ航空宇宙局。

**NASDAQ** [National Association of Securities Dealers Automated Quotations] **ナスダック** 米国の店頭株式市場の相場報道システム。また、それを用いる市場。⇒本文「ナスダック」

**NATO** [North Atlantic Treaty Organization] **ナトー** 北大西洋条約機構。

**NB** [national brand] ナショナルブランド。全国的に有名なメーカーのブランド。⇔ PB

**NBA** [National Basketball Association] アメリカのプロバスケットボールリーグの一つ。

**NBC** [National Broadcasting Company] ナショナル放送。アメリカの三大放送網の一つ。

**NFL** [National Football League] 全米プロフットボールリーグ。

**NG** [no good] 映画などでの撮影の失敗。⇒本文「エヌジー」

**NGO** [non-governmental organization] 非政府組織。⇒本文「エヌジーオー」

**NHK** [Nippon Hoso Kyokai] 日本放送協会。

**NHL** [National Hockey League] 北米のプロアイスホッケーリーグ。

**NHS** [National Health Service] イギリスの国営医療・保健サービス。

**NI** [national income] 国民所得。

**NIE** [newspaper in education] 学校の授業で新聞を生きた教材として使う運動。

**NISA** [Nippon Individual Savings Account] **ニーサ** 少額投資非課税制度。

**NK細胞** [natural killer cell] ナチュラルキラー細胞。腫瘍細胞を破壊する機能を持つ。

**IRC**［International Red Cross］国際赤十字社。
**ISBN**［International Standard Book Number］国際標準図書番号。書籍用の国際コード番号。
**ISDN**［integrated services digital network］総合デジタル通信網。
**ISO**［International Organization for Standardization］イソ　国際標準化機構。国際的な規格を決める団体。また、その国際規格。ISO9000は製品の品質管理に関する国際規格。
**ISS**［International Space Station］国際宇宙ステーション。
**IT**［information technology］情報技術。
**ITF**［International Tennis Federation］国際テニス連盟。
**IWC**［International Whaling Commission］国際捕鯨委員会。

## J

**Jリーグ**［J League］日本プロサッカーリーグの通称。
**JA**［Japan Agricultural Cooperatives］農業協同組合。
**JAF**［Japan Automobile Federation］ジャフ　日本自動車連盟。
**JAL**［Japan Airlines］ジャル　日本航空。
**Jアラート**［J-Alert］全国瞬時警報システム。自然災害などの緊急情報を、国から住民に瞬時に伝達するシステム。
**JAS**［Japanese Agricultural Standard］ジャス　日本農林規格。⇒本文「ジャスマーク」
**JASDAQ**［Japan Association of Securities Dealers Automated Quotations］ジャスダック　⇒本文「ジャスダック」
**JASRAC**［Japanese Society for Rights of Authors, Composers and Publishers］ジャスラック　日本音楽著作権協会。
**JAXA**［Japan Aerospace Exploration Agency］ジャクサ　宇宙航空研究開発機構。
**JCT**［junction］ジャンクション。高速道路どうしをつなぐ地点。また、その交差部分。
**JETRO**［Japan External Trade Organization］ジェトロ　日本貿易振興機構。
**JFA**［Japan Football Association］日本サッカー協会。
**JICA**［Japan International Cooperation Agency］ジャイカ　国際協力機構。
**JIS**［Japanese Industrial Standard］ジス　日本産業規格。⇒本文「ジスマーク」
**JOC**［Japanese Olympic Committee］日本オリンピック委員会。
**JPC**［Japanese Paralympic Committee］日本パラリンピック委員会。
**JPEG**［Joint Photographic Experts Group］ジェーペグ　静止画像の圧縮規格。
**JPN** ❶［Japan］日本。❷［Japanese］日本人。
**J-POP**［Japanese pop music］(和製英語) 日本のポピュラー音楽。
**JPY** 日本円の通貨コード。
**JR**［Japan Railways］ジェーアール。旧国鉄。⇒本文「ジェーアール」
**JRC**［Japan Red Cross］日本赤十字社。
**JSC**［Japan Sport Council］日本スポーツ振興センター。
**JST**［Japan Standard Time］日本標準時。
**JV**［joint venture］合弁事業。共同企業体。複数の企業が共同出資して事業を行うこと。

## K

**K点**［独 Konstructionspunkt］スキーのジャンプ競技で、採点の基準となる地点。
**KGB**［露 Komitet Gosudarstvennoi Bezopasnosti］旧ソ連の国家保安委員会。→ FSB
**KO**［knockout］⇒本文「ノックアウト」
**K-POP**［Korean pop music］(和製英語) 韓国のポピュラー音楽。

## L

**LAN**［local area network］ラン　構内情報通信網。⇒本文「ラン」
**LBO**［leveraged buyout］買収対象企業の資産を担保とした借入金による買収。
**LC**［letter of credit］貿易取引の信用状。L/C。
**LCC**［low-cost carrier］格安航空会社。機内サービスの簡素化などにより、航空券を格安で販売している航空会社。
**LDK**［living dining kitchen］(和製英語) ダイニングキッチンと居間を兼ねた部屋。
**LED**［light-emitting diode］発光ダイオード。
**LF飲料**［low-fat drink］低脂肪飲料。
**LGBT**［lesbian, gay, bisexual, transgender］性的少数者のうち、レズビアン、ゲイ、バイセクシャル、トランスジェンダーの総称。
**LL**［language laboratory］視聴覚機器を備えた語学学習室。⇒本文「エルエル」
**LNG**［liquefied natural gas］液化天然ガス。
**LP**［long playing (record)］LP盤。1分間に33と3分の1回転するレコード。
**LPG**［liquefied petroleum gas］液化石油ガス。

ン。赤血球にある赤色の色素たんぱく質。

**HD** ❶［hard disk］ハードディスク。❷［holding company］持ち株会社。株式の所有を通じて他企業やグループ企業を支配する会社。

**HDD**［hard disk drive］ハードディスク駆動装置。

**HDTV**［high-definition television］高品位テレビ。ハイビジョンの国際的な名称。

**HF**［high frequency］高周波。

**hi-fi / HiFi**［high fidelity］ハイファイ　高忠実度。音響機器の再生音が原音に忠実であること。また、原音を忠実に再生する機器。

**HIV**［human immunodeficiency virus］ヒト免疫不全ウイルス。⇒本文「エッチアイブイ」

**HP**［home page］インターネットのホームページ。

**hPa**［hecto-pascal］ヘクトパスカル。気圧の単位。

**HTML**［hypertext markup language］インターネットの記述言語。

**http**［hypertext transfer protocol］インターネットにおける送受信用通信規約の一つ。

**https**［hypertext transfer protocol secure］暗号化する通信技術を用いて、安全性が高まったhttp のバージョン。

**HV**［hybrid vehicle］ハイブリッドカー。異なる二つ以上の動力源をもつ車両。HV車。

**Hz**［独 Hertz］ヘルツ。1秒間あたりの周波数や振動数を表す単位。

## I

**Iターン**［I-turn］（和製英語）都心の出身者が地方に就職すること。

**IAEA**［International Atomic Energy Agency］国際原子力機関。

**IATA**［International Air Transport Association］イアタ　国際航空運送協会。

**IB**［International Baccalaureate］国際バカロレア。大学入学国際資格制度。

**IBRD**［International Bank for Reconstruction and Development］国際復興開発銀行。世界銀行。

**IC** ❶［integrated circuit］集積回路。❷［interchange］インターチェンジ。

**ICAO**［International Civil Aviation Organization］国際民間航空機関。

**ICBM**［intercontinental ballistic missile］大陸間弾道弾。⇒本文「アイシービーエム」

**ICC** ❶［International Chamber of Commerce］国際商業会議所。❷［International Criminal Court］国際刑事裁判所。

**ICJ**［International Court of Justice］国際司法裁判所。

**ICPO**［International Criminal Police Organization］国際刑事警察機構。インターポール。

**ICT**［information and communications technology］情報通信技術。

**ICU**［intensive care unit］集中治療室。⇒本文「アイシーユー」

**ID**［identification］身分証明。データ通信の個人認証番号。

**iDeCo**［individual Defined Contribution］イデコ　個人型確定拠出年金。

**IEA**［International Energy Agency］国際エネルギー機関。

**IH**［induction heating］誘導加熱。電磁調理器などの加熱原理。

**ILO**［International Labour Organization］国際労働機関。⇒本文「アイエルオー」

**IMF**［International Monetary Fund］国際通貨基金。⇒本文「アイエムエフ」

**IMO**［International Maritime Organization］国際海事機関。

**Inc.**［incorporated］株式会社。

**INF**［Intermediate-Range Nuclear Forces Treaty］中距離核戦力全廃条約。

**I/O**［input/output］コンピューターと周辺機器との入出力。

**IOC**［International Olympic Committee］国際オリンピック委員会。⇒本文「アイオーシー」

**IoT**［Internet of Things］モノのインターネット。家電や自動車、建物等「モノ」がインターネットを介して情報交換、相互連携すること。

**IPC**［International Paralympic Committee］国際パラリンピック委員会。

**IPアドレス**［internet protocol address］インターネットに接続される通信機器を識別するために割り当てられる個別の番号。

**IP電話**［internet protocol phone］インターネットの通信方式を利用した電話。

**IPCC**［Intergovernmental Panel on Climate Change］気候変動に関する政府間パネル。

**IPO**［initial public offering］新規株式公開。未上場企業が株式を証券取引所に上場すること。

**iPS細胞**［induced pluripotent stem cell］人工多能性幹細胞。⇒本文「アイピーエス細胞」

**IQ**［intelligence quotient］知能指数。

**IR** ❶［integrated resort］統合型リゾート。❷［investor relations］投資家向け広報活動。

**IRA**［Irish Republican Army］アイルランド共和軍。

質問回答集。よくある質問と回答をまとめたもの。

**FAX** [facsimile] ファックス　ファクシミリ。

**FBI** [Federal Bureau of Investigation] アメリカ連邦捜査局。⇒本文「エフビーアイ」

**FC** ❶ [franchise chain] フランチャイズチェーン。❷ [football club] フットボール・クラブ。サッカーの球団。

**FCV** [fuel cell vehicle] 化学反応による発電で得られた電気が動力となる燃料電池自動車。

**FDA** [Food and Drug Administration] アメリカ食品医薬品局。

**FFレート** [federal funds rate] フェデラルファンド金利。アメリカの銀行間の無担保短期金利。

**FIFA** [仏 Fédération Internationale de Football Association] フィファ　国際サッカー連盟。

**FK** [free kick] サッカー、ラグビーなどのフリーキック。

**FM** [frequency modulation] 周波数変調。また、FM放送。⇒本文「エフエム」

**FOMC** [Federal Open Market Committee] アメリカ連邦公開市場委員会。

**FP** [financial planner] ファイナンシャルプランナー。資産運用の専門家。

**FRB** ❶ [Federal Reserve Bank] アメリカ連邦準備銀行。❷ [Federal Reserve Board] アメリカ連邦準備制度理事会。

**FSB** [露 Federal'naya Sluzhba Bezopasnosti Rossiyskoy Federatsii] ロシア連邦保安庁。KGBの後継機関。

**FTA** [Free Trade Agreement] 自由貿易協定。特定の国や地域間で関税や数量制限、サービス貿易の障壁を撤廃する取り決め。

**FTC** [Federal Trade Commission] アメリカ連邦取引委員会。

**FW** [forward] フォワード。サッカーやホッケーなどで攻撃が役目の選手。

**FWD** ❶ [four-wheel drive] 四輪駆動。❷ [front-wheel drive] 車の前輪駆動。

**FX** [foreign exchange] 外国為替証拠金取引。証券会社などに預けたお金を担保にして、外国通貨の売買取引を行うこと。

## G

**G** ❶ [generation] 世代。5Gなら第五世代。❷ [grade] 格。競馬で最上位のレースはGⅠで、グレードワン、ジーワン。

**G7** [Group of Seven] ジーセブン　フランス、アメリカ、イギリス、ドイツ、日本、イタリア、カナダの主要先進7か国。

**G8** [Group of Eight] ジーエイト　G7にロシアを加えた8か国。

**G20** [Group of Twenty] ジートゥエンティ　G8とEU、新興11か国を合わせた20か国・地域。

**GAFA** [Google, Apple, Facebook, Amazon] ガーファ　世界規模で膨大な情報を収集している巨大企業群。主要四企業の頭文字から。

**GATT** [General Agreement on Tariffs and Trade] ガット 関税及び貿易に関する一般協定。

**GB** [gigabyte] ギガバイト。情報量の単位。1ギガバイトは10の9乗(=10億)バイト。

**GDP** [gross domestic product] 国内総生産。⇒本文「ジーディーピー」

**GHQ** [General Headquarters] 連合国総司令部。第二次世界大戦直後の日本に置かれた。

**GIS** [geographic information system] 地理情報システム。地理上の位置に関する情報を保存、観測、解析する技術。またソフトウエア。

**GK** [goalkeeper] ゴールキーパー。

**GM** ❶ [General Motors Company] アメリカのゼネラル・モーターズ社。❷ [general manager] 総支配人。

**GMT** [Greenwich Mean Time] グリニッジ標準時。⇒本文「グリニッジ時」

**GNP** [gross national product] 国民総生産。⇒本文「ジーエヌピー」

**GP** [仏 grand prix] グランプリ。大賞。

**GPS** [global positioning system] 全地球測位システム。⇒本文「ジーピーエス」

**GS** ❶ [gas station] ガソリンスタンド。❷ [grand slam] グランドスラム。スポーツの主要な大会で優勝を独占すること。

**GSOMIA** [General Security of Military Information Agreement] ジーソミア　軍事情報包括保護協定。

**GUI** [graphical user interface] 画面上の画像や図形をクリックまたはタッチしてパソコンやタブレット端末を操作する方式。

**GW** [golden week] (和製英語) ⇒本文「ゴールデンウイーク」

## H

**h** [hecto] ヘクト。基本となる単位の前に付けて、10の2乗倍(=100倍)を表す。→ ha、hPa

**ha** [仏 hectare] ヘクタール。面積の単位。

**HACCP** [hazard analysis critical control point] ハサップ　危害分析重要管理点。食品の衛生・品質管理の体制が整っていることを表す。

**Hb** [hemoglobin, 独 Hämoglobin] ヘモグロビ

で守備が役目の選手。

**DH** [designated hitter] プロ野球の指名打者。

**DHA** [docosahexaenoic acid] ドコサヘキサエン酸(ヒトの体に必要な脂肪酸の一種)。

**DI** ❶ [diffusion index] 景気動向指数。❷ [discomfort index] 不快指数。

**DINKS** [double income no kids] ディンクス 子供のいない共働き夫婦。

**DIY** [do-it-yourself] ドゥイットユアセルフ。家具づくりや住居の修繕などを自分で行うこと。

**DJ** [disk jockey] ⇒本文「ディスクジョッキー」

**DK** [dining kitchen] (和製英語) ダイニングキッチン。

**DL** ❶ [download] サーバやホストコンピューターにあるデータ、ファイルをコピーして、端末に保存すること。❷ [disabled list] スポーツ選手の故障者リスト。

**DM** [direct mail] 直接郵送広告。⇒本文「ダイレクトメール」

**DMAT** [Disaster Medical Assistance Team] ディーマット 災害派遣医療チーム。

**DNA** [deoxyribonucleic acid] デオキシリボ核酸。⇒本文「ディーエヌエー」

**DOS** [disk operating system] ドス パソコン用の基本ソフト。MS-DOSを指す場合もある。

**DPAT** [Disaster Psychiatric Assistance Team] ディーパット 災害派遣精神医療チーム。

**DPE** [development, printing, enlargement] (和製英語) 写真の現像・焼き付け・引き伸ばし。

**dpi** [dots per inch] 1インチあたりのドット数。プリンターやスキャナーの解像度を表す単位。

**Dr.** [doctor] 博士。医者。ドクター。

**DRAM** [dynamic random-access memory] ディーラム 記録保持動作が必要な随時書き込み読み出しメモリー。

**DV** [domestic violence] 家庭内暴力。⇒本文「ドメスティックバイオレンス」

**DVD** [digital versatile disc] デジタル多用途ディスク。⇒本文「ディーブイディー」

**DX** [deluxe] デラックス 豪華なさま。ぜいたくなさま。

## E

**eスポーツ** [electronic sports] 電子機器のゲームで競技を行うこと。

**eラーニング** [electronic learning] 情報技術(IT)を用いた学習方法。

**EC** ❶ [electronic commerce] 電子商取引。eコマース。❷ [European Community] 欧州共同体(EUの前身)。⇒本文「イーシー」

**ECB** [European Central Bank] 欧州中央銀行。

**EDカード** [embarkation disembarkation card] 出入国記録カード。

**EEZ** [Exclusive Economic Zone] 排他的経済水域。沿岸国が、水産資源・海底資源などを優先的に利用できる海域。

**E-mail** [electronic mail] 電子メール。Eメール。

**EMS** ❶ [European Monetary System] 欧州通貨制度。❷ [Express Mail Service] 国際スピード郵便。

**EPA** ❶ [Economic Partnership Agreement] 経済連携協定。❷ [eicosapentaenoic acid] エイコサペンタエン酸。サバ、イワシなどに含まれる油状の物質。

**EQ** [emotional quotient] 感情指数。心の知能指数。

**ER** [emergency room] 緊急救命室。

**ES** [entry sheet] (和製英語) エントリーシート。就職希望の企業に提出する、自分の経歴や志望動機などを書いた用紙。

**ESG** [environment, social, governance] 環境、社会、企業統治を大切にする経営の観点。

**ES細胞** [embryonic stem cell] 胚性幹細胞。受精卵の細胞分裂が始まって数日後の胚から取り出した細胞。万能細胞とも呼ばれる。

**ETC** [Electronic Toll Collection System] 無線通信による有料道路の自動料金徴収システム。⇒本文「イーティーシー」

**etc.** [ラテン et cetera] エトセトラ。…など。

**ETF** [exchange traded fund] 株価指数連動型投資信託。証券取引所で取り引きされる投資信託の一つ。

**EU** [European Union] 欧州連合。⇒本文「イーユー」

**EV** [electric vehicle] 電気自動車。

**Expo** [exposition] エキスポ。(万国)博覧会。

## F

**F1** [Formula One] 国際自動車連盟公認のレースで最大の排気量クラス。⇒本文「エフワン」

**FA** ❶ [factory automation] 生産システムの自動化。⇒本文「エフエー」❷ [free agent] 自由契約選手。⇒本文「フリーエージェント」

**FAA** [Federal Aviation Administration] アメリカ連邦航空局。

**FAO** [Food and Agriculture Organization] 国連食糧農業機関。

**FAQ** [frequently asked questions] 初心者向け

**CB** ❶［character brand］キャラクターブランド。❷［center back］サッカーなどのセンターバック。❸［convertible bond］転換社債。一定の条件で株式にかえることができる。

**CBS**［Columbia Broadcasting System］コロンビア放送網。アメリカの三大放送網の一つ。

**cc** ❶［carbon copy］電子メールで、あて先以外の人にも同文のメールを送る機能。❷［cubic centimeter］立方センチメートル。

**CCD**［charge coupled device］電荷結合素子。小型ビデオカメラなどに利用。

**CD** ❶［compact disc］コンパクトディスク。⇒本文「シーディー」❷［cash dispenser］銀行などにある現金自動支払い機。

**CDC**［Centers for Disease Control and Prevention］アメリカ疾病予防管理センター。

**CD-ROM**［compact disc read-only memory］コンパクトディスク利用の読み出し専用メモリー。⇒本文「シーディーロム」

**CEO**［chief executive officer］最高経営責任者。

**CERN**［仏 Conseil Européen pour la Recherche Nucléaire］セルン　欧州合同原子核研究機構。

**CF** ❶［center forward］サッカーなどのセンターフォワード。→ FW ❷［commercial film］広告宣伝用の映画・テレビ。

**cf.**［ラテン confer］参照せよ。

**CFO**［chief financial officer］最高財務責任者。

**CG**［computer graphics］⇒本文「コンピューターグラフィックス」

**CGS単位系**［centimeter-gramme-second system］センチメートル、グラム、秒を使う単位系。⇒本文「シージーエス単位」

**CI** ❶［composite index］景気動向指数。❷［corporate identity］企業イメージ統合戦略。企業としてのイメージを統合して、社内外に認識させること。

**CIA**［Central Intelligence Agency］アメリカ中央情報局。⇒本文「シーアイエー」

**CIF**［cost, insurance and freight］シフ　運賃保険料込み渡し。貿易取引条件の一つで、商品の輸出価格に、到着港までの運賃と保険料を加えた価格で取り引きするもの。

**CITES**［Convention on International Trade in Endangered Species of Wild Fauna and Flora］絶滅の恐れのある野生動植物の種の国際取引に関する条約。通称、ワシントン条約。

**CK**［corner kick］コーナーキック。サッカーで、攻撃側がコーナーから行うキック。

**CL**［Champions League］サッカーの欧州チャンピオンズリーグ。

**CM**［commercial message］⇒本文「コマーシャル」

**CNN**［Cable News Network］アメリカのニュース専門有線テレビ局。

**Co.**［company］会社。

**Co.,Ltd.**［company limited］株式会社。有限会社。

**COO**［chief operating officer］最高執行責任者。

**CO-OP**［cooperative］コープ　生協。

**COP**［Conference of the Parties］コップ　国連気候変動枠組条約締約国会議。温室効果ガスの削減などについて議論する。

**COVID-19**［coronavirus disease 2019］2019年に発見された新型コロナウイルス感染症。

**$CO_2$**［carbon dioxide］シーオーツー　二酸化炭素。

**CP**［commercial paper］コマーシャルペーパー。企業などが短期で資金を調達するため発行する、無担保の約束手形の一つ。

**CPI**［consumer price index］消費者物価指数。

**CPU**［central processing unit］中央演算処理装置。⇒本文「シーピーユー」

**CS** ❶［communications satellite］通信衛星。❷［customer satisfaction］企業評価に用いる顧客満足。

**CSF**［classical swine fever］豚コレラ。豚やいのししの伝染病。

**CSIS**［Center for Strategic and International Studies］戦略国際問題研究所。

**CSR**［corporate social responsibility］人権擁護、環境への配慮など、企業が市民社会の一員として果たすべき社会的責任。

**CT**［computerized tomography］コンピューター断層撮影。⇒本文「シーティースキャナー」

**CTBT**［Comprehensive Test Ban Treaty］包括的核実験禁止条約。

**CVS**［convenience store］コンビニエンスストア。

**CWC**［Chemical Weapons Convention］化学兵器禁止条約。

## D

**DAC**［Development Assistance Committee］ダック　開発援助委員会。OECDの一機関。

**DB**［database］⇒本文「データベース」

**DC**［direct current］直流電流。⇔ AC

**DCブランド**［designer's and character brand］有名デザイナーのブランド商品。

**DDT**［dichlorodiphenyltrichloroethane］殺虫剤の一つ。⇒本文「ディーディーティー」

**DF**［defender］ディフェンダー。サッカーなど

**AO** ❶［admissions office］アドミッションズオフィス(入学事務局)。❷人物本位の入試方法の一つ。AO入試。⇒本文「エーオー入試」

**AP**［Associated Press］アメリカ連合通信社。

**APEC**［Asia-Pacific Economic Cooperation (Conference)］エーペック　アジア太平洋経済協力(会議)。

**AQ**［achievement quotient］成就指数。知能に対して学業の進みぐあいを調べるのに用いる指標。

**AR**［augmented reality］拡張現実感。現実の風景に文字などのデジタル情報を重ね合わせて表示する技術。→ VR

**ASEAN**［Association of Southeast Asian Nations］アセアン　東南アジア諸国連合。

**ASEM**［Asia-Europe Meeting］アセム　アジア欧州会合。

**ASF**［African swine fever］アフリカ豚熱。豚やいのししの伝染病。

**AT**［automatic transmission］自動変速機。AT車に装備される。

**ATC** ❶［air traffic control］航空交通管制。❷［automatic train control］自動列車制御装置。

**ATM**［automated teller machine］現金自動預け入れ支払い機。⇒本文「エーティーエム」

**ATP**［Association of Tennis Professionals］男子プロテニス協会。

**ATS**［automatic train stop］自動列車停止装置。⇒本文「エーティーエス」

**AU**［African Union］アフリカ連合。アフリカ統一機構をもとに2002年に結成されたアフリカ諸国の国家連合。

**AYA世代**［adolescent and young adult］アヤ世代　思春期および若年成人の略。15歳〜39歳くらいまでの世代。

## B

**BA**［bank acceptance］銀行引受手形。銀行が支払いを引き受けた期限付き為替。

**B&B**［bed and breakfast］一泊朝食つき(宿泊施設)。

**BASIC**［Beginner's All-purpose Symbolic Instruction Code］ベーシック　コンピューターの初心者向け会話型プログラム言語。

**BBC**［British Broadcasting Corporation］イギリス放送協会。

**BBS**［bulletin board system］コンピューターネットワークを利用した電子掲示板。

**B.C.**［before Christ］西暦紀元前。⇔ A.D.

**bcc**［blind carbon copy］ブラインドカーボンコピー。電子メールを複数の相手に送る際、誰に送ったか知られないようにできる機能。

**BCG**［仏 bacille de Calmette et Guérin］結核予防の生ワクチン。⇒本文「ビーシージー」

**BD**［bill discounted］❶割引手形。❷［Blu-ray Disc］⇒本文「ブルーレイディスク」

**BGM**［background music］バックグラウンドミュージック。映画の背景や店などで流す音楽。

**BIOS**［Basic Input/Output System］バイオス　コンピューターの基本入出力を行うプログラム。

**BMI**［body mass index］肥満度指数。体重(kg)÷身長$(m)^2$で算出。標準値は22。

**BMX**［bicycle motocross］バイシクルモトクロス。自転車競技の一種。またその競技自転車。

**BOD**［biochemical oxygen demand］生化学的酸素要求量。水質汚濁の指標の一つ。

**BPO**［Broadcasting Ethics & Program Improvement Organization］放送倫理・番組向上機構。

**bps**［bits per second］インターネット回線などでの1秒あたりの情報転送速度の単位。

**BS** ❶［broadcasting satellite］放送衛星。また、衛星放送。❷［balance sheet］バランスシート。貸借対照表。B/S。

**BSE**［bovine spongiform encephalopathy］牛海綿状脳症。狂牛病。⇒本文「ビーエスイー」

**BSI**［business survey index］国内景気判断指標。経営者の景気見通しを調査したもの。

**B to B**［business to business］電子商取引における企業と企業の取り引き。

**B to C**［business to consumer］電子商取引における企業と消費者の取り引き。

**BWC**［Biological Weapons Convention］生物兵器禁止条約。

**BWR**［boiling water reactor］沸騰水型軽水炉。沸騰させた軽水を蒸気に変えて発電する原子炉。

## C

**CA**［cabin attendant］旅客機の客室乗務員。

**CAD**［computer-aided design］キャド　コンピューターを使って行う設計。

**Cal**［仏calorie］カロリー。熱量の単位。1000cal。

**CAS**［Court of Arbitration for Sport］キャス　スポーツ仲裁裁判所。

**CAT** ❶［computerized axial tomography］コンピューター断層撮影。CTスキャン。❷［city air terminal］空港専用バスターミナル。

**CATV**［community antenna television］有線テレビ。⇒本文「シーエーティーブイ」

付

# アルファベット略語集

●ここには、報道・新聞など日常生活で目にしたり聞いたりすることの多いアルファベットの略語を集めました。
●アルファベットの順、大文字・小文字の順に並べ、見出しの文字が同じものは❶❷❸…としてまとめました。
●原語のつづりは［　］の中に示し、英語以外のものは、仏…フランス語、独…ドイツ語、ラテン…ラテン語、露…ロシア語と記しました。
●本文に詳しい解説のあるものは⇒本文「○○」、他の項目も参照したほうがよいものは→△△、対義語は⇔の形で示しました。
●見出し語に特定の読み方のあるものは、解説の中に赤の太字で示しました。

## A

**ABC** ❶［American Broadcasting Company］アメリカ放送会社。アメリカの三大放送網の一つ。❷アルファベット。物事の初歩。

**ABS**［anti-lock brake system］アンチロックブレーキシステム。自動車などの急停車時、車輪の回転を自動制御し、安全性を確保する装置。

**AC** ❶［alternating current］交流電流。⇔DC ❷［Advertising Council Japan］公益社団法人ACジャパン(旧・公共広告機構)。

**AC/DC**［alternating current/direct current］電気器具の交流と直流の両用。

**ACL**［AFC Champions League］アジアサッカー連盟が主催する、アジアのクラブチームによるサッカーの選手権大会。

**ACSA**［Acquisition and Cross-Servicing Agreement］アクサ　自衛隊と他国との、物品役務相互提供協定。

**ACT**［automatically controlled transportation system］自動制御交通システム。

**AD** ❶［assistant director］アシスタントディレクター。❷［art director］⇒本文「アートディレクター」

**A.D.**［ラテンAnno Domini］西暦紀元。⇔ B.C.

**ADB**［Asian Development Bank］アジア開発銀行。

**ADHD**［attention deficit hyperactivity disorder］注意欠陥・多動性障害。発達障害の一つ。

**ADL**［activities of daily living］日常生活動作。身体的な自立度を示す指標となる。

**ADR**［American Depositary Receipt］アメリカ預託証券。アメリカの証券市場で売買されている外国の代替証券。

**ADSL**［asymmetric digital subscriber line］非対称デジタル加入者回線。既存の電話回線を利用し、高速データ通信を行う通信方式の一つ。

**A/D変換**［analog-to-digital conversion］アナログ信号をデジタル信号に変換すること。

**AED**［automated external defibrillator］自動体外式除細動器。⇒本文「エーイーディー」

**AET**［assistant English teacher］日本の学校に派遣される外国人の英語指導助手。

**AFC**［Asian Football Confederation］アジアサッカー連盟。

**AFN**［American Forces Network］アメリカ軍放送網。1997年、FENから局名変更。

**AFTA**［ASEAN Free Trade Area］アフタ　アセアン自由貿易地域。

**AI**［artificial intelligence］人工知能。

**AIDS**［acquired immune deficiency syndrome］エイズ　後天性免疫不全症候群。⇒本文「エイズ」

**AIIB**［Asian Infrastructure Investment Bank］アジアインフラ投資銀行。

**ALS**［amyotrophic lateral sclerosis］筋萎縮性側索硬化症。運動神経系の障害で徐々に全身の筋力が弱くなる不可逆進行性の難病。

**ALT**［assistant language teacher］外国語指導助手。外国語を担当する日本人教員の助手。

**AM** ❶［amplitude modulation］振幅変調。また、AM放送。⇒本文「エーエム」❷［ラテンante meridiem］午前。

**a.m.**［ラテン ante meridiem］午前。⇔ p.m.

**AMeDAS**［Automated Meteorological Data Acquisition System］アメダス　気象庁による地域気象観測システム。⇒本文「アメダス」

**ANA**［All Nippon Airways］アナ　全日本空輸。

テーマ 8

# 論理

## 根拠・理由を示す

| 序論  | 本論  | 結論  |
| --- | --- | --- |
| **「理由説明」型** | | |
| ～という意見がある | 私は～と考える。<br>理由は三つある。・・・ | 以上のように・・・ |
| **「現象整理」型** | | |
| 最近～を目にする | 大別すると・・・<br>～という観点から分類すると<br>共通点・相違点は・・・ | まとめると・・・ |
| **「課題解決」型** | | |
| 現在～という<br>課題がある | そこで・・・<br>～すれば・・・<br>もし・・・ | 以上から<br>～を提案したい |

| | | |
| --- | --- | --- |
| 問題となるのは<br>従来～と言われてきたが、最近は～という意見が聞かれる<br><br>主題・主張・見解 | とりわけ・さらに<br>他方・一方で・例えば<br>すなわち・そこで<br>詳しく見ると・具体的には<br><br>**補足表現** ただし・なお | 以上から<br>こうすることで<br>結果として<br>最終的に・まとめると<br>予想される反論として |

例文 1

部活動には休養日を設けるべきだと思う。なぜなら、過度の練習はバランスのとれた心身の発達をかえって妨げるからだ。科学的根拠に基づくトレーニングをすることが運動能力の向上には効果的なのではないだろうか。

例文 2

青少年による犯罪がよくニュースになる。若者の凶悪犯罪を大げさに言い立てるものがある一方で、昔と比べて犯罪件数は減っているという統計データもある。一握りの重大な事件が全体の傾向を反映しているわけではないようだ。

例文 3

選挙に対する若者の関心を高めたい。そこで、社会科の授業で模擬選挙を行ってはどうだろうか。例えば知事選が行われる際、地域の課題をクラスで洗い出し、候補者の選挙公報と照らし合わせて誰に投票するかを話し合うのだ。

テーマ 7

# 鑑賞

印象をことばにする

テーマは…

**主題**・**モチーフ**・題材・**プロット**・**あらすじ**
ストーリー・梗概《こうがい》・シナリオ・社会性・問題提起

設定は…

**時代背景**・人物造形・キャスト・演出・**脚色**・**テンポ**
**リズム**・パターン・焼き直し・**見せ場**・修羅場・さわり
大団円・**クライマックス**・展開・構図・視点・伏線

印象は…

**都会的**・**ステレオタイプ**・画一的・**類型的**・通俗的
技巧的・重層的・古典的・**クラシック**・詩的・独創的
現代的・保守的・**型破り**・写実的・幻想的・風刺的
スケールが大きい・我を忘れる・余韻・カタルシス

例文 1

イギリスの劇作家シェークスピアは、卓越した心理描写でルネサンス期文学の最高峰と称される。四大悲劇『ハムレット』『マクベス』『オセロ』『リア王』のほか『ロミオとジュリエット』『ベニスの商人』など多くの名作を残した。

例文 2

巨匠の誉《ほま》れ高い監督の新作映画が公開された。普遍的なテーマを扱いながら、現代の社会問題にからめて警鐘を鳴らす手腕は瞠目《どうもく》に値する。斬新かつ流麗なカメラワークも健在で観客を魅了した。

例文 3

コンサートの最後を締めくくったのは、「皇帝」の通称で知られるベートーベンのピアノ協奏曲第五番である。壮大でダイナミックな曲想と、躍動感にあふれるまばゆい音色があいまって、深い余韻の残る名演奏だった。

テーマ6

# 社会

**平和な未来を築く**

世界

国際・**グローバル**・ネットワーク
国境・平和・紛争・外交・共生・協調
**環境**・資源・温暖化・**エコロジー**
先進国・発展途上国・**持続可能性**
サステナブル・情報社会・**AI**

国家

**民族**・アイデンティティー
国民・主権・ナショナリズム
制度・システム・行政・**民主主義**
三権分立・公共・**福祉**・社会保障
少子化・高齢化・市民・**世論**

個人

**人権**・権利・義務・自由・**平等**
尊厳・理念・主義・思想・格差
弱者・**多様性**・ダイバーシティー
**マイノリティー**・プライバシー

地域

**共同体**・コミュニティー・ローカル
地方再生・**地方自治**・地方分権
過疎・**風土**・風俗・慣習
行事・しきたり・**伝統**・核家族

例文 1
情報化・グローバル化が進んだことにより、異文化間の交流が活発になり文化の多様性が尊重されるようになった。その一方、各国の気候や風土に根ざして育まれてきたその土地ならではの文化が失われ、画一化する現象も起きている。

例文 2
私は夏になると、自宅近くの海岸の清掃にボランティアとして参加します。プラスチックごみによる海洋汚染の問題などが身近に感じられ、単に砂浜をきれいにするだけでなく、環境保護についても発信していきたいと考えています。

例文 3
便利だとわかっていても、テクノロジーの進歩に対して不安がつきまとうのはなぜだろう。予測できない変化に過剰に反応するのではなく、あらたな技術によってもたらされる望ましい社会の姿を具体的に思い描くことが大切なのだと思う。

テーマ 5

# コミュニケーション

心情を伝える

お礼 ～して下さり、ありがとうございました・深く感謝
お世話になりました・**心よりお礼を申し上げます**
本当に助かりました・言葉では言い尽くせない・**おかげで**
恐縮しております・大変ありがたい・温かいお心遣いに感動

おわび 心よりお詫《わ》び申し上げます・**実は**・弁解の余地も
どれほど～と思います・いてもたってもいられません・弁償
**謝罪**・**取り返しのつかない**・今後は気をつけます・自戒
本当にすみませんでした・**申し訳ありません**・深く反省

お願い 実は**お願いがありまして**・困っております
ご相談したい件があり・～していただけますと幸いです
**言いにくいのですが**・懸念があり・**お手数ですが**
ご意見を伺いたく・なにとぞよろしくお願いいたします

お断り **まことに残念ながら**・せっかくのお誘いですが
**あいにく**・～したいのはやまやまですが・～がかないません
お心に添えず・恐縮ですが・やむを得ず・ご辞退いたします
遠慮します・これに懲りず・**またの機会に**

お礼

先日は、○○中学サッカー部を指導していただき、ありがとうございました。プロ選手の的確なアドバイスのおかげで、苦手だったロングパスのこつがつかめた気がします。今回の貴重な経験を糧に、全国大会を目指します。

おわび

今日の話し合いでは、感情的になってみんなに不愉快な思いをさせてしまい、すみませんでした。ずいぶんひどいことを言いましたが、本心ではありません。深く反省し、今後はこのようなことがないよう十分気をつけます。

お願い

実は、折り入ってお願いがあります。被災地への募金を生徒に呼びかけることになり、生徒会で運営する作業チームに参加してもらいたいのです。あなたのようにきっちりした性格の人が適任です。どうかよろしくお願いします。

テーマ 4

# 性格

## ハルオくんの正体

快活・**朗らか**・楽天的
前向き・人見知りしない
気さく・**フレンドリー**
協調性・積極的・**お調子者**

**楽観的**・おめでたい
ちょろい・軽はずみ・**いい加減**
フランク・**気安い**
誰にでもいい顔をする

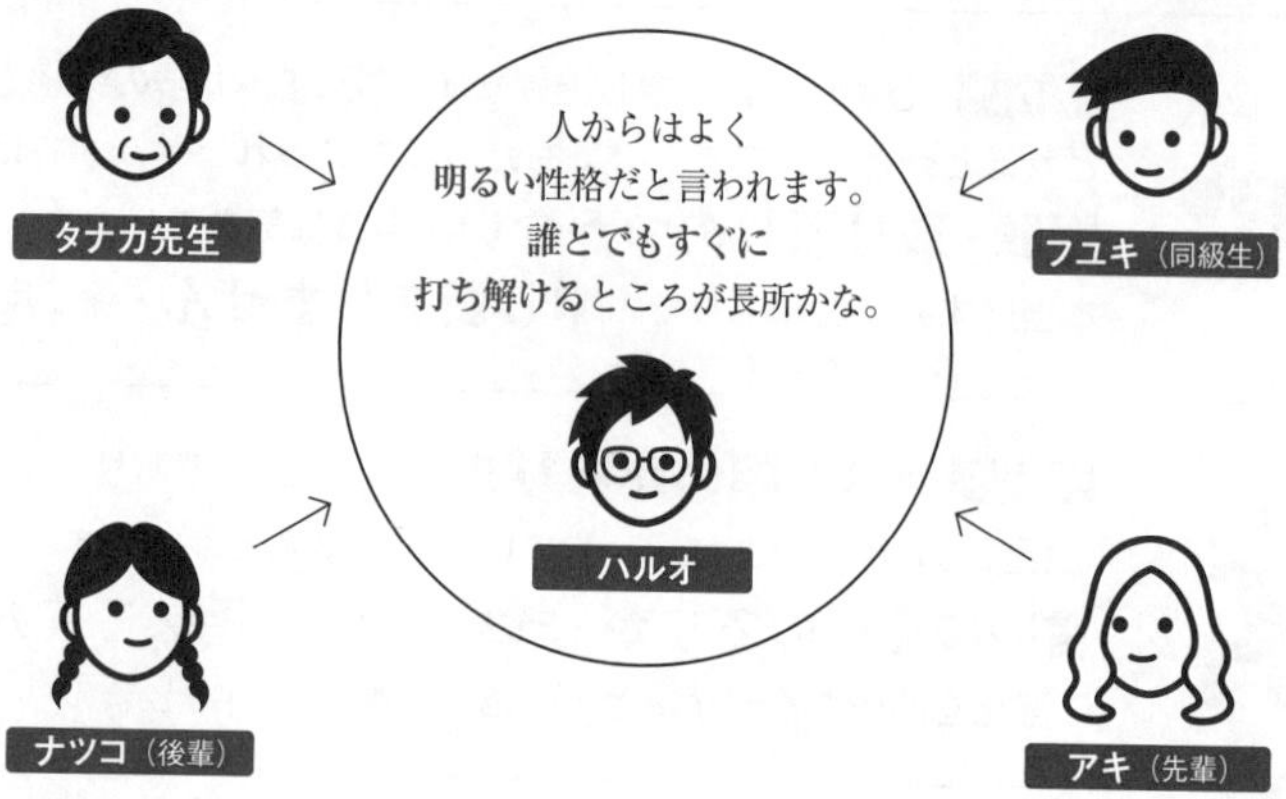
タナカ先生
フユキ（同級生）
人からはよく
明るい性格だと言われます。
誰とでもすぐに
打ち解けるところが長所かな。
ハルオ
ナツコ（後輩）
アキ（先輩）

**のんき**・くよくよしない
大胆・向こう見ず
**オープン**・人懐っこい
甘えん坊

**能天気**・あっけらかん・気楽
単純・ちゃらんぽらん
事なかれ主義・**なれなれしい**
軽薄・**八方美人**・計算高い

タナカ先生
「ハルオくんは快活で朗らか、いたってフレンドリー。楽天的で前向きなので、何事も積極的に取り組んでくれます。お調子者のところが玉にきずかな」

フユキ
「ハルオはフランクでなんでも相談できるいいヤツです。楽観的でおめでたいところがあり、誰にでもいい顔するから、ちょろいと思われてるかもね」

ナツコ
「ハルオさんはオープンで人懐っこいから、先輩なのにすごく話しやすいです。実は甘えん坊かも。のんきでくよくよしないし、意外に大胆なところもかっこいいです」

アキ
「あの子は能天気でちゃらんぽらんです。先輩にもなれなれしくて軽薄もいいとこ。典型的な八方美人です。あっけらかんとしているけど、案外計算高いのかもね」

## テーマ 3　チャレンジ　虎穴に入らずんば…

**前段階** **武者ぶるい**
**尻込み**・怖《お》じ気《け》づく・自信満々
**怖いもの知らず**
身の程知らず・**野心**・闘志
**プレッシャー**・緊張
モチベーション・**一か八か**
のるかそるか・**だめ元**

**成功** 制覇・**前人未踏**・達成
パイオニア・草分け・**先駆者**
殻を破る・**型破り**
ビギナーズラック・大当たり

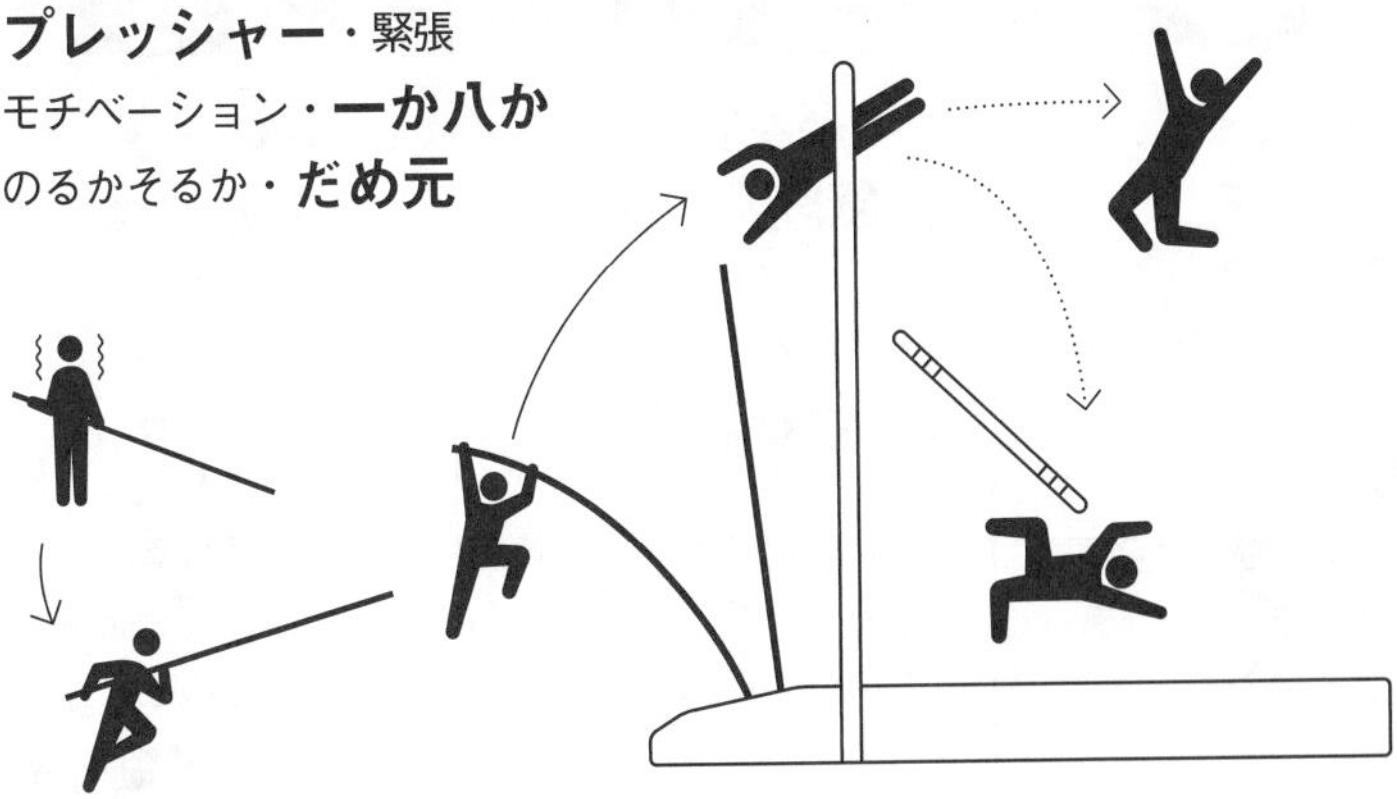

**実行** **挑戦**・トライ・アタック
挑む・敢行・**決行**・強行・真っ向勝負
体当たり・立ち向かう・胸を借りる
冒険・綱渡り・勇猛果敢・**大胆不敵**

**失敗** **挫折**・傷心
**ふがいない**・落胆
**仕切り直し**
出直す・臥薪嘗胆《がしんしょうたん》

例文 1　突如兄が「だめ元で医学部に挑戦する」と言い出した。難関大学を受けるそうだ。身の程知らずではないかと思うが、本人はやる気満々だ。目標は高いほどいいと言う。

例文 2　荒唐無稽な絵空事とされていた宇宙旅行が現実味を帯び、複数の民間事業者が試験飛行に挑む予定だ。前人未踏のチャレンジに関係者はしのぎを削っている。

例文 3　夢は冒険家で、将来は七大陸最高峰にアタックしたい。想像するだけで武者ぶるいしてしまう。国内の山は制覇したが、世界に挑戦するにはさらにトレーニングが必要だ。

例文 4　人前で発表するときは緊張してプレッシャーを感じてしまう。萎縮するとことばがつかえてしまうので、リラックスして笑顔で話すよう心掛けている。

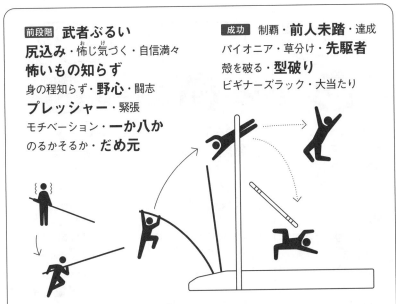

テーマ 2

# 葛藤

即断は禁物

対立・衝突
**ジレンマ**
板挟み・はざま
引き裂かれる

**悩み**・苦しみ
**不安**・動揺・鬱屈《うっくつ》
ストレス・胃が痛い
途方にくれる

**違和感**・罪悪感

矛盾・軋轢《あつれき》・齟齬《そご》
不協和音

ためらう・迷う
**躊躇《ちゅうちょ》**・二の足
ひるむ・逡巡《しゅんじゅん》
尻込み・とまどう
**天秤《てんびん》にかける**

いじいじ・うじうじ
もやもや・悶々《もんもん》
懊悩《おうのう》・煩悶《はんもん》

様子見・優柔不断
日和見《ひよりみ》・膠着《こうちゃく》状態
堂々巡り・袋小路
行き詰まり
どっちつかず

決意・決心
**決断**・覚悟
腹をくくる
乗り越える
解決・成長
ふんぎり
吹っ切れる

あきらめる・断念
挫折・**妥協《だきょう》**・合意

目をつぶる
手を打つ
棚上げする
現実逃避

例文 1　志望校には野球部がない。進学して自ら部を創設するか、あきらめて野球の強い第二志望に行くべきか。二つの選択肢のはざまで眠れなくなるほど思い悩む毎日だ。

例文 2　台風が接近中だ。旅行を中止すればキャンセル料をとられるが、行っても悪天候だろう。ジレンマに陥るが、デメリットを天秤にかけて、結局出かける決心をした。

例文 3　やみくもな資源開発の結果、地球の環境汚染は深刻化している。経済成長をとるか、持続可能な社会を目指すか、世界の首脳たちの間で対立と葛藤が生じている。

例文 4　煩悶、懊悩、モラトリアムなどといって悩むそぶりをしている若者がいるが、要は人生の選択を前にしてなにも決断することができない優柔不断な態度に過ぎない。

テーマ別

# 類語表現コンシェルジュ

- 自分の意見や心情を述べるとき、また、置かれた状況や立場を説明するとき、それらを的確に言い表すことばを選ぶことが大切です。ここでは、文章作成のヒントとなるよう、いくつかのテーマを設けて、それぞれの状況でよく用いられる語を集めました。
- 上段には、文章の組み立てに役立つ表現を図表で示し、下段には、テーマに沿った例文を掲げました。

---

テーマ1

## 評価　人はなぜ感動するのか

GOOD

おもしろい・**感動**・感心・感服・興奮・卓越・**屈指**・秀逸
珠玉・稀有《けう》・非凡・出色・斬新・夢中・共感・普遍的
印象的・天才的・**理想的**・感銘・申し分ない・比類ない

無味乾燥・可もなく不可もない・中途半端・平凡・凡庸・**陳腐**
単調・ありきたり・何の変哲もない・月並み・**無難**・画一的
平板・そこそこ・期待はずれ・ぱっとしない・野暮ったい

BAD

つまらない・**退屈**・くだらない・ろくでもない・取るに足りない
茶番・問題外・難解・笑止千万・ださい・下手・**稚拙**・拙劣
愚劣・ずさん・芸がない・むしずが走る・嫌悪・反感・鼻につく

例文1　友人が傑作だと絶賛する本を私も読んでみたが、信じられないほど幼稚で退屈だった。あんなお涙頂戴のつまらないストーリーに感動するなんて理解に苦しむ。

例文2　この作品は、主人公のひねくれたヒューマニズムに共感できるかどうかで評価が分かれるだろう。私はヒーロー像がユニークで通俗的でないところに新鮮味を覚えた。

例文3　天才的な人物が、周囲から浮いて正当に評価されなかったり反感をかったりすることはよくあるものだ。非凡であることは時としてマイナスに受けとられるのだろう。

旺文社 標準国語辞典［第八版］

初版発行　1965年 11月 10日
第八版発行　2020年 12月　4日
重版発行　2024年

編　　者　株式会社 旺文社
発 行 者　粂川秀樹
発 行 所　株式会社 旺文社
〒162-8680 東京都新宿区横寺町 55
●ホームページ　https://www.obunsha.co.jp/

印刷所　共同印刷株式会社
製函所　清水印刷紙工株式会社
製本所　牧製本印刷株式会社

S3h189


ISBN978-4-01-077733-6　Printed in Japan

旺文社 お客様総合案内
●内容に関するお問い合わせは、弊社ホームページの「お問い合わせ」フォームにて承ります。
【WEB】旺文社 お問い合わせフォーム
https://www.obunsha.co.jp/support/contact
●乱丁・落丁など製造不良品の交換・ご注文につきましては下記にて承ります。
【電話】0120-326-615（土・日・祝日を除く 10：00 ～ 16：00）

# 購入者特典アプリ

旺文社標準国語辞典〔第八版〕がスマートフォンで
ご利用いただけます。

**iOS・Android 対応**

## アプリのご利用方法

**1.** 旺文社辞典アプリをインストール

**2.** 「標準国語辞典」を選択し、シリアルコードを入力

くわしくは、旺文社標準辞典
特設サイトをご確認ください。 ➔

https://www.obunsha.co.jp/pr/hyojunjiten/appli.html

**シリアルコード ≫**

スクラッチを
削ってください

**お問い合わせ** E-mail: support-jiten@obunsha.co.jp

※本サービスは予告なく終了することがあります。
※シリアルコードは１回のみ有効です。再発行はできません。
※個人でご購入されたお客様が対象です。
※複数名でのご利用はできません。